LANGENSCHEIDT'S
NEW COLLEGE
GERMAN DICTIONARY

GERMAN-ENGLISH
ENGLISH-GERMAN

LANGENSCHEIDT
NEW YORK · BERLIN · MUNICH · VIENNA · ZURICH

First Part

GERMAN-ENGLISH

By

HEINZ MESSINGER

The inclusion of any word in this dictionary is not an expression
of the publisher's opinion on whether or not such word is a registered
trademark or subject to proprietary rights.
It should be understood that no definition in this dictionary
or the fact of the inclusion of any word herein is to be regarded
as affecting the validity of any trademark.

Reprinted 1991
Langenscheidt's New College German Dictionary, German-English
© 1973 Langenscheidt KG, Berlin and Munich
Langenscheidt's Concise German Dictionary, German-English
© 1959, 1961, 1967 Langenscheidt KG, Berlin and Munich
Printed in Germany

Preface

The keynote of this introduction is sackcloth and ashes. The Publishers, having stoutly defended themselves since the Concise Dictionary's first appearance in 1959 against persistent reproaches from the Anglo-Saxon world that insufficient information on grammar and pronunciation is provided, have thrown in the towel (= *das Handtuch* [-s, =er] *geworfen*). Conceding that German *does* have a grammar as well as a vocabulary and that their defence — the book was intended originally only for the German market — has consequently been cold comfort for British and American users they now, with due humility, compound with their critics.

The present "Concise German-English Dictionary" has been specifically prepared for the English-speaking user; it provides the pronunciation and stress of the German entry, states the genitive and plural of nouns and, in the case of verbs, indicates whether they are conjugated with "haben" or "sein". All irregular forms are also given. This meeting of the special problems of the Anglo-Saxon user has manifest advantages over the old, uneasy compromise between the often irreconcilable demands of both German and English-speaking user.

The "Concise German-English Dictionary" has been called by Anglo-Saxon reviewers the "strongest in modern vocabulary". It therefore goes without saying that the present edition has been radically updated by the addition of a great number of newly coined German words and new connotations, such as *Atommüll* (radioactive waste), *Bildplatte* (video disc), *Flugzeugentführung* (hijacking), *hochgestochen* (jumped-up; sophisticated), *Hochrechnung* (projection; projected result), *Kriechspur* (slow lane), *Punktstreik* (strike at selected sites), *Salamitaktik* (piecemeal [*or* salami] tactics), *umfunktionieren* (convert), *verunsichern* (rattle), *Zwergschule* (one-room school).

Pronunciation and grammar

Designed for English-speaking users

Neologisms

A practical dictionary, modern and matter-of-fact, without the traditional ballast — this has been the object of the author, Heinz Messinger, whose preface to the first edition applies fully to this present version, both where the author's approach and the user's expectations are concerned:

Fields of knowledge

"It is unavoidable, in so comprehensive a work, that special emphasis should be placed on certain fields of interest. So, in view of their importance, the fields of economics, business, law, administration and politics, have been exhaustively treated. The same applies to such vast domains as general technology and engineering, the various terms having been painstakingly defined. Apart from the inclusion of important technical terms such as *Einzelaufhängung* (independent suspension), *Erstmontage* (green assembly), *Fertigbearbeitung* (finishing, finish machining), *Gemischtbauweise* (composite construction), attention is drawn to the exact treatment of the technical aspects of such innocent-looking words as *Backe, Bügel, Dorn, Hub, Leistung, Schaltung, Spiel*. In like manner, the fields of medicine, chemistry, physics, etc., have been dealt with thoroughly and many new terms have been listed. Due attention has also been given to such areas of general interest as sport, the film industry, television, and military vocabulary.

Idiomatic expressions

Great care has been taken with the large body of words considered in general everyday usage. Each entry word has been carefully analyzed in order to provide exact and vivid translations. On the idiomatic side a multitude of modern words and phrases have been added that one misses in other works or whose various connotations demanded a more exact treatment, e.g. *Aussage, Anliegen* ("message" of a writer, etc.), *gewisse Ansätze zeigen* (show promise), *ein heißes Eisen anfassen* (tackle a hot problem, play with dynamite), *schnellebige Zeit* (giddy-paced times). In each case the stylistic level has been indicated and great pains have been taken to provide the

Everyday speech

closest equivalent in English. The same is true for such German colloquialisms and slang terms as *Masche* or *Tour* (racket, line, trick, dodge), *auf Draht sein* (be on the ball, on one's toes), *durchdrehen* (crack up, go mad), *das haut hin* (that works, does the trick), etc., which are generally and freely used today. A glance over such demanding articles as *Anspruch, Betrieb, Einsatz, Rahmen, Spitze, Zeichen* may give an idea of the scope and thoroughness of the book, and this applies equally to such notorious "tough nuts" as *aktuell, anspruchsvoll, bewährt, disponieren, sich durchsetzen, sich einschalten,* etc.

7

In the translations American vocabulary has been given due attention, not only by the mention of colourful colloquial and slang expressions, but also to mark differences in terminology, whether commercial, political or otherwise. **American English**

In structure the book has been kept flexible and self-explanatory as far as possible, since too strict a subdivision of the various articles would not seem practical in a book of this size. Long and complex articles have, however, been adequately subdivided and arranged. Detailed explanations will enable the user to orient himself quickly and accurately (see *Guide to the Dictionary*, p. 9)." **Flexible arrangement**

For the special benefit of the English-speaking user the appendices to this new edition have been completely revised and vastly extended. Many hundreds of proper names and abbreviations, all provided with pronunciation, translation, and explanations, enhance the utility of the dictionary. Apart from geographical and historical proper nouns, the appendix also includes the names of German public figures of the seventies, such as *Bloch, Böll, Butenandt, Enzensberger, Grieshaber, Habermas, Heinemann, Scheel, Spranger, Walser*. The Abbreviations, too, have been brought up to date (cf. ARD, BDI, BND, TEE, VDS). **New appendices**

This new, grammar- and pronunciation-oriented edition of the Concise Dictionary should prove a reliable tool to the English-speaking user and to those having English as their second language. We confidently expect it to consolidate old friendships abroad — and to win us new ones.

Contents

Guide to the Dictionary
Hinweise für den Benutzer

I. Arrangement

1. *Alphabetic Order* has been maintained throughout the dictionary.
This applies equally to

a) the irregular forms of comparatives and superlatives;

b) the various forms of pronouns;

c) the principal parts (infinitive, past tense, and past participle) of both strong and irregular verbs.

Proper names and abbreviations are set forth in a special list provided at the end of the dictionary.

2. Entry words

a) each entry word is subject to the following sequence of translation:

primary meaning; secondary or derived meanings; phraseological examples with nouns, adjectives, prepositions, and verbs. As a rule, the alphabetic order has been observed in the translation of the individual entry word, too, while care has been taken not to separate what is logically related.

b) where an entry word has fundamentally different primary meanings or is derived from different roots, it has been subdivided by means of exponents:

sieben¹ *v/t.* (pass through a) sieve, sift *etc.*;
sieben² *adj.* seven;

or Arabic numerals:

Heft *n* **1.** handle *etc.*; **2.** copy-book *etc.*;

not so, however, in the case of direct **derivatives**.

I. Anordnung

1. *Die alphabetische Reihenfolge* der Stichwörter ist durchweg beachtet worden.
An ihrem alphabetischen Platz sind gegeben:

a) die unregelmäßigen Formen des Komparativs und Superlativs;

b) die verschiedenen Formen der Fürwörter;

c) die Stammformen (Infinitiv, Vergangenheit, Partizip der Vergangenheit) der starken und der unregelmäßigen schwachen Zeitwörter.

Die Eigennamen und Abkürzungen sind am Schluß des Bandes in einem besonderen Verzeichnis zusammengestellt.

2. Das Stichwort

a) bei der Übersetzung des einzelnen Stichworts wurde folgende Ordnung beachtet:

Grundbedeutung; abgewandelte Bedeutungen; Anwendungsbeispiele mit Substantiven, Adjektiven, Präpositionen, Verben. In der Regel wurde auch hier die alphabetische Reihenfolge gewahrt, doch wurde darauf geachtet, sinngemäß Zusammengehöriges nicht zu trennen.

b) weist ein Stichwort grundsätzlich verschiedene Bedeutungen auf, so erfolgt Unterteilung durch Exponenten:

sieben¹ *v/t.* (pass through a) sieve, sift *etc.*;
sieben² *adj.* seven;

oder mit arabischen Ziffern:

Heft *n* **1.** handle *etc.*; **2.** copy-book *etc.*;

nicht aber, wo sich die andere Wortbedeutung aus dem Ursinn des Grundwortes entwickelt hat.

Further, where a noun denotes a person as well as a thing, the entry word is subdivided by Arabic numerals, e.g.

Anhänger *m* **1.** adherent *etc.* (*a.* ~in *f*);
2. pendant *etc.*

Umfaßt die Bedeutung eines Hauptwortes gleichzeitig eine Person und eine Sache, so wird auch in diesem Falle mit arabischen Ziffern unterteilt, e.g.

Anhänger *m* **1.** adherent *etc.* (*a.* ~in *f*);
2. pendant *etc.*

II. Swung Dash or Tilde (~, ⌒, ~, ⌒). Derivatives and compounds with a common root are frequently combined with the aid of the tilde to save room. The bold-faced tilde stands for the entry word or the part of it preceding the vertical line (|) or, respectively, the colon (...:). In the examples printed in *lightface* or *italics* the simple tilde stands for the preceding entry word, which itself may have been formed with the bold-faced tilde. In order to save room in many cases two such examples have been combined in the following way:

II. Das Wiederholungszeichen oder die Tilde (~, ⌒, ~, ⌒). Zusammengehörige oder verwandte Wörter sind häufig zum Zwecke der Raumersparnis unter Verwendung der Tilde zu Gruppen vereinigt. Die fette Tilde vertritt dabei entweder das ganze Stichwort oder den vor dem Strich (|) bzw. vor dem Doppelpunkt (...:) stehenden Teil des Stichworts. Bei den in *Auszeichnungsschrift* oder *Kursivschrift* gesetzten Redewendungen vertritt die einfache Tilde (~) stets das unmittelbar vorhergehende Stichwort, das auch mit Hilfe der fetten Tilde gebildet sein kann. Oft wurden aus Gründen der Platzersparnis zwei solcher Redewendungen in folgender Art gekoppelt:

spreizen ...; *sich* ~ sprawl; ... *gegen* (= *sich spreizen gegen*) struggle against, ...

spreizen ...; *sich* ~ sprawl; ... *gegen* (= *sich spreizen gegen*) struggle against, ...

Where the initial letter changes from a capital to a small letter or vice-versa, a circle is added: ⌒ or ⌒.

Wenn sich die Anfangsbuchstaben ändern (groß zu klein oder umgekehrt), steht statt der Tilde das Zeichen ⌒ oder ⌒.

Examples:

Beispiele:

Brit|**e** *m*; ~**in** *f*; ⌒**isch** *adj.*; **falt**|**bar** *adj.*; ⌒**blatt** *n*; ⌒**boot** *n*; **höchst**...: ⌒**wert** *m*; ⌒**zahl** *f*; ~**zulässig** *adj.*; **Güterstand** *m*: *ehelicher* ~ matrimonial regime; **heilig** *adj.* holy *etc.*; *der* ⌒e *Geist* the Holy Ghost; **hängen** *v*/*i.* hang *etc.*; ⌒ *n* hanging; **harsch** *adj.* harsh *etc.*; ⌒ *m* crust.

Brit|**e** *m*; ~**in** *f*; ⌒**isch** *adj.*; **falt**|**bar** *adj.*; ⌒**blatt** *n*; ⌒**boot** *n*; **höchst**...: ⌒**wert** *m*; ⌒**zahl** *f*; ~**zulässig** *adj.*; **Güterstand** *m*: *ehelicher* ~ matrimonial regime; **heilig** *adj.* holy *etc.*; *der* ⌒e *Geist* the Holy Ghost; **hängen** *v*/*i.* hang *etc.*; ⌒ *n* hanging; **harsch** *adj.* harsh *etc.*; ⌒ *m* crust.

In explanations giving a synonym which is a compound formed of the entry word itself and some other word, the sign ⌒ or ~, following or preceding it, stands for the entry word, e.g.

Wird im Stichwortartikel ein sinnverwandtes Wort angegeben, das sich aus dem voraufgegangenen Stichwort und einem anderen Wort zusammensetzt, so vertritt das angehängte oder vorgesetzte Zeichen ⌒ oder ~ das Stichwort, e.g.

Konserve *f* preserve *etc.*; *Fleisch*⌒*n* preserved meat.

Konserve *f* preserve *etc.*; *Fleisch*⌒*n* preserved meat.

III. Variety of Meanings. The various meanings of the German words are explained

III. Bedeutungsunterschiede. Die Bedeutungsunterschiede sind gekennzeichnet:

a) by preceding or appended explanations in italics, e.g.

Abfall fall (*of leaves*); defection (*von* from *a party*, *etc.*); *slaughtering*: offal; **einbringen** bring *or* enter *a motion*;

a) durch vorgesetzte oder angehängte Erklärungen, e.g.

Abfall fall (*of leaves*); defection (*von* from *a party*, *etc.*); *slaughtering*: offal; **einbringen** bring *or* enter *a motion*;

b) by preceding definitions, abbreviated or written in full (see list on page 12);

b) durch vorgesetzte ausgeschriebene oder abgekürzte Begriffsbestimmungen (s. Verzeichnis auf S. 12);

c) by stating the antonyms, e.g.

Land (*ant. water*) land; (*ant. town*) country.

c) durch Angabe des Gegensatzes, e.g.

Land (*ant. water*) land; (*ant. town*) country.

The semicolon separates a given meaning from another essentially different meaning.

Das Semikolon trennt eine gegebene Bedeutung von einer neuen, wesentlich verschiedenen.

IV. Parentheses are used

a) to indicate American spelling, as in *labo(u)r*;

b) in compound words such as

      Soll...: ~(l)leistung,
      Sperr...: ~(r)ad,

where three like consonants are reduced, according to the orthographical rule, to two (while the third is restored when the compound is divided, e.g. *Soll-leistung*);

c) where a variation of meaning is explained by a synonym (see III);

d) to indicate the abbreviated use of the full translation, e.g. (penny-in-the-)slot machine, wire-hair(ed terrier), tight(ly twisted);

e) in such phrases as (blow up with) dynamite or (play the) clown where the noun (dynamite, clown), now operating as a verb, can be used alone to render the German phrase;

f) where two or more examples have been combined to save space, e.g. *sich vom Dienst (zum Urlaub) abmelden* report off duty (for leave).

V. The Mark of Reference has the following diverse uses:

a) direct reference (*see*), e.g. **Fachwissen** *n* → *Fachkenntnis*;

b) for further reference (*see also*) as in **horrend** *adj.* enormous; → *ungeheuer*; before a group of compounds, e.g. **Eisenbahn...:** → *Bahn...*;

c) in a few cases to direct attention to the specific explanations given in the translation of the corresponding verb, etc., e.g. **Anführung** *f* → *anführen*: lead(ership); allegation, statement, etc.; or **lackieren** *v/t.* → *Lack*: lacquer, varnish, etc.

VI. The Short Hyphen (-) is placed in entry words

a) before a vowel to mark the glottal stop, as in **Ab-art**; it is omitted, however, where it would coincide with the accent, as in **Be'obachtung**;

b) between two consonants to indicate that they must be pronounced separately, e.g. **Bläs-chen, Klump-fuß.**

VII. The Gender of the German nouns is always given: *m* = masculine, *f* = feminine, *n* = neuter.

IV. Die runde Klammer wird verwendet:

a) zur Kennzeichnung der amerikanischen Schreibweise, e.g. in *labo(u)r*;

b) bei in Untergruppen auftretenden Kuppelwörtern, in denen drei gleiche Konsonanten aufeinandertreffen, e.g.

      Soll...: ~(l)leistung,
      Sperr...: ~(r)ad,

entfällt nach der orthographischen Regel der eingeklammerte Konsonant, wird aber bei der Trennung beibehalten (*Soll-leistung*);

c) bei Bedeutungsunterschieden, wo die Erklärung durch ein sinnverwandtes deutsches Wort gegeben wird (s. III);

d) bei Vereinfachung des Gesamtwortes der Übersetzung, e.g. (penny-in-the-)slot machine, wire-hair(ed terrier), tight(ly twisted);

e) bei Wendungen wie (blow up with) dynamite oder (play the) clown, wo das ausgesparte Hauptwort (dynamite, clown) als Verbum verwendet den Sinn der ganzen Wendung wiedergeben kann;

f) zur Raumersparnis bei gekoppelten Anwendungsbeispielen, e.g. *sich vom Dienst (zum Urlaub) abmelden* report off duty (for leave).

V. Das Verweiszeichen (→) hat die folgenden, verschiedenen Bedeutungen:

a) direkter Verweis (= *siehe*), e.g. **Fachwissen** *n* → *Fachkenntnis*;

b) zur weiteren Orientierung (= *siehe auch*), e.g. **horrend** *adj.* anormous; → *ungeheuer*; vor Untergruppen: e.g. **Eisenbahn...:** → *Bahn...*;

c) in einigen Fällen zum Verweis auf die im zugehörigen Verbum etc. einzeln gegebenen Erklärungen, e.g. **Anführung** *f* → *anführen*: lead(ership); allegation, statement etc.; oder **lackieren** *v/t.* → *Lack*: lacquer, varnish etc.

VI. Der verkürzte Bindestrich (-) steht in Stichwörtern

a) vor einem Vokal zur Bezeichnung des Knacklauts, e.g. **Ab-art**; er entfällt jedoch, wenn die Trennung bereits durch das Betonungszeichen angezeigt wird, wie in **Be'obachtung**;

b) zwischen zwei Konsonanten, um anzuzeigen, daß sie getrennt auszusprechen sind, e.g. **Bläs-chen, Klump-fuß.**

VII. Das Geschlecht der deutschen Hauptwörter ist stets angegeben: *m* = männlich, *f* = weiblich, *n* = sächlich.

Abbreviations used in this Dictionary
Im Wörterbuch benutzte Abkürzungen

a.	*also;* auch	*e-e* }	*eine; a (an).*	
abbr.	*abbreviation;* Abkürzung.	*e-e* }		
acc.	*accusative (case);* Akkusativ, 4. Fall.	*e.g.*	*for instance;* zum Beispiel.	
adj.	*adjective;* Adjektiv, Eigenschaftswort.	*el.*	*electricity;* Elektrizität.	
adm.	*administrative term;* Ausdruck aus der Verwaltungssprache.	*e-n* } *e-n* }	*einen; a (an).*	
adv.	*adverb;* Adverb, Umstandswort.	*e-r* }	*einer; of a (an),*	
aer.	*aeronautics, aviation;* Luftfahrt, Flugwesen.	*e-r* } *e-s* }	*to a (an).*	
agr.	*agriculture;* Landwirtschaft.	*e-s* }	*eines; of a (an).*	
Am.	*Americanism;* Sprachliche Eigenheit aus dem oder (besonders) im amerikanischen Englisch.	*esp.*	*especially;* besonders, hauptsächlich.	
anat.	*anatomy;* Anatomie, Körperbaulehre.	*et.* } *et.* }	*etwas; something.*	
ant.	*antonym;* Antonym, Gegenwort.	*etc.*	*and so on, and the like;* und so weiter, und ähnliches.	
arch.	*architecture;* Architektur, Baukunst.	*f*	*feminine;* weiblich.	
art.	*article;* Artikel, Geschlechtswort.	*fenc.*	*fencing;* Fechtkunst.	
ast.	*astronomy;* Astronomie, Sternkunde.	*fig.*	*figuratively;* figürlich, bildlich.	
attr.	*attributively;* als Attribut oder Beifügung.	*Fr.*	*French;* französisch.	
		gen.	*genitive (case);* Genitiv, 2. Fall.	
biol.	*biology;* Biologie.	*geogr.*	*geography;* Erdkunde.	
bibl.	*biblical term;* Ausdruck aus der Bibel.	*geol.*	*geology;* Geologie.	
bot.	*botany;* Botanik.	*ger.*	*gerund;* Gerundium.	
Brit.	*British usage;* nur im britischen Englisch gebräuchlich.	*gr.*	*grammar, linguistics;* Grammatik, Sprachwissenschaft.	
b.s.	*bad sense;* in schlechtem Sinne.	*gym.*	*gymnastics;* Turnen.	
chem.	*chemistry;* Chemie.	*h.*	haben; *have.*	
cj.	*conjunction;* Konjunktion, Bindewort.	*herald.*	*heraldry;* Wappenkunde.	
		hist.	*history;* Geschichte.	
collect.	*collectively;* als Sammelwort.	*humor.*	*humorously;* humoristisch.	
colloq.	*colloquial;* umgangssprachlich.	*hunt.*	*hunting;* Jagdwesen.	
comp.	*comparative;* Komparativ, zweite Steigerungsstufe.	*ichth.*	*ichthyology;* Fischkunde.	
		impers.	*impersonal;* unpersönlich.	
contp.	*contemptuously;* verächtlich.	*indef.*	*indefinite;* unbestimmt.	
cul.	*culinary, kitchen term;* Ausdruck aus der Kochkunst.	*inf.*	*infinitive (mood);* Infinitiv, Nennform.	
dat.	*dative (case);* Dativ, 3. Fall.	*int.*	*interjection;* Empfindungswort, Ausruf.	
dem.	*demonstrative;* hinweisend.	*interr.*	*interrogative;* fragend, Fragewort.	
ea., ea.	einander; *one another, each other.*	*iro.*	*ironically;* ironisch.	
eccl.	*ecclesiastical;* kirchlich, geistlich.	*irr.*	*irregular;* unregelmäßig.	
econ.	*economics, business term;* Ausdruck aus der Wirtschaftssprache.	*j-d, j-s* *j-m, j-n* *j-d, j-s* *j-m, j-n* }	jemand(es *gen.* of; -em *dat.* to; -en *acc.*) *somebody.*	

13

jur.	*juristic, law term;* juristisch, Ausdruck aus der Rechtssprache.
m	*masculine;* männlich.
mar.	*maritime, nautical term;* seemännisch, Ausdruck aus der Seemannssprache.
math.	*mathematics;* Mathematik.
m-e	meine; *my.*
med.	*medicine;* Medizin.
metall.	*metallurgy;* Hüttenwesen.
meteor.	*meteorology;* Meteorologie.
mil.	*military term;* Ausdruck aus der Militärsprache.
min.	*mineralogy;* Mineralogie.
m-m	meinem; *to my.*
m-n	meinen; *my.*
mot.	*motoring;* Kraftfahrwesen.
mount.	*mountaineering;* Bergsteigerei.
mus.	*music;* Musik.
myth.	*mythology;* Mythologie.
n	*neuter;* sächlich.
neg.	*negative, negated;* verneinend, verneint.
nom.	*nominative (case);* Nominativ, 1. Fall.
npr.	*proper name;* Eigenname.
n.s.	*narrow sense;* im engeren Sinne.
obs.	*obsolete;* veraltet.
od., od.	oder.
opt.	*optics;* Optik.
orn.	*ornithology;* Vogelkunde.
o.s.	*oneself;* sich.
p., p.	*person;* Person.
paint.	*painting;* Malerei.
parl.	*parliamentary term;* parlamentarischer Ausdruck.
ped.	*pedagogics, school term;* Pädagogik, Schulausdruck.
pers.	*personal;* persönlich, Personal...
pharm.	*pharmacy;* Pharmazie.
phls.	*philosophy;* Philosophie.
phot.	*photography;* Photographie.
phys.	*physics;* Physik.
physiol.	*physiology;* Physiologie.
pl.	*plural;* Plural, Mehrzahl.
poet.	*poetry;* Dichtkunst.
pol.	*politics;* Politik.
poss.	*possessive;* besitzanzeigend.
p.p.	*past participle;* Mittelwort der Vergangenheit.
p. pr.	*present participle;* Mittelwort der Gegenwart.
pred.	*predicative;* prädikativ, als Teil der Satzaussage.
pret.	*preterit(e);* Präteritum, Vergangenheit.
pron.	*pronoun;* Pronomen, Fürwort.
prp.	*preposition;* Präposition, Verhältniswort.
psych.	*psychology;* Psychologie.
rail.	*railway, Am. railroad;* Eisenbahn.
R.C.	*Roman-Catholic;* römisch-katholisch.
refl.	*reflexive;* reflexiv, rückbezüglich.
rel.	*relative;* relativ, bezüglich.
rhet.	*rhetoric;* Rhetorik, Redekunst.
scient.	*scientific term;* (natur)wissenschaftlicher Ausdruck.
sculp.	*sculpture;* Bildhauerkunst.
s-e / *s-e*	seine; *his, one's.*
sg.	*singular;* Singular, Einzahl.
sl.	*slang;* Slang.
s-m / *s-m*	seinem; *to his, to one's.*
sn	sein (*verb*); *be.*
s-n / *s-n*	seinen; *his, ones.*
s-r / *s-r*	seiner; *of his, of one's.*
s-s / *s-s*	seines; *of his, of one's.*
su.	*substantive, noun;* Substantiv, Hauptwort.
sup.	*superlative;* Superlativ, 3. Steigerungsstufe.
surv.	*surveying;* Landvermessung.
tech.	*technology, engineering;* Technik.
th., th.	*thing;* Ding, Sache.
thea.	*theatre, theater;* Theater.
tel.	*telegraphy;* Telegraphie, Fernmeldewesen.
TV	*television;* Fernsehen.
typ.	*typography, printing.*
u., u.	und; *and.*
univ.	*university;* Hochschulwesen, Studensprache.
usu.	*usually;* gewöhnlich, in den meisten Fällen.
v.	*von, vom; of, by, from.*
vb.	*verb;* Verb(um), Zeitwort.
v/aux.	*auxiliary verb;* Hilfszeitwort.
vet.	*veterinary medicine;* Tiermedizin.
v/i.	*verb intransitive;* intransitives Verb, nichtzielendes Zeitwort.
v/refl.	*verb reflexive;* reflexives Verb, rückbezügliches Zeitwort.
v/t.	*verb transitive;* transitives Verb, zielendes Zeitwort.
vulg.	*vulgar, indecent;* vulgär, unanständig.
w.s.	*wider sense;* im weiteren Sinne.
zo.	*zoology;* Zoologie.

Key to Pronunciation

The phonetic alphabet used in this German-English dictionary is that of the Association Phonétique Internationale (A. P. I. or I. P. A. = International Phonetic Association). The length of vowels is indicated by [:] following the vowel symbol, the stress by ['] preceding the stressed syllable. The glottal stop [ʔ] is the forced stop between one word or syllable and a following one beginning with a stressed vowel, as in "beobachten" [bə'ʔoːbaxtən].

Symbol	Examples	Nearest English Equivalents	Remarks
A. Vowels			
a	Mann [man]		short a as in French "carte" or in British English "cast" said quickly
ɑː	Wagen ['vɑːgən]	father	long a
e	egal [e'gɑːl]	bed	
eː	Weg [veːk]		unlike any English sound, though it has a resemblance to the sound in "day"
ə	Bitte ['bitə]	ago	a short sound, that of unaccented e
ɛ	Männer ['mɛnər] Geld [gɛlt]	fair	There is no -er sound at the end. It is one pure short vowel-sound.
ɛː	wägen ['vɛːgən]		same sound, but long
i	Wind [vint]	it	
iː	hier [hiːr]	meet	
ɔ	Ort [ɔrt]	long	
o	Advokat [atvo'kɑːt]	molest [mo'lest]	
oː	Boot [boːt]		[oː] resembles the English sound in go [gou] but, without the [u]
øː	schön [ʃøːn]		as in French "feu". The sound may be acquired by saying [e] through closely rounded lips.
ø	Ödem [ø'deːm]		same sound, but short
œ	öffnen ['œfnən]		as in French "neuf". The sound has a resemblance to the English vowel in "her". Lips, however, must be well rounded as for ɔ.
u	Mutter ['mutər]	book	
uː	Uhr [uːr]	boot	
y	Glück [glyk]		almost like the French u as in sur. It may be acquired by saying i through fairly closely rounded lips.
yː	führen ['fyːrən]		same sound, but long
B. Diphthongs			
aɪ	Mai [maɪ]	like	
aʊ	Maus [maʊs]	mouse	
ɔY	Beute ['bɔYtə] Läufer ['lɔYfər]	boy	
C. Consonants			
b	besser ['bɛsər]	better	
d	du [duː]	dance	
f	finden ['findən] Vater ['fɑːtər] Photo ['foːto]	find	

Symbol	Examples	Nearest English Equivalents	Remarks
g	Gold [gɔlt] Geld [gɛlt]	gold	
ʒ	Genie [ʒe'ni:] Journal [ʒur'nɑːl]	measure	
h	Haus [haʊs]	house	
ç	Licht [liçt] manch [manç] traurig ['traʊriç]		An approximation to this sound may be acquired by assuming the mouth-configuration for [i] and emitting a strong current of breath.
x	Loch [lɔx]	Scotch: loch	Whereas [ç] is pronounced at the front of the mouth, x is pronounced in the throat.
j	ja [jɑ:]	year	
k	keck [kɛk] Tag [tɑːk] Chronist [kro'nist] Café [ka'fe:]	kick	
l	lassen [lasən]	lump	pronounced like English initial "clear l"
m	Maus [maʊs]	mouse	
n	nein [naɪn]	not	
ŋ	klingen ['kliŋən] sinken ['ziŋkən]	sing, drink	
p	Paß [pas] Weib [vaɪp] obgleich [ɔp'glaɪç]	pass	
r	rot [ro:t]	rot	There are two pronunciations: the frontal or lingual r and the uvular r (the latter unknown in England).
s	Glas [glɑːs] Masse ['masə] Mast [mast] naß [nas]	miss	unvoiced when final, doubled, or next a voiceless consonant
z	Sohn [zo:n] Rose ['ro:zə]	zero	voiced when initial in a word or a syllable
ʃ	Schiff [ʃif] Charme [ʃarm] Spiel [ʃpi:l] Stein [ʃtaɪn]	shop	
t	Tee [te:] Thron [tro:n] Stadt [ʃtat] Bad [bɑːt] Findling ['fintliŋ] Wind [vint]	tea	
v	Vase ['vɑːzə] Winter ['vintər]	vast	

ã, ɛ̃, õ are nasalized vowels. Examples: Ensemble [ã'sɑ̃:bəl], Terrain [tɛ'rɛ̃:], Feuilleton ['fœjə'tõ:].

List of Suffixes
often given without Phonetic Transcription

Suffix	Phonetic Transcription	Examples	Suffix	Phonetic Transcription	Examples
-bar	-baːr	'schein**bar**	-isch	-iʃ	'bel**gisch**
-chen	-çən	'Lieb**chen**	-ist	-ist	Pessi'**mist**
-d	-t	'fesseln**d**	-keit	-kaɪt	'Männlich**keit**
-ei	-aɪ	Reede'**rei**	-lich	-liç	'sach**lich**
-en	-ən	zer'stör**en**	-losigkeit	-loːziçkaɪt	'Rücksichts**losigkeit**
-end	-ənt	'ätz**end**	-nis	-nis	'Wir**rnis**
-er	-ər	Trans'port**er**	-sal	-zɑːl	'Trüb**sal**
-haft	-haft	'fabel**haft**	-sam	-zɑːm	'furcht**sam**
-heit	-haɪt	Be'sonder**heit**	-schaft	-ʃaft	'Wähler**schaft**
-ie	-iː	Philolo'**gie**	-ste	-stə	'dreißig**ste**
-ieren	-iːrən	organi'**sieren**	-tät	-tɛːt	Morali'**tät**
		mystifi'**zieren**	-tum	-tuːm	'Wachs**tum**
-ig	-iç	'traur**ig**	-ung	-uŋ	Ge'wöhn**ung**
-ik	-ik	Belle'trist**ik**	-ungs-	-uŋs-	Ge'sinn**ungs**wechsel
-in	-in	'Sänger**in**			

Grammatical References

Parts of speech (adjective, verb, etc.) have been indicated throughout. Entries have been subdivided by Roman numerals to distinguish the various parts of speech.

I. Nouns. The inflectional forms (*genitive singular/nominative plural*) follow immediately after the indication of gender. No forms are given for compounds if the parts appear as separate headwords.

The horizontal stroke replaces that part of the word which remains unchanged in the inflexion: *Affe m (-n; -n); Affäre f (-; -n).*

The sign ⁼ indicates that an Umlaut appears in the inflected form in question: *Blatt n (-[e]s; ⁼er).*

II. Verbs. Verbs have been treated in the following ways:

a) *bändigen v/t. (h.)*: The past participle of this verb is formed by means of the auxiliary verb *haben*: *er hat gebändigt.*

b) *gehen v/i. (... sn)*: The past participle of this verb is formed by means of the auxiliary verb *sein*: *er ist gegangen.*

c) *gehen v/i. (irr. ...)*: *irr.* following the verb refers the reader to the list of irregular German verbs on p. 17 for the principal parts of this particular verb: *er ging; er ist gegangen.*

d) *abfallen v/i. (irr. ...)*: The reference *irr.* indicates that the compound verb *abfallen* is conjugated exactly like the primary verb *fallen* as given in the list of irregular verbs: *er fiel ab; er ist abgefallen.*

III. Prepositions. Prepositions governing a headword are given in both languages. The grammatical construction following a German preposition is indicated only if the preposition governs two different cases. If a German preposition applies to all translations it is given only with the first whereas its English equivalents are given after each translation: *schützen* ... defend (*gegen* against, *vor dat.* from); secure ... (against); keep (from); shelter (from); protect (from).

Alphabetical List of the German Irregular Verbs

Infinitive — Preterite — Past Participle

backen - backte (buk) - gebacken
bedingen - bedang (bedingte) - bedungen
  (*conditional:* bedingt)
befehlen - befahl - befohlen
beginnen - begann - begonnen
beißen - biß - gebissen
bergen - barg - geborgen
bersten - barst - geborsten
bewegen - bewog - bewogen
biegen - bog - gebogen
bieten - bot - geboten
binden - band - gebunden
bitten - bat - gebeten
blasen - blies - geblasen
bleiben - blieb - geblieben
bleichen - blich - geblichen
braten - briet - gebraten
brauchen - brauchte - gebraucht
  (*v/aux.* brauchen)
brechen - brach - gebrochen
brennen - brannte - gebrannt
bringen - brachte - gebracht
denken - dachte - gedacht
dreschen - drosch - gedroschen
dringen - drang - gedrungen
dürfen - durfte - gedurft (*v/aux.* dürfen)
empfehlen - empfahl - empfohlen
erkiesen - erkor - erkoren
erlöschen - erlosch - erloschen
erschrecken - erschrak - erschrocken
essen - aß - gegessen
fahren - fuhr - gefahren
fallen - fiel - gefallen
fangen - fing - gefangen
fechten - focht - gefochten
finden - fand - gefunden
flechten - flocht - geflochten
fliegen - flog - geflogen
fliehen - floh - geflohen
fließen - floß - geflossen
fressen - fraß - gefressen
frieren - fror - gefroren
gären - gor (*esp. fig.* gärte) - gegoren (*esp. fig.* gegärt)

gebären - gebar - geboren
geben - gab - gegeben
gedeihen - gedieh - gediehen
gehen - ging - gegangen
gelingen - gelang - gelungen
gelten - galt - gegolten
genesen - genas - genesen
genießen - genoß - genossen
geschehen - geschah - geschehen
gewinnen - gewann - gewonnen
gießen - goß - gegossen
gleichen - glich - geglichen
gleiten - glitt - geglitten
glimmen - glomm - geglommen
graben - grub - gegraben
greifen - griff - gegriffen
haben - hatte - gehabt
halten - hielt - gehalten
hängen - hing - gehangen
hauen - haute (hieb) - gehauen
heben - hob - gehoben
heißen - hieß - geheißen
helfen - half - geholfen
kennen - kannte - gekannt
klimmen - klomm - geklommen
klingen - klang - geklungen
kneifen - kniff - gekniffen
kommen - kam - gekommen
können - konnte - gekonnt (*v/aux.* können)
kriechen - kroch - gekrochen
laden - lud - geladen
lassen - ließ - gelassen (*v/aux.* lassen)
laufen - lief - gelaufen
leiden - litt - gelitten
leihen - lieh - geliehen
lesen - las - gelesen
liegen - lag - gelegen
lügen - log - gelogen
mahlen - mahlte - gemahlen
meiden - mied - gemieden
melken - melkte (molk) - gemolken (gemelkt)
messen - maß - gemessen
mißlingen - mißlang - mißlungen
mögen - mochte - gemocht (*v/aux.* mögen)

müssen - mußte - gemußt (*v/aux.* müssen)
nehmen - nahm - genommen
nennen - nannte - genannt
pfeifen - pfiff - gepfiffen
preisen - pries - gepriesen
quellen - quoll - gequollen
raten - riet - geraten
reiben - rieb - gerieben
reißen - riß - gerissen
reiten - ritt - geritten
rennen - rannte - gerannt
riechen - roch - gerochen
ringen - rang - gerungen
rinnen - rann - geronnen
rufen - rief - gerufen
salzen - salzte - gesalzen (gesalzt)
saufen - soff - gesoffen
saugen - sog - gesogen
schaffen - schuf - geschaffen
schallen - schallte (scholl) - geschallt
  (*for* erschallen *a.* erschollen)
scheiden - schied - geschieden
scheinen - schien - geschienen
scheißen - schiß - geschissen
schelten - schalt - gescholten
scheren - schor - geschoren
schieben - schob - geschoben
schießen - schoß - geschossen
schinden - schund - geschunden
schlafen - schlief - geschlafen
schlagen - schlug - geschlagen
schleichen - schlich - geschlichen
schleifen - schliff - geschliffen
schleißen - schliß - geschlissen
schließen - schloß - geschlossen
schlingen - schlang - geschlungen
schmeißen - schmiß - geschmissen
schmelzen - schmolz - geschmolzen
schnauben - schnob - geschnoben
schneiden - schnitt - geschnitten
schrecken - schrak - *obs.* geschrocken
schreiben - schrieb - geschrieben
schreien - schrie - geschrie(e)n
schreiten - schritt - geschritten
schweigen - schwieg - geschwiegen
schwellen - schwoll - geschwollen
schwimmen - schwamm - geschwommen
schwinden - schwand - geschwunden
schwingen - schwang - geschwungen
schwören - schwor - geschworen
sehen - sah - gesehen
sein - war - gewesen
senden - sandte - gesandt
sieden - sott - gesotten

singen - sang - gesungen
sinken - sank - gesunken
sinnen - sann - gesonnen
sitzen - saß - gesessen
sollen - sollte - gesollt (*v/aux.* sollen)
spalten - spaltete - gespalten (gespaltet)
speien - spie - gespie(e)n
spinnen - spann - gesponnen
sprechen - sprach - gesprochen
sprießen - sproß - gesprossen
springen - sprang - gesprungen
stechen - stach - gestochen
stecken - steckte (stak) - gesteckt
stehen - stand - gestanden
stehlen - stahl - gestohlen
steigen - stieg - gestiegen
sterben - starb - gestorben
stieben - stob - gestoben
stinken - stank - gestunken
stoßen - stieß - gestoßen
streichen - strich - gestrichen
streiten - stritt - gestritten
tragen - trug - getragen
treffen - traf - getroffen
treiben - trieb - getrieben
treten - trat - getreten
triefen - triefte (troff) - getrieft
trinken - trank - getrunken
trügen - trog - getrogen
tun - tat - getan
verderben - verdarb - verdorben
verdrießen - verdroß - verdrossen
vergessen - vergaß - vergessen
verlieren - verlor - verloren
verschleißen - verschliß - verschlissen
verzeihen - verzieh - verziehen
wachsen - wuchs - gewachsen
wägen - wog (wägte) - gewogen (gewägt)
waschen - wusch - gewaschen
weben - wob - gewoben
weichen - wich - gewichen
weisen - wies - gewiesen
wenden - wandte - gewandt
werben - warb - geworben
werden - wurde - geworden (worden*)
werfen - warf - geworfen
wiegen - wog - gewogen
winden - wand - gewunden
wissen - wußte - gewußt
wollen - wollte - gewollt (*v/aux.* wollen)
wringen - wrang - gewrungen
zeihen - zieh - geziehen
ziehen - zog - gezogen
zwingen - zwang - gezwungen

* only in connection with the past participles of other verbs, *e.g. er ist gesehen worden* he has been seen.

A

A, a [a:] n A, a (a. mus.); das A und O Alpha and Omega, w.s. the most important thing (gen. of); von A bis Z from A to Z, from first to last; wer A sagt, muß auch B sagen in for a penny, in for a pound; mus. A-Dur A major; a-Moll A minor.

à [a:] econ. prp. at ... each; 5 Zigarren ~ 20 Cent 5 cigars 20 cents each.

Aal [a:l] m (-[e]s; -e) eel; mil. sl. (torpedo) tin-fish; sich winden wie ein ~ wriggle like an eel; '2en v/i. (h.) fish for eels; v/refl. fig. sich ~ (h.) laze, lounge about; sich (in der Sonne etc.) ~ bask (in the sun, etc.); 2glatt adj. slippery (as an eel); '~reuse f eel-buck.

Aar [a:r] poet. m (-[e]s; -e) eagle.

Aas [a:s] n (-es; -e) carrion, carcass; tanning: fleshings pl.; colloq. (pl. Äser) beast; 2en ['a:zən] colloq. v/i. (h.): mit et. ~ squander, waste; '~fliege f carrion fly; '2fressend adj. necrophagous; '~geier m carrion--vulture; fig. vulture; 2ig ['a:ziç] I. adj. carrionlike; fig. foul, dirty; colloq. beastly; II. adv. colloq. beastly; er hat ~ viel Geld sl. he is lousy with money.

ab [ap] adv. and prp. (dat.) 1. space: off, down; away (from); thea. exit (Romeo, etc.), pl. exeunt; Hut ~! off with your hat(s pl.), (a. fig. vor dir, etc.) hat(s pl.) off (to you, etc.); von da ~ from there; weit ~ (von dat.) far off (a th. or from a th.); rail. ~ dep. (= departure); rail. ~ Brüssel from Brussels; econ. ~ Berlin (Fabrik, Lager, etc.) ex Berlin (works, warehouse, etc.); ~ dort loco your town, (to be) delivered at yours; ~ hier loco here, (to be) delivered here; die Preise verstehen sich ~ hier prices are quoted from here; 2. time: from; adm. as of, on or after, effective; ~ heute from today; von jetzt ~ from now on, in (the) future; von da ~ from that time; ~ und zu now and then, off and on, (every) once in a while; 3. less, deducting; 4. colloq. ~ sein be (quite) exhausted, be all in.

abänder|lich ['apˀɛndərlɪç] adj. alterable, modifiable; (a. gr.) variable; jur. commutable; ~n v/t. (h.) alter, change; vary; modify; correct, rectify; revise, recast; parl. amend; jur. commute; 2ung f alteration; modification; rectification; revision; parl. amendment; 2ungsantrag parl. m amendment; ~ungsfähig adj. modifiable; 2ungspatent n reissue patent.

Abandon-erklärung [abã:'dõ:-] econ. f notice of abandonment.

abandonnieren [-də'ni:rən] econ. v/t. (h.) abandon.

'ab-arbeiten v/t. (h.) work off (a. debt); overwork, overtask; wear out; sich ~ slave, drudge; spare no pains; overwork o.s., work o.s. to the bone; abgearbeitet overworked, worn out.

'ab-ärgern: sich ~ (h.) fret o.s. to death.

'Ab-art f variety (a. bot., zo.), species, modification; fig. variety, version; 2en v/i. (sn) deviate from type, vary; degenerate; 2ig adj. abnormal.

'ab-ätzen v/t. (h.) remove (with caustics); corrode; med. cauterize.

'abbalgen v/t. (h.) skin, flay.

'Abbau m (-[e]s) pulling-down, demolition (of buildings, etc.); tech. disassembly; a. w.s. (mil.) dismantling, stripping; (pl. ~e) mining: a) working, exploitation (of a mine), mining (of coal), b) exhaustion (of a mine); ~ unter Tage underground working; chem. decomposition, breaking-down; physiol. catabolism; fig. retrenchment, economies pl., cut, cut-back, slash(es pl.); reduction, cut(s pl.) (in prices, wages, etc.); retrenchment (of expenses or officials); staff reduction; temporary: laying off; discharge, dismissal (of employees); lifting of restrictions, relaxation of controls; 2en v/t. and v/i. (h.) pull (or take) down, demolish; tech. disassemble; dismantle, strip; work (a mine); mine, win (coal, etc.); film: strike a set; chem. break down, disintegrate; fig. retrench (expenses); reduce, cut (prices, wages); retrench, (give the) ax(e) (to) (offices); reduce, cut down (personnel); dismiss, discharge (employees), temporarily: lay off; work off (backlog); repay (debt); colloq. sports: wilt; ~feld n working field; ~gerechtigkeit f mining franchise; ~mittel chem. n disintegrant; ~produkt chem. n decomposition product; 2würdig adj. workable.

'abbefördern v/t. (h.) remove, carry off; evacuate.

'abbeißen v/t. (irr., h.) bite off.

'abbeiz|en v/t. (h.) remove (with caustics); pickle, scour (metal); dress, taw (skins); med. cauterize; 2mittel n caustic; metall. pickling agent; paint remover.

'abbekommen v/t. (irr., h.) get off or loose; s-n Teil ~ get (or come in for) one's share; et. ~ come in for a th., colloq. get hurt, be hit, thing: be damaged.

'abberuf|en v/t. (irr., h.) call away; recall (diplomat); remove (or relieve) from office; 2ung f recall; removal, suspension (from office).

'abbestell|en v/t. (h.) econ. countermand, cancel (an order); discontinue, cancel (the subscription); j-n: tell a p. not to come; 2ung f countermand; cancellation.

'abbetteln v/t. (h.): j-m et. ~ wheedle a th. out of a p.

'abbieg|en I. v/t. (irr., h.) turn aside; deflect; fig. ... (danger); colloq. take care of, ... (a matter); II. v/i. (irr., sn): nach rechts (links) ~ turn right (left); mar., mil. change course; road: branch off, turn off; 2ung f road juncture, fork; bend.

'Abbild n copy, duplicate; replica; image (a. opt.), effigy; likeness, portrait; fig. das ~ s-s Vaters the spit and image of his father; 2en v/t. (h.) copy, duplicate; represent, show (a th.); take the likeness of, portray, paint (a p.); draw; sculp. model; oben abgebildet shown above; ~ung f representation; picture, illustration; tech. diagram, graph, esp. in caption: figure (abbr. fig.); mit ~en versehen illustrate (a book, etc.).

'abbinden I. v/t. (irr., h.) untie, unbind, loosen, remove; med. tie off, ligature; apply a tourniquet to (wound); wean; el. lace (cable), lash (wire); II. v/i. (irr., h.) chem. bond; cement: set.

'Abbinden n (-s) untying, etc.; med. ligature; chem. bonding; cement: setting.

'Abbitte f apology; ~ tun or leisten make one's apology, apologize (bei j-m wegen et. to a p. for a th.); 2n v/t. (irr., h.): j-m et. ~ apologize to a p. for a th., beg a p.'s forgiveness.

'abblase|n v/t. (irr., h.) blow off (a. steam) or away; tech. (sand)blast; mil. dust (toxic agents), release (gas); fig. call off, cancel; break off (an attack); 2ventil n blowoff valve.

'abblättern I. v/t. (h.) strip the leaves off, defoliate; II. v/i. (sn), a. sich (h.) shed the leaves; flake off, peel off; skin: desquamate; bone: exfoliate.

'abblend|en v/t. (h.) screen, dim; mot. (a. v/i.) dim (or dip) the headlights; phot. stop down; film, radio: fade down or out; 2en n dimming; mot. dipping; phot. stop-down; film, radio: fading down; 2licht n (-[e]s; -er) passing beam; 2schal-

ter *m* dip-switch; ♀**ung** *mot. f* dimming, screening; antidazzling.

'**abblitzen** *v/i.* (sn) meet with a rebuff (*bei j-m* from), be sent away; *j-n ~ lassen* send a p. about his business, snub a p. (off).

'**abblühen** *v/i.* (sn) droop, wither; *fig.* fade; *abgeblüht sein* be over.

abböschen ['-bœʃən] *v/t.* (h.) slope.

'**abbrausen I.** *v/t. and sich ~* (h.) douche, shower; *sich ~ a.* have a shower; **II.** *colloq. v/i.* (sn) rush off, whiz(z) *or* buzz off.

'**abbrechen I.** *v/t.* (irr., h.) break off; pluck, pick (*fruit*); pull down (*houses*), take down (*a. scaffolding*); demolish; break up (*camp*); strike (*tent*); *typ.* break (*line*); *fig.* stop, interrupt; cut short; break off (*relations, etc.*); raise (*a siege*); call off (*a strike*); **II.** *v/i.* (irr., sn) break off, snap off; *fig.* stop, cease; be interrupted; *kurz ~* stop short *or* dead, break off (abruptly); interrupt o.s.

'**abbrems|en** *v/t. and v/i.* (h.) brake, apply the brakes; make a brake test; *aer.* run up, power-test *the engine*; *fig.* brake, put the brake on; retard, slow down; cushion, absorb; *phys.* moderate; ♀**vorrichtung** *f* arresting gear.

'**abbrenn|en I.** *v/t.* (irr., h.) burn down, destroy by fire; burn off; assart (*the ground*); *metall.* refine; temper (*steel*); *el.* spark; let off (*fireworks*); **II.** *v/i.* (irr., sn) burn down *or* to the ground; *person:* lose one's property through a fire, be burnt out; *candle:* burn away; → *abgebrannt*; ♀**schweißung** *tech. f* flash-butt welding; ♀**schweißverfahren** *n* gas welding method.

'**abbringen** *v/t.* (irr., h.) get off; deflect, divert; *mar.* unmoor; float (*stranded ship*); *fig. j-n ~ von* argue (*or* talk, reason) a p. out of (*a project*), dissuade a p. from *a th.*; *j-n von e-r Gewohnheit ~* break a p. of a habit; *j-n von e-m Thema ~* lead a p. away from a topic; *j-n vom* (*rechten*) *Wege ~* (*a. fig.*) lead a p. astray; *sich nicht ~ lassen von et.* cling (*or* stick) to a th., persist in (doing) a th., stick to one's guns; *davon lasse ich mich nicht ~* you won't change my mind about this.

'**abbröckeln** *v/i.* (sn) crumble away; *fig. econ. prices:* crumble (away), drop off.

'**Abbruch** *m* pulling down, demolition, taking down; debris, rubble; *mount.* descent; *auf ~ verkaufen* sell for scrap *or* for the material; *fig.* breaking off (*of diplomatic relations, etc.*), discontinuance; rupture; damage, prejudice; *e-r Sache ~ tun* impair, detract from, damage, injure, prejudice *a th.*; ~**arbeiter** *m* demolition worker, wrecker; ~**höhe** *aer. f* break-off height; ♀**reif** *adj.* ripe for demolition, dilapidated, derelict; ~**unternehmer** *m* housebreaker, *pl. Am.* wrecking company.

'**abbrühen** *v/t.* (h.) (par)boil (*poultry, etc.*); scald (*pig*); *fig.* → *abgebrüht*.

'**abbuch|en** *econ. v/t.* (h.) charge, debit; write off, get off the books; ♀**ung** *f* charge, debit (entry); write-off.

'**abbürsten** *v/t.* (h.) brush (down) (*clothes*); brush off (*dust*).

'**abbüßen** *v/t.* (h.) expiate, atone for; serve *a sentence*.

'**Abbüßen** *n* (-s) expiation, atonement; *nach ~ der Freiheitsstrafe* after expiry of the term of imprisonment.

ABC [ɑːbeˈtseː] *n* (-; -) ABC, alphabet; *fig. the* (first) rudiments; *nach dem ~* alphabetically; **Abc-Buch** *n* spelling-book, primer; ~**-Kriegführung** *f* ABC warfare; **Abc-Schüler(in** *f*) *m*, **Abc-Schütze** *m* abecedarian; ~**-Waffen** *mil. f/pl.* ABC-weapons.

abdach|en ['apdaxən] *v/t.* (h.) slope, slant; ♀**ung** *f* (-; -en) slope, declivity; glacis.

'**abdämm|en** *v/t.* (h.) dam up *or* off; embank; *el.* insulate; *fig.* stem off; ♀**ung** *f* (-; -en) damming up, embankment; insulation.

'**Abdampf** *m* exhaust steam; ♀**en I.** *v/i.* (sn) evaporate; *train:* steam (*or* chuff) off, pull out; *colloq.* steam it; **II.** *v/t.* (h.) (*a. ~ lassen*) evaporate, vaporize; ~**en** *n* (-s) evaporation.

'**abdämpfen** *v/t.* (h.) *cul.* steam; damp, deaden, soften (*sound*).

'**Abdampf...:** ~**energie** *f* energy in the exhaust steam; ~**heizung** *f* waste-steam heating; ~**ofen** *m* slip kiln; ~**rohr** *n* exhaust pipe; ~**turbine** *f* waste-steam turbine.

'**abdank|en I.** *v/t.* (h.) discharge, dismiss; *mar.* pay off *the crew*; retire, pension off (*civil servant*); cashier (*officer*); *fig.* lay up (*ship*); **II.** *v/i.* (h.) resign (one's office), tender one's resignation, retire; quit the service; *ruler:* abdicate; ♀**ung** *f* (-; -en) discharge, dismissal; resignation, retirement; abdication.

'**abdarben** *v/refl.* (h.): *sich et. ~* deny o.s. a th., stint o.s. of a th.

Abdeck|blech ['apdɛk-] *n* cover (-ing) sheet; ~**blende** *f* shutter; ♀**en** *v/t.* (h.) uncover; untile (*roof*); unroof (*house*); strip (*bed*); clear (*the table*); *tech.* mask, cover, conceal, shield; *phot.* screen off; flay (*cattle*); *econ.* meet, cover; pay back, repay; *football, etc.*: mark; *boxing:* guard, cover (up).

'**Abdecker** *m* (-s; -) knacker, flayer; **Abdecke'rei** *f* (-; -en) knacker's yard, knackery, *Am.* bone yard.

'**Abdeck...:** ~**plane** *f* cover; ~**platte** *f* cover plate.

abdeichen ['apdaɪçən] *v/t.* (h.) → *abdämmen*.

'**abdekantieren** *chem. v/t.* (h.) decant.

'**abdestillieren** *chem. v/t.* (h.) distil(l) off.

'**abdicht|en** *v/t.* (h.) make tight; *tech.* seal, pack; *mar.* caulk; *gegen Gas* (*Wasser*) *~* gasproof (waterproof); → *dichten*; ♀**ung** *f* sealing, *etc.*; → *Dichtung*.

'**abdienen** *v/t.* (h.): *s-e Zeit ~* serve one's time; work off (*debt*).

'**abdorren** *v/i.* (sn) wither, dry up; **II.** *tech. v/t.* (h.) kiln-dry.

'**abdörren** *v/t.* (h.) dry up, parch, desiccate.

'**abdräng|en** *v/t.* (h.) push off *or* aside, force away; *mot. seitlich ~*

side-swipe; *aer., mar.* deflect from course (*wind*); ♀**ung** *f* (-; -en) *aer.* deflection from course (by wind), drift; *mar.* leeway.

'**abdreh|en I.** *v/t.* (h.) twist off; turn off (*the gas, etc.*); *el.* switch off; *tech.* strip (*thread*); true, dress (*polishing disk*); turn off (*or* down) (*work*); face; **II.** *v/i.* (sn) *mar.* change one's course, turn off; veer off; *aer.* **a)** break away (*in dogfight*), **b)** go into a nose-dive; ♀**maschine** *f* finishing machine, lathe; ♀**spindel** *f* lathe spindle; ♀**werkzeug** *n* dressing (*or* turning) tool.

Abdrift ['apdrift] *f* (-; -en) *aer., mar.* drift; *mar.* leeway; ~**anzeiger** *m* drift indicator; ~**platz** *m for paratroops:* jump area.

'**abdrosseln** *v/t.* (h.) *mot.* throttle (down), stall; *a. el.* choke.

'**Abdruck** *m* (-[e]s; ⁿe) impression, mark, stamp; fingerprint, smudge; cast; *of tooth:* mo(u)ld; fossil remains *pl., of plants:* dendrolite, *of fish:* ichthyolite; *typ.* impression; (*pl.* -e) copy, print; reprint; proof; *of signet, etc.:* mark, stamp; *of coin:* ectype; ♀**en** *v/t.* (h.) *typ.* print (off); *wieder ~* reprint; publish.

'**abdrücken** *v/t.* (h.) mo(u)ld; discharge, fire off (*gun*), (*a. v/i.*) pull the trigger (of); hug, squeeze, cuddle; *j-m das Herz ~* break a p.'s heart.

'**Abdruckrecht** *n* right of reproduction, copyright.

'**Abdruckstempel** *typ. m* impression block.

'**abducken** *v/t. and v/i.* (h.) dodge, duck.

Abduktion [apdʊktsiˈoːn] *med. f* (-; -en) abduction.

'**abdunkeln** *v/t.* (h.) darken, dim, black out (*light*); deepen, shade down (*colour*); *TV:* blank.

'**abdunst|en** *v/i.* (h.) evaporate; ♀**ung** *f* (-; -en) evaporation.

'**ab-ebben** *v/i.* (sn) ebb away; *fig.* ebb, die down, fizzle out.

Abend ['ɑːbənt] *m* (-s; -e) evening; *poet.* eve; *thea.* night; *mus.* recital; evening party, soirée; *bunter ~* variety show; → *heilig; geogr. the* West; *am ~, des ~s* in the evening, at night; *diesen ~, heute* ♀ this evening, tonight; *morgen* (*gestern*) ♀ tomorrow (last) night; *Guten ~!* good evening!; *zu ~ essen* have supper, sup; have dinner, dine (in the evening); *es wird ~* it is getting dark, night is drawing in; *fig. man soll den Tag nicht vor dem ~ loben* don't halloo till you are out of the wood; *es ist noch nicht aller Tage ~* things may take a turn yet.

'**Abend...:** ~**andacht** *f* evening prayers *pl.*; ~**anzug** *m* evening dress; ~**ausgabe** *f* evening edition; ~**blatt** *n* evening paper; ~**börse** *econ. f* evening exchange; ~**brot** *n* supper; ~**dämmerung** *f* (evening) twilight, dusk; ~**essen** *n* supper, dinner; ♀**füllend** *adj.* full-length (*film*); ~**gebet** *n* evening prayer; ~**geläute** *n* evening bells *pl.*; ~**gesellschaft** *f* evening party, soirée; ~**gottesdienst** *m* evening service, R.C. vespers *pl.*; ~**kasse** *thea. f* box-office; ~**kleid** *n* evening gown (*or* dress); **~kühle** *f* cool of the evening; **~kurs** *m* → *Abendschule*; **~land** *n* (-[e]s) *the* Occident; **2ländisch** ['-lendiʃ] *adj.* western, occidental; **2lich** *adj.* evening, of (or in) the evening; **~er** *Wind* evening breeze; **~mahl** *n* (-[e]s; -e) → *Abendessen*; *eccl. the* (Holy) Communion, *the* Lord's Supper; *das* ~ *empfangen* partake of the Lord's Supper, communicate; *das* ~ *reichen* administer the sacrament; **~messe** *eccl. f* vespers *pl.*; **~rot** *n*, **~röte** *f* evening (or sunset) glow, afterglow.

abends ['ɑːbənts] *adv.* in the evening; *spät* ~ late in the evening; *um 7 Uhr* ~ at 7 o'clock in the evening (or p.m.); *von* ~ *bis früh* from nightfall to sunrise; *von morgens bis* ~ from dawn to dusk, from morning till night.

'Abend...: **~schule** *f* evening classes *pl.*, night-school; **~seite** *ast. f* western aspect; **~sonne** *f* setting sun; **~stern** *m* evening star, Venus; **~tisch** *m* supper table; **~toilette** *f* evening dress (or toilet); **~umhang** *m* evening wrap; **~unterricht** *m* → *Abendschule*; **~wind** *m* evening breeze; **~zeit** *f* night-time; **~zeitung** *f* evening paper.

Abenteuer ['ɑːbəntɔʏər] *n* (-s; -) adventure; venture; → *galant*; *auf* ~ *ausgehen* seek adventures; **~geschichte** *f* adventure story; **2lich** *adj.* adventurous; *fig.* strange, quixotic, romantic; wild, fantastic; *ein* ~*es Leben führen* lead an adventurous life, live by one's wits; **~lichkeit** *f* (-; -en) adventurousness; *fig.* strangeness, quixotry; extravagance; **~lust** *f* (-) spirit of adventure; **2n** *v/i.* (h.) lead an adventurous life, knock about.

'Abenteurer *m* (-s; -) adventurer; daredevil; **~in** *f* (-; -nen) adventuress; **~leben** *n* (-s): *ein* ~ *führen* → *abenteuern*.

aber ['ɑːbər] **I.** *adv.* again; ~ *und abermals* again and again, over and over again; *Tausende und* ~ *Tausende* thousands and (or upon) thousands; **II.** *cj.* but; ~ *d(enn)och* (but) yet, still, however; *oder* ~ otherwise, (or) else; **III.** *int.:* ~! now then!; ~, ~! now, now!; come, come!, how could you!; ~ *nein!* no!, on the contrary!; you don't say!, go on!; ~ *schnell!* and make it quick!; ~ *tüchtig!* and how!

'Aber *n* (-s; -) but, objection; *die Sache hat ein* ~ there is a 'but' in it, there is a catch to it; *er hat immer ein* (*Wenn und*) ~ he always has his objection; *ohne Wenn und* ~ without any 'ifs' and 'buts'.

'Aber|glaube *m* superstition; **~gläubigkeit** *f* superstitiousness; **2gläubisch** ['-glɔʏbiʃ] *adj.* superstitious.

'ab-erkenn|en *v/t.* (*irr.*, h.): *j-m et.* ~ deny a p. a th.; *jur.* deprive of (*right*); declare a p. disentitled to, dispossess a p. of *a th.* by judgment; disallow (*damages*); **2ung** *f* denial; *jur.* deprivation; dispossession; abjudication; ~ *der bürgerlichen Ehrenrechte* deprivation (or loss) of civic rights, civic degradation.

aber|malig ['-mɑːliç] *adj.* repeated, reiterated, renewed; **~mals** ['-mɑːls] *adv.* again, anew, once more.

'ab-ernten *v/t.* (h.) reap, harvest.

Aberration [ap'erɑtsi'oːn] *phys. f* (-; -en) aberration.

'Aberwitz *m* (-es) folly, madness, craziness; absurdity; **2ig** *adj.* crazy, mad, frantic; absurd.

'ab-essen I. *v/t.* (*irr.*, h.) eat off; clear (*plate*); *e-n Knochen* ~ pick a bone; **II.** *v/i.* (*irr.*, h.) finish eating.

Abessin|ier [abɛ'siːniər] *m* (-s; -), **~ierin** *f* (-; -nen), **2isch** *adj.* Abyssinian.

abfachen ['apfaxən] *v/t.* (h.) partition, divide into compartments.

'abfahren I. *v/i.* (*irr.*, sn) leave, start; set out or off (*all: nach for*); drive off; pedal off; *rail.* pull out (*of the station*); *mar.* clear (*nach for*), depart, (set) sail; *mount.* glissade; *ski:* race downhill, run down; *rail.* ~! ready!, go!; *fig.* meet with a rebuff, be snubbed (off); *j-n* ~ *lassen, mit j-m* ~ snub a p., give a p. the cold shoulder; **II.** *v/t.* (*irr.*, h.) cart (or carry) off, remove; pass (or drive) through, cover, do (*a distance*); patrol; wear out (*tyres*); *ihm wurde ein Bein abgefahren* he lost a leg in a motor-accident.

'Abfahrt *f* departure, start; setting-out; *mar.* sailing (*all: nach for*); *mount.* glissade; *ski:* downhill run, descent; *bei* ~ *des Zuges* at train-time; **~(s)bahnsteig** *m* departure platform; **2bereit** *adj.* ready to leave or start; **~(s)hafen** *m* port of departure or sailing; **~(s)lauf** *m ski:* downhill race; **~s-läufer(in** *f*) *m* straight-racer; **~s-tag** *m* day of departure; **~s-zeit** *f* time of departure.

'Abfall *m* (-[e]s) falling-off; fall (*of leaves*); steep slope, descent, declivity; *fig.* decrease; *a. el.* drop; defection, secession, backsliding (*von from a party, etc.*); desertion (*zu* to); *eccl.* apostasy (*von* from); revolt; *usu. Abfälle pl.* waste; refuse, rubbish, *Am.* garbage; *slaughtering:* offal; *tech.* chips, clippings, filings, shavings *pl.*; *fig.* unfavo(u)rable contrast; **~behälter** *m* refuse bin, *Am.* garbage can; **~eimer** *m* dust-bin, *Am.* ash-can; **~eisen** *n* scrap iron; **2en** *v/i.* (*irr.*, sn) fall or drop off; *fig.* decrease, fall off, drop; fall away, desert; break away, defect, *Am. a.* bolt (*von from a party, etc.*); *eccl.* apostatize (*von* from); *ground:* slope (away); lose flesh, grow thin; *es wird dabei für ihn etwas* ~ there will be something in it for him, too; *es fällt sehr ab gegen* (*acc.*) it is far inferior to, it compares badly with; **2end** *adj.* sloping (*ground*); *steil* ~ precipitous; *econ.* inferior (*quality*); **~energie** *f* waste energy; **~erzeugnis** *n* waste product; by-product; **~grube** *f* refuse pit; **~händler** *m* junk dealer; **~haufen** *m* refuse heap, dump.

'abfällig I. *adj.* disapproving, critical; disparaging, derogatory, depreciatory; adverse (*criticism*); **II.** *adv.* disparagingly, etc.; ~ *sprechen über j-n* speak disparagingly of a p., run a p. down; *j-n* (*j-s*

Bitte) ~ *bescheiden* give a negative answer to a p., refuse (*or* turn down) a p.'s request.

'Abfall...: **~moment** *tech. n* breakdown torque; **~produkt** *n* by--product; **~verwertung** *f* waste utilization, salvage.

'abfälschen *v/t.* (h.) *sports:* divert the ball.

'abfang|en *v/t.* (*irr.*, h.) catch, capture, snatch; intercept (*letter, message, plane, etc.*); check (*attack*); entice (*or* draw) away (*customers*); *sports:* overtake; *mot.* get a car under control; *hunt.* kill, stab; *arch.*, *mining:* prop, support; *tech.* absorb, cushion (*shocks*); *aer.* flatten out, pull out (*of a dive*); **2jäger** *aer. m* interceptor.

'abfärben *v/i.* (h., sn) lose colo(u)r, stain, bleed, come off; ~ *auf* (*acc.*) stain, *fig.* influence, colo(u)r (*a p.*).

abfasen ['apfɑːzən] *tech. v/t.* (h.) chamfer, face.

'abfasern I. *v/t.* (h.) string (*beans*); **II.** *v/i.* (sn) *fabric:* (*a. sich*, h.) ravel out, fray, fuzz.

'abfassen *v/t.* (h.) catch (*a p.*); intercept (*a p., a letter, etc.*); arrest; compose, write, pen; draft; word, formulate; couch (*in dat. in careful words, etc.*); draw up, originate; *kurz abgefaßt* concise(ly worded), brief; **'Abfassen** *n* (-s) composition; wording; formulation; drawing up, drafting.

'abfaulen *v/i.* (sn) rot (and fall) off.

'abfeder|n *v/t.* (h.) pluck (*poultry*); *tech.* spring(-load), suspend; cushion (*against shocks*); *einzeln abgefederte Räder* independently sprung wheels; **2ung** *f* cushioning; *mot.* spring suspension, springing.

'abfegen *v/t.* (h.) sweep off.

'abfeilen *v/t.* (h.) file off; *fig.* polish.

'abfeilschen (h.): *j-m et.* ~ bargain a p. out of a th.; *et. vom Preise:* beat down *the price* (in bargaining).

'abfertig|en *v/t.* (h.) dispatch (*a. rail, etc.*); *customs:* clear; dispatch, forward, expedite; serve, attend to, deal with (*customers*); deal with *a p.*, *adm.:* *Am.* process; *fig. j-n* ~ dismiss a p. without ceremony, send a p. about his business; *j-n kurz* ~ *a.* treat a p. curtly, snub a p., *a. sports:* make short work of; **2ung** *f* dispatching (*a. aer., rail.*); (customs) clearance; expedition; service; *fig.* snub; **2ungs-schein** *m* customs declaration; *econ.* dispatch note; **2ungs-stelle** *f* dispatch office; **2ungs-zeit** *f* handling time; *customs:* hours *pl.* of clearance.

'abfeuern *v/t.* (h.) fire off, discharge; *sports:* shoot, let go with.

'abfind|en *v/t.* (*irr.*, h.) pay off, satisfy; compound with (*creditors*); buy out (*a partner*); indemnify, compensate (*für* for); portion off (*a child*); *sich mit j-m* ~ come to terms with a p., settle (things) with a p.; *sich mit et.* ~ resign o.s. to a th., make the best of a th.; *mit j-m or et.:* put up with *a p.* or *th.*; *sich mit den Gegebenheiten* ~ *a.* face the facts; **2ung** ['-findun] *f* (-; -en) settlement, arrangement; composition (*mit den Gläubigern* with the creditors); *of employees:* severance pay; satisfaction; indemnification; compensation; **Ձungs-entschädigung** f severance compensation; **Ձungssumme** f sum of indemnity; compensation; **Ձungsvertrag** m (deed of) composition.

'**abfischen** v/t. (h.) fish off, empty.

abflachen ['apflaxən] v/t. (h.) flatten, level; tech. truncate (thread); sich ~ level, flatten, slope down, water: become shallow.

abflächen [apflɛçən] tech. v/t. (h.) face, surface; bevel.

Abflachung ['apflaxuŋ] f (-; -en) flattening, slope.

abflauen ['apflauən] v/i. (sn) wind: calm down, lull, drop; fig. ebb, subside, wane; prices: slacken off, give away; business: slacken, recede, slump; interest: fall off, flag, wane.

'**abfliegen I.** v/i. (irr., sn) fly off; aer. take off, start; **II.** v/t. (irr., h.) patrol, cover.

'**abfließen** v/i. (irr., sn) flow (or run) off, drain off; leak off; ~ lassen run (or drain) off.

'**abfluchten** tech. v/t. (h.) align.

'**Abflug** m take-off, start, departure; ~ mit Starthilfe assisted take-off; im ~ outbound; **~deck** n flight deck.

'**Abfluß** m flowing off, draining off; a. med. discharge; outflow, efflux, (foreign) drain (of money); sink; gutter, gully; outlet; **~gebiet** n catchment area; **~graben** m drain (-age ditch); **~hahn** m drain cock; **~kanal** m discharge conduit; spillway; **~menge** f (river) discharge; **~rohr** n waste-pipe, drain pipe; tech. outlet pipe; **~ventil** n drain valve.

'**Abfolge** f succession; sequence; geol. origin.

'**abfordern** v/t. (h.): j-m et. ~ demand (or claim) a th. of or from a p.; a. fig. exact a th. from a p.

'**abformen** v/t. (h.) mo(u)ld, model; copy; tech. shape, mo(u)ld.

abforsten ['apfɔrstən] v/t. (h.) deforest, cut down.

'**abfragen** v/t. (h.): j-n et. ~ question (Am. quiz) a p. about; e-n Schüler die Grammatik ~ hear a student's grammar; teleph. test the line.

'**abfräsen** tech. v/t. (h.) mill off.

'**abfressen** v/t. (irr., h.) eat off; graze (down), browse on, crop; tech. corrode; geol. erode; fig. gnaw at a p.'s heart.

'**abfrieren** v/i. (irr., sn) freeze off, be bitten off by cold; abgefroren frost-bitten.

'**abfühlen** v/t. (h.) touch, feel; med. palpate; tel. scan.

Abfuhr ['apfuːr] f (-; -en) removal, hauling off; cartage; fenc. disabling; sports and fig.: defeat, beating; rebuff; Am. brush-off; fig. e-e ~ erteilen (dat.) **a)** sports: beat (hollow), trounce, **b)** fig. settle a p., snub, rebuff.

'**abführen I.** v/t. (h.) lead off or away; carry (or cart, haul) off; remove, escort away (prisoner); drain off (water, etc.); phys. eliminate; carry off (heat); exhaust (gas); econ. **a)** pay over (an acc. to), **b)** pass to a p.'s credit, **c)** branch (or draw) off, **d)** pay off, clear off, discharge

(debt); fenc. disable; fig. snub; **II.** v/i. (h.) med. purge (the system), be aperient, loosen the bowels; **~d** adj. med. purgative, aperient, laxative.

'**Abfuhr...:** **~kosten** pl. carriage sg.; **~lohn** m cartage.

'**Abführ...:** **~mittel** n aperient, laxative, purgative; **~tee** m aperient tea; **~ung** f → abführen; removal, carriage; payment, settlement, clearance; med. purging.

Abfüll|anlage ['apfyl-] f filling (or bottling) plant; **Ձen** v/t. (h.) fill; decant; draw (or rack) off (beer, wine, etc.), bottle; **~station** f filling station; **~waage** f weigher-filler.

'**abfüttern** v/t. (h.) feed; tech. line.

'**Abgabe** f delivery; surrender; sports: pass; transmission (of message); issue; sale; ~ e-r Erklärung (making of a) statement; ~ der Wahlstimme casting one's vote, voting, polling; tribute; esp. customs, duty; tax, impost; (communal) rate; **~n** pl. stock exchange: sales; soziale **~n** pl. social contribution sg.; phys. emission (of rays, etc.); el. output; release (of energy); **Ձnfrei** adj. duty-free; tax-exempt; **~nfreiheit** f (-) exemption from duties; immunity; **Ձnpflichtig** adj. dutiable; liable to duty or taxes; **~nwesen** n (-s) (system of) imposts and taxes; **~npumpe** mot. f dispensing pump.

'**Abgang** m departure, start; mar. sailing; thea. exit; gym. dismount; retirement, resignation (aus from a post); leaving (von der Schule school); graduation (from); sale (of merchandise); tare; waste, wastage, loss; at weighing: deficiency, shortage; of liquids: leakage, ullage; decrease; diminution, reduction; Abgänge pl. of personnel: separations; dispatch (of goods); banking: items disposed of; med. discharge, flux; econ. guten ~ finden meet with a ready sale, find a ready market, go off well; schlechten ~ finden have a poor sale, be a drug in the market.

'**abgängig** adj. econ. **a)** missing, deficient, **b)** sal(e)able, marketable.

'**Abgangs...:** **~alter** n school-leaving age; **~hafen** m port of clearance; **~mikrophon** n sound emission microphone; **~prüfung** f leaving examination; **~schüler** m school-leaver, graduate; **~station** f station of departure; **~verkehr** m outgoing traffic; **~zeit** f time of departure (or of goods: of dispatch); **~zeugnis** n (school-)leaving certificate; diploma.

'**Abgas** n waste (esp. mot.: exhaust) gas; **~gebläse** n exhaust-gas-driven compressors; **~kanal** m exhaust flue; **~reinigungs-anlage** f waste--gas purification plant; **~turbine** f exhaust(-gas) turbine; **~turbolader** ['-tʊrbo'laːdər] m (-s; -) exhaust-driven turbosupercharger; **~verwertung** f waste-gas utilization.

'**abgaunern** v/t. (h.): j-m et. ~ trick (or cheat) a p. out of a th.

'**abge-arbeitet** adj. toilworn, worn--out, overwrought; pred. run down.

'**abgeben I.** v/t. (irr., h.) deliver

(up), hand over (an, bei to); give up, hand over (ticket, passport); submit a document (to), file (with); hand in; turn in (tool, etc.); deposit, leave one's baggage, etc., (with); abzugeben bei to be handed to, c/o. (= care of); s-e Karte bei j-m ~ leave one's card on a p.; econ. supply, let have, (a. stock exchange) sell; blanco ~ sell bear, Am. sell short; give up, dispose of, make over (to); draw a bill of exchange (auf j-n on); transmit (message); detach (a p.); e-e Erklärung ~ make a statement, jur. a. depose, → eidlich; e-e Meinung ~ give (or deliver) an opinion (über on), comment (on), pass one's verdict (on); → hergeben, Stimme; e-n Schuß ~ fire a shot, shoot, sports: deliver a shot, shoot; den Ball ~ pass the ball; tech. give off (steam), radiate, emit (heat, etc.), deliver (current); abgegebene Leistung (effective) output; vending machine, etc.: dispense, meter out; yield; von et. ~ give some of, share a th. (an with); kannst du mir eine Zigarette ~ can you spare me a cigarette; serve as, person: act as; er würde e-n guten Verkäufer ~ he would make a good salesman; sich ~ mit et. deal with, occupy or concern o.s. with, have to do with a th., spend (b.s. waste) much time on; mit j-m: have to do with, have dealings with a p., socially: a. mix with, associate with, frequent a p.'s company; mit ihm gebe ich mich gar nicht ab I want no truck with him; **II.** v/i. (irr., h.) sports: pass (the ball).

'**abge|brannt** adj. burnt down; person: burnt out; colloq. fig. broke; **~brochen** adj. broken off; fig. broken, abrupt, disjointed; chopped (speech, style); **~brüht** ['-gəbryːt] fig. adj. hardboiled, hardened, callous; **~droschen** fig. adj. commonplace, trite, hackneyed, well-worn (phrase, etc.); **~feimt** ['-gəfaɪmt] adj. artful, crafty, wily; insidious; **~er** Spitzbube out-and--out rascal; **~griffen** adj. worn (-out); well-thumbed (book); fig. → abgedroschen; **~hackt** fig. adj. → abgebrochen; **~härmt** ['-gəhɛrmt] adj. care-worn, haggard; **~härtet** ['-gəhɛrtət] adj. hardened (gegen against), inured (to); weather--beaten.

'**abgehen I.** v/i. (irr., sn) go off or away; a. rail, etc.: leave, start, depart (nach for); ship: sail (for); thea. (a. fig.) make one's exit; geht (gehen) ab exit (exeunt); mail: leave, go; med. be discharged, pass; button, etc.: come off; lane: branch off; ~ lassen dispatch, forward (shipment), send out (ship); mit dem Tode ~ depart this life; fig. merchandise: sell; reißend ~ sell like hot cakes; von e-m Amt: retire (from an office), resign; von der Schule: leave school, successfully: graduate from; von e-r Meinung: alter (one's opinion), change (one's view); von e-m Thema: digress from a subject, swerve from, drop; von e-m Vorhaben: drop, abandon (a project); von der Wahrheit: deviate from, depart from (*the truth*); *vom* (*rechten*) *Wege* ~ go astray (*a. fig.*); *vom Preise* ~ *person*: lower the price, grant a reduction (in the price); *nicht* ~ *von* persist in, insist on; *davon gehe ich nicht ab* nothing can change my mind about this; be missing *or* wanting, lack; *was ihm abgeht, ist Mut* what he wants is courage, he has no courage; *davon geht* (*gehen*) *ab* deduct (from this), less, minus; *sich nichts* ~ *lassen* deny o.s. nothing, not to stint in any way; *ihm geht nichts ab* he doesn't go short of anything; *ihr soll nichts* ~ she shall not want for anything; *er geht mir sehr ab* I miss him badly; end; *gut* ~ pass off well, succeed; *schlecht* ~ turn out badly, fail; **II.** *v/t.* (*irr.*, *sn*) measure by steps, pace off; patrol.

abge|hetzt ['apgəhɛtst] *adj.* harassed, hardpressed; exhausted, overwrought; *pred.* run down; breathless, panting; **~kämpft** [-kɛmpft] *adj.* battle-weary; *w.s.* worn-out, spent, weak and weary; **~kartet** *adj.* → **abkarten**; **~klärt** [-klɛːrt] *adj.* detached, mellow, wise; **~lagert** *adj.* matured, aged (*wine*); seasoned (*wood*); well-seasoned (*cigar*, *etc.*); *geol.* deposited; **~lebt** [-leːpt] *adj.* decrepit, effete; **~legen** *adj.* remote, distant, far-away; secluded, retired; out-of-the-way, *pred.* out of the way; **2legenheit** *f* (-) remoteness; seclusion; **~lehrt** *tech. adj.* calibrated.

'abgelt|en *v/t.* (*irr.*, *h.*) meet (*expenses*); discharge, compensate (*debt*); **2ung** *f* discharge; settlement; compensation delivery; *zur* ~ *von Barleistungen* in lieu of cash.

abgemacht → **abmachen.**

abgemagert ['apgəmaːgərt] *adj.* emaciated, shrunken; *pred. a.* mere skin and bone.

'abgemessen *adj.* measured; *genau* ~ exact, precise, accurate(ly dimensioned); *fig.* measured (*speech*, *etc.*); **2heit** *f* (-) exactness, accuracy; formality, stiffness; regularity.

'abgeneigt *adj.* disinclined *or* unwilling (*dat.* for *or* to *a th.*; *zu inf.* to), averse (to); loath (to *do*); *j-m* ~ ill-disposed towards a p.; *ich bin nicht* ~, *zu inf.* I am quite prepared to *inf.*; **2heit** *f* → **Abneigung.**

abgenutzt ['apgənutst] *adj.* worn-out (*a. fig.*); used up; **~e** *Schneide* blunt edge.

Abge-ordnet|e(r *m*) ['apgə'ɔrdnətə(r)] *f* (-n; -n; -en; -en) deputy, delegate, representative; *Brit. parl.* Member of Parliament (*abbr.* M.P.); **~enhaus** *n* chamber of deputies, Lower House; *Great Britain:* House of Commons; *USA:* House of Representatives.

'abgerissen *adj.* torn; ragged, in rags and tatters; shabby, threadbare, frayed; *person:* out-at-elbow, seedy; *fig.* abrupt, broken, disjointed (*speech*, *style*); incoherent, disconnected (*speech*, *thoughts*); **2heit** *f* (-) raggedness, shabbiness; abruptness; incoherence.

abgerundet ['apgərundət] **I.** *adj.* round (*figure*); *fig.* well-rounded; **II.** *adv.* in round figures.

'Abgesandte(r *m*) *f* messenger; *w.s.* delegate; *pol.* envoy; emissary; ambassador (ambassadress *f*).

'abgeschieden *adj.* solitary, isolated, secluded, retired; (*dead*) departed, deceased, defunct; **2heit** *f* (-; -en) seclusion; retirement.

'abgeschliffen *adj. tech.* polished, finished; *fig.* polished, elegant, refined; **2heit** *f* (-) polish, elegance, refinement.

'abgeschlossen *adj.* → **abschließen**; *fig.* retired, secluded; ~ *leben* live in seclusion, shut o.s. up, live in an ivory-tower; (*in sich*) ~ self-contained, independent (*dwelling*, *machine*); complete, well-rounded (*education*); agreed, settled, final; **2heit** *f* (-) seclusion, isolation; privacy; compactness.

abgeschmackt ['apgəʃmakt] *adj.* insipid, tasteless, flat; *fig.* absurd, fatuous; in bad taste, vulgar; garish; mawkish, *Am. sl.* corny; flat, dull, insipid; **2heit** *f* (-; -en) absurdity; bad taste; insipidity.

'abgesehen: ~ *von* apart (*Am. a.* aside) from, except for, exclusive of, leaving out; ~ *davon*, *daß* not to mention that, let alone that; *ganz* ~ *davon*, *daß* quite apart from the fact that; → **absehen.**

'abgesondert *adj.* separate (*von* from); *fig.* → **abgeschieden**, **abgeschlossen.**

'abgespannt *adj. fig.* exhausted, weary, run down, washed up; unstrung; *med.* debilitated; **2heit** *f* (-) exhaustion, weariness.

'abgestanden *adj.* stale, flat.

'abgestorben *adj.* numb (*limbs*); *gänzlich* ~ dead (*a. wood*); *med.* dead, necrotic (*tissue*).

abgestumpft ['apgəʃtumpft] *adj.* blunt(ed), dull (*edge*); *math.* truncated; **~er** *Kegel* truncated cone, frustrum of cone; **~e** *Pyramide* frustrum of pyramid; *chem.* neutralized; *fig.* dull(ed), deadened, indifferent, insusceptible (*gegen* to); **2heit** *f* (-) dullness; apathy; indifference, insensibility (*gegen* to).

abgetakelt ['apgətaːkəlt] *adj. mar.* unrigged; *fig.* → **abgekämpft.**

'abgetan → **abtun.**

abgeteilt ['apgətaɪlt] *adj.* divided up, partitioned; **~er** *Raum* compartment.

'abgetragen *adj.* worn-out; threadbare, shabby (*clothes*).

'abgewinnen *v/t.* (*irr.*, *h.*): *j-m et.* ~ win a th. from (*or* of) a p.; *e-r Sache Geschmack* ~ acquire a taste for a th.; *j-m e-n Vorsprung* ~ get the start of a p., steal a march on a p.; *j-m e-n Vorteil* ~ get the better of a p.

abgewirtschaftet ['apgəvirtʃaftət] *adj.* ruined by mismanagement; *a. person:* exhausted, run down.

'abgewöhnen *v/t.* (*h.*): *j-m et.* ~ wean a p. from, break (*or* cure) a p. of a th.; *sich* (*das Rauchen*) ~ give up *or* leave off (smoking); *das muß er sich* ~ he had better drop that.

abgezehrt ['apgətseːrt] *adj.* emaciated, skinny, worn to a shadow.

'abgießen *v/t.* (*irr.*, *h.*) pour off; *chem.* decant; *mil.* spray (*toxic agent*); *tech.* cast.

'Abglanz *m* reflection; reflected glory *or* splendo(u)r; *colloq.* ein schwacher ~ s-s Vaters a feeble copy (*or* weak edition) of his father.

'abgleich|en *v/t.* (*irr.*, *h.*) equalize, adjust, balance (*all a. tech.*); *econ.* square (*accounts*); level; *el.* balance; *radio*, *radar:* match, align, trim; *radio:* gang, track; **2fehler** *m* balance error; matching error; **2kondensator** *m* trimming capacitor; **2mittel** *n* radio, radar: matching equipment; **2ung** *f* equalization; adjustment, balancing; level(l)ing; matching, alignment; tracking.

'abgleiten *v/i.* (*irr.*, *sn*), **'abglitschen** *v/i.* (*irr.*, *sn*) glide (*or* slide, slip) off; *econ. prices*, *etc.*: slide down; *weapon:* glance off; *mot.* skid; *aer.* seitlich ~ side-slip; *fig. Vorwürfe*, *etc.*, *gleiten von ihm ab* he is deaf to reproaches, *etc.*

'abglühen I. *v/t.* (*h.*) *metall.* heat red-hot; mull (*wine*); **II.** *v/i.* (*sn*) cool off, cease glowing.

'Abgott *m* idol; *j-n zu s-m* ~ *machen* idolize a p.

Abgötte'rei *f* (-; -en) idolatry; ~ *treiben* worship idols; ~ *treiben mit j-m* idolize a p.

'abgöttisch I. *adj.* idolatrous; **II.** *adv.:* ~ *lieben* idolize, adore; *of mothers*, *etc.:* a. dote on.

'Abgottschlange *f* anaconda.

'abgraben *v/t.* (*irr.*, *h.*) dig off *or* away; level; drain (*or* draw) a river off; *fig. j-m das Wasser* ~ cut the ground from under a p.'s feet.

'abgrämen: *sich* ~ (*h.*) pine away (with grief), grieve, eat one's heart out.

'abgrasen *v/t.* (*h.*) graze; cut off; *fig.* hunt, scour.

abgraten ['apgraːtən] *tech. v/t.* (*h.*) trim, (de)burr.

'Abgrätschen *n* (-s) *gym.* straddle dismount.

'abgreifen *v/t. and sich* ~ (*irr.*, *h.*) wear out by constant handling; thumb, wear *book* (at the edges); plot (*map*); *die Entfernung* ~ measure map distances with dividers; → **abgegriffen.**

'abgrenz|en *v/t.* (*h.*) mark off, (de-) limit; divide by boundaries, demarcate, *fig.* differentiate; delimitate; define; **2ung** *f* (-; -en) demarcation, delimitation; definition; ~ *der Hoheitsgewässer* delimitation of territorial waters; **2ungs-konten** *econ. n/pl.* deferrals and accruals; **2ungs-posten** *econ. m/pl.* deferred and accrued items. [chasm, gulf.]

'Abgrund *m* abyss; precipice;}

abgründig ['apgryndiç] *adj.* abysmal (*a. fig.*).

'abgrundtief *adj.* abysmal, unfathomable (*both a. fig.*).

'abgucken *colloq. v/t.* (*h.*) → **absehen.**

'Abguß *m* casting, copy; *tech.* (*process*) cast; *chem.* decanting; *typ.* plate.

'abhaben *v/t.* (*irr.*, *h.*): *et.* ~ *von* (*dat.*) have a share of, share in; *willst du etwas* ~? do you want some (of it)?; have *one's hat*, *etc.*, off.

'abhacken v/t. (h.) chop (or cut) off; chop (words); → abgehackt.
'abhaken v/t. (h.) unhook; in a list: tick (or check) off.
'abhalftern v/t. (h.) take the halter off, unharness; colloq. fig. sack, ax(e).
'abhalt|en I. v/t. (irr., h.) hold off or back, keep off; ward off; mil. check, head off (the enemy); fig. keep, detain; hinder; prevent; debar; restrain; deter; hold out (child); keep out (rain); hold (examination, meeting, etc.); abgehalten werden be held, take place; give (a lesson); give, deliver (lecture); keep (school); hold, celebrate, observe (feast); II. v/i. (irr., h.): ~ auf make (or head) for; vom Land ~ bear off from the land; 2ung f hindrance, prevention; holding (of meeting, etc.); celebration (of feast); conducting (of lessons); delivery (of lecture); ~ haben be otherwise engaged, be prevented; 2ungsgrund m prevention, previous engagement.
'abhandeln v/i. (h.): j-m et. ~ a) buy (or purchase) a th. of (or from) a p., b) bargain a th. out of a p.; et. vom Preise ~ beat down the price, knock something off the price; negotiate, transact; treat of, deal with; discuss, debate; discourse on.
abhanden [ap'handən] adv.: ~ kommen get lost, be mislaid; ~ gekommen sein be lost, be missing.
'Abhandlung f treatise, essay; dissertation, article; paper; (doctor's) thesis; discourse, discussion.
'Abhang m slope, incline, declivity; precipice; (hill)side.
'abhängen I. v/i. (irr., h.) teleph. hang up, restore the receiver; fig. ~ von (dat.) depend (up)on, be dependent (up)on; be contingent (up)on, be conditional on (circumstances); letztlich ~ von hinge or pivot (up)on; vom Zufall ~ be at the mercy of chance; be subject to (approval, a rule); es hängt von dir ab it lies (or rests) with you, it is for you to decide; II. v/t. (h.) unhang, take down, detach; unhook, unhitch (a trailer); el. disconnect; rail. uncouple; teleph. restore (the receiver); colloq. fig. leave far behind, give the slip to (pursuer or competitor).
'abhängig adj. sloping, declined; fig. dependent (von [up]on); contingent (up)on (circumstances); subject (to) (approval); ~ sein von → abhängen; voneinander ~ interdependent; gr. ~e Rede indirect (or oblique) speech; ~er Satz subordinate clause; 2keit f (-) slope, declivity; fig. dependence; gegenseitige ~ interdependence; 2keitsgebiet pol. n dependency; 2keitsverhältnis n dependent condition, state of dependence.
'abhärmen: sich ~ (h.) pine away; sich ~ über grieve about (or for, over); → abgehärmt.
'abhärt|en I. v/t. (h.) harden (gegen against), inure (to); → abgehärtet; 2ung f hardening, inurement.
'abhaspeln v/t. (h.) reel off.
'abhauen I. v/t. (h.) cut (or chop)

off or down; II. v/i. (sn) colloq. be off, buzz off; beat it; turn tail, bolt, Am. sl. skedaddle, vamoose, take a powder; sports: break away, leave the pack; hau ab! off with you!, get out!, beat it!, Am. scram!
'abhäuten v/t. (h.) skin, flay.
'abheben v/t. (irr., h.) lift (or take) off, remove; teleph. lift or unhook (the receiver v/i.); cut (cards); Sie heben ab! it is your cut!; tech. raise off, remove (cuttings); clear (tool from work); withdraw, draw (money); bring into relief, contrast; sich ~ von contrast with, against a background: stand out against, be set off against, be silhouetted against; aer. pull up, become airborne; fig. ~ auf (acc.) aim at, refer to.
abhebern ['aphe:bərn] v/t. (h.) siphon off.
'Abhebung f withdrawal (of money); ~sbefugnis f drawing right.
'abheilen v/i. (sn) heal (up).
'abhelfen v/i. (irr., h.) help, remedy (e-r Sache a th.); redress; correct (mistake); supply, meet (a want); remove (difficulties); dem ist nicht abzuhelfen that cannot be helped.
'abhetzen v/t. (h.) run down, fatigue, harass; overdrive, override (horse); sich ~ wear or tire o.s. out, work under pressure, fight the hands of the clock.
'Abhilfe f remedy, redress, relief; ~ schaffen take remedial measures, afford relief; → abhelfen; ~maßnahme f corrective measure, remedial action.
'abhobeln v/t. (h.) plane off; dress (parquetry); fig. polish (off).
'Abhocken n (-s) gym. squat dismount.
'abhold pred. adj.: j-m: ill-disposed towards (a p.); e-r Sache: averse to (a th.).
Abhol|dienst ['apho:l-] m pick-up service; 2en v/t. (h.) fetch; call for, come for, pick up; collect; j-n von der Bahn ~ go to meet a p. at the station; ~ lassen send for; ~fach n post-office box (abbr. P.O.B.); ~ung f (-) fetching; pick-up; collection.
'abholzen v/t. (h.) clear (of timber), cut down, deforest.
'abhorchen v/t. (h.) listen in on; overhear (secret); med. auscultate; sound; → abhören.
Abhör|dienst ['apho:r-] m intercepting service; tech. monitoring service; 2en I. v/t. (h.): e-n Schüler ~ hear a student's lesson; question, Am. a. quiz; med. auscultate; listen in on, intercept, pick up, overhear (radio message, etc.), teleph. a. tap the wire; monitor; II. v/i. (h.) radio: listen in; ~gerät n listening device, monitor, bug; ~station f interception station.
'Abhub m (-[e]s) leavings pl.; refuse, waste; tech. clearing (of tool from work).
'abhülsen v/t. (h.) shell, hull, husk.
'ab-irr|en v/i. (sn) lose one's way, go astray; fig. err, deviate (von from); 2ung f deviation; opt. aberration.
Abitur [abi'tu:r] n (-s; -e) ped. final examination; → Reifezeugnis.

Abiturient(in f) [-turi'ent-] m (-en; -en; -; -nen) ped. candidate for the final examination; successful: graduate from a secondary school.
'abjagen v/t. (h.) override, overdrive (horse); rush about (a p.); j-m et. ~ recover a th. from a p., snatch a th. away from a p.; sich ~ → abhetzen.
'abkämmen v/t. (h.) comb off; card (wool); fig. comb.
'abkanten v/t. (h.) round off; chamfer, bevel; fold.
'abkanzeln v/t. (h.) reprimand, lecture, take a p. to task, sl. tell a p. off, give a p. a dressing-down.
'abkappen v/t. (h.) agr. lop off, clip; mar. cut; phys. limit (amplitude).
'abkarten v/t. (h.) prearrange, concert, plot; abgekartete Sache prearranged affair, put-up job.
'abkauen v/t. (h.) chew off; sich die Fingernägel ~ bite one's nails.
'abkaufen v/t. (h.): j-m et. ~ buy or purchase a th. of (or from) a p.
Abkehr ['apke:r] f (-) turning away (von from); departure (from); renunciation (of); estrangement (from); aversion (to); 2en v/t. (h.) → abfegen; (a. sich) turn away (von from); sich von j-m ~ a. turn one's back (up)on a p.
'abketten v/t. (h.) unchain.
'abkippen I. v/t. (h.) tip; dump; II. v/i. (sn) aer. pitch down, wing over.
'abklappen v/t. (h.) swing (or hinge, let) down.
'abklappern colloq. v/t. (h.) scour; eine Straße: go from house to house, call at every door in a street; do (a town, the sights).
'abklär|en v/t. (h.) clarify, clear, chem. decant, filter; sich ~ (become) clear; → aufklären; fig. become detached, mellow; → abgeklärt; 2ung f clarification; chem. decantation; fig. detachment, mellowing.
'Abklatsch typ. m impression, stereo(type plate); proof-(sheet); fig. (schwacher) ~ (poor) copy; 2en v/t. (h.) typ. print off, stereotype; strike off (proofs); fig. copy.
'abklauben v/t. (h.) pick off.
'abklemmen v/t. (h.) pinch (or nip) off; el. disconnect from binding-post.
'abklingeln teleph. v/t. (h.) ring off.
'abklingen v/i. (irr., sn) die away, (a. disease, feeling) fade away; fig. a. subside, ebb.
'abklopfen I. v/t. (h.) beat off, knock off; dust off; knock at, test (by knocking); med. percuss; tech. rap (casting); scale (boiler); mus. rap to a stop; colloq. scour, search high and low; II. v/i. (h.) mus. stop the music.
'abknabbern v/t. (h.) nibble off, gnaw off; pick (bone).
'abknallen I. v/t. (h.) (sn) explode, detonate, go off; II. v/t. (h.) fire off, let off; sl. bump off.
abknappen ['apknapən] v/t. (h.), abknapsen ['-knapsən] v/t. (h.) pinch, stint; sich et. ~ stint o.s. in a th.
'abkneifen v/t. (irr., h.) pinch (or nip) off.

'**abknicken** *v/t.* (*h.*) snap (*or* crack) off; bend off; kink (*hose*).

'**abknöpfen** *v/t.* (*h.*) unbutton; *colloq. j-m et.* ~ **a**) do a p. out of a th., **b**) make a p. shell out a sum of money.

'**abkochen I.** *v/t.* (*h.*) boil (down); *chem.* decoct; scald (*milk*); **II.** *v/i.* (*h.*) cook (in camp), *Am. a.* cook out.

'**abkommandier|en** *mil. v/t.* (*h.*) detach, detail, assign, order off; second *officer* (for a special task); *abkommandiert sein* be on detached duty; ~ung *f* (-; -en) detached duty; assignment.

Abkomme ['apkɔmə] *m* (-n; -n) descendant; ~n *pl. a.* offspring, issue; *jur. ohne leibliche* ~n *sterben die* without issue.

'**abkommen** *v/i.* (*irr.*, *sn*) come away, get away *or* off; *aer.* take off, become airborne; *shooting:* mark; *sports: gut* ~ get a good start; *fig. von et.* ~ give up, abandon, drop; *von e-r Ansicht:* alter *one's opinion*, change *one's views; von e-m Thema:* digress from, stray from *a subject; von e-m Verfahren, etc.*: depart from *a procedure, etc.; von der Wahrheit, mar. vom Kurs:* deviate from *the truth, the course; vom Wege* ~ lose one's way, go astray; *davon bin ich abgekommen* I have given it up; *davon ist man jetzt abgekommen* **a**) this practice has now been discarded *or* abandoned, **b**) it (*the custom*) has fallen into disuse, **c**) it went out (of fashion); *er kann nicht* ~ he cannot get away.

'**Abkommen** *n* (-s) *sports:* start, take-off; *mil.* point of aim; *das* ~ *melden* call the shot; (-s; -) accord, arrangement, settlement, *a. pol.* agreement; *pol.* pact, convention, treaty; *econ.* composition (*with creditors*); *ein* ~ *treffen* make (*or* enter into) an agreement; ~**schaft** *f* (-) descendants *pl.*, offspring.

abkömmlich ['apkœmliç] *adj.* dispensable; available; *er ist nicht* ~ he cannot be spared, he cannot get away.

Abkömmling ['apkœmliŋ] *m* (-s; -e) → *Abkomme; chem.* derivative.

'**Abkomm...:** ~**punkt** *m* point of aim; ~**rohr** *mil. n* subcalibre barrel; ~**schießen** *n* subcalibre firing.

'**abkonterfeien** *v/t.* (*h.*) take *a p.'s* likeness, portray.

'**abkoppeln** *v/t.* (*h.*) uncouple; unleash (*dogs*).

'**abkosten** *v/t.* (*h.*) taste.

'**abkratzen I.** *v/t.* (*h.*) scrape (*or* scratch) off, remove; **II.** *v/i.* (*sn*) *colloq.* kick the bucket, peg out; push off, beat it.

'**abkriegen** *v/t.* (*h.*) → *abbekommen.*

'**abkühl|en** *v/t.* (*h.*) cool (off *or* down), chill; *sich* ~ cool down (*a. fig.*); refresh o.s.; ~ung *f* cooling; *fig.* damper.

Abkunft ['apkunft] *f* (-) descent; parentage, lineage; extraction, origin; birth; *von guter* ~ of a good family; *von edler* ~ of noble birth; *von niedriger* ~ of humble origin; *deutscher* ~ of German extraction.

'**abkuppeln** *tech. v/t.* (*h.*) uncouple.

'**abkürz|en** *v/t.* (*h.*) shorten; curtail;

math. reduce (to a lower term); abridge, condense; abridge (*negotiations, etc.*); abbreviate (*word, a. visit*); (*den Weg*) ~ take a short-cut; *eine abgekürzte Fassung von* condensed from; *abgekürztes Verfahren* short-cut; ~ung *f* shortening; short-cut; *a. typ.* abbreviation; abridgement, condensation; *math.* reduction; ~**ungs-taste** *f* abbreviation key; ~**ungsweg** *m* short-cut; ~**ungs-zeichen** *n* sign of abbreviation; grammalogue.

'**abküssen** *v/t.* (*h.*) kiss away; *j-n:* smother *a p.* with kisses.

'**Ablade|gebühr** *f* discharging fee; ~**kosten** *pl.* unloading charges; ~n *v/t.* (*irr.*, *h.*) unload, discharge; dump; *vom Lastwagen* (*Zug*) ~ *a.* detruck (detrain); *econ. nach Bremen abgeladen* shipped to Bremen; ~**platz** *m* unloading point; dump (-ing ground); *mar.* port of (discharge); ~**r** *m* (-s; -) unloader; *econ.* shipper.

'**Ablage** *f* place of deposit; warehouse, depot; cloak-room; *of documents:* **a**) filing, **b**) files, records *pl.*

'**ablager|n I.** *v/t. and sich* ~ (*h.*) deposit; store (up); mature (*wine*); season (*tobacco, wood*); settle (*beer*); ~ *lassen* store, season well; → *abgelagert;* **II.** *v/i.* (*sn*) settle, deposit; mature (*wine, etc.*); ~ung *f geol.-med.* deposition; storage; maturing; deposit; *chem., geol.* sedimentation; sediment; (*Rückstand*) residue.

'**ablängen** *v/t.* (*h.*) cut to length.

Ablaß ['aplas] *m* (-sses; ~sse) outlet, drain; *econ.* reduction; *eccl.* indulgence; ~**brief** *eccl. m* letter of indulgence; ~**hahn** *tech. m* drain cock; ~**krämer** *m* seller of indulgences; ~**schraube** *tech. f* drain plug; ~**ventil** *n* safety (*or* drain) valve.

'**ablassen I.** *v/t.* (*irr.*, *h.*) let off; blow off (*steam*); start (*train, etc.*); drain off, run off (*water*); drain (*pond*); *mot.* bleed (*air*); deflate (*tyre*); let down, lower; *j-m et.:* **a**) let *a p.* have *a th.*, **b**) sell; *unter dem Selbstkostenpreis* ~ sell below cost-price; *et. vom Preise* ~ allow *or* grant a reduction in the price; **II.** *v/i.* (*irr.*, *h.*) stop, discontinue, cease; ~ *von* (*dat.*) leave off (doing *a th.*), desist from.

Ablativ ['ablati:f] *gr. m* (-s; -e) ablative (*case*).

'**ablauern** *v/t.* (*h.*) lie in wait for, waylay; *fig.* spy (out).

'**Ablauf** *m* flowing off; outlet, drain; waste-pipe; (kitchen-)sink; gutter; *sports:* start; launch (*of ship*); expiration, lapse, termination; *econ.* maturity (*of bill*); issue; *nach* ~ *von* at the end of, *adm.* at (*or* upon) the expiration of; *vor* ~ *der Woche* before the end of this week; ~ *der Ereignisse* run of events; ~en **I.** *v/i.* (*irr.*, *sn*) run *or* flow off (*or* down); drain off; *sports:* start (*a.* ~ *lassen*); *fig.* lapse, expire, terminate; *bill of exchange:* fall (*or* become) due, mature; end, turn out; *gut* ~ come to a good end, come off well; *schlecht* ~ pass off badly; *clock:* run down; *fig. deine Uhr ist abgelaufen*

your sands have run out, your hour is come; **II.** *v/t.* (*irr.*, *h.*) wear out (*shoes*); scour, run through (*region*); *sich die Beine* ~ run one's legs off; → *Horn, Rang;* ~ *lassen* **a**) let off, start, **b**) run off, drain off (*water*, **c**) launch (*ship*); *colloq. j-n* ~ *lassen* snub a p. (off); ~**frist** *f* term, time-limit; time of payment; ~**härtung** *metall. f* temper hardening; ~**termin** *m* expiration date, deadline; *bill of exchange:* date of maturity.

'**Ablauge** *tech. f* black (*or* spent) liquor.

'**ablauschen** *v/t.* (*h.*) learn by listening; intercept, listen in on, pick up (*radio message*); *fig. dem Leben abgelauscht* caught from life, life-like.

'**Ablaut** *gr. m* vowel gradation, ablaut; ~en *v/i.* (*h.*) change the radical vowel; ~**de Zeitwörter** strong verbs.

'**abläuten** *teleph. v/i.* (*h.*) ring off.

'**abläutern** *chem. v/t.* (*h.*) purify; filter; refine (*sugar*); wash (*ore*).

'**ableben** *v/i.* (*sn*) die, pass away; '**Ableben** *n* (-s) death, *a. jur.* decease.

'**ablecken** *v/t.* (*h.*) lick off.

'**abledern** *v/t.* (*h.*) wipe with chamois skin.

Ableg|ekorb ['aple·gə-] *m* letter tray; ~**emappe** *f* letter file; ~en *v/t.* (*h.*) lay down (*a. arms*), lay off *or* aside, put away; file (*letters, etc.*); take off (*clothes*); leave off, discard (*used clothes*); *abgelegte Kleider* cast-off clothing; *fig.* make (*confession, vow*); give up, leave off (*smoking, etc.*), drop, break oneself of (*a habit*); → *Eid, Probe;* e-e *Prüfung* ~ take (*successfully:* pass) an examination; → *Rechenschaft; econ. Rechnung* ~ render an account; → *Zeugnis; bitte, legen Sie ab!* take off your things, please!; ~**er** *m* (-s; -) *bot.* layer, shoot, (*a. colloq. fig.*) scion; *colloq. econ., etc.* off-shoot, branch; ~ung *f* (-) laying down, *etc.;* taking *of an oath;* taking *of an examination;* rendering *of accounts.*

'**ablehn|en I.** *v/t.* (*h.*) decline, refuse; reject; turn down; *parl.* defeat, throw out (*a bill*); disapprove of, object to, view with disfavo(u)r; *jur.* challenge (*witnesses, etc.*); *thea.* condemn, damn (*play*); disclaim, assume no *responsibility;* **II.** *v/i.* (*h.*) refuse; *dankend* ~ decline with thanks, beg to be excused; ~**end** *adj.* negative; critical, censorious; ~ *gegenüberstehen* (*dat.*) disapprove, be antipathetic to, frown upon; ~ung *f* (-; -en) (*gen.*) refusal; rejection (*a. of ideas and tech.*); disapprobation (of), objection (to), criticism (of); *jur., etc.* dismissal; *econ.* non-acceptance; *thea.* condemnation; *parl. Antrag auf* ~ *e-r Vorlage stellen* move a rejection of a bill; ~**ungsbescheid** *m* notice of rejection.

'**ablehren** *tech. v/t.* (*h.*) ga(u)ge; *e-e Bohrung* ~ caliper a hole against standard.

'**ableiern** *fig. v/t.* (*h.*) reel off.

'**ableisten** *v/t.* (*h.*) fulfil(l), perform; pass (*time of service*); complete *one's period of military service*, serve (one's time); e-n Schwur ~ take an oath.

ableit|bar ['aplaɪtbɑːr] adj. derivable (von from); phls. deducible; ~en v/t. (h.) lead off, turn aside; divert (river); drain off (water); el. shunt, leak off (current); abduct (heat); gr., math., and fig. derive; deduce; j-s Herkunft ~ von trace a p.'s descent back to; abgeleitete Einkommen derived incomes; ℒer el. m conductor; surge suppressor; ℒkondensator el. m by-pass capacitor; ℒstrom el. m leakage current; ℒung f diversion (of river); drainage (of water); el. shunt conductance, leakage; gr., math. a) derivation, b) derivative; deduction, inference; ℒungssilbe gr. f derivative affix.

'ablenk|en v/t. (h.) turn away (or aside or off); (a. mil.) divert, (a. phys., opt., radio, radar) deflect; diffract (light); refract (sound waves); take off, divert, distract (attention, thoughts); avert, ward off (danger); avert (suspicion); parry (blow); ℒ-platte tech. f baffle plate; ℒspule el. f deflector coil.

'Ablenkung f → ablenken; turning away or off; diversion, distraction; deflection; diffraction; refraction; averting.

'Ablenkungs...: ~angriff mil. m diversionary attack; ~manöver mil. n diversionary manoeuvre (Am. maneuver), diversion; fig. diversionary move, red herring.

Ablese|fenster ['apleːzə-] tech. n reading window; ~genauigkeit f reading accuracy; ~gerät n direct-reading instrument; ~marke f reference point, index mark; ℒn v/t. (irr., h.) gather, pick off; read off (speech); read (map, instrument, etc.); ped. b.s. crib (von from); j-m et. vom Gesicht ~ read a th. in a p.'s face; ~strich m graduation mark.

'Ablesung f reading.

'ableucht|en v/t. (h.) pass a light over, light off; ℒlampe f inspection lamp.

'ableugn|en v/t. (h.) deny, disavow, disown; ℒung f (-; -en) denial, disavowal; jur. traverse.

'ablicht|en v/t. (h.) (make a) photostat (of); ℒung f photostat(ic copy).

'abliefern v/t. (h.) deliver; hand over; surrender.

'Ablieferung f delivery; econ. bei or nach ~ on delivery; ~s-schein m receipt of delivery; ~s-soll n delivery quota; ~s-tag m day of delivery; stock exchange: settling day.

'abliegen v/i. (irr., h.) lie at a distance, be far off (von dat. from), → abgelegen; ripen (in storage); wine: mature.

'ablisten ['aplɪstən] v/t. (h.): j-m et. ~ trick a p. out of a th., wangle a th. out of a p.

'ablocken v/t. (h.): j-m et. ~ coax a p. out of a th.; draw tears from a p.

'ablohn|en v/t. (h.) pay off; dismiss; ℒung f (-) payment; dismissal.

'ablösbar adj. separable, detachable; econ. callable (loan); redeemable (debt, pension).

'ablöschen v/t. (h.) extinguish, put out; tech. chill, quench; slake

---

(lime); temper (steel); phot. frill (emulsion); shade (colour); wipe off (writing); blot.

'ablösen v/t. (h.) loosen, take off, detach; fig. mil. relieve (guard, unit); supersede, take the place of, take over from, relieve (official, etc.); discharge (debt); redeem (loan); sich ~ paint., etc.: come off; peel (flake, scale) off; sich ~ (bei et.) relieve one another (at), alternate (in), take turns (at), bei der Arbeit: a. work in shifts.

'Ablösung f loosening, detaching; mil., etc. relief (a. unit); supersession (in office); econ. discharge (of debt); redemption (of loan); withdrawal (of capital); (working) shift; turnusmäßige ~ von Personal rotating of personnel; ~s-anleihe f redemption loan; ~s-anstalt f liquidating institution; ~smannschaft f relief (troops); ~swert m surrender value; ~s-zahlung f composition payment.

'ablotsen, 'abluchsen v/t. (h.) → ablisten.

'Abluft tech. f (-) exhaust air; ~schlitz m air louver; ~stutzen m air vent.

'abmach|en v/t. (h.) undo, loosen, detach; fig. settle, arrange, agree (up)on (deal); abgemacht! agreed!, all right!, it's a bargain!, O.K.!, it's a deal!; ℒung f (-; -en) arrangement, settlement; agreement; vertragliche ~ conventional agreement; stipulation; e-e ~ treffen make an agreement, agree (mit j-m über et. with a p. on a th.).

abmager|n ['apmɑːgərn] v/i. (sn) lose flesh (or weight); grow lean or thin; → abgemagert; ℒung f (-; -en) emaciation; ℒungskur f slimming cure.

'abmähen v/t. (h.) mow off or down.

'abmalen v/t. (h.) paint, portray; fig. a. depict; copy.

'Abmangel m deficit, deficiency.

'Abmarsch m departure, marching off, start; colloq. ~! off with you!; ℒbereit adj. ready to start; ℒieren v/i. (sn) march off, depart; file off.

'Abmaß tech. n **1.** measurement, dimension; **2.** variation, off size.

abmatten ['apmatən] v/t. (h.) fatigue, exhaust.

'abmeißeln v/t. (h.) chisel off.

'abmeld|en v/t. (h.): j-n ~ give notice of a p.'s leaving (or at a club, etc.: withdrawal); mil. sich vom Dienst (zum Urlaub) ~ report off duty (for leave); ℒung f notice of departure (or withdrawal); leaving-certificate (of police).

'abmess|en v/t. (irr., h.) measure (off or out); survey; tech. ga(u)ge; time; fig. measure, ga(u)ge; proportion; s-e Worte ~ weigh one's words; → abgemessen; ℒung f measurement; dimension; ga(u)ge; proportion; Gesamtabmessungen pl. overall dimensions.

'abmiet|en v/t. (h.) hire; rent (a house) (both: j-m from a p.); ℒer m tenant, lessee.

'abmildern v/t. (h.) moderate, mitigate.

'abminder|n v/t. (h.) diminish, reduce; ℒung f reduction.

'abmontieren I. v/t. (h.) disassemble; dismantle, strip; detach, remove; mil. dismount (gun); **II.** v/i. (sn) sl. aer. break up (in the air).

'abmühen: sich ~ (h.) strive hard, sweat and strain, labo(u)r; sich ~ mit struggle with.

'abmurksen colloq. v/t. (h.) kill, make away with, Am. sl. give a p. the works, croak.

'abmustern mar. v/t. (h.) pay off.

'abnagen v/t. (h.) gnaw off; e-n Knochen ~ pick a bone.

'abnäh|en v/t. (h.) sew edge-wise; tuck; ℒer m (-s; -) tuck.

Abnahme ['apnɑːmə] f (-) taking down or off; removal; med. amputation; eccl. (Kreuzℒ) the Descent; econ. taking (of shipment); purchase; sale; acceptance; taking over; der Bilanz: approval (of balance-sheet); administering (of oath); tech., mot. removal (of tyres); (final) inspection, acceptance test, acceptance; weighing-in; decrease, diminution; shrinkage; drop; loss(es pl.); shortening (of days); waning (of moon); loss (of weight); deceleration, loss (of speed); el. fall in tension; bei ~ von on orders of; ~be-amte(r) m inspector, testing officer; ~bericht m acceptance report; ~flug m test flight; ~lauf m acceptance run; ~prüfung f acceptance test, specification test; ~station tech. f receiving head end; ~verpflichtung econ. f commitment (to take delivery of); ~verweigerung f rejection; ~verzug m: in ~ sein be in default with taking deliveries; ~vorschrift f quality specification(s pl.).

abnehm|bar ['apneːmbɑːr] adj. removable, detachable; ~en **I.** v/t. (irr., h.) take off or down, remove; detach; med. amputate; take off, doff (hat); shave off (beard); narrow (meshes); gather (fruit); el. collect (current); teleph. den Hörer ~ unhook the receiver, answer the telephone; j-m et. ~ take away a th. from a p.; a. deprive (or rob) a p. of a th.; w.s. relieve a p. of a th., take a th. off a p.'s shoulders; ein Versprechen: make a p. promise a th.; e-n Eid: administer an oath to a p.; j-m zuviel ~ overcharge a p.; fig. das nimmt ihm keiner ab nobody will believe (or sl. buy) that; econ. take goods (dat. from), buy or purchase (from); tech. accept; approve; inspect, (perform an acceptance) test; **II.** v/i. (irr., h.) decrease, diminish, lessen; (a. prices) dwindle, drop, fall (off); shrink; decline; strength: begin to fail, dwindle; lose weight; speed: slacken (off), slow down, decelerate; moon: (be on the) wane; storm: abate, subside; water: fall, ebb, recede; fig. power, etc.: decline, wane, decay, crumble; fig. es nimmt mit ihm ab he is going downhill.

'Abnehmer econ. m buyer, purchaser; customer, client; consumer; ~ sein be in the market (von for); keine ~ finden find no market (für for); ~arm el. m trolley pole (or arm); ~kreis m custom(ers pl.); ~nation f consumer nation; ~stelle f radio: sound gate, pick-up.

'**Abneigung** f disinclination, reluctance, unwillingness (vor dat. to); dislike (to), distaste (for), aversion (to); (natürliche) ~ (natural) antipathy, loathing (gegen to, for); e-e ~ fassen take a dislike (gegen to).
'**abnieten** tech. v/t. (h.) unrivet.
abnorm [ap'nɔrm] adj. abnormal.
Abnormi'tät f (-; -en) abnormity, anomaly; monstrosity.
'**abnötigen** v/t. (h.): j-m et. ~ extort (or wrench) from a p.; j-m Bewunderung ~ compel a p.'s admiration; er hat mir Bewunderung abgenötigt I couldn't help admiring him.
'**abnutschen** tech. v/t. (h.) filter (by means of suction).
'**abnutz|en**, '**abnütz|en** v/t. (h.) use up, wear out; sich ~ wear (out), get worn out, be subject to wear (and tear); **2barkeit** f (-) wearing capacity, wearability.
'**Abnutz|ung** f (-; -en) wear (and tear); abrasion; a. mil. attrition; of gun barrel: erosion; depreciation; ~sbeständigkeit f wearability, resistance to wear; ~s-erscheinung f sign of wear; ~skrieg m war of attrition; ~s-prüfung f wearing test; ~sstrategie f strategy of attrition.
Abonnement [abɔnə'mã:] n (-s; -s) subscription (auf acc. to); a. = ~skarte f subscription ticket; rail. season-ticket, Am. commutation ticket; ~svorstellung f subscription performance.
Abonn|ent [abɔ'nɛnt] m (-en; -en) subscriber; **2ieren** v/t. and v/i. (h.) subscribe (auf acc. to), become a subscriber (to); abonniert sein auf e-e Zeitung: take in (a paper).
'**ab-ordn|en** v/t. (h.) delegate, depute, Am. a. deputize; **2ung** f (act and group) delegation, deputation.
Abort[1] [a'bɔrt] m (-[e]s; -e) water-closet, W. C., lavatory, privy, toilet; men's (ladies') room; mil. latrine.
Abort[2] [a'bɔrt] m (-s; -e), ~us [ap'ɔrtus] m (-; -) abortion.
'**Abortgrube** f cesspool.
'**abpachten** v/t. (h.) lease (j-m from a p.).
'**abpassen** v/t. (h.) tech. fit, adjust; watch for, wait for (a p., a chance); waylay (a p.); e-n günstigen Moment ~ bide one's time; gut (schlecht) ~ time well (ill).
'**abpatrouillieren** v/t. (h.) patrol.
'**abpfeifen** v/t. and v/i. (irr., h.): (das Spiel) ~ stop the game; blow the final whistle.
'**abpflöcken** v/t. (h.) mark out with pegs.
'**abpflücken** v/t. (h.) pluck off, gather.
'**abplacken**, '**abplagen**: sich ~ (h.) drudge, slave, work o.s. to death; sich ~ (mit) struggle (with).
'**abplatten** ['applatən] v/t. (h.) flatten (off).
'**abprägen** v/t. (h.) stamp; sich ~ leave an impress; es hat sich auf s-m Gesicht abgeprägt it has left its mark on his face.
'**Abprall** m rebound; tech. resilience; bullet: (a. ~er m, -s; -) ricochet; **2en** v/i. (sn) rebound, bounce off; ricochet; fig. attack: be stopped;

smile, etc.: glance off; es prallte von ihm ab it left him cold.
'**abpressen** v/t. (h.) squeeze off; fig. j-m et. ~ extort a th. from a p.
'**abprotzen** mil. v/t. (h.) unlimber.
'**abputzen** v/t. (h.) clean (off or up); wipe off; polish; rub down (horse).
'**abquälen**: sich ~ (h.) a) worry o.s., fret, b) bodily: → abrackern; sich ~ mit struggle with.
'**abqualifizieren** v/t. (h.) dismiss a p. (als as).
'**abquetschen** v/t. (h.) squeeze (or crush) off.
abrackern ['aprakərn]: sich ~ (h.) drudge, slave, sweat and strain, spare no efforts.
'**abrahmen** v/t. (h.) skim (milk).
'**abrasieren** v/t. (h.) shave off.
'**abraspeln** v/t. (h.) rasp off.
'**abraten** v/i. (irr., h.) dissuade (j-m [von] et. a p. from a th.), advise or warn (a p. against [doing] a th.).
'**Abraum** m (-[e]s) mining: rubble, waste; overlay shelf.
'**abräumen** v/t. (h.) clear (away), remove; den Tisch ~ clear the table.
'**abreagieren** v/t. (h.) psych. abreact, work off (sich one's anger, etc.); sich ~ a. let off steam; simmer down.
'**abrechnen** I. v/t. (h.) deduct, subtract; econ. a) deduct, discount, b) allow for, c) account for (expenses); abgerechnet apart from, setting aside, discounting, with the exception of; II. v/i. (h.) settle (or square) accounts (mit j-m with a p.); fig. a. get even (with a p.), catch up (with a p.).
'**Abrechnung** f deduction, discount; allowance (for); settlement (of accounts); accountancy; banking: clearing; account; fig. reckoning, pay-off; ~ halten → abrechnen II; auf ~ on account; laut ~ as per account rendered; nach ~ von after deduction of; Tag der ~ day of reckoning; ~s-stelle f clearing-house; ~skurs m rate of settlement; ~s-tag m settling day; ~sverkehr m clearing (system).
'**Abrede** f agreement, understanding; stipulation; in ~ stellen deny (or question); **2n** v/i. (h.): j-m (von et.) ~ dissuade a p. (from a th.), advise or warn a p. (against a th).
'**abregnen** v/t. (h.) esp. aero. spray.
'**abreib|en** v/t. (irr., h.) rub off; rub down the body, give a rub-down; polish; pumice; tech. abrade; wipe, scrape (one's shoes); sich ~ wear off or down; **2ung** f (-; -en) rubbing off; tech. abrasion; rubbing-down, sponge-down; colloq. (defeat) beating; **2ungsfestigkeit** f resistance to abrasion; **2ungsmittel** tech. n abrasive.
'**Abreise** f departure (nach for); bei m-r ~ on my departure; **2n** v/i. (sn) depart, leave, set out, start (nach for).
'**abreiß|en** I. v/t. (irr., h.) tear off or down; pull (or rip) off; pull down (building); strip, dismantle (factory); wear out (clothes); → abgerissen; II. v/i. (irr., sn) break off, tear off, snap; fig. break off, cease abruptly, come to a dead stop; das reißt nicht ab there is no end to it;

die Arbeit reißt nicht ab there is no end of work; **2kalender** m tear-off (Am. pad) calendar, date-block; **2knopf** m fuse-cord button (of hand grenade); **2leine** f rip cord (of parachute); fuse cord (of hand grenade); **2(notiz)block** m tear-off note-block; **2zündung** mot. f make-and-break ignition.
'**abreiten** I. v/i. (irr., sn) ride away; II. v/t. (irr., h.) override (horse); ride down (the front); ride (distance); patrol (on horseback).
'**abrennen** I. v/i. (irr., sn) run off, start; II. v/t. (irr., h.): sich (die Beine) ~ run o.s. off one's legs.
'**abricht|en** v/t. train (animal), teach tricks; break in (horse); j-n zu et. ~ coach (or drill) a p. for a th. or to do a th.; tech. dress, true; **2er** m trainer; tech. dressing tool; **2ung** f training; breaking-in; tech. dressing.
'**Abrieb** tech. m abrasion, wear; abraded particles pl., dust; **2beständig** adj. wear-resistant.
'**abriegel|n** v/t. (h.) bolt, bar (door); block (off) (street), by police: cordon off; mil. block, by artillery: box in; seal off (breach); **2ung** mil. f (-; -en) interdiction; **2ungsfeuer** mil. n (box) barrage; **2ungsfront**, **2ungsstellung** mil. f bolt position.
abrinden ['aprindən] v/t. (h.) bark, decorticate.
'**abringen** v/t. (irr., h.) wrest (j-m et. a th. from a p.).
'**abrinnen** v/i. (irr., sn) run off or down.
'**Abriß** m pulling-down (of house); sketch, draft; fig. summary, epitome, abstract, brief outlines pl.; brief survey; compendium; ~punkt mot. m firing point; ~zündung mot. f make-and-break ignition.
'**abrollen** I. v/i. (sn) roll off; II. v/t. (h.) uncoil, unreel; (a. phot.) unwind; pay out (cable); roll off; econ. transport, forward; sich ~ unroll, unreel; fig. pass off, unroll itself.
'**abrücken** I. v/t. (h.) move away (von from), remove; II. v/i. (sn) esp. mil. march or move off, withdraw; fig. ~ von withdraw from, disassociate from, disavow; '**Abrücken** n (-s) marching-off, departure.
'**Abruf** econ., etc. m call (von for); auf ~ on call; recall; **2en** v/t. (irr., h.): j-n ~ call a way; recall; econ. call; rail. call out (train).
'**abrund|en** v/t. (h.) round (off) (corners, figures, style); tech. chamfer (edge); blunt (thread); → abgerundet; **2ung** f curvature; rounding (off).
'**abrupfen** v/t. (h.) pluck off.
abrupt [ap'rupt] adj. abrupt.
'**abrüst|en** I. v/t. (h.) take down (scaffolding); II. v/i. (h.) mil. disarm; **2ung** f disarmament; **2ungskonferenz** f disarmament conference.
'**abrutschen** v/i. (sn) slip off, glide down; mot. skid; aer., ski: side-slip.
'**absäbeln** colloq. v/t. (h.) chop off.
'**absack|en** I. v/i. (sn) arch., mar. sag, sink; mot. bog down; aer. on landing: pancake; II. v/t. (h.) pack

in bags; 2ung f sag; 2waage f bagging scale.

'**Absage** f cancellation; econ. countermand; refusal, negative reply; fig. disowning (an of); break (with); 2n I. v/t. (h.) cancel, call off; econ. countermand; (wieder) ~ recall (invitation); decline; j-m ~ lassen send a p. word to cancel a th.; II. v/i. (h.) cry off; guest: decline (the invitation), beg off; renounce.

'**absägen** v/t. (h.) saw off; colloq. fig. (give the) ax(e), oust, sack.

'**absatteln** v/t. (h.) unsaddle; mot. unhitch a trailer.

'**Absatz** m stop, (a. mus.) pause; typ. period, break; paragraph (a. jur.; abbr. para.); on terrain: terrace; in rock: shelf, ledge; stairs: landing; of shoe: heel; mit flachen Absätzen flat-heeled shoes; econ. sale(s pl.); marketing, distribution; ~ finden be sal(e)able, find a ready market; keinen ~ finden be unsal(e)able, find no sale; reißenden ~ finden meet with a rapid sale, sell like hot cakes; ~belebung f increase in sales; ~chancen f/pl. sales prospects; 2fähig adj. sal(e)able, marketable; ~forschung f marketing research; ~gebiet n market(ing area); ~gefüge n marketing structure; ~krise f sales crisis; ~lenkung f market control; ~markt m market, outlet; ~möglichkeit f opening, outlet; w.s. marketing potentiality; ~organisation f marketing organization; ~steigerung f increase of trade; ~stockung f falling-off in sales; stagnation (in the market); ~teer chem. m by-product tar; ~umfang m volume of trade; 2weise ['varzə] adv. by paragraphs; tech. by steps.

'**absäuer|n** chem. v/t. (h.) acidify; 2ungsbad n acid bath.

'**absaufen** v/i. (irr., sn) mar. sink, go down; glider: lose height.

'**absaug|en** v/t. (h.) suck off; exhaust (gas); vacuum (carpet, etc.); 2pumpe mot. f scavenge pump; 2ung f (-; -en) sucking off; exhaust.

'**abschab|en** v/t. (h.) scrape off; abrade, wear off; abgeschabt shabby, threadbare (fabric); 2sel n/pl. parings, scrapings.

'**abschaff|en** v/t. (h.) abolish, discontinue; repeal, abrogate (law); redress, suppress (abuse); do away with, get rid of (thing); give up keeping (horse, etc.); 2ung f abolition; repeal, abrogation; redress, removal; doing away with.

'**abschälen** v/t. (h.) peel (off), pare; bark; sich ~ peel (or come) off; scale off.

'**abschalten** I. v/t. (h.) switch (or turn) off or out (the light, etc.); el. break, disconnect, cut off (contact); turn off, put out of action, cut (machine); II. colloq. v/i. (h.) (a. v/t. seine Gedanken ~) turn off one's mind; relax.

'**abschätz|en** v/t. (h.) estimate; value, rate; appraise, evaluate; assess; (j-n ~d betrachten) size a p. up; 2er m appraiser; assessor; ~ig adj. disparaging; 2ung f estimation; appraisal, valuation; assessment.

'**Abschaum** m (-[e]s) scum, dross, refuse; fig. ~ (der Menschheit) scum, dregs of society.

'**abschäumen** v/t. (h.) skim off, scum.

'**abscheid|en** I. v/t., a. sich (irr., h.) separate (von from); chem. disengage, eliminate, sich ~ be precipitated; refine (metal); physiol. secrete; II. v/i. (irr., sn) depart (von dieser Welt this world); die Abgeschiedenen the departed; → abgeschieden; 2en n death, decease; 2er tech. m separator; 2stoff chem. m precipitate; 2ung f separation; chem. precipitation, liberation; med. secretion.

'**abscher|en** v/t. (h.) shear off; cut, crop (hair); 2festigkeit tech. f shearing strength.

'**Abscheu** m (-[e]s) abhorrence, horror (vor dat. of); loathing (of); disgust (for, against); j-m ~ einflößen fill a p. with loathing, disgust a p.; e-n ~ haben vor abhor, detest, loathe.

'**abscheuern** v/t. (h.) scrub or scour (off); wear away; chafe, abrade (skin); sich ~ wear off; '**Abscheuern** n (-s) abrasive wear, scuffing.

ab'**scheulich** adj. abominable, horrible, horrid, dreadful, awful (all a. colloq. fig.); detestable; heinous, atrocious (crime); colloq. nasty, beastly; 2keit f (-; -en) abomination, horror; detestableness; heinousness; atrocity.

'**abschicken** v/t. (h.) send off, dispatch; Brit. post, Am. mail.

'**abschieb|en** I. v/t. (irr., h.) push (or shove) off; expel (vagrant, etc.); deport (undesirable aliens); evacuate (population); colloq. fig. get rid of, send off (nach to); II. v/i. (irr., sn) colloq. push off, Am. a. shove off.

Abschied ['apʃiːt] m (-[e]s) departure; parting, leave-taking, farewell; dismissal, mil. discharge; resignation; ~ nehmen take (one's) leave (von of), bid (a p.) farewell, say good-by(e) (to); j-m den ~ geben dismiss (mil. discharge) a p., place officer on the retired list, dishonorably: cashier; s-n ~ erhalten be dismissed, be retired, get the sack; mil. be placed on the retired list, dishonorably: be cashiered; s-n ~ nehmen send in one's resignation, resign, official: a. quit the service, retire; mil. a. resign one's commission; ~s-ansprache f farewell address, (Am. univ.) valedictory; ~s-essen n farewell dinner, parting treat; ~sfeier, ~sgesellschaft f farewell party; ~sgesuch n resignation; sein ~ einreichen send in (or tender) one's resignation; ~skuß m parting kiss; ~s-schmerz m (-es) wrench.

'**abschießen** v/t. (irr., h.) shoot off; discharge, fire (off), shoot (off) (gun); shoot, let fly (arrow); launch (rocket); catapult (plane from ship); release, sl. uncork (blow); (kill) shoot, pick off, sl. bump off; bring down, drop (bird); aer. mil. (shoot or bring) down (plane); knock out, disable (tank); colloq. fig. j-n ~ get rid of (or oust) a p., do for a p. → Vogel.

abschilfern ['apʃilfərn] v/i. (sn) peel (or scale) off.

abschinden v/t. (irr., h.) flay; → abschürfen; sich ~ toil and moil, slave, drudge, work o.s. to the bone.

Abschirm|dienst ['apʃirm-] mil. m counterintelligence; 2en v/t. (h.) shield (gegen from); guard (against); mil. tactically, by smoke: screen, by fire: cover; el., radio: screen, Am. shield; ~ung f (-; -en) screening, shielding.

'**abschirren** v/t. (h.) unharness.

'**abschlachten** v/t. (h.) slaughter, butcher.

'**Abschlag** m econ. abatement, fall in prices; allowance, reduction; auf ~ on account; auf ~ bezahlen pay by instal(l)ments; mit e-m ~ at a discount; mit ~ verkaufen sell at a reduced price; soccer: goal-kick; golf: teeshot; hockey: bully; 2en v/t. (irr., h.) knock off, beat off, strike off; cut off (head); strike (coin); cut down (tree); slough (thread); strike (camp, tent); tech. take down, disassemble; partition off (room); soccer: kick off; golf: tee off; leave a runner far behind, run away from; beat off, repel, repulse (attack); parry (thrust); das Wasser ~ pass water, urinate; decline, refuse, turn down; er schlug mir die Bitte rundweg ab he gave me a flat refusal; Sie dürfen es mir nicht ~ I will take no refusal; econ. et. vom Preis ~ grant a reduction.

abschlägig ['apʃlɛːgiç] adj. negative; ~e Antwort negative reply, refusal, denial; e-e ~e Antwort erhalten meet with a refusal; e-e Bitte ~ bescheiden reject, refuse, turn down a request; j-n ~ bescheiden turn down a p.'s request.

'**Abschlags...**: ~dividende econ. f initial (or interim) dividend; ~verteilung f bankruptcy: distribution of dividend; ~zahlung f 1. payment on account; 2. part payment, (payment by) instal(l)ment.

'**abschlämm|en** v/t. (h.) decant, clear of mud; wash (ore); 2hahn mot. m (sludge)drain cock.

'**abschleifen** v/t. (irr., h.) tech. grind off or down, finish, mill; fig. polish, refine; sich ~ fig. acquire polish.

Abschlepp|dienst ['apʃlɛp-] m recovery (or wrecker) service; 2en v/t. (h.) drag off, haul off; mot. (take in) tow, tow off; sich ~ struggle under a load; ~kran mot. m towing crane; → Abschleppwagen; ~seil n tow rope; ~wagen m Brit. breakdown lorry, recovery vehicle, Am. wrecker (truck).

'**abschleudern** v/t. (h.) hurl off; aer. catapult; tech. centrifuge.

'**abschließ|bar** adj. lockable; ~en I. v/t. (irr., h.) lock (up); tech. seal (off); el. terminate; fig. seclude, isolate; end, terminate, (bring to a) close; settle; conclude, close (letter, speech); econ. negotiate, contract (loan, etc.); close, balance (the books); settle (accounts, bills); e-n Handel: transact (a business), strike (a bargain), close (a deal); e-n Vergleich ~ compound (mit Gläubigern with creditors); effect (sale); e-e

Versicherung: effect (*insurance*), take out (*a policy*); *e-n Vertrag*: conclude, make, enter into, sign (*an agreement*); *sich ~ fig.* keep aloof, seclude o.s., retire from the world; **II.** *v/i.* (*irr., h.*) *mit j-m ~* come to an arrangement *or* understanding with a p., come to terms with a p.; *mit et. ~ speaker, etc.*: end *or* wind up (by saying), close (with the words); *mit dem Leben ~* settle accounts with life; *ich hatte bereits mit dem Leben abgeschlossen* I thought my hour was come; **~end I.** *adj.* concluding; final, *w.s. a.* definitive; **II.** *adv.* in conclusion; finally.

'**Abschluß** *m* closing; termination, conclusion, end(ing); completion; settlement; *vor dem ~ stehen* be drawing to a close; *zum ~ bringen* bring to a close; *econ.* conclusion, signing (*of contract, deal*); transaction, deal; sale; closing, balancing, settlement (*of books, etc.*); balance; effecting (*insurance*); *jährlicher ~* annual accounts *pl.*; *mehrere Abschlüsse wurden getätigt* several sales were effected; *tech.* seal; *el.* termination; *gasdichter ~* gastight seal; *wasserdichter ~* water seal; **~klasse** *f* graduating class; **~provision** *econ. f* (sales) commission; **~prüfung** *f* final examination, *Am. a.* graduation; *s-e ~ machen* graduate (*an at, Am.* from); **~termin** *econ. m* closing date; **~zeugnis** *n* leaving-certificate; diploma.

'**abschmecken** *v/t.* (*h.*) taste.

'**abschmeicheln** *v/t.* (*h.*): *j-m et. ~* coax a th. out of a p.

Abschmelz|dauer ['apʃmɛlts-] *f* fusing time; **~draht** *m* fuse wire; **≗en I.** *v/t.* (*irr., h.*) melt off; fuse (*metal*); smelt (*ore*); **II.** *v/i.* (*irr., sn*) melt (off); dissolve; *tech.* fuse; *el.* blow; **~schweißung** *tech. f* flash welding; **~sicherung** *el. f* fusible cut-out, fuse.

'**abschmier|en I.** *v/t.* (*h.*) copy carelessly, scribble off; *tech.* lubricate, grease; **II.** *v/i.* (*h.*) give off colour (*or* grease); (*sn*) *aer. sl.* crash; **≗fett** *n* lubricating grease; **≗nippel** *m* grease nipple.

'**abschminken** *v/t.* (*h.*) remove a p.'s make-up.

'**abschmirgeln** *v/t.* (*h.*) finish (*or* rub down) with emery, sandpaper.

'**abschnallen I.** *v/t.* (*h.*) unbuckle, unstrap; *ski*: take off; **II.** *v/i.* (*h.*) *colloq.* be flabbergasted.

'**abschneiden I.** *v/t.* (*irr., h.*) cut off *or* away; clip, *a. tech.* shear off; slice off; *agr.* prune, trim; crop (*hair*); detach (*coupon, etc.*); *j-m die Kehle ~* cut a p.'s throat; *fig.* cut off (*retreat, supply*); *mil. tactically*: isolate; *j-m die Ehre ~* calumniate (*or* backbite) a p.; *j-m e-e Möglichkeit ~* deprive a p. of a chance; *den Weg ~* take a short-cut; *j-m den Weg ~* intercept a p.; *j-m das Wort ~* cut a p. short; **II.** *v/i.* (*irr., h.*) *gut (schlecht) ~* come off (*or* fare) well (badly), do well (badly); '**Abschneiden** *n* (*-s*) performance.

'**abschnellen I.** *v/t.* (*h.*) jerk (*or*

flip) off; **II.** *v/i.* (*sn*) *or sich ~* (*h.*) jerk off, bound *or* bounce (off).

'**Abschnitt** *m* cut, section; *math.* segment; *mil.* sector; section, passage, paragraph (*of book*); stage, leg (*of trip, etc.*); phase (*of evolution, etc.*); epoch, period; *econ.* **a)** item, article, **b)** counterfoil, *Am.* stub, **c)** denomination, **d)** coupon, **e)** dividend warrant; *Banknoten in kleinen ~en* bank notes in small denominations; **≗sweise** ['-svaɪzə] *adv.* by sectors; in stages.

'**abschnüren** *v/t.* (*h.*) unlace, untie; constrict, strangulate; *med. → abbinden*; *fig.* cut off.

'**abschöpfen** *v/t.* (*h.*) skim (off); *econ.* skim off (*profits*); *überschüssige Kaufkraft ~ a.* drain off *or* absorb excessive buying power; *→ Rahm.*

'**abschräg|en** *v/t., a. sich* (*h.*) slope, slant; *tech.* bevel, chamfer; **≗ung** *f* (*-; -en*) slant, slope; bevelling.

abschraub|bar ['apʃraʊpbaːr] *adj.* unscrewable, detachable; **~en** ['-bən] *v/t.* (*h.*) screw off, unscrew.

'**abschreck|en** *v/t.* (*h.*) scare away; frighten off; deter, discourage (*j-n von et. a.* from); *metall.*: chill (*a. eggs*), quench; **~end** *adj.* deterrent; forbidding; **~es** *Beispiel* warning, horrible example; **≗ung** *f* (*-; -en*) deterrance; intimidation; **≗ungsmittel** *n* deterrent.

'**abschreib|en I.** *v/t.* (*irr., h.*) copy; transcribe (*from shorthand*); *jur.* engross; *b.s.* plagiarize; *ped., a. author* crib (*von* from); *econ. debts*: **a)** *totally*: write off (*a. fig.*), **b)** *in part*: write down; depreciate (*value*); deduct (*sum*); cancel, countermand (*order*); **II.** *v/i.* (*irr., h.*) send a refusal; **≗er** *m* copyist; *b.s.* plagiarist.

'**Abschreibung** *econ. f* writing off, write-off; depreciation; *~en für Devisenverluste* write-offs for losses on foreign exchange; *~en auf Werksanlagen* depreciation on plant equipment; *Konto „Abschreibungen"* depreciation account; *nach ~ aller Verluste* after charging off all losses; **~srücklage** *f* depreciation reserve.

'**abschreiten** *v/t.* (*irr., h.*) pace off; *mil. die Front ~* take the review; receive the military hono(u)rs.

'**Abschrift** *f* copy, duplicate; transcript; *beglaubigte ~* certified copy; *e-e getreue ~* a true copy; *handschriftliche ~* manuscript copy; *e-e ~ nehmen* take a copy; **≗lich** *adj.* copied, in duplicate; *adv.* by (*or* as a) copy.

'**abschroten** *v/t.* (*h.*) chip, chop off, crosscut, hew.

'**abschrubben** *v/t.* (*h.*) scour (*the floor*); *tech.* turn roughly; plane off.

'**Abschub** *m* deportation (*of aliens*); evacuation (*of population*).

'**abschuften → abrackern.**

'**abschuppen** *v/t.* (*h.*) scale; *sich ~* scale (*or* peel) off, *skin*: desquamate.

'**abschürf|en** *v/t.* (*h.*): *sich die Haut ~* graze (*or* chafe, abrade) one's skin; bark, skin (*one's knee, etc.*); **≗ung** *f* abrasion.

'**Abschuß** *m* firing, discharge (*of weapon*); launching (*of rocket, tor-*

pedo); shooting (*of game*); *aer.* downing, victory in aerial combat; knocking-out, disabling (*of tanks*); **~rampe** *f* launching platform.

abschüssig ['apʃʏsɪç] *adj.* sloping; steep, precipitous; **≗keit** *f* (*-*) steepness, declivity.

'**abschütteln** *v/t.* (*h.*) shake off (*a. fig. a pursuer*), cast off; *fig.* get rid of.

'**abschütten** *v/t.* (*h.*) pour off (*or* out).

'**abschützen** *tech. v/t.* (*h.*) shield, screen.

'**abschwäch|en** *v/t.* (*h.*) weaken, lessen, diminish; mitigate; extenuate, find excuses for; qualify (*an expression*); cushion (*a fall*); tone down (*colors*); *phot.* reduce (*a negative*); *sich ~* diminish, decline, fall off; *econ. prices*: weaken, sag, ease off; *die Börse war abgeschwächt* there was a weaker tendency on stock exchange; **≗ung** *f* weakening, lessening; decrease; mitigation; extenuation; qualification; sagging (*of prices*); ease (*in money rates*); *phot.* reduction.

'**abschwarten** *v/t.* (*h.*) square (*wood*).

'**abschwatzen** *v/t.* (*h.*): *j-m et. ~* talk a p. out of a th.; *dem Teufel ein Ohr ~* talk the hind leg off a donkey.

'**abschweif|en I.** *v/i.* (*sn*) deviate, depart (*von* from); *von e-m Thema*: digress, stray, wander (*from a topic*); *schweifen Sie nicht ab!* keep to the point!; **II.** *tech. v/t.* (*h.*) scallop; ungum (*silk*); **~end** *adj.* digressive, rambling; **≗ung** *f* deviation, digression.

'**abschwelen** *tech. v/t.* (*h.*) carbonize at low temperature.

'**abschwellen** *v/i.* (*irr., sn*) *med.* shrink; *noise*: ebb away.

'**abschwemm|en** *v/t.* (*h.*) wash away (*or* off); erode (*soil*); *tech.* rinse, flush; **≗ung** *f* (*-; -en*) erosion.

'**abschwenken I.** *v/t.* (*h.*) cleanse by rinsing; wash off; **II.** *v/i.* (*sn*) swerve, turn away (*von* from); *mil.* wheel aside; *fig.* veer off.

'**abschwindeln** *v/t.* (*h.*): *j-m et. ~* swindle (*or* cheat) a p. out of a th.

'**abschwör|en** *v/t. and v/i.* (*h.*) abjure, foreswear (*s-m Glauben* one's faith); *colloq.* swear off *alcohol*; *jur.* deny upon oath; recant; **≗ung** *f* (*-; -en*) abjuration.

'**Abschwung** *m gym.* dismount; *aer.* sharp bank.

'**absedimentieren** *geol. v/i.* (*sn*) sediment out.

'**absegeln** *v/i.* (*sn*) sail away, set sail (*nach* for).

absehbar ['apzeːbaːr] *adj.* within sight; *fig.* conceivable; possible, potential; *in ~er Zeit* within a measurable (*or* reasonable) space of time; before long, in a near future; *nicht ~* not to be foreseen.

'**absehen I.** *v/t.* (*irr., h.*) (for)see; foretell; *es ist kein Ende abzusehen* there is no end in sight; *die Folgen sind nicht abzusehen* there is no telling what will happen, this may have dire consequences; *j-m et. ~* learn a th. from a p.; *j-m e-n Wunsch an den Augen ~* anticipate a p.'s wish; *es abgesehen haben auf* (*acc.*) be aiming (*or* driving) at, be out for, have an eye on; *es war auf dich abgesehen* it was meant for you; **II.** *v/i.* (*irr.*, *h.*): *von et.* ~ refrain (*or* abstain) from, *von e-m Plan*: abandon (*a plan*), *fig.* disregard, leave out of account; → *abgesehen*.

'**Abseide** *f* flock silk.

'**abseifen** *v/t.* (*h.*) (clean with) soap.

'**abseigern** *v/t.* *metall.* liquate, separate (by fusion); *tech.* plumb.

'**abseihen** *v/t.* (*h.*) filter off, strain.

'**abseilen** *mount.* *v/t. and sich* ~ (*h.*) rope down.

'**absein** *v/i.* (*irr.*, *sn*) be off, be broken off; be (far) away; be exhausted *or* run down, be all in.

abseits ['apzaɪts] **I.** *adv.* aside, apart; *soccer*: offside; *fig. sich* ~ *halten* keep aloof (*von* from); *soccer*: ~ *stellen* put offside; **II.** *prp.* (*gen. or von*) aside of, off from *the street*; **2falle** *f soccer*: offside trap.

'**absend|en** *v/t.* (*irr.*, *h.*) send off, forward, dispatch, *econ. a.* consign, ship; remit (*money*); mail, post (*letters*); send out *a p.*, *mil.* detach; depute; commission; **2er(in** *f*) *m* sender, *econ.* dispatcher, consignor, forwarder; **2ung** *f* dispatching, *etc.*

absengen *v/t.* (*h.*) singe off, scorch.

'**absenk|en** *v/t.* (*h.*) *agr.* layer; *min.* sink (*a shaft*); **2er** *bot. m* layer, slip, shoot.

'**Absenkformmaschine** *f* drop--plate-type mo(u)lding machine.

absetz|bar ['apzetsbaːr] *adj.* removable; *econ.* sal(e)able, marketable; *sum*: deductible; **2behälter** *tech. m* settling tank; **2bewegung** *mil. f* disengagement, withdrawal; ~**en** **I.** *v/t.* (*h.*) set *or* put down, deposit; *econ.* strike (*or* write) off, deduct (*item*, *sum*); cancel (*entry*); *typ.* set up in type; *thea.* ein *Stück* ~ take a play off (the repertoire); throw (*rider*); drop (*passengers*, *paratroopers*), put down; remove, dismiss (*officials*); dethrone, depose (*a king*); interrupt, break off; *ohne die Feder abzusetzen* without lifting one's pen; separate (*a word*); begin a new line (*a. v/i.*); *econ.* sell, dispose of; *sich leicht* ~ *lassen* sell readily, meet with a ready sale; *sich schwer* ~ *lassen* go off heavily, sell badly; *chem.* deposit, *sich* ~ *a.* be precipitated, settle; set off (*gegen acc.* against); *sich* ~ stand out (*von dat.* against), contrast, *fig.* retreat, make off, put distance between, *mil. vom Feinde*: disengage o.s. from the enemy; **II.** *v/i.* (*h.*) break off, stop, pause; *ohne abzusetzen* without a break (*or* halt), without let-up, uninterruptedly, *drinking*: at a draught; *es wird et.* ~ we are in for something; **2en** *n* (-*s*) setting down; writing-off, deduction; separating; precipitation; *mil.* disengagement; parachute drop, airborne assault; → *Absatz*; **2ung** *f* (-; -*en*) removal (from office), dismissal; dethronement, deposition.

'**absichern** *v/t.* (*h.*) guard against; *econ.* provide security for *credits*, *etc.*

'**Absicht** *f* (-; -*en*) intention; design; aim, object, end (in view); purpose; ~*en haben auf* (*acc.*) have designs upon; *in der* ~ *zu inf.* with the intention of *ger.*, with a view to *ger.*; *in der besten* ~ with the best intention; *jur.* (specific) intent; → *betrügerisch*; *mit e-r bestimmten* ~ for a purpose; *mit der festen* ~ with the determination (to *inf.*); *ich habe die* ~ *zu inf.* I intend to *inf.*, I am planning to *inf.*; **2lich I.** *adj.* intentional, deliberate; *jur.* wilful; **II.** *adv.* intentionally, *etc.*; on purpose, designedly; *du scheinst mir* ~ *auf die Nerven zu gehen* you seem to make a point of getting on my nerves; **2slos** *adj.* unintentional.

'**absickern** *v/i.* (*sn*) trickle down (*or* off).

'**absieden** *v/t.* (*h.*) boil, decoct; poach (*eggs*).

'**absingen** *v/t.* (*irr.*, *h.*) sing off (*or* to the end); *vom Blatt* ~ sing at sight.

Absinth [ap'zint] *m* (-[e]s; -*e*) absinth.

'**absitzen I.** *v/i.* (*irr.*, *h.*): *von j-m* (*weit*) ~ sit (far) away from a p.; *vom Pferde*: (*sn*) get off (*a horse*), dismount; **II.** *v/t.* (*irr.*, *h.*) *e-e Strafe* ~ serve a sentence *or* one's time; ~ *lassen chem.* allow to settle, deposit.

absolut [apzo'luːt] **I.** *adj.* absolute (*a.* pitch, majority, monarch, *chem.* alcohol); *phys.* ~*e Festigkeit* ultimate strength; ~*e Temperatur* degree Kelvin; ~*er Unsinn* perfect nonsense; **II.** *adv.* absolutely, positively; *er hat* ~ *keine Skrupel* he has no scruples whatever; *wenn du* ~ *gehen willst* if you insist on going; ~ *nicht* by no means; ~ *trocken tech.* oven-dry; **2e** *n* (-*n*): *das* ~ the absolute.

Absolution [apzolutsi'oːn] *f* (-; -*en*) absolution; *j-m* ~ *erteilen* give absolution to a p.

absolvieren [apzɔl'viːrən] *v/t.* (*h.*) *eccl.* absolve; complete (*one's studies*, *etc.*); pass, get through graduate from (*school*, *etc.*); pass (*an examination*).

ab'sonderlich *adj.* peculiar, singular; strange, odd, bizarre; **2keit** *f* (-; -*en*) peculiarity; strangeness, oddity.

'**absondern** *v/t.* (*h.*) set apart, separate (*von* from); detach; isolate; segregate; *physiol.* secrete, discharge; *phls.* abstract; *chem.* separate, eliminate; *sich* ~ withdraw, seclude o.s., keep aloof; disassociate o.s. (*von* from); ~**d** *adj. physiol.* secretory.

'**Absonderung** *f* separation (*a. chem.*); detachment; isolation; seclusion; *physiol.* secretion; *phls.* abstraction; ~**s-anspruch** *jur. m* claim of exemption; **2sberechtigt** *adj. bankruptcy*: secured; ~**sdrüse** *f* secretory gland.

absorbier|bar [apzɔr'biːrbaːr] *adj.* absorbable; ~**en** *v/t.* (*h.*) absorb; *on surface*: occlude; *wieder* ~ resorb; ~**end** *adj.* absorbing, (*a. su.* ~*es Mittel*) absorbent.

'**absorgen**: *sich* ~ (*h.*) worry (o.s. to death).

Absorption [apzɔrptsi'oːn] *f* (-; -*en*) absorption; *through surface*: occlu-

sion; ~**sfähigkeit** *f* (-), ~**skraft** *f* absorptive power; ~**skühlmaschine** *f* absorption refrigerator; ~**smittel** *n* absorbent; ~**svermögen** *n* (-*s*) absorbing power (*a. fig.*).

'**abspalten** *v/t. and sich* ~ (*h.*) split off, cleave off; *a. chem.* separate.

Abspann|draht ['apʃpan-] *tech. m* anchoring (*or* stay) wire; **2en** *v/t.* (*h.*) unbend, unhook; *mus.* slacken (*strings*); unharness, unyoke (*oxen*, *etc.*); *el.* **a)** terminate (*a wire*), **b)** lower the pressure of (*current*); *tech.* stay, anchor, brace; *fig.* **a)** relax, **b)** exhaust, → *abgespannt*; ~**er** *el. m* (step-down) transformer; ~**klemme** *f* terminal clamp; ~**ung** *f* unbending; relaxation; fatigue; *tech.* staying, anchoring, bracing; *el.* terminating.

'**absparen**: *sich et. vom Mund* ~ (*h.*) stint o.s. of a th., pinch o.s. for a th; pinch and scrape in order to be able to afford a th.

'**abspeisen** *v/t.* (*h.*) feed; *fig.* fob *or* put *a p.* off (*mit leeren Worten* with fair words).

abspenstig ['apʃpenstiç] *adj.* alienated, disloyal, unfaithful; ~ *machen* alienate, estrange, entice away (*von* from); ~ *werden* desert, quit.

'**absperr|en** *v/t.* (*h.*) lock, bolt, shut off; block, barricade (*a street*), *police*, *etc.*: cordon off; isolate, confine; turn (*or* shut) off (*gas*, *water*, *etc.*); **2hahn** *m* stopcock; **2posten** *m/pl.* cordon (of sentries); **2ung** *f* shutting-off; barricade, block(ing), cordon; isolation, separation; stoppage.

'**abspiegel|n** *v/t.* (*h.*) mirror, reflect (*a. fig.*); *sich* ~ be reflected; **2ung** *f* reflection.

'**abspiel|en** *v/t.* *mus. vom Blatt* ~ play at sight; play back (*sound recordings*); wear out *a record*, *etc.* (by playing); *sich* ~ happen, occur, take place; *thea.*, *etc.*: *die Szene spielt sich in X. ab* the scene is laid in X.; **2kopf** *m* play-back head.

'**absplittern** *v/t.* (*h.*) *and v/i.* (*sn*) splinter off; *v/i. a. sich* ~ (*h.*) come off in splinters, chip (off).

'**Absprache** *f* arrangement, agreement.

'**absprechen** *v/t.* (*irr.*, *h.*) deny, dispute, question; *Talent kann man ihm nicht* ~ there is no denying that he is talented; *jur. j-m et.* ~ dispossess a p. of a th.; disallow (*damages*); *esp. econ.* arrange, agree; ~**d** *adj.* disparaging, unfavourable.

'**absprengen** *v/t.* (*h.*) blast (*or* blow) off; *mil.* cut off (*troops*); sprinkle (*flowers*).

'**absprießen** *arch.* *v/t.* (*h.*) strut, brace.

'**abspringen** *v/i.* (*irr.*, *sn*) jump (*or* leap) off *or* down; dismount, alight (*von* from) (*a horse*); *sports*: take (*or* jump) off; *enamel*, *chips*, *etc.*: crack (*or* chip, come) off; *spring*, *string*: snap; rebound, bounce off; *aer.* parachute, jump; *in emergency*: bale (*or* bail) out; *fig.* (*vom Thema*) drop *or* leave *a subject* abruptly, digress; ~ *von* quit, desert; *von e-m Handel* ~ back out of a bargain; *colloq. und was springt für mich ab?* what's in it for me?

'**abspritzen** v/t. (h.) cleanse (with a hose), spray off; tech. spray-coat.

'**Absprung** m jump-off, leap; sports (a. aer.) take-off; by parachute: descent, jump; phys. reflection; ~balken m sports: take-off board; ~gebiet aer. n descent area; ~höhe f drop altitude.

'**abspulen** v/t. (h.) unwind, reel off.

'**abspülen** v/t. (h.) wash (off), rinse.

abstamm|en v/i. (sn) descend (or be descended) from; come of; gr. and chem. derive from; 2ung f (-; -en) descent, extraction, birth, origin; ~ in gerader Linie lineal descent; ~ von e-r Seitenlinie collateral descent; (von) deutscher ~ of German extraction; gr. derivation, etymology; 2ungslehre f theory of evolution; anthropogeny.

'**Abstand** m distance (von from); space, spacing; a. time: interval; gap; tech. a. clearance, of thread: pitch; in gleichen Abständen spaced equidistantly; in regelmäßigen Abständen (time) at regular intervals, periodically; ~ halten fig. keep one's distance; fig. mit ~ far and away better, etc.; mit ~ gewinnen win by a wide margin; fig. ~ nehmen refrain, desist (von from); ~scheibe tech. f spacer washer; ~sgeld n, ~summe f compensation, indemnification, forfeit-money; stock exchange: option money; for employees: severance pay; ~s-taste f blank (or spacing) key; ~zünder mil. m proximity fuse.

abstatten ['apʃtatən] v/t. (h.) pay, make, give, render; e-n Bericht ~ (send in a) report; e-n Besuch ~ pay a visit; Dank ~ return or render thanks.

'**abstauben**, a. '**abstäuben** v/t. (h.) dust; colloq. (steal) swipe.

'**abstauen** → abdämmen.

'**abstech|en** I. v/t. (irr., h.) prick off; cut (sods); tech. tap (furnace); cut (canal); drain (pond); draw off, tap (wine); fenc. disable; (kill) stab; stick (hogs); II. v/i. (irr., h.): gegen or von et. ~ contrast (strongly) with, stand out against or from; mar. veer off; 2er m (-s; -) excursion, (side-)trip (nach to); detour; fig. digression; 2stahl tech. m cutting blade (or tool).

'**absteck|en** v/t. (h.) unpin, undo (one's hair); fit, pin (a dress); plot (a course); surv. mark out, stake out, peg out; trace (or lay) out (ground plan); demarcate, locate (boundary); 2fähnchen n surveyor's flag; 2leine f tracing cord; 2pfahl m picket, stake; 2pflock m (tracing) peg.

'**abstehen** v/i. (irr., h.) be or stand off (von from); stand or stick out; (irr., sn) fig. von et. ~ desist (or refrain) from, renounce, forgo, waive; get stale, grow flat; ~ lassen allow to stand or cool off; ~d adj. distant; projecting; prominent, jughandle ears.

'**absteif|en** arch. v/t. (h.) (under-)prop, support; strut; 2ung f (-; -en) support; strutting, strut(s pl.); reinforcement.

'**absteige|n** v/i. (irr., sn) descend, climb down (von from); get off (one's horse), dismount; alight (from vehicle); put up (at an inn); sports: go down (club team); → Ast; 2quartier n night-lodging, accommodation.

Abstell|bahnhof ['apʃtɛl-] m railway (Am. railroad) yard; 2en v/t. (h.) put down, deposit; tech. stop, throw a machine out of gear; el., radio: switch off; stall, cut (the engine); turn off (gas, etc.); mot. cut (or switch) off (the ignition); park (a car); fig. mil. → abkommandieren; put an end to, redress, remedy; ~ auf gear to, make accord with; focus on; darauf abgestellt sein zu inf. be designed (or calculated) to inf.; ~fläche f storage surface; ~gleis n siding; ~hahn m stopcock; ~platz m parking area (Am. a. lot); aer. apron, tarmac; ~raum m storage room; ~ung mil. f detaching, seconding.

'**abstemmen** v/t. (h.) chisel off; sich ~ push o.s. off.

'**abstempeln** v/t. (h.) stamp; punch; mail. deface, cancel (stamps); min. prop; fig. j-n als stamp (or label) a p. as.

'**absteppen** v/t. (h.) quilt.

'**absterben** v/i. (irr., sn) die away (or out); fade (away), wither (a. colloq. sports); med. mortify (limb); get numb; engine: conk or peter out; → abgestorben.

'**Absterben** n death, extinction; med. mortification; atrophy; numbness.

Abstieg ['apʃtiːk] m (-[e]s; -e) descent, downward climb; fig. decline; sports: relegation.

Abstimm|anzeigerröhre ['apʃtim-] f radio: tuning indicator valve, a. magic eye; 2en I. v/t. (h.) mus., radio: tune (in) (auf acc. to); fig. aufeinander ~ harmonize, reconcile; coordinate, bring into line (auf acc. with); time, synchronize; adjust (to); shade off (colours); econ. balance, check (off) (the books); II. v/i. (h.) parl., etc. vote; über e-n Antrag ~ lassen put a motion to the vote; ~knopf m radio: tuning knob; ~kondensator m tuning capacitor; ~schärfe f sharpness of tuning, selectivity; ~skala f tuning dial; ~spule f tuning coil.

'**Abstimmung** f 1. voting, poll; geheime ~ (voting by) ballot; namentliche ~ poll(ing); offene ~ vote by open ballot; durch Handzeichen: vote by show of hands; durch Zuruf: vote by acclamation; durch Teilung des Hauses: division; plebiscite, referendum; zur ~ bringen put to the vote; 2. harmonizing; coordination; timing, synchronization; radio: tuning (control); feine (grobe, unscharfe) ~ sharp (coarse, flat) tuning.

abstinent [apsti'nɛnt] adj. abstemious; teetotal.

Abstinenz [-'nɛnts] f (-) (total) abstinence, teetotalism; ~ler(in f) [-lər(in)] m (-s; -; -; -nen) total abstainer, teetotal(l)er.

'**abstoppen** v/t. (h.) stop (a. v/i. = come to a halt); slow down; with stop watch: clock, time.

'**abstoß|en** v/t. (irr., h.) knock (or push) off; soccer: make a goal-kick; shed (antlers); tech. plane off (corners); flesh (hides); wear away, mar; fig. repel, disgust, sicken; econ. dispose of, get rid of (goods); dispose of, unload (stocks); discharge (debt); → Horn; ~end fig. adj. repulsive, disgusting, forbidding; 2ung phys. f (-; -en) repulsion,

'**abstottern** colloq. v/t. (h.) pay by (Am. on) instal(l)ments.

'**abstrafen** v/t. (h.) punish, chastise.

abstrahieren [apstra'hiːrən] v/t. (h.) abstract.

abstrakt [ap'strakt] I. adj. abstract; ~e Kunst non-representational (or abstract) art; ~e Malerei abstract painting; II. adv. in the abstract.

Abstraktion [-tsi'oːn] f (-; -en) abstraction. [abstract noun.]

Ab'straktum [-tum] gr. n (-s; -ta)

'**abstreb|en** arch. v/t. (h.) strut, brace; 2ung f (-; -en) strutting, bracing.

'**abstreichen** v/t. (irr., h.) wipe off; sich die Füße ~ scrape (or wipe) one's shoes; med. swab; skim (foam); strop (razor); in a list: tick (or check) off; deduct; cancel, strike out; math. point off; scour; mil. sweep (with fire, search-lights).

'**abstreifen** I. v/t. (h.) slip (or strip) off; wipe (shoes); cast, shed (antlers, skin, a. fig.); patrol, scour; II. v/i. (h.) fig. digress, stray (off).

'**abstreiten** v/t. (irr., h.) dispute, contest; deny.

'**Abstrich** m writing: down-stroke; deduction; curtailment, cut; ~e machen make cuts, fig. subtract (von from); med. e-n ~ machen take a smear from.

abstrus [ap'struːs] adj. abstruse.

'**abstuf|en** v/t. and sich ~ (h.) form into steps or terraces; fig. grade, graduate; shade (off), gradate (colours); modulate (sound); 2ung f (-; -en) grad(u)ation, shade; mus. modulation; fig. nuance.

'**abstumpfen** v/t. (h.) blunt, take the edge off; truncate (cone); sich ~ (grow) blunt; fig. senses: dull, deaden; → abgestumpft; chem. neutralize (acids).

'**Absturz** m (sudden) fall, plunge; aer. crash; precipice; aer. zum ~ bringen (shoot) down, force down.

'**abstürzen** v/i. (sn) fall down (kopfüber headlong), be precipitated; aer. go down, crash; slope: descend steeply.

'**abstutzen** v/t. (h.) cut off (or short), trim, lop; clip (wings); dock (tail).

'**abstützen** v/t. (h.) prop, strut, brace, support; mar. shore up.

'**absuchen** v/t. (h.) search all over (nach for); scour, comb; hunt. beat; with radar, searchlight: sweep; alles ~ hunt high and low.

'**Absud** chem. m decoction, extract.

absurd [ap'zurt] adj. absurd; ~es Theater theater of the absurd.

Absurdi'tät f (-; -en) absurdity.

Abszeß [aps'tsɛs] med. m (-sses; -sse) abscess.

Abt [apt] m (-[e]s; ⸚e) abbot.

'**abtakeln** mar. v/t. (h.) unrig, dismantle; strip (masts); lay up (ship); fig. abgetakelt used up, worn out.

Abtast|dose ['aptast-] *f* pick-up; **Qen** *v/t.* (*h.*) feel (with one's fingers); *med.* palpate; *boxing*: feel out, study; *fig.* probe, sound; *sich* ~ *a.* measure weapons, spar; *el.*, *TV*, *etc.*: scan; **~strahl** *m* scanning beam.

'abtauen *v/i.* (*sn*) thaw off, defrost.

Abtei [ap'taɪ] *f* (-; -en) abbey.

'Abteil *rail.* *n* (railway-)compartment; ~ *für Raucher* smoking compartment, smoker; → *Abteilung²*; **Qbar** *adj.* divisible; **Qen** *v/t.* (*h.*) divide; set apart, separate; *by walls, etc.*: partition off; portion out (*quantity*); *econ.* parcel (*goods*); graduate; classify.

'Abteilung¹ *f* division, portioning-off; *econ.* parcelling; classification.

Ab'teilung² *f* section; *adm.*, *ped.*, *jur.*: division; *of agency, firm, store, a. univ.*: department; *of hospital*: ward; *mil.* detachment, detail; battalion; *of workmen*: gang; partition; compartment; **~s-chef, ~sleiter, ~svorstand** *m* head of a department, departmental chief.

'abtelegraphieren *v/t.* and *v/i.* (*h.*) cancel (the engagement, *etc.*) by telegram.

'abteufen *v/t.* (*h.*) *mining*: sink (*a shaft*).

Äbtissin [ɛp'tisin] *f* (-; -nen) abbess.

'abtön|en *v/t.* (*h.*) *paint.* shade, tone (down); → *abstufen*; **Qung** *f* shading, shade.

'abtöten *v/t.* (*h.*) kill; *fig. a.* deaden; *das Fleisch* ~ mortify the flesh.

Abtrag ['aptrɑːk] *m* (-[e]s, ⁓e): *j-m* ~ *tun* prejudice (*or* injure) a p.; **Qen** *v/t.* (*irr.*, *h.*) carry off, remove; *den Tisch* ~ clear the table; pull down (*building*); excavate, level (*ground*); *med.* excise (*tumor*); clear off, pay (*debt*); amortize, sink (*mortgage*); wear out (*clothes*).

abträglich ['aptrɛːkliç] *adj.* injurious, detrimental; unfavo(u)rable (*criticism*).

'Abtrans|port *m* transport, removal; evacuation; **Qportieren** *v/t.* (*h.*) carry off, remove; evacuate.

'abträufeln → *abtröpfeln.*

'abtreib|en I. *v/t.* (*irr.*, *h.*) drive off; *med.* expel, purge (off) (*worms*); *ein Kind* ~ procure abortion, bring on a miscarriage; jade, overdrive (*a horse*); *metall.* refine; *chem.* separate; **II.** *v/i.* (*irr.*, *sn*) *aer. mar.* drift off, be drifted off (the course); **~end** *med. adj.* abortifacient; **Qung** *f* (-; -en) *med. of the human fetus*: abortion, *jur.* criminal abortion, foeticide; *selbst herbeigeführte* ~ self-induced abortion; *tech.* refining; **Qungsmittel** *n* abortifacient.

'abtrenn|bar *adj.* separable, detachable; *nicht* ~ non-detachable; **~en** *v/t.* (*h.*) separate; detach (*a. coupon, etc.*); unstitch (*a seam*), rip off; *hier* ~*!* detach here; **Qung** *f* separation, severance (*von* from); unstitching.

'abtret|en I. *v/t.* (*irr.*, *h.*) tread down *or* off; (*a. sich*): wear down (*shoes*); wear off (*steps*); *fig.* cede (*a. territory*), transfer, assign; transfer *property* (*dat.* to), make over (to), sign away; **II.** *v/i.* (*irr.*, *sn*) withdraw; *thea.*, *a. fig.*: (make

one's) exit; *mil.* break ranks; *fig.* retire (*von* from), quit; resign, go out of office; **Qer** *m* (-s; -) door-mat, scraper; *jur.* transferor, assignor; **Qung** *f* (-; -en) cession, transfer, assignment; conveyance; *marine insurance*: abandonment; retirement, withdrawal; resignation; abdication (*of throne*); *thea.* exit; **Qungs-urkunde** *f* transfer deed; *for real estate*: deed of conveyance; *bankruptcy*: deed of assignment.

'Abtrieb *mot.* *m* driven end of shaft; **~sdrehzahl** *f* r.p.m. (= revolutions per minute) of the driven side.

'Abtrift *f agr.* right of pasture; *aer. mar.* drift, *mar. a.* leeway.

'Abtritt *m* withdrawal, retirement; *thea.* exit; → *Abort¹.*

'abtrocknen I. *v/t.* (*h.*) dry up, wipe dry; **II.** *v/i.* (*sn*) dry up.

'abtröpfeln, 'abtropfen *v/i.* (*sn*) drip (*or* trickle) off *or* down; ~ *lassen* drain (off).

'abtrotzen *v/t.* (*h.*): *j-m et.* ~ wrest a th. from a p.

'abtrudeln *v/i.* (*sn*) *aer.* go into a spin; *colloq.* toddle off.

abtrünnig ['aptryniç] *adj.* unfaithful, disloyal; rebellious; *eccl.* apostate; ~ *machen* draw off (*von* from), alienate; ~ *werden* → *abfallen*; **Qe(r** *m*) ['-gə(r)] *f* (-n; -n; -en; -en) deserter, renegade, backslider; *eccl.* apostate; **Qkeit** *f* (-) disloyalty, desertion; *eccl.* apostasy.

'abtun *v/t.* (*irr.*, *h.*) remove, take off; dispose of; settle (*dispute, etc.*); abolish, do away with (*abuse*); dismiss (*als* as); *das ist alles abgetan* that's over and done with; *et. kurz* ~ make short work of a th., *in words*: dismiss a th. shortly; *et. mit e-m Achselzucken* (*Lachen*) ~ shrug (laugh) a th. off; kill, dispatch.

'abtupfen *v/t.* (*h.*) dab; swab (*wound*).

'ab-urteil|en *v/t.* (*h.*) try *a p. or a case*, bring *a p.* to trial; pass sentence upon *a p.*; *fig.* criticize severely, condemn; **Qung** *f* (-; -en) trial. [(*debt.*).}

'abverdienen *v/t.* (*h.*) work off}

'abverlangen → *abfordern.*

'abvermieten *v/t.* (*h.*) sublet.

'abwägen *v/t.* (*h.*) weigh out; level; *fig.* weigh, consider carefully.

'abwälz|en *v/t.* (*h.*) roll off *or* down; *fig.* (*von sich*) ~ shift off (from o.s.), clear o.s. of (*a charge, suspicion*); *die Schuld auf j-n* ~ lay the blame at a p.'s door; *die Verantwortung auf e-n anderen* ~ shift the responsibility to someone else, pass the buck; **Qfräsen** *n* (-s) self-generating milling; **Qfräsmaschine** *f* hobbing machine.

'abwandel|bar *gr. adj. substantive*: declinable; *verb*: (in)flexional; **~n** *v/t.* (*h.*) vary, modify; *gr. substantive*: decline; *verb*: conjugate.

'abwander|n *v/i.* (*sn*) wander away *or* off; drift away; migrate (*von* from); **Qung** *f* migration; exodus (*a. econ. of capital*); *of scientists, etc.*: (brain-)drain.

'Abwandlung *f* modification; *gr.* declension (*of substantive*); conjugation (*of verb*).

'Abwärme *tech.* *f* waste heat.

'abwarten *v/t.* and *v/i.* (*h.*) wait for, await; *das Ende* ~ wait to the end (of); *s-e Zeit* ~ bide one's time, temporize; *e-e Gelegenheit* ~ watch (*or* wait for) one's opportunity; *es ruhig* ~ wait and see (what happens); *das bleibt abzuwarten* that remains to be seen; **~d** *adj.* observant, temporizing; **~e** *Haltung* policy of wait and see; *e-e* **~e** *Haltung einnehmen* assume an observant attitude, temporize.

abwärts ['apvɛrts] *adv.* down, downward(s); *den Fluß* ~ down the river, downstream; *fig. mit ihm geht's* ~ he is going downhill; ~ *schalten mot.* change down; **Qbewegung** *econ. f* downward trend, downswing; **Qhub** *mot. m* downstroke; **Qtransformator** *el. m* step-down transformer.

'abwasch|bar *adj.* washable; **~en** *v/t.* (*irr.*, *h.*) wash (off); wash down (*body*), bathe; sponge off; wash up (*dishes*); *geol.* wash away; *fig.* wipe off (*disgrace*).

'Abwasser *n* (-s; ⁓) waste water, sewage.

'abwassern *aer. v/i.* (*sn*) take off on water.

'abwässern *v/t.* (*h.*) drain.

'abwechseln *v/t.* and *v/i.* (*h.*) alternate; vary; *miteinander or sich* ~ alternate with each other; *mit j-m* ~ take turns (*bei* in), relieve one another; **~d I.** *adj.* alternate, alternating; varying; periodic; **II.** *adv.* alternately; by turns.

'Abwechs(e)lung *f* (-; -en) change; alternation; variation; variety, diversity; diversion; ~ *bringen in* (*acc.*) relieve, liven up; *zur* ~ for a change; **Qs-reich, Qsvoll** *adj.* varied, diversified; eventful; **Qsweise** ['-svaɪzə] *adv.* alternately, by turns.

'Abweg *m* by-road; detour; wrong way; *fig. auf* ~*e führen* lead astray, mislead; *auf* ~*e geraten* go astray; **Qig** ['-giç] *adj.* devious, misleading; wrong, incorrect; inept, out of place; irrelevant, *pred.* not to the point.

'Abwehr *f* (-) defen|ce, *Am.* -se; resistance; guard, protection (*gegen* from, against); *fenc.* parry, (*a. fig.*) warding off; → **~dienst** *mil. m* counter-espionage, military security service; **Qen** *v/t.* and *v/i.* (*h.*) beat back, repulse (*attack*); *fenc.* parry, ward off (*both a. fig.*); *boxing, soccer, etc.*: block; avert, head (*or* stave) off (*disaster*); *fig.* refuse; **Qend** *adj.* defensive (*a. biol.*); **~griff** *m wrestling*: counterhold; **~jagdflugzeug** *n* interceptor, pursuit plane; **~kampf** *m mil.* defensive warfare; *physiol.* campaign; **~kraft** *f* power of resistance; **~mittel** *n* means of defen|ce, *Am.* -se; *med.* prophylactic; **~schlacht** *mil. f* defensive battle; **~spiel** *n sports*: defensive play; **~stoff** *biol. m* antibody; **~waffe** *mil. f* counter-weapon.

'abweichen *v/i.* (*irr.*, *sn*) deviate, diverge (*von* from); *fig.* deviate, depart (from); swerve (from); *von-einander* ~ differ (from one another), *sehr*: differ widely; *phys.* vary; deflect; *compass needle*: decline; ~d *adj.* divergent, varying, deviating; *a. gr.* irregular; *bot.*, *zo.* aberrant.

'**Abweichung** *f* (-; -en) deviation; difference, discrepancy; *phys.* variation (*a. econ.*), deflection; *of compass needle*, *sun*: declination; *gr. etc.* anomaly; *tech.* allowance, tolerance; *fig.* departure (*von* from *a rule, etc.*).

'**abweiden** *v/t.* (h.) graze, feed on.

'**abweis|en** *v/t.* (*irr.*, h.) refuse, reject, turn down; *jur.* dismiss, nonsuit; *mil.* beat back, repulse (*attack*); *j-n* ~ turn away a p., *curtly*: rebuff; *j-n kurz* ~ send a p. about his business; *glatt abgewiesen werden* meet with a flat refusal; *er läßt sich nicht* ~ he will take no refusal; refuse admittance (*acc.* to); ~**end** *adj.* unfriendly, cool; *j-n* ~ *behandeln* be short with a p.: 2**ung** *f* refusal, rejection; *jur.* dismissal, nonsuit; *mil.* repulse; *econ.* non--acceptance; rebuff (*of a p.*).

abwendbar ['apvɛntbɑːr] *adj.* preventable, avertible.

abwend|en ['-dən] *v/t.* (*irr.*, h.) turn off (*or* away); *s-e Augen* ~ avert one's eyes; parry (*a thrust*); avert, head (*or* stave) off (*danger, etc.*); *sich* ~ turn away (*von* from); *fig.* → abkehren; ~**ig** → abspenstig; 2**ung** *f* averting, prevention.

'**Abwerbung** *econ. f* enticing away *an employee*.

'**abwerfen** *v/t.* (*irr.*, h.) throw off, (*or* down); *aer.* release (*bombs*), drop (*bomb, container*); (para)drop; throw (*rider*); cast, shed (*antlers, skin*); shake off (*yoke*); discard (*card*); *econ.* yield (*profit*); bear (*interest*); *es wirft nichts ab* it does not pay.

'**abwert|en** *v/t.* (h.) devaluate, devalorize; 2**ung** *f* devaluation.

abwesend ['apveːzənt] *adj.* absent, away; not in; missing; *fig.* absent--minded; (*adv. a.* absently), lost in thought; 2**e**(**r** *m*) ['-də(r)] *f* (-n; -n; -en; -en) absentee; *die* ~**n** *pl.* those absent.

'**Abwesenheit** *f* absence; absenteeism; *in* ~ *von* in the absence of; *jur.* non-attendance, *deliberate*: contumacy; *durch* ~ *glänzen* be conspicuous by one's absence; *fig.* absent-mindedness; ~**spfleger** *m* trustee in absentia; ~**s-urteil** *n* judgment in default.

'**abwetzen** *v/t.* (h.) whet, sharpen; rub (*or* wear) off.

'**abwickeln** *v/t.* (h.) unwind, reel off, uncoil; *econ.* adjust; liquidate (*debt*); transact (*business*); effect, handle; complete; *jur.* liquidate, wind up; *sich* ~ pass off.

'**Abwick(e)lung** *f* unwinding; *econ.* transaction, settlement; execution, carrying out; *econ.*, *jur.* winding--up, *Am.* wind-up; liquidation; *reibungslose* ~ smooth handling (*or* disposal) *of a matter*; ~**sstelle** *f* clearing office.

Abwickler ['apviklər] *jur. m* (-s; -) liquidator.

Abwiege|maschine ['apviːgə-] *f* weighing machine; dosing machine,

---

dispenser; 2**n** *v/t.* (*irr.*, h.) weigh out.

'**abwimmeln** *colloq. v/t.* (h.) brush off *a p.*; shake off, get rid of *a p. or. th.*

'**Abwind** *aer. m* down(ward) current, *Am.* downdraft.

'**abwinden** *v/t.* (h.) reel off, unwind (*a. sich and fig.*).

'**abwinken** *v/i.* (h.) give the starting signal; *fig.* give a sign of refusal (*or* warning).

'**abwinkeln** *v/t.* (h.) square off; *sports*: flex, jackknife.

'**abwirtschaften** *v/i.* (h.) get ruined *or* ruin o.s. (by mismanagement); → abgewirtschaftet.

'**abwischen** *v/t.* (h.) wipe off; dust (off); mop; sponge; *sich den Mund* ~ wipe *one's mouth*, *die Stirn*: mop *one's brow*, *die Tränen*: dry *one's tears*.

'**abwracken** *mar. v/t.* break up, scrap.

'**Abwurf** *m* throwing off *or* down; *aer.* drop(ping), release; yield, profit; *sports*: goal-throw; ~**behälter** *aer. m* aerial delivery container; *for fuel*: slip tank; ~**stelle** *f* drop point.

'**abwürgen** *v/t.* (h.) strangle, throttle; *mot.* stall, kill.

abzahl|en *v/t.* (h.) pay off; pay by (*Am.* on) instal(l)ments; 2**ung** *f* payment (in full), liquidation; payment by (*Am.* in) instal(l)ments; *auf* ~ *kaufen* buy on the instal(l)-ment plan, purchase on account; 2**ungsgeschäft** *n* hire purchase business; 2**ungssystem** *n* hire--purchase system, instal(l)ment plan; 2**ungsverpflichtung** *f* hire--purchase commitment.

'**abzählen** *v/t.* (h.) count off (*or* out); *an den Fingern* ~ tick off on one's fingers; *fig. das kannst du dir an den Fingern* ~ that's obvious enough; *mil.* ~! count off!

'**abzapfen** *v/t.* (h.) tap (*a. barrel*), draw off; *med.* drain (*pus, etc.*) draw (*blood*); *j-m Blut* ~ bleed a p.; *fig. j-m Geld, etc.*, ~ tap (*or* bleed) a p. for money, *etc.*

'**abzappeln**: *sich* ~ (h.) fight the hands of the clock.

'**abzäumen** *v/t.* (h.) unbridle.

abzäunen ['aptsɔʏnən] *v/t.* (h.) fence off (*or* in).

'**abzehr|en** *v/t.* (h.) consume, waste; emaciate; *sich* ~ waste away; 2**ung** *f* wasting away, consumption; emaciation.

'**Abzeichen** *n* mark of distinction; badge (*of club, etc.*; *mil. of rank*); *mil.* stripe; decoration; *pl.* insignia; *national*: emblem, *aer.* marking.

'**abzeichnen** *v/t.* (h.) copy, draw, sketch (*von* from); mark off, initial (*document*); check off (*item in list*); *fig. sich* ~ appear in outlines, *danger*: loom; *sich* ~ *gegen* stand out against.

Abzieh|apparat ['aptsiː-] *m* mimeograph; ~**bild** *n* transfer-picture; *tech.* decalcomania; ~**bilderverfahren** *n* decalcomania, meta-chromotype process; ~**bürste** *f* letterbrush; 2**en I.** *v/t.* (*irr.*, h.) draw off, pull down *or* off, remove; strip (*bed*); mimeograph; *typ.* pull off *a proof*; *phot.* print; transfer

---

(*picture*); *tech.* smooth (*knife*), grind, sharpen (*knife*), strop (*razor*); take out (*key*); *das Fell* ~ skin (*animals*); scrape (*hide*); plane off, surface (*parquetry*); bottle (*wine, etc.*); drain; *chem.* distil, decant; subtract, deduct (*von* from); *econ. et. vom Preise* ~ take something off the price; *fig.* withdraw (*a. money, mil. troops*); divert; *s-e Hand von j-m* ~ withdraw one's help (*or* support) from a p.; **II.** *v/i.* (*irr.*, sn) go away, depart, march off; *smoke*: escape, disperse; *fig. mit langer Nase* ~ depart with one's tail between one's legs; release *or* pull the trigger (*of a gun*); ~**feile** *f* smooth file; ~**muskel** *anat. m* abductor; ~**papier** *n* duplicating paper; ~**riemen** *m* razor strop.

'**abzielen** *v/i.* (h.): *auf et.* ~ aim at, have in view; tend to; *worauf zielte er ab?* what was he driving at?

'**abzirkeln** *v/t.* (h.) measure (*or* mark) with compasses; *fig.* define precisely.

'**Abzug** *m* departure; *mil.* withdrawal, retreat; *econ.* deduction (*of sum*); allowance, rebate, discount; *in* ~ *bringen* deduct, allow; *nach* ~ *der Kosten* charges deducted; *frei von* ~ net, clear; *tech.* outlet, escape; drain; *on gun*: trigger; *typ.* proof (-sheet); (mimeograph) copy; *phot.* print.

abzüglich ['aptsyːkliç] *adv.* less, minus; deducting, allowing for; ~ *der Kosten* charges deducted.

Abzugs... ['aptsuːks-]: ~**bogen** *typ. m* proof (-sheet); ~**bügel** *m* trigger guard; 2**sfähig** *adj.* deductible; ~**graben** *m* drain, gully; ~**kanal** *m* drain; sewer; ~**rohr** *n* waste pipe; escape pipe.

'**abzwacken** *v/t.* (h.): *fig. j-m et.* ~ squeeze a th. out of a p.

'**Abzweig** *el. m* branch; ~**dose** *f* junction box; 2**en** ['-tsvaɪgən] **I.** *v/t., a. sich* (h.) branch off (*a. fig.*); *fig.* earmark, put *money* on one side; **II.** *v/i.* (h.) branch off; ~**klemme** *el. f* branch terminal; ~**leitung** *el. f* branch (conduit); ~**ung** *f* (-; -en) branching-off; bifurcation; *el.* branch, shunt.

'**abzwicken** *v/t.* (h.) pinch (*or* nip) off.

ach [ax] *int.* ah!, *rhet.* alas!; ~ *nein?* you don't say?, is that (really) so?; ~ *so!* oh, I see!; so that's what you mean!; ~ *wo!* certainly not!, not a bit of it!; ~ *was!* tut, tut!

Ach *n* (-s; -): ~ *und Weh schreien* wail of woe, cry murder; *mit* ~ *und Krach* with great difficulty, by the skin of one's teeth, barely.

Achat [aˈxɑːt] *m* (-[e]s; -e) agate.

Achilles|ferse [aˈxɪləs-] *fig. f* vulnerable (*or* soft) spot; ~**sehne** *anat. f* Achilles tendon.

achro'matisch *adj.* achromatic.

Achs... ['aks-]: → Achsen...

Achse ['aksə] *f* (-; -n) **1.** axis, *pl.* axes; *sich um s-e* ~ *drehen* make a full turn; *die Erde dreht sich um ihre* ~ the earth rotates about its axis; **2.** *tech.* axle(-tree); shaft; *bewegliche* (*feststehende*) ~ articulated (stationary) axle; *econ. per* ~ a) by

land carriage, **b**) by rail, **c**) by lorry (*Am.* truck); *fig. colloq. auf der* ~ on the move.
Achsel ['aksəl-] *f* (-; -n) shoulder; *die* ~ *zucken* shrug one's shoulders; *fig. über die* ~ *ansehen* look down upon; *auf die leichte* ~ *nehmen* make light of; ~**bein** *anat. n* shoulder-blade; ~**gelenk** *n* shoulder--joint; ~**höhle** *f* armpit; ~**klappe** *f*, ~**stück** *n* → *Schulterklappe, -stück;* ~**träger** *m* shoulder-strap.; *fig.* (*person*) timeserver, opportunist; ~**zucken** *n* (-s) shrug (of the shoulders).
'**Achsen...:** ~**abstand** *mot. m* wheel base; ~**antrieb** *m* axle drive; ~**aufhängung** *f* axle suspension; ~**bruch** *m* breakdown of an axle; ~**schnitt** *math. m* axial intercept; ~**system** *math. n* system of coordinates; ~**welle** *f* axle (driving) shaft.
'**achs-parallel** *adj.* axially parallel; *tech.* paraxial, axis parallel.
acht [axt] *adj.* eight; *in* ~ *Tagen* within a week, today week; *vor* ~ *Tagen* a week ago; *alle* ~ *Tage* every other week. [eight.⟩
Acht¹ *f* (-; -en) (number *or* figure)⟩
Acht² *f* (-) outlawry, ban; proscription; *in* ~ *und Bann* under the ban; *in die* ~ *erklären, in* ~ *und Bann tun* outlaw, proscribe; *fig.* ostracize *a p.,* ban *a th.*
Acht³ *f* (-) attention; *außer* 2 *lassen* disregard, pay no heed to, leave out of account; 2 *geben,* 2 *haben auf* pay attention, be attentive (*or* alert) to; *gib* 2*!* look (*or* watch) out!, careful!; *sich in* 2 *nehmen* take care (of o.s.), be on one's guard (*vor dat.* against); *nimm dich vor dem Hund in* 2*!* mind (*or* beware of) the dog!
'**achtbar** *adj.* respectable, hono(u)r-able; 2**keit** *f* (-) respectability.
achte ['axtə] *adj.* eighth; ~s *Kapitel* eighth chapter *or* chapter eight; *Heinrich VIII.* Henry VIII (= the Eighth); *am* (*or* den) ~*n* April (on) the eighth of April, 8th April, April 8th.
Achteck ['-ʔɛk] *math. n* (-[e]s; -e) octagon; 2**ig** *adj.* octagonal.
Achtel ['axtəl] *n* (-s; -) eighth (part); *ein* ~*pfund* an eighth of a pound; ~**note** *mus. f* quaver, *Am.* eighth note; ~**pause** *mus. f* quaver rest, *Am.* eighth rest.
achten ['axtən] **I.** *v/t.* (h.) *j-n:* respect, (hold in high) esteem, have a high opinion of *a p.;* observe, abide by (*laws*); respect (*rights*); → *beachten, erachten;* **II.** *v/i.* (h.): ~ *auf* pay attention to; *achte auf meine Worte* mark my words; *darauf* ~, *daß* see to it that, take care that; *nicht* ~ *auf* be heedless of, disregard.
ächten ['ɛçtən] *v/t.* (h.) outlaw, proscribe; *fig.* ban; *socially:* ostracize.
Achtender ['-ʔɛndər] *hunt. m* (-s; -) stag of eight points.
achtens ['axtəns] *adv.* eighth(ly), in the eighth place.
'**achtenswert** *adj.* estimable, respectable.
'**Achter** *m* (-; -) (figure) eight; (*boat*) eight; *skating:* circle eight.

'**achter(n)** *mar. adj.* (ab)aft; ~**aus** *adv.* (ab)aft, astern.
'**Achter...:** ~**bahn** *f* switchback (railway), *Am.* roller-coaster; ~**deck** *n* quarter-deck; 2**lei** ['laɪ] *adj.* of eight different kinds (*or* types), eight (different kinds of); ~**raum** *m* afterhold; ~**rennen** *n: das* ~ the Eights *pl.*; ~**schiff** *n* stern; ~**steven** *m* stern post.
'**acht...:** ~**fach,** ~**fältig** ['-fɛltiç] *adj.* eightfold, octuple; ~**flächig** *math. adj.* octahedral; 2**füßer** ['-fy:sər] *zo. m* (-s; -) octopod.
'**acht|geben,** ~**haben** → *Acht³.*
'**acht...:** ~**hundert** *adj.* eight hundred; ~**jährig** *adj.* eight years old; of eight years.
'**achtlos** *adj.* inattentive, unheeding, careless; inconsiderate; 2**igkeit** *f* (-) inattention, carelessness, unconcern; negligence.
'**acht...:** ~**mal** *adv.* eight times; 2**polröhre** *f radio:* hexagrid valve.
'**achtsam** *adj.* attentive (*auf acc.*) to; careful (of); 2**keit** *f* (-) attentiveness; carefulness.
Acht...: ~**stundentag** *m* eight-hour day; 2**stündig** ['-ʃtyndiç] *adj.* eight--hour; 2**tägig** *adj.* eight-day, lasting a week.
'**Achtung** *f* (-) **1.** attention; (*a. mil.*) ~*!* attention; look out!, *Am.* watch out!; ~ *Stufe!* careful! mind the step!; *on signboards:* danger!, caution!, warning!; **2.** respect, esteem, regard; *alle* ~*!* congratulations!, not (at all) bad!; *bei aller* ~ *vor Ihnen* with due deference to you; ~ *erweisen* (*dat.*) pay respect to; ~ *gebieten* command respect; ~ *hegen für* have a high opinion of; *in hoher* ~ *stehen* be held in high esteem; *sich* ~ *verschaffen* make o.s. respected.
'**Ächtung** *f* (-) outlawing, proscription; *fig.* ban (on); *social:* ostracism.
'**Achtung...:** 2**einflößend,** 2**gebietend** *adj.* inspiring (*or* commanding) respect, authoritative; ~**s-erfolg** *m* succes d'estime (*Fr.*); 2**svoll** *adj.* respectful.
'**achtzehn** *adj.* eighteen; ~**te** *adj.* eighteenth.
achtzig ['axtsiç] *adj.* eighty; *in den* ~*er Jahren* in the eighties; 2**er(in** *f*) ['-gər(in)] *m* (-s; -; -; -nen) octogenarian; ~**jährig** *adj.* eighty (years old), octogenarian; ~**ste** ['-stə] *adj.* eightieth.
'**Achtzylindermotor** *m* eight--cylinder engine.
ächzen ['ɛçtsən] *v/i.* (h.) moan, groan (*vor dat.* with); 2 *n* (-s) groan(s *pl.*), groaning.
Acker ['akər] *m* (-s; ⁱ) field; arable (*or* farm) land; soil, ground; (*measure*) acre.
'**Ackerbau** *m* (-[e]s) agriculture; *n.s.* tillage, arable farming; ~**maschine** *f* agricultural machine; 2**treibend** *adj.* agricultural.
'**Acker...:** ~**bestellung** *f* tillage; ~**boden** *m* (arable) soil; ~**bohne** *f* broad bean; ~**erbse** *f* field pea; ~**fläche** *f* acreage; ~**furche** *f* furrow; ~**gaul** *m* farm-horse; ~**gerät** *n* agricultural implements *pl.*, farming tools *pl.*; ~**gesetz** *n* agrarian law;

~**krume** *f* top soil; ~**land** *n* arable land; tilled land.
'**ackern** *v/t. and v/i.* (h.) plough (*Am.* plow), till; *fig.* work hard; → *durchackern.*
'**Acker...:** ~**schleife** *f* field drag, *Am.* clod crusher; ~**schlepper** *m* farm tractor; ~**schnecke** *zo. f* field slug; ~**scholle** *f* clod; ~**walze** *f* land roller; ~**winde** *bot. f* lesser bindweed.
a conto [a'kɔnto] *econ. adv.* on account.
Acrylsäure [a'kry:l-] *chem. f* acrylic acid.
ad absurdum [at ap'zurdum]: ~*führen* reduce to absurdity.
ad acta [at 'akta]: ~ *legen* file away; *fig.* shelve, table *a matter.*
Adam ['a:dam] *m* (-s; -s) Adam; *fig. den alten* ~ *ausziehen* turn over a new leaf; *nach* ~ *Riese* according to Spoker, *w.s.* obviously enough; ~**s-apfel** *anat. m* Adam's apple; ~**skostüm** *n: im* ~ in one's buff (*or* birthday suit).
addier|en [a'di:rən] *v/t.* (h.) add, sum up; 2**maschine** *f* adding machine.
Addition [aditsi'o:n] *f* (-; -en) addition.
Additiv [-'ti:f] *chem. n* (-s; -e) additive.
ade [a'de:] → *adieu.*
Adel ['a:dəl] *m* (-s) nobility, aristocracy; *Brit. niederer* ~ *the* gentry; *fig.* noble-mindedness; *von* ~ *sein* be of noble birth.
'**ad(e)lig** *adj.* noble (*a. fig.*), titled, of noble birth; 2**e(r** *m*) ['-gə(r)] *m* (-n; -n; -en; -en) nobleman, aristocrat, peer; *f* noblewoman, lady of title; *die* ~*en pl.* the nobles, the nobility.
'**adeln** *v/t.* (h.) ennoble (*a. fig.*); *Brit.* knight, raise to the peerage.
'**Adels...:** ~**brief** *n* patent of nobility; ~**buch** *n* peerage-book; ~**krone** *f* coronet; ~**prädikat** *n* nobiliary prefix; ~**stand** *m* nobility; *Brit.* peerage; *in den* ~ *erheben* knight; ~**stolz** *m* aristocratic pride.
Ader ['a:dər] *f* (-; -n) *anat.* vein, vessel, artery; *bot., geol., in* marble, *etc.* (*a. fig., poetic, etc.*) vein; *in wood: a.* grain, streak; *of cable:* core; *j-n zur* ~ *lassen* bleed a p. (*a. fig.*); *er hat e-e leichte* ~ he is a happy-go-lucky fellow.
Äderchen ['ɛ:dərçən] *n* (-s; -) small vein, veinlet.
'**Aderlaß** ['-las] *m* (-sses; ⁱsse) blood-letting.
'**ädern** *v/t.* (h.) vein, streak.
'**Ader...:** ~**presse** *f* tourniquet; ~**ung** *f* (-; -en) veining; *bot.* nervation.
Adhäsion [athɛzi'o:n] *phys. f* (-; -en) adhesion.
adieu [a'djø:] *int.* good-by(e), farewell, adieu; **A'dieu** *n* (-s; -s) farewell, adieu.
Adjektiv ['atjɛkti:f] *gr. n* (-s; -e) adjective; 2**isch I.** *adj.* adjectival; **II.** *adv.* adjectively.
Adjutant [atju'tant] *m* (-en; -en) adjutant, *of general:* aide(-de--camp), *Am.* aid.
Adler ['a:dlər] *m* (-s; -) eagle; *junger* ~ eaglet; *herald.* (*Doppel*2 double-

-headed) eagle; ~auge *fig. n*: mit e-m ~ eagle-eyed; ~horst *m* aerie; ~nase *f* aquiline nose.

adlig ['ɑ:dliç] *adj*. → **adelig**.

Admiral [atmi'rɑ:l] *mar. m* (-s; -e) admiral (*a. butterfly*); ~**i'tät** *f* (-; -en) admiralty; ~**sflagge** *f* admiral flag; ~**s-schiff** *n* flagship; ~**stab** *m the* naval staff; ~**swürde** *f* admiralship.

adop'tieren *v/t*. (h.) adopt.

Adopti'on *f* adoption.

Adoptiv|bruder [adɔp'ti:f-] *m* brother by adoption; ~**eltern** *pl*. adoptive parents; ~**kind** *n* adoptive child.   (aline.)

Adrenalin [adrena'li:n]*n*(-s)adren-)

Adressant [adrɛ'sant] *m* (-en; -en) sender; drawer (*of bill of exchange*).

Adressat ['-sɑ:t] *m* (-en; -en) addressee; *of goods*: consignee; *of bill of exchange*: drawee.

Adreßbuch [a'drɛs-] *n* directory.

Adresse [a'drɛsə] *f* (-; -n) address; *per* ~ care of (*abbr*. c/o); *falsche* ~ misdirection; *econ*. money market: *erste* ~ first-class borrower; *fig*. an die falsche ~ kommen go to the wrong shop, *w.s*. come to the wrong address, catch a Tartar; ~**nnachweis** *m* address bureau.

adres'sier|en *v/t*. (h.) address, direct (*an acc*. to); *econ*. consign (*goods*); *falsch* ~ misdirect; ℒ**maschine** *f* addressing machine.

adrett [a'drɛt] *adj*. smart, dressy, neat.

adsorbieren [atzɔr'bi:rən] *chem*. *v/t*. (h.) adsorb; ~**de** *Substanz* adsorbate.

Adsorption [-ptsi'o:n] *f* (-; -en) adsorption; ~**svermögen** *n* (-s) adsorbing power.

'A-Dur *n* A major.

Advektion [atvɛktsi'o:n] *phys*. *f* (-; -en) advection.

Advent [at'vɛnt] *eccl. m* (-[e]s) advent; **Adventist** *m* (-en; -en) Adventist.

Ad'vents|sonntag *m* Advent Sunday; ~**zeit** *f* Advent season.

Adverb [at'vɛrp] *gr. n* adverb; ℒ**ial** [-bi'ɑ:l] *adj*. adverbial; ~**e** *Bestimmung* adverbial qualification; ~**i'alsatz** *m* adverb clause.

Advokat [atvo'kɑ:t] *m* (-en; -en) advocate, lawyer; ~**enkniff** *m* lawyer's trick.

Aero|dy'namik [aero-] *phys. f* aerodynamics *pl*.; ℒ**dy'namisch** *adj*. aerodynamic; streamlined; ~**me'chanik** *f* aeromechanics *pl*.; ~**'nautik** *f* aeronautics *pl*.; ~**sol** [-'zo:l] *n* (-s; -e) aerosol; ~**stat** [-'stɑ:t] *m* (-en; -en) aerostat; ~**'statik** *f* aerostatics *pl*.

Affäre [a'fɛ:rə] *f* (-; -n) (*a*. love-) affair; incident; matter, business; case; *sich aus der* ~ *ziehen* back out (of the business), wriggle out (of the situation), *adroitly*: master the situation, rise to the occasion.

Affe ['afə] *m* (-n; -n) monkey; ape; *colloq. fig*. a) dandy, coxcomb, b) silly fool, ass; *sl. mil*. pack, knapsack; *e-n* ~*n haben sl*. be plastered; *e-n* ~*n an j-m gefressen haben* be infatuated with a p., be nuts about a p.; *colloq. ich denke, mich laust der* ~ well, I'll be hanged.

Affekt [a'fɛkt] *m* (-[e]s; -e) emotion, passion; *im* ~ under the urge of passion; *im* ~ *begangen*, ... *a*. emotional; ~**handlung** *jur. f* act committed in the heat of passion

affek'tier|en *v/t*. (h.) affect; ~**t** *adj*. affected, artificial; conceited; ℒ**theit** *f* (-) affectation; mannerism.

äffen ['ɛfən] *v/t*. (h.) mock, tease; dupe, hoax.

'Affen...: ℒ**artig** ['-ɑ:rtiç] *adj*. apish, simian; *colloq. mit* ~*er Geschwindigkeit* like a greased lightning; ~**brotbaum** *m* baobab; ~**komödie** *f* → *Affentheater*; ~**liebe** *f* (-) doting love; ~**mensch** *m* pithecanthropus; ~**pinscher** *m* Brussels griffon, pug; ~**schande** *f* (-) crying shame; ~**theater** *n* complete farce, foolery; *w.s*. crazy business; ~**weibchen** *n* → *Äffin*.

'affig *colloq. adj*. foppish; silly.

'Äffin *f* (-; -nen) she-ape, female ape (*or* monkey).

affinieren [afi'ni:rən] *chem*. *v/t*. (h.) refine.

Affini'tät *f* (-) affinity.

Afrika ['ɑ:frika] *n* (-s) Africa; ~**forscher** *m* African explorer; **Afrika|ner(in** *f*) [afri'kɑ:nər-] *m* (-s; -; -; -nen), ℒ**nisch** *adj*. African.

After ['aftər] *anat. m* (-s; -) anus; *ichth., orn*. vent; mining: tailings; ~**gelehrter** *m* pseudoscholar; ~**kritiker** *m* would-be critic; ~**lehen** *n* mesne-fief; ~**miete** → *Untermiete*; ~**pacht** *f* subtenancy; ~**rede** *f* slander, calumny.

ägäisch [ɛ:'gɛ:iʃ] *adj*.: ℒ**es** *Meer* Aegean sea.

agam [a'gɑ:m] *bot., zo. adj*. agamic.

Agat [a'gɑ:t] *m* (-[e]s; -e) → *Achat*.

Agave [a'gɑ:və] *bot. f* (-; -n) agave.

Agend|a [a'gɛnda] *f* (-; -den) memorandum-book; ~**e** *eccl. f* (-; -n) liturgy.

Agens ['ɑ:gɛns] *chem. n* (-) (re-) agent; *fig*. driving force; (decisive) factor.

Agent(in *f*) [a'gɛnt-] *m* (-en; -en; -; -nen) agent; *pol*. (intelligence) agent; confidential agent.

Agentur [agɛn'tu:r] *f* (-; -en) agency; bureau.

Agglomerat [aglome'rɑ:t] *n* (-[e]s; -e) *geol*. agglomerate, sinter cake; *fig*. agglomeration.

agglutinieren [agluti'ni:rən] *v/i*. (h.) agglutinate.

Aggregat [agre'gɑ:t] *n* (-[e]s; -e) *phys*. aggregate; *tech*. set (of machines), unit, aggregate; (*admixture*) aggregate; ~**zustand** *m* state of aggregation.

Agres|sion [agrɛsi'o:n] *f* (-; -en) aggression; ℒ**siv** [-'si:f] *adj*. aggressive, belligerent.

Ägide [ɛ:'gi:də] *f* (-) aegis, protection; *unter der* ~ (*gen*.) under the auspices of.

agieren [a'gi:rən] *v/i*. (h.) act, operate.

agil [a'gi:l] *adj*. agile.

Agio ['ɑ:dʒo] *econ. n* (-s) premium, agio; ~**papiere** *n/pl*. premium bonds; ~**'tage** *f* stock-jobbing.

Agitation [agitatsi'o:n] *f* (-; -en) agitation (*a. tech*.).

Agitator [-'tɑ:tɔr] *m* (-s; -'toren) agitator, fomenter, rabble-raiser;

demagogue; **agitatorisch** [-ta'to:-riʃ] *adj*. fomenting, demagogical; seditious.

Agnost|iker [a'gnɔstikər] *m* (-s; -), ℒ**isch** *adj*. agnostic.

Agonie [ago'ni:] *f* (-; -n) *med., a. fig*. agony, death-struggle.

Agraffe [a'grafə] *f* (-; -n) clasp, brooch.

Agrar|gesetze [a'grɑ:r-] *n/pl*. agrarian laws; ~**politik** *f* agrarian policy; ~**preise** *m/pl*. prices of farm products, farm prices; ~**reform** *f* agrarian reform; ~**staat** *m* agrarian state; ~**wirtschaft** *f* farming.

Ägypt|en [ɛ:'gyptən] *n* (-s) Egypt; *sich nach den Fleischtöpfen* ~*s sehnen* long for the fleshpots of Egypt; ~**er(in** *f*) *m* (-s; -; -; -nen), ℒ**isch** *adj*. Egyptian; *es herrschte eine ägyptische Finsternis* it was pitch-dark.

ah [ɑ:] *int*. ah!; pooh!, ugh!; **aha** [a'ha] *int*. aha!, Oh, I see!; there you see!

äh [ɛ:] *int*. pooh!, ugh!; er!

Ahle ['ɑ:lə] *f* (-; -n) awl, pricker; *typ*. point, bodkin; *tech*. reamer, broach.

Ahn [ɑ:n] *m* (-[e]s; -en) ancestor, forbear; grandfather; ~**en** *pl. a*. forefathers; ancestry *sg*.

ahnd|en ['ɑ:ndən] *v/t*. (h.) avenge; punish; ℒ**ung** *f* (-; -en) revenge, punishment.

ähneln ['ɛ:nəln] *v/i*. (h.) (*dat*.) look (*or* be) like, resemble, bear a (remote) resemblance to; take after (*the mother, father*).

ahnen ['ɑ:nən] *v/t*. (h.) anticipate, foresee; have a presentiment (*or* hunch) of (*or* that); have a foreboding of; divine, sense; suspect; *ohne zu* ~, *daß* without dreaming that; *wie konnte ich* ~ how was I to know (*or* tell); ~ *lassen* foreshadow, presage, *w.s*. give an idea of.

'Ahnen...: ~**forschung** *f* ancestry research; ~**kult** *m* ancestor worship; ~**reihe** *f* line of ancestors; ~**schein** *m* genealogical chart; ~**tafel** *f* genealogical tree, pedigree.

'Ahn|frau *f* ancestress; ~**herr** *m* ancestor.

'ähnlich *adj*. resembling; similar (*dat*. to) like, alike; analogous (to); corresponding; *e-e* ~*e Methode wie die* a method similar to the one that; *j-m* ~ *sehen* look (very much) like a p.; *iro. das sieht dir ganz* ~ that's just like you, you would do (*or* say) that; *er wird der Mutter* ~ he takes after his mother; → *sprechend*; ℒ**keit** *f* (-; -en) resemblance (*mit* to), likeness (to); *fig*. similarity (to), analogy (to); *viel* ~ *haben mit* be *or* look very much like, be very similar to, resemble strongly.

'Ahnung *f* (-; -en) presentiment, hunch; foreboding, misgiving; suspicion; idea; *ich hatte keine blasse* ~ *davon* I had not the faintest notion (*or* idea) of it; *colloq. er hatte keine* ~ *von Tuten und Blasen* he didn't know the first thing about it; *keine* ~*!* no idea!; ℒ**slos** *adj*. unsuspecting, without misgivings; innocent; ℒ**svoll** *adj*. full of presentiment; ominous, portentous.

Ahorn ['ɑ:hɔrn] *bot. m* (-s; -e)

maple(-tree); ~holz n maple (wood).
Ähre ['ɛ:rə] bot. f (-; -n) ear; of flower: spike, of grass: head; ~n lesen glean; ~n tragend eared; ~n-leser(in f) m gleaner.
ais ['ɑ:ʔis] n (-) A sharp.
Akademie [akade'mi:] f (-; -n) academy.
Akademiker [-'de:mikər] m (-s; -) university(-bred) man, (university) graduate; professional man; academician.
aka'demisch adj. academic(ally adv.); e-e ~e Frage an academic problem; ~ gebildet having a university education, university-bred.
Akazie [a'kɑ:tsiə] f (-; -n), ~nholz n acacia; ~ngummi m gum arabic.
akklimatisier|en [aklimati'zi:rən] v/t. (h.) (a. fig.) acclimatize, acclimate; ~ung f (-) acclimatization, acclimation.
Akkord [a'kɔrt] mus. m (-[e]s; -e) chord; fig. accord, harmony; econ. settlement; composition (with creditors); wages: piece-work; im ~ by the piece (or job); in ~ geben (nehmen let by (take in) contract; ~arbeit f piece-work; ~arbeiter m piece worker.
Akkordeon [a'kɔrdeɔn] n (-s; -s) accordion.
akkordieren [akɔr'di:rən] I. v/t. (h.) arrange; II. v/i. (h.) agree, compromise (mit with, über upon); econ. arrange, compound (mit with, wegen for).
Ak'kord...: ~lohn m piece-wages pl.; ~satz m piece(-per-hour) rate; ~system n competitive wage system.
akkreditieren [akredi'ti:rən] v/t. (h.) accredit (bei to); econ. open a credit in favo[u]r of a p.
Akkreditiv [-'ti:f] econ. n (-s; -e) letter of credit (abbr. L/C); bestätigtes ~ confirmed (letter of) credit; unwiderrufliches ~ irrevocable L/C; ~ mit Dokumentenaufnahme documentary L/C; j-m ein ~ eröffnen open a credit in favo(u)r of a p.; ~gestellung f opening of a credit; ~schreiben n credentials pl. [lator.⟩
Akku ['aku] m (-s; -s) → Akkumu-⟨
Akku|mulator [akumu'lɑ:tɔr] tech. m (-s; -'toren) (battery) accumulator, storage battery; ~mu'lator-element n storage-battery cell; ~mulatorenfahrzeug [-mula'to:-rən-] n accumulator (or battery) car; ~mu'latorsäure f accumulator acid, electrolyte.
akkumu'lieren v/t. (h.) accumulate.
akkurat [aku'rɑ:t] adj. accurate.
Akkuratesse [-ra'tɛsə] f (-) accuracy.
Akkusativ ['akuza'ti:f] gr. m (-s; -e) accusative, objective case; ~objekt n direct object.
Akontozahlung [a'kɔnto-] econ. f payment on account; instal(l)ment; als ~ erhalten received on account.
Akquisiteur [akvizi'tø:r] m (-s; -e) agent, canvasser; insurance agent.
Akribie [akri'bi:] f (-) scientific precision, meticulosity.
Akridin|farbstoff [akri'di:n-] m acridine dye; ~säure f acridic acid.

Akrobat [akro'bɑ:t] m (-en; -en), ~in f (-; -nen) acrobat; ~ik f (-) acrobatics pl.; 2isch adj. acrobatic.
Akt [akt] m (-[e]s; -e) act; ~ der Verzweiflung desperate deed; thea. act; physiol. act (of love), coitus; paint. nude.
Akte ['aktə] f (-; -n) (official) document, (legal) instrument, deed; file, record; zu den ~n to be filed; zu den ~n legen put on file, fig. shelve, pigeon-hole.
'Akten...: ~deckel m folder; ~einsicht f inspection of records; ~hefter m document file; ~klammer f paper clip; 2kundig adj. on (the) record; ~mappe f document--case, portfolio; brief-case; 2mäßig adj. documentary; ~ festlegen place on record; ~mensch m red-tapist; ~notiz f memo(randum); ~papier n foolscap (paper); ~schrank m filing cabinet; ~stoß m bundle (or pile) of documents; ~stück n document; file; ~tasche f → Aktenmappe; ~zeichen n reference (number), file number.
Aktie ['aktsiə] econ. f (-; -n) share, Am. stock; share (Am. stock) certificate; die ~n stehen gut shares are at a premium, colloq. fig. prospects are fine; s-e ~n sind gestiegen (a. fig.) his stock has gone up.
Akteur [ak'tø:r] m (-s; -e) thea. and fig. actor.
'Aktien...: ~ausgabe f issue of shares (Am. stock); ~bank f (-; -en) joint-stock (Am. incorporated) bank; ~besitz m (share, Am. stock) holdings; ~besitzer m shareholder, esp. Am. stockholder; ~börse f stock exchange; ~gesellschaft f (public) limited company, Am. (stock) corporation; ~kapital n share capital, Am. capital stock; ~markt m market for shares, Am. stock market; ~mehrheit f majority stock; die ~ besitzen hold the control(l)ing interest; ~notierung f quotation of shares; ~paket n block (or parcel) of shares; ~schein m share warrant, Am. certificate of stock; ~zertifikat n share certificate.
aktinisch [ak'ti:niʃ] adj. chem. actinic.
Aktion [aktsi'o:n] f (-; -en) action; measure; (advertising, etc.) campaign, drive; scheme, project; ~en pl. activities; in ~ in action; in ~ setzen (treten) bring (enter) into action.
Aktionär [aktsio'nɛ:r] m (-s; -e) shareholder, Am. stockholder; ~versammlung f → Generalversammlung.
Akti'ons...: ~bereich m radius (or range) of action, mil. a. (effective) range; tech. and fig. range; ~freiheit f (-) freedom of action; ~radius m → Aktionsbereich.
aktiv [ak'ti:f] adj. active (a. participation; a. person); chem. activated (carbon, etc.); econ. favo(u)rable (balance-sheet); ~er Dienst active duty; regular (soldier, troops); ~e Konjunkturpolitik positive counter--cyclical policy; ~es Personal serving staff of a bank, etc.; ~er Student member of an academic fraternity;

~es Wahlrecht franchise; ~er Wortschatz using vocabulary.
Aktiva [ak'ti:va] econ. n/pl. assets, resources; ~ und Passiva assets and liabilities.
Ak'tiv...: ~bestand m assets pl.; ~bilanz f favo(u)rable balance; ~geschäft n business on the assets side, credit transaction; ~handel m active trade.
aktivieren [akti'vi:rən] v/t. (h.) econ. enter on the asset side, asset-ize; chem. and fig. activate.
Akti'vierung f (-; -en) econ. entry on the asset side; assigning asset--value (gen. to); w.s. improvement, surplus; phys. and fig. activation.
Akti'vist m (-en; -en) activist.
Aktivi'tät f (-) activity.
Ak'tiv...: ~kohle f activated carbon; ~posten m credit item, asset; ~saldo m credit balance; ~seite f asset side; ~zinsen [-tsinzən] m/pl. outstanding interest sg.
'Akt|modell n nude-model; ~studie f study from the nude.
Aktualität [aktuali'tɛ:t] f (-; -en) topicality; ~enkino n newsreel cinema.
aktuell [-'ɛl] adj. topical, of immediate interest; report on current affairs; current-events lecture; present-day, immediate, acute problem; urgent.
Akust|ik [a'kustik] f (-) acoustics; 2isch adj. acoustic.
akut [a'ku:t] adj. med. acute; fig. a. burning, pressing.
Akzent [ak'tsɛnt] m (-[e]s; -e) accent; stress (a. fig.); 2los adj. without accent; 2uieren [-tu'i:rən] v/t. (h.)' accent, (a. fig.) accentuate, stress; ~verschiebung f shift of emphasis.
Akzept [ak'tsɛpt] econ. n (-[e]s; -e) acceptance; accepted bill; mangels ~ in default of acceptance; zum ~ vorlegen present for acceptance.
akzeptabel [-'tɑ:bəl] adj. acceptable (für to).
akzep'tieren v/t. (h.) accept; econ. a. hono(u)r (a bill); nicht ~ dishonour.
Akzidenz|druck [aktsi'dɛnts-] typ. m (-[e]s; -e) job-printing; ~schrift f job types pl.
Akzise [ak'tsi:zə] f (-; -n) excise.
Alabaster [ala'bastər] m (-s) alabaster; ~gips m gypseous alabaster.
Alarm [a'larm] m (-[e]s; -e) alarm; air-raid warning, alert; → blind; ~ blasen or schlagen sound or give the alarm; ~anlage f alarm system; 2bereit adj. on the alert; ~bereitschaft f alert, stand-by; ~glocke f alarm bell, tocsin.
alar'mieren v/t. (h.) alarm (a. fig.), alert.
A'larm...: ~signal n alarm signal; ~stufe f alert phase; ~zeichen n danger signal (a. fig.); ~zustand m (im ~ on the) alert.
Alaun [a'laun] m (-[e]s; -e) alum; ~erde f alumina; 2haltig adj. aluminous; ~werk n alum-works pl. and sg.
Alban|ien [al'bɑ:niən] n (-s) Albania; ~ier(in f) m (-s; -; -; -nen), 2isch adj. Albanian.
albern ['albərn] adj. foolish, silly,

absurd; *sei nicht* ~*!* be your age!; ₂**heit** *f* (-; -en) foolishness, silliness.
Albino [al'biːno] *m* (-s; -s) albino.
Album ['album] *n* (-s; -ben) album.
Albumin [albu'miːn] *n* (-s; -e) albumen; ~**stoff** *m* albuminous substance, protein.
Alchimie [alçi'miː] *f* (-) alchemy.
Aldehyd [alde'hyt] *n* (-s; -e) aldehyde.
Alge ['algə] *f* (-; -n) alga (*pl.* -ae), seaweed.
Algebra ['algebra] *f* (-) algebra; **algebraisch** [-'braːiʃ] *adj.* algebraic(al).
algerisch [al'geːriʃ] *adj.* Algerian.
alias ['aːlias] *jur.* alias, also known as.
Alibi ['aːlibi] *jur.* n (-s; -s) alibi; *sein* ~ *nachweisen* prove one's alibi.
Alimente [ali'mɛntə] *pl.* alimony; ₂**npflichtig** *adj.* liable to pay alimony.
aliphatisch [ali'faːtiʃ] *chem. adj.* aliphatic.
Alkali [al'kaːli] *chem. n* (-s; -en) alkali; ₂**artig** [-a:rtiç] *adj.* alkaloid; ₂**fest** *adj.* alkali-proof; ₂**sch** *adj.* alkaline; ₂'**sieren** *v/t.* (h.) alkalize.
Alkohol ['alkohol] *m* (-s; -e) alcohol; *drink: usu.* liquor, spirits *pl.*; ₂**frei** *adj.* non-alcoholic, soft (*drink*); ~**gehalt** *m* alcoholic strength (*or* content); ₂**haltig** *adj.* alcoholic.
Alkoholiker [-'hoːlikər] *m* (-s; -) alcoholic, dipsomaniac; **alko'holisch** *adj.* alcoholic; ~*e Getränke* alcoholic drinks, spirits; **alkoholi-'sieren** *v/t.* (h.) alcoholize.
'**Alkohol...:** ~**probe** *mot. f* alcohol test; ~**schmuggler** *m* liquor smuggler, bootlegger; ~**verbot** *n* Prohibition; ~**vergiftung** *f* alcoholic poisoning.
Alkoven [al'koːvən] *m* (-s; -) alcove, recess.
all [al] **I.** *pron.* all; ~*e beide* both of them; ~*e und jeder* all and sundry; *sie* (*wir*) ~*e* all of them (us); ~*e außer* all but; ~*e die* all who *or* that, whoever, *officially:* any persons who; *das* ~*es* all that *or* this; **II.** *adj.* all; every, each; any; ~*e Augenblicke* ever so often; ~*e* (*zwei*) *Tage* every (other) day; ~*e acht Tage* once a week; *auf* ~*e Fälle* in any case, at all events; *ein für* ~*emal* once for all; ~*e Menschen* all men, everybody; ~*e Welt* all the world; *in* ~*er Form* in good and due form; ~*es Gute* all the best; → *alle, alles* (*su.*).
All *n* (-s) universe, cosmos, world.
all...: ~**abendlich** *adv.* every evening; ~**bekannt** *adj.* universall*y* known, *b.s.* notorious; *es ist ja* ~ it is nobody's secret; ~**deutsch** *pol. adj.*, ₂**deutsche(r** *m*) *f* pan-German.
alle ['alə] *colloq. adv.* at an end, (all) gone; ~ *machen* do away with, finish; ~ *werden* run out; *die Dummen werden nie* ~ fools will never die out, there is a sucker born every minute.
Allee [a'leː] *f* (-; -n) avenue; (tree--lined) walk.
Allegorie [alego'riː] *f* (-; -n) allegory; **allegorisch** [-'goːriʃ] *adj.* allegoric(al).

allein [a'laɪn] **I.** *adj. pred. and adv.* alone; unassisted, single-handed, by oneself; solo; *für sich* ~ separately, individually; only, merely; exclusively; no less than; *dies* ~ *genügt nicht* this alone won't do; *das schafft er ganz* ~ he will do it single--handed; *schon* ~ *der Gedanke* the mere thought, the very idea; **II.** *cj.* yet, but, however.
Al'lein...: ~**besitz** *m* exclusive possession; ~**erbe** *m*, ~**erbin** *f* sole (*or* universal) heir(ess *f*); ~**flug** *m* solo flight; ~**gang** *m sports:* solo run; *fig. et. im* ~ *machen* do a th. on one's own; ~**herrscher** *m* autocrat, absolute monarch; ~**hersteller** *m* sole manufacturer.
al'leinig *adj.* only, sole, exclusive.
Al'lein...: ~**sein** *n* loneliness, solitariness; ₂**seligmachend** *adj.* the only true *or* saving *faith*; ₂**stehend** *adj.* standing apart, isolated; detached (*building*); *person:* a) alone (in the world), b) single, unmarried; ~**unterhalter** *m* solo entertainer; ~**verkauf** *m* monopoly, exclusive right of sale; ~**vertreter** *m* sole *or* exclusive agent (*or* distributor); ₂**vertretungsberechtigt** *adj.* having sole power of representation; ~**vertrieb** *m* exclusive distribution.
allemal ['aləmaːl] *adv.* every time, always; *ein für* ~ once for all; *colloq.* ~*!* any time!, you bet!
allenfalls ['alən'fals] *adv.* at all events; if need be; at most, at best; possibly, perhaps.
allenthalben ['alənt'halbən] *adv.* everywhere, on all sides.
aller... ['alər-]: ~**art** *adj.* of all kinds *or* sorts, all kinds of; ~**äußerst** *adj.* outermost; *fig.* utmost; keenest, (rock)bottom *price*; ~**best** *adj.* best of all, very best; *a ifs* ~*e* in the best possible manner, greatly; ~**dings** ['-'diŋs] **I.** *adv.* certainly; of course, to be sure; indeed; at any rate; it is true, though; ~*!* certainly!, sure!; *das ist* ~ *wahr* I must admit (*or* as a matter of fact) this is true; **II.** *cj.* though; ~**erst** **I.** *adj.* first and foremost, prime; **II.** *adv.:* *zu* ~ first of all.
Allergie [alər'giː] *f* (-; -n) allergy; **allergisch** [a'lɛrgiʃ] *adj.* allergic(al) (*gegen* to).
'**aller...:** ~**hand** *adj.* all kinds (of), diverse, sundry; ~ *Geld* quite a pile of money; *colloq. das ist* ~*!* a) not bad!, b) that's a bit thick!; ₂'**heiligen** *n* (-) All Saints Day; ~'**heiligst** *adj.* most holy; ₂'**heiligste(s)** *n* (-n) Holy of Holies; *esp. fig.* inner sanctum; ~**höchst** *adj.* highest of all; *auf* ~*en Befehl* by command of His Majesty; ~**höchstens** *adv.* at the very most, *Am. a.* at the outside; ~**lei** ['-laɪ] *adj.* → *allerhand*; ₂**lei** *n* (-s; -s) medley; ~**letzt** *adj.* very last; latest (*fashion, etc.*); *das* ₂*e* the last word; ~**liebst** *adj.* (most) lovely, sweet; *am* ~*en* best of all; ~**mindestens** *adv.* at the very least; ~**nächst** *adj.* very next; *in* ~*er Zeit* in a very near future; ~**neu**(e)st *adj.* very newest *or* latest; *die* ~*e Mode* the latest fashion *or* cry; *das* ₂*e a.* the last word; ₂'**see-**

len *eccl. n* (-) **All Souls'** Day; ~**seits** ['-'zaɪts] *adv.* on all sides; to all (of you); ₂'**weltskerl** *m* devil of a fellow, crackerjack; ~**wenigst** *adj.:* *am* ~*en* least of all; ₂**werteste(r)** *colloq. m* (-n; -n) backside, behind.
alles ['aləs] *bro٦.* all, everything, the whole (of it), the lot, the works; all people, everybody; ~ *in allem* all things considered, all told; ~ *Amerikanische* all things American; ~ *was* all that; *er kann* ~ he can do anything; *er ist mein* ₂ he is my all; ~ *zu seiner Zeit* everything at its proper time; *auf* ~ *gefaßt sein* be prepared for the worst; → *Mädchen;* → *all.*
'**alle-samt** *adv.* altogether; all of them, to a man.
'**alles...:** ~**fressend** *adj.* omnivorous; ₂**kleber** *m* hold-all liquid glue.
'**allezeit** *adv.* all the time, always.
'**All|gegenwart** *f* omnipresence, ubiquity; ₂**gegenwärtig** *adj.* omnipresent, ubiquitous.
'**allgemein I.** *adj.* general, common; overall, universal; ~*e Redensart* generality; *mit* ~*er Zustimmung* by common consent; ₂*es* General (Data); **II.** *adv.* generally, in general; generically; ~ *anerkannt* generally accepted; ~ *gesprochen* generally speaking; ~ *verbreitet* widespread, popular.
Allge'mein...: ~**befinden** *n* general condition; ~**bildung** *f* general (*or* all-round) education; ₂**gültig** *adj.* generally accepted; ~**gut** *n* public property; *fig.* a. common knowledge; ~**heit** *f* (-) generality, universality; general public; ~**unkosten** *pl.* overhead (charges); ₂**verständlich** *adj.* intelligible to all, popular; ~**wohl** *n* common weal.
All...: ~**gewalt** *f* omnipotence; '₂**gewaltig** *adj.* all-powerful, omnipotent; ~'**heilmittel** *n* panacea, cure-all (*a. fig.*).
Allianz [ali'ants] *f* (-; -en) alliance.
Alligator [ali'gaːtər] *m* (-s; -'toren) alligator.
alliier|en [ali'iːrən]: *sich* ~ (h.) ally o.s. (*mit* to, with); *alliierte Truppen* allied forces; ₂**te(r)** [-tə(r)] *m* (-n; -n) ally; *die* ~*n pl.* the Allies.
'**all...:** ~**jährlich** *adj.* yearly, annual(ly *adv.*); *adv. a.* every year; ₂**macht** *f* omnipotence; ~**mächtig** *adj.* all-powerful, omnipotent; *der* ₂*e* (*Gott*) our Lord; ~**mählich** ['al'mɛːliç] *adj.* gradual(ly *adv.*); *adv. a.* by degrees, little by little; ~**monatlich** *adj. and adv.* monthly; every month.
Allonge [a'lɔŋʒə] *f* (-; -n) allonge; *typ.* fly leaf.
Allopath [alo'paːt] *m* (-en; -en) allopath(ist); **Allopa'thie** *f* (-) allopathy; **allo'pathisch** *adj.* allopathic(ally *adv.*).
Allotria [a'loːtria] *pl.* pranks *pl.*, merrymaking, *Am. a.* monkeyshines; ~ *treiben* make merry, skylark.
'**All...:** ~**parteien...** all-party ...; ~**rad-antrieb** *mot. m* all-wheel drive; ₂**seitig** ['-zaɪtiç] *adj.* universal, all-round; ~**strom** *m el.* universal current, alternating cur-

rent-direct current (*abbr.* AC-DC); **~strom-empfänger** *m* AC-DC (*or* all-mains) receiver; **~tag** *m* everyday life, workaday routine; **♀täglich** *adj.* daily; *fig.* everyday, common, trivial, routine; **~täglichkeit** *f* (-; -en) everyday occurrence, triteness, triviality; **~tags...** common(place), everyday, routine; **~tagsleben** *n* (-s) everyday (*or* workaday) life; **♀umfassend** *adj.* all-embracing, comprehensive.

Allüren [a'ly:rən] *pl.* (grand) airs, mannerisms.

All|wellenempfänger *m* all-wave receiver; **~wetterkarosse'rie** *mot.* *f* all-weather body; **♀wissend** *adj.* all-knowing, omniscient; **~wissenheit** *f* (-) omniscience; **♀wöchentlich** *adj.* weekly, hebdomadal; **♀zu** *adv.* (much) too, far too; **♀zuviel** *adv.* too much, overmuch; **~ ist ungesund** enough is as good as a feast; **~zweck...** all-purpose ..., general--purpose ..., all-duty ..., universal.

Alm [alm] *f* (-; -en) Alpine pasture.

Almanach ['almanax] *m* (-s; -e) almanac.

Almosen ['almo:zən] *n* (-s; -) alms, charity, *contp.* hand-out.

Aloe ['a:loe] *bot.* *f* (-; -n) aloe; **~hanf** *m* agava.

Alp¹ [alp] *m* (-[e]s; -e), **'~drücken** *n* nightmare.

Alp², **~e** *f* (-; -pen) → *Alm.*

Alpaka [al'paka] *n* (-s; -s) (*wool*) alpaca; (*alloy*) = **~silber** *n* plated German silver.

al pari [al 'pɑ:ri] *econ. adv.* at par; **Al-'pari-Emission** *f* at par issue.

Alpen ['alpən] *pl.* Alps; *diesseits der* **~** cisalpine; *jenseits der* **~** transalpine; **~bahn** *f* Alpine railway; **~glühen** *n* (-s) alpenglow; **~jäger** *mil. m* chasseur alpin (*Fr.*); **~rose** *f* Alpine rose, rhododendron; **~veilchen** *n* cyclamen.

Alpha ['alfa] *n* (-[s]; -s) alpha.

Alphabet [-'be:t] *n* (-[e]s; -e) alphabet; **♀isch** *adj.* alphabetic(al).

'Alpha|strahlen *phys. m/pl.* alpha rays; **~teilchen** *n* alpha particle.

alpin [al'pi:n] *adj.* Alpine; **Alpi'nist(in** *f)* *m* (-en; -en; -; -nen) Alpinist, mountaineer.

Alraun [al'raun] *bot. m* (-[e]s; -e), **~e** *f* (-; -n) mandrake.

als [als] *cj.* after *comp.* and *rather*, *else*, *other*, *otherwise:* than; *ich würde eher sterben* **~** I should die rather than; *after neg.:* but, except; *alles andere als hübsch* anything but pretty; as, like: *er behandelte mich* **~** *einen Freund* he treated me as a friend; **~** *Entschuldigung* by way of excuse; **~** *Geschenk* for a present; *er starb* **~** *Held* he died (as) a hero; as, in one's capacity of; *time:* when, as; **~** *er nach Berlin abreiste* a. on leaving for Berlin; **~** *ob* as if, as though; *er ist zu gut erzogen,* **~** *daß er das tun könnte* he is too well-bred to do such a thing; *er bot zu wenig,* **~** *daß ich es hätte annehmen können* he offered too little for me to accept it; **~** *da sind* such as; **~bald** *adv.* forthwith, directly; **~dann** *adv.* then, thereupon.

also ['alzo:] **I.** *adv.* thus, so; **II.** *cj.*

therefore, consequently, hence; logically; **~** *doch* after all; *du kommst* **~** *nicht?* you won't come, then?; **~**, *los!* well, here goes!

alt [alt] *adj.* old; → *älter*, *ältest;* aged, advanced in years; ancient, antique; → *altmodisch*, *custom*, *friendship*, *etc.:* of long standing; secondhand (*clothes*, *etc.*), worn; (*ant. fresh*) stale; experienced, seasoned; **~** *werden* → *altern*; *das* **♀e** *Testament* the Old Testament; *die* **~en** *Germanen* the ancient Teutons; **♀er** *Herr univ.* old boy, alumnus; **~e** *Sprachen* ancient languages, classics; *ein 6 Jahre* **~er** *Junge* a boy six years old, a six-year-old boy; *wie* **~** *bist du?* what is your age?; *er ist (doppelt) so* **~** *wie ich* he is (twice) my age; *er sieht nicht so* **~** *aus, wie er ist* he does not look his age; *alles bleibt beim* **~en** everything stands as it was.

Alt *mus. m* (-s; -e) alto; counter-tenor.

Altan [al'ta:n] *m* (-[e]s, -e), **~e** *f* (-; -n) platform, gallery; balcony.

Altar [al'ta:r] *m* (-[e]s; -e) altar; **~bild**, **~blatt**, **~gemälde** *n* altar-piece; **~decke** *f*, **~tuch** *n* (-[e]s; -er) altar-cloth; **~raum** *m* chancel.

'alt...: **~backen** *adj.* stale; **~bekannt** *adj.* long-known; **~bewährt** *adj.* of long standing, well-proved, tried; **~deutsch** *adj.* Old German.

Alte ['altə] **1.** **~r** *m* (-en; -en) old man, *colloq.* oldster; *die* **~n** *pl.* the old; *hist.* the ancients; **~** *und Junge* old and young; *colloq. der* **~** a) (*father*) the old man, b) the boss; *er ist immer noch der* **♀** he is still the same; *er ist wieder ganz der* **♀** he is quite himself again; **2.** **~** *f* (-n; -n) old woman; *colloq.* (*wife*) *meine* **~** my old lady; **3.** **~(s)** *n* (-n) an old thing; *das* **~e** old things, old time.

'alt...: **~ehrwürdig** *adj.* time-honoured; **~eingeführt** [-'aıngəfy:rt], **~eingesessen** *adj.* old-established; **♀eisen** *n* scrap iron; **♀eisenhändler** *m* junk dealer; **~englisch** *adj.* Old English.

Alter ['altər] *n* (-s; -) age; old age; *adm.* seniority; *er ist in m-m* **~** he is my age; *im* **~** *von 20 Jahren* at an age of twenty; *von* **♀s** *her* of old, from ancient times; *mittleren* **~s**, *von mittlerem* **~** middle-aged.

älter ['ɛltər] *adj.* older; *der* **~e** *Bruder* the elder brother; *ein* **~er** *Herr* an elderly gentleman; *er ist (10 Jahre)* **~** *als ich* he is my senior (by 10 years); *er sieht (20 Jahre)* **~** *aus als er ist* he looks (20 years) more than his age.

'altern I. *v/i.* (*sn*) grow old, age, advance in years; **II.** *v/t.* (*h.*) *tech.* age.

Alternativ|e [alterna'ti:fə] *f* (-; -n) alternative; *keine* **~** *haben* have no choice.

'Alters...: **~aufbau** *m* age structure (*of the population*); **~blödsinn** *med.* *m* senile dementia; **~erscheinung** *f* symptom of old age; **~genosse** *m*, **~genossin** *f* person of same age, contemporary; **~grenze** *f* age limit; retirement age; **~heim** *n* old-age asylum, home for the aged; **~klasse** *f* age group; **~krankheit** *f*

disease of old age; **~en...** geriatric; *Facharzt für* **~en** geriatrician; **~präsident** *m* chairman by seniority; **~rente** *f* old-age pension; **♀schwach** *adj.* decrepit; **~schwäche** *f* (-) senile decay, decrepitude; **~stufe** *f* stage of life; → *Altersklasse*; **~unterstützung** *f* old age relief; **~versorgung** *f* old-age pension (scheme); **~zulage** *f* superannuation, seniority allowance.

'Altertum *n* (-s; -er) antiquity.

altertümlich ['-ty:mliç] *adj.* ancient, antique; archaic; antiquated.

'Altertums...: **~forscher** *m* archaeologist; **~forschung** *f*, **~kunde** *f* (-) archaelogy.

'Alterung *tech. f* (-) seasoning; **♀s-beständig** *adj.* non-ag(e)ing; **~s-verfahren** *n* ag(e)ing process.

ältest ['ɛltəst] *adj.* oldest; eldest; **♀e(r)** *m* (-[e]n; -[e]n) elder, senior; *mein* **~r** my eldest son; **♀enrat** *m* (-[e]s; -e) council of elders.

'alt...: **~fränkisch** *adj.* old-fashioned, old-world; **~gläubig** *adj.* orthodox; **~'hergebracht**, **~'herkömmlich** *adj.* traditional, time--hono(u)red, ancient; **~hoch-deutsch** *adj.* Old High German.

Al'tist(in *f)* *m* (-en; -en; -; -nen) alto(-singer).

'alt...: **~jüngferlich** *adj.* old-maidish; **~katholisch** *adj.* Old Catholic; **~klug** *adj.* precocious.

'ältlich *adj.* elderly, oldish.

'Alt...: **~material** *n* junk, scrap, salvage; **~meister** *m* past master; *sports:* ex-champion; **~metall** *n* scrap metal; **♀modisch** *adj.* old--fashioned; outmoded, antiquated; **~papier** *n* waste paper; **~philologe** *m* classical scholar; **~schrift** *typ. f* Roman type; **~silber** *n* oxidized silver; **♀sprachlich** *adj.* classical; **~stadt** *f* old town, city; **~stimme** *mus. f* alto (voice); **~warenhändler** *m* secondhand dealer; **~weibersommer** *m* Indian summer; gossamer.

Aluminium [alu'mi:nium] *n* (-s) aluminium, *Am.* aluminum; **~hütte** *f* aluminium works *pl.* and *sg.*; **♀oxyd** *n* alumina.

am [am] = **an dem** → *an.*

Amalgam [amal'gɑ:m] *n* (-s; -e) amalgam.

amalga'mier|en *chem. v/t.* (h.) amalgamate (*a. fig.*); **♀ung** *f* (-; -en) amalgamation.

Amal'gamsilber *n* native amalgam.

Amateur [ama'tø:r] *m* (-s; -e) amateur; **~bestimmungen** *f/pl.* amateur rules; **~photograph** *m* amateur photographer; **~sport** *m* amateur athletics. [Amazon.]

Amazone [ama'tso:nə] *f* (-; -n)

Amboß ['ambɔs] *m* (-sses; -sse) anvil; *anat.* incus.

Ambra ['ambra] *f* (-; -s) amber; *graue* **~** amber-gris; **♀farben** *adj.* amber(-colo[u]red); **~holz** *n* yellow sandalwood.

Ambros|ia [am'bro:zia] *f* (-) ambrosia; **♀isch** *adj.* ambrosial.

ambulan|t [ambu'lant] *adj. med.* out-patient (*a. su.* = **~** *behandelter Patient*); *eine Gewerbe* itinerant trade; **♀z** [-ts] *f* (-; -en) out-patient department; *mot.* ambulance.

Ameise ['aːmaɪzə] f (-; -n) ant; **~nbär** m ant-eater; **~n-ei** n ant's egg; **~nhaufen** m ant-hill; **~nkönigin** f queen-ant; **~nsäure** chem. f (-) formic acid.

Amen ['aːmən] int. and n (-s; -) amen.

Amerikan|er [ameri'kaːnər] m (-s; -), **~erin** f (-; -nen), **2isch** adj. American; **amerikanisieren** [-ka-ni'ziːrən] v/t. (h.) Americanize; **Amerikanismus** [-ka'nismus] m (-) Americanism; **Amerika'nistik** f (-) (study of) American language and literature.

Amethyst [ame'tyst] m (-[e]s; -e) amethyst; **2artig** [-'aːrtiç], **2farben** adj. amethystine.

Amino|säure [a'miːnoː-] chem. f amino-acid; **~verbindung** f amino-compound.

Amme ['amə] f (-; -n) nurse, n.s. wet-nurse; **~nmärchen** contp. n old wives' tale, cock-and-bull story.

Ammer ['amər] orn. f (-; -n) bunting.

Ammoniak [amoni'ak] chem. n (-s) ammonia; **2artig** [-aːrtiç], **2haltig** adj. ammoniacal; **~gewinnung** f ammonia recovery; **~wasser** n ammonia water.

Ammonium [a'moːnium] chem. n (-s) ammonium; **wolframsaures ~** ammonium tungstate.

Amnesie [amne'ziː] med. f (-; -n) amnesia.

Amnestie [amnɛs'tiː] f (-; -n) amnesty, general pardon; **2ren** v/t. (h.) amnesty, (grant a) pardon.

Amöbe [a'møːbə] f (-; -n) am(o)eba; **~nruhr** f am(o)ebic dysentery.

Amok ['aːmɔk] m (-s): **~ laufen** run amuck, **~läufer** m runner amuck.

a-'Moll n (-) a minor.

Amor ['aːmɔr] myth. m (-s) Cupid.

amoralisch ['aːmoraːliʃ] adj. amoral.

amorph [a'mɔrf] chem. adj. amorphous.

Amortisation [amɔrtizatsi'oːn] f (-; -en) amortization, liquidation; redemption (of loan); **~sfonds** m, **~skasse** f sinking-fund; **~swert** m amortized value.

amortisier|bar [-'ziːrbaːr] adj. amortizable, redeemable; **~en** v/t. (h.) amortize, pay off; redeem (a loan).

Ampel ['ampəl] f (-; -n) hanging (or swinging) lamp; traffic light.

Ampere [am'pɛːr] el. n (-[s]; -) ampere; **~meter** n ammeter; **~stunde** f ampere-hour; **~zahl** f amperage.

Ampfer ['ampfər] bot. m (-s; -) dock.

Amphib|ie [am'fiːbiə] zo. f (-; -n) amphibious animal, amphibian; **~ienfahrzeug** n amphibian vehicle; **~ienflugzeug** n amphibian plane; **~ienpanzerwagen** m amphibian tank; **2isch** adj. amphibious, a. tech. amphibian.

Amphitheater [am'fiː-] n amphitheatre.

Amplitude [ampli'tuːdə] phys. f (-; -n) amplitude.

Ampulle [am'puːlə] f (-; -n) ampulla; pharm. ampoule.

Amputation [amputatsi'oːn] f (-;

-en) amputation; **~besteck** n surgical instrument case; **~ssäge** f amputation saw; **~sstumpf** m amputation stump.

ampu'tier|en v/t. (h.) amputate; **2ter** [-tər] m (-en; -en) amputee.

Amsel ['amzəl] f (-; -n) blackbird.

Amt [amt] n (-[e]s; ⁻er) office; post; charge, task; official duty, function; office, board, agency, bureau; (law-)court; *die Ämter pl.* the authorities; teleph. exchange; → auswärtig; → antreten, bekleiden, entheben, etc.; *von ~s wegen ex officio*, officially; *kraft meines ~es* by virtue of my office; *es ist nicht meines ~es* it is not in my province, it is not my business; teleph. *~ bitte!* calling exchange!

am'tieren v/i. (h.) hold office, be in charge; **~ als** act as; eccl., a. fig. officiate; **~d** adj. acting, in charge.

'amtlich adj. official; **~e Mitteilung** official bulletin, communiqué; *in ~er Eigenschaft* in one's official capacity.

'Amtmann m bailiff.

'Amts...: ~anmaßung f (false) assumption of authority; **~anruf** m exchange call; **~antritt** m entering upon office; **~arzt** m public-health officer; **~befugnis** f authority, competence; **~bereich**, **~bezirk** m jurisdiction; **~blatt** n official gazette; **~bruder** m colleague; **~dauer** f term of office; **~delikt** n criminal offence committed by a public official in breach of duty; **~diener** m beadle, usher, Am. marshal; **~eid** m oath of office; *den ~ ablegen* be sworn in; **~einführung** f inauguration (into an office); **~enthebung** f removal from office, dismissal; *vorläufige ~ suspension*; **~führung** f administration (of an office); **~geheimnis** n official secret; **~gericht** n District Court (Amtsgericht); **~geschäfte** n/pl. (official) functions, (official duties; **~gewalt** f (official) authority; **~handlung** f official act; **~miene** f solemn air; **~mißbrauch** m abuse of power; malversation; **~müde** adj. weary of one's office; **~niederlegung** f resignation; **~periode** f term of office; **~richter** m district judge; **~schimmel** m (-s) red tape, red-tapism; **~siegel** n official seal; **~sprache** f official (or administrative) language; iro. officialese; **~stunden** f/pl. office hours; **~tracht** f official attire; eccl.,jur. robe; univ. gown; **~träger** m functionary, office-holder; **~überschreitung** f official excess; **~unterschlagung** f malversation; **~verletzung** f misconduct in office; **~vorgänger** m predecessor in office; **~vormund** m public guardian; **~vorsteher** m head official; **~weg** m: *auf dem ~* through official channels; **~zeichen** teleph. n dial tone; **~zeit** f tenure (or term) of office.

Amulett [amu'lɛt] n (-[e]s; -e) amulet, charm.

amüs|ant [amy'zant] adj. amusing; **~ieren** v/t. (h.) amuse, entertain; *sich ~* amuse o.s., enjoy o.s., have

a good time, have fun; *sich ~ über* (acc.) be amused at, b.s. gloat over.

an [an] I. prp. (where, when? dat.; where to? acc.) at; on, upon; by; against; to; as far as, (a. numerically) up to; about, near(ly); in respect to; in the way of; *am 1. März* on March 1st; *am Abend (Morgen)* in the evening (morning); *am Tage* by day, during day-time; *am Tage (gen.)* on the day of; *am (~ das, ans) Fenster* at (to) the window; *~ der (die) Arbeit* at (to) work; *~ der Grenze* at (or on) the frontier; *~ der Hand führen* lead by the hand; *am Himmel* in the sky; *~ e-r Krankheit sterben* die of a disease; *~ Land gehen* go on land or ashore; *am Leben* alive; *~ e-m Ort* in a place; → *Reihe*; *~ e-r Schule* at a school; *~ der Themse* on the Thames; *~ der Wand* on (or against) the wall; *~ die Wand* against (or to) the wall; *fünf ~ der Zahl* five in number; *ein Brief ~ mich* a letter to or for me; *Schaden am Dach* damage to the roof; *~ sich* in itself, as such; in principle (or theory; inherently, properly speaking), → *eigentlich*; *~ und für sich* properly speaking; *es ist ~ dir zu sagen, ob* it is for (or up to) you to say whether; *arm (reich, gleich) ~* (dat.) poor (rich, equal) in; *am besten* best; *am ehesten* soonest; *denken ~* (acc.) think of; → *glauben, leiden,* etc.; **II.** adv. on, onward; up; *von heute ~* from today (on); *von nun ~* from now on, henceforth; *mit dem Mantel ~* with his coat on; *das Gas ist ~* the gas is on; tech. *~ — aus* on — off.

Anachronismus [anakro'nismus] m (-; -men) anachronism.

analog [ana'loːk] adj. analogous (dat. to, with); adv. a. by analogy.

Analogie [-lo'giː] f (-; -n) analogy (mit to, with).

Analphabet|(in f) [an'ʔalfa'beːt-] m (-en; -en; -; -nen) illiterate; **~entum** n (-s) illiteracy.

Analy|se [ana'lyːzə] f (-; -n) analysis; **2sieren** v/t. (h.) analyze; **~tiker** [-tikər] m (-s; -) analyst; **2tisch** adj. analytic(al).

Anämie [anɛ'miː] med. f (-; -n) an(a)emia; **anämisch** [a'nɛːmiʃ] adj. an(a)emic.

Anamnese [anam'neːzə] med. f (-; -n) anamnesis.

Ananas ['ananas] f (-; -) pine-apple.

'an-arbeiten v/i. (h.): **~ gegen** (acc.) oppose, counteract.

Anarchie [anar'çiː] f (-; -n) anarchy; **an'archisch** adj. anarchic(al); **Anarchismus** [-'çismus] m (-) anarchism.

Anar'chist|(in f) m (-en; -en; -; -nen) anarchist; **2isch** adj. anarchist(ic).

Anästhesie [anɛste'ziː] med. f (-; -n) an(a)esthesia; **2ren** v/t. (h.) an(a)esthetize.

Anatom [ana'toːm] m (-en; -en) anatomist; **Anatomie** [-to'miː] f (-) anatomy; a. = **~saal** m anatomic theatre; dissecting-room; **ana'tomisch** adj. anatomical.

'anbahn|en v/t. (h.) pave the way

for, prepare (the ground for), initiate; open (up) (*negotiations*, etc.); *sich* ~ be in the offing, be at hand *or* under way, *b.s.* be in store (*für j-n* for); ⟨er *m* (*-s*; -) initiator.

'**anbacken I.** *v/t.* (*h.*) bake gently; **II.** *v/i.* (*sn*) cake (*an acc.* upon).

anbändeln ['anbɛndəln] *v/i.* (*h.*): *mit j-m* ~ make up to, (*a. fig.*) flirt with; (*seek quarrel*) → *anbinden.*

'**Anbau** *m* (-[e]s) *agr.* cultivation, growing; tillage; (*pl.* -ten) *arch.* annex, extension, addition; wing; outbuilding; ⟨en *v/t.* (*h.*) *agr.* cultivate, grow, raise; till; *arch.* add, annex (*an acc.* to); *tech.* attach; *sich* ~ (become) settle(d); ⟨fähig *adj.* arable; ~fläche *f* (arable) acreage; area under cultivation; ~flansch *tech. m* mounting flange; ~gerät *tech. n* attachment, mounted implement; ~möbel *n/pl.* sectional *or* add-on furniture; ~motor *el. m* built-on motor.

'**anbefehlen** → *befehlen.*

'**Anbeginn** *m* earliest beginning, outset; *von* ~ from the outset.

'**anbehalten** *v/t.* (*irr., h.*) keep on.

an'bei *econ. adv.* herewith, (please find) enclosed; attached.

'**anbeißen I.** *v/t.* (*irr., h.*) bite at, take a bite of; **II.** *v/i.* (*irr., h.*) bite; *fig.* take the bait; *zum* ⟨ very appetizing.

'**anbelangen** *v/t.* (*h.*) concern, regard, relate to; *was mich anbelangt* as for me, I for one, as far as I am concerned.

'**anbellen** *v/t.* (*h.*) bark at (*a. fig.*).

'**anbequemen:** *sich* ~ (*h.*) (*dat.*) accommodate o.s. (to).

anberaum|en ['anbəraumən] *v/t.* (*h.*) appoint, fix, schedule; *jur.* e-n *Termin* ~ set (*or* fix) a date for hearing a case; call (*a meeting*); ⟨ung *f* (-; -en) appointment.

anbet|en *v/t. and v/i.* (*h.*) adore, worship, idolize (*all a. fig.*); ⟨er(in *f*) *m* (*-s*; -; -; -nen) worship(p)er, adorer; *fig. a.* admirer.

'**Anbetracht** *m: in* ~ (*gen.*) considering, in consideration (*or* view) of.

'**anbetreffen** *v/t.* (*irr., h.*) → *anbelangen.*

'**anbetteln** *v/t.* (*h.*) solicit alms of; importune by begging.

Anbetung ['anbe:tuŋ] *f* (-; -en) adoration, worship; ⟨swürdig *adj.* adorable.

anbiedern ['anbi:dərn]: *sich* ~ (*h.*) *mit or bei j-m* chum up to a p.

'**anbieten** *v/t.* (*irr., h.*) offer, tender; *sich* ~ offer one's services, volunteer; *chance:* present itself.

'**anbinden I.** *v/t.* (*irr., h.*) bind, tie up, fasten; ~ *an* (*acc.*) tie to; moor (*a boat*); chain up (*a dog*), leash; **II.** *v/i.* (*irr., h.*): *mit j-m* ~ pick a quarrel with a p., start a fight with a p., tangle with a p.; *fig. kurz angebunden sein* be short (*or* curt) (*mit, gegen* with).

'**anblasen** *v/t.* (*irr., h.*) blow at *or* on; blow, fan (*a fire*); blow in (*a furnace*); *colloq. fig.* blow up.

'**anblecken** *v/t.* (*h.*) show one's teeth (*to*).

'**Anblick** *m* look, sight, view, aspect; spectacle; *beim ersten* ~ at first sight; *ein trauriger* ~ a sorry sight;

⟨en *v/t.* (*h.*) look at; glance at; view; eye.

'**anblinzeln** *v/t.* (*h.*) blink (*slyly:* wink) at.

'**anbohren** *v/t.* (*h.*) *tech.* bore, spot-drill; (drill) open (*a tooth*); broach, tap (*a barrel*); scuttle (*a ship*); *colloq. fig. bei j-m* ~ sound a p.

'**anbraten** *v/t.* (*irr., h.*) roast gently.

'**anbrausen** *v/i.* (*h.*) come rushing along; approach at full speed.

'**anbrechen I.** *v/t.* (*irr., h.*) break into, tap (*supplies*); open (*a bottle,* etc.); **II.** *v/i.* (*irr., sn*) begin; *winter,* etc.: a. set in; *day:* dawn; *night:* come on.

'**anbrennen I.** *v/i.* (*irr., sn*) catch fire, (begin to) burn; *meals:* ~ (*lassen*) burn; *angebrannt schmecken* taste burnt; **II.** *v/t.* (*irr., h.*) kindle, burn; light (*a cigar,* etc.).

'**anbringen** *v/t.* (*irr., h.*) bring in *or* on; fix, *tech.* attach, mount (*an dat.* to); affix (*seal, signature*), set (to); place (*a. money, goods*), settle; *econ.* dispose of, sell, knock off; find a place for (*one's son,* etc.); put forward (*arguments*); put in (*a word*); bring home, land (*a blow*); effect (*improvements*); e-e *Beschwerde* ~ lodge a complaint; e-e *Klage* ~ bring an action; *das ist bei ihm nicht angebracht* that won't do with him; → *angebracht.*

'**Anbruch** *m* (-[e]s) opening (up), beginning; (*bei*) ~ *des Tages* (at) daybreak; (*bei*) ~ *der Nacht* (at) nightfall; (*pl.* -e) *mining:* **a)** opening (*of a pit*), **b)** open lode.

'**anbrühen** *v/t.* (*h.*) scald, infuse (*tea*).

'**anbrüllen** *v/t.* (*h.*) roar (*or* bellow) at.

'**anbrummen** *colloq. v/t.* (*h.*) growl at, grumble at.

'**anbrüten** *v/t.* (*h.*) begin to hatch; *halb angebrütet* half-hatched.

Andacht ['andaxt] *f* (-; -en) devotion; prayers *pl.*, service; *s-e* ~ *verrichten* say one's prayers; *mit* ~ *zuhören* listen raptly (*or* absorbedly).

andächtig ['andɛçtiç] *adj.* devout, pious; devotional; *fig.* attentive, absorbed, rapt, religious.

Andante [an'dantə] *mus. n* (-[s]; -s) andante.

'**andauern** *v/i.* (*h.*) last, continue, keep on; persist; → *anhalten*; ~d *adj.* lasting, continuous; persistent, incessant, ceaseless.

'**Andenken** *n* (-s; -) memory, (*a. thing*) remembrance; keepsake, token; souvenir (*an acc.* of); *seligen* ~s of blessed memory; *zum* ~ *an* (*acc.*) in memory of; *das* ~ *feiern* commemorate; *ein freundliches* ~ *bewahren* keep in kind remembrance; ~jäger *m* souvenir hunter.

ander ['andər] **I.** *adj.* other; different; second; next; opposite; *am* ~n *Tag* the next day; e-n *Tag um den* ~n every other day; *der* ~e *Strumpf,* etc. the fellow of this sock, etc.; → *Ansicht; ein* ~es *Hemd anziehen* change one's shirt; → *ein III; eine ganz* ~e *Welt* a world quite different from ours; **II.** *pron. ein* ~er, *eine* ~e another (person); someone else; *die* ~n the others; e-r *um den* ~n **a)** one by one, **b)** by turns, alter-

nately; *kein* ~er **a)** no one else (*als* but), **b)** no less a person (than); ~es, *andres* other things; *alles* ~e everything else; *alles* ~e *als* anything but; *unter* ~em among other things, including, such as; *sofern nichts* ~es *bestimmt ist* unless otherwise provided; → *anders.*

ander(er)seits ['-(ər)zaɪts] *adv.* on the other side *od.* hand.

ändern ['ɛndərn] *v/t.* (*h.*) change, alter; modify; vary; → *abändern;* s-n *Sinn* ~ change one's mind; s-n *Standpunkt* ~ shift one's ground; *zum Vorteil (Nachteil)* ~ change for the better (worse); *ich kann es nicht* ~ I can't help it; *das ist nicht zu* ~ that cannot be helped; *es ändert nichts an der Tatsache, daß* it does not alter the fact that; *das ändert natürlich die Sache* that puts a different complexion on the matter; *sich* ~ change, alter, vary; *wind,* etc.: shift; fluctuate.

'**andern|falls** *adv.* otherwise, else; ~teils *adv.* on the other hand.

anders ['andərs] *adv.* **I.** otherwise; differently; ~ *werden* change; ~ *als seine Freunde* unlike his friends; ~ *Herr X* not so Mr. X; *er spricht* ~ *als er denkt* he says one thing and means another; *das ist nun einmal nicht* ~ it cannot be helped; *ich kann nicht* ~, *ich muß lachen* I can't help laughing; *ich weiß es* ~ I know better; ~ *besinnen; falls nicht* ~ *bestimmt ist* unless otherwise provided; **II.** *with pron.* else; *jemand* ~ somebody (*or* anybody) else; *niemand* ~ *als* er nobody (else) but he; *wer* ~? who else?; ~denkend *adj.* dissenting, differently minded, (being) of a different opinion; ~farbig *adj.* of a different colo(u)r; ~ge-artet *adj.* of another kind; different, heterogeneous; ~gesinnt *adj.* differently minded; ~gläubig *adj.* of a different faith, heterodox; ~herum *adv.* the other way round; ~wo *adv.* elsewhere, somewhere else; ~woher *adv.* from elsewhere; ~wohin *adv.* to another place, elsewhere.

anderthalb ['andərt'halp] *adj.* one and a half; ~ *Pfund* a pound and a half; ⟨decker ['-dɛkər] *aer. m* (*-s*; -) sesquiplane; ~fach *adj.* one and a half times; ~jährig *adj.* eighteen months old.

'**Änderung** *f* (-; -en) change, alteration; modification; (*a. econ.* of *prices*) variation; *technische* ~en engineering changes; → *Abänderung;* e-e ~ *treffen (erfahren)* make (undergo) a change; ~sgesetz *n* amending law; ~svorschlag *parl. m* amendment.

ander|wärts ['-vɛrts] *adv.* elsewhere; ~weitig ['-vaɪtiç] **I.** *adj.* other, further; **II.** *adv.* in another way *or* manner; elsewhere.

'**andeuten** *v/t.* (*h.*) indicate; hint; intimate, give to understand, imply; suggest; announce, foreshadow; *paint.* outline.

'**Andeutung** *f* indication; hint (*a. fig.*); *fig.* trace; intimation; suggestion (*an acc., auf acc.* of); innuendo; *paint.* outline; e-e ~ *machen* drop a hint, → *andeuten;*

2sweise ['-svaɪsə] *adv.* by way of suggestion, allusively; in outlines.

'andichten *v/t.* (*h.*): *j-m et.* ~ ascribe *or* impute a th. (falsely) to a p.

Andienung ['andiːnuŋ] *econ. f* (-; -*en*) tender, offer; delivery.

'andonnern *fig. v/t.* (*h.*) thunder at.

'Andrang *m* rush, throng; concourse; *econ.* run (*auf acc.* on); *of work*: pressure; *in traffic*: rush hours *pl.*; *med.* congestion.

'andrängen *v/i.* (*h.*) crowd, press, rush (*gegen* to *or* against).

'andreh|en *v/t.* (*h.*) turn on (*gas, etc.*); switch on (light, *etc.*); start up (*an engine*); *fig.* set going, start; tighten (*a screw*); screw on; *colloq. j-m et.* ~ palm a th. off (up)on a p.; **2kurbel** *f* starting crank; **2ritzel** *m* turn pinion.

'andringen *v/i.* (*irr., sn*) push forward, press on (*gegen* towards); *enemy, etc.*: draw near, advance; *blood*: *gegen den Kopf* ~ rush to the head.

'androh|en *v/t.* (*h.*): *j-m et.* ~ threaten (*or* menace) a p. with a th.; *die vom Gesetz angedrohte Strafe* the punishment laid down in the law; **2ung** *f* threat, menace; warning; *jur. unter* ~ *von or gen.* under penalty of, on pain of.

'andrück|en *v/t.* (*h.*) (*an acc.*) press (against *or* on to); press close (to); **2walze** *f* feed roll.

anecken ['anʔɛkən] *v/i.* (*sn*) (*bei dat.*) give offen|ce, *Am.* -se, (to).

'an-eifern *v/t.* (*h.*) stimulate, incite.

'an-eign|en *v/t.*: *sich* (*dat.*) *et.* ~ (*h.*) appropriate (to o.s.), make one's own; contract (*a habit*); adopt (*a view*); acquire (*knowledge*), master (*a language, etc.*); *pol.* annex (*territory*); *unlawfully*: usurp, *jur.* convert to one's own use, misappropriate; **2ung** *f* appropriation, acquisition; adoption; conversion, misappropriation; annexation.

an-ein'ander *adv.* together; **~binden** *v/t.* (*irr., h.*) bind together; **~fügen** *v/t.* (*h.*) join; **~geraten** *v/i.* (*irr., sn*) clash (*mit* with); fly at each other; come to blows *or* grips; **~grenzen** *v/i.* (*h.*) be adjacent, border on each other; **~hängen** *v/i.* (*irr., h.*) cohere, stick together; **~prallen** *v/i.* (*sn*) collide; **~reihen** *v/t.* (*h.*) string (*or* join) together; **~rücken** *v/t.* (*h.*) *and v/i.* (*sn*) move closer together; **~stoßen** *v/i.* (*irr., sn*) meet; → *~grenzen, ~prallen.*

Anekdote [anɛk'doːtə] *f* (-; -*n*) anecdote; **2nhaft** *adj.* anecdotal.

an-ekeln *v/t.* (*h.*) disgust, sicken, nauseate; *es ekelt mich an* I am disgusted with it, I loathe it.

Anemone [ane'moːnə] *f* (-; -*n*) anemone.

'an-empfehlen *v/t.* (*irr., h.*) recommend.

'An-erbe *jur. m* next heir, heir to entailed property.

'An-erbieten *n* (-*s*) offer, proposal; → *Angebot.*

anerkannt ['anʔɛrkant] *adj.* acknowledged, recognized, admitted; accepted; *~e Tatsache* recognized *or* established fact; *gerichtlich ~er Gläubiger* judgment creditor; *staatlich* ~ certified; *ein ~es Werk* standard work; *e-e ~e Bedeutung* accepted meaning (of a word); **~ermaßen** ['-ər'maːsən] *adv.* admittedly.

'an-erkenn|bar *adj.* recognizable; **~en** *v/t.* (*irr., h.*) acknowledge, recognize (*als* as); accept; appreciate; approve; allow (*a claim*); admit (*debt*); hono(u)r, accept (*bill of exchange*); *nicht* ~ repudiate, (*als or für das Seinige etc.*) disown; *sports*: *ein Tor* (*nicht*) ~ signal (disallow) a goal; → *anerkannt*; **~end** *adj.* approving, appreciative; **~enswert** *adj.* laudable, commendable, creditable.

'An-erkennung *f* acknowledgement, recognition; *in ~ s-r Verdienste* in recognition of his merits; appreciation; hono(u)rable mention; tribute (*gen.* to); *jur.* legitimation (*of child*); legalization (*of documents*); acceptance (*of bill*); *~ finden* win recognition, meet with approval; *j-m ~ zollen* pay tribute to; **~sschreiben** *n* letter of commendation; **~s-urteil** *n* consent judgment; **~szahlung** *f* token payment.

Aneroid [anero'iːt] *n* (-[*e*]*s*; -*e*) aneroid (barometer).

'an-erziehen *v/t.* (*irr., h.*): *j-m et.* ~ breed a th. into a p.; *anerzogen* acquired (by education).

anfachen ['anfaxən] *v/t.* (*h.*) fan *or* blow into *a flame*; *fig.* fan, kindle.

'anfahr|en I. *v/t.* (*irr., h.*) carry up, convey to the spot; run into, hit; *mar.* **a)** run foul of (*a ship*), **b)** call at (*a port*); *fig. j-n* ~ bellow at, fly at a p., snap a p.'s nose off; **II.** *v/i.* (*irr., sn*) start; start up (*a. machine, reactor*); *angefahren kommen* approach in a vehicle, drive up; **2t** *f* approach; arrival; *traffic sign*: 'way in'; *to a house*: drive(way).

'Anfall *m* attack, *med. a.* fit, seizure, touch; *fig. in e-m ~ von Großzügigkeit* in a burst of generosity; yield; accrual (*of interest*); accession (*gen.* to), reversion; amount *produced, etc.*; number *of cases, etc.*; accumulation; **2en I.** *v/t.* (*irr., h.*) attack, assault, (*a. fig.*) assail; **II.** *v/i.* (*irr., sn*) result, occur; *work, etc.*: *a.* transpire; *interest, profit*: accrue; *angefallene Kosten* costs incurred.

'anfällig *adj.* susceptible (*für acc.* to); prone (*für* to *diseases, accidents, etc.*); of delicate health.

'Anfallsrecht *jur. n* reversionary interest.

'Anfang *m* beginning, start; commencement; origin; opening (*of letter*); *am* (*or im*) ~ in the beginning, at the start (*or* outset); *von ~ an* from the beginnung, *etc.*, from the first; *~ Januar* early in January; *~ 1971* early in 1971; *~ der dreißiger Jahre* in the early Thirties; *den ~ machen* begin, (*a. sports*) lead off; *die Anfänge pl.* (→ *~sgründe*) elements, rudiments; *in den Anfängen stecken* be in its infancy; *am, zu* ~ → *anfangs*; **2en** *v/t. u. v/i.* (*irr., h.*) begin; start (*mit et.* on; *zu inf. ger.*); *formally*: commence; set about, take up (*work*); *mit der Arbeit* ~ set to work; do; manage; open (*a business*); *jur. e-n Prozeß* ~ file suit, bring an action; *immer wieder vom gleichen Thema* ~ harp on a th.; *ich weiß nichts damit anzufangen* I don't know what to do with (*fig.* make of) it; *was wirst du morgen ~?* what are you going to do (with yourself) tomorrow?; *das hat er geschickt angefangen colloq.* that was slick work; *da fängst du schon wieder an!* there you go again!

'Anfänger(in *f*) *m* (-*s*; -; -; -*nen*) beginner; novice, tyro, tiro, *Am. a.* rookie.

anfänglich ['anfɛŋliç] **I.** *adj.* initial; original; **II.** *adv.* → *anfangs.*

anfangs ['anfaŋs] *adv.* in the beginning, at first, originally; *gleich* ~ at the very beginning.

'Anfangs...: **~bestand** *m* → *Anfangskapital*; **~buchstabe** *m* initial letter; *großer* (*kleiner*) ~ capital (small) letter; **~gehalt** *n* commencing (*or* initial) salary; **~geschwindigkeit** *f* initial velocity; **~gründe** ['-gryndə] *m/pl.* elements, rudiments; *j-n in den ~n unterrichten* ground; **~kapital** *n* opening capital; original (*or* capital) stock; **~kurs** *m* opening price; **~punkt** *m* starting point; **~spannung** *el. f* input voltage; **~sstadium** *n* initial stage; **~unterricht** *m* elementary instruction; **~zeile** *f* first line.

'anfassen I. *v/t.* (*h.*) take hold of, grasp, seize; touch, handle; *fig.* treat, handle *a p. or th.*; approach, tackle, set about *a th.*; *sich* ~ → *anfühlen*; (*a. einander* ~) take hands; **II.** *v/i.* (*h.*) (*a. mit* ~) give *or* lend a hand.

'anfauchen *v/t.* (*h.*) *cat*: spit at; *fig.* → *anschnauzen.*

'anfaulen *v/i.* (*sn*) begin to rot, go bad.

anfecht|bar ['anfɛçtbaːr] *adj.* disputable, controversial; contestable, *jur. a.* voidable; **2barkeit** *f* (-) voidableness; relative nullity; **~en** *v/t.* (*irr., h.*) contest, *jur. a.* avoid; attack, oppose (*an opinion*); challenge (*juror, validity, etc.*); contest (*last will*); appeal from (*a judgment*); impugn (*a contract*); trouble; *was ficht dich an?* what is the matter with you?; **2ung** *f* (-; -*en*) contestation; attack; *jur.* avoidance; appeal (*gen.* from); *eccl.* temptation; **2ungsklage** *f* action to set aside, action of voidance; *patent law*: interference proceedings *pl.*

anfeind|en ['anfaɪndən] *v/t.* (*h.*) bear ill-will to, be hostile to, persecute; **2ung** *f* (-; -*en*) hostility (*gen.* to), persecution (of).

'anfertig|en *v/t.* (*h.*) make, manufacture, fabricate; prepare, *in writing*: *a.* draw up; **2ung** *f* making, manufacture; preparation.

'anfetten *v/t.* (*h.*) grease.

'anfeuchten *v/t.* (*h.*) moisten, wet, damp.

'anfeuer|n *v/t.* (*h.*) fire, heat; *fig.* fire *or* ginger *or* pep up; *sports*: cheer (on), root (for); **~de** *Ansprache* pep-talk; **2ung** *f* heating; *fig.* incitement, stimulation; *a.* = **2ungsruf** *m* cheer(s *pl.*), club-yell.

'anflanschen *tech. v/t.* (*h.*) flange on.

'anflehen *v/t.* (*h.*) implore, beseech.

'**anflicken** v/t. (h.) (a. fig.) patch on (an acc. to).
'**anfliegen I.** v/t. (irr., h.) fly toward, approach; head for, land (or call) at (an airport); in feint attack: buzz; airline: provide an air service to (an area); **II.** v/i. (irr., sn): angeflogen kommen come flying (along).
'**Anflug** m aer. approach; on target: run-up; tech. film; metall. efflorescence; fig. touch, tinge; smack (a. fig.); ~ von Bart down; ~ von Kenntnissen smattering; (sudden) fit, attack (of illness); leichter ~ von slight case of; ~hafen m port of call; ~radar n approach control radar (abbr. ACR); ~weg m approach route.
'**anforder|n** v/t. (h.) demand, claim, call for; request; mil. requisition; ℒung f demand, claim, call; requirement; ~en pl. requirements, standard(s), tech. a. specifications; auf ~ on request; allen ~en genügen meet all requirements, qualify, colloq. fill the bill; den ~en nicht genügen not to qualify, not to be up to standard; hohe ~en stellen an (acc.) make high demands on a p. or th.; tax a p. or th. severely; be very exacting about; die ~en sind hoch the standard is high.
'**Anfrage** f inquiry, question; (Antrag) application; parl. interpellation; e-e ~ richten an (acc.) address a question to; ℒn v/i. (h.) inquire (nach for; bei j-m of a p.; nach et. about a th.); ask; apply (bei to; wegen for).
'**anfressen** v/t. (irr., h.) gnaw at; bird: peck; chem. corrode, eat into.
anfreunden ['anfrɔyndən] v/t. or sich ~ (h.) become friends, fraternize; sich mit j-m ~ make friends with a p.
'**anfrieren** v/i. (irr., sn) freeze on (an acc. to).
'**anfüg|en** v/t. (h.) join, attach, add, annex (an acc. to); affix (one's signature); ℒung f addition, annex, attachment (an acc. to); tech. union, (flush) joint.
'**anfühlen** v/t. (h.) feel, touch; fig. man fühlt dir an, daß one feels that you; sich weich etc. ~ feel soft, etc.; es fühlt sich kalt an it is cold to the touch.
Anfuhr ['anfu:r] f (-; -en) transport(ation); carriage; supply; ~ zum Bauplatz transport to building-site.
'**anführ|en** v/t. (h.) lead (a. dance); conduct; mil. a) command, be at the head of, b) spearhead (a. fig.); mention, state; specify; allege, put forward (reasons); quote, cite, refer to; falsch ~ misquote; adduce, produce (evidence); in defense: invoke a law, etc.; zur Entschuldigung ~ plead (in excuse); hoax, dupe, fool, take in; ℒer(in f) m leader; commander; ringleader.
'**Anführung** f → anführen; lead (-ership); allegation, statement; specification; adduction; quotation, citation; reference (gen. to); ~szeichen n quotation mark, inverted comma.
'**anfüllen** v/t. (h.) fill (up); cram, stuff; tech. charge.

'**Angabe** f declaration; statement; information; description; specification; detail; technische ~n pl. (engineering) data; instruction(s pl.); tennis: service; colloq. showing off; falsche ~ misrepresentation; besondere ~n particular items; genauere (or nähere) ~n particulars, details; nach ~ des Antragstellers according to the applicant.
'**angaffen** v/t. (h.) gape at.
'**angängig** adj. admissible, permissible; feasible, practicable.
'**angeben I.** v/t. (irr., h.) give (facts, reasons, one's name, etc.); state; specify, particularize; declare; allege (daß that); econ. show, return; quote (prices); indicate (direction); denounce, inform against; pretend; mus. sound (a note); → Tempo, Ton; zu hoch (niedrig) ~ overstate (understate); falsch ~ misstate; **II.** v/i. (irr., h.) cards: deal first; tennis: serve; colloq. show off (mit a th.); brag (with), talk big.
'**Angeber(in** f) m informer; ped. sneak; braggart, show-off; **Angebe'rei** f (-; -en) denunciation, talebearing; showing off; '**angeberisch** colloq. adj. boastful; showy, ostentatious.
'**Angebinde** n gift, present.
angeblich ['ange:pliç] **I.** adj. pretended, alleged; ostensible; contp. so-called, self-styled (artist, etc.); ~er Wert nominal value; **II.** adv. ostensibly, etc.; ~ ist er he is said (or reported, reputed) to be.
'**angeboren** adj. inborn, innate (dat. in); med. congenital, hereditary.
'**Angebot** n offer (a. econ.); auction: bid, quotation (of prices); in competition: tender, bid; of merchandise, a. stock exchange: supply; ~ und Nachfrage supply and demand; ein ~ machen make an offer, econ. a. submit a tender.
'**angebracht** adj. advisable; gut ~ appropriate, reasonable; apt (remark); schlecht ~ inappropriate, out of place; ill-timed; et. für ~ halten see fit to do a th.; → anbringen.
'**angedeihen:** j-m et. ~ lassen grant (or afford) a th. to a p.; bestow (or confer) a th. on a p.
'**angegossen** adj. tech. integrally cast; fig. wie ~ sitzen fit like a glove, be a perfect fit.
angeheiratet ['angəhaira:tət] adj. (related) by marriage; ~er Vetter cousin by marriage; die ~en Verwandten one's in-laws.
angeheitert ['angəhaitərt] adj. (slightly) tipsy, mellow, half-tight.
'**angehen I.** v/i. (irr., sn) begin; → anfangen; catch fire, burn; agr. take root; (function) work; be tolerable, be passable, be not so bad (after all); spoil, go bad; angegangenes Fleisch tainted meat; be admissible; das geht (nicht) an that will (won't) do; **II.** v/t. (irr., h., sn) charge, assail, (a. fig.) tackle; fig. j-n ~ concern, regard a p.; j-n um et. ~ apply to (or solicit) a p. for a th., approach a p. with a request; was geht das mich an? what's that to me?; das geht dich nichts an that's no concern (or business) of

yours, that's none of your business; an alle, die es angeht to whom it may concern; ~d adj. beginning, incipient; future, would-be (lawyer, etc.); prospective (buyer); budding (artist, beauty); ~er Vater father to be.
'**angehören** v/i. (h.) (dat.) belong to; be a member of, be affiliated with; sit on (a committee); der Vergangenheit ~ be a matter of the past.
'**angehörig** adj. (dat.) belonging to; affiliated with an organization; ℒe(r m) ['angə(r)] f (-n; -n; -en; -en) member; national; dependant; nächster (nächste pl.) ~ next of kin; meine ~n pl. my relations, my people, colloq. my folks.
Angeklagte(r m) ['angəkla:ktə(r)] f (-n; -n; -en; -en) defendant.
Angel ['aŋəl] f (-; -n) → Angelgerät; door: hinge; tech. pivot; mit ~n versehen hinged; (a. fig.) aus den ~n heben unhinge; aus den ~n geraten come off the hinges; fig. → Tür.
'**An-geld** econ. n earnest-money.
'**angelegen** adj. → anliegend; sich et. ~ sein lassen make a th. one's business, take a matter in hand; es sich ~ sein lassen zu inf. make a point of ger.; ℒheit f matter, business, concern, affair; das ist s-e ~ that's his concern (or business; kümmere dich um deine ~en mind your own business; ~tlich I. adj. urgent; earnest; **II.** adv. urgently, etc.; strongly; warmly.
angelehnt ['angəle:nt] pred. and adv. ajar.
'**angelernt** adj. taught, (mechanically) acquired; ~er Arbeiter semiskilled workman.
Angel... ['aŋəl-]: ~fliege f (fishing-) fly; ~gerät n fishing gear (or tackle); ~haken m fish-hook; ℒn v/t. and v/i. (h.) fish, angle (nach for); fig. fish (for); ~platz m fishing nook (or water); ~punkt m pivot; ast. pole; fig. cardinal (or pivotal, crucial) point; ~rute f fishing rod.
'**Angel|sachse** m, ~sächsin f, ℒ-sächsisch adj. Anglo-Saxon.
'**Angelschnur** f fishing-line.
'**angemessen** adj. suitable, appropriate, fit; reasonable, fair; adequate; proper, fitting (conduct); adapted (dat. to), commensurate (with), proportionate (to), in keeping (with); für ~ halten think fit; ℒheit f suitability; adequacy; fitness; propriety.
'**angenehm** adj. agreeable, pleasant (dat., a. für to); pleasing; comfortable, cosy; restful; welcome; ~es Wesen engaging manners; das ℒe mit dem Nützlichen verbinden combine business with pleasure.
'**angenommen** → annehmen.
Anger ['aŋər] m (-s; -) meadow, pasture; common, (village) green.
angeregt ['angəre:kt] adj. stimulated; animated, lively.
angeschlagen ['angəʃla:gən] adj. boxer: groggy; chipped, marred (china, etc.).
angesäuselt ['angəzɔyzəlt] colloq. adj. → angeheitert.
Angeschuldigte(r m) ['angəʃuldiç-

tə(r)] *f* (-n; -n; -en; -en) *jur.* accused.

angesehen ['angəze:ən] *adj.* respected, esteemed, distinguished; ~e *Firma* firm of good standing (*or* repute).

'Angesicht *n* face, countenance; → *Schweiß*; *von* ~ by sight; *von* ~ *zu* ~ face to face; *dem Tod ins* ~ *schauen* look death in the face; *2s prp.* (*gen.*) in the presence of, (*a. fig.*) in view of; *fig.* considering, seeing that.

'angespannt *adj.* strained, tense, hard; ~e *Finanzlage* financial stringency.

angestammt ['angəʃtamt] *adj.* ancestral; hereditary, innate.

Angestellt|e(r *m*) ['angəʃtɛltə(r)] *f* (-n; -n; -en; -en) (salaried) employee, white-collar worker; clerk; domestic (servant); *die* ~*n pl.* the staff, the salaried personnel; ~**en-versicherung** *f* employees insurance.

angestrengt ['angəʃtrɛŋt] *adj.* → *anstrengen.*

'angetan *p.p.:* ~ *mit* (*dat.*) attired in, clad in; (*ganz*) *danach* ~, *zu* (very) likely (*or* apt) to *inf.*; ~ *sein von* be pleased with, have a liking for *a p. or th.*; be taken with *a th.*; *er war von dem Gedanken wenig* ~ the idea did not appeal to him; → *antun.*

'angetrunken *adj.* intoxicated, tipsy, tight.   [*research, science*).\
'angewandt *adj.* applied (*art*,\
'angewiesen *pred. and p.p.:* ~ *sein auf* (*acc.*) be dependant (*or* be thrown *or* depend) (up)on; *auf sich selbst* ~ *sein* be left to one's own resources; be on one's own.

'angewöhnen *v/t.* (*h.*): *j-m et.* ~ accustom a p. (*or* get a p. used) to a th.; *sich et.* ~ get into the habit of a th.; *take to smoking, etc.*

'Angewohnheit *f* (old) habit, custom; *aus* ~ from habit.

angewurzelt ['angəvurtsəlt] *adj.:* *wie* ~ *dastehen* stand rooted to the spot.

Angina [aŋ'gi:na] *med. f* (-) angina; ~ *pectoris* angina pectoris, stenocardia.

'angleich|en *v/t. and sich* ~ (*irr., h.*) (*dat.*) assimilate (to, with); adapt (*a. tech.*), adjust, approximate (to); *2ung f* assimilation; (*a. tech.*) adaptation, adjustment; approximation; (approximate) matching (*of colors*).

Angler(in *f*) ['aŋlər-] *m* (-s; -; -; -nen) angler.

'anglieder|n *v/t.* (*h.*) (*dat. or an acc.*) link up (with), join; affiliate *an organization* (with), incorporate (in); attach *a p.* (to); annex (*a territory*); integrate (within); *2ung f* affiliation, incorporation; annexion.

Anglikan|er(in *f*) [aŋgli'ka:nər-] *m* (-s; -; -; -nen), *2isch adj.* Anglican; *die Anglikanische Kirche* the Anglican Church, the Church of England.

angli'sieren *v/t.* (*h.*) anglicize.

An'glist|(in *f*) *m* (-en; -en; -; -nen) English philologist; professor (*or* student) of English, angli(ci)st; ~**ik** *f* (-) English philology; study of English language and philology, Anglistics.

Anglizismus [-'tsismus] *m* (-; -*men*) Anglicism, Briticism.

Anglo... ['aŋglo-] Anglo-...

anglotzen ['anglɔtsən] *v/t.* (*h.*) stare at, goggle at.

Angora|katze [aŋ'go:ra-] *f* Angora cat; ~**wolle** *f* mohair.

'angreif|bar *adj.* assailable, open to attack; *fig.* vulnerable; ~**en** *v/t.* (*irr., h.*) touch, handle; *fig.* tackle, set about, approach (*a task*); break into, tap (*supplies*), touch, draw on, dip into (*capital, etc.*); *b.s.* embezzle; weaken, exhaust; attack, assail (*both a. fig.*), charge; *mil. im Sturm* ~, *jur. tätlich* ~ assault; *er griff ihn mit e-r Axt an* he charged him with an axe; try, strain (*the eyes*); affect, injure, impair (*a p.'s health*); *die Krankheit hat ihn angegriffen* the illness has told on him; *chem.* corrode; *phys. die Kraft greift in einem Punkt an* the force acts on a point; *angegriffen aussehen* look poorly; *sich rauh, etc.,* ~ *feel rough, etc.,* be rough, etc., to the touch; ~**end** *adj.* aggressive, offensive; *physically:* trying, exhausting; ~*e Kraft* acting force; *tech.* ~*e Ende* business end (*of tool*); *2er(in f) m* (-s; -; -; -nen) attacker, assailant; *pol.* aggressor.

'angrenzen *v/i.* (*h.*): ~ *an* (*acc.*) border (up)on, adjoin; abut (up)on; ~**d** *adj.* adjacent, contiguous, adjoining (*an acc.* to).

'Angriff *m* attack (*a. fig. and sports*); assault, charge; offensive; *pol.* aggression; air-raid; low-level attack; ground attack, strafing; *chemischer* ~ attack by chemical action, corrosion; *jur. tätlicher* ~ assault and battery; *in* ~ *nehmen* start on, tackle, set about; *zum* ~ *übergehen* take the offensive.

'Angriffs...: ~**fläche** *tech. f* working surface; ~**krieg** *m mil.* offensive war(fare); *pol.* war of aggression; ~**lust** *f* (-) aggressiveness; *2lustig adj.* aggressive; ~**punkt** *m mil.* point of attack; *tech.* working point, point of contact; point of wear; ~**spitze** *f* spearhead; ~**waffe** *f* weapon of attack, offensive weapon; ~**welle** *f* assault wave; ~**ziel** *n* objective, target.

'angrinsen *v/t.* (*h.*) grin (*or b.s.* leer) at.

Angst [aŋst] *f* (-; ⁻e) fear (*vor dat.* of); anxiety; fright; dread, terror; anguish; ~ *haben* be afraid (*vor dat.* of), be in fear (of); ~ *haben vor a.* fear, dread; *in* ~ *geraten* take fright, get scared *or* alarmed; *j-n in* ~ *versetzen* frighten (*or* terrify) a p., *colloq.* throw a scare in a p.; *2 pred. adj.: mir ist* ~ I am afraid (*vor dat.* of); ~ *und bange* terribly frightened, *colloq.* scared stiff; *'2erfüllt adj.* fearful, terrified; '~**geschrei** *n* screams *pl.* of terror (*or* anguish); '~**hase** *m* coward, poltroon, chicken.

ängstigen ['ɛŋstigən] *v/t.* (*h.*) alarm, frighten, strike with fear; worry; *sich* ~ be afraid (*vor dat* of), be alarmed *or* worried (*um* about).

Angstkäufe ['-kɔyfə] *m/pl.* panic buying *sg.*

'ängstlich *adj.* anxious, fearful; uneasy, nervous, jittery; timid; *fig.*

scrupulous; *2keit f* (-) anxiety, nervousness; timidity; scrupulousness.

'Angströhre *colloq. f* stovepipe hat.

Angströmeinheit ['aŋstrø:m-] *phys. f* Angstrom unit (*abbr.* A.U.).

'Angst...: ~**meier** *m* alarmist, coward; ~**neurose** *f* anxiety neurosis; ~**schweiß** *m* cold sweat; *2voll adj.* fearful, frightened, terrified.

'angucken *v/t.* (*h.*) look at, peek at.

'anhaben *v/t.* (*irr., h.*) have *clothes* on, wear, be dressed in; *fig. j-m et.* ~ *wollen* have designs on a p.; *sie konnten ihm nichts* ~ they could find (*or* do) nothing against him; *er kann mir nichts* ~ he has nothing on me; *das kann mir nichts* ~ that can't do me any harm.

'anhaften *v/i.* (*h.*) stick, cling, adhere (*dat.* to); *fig. ihm haftete etwas Eigentümliches an* there was something peculiar about him; ~**d** *adj.* adhesive.

'anhaken *v/t.* (*h.*) hook *or* hitch on (*an acc.* to); *on a list, etc.:* tick off, check off.

'Anhalt *m* support, hold; footing; *fig.* → *Anhaltspunkt;* *e-n* ~ *gewähren* give a clue (*für* to); *2en I. v/t.* (*irr., h.*) stop; *tech.* arrest, check; *police:* arrest, seize; hold (*one's breath, a note*); *mit angehaltenem Atem* with bated breath; block, hold up, impede (*traffic*); pull up (*a horse, etc.*), stop, halt (*a car*); *j-n* ~ accost a p., buttonhole a p.; *j-n* ~ *zu et.* keep a p. to a th., urge (*or* encourage) a p. to do a th.; *sich* ~ cling (*an acc.* to), hold on (to); **II.** *v/i.* (*irr., h.*) stop, halt, come to a stop *or* standstill; *fig.* last, continue, keep on; persist, endure; *die Kältewelle hielt noch an* the cold spell still held; *um ein Mädchen* ~ propose to a girl, *colloq.* pop the question; *2end adj.* continuous, sustained; persistant; lasting; ~**e** *Bemühungen* prolonged efforts; ~**er** *Fleiß* assiduity; ~**er** *Beifall* rounds and rounds of cheers; ~**er** *colloq. m* hitch-hiker; *per* ~ *fahren* hitch-hike, thumb a ride; ~**s-punkt** *m* clue, pointer, lead; criterion; basis; *tech.* reference point.

'Anhang *m* appendage; annex, enclosure, schedule; appendix, supplement (*to a book, etc.*); annex; *of last will:* codicil; adherents *pl.,* following; dependants *pl.,* family.

Anhängelast ['anhɛŋə-] *mot. f* towed load.

'anhangen *v/i.* (*h.*) (*dat.*) adhere to, follow; cling (*or* be attached) to.

'anhängen I. *v/t.* (*h.*) hang on, suspend; append, affix, add (*an acc.* to); *teleph. den Hörer* ~ hang up; *fig. j-m et.* ~ implicate a p., cast a slur on a p., *sl.* frame a p.; *j-m e-n Prozeß* ~ involve a p. in a law-suit; infect with (*a disease*); **II.** *v/i.* (*h.*) *teleph.* hang up, ring off; *fig.* → *anhangen.*

Anhänger ['anhɛŋər] *m* (-s; -) **1.** adherent, follower, supporter; *esp. pol.* henchman, partisan, hanger-on; disciple; devotee; (*all a.* ~**in** *f,* -; -nen) **2.** pendant, locket; *mot.* trailer; label, tag;

~schaft *f* (-) following; adherents *pl.*, → **Anhang.**

'Anhänge...: ~schloß *n* padlock; ~silbe *gr. f* suffix; ~zettel *m* tag.

'anhängig *jur. adj.* pending; e-n Prozeß ~ machen gegen *j-n* institute legal proceedings against a p.

'anhänglich *adj.* attached, devoted (*an acc.* to); affectionate; **♀keit** *f* (-) attachment (*an acc.* to); devotion, affection, loyalty.

Anhängsel ['anhεŋzəl] *n* (-s; -) appendage; label, tag; pendant.

'anhauchen *v/t.* (*h.*) breathe on; *die Finger:* blow; *colloq. fig.* blow *a p.* up; *rosig angehauchte Wangen* rosy-tinged cheeks; *er ist künstlerisch angehaucht* he has an artistic turn; *er ist kommunistisch angehaucht* he sympathizes with the Communists, he is pink.

'anhauen *colloq. v/t.* (*h.*) accost *a p.*; molest; *j-n* ~ *um* touch a p. for.

'anhäuf|en *v/t.* (*h.*) heap up, (*a. sich*) pile up, accumulate; amass (*money*); hoard up; *econ. sich* ~ (*capital*) accumulate, (*a. phys.*) aggregate; *interest:* accrue; ~**end** *adj.* accumulative; **♀ung** *f* piling-up; accumulation, increase; aggregation.

'anheben *v/t.* (*irr., h.*) lift, raise; *fig.* (*a. v/i.*) begin.

'anheften *v/t. and sich* ~ (*h.*) attach, fasten, affix (*an acc.* to); tack on; pin on; stitch, baste.

'anheilen *v/i.* (*sn*) heal on or up.

anheimeln ['anhaiməln] *v/t.* (*h.*): *j-n* ~ remind a p. of home, make a p. feel at home; ~**d** *adj.* homelike, hom(e)y; cosy, snug.

anheim|fallen [an'haim-] *v/i.* (*irr., sn*) (*dat.*) fall to (*a p.'s* share), devolve on, revert to *a p.*; ~**geben** (*irr., h.*), ~**stellen** *v/t.* (*h.*): *j-m et.* ~ leave a th. to a p.('s discretion); *et. dem Urteil j-s* ~ submit a th. to a p.'s judgement.

anheischig ['anhaiʃiç] *adj.:* *sich* ~ *machen et. zu tun* undertake (or offer, pledge o.s.) to do a th., volunteer to do a th. *or* for a th.

'anheiz|en *v/t.* (*h.*) heat up (*a. fig.*); **♀kerze** *mot. f* heating plug.

'anherrschen *v/t.* (*h.*) address *a p.* gruffly, bark at.

'anheuern *v/t.* (*h.*) hire; *sich* ~ *lassen* sign on.

'Anhieb *m:* *auf* (*den ersten*) ~ at the first attempt, right away; *colloq.* right off the bat; *tell, etc.*, off the cuff or offhand; at once.

anhimmeln ['anhiməln] *v/t.* (*h.*) adore, idolize; gush (or rave) about *a p.*

'Anhöhe *f* rise, height, hill.

'anhören *v/t.* (*h.*) listen (or attend) to, lend an ear (to), hear; *sich gut* (*schlecht*) ~ sound well (badly); *j-n* ~ give a p. a hearing; *j-n ganz* ~ hear a p. out; tell (by listening); *man hört ihm den Ausländer an* one can tell by his accent that he is a foreigner; *colloq.* hör dir das mal an! now listen to this!

'Anhub *tech. m* lift; ~**moment** *n* initial power.

anhydrisch ['anhyːdriʃ] *chem. adj.* anhydrous.

Anilin [ani'liːn] *n* (-s) anilin(e); ♀-

blau *adj.* anilin(e)-blue; ~**farbstoff** *m* anilin(e) (or coal-tar) dye; **♀rot** *adj.* anilin(e)-red, magenta.

animalisch [ani'mɑːliʃ] *adj.* animal; *b.s. a.* brutish.

Animier|dame [ani'miːr-] *f* hostess, taxi-dancer; **♀en** *v/t.* (*h.*) incite, animate, stimulate; encourage, urge; *animierte Stimmung* high spirits.

Animosität [animozi'tɛːt] *f* (-; -en) animosity.

Anion ['anioːn] *phys. n* (-s; -'onen) anion.

Anis [a'niːs] *bot. m* (-es; -e) anise, aniseed; ~**likör** *m* anisette.

'ankämpfen *v/i.* (*h.*) struggle, battle (*gegen* against), combat.

'Ankauf *m* buying, purchase; *w.s.* acquisition; **♀en** *v/t.* (*h.*) buy, purchase; *sich* ~ buy land, settle.

'ankeilen *v/t.* (*h.*) fasten with a wedge.

Anker ['aŋkər] *m* (-s; -) **1.** *mar.* anchor; *vor* ~ *gehen* cast (or drop) anchor; *den* ~ *lichten* weigh anchor; *vor* ~ *liegen* ride at anchor; *vor* ~ *treiben* drag the anchor; **2.** *tech.* anchor, brace, stay; *of watch:* anchor (or lever) escapement; *el.* **a)** armature, **b)** rotor, **c)** stator; ~**boje** *f* mooring buoy; ~**draht** *m* armature wire; *of mast:* stay wire; ~**feld** *el. n* armature field; ~**gang** *m* *of watch:* anchor escapement; ~**geld** *n* anchorage; ~**grund** *m* berth, anchorage; ~**hub** *el. m* armature stroke; ~**mine** *mar. f* moored mine.

'ankern *v/i.* (*h.*) (cast) anchor, moor.

'Anker...: ~**platz** *m* → Ankergrund; ~**spill** *n* capstan; ~**tau** *n* cable; ~**uhr** *f* lever-watch; ~**unruhe** *f* anchor escapement; ~**wicklung** *el. f* armature winding; ~**winde** *f* capstan.

anketteln ['ankɛtəln] *v/t.* (*h.*) stitch on.

'anketten *v/t.* (*h.*) (fasten with a) chain (*an acc.* to).

'ankeuchen *v/i.* (*sn*): ~, *angekeucht kommen* come panting.

'ankippen *v/t.* (*h.*) tilt.

'ankitten *v/t.* (*h.*) cement (*an acc.* to); (fix with) putty.

'anklagbar *adj.* indictable, triable.

'Anklage *f* accusation, charge (*gegen* against); *jur. a.* indictment, *formal:* arraignment; *esp. parl.* impeachment; ~ *erheben* prefer a charge (*gegen* against), → *anklagen*; *unter* ~ *stehen* be on trial (*wegen* for), stand trial (for); *unter* ~ *stellen* place on trial, arraign (*wegen* for); *die* ~ *vertreten* be counsel for the prosecution; ~**bank** *f* (-; ⸗e) (prisoner's) dock; *auf der* ~ *in* the dock; ~**behörde** *f* prosecution; **♀n** *v/t.* (*h.*) (*gen. or wegen*) accuse (of), charge (with); *jur. a.* indict (for); *parl., etc.:* impeach (of, for); *formally:* arraign (for); **♀nd** *adj.* accusing(ly *adv.*); ~**punkt** *m* count (of an indictment), charge.

'Ankläger(in *f) m* accuser; *jur.* plaintiff; *öffentlicher* ~ Public Prosecutor, *Am. a.* district attorney.

'Anklage...: ~**schrift** *f* (bill of) indictment; *esp. mil.* charge-sheet; ~**verlesung** ['-ferleːzuŋ] *f* (-; -en) arraignment; ~**vertreter** *m* counsel

for the prosecution; ~**zustand** *m:* *j-n in* ~ *versetzen* commit a p. for trial.

'anklammern *v/t.* (*h.*) *tech.* clamp (*an acc.* to), cleat (on); peg (out) (*laundry*); clip on (*letter, etc.*); *sich* ~ cling (*an acc.* to); hold on for dear life.

'Anklang *m mus.* accord; *fig.* undertone; reminiscence, suggestion (*an acc.* of); ~ *finden* be well received, meet with approval (or a favo[u]rable response); *thea., etc.* catch on, draw; appeal (*bei dat.* to); *merchandise:* go well, take; *keinen* ~ *finden* meet with no approval; fall flat, (be a) flop.

'ankleben I. *v/t.* (*h.*) fasten with adhesive, stick on; paste on; glue on; gum on (*all: an acc.* to); post (up) (*a bill, etc.*); **II.** *v/i.* (*sn*) adhere, stick, cling (*an acc.* to).

'ankleide|n *v/t. and sich* ~ (*h.*) dress (*zum Abendessen* for dinner); **♀zimmer** *n* dressing-room.

'ankleistern *v/t.* (*h.*) paste on.

'anklingeln *v/t.* (*h.*) ring *a p.* up; give *a p.* a ring, call or phone *a p.*

'anklingen *v/i.* (*irr., sn*): ~ *an* (*acc.*) be suggestive of, suggest, remind slightly of; ~ *lassen* evoke, call to mind, call or conjure up (*memories*).

'anklopfen *v/i.* (*h.*): (*an die Tür* ~) knock or rap at the door; *fig. bei j-m* ~ sound a p. (*wegen* about).

'anknipsen *el. v/t.* (*h.*) turn (or switch, flick) on (*the light*).

'anknöpfen *v/t.* (*h.*) button on (*an acc.* to).

'anknüpf|en I. *v/t.* (*h.*) tie (*an acc.* to); fasten (with a knot); *w.s.* connect, join (to); *fig.* begin, enter into; *e-e Bekanntschaft* ~ make a *p.'s* acquaintance, take up with; *Beziehungen* ~ establish (or form) connections or contacts; *ein Gespräch* ~ start (or enter into) a conversation, engage *a p.* in a conversation; *Verhandlungen* ~ enter into negotiations; *wieder* ~ resume; **II.** *v/i.* (*h.*): an et. ~ start (or go on) from a th., resume (or pick up the threads of) a th.; refer to (*a p.'s words, etc.*); continue (*a tradition*); **♀ungs-punkt** *m* point of contact, starting-point.

ankommen I. *v/i.* (*irr., sn*) arrive; reach (*in dat. a place*); *train:* pull in; *worker:* be accepted (*bei* by), get employment (at), get a job (with); *fig.* go down (*bei* with), get across, click, take; *gegen j-n* ~ cope (or deal) with a p.; *gegen ihn kann man nicht* ~ there is no getting at him, he is more than a match for us; *iro. da ist er schön angekommen* he had a nice reception, he came to the wrong address; *bei mir kommst du damit nicht an* that cuts no ice with me; *es kommt mich hart an* I find it hard, it is hard on me; ~ *auf* (*acc.*) depend (up)on; *es kommt darauf an, ob* the question is whether; *worauf es ankommt, ist* what matters is; *darauf kommt es an* that is (just) the point; *es kommt ganz darauf an* it all depends; *es kommt nicht auf den Preis an* it is not a matter of price, money is no object; *es kommt mir viel darauf an* it is very important to me, I set great store by it; *es kommt mir darauf an zu inf.* I am concerned to *inf.* or that, what I want is; *es darauf ~ lassen* run a risk, take a (*or* one's) chance, risk it; **II.** *v/t.* (*impers., irr., sn*) befall, come over a *p.*; *es kam ihm die Lust an zu inf.* he took it in his head to *inf.*, he felt like *ger.*; *es kam ihn die Furcht an* he was seized by fear; *~d econ. adj.* incoming.

Ankömmling ['ankœmliŋ] *m* (*-s*; *-e*) newcomer, arrival.

'**anköpfen** *tech. v/t.* (h.) head.

Ankoppel|kreis ['ankɔpəl-] *el. m* coupling circuit; *2n v/t.* (h.) couple (*an acc.* to); *~ung f radio:* coupling.

'**ankörn|en** *tech. v/t.* (h.) center--punch, countersink; *2ung f* punch mark.

'**ankotzen** *vulg. fig. v/t.* (h.) make a *p.* sick.

ankreiden ['ankraidən] *v/t.* (h.) chalk up (*j-m* against a *p.*); *fig. das werde ich ihm ~* I'll make him pay for that.

'**ankreischen** *v/t.* (h.) scream at, shrill at.

'**ankreuzen** *v/t.* (h.) check off.

'**ankündig|en** *v/t.* (h.) announce (*j-m et.* a th. to a *p.*); proclaim; publish, advertise; *fig.* herald, usher in (*an era, etc.*); *2ung f* announcement, notification, proclamation; advertisement; *of book:* prospectus; *2ungskommando mil. n* preparatory command.

Ankunft ['ankunft] *f* (-) arrival; *fig. a.* advent; *bei ~, nach ~* on arrival; *~shafen m* port of arrival; *~sverkehr m* incoming traffic; *~szeit f* time of arrival.

'**ankuppeln** *v/t.* (h.) couple (*an acc.* to).

'**ankurbeln** *v/t.* (h.) *mot.* start, crank up; *fig.* stimulate, ginger up; step up (*production, etc.*).

'**anlächeln**, '**anlachen** *v/t.* (h.) smile at, give a *p.* a smile.

'**Anlage** *f* laying-out (*a garden, etc.*); construction; installation; *of novel, etc.:* plot, structure; (*manufacturing*) plant, works *pl. and sg.*; equipment, facility, installation(s *pl.*); plant, (*machine*) unit; *elektrische ~* electrical system; sport field (*or* facility), athletic grounds *pl.*; pleasure-ground, grounds *pl.*, park; *öffentliche ~* public gardens *pl.*; talent, aptitude, ability; (*natural*) tendency, bent, *a. med.* (pre)disposition; *~n haben zu et.* be talented *or* gifted for; *econ.* (*capital*) investment; invested capital; employment (*of funds*); *balance-sheet: ~n pl.* assets; inclosure (*zu* in a *letter*); (*document*) exhibit, schedule; *in der ~ enclosed*; *~güter n/pl.* capital goods; items of equipment; *~kapital n* invested capital; stock (*or* business, original) capital; *~kosten pl.* first (*or* prime) cost; cost of construction; *~kredit m* investment credit; *~papiere n/pl.* investment securities; *~vermögen n* fixed assets, invested capital.

'**anlagern** *v/t.* (h.) accumulate, store up; *sich ~* add.

'**anlangen I.** *v/i.* (sn) arrive (*an dat.*,

bei in, at), come (to); reach; **II.** *v/t.* (h.) concern, regard, relate to; *was ... anlangt* as to (*od.* for); → *anbelangen.*

Anlaß ['anlas] *m* (*-sses*; *~sse*) occasion; *a.* motive, reason (*zu* for); cause, ground (*für* for; *zu* to do, to doing); incident; provocation; *aus ~* (*gen.*) on the occasion of; *aus diesem ~* for this reason, to mark the occasion; *bei diesem ~* on this occasion; *beim geringsten ~* at the slightest provocation, at the drop of a hat; *~ geben zu* give rise (*or* occasion) to; *j-m ~ geben zu* give a *p.* reason for; *allen ~ haben zu* have every reason for; *ohne jeden ~* for no reason at all; *ein besonderer ~ a* special occasion *or* event; *et. zum ~ nehmen zu inf.* take occasion to *inf.*; *dem ~ entsprechend* to fit the occasion; *~drehmoment tech. n* starting torque; *~druckknopf mot. m* self-starter push-button.

'**anlassen** *v/t.* (irr., h.) keep on (*dress*); leave on, leave running (*water, etc.*); set going, set in motion, start; start (up) (*the engine*); turn on (*steam, water*); prime (*a pump*); temper (*steel*); *fig. j-n hart ~* rebuke a *p.* sharply; *sich ~* appear; *sich gut ~* promise well, make good progress; *thing a.* shape (up) well; *wie läßt er sich an?* how is he making out?; *er läßt sich gut an.* he is quite a success.

Anlasser ['anlasər] *mot. m* (*-s*; *-*) starter; starting motor; *~fußschalter m* foot-operated starting switch; *~motor m* starting motor.

'**anlasten** *v/t.* (h.): *j-m et. ~* charge a *p.* with a th.

anläßlich ['anlɛsliç] *prp.* (*gen.*) on the occasion of; at.

'**Anlaß...**: *~magnet mot. m* starting (*Am.* booster) magneto; *~schalter m* starter switch; *~ventil n mot.* starting-air valve; *~widerstand el. m* (starting) resistance.

'**Anlauf** *m* start (*auf acc.* for), run; *aer.* take-off run; *sports:* approach--run; *Sprung mit ~* running jump; *ski jumping:* **a)** inrun, **b)** slope; onset, charge; *e-n ~ nehmen* take a run (*auf* for); *im ersten ~* at the first attempt (*or* start); *~bahn aer. f* runway; *sports:* approach-path; *ski jump:* slope; *2en I. v/t.* (irr., h.) run *or* rush upon; *mar.* call at, touch at, put into (*a port*); **II.** *v/i.* (irr., sn) start; *film:* be started (*or* shown), *at movies:* open; *sports:* take the run (*auf* for); *angelaufen kommen* come running up *or* along; *fig.* become operative; get going, get under way; *~ lassen* set going, set in motion; *mot.* run up; rise; *econ. cost, interest:* accumulate, accrue; *debts:* mount up; *mirror, etc.:* dim, fog, cloud over; *metall:* tarnish; *person:* rot *~* turn red, blush, flush; *~en in ~* start; increase; accumulation, accrual; dimming, fogging; tarnish; *~hafen m* port of call; *~kredit m* opening credit; *~leistung tech. f* starting output; *~moment tech. n* starting torque; *~zeit f* initial period; *mot.* machine inertia constant.

'**Anlaut** *gr. m* initial sound, anlaut;

im ~ when initial; *2en v/i.* (h.) begin (*mit* with).

'**anläuten** *v/t. and v/i.* (h.) ring the bell (for); *teleph. bei j-m ~* ring a *p.* up, give a *p.* a ring, phone to a *p.*

'**anlautend** *adj.* initial.

Anlege|brücke ['anle:gə-] *f* landing stage, jetty; *~gebühren f/pl.* anchorage *sg.*; *~hafen m* port of call; *2n I. v/t.* (h.) lay *or* put (*an acc.* to, against); put on (*dress, jewelry*); apply (*a standard, med. dressing*); *typ.* feed; lay *a boat* alongside (of); *~ lassen* dock (*a ship*); set fire (*an,* in to); level *or* point *a rifle,* → *Hand*; tie up, chain up (*a dog*); lay in (*a stock*); *fig.* design, plan; lay out (*a garden, etc.*); install(1); construct; set up, erect (*a factory, etc.*); cut (*a canal*); set up (*a card index*); invest (*money*); *mit Zinsen ~* put out at interest; *fest angelegt* permanently invested, safely placed; open (*an account*); found, establish (*a colony, town*); *sich ~ gegen* (*acc.*) lean against; *fig. es ~ auf* (*acc.*) aim at, make it one's object; *es war darauf angelegt zu inf.* it was calculated to *inf.*; **II.** *v/i.* (h.) *shooting: ~ auf* (*acc.*) (take) aim at; *mar.* land, moor, take berth; lie alongside; *~stelle f* landing (-place), moorings *pl.*; → *Anlegebrücke*; pier.

Anlegung ['anle:guŋ] *f* (-; *-en*) laying out; setting up; application; foundation.

'**anlehn|en** *v/t. or sich ~* (h.) lean (*an acc.* against); leave ajar (*door*); *fig. sich ~ an* (*acc.*) lean upon, take pattern from, follow, be model(l)ed on; *der Autor lehnt sich stark an frühere Werke an* the author heavily relies on earlier works; *2ung f* (-; *-en*) contact; *in ~ an* (*acc.*) in imitation of; after, in accordance with.

Anleihe ['anlaiə] *f* (-; *-n*) loan; advance; *öffentliche ~* public (*or* government) loan; *e-e ~ aufnehmen* raise a loan; *e-e ~ lancieren* float a loan; *e-e (kleine) ~ bei j-m machen* borrow money of a *p.*, *fig.* borrow from a *p.*; *~kapital n* loan capital, *Am.* bonded debt; *~papier n* stock, *Am.* bond; *~schuld f* funded debt, *Am.* bonded debt.

'**anleimen** *v/t.* (h.) glue on (*an acc.* to).

'**anleit|en** *v/t.* (h.) guide (*zu* to); *fig.* instruct, school, train (*in dat.* in); *2ung f* guidance, instruction, direction; text-book, guide, primer; introduction; *technische ~* (engineering) manual; *Bedienungs2* (operating) instructions *pl.*

Anlenkbolzen ['anlɛŋk-] *m* articulated rod pin.

'**anlern|en** *v/t.* (h.) train, instruct, school (*zu et.* in a th.); break *a p.* in, show *a p.* the ropes; *angelernt* acquired (by routine), mechanical; *angelernter Arbeiter* semi-skilled worker; *2ling* ['liŋ] *m* (*-s*; *-e*) trainee.

'**anlesen** *v/t.* (irr., h.) acquire by reading; *angelesenes Wissen* book knowledge.

'**anliefer|n** *v/t.* (h.) deliver, supply; *2ung f* delivery, supply.

'**anliegen** *v/i.* (irr., h.): *~ an* (*dat.*) lie close to, border on, be adjacent to; *tech.* butt *or* rest against; *clothes*: fit well, cling; *mar.* stand to; ℒ *n* (-s; -) request; *w. s.* preoccupation, concern; object; intent, message; *ich habe ein ~ an Sie I want to ask a favo(u)r of you;* **~d I.** *adj.* adjacent, adjoining, neighbo(u)ring; (tight) fitting (*clothes*); **II.** *adv. econ.* inclosed, attached, in the inclosure.

Anlieger ['anliːgər] *m* (-s; -) adjoining owner, abutter; *mot.* local resident; *nur für ~! closed for non--resident traffic;* **~siedlung** *f* factory estate.

'**anlocken** *v/t.* (h.) bait; decoy (*birds*); *fig.* allure, attract, entice.

'**anlöten** *v/t.* (h.) solder on (*an acc.* to).

'**anlügen** *v/t.* (irr., h.): *j-n ~ lie to a p.('s face), tell a p. a lie.*

'**anmachen** *v/t.* (h.) attach, fix, fasten (*an acc.* to); mix (*mit dat.* with), prepare; temper (*color, lime*); dress (*salad*); make, light (*a fire*); switch on (*the light*).

'**anmalen** *v/t.* (h.) paint; *colloq. sich ~ paint one's face.*

'**Anmarsch** *m* approach (march); *im ~ sein (auf acc.) be advancing (towards);* ℒ**ieren** *v/i.* (sn) approach, advance, march (against *or* towards); **~weg** *m* approach (route).

anmaß|en ['anmaːsən]: *sich et. ~* (h.) arrogate a th. to o.s.; assume, usurp (*right, title*); pretend to, presume, have the impudence to; *ich maße mir kein Urteil darüber an I don't presume (or pretend) to give an opinion (on it); ich würde mir nicht ~, als Experte gelten zu wollen I would never claim to be an expert;* **~end** *adj.* arrogant, presumptuous; overbearing; impudent; ℒ**ung** *f* (-; -en) arrogance; presumption; impudence; *widerrechtliche ~ assumption, usurpation.*

Anmelde|formular ['anmɛldə-] *n* registration form; **~frist** *f* period for registration (*or* application); **~gebühr** *f* registration fee; ℒ**n** *v/t.* (h.) announce; notify, report; *econ.* advise (*a shipment*); *jur.* give notice of *appeal*; submit (*a claim*); announce, usher in (*guests*); *teleph.* place *or* book (*a call*); → *Konkurs*; → *Patent*; enrol(l), enter (*a pupil*); *sports*: enter (zu for); declare; report (*bei to the police*), give notice of *one's arrival; sich ~ make an appointment (bei with a doctor); sich ~ zu book for (participation), enrol(l) for, sports: enter for; apply for; sich ~ lassen have o.s. announced, send in one's card (guest);* **~pflicht** *f* compulsory registration; ℒ**pflichtig** *adj.* notifiable; **~schein** *m* entry-form; **~termin** *m* → Anmeldefrist.

'**Anmeldung** *f* announcement, notification; report; registration; booking; (patent) application; *ped.* enrol(l)ment; *sports*: entry; *customs*: declaration; *nach vorheriger ~ by appointment (only); hotel*: reception (desk); **~sgegenstand** *m patent*: object of invention.

'**anmerk|en** *v/t.* (h.) mark; note (*or* write, jot) down; make an annotation (*or* foot-note); *j-m et. ~* notice

(*or* observe, perceive) a th in a p.; *an et.: tell (a th.) by; sich nichts ~ lassen* not to show (*or* betray) a th. *or* one's feelings; *laß dir nichts ~! colloq.* don't let on!; ℒ**ung** *f* (-; -en) observation, remark (*über acc.* on); comment (on); note; annotation, foot-note; *mit ~en versehen annotate (a text); Ausgabe mit ~en annotated edition.*

'**anmessen** *v/t.* (irr., h.) take the measure for; *j-m e-n Rock ~ measure a p. for a coat;* → *angemessen.*

'**anmustern** *v/t.* (h.) *mil.* enlist; *mar.* enrol(l); *sich ~ lassen sign on, be enrolled.*

Anmut ['anmuːt] *f* (-) grace(fulness); charm, loveliness, sweetness; ℒ**en** *v/t.* (h.): *j-n ~ seem (or appear) to a p.; j-n seltsam ~ strike a p. as (being) curious; j-n heimatlich ~ remind a p. of home;* ℒ**ig** *adj.* graceful; charming, lovely, winsome; pleasant (*country*).

'**annageln** *v/t.* (h.) nail on (*an acc.* to); *fig. wie angenagelt as if nailed (or riveted, glued) to the spot.*

'**annagen** *v/t.* (h.) gnaw at.

'**annähen** *v/t.* (h.) sew on (*an acc.* to); *med.* suture.

'**annähern** *v/t. a. sich ~* (h.) approach, draw near (*dat., an acc.* to); *einander ~ approximate (two things); fig.* approach, approximate; *die Standpunkte ~ bring the views closer (together);* **~d I.** *adj.* approximat(iv)e, rough, fairly exact; **II.** *adv.* about, approximately, roughly; *nicht ~ not nearly, far from; not by a far cry.*

'**Annäherung** *f* approach (*an acc.* to); *fig. ~en approaches, advances; pol.* rapprochement (*Fr.*); approximation; **~s-politik** *f* policy of rapprochement; **~sversuch** *m* attempt at reconciliation; *~e pl.* approaches; *amorous*: advance, pass; ℒ**sweise** ['-svaɪzə] *adv.* approximately; **~swert** *m* approximate value.

Annahme ['annaːmə] *f* (-; -n) acceptance (*a. fig.*), reception; adoption (*of child, motion, plan, view*); *parl.* passing of a bill, passage; engagement (*of worker*); admission (*of pupil, etc.*); → *Annahmestelle*; assumption; supposition, belief, hypothesis; *~ verweigern refuse (to accept), reject, dishono(u)r (a bill of exchange); zur ~ vorlegen present for acceptance; alles spricht für die ~ there is every reason to believe; in der ~, daß on the supposition that, believing that;* **~stelle** *f* receiving (*or* collecting) office; *mil.* recruiting office; **~vermerk** *m* acceptance; **~verweigerung** *f* refusal of acceptance, non-acceptance.

Annalen [a'naːlən] *pl.* annals; *in den ~ der Geschichte verzeichnet sein be on historic record.*

annehm|bar ['anneːmbaːr] *adj.* acceptable (*für* to); *condition, price*: fair, reasonable; admissible; passable, tolerable; **~en** *v/t.* (irr., h.) accept (*a. fig.; a. v/i.*); take, receive; *parl.* carry, adopt (*a motion*); engage, hire, take on (*a worker*); undertake (*a commission*); take (on) (*a tint*); *parl.* pass (*a bill*); take, assume (*shape*); grant (*a petition*);

contract, fall into (*a habit*); embrace (*a faith*); take, adopt (*an attitude*); take up (*a challenge*), pick up (*the gauntlet*); adopt (*a child*); admit (*a pupil, etc.*); assume (*a title, etc.*); → *Vernunft; econ.* accept, hono(u)r (*a bill*), *nicht ~ dishono(u)r; think, assume, suppose, take it, guess; nehmen wir an, angenommen suppose, supposing, (let's) say; et. als ausgemacht (or erwiesen) ~ take a th. for granted; sich e-r Sache ~ take care (or charge) of, attend to a matter; see about a th.; sich j-s ~ assist, look after, care for a p.;* ℒ**lichkeit** *f* (-; -en) amenity, agreeableness; *~en pl.* amenities, comforts of life.

annektieren [anɛk'tiːrən] *v/t.* (h.) annex.

Annex [a'nɛks] *m* (-es; -e) annex, inclosure (to); **~bau** *m* (-[e]s; -ten) annex.

Annexion [anɛksi'oːn] *f* (-; -en) annexation.

'**anniet|en** *tech. v/t.* (h.) rivet on (*an acc.* to); ℒ**mutter** *f* (-; -n) rivet nut.

Anno ['ano] *adv.* in the year (of); *~ Domini in the year of our Lord; ~ dazumal erstwhile, in the olden times; von ~ dazumal of yore.*

Annon|ce [a'nõsə] *f* (-; -n) advertisement, ad; → *Anzeige*; ℒ**'cieren** *v/t. u. v/i.* (h.) advertise, insert.

Annuität [anui'tɛːt] *f* (-;-en) annuity; *lebenslängliche ~ life annuity.*

annulier|en [anu'liːrən] *v/t.* (h.) annul, nullify, *jur. a.* declare null and void; set aside (*judgment*); *econ.* cancel (*an order*); *soccer: ein Tor ~ disallow a goal;* ℒ**ung** *f* (-; -en) annulment; cancellation; ℒ**ungsgebühr** *aer. f* cancellation fee.

Anode [a'noːdə] *el. f* (-; -n) anode, *Am.* plate.

anöden ['an⁹øːdən] *colloq. v/t.* (h.) bore to death; get on *a p.'s* nerves; rib.

An'oden...: **~batterie** *f* anode (*Am.* plate) battery; **~gleichrichter** *m* anode bend detector; **~kreis** *m* anode circuit; **~stecker** *m* anode plug; **~strahlen** *m/pl.* anodal rays; **~strom** *m* anode (*Am.* plate) current.

an'odisch *el. adj.* anodic, anodal.

anomal ['anomaːl] *adj.* anomalous; **Anoma'lie** *f* (-; -n) anomaly.

anonym [ano'nyːm] *adj.* anonymous; ℒ**ität** *f* (-) anonymity.

Anorak ['anorak] *m* (-s; -s) parka, anorak, anarak.

'**an-ordn|en** *v/t.* (h.) (*a. tech.*): arrange, design, group, *a. mil.* dispose; *tech. hintereinander angeordnet in tandem arrangement;* order, direct; instruct; ℒ**ung** *f* arrangement; *a.* design, *Am.* layout; *a. mar.* disposition; grouping; structure; pattern, scheme; order, direction, instruction; regulation, rule; *~en treffen give orders or instructions; make arrangements, arrange that; auf ~ von by order of, at the instance of.*

'**an-organisch** *chem. adj.* inorganic.

'**anormal** *adj.* abnormal, anomalous.

'**anpacken** *v/t.* (h.) lay hold of, seize, grasp; tackle (*problem, task, etc.*);

mit ~ *lend a (helping) hand, do one's share; e-e Sache anders ~ approach (or set about) a th. differently.*
'anpass|en *v/t. (h.) fit (on), adapt, accommodate (dat. to); adjust, tune (to a norm, purpose); proportion; in colour, etc.: match; der Gelegenheit angepaßt to fit the occasion; sich ~ adapt (or accommodate) o.s., conform (dat. to); ♀ung f (-) adaptation, adjustment (a. psych.); accommodation; matching; tech. ~ an den Körper body conformity; ~ungsfähig adj. adaptable, flexible; versatile; ♀ungsfähigkeit f (-) adaptability; ♀ungskreis el. m matching circuit.*
'anpeil|en *v/t. (h.) take the bearings of, locate; ♀ung f direction finding, location.*
'anpfeifen *v/t. (irr., h.) sports: das Spiel ~ give the starting signal; colloq. j-n ~ blow a p. up.*
'Anpfiff *m sports: starting signal; colloq. fig. dressing-down.*
'anpflanz|en *v/t. (h.) plant, cultivate; ♀ung f planting, cultivation; plantation.*
anpflaumen *['anpflaumən] colloq. v/t. (h.) pull a p.'s leg, kid, rib.*
'anpflöcken *v/t. (h.) peg (an acc. to).*
'anpicken *v/t. (h.) peck.*
'anpinseln *v/t. (h.) paint a th. over.*
'anpirschen: *sich ~ creep up (an acc. to).*
anpöbeln *['anpø:bəln] v/t. (h.) abuse, molest, mob.*
'Anprall *m impact, a. mil. shock; den ersten ~ aushalten bear the brunt (of attack); ♀en v/i. (sn) bound, strike, bump (an acc. against), impinge (on).*
anpranger|n *['anpraŋərn] v/t. (h.) pillory, denounce, brand; ♀ung f (-; -en) denunciation.*
'anpreis|en *v/t. (irr., h.) (re)commend; extol; by advertising: boost, crack up, b.s. puff up, Am. push; ♀ung f (-; -en) praising; boosting; puffing; a. w.s. claptrap, ballyhoo.*
'Anprob|e *f try-on, fitting; ♀ieren v/t. (h.) try (or fit) on.*
anpumpen *colloq. v/t. (h.) j-n: touch a p. (um for).*
Anrainer *['anraɪnər] m (-s; -) → Anlieger.*
anranzen *['anrantsən] colloq. v/t. (h.) blow a p. up.*
'anraten *v/t. (irr., h.) advise (j-m et. a p. to do a th.); recommend.*
'Anraten *n (-s): auf sein ~ at his suggestion, on his advice.*
'anrauchen *v/t. (h.) blow (or puff) smoke against; begin to smoke (a cigar); season, colo(u)r (a pipe), break in (a new pipe).*
'anrechn|en *v/t. (h.): j-m et. ~ charge (or put) to a p.'s account, pass to a p.'s debit; j-m zuviel ~ overcharge a p.; credit; deduct, allow, credit against, set off against; jur. make allowance for, deduct (detention pending trial); fig. j-m et. als Verdienst ~ credit a p. for a th.; hoch ~ value highly, appreciate; j-m et.: a. think highly of a p. for a th.; ich rechne es mir zur Ehre an I consider it an hono(u)r; ♀ung f charge, debiting; j-m et. in ~ bringen → an-*

rechnen; jur. unter ~ der Untersuchungshaft the time of detention pending trial being deducted from the sentence.
'Anrecht *n right, title, claim (auf acc. to); qualification, eligibility; (ein) ~ haben auf have a right (or legitimate claim) to, be entitled to; be eligible to.*
'Anrede *f address; in letters: salutation; ♀n v/t. (h.) address, speak to, accost.*
'anreg|en *v/t. (h.) touch, handle; fig. suggest; incite, animate, encourage; stimulate; es regt den Appetit an it gives an edge to the appetite; → angeregt; ~end adj. stimulating, inspiring, exciting; ♀ung f stimulation, encouragement; impulse; a. med. stimulus; suggestion; erste ~ first impulse, stimulus; auf ~ von at the suggestion (or instigation) of; ♀ungsmittel n stimulant.*
anreicher|n *['anraɪçərn] chem. v/t. (h.) enrich; concentrate; sich ~ accumulate, grow rich; ♀ung f (-; -en) enrichment; concentration.*
'anreihen *v/t. (h.) add; string (pearls, etc.); arrange (or attach) in a series, align; sich ~ join, rank; form a queue (Am. line), queue (Am. line) up; fig. sich würdig ~ be a worthy successor (dat. of).*
'anreiß|en *v/t. (irr., h.) tear off; colloq. fig. → anbrechen; mark out, trace, delineate; tout (customers); ♀er econ. m tout; ♀lehre f margin ga(u)ge; ♀nadel f marking tool, scriber; ♀schablone f stencil, template; ♀winkel m square.*
'anreiten *v/i. (irr., sn): ~, angeritten kommen come riding up, approach (on horseback); ~ gegen (acc.) charge.*
'Anreiz *m incentive (a. econ.), stimulus, impulse; incitement; ♀en v/t. (h.) incite, stimulate; induce; jur. abet; el. energize, excite; ♀end adj. incentive.*
'anrempeln *v/t. (h.) jostle against, run (or bump) into, elbow; fig. bait, provoke, pick a quarrel with.*
'anrennen I. *v/t. (irr., h.) run against, jostle (against); ~ gegen a. mil. assault, charge; fig. assail, run full tilt against; II. v/i. (irr, sn): angerannt kommen come running (along).*
'anrichte|n *v/t. (h.) dress, prepare (dishes); serve, dish up (a meal); es ist angerichtet! dinner, etc., is served!; cause, do (damage, harm, etc.); work (mischief), cause (havoc); da hast du was Schönes angerichtet now you have put your foot in it; ♀(tisch m) f (-; -n) sideboard; kitchen: dresser.*
'Anriß *techn. m (superficial) fissure, crack.*
'anrollen *v/i. (sn) approach, be under way; merchandise, etc.: be on track; aer. taxi.*
'anrosten *v/i. (sn) (begin to) rust.*
anrüchig *['anryçiç] adj. disreputable, notorious, shady; infamous.*
'anrücken *v/i. (sn) approach, draw near; mil. advance.*
'Anruf *m call; mil. of guard: challenge; teleph. call, ring; ♀en v/t.*

(irr., h.) call; mil. challenge; teleph. call or ring (up), phone; wieder ~ call back; hail (a ship, taxi); implore, invoke, appeal to; jur. ein höheres Gericht ~ appeal to a higher court; j-n zum Zeugen ~ call a p. to witness; ~ung f (-; -en) invocation; jur., etc.: appeal (gen. to).
'anrühren *v/t. (h.) touch, handle; mix, stir (up); temper (paints); fig. touch (upon); ich konnte keine Speise ~ I couldn't touch the food; ich rühre keinen Alkohol mehr an I am off the stuff for good.*
ans *[ans] = an das → an.*
'Ansage *f announcement (a. radio, etc.), notification; cards: bidding; ♀n v/t. (h.) announce, notify; sich ~ announce one's visit; radio etc.: announce; thea., etc. present, Am. emcee; j-m den Kampf ~ challenge, fling down the gauntlet to a p; cards: call; Trumpf ~ declare trumps; ~r(in f) m (-s; -; -; -nen) announcer (a. radio); compère, Am. Master of Ceremony (abbr. M.C.).*
'ansamm|eln *v/t., a. sich (h.) collect; a. persons: gather, assemble, concentrate (troops); amass, hoard (or pile) up (treasures, etc.); interest: sich ~ accrue, accumulate; ♀lung f collection; accumulation; accrual; heap, pile; of people: gathering; assembly (a. jur.), crowd; of troops: concentration, massing.*
ansässig *['anzɛsiç] adj. resident; settled; ~ in a. domiciled at or in; nicht ~ non-resident; sich ~ machen, ~ werden settle (down), take up residence; ♀e(r m) ['-gə(r)] f (-n; -n; -en; -en) resident.*
'Ansatz *m tech. extension; shoulder, neck; anat. appendage; peg (of heel, nose); wind instruments: a) embouchure, lipping; b) mouthpiece; geol. deposit, sediment, crust; zo. rudiment; usu. pl. trace(s pl.); disposition; start; math. statement; econ. in a bill: rate, charge; j-m et. in ~ bringen charge (or debit) a p. with; estimate, assessment; in an estimate: appropriation, amount budgeted; er (es) zeigt gewisse Ansätze he (it) shows some promise; ~punkt m starting point, point of departure; ~rohr n connecting tube; ~säge f tenonsaw; ~stück tech. n extension, attachment.*
'ansäuern *v/t. (h.) leaven (dough); chem. acidify, acidulate.*
'ansaug|en *v/t. (h.) suck in; med. aspirate; prime (a pump); ♀hub mot. m suction stroke; ♀leistung f suction capacity; ♀leitung f intake manifold; ♀luft f (-) induction air; ♀rohr n induction pipe; ♀ventil n suction valve.*
'anschaff|en *v/t. (h.) procure, provide; buy, purchase; sich et. ~ a. supply (or furnish, provide) o.s. with a th.; ♀ung f procurement, purchase, acquisition; ♀ungskosten pl. prime cost, purchase cost sg.; ♀ungspreis m cost price; zum ~ at cost; ♀ungswert m cost value.*
'anschalten *v/t. (h.) switch on, turn on (the light, etc.); tech. connect, wire up; → einschalten.*
'anschau|en *v/t. (h.) look at, view*

(both a. fig.); **~lich** adj. graphic(ally adv.); clear, vivid; concrete; ~ **machen** demonstrate, illustrate, give a clear idea of; ~ **schildern** give a vivid description of; **⁀lichkeit** f (-) clearness, vividness.
Anschauung ['anʃauuŋ] f (-; -en) view, opinion; perception, notion, idea; conception; phls. intuition; approach, point of view.
'**Anschauungs...: ~material** n illustrative material; audiovisual aids pl.; **~unterricht** m visual instruction; object teaching; fig. object lesson; **~vermögen** n (-s) intuitive faculty; **~weise** f approach, point of view; mentality.
'**Anschein** m (-[e]s) appearance; look, semblance; probability; allem ~ nach to all appearances, apparently; den ~ erwecken give the impression; es hat den ~ als ob it looks (or seems) as if; sich den ~ geben assume the appearance, pretend or make out to be, pose as, make believe; **⁀end** adj. (and adv.) apparent(ly), seeming(ly).
'**anschichten** v/t. (h.) pile up in layers, stratify.
'**anschicken: sich** ~ (h.) zu get ready for, prepare o.s. to do, set about doing a th.; proceed to do; be going to, be on the point of ger.
'**anschieben** I. v/t. (irr., h.) push (an acc. against); give a shove or push; II. v/i. (irr., h.) skittles: have the first throw.
'**anschielen** v/t. (h.) squint at; cast a sidelong glance at, look at a p. from the corner of one's eyes; leer at.
'**anschienen** med. v/t. (h.) splint.
'**anschießen** I. v/i. (irr., sn) shoot first; chem. crystallize; II. v/t. (irr., h.) shoot, wound; wing (a bird; a p., esp. in the arm); test, try (a rifle).
'**Anschießen** n chem. crystallization; mil. firing test.
'**anschimmeln** v/i. (sn) go mouldy.
'**anschirren** v/t. (h.) harness.
'**Anschlag** m 1. stroke; impact; ~ der Wellen breaking of waves; mus. touch; alarm-clock: striking; of key: depression; typing: stroke; hockey: bully; swimming: touch; tennis: service; 2. placard, poster, bill; notice, announcement; e-n ~ machen post up a notice; 3. rifle: aiming (or firing) position; im ~ halten auf (acc.) level (or point) at; 4. tech. stop, detent; rückwärtiger ~ backstop; 5. plot, scheme; attempt(ed assassination); e-n ~ verüben auf make an attempt on; 6. estimate, valuation, (esp. tax) assessment; calculation; in ~ bringen take into account; allow for; nicht in ~ bringen leave out of account; **~brett** n noticeboard, Am. bulletin board, billboard.
'**anschlagen** I. v/t. (irr., h.) strike, knock, beat (an acc. at or against); → angeschlagen; fasten, (af)fix, nail; stick (or put, post) up; mus. touch, strike; sound, ring, toll (a bell); strike (the hour); den Ton ~ give the key-note; fig. e-n anderen Ton ~ change one's tone or tune; e-n tragischen Ton ~ strike a tragic note; level rifle, aim (auf acc. at);

calculate; estimate, value, rate; zu hoch ~ overestimate, overrate; zu niedrig ~ underrate; II. v/i. (irr., h.) strike (or beat, butt, dash) (an acc. against); mit dem Kopf an die Wand ~ strike one's head against the wall; waves: break; dog: bark, give tongue; swimmer: touch; tennis: serve; medicament: take (effect) (bei j-m on); food: agree (with).
'**Anschlag...: ~fläche** tech. f stop face; **~platte** f impact plate; **~raste** f quantity stop; **~ring** m stop ring, end collar; **~säule** f advertisement pillar, Am. advertising pillar, pillar post; **~schraube** f stop screw; **~stellung** mil. f firing position; **~stift** m stop pin; **~tafel** f → Anschlagbrett; **~zettel** m bill, placard, poster; **~zünder** m percussion fuse.
'**anschließen** v/t. (irr., h.) fasten with a lock (an acc. to); chain (to); tech. connect, join (to), link up (with); el. connect, wire (to); plug in; add, join (to); attach, annex (to); affiliate (to), link up (with), incorporate; sich ~ (dat.) a) join, attach o.s. to, befriend a p., b) take a p.'s side, side with, c) agree with, subscribe to, endorse, follow (a view), d) (j-s) Beispiel: follow (suit v/i.), e) join (a p.'s company, demand, etc.), f) jur. concur with (a judgment); clothes: sich (eng) ~ fit close, be a tight fit; border on, be adjacent to; follow; an den Vortrag schloß sich e-e Diskussion an the lecture was followed by a discussion; **~d** adj. space: adjacent, next, neighbo(u)ring; time: subsequent (-ly adv.; an acc. to), following, ensuing.
'**Anschluß** m joining; el., rail., teleph. connection; teleph. a. line; (gas, water, etc.) supply; pol. a) union, b) annexation; teleph. ~ bekommen get through; sports: pull up to; rail. ~ haben a) communicate, correspond, b) meet a train, make connections with a train; s-n ~ erreichen get one's connection; den ~ verpassen miss one's connection, fig. miss the bus; ~ suchen seek company; ~ finden meet company, make friends (bei with); im ~ an following, subsequent to; in connection with; im ~ an mein Schreiben vom referring (or reverting) to my letter of.
'**Anschluß...: ~auftrag** econ. m follow-up order; **~bahn** rail. f branch (or feeder) line; **~berufung** jur. f cross-appeal; **~dose** el. f junction box, (wall) socket; **~gerät** n connector set; **~gleis** n siding; **~kabel** n connection cable, teleph. subscriber's cable; **~klemme** f (connecting) terminal; **~leitung** f connection (pipe); el. lead (wire); teleph. subscriber's line; **~linie** aer., rail. f feeder line; **~muffe** f jointing sleeve; **~mutter** f (-; -n) union nut; **~nippel** m connection fitting; **~schnur** f (connection) cord, flex(ible cord); **~station** rail. f junction; **~stecker** m (wall) plug; **~strecke** rail. f feeder line; **~stutzen** m pipe union; **~szene** f film: connecting scene; **~zapfen** tech. m

male connection; **~zug** m corresponding train, connection.
'**anschmachten** v/t. (h.) cast sheep's eyes at.
'**anschmieden** v/t. (h.) forge on (an acc. to); chain up (a criminal).
'**anschmiegen** v/t. (h.) join closely, adapt (an acc. to); sich ~ an nestle against, snuggle up to; dress: cling to; fig. conform to.
'**anschmieren** v/t. (h.) (be)smear, daub; grease; colloq. fig. cheat, take in.
'**anschmutzen** v/t. (h.) soil.
'**anschnall|en** v/t. (h.) strap on (an acc. to), buckle on; sich ~ aer. fasten the seat belt, strap o.s. in; bitte ~! fasten seat belts!; **⁀gurt** aer., mot. m safety-belt, seat belt.
'**anschnauz|en** colloq. v/t. (h.) snarl or snap at; blow up, Am. bawl out; **⁀er** colloq. m blowing-up, dressing--down.
'**anschneiden** v/t. (irr., h.) cut (from); das Brot ~ cut a fresh loaf; fig. broach, bring up (a topic, etc.), raise (a question); chamfer (castings); mil. locate by intersections.
'**Anschnitt** m first cut or slice; roast meat: outside slice; tech. casting: gate; road construction: side cutting; screw tap: chamfer.
'**anschrauben** v/t. (h.) bolt, screw on (an acc. to); fasten (a screw).
'**anschreiben** v/t. (irr., h.) write down, book; chalk up; econ. write to a p; at games: score (a. v/i.); charge (a debt); j-m et. ~ debit a p. with, put to a p.'s account; ~ lassen buy or take a th. on credit; fig. bei j-m gut angeschrieben sein be in a p.'s good books, be in good with a p.; bei j-m schlecht angeschrieben sein be in a p.'s bad books; '**Anschreiben** n econ. cover note.
'**anschreien** v/t. (irr., h.) shout (or yell) at.
'**Anschrift** f address.
anschuhen ['anʃuːən] tech. v/t. (h.) shoe, tip with iron; lengthen.
anschuldig|en ['anʃuldigən] v/t. (h.) accuse (gen. of), charge (with); incriminate; **⁀ung** f (-; -en) accusation, charge, incrimination.
'**anschüren** v/t. (h.) → schüren.
'**Anschuß** m first (or sighting) shot; chem. crystallization.
'**anschütten** v/t. (h.) fill (or heap) up.
'**anschwärz|en** v/t. (h.) blacken; fig. blacken, denigrate, calumniate; denounce, sneak against; **⁀ung** f (-; -en) blackening; calumny.
'**anschweißen** v/t. (h.) weld on (an acc. to).
'**anschwell|en** v/i. (irr., sn) swell (a. mus.); bag, bulge, puff; river: rise; fig. swell up, increase; **~end** mus. adj. and adv. crescendo; **⁀ung** f swelling (a. med.).
'**anschwemm|en** v/t. (h.) wash ashore; deposit (soil); angeschwemmtes Land alluvium; angeschwemmtes Wrackgut flotsam and jetsam; **⁀ung** f (-; -en) wash, (alluvial) deposit, alluvium; ~ der Eiszeit glacial drift.
'**anschwimmen** v/i. (irr., sn): gegen den Strom ~ swim against the current.

'**anschwindeln** v/t. (h.): j-n ～ lie to a p.; tell a p. a (white) lie.

'**ansegeln I.** v/i. (sn) open the yachting season; *angesegelt kommen* come up (sailing), draw near; **II.** v/t. (h.) make for (*a port*).

'**ansehen** v/t. (irr., h.) look at *or* (up)on; view; inspect, examine (closely), scrutinize; *sich* et. (*genau*) ～ a. take *or* have a (close) look at; watch; et. mit ～ witness, look on, (stand by and) watch; *fig. ich kann es nicht länger mit ～* I cannot bear (*or* stand) it any longer; *j-m* et. ～ read a th. in a p.'s face, tell (a th.) by a p.'s face; *man sieht ihm sein Alter nicht an* he doesn't look his age; *fig.* ～ *für or als* look upon as, regard as, think (to be), consider; *wrongly*: take for; treat as; *j-n finster* ～ scowl (*or* frown) at; *j-n giftig* ～ look daggers at; → *schief, Schulter, etc.*; et. mit anderen Augen ～ see a th. in a different light; *wie ich die Sache ansehe* as I see it; *colloq. sieh mal einer an!* look at that now!, what do you know!; → *angesehen.*

'**Ansehen** n appearance, aspect, look(s *pl.*); credit, prestige; authority, standing; repute, reputation; *berufliches* ～ professional standing; *j-n von* ～ *kennen* know a p. by sight; *dem* ～ *nach urteilen* judge by appearances; *dem* ～ *nach zu urteilen* on the face of it; *in hohem* ～ *stehen* enjoy (*or* be held in) great esteem; ～ *verlieren* be discredited, lose prestige (*or* face); *sich ein* ～ *geben* give o.s. airs; *ohne* ～ *der Person* without respect of persons.

'**ansehnlich** adj. imposing; stately; fine-looking (*person*); considerable, important (*amount, etc.*); sizeable; ample; handsome (*sum, etc.*); notable, eminent.

'**Ansehung** f (-): *in* ～ (*gen.*) in consideration of, considering, in respect of; on account of.

anseilen ['anzaɪlən] *mount.* v/t. (h.) rope.

'**ansengen** v/t. (h.) singe.

'**ansetz|en I.** v/t. (h.) (*an acc.*) put *or* set on (to); add, piece on (to); fasten (to); sew on (to); put *a cup etc.* to one's lips; apply *leeches* (to); take up, put *the flute, etc.* to one's lips; *die Feder* ～ take up pen, set pen to paper; make, prepare, brew, mix (*vinegar, liqueur, etc.*); *for cooking*: put on; fix, appoint, schedule, set (*a date*); *thea.* ein *Stück* ～ put on a play; rate, value, assess; *zu hoch* ～ overstate; *zu niedrig* ～ understate; *econ.* fix, quote (*prices*), charge; *zum Verkauf* ～ put up for sale; *math.* put up (*an equation*); develop, produce, form; put forth (*leaves, etc.*); put on *flesh*; *Fett* ～ grow fat; *Rost* ～ gather rust; *wrestling*: e-n Griff ～ secure a hold; e-n Schlag ～ deliver a blow; **II.** v/i. (h.) try; *zu* et. ～ begin to do a th., prepare to do a th.; → *Landung*; *zum Sprunge* ～ a) prepare (*or* get ready) for the jump, b) take a run (before leaping); grow fat, put on flesh *or* weight; *sich* ～ *chem.* (leave a) deposit, be deposited; crystallize;

ℒung f (-; -en) application; quotation (*of prices*); appointment, fixing (*of date*).

'**Ansicht** f (-; -en) view, sight; *econ. zur* ～ on approval, for inspection; *tech.* ～ *im Aufriß,* ～ *von der Seite* side view, elevation; ～ *im Grundriß* plan view; ～ *im Schnitt* sectional view; ～ *von oben* top plan view, *w.s.* bird's eye view; ～ *von unten* worm's eye view; *schematische* ～ diagram; ～en *pl. von London* views of London; *fig.* opinion, view, notion; conviction, persuasion; *anderer* ～ *sein* differ; *ich bin anderer* ～ I beg to differ, I cannot quite agree with you; *anderer* ～ *werden* change one's mind; *die* ～en *sind geteilt* opinion is divided; *sich e-e* ～ *bilden* form an opinion; *der* ～ *sein, daß, die* ～ *vertreten, daß* be of opinion that, take the view that, hold that; *zu der* ～ *kommen, daß* decide that; *fig.* ℒig adj.: *j-s* ～ *werden* catch sight of a p., spot a p.; ～s-(**post**)**karte** f picture postcard; ～s-**sache** f matter of opinion; ～s-**sendung** f consignment (sent) for inspection *or* on approval.

'**ansied|eln** v/t. *and sich* ～ (h.) settle, colonize; establish o.s.; *fig.* place *the scene of novel, etc.* (in dat. in); ℒler(in f) m settler, colonist; ℒlung f settlement; colony; colonization.

'**Ansinnen** n (-s; -) (*unzumutbares*: unfair *or* strange) demand, (unreasonable) request; *ein* ～ *stellen an j-n* put a demand to a p., expect a th. of *or* from a p.

'**ansitzen** v/i. (irr., h.) be (firmly) attached; *clothes*: be a tight fit, fit close.

'**anspann|en** v/t. (h.) stretch; put to, harness up, *esp. Am.* hitch (up) (*horses*); ～ *lassen* order the carriage; *fig.* tense (*a. sich*), strain, tax; flex, tense (*muscles*); tax (*resources*); strain (*credit*); *aufs äußerste* ～ strain to breaking-point; *alle Kräfte* ～ strain every nerve, do one's utmost, exert o.s.; *colloq. j-n* ～ make a p. work; ℒung f *fig.* tension, strain, exertion; *econ.* ～ *des Geldmarktes* monetary strain; ～ *des Notenumlaufs* overissue of currency notes; ～ *der Reserven* drain on reserves.

'**anspeien** v/t. (irr., h.) spit at *or* (up)on.

'**Anspiel** n *soccer*: kick-off; *cards*: lead; ℒen v/i. (h.) play first, lead; *sports*: lead off; *soccer*: kick off; *cards*: have the lead; *tennis*: serve; *fig.* ～ *auf* (*acc.*) allude to, hint at, insinuate; **II.** v/t. (h.) lead (*a card*); *soccer*: pass (the ball) to *a player*; ～**ung** f (-; -en) allusion (*auf acc.* to), hint, insinuation; *versteckte* ～ innuendo.

'**anspinnen** v/t. (irr., h.) join (*thread*); *fig. sich* ～ develop, arise, spring up.

'**anspitzen** v/t. (h.) point, sharpen.

'**Ansporn** m (-[e]s) spur (*dat. or für j-n* to), incitement, stimulus, encouragement; incentive; ℒen v/t. (h.) give spurs to; *fig.* spur, goad (on), stimulate, incite.

'**Ansprache** f address, speech (*an*

acc. to); *e-e* ～ *halten* deliver an address.

ansprech|bar ['anʃprɛçbaːr] adj. responsive; ～en v/t. (irr., h.) speak to, address; *in the street*: accost, *b.s.* solicit; *j-n um* et. ～ beg a th. of a p., ask a p. for a th.; *fig. with advertising, etc.*: reach; ～ *als* consider, regard as; et. *für gut* ～ declare *a th.* to be good; appeal to (*a p.*), interest, please; ～ *auf* (*acc.*) respond to, be susceptible to; *tech.* respond; *el.* be actuated; *sofort* ～ give instant response; ℒen *mot.* engine response; ～**end** adj. appealing, attractive; engaging; impressive, considerable (*performance*).

'**anspringen I.** v/t. (irr., h.) jump on, pounce on; leap against; **II.** v/i. (irr., sn) jump, pounce (*gegen on*); *shot-put*: (do the) shift; *engine*: start, catch; '**Anspringen** n *mot.*: *leichtes* ～ starting ability; *schlechtes* ～ hard starting.

'**anspritzen** v/t. (h.) splash; bespatter; spray, (be)sprinkle (*mit* with).

'**Anspruch** m (*auf acc.*) claim (to), *unfounded*: pretension (to); demand (for); *jur.* title, legal claim (to; *aus dat.* under); (*patent*) claim; *älterer* ～ prior claim; *verjährter* ～ stale claim; ～ *auf Schadenersatz* claim for damages; *fig. kein leerer* ～ no idle boast; *fig. bescheidene Ansprüche* modest pretensions; *hohe Ansprüche* high demands; *starke Ansprüche stellen an* make heavy demands on, tax severely; *große Ansprüche machen* be exacting, be heard to please; ～ *erheben or machen auf, für sich in* ～ *nehmen* lay claim to, claim *a th.*, claim to be, *unfoundedly*: *a.* pretend to, *jur.* enter a claim for; ～ *haben auf* be entitled to, have a right to, *jur.* have a title (*or* legitimate claim) to); e-n ～ *geltend machen* assert (*or* lodge) a claim; *in* ～ *nehmen* a) → *erheben auf,* b) call on (*a p., a p.'s services or help*); retain, employ (*a lawyer*); tax (*a p.'s patience*); have recourse to (*a p.'s kindness*); draw on (*a p.'s strength, means*); take up (*attention, credit, time*); *es nimmt mir zuviel Zeit in* ～ it takes up too much of my time; *ganz in* ～ *nehmen* engross; *ganz und gar für sich in* ～ *nehmen* monopolize (*a. the conversation, a p., etc.*); *die Arbeit nimmt mich sehr in* ～ this job is making heavy calls on my time, it keeps me very busy; *(sehr) in* ～ *genommen* engrossed, absorbed, wrapped up (*von in*), *by work*: very much engaged, very busy.

'**anspruchs|los** adj. unpretending, unpretentious; unassuming, modest, simple, plain; *food*: frugal; ℒ-**losigkeit** f (-) unpretentiousness, modesty; frugality; ～**voll** adj. pretentious; exacting, hard to please; fastidious, discriminating; fussy; *of things*: ambitious; demanding (*music, etc.*), sophisticated, high-brow (*literature, etc.*).　　[(up)on.}

'**anspucken** v/t. (h.) spit at *or*}

'**anspülen** v/t. (h.) → *anschwemmen.*

'**anstacheln** v/t. (h.) goad on, prod, spur on, incite.

Anstalt ['anʃtalt] *f* (-; -en) establishment, institution; institute; *öffentliche* ~ public institution; *med.* sanatorium, (*Am. often* sanitarium), asylum; *ped.* educational establishment, school; home; (experiment) station; ~*en pl.* a) preparations, b) measures; ~*en machen zu* get ready for, prepare for *or* to *do*; *fig.* *er machte keine* ~*en zu gehen* he would not budge; ~*en treffen zu* make arrangements for, arrange for; ~**s-arzt** *m* resident (*or* house) physician; ~**sfürsorge** *f* institutional care; ~**sinsasse** *m* in-patient, inmate.

'Anstand *m hunt.* stand; *mine*: ore in sight; *fig.* (-[e]s) good behavio(u)r *or* breeding *or* manners *pl.*; bearing, deportment; decency, propriety, decorum; *den* ~ *verletzen* offend against decency; *mit* ~ decently, properly; *mit* ~ *verlieren* lose with a good grace, be a good loser; *j-n* ~ *lehren* teach a p. manners; pause, delay; objection (*an dat.* to); *keinen* ~ *nehmen a.* make no bones (about *a th.*).

anständig ['anʃtɛndiç] I. *adj. generally*: decent; proper, seemly; respectable; *price, etc.*: reasonable, fair; sufficient; comfortable (*living*); handsome, generous (*sum, etc.*); *colloq.* ~*es Essen* decent food; *ein* ~*es Stück* a sizeable piece, quite a hunk; II. *adv.* decently, *etc.*; fair and square, *Am. sl.* on the level; thoroughly, soundly, awfully; *sich* ~ *benehmen* behave (o.s.); *es regnet* ~ it's raining pretty hard; ℒ**keit** *f* (-) decency; propriety; respectability; fairness.

'Anstands...: ~**besuch** *m* formal call; ~**dame** *f* chaperon; ~**formen** *f/pl.* proprieties; ~**gefühl** *n* (-[e]s) sense of propriety; delicacy, tact; ℒ**halber** *adv.* for decency's sake; ℒ**los** *adv.* unhesitatingly, readily, promptly, without objection (*or* further ado); freely; ~**regel** *f* (rule of) etiquette; ~**schenkung** *jur. f* donation based on moral considerations; ℒ**widrig** *adj.* indecent, improper, unseemly.

'anstarren *v/t.* (h.) stare at.

an'statt I. *prp.* (*gen.*) instead of, in the place of, in lieu of, in preference to; II. *cj.*: ~ *daß er kam,* ~ *zu kommen* instead of coming.

'anstau|en *v/t.* (h.) dam (*or* pen) up; *sich* ~ accumulate; ℒ**ung** *f* damming up; accumulation.

'anstaunen *v/t.* (h.) gaze *or* stare at (in wonder), gape (at).

'anstechen *v/t.* (*irr.,* h.) prick; broach, tap (*a barrel*); *frisch angestochen* fresh on tap; *tech.* tap off (*a furnace*); prime (*a pump*); *med.* pierce, puncture.

'anstecken I. *v/t.* (h.) stick on; pin on (*a badge, etc.*); put (*or* slip) on (*a ring*); set on fire; kindle (*a fire*); light (*a candle, cigar*); *med.* infect (*mit dat.* with); *fig.* contaminate; *angesteckt werden* catch a disease, be infected; II. *v/i.* (h.) be catching *or* infectious; ~**d** *adj.* infectious, communicable; contagious; *fig.* infectious, catching.

Ansteckung ['anʃtekuŋ] *f* (-; -en)

med. infection; contagion; ℒ**sfrei** *adj.* free from infection; ~**sherd** *m* cent|re (*Am.* -er) of infection; ~**stoff** *m* infectious matter, virus.

'anstehen *v/i.* (*irr.,* h.) stand in a queue, queue up *or* on (*nach* for), *Am.* stand in line, line up (for); *fig. j-m* ~ suit (*or* become, fit) a p.; *es steht ihm schlecht an* it ill becomes him; last; be delayed *or* deferred; ~ *lassen* put off, delay, defer; defer payment of (*a debt*); hesitate, waver; be to be expected, impend; *zur Entscheidung* ~ be up for decision; *ich stehe nicht an, zu sagen* I am quite prepared to say; **'Anstehen** *n* delay; hesitation; (standing in a) queue.

'ansteigen *v/i.* (*irr.,* sn) *terrain*: rise, slope; *a. rank, tone, etc.*: ascend; *fig.* increase, rise, mount; *jäh* ~ sky-rocket, *Am. sl.* zoom; *air pressure*: surge; **'Ansteigen** *n* rising, rise; ascending, ascent; increase, rise; surge.

'anstell|en *v/t.* (h.) place (*an acc.* against); engage, employ, appoint, take on, *Am. a.* hire (*applicants*); *angestellt bei* in the employ of, (employed) with; start, set *a machine* going (*or* in motion); turn (*or* switch) on (*the light, radio, etc.*); carry out, conduct; make; do, cause (*mischief*); → *Betrachtung;* → *Vergleich; wie hast du das angestellt?* how did you manage that?; *was hast du wieder angestellt?* what have you been up to again?; *colloq. was hast du die letzte Woche angestellt?* what have you been doing with yourself last week?; *sich* ~ (*nach*) queue (*Am.* line) up (for); act, behave; *sich* ~ *als ob* pretend to *inf.*, act as if; *sich* (*un*)*geschickt* ~ go (*or* set) to work cleverly (clumsily); *stell dich nicht so an!* don't make such a fuss!; ~**ig** *adj.* able, handy, skil(l)ful; clever; *er ist sehr* ~ *a.* he can turn his hand to anything; ℒ**ung** *f* employment, appointment; position, situation, place, job; ℒ**ungsbedingungen** *f* condition of employment; ~**ungsfähig** *adj.* qualified for a post; ℒ**ungsprüfung** *f* qualifying test.

'anstemmen *v/t.* (h.) stem *or* press against; *sich* ~ *gegen* (*acc.*) stem *a th.*; *fig.* oppose, resist, set one's face against.

'ansteuer|n *mar. v/t.* (h.) steer *or* head *or* make for; shape a course for; ℒ**ungsfeuer** *aer. n* approach beacon.

'Anstich *m of barrel*: broaching; *frischer* ~ fresh **tap**; *in fruits*: worm-bite, canker.

Anstieg ['anʃtiːk] *m* (-[e]s) ascent; *rail., road*: gradient, *Am.* grade; *fig.* rise, increase; progress.

'anstieren *v/t.* (h.) stare (*or* glare) at.

'anstift|en *v/t.* (h.) cause, set on foot; provoke, stir up; instigate; *j-n zu et.* ~ *a.* set a p. on (*or* put a p. up) to a th.; *jur.* abet, instigate; suborn (*a witness*); *tech.* peg, pin (on); ℒ**er(in** *f*) *m* (prime) author; instigator, *jur. a.* abettor, accessary before the fact; ringleader; ℒ**ung** *f* instigation; incitement; abetment,

subornation; *auf* ~ *von* at the instigation of.

'anstimmen *v/t.* (h.) strike up (*a tune*); tune (*an instrument*); *den Grundton* ~ give the key-note; → *Klagelied.*

'Anstoß *m soccer*: kick-off; *hockey*: bully; *weight lifting*: jerk; *fig.* impulse, impetus; *den* (*ersten*) ~ *geben zu* start, initiate; take the initiative in; offen|ce, *Am.* -se; → *Stein;* ~ *erregen* (*bei j-m*) give *or* cause offence (to a p.), scandalize (a p.); *an et.* ~ *nehmen* take offence at, be scandalized at, take exception to, disapprove; impediment, snag; *ohne* ~ a) without hesitation, b) fluently; *tech.* point of contact; *bündiger* ~ flush joint; *el.* impulse.

'anstoßen I. *v/t.* (*irr.,* h.) push, strike, knock, bump (*acc. or an acc.* against); nudge; *soccer*: kick off; *el.* impulse (*the circuit*); II. *v/i.* (*irr.,* sn) bump, knock, stumble (*an acc.* against); *mit dem Kopf* ~ an knock one's head against; *mit den Gläsern* ~ touch (*or* clink) glasses; *auf j-s Wohl* ~ drink a p.'s health; *beim Sprechen* ~ stammer, stutter; *mit der Zunge* ~ lisp; ~ *an fig.* border on, abut on; *bei j-m* ~ offend, shock, scandalize (*a p.*); ~**d** *adj.* adjoining, adjacent, contiguous (*an acc.* to).

anstößig ['anʃtøːsiç] *adj.* objectionable, offensive; indecent; shocking, scandalous; ℒ**keit** *f* (-) offensiveness; indecency; scandalousness.

'anstrahlen *v/t.* (h.) irradiate, shed rays on, beam on; flood(light); *angestrahlt* floodlit; *fig.* beam at, give a sunny smile.

'anstreben *v/t.* (h.) aim at, aspire to, strive for (*or gegen* against).

'anstreich|en *v/t.* (*irr.,* h.) paint, coat; whitewash; mark, underline (*a mistake, etc.*); check (*or* tick) off; *fig. das werde ich dir* ~ I'll make you pay for this; ℒ**er** *m* (-s; -) (house-)painter; ℒ**gerät** *n* spray diffuser; ℒ**spritzpistole** *f* paint-spraying pistol, spray gun; ℒ**technik** *f* painting (*or* coating) practice.

'anstreifen *v/i.* (h.): ~ *an* (*acc.*) brush against, touch lightly, graze *a th.*

anstreng|en ['anʃtrɛŋən] I. *v/t.* (h.) exert; tax, try, exhaust, strain (*body, mind*); *übermäßig* ~ overtax; fatigue, tire (out), be a strain to (*a p.*); *sich* ~ exert o.s., tax one's energies, *Am. a.* drive o.s.; over-exert o.s., overdo it; make every effort (*zu inf., zu inf.*), endeavo(u)r (*to inf.*), strive hard (*to inf.*); *streng dich mal an!* pull yourself together!; *alle Kräfte* ~ strain every nerve, do one's utmost; *angestrengt* strenuous, strained, intense; *angestrengt arbeiten* (*nachdenken*) work (think) hard; *jur.* bring (*an action*) (*gegen* against); II. *v/i.* (h.): *das strengt an* it is a strain (*or* hard work), it is rather trying; ~**end** *adj.* fatiguing, exhausting, strenuous, hard; trying (*für* to; *für die Augen* for the eyes); back-breaking; ℒ**ung** *f* (-; -en) strain, stress, exertion; exhaustion, fatigue; effort, *w.s. a.*

endeavo(u)r, attempt; *mit äußerster* ~ by supreme effort; *ohne* ~ → *mühelos.*

'Anstrich *m* painting, coating; whitewash; paint, colo(u)r; coat (-ing); film; *fig.* veneer, varnish; tinge; air, appearance; *sich den* ~ *geben gen. or von* give o.s. the air of.

'anstücken *v/t.* (h.) piece on (*an acc.* to); patch (on to); *tech.* join, joint, connect.

'Ansturm *m* assault, charge, onset, onslaught; *erster* ~ (first) onset *or* shock; *fig.* onset; ~ *auf (acc.)* rush for, *econ.* run on (*a bank*).

'anstürmen *v/i.* (sn) assault, assail, charge, storm, rush (*gegen, auf acc.* against).   [haste.᠈

'anstürzen *v/t.* (h.) arrive in hot᠈

'ansuchen *v/i.* (h.): (*bei j-m*) *um et.* ~ apply (to) *or* ask (a p.) for a th; solicit, request, petition (*um* for).

'Ansuchen *n* (-s; -) request, application, petition; *auf* ~ by (*or* on) request; *auf j-s* ~ at a p.'s request.

Antarkt|is [ant'᠈arktis] *f the* Antarctic; **2isch** *adj.* antarctic, south-polar.

'antasten *v/t.* (h.) touch, handle, finger; *fig.* touch; draw (*capital*); break into (*supplies*); infringe (*or* encroach) upon (*a p.'s rights*); offend, injure; attack; question, dispute.

'Anteil *m* part, portion, *a. legitimate:* share; *jur.* portion (*of heir*); *econ.* interest; share (certificate), *Am.* share of stock; participating share; share in profits, interest; share (of contribution); allotment; quota; *fig.* interest; sympathy; ~ *haben an (dat.)* **a)** share (*or* participate) in, **b)** take an active part in; ~ *nehmen an* **a)** take an interest in, **b)** sympathize (*or* feel) with; **2ig,** **2mäßig** *adj.* proportionate; **~nahme** ['-na:mə] *f* (-) interest; sympathy; **~schein** *m* share certificate; *Am.* share of stock; **~s-eigner** *m* → *Aktionär.*

'antelephonieren *v/t.* (h.) (tele-)phone, ring (*or* call) up, give *a p.* a ring.

Antenne [an'tɛnə] *f* (-; -n) aerial, *Am.* antenna; *abgeschirmte* ~ screened aerial; *abgestimmte* ~ tuned aerial; *ausziehbare* ~ telescope aerial.

Antennen...: **~ableitung** *f* aerial down-lead; **~abstimmung** *f* aerial tuning; **~draht** *m* aerial wire; **~kreis** *m* aerial circuit; **~leistung** *f* aerial output, *Am.* antenna power, aerial input; **~mast** *m* aerial mast (*or* tower); **~stab** *m* aerial rod.

Anthologie [antolo'gi:] *f* (-; -n) anthology.

Anthrazit [antra'tsi:t] *min. m* (-s; -e) anthracite, carbonite, *Am. a.* hard coal; **2farben** *adj.* charcoal (*dress, etc.*).

Anthropo|'loge [antropo'lo:gə] *m* (-n; -n) anthropologist; **~logie** [-lo'gi:] *f* (-) anthropology; **2logisch** *adj.* anthropological; **2-morph** [-'mɔrf] *adj.* anthropomorphous.

Anti..., anti... [anti-] anti...

'Anti-alkoholiker(in *f*) *m* total abstainer, teetotaller.

Antibiotikum [antibi'o:tikum] *med. n* (-s; -ka) antibiotic.

Antiblendungsfarbe [anti'blɛnduŋs-] *f* antiglare paint.

antichambrieren [antiʃam'bri:rən] *v/i.* (h.) wait in the anteroom; *fig.* dance attendance upon.

Antifa'schi|smus *m* antifascism; **~st** *m*, **2stisch** *adj.* antifascist.

Antifriktionslager [antifriktsi'o:ns-] *tech. n* antifriction bearing.

antik [an'ti:k] *adj.* antique, classical; **2e** *f* (-; -n) (*work of art*) antique; (*epoch*) (-) *die* ~ the (classical) antiquity.

Antiklopf|brennstoff [anti'klɔpf-] *mot. m* antiknock fuel; **~mittel** *n* anti-knock agent.

'Antikörper *physiol. m* antibody.

Antilope [anti'lo:pə] *f* (-; -n) antelope.

Antimon [anti'mo:n] *chem. n* (-s) antimony; **2artig** [-ɑ:rtiç] *adj.* antimonial; **~blei** *n* antimonial lead; **~blende** *f* kermesite; **~glanz** *m* antimony glance, stibnite; **~silber** *n* antimonial silver, dyscrasite.

Anti-oxydati'onsmittel *n* anti-oxydant.

Antipathie [antipa'ti:] *f* (-; -n) antipathy (*gegen* against, to), dislike, aversion (to).

Antipod|e [anti'po:də] *m* (-n; -n) antipode; **2isch** *adj.* antipodal.

'antippen *colloq. v/t.* (h.) tap, touch lightly; *fig.* touch upon; *bei j-m* ~ sound (*or* pump) a p.

Antipyrin [antipy'ri:n] *n* (-s) antipyrine.

Antiqua [an'ti:kva] *typ. f* (-) Roman (type).

Antiquar [anti'kva:r] *m* (-s; -e) secondhand bookseller; → *Antiquitätenhändler;* **~iat** [-kvari'a:t] *n* (-[e]s; -e) second-hand bookshop; **2isch** *adj. u. adv.* second-hand.

Antiquitäten [antikvi'tɛ:tən] *f/pl.* antiques; **~händler** *m* antique dealer; **~laden** *m* antique shop; **~sammler** *m* collector of antiques.

Anti|se'mit *m* anti-Semite; **2se'mitisch** *adj.* anti-Semitic; **~semitismus** [-zemi'tismus] *m* (-) anti-Semitism.

anti'septisch *adj.* antiseptic.

Anti'these *f* antithesis.

Antizy'klon *meteor. m* anticyclon, high pressure area.

Antlitz ['antlits] *n* (-es; -e) face, countenance.

Antrag ['antra:k] *m* (-[e]s; ⸗e) offer, proposal (*a. of marriage*), proposition; petition, application (*auf acc.* for); *parl.* **a)** *in session:* motion, **b)** bill; *jur.* petition, prayer; complaint; ~ *auf Entmündigung* petition in lunacy; *auf (den)* ~ *von* on the application of, on the motion of, *jur. a.* ex parte, at the suit of; ~ *stellen auf (acc.)* make (*or* file) an application for, apply for, *parl. and in assemblies:* make (*or* bring forward) a motion for, move for, *jur.* move for *or* that, petition for; e-n ~ *durchbringen* carry a motion; e-n ~ *unterstützen* second a motion; e-r *Dame* e-n ~ *machen* propose to a lady; **2en** *v/t.* (irr., h.) offer, propose; ~ *auf (acc.) parl.* move for;

~sformular *n* application form; **~steller(in** *f*) ['-ʃtelər-] *m* (-s; -; -; -nen) proponent, *parl.* mover; applicant, *jur. mostly* petitioner; claimant; appellant; *in court:* party moving.

'antreffen *v/t.* (irr., h.) *a th.:* meet with, find; come across, chance (*or* hit) upon; *a p.:* meet, find (*a. p. well, in a good mood, etc.*).

'antreiben I. *v/t.* (irr., h.) drive (*or* push) on; urge on (*a horse*); drive (*a machine, vehicle*), *a.* propel; power (*an airplane, etc.*); *med.* spur (*glands*), stimulate (*the heart*); *fig.* impel, urge (*or* goad, egg) on; drive, sweat; hurry; **II.** *v/i.* (irr., sn) come floating; drift (*or* float) ashore.

'antreten I. *v/i.* (irr., sn) take one's place; *mil.* line up, fall in; *angetreten!* fall in!; *cycling:* jump; *zum Kampf* ~ enter the lists (*gegen* against), *sports:* participate (in a competition); ~ *gegen* compete against (*a team, etc.*); **II.** *v/t.* (irr., h.) start up (*a motorcycle*); *ein Amt* ~ enter upon (*or* take up) an office, assume one's duties; *den Beweis* ~ offer (*or* tender) evidence, undertake to prove *a th.; die Arbeit* (*den Dienst*) ~ report for work (duty); *e-e Erbschaft* ~ enter upon an inheritance, succeed (to an estate); *die Regierung* ~ come into power, take over (the administration); *monarch:* accede to the throne; *jur.* *e-e Strafe* ~ begin to serve a sentence; *e-e Reise* ~ set out (*or* leave, start) on a trip.

'Antrieb *m* **1.** impulse; motive, inducement; incentive; *phys.* impetus (*a. fig.*); *fig.* stimulus; *neuen* ~ *verleihen* give fresh impetus (*dat.* to); *aus eigenem* ~ of one's own accord *or* initiative, spontaneously; *aus innerem* ~ by impulse, from inclination; **2.** *tech.* drive, propulsion; motive power; power source; *elektrischer* ~ electric drive; *mit eigenem* ~ *versehen* self-powered; *mit Raketen*2 *versehen* rocket-powered.

'Antriebs...: **~achse** *f* driving axle; **~aggregat** *n* engine unit, prime mover; **~kraft** *f* motive power, driving force; **~kupplung** *f* driving clutch; **~motor** *el. m* drive motor; **~organ** *n* driving element; **~rad** *n* driving gear; **~riemen** *m* driving belt; **~ritzel** *n* driving pinion; **~welle** *f* driving shaft.

'antrinken: *sich e-n Rausch* ~ (irr., h.) get o.s. drunk; *sich Mut* ~ fire one's courage by a drink, *colloq.* get bottle courage, *Am.* get Dutch courage; → *angetrunken.*

'Antritt *m* (-[e]s) *sports:* **a)** start; **b)** spurt; *fig.* commencement, beginning; first step; ~ *e-s Amtes* entrance upon (*or* assumption of) an office; ~ *e-r Erbschaft* entry upon (*or* accession to) an inheritance; ~ *der Macht* accession to power; ~ *e-r Reise* start of (*or* setting out on) a journey; **~s-audienz** *f* first audience; **~sbesuch** *m* first visit; **~srede** *f* inaugural speech; *parl.* maiden speech; **~svorlesung** *f* inaugural lecture.

'antrocknen *v/i.* (sn) begin to dry,

dry on; '**Antrocknen** n (-s) surface drying (of lacquer).

'**antun** v/t. (irr., h.) put on, don (clothes); fig. j-m et. ~ do a th. to a p., inflict a th. on a p.; j-m Ehre ~ do honor or credit to a p.; → Gewalt; j-m Schaden ~ harm a p., do a p. harm; sich et. (or ein Leid) ~ lay hands upon o.s.; → Zwang; es j-m ~ bewitch (or charm) a p.; sie hat's ihm angetan he is under her spell, colloq. he is smitten by her, he has got her under his skin; → angetan.

Antwort ['antvɔrt] f (-; -en) answer, reply (auf acc. to); (sharp) retort; fig. answer, reaction, response, echo; abschlägige ~ negative reply, refusal; → schlagfertig; in ~ auf (acc.) in answer to; um ~ wird gebeten an answer is requested (R.S.V.P.); (j-m) keine ~ schuldig bleiben have an answer to everything (a p. says), give tit for tat; er weiß immer eine ~ he is never at a loss for an answer; keine ~ ist auch e-e ~ silence gives consent; ~en v/i. (h.) answer, reply, give an answer (auf acc. to); retort; react, respond (mit with); ~karte f reply card; ~schein m (international) reply coupon; ~schreiben n (written) reply, answer (in writing).

'**anvertrauen** v/t. (h.) confide, entrust (dat. to); j-m et. ~ a. trust a p. with a th., put a th. into a p.'s hands, commit a th. to a p.'s care or custody; jur. (deliver in) trust; anvertrautes Gut trust; fig. sich j-m ~ confide in a p., unbosom o.s. to a p., make a p. one's confidant.

'**anverwandt** adj. related; ~e(r m) f relation.

'**anvisieren** v/t. (h.) mil. sight, take aim (acc. at); surv. align sights on; mar. take bearing on.

'**anwachs|en** v/i. (irr., sn) take root; grow on (an acc. to; together); fig. grow, increase, augment, (a. river) rise; accumulate, interest: accrue; sum: ~ auf run up to; mus. swell; ~en n (-s) growing, growth, increase, augmentation; im ~ begriffen on the increase, waxing; ~ung f (-; -en) econ. accretion, increment.

Anwalt ['anvalt] m (-[e]s; ~e) lawyer, solicitor, esp. Am. attorney; pleading at the bar: barrister, Am. counselor-at-law; in court: counsel (des Angeklagten for the defence; klägerischer ~ plaintiff's counsel; private law: agent, proxy, attorney-in-fact; fig. advocate, champion; als ~ zugelassen werden be called to the bar; e-n ~ befragen consult a lawyer, take counsels opinion; e-n ~ nehmen retain counsel; ~schaft f (-) attorneyship; collect. the Bar; ~sgebühr f attorney's fee; retainer; ~skammer f Bar Association; ~szwang m (-[e]s) compulsion to be represented by counsel.

'**anwand|eln** v/t. (h.) befall, seize; come over or upon; was wandelte dich an? what has come over you?; ihn wandelte die Lust an, zu the fancy took him to inf.; ~lung f med. etc. fit, touch; fig. a. (plötzliche ~ sudden) impulse; in e-r ~ von Schwäche in a weak moment; in e-r ~ von Großzügigkeit in a burst (or fit) of generosity.

'**anwärmen** v/t. (h.) warm up (a. mot.), take the chill off; tech. preheat.

'**Anwärteri(n** f) m (-s; -; -; -nen) aspirant (a. sports; auf acc. to a title), candidate (for); jur. a) expectant, b) reversioner, c) claimant; applicant.

Anwartschaft ['anvartʃaft] f (-) (auf acc.) candidacy, qualification (for); jur. (legal) expectancy; reversion(ary interest); insurance: qualifying period; claim (to); prospect (of).

'**anwassern** aer. v/i. (h.) alight on water.

'**anwässern** tech. v/t. (h.) moisten slightly, dampen.

'**anwehen** v/t. (h.) blow or breathe upon or against; snow, etc.: (a. v/i., sn) drift (against).

'**anweis|en** v/t. (irr., h.) teach, instruct; direct, order; assign, allot; show a p. to (a seat); angewiesen sein have orders (or instructions) to; fig. → angewiesen; econ. make a sum payable at (a bank); ~ung f direction, instruction, order; regulation, specification; ~ of money: assignment, remittance, transfer; cheque, Am. check, draft; mail. money-order.

anwendbar ['anventbaːr] adj. applicable (auf acc. to); feasible, practicable; relevant; allgemein ~ of universal application; leicht ~ easy--to-apply; ~ sein apply (to); ~keit f (-) applicability, of a law: a. operation; feasibility.

'**anwenden** v/t. (irr., h.) (zu dat.) apply (to), employ (for), use (for); make use of, utilize; apply a law, principle, etc. (auf acc. to); bring influence, etc. to bear (on); et. falsch ~ misapply a th.; et. gut ~ make good use of a th.; et. nützlich ~ turn a th. to good account; et. sparsam ~ economize a th.; Vorsicht ~ take precautions; sich ~ lassen be applicable (auf acc. to); Gewalt ~ use force; ohne Gewalt anzuwenden without resort to force; → angewandt.

'**Anwendung** f employment, application, use, utilization; zur ~ bringen → anwenden; ~ finden be used, law, principle, etc.: apply, be applicable (to); ~sbereich m scope, range of application; ~sgebiet n field of application; ~smöglichkeit f applicability, use; ~sweise f mode (or method) of application.

'**anwerb|en** v/t. (irr., h.) mil. enlist, recruit, levy, Am. a. enrol(l); recruit, engage (labour); sich ~ lassen enlist; sign on; ~ung f enlistment, recruitment, Am. enrol(l)ment; recruitment, recruiting drive, engagement (of labour).

'**anwerf|en** I. v/i. (irr., h.) have the first throw; II. v/t. (irr., h.) mot. crank or start (up); aer. swing (the propeller); arch. roughcast; ~kurbel f starting crank.

'**Anwesen** n property, real estate, premises pl.; agr. farm; estate.

anwesen|d ['anveːzənt] adj. present (bei at); ~ sein attend, be present, Am. a. be on hand; die ~en pl. those (or the persons) present; jeder ~e everyone present; ~e ausgenommen

present company excepted; Verehrte ~e! Ladies and Gentlemen!; ~heit f (-) presence; attendance; in ~ (gen.) in the presence of; ~heitsliste f attendance list (for labour: sheet).

'**anwidern** → anekeln.

Anwohner(in f) ['anvoːnər-] m (-s; -; -; -nen) neighbo(u)r; → Anlieger.

'**Anwurf** m throw-off; arch. roughcast; fig. aspersion; ~schalter el. m motor-starting switch.

'**anwurzeln** v/i. (sn) strike (or take) root; → angewurzelt.

'**Anzahl** f (-) number, quantity; e-e große ~ a great number (or many), a multitude.

'**anzahl|en** v/t. (h.) pay on account; et. ~ pay a first instal(l)ment or a deposit on a th; ~ung f payment on account; (first) instal(l)ment; deposit, downpayment.

'**anzapfen** v/t. (h.) tap, broach (a barrel); tech. el. teleph. tap; colloq. j-n ~ (um Geld) touch a p. (for money).

'**Anzeichen** n sign, indication, mark; a. med. symptom (für of); omen, warning.

'**anzeichnen** v/t. (h.) mark, note; index.

Anzeige ['antsaɪɡə] f (-; -n) announcement, notification, notice; econ. advice; jur. notice; bei der Polizei: information with, denunciation to the police; ~ erstatten; advertisement, ad; insertion; kleine ~n pl. classified ads; → Annonce; tech. signal; (instrument) reading; ~bereich tech. m indicating range; ~gerät n indicator, indicating instrument; ~lampe f pilot lamp; ~n v/t. (h.) notify (j-m et. a p of a th.), give notice of, announce; econ. advise; fig. be indicative (or symptomatic) of, point to; insert, advertise, publish; jur. (bei) report (a p. or th.) (to), inform against (with), denounce (to), bring a charge against (with); tech. record, register; mil. mark (a shot); fig. angezeigt indicated, advisable; für angezeigt halten think fit (or expedient); ~n-annahme f, ~nbüro n advertising agency or office; ~ngebühr f ad(vertising) rate; ~nteil m advertisements pl., classified section; ~pflichtig adj. notifiable, reportable; ~r(in f) m (-s; -; -; -nen) jur. informer; mil. marker (of shots); tech. indicator; (newspaper, a. ~nblatt n) advertiser; official: gazette; ~röhre tech. f visual indicator valve (Am. tube); ~vorrichtung tech. f indicating (or recording) device.

'**anzetteln** v/t. (h.) plot, scheme, hatch, engineer; e-e Verschwörung ~ gegen plot against; tech. warp.

'**anzieh|en** I. v/t. (irr., h.) draw, pull (on or in); stretch; pull, apply (the brakes); tighten (a screw), fig. → Schraube; Zügel: draw in (the reins); put on, don (clothes), hastig ~ slip (or fling) on; j-n or sich ~ dress; fig. attract (a. magnet; econ. capital), appeal to; quote, cite, refer to (an example, etc.); II. v/i. (irr., h.) chess, etc.: make the first move; econ.

prices, etc.: rise, advance, stiffen; ~end *adj.* attractive, charming, interesting; ⚥er *anat. m* adductor.
'**Anziehung** *f* (*a. phys.*) attraction; ~skraft *f phys.* attractive power, magnetism; *of moon, etc.*: pull; *of the earth*: gravitation (*or* pull); *fig.* attraction, appeal, magnetism; sex appeal; ~s-punkt *m* centre (*Am.* center) of attraction; chief attraction.
'**Anziehvermögen** *mot. n* (-s) starting (*or* snap) power.
'**Anzug** *m* dress, clothing, garb, apparel; *of men*: suit; *mil.* dress, uniform; *of troops*: approach, advance; im ~e *sein* draw near, approach; *es ist et.* im ~e there is something in the wind (*or* brewing) *chess*: opening (move); *mot.* (*a.* ~skraft *f*) getaway power, *sl.* zip.
anzüglich ['antsy:kliç] *adj.* suggestive, personal; risqué (*Fr.*); ~ *werden* become personal; ~e *Redensart* → ⚥keit *f* (-; -en) suggestive (*or* personal) remark; *pl.* personalities; suggestiveness.
'**Anzugs-stoff** *m* suiting.
'**anzünd|en** *v/t.* (h.) light, kindle; ignite; strike (*a match*); set on fire, set fire to (*a house*); ⚥er *m* lighter.
'**anzweifeln** *v/t.* (h.) doubt, (call in) question, dispute.
Aorta [a'ɔrta] *anat. f* (-; -ten) aorta.
apart [a'part] *adj.* exquisite.
Apathie [apa'ti:] *f* (-) apathy, listlessness; **apathisch** [a'pɑ:tiʃ] *adj.* apathetic, listless.
aperi'odisch *el. adj.* aperiodic.
Apfel ['apfəl] *m* (-s; ⸚) apple; ~ *im Schlafrock* apple dumpling; *fig. in den sauren* ~ *beißen* swallow the bitter pill; *der* ~ *fällt nicht weit vom Stamm* like father, like son; ~baum *m* apple-tree; ~blüte *f* apple blossom; ~kern *m* pip; ~kuchen *m* apple flan (*Am.* cake); ~most *m* (new) cider; ~mus *n* apple-sauce; ~pastete *f* apple-pie; ~saft *m* apple juice; ~säure *chem. f* malic acid; schale *f* apple-peel; ~schimmel *m* (-s; -) dapple-grey horse; ~schnitz *m* apple-slice.
Apfelsine [-'zi:nə] *f* (-; -n) orange; ~nbaum *m* orange-tree; ~nsaft *m* orange juice.
Apfel...: ~torte *f* apple-tart; ~wein *m* cider.
Aphoris|mus [afo'rismus] *m* (-; -men) aphorism; ⚥tisch *adj.* aphoristic(ally *adv.*).
Aphrodisiakum [afrodi'zi:akum] *n* (-s; -ka) aphrodisiac.
Apokalyp|se [apoka'lypsə] *f* (-; -n) apocalypse; ⚥tisch *adj.*: *die* ⚥en *Reiter* the horsemen of the apocalypse.
Apostel [a'pɔstəl] *m* (-s; -) apostle; ~geschichte *f the* Acts *pl.* (of the Apostles); **apostolisch** [apɔ'sto:liʃ] *adj.* apostolic; *das* ⚥e *Glaubensbekenntnis* The Apostles' Creed, The Belief; *R.C. der* ⚥e *Stuhl* the Apostolic See.
Apostro|ph [apɔ'stro:f] *m* (-s; -e) apostrophe; ⚥'phieren *v/t.* (h.) apostrophize.
Apotheke [apo'te:kə] *f* (-; -n) chemist's shop; *Am.* pharmacy, apothecary.

Apo'theker|(in *f*) *m* (-s; -; -; -nen) (dispensing) chemist, pharmacist; *Am.* apothecary, druggist; ~gehilfe *m* chemist's assistant; ~gewicht *n* apothecaries' (*or* troy) weight; ~waren *f/pl.* (medicinal) drugs.
Apparat [apa'rɑ:t] *m* (-[e]s; -e) *generally*: apparatus; (*precision*) instrument; device, appliance; machine, mechanism; telephone; *phot.* camera; (wireless, *Am.* radio) set; *teleph.*: *am* ~! speaking!; *am* ~ *bleiben* hold the line (*Am.* wire); *fig.* apparatus, organization; *political, party* machine; ~bau *m* (-[e]s) manufacture of instruments.
Apparatur [apara'tu:r] *f* (-; -en) equipment, mechanical outfit, device; fixtures *pl.*
Appell [a'pɛl] *m* (-s; -e) *mil.* a) roll-call, b) inspection, muster, parade; *fig.* appeal (*an acc.* to).
Appellation [-atsi'o:n] *jur. f* (-; -en) appeal; ~sgericht *n* court of appeal.   [appeal (*an acc.* to).}
appel'lieren *v/i.* (h.) (make an)}
Appetit [ape'ti:t] *m* (-[e]s; -e) appetite (*a. fig.*; *auf acc.* for); ~ *haben auf* (*acc.*) have an appetite for; ~ *bekommen* get an appetite (for); ~ *machen* give an (*or* whet the) appetite; *j-m den* ~ *verderben* take away (*or* spoil) *a p.'s* appetite; *den* ~ *verlieren* lose one's appetite; ⚥anregend *adj.* appetizing; ~bissen *m*, ~happen *m* appetizer, canapé (*Fr.*); ⚥lich *adj.* appetizing, delicious (*both a. person*); savo(u)ry; ⚥los *adj.* having no appetite; ~losigkeit *f* (-) loss (*or* lack) of appetite.
applaudieren [aplau'di:rən] *v/i.* (h.) *j-m*: applaud.
Applaus [a'plaus] *m* (-es) applause; → *Beifall.*
Applikatur [aplika'tu:r] *mus. f* (-; -en) fingering.
applizieren [-'tsi:rən] *v/t.* (h.) apply.
apport! *to dog*: go fetch!
appor'tieren *v/t.* (h.) retrieve, fetch.
Apres-Ski-Kleidung [apre:'ʃi:-] *f* after-ski clothing.
appre|tieren [apre'ti:rən] *v/t.* (h.) dress, finish (*cloth*); glaze (*paper*); ⚥tur [-'tu:r] *f* (-; -en) dressing, finish; *paper*: glazing.
approbiert [apro'bi:rt] *adj.* qualified, *Am.* licensed (*doctor*); ~er *Mediziner* licensed medical practitioner.
Aprikose [apri'ko:zə] *f* (-; -n) apricot; ~nbaum *m* apricot-tree.
April [a'pril] *m* (-[s]; -e) April; *der erste* ~ the first of April, *a.* All Fools' Day; *j-n in den* ~ *schicken* make an April fool of a p.; ~, ~! April-fool!; ~scherz *m* April-fool prank.
Apsis ['apsis] *f* (-; -'siden) apse.
Aquamarin [akvama'ri:n] *m* (-s; -e) aquamarine.
Aquarell [akva'rɛl] *n* (-s; -e) water-colo(u)r (painting); ~farbe *f* water-colo(u)r; ~maler *m* aquarellist, water-colo(u)rist; ~male'rei *f* water-colo(u)r(s *pl.*).
Äquator [ɛ'kvɑ:tɔr] *m* (-s) equator, *the* line; ⚥ial [-i'ɑ:l] *adj.* equatorial; ~taufe *f* ducking on ,crossing the line'.

äquivalent [ɛkviva'lɛnt] *adj. and* ⚥ *n* (-[e]s; -e) equivalent.
Ar [ɑ:r] *n* (-s; -[e]) are (= 119,6 *square yards*).
Ära ['ɛ:ra] *f* (-; -ren) era.
Araber ['arabər] *m* (-s; -) Arab, Arabian; Arab (horse); ~in *f* (-; -nen) Arabian (woman).
Arabeske [ara'bɛskə] *f* (-; -n) arabesque.
Arab|ien [a'rɑ:biən] *n* (-s) Arabia; ⚥isch *adj.* Arabian, Arabic.
Arbeit ['arbaɪt] *f* (-; -en) work; labo(u)r, toil, hard work, *tech.* heavy duty; effort, trouble, pains *pl.*; employment, occupation, job; *a. ped.* task, assignment; *econ.* order in hand; *scientific* paper, treatise; operation, activities *pl.*; business, concern; service; *phys. mechanics*: work; *el.* energy; *tech.* performance, output; functioning, operation; working operation; make, product, piece of work; project; workmanship, craftsmanship; *gute* (*schlechte*) ~ good (bad) piece of work, good (bad) job; ~ *und Kapital* Capital and Labo(u)r; *geistige* ~ brainwork; (*un*)*gelernte* ~ (un)skilled work; *hochwertige* ~ high-class workmanship; *körperliche* ~ manual work; *öffentliche* ~en public works; *an od. bei der* ~ at work, *tech. a. machine, etc.*: in action (*or* operation); *ohne* ~ unemployed, out of work, jobless; *die* ~ *aufnehmen* start work, go (*or* set) to work, *wieder*: resume work; *in* ~ *geben* (*nehmen*) put (take) *a th.* in hand; *an die* ~ *gehen, sich an die* ~ *machen* go (*or* set) to work, buckle down to work, *Am. a.* get busy; *die* ~ *einstellen* cease (*or* stop) work; *gute* ~ *leisten* make a good job of it; *j-m* ~ *machen* put a p. to trouble; *bei j-m in* ~ *stehen* be employed with; ~ *suchen* seek employment, look for a job; ~ *vergeben* (*an acc.*) give out work (to), place contracts (with); ~ *macht das Leben süß* no sweat without sweat.
'**arbeiten I.** *v/i.* (h.) work (*an acc.* at), be at work (on); *schwer* ~ work hard, labour, toil, drudge, slave; *bei j-m* ~ be employed with, be in the employ of, work for; *mit e-r Firma* (*geschäftlich*) ~ deal with, do (*or* transact) business with; *im Bankfach* ~ be in the banking business; *mit Gewinn* ~ operate at a profit; operate (on); serve; make, produce, manufacture, fabricate; *machine*: function, work, operate; *facial muscles*: work; *wood*: warp; *capital*: operate, yield profit (*or* bear interest); ~ *lassen* employ, invest (*capital*); *cider*: ferment; *dough*: rise; *an et.* ~ be working on, be busy with; *an j-m* ~ work on a p.; *sich durch den Schlamm* ~ work one's way through the mud; **II.** *v/t.* (h.) work, fashion; *die* ~*den Klassen pl.* the working classes; *tech.* ~de *Maschinenteile* moving parts; '**Arbeiten** *n* (-s) working, labo(u)ring; functioning, performance; *einwandfreies* ~ efficiency, smooth running; *schlechtes* ~ malfunctioning.
'**Arbeiter** *m* (-s; -) worker (*a. zo.*);

workman; labo(u)rer, hand; (machine) operator, attendant; → *angelernt, ungelernt; geistiger ~, ~ der Stirn* brainworker; *collect.* die ~ *pl.* labo(u)r *sg.*; manpower *sg.*; ~ *pl. und Unternehmer* labo(u)r and management; → *Arbeiterin.*
'**Arbeiter...**: ~**belegschaft** f labo(u)r force; ~**bewegung** f labo(u)r movement; ~**familie** f working--class family; ♀**feindlich** adj. anti--labo(u)r; ~**frage** f labo(u)r question; ~**führer** m labo(u)r leader (or *colloq.* boss); ~**fürsorge** f workers' relief, (industrial) welfare work; ~**gewerkschaft** f trade union, labo(u)r union; ~**in** f (-; -nen) (female) worker; *a.* working woman, workwoman; factory girl; *zo.* **a)** worker ant, **b)** worker bee; ~**klasse** f working class(es *pl.*); ~**mangel** m (-s) manpower shortage; ~**partei** f Labo(u)r Party; ~**rat** m works council; ~**schaft** f (-) → *Arbeiterbelegschaft; Arbeiterstand;* ~**schutz** m protection of labo(u)r; ~**siedlung** f workers' settlement; ~**stand** m working class(es *pl.*); *esp. pol.* labo(u)r; ~**vertreter** m labo(u)r representative; ~**viertel** n working-class district.
'**Arbeit...**: ~**geber** m employer; ~**geber-anteil** m social insurance: employer's contribution; ~**geberverband** m employers' association; ~**nehmer** m employé(e f), employee; ~**nehmerverband** m employees' association.
'**arbeitsam** adj. industrious, diligent, hardworking, active.
'**Arbeits...**: ~**abgabe** el. f power output; ~**amt** n Labour Exchange; ~**anfall** m volume of work (arising); ~**angebot** n offer of employment; ~**anzug** m working clothes; overalls; ~**auftrag** m job order; ~**aufwand** m expenditure of work, energy expended; *econ.* labo(u)r cost; ~**ausfall** m loss of working hours; ~**ausschuß** m working committee, study group; ~**bedingungen** f/pl. conditions of work; *tech.* operating conditions; ~**bereich** m → *Arbeitsfeld;* ~**beschaffung** f provision of work; *Maßnahmen zur* ~ work-providing measures; ~**beschaffungsprogramm** n works program(me), employment scheme; ~**bescheinigung** f certificate of employment; ~**bewertung** f job evaluation; ~**blatt** n work sheet; *for wages*: time sheet; ~**buch** n employment record; workmen's passport; *for work done*: time book; ~**dienst** m labo(u)r service; *mil.* fatigue duty; ~**dienstpflicht** f industrial conscription; ~**einheit** *tech.* f unit of work; ~**einkommen** n earned income; ~**einsatz** m mobilization (or allocation) of labo(u)r; → *Arbeitsdienstpflicht;* ~**einstellung** f stoppage of work; *of plant*: closure, shutdown; strike, *Am. a.* walkout; ~**erlaubnis** f work permit; ~**ersparnis** f labo(u)r saving; ~**ertrag** m yield of work; ~**essen** n working dinner; ♀**fähig** adj. able (or fit) to work, able-bodied; ~**e** *Mehrheit* working majority; ~**fähigkeit** f (-) fitness for work; ~**feld**

n field (or scope) of work or activity; *tech.* radius of action; ~**freude** f (-) zest for work; ♀**freudig** adj. willing to work; ~**frieden** m industrial peace; ~**gang** m working process; pass; *of machine*: (cycle or phase of) operation, service; *in e-m* ~ *in a single operation;* ~**gemeinschaft** f working pool; working (or study) group; team; *ped.* seminar group; ~**gericht** n labo(u)r (or industrial) court; ~**gruppe** f working (or study) group, team; ~**haus** n workhouse; ~**hub** *tech.* m power (or expansion) stroke; ~**kleidung** f work clothes *pl.*, overalls *pl.*; ~**kollege** m workmate, associate; ~**kommando** *mil.* n fatigue party, detail; ~**kontakt** el. m make contact; ~**kopie** f *film*: studio print; ~**kosten** *pl.* operating cost, labo(u)r cost *sg.*; ~**anteil** work cost per unit; ~**kraft** f working power, capacity for work; worker, *pl. collect.* labo(u)r, manpower; *volle* ~ full-time worker; ~**lager** n labo(u)r camp; ~**leistung** f working capacity, efficiency, productivity; *tech., a. of person*: performance; *tech., factory, a. of person*: output; man-hours *pl.*; ~**lohn** m wage(s *pl.*), pay; ♀**los** adj. unemployed, out of work, idle; ~ *machen* put out of work; ~**lose(r** m) ['lo:zǝ(r)] f (-n; -n; -en; -en) unemployed (person); ~**losenfürsorge** f unemployment relief; ~**losen-unterstützung** f unemployment benefit (or pay), dole; ~ *beziehen* be on the dole; ~**losenversicherung** f (-) unemployment insurance; ~**losigkeit** f (-) unemployment; ~**markt** m labo(u)r market; *Lage auf dem* ~ job situation; ~**maschine** *tech.* f machine; ~**medizin** f industrial medicine; ~**methode** f working (or operating) method; ~**minister** m Minister of Labour, *Am.* Secretary for Labor; ~**ministerium** n ministry of labour, *Am.* Department of Labor; ~**moral** f (working) morale; ~**nachweis(stelle** f) m employment registry office; ~**niederlegung** f strike, *Am. a.* walkout; ~**papiere** n/pl. working papers; ~**pause** f intermission, interval, break; ♀**pflichtig** adj. liable to work; ~**plan** m working plan; production schedule; *tech.* functional diagram; tooling layout; ~**planung** f production scheduling; ~**platz** m place of work (or employment); workshop place; situation, job; *freier* ~ vacancy; *tech.* operator's position; *Sicherung des* ~*es* job security; ~**prozeß** m (-sses) working process; *in den* ~ *eingliedern* rehabilitate, give a job; ~**psychologie** f industrial psychology; ~**raum** m workroom; ~**recht** n (-[e]s) industrial law; ♀**reich** adj. busy; ♀**scheu** adj. work-shy, unwilling to work; ~**scheu** f aversion to work; ~**scheue(r** m) ['ʃɔyǝ(r)] f (-n; -n; -en; -en) shirker, work dodger; ~**schicht** f shift; ~**schutz** m protection of labo(u)r; ~**soll** n target; ~**spannung** el. f working voltage; ♀**sparend** adj. labo(u)r--saving; ~**stahl** m cutting tool; ~**streckung** f spreading(-over),

spread-work system; ~**streitigkeit** f labo(u)r dispute or conflict; ~**stück** *tech.* n work(piece); ~**stunden** f/pl. working hours; hours of work, man-hours; ~**tag** m working--day, *Am.* workday; ~**tagung** f technical meeting, symposium; ~**takt** *mot.* m power stroke; ~**therapie** *med.* f ergotherapy; ~**teilung** f division of labo(u)r; ~**tier** *colloq.* n glutton (or demon) for work; ♀**unfähig** adj. unfit for work; (permanently) disabled; ~**unfähigkeit** f temporary (or permanent) disablement; ~**unfall** m industrial accident; ~**urlaub** m working holiday; ~**vereinfachung** f job simplification; ~**verdienst** m wage-earnings *pl.*; ~**verfahren** n working method, technique, manufacturing process; ~**verhältnis** n contractual relation between employer and employee; *pl. a.* labo(u)r conditions, *tech.* shop conditions; ~**verlangsamung** f go-slow strike; ~**vermittlungsbüro** n employment agency; ~**verpflichtung** f industrial conscription; ~**versäumnis** n absenteeism; ~**vertrag** m employment contract; ~**vorbereitung** f operations scheduling; tool engineering; ~**vorgang** m operation; ~**weise** f (mode of) operation; *of person, department, etc.*: practice; ~**willige(r** ['vili-gǝ(r)] m (-n; -n) non-striker; ~**woche** f working week; ~**zeit** f working time; working hours; *tech.* operating time; machining time; production time; *garantierte* ~ contract hours *pl.*, guaranteed employment; ~**zeitverkürzung** f reduction of working hours; ~**zeug** n tools *pl.*; ~**zimmer** n study.
Arbitrage [arbi'tra:ʒǝ] *econ.* f (-; -n) arbitrage.
archaisch [ar'ça:iʃ] adj. archaic.
Archäo|loge [arçeo'lo:gǝ] m (-n; -n) archaeologist; ~**logie** [-lo'gi:] f (-) archaeology; ♀'**logisch** adj. archaeologic(ally adv.).
Arche ['arçǝ] f (-; -n) ark; ~ *Noah* Noah's ark.
Archipel [arçi'pe:l] m (-s; -e) archipelago.
Archi|tekt [arçi'tɛkt] m (-en; -en) architect; *film*: a. art director; ♀**tektonisch** [-tɛk'to:niʃ] adj. architectural, architectonic; ~**tektur** [-tɛk'tu:r] f (-; -en) architecture.
Archiv [ar'çi:f] n (-s; -e) record--office, archives *pl.*, records *pl.*; *newspaper*: morgue.
Archivar [arçi'va:r] m (-s; -e) keeper of public records, registrar, archivist.
Ar'chiv-aufnahme f *film*: stock shot.
Areal [are'a:l] n (-s; -e) area.
Arena [a're:na] f (-; -nen) arena (a. fig.); bullring.
arg [ark] **I.** adj. bad (comp. worse, sup. worst); utter; (morally) bad, wicked, evil; malicious; → *schlimm;* grave, gross (mistake); hopeless (sinner); *sein ärgster Feind* his worst enemy; *das ist (doch) zu* ~ that's too much (of a good thing); *im* ~*en liegen* be in a sad (or sorry, deplorable) state, be in a bad way; **II.** adv. badly, severely, utterly, awfully;

immer ärger worse and worse, from bad to worse; → *mitspielen*; **Arg** *n* (-s) malice, harm; *er ist ohne* ~ *he is a kindly soul;* ~*es denken von* (*dat.*) think ill of; *nichts* ~*es denken bei et.* mean no harm by a th.

Argentin|ien [argen'ti:niən] *n* (-s) Argentina, *the* Argentine (Republic); ~**ier**(**in** *f*) *m* (-s; -; -; -nen) Argentine; **♀isch** *adj.* Argentine, Argentinian.

Ärger ['ɛrgər] *m* (-s) annoyance, vexation, irritation, chagrin (*über acc.* at); anger; *j-m zum* ~ *to spite a p.; j-m* ~ *machen* give a p. trouble; *s-n* ~ *an j-m auslassen* vent one's spite on a p.; *viel* ~ *haben mit* have a good deal of trouble with; **♀lich** *adj.* angry, annoyed, vexed, irritated, *Am. a.* mad (*auf, über et. acc.* at, about *a th., j-n* with *a p.*); *thing:* annoying, irritating, vexing, aggravating; ~*e Sache* nuisance; *wie* ~*!* oh bother!, how awkward!; **♀n** *v/t.* (*h.*) make angry, anger, annoy, vex, irritate, exasperate, madden; provoke, nettle; tease, chaff; *sich* ~ (*über acc.*) be *or* feel angry (*or* annoyed) (at, about *a th.;* with *a p.*), be vexed (by), fret (at); *ärgere dich nicht!* take it easy!, keep your hair on!; ~**nis** *n* (-ses; -se) scandal, offen|ce, *Am.* -se; annoyance, vexation; bother; nuisance; ~ *erregen* give offence; create a scandal; ~ *nehmen an* (*dat.*) be scandalized at; *öffentliches* ~ *jur.* public nuisance.

'**Arg|list** *f* (-) craftiness, deceitfulness, malice; *jur.* fraud; **♀listig** *adj.* crafty, malicious, insidious; *jur.* fraudulent, mala fide; ~*e Täuschung* wil(l)ful deceit; **♀los** *adj.* guileless; artless, innocent, harmless; unsuspecting; unsuspicious; ~**losigkeit** *f* (-) guilelessness; harmlessness; innocence.

Argu|ment [argu'mɛnt] *n* (-[e]s; -e) argument, contention; *ein* ~ *vortragen* make a point; **♀men'tieren** *v/i.* (*h.*) argue (*über acc.* about; *mit* with), reason.

Arg|wohn ['arkvo:n] *m* (-[e]s) suspicion (*gegen acc.* of), mistrust, distrust; ~ *erregen* arouse suspicion; ~ *fassen* grow suspicious; ~ *hegen* (*gegen j-n*) suspect (a p.); **♀wöhnen** ['-vø:nən] *v/t.* (*h.*) suspect, be suspicious of; **♀wöhnisch** *adj.* suspicious, distrustful (*gegen* of).

Arie ['ɑ:riə] *mus. f* (-; -n) aria.

Arier(**in** *f*) ['ɑ:riər-] *m* (-s; -; -; -nen), '**arisch** *adj.* Aryan.

Aristo|krat(**in** *f*) [aristo'krɑ:t] *m* (-en; -en; -; -nen) aristocrat; ~**kratie** *f* (-; -n) aristocracy; **♀'kratisch** *adj.* aristocratic.

Arithmet|ik [arit'me:tik] *f* (-) arithmetic; ~**iker** *m* (-s; -) arithmetician; **♀isch** *adj.* arithmetic(al); ~*e Reihe* arithmetic progression.

Arkade [ar'kɑ:də] *f* (-; -n) arcade.

Arkt|is ['arktis] *f* (-) *the* Arctic; **♀isch** *adj.* arctic; ~*e Kaltluft* arctic (*or* polar) air.

arm [arm] *adj. generally:* poor (*an dat.* in); ~ *an a.* wanting in, lacking in, destitute of; needy, indigent; penniless, impecunious, poverty-

-stricken; *fig.* poor, meagre (*Am.* meager), deficient; poor, low-grade, cheap (*quality*); *chem.* weak; *mein* ~*es Kind* my poor child; ~ *machen* impoverish, pauperize; **♀e(r** *m*) *f* (-n; -n; -en; -en) poor man (*f* woman), pauper; *die* ~*n pl.* the poor; *der* ~*!* poor (*or* wretched) fellow!; *ich* ~*r!* poor me!

Arm [arm] *m* (-[e]s; -e) arm; *of river:* branch, tributary; *of chandelier:* branch; *tech.* arm, bracket, support; *of wheel:* spoke; *of scales:* beam; *der* ~ *des Gesetzes* the arm of the law; ~ *in* ~ *gehen* go arm in arm (*or* arms linked); *in die* ~*e schließen* clasp in one's arms, embrace; *auf den* ~ *nehmen* **a**) take *a child* in one's arms, **b**) *fig.* pull *a p.'s* leg; *j-m unter die* ~*e greifen* give a p. a lift, help a p. (out); *j-m in den* ~ *fallen* restrain a p.; *j-n mit offenen* ~*en empfangen* receive a p. with open arms; *j-m in die* ~*e laufen* bump into a p.; *er hat e-n langen* ~ *he casts a long shadow, Am. a.* he has a lot of pull.

Armatur [arma'tu:r] *f* (-; -en) *el.* armature; *tech.* (*a.* ~**en** *pl.*) fittings, mountings *pl.*; accessories *pl.*; joints, connections *pl.*; valves *pl.*; ~**enbrett** *mot., aer. n* dashboard, instrument panel *or* board; *vom* ~ *aus regelbar* dash-controlled.

'**Arm...**: ~**band** *n* (-[e]s; ~er) bracelet, *of watch:* a. watch band (*or* strap); *for protection:* wristlet; ~**band-uhr** *f* wrist-watch; ~**bandwecker** *m* wrist alarm; ~**bein** *anat. n* humerus; ~**binde** *f* armlet, brassard; *med.* (arm) sling; ~**blatt** *n* dress-shield; ~**bruch** *med. m* fracture of the arm, fractured arm; ~**brust** *f* crossbow.

Armee [ar'me:] *f* (-; -n) army; ~**befehl** *m* army field order; ~**korps** *n* army corps.

Ärmel ['ɛrməl] *m* (-s; -) sleeve; *mit kurzen* ~*n* short-sleeved; *aus dem* ~ *schütteln* do *a th.* offhand; ~**abzeichen** *n* sleeve badge; ~**aufschlag** *m* cuff; ~**kanal** *m* (-s) *the* (English) Channel; **♀los** *adj.* sleeveless; ~**schoner** *m* sleeve-protector, oversleeve; ~**streifen** *m* stripe.

Armen... ['armən-]: ~**anstalt** *f* almshouse; → *Armenhaus*; ~**anwalt** *jur. m* poor litigants' counsel; ~**haus** *n* poorhouse; *modern:* public assistance institution; ~**kasse** *f* poor-box; relief fund; ~**pflege** *f* poor relief; ~**pfleger** *m* guardian of the poor; ~**recht** *n* (-[e]s) *jur.* poor law, forma pauperis; *unter* ~ *klagen* sue in forma pauperis; ~**schule** *f* charity school.

Arme'sündergesicht *n* hang-dog look.

'**Armhöhle** *f* armpit.

ar'mier|en *v/t.* (*h.*) *mil.* arm, equip; *tech.* shield, sheath; reinforce (*concrete*); *of cable, hose:* armo(u)r; **♀ung** *f* (-; -en) armament, equipment; *tech.* armo(u)ring, sheathing, reinforcement.

...armig [-armiç] *...*-armed, *...*-branched.

'**Arm...**: ~**lehne** *f* arm-rest; ~**leuchter** *m* chandelier; *colloq.* idiot.

ärmlich ['ɛrmliç] *adj.* poor; shabby; *fig.* paltry, scanty, meag|re, *Am.* -er; poor, wretched, miserable; shabby, stingy, mean; **♀keit** *f* (-) poorness; shabbiness, misery.

'**Arm...**: ~**schiene** *med. f* splint; ~**schlinge** *f* arm sling; **♀selig** *adj.* → *ärmlich*; ~**sessel** *m* arm-chair; ~**spange** *f* bracelet; ~**stuhl** *m* arm-chair; ~**stütze** *f* arm rest.

Armut ['armu:t] *f* (-) poverty; destitution, indigence, penury, distress; lack, deficiency; *in* ~ *geraten* be reduced to penury; ~**szeugnis** *n fig.:* *sich ein* ~ *ausstellen* demonstrate one's incapacity, give a poor account of o.s.

Armvoll ['-fɔl] *m* (-; -) armful.

Aroma [a'ro:ma] *n* (-s; -men) aroma, flavo(u)r; fragrance.

aromatisch [aro'mɑ:tiʃ] *adj.* aromatic; spicy; fragrant.

Arrak ['arak] *m* (-s; -e) arrack.

arrangieren [arã'ʒi:rən] *v/t.* (*h.*) arrange; *econ. sich* ~ *mit Gläubigern* compound with *creditors* (*über acc.* for).

Arrest [a'rɛst] *m* (-es; -e) arrest (*a. mil.*), detention (*a. ped.*), confinement; *jur.* (*dinglicher*) ~ attachment, distraint; *mar.* embargo; *in* ~ *halten* hold under detention; *mit* ~ *belegen* distrain, attach, seize; *mit* ~ *bestrafen* put under arrest. **Arrestant**(**in** *f*) [-'tant] *m* (-en; -en; -; -nen) prisoner.

Ar'rest...: ~**befehl** *m jur.* warrant of arrest; writ of attachment; ~**lokal** *n* detention room, guardhouse (cell); ~**strafe** *f* (sentence of) confinement, detention.

arretieren [are'ti:rən] *v/t.* (*h.*) arrest, take into custody; *tech.* arrest, stop, lock.

arrogant [aro'gant] *adj.* arrogant.

Arsch [arʃ] *vulg. m* (-es; ~e) arse; backside, bottom, behind; *leck mich am* ~*!* go to hell!, *Am. sl.* nuts to you!; *der* ~ *der Welt* the back of beyond; '~**backe** *f* buttock; '~**kriecher** *m* arse-crawler.

Arsenal [arze'nɑ:l] *n* (-s; -e) arsenal, armo(u)ry.

Arsen(**ik**) [ar'ze:n(ik)] *chem. n* (-s) arsenic.

Art [ɑ:rt] *f* (-; -en) kind, sort, *esp. biol.:* species, variety, class; race, breed, stock; type; style; manner, way, fashion, mode, style; method, procedure, model, pattern; behavio(u)r, manners *pl.*; nature, quality, character; e-e ~ *Dichter* a poet of sorts; *ein Mann s-r* ~ a man of his stamp; *einzig in s-r* ~ unique; *Fortpflanzung der* ~ propagation of the species; *Geräte jeder* ~ tools of every description; *auf die*(*se*) ~ in this way; *auf irgendeine* ~ somehow or other; *er auf s-e* ~ he in his way; *auf keine* ~ nowise, in no way; *nach der* ~ *des* along the lines of; *aus der* ~ *schlagen* go one's own ways, degenerate; **♀eigen** *adj.* proper, true to type, characteristic.

'**arten** *v/i.* (*sn*) *nach j-m* ~ take after (*or* resemble) a p.; *gut geartet* well-bred; *schlecht geartet* ill-behaved.

Arterie [ar'te:riə] *f* (-; -n) artery; ~**nverkalkung** *f* arteriosclerosis.

'**art|fremd** *adj.* alien, of alien blood;

~gemäß *adj.* → *arteigen*; ♀gewicht *n* specific gravity.
Arthritis [ar'tri:tis] *med.* *f* (-; *-itiden*) arthritis.
artig ['a:rtiç] *adj. of children*: well-behaved, good; *sei ~! be good!*, be (*or there's*) a good boy (*or* girl); civil, polite, courteous; nice, pretty; ♀keit *f* (-; *-en*) good behaviour (*or* manners); civility, politeness, courteousness; niceness, prettiness; *j-m ~en sagen* pay a p. compliments.
Artikel [ar'ti:kəl] *m* (-s; -) *gr.* article; *in books, etc.*: article, section; *econ.* article, commodity, item; (*press*) article, (news) item.
artikulieren [artiku'li:rən] *v/t.* (h.) articulate.
Artillerie [artilə'ri:] *f* (-; *-n*) artillery; *bespannte ~* horse-drawn artillery; *motorisierte ~* mechanized artillery; *reitende ~* horse artillery; ~beobachter *m* artillery observer, spotter; ~beschuß *m*, ~feuer *n* artillery bombardment *or* fire, shelling, cannonade; ~flieger *m* artillery spotting pilot; ~flugzeug *n* (artillery) spotting (air)plane; ~führer *m* (division) artillery commander; ~geschoß *n* artillery projectile, shell; ~geschütz *n* gun, piece of ordnance; ~schießplatz *m* artillery range; ~vorbereitung *f* preparatory bombardment.
Artille'rist *m* (-en; -en) artilleryman, gunner.
Artischocke [arti'ʃɔkə] *f* (-; *-n*) artichoke.
Artist [ar'tist] *m* (-en; -en), ~in *f* (-; *-nen*) acrobat, variety artiste, circus performer; ♀isch *adj.* acrobatic(ally *adv.*).
'**Artmerkmal** *n* characteristic of the species.
'**Artung** *f* (-; *-en*) character, nature.
'**artverwandt** *adj.* of related stock.
Arznei [arts'nai] *f* (-; *-en*) medicine, medicament, *colloq.* physic; drug; ~buch *n* pharmacopoeia; ~flasche *f* medicine bottle; ~formel *f* prescription; ~gabe *f* dose; ~glas *n* phial; ~kasten *m* → *Arzneischrank*; ~kraut *n* medicinal herb; ~kunde, ~kunst *f* (-) pharmaceutics *pl.*; ~mittel *n* medicine, medicament, drug; remedy; → *Arzneiwaren*; ~mittellehre *f* pharmacology; ~schrank *m* medicine-chest; ~trank *m* potion, draught; ~verordnung *f* prescription; ~waren *f/pl.* drugs, pharmaceutics, medical supplies.
Arzt [a:rtst] *m* (-es; ̈e) physician; medical practitioner, doctor, *colloq.* medical man; *praktischer ~* general practitioner; surgeon; specialist; '~hilfe *f* medical secretary; '~honorar *n* doctor's fee.
Ärzt|in ['ɛ:rtstin] *f* (-; *-nen*) lady (*or* woman) doctor *or* physician; ♀lich *adj.* medical; *~e Behandlung* medical treatment; *in ~er Behandlung* under medical care; *~e Hilfe* medical assistance; *~e Verordnung* medical prescription; *~es Zeugnis* medical certificate.
As¹ [as] *n* (-ses; -se) *cards*: ace (*a. fig.*).
As² *mus.* *n* (-; -) A flat; *As-Dur* (*as-Moll*) A flat major (minor).

Asbest [as'bɛst] *m* (-es; -e) asbestos; ~anzug *m* asbestos suit; ~dichtung *tech.* *f* asbestos gasket; ~faserstoff *m* asbestos fib|re (*Am.* -er); ~pappe *f* asbestos millboard.
aschblond ['aʃ-] *adj.* ash-blonde.
Asche ['aʃə] *f* (-; *-n*) ash, ashes *pl.*; *glühende ~* embers *pl.*; cinders *pl.*; *fig.* ashes *pl.*, dust, (mortal) remains *pl.*; *in ~ verwandeln* reduce to ashes, incinerate; *in ~ legen* lay in ashes; *Friede s-r ~! may he rest in peace.
'**Aschen...**: ~bahn *f* cinder track, *mot.* dirt-track; ~bahnrennen *mot.* *n* dirt-track racing; ~becher *m* ashtray; ~brödel ['-brø:dəl] *n* (-s; -) Cinderella (*a. fig.*); ~kasten *m* dustbin, ash-can; ~puttel ['-putəl] *m* (-s; -) → *Aschenbrödel*; ~lauge *f* lye from ashes; ~urne *f* cinerary urn.
'**Aschermittwoch** *m* Ash-Wednesday.
'**asch...**: ~fahl *adj.* ashen, ashy-pale; ~farben *adj.* ash-colo(u)red; ~grau *adj.* ash-grey (*Am.* -gray).
Ascorbinsäure [askɔr'bi:n-] *f* ascorbic acid.
'**As-Dur** *mus.* *n* (-) A flat major.
äsen ['ɛ:zən] *v/i. and v/t.* (h.) *hunt.* graze, browse; feed (et. on a th.).
a'septisch *adj.* aseptic.
Asiat [azi'a:t] *m* (-en; -en), ~in *f* (-; *-nen*), ♀isch *adj.* Asiatic.
Asien ['a:ziən] *n* (-s) Asia.
Aske|se [as'ke:zə] *f* (-) asceticism; ~t *m* (-en; -en) ascetic; ♀tisch *adj.* ascetic.
Askorbinsäure [askɔr'bi:n-] *f* ascorbic acid.
Äskulapstab [ɛsku'la:p-] *m* caduceus.
as-Moll *mus.* *n* (-) a flat minor.
'**asozial** *adj.* anti-social.
Aspekt [as'pɛkt] *m* (-[e]s; -e) aspect.
Asphalt [as'falt] *m* (-[e]s; -e) asphalt; ~beton *m* asphaltic concrete.
asphal'tieren *v/t.* (h.) asphalt.
A'sphalt...: ~lack *m* black japan; ~presse *f* yellow press; ~straße *f* asphalt (bitumen) road.
aß [a:s] *pret. von essen.*
Assekuranz [aseku'rants] *f* (-; *-en*) insurance.
Assel ['asəl] *f* (-; *-n*) isopod; wood-louse.
Assessor [a'sesɔr] *m* (-s; -'oren) assessor, *jur.* assistant judge; ~examen *n* final State Examination.
Assimilation [asimilatsi'o:n] *f* (-; -en) assimilation; ~skraft *f* assimilative power.
assimi'lieren *v/t.* (h.) assimilate.
Assist|ent(in *f*) [asis'tɛnt-] *m* (-en; -en; -; *-nen*) assistant, aid; ~enzarzt [-'tɛnts-] *m* assistant-surgeon, doctor's assistant; *Am.* at hospital: intern; ♀ieren *v/t.* (h.) assist, aid.
Assozi|ation [asotsiatsi'o:n] *f* (-; -en) association; *econ.* partnership; ~ati'onsaufreihung *f* stream of consciousness; ♀'ieren *v/t.* (h.) associate; *sich ~ mit j-m* enter into a partnership *with a p.*; ♀'iert [-'i:rt] *econ. adj.* associate(d), co-operant.
Ast [ast] *m* (-es; ̈e) bough; branch (*a. fig. or anat.*); *in wood*: knot; *ballistics*: absteigender (*aufsteigen-*

der) ~ descending (ascending) branch; *fig.* er ist *auf dem absteigenden ~* he is going downhill, he is on the downgrade; → *lachen*.
Ästchen ['ɛstçən] *n* (-s; -) twig.
Aster ['astər] *bot.* *f* (-; *-n*) aster.
Asthenie [aste'ni:] *med.* *f* (-; *-n*) asthenia; **Astheniker** [a'ste:nikər] *m* (-s; -) asthenic person.
Ästhet|ik [ɛs'te:tik] *f* (-) (a)esthetics; ~iker *m* (-s; -) (a)esthete; ♀isch *adj.* (a)esthetic(al).
Asth|ma ['astma] *n* (-s) asthma; ~matiker(in *f*) [-'ma:tikər-] *m* (-s; -; -; -nen), ♀'matisch *adj.* asthmatic.
astigmatisch [astig'ma:tiʃ] *adj.* astigmatic.
'**Astloch** *n* knothole.
Astralleib [as'tra:l-] *m* astral body.
'**astrein** *adj.* branchless; *wood*: free from knots; *colloq. fig. nicht ganz ~* not quite the thing.
Astro|loge [astro'lo:gə] *m* (-n; -n) astrologer; ~logie [-lo'gi:] *f* (-) astrology; ♀'logisch *adj.* astrological; ~naut [-'naut] *m* (-en; -en) astronaut; ~'nautik *f* (-) astronautics *pl.*; ~nom [-'no:m] *m* (-en; -en) astronomer; ~nomie [-no'mi:] *f* (-) astronomy; ♀'nomisch *adj.* astronomic(al) (*a. fig.*); '~photogra'phie *f* astrophotography; ~phy'sik *f* astrophysics *pl.*; ~'physiker *m* astrophysicist.
'**Astwerk** *n* branches, boughs *pl.*; *arch.* branch work.
'**Äsung** *f* (-; *-en*) pasture; *hunt.* grazing, browsing; food.
Asyl [a'zy:l] *n* (-s; -e) asylum, refuge; asylum, home; *fig.* sanctuary; *~ suchen* seek asylum; ~recht *n* (-[e]s) right of asylum.
'**asymmetrisch** *adj.* asymmetric(al).
'**asynchron** *el. adj.* asynchronous.
Atavis|mus [ata'vismus] *m* (-; -men) atavism; ♀tisch *adj.* atavistic.
Atelier [atəli'e:] *n* (-s; -s) studio; *film: ins ~ gehen* go into production; ~arbeiter *m* stage hand; ~aufnahme *f* studio shot.
Atem ['a:təm] *m* (-s) breath; breathing, respiration; *außer ~* out of breath, panting; *~ holen* draw breath, pause for breath; *den ~ anhalten* hold one's breath; *mit angehaltenem ~* with bated breath; *außer ~ kommen* get out of breath, get winded; *wieder zu ~ kommen* recover one's breath; *j-n in ~ halten* a) keep a p. busy, b) keep a p. in suspense; *j-m den ~ benehmen* take a p.'s breath away; ~beschwerde *f* difficulty of breathing; ~einsatz *m*, ~filter *m* gas mask; filter (element); ~gerät *n* oxygen (*or* breathing) apparatus, respirator; ~geräusch *n* respiratory sounds *pl.*; ~gymnastik *f* → *Atemübungen*; ~holen *n* (-s) respiration, breathing; ~lähmung *f* respiratory paralysis; ♀los *adj.* breathless (*a. fig.*); out of breath, panting; ~not *f* shortness of breath; asthma; ~pause *f* breathing-time; breathing-space, breather; *fig. a.* reprieve; ♀raubend *adj.* breath-taking (*a. fig.*); ~übungen *f/pl.* breathing exercises; ~wege ['-ve:gə] *m/pl.*

respiratory ducts (or tract sg.); ~zug m breath, respiration; bis zum letzten ~ to the last gasp; den letzten ~ tun breathe one's last; in e-m ~ in one breath.

Atheis|mus [ate'ʔismus] m (-) atheism; ~t m (-en; -en), ~tin f (-; -nen) atheist; ♀tisch adj. atheistic(al).

Athen [a'teːn] n (-s) Athens; → Eule.

Äther ['ɛːtər] m (-s; -) phys. and chem. ether; radio: a. air; über den ~ on the air; mit ~ betäuben etherize.

ätherisch [ɛ'teːriʃ] adj. poet. ethereal; phys., radio: etheric; chem. volatile; ~e Öle quick-drying (or essential) oils.

'Äther...: ~krieg m radio war; ~**narkose** f etherization; ~**recht** n broadcasting law; ~**welle** phys. f ether wave.

Äthiop|ien [ɛti'oːpiən] n (-s) Ethiopia; ~**ier(in** f) m (-s; -; -; -nen), ♀isch adj. Ethiopian.

Athlet [at'leːt] m (-en; -en), ~**in** f (-; -nen) athlete; ~**enherz** med. n athlete's heart; ~**ik** f (-) athletics; ♀isch adj. athletic.

Äthyl [ɛ'tyːl] chem. n (-s) ethyl; **Äthylen** [ɛty'leːn] n (-s) ethylene.

Atlant [at'lant] geogr. m (-en; -en) atlas.

At'lantik m (-s) the Atlantic (Ocean); ~**verkehr** m transatlantic traffic.

at'lantisch adj. Atlantic; → Atlantik.

Atlas ['atlas] m (-; -se) geogr. and myth. Atlas; (maps) atlas (a. anat. vertebra); satin; (cotton) sateen; ♀artig ['-aːrtiç] adj. satiny; ~**brokat** m brocaded satin; ~**papier** n satin paper.

atmen ['aːtmən] I. v/i. (h.) breathe, respire; schwer ~ breathe hard, gasp; tief ~ breathe deep, draw a deep breath, fig. swallow hard; II. v/t. (h.) breathe (a. fig.); inhale; **'Atmen** n (-s) breathing, breath, respiration.

Atmosphär|e [atmo'sfɛːrə] f (-; -n) atmosphere (a. fig.); ~**endruck** m (-[e]s; ~e) atmospheric pressure; ♀isch adj. atmospheric(al); ~e Störungen radio: atmospherics, statics; ~**enüberdruck** m (-[e]s; ~e) (abbr. atü) plus pressure.

'Atmung f (-) breathing, respiration; ~**s-organ, ~swerkzeug** n respiratory organ; Erkrankungen der ~e respiratory diseases; ~**sstoffwechsel** m respiratory exchange; ~**szentrum** n respiratory centre, Am. -er.

Atoll [a'tɔl] n (-s; -e) atoll.

Atom [a'toːm] n (-s; -e) atom; ~**antrieb** m atomic propulsion.

atomar [ato'maːr] adj. atomic, nuclear.

A'tom...: ~artillerie f atomic artillery; ~**batterie** f atomic pile; ~**bombe** f atomic bomb, atom bomb, A-bomb; ♀**bombensicher** adj. atom-bomb-proof; ~**brenner** m → Atombatterie; ~**energie** f (-) atomic (or nuclear) energy; ~**energie-ausschuß** m Atomic Energy Commission (abbr. AEC); ~**forscher** m nuclear scientist, A-man;

~**forschung** f nuclear research; ~**gemeinschaft** f (-) Atomic Pool; Europäische ~ (Euratom) European Atomic Energy Community; ~**geschoß** n, ~**granate** f atomic shell; ~**geschütz** n, ~**kanone** f atomic cannon (or gun); ~**gewicht** n atomic weight; ~**hülle** f electron shell; ♀isch adj. atomic; ~**kern** m atomic nucleus, ~**kernforschung** f nuclear research; ~**kraft** f atomic power (or energy); mit ~ betrieben atomic-powered; ~**kraftwerk** f nuclear power station; ~**krieg** m atomic (or nuclear) warfare; ~**lehre** f atomic theory; ~**meiler** m atomic pile; ~**modell** n atom model; ~**müll** m radioactive waste; ~**physik** f atomic (or nuclear) physics pl.; ~**reaktor** m atomic reactor; ~**regen** m (atomic) fall-out; ~**schlag** m nuclear strike; ~**spaltung** f atomic fission; atom-splitting; ~**strahlenspürtrupp** [-ʃtraːlən'ʃpyːrtrup] m radiation detection team; ~**stützpunkt** m atomic base; ~**teilchen** n atomic particle; ~**treibstoff** m atomic fuel; ~**unterseeboot** n atomic submarine; ~**versuch** m atomic test; ~**waffe** f atomic (or nuclear) weapon; ~**wissenschaft** f (-) atomics pl., nuclear science; ~**zahl** f atomic number; ~**zeitalter** n (-s) atomic age; ~**zerfall** m atomic disintegration or decay; ~**zertrümmerer** [-tsɛr'trymərər] m (-s; -) atom-smasher; cyclotrone; ~**zertrümmerung** f atom-smashing; → Atomspaltung.

atonal ['atonaːl] mus. adj. atonal.

Atonali'tät mus. f (-) atonality.

ätsch! [ɛːtʃ] int. serves you right!; surprise, surprise!

Attaché [ata'ʃeː] m (-s; -s) attaché.

Attacke [a'takə] f (-; -n), **atta'ckieren** v/t. (h). attack, charge.

Atten|tat [atɛn'taːt] n (-[e]s; -e) attempted assassination (or murder), attempt on a p.'s life; fig. outrage; ein ~ auf j-n verüben make an attempt on a p.'s life, (attempt to) assassinate a p.; ~'täter(in f) m assassin, humor. perpetrator.

Attest [a'tɛst] n (-es; -e) attest(ation), certificate; ärztliches ~ medical certificate; ein ~ ausstellen grant a certificate.

atte'stieren v/t. (h.) attest, certify.

Attraktion [atraktsi'oːn] f (-; -en) attraction.

attraktiv [-'tiːf] adj. attractive.

Attrappe [a'trapə] f (-; -n) econ. dummy, display package; mil. dummy; trap; Versuchs♀ test model, Am. mock-up.

Attribut [atri'buːt] n (-[e]s; -e) characteristic, property.

attributiv [-buti'f] adj. attributive.

atü [a'tyː] → Atmosphärenüberdruck.

'atypisch adj. non-typical.

atz|en ['atsən] v/t. (h.) feed; ♀**ung** f (-; -en) feeding; food.

Ätz|druck ['ɛts-] m (-[e]s; -e) etching, engraving; ♀en v/t. (h.) corrode, eat into; tech. etch; med. cauterize; ♀end adj. caustic (a. fig.), corrosive, mordant; ~er Kampfstoff vesicant (agent); ~**kali** n caustic potash; ~**kraft** f corrosive power; ~**mittel** n, ~**stoff** m corrosive; med.

caustic; ~**natron** n caustic soda, sodium hydroxide; ~**ung** f (-; -en) corrosion; med. cauterization; arts: etching; ~**wirkung** f corrosive) au! [au] int. oh!, ouch! [action.ʃ

auch [aux] cj. and adv. also; too; as well; likewise; even; at that; wenn ~ even if, even though, although; really; indeed; ich glaube es — ich ~! I believe it — so do I!, colloq. me too!; ich kann es nicht — ich ~ nicht! I cannot do it — nor (or neither) can I!; nicht nur ..., sondern ~ not only ..., but also; sowohl ... als ~ both ... and; wo ~ (immer) wherever; wer es ~ sei whoever it may be, no matter who it is; mag er ~ noch so reich sein let him be ever so rich, however rich he may be; so sehr ich ~ bedaure much as I regret; was er ~ (immer) sagen mag whatever he may say; ohne ~ nur zu fragen without so much as asking; da können wir ~ daheim bleiben we may as well stay at home; ich gebe dir das Buch, nun lies es aber ~! now mind you read it!; wirst du es ~ (wirklich) tun? are you really going to do so?; ist es ~ wahr? is it really true?; haben Sie ihn ~ (wirklich) gesehen? are you sure you saw him?; so ist es ~! so it is indeed!

Audienz [audi'ɛnts] f (-; -en) audience (bei dat. with); interview; hearing.

Audion ['audiɔn] n (-s; -s) grid-leak detector; ~**empfänger** m audion receiver.

Auditorium [audi'toːrium] n (-s; -ien) auditorium, lecture-hall; audience.

Aue ['auə] f (-; -n) (rich) pasture; meadow, poet. mead; green, common.

Auer|hahn ['auər-] m capercaille, wood-grouse; ~**henne** f, ~**huhn** n mountain-hen; ~**ochs** m aurochs.

auf [auf] I. prp. a) with dat.: on, upon; in, at; of; by; auf dem Tische (up)on the table; ~ Erden on earth; ~ der Welt in the world; ~ der Ausstellung (der Post) at the exhibition (the post-office); ~ e-m Balle (e-r Schule, Universität) at a ball (a school, university); ~ dem Markte in the market, at market; ~ der Stelle on the spot, forthwith; ~ der Straße in (Am. on) the street, on the road; ~ s-r Seite at (or by) his side, fig. on his side; ~ Seite 15 on page 15; ~ s-m Zimmer in his room; ~ dem nächsten Wege by the nearest way; ~ (in)direktem Wege (in)directly; ~ der Jagd hunting; ~ Reisen travel(l)ing, on a journey; ~ der Geige, etc., spielen play on the violin, etc.; b) with acc.: on; in; at; to; towards (a. ~ zu); up; ~ den Tisch on the table; ~ die Leinwand on(to) the screen; ~ Bestellung to order; ~ englisch in English; ~ e-e Entfernung von at a distance (or range) of; ~ die Erde fallen fall to the ground; ~ die Jagd gehen go (a-)hunting; auf die Post, etc., gehen go to the post-office, etc.; ~s Land gehen go into the country; ~ sein Zimmer gehen go to one's room; es geht ~ neun (Uhr) it is getting on to nine; ~ ... hin a) on the strength of, **b**) in answer to, **c**) as a result of, following; ~ *m-e Bitte* at my request; ~ *m-n Befehl* by my order; ~ *s-e Gefahr* at his risk; ~ *s-e Veranlassung* at his instance; ~ *s-n Vorschlag* at his suggestion; ~ *Jahre hinaus* for years to come; ~ *einige Tage* for some days; ~ *Lebenszeit* for life; ~ *ewig* for ever (and ever); ~ *die Minute* to the minute; ~ *morgen* **a**) for tomorrow, **b**) till tomorrow; ~*s beste* in the best way, wonderfully; ~*s höchste* in the highest degree; *alle bis* ~ *einen* all but one; *es hat nichts* ~ *sich* it does not matter (much), it is of no consequence; **II.** *adv.* up, upwards; open; awake; astir, up (and doing); ~ *und ab gehen* walk up and down *or* to and fro; ~ *und davon gehen* run away, make off; **III.** *cj.* ~ *daß* (in order) that; ~ *daß nicht* that not, for fear that, to avoid that, lest; **IV.** *int.* ~*!* (get) up!, up (and doing)!; *colloq.* go it!, step on it!; hurry up!, let's go! come on!, cheer up!

'**auf-arbeit|en** *v/t.* (*h.*) work (*or* clear) off (*backlog*); *tech.* work (*or* furbish) up; *colloq.* do up (*a dress*); renovate; *tech.* recondition; press (*a tool*); use up; ♀**ung** *f* (-; -en) working up; renovating; reconditioning, dressing.

'**auf-atmen** *v/i.* (*h.*) draw a deep breath; *fig.* breathe again *or* freely; *erleichtert* ~ heave a sigh of relief; *fig. wieder* ~ (*können*) recover, revive.

'**Aufatmen** *n* sigh of relief.

aufbahr|en ['aʊfbaːrən] *v/t.* (*h.*) put *coffin* on the bier; lay out *body* (in state); ♀**ung** (-; -en) laying-out; laying-in-state.

'**Aufbau** *m* (-[e]s) building(-up), erection, construction; → *Wieder*♀; disposition, arrangement, set-up; *tech.* assembly, mounting; *mar.*, *rail.* (*pl.* -ten) superstructure; *mot.* (*pl.* -ten) (car) body; *chem.* synthesis; structure, system; grouping(s *pl.*); *of drama, etc.*: construction; *im* ~ *begriffen* in the process of organization, in the initial stages; ~**deck** *mar. n* superstructure deck; ♀**en** *v/t.* (*h.*) build up, erect, construct; *tech.* assemble, mount, set up; *chem.* synthesize; arrange; group; *fig.* build up *an existence, a theory, etc.* (*auf acc.* on); base, found (on); establish, organize, set up (*an organization*); construct (*a drama, etc.*); *sich* ~ *auf* be based (up)on; *er baute sich vor mir auf* he planted himself before me; ♀**end** *adj.* constructive; developing.

'**aufbäumen** *v/t.* (*h.*) **1.** *sich* ~ *horse*: rear (up), prance; *aer.* buck; *person*: struggle up; *fig.* rebel (*colloq.* kick) (*gegen* against); **2.** *weaving*: roll the *warp* on the beam, take up.

'**Aufbau...:** ~**mittel** *med. n* roborans, restorative; ~**programm** *n* developing program(me); ~**rahmen** *mot. m* body frame.

'**aufbauschen** *v/t.* (*h.*) puff (up), swell (up); *fig.* exaggerate, overstate, magnify, play up.

'**Aufbau...: ~schule** *f* continuation school; ~**ten** ['-tən] *m/pl. mar.* superstructure; *film*: set *sg.*

'**aufbegehren** *v/i.* (*h.*) flare up, bluster, start up in anger; protest, revolt (*gegen* against).

'**aufbehalten** *v/t.* (*irr., h.*) keep on (*one's hat*); keep *one's eyes* open.

'**aufbekommen** *v/t.* (*irr., h.*) get *the door, etc.* open; get *a knot* undone; eat up, *sl.* polish off (*a meal*); be given *a task.*

'**aufbereit|en** *tech. v/t.* (*h.*) prepare, work up; refine, separate; dress (*hides, ore*); process (*food*); prepare (*coal*); ♀**ung** *f* preparation; treatment; dressing; processing.

'**aufbesser|n** *v/t.* (*h.*) raise, increase (*salary*); improve (*prices*); ♀**ung** *f* rise, *Am.* raise, increase (of pay); improvement (*of prices*).

'**aufbewahren** *v/t.* (*h.*) keep; preserve; *bank*: deposit for safekeeping; store (up); *gut aufbewahrt* in safe keeping.

'**Aufbewahrung** *f* keeping, preservation, storage; *sichere* ~ safe keeping; *j-m et. zur* ~ *geben* entrust a th. to a p.('s custody), deposit a th. with a p.; ~**sgebühr** *f* charge for storage (*or* rail. for left luggage); *for securities*: safe-deposit charges *pl.*

'**aufbiet|en** *v/t.* (*irr., h.*) proclaim; publish (*or* put up) the banns of (*engaged couple*); call up, summon; *mil.* raise, levy, mobilize (*troops*); muster, summon (*courage, resources, strength, etc.*); *alle s-e Kräfte* ~, *alles* ~ make every (possible) effort, do one's utmost, move heaven and earth; → *Einfluß* ♀**ung** *f* (-) summoning; proclamation; mobilization; *unter* ~ *aller Kräfte* with all one's might; by supreme effort, with the utmost exertion; *attr.* all-out (*campaign, etc.*).

'**aufbinden** *v/t.* (*irr., h.*) untie, undo, loosen; tie up; truss up, turn up; *fig. j-m et.* (*od. e-n Bären*) ~ hoax a p., impose on a p., put a th. over on a p.; *er läßt sich alles* ~ he swallows anything.

'**aufblähen** *v/t.* (*h.*) blow out, swell, puff up; blow up, (*a. fig. or econ.*) inflate; *sich* ~ *med.* balloon, *sail*: fill, belly out, *fig.* be puffed up (*vor dat.* with), swagger, strut.

'**aufblasen** *v/t.* (*irr., h.*) blow up, inflate; *fig. sich* ~ puff o.s. up; → *aufgeblasen.*

'**aufbleiben** *v/i.* (*irr., sn*) remain open; *person*: stay (*or* sit) up (*spät* late); (*immer*) *lang* ~ keep late hours.

'**aufblenden I.** *v/t.* (*h.*) *film*: fade in, light up; **II.** *v/i.* (*h.*) *mot.* turn on the headlights.

'**aufblicken** *v/i.* (*h.*) look *or* (glance) up, raise one's eyes (*zu* to); *fig. zu j-m* ~ look up to a p.

'**aufblitzen** *v/i.* (*sn, h.*) flash, flare (up).

'**aufblühen** *v/i.* (*sn*) (burst into) blossom *or* bloom, open; *fig.* blossom (out) *culturally, etc.*: flourish, thrive, prosper; *wieder* ~ revive, be rejuvenated; '**Aufblühen** *n* (-s) blossoming; *fig.* rise, growth, flourishing.   [prop up.}

'**aufbocken** *tech. v/t.* (*h.*) jack up,}

'**aufbohren** *tech. v/t.* (*h.*) bore open; rebore.

'**aufbrauchen** *v/t.* (*h.*) use up, consume, exhaust.

'**aufbrausen** *v/i.* (*sn; h.*) bubble up, (*a. chem.*) effervesce, fizz; *sea*: surge, (*a. fig.* laughter, *etc.*) roar; *fig.* fly in(to) a passion, bridle up; *er braust leicht auf* he fires (*or* flares) up quickly; ♀ *n* effervescence; fermentation; roar; *fig.* (burst of) passion, fit of temper; ~**d** *adj.* effervescent; *fig.* hot-headed, irascible, boisterous.

'**aufbrechen I.** *v/t.* (*irr., h.*) break open, force open; open (*a letter*); pick (*a lock*); *hunt.* disembowel; **II.** *v/i.* (*irr., sn*) burst open (*boil*) break (open); *skin*: crack, chap; start, depart, set out (*nach* for); *mil.* move off, break camp.

'**aufbringen** *v/t.* (*irr., h.*) bring up, produce; apply, *paint. a.* coat on; get open; find, procure; muster (*a. fig.*); raise (*money*); meet, defray (*expenses*); start, introduce (*fashion*); summon up, muster (*courage*); *mar.* capture (*ship*); *fig.* provoke, infuriate, anger; vex, exasperate.

'**Aufbruch** *m* departure, start, setting-out (*nach, zu* for); *fig. pol.* awakening, uprising; fundamental change; *hunt.* bowels, entrails *pl.*

'**aufbrühen** *v/t.* (*h.*) scald.

'**aufbügeln** *v/t.* (*h.*) iron, press; *colloq.* brush up (*knowledge*).

aufbürden ['aʊfbyrdən] *v/t.* (*h.*): *j-m et.* ~ burden (*or* saddle) a p. with a th.; impute a th. to a p., charge a p. with a th.

'**aufdecken I.** *v/t.* (*h.*) uncover, (lay) bare; *fig.* lay bare, unveil, reveal, expose; detect; clear up, *colloq.* crack; show; → *Karte*; turn down the sheets of (*bed*); spread (*cloth*); **II.** *v/i.* (*h.*) lay the cloth (*or* table).

'**aufdrängen** *v/t.* (*h.*) force, intrude, obtrude (*j-m* [up]on a p.); *person*: *a.* press, urge ([up]on a p.); *sich* ~ force o.s., obtrude o.s., intrude o.s. (*dat.* [up]on); *der Gedanke drängte sich auf* the idea suggested itself.

'**aufdrehen I.** *v/t.* (*h.*) untwist, unravel (*thread, etc.*); turn on (*the gas, etc.*); loosen (*a screw*), unscrew; **II.** *v/i.* (*h.*) *mot. colloq. sl.* step on the gas, let her rip; *sports*: open up, *sl.* go it; *w.s.* let go (*or* loose); *er war mächtig aufgedreht* he was in high spirits (*or sl.* all pepped up).

'**aufdringen** → *aufdrängen.*

'**aufdringlich** *adj.* obtrusive (*a. thing*), importunate, *colloq.* pushing; *colour, etc.*: gaudy, showy; ♀**keit** *f* obtrusiveness, importunity.

'**Auf|druck** *m* (-[e]s, -e) ♀*ypr.* imprint, impression; *on postcards*: surcharge; ♀**drucken** *v/t.* (*h.*) (im-)print (*auf acc.* on); stamp; ♀**drükken** *v/t.* (*h.*) press (*or* push) open; squeeze open; impress, affix, put *a seal, etc.* (*dat. or auf acc.* on).

aufeinander [aʊfʔaɪˈandər] *adv.* one on top of the other; one against the other; one after another, one by one; ♀**folge** *f* (-) succession; series, round (*of events*); *in rascher* ~ rapid succession; ~**folgen** *v/i.* (*sn*) succeed (one another); ~**folgend** *adj.* successive, consecutive; *während drei* ~*er Tage* for three days running; **~häufen** v/t. (h.) pile (or heap) up; **~prallen**, **~stoßen** v/i. (sn) collide; fig. persons, views: clash; things: meet, touch, rest against each other.

Aufenthalt ['aufɛnthalt] m (-[e]s; -e) stay, sojourn; whereabouts; (place of) residence, abode, domicile; halt, delay, stop(page), hindrance; rail, etc.: stop; ohne ~ without delay, attr. non-stop (train); wie lange haben wir ~? how long do we stop here?; **~sbestätigung** f residence certificate; **~sdauer** f (duration of) stay; **~sgenehmigung** f residence permit; **♀slos** adj. non-stop; **~s-ort** m (-[e]s; -e) stay, abode; (place of) residence, domicile; sein gegenwärtiger ~ ist unbekannt his present whereabouts is unknown; **~sraum** m lounge; recreation (or day) room.

'auf-erleg|en v/t. (h.): j-m als Pflicht ~ enjoin on a p. (et. a th.; zu inf. to inf.); impose (a condition, duty, tax, task, one's will, etc.) (j-m on a p.); inflict, impose (a penalty); (j-m on a p.); → Zwang; **♀ung** f (-) imposition, infliction.

'auf-ersteh|en v/i. (irr., sn) rise (from the dead); **♀ung** f resurrection; **♀ungsfest** n Resurrection-Day.

'auf-erweck|en v/t. (h.) raise (from the dead); restore to life, resuscitate; **♀ung** f raising; resuscitation.

'auf-essen v/t. (irr., h.) eat up; consume; schnell ~ gobble off.

auffädeln ['auffɛːdəln] v/t. string (pearls).

'auffahren I. v/i. (irr., sn) rise, ascend; drive up, pull up; mil. drive into position; drive or run (auf acc. against, into); ~ auf ram, run on; ship: (auf Grund) ~ run aground; person: a) (angrily) flare up, fly out, b) (frightened) start (or jump) up, give a start; **II.** v/t. (irr., h.) range up, array; park (car); bring guns into action, bring up, place; (a. ~ lassen) dish up (meal, etc.); fig. adduce (evidence); churn (or cut) up (road); **~d** adj. vehement, irascible, irritable.

'Auffahrt f mine: ascent; driving up; approach; drive(way Am.).

'Auffahr-unfall m front-end collision.

'auffallen I. v/i. (irr., sn) fall (auf acc. upon), hit; fig. be conspicuous, attract attention; j-m ~ strike a p., n.s. catch a p.'s eye; astonish, surprise; er fiel unangenehm auf he made a bad impression; es fiel allgemein auf it was generally noticed; **II.** v/t. (irr., h.) (sich) das Knie, etc. ~ bark, skin (one's knee, etc.); **'~d,** **'auffällig** adj. striking; b.s. blatant; conspicuous, eye-catching; spectacular; peculiar; strange; shocking; clothes, colours, etc.: eccentric, gaudy, showy, loud (in pattern), colloq. flashy; ~ gekleidet showily dressed.

'auffang|en v/t. (irr., h.) catch (up), snatch; a. tech. collect; intercept (letter, radio message, etc.); cushion (fall, shock); parry (attack, blow), boxing: block; aer. pull out (of a dive); pick up (news, etc.); econ.,

etc. cushion, absorb, head off (adverse development); **♀elektrode** el.f collector electrode; **♀lager** n reception camp; **♀schale** tech. f collecting reservoir, drip pan; **♀stellung** mil. f (prepared) rear position.

'auffärben v/t. (h.) redye; lift, touch up.

'auffassen I. v/t. (h.) fig. conceive; understand, comprehend, grasp; interpret, construe, read; thea., etc. interpret (rôle); falsch ~ misunderstand, misconceive; **II.** v/i. (h.) leicht ~ be quick of understanding (or in the uptake); schwer ~ be slow (of apprehension), be slow in the uptake; et. anders ~ see a th. differently.

'Auffassung f conception; interpretation, reading; apprehension, grasp; opinion, view; falsche ~ misconception; nach m-r ~ as I take it, from my point of view; die ~ vertreten, daß take the view that, hold (or argue) that; **~svermögen** n (-s) intellectual grasp, intelligence.

auffind|bar ['auffintbaːr] adj. discoverable, traceable; **~en** ['-dən] v/t. (irr., h.) find out, trace, discover, locate; **♀ung** f (-) discovery, finding.

'auffischen v/t. (h.) fish (up); fig. pick up.

'aufflackern v/i. (sn) flare up (a. fig.).

'aufflammen v/i. (sn) blaze (or flame) up, burst into flames; chem. deflagrate; fig. flare up, flame out.

'aufflechten v/t. (irr., h.) untwine, untwist; unbraid (hair).

'auffliegen v/i. (irr., sn) fly up; bird: soar, take wing, flush; aer. ascend, take off; door: fly open; mine, etc.: explode; fig. be dissolved; undertaking: fail, end in smoke, explode; ~ lassen blow up; spring (a mine); fig. clear out, crack.

'aufforder|n v/t. (h.) call (up)on a p. (zu inf. to inf.); ask, request; approach (for); bid, order; urge, exhort; encourage; invite, ask; call in; to fight: challenge; jur. summon; zur Zahlung ~ demand (or call for) payment, dun; **~nd** adj. glance: provocative, challenging; come-hither; **♀ung** f call, request; order; urging; invitation; challenge; jur. summons sg.; instigation.

aufforst|en ['aufforstən] v/t. (h.) afforest; restock with seedlings; **♀ung** f (-; -en) afforestation.

'auffressen v/t. (irr., h.) devour, eat up; colloq. mit den Augen ~ look hungrily at, devour with one's eyes.

'auffrisch|en v/t., a. sich (h.) freshen up (a. wind), refresh; touch up (paintings); varnish, do up (furniture, etc.); renew, regenerate; replenish (stocks); mot. purify (oil); revive (memories, sorrow); refresh (one's memory); brush up (knowledge); **'♀ungskurs(us)** m refresher course.

aufführ|bar ['auffyːrbaːr] thea. adj. actable; **~en** v/t. (h.) build, erect; enumerate; enter, book; in a list: state, show, list, set out; einzeln ~ specify, Am. itemize; thea. per-

form, play, act, (put on the) stage; a. film: present, show; produce (witness); sich (schlecht) ~ (mis)behave, → benehmen; **♀ung** f construction; thea. representation, performance, film: showing, presentation; (variety, etc.) show; in a list: entry, specification; of witnesses: production; behavio(u)r, conduct; **♀ungsrecht** n thea. performing rights pl.

'auffüll|en v/t. (h.) fill (or top) up; refill; replenish (supply, etc.); restock.

'auffüttern v/t. (h.) feed up, rear.

'Aufgabe f **1.** task, operation, job, assignment; business, concern; duty, responsibility, function; mission; problem; ped. task, problem, lesson; homework; exercise; **2.** (-) delivery, surrender; of letters: posting, Am. mailing; of luggage: registration, booking, Am. checking; of telegrams: handing in, dispatch; advice, communication; tennis: service; **3.** (-) discontinuation; of an office: resignation; of business, shop: giving up, closing down; sports: giving up, withdrawal; of a right: relinquishment, waiver; abandonment; sacrifice; e-e ~ lösen solve a problem; e-e ~ übernehmen accept a task, take over (or assume) a function; j-m e-e ~ stellen set a p. a task; er machte es sich zur ~ he made it his business; es ist nicht m-e ~ it is not my office (or business); econ. laut ~ as per advice.

'aufgabeln v/t. (h.) pick up.

'Aufgabe...: **~nbereich** m, **~ngebiet** n field (of activity), scope (of duties), functions pl.; **~nheft** n exercise book; **~nkreis** m → Aufgabenbereich; **~ort** m (-[e]s; -e) place of dispatch; **~schein** m certificate of delivery, receipt; **~stempel** m date stamp; **~trichter** m feeding hopper; **~vorrichtung** tech. f feed mechanism.

'Aufgang m rising, ascent; of stars: rising, rise; staircase, stairs, Am. stairway; agr. germination (of seed).

'aufgeben v/t. (irr., h.) give up, deliver; post, Am. mail (a letter); book, register, Am. check (luggage); hand in, send, dispatch (telegram); econ. give, place (an order); insert, run (ad); tech. charge; tennis: serve; econ. advise, give notice of, let know; quote (prices); j-m et. ~ order (or commission) a p. to do a th., charge a p. with a th.; ask, set (riddle); ped. set, assign (task); abandon, lose (hope); give up (patient), despair of (a p.'s recovery); give up, abandon (a. mil.); do without, renounce, resign; waive, relinquish (claim); forgo (advantage, pleasure); discontinue, cease; drop, have done with (acquaintance); leave, quit (service, work); give up, close (shop, etc.), retire from (business); discard, drop (habit); es (or den Kampf, das Spiel) ~, a. v/i. give up (or in), capitulate, boxing and fig.: throw in the towel, throw up the sponge; give up (the ghost).

aufgeblasen ['aufgəblaːzən] adj. puffed up, inflated; fig. a. arrogant, conceited, bumptious; ℒheit f (-) arrogance, conceit.

'**Aufgebot** n public notice, citation; (publication of the) banns, banns pl. of marriage, Am. official wedding notice; das ~ bestellen ask the banns; array; mil. levy, conscription; allgemeines ~ levée en masse; body (of men); posse; letztes ~ last reserves; mit starkem ~ erscheinen turn up in full force; fig. unter ~ aller Kräfte with the utmost exertion, with might and main, by supreme effort; ~sverfahren n jur. public citation; for securities: cancellation proceedings pl.

'**aufgebracht** adj. angry (gegen with; über acc. at, about); upset (by); furious, sore, stung to the soul.

aufgedonnert ['aufgədɔnərt] adj. dressed up (to the nines), in full feathers, Am. a. dolled up.

'**aufgedunsen** adj. bloated, puffed up.

'**aufgehen** v/i. (irr., sn) curtain, dough, star: rise; plants, seed: come up, shoot up (or forth); open; knot, etc.: come undone, get loose; seam: come open; ice, boil, etc.: break (up); flower: unfold; math. leave no remainder; fig. prove right; 4 geht in 12 auf 4 goes into 12 without remainder; 9 geht nicht in 5 auf 9 will not divide into 5; gegeneinander ~ compensate each other; fig. ~ in (dat.) be(come) merged (or incorporated) in (a company, community), intellectually: be absorbed (or deeply engrossed) in, be wrapt up in work, one's family, etc.; → Flamme, Licht, Rauch; die Wahrheit ging mir auf the truth dawned (or burst, flashed) upon me.

aufgeklärt ['aufgəklɛ:rt] adj. enlightened; sie ist ganz ~ she knows all the facts of life; ℒheit f (-) enlightenment.

aufgeknöpft ['aufgəknœpft] colloq. adj. communicative, chatty, expansive.

aufgekratzt ['aufgəkratst] colloq. adj. cheerful, in high spirits, chipper.

aufgelaufen ['aufgəlaufən] adj. feet: sore, blistered, chafed; econ. interest: accumulated, accrued.

'**Aufgeld** econ. n premium, agio; stock exchange: contango; earnest-money; extra-charge.

aufgelegt ['aufgəle:kt] adj.: ~ zu disposed (for, a th.; to do); inclined (to do); zu et. ~ sein feel like (doing) a th.; ich bin heute nicht dazu ~ I am not in the mood for it today; ich bin nicht zum Arbeiten ~ I don't feel like working; econ. zur Zeichnung ~ open for subscription; ship: laid up; colloq. ein ~er Schwindel a barefaced (or blatant) swindle.

aufgelöst ['aufgələø:st] fig. adj. upset, hysterical.

aufgeräumt ['aufgərɔymt] fig. adj. cheerful, jovial, in high spirits, expansive.

aufgeregt ['aufgəre:kt] adj. excited, nervous, flustered; upset; excitable.

'**aufgeschlossen** fig. adj. open (dat. to), alert (to); open-minded, free-

-minded; communicative; enlightened; ℒheit f (-) open-mindedness.

'**aufgeschmissen** colloq. adj.: ~ sein be stuck; be in an awful fix.

'**aufgeschossen** → aufschießen.

aufgestaut ['aufgəʃtaut] adj. pent-up (feelings, econ. demand, etc.).

'**aufgeweckt** adj. intelligent, bright, alert, quick-witted.

'**aufgeworfen** adj. pouting (lips); turned-up (nose).

'**aufgießen** v/t. (irr., h.) pour (auf acc. upon); chem. infuse; tea: a. make.

Aufgleitfront ['aufglaɪt-] f meteor. warm front.

'**aufglieder|n** v/t. (h.) split up, subdivide, Am. break down; analyse; specify, Am. itemize; departmentalize; ℒung f subdivision, Am. breakdown; analysis; departmental classification; structure.

'**aufgraben** v/t. (irr., h.) dig up.

'**aufgreifen** v/t. (irr., h.) snatch up, seize a th.; pick up, seize a p.; fig. take up (a subject, etc.).

'**Aufguß** m infusion; ~tierchen biol. n/pl. infusoria.

'**aufhaben I.** v/t. (h.) have on, wear (a hat, etc.); have the door open; have homework to do; **II.** v/i. (h.): das Geschäft hat auf the shop is open.

'**aufhacken** v/t. (h.) hoe up; cut open.

'**aufhaken** v/t. (h.) unhook, undo.

aufhalsen ['aufhalzən] v/t. (h.) thrust (dat. upon); saddle (with a duty, etc.); palm wares, etc. off (on).

'**aufhalten** v/t. (irr., h.), keep the door open; stop, fig. a. check, stay, stem, arrest, Am. a. halt; delay, retard, brake; hold up (a p., a car, traffic), detain a p.; waste (or trespass on) a p.'s time; mil. hold, stop, delay (the enemy); sich ~ a) stop, b) stay; live, be (all: in dat. at; bei with), c) fig. dwell (bei on), d) linger (fig. bei over or upon); sich ~ über find fault with, criticise, take exception to; ich kann mich damit nicht ~ I cannot spend (or waste) any time on it; ich brauche mich bei diesem Punkt nicht aufzuhalten I need not belabo(u)r this point; lassen Sie sich (von mir) nicht ~! don't let me keep you!

'**aufhäng|en** v/t. (h.) hang up; tech. suspend (an dat. from); j-n ~ hang a p. (by the neck); sich ~ hang o.s.; fig. j-m et. ~ → aufhalsen; ℒer m (-s; -) tab; colloq. peg (on which to hang a story, etc.), gimmick; ℒung f (-; -en) suspension; mot. (halb)starre ~ (semi-)rigid suspension; elastische (vollschwebende) ~ flexible (fully floating) suspension.

'**aufhäuf|en** v/t. (h.) heap up, (a. sich) pile up, accumulate; treasures, etc.: amass; ℒung f accumulation.

'**aufheben** v/t. (irr., h.) take up, pick up; lift (up), raise; hold up (one's hand, etc.); help a p. up; keep, preserve; store, warehouse; stop, end; raise (blockade, siege, measure); remove, cancel (decree, prohibition), lift (a ban); call off (boycott, strike); dissolve (organization); break (silence); break up,

dismiss, adjourn (a meeting); break off (an engagement); math. reduce (a fraction); abolish; revoke; supersede; declare null and void, invalidate, cancel; annul (a. marriage); suspend; repeal, abrogate (a law); rescind, terminate (a contract); jur. quash, reverse, set aside (a judgment); balance, set off, Am. offset; cancel, neutralize, negative (an effect); sich gegenseitig ~ neutralize each other, cancel each other out; die Tafel ~ rise from the table; gut (or sicher) aufgehoben sein be in safe keeping, person: be in good hands (bei with), be well looked after (or taken care of) (by); '**Aufheben** n: viel ~s (von et.) machen make a great fuss (about a th.); viel ~s um nichts much ado about nothing.

'**Aufhebung** f raising (of siege, etc.); removal, lifting (of restrictions, etc.); abolition; cancellation, nullification; suspension; annulment (of marriage), (judicial) separation (of conjugal community); repeal, abrogation (of laws); rescission, termination (of contract); jur. reversal (of judgment); ~ e-r Klage withdrawal of an action, nonsuit; dissolution (of organisation); breaking up, adjournment (of meeting); neutralization (of an effect).

aufheiter|n ['aufhaɪtərn] v/t. (h.) cheer a p. up; sich ~ weather: clear up, sky: clear, (a. face) brighten; ℒung f (-; -en) cheering up; amusement; weather: clearing up, brightening; zeitweise ~ bright periods pl., sunny spell.

'**aufhelfen** v/i. (irr., h.): j-m ~ help a p. up.

aufhellen ['aufhɛlən] v/t. (h.) clear, brighten, light up; fig. enlighten, throw light upon, illuminate; sich ~ brighten, weather: a. clear up.

'**aufhetz|en** v/t. (h.) instigate, incite, stir up; ℒer(in)f m instigator; pol. agitator, fomenter; ℒung f (-; -en) instigation, incitement; pol. agitation, fomenting.

'**aufhol|en I.** v/t. (h.) mar. haul up; sailing: bring close to the wind; fig. make up (for lost time, etc.); **II.** v/i. (h.) gain (gegen on); sports: a. pull up, close the gap; recover lost ground, make up leeway; ℒkonjunktur econ. f backlog boom.

'**aufhorchen** v/i. (h.) prick (up) one's ears, listen attentively; fig. sit up and take notice.

'**aufhören** v/i. (h.) cease; ~ zu inf. cease to inf., or ger.; stop, leave off, Am. quit ger.; have done (with ger.); discontinue; subside, ebb; ~ zu arbeiten knock off work; ohne aufzuhören incessantly, without let-up; der Sturm hat aufgehört the storm has calmed down or blown over; colloq. da hört doch alles auf! that's the limit!, that beats everything!; hör auf damit! stop it!, sl. cut it out!

'**aufjagen** v/t. (h.) start, raise (game).

'**aufjauchzen**, '**aufjubeln** v/i. (h.) shout with joy, jubilate.

'**Aufkauf** econ. m buying up; speculative: cornering, forestalling; ℒen *v/t. (h.)* buy up; *speculative*: corner (*goods or the market*), forestall (*the market*); discount (*bill of exchange*).

'Aufkäufer *m* wholesale buyer; buying agent; speculative buyer, forestaller.

'aufkeimen *v/i.* (*sn*) bud, burgeon, germinate, sprout (*all a. fig.*); **~d** *adj. fig.* budding, nascent.

aufklapp|bar ['aufklapbaːr] *adj.* hinged, collapsible; **~en** *v/t. (h.)* open; *knife*: *a.* unclasp; put up the folds of (*table*).

'aufklär|en *v/t. (h.)* clear up (*a. weather*: *sich* **~**); clarify (*liquid*); *fig.* clear up, clarify; throw light on, illuminate *a th.*; enlighten *a p.* (*über acc.* on); inform, instruct, orient; solve, *colloq.* crack (*crime, secret*); enlighten on sexual matters, explain the facts of life to; *mil.* (*a. v/i.*) reconnoit|re, *Am.* -er, scout; *j-n über e-n Irrtum* **~** correct *a p.'s* mistake, undeceive *a p.*; **Ωer** *m* (*-s*; *-*) enlightener, pioneer of progress (*a.* **Ωerin** *f*, *-*; *-nen*); *mil.* scout; → *Aufklärungsflugzeug.*

'Aufklärung *f* clearing-up; *fig.* enlightenment, *hist.* the Enlightenment; educational work; explanation; information; clarification; *sexuelle* **~** sex enlightenment, sex-instruction; *of crime, etc.*: solution; *weather*: bright period, sunny spell; *mil.* reconnaissance, scouting; **~s-abteilung** *mil. f* reconnaissance detachment; **~s-arbeit** *f* educational work (*or campaign*); **~sfahrzeug** *mar. n* scout vessel; **~sfeldzug** *m* campaign of enlightenment; **~sflugzeug** *n* reconnaissance plane, observation aircraft, scout; **~sschrift** *f* informative pamphlet; **~s-tätigkeit** *f* reconnaissance activity; **~s-zeitalter** *n* (*-s*) Age of Enlightenment.

'aufklauben *v/t. (h.)* pick up, glean.

'auf|kleben, **~kleistern** *v/t. (h.)* stick on, paste on; gum *or* glue on; affix, put *post-stamp* on (*auf acc.* to, on); **~klebe-etikett** *n* adhesive label, *Am.* sticker.

'aufklingen *v/i.* (*irr.*, *sn*) resound, ring out.

'aufklinken *v/t. (h.)* unlatch (*a door*).

'aufknacken *v/t. (h.)* crack (open) (*a. sl. a safe*).

'aufknöpfen *v/t. (h.)* unbutton; → *aufgeknöpft.*

'aufknüpfen *v/t. (h.)* tie up; untie, undo; hang *a p.*

'aufkochen *v/i.* (*sn*) and *v/t. (h.)* boil (up); *v/t.* **~** (*lassen*) bring to the boil.

'aufkommen *v/i.* (*sn*) rise, get up; *weather*: come up; *wind*: spring up; *fig.* spring up, arise; *custom, etc.*: come into fashion (*or vogue, use*); spread; *thought, etc.*: arise; *med.* recover; *für et.* **~** answer (*or be responsible, liable*) for *a th.*; *für die Kosten* **~** pay, defray the expenses; *für den Schaden* **~** compensate for, make good the damage; make o.s. liable for (*debts, losses*); *gegen j-n* **~** prevail against, cope with, *sports*: gain on *a p.*, decrease the gap; *Zweifel* **~** *lassen* give rise to doubts; *nicht* **~** *lassen* suppress, control *a th.*, give *a p.* no chance;

niemand **~** *lassen* admit (*or suffer*) no rival; *gegen ihn kann ich nicht* **~** I am no match for him; **'Aufkommen** *n* recovery; origin, rise; coming into fashion, introduction; revenue; *tax*: yield.

'aufkratzen *v/t. (h.)* scratch up (*or open*); card (*wool*); *sich* **~** scratch o.s. sore; → *aufgekratzt.*

aufkrempeln ['aufkrempəln] *v/t. (h.)* turn up (*brim, trousers*); roll up (*sleeves*).

'aufkreuzen *v/i.* (*sn*) *mar.* bear to windward; *fig.* turn up, appear (*on the scene*).

'aufkriegen *v/t. (h.)* → *aufbekommen.*

'aufkündig|en *v/t. (h.)* → *kündigen*; *j-m die Freundschaft* **~** renounce *a p.'s* friendship, break with *a p.*; refuse (*obedience*); *econ.* call in, foreclose (*mortgage*); recall (*capital*); cancel (*a purchase*); give notice of termination of, revoke (*contract*); **Ωung** *f* warning, notice; recall(*ing*); termination, revocation.

'auflachen *v/i. (h.)* burst out laughing, give a laugh.

'auflad|en *v/t.* (*irr.*, *h.*) load, lade; *mot.* boost, supercharge; *el.* charge, *wieder* **~** recharge; *fig. j-m et.* **~** burden (*or charge*) *a. p. with a th.*; *sich et.* **~** saddle o.s. with *a th.*; **Ωer** *m* (*-s*; *-*) loader, packer; *mot.* (*a.* **Ωe-gebläse** *n*) supercharger, *Am.* booster.

'Auflage *f* imposition, levy; tax, duty; direction, instruction; condition; (*official*) order, injunction; *of a book*: **a)** edition, **b)** number of copies, **c)** reprint; *of newspaper*: circulation; *tech.* support, rest, seat; lining; coat(*ing*); layer; *shooting*: rest; **~fläche** *f* bearing (*or contact*) surface; **~r** *tech. n* support, bearing, seat; **~ziffer** *f* circulation, issue, run (*of newspaper*).

'auflass|en *v/t.* (*irr.*, *h.*) leave open; *jur.* convey, cede (*real estate*); abandon (*a pit*); send up (*a balloon*); **Ωung** *f* (*-*; *-en*) *jur.* conveyance.

'auflauern *v/i. (h.)*: *j-m* **~** waylay (*a. w.s. or humor.*) *or* (lie in) wait for *a p.*

'Auflauf *f* (*jur.* unlawful) assembly, crowd; tumult, commotion, riot; *food*: soufflé; **~bremse** *mot. f* overrunning brake; **Ωen I.** *v/i.* (*irr.*, *sn*) rise, swell; *money*: accumulate, *a. bill*: run up, mount up; *interest, etc.*: accrue, accumulate; *mar.* run aground; **II.** *v/t.* (*irr.*, *h.*) *sich die Füße* **~** get footsore.

'aufleben *v/i.* (*sn*): (*wieder*) **~** (*lassen*) revive (*a. rights*); come to life again; **'Aufleben** *n* (*h.*) revival.

'auflecken *v/t. (h.)* lick (*or lap*) up.

'aufleg|en *v/t. (h.)* lay, put (*auf acc.* on); put on (*coal, etc.*); *teleph.* restore (the receiver), hang up (*a. v/i.*); lay, spread (*the table-cloth*); apply (*a plaster, etc.*); lay on (*paint*); publish, print (*books*); *wieder* **~** reprint, republish; lay out (*magazins, etc.*); lay up (*goods*), display (for sale); lay up (*a ship*); impose (*a burden*) (*j-m on a p.*); inflict (*a penalty*); *econ.* bring out (*an issue*); (*zur Zeichnung*) **~** invite subscriptions for (*a loan*), offer for

subscription; *sich* **~** lean (*auf acc.* on); → *aufgelegt*; **Ωung** *f* (*-*; *-en*) imposition; infliction.

'auflehn|en *v/t.*, *a. sich* **~** (*h.*) lean (*or rest*) (*auf acc.* on); *fig. sich* **~** (*gegen*) rebel, revolt, *colloq.* kick (*against*); oppose; **Ωung** *f* (*-*; *-en*) rebellion, revolt, mutiny; opposition, resistance.

'aufleimen *v/t. (h.)* glue (*auf acc.* on to).

'auflesen *v/t.* (*irr.*, *h.*) gather, pick up (*a. colloq. fig.*).

'aufleuchten *v/i. (h.)* flash (*or light*) up.

'aufliegen I. *v/i.* (*irr.*, *h.*) lie *or* rest (*auf dat.* upon); weigh (on); be laid out (*zu for inspection*); *goods*: be exposed (for sale); *zur Zeichnung* **~** be offered for subscription; **II.** *v/t. sich* **~** (*irr.*, *h.*) get bedsore.

'auflockern *v/t.*, *a. sich* (*h.*) loosen; *agr.* break (up), loosen (*soil*); *mil.* disperse (*a. industrial centres*); *tech.* disaggregate; aerate; *sports*: limber up; *fig.* loosen up (*a p.*); relax, slacken; *aufgelockerte Bebauung* low-density housing.

'auflodern *v/i.* (*sn*) (*a. fig.*) blaze (*or flare, flame*) up.

'auflös|bar *adj.* (*dis*)solvable; *chem.* soluble; **~en** *v/t. (h.)* loosen, untie; disentangle, unravel; *chem.* (*a. sich* **~**) **a)** dissolve, melt, **b)** disintegrate, resolve, break up, **c)** decompose; solve (*equation, parenthesis, riddle, task*); *chem.*, *gr.* analyse; *math.* reduce (*fractions*); sever, break up (*relations*); dissolve (*club, marriage, parliament, etc.*); cancel, annul (*contract*); liquidate, wind up (*a company*); dissolve, break up (*a meeting*); disband (*an organization, troops, etc.*), *Am. mil.* phase out; → *aufgelöst*, *Träne*, *Wohlgefallen.*

'Auflösung *f* loosening; disentanglement; solution (*a. chem.*, *math.*); *of a novel, etc.*: denouement; decomposition, disintegration; *chem.* analysis; *mus.* resolution; *med.* break-up, final stage; death, decease; dissolution (*of a marriage, Parliament, etc.*); disintegration (*a. fig.*); *econ.* liquidation, winding-up (*of accounts*); *mil.* disbandment, *Am.* phase-out; severance (*of relations*); annulment, cancellation (*of contract*); *in der* **~** *begriffen* in the process of disintegration; *phot. Aufnahmen mit großer* **~** photographs faithful to minute details; **~smittel** *n* (dis)solvent; **~svermögen** *n* (*-s*) *chem.* solvent power; *opt.* resolving power; *phot.* acuity of image; *film*: fineness of grain; **~szeichen** *mus. n* natural.

'auflöten *v/t. (h.)* solder on; unsolder.

'aufmach|en *v/t. (h.)* open; *die Augen* **~** watch out; *die Ohren* **~** listen attentively, prick one's ears; unlock; answer *the door*; get up, raise (*steam*); uncork (*a bottle*); undo (*dress, knot*); undo, unpack (*parcel*); put up (*curtain, umbrella*); unlace; unbutton, unfasten; make up, get up, pack attractively; open, set up, establish (*a business*); draw up, make out (*a bill*); *sich* **~** *wind*: rise, *person*: (*nach acc.*) set out, start (for), make (for); **2ung** *f* (-; -en) make-up, (*a. of book, newspaper*) get-up; *of a page*: layout, make-up; *w.s.* style, presentation; *fig.* display, window-dressing, splash; *et. in großer* ~ *herausbringen* feature, highlight.

'**Aufmarsch** *m* marching-up; line-up; *mil.* **a)** initial assembly, (strategic) concentration, **b)** deployment; parade, march-past; ~**bewegung** *f* assembly (*or* concentration) movement; ~**gebiet** *mil. n* concentration (*or* marshalling) area; deployment zone.

'**aufmarsch|ieren** *v/i.* (*sn*) draw (*or* march, form) up; *mil.* assemble, *tactically*: deploy (*a. v/t.* ~ *lassen*); **2plan** *m* operational plan.

'**aufmerk|en** *v/i.* (*h.*) attend, pay attention (*auf acc.* to); → *aufhorchen*; ~**sam** *adj.* attentive (*auf acc.* to); watchful, vigilant, keen; *fig.* obliging, courteous, kind (*gegen acc.* to); *j-n* ~ *machen auf* call (*or* draw) a p.'s attention to, point *a th.* out to a p.; ~ *werden auf* become aware of (*or* alert to), notice; ~ *verfolgen* follow closely; ~ *zuhören* be all ears; **2samkeit** *f* (-) attention, attentiveness; watchfulness, alertness, vigilance; (-; -en) courtesy, civility, kindness; *e-e kleine* ~ a small token (*or* gift), a little attention; ~ *erregen* attract attention; *s-e* ~ *richten auf* (*acc.*) direct one's attention to; ~ *schenken* (*dat.*) pay attention (to *a p. or th.*); er *überschüttete sie mit* ~*en* he showered her with his attentions. **aufmöbeln** ['aʊfmøːbəln] *colloq.* (*h.*) buoy (*or* ginger) up, *Am. sl.* pep up.

aufmunter|n ['aʊfmʊntərn] *v/t.* (*h.*) rouse; *fig. a.* encourage, reassure, buoy up, *Am. sl.* pep up; cheer up; animate; **2ung** *f* (-; -en) encouragement, uplift.

'**aufnageln** *v/t.* (*h.*) nail down (*auf acc.* on).

'**aufnäh|en** *v/t.* (*h.*) sew (*auf acc.* on); tuck; **2er** (-s; -) tuck.

Aufnahme ['aʊfnaːmə] *f* (-) taking up, lifting up; absorption (*a. fig. econ. of the market, of supply*), uptake; *physiol. or fig.* assimilation; accommodation (*of guests, etc.*); starting, initiation; assumption (*of activity*); integration (*in dat.* within), incorporation (into), inclusion (into); reception; admission, admittance; enrol(l)ment, registration; listing, entry; *econ.* raising, floatation (*of a loan*); assessment (*of damage*); contraction (*of debts*); establishing (*relations*); stock-taking, inventory; taking up (*of capital*), borrowing, loan; intake (*of food, etc.*); drawing up (*of minutes, etc.*), record(ing); (-; -n) *film*: **a)** shooting, **b)** shot; *phot.* **a)** taking (*or* shooting) (*a picture*), **b)** photo-(graph), picture, shot; snapshot; recording (*of gramophone record*); reception, (*intellectual*) grasp; *geogr.* mapping-out; (*topographical*) survey, plotting; *el.* input; *j-m e-e freundliche* ~ *bereiten* receive a p. kindly; ~ *finden* be admitted (*bei dat.* to, into); *fig. e-e herzliche*

(*kühle*) ~ *finden* meet with a warm (cool) reception (*bei* from); *e-e* ~ *machen phot.* take a picture, *film*: take a shot, *gramophone disc, etc.*: make a recording; *film*: *Achtung,* ~! Action!, camera!; ~**atelier** *n* (film) studio; ~**bedingungen** *f/pl.* terms of admission; **2fähig** *adj.* capacious; *chem.* absorbable; *fig.* receptive (*für* of); *econ.* active (*market*); ~**fähigkeit** *f* capacity (of absorption, *a. econ.*); (*intellectual*) receptivity; ~**gebühr** *f* admission (*Am.* initiation) fee; ~**gerät** *n* sound: recording equipment, recorder; *phot.* camera; *film*: pickup unit; *surv.* surveying apparatus; ~**leiter** *m film*: production manager; *radio*: recording manager; ~**objektiv** *n* photographic field lens; ~**prüfung** *f* entrance examination; ~**raum** *m*, ~**studio** *n* studio; ~**vermögen** *n* (-s) (absorption) capacity; (*intellectual*) receptivity; ~**wagen** *m* recording van, *Am.* pickup truck.

'**aufnehmen** *v/t.* (*irr., h.*) take up (*a. a mesh*), lift up, raise; pick up; (*a. in sich* ~) absorb (*a. intellectually*; *a. econ. market*), assimilate, take up; *intellectually*: take in; grasp, comprehend, make *a th.* one's own; receive; *fig. a.* welcome; accept; accommodate, shelter; hold, contain, carry; store; include (*in acc.* into), integrate (within), incorporate (in), embody (in); insert (*a clause*); list, enter; *in e-n Verein, etc.*: admit to (*club*), enrol(l), catalogue; *Inventar*: make an inventory, take stock; *Schaden*: assess damages; take up, start (*den Betrieb* operation), enter into (*Verhandlungen* negotiations); *Beziehungen*: establish (*relations*); → *Verbindung*; *et. wieder* ~ resume; borrow (*money*); raise, float (*a loan*); raise (*a mortgage*); take up (*capital*); contract (*debts*); hono(u)r (*bill of exchange*); take (down) (*dictation, etc.*), *das Protokoll*: draw up *the minutes*, record; *geogr.* map out; survey; photograph; shoot, take (*j-n* a p.'s picture), take pictures of; shoot (*a film*), photograph (*details, scene*); record (*music, disk*); copy (*telegram*); *e-e Spur* ~ follow a trail, pick up the scent; *fig. es mit j-m* ~ be able to cope with (*or* be a match for) a p.; *gut* ~ take *a th.* well, take in good part; *et. übel* ~ take a th. ill (*or* amiss).

'**aufnotieren** *v/t.* (*h.*) note (down).

aufoktroyieren ['aʊfˀɔktroaˈjiːrən] *v/t.* (*h.*) force upon, impose on (from above).

'**auf·opfer|n** *v/t.* (*h.*) (*für or dat.*) sacrifice (to); ~**nd** *adj.* sacrificing, devoted; **2ung** *f* (self-) sacrifice; devotion.

'**aufpacken** *v/t.* (*h.*) pack up, load (*auf acc.* on); *j-m et.* ~ load a p. with a th.; → *aufbürden*; unpack, undo.

'**aufpäppeln** *v/t.* (*h.*) bring up by hand; (*a. fig.*) spoon-feed.

'**aufpass|en I.** *v/i.* (*h.*) ~ *auf* (*acc.*) attend to, take care of, look after, mind; watch; be attentive, be all ears, pay attention; look (*Am.* watch) out, be on one's guard, be on

the alert; *aufgepaßt!*, *paßt auf!* attention!, look (*Am.* watch) out!; *colloq.* *paß* (*mal*) *auf!* look (*Am.* see) here!, listen!; **II.** *v/t.* (*h.*) adapt, fit on; **2er(in** *f*) *m* (-s; -; -; -nen) watcher, overseer, watch-dog; spy.

'**aufpeitschen** *v/t.* (*h.*) whip up (*the heart, etc.*); stimulate (*the nerves*); lash *a p.* into a fury; *by drugs, a. w.s.* stimulate, rouse, fire; arouse, whip up (*passions*), *pol.* foment, agitate.

'**aufpflanzen** *v/t.* (*h.*) set up; *mil.* fix (*the bayonet*); *sich vor j-m* ~ plant o.s. before a p.

'**aufpfropfen** *v/t.* (*h.*) graft (*auf acc.* on).

'**aufpicken** *v/t.* (*h.*) pick up.

'**aufplatzen** *v/i.* (*sn*) burst (open), crack.

aufplustern ['aʊfpluːstərn] *v/t.*: *sich* ~ (*h.*) *bird*: ruffle one's feathers; *fig.* puff o.s. up.

'**aufpolieren** *v/t.* (*h.*) polish up (*a. colloq. fig.*), refurbish, refinish.

'**aufpräg|en** *v/t.* (*h.*) impress, stamp (*auf acc.* on); **2ung** *f* impress, embossing.

'**Aufprall** *m* bound; impact; **2en** *v/i.* (*sn*) bounce, (re)bound (*auf acc.* against); *auf den Boden* ~ strike the ground; ~ *lassen* bounce.

'**Aufpreis** *econ. m* additional price, surcharge, premium.

'**aufprobieren** *v/t.* (*h.*) try on.

aufpulvern ['aʊfpʊlfərn] *colloq. v/t.* (*h.*) ginger (*or* pep) up.

'**aufpumpen** *v/t.* (*h.*) pump up; blow up, inflate (*tyres*).

'**aufputschen** *v/t.* (*h.*) incite; *sl.* pep up.

'**Aufputz** *m* finery, attire, *colloq.* get-up; **2en** *v/t.* (*h.*) dress up, deck out, smarten up; clean (*or* mop) up.

'**aufquellen I.** *v/i.* (*irr., sn*) well (*or* bubble) up; swell up, rise; **II.** *v/t.* (*irr., h.*) soak, steep.

'**aufraffen** *v/t.* (*h.*) snatch up; *sich* ~ struggle to one's feet; *fig.* rouse (*or* brace) o.s., pull o.s. together (*zu* for); recover, rally; *ich konnte mich nicht dazu* ~ I couldn't bring myself to do it.

'**aufragen** *v/i.* (*h.*) rise (on high), loom (up), tower (up), jut.

'**aufrauhen** *tech. v/t.* (*h.*) roughen, buff; nap (*cloth*); card (*wool*).

'**aufräum|en** *v/t. and v/i.* (*h.*) remove, clear away; put in order; tidy up, *Am.* straighten up (*a room*); *fig. mit et.* ~ do away with, make a clean sweep of; ~ *unter* (*dat.*) decimate, play havoc among *the population*; *mil.* mop up; → *aufgeräumt*; **2ung** *f* removal, clearing-up; *mil.* mopping-up (operation); **2ungsarbeiten** *f/pl.* clearance; salvage work.

'**aufrechn|en** *v/t. and v/i.* (*h.*) reckon (*or* count) up; charge, credit (*gegen* against); balance, square, settle; set off (*Am.* offset) (*gegen* against); *jur.* compensate; **2ung** *f* balancing, squaring; *jur.* compensation.

'**aufrecht** *adj. and adv.* upright, erect; ~ *sitzen* sit up; ~ *stehen* stand erect; *fig.* upright, trustworthy; ~**(er)halten** *v/t.* (*irr., h.*) hold upright; *fig.* maintain; adhere to; uphold, sustain (*a doctrine, custom, judgment*); ♀(er)haltung *f* (-) maintenance; support; ⁓stehend *adj.* upright.

'aufreg|en *v/t.* (*h.*) excite, agitate; stir up; alarm, disturb, worry; irritate, exasperate; *sich* ⁓ *über* (*acc.*) get excited (*or* alarmed, upset) about, get all worked up about; *reg dich nicht auf!* don't get excited!, take it easy!; ⁓end *adj.* stirring, exciting, thrilling, hair-raising; ♀ung *f* excitement, agitation; irritation; fuss.

'aufreiben *v/t.* (*irr., h.*) rub off; *med.* rub sore (*or* open), gall, chafe; *tech.* ream out, broach; wear away; *mil.* annihilate, wipe out; *fig.* exhaust, wear out; (*sich*) ⁓ wear (o.s.) out; worry (o.s.) to death; ⁓d *adj.* exhausting, harassing, trying.

'aufreihen *v/t.* (*h.*) string, thread (*auf acc.* on).

'aufreißen I. *v/t.* (*irr., h.*) rip (*or* tear) up *or* open; wrench (*or* fling) open (*the door*); open *one's* eyes wide; gap; II. *v/i.* (*irr., sn*) split, open, burst, crack; *skin:* chap.

'aufreiz|en *v/t.* (*h.*) incite, provoke, stir up, instigate, *colloq.* egg on; ⁓end *adj.* provocative; inflammatory (*speech, etc.*); ♀ung *f* incitement, provocation, instigation.

'aufrichten *v/t.* (*h.*) raise, set up, erect; help (*or* lift) up; *mar.* right; *aer.* a) pull out (*from a dive*), b) level off (*before landing*); establish, found; *fig.* comfort, console; *sich* ⁓ arise, stand up; straigthen o.s.; *in bed:* sit up; *sich an j-m* ⁓ take heart from a p.('s words).

'aufrichtig *adj.* sincere (*a. regret, etc.*); candid, frank; honest, upright; ♀keit *f* sincerity, cando(u)r, frankness; honesty, uprightness.

'aufriegeln *v/t.* (*h.*) unbar, unbolt, open.

'Aufriß *m* draught (*Am.* draft), layout; sketch; *arch.* a) elevation, b) front elevation (*or* view); *math.* vertical section.

'aufritzen *v/t.* (*h.*) slit (*or* rip) open; scratch open.

'aufrollen *v/t., v/i. a. sich* ⁓ (*h.*) roll (*or* coil) up; reel in; curl (*hair*); *mil.* roll up; turn the (*enemy's*) flank; unroll, unfurl (*a flag, etc.; a. fig.*).

'aufrücken *v/i.* (*sn*) move up, advance (*a. fig.*); *sports:* close in, gain ground; *mil.* close the ranks; *in rank:* be promoted, rise.

'Aufruf *m* call, summons; call-up; *of government:* proclamation; *for assistance:* appeal; *e-n* ⁓ *erlassen* (make an) appeal (*an acc.* to); *of bank-notes:* withdrawal (from circulation); ♀en *v/t.* (*irr., h.*) call up (*a. mil. an age-grade*); give public notice, call over (*names*); call in (*bank-notes*); *zur Einzahlung auf Aktien* ⁓ make a call on shares (*Am.* stock); *fig. j-n* ⁓ *zu inf.* call upon a p. to *inf.*; *zum Streik* ⁓ call a strike.

Aufruhr ['aufruːr] *m* (-[e]s; -e) rebellion, revolt, sedition, insurrection; mutiny; riot (*a. jur.*), tumult, unrest; *a. fig.* uproar; ⁓stifter *m* agitator, rabble-rouser.

'aufrühren *v/t.* (*h.*) stir up, rouse; *fig.* rake up (*old stories*); revive (*memories*); stir, inflame (*passions*).

Aufrührer ['aufryːrər] *m* (-s; -), ⁓in *f* (-; -nen) rebel, insurgent, mutineer; *pol.* agitator, fomenter; ♀isch *adj.* rebellious, insurgent, mutinous; seditious, inflammatory (*speeches, etc.*).

'aufrunden *v/t.* (*h.*) round off.

'aufrüst|en *v/t. and v/i.* (*h.*) *mil.* (re)arm, *tech.* assemble; ♀ung *f* (re)armament. 'aufrütteln *v/t.* (*h.*) shake up; *fig. a.* shake into action; rouse (*from sleep, inaction, etc.*).

'aufsagen *v/t.* (*h.*) say, repeat; recite; → *aufkündigen.*

'aufsammeln *v/t.* (*h.*) gather (up), pick up, collect.

aufsässig ['aufzɛsiç] *adj.* restive; rebellious; refractory, wayward.

'Aufsatz *m* treatise, essay; *ped.* composition, paper; (*newspaper*) article; headpiece, top; *of table:* centre- (*Am.* center)piece, epergne; *tech.* fixture, attachment; *artillery:* quadrant elevation; ⁓fernrohr *n* telescopic sight; ⁓thema *n* subject (for an essay), theme.

'aufsaug|en *v/t.* (*h.*) suck up (*or* in), aspirate; *chem.* (*a. fig.*) absorb; ⁓end *adj.* absorbent; ♀ung *f* (-) absorption.

'auf|scharren *v/t.* (*h.*) scrape up; ⁓schauen *v/i.* (*h.*) look up (*zu* to; *a. fig.*); glance up; ⁓schäumen *v/i.* (*sn*) foam up, froth, effervesce; ⁓scheuchen *v/t.* (*h.*) scare, frighten (up); *hunt.* startle, scare away; ⁓scheuern *v/t.* (*h.*) scour, scrub; *med.* rub (*sich* o.s.) sore, chafe (*the skin*).

'aufschicht|en *v/t.* (*h.*) stack (*or* pile) up, staple; arrange in layers; *geol.* stratify; ♀ung *geol. f* stratification.

'aufschieben *v/t.* (*irr., h.*) push (*or* shove) open; *fig.* put off; defer, postpone; delay; adjourn; *es läßt sich nicht* ⁓ it brooks no delay; ⁓d *jur. adj.* suspensive.

'aufschießen *v/i.* (*irr., sn*) *bot.* shoot up, sprout; *flame:* leap (*or* blaze) up; *fig.* rise, spring up; grow up rapidly, grow tall; *hoch aufgeschossen* lanky, tall, gangling.

'Aufschlag *m on sleeve:* cuff; *mil.* facing; *on trousers:* turn-up; *on jacket:* lapel, facing, revers; striking; *of a bomb, etc.:* impact; (*noise; a. aer.*) crash; *econ.* a) advance, rise, b) additional (*or* extra) charge, c) premium, d) surtax, additional duty; *tennis:* (*a.* ⁓ball *m*) service, serve; ♀en I. *v/i.* (*irr., sn*) hit, strike; *aer.* strike ground, crash; *dumpf* ⁓ thud; *flames:* leap (*or* blaze) up; *tennis:* serve; *goods:* rise, go up (in price); II. *v/t.* (*irr., h.*) break open; crack (*an egg*); turn up (*sleeves, etc.*); open (*one's eyes*); raise, cast up (*one's eyes*); set (*or* put) up (*the bed*); open (*a book*); erect, put up (*a scaffold*); bruise (*one's knee, etc.*); charge (*costs*); increase, raise (*prices*); take up (*one's residence*), make (*one's home*); pitch (*camp, tent*); *sein Hauptquartier* ⁓ *in* (*dat.*) make one's headquarters at; *sich den Kopf, etc.* ⁓ bruise one's head, *etc.*; ⁓spiel *n* service game;

⁓ventil *n* kickoff valve; ⁓zünder *m* percussion (*or* impact) fuse.

'aufschließen I. *v/t.* (*irr., h.*) unlock, open; *chem.* disintegrate, break up; *a. mining:* develop (*an area*); *econ.* open up, develop (*markets*); *fig. sich* ⁓ open (*or* pour out) one's heart, unbosom o.s. (*dat.* to); II. *v/i.* (*irr., sn*) *mil.* close (the) ranks; join up (*with a unit*).

'aufschlitzen *v/t.* (*h.*) slit, rip up *or* open.

'aufschluchzen *v/i.* (*h.*) (give a loud) sob.

'Aufschluß *m fig.* explanation, information, data *pl.* (*über acc.* about); ⁓ *geben über* (*acc.*) give information about, explain *a th.*; *chem.* disintegration; *geol.* exposure; *mining:* open lode, outcrop; ♀reich *adj.* informative, instructive; *w.s.* revealing, illuminating, tell-tale.

'aufschlüsseln *v/t.* (*h.*) subdivide, break down; distribute *costs* (in a fixed ratio), allocate.

'aufschmieren *v/t.* (*h.*) smear *or* spread (*auf acc.* on).

'aufschnallen *v/t.* (*h.*) buckle *or* strap on (*auf acc.* to); unbuckle, unstrap.

'aufschnappen I. *v/t.* (*h.*) snap up, snatch; *fig.* pick up; II. *v/i.* (*sn*) spring open.

'aufschneid|en I. *v/t.* (*irr., h.*) cut up (*or* open); cut up, carve (*meat*); slice; cut the leaves of *a book*; *med.* lance; II. *v/i.* (*irr., h.*) boast, brag, show off; exaggerate, talk big; ♀er *m* braggart, boaster, show-off; ♀e'rei *f* bragging, boast(ing), exaggeration, tall talk; ⁓erisch *adj.* boastful, exaggerated.

aufschnellen *v/i.* (*sn*) bound up. 'Aufschnitt *m* (-[e]s) cut; *kalter* ⁓ (slices *pl.* of) cold meat, *Am.* cold cuts *pl.*

'aufschnüren *v/t.* (*h.*) lace, tie (*auf acc.* on); untie; unlace (*shoes*); undo (*knots*).

'aufschrauben *v/t.* (*h.*) screw on (*auf acc.* to); unscrew.

'aufschrecken I. *v/t.* (*h.*) startle, frighten up; rouse (*aus* from); II. *v/i.* (*sn*) start (up), jump. 'Aufschrei *m* cry, yell; scream, shriek; *fig.* outcry.

'aufschreiben *v/t.* (*irr., h.*) write (*or* take) down, record; make a note of, note *or* jot down; *at games:* score; *econ.* a) put to a p.'s account, b) book, enter; *j-n polizeilich* ⁓ take a p.'s name.

'aufschreien *v/i.* (*irr., h.*) cry out, give a yell; scream, shriek, screech. 'Aufschrift *f* inscription, legend; *on letter:* address, direction; *on bottle, etc.:* label, ticket; heading.

'Aufschub *m* deferment; delay; postponement; adjournment; *jur.* stay (*of execution*), arrest (*of judgment*), reprieve (*of death sentence*); *econ.* respite, grace; *e-n* ⁓ *bewilligen* allow (*od.* grant) respite; *ohne* ⁓ without delay; *die Sache duldet keinen* ⁓ the matter is urgent (*or* brooks no delay).

'aufschürfen *v/t.* (*h.*) graze, abrade (*one's skin*); bark, skin (*one's knee*).

'aufschütteln *v/t.* (*h.*) shake up. 'aufschütt|en *v/t.* (*h.*) heap up;

pour on; store up; charge, fill, feed; throw up, raise (*a dam*); deposit (*earth*); coat *a road* (with broken stones); 2ung *f* (-; -en) *geol.* accumulation, deposit; storage; embankment, barrier.

'**aufschwatzen** *colloq.* *v/t.* (*h.*): j-m et. ~ talk a' p. into buying a th.; palm off a th. on a p.

'**aufschwellen** *v/i.* (*irr.*, sn) swell (up).

'**aufschwemmen** *v/t.* (*h.*) bloat.

'**aufschwingen** *v/t.*: sich ~ (*irr.*, *h.*) swing o.s. up; *birds*: soar (up); *fig.* make one's way; *sich zu et.* ~ brace o.s. up for a th., bring o.s. to do a th.

'**Aufschwung** *m gym.* upward circle, swing-up; *fig.* impetus, stimulus; improvement, recovery; progress, rise, advance; *esp. econ.* boom, *Am. a.* upswing; elevation, uplift (*of soul*); e-n neuen ~ nehmen receive a fresh impetus, revive; *econ.* be booming; *neuen ~ verleihen* give a fresh impetus (*dat.* to).

'**aufsehen** *v/i.* (*irr.*, *h.*) look up; → aufblicken; 2 *n* sensation, stir; ~ erregen cause (*or* create) a sensation, make a stir; *um ~ zu vermeiden* to avoid notice; ~erregend *adj.* startling, sensational.

'**Aufseher(in** *f*) *m factory, etc.*: overseer, foreman; *public service, etc.*: supervisor, inspector; *museum, park, etc.*: guardian; *parking-place*: attendant; *department store*: shopwalker, *Am.* floorwalker.

'**aufsein** *v/i.* (*irr.*, sn) be up; be open.

'**aufsetzen I.** *v/t.* (*h.*) set (*or* pile) up; put on (*hat, kettle, patch, etc.*); draw up (*in writing*), compose, word; draft (*document, telegram*); → abfassen; *tech.* attach, mount; superimpose; *aufgesetzte Taschen pl.* patch pockets; *fig. ein Gesicht ~* make (*or* pull) a face; *s-n Kopf ~* be obstinate, remain adamant; → *Horn*; **II.** *v/i.* (*h.*) *aer.* touch down; *sich ~* sit up.

'**aufseufzen** *v/i.* (*h.*): (*tief*) ~ heave a (deep) sigh.

'**Aufsicht** *f* (-; -en) supervision, inspection, control; superintendence; (police) surveillance; *jur.* guardianship, tutorage; care, custody; *tech.* top plan view; *die ~ führen über* (*acc.*) superintend, be in charge of; *unter ~ stehen* be under supervision, *by police*: under surveillance, *prisoner*: be in custody, *mental patient*: be under restraint; 2**führend** *adj.* superintending, control(l)ing; ~**be-amte(r)** *m* supervisor, inspector; ~**sbehörde**, ~**s-instanz** *f*, ~**s-organ** *n* supervisory authority, board of control; ~**sdame** *f*, ~**sherr** *m econ.* shop-(*Am.* floor)walker; ~**s-personal** *n* superintending staff; ~**srat** *econ. m* (-[e]s, ⁼e) supervisory board (*of German-type corporation*); ~**sratsmitglied** *n* member of the supervisory board; ~**sratsvorsitzender** *m* chairman (of the supervisory board).

'**aufsitzen** *v/i.* (*irr.*, sn, h.) sit (*auf dat.* on); *at night*: sit up; get on horseback, mount; ~!, *aufgesessen!* mount!; *tech.* rest, be seated; *mil. das Ziel ~ lassen* aim at the bottom edge

of the target; *fig. colloq.* be dished, be taken in; *j-n ~ lassen* leave a p. in the lurch.

'**aufspalt|en** *v/t.* *or* sich ~ (*h.*) split, cleave, break up; *chem.* disintegrate; 2ung *f* splitting, split-up, division; dispersion; *biol.* fission (*of cell*); *chem.* disintegration.

'**aufspann|en** *v/t.* (*h.*) stretch; mount (*map, etc.*); *tech.* fix, clamp (*the work*); put on (*strings*); put up, open (*umbrella*); spread (*sail*); pitch (*tent*); 2**vorrichtung** *f* clamping device, jig.

'**aufsparen** *v/t.* (*h.*) save, put *or* lay by (*zu, für* for); (keep in) reserve; *fig.* reserve.

'**aufspeicher|n** *v/t.* (*h.*) store up (*a. fig.*); *a.* warehouse; hoard; *el.* store, accumulate; 2ung *f* storage (*of electricity*); accumulation (*of energy*); impounding (*of water*).

'**aufsperren** *v/t.* (*h.*) unlock; open (wide); *fig.* → *Mund*.

'**aufspielen** *v/t. and v/i.* (*h.*) strike up; *zum Tanz*: play (to the dance); *sports*: (*ganz groß*) ~ give a demonstration (*of*); *sich ~* give o.s. (*or* put on) airs, show off; *sich ~ als* pose as, set up for.

'**aufspießen** *v/t.* (*h.*) spit; pierce; gore; impale; run through, spear.

'**aufsprengen** *v/t.* (*h.*) burst (*or* force) open; blow up.

'**aufspringen** *v/i.* (*irr.*, sn) jump up, leap up, bound up, spring to one's feet; *ski jump, etc.*: land; *auf e-n Zug ~* jump (on) a train; *ball*: bounce, rebound; *hands*: chap; *buds*: burst; *lips, varnish, etc.*: crack; *door*: fly (*or* burst) open.

'**aufspritzen I.** *v/t.* (*h.*) spray (on), squirt on; **II.** *v/i.* (sn) splash up.

'**aufsprudeln** *v/i.* (sn) bubble up.

'**Aufsprung** *m* bounce; *sports*: landing; ~**bahn** *f* landing slope.

'**aufspulen** *v/t.* (*h.*) wind, spool, reel (up; *auf acc.* onto).

'**aufspüren** *v/t.* (*h.*) hunt up (*or* out), track down, trace (out), ferret out.

'**aufstacheln** *v/t.* goad (*a. fig.*); *fig.* spur (on), incite, stimulate; rouse (*passions*); *b.s.* instigate.

'**aufstampfen** *v/i.* (*h.*) stamp one's foot (*or* feet); *tech.* tamp down.

'**Aufstand** *m* revolt, rebellion, insurrection, uprising; mutiny.

aufständisch ['aufʃtendiʃ] *adj.* rebellious, insurgent; 2e(r *m*) *f* (-n; -n; -en; -en) rebel, insurgent.

'**aufstapeln** *v/t.* (*h.*) pile (*or* stack, heap) up; *econ.* store (up).

'**aufstäuben** *v/t.* (*h.*) dust, spray, atomize (*auf acc.* on).

'**aufstechen** *v/t.* (*irr.*, *h.*) pierce, prick open, puncture; lance (*a boil*).

'**aufsteck|en** *v/t.* (*h.*) put (*or* stick) up; fix; pin up; put (*or* do) up (*curtains, one's hair*); *tech.* attach, slip on; → *Licht*; *colloq.* chuck up, (*a. v/i.*) give up, throw up the sponge; 2**kamm** *m* dressing-comb; 2**kappe** *tech. f* slip-on cap; 2**rohr** *n* extension tube.

'**aufstehen** *v/i.* (*irr.*, sn, h.) stand *or* be open; *door*: (*a. halb ~*) be ajar; rise, get up (*a. from bed*); *a.* rise to one's feet, stand up; *von e-r Krankheit*: recover (from *an illness*); rise (in arms), revolt.

'**aufsteigen** *v/i.* (*irr.*, sn) go up, rise; *alpinist, balloon*: ascend; *aer.* take off, take the air; climb; *rider*: mount; *bird*: soar; *fig. menace, etc.*: loom; *feeling*: well up; *storm*: come up; *sports*: go up (into higher league); *ein Gedanke stieg in mir auf* a thought struck (*or* occured to) me; *ein Verdacht stieg in mir auf* I had a suspicion.

'**aufstell|en** *v/t.* (*h.*) set up, put up; *mil.* range, draw up; line up; organize (*a unit*); emplace (*a gun*); post, station (*guards*); erect (*buildings*); set (*a trap*); raise (*a ladder*); set up, assemble, install (*a machine*); park (*cars*); expose, display (*goods*); *fig.* make (*an assertion*); set (*an example*); make up, prepare (*balance--sheet*); lay down (*a principle*); nominate (*candidate*); specify, *Am.* itemize (*costs, etc.*); propound, advance (*theories, etc.*); make out, prepare (*a list*); make out *od.* up (*a bill*); state; establish, set (up) (*a record*); appoint (*an arbiter*); organize, raise (*armed forces*); establish (*a system*); compile (*a table, etc.*); *sports*: nominate, put *a player* on *the* team; compose (*a team*); produce (*witnesses*) *sich ~* take one's stand, station (*od.* place) o.s., *mil.* form up, fall in (line); *sich ~ lassen für e-n Sitz im Parlament*: stand for (*Parliament*), *Am.* run for (*Congress*); 2ung *f* setting up; *tech.* assembly, installation; *mil.* drawing up; alignment; arrangement, (*a. mil.*) formation, disposition; *sports*: team composition; list, schedule, statement; table, tabulation; survey; report; specification, *Am.* itemization; inventory; nomination; assertion (*of argument*); preparation (*of balance-sheet, etc.*).

'**aufstemmen** *v/t.* (*h.*) force (*or* prize) open; open with a chisel (*or* crowbar); *sich ~* lean (up)on *a th.*

Aufstieg ['aufʃtiːk] *m* (-[e]s; -e) ascent, *Am. mst.* ascension; *aer. a.* take-off; *fig.* rise; promotion; *sozialer ~* advancement; ~**smöglichkeit** *f* promotional opportunity.

'**aufstöbern** *v/t.* (*h.*) stir up; start, rouse (*game*); *fig.* hunt up, ferret out, unearth, discover.

'**aufstocken I.** *v/t.* (*h.*) *arch.* raise (*by one story or more*); **II.** *v/i.* (*h.*) *econ.* raise additional funds; increase; stockpile.

'**aufstören** *v/t.* (*h.*) stir up; disturb.

'**aufstoßen I.** *v/t.* (*irr.*, h.) push open; (sich) *das Knie ~* bruise one's knee; ~ *auf* (*acc.*) knock against; **II.** *v/i.* (*irr.*, sn) ~ *auf* (*acc.*) knock *or* run against; *mar.* run aground; *food*: rise, repeat; *person*: belch; *fig.* j-m ~ occur to a p., come across a p.'s mind; → *sauer*; '**Aufstoßen** *n* (-s) belch(ing), eructation; *med. saures* ~ heart-burn.

'**aufstreben** *v/i.* (sn) rise, soar, tower up; *fig.* aspire (*zu* to).

'**aufstreichen** *v/t.* (*irr.*, h.) lay (*or* brush, coat) on; *on bread*: spread.

'**aufstreifen** *v/t.* (*h.*) tuck (*or* turn) up (*sleeves, etc.*); slip on (*a ring, etc.*).

'**aufstreuen** *v/t.* (*h.*) strew *or* sprinkle (*auf acc.* upon).

'Aufstrich *m writing*: upstroke; *mus.* up-bow; *on bread*: spread; *of colour*: coat, layer.

'aufstülpen *v/t.* (h.) tuck (*or* turn) up (*sleeves, etc.*); *sich den Hut* ~ clap on one's hat; *tech.* slip on (*or* over); *aufgestülpte Nase* turned-up nose.

'aufstützen *v/t.* (h.) (*auf acc.*) prop up (with), support (by); *sich* ~ lean (up)on; prop o.s. up.

'aufsuchen *v/t.* (h.) seek out, search for, locate; *j-n* ~ go to see a p., call on a p., look up a p.; see, consult (*a doctor, etc.*); visit, go (*or* resort) to (*a place*); *in a book*: look up.

'auftakeln *v/t.* (h.) *mar.* rig up; *colloq. fig. sich* ~ rig *or* tog o.s. up; *aufgetakelt* → *aufgedonnert.*

'Auftakt *mus. m* upward beat, arsis (*a. poet*); *fig.* prelude (zu to).

'auftanken *v/t. and v/i.* (h.) refuel.

'auftauchen *v/i.* (sn) rise up, emerge; *U-boat*: surface; *fig.* appear suddenly, emerge, turn up; spring up, *colloq.* pop up; *question, etc.*: arise, crop up.

'auftauen *v/i.* (sn) *and v/t.* (h.) thaw (*a. fig.*).

'aufteil|en *v/t.* (h.) divide (up), split up, partition; distribute, apportion, *esp. land*: parcel out, allot; **Qung** *f* division, partition(ing); allotment; distribution.

auftischen ['auftiʃən] *v/t.* (h.) dish up (*a. fig.*), serve up; *j-m et.* ~ regale a p. with a th., treat a p. to a th.

Auftrag ['auftraːk] *m* (-[e]s; ⁻e) commission; charge; mission (*a. mil.*); task (*a. mil.*); errand; message; *jur.* contract of agency, mandate; *econ.* order, indent; *arch., etc.* contract; appointment; direction, instruction; *of paint*: application, laying on; *im* ~ (*i.A.*) on instruction, for, *adm.* by order; *im* ~ *von* by order (*or* on behalf) of; *im* ~ *und auf Rechnung von* by order and for account of; *in besonderem* ~ on a (special) mission; *e-n* ~ *ausführen* execute (*or* fill) an order; *e-n* ~ *erteilen* place an order (*dat.* with); *im* ~ *handeln von j-m* act on (*or* in) behalf of a p.; *in* ~ *geben* put in hand (*bei* with); order (from); **Qen** ['-gən] **I.** *v/t.* (*irr.*, h.) serve (up), dish up (*food*); coat (*or* lay) on, apply (*paint*); *typ.* distribute, roll on; *surv.* plot, protract; wear out (*clothing*); *road building*: embank, fill; *j-m et.* ~ charge a p. with a th., instruct *or* direct a p. to do a th.; *er trug mir Grüße an dich auf* he asked me to give you his regards; **II.** *v/i.* (*irr.*, h.) *fig. dick* ~ exaggerate, (by), *sl.* lay it on thick.

'Auftrag...: ~geber(in *f*) *m* employer; orderer; customer, client; *jur.* mandator; *stock exchange*: principal; **~nehmer(in** *f*) *m* consignee; contractor, supplier; **~sbestand** *m* orders in hand, unfilled orders; **~s-bestätigung** *f* confirmation of order; **~sbuch** *n* order-book; **~s-eingang** *m* orders received, incoming orders; **~s-erteilung** *f* placing of order; conferring of contract; *call for tenders*: award; **~sformular** *n* order form (*Am.* blank); **Qs-**

gemäß *adv.* as ordered; **~srück-stand** *m* backlog of orders; **~s-walze** *typ. f* inking roller; **~szettel** *m* order slip.

'auftreff|en *v/i.* (*irr.*, sn) strike, hit, impinge (*auf acc.* on); **Qpunkt** *m* point of impact; **Qwinkel** *m* angle of incidence.

'auftreiben *v/t.* (*irr.*, h.) drive up; *game*: rouse, start; swell (*or* blow) up, distend; find, hunt (*or* dredge) up, get hold of; raise (*money*).

'auftrennen *v/t.* (h.) rip (up *or* open); undo, unpick (*a seam*).

'auftreten I. *v/i.* (*irr.*, sn) step, tread (*auf acc.* on); appear (*a. thea. als* as); *thea., n.s.* enter; *zum ersten Mal* ~ make one's debut (*a. fig.*); *speaker, singer*: take the floor; *als Schriftsteller* ~ come forward as an author; act, proceed, behave; ~ *als* act as, *b.s.* pose as; *jur. als Kläger* ~ appear as plaintiff, bring an action; *als Zeuge* ~ appear as witness, *Am.* take the (witness-)stand; ~ *gegen* rise against, oppose; *energisch* ~ take a firm stand, put one's foot down; *fig.* occur, happen, arrive; *doubts, fears*: arise; *consequences*: result, ensue; *difficulties*: set in, be encountered; crop up; **II.** *v/t.* (*irr.*, h.) kick open *a door, etc.*; **'Auftreten** *n* (-s) appearance; occurrence, *a. of disease*: incidence; behavio(u)r, bearing; *sicheres* ~ aplomb; *thea.* performance; *erstes* ~ debut.

'Auftrieb *m* driving of cattle to the Alpine pastures; *econ.* cattle-supply; *phys. and fig.* buoyancy; *aer.* (aerodynamic) lift; *fig.* impetus, stimulus, encouragement, tonic, *Am.* lift; *e-n* ~ *geben* (*dat.*) *a.* buoy up; *neuen* ~ *verleihen* give a fresh impetus.

'Auftritt *m* step, foothold; *thea.* **a)** appearance, **b)** scene; *fig.* scene; *e-n* ~ *haben mit j-m* have a row with a p.; *j-m e-n* ~ *machen* make a p. a scene.

'auftrocknen *v/t.* (h.) *and v/i.* (sn) dry up; mop up.

'auftrumpfen *fig. v/i.* (sn, h.) put one's foot down.

'auftun *v/t.* (*irr.*, h.) open; *sich* ~ open (*a. fig.*), *flower*: expand, *abyss*: yawn; *colloq. club, etc.*: form, get started.

'auftupfen *v/t.* (h.) mop up, dab up.

'auftürmen *v/t.* (h.) heap (*or* pile) up; *sich* ~ tower (*or* loom) up; accumulate, mount (up).

'aufwachen *v/i.* (sn) awake(n), wake up.

'aufwachsen *v/i.* (*irr.*, sn) grow up.

'aufwall|en *v/i.* (sn) bubble up; boil up; effervesce; *fig. blood, passion*: boil, surge up; **Qung** *f* bubbling up, boiling; *chem.* ebullition; *phys.* surge; *fig.* emotion, flush; exuberance, transport; outburst, (fit of) passion.

'aufwalzen *v/t.* (h.) roll on.

Aufwand ['aufvant] *m* (-[e]s) cost, expense, expenditure; expenditure (*an dat.* of *energy, money, time*); *unnützer* ~ waste; pomp, extravagance, splurge; display; volubility, profusion; *der* ~ *an Material war beträchtlich* a considerable amount

of material was applied; *großen* ~ *treiben* live in grand style; **~s-ent-schädigung** *f* expense allowance; **~steuer** *f* excess consumption tax.

'aufwärmen *v/t.* (h.) warm up; *fig.* bring up again, rake up, rehash.

Aufwartefrau ['aufvartə-] *f* charwoman.

'aufwarten *v/i.* (h.) *j-m*: wait (up)on, attend on *a p.*; *at table*: wait; ~ *mit* offer, *fig. a.* come up with, show.

aufwärts ['aufverts] *adv.* upward(s), up; uphill; *den Fluß* ~ up-stream; *von 4 Millionen* ~ from 4 million up; *mit ihm geht es* ~ he is getting on, *patient*: he is improving; **Qbe-wegung** *f* upward movement (*econ. a.* tendency); *tech.* upstroke; **Qflug** *m* climbing flight; **Qhaken** *m* boxing: uppercut; **~schalten** *mot. v/i.* (h.) change up, shift into higher gear; **Qwandler** *el. m* step-up transformer.

'Aufwartung *f* attendance, service; (formal) visit; *j-m s-e* ~ *machen* pay a visit (*or* one's respects) to a p.

'aufwasch|en *v/t.* (*irr.*, h.) wash up; **Qküche** *f* scullery; **Qwasser** *n* (-s; ⁻) dish-water.

'aufwecken *v/t.* (h.) rouse (from sleep), waken, wake up; *fig.* rouse, animate, enliven.

'aufwehen *v/t.* (h.) blow up *or* open.

'aufweichen I. *v/t.* (h.) soften, mollify; soak, moisten; temper (*colours*); **II.** *v/i.* (sn) grow soft, soften; **~d** *adj.* softening, emollient.

'aufweisen *v/t.* (*irr.*, h.) show, present; have; *et. aufzuweisen haben* boast a th.; *er hatte nichts aufzuweisen* he had nothing to show for it.

'aufwend|en *v/t.* (h.) spend, expend; use, employ, apply, devote; take *pains*, bestow (*great*) *efforts* (*auf acc.* on); *viel Geld* ~ go to great expense; **~ig** *adj.* costly, expensive; large-scale; **Qungen** *f/pl.* expenditure(s), expense(s).

'aufwerfen *v/t.* (*irr.*, h.) throw open (*the door*); raise (*blisters*); throw up (*a dam*); toss (*one's head*); *fig.* raise, pose, start (*a question*); *sich* ~ zu et. set o.s. up as, constitute o.s. *a judge*; → *aufgeworfen.*

'aufwert|en *v/t.* (h.) revalorize; **Qung** *f* revalorization.

'aufwickeln *v/t. or sich* ~ (h.) roll (*or* turn) up; curl up (*hair*); wind, spool (*auf acc.* onto); take up (*film*); unwind, unfold; unwrap (*parcel*); let down (*one's hair*).

aufwiegel|n ['aufviːgəln] *v/t.* (h.) stir up, foment, incite, instigate; **Qung** *f* (-) instigation, agitation, sedition.

'aufwiegen *v/t.* (*irr.*, h.) *fig.* offset, compensate for, make up for.

Aufwiegler ['aufviːglər] *m* (-s; -), **~in** *f* (-; -nen) agitator, fomenter, demagogue; instigator; **Qisch** *adj.* seditious, agitating; inflammatory.

'Aufwind *aer. m* up-wind, up-current, anabatic wind.

'aufwinden *v/t.* (*irr.*, h.) wind up; lift, jack up; hoist; raise (*by crane*); weigh (*anchor*).

'aufwirbeln *v/t.* (h.) whirl up (*a. v/i.*, sn); raise (*dust*); *fig. viel Staub*

~ make quite a stir, create a sensation.

'aufwisch|en v/t. (h.) wipe up, mop up; clean; ♀**lappen** m mop, floor-cloth; dishcloth.

'aufwühlen v/t. (h.) turn up (*earth*); swine: root (or grub) up; toss up (*the sea*); fig. move, stir, agitate (*the soul*); → aufwiegeln; **~d** adj. fig. heart-stirring, haunting.

'Aufwurf m embankment, mound.

'aufzähl|en v/t. (h.) count up; fig. enumerate, Am. a. call off; list, specify, Am. itemize; count down (*money*); ♀**ung** f addition; enumeration, specification.

'aufzäumen v/t. (h.) bridle; → Pferd.

'aufzehr|en v/t. (h.) eat up, consume (a. fig.); phys. and fig. absorb; ♀**ung** f consumption.

'aufzeichn|en v/t. (h.) draw (*auf acc.* upon), sketch; note (or write, take) down; register, record (a. *tech. instrument*); enter, book; historically: chronicle, record; tech. plot; ♀**ung** f drawing; note; entry; record; tech. recording.

'aufzeigen v/t. (h.) show, present, set forth; demonstrate, make evident; point out (*mistakes, etc.*); disclose.

'aufziehen I. v/t. (irr., h.) draw (or pull) up; lift, hoist (a. *flag*), wind up, raise; mar. weigh (*anchor*); open, draw (or pull) open; uncork (*bottles*); mount, paste on (*pictures, etc.*); bring up (a *child*); rear, breed (*animals, children*); cultivate, grow, raise (*plants*); fit on (*tyres*); put on (*strings*); fig. andere Saiten ~ change one's tune; gelindere Saiten ~ relent, come down a peg or two; set, hoist up (*sails*); wind up (*clock, etc.*); Spielzeug zum ♀ clockwork toys pl.; fig. arrange, organize, stage (*an enterprise, etc.*); j-n ~ tease (or chaff, rally, sl. kid) a p., pull a p.'s leg; **II.** v/i. (irr., sn) march up, appear; mil. draw up; auf Wache ~ mount guard; storm: come up, gather.

'Aufzucht f breeding, rearing.

'Aufzug m procession, cortège, pageant, parade; attire, appearance, colloq. get-up; show, pomp; thea. act; lift, Am. elevator; tech. hoist; crane; weaving: warp; phot. winding-key; watch: winder; arch. second coat; gym. pull-up, ~**kabine** f cage; ~**schacht** m lift (or elevator) shaft.

'auf|zwängen v/t. (h.) force open; → ~**zwingen** v/t. (irr., h.): j-m et. ~ force a th. upon a p.; push a th. down a p.'s throat; j-m s-n Willen ~ impose one's will on a p.

Augapfel ['aʊk-] m eyeball; fig. apple of one's eye, darling.

Auge ['aʊgə] n (-s; -n) eye; (eye-)sight; bot. bud; on dress, etc.: eye, eyelet; tech. lug, boss; on cards, dice: pip, spot; grease drop; of potato: eye; das ~ des Gesetzes the eye of the law; bewaffnetes ~ aided eye; mit dem bloßen ~ with the naked eye; blau(geschlagen)es ~ black eye; künstliches ~ artificial (or glass)eye; in die ~n fallend evident, obvious, striking; in die ~n

springend salient, eye-catching; ~ um ~ an eye for an eye; in meinen ~n in my view, as I see it; mit verbundenen ~n blindfolded; nur fürs ~ mere window-dressing, just for show; unter vier ~n face to face, in private; vor aller ~n openly, publicly, in full view; aus den ~n verlieren lose sight (*fig. a.* track) of; aus den ~n, aus dem Sinn out of sight, out of mind; das ~ beleidigen offend the eye, be an eyesore; die ~n offenhalten keep one's eyes open, keep a sharp lookout; (sich) die ~n verderben spoil one's eyes; die ~n verdrehen turn up the whites of one's eyes; die ~n verschließen shut one's eyes (*vor to*); die ~n weiden an feast one's eyes on; ein ~ haben auf have an eye upon; bei et. ein ~ zudrücken wink at, connive at, turn a blind eye to; große ~n machen open one's eyes (wide), goggle, gape; gute (schlechte) ~n haben have good (bad) eyes; et. im ~ behalten keep one's eye on, keep track of, keep in mind; im ~ haben have in view (or mind); ins ~ sehen (*dat.*) **a)** look a p. full in the face, face a p., **b)** fig. (look in the) face, envisage (a danger, fact); ins ~ fallen attract (or catch, strike) the (or a p.'s) eye, stand out; fig. ins ~ fassen consider, envisage; in die ~n springen, deutlich vor ~n stehen stare a p. in the face; j-m (schöne) ~n machen make eyes at a p., give a p. the glad eye; j-m die ~n öffnen open a p.'s eyes, undeceive a p.; a thing: a. be an eye-opener; → verbinden; kein ~ zutun not to sleep a wink (all night); mit anderen ~n ansehen take a different view (of); mit e-m blauen ~ davonkommen get off cheaply; nicht aus den ~n lassen keep one's eyes upon; sich vor ~n halten realize, bear in mind; vor ~n führen demonstrate, point out; das sieht man doch mit einem ~ you can see that with half an eye; die ~n gehen mir auf I am seeing daylight; geh mir aus den ~n! get out of my sight!; ich traute meinen ~n nicht I did not believe (or trust) my eyes; wie die Faust aufs ~ like a square peg in a round hole.

äugeln ['ɔʏgəln] **I.** v/i. (h.) ogle (*mit at*); **II.** v/t. (h.) bot. graft, bud.

'Augen...: ~**abstand** m interpupillary (of instruments: interoculary) distance; ~**arzt** m oculist, eye-doctor; ~**binde** f bandage; ~**blick** m moment, instant; entscheidender ~ critical moment; richtiger ~ psychological moment; alle ~e every now and then; im ~ **a)** at the moment, **b)** in an instant, in the twinkling of an eye, in no time; im ersten ~ on the spur of the moment; in diesem ~ at this moment or instant; ♀**blicklich I.** adj. instantaneous; immediate, momentary; present; **II.** adv. at the moment, at (or for the) present, just now; instant(aneous)ly, immediately; ~**blicksaufnahme** phot. f instantaneous photograph, snapshot; ~**blickserfolg** m short-lived success; ~**blickswirkung** f mo-

mentary effect; ~**braue** f eyebrow; ~**brauenstift** m eyebrow pencil; ~**entzündung** f inflammation of the eye, opthalmia; ♀**fällig** adj. conspicuous, eye-catching; fig. evident, obvious; ~**farbe** f colo(u)r of the eye; ~**glas** n (-es; ⁓er) eye-glass; opt. eyepiece; ~**heilkunde** f ophthalmology; ~**höhe** f: in ~ at eye-level; ~**höhle** f eye socket, orbit(al cavity); ~**klappe** f patch, eye-shield; ~**klinik** f ophthalmic (or eye-)hospital, Am. eye-clinic; ~**leiden** n eye-disease, eye trouble; ~**licht** n (-[e]s) eyesight; ~**lid** n eyelid; ~**maß** n sense of proportion; ein gutes ~ haben have a sure eye; nach dem ~ by eye; ~**merk** ['-mɛrk] n (-[e]s) attention; aim; sein ~ auf et. richten direct one's attention to, fig. a. have a th. in view, aim at a th.; ~**nerv** m optic nerve; ~**reim** m sight rhyme; ~**salbe** f ointment for the eyes; ~**schein** m (-[e]s) appearance, evidence; dem ~ nach to all appearances; inspection, examination; in ~ nehmen inspect, examine, view; ♀**scheinlich** adj. evident, obvious, apparent; ~**scheinlichkeit** f (-) obviousness; ~**schirm** m eye-shade; ~**spiegel** m ophthalmoscope; ~**sprache** f language of the eyes; ~**stern** m pupil; ~**täuschung** f optical illusion; ~**trost** bot. m eye-bright; ~**wasser** n eye-lotion; ~**weide** f (-) feast for the eyes, sight for sore eyes; ~**wimper** f eyelash; ~**winkel** m corner of the eye; ~**zahn** m eye-tooth; ~**zeuge** m eyewitness; ~**zeugenbericht** m eyewitness report.

...äugig [-ɔʏgiç] ...-eyed.

August [aʊ'gʊst] m (-[e]s; -[e]) (month of) August.

Auktion [aʊktsi'oːn] f (-; -en) (sale by) auction, public sale; in die ~ geben put up for auction; zur ~ kommen be sold by auction; **Auktionator** [-o'naːtɔr] m (-s; -'toren) auctioneer; **Aukti'onslokal** n sale-room.

Aula ['aʊla] f (-; -len) great (or assembly-)hall, Am. auditorium.

aus [aʊs] **I.** prp. (dat.) out of; from; of; by; through; on, upon; in; off; ~ Achtung out of respect; ~ Berlin of Berlin, kommend: from Berlin; ~ Ehrgeiz through ambition; ~ Erfahrung by experience; ~ guter Familie from a good family; ~ dem Fenster out of the window; ~ dem Französischen from (the) French; ~ Furcht vor for (or from) fear of; gebürtig sein ~ be a native of, come from; ~ Gehorsam zu in obedience to; ~ diesem Grunde for this reason; ~ e-m Glas trinken drink out of (or from) a glass; ~ Grundsatz on principle; ~ Haß through hatred, out of spite; ~ Holz (made or consisting) of wood; ~ Liebe from love; ~ Liebe zu out of love to, for the love of; ~ Mangel an for want of; ~ Mitleid out of pity; ~ unserer Mitte from our midst, from among us; ~ Notwendigkeit out of necessity; ~ guter Quelle on good authority; ~ Shakespeare from (or out of) Shakespeare; ~ Scherz for (or in) fun; ～ *Unwissenheit* from ignorance; ～ *bloßem Verdacht* on mere suspicion; ～ *Versehen* by mistake; ～ *der Zeit Cromwells* from the time of Cromwell; ～ *der Zeitung* from the newspaper; ～ *Ihrem Schreiben ersehe ich I* see by (or from) your letter; *was ist* ～ *ihm geworden?* what has become of him?; **II.** *adv.* out; over; finished, done with; ～ *sein* be at an end; *die Kirche ist* ～ church is over; *von Grund* ～ thoroughly, radically; *von mir* ～ for all I care; *auf et.* ～ *sein* be set (or bent, keen) on, be anxious or eager to do a th.; *es ist* ～ *mit ihm* it is all over (or up) with him, he is done for; *das Spiel ist* ～*!* the game is up!; *er weiß weder ein noch* ～ he is at his wit's end; *tech. an — ～ on — off.*

'aus-arbeit|en *v/t.* (h.) work out; elaborate, prepare, draw up; compose, formulate, write; perfect, finish; **℧ung** *f* (-; -en) preparation; working out; elaboration; composition; *tech.* finish(ing); *physical:* workout.

'aus-art|en *v/i.* (sn) degenerate (in *acc.* into); *game, party, etc.*: turn rowdy, get out of hand; **℧ung** *f* degeneration.

ausästen ['aʊsʔɛstən] *v/t.* (h.) prune, trim.

'aus-atm|en *v/i. and v/t.* (h.) breathe out, exhale; breathe one's last; **℧ung** *f* exhalation.

'ausbaden *v/t.* (h.) *fig.* pay (or suffer) for; *die Sache* ～ face the music.

'ausbaggern *v/t.* (h.) dredge, excavate.

'ausbalancieren *v/t.* (h.) balance (out), counterbalance, counterpoise.

'Ausbau *m* (-[e]s) completion; extension, enlargement; development; improvement; consolidation; *arch.* (*pl. -ten*) **a)** outbuilding, **b)** timbering, walling, **c)** inside finish; *tech.* removal, dismounting.

ausbauch|en ['aʊsbaʊxən] *v/t. or sich* ～ **b)** bulge (out), belly out; **℧ung** *f* (-; -en) bulge.

'ausbau|en *v/t.* (h.) complete; extend, enlarge; develop, improve; cultivate; consolidate; *arch. finish; tech.* remove, dismount, disassemble; **～fähig** *adj.* extensible; detachable; promising, progressive, offering scope.

'ausbedingen *v/t.* (irr., h.) stipulate; *sich et.* ～ reserve *a th.* to o.s.; insist on, make a point of, make it a condition *that.*

'ausbeißen *v/t.* (irr., h.) bite out; *sich e-n Zahn* ～ break a tooth.

'ausbesser|n *v/t.* (h.) mend, repair, *Am. a.* fix; *tech.* overhaul; patch up; darn; restore (*work of art*); touch up (*a picture*); **℧ung** *f* repair, mending, patching.

'Ausbesserungs|arbeit *f* repair work; **℧bedürftig** *adj.* in need of repair; **℧fähig** *adj.* reparable; **～werkstatt** *f* repair shop.

ausbeulen ['aʊsbɔʏlən] *v/t.* (h.) bulge, bag; *tech.* beat out, round out, take out dents in.

'Ausbeut|e *f* gain, profit; yield, output (*a. tech. or mining*); **℧en** *v/t.* (h.) exploit (*a. b.s.*); *mining:* work;

sweat (*labour*); *fig.* make the most of, take advantage of; exhaust, deplete (*the soil*); **～er(in** *f*) (-s; -; -; -nen) exploiter; sweater, slave-driver; **～ertum** *n* (-s) sweating (system), slave-driving; **～ung** *f* (-; -en) exploitation (*a. b.s.*); *mining:* working; *fig.* spoliation; *of workers:* sweating.

'ausbezahl|en *v/t.* (h.) pay out, pay off (in full); **℧ung** *f* payment; paying off.

'ausbiegen I. *v/t.* (irr., h.) bend out(wards), deflect; **II.** *v/i.* (irr., sn) turn aside; *j-m, e-m Auto usw.*: make way for, avoid *a p., a car, etc.*

'ausbieten *v/t.* (irr., h.) offer or exhibit (*zum Verkauf* for sale).

'ausbild|en *v/t.* (h.) form, develop; cultivate, educate; instruct, train, *mil. a.* drill; *sports:* train, *Am.* coach; *tech.* design; form, develop; *sich* ～ train, study (*zu* for); acquire a knowledge (in): perfect o.s. (in); → *ausgebildet;* **℧er(in** *f*) *m* (-s; -; -; -nen) instructor; *mil.* (drill) instructor; **℧ung** *f* formation, development; instruction, education; training (*a. mil.*); physical training; *praktische* ～ practical (*Am.* on-the-job) training.

'Ausbildungs...: ～bataillon *n* training battalion; **～beihilfe** *f* education grant, training benefit; **～lager** *n* training camp; **～lehrgang** *m* course of instruction, training course; **～leiter** *m* chief instructor; **～möglichkeiten** *f/pl.* training facilities; **～zeit** *f* period of training.

'ausbitten *v/t.* (irr., h.): *sich et.* ～ ask (or request) a th., beg for a th.; *das bitte ich mir aus* **a)** I must insist on this, **b)** I won't have it.

'ausblasen *v/t.* (irr., h.) blow out; blow down (*a furnace*); exhaust (*steam*); → *Lebenslicht.*

'ausbleiben *v/i.* (irr., sn) stay away (or out), fail to appear or come; (nicht) *lange* ～ be (not) long in coming, **b)** be overdue; *es konnte nicht* ～, *daß* it could not be helped that, it was inevitable that; be wanting; *puls, etc.*: stop; **'Ausbleiben** *n* non-appearance, absence; non-arrival; *jur.* default.

'ausbleichen I. *v/t.* (irr., h.) bleach (out); **II.** *v/i.* (irr., sn) bleach out, fade.

'ausblenden *v/t.* (h.) *radio, film:* fade out; *tech.* diaphragm out, mask.

'Ausblick *m* outlook, prospect, view (*auf acc.* of), (*a. fig.*) vista (of); *opt.* objective lens; *fig.* outlook (*in acc.* on *the future*), prospect.

'ausblühen *v/i.* (h.) cease blooming, fade; *min.* effloresce; *ausgeblüht haben* be over.

'ausblut|en I. *v/i.* (sn) *wound:* cease bleeding; *person:* bleed to death; ～ *lassen* allow to bleed (*a wound*); **II.** *v/t.* (h.) bleed to death; **℧ungsschlacht** *f* battle of attrition.

'ausbohren *v/t.* (h.) bore.

ausbomben ['aʊsbɔmbən] *v/t.* (h.) bomb out.

ausbooten ['aʊsboːtən] *v/t.* (h.) put into boats, disembark; *fig.* oust; *w.s.* put out of the running.

'ausborgen *v/t.* (h.): *sich et.* ～ bor-

row a th. (*von* from); *j-m et.* ～ lend a th. (out) to a p.

'ausbrech|en I. *v/t.* (irr., h.) break out; quarry out (*stones*); clear (*a furnace*); *med.* vomit; **II.** *v/i.* (irr., sn) break out (or loose); *fig. disease, fire, war, etc.*: break out; *prisoner:* break out (*aus* of), escape (from); *mil.* sally forth, make a sortie; *horse:* bolt; *volcano:* break out, erupt; *in Schweiß* ～ break into a sweat; *fig. in Beifall* ～ break into applause; *in Tränen* ～ burst out crying, burst into tears → *Gelächter;* **℧er** *m* prison- (*Am.* jail-) breaker.

'ausbreit|en *v/t.* (h.) spread (out); extend, expand (*a. business, power, etc.*); unfold, display; spread (*news, etc.*), circulate, disseminate; propagate (*a doctrine, etc.*); *a. phys.* diffuse; *sich* ～ spread; extend, expand; gain ground, make headway; *wave:* propagate, travel; scatter; *tech.* flatten, plate out; *fig.* go into details; *sich über ein Thema* ～ enlarge upon; **℧ung** *f* (-) spread(ing); extension, expansion; propagation, circulation; diffusion.

'ausbrennen I. *v/t.* (irr., h.) burn out; bake (*bricks*); *med.* cauterize; cut out, weld; **II.** *v/i.* (irr., sn) cease burning, go out; *house, etc.*: be burnt out; *mil. gun barrel:* erode; *ausgebrannt* extinct (*volcano*), gutted (*house*), spent (*bulb*).

'ausbringen *v/t.* (irr., h.) bring out; *mar.* hoist out; yield, produce; *j-s Gesundheit* ～ propose a p.'s health, toast a p.; **'Ausbringen** *tech. n* (-s) output, capacity.

'Ausbruch *m* outbreak (*a. fig.* of *disease, war*); eruption (*of vulcano; a. fig.*); escape, *Am. a.* jailbreak; *mil.* breakout; *fig.* outburst, paroxysm, *of joy:* ecstasy, transport, *of passion:* blaze, *of anger:* explosion; *zum* ～ *kommen* break out, come to a head; **～sversuch** *m* attempted escape; *mil* sally, sortie.

'ausbrühen *v/t.* (h.) scald (out).

'ausbrüt|en *v/t.* (h.) brood, hatch (*a. fig.*); *artificially:* incubate; *fig.* hatch, plot; **℧ung** *f* (-) hatching, incubation.

'ausbuchen *v/t.* (h.) *econ.* cancel, get off the books; transfer.

Ausbuchtung ['aʊsbuxtʊŋ] *f* (-; -en) convexity, (*a. mil.*) bulge; protrusion; indentation.

'ausbuddeln *colloq. v/t.* (h.) dig out.

'ausbügeln *v/t.* (h.) iron out (*a. fig.*).

'Ausbund (-[e]s) pattern, model; *fig.* paragon *of beauty, etc.*; ～ *von Gelehrsamkeit* prodigy of learning; *ein* ～ *von Bosheit* a regular demon, an out-an-out rascal.

ausbürger|n ['aʊsbyrgərn] *v/t.* (h.) deprive of citizenship; expatriate; **℧ung** *f* (-; -en) expatriation.

'ausbürsten *v/t.* (h.) brush (out).

'ausdampfen *v/i.* (sn) evaporate.

'ausdämpfen *v/t.* (h.) steam out.

'Ausdauer *f* perseverance; endurance (*a. tech.*); stamina, staying-power; patience; persistence, tenacity; **℧n** *v/i.* (h.) hold out, last; *fig.* persevere, persist; **℧nd** *adj.* persevering, unflagging; enduring, patient; assiduous, plodding; persistent, tenacious; *bot.* perennial.

'**ausdehn|bar** *adj.* extensible, expansible; ~en *v/t., a. sich ~ (h.)* extend (*auf acc.* to; *a. fig.*); *a. phys. u. fig.*: expand; *tech.* stretch, elongate; enlarge; *med.* dilate; → *ausgedehnt*; ℒ**ung** *f* extension (*a. phys.*), expansion, spread; extent, scope, range; *tech.* stretching, elongation; *math.* dimension, increase in volume; deformation; *med.* dilatation; ℒ**ungszähl** *f* co-efficient of expansion.

'**ausdenken** *v/t. (irr., h.)* think out; *sich et. ~* think *a th.* out (*Am.* up), invent, contrive, devise, cook up; imagine, think of; *nicht auszudenken* inconceivable; *w.s. es ist nicht auszudenken* it would be disastrous.

'**ausdeuten** *v/t. (h.)* interpret, explain.

'**ausdienen** *v/i. (h.)* serve (*or* complete) one's time; → *ausgedient*.

'**ausdocken** *mar. v/t. (h.)* undock.

'**ausdorren** *v/i. (sn)* dry up.

'**ausdörren** *v/t. (h.)* dry up, parch (*a. throat*); scorch; season (*wood*); *ausgedörrt* arid.

'**ausdrehen** *v/t. (h.)* turn off (*tech.* out) (*gas, lamp, etc.*); *el.* switch off; *tech.* hollow.

'**Ausdruck** *m* (-[e]s; ~e) generally: expression, (*a. of face; a. fig.*); phrase; word, term; *bildlicher ~* figure of speech; *fachlicher ~* technical term; *gemeiner ~* vulgarism; *veralteter ~* archaism; *~ geben (dat.)* give utterance (*or* voice) to *a feeling, etc.*; *zum ~ bringen* give expression to, express, voice; *zum ~ kommen* be expressed, manifest itself; ℒ**en** *typ. v/t. (h.)* print out (*or* in full).

'**ausdrück|en** *v/t. (h.)* press (out), squeeze out; stub (out) (*cigarette*); *fig.* utter, express, voice; *sich ~* express o.s.; *sich kurz ~* be brief; ℒ**lich** *adj.* express, explicit; strict (*order*); intentional, on purpose.

'**Ausdrucks...:** ℒ**fähig** *adj.* expressionable; ~**kraft** *f* (-) expressiveness; ℒ**los** *adj.* inexpressive, expressionless; blank, vacant; ~**es Gesicht** pokerface, *Am. sl.* deadpan; ~**tanz** *m* expressional dance; ℒ**voll** *adj.* expressive, full of expression; style: *a.* pithy; ~**weise** *f* (mode of) expression; diction, style; *w.s.* language.

ausdünnen ['ausdynən] *v/t. (h.)* thin out.

ausdunst|en ['ausdunstən], '**ausdünst|en** *v/i. (sn) and v/t. (h.)* evaporate; *body:* transpire (*a. bot.*), perspire; *v/t.* exhale; sweat out; ℒ**ung** *f* (-; -en) evaporation; exhalation; perspiration.

aus-ein'ander *adv.* asunder, apart; separate(d); *weit ~* wide (*colloq.* miles) apart; ~**brechen** *v/t. (irr., h.) and v/i. (irr., sn)* break asunder (*or* in two); ~**bringen** *v/t. (irr., h.)* separate, sever; ~**fallen** *v/i. (irr., sn)* fall asunder *or* to pieces; disintegrate; ~**falten** *v/t. (h.)* unfold; ~**gehen** *v/i. (irr., sn)* go asunder; come apart; *persons:* part (company), separate; *crowd:* disperse; *assembly:* break up; *roads:* branch off;

opinions: differ, be divided, diverge (*a. math.*); ~**d** divergent; ~**halten** *v/t. (irr., h.)* keep asunder *or* apart; *fig.* distinguish between, tell apart one from the other; ~**jagen** *v/t. (h.)* scatter; ~**kommen** *v/i. (irr., sn)* be separated; lose (sight of) each other; *mit j-m ~* fall out with a p.; ~**laufen** *v/i. (irr., sn)* → *ausein-andergehen*; ~**leben** *v/t.: sich ~ (h.)* drift apart; ~**liegen** *v/i. (irr., h.)* lie apart; ~**nehmen** *v/t. (irr., h.)* take to pieces; dismember; *tech.* disassemble, strip; knock down; ~**reißen** *v/t. (irr., h.)* tear asunder; ~**setzen** *v/t. (h.)* put *or* place asunder; *fig.* explain, make clear, point out; *sich mit j-m ~* argue (*or* have an explanation) with a p., have it out with a p.; come to an understanding (*or* to terms) with a p. (*über acc.* about), settle (a matter) with a p.; *econ.* arrange (*or* compound) with *a creditor*; *sich mit e-m Problem ~* get down to (*or* tackle) a problem; *sich mit et. ~* (*hostilely*) take issue with a th.; ℒ**setzung** *f* (-; -en) explanation, exposition, analysis; discussion; arrangement, settlement; *econ.* composition (*with creditors*); separation; *jur. of estate:* partition; argument, difference, altercation; (*a. kriegerische ~* armed) conflict; *endgültige ~ colloq.* showdown; ~**sprengen** *v/t.* burst asunder; disperse, scatter (*crowd, enemy*); ~**treiben I.** *v/i. (irr., sn)* drift apart; **II.** *v/t. (irr., h.)* disperse, scatter; *with wedge:* cleave asunder; ~**wickeln** *v/t. (h.)* disentangle; ~**ziehen** *v/t. (irr., h.)* draw asunder; (*a. sich*) stretch; *mil.* deploy, spread (out); disperse (*vehicles*); *sich ~ column:* string out.

'**aus-erkoren** *adj.* chosen, select(ed), elect.

'**aus-erlesen I.** *v/t. (irr., h.)* → *ausersehen*; **II.** *adj. persons:* chosen, (hand-)picked; exquisite, choice.

'**aus-ersehen** *v/t. (irr., h.)* choose, select, pick; designate, destine, earmark (*für, zu* for).

'**aus-erwählen** *v/t. (h.)* choose (out), select; *auserwählt* elect, chosen; *s-e Auserwählte* the girl of his choice *or* his bride elect; *das Auserwählte Volk* the chosen people.

'**aus-essen** *v/t. (irr., h.)* eat up; clear, empty (*dish*); *colloq. fig.* pay for.

'**ausfahren I.** *v/i. (irr., sn)* drive out, go for a drive (*or* spin); *rail.* pull out; *mar.* leave (port), put to sea; *miners:* ascend; **II.** *v/t. (irr., h.) j-n ~* take out for a drive; *aer. das Fahrgestell ~* lower (*or* extend) the undercarriage; *mar. das Sehrohr ~* lift the periscope; *mot.* run (*the engine*) up to top speed; round (*a curve*); wear out, rut (*roads*); *ausgefahrener Weg* rutted *or* bumpy road.

'**Ausfahrt** *f a. mar.* departure; *mining:* ascent; drive, (motor-)trip; excursion; doorway, gateway; *in traffic:* exit; ~! out!; *of port:* mouth.

'**Ausfall** *m* falling out; *of hair:* thinning; loss; deficit; deficiency, shortage; *mil. Ausfälle pl.* casualties *pl.*, loss in men and material; result, outcome; *chem.* precipitate; (*radioactive*) fall-out; *tech.* failure, breakdown; *of factory:* stoppage; *el.*

cutting out of the circuit; waste, scrap; *fenc.* pass, lunge, (long) thrust; *mil.* sally, sortie; *fig.* attack; invective; ~**bürgschaft** *f* deficit guarantee, *Am.* (indemnity) bond; ℒ**en** *v/i. (irr., sn)* fall out (*or* off); *teeth:* come out; be omitted; not (*or* fail) to take place, not to come off, be cancelled (*or* called off); *~ lassen* drop (*a lesson, meeting, etc.*); *die Schule fällt heute aus* there is no school today; *tech.* fail, break down, get out of commission; *sports, etc.*: be eliminated, drop out; *chem.* precipitate, be deposited; *result:* turn out, prove; *gut (schlecht) ~* turn out well (badly), be a success (failure): *nach Wunsch ~* answer one's expectations, be satisfactory; *mil.* sally out, make a sortie; *fenc.* (make a) lunge.

'**ausfällen** *chem. v/t. (h.)* precipitate.

'**aus|fallend, ~fällig** *adj.* aggressive; insulting; *~ werden* become personal *or* abusive.

'**Ausfall...: ~muster** *econ. n* outturn (*or* type) sample; ~**s-erscheinung** *med. f* withdrawal symptom; ~**straße** *f* arterial road; ~**winkel** *phys. m* angle of reflection.

'**ausfasern I.** *v/t. (h.)* unravel; **II.** *v/i. (sn) or sich ~ (h.)* fray (out), ravel out.

'**ausfechten** *v/t. (irr., h.)* fight out; *et. mit j-m ~* fight a th. out with a p.

'**ausfegen** *v/t. (h.)* sweep out.

'**ausfeilen** *v/t. (h.)* file out; *fig.* file, give the finishing touches.

'**ausfertig|en** *v/t. (h.)* dispatch, expedite; draw up (*a document*), *jur.* execute; exemplify, issue (*a certified copy*); make out (*a bill*), passport *a.* issue; ℒ**ung** *f* dispatch; drawing up; making out; *jur.* execution; (certified) copy; *of passport:* issue; *erste ~* original (script); *in doppelter ~* in duplicate, in two copies; → *dreifach, etc.*; ℒ**ungstag** *m* date of issue.

'**ausfindig:** *~ machen* find out; discover; locate; ferret out, trace (out).

'**ausflicken** *v/t. (h.)* patch up.

'**ausfliegen** *v/i. (irr., sn)* fly out (*or* away); *birds:* leave the nest; *fig.* leave home; make an excursion, go on a trip; *der Vogel ist ausgeflogen* the bird is flown.

'**ausfließen** *v/i. (irr., sn)* flow out, discharge, drain; leak, escape; *phys. or fig.* emanate (*von* from).

'**Ausflucht** *f* (-; ~e) evasion, subterfuge, shift; excuse, pretext; *Ausflüchte machen* prevaricate, shuffle, dodge, hedge; ℒ**en** *tech. v/t. (h.)* align; ℒ**ung** *f* (-) alignment.

'**Aus|flug** *m* excursion, outing, trip; *a.* hike; *e-n ~ machen go for (od.* on) an excursion; ~**flügler** ['-fly:glər] *m* (-s; -) excursionist, tripper.

'**Ausfluß** *m* outflow, effluence; *med. of pus:* discharge; *of vagina:* flux; *of glands:* secretion; outlet, mouth; drain, outlet; *phys.* emanation (*a. fig.*); *fig.* result; ~**rohr** *n* discharge (*or* wash) pipe; ~**ventil** *n* discharge valve.

'**ausfolgen** *v/t. (h.)* deliver up, hand over; pay (up).

'**ausforschen** *v/t. (h.)* search out,

explore; investigate, inquire into; *j-n* ~ sound (*or* pump) a. p., draw a p. out.

'**Ausfracht** *econ. f* outward freight.

'**ausfragen** *v/t.* (*h.*) interrogate, question; *esp. Am.* quiz; sound, draw out, *colloq.* pump; cross--examine.

'**ausfransen** *v/i.* (*sn*) fray (out).

'**ausfräsen** *tech. v/t.* (*h.*) mill out, ream; notch, recess.

'**ausfressen** *v/t.* (*irr., h.*) clear, empty; *geol.* erode; *chem.* corrode; *colloq.* was hat er *ausgefressen?* what has he been up to?; er hat wieder etwas *ausgefressen* he has been up to mischief again.

'**Ausfuhr** ['ausfuːr] *econ. f* (-; -en) export(ation), export trade; exports *pl.*; ~artikel *m* export(ed) article.

ausführbar ['ausfyːrbaːr] *adj.* practicable, feasible, workable; *econ.* exportable; 2keit *f* (-) practicability.

'**Ausfuhr...:** ~beschränkung *f* restriction(s *pl.*) on export; ~bestimmungen *f/pl.* export regulations; ~bewilligung *f* export permit.

'**ausführen** *v/t.* (*h.*) take *a* p. out; *econ.* export, ship (*nach* to); carry out, perform; effect, execute, *Am. a.* fill (*orders*); commit, perpetrate (*crimes*); realize; erect, construct; *tech.* design; finish; *fig.* explain, point out, argue, say; specify.

'**Ausfuhr...:** ~güter *n/pl.* exports *pl.*; ~hafen *m* shipping port; ~handel *m* export trade; ~kontingent *n* export quota; ~land *n* exporting country.

'**ausführlich I.** *adj.* detailed, ample; full(-length); comprehensive, exhaustive; circumstantial; **II.** *adv.* in detail; fully, *etc.*; sehr ~ at full (*or* great) length, in great detail; ziemlich ~ at some length; ~ (be)schreiben write fully, give full details (*über acc.* about); 2keit *f* (-) minuteness of detail; particularity; comprehensiveness; copiousness.

'**Ausfuhr...:** ~prämie *f* (export) bounty; ~schein *m* export permit; ~sperre *f* embargo on export; ~tätigkeit *f* export activity; ~überschuß *m* export surplus.

'**Ausführung** *f* carrying-out, effectuation; realization (*of a plan*); execution (*of orders, etc.*), *a.* of a contract: performance; implementation (*of a law, order*); construction, completion (*of building project*); *jur.* perpetration (*of crime*); *tech.* **a**) design, finish, **b**) type, model, version; make; style, pattern, **c**) workmanship, quality; explanation, (detailed) statement; comment (*zu, über acc.* on); ~en *pl.* words, representations, arguments; *zur* ~ *bringen* put into effect *or* execution, put into practice; ~beispiel *n patent law:* embodiment; applications; ~bestimmungen *f/pl.* regulations, implementing statutes; ~kommando *mil. n* command of execution.

'**Ausfuhr...:** ~verbot *n* embargo on exports; ~waren *f/pl.* export(ed) goods, exports; ~zoll *m* export duty.

'**ausfüllen** *v/t.* (*h.*) fill out *or* (*a. time*) up; stuff, pad; fill in (*Am. out*), complete (*a formular*); stop, fill (*a gap*); fill (*a position*); employ, occupy (*time*); absorb, engross *a p.*

'**ausfüttern** *v/t.* (*h.*) line (*a. tech.*); fur; pad, upholster.

'**Ausgabe** *f* delivery (*of letters, etc.*); distribution; edition; *neue* ~ reprint; *bearbeitete* ~ revised edition; copy (*of a book*); issue (*of stamps*); *econ.* emission, issue (*of loans, notes, shares*); expense, expenditure (*of money*); outlay, disbursement; cost *sg.*; *kleine* ~n *pl.* petty expenses; *Neben*2n *pl.* incidentals; *einmalige* ~n non-recurrent expenses; *laufende* ~n current expenses, running costs; *unvorhergesehene* ~n *pl.* contingencies; → *Ausgabestelle*; ~bank *f* (-; -en) bank of issue; ~kurs *m* rate of issue, issue; ~buch *n* cash-book; ~posten *m* expense item; ~stelle *f econ.* issuing office; *mil.* supply point; *rail.* booking-office.

'**Ausgang** *m* going out, exit, egress; way out, exit; outlet; day (*or* afternoon, evening) off *or* out; *econ.* export; *of goods:* outgo, outturn; *Ausgänge pl. mail.* outgoing mail, *econ.* outgoing stocks; *Ausgänge machen* go shopping; *el. Schalter mit fünf Ausgängen* five-point switch; *fig.* end(ing), close; upshot, issue, result; *Unfall mit tödlichem* ~ fatal accident; ~ *haben* (*servant*) have one's day off; *e-n guten* ~ *nehmen* turn out well.

'**Ausgangs...:** ~baumuster *tech. n* prototype; ~element *phys. n* parent element; ~erzeugnis *n* initial product; ~impedanz *el.* output impedance; ~kapital *n* original investment; ~leistung *el. f* power output; ~material *n* original material; ~produkt *n* primary product; ~punkt *m* (*a. fig.*) starting point, point of departure; ~stellung *f* starting-position, *mil.* line of departure; ~stufe *el. f* output stage; ~zoll *m* export duty.

'**ausgeben I.** *v/t.* (*irr., h.*) give out; distribute; issue (*orders, tickets*); deliver; deal (*cards*); spend, expend (*money*); *econ.* issue, emit (*shares*); issue, circulate (*bank-notes*); *zuviel* ~ overspend, overissue; *sich* ~ **a)** run out of money, **b)** *fig.* spend (*or* extend) o.s. (*bei* in); *sich* ~ *als, für* pass o.s. off for, pose as, claim (*or* pretend) to be; → *Runde*; **II.** *v/i.* (*irr., h.*) yield well, be thrifty.

ausgebeult ['ausgəbɔylt] *adj.* baggy.

'**ausgebildet** *adj.* trained (*a. lawyer, etc.*), skilled; *voll* ~ fully qualified.

ausgebombt ['ausgəbɔmpt] *adj.* bombed(-)out.

'**Ausgeburt** *fig. f* (monstrous) product, monstrosity; phantom, illusion; ~ *der Hölle* fiend.

ausgedehnt ['ausgədeːnt] *adj.* expansive, vast, extensive, wide(-spread); *fig.* extensive, lengthy.

ausgedient ['ausgədiːnt] *adj. person or thing:* superannuated; ~er *Soldat* ex-service man, veteran; *civil servant:* retired, pensioned-off; *professor:* emeritus; *thing:* past use, worn out.

'**ausgefallen** *adj.* eccentric, unusual, odd, (*Fr.*) outré.

ausgefeilt ['ausgəfaɪlt] *adj. fig.* elaborate, flawless.

'**ausgeglichen** *adj.* → *ausgleichen*; *fig.* balanced, elegant (*style*); *mind, person:* well-balanced, (well-)-poised, equable, harmonious; 2heit *f* (-) roundness (*of style*), harmony; poise, mental balance.

Ausgehanzug ['ausgə:-] *m* lounge--suit, outdoor-dress; *mil.* dress uniform.

'**ausgehen** *v/i.* (*irr., sn*) go out; go for (*or* take) a walk; go out, *colloq.* step out, *Am.* go places; *mein Vater ist ausgegangen* my father is out (*or* not in); end (*auf acc.* in); come to an end (*or* close); *gut etc.* ~ turn out well, *etc.*; fail; *hair:* fall out; *colour:* fade; *fire, light:* go out; *money, supply:* run short, give out; *mir ging das Geld aus* I ran short (*or* out) of money; *merchandise:* give (*or* sell) out; *die Geduld geht mir aus* that's about all I can stand, that's the last straw; *phys.* emanate, irradiate (*von* from), *fig.* derive (*or* result, emanate) from; *von j-m* ~ *plan, etc.:* come from; *die Sache ging von ihm aus a.* it was his idea, it was suggested *or* initiated by him; *von et.* ~ start (*or* proceed) from, base (one's considerations) on; *wenn wir davon* ~, *daß* proceeding on the assumption that; *frei* ~ go unpunished, get off scot-free; *leer* ~ come away empty-handed, get nothing; *auf et.* ~ **a)** go in quest (*or* search) of, seek *a th.*, **b)** aim at, have in view, *colloq.* be out (*or* in the market) for; ~d *adj.* outgoing; *mar.* outward-bound; ~e *Fracht* outward freight; ending, waning: *of time:* late.

Ausgehverbot ['ausgə:-] *mil. n* confinement to barracks; *w.s.* curfew.

ausgeklügelt ['ausgəkly:gəlt] *adj.* ingenious, clever.

ausgekocht ['ausgəkɔxt] *fig. adj.* hardboiled, out-and-out; seasoned.

'**ausgelassen** *adj.* frolicsome, rollicking, frisky; boisterous, tumultuous; unrestrained, unruly; 2heit *f* (-) exuberance, high spirits *pl.*, hilarity; noisiness; unruliness.

ausgeleiert ['ausgəlaɪərt] *adj.* worn out; ~es *Gewinde a.* (nut with) slipped thread; *fig.* hackneyed, trite.

ausgemacht ['ausgəmaxt] *p.p. and adj.* settled, perfect; confirmed, established, positive; ~e *Sache* foregone conclusion; et. *als* ~ *ansehen* take a th. for granted; thorough, downright, out-and-out (*fool, etc.*).   [emaciated.]

ausgemergelt ['ausgəmɛrgəlt] *adj.*

'**ausgenommen I.** *adv.* except, with the exception of, save; *alle,* ~ *ihn* all but him; *Anwesende* ~ present company excepted; *du nicht* ~ not excepting you; **II.** *cj.* ~, *daß* except, saving that; unless.

ausgeprägt ['ausgəprɛːkt] *adj.* distinct, marked, pronounced.

ausgerechnet ['ausgərɛçnət] *adv. fig.* just, exactly; ~ er he of all people; ~ *heute* today of all days; ~ *das* this of all things.

ausgereift ['ausgəraıft] *adj.* mature; *tech.* perfected, fully developed.

ausgeruht ['ausgəru:t] *adj.*: ~ *aussehen* look rested.

ausgeschaltet ['ausgəʃaltət] *adj.* out of gear (*or* action); *on apparatus*: off.

'**ausgeschlossen** *adj.* impossible, out of the question; *int.* ~! impossible!, not on your life!, nothing doing!, *Am. sl.* no soap.

'**ausgeschnitten** *adj. Kleid*: (*tief* ~) low(-necked).

Ausgesiedelte(r *m*) ['ausgəzi:dəltə(r)] *f* (-n; -n; -en; -en) evacuee.

'**ausgesprochen** *adj.* decided, pronounced, positive.

'**ausgestalt|en** *v/t.* (*h.*) shape; develop, design; arrange, organize; ℒung *f* shaping; arrangement, design.

Ausgestoßene(r *m*) ['ausgəʃto:sənə(r)] *f* (-n; -n; -en; -en) outcast.

'**ausgesucht** *adj.* exquisite, choice; *person*: (hand-)picked; *words*: well-chosen; studied, *politeness*: *a.* exquisite.

ausgetreten ['ausgətre:tən] *adj.* trodden-down (*shoes*); *fig.* ~er *Weg* beaten path.

'**ausgewachsen** *adj.* full-grown; full-fledged; *fig. a.* full-blown.

Ausgewiesene(r *m*) ['ausgəvi:zənə(r)] *f* (-n; -n; -en; -en) expellee.

'**ausgewogen** *adj.* well-balanced.

'**ausgezeichnet** *adj.* distinguished, decorated; excellent, outstanding, first-class; splendid, capital, fine.

ausgiebig ['ausgi:bɪç] **I.** *adj.* → *reichlich, ergiebig*; **II.** *adv.*: ~ *Gebrauch machen von* make full (*or* good) use of.

'**ausgieß|en** *v/t.* (*irr., h.*) pour out; empty; spill; fill up; ℒung *eccl.* (-) *des Heiligen Geistes*: effusion *of the Holy Spirit*.

Ausgleich ['ausglaıç] *m* (-[e]s; -e) arrangement, settlement, compromise; *econ.* **a)** balance, balancing, **b)** set-off, *Am.* offset, **c)** (final) settlement, **d)** adjustment (*a. of taxes*), **e)** compensation; *zum ~ unseres Kontos in settlement of* (*or* in order to balance) our account; *zum ~ unserer Tratte* as cover for our draft; equalization; *tech. el.* compensation, balance; *sports*: handicap; *soccer, etc.*: equalization; *tennis*: deuce.

'**ausgleich|en** *v/t.* (*irr., h.*) make even; equalize (*a. tech. pressure, el. frequencies*; *econ. burden*; *a. sports*); outweigh; make up for, compensate (*a loss*); *econ.* balance, square, settle (*accounts*); compound (*a debt, etc.*); cover; set off, *Am.* offset (*contra accounts*); settle (*differences*), adjust, smooth over; *tech.* balance, adjust, level; *el.* balance (out), compensate; *mot.* synchronize (*speed*); ~de *Gerechtigkeit* poetical justice; → *ausgeglichen*; ℒ**getriebe** *mot. n* differential (gear); ℒ**skondensator** *el. m* balancing capacitor; ℒ**s-spule** *el. f* compensating coil; ℒ**s-strom** *el. m* balance current; ℒung *f* equalization; adjustment; settlement; balancing, compensation; → *Ausgleich*; ℒ**ungsfehler** *tech. m* balance

error, unbalance; ℒ**zahlung** *f* equalization payment.

'**ausgleiten** *v/i.* (*irr., sn*) slip (*a. fig.*), slide, lose one's footing; *vehicle*: skid.

'**ausglühen I.** *v/i.* (*sn*) cease glowing, cool down; **II.** *v/t.* (*h.*) *metall.* anneal; *chem.* calcine.

'**ausgrab|en** *v/t.* (*irr., h.*) dig out (*or* up), unearth (*all a. fig.*); exhume, disinter (*a corpse*); *arch.* excavate (*a. ruins*); ℒung *f* (-; -en) excavation; exhumation.

'**ausgreifen** *v/i.* (*irr., h.*) *horse*: step out; ~d *adj. fig.*: weit ~ far-reaching.

'**ausgrübeln** *v/t.* (*h.*) puzzle out.

Ausguck ['ausguk] *mar. m* (-[e]s; -e) look-out, crow's nest.

'**Ausguß** *m kitchen*: sink; *mar.* rubbish-shoot; *of vessels*: spout, lip; gutter; *tech.* outlet, drain; delivery, discharge; ~**eimer** *m* slop-pail; ~**röhre** *f* drain-pipe.

'**aushacken** *v/t.* (*h.*) hew (*or* hack) out; *agr.* grub (*or* hoe) up.

'**aushaken** *v/t. or sich* ~ (*h.*) unhook.

'**aushalten I.** *v/t.* (*irr., h.*) endure, suffer, bear; stand (*attack, comparison, heat, test, etc.*); *kannst du es* ~? can you take it?; *nicht zum* ℒ beyond endurance; sustain, hold (*a. mus.*); support; keep (*a woman*); **II.** *v/i.* (*irr., h.*) endure, last, hold out; *fig.* persevere; *er hält es nirgends lange aus* he never stays (*or* lasts) long in one place.

'**aushandeln** *v/t.* (*h.*) bargain (for); negotiate; settle.

aushändig|en ['aushendigən] *v/t.* (*h.*) hand *a th.* over (*j-m* to *a p.*); *a. econ.* deliver (up); surrender; ℒung *f* (-) delivery, surrender, handing over.

'**Aushang** *m* notice, bulletin; placard, poster.

Aushänge|bogen ['aushenə-] *typ. m* clean sheet; ℒn *v/t.* (*h.*) hang out (*a. v/i.*); post (up), put up (*placard*); unhinge (*door*); display, show (*goods*); unhook; *sich* ~ (*dress*) smooth out; ~**schild** *n* sign(-board), shop sign, *Am. a.* shingle; *fig.* front, cover, preten|ce, *Am.* -se, show-place.

'**ausharren** *v/i.* (*h.*) persevere; hold out, endure to the end; *auf s-m Platz* ~ stick to one's place.

'**aushärten** *tech. v/t.* (*h.*) harden, cure.

'**aushauchen** *v/t.* (*h.*) exhale, breathe out; *sein Leben* ~ breathe one's last.

'**aushauen** *v/t.* (*h.*) clear, thin (*a wood*); hew *stones, etc.* (*aus dat.* out of); hew (*or* chisel) out, carve.

'**ausheb|en** *v/t.* (*irr., h.*) lift out; take *a door* off the hinges; (*sich*) *die Schulter*: dislocate, put *one's shoulder* out (of joint); dig, excavate; *mil.* levy *troops*, enrol(l), enlist, *esp. Am.* draft (*recruits*); capture (*sentry*); clear out, raid (*nest of criminals*); ℒung *f* levy, recruiting, conscription, draft(ing).

aushebern (*h.*) siphon out.

'**aushecken** *fig. v/t.* (*h.*) hatch, concoct, cook (*Am. a.* think) up.

'**ausheilen** *v/t.* (*h.*) *and v/i.* (*sn*) heal (up); cure completely.

'**aushelfen** *v/i.* (*irr., h.*) help out,

assist; supply, *colloq.* fix *a p.* up (*mit* with).

'**Aushilf|e** *f* (temporary) help, assistance, aid; makeshift, substitute, stopgap; *with money*: accommodation; *person*: help, auxiliary, handyman, *Am.* hired man; ~**skraft** *f* occasional (*or* relief) worker, temp(orary); ~**skraftwerk** *n* emergency power station; ~**smädchen** *n* between-maid, part-time girl; ℒ**sweise** ['-svaızə] *adv.* as a makeshift (*or* stopgap); temporarily.

aushöhl|en ['aushø:lən] *v/t.* (*h.*) hollow out, excavate; *tech.* groove (out); *fig.* sap, undermine, erode; ℒung *f* excavation; grooving; sapping.

'**ausholen I.** *v/i.* (*h.*) swing (back) (*for a blow, throw, etc.*); *a. swimming*: strike out; *fig.* (*weit*) ~ go far back; **II.** *v/t.* (*h.*) draw *a p.* out, sound, pump.

'**aushorchen** *v/t.* (*h.*) → *ausholen II.*

'**Aushub** *m* (-[e]s) excavated material.

aushülsen ['aushylzən] *v/t.* (*h.*) hull, husk, shell.

'**aushungern** *v/t.* (*h.*) starve (out); *ausgehungert* famished, starved.

'**aushusten** *v/t.* (*h.*) cough (*or* bring) up, expectorate.

'**ausjäten** *v/t.* (*h.*) weed out.

'**auskämmen** *v/t.* (*h.*) comb out (*a. fig.*); *tech.* card, comb.

'**auskämpfen** *v/t.* (*h.*) fight out.

'**auskehl|en** *tech. v/t.* (*h.*) flute, groove, chamfer, hollow out; ℒung *f* (-; -en) fillet, groove, flute.

'**auskehren** *v/t.* (*h.*) sweep (out), (sweep) clean.

'**auskeilen I.** *v/t.* (*h.*) *tech.* wedge out; *mining*: (*a. sich*) peter out; **II.** *v/i.* (*sn*) *horse*: lash out, kick.

'**auskeimen** *v/i.* (*sn*) germinate.

'**auskeltern** *v/t.* (*h.*) press (out).

'**auskennen**: *sich* ~ (*irr., h.*) (*in dat.*) know (one's way about) *a place*; *fig.* be versed (*or* quite at home) in; know all about *a th.*; *er kennt sich aus* he knows what's what; *ich kenne mich nicht mehr aus* I am completely at a loss.

auskernen ['auskernən] *v/t.* (*h.*) take out the kernel (*or* pips) of (*apples*); stone; shell (*pulse*).

'**auskippen** *v/t.* (*h.*) dump (*or* pour) out.

'**ausklammern** *v/t.* (*h.*) *fig.* leave out of consideration.

'**Ausklang** *mus. m* final notes; *fig.* end, finale, (fall of the) curtain.

ausklappbar ['ausklapba:r] *adj.* swinging out, hinged.

'**ausklarieren** *mar. v/t.* (*h.*) clear out.   [puzzle out.]

'**ausklauben** *v/t.* (*h.*) pick out; *fig.*]

'**auskleiden** *v/t.* (*h.*) undress; *sich* ~ *a.* take off one's clothes; *tech.* line, coat, plate.

'**ausklingen** *v/i.* (*irr., sn*) die (*or* fade) away; *fig.* end (*in acc.* in).

'**ausklinken** *v/t.* (*h.*) disengage (*the clutch*); release (*a. aer. bombs, glider*); unlatch (*door*).

'**ausklopfen** *v/t.* (*h.*) beat out; scale (*boiler*); dust (*clothes*); knock out (*pipe*).

'**ausklügeln** *v/t.* (*h.*) puzzle out; contrive; → *ausgeklügelt.*

'**auskneifen** v/i. (irr., sn) decamp, bolt, cut and run, Am. sl. take a powder.

'**ausknipsen** v/t. (h.) el. switch off, flick out.

'**ausknobeln** v/t. (h.) dice (or toss) for; fig. puzzle out, Am. a. figure out.

'**auskochen** v/t. (h.) boil (out); decoct, extract (juice); scald (vessels); → ausgekocht.

auskommen v/i. (irr., sn) come out; fire: break out; mit et. ~ do with, manage with, get by with; mit s-m Geld ~ manage to live within one's money, make both ends meet; ohne et. ~ manage (or do, get along) without, be able to dispense with; mit j-m ~ get on (or along) with a p., be on friendly terms with a p., hit it off well with a p.; '**Auskommen** n competency, living, livelihood; sein ~ haben make a living; have a competency, be in easy circumstances; es ist kein ~ mit ihm there is no getting on with him.

auskömmlich ['aʊskœmliç] adj. sufficient.

'**auskosten** v/t. (h.) enjoy to the full, a. iro. taste fully; iro. ich habe es ausgekostet I had my fill of it.

'**auskramen** v/t. (h.) rummage up; fig. dig up; trot out (knowledge).

'**auskratz|en I.** v/t. (h.) scrape out; rake out; med. curette; **II.** colloq. fig. v/i. (sn) bolt, hook (or sl. beat) it; **₂ung** med. f (-; -en) curettage.

'**auskriechen** v/i. (irr., sn) come (or creep) forth; be hatched.

'**auskugeln** v/t. (h.): sich den Arm ~ dislocate one's arm.

auskultieren [aʊskʊl'tiːrən] med. v/t. (h.) auscultate.

'**auskundschaften** v/t. (h.) explore. spy out, ferret out; mil. scout, reconnoit|re, Am. -er.

Auskunft ['aʊskʊnft] f (-; -e) information; inquiry-office, Am. information desk; teleph. inquiries; nähere ~ details pl.; nähere ~ bei or in see (or consult); ~ einholen seek (or obtain) information; ~ erteilen give (or supply) information; Auskünfte einziehen lassen have inquiries made; **Auskunf'tei** f (-; -en) inquiry office, esp. Am. information bureau.

'**Auskunfts...:** ~**beamter** m, ~**beamtin** f inquiry clerk; teleph. information operator; ~**mittel** n expedient; ~**person** f informant; ~**pflicht** f obligation to give information; ~**stelle** f information bureau.

'**auskuppeln** v/t. and v/i. (h.) uncouple; disconnect, release; mot. disengage (the clutch), declutch, put into neutral gear.

'**auslachen** v/t. (h.): j-n ~ laugh (or jeer) at, deride a p. (wegen gen. for); sich ~ laugh one's fill.

Auslade|bahnhof ['aʊslɑːdə-] m railhead, mil. a. detraining point; **₂n I.** v/t. (irr., h.) discharge, unload; mar. discharge, clear, lighten; disembark, land (passengers, troops); mil. rail. detrain; debus; aer. deplane; Am. detruck; j-n ~ cancel a p.'s invitation, ask a p. not to come; **II.** v/i. (irr., h.) jut out, pro-

ject; ~**hafen** m port of discharge; ~**r** m (-s; -) stevedore, unloader; mar. stevedore, lighterman, Am. longshoreman; el. conducting arc; ~**rampe** f handling (or loading) platform.

'**Ausladung** f discharge, unloading; arch. projection; tech. radial range, working radius; of machine tool: overhang; of swing crane: length of jib; of plate shears: depth of throat.

'**Auslage** f outlay, disbursement, advance; expenses pl.; j-m s-e ~n zurückerstatten reimburse a p. (for his expenses); of goods: display, show; goods exhibited; (shop-)window; die ~n ansehen gehen go window-shopping; fenc. or boxing: on-guard position, guard; Links₂ left-hand guard; rowing: coming forward; ~**kästchen** n of jeweller, etc.: tray.

'**auslagern** v/t. (h.) store outdoors; evacuate, disperse; tech. settle (beer); age(-harden) (aluminium).

'**Auslagewerbung** f window display; counter display.

'**Ausland** n (-[e]s) foreign country; foreign countries pl. (or parts, nations pl.); ins ~, im ~ abroad; im ~ geboren foreign born; vom ~ from abroad; fürs ~ bestimmt outward bound.

Ausländ|er(in f) ['aʊslɛndər(in)] m (-s; -; -; -nen) foreigner; jur. alien; feindlicher ~ enemy alien; unerwünschte ~ pl. undesirable aliens; **₂isch** adj. foreign; econ. a. external; jur. alien; bot. exotic; fig. exotic, outlandish, strange; ~e Besucher visitors from abroad.

'**Auslands...:** ~**abteilung** econ. f Foreign Department; ~**anleihe** f external loan; ~**aufenthalt** m stay abroad; ~**bank** f (-; -en) foreign bank, Am. overseas bank; ~**berichterstatter** m foreign correspondent; ~**deutsche(r** m) f German abroad; ~**dienst** m foreign service; ~**filiale** f foreign branch; ~**geschäft** n foreign business; ~**gespräch** teleph. n international foreign call; ~**guthaben** n/pl. deposits pl. in foreign countries; ~**korrespondent(in** f) m foreign correspondent; ~**paß** m foreign passport; ~**patent** n foreign patent; ~**presse** f (-) foreign press; ~**reise** f trip (or tour) abroad, outward journey; ~**vermögen** n external assets pl., property abroad; ~**verschuldung** f foreign debt; ~**zahlungsverkehr** m external exchange of payments; ~**zulage** f foreign service allowance.

Auslaß ['aʊslas] m (-sses; -sse) outlet, exit, discharge, delivery, exhaust.

'**auslass|en** v/t. (irr., h.) let out (or off); let (or blow) off (steam); melt, render down, extract (fat); strain (honey); let out; leave out, omit (a word, etc.); skip (a page, etc.); delete, strike (out), cancel, cut (out); fig. s-e Gefühle ~ give vent to one's feelings; s-n Zorn an j-m ~ vent one's anger on a p.; er ließ s-e Wut (darüber) an ihr aus he took it out on her; sich ~ (über acc.) express o.s. (about); sich weitläu-

fig ~ über expatiate (or enlarge, dilate) upon; er ließ sich nicht weiter aus he did not explain himself further; **₂ung** f (-; -en) omission; deletion; remark, utterance; gr. ellipsis, elision; **₂ungszeichen** n apostrophe.

'**Auslaßventil** n exhaust valve; escape valve; ~ für Luft air vent.

'**auslasten** tech. v/t. (h.) balance, equalize (loads); fig. employ to capacity.

'**Auslauf** m outflow, discharge; outlet, drain; mouth (of river); for animals: run; mar. sailing; aer. landingrun; skiing: outrun; swimming: glide; tennis: margin; arch. projection; **₂en** v/i. (irr., sn) run (or flow) out; vessel: leak (out), trickle out; mar. sail, put to sea, clear (the port); aer. taxi (to a standstill); colour: run, blur; fig. (come to an) end, expire; slow down, die out; engine: run down, car: coast; arch. project; ~ in or auf (acc.) end (or terminate, result) in; in ein Vorgebirge ~ run out into a promontory; spitz ~ taper (off); Produktion ~ lassen taper off production; sich ~ person: have a good run; **₂end** adj. mar. outward bound; fig. ending.

'**Ausläufer** m errand-boy; bot. runner, offshoot; mining: branch lode; of mountain: spur, foot-hills pl.; of town: outskirts pl.; fig. branches, ramification.

'**Auslauf...:** ~**hahn** m drain cock; ~**strecke** aer. f landing run or distance; ~**stutzen** m drain plug.

'**auslaugen** v/t. (h.) lixiviate, extract; geol. leach out; mining: wash.

'**Auslaut** gr. m final (or terminal) sound; im ~ when final; **₂en** gr. v/i. (h.) terminate, end (auf acc. in).

'**ausläuten I.** v/i. (h.) cease ringing; **II.** v/t. (h.) ring out.

'**ausleben:** sich ~ (h.) enjoy life to the full; sow one's wild oats.

'**auslecken** v/t. (h.) lick out or clean.

'**ausleeren** v/t. (h.) empty, clear (out); drink up, drain; med. evacuate; void (the bladder); fig. sein Herz ~ pour out one's heart.

'**auslegen** v/t. (h.) lay out, spread; econ. display, exhibit, expose goods (for sale); lay open (a patent specification); lay out (a corpse); run, lay (a cable); line, cover; floor; design, plan; inlay, lay out; ausgelegte Arbeit inlaid work; advance, disburse, pay (für for); interpret, construe, explain; wie legst du diesen Satz aus? how do you read this sentence?; falsch ~ misinterpret, misconstrue; gut (schlecht) ~ put a good (bad) construction on a th.; j-m et. als Eitelkeit ~ set a th. down to a p.'s vanity.

Ausleger ['aʊsleːgər] m (-s; -) expositor, interpreter, commentator; tech. of crane: derrick, jib; arch. cantilever; of machine tool: arm; arch. outrigger; ~**arm** tech. m of crane: jib; of machine tool: arm; ~**boot** n outrigger; ~**brücke** f cantilever bridge.

Auslegeschrift f patent specification.

'**Auslegung** f (-; -en) laying out; explanation; interpretation, construction; *eccl.* exegesis; reading; *falsche* ~ misinterpretation, erroneous construction; publication.

'**ausleiden** *v/i.* (*irr.*, *h.*): *er hat ausgelitten* his sufferings are over.

'**ausleihen** *v/t.* (*irr.*, *h.*) lend (out), hire out, *esp. Am.* loan; *econ. Kapital auf Zinsen* ~ put out principal at interest; *sich et.* ~ borrow a th.

'**auslernen** *v/i.* (*h.*) finish learning; complete one's apprenticeship (*or* training); *man lernt nie aus* we live and learn.

'**Auslese** *f* sorting; choice, selection; *literary*: *a.* digest; *natürliche* ~ natural selection; wine made from the choicest late-gathered grapes; *fig. die* ~ the pick (*or* cream, flower, élite); ♀**n** *v/t.* (*irr.*, *h.*) select, choose, pick out; *econ.* sort, grade; read through, finish (*a book*); *von A bis Z* ~ read from cover to cover.

'**ausleucht|en** *v/t.* (*h.*) *tech. film*: illuminate; ♀**ung** *f* (-; -en) illumination.

'**ausliefer|n** *v/t.* (*h.*) deliver (up), hand (*or* turn) over (*dat.* to); *econ.* deliver (*goods*); *jur.* a) surrender, **b)** extradite (*criminals*); restore; *j-m ausgeliefert sein* be at the mercy (*or* in the power, clutches) of a p.; ♀**ung** *f* delivery; *jur.* a) surrender, **b)** restitution, **c)** extradition.

'**Auslieferungs...**: ~**auftrag** *m* delivery order; ~**lager** *n* delivery stores *pl.*, supply depot; ~**schein** *m* delivery order, bill of delivery; ~**stelle** *f* distribution cent|re, *Am.* -er; ~**vertrag** *m* extradition treaty.

'**ausliegen** *v/i.* (*irr.*, *h.*) be displayed (*or* exhibited), be on show; *zur Einsichtnahme* ~ be exposed (*or* open) to inspection; *newspapers*: be kept.

Auslobung ['auslo:buŋ] *f* (-; -en) public reward.

'**auslochen** *tech. v/t.* (*h.*) punch out.

'**auslöffeln** *v/t.* (*h.*) spoon (*or* ladle) out; *fig.* → *Suppe.*

'**auslösch|en** *v/t.* (*h.*) extinguish, put out (*fire, etc.*; *a. fig.*); *el.* switch off, turn out; stub (*or* put) out (*a cigarette*); efface, obliterate, blot out (*writing*); wipe out (*a. fig.*), erase; cancel, delete; ♀**ung** *f* extinction; obliteration; deletion.

Auslöse|feder ['auslø:zə-] *tech. f* release (*or* tripping) spring; ~**hebel** *m* release (*or* trip) lever; ~**knopf** *m* release button.

'**auslosen** *v/t.* (*h.*) draw lots for; toss for; *with dice*: raffle for; distribute by lot, allot; *econ.* draw (by lot); *ausgeloste Obligation* drawn bond.

'**auslös|en** *v/t.* (*h.*) loosen, release; *tech.* disengage, throw out of gear; *el.* break the circuit; release (*a. bombs, torpedo*), actuate, trip; redeem, ransom (*prisoners*); redeem (*a pawn*), take out of pledge; *econ.* redeem, cash (*a bill of exchange*); *fig.* start, spark, trigger; unleash; draw (*applause*), call forth, arouse (*a. enthusiasm*); engender (*feelings*); produce (*an effect*); ♀**er** *tech. m* (-s; -) release (lever), *esp. phot.* trigger; *el.* a) release, b) circuit-breaker; ♀**evorrichtung** *f* release

(gear *or* mechanism), tripping device; *aer.* (bomb-)release control; ♀**ung** *econ. f* redemption; severance pay; ransom; *tech.* release; → *Auslösevorrichtung*; *of watches*: detent.

'**Auslosung** *f* draw(ing of lots); *econ.* drawing of bonds; allotment; *tennis*: draw; ~**s-schein** *m* letter of allotment; drawing certificate.

'**ausloten** *mar. v/t.* (*h.*) sound (*a. fig.*).

'**auslüften** *v/t.* (*h.*) air, ventilate.

'**ausmachen** *v/t.* (*h.*) put out, extinguish (*a fire*); *el.* switch (*or* turn) out; open, shell (*oysters*); gut (*fish*); draw (*poultry*); husk, shell (*pulse*); dig up (*potatoes*); make out, sight, spot; locate; *fig.* stipulate, (make it a) condition; settle, decide; fight out (*unter sich* between themselves); arrange, settle, agree; make up, constitute, form; amount (*or* come, run) to, total; *das macht nichts aus* it does not matter, it is of no consequence, never mind; *es macht viel aus* it matters a great deal; *würde es Ihnen et.* ~, *wenn?* would it make any difference to you if?, would you mind (*ger.*)?

'**ausmahlen** *v/t.* (*h.*) grind up, extract.

'**ausmalen** *v/t.* (*h.*) paint (*a room*); illuminate, colo(u)r (*a picture*); *fig.* depict, picture (*dat.* to); amplify, embroider; *sich et.* ~ picture a th. to o.s.

'**ausmanövrieren** *v/t.* (*h.*) outmanoeuvre, *Am.* outmaneuver.

'**Ausmarsch** *m* marching out, departure; ♀**ieren** *v/i.* (*sn*) march out, depart.

'**Ausmaß** *n* measurement(s *pl.*), dimension(s *pl.*), size; *fig.* extent; scale; degree; *in großem* ~ on a large scale, *fig.* to a great extent; *erschreckende* ~*e annehmen* assume alarming proportions.

'**ausmauern** *v/t.* (*h.*) wall (*or* brick) up; line with brick.

'**ausmeißeln** *v/t.* (*h.*) chisel out; sculpture, carve; *tech.* chase.

'**ausmergeln** *v/t.* (*h.*) emaciate; *fig.* impoverish, exhaust.

ausmerzen ['ausmɛrtsən] *v/t.* (*h.*) *agr.* cull, weed out; cast off, reject; expunge, strike out; eliminate; eradicate, wipe out; efface, blot out.

'**ausmess|en** *v/t.* (*irr.*, *h.*) measure (out); survey (*land*); gauge (*vessel*); ♀**ung** *f* measuring, measurement; survey; ga(u)ge.

'**ausmisten** *v/t.* (*h.*) clear *a stable* (of manure); *colloq. fig.* (*esp. v/i.*) clear up the mess.

ausmitt|eln ['ausmɪtəln] *v/t.* (*h.*) *math.* form the average; *fig.* identify, determine; ~**ig** *tech. adj.* eccentric; off-cent|re, *Am.* -er.

'**ausmünden** *v/i.* (*h.*): ~ *in* (*acc.*) *river*: fall (*or* discharge, empty) into; *road, etc.*: open (*or* lead) into.

'**ausmünzen** *v/t.* (*h.*) coin, stamp, mint.

'**ausmuster|n** *v/t.* (*h.*) discard, reject; scrap (*a machine*); *aer. mil.* discharge (as unfit); ♀**ung** *f* rejection; discharge; ♀**ungsgeld** *n* mustering-out pay.

Ausnahme ['ausna:mə] *f* (-; -n) exception; exemption; *mit* ~ *von*

or gen. except(ing), with the exception of, save; *ohne* ~ without exception, all of them; e-e (*keine*) ~ *machen* make an (admit of no) exception; *die* ~ *bestätigt die Regel* the exception proves the rule; e-e ~ *von der Regel* an exception to the rule; ~**bestimmung** *f* saving clause; ~**fall** *m* exceptional case, exception; ~**zustand** *m* (state of) emergency; *mil.* (state of) martial law; *den* ~ *verhängen* establish martial law.

ausnahms|los ['ausna:ms-] *adv.* without exception; ~**weise** ['-vaɪzə] *adv.* exceptionally, by way of exception; for once.

'**ausnehmen** *v/t.* (*irr.*, *h.*) take out; disembowel; gut (*fish*); draw (*poultry*); *fig.* except, exclude; exempt (*von* from); *sich gut* (*schlecht*) ~ look well (bad); *er nahm sich schlecht aus* he cut a poor figure; ~**d I.** *adj.* exceptional; **II.** *adv.* exceptionally, exceedingly.

'**ausnutz|en**, **ausnütz|en** *v/t.* (*h.*) utilize (fully), profit by, make the best (*or* most) of, turn to account; take advantage of (*a. b.s.*); *a. mil., mining*: exploit; *workers*: *a.* drive, sweat; *er nützte ihre Schwäche aus* he practised (*or* played) on her weakness; ♀**ung** *f* utilization; exploitation.

'**auspacken I.** *v/t.* (*h.*) unpack, uncase; **II.** *v/i.* (*h.*) *colloq. fig.* speak up, speak one's mind, not to mince words.

'**auspeitschen** *v/t.* (*h.*) whip, flog.

'**auspfänden** *v/t.* (*h.*): *j-n* ~ seize a p.'s goods, distrain (up)on a p.

'**auspfeifen** *v/t.* (*irr.*, *h.*) *thea.* hiss off the stage; hoot, catcall; *sports, etc.*: boo.

'**auspflanzen** *v/t.* (*h.*) transplant, bed out; pot out.

'**auspichen** *v/t.* (*h.*) (coat with) pitch; *fig. ausgepicht* seasoned, hardened.

Auspizien [au'spi:tsiən] *pl.* auspices.

'**ausplätten** *v/t.* (*h.*) iron (*or* smooth) out.

'**ausplaudern** *v/t.* (*h.*) blab (*or* let) out.

'**ausplündern** *v/t.* (*h.*) ransack, loot, pillage; rob, clean out; *j-n* ~ rob (*or* fleece) a p.; *bis aufs Hemd* ~ strip to the skin.

'**auspolstern** *v/t.* (*h.*) stuff, pad; wad; *tech.* lag, line.

'**ausposaunen** *colloq. v/t.* (*h.*) trumpet (*or* blazon) forth, noise abroad.

'**ausprägen** *v/t.* (*h.*) coin, stamp, mint; *sich* ~ show (*or* reveal) itself, find its expression (*in dat.* in); → *ausgeprägt.*

'**auspressen** *v/t.* (*h.*) press (*or* squeeze) out; crush.

'**ausprobieren** *v/t.* (*h.*) try (out), (put to the) test; sample, taste (*wine*).

'**Auspuff** *mot. m* (-[e]s; -e) exhaust; ~**gas** *n* exhaust gas; ~**hub** *m* exhaust stroke; ~**klappe** *f* exhaust valve; ~**krümmer** *m*, ~**leitung** *f* exhaust manifold; ~**rohr** *n* exhaust pipe; ~**takt** *m* exhaust cycle (*or* stroke); ~**topf** *m* silencer, *Am.* (exhaust) muffler.

'**auspumpen** v/t. (h.) pump out, evacuate; phys. air: exhaust, rarefy; colloq. fig. ausgepumpt exhausted; panting; in a sweat.

auspunkten ['aʊspuŋktən] v/t. (h.) boxing: beat by points, outpoint.

'**auspusten** v/t. (h.) blow out.

'**Ausputz** m adornment; trimmings pl.; **2en** v/t. (h.) clean (out); prune (trees); trim (vine); adorn, decorate; sich ~ dress up; ~**er** m soccer: sweeper(-up).

ausquartier|en ['aʊskvarti:rən] v/t. (h.) dislodge; mil. billet out; sich ~ change one's quarters; **2ung** (-; -en) mil. billeting out; change of quarters.

'**ausquetschen** v/t. (h.) squeeze (or crush) out; fig. colloq. pump, grill, cross-examine.

'**ausradieren** v/t. (h.) erase; (a.fig.) rub out.

'**ausrangieren** v/t. (h.) rail. shunt off; scrap; fig. discard, cast off; shelve (officials).

'**ausrauben** v/t. (h.) rob; ransack.

'**ausrauchen** v/t. (h.): s-e Pfeife ~, etc. finish one's pipe, etc.

'**ausräuchern** v/t. (h.) fumigate; smoke out (bees, fox, enemy).

'**ausraufen** v/t. (h.) pull (or tear) out; fig. sich die Haare ~ tear one's hair.

'**ausräumen** v/t. (h.) empty, evacuate, clear; remove (furniture, etc.); econ. clear off (goods); tech. broach.

'**ausrechn|en** v/t. or sich ~ (h.) calculate, compute; a. fig. reckon out, Am. figure out; do a sum; falsch ~ miscalculate; → ausgerechnet; **2ung** f calculation, computation.

'**ausrecken** v/t. (h.) stretch (out), extend; sich ~ stretch (or draw) out; sich den Hals ~ crane one's neck.

'**Ausrede** f excuse, pretext, evasion; subterfuge; → faul; ~n machen a. be evasive, quibble, shuffle; er weiß immer e-e ~ he is never at a loss for an excuse; **2n I.** v/i. (h.) finish speaking; j-n ~ lassen hear a p. out; lassen Sie mich ~ a. let me have my say; j-n nicht ~ lassen cut a p. short; **II.** v/t. (h.): j-m et. ~ dissuade a p. from doing a th., talk (or argue) a p. out of a th.; sich ~ speak one's mind, have one's say.

'**ausreiben** v/t. (irr., h.) rub out; tech. ream.

'**ausreichen** v/i. (h.) suffice, be sufficient (or enough); do, last; das wird kaum ~ that will hardly do; es wird für eine Woche ~ it will last you a week; mit et. ~ make a th. do, manage with a th.; ~**d** adj. sufficient.

'**ausreifen** v/i. (sn) ripen or mature (thoroughly); → ausgereift.

'**Ausreise** f departure, exit; mar. voyage out; ~**genehmigung** f exit permit; ~**visum** n exit visa.

'**ausreißen I.** v/t. (irr., h.) tear (or pluck, pull) out; pull up (a tree); uproot; pull out, extract (teeth); colloq. → Bein; **II.** v/i. (irr., sn) run away, decamp; a. horse: bolt.

'**Ausreißer** m fugitive, runaway, deserter; mil. stray shot.

'**ausreiten I.** v/i. (irr., sn) ride out (on horseback), go for (or take) a ride; **II.** v/t. (irr., h.) take out, exercise (horses).

ausrenken ['aʊsreŋkən] v/t. (h.) dislocate (sich den Arm ~ one's arm); disjoint.

'**ausricht|en** v/t. or sich ~ (h.) straighten; tech. true; adjust (a. one's behaviour, etc.; nach to); align; mil. dress (ranks); orient (a map); fig. coordinate, align; pol. orientate, bring into line, b.s. streamline; organize (event); do, effect; accomplish; succeed (acc. in); obtain; nichts ~ fail; damit richtet er nichts aus that won't get him anywhere; gegen sie konnte er nichts ~ he was no match for her; execute (orders, etc.); deliver (message, etc.); richten Sie ihm meinen Gruß aus give him my kind regards; kann ich et. ~? can I take a message?; fig. ausgerichtet auf (acc.) keyed to; **2ung** f alignment, adjustment; fig. orientation, coordination.

'**ausringen** v/t. (irr., h.) wring (out); fig. er hat ausgerungen his struggles are over.

'**Ausritt** m ride.

'**ausroden** v/t. (h.) root out, stub up; clear (woods).

'**ausrollen I.** v/t. (h.) roll out (dough); run out (cable); **II.** v/i. (sn) aer. taxi to a stop; '**Ausrollen** aer. n landing-run.

'**ausrott|en** v/t. (h.) root out (plants; a. fig.); fig. extirpate, eradicate, stamp out; exterminate (a people); **2ung** f (-; -en) uprooting; extirpation, eradication; extermination; pol. a. genocide.

'**ausrück|en I.** v/i. (sn) march (or turn) out, depart; colloq. run away, make off, bolt; **II.** v/t. (h.) tech. disengage, disconnect, throw out (of gear), unmesh; declutch, shift (clutch); **2er** m (-s; -) disengaging gear, releasing lever; **2stellung** tech. f disengaged position; **2ung** tech. f (-; -en) disengagement.

'**Ausruf** m (out)cry; exclamation; gr. interjection; proclamation; **2en I.** v/i. (irr., h.) cry (or call) out, exclaim; **II.** v/t. (irr., h.) proclaim; call out, cry, hawk (goods); j-n ~ als or zu proclaim a p. a th.; et. ~ lassen publish a th., have a th. proclaimed (by the town-crier); ~**er** m (-s; -) public (or town-)crier, bellman; at fairs: tout, Am. barker; ~**ung** f (-; -en) proclamation; ~**ungswort** n (-[e]s; ⁸er) interjection; ~**ungszeichen** n exclamation mark (Am. point).

'**ausruhen I.** v/i. or sich ~ (h.) rest (von from), take (a) rest; repose (auf dat. on); relax, take breath; ausgeruht rested; fresh; → Lorbeer; **II.** v/t. (h.) a. ~ lassen (give a) rest; '**Ausruhen** n rest, repose, recreation.

'**ausrupfen** v/t. (h.) pull (or pluck) out.

'**ausrüst|en** v/t. (sich o.s.) (h.) furnish, provide, supply; fit out (mit with); mil. arm, equip; mar. rig (or fit) out, man; tech. finish (cloth, paper); fig. endow, equip; **2ung** f fitting out; sports, etc.: outfit, a. mil. equipment, of soldier: kit; tech. equipment; appliance; device; accessories pl., fittings pl.; attachment; of paper: finish(ing); mar. armament.

'**ausrutsch|en** v/i. (sn) slip (auf dat. on), lose one's footing; esp. mot., etc.: skid; **2er** m (-s; -) slip.

'**Aussaat** f sowing; seed.

'**aussäen** v/t. (h.) agr. sow; fig. disseminate, spread.

'**Aussage** f statement, assertion, declaration; gr. predicate; of author: message, statement, what an author has to say; s-r ~ nach according to his statement, from what he says; jur. a) evidence, b) deposition, c) testimony, d) of the parties: pleadings pl.; eidliche ~ sworn evidence, affidavit; ~ verweigern refuse to give evidence; e-e ~ machen testify, give evidence; **2n** v/t. and v/i. (h.) state, declare, assert; jur. testify (gegen against), give evidence, depose; the parties: plead, allege; e dlich ~ attest (or depose) on oath; **2nd** gr. adj. predicatory.

'**aussägen** v/t. (h.) saw out.

'**Aussage|satz** gr. m affirmative proposition; ~**zwang** jur. m compellability of witnesses.

aussaigern ['aʊszaɪgərn] chem. v/t. (h.) segregate, liquate.

'**Aus|satz** m med. leprosy; vet. scab; billiards: lead; **2sätzig** ['-zetsiç] adj. leprous; ~**sätzige(r** m) ['-gə(r)] f (-n; -n; -en; -en) leper.

'**aussaugen** v/t. (h.) suck out; suck (fruit, wound); fig. drain, exhaust; j-n ~ bleed a p. white.

ausschacht|en ['aʊsʃaxtən] v/t. (h.) excavate; sink (a well, shaft); **2ung** f (-; -en) excavation.

'**ausschälen** v/t. (h.) peel (apples, etc.); shell (beans, etc.).

'**ausschalt|en** v/t. (h.) eliminate (a. fig.); dispose of (a th.); compensate for, correct; el. tech. switch off, turn off or out; break, cut out (current); tech. disengage, throw out (the clutch); mil. neutralize; **2er** el. m circuit-breaker, cut-out; **2stellung** tech. f off position; **2ung** f elimination, exclusion, disposal; el. circuit break, switching off.

'**Ausschank** m retail of liquor; (retail-)bar, colloq. pub; retail-licence.

'**ausscharren** v/t. (h.) dig up, rake (or scratch) up.

'**Ausschau** f: ~ halten nach (dat.) watch out for, be on the look-out for; **2en** v/i. (h.) look (or watch) out (nach for); → aussehen.

'**ausschaufeln** v/t. (irr., h.) shovel out.

'**ausscheiden I.** v/t. (irr., h.) eliminate, separate; remove, exclude, rule out; chem., math. a) eliminate, b) extract, c) settle out, precipitate, d) liberate; physiol. secrete; med. excrete, discharge, pass; **II.** v/i. (irr., sn) aus e-m Amt: retire from an office; (a. aus e-m Verein, etc.) withdraw (from a club, etc.); sports, etc.: be eliminated, drop out; zem. deposit; das scheidet aus that's out (of the question); '**Ausscheiden** n elimination, removal; retirement, resignation.

'Ausscheidung *f* elimination, removal, separation; *med.* secretion, excretion; *chem.* precipitation, deposit; *sports:* elimination (contest), trials *pl.*; ~skampf *m* elimination (*or* qualifying) contest, tie; ~smittel *chem. n* separating agent, precipitant; ~s-prüfung *f* elimination test; ~s-spiel *n* eliminating game, try-out, tie.

'ausschelten *v/t. (irr., h.)* chide, scold, upbraid, *Am.* berate.

'ausschenken *v/t. and v/i. (h.)* pour out; *publican:* retail; sell (*liquor*).

'ausscheren *v/i. (sn) aer., mar.* leave formation, fall out; *mar., mot. a.* veer out.

'ausschicken *v/t. (h.)* send out (*nach for*), dispatch.

'ausschießen I. *v/t. (irr., h.)* shoot out; shoot for (*a prize*); reject, cast out; *typ.* impose; *mining:* clear (by blasting); **II.** *v/i. (irr., sn) bot.* shoot (forth), sprout.

'ausschiff|en *v/t. or sich ~ (h.)* disembark, debark, put ashore, land; discharge (*cargo*); 2ung *f* (-; -en) disembarkation, debarkation.

'ausschimpfen *v/t. (h.)* → ausschelten.

'ausschirren *v/t. (h.)* unharness.

'ausschlachten *v/t. (h.)* cut up; *tech.* take to pieces for reutilization, scrap, salvage, cannibalize; *fig.* exploit, make the most of, capitalize on.

'ausschlacken *v/t. (h.)* (clear of) slag.

'ausschlafen I. *v/i. (irr., h.)* sleep one's fill; **II.** *v/t. (irr., h.)* → Rausch.

'Ausschlag *m med.* eruption, rash, pimples *pl.*; *tech.* deflection (response), beat (*of pointer*); turn of the scale(*s*); swing (*of pendulum*); *mot.* steering lock; *phys.* amplitude; scum, exudation; lining; *fig.* decisive factor; *of price barometer, etc.:* movement; *den ~ geben* decide the issue, settle it, turn the scale; 2en **I.** *v/t. (irr., h.)* knock (*or* beat, dash) out; line, face, cover; *tech.* flatten out (*metal*); *mining:* crush and sift; refuse, decline, *Am. a.* pass up; decline (*inheritance*); **II.** *v/i. (irr., h.) horse:* kick, lash out; *pointer:* deflect; *scales:* turn; *pendulum:* swing; grow moist (*or* damp); *bot.* sprout, bud; *trees:* break into leaf; *fig.* result, turn out; *es schlug zu seinem Nachteil aus* it went against him; 2gebend *adj.* decisive, determining (*factor*); ~e Stimme casting vote; ~ung *jur f* (-; -en) disclaimer (*of inheritance*).

'ausschleifen *tech. v/t. (irr., h.)* grind out.

'ausschließ|en *v/t. (irr., h.)* shut (*or* lock) out; *fig.* exclude, preclude; rule out; expel; bar (*aus from*); *eccl.* excommunicate; *from society, etc:* ostracize; lock out (*workers*); *sports:* disqualify, suspend; *typ.* justify; *sich ~ exclude o.s. (von from*); *sich ausgeschlossen fühlen* feel left out in the cold; → ausgeschlossen; ~lich **I.** *adj.* exclusive; **II.** *prp. (gen.)* exclusive of; 2lichkeit *f* (-) exclusivity; 2ung *f* exclusion, expulsion; *sports:* disqualification, suspension; *econ.*

lockout; → Ausschluß; 2ungsfrist *f* time limit; 2ungsverfahren *jur. n* foreclosure proceedings *pl.*

'ausschlüpfen *v/i. (sn)* slip out; *aus dem Ei:* hatch out (*of the egg*).

'ausschlürfen *v/t. (h.)* sip up.

'Ausschluß *m* exclusion, expulsion; exemption; *sports:* disqualification; *eccl.* excommunication; *typ.* spaces *pl.*; *jur.* **a)** preclusion, foreclosure, **b)** estoppel (*of demurrer*); *unter ~ der Öffentlichkeit* in camera, in closed session; *mit ~ von* with the exception of.

'ausschmelzen I. *v/t. (irr., h.)* melt out; fuse (*ore*); render (*fat*); try (*tallow*); **II.** *v/i. (irr., sn)* melt out; fuse.

ausschmieren *v/t. (h.)* smear (*mit* with); point (up) (*joints*); grease.

'ausschmück|en *v/t. (h.)* adorn, decorate, ornament; trim (*dress*); *colloq.* trick out; *fig.* embroider, embellish; 2ung *f* (-; -en) adornment, decoration, ornamentation; *fig.* embellishment, embroidering.

'ausschnauben *v/t. (h.): sich die Nase ~* blow one's nose.

'ausschnaufen *v/i. (h.)* recover one's breath; *fig.* relax, take breath.

'ausschneiden *v/t. (irr., h.)* cut out, clip; *med.* excise; prune (*trees*); *tief ausgeschnitten* low-necked dress.

'Ausschnitt *m* cut (*a. fig.*); (*newspaper*) cutting, *Am.* clipping; *on dresses:* neck, *w.s.* neck-line, décolleté (*Fr.*); *tech.* cutout, notch, aperture; *math.* (*Kreis2*) sector, segment; *fig.* part, section.

'ausschnitzen *v/t. (h.)* carve out.

'ausschnüffeln *colloq. v/t. (h.)* nose (*or* ferret) out.

'ausschöpfen *v/t. (h.)* scoop, ladle out, empty; bale out (*a boat*); *tech.* drain; *fig.* exhaust (*a topic*).

'ausschreib|en *v/t. (irr., h.)* write out; write *a letter, etc.* to the end, finish; write *a word, etc.* in full; expand (*abbreviation, figure*); *short-hand:* extend; *econ.* make out, draw up (*a bill, etc.*); copy; plagiarize, pirate; *thea.* write out, transcribe (*a part*); announce; advertise (*a post*), invite applications for; convoke; *e-n Wettbewerb:* invite entries for (*a competition*), invite tenders (*or* bids) for; *Wahlen ~* issue the writs for elections; impose (*taxes*); *sich ~ author:* write o.s. out, run dry; 2ung *f* making out; announcement; convocation; imposition (*of taxes*); advertisement (*of post*); call for tenders, invitation to bid; *sports:* invitation to a competition; 2ungsverfahren *n* competitive procurement procedure.

'ausschreien *v/t. (irr., h.)* cry out; proclaim; *colloq. er schrie sich den Hals aus* he yelled his lungs out.

'ausschreit|en I. *v/i. (irr., sn)* step (*or* strike) out, stride (out), take long strides; **II.** *v/t. (irr., h.)* pace; measure by steps; 2ung *f* (-; -en) excess; outrage, transgression; *mostly ~en pl.* riots *pl.*, rioting *sg.*

'Ausschuß *m* refuse, waste, scrap; *econ.* low-quality goods *pl.*, rejects *pl.*; damaged goods; *med.* exit wound; committee, board, commission, panel; beratender (*leiten-*

der, *ständiger*) ~ advisory (executive, standing) committee; *e-m ~ angehören* sit on a committee; *e-m ~ übergeben* refer to a committee; ~mitglied *n* member of a committee; ~sitzung *f* committee meeting; ~ware *f* defective rejects *pl.*; damaged goods *pl.*; sub-standard goods; ~wunde *med. f* exit wound.

'ausschütteln *v/t. (h.)* shake out.

'ausschütt|en *v/t. (h.)* pour (*or* dump) out; empty; spill; *econ.* distribute, pay (*dividends*); divide (*bankrupt's estate*); (*j-m*) *sein Herz ~* pour out (*or* open, unburden) one's heart (to a p.), unbosom o.s.; *sich vor Lachen ~* split one's sides with laughter; 2ung *f* (-; -en) (*atomic*) fallout.

'ausschwärmen *v/i. (sn)* swarm (out); *mil. ~ (lassen)* extend, deploy, fan out.

'ausschwatzen *v/t. (h.)* blab out.

'ausschweben *v/i. (sn) aer.* flatten out; *~ lassen* flatten out, hold off.

'ausschweif|en I. *v/i. (sn) fig.* roam about, stray, digress; lead a dissolute (*or* fast) life; **II.** *v/t. (h.)* rinse, wash; *tech.* scallop, curve; ~end *adj.* extravagant, excessive; debauched, dissipated, licentious, fast; ~es Leben life of dissipation; 2ung *f* extravagance; aberration; dissipation; excess, orgy.

'ausschweigen: *sich ~ (irr., h.)* say nothing, persist in silence; *a. fig.* be silent (*über acc.* on).

'ausschwenken *v/t. (h.)* rinse; swing (over *or* out) a crane, *etc.*

'ausschwitz|en *v/t. (h.)* exude; sweat out; 2ung *f* (-; -en) exudation.

'aussehen *v/i. (irr., h.): nach j-m ~* look out for a p.; look, appear; have the appearance (*wie of*); *er sieht blaß aus* he looks pale; *gesund ~* look well; *gut (schlecht) ~* be good-looking (bad-looking); *wie du nur aussiehst!* what a sight you are!; *colloq. ich sah vielleicht aus!* I did look a sight!; *wie sieht er aus?* what does he look (*or* is he) like?; *so siehst du aus!* not on your life!, that's what you say (*or* think)!; *es sieht nach Regen aus* it looks like rain; *er sieht wie ein Narr aus* he looks a fool; *er sieht ganz danach aus* he looks it; *~, als ob* look as if; *nach et. ~ fig.* make a great show; *damit es nach et. aussieht* just for looks; *wie sieht es bei dir aus?* how are you getting on?; *es sieht schlecht mit ihm aus* he is in a bad way.

'Aussehen *n* appearance, exterior, look(s *pl.*); air, aspect; *tech.* finish, make-up; *dem ~ nach* in appearance, to outward view, on the face (of it); *dem ~ nach urteilen* judge by appearances.

außen ['ausən] *adv.* out; without, (on the) outside; out of doors; *~ und innen* without and within, outside and inside; *nach ~ (hin)* outward(s), externally; *von ~* from (the) outside, from without; 2abmessung *f* external dimension; 2abteilung *f* outlying agency; 2ansicht *f* outside view, exterior; 2antenne *f* outdoor aerial (*Am.* antenna); 2aufnahme *f film:* location shot, exterior (shot); *auf ~* on location;

~be-amte(r) m field officer, field man; 2bezirk m outlying district; ~e pl. outskirts pl.; ~bilanz f balance of payments; 2bordmotor m outboard motor.

'aussenden v/t. (h.) send out, dispatch; transmit (radio message); phys. send out, emit.

'Außen...: ~dienst m mil. field duty; w.s. field service; ~durchmesser m outside diameter; ~fläche f face, surface; periphery; ~gewinde n external thread; ~hafen m outport, outer harbo(u)r; ~handel m foreign (or export) trade; ~handelsbilanz f balance of trade; ~haut f mar. outer skin, hull plating; aer. covering wing fabric; anat. epidermis; 2liegend adj. outlying, external; ~luft f outside air; ~luftdruck m barometric pressure; ~maß n outside (or external) measurement; ~minister m foreign minister; Brit. Foreign Secretary, Secretary of State for Foreign Affairs, Am. Secretary of State; ~ministerium n Foreign Ministry; Brit. Foreign Office; Am. Department of State; ~politik f foreign policy; 2politisch adj. of (or referring, adv. with regard to) foreign affairs; international; ~seite f outside, exterior, surface; periphery; an der ~ befindlich peripheral; ~seiter ['-zaɪtər] m (-s; -) sports or fig.: outsider, dark horse; ~stände ['-ʃtɛndə] econ. pl. outstanding debts, Am. accounts receivable; ~stehender ['-ʃteːəndər] m (-en; -en) outsider, looker-on; ~stelle f branch office; field agency; ~stürmer m soccer: wing-forward, winger; ~tasche f outer pocket; ~temperatur f outdoor temperature; ~wand f outer wall; ~welt f (-) outer (or outside) world; ~wirtschaft f foreign trade (and payments).

außer ['ausər] I. prp. space: out of, outside; beyond, beside; beside(s), apart from, not counting, Am. aside from; in addition to; except, save, but, other than; → Betrieb, Dienst, Frage, etc.; alle ~ einem all but one; alle ~ den hier erwähnten Personen all persons other than those named here; ~ sich sein or geraten be or get beside o.s. (vor Freude with joy); seien Sie ~ Sorge don't worry; II. cj. ~ daß except (or save, but) that; ~ wenn if not, unless; ~amtlich adj. non-official, unofficial, private; ~beruflich adj. extra-professional; ~betrieblich adj. external; 2betriebsetzung ['-zetsuŋ] f (-; -en) putting out of operation; stoppage; ~dem adv. besides, moreover; what is more; ~dienstlich adj. unofficial, private; off-duty; 2dienststellung f putting out of commission; laying off; retirement.

äußere ['ɔysərə] adj. outer, outward, exterior, external; ~r Durchmesser outside diameter; 'Äußere(s) n (-[e]n) outside, exterior, outward appearance; a. fig. surface; nach dem ~n zu urteilen judging by appearances; on the face of it; Minister des ~n → Außenminister.

'außer...: ~ehelich adj. illegitimate, child born out of wedlock; extra-marital (intercourse); ~etatsmäßig adj. extra-budgetary, extraordinary; ~europäisch adj. extra- (or non-) -European; ~fahrplanmäßig adj. special, non-scheduled; ~gerichtlich adj. extra-judicial, private; ~e Regelung settlement out of court; j-n gerichtlich und ~ vertreten represent in and out of court; ~gewöhnlich adj. extraordinary; außerordentlich; nichts 2es nothing out of the way or ordinary; ~halb I. prp. (gen.) out of, outside; beyond; ~ der Geschäftsstunden out of office hours; → außer; II. adv. externally, (on the) outside; live outside the town; von ~ a) from outside, b) from abroad; 2kurssetzung [-zetsuŋ] f (-; -en) withdrawal from circulation, demonetization; ~lehrplanmäßig adj. extracurricular.

äußerlich ['ɔysərliç] adj. external, exterior, outward; med. ~es Mittel topical remedy; zum ~en Gebrauch to be applied externally; fig. apparent, seeming; superficial; shallow; sham, insincere; rein ~ betrachtet on the face of it; 2keit f (-; -en) exterior, external appearance; fig. formality, matter of form; superficiality; insincerety; ~en pl. externals; formalities.

äußern ['ɔysərn] v/t. (h.) utter, express, voice; advance; show, manifest; sich or s-e Meinung ~ (über acc.) express o.s. (on), give (or voice) one's opinion (on); comment (on), submit one's comments (on); thing: sich ~ manifest itself, be expressed, become apparent; make itself felt.

'außer-ordentlich adj. extraordinary, uncommon, unusual, exceptional, singular; amazing, remarkable; eminent, outstanding; enormous, immense, extreme; extraordinary, special; ~e Ausgaben extras pl.; ~es Gericht special court; ~er Professor senior lecturer, Am. associate professor; 2es leisten do (or work) wonders.

'außerparlamentarisch adj.: ~e Opposition extra-parliamentary opposition.

'außerplanmäßig adj. extraordinary, additional; unscheduled; supernumerary (civil servant); extra-budgetary.

äußerst ['ɔysərst] I. adj. space: outermost, extreme; farthest, most remote; time: last, latest, final, closing; fig. utter, utmost, extreme; ~es Ende extreme end; ~e Grenze utmost limit, deadline; ~er Preis lowest (or rockbottom) price; im ~en Falle at the worst; mit ~er Anstrengung by supreme effort; mit ~er Kraft at full speed, fig. at top--speed; at full pressure; von ~er Wichtigkeit of utmost importance; II. adv. extremely, exceedingly, utterly, highly, most; 2e(s) n (-[e]n) extremity, extreme (case); auf das ~ treiben push (matters) to extremes; drive a p. to extremities; bis zum ~n gehen go to extremes, Am. go the limit; sein ~s tun do one's very best (or one's utmost); aufs ~ to the utmost, for all it is worth; bis zum ~n to the bitter end; auf das ~ gefaßt prepared for the worst; zum ~n entschlossen desperate.

außerstande [-'ʃtandə] adj. pred. unable, not in a position (zu inf. to inf.).

Äußerung ['ɔysəruŋ] f (-; -en) utterance, statement, declaration; remark, observation, comment; w.s. manifestation; demonstration, expression.

'aussetzen I. v/t. (h.) put out, set out; mar. disembark, put ashore, land; maroon a p.; lower, launch (boats); post, station (sentries); release (fish); expose (a child; a. fig. dat. a p. to weather, danger, etc.); fig. dem Gelächter ~ expose (or turn) to ridicule, make a p. the laughing--stock (of the town, etc.); sich e-r Gefahr ~ expose o.s. to danger, run a risk, take a chance; offer, hold out, promise (a prize, reward); set a price on a p.'s head or life; bequeath; settle a sum, etc. (j-m on), allow; ausgesetzter Betrag allowance; intermit, interrupt; discontinue, stop; e-n Tag ~ take a day off; jur. a) arrest, suspend judgment, b) stay proceedings; suspend payment; defer, postpone; put off; adjourn; et. ~, et. auszusetzen haben an (dat.) find fault with, object to, criticize; was ist daran auszusetzen? what's wrong with it?; was haben Sie an ihm auszusetzen? what is your objection to him?, what's wrong with him?; ich habe nichts daran auszusetzen I cannot find anything wrong with it; II. v/i. (h.) fail; pause, stop, break off; in games: miss a turn; mit et. ~ discontinue, interrupt; pulse, heart: miss a beat, skip, often: be irregular; mot. stall, misfire; person: take a rest, have a breather, pause; ~ müssen lose a turn (at game); ohne auszusetzen without interruption (or let-up), without stopping; 'Aussetzen n (-s) interruption, cessation, stoppage; failure; of ignition spark: misfiring; med. of pulse: intermittence.

'aussetz|end adj. discontinuous, intermittent; 2ung f (-; -en) of children, to danger, weather, etc., a. jur.: exposure (dat. to); mar. disembarkation; bequest, settlement; settlement (of annuity, etc.); offer, promise (of prize); jur. a) der Strafvollstreckung: suspension, arrest of judgment, b) e-s Verfahrens: stay of proceedings, c) der Zahlungen: suspension (of payments); deferment, postponement; adjournment; criticism, objection, censure.

'Aussicht f (-; -en) view (auf acc. of), outlook; fig. prospect, chance (auf of), outlook (for); weite ~ vista; ~ haben auf (in acc., über acc.) look down on (into, over), command a view of; j-m die ~ versperren obstruct a p.'s view; ~en haben auf be in the running (Am. in line) for, be in a fair way to; gute (schlechte) ~ haben have good (poor) chances; in ~ nehmen consider, contemplate, plan; in ~ haben have in prospect; in ~ sein be in the offing; in ~ stellen promise, hold out a prospect of; er hat nicht die geringste ~ he has not the slightest chance; **⁀slos** adj. hopeless, desperate; **⁀er** Kampf a. losing fight; **⁀slosigkeit** f (-) hopelessness, futility; **⁀s-punkt** m spot commanding a good view; vantage point; **⁀sreich** adj. promising, full of promise; **⁀s-turm** m look-out (or observation) tower, Am. observatory; **⁀svoll** adj. → aussichtsreich; **⁀swagen** m observation car.

'**aussieben** v/t. (h.) sift (or sieve) out; screen, filter; radio: filter (out); fig. screen.

'**aussied|eln** v/t. (h.) evacuate, transfer (compulsorily); **⁀lung** f compulsory transfer, evacuation.

'**aussinnen** v/t. (irr., h.) think out, Am. up; invent, contrive; devise.

aussöhn|en ['ausⁿzøːnən] v/t. or v/refl. (h.) j-n (sich) ⁀ mit et. or j-m (a. fig.) reconcile a p. (o.s.) to a th. or with a p.; sich ⁀ mit a. make (one's) peace with, make it up with; **⁀ung** f (-; -en) reconciliation.

'**aussonder|n** v/t. (h.) sort (out), single out, select; separate; → ausscheiden; bankruptcy: recover; **⁀ung** f selection; separation; med. secretion; excretion; **⁀ungsrecht** n right of separation.

'**aussortieren** v/t. (h.) sort (or pick, single) out, select; classify.

'**ausspähen I.** v/t. (h.) spy out; mil. scout, reconnoitre; **II.** v/i. (h.): ⁀ nach peer or look out for.

'**ausspann|en I.** v/t. (h.) stretch, extend; spread; unharness (horses); unyoke (oxen); tech. release, unclamp (work); fig. j-m et. ⁀ do a p. out of a th.; steal a p.'s girl, cut a p. out with; **II.** v/i. (h.) (take a) rest, relax, Am. take it easy; **⁀ung** f relaxation, recreation, rest.

'**ausspar|en** v/t. (h.) leave open (or vacant); tech. recess; **⁀ung** f (-; -en) recess, notch, cutout.

'**ausspeien** v/t. and v/i. (irr., h.) spit out, expectorate; fig. vomit.

'**aussperr|en** v/t. (h.) shut (a. workers: lock) out; **⁀ung** f of workers: lock-out.

'**ausspielen I.** v/t. (h.) play to the end, finish; play (a card); play for (a prize); fig. j-n ⁀ gegen j-n play a p. off against; → Trumpf; **II.** v/i. (h.) finish playing; cards: lead; wer spielt aus? whose lead is it?; fig. ausgespielt haben be played out; er hat ausgespielt he is done for, his goose is cooked.

'**ausspinnen** v/t. (irr., h.) fig. spin (or draw) out; think out, devise.

'**ausspionieren** v/t. (h.) spy out.

'**ausspotten** v/t. (h.) → verspotten.

'**Aussprache** f pronunciation, accent; deutliche or genaue ⁀ distinct articulation; fremdartige ⁀ (foreign) accent; discussion, talk, exchange of views; debate; freundschaftliche ⁀ heart-to-heart talk; **⁀bezeichnung** f phonetic transcription; **⁀wörterbuch** n pronouncing dictionary.

aussprechbar ['ausⁿʃprɛçbaːr] adj. pronounceable, speakable.

'**aussprechen I.** v/t. (irr., h.) pronounce, distinctly: articulate; speak to the end, finish; voice, express, utter; give, express, submit (an opinion); jur. pronounce, deliver,

pass (judgment); gr. nicht ausgesprochen werden be silent or mute; sich ⁀ speak one's mind, express o.s. or one's opinion (über acc. about, on); unburden o.s., make a clean breast of it; declare o.s. (für for, gegen against); er sprach sich für den Plan aus he advocated (or supported, endorsed) the plan; sie sprachen sich gegen die Politik aus they rejected (or opposed, warned against) the policy; sich mit j-m über et. ⁀ talk a th. over with a p.; → ausgesprochen; **II.** v/i. (irr., h.) finish speaking; laß mich ⁀ let me finish, let me have my say.

'**ausspreizen** v/t. (h.) spread (out), stretch apart, extend, distend.

'**aussprengen** v/t. (h.) blast out; fig. spread (a rumour, etc.).

'**ausspringen** v/i. (irr., sn) snap out; **⁀der** Winkel salient angle.

'**ausspritzen I.** v/t. (h.) squirt out, spout; med. syringe (ear); inject (wound); tech. flush (out); **II.** v/i. (sn) spurt (or gush) out.

'**Ausspruch** m utterance, saying; remark, observation, dictum; jur., etc.: → Spruch.

'**ausspucken** v/i. and v/t. (h.) spit out (vor j-m in front of a p.).

'**ausspülen** v/t. (h.) wash out, rinse; flush (a basin); tech. flush, scavenge; sich den Mund ⁀ rinse one's mouth; geol. wash away, erode.

'**ausspüren** v/t. (h.) track (down), trace.

'**ausstaffier|en** v/t. (h.) equip, fit out, furnish (mit with); trim, garnish; dress up, rig out; **⁀ung** f (-; -en) equipment, outfit; dressing up, garnishing.

'**Ausstand** m strike, Am. a. walkout; in den ⁀ treten go on strike, Am. a. walk out; econ. Ausstände pl. outstanding debts pl., Am. accounts receivable; liabilities.

'**ausständig** adj. on strike, striking; econ. outstanding, in arrears; **⁀e(r** m) ['-gə(r)] f (-n; -n; -en; -en) striker. [out.⁀

'**ausstanzen** tech. v/t. (h.) punch⁀

ausstatt|en ['ausⁿʃtatən] v/t. (h.) provide, furnish, equip, fit out, supply (mit with); give a dowry to daughter, portion (off); get up (a book, etc.); furnish (a room); with personnel: staff; econ. with funds: capitalize; fig. vest (with powers); endow, equip; sich mit et. ⁀ provide (or supply) o.s. with a th., fit o.s. out with a th.; **⁀ung** f (-; -en) equipment, outfit; provision, supply; furniture, appointments pl.; dowry; trousseau; decoration; of books, etc.: get-up, make-up; thea. scenery, settings, décor (Fr.); tech. fittings pl., mountings pl.; econ. terms pl. (of an issue, etc.); allocation; **⁀ungsfilm** m spectacle picture; **⁀ungsstück** n thea. spectacular show; (object) fitment.

'**ausstäuben** v/t. (h.) dust.

'**ausstechen** v/t. (irr., h.) dig; cut (out) (peat, etc.); put out (eyes); core (apples); tech. engrave, carve; prick out (pattern); pay out (cable); slacken (chain); fig. cut out, supplant; excel, outdo, put in the shade, eclipse.

'**ausstehen I.** v/i. (irr., h.) payments: be outstanding (or owing), be in arrears; shipment: be overdue; **⁀de** Forderungen outstanding debts, arrears, Am. accounts receivable; Geld ⁀ haben have money owing; die Nachricht steht noch aus the message has not yet arrived; die Entscheidung steht noch aus the matter is still pending; **II.** v/t. (irr., h.) endure, bear, stand; er hat viel auszustehen he has a great deal to put up with; ich kann ihn nicht ⁀ I can't bear (or stand, stomach) him.

'**aussteifen** v/t. (h.) stay, strut, brace.

'**aussteigen** v/i. (irr., sn) get out (a. colloq. fig.), esp. Am. get off; alight (aus dat. from); mar. disembark, land; aer. deplane, disembark; colloq. bale (esp. Am. bail) out.

aussteinen ['ausⁿʃtaɪnən] v/t. (h.) stone, Am. a. pit.

'**ausstell|en** v/t. (h.) put out (or forth); expose (to view); show, display, exhibit; draw up, issue, execute (documents); issue, make out (bill, cheque, passport); make a cheque payable (auf j-n to); give (receipt); write out (prescription); Wechsel auf j-n ⁀ draw upon a p.; **⁀er(in** f) m (-s; -; -; -nen) issuer; of bill of exchange: drawer; at trade fair: exhibitor; **⁀fenster** n ventipane.

'**Ausstellung** f exhibition, show, Am. exposition; fair; of goods: show, display; of documents: issue, Am. issuance, drawing up, execution; of bill, passport: making out; of bill of exchange: drawing; censure, criticism (an acc. of); ⁀en machen an (dat.) find fault with, criticize; **⁀s-datum** n date of issue; **⁀sgelände** n exhibition grounds pl.; **⁀shalle** f exhibition hall, pavilion; **⁀sraum** m show-room; **⁀sstand** m exhibition stand (or booth); **⁀sstück** n exhibit; **⁀s-tag** m date of issue.

'**ausstemmen** v/t. (h.) tech. chisel out; slide skis into stem position.

Aussterbe-etat ['ausⁿʃtɛrbə-] m: auf den ⁀ kommen be destined to die (out); office: lapse; auf dem ⁀ stehen be doomed.

'**aussterben** v/i. (irr., sn) die out (a. fig.); esp. family: become extinct; fig. become deserted; wie ausgestorben deserted; '**Aussterben** n extinction; im ⁀ dying out.

'**Aussteuer** f trousseau, outfit; dowry, (marriage) portion; **⁀n** v/t. (h.) → ausstatten; radio: modulate; **⁀ung** f radio: modulation, level control; **⁀versicherung** f endowment insurance.

Ausstieg ['ausⁿʃtiːk] m (-[e]s; -e) trap door, manhole.

'**ausstochern** v/t. (h.): sich die Zähne ⁀ pick one's teeth.

'**ausstopf|en** v/t. (h.) stuff; mit Watte: wad, pad; **⁀er** m (-s; -) taxidermist.

'**Ausstoß** m (-es) fenc. thrust, pass; of barrel: tapping; econ. output, production; tech. ejection; mar. discharge (of torpedo); **⁀en** v/t. (irr., h.) push (or thrust) out; knock (or gouge) out (eyes); stave in, tap (barrel); expel, exclude, oust, turn out; *mil.* cashier; *eccl.* excommunicate; banish, exile ; *socially*: ostracize; *math.* eliminate; *gr.* drop, suppress (*letters*), elide (*vowels*); *physiol.* excrete, discharge; *tech.* exhaust, blow off (*gases, etc.*); *phys.* emit, give off; *tech.* eject, throw out; extrude; *mar.* discharge, launch (*torpedo*); utter, give (*cry, oath*); heave (*a sigh*); **II.** *v/i.* (*irr., h.*) *fenc.* thrust, lunge; *swimming*: strike out; ~rohr *mar.* n torpedo tube; ~ung *f* (-; -en) expulsion, ejection; *eccl.* excommunication; banishment; *social*: ostracism; *mil.* cashiering; *gr.* a) suppression, b) elision; ~vorrichtung *tech.* *f* ejector, throw-out; ~zahlen *f/pl.* production (or output) figures.

'**ausstrahl|en I.** *v/t.* (*h.*) (ir)radiate, emit, beam (or give) forth; *radio*: beam, broadcast; *fig.* radiate; **II.** *v/i.* (*sn*) radiate, emanate (*a.fig.*); *pain*: extend (zu to); 2ung *f* (ir)radiation, emission, emanation (*a. fig.*); vibration, oscillation; wave; 2ungsvermögen *n* (-s) radiating power.

'**ausstreben** *v/t.* (*h.*) strut, brace.
'**ausstrecken** *v/t.* (*h.*) stretch (out); *die Hand ~* hold (or extend, reach) out one's hand (nach for); *mit ausgestreckten Händen* with outstretched hands; put out (*feelers*); stretch, elongate; *sich ~* stretch o.s. (out); sprawl.
'**ausstreich|en** *v/t.* (*irr., h.*) strike (or score, cross) out; cancel, delete; smooth (down); grout, point (*joints*); paint; grease; 2messer *tech.* *n* smoothing blade, scraper.
'**ausstreuen** *v/t.* (*h.*) scatter; spread (*rumours*).
'**ausström|en I.** *v/i.* (*sn*) stream (or flow, gush) forth, issue; *gas, steam*: escape, exhaust; *phys. light, rays*: emanate (*a. fig.*), radiate; *gas*: effuse; **II.** *v/t.* (*h.*) pour out (or forth); emit, give forth; *~ lassen* discharge, drain (off) (*water*); *fig.* spread, breathe, exude; 2ung *f* outflow, issue; discharge; *of gas*: escape; *of light*: emanation; *phys.* radiation.
'**ausstudieren I.** *v/i.* (*h.*) complete one's studies; take one's degree, *esp. Am.* graduate; **II.** *v/t.* (*h.*) study thoroughly, explore.
'**aussuchen** *v/t.* (*h.*) search; choose, select, pick (or single) out; *suchen Sie sich nur et. aus* take your pick, just pick and choose; → *ausgesucht.*
'**austäfeln** *v/t.* (*h.*) wainscot, panel.
'**austapezieren** *v/t.* (*h.*) paper.
'**austast|en** *v/t.* (*h.*) *TV*: blank; 2ung *f* (-; -en) blanking.
'**Austausch** *m* (-es) (*a. cultural*) exchange; *of goods*: a. barter; interchange (or exchange) of ideas; *im ~ gegen* in exchange for; 2bar *adj.* interchangeable, exchangeable; ~barkeit *f* (-) interchangeability; 2en *v/t.* (*h.*) exchange (gegen for); interchange; barter, truck, swap; exchange (*looks, words*), bandy; exchange (*ideas*), compare (*notes*); substitute; ~programm *n* exchange program(me); ~stahl *m* substitute steel; ~stück *tech.* *n* duplicate (or

spare) part; ~student(in *f*) *m* exchange student; ~werkstoff *m* alternat(iv)e material, substitute.
'**austeil|en** *v/t.* (*h.*) distribute, hand out (*an, unter acc.* to, among); allot (to); dispense; give, issue (*orders*); serve out (*food*); bestow (*grace*); deal out (*blows*); deal (out) (*cards*); *eccl. das Abendmahl ~* administer the Sacrament; *den Segen ~* impart the blessing; 2ung *f* distribution; allotment; administration.
Auster ['auster] *f* (-; -n) oyster; ~nbank *f* (-; ~e) oyster bed; ~nfang *m*, ~nfische'rei *f* oyster-dredging; ~nhändler *m* oyster-man; ~nschale *f* oyster shell; ~nzucht *f* oyster-culture.
'**austilg|en** *v/t.* (*h.*) efface, obliterate, wipe out; exterminate, eradicate, wipe out; *esp. fig.* extirpate (*vice, etc.*); 2ung *f* obliteration; extermination, extirpation.
'**austoben I.** *v/i.* (*h.*) cease raging, calm down, abate; **II.** *v/t.* (*h.*) give full vent to (*one's rage, etc.*); *sich ~ youth*: sow one's wild oats, have one's fling; *w.s.* let off steam.
'**austollen**: *sich ~* (*h.*) frolic, (have a good) romp, have one's fling.
Austrag ['austra:k] *m* (-[e]s) decision, settlement; *zum ~ bringen* settle (*vor Gericht* in court); *fig.* bring to a head; *zum ~ kommen* come up for decision, come off (or to a head); *bis zum ~ der Sache* while the matter is pending; 2en *v/t.* (*irr., h.*) carry out (or round); deliver (*letters*); carry a *child* to term; wear out (*clothes*); *econ.* a) transfer, b) cancel; *fig.* retail; gossip, spread, circulate (*rumours*); determine, settle; hold, stage (*competition*).
'**Austräger(in** *f*) *m* carrier, roundsman; errand-boy; *b.s. fig.* telltale.
Austral|ien [au'stra:li̯ən] *n* (-s) Australia; ~ier(in *f*) *m* (-s; -; -; -nen), 2isch *adj.* Australian.
'**austreib|en** *v/t.* (*irr., h.*) drive out (*cattle, a. wedge*); expel, oust; exorcize (*devil*); *med.* extrude (*baby*); *tech.* beat out; *fig. j-m et. ~* take a th. out of a p.; *ich werde ihm das schon ~* I'll cure him of that; 2ung *f* (-; -en) expulsion; exorcism.
'**austreten I.** *v/t.* (*irr., h.*) tread out; stamp out (*fire*); wear out (*shoes*), new ones: break in; wear down (or out) (*stairs*); → *ausgetreten;* **II.** *v/i.* (*irr., sn*) come forth; *med. blood from vessels*: extravasate; *hernia*: protrude; *light*: emerge; *river*: overflow (its banks), be flooded; retire or withdraw (*aus* from); leave (*a firm, school*); *eccl.* secede (*aus* from); *physiol.* ease o.s., go somewhere, wash one's hands; *~ aus* leave (*a party*); resign membership of (*a society, club, etc.*).
'**austrinken** *v/t. and v/i.* (*irr., h.*) drink up; empty, drain, finish (*one's glass*).
'**Austritt** *m* retirement, withdrawal, resignation; *eccl.* secession, leaving; *of air, gas*: exit, egress; *of light*: emergence; *tech.* outlet, vent, port; *med. of blood*: extravasation; *of*

nerve, vessel: exit; *of groin*: protrusion.
'**Austritts...**: ~düse *f* outlet nozzle; ~erklärung *f* notice of withdrawal; ~geschwindigkeit *f* discharge velocity, *mil.* muzzle velocity; ~phase *med.* *f* third stage (*of birth*); ~ventil *n* outlet valve.
'**austrocknen I.** *v/t.* (*h.*) dry up, dessicate (*a. med.*); parch (*soil, throat*); drain; season (*wood*); wipe dry; **II.** *v/i.* (*sn*) dry up, become (or run) dry.
'**austrommeln** *v/t.* (*h.*) publish by beat of drum; *fig.* noise abroad.
'**austrompeten** *v/t.* (*h.*) → ausposaunen.   [drip) out.\
'**auströpfeln** *v/i.* (*sn*) trickle (or\
'**austüfteln** *v/t.* (*h.*) puzzle out; think out, contrive.
'**aus-üb|en** *v/t.* (*h.*) exercise (*power, right, supervision, etc.*); exert (*influence*); practise (*law, medicine, etc.*); carry on (*a trade*); conduct, perform, carry on (*activity*); → *Druck; ein Verfahren ~* (*Patent Law*) perform a system; commit, perpetrate (*a crime*); → *Rache;* ~end *adj.* practising; ~er Arzt (general) practitioner; ~e Gewalt executive power; 2ung *f* exercise; practice; performance, execution (*of duty*); perpetration (*of a crime*); *in ~ des Dienstes* in performance of one's duty, *Am.* in line of duty; *in ~ s-s Berufes* in pursuance of one's vocation.
'**Ausverkauf** *m* selling off; clearance sale; seasonal sale; bargain sale; *fig.* sellout; et. *im ~ kaufen* buy a th. at a clearance sale; 2en *v/t.* (*h.*) sell out; sell off, clear (off the stocks), *Am. a.* close out; *ausverkauft* sold out, out of stock, *thea.* sold out, filled to capacity, (*notice*) "house full"; *vor ausverkauftem Hause spielen* play to a full house.
'**auswachsen I.** *v/i.* (*irr., sn*) *bot.* sprout; *person*: grow up, reach one's full growth; *b.s.* grow deformed; grow hunchbacked; *med.* heal up; *colloq. es war zum 2 a*) it was frightfully boring, b) it was enough to drive you crazy; **II.** *v/t.* (*irr., h.*) outgrow (*clothes*); *sich ~ zu* (*dat.*) grow or develop into.
'**auswägen** *v/t.* (*irr., h.*) → auswiegen.
'**Auswahl** *f* choice, selection; *econ.* assortment, collection; *market research*: sample; *e-e reiche ~* a great variety (or wide choice, range) of goods, *etc.*; *e-e ~ treffen* make a selection, take one's choice; *Hunderte von Büchern zur ~* hundreds of books to choose from; choice articles *pl.*, the pick (of the bunch); *of people*: élite, cream, pick; *of poems*: anthology; *of condensed books*: digest.
'**auswählen** *v/t.* (*h.*) choose, select (*aus* from, from among), *carefully*: a. pick (or single) out; *wähl dir das Beste aus!* take your pick!
'**Auswahl...**: ~mannschaft *f sports*: select (or representative) team; ~prinzip *phys.* *n* selection principle; ~sendung *econ.* *f* samples *pl.* (sent for selection).

'**auswalzen** *metall. v/t.* (h.) roll out.
'**Auswander|er(in** *f)* *m* emigrant; ~**n** *v/i.* (sn) emigrate (*von* from, *nach* to); *birds, tribes*: migrate; *ballistics*: get out of range.
'**Auswanderung** *f* emigration; migration; *fig.* exodus; ~**sbehörde** *f* board of emigration.
auswärtig ['ausvɛrtiç] *adj.* out-of--town; non-resident; foreign; external; *das* ~**e** *Amt* → *Außenministerium*; ~*e Angelegenheiten* foreign (*or* external) affairs; ~*er Ausschuß* foreign relations committee.
auswärts ['ausvɛrts] *adv.* outward(s); away from home; out of doors; out of town; abroad; ~ *wohnend* non-resident; ~ *essen etc.* dine, *etc.*, out; ~**spiel** *n* *sports*: away (*or* out) match.
'**auswaschen** *v/t.* (irr., h.) wash out, cleanse; rinse; *med.* bathe; *geol.* erode.
'**auswässern** *v/t.* (h.) (soak in) water.
auswechsel|bar ['ausvɛksəl-] *adj.* interchangeable, exchangeable; replaceable; ~**n** *v/t.* (h.) exchange, interchange; replace (*all a. tech.*); change (*battery, tyre, wheel*); *fig. sich wie ausgewechselt fühlen* feel a new (wo)man; ~**ung** *f* (-; -en) exchange, interchange; replacement; changing.
'**Ausweg** *m* way out; *tech.* exit, vent; *das Wasser sucht sich e-n* ~ the water seeks an outlet; *fig.* way out, loophole; alternative; expedient, shift; *letzter* ~ last resort; *ich sehe keinen* ~ *mehr* I am at my wits' end; ~**los** *adj.* hopeless.
Ausweich|bewegung ['ausvaiç-] *mil. f* evading movement; ~**en** *v/i.* (irr., sn) turn (*or* step) aside, make way (*dat.* for); avoid; dodge; *boxing*: a) duck, b) side-step; *mil.* withdraw, avoid contact (by an evading movement); *fig.* elude; avoid, dodge; evade, shirk (*a duty*); evade *or* side-step (*the issue*); be evasive, hedge; switch over (*auf acc.* to); ~**end** *adj.* evasive, non--committal; ~**flugplatz** *m* alternative airfield; ~**frequenz** *f* alternative frequency; ~**klausel** *f* escape clause; ~**krankenhaus** *n* out (*or* reserve) hospital; ~**lager** *n* reserve store; ~**manöver** *mil. n* evading movement; ~**plan** *m* alternative plan; ~**schritt** *m* side-step; ~**stelle** *f mot.* by-pass; out-office; ~**stellung** *mil. f* alternate position; ~**stoff** *m* alternate, substitute, ersatz; ~**ung** *tech. f* (-; -en): *plastische* ~ plastic flow; *seitliche* ~ lateral flow (*or* deformation); ~**ziel** *mil. n* alternat(iv)e target.
'**ausweiden** *v/t.* (h.) disembowel, eviscerate (*game*); gut (*fish*); draw (*poultry*).
'**ausweinen I.** *v/i.* (h.) cease weeping; **II.** *v/t. and sich* ~ (h.): *sich (or s-n Kummer)* ~ relief one's grief by weeping; *sich (ordentlich)* ~ cry one's fill, have a good cry; *sich die Augen* ~ cry one's eyes out.
Ausweis ['ausvais] *m* (-es; -e) voucher; documentary proof, evidence; (bank) return, *Am.* statement; *of balance*: report; state-

ment (of account); certificate; identity card, *Am.* identification (card); → *Ausweiskarte*; ~**en** *v/t.* (irr., h.) expel, eject; banish, exile; deport (*undesirable aliens*); *jur.* evict (*aus dat.* from *dwelling, lease, etc.*); *econ.* show, present, prove, *in books*: set out, give an account (of); *j-n (sich) als* ~ identify a p. (o.s.) as; *sich* ~ prove (*or* establish) one's identity, show one's papers, *fig.* prove (*or* show) o.s. *a good diplomat, etc.*; *ordentlich ausgewiesen* duly evidenced (*or* identified); well authenticated; ~**karte** *f* identity card, *Am.* identification (card) (admission) ticket; *w.s.* pass, permit; ~**lich** *prp.* (gen.) as shown in, as evidenced by, according to; ~**papiere** *n/pl.* identity papers *pl.*, documents *pl.*; ~**ung** *f* expulsion; deportation; eviction; proof of identity; ~**ungsbefehl** *m* order of expulsion; *for aliens*: deportation warrant.
'**ausweit|en** *v/t. or sich* ~ (h.) widen; expand, extend (*all a. fig.*); stretch (*gloves, shoes*); *fig.* spread; extend (*a. econ. credit*); expand; ~**ung** *f* widening; expansion; extension (*a. des Krieges* of warfare).
'**auswendig** *adj.* (*and adv.*) outward(ly), external(ly), outside; ~ *angebracht* mounted externally; *fig.* by heart; by rote; ~ *lernen* learn by heart, commit to memory, memorize; *et.* ~ *können* a) know by heart, b) know a th. inside out; ~ *spielen* play from memory.
'**auswerf|en** *v/t.* (irr., h.) throw (*or* cast) out; cast (*fishing-line, anchor*); eject, vomit (*lava*); *med. Blut*: expectorate, bring up (*blood, phlegm*); allow, grant, allot, fix (*a sum*); *tech.* a) reject, discard, b) discharge (*a. mil. cartridges*); eject; ~**er** *tech. m* knock-out, *esp. mil.* ejector.
'**auswert|en** *v/t.* (h.) evaluate (*data, results*); analyze, interpret; estimate; utilize, make (full) use of, (*a. commercially*) exploit (*a film, patent*); ~**estelle** *f* computing (*or* plotting) station; ~**everfahren** *n* evaluation method; ~**ung** *f* evaluation; analysis; interpretation; utilization; (*a. commercial*) exploitation; ~ *der Versuchsergebnisse* analysis of the data obtained; *zeichnerische* ~ graphical solution.
'**auswetzen** *v/t.* (h.) grind out; *fig.* → *Scharte*.
'**auswickeln** *v/t.* (h.) unwrap, unfold; unswathe (*a baby*).
'**auswiegen** *v/t.* (irr., h.) weigh (out); balance out; → *ausgewogen*.
'**auswinden** *v/t.* (irr., h.) wring out.
Auswinterungsschäden ['ausvintərunsʃɛːdən] *m/pl.* winter killing.
'**auswirk|en** *v/t.* (h.) work out; knead (*dough*); *fig.* effect, bring about; *sich* ~ take effect, operate, make itself felt; *sich* ~ *auf* (acc.) affect; bear (*or* tell) on; *es wirkte sich ungünstig aus* it worked out badly, it had unpleasant consequences; → *einwirken*; ~**ung** *f* effect; bearing (*auf* on); result, outcome; implication; consequence, impact, aftermath, repercussion.

'**auswischen** *v/t.* (h.) wipe out; wipe off, obliterate, efface; sponge out; *sich die Augen* ~ wipe one's eyes; *colloq.* *j-m eins* ~ a) paste a p. one, *a. fig.* land on a p., b) play a trick on a p., put one over on a p.
'**auswittern I.** *v/i.* (sn) effloresce (*ore, salts, etc.*); decompose, decay (*wood*); **II.** *v/t.* (h.) (*a.* ~ *lassen*) season (*wood*).
'**auswringen** *v/t.* (irr., h.) wring out.
'**Auswuchs** *m* (-es; ⁎e) outgrowth (*a. fig.*); *med.* excrescence, protuberance; *of bones*: exostosis; deformity; hunch, hump; *bot.* tumo(u)r; *fig. Auswüchse pl.* a) aberrations, products (*of a morbid imagination*), b) abuse, excrescence, exaggeration.
'**auswuchten** *tech. v/t.* (h.) balance out.
'**auswühlen** *v/t.* (h.) dig (*or* grub, root) up; undermine.
'**Auswurf** *m* throwing out; *tech.* discharge, ejection; *of volcano*: eruption; *med.* expectoration, sputum; ejection (*of blood*); *ohne* ~ (*cough*) unproductive; refuse; rubbish, trash; *fig.* ~ (*der Menschheit*) the dregs *pl. or* scum (of society).
'**auszacken** *v/t.* (h.) jag; *tech.* indent, tooth.
'**auszahlen** *v/t.* (h.) pay (out), disburse; *in bar* ~ pay cash down; *voll* ~ pay in full; pay off (*workers, creditors, etc.*); buy out; *fig. sich* ~ pay.
'**auszählen I.** *v/t.* (h.) *parl., boxing, etc.*: count out; *boxing*: *ausgezählt werden* take the count; **II.** *v/i.* (h.) count to the end.
'**Auszahlung** *f* payment, disbursement; pay-off, discharge; *to creditors*: reimbursement; *telegraphische* ~ telegraphic (*or* cable) transfer; ~**s-anweisung** *f* disbursing order; ~**ssperre** *f* stop-payment order; ~**sstelle** *f* paying office.
'**auszahnen** *tech. v/t.* (h.) tooth, indent.
'**auszanken** *v/t.* (h.) scold, upbraid.
'**auszehr|en** *v/t.* (h.) waste, consume; impoverish, drain (*a country*); *sich* ~ pine away (*vor* with), eat one's heart out; ~**ung** *med. f* consumption, phthisis.
'**auszeichn|en** *v/t.* (h.) mark (out); label, ticket, price (*goods*); *fig.* a) distinguish, make stand out *a p. or a th.*; *das zeichnet ihn aus* that does him credit; *was diesen Artikel auszeichnet ist* the special merits (*or* features) of this article are, b) hono(u)r, treat with distinction; *j-n mit* ~ award *a prize, etc.* to a p.; *with an order*: decorate a p.; *sich* ~ distinguish o.s., excel (*als* as; *durch* by; *in* at, in); *dieser Wagen zeichnet sich durch ... aus* this car stands out for (*or* is superior by); ~**ung** *f* marking; *econ.* label(l)ing, ticketing; pricing; *fig.* distinction, hono(u)r (*für* to); *mit* ~ *bestehen* pass with distinction, take first-class hono(u)rs; hono(u)rable mention, award of hono(u)r, citation; decoration, medal; award, prize.
'**auszieh|bar** *tech. adj.* extensible,

telescopic, pull-out; removable; **~en I.** v/t. (irr., h.) draw (or pull) out; take off, doff (clothes); draw off (gloves); undress, strip, fig. fleece a p.; sich ~ take off one's clothes, undress, strip; chem. math. extract (aus from); aus e-m Buch, etc.: make an abstract of, extract from a book, etc., summarize, epitomize a book, etc.; make out (an account), make a statement of; ink in (a drawing), trace (with Indian ink); stretch; chem. ~ lassen infuse; **II.** v/i. (irr., sn) march off, set out, depart; aus e-r Wohnung: move (from a dwelling); colour: fade; **♀leiter** f extension ladder; **♀platte** f of table: leaf; **♀rohr** n telescopic tube; **♀sicherung** f pull-out (or push-in) fuse; **♀tisch** m pull-out (or extension) table; **♀tusche** f drawing ink; **♀ung** chem. f extraction.

'auszimmern v/t. (h.) timber, frame; mining: prop the shaft.

'auszirkeln v/t. (h.) measure (or mark out) with compasses.

'auszischen thea. v/t. (h.) hiss (at).

'Auszug m departure, mil. marching out; bibl. or fig. exodus; aus e-r Wohnung: removal (from dwelling); evacuation; chem. extract, essence; phot. separation; from a book, etc.: abstract, extract, excerpt; abridgement, condensation; epitome; summary, compendium; econ. from a bill: abstract; statement (of account); **~mehl** n super-fine flour; **♀sweise** ['-svaɪz] adv. by (way of) extract, in extracts, in the form of an abstract; ~ darstellen or wiedergeben epitomize.

'auszupfen v/t. (h.) pluck out; tech. unravel (silk, threads); pick, bur (wool).

autark [aʊ'tɑrk] adj. self-supporting, self-sufficient, independent; **Autar'kie** f (-; -n) autarky, autarchy, self-sufficiency.

authentisch [aʊ'tɛntiʃ] adj. authentic(ally adv.); genuine; von ~er Seite on good authority.

Auto ['aʊto] n (-s; -s) (motor-)car, Am. a. auto(mobile); motor-vehicle; n.s. passenger car; ~ fahren drive (a car), go (or travel) by car; go motoring; sich im ~ mitnehmen lassen hitch-hike; **~ausstellung** f motor-show; **~bahn** f motorway, Am. superhighway; autobahn; **~büche'rei** f bookmobile.

'Autobio|gra'phie m autobiography; **♀'graphisch** adj. autobiographic(al).

'Auto...: ~brille f (motor) goggles pl.; **~bus** m (motor-)bus, Am. (auto)bus; motor coach; trolley-bus; **~bus-haltestelle** f bus stop.

'Autochrom n autochrome.

Autodidakt [aʊtodi'dakt] m (-en; -en) self-taught person, autodidact.

'Auto...: ~droschke f taxi(-cab), cab; **~'dyn-empfänger** m autodyne oscillator; **~empfänger** m car radio (receiver); **♀e'rotisch** psych. adj. auto-erotic; **~fahrer** m motorist, (car-)driver; **~falle** f police trap; **~flugzeug** n road-going aircraft, air car.

autogen [aʊto'geːn] adj. autogenous; **~e** Schweißung autogenous welding.

'Autogiro n gyroplane, autogiro.

Auto|'gramm n (-s; -e) autograph; **~'grammjäger** m autograph hunter; **~graphie** [-gra'fiː] typ. f (-; -n) autography, autographical printing.

'Auto...: ~händler m car dealer; **~hof** m motor-court, auto court; **~hupe** f horn; **~industrie** f motor industry, Am. automotive industry; **~karte** f road map (for motorists); **~kino** n drive-in (cinema); **~koffer** m motor-car trunk; **~kolonne** f motor-vehicle column; motor cavalcade, Am. motorcade.

Auto|krat [aʊto'krɑːt] m (-en; -en) autocrat; **♀'kratisch** adj. autocratic; **~kratie** [-kra'tiː] f (-; -n) autocracy.

Automat [aʊto'mɑːt] m (-en; -en) automatic machine; a. fig. automaton, robot; automatic lathe; trip fuse; automatic vending machine, (penny-in-the-)slot machine, Am. vendomat; musical automaton, Am. juke box; **~enrestaurant** n self-service restaurant, Am. cafeteria, automat; **~enstahl** m free-cutting steel; **~ion** [-matsi'oːn] f (-) automation; **♀isch** adj. automatic(ally adv.), mechanic, self-acting; push-button; **~ik** f (-) automatism; tech. automatic; radio: automatic (sharp) tuning means; **♀i'sieren** v/t. (h.) automate; **~i'sierung** f (-; -en) automation; **~tismus** [-ma'tismus] m (-) automatism.

'Auto...: ~mechaniker m car-mechanic; **~mobil** [-mo'biːl] n (-s; -e) → Auto; **~mo'bilausstellung** f motor-show; **~mo'bilbau** m (-[e]s) motor (Am. automotive) industry.

auto|nom [aʊto'noːm] adj. autonomous (a. fig., econ.), self-governing; **♀nomie** [-no'miː] f (-; -n) autonomy.

'Auto...: ~pi'lot aer. m autopilot; **~reifen** m tyre, Am. tire; **~rennbahn** f racing track; **~rennen** n motor race.

Autor ['aʊtɔr] m (-s; -'toren), **Autorin** [aʊ'toːrin] f (-; -nen) author(ess f), writer; **♀isieren** [-tori'ziːrən] v/t. (h.) authorize, empower; license; autorisierte Übersetzung authorized translation; **♀itär** [-i'tɛːr] adj. authoritarian; **~i'tät** f (-; -en) authority; expert (auf dem Gebiete gen. of), authority (on); **♀itativ** [-ita'tiːf] adj. authoritative.

'Auto...: ~schleppstart m auto-towed take-off; **~schlosser** m car-mechanic; **~schuppen** m car-shed; **~straße** f motor-road, Am. highway; **~suggesti'on** f auto-suggestion; **~technik** f (-) automobile (Am. automotive) engineering; **~typie** [-ty'piː] typ. f (-; -n) half-tone engraving; **~unfall** m motoring accident, motor-crash; **~verkehr** m motor traffic; **~vermietung** f car-hiring service; **~versicherung** f motor-car insurance; **~wäsche** f car wash; **~zubehör** n automotive accessory parts pl.

Aval [a'val] econ. m (-s; -e) surety, guarantee, guaranty; **~akzept** n guaranteed bill of exchange, collateral acceptance; **ava'lieren** v/i. (h.) stand security, guarantee (payment).

Avancen [a'vãːsən] f/pl.: j-m ~ machen make advances to a p.

avan'cieren v/i. (sn) be promoted, rise (in rank).

avantgardistisch [avãːgar'distiʃ] adj. avant-garde.

Avers [a'vɛrs] m (-es; -e) obverse (of coin).

Avis [a'viː] econ. n (-; -) advice; laut ~ as advised; **avisieren** [avi'ziːrən] v/t. (h.) advise, notify.

axial [aksi'ɑːl] adj. axial; **♀be-anspruchung** f axial stress; **♀druck** m (-[e]s) axial pressure; **♀turbine** f axial flow turbine.

axiomatisch [aksio'mɑːtiʃ] adj. axiomatic(al).

Axt [akst] f (-; ⸚e) ax(e); hatchet.

Azalee [atsa'leːə] bot. f (-; -n) azalea.

Azetat [atse'tɑːt] n (-s; -e) acetate; **~seide** f acetate (or cellulose) silk.

Azetylen [atsety'leːn] n (-s) acetylene; **~gas** n oxyacetylene; **~schweißung** f oxyacetylene welding.

Azimut [atsi'muːt] n (-s; -e) azimuth.

Azoren [a'tsoːrən] pl. the Azores.

Azur [a'tsuːr] m (-s) min. lapis lazuli; (colour) azure, sky-blue; **♀(e)n** adj. azure, sky-blue.

azyklisch [a'tsyːkliʃ] adj. acyclic.

B

B [be:], **b** *n* B, b; *mus.* B flat; (*symbol*) flat.
babbeln ['babəln] *v/i.* (h.) babble, prattle.
Baby|artikel ['be:bi-] *m/pl.* baby goods; **~ausstattung** *f* layette.
Bacchant [ba'xant] *m* (-en; -en), **~in** *f* (-; -nen) bacchant(e *f*); **2isch** *adj.* bacchanal.
Bach [bax] *m* (-[e]s; ᵘe) brook, rivulet, *Am. a.* run; **~e** *f* (-; -n) wild sow; **~forelle** *f* brook trout.
Bächlein ['bɛçlain] *n* (-s; -) brooklet, rill.
Bachstelze ['-ʃtɛltsə] *f* (-; -n) wagtail.
back [bak] *mar. adv.* aback; **2** *f* (-; -en) *mar.* forecastle; mess tin; mess (table).
'Back|apfel *m* baking-apple; **~aroma** *n* aromatic essence, flavo(u)r; **~blech** *n* baking tin.
'Backbord *n a. m* port(side), larboard; **2** *adv.* aback; **~ achteraus** port aft; **~ voraus** on the port bow; **~motor** *m* port engine.
backbrassen ['-brasən] *mar. v/t.* (h.) heave to.
Backe ['bakə] *f* (-; -n) cheek; *of rifle-butt*: cheek (piece); *of ski*: toe piece (*or* iron); *tech.* **a)** jaw, **b)** chuck jaw, **c)** *for cutting*: die; e-e *dicke ~ haben* have a swollen cheek; *mit vollen ~n kauen* munch (heartily).
backen ['bakən] *v/t. and v/i.* (h.) bake; fry; dry (*fruit*); burn, fire (*brick*); clay, mud, *etc.*: cake (together); **2** *n* (-s) baking, *etc.*
'Backen...: ~bart *m* (side-)whiskers *pl.*, *Am.* sideburns *pl.*; **~bein** *anat.* *n* jawbone; **~bremse** *mot. f* shoe brake; **~futter** *tech.* *n* jaw chuck; *auswechselbares ~* jaw liner; **~knochen** *m* cheek-bone; **~sessel** *m* wing-chair; **~streich** *m* box on the ear(s); **~tasche** *zo. f* cheek-pouch; **~zahn** *m* molar (tooth).
Bäcker ['bɛkər] *m* (-s; -) baker.
Bäckerei [-'rai] *f* (-; -en) bakehouse, bakery; → *Bäckerladen.*
'Bäcker...: ~geselle *m* journeyman baker; **~laden** *m* baker's (shop), *Am.* bakery; **~meister** *m* master baker.
'Back...: ~fett *n* cooking fat, *Am.* shortening; **~fisch** *m* fried fish; *fig.* girl in her teens, flapper, teenager, *Am.* bobbysoxer; **~form** *f* baking tin, (pastry-)mo(u)ld; **~hähnchen** *n*, **~huhn** *n* fried chicken; **~kohle** *f* bituminous (*or* caking) coal; **~mannschaft** *mar. f* mess (party); **~mulde** *f* kneading-trough; **~obst** *n* dried fruit; **~ofen** *m* (baking) oven; **~pfeife** *f* box on the ear(s); **~pflaume** *f* prune; **~pulver** *n* baking powder; **~stein** *m* brick; **~steinmauer** *f* brickwall; **~teig** *m* batter; **~trog** *m* kneading-trough; **~vermögen** *n* coking quality (*of coal*); **~ware** *f* baker's ware; **~werk** *n* (-[e]s) pastries.
Bad [ba:t] *n* (-[e]s; ᵘer) bath (*a. chem.*); *outdoors*: bathe, dip, swim;

tech. dip, dye; *ein ~ nehmen* take (*or* have) a bath; → *Badeanstalt, Badeort, Schwimmanstalt;* → *Kind.*
Bade...: ~anstalt ['ba:də-] *f* bathing establishment, baths *pl.*; **'~anzug** *m* bathing costume (*or* suit), swim(ming) suit; **'~arzt** *m* spa-doctor; **'~gast** *m* visitor (at a spa); *at swimming pool*: bather; **'~hose** *f* bathing trunks (*or* shorts) *pl.*; **'~kabine** *f* bathing-cabin (*or* cubicle); **'~kappe** *f* bathing-cap; **'~kur** *f* course of treatment at a spa; *die ~ in X. nehmen* take the waters at X.; **'~mantel** *m* bathing-gown, bathrobe; **'~meister** *m* bath attendant; swimming instructor.
baden ['ba:dən] *v/t. and v/i.* (h.) bath, *Am. a.* bathe; *sich ~* bathe, bathe, go swimming; *in tub*: take a bath; bath (*a child*); **2de(r** *m*) *f* (-n; -n; -n; -n) bather.
'Bade...: ~ofen *m* bath-heater, geyser, *Am.* hot-water heater; **~ort** *m* watering-place; spa; **~salz** *n* bath-salts *pl.*; **~schuhe** *m/pl.* bathing slippers; **~strand** *m* bathing beach; **~tuch** *n* bath-towel; **~wanne** *f* bath, (bath-)tub; **~wärter** *m* bath attendant; **~wasser** *n* bath-water; **~zimmer** *n* bathroom, bath.
baff [baf] *colloq.*: (*ganz*) ~ *sein* be dumbfounded, be flabbergasted.
Bagage [ba'ga:ʒə] *f* (-) luggage, *Am. or mil.* baggage; *fig. contp.* rabble, lot, pack.
Bagatell|e [baga'tɛlə] *f* (-; -n) trifle, trifling matter, bagatelle; **2i'sieren** *v/t.* (h.) minimize (the importance of), make light of, belittle, play down; **~sache** *jur. f* petty case; summary offen|ce, *Am.* -se; **~schaden** *m* petty damage.
Bagger ['bagər] *m* (-s; -) dredge(r), excavator; power shovel; **~eimer** *m* (dredging) bucket; **~löffel** *m* shovel; **2n** *v/i. and v/t.* (h.) dredge, excavate.
bähen ['bɛ:ən] **I.** *v/t.* (h.) *med.* foment; **II.** *v/i.* (h.) *sheep*: bleat.
Bahn [ba:n] *f* (-; -en) course; path; track; road, way; *fig. a.* career; railway, *Am.* railroad, *n.s.* line; *mot.* lane; *ballistics*: trajectory; *of paper*: web; *of cloth, etc.*: width; *ast.* course; *of electron, planet, etc.*: orbit; *of comet*: path; *sports*: (cinder-)track; *racing, skiing, swimming*: course; *of individual runner, etc.*: lane; (ice-)rink; (bowling) alley; (shooting) range, *covered*: shooting gallery; *Golfplatz mit 10 Bahnen* 10-hole course; *tech.* face (*of anvil, hammer, plane*); set (*of saw*); edge, cutting point (*of cutting tool*); ~ *brechen* pave (*or* prepare) the way (*dat.* for); *sich ~ brechen* force one's way (*zu* to), forge ahead; *auf die schiefe ~ geraten* go astray, get into evil ways; *in die richtigen ~en lenken* direct into the right channels; *j-n zur ~ bringen* see a p. off; *zur ~ gehen* go to the station; *an der ~* at the station; *in*

der ~ on the train; *mit der ~* by train, *econ.* by rail.
'Bahn...: (→ *Eisenbahn...*); **~anlagen** *f/pl.* railway installations; **~anschluß** *m* rail connection; **~arbeiter** *m* railway worker; **~be-amte(r)** *m* railway official; **2brechend** *adj.* pioneer(ing), epoch-making; ~ *wirken* blaze a trail; **~brecher** *m* (-s; -) pioneer, trailblazer; *art*: avant-gardist; **~damm** *m* railway embankment.
bahnen ['ba:nən] *v/t.* (h.) *Weg*: beat, clear, open (up) *a path*; *fig.* den *Weg ~* (*dat.*) prepare (*or* pave) the way (for), pioneer, blaze the trail; smooth the way (for), facilitate; *sich e-n Weg ~* force (*or* work) one's way; elbow one's way (*durch* through).
'Bahn...: ~fahrt *f* train journey; **~fracht** *f* rail(way) carriage, *Am.* rail(road) freight; **~frachtsätze** *m/pl.* railway rates; **2frei** *econ. adv.* free station; **~gleis** *n* track.
'Bahnhof *m* (railway-)station; junction; *auf dem ~* at the station; *diplomacy*: großer ~ red carpet treatment; **~shalle** *f* station hall, *Am.* concourse; **~smission** *f* Travellers Aid (Society); **~svorsteher** *m* station-master, *Am.* station agent; **~swirtschaft** *f* station restaurant.
'Bahn...: ~körper *m* permanent way, road-bed; **2lagernd** *adv.* to be collected from the station; **~lieferung** *f* rail shipment (*or* consignment); **2mäßig** *econ. adv.*: ~ *verpackt* packed for rail transport; **~polizei** *f* railway police; **~post** *f* railway postal service; **~postamt** *n* railway post-office; **~postwagen** *m* mail-van, *Am.* mail car; **~schranke** *f* railway-barrier; **~schwelle** *f* sleeper, *Am.* tie.
'Bahnsteig *m* platform; **~karte** *f* platform ticket; **~schaffner** *m* ticket collector, *Am.* gateman; **~sperre** *f* (platform) barrier *or* gate; **~unterführung** *f* platform underpass.
'Bahn...: ~strecke *f* line, section, *esp. Am.* track; **~transport** *m* railway transport(ation); **~überführung** *f* railway-surpass; **~übergang** *m* level (*Am.* grade) crossing; **~verbindung** *f* → *Bahnschluß;* **~verkehr** *m* railway traffic; **~versand** *m* railway dispatch, forwarding (*Am.* shipping) by rail; **~wärter** *m* linesman; gate-keeper; **~wärterhäus-chen** *n* signal-box.
Bahr|e ['ba:rə] *f* (-; -n) barrow; stretcher, litter; *for corpses*: bier; → *Wiege;* **~tuch** *n* pall.
Bähung ['bɛ:uŋ] *med. f* (-; -en) fomentation, stupe; **~smittel** *n* fomentation agent.
Bai [bai] *f* (-; -en) bay.
Baiser [bɛ'ze:] *n* (-s; -s) meringue.
Baisse ['bɛ:sə] *econ. f* (-; -n) slump, depression (of the market), bear market; fall (of prices); *auf ~ spekulieren* speculate (*or* operate) for a fall, (sell) bear, sell short; **~an-**

griff *m* bearish operations *pl.*, *Am.* bearish demonstrations *pl.*; **~klausel** *f* depression clause; **~spekulant** *m* bear; **~spekulation** *f* bear speculation (*or* operation); **~tendenz** *f* downward tendency, bearish tone.

Baissier [bɛsi'eː] *econ. m* (-s; -s) bear.

Bajazzo [ba'jatso] *m* (-s; -s) buffoon.

Bajonett [bajo'nɛt] *mil. n* (-[e]s; -e) bayonet; *das* ~ *aufpflanzen* fix the bayonet; **~angriff** *m* bayonet charge; **~fassung** *el. f* bayonet socket; **~stoß** *m* bayonet thrust; **~verbindung** *tech. f*, **~verschluß** *m* bayonet catch.

Bake ['baːkə] *mar. f* (-; -n) beacon.

Bakelit [bakə'liːt] *n* (-s) bakelite.

Baken... ['baːkən]: **~antenne** *f* beacon antenna, radio-range aerial; **~blindlandesystem** *aer. n* blind approach beacon system; **~boje,** **~tonne** *f* beacon buoy.

Bakterie [bak'teːriə] *f* (-; -n) bacterium (*pl.* -ia), microbe, germ; **Onartig** *adj.* bacteroid; **~nforschung** *f* bacteriological research; **~ngift** *n* bacterial toxin; **Onhaltig** *adj.* containing bacteria; **~nkrieg** *m* bacterial (*or* germ) warfare; **Onreich** *med. adj.* rich in causative organisms; **Onsicher** *adj.* germ-proof; **~nstamm** *m* strain; **Ontötend** *adj.* bactericidal; **~es Mittel** bactericide; **~nzucht** *f* culture of bacteria.

Bakteriolog|e [-terio'loːgə] *m* (-n; -n), **~in** *f* (-; -nen) bacteriologist; **Bakteriolo'gie** *f* (-) bacteriology.

Balance [ba'lansə] *f* (-; -n) balance; → **Gleichgewicht.**

balancier|en [-'siːrən] *v/t.* (*h.*) *and* *v/i.* (*sn*) balance, poise; **Ostange** *f* balancing-pole.

bald [balt] *adv.* soon; shortly, directly; before long, in a near future; almost, nearly; early, in good time; *so* ~ *als möglich* as soon as possible; ~ *darauf* soon (*or* shortly) after, presently; ~, ~ sometimes ..., sometimes ...; now ..., now ..., then ...

Baldachin ['baldaxiːn] *m* (-s; -e) canopy (*a. aer.*).

Bälde ['bɛldə] *f:* *in* ~ soon, before long, in a near future.

bald|ig ['baldiç] *adj.* early, speedy; **~igst,** **~möglichst** *adv.* as soon as possible; at your earliest convenience (*or* opportunity).

Baldrian ['baldriaːn] *m* (-s; -e) valerian; **~säure** *f* valeric acid; **~tropfen** *m/pl.* valerian drops.

Balg [balk] *m* (-[e]s; ⁓e) skin; *of snakes:* slough; *of a doll:* body; *colloq.* (*child*) [*pl.* Bälger] brat, urchin; *of organ:* bellows *pl.*; *phot.* (*usu.* **~en** *m* [-s; -]) bellows *pl.*; **~drüse** *f* follicular gland; **~(en)auszug** *m phot.* bellow extension.

balge|n ['balgən] (*h.*): *sich* ~ wrestle, scuffle, scramble, tussle (*um* for); *children:* a. romp; **Orei** *f* (-; -en) scuffle, tussle, scramble (*um* for); *of children:* romp.

Balken ['balkən] *m* (-s; -) beam; girder; joist; rafter; *of balance:* beam; *mus.* bar; *her.* chevron; *anat.* corpus callosum cerebri; *bibl. der*

~ *im eigenen Auge* the beam in one's own eye; *Wasser hat keine* ~ the sea is not planked over; *er log, daß sich die* ~ *bogen* he lied like a trooper; **~brücke** *f* girder bridge; **~decke** *f* timbered ceiling; **~gerüst** *n* scaffolding of girders; timber-work; **~holz** *n* squared timber; beam, joist; **~träger** *m* plate girder; **~überschrift** *f* banner headline; **~waage** *f* beam balance, steelyard; **~werk** *n* (-[e]s) beams and joists, timber-work.

Balkon [bal'kɔŋ] *m* (-s; -s) balcony; *thea.* dress circle, balcony; **~tür** *f* French window.

Ball¹ [bal] *m* (-[e]s; ⁓e) ball; *geogr., ast. a.* globe; *sports:* scharfer ~ hard ball.

Ball² *m* (-[e]s; ⁓e) ball, dance; fancy-ball; *auf dem* ~ at the ball; *auf den* ~ *gehen* go to a ball.

Ballade [ba'laːdə] *f* (-; -n) ballad.

Ballast [ba'last] *m* (-es) ballast; *fig.* drag, burden, dead weight; **~ladung** *f* dead freight; **~stoff** *m* bulk material; **~widerstand** *el. m* fixed resistance.

Ball...: **~auslöser** *phot. m* (-s; -) bulb release; **~behandlung** *f* ball work; **~beherrschung** *f* ball control; **~dame** *f* (lady) partner at a dance.

ballen ['balən] *v/t.* (*h.*) *or sich* ~ (form into a) ball; clench, double (*fist*); *fig.* cluster; *a. bacteria, cells:* conglomerate; → *geballt.*

'Ballen *m* (-s; -) **1.** *anat.* ball; *med.* entzündeter Fuß⁓ bunion; **2.** *econ.* bale, pack, bundle; ~ *Papier* ten reams *pl.* (*or* 5,000 sheets of paper); basil; **~packmaschine** *f* baler; **~presse** *f* baling press; **~waren** *f/pl.* baled goods *pl.*; **Oweise** *adv.* by the bale, in bales.

ballern ['balərn] *colloq. v/i.* (*h.*) bang (away).

Ballett [ba'lɛt] *n* (-[e]s; -e) ballet; corps de ballet (*Fr.*); **~meister** *m* maître de ballet (*Fr.*); **~röckchen** *n* tutu; **~tänzer(in** *f*) *m* ballet dancer, *f a.* ballerina; (*a.* = **~ratte** *colloq. f*) chorus-girl.

'Ball...: **Oförmig** ['-fœrmiç] *adj.* spherical, globular; **~hupe** *f* bulb horn.

Ballisti|k [ba'listik] *f* (-) ballistics *pl.*; **Osch** *adj.* ballistic.

'Ball...: **~kleid** *n* ball-dress; **~königin** *f* belle of the ball; **~künstler** *m soccer:* ball wizard.

Ballon [ba'lɔŋ] *m* (-s; -s) balloon; *chem.* carboy; demijohn; *colloq.* (*head*) *sl.* nut; **~führer** *m* balloon pilot; **~hülle** *f* balloon cover; **~korb** *m* car, nacelle; **~reifen** *m* balloon tyre (*Am.* tire); **~seide** *f* balloon silk; **~sperre** *f* balloon barrage;

'Ball...: **~saal** *m* ball-room; **~schuhe** *m/pl.* dancing-shoes; **~senden** *n* (-s) *radio:* rebroadcasting; **~sender** *m* rebroadcast station; **~spiel** *n* ball game.

Ballung ['baluŋ] *f* (-; -en) agglomeration; concentration *or* massing (*a. mil.* of troops); **~sgebiet** *n* overcrowded region.

Balsaholz ['balza-] *n* balsa(wood).

Balsam ['balzaːm] *m* (-s; -e) balsam, (*a. fig.*) balm.

balsamieren [-za'miːrən] *v/t.* (*h.*) embalm.

balsamisch [-'zaːmiʃ] *adj.* balmy.

baltisch ['baltiʃ] *adj.* Baltic; *das* 2e Meer the Baltic (Sea).

Balustrade [balus'traːdə] *f* (-; -n) balustrade; parapet.

Balz [balts] *f* (-; -en) pairing (time), mating; **Oen** *v/i.* (*h.*) pair, mate; call; display.

Bambus ['bambus] *m* (-ses; -se) bamboo; **~rohr** *n* bamboo (cane); **~stab** *m sports:* bamboo pole; **~vorhang** *pol. m the* Bamboo Curtain; **~zucker** *m* tabasheer.

Bammel ['baməl] *colloq. m* (-s): *mächtig* ~ *haben sl.* be in a blue funk; ~ *bekommen sl.* get cold feet; **'2n** *v/i.* (*h.*) dangle.

banal [ba'naːl] *adj.* banal, commonplace, trite; trivial; **Banali'tät** *f* (-; -en) banality; commonplace; triviality.

Banane [ba'naːnə] *f* (-; -n) banana; **~nbaum** *m* banana-tree; **~nstecker** *el. m* banana plug.

Banaus|e [ba'nauzə] *m* (-n; -n) philistine; vulgarian, low-brow; cad; **Oisch** *adj.* philistine; low-brow, caddish.

Band [bant] **1.** *n* (-[e]s; ⁓er) string, cord; (*insulating, measuring, recording, etc.*) tape; (*watch, etc.*) band, bracelet; (*leather*) strap; elastic band; webbing; (*shoe*) lace, *Am. a.* string; (*decoration*) ribbon (*a. typewriter*), riband; (*frequency*) band; *das Blaue* ~ the Blue Riband; *mit Bändern versehen* ribboned; streamer; *anat.* **a)** ligament, ligature, **b)** cord, band; *med.* bandage; *of barrel:* band, hoop; *of saw:* blade, web; (*fastening*) tie, bond; *of conveyor:* belt; (*assembly-*)line; *fig.* **a)** *usu.* *Bande pl.* fetters, trammels, chains, **b)** *of friendship, etc.:* tie, bond, link; *am laufenden* ~ *tech.* on the assembly-line, *fig.* without intermission, continuously, incessantly; **2.** *m* (-[e]s; ⁓e) (*book*) volume; tome; *das spricht Bände fig.* that speaks volumes (*für* for).

band [bant] *pret. von* binden.

Bandage [ban'daːʒə] *f* (-; -n) bandage.

bandagieren [-da'ʒiːrən] *v/t.* (*h.*) (apply a) bandage.

'Band...: **~antenne** *f* tape antenna, band aerial; **~arbeit** *f* moving-belt production; **~aufnahme** *f* tape recording; **~breite** *f radio:* band width; *statistics:* spread; **~breitenregelung** *f* band-width control; **~bremse** *f* band brake.

Bändchen ['bɛntçən] *n* (-s; -) small ribbon; (*book*) small volume.

Bande ['bandə] *f* (-; -n) company, troop, team; *of criminals:* band, gang, ring; *contp.* horde, bunch, pack; clan; *die ganze* ~ the whole lot; *e-e schöne* ~! a fine lot!; *billiard, etc.:* cushion.

Band-eisen ['bant-] *n* band (*or* strip) iron.

'Banden...: **~führer** *m* chief(tain), gang (*or* ring) leader; **~krieg** *m* guerilla (warfare).

bändern ['bɛndərn] *v/t.* (*h.*) form into ribbons (*or* stripes); stripe, streak.

Banderole [bandə'ro:lə] f (-; -n) revenue stamp; of cigar: band.

'**Band**...: ~fabrikation f assembly--line production; ~feder tech. f flat coil spring; ~filter m radio: band(-pass) filter; ~förderer m (-s; -) belt conveyor; ~führung f typewriter: ribbon guide.

bändig|en ['bendigən] v/t. (h.) tame; break in (horse); esp. fig. subdue, restrain, master; a. Naturkräfte: control, harness; 2er(in f) m (-s, -; -, -nen) tamer; conqueror; 2ung f (-; -en) taming; breaking-in; fig. subduing; control; harnessing; subjugation.

Band...: ~maß n measuring tape; ~mikrophon n ribbon microphone; ~nudel f ribbon-macaroni; ~säge f band- (or ribbon-)saw; ~scheibe anat. f (intervertebral) disc; ~scheibenschaden med. m damaged intervertebral disc; ~scheibenvorfall m prolapse of disc, slipped disc; ~stahl m strip steel; ~waren f/pl. small wares, ribbons; ~wurm m tape-worm, t(a)enia.

bang [baŋ] adj., '~e pred. anxious (um about); worried, uneasy (about), concerned (for); alarmed; disquieting, alarming; e-e ~e Stunde an anxious hour; e-e ~e Sekunde lang for one bad moment; j-m ~e machen frighten (or scare) a p., make a p. afraid; mir ist ~ davor I dread it; (haben Sie) keine Bange! don't worry!; '2emacher m (-s; -) alarmist; ~en v/i. (h.) be afraid (vor dat. of), dread; sich ~ um be anxious (or worried) about; er bangt um sein Leben he trembles for his life; nach et. ~ long (or yearn) for a th.; '2igkeit f (-) anxiety, uneasiness.

bänglich ['beŋliç] adj. (somewhat) anxious.

Banjo ['banjo] n (-s; -s) banjo; ~spieler m banjoist.

Bank [baŋk] f 1. (-; ⁼e) bench, seat; settee; school: form; church: pew; for sales: stand; geol. layer; seam, bed; → Sand2; tech. work-bench; → Dreh2; wrestling: mat position; auf der ersten ~ in the front row; colloq. durch die ~ without exception, all of them (or it), down the line; auf die lange ~ schieben put off, postpone; shelve, pigeonhole; 2. (-; -en) econ. bank, banking establishment (or house); bei e-r ~ zahlbar payable at a bank; wir haben unsere ~ angewiesen we have instructed our bankers; Geld auf der ~ money in the bank; 3. gaming-table, bank; ~ halten keep bank; die ~ sprengen break the bank.

'**Bank**...: ~agent m exchange broker; ~aktie f bank share (Am. stock); ~akzept n bank(er's) acceptance; ~anweisung f cheque, Am. check; ~aufsichtsbehörde f bank supervisory authority; ~ausweis m bank return (Am. guaranty); ~aval ['-a'va:l] m (-s; -e) bank guarantee (Am. guaranty); ~beamte(r) m bank official (or clerk); ~betrieb m banking operations pl.; ~buch n bank book; passbook; ~depot n bank deposit, for securities: safe

custody (account), Am. custodianship (account); ~direktor m bank director (or manager); ~diskont m bank(er's) discount; bank rate; ~einlage f deposit.

Bänkelsänger ['beŋkəl-] m ballad--singer.

Bank(e)rott [baŋk(ə)'rɔt] m (-[e]s; -e) bankruptcy (a. fig.); insolvency; (business or commercial) failure, smash, crash; betrügerischer (einfacher) ~ fraudulent (simple) bankruptcy; den ~ erklären declare o.s. bankrupt; ~ machen go (or become) bankrupt, Am. sl. (go) bust; 2 adj. bankrupt, insolvent; sich für ~ erklären declare o.s. bankrupt (or insolvent), file one's petition in bankruptcy; jur. j-n für ~ erklären adjudge a p. a bankrupt; ~erklärung f declaration of bankruptcy.

Bank(e)rotteur [-'tø:r] m (-s; -e) bankrupt.

Bankett [baŋ'ket] n (-[e]s; -e) banquet, dinner; tech. (a. ~e f [-; -n]) of road: banquette, Am. shoulder; of walls: footings pl.; berm; rail. side-space.

'**Bank**...: ~fach n banking (business); safe (deposit box); 2fähig adj. bankable; negotiable; ~feiertag m bank holiday; ~filiale f branch bank; ~geheimnis n banker's discretion; ~geschäft n bank(ing house or company); banking business; banking operation or transaction; ~guthaben n bank balance; (Bar2) cash in the bank; ~halter m (-s; -) gaming: banker.

Bankier [baŋki'e:] m (-s; -s) banker; financier.

'**Bank**...: ~kapital n bank stock; ~konsortium n banking syndicate; ~konto n bank(ing) account; ein ~ haben bei bank with; ~krach m bank failure; ~kredit m bank(er's) credit; 2mäßig adj. banking; securities: negotiable; ~note f (bank-)note, Am. bill; ~notenausgabe f issue of bank-notes, note issue; ~notenumlauf m note circulation, notes pl. in circulation; ~obligationen f/pl. bank bonds; ~rott [-'rɔt] m, 2rott adj. → Bank(e)rott, etc.; ~satz m bank rate; ~scheck m bank cheque (Am. check); ~spesen pl. bank charges; ~tratte f bank draft; ~verbindung f bank(ing) account; ~verkehr m banking (operations pl.); ~vollmacht f banking authority; power of attorney; ~vorstand m board of the management (of a bank); bank manager; ~wechsel m bank(er's) bill or draft; ~werte m/pl. bank shares (Am. stocks); ~wesen n banking; ~woche f bank-return week; ~zinsen m/pl. banking interest.

Bann [ban] m (-[e]s; -e) ban; proscription; eccl. anathema; excommunication, interdict; in den ~ tun put under the ban; banish, outlaw; proscribe; eccl. anathemize; excommunicate; socially: ostracize; econ. boycott; fig. charm, spell; unter dem ~ stehen von or gen. be under the spell (or influence) of, be spell--bound (or fascinated, captivated) by; → gebannt; '~bulle f bull of

excommunication; '2en v/t. (h.) banish (a. fig.); avert, obviate, keep (or stave) off (danger); lay, conjure (up) (a ghost); cast out, exorcize (the devil); eccl. excommunicate; fig. captivate, fascinate, spellbind; on paper, etc.: record; → gebannt.

Banner ['banər] n (-s; -) banner; standard (both a. fig.), flag; fig. unter dem ~ gen. under the standard of; '~träger m standard-bearer.

'**Bann**...: ~fluch m anathema; ~kreis m boundary, precinct; fig. sphere (of influence), spell; ~meile f boundary, precinct; of building: neutral zone; ~strahl eccl. m anathema; ~ware f contraband (goods pl.).

Bantamgewicht ['bantam-] n, ~ler m (-s; -) sports: bantam-weight.

bar [ba:r] adj. I. (gen.) of things: destitute (or devoid, void) of, innocent of, completely lacking in; jeder Hoffnung ~ utterly hopeless; ~ jedes Interesses void of any interest; bare, naked; pure, downright, blatant; ~er Unsinn sheer nonsense; II. adj. and adv.: ~es Geld ready money, cash; ~ bezahlen pay in cash, pay cash (down); gegen ~ for cash, cash down, on cash terms; ~ gegen 2% Diskont cash less 2% discount; fig. → Münze.

Bar[1] [ba:r] f (-; -s) bar; night club.

Bar[2] phys. n (-s; -s) barometry: bar.

Bär [bɛ:r] m (-en; -en) (he-)bear; ast. der Große ~ the Great Bear, Am. the Big Dipper; der Kleine ~ the Little (or Lesser) Bear, Am. the Little Dipper; tech. rammer, pile-driver; → aufbinden.

'**Bar-abfindung** f cash settlement.

Baracke [ba'rakə] f (-; -n) barrack, hut, Am. a. shack; ~nlager n hutted camp, hutment; ~nzelt n barrack tent.

'**Bar**...: ~anschaffung f cash remittance; ~auslage f cash disbursement (or outlay), out-of-pocket expenses pl.; ~auszahlung f payment in cash.

Barbar [bar'ba:r] m (-en; -en), ~in f (-; -nen) barbarian.

Barbarei [-ba'rai] f (-; -en) barbarism; barbarity, savagery.

barbarisch [-'ba:riʃ] I. adj. barbarian; b.s. barbarous; savage, cruel; fig. contp. barbaric (taste, etc.); II. colloq. adv. fearfully, awfully, beastly.

Barbe ['barbə] ichth. f (-; -n) barbel.

'**bärbeißig** adj. bearish, surly.

'**Bar**...: ~bestand m cash balance; ready money, cash in hand; of a bank: cash holdings pl.; ~betrag m amount in cash, cash value.

Barbier [bar'bi:r] m (-s; -e) barber; 2en v/t. (h.) shave; fig. → Löffel.

Barchent ['barçənt] m (-s; -e) fustian.

Bardame ['ba:r-] f barmaid.

Barde ['bardə] m (-n; -n) bard, minstrel.

'**Bar**...: ~deckung f cash in hand available for cover; cash reimbursement; ~dividende f cash bonus; ~eingang m cash receipts pl.; cash item; ~einlage f cash deposit (or investment); ~einnahme f cash receipts *pl.*; ‿ertrag *m* net proceeds, takings *pl.*

Bären... ['bɛːrən]: ‿dienst *m*: *j-m* e-n ‿ *leisten* do a p. a disservice; ‿führer *m* (*a. fig.*) bearleader; ◯haft *adj.* like a bear, bearish; ‿hatz *f* bear-baiting; ‿haut *f* bearskin; *auf der* ‿ *liegen* → *faulenzen*; ‿hunger *m* ravenous hunger; ‿höhle *f* den of a bear; ‿jäger *m* bear-hunter; ‿mütze *mil. f* bearskin; ◯stark *adj.* strong as an ox, Herculean; ‿zwinger *m* bear pit.

Barett [ba'rɛt] *n* (-[e]s; -e) biretta, beret, cap.

bar|fuß ['bɑːr-], ‿füßig ['-fyːsiç] *adj. and adv.* barefoot(ed).

barg [bark] *pret. von bergen.*

'**Bar...:** ‿geld *n* cash, ready money; ◯geldlos *adj.* cashless; paid by cheque (*Am.* check); ‿er *Zahlungsverkehr* cashless money transfers; ‿geschäft cash business (*or* transaction); ‿guthaben *n* cash balance; ◯häuptig ['-hɔyptiç] *adj. and adv.* bareheaded, uncovered; ‿hocker *m* bar stool.

Bärin ['bɛːrin] *f* (-; -nen) she-bear.

Bariton ['bɑːritɔn] *m* (-s; -e) baritone.

Barkasse [bar'kasə] *mar. f* (-; -n) (motor) launch.

'**Barkauf** *m* cash purchase.

Barke ['bɑːrkə] *mar. f* (-; -n) barque, barge; *poet.* bark.

'**Bar...:** ‿kredit *m* cash credit; ‿lohn *m* wages in cash, *Am.* take-home pay.

Bärme ['bɛːrmə] *f* (-) barm, yeast.

barmherzig [barm'hɛrtsiç] *adj.* merciful, lenient; compassionate, charitable; ◯e *Schwester* sister of mercy; → *Samariter*; ◯keit *f* (-) mercy; compassion, charity; *an j-m* ‿ *üben* show mercy to a p.

'**Barmittel** *n/pl.* cash (funds *pl.*).

barock [ba'rɔk] *adj.* baroque; eccentric, quaint; **Ba'rock** *n* (-s), ‿stil *m* Baroque, baroque style.

Barometer [baro'meːtər] *n* (-s; -) barometer (*a. fig.*), weather-glass; *das* ‿ *steigt* the glass is going up; *das* ‿ *fällt* the glass is falling; *das* ‿ *steht hoch* (*tief*) the barometer is high (low); ‿säule *f* barometric column; ‿stand *m* barometer reading; **baro'metrisch** *adj.* barometric(al).

Baron [ba'roːn] *m* (-s; -e) baron.

Baronesse [-ro'nɛsə] *f* (-; -n), **Ba'ronin** *f* (-; -nen) baroness.

'**Barpreis** *m* cash price.

Barre ['barə] *f* (-; -n) bar.

Barren ['barən] *m* (-s; -e) billet, (*gold, silver*) bar, ingot, bullion; ‿ *Gold* gold bar; *gym.* parallel bars; ◯förmig ['-fœrmiç] *adj.* ingot-shaped; ‿gold *n* bullion.

Barriere [bari'ɛːrə] *f* (-; -n) barrier; railing; gate.

Barrikade [bari'kɑːdə] *f* (-; -n) barricade; ‿n *errichten* raise barricades; ‿nkampf *m* barricade-fighting.

Barsch [barʃ] *m* (-es; -e) perch.

barsch *adj.* gruff, rough, brusque (*gegen* to).

Bar...: ‿schaft ['bɑːrʃaft] *f* (-; -en) ready money (*or* cash), cash;

'‿scheck *m* open *or* uncrossed cheque (*Am.* check).

Barschheit ['barʃhaɪt] *f* (-) gruffness, bluntness.

Barschuldner ['bɑːr-] *m/pl. balance-sheet of bank*: advances.

barst [barst] *pret. von bersten.*

Bart [bɑːrt] *m* (-[e]s; ‿e) beard; *bot., ichth.* barb, beard; *of cock*: wattle; whiskers *pl.* (*a. of cat*); moustache; (key-)bit; *tech.* bur; *of casting*: seam; *sich e-n* ‿ *stehen lassen* grow a beard; *fig. in den* ‿ *brummen* mumble to o.s.; *j-m um den* ‿ *gehen* curry favo(u)r with a p., wheedle *or* cajole a p.; → *Kaiser*; *colloq.* Witz mit ‿ chestnut; *so ein* ‿! that's an old one!; '‿flechte *f med.* barber's rash, sycosis; *bot.* beardmoss; '‿haar *n* hair of the beard; *erste* ‿e *pl.* fluff.

bärtig ['bɛːrtiç] *adj.* bearded; whiskered; *bot., zo.* barbate.

'**Bart...:** ◯los *adj.* beardless; ‿nelke *f* sweet-william.

'**Bar...:** ‿vergütung *f* compensation in cash; (*dividend*) cash bonus; ‿verkauf *m* cash sale; ‿verkehr *m* cash trade; ‿wert *m* cash (*or* actual) value; ‿zahlung *f* cash payment; *sofortige* ‿ prompt cash; *nur gegen* ‿ terms strictly cash; ‿zahlungsgeschäft *n* cash and carry store; ‿zahlungsrabatt *m* cash discount.

Basalt [ba'zalt] *m* (-[e]s; -e) basalt; ◯en *adj.* basalt(ic).

Basar [ba'zɑːr] *m* (-s; -e) bazaar.

Base[1] ['bɑːzə] *f* (-; -n) (female) cousin.

'**Base**[2] *chem. f* (-; -n) base.

Basedow ['bɑːzədoː] *med. n* Graves' disease, exophthalmic goit|re (*Am.* -er).

basieren [ba'ziːrən] **I.** *v/t.* (*h.*) base *or* found (*auf dat.* upon); **II.** *v/i.* (*h.*) be based *or* founded (upon), rest upon.

Basis ['bɑːzis] *f* (-; -sen) *arch.* base, basement, substructure; *chem., math.* base; *mil.* base; (missile) site; *surv.* datum-line; *fig.* basis, footing; *auf gesunder* ‿ on a sound basis; *auf gleicher* ‿ on equal terms.

'**bas|isch** *chem. adj.* basic; *ein*‿ monobasic, *zwei*‿ dibasic; ◯izität [bazitsi'tɛːt] *f* (-) basicity.

Baskenmütze ['baskən-] *f* beret.

baß [bas] *adv.*: ‿ *erstaunt* very much (*or* greatly) surprised, taken aback.

'**Baß** *mus. m* (-sses; *Bässe*) bass, bass voice; *erster* ‿ baritone; *zweiter* ‿ contrabass; ‿anhebung *f radio*: bass control; ‿ausgleich *m* bass compensation; ‿balken *m* bass bar; ‿bariton *m* bass-baritone; ‿geige *f* bass-viol, double bass, contrabass.

Bassin [ba'sɛŋ] *n* (-s; -s) basin, reservoir, tank; swimming-pool.

Bassist [ba'sist] *m* (-en; -en) bass (singer *or* player).

Baß...: ‿pfeife *f* bassoon; ‿regelung *f radio*: automatic bass control; ‿saite *f* bass-string; ‿schlüssel *m* bass clef; ‿stimme *f* bass voice; bass part.

Bast [bast] *m* (-es; -e) bast; *zo.* velvet.

basta! ['basta] *int.* finished!,

enough!; *und damit* ‿! so that's that!; not another word!

Bastard ['bastart] *m* (-[e]s; -e) bastard, natural child; *bot., zo.* hybrid, cross (breed), mongrel; ‿feile *f* flat file.

bastardieren [-'diːrən] *v/t.* (*h.*) *or* *sich* ‿ mix, cross, hybridize.

Bastei [bas'taɪ] *f* (-; -en) bastion, bulwark.

Bastel|arbeit ['bastəl-] *f* craftwork, amateur construction; handicraft, technical hobby; '◯n *v/t. and v/i.* (*h.*) tinker, potter, *Am.* putter (*an dat.* at); rig up; *w.s.* fumble (with); *selbstgebastelter • Apparat* home-assembled set; *generally*: be a hobbyist, work at a hobby.

'**Bast...:** ‿faser *f* bast-fib|re (*Am.* -er); ‿hut *m* chip-hat.

'**Bastler(in** *f*) *m* (-s, -; -, -nen) handicraft worker, amateur constructor, hobbyist, home-mechanic; radio amateur.

'**Bastseide** *f* raw silk.

bat [bɑːt] *pret. von bitten.*

Bataillon [batal'joːn] *n* (-s; -e) battalion; ‿sgefechtsstand *m* battalion command post; ‿skommandeur *m* battalion commander; ‿sstab *m* battalion staff; *a.* → ‿sstabsquartier *n* battalion headquarters *pl.*

Batate [ba'tɑːtə] *f* (-; -n) sweet potato.

Batik [ba'tiːk] *f* (-) batik.

Batist [ba'tist] *m* (-[e]s; -e) cambric.

Batterie [batə'riː] *f* (-; -n) *el., mil.* battery (*a. fig.*); *el.* storage battery; *tech.* group, set (*of machines*); *aus e-r* ‿ *betreiben* run from a battery; ‿betrieb *m* battery operation; ‿element *n* battery cell; ‿empfänger *m* battery receiver; ‿führer *mil. m* battery commander; ◯gespeist [-gəʃpaɪst] *adj.* battery-operated; ‿kohle *f* battery carbon; ‿ladegerät *n* battery charger; ‿prüfer *m* battery tester.

Batzen ['batsən] *m* (-s; -) lump, caked mass; *das kostet e-n* ‿ *that* costs a tidy penny.

Bau [baʊ] *m* (-[e]s; -ten) building, construction, erection; *of machines, etc.*: manufacture, construction; *mining*: working; building, edifice, structure; structure, *tech.* design; *agr.* cultivation; *zo.* (*pl.* ‿e) burrow, *of fox*: earth; *of beast of prey*: den (*a. fig.*); *of body, etc.*: build, frame; ‿ten *pl. film, thea.*: scenery, setting *sg.*; *im* ‿ under construction; *das Haus ist im* ‿ *a.* the house is building (*or* being built); '‿abschnitt *m* building section; '‿akademie *f* school of architecture; '‿amt *n* construction office, *Brit.* Surveyor's Office; '‿arbeiten *f/pl.* construction work *sg.*; '‿art *f* architecture, style; *tech.* **a)** design, construction, **b)** type, model; *mar.* class, type; '‿aufsichts-amt *n* building supervisory board; '‿baracke *f* building shed; '‿bedarf *m* building materials *pl.*; '‿beschreibung *f* building specification; '‿bewilligung *f* building permit; '‿block *m* building block.

Bauch [baʊx] *m* (-[e]s; ‿e) belly; *anat.* abdomen; stomach; *contp.*

pot-belly, paunch; *of violin, etc.*: body; *of ship*: bottom; bulge, belly; *auf dem* ～*e liegen* lie flat on one's face; *e-n* ～ *bekommen* develop a paunch; *sich den* ～ *halten vor Lachen* roar with laughter; '～**atmung** *f* diaphragmatic breathing; '～**binde** *f* abdominal bandage; *on cigars*: cigar band; *round books*: blurb; '～**decke** *f* abdominal wall; '～**fell** *n* peritoneum; '～**fellentzündung** *f* peritonitis; '～**flosse** *f* ventral fin; '～**freiheit** *mot. f* ground (*or* belly) clearance; '～**gegend** *f* abdominal region; '～**gurt** *m* belly-band; '～**höhle** *f* abdominal cavity; ⁀**ig** *adj.* bellied, bulgy; convex; '～**laden** *m* vendor's tray; '～**lage** *f gym.*: prone lying; *swimming*: prone position; *wrestling*: closed mat position; '～**klatscher** *m* (-s; -) *swimming*: belly-flopper (dive); '～**landung** *f* belly landing; '～**muskel** *m* abdominal muscle; '～**partie** *f* midriff; ⁀**reden** *v/i.* (h.) ventriloquize; '～**redner(in** *f) m* ventriloquist; '～**schmerzen** *m/pl.* abdominal pain, belly-ache, gripes *pl.*; '～**schuß** *m* abdominal gunshot wound; '～**speicheldrüse** *f* pancreas; '～**tanz** *m* belly-dance; '～**ung** *f* (-; -en) convexity; bulge; swelling, inflation; '～**weh** *n* stomach-ache.

bauen ['bauən] *v/t. and v/i.* (h.) build, construct; erect, raise; manufacture, fabricate, make, build; design; *agr.* cultivate, grow; till; *mining*: work; *fig.* ～ *auf (acc.)* trust in; rely (*or* build, count, depend) on; base (*or* rest) *one's hopes, judgement* upon; *sich* ～ *auf* be founded (*or* based) on, be grounded in, rest (up)on.

Bauer[1] ['bauər] *m* (-n; -n) peasant, farmer; countryman; *fig. contp.* boor, yokel; *tech.* builder; *chess*: pawn; *cards*: knave.

'**Bauer**[2] *n* (-s; -) (bird-)cage.

Bäuer|in ['bɔyərin] *f* (-; -nen) peasant woman, farmer's wife; ⁀**isch** *adj.* rustic; boorish; churlish.

'**Bau-erlaubnis** *f* building permit.

'**bäuerlich** *adj.* rural, rustic.

'**Bauern...:** ～**brot** *n* (coarse) brown bread; ～**bursche** *m* young peasant, country lad; ～**dirne** *f* country lass; ～**fänger** *m* (-s; -) sharper, confidence man; ～**fänge'rei** *f* (-; -en) trickery, confidence trick (*Am.* game); ～**gut** *n* peasant's holding, farm; ～**haus** *n* farm-house; ～**hochzeit** *f* country wedding; ～**hof** *m* farm, farmstead; ～**lümmel** *m* country-bumpkin, boor, *Am. a.* hick; ～**regel** *f* peasant's proverb, weather maxim; ～**schaft** *f* (-) peasantry; ⁀**schlau** *adj.* shrewd, cunning, wily; ～**schläue** *f* cunning; ～**stand** *m* (-[e]s) peasantry; ～**stolz** *m* peasant's (*fig.* foolish) pride; ～**tölpel** *m* yokel; ～**tracht** *f* peasant-dress; ～**verband** *m* farmer's union.

'**Bau...:** ～**fach** *n* (-[e]s) architecture; building trade; ⁀**fällig** *adj.* out of repair, dilapidated, tumble-down, ramshackle; ～**fälligkeit** *f* (-) dilapidated condition, decay; ～**firma** *f* (firm of) builders and contractors, building enterprise; ～**flucht** *f*

alignment; ～**fluchtlinie** *f* building line; ～**führer** *m* building supervisor (*or* foreman); ～**gelände** *n* building land; *n.s.* building site; ～**genehmigung** *f* building permit; ～**genossenschaft** *f* cooperative building society; ～**gerüst** *n* scaffold(ing); ～**geschäft** *n* building trade; ～**gesellschaft** *f* building society; ～**gesuch** *n* application for building permit; ～**gewerbe** *n* (-s) building trade; ～**grube** *f* excavation; ～**grund** *m* foundation soil; *w.s.* building plot; ～**grundstück** *n* building plot (*or* site); ～**handwerker** *m* craftsman in the building trade; ～**herr** *m* building owner; ～**höhe** *tech. f* overall height, headroom; ～**holz** *n* timber, *Am.* lumber; ～**hypothek** *f* building loan mortgage; ～**ingenieur** *m* constructional engineer; *für Tiefbau*: civil engineer; *für Hochbau*: structural engineer; ～**jahr** *n* year of construction; ～ *1968* 1968 model; ～**kasten** *m* box of bricks; construction set; meccano; ～**kastensystem** *tech. n* unitized construction; ～**klotz** *m* brick; *colloq. da staunt man Bauklötze* that bowls you over; ～**körper** *m* body of a building; ～**kosten** *pl.* building expenses, cost of construction; production costs; ～**kostenvoranschlag** *m* builder's estimate; ～**kostenzuschuß** *m* contribution to building expenses; ～**kredit** *m* building loan; ～**kunst** *f* (-) architecture; ～**land** *n* (-[e]s) building land; ～**länge** *f* overall length; ～**leiter** *m* superintendent of construction; ～**leitung** *f* building supervision; ⁀**lich** *adj.* architectural; constructional, structural; *in gutem* ～*em Zustand* in (good) repair; ～**lichkeit** *f* (-; -en) building, edifice, structure.

Baum [baum] *m* (-[e]s; ⁀e) tree; *junger* ～ sapling, young tree; *fig. der* ～ *der Erkenntnis* the tree of knowledge; *tech.* beam; *on cart, plough*: perch; pole, shaft; derrick; *mar.* boom; ⁀**artig** *adj.* tree-like, arborescent.

'**Baumaterial** *n* building material(s *pl.*).

'**Baum...:** ～**bestand** *m* stock of trees (*or* timber); ～**blüte** *f* blossom of a tree; blossom(-time).

Baumégrad [bo'me:-] *phys. m* degree Baumé.

Baumeister ['bau-] *m* master builder; architect.

baumeln ['bauməln] *v/i.* (h.) dangle, bob, swing (*an dat.* from); *mit den Beinen* ～ swing one's legs; *colloq. on gallows*: swing.

bäumen ['bɔymən] **I.** *v/t.* (h.) *weaving: die Kette* ～ beam the warp; **II.** *sich* ～ *horse*: rear, prance; *person*: writhe (*with pain*).

'**Baum...:** ～**fraß** *m* (-es) tree-blight; ～**frevel** *m* damaging of trees; ～**garten** *m* orchard; ～**grenze** *f* timber-line; ～**gruppe** *f* group (*or* cluster) of trees; ～**harz** *m* resin(ous exudate); ～**krone** *f* tree-top; ～**kuchen** *m* pyramid cake; ～**kunde** *f* (-) dendrology; ⁀**lang** *adj.* as tall as a lamppost; ～**läufer** *zo. m* wood-pecker, tree-creeper; ～**laus** *f* tree-

-louse; ⁀**los** *adj.* treeless; ～**marder** *m* pinemarten; ～**öl** *n* olive-oil; ～**pfahl** *m* prop, stay; ～**säge** *f* pruning saw; ～**schere** *f* pruning shears *pl.*; ～**schlag** *m* (-[e]s) tree-felling; *paint.* foliage; ～**schule** *f* (tree) nursery; ～**sperre** *mil. f* abatis; ～**stamm** *m* stem, trunk; ⁀**stark** *adj.* robust, *Am.* husky, (as) strong as an ox; ～**stumpf** *m* stump, stub; ～**stütze** *f* tree-prop.

Baumuster ['bau-] *n* model, type of construction.

'**Baumwoll...:** ～**abfall** *m* cotton waste; ～**baum** *m* cotton-tree; ～**e** *f* cotton; ⁀**en** *adj.* (of) cotton; ～**faser** *f* cotton fib|re (*Am.* -er); ～**garn** *n* cotton yarn (*or* twine); ～**gewebe** *n* cotton fabric (*or* goods, textiles *pl.*); ～**kämme'rei** *f* cotton combing; ～**köper** *m* cotton twill; ～**samen** *m* cotton seed; ～**samt** *m* cotton velvet, velveteen; ～**spinne'rei** *f* cotton-mill; ～**staude** *f* cotton-plant; ～**stoff** *m* cotton-cloth; ～**waren** *f/pl.* cottons; ～**zwirne'rei** *f* cotton twist mill.

'**Baum...:** ～**zucht** *f* arboriculture; ～**züchter** *m* arborist, nurseryman.

'**Bau...:** ～**nummer** *f* serial number; ～**ordnung** *f* building regulations *pl.*; ～**plan** *m* architect's plan; *tech.* working drawing, blueprint; ～**plastik** *f* (-; -en) architectural sculpture; ～**platz** *m* building site (*or* plot), *Am.* location; ～**polizei** *f* Surveyors' Office; ～**programm** *n* building program(me), construction schedule; production program(me); ～**rat** *m* (-[e]s; ⁀e) government surveyor (of works); ⁀**reif** *adj.* developed; ～**reihe** *f* range, class, series, model; ～**sand** *m* building sand.

Bausch [bauʃ] *m* (-es; ⁀e) pad, bolster; *of cotton*: wad; *on sleeve, for powdering*: puff; *med.* swab, tampon, compress; *in* ～ *und Bogen in the lump* (*a. fig.* = altogether), in the bulk, wholesale; ⁀**en I.** *v/i. or sich* ～ (h.) swell (*or* bulge) out, bag; **II.** *v/t.* (h.) puff (out), inflate; ⁀**ig** *adj.* puffy, swelled, baggy; ～**preis** *econ. m* bulk price.

'**Bau...:** ～**schlosser** *m* building fitter, locksmith; ～**schule** *f* school of architecture; ～**schutt** *m* rubble; ～**sparer(in** *f) m* building share investor; ～**sparkasse** *f* building society, *Am.* building and loan association; ～**sparvertrag** *m* building society savings agreement; ～**stahl** *m* structural steel; ～**stein** *m* brick; building stone; *fig.*, *tech.* element, building block; ～**stelle** *f* building site; ～**stil** *m* (architectural) style; ～**stoff** *m* building (*or* structural) material; ～**tätigkeit** *f* building activity; ～**technik** *f* structural engineering; ～**techniker** *m* constructional engineer; ～**teil** *m* structural member, component part; ～**ten** *m/pl.* buildings, structures; ～**tischler** *m* building joiner; ～**träger** *m* builder; ～**trupp** *m* construction team (*or* gang); ～**unternehmer** *m* building contractor; → *Baufirma*; ～**vorhaben** *n* building project; ～**vorschrift** *f* building regulations (*or* specifications *pl.*);

~weise f (method of) construction; → Bauart; ~werk n building, edifice, structure; ~wesen n (-s) architecture, construction engineering, building industry; ~zeichnung f construction drawing.

Bayer ['baɪər] m (-n; -n), ~in f (-; -nen), 'bay(e)risch adj. Bavarian; 'Bayern n (-s) Bavaria.

Bazillen|herd [ba'tsilən-] m focus of bacilli; ~stamm m strain of bacillus; ꝗtötend adj. germicidal; ~träger med. m carrier.

Bazillus [ba'tsilus] m (-; -llen) bacillus (pl. -i); germ.

'B-Dur mus. n (-) B flat major.

beabsichtigen [be'ʔapziçtigən] v/t. (h.) intend, mean, propose (zu tun to do, doing); have in view (to do); contemplate, aim at (doing), Am. plan (to do); → absichtlich.

be'acht|en v/t. (h.) pay attention to, heed; note, notice, take notice of; observe; take care, mind (daß that); consider, bear in mind, take into account; nicht ~ disregard, ignore, take no notice of; bitte zu ~ kindly note; ~enswert adj. noteworthy, remarkable; ~lich adj. noticeable, marked, considerable; remarkable.

Be'achtung f (-) attention, notice; consideration, regard; observance; ~ finden be noticed (or taken notice of); ~ schenken (dat.) pay attention (to), regard; keine ~ schenken disregard, ignore, overlook, pay no attention (to); ~ verdienen be worthy of note; unter ~ von subject to (regulations); zur ~! Notice!

be'ackern v/t. (h.) till, cultivate; fig. go over, work up; range over a wide field.

Beamte(r) [bə'ʔamtə(r)] m (-n; -n) official; functionary, officer, executive; Government official, public servant, Brit. Civil Servant; employee; clerk; teleph. operator; police, customs, of company: officer. **Be'amten...:** ~beleidigung f insult to an official (on duty); ~herrschaft f (-) bureaucracy; ~laufbahn f official career; public (or civil) service; ~schaft f (-), ~tum n (-s) civil servants pl.; a. contp. officialdom.

Be'amtin f (-; -nen) → Beamter.

be'ängstig|en v/t. (h.) make anxious (or uneasy), worry, alarm, frighten; ~end adj. alarming, disquieting; fearful, appalling; ꝗungf (-) anxiety, uneasiness, worry.

beanspruchen [bə'ʔanʃpruxən] v/t. (h.) claim, demand; claim, lay claim to, enter a claim for (a right, etc.); unjustified: pretend to; require, take (up), call for (care, room, time, etc.); make use (or avail o.s.) of; strain, try, tax; tech. stress; es hat mich stark beansprucht a. it has kept me very busy; ꝗung f (-; -en) claim; pretension (gen. to); demand (gen. on strength, time, money market, etc.); drain; strain; tech. a) stress, strain, load, b) wear and tear, c) working conditions pl.; für hohe ~ for high-duty service; für alle ~en im Betrieb to suit all shop conditions.

beanstand|en [bə'ʔanʃtandən] v/t.

(h.) object (et. to); take exception to, complain of, frown upon; demur to (a claim, etc.); contest, oppose (an election, etc.); reject, refuse (acceptance of), complain about (merchandise); ꝗung f (-; -en) objection, complaint, protest; econ. reclamation, complaint, rejection; ~en erheben raise objections.

beantragen [bə'ʔantra:gən] v/t. (h.) apply for; econ., parl. move, make a motion; propose.

be'antwort|en v/t. (h.) answer (a. fig. mit with), reply to; ꝗung f (-; -en) answer(ing), reply; in ~ gen. in answer (or reply) to.

be'arbeit|bar tech. adj. workable, machinable; ~en v/t. (h.) work at; agr. work, till, cultivate; tech. fashion, model; work (wood); dress (leather); hew, face, work (metal), by cutting: machine, tool; process; dress; chem. treat (mit with); fig. treat, deal with; work up; attend to, handle; be in charge of; act upon; consider, treat, Am. a. process (files, petitions); work out, prepare; econ. canvass (customers); jur. e-n Fall ~ prepare a case; re-edit, revise (books); for film, the stage, etc.: adapt (nach from), esp. mus. arrange; j-n ~ a) work on a p., belabo(u)r a p., b) batter a p., sl. beat a p. up, work a p. over; et. mit den Fäusten (Füßen) ~ pound (kick) a th.; ꝗer(in f) m official responsible (or in charge); examiner, inspector; of books: editor, revisor; thea. adapter; ꝗung f (-; -en) agr. working, cultivation; of files, etc.: treatment, consideration, Am. processing; preparation; of customers: canvassing; of books: revision, revised edition; thea. adaptation, esp. mus. arrangement; tech. mechanical treatment; non-cutting: working; cutting: machining, tooling; processing; dressing; chem. treatment. **Be'arbeitungs|grad** m workability; ~kosten pl. tooling costs; ~plan m operation plan; ~verfahren n method of treatment; metal: tooling method; ~vorgang m machining operation.

be'argwöhnen v/t. (h.) suspect, be suspicious of.

beaufsichtig|en [bə'ʔaufziçtigən] v/t. (h.) supervise, superintend, control; watch over; look after (a child); ꝗung f (-; -en) supervision, superintendence, surveillance, inspection.

beauftrag|en [bə'ʔauftra:gən] v/t. (h.): j-n mit et. ~ charge (or entrust) a p. with a th.; direct (or instruct, order) a p. to do a th.; put a p. in charge of a th.; appoint; authorize, empower, commission; retain (a lawyer); ꝗte [-tra:ktə] m, f (-n, -n; -n, -n) commissioner (for); delegate, deputy, authorized representative; agent, proxy, attorney(-in-fact).

be'bau|en v/t. (h.) agr. farm, till, cultivate; arch. build (up)on; bebaute Fläche tilled (or cultivated) area; bebautes Gelände built-up area; ꝗung f (-) agr. cultivation; arch. house-building, Am. development.

beben ['be:bən] v/i. (h.) shake,

tremble; shiver, shudder; quiver, shake, tremble (all: vor dat. with fear, etc.); earth: quake; vibrate; ~d adj. shaking, etc.; voice a. tremulous.

bebildern [bə'bildərn] v/t. (h.) illustrate.

bebrillt [bə'brilt] adj. bespectacled.

be'brüten v/t. (h.) sit on, hatch.

Becher ['beçər] m (-s; -) cup (a.fig. des Leidens of sorrow); beaker; without foot: tumbler, mug; drinking-cup; bot. cup, calix; of dredger: bucket; ꝗförmig ['-fœrmiç] adj. cup-shaped; ~glas chem. n glass beaker; '~kette f conveyor (or bucket) chain; 'ꝗn colloq. v/i. (h.) tipple, booze; '~werk n bucket elevator.

Becken ['bekən] n (-s; -) basin, Am. a. bowl; mus. cymbal(s pl.); anat. pelvis; tech. basin (a. of port), reservoir; ~knochen m/pl. pelvic bones.

bedachen [bə'daxən] v/t. (h.) roof.

bedacht [-'daxt] adj. thoughtful, considerate; ~ auf intent (or keen, bent) on; darauf ~ sein, zu inf. be careful (or anxious) to inf.; auf alles ~ with an eye to everything.

Be'dacht m (-[e]s) consideration, deliberation; caution, circumspection, care; mit ~ advisedly, deliberately; ~ nehmen auf et. consider a th., take a th. into consideration; mit ~ zu Werke gehen proceed with care.

bedächtig [-'deçtiç] adj. cautious, guarded; deliberate; circumspect, prudent; gingerly (a. adv.); slow, measured; ꝗkeit f (-) cautiousness; circumspection; deliberation.

bedachtsam [-'daxtza:m] adj. thoughtful, considerate; → bedächtig.

Be'dachung f (-; -en) roofing.

be'danken: sich ~ (h.) (bei j-m; für et.) thank (a p.; for a th.), express (or return) one's thanks (to a p.; for a th.); decline with thanks; iro. dafür bedanke ich mich thank you for nothing.

Be'darf m (-[e]s) need, want (an dat. of); econ. demand (for); requirements pl.; Geldꝗ financial requirements pl.; ~ an Wasser water requirements pl.; (necessary) supply, supplies pl., material, stock, consumption; Güter des gehobenen ~s luxuries and semi-luxuries; high-quality products; bei ~ if required; nach ~ as (or when) required, as occasion demands; ~ haben an (dat.) be in need of, want, be in the market for; den ~ decken meet (or supply) the demand, satisfy the needs; s-n ~ decken cover one's requirements, supply o.s.; e-n ~ schaffen create a need; ~s-artikel m article of consumption, commodity; pl. commodities, consumer goods, requisites; ~sdeckung f satisfaction (or supply) of needs; commodity supply; ~sfall m requirement; im ~e if required, in case of need; ~sgüter n/pl. essential commodities; ~shaltestelle f request stop; ~slenkung f consumption control, distribution of supply; ~s-träger m consumer; ~sweckung f (-) creation of needs, consumptionism.

bedauerlich [bə'dauərlɪç] *adj.* regrettable, deplorable, sad; *es ist sehr ~* it is a great pity; *~erweise adv.* unfortunately, regrettably; sorry to say.

be'dauern *v/t.* (h.): *j-n ~* sympathize with a p.; feel (*or* be) sorry for a p.; pity a p.; et. ~ (feel) regret (at), deplore, lament; *ich bedaure sehr, daß* I am very sorry for *or* that; *wir ~, sagen zu müssen* we regret (*or* are sorry) to say; *er ist zu ~* he is to be pitied; *bedaure!* (I am) sorry!; ♀ *n* (-s) regret (*über acc.* at, for); pity, compassion (*mit* for); sympathy (*wegen* in); *mit ~* regretfully; *zu m-m (großen) ~* (much) to my regret; *et. mit ~ ablehnen müssen* regret to decline a th.; **~swert, ~swürdig** *adj.* pitiable, deplorable, unfortunate.

be'deck|en *v/t.* (h.) cover; screen; coat (*mit* with *colour, etc.*); shelter, protect; *mil.* escort; *mar.* convoy; *sich ~* cover o.s.; *sky:* cloud; *fig. sich mit Ruhm (Schande) ~* cover o.s. with glory (shame); **~t** *adj.* covered (with); littered (*or* cluttered up) with; *sky:* overcast; ♀ung *f* (-; -en) cover(ing); protection, safeguard; *mil.* escort; *mar.* convoy.

be'denken I. *v/t.* (*irr.,* h.) consider; think over, deliberate on; remember, (bear in) mind; *die Folgen ~* weigh the consequences; *zu ~ geben* argue; *wenn man sein Alter bedenkt* considering his age; provide, supply; → *Testament;* **II.** *sich ~* deliberate, reflect; think it over; hesitate, waver; *sich anders ~* change one's mind; ♀ *n* (-s; -) consideration, deliberation; objection; doubt, scruple; *pl. a.* second thoughts; concern, misgivings *pl.; kein ~ tragen* make (*or* have) no scruples (*wegen* about); *ohne ~* without hesitation, unhesitatingly; **~los I.** *adj.* unscrupulous; **II.** *adv.* without hesitation.

be'denklich *adj.* doubtful; diffident; *character:* dubious, doubtful, objectionable; critical, grave, serious, disquieting; precarious, risky; delicate, ticklish; *es stimmt ~* it is disquieting; ♀keit *f* (-) doubtfulness, dubiosity; precariousness, critical state.

Be'denkzeit *f* time for reflection; respite; *ich gebe dir bis morgen ~* I give you till tomorrow.

be'deut|en *v/t.* (h.) signify, mean; imply; represent; be important, matter; portend, (fore)bode; direct, enjoin, advise (*j-m* a p.); intimate, suggest; give (*j-m* a p.) to understand, make it clear (to); *was bedeutet dieses Symbol?* what does this symbol stand for?; *das bedeutet sicherlich Verdruß* it spells trouble; *sie bedeutet mir alles* she is (*or* means) everything to me; *was soll das denn ~l* what's the idea (of this)?; *es hat nichts zu ~* it does not matter, it is of no consequence; **~end I.** *adj.* important, major; considerable; distinguished, eminent, great; remarkable; **II.** *adv.* considerably, much, a great deal; **~sam** *adj.* significant, suggestive.

Be'deutung *f* (-; -en) meaning, significance; *of word a.:* acceptation; importance, consequence, bearing; import, *b.s.* portent; *von ~ sein* be of importance (*or* consequence), matter; be relevant (*für* to); *~ beimessen* attach importance (*dat.* to); *nichts von ~* nothing to speak of; ♀slos *adj.* insignificant, of no account; meaningless; **~slosigkeit** *f* (-; -en) insignificance; harmlessness; ♀svoll **I.** *adj.* significant; *words:* pregnant, fraught with meaning; weighty, of great consequence, momentous; **II.** *adv.* meaningly, with meaning; **~swandel** *m* semantic change.

be'dien|en I. *v/t.* (h.) serve, wait on; *econ.* attend (up)on; *tech.* attend, work, operate, control, manipulate (*a machine*); *mil.* serve (*a gun*); *teleph.* answer; *sich ~ at table:* help o.s.; *sich e-r Sache ~* use (*or* make use of, avail o.s. of) a th.; *~ Sie sich!* help yourself! *iro. ich bin bedient!* I had my fill!; **II.** *v/i.* wait (at table); *cards:* (Farbe) ~ follow suit, *nicht ~* revoke; ♀stete(r *m*) *f* (-n, -n; -n, -n) employé(e *f*) *m*, employee; ♀te(r) *m* (-n; -n) (man-)servant, valet; lackey, footman; ♀tenseele *f* flunkey.

Be'dienung *f* (-) service (*a. mil.*), *usu. econ.* attendance; servants *pl.,* domestics *pl.; at restaurant, etc.:* service; waiter (*f* waitress); *tech.* working, operation, control; manipulation; **~s-anleitung, ~s-anweisung** *f* operating instructions *pl.,* directions *pl.* for use; **~sfeld** *el. n* control panel; **~shebel** *m* control (*or* operating) lever; **~sknopf** *m* control knob; **~smann** *tech. m* (-[e]s; -leute) attendant, *Am.* operator; **~smannschaft** *mil. f* gun crew, gunners *pl.;* **~s-pult** *n* control panel; **~sstand** *m* control station; operator's stand; **~svorschrift** *f* → *Bedienungsanleitung.*

beding|en [bə'dɪŋən] *v/t.* (h.) condition, stipulate, fix by contract; require, necessitate, call for; presuppose, postulate; imply, involve; cause, occasion; → *aus~;* **~t** *adj.* conditional (*durch* on); dependent *or* contingent (on); limited; *right, etc.:* qualified; *jur. ~e Freilassung* (release on) probation; **~er** *Straferlaß* conditional pardon; **~e** *Verurteilung* suspended sentence; *~ arbeitsfähig* fit for limited service; *~ sein durch* be conditioned by; ♀theit *f* (-) limitation (by); relativity.

Be'dingung *f* (-; -en) condition; provision, clause, stipulation, term (*of contract*); requirement; **~en** *pl. econ.* terms; (*weather, etc.*) conditions; restriction, qualification, proviso; **~en** *stellen* make one's terms; *es zur ~ machen* make it a condition; *unter der ~,* daß on condition that, provided (that); *econ. unter günstigen ~en* on easy terms; *unter keiner ~* on no account; ♀slos *adj.* unconditional; **~ssatz** *gr. m* conditional clause; ♀sweise *adv.* conditionally; **~swort** *n* (-[e]s; ⁅er) *gr.* conditional.

be'dräng|en *v/t.* (h.) press hard; *fig. a.* afflict, beset, vex, harass; *in*

bedrängter Lage in (great) distress, *financially: a.* in straitened circumstances; *schwer bedrängt* hard-pressed; ♀nis *f* (-; -se) affliction; distress, trouble, plight; (*financial*) embarrassment.

be'droh|en *v/t.* (h.) threaten, menace (*mit* with); **~lich** *adj.* threatening; ominous; ♀ung *f* (-; -en) threat, menace (*gen.* to); *jur.* threat, assault.

be'drucken *v/t.* (h.) print (on); *bedruckt* printed.

be'drück|en *v/t.* (h.) oppress, harass, crush; *mentally:* oppress, depress, afflict, prey on a *p.'s* mind; ♀er(in *f*) *m* (-s, -; -, -nen) oppressor; **~t** *adj.* depressed, dejected, worried, gloomy; ♀ung *f* (-; -en) oppression; depression, dejection.

be'dürf|en *v/t.* (*irr.,* h.) (*gen.*) need, want, require; be (or stand) in need of; *es bedarf großer Anstrengungen* it calls for a great effort; ♀nis *n* (-ses; -se) need, want; necessity, requirement; *econ.* demand; urge; **~se** *pl.* necessaries; *die dringendsten ~se des Lebens* the bare necessities; *e-m ~ abhelfen* supply a want; (s)*ein ~ verrichten* relieve nature, ease o.s., wash one's hands; *es ist mir ein ~ zu sagen* I feel bound to say, I cannot help saying; ♀nis-anstalt *f* public convenience; **~nislos** *adj.* having few wants; frugal; ♀nislosigkeit *f* (-) absence of wants; frugality.

be'dürftig *adj.* needy, poor, indigent; (*gen.*) in need of, requiring; ♀keit *f* (-) neediness, indigence, destitution.

Beefsteak ['bi:fste:k] *n* (-s; -s) steak; *deutsches ~* hamburger.

be'ehren *v/t.* (h.) hono(u)r; *a. econ.* favo(u)r (*mit* with *orders, etc.*); *ich beehre mich zu inf.* I have the hono(u)r (*or* privilege) to, *econ.* I beg to *inf.; er beehrte mich mit seinem Besuch* he gave me the favo(u)r of a visit.

beeidig|en [bə'ʔaɪdɪgən] *v/t.* (h.) affirm by oath, take one's oath upon, swear to a *th.;* administer an oath to, swear a *p.; beeidigte Aussage* sworn evidence (*or* testimony), affidavit; *beeidigter Buchprüfer* chartered (*Am.* certified) public accountant; *beeidigter Dolmetscher* sworn interpreter; ♀ung *f* (-; -en) affirmation by oath; → *Vereidigung.*

be'eilen *v/t.* (h.) hasten, quicken (*one's steps*); *sich ~* hasten, hurry, make haste, *Am. a.* hustle; *beeil dich!* be quick!, hurry up!, step on it!

beeindruck|en [bə'aɪndrukən] *v/t.* (h.) make an impression upon, impress; **~bar** *adj.* impressionable, susceptible.

beeinflu|ßbar [bə'aɪnflusbɑːr] *adj.* susceptible; impressionable, **~ssen** *v/t.* (h.) influence, exercise an influence on, control; *adversely:* affect; bias, prejudice, warp (a *p.'s judgement*); ♀ssung *f* (-; -en) influence; *jur. ungebührliche ~* undue influence; *radio:* **a)** control, modulation, **b)** interference; *gegenseitige ~* interaction.

beeinträchtig|en [bə'aɪntrɛçtɪgən]

v/t. (h.) impair, injure, affect (adversely); prejudice, infringe (or encroach) upon, interfere with (a p.'s rights); detract from (beauty, etc.); (behindern) hamper, handicap; 2ung f (-; -en) impairment (gen. of); injury, prejudice (to); encroachment (on), infringement (of); detraction (from); handicap.

be'end(ig)|en v/t. (h.) (bring to an) end, finish, complete; terminate (a. contract); close, wind up, conclude (speech, meeting, etc.); 2ung f (-) ending; termination; conclusion, close; completion; jur. ~ des Vertragsverhältnisses termination (or lapse, expiry) of the agreement.

beengen [bə'ʔɛŋən] v/t. (h.) cramp, narrow; choke; fig. a. confine, restrain, hamper; sich beengt fühlen feel cramped (or ill at ease).

be'erben v/t. (h.): j-n ~ be a p.'s heir, succeed to a p.'s property, inherit (a th.) from a p.

beerdig|en [bə'ʔeːrdigən] v/t. (h.) bury, inter; 2ung f (-; -en) burial, funeral, interment.

Be'erdigungs...: ~institut n undertaker's (establishment), Am. funeral home; ~kosten pl. funeral expenses; ~unternehmer m undertaker.

Beere ['beːrə] f (-; -n) berry; ~nobst n soft fruit, berries pl.

Beet [beːt] agr. n (-[e]s; -e) bed; border.

befähig|en [bə'fɛːigən] v/t. (h.) enable (to do); qualify (zu for); ~t adj. fit (zu for), capable (of); talented, gifted, (cap)able; 2ung f (-; -en) qualification, fitness (for); aptitude, gift, talent; skill; efficiency; competence; ~ zum Richteramt qualification for holding judicial office; 2ungsnachweis m certificate of qualification.

befahl [bə'faːl] pret. of befehlen.

befahr|bar [bə'faːr-] adj. passable, practicable, Am. a. trafficable; mar. navigable; nicht ~ impassable, mar. unnavigable; ~en v/t. (irr., h.) travel (or ride, drive) on, pass over; mar. ply or navigate (on); sail along (the coast); mining: descend (into the pit); mit Kies ~ unload (or cover with) gravel; eine sehr ~e Straße a much frequented road.

Be'fall m attack, infestation, (insect) pest; 2en v/t. (irr., h.) beset, befall, attack; fear: seize; disease: strike; ~ werden be attacked (or struck) (von by a disease, etc.), be seized (or taken) with; be infested with (or invaded by) parasites; von Tuberkulose ~es Gebiet tuberculosis-ridden area; von Schrecken ~ panic-stricken.

be'fangen adj. shy, timid, self-conscious; confused, embarrassed; partial, a. jur. bia(s)sed, prejudiced; in e-m Irrtum ~ sein labo(u)r under a delusion, be mistaken; 2heit f (-) shyness; embarrassment; nervousness; partiality, prejudice, bias; jur. wegen ~ ablehnen challenge a p. for bias.

be'fassen v/t. (h.) touch, handle; fig. sich ~ mit (dat.) deal with, attend to, engage in, occupy (or concern) o.s. with; contp. meddle with; study, examine, consider, go

into a matter; der Aufsatz befaßte sich mit Gegenwartsproblemen the article dealt with present-day problems.

befehden [bə'feːdən] v/t. (h.) make war upon, fight; fig. attack; sich ~ carry on a feud with one another; be at strife (or loggerheads).

Befehl [bə'feːl] m (-[e]s; -e) command (über acc. of); order, bidding; jur. richterlicher ~ (judicial) order, warrant; auf ~ von or gen. by order of, on the orders of; bis auf weiteren ~ till further orders; den ~ haben zu inf. be ordered (or under orders) to do a th.; den ~ übernehmen assume the command; 2en v/t. and v/i. (irr., h.) (dat.; über acc.) command; order, direct, instruct, tell, bid; decree; sich dem Schutze j-s ~ commend (or entrust) o.s. to a p.; ich lasse mir von ihm nichts ~ I won't be ordered about (or dictated to, Am. a. bossed around) by him; wie Sie ~ as you wish; 2end adj. mandatory; voice, etc.: commanding, imperative; 2erisch adj. imperious, dictatorial, peremptory, sl. bossy; 2igen [-igən] v/t. (h.) command, be in command of, have under one's command, lead.

Be'fehls...: ~ausgabe f issuance of orders, briefing; ~bereich m (area of) command; ~form gr. f imperative (mood); 2gemäß adv. as ordered, according to instructions; ~gewalt f (authority of) command, authority; ~haber [-haːbər] m(-s;-) commander-in-chief, commander; → Kommandeur; 2haberisch adj. imperious, dictatorial; ~notstand jur. m (acting under) binding orders; ~stand m, ~stelle f command post, headquarters pl.; ~verweigerung f refusal to obey an order; ~wagen m command (or staff) car; 2widrig adj. contrary to orders; ~zentrale f control room.

be'festig|en v/t. (h.) fasten, fix, attach (an dat. to); tech. a. mount (on); secure (to); clamp, cleat; aneinander ~ couple, connect; mil. fortify; fig. strengthen, secure, solidify, consolidate; econ. sich ~ prices: harden, stiffen; befestigte Startbahn hard-surface runway; 2ung f (-; -en) fixing, fastening; tech. mounting, clamping; mil. fortification; fig. strengthening, consolidation, reinforcement; econ. strengthening, hardening; 2ungsanlagen f/pl., 2ungswerke n/pl. fortifications, defences; 2ungsschraube f clamping bolt, setscrew.

befeucht|en [bə'fɔyçtən] v/t. (h.) moisten, damp, stärker: wet; tech. a. humidify; 2ung f (-; -en) moistening, damping.

Be'feuerung aer. f (-; -en) (airway) lighting.

Beffchen ['bɛfçən] eccl. n (-s; -) bands pl.

befiedert [bə'fiːdərt] adj. feathered.

be'finden I. v/t. (irr., h.) find, deem, think; sich ~ be, be found; be contained; Am. a. be located; tech. be positioned; as to health: be, feel; wie ~ Sie sich? how are you?; II. v/i.

decide, rule; ~ über (acc.) adjudicate on, hear and decide (a case); → schuldig; 2 n (-s) (state of) health, condition; (expert) opinion; discretion; decision, ruling; sich nach j-s ~ erkundigen inquire after a p.'s health.

befindlich [bə'fintliç] adj.: ~ sein → (sich) befinden.

be'flaggen v/t. (h.) flag.

befleck|en [bə'flɛkən] v/t. (h.) stain, spot, soil; fig. tarnish, sully, besmirch; mit Blut befleckt blood-stained; 2ung f (-; -en) tarnishing, staining; fig. a. defilement.

befleißigen [-'flaisigən] (h.): sich e-r Sache ~ apply o.s. to a th.; exercise (great) care (or take pains) to inf., be studious to inf.; sich großer Höflichkeit ~ be studiously polite.

be'fliegen v/t. (irr., h.): Strecken ~ fly routes.

beflissen [-'flisən] p.p. and adj. studious (gen. of); eager, assiduous, zealous; 2e(r m) f (-n, -n; -n, -n) (eager) student; 2heit f (-) assiduity, devotion; studiousness.

beflügel|n [-'flyːgəln] v/t. (h.) lend wings to (a p.'s steps), quicken, accelerate; fig. inspire; es beflügelte s-e Phantasie it fired his imagination; ~t adj. winged.

befluten [-'fluːtən] v/t. (h.) flood.

befohlen [-'foːlən] p.p. of befehlen.

be'folg|en v/t. (h.) follow, take (advice); obey, observe, comply with (rules); adhere to, abide by (principles); nicht ~ disregard, ignore; ~enswert adj. worth following, sound; 2ung f (-; -en) (gen.) following, observance (of); compliance (with), adherence (to).

be'förder|n v/t. (h.) convey, carry; transport, goods a.: haul; forward, consign; mar., Am. generally: ship; j-n schnell ~ bundle (or rush) a p. (in acc., zu to, into); colloq. j-n hinaus~ chuck a p. out; → Jenseits; hasten; fig. further, promote; in rank, etc.: prefer (zu to), a. mil. promote, advance (zum Major, etc. to be major, etc.); 2ung f (-; -en) carriage, conveyance; transport(ation Am.); shipment; dispatch; mail. transmission; advancement, furtherance; in rank: preferment, advancement, promotion; ~ zum Offizier commissioning; acceleration.

Be'förderungs...: ~art f mode of conveyance (Am. shipment); ~gebühr f postage, charges pl.; ~kosten pl. charges for conveyance (or of transport); carriage; railway charges; ~liste f promotion list; ~mittel n means of transport(ation Am.); tech. material-handling equipment; ~schein m waybill.

befracht|en [-'fraxtən] v/t. load; mar. charter, freight; 2er econ. m consignor; mar. charterer, freighter; 2ung f (-; -en) econ. loading; mar. charterage, affreightment; 2ungsvertrag m charter, charterparty.

be'frag|en v/t. (h.) question, query, interview; (take a) poll (among); examine, interrogate; consult, turn to, see; 2te(r m) f (-n, -n; -n, -n) interviewee; 2ung f (-; -en) inquiry, query, interview; jur. examination, interrogation; consultation; poll; referendum.

be'frei|en I. *v/t.* (h.) (von from) free, deliver; liberate (*a country, etc.*); set free (*or* at liberty); release, discharge (*von* from *a liability*); rescue; excuse, dispense (*from a duty*); *officially*: exempt; relieve (*from burden, worry*); rid (of *troublesome th. or p.*); clear (of), exonerate (from *a charge*); unwrap, strip; **II.** *sich ~* free o.s. (from), rid o.s. (*od.* get rid) of; shake off; extricate o.s., disentangle (*aus* from *difficulties*); *wrestling*: break a hold; 2er(in *f*) *m* (-s, -; -, -nen) liberator; ~t *adj.* freed, liberated; at liberty; relieved; exempt (*von* from *military service, taxes, etc.*); 2ung *f* (-; -en) (von from) deliverance; liberation; release; exemption; 2ungsgriff *m* *swimming*: releasing trick; 2ungskrieg *m* war of liberation (*or* independence).

befremd|en [-'frɛmdən] *v/t.* (h.) astonish, surprise, appear strange to; *befremdet sein über et. a.* be disturbed at; *s-e Antwort hat mich etwas befremdet* his answer took me aback somewhat; 2en *n* (-s) surprise, astonishment, displeasure, indignation (*all*: *über acc.* at); ~lich [-'frɛmt-] *adj.* strange, surprising, disturbing.

befreund|en [-'frɔyndən] *sich ~* (h.) become friends, make friends with one another; *sich mit j-m ~* make friends with a p.; *sich mit et. ~* get reconciled (*or* reconcile o.s.) to a th.; come to like (*or* warm to, get used to) a th.; ~et *adj.* friendly; *pred.* on friendly (*or* intimate) terms (*mit* with); *e-e Nation* a friendly nation; *econ. ~e Firma* friendly firm, business connection (*or* friends *pl.*); *wir sind eng ~* we are close (*or* intimate) friends.

be'fried|en *v/t.* (h.) pacify, bring peace to; 2ung *f* pacification.

befriedig|en [-'friːdigən] *v/t.* (h.) satisfy, give satisfaction (to), please; appease, satisfy, gratify (*desire, hunger*); meet, answer, come up to (*expectations*); serve, supply, provide for (*requirements*); *econ.* meet (*a demand*); satisfy (*claim, creditors*); appease; *schwer zu ~* hard to please, exacting; ~end *adj.* satisfying, satisfactory; *~ ausfallen* prove satisfactory; 2ung *f* (-; -en) satisfaction (*a. jur.* of claims), appeasement; (*feeling*) satisfaction, gratification; → Zufriedenheit.

Be'friedung *f* (-) pacification.

be'frist|en *v/t.* (h.) limit in time; fix a period for, set a time-limit on, *Am.* put a deadline on, deadline; ~et *adj.* limited as to time; temporary; for a fixed period; *jur. ~es Rechtsgeschäft* act subject to a stipulation as to time; *~e Sichtwechsel* sight drafts limited in time; *~e Verbindlichkeiten* time liabilities; 2ung *f* (-; -en) (setting a) time-limit, *Am. a.* deadline.

be'frucht|en *v/t.* (h.) fecundate, fertilize, fructify (*all a. fig.*); pollinate (*a blossom*); impregnate; ~end *adj.* fertilizing; 2ung *f* (-; -en) fecundation, fertilization, fructifica-

tion; pollination; impregnation; *künstliche ~* a) *bot.* artificial pollination, b) *med., zo.* artificial insemination.

befug|en [-'fuːgən] *v/t.* (h.) empower, authorize, entitle; 2nis *f* (-ses; -se) authority, power, right; privilege; *handelsrechtliche ~ e-r Gesellschaft* corporate authority; competence, jurisdiction; warrant; *j-m ~ erteilen* authorize *or* empower a p. (*zu inf.* to do); 2t *adj.* authorized, empowered, entitled (*zu* to); competent (for a th., to do a th.), having jurisdiction (over); *er ist dazu nicht ~* he has no right to do so.

be'fühlen *v/t.* (h.) feel, touch, handle.

Be'fund *m* state, condition; finding(s *pl.*) (*a. jur.*); result, outcome; facts, data *pl.*; opinion, report; *med.* findings *pl.*, medical evidence; (*je*) *nach ~* according to circumstances.

be'fürcht|en *v/t.* (h.) fear, apprehend; suspect; *das Schlimmste ist zu ~* we must be prepared for the worst; *dies ist nicht zu ~* there is no fear (*or* danger) of that; 2ung *f* (-; -en) fear, apprehension, misgivings *pl.*; suspicion.

befürwort|en [-'fyːrvɔrtən] *v/t.* (h.) speak *or* plead for; advocate, recommend; support, endorse, second, back; favo(u)r, sponsor; 2er(in *f*) *m* (-s, -; -, -nen) advocate, supporter, backer; 2ung *f* (-; -en) recommendation; endorsement, support.

begab|en [-'gaːbən] *v/t.* (h.): *~ mit* endow with, bestow *a th.* upon; ~t *adj.* gifted, endowed (*mit* with); talented (*für* for); able, clever; 2ung *f* (-; -en) aptitude, gift; talent(s *pl.*); endowment(s *pl.*).

be'gaffen *v/t.* (h.) gape (*or* stare) at.

begann [-'gan] *pret.* of beginnen.

begatt|en [-'gatən] *v/t.* (h.) (*a. sich ~*) couple, copulate (with); have sexual intercourse (with); *orn.* mate, pair (with); 2ung *f* (-; -en) copulation, sexual intercourse, coition; *orn.* pairing, mating; 2ungsorgan *n* copulative organ; *~e pl.* genital apparatus *sg.*

be'gaunern *v/t.* (h.) cheat, swindle, victimize.

begebbar [-'geːpbaːr] *econ. adj.* negotiable; transferable; marketable; 2keit *f* (-) negotiability; transferability.

be'geb|en I. *sich ~* (*irr.*, h.) **1.** go, proceed, repair, betake o.s. (*nach, zu* to); zu a. join (*a p., one's regiment, etc.*); *sich an die Arbeit ~* set to work; *sich auf die Flucht ~* take to flight; *sich auf die Reise ~* set out *or* start (on one's journey); → Gefahr, Ruhe; *sich unter den Schutz j-s ~* place o.s. under the protection of; **2.** happen, occur, take place; *bibl. und es begab sich* and it came to pass; **3.** *sich e-r Sache ~* give up, resign, renounce *a th.*; *sich e-s Rechts ~* forgo (*or* divest o.s. of) a right, *jur.* waive a right; **II.** *v/t. econ.* **4.** issue, float (*a loan*); negotiate (*bill of exchange*); endorse; dispose of, sell (*goods*); 2enheit *f* (-; -en), 2nis *n* (-ses; -se) occurrence, incident, happening, event,

affair; 2ung *econ. f* (-; -en) negotiation; *of a loan*: issue; *jur.* waiver.

begegn|en [bə'geːgnən] *v/i.* (sn) (*dat.*) meet (*a p.*); meet with, run (*or* bump) into; come across, happen (up)on (*a. a th.*); encounter (*enemy, difficulties*); happen to, befall; face, fight, counter; *~ mit* answer with; anticipate, obviate; meet (*the demand, a danger, etc.*); *j-m freundlich (grob) ~* treat a p. kindly (rudely); *sich ~* meet; 2ung *f* (-; -en) meeting; encounter.

be'gehen *v/t.* (*irr.*, h.) walk (on); go (*or* pass) along; frequent; inspect; celebrate, commemorate; observe (*a holiday*); make, commit (*a mistake*); *ein Unrecht ~* do wrong; commit, perpetrate (*a crime*).

Begehr [-'geːr] *m* (*or n*) (-s) desire, wish; 2en *v/t. and v/i.* (h.): *et. von j-m ~* ask (*or* request, apply to) a p. for a th.; demand, require; *clamo(u)r* for; wish, desire, crave; covet; long (*or* yearn) for, hanker after; *sehr begehrt* in great (*or* much in) demand (*a. fig.*); *jur.* pray for (*divorce, etc.*); 2enswert *adj.* desirable; 2lich *adj.* desirous, covetous (of); greedy; ~lichkeit *f* (-) greed(iness), covetousness, cupidity.

Be'gehung *f* (-) inspection; *of feast* celebration; commemoration; *of holiday*: observance; *of crimes*: commission, perpetration.

be'geifern *v/t.* (h.) beslobber, beslaver; *fig.* asperse, vituperate.

be'geister|n *v/t.* (h.) inspire, fill with enthusiasm, enthuse; electrify, carry away, send (*the audience*) into raptures; *sich ~* be(come) (*or* feel) enthusiastic (*für* for; *über acc.* about, at); be fascinated (*or* thrilled); ~nd *adj.* inspiring, rousing, heart-stirring, sensational; ~t *adj.* enthusiastic(ally *adv.*); passionate, fervent, zealous; *poet.* inspired; *für die Fliegerei ~* air-minded; *für den Fußball ~* soccer-conscious *town, etc.*; *sie sprach ~ von der Gesellschaft* she raved about the party; *er war ~ von dem Plan* he was enthusiastic about (*or* heart and soul for) the project; 2ung *f* (-) enthusiasm, inspiration, passion (*für* for, about); rapture, ecstasy; applause; *ein Sturm der ~* a frenzy of enthusiasm; *mit ~* with enthusiasm, enthusiastically.

Be'gier *f* (-), ~de *f* (-; -n) desire, appetite (*nach* for); greed (after); sensual (*or* carnal) appetite, lust; eagerness, intentness, zeal; yearning, craving (*nach* for); passion (for); 2ig *adj.* (*nach, auf acc.*) desirous (of); covetous (of); eager, anxious, impatient (*zu inf.* to *do*); eager, zealous, ardent; *ich bin ~, zu erfahren* I am anxious to know.

be'gießen *v/t.* (*irr.*, h.) water, sprinkle; pour (*water, etc.*) over (*mit Wasser etc.*); baste (*the meat*); *colloq.* celebrate, wet (*a bargain, etc.*).

Beginn [bə'gin] *m* (-[e]s) beginning, commencement, outset, start; *of school, proceedings, etc.*: opening; → Anfang; 2en *v/t. and v/i.* (*irr.*, h.)

begin, start, commence; start, lead off; → **anfangen**; ~**en** n (-s) undertaking, enterprise, venture.

beglaubig|en [-'glaʊbɪɡən] v/t. (h.) confirm, corroborate, testify to; attest, certify, verify; *officially*: legalize, authenticate; notarize; *pol.* accredit *an ambassador* (bei to); ~**t** adj. certified, attested; witnessed; notarized; ~**e** *Abschrift* certified copy; ℒ**ung** f (-; -en) attestation, certification; legalization, authentication; *of ambassador*: accrediting; *der öffentlichen* ~ *bedürfen* require public certification; ℒ**ungsschreiben** n letter of credence, credentials *pl.*

be'gleich|en *econ.* v/t. (irr., h.) balance, pay, settle; ℒ**ung** f (-) settlement, payment.

Be'gleit...: ~**adresse** f [bə'glaɪt-] declaration form, *Am.* pass-bill; ~**brief** m covering letter; ℒ**en** v/t. (h.) accompany (a. *mus. auf* on the *piano*, etc.); *officially*: attend (a. *fig.*); a. *mil.* escort; *mar.*, *mot.* escort, convoy; *j-n heim~, hinaus~, zu' Bahn* ~ etc. see a p. home, out, off, *etc.*; ~**d** accompanying; attendant; ~**er(in** f) m (-s, -; -, -nen) companion, attendant (*gen.* to or of); *mus.* accompanist; escort; assistant; *ast.* satellite; ~**erscheinung** f attendant symptom, c ncomitant (or secondary) phenor .enon, accompaniment; ~**flug,~eug** n escort plane; ~**jäger** *aer.* m escort fighter; ~**mannschaft** f escort (party); ~**musik** f accompanying music; *film*, etc.: incidental music; *fig.* obbligato; ~**schein** *econ.* m way-bill; *customs*: pass-bill, permit; ~**schiff** n escort vessel, convoy; ~**schreiben** n covering note, accompanying letter· ~**schutz** m (*aer.* fighter) escort; ~**umstand** m attendant circumstance, concomitant; ~**umstände** m/pl. concomitant (or attendant) circumstances; ~**ung** f (-; -en) company; attendants *pl.*; train, retinue; *usu. mil.* escort; *mar.* convoy; *mus.* accompaniment; *in* ~ *von* or *gen.* accompanied (or attended) by, in the company of; ~**wort** n (-[e]s; -e) word of explanation; ~**zettel** *econ.* m way-bill.

be'glück|en v/t. (h.) make happy; fill with happiness, delight; bless (*mit* with); ~**end** adj. gladsome, pleasant, enchanting; ~**t** adj. happy, blissful; *mit et.* ~ *werden* be favo(u)red (or blessed) with a th.; ~**wünschen** v/t. (h.) congratulate or felicitate (*zu*, *wegen* on); *sich* (*selbst*) ~ congratulate (or hug) o.s.; ℒ**wünschung** f (-; -en) congratulation, felicitation (*zu* on).

be'gnadet adj. highly gifted, ingenious; ~**er** *Künstler* inspired artist, genius; ~ *sein mit* be blesses (or endowed) with.

begnadig|en [-'gna:dɪɡən] v/t. (h.) pardon, reprieve; *pol.* amnesty; ℒ**ung** f (-; -en) pardon, reprieve, clemency; *pol.* amnesty; ℒ**ungsgesuch** n petition for mercy (or clemency); ℒ**ungsrecht** n right of pardon.

begnügen [-'gny:ɡən] (h.): *sich* ~ *mit*

---

content o.s. (or put up) with, be satisfied (or content) with.

Begonie [be'go:niə] *bot.* f (-; -n) begonia.

begonnen [bə'ɡɔnən] *p.p.* of **beginnen**.

begönnern [-'ɡœnərn] v/t. (h.) patronize.

be'graben v/t. (irr., h.) bury (a. *fig.*); inter, entomb; *s-e Hoffnungen* ~ bury one's hopes; → *Hund*; *colloq. du kannst dich* ~ *lassen!* go and be hanged!

Begräbnis [-'ɡrɛːpnɪs] n (-ses; -se) burial, interment; funeral; obsequies *pl.*; ~**kosten** *pl.* funeral expenses.

begradigen [-'ɡraːdɪɡən] *tech.* v/t. (h.) straighten (a. *mil. the front*); align.

be'greif|en v/t. (irr., h.) feel, touch, handle, finger; include, comprise; understand, conceive, comprehend, realize, grasp, catch on to, get; *schnell* (*schwer*) ~ be quick (slow) of comprehension, be quick (slow) in the uptake; *ich kann das nicht* ~ a. that's beyond me; *ich kann nicht* ~, *weshalb er* I can't imagine (or I fail to see) why he; → *begriffen*; ~**lich** adj. comprehensible, conceivable, understandable, natural; *j-m et.* ~ *machen* make a p. understand a th., make a th. clear to a p., bring a th. home to a p.; ~**licherweise** adv. logically, naturally, of course.

be'grenz|en v/t. (h.) mark off, delimit; bound, form the boundary of, border; *fig.* limit, confine, restrict, narrow (*auf* to); circumscribe, determine, define; *begrenzte Mittel* limited means; *begrenzter Verstand* limited horizon, narrow mind; ℒ**er** el. m (-s; -) limiter; ℒ**theit** f (-) limitation; *fig.* narrowness; ℒ**ung** f (-; -en) bounds *pl.*, limit; limitation; *tech.* stop; ℒ**ungsfeuer** *aer.* n boundary light; ℒ**ungslicht** *mot.* n position (or side) light.

Begriff [-'ɡrɪf] m (-[e]s; -e) conception, idea, notion; *phls.* concept; term, word; *falscher* ~ misconception; *im* ~ *sein*, *zu inf.* be about (or going) to *inf.*, be on the point of *ger.*, be thinking of *ger.*; *schwer von* ~ dense, slow in the uptake; *sich e-n* ~ *machen von* get (or form) an idea of, imagine, visualize *a th.*; *du machst dir keinen* ~! you have no idea!; *ist Ihnen das ein* ~? does that mean anything to you?, does that sound familiar to you?; *das übersteigt alle* ~e imagination boggles at it, that beats everything; *das geht über m-e* ~e that passes my comprehension, that's beyond me; *nach allgemeingültigen* ~en according to common standards; *nach m-n* ~en according to my judgement; *nach unseren* ~en according to our standards; *unser Fabrikat ist ein* ~ our make is a byword for quality; ℒ**en** *p.p. and adj.*: ~ *sein in* et. be engaged in (or busy doing) a th.; *im Anmarsch* ~ approaching; *im Schreiben* ~ writing; *im Fortgehen* ~ leaving; *im Entstehen* ~ forming, growing, in (the process of) formation, *chem.* nascent;

ℒ**lich** adj. abstract, notional, conceptual; ~**es** *Denken* abstract reasoning; ~**sbestimmung** f definition; ℒ**sstutzig** adj. dense, slow; ~**svermögen** n (-s) intelligence, comprehension, grasp; ~**sverwirrung** f confusion (of ideas).

be'gründ|en v/t. (h.) establish, found, set up; create, constitute; *jur.* create, give rise to, vest (*a right, etc.*); give reasons for, substantiate, prove, make good; argue (or state one's case) for, *jur. a.* show cause why; motivate, explain; account for, justify (*an action*); ℒ**er(in** f) m founder, initiator, originator; ~**et** adj. well-founded, substantiated, justified; legitimate, valid (*claim, reason*); ~**e** *Rechte* vested rights; ~**er** *Verdacht* (*Zweifel*) reasonable suspicion (doubt); ℒ**ung** f (-; -en) foundation, establishment; initiation; argument(ation), reason(s *pl.*), substantiation; motivation; proof(s *pl.*), statement of arguments; *jur.* **a)** *accusation*: statement of reasons, **b)** *judgement*: opinion, reasons *pl.*, **c)** creation (*of right, etc.*); *mit der* ~, *daß* on the grounds that; *zur* ~ (*gen.*) in support of.

begrüß|en v/t. (h.) greet, salute, receive (*mit* with); welcome; hail (*all a. fig.*); ~**enswert** adj. to be welcomed, welcome; ℒ**ung** f (-; -en) greeting, salutation; welcome; *fenc.* salute; ℒ**ungs-ansprache** f welcoming speech.

begünstig|en [-'ɡynstɪɡən] v/t. (h.) favo(u)r; promote, foster, encourage; benefit; patronize; prefer (*a. a creditor*); favo(u)r; act as an accessory after the fact to *a p.'s* crime; ~**t** adj. favo(u)red; *jur.* beneficiary, benefiting; ℒ**te(r** m) f (-n, -n; -n, -n) beneficiary; *of letter of credit*: payee; ℒ**ung** f (-; -en) promotion, encouragement; preference, preferential treatment, patronage, favo(u)ritism; aid, support, protection; *jur.* acting as an accessory after the fact; ℒ**ungsklausel** f benefit clause; ℒ**ungstarif** m preferential tariff.

be'gutacht|en v/t. (h.) give an opinion (or one's judgement) on; give an expert's opinion on; examine; appraise (*damage*); ~ *lassen* obtain expert opinion on, submit *a th.* to an expert; ℒ**er(in** f) m expert, referee; appraiser; ℒ**ung** f (-; -en) examination; appraisement; *concrete*: → *Gutachten*.

begütert [-'ɡyːtərt] adj. rich, wealthy, well-to-do; propertied.

begütigen [-'ɡyːtɪɡən] v/t. (h.) soothe, calm, appease, placate.

behaart [-'haːrt] adj. hairy; *zo.* hirsute; *bot. and zo.* pilose.

behäbig [-'hɛːbɪç] adj. sedate; phlegmatic, comfort-loving; *figure*: portly; ℒ**keit** f (-) portliness; sedateness.

be'haftet adj.: ~ *mit e-r Krankheit etc.* be afflicted (or affected, infected) with *disease*, *etc.*; subject to; covered with (*hair, etc.*); *mit Schulden* ~ loaded with (or involved in) debt, *real estate*: encumbered.

behag|en [-'haːɡən] v/i. (h.) (*dat.*)

suit, please, be pleasing to; *das behagt mir nicht* I don't like it; **~en** *n* (-s) comfort, ease, luxury; pleasure, delight, relish; ~ *finden an* revel (*or* delight, luxuriate) in, relish a th.; *mit* ~ with relish; **~lich** [-'ha:k-] *adj.* comfortable; cosy, snug; *sich* ~ *fühlen* feel at one's ease; **2lichkeit** *f* (-) comfort(ableness), ease; cosiness, snugness.

be'halten *v/t.* (*irr.*, *h.*) keep (for oneself), retain; *im Gedächtnis*: remember, retain; *math.* carry (*a figure*); *recht* ~ be right (in the end), be confirmed (*in an opinion*); *et. für sich* ~ keep a th. to o.s.; *behalte das für dich!* keep it under your hat!

Behält|er [-'hɛltər] *m* (-s; -), **~nis** *n* (-ses; -se) container, receptacle; case, box; bin; hopper; *for liquids*: tank, reservoir, holder; basin.

Be'hälter...: **~verkehr** *rail. m* container system; **~wagen** *m* tank wagon (*Am.* car).

be'hand|eln *v/t.* (*h.*) *generally*: treat; deal with (*a. a topic*); (*a. fig.*) handle; manage; manipulate; *tech.* treat, process; *med.* treat; attend (*to a p.*), dress (*a wound*); *schlecht* ~ ill-treat, use ill; **2lung** *f* (-; -en) treatment; *med. a.* medical attention; therapy; *tech. a.* processing; handling; manipulation; → *ärztlich*; **2lungsweise** *f* (method of) treatment.

Be'hang *m* (-[e]s, ⁺e) appendage; *on wall*: hangings *pl.*; drapery; decorations *pl.*; *of dog*: lop-ears *pl.*

be'hängen *v/t.* (*h.*) hang, drape (*mit* with); adorn, deck out (*mit* with).

be'harr|en *v/i.* (*h.*) persevere, continue; stand firm; persist (*auf dat.* in); ~ *auf a.* abide by, adhere (*or* cling, stick) to; ~ *bei* maintain, stand (*or* stick) to *one's opinion, statement, etc.*; hold on (*auf dat.* to *one's principle*); **~lich** *adj.* persevering, persistent, unwavering; constant, steady, steadfast; pertinacious, stubborn, dogged; **2lichkeit** (-), **2ung** *f* (-) perseverance, persistence, patience; pertinacity, tenacity, doggedness; determination; **2ungsvermögen** *phys. n* inertia, **2ungszustand** *m* state of inertia, steady condition.

be'hauen *v/t.* (*irr.*, *h.*) (rough-)hew; trim, dress; square; *sculp.* chisel; cut (*stone*).

behaupt|en [-'hauptən] *v/t.* (*h.*) maintain, hold; → *Feld*; *sich* ~ hold one's own, stand one's ground, weather the storm, *econ.*, *prices*: remain steady *or* firm; ~, *daß* maintain (*or* hold) that; state, declare; assert, contend, claim; aver, assure; → *steif* II.; protest; *wrongly*: pretend; (*a. jur.*) allege; *ich habe nicht behauptet* I didn't say; *man behauptet von ihm, daß* he is said to *inf.*; **2ung** *f* (-; -en) assertion; statement, declaration; contention, allegation; conjecture; affirmation, assurance; *e-e* ~ *aufstellen* → *behaupten*.

Behausung [-'hauzuŋ] *f* (-; -en) habitation, housing, accommodation; lodging, dwelling, quarters *pl.*

be'heb|en *v/t.* (*irr.*, *h.*) *generally*: remove; clear away, eliminate

overcome (*difficulties, obstacles*); remedy (*grievance*); repair (*damage*); dispel (*doubts*); ease, relieve, check (*pain, etc.*); **2ung** *f* (-) removal; elimination; redress; relief.

be'heimatet *adj.* domiciled (*in dat.* in); *er ist in* X. ~ he is a native of (*or* comes from) X.

be'heizen *v/t.* (*h.*) heat.

Behelf [-'hɛlf] *m* (-[e]s; -e) expedient, (make)shift; → *Notbehelf, Rechtsbehelf*; **2en**: *sich* ~ (*irr.*, *h.*) manage; *sich mit et.* ~ make shift (*or* manage) with a th., make a th. do; make both ends meet; *sich ohne et.* ~ do (*or* go, manage) without a th.; **~s-antenne** *f* auxiliary (*or* makeshift) aerial *or* antenna; **~s-brücke** *f* temporary bridge; **~s-heim** *n* temporary home; **~skonstruktion** *f* makeshift design; **~slösung** *f* → *Behelf*; **2smäßig I.** *adj.* makeshift, improvised, emergency, temporary, provisional; **II.** *adv.* by way of an expedient (*or* makeshift); behellig|en [-'hɛligən] *v/t.* (*h.*) bother, molest, importune (*mit* with); **2ung** *f* (-; -en) trouble, bother, molestation.

behend [-'hɛnt], **~e** [-də] *adj.* nimble, agile, quick; dexterous, adroit, handy; quick-witted, smart; **2igkeit** *f* nimbleness, agility, quickness; dexterity; smartness.

beherberg|en [-'hɛrbərgən] *v/t.* (*h.*) lodge, house, accommodate, put up, take in, (give) shelter (to); *fig.* harbo(u)r; **2ung** *f* (-) housing, lodging; shelter; accommodation.

be'herrsch|en *v/t.* (*h.*) rule (over), reign over, govern; hold sway over; *fig.* dominate, command, control (*the situation, etc.*) (*all a. mil.*); master, (keep in) check, (keep under) control (*passions, etc.*); know *one's trade*; have complete command (*or* grasp) of *a th.*; be master of *a subject*; have command of *a language*; *mountain, etc.*: command, dominate (*an area, etc.*); influence, sway; *sich* ~ control (*or* restrain) o.s., keep one's temper; **2er(in** *f*) *m* ruler, sovereign (*gen.* over, of); *fig.* master (*f* mistress) (over, of); **~t** *adj. person*: restrained, disciplined, selfpossessed; **2ung** *f* (-) rule, sway, domination, control; *mil.* supremacy; *fig.* command, mastery, grasp; self-control.

beherzig|en [bə'hɛrtsigən] *v/t.* take to heart, (bear in) mind; → *beachten*; **~enswert** *adj.* worth remembering.

be'herzt *adj.* courageous, brave, plucky; determined; **2heit** *f* (-) courage, pluck, gameness.

be'hexen *v/t.* (*h.*) bewitch.

behilflich [-'hɪlflic] *adj.*: *j-m* ~ *sein* help *or* assist a p., lend a p. a helping hand (*bei* in); be of service to a p.

be'hinder|n *v/t.* (*h.*) hinder, hamper; handicap, impede; restrain, check; obstruct (*a. traffic, view, etc.*); **2ung** *f* (-; -en) hindrance, handicap, impediment, obstacle (*gen.* to); *sports*: bodychecking; *med.* disability.

be'horchen *v/t.* (*h.*) overhear.

Behörd|e [-'hø:rdə] *f* (-; -n) (public) authority, *usu. pl.* the authorities; *n.s.* administrative body, board, agency, office; **~en-apparat** *m* official machinery; **2lich** [-'hø:rt-] *adj.* official.

Be'huf *m* (-[e]s; -e): *zu diesem* ~ for this purpose, to this end; **2s** *prp.* (*gen.*) for the purpose of, with a view to, in order to; on behalf of.

be'hüten *v/t.* (*h.*) look after, watch over; guard, keep, protect, preserve (*vor dat.* from); *behüte! dear me, no!, by no means!; Gott behüte!* God forbid!

behutsam [-'hu:t-] *adj.* cautious, careful, wary; gentle, gingerly; **2keit** *f* (-) caution, care(fulness).

bei [baɪ] *prp.* (*dat.*) **1.** *as to place*: ~ *Berlin* near Berlin; *dicht* ~ *dem Haus* close to the house; *~m Bache* by the brook; *die Schlacht* ~ *Waterloo* the Battle of Waterloo; ~ *Hofe* at court; *~m Buchhändler* at the bookseller's; ~ *m-n Eltern* at my parents', with my parents; *address*: ~ *Schmidt* care of (*abbr.* c/o) Schmidt; ~ *Tisch* at table; ~ *der Hand* at hand; *Besuch* ~ visit to; ~ *den Griechen* with (*or* among) the Greeks; *ich habe kein Geld* ~ *mir* I have no money about me; *man fand e-n Brief* ~ *ihm* a letter was found on him; *er hatte s-n Hund* ~ *sich* he had his dog with him; *Stunden nehmen* ~ take lessons from (*or* with) a p.; ~ *Schiller* (*we read*) in Schiller; ~ *Katzen ist das nicht so* it is not so with cats; *das ist oft so* ~ *Kindern* you will often find this in children; **2.** *as to time, circumstance*: ~ *m-r Ankunft* (*Abfahrt*) on my arrival (departure); ~ *Tagesanbruch* at dawn; ~ *Nacht* at night; ~ *Tag* by day; *~m ersten Anblick* at first sight; ~ *Gelegenheit* on occasion; ~ *der ersten Gelegenheit* at the first opportunity; ~ *e-m Glase Wein* over a glass of wine; ~ *Strafe von 5 Dollar* under penalty of five dollars; *econ.* ~ *Verfall* at maturity, when due; ~ *Unfällen* in case of accidents; **3.** *as to conditions, quality*: ~ *Appetit sein* have a healthy appetite; ~ *der Arbeit* at work; ~ *guter Gesundheit* in good health; ~ *offenem Fenster* with the window open; ~ *Geld* in cash; ~ *schönem Wetter* in fine weather; *~m Spiel* at play; *~m Lesen* while reading; **4.** *hold*: ~ *der Hand etc. fassen* take by the hand; *j-n* ~*m Namen nennen* call a p. by his name; **5.** *allowance*: ~ *so vielen Schwierigkeiten considering* (*or* in view of, in the face of, under) so many difficulties; ~ *all s-r Vorsicht* despite (*or* with, for) all his care; **6.** *invocation*: *schwören* ~ swear by; ~ *Gott!* by God!; ~ *m-r Ehre!* (up)on my hono(u)r!; **7.** ~ *weitem* by far.

'beibehalt|en *v/t.* (*irr.*, *h.*) retain, maintain, keep up; adhere to, abide by (*principle, etc.*); **2ung** *f* (-) (*gen.*) retention (of), maintenance (of), adherence (to).

'Beiblatt *n* supplement (*zu* to).

'Beiboot *n* dinghy.

'beibring|en *v/t.* (*irr.*, *h.*) bring forward; obtain, procure; adduce, produce, supply, furnish (*proof,* *etc.*); produce (*witnesses*); submit, allege (*reasons*); *j-m et.* ~ **a**) impart a th. to a p. (*a. knowledge*), break a th. (gently) to a p., **b**) teach a p. a th., show a p. how to do a th., **c**) make a th. clear to, explain a th. to a p., **d**) bring a th. home to a p., give a p. to understand (that); inflict *defeat, losses, wound, etc.*, on a p.; administer *poison, etc.*, to a p.; land *a blow* on a p.; *colloq. dir werd' ich's schon noch ~!* I'll teach you what's what!; **Ωung** *jur. f* (-) production.

Beicht|e ['baɪçtə] *f* (-; -n) confession; ~ *ablegen* confess; *j-m die abnehmen* confess a p.; *zur ~ gehen* go to confession; **Ωen** *v/t. and v/i.* (*h.*) confess (*bei* to); *fig. a.* (*v/i.*) make a clean breast of it; '**~geheimnis** *n* confessional secret; seal of confession; '**~kind** *n* penitent; '**~stuhl** *m* confessional; '**~vater** *m* father confessor.

beid|armig ['baɪt-] *adj. sports:* two-handed, double; '**~äugig** *adj.* binocular.

beide ['baɪdə] *adj.* both; the two; either (*sg.*); *m-e ~n Brüder* **a**) both my brothers, **b**) my two brothers; *wir ~* both of us; we two, the two of us; *alle ~* both of them; *in ~n Fällen* in either case; *kein(e)s von ~n* neither (of the two); *zu ~n Seiten* on both sides; on either side *sg.*; '**~mal** *adv.* both times.

beider|lei ['-dərlaɪ] *adj.* (of) both kinds, (of) either sort; ~ *Geschlechts* of either sex, *gr.* of common gender; '**~seitig** *adj.* on both sides; mutual, common; reciprocal; *contract:* bilateral; '**~seits I.** *prep.* (*gen.*) on both sides of; **II.** *adv.* on both sides; mutually, reciprocally.

Beid|händer ['baɪthendər] *m* (-s; -) ambidexter; **Ωhändig** *adj.* ambidextrous; *sports: a.* two-handed.

'**beidrehen** *mar. v/i.* (*h.*) heave to.

'**beidrücken** *v/t.* (*h.*): *sein Siegel ~* (*dat.*) affix one's seal (to).

bei-ein|ander *adv.* together.

'**Beifahrer(in** *f) m* driver's mate; *a. racing:* co-driver; pillion-rider; sidecar-rider.

'**Beifall** *m* (-[e]s) approval, approbation; applause, clapping; acclaim, (loud) cheers *pl.*; ~ *ernten or finden* **a**) meet with approval, **b**) earn (*or* get) applause; ~ *spenden* applaud, clap; cheer, acclaim; *stürmischen ~ hervorrufen* provoke thunders of applause, *Am. a.* get a big hand; *thea.* bring down the house.

'**beifällig I.** *adj.* approving, complimentary; favo(u)rable; **II.** *adv.* approvingly; *j-m ~ zulächeln* smile one's approval to a p.

'**Beifalls|ruf** *m* shout of applause, *a. pl.* acclaim; *pl.* cheers; '**~sturm** *m* thundering applause.

'**Beifilm** *m* supporting film.

'**beifolgend** *adj.* (*a. adv.*) enclosed, inclosed; annexed, attached; ~ *sende ich* enclosed please find.

'**beifüg|en** *v/t.* (*h.*) add, join (*dat.* to); enclose, annex (*to letter*); attach; **Ωung** *f* (-; -en) addition; *gr.* attribute; enclosure.

'**Beifuß** *bot. m* (-es) mugwort.

'**Beigabe** *f* extra; (free) gift; *als ~ a.* into the bargain.

beige [be:ʃ] *adj.* beige.

'**beigeben I.** *v/t.* (*irr., h.*) add *or* attach *or* join (*dat.* to); *j-m e-n Gehilfen ~* give a p. an assistant, assign an assistant to a p.; **II.** *v/i.* (*irr., h.*) give in, yield; *klein ~ eat* humble pie, knuckle under.

'**Beige-ordnete(r** *m) f* (-n, -n; -n, -n) assistant (*gen.* to), deputy; ~ *des Bürgermeisters* deputy mayor.

'**Beigericht** *n* side-dish.

'**Beigeschmack** *m* (peculiar) flavo(u)r *or* taste; smack (*von* of); *fig.* tinge, smack; *e-n ~ haben von* be tinged with, smack of.

'**beigesellen** *v/t.* (*h.*) add, join (*dat.* to), associate (with); *sich j-m ~* join (*or* associate with) a p.

'**Beihilfe** *f* aid, assistance, support; relief; allowance; (government) subsidy, grant (in aid); *jur.* aiding and abetting; ~ *leisten* aid and abet, act as accessory before the fact.

'**beiholen** *mar. v/t.* (*h.*) haul aft.

'**beikommen** *v/i.* (*irr., sn*): *j-m (or e-r Sache) ~* get at (*or* reach, lay hold of) a p., *fig.* get the better of (*or* catch up with) a p., find a p.'s weak spot; *e-r Sache beizukommen suchen* tackle (*or* cope with) a th.; *ihm ist nicht beizukommen* there is no getting at him.

Beil [baɪl] *n* (-[e]s; -e) hatchet; *of butcher:* cleaver; *of executioner:* ax(e).

'**Beilag|e** *f* addition; enclosure (*gen.* to *a letter*); annex, appendix; supplement (*gen.* to *newspaper*); *advertising:* (loose) inset; *cul.* garnishing, vegetables *pl.*; **~scheibe** *tech. f* washer.

'**beiläufig I.** *adj.* casual; occasional, incidental; **II.** *adv.* casually; incidentally, by the way; ~ *erwähnen* mention in passing; → *ungefähr.*

'**beileg|en I.** *v/t.* (*h.*) add, adjoin (*dat.* to); enclose (with *a letter*); attribute, ascribe (to), credit (*a p.*) with; *b.s.* impute (to); confer *or* bestow *title* (on); give (*a name*); *e-r Sache Wert ~* attach importance to a th.; settle (*a quarrel*); *sich e-n Titel etc. ~* assume; **II.** *v/i.* (*h.*) *mar.* heave to, lie to; **Ωung** *f* (-; -en) addition; attribution, imputation; settlement; assumption.

beileibe [-'laɪbə] *adv.:* ~ *nicht!* certainly not!, by no means!; ~ *kein Narr* certainly no fool.

Beileid ['-laɪt] *n* (-[e]s) condolence; *w.s.* sympathy; *j-m sein ~ bezeigen* offer a p. one's condolences, express one's sympathy with a p.; '**~sbesuch** *m* visit of condolence; '**~sbezeigung** *f* (-; -en) condolence, expression of sympathy; '**~skarte** *f* condolatory card; '**~sschreiben** *n* letter of condolence.

'**beiliegen** *v/i.* (*irr., h.*) be enclosed (*e-m Brief* with a letter); *mar.* lie to; **~d** *adv.* → *beifolgend.*

'**beimengen** *v/t.* (*h.*) → *beimischen.*

'**beimessen** *v/t.* (*irr., h.*): *j-m et.* ~ ascribe a th. to a p., credit a p. with a th.; *j-m die Schuld ~* put the blame on a p., blame a p. (*an dat.* for); *e-r Sache Glauben ~* give credence (*or* credit) to a th.; *e-r Sache Bedeutung ~* attach importance to a th.

'**beimisch|en** (*h.*) *v/t.:* e-r Sache et. ~ mix a th. with a th.; admix *or* add a th. to a th.; **Ωung** *f* admixture, addition; impurity; *mit e-r ~ von a.* with a dash of; *fig.* tinge, smack, dash.

Bein [baɪn] *n* (-[e]s; -e) leg (*a. of table, trousers, etc.*); bone; *sich auf den ~en halten* keep on one's feet; → *bringen*; *j-m auf die ~e helfen* set a p. on his feet, *fig.* give a p. a leg up; *j-m ein ~ stellen* trip a p. (*up a. fig.*); *dauernd auf den ~en sein* be always on the move (*or* trot); *fig. et. auf die ~e stellen* set a th. on foot; start *or* launch a th., raise (*an army*); *wieder auf die ~e kommen* recover, come round, pick o.s. up again; *colloq. j-m ~e machen* make a p. find his legs; *sich auf die ~e machen* start, be (*or* toddle) off, *sl.* get a move on; *die ~e in die Hand nehmen* take to one's heels; (*früh*) *auf den ~en sein* be up (and doing); *er reißt sich dabei kein ~ aus* he doesn't kill himself over the job; *die ganze Stadt war auf den ~en* all the town had turned out.

'**beinah(e)** *adv.* almost, nearly; wellnigh, all but; *et. ~ tun* come near doing a th.; ~ *unmöglich* next to impossible; *es ist ~ e-e Million a.* it is little short of a million; ~ *dasselbe* much the same thing.

'**Beiname** *m* surname; nickname, sobriquet; *j-m e-n ~n geben* surname (*or* nickname) a p.

'**Bein...: ~arbeit** *f* boxing: footwork; *swimming, wrestling:* legwork; **~ausheber** *m* wrestling: leg pick-up; **~bruch** *m* fracture of the leg; **~fäule** *f* caries; **~griff** *m* leg hold.

beinhalten [bə'ʔinhaltən] *v/t.* (*h.*) contain; say, express; imply.

'**Bein...: ~haus** *n* charnel-house; **~kleid(er** *pl.*) *n* trousers, *Am.* pants *pl.*; **~ling** *m* (-s; -e) leg of a stocking; **~prothese** *f* artificial leg; **~schere** *f* wrestling: leg scissors *pl.*; **~schiene** *f hist.* greaves; *sports:* leg guard, pad; *med.* (leg-)splint; **~stellen** *n* (-s) tripping; **~verkürzung** *f* short(ening of a) leg.

'**bei-ordn|en** *v/t.* (*h.*) adjoin; co-ordinate (*a. gr.*); *j-n ~* assign a p. (*dat.* to), appoint a p. as assistant (to); **Ωung** *f* coordination; assignment.

'**beipacken** *v/t.* (*h.*) pack up with, add.

beipflicht|en ['-pflɪçtən] *v/i.* (*h.*) (*dat.*) agree with a *p.*; assent to, concur with (*an opinion*); approve (of), endorse *an action*; **Ωung** *f* (-; -en) agreement, assent; approbation.

'**Beiprogramm** *n film:* supporting program(me).

'**Beirat** *m* (-[e]s; ⁾e) adviser, counsel(l)or; advisory board.

beirren [bə'ʔirən] *v/t.* (*h.*) confuse, mislead; disconcert, fluster; divert; *sich ~ lassen* allow o.s. to be discouraged; falter, waver; *er läßt sich nicht ~* he stands firm, he sticks to his guns.

beisammen [baɪ'zamən] *adv.* together; s-e Gedanken ~ haben have one's wits about one; colloq. schlecht ~ sein be poorly, feel seedy; ℒsein n (-s) being together; reunion; geselliges ~ (social) gathering, social.

'**Beisatz** m admixture; metall. alloy; gr. apposition.

'**Bei|schlaf** m cohabitation, coition, sexual intercourse; ℒschlafen v/i. (irr., h.) (dat.) sleep (or lie) with; ~schläfer(in f) m bedmate, lover.

'**beischließen** v/t. (irr., h.) enclose.

'**bei|schreiben** v/t. (irr., h.) add (or note) on the margin (dat. of), annotate; ℒschrift f marginal note, annotation; postscript.

'**Beisegel** n studding sail.

'**Beisein** n (-s) presence; im ~ von (or gen.) in the presence of, before.

bei'seite adv. aside, apart; thea. aside; Scherz ~! joking apart!; ~ gehen step aside; ~ lassen leave aside; disregard; ~ legen put (or set) aside; discard, junk; put (or lay) by, save; ~ schaffen remove, take away; make away with; remove, liquidate, do for a p.; ~ schieben push aside; fig. brush aside; ~ setzen set aside, overrule; ~ stellen put (or place) aside; earmark.

'**beisetz|en** v/t. (h.) lay at rest, bury, inter (corpse); add; chem. a. admix; mar. spread (sails); alle Segel ~ crowd all sail; ℒung f (-; -en) burial, funeral.

'**beisitz|en** v/i. (irr., h.) sit by; esp. jur. sit in (court, committee); ℒer(in f) m (-s, -; -, -nen) jur. assessor, court associate; associate judge; layjudge; member (of a committee).

'**Beispiel** n (-[e]s; -e) example; model; instance; precedence; illustration; demonstration; warnendes ~ awful example; zum ~ (z.B.) for instance, for example (abbr. e.g.); ich zum ~ I for one; wie zum ~ as for instance, such as; ein ~ geben set an example; sich ein ~ nehmen an take example by a p., take a leaf out of a p.'s book; sich ein warnendes ~ nehmen an take warning from; mit gutem ~ vorangehen set a good example (dat. to); → folgen; ℒhaft adj. exemplary; II. adv. model; ~ für representative of; ℒlos adj. unexampled, unprecedented, unparalleled, unheard of; peerless, matchless; ~losigkeit f (-) singularity; matchlessness; ℒsweise adv. for (or by way of) example, for instance.

'**beispringen** v/i. (irr., sn): j-m ~ hasten (or come) to a p.'s aid; stand by a p.; help a p. (out).

beiß|en [ˈbaɪsən] v/t. and v/i. (irr., h.) bite (auf, in acc. a th.); gnaw (an dat. at); chew; insect, pepper, etc.: sting, bite; burn; itch; smart; nach j-m ~ snap at; → Apfel, Gras, Lippe; die Farben ~ sich the colo(u)rs clash; iro. er wird dich schon nicht ~ he won't bite you; ~end adj. biting, pungent, caustic (all a. fig.); hot; fig. sarcastic, trenchant; biting, cutting (cold, wind); gnawing (pain); ℒkorb m muzzle; ℒzange f (e-e ~ a pair of) pliers pl., pincers pl.

'**Beistand** m (-[e]s; ⁓e) aid, help, assistance, support; (person) assistant, standby; adviser; jur. → Rechtsbeistand; j-m ~ leisten lend a p. assist-

ance, aid a p., med. attend to a p.; ~s-pakt m pact of mutual assistance.

'**beistehen** v/i. (irr., sn): j-m ~ stand by, assist, help a p.; stand up for, plead for a p.; ℒde(r) [ˈ-də(r)] m (-n; -n) bystander, onlooker.

'**Beisteuer** f contribution; ℒn v/t. and v/i. (h.) contribute (zu to).

'**beistimm|en** v/i. (h.) (dat.) agree (or concur) with a p.; assent (or agree, accede) to, fall in with (a view, etc.); ℒung f (-) agreement (with), assent (to); approval (to).

'**Beistrich** m comma.

Beitrag [ˈ-traːk] m (-[e]s; ⁓e) contribution; subscription; share, quota; portion; insurance: premium; membership fee (or dues pl.); e-n ~ leisten make a contribution (zu to); schriftliche Beiträge liefern write (articles) for, contribute to; ℒen v/t. and v/i. (irr., h.) contribute (zu to); fig. a. be conducive (to), promote, help; wesentlich zu et. ~ a. be instrumental in, go a long way towards a. th. or ger.; das trägt nur dazu bei, zu inf. that will only serve to inf.; ~s-anteil m subscription-fee; share, quota; ℒs-frei jur. adj. non-contributory; without dues; ℒs-pflichtig adj. liable to contribution (or dues pl.); ~s-pflichtige(r m) f (-n, -n; -n, -n) contributory.

beitreib|bar [ˈ-traɪpbaːr] adj. recoverable; ~en v/t. (irr., h.) collect, enforce payment of (money); recover (debts); exact, collect (taxes); ℒung f (-) recovery, enforcement (of payment); collection; exaction.

'**beitreten** v/i. (irr., sn) (dat.) agree (or assent) to, concur with (an opinion, etc.); accede to (a. contract); join, enter, become a member of (a party, etc.).

'**Beitritt** m accession (zu to); entry (into); joining; ~s-erklärung f application for membership; enro(l)ment; declaration of accession (zu to a treaty).

'**Beiwagen** m sidecar; trailer; ~fahrer(in f) m sidecar-rider; ~maschine f (motorcycle) combination.

'**Beiwerk** n accessories pl.

'**Beiwert** m coefficient.

'**beiwohn|en** v/i. (h.) (dat.) assist (or be present) at, attend; witness; sexually: cohabit (or sleep) with; ℒung f presence, attendance; sexual intercourse.

'**Beiwort** (-[e]s; ⁓er) n epithet; gr. adjective.

Beize [ˈbaɪtsə] f (-; -n) corrosion, etching; staining (of wood); (agent) chem. corrosive, mordant; agr. disinfectant, dressing; for wood: stain; dyeing: mordant; tanning: bate; etching: aqua fortis; metall. pickle; typ. etching solution; tobacco: sauce; med. caustic; hunt. hawking.

beizeiten [baɪˈtsaɪtən] adv. early, betimes; in good time, on time.

beiz|en [ˈbaɪtsən] v/t. (h.) corrode; stain, schwarz ~ ebonize (wood); bate (hides); dyeing: (steep in) mordant; metall. pickle, dip; sauce (tobacco); agr. disinfect, dress; med. cauterize; hunt. hawk; ~end adj. corrosive; caustic; metall.

pickling; dye: mordant; 'ℒmittel n → Beize.

bejah|en [bəˈjɑːən] v/t. (h.) answer in the affirmative (a. v/i.), affirm; grant, concede; fig. et. ~ accept (or welcome) a th., say yes to a th.; ~end I. adj. affirmative (a. gr.); positive; II. adv. in the affirmative.

bejahrt [-ˈjɑːrt] adj. aged, elderly.

Be'jahung f (-; -en) affirmation, affirmative answer; fig. acceptance.

be'jammern v/t. (h.) bewail, bemoan; deplore, lament; ~swert adj. deplorable, lamentable.

be'kämpf|en v/t. (h.) fight (against), combat; resist, struggle against; attack, oppose, Am. a. battle (an opinion, etc.); subdue, (strive to) control, (keep in) check (passions); ℒung f (-) fight(ing), combat, struggle (gen. against); control (a. of insect-pests).

bekannt [bəˈkant] adj. known (dat. to); well-known, noted (wegen gen. for); notorious; mit j-m ~ sein be acquainted with a p.; mit et. ~ sein be familiar (or acquainted, conversant) with; j-n mit e-r Person ~ machen introduce a p. to a p.; j-n mit et. ~ machen acquaint a p. with (or initiate a p. into) a th.; sich ~ machen make o.s. known; make o.s. a name; sich mit j-m ~ machen introduce o.s. to a p.; sich mit et. ~ machen acquaint o.s. (or make o.s. familiar, familiarize o.s.) with a th.; et. als ~ voraussetzen take a th. for granted; er ist ~ als he is known to be (or for being); es ist allgemein ~ it is generally known (or common knowledge); dies dürfte Ihnen ~ sein you are probably aware of it; ℒe(r m) f (-n, -n; -n, -n) acquaintance, friend; ℒenkreis m (circle of) acquaintances or friends; ℒgabe f → Bekanntmachung; ~geben v/t. (irr., h.) → bekanntmachen; ~lich adv. as you know, as everybody knows; ~machen v/t. (h.) make known, report, disclose; notify, give notice (of); make public, publish; announce, proclaim; promulgate (a law); advertise; es wird hiermit bekanntgemacht notice is hereby given; j-n mit j-m or et. ~ → bekannt; ℒmachung f (-; -en) publication, notification; announcement, proclamation; promulgation; disclosure, communiqué; advertisement, announcement; public notice, bulletin; poster; ℒschaft f (-; -en) acquaintance (mit of); familiarity (with); w.s. acquaintance(s), friend(s); flüchtige ~ speaking acquaintance; mit j-m ~ schließen become acquainted with a p., make a p.'s acquaintance; scrape acquaintance with a p.; bei näherer ~ on closer acquaintance; ~werden v/i. (irr., sn) become acquainted (mit with); publicly: become known; get abroad, come to light; leak out, transpire, Am. a. develop; become famous; acquire a reputation.

be'kehr|en v/t. (h.) convert; sich ~ zu become a convert to; adopt, make a th. one's own; fig. sich ~ mend one's ways, turn over a new leaf; ℒte(r m) f (-n, -n; -n, -n) convert, proselyte; ℒung f (-; -en) conversion (*zu* to); christianization; reclamation (*of a sinner*); ♀ungssucht *f* proselytism.

be'kenn|en *v/t.* (*irr.*, *h.*) admit; confess, acknowledge; *sich schuldig* ~ confess one's guilt, *esp. jur.* plead guilty; → *Farbe*; *sich* ~ *zu* **a)** declare o.s. for *a. p* or *th.*, **b)** confess to, own up to *a deed*, **c)** stand by *a p.*; *sich zu e-r Religion* ~ profess a religion; ♀er *m* (*-s*; *-*) confessor.

Be'kenntnis *n* (*-ses*; *-se*) confession; creed; denomination; ~christ *m* professed Christian; ~freiheit *f* religious freedom; ~schule *f* denominational school.

be'klagen *v/t.* (*h.*) lament, deplore; bewail, bemoan; pity; *sehr zu* ~ much to be regretted, most deplorable; *Menschenleben sind nicht zu* ~ there were no casualties; *sich* ~ complain (*über acc.* of, about), make complaints (about); ~swert *adj.* deplorable, lamentable; pitiable, poor.

Beklagte(r) [-'kla:ktə(r)] *m*, *f* (*-n*; *-n*) defendant; *divorce*: respondent; *appeal*: appellee, respondent.

be'klatschen *v/t.* (*h.*) applaud, clap.

be'kleben *v/t.* (*h.*) paste *a th.* over (*mit* with); label; paper, line.

be'kleckern, be'klecksen *v/t.* (*h.*) blotch, stain; spatter; dirty; *with ink*: blot; *with mud*: bespatter.

be'kleid|en *v/t.* (*h.*) clothe, dress; attire, array; drape; *tech.* → *verkleiden*; hold, occupy, fill *an office*; ~ *mit* invest with *an office*, *etc.*; ♀ung *f* clothing, clothes *pl.*; dress; attire; wearing apparel; draping; *tech.* → *Verkleidung*; *fig.* **a)** investiture; **b)** tenure, holding, exercise (*of an office*).

Be'kleidungs...: ~amt *mil. f* clothing depot; ~gegenstände *m/pl.* articles of clothing, wearing apparel *sg.*; ~industrie *f* clothing industry; ~vorschrift *mil. f* dress regulation.

be'klemm|en *v/t.* (*h.*) constrict, oppress; *fig.* oppress, weigh upon; *sich beklemmt fühlen* feel oppressed (*or* uneasy, anxious, heavy at heart); ~end *adj.* oppressive, suffocating (*air*); *fig.* depressing; anxious, uneasy; ♀ung *f* (*-*; *-en*) constriction, oppression; *fig.* anguish, anxiety.

beklommen [-'klɔmən] *adj.* oppressed; anxious, uneasy; ♀heit *f* (*-*) uneasiness; anxiety.

be'klopfen *v/t.* (*h.*) tap; *med.* percuss.

bekloppt [-'klɔpt] *colloq. adj.* batty, barmy.

bekohl|en [-'ko:lən] *mar.*, *rail. v/t.* (*h.*) coal; ♀ungsanlage *f* coaling facility.

be'kommen I. *v/t.* (*irr.*, *h.*) *generally*: get, receive; obtain; acquire; come by; have, be given; get (*a disease*); contract, catch (*an infection*); have (*children*; *zo. young*); *Zähne* ~ cut one's teeth; *e-n Bauch* ~ develop a paunch; *Hunger* (*Durst*) ~ get hungry (thirsty); *e-n Orden* ~ be awarded an order, be decorated; catch (*a train*); *wir werden Regen* ~ we'll have rain; *es ist nicht zu* ~ it is not to be had; *was* ~ *Sie?* what can I do for you?; *wieviel* ~ *Sie?* how much is it (*or* do I owe you)?; ~ *Sie*

schon? are you being attended to?; *ich habe es geschenkt* ~ I had it as a gift; *ich bekomme es zugeschickt* I have it sent to me; **II.** *v/i.* (*irr.*, *sn*): *j-m* (*gut*) ~ agree with a p.; *es bekommt ihm gut* it serves him well, it does him good, he feels all the better for it; *nicht* (*or schlecht*) ~ disagree with; *es wird ihm schlecht* ~ he will fare badly with it, he will suffer for it; *wohl bekomm's!* your health!, cheers!, *iro.* I wish you joy.

bekömmlich [-'kœmliç] *adj.* wholesome, beneficial (*dat.* to); salubrious (*air*, *climate*); easily digestible, light.

beköstig|en [-'kœstigən] *v/t.* (*h.*) board, feed; *sich selbst* ~ find o.s.; ♀ung *f* (*-*) board(ing), food; maintenance, keep; *Wohnung und* ~ board and lodging; *ohne* ~ without meals.

be'kräftig|en *v/t.* (*h.*) confirm, affirm; corroborate, substantiate; ratify (*contract*); *eidlich* ~ affirm upon one's oath; emphasize; ♀ung *f* (*-*; *-en*) confirmation, affirmation; corroboration, substantiation; *zur* ~ *s-r Worte* in support of his words.

be'kränzen *v/t.* (*h.*) wreathe, garland; festoon.

be'kreuz(ig)en: *sich* ~ (*h.*) cross o.s., make the sign of the cross.

be'kriegen *v/t.* (*h.*) make war (up)on, wage war against, fight; *sich* ~ be at war with one another.

be'kritteln *v/t.* (*h.*) carp *or* cavil at, criticize, find fault with.

be'kritzeln *v/t.* (*h.*) scribble (*or* scrawl) on *or* over.

be'kümmer|n *v/t.* (*h.*) afflict, grieve; trouble, alarm, distress; concern; *bekümmert sein über* (*acc.*) be grieved at; be concerned about; fret over; → *kümmern*; ♀nis *f* (*-*; *-se*) affliction, grief; distress, trouble.

be'lächeln *v/t.* (*h.*) smile at.

be'lachen *v/t.* (*h.*) laugh at *or* over.

be'laden *v/t.* (*irr.*, *h.*) load, lade, freight, charge (*mit* with); *fig.* burden, charge.

Belag [-'la:k] *m* (*-*[*e*]*s*; *ᵘe*) cover (*-ing*); coat(ing); lining (*a. of brake*, *clutch*); flooring, planking; *of mirror*: foil; *of road*: surface; deposit; incrustation; *med. of tongue*: fur; *on teeth*: film; *bot.* scald; *on bread*: spread, relish.

Belager|er [-'la:gərər] *m* (*-s*; *-*) besieger; ♀n *v/t.* (*h.*) beleaguer, besiege (*both a. fig.*), lay siege to; *fig. a.* throng, *Am.* crowd; ~ung *f* (*-*; *-en*) siege; ~ungszustand *m* state of siege; → *Ausnahmezustand*.

Belang [-'laŋ] *m* (*-*[*e*]*s*; *-e*) importance; concern, matter; issue; ~e *pl.* interests, concerns; *von* ~ of importance *or* consequence (*für* to); relevant, pertinent (*to*); *von finanziellem* ~ of financial interest; *ohne* ~ of no account; irrelevant, immaterial; *das ist hier ohne* ~ that does not matter (*or* count) here; ♀bar *jur. adj.* triable, liable to criminal prosecution; actionable;

♀en *v/t.* (*h.*) hold *a p.* responsible; *jur.* sue, prosecute, go to law with, take legal action against *a p.*; concern; *was mich belangt* as for me; ♀los *adj.* unimportant, insignificant; negligible, small, petty; irrelevant, immaterial; inconsequential; ~losigkeit *f* (*-*; *-en*) insignificance; irrelevance; ♀reich *adj.* important, of (great) consequence; major, considerable; relevant; ~ung *f* (*-*; *-en*) prosecution, legal action.

be'lassen *v/t.* (*irr.*, *h.*): *et. an s-m Platz* ~ leave a th. in its place; *j-n in s-r Stellung* ~ retain a p., allow a p. to stay; *alles beim alten* ~ leave things unchanged (*or* as they are).

be'last|bar *tech. adj.* having a load capacity (*bis zu* of); *hoch* ~ heavy-duty; ♀barkeit *tech. f* (*-*) loading capacity, *el.* power rating; ~en *v/t.* (*h.*) burden (*mit* with); load, charge (*both a. el.*, *tech.*); *tech.* stress, load; weight; *fig.* burden, saddle (*mit* with); weigh on *a p.*; *sich* (*den Geist*) ~ *mit* encumber one's mind with; *econ. j-s Konto mit e-r Summe* ~ charge (*or* debit) a sum to a p.'s account, place a sum to a p.'s debit; encumber, mortgage (*house*, *etc.*); *jur.* incriminate (*sich selbst* o.s.), charge (*mit* with); oppress, weigh (up)on, prey on *the mind*; → *erblich*; *politisch belastet* politically incriminated; ~end *adj.* irksome, onerous; *jur.* incriminating.

belästig|en [-'lɛstigən] *v/t.* (*h.*) molest, annoy; trouble, bother, inconvenience; pester, harass; importune; ♀ung *f* (*-*; *-en*) molestation; annoyance, bother, nuisance.

Be'lastung *f* (*-*; *-en*) load, burden; *el.*, *tech.* load, stress; *zulässige* ~ maximum permissible load, *aer.* safe load; *fig.* burden, drag; encumbrance, handicap; worry (*a. econ.*, *etc.*) strain (*gen.* on); *econ.* debit; encumbrance, charge, mortgage; *jur.* incrimination; incriminatory evidence; *politische* ~ political incrimination; → *erblich*; ~s-anzeige *f* debit advice (*or* note); ~sfähigkeit *f* (*-*) load-carrying capacity, maximum load; ~smaterial *jur. n* incriminatory evidence; ~s-probe *f tech.* load test; *fig.* (*severe*) test; ~sspitze *f* peak load; ~szeuge *m* witness for the prosecution.

belaub|en [-'laubən]: *sich* ~ (*h.*) come into leaf; ~t [-'laupt] *adj.* leafy.

be'lauern *v/t.* (*h.*) watch, spy on.

be'laufen *v/t.*: *sich* ~ *auf* amount to, come (*or* run up) to; work out at; total, aggregate; number.

be'lauschen *v/t.* (*h.*) overhear, listen to; eavesdrop on.

be'leb|en *fig. v/t.* (*h.*) enliven, liven up, animate, vivify; stimulate; envigorate; brighten (*colours*, *face*); *neu* ~ put new life into; → *wieder~*; ~end *adj.* animating; stimulating, envigorating; *med.* restorative (*a. su.* ~es *Mittel*); ~t *adj.* animated (*a. econ.* = brisk); busy, bustling (*scene*); frequented, crowded (*street*, *etc.*); ♀ung *f* (*-*) *fig.* animation; stimulation; variegation; *econ.* upward movement, rise, increase *in* *sales*, growth *in exports*; upswing *in economic activity*; neue ~ revival; → Wieder♘.

be'lecken *v/t.* (h.) lick; *fig. von der Kultur kaum beleckt* with hardly a trace of culture.

Beleg [-'le:k] *m* (-[e]s, -e) (authentic) record; (documentary) evidence *or* proof; voucher; (supporting) document, exhibit; receipt; example, instance, illustration; authority; ♘**bar** *adj.* provable, verifiable; ♘**en** [-gən] *v/t.* (h.) cover, (over)lay (*mit* with); line; coat; *mit Fliesen* ~ flag; *mit Dielen* ~ floor; *mit Teppichen* ~ carpet; *zo.* cover (*a mare*); *mil. mit Beschuß* ~ cover; *mit Bomben* ~ bomb; *mit Soldaten* ~ quarter *or* billet troops on; *mit e-r Garnison* ~ garrison; occupy, *mil.* requisition (*a dwelling*); *mining:* work (*a pit*); engage, reserve, book (*a seat, etc.*); *sports:* den ersten, zweiten etc. Platz ~ be placed (*first, second, etc.*); *univ.* e-e Vorlesung ~ to enrol(l) for a course (of lectures); *mit Abgaben* ~ impose taxes (up)on, tax; → Beschlag; *mit e-r Strafe* ~ inflict a penalty (up)on; prove, verify, support by documentary evidence; *mit Beispielen* ~ illustrate, exemplify; *med. sich* ~ *tongue:* fur; → belegt.

Be'leg...: ♘**exemplar** *n* voucher copy; author's copy; file copy; ♘**schaft** *f* (-; -en) personnel, staff; labo(u)r force, workers *pl.*; shift; ♘**schein** *m* voucher; receipt; ♘**stelle** *f* reference, authority; ♘t *adj.* coated, furred (*tongue*); husky, thick (*voice*); ♘es Brot sandwich; *room, seat, etc.:* engaged, reserved; *teleph.* engaged, *Am.* busy; ♘**ung** *f* (-) occupancy; reservation, booking; *mil.* billeting; verification; illustration.

be'lehn|en *v/t.* (h.) invest with a fief, enfeoff; ♘**ung** *f* (-; -en) enfeoffment.

be'lehr|en *v/t.* (h.) instruct; advise, apprise (*über* of); enlighten; *jur.* ~ *über* warn (*or* advise) of, caution as to; → Bessere(s); *sich* ~ *lassen* take advice, listen to reason; ♘**end** *adj.* instructive; didactic; ♘**ung** *f* (-; -en) instruction; information, advice; correction.

beleibt [-'laɪpt] *adj.* corpulent, stout, fat; portly; ♘**heit** *f* (-) corpulence, stoutness; portliness.

beleidig|en [-'laɪdɪgən] *v/t.* (h.) offend (*a. fig.* the eye, etc.), give offen|ce (*Am.* -se) to; injure, hurt; insult, *jur. a.* defame, libel, slander; → tätlich; *fig.* offend, shock, outrage; *sich beleidigt fühlen* feel hurt (*durch by*), take offence (at); *ich wollte Sie nicht* ~ no offence meant; ♘**end** *adj.* offensive, insulting, injurious, abusive; *jur.* defamatory; libellous, slanderous; ♘**er(in** *f*) *m* (-s, -; -, -nen) offender, insulter; ♘**ung** *f* (-; -en) offen|ce (*Am.* -se); insult, injury; affront; *jur.* defamation; *verleumderische* ~ calumny; libel, slander; ♘**ungsklage** *f* action for defamation (*or* libel *or* slander).

be'leihen *v/t.* (irr., h.) (grant a) loan on, lend (money) on.

be'lesen *adj.* well-read; ♘**heit** *f* (-)

(extensive) reading; *ein Mann von großer* ~ a man of wide reading.

be'leucht|en *v/t.* (h.) light (up), illumine, *a. festively:* illuminate (*a. fig.*); *fig.* throw light on, illustrate; *näher* ~ examine (more closely); ♘**er** *m* (-s; -) *thea., film:* lighter.

Be'leuchtung *f* (-; -en) lighting (system); illumination; lights *pl.* (*a. paint.*); *tech.* irradiance (in lux *or* candle-meter units); *fig.* elucidation, illumination, illustration; ♘**anlage** *f* lighting system *or* installation; ♘**skörper** *m* light(ing fixture), lamp (fitting); ♘**smesser** *m* lux (*or* illumination) meter; ♘**smittel** *n* illuminant; ♘**ungsstärke** *f* illumination (value); ♘**s-technik** *f* lighting engineering.

beleum(un)det [-'lɔʏm(un)dət] *adj.:* gut (schlecht) ~ in good (bad) repute, well (ill) reputed; of good (bad) report.

Belg|ien ['bɛlgiən] *n* (-s) Belgium; '♘**ier(in** *f*) *m* (-s, -; -, -nen), '♘**isch** *adj.* Belgian.

belichten [-'lɪçtən] *v/t.* (h.) irradiate; *phot.* expose.

Be'lichtung *f* (-; -en) illumination; *phot.* exposure; ♘**smesser** *m* exposure meter; ♘**s-tabelle** *f* exposure(-time) table; ♘**szeit** *f* exposure time.

be'lieben I. *v/t.* (h.) deign, choose; **II.** *v/i.* (h.) please; *wie es Ihnen beliebt* as you please; *tu ganz was dir beliebt* do as you like (*or* please), suit yourself; *wie beliebt?* I beg your pardon?; **Be'lieben** *n* (-s) will, pleasure, discretion; *nach* ~ at will (*or* pleasure); *es steht in Ihrem* ~ it rests with you; I leave it to you(r discretion).

be'liebig I. *adj.* any (you like), whatever (you choose); optional, arbitrary, discretionary; *jeder* ~e anyone, anybody; *jedes* ~e anything; *zu jeder* ~en *Zeit* at any time (that will suit); **II.** *adv.* at will (*or* pleasure); ~ *viele* as many as you like, any number.

beliebt [-'li:pt] *adj.* liked, favo(u)rite; popular (*bei* with); sought--after, in request (*goods*); ~ *sein* be in vogue; ~ *werden* come into vogue; *sich bei j-m* ~ *machen* ingratiate o.s. (*or* make o.s. popular) with a p.; ♘**heit** *f* (-) popularity (*bei* among); vogue; favo(u)r; *sich großer* ~ *erfreuen* enjoy great popularity.

be'liefer|n *v/t.* (h.) supply, furnish (*mit* with); cater for; ♘**er** *m* (-s; -) supplier; caterer; ♘**ung** *f* (-) supply; catering.

bellen ['bɛlən] *v/t.* (h.) bark (*a. fig.*).

Belletrist [bɛlə'trɪst] *m* (-en; -en) literary man, belletrist; ♘**ik** *f* (-) belles-lettres; ♘**isch** *adj.* belletristic; ♘**e Zeitschrift** literary magazine.

be'lob(ig)|en *v/t.* (h.) praise, commend; ♘**ung** *f* (-; -en) praise, commendation; ♘**ungsschreiben** *n* laudatory letter.

be'lohn|en *v/t.* (h.) reward (*für* for); ♘**ung** *f* (-; -en) reward.

be'lüften *v/t.* (h.) ventilate, aerate.

Be'lüftung *f* ventilation, aeration; ♘**s-anlage** *f* ventilating system; ♘**s-klappe** *f* ventilating flap; ♘**s-**

schraube *f* breather screw; ♘**s-ventil** *n* air-bleed valve.

be'lügen *v/t.* (irr., h.): *j-n* ~ lie to a p., tell a p. a lie (*or* lies).

belustig|en [-'lʊstɪgən] *v/t.* (h.) amuse, divert, entertain; *sich* ~ make merry, enjoy (*or* amuse) o.s.; be amused (*über acc.* with, at, by); ♘**end** *adj.* amusing, entertaining, funny; ♘**ung** *f* (-; -en) amusement, entertainment.

bemächtigen [-'mɛçtigən] (h.): *sich e-r Person or Sache* ~ seize, take (*or* get hold of) a p. *or* a th. (*a. fig.*); take possession (*or* possess o.s.) of, get control of a th.; *b.s.* usurp (*the throne, etc.*).

be'mäkeln *v/t.* (h.) cavil (*or* carp) at, find fault with.

be'malen *v/t.* (h.) paint (over); decorate; *colloq. sich* ~ paint one's face.

be'mängel|n [-'mɛɲəln] *v/t.* (h.) find fault with, criticize; cavil at; ♘**ung** *f* (-; -en) (*gen.*) faultfinding (with), criticism (of).

bemann|en [-'manən] *v/t.* (h.) man; *ungenügend* ~ underman; *bemannter Raumflug* manned space flight; ♘**ung** *f* (-; -en) manning, crew.

bemäntel|n [-'mɛntəln] *v/t.* (h.) cloak, disguise, hide; palliate, gloss over, make excuses for; ♘**ung** *f* (-; -en) cloak(ing); palliation.

be'meistern *v/t.* (h.) master, conquer, subdue; *sich* ~ restrain (*or* check) o.s.

be'merk|bar *adj.* observable, perceptible; noticeable; *sich* ~ *machen person:* attract attention; *es macht sich* ~ it makes itself felt; *die Anstrengung machte sich bei ihm* ~ the strain told on him; ♘**en** *v/t.* (h.) perceive, observe, notice, note; *ich habe das bemerkt* I am aware of that; observe, remark; say; mention; ♘**enswert** *adj.* remarkable (*wegen, durch* for), noteworthy; ♘**ung** *f* (-; -en) remark, observation; comment; note; annotation; ♘**en machen über** remark (*or* comment) on.

be'mess|en I. *v/t.* (irr., h.) proportion (*nach* to); time; *tech.* dimension (*or* design, calculate); rate (*performance*); adjust; estimate, assess, rate; *fig.* measure *or* judge (*nach* by); **II.** *adj.* measured, adjusted; dimensioned; *meine Zeit ist knapp* ~ I am short of time; ♘**ung** *f* proportioning (*nach* to); dimensioning, design; rating.

bemitleiden [-'mɪtlaɪdən] *v/t.* (h.) pity, commiserate, be sorry for; *er ist zu* ~ he is to be pitied; ♘**s-wert** *adj.* pitiable, poor.

bemittelt [-'mɪtəlt] *adj.* well-off, well-to-do; *pred.* well off.

be'mogeln *v/t.* (h.) cheat, trick.

bemoost [-'mo:st] *adj.* mossy; *colloq.* ~es Haupt old boy.

bemüh|en [-'my:ən] *v/t.* (h.) trouble (*j-n mit or wegen or in et.* a p. for a th.); *sich* ~ endeavo(u)r, take pains, strive, exert o.s., try hard; *sich für j-n* ~ exert o.s. (*or* intervene) on behalf of a p.; *sich um et.* ~ exert o.s. (*or* strive, labo[u]r) for a th.; apply for *or* seek a th.; *sich um e-n Verletzten* ~ attend to a wounded man; *sich um j-s Gunst or um j-n* ~ court a p.'s favo(u)r, woo a p.; *sich zu j-m* ~ betake o.s. to a p.; *bemüht sein, zu inf.* be anxious to; be endeavo(u)red to *inf.*; *darf ich Sie* (*darum*) ~? may I trouble you (for it)?; ~ *Sie sich nicht!* don't trouble (*or* bother)!; ℒung *f* (-; -en) trouble, pains *pl.*; effort (*um* for, toward); endeavo(u)r; exertion.

be'müßigt [-'my:siçt] *adj.*: *sich* ~ *fühlen inf.* feel bound (*or* obliged) to.

be'muster|n *v/t.* (*h.*) *econ.* supply samples of, sample (*goods*); send samples to *a p.*; ℒung *f* sampling.

bemuttern [-'mutərn] *v/t.* (*h.*) mother, baby.

be'nachbart *adj.* neighbouring; adjoining, adjacent (*dat.* to).

benachrichtig|en [-'naːxriçtigən] *v/t.* (*h.*) inform (*von* of; *daß* that) send *a p.* word *or* let *a p.* know (that); notify; *econ.* advise; give *a p.* warning *or* notice (*von* of); ℒung *f* (-; -en) information; notification; *econ.* advice; warning, notice; report; ℒungsschreiben *econ. n* letter of advice.

benachteilig|en [-'naːxtailigən] *v/t.* (*h.*) place *a p.* at a disadvantage, handicap; discriminate against *a p.*; prejudice, injure, wrong; ℒung *f* (-; -en) (*gen.*) disadvantage, handicap (to); discrimination (against); prejudice, injury (to).

be'nagen *v/t.* (*h.*) gnaw at, nibble at.

benebel|n [-'neːbəln] *v/t.* (*h.*) (be)fog (*a. fig.*); ~*t colloq. adj.* fuddled.

benedeien [bene'daiən] *v/t.* (*h.*) bless.

Benediktiner [benedik'tiːnər] *m* (-s; -) Benedictine (*a. liqueur*); ~orden *m* Benedictine Order.

Benefiz [bene'fiːts] *n* (-es; -e) benefit; ~vorstellung *f* benefit performance.

be'nehmen *v/t.* (*irr., h.*) take away (*j-m den Atem etc.* a p.'s breath, *etc.*); *j-m die Hoffnung etc.* ~ deprive a p. of; *den Kopf* ~ make *a p.'s* head swim; → *benommen*; *sich* ~ behave, conduct (*or* deport, demean) o.s.; *sich* ~ *gegen j-n* act (*or* show o.s.) towards a p., treat a p. *kindly, etc.*; *benimm dich!* behave yourself!; *er weiß sich nicht zu* ~ he has no manners; **Be'nehmen** *n* (-s) behavio(u)r, conduct, demeano(u)r; (*gutes*) ~ (good) manners *pl.*; attitude, manner (of acting); *im* ~ *mit* in agreement (*or* conjunction) with; *sich ins* ~ *setzen mit j-m* contact (*or* get in touch with) a p.; confer (*or* consult) with a p. (*über acc.* about).

be'neiden *v/t.* (*h.*) envy *or* grudge (*j-n um et.* a p. a th.); be envious (*j-n um et.* of a p.'s th.); *ich beneide dich um deine Ruhe* I envy (you) your calm; ~swert *adj.* enviable.

be'nenn|en *v/t.* (*irr., h.*) name, call (*nach* after); designate, denominate; term; fix (*a day*); *math.* benannt concrete; ℒung *f* naming, denomination; name, designation, term; nomenclature; *econ.* title (*of security*); *falsche* ~ misnomer.

be'netzen *v/t.* (*h.*) moisten, wet, sprinkle; bedew.

bengalisch [bɛŋ'gaːliʃ] *adj.*: ~e *Beleuchtung* Bengal light(s *pl.*).

Bengel ['bɛŋəl] *m* (-s; -) boor, booby; rascal, rogue; urchin, little rascal; silly fool; *typ.* bar; 'ℒhaft *adj.* boorish; clownish.

benommen [-'nɔmən] *adj.* benumbed, dazed, dizzy; ℒheit *f* (-) numbness, dizziness.

be'nötigen *v/t.* (*h.*) want, need, require; *dringend* ~ want badly, be in urgent want of; *die benötigten Mittel* the necessary funds.

benummern [-'numərn] *v/t.* (*h.*) number.

be'nutz|en, be'nütz|en *v/t.* (*h.*) use, make use of; employ, utilize; profit by, turn to account, capitalize on; seize, avail o.s. of (*an opportunity*); take, go by (*bus, etc.*); ℒer *m* (-s; -) user; *teleph., etc.*: subscriber; ℒung *f* (-) use; utilization; *mit or unter* ~ *von* with the aid of; ℒungsrecht *n* right of use.

Benzin [bɛn'tsiːn] *n* (-s; -e) *chem.* benzine; *mot.* petrol, *Am.* gas(oline); *mit* ~ *fahren* run on petrol; → *Kraftstoff*; ~behälter *m* petrol (*Am.* gas) tank; ~hahn *m* petrol tap, *Am.* fuel cock; ~kanister *m* petrol (*Am.* gas) container; ~leitung *f* petrol pipe, *Am.* gasoline line; ~-Luft-Gemisch *n* petrol-air mixture; ~messer *m* fuel gauge; ~motor *m* petrol (*or* gasoline) engine; ~tank *m* petrol *or* gasoline tank; fuel tank; ~uhr *f* fuel gauge; ~verbrauch *m* fuel consumption.

Benzoe ['bɛntsoe] *f* (-) benzoin; ~säure *f* benzoic acid.

Benzol [bɛn'tsoːl] *n* (-s; -e) *chem.* benzene; *econ.* benzol(e).

beobacht|en [bə'ʔoːbaxtən] *v/t.* (*h.*) observe, watch, keep an eye on; scan, survey (*the horizon, etc.*); shadow; et. an *j-m* ~ observe (*or* notice) a th. in a p.; *fig. et. mit Besorgnis* ~ view a th. with concern; observe, be observant of, respect (*a law, etc.*); observe, obey, follow, comply with (*an instruction*); observe (*a holiday*); ℒer(in *f*) *m* (-s, -; -, -nen) observer; *aer.* navigator; *artillery:* spotter.

Be'obachtung *f* (-; -en) observation; *fig.* (*gen.*) observance (of), compliance (with); ~sfenster *tech. n* viewing window; ~sflugzeug *n* observation plane; ~sgabe *f* (-) (power of) observation; ~s-posten *mil. m* observation post, sentinel; ~sstation *f med.* observation ward; *ast.* observatory.

be'ordern *v/t.* (*h.*) order, direct, commission; summon (*zu* to); order away (*or* assign) (*nach* to); *wir haben ihn nach X. beordert a.* we have arranged for him to proceed to X.

be'packen *v/t.* (*h.*) pack (*or* load, weight) (*mit* with).

be'pflanzen *v/t.* (*h.*) plant (*mit* with).

bequem [bə'kveːm] **I.** *adj.* comfortable; restful; cosy, snug; commodious (*für* for); *es sich* ~ *machen* make o.s. comfortable *or* at home, relax; effortless, (*a. econ.*) easy (*terms, etc.*); convenient, suitable; soft (*job*); handy; *person:* comfort-loving; easy-going, indolent; lazy;

II. *adv.* easily; ~ *in drei Tagen* easily in three days; ~en (*h.*): *sich* ~ *zu* comply with, submit to; *sich dazu* ~, *et. zu tun* come round, condescend to do a th.; ℒlichkeit *f* (-; -en) convenience, facility; comfort, ease; indolence; laziness.

berappen [-'rapən] *v/t.* (*h.*) pay up, fork out.

be'rat|en *v/t. and v/i.* (*irr., h.*) advise, counsel (*a p.*); deliberate (on), discuss, debate *a th.*; ~ *werden* be under consideration; *sich* ~ deliberate (*über acc.* on, about); *mit j-m:* consult, confer with a p.; *sich* ~ *lassen von* (*dat.*) take the advice of, consult; *gut* (*schlecht*) ~ *sein* be well (ill) advised; ~end *adj.* advisory, consultative; ~e *Versammlung* deliberative assembly; ~er *Ingenieur* consulting engineer; *in* ~er *Eigenschaft* in an advisory capacity; ℒer(in *f*) *m* (-s, -; -, -nen) adviser, counsel(l)or; consultant; ~schlagen *v/i.* (*h.*) → (*sich*) beraten.

Be'ratung *f* (-; -en) deliberation (*über acc.* on), consideration (of), discussion, debate; conference, consultation (*mit j-m* with a p.); advice, counsel (*j-s to a p.*); (*occupational, marriage, etc.*) guidance; *ärztliche* ~ medical advice; ~s-gegenstand *m* subject (of deliberation), item; ~sstelle *f* advisory board; information cent|re, *Am.* -er; *med.* health centre; welfare centre; guidance office; ~szimmer *n* conference-room.

be'raub|en *v/t.* (*h.*): *j-n e-r Sache* ~ rob (*or* strip) a p. of a th.; dispossess (of); divest (of *a right*); *fig.* deprive, bereave (of); *beider Eltern beraubt* bereaved (bereft) of both his parents; *jeder Romantik beraubt* shorn of all romance; ℒung *f* (-; -en) robbery; deprivation; bereavement.

be'räuchern *tech. v/t.* (*h.*) fumigate.

be'rausch|en *v/t.* (*h.*) make drunk, intoxicate, inebriate (*all a. fig.*); fuddle, make tipsy; *sich* ~ get drunk; *fig. sich* ~ *an* (*dat.*) be enraptured (*or* intoxicated) with; ~end *adj.* alcoholic, heady; intoxicating (*a. fig.*); ~e *Schönheit* ravishing (*or* dazzling) beauty; ~t *adj.* drunk, intoxicated (*von* with; *a. fig.*).

be'rechenbar *adj.* calculable.

be'rechn|en *v/t.* (*h.*) calculate (*a. fig.*), compute; account, reckon, *Am. a.* figure (out); sum (*or* total) up; determine; value, estimate (*auf acc.* at); *econ. j-m et.* ~ charge a p. for a th.; invoice; price, quote; *darauf berechnet sein zu inf.* be calculated to *inf.*; *für j-n berechnet sein* be meant (*or* intended, calculated) for a p.; *für et.*: *tech.* be designed (*or* calculated) for a th.; ~end *adj.* calculating, selfish; ℒung *f* calculation, computation; figure(s *pl.*); estimate; *econ.* charge; invoicing; debit; quotation, pricing; *fig.* expediency, policy; *mit* ~ deliberately, judiciously; *er tat es aus* ~ it (= his action) was well calculated; ℒungstabelle *f tech.* chart; *insurance:* experience table.

berechtig|en [-'rɛçtigən] **I.** *v/t.* (*h.*)

j-n: entitle *a p.* (*zu et.* to *a th.* or *inf.*); give *a p.* a right (*or* claim) to; authorize, empower (to *inf.*); qualify (to), make eligible (for); **II.** *v/i.* (*h.*) *zu et.*: justify, warrant *a th.*; constitute (*claims*); → *Hoffnung*; ~**t** *adj.* entitled (*zu* to); qualified (to), eligible (for); authorized (to *inf.*); justified (in *ger.*); legitimate (*claim, hope, etc.*); competent; 2te(r m) f qualifying person; claimant; beneficiary; licensee; registered holder (*or* user); ~**terweise** *adv.* legitimately; 2ung f (-) right *or* title (*zu* to); authorization (to); power, warrant; licence; qualification *or* eligibility (for); justification; competence; 2ungsschein m qualification certificate, permit; *econ.* licence; *for dividends, interest:* warrant.

be'red|en *v/t.* (*h.*) talk *a th.* over, discuss, debate; *sich mit j-m über et.* (*acc.*) confer *or* consult with a p. about a th.; persuade *a p.*, talk *a p.* over; 2samkeit [-'re:t-] f (-) eloquence; ~**t** *adj.* eloquent (*a. fig.*); ~e *Zunge* glib tongue.

Be'reich m (-[e]s; -e) reach; area, region; *fig.* range, reach (*a. mil.*); scope, purview; field, domain, sphere, area; orbit; *im ~ der Möglichkeit* within the range of possibility; *es fällt nicht in meinen ~* it is not within my province.

bereicher|n [-'raiçərn] *v/t.* (*h.*) enrich; enlarge (*one's knowledge*); *sich ~* enrich o.s., *b.s. a.* feather one's nest; 2ung f (-; -en) enrichment.

bereifen[1] [-'raifən] *v/t.* (*h.*) cover with hoarfrost, rime, frost (over).
be'reif|en[2] *v/t.* (*h.*) hoop (*a barrel*); tyre, *Am.* tire (*a wheel*).
be'reift *adj.* rimy.
Be'reifung f (-; -en) *mot.* (set of) tyres, *Am.* tires *pl.*; *doppelte ~* dual tyres.

be'reinig|en *v/t.* (*h.*) settle (*a quarrel; econ. account*); validate (*securities*); clear up, remove (*misunderstanding*); smooth *or* iron out; 2ung f (-; -en) settlement; validation; *fig.* restoration (*or* creation) of healthy conditions.

be'reisen *v/t.* (*h.*) travel, tour (*a country*); visit (*a fair*); *econ. ein Gebiet ~* (*lassen*) work a district.

bereit [bə'rait] *adj.* (*pred.*) ready, prepared (*zu, für* for; to *inf.*); willing; disposed (to *inf.*); *econ. wir sind gern ~ zu inf.* we shall be pleased (*or* are quite prepared) to *inf.*; *sich ~ erklären zu* (*et.; inf.*) agree (*or* consent) to (*a th.; inf.*); volunteer for (*a th.*; to *inf.*); *sich ~ finden, et. zu tun* agree (*or* consent, choose, deign, condescend) to do a th., see one's way to doing a th.; *sich zu et. ~ finden* be prepared to do (*or* make, give, *etc.*) a th.; deign a th.; ~**en** *v/t.* (*h.*) make (*or* get) ready, prepare; prepare, make; *agr.* work; dress, curry (*leather*); *fig.* cause, make; → *Empfang*; give, afford (*pleasure*); *j-m Kummer ~* grieve a p.; inflict a defeat (*dat.* upon); *j-m den Untergang ~* work (*or* bring about) a p.'s ruin.

be'reit...: ~**halten** *v/t.* (*irr., h.*) keep ready *or* in readiness (*für* for; *zu* to *inf.*); *für j-n: a.* hold at the disposal of a p.; *fig.* have in store for; ~**legen** *v/t.* (*h.*) lay out, prepare; ~**machen** *v/t.* (*h.*): *sich ~ zu* (*dat.*) get ready (*or* prepare o.s.) for; ~**s** *adv.* already; previously; 2schaft f (-) readiness, preparedness; willingness; (*police*) (*pl.* -en) squad; *in ~ sein* be ready (*or mil.* on the alert, at standby); 2schaftsdienst m skeleton (*or* stand-by) service; 2schaftspolizei f stand-by police; ~**stehen** *v/i.* (*irr., h.*) be ready *or* in readiness; *mil., etc.*: stand by (*für* for); be available; ~**stellen** *v/t.* (*h.*) make available, provide, supply; apportion, allocate (*funds*); reserve, earmark (*reserves*); *mil.* assemble, place (*troops*) in readiness; 2stellung f (-; -en) preparation; provision, procurement, supply; *of funds:* appropriation, provision; *mil.* (final) assembly, concentration; 2ung f (-; -en) preparation; *of leather:* dressing; manufacture, making; ~**willig** *adj.* ready, willing; eager, obliging; 2willigkeit f (-) readiness, willingness, *etc.*; *mit großer ~* with alacrity.

be'rennen *v/t.* (*irr., h.*) storm, assault.

be'reuen *v/t. and v/i.* (*h.*) repent (*acc.* of); regret, be sorry (for); rue.

Berg [berk] m (-[e]s; -e) mountain; hill; *in die ~ gehen* go into the mountains; *über ~ und Tal* over hill and dale; *fig. usu. pl. ~e von* heaps (*or* piles, *sl.* oodles) of; ~e *versetzen* move mountains; *j-m goldene ~e versprechen* promise a p. wonders (*or* the world); *über den ~ kommen* turn the corner; *vor e-m ~e stehen* be up against a great difficulty; *wir sind noch nicht über den ~* we are not yet out of the wood; *hinterm ~ halten mit et.* hold a th. back, keep a th. dark; *er hielt damit nicht hinterm ~* he was very outspoken, he made no bones about it; *über alle ~e* off and away; *die Haare standen ihm zu ~e* his hair stood on end.

'Berg...: → *Gebirgs...*; 2ab *adv.* downhill (*a. fig.*); ~**abhang** m (mountain-)slope, hillside; ~**akademie** f mining college; ~**amt** n Mining Office; 2an *adv.* uphill (*a. fig.*), up(wards); ~**arbeiter** m miner; pitman; collier; 2auf *adv.*: *fig. es geht wieder ~* things are looking up; → *bergan*; ~**bahn** f mountain railway; ~**bau** m (-[e]s) mining (industry); ~**bewohner(in** f) m highlander.

Berge|geld n ['bergə-] salvage (money); ~**dienst** m recovery service; '2hoch *adj.* mountain-high, sky-high; '2n *v/t.* (*irr., h.*) save *or* shelter (*sich* o.s.) (*vor dat.* from); recover (*a. mot.*); *mar.* salvage; furl, take in (*sails*); hold, contain; *fig.*harbo(u)r; conceal, hide; involve (*danger*); → *geborgen*.

'Berg...: ~**enge** f defile; ~**fach** *min. n* (-[e]s) mining; ~**fahrt** f mountain tour; *mot.* hill-climb; *of river-boats:* up-passage; 2freudig *mot. adj.* quick on the upgrade; ~**freudig-**

keit *mot.* f (-) (good) hill-climbing ability; ~**führer** m mountain guide; ~**gipfel** m mountain-top, summit; ~**grat** m ridge; ~**halde** f mountain--slope; *mining:* spoil-dump, tip; 2ig ['-giç] *adj.* mountainous, hilly; ~**ingenieur** m mining engineer; ~**kamm** m crest; ~**kette** f chain of mountains, mountain range; ~**knappe** m miner; ~**krankheit** f (-) mountain sickness; ~**kristall** m rock crystal; ~**land** n mountainous *or* hilly country; highland; ~**mann** (-[e]s; -leute) m → *Bergarbeiter*; ~**predigt** f (-) Sermon on the Mount; ~**recht** n (-[e]s) miners' statutes, mining laws *pl.*; ~**rennen** *mot. n* mountain race; ~**rücken** m ridge; ~**rutsch** m landslip, (*a. fig.*) landslide; ~**salz** n (-es) rock salt; ~**sattel** m saddle; ~**schuh** m climbing boot; ~**spitze** f mountain peak; ~**steiger(in** f) m (mountain-)climber, mountaineer, alpinist; ~**steigerei** f [-'rai] mountaineering; ~**stock** m alpenstock; *geol.* massif; ~**straße** f mountain road; ~**sturz** m → *Bergrutsch*; ~**tour** f mountain tour, climb; ~**- und Tal-Bahn** f switchback (railway), *Am.* roller-coaster.

Bergung ['berguŋ] f (-) *mar.* salvage, *a. mot.* recovery; *of persons:* rescue; '~**s-arbeiten** f/pl. salvage operations; rescue work *sg.*; '~**s-dampfer** m salvage steamer; '~**s-fahrzeug** n *mot.* recovery vehicle, *Am.* wrecker truck; *aer.* crash tender; *mar.* salvage vessel; '~**s-kosten** *pl.* salvage charges; recovery costs; '~**smannschaft** f rescue party.

'Berg...: ~**volk** n highlanders *pl.*; ~**wacht** f mountain rescue service; ~**wand** f steep mountain-side, rock face; ~**welt** f alpine world.

'Bergwerk n mine; pit; *ein ~ betreiben* work a mine; ~**s-aktie** f mining share (*Am.* stock); ~**s-arbeiter** m → *Bergarbeiter*; ~**s-gesellschaft** f mining company; ~**s-ingenieur** m mining engineer.

'Berg|wesen n (-s) mining (industry); ~**zinn** m mine (*or* pure) tin.

Bericht [bə'riçt] m (-[e]s; -e) report (*a. econ.*), account (*über acc.* on, of); minutes *pl.*; (official) statement, disclosure, communiqué, bulletin; commentary; narrative, relation, story; information, *econ.* advice; *kurzer ~* summary, survey; *statistische ~e pl.* official returns; *erstatten* (make *or* hand in a) report; → *berichten*; *e-n ~ einreichen* submit a report; *laut ~* as advised; 2en *v/t. and v/i.* (*h.*) report (*über acc.* on; *j-m* to a p.); *press: a.* cover (*über et. acc.* a th.); give an account, give full particulars; narrate, relate; *j-m et. ~* inform (*or* advise) a p. of a th., tell a p. a th.; ~**erstatter(in** f) m (-s, -; -, -nen) *press:* reporter, correspondent; informant; *radio:* commentator; *adm., etc.* reporter, *esp. Am.* referee; ~**erstattung** f reporting, *in the press a.* coverage; report, information.

berichtig|en [-'riçtigən] *v/t.* (*h.*) rectify, set right, remedy (*a th.*); correct (*a p. or th.*); emend (*a text*);

tech. adjust; *econ.* settle, square; e-e *Buchung* ~ adjust an entry; **2ung** *f* (-; -en) rectification; correction; settlement; adjustment.
Be'richtigungs|anzeige *f* notice of error; **~beiwert** *m* corrective factor; **~posten** *econ.* adjusting entry, valuation item; **~wert** *m* correction value.
Be'richtsjahr *econ. n* year under review (*or* report).
be'riechen *v/t.* (*irr., h.*) smell (*or* sniff) at; *colloq. fig.* sich ~ size one another up.
be'riesel|n *v/t.* (*h.*) irrigate, water; sprinkle, spray; **2ung** *f* (-) irrigation; overhead irrigation; **2ungsanlage** *f* irrigation works *pl.*; *against fires*: sprinkling system.
beritten [-'ritən] *adj.* mounted, on horseback; ~ *machen* mount, horse.
Berliner [bɛr'liːnər] **I.** *m* (-s; -), **~in** *f* (-; -nen) Berlinian, Berliner; **II.** ~ *adj.* Berlin; ~ *Pfannkuchen* jelly doughnut; ~ **Blau** *n* Berlin blue.
Berme ['bɛrmə] *f* (-; -n) berm.
Bernstein ['bɛrnʃtaɪn] *m* (-[e]s) amber; *schwarzer* ~ jet; **2farben** *adj.* amber.
berst|en ['bɛrstən] *v/i.* (*irr., sn*) burst (*fig. vor dat.* with); *ice, glass, etc.*: break, crack; *bomb, etc.*: explode, detonate; *zum* 2 *voll von* bursting with; **2festigkeit** *tech.* f bursting strength.
berüchtigt [-'ryçtiçt] *adj.* notorious (*wegen* for); ill-famed, ill-reputed.
be'rücken *v/t.* (*h.*) captivate, charm, bewitch; **~d** *adj.* captivating, charming; bewitching (*eyes, smile*); **~e** *Schönheit* ravishing beauty.
berücksichtig|en [-'rykziçtiɡən] *v/t.* (*h.*) have regard (*or* respect) to *a th.*; consider, take into consideration; bear in mind, heed; allow (*or* make allowance) for, take into account; grant; consider *a p.*; give preference to; **2ung** *f* (-) consideration, regard; ~ *finden* be considered; *unter* ~ *gen.* in consideration of, with regard to; *unter* ~ *aller Vorschriften* with due regard to all regulations; *unter* ~ *eventueller Rückschläge* allowing for any setbacks that may occur; *in* ~, *daß* considering that.
Beruf [bə'ruːf] *m* (-[e]s; -e) calling, occupation, job; pursuit; trade; business; line; office, duty; career; profession; calling, vocation, mission; *in allen* ~*n a.* in all walks of life; *freier* ~ liberal profession; *von* ~ by occupation, by trade, by profession; *e-n* ~ *ausüben* practise a profession; *e-n* ~ *ergreifen* go into a trade; enter a profession; enter upon a career; *e-m* ~ *nachgehen* pursue *or* follow a profession (*or* trade); *s-n* ~ *verfehlt haben* have missed one's vocation.
be'rufen I. *v/t.* (*irr., h.*) call; convoke, convene, call (*assembly*); *j-n zu e-m Amt* ~ call (*or* appoint *or* nominate) a p. to an office; ~ *werden* receive a call; *sich* ~ *auf j-n* appeal to; *sich auf j-n* (*als Zeugen*) ~ call a p. to witness; *sich auf et.* ~ refer to *a th.*; quote, rely on *a th.*; plead; *sich auf s-e Unkenntnis* ~

plead one's ignorance; *darf ich mich auf Sie* ~? may I use your name?; **II.** *adj.* called; authorized (*zu* to); competent (to); qualified (for); *sich* ~ *fühlen* feel called upon *or* competent (*zu* to *inf.*).
be'ruflich I. *adj.* vocational, occupational; professional; **II.** *adv.*: ~ *verreist* away on business; ~ *verhindert* professionally prevented.
Be'rufs...: ~ausbildung f vocational (*or* professional) training; **~auslese** *f* vocational (*or* professional) selection; **~beamtentum** *n* officialdom, civil service; **~beamter** *m* civil servant; **~berater** *m* vocational counsel(l)or; **~beratung(sstelle)** *f* vocational guidance (office); **~boxer** *m* prize fighter, professional boxer; **~eignung** *f* vocational aptitude, qualification; **~fahrer** *m* commercial driver; *Radsport:* professional (cyclist); **~geheimnis** *n* professional secret *or* secrecy; **~genossenschaft** *f* professional association; trade association; employers' liability insurance association; **~gruppe** *f* occupational group (*or* category); **~heer** *n* professional army; **~kleidung** *f* work(ing) clothes *pl.*; **~krankenkasse** *f* vocational sick fund; **~krankheit** *f* occupational disease; **~leben** *n* professional (*or* active) life; **~lenkung** *f* (-) vocational guidance; **2mäßig** *adj.* professional; **~offizier** *m* career (*or* regular) officer; **~schule** *f* vocational school; **~soldat** *m* professional soldier, regular (soldier); **~spieler, ~sportler** *m* professional, pro; **~sportlertum** *m* (-s) professionalism; **2ständisch** [-ʃtɛndiʃ] *adj.* corporate; **2tätig** *adj.* working; (gainfully) employed; *practising* a profession; **~tätigkeit** *f* (-) professional activity; occupation; **~verband** *m* vocational association *or* federation; **~verbrecher** *m* professional criminal; **~vertretung** *f* professional representation *or* association; **~wahl** *f* (-) choice of a profession (*or* vocation, trade); **~zweig** *m* professional field (*or* branch, line).
Be'rufung *f* (-; -en) (*inner*) call (*zu* to); calling, vocation (*zu* for); appointment, nomination (*zu* to); convocation, summoning; reference (*auf acc.* to), reliance (on); *jur.* ~ *einlegen* appeal (*bei* to; *gegen* from, against); file (*or* lodge) an appeal, give notice of appeal; *e-r* ~ *stattgeben* allow an appeal; *e-e* ~ *verwerfen* dismiss an appeal; *unter* ~ *auf* with reference (*or* referring) to; **~sbeklagte(r** *m*) *f* appellee, respondent (to an appeal); **~sgericht** *n* appellate court; court of appeal(s); **~sgerichtsbarkeit** *f* appellate jurisdiction; **~s-instanz** *f* → *Berufungsgericht*; **~sklage** *f* (action of) appeal; **~skläger(in** *f*) *m* appellant; **~srecht** *n* (-[e]s) right of appeal; patronage; **~srichter** *m* appellate judge; **~sverfahren** *n* procedure (*concrete*: proceedings *pl.*) of appeal.
be'ruhen *v/i.* (*h.*): ~ *auf* (*dat.*) rest (*or* be founded, be based) on; depend on; be due (*or* owing) to; *et.*

auf sich ~ *lassen* let a th. rest *or* pass *or* be; *lassen wir die Sache auf sich* ~ let's leave it at that; let us forget the whole matter.
beruhig|en [-'ruːiɡən] *v/t.* (*h.*) quiet, calm; lull (*a. fig.*); appease, soothe, placate, mollify; (set at) ease, reassure, comfort; assuage, soothe, still, alleviate (*pains, etc.*); *sich* ~ a) calm down, cool (off), b) reassure o.s., c) compose o.s., d) *situation*: stabilize, e) *chem.* abate; *er beruhigte sich bei dem Gedanken, daß* he found comfort in the thought that; ~ *Sie sich!* compose yourself!, take it easy!; **~end** *adj.* soothing, *etc.*; reassuring; *med.* sedative; **2ung** *f* (-) calming (down), quieting; appeasement, soothing; reassurance, comfort, relief; *of pains*: soothing, mitigation; *of situation*: stabilization; *of country*: pacification; *das wird zu s-r* ~ *beitragen* that will ease his mind; *zu unserer großen* ~ much to our relief; **2ungsmittel** *med. n* sedative; **2ungspille** *f* sedative; *fig.* soporific, placebo.
berühmt [-'ryːmt] *adj.* famous, famed (*wegen* for); noted; *b.s.* notorious; celebrated; renowned, illustrious, eminent; *sich* ~ *machen* make a name for o.s., rise to fame, distinguish o.s. (*mit* by); *colloq. nicht* ~ nothing to shout about, *Am. sl.* not so hot; **2heit** *f* (-) fame, renown, eminence; *person* (*pl.* -en): celebrity, lion, hero; *film, sport, etc.*: star; ~ *erlangen* achieve eminence, rise to fame, *a.* make the headlines.
be'rühren *v/t.* (*h.*) touch (*a. sich* ~ meet); handle, finger; (*a. sich* ~) be (*or* come) in contact with; graze; *fig.* border on, meet; *math.* be tangent of; touch (up)on, mention, allude to, refer to *a th.* briefly; concern, affect *a p.'s interests, etc.*; pass through (*a place*); call at, touch (*a port*); *j-n* (*un*)*angenehm* ~ produce an (un)pleasant impression (up)on a p.; (dis)please a p.; (*un*)*angenehm berührt* (un)pleasantly affected; *es berührt seltsam, daß* it is strange that.
Be'rührung *f* (-; -en) touch, contact, contiguity; reference *or* allusion (*gen.* to), mention (of); *mit j-m in* ~ *bleiben* keep in touch with; *mit j-m in* ~ *kommen* come into contact with, get in touch with; *bei der leisesten* ~ at the slightest touch; **~s-ebene** *math. f* tangent(ial) plane; **~s-elektrizität** f contact electricity; **~sfläche** f contact surface, *chem.* interface; *fig.* area of contact; **~slinie** *math. f* tangent; **~s-punkt** *m* point of contact (*a. fig.*); **~s-schutz** *m* contact safety device.
berußen [-'ruːsən] *v/t.* (*h.*) (cover with) soot.
be'sabbern *colloq. v/t.* (*h.*) slobber over.
be'säen *v/t.* (*h.*) sow.
be'sagen *v/t.* (*h.*) say, purport, mean, signify; *die Vorschrift besagt, daß* the regulation says that; *es besagt noch etwas anderes* it implies something else yet; *es will nicht viel* ~ it little matters; → *bedeuten*.

besaiten [-'zaɪtən] v/t. (h.) string; *fig. zart besaitet* thin-skinned, sensitive, touchy.

besam|en [-'zɑːmən] biol. v/t. (h.) inseminate; **℩ung** f (-; -en) insemination; bot. pollination.

besänftig|en [-'zɛnftigən] v/t. (h.) calm, appease, placate, soothe, assuage; *sich ~* calm down; *nicht zu ~* implacable; **~end** adj. calming, soothing; **℩ung** f (-; -en) soothing, appeasement; → *Beruhigung.*

Besanmast [be'zɑːn-] mar. m mizzen-mast.

be'sät adj. fig. covered, studded, dotted (*mit* with); littered or strewn (with); crawling (or alive) (*mit* with); *mit Sternen ~* star-spangled.

Be'satz m trimming, border; braid (-ing); edging; flounce; piping; *of shoe:* vamp; **~leder** n trimming leather.

Be'satzung f mil. garrison; crew; occupation; **~sbehörde** f occupation authorities pl.; **~sheer** n army of occupation; **~skosten** pl. occupation costs; **~smacht** f occupying power; **~sstatut** n (-[e]s) Occupation Statute; **~sstreitkräfte** f/pl. occupation forces.

be'saufen: *sich ~* get drunk; → *besoffen.*

be'schädig|en v/t. (h.) damage; injure, disable; **~t** adj. damaged, injured; *ship:* disabled, averaged; *veteran:* war-disabled; **℩ung** f (-; -en) damage, injury (*gen.* to); defect; mar. average.

be'schaffen[1] v/t. (h.) or *sich ~* procure, provide, make available; obtain, secure; furnish, supply; econ. provide (*cover*); find (*capital, work*).

be'schaffen[2] adj. constituted, conditioned; *gut (schlecht) ~* well-(ill-) -conditioned, in good (bad) condition or repair; *wie ist die Straße ~?* how is the road?; *die Sache ist so ~* the matter stands thus; **℩heit** f (-) state, condition; quality; property, characteristic; nature, character; design, structure, composition; *of body:* constitution; *glatte (rauhe) ~ der Oberfläche* smoothness (roughness) of surface.

Be'schaffung f (-) procuring, procurement; providing; supply; acquisition; econ. provision (*of cover, etc.*); **~skosten** pl. cost of acquisition; **~sstelle** f procurement office.

beschäftig|en [-'ʃɛftigən] v/t. (h.): *j-n ~* keep a p. busy; employ, engage, give work to; apply (*mit* to); *sich ~ mit* be busy (or occupy o.s.) with, be engaged in, work at, be busy ger.; consider, examine; deal with, be concerned with; engage, engross, absorb, preoccupy (*a p.'s attention, etc.*); *der Gedanke beschäftigte ihn ständig* the thought was forever on his mind (or haunting him); **~t** adj. busy (*mit* with), engaged (in); *mentally:* preoccupied (with), absorbed (in); *~ sein bei* be employed with, be in the employ of, work for; **℩ung** f (-; -en) occupation, pursuit, work, activity; business; employment, engagement, job; *labo(u)r market:* employment; *industry:* activity; **℩ungs-**

lage f labo(u)r situation (or market); **~ungslos** adj. unemployed, out of work; **℩ungslosigkeit** f (-) unemployment; inactivity, idleness; **℩ungsnachweis** m certificate of employment; **℩ungs-politik** f policy of promoting employment; **℩ungs-therapie** f occupational therapy.

be'schäl|en v/t. (h.) cover, serve (*mare*); **℩er** m (-s; -) stallion.

be'schäm|en v/t. (h.) (put to) shame, make ashamed; embarrass, confuse, put to the blush; eclipse, throw into the shade; humiliate; **~end** adj. shameful, disgraceful; **~t** adj. ashamed (*über acc.* of); **℩ung** f (-) abashment, humiliation; confusion; shame; disgrace.

beschatten [-'ʃatən] v/t. (h.) shade, overshadow, throw a shadow on; (*pursue*) shadow, Am. a. tail; fig. dim, cast a gloom over.

Be'schau f (-) examination, inspection; phls. contemplation; **℩en** v/t. (h.) (sich) et. ~ (have a) look at, view a th.; examine, inspect; contemplate; **~er(in** f) m (-s, -; -, -nen) observer, spectator, looker-on; → *Fleisch℩*; **℩lich** adj. contemplative, meditative; tranquil, peaceful; comfortable, leisurely; **~lichkeit** f (-) contemplativeness; tranquillity; leisure(liness).

Bescheid [bə'ʃaɪt] m (-[e]s; -e) answer, reply; information, advice; direction, instruction; decision, ruling; *of arbiter:* award; adm. notice; *abschlägiger ~* negative reply, rejection, refusal; *bis auf weiteren ~* until further orders; *~ erhalten* be informed, receive word (or notice); *~ geben* send (*j-m a p.*) word, *j-m:* a. let a p. know, inform a p. (*über acc.* about); *~ hinterlassen* leave word (*bei* with, at); *j-m gehörig ~ sagen* give a p. a piece of one's mind, sl. tick a p. off (properly); *j-m ~ tun* pledge (or toast) a p.; *~ wissen* mit or in (*dat.*) or über (*acc.*) be acquainted (or conversant) with; be (fully) informed (or cognizant, aware) of; be in the secret, Am. in the know; know (how to inf.); *in e-r Sache genau ~ wissen* know the ins and outs of a th.; *ich weiß hier ~* I know this place (or my way about here).

bescheiden[1] [-'ʃaɪdən] v/t. (irr., h.) *j-m et.:* allot, assign, award (to a p.); *j-n:* inform, notify a p., give notice to a p. (of), let a p. know; order, direct; instruct (*zu* to); summon; → *abschlägig; sich ~* moderate o.s., be content; *sich ~ (mit et.)* resign o.s. (to), acquiesce (in), be satisfied (with); *es ist mir beschieden* it has fallen to my lot; *es war mir nicht beschieden* it was not granted to me.

be'scheiden[2] adj. modest, unassuming, self-effacing; shy, unpretentious, simple, plain; frugal; humble; moderate, discreet, reserved; limited, restricted; small, modest; **℩heit** f (-) modesty, humility; unpretentiousness; frugality; moderateness, discretion, reserve.

be'scheinen v/t. (irr., h.) shine

(up)on, irradiate; *von der Sonne beschienen* sunlit, sunny.

bescheinig|en [-'ʃaɪnigən] v/t. (h.) certify (*j-m* to a p.), attest; verify, vouch for, authenticate; *den Empfang ~* acknowledge receipt of a *letter*, give a receipt for, receipt a *sum*; *es wird hiermit bescheinigt, daß* this is to certify that; **℩ung** f (-; -en) attestation, certification; certificate; receipt; voucher; acknowledgement; declaration; as *heading:* To Whom It May Concern.

be'scheißen vulg. v/t. (irr., h.) cheat.

be'schenk|en v/t. (h.): *j-n ~* make a p. a present (*mit et.* of a th.), present a p. (with a th.); make a donation (of a th.) to a p.; *reichlich ~* shower with gifts; **℩te(r** m) f (-n, -n; -n, -n) recipient, jur. donee.

be'scher|en v/t. (h.) (*dat.*) (give as a) present to, bestow upon (*a p.*); allot (or grant) to, mete out to; **℩ung** f (-; -en) (giving of) Christmas presents or boxes; iro. *e-e schöne ~!* a fine business (this)!, a nice mess!; *da haben wir die ~!* there you are!, now we are in for it!; *die ganze ~* the whole bag of tricks.

be'schick|en v/t. (h.) send deputies to (*a congress, etc.*); econ. supply *market* (with goods); contribute to, exhibit (or expose) at an exhibition, send goods to, be represented at a *fair*; tech. feed, charge; metall. alloy; **℩er(in** f) m (-s, -; -; -nen) exhibitor; **℩ung** f (-; -en) sending of delegates (*gen.* to); representation (at); supply (to); tech. **a)** charging, feeding, **b)** charge, batch; **℩ungs-anlage** f charging equipment; **℩ungsgut** metall. n charge, melting stock.

be'schieß|en v/t. (irr., h.) fire (up)on or at; bombard (a. phys.), shell; cover, rake with fire; machine-gun; *low-flying aircraft:* strafe; **℩ung** f (-) bombardment, shelling, fire.

be'schiffen v/t. (h.) navigate (on); sail.

be'schilder|n v/t. (h.) signpost; **℩ung** f (-; -en) signposting.

be'schimpf|en v/t. (h.) insult, abuse, revile, swear at, call a p. names; disgrace, dishono(u)r; **℩ung** f (-; -en) insult (*gen.* to), abuse; affront, outrage; fig. disgrace (*gen.* to).

be'schirmen v/t. (h.) protect, shield, shelter (*vor dat.* from).

be'schlafen colloq. v/t. (irr., h.): et. *~* sleep on a th., take counsel of one's pillow.

Be'schlag m tech. (usu. *Beschläge pl.*) metal fitting(s pl.), hardware; *of box:* band; *of gun:* mounting; *of cane:* ferrule(s); *of shoe:* nails pl.; *of book:* clasp; *of horse:* shoe(ing); arch. mountings, fixtures pl.; phys. deposit; *on metal:* tarnish, chem. efflorescence; mo(u)ld; moisture, damp; jur. seizure; → *~nahme*; *in ~ nehmen, mit ~ belegen, ~ legen auf* (*acc.*) jur. seize, impound; attach, distrain upon (*debtor's assets*); confiscate; mil. requisition; lay an embargo on, embargo (a *ship*);

secure (*seats*); *fig.* claim, *impudently*: hog; monopolize (*conversation, etc.*); absorb, engross (*attention*); Ωen **I.** *v/t.* (*irr., h.*) cover, overlay (*mit* with); fit, mount; sheathe; shoe (*a horse*); tip *or* stud (*a stick*); square (*wood*); furl (*sail*); **II.** *v/i.* (*irr., sn*) *or sich ~ mirror, etc.*: cloud over, mist, dim; *wall*: sweat; *metal*: oxidize, effloresce, (be) tarnish(ed); grow mo(u)ldy; **III.** *adj.*: *mit Eisen (Silber)* ~er *Stock* iron--tipped (silver-mounted) stick; *mit Messingnägeln* ~er *Sessel* brass--studded armchair; *glass*: dimmed, clouded, steamed; *fig.* experienced; *in e-r Sache gut* ~ *sein* be well versed (*or* up) in, have a sound knowledge of, be (a) good (hand) at a th.; ~**enheit** *f* (-) experience, (profound) knowledge (*in dat. of*); ~**nahme** *f* (-; -n) seizure; attachment, sequestration; garnishment; confiscation; *mar.* embargo; *mil.* requisition; Ω**nahmen** *v/t.* (*h.*) seize, attach, distrain; confiscate; *mil.* requisition, commandeer; *mar.* embargo; ~**teile** *m/pl.* fittings.

be'schleichen *v/t.* (*irr., h.*) sneak (*or* steal) up to, surprise *a p.*; stalk (*game*); *fig.* fear, sleep, *etc.*: steal (*or* creep) (up)on *or* over, seize, overcome.

beschleunig|en [-'ʃlɔʏnigən] *v/t.* (*h.*) accelerate; speed up, hasten; hurry along, expedite, push ahead; *das Tempo* ~ increase one's speed, force one's pace; *s-e Schritte* ~ quicken one's steps; *dies beschleunigte nur die unvermeidliche Katastrophe* it only precipitated the inevitable disaster; Ωer *mot., phot. m* (-s; -) accelerator (*a.* nuclear *physics*); ~**t** *adj.* accelerated; speedy, expeditious; Ω**ung** *f* (-; -en) acceleration (*a. phys.*), speeding up, expedition; Ω**ungskraft** *f* (-) accelerative force; Ω**ungsmoment** *n* moment of acceleration; Ω**ungs- vermögen** *mot. n* (-s) accelerating power, engine response.

be'schließen *v/t.* (*irr., h.*) end, close, conclude, finish, terminate, wind up; settle; *a marching column, etc.*: bring up the rear; determine, decide (*both a. jur.* decree, rule); resolve, make up one's mind (*et. or über acc.* on *or* to do *or* that); *parl.* vote; *e-n Antrag* ~ carry a motion, *in assemblies*: pass a resolution.

beschlossen [-'ʃlɔsən] *adj.* agreed, settled; ~**ermaßen** *adv.* as agreed. **Be'schluß** *m* decision, resolution, *Am.* resolve; *jur. (court)* order, decree; *parl. e-n* ~ *fassen* pass a resolution; Ω**fähig** *adj.*: ~ *sein* be (*or* constitute) a quorum; ~e *Anzahl* (*Versammlung*) quorum; *das Haus ist (nicht)* ~ there is a (no) quorum; ~**fähigkeit** *f* (-) quorum; competence; ~**fassung** *f* (-) (passing of a) resolution.

be'schmieren *v/t.* (*h.*) (be)smear; daub (over); grease; tar; spread *bread* (*mit* with), butter; scrawl, scribble (over); → *beschmutzen*. **be'schmutzen** *v/t.* (*h.*) soil, dirty; stain, smudge; bespatter, splash; *fig.* soil, besmirch, sully; → *Nest.* **Be'schneide|hobel** *m bookbinding*:

cutting knife; ~**maschine** *f for paper, etc.*: trimming machine; Ω**n** *v/t.* (*irr., h.*) clip, cut; lop, prune (*trees*); trim (*hedge*); dress (*vine*); pare (*finger-nails*); cut (*books*); vierkantig ~ square (*timber*); circumcise (*child*); *fig.* cut (down), curtail, reduce, *Am.* curb, slash; → *Flügel;* ~**presse** *f* cutting press. **Be'schneidung** *f* (-; -en) clipping, trimming, lopping; circumcision; *el.* cut-off; *fig.* curtailment, cut, reduction.

be'schneit *adj.* snowy, snow--covered (*or* -capped).

be'schnüffeln, be'schnuppern *v/t.* (*h.*) smell *or* sniff (at); *fig. alles* ~ poke one's nose into everything.

beschönig|en [-'ʃøːnigən] *v/t.* (*h.*) colo(u)r; *fig.* gloss over, palliate, extenuate, find excuses for; *er beschönigte nichts* he did not mince matters; ~**end** *adj.* palliative; Ω**ung** *f* (-; -en) palliation, extenuation, excuse.

beschotter|n [-'ʃɔtərn] *v/t.* (*h.*) ballast, gravel, metal; *neu* ~ *rail.* reballast; Ω**ung** *f* (-; -en) metal- (l)ing, ballast(ing).

beschränk|en [-'ʃrɛŋkən] *v/t.* (*h.*) confine, limit, restrict (*auf acc.* to); restrain, curb, narrow; *sich* ~ *auf* **a)** confine o.s. to, **b)** *thing*: be confined, *etc.* to; ~**end** *adj.* restrictive; ~**t** *adj.* limited, confined, restricted; narrow; ~ *sein durch* be bounded by; ~e *Mittel* restricted means; ~e *Sicht* low visibility; ~e *Verhältnisse* straitened (*or* narrow) circumstances; *econ.* ~e *Annahme* conditional acceptance; ~es *Giro* restrictive endorsement; ~e *Haftung* limited liability; ~ *lieferbar* in short (*or* limited) supply; *mentally*: dull, dense, obtuse; narrow--minded, hidebound; ~e *Ansichten* narrow views; Ω**theit** *f* (-) limitedness, restrictedness; narrowness, scantiness; *as to time*: shortness; *fig.* dul(l)ness, stupidity; narrow--mindedness, narrowness; Ω**ung** *f* (-; -en) limitation, confinement; restriction, restrictive measure, restraint (*gen.* upon); curtailment; brevity; ~en *auferlegen* (*dat.*) impose (*or* place) restrictions (up)on; e-e ~ *aufheben* lift a restriction (*or* ban).

be'schreib|en *v/t.* (*irr., h.*) write (up)on, cover (*or* fill) with writing; *fig.* describe *a circle, etc.*, trace; describe, give a description of, characterize; picture, depict, portray; relate; *genau* ~ go into detail (about), particularize, *a. econ. or tech.* specify; *nicht zu* ~ indescribable, past (*or* beyond) all description; ~**end** *adj.* descriptive; Ω**ung** *f* (-; -en) description; representation; depiction, portrayal; *kurze* ~ sketch; outlines *pl.*; account, narration; *econ. or tech.* specification; *es spottet jeder* ~ it beggars all description; *er entsprach der* ~ he answered the description; *Güter jeder Art und* ~ goods of any kind and description. **be'schreiten** *v/t.* (*irr., h.*) walk (*or* tread) on; step over; *fig. e-n Weg* ~ follow a course; *neue Wege* ~ apply new methods; → *Rechtsweg.* **beschrift|en** [-'ʃriftən] *v/t.* (*h.*)

inscribe, letter; mark (*boxes, etc.*), label; Ω**ung** *f* (-; -en) lettering; inscription; legend, caption; *econ.* marking.

beschuhen [-'ʃuːən] *v/t.* (*h.*) shoe (*mostly in p.p.* shod).

beschuldig|en [-'ʃuldigən] *v/t.* (*h.*) accuse (*gen.* of), *esp. jur.* charge (with); *j-n e-r Sache* ~ *a.* impute a th. to a p., blame a p. for a th.; Ω**te(r** *m) f* (-n, -n; -n, -n) accused; Ω**ung** *f* (-; -en) accusation, charge.

be'schummeln *colloq. v/t.* (*h.*) cheat, trick (*um* out of).

Be'schuß *mil. m* (-sses) (gun) fire; *artillery*: *a.* shelling, (*a. phys.*) bombardment; *unter* ~ *halten* keep under fire; *unter* ~ *nehmen* → *beschießen.*

be'schütten *v/t.* (*h.*) *mit et.*: throw (*or* cast) a th. on *or* over; pour *liquid* on (*or* over); *mit Kies* ~ gravel.

be'schütz|en *v/t.* (*h.*) (*vor dat., gegen*) protect, guard, shield, shelter (from); defend (against); watch over; escort (*a. mil.*); Ω**er(in** *f) m* (-s, -; -, -nen) protect|or (*f* -ress), defender; guard; guardian angel; Ω**ung** *f* (-) protection; → *Schutz.*

be'schwatzen *v/t.* (*h.*): *j-n zu et.* ~ persuade a p. to *inf.*, talk a p. into *ger.*; wheedle (*or* coax) a p. into *ger.* **Beschwerde** [bə'ʃveːrdə] *f* (-; -n) burden, hardship; trouble, annoyance; *med.* complaint, trouble, ailment, discomfort; ~*n pl. des Alters* infirmities of old age; complaint (*über acc.* about), protest (against); grievance; *jur.* appeal (from), petition for review; *public*: remonstrance; ~ *erheben or führen* (*gegen acc.*) lodge a complaint (about; *bei* with); (enter a) protest (against), appeal from; *j-m* ~*n machen* give a p. trouble; *food*: disagree with a p.; ~**ausschuß** *m* grievance committee; ~**buch** *n* complaints book; Ω**führend** *jur. adj.* appealing, appellant; ~**führer(in** *f)* m complainant; *jur.* petitioner; ~**punkt** *m* (subject of) complaint, grievance; ~**schrift** *f* plaint, petition (for review); ~**stelle** *f* complaint department (*or* desk); ~**verfahren** *n* appeal procedure (*or* proceedings *pl.*); *patent law*: injunction method.

beschwer|en [-'ʃveːrən] *v/t.* (*h.*) burden, charge (*a. fig.*); weight; *fig.* weigh on, be a load on; *sich* ~ complain (*über acc.* about, of; *bei* to), → *Beschwerde führen;* ~**lich** *adj.* burdensome, onerous; fatiguing; troublesome, annoying; inconvenient, awkward; hard, heavy, difficult; *j-m* ~ *fallen* be a burden to (*or* trouble, inconvenience) a p.; Ω**lichkeit** *f* (-; -en) inconvenience; troublesomeness; difficulty; Ω**ung** *f* (-) load(ing), weight(ing).

beschwichtig|en [-'ʃviçtigən] *v/t.* (*h.*) soothe, appease, pacify; silence (*a. one's conscience*), quiet, hush; Ω**ung** *f* (-; -en) appeasement, pacification; silencing.

be'schwindeln *v/t.* (*h.*) swindle, cheat, trick, *sl.* bamboozle (*um* out of).

beschwingt [-'ʃviŋt] *adj.* winged; *fig.* wing-footed; elated, buoyant, animated; ~e *Melodien* racy melodies, pulsating rhythms.

beschwipst [-'ʃvipst] *adj.* tipsy, mellow, gay, fuddled.

be'schwör|en *v/t.* (*irr., h.*) confirm *a th.* by oath, swear to, take an oath on *or* that; raise, conjure (*spirits*); exorcize, conjure away; *fig.* banish (*danger*); entreat, implore *a p.*; ℒung *f* (-; -en) confirmation by oath, swearing; conjuration; exorcism; imploring, entreaty; ℒungsformel *f* incantation.

beseel|en [-'ze:lən] *v/t.* (*h.*) animate, inspire, fill (*mit* with); ~t *adj.* animated; inspired (*playing, etc.*); soulful (*look*); ℒung *f* (-; -en) animation, inspiration.

be'sehen *v/t.* (*irr., h.*) (*a. sich et.* ~) (have a) look at, view; inspect, examine, look over; → *Licht.*

beseitig|en [-'zaitigən] *v/t.* (*h.*) *generally*: remove; abolish, do away with, get rid of; dispose of (*a. fig.*); secrete, conceal (*assets, documents*); redress (*evil*); remedy (*a wrong*); cure, eliminate (*errors*); clear away, overcome (*obstacles*); settle (*a dispute*); remove, get rid of (*opponent*), (*kill*) do away with, *pol.* liquidate, purge; ℒung *f* (-; -en) removal, disposal, elimination; redress; liquidation, purge.

beselig|en [-'ze:ligən] *v/t.* (*h.*) make happy, fill with bliss; *eccl.* beatify, bless; ~t [-liçt] *adj.* blissful; ℒung *f* (-) bliss, rapture.

Besen ['be:zən] *m* (-s; -) broom; besom; *kleiner* ~ brush, → *Hand*ℒ, *etc.*; *fig. mit eisernem* ~ *auskehren* rule with a rod of iron; *neue* ~ *kehren gut* a new broom sweeps clean; *colloq. ich fresse e-n* ~, *wenn* I'll eat my hat if; ~**binder** *m* broommaker; ℒ**rein** *adj.* well-swept; ~**schrank** *m* broom cabinet; ~**stiel** *m* broom-stick; *colloq. steif wie ein* ~ (as) stiff as a ramrod.

besessen [bə'zɛsən] *adj.* possessed (*von* by); *fig.* obsessed (with); frantic; *wie* ~ *like* mad; ℒe(**r** *m*) *f* (-n, -n; -n, -n) man (woman) possessed; maniac; ℒ**heit** *f* (-) possession; obsession; madness, frenzy.

be'setz|en *v/t.* (*h.*) trim (*dress, etc.*); fur; border; lace; *mit Edelsteinen etc.* set *or* stud with gems, *etc.*; *bot.* plant; *tech.* tamp (*blast-hole*); charge (*furnace*); *mil.* occupy (*country*), garrison (*town*), man (*position, etc.*), take (*enemy position*); populate, people; engage, occupy (*seat*); fill (*office, vacancy*); *thea.* die *Rollen* ~ cast the parts; ~**t** *adj.* occupied (*area, house, room, etc.*); *teleph.* engaged, *Am.* busy; (*full*) crowded, packed, *colloq.* crammed (full); *bus, etc.*: ~! full up!; *mit Diamanten* ~ studded with diamonds; *meine Zeit ist* ~ my time is occupied; *gut* ~**es** *Stück* well-cast play; ℒ**t-zeichen** *teleph. n* "engaged (*Am.* busy)" signal; ℒung *f* (-; -en) occupation; appointment (*gen.* to); filling (*of office, etc.*); staff, personnel; *thea.* cast(ing) (*of parts*), *of the house*: attendance; *sports*: field, team composition; *tech.* charge (*of furnace*); → *Besatz.*

besichtig|en [bə'ziçtigən] *v/t.* (*h.*)

---

view, survey, look over; examine; inspect (*a. mil.*); visit; *zu* ~ *sein* to be on view; ℒung *f* (-; -en) sightseeing, visit (*gen.* to); examination; inspection (*a. mil.*); review; ℒungs-**fahrt** *f* sightseeing tour; *mil., etc.*: tour of inspection.

be'siedel|n *v/t.* (*h.*) colonize, settle; populate; *dicht besiedelt* densely populated; ℒung *f* (-) colonization, settlement; ℒ**ungsdichte** *f* density of population.

be'siegeln *v/t.* (*h.*) seal (*a. fig.*); *sein Schicksal ist besiegelt* his fate is sealed.

be'sieg|en *v/t.* (*h.*) conquer, vanquish; *a. sports*: defeat, beat, whip, *sl.* lick; worst, outdo, *im Laufen* (*Boxen*) *etc.* outrun, (outbox), *etc.*; *fig.* conquer, overcome; *sich für besiegt erklären* give in, throw up the sponge, *Am. sl.* cry uncle; ℒ**er** *m* conqueror, victor; ℒ**te**(**r** *m*) *f* (-n, -n; -n, -n) defeated person, loser; ℒung *f* (-) defeat.

be'singen *v/t.* (*irr., h.*) sing (of); *fig.* sing the praises of, celebrate.

be'sinn|en: *sich* ~ (*irr., h.*) reflect (*über acc.* on), consider; *sich* ~ *auf* (*acc.*) recall, remember, call to mind, hit on; come to think of; *sich anders or e-s anderen* ~ change one's mind; *sich e-s Besseren* ~ think better of it; *sich hin und her* ~ rack one's brain; *ohne sich* (*lange*) *zu* ~ without thinking twice; *on the spur of the moment*; ~ *Sie sich mal!* try to remember!, think back!; ~**lich** *adj.* thoughtful, reflective, contemplative; *book, etc.*: contemplative, thought-provcking; profound; *ein heiter-~er Film* a film of whimsically contemplative content.

Be'sinnung *f* (-) reason; reflection; consideration; stock-taking; consciousness; *Stunde der* ~ hour of meditation; *bei* ~ *bleiben* retain one's consciousness, *fig.* keep a cool head; *die* ~ *verlieren* lose consciousness, faint, *fig.* lose one's head; (*wieder*) *zur* ~ *kommen* recover consciousness, come to, *fig.* come to one's senses; *j-n zur* ~ *bringen fig.* bring a p. to his senses; ℒ**slos** *adj. med.* unconscious, insensible; *fig.* insensate, senseless; blind; ~**slosig-keit** *f* (-) unconsciousness; *fig.* senselessness, blindness.

Besitz [bə'zits] *m* (-es) possession (*gen., an dat., von* of); *concrete*: possession(s *pl.*); property, estate; *of land*: *a.* tenure, holding; *of shares, securities*: holdings *pl.*; *im* ~ *sein von* be in possession of, be the holder of, hold; *in* ~ *nehmen,* ~ *ergreifen von* take possession of, *von j-m*: take hold of a p.; *in den* ~ *e-r Sache gelangen* come into possession of *a th.*; obtain possession of, get hold of; *in j-s* ~ *übergehen* pass into a p.'s hand; *econ. im* ~ *Ihres Schreibens* in receipt of your letter; *in staatlichem* ~ state-owned; ~**anspruch** *m* claim of ownership; *jur.* possessory title; ℒ**anzeigend** *gr. adj.* possessive; ~**es** *Fürwort* possessive (pronoun); ~**dauer** *f* tenure.

be'sitzen *v/t.* (*irr., h.*) possess, be in possession of; own, hold, be holder of, have; be endowed with,

---

have (*talent, etc.*); be provided (*or* equipped) with; boast *a th.*; *die* ~**den Klassen** the propertied classes.

Be'sitzer(in *f*) *m* (-s, -; -, -nen) possessor, holder; occupant; owner; propriet|or (-ress *f*); *den* ~ *wechseln* change hands.

Be'sitz...: ~**ergreifung** *f* taking possession (*von* of), entry (upon); occupation; *forcible*: seizure; *wrongful*: usurpation; ℒ**erisch** *adj.* possessive; ℒ**erlos** *adj.* abandoned; ~**instinkt** *m* possessive instinct; ~**klage** *f* possessory action; ℒ**los** *adj.* unpropertied; ~**nahme** [-nɑːmə] *f* (-) → *Besitzergreifung*; ~**recht** *n* possessory right; ~**stand** *m* (-[e]s) ownership, possessory title; *econ.* assets *pl.*; ~**störung** *f* trespass; private nuisance; ~**titel** *m* possessory title; title-deed; ~**tum** *n* (-s; ~er) possession(s *pl.*), property, estate; ~**übertragung** *f* conveyance (*or* transfer) of title; ~**ung** *f* (-; -en) → *Besitztum*; *bsd. pol.* possessions; ~**urkunde** *f* title-deed; ~**wechsel** *m* change of ownership.

besoffen [-'zɔfən] *vulg. adj.* (dead) drunk, tight, *sl.* plastered; *total* ~ drunk as a lord, roaring drunk, *Am. sl.* stinko; ℒ**heit** *f* (-) drunkenness.

be'sohlen *v/t.* (*h.*) sole; *mot.* retread (*tyres*); *neu* ~ resole.

besold|en [-'zɔldən] *v/t.* (*h.*) pay, (pay a) salary; ~**et** *adj.* salaried; stipendiary.

Be'soldung *f* (-) pay, salary; ~**s-dienstalter** *n* pay seniority; ~**s-ordnung** *f* pay regulations *pl.*; ~**s-stelle** *f* cashier's (*or* paymaster's) office; ~**swesen** *n* (-s) pay and allowance system.

besonder [bə'zɔndər] *adj.* particular, special; specific, peculiar; distinct(ive); separate; singular, unique; exceptional; ~e *Kennzeichen* distinctive marks; ~e *Wünsche* individual wishes; *ohne* ~e *Begeisterung* without any marked enthusiasm; ℒ**e(s)** *n* (-n): *et.* ~ **a)** something apart, **b)** something special (*or* out of the common, out of the way); *nichts* ~**s** nothing unusual *or* out of the way, *contp.* nothing to write home about; *im* ~**n** in particular, above all; *das* ~ *daran ist* the remarkable thing about it is; ℒ**heit** *f* (-; -en) particularity, characteristic, special feature (*or* quality); peculiarity, individuality; *esp. econ.* speciality, *Am.* specialty; ~**s** *adv.* especially, particularly, in particular; above all; chiefly, mainly; separately, apart; exceptionally, singularly; expressly, specially; *nicht* ~ (*schön*) not so very beautiful, *sl.* not so hot; *ich bin nicht* ~ *zufrieden damit* I am not overpleased with it.

besonnen [-'zɔnən] *adj.* sensible, sober, level-headed; prudent, circumspect, cautious; discreet; ℒ**heit** *f* (-) considerateness, soberness; composure, self-possession; prudence, caution; presence of mind.

be'sonnt *adj.* sunny, sunlit.

be'sorg|en *v/t.* (*h.*) apprehend, fear; get (*j-m et. a p. a th., a th. for a p.*), procure (*a th. for a p.*), provide *or* supply (*a p. with a th.*); *j-m e-e*

Stelle ~ find a p. a job; take care of, look after; attend to, see to; handle; undertake; carry out (*orders*); conduct *or* manage (*a p.'s affairs*); manage, run (*household*); post (*letters*); do; *colloq.* dem habe ich es besorgt I gave him what for; Ջnis *f* (-; -se) apprehension, fear, alarm, concern, anxiety (*über acc.* about, at; *um* for); ~se *pl.* misgivings; *ernste* ~ grave concern; ~ erregen cause (*or* give rise to) concern; *in* ~ *geraten* get alarmed; ~niserregend *adj.* alarming, disquieting; ~t [-kt] *adj.* alarmed (*um* for; *wegen* at, about); uneasy, worried, concerned (about); anxious, solicitous (*um* for, about); Ջtheit *f* (-) anxiety, uneasiness, concern; solicitude (*um* about); Ջung *f* (-; -en) care, attention; procurement, provision; performance, handling; errand, commission; management, conduct (*of business*); ~en machen go shopping.

be'spann|en *v/t.* (*h.*) put (the horses) to; *mus.* string; *mit Stoff* ~ cover with fabric; ~t *adj.* horse-drawn; Ջung *f* (-; -en) team (of horses); (covering) fabric; *aer.* wing covering.

be'speien *v/t.* (*irr., h.*) spit (*acc.* at, on).

be'spicken *v/t.* (*h.*) lard; *fig.* bespickt mit full of, larded *or* bristling with.

be'spiegeln: *sich* ~ look at o.s. (*or* admire o.s.) in a mirror; *fig.* admire o.s.

be'spitzeln *v/t.* (*h.*) spy on a p.

be'spötteln *v/t.* (*h.*) ridicule; scoff (*or* mock, gibe) at.

be'sprech|en *v/t.* (*irr., h.*) discuss, talk *a th.* over; arrange, agree (up)on; cure *a disease* by magic, conjure away; review (*a book*); *thea., etc.*: criticize, comment (up)on; make a recording on (*disc, tape*); *sich* ~ *mit* confer *or* consult with (*über acc.* about), deliberate (*über acc.* on); Ջer(in *f*) *m* (-s, -; -, -nen) reviewer (*of books, etc.*); Ջung *f* (-; -en) discussion, talk; conference, interview; deliberation; negotiation; review (*of book*); *thea., etc.*: critique; commentary; charming *or* conjuring away; recording; Ջungs-anlage *f* sound pickup outfit; Ջungs-exemplar *n* reviewer's copy; Ջungsraum *m* conference room; *radio:* (sound) studio.

be'sprengen *v/t.* (*h.*) sprinkle, spray.

be'spritzen *v/t.* (*h.*) squirt at; spray; (be)spatter, splash.

be'spucken *v/t.* (*h.*) spit at *or* (up)on.

be'spulen *el. v/t.* (*h.*) load.

be'spülen *v/t.* (*h.*) wash (against *shore, etc.*); beat (*or* ripple) against (*rocks*); rinse.

besser ['bɛsər] *adj. and adv.* better; improved; superior; better-class, respectable (*family, etc.*); um so ~ all the better; ~ *gesagt* *or* rather, properly speaking; ~ *als nichts* better than nothing, *Am. colloq.* better than a kick in the pants; je eher, desto ~ the sooner, the better; ~ *ist* ~ (it is best) to be on the safe side; let's play it safe; → *Hälfte*;

~ *sein als* be better than, be superior *or* preferable to *a th.*; *et.* ~ machen make better, improve; es ~ können do better (*als* than); ~ werden improve; es ~ wissen know better; es geht ihm heute ~ he is better today; es geht ~ things are looking up; er hat es ~ als ich he is better off than I; ich täte ~ (daran) zu gehen I had better go; er ist nur ein ~er Friseur he is merely a better sort of (*or* a glorified) barber; Ջe(s) *n* (-n) something better (*or* superior); ~s leisten do better; *j-n e-s* ~n belehren set a p. right, open a p.'s eyes; → besinnen; Sie könnten nichts ~s tun you could not do better; → *Wendung*; ich habe ~s zu tun I have other fish to fry.

'bessern *v/t.* (*h.*) (make) better, improve; ameliorate; *morally:* reform; *sich* ~ grow better, improve; change for the better; *morally:* amend, reform, mend one's ways, turn over a new leaf, *as to health:* recover, improve (*a. econ. market*); *econ. prices:* advance, rise, gain; *weather:* clear up, brighten.

'Besserung *f* (-; -en) amelioration, improvement; change for the better; *morally:* amendment, reform; *jur.* reformation (*of convicts*); *med.* improvement (in a p.'s health), recovery; *econ.* improvement, recovery; *of prices:* advance, rise, gain; *auf dem Wege der* ~ convalescing, on the way to recovery, on the mend; *gute* ~! I wish you a speedy recovery!; ~sanstalt *f* corrective institution; *for juveniles:* reformatory, *Brit. a.* approved school, *Am. usu.* reform school; Ջsfähig *adj.* improvable; ~smaßregel *jur. f* corrective measure.

'Besserwisser *m* (-s;-) know-all, prig, *sl.* smart aleck.

best [bɛst] *adj. and adv.* best (*a. econ. price*); am ~en best; im ~en Falle at best, at the most; aufs ~e, ~ens in the best (possible) manner *or* way; ~ens! fine!; auf dem ~en Wege sein zu *inf.* be well on the (*or* in a fair) way to *inf.*; der erste ~e the first comer; im ~en Alter in the prime of life; in ~em Zustand in prime condition; nach ~en Kräften to the best of one's power; → *Wissen, Willen*; zum ~en geben **a)** oblige with *a song,* **b)** tell *or* relate *a story*; j-n zum ~en haben make fun of a p., pull a p.'s leg, hoax a p.; sich von der ~en Seite zeigen show o.s. (*or* be) at one's best; es wäre am ~en, wenn ich jetzt ginge I had best go; empfehlen Sie mich ~ens! remember me most kindly!; ich danke ~ens! **a)** thank you very much, **b)** I would rather be excused, *contp.* thank you for nothing; Ջe(s) *n* (-n; -n) the best (thing); das ~e, die ~en *pl.* the pick (of the bunch), the cream, the flower; zu Ihrem ~en in your interest, to your advantage; zum ~en der Armen for the benefit of the poor; es ~ens geben do one's best; das ~e herausholen make the best of it.

bestell|en [bə'ʃtɛlən] *v/t.* (*h.*): j-n ~ in (*dat.*) install a p. in, appoint a p. to, invest a p. with *an office*; Ջung *f*

(-; -en) appointment, installation; Ջungsurkunde *f* certificate of appointment.

Be'stand *m* (-[e]s; ⁓e) existence; continuance, duration; stability, durability; consisten|ce, -cy; *a.* Bestände *pl.* (physical) stock, supply, store(s *pl.*), resources *pl.*; livestock; (sheep, cattle, swine, *etc.*) population (*of a country*); *agr.* crop, *Am. a.* stand; stock of trees, stand; tree population; *econ.* stock on hand, *balance-sheet:* inventory; cash (*or* balance) in hand, *of a bank:* cash (*or* liquid) assets *pl.*; *of securities:* holdings *pl.*; *of capital:* assets *pl.*; *of vehicles:* rolling stock, fleet; *mil.* (effective) strength; *von* ~ *sein,* ~ *haben* be durable, last (*or* be lasting), endure; ~ *aufnehmen* take stock (of); Ջen *adj.* successful (*examination*), *pred.* passed; mit Bäumen ~ covered (*road:* lined) with trees.

be'ständig *adj.* constant, steady; unchanging, invariable, unvarying; lasting, permanent, stable; constant, continual, persistent; persevering, persistent; steadfast, sta(u)nch (*friend, etc.*); *meteor.* settled; *on barometer:* set fair; *tech.* resistant; → feuer~, hitze~ *etc.*; fast (*colours*); *econ.* steady, stable (*demand, stock exchange, etc.*); ~e Valuta stable currency; Ջkeit *f* (-) constancy, steadiness; invariability; permanence, durability; continuance; perseverance; steadfastness, persistency, stability; resistence.

Be'stands...: ~aufnahme *f* stocktaking (*a. fig.*), *Am.* (physical) inventory; ~buch *n* stock-book; ~erhebung *f* survey; ~liste *f* stock list, inventory; ~meldung *f* stock report; ~prüfung *f* stock check.

Be'standteil *m* component, constituent (part); ingredient; element; wesentlicher ~ essential part; part, member; die festen ~e des Eis egg solids *pl.*; sich in s-e ~e auflösen disintegrate.

be'stärk|en *v/t.* (*h.*) j-n: confirm, strengthen, fortify, encourage, support *a p.* (in *dat.* in); *et.:* reinforce, lend force to *a th.*; confirm, corroborate, support; Ջung *f* (-) confirmation; strengthening; encouragement; support.

bestätig|en [bə'ʃtɛːtigən] *v/t.* (*h.*) confirm; certify, attest; legalize; *jur.* confirm, uphold (*judgment*); probate (*last will*); j-n (im Amt) ~ confirm a p., ratify the appointment of a p.; corroborate, bear out; verify (*statement, etc.*); approve, endorse; authorize; ratify (*contract, law*); validate; *econ.* confirm (*orders*); acknowledge (*receipt of*); *sich* ~ be confirmed, prove (*or* come) true; ~end *adj. and adv.* affirmative(ly), approving(ly); Ջung *f* (-; -en) confirmation; attestation; corroboration; endorsement; verification; ratification; acknowledgement; probate; Ջungsschreiben *n* letter of confirmation.

bestatt|en [bə'ʃtatən] *v/t.* (*h.*) bury, inter; cremate; Ջung *f* (-; -en) burial, funeral, interment; cremation; → Beerdigungs...

be'stäub|en v/t. (h.) cover with dust; agr., etc.: dust, spray; bot. pollinate; 2ung f (-) dusting, spraying; bot. pollination; 2ungsmittel n spray.

be'staunen v/t. (h.) gaze at in wonder, marvel (or gape) at.

be'stech|en v/t. and v/i. (irr., h.) bribe, corrupt, colloq. grease (a p.'s palm), Am. a. buy (off); jur. embrace (jury), suborn (witnesses); sich ~ lassen take bribes, be open to bribery; fig. fascinate, impress; ~end adj. brilliant, fascinating, impressive; ~lich adj. bribable, corrupt (-ible), venal; pred. open to bribery; 2lichkeit f (-) corruptibility, venality; 2ung f (-; -en) bribery, corruption; aktive ~ offer of bribe to public officer; passive ~ taking of bribes, bribery; 2ungsgeld n bribe; hush-money; 2ungsversuch m attempt at bribery.

Besteck [bə'ʃtɛk] n (-[e]s; -e) med. set of (surgical) instruments; (set of) knife, fork and spoon; (complete set of) cutlery; ~e pl. cutlery, silverware; sechsteiliges ~ six-piece set; tech. set of tools; mar. reckoning; gegißtes ~ (ship's position found by) dead reckoning; das ~ machen prick the chart.

be'stecken v/t. (h.) stick or prick (mit with); garnish; bot. plant (mit with).

be'stehen I. v/t. (irr., h.) undergo, endure, go through a th.; get over, overcome (dangers); resist; den Kampf ~ come off victorious, emerge as winner; stand (the test); pass (an examination); e-e Prüfung nicht ~ fail in an examination; weather (crisis, storm); **II.** v/i. (irr., h.) be, exist, be in existence; ~ von subsist or live on food; continue, last, endure; (noch) ~ remain, be extant, (have) survive(d); law, etc.: be in force, operate; ~ aus (dat.) be made (or composed) of, consist of; ~ in (dat.) consist in, lie in; ~ auf (dat.) insist (up)on, persist in, make a point of; stand on (one's right); gegen j-n ~ stand one's ground, hold one's own (against a p.); ~ bleiben hold good, stand; er bestand unerbittlich darauf he was adamant (on it); sie besteht auf ihrer Ansicht she sticks to her opinion (or to her guns); diese Marke kann neben unserem Erzeugnis nicht ~ this brand cannot compare with our make; **III.** 2 n (-s) existence; continuance, duration; overcoming (dangers); passing (an examination); (j-s) ~ auf (acc.) insistence (by a p.) on; seit ~ unserer Firma ever since our firm was established; ~d adj. existing; present, current; prevailing; prices: a. ruling; noch ~ extant, surviving.

be'stehlen v/t. (irr., h.) rob, steal from.

be'steig|en v/t. (irr., h.) ascend, climb (up), conquer (mountain); mount (horse, etc.); (go on) board (of a ship); enter, board (car, etc.); ascend (the throne), 2ung f (-; -en) ascent, conquest; accession (to the throne).

Bestell|bezirk [bə'ʃtɛl-] m postal district; ~buch econ. n order-book;

2en v/t. (h.) order, econ. a. give (or place) an order for; subscribe to (newspaper); book, Am. reserve, ask for reservation of (room, seat, etc.); jur. a) appoint (guardian, etc.), b) create (mortgage, right, etc.); ask a p. to come, send for, make an appointment with; appoint (zum Statthalter etc. governor, etc.); attend to, carry out (orders); deliver (letters); give (greetings, regards); agr. till, cultivate (fields); → Haus; econ. bestellt sein be on order; es ist schlecht um ihn (darum) bestellt he (it) is in a bad way or sorry state; haben Sie et. an ihn zu ~? have you any message for him?; colloq. er hatte nichts gegen ihn zu ~ he was no match for him; ~er m (-s; -) orderer; customer, buyer; subscriber (of newspaper); deliverer; ~gebühr f, ~geld n charge for delivery, carrier's fee; postage; for newspapers: postal subscription fee; ~liste f order list; ~nummer f reference number; ~schein m order form; ~ung f (-; -en) agr. cultivation, tillage; delivery (of letters, etc.); message; appointment (gen. with); appointment (zum to the post of); order (von or gen. for), commission, indent; subscription (gen. to newspaper); booking; auf ~ arbeiten (anfertigen) work (make) to order; auf ~ gemacht made to order, Am. custom-made; ~en machen give orders, econ. place orders (auf acc. for; bei with); ~zettel econ. m order form (or slip).

'bestenfalls adv. at best; at the most.

'bestens adv. → best.

be'steuer|bar adj. taxable, assessable; ~n v/t. (h.) impose or levy a tax (or duty) on, tax; assess (mit at); zu hoch ~ overtax; 2ung f (-; -en) taxation, assessment; 2ungsfähigkeit f (-) taxable capacity; 2ungsfreigrenze f tax immunity limit; 2ungsgrenze f limit of taxation.

bestial|isch [bɛsti'ɑ:liʃ] adj. bestial, brutish; atrocious, heinous; colloq. awful; 2ität f (-) bestiality; atrocity.

be'sticken v/t. (h.) embroider.

Bestie ['bɛstiə] f (-; -n) beast; fig. (person) bestial person, beast, brute.

bestimm|bar [bə'ʃtimbɑ:r] adj. determinable, definable, ascertainable; ~en I. v/t. (h.) determine, decide; fix, appoint, set (time, etc.); fix (place, price); direct, prescribe, order, ordain; law: lay down, provide; ascertain, a. chem., phys., etc. determine; pin-point; med. diagnose; evaluate; define; et. näher ~ specify; in advance: predestine, predestinate; choose, designate; j-n zu, für: destine (or intend) a p. for, et.: a. earmark a th. for; j-n ~ et. zu tun determine (or arrange for, direct) a p. to do a th., prevail on a p. to do a th., talk a p. into (doing) a th., induce (or motivate) a p. to do a th.; sich von et. ~ lassen be determined (or influenced, swayed) by a th; **II.** v/i.: über et. (acc.) ~ dispose of a th., have a th. at one's disposal, be master of a th.;

~end adj. determinant; decisive; gr. determinative.

be'stimmt I. adj. appointed, fixed, stated, specified; fatefully: destined (zu for); certain; math. determinate (equation); strict, exact, precise; (a. gr.) definite; clear, distinct, well-defined; decided, determined; firm, resolute, peremptory; industrially, etc., minded; ~ sein für or zu be intended (or meant, destined) for, thing: a. be earmarked for, be directed to; mar., etc.: ~ nach bound for; certain, sure; **II.** adv. certainly, surely, without doubt; for certain; ganz ~ (most) decidedly, positively; without fail; et. ~ wissen be positive about a th., know a th. for sure; er kommt ~ he is sure to come; er wird ~ gewinnen he is safe to win; 2heit f (-) determination, firmness; exactitude, accuracy, precision; certainty, positiveness; strictness; mit ~ a) certainly, definitely, positively, b) confidently, c) emphatically, categorically.

Be'stimmung f (-; -en) decision, determination; place: destination; appointment, fixing (of date, etc.); designation (of purpose); disposition; determination; chem. a. analysis; definition (of term, etc.); evaluation; med. diagnosis; nähere ~ specification, particulars pl.; gr. attribute; regulation, direction, rule; of contract: term, stipulation, clause; provision (of law, will, etc.); vocation, mission; destiny, fate.

Be'stimmungs...: ~gleichung math. f conditional equation; 2gemäß adj. and adv. as directed (or agreed); ~größe f defining quantity; ~hafen m port of destination; ~land n country of destination; ~ort m (place or point of) destination; ~satz gr. m determinative clause; ~zweck m designation.

bestirnt [bə'ʃtirnt] adj. starry.

'Bestleistung f record, best (or peak) performance; best mark (or time).

'bestmöglich adj. best possible; optimum.

be'stoßen v/t. (irr., h.) damage, mar; tech. smooth, trim; rough-plane; rough-file; typ. dress.

be'straf|en v/t. (h.) punish (wegen, für for; mit with); jur. a. sentence (mit to), a. sports: penalize; chastise; castigate; Zuwiderhandlungen werden bestraft violations will be prosecuted; 2ung f (-; -en) punishment; penalty; esp. sports: penalization; jur. a. prosecution.

be'strahl|en v/t. (h.) shine (up)on; irradiate (a. med.); 2ung f (-; -en) irradiation; exposure to radiation; med. ray treatment (or therapy); radiotherapy; 2ungslampe f radiation lamp.

be'streb|en: sich ~ (or bestrebt sein) zu inf. endeavo(u)r (or strive) to inf.; make an effort to inf.; aim at ger.; be anxious or eager to inf.; 2ung f (-; -en) endeavo(u)r, effort, attempt, aspiration.

be'streichen v/t. (irr., h.) spread (over), smear; coat, paint (mit

with); *mit Butter* ~ butter; *mit Fett (Öl)* ~ grease (oil), lubricate; *mil. (mit Feuer)* ~ rake, sweep.
bestreikt [-'ʃtraikt] *adj.* struck, strikebound.
be'streit|bar *adj.* contestable, disputable, challengeable; ~**en** *v/t.* (*irr.*, *h.*) contest, dispute, challenge; deny; doubt; defray, bear, pay (for) (*expenses, etc.*); cover, meet; supply (*wants*); fill (*programme*); *sie bestritt die Unterhaltung allein* she did all the talking; 2**ung** *f* (-) contestation; argument; defrayal, payment.
be'streuen *v/t.* (*h.*) strew (*mit* with), cover; *mit Kies* ~ gravel; *cul.* sprinkle (*mit* with); *mit Mehl* ~ dredge, powder; *mit Zucker* ~ sugar; *mit Pfeffer* ~ pepper.
be'stricken *v/t.* (*h.*) *fig.* ensnare; charm, fascinate, bewitch; ~**d** *adj.* fascinating, bewitching, seductive.
bestück|en [bə'ʃtykən] *v/t.* (*h.*) arm (with guns); 2**ung** *f* (-) armament, guns *pl.*
Be'stuhlung *f* seating, seats *pl.*
be'stürm|en *v/t.* (*h.*) storm, assail, assault; *fig. mit Bitten* ~ assail (*or* beset) with requests, implore; *mit Fragen* ~ assail (*or* ply, overwhelm) with questions; *diese Gedanken bestürmten mich* all these thoughts thronged in upon me; 2**ung** *f* (-) storming (*gen.* of), assault (on).
be'stürz|en *v/t.* (*h.*) dismay, startle, take *a p.* aback; ~**t** *adj.* dismayed (*über acc.* at); dum(b)founded, thunderstruck, taken aback; perplexed, confused; ~ *dastehen* stand aghast; *e-e* ~*e Miene machen* look aghast; 2**ung** *f* (-) dismay, alarm, consternation.
'Bestwert *m* optimum value.
Besuch [bə'zu:x] *m* (-[e]s; -e) visit (*gen., bei, in dat.* to); call (*bei* on; *in dat.* at); frequentation (*gen.* of *restaurant, etc.*); attendance (at *meeting, school, etc.*); stay; visit (*gen.* to); visitor(s *pl.*), company; attendance; *auf or zu* ~ on a visit; *e-n* ~ *machen* (*bei*) pay a visit (to) *or* call (on); 2**en** *v/t.* (*h.*) go (*or* come) to see *a p.*; visit, pay a visit (to); call on, drop in on, look *a p.* up; visit, resort to (*a place*); *habitually:* frequent; patronize; go to, attend (*lecture, meeting, school, etc.*); *ich habe ihn besucht* I have been to see him; *gut (schwach) besucht* well (poorly) attended; *der Ort wird viel besucht* the place is much frequented; ~**er(in** *f*) *m* (-s, -; -, -nen) visitor (*gen.* to); caller; guest; frequenter, habitué (*Fr.*); sightseer; spectator(s *pl.*), *pl. a.* audience; cinema-goer, theatre-goer; ~**er-liste** *f* visiting list; ~**erzahl** *f* number of visitors, attendance; ~**s-karte** *f* (visiting) card; ~**s-tag** *m* (regular) visiting-day; *of lady:* at--home (day); ~**szeit** *f* visiting hours *pl.*; ~**szimmer** *n* drawing room, *Am.* parlor.
be'sudeln *v/t.* (*h.*) dirty, soil; scrawl (*or* scribble) over *or* on; *fig.* (be)foul, besmirch; sully; defile.
betagt [-'ta:kt] *adj.* aged, advanced (*or* stricken) in years.
be'takeln *mar. v/t.* (*h.*) rig.

be'tast|en *v/t.* (*h.*) touch, feel, finger; *med.* palpate; *colloq.* paw; 2**ung** *f* (-; -en) touch(ing); *med.* palpation.
Betastrahlen ['be:ta-] *phys. m/pl.* beta rays.
be'tätig|en *v/t.* (*h.*) *tech.* manipulate; set in motion (*or* going); actuate, operate (*brake, etc.*); control; *sich* ~ bestir (*or* busy) o.s.; *sich* ~ *an or* bei participate in, take an active part in; *sich* ~ *als* act (*or* be active, work) as; 2**ung** *f* (-; -en) manifestation, display; activity, work; (active) participation; *körperliche* ~ physical exercise; *tech.* actuation, operation; control; 2**ungsfeld** *n* sphere of activity; field (of action); 2**ungshebel** *m* operating (*or* control) lever.
betäub|en [-'tɔʏbən] *v/t.* (*h.*) *by noise:* deafen, din, stun; *by a blow, etc.: a. fig.* stun, daze; render insensible; drug; stupefy (*a. fig.*); *med.* an(a)esthetize, narcotize; (be-) numb (*muscles, etc.*); deaden (*nerves, pain*); blunt, dull; drug *one's conscience, sorrow, etc.*; *with drink:* drown; *sich* ~ divert o.s.; ~**end** *adj.* deafening (*noise*); stunning *blow* (*a. fig.*); *med.* an(a)esthetic, narcotic (*a. smell*); pain--killing, analgesic; 2**ung** *f* (-; -en) deafening; stunning; state of insensibility; *med.* **a)** narcotization, an(a)esthetization, **b)** (*condition*) narcosis, an(a)esthesia; *örtliche* ~ local an(a)esthesia; coma; torpor; numbness; deadening, soothing (*of nerves*); lethargy; stupefaction; distraction; 2**ungsmittel** *n* narcotic, an(a)esthetic.
be'tau|en *v/t.* (*h.*) *and sich* ~ bedew; ~**t** *adj.* dewy.
Bete ['be:tə] *bot. f* (-; -n) beetroot.
beteilig|en [bə'tailigən] *v/t.* (*h.*): *j-n* ~ give a p. a share *or* interest (*an dat., bei dat.* to, in); *econ. a.* make a p. a partner; *sich* ~ *an dat. or bei* take part (*or* participate) in; join in, enter; contribute to; cooperate in; *beteiligt sein an* be interested (*or* concerned) in, *econ.* have an interest (*or* share) in; share in profits; be involved in; *jur.* be a party to (*a cause or an offence*); 2**te(r** *m*) [-çtə(r)] *f* (-n, -n; -n, -n) participant; party (in interest), person concerned *or* involved; partner, associate; *jur.* party to an offence *or* cause; 2**ung** [-guŋ] *f* (-; -en) (*an dat., bei dat.* in) participation (*a. econ. and jur.*), partnership; share, interest (*all a. econ.*); investment; holdings *pl.*; *maßgebliche* ~ control(l)ing interest; *tätige* ~ active share; (*number*) attendance; *in elections, etc.: a.* turn-out; cooperation; *sports:* participation, entry; support (of), contribution (to); 2**ungsfonds** *m* participation fund; 2**ungsgesellschaft** *f* associated company; 2**ungsquote** *f* quota, share.
beten ['be:tən] **I.** *v/i.* (*h.*): (*zu Gott*) ~ pray (to God); say one's prayer; *at table:* say grace; *um et.* ~ pray for a th.; **II.** *v/t.* (*h.*): *das Vaterunser* ~ say the Lord's prayer; → *Rosenkranz.*
beteuer|n [bə'tɔʏərn] *v/t.* (*h.*) pro-

test (*s-e Unschuld* one's innocence; *daß* that); swear (*zu inf.* to *ger.*); assert, aver; assure of, affirm (solemnly); 2**ung** *f* (-; -en) protestation; assertion; solemn declaration; *jur.* eidesgleiche ~ affirmation (in lieu of oath).
betiteln [bə'ti:təln] *v/t.* (*h.*) entitle; give a title to, name; call, style; *betitelt sein* be (en)titled, bear the title of.
Beton [be'tɔŋ] *m* (-s; -s) concrete; *armierter* ~ reinforced concrete; *gegossener* ~ cast concrete; *gestampfter* ~ rammed concrete; ~**bauweise** *f* concrete construction.
betonen [bə'to:nən] *v/t.* (*h.*) stress, accent(uate); *fig.* stress; emphasize, declare emphatically, underline; → *betont.*
Betonie [be'to:niə] *bot. f* (-; -n) betony.
betonier|en [beto'ni:rən] *v/t.* (*h.*) (build with) concrete; 2**en** *n* (-s), (*a.* 2**ung** *f* [-; -en]) concreting, concrete work.
Be'ton...: ~**mischmaschine** *f* concrete mixer; ~**platte** *f* concrete slab.
betont [bə'to:nt] **I.** *adj. gr.* stressed; *fig.* emphatic, insistent; *mit* ~*er Höflichkeit (Gleichgültigkeit)* with studied politeness (unconcern); ~ *einfach* insistently simple; **II.** *adv.* emphatically, insistently.
Be'tonung *f* (-; -en) accentuation; *of syllables:* stress, emphasis (*both a. fig.*); intonation; *die* ~ *liegt auf der zweiten Silbe* the stress is on the second syllable.
betör|en [-'tø:rən] *v/t.* (*h.*) befool; delude, beguile; infatuate, bewitch, turn *a p.'s* head; ~**des Lächeln** seductive smile; 2**ung** *f* (-; -en) infatuation; delusion.
Betracht [bə'traxt] *m* (-[e]s): et. *außer* ~ *lassen* leave a th. out of consideration (*or* account), set a th. aside, disregard a th.; *außer* ~ *bleiben* be out (of the question); *in* ~ *kommen* **a)** come into question, **b)** be concerned (*or* involved), **c)** be eligible *or* qualified; *in* ~ *ziehen* **a)** consider, take into consideration (*or* account), **b)** allow (*or* make allowance) for; 2**en** *v/t.* (*h.*) (have a) look at; view (*a. fig.*); inspect, examine; *j-n prüfend* ~ look a p. over, size a p. up, scrutinize a p.; observe, watch; contemplate, reflect on; ~ *als regard or* look (up)on as, ~ consider; *genau betrachtet* strictly speaking; ~**er(in** *f*) *m* (-s, -; -, -nen) viewer, onlooker, spectator.
beträchtlich [-'trɛçtliç] *adj.* considerable, important, substantial; ample; heavy (*costs, losses*); *sein Auftreten erregte* ~*es Aufsehen* his appearance caused quite a stir.
Be'trachtung *f* (-; -en) view (*gen.* of), inspection; contemplation; meditation; consideration (of), reflection (on); study; *bei näherer* ~ looked at more closely; *in* ~ *versunken* lost in contemplation, absorbed; ~*en anstellen* reflect (*über acc.* on); ~**sweise** *f* approach (*gen.* to).
Betrag [-'tra:k] *m* (-[e]s; ~e) amount, sum; (sum) total, aggregate; *bookkeeping:* item; value (*a. cheque*);

im ‿*e von* amounting to, to the amount of; *receipt*: ‿ *erhalten* payment (*or* value) received.
be'tragen I. *v/t.* (*irr., h.*) amount (*or* come) to, run (up) to; total, aggregate; *wieviel beträgt die Rechnung?* how much is the bill?, what does the bill run to?; **II.** *v/refl. sich* ‿ behave (o.s.), conduct (*or* deport) o.s.; *sich* ‿ *gegen* (*acc.*) behave *or* (show o.s.) towards; *sich schlecht* ‿ misbehave; **III.** ℒ *n* behavio(u)r, conduct.
be'trauen *v/t.* (*h.*): *j-n mit et.* ‿ entrust (*or* charge) a p. with a th.; *mit e-m Amt* ‿ appoint to an office; *betraut mit* entrusted with, in charge of.
be'trauern *v/t.* (*h.*) mourn for *a p.*; mourn *or* deplore (the loss of).
Betreff [-'trɛf] *m* (-[e]s; -e): *in* ‿ *or* ℒ*s* (*gen.*) with (*or* in) regard *or* respect to; concerning; as to; *in letters* (*abbr. Betr.*): re:, subject:; *jur.* in re, in the matter of; *der im* ‿ *erwähnte Auftrag* referenced order; ℒ*en* *v/t.* (*irr., h.*) *disaster, etc.*: befall, come upon, visit; *fig.* affect, touch; concern; *matter*: a. apply to; refer *or* relate to; deal (*or* be concerned) with; *was mich betrifft* as for me, as far as I am concerned; *was das betrifft* as for that, for that matter; → *betroffen*; ℒ*end* *adj.* concerning, regarding, respecting; → *Betreff*; *das* ‿*e Geschäft* the business in question *or* referred to; *die* ‿*e Person* the person concerned; said; *matter* in hand, under consideration; respective; relevant; proper, competent.
be'treiben *v/t.* (*h.*) hasten, urge on, push forward *or* ahead; prosecute, follow up; carry on (*business*); manage, run (*enterprise, etc.*); follow, practise (*profession*); pursue (*policy, studies, trade*); cultivate (*arts*); **Be'treiben** *n* (-s) carrying on; management; → *Betrieb*; pursuit (*of profession, policy, studies*), cultivation (*of arts*); *auf sein* ‿ at his instigation.
be'treten[1] *v/t.* (*irr., h.*) step (*or* tread) on; set foot on *or* in; enter (*room*); cross (*threshold*); trespass on; ℒ *verboten!* keep off!, no trespassing!, no entrance!, *mil. Brit.* out of bounds, *Am.* off limits.
be'treten[2] *adj.* beaten (*track*); *fig.* confused, embarrassed, awkward; *mit* ‿*em Lächeln* with a sheepish grin.
betreu|en [-'trɔyən] *v/t.* (*h.*) care for, have the care of; attend to, look after, nurse; assist, relieve; be in charge of, supervise, handle; ℒ*er(in f) m* (-s, -; -, -nen) attendant, caretaker; relief worker; *sports*: coach; second; ℒ*te(r m) f* (-n, -n; -n, -n) charge; ℒ*ung f* (-) care (*gen.* of, for); ℒ*ungsdienst m* welfare service; ℒ*ungsstelle f* welfare cent|re, *Am.* -er.
Betrieb [bə'triːp] *m* (-[e]s; -e) management; working, running, *esp. Am.* operation; enterprise, business, firm, concern; *produzierender* ‿ production unit; *landwirtschaftlicher* ‿ farm; *öffentlicher* ‿ public enterprise, (*traffic, etc.*) service,

public utility; factory, manufacturing plant, works *usu. sg.*, mill; workshop; *tech.* manufacture; engineering practice; plant; system; operation, working; *fig.* activity, (hustle and) bustle, fuss; *in* ‿ working, in operation; *in vollem* ‿ in full action (*or* swing); *in* ‿ *setzen* set in operation; start, actuate; open; *außer* ‿ out of operation (*or* service), inoperative, out of function; *außer* ‿ *setzen* put out of operation; *rail.* close *a line*; ℒ*lich adj.* operational; internal; company's ...
be'triebsam *adj.* active, busy, bustling; industrious, hard-working; ℒ*keit f* (-) activity, bustle; industry.
Be'triebs...: ‿*anlage f* (manufacturing) plant; ‿*anleitung*, ‿*anweisung f* operating instructions *pl.*; ‿*arzt m* company physician; ‿*ausflug m* works outing; ‿*ausgabe f* operating expenditure; ‿*ausstattung f* plant equipment; ℒ*bedingt adj.* operational; ‿*bedingungen f/pl.* operating conditions; ‿*berater m* business adviser, industrial management consultant; ‿*buchführung f* internal accounting; ‿*chemiker m* industrial chemist; ‿*dauer f* working time; service life (*of machine*); ℒ*eigen adj.* factory-owned; ‿*einnahmen f/pl.* operating income, (business) receipts; ‿*einschränkung f* cutting down a firm's activities; short-time working; ‿*einstellung f* closing down, shutdown; discontinuation of operations; ℒ*fähig adj.* in working condition, serviceable; ‿*ferien pl.* works holidays; ℒ*fertig adj.* ready for use (*or* service); ℒ*fremd adj.* outside; ‿*führer m* general (*or* works) manager; ‿*führung f* management; ‿*gas n* fuel gas; ‿*geheimnis n* trade secret; ‿*gewinn m* operational profits *pl.*; ‿*handwerker m* staff craftsman (*e.g.* staff electrician); ‿*ingenieur m* production engineer; ‿*jahr n* working (*or* business) year; ‿*kapital n* working capital; ‿*klima n* working conditions *pl.*; ‿*kosten pl.* running *or* working expense(s), *Am.* operating cost(s); ‿*krankenkasse f* firm's sick-fund; ‿*leistung f* output, operating efficiency; ‿*leiter m* works manager; ‿*leitung f* management; ‿*material n* working-stock; factory supplies *pl.*; equipment; *rail.* rolling-stock; ‿*mittel n/pl.* working funds; → *Betriebsmaterial*; ‿*obmann m* workmen's representative, shop steward; ‿*ordnung f* rules and regulations *pl.*; ‿*personal n* staff, employees *pl.*; *tech.* operating personnel; ‿*rat m* (-[e]s; ⁼e) (member of the) works committee; ‿*schließung f* closing down, closure (of works); ℒ*sicher adj.* safe (to operate); reliable (in service); *mot. a.* roadworthy; ‿*sicherheit f* safety (in operation); reliability (in operation); ‿*spannung f* working voltage; ‿*stellung f tech.* f operating position; ‿*stillegung f* shutdown; ‿*stockung f* interruption (of service); ‿*stoff m*

(power) fuel; ‿*stoffwechsel physiol. m* catabolism; ‿*störung f* stoppage, breakdown; operating trouble; ‿*strom el. m* working current; ℒ*technisch adj.* operational, technical; manufacturing; ‿*unfall m* industrial accident, accident suffered while at work; ‿*unkosten pl.* operating expenses; *allgemeine* ‿ overhead costs; ‿*veranstaltung f* staff party; ‿*verhältnisse pl.* shop-conditions; *tech.* operating conditions; ‿*versammlung f* workshop meeting; ‿*wirtschaft f* (industrial) management; ‿*wirtschaftler m* industrial management expert; ℒ*wirtschaftlich adj.* related to operational economy *or* operating efficiency; business..., management ...; ‿*wirtschaftslehre f* (-) (science of) industrial management; ‿*zeit f* working period; ‿*zweig m* branch of manufacture *or* industry.
be'trinken: *sich* ‿ (*irr., h.*) get drunk; → *betrunken*.
betroffen [bə'trɔfən] *adj.* afflicted, visited (*von* by), stricken (with); shocked, stunned, startled, taken aback; → *betreffend*; ℒ*heit f* (-) shock, bewilderment.
betrüb|en [bə'tryːbən] *v/t.* (*h.*) grieve, afflict, sadden; *sich* ‿ grieve (*über acc.* at, over); ‿*lich* [-'tryːp-] *adj.* sad, distressing, deplorable; ℒ*nis f* (-; -se) grief, sorrow, affliction, sadness; ‿*t adj.* grieved, distressed, afflicted (*über acc.* at); sad, sorrowful.
Be'trug *m* (-[e]s) cheat; *jur., a. fig.* fraud; *usu. fig.* deceit, deception; swindle, trickery; imposture, confidence game (*Am.* trick); ruse; delusion.
be'trügen *v/t.* (*irr., h.*) deceive (*a. one's husband or wife*); cheat, dupe, victimize; *jur.* defraud; *sl.* bamboozle; double-cross (*an accomplice*); *j-n um et.* ‿ cheat (*or* do, trick) a p. out of a th.; *sich* ‿ deceive (*or* cheat, delude) o.s.; *in s-n Hoffnungen betrogen werden* be disappointed in one's hopes.
Be'trüger(in f) m (-s, -; -, -nen) *jur.* defrauder; cheat, fraud, deceiver, impostor, confidence man; swindler, trickster, crook.
Betrügerei [-'raɪ] *f* (-; -en) cheating, deceit, deceit(fulness), fraud(ulence); → *Betrug*.
be'trügerisch *adj.* deceitful, fraudulent; *jur. in* ‿*er Absicht* with intent to defraud; ‿*er Bankrott* fraudulent bankruptcy.
betrunken [bə'trʊŋkən] *adj.* drunken, *pred.* drunk; intoxicated, inebriated; *jur. in* ‿*em Zustand fahren* drive under the influence of alcohol; ‿ *besoffen*; ℒ*e(r) m* (-n; -n) drunken man; ℒ*heit f* (-) drunkenness, intoxication.
Bet|saal ['beːt-] *m* chapel, oratory; '‿*schwester f* churchy woman; '‿*stuhl m* praying-desk.
Bett [bɛt] *n* (-[e]s; -en) bed (*a. geol.*); bedstead; cot; *med.* sick-bed; *mar., rail.* berth; *tech.* bed, base; *anat., bot.* thalamus; *am* ‿ at the bedside; *im* ‿ in bed; *sich zu* ‿ *legen* go to bed, turn in, *Am. a.* hit the hay, *due to illness:* take to one's bed;

das ~ *hüten* (*müssen*) be laid up, be bedridden, be confined to (one's) bed; *j-n zu* ~ *bringen* put a p. to bed, tuck a p. in; *das* ~ *machen* make the bed; '~**bezug** *m* bed--linen; sheets and pillow-cases *pl.*; '~**couch** *f* bed couch; '~**decke** *f* coverlet, beadspread; blanket; quilt.

Bettel ['bɛtəl] *m* (-s) begging; *fig.* trash, rubbish, trumpery; *der ganze* ~ the whole show; '**2arm** *adj.* desperately poor, poverty--stricken; '~**brief** *m* begging letter. **Bettelei** [-'laɪ] *f* (-; -en) begging, mendicancy.

'**bettel...:** ~**haft** *adj.* beggarly; **2-kram** *m* → *Bettel*; '**2mönch** *m* mendicant friar; ~**n** *v/t. and v/i.* (h.) beg (*um* for); cadge, *Am. a.* bum; ~ *gehen* go begging; **2orden** *m* order of mendicant friars; **2stab** *m*: *an den* ~ *bringen* reduce to beggary, ruin.

betten ['bɛtən] *v/t.* (h.) put *a p.* to bed; *fig.* embed; *tech.* bed, seat; *rail.* ballast; *sich* ~ make one's bed; *wie man sich bettet, so liegt man* as you make your bed, so you must lie on it.

'**Bett...:** ~**flasche** *f* hot-water bottle; ~**genosse** *m* bedfellow; ~**gestell** *n* bedstead; ~**himmel** *m* canopy; ~**jacke** *f* bed jacket; ~**kissen** *n* pillow; ~**lade** *f* bedstead; **2lägerig** ['-lɛːgəriç] *adj.* confined to bed, bedridden, laid up; ~**er** *Patient* bed patient; ~**lägerigkeit** *f* (-) confinement to bed; ~**laken** *n* sheet; ~**lektüre** *f* bedside books *pl.*

'**Bettler** *m* (-s; -), ~**in** *f* (-; -nen) beggar(-woman),mendicant;tramp; *zum* ~ *machen* beggar, pauperize; ruin; ~**oper** *f the Beggar's Opera*; ~**stolz** *m* beggar's pride.

'**Bett...:** ~**nässen** *med. n* (-s) bed--wetting; ~**nässer** *m* (-s; -) bed--wetter; ~**ruhe** *f* bed rest; ~**schlitten** *tech. m* carriage; ~**schüssel** *f* bed-pan; ~**sofa** *n* sofa bed; ~**statt**, ~**stelle** *f* bedstead; ~(t)**uch** *n* sheet; ~**überzug** *m* pillow-case, bed-tick; ~**ung** *f* (-; -en) tech. bed(ding); bed--plate; *mil.* platform (*of gun*); *rail.* roadbed; ballast; ~**vorleger** *m* bed--side rug; ~**wanze** *f* bed-bug; -~**wäsche** *f* bed-linen, bed-clothes *pl.*; ~**zeug** *n* bedding.

betulich [bə'tuːliç] *adj.* obliging, considerate, officious.

be'tupfen *v/t.* (h.) dab, *med.* swab; dot, spot.

Beuge ['bɔʏgə] *f* (-; -n) *gym.* bend; (*curve*) bend; flexure; ~**haft** *jur. f* coercive detention; ~**muskel** *m* flexor.

beug|en ['bɔʏgən] *v/t.* (h.) bend, bow, flex; *sich* (*nieder*)~ bow or bend (down), stoop; *phys.* deflect, diffract; *fig.* humble (*pride*); *by grief:* bow, afflict, crush; *das Recht* ~ pervert justice; *sich* ~ bow, submit, yield (*dat. or vor dat.* to); *gr.* inflect; decline (*noun*); conjugate (*verb*); *von Kummer gebeugt* bowed down by grief, broken-hearted, *vom Alter gebeugt* bowed by age; '**2ung** *f* (-; -en) bend(ing), flexion, flexure; *phys.* diffraction; *gr.* inflection.

Beule ['bɔʏlə] *f* (-; -n) bump, lump, swelling; boil, tumo(u)r; chilblain; *in metal, etc.:* dent; '~**npest** *f* bubonic plague.

beunruhig|en [bə'ʔunruːigən] *v/t.* (h.) disturb, trouble; *mil.* harass;*fig.* disquiet, worry, alarm; *sich* ~ *über* (*acc.*) be alarmed (*or* troubled, uneasy) about, worry about; ~**end** *adj.* disturbing, disquieting, alarming; **2ung** *f* (-) disturbance; uneasiness, anxiety, alarm; trouble, worry.

beurkund|en [-'ʔuːrkundən] *v/t.* (h.) attest, certify; authenticate, verify; legalize; notarize; witness; **2ung** *f* (-; -en) certification; authentication.

beurlaub|en [-'ʔuːrlaubən] *v/t.* (h.) give (*or* grant) leave (of absence); suspend (*vom Amt* from office); *sich* ~ take one's leave; ~**t** [-pt] *adj.* (absent) on leave; **2tenstand** *mil. m* (-[e]s) reserve status; **2ung** [-buŋ] *f* (-; -en) (granting of a) leave; suspension.

be'urteil|en *v/t.* (h.) judge (*nach* by); pronounce (*or* pass) judg(e)ment (up)on; criticize, comment on; review, discuss (*book, etc.*); rate (*performance, value*); estimate, assess; view; et. ernst ~ view a th. with concern, take a grave view of; *falsch* ~ misjudge; **2er** *m* (-s; -) judge, critic; reviewer; **2ung** *f* (-; -en) judg(e)ment, opinion (*gen.* of, on); critical examination, criticism; review; assessment; rating; *of staff:* confidential (*Am.* efficiency) report; *fig.* view (*gen.* of).

Beute ['bɔʏtə] *f* (-) *mil.* booty, captured matériel; *a. of thieves:* loot, plunder; catch; *mar.* prize; *hunt.* bag; *zo.* prey, quarry; *fig.* prey, victim (*gen.* to); ~ *machen, auf* ~ *ausgehen* go marauding or plundering; *zur* ~ *fallen* (*dat.*) be captured by, fall into the hands of, *fig.* fall prey to; '**2gierig** *adj.* eager for plunder; '~**gut** *mil. n* captured (enemy) matériel, booty.

Beutel ['bɔʏtəl] *m* (-s; -) bag; purse; mail, *zo.* (*a. tobacco*) pouch; *billiard:* pocket; *biol.* sac; *med.* cyst; '**2ig** *adj.* baggy; '**2n I.** *v/t.* (h.) shake; bolt, sift (*flour*); **II.** *v/i. and sich* ~ *clothes:* bag; bulge; '~**ratte** *f* opossum; '~**schneider** *m* cutpurse; → *Betrüger*; ~**schneide'rei** *f* swindling, trickery; '~**tier** *n* marsupial.

'**Beutezug** *m* marauding expedition, raid.

bevölkern [bə'fœlkərn] *v/t.* (h.) people, populate, settle; *fig.* frequent, throng, swarm in (*street, etc.*); *sich* ~ become inhabited, grow populous, *fig.* become alive (*mit* with); *dicht bevölkert* densely populated.

Be'völkerung *f* (-; -en) population; inhabitants, people *pl.*; populace.

Be'völkerungs...: ~**aufbau** *m* (-[e]s) structure of the population; ~**dichte** *f* density of population; ~**druck** *m* (-[e]s) population pressure; ~**politik** *f* population policy; **2politisch** *adj.* demographic, population measures; ~**stand** *m* (-[e]s) (level of) population; ~**statistik** *f* demography; population (*Am.* vital) statistics *pl.*; census; ~**überschuß** *m* surplus population; ~**zunahme** *f* increase in population.

bevollmächtig|en [-'fɔlmɛçtigən] *v/t.* (h.) authorize, empower; invest a p. with powers; *jur.* give a p. power of attorney; appoint and constitute a p. one's lawful agent and attorney; ~**t** [-içt] *adj.* authorized; having power of attorney; *diplomacy:* ~**er** *Minister* (minister) plenipotentiary; **2te(r** *m*) *f* (-n, -n; -n, -n) authorized representative, deputy; agent, proxy, attorney-in--fact; trustee; *pol.* plenipotentiary; **2ung** [-guŋ] *f* (-) authorization; *jur.* power of attorney; *durch* ~ by proxy; *jur.* by power of attorney; → *Vollmacht*.

be'vor *cj.* before; *poet.* ere; *nicht* ~ not until (*or* till).

bevormund|en [bə'foːrmundən] *v/t. fig.* hold in leading-strings, keep in tutelage, patronize; **2ung** *f* (-; -en) tutelage; patronizing; regimentation.

be'vorrat|en [-raːtən] *v/t.* stock up; **2ung** *f* (-) stocking, stockpiling, provision of reserves; stocks, supplies *pl.*

bevorrecht|(ig)en [-'foːrrɛçt(ig)ən] *v/t.* (h.) privilege, grant privileges (to); ~**igt** [-tiçt] *adj.* privileged; preferential (*claim, etc.*); ~**er** *Gläubiger* preferential (*Am.* preferred) creditor; **2(ig)ung** *f* (-) (granting of a) privilege *or* prerogative; preference.

be'vorschuss|en [-ʃusən] *v/t.* (h.) advance money (*j-n für et.* to a p. on a th.); **2ung** *f* (-; -en) advance.

be'vorstehen *v/i.* (*irr.*, h.) be near (or forthcoming, approaching, at hand), lie ahead; *danger:* be imminent, impend, threaten; *j-m:* be in store for, await a p.; *ihm steht e-e große Enttäuschung bevor* he is in for a bad disappointment; **2n** prospect, perspective; *of danger, etc.:* imminence; ~**d** *adj.* forthcoming, approaching; next *week, etc.*; *danger:* impending, imminent.

be'vorzug|en [-tsuːgən] *v/t.* (h.) prefer; favo(u)r (*vor dat.* before, above), patronize; *jur.* privilege; ~**t** *adj.* (specially) favo(u)red; privileged; favo(u)rite; ~*e Behandlung* (*Forderung*) preferential treatment (claim); ~*e Zuteilung* allocation by priority; et. ~ *behandeln* give a th. preference (*or* precedence); → *bevorrechtigt*; **2ung** *f* (-; -en) preference given *to* a p.; favo(u)r shown to a p.; favo(u)ritism; *unstatthafte* ~ undue preference.

be'wach|en *v/t.* (h.) watch (over), guard; shadow; *sports:* mark, cover; **2ung** *f* (-; -en) guard; custody; *untre strenger* ~ in close custody; *sports:* marking, covering.

be'wachsen *adj.:* ~ *mit* grown over (*or* covered, stocked) with.

be'waffn|en *v/t.* (h.) *and* (*sich* ~) arm (o.s.); provide *or* equip (o.s.) with arms *or* weapons; *bewaffnete Intervention* armed intervention; *mit bewaffneter Hand* by force of arms; **2ung** *f* (-) arming; arms, weapons *pl.*; *mar.* armament; equipment.

Be'wahr-anstalt *f* day-nursery.

be'wahren *v/t.* (*h.*) keep, preserve (*usu. fig.*: *memory, secret, silence, etc.*); *j-n* (*sich*) ~ *vor* (*dat.*) save (*or* protect, preserve, guard, keep) a p. (*o.s.*) from; (*Gott*) *bewahre!* Heaven forbid!; far from it!

be'währen *v/t.* (*h.*) prove, verify; *sich* ~ stand the test; prove good *or* useful *or* a success; *principle*: hold good; *sich nicht* ~ prove a failure; → *bewährt.*

Be'wahrer(in *f*) *m* (-s, -; -, -nen) keeper, custodian.

bewahrheiten [bə'va:rhaɪtən] *v/t.* (*h.*) verify; *sich* ~ prove (to be) true.

bewährt [-'vɛːrt] *adj.* (well) tried, tested, proved; *tech. a.* service-proved; successful; trustworthy, reliable; deserving *employees*; true, genuine; e-e ~e *Kraft* a capable (*or* experienced) man, an old hand; *ein* ~es *System* an approved (*or* sound) system.

Be'wahrung *f* keeping; preservation (*vor dat.* from).

Be'währung *f* (-) verification; (putting to the) proof *or* test; trial, crucial test; *jur.* (release on) probation, conditional discharge; ~sfrist *f* (period of) probation; ~ *von zwei Jahren erhalten* be put on a two-year probation, be bound over for two years; *auf* ~ *entlassen* release on probation.

bewaldet [-'valdət] *adj.* wooded, woody.

bewältig|en [-'vɛltigən] *v/t.* (*h.*) get under control; master (*a. subject*), manage, handle; overcome, cope with (*difficulties*); conquer (*mountain*); accomplish, complete, dispose of (*work*); do, cover (*distance*); 2ung *f* (-) mastering; overcoming; conquest; accomplishment.

bewandert [-'vandərt] *adj.* (*in dat.*) experienced, skilled (in); well acquainted (with), conversant (with), versed (in), at home (in), proficient (in), well up (in); well-read.

Bewandtnis [-'vantnɪs] *f* (-; -se): *damit hat es folgende* ~ the matter is as follows; *das hat e-e ganz andere* ~ the matter is quite different; *das hat s-e eigene* ~ that is a matter apart; there is a special reason for that; thereby hangs a tale.

be'wässer|n *v/t.* (*h.*) water; irrigate; 2ung *f* (-; -en) watering; irrigation; 2ungsanlage *f* irrigation plant; 2ungsgraben *m* feeder; 2ungskanal *m* irrigation canal.

bewegen¹ [-'ve:gən] *v/t.* (*h.*) (*a. sich*) move, stir; set in motion (*or* going); carry, convey; *econ. prices*: fluctuate, vary; *sich in freier Luft* ~ take outdoor exercise; *sich im Kreise* ~ move in a circle, gyrate; *ast. sich* ~ *um* revolve around (*the sun, etc.*); *sich nicht von der Stelle* ~ (*lassen*) not to budge *or* stir; *fig. sich in feinen Kreisen* ~ move in good society; *die Kosten* ~ *sich zwischen 50 und 80 Dollar* the costs range between $50 and $80; stir, rouse, agitate; move, touch; *sich* ~ *lassen* be moved (*von, durch* with *pity, etc.*); give way, yield, relent; ~² *v/t.*: *j-n zu et.* ~ induce (*or* get,

bring) a p. to *inf.*; *was bewog ihn dazu?* what made him do it?; *sich nicht* ~ *lassen* stand firm, be adamant; *sich bewogen fühlen* feel moved (*or* urged, bound) to; ~d *adj.* moving; ~e *Kraft* motive power; *sich selbst* ~ self-acting; *fig.* moving, touching.

Beweg|grund [-'ve:k-] *m* motive (*für* for); inducement; ~kraft *f* motive power.

be'weglich *adj.* movable, moving, mobile; *tech. a.* flexible; portable; ~e *Belastung* live load; ~e *Teile* moving parts; *jur.* ~es *Eigentum* personal property, movables *pl.*; *fig.* active; agile, nimble, elastic, flexible; versatile; voluble, glib (*tongue*), moving, touching; 2keit *f* (-) mobility, movableness; flexibility (*a. fig.*); nimbleness, agility (*a. fig.*); *of the tongue*: volubility, quickness; versatility; sprightliness; *mot. and sports*: flexibility, man(o)euvrability.

be'wegt *adj.* rough, heavy (*sea*); *fig.* moved, touched; *voice*: choked, trembling; *conversation*: lively; excited, heated; *life*: a) restless, b) adventurous, eventful; exciting; thrilling; *times, etc.*: stirring, turbulent, troubled, hectic; 2heit *f* (-) agitation, turbulence; emotion.

Bewegung (-) *f* (-; -en) movement; motion (*a. phys.*); move; stir; jerk; gesture; *körperliche* ~ exercise; *fig. pol., etc.*: movement; *Lohn*2 wage drive; *Jugend*2 youth activities *pl.*; trend; *econ. rückläufige* ~ downward *or* retrograde movement (*or* trend); emotion, agitation; *in* ~ *tech.* in motion; *fig.* astir, stirring, on the move; *in* ~ *setzen* start, set going (*or* in motion); → *Hebel*; *sich in* ~ *setzen* move, start, get going; *er machte keine* ~ *zu gehen* he made no move to go.

Be'wegungs...: ~energie *f* kinetic energy; 2fähig *adj.* capable of movement, mobile; ~fähigkeit *f* (-) mobility; ~freiheit *f* (-) freedom of movement; clear space of action, room to move; *fig.* liberty of action; elbow-room, leeway; ~kraft *f* (-) motive force; ~krieg *m* mobile warfare; ~lehre *f* (-) kinematics *sg.*; 2los *adj.* motionless, immobile; ~losigkeit *f* (-) immobility; ~spiel *n* active game; ~studie *f* motion study; 2unfähig *adj.* unable to move, immobilized, out of action; ~zustand *m* (-[e]s) state of motion.

be'wehren *v/t.* (*h.*) arm; *tech.* reinforce, armo(u)r, sheath; *bewehrtes Kabel* armo(u)red cable.

beweibt [bə'vaɪpt] *adj.* married, wedded.

beweihräuchern [-'vaɪrɔyçərn] *v/t.* (*h.*) (in)cense; *fig.* adulate, flatter.

be'weinen *v/t.* (*h.*) weep for, deplore, lament, mourn; ~swert *adj.* deplorable, lamentable.

Beweis [bə'vaɪs] *m* (-es; -e) proof (*für* of), evidence (*esp. jur. a. pl.*); argument; exhibit; demonstration (*a. math.*); mark, sign, token; *zum* ~ in proof *or* support (*gen.* of); *den* ~ *für et. antreten* undertake to prove a th.; *den* ~ *erbringen für* prove, furnish proof of, *jur.* pro-

duce evidence of; demonstrate; *als* ~ *vorlegen* offer (*or* submit) in evidence; *als* ~ *zulassen* admit in evidence; *als* ~ *s-r Zuneigung* in token of his affection; *als* ~ *nenne ich Shakespeare* witness Shakespeare; *zum* ~e *dessen* in support of this; *er hat alle* ~e *beisammen* his case is complete; *er hat keine* ~e *gegen uns* he has no case against us, he hasn't a leg to stand on.

Be'weis...: ~aufnahme *f* hearing (*or* taking) of evidence; 2bar *adj.* provable, demonstrable; 2en [-zən] *v/t.* (*irr., h.*) prove, show, evidence; establish; demonstrate; substantiate; *jur. a.* furnish evidence (of); show, manifest; *zu* ~ *suchen, daß* argue that; *wenn du das Gegenteil* ~ *kannst* if you can disprove this; *dies beweist zur Genüge, daß* this is ample evidence that; ~ergebnis *n* the evidence (taken); 2erheblich *adj.* evidentiary, material; ~erhebung → ~aufnahme; ~führung *f* argumentation, reasoning; ~grund *m* argument; ~kraft *f* (-) argumentative force, conclusiveness; *ohne* ~ inconclusive; 2kräftig *adj.* conclusive; ~last *f* burden of proof, onus; ~material, ~mittel *n* *or pl.* evidence; 2pflichtig *adj.*: ... *ist* ~ the burden of proof lies with ...; ~sicherung *f* preservation of evidence; ~stück *n* (piece of) evidence; *in court*: a. exhibit; voucher.

be'wenden *v/i.*: *es* ~ *lassen bei* (*dat.*) leave it at, acquiesce in; *wir wollen es dabei* ~ *lassen* we'll leave it (*or* let it go) at that, let it rest there; Be'wenden *n* (-s): *damit hat es sein* ~ there the matter rests.

be'werb|en *sich* ~ *um* apply (*bei* to *a p.*) for, seek; stand for, *Am. a.* run for; canvass (*votes*); *econ.* solicit (*orders*); *in competitions*: bid *or* tender for (*a contract*); *sich um e-n Preis* ~ compete *or* enter for a prize; *sich um e-e Dame* ~ court, woo a lady; 2er *m* (-s; -) applicant (*um* for); candidate, aspirant (to); *econ.* bidder, competitor; *sports*: entrant, competitor; contender [for; *all a.* 2erin *f* (-; -nen)]; suitor, wooer; → Thron2; 2ung *f* (-; -en) application (*um* for); candidature (for); solicitation (of); competition (for), *sports*: a. entry (for); courtship, wooing (of); 2ungsschreiben *n* (letter of) application.

be'werfen *v/t.* (*irr., h.*): *j-n mit et.* ~ throw a th. at a p.; pelt (*or* pepper) a p. with a th.; *mit Bomben* ~ bomb; *arch.* plaster, rough-cast.

bewerkstellig|en [-'vɛrkʃteligən] *v/t.* (*h.*) manage, accomplish, contrive, bring about, effect, engineer, bring *a th.* off; 2ung *f* (-) effecting, accomplishment, realization.

be'wert|en *v/t.* (*h.*) value (*auf acc.* at; *nach* by); price; assess, estimate, appraise; rate, grade; *zu hoch* ~ overrate; *sports*: judge; *dieser Sprung wird mit 7 Punkten bewertet* this jump rates 7 points; 2ung *f* (-; -en) valuation, estimation, assessment; *of performance, etc.*: rating; *sports*: scoring, (awarding of) marks *or* points, judgment.

bewillig|en [-'viligən] *v/t.* (*h.*) grant,

allow, accord; license; *parl.* vote (for); appropriate; allocate, allot; concede; consent (*or* agree) to, approve; 2ung *f* (-; -en) grant, allowance; vote, appropriation; allocation, allotment; concession, licence; 2ungs-ausschuß *m* Authorizing Committee.

bewillkommn|en [-'vilkɔmnən] *v/t.* (h.) welcome, greet, receive; 2ung *f* (-; -en) welcome, reception.

be'wirken *v/t.* (h.) effect; cause (*daß* j-m tut a p. to do; *daß et. geschieht* a th. be done); produce, give rise to, result in; occasion, provoke.

bewirten [-'virtən] *v/t.* (h.) entertain (*mit* with), treat (to); *glänzend* ~ (*mit*) regale (with).

be'wirtschaft|en *v/t.* (h.) *agr.* cultivate, till (*field*), manage, run (*estate*); administer; ration, control; *bewirtschaftete Waren* commodities subject to control, rationed goods; *das Hotel ist bewirtschaftet* the hotel is open; 2ung *f* (-) cultivation; management, running; administration; control, rationing; ~ *der Lebensmittel* controlled supply; ~ *des Wohnraums* control over housing space; *unter* ~ *stellen* put under government control, put on the ration list; *die* ~ (*gen.*) *aufheben* decontrol, deration.

Be'wirtung *f* (-) entertainment, reception; *restaurant:* attendance; fare, food.

be'witzeln *v/t.* (h.) joke at.

bewog [bə'voːk] *pret. von bewegen²*.

be'wogen [-gən] *p.p. von bewegen²*.

bewohn|bar [-'voːnbaːr] *adj.* (in-) habitable; 2barkeit *f* (-) habitable condition; ~en *v/t.* (h.) inhabit, live in; reside in; occupy; 2er(in *f*) *m* (-s, -; -, -nen) inhabitant, resident; citizen; occupant, inmate (*of house*); tenant; *of room:* lodger, *Am.* roomer.

bewölk|en [-'vœlkən] *v/t.* (h.) cloud; *sich* ~ cloud over, become cloudy (*or* overcast); *fig.* darken (*a. sich*), overshadow; ~t *adj.* clouded, cloudy; *sky: a.* overcast; *fig.* dark, gloomy; 2ung *f* (-) clouding; cloudiness, clouds *pl.*

Bewunder|er [-'vundərər] *m* (-s; -), ~in *f* (-; -nen) admirer; 2n *v/t.* (h.) admire (*wegen* for), marvel at; 2nswert, 2nswürdig *adj.* admirable, wonderful; ~ung *f* (-) admiration (*gen.* of); → *abnötigen*.

Be'wurf *arch. m* plaster(ing); rough-cast; second coat.

bewußt [-'vust] *adj.* conscious; known; deliberate, intentional; *sich e-r Sache* ~ *sein* be conscious (*or* aware) of, be alive to a th.; *sich e-r Sache* ~ *werden* realize (*or* awaken to) a th.; *soviel mir* ~ *ist* as far as I know; *er war sich dessen nicht mehr* ~ he did not remember; *die* ~*e Angelegenheit* the matter in question; ~**los** *adj.* unconscious; ~ *werden* lose consciousness, faint; ~ *schlagen* knock out (*or* unconscious); 2losig-keit *f* (-) unconsciousness, insensibility; *fig. bis zur* ~ to breaking-point, *Am.* to beat the band, bore, *etc.* to distraction (*or* death); *ein Wort bis zur* ~ *benützen* use a word ad nauseam; 2sein *n* (-s) consciousness; awareness, knowl-

edge; sense (*of duty, responsibility*); *in dem* ~ conscious (*gen.* of; *daß* that); *bei* ~ *sein* be conscious; *das* ~ *verlieren* lose consciousness, faint; *j-n zum* ~ *bringen* restore a p. to consciousness, bring a p. round; *wieder zu(m)* ~ *kommen* recover consciousness, come round *or* to; *j-m et. zu(m)* ~ *bringen* bring a th. home to a p.; *j-m zu(m)* ~ *kommen* come home (*or* dawn upon) a p.; 2seins-schwelle *f* threshold of consciousness; 2seinsspaltung *f* schizophrenia; split personality; 2seinsstö-rung *f* disturbance of consciousness; *jur.* temporary insanity.

be'zahl|en *v/t. u. v/i.* (h.) pay; pay for (*goods*); pay off, discharge, settle (*debt*); hono(u)r (*bill of exchange*); *nicht* ~ leave unpaid; dishono(u)r; pay, remunerate, compensate (*person*); fee; *schlecht* ~ underpay a p.; *fig. et. teuer* ~ pay dear for a th.; 2er(in *f*) *m* (-s, -; -; -nen) payer; ~t *adj.* paid, remunerated; salaried; *schlecht* ~ ill-paid, underpaid; *sich* ~ *machen* pay (dividends), pay for o.s. (*or* one's way); *es macht sich bezahlt, zu inf.* it pays to *inf.*; 2ung *f* (-; -en) payment; (full) settlement; (doctor's, etc.) fee, remuneration; pay; salary; wages *pl.*; *gegen* ~ against payment; *bei* ~ *von* on payment of.

be'zähmen *v/t.* (h.) tame; *fig.* restrain, control, (keep in) check, bridle; *sich* ~ control (*or* restrain) o.s.

be'zauber|n *v/t.* (h.) bewitch, enchant (*a. fig.*); *fig.* charm, captivate, fascinate; ~nd *adj.* charming, enchanting, bewitching; lovely; ~t *adj.:* ~ *von* (*dat.*) enchanted (*or* enraptured) with; 2ung *f* (-; -en) enchantment, spell; fascination.

be'zechen: *sich* ~ get drunk.

be'zeichn|en *v/t.* (h.) mark (*goods, path, etc.*); label; designate (*als* as), name, call, term; point out (*dat.* to), show; characterize; *näher* ~ define, specify; denote, signify, stand for; *er bezeichnete sich als Arzt* he styled himself a doctor; *er wurde sofort als Egoist bezeichnet* he was promptly stamped (*or* labelled) as an egotist; ~end *adj.* characteristic, typical (*für* of); indicative (of); 2ung *f* (-; -en) marking; label; designation; name, term, expression; characterization; mark, sign; symbol; *math., mus.* notation.

be'zeig|en *v/t.* (h.) show, express, exhibit, manifest; 2ung *f* (-; -en) expression, manifestation.

bezetteln [-'tsetəln] *v/t.* (h.) label.

be'zeug|en *v/t.* (h.) *jur. or fig.* testify (to); bear witness to; attest, certify; *j-m s-e Achtung* ~ pay one's respects to a p.; 2ung *f* (-; -en) testimony, attestation.

bezichtigen [-'tsiçtigən] *v/t.* (h.): *j-n e-r Sache* ~ accuse a p. of a th.; → *beschuldigen*.

be'zieh|bar *adj.* habitable, ready for occupancy (*house*); *econ.* obtainable, to be had (*von* of) (*goods*); ~en *v/t. (irr., h.)* (neu ~ re)cover (*umbrella, etc.*); string (*violin, etc.*); put clean sheets on (*bed*); move

into, occupy (*dwelling*); enter, go up to (*university*); frequent, visit (*market, fair*); *mil.* take up, move into (*a position*); *ein Lager* ~ encamp; → *Quartier*; *Wache* ~ mount guard; *econ.* obtain, procure, get, buy *goods* (*von* from); take in, subscribe to (*newspaper*); subscribe to, take up (*shares*); draw (*money, salary*); *fig. Schläge etc.* ~ get (a beating); ~ *auf* (*acc.*) connect with, apply (*or* refer) to; *er bezog es auf sich* he took it personal (*or* as meant for him); *sich* ~ *sky:* cloud over, become overcast; *sich* ~ *auf* (*acc.*) refer to, *matter:* a. have reference to, relate to; *sich auf j-n* ~ use a p.'s name as (a) reference; *bezogen auf* corresponding to, as compared with; 2er(in *f*) *m* (-s, -; -, -nen) subscriber (*gen.* to); *econ.* importer; buyer, customer; *of bill of exchange:* drawer.

Be'ziehung *f* (-; -en) reference, relation (*zu* to); connection (with); bearing (on); *gegenseitige* ~ relationship, interrelation (*zwischen* between, of); *persönliche* ~*en pl.* relations (*zu* with); connections, contacts; *gute* ~*en haben* be well connected, have a lot of pull; *in dieser* ~ in this respect (*or* connection); *in mancher* ~ in some respects; *in gewisser* ~ in a way; *in jeder* ~ in every respect; *in* ~ *auf* (*acc.*) with regard to; *in politischer, wirtschaftlicher, etc.* ~ politically, economically, *etc.*; *in* ~ *setzen* bring in relation (*mit* to); *in* ~ *stehen zu* (*matter*) be related to; *in guten, etc.* ~*en stehen* be on good, *etc.,* terms (*zu* with); 2slos *adj.* irrelative, unconnected; 2svoll *adj.* suggestive; 2sweise *adv.* (*abbr. bzw.*) respectively (*abbr.* resp.); or (rather); *die Papiere bzw. Reisepässe* the papers or passports respectively; ~swort *gr. n* (-[e]s; ~er) antecedent.

beziffer|n [-'tsifərn] *v/t.* (h.) mark with figures, number; figure, estimate (*auf* at); *sich* ~ *auf* amount to, figure (*or* work) out at; 2ung *f* (-; -en) estimate, figures *pl.*

Bezirk [-'tsirk] *m* (-[e]s; -e) district; ward; *Am.* (*police, election*) precinct; *fig.* → *Bereich*; ~sgericht *n* local court; ~snotariat *n* (office of the) district notary.

Bezogene(r) [bə'tsoːgənə(r)] *m*, *f* (-n; -n) *econ.* drawee.

Be'zug *m* (-[e]s; ~e) cover(ing), case; *pillow:* slip; *violin, etc.:* set of strings; *of goods:* purchase, procurement, supply; order (*von* for); subscription (*gen.* to *newspaper, shares*); *bei* ~ *von* on orders for 25 *pieces*; *Bezüge pl.* emoluments; drawings; income *sg.*; salary, pay; *insurance:* benefits; supplies, imports; *fig.* reference; *in* ~ *auf* (*acc.*) with regard (*or* reference) to, as to; ~ *haben auf* have reference to, refer to; bear (up)on; ~ *nehmen auf* refer (*or* make reference) to.

bezüglich [-'tsyːkliç] **I.** *adj.:* ~ *auf* (*acc.*) relative to; *gr.* ~*es Fürwort* relative pronoun; **II.** *prp.* (*gen.*) regarding, concerning, in regard (*or* respect) of, referring to, relating to.

Be'zugnahme [-naːmə] *f* (-) refer-

ence; *unter ~ auf* (*acc.*) with reference to, referring to.
Be'zugs...: ~bedingungen *f/pl.* terms of delivery; **2berechtigt** *adj.* entitled to receive goods (*or* benefits); **~berechtigte(r** *m* [-n; -n]) *f* (-n; -n) beneficiary; **~ebene** *f* datum plane; **2fertig** *adj.* ready for occupancy (*dwelling*); **~preis** *m newspaper*: subscription price; purchase price, prime cost; **~quelle** *f* source (of supply); **~recht** *n* subscription privilege; (right of) option (*für* on *shares*); **~schein** *m for shares*: subscription warrant; *for rationed goods*: purchase permit, priority voucher; **2scheinpflichtig** *adj.* rationed; **~stoff** *m* cover fabric, covering; **~wert** *m* relative value.
bezwecken [-'tsvɛkən] *v/t.* (h.) aim at, have in view (*or* for object).
be'zweifeln *v/t.* (h.) doubt, (call in) question, refuse to believe; *nicht zu ~* unquestionable, beyond doubt.
be'zwing|en *v/t.* (*irr.*, h.) defeat, *sports .a.* beat; master, overcome (*difficulties, etc.*), restrain, control (*feelings, etc.*); subdue, conquer (*people, passions*); conquer (*mountain*); *sich ~* restrain (*or* control, check) o.s.; **2er(in** *f*) *m* (-s, -; -, -nen) conqueror, subduer; *sports*: winner (*gen.* against); **2ung** *f* (-) mastering; conquest.
Bibel ['bi:bəl] *f* (-; -n) Bible; **~auslegung** *f* exegesis; **2fest** *adj.* well-versed in the Scriptures; **~forscher** *m* Bible student; **~gesellschaft** *f* Bible Society; **~sprache** *f* (-) scriptural language; **~spruch** *m* verse from the Bible, (Scripture, biblical) text; **~stelle** *f* scriptural passage, text.
Biber ['bi:bər] *m* (-s; -) beaver; **~bau** *m* (-[e]s; -e) beaver's lodge; **~geil** ['-gaɪl] *n* (-[e]s) castoreum; **~pelz** *m* beaver (fur); **~schwanz** *m arch.* flat (*or* plain) tile.
Biblio|graph [biblio'graːf] *m* (-en; -en) bibliographer; **~graphie** [-gra'fiː] *f* (-; -n) bibliography; **2-graphisch** [-'graːfiʃ] *adj.* bibliographical.
Bibliothek [-'teːk] *f* (-; -en) library.
Bibliothekar [-te'kaːr] *m* (-s; -e), **~in** *f* (-; -nen) librarian.
biblisch ['bi:blɪʃ] *adj.* biblical, scriptural; **2e** *Geschichte ped.* scripture.
Bichromat ['bi:kroma:t] *chem. n* (-[e]s; -e) dichromate.
Bickbeere ['bik-] *f* bilberry, whortleberry.
bieder ['bi:dər] *adj.* honest, upright, (*a. iro.*) worthy; loyal, true; simple, gullible, naive; **2keit** *f* (-) honesty, uprightness; straightforwardness, probity; loyalty; gullibility, artlessness; **2mann** *m* (-[e]s; ⁼er) honest man; good fellow; *iro.* worthy (gentleman), *contp.* dupe; philistine.
'Biege|beanspruchung *tech. f* bending stress; **~festigkeit** *f* bending strength.
biegen ['bi:gən] **I.** *v/t.* (*irr.*, h.) *and sich ~* bend, bow; flex (*limbs*); curve; camber (*wood*), *b.s.* warp; *metal*: buckle; distort; *tech. im kalten* (*warmen*) *Zustand ~* cold-

(hot-)*bend*; → *beugen*; → *Lachen*; **II.** *v/i.* (*irr.*, sn): *um e-e Ecke ~* turn (round) a corner; *auf ♀ oder Brechen* by hook or by crook, do or die.
'Biegewelle *tech. f* flexible shaft.
'biegsam ['-kzaːm] *adj.* pliable, flexible (*a.* voice); *tech.* malleable, ductile; supple, lithe (*figure*); *fig.* pliant, pliable (*mind*); malleable (*character*); **2keit** *f* (-) pliability; flexibility; suppleness.
'Biegung ['-guŋ] *f* (-; -en) bend (-ing); *of path, river*: bend, turn (-ing); curve; curvature, flexure; *tech.* **a)** bend, set, **b)** *elastic*: deflection; arch; sag(ging); → *Beugung*; **~s-elastizität** *f* flexional elasticity; **~sfestigkeit** *f* bending strength.
Biene ['bi:nə] *f* (-; -n) bee; *männliche ~* drone; *fig.* fleißig wie e-e ~ (as) busy as a bee.
'Bienen...: ~fleiß *m* assiduity, sedulousness; **~haus** *n* apiary; **~königin** *f* queen-bee; **~korb** *m* beehive; **~maske** *f* bee veils *pl.*; **~orchis** ['-ɔrçis] *bot. f* (-; -) bee-orchis; **~schwarm** *m* swarm of bees; **~stand** *m* apiary; **~stock** *m* (-[e]s; ⁼e) beehive; **~wabe** *f* honeycomb; **~wabenkühler** *mot. m* honeycomb radiator; **~wachs** *n* beeswax; **~weisel** ['-vaɪzəl] *m* (-s; -) queen-bee; **~zelle** *f* cell (in a beehive); **~zucht** *f* bee-keeping, apiculture; **~züchter** *m* bee-keeper, apiarist.
Bier [biːr] *n* (-[e]s; -e) beer; *helles ~* pale beer, *Brit.* ale; *dunkles ~* dark beer, *Brit.* stout, *leichter*: porter; *~ vom Faß* beer on draught; *lager* (beer); **'~bankpolitiker** *m* pothouse politician; **'~bankstratege** *m* pothouse strategist; **'~baß** *m* deep bass, beery voice; **'~brauer** *m* brewer; **'~braue'rei** *f* brewery; **'~eifer** *m* great zeal; **'~faß** *n* beer-barrel; **'~filz** *m* beer-mat; **'~flasche** *f* beer-bottle; **'~garten** *m* open-air restaurant, beer-garden; **'~glas** *n* beer-glass; **'~hefe** *f* brewer's yeast, barm; **'~keller** *m* beer-cellar; **'~krug** *m* beer-mug, *Am.* stein; **'~kutscher** *m* drayman; **'~reise** *f* pub-crawl; **'~ruhe** *f* imperturbable calm; **'~schank** *m* licence for (retailing) beer; **'~-schenke, '~wirtschaft** *f* public house, pub, *Am.* beer-parlor (*or* -saloon); **'~wagen** *m* brewer's dray; **'~zeitung** *f* comic paper.
Biese ['bi:zə] *f* (-; -n) *esp. mil.* piping.
Biest [bi:st] *n* (-es; -er) beast (*a. colloq. fig.*); **'~milch** *f* beestings *pl.*
bieten ['bi:tən] *v/t.* (*irr.*, h.) offer (*j-m et. a p.* a th. *or* a th. to a p.); treat (*j-m et. a p.* to a th.); present (*difficulties*); afford (*pleasure, etc.*); (pr)offer, hold out; *econ.* bid (*für* for); *mehr* (*weniger*) *~ als* outbid (underbid); *sich ~* (*opportunity*) present (*or* offer) itself; *j-m e-n guten Morgen ~* bid a p. a good morning; *j-m den Rücken ~* turn one's back on a p.; → *Schach, Stirn*; *es bot sich uns eine feine Gelegenheit* a fine opportunity

came our way; *das läßt er sich nicht ~* he won't stand (for) that.
'Bieter(in *f*) *m* (-s, -; -, -nen) bidder.
Bigam|ie [biga'miː] *f* (-; -n) bigamy; **~ist** (-en; -en) *m* bigamist.
bigott [bi'gɔt] *adj.* bigoted; **2e'rie** *f* (-; -n) bigotry.
Bijouterie [biʒutə'riː] *f* (-; -n) costume jewelry.
Bilanz [bi'lants] *f* (-; -en) balance; balance-sheet, *Am.* statement (of condition); *aktive ~* credit balance; *fig.* result, outcome; review; estimation; *die ~ ziehen* strike the balance; *e-e ~ aufstellen* prepare a balance-sheet, make up the accounts; **~analyse** *f* analytical study of balance-sheet, *Am.* statement analysis; **~aufstellung** *f* (preparation of the) balance-sheet; **~auszug** *m* abstract of balance-sheet; **~buch** *n* balance ledger, *Am.* statement book; **~buchhaltung** *f* balance-sheet department.
bilanzieren [-'tsi:rən] **I.** *v/i.* (h.) make out a balance-sheet; **II.** *v/t.* (h.) show *item* in the balance-sheet; balance (*accounts*).
Bi'lanz...: ~konto *n* balance account; **~posten** *m* balance-sheet item; **~prüfer** *m* chartered accountant, *Am.* auditor; **~prüfung** *f* balance-sheet audit; **~verschleierung** *f* window-dressing; **~wert** *m* balance-sheet value.
Bild [bilt] *n* (-[e]s; -er) *generally*: picture; *a.* TV image; painting; portrait, likeness; drawing, sketch; engraving; illustration; *cards*: court-card; photo(graph); *on coin*: effigy; *thea.* scene, setting; *econ.* trade symbol; *tech.* diagram, chart; *in captions, usu. with number*: figure (*abbr.* fig.); *typ.* face; *fig.* sight, view; idea, notion; picture; picture, description, sketch, portrait; *rhet.* metaphor, figure (of speech); simile; *ein ~ des Elends* a picture of misery; *ein ~ von e-m Mädchen* a girl as pretty as a picture; *ein* (*anschauliches*) *~ entwerfen von et.* draw a picture of (*or* portray) a th.; *im ~e sein* (be in the) know, be in the picture; *im ~e sein über* (*acc.*) be aware of (*or* informed about, conversant with) a th.; *jetzt bin ich im ~e* now I see; *ich bin über dich im ~e* I've got you, *Am. sl.* I've got your number; *j-n ins ~ setzen* inform a p., put a p. in the picture; *sich ein ~ von et. machen* picture a th. to o.s., visualize (*or* imagine) a th.; *sich ein klares ~ von et. machen* have a clear idea of a th., see a th. clearly; *du machst dir kein ~* you can't imagine.
'Bild...: ~abtastung *f* TV: scanning; **~archiv** *n* photographic archives (*or* files) *pl.*; **~aufklärung** *aer. f* photo(graphic) reconnaissance; **~aufnahmeröhre** *f* image pickup tube; **~auswertung** *aer. f* photo(graphic) interpretation; **~band** *m* (-[e]s; ⁼e) book of plates; **~bandgerät** *n* TV: video tape recorder; **~bericht** *m* picture-story; *film*: documentary film; **~berichterstatter** *m* press photographer, photo reporter.

bilden ['bildən] *v/t.* (*h.*) *generally*: (*a. sich* ~) form; shape, fashion, design; model, mo(u)ld; create; organize, set up, establish; form, constitute, be (*border, constituent, etc.*); cultivate, improve, educate (*the mind*); *sich* ~ **a**) improve one's mind; → *gebildet,* **b**) form, develop; arise, spring up; *e-e neue Organisation bildete sich* a new organization came into being; *die Hauptattraktion bildete ein Ballett* the chief attraction was a ballet; *e-e Parade bildete den Abschluß des Festes* a parade marked the end of the festival; ~**d** *adj.* formative, forming; component, constituent; creative; instructive, broadening; educational, educating; ~*e Kunst* pictorial art; *die* ~*en Künste* the visual arts, the plastic and graphic arts.

'**Bilder**...: ~**anbetung** *f* image-worship, iconolatry; ~**bogen** *m* picture-sheet; ~**buch** *n* picture-book; ~**galerie** *f* picture-gallery; ~**geschichte** *f* strip cartoon; ~**rahmen** *m* picture-frame; ~**rätsel** *n* picture-puzzle, rebus; ⚥**reich** *adj.* rich in pictures, amply illustrated; *fig.* flowery, ornate; ~**schrift** *f* hieroglyphics *pl.*; *tech., etc.* pictography; ~**sprache** *f* imagery; ~**stürmer** *m* iconoclast; ⚥**stürmerisch** *adj.* iconoclastic.

'**Bild**...: ~**feld** *phot. n* image field; ~**fenster** *n* aperture; ~**fernschreiber** *m* facsimile teletype; ~**fläche** *f* perspective plane; *TV*: image area; *paint.* canvas; *fig. auf der* ~ *erscheinen* appear on the scene, turn up; *von der* ~ *verschwinden* vanish, disappear, drop out of sight; ~**folge** *f* succession of pictures; *phot.* time interval between exposures; *film*: sequence; ~**format** *n phot.* size of prints; *TV*: size of image; ~**frequenz** *f* image frequency; ~**funk** *m* (wireless) picture transmission; facsimile transmission; television (broadcasting); ~**gießer** *m* bronze-founder; ⚥**haft** *adj.* plastic; ~**hauer(in** *f*) *m* sculpt|or (ress); ~**haue'rei** *f* sculpture; ⚥**hübsch** *adj.* (as) pretty as a picture, lovely; ~**karte** *f* photographic map; *cards*: court-card; ⚥**lich** *adj.* pictorial, graphic; figurative, metaphorical; ~**marmor** *m* figured marble; ~**material** *n* pictures *pl.*; ~**ner** ['biltner] *m* (-s; -), ~**in** *f* (-; -nen) sculpt|or (-ress); mo(u)lder; ~**nis** *n* (-ses; -se) image; portrait, picture, likeness; *esp. on coins*: effigy; ~**platte(nspieler** *m*) *f TV*: video disc (player); ~**röhre** *f* picture tube; ⚥**sam** *adj. a. fig.* plastic; malleable; ~**säule** *f* statue; ~**schärfe** *f* definition (*or* sharpness) of a picture; ~**schirm** *m* (viewing) screen, telescreen; ~**schnitzer(in** *f*) *m* (wood-)carver; ~**schnitze'rei** *f* (wood-)carving; ⚥**schön** *adj.* most beautiful, of breath-taking (*or* ravishing) beauty; ~**seite** *f of coin*: face, obverse, head; ~**sendung** *f tel.* picture-transmission; television broadcast, telecast; ~**stock** *m* (-[e]s; ~e) *typ.* cut, electro, block; *eccl.* wayside shrine; ~**streifen** *m* film strip; strip car-

toon; ~**sucher** *phot. m* finder; ~**tafel** *f* (book) plate; ~**telegraphie** *f* photo-telegraphy; ~**telegramm** *n* phototelegram(me), wirephoto; ~**teppich** *m* tapestry, gobelin; ~**tongerät** *phot. n* sound camera; ~**übertragung** *f* picture transmission.

Bildung ['bilduŋ] *f* (-; -en) *generally*: formation (*a. phys., biol., etc.*); development; structure; growth; form, shape; creation; foundation; organization, establishment; constitution, setting-up (*of committee*); formation (*of cabinet*); education, training; culture; knowledge, information; learning, scholarship; erudition; refinement, good breeding; *höhere* ~ higher education; *von hoher* ~ highly cultivated; *ohne* ~ uncultured, unrefined.

'**Bildungs**...: ~**anstalt** *f* educational establishment; ⚥**beflissen** *adj.* studious, zealous for learning; ⚥**fähig** *adj.* capable of development; cultivable; ~**gang** *m* course of education; ~**gewebe** *n* formative tissue, meristem; ~**grad** *m* educational standard; ~**lücke** *f* gap in *a p.'s* education; ~**monopol** *n* monopoly of learning; ~**roman** *m* educational novel; ~**stätten** *f/pl.* educational institutions, cultural facilities; ~**stufe** *f* degree of culture; ~**trieb** *m* thirst for knowledge, desire for learning; creative urge; ~**wärme** *phys. f* heat of formation; ~**wesen** *n* (-s) education; ~**zelle** *f* embryonic cell.

'**Bild**...: ~**unterschrift** *f* caption; ~**wand** *f* projection screen; ~**wandler** *m* image converter tube; *TV*: image section; ~**werfer** *m* (still) projector; ~**weite** *f* focal length; ~**werbung** *f* pictorial advertising; ~**werk** *n* sculpture, imagery; book of plates; ~**wirkung** *f* pictorial (*or* photographic) effect; ~**wörterbuch** *n* pictorial dictionary; ~**zeichen** *n* symbol; ~**zerlegung** *f* scanning.

Billard ['biljart] *n* (-s; -e) billiards *pl.*; billiard-table; ~ *spielen* play (at) billiards; ~**beutel** *m*, ~**loch** *n* pocket; ~**kugel** *f* billiard ball; ~**stock** *m* billiard cue; ~**tisch** *m* billiard table; ~**zimmer** *n* billiard room.

Billett [bil'jɛt] *n* (-[e]s; -e) ticket; ~**ausgabe** *f*, ~**schalter** *m* ticket-office; → *Karten...*

Billiarde [bili'ardə] *f* (-; -n) a thousand billions, *Am.* quadrillion.

billig ['biliç] *adj.* equitable, fair, just; reasonable, acceptable; cheap, inexpensive, low-priced; low, moderate, agreeable (*price*); *ein* ~*er Kauf* a bargain; ~*es Ermessen jur.* reasonable discretion; *iro.* ~ *und schlecht* cheap and nasty; *fig. contp.* cheap; → *recht*; ~**denkend** *adj.* fair-minded, just, reasonable.

billigen ['biligən] *v/t.* (*h.*) approve (of), consent (*or* agree) to; sanction; *stillschweigend* ~ condone.

'**billiger|maßen**, '~**weise** *adv.* fairly, in all fairness, justly.

Billigkeit ['-liç-] *f* (-) fairness, equity, justness; reasonableness; *of price*: moderateness, cheapness;

low price; *aus* ~**sgründen** from reasons of fairness; *jur.* on grounds of equity; ~**srecht** *n* equity; ~**ssinn** *m* fair-mindedness, fairness.

Billigung ['-guŋ] *f* (-) approval, approbation, sanction (*gen.* of); consent (to); condonement.

Billion [bili'o:n] *f* (-; -en) billion, *Am.* trillion.   [henbane.⟩

Bilsenkraut ['bilzən-] *n* (-[e]s)⟩

Biluxlampe ['bi:luks-] *el. f* two-filament lamp.

bimbam ['bimbam] *int.*, ⚥ *n* (-s) ding-dong.

Bimetal||l ['bi:-] *n* bimetal; ~'**lismus** *econ. m* (-) bimetallism.

bimmeln ['biməln] *colloq. v/i.* (*h*) tinkle, jingle; *telephone, etc.*: ring.

bimsen ['bimzən] *v/t.* (*h.*) (rub with) pumice; *fig. mil.* drill.

'**Bimsstein** *m* pumice (stone).

Binde ['bində] *f* (-; -n) *generally*: band; *anat.* fascia; *med.* bandage, ligature; sling; sash, *med.* abdominal binder; *elastische* ~ elastic roller, *med. a.* swathe; sanitary towel, *Am.* napkin; (neck-)tie; *head*: fillet; *forehead*: bandeau; *arm*: badge; band; *arch.* plinth; *j-m e-e* ~ *vor die Augen tun* blindfold a p.; *fig. j-m die* ~ *von den Augen nehmen* open a p.'s eyes; *die* ~ *fiel ihm von den Augen* the scales fell from his eyes; *colloq. e-n hinter die* ~ *gießen* wet one's whistle, hoist one; '~**balken** *arch. m* tie-beam, girder; '~**draht** *m* binding wire; '~**fähigkeit** *tech. f* (-) bonding strength; *of cement, etc.*: binding property; '~**garn** *n* (binding-)twine; '~**gewebe** *anat. n* connective tissue; '~**glied** *n* connecting link; '~**haut** *anat. f* conjunctiva; '~**hautentzündung** *f* conjunctivitis; '~**kraft** *f* (-) → *Bindefähigkeit*; '~**mäher** *agr. m* reaper and binder (machine); '~**mittel** *n tech.* binder, bonding material, cement; *cul.*: thickening.

'**binden I.** *v/t.* (*irr., h.*) bind, tie, fasten, attach (*an acc.* to); wire; cord; bind (*book*); tie (*knot, laces, etc.*); make (*broom, bouquet*); pack (*bales*); hoop (*barrel*); bundle; bind (*sounds*); *mus.* tie, slur (*notes*); thicken (*soup*); *chem.* combine, bind; absorb; store up (*heat*); *econ.* tie up (*capital*); *mil.* engage (*enemy forces*); *fenc. die Klinge* ~ bind the blade; *fig.* bind, oblige, commit; → *Nase, Seele*; *sich* ~ bind (*or* engage, oblige, commit) o.s.; *gebunden sein* be bound (*an acc.* to); *ich fühle mich immer noch an die Klausel gebunden* that clause remains binding on me; *das bindet mir die Hände* this ties my hands; → *gebunden*; **II.** *v/i.* (*irr., h.*) *cement*: bind; *glue, plastic*: bond; *paint*: set; *mortar*: set, cement well; ~**d** *adj.* binding, bonding, adhesive; *fig.* binding (*für upon*).

'**Binder** (-s; -) *m* tie; *arch.* header, binder; *agr.* → *Bindemäher*.

'**Binde**...: ~**stoff** *m* binding agent; ~**strich** *m* hyphen; *mit* ~ *schreiben* hyphen(ate); ~**wort** *gr. n* (-[e]s; ~er) conjunction; ~**zeichen** *mus. n* tie, legato sign; ~**zeit** *tech. f* setting (*or* bonding) time.

Bindfaden ['bint-] *m* twine, (pack-) thread; (piece of) string, cord; *es regnet Bindfäden* it's raining cats and dogs.
Bindung ['-duŋ] *f* (-; -en) *tech.* bond(ing); cross-weaving; *chem.* a) combination, b) compound, c) absorption, *of gases:* mixing; *biol.* linkage; *med.* agglutination; *mus.* slur, tie, ligature; *ski:* binding; *fenc. and mil.* engagement; *econ.* tying up, inactivation (*of capital*); *fig.* engagement, obligation, commitment (*a. pol.*); ~en *pl.* bonds, ties; '~s-energie *f* binding energy; '~skraft *f* cohesive force; '~s-wärme *f* heat of absorption (*or* combination).
binnen ['binən] *prp.* (*dat., a. gen.*) within; ~ *kurzem* shortly, before long, in a near future.
'**Binnen...:** ~gewässer *n* inland water; ~hafen *m* close port; inner harbo(u)r; ~handel *m* inland (*or* domestic, home) trade; ~land *n* (-[e]s; ⁺er) inland, interior; ~markt *m* home (*Am.* domestic) market; ~meer *n* inland sea; ~reim *m* internal rhyme; ~schiff-fahrt *f* inland navigation; ~see *m* inland lake; ~verkehr *m* inland traffic; ~währung *f* internal currency; ~wanderung *f* inland migration; ~wasserstraße *f* inland waterway; ~zoll *m* inland duty.
binokular [binoku'la:r] *adj.* binocular.
Binom [bi'no:m] *math. n* (-s; -e), 2isch *adj.* binomial.
Binse ['binzə] *bot. f* (-; -n) rush; *colloq. fig.* in die ~n gehen go phut (*or* to pot); ~nwahrheit *f* truism.
Bio|chemie [bioçe'mi:] *f* biochemistry; ~'chemiker *m* biochemist; 2'chemisch *adj.* biochemical.
bio|gen [-'ge:n] *adj.* biogenic; 2-ge'nese *f* (-; -n) biogenesis.
Bio|graph(in *f*) [-'gra:f] *m* (-en, -en; -, -nen) biographer; ~graphie [-'fi:] *f* (-; -n) biography; 2-graphisch [-'gra:fiʃ] *adj.* biographical.
Bio|loge [-'lo:gə] *m* (-n; -n) biologist; ~logie [-lo'gi:] *f* (-) biology; 2logisch [-'lo:giʃ] *adj.* biological; ~e *Kriegführung* biological warfare.
Biophy'sik *f* (-) biophysics *sg.*
Biose [bi'o:zə] *chem. f* (-; -n) biose.
Bioskop [bio'sko:p] *n* (-s; -e) bioscope.
Bio'sphäre *n* biosphere.
Birke ['birkə] *f* (-; -n) birch-tree; 2n *adj.* birch(en); ~nholz *n* birch (wood); ~nteer *m* birch oil; ~n-wald *m* birch wood (*or* grove).
'**Birk|hahn** *m* black cock; ~henne *f*, ~huhn *n* grey-hen.
Birnbaum ['birn-] *m* pear tree.
Birne ['birnə] *f* (-; -n) *bot.* pear; *el.* (electric) bulb; *metall.* converter; *boxing:* punching-ball; *colloq.* (head) pate, nut, bean; *colloq.* e-e *weiche* ~ *haben* be soft in the head; ~nfassung *el. f* lamp socket; 2n-förmig [-fœrmiç] *adj.* pear-shaped; ~nmost, ~nwein *m* perry.
bis [bis] **I.** *prp.* **1.** *as to time:* till, until; until such time as; by; *adm. a.:* on or before, not later than; ~ *heute* till today, up to this day,

Am. a. todate; ~ *jetzt* till now, up to the present, so (*or* thus) far, hitherto; ~ *jetzt noch nicht* not as yet; ~ *auf weiteres* until further notice; for the present; ~ *zur endgültigen Regelung* pending final settlement; *econ.* ~ *zur Verfallzeit* till due; ~ *in die Nacht* (far) into the night; *fast* ~ *Mitternacht* till near midnight; ~ *gegen Mittag* till about noon; ~ *zum späten Nachmittag* till late in the afternoon; ~ *zum Tode* till death; ~ *vor wenigen Jahren* until some few years back; ~ *über Weihnachten* (*hinaus*) beyond Christmas; ~ *zum Ende* (right) to the end; ~ *wann wird es dauern?* how long will it go (*or* last)?; ~ *wann ist es fertig?* by what time will it be finished?; *in der Zeit vom 1. Mai* ~ *31. Juli* during the period between ... and ...; *vom Montag* ~ *einschließlich Samstag* from Monday to Saturday inclusive(ly), *Am.* from Monday thru Saturday; *alle* ~ *31. Dezember erteilten Genehmigungen* any licences granted before ...; ~ *morgen!* see you tomorrow!; **2.** *as to space:* to, up to, as far as; ~ *hierher* up to here, thus far; ~ *dahin* as far as that place, up to there; ~ *wohin?* how far?; ~ *ans Knie* up to the knee; ~ *zum Himmel* up to the sky; ~ (*nach*) *Berlin* as far as Berlin; *von hier* ~ *Japan* from here to Japan; **3.** *with figures:* *sieben* ~ *zehn Tage* from seven to ten days; *fünf* ~ *sechs Wagen* five or six cars; ~ *zu hundert Mann* as many as a hundred men; ~ *zu neun Meter hoch* as high as 27 ft.; ~ *auf vier zählen* count up to four; ~ *auf das letzte Stück* (down) to the last piece; **4.** *as to degree:* ~ *aufs höchste* to the utmost; ~ *ins kleinste* down to the smallest detail; ~ *zur Tollkühnheit* to the point (*or* extent) of rashness; **5.** ~ *auf* except, with the exception of; *alle* ~ *auf einen* all but one; **II.** *cj.* ~ (*daß*) till, until; ~ *er Präsident wurde* until (*or* up to the time) he became President; *es wird lange dauern,* ~ *er es merkt* it will be long before he finds out, it will take him long to find out.
Bisam ['bi:zam] *zo. m* (-s; -e) musk; (*fur*) musquash; ~katze *f* civet-cat; ~kraut *n* (-[e]s) musk--root; ~ratte *f* muskrat.
Bischof ['biʃɔf] *m* (-s; ⁺e) bishop.
bischöflich ['-ʃø:fliç] *adj.* episcopal.
'**Bischofs...:** ~amt *n* episcopate; ~hut *m*, ~mütze *f* mitre; ~sitz *m* episcopal see; cathedral town; ~stab *m* crosier; ~würde *f* episcopal dignity.
bisexuell ['bi:-] *adj.* bisexual.
bisher [bis'he:r] *adv.* hitherto, till (*or* up to) now, so (*or* thus) far; ~ (*noch*) *nicht* not as yet; *wie* ~ as in the past; ~ig *adj.* hitherto existing; former; present, prevailing; ~e *Tätigkeit a.* list of past employers.
Biskaya [bis'ka:ja] *f* (-) Biscay; *Golf von* ~ Bay of Biscay.
Biskuit [bis'kvi:t] *n* (-[e]s; -s) biscuit, *Am. a.* cracker; *a.* ~kuchen *m* sponge-cake; ~rolle *f* Swiss cake.

bis'lang *adv.* → bisher.
Bison ['bi:zɔn] *zo. m* (-s; -s) bison.
biß [bis] *pret. of* beißen.
Biß *m* (Bisses; Bisse) bite.
bißchen ['bisçən] *adj., adv., n:* ein ~ a little; a (little) bit; a trifle; somewhat, slightly; *kein* ~ not a bit; *auch nicht ein* ~ not the least bit; *ein* ~ *viel* rather much; *das ist ein* ~ *zuviel verlangt* that's asking a bit too much; *das* ~ *Einkommen* that measly income; *ein ganz kleines* ~ a wee bit; *ein* ~ *Wahrheit* a grain (*or* element, atom) of truth; *warten Sie ein* ~ wait a minute; *mein* ~ *Geld* what little money I have, my little all.
Bissen ['bisən] *m* (-s; -) bit, morsel; mouthful, bite; (*savoury*) titbit; sop; *sich den* ~ *vom Mund absparen* stint o.s. (*für for*); *fig. ein fetter* ~ a fine catch; '2weise *adv.* by bits.
'**bissig** *adj.* biting; *dog:* snappish; *dieser Hund ist nicht* ~ this dog doesn't bite; *fig.* waspish, snappy; biting, cutting, sarcastic; 2keit *f* (-) snappishness; bitingness; sarcasm.
'**Bißwunde** *f* bite.
Bis-tum ['bistu:m] *eccl. n* (-s; ⁺er) bishopric, diocese.
bisweilen [-'vailən] *adv.* sometimes, at times; now and then, occasionally.
Bitte ['bitə] *f* (-; -n) request; entreaty; supplication, prayer; petition; invitation; *auf m-e* ~ at my request; *e-e* ~ *richten an j-n* make a request to a p.; *e-e* ~ *gewähren* grant a request; *ich habe e-e* ~ *an Sie* I want to ask you a favo(u)r.
'**bitten** *v/t. and v/i.* (*irr., h.*): *j-n um et.* ~ ask a p. for a th. (*or* a th. of a p.); request; invite; beg, entreat; implore, beseech; trouble *a p.* (*um* for); *econ. um Aufträge* ~ solicit orders; → *Erlaubnis, Verzeihung; j-n zu sich* ~ ask a p. to come; *sich* (*lange*) ~ *lassen* want a lot of asking; ~ *für j-n* plead (*or* intercede) for a p.; *sollen wir ihn zum Tee* ~? should we ask him to tea?; *es wird gebeten,* (*daß*) it is requested (*that*); *wenn ich* ~ *darf* if you please; *ich lasse Herrn X.* ~ please show Mr. X. in; *da muß ich doch sehr* ~! now then, really!, be careful what you are saying!; *darf ich Sie um Ihren Namen* ~? may I ask your name?; *ich bitte um Verzeihung* I beg your pardon; excuse me; (I am) sorry; *ich bitte um Ruhe!* silence, please!; *bitte please; bitte, gib mir die Zeitung* hand me the paper, please (*or* will you?), would you kindly (*or* be kind enough to) give me the paper; *encouragingly:* (*Aber*) *bitte!* Please, do!, *Am. a.* go (right) ahead!; *wie bitte?* (I beg your)pardon?; *Bitte* (*sehr*)! (*affirmative answer*) yes, thank you, (*after "danke* [*schön*]") don't mention it!, (you are) welcome; never mind!, (*offering a. th.*) here you are!
bitter ['bitər] *adj. and adv.* bitter; ~ *schmecken* taste bitter, have a bitter taste; *fig.* bitter; ~e *Armut* abject poverty; ~e *Enttäuschung* bitter (*or* sad) disappointment; *aus* ~er *Erfahrung* from bitter experience; ~er *Feind* deadly foe; ~e

Wahrheit sad truth; ~*er Ernst* bitter earnest; *es ist mein ~er Ernst* I mean (every word of) it; ~*es Lächeln* bitter smile; ~ *notwendig* urgently necessary, imperative; *das ist* ~ that's hard (*or* tough); ~*e Tränen weinen* weep bitterly; ~**böse** *adj.* furious, fuming; very wicked; 2e(r) *m* (-n; -n) bitters *pl.*; 2**erde** *chem. f* magnesia; ~**ernst** *adj.* dead serious; 2**holz** *n* quassia(-wood); 2**kalk** *m* magnesian lime-stone, dolomite; ~**kalt** *adj.* bitter cold; 2**keit** *f* (-) bitterness; *fig. a.* acrimony, sarcasm; bitter feeling, rancor, bad blood; 2**klee** *bot. m* buck-bean; ~**lich** I. *adj.* bitterish; II. *adv.:* ~ *weinen* weep bitterly; 2**ling** *bot. m* (-s; -e) yellow-wort; 2**mandelöl** *n* oil of bitter almonds; *chem.* benzaldehyde; 2**mittel** *n* bitter(s); 2**salz** *n* Epsom salts *pl.*, *chem.* magnesium sulphate; 2**spat** *min. m* magnesite; ~**süß** *adj.* bitter-sweet; 2**wasser** *n* bitter mineral water.

'**Bitt|gebet** *n* petitionary prayer; '~**gesuch** *n*, '~**schrift** *f* petition; '~**steller(in** *f*) *m* (-s, -; -, -nen) petitioner.

Bitum|en [bi'tumən] *n* (-s; -) bitumen; 2**inös** [-'nøːs] *adj.* bituminous.

bizarr [bi'tsar] *adj.* bizarre.

Bizeps ['biːtseps] *m* (-es; -e) biceps.

bläh|en ['blɛːən] I. *v/t.* (h.) swell, puff up, inflate; (*a. sich* ~) belly (*or* swell) out; *fig. sich* ~ puff o.s. up; *mit et.:* brag of, be puffed up about *a th.*; II. *v/i.* (h.) *med.* cause flatulence; ~**end** *med. adj.* flatulent; 2**ung** *med. f* (-; -en) wind, flatulence.

blam|abel [bla'maːbəl] *adj.* disgraceful, shameful; 2**age** [-'maːʒə] *f* (-; -n) disgrace, shame; ~**ieren** *v/t.* (h.) make *a p.* look like a fool, (expose to) ridicule, show *a p.* up; *sich* ~ make a fool of o.s., make o.s. ridiculous; put one's foot in it.

blank [blaŋk] I. *adj.* bright (*a. tech.*), shining; polished; naked; bare (*a. tech.*); clean; smooth; blank (*sheet*); glossy, shiny; ~*e Elektrode* bare electrode; ~*e Waffe* cold steel; *fig.* pure, mere; ~*er Unsinn* sheer nonsense; *colloq.* broke; II. *adv.:* ~ *ziehen* draw (one's sword); *tech.* ~ *polieren* finish, polish, furbish; ~ *glühen* bright-anneal; ~ *scheuern* scour.

Blankett [blaŋ'kɛt] *n* (-[e]s; -e) blank form, *Am. a.* blank; → *Blankovollmacht*.

blanko ['blaŋko] *econ.* I. *adj.* blank, uncovered; II. *adv.* in blank; *stock exchange:* ~*verkaufen* bear, *Am.* sell short; 2**abgaben** *f/pl.* bearish operations, *Am.* short sales; 2**akzept** *n* blank acceptance; 2**formular** *n* blank (form); 2**giro** *n* on bills of exchange: blank endorsement; *on securities:* blank transfer; 2**kredit** *m* blank (*or* open) credit; 2**scheck** *m* blank cheque (*Am.* check); 2**vollmacht** *f* full discretionary power, carte blanche (*Fr.*); 2**wechsel** *m* blank bill.

'**Blankvers** *poet. m* blank verse.

Bläs-chen ['blɛːsçən] *n* (-s; -) small bubble; *anat., bot.* vesicle; *med.* **a)** vesicle, (small) blister, **b)** pustule, pimple; ~**flechte** *med. f* herpes; 2**förmig** ['-fœrmiç] *adj.* vesicular. **Blase** ['blaːzə] *f* (-; -n) bubble; *anat.* bladder; *med.* blister, vesicle; *tech.* flaw, *raised:* blister, *inside:* bubble, *in glass:* bleb, seed; *chem.* still, alembic; inner-tyre (*Am.* tire); *colloq. contp.* set, gang, clan; *mit* ~*n bedeckte Füße* blistered feet; ~*n werfen* bubble; ~*n ziehen* raise blisters, vesicate; ~**balg** *m* (-[e]s; ⸚e) (*ein* ~ a pair of) bellows *pl.*

'**blasen** *v/i. and v/t.* (*irr.*, h.) blow (*a. tech*); *wind a.:* waft; *mus.* play, blow; sound (*a. mil.*, *zum Angriff* the charge); → *Trübsal*.

'**Blasen...:** 2**artig** *adj.* bladderlike; *med.* vesicular; ~**ausschlag** *m* pemphigus; ~**bildung** *f* bubble formation, blistering; ~**entzündung** *f* inflammation of the bladder, cystitis; ~**grieß** *m* urinary gravel; ~**katarrh** *m* cystic catarrh; ~**leiden** *n* bladder trouble; ~**sonde** *f* catheder; ~**stein** *m* (cystic) calculus; 2**ziehend** *adj.* blistering, *med.* vesicant.

Bläser ['blɛːzər] *m* (-s; -) *mus.* player of a windinstrument; *die* ~ *pl.* (*orchestra*) the wind; *tech.* blower; fan, ventilator.   [pea-shooter.]

'**Blas(e)rohr** *n* blow-pipe (*a. tech.*);

blasiert [bla'ziːrt] *adj.* blasé (*Fr.*).

blasig ['blaːziç] *adj.* bubbly; like blisters; *med.* blistered (*a. tech.*), vesicular.

'**Blas...:** ~**instrument** *n* wind-instrument; *die* ~*e pl.* (*orchestra*) the wind; ~**kapelle** *f* brass-band. **Blasphemie** [blasfe'miː] *f* (-; -n) blasphemy; **blasphemisch** [-'feː-miʃ] *adj.* blasphemous.

blaß [blas] *adj.* pale (*vor dat.* with); pallid, colo(u)rless; sallow; ~*rot etc.* pale red, *etc.*: ~ *werden* turn pale, blanch; *colo(u)r:* fade; *fig. blasser Neid* green envy; *blasse Erinnerung* dim recollection; *keine blasse Ahnung* not the faintest idea. **Blässe** ['blɛsə] *f* (-) paleness, pallor. '**bläßlich** *adj.* palish, pallid. **Blatt** [blat] *n* (-[e]s; ⸚er) *bot.* leaf; *of grass:* blade; *of flower:* petal; *of calyx:* sepal; *of mushroom:* gill, lamella; *of book:* leaf; sheet (*of paper*); page; (news)paper, daily, weekly; *art:* drawing, engraving, print; *mus.* sheet of music; *tech.* plate, lamina; *metal:* foil; blade (*of oar, saw, shovel, etc.*); *arch.* scarf; *weaving:* reed; (table) leaf; *zo.* shoulder, blade-bone; *cards:* ein *gutes* ~ a good hand; *mus. vom* ~ *spielen* play at sight; *fig. ein unbeschriebenes* ~ an unknown quantity, a dark horse; *kein* ~ *vor den Mund nehmen* not to mince matters, be plain-spoken; *das steht auf e-m andern* ~ that's quite a different thing (*or* another story); *das* ~ *hat sich gewendet* the tide has (*or* the tables are) turned; ~**ader** *f* leaf-vein, nerve; ~**ansatz** *m* stipule; 2**artig** *adj.* leaf-like, foliaceous. **Blättchen** ['blɛtçən] *n* (-s; -) small leaf, leaflet; *anat., bot., chem.* lamella; *tech.* foil; membrane; flake, scale.

'**blätt(e)rig** *adj. bot.* leafy, foliated; *in compounds:* ...leaved; *tech.* laminated.

'**Blätter...:** ~**kohle** *f* lamellar coal; ~**kuchen** *m* puff(-pastry); ~**magnet** *el. m* lamellar magnet. **Blattern** ['blatərn] *med. f/pl.* small-pox *sg.*; *of sheep:* rot; *of swine:* measles.

blättern ['blɛtərn] *v/i.* (h.) turn over the leaves (*in e-m Buch* of a book); flake *or* scale (off).

'**Blatter...:** ~**narbe** *f* pock-mark, pit; 2**narbig** *adj.* pock-marked, pitted (with small-pox); ~**ngift** *n* vaccine virus; ~**n-impfung** *f* vaccination.

'**Blätter...:** ~**pilz** *m*, ~**schwamm** *m* agaric; ~**tabak** *m* leaf tobacco; ~**teig** *m* puff-paste.

'**Blatt...:** ~**feder** *tech. f* plate-spring; *mot.* leaf-spring; 2**förmig** ['-fœr-miç] *adj.* leaf-shaped, lamelliform; ~**gold** *n* gold leaf; ~**grün** *bot. n* (-s) chlorophyll; ~**halter** *m* (-s; -) *typ.* catch, viscorium; *of saw, etc.*: blade holder; *typewriter:* copy-holder; ~**knospe** *f* leaf-bud; ~**laus** *f* plant-louse, aphid; 2**los** *adj.* leafless; *of flowers:* apetalous; ~**metall** *n* sheet metal, foil; ~**pflanze** *f* foliage plant; ~**rippe** *f* nerve (*or* vein); ~**schreiber** *m* page printer; ~**silber** *n* silver leaf; ~**stiel** *m* leaf stalk; ~**vergoldung** *f* leaf-gilding; 2**weise** *adv.* leaf by leaf; ~**werk** *n* (-[e]s) foliage; ~**wespe** *f* saw-fly; ~**zinn** *n* tinfoil.

blau [blau] *adj.* blue; azure; ~(*geschlagen*)*es Auge* black eye; ~*er Fleck* bruise, blue mark; *mar. das* 2*e Band* the Blue Riband; *tech.* ~ *anlaufen lassen* blue, temper; ~ *geglühter Flußstahl* blue annealed soft steel; *fig.* drunk, *sl.* tight, plastered; *colloq.* ~*e Bohne* bullet, *Am.* blue pill; ~*er Montag* Saint Monday; ~ *machen* take a day off; *mit e-m* ~*en Auge davonkommen* get off cheaply; → *Dunst, Wunder;* er hat ~*es Blut in s-n Adern* he is blue-blooded; 2 *n* (-s) blue, blue colo(u)r; *Dame in* ~ lady in blue; *das* ~*e vom Himmel herunterlügen* lie shamelessly; *ins* ~*e hineinreden* talk at random; *Fahrt ins* ~*e* random trip, mystery trip; *Schuß ins* ~*e* random shot; '~**äugig** ['-ʔɔygiç] *adj.* blue-eyed; 2**bart** *m* Bluebeard; '2**beere** *f* bilberry, *Am.* blueberry; '~**blütig** ['-blytiç] *adj.* (*fig.*) blue-blooded; 2**buch** *pol. n* blue book.

Bläue ['blɔyə] *f* (-) blue(ness); blue colo(u)r; azure (*of sky*); *for laundry:* blue.

blauen ['blauən] *v/i.* (h.) be blue; turn blue.

bläuen ['blɔyən] *v/t.* (h.) (dye) blue.

'**blau...:** 2**felchen** ['-fɛlçən] *ichth. m* (-s; -) blue char; 2**fuchs** *zo. m* blue (*or* arctic) fox; ~**grau** *adj.* bluish grey, livid; ~**grün** *adj.* bluish green, glaucous; 2**holz** *n* logwood; 2**kohl** *m*, 2**kraut** *n* (-[e]s) red cabbage; 2**kreuz** *mil. n* (-es) blue-cross shell-gas.

'**bläulich** *adj.* bluish, *esp. med.* livid.

'**blau...:** 2**meise** *f* blue titmouse; 2**papier** *n* carbon paper; 2**pause** *f* blueprint; 2**säure** *f* (-) prussic (or hydrocyanic) acid; ⚲**specht** *m* nuthatch; ⚲**stift** *m* blue pencil; *mit* ~ *anstreichen, etc.* blue-pencil; ⚲**strumpf** *fig. m* blue-stocking; ⚲**wal** *zo. m* blue whale.

Blech [blɛç] *n* (-[e]s; -e) sheet metal; (*product*) metal sheet; sheet steel; sheet iron; plate; foil; *colloq. fig.* stuff, rubbish, *sl.* bosh; *rede doch kein ~ sl.* don't talk rot; ~**bearbeitung** *f* tin-plate work(ing); ~**bearbeitungsmaschine** *f* sheet-metal working machine; ~**belag** *m* plate covering; ~**beplankung** *aer., tech. f* (sheet-)metal skin; ~**büchse**, ~**dose** *f* tin (box), *Am.* (tin) can; *in* ~**n** *verpackt* tinned, *Am.* canned; ~**druck** *typ. m* tin-printing.

'**blechen** *colloq. v/t. u. v/i.* (h.) pay (up), fork (*or* shell) out, *sl.* cough up.

'**blechern** *adj.* (of) tin; tinny, brassy (*sound*).

'**Blech...:** ~**erzeugnisse** *n/pl.* plate products; ~**geschirr** *n* tinware, tin-plate vessels *pl.*; ~**instrument** *mus. n* brass instrument; *die* ~**e** *pl.* (*orchestra*) the brass; ~**kanister** *m* canister, metal container; ~**kanne** *f* tin-can; ~**konstruktion** *f* tin-plate construction; ~**lehre** *f* sheet metal ga(u)ge; ~**marke** *f* tin control plate; ~**musik** *f* (music of a) brass band; ~**orden** *m contp.* putty medal; ~**schere** *f* plate-shears *pl.*; gate shears; lever shears; ~**schmied** *m* tinsmith; sheet-metal worker; ~**streifen** *m* sheet-metal strip, tin-band; ~**tafel** *f* sheet panel; ⚲**umhüllt** *adj.* metal-sheathed; ~**verkleidung** *f* sheeting; ~**walzwerk** *n* plate rolling mill, sheet mill; ~**ware(n)** *f* tinware.

blecken ['blɛkən] *v/t.* (h.): *die Zähne* ~ show one's teeth; *animal*: bare one's fangs.

Blei[1] [blaɪ] *ichth. m* (-[e]s; -e) bream.

Blei[2] *n* (-[e]s; -e) lead; *aus* ~ (of) lead, leaden; *mot. in petrol*: tetra-ethyl lead (*abbr.* TEL); *mar.* plummet, lead; (lead) pencil; *gun*: shot; *fig. es lag ihm wie* ~ *in den Gliedern* his limbs were leaden.

'**Blei...:** ~**ader** *f* lead vein; ~**arbeiter** *m* plumber; ⚲**artig** *adj.* leadlike, plumbeous; ~**bad** *n* lead bath; ~**barren** *m* lead pig; ~**benzin** *n* leaded petrol (*Am.* gasoline).

Bleibe ['blaɪbə] *f* (-) shelter, place to stay, *sl.* digs; accommodation; *keine* ~ *haben* have no home, have no roof over one's head.

'**bleiben** *v/i.* (*irr., sn*) remain; stay; continue, keep; be left, remain; *in battle*: fall; *zu Hause* ~ stay in; *fern* ~ keep away; *draußen* ~ stay out; *gesund* ~ continue in good health, keep healthy; *ernsthaft* ~ keep one's countenance; *ruhig* ~ a) keep quiet, b) keep one's temper; *unbestraft* ~ go unpunished; *sich gleich* ~ be always the same; *treu* ~ remain faithful; *bei et.* ~ keep (*or* stick) to, abide by, persist in *one's opinion, etc.*; *am Leben* ~ remain alive, survive; *ohne Folgen* ~ be without (*or* have no) consequences; → *Sache*; *für sich* ~ keep to o.s.; *dabei muß es* ~ there the matter must rest; *dabei wird es nicht* ~ matters won't

stop there; *es bleibt dabei!* agreed!; *that's final!*; *das bleibt unter uns* that's between ourselves, that's strictly confidential; *es bleibt abzuwarten* it remains to be seen; *wo bist du so lange geblieben?* where have you been all this time?; *wo ist sie nur geblieben?* what has become of her?; *colloq. und wo bleibe ich?* and where do I come in?; *zwei von sieben bleibt fünf* two from seven leaves five; *teleph.* ~ *Sie in der Leitung!* hold the line, please; *typ. bleibt!* let stand, stet; ⚲ *n* (-s) stay; *hier ist meines* ~**s** *nicht länger* I cannot stay here any longer; ~**d** *adj.* lasting, enduring, permanent; everlasting; *colour*: fast; ~**er Eindruck** lasting impression; ~**er Zahn** permanent tooth; → *Stätte*; ~**lassen** *v/t.* (*irr., h.*) leave *a th.* alone; *laß das bleiben!* don't do it!; leave it alone!; do nothing of the kind!; stop that (*noise, etc.*)!

'**Bleibergwerk** *n* lead mine.

bleich [blaɪç] *adj.* pale (*vor dat.* with), pallid, wan; faint, faded; ~ *werden* turn pale, blanch.

'**Bleiche** *f* (-; -n) paleness, pallor; *of laundry*: bleaching; → *Bleichplatz*; ⚲**n I.** *v/t.* (h.) bleach, blanch; whiten; **II.** *v/i.* (sn) bleach; turn white, blanch; lose colo(u)r, fade; ~**n** *n* bleaching.

'**Bleich...:** ~**gesicht** *n* paleface; ~**mittel** *n* bleaching agent; ~**platz** *m* bleaching ground; ~**sucht** *med. f* (-) greensickness, chlorosis, an(a)emia; ⚲**süchtig** *adj.* greensick, chlorotic, an(a)emic.

bleiern ['blaɪərn] *adj.* (of) lead, leaden; *fig.* leaden, as heavy as lead.

'**Blei...:** ~**erz** *n* lead ore; ~**essig** *m* lead vinegar, basic acetate of lead; ~**farbe** *f* lead paint; ⚲**farbig** *adj.* lead-colo(u)red, livid; ⚲**folie** *f* lead foil; ⚲**frei** *adj. petrol*: unleaded; ~**gelb** *n* massicot, yellow lead; ~**gewicht** *n* sinker, plummet; ~**gießer** *m* lead smelter; ~**gieße'rei** *f* lead-works *pl.*; ~**glanz** *min. m* lead glance, galena; ~**glas** *n* lead (*or* crystal) glass; ⚲**haltig** ['-haltɪç] *adj.* plumbiferous; ~**hütte** *f* lead-works *pl.*; ~**kabel** *n* lead-covered cable; ~**kugel** *f* lead bullet; ~**legierung** *f* leadbase alloy; ~**lot** *n arch.* plumb (-line); *mar.* plummet; ~**mantel** *tech. m* lead sheathing; ~**oxyd** *chem. n* lead oxide; ~**plombe** *f* lead seal; ~**rohr** *n* lead pipe; ~**salbe** *f* lead ointment; ~**säure** *chem. f* plumbic acid; ⚲**schwer** *adj.* heavy as lead; *a. fig.* leaden; ~**sicherung** *el. f* lead fuse; ~**soldat** *m* tin soldier.

'**Bleistift** *m* lead pencil; ~**halter** *m* (-s; -), ~**hülse** *f* pencil case; ~**spitzer** *m* (-s; -) pencil sharpener; ~**zeichnung** *f* pencil-drawing.

'**Blei...:** ~**vergiftung** *f* lead poisoning; ~**verhüttung** *f* lead smelting; ~**wasser** *pharm. n* goulard water; ~**weiß** *chem. n* white lead, ceruse; ~**zucker** *m* lead acetate.

Blende ['blɛndə] *f* (-; -n) blind; *arch.* a) blind window; b) blind front wall, dead face; c) niche, recess; *of horse*: blinker, eye-flap; blind, screen; *mil.* (gun) mantlet; *mar.* dead-light; *headlight*: shutter;

opt., phot. diaphragm, stop; *phot. bei* ~ *8* stop-opening of f 8; *in jets, etc.*: orifice; *min.* blende, blackjack; lantern; *on dress*: trimming, braiding, stripe.

'**blenden I.** *v/t.* (h.) *generally*: blind (*a. fig.*); put (*or* gouge) out the eyes; dazzle (*a. fig.*); screen; plate; dye dark (*fur*); *fig.* deceive, delude, hoodwink; dazzle, fascinate; **II.** *v/i.* (h.) glare, dazzle (the eyes); ⚲ *n* (-s) *mot.* headlight glare; ~**d** *adj.* glaring, dazzling; *fig.* delusive; brilliant; splendid, excellent, marvellous; *e-e* ~**e** *Schönheit* a dazzling beauty.

'**Blenden...:** ~**einstellung** *phot. f* diaphragm setting; ~**öffnung** *f* diaphragm aperture; ~**scheibe** *f opt.* diaphragm; *tech.* orifice plate.

'**Blender** *fig. m* (-s; -) bluff(er), dazzler.

Blend [blɛnt]...: '⚲**frei** *adj.* dazzle--free; '~**glas** *opt. n* moderating glass; '~**holz** *n* facing board; '~**laterne** *f* dark lantern; '~**ling** *m* (-s; -e) mongrel, bastard, hybrid; '~**rahmen** *m* blind frame; '~**scheibe** *f opt.* disk diaphragm, stop; *mot.* anti-glare shield; '~**schutz** *mot. m* headlight dimming, anti-dazzle device; '~**schutzglas** *n* anti-glare glass; '~**schutzscheibe** *mot. f* anti--glare screen, *Am.* visor; '~**stein** *m* facing brick.

Blendung ['-duŋ] *f* (-; -en) blinding; *w.s.* dazzling, glare; *fig.* deception; delusion.

Blendwerk ['blɛnt-] *n* (optical) delusion, illusion, mirage; deception; jugglery; eyewash.

Blesse ['blɛsə] *f* (-; -n) blaze, white spot; horse with a blaze.

Bleuel ['blɔʏəl] *m* (-s; -) mallet, beetle.

bleuen ['blɔʏən] *v/t.* (h.) beat (black and blue).

Blick [blɪk] *m* (-[e]s; -e) look (*auf acc.* at); *flüchtiger* ~ glance (at), glimpse (of); *durchbohrender* ~ glare; *finsterer* ~ scowl; *starrer* ~ gaze; *der böse* ~ the evil eye; ~ *in die Zukunft* forward look; view (of), *weiter* ~ vista; *mit* ~ *auf* with a view of, overlooking, facing; *auf den ersten* ~ at first sight, at a glance; *das sieht man doch auf den ersten* ~ you can see that with half an eye; *e-n* ~ *werfen auf* (*acc.*) take a look at, cast a glance at; *j-m e-n* ~ *zuwerfen* give a p. a look; *j-n mit den* ~**en** *durchbohren* look daggers at a p.; *e-n* ~ *für et. haben* have an eye for a th.; ⚲**en** *v/i.* (h.) look, glance (*auf acc.* at); *finster* ~ scowl; *starr* ~ gaze; *sich* ~ *lassen* show o.s., appear, put in an appearance; *er läßt sich nicht mehr* ~ he makes himself scarce; *das läßt tief* ~ that's very significant, that speaks volumes; *Mitleid blickte aus ihren Augen* her eyes looked compassion; ~**fang** *m* eye-catcher; ~**feld** *n* field of vision; *fig.* range (of vision), horizon; ~**feuer** *n* signal light; ⚲**los** *adj.* sightless(ly *adv.*); ~**punkt** *m* point of vision; *fig.* focus; *im* ~ *stehen* be in the cent|re (*Am.* -er) of interest, be in the limelight; ~**richtung** *f* line of sight; ~**winkel** *m* visual

angle; *fig.* point of view, viewpoint.
blieb [bli:p] *pret. von* bleiben.
blies [bli:s] *pret. von* blasen.
blind [blint] **I.** *adj.* blind (*a. fig.* gegen, *für* to; *vor dat.* with); sightless; *völlig* ~ stone-blind; *metal, etc.*: dim, dull, tarnished; *arch.* blind, sham, dead; *mil.* blank (*cartridge*); *auf e-m Auge* ~ blind of (*or* in) one eye; *fig.* blind, implicit (*faith, obedience*); blind (*fury, love*); ~*es Glück* mere chance; ~*er Alarm* false alarm; ~*er Passagier* stowaway, *rail.* deadhead; ~*es Werkzeug* mere tool; ~*schreiben* type by touch; ~*fliegen* fly blind (*or* on instruments); ~ *schießen* fire blank cartridges; *j-n* ~ *machen* blind a p. (gegen to); *sie ist* ~ *für* she shuts her eyes to; ~*er Eifer schadet nur* haste makes waste; **II.** *adv.* → blindlings.
'Blind...: ~**boden** *m arch.* dead floor; ~**darm** *anat. m* blind gut, caecum; appendix; ~**darmentzündung** *med. f* appendicitis.
'Blindekuh *f* (-) blind-man's buff.
'Blinden...: ~**anstalt** *f* blind asylum, home for the blind; ~**(führ)-hund** *m* blind-man's dog, guide-dog, *Am.* seeing-eye dog; ~**schrift** *f* braille; ~**schreibmaschine** *f* braille typewriter.
'Blinde(r *m) f* (-*n*, -*n*; -*n*, -*n*) blind (wo)man, blind person; *die* ~*n pl.* the blind; *das sieht doch ein* ~*r* you can see that with half an eye.
Blind...: ['blint-] ~**flug** *m* instrument (*or* blind) flying; ~**gänger** ['-gɛŋər] *m* (-s; -) *mil.* blind shell, blind bomb, dud; *colloq. fig.* washout; ~**geboren** *adj.* born blind; ~**heit** *f* (-) blindness; *fig. mit* ~ *geschlagen* struck with blindness; ~**landung** *aer. f* instrument landing, blind approach; ~**leistung** *el. f* reactive volt-amperes *pl., Am.* reactive power; ~**lings** ['-liŋs] *adv.* blindly; rashly, recklessly; at random; implicitly; ~**schleiche** ['-ʃlaiçə] *zo. f* (-; -*n*) slow-worm, blind-worm; ~**schreiben** *n* (-s) touch typing; ~**strom** *el. m* reactive current; ~**widerstand** *el. m* reactance.
Blink|bake ['bliŋk-] *aer. f* flash beacon; **'~en** *v/i.* (h.) glitter, gleam, sparkle, flash; *esp. stars:* twinkle; (*a. v/t.*) signal (with lamps), flash; **'~er** *mot. m* (-s; -) flashing trafficator; **'~feuer**, **'~licht** *n* intermittent (*or* flashing) light; *mot.* → Blinker; **'~gerät** *n* lamp-signal(l)ing apparatus, blinker; **'~spruch** *m* blinker(-signal)message; **'~zeichen** *n* lamp (*or* flashlight) signal; ~ *geben* flash.
blinzeln ['blintsəln] *v/i.* (h.) blink (one's eyes), twinkle; wink.
Blitz [blits] *m* (-es; -e) lightning; flash (of lightning); *der* ~ *schlug ein* the lightning struck; *vom* ~ *getroffen* struck by lightning; *fig. wie der* ~ like lightning; → *blitzschnell; colloq. wie ein geölter* ~ like a greased lightning; *wie vom* ~ *getroffen* thunderstruck; *ein* ~ *aus heiterem Himmel* a bolt from the blue; **'~ableiter** *m* (-s; -) lightning-conductor (*or* rod); **'~artig** *adj.* lightninglike; abrupt;

→ *blitzschnell;* **'~blank** *adj.* shining, *pred.* spick and span.
'blitzen *v/i. and v/impers.* (h.) lighten, flash; *es blitzt* it is lightning; *fig.* glitter, flash, sparkle; *s-e Augen blitzten* his eyes flashed (*vor* Zorn with anger), *vor Vergnügen:* glittered (*or* sparkled) with amusement.
'Blitzesschnelle *f* lightning-speed.
'Blitz...: ~**gerät** *phot. n* flash attachment; flash gun; ~**gespräch** *teleph. n* special priority call; ~**krieg** *m* lightning war(fare), blitz(krieg); ~**licht** *phot. n* flash-light; flash bulb; *mit* ~ *photographieren* flash--photograph; ~**lichtaufnahme** *f* flash-light photo(graph), photo--flash picture; ~**lichtbirne** *f* flash bulb, photo-flash; ~**lichtlampe** *f* flashlamp; ~**offensive** *mil. f* lightning offensive; ~**sauber** *adj.* neat as a pin, spick and span; very pretty; ~**schaden** *m* damage caused by lightning; ~**schlag** *m* lightning--stroke; ~**schnell I.** *adj.* lightning; *mot.* ~*es Starten* split-second starting; **II.** *adv.* with lightning speed, like a shot, in a flash; abruptly, all of a sudden; *es verbreitete sich* ~ it spread like wildfire; *es trocknet* ~ it dries like magic; ~**schutzsicherung** *el. f* lightning protection fuse; ~**strahl** *m* flash of lightning; ~**telegramm** *n* special priority telegram(me); ~**zug** *m* express train.
Block [blɔk] *m* (-[e]s; ~e) block (*a. rail.; a. of houses* [*pl.* -s]); log; block, boulder; bar (*of chocolate, soap*); (*writing*) pad, block; book (*of tickets*); *of book:* stitched pack; (*executioner's*) block; stocks *pl.; parl. pol., econ.* bloc; *metall.* ingot, pig; *vorgewalzter* ~ cogged ingot, *Am.* bloom; *tech.* (pulley-)block; *mot.* radiator core.
Blockade [blɔˈkaːdə] *f* (-; -*n*) blockade; *die* ~ *aufheben* raise the blockade; *die* ~ *brechen* run the blockade; *typ.* turned letter(s *pl.*); ~**brecher** *m* (-s; -) blockade-runner.
'Block...: ~**bauart** *f* unitized construction; ~**druck** *typ. m* (-[e]s; -e) block printing; ~**en** *v/t.* (h.) *rail.* block *a* line (by block-signal); block (*hats*); stretch (*shoes*); *boxing:* e-n *Schlag* ~ block a blow; ~**flöte** *f* recorder; ~**frei** *pol. adj.* non-aligned (*nations*); ~**haus** *n* log-house; *mil.* blockhouse; ~**heftmaschine** *f* book stitching machine.
blo'ckier|en *v/t.* (h.) block (up); lock (*wheels*); jam (*line, machine, etc.*); clog; *typ.* turn (*letters*); ~**ung** *f* (-; -*en*) blocking; *mil.* blockade.
'Block...: ~**kondensator** *el. m* block (-ing) condenser; ~**konstruktion** *f* unit construction; ~**säge** *f* pit-saw; ~**satz** *typ. m* grouped style; ~**schrift** *f* (-) block letters *pl.; typ.* Egyptian type; *in* ~ *schreiben* print (in block letters); ~**stelle** *rail. f* signal box.
blöd(e) [bløːt, 'bløːdə] *adj.* imbecile, feeble-minded, barmy; stupid, dull, half-baked; foolish, silly; timid, bashful, shy; awkward, stupid (*matter*); ~*er Kerl* silly fool, idiot; ~**heit** *f* (-) imbecility; stupidity; dullness, silliness; ~**igkeit** *f* (-)

timidity, bashfulness; ~**sinn** *m* (-[e]s) imbecility, idiocy; nonsense, rubbish; antics, tricks *pl.*; ~! *sl.* bosh!, rot!; ~**sinnig** *adj.* idiotic, imbecile, crazy, silly; *adv. colloq.* awfully.
blöken ['bløːkən] *v/i.* (h.) *cattle:* low; *sheep, a. person:* bleat.
blond [blɔnt] *adj.* blond(e *f*); fair (-complexioned); light-colo(u)red, light; ~**e** ['-də] *econ. f* (-; *n*) blonde (lace).
Blondine [-ˈdiːnə] *f* (-; -*n*) blonde.
'Blondkopf *m* fair-haired person *or* child, *Am. colloq.* blondie.
bloß [bloːs] **I.** *adj.* bare, naked, uncovered; *mit* ~*en Füßen* barefoot(ed); *mit* ~*en Händen* with naked hands; *mit* ~*em Kopf* bare-headed; *mit dem* ~*en Auge* with the naked eye; mere, simple, sheer; ~*e Worte* mere (*or* empty) words; ~*er Neid* sheer envy; *der* ~*e Gedanke* the mere (*or* very) idea; *auf den* ~*en Verdacht hin* on the mere suspicion; **II.** *adv.* merely, simply, only, just, but; *es kostet* ~ *zwei Dollar* it's only two dollars; ~ *ein Mechaniker* a mere mechanic; *komm* ~ *nicht hier herein!* don't you (*or* dare you) come in here!; *wie machst du das* ~! how on earth are you doing it?; *wo sie* ~ *bleibt?* I wonder what has become of her; ~ *jetzt nicht!* not now, of all times! → nur.
Blöße ['bløːsə] *f* (-; -*n*) bareness, nakedness; clearing, glade; *tanning:* smoothed skin; *fig.* weak spot, weak side; *sports:* opening; *fenc.* e-e ~ *bieten* expose, uncover; *boxing:* drop one's guard, *a. fig. sich* e-e (*empfindliche*) ~ *geben* leave o.s. (wide) open.
'bloß...: ~**legen** *v/t.* (h.) lay bare, expose; *fig.* (lay) bare, reveal, unveil, bring to light; ~**stellen** *v/t.* (h.) expose, unmask, compromise, show *a p.* up; *sich* ~ compromise o.s., lose face; ~**stellung** *f* exposure.
blühen ['blyːən] *v/i.* (h.) bloom, blossom, flower (*a. fig.*); be in bloom (*or* blossom); *fig.* flourish, prosper, thrive, *econ. a.* boom; *wer weiß, was uns noch blüht* who knows what is in store for us; *ihm blüht e-e Tracht Prügel* he is in for a sound thrashing; *das kann uns auch* ~ that may well happen to us, too; ~**d** *adj.* blooming, flowering; *fig.* rosy (*looks*); vigorous (*health*); *im* ~*en Alter* in the prime of life, in his (her) prime; ~*er Unsinn* perfect nonsense, *sl.* tommy-rot; flourishing, *etc.* (*town, trade, etc.*).
Blümchen ['blyːmçən] *n* (-s; -) little flower, floweret; ~**kaffee** *m colloq.* water bewitched.
Blume ['bluːmə] *f* (-; -*n*) flower; *fig. of wine:* aroma, bouquet; *of beer:* froth; *hunt.* tail, brush; *fig.* flower, pick, choice; flower of speech, metaphor; *et. durch die* ~ *sagen* say a th. under the rose, hint at a th.; *laßt* ~*n sprechen* say it with flowers.
'Blumen...: ~**ausstellung** *f* flower-show; ~**beet** *n* flower-bed; ~**blatt** *n* petal; ~**draht** *m* florist's wire; ~**erde** *f* garden mo(u)ld; ~**garten** *m*

flower-garden; ~gärtner *m* florist; ~händler(in *f*) *m* florist; ~handlung *f* flower-shop, florist's; ~kasten *m* window-box; ~kelch *m* calyx; ~kohl *m* cauliflower; ~korso ['kɔrzo] *m* (-s; -s) battle of flowers; ~krone *bot. f* corolla; ~laden *m* → *Blumenhandlung*; ~liebhaber(in *f*) *m* lover of flowers, flower-fancier; ~mädchen *n* flower-girl; ~muster *n* floral design; ♀reich *adj.* abounding in flowers; flowery (*a. fig.*); ~schale *f* flower-bowl; ~ständer *m* flower-stand; ~stengel, ~stiel *m* flower-stalk, peduncle; ~stetigkeit *f of bees*: preference for one flower; ~strauß *m* (-es; ⁻e) bunch (*or* bouquet) of flowers; nosegay; ~topf *m* flower pot; ~vase *f* flower-vase; ~zucht *f* floriculture; ~züchter(in *f*) *m* florist; ~zwiebel flower-bulb.

'**blumig** *adj.* flowery (*a. fig.*); flowered *pattern, etc.*

Bluse ['blu:zə] *f* (-; -n) blouse; *mil.* field jacket.

Blut [blu:t] *n* (-[e]s) blood; *geronnenes* ~ coagulated (*or* clotted) blood, gore; *fig.* blood; race, breed; *junges* ~ young blood (*or* thing); → *blau; heißes* ~ passionate (*or* hot) temper; *bis aufs* ~ to the quick (*or* marrow), (almost) to death; ~ *lecken* taste blood; ~ *schwitzen* sweat blood; ~ *vergießen* shed blood; *böses* ~ *machen* breed bad blood, arouse ill feeling; *es liegt bei ihm im* ~ it runs in his blood; *immer ruhig* ~! keep cool!, take it easy!

'**Blut...:** ~**ader** *f* vein; ~**alkohol** *m* blood alcohol; ~**andrang** *m* rush of blood (to the head), congestion; ♀**arm** *adj.* bloodless, an(a)emic (*a. fig.*); *fig.* ['blu:t'arm] (utterly) destitute, penniless; ~**armut** *med. f* an(a)emia; ~**auswurf** *m* sputum containing blood; ~**bad** *n* carnage, massacre, butchery, slaughter; ~**bahn** *f* blood stream; ~**bank** *f* (-; -en) blood bank; ♀**befleckt** *adj.* blood-stained; ~**bild** *n* blood-picture, blood count; ♀**bildend** *adj.* blood-forming; ~**bildung** *f* formation of blood, h(a)emopoiesis; ~**blase** *f* blood blister; ~**buche** *bot. f* copper-beech; ~**druck** *m* (-[e]s) blood-pressure; *den* ~ *messen* take the blood-pressure; ~**druckmesser** *m* sphygmomanometer, blood-pressure apparatus; ~**drüse** *f* endocrine gland; ~**durst** *m* blood-thirst(iness); ♀**dürstig** *adj.* blood-thirsty.

Blüte ['bly:tə] *f* (-; -n) blossom, bloom; *esp. fig.* flower; *fig.* prosperity; heyday, climax, height; flower, élite; prime (of life); flush (of youth); *in* (*voller*) ~ in (full) bloom; ~*n treiben* put forth blossoms; *fig. sonderbare Blüten treiben* give rise to queer practices; *e-e neue* ~ *erleben* go through a time of revival; *zur* ~ *gelangen* come to fruition.

'**Blut-egel** *m* leech; ~ *setzen* apply leeches (*an dat.* to).

'**bluten** *v/i.* (h.) bleed (*aus* from); *aus der Nase* ~ bleed at the nose; *fig.* bleed, pay up; *schwer* ~ *müssen* pay through the nose; *j-n* ~ *lassen*

bleed a p. (white); *mein Herz blutet* my heart bleeds (*um* for; *bei* at); ~*den Herzens* with a heavy heart, with great reluctance.

'**Blüten...:** ~**becher** *bot. m* cupula; ~**blatt** *n* petal; ~**boden** *m* receptacle, torus; ~**dolde** *f* umbel; ~**honig** *m* honey of blossoms and flowers; ~**kätzchen** *n* catkin; ~**kelch** *m* calyx; ~**kelchblatt** *n* sepal; ~**knospe** *f* flower bud; ~**lese** *fig. f* selection, anthology; ~**stand** *m* inflorescence; ~**staub** *m* pollen; ~**stecher** *m* anthonomus; ~**stengel** *m* peduncle.

'**Blut-entnahme** *f* taking of blood samples.

'**blütentragend** *adj.* floriferous.

'**Bluter** *med. m* (-s; -) bleeder, h(a)emophiliac.

'**Blut-erguß** *med. m* blood effusion.

'**Bluter-krankheit** *med. f* (-) h(a)emophilia.

'**Blütezeit** *f* flowering time (*a. fig.*); *fig.* heyday, golden season.

'**Blut...:** ~**farbe** *f* blood-colo(u)r, (dark) crimson; ~**farbstoff** *m* (-[e]s) blood pigment, h(a)emoglobin; ~**faserstoff** *m* (-[e]s) fibrin; ~**fink** *m* bullfinch; ~**fleck** *m* blood-stain; ~**fluß** *med. m* (-sses) h(a)emorrhage; ~**gefäß** *anat. n* blood-vessel; ~**gerinnsel** *n* clot of blood, thrombus; ~**gerüst** *n* scaffold; ~**geschwür** *med. n* furuncle; phlegmon; ♀**getränkt** *adj.* blood-drenched; ♀**gierig** *adj.* bloodthirsty, murderous; ~**gifte** *n/pl.* blood-toxins; ~**gruppe** *f* blood group; ~**gruppenbestimmung** *f* blood-grouping (test); ~**hochzeit** *f: die Pariser* ~ the Massacre of St. Bartholomew; ~**hund** *m* bloodhound; ~**husten** *med. m* h(a)emoptysis; ♀**ig** *adj.* bloody, blood-stained; bleeding (*wound*); sanguinary *or* bloody (*battle*); *fig.* cruel; ~*er Anfänger* rank beginner, greenhorn; ~*er Ernst* dead earnest; ~*e Tränen bitter tears*; '♀**jung** *adj.* very young; ~**klumpen** *med. m* blood clot; ~**konserve** *f* conserved blood; blood plasma; ~**körperchen** *n* blood corpuscle; *weißes* ~ leucocyte; *rotes* ~ erythrocyte; ~**körperchenzählung** *f* blood count; ~**krankheit** *f* blood disease; ~**kreislauf** *m* (-[e]s) blood circulation; ~**lache** *f* pool of blood; ~**lassen** *n* (-s) bloodletting; ~**laugensalz** *n* potassium ferrocyanide; ♀**leer, ♀los** *adj.* bloodless (*a. fig.*), an(a)emic; ~**leere** *f* bloodlessness; local an(a)emia; ~ *im Gehirn* cerebral an(a)emia; ~**mangel** *m* (-s) deficiency of blood, hyp(a)emia; ~**orange** *f* blood orange; ~**plasma** *n* blood plasma; ~**probe** *f* blood test; *aufgenommene* ~ blood sample; ~**rache** *f* blood revenge, vendetta; ~**rausch** *m* bloodlust; ♀**reinigend** *adj.* purifying the blood, depurative; ~**reinigungsmittel** *n* depurative; ♀**rot** *adj.* red as blood, blood red, (dark) crimson; ~**rot** *physiol. n* h(a)emoglobin; ♀**rünstig** ['-rynstiç] *adj.* bloody; ~*e Geschichte* blood-curdling story; ~**sauger** *m* blood-sucker, vampire; ~**schande** *f* incest; ~**schänder(in** *f*) *m* incestuous person; ♀**schände-**

risch *adj.* incestuous; ~**schuld** *f* (-) blood-guiltiness, murder; ~**senkung** *f* blood sedimentation; ~**senkungsgeschwindigkeit** *f* (blood-) sedimentation rate; ~**serum** *n* blood serum; ~**spender(in** *f*) *m* blood-donor; ~**spucken** *n* (-s) spitting of blood, h(a)emoptysis; ~**spur** *f* track (*or* mark) of blood; ~**stauung** *f* vascular congestion; ~**stein** *min. m* bloodstone, hematite; ♀**stillend** *adj.* blood-sta(u)nching, styptic; ~*es Mittel* styptic; ~**stropfen** *m* drop of blood; ~**sturz** *m* (violent) h(a)emorrhage; ♀**sverwandt** *adj.* related by blood (*mit* to), consanguineous; ~**sverwandte(r** *m*) *f* blood-relation; *jur. der nächste* ~ next of kin; ~**sverwandtschaft** *f* consanguinity, kinship; ~**tat** *f* bloody deed, murder; ♀**triefend** *adj.* dripping with blood; ♀**überströmt** *adj.* bloody, covered with blood; ~**übertragung** *f* blood transfusion; ~**umlauf** *m* (-[e]s) circulation of the blood; ~**ung** *f* (-; -en) h(a)emorrhage; ♀**unterlaufen** *adj.* bloodshot; ~**untersuchung** *f* blood test; ~**vergießen** *n* (-s) bloodshed; ~**vergiftung** *f* blood-poisoning, sepsis; ~**verlust** *m* loss of blood; ~**wärme** *f* blood-heat; ~**wasser** *n* lymph, serum; ~**weg** *m* blood stream; *Verbreitung auf dem* ~ blood-spread; '♀**wenig** *adj.* wretchedly little, next to nothing; ~**wurst** *f* black pudding; ~**wurz** ['-vurts] *bot. f* (-) bloodwort; ~**zeuge** *m* martyr; ~**zoll** *m* toll; *e-n schweren* ~ *fordern* take a heavy toll (of lives); ~**zucker** *med. m* blood sugar; ~**zuckerspiegel** *m* blood-sugar level.

b-Moll *mus. n* B flat minor.

Bö [bø:] *f* (-; -en) squall, gust; *aer.* bump.

Boa ['bo:a] *f* (-; -s) boa.

Bob [bɔp] (*really*: '~**schlitten**) *m* (-s; -s) bob(sleigh), bobsled; ~ *fahren* bob; *Zweier♀* two-seater bob; '~**bahn** *f* bob(sleigh) run; '**fahrer** *m* bobsleigh driver, bobsledder, bobber; '~**mannschaft** *f* bobsleigh team; '~**rennen** *n* bob race.

Bock [bɔk] *m* (-[e]s; ⁻e) buck; ram; he-goat, billy-goat; *tech.* trestle, jack, stand, support; *gym.* buck (-horse); driver's seat, (coach-)box; *fig. alter* ~ old goat; *steifer* ~ clumsy fellow, gawk; ~ *springen* play (at) leap-frog; *e-n* ~ *schießen* commit a blunder *or* bloomer, *Am. a.* pull a boner; *den* ~ *zum Gärtner machen* set the fox to watch the geese; '♀**beinig** ['-baɪniç] *adj. fig.* stubborn (as a mule), pigheaded, mulish; '~**bier** *n* bock (beer).

Böckchen ['bœkçən] *n* kid.

bock|en ['bɔkən] *v/i.* (h.) *horse*: buck, prance; *fig.* be refractory, kick; sulk; *mot.* buck, conk; '~**ig** *adj.* stubborn, obstinate, pigheaded, sulky; *aer.* bumpy (*weather*); '♀**leder** *n*, '~**ledern** *adj.* buckskin; '♀**leiter** *f* step-ladder; '♀**sattel** *m* hussar saddle; '♀**sbart** *m* goat's-beard (*a. bot.*); *of man*: goatee; '♀**sbeutel** *m* flagon; '♀**shorn** *n fig.*: *j-n ins* ~ *jagen* intimidate (*or* bully) a p.; frighten a p. out of his wits,

Am. a. throw a scare into a p.; '♀-
springen *n* (-s) leap-frog; '♀-
sprung *m gym.* buck-horse vaulting; *fig.* Bocksprünge machen caper,
gambol.
Boden ['boːdən] *m* (-s; ⸚) ground;
agr. soil; *auf britischem* ~ on British
soil; *Grund und* ~ landed property,
real estate; *of sea, vessel*: bottom;
of car, room, etc.: floor; garret,
attic, loft; hay-loft; *ammunition*:
base; *watch*: frame; *angeschwemm-
ter* ~ alluvial deposits *pl.*; *doppelter*
~ false bottom; *mit flachem* ~ flat
bottomed; *fester* ~ firm ground;
fruchtbarer ~ fertile soil (*a. fig.*);
(*festen*) ~ *fassen* get a (firm) footing; ~ *gewinnen (verlieren)* gain
(lose) ground; *den* ~ *unter den
Füßen verlieren* lose the ground
under one's feet, *fig.* go beyond
one's depth; *j-m* ~ *abgewinnen*
gain ground (up)on a p.; *j-m den*
~ *unter den Füßen wegziehen* cut
the ground from under a p.'s feet;
sich auf den ~ *der Tatsachen stellen*
take a realistic view, face the facts;
der ~ *brennt ihm unter den Füßen*
the place (*or* it) is getting too hot
for him; *boxing*: *zu* ~ *gehen* go
down; *zu* ~ *schlagen* (knock) down,
Am. a. floor; *er war bis drei am* ~
he took count to three; *fig. zu* ~
drücken crush, overwhelm; *er
bringt sie noch unter den* ~ he will
be the death of her yet; → *stampfen.*
'**Boden...**: ~**abstand** *mot. m* ground
clearance; ~**abwehr** *mil. f* ground
defen|ce, *Am.* -se; ~**angriff** *aer. m*
ground attack *or* strafing; ~**art** *f*
soil type; ~**auswaschung** *f* soil
erosion; ~**belag** *m* floor covering;
~**beschaffenheit** *f* soil condition;
condition of the ground; ~**bewegung** *f arch.* earth work; *geol.* soil
shifting; ~**bö** *f* ground squall;
~/**Bord-Verbindung** *aer. f*
ground-to-aircraft communication;
~**chemie** *f* agricultural chemistry;
~**decke** *f* ground cover; *agr.* herbaceous soil-covering; ~**erhebung** *f*
rise, elevation; ~**ertrag** *m* produce
of the soil, crop yield; ~**falte** *f*
furrow, gully; ~**fenster** *n* garret-
-window; dormer-window; ~**flä-
che** *f* area, acreage; *of room, a. tech.*
floor space; ~**fräse** *agr. f* rotary
hoe; ~**freiheit** *mot. f* (-) ground
clearance; ~**frost** *m* ground frost;
~**gestaltung** *f* topographical features *pl.*; ~**haftung** *mot. f* ground
adhesion; ~**kammer** *f* garret, attic;
~**kreditanstalt** *f* land mortgage
bank, real estate credit institution;
~**krume** *f* surface soil; ~**kunde** *f*
(-) soil science; ♀**los** *adj.* bottomless; *fig. a.* enormous; indescribable, incredible; ~**matte** *f* floor
mat; ~**nähe** *aer. f* zero altitude;
~**nährstoff** *m* soil nutrient; ~**nebel**
m ground fog; ~**organisation** *aer. f*
ground organization; ~**personal**
aer. n ground personnel, *Am.*
ground crew; ~**platte** *mil. f* *of
mortar*: base plate; ~**raum** *m* attic,
garret; ~**reform** *f* agrarian reform;
~**rente** *f* ground-rent; ~**satz** *m*
bottom settlings; grounds, dregs
pl.; *chem.* (bottom) sediment; ~-

schätze *m/pl.* treasures of the soil,
mineral resources; ~*see geogr. m*
(-s) Lake Constance; ~**sicht** *aer. f*
ground visibility; ♀**ständig** *adj.*
native, rooted to the soil; permanent, static; *mil.* internal, home
(*defence*); ~**streitkräfte** *f/pl.*
ground forces; ~**turnen** *n gym.*
mat-work; ~**verbesserung** *agr. f*
soil improvement.
Bodmerei [boːdməˈraɪ] *econ. f* (-;
-en) bottomry.
bog [boːk] *pret. of* biegen.
Bogen ['boːgən] *m* (-s; -) bow; *of
river, etc.*: bend, curve; *ast., math.*
arc; *arch.* arch, vault; *tech.* curvature; *of wood*: camber; *pipe*: bend;
skiing: turn; *skating*: curve, circle;
sheet (*of paper*); *of violin, a.*
weapon: bow; *den* ~ *spannen* bend
the bow; *fig. den* ~ *überspannen* go
too far, overdo it; *e-n großen* ~ *um
j-n machen* give a p. a wide berth,
keep clear of a p.; *colloq.* er hat
den ~ *raus* he has got the hang of
it; *colloq.* er spuckt große ~ he
talks big, he puts on airs; *er flog
in hohem* ~ *hinaus* he was turned
out on his ear; ~**achter** *m* (-s; -)
skating: curve (*or* circle), eight; ~-
anleger *typ. m* (-s; -) layer-on;
~**brücke** *f* arched bridge; ~**fenster**
n bow-window; ♀**förmig** ['-fœr-
miç] *adj.* arched; ~**führung** *mus. f*
(-) bowing (technique); ~**gang**
arch. m arcade; archway; ~**gewölbe** *arch. n* (arched) vault; ~-
lampe *f* arc-lamp; ~**licht** *el. n*
arc-light; ~**linie** *f* circular line,
curve; ~**pfeiler** *arch. m* arched (*or*
flying) buttress; ~**säge** *f* bow-saw;
~**schießen** *n* (-s) archery; ~**schütze**
m archer, bowman; ~**sehne** *f* bow-
-string; ~**strich** *mus. m* stroke of
the bow; *w.s.* bowing; ~**zirkel** *m*
bow compasses *pl.*
Bohle ['boːlə] *f* (-; -n) plank, (thick)
board; '♀n *v/t.* (h.) line with planks,
plank, board; '~**nbelag** *m* plank
bottom, planking.
Böhm|e ['bøːmə] *m* (-n; -n), ~**in** *f*
(-; -nen) Bohemian; ♀**isch** *adj.*
Bohemian; *das sind mir* ~e Dörfer
that's all Greek to me.
Bohne ['boːnə] *f* (-; -n) bean; *grüne*
~*n pl.* French (*Am.* string-)beans;
weiße ~*n pl.* haricot beans; *welsche*
~ kidney-bean; *Kaffee in* ~*n* un-
ground coffee-beans; → *blau;
keine* ~ *wert* not worth a straw;
nicht die ~! not a word of it!, not
in the least!; *er kümmert sich nicht
die* ~ *darum* he doesn't care a rap
for it; '~**nhülse** *f* bean pod; '~**n-
kaffee** *m* pure coffee; '~**ranke** *f*
beanstalk; '~**nstange** *f*, '~**nstecken**
['-ʃtekən] *m* (-s; -) beanpole (*a.
colloq. fig.*); *colloq. fig.* sie ist die
reinste Bohnenstange she is as tall
as a lamp-post; '~**nstroh** *n* bean
straw; *colloq. fig.* dumm wie ~
fernally stupid; *grob wie* ~ very
rude, gruff.
Bohner ['boːnər] *m* (-s; -) floor-
-polisher; ~**bürste** *f* polishing-
-brush; ~**lappen** *m* rubbing-cloth;
~**maschine** *f* floor conditioner;
♀n *v/t.* (h.) polish, wax, rub; ~-
wachs *n* floorpolish.
Bohr|arbeiten ['boːr-] *tech. f/pl.*

drilling work, drilling; '~**automat**
m automatic boring (*or* drilling)
machine; '~**bank** *f* (-; ⸚e) boring
lathe; '♀en *v/t. and v/i.* (h.) drill;
bore; bore (*wood*); sink, bore (*well*);
drive (*tunnel*); *nach Öl* ~ prospect
(*or* bore, drill) for oil; *mar. in den
Grund* ~ sink, scuttle; pierce, dig
(*in acc.* into); *in der Nase* ~ pick
one's nose; *fig. eyes*: bore (*in acc.*
into); bore, probe; press, pester,
harass; *pain*: gnaw, rack; *hatred,
etc.*: rankle; '~**er** *tech. m* (-s; -)
borer, drill; auger; gimlet; piercer;
terrier, ground auger; *med.* trepan,
perforator; dentist's drill, burr;
(*workman*) borer, drilling-machine
worker; '~**erspitze** *f* drill bit; '~-
futter *n* (boring *or* drilling) jig;
'~**gerät** *n* boring *or* drilling instrument (*or* tool); '~**käfer** *m* death-
watch; '~**ladung** *f* blasting charge;
'~**loch** *tech. n* drill-hole; bore-hole
(*a. in wood*); *mining*: blast hole;
'~**löffel** *m* scoop; '~**maschine** *f*
tech. drilling (*or* boring) machine,
drill; (dentist's) drill, dental engine;
'~**schneide** *f* cutter, bit; '~**stahl** *m*
(-[e]s) boring tool; '~**turm** *m* derrick; '~**ung** *f* (-; -en) boring, drilling; bore(-hole) (drilled) hole;
diameter (of bore); *mot.* bore (*of
cylinder*); calibre; '~**wurm** *m* wood
fretter, ship's worm.
bö·ig ['bøːɪç] *adj.* squally, gusty;
aer. bumpy.
Boiler ['bɔylər] *m* (-s; -) *tech.*
boiler; *household*: **a)** boiler, **b)**
waterheater.
Boje ['boːjə] *f* (-; -n) buoy.
Böller ['bœlər] *m* (-s; -) small mortar, saluting gun.
Bollwerk ['bɔl-] *n mil.* bastion, (*a.
fig.*) bulwark; *mar.* mole.
Bolschewis|mus [bɔlʃeˈvismus] *m*
(-) Bolshevism; ~**t(in** *f*) *m* (-en, -en;
-, -nen) Bolshevist; ♀**tisch** *adj.*
Bolshevist(ic).
Bolzen ['bɔltsən] *m* (-s; -) bolt,
dart; *tech.* bolt, pin; pivot; screw-
-bolt; *arch.* dowel, peg, pin; *mining*:
prop; *mit* ~ *befestigen* bolt (*an dat.*
to); '♀**ge·rade** *adj.* bolt upright.
Bombardement [bɔmbardəˈmãː] *n*
(-s; -s) bombardment (*a. phys.*);
bombing; shelling.
bombardieren *v/t.* [-ˈdiːrən] *v/t.*
(h.) bomb; shell, (*a. fig. u. phys.*)
bombard; *colloq.* plaster.
Bombast [bɔmˈbast] *m* (-es) bombast, inflated style; ♀**isch** *adj.*
bombastic, pompous, inflated.
Bombe ['bɔmbə] *f* (-; -n) bomb;
time bomb; ~*n abwerfen* drop
bombs (*auf acc.* on); *mit* ~*n belegen*
bomb; *fig.*: es schlug wie eine ~ ein
it fell like a bombshell; *soccer*: cannon ball.
'**Bomben...**: ~**abwurf** *m* bombing,
bomb release; *gezielter* ~ precision
(*or* pinpoint) bombing; ~**abwurf-
vorrichtung** *f* bomb release gear;
~**angriff** *m* bomb-raid; *on town*:
a. blitz; ~**anschlag** *m*, ~**attentat** *n*
bomb attempt (*or* outrage); ♀**beschädigt** *adj.* bomb-damaged; ~-
erfolg *colloq. m* huge (*or* howling)
success, *sl.* smash hit; ~**flugzeug** *n*
bombing plane, bomber; → *Bom-
ber*; ~**geschädigte(r** *m*) *f* sufferer

from bomb-damage; ~geschäft *colloq.* n roaring trade; gold mine; ~geschwader n bomber group (*Am.* wing); ~reihe f bomb train; ~sache *colloq.* f stunner, *Am.* knockout, humdinger; ~schacht m bomb-bay; ~schaden m bomb- -damage; ~schütze m bombardier; ꝸsicher *adj.* bomb-proof; *colloq. fig.* dead sure, *Am.* sure-fire; ~splitter m bomb splinter; ~tep- pich m bomb carpet; ~teppich- wurf m carpet (*or* pattern) bomb- ing; ~trichter n bomb crater; ~- visier n bomb-sight; ~wurf m bombing, bomb release; gezielter ~ precision bombing; ~zielgerät n bomb-sight.

Bomber ['bɔmbər] *aer.* m (-s; -) bomber; *leichter* (*mittlerer, schwe- rer*) ~ light (medium, heavy) bomber; ~flotte f bomber force; ~geschwader n bomber group (*Am.* wing); ~gruppe f bomber wing (*Am.* group); ~staffel f bomber squadron; ~verband m bomber formation.

Bon [bɔŋ] *econ.* m (-s; -s) coupon; voucher; credit note.

Bonbon [bɔŋ'bɔŋ] m (n) (-s; -s) bonbon, sweet(meat), goody, *Am.* (hard) candy; ~laden m sweet-shop, *Am.* candy-store.

Bonbonniere [bɔŋbɔni'ɛ:rə] f (-; -n) sweetmeat box.

Bonifikation [bonifikatsi'o:n] *econ.* f (-; -en) compensation, allowance; *on securities:* bonus.

Bonität [boni'tɛ:t] f (-) *econ.* **a)** credit, solvency, soundness, **b)** *of goods:* (superior) quality; *agr.* yield power; security; intrinsic value.

Bonus ['bo:nus] *econ.* m (-; -) bonus, premium; extra dividend, *Am. sl.* melon.

Bonze ['bɔntsə] *colloq.* m (-n; -n) bigwig, big bug, big shot; *pol.* (party-)boss; ~ntum n (-s) boss- dom.

Boot [bo:t] n (-[e]s; -e) boat; *flaches* ~ punt; *großes* ~ launch, long-boat; *leichtes* ~ gig; barge; *ein* ~ *voll Heringe* a boat-load of herring; *ein* ~ *aussetzen* lower a boat; *sports: das* ~ *führen* cox the boat.

'**Boots...:** ~bau m (-[e]s; -ten) boat- -building; ~besatzung f crew; ~- fahrt f boating; ~führer m *sports:* coxswain; ~haken m boat-hook; ~haus n boat-house; ~länge f boat- -length; ~leine f tow-rope; ~maat m boatswain's mate; ~mann m (-[e]s; -leute) boatswain, *mil.* Petty Officer; ~rennen n boat-race; ~- steg m landing stage; ~werft f boat yard, boat builders *pl.*

Bor [bo:r] *chem.* n (-s) boron.

Borax ['bo:raks] *chem.* m (-es) bo- rax; '~säure f bor(ac)ic acid.

Bord[1] [bɔrt] n (-[e]s; -e) *for books:* shelf; ~[2] m (-[e]s; -e) border, edge, rim; *aer., mar.* board; *an* ~ on board (ship), aboard; *an* ~ *der „United States"* on board the "United States"; *econ. frei an* ~ free on board (*abbr.* f.o.b.); *an* ~ *bringen* take on board, ship; *an* ~ *gehen* go on board (*or* aboard),

board a ship, embark; *an* ~ *nehmen* take aboard (*or* in); ~ *an* ~ *liegen* lie alongside; *über* ~ *gehen* go by the board; *über* ~ *werfen* throw overboard (*a. fig.*); jettison; *Mann über* ~! man overboard!; ~anlagen f/pl. airborne equipment; ~- buch *aer., mar.* n log book.

Bordell [bɔr'dɛl] n (-s; -e) brothel; ~viertel n red-light district.

bördel|**n** ['bœrdəln] *tech.* v/t. (h.) flange, border; ꝸpresse f flanging press; ꝸschweißung f double- -flanged butt weld.

'**Bord...:** ~flugzeug n ship-borne aircraft, ship-plane; ~funker *aer., mar.* m wireless (*Am.* radio) oper- ator; ~kanone *aer.* f aircraft can- non; ~/-**Land-Verbindung** f ship- -to-shore communication; ~mon- teur *aer.* m aircraft (*Am.* flight) mechanic; ~personal n air-crew; ~radar *aer.* n airborne radar; ~- schütze m (air)gunner; ~schwelle f, ~stein m kerb(stone), *Am.* curb (-stone); ~steinfühler *mot.* m kerb (*Am.* curb) feeler.

Bordüre [bɔr'dy:rə] f (-; -n) trim- ming, edging; *of book:* border.

'**Bord...:** ~verständigungsanlage *aer.* f intercom(munication system); ~waffen f/pl. aircraft weapons; tank armament; *Erdziele mit* ~ *be- schießen* strafe; ~wand *mar.* n ship's side; ~wart m flight engi- neer; ~werkzeuge *aer., mot.* n/pl. tool kit.

Borg [bɔrk] m: *auf* ~ on credit, *sl.* on tick; ꝸen ['-gən] v/t. (h.) take on credit; *et. von j-m* ~ borrow a th. of (*or* from) a p.; *j-m et.* ~ lend, advance (*Am. a.* loan) a th. to a p. *or* a p. a th.

Bork|**e** ['bɔrkə] f (-; -n) bark, rind, crust; *med.* scab; ~enflechte *med.* f ringworm; ~enkäfer m bark- -beetle; ꝸig *adj.* barky; *med.* scabby.

Born [bɔrn] *poet.* m (-[e]s; -e) spring, well, *fig. a.* fountain (*of life, etc.*); salt-well.

borniert [bɔr'ni:rt] *adj.* narrow- -minded, ignorant, dense; ꝸheit f (-; -en) narrow-mindedness; dense- ness.

'**Bor...:** ~salbe f (-) borax ointment; ~säure f boric acid.

Börse ['bœrzə] f (-; -n) purse; *econ.* stock exchange, Exchange; money- -market; *an der* ~ *notierte Aktien* shares officially quoted on Stock Exchange, *Am.* listed stocks; *an der* ~ *gehandelt werden* be dealt in on the (Stock) Exchange.

'**Börsen...:** ~bericht m Exchange (*or* market) report; *in newspaper:* City article *or* news; ~blatt n financial newspaper; financial sec- tion; ~drucker m (quotation) ticker; ꝸfähig *adj.* admitted to the (Stock) Exchange, *Am.* listed; negotiable, marketable; ꝸgängig *adj.* quoted on (Stock) Exchange; ~es *Wertpapier* stock exchange se- curity; ~geschäft n (Stock) Ex- change transaction (*or* operation), bargain; ~index m stock-price averages *pl.*; ~krach m collapse *or* crash (of the stock market); ~kurs m Exchange rate, market price; ~makler m stock-broker; ~manö-

ver n market-rigging, *Am.* cam- paign; ꝸmäßig *adj.* in conformity with (Stock) Exchange rules; cus- tomary on (Stock) Exchange; ~- notierung f quotation; ~ordnung f (Stock) Exchange regulations *pl.*; ~papiere n/pl. Stock Exchange securities, *Am.* listed securities; stocks; ~preis m → Börsenkurs; ~schluß m close of the Exchange; trading unit, full lot; ~spekulant m stock-jobber; ~spiel n stock-job- bing; ~telegraph m → Börsen- drucker; ~termingeschäft n trad- ing in futures (on Stock Exchange), forward operation; ~vorstand m governing committee (of a stock exchange); ~zeitung f financial paper; ~zettel m stock-list, market report.

Borst|**e** ['bɔrstə] f (-; -n) bristle; *bot.* seta; fissure, crack; 'ꝸenartig *adj.* bristly, *bot.* setaceous; '~en- besen m hair-broom; '~enpinsel m bristle brush; '~envieh n swine, pig(s *pl.*); 'ꝸig *adj.* bristly; *fig.* surly, gruff; ~ *werden* bristle, fire up.

Borte ['bɔrtə] f (-; -n) border, braid, lace; galloon; *mit* ~n *besetzt* braided, gallooned.

bös [bø:s] *adj.* → böse; '~artig *adj.* ill-natured, malicious, *Am. a.* ugly, mean; venomous; *animal:* vicious; *med.* malignant, virulent; ꝸartig- keit f (-) ill-nature, malevolence, viciousness; *med.* malignity.

Böschung ['bœʃuŋ] f (-; -en) slope, bank; embankment; *mil.* scarp, escarpment; ~swinkel m angle of slope, gradient.

böse ['bø:zə] *adj. generally:* bad; evil, wicked; malevolent, malicious, spiteful; pernicious, hurtful; bad, naughty, mischievous; angry, cross, *Am.* mad (*über et.* at, about; *auf acc.* with); malignant (*disease*), sore (*finger, tooth, throat, etc.*); ~ *Er- kältung* bad cold; ~*r Fehler* bad mistake; ~ *Folgen* dire consequences; *e-e* ~ *Sache* a bad (*or* nasty) business; → *Blick, Blut, Geist, etc.*; *es sieht* ~ *aus* things look bad; *er ist* ~ *dran* he is in a bad way; *sind Sie mir* ~, *wenn?* do you mind if?; *ich habe es nicht* ~ *gemeint* I meant no harm; ꝸ(**r** m) f (-n, -n; -n, -n) bad (*or* wicked) person, evil-doer; *die* ~n *pl.* the wicked; *der* ~ the Evil One, the foul fiend; ꝸ(s) n (-n) evil; mischief; ~s *tun* do evil (*or* ill); *j-m et.* ~s *antun* do a p. harm; ~s *ahnen* have dark forbodings (*or* misgivings); ~s *im Sinne haben* have evil intentions, be up to (some) mischief; ~s *reden über* (*acc.*) speak ill of; ~s *mit Gutem ver- gelten* return good for evil; ꝸwicht m (-[e]s; -e[r]) villain, rascal, rogue (*all a. fig., iro.*).

'**bos**|**haft** *adj.* malicious; mischie- vous; gloating; spiteful, vicious; ꝸhaftigkeit, ꝸheit f (-; -en) malice, malignity, wickedness; spite; naughty trick; *aus* ~ out of spite.

Bosn|**ien** ['bɔsniən] n (-s) Bosnia; '~ier(in f) m (-s, -; -, -nen), 'ꝸisch *adj.* Bosniac, Bosnian.

bossieren [bɔ'si:rən] *tech.* v/t. (h.) emboss.

'**böswillig I.** *adj.* malevolent; *jur.* malicious, wilful; ~e *Absicht* malice prepense; ～es *Verlassen* wilful desertion; **II.** *adv. jur.* with malice aforethought, wilfully; 2**keit** *f* (-) malevolence, ill-will.

bot [bo:t] *pret. von bieten.*

Botan|ik [bo'tɑ:nik] *f* (-) botany; ～**iker** *m* (-s; -) botanist; 2**isch** *adj.* botanical.

botanisier|en [-ni'zi:rən] *v/t.* (*h.*) botanize; 2**trommel** *f* vasculum.

Bote ['bo:tə] *m* (-n; -n) messenger; errand-boy; commissionaire; carrier; *geheimer* ～ emissary; courier, express; *fig.* envoy; apostle; herald; *durch* ～*n!* By Bearer!; '～**ngang** *m* errand; *Botengänge machen* run errands; '～**nlohn** *m* messenger's fee; porterage; '～**nzustellung** *f* delivery by messenger.

'**botmäßig** *adj.* subject; obedient; 2**keit** *f* (-; -en) dominion, jurisdiction; rule, sway; *unter s-e* ～ *bringen* bring under one's sway.

'**Botschaft** *f* (-; -en) message (*a. fig.*), communication (*an acc.* to); news; *frohe* ～ glad tidings, good news; *eccl. die frohe* ～ the Word of God, the Gospel; intelligence; errand, mission; *pol.* embassy; e-e ～ *übermitteln* deliver a message; ～**er(in** *f*) *m* (-s, -; -, -nen) ambassa|dor (-dress *f*); ～**srat** *m* (-[e]s; ⁎e) council(l)or of Embassy.

Böttcher ['bœtçər] *m* (-s; -) cooper.

Böttcherei [-'raɪ] *f* (-; -en) cooper's workshop; cooper's trade.

Bottich ['bɔtiç] *m* (-[e]s; -e) tub, vat.

Bouillon [bul'jõ:] *f* (-; -s) broth, beef-tea; ～**würfel** *m* beef-tea cube.

Bowdenzug ['baudən-] *tech. m* bowden wire.

Bowle ['bo:lə] *f* (-; -n) bowl, tureen; (*drink*) (claret-, champagne-)cup.

Box [bɔks] *f* (-; -en) **1.** (*a.* ～**e**) *for horses*: box; *for racing car*: pit; **2.** *phot.* box camera.

boxen ['bɔksən] *v/i.* (*h.*) (*and sich* ～) box, (have a) fight; spar.

'**Boxen** *n* (-s) boxing; pugilism.

'**Boxer** (-s; -) *m* boxer, fighter; → *Berufsboxer; zo.* boxer (dog); 2**isch** *adj.* boxing, pugilistic; ～**motor** *m* opposed cylinder-type engine.

'**Box...: ～handschuh** *m* boxing-glove; ～**kampf** *m* box(ing) match, fight, bout; ～**kunst** *f* (-) art of boxing; ～**ring** *m* ring; ～**sport** *m* boxing; ～**stellung** *f* boxing stance.

Boykott [bɔy'kɔt] *m* (-[e]s; -e), **boykot'tieren** *v/t.* (*h.*) boycott.

brabbeln ['brabəln] *v/i.* (*h.*) babble; mumble.

brach[1] [brɑ:x] *pret. von brechen.*

'**brach**[2] *agr. adj.* fallow, uncultivated (*both a. fig.*); ～ *legen* lay fallow; ～*liegen* lie fallow, *fig.* lie idle, run to waste; *et.* ～*liegen lassen* neglect a th., let a th. go to waste; 2**acker** *m*, 2**feld** *n* fallow (land); 2**e** *f* (-; -n) fallow(ness); *fig.* idleness, stagnant state.

Brachialgewalt [braxi'ɑ:l-] *f* (-) (*mit* ～ by) main force.

'**Brach...: ～land** *n* fallow (land); ～**monat** *m* June; ～**schnepfe** *f*, ～**schiff** *n* → *Brander;* '～**sohle** *f* insole; ～**silber** *n* refined silver; '～**stätte, ～stelle** *f* scene of fire; '～**stifter(in** *f*) *m* incendiary, *jur.* arsonist; *Am. colloq.* firebug; '～**stiftung** *f* arson; '～**tür** *f* fireproof door.

vogel *m* curlew.

brachte ['braxtə] *pret. of bringen.*

Brack [brak] *econ. n* (-[e]s; -e) refuse.

Bracke ['brakə] *m* (-n; -n) spaniel, hound, pointer.

'**brack|ig** *adj.* brackish; 2**vieh** *n* cast-off cattle; 2**wasser** *n* brackish water.

Brahman|e [bra'mɑ:nə] *m* (-n; -n), 2**isch** *adj.* Brahman; ～**entum** *n* (-s) Brahmanism.

Braille-Alphabet ['brɑ:j-] *n* (-[e]s) Braille system.

bramarbasieren [bramarba'zi:rən] *v/i.* (*h.*) brag, swagger, bluster.

Bramsegel ['brɑ:m-] *n* topgallant sail.

Branche ['brɑ̃:ʃə] *econ. f* (-; -n) branch, line, trade, industry; '2**nbedingt** *adj.* due to conditions in the particular trade; '～**nkenntnis** *f* knowledge of the trade; '2**(n)kundig** *adj.* experienced in the trade; '2**n-üblich** *adj.* usual in the industry concerned; '～**nverzeichnis** *n teleph.* classified directory.

Brand [brant] *m* (-[e]s; ⁎e) burning, combustion; fire, conflagration; blaze; *tech.* batch; *ceramics: a.* baking; *surgery:* cauterization; *med.* gangrene, (*kalter* ～) mortification; *of bones:* necrosis; *agr., bot.* blight, mildew, smut; scorching heat; *colloq.* parched throat, thirst; *fig.* ardo(u)r, burning passion; *in* ～ *on fire, in flames, ablaze; in* ～ *geraten* catch fire; *et. in* ～ *stecken* set a th. on fire, set fire to a th., ignite, kindle a th.; light (*cigarette*); '～**bekämpfung** *f* fire fighting; '～**binde** *f* bandage (for burns); '～**blase** *f* blister; '～**bombe** *f* incendiary bomb; '～**brief** *m* threatening letter; *w.s.* urgent letter; begging-letter; '～**direktor** *m* fire-brigade superintendent, *Am.* fireward(en); '2**en** *v/i.* (*h.*) surge (*a. fig.*), break (*gegen* against); '～**er** *mar. m* (-s; -) fireship; '～**fackel** *f* incendiary torch, firebrand; *fig.* torch of war; '～**fäule** *agr. f* brown rot; '2**fest** *adj.* fireproof; '～**flasche** *mil. f* incendiary bottle; Molotov cocktail; '～**flek-k(en)** *m* burn; *med.* gangrenous spot; '～**fuchs** *m* sorrel (horse); '～**geruch** *m* burnt smell; '～**gold** *n* refined gold; '～**granate** *f* incendiary shell; '2**ig** *adj. agr., bot.* blighted, blasted, rusty; *med.* gangrenous, ～ *riechen* (*schmecken*) have a burnt smell (taste); '～**kasse** *f* fire(-insurance) office; '～**mal** *n* (-[e]s; -e) brand; *fig.* stigma; ～**male'rei** *f* poker-work, pyrography; '2**marken** *v/t.* (*h.*) brand; *fig. a.* stigmatize, denounce; '～**markung** *fig. f* (-; -en) branding, stigmatization; denouncement; ～**mauer** *f* fire-proof wall, partition wall; '～**meister** *m* fire chief; '～**opfer** *n* burnt-offering; '～**pilz** *bot. m* smut fungus; '～**rede** *f* inflammatory speech; '～**salbe** *f* anti-burn ointment; '2**schaden** *m* damage caused by fire; '2**schatzen** ['-ʃatsən] *v/t. and v/i.* (*h.*) lay under contribution; sack, pillage; '～**schatzung** *f* (-; -en) (war-)contribution; pillage, ravage; '～**schiefer** *m* bituminous shale; '～-

Brandung ['-duŋ] *f* (-; -en) surf, surge, breakers *pl.*; '～**sboot** *n* surf boat; '～**swelle** *f* breaker, surging billow.

'**Brand...: ～wache** *f* fire-watch; ～**wunde** *f* burn; scald; ～**zeichen** *n* brand.

brannte ['brantə] *pret. von brennen.*

Branntwein ['brant-] *m* brandy, spirits *pl.*; '～**brenner** *m* distiller; ～**brenne'rei** *f* distillery.

Brasil [bra'zi:l] *f* (-; -) Brazil cigar.

Brasilian|er [brazili'ɑ:nər] *m* (-s; -), ～**erin** *f* (-; -nen), 2**isch, bra'silisch** *adj.* Brazilian.

Brasilien [-'zi:liən] *n* (-s) Brazil.

Brasse ['brasə] *mar. f* (-; -n) brace; '2**n** *v/t.* (*h.*) brace.

'**Brassen** *ichth. m* (-; -) bream.

Brat-apfel *m* ['brɑ:t-] baked apple.

'**braten** *v/t. and v/i.* (*irr., h.*) roast, frizzle; *im Ofen:* bake; grill, broil; fry; *am Spieß* ～ roast on a spit, barbecue; (*zu*) *wenig* (*stark*) *gebraten* underdone (overdone); *gut* (*durch*)*gebraten* well done; *colloq.* (*v/i.*) roast (*in the sun*).

'**Braten**[1] *n* (-s) roasting.

'**Braten**[2] *m* (-s; -) roast (meat); joint; *Gänse*2 roast goose; *Kalbs*2 roast veal; *fig. fetter* ～ fat morsel; worthwile catch; *den* ～ *riechen* smell a rat, get wind of it; ～**fett** *n* dripping; ～**rock** *m* frock-coat; ～**schüssel** *f* meat dish; ～**soße** *f* gravy; ～**wender** *m* (-s; -) roasting jack.

'**Brat...: ～fisch** *m* fried fish; ～**hering** *m* grilled herring; ～**huhn** *n* roaster, broiler; ～**kartoffeln** *f/pl.* fried potatoes; ～**ofen** *m* (kitchen) oven; ～**pfanne** *f* frying-pan; ～**röhre** *f* → *Bratofen;* ～**rost** *m* gridiron, grill.

Bratsche ['brɑ:tʃə] *mus. f* (-; -n) viola; '～**r** *m* (-s; -) violist.

'**Brat...: ～spieß** *m* spit; ～**spill** *mar. n* windlass; ～**wurst** *f* frying sausage, fried sausage.

Bräu [brɔy] *n* (-[e]s; -e) brew; brewery.

Braubottich ['brau-] *m* (brewing-)vat.

Brauch [braux] *m* (-[e]s; ⁎e) custom; use, habit; practice; *esp. econ.* usage; *herkömmlicher* ～ tradition; *es ist* ～ *zu inf.* it is the custom to *inf.*

'**brauchbar** *adj.* useful; *person: a.* able, efficient, reliable; *things: a.* serviceable, handy, *tech.* workable (*machine, method, plan*); 2**keit** *f* (-) usefulness; fitness; serviceability.

brauchen ['brauxən] *v/t.* (*h.*) be in want (*or* need) of, want, need; require, take (*time, etc.*); use, make use of; → *gebrauchen, verbrauchen; wozu brauchst du einen Schirm?* what do you want with an umbrella?; *wir* ～ *es nicht länger* we have no use for it any more; *we have done with it; we can do without it now; Sie* ～ *drei Tage dazu* it will take you three days; *wie lange wird er* ～*?* how long will he take (*or* will it take him)?; *du brauchst* (*es*) *mir nicht zu sagen* you need not tell me; *er brauchte nicht zu kommen* he did not have to come; *er hätte nicht zu kommen* ～ he need not have come.

'**Brauch|tum** *n* (-s; ⁎er) customs

pl.; folklore; 2**tümlich** *adj.* customary, traditional.
Braue ['brauə] *f* (-; -n) eyebrow.
'**brau|en I.** *v/t.* (h.) brew; *fig.* brew, concoct, hatch; **II.** *v/i.* (h.) *fig. mischief, etc.*: brew, gather; 2**er** *m* (-s; -) brewer; 2e'**rei** *f* (-; -en) brewery; 2**gerste** *f* brewing barley; 2**haus** *n* brewery; 2**kessel** *m* coop; 2**malz** *n* brewing malt; 2**meister** *m* master brewer.
braun [braun] *adj.* brown; tan, tawny; *from the sun:* a. tanned, bronze; ~e *Butter* fried butter; ~es *Mädchen* dark(-complexioned) girl, brunette; ~es *Pferd* bay; ~e *Schuhe* tan shoes; ~ *braten* brown up; ~ *werden* brown, get brown; *person:* a. become sunburnt, get tanned (*or* a tan); 2(e) *n* (-n) brown; ~**äugig** ['-ɔʏgɪç] *adj.* brown-eyed; 2**bär** *m* brown bear; '~**beizen** *v/t.* (h.) brown; '2**e(r)** *m* (-n; -n) bay (horse).
Bräune ['brɔʏnə] *f* (-) brownness; *med.* quinsy, angina; *häutige* ~ croup.
'**Braun-eisen|erz** *n* (-es), ~**stein** *m* (-[e]s) brown iron ore, limonite.
'**bräunen I.** *v/i.* (sn) (a. *sich* ~) grow (*or* become, turn) brown; *skin:* a. become sunburnt *or* bronzed, get a tan; **II.** *v/t.* (h.) brown (a. *cul., dying*); *metall.* brown, burnish; burn (*sugar*); tan, bronze (*person, skin*).
'**braun...:** ~**gelb** *adj.* yellowish brown, tan; ~**haarig** *adj.* brown-haired; 2**holz** *n* brazilwood; ~**kohl** *m* broccoli; 2**kohle** *f* brown (*Am.* soft) coal, lignite; *bituminöse* ~ bituminous lignite; 2**kohlenschwelung** *f* lignite (low temperature) carbonization.
bräunlich ['brɔʏnlɪç] *adj.* brownish, tawny.
Braunsche Röhre ['braunʃə] *tech.f* cathode-ray tube.
Braunschweig ['-ʃvaɪk] *n* (-s) Brunswick.
'**Braunstein** *min. m* mangane (ore).
Braus [braus] *m* → *Saus.*
Brause ['-zə] *f* rose, sprinkling nozzle; fizzy lemonade, pop; *a.* '~**bad** *n* shower(-bath), douche; '~**kabine** *f* shower cabinet; '~**kopf** *m* spray head; *fig.* hothead, hotspur; '~**limonade** *f* fizzy lemonade, pop.
'**brausen I.** *v/i.* (h.) roar, bluster; boom, hum, buzz; *organ:* peal; rush, sweep; rage, storm; fizz, foam; *chem.* effervesce; ferment; (a. *sich* ~) douche, take a shower--bath; *fig. feelings:* surge; *blood:* boil; *die Ohren* ~ *mir* I have a buzzing in my ears; **II.** *v/t.* (h.) spray; shower; 2 *n* (-s) roar(ing), raging; *chem.* effervescence; surge; ~**d** *adj.* roaring, boisterous; humming; *chem.* effervescent; ~**er** *Beifall* thunders of applause, ringing cheers *pl.*; ~**e** *Jugend* impetuous youth.
'**Brause...:** ~**pulver** *n* sherbet powder; ~**salz** *n* effervescent salt; ~**würfel** *m* effervescent tablet, sparklet.
Braut [braut] *f* (-; ⁻e) fiancée, bride-to-be, (*my, etc.*) betrothed; *on wedding-day:* bride; *sie ist s-e* ~ she is engaged to him; '~**ausstat-**

tung *f* trousseau; '~**bett** *n* bridal bed; '~**führer** *m* best man.
Bräutigam ['brɔʏtigam] *m* (-s; -e) fiancé, betrothed; *on wedding-day:* bridegroom, *Am. a.* groom.
'**Braut...:** ~**jungfer** *f* bridesmaid; ~**kleid** *n* wedding-dress; ~**kranz** *m* bridal garland; ~**leute** *pl.* → *Brautpaar.*
bräutlich ['brɔʏtlɪç] *adj.* bridal.
'**Braut...:** ~**nacht** *f* wedding-night; ~**paar** *n* engaged couple, *on wedding-day:* bride and bridegroom, bridal pair; ~**schatz** *m* dowry; ~**schau** *f: auf die* ~ *gehen* look out for a wife; ~**schleier** *m* bridal veil; ~**vater** *m* the bride's father; *den* ~ *machen* give the bride away; ~**zug** *m* bridal procession.
brav [braf] *adj.* honest, upright, worthy; brave; good, well-behaved; ~ *gemacht!* well done!; *good work!; sei* ~ *und geh zu Bett!* go to bed like a good boy!; '2**heit** *f* (-) honesty, uprightness; good behavio(u)r.
bravo! ['brɑːvo] *int.* bravo!; cheers!; well done!, *Am. colloq.* attaboy!; 2**rufen** *n* (-s) shouts *pl.* of bravo, cheers *pl.*
Bravour [bra'vuːr] *f* (-) bravado; dash; *mus.* brilliantly, elegantly; ~**arie** *mus. f* bravura-aria; ~**stück** *n* feat of daring, stunt; *mus.* bravura.
brech|bar ['brɛçbaːr] *adj.* breakable; *opt.* refrangible; '2**bohnen** *f/pl.* broken French beans; '2**durchfall** *med. m* (-[e]s) diarrh(o)ea with vomiting, summer-cholera; '2**eisen** *tech. n* crowbar.
'**brechen I.** *v/t.* (*irr.,* h.) *generally:* break (a. *fig. ice, oath, record, silence, spell, will*); crack, snap; rupture; smash (to pieces); crush; (*med., a. sich* ~) vomit; pluck, pick (*flowers, etc.*); beat (*flax*); fold, crease (*paper*); break, quarry (*stones*); refract (*ray of light*); *fig. die Ehe* ~ commit adultery; break, violate (*contract, law*); run (a *blockade*); break, crush (*resistance*); *es brach ihr das Herz* it broke her heart; → *Genick; sich* ~ *break; med.* be sick; *opt.* be refracted; *sich den Arm* ~ break one's arm; → *Bahn, Flasche, Knie, Stab, etc.;* **II.** *v/i.* (*irr.,* sn) break (a. *cold, resistance, voice, etc.*); fracture; snap; abate; break down, collapse; burst (forth); *tears, etc.:* gush (*aus* from); *eyes:* grow dim; *mit j-m* ~ break with a p., sever one's connection with a p.; *boxing:* ~! break!; → *gebrochen.*
'**Brechen** *n* (-s) breaking; *opt.* refraction; *med.* vomiting; breach, violation (*of contract, one's word*); *zum* ~ *voll* cram-full, jammed; → *Bruch.*
'**Brecher** *m* (-s; -) *tech.* crusher; breaker; *mining:* grinding mill; *mar.* (*wave*) breaker.
'**Brech...:** ~**koks** *m* crushed coke; ~**mittel** *n med.* emetic; *colloq. fig.* pest; ~**nuß** *f* vomit-nut; ~**reiz** *m* (-es) nausea; retching; ~**ruhr** *f* → ~**durchfall; ~**stange** *f* crowbar.
'**Brechung** *f* (-; -en) breaking; *opt.* refraction; *gr.* fracture (of vowels); ~**s-ebene** *f* plane of refraction; ~**s-**

winkel *m* angle of refraction; ~**s-zahl** *f* refractive index.
Brei [braɪ] *m* (-[e]s; -e) *for children:* pap; porridge; *Am.* mush; paste; mash; pulp, squash; *tech.* (*paper*) pulp; *zu* ~ *machen* mash, pulp, squash; *zu* ~ *kochen* cook to a pulp; *colloq. zu* ~ *schlagen* beat a p. to a pulp; → *Katze, Koch;* '2**ig** *adj.* pasty, pulpy.
breit [braɪt] *adj.* broad, (a. *tech.*) wide; square (*chin, shoulders*); large, vast, spacious; *zwei Zoll* ~ two inches wide (*or* in width); *fig.* diffuse, long-winded; ~**er** *Akzent* broad accent; ~**es** *Grinsen* broad grin; *die* ~**e** *Masse* the populace, the masses *pl.; ein* ~**es** *Publikum* a wide public; → *Rücken,* breitmachen, breittreten; '2**band** *n radio:* wide-band; '~**beinig** *adj.* straddle--legged; *adv. a.* squarely; ~ *stehen auf* straddle a *th.;* ~ *gehen* straddle; '~**drücken** *v/t.* (h.) flatten *or* spread (out).
'**Breite** *f* (-; -n) breadth, width; spaciousness; *ast., geogr.* latitude; *tech.* width (*of machine, material*); *Arbeits*2 working width; *rail.* ga(u)ge; *mar.* beam; *fig.* breath, wideness, extent; diffuseness, verbosity; *in die* ~ *gehen* grow broader, get stout; *fig.* be diffuse (*or* long--winded), ramble; ~**nfeuer** *mil. n* traversing fire; ~**ngrad** *m* (degree of) latitude; ~**nkreis** *m* parallel (of latitude).
'**breit...:** ~**füßig** *adj.* broad-footed; 2**hacke** *f* mattock; ~**hüftig** *adj.* broad-hipped; ~**krempig** *adj.* broad-brimmed; 2**leinwand** *f film:* wide screen; ~**machen:** *sich* ~ spread o.s. out; *fig.* obtrude o.s., do as if one owned the place, *Am.* throw one's weight around; ~**randig** *adj.* broad-brimmed (*hat*); *book* with wide margins; ~**schlagen** *colloq. v/t.* (*irr.,* h.): *j-n* ~ talk (*or* bring) a p. round; *zu et.:* talk a p. into a th.; *sich* ~ *lassen* let o.s. be talked (*zu* into *ger.*), come round; ~**schult(e)rig** *adj.* broad-shouldered; 2**schwanz** *m* (*fur*) broadtail; 2**seite** *mar. f* broadside; ~**spurig** *adj. rail.* broad ga(u)ge; *skiing:* broad-track; *fig.* arrogant, swaggering, bumptious; 2**spurigkeit** *f* (-) arrogance, bumptiousness; ~**treten** *fig. v/t.* (*irr.,* h.) expatiate (*or* enlarge, dwell) on; 2**wand** *f film:* wide screen.
'**Brei-umschlag** *m* poultice.
Brems|anlage *f* ['brɛms-] brake system; '~**ausgleich** *m* brake compensator; '~**backe** *f* brake shoe; '~**band** *n* brake band; '~**belag** *m* brake lining; *den* ~ *erneuern* reline the brakes; '~**dauer** *f* braking period. (fly; horse-fly.}
Bremse[1] ['brɛmzə] *zo. f* (-; -n) gad-}
'**Bremse**[2] *f* (-; -n) brake; *vet.* barnacles *pl.; die* ~ *betätigen* (*ziehen*) apply the brake(s *pl.*), put on the brake.
'**bremsen I.** *v/t.* (h.) brake; *fig. a.* retard; check, curb; cushion; **II.** *v/i.* (h.) apply (*or* pull, put on) the brake(s *pl.*); *fig.* act as a brake (on *v/t.*); go slow; 2**prüfung** *f* brake test.

'**Bremser** m (-s; -) brake(s)man; ~**häuschen** n brakeman's cabin, Am. caboose.

'**Brems**...: ~**fallschirm** m aer. brake parachute; ~**feder** f brake spring; ~**feld** el. n retarding field; ~**flüssigkeit** f brake fluid; ~**fuß-hebel** m brake pedal; ~**gitter** el. n suppressor grid; ~**klotz** m brake block, aer. chock, Am. chock block; ~**leistung** f brake horse power (abbr. B.H.P.); ~**leuchte** f, ~**licht** n stoplight; ~**moment** n braking moment; ~**öl** n brake fluid; ~**pedal** n brake pedal; ~**schuh** m brake shoe; ~**spur** f skid mark; ~**stand** m (-[e]s) (brake) test stand; ~**ung** f (-) braking (effect); ~**vorrichtung** f brake-mechanism; ~**weg** m braking distance; ~**welle** f brakeshaft; ~**wirkung** f (-) braking effect; ~**zug** m brake cable; ~**zylinder** m brake--cylinder; mil. recoil cylinder.

brennbar ['brɛnbɑːr] adj. combustible, burnable; inflammable; '**2-keit** f (-) combustibility; inflammability.

'**Brenn|dauer** f burning-time; lighting hours pl.; ~**ebene** opt. f focal plane; ~**eisen** n branding iron; for hair: curling-irons pl. (or -tongs pl.).

brennen ['brɛnən] **I.** v/t. (irr., h.) burn; singe; distil(l Am.) (brandy); curl, wave (hair); roast (coffee, flour); burn, calcine (lime); burn, bake, fire (porcelain, etc.); burn (light); bream (ship); brand, mark (cattle); cauterize (wound); burn, bake (bricks); **II.** v/i. (irr., h.) burn; be ablaze (a. fig.); das Haus brennt the house is on fire; es brennt there is a fire; fire!; fig. eyes, wound: burn, smart; nettle: sting; pepper, etc.: bite, be hot; vor Ungeduld etc. ~ burn (or be consumed) with impatience, etc.; darauf ~ zu inf. be dying (or itching) to inf.; → Boden, Nägel; colloq. wo brennt's? what's the hurry?, where's the fire?; da ~ Sie sich aber you are greatly mistaken, Am. that's where you make your big mistake.

'**Brennen** n (-s) burning; of brandy: distillation; med. cauterization; heartburn; of lime: calcination.

'**brennend I.** adj. burning (a. fig. passion, question, thirst); on fire, in flames, ablaze; candle: lighted, cigarette: a. live; med. caustic; fig. burning, searing, scorching (heat); burning (thirst); glaring (colour); acute, pungent (pain); **II.** adv.: es interessiert ihn ~ he is taking a keen interest in it; es interessiert mich ~, ob I am dying to know if.

'**Brenner** m (-s; -) distiller; tech. (gas) burner; torch, blowpipe; (atomic) pile.

Brennerei [-'raɪ] f distillery.

'**Brenn**...: ~**gas** n fuel gas; ~**ge-misch** mot. n combustible mixture; ~**glas** n burning-glass; ~**holz** n (-es) firewood; ~**kammer** f combustion chamber; ~**material** n fuel; ~(n)**essel** f (-; -n) stinging nettle; ~**ofen** m furnace, kiln, (baking) oven; ~**öl** n (-[e]s) lamp-oil; fuel oil; ~**punkt** m phys. and fig. focus, focal point; of oil, etc.: fire point;

mit zwei ~en versehene Linse bifocal lens; in den ~ rücken bring into focus (a. fig.); im ~ des Interesses stehen be the cent|re (Am. -er) of attraction, be in the limelight, hold the spotlight; Berlin stand im ~ des Interesses all eyes were focused on Berlin; ~**schere** f curling-irons pl. (or -tongs pl.); ~**schneider** tech. m oxy-acetylene cutter; ~**spiegel** m burning-reflector, concave mirror; ~**spiritus** m methylated spirit; ~**stelle** el. f lighting point.

'**Brennstoff** m combustible; esp. mot. fuel; cigarette-lighter: fluid; → Kraftstoff...; ~**düse** f fuel jet (Diesel: nozzle); ~**einspritzung** f fuel injection; ~**pumpe** f fuel pump; ~**verbrauch** m fuel consumption; ~**zuführung** f fuel feed.

'**Brenn|strahl** opt. m focal ray; ~**stunde** f lamp hour; ~**weite** opt. f focal distance; ~**wert** m calorific value; ~**zünder** m (-s; -) (time-) fuse.

brenzlig ['brɛntslɪç] adj. burnt (smell, taste); colloq. fig. precarious, ticklish; es war ein ~er Augenblick it was touch and go.

Bresche ['brɛʃə] f (-; -n) breach, gap; e-e ~ legen or schießen make a breach (in); e-e ~ schlagen break through, clear the way; fig. in die ~ springen stand in (or enter) the breach.

Brett [brɛt] n (-[e]s; -er) board; plank; shelf; tray; for games: board, table; sports: springboard; colloq. pl. ~er skis, woods; boxing: auf die ~er schicken (knock) down, drop for a count; thea. die ~er pl. the boards, the stage; das Stück geht über die ~er the play is acted; mit ~ern belegen board, plank, floor; mit ~ern verschalen board; fig. ein ~ vor dem Kopf haben be blockheaded; → Stein; er kann durch ein ~ sehen he can see through a brickwall; '~**chen** n (-s; -) small (or thin) board.

'**Bretter**...: ~**bude** f booth, shed; shanty, shack; ~**dach** n board roof; ~**fußboden** m boarded floor; ~**ver-kleidung** f boarding, planking; ~**verschlag** m, ~**wand** f boarding, partition; ~**zaun** m hoarding, Am. board-fence.

'**Brett**...: ~**nagel** m plank nail; ~**säge** f pit-saw; ~**schneider** m sawyer; ~**spiel** n game played on a board, board game.

Brevier [bre'viːr] n (-s; -e) breviary.

Brezel ['breːtsəl] f (-; -n) pretzel.

Brief [briːf] m (-[e]s; -e) letter; note, colloq. a few lines; epistle; document, charter, letters patent; econ. on stock exchange list: offered, seller; ~ N paper of needles or pins; ~e pl. a. correspondence; mit j-m ~e wechseln correspond with a p.; unter ~ und Siegel under (my) hand and seal.

'**Brief**...: ~**aufgabestempel** m date stamp, postmark; ~**aufschrift** f address; ~**beschwerer** m (-s; -) paperweight; ~**beutel** m letter-bag, Am. mailbag; ~**bogen** m sheet of note-paper; ~**fach** n pigeonhole; post-office box (abbr. P.O.B.); ~**geheimnis** n privacy of letters;

~**hypothek** f certified mortgage; ~**karte** f letter-card; ~**kasten** m letter-box, Am. mail-box; in newspapers: Question and Answer Column; den ~ leeren clear the letter--box, Am. collect the mail; ~**klammer** f letter- (or paper-)clip; ~**korb** m letter tray; ~**kopf** m letterhead; ~**kurs** econ. m asked price, selling rate; **2lich** adj. and adv. by letter, in writing; ~**er Verkehr** correspondence; er teilte uns ~ mit, daß a. he sent us a letter to the effect that, he wrote us that; ~**mappe** f portfolio, writing-case.

'**Briefmarke** f (postage) stamp; ~**n-album** n stamp album; ~**nhändler** m stamp dealer; ~**nsammler** m stamp-collector, philatelist; ~**n-sammlung** f stamp collection; ~**n-serie** f issue of stamps.

'**Brief**...: ~**muster** n specimen letter; ~**öffner** m (-s; -) letter-opener; ~**ordner** m (-s; -) letter-file; ~**papier** n note-paper, stationery; ~**porto** n postage; ~**post** f mail, post, Am. a. first-class matter; ~**schaften** f/pl. letters, correspondence sg.; papers; ~**schalter** m → Briefkasten; ~**schreiber(in** f) m letter-writer; ~**schulden** f/pl. arrears of correspondence; ~**steller** m (-s; -) letter-writer; (book) letter-writer's guide; ~**stempel** m postmark; ~**stil** m epistolary style; ~**tasche** f wallet; pocket-book, Am. a. billfold; ~**taube** f carrier pigeon, homing pigeon; ~**telegramm** n letter telegram, Am. lettergram; ~**träger** m postman, Am. a. mailman; ~**umschlag** m envelope, (letter)cover; ~**verkehr** m correspondence; ~**waage** f letter-balance; ~**wechsel** m exchange of letters, correspondence; mit j-m im ~ stehen exchange letters (or correspond) with a p., be in correspondence with a p.; ~**zensur** f postal censorship.

briet [briːt] pret. of braten.

Brigade [bri'gɑːdə] mil. f (-; -n) brigade; ~**kommandeur** m brigadier, brigade commander.

Brigant [-'gant] m (-en; -en) brigand.

Brigg [brɪk] mar. f (-; -s) brig.

Brikett [bri'kɛt] n (-[e]s; -s) briquette, pressed coal.

Briket'tierungsanlage f briquetting plant.

brillant [brɪl'jant] adj. brilliant.

Bril'lant m (-en; -en) brilliant, diamond; typ. four to pica; ~**feuerwerk** n cascade; ~**nadel** f diamond pin; ~**ring** m diamond ring; ~**schrift** typ. f (-) four to pica.

Brille ['brɪlə] f (-; -n) (eine ~ a pair of) spectacles pl., (eye)glasses pl., specs pl.; goggles pl.; (toilet) seat; e-e ~ tragen wear spectacles; die ~ aufsetzen (abnehmen) put on (take off) one's glasses; ein Herr mit ~ a spectacled gentleman; fig. durch e-e schwarze ~ betrachten take a gloomy view of; → rosig; '~**netui** n, '~**nfutteral** n spectacle case; '~**ngestell** n spectacle-frame; '~**nglas** n lens; '~**nschlange** f (spectacled) cobra; humor. bespectacled person; '**2ntragend** adj. spectacled; '~**n-träger(in** f) m wearer of glasses.

brillieren [bril'ji:rən] *v/i.* (*h.*) *esp. fig.* be brilliant, sparkle.

Brimborium [brim'bo:rium] *colloq. n* (*-s*) fuss.

bringen ['briŋən] *v/t.* (*irr.*, *h.*) bring; take; *bringe mir fünf Zigarren* bring (*or* get) me five cigars; *was ~ Sie* (*Neues*)? what's the news?; *bringe dieses Paket ins Haus* take (*or* carry, put) this parcel inside; *er wurde ins Krankenhaus gebracht* he was taken to the hospital; conduct, lead, take; *ich bringe dich zur Bahn* I'll see you off; *thea.*, *etc.* present, show; *newspaper*: contain, mention, say; bring (about *or* forth), cause, result in; *Gewinn ~* yield a profit; *Zinsen ~* bear (*or* yield) interest; *Glück* (*Unglück*) *~* bring good (bad) luck; *Verdruß ~* cause (*or* give rise to) trouble; *with adv.*: *es dahin ~, daß* manage (*or* contrive) to *inf.*; *j-n dahin ~* induce (*or* persuade) a p. (to *inf.*); → *weit*; *es so weit ~, daß* bring things to such a pass that; *with prp.*: *an sich ~* acquire, appropriate, take possession of; → *Bühne, Herz, Mann, Tag, etc.*; *auf die Beine ~* raise, set up, organize; *j-n wieder auf die Beine ~* bring a p. round; *j-n auf et. ~* suggest a th. to a p., give a p. the idea of a th.; *das bringt mich auf etwas* that reminds me (of something); *es* (*bis*) *auf achtzig Jahre ~* live to be eighty; *er brachte es auf zwanzig Siege* he achieved (*or* scored) twenty wins; → *Nenner*; *auf die Spur ~* put on the track; *die Rede auf et. ~* broach a subject, turn the conversation to a th.; *j-n außer sich ~* enrage (*or* infuriate) a p.; → *Fassung*; *es bis zum Major etc. ~* rise to the rank of major, *etc.*; *in Aufregung ~* excite, agitate; → *Licht, Mode, Rechnung, Verruf*; *es mit sich ~, daß* involve, entail; require, necessitate; *die Umstände ~ es mit sich* the circumstances call for it *or* make it unavoidable; *über die Lippen ~* utter; *Unglück über j-n ~* bring down misfortune upon a p.; *j-n um et. ~* make a p. lose a th.; deprive (*or* rob) a p. of a th.; cheat (*or* do) a p. out of a th.; → *Verstand*; *unter die Leute ~* **a)** spend *money* freely (*or* lavishly), **b)** set *a rumo(u)r* afloat, spread (abroad), circulate; *unter sich* (*or s-e Gewalt*) *~* get control over *a th.*; *vom Fleck, von der Stelle ~* remove; *er ist nicht vom Fleck zu ~* he won't stir (*or* budge); (*bis*) *vor ... ~* take (right) up to; *vor Gericht ~* bring before the court, go to law with; *j-n dazu ~, et. zu tun* induce a p. to do a th.; *zu Ende ~* bring to a close; *j-n zum Lachen* (*Weinen*) *~* make a p. laugh (cry); → *Papier, Schweigen, Vernunft, Verzweiflung, Welt*; *es zu et. ~* succeed in life, make one's way, make a career for o.s.; *es zu nichts ~* fail (in life), be a failure.

'**Bringschuld** *f* debt to be discharged at creditor's domicile.

brisan|t [bri'zant] *adj.* high-explosive; **2z** [-ts] *f* (*-; -en*) explosive effect; *Sprengstoffe geringer ~* mild explosives; **2zmunition** *f* high-explosive (*abbr.* H.E.) ammunition.

Brise ['bri:zə] *f* (*-; -n*) breeze, (light) wind; *steife ~* strong wind.

Britannien [bri'taniən] *n* (*-s*) Britain; *poet.* Britannia.

Brit|e ['britə] *m* (*-n; -n*), **~in** *f* (*-; -nen*) Briton, English(wo)man, *Am.* Britisher; *die ~en pl.* the British; '**2isch** *adj.* British; *2e Inseln* British Isles; *das 2e Weltreich* the British Empire.

Bröck|chen ['brœkçən] *n* (*-s; -*) little morsel, bit, crumb; **2elig** *adj.* crumbly, friable; crumbling (away); brittle; crisp; **2eln** *v/t.* (*h.*) *and v/i.* (*sn*) crumble.

Brocken ['brɔkən] *m* (*-s; -*) (small) piece; crumb (*a. fig.*); bit, scrap; morsel; lump, hunk; *fig.* snatches *pl. of conversation*, scraps *pl. of French*; *colloq. mil. dicke ~* heavy bombs (*or* shells), *boxing*: big punches, piledrivers; *ein harter ~* a hard nut (*to crack*), *Am. sl.* a toughie; **2weise** *adv.* bit by bit, in lumps, piecemeal.

brodeln ['bro:dəln] *v/i.* (*h.*) bubble, simmer; seethe (*a. fig.*); *el.* hum; *es brodelte im Volk* there was a growing unrest among the masses.

Brodem ['bro:dəm] *m* (*-s; -*) steam, vapo(u)r, fumes *pl.*; exhalation.

Brokat [bro'ka:t] *m* (*-[e]s; -e*) brocade; **2en** *adj.* brocade(d); **~papier** *n* brocade paper.

Brom [bro:m] *chem. n* (*-s*) bromine; *phot. mit ~ behandeln* bromize.

Brombeer|e ['brɔmbe:rə] *f* blackberry; '**~hecke** *f* brambles *pl.*; '**~strauch** *m* blackberry-bush, bramble.

'**Brom...:** **~'kalium** *chem. n* potassium bromide; **~öldruck** *phot. m* (*-[e]s*) bromoic print; **2sauer** *adj.* bromate; *~es Natron* sodium bromate; **~säure** *f* bromic acid; **~silber** *n* silver bromide; **~silberpapier** *phot. n* bromide paper; **~verbindung** *f* bromide.

Bronchialkatarrh [brɔnçi'ɑ:lkatar] *med. m* bronchial catarrh.

Bronchien ['-çiən] *anat. f/pl.* bronchia.

Bronchitis [-'çi:tis] *f* (*-; -i'tiden*) bronchitis.

Bronze ['brɔ̃sə] *f* (*-; -n*) bronze, gun metal; **~farbe** *f* bronze; bronze paint; **2farben** *adj.* bronze(-colo[u]red); **~lack** *m* bronze varnish; **~medaille** *f* bronze medal; **2n** *adj.* (of) bronze; **~zeit** *f* (*-*) Bronze Age.

bronzieren [-'si:rən] *v/t.* (*h.*) bronze (over).

Brosame ['bro:zɑ:mə] *f* (*-; -n*) crumb (*a. fig.*).

Brosche ['brɔʃə] *f* (*-; -n*) brooch.

Brös-chen ['brø:sçən] *n* (*-s; -*) *cul.* (calf's) sweet-bread.

broschier|en [brɔ'ʃi:rən] *v/t.* (*h.*) stitch, sew; **~t** *adj.* stitched, in paper cover(s *pl.*); *steif*: in stiff cover, in boards *pl.*

Broschüre [-'ʃy:rə] *f* (*-; -n*) brochure, booklet, pamphlet.

Brösel ['brø:zəl] *m* (*-s; -*) crumb; **2n** *v/t.* (*h.*) crumble.

Brot [bro:t] *n* (*-[e]s; -e*) bread; loaf; *zwei ~e pl.* two loaves (of bread); → *belegt, frisch*; *geröstetes ~* toast; *fig.* bread, living, livelihood; *das tägliche* (*or liebe*) *~* the daily bread; *der Kampf ums ~* the struggle for life; *ein hartes ~ essen* have to work hard (for a living); *sein eigenes ~ essen* be one's own master; *fremdes ~ essen* serve (other people); *sein ~ haben* have a (modest) competence; *sein ~ verdienen* earn one's living; *j-m et. aufs ~ schmieren* reproach a p. for a th., rub it in; *j-n um sein ~ bringen* rob a p. of his livelihood.

'**Brot...:** **~aufstrich** *m* spread; **~bäcker** *m* baker; **~baum** *m* bread-fruit-tree; **~beutel** *m* bread-bag, haversack.

Brötchen ['brø:tçən] *n* (*-s; -*) roll; *belegtes ~* sandwich.

'**Brot...:** **~erwerb** *m* (*-[e]s*) bread-winning, (earning one's) livelihood; **~getreide** *n* bread grain; **~herr** *m* master, employer, principal; **~kasten** *m* bread-bin; **~korb** *m* bread-basket; *fig. j-m den ~ höher hängen* put a p. on short rations, keep a p. short; **~krume** *f* bread-crumb; **~laib** *m* loaf (*pl.* loaves); **2los** *fig. adj.* unemployed, out of work; unprofitable, not worthwhile; unavailing, useless; *~e Kunst* lost art, waste of time; *j-n ~ machen* rob a p. of his livelihood, throw a p. out of work; **~marke** *f* bread coupon; **~messer** *n* bread-knife; **~neid** *m* trade (*or* professional) jealousy; **~rinde** *f* crust; **~röster** *m* (*-s; -*) toaster; **~schneidemaschine** *f* bread-cutter; **~schnitte** *f* slice of bread; **~schrift** *typ. f* (*-*) body-type; **~studium** *n* bread-winning study; **~teig** *m* dough (for bread).

brr! [br] *int.* whoa!, wo!; ugh!

Bruch[1] [brux] *m* (*n*) (*-[e]s; ¨e*) marsh(y land), fen, bog.

Bruch[2] *m* (*-[e]s; ¨e*) breach (*a. fig. of friendship, promise, etc.*); break(-ing); *med.* **a)** fracture; *einfacher* (*komplizierter*) *~* simple (compound) fracture, **b)** rupture, hernia; *tech. in steel*: failure, break, rupture; bursting; *min.* fracture; crack, crevice, fissure; *of machine*: failure, breakdown; *aer.*, *mot.* smash-up, crack-up; *aer. ~ machen* crash, crash-land; *mining*: downfall; thrust; *in cloth*: crease; *in paper*: fold; breakage, wreckage; scrap; *math.* fraction; *gewöhnlicher ~* vulgar fraction; (*un*)*echter ~* (im-)proper fraction; *unendlicher ~* recurring decimal; *fig.* violation (*of oath, peace, etc.*); violation, infringement, infraction (*of a law, etc.*); *e-r Verbindung*: breach, rupture (*of relations*); *~ mit der Vergangenheit* (clean) break with the past; *colloq. contp.* trash, rubbish; *in die Brüche gehen* be broken up, come to grief, go to pot, *esp. marriage*: go on the rocks; *es kam zwischen uns zum offenen ~* it came to an open quarrel between us.

'**Bruch...:** **~band** *med. n* (*-[e]s; ¨er*) (hernial) truss; **~belastung** *tech. f* ultimate load; **~bude** *colloq. f* tumble-down shanty, ramshackle house; **~dehnung** *tech. f* elongation at rupture; **~festigkeit** *tech. f* (*-*) ultimate strength; **~fläche** *f* (surface of) fracture; **Ωfrei** *adj.* free from breakage; **~gleichung** *math. f* fractional equation.

brüchig ['bryçiç] *adj.* fragile, tender; brittle; crumbly, friable; broken; cracked, burst; **~e** *Stimme* cracked voice; **~** *werden* crack, develop cracks.

'Bruch...: ~landung *aer. f* crash landing; e-e **~** *machen* crash-land, smash up; **~operation** *med. f* herniotomy; **~rechnung** *f* fractional arithmetic, fractions *pl.*; **~schaden** *m* breakage; **Ωsicher** *adj.* unbreakable; shatterproof; **~stein** *m* quarry stone; **~stelle** *f* site of fracture (*or* rupture); **~strich** *math. m* fraction stroke; **~stück** *n* fragment (*a. fig.*); *econ. of share:* fractional certificate; **~e** *pl. a.* scraps; snatches (*of song*); **Ωstückhaft** *adj.* fragmentary; **~teil** *m* fraction; *im* **~** *e-r Sekunde* in a split second; **~zahl** *f* fractional number.

Brücke ['brykə] *f* (-; -n) bridge (*a. el., gym., mar., wrestling*); *schwimmende* **~** floating (*or* pontoon) bridge; (floor) rug; *anat.* pons; dental arch, bridge; half-hat; *fig.* bridge, link (*zwischen* between); e-e **~** *schlagen über* build (*or* throw) a bridge across, bridge (*a river*); *sports:* back-bend; *die* **~** *machen* bridge; *fig. die* **~***n hinter sich abbrechen* burn one's boats; *dem Gegner goldene* **~***n bauen* leave the door open for reconciliation, make it easy for one's opponent.

'Brücken...: ~bahn *f* floor (of a bridge); **~balken** *m* bridge beam, girder; **~bau** *m* (-[e]s; -ten) bridge-building; **~bogen** *m arch;* girder; **~boot** *n* pontoon, *Am.* ponton; **~geländer** *n* bridge railing, side rail; **~geld** *n* bridge-toll; **~joch** *n* panel, bay; **~kopf** *mil. m* bridge-head; **~last** *f* bridge capacity; **~oberbau** *m* (-[e]s; -ten) (bridge) superstructure; **~pfeiler** *m* bridge pier; **~steg** *m* foot-bridge; **~tragwerk** *n* supporting structure of a bridge; **~waage** *f* weighing-machine; platform scale; weighbridge; **~wärter** *m* bridge tender; **~widerlager** *n* abutment; **~zoll** *m* bridge-toll.

Brüden ['brydən] *tech. m* (-s; -) water vapo(u)r.

Bruder ['bru:dər] *m* (-s; ") brother; *Brüder pl.* brothers, *eccl.* brethren; friar; *colloq.* fellow, bloke, *Am.* guy; *ein lustiger* **~** jolly fellow; *gleiche Brüder, gleiche Kappen* a) we are all in the same boat, b) share and share alike; *soviel ist es unter Brüdern wert* that's a bargain (*or* a fair price).

Brüderchen ['brydərçən] *n* (-s; -) little brother.

'Bruder...: ~krieg *m* fratricidal war; **~kuß** *m* brotherly kiss.

'brüderlich *adj.* brotherly, fraternal; **Ωkeit** *f* (-) brotherliness, fraternity.

'Bruder...: ~liebe *f* brotherly love; **~mord** *m*, **~mörder(in** *f*) *m* fratricide; **Ωmörderisch** *adj.* fratricidal.

'Brüderschaft *f* (-; -en) brotherhood, fellowship; **~** *schließen* fraternize, make close friends (*mit*

with); **~** *trinken* pledge close friendship.

'Bruder...: ~volk *n* sister nation, cousins *pl.*; **~zwist** *m* fraternal strife.

Brühe ['bry:ə] *f* (-; -n) broth, beef-tea; sauce; gravy; (soup) stock; juice; slop, wash, soup; *tech.* liquor.

'brüh|en *v/t.* (*h.*) scald; *laundry:* soak; **'~'heiß** *adj.* scalding (*or* boiling) hot, scalding; **Ωkartoffeln** *f/pl.* potatoes boiled in broth; **Ωkessel** *m* scalding-tub; **'~'warm** *fig. adj. news, etc.:* quite fresh, red hot, hot from the presses, *Am.* hot off the griddle; *j-m et.* **~** *wiedererzählen* take a story straight away to a p.; **Ωwürfel** *m* beef-cube. monkey.

Brüll-affe ['bryl-] *m* howling monkey.

'brüllen *v/i.* (*h.*) roar; *cattle:* bellow; low; *person:* roar, (*a. = weep*) howl, bawl; *vor Lachen etc.* **~** roar with laughter, *etc.;* **~** *des Gelächter* roar of laughter; *er* (*es*) *ist zum* Ω *sl.* he (it) is a (perfect) scream.

Brumm|bär ['brum-] *fig. m* grumbler, growler, *Am.* grouch; **~baß** *mus. m of organ:* bourdon; *stringed instrument:* double bass; *voice:* rumbling bass.

'brummen *v/i. and v/t.* (*h.*) hum, buzz, drone; *engine: a.* purr, boom; *animal:* growl; *person:* growl, grumble, grunt (et. a th.; *über acc.* at, about); *colloq. in jail:* do time, do a stretch; *ped.* be kept in; *mir brummt der Kopf* my head is buzzing *or* throbbing; **→** *Bart.*

'Brumm...: ~er *m* (-s; -) meat fly, bluebottle; dung-beetle; **Ωfrei** *el. adj.* hum-free; **Ωig** *adj.* grumbling, grumpy, gruff; **~kreisel** *m* humming-top; **~schädel** *colloq. m* headache; hangover, head; **~ton** *el. m* (alternating-current) hum.

brünett [bry'nɛt] *adj.* dark(-haired), dark-complexioned, *woman:* brunette (*a.* Ωe *f* [-n; -n]).

Brunft [brunft] *hunt. f* (-; "e), Ωen *v/i.* (*h.*) rut; Ωig *adj.* rutting; **~schrei** *m* bell; **~zeit** *f* rutting-season.

brünier|en [bry'ni:rən] *tech. v/t.* (*h.*) brown; *tech.* burnish; Ωstein *m* burnishing stone; Ωung *f* (-; -en) browning.

Brunnen ['brunən] *m* (-s; -) well; spring; fountain (*all a. fig.*); *med.* mineral spring, (mineral) waters *pl.*; e-n **~** *graben* sink a well; (den) **~** *trinken* take the waters; **~becken** *n* basin; **~kresse** *f* watercress; **~kur** *f* mineral-water cure; e-e **~** *machen* take the waters (*or* a course); **~loch** *n* well-pit; **~vergiftung** *fig. f* vitiating the political atmosphere; calumny.

Brunst [brunst] *f* (-; "e) *zo. of male:* rut, *of female:* heat; *of person:* lust, sexual desire; **→** *Inbrunst.*

brünstig ['brynstiç] *adj. zo.* rutting, *of female* in heat; bullish; *person:* lustful, hot, *woman a.* in heat; *fig.* **→** *inbrünstig.*

brüsk [brysk] *adj.* brusque, curt, abrupt, blunt; rough, gruff.

brüskieren [-'ki:rən] *v/t.* (*h.*) snub, provoke, affront.

Brüssel ['brysəl] *n* (-s) Brussels; **~er** *Spitzen* Brussels lace.

Brust [brust] *f* (-; "e) breast; chest, *anat.* thorax; *of woman:* breast(s *pl.*), bosom, bust, mamma(e *pl.*); *die* **~** *betreffend etc. med.* pectoral, thoracic; *cul.* breast; shirt-front; *fig.* breast, bosom, heart; *die Brüste der Weisheit* the breasts of wisdom; **~** *an* **~** shoulder to shoulder, neck and neck, abreast; *aus voller* **~** at the top of one's voice, lustily; (*dat.*) *die* **~** *geben* give the breast to, suckle, nurse; *ohne* **~** *aufziehen* dry-nurse; *es auf der* **~** *haben* have chest trouble; *schwach auf der* **~** *sein* have a weak chest, *colloq. fig.* be hard up; *sich reuevoll an die* **~** *schlagen* beat one's breast; *sich in die* **~** *werfen* give o.s. airs, bridle (up); *komm an meine* **~** come to my heart; **~atmung** *f* chest-breathing; **~beere** *f* jujube; **~bein** *n* breastbone, sternum; *of fowl:* wish-bone; **~beschwerden** *f/pl.* chest-trouble; **~beutel** *m* money-bag; **~bild** *n* half-length portrait *or* photo; **~bonbon** *m* pectoral lozenge, cough-drop; **~bräune** *med. f* (-) angina pectoris; **~breite** *f sports:* um **~** *gewinnen* win by a whisker, nose out; **~drüse** *anat. f* mammary gland; **~drüsenentzündung** *f* mastitis.

brüsten ['brystən]: *sich* **~** boast, brag, give o.s. airs, strut; *sich mit et.* **~** pride (*or* plume) o.s. on a th., vaunt a th.; *sich* **~** *als* pose as.

'Brust...: ~fell *anat. n* pleura; **~fellentzündung** *f* pleurisy; **~flosse** *f* pectoral fin; **~höhe** *f* breast-height; **~höhle** *f* thoracic cavity.

...brüstig [brystiç] *adj. ...*breasted, *...*chested.

'Brust...: ~kasten, **~korb** *m* chest, thorax; **~kind** *n* breast-fed child; **Ωkrank** *adj.* suffering from the chest; consumptive; **~krankheit** *f* chest-trouble, pectoral complaint; **~kraul** *n* crawl (stroke); **~krebs** *med. m* (-es) cancer of the breast, breast cancer; **~leiden** *n* **→** *Brustkrankheit;* **~mittel** *n* pectoral (remedy); **~muskel** *m* pectoral muscle; **~nadel** *f* breast-pin; **~pulver** *n* pectoral powder; **~röhre** *f* thoracic duct; **~scheibe** *mil. f* half-figure target; **~schild** *n* breastplate; **~schmerz** *m* pain in the chest; **~schwimmen** *n* breast-stroke; **~stimme** *f* chest-voice; **~stück** *n zo.* thorax; *meat:* brisket; **~tasche** *f* breast-pocket; inside pocket; **~tee** *m* pectoral herb-tea; **~ton** *m* ([e]s; "e) *mus.* chest-note; *fig.* **~** *der Überzeugung* true ring of conviction; **~umfang** *m* **→** *Brustweite.*

Brüstung ['brystuŋ] *f* (-; -en) balustrade, parapet; sill.

'Brust...: ~warze *f* nipple; **~wassersucht** *f* (-) pectoral dropsy, hydrothorax; **~wehr** *f* (-; -en) breastwork, parapet; **~weite** *f* width of chest, *of woman:* bust (measurement); **~wirbel** *m* dorsal vertebra.

Brut [bru:t] *f* (-; -en) hatch(ing), incubation; brood; spawn; *fig. of persons:* brood, spawn; *b.s.* scum, (vicious) lot, pack.

brutal [bru'ta:l] *adj.* brutal, brutish.

Brutalität [-tali'tɛ:t] f (-; -en) brutality.

'**Brut...**: ~anstalt f hatchery; ~apparat m incubator.

Brüt-ei n [bry:t-] egg for hatching.

'**brüten I.** v/i. (h.) brood, sit (on eggs); incubate; fig. ~ über (dat.) brood (or pore) over, ponder on; **II.** v/t. (h.) hatch, brew, scheme; ~de Sonne(nhitze) brooding heat of the sun.

'**Brut...**: ~henne f sitting-hen; ~kasten m incubator; ~stätte f breeding-place; fig. a. hotbed.

brutto ['bruto] econ. adv. gross, in (the) gross; '♀betrag m gross amount; '♀einkommen n gross income (or earnings pl.); '♀gewicht n gross weight; '♀gewinn m gross profit, gross proceeds pl.; '♀preis m gross price; '♀registertonne (B.R.T.) f gross register ton (abbr. G.R.T.); '♀sozialprodukt pol. n gross national product.

Bübchen ['by:pçən] n (-s; -) little boy; baby-boy.

Bube ['bu:bə] m (-n; -n) boy, lad; cards: knave, jack; b.s. knave, rascal, rogue; ~nstreich m, ~nstück n boyish prank, lark; b.s. knavish trick, knavery, piece of villainy.

Bubikopf ['bu:bi-] m bobbed hair; e-n ~ schneiden bob the hair.

Bübin ['by:bin] f (-; -nen) knavish woman.

'**bübisch** adj. mischievous, roguish; b.s. knavish, villainous.

Buch [bu:x] n (-[e]s; ⁔er) book; volume; ~ Papier (24—25 sheets) quire; econ. book, pl. a. records; ledger; eccl. das ~ the Book, the Bible; das erste ~ Moses Genesis; betting: book; cards: full suit; fig. das ~ des Schicksals etc. the book of fate, etc.; econ. ~ führen keep book (or accounts pl.), do (the) bookkeeping; ~ führen über (acc.) keep book on, keep a record of; in ein ~ eintragen book, enter in a book; zu ~ stehen mit be valued at ... (as per books); über den Büchern sitzen be poring over one's books; wie ein ~ reden talk like a book; wie es im ~ steht as it (should be, perfect; das ist mir ein ~ mit sieben Siegeln that's all Greek (or a sealed book) to me; ~abschluß econ. m closing of books; ~ausstattung f get-up of a book; ~beschneidemaschine f (book) trimmer; ~besprechung f book review; ~binder m (-s; -) bookbinder; ~binderei [-'raɪ] f (-; -en) bookbinder's (work)shop, (book)bindery; bookbinding; ~bindergold n gold leaf; ~block m (-[e]s; ⁔e) inner book; ~deckel m book cover, binding; ~drama n book drama, closet play.

'**Buchdruck** (-[e]s) m letterpress printing, typography; ~er m (-s; -) (letterpress) printer; ~erei [-'raɪ] f (-; -en) printing office, Am. printing-plant; printing (of books); ~e'reimaschine f printing machine; ~erkunst f (-) art of printing, typography; ~erschwärze f (-) printer's ink; ~presse f letterpress.

Buch|e ['bu:xə] f beech(-tree); ~ecker ['-ᵊɛkər] f (-; -n) beech-nut.

'**Bucheinband** m (-[e]s; ⁔e) binding, cover.

buchen¹ ['bu:xən] v/t. (h.) enter (or pass) into the books, make an entry of; post (into ledger); book, reserve; fig. record, register, list; et. als Erfolg ~ put (or write) a th. down as a success.

'**buchen²** adj. beech(en); ♀farn m beech fern; ♀holzteer m beech tar; ♀wald m beech wood.

Bücher...: ~abschluß ['by:çər-] econ. m closing of the books; ~brett n bookshelf.

Bücherei [-'raɪ] f (-; -en) library; fahrbare ~ Am. bookmobile.

'**Bücher...**: ~freund(in f) m booklover, bibliophile; ~kunde f (-) bibliography; ~mappe f satchel; ~mensch m bookish person, scholar; ~narr m bibliomaniac; ~regal n bookshelf; ~revisor m auditor; vereidigter ~ chartered accountant, Am. certified public accountant; ~sammlung f collection of books; ~schau f book review(s pl.); ~schrank m bookcase; ~stand m bookstall, Am. bookstand; ~ständer m (drehbarer revolving) bookcase, bookstand; ~stütze f book-end; ~verzeichnis n catalog(ue Brit.) or list of books; ~weisheit f book-learning; ~wurm m bookworm.

'**Buch...**: ~fink m chaffinch; ~forderungen econ. f/pl. book claims, Am. accounts receivable; ~format n size of a book; ~führer m → Buchhalter; ~führung f bookkeeping, accounting; amerikanische ~ tabular (or columnar) bookkeeping; ~führungspflicht f statutory obligation to keep books; ~geld n money of transfer; ~gemeinschaft f book club; ~gewerbe n (-s) book trade; ~gewinn m book profit; ~halter m (-s; -) bookkeeper, accountant; ~halterei [-'raɪ] f (-; -en), ~haltung f bookkeeping department; → Buchführung; ~haltungsmaschine f bookkeeping machine; ~handel m book trade; nicht im ~ not for sale; ~händler m bookseller; ~handlung f book-shop, Am. book-store; ~hülle f dust-cover; ~hypothek f inscribed mortgage; ~kredit m book credit; ~laden m → Buchhandlung.

Büchlein ['by:çlaın] n (-s; -) small book, booklet.

'**Buch...**: ~leinen n book linen; ~macher m (-s; -) bookmaker, bookie; ~malerei f illumination; ♀mäßig adj. and adv. as shown by the books; attr. bookkeeping..., accountancy...; ~prüfer m auditor, accountant; → Bücherrevisor; ~prüfung f audit; ~rücken m spine; ~saldo m book balance.

Buchsbaum ['buks-] m box(-tree); ~holz n boxwood.

'**Buch...**: ~schmuck m book ornamentation; ~schuld f book debt.

Buchse ['buksə] tech. f (-; -n) bush(ing); sleeve; cylinder: liner; (grease) cup; el. socket.

Büchse ['byksə] f (-; -n) box, case, container; tin (box), Am. can; rifle, carbine; in ~n verpackt etc. tinned, potted, Am. canned.

'**Büchsen...**: ~fleisch n tinned (Am. canned) meat; ~lauf m rifle (or gun) barrel; ~licht hunt. n (-[e]s) shooting light; ~macher m (-s; -) gunsmith, mil. armo(u)rer; ~milch f tinned (or evaporated) milk, Am. canned milk; ~öffner m (-s; -) tin-opener, Am. can opener; ~schuß m gunshot; ~waren f/pl. tinned (Am. canned) goods.

Buchstabe ['bu:xʃta:bə] m (-ns; -n) letter; character; typ. type; sub-paragraph; großer (kleiner) capital (small) letter; fetter ~ bold face; dem ~n nach literally; bis zum letzten ~n to the letter; colloq. die vier ~n bottom, behind.

'**Buchstaben...**: ~bezeichnung f lettering; ~form typ. f type mo(u)ld; ~folge f (-) alphabetical order; ~glaube m literalism; ~gleichung math. f algebraic equation; ~mensch m pedant; ~rätsel n anagram; ~rechnung f (-) algebra; ~schloß n puzzle lock.

buchstabieren [-ʃta'bi:rən] v/t. (h.) spell; laboriously: spell out; falsch ~ misspell.

buchstäblich ['-ʃtɛ:plıç] I. adj. literal, verbatim; fig. a. sheer, downright; II. adv. literally, word for word, verbatim; to the letter, exactly; virtually; ~ wahr literally true.

'**Buchstütze** f book-end, book-rest.

Bucht [buxt] f (-; -en) bay, inlet; bight, creek; gulf; anat., bot. sinus; of rope: bight; box; die Deutsche ~ Heligoland Bight; '♀en: sich ~ form (or) widen into a bay; '♀ig adj. indented, creeky; bot. sinuate.

'**Buch...**: ~titel m title of a book; ~umschlag m wrapper, jacket.

'**Buchung** econ. f (-; -en) booking, posting; entry, item passed to account; e-e ~ berichtigen adjust an entry; e-e ~ machen make an entry.

'**Buchungs...**: ~fehler m error in the books; ~maschine f booking-machine; ~methode f accounting method; ~nummer f number of entry; ~posten m entry, item.

'**Buch...**: ~weizen m buckwheat; ~wert m book-value; ~wissen n book-learning, book-knowledge; ~zeichen n bookmark; ex libris.

Buckel¹ ['bukəl] m (-s; -) boss; knob, stud.

'**Buckel²** m hump, hunch; humpback, hunchback; stoop; colloq. back; hummock, knoll, hump; bulge; e-n ~ machen stoop, cat: put up (or arch) its back; fig. sich e-n ~ lachen split one's sides; colloq. du kannst mir den ~ runter rutschen! sl. go to blazes!, nothing doing!; colloq. er hat einen breiten ~ he has a broad back.

'**buck(e)lig** adj. humpbacked, hunchbacked; humped, hunched; ♀e(r m) f (-n, -n; -n, -n) hunchback, humpback.

bücken ['bykən] v/t. (h.) and sich ~ bend, stoop; fig. sich vor j-m ~ bow to, contp. cringe to (or bow and scrape before) a p.; submit to a p.; gebückte Haltung stoop; er bückte sich nach einem Stein he stooped to pick up a stone.

Bück(l)ing ['byk(l)iŋ] *m* (-s; -e) red herring, bloater, kipper.
'**Bückling** *m* (-s; -e) bow, obeisance.
buddeln ['budəln] *colloq. v/i.* and *v/t.* (*h.*) dig.
Bud|dhismus [bu'dismus] *m* (-) Buddhism; ~'**dhist(in** *f*) *m* (-en, -en; -, -nen), ℚ'**dhistisch** *adj.* Buddhist.
Bude ['bu:də] *f* (-; -n) stall, booth; shop; hut, cabin, *colloq.* hovel, shanty, *Am.* shack; *of student:* den, digs *pl.*; *colloq.* die ~ zumachen close down; j-m auf die ~ rücken drop in on a p., *sl.* blow in; *fig.* j-m auf die ~ steigen come down on a p., give a p. hell; Leben in die ~ bringen make things lively; '~**nbesitzer** *m* stall-holder; '~**nzauber** *m* rag.
Budget [by'dʒeː] *n* (-s; -s) budget, (annual) estimates *pl.*; das ~ vorlegen present the budget; et. im ~ vorsehen budget for a th.; ~**bera-tung** *f* debate on the budget.
Büfett [by'feː] *n* (-[e]s; -s) sideboard, buffet; refreshment-bar, buffet; (snack-)counter; kaltes ~ cold buffet; ~**fräulein** *n* barmaid.
Büfettier [-feti'eː] *m* (-s; -s) barman, *Am.* bartender.
Büffel ['byfəl] *m* (-s; -) buffalo; *colloq. fig.* lout, oaf; ~**leder** *n* buff (-skin); ℚ**n** *colloq. v/i.* (*h.*) grind, *Am. colloq.* bone; (*a. v/t.* [*h.*]) cram, *sl.* swot.
Bug [buːk] *m* (-[e]s; ᵘe) *mar.* bow; *aer.* nose; bend; *zo.* a) joint (of the leg), b) hock, c) shoulder(-blade); *cul.* shoulder; '~**anker** *m* bow--anchor.
Bügel ['byːgəl] *m* (-s; -) bow; stirrup; (clothes-)hanger; *tech.* bow; strap; (curved) handle; clamp, bracket; shackle; *el.* bow (collector); *concrete:* loop; *headpiece:* harness; *spectacles:* bow, side-piece; *compasses:* gimbal; *gauge, saw, etc.:* frame; *rifle:* trigger-guard; *fenc.* (sabre) guard; '~**brett** *n* ironing--board; '~**eisen** *n* flat-iron; electric iron; pressing iron; '~**falte** *f* crease; 'ℚ**frei** *adj.:* ~es Hemd drip-dry shirt; 'ℚ**n** *v/t.* (*h.*) iron; press; smooth; '~**riemen** *m* stirrup-strap; '~**säge** *f* hacksaw; '~**schraube** *f* stirrup bolt; '~**stromabnehmer** *m* bow collector.
'**Bug...: ~figur** *f* figure-head; ℚ**lahm** *adj.* splay-shouldered; ℚ**lastig** *aer. adj.* nose-heavy.
Bugsier|dampfer [bu'ksiːr-] *m* (steam-)tug; ℚ**en** *v/t.* (*h.*) tow; *fig.* steer, man(o)euvre.
Bug...: ~spriet ['buːkʃpriːt] *mar. n* (-[e]s; -e) bowsprit; ~**welle** *f* bow wave.
Buhl|e ['buːlə] *poet. m* (-n; -n), *f* (-; -n) lover; paramour; ℚ**en** *v/i.* (*h.*) mit j-m: make love to, live in sin with a p.; *fig.* um et. ~ woo, court, strive for a th.; um j-s Gunst ~ curry favo(u)r with a p.; ~**erei** [-'raɪ] *f* (-; -en) love-making, illicit intercourse (mit with); coquetry; *fig.* courting (um of), rivalry (for); fawning; ~**erin** [-'-; -nen) courtesan, paramour; wanton; ℚ**erisch** *adj.* amorous, wanton.
Buhne ['buːnə] *f* (-; -n) groyne, breakwater.

Bühne ['byːnə] *f* (-; -n) scaffold; platform (*a. tech.*); *thea.* stage (*a. w. s.*); *fig.* stage, scene, arena; auf der ~ on the stage; hinter der ~ off the stage, behind the scenes, *Am.* backstage; auf die ~ bringen bring on (or to) the stage, stage, produce; über die ~ gehen be put on the stage, be enacted (*a. fig.*); zur ~ gehen go (or take to) the stage; er trat von der politischen ~ ab he quitted the political scene.
'**Bühnen...: ~anweisung** *f* stage direction; ~**ausstattung** *f* scene (-ry), decor; ~**bearbeitung** *f* adaptation for the stage; ~**bild** *n* décor; ~**bildner(in** *f*) *m* stage designer; ~**dichter** *m* playwright, dramatist; ~**dichtung** *f* dramatic poetry; dramatic work; ~**erfahrung** *f* stage-craft; ~**erfolg** *m* stage-success; ℚ**fähig** *adj.* stage-worthy; ℚ**gerecht** *adj.* actable; ~**held(in** *f*) *m* hero(ine); ~**kritiker** *m* stage--critic; ~**laufbahn** *f* stage career; ~**leiter** *m* stage manager; ~**licht** *n* limelight, footlights *pl.*; ~**maler** *m* scene-painter; ~**requisiten** *pl.* stage-properties (*abbr.* props) *pl.*; ~**schriftsteller** *m* → Bühnendichter; ~**star** *m* star of the stage; ~**stück** *n* stage-play; ℚ**technisch** *adj.* theatrical, scenic; ~**werk** *n* dramatic work, stage-play; ℚ**wirksam** *adj.* effective on the stage; ~**wirkung** *f* stage-effect.
buk [buːk] *pret. von* backen.
Bukarest [buka'rɛst] *n* (-s) Bucharest.
Bukett [bu'kɛt] *n* (-[e]s; -e) bouquet, nosegay; *of wine:* bouquet, aroma.
Bulette [bu'lɛtə] *f* (-; -n) rissole, meat-ball.
Bulgar|e [bul'gɑːrə] *m* (-n; -n), ~**in** *f* (-; -nen) Bulgarian; ~**ien** *n* (-s) Bulgaria; ℚ**isch** *adj.* Bulgarian.
Bull|auge ['bul-] *mar. n* bull's-eye, porthole; ~**dog** ['-dɔk] *mot. m* (-s;-s) tractor; ~**dogge** ['-dɔgə] *f* (-; -n) bulldog, mastiff.
Bulle[1] ['bulə] *m* (-n; -n) bull; *colloq. fig.* he-man, brawny fellow; cop (-per). [liche papal) bull.}
'**Bulle**[2] *f* (-; -n) seal; *eccl.* (päpst-}
'**Bullen|beißer** *m* (-s; -) bulldog; ~**hitze** *colloq. f* awful heat; ~**kalb** *n* bull-calf.
bullern ['bulərn] *colloq. v/i.* (*h.*) rumble; *fire in stove:* roar.
Bulletin [byl'tɛ̃] *m* (-s; -s) bulletin.
bullig ['buliç] *adj.* beefy.
bum(m)! [bum] *int.* bang!, boom!
Bumerang ['buːməraŋ] *m* (-s; -e) boomerang.
Bummel ['buməl] *colloq. m* (-s; -) stroll; spree, binge; e-n ~ machen go for a stroll; auf den ~ gehen go on the spree.
Bummelei [-'laɪ] *f* (-; -en) dawdling; loafing; carelessness, slackness.
'**bummel|ig** *adj.* dawdling, slothful; careless, slack; sluggish; ℚ**le-ben** *n* idle life, loafing; ~**n** *v/i.* (*h.*) stroll, saunter; go for a stroll; loaf, lounge (about), take it easy; dawdle, be sluggish, hang back; (be) idle; be on a spree; ℚ**streik** *m* go-slow strike; ℚ**zug** *m* slow train.
'**Bumm|ler** *m* (-s; -) stroller, daw-

dler; idler, loafer; sluggard, slow-poke; ℚ**lig** *adj.* → bummelig.
bums! [bums] *int.* bump!, bounce!, bang!, pop!; ℚ *m* (-es; -e) bang, bump, thump; ~**en** *v/i.* (*h.*) bang, bump (gegen against); er bumste geradewegs gegen die Wand he ran smack into the wall; 'ℚ**landung** *aer. f* bumpy or pancake landing; 'ℚ**lokal** *colloq.* n low dance-hall, *Am. sl.* honky-tonk, dive.
Bund [bunt] **1.** *n* (-[e]s; -e) bundle; zwei ~ Holz two bundles of sticks; bunch (of keys); truss, bottle (of hay, straw); hank (of flax); knot (of yarn); rope (of onions); **2.** *m* (-[e]s; ᵘe) band, tie; waistband; *tech.* collar (of shaft); rod-stop; flange; *bookbinding:* cording; *fig.* union (a. marriage); *pol.* alliance; federation, confederacy; Federal Republic or Government; association, league, organisation, federation; *eccl.* covenant; im ~e mit allied with, in league with; e-n ~ schließen mit (dat.) enter into an alliance with, ally o.s. with; er steht in engem ~e mit dem Parteiführer he is hand in glove with the party-boss.
Bündel ['byndəl] *n* (-s; -) bundle, bunch; sheaf; *econ.* packet, parcel; *anat.* fascicle; beam (of rays, etc.); → Bund 1; sein ~ schnüren pack up; 'ℚ**n** *v/t.* (*h.*) bundle (up), bunch (together); '~**ung** *el. f* (-) focusing, beaming; *a. phys.* bunching; 'ℚ**weise** *adv.* by (or in) bundles.
Bundes...: ~anwalt *jur. m* attorney of the Federal Supreme Court; ~**ausgleichs-amt** *n* Federal Equalization Office; ~**bahn** *f* Federal Railway(s *pl.*); ~**behörde** *f* Federal authority (or agency); ~**bruder** *univ. m* fellow member of student's society, *Am.* fraternity brother; ~**ebene** *f:* auf ~ at the Federal level; ℚ**eigen** *adj.* belonging to the Federal Government; Federal-owned; ~**gebiet** *n* Federal territory; ~**genosse** *m* confederate, (a. fig.) ally; ~**gericht** *n* Federal Court; ~**gerichtsbarkeit** *f* Federal jurisdiction; ~**grenzschutz** *m* Federal Border Police; ~**kanzler** *m* Federal Chancellor; ~**lade** *eccl. f* (-) Ark of the Covenant; ~**post** *f* Federal Postal Administration, *Am.* Federal Mails *pl.*; ~**präsident** *m* President of the Federal Republic; ~**rat** *m* Federal Council; *parl.* Upper House; ℚ**rechtlich** *adj.* under Federal law; ~**regierung** *f* Federal Government; ~**republik** *f* Deutschland Federal Republic of Germany; ~**staat** *m* federal state; (con)federation; ℚ**staatlich** *adj.* federal; ~**straße** *f* Federal Highway; ~**tag** *m* (-[e]s) Federal Diet; Lower House; ~**verfassung** *f* federal constitution; ~**verfassungs-gericht** *n* Federal Constitutional Court; ~**wehr** *mil. f* (-) (German) Federal Armed Forces.
bündig ['byndiç] *adj.* binding, valid; obligatory; conclusive; concise, terse (speech, style); precise; curt; *tech.* flush; kurz und ~ to the point, succinctly, point-blank; bluntly; 'ℚ**keit** *f* (-) validity; conclusiveness; conciseness, terseness.

'**bündisch** adj. confederate, federated.

Bündnis ['byntnɪs] n (-ses; -se) alliance, league; → Bund 2; agreement, pact.

Bunker ['buŋkər] m (-s; -) mar. bunker; bin, hopper; silo; shelter; mil. concrete dug-out, pill-box, a. bunker; air-raid shelter; sl. clink, tank; '⊾kohle f bunker coal; '⊾n v/t. (h.) bunker (coal); (re)fuel (oil).

bunt [bunt] adj. (many-)colo(u)red, colo(u)rful, varicolo(u)red, tech. multicolo(u)r(ed); variegated, spotted; motley; gay; gaudy, loud; chequered; fig. mixed, motley, varied, variegated; ⊾es Glas stained glass; ⊾e Wiesen meadows gay with flowers; ⊾e Menge motley crowd; in ⊾er Folge in colo(u)rful succession; ⊾er Abend, ⊾e Unterhaltung variety program(me); musical medley; ⊾e Reihe machen pair off, mix the sexes; colloq. das wird mir doch zu ⊾! that's going too far!; er treibt es zu ⊾ he goes too far; er ist bekannt wie ein ⊾er Hund he is known all over the place; es ging ⊾ zu there were fine goings-on, everything was at sixes and sevens; ⊾ durcheinander in a happy jumble; '⊂druck m (-[e]s; -e) colo(u)r printing; colo(u)r-print, chromolithograph; '⊾fleckig adj. spotted, speckled; '⊾gefiedert adj. of gay plumage; '⊂gewebe n colo(u)red fabric, dyed cloth; '⊂heit f (-) gayness, gay colo(u)rs pl.; fig. variety, motley; '⊂kreuz-Kampfstoff m colo(u)red cross gas; '⊂metall n nonferrous metal; '⊂papier n colo(u)red (or fancy) paper; '⊂sandstein m (-[e]s) new red sandstone, Am. brownstone; '⊾scheckig adj. variegated; spotted, dappled; piebald (horse); motley (crowd); '⊾schillernd adj. irridescent, opalescent; '⊂specht m spotted woodpecker; '⊂stift m colo(u)red pencil, crayon.

Bürde ['byrdə] f (-; -n) burden (a. fig.: für j-n to), load, charge; phys. apparent ohmic resistance; unter der ⊾ der Jahre under the weight of years; j-m e-e ⊾ auferlegen impose a burden on a p., burden a p.

Bure ['bu:rə] m (-n; -n) Boer; ⊾nkrieg m (-[e]s) the Boer-War.

Bürette [by'rɛtə] f (-; -n) burette.

Burg [burk] f (-; -en) castle; (a.fig.) citadel.

Bürge ['byrgə] m (-n; -n) criminal law: bail, bailsman, surety; civil law: security, surety, guarantor (a. fig.); Am. for immigrants, etc.: sponsor; reference; e-n ⊾n stellen offer bail (or surety); '⊂n v/i. (h.) für j-n: jur. go bail for, stand surety for, Am. bond a p.; generally: vouch for; für et.: guarantee, warrant a th., answer (or vouch) for a th.; mit s-m Wort ⊾ pledge one's word.

'**Bürger** m (-s; -), ⊾in f (-; -nen) citizen; townsman, f townswoman, pl. townsfolk; w.s. inhabitant; commoner; civilian; contp. bourgeois; ⊾ e-r Stadt werden get the freedom of a city; ⊾eid m civic

oath; '⊾krieg m civil war; '⊾kunde f (-) civics pl.

'**bürgerlich** adj. civil, civic; middle-class; contp. bourgeois; untitled, common; civilian; plain, simple; ⊾e Küche plain cooking; Verlust der ⊾en Ehrenrechte loss of civil rights; ⊾es Gesetzbuch (German) Civil Code; ⊾e Pflicht civic duty, one's duty as a citizen; ⊾es Recht civil law; ⊾es Drama domestic drama; ⊂e(r m) f (-n, -n; -n, -n) commoner.

'**Bürger...:** ⊾meister m mayor; ⊾meisteramt n mayor's office; ⊾pflicht f civic duty, one's duty as a citizen; ⊾recht n civic rights pl.; n.s. freedom of a city, municipal citizenship; ⊾schaft f (-; -en) citizens pl., citizenry, townsfolk; ⊾sinn m (-[e]s) public spirit; ⊾stand m (-[e]s) the middle classes pl.; contp. bourgeoisie; ⊾steig ['-ʃtaɪk] m (-[e]s; -e) pavement, causeway, Am. sidewalk; ⊾stolz m civic pride; ⊾tum n (-s) citizenship; the middle classes pl.; the citizens pl.; ⊾versammlung f town meeting; ⊾wehr f militia.

'**Burg...:** ⊾flecken m borough; ⊾frau f lady of the castle; ⊾friede m precinct; fig. public peace; pol. party truce; ⊾n schließen make truce; ⊾graben m castle-moat; ⊾graf m burgrave; ⊾herr m lord of the castle.

Bürgschaft ['byrk-] f (-; -en) security, surety, guarantee, Am. guaranty; bond, bail; Am. sponsorship (for a p.), assurance (for immigrant); ⊾ leisten give security, provide (or stand) surety; guarantee (für a bill of exchange); criminal law: a) go bail, b) give bail (accused); durch ⊾ aus der Haft befreien bail a p. out; gegen ⊾ freilassen release on (or admit to) bail.

'**Bürgschafts...:** ⊂fähig adj. bailable (offence); ⊾leistung f suretyship, Am. a. sponsorship; giving security (or bail); ⊾provision econ. f commission on bank guarantee (Am. guaranty); ⊾schein m surety bond; jur. bail-bond; ⊾summe f (amount of) security; bail; ⊾vertrag m contract of surety; ⊾wechsel m guaranteed bill of exchange.

Burgund [bur'gunt] n (-s) Burgundy; ⊾er(in f) m, (-s, -; -, -nen), ⊂isch adj. Burgundian; ⊾er(wein) m Burgundy.

'**Burg...:** ⊾verlies n dungeon, keep; ⊾vogt m castellan, steward.

burlesk [bur'lɛsk] adj. burlesque, farcical; ⊂e f (-; -n) burlesque.

Burnus ['burnus] m (-[ses]; -se) burnous(e).

Büro [by'ro:] n (-s; -s) office; ⊾angestellte(r m) f clerk, clerical employee; office-worker; black-coated (Am. white-collar) worker; ⊾arbeit f clerical (or desk-)work; office routine; ⊾bedarf(sartikel m/pl.) m office supplies pl.; ⊾chef m head (or senior) clerk; ⊾diener m office-boy; ⊾einrichtung f office equipment; ⊾klammer f (paper-)clip.

Bürokrat [-ro'kra:t] m (-en; -en) bureaucrat, red-tapist.

Bürokrat|ie [-kra'ti:] f (-; -n), ⊾is-

mus [-'tismus] m (-) bureaucracy, officialism; officialdom; red-tapism.

büro'kratisch adj. bureaucratic.

Bü'ro...: ⊾maschine f office machine; ⊾mensch m office-drudge; ⊾möbel n/pl. office furniture; ⊾personal n office personnel, clerical staff; ⊾schluß m (-sses) closing-time; ⊾schrank m office cabinet; ⊾stunden f/pl. office-hours, Am. a. duty hours; ⊾vorsteher m → Bürochef.

Bursch(e) ['burʃ(ə)] m (-[e]n; -[e]n) youth, boy, lad, youngster; fellow, bloke, chap, Am. guy; univ. a) senior man, b) obs. student; errand-boy; mil. batman, orderly; ein feiner ⊾ a fine chap, a good egg, Am. a. quite a guy; ein kluger ⊾ a bright boy, a clever fellow; ein seltsamer ⊾ a queer bird; ein übler ⊾ a bad egg, Am. a. a tough customer.

Bürsch|chen ['byrʃçən], ⊾lein ['-laɪn] n (-s; -) little boy, laddie, Am. kid; little rascal, brat, whipper-snapper.

'**Burschen|herrlichkeit** f (-) good old student days pl.; ⊾schaft f (-; -en) students' association.

burschi'kos adj. pert.

Bürste ['byrstə] f (-; -n) brush (a. el., tech.); crew cut; '⊂n v/t. (h.) brush; sich die Haare ⊾ brush one's hair.

'**Bürsten...:** ⊾abzug typ. m brushproof; ⊾binder m brush-maker; ⊾haarschnitt m crew cut; ⊾halter tech. m (-s; -) brush holder; ⊾walze f rotary brush; ⊾waren f/pl. brushware.

Bürzel ['byrtsəl] m (-s; -) orn. rump; cul. parson's nose; hunt. tail.

Bus [bus] m (-ses; -se) bus; '⊾haltestelle f bus stop.

Busch [buʃ] m (-es; ¨e) bush (a. geogr.); shrub; copse, thicket, Am. brush; brushwood; tuft, wisp; shock (of hair); fig. auf den ⊾ klopfen draw a bow at a venture, bei j-m: sound a p., feel a p.'s pulse; hinterm ⊾ halten temporize, shilly-shally, Am. sit on the fence; sich (seitwärts) in die Büsche schlagen slip away.

Büschel ['byʃəl] n (-s; -) bunch; bundle; tassel; tuft, wisp (of hair, etc.); cluster, fascicle (of flowers, fruits, leaves); tuft (of feathers); zo. crest, plume; aigrette (a.phys.); ⊾entladung el. f brush discharge; ⊂förmig ['-fœrmɪç] adj. tufted, tasseled, (a. tech.) clustered, bot. fascicular; '⊂weise adv. in bunches, etc.

'**Busch...:** ⊾hemd n jacket-shirt; ⊾holz n brushwood, underwood.

'**buschig** adj. bushy; shrubby; dendroid.

'**Busch...:** ⊾klepper m (-s; -) bandit, footpad; ⊾krieg m bush-fighting; ⊾mann m (-[e]s; ¨er) bushman; ⊾messer n machete; ⊾neger m maroon; ⊾obst n bush fruit; ⊾werk n (-[e]s) bushes pl., shrubbery, Am. brush; ⊾windrös-chen ['-rø:sçən] n (-s; -) wood-anemone.

Busen ['bu:zən] m (-s; -) gulf, bay; anat. bosom, breast(s pl.); fig.

bosom, breast, heart; *im ~ hegen* harbo(u)r, cherish (in one's heart); '**~freund(in** *f*) *m* bosom-friend.
Bussard ['busart] *m* (-[e]s; -e) buzzard.
Buße ['bu:sə] *f* (-; -n) penitence, penance; repentance; satisfaction; atonement, expiation; sanction, penalty, forfeit; fine; *~* tun do penance; *für et.*: atone (*w.s.* make amends *pl.*) for *a th.*; er wurde zu e-r *~ von 10 Dollar verurteilt* he was fined $ 10.
büßen ['by:sən] *v/t. and v/i.* (h.) *für et.*: atone for, *w.s.* make amends *pl.* for *a th.*; expiate (*a crime*) (*with*). suffer (*or* pay) for; *er büßte es mit s-m Leben* he paid for it with his life; *das sollst du mir ~* I'll make you pay for this; *er hat es ~ müssen* he has paid the penalty; do penance; repent.
'**Büßer** *m* (-s; -), **~in** *f* (-; -nen) penitent; **~bank** *f* penitent bench; **~gewand** *n* penitential robe; **~hemd** *n* hair-shirt.
'**buß...**: **~fertig** *adj.* penitent, repentant; contrite; **2fertigkeit** *f* (-) repentance; contrition.

Bussole [bu'so:lə] *mar. f* (-; -n) (nautical) compass.
'**Buß...**: **~predigt** *f* penitential sermon; **~tag** *m* day of penance; *Buß- und Bettag* day of repentance and prayer.
Büste ['bystə] *f* (-; -n) bust; '**~former** *m/pl.* pre-shaped brassière; '**~nhalter** *m* (-s; -) brassière, bra; '**~nhebe** ['-he:bə] *f* (-; -n) uplift brassière.
Butan [bu'ta:n] *chem. n* (-s) butane.
Butt [but] *ichth. m* (-[e]s; -e) butt, plaice.
Butte ['butə], **Bütte** ['bytə] *f* (-; -n) butt; tub, vat.
Büttel ['bytəl] *m* (-s; -) bailiff, beadle.
Bütten|papier ['bytən-] *n* hand-made paper; '**~rand** *m* deckle-edge.
Butter ['butər] *f* (-) butter; *braune (frische, gesalzene) ~* fried (fresh, salt) butter; *mit ~ bestreichen* (spread with) butter; *colloq. alles in ~* everything is okay; '**~birne** *f* butterpear; '**~blume** *f* buttercup; '**~brot** *n* (slice *or* piece of) bread

and butter; *belegtes ~* sandwich; *fig. für ein ~* for a song, dirt-cheap; '**~brotpapier** *n* greaseproof paper; '**~creme** *f* butter-cream; '**~dose** *f* butter-dish; '**~faß** *n* butter-tub; churn; '**~maschine** *f* butter churn; '**~messer 1.** *n* butter-knife; **2.** *m chem.* butyrometer; '**~milch** *f* buttermilk; '**2n I.** *v/t.* (h.) churn; (spread with) butter; **II.** *v/i.* (h.) turn to butter; '**~säure** *chem. f* butyric acid; '**~schmalz** *n* run butter; '**~schnitte** *f →* Butterbrot; '**~soße** *f* melted butter; '**~teig** *m* short pastry, puff-paste; **~wecken** ['-vɛkən] *m* (-s; -) bun, butter roll; '**2weich** *adj.* (as) soft as butter.
Butylalkohol [bu'ty:l?-] *chem. m* (-s) butyl alcohol.
Butzen ['butsən] *m* (-s; -) core (*of apple, etc.*); clump; **~mann** *m* (-[e]s; *~*er) bog(e)yman; **~scheibe** *f* bull's-eye pane.
Byzantin|er [bytsan'ti:nər] *m* (-s; -), **~erin** *f* (-; -nen), **2isch** Byzantine; **~ismus** [-ti'nismus] *m* (-) *fig.* Byzantinism.
Byzanz [-'tsants] *n* (-) Byzantium.

C

C [tse:], **c** *n* C, c; *see also under K, Sch and Z*; C, c *mus. n* C.
Cadmium ['katmium] *n* (-s) cadmium; **2haltig** *adj.* cadmiferous.
Café [ka'fe:] *n* (-s; -s) café, coffee-house.
Campingplatz ['kɛmpiŋ-] *m* camping (*or* caravan) site.
Canaille [ka'naljə] *f* (-; -n) canaille, rabble, mob; rascal, scoundrel.
Cape [ke:p] *n* (-s; -s) cape.
Caritasverband ['ka:ritas-] *m* (-[e]s) (Catholic) Charity Organization Society.
Cäsar ['tsɛ:zar] *m* (-en; -en) Caesar.
Cäsaren|herrschaft [tsɛ'za:rən-] *f* (-), **~tum** *n* (-[e]s) Caesarism; **~wahn(sinn)** *m* Caesarean madness; **cä'sarisch** *adj.* Caesarean.
C-Dur ['tse:du:r] *n* (-) C major.
Cellist [(t)ʃɛ'list] *m* (-en; -en) cellist, (')cello player.
Cello ['(t)ʃɛlo] *n* (-s; -s) (')cello.
Cellophan [tsɛlo'fa:n] *n* (-s) cellophane.
Celsius ['tsɛlzius] *m* (degree) centigrade (*abbr.* °C); **~thermometer** *n* centigrade (*or* Celsius) thermometer.
Cembalo ['tʃɛmbalo] *n* (-s; -s) harpsichord.
Ces [tsɛs] *mus. n* (-; -) C flat.
'**Ces-Dur** *n* C flat major.
Cetanzahl [tse'ta:n-], **Cetenzahl** [-'te:n-] *mot. f* cetane number (*or* rating).
Ceylon ['tsailɔn] *n* (-s) Ceylon; *Einwohner von ~* Cingalese; **~tee** *m* Ceylon tea.
Chagrinleder [ʃa'grɛ̃-] *n* shagreen (leather).
Chaiselongue [ʃɛ:zə'lõ:g] *f* (-; -n) lounge-chair.

Chamäleon [ka'mɛ:leɔn] *zo. n* (-s; -s) chameleon; **~lösung** *chem. f* potassium permanganate solution.
chamois [ʃa'moa] *adj.* tan, buff; **2leder** *n* chamois(-leather), shammy.
Champagner [ʃam'panjər] *m* (-s; -) champagne.
Champignon ['ʃampinjɔŋ] *m* (-s; -s) (field) mushroom.
Chance ['ʃãs(ə)] *f* (-; -n) chance, break; prospect; *geringe ~n pl.* small (*or* slim) chances; *nicht die geringste ~* not the least chance, not an earthly (chance), not a dog's chance; *j-m e-e ~ geben* give a p. a chance (*or* break); *die ~n stehen gleich* the odds are even; *die ~n stehen gut für uns* the odds are in our favo(u)r.
changeant [ʃã'ʒã:] *adj.* irredescent; shot(-colo[u]red) (*silk*).
changieren [-'ʒi:rən] *v/i.* (h.) change; *of horse:* change step; be irredescent; *silk:* be shot.
Chaos ['ka:ɔs] *n* (-) chaos.
chaotisch [ka'o:tiʃ] *adj.* chaotic.
Charakter [ka'raktər] *m* (-s; -'tere) character, nature, disposition; character, moral strength, backbone; characteristic feature(s *pl.*); stamp, quality; title, (official) rank, capacity; *mil.* brevet rank; *literary:* character; *thea.* part, rôle; *typ.* character, letter; *ein Mann von ~* a man of character; *der öde ~ dieser Landschaft* the dreariness of this landscape; **~bild** *n* character sketch, portrait; **2bildend** *adj.*, **~bildung** *f* character-forming (*or* -building); **~darsteller** *thea. m* character actor; **~darstellerin** *f* character actress; **~darstellung** *f* portraiture

of *a p.'s* character; *thea.* character-work; **~erziehung** *f* character-training; **~fehler** *m* fault (*or* defect) in *a p.'s* character; weakness, drawback; **2fest** *adj.* of firm character, high-principled, incorruptible, steadfast; **~festigkeit** *f* firmness of character, moral strength, backbone.
charakteri'sier|en *v/t.* (h.) characterize, be characteristic (*or* typical) of; characterize, describe (*als acc.* as); depict, delineate; **2ung** *f* (-; -en) characterization; description, delineation.
Charakteristik [-'ristik] *f* (-; -en) characterization, character sketch, analysis; *tech.* characteristic (*a. of a logarithm*), diagram; **~um** *n* (-s; -ka) characteristic (feature).
charakte'ristisch *adj.* characteristic, typical (*für* of); **~e** *Eigenschaft* characteristic (feature *or* property).
Cha'rakter...: **~kopf** *m* characteristic head, fine head; **~kunde** *f* (-) characterology; **2lich I.** *adj.* personal, moral; **~e** *Anlage* strain; **~e** *Mängel* character defects; *s-e ~en Vorzüge pl.* his commendable character *sg.*; **II.** *adv.* in character; personally; *~ einwandfrei* of impeccable character; **2los** *adj.* of weak character, unprincipled, corrupt, spineless; **~losigkeit** *f* (-) lack of principle; **~rolle** *thea. f* character part; **~schilderung** *f* character-sketch; **~schwäche**, (**~stärke**) *f* weakness (strength) of character; **~stück** *thea. n* character-play; **~studie** *f* character-study; **2voll** *adj.* full of character; of strong personality; **~zug** *m* characteristic, trait, feature, strain.
Charge ['ʃarʒə] *f* (-; -n) *mil.* ap-

pointment, post; rank; official, officer, *esp.* non-commissioned officer; *tech. metall.* charge, heat; *thea.* (small) character part; **~ndarsteller** *m* character actor.

chargier|en [ʃarˈʒiːrən] *v/t.* (*h.*) *tech.* charge; *thea.* overact, overdo; **Ձte(r)** *univ. m* (-n; -n) office-bearer.

charmant [ʃarˈmant] *adj.* charming, winning, engaging.

Charme [ʃarm] *m* (-s) charm, personality.

Charmeur [-ˈmøːr] *m* (-s; -e) charmer.

Charta [ˈkarta] *f* charter, deed; grant of rights; *die ~ der Vereinten Nationen* the United Nations Charter.

Chartepar'tie [ˈʃartə-] *mar., econ. f* (-; -n) charter-party.

chartern [ˈʃartərn] *v/t.* (*h.*) charter.

Chassis [ʃaˈsiː] *n* (-; -) *mot., radio:* chassis.

Chauffeur [ʃɔˈføːr] *m* (-s; -e) driver, chauffeur.

Chaussee [ʃoˈseː] *f* (-; -n) main (*or* high) road, thoroughfare; *Am.* highway.

chaussieren [-ˈsiːrən] *v/t.* (*h.*) macadamize.

Chauvi|nismus [ʃoviˈnismus] *m* (-) chauvinism; jingoism; **~'nist(in** *f*) *m* (-en, -en; -, -nen), **Ձ'nistisch** *adj.* chauvinist; jingo.

Chef [ʃef] *m* (-s; -s) chief, head; *econ.* principal, employer; *colloq.* governor, boss; (head) manager; senior partner; *of kitchen:* chef; *mil. ~ des Stabes* Chief of Staff; **~arzt** *m* medical superintendent, head physician; **~ingenieur** *m* chief engineer; **~konstrukteur** *m* chief designer; **~pilot** *m* chief pilot; **~redakteur** *m* chief editor.

Chemie [çeˈmiː] *f* (-) chemistry; *analytische ~* analytical chemistry; *angewandte ~* applied chemistry; *anorganische ~* inorganic chemistry; *organische ~* organic chemistry; *technische ~* industrial chemistry; chemical engineering; **~aktien** *f/pl.* chemical shares (*Am.* stocks), chemicals; **~faser** *f* chemical fib|re, *Am.* -er.

Chemi|graph [-ˈgraːf] *typ. m* (-en; -en) chemigrapher; **~graphie** [-graˈfiː] *f* (-) chemigraphy; chemigraph.

Chemikalien [çemiˈkaːliən] *pl.* chemicals; *pharm.* chemical drugs.

Chemiker [ˈçeːmikər] *m* (-s; -), **~in** *f* (-; -nen) (analytical) chemist.

chemisch [ˈçeːmiʃ] I. *adj.* chemical; *~e Erzeugnisse* chemicals; *~e Kampfstoffe* chemical (warfare) agents; *~e Reinigung* dry-cleaning; *~e Wirkung* chemical action; II. *adv.:* ~ *rein* chemically pure.

Chemo|'techniker(in *f*) [çeːmo-] *m* laboratory technician; **Ձ'technisch** *adi.* chemicotechnical; **~thera'pie** *med. f* (-) chemotherapeutics *pl.*; chemotherapy.

Cherub [ˈçeːrup] *m* (-s; -im) cherub; *pl.* cherubs *or* cherubim.

Chesterkäse [ˈtʃestər-] *m* Cheshire cheese.

Chiffre [ˈʃifrə] *f* (-; -n) cipher; *in ~n schreiben* cipher, (en)code; *ad:*

unter der ~ under box number; *~-nummer* *f* box number; **~schlüssel** *m* cipher code; **~schrift** *f* cryptography; (secret) code.

Chiffreur [ʃiˈfrøːr] *m* (-s; -e) code clerk.

chiffrier|en [ʃiˈfriːrən] *v/t.* (*h.*) cipher, (en)code; **Ձmaschine** *f* cipher(ing) machine, converter; **Ձoffizier** *m* cipher officer; **Ձschlüssel** *m* cipher code, code key; **Ձung** *f* (-; -en) coding.

Chile [ˈtʃiːlə] *n* (-s) Chile; **Chilen|e** [-ˈleːnə] *m* (-n; -n), **~in** *f* (-; -nen), **Ձisch** *adj.* Chilian.

'Chilesalpeter *m* Chile saltpetre, nitrate of soda.

China [ˈçiːna] *n* (-s) China; **~baum** *m* Peruvian bark tree, chinchona tree; **~rinde** *f* Peruvian bark.

Chines|e [çiˈneːzə] *m* (-n; -n) Chinese, *iro.* Chinaman, *sl.* Chink; **~enviertel** *n* Chinatown; **~in** *f* (-; -nen) Chinese (woman).

chi'nesisch *adj.* Chinese; *die Ձe Mauer* the Great Wall of China; *~-japanisch* Chino- (*or* Sino-) Japanese; *~es Grün* Chinese green; *~es Papier* India paper; *~e Tusche* Indian ink; *das Ձe Chinese,* the Chinese language.

Chinin [çiˈniːn] *n* (-s) quinine.

Chintz [tʃints] *m* (-es; -e) chintz.

Chiromant [çiroˈmant] *m* (-en; -en) chiromancer, palmist; **Chiromantie** [-ˈtiː] *f* (-; -n) chiromancy, palmistry.

Chirurg [çiˈrurk] *m* (-en; -en) surgeon; **Chirurg|ie** [-ˈgiː] *f* (-; -n) surgery; **Ձisch** *adj.* surgical.

Chlor [kloːr] *n* (-s) chlorine; **'~aluminium** *n* chloride of alumin(i)um; **'~ammonium** *n* ammonium chloride.

Chlorat [kloˈraːt] *n* (-[e]s; -e) chlorate.

'chloren *v/t.* (*h.*) chlorinate.

'Chlor...: **~gas** *n* chloric gas; **Ձhaltig** *adj.* chloridic, containing chlorine.

Chlorid [kloˈriːt] *n* (-s; -e) chloride.

chlo'rier|en *v/t.* (*h.*) chlorinate; **Ձung** *f* (-; -en) chlorination.

'chlorig *adj.* chlorous.

Chlorit [-ˈrit] *n* (-s; -e) chlorite.

'Chlor...: **~kalium** *n* potassium chloride; **~kalk** *m*, **~kalzium** *n* chloride of lime, calcium chloride; **~natrium** *n* chloride of sodium.

Chloroform [kloroˈfɔrm] *n* (-s), **chlorofor'mieren** *v/t.* (*h.*) chloroform.

Chlorophyll [-ˈfyl] *n* (-s) chlorophyll, leaf-green.

'Chlor...: **Ձsauer** *adj.* chloric; *~es Kali* chlorate of potash; **~säure** *f* chloric acid; **~säuresalz** *n* chlorate; **~silber** *n* chloride of silver; **~verbindung** *f* chloride; **~wasserstoff** *m* chlorhydric acid.

Cholera [ˈkoːlera] *f* (-) cholera; **~erreger** *m* cholera bacillus; **~gift** *n* choleraic virus; **~schutzimpfung** *f* cholera inoculation.

Choler|iker [koˈleːrikər] *m* (-s; -) choleric (*or* irascible) person; **Ձisch** *adj.* choleric, irascible, temperamental.

Chor [koːr] *m* (-[e]s; *~*e) *thea.* chorus; *mus.* choir; *arch.* (a. *n*) hoher *~*

chancel, choir; *colloq. contp. das ~* pack, lot, gang; *im ~ einfallen* (singen) sing (*or* join) in chorus; *fig. im ~* in chorus; *im ~ sprechen* speak in chorus.

Choral [koˈraːl] *m* (-s; *~*e) choral(e), hymn; **~buch** *n* hymn-book.

'Chor...: **~altar** *m* high altar; **~amt** *n* cathedral service.

Choreographie [koreograˈfiː] *f* (-; -n) choreography.

'Chor...: **~gang** *m* aisle; **~gesang** *m* choral (*or* choir) singing *or* song, chorus; **~gestühl** *n* (choir-)stalls *pl.*; **~hemd** *n* surplice; **~herr** *m* canon.

Chorist [koˈrist] *m* (-en; -en), **~in** *f* (-; -nen) member of a choir; *thea.* chorus-singer.

'Chor...: **~knabe** *m* choir-boy; **~konzert** *n* choral concert; **~leiter** *m* choirmaster, *Am.* chorister; **~nische** *f* apse; **~rock** *m* cope; **~sänger(in** *f*) *m → Chorist;* **~stuhl** *m* (choir) stall; **~us** [ˈkoːrus] *m* (-; *Chöre*) chorus; *im ~* in chorus; **~verein** *m* choral society.

Christ [krist] **1.** *m* (-) *→ Christus;* *der Heilige ~* Christmas; **2.** '~(in *f*) *m* (-en, -en; -, -nen) Christian; *→ Weihnachts...;* '**~abend** *m* Christmas Eve; '**~baum** *m* Christmas tree; *sl. aer.* target marker; '**~baumschmuck** *m* Christmas tree decoration; '**~dorn** *bot. m* (-[e]s) Christ's thorn, holly.

'Christen...: **Ձfeindlich** *adj.* antichristian; **Ձglaube** *m* Christian faith; **~heit** *f* (-): *die ~* Christendom, the Christian world; **~pflicht** *f* Christian's duty; *es ist mir e-e ~* it is my duty as a Christian; **~tum** *n* (-s) Christianity; *das ~ annehmen* adopt (*or* espouse) the Christian faith; *sich zum ~ bekennen* profess Christianity; *zum ~ bekehren* christianize; **~verfolgung** *f* persecution of Christians.

'Christ...: **~fest** *n* Christmas; **~kind** *n* (-[e]s) Infant Jesus, Christ child.

'christlich *adj.* Christian; **~e** *Nächstenliebe* charity; **Ձer** *Verein Junger Männer* (*abbr.* C.V.J.M.) Young Men's Christian Association (*abbr.* Y.M.C.A.); **Ձe** *Wissenschaft* Church of Christ, Christian Science.

'Christ...: **~messe, ~mette** *f* Christmas matins *pl.*; **~nacht** *f* night before Christmas, Christmas Eve.

'Christus *m* (-ti) Christ; *vor Christi Geburt* (*abbr. v. Chr.*) before Christ (*abbr.* B.C.); *nach Christi Geburt* (*abbr. n. Chr.*) Anno Domini (*abbr.* A.D.); **~bild** *n* image of Christ; crucifix.

Chrom [kroːm] *n* (-s) *metal.* chromium; *paint:* chrome, potassium dichromate.

Chromat [kroˈmaːt] *n* (-[e]s; -e) chromate.

Chromatik [kroˈmaːtik] *f* (-) *mus. and opt.* chromatics *pl.*

Chromatin [-maˈtiːn] *biol. n* (-s) chromatin.

chro'matisch *mus. and opt. adj.* chromatic; **~e** *Tonleiter* chromatic scale.

'**Chrom**...: ⌂**gelb** *adj.* chrome--yellow; **⌐gerben** *tech. n* (-s) chrome tanning; ⌂**haltig** *adj.* containing chromium, chromiferous; **⌐karbid** *n* chromium carbide; **⌐nickelstahl** *m* (-[e]s) chrome--nickel steel.

Chromo|lithogra'phie [kromo-] *typ. f* chromolithography; (*picture*) chromo(lithograph); '**⌐papier** *n* chromo paper.

Chromosom [-'zo:m] *biol. n* (-s; -en) chromosome; **⌐en-anordnung** *f* arrangement of chromosomes.   [mosphere.⌐

Chromo'sphäre *phys. f* (-) chro-⌐

Chromotypie [-'ty'pi:] *f* (-) chromotype.

'**Chrom**...: ⌂**sauer** *adj.* chromic, chromate of; **⌐es** *Kali*(um) potassium chromate; **⌐säure** *f* chromic acid; **⌐stahl** *m* chromium (*or* chrome) steel; **⌐wolframstahl** *m* chrome-tungsten steel.

Chronik ['kro:nik] *f* (-; -en) chronicle; *eccl.* the Chronicles *pl.*; *in e-r ⌐ aufzeichnen* chronicle.

'**chronisch** *med. adj.* chronic (*a. fig.*).

Chronist [kro'nist] *m* (-en; -en) chronicler.

Chronograph [krono'gra:f] *m* (-en; -en) chronograph.

Chronologe [-'lo:gə] *m* (-n; -n) chronologist.

Chronologie [-lo'gi:] *f* (-) chronology.

chronologisch [-'lo:giʃ] *adj.* chronologic(al).

Chrono'meter *n* (-s; -) chronometer.

Chronoskop [-'sko:p] *n* (-s; -e) chronoscope.

Chrysanthem|e [kryzan'temə] *f* (-; -n), **⌐um** [-'zantemum] *n* (-s; -'themen) *bot.* chrysanthemum.

Chrysoberyll [kryzobe'ryl] *min. m* (-[e]s; -e) chrysoberyl.

Chrysolyth [-'lyt] *min. m* (-en; -en) chrysolite.

Chrysopras [-'pra:s] *min. m* (-es; -e) chrysoprase.

Ciceroschrift ['tsi:tsero-] *typ. f* (-) pica.

Cirruswolke ['tsirus-] *f* → **Zirrus**wolke.

circa ['tsirka] → **zirka**.

Cis [tsis] *n* (-; -) C sharp; **Cis-Dur** *n* (-) C sharp major; **cis-Moll** *n* (-) c sharp minor.

Claque ['klakə] *f* (-) claque.

Clearing ['kli:riŋ] *econ. n* (-s; -s) clearing; **⌐haus** *n* clearing-house; **⌐verkehr** *m* clearing (system).

Clique ['klikə] *f* (-; -n) clique, coterie, gang; clan; **⌐nwirtschaft** *f* (-) cliquism.

Clou [klu:] *m* (-s; -s) chief attraction, highlight; climax; point.

c-Moll *n* (-) C minor.

Code [ko:t] *m* (-s; -s) code (*a. law--book*).

Cœur [kø:r] *n* (-[s]; -[s]) *cards:* hearts *pl.*

Comer See ['ko:mər-] *m* Lake Como.

Compoundmotor [kɔm'paunt-] *m* compound(-wound D.C.) motor.

Communiqué [kɔmyni'ke:] *n* (-s;-s) → **Kommuniqué**.

Conférencier [kõferãsi'e:] *m* (-s; -s) compère, *esp. Am.* master of ceremony (*abbr.* M. C.), emcee; *e-e Veranstaltung als ⌐ leiten* compère (*Am.* emcee) a show.

Contergankind [kɔnter'ga:n-] *n* thalidomide child.

Couch [kautʃ] *f* (-; -es) couch.

Coulomb [ku'lɔ:] *phys. n* (-s; -) coulomb; **⌐sches** *Gesetz* Coulomb's law; **⌐sche** *Waage* Coulomb's (*or* torsion) balance; **⌐zähler** *m* Coulomb meter.

Coupé [ku'pe:] *n* (-s; -s) *a. mot.* coupé; compartment.

Couplet [ku'ple:] *n* (-s; -s) comic (*or* music-hall) song; topical song.

Coupon [ku'põ:] *n* (-s; -s) coupon; *econ.* (interest) coupon, dividend--warrant; *in cheque-book:* counterfoil; **⌐bogen** *m* coupon-sheet; **⌐steuer** *f* tax on coupons.

Cour [ku:r] *f at court:* levee; *e-r Dame die ⌐ machen or schneiden* court, pay court to, flirt with a lady; '**⌐macher** *m* (-s; -), '**⌐schneider** (-s; -) ladies' man, philanderer; admirer.   [pluck.⌐

Courage [ku'ra:ʒə] *f* (-) courage,⌐

Courtage [kur'ta:ʒə] *econ. f* (-; -n) brokerage; **⌐satz** *m* commission rate.

Cousin [ku'zɛŋ] *m* (-s; -s) cousin; → **Kusine**.

Crack|anlage ['krɛk-] *f* cracking plant; **⌐benzin** *n* cracked petrol (*Am.* gasoline); **⌐verfahren** *n* cracking method.

Creme [krɛ:m] *f* (-; -s) cream; → *Krem;* ⌂**farben** *adj.* cream-colo(u)red; **⌐torte** *f* cream(-)tart.

Cumuluswolke ['ku:mulus-] *f* → *Kumuluswolke.*

Cutaway ['katəve:] *m* (-s; -s), **Cut** [kat] *m* (-s; -s) morning coat, cutaway.

Cutter ['katər] *m* (-s; -) *film:* cutter.

D

D, d [de:] *n* D, d; **D, d** *mus. n* (-; -) D.

da [da:] I. *adv.* a) *as to place:* 1. there; *⌐ wo* where; *⌐ oben* (*unten*) up (down) there; *⌐ draußen*, *⌐ hinaus* out there; *⌐ drinnen*, *⌐ hinein* in there; *⌐ drüben*, *⌐ hinüber* over there; *⌐ und ⌐* at such and such a place; *hier und ⌐* here and there; *mil. wer ⌐?* who goes there?; *von ⌐* from there, thence; *⌐ ungefähr* thereabouts; 2. here; *⌐ und dort* here and there; *der (das) ⌐* that one; *⌐ bin ich* here I am; *ich bin gleich wieder ⌐* I'll be back in a minute; *⌐ (hast du)!* here you are!; *⌐ haben wir es!* there we are!; 3. *in existence;* there, here; *⌐ sein* be there (→ *dasein*); have (*or* be) arrived; → *dazu;* 4. *int. sieh ⌐!* look (there)!, *surprised:* look at that now!, *iro.* lo and behold!; *nichts ⌐!* nothing of the kind!, nothing doing!; 5. *expletive: als ⌐ sind* such are (for instance); *such as; als ich ihn sah,* ⌐ *lachte er* when I saw him he laughed; *es gibt Leute, die ⌐ glauben* there are people who do believe; *was ⌐ kommen mag* whatever may happen; b) *as to time:* then, at that

time; *⌐ erst* only then, not till then; *von ⌐ an* from that time (on), from that moment, since then; *hier und ⌐* now and then, now and again; *⌐ gab es noch kein elektrisches Licht* there was no electric light then; c) *in that case, this being so, under the circumstances; was läßt sich ⌐ machen* what can be done in such a case (*or* there); *⌐ irren Sie sich* you are mistaken there; *⌐ wäre ich (doch) dumm* that would be silly of me; II. *cj.* 1. *as to time:* as, when, while; *in dem Augenblick, ⌐* at the moment when; *nun, ⌐ du es einmal gesagt hast* now (that) you have mentioned it; 2. *causal:* because, as, inasmuch as; *⌐ ja, ⌐ doch since* (indeed); *⌐ dem so ist* such being the case; *⌐ ich keine Nachricht erhalten hatte,* ging ich weg having received no news, I went away; 3. *antithetic: ⌐ aber, ⌐ jedoch* but since, but considering (that); *⌐ hingegen* whereas.

dabei [da'baɪ] (*emphatic:* 'dabei) *adv.* 1. near (at hand), close by; *ein Haus und ein Park ⌐* a house and a park attached to it; 2. about *or* going to (*do a th.*), on the point of

(*doing a th.*); *ich war gerade ⌐ zu packen* I was just packing; at the same time, in doing so; *⌐ sah er mich scharf an* saying so, he looked at me keenly; *essen und ⌐ stehen* eat while standing; 3. besides; *er ist zurückhaltend und ⌐ freundlich* he is reserved and friendly as well; *sie ist hübsch und ⌐ auch noch klug* she is pretty and intelligent into the bargain; 4. nevertheless, yet, for all that; *und ⌐ ist er doch schon alt* yet he is an old man, after all; *⌐ könnte er längst Doktor sein* he could long have taken his degree, for that matter; *⌐ könnte ich ihn nicht ausstehen* and all the time I couldn't stand him; 5. present, there; *⌐sein* a) be there, b) take part, c) witness, watch; *darf ich ⌐sein?* may I join the party?; *ich bin ⌐!* agreed!, count me in!, I'm on!; *ich war ⌐, als er verunglückte* I was there when he had the accident; *sie war (auch) ⌐* she was one of the party; 6. on the occasion, then; by it *or* that, thereby, as a result; *⌐ kam es zu einer heftigen Auseinandersetzung* this occasioned (*or* gave rise to, resulted in) a heated argument; *es kommt nichts ~ heraus* it's no use, it's not worth the trouble, it doesn't pay; *~ dürfen wir nicht vergessen* in this connection (or here) we must not forget; *jegliche ~ entstehenden Unkosten* any costs incident thereto; *alle ~ erzielten Gewinne* all profits accruing therefrom; **7.** *generally*: *ich dachte mir nichts Böses ~* I meant no harm (by it); *ich dachte mir nichts ~* (*at his words, etc.*) I gave it no thought, I paid no attention to it; *was ist schon ~?* what harm is there in that?, what does it matter?, what of it?; *lassen wir es ~* let's leave it at that.

da'bei...: **~bleiben** *v/i.* (*irr., sn*) persist in it, abide by it, keep (*or* stick) to it; *ich bleibe dabei, daß* I maintain that; *es bleibt dabei!* (it is) settled!, (we are) agreed!, done!; *dabei blieb's* there the matter ended; and that was all; **~sein** *v/i.* (*irr., sn*) be there, be present, attend; *fig. ich bin ~* I am with you, I have no objection, I am on; → *dabei*; **~stehen** *v/i.* (*irr., h.*) stand by, stand near; *idly*: look on; *die Dabeistehenden* the bystanders.

'dableiben *v/i.* (*irr., sn*) stay, remain; *bleib doch noch ein Weilchen da* why not stay a little longer?

da capo [da'kɑːpo] *adv.* encore!; *~ rufen* (call for an) encore.

Dach [dax] *n* (-[e]s; -er) roof (*a. fig. house*); *mot.* top, roof; *Wagen mit festem ~* hard-top car; *anat.* **a)** cranial vault, **b)** roof (of mouth); *fig.* shelter; *ohne ~* roofless; *ein ~ über dem Kopf haben* have a roof over one's head; *unter demselben ~ wohnen* live under the same roof; *unter ~ und Fach* safely under cover, in safety; *et. unter ~ und Fach bringen* **a)** shelter (*or* house) a th., **b)** *fig.* get (everything) settled *or* arranged, **c)** secure, **d)** complete, bring to completion; *colloq. eins aufs ~ bekommen* get a thorough dressing-down, *j-m aufs ~ steigen* come down on a p.

'Dach...: **~antenne** *f* roof aerial; **~balken** *m* roof-tree; rafter; **~belag** *m* roofing; **~binder** *m* roof truss; **~boden** *m* loft; **~decker** ['-dekər] *m* (-s; -) roofer; tiler; slater; shingler; thatcher; **~deckerarbeit** *f* roofing; **~fenster** *n* dormer window, skylight; **~first** *m* ridge (of a roof); **2förmig** ['-fœrmiç] *adj.* roofshaped, rooflike; **~garten** *m* roof-garden; **~geschoß** *n* attic story, loft; **~gesellschaft** *econ. f* holding company; **~gesims** *n* cornice; **~giebel** *m* gable; **~kammer** *f* attic, garret; **~korn** *n* of rifle: blade foresight, point sight; **~latte** *f* roof lath; **~leiste** *mot. f* roof cleat; **~luke** *f* → *Dachfenster*; **~organisation** *f* parent organization, control unit; **~pappe** *f* roofing felt; **~pfanne** *f* pantile; **~platte** *f* tile; slate; shingle; lead; **~reiter** *arch. m* ridge turret; **~rinne** *f* gutter.

Dachs [daks] *zo. m* (-es; -e) badger; *fig. wie ein ~ schlafen* sleep like a top; '**~bau** *m* (-[e]s; -e) badger's earth.

'**Dach...**: **~schiefer** *m* roofing slate; **~schaden** *m* damage to the roof; *colloq. fig. e-n ~ haben* be not quite right in one's upper story; **~schindel** *f* shingle.

'**Dachshund** *m* badger-dog, dachshund.

'**Dach...**: **~sparren** *m* rafter; **~stube** *f* attic, garret; **~stuhl** *m* roof framework; **~stuhlbrand** *m* fire in the woodwork (of a roof).

dachte ['daxtə] *pret. von denken*.

Dach...: **~traufe** *f* eaves *pl.*; **~werbung** *econ. f* sky-sign advertising; **~werk** *n* (-[e]s) roofing; **~wohnung** *f* garret; **~ziegel** *m* (roofing) tile.

Dackel ['dakəl] *m* (-s; -) dachshund; badger-dog; *colloq.* idiot, numskull.

dadurch [da'durç] (*emphatic*: '**da-durch**) **I.** *adv.* **1.** through there, that way; **2.** *fig.* by it, through it, thereby; in this manner (*or* way), by that means, thus; *was hat er ~ erreicht?* what did he get by it?; *alle ~ verursachten Schäden* any damage caused thereby; **II.** ['dadurç] *cj.*: *~ daß* owing to *or* thanks to the fact that; by *ger.*; as, because, in that.

dafür [da'fyːr] (*emphatic*: 'dafür) **I.** *adv.* for it, for that; instead (of it), in lieu of it; in return (for it), in exchange; *~ aber* but, but then; *arm, ~ aber glücklich* poor but happy; *er ist vielleicht jung, ~ aber sehr gescheit* he may be young, but then he is very intelligent; *~ sein* be in favo(u)r of it, advocate, support, endorse it, vote for it; *~ sein, et. zu tun* be for (*or* advocate) doing a th.; *es läßt sich vieles ~ und dagegen sagen* much may be said for and against it; *er kann nichts ~* it is not his fault (*or* doing); *ich kann nichts ~, daß ich lachen etc. muß* I can't help it, I can't help *laughing, etc.*; *in this case*; *~ wird e-e besondere Regelung getroffen* this matter will be subject to a special arrangement; **II.** ['daːfyːr] *cj.*: *~ daß*: *er wurde ~ bestraft, daß er gelogen hatte* he was punished for having told a lie.

Da'fürhalten *n*: *nach m-m ~* in my opinion; as I see it.

dagegen [da'geːgən] (*emphatic*: 'da-gegen) **I.** *adv.* **1.** against it (*or* that); *s-e Gründe ~* his objections to it; *~ sein* be against (*or* opposed to) it; *~ stimmen* vote against it; *er sprach sich sehr ~ aus* he strongly opposed (*or* argued against) it; *haben Sie et. ~, wenn ich rauche?* (do you) mind if I smoke?, would you mind my smoking (a cigarette)?; *wenn Sie nichts ~ haben* if you don't mind, *iro.* if you please; *ich habe nichts ~* I have no objection (to it); I don't mind; *~ hilft nichts* there is no help (*or* remedy) (for it), *w.s.* it can't be helped; **2.** in return *or* exchange (for it); **3.** in comparison with it, compared to it; *unsere Qualität ist nichts ~* our quality can't compare with it; **4.** on the other hand, however; **II.** *cj.* on the contrary, but then; whereas, whilst, while.

da'gegenhalten *v/t.* (*irr., h.*) hold *a th.* against (it); *fig. a.* argue; reply (*dat.* to); contrast, compare (*dat.* to, with).

daheim [da'haɪm] *adv.* at home; at one's house; in one's own (*or* native) country, back home; *ist er ~?* is he in?; *er wird bald ~ sein* he will be home soon; *~ ist ~* there's no place like home; *fig. er ist in dieser Materie ~* he is at home in this field; **Da'heim** *n* (-s) home.

daher [da'heːr] (*emphatic*: 'daher ['daːheːr]) **I.** *adv.* from there, from that place, thence; *fig. causal*: from this, hence; *~ (stammt) die ganze Verwirrung* hence the confusion; *~ kam es, daß* thus (*or* in that way) it happened that; **II.** *cj.* therefore, for that reason; that is why; accordingly; consequently, as a result.

da'her...: *in compounds* along, *e. g.* **~fliegen** (**~kommen**) *v/i.* (*irr., sn*) fly (come) along; **~reden** *v/i.* (*h.*) *dumm ~* talk nonsense (*or* rot), babble.

daherum ['daːhɛrum] *adv.* thereabouts.

dahin [da'hɪn] (*emphatic*: 'dahin) *adv.* **1.** *as to space*: there, to that place, thither; *fig. das gehört nicht ~* that's beside the point (*or* irrelevant), that has no bearing on the subject; **2.** *as to time*: *bis ~* until then, up to that time; *hoffentlich bist du bis ~ fertig* I hope you will have finished by then; **3.** *purpose*: *sich ~ äußern, daß* speak to the effect that; *~ arbeiten, daß* endeavo(u)r (*or* make every effort) to *inf.*, aim at *ger.*; *man hat sich ~ geeinigt, daß* it has been agreed (upon) that, we have agreed that; *m-e Meinung geht ~, daß* my opinion is that; **4.** *es ~ bringen, daß* carry matters so far that; *j-n ~ bringen, daß* bring a p. to *inf.*, make a p. do a *th.*; *ist es ~ gekommen?* has it come to that?; *nun ist es ~ gekommen, daß* things have come to such a pass that; **5.** away; past, over, gone; gone, lost; dead and gone; gone, broken.

dahin... ['daːhɪn-]: **~auf** *adv.* up there; **~aus** *adv.* out there, out that way; *fig. will er ~?* is that what he is driving at?

da'hincilen *v/i.* (*sn*) hurry along; *time*: pass swiftly, fly.

dahinein ['daːhɪnaɪn] *adv.* in there.

da'hin...: **~fahren** *v/i.* (*irr., sn*) travel (*or* drive, rush) along; **~fliegen** *v/i.* (*irr., sn*) fly along; *time*: pass swiftly, fly; **~fließen** *fig. v/i.* (*irr., sn*) flow on (smoothly, easily); **~gehen** *v/i.* (*irr., sn*) go along; *time*: pass; (*die*) pass on (*or* away), depart this life.

'**dahingehend** [-geːənt] *cj.*: *~, daß* to the effect that; saying that.

da'hin...: **~gestellt** [-gəʃtelt] *adj.*: *~ sein lassen* leave undecided *or* in the air; leave out of account; not to go (further) into *a matter*; *es bleibt ~* it remains to be seen; *es sei ~, ob* no matter whether ... or not; **~leben** *v/i.* (*h.*): *so ~* vegetate; **~raffen** *fig. v/t.* (*h.*) carry off; **~rasen** *v/i.* (*sn*) speed (*or* race, dash, rush) along; **~schwinden** *v/i.* (*irr., sn*) dwindle (*or* melt) away; *person, from grief*: pine away; *beauty*: fade; **~siechen** *v/i.* (*sn*) waste away; **~stehen** *v/i.* (*impers., irr., h.*) be uncertain; *es* steht noch dahin it is not yet decided, it remains to be seen.

dahinten [da'hintən] *adv.* back there.

dahinter [da'hintər] (*emphatic:* '*dahinter*) *adv.* behind it (*or* that), at the back of it, *Am.* back of it; *fig.* at the bottom of it, behind it; ~'her *adv.*: (*sehr*) ~ sein be after (*or* out for) it; make a point of (*zu inf. ger.*); spare no efforts.

da'hinter...: ~klemmen *colloq.*: *sich* ~ (h.) buckle to it; ~kommen *v/i.* (*irr., sn*) discover, find out; get to the bottom of it; ~machen, ~setzen: *sich* ~ (h.) set to (work); buckle to it; ~stecken *fig. v/i.* (h.) be at the bottom of it; *da muß et.* ~ there is more in it than meets the eye; *es steckt nichts dahinter* there is nothing in it.

dahinunter ['da:hinuntər] *adv.* down there.

da'hin...: ~welken *v/i.* (sn) fade (*or* wither) away; ~ziehen *v/i.* (*irr., sn*) go (*or* move, travel) along.

Dahlie ['da:liə] *bot. f* (-; -n) dahlia.

Dakapo [da'ka:po] *n* (-s; -s) encore; → *da capo.*

Daktylus ['daktylus] *m* (-; -ylen) dactyl.

'daliegen *v/i.* (*irr., h.*) lie there; *ausgestreckt* ~ sprawl.

Dalmatien [dal'ma:tsiən] *n* (-s) Dalmatia; **Dalmatiner(in** *f*) [dalma'ti:nər(in)] *m* (-s, -; -, -nen), **dalma'tinisch, dal'matisch** *adj.* Dalmatian.

damalig ['da:ma:liç] *adj.* then, of that time (*or* period); *der* ~*e* *Besitzer* the then owner; *sein* ~*es Versprechen* the promise then given by him.

damals ['da:ma:ls] *adv.* then, at that time; in those days.

Damast [da'mast] *m* (-es; -e), **۹en** *adj.* damask.

Damaszenerklinge [damas'tse:nər-] *f* Damascus blade.

damaszieren [-'tsi:rən] *v/t.* (h.) *cloth:* damask; *steel:* damascene.

Dambock ['dam-] *m* fallow buck.

'Dam(e)brett *n* draught- (*Am.* checker-)board.

Dämchen ['dɛ:mçən] *n* (-s; -) little lady, damsel.

Dame ['da:mə] *f* (-; -n) lady; *dancing:* partner; *die* ~ *des Hauses* the hostess; *address:* m-e ~ Madam; m-e *Damen und Herren!* ladies and gentlemen!; *draughts:* king; e-e ~ *machen* crown a man; ~ *spielen* play at draughts, have a game at draughts; *chess:* queen; *sich e-e* ~ *ziehen* queen a pawn; *cards:* queen.

'Damen...: ~besuch *m* lady-visitor(s *pl.*); ~binde *f* sanitary towel (*Am.* napkin); ~doppel(spiel) *n tennis:* (the) women's doubles *pl.*; ~einzel (-spiel) *n* (the) women's singles *pl.*; ~frisör *m* ladies' hairdresser; ۹haft *adj.* ladylike; ~hemd *n* lady's vest; ~hut *m* lady's hat; ~kleidung *f* ladies' garments *pl.*, women's wear; ~konfektion *f* ladies' ready-made clothes *pl.*, *Am.* ladies' ready-to-wear; ~mannschaft *f sports:* woman team; ~mantel *m* lady's coat; ~salon *m* ladies' room, *Am.*

ladies' parlor; ~sattel *m* side-saddle; ~schneider(in *f*) *m* ladies' tailor (*f* -ess, dressmaker); ~unterwäsche *f* ladies' underwear; lingerie; ~wahl *f* ladies' choice; ~welt *f* (-) *the* ladies *pl., the* fair sex.

'Dame|spiel *n* draughts, *Am.* checkers *pl.*; ~stein *m* man (at draughts).

Damhirsch ['dam-] *m* fallow-deer.

damit [da'mit] (*emphatic:* 'damit) **I.** *adv.* with that *or* it (*pl.* those *or* them), therewith, herewith; by that *or* it (*pl.* those *or* them), thereby; *was will er* ~ *sagen?* what does he mean by it?; *was soll ich* ~? what am I to do with it?, what good is that?; *wie steht es* ~? how about it?; *es ist nichts* ~ it won't do, it's no go; *wir sind* ~ *einverstanden* we agree to it; *jegliche* ~ *verbundenen Ausgaben* any expenditure connected therewith (*or* incident thereto); *er fing* ~ *an, daß er versuchte zu inf.* he began by trying to *inf.*; ~ *war ein neues Zeitalter angebrochen* this marked the beginning of a new epoch; **II.** (*only:* da'mit) *cj.* (in order) that, in order to *inf.*; with the object to *ger.*; so (that); ~ *nicht* lest, (in order) that ... not, (so as) to avoid that; for fear that; ~ *es alle sehen können* a. for all the world to see.

dämlich ['dɛ:mliç] *colloq. adj.* stupid, silly, idiotic; ۹keit *f* (-) silliness.

Damm [dam] *m* (-[e]s; ⁓e) dam; dike, dyke; *rail.* embankment; *of river:* embankment, *Am.* levee; *of road:* **a)** bank, **b)** roadway; pier, mole, jetty; breakwater; *through moor:* causeway; *anat.* perineum; *fig.* barrier; *colloq. fig. auf dem* ~ *sein* feel up to it, be in good shape; be on the ball *or* beam; *j-n wieder auf den* ~ *bringen* set a p. up, put a p. on his feet again; *ich bin heute nicht auf dem* ~ I don't feel up to the mark today; '~bruch *m* bursting of a dam; break in a dam, *Am.* crevasse; → *Dammriß.*

dämmen ['dɛmən] *v/t.* (h.) dam (up), dike; stem; embank, *Am.* levee (*river*); *fig.* stem, check, curb.

Dämmer ['dɛmər] *m* (-s) dusk, twilight; ۹ig *adj.* dusky; dim, obscure (*light*); ~licht *n* (-[e]s) twilight; grey dawn of day; *w.s.* dim light; ۹n *v/i.* (h.) dawn; grow dusky; *es dämmert* **a)** it is dawning, the day breaks, **b)** it is getting dark, night is coming on; *fig. es dämmert bei ihm* it is beginning to dawn on him; *vor sich hin*~ doze, drowse; ~schein → *Dämmerlicht*; ~schlaf half-sleep; *med.* twilight sleep; ~stunde *f* hour of twilight; ~ung *f* (-; -en) **a)** dawn(ing); *bei* ~ *at* dawn (*or* daybreak); **b)** twilight, dusk; *in der* ~ by twilight, at dusk (*or* nightfall); ~zustand *med. m* twilight *or* semi-conscious state.

'Damm...: ~riß *med. m* perineal rupture; ~weg *m* causeway.

Dämon ['dɛ:mɔn] *m* (-s; -'monen) demon; **dämonisch** [dɛ'mo:niʃ] *adj.* demoniacal; (*supernatural*) demonic, daemonic.

Dampf [dampf] *m* (-[e]s; ⁓e) steam, *w.s.* vapo(u)r; smoke, reek; ex-

halation; (*chemische*) *Dämpfe pl.* vapo(u)rs, fumes; *vet.* broken wind; ~ *ablassen* let off steam (*a. colloq. fig.*); *mit* ~ *behandeln* steam; *colloq. fig.* ~ *bekommen sl.* get cold feet; ~ *dahinter machen* put on steam, put pressure behind it; '~antrieb *m* steam drive; '~bad *n* steam-bath; '~bagger *m* steam shovel; '~betrieb *m* steam drive (*or* power); '~boot *n* steamboat; '~druck *m* (-[e]s) steam pressure; '~druckmesser *m* steam ga(u)ge.

'dampfen *v/i.* (h.) steam, emit (*or* give off) steam *or* vapo(u)r; smoke (*a. person*), fume.

dämpfen ['dɛmpfən] *v/t.* (h.) steam (*a. food*); *fig.* damp; deaden, muffle, subdue (*sounds*); *mus.* mute; muffle (*drum*); *nuclear physics:* attenuate; subdue, soften (*colour, light*); soft (*film*); cushion (*shock, etc.*); *aer.* stabilize; absorb (*vibrations*); soothe, assuage (*pain*); quench, put out; damp(en), put a damper on, throw cold water on (*enthusiasm, etc.*); subdue, check (*passion*); suppress; *mit gedämpfter Stimme* under one's breath, in an undertone, sotto voce.

'Dampfer *m* (-s; -) steamer; → *Dampfschiff.*

'Dämpfer *m* (-s; -) damper (*a. on piano*); *mus., esp. for violin:* mute; *loudspeaker:* baffle; *mot.* silencer; *Am.* muffler; *tech.* shock-absorber; *aer.* stabilizer; *nuclear physics:* moderator; *cul.* steam (*esp. Am.* pressure) cooker, autoclave; *fig. j-m e-n* ~ *aufsetzen* **a)** damp a p.'s enthusiasm, **b)** take a p. down a peg or two; *e-r Sache e-n* ~ *aufsetzen* put a damper on a th.

'Dampfer...: ~flotte *f* steam-fleet; ~linie *f* steamship line.

'Dampf...: ۹förmig ['-fœrmiç] *adj.* vaporous; ~gebläse *n* steam blower (*or* blast); ~hammer *m* steam hammer; ~heizung *f* steam heating.

'dampfig *adj.* steamy, vaporous.

'dämpfig *adj.* sultry, sweltering; *vet.* broken-winded (*horse*).

'Dampf...: ~kessel *m* boiler; ~kochtopf *m* pressure cooker, autoclave; ~kraft *f* (-) steam power; ~kraftwerk *n* steam-power plant; ~leitung *f* steam piping; ~maschine *f* steam-engine; ~messer *m* (-s; -) manometer, steam ga(u)ge; ~nudeln *f/pl.* stewed dumplings; ~pfeife *f* steam-whistle; ~pflug *m* steam plough (*Am.* plow); ~rohr *n*, ~röhre *f* steam pipe; ~schiff *n* steamship, steamboat, steamer; *mit dem* ~ by steamer; ~schiffahrt *f* steam-navigation; ~schiffahrtsgesellschaft *f* steamship line; ~strahl *m* steam jet; ~turbine *f* steam turbine.

'Dämpfung *f* (-; -en) damping, *etc.*; → *dämpfen*; *phys., el., of energy:* loss; *of transmission line:* attenuation (*a. nuclear physics*); *of oscillating circuit:* damping; *aer.* stabilization; *fig.* suppression; slowing down; ~sflosse *aer. f* stabilizer.

'Dampf...: ~wäsche'rei *f* steam laundry; ~walze *f* steam-roller.

Damwild ['dam-] *n* fallow-deer.

danach [da'na:x] (*emphatic:* 'da-

nach) adv. after that *or* it, *pl.* after them; afterwards, later on; subsequently, thereupon; according to it; accordingly; *er trägt ein Verlangen ~* he has a desire for it; *ich sehnte mich ~,* heimzukehren I longed to return; *ich fragte ihn ~* I asked him about it; *ich frage nichts ~* I don't care; *er handelte genau ~* he acted in strict adherence to it; *iro. er sieht ganz ~ aus* he looks very much like it; *es ist aber auch ~* don't ask what it is like.

Danaergeschenk ['dɑːnaər-] *fig. n* Greek gift.

Däne ['dɛːnə] *m* (-n; -n) Dane.

daneben [da'neːbən] *adv.* beside (*or* near) it, next to it; *dicht ~* close (*or* hard) by it; besides, moreover, in addition (to that); at the same time, parallel to it; beside the mark; *~gehen v/i.* (*irr.,* sn) shot, *etc.*: miss (the mark), fail to hit, go astray; *fig.* go amiss, miscarry, fail; *~hauen v/i.* (*h.*) miss; *fig.* miss one's guess, be very wrong; *~schießen, ~schlagen, ~treffen v/i.* (*irr., h.*) miss (the mark), fail.

Dänemark ['dɛːnəmark] *n* (-s) Denmark.

dang [daŋ] *pret. von dingen.*

daniederliegen [da'niːdərliːgən] *v/i.* (*irr., h.*) be laid up (*an dat.* with); *trade, etc.* languish, stagnate.

Dän|in ['dɛːnin] *f* (-; -nen) Dane; **℥isch** *adj.* Danish.

dank [daŋk] *prp.* (*gen. or dat.*) owing to, (*a. iro.*) thanks to.

'Dank *m* (-[e]s) thanks *pl.*; gratitude; reward; acknowledgement; *schlechter ~* ingratitude, small thanks; *besten or schönen ~!* many thanks!, thank you very much; *in letters:* a. accept my (kindest) thanks; *j-m ~ sagen* thank a p., return (*or* render, express one's) thanks to a p.; *j-m ~ schulden* be indebted to a p.; *j-m ~ wissen* be *or* feel obliged (*or* grateful) to a p.; *ist das der ~ für m-e Mühe?* is that the return for all my trouble?; *iro. das ist der (ganze) ~!* that's all the thanks one gets!; *zum ~ für s-e Dienste* as an acknowledgement for (*or* in recognition of) his services; *~adresse f* vote of thanks.

'dankbar *adj.* thankful; grateful; obliged; worthwhile; profitable, paying; satisfactory; *e-e ~e Aufgabe* a rewarding task; *wir wären für e-e schnelle Erledigung ~* we should appreciate an early settlement; *iro. ich wäre Ihnen ~, wenn Sie* I would thank you for ger.; **℥keit** *f* (-) gratitude, gratefulness, thankfulness (*gegen* towards); *aus ~ für* in gratitude for.

'Dankbrief *m* letter of thanks.

'danken I. *v/i.* (*h.*) thank (*j-m für et.* a p. for), return thanks; decline with thanks; *danke (schön)!* (many) thanks, thank you (very much); *danke(, ja)!* thank you!; *refusal:* no, thank you, thanks; *nichts zu ~!* don't mention it!, you are welcome!, not at all!; *iro. na, ich danke!* thank you for nothing!; → *Obst;* **II.** *v/t.* (*h.*): *j-m et. ~* **a)** reward a p. for a th., **b)** owe a th. to a p.; *ihm ~ wir, daß* we owe it to him that, it is due

(*or* thanks) to him that; *~d adv.* with thanks; *~swert adj.* deserving (of thanks), commendable, meritorious.

'dankerfüllt *adj.* filled with (*or* full of) gratitude.

'Dankes|bezeigung, ~bezeugung *f* mark (*or* proof) of gratitude; *~schuld f* (-) debt of gratitude, indebtedness; *~worte n/pl.* words of gratitude.

'Dank...: ~fest *n* thanksgiving (festival); *Am.* Thanksgiving Day; *~gebet* *n* thanksgiving (prayer); *~gottesdienst* *m* thanksgiving service; *~opfer n* thanks-offering; *~sagung* ['-zaːgun] *f* (-; -en) (expression of) thanks, *eccl.* thanksgiving; *~schreiben* *n* letter of thanks.

dann [dan] *adv.* then; thereupon; after that, afterwards; in that case, then; besides, moreover, then; *~ und ~* at such and such a time; *~ und wann* now and then, occasionally, once in a while; here and there; *was geschah ~?* what happened next?; *selbst ~* even then; *selbst ~,* wenn es wahr wäre even if it were true.

'dannen *adv.:* von *~* gehen *or* ziehen go away, leave, march off.

daran [da'ran] (*emphatic:* 'daran), *colloq.* **dran** [dran] *adv.* at (*or* by, in, on, to) that *or* it; thereby; thereon; *~ erkennst du ihn* by that you may know him; *befestige die Stange ~* fasten (*or* attach) the rod to it; *nahe ~ near* it, close by it; *fig. nahe ~ sein zu inf.* be on the point of ger., be near ger.; be all set to *inf.*; *es liegt mir viel ~* it is very important to me, I am very much interested in it; *was liegt ~?* what does it matter?; *es liegt daran, daß* the reason is that; *es ist nichts ~* there is nothing in it; *colloq. da ist alles dran* it's fantastic; *er ist gut* (*übel*) *dran* he is well (badly) off; *wie ist er mit Kleidern ~?* how is he off (*Am.* fixed) for clothes?; *wer ist dran?* whose turn is it?; *ich bin dran* it's my turn; *colloq. fig. jetzt ist er dran* now he is in for it; *er tut gut ~ zu inf.* he docs well to *inf.*; *~ ist nicht zu denken* that is out of the question; *er denkt nicht ~, es zu tun* he wouldn't dream of doing it; *ich dachte nicht ~, ihn zu beleidigen* I never meant to insult him; *jetzt weiß ich, wie ich dran bin* now I know where I stand; *~gehen* *v/i.* (*irr.,* sn), *~machen:* sich *~* (*h.*) set to work, get busy; set about (*zu inf. ger.*); *~nehmen v/t.* (*irr., h.*) call *a p.* up; *fig.* let *a p.* have it; *~setzen v/t.* (*h.*) stake, risk, hazard; *fig. alles ~* (*zu inf.*) spare no effort, do one's utmost (*to inf.*).

darauf [da'raʊf] (*emphatic:* 'darauf), *colloq.* **drauf** [draʊf] *adv. as to space:* on it *or* that (*pl.* them); on top of it; there(up)on; *gerade ~ zu* straight towards (*or* up to) it; *as to time:* thereupon, after that, afterwards, then; *bald ~* soon after (that); *gleich ~* directly afterwards; *am Tage* (*or den Tag*) *~* the day after, the next (*or* following) day; *zwei Jahre ~* two years later; *fig.* on it (*or* that); → *oben, auf, etc.; drauf und*

dran sein zu inf. be on the point of ger., be just about (*or* going) to (*inf.*), be all set to (*inf.*); *wenn es drauf und dran geht* if things come to a head; *~ steht Todesstrafe* it is a capital crime; *~ kommt es an* that's what matters, that's the main point; *ich lasse es ~ ankommen* I'll risk it, I'll take a chance; *~folgend adj.* ensuing, subsequent, (then) following; → *drauf...*

darauf'hin *adv.* after that, thereupon; as a result, on the strength of it; in answer to it; *er arbeitete ~ zu inf.* he endeavo(u)red to *inf.*, he aimed at ger., his efforts were directed to ger.

daraus [da'raʊs] (*emphatic:* 'daraus), *colloq.* **draus** [draʊs] *adv.* from this *or* that (*pl.* them); of it; thence; therefrom; *es folgt ~ hence* it follows; *es kann nichts ~ werden* nothing can come of it; *~ wird nichts!* that's out (of the question)!, nothing doing!; *was ist ~ geworden?* what has become of it?; *was soll ~* (*nur*) *werden?* what will come of it?; *ich mache mir nichts ~* I don't care (about it), I am not particularly keen on it; *~ können wir schließen* from this (*or* hence) we may infer; *jegliche ~ erwachsenden Schwierigkeiten* any difficulties arising therefrom.

darben ['darbən] *v/i.* (*h.*) suffer want (*or* privations), be in want; starve (*a. ~ lassen*).

darbiet|en ['dɑːr-] *v/t.* (*irr., h.*) offer, present (*dat.* to); present, perform, play; *fig. sich ~* offer (*or* present) itself (*pl.* themselves), arise, emerge; **℥ung** *f* (-; -en) *thea., etc.*: performance, (re)presentation; *w.s.* entertainment, program(me); event.

'darbring|en *v/t.* (*irr., h.*) offer, present, give; make (*a sacrifice*); *als Opfer:* offer (up), sacrifice; **℥ung** *f* (-; -en) presentation, offering. [Dardanelles *pl.*]

Dardanellen [darda'nɛlən] *pl. the)*

darein [da'raɪn] (*emphatic:* 'darein), *colloq.* **drein** [draɪn] *adv.* into it *or* that, therein; *~finden* (*irr., h.*), *~fügen:* sich *~* (*h.*) put up with it, resign o.s. (to it); *~geben v/t.* (*irr., h.*) give into the bargain; *~mischen:* sich *~* (*h.*) meddle (with it); interfere; intervene; *~reden v/i.* (*h.*) interrupt; *fig.* interfere; *~schauen v/i.* (*h.*): *ernst etc.* look grave, *etc.*; *~schicken* (*h.*) → dareinfinden; *~schlagen v/i.* (*irr., h.*) strike (hard), inflict (*or* shower) blows, lay about one; *~willigen v/i.* (*h.*) consent (to it).

darin [da'rin] (*emphatic:* 'darin), *colloq.* **drin** [drin] *adv.* in it, in that, *pl.* in them; in there, therein; *was ist ~?* what is inside?; *only darin:* in this respect; *~ irren Sie sich* there you are mistaken; *~ kann ich Ihnen nicht zustimmen* I can't agree with you there (*or* on this score); *dieses Material unterscheidet sich von anderen ~, daß es* this material differs from others in that it ...; *only drin: colloq. es ist für ihn nicht ~, zu inf.* it is not on the cards for him to *inf.*

darleg|en ['dɑ:r-] v/t. (h.) lay open, expose, disclose; set forth, show; explain; represent, demonstrate; interpret, expound; state, point out; (state in) detail, specify, particularize; unfold; 2**ung** f (-; -en) exposition, exposé; showing; explanation; representation; statement.

Darleh(e)n ['dɑ:rle:(ə)n] n (-s; -) loan; advance; ~ auf Hypotheken mortgage loan; ~ auf Pfandwerte loan against security; ~ auf Zinsen loan on interest; befristetes ~ time loan; jederzeit kündbares ~ demand (or call) loan; ein ~ aufnehmen borrow money, raise a loan; ein ~ geben grant a loan; advance (or lend) a p. money; ~**sbank** f (-; -en) loan bank; ~**sgeber** m lender; ~**sgesellschaft**, ~**skasse** f, ~**skassenverein** m (mutual) loan society, Am. credit corporation; ~**snehmer** m borrower; ~**sschuld** f debt in the nature of an advance.

Darm [darm] m gut, intestine; Därme pl. intestines, bowels; for sausages: skin; '~**bein** n ilium; '~**blutung** med. f intestinal h(a)emorrhage; '~**entleerung** f evacuation of the bowels; '~**entzündung** f inflammation of the bowels, enteritis; '~**fistel** f intestinal fistula; '~**flora** f intestinal flora; '~**geschwür** n intestinal ulcer; '~**grimmen** n colic; '~**höhle** f intestinal cavity; '~**inhalt** m f(a)ecal matter; of small intestine: intestinal contents pl.; '~**katarrh** m enteritis; '~**krankheit** f, '~**leiden** n intestinal disease; '~**krebs** m (-es) intestinal cancer; '~**saft** m intestinal juice; '~**saite** f catgut string; '~**tätigkeit** f (-) bowel function; '~**trägheit** f constipation; '~**tuberkulose** f intestinal tuberculosis; '~**verschlingung** f twisting of the bowels; '~**verschluß** med. m ileus; '~**wand** f intestinal wall.

darnach [dar'nɑ:x] etc. → danach.

darnieder [dar'ni:dər] etc. → danieder.

Darre ['darə] f (-; -n) kiln-drying; (drying-)kiln; orn. roup.

darreichen ['dɑ:r-] v/t. (h.): j-m et. ~ reach (or hand) a p. a th., (pr)offer (or hold out, present) a th. to a p.; med. and eccl. administer.

darr|en ['darən] tech. v/t. (h.) kiln-dry; 2**malz** n kiln-dried malt; 2**ofen** m (drying-)kiln; 2**sau** f kiln heating system.

darstell|bar ['dɑ:rʃtelbɑ:r] adj. representable; ~**en** v/t. (h.) generally: represent; show, depict, delineate, portray; describe, picture; falsch ~ misrepresent; thea. (im)personate, play the part of, do; graphically: figure, plot, chart; math. describe; skeletonize; outline; tech. prepare, produce; chem. a. disengage, liberate, constitute, represent, mean, be; symbolize; colloq. do, manage; was stellt dieses Zeichen dar? what does that symbol stand for; sich ~ present itself; ~**end** adj. representative (of); ~**e Geometrie** descriptive geometry;

~**e Kunst** interpretative art; 2**er(in** f) m (-s, -; -, -nen) actor (f actress), performer, player; ~**erisch** adj. acting, mimic, theatrical; 2**ung** f (-; -en) presentation; representation, description; delineation, portrayal; statement; falsche ~ misrepresentation, jur. des Sachverhalts: incorrect recital of fact; thea. (im)personation, acting, performance; of play: production; graphische ~ diagram, figure, graph(ic representation); tech. preparation; chem. a. disengagement; math. construction; nach Ihrer ~ des Falles as you describe it, as you present the case; 2**ungskraft** f (-) descriptive power; 2**ungskunst** f acting; 2**ungsverfahren** chem. n process of preparation; 2**ungsweise** f style (or manner) of representation.

dartun ['dɑ:r-] v/t. (irr., h.) prove, show; substantiate; praktisch ~ demonstrate; set forth.

darüber [da'ry:bər] (emphatic: 'darüber ['dɑ:ry:bər]), colloq. **drüber** ['dry:bər] adv. over that or it, pl. over them; above it; on top of it; across it; as to time: meanwhile, in the meantime; before that; on that point (or account, score, matter), about that; ~ hinaus beyond (or past) it, fig. in addition (to it), over and above it, on the top of it; zwei Pfund ~ two pounds more; drei Jahre und ~ three years and upward; es geht nichts ~ there is nothing like it; ~ werden Jahre vergehen it will take years; wir sind ~ hinweg we got over it; ~ vergaß ich meine eigenen Sorgen it made me forget my own cares; darüber wird morgen verhandelt this matter will be discussed tomorrow; er beklagt sich darüber, daß er betrogen worden sei he complains of having been deceived; ~**stehen** v/i. (irr., h.) be (or stand) above it.

darum [da'rum] (emphatic: 'darum ['dɑ:rum]), colloq. **drum** [drum] adv. 1. around that or it, pl. around them; fig. about that; er weiß ~ he knows about it, he is aware of it; es ist mir nur ~ zu tun all I ask (or my only object) is (zu to); es ist mir sehr ~ zu tun, daß I am very anxious to inf., I set great store by ger.; er kümmert sich nicht ~ he does not care (about it); es handelt sich ~ festzustellen the point is to find out; 2. therefore, for that reason, on that account; ~ ist er nicht gekommen that's (the reason) why he did not come; ~ eben! that's just the reason!, that's precisely why!; ~ handelt es sich (eben) that's (just) the point; why have you done it? ~! because!

darunter [da'runtər] (emphatic: 'darunter ['dɑ:runtər]), colloq. **drunter** ['druntər] adv. under that or it, pl. under them; underneath, beneath it; below; among them; including; less; zwei Jahre und ~ two years and under; was verstehst du ~? what do you understand by it?; ~ kann ich mir nichts vorstellen it doesn't mean anything to me, I can't make head or tail of it; alles ging drunter und drüber

all was topsyturvy (or at sixes and sevens).

das [das] → der.

dasein ['dɑ:-] v/i. (irr., sn) be there; be present; exist, be in existence; be available; noch nie dagewesen unprecedented, without precedent, unheard-of, unparalleled; es ist alles schon dagewesen there is nothing new under the sun; 2 n (-s) existence, being, life; presence; ins ~ treten come into being; 2**sberechtigung** f right to exist, raison d'être (Fr.); 2**skampf** m (-[e]s) struggle for existence or life.

da'selbst [da-] adv. there, in that very place; in books, etc.: ibidem; wohnhaft ~ residing at the same (or said) place or address.

dasitzen ['dɑ:-] v/i. (irr., h.) sit there.

dasjenige ['dasje:nigə] → derjenige.

daß [das] cj. that; so ~ so that; nicht ~ not that, lest; es sei denn, ~ unless; ohne ~ without (ger.); auf ~ in order that or to; er entschuldigte sich, ~ er zu spät kam he apologized for being late; entschuldigen Sie, ~ ich Sie störe excuse my disturbing you; ~ es doch wahr wäre! would (or I wish) it were true! nicht ~ ich wüßte not that I know of; nicht ~ es etwas ausmachte not that it mattered; ~ du dich ja nicht rührst! don't you move!; ~ du ja kommst! be sure to come!; es muß so formuliert sein, ~ es (nicht) den Eindruck erweckt it should be so worded as (not) to give the impression; es sind zwei Jahre, ~ ich ihn nicht gesehen habe it is two years now that I haven't seen him!

dasselbe [das'zelbə] → derselbe.

dastehen ['dɑ:-] v/i. (irr., h.) stand (there); fig. gut ~ be in a splendid position, w.s. appear in a favo(u)rable light, business: be on a sound footing, flourish; einzig ~ stand alone, have no equal, be unrival(l)ed; colloq. wie stehe ich nun da! what a fool I look now!

Daten ['dɑ:tən] n/pl. data (a. tech.), facts; of person: particulars; 2**verarbeitend** tech. adj., ~**verarbeitung** f data processing.

datieren [da'ti:rən] I. v/t. (h.) date; falsch ~ misdate; datiert sein bear the date (von of), be dated or date (as of); II. v/i. (sn) be dated, date (von from); dieses Dokument datiert aus der Zeit vor der Revolution this document dates back to the time (or dates from) before the revolution.

Dativ ['dɑ:ti:f] gr. m (-s; -e) dative (case); a. ~**objekt** n indirect object.

dato ['dɑ:to] econ. adv.: drei Monate ~ three months (after) date; bis ~ hitherto, till now; 2**wechsel** m bill after date.

Dattel ['datəl] f (-; -n) date; ~**baum** m → Dattelpalme; ~**kern** m date-kernel; ~**palme** f date-tree, date-palm; ~**pflaume** f persimmon.

Datum ['dɑ:tum] n (-s; -ten) date; → Daten pl.; gleichen ~s of same date; heutigen ~s of this date, of today; ohne ~ undated; neueren ~s of recent date; unter demselben ~

under same date; *welches* ~ *haben wir heute?* what is today's date?, which day of the month is it?; ~**stempel** *m* date stamp; dater.

Daube ['daubə] *f* (-; -n) stave.

Dauer ['dauər] *f* (-) duration; continuance; permanence; period, length (of time), *esp. econ., jur.* term, life; durability, lastingness; *die* ~ *der Rundfunksendung* the length of the broadcast; *auf die* ~ in the long run; *für die* ~ *von* for a period (*or* term) of; *für die* ~ *gearbeitet* made to last; *während der* ~ *dieses Vertrags* during the term hereof; *von* ~ lasting, permanent, durable; *von kurzer* ~ of brief duration, short-lived; *von langer* ~ of long duration (*or* standing); *von* ~ *sein* last; *cloth, dye:* wear well; ~**anlagen** *econ. f/pl.* permanent investments; ~**apfel** *m* keeping-apple, winter-apple; ~**auftrag** *econ.,* ~**befehl** *mil. m* standing order (*a. to a bank, etc.*); ~**belastung** *f* constant load; ~**betrieb** *m* continuous working (*or* operation); permanent service; ~**brandofen**, ~**brenner** *m* slow-combustion stove; ~**erfolg** *m* continuing success; ~**ertrag** *m* sustained yield; ~**fahrer** *m cycling:* stayer; ~**fahrt** *f* endurance run; ~**feuer** *mil. n* continuous (*or* sustained *or* automatic) fire; ~**fleisch** *n* preserved meat; ~**flug** *m* endurance (*or* duration) flight; non-stop flight; ~**gast** *m* permanent guest; *colloq.* permanent fixture; ~**geschwindigkeit** *f* cruising speed; ♀**haft** *adj.* durable, lasting, *as to time:* a. long-term; stable, resistant; fast (*dye*); long-wearing (*cloth*); ~ *gearbeitet* made to last; ~**haftigkeit** *f* (-) durability, lastingness; solidity; stability; *tech.* durability, resistance, long service life; *of cloth:* wear; ~**karte** *f* season ticket, *Am.* commutation ticket; ~**kredit** *m* permanent loan; ~**lauf** *m* long-distance (*or* endurance) run; jog-trot; ~**leistung** *f tech.* normal rating, continuous output; *aer., mot.* cruising power; ~**marsch** *m* forced march; ~**mieter** *m* permanent lodger; ~**milch** *f* sterilized milk.

'**dauern I.** *v/i.* (h.) continue, last; take, require (*time*); *die Prüfung dauerte 5 Stunden* the examination took five hours; *es wird lange* ~, *bis er kommt* it will take him long to come *or* he will take long in coming; *es dauerte über e-e Woche, bis er schrieb* it was over a week before he wrote; *es wird nicht lange* ~, *dann* it won't be long before; **II.** *v/t.* (h.) *er* (*es*) *dauert mich* I feel sorry for him (it); I pity him; → *bedauern;* ~**d** *adj.* lasting, permanent; durable, enduring; continuous, constant; incessant; *er lachte* ~ he kept laughing.

'**Dauer...:** ~**pflanze** *f* perennial (plant); ~**prüfung** *tech. f* endurance test; ~**redner** *m* marathon speaker; ~**regen** *m* constant rain; ~**schlaf** *m med.* cataphora; ~**schmierung** *f* self-lubrication; ~**stellung** *f* permanency, permanent position (*or* employment); ~**strich** *teleph. m* long dash; ~**strom** *el. m*

constant current; ~**ton** *m* (-[e]s; ⸚e) continuous tone, steady hum; *teleph.* continued buzz; ~**überweisung** *econ. f* standing order of remittance; ~**welle** *f* permanent wave, perm; *sich* ~*n machen lassen* have one's hair permed; ~**wirkung** *f* lasting effect; ~**wurst** *f* hard sausage; ~**zustand** *m* permanent condition.

Daumen ['daumən] *m* (-s; -) thumb; *tech.* cam; *fig.* j-m *den* ~ *halten* keep one's fingers crossed for a p.; *j-n unter dem* ~ *halten* keep a p. under one's thumb; *die* ~ *drehen* twiddle one's thumbs; *über den* ~ (*gepeilt*) at a guess, roughly; ~**abdruck** *m* thumb-print; ~**breite** *f* thumb's breadth; ~**einschnitt** *m* → *Daumenregister;* ~**nagel** *m* thumb-nail; ~**rad** *tech. n* cam wheel; ~**register** *n* side (*or* thumb) index; ~**scheibe** *tech. f* cam disc; ~**schraube** *f* thumbscrew (*a. fig.*); j-m ~*n anlegen* put the screw on a p.

Däumling ['dɔymliŋ] *m* (-s; -e) thumb-stall; *fig.* Tom Thumb.

Daune ['daunə] *f* (-; -n) down; ~**decke** *f* eiderdown; down-quilt; ♀**nweich** *adj.* downy.

davon [da'fɔn] (*emphatic:* 'davon) *adv.* of that *or* it, *pl.* of them; thereof; by that *or* it, thereby; off, away; about it, of it; *was habe ich* ~? what does it get me?; *das kommt* ~! that comes of it!, that's what happens!; *jegliche* ~ *betroffenen Rechtsansprüche* any legal claims thereby affected; ~**eilen** *v/i.* (sn) hurry (*or* hasten) away *or* off; ~**fliegen** *v/i.* (*irr.*, sn) fly off *or* away; ~**kommen** *v/i.* (*irr.*, sn) get away (*or* off); escape, survive; *mit knapper Not* ~ have a narrow escape (*or* close shave, *Am. a.* close call), escape by the skin of one's teeth; *wird er* ~? will he live?; → Schrecken; ~**laufen** *v/i.* (*irr.*, sn) run away; take to one's heels; *es ist zum* ♀*!* it's enough to drive you mad; ~**machen:** *sich* ~ (h.) make off; ~**schleichen** *v/i.* (*irr.*, sn) *and sich* ~ (h.) sneak off, steal away; ~**tragen** *v/t.* (*irr.*, h.) carry off (*a. price*), *fig.* incur, sustain, suffer; get, catch (*disease*); → Sieg.

davor [da'fo:r] (*emphatic:* 'davor ['da:fo:r]) *adv.* before (*or* in front of) it *or* that, *pl.* them; *fig. er fürchtet sich* ~ he is afraid of it; *er bewahrte mich* ~ he saved (*or* kept) me from it.

dazu [da'tsu:] (*emphatic:* 'dazu ['da:tsu:]) *adv.* to that *or* it, *pl.* to them; thereto; for it *or* that, for that purpose, to that end, therefor; besides, in addition; *noch* ~ at that; into the bargain, on the top of that; ~ *gehört Zeit* it requires time; ~ *kommt* add to this; ~ *ist er da* that's what he is here for; *er ist* ~ *da zu inf.* it is his duty (*or* job) to *inf.*; *ich riet ihm* (*sehr*) ~ I (strongly) advised him to do it; *er hat das Geld* ~ he can afford it; *jegliche* ~ *erforderlichen Unterlagen und Dokuments* and data required therefor; ~**gehören** *v/i.* (h.) belong to it (*or* them), appertain to it; ~**gehörig** *adj.* belonging to it, forming part

of it; pertinent; ~**kommen** *v/i.* (*irr.*, sn) come along; *er kam gerade dazu, als* he happened to arrive at the very moment when; *illness, etc.:* supervene; *dazu kommt* add to this; *ich kam nie dazu, zu inf.* I never found the time to *inf.*, I never got around to *ger.*

dazumal ['da:tsuma:l] *adv.* at that time, in those days; → Anno.

dazutun [da'tsu:-] *v/t.* (*irr.*, h.) add (to); *colloq.* hurry up; *ohne sein* ♀ without his intervention; without so much as lifting a finger.

dazwischen [da'tsviʃən] *adv.* between (them), in between; in between, between times; ~**fahren** *v/i.* (*irr.*, sn), ~**funken** *v/i.* (h.) interfere, *Am. a.* butt in; cut in, interrupt; ~**kommen** *v/i.* (*irr.*, sn) come (*or* stand) between; *event:* intervene, happen, turn up; *wenn nichts dazwischenkommt* if nothing happens; ♀**kunft** ['-kunft] *f* (-; ⸚e) *f* intervention, interference; ~**liegend** *adj.* intermediate, *fig. a.* intervening; ~**treten** *v/i.* (*irr.*, sn) *fig.* intervene, interfere; intercede, step in; ♀**treten** *n* (-s) → *Dazwischenkunft;* ~**werfen** *v/t.* (*irr.*, h.) *fig.* interpose, interject, throw in.

'**D-Dur** *n* (-) D major.

Debakel [de'ba:kəl] *n* (-s; -) breakdown; collapse; disaster.

Debatte [de'batə] *f* (-; -n) debate; discussion (*über acc.* on); e-e *erregte* ~ a heated debate; e-e ~ *eröffnen* open a debate; *in* e-e ~ *eintreten* enter into a discussion; *zur* ~ *stehen* be under discussion *or* at issue; *das steht hier nicht zur* ~ that's beside the point, that's not the issue here.

debat'tier|en I. *v/t.* (h.) debate, discuss; **II.** *v/i.* (h.) debate, deliberate (*über acc.* on); ♀**klub** *m* debating society.

Debet ['de:bɛt] *econ. n* (-s; -s) debit; *im* ~ *stehen* be on the debit side; ~**note** *f* debit note; ~**posten** *m* debit entry (*or* item); ~**saldo** *m* debit balance, balance due; *mein gegenwärtiger* ~ the balance standing to my debit.

Debit [de'bi:] *econ. m* (-s) sale, market.

debi'tieren *econ. v/t.* (h.) charge, debit; j-m *e-n Betrag* ~ pass (*or* place) an amount to the debit of a p., charge a sum to a p.'s account.

Debitoren [debi'to:rən] *econ. m/pl.* debtors; receivables, advances.

Debüt [de'by:] *n* (-s; -s) first appearance, début.

Debütant [de-] [-by'tant(in)] *m* (-en, -en; -, -nen) beginner, débutant(e *f*); deb; **debü'tieren** *v/i.* (h.) make one's début; come out.

Dechant [dɛ'çant] *eccl. m* (-en; -en) dean.

dechif'frieren [de-] *v/t.* (h.) decipher, decode.

Deck [dɛk] *n* (-[e]s; -s) *mar.* deck; *an or auf* ~ on deck; *unter* ~ below deck; *of car:* top, roof; ~**adresse** *f* cover (address); '~**anstrich** *m* finishing coat; '~**aufbau** *mar. m* (-[e]s) superstructure; '~**bett** *n* feather-bed; '~**blatt** *n of cigar:* wrapper; *bot.* bract; *for books, etc.:*

correction sheet, errata slip; *transparent*: overlay.

Decke ['dɛkə] *f* (-; -n) cover(ing); surface; coverlet; counterpane, quilt, *Am.* comforter; blanket; rug; cover, cloth; awning; tarpaulin; ceiling; envelope; (*book*) jacket, wrapper; lining; layer, coat; *on liquids*: head, top; *anat., bot.* (in-)tegument; *hunt.* skin; *mot.* outer cover, (tyre) casing; *mining*: roof; *mit fester ~* hard-surfaced (*parking place, etc.*); *fig. sich nach der ~ strecken* make both ends meet, cut one's coat according to one's cloth; *make the best of it; unter e-r ~ stecken* conspire together, be hand in glove (*mit* with), be in league (*Am. sl.* in cahoots) (*mit* with).

Deckel ['dɛkəl] *m* (-s; -) lid, (*a. book*) cover; top, cap; watch-cap; *typ.* tympan; *~ zum Aufklappen* hinged lid, flap; *~ zum Aufschrauben* screw-top (*or* cap); *colloq.* (*hat*) lid; *bot., zo.* operculum; *colloq. j-m eins auf den ~ geben* give a p. a dressing-down; **~korb** *m* basket with (a) lid, hamper; **~krug** *m* tankard.

decken ['dɛkən] **I.** *v/t.* (*h.*) cover (*a. zo.*); cover, tile, slate, thatch (*a roof*); *den Tisch ~* lay the cloth *or* table, *für sechs Personen ~* lay covers for six persons; *mil.* shield, *a. chess, etc.*: cover, protect; escort, convoy; *artillery*: straddle; *boxing*: cover; *soccer, etc.*: cover, mark; *fenc.* parry, guard; *fig. j-n ~* shield a p.; *econ.* cover (*costs, etc.*); reimburse; meet, cover, supply (*demand*); make good (*damage*); meet, provide with security (*bill of exchange*); *hinlänglich gedeckt sein* have sufficient security; *sich ~* protect o.s.; *fig.* coincide (*mit* with) (*a. math.*), correspond *or* tally *or* be identical (with one another); *econ.* cover o.s., insure o.s.; *fenc.* guard (*a. fig. gegen* against); **II.** *v/i.* (*h.*) colour, *a. sports*: cover; *boxing*: cover, keep one's guard up.

'Decken...: **~beleuchtung** *f* ceiling lighting *or* lamp(s *pl.*); **~gemälde** *n* ceiling fresco; **~licht** *n* (-[e]s) skylight; overhead light; *mot.* dome light; **~schalter** *m* ceiling switch.

'Deck...: **~farbe** *f* body (*or* opaque) colo(u)r; **~gewebe** *anat. n* epithelial tissue; **~hülle** *f* covering; **~konto** *n* fictitious account; **~kraft** *f* (-) covering power (*of paint*); **~lack** *m* coating varnish; **~ladung** *f* deck cargo; **~landeflugzeug** *n* carrier--borne airplane; **~mantel** *m* cloak, mask, disguise; *unter dem ~ gen.* under the cloak of; posing as; **~name** *m* cover (*or* assumed) name, pseudonym, alias; *mil.* code name; **~offizier** *mar. m* warrant officer; **~platte** *f* cover plate.

'Deckung *f* (-; [-en]) covering; *mil., etc.* cover, shelter, (*a. mil., tactical*) protection; concealment, camouflage; *sports*: **a)** covering, **b)** defen|ce, *Am.* -se; *boxing, chess, fenc.*: guard; *unter ~* under cover; *~ suchen* take (*or* make for) cover; *mil. ~!* (take) cover!; *boxing*: *s-e ~ vernachlässigen* leave o.s. open, drop one's guard; *econ.* cover (*of costs,*

etc.); reimbursement; payment; supply (*of the demand*); cover, security, collateral (security); margin; funds *pl.*; *ohne ~* unsecured, without funds in hand; *genügende ~ ample security; mangels ~ zurück* returned for want of funds; *j-n mit ~ versehen* provide a p. with funds; **~sbetrag** *econ. m* margin (of loss), cover; **⌂sfähig** *adj.* valid as legal cover; reimbursable; **~sforderung** *f* covering claim; **⌂sgleich** *adj. math.* congruent; *tech.* non-overlapping; **~sgraben** *mil. m* shelter trench; **~skauf** *econ. m* covering purchase, bear (*Am.* short) covering; **~sklausel** *f* covering clause; **~sloch** *mil. n* foxhole; **⌂slos** ['-lo:s] *adj.*: *~es Gelände* open ground; **~s-mittel** *pl.* funds for reimbursement; cover fund(s).

'Deck...: **~weiß** *n* zinc white; **~wort** *n* (-[e]s; ⁻er) code word.

Dedikation [dedikatsi'o:n] *f* (-; -en) dedication; **~s-exemplar** *n* presentation copy.

dedizieren [dedi'tsi:rən] *v/t.* (*h.*): *j-m et. ~* dedicate a th. to a p.

Deduk|tion [deduktsi'o:n] *f* (-; -en) deduction; **⌂tiv** [-'ti:f] *adj.* deductive; **deduzieren** [dedu'tsi:rən] *v/t.* (*h.*) deduce (*aus* from).

Defätis|mus [defe'tismus] *m* (-) defeatism; **~t** *m* (-en; -en), **⌂tisch** [-'tistiʃ] *adj.* defeatist.

defekt [de'fɛkt] *adj.* defective; faulty; damaged; **⌂** *m* (-[e]s; -e) defect (*an dat.* in); *typ.* imperfection; **⌂bogen** *m/pl.* imperfect sheets; **⌂buchstabe** *m* batter.

defensiv [defen'zi:f] *adj.* defensive; *sich ~ verhalten* be (*or* act, stand) on the defensive; **⌂e** *f* (-; -n) defensive; *in der ~* on the defensive.

defilieren [defi'li:rən] *v/i.* (*h., sn*) defile, pass in review; march past.

definier|bar [defi'ni:rbaːr] *adj.* definable; **~en** *v/t.* (*h.*) define; **Definition** [-nitsi'o:n] *f* (-; -en) definition; **definitiv** [-'ti:f] *adj.* definite, positive; definitive, final.

Defizit ['de:fitsit] *econ. n* (-s; -e) deficit, deficiency, shortage; *ein ~ decken* make good a deficiency; *ein ~ von $ 100 haben* be $ 100 short; *mit e-m ~ abschließen* show a deficit.

Deflation [deflatsi'o:n] *f* (-; -en) deflation; **~sbewegung** *f* deflationary movement.

Deformati'on *f* deformation, *tech. a.* distortion.

defor|mier|bar *adj.* deformable; **~en** *v/t.* (*h.*) deform; distort; **⌂ung** *f* (-; -en) deformity.

Defraudant [defrau'dant] *m* (-en; -en) defrauder, embezzler; **Defraudation** [-tsi'o:n] *f* (-; -en) embezzlement; [embezzle.] **defrau'dieren** *v/t.* (*h.*) defraud;]

deftig ['dɛftiç] *colloq. adj.* robust (*person, humour, etc.*); juicy (*story*); mighty, heavy (*blow, etc.*).

Degen ['de:gən] *m* (-s; -) sword; *fenc.* épée (*Fr.*); warrior.

Degeneration [degenerats'o:n] *f* (-; -en) degeneration; degeneracy; **degene'rieren** *v/i.* (*sn*) degenerate; *degeneriert* degenerate(d); *ein Degenerierter* a degenerate.

'Degen...: **~fechten** *n* épée-fencing; **~griff** *m* sword-hilt; **~knopf** *m* pommel; **~scheide** *f* scabbard.

degradier|en [degra'di:rən] *v/t.* (*h.*) degrade (*zu* to), reduce (in grade *or* rank), *Am.* demote; *mar.* disrate; **⌂ung** *f* (-; -en) degradation, *Am.* demotion.

Degression [degresi'o:n] *econ. f* (-; -en) lowering (*of costs, etc.*).

degressiv [-'si:f] *adj.* degressive; declining.

dehnbar ['de:nbaːr] *adj.* extensible; flexible, elastic; ductile, malleable (*metal*); extensible (*leather*); *fig.* vague, wide (*term*); elastic (*conscience*); **⌂keit** *f* (-) extensibility; flexibility; ductility; *fig.* vagueness; ambiguity.

'dehn|en *v/t.* (*h.*) extend; stretch (*both a. sich ~ and fig.*); strain; malleate (*metal*); lengthen (*syllable, vowel*); drawl (*words*); *sich ~ person*: stretch o.s., give a stretch; *phys. sich ~* expand, dilate; **⌂festigkeit** *f* tensile strength; **⌂fuge** *f* expansion joint; **⌂ung** *f* (-; -en) expansion, stretch(ing); *tech.* extension; *elastische ~* stretch; longitudinal stress; *verformende ~* elongation; *bleibende ~* permanent extension; *phys.* expansion, dilatation; *gr.* lengthening (*of vowel*); **⌂ungsfuge** *f* expansion joint; **⌂ungshub** *m* expansion stroke; **⌂ungsmesser** *m* (-s; -) dilatometer; extensometer.

dehy'drieren [de-] *chem. v/t.* (*h.*) dehydrate.

Deich [daiç] *m* (-[e]s; -e) dike, dyke, dam; *of river*: embankment, *Am.* levee; **'~bruch** *m* breaking (*or* rupture) of a dike; **'~hauptmann** *m* dike-reeve.

Deichsel ['daiksəl] *f* (-; -n) shaft, pole; thills *pl.*; drawbar, *Am.* tractor hitch; **⌂n** *colloq. v/t.* (*h.*) manage, handle, wangle, engineer.

dein [dain] **1.** *adj. and pron.* your; *eccl., poet.* thy; *e-r ~er Freunde* a friend of yours; **2.** *pred.* yours; *eccl., poet.* thine; *ich bin ~* I am yours; **3.** (*gen. of du*) of you, *eccl., poet.* of thee; *ich werde ~(er) gedenken* I shall remember you; *ich wurde ~er ansichtig* I caught sight of you; **4.** *~er m, ~e f, ~es n, der (die, das) ~(ig)e* yours, *eccl. poet.* thine; *dieser Hut ist der ~e* this hat is yours; *immer der ~e* Yours ever; *die ⌂(ig)en pl.* your family (*or* folks, people); **~erseits** ['-ərzaits] *adv.* for (*or* on) your part; **~esgleichen** ['-əsglaiçən] *pron.* your like(s *pl.*), the like of you.

deinet|halben ['-əthalbən], **'~wegen**, (**um**) **'~willen** *adv.* on your account, because of you; for your sake, on your behalf.

Deis|mus [de'?ismus] *m* (-) deism; **⌂t(in** *f*) [de'?ist(in)] *m* (-en, -en; -, -nen) deist; **⌂tisch** *adj.* deistical.

Dekade [de'ka:də] *f* (-; -n) decade; ten-day period.

dekaden|t [deka'dɛnt] *adj.* decadent; *biol.* degenerate; **⌂z** [-'dɛnts] *f* (-) decadence; *biol.* degeneracy.

Dekan [de'ka:n] *eccl. and univ. m* (-s; -e) dean; **Dekanat** [deka'na:t] *n* (-[e]s; -e) deanery; deanship.

dekantieren [dekan'ti:rən] *v/t.* (*h.*) decant.

dekarboni'sieren v/t. (h.) decarbonize.

dekatieren [deka'ti:rən] v/t. (h.) hot--press, shrink.

Deklamation [deklamatsi'o:n] f (-; -en) declamation, recitation; **Deklamator** [-'ma:tɔr] m (-s; -'to-ren) declaimer, reciter; **deklama-torisch** [-ma'to:riʃ] adj. declamatory; **dekla'mieren** v/t. and v/i. (h.) recite; declaim, spout.

Deklaration [-ratsi'o:n] f (-; -en) declaration, entry; **dekla'rieren** v/t. (h.) declare, enter.

deklas'sieren v/t. (h.) outclass, trounce.

Deklination [deklinatsi'o:n] f (-; -en) gr. declension; ast. declination.

deklinier|bar [-'ni:rba:r] gr. adj. declinable; **.en** v/t. (h.) decline.

Dekolleté [dekɔl'te:] n (-s; -s) neck-line; tiefes ~ low-necked dress, low neckline.

dekolletiert [-'ti:rt] adj. dress: low(-necked), décolleté; lady: dé-colletée (Fr.).

Dekor [de'ko:r] m (-s; -s) decoration, design.

Dekorateur [dekora'tø:r] m (-s; -e) (painter and) decorator; upholster-er; window-dresser; thea. scene--painter.

Dekoration [-tsi'o:n] f (-; -en) decoration (a. = medal); window--dressing; thea. scenery, setting; **.s-maler** m (painter and) decorator; thea. scene-painter; **.sstoff** m furnishing fabric.

dekorativ [-'ti:f] adj. decorative.

deko'rieren v/t. (h.) decorate (a. with a medal), adorn; drape dress (shop-window).

Dekret [de'kre:t] n (-[e]s;-e), **dekre-'tieren** v/t. and v/i. (h.) decree.

Delegation [delegatsi'o:n] f (-; -en) delegation.

dele'gier|en v/t. (h.) delegate; **2te(r** m) f (-n, -n; -en, -en) delegate.

delikat [deli'ka:t] adj. delicate, dainty; delicious, savo(u)ry, ex-quisite; fig. delicate, ticklish.

Delikatesse [delika'tesə] f (-; -n) delicacy (a. fig.); dainty, titbit; pl. a. esp. Am. delicatessen; **.nhand-lung** f delicatessen (store) sg.

Delikt [de'likt] n (-[e]s; -e) delict, offen|ce, Am. -se; tort(ious act).

Delinquent(in f) [delin'kvɛnt(in)] m (-en, -en; -, -nen) delinquent, offender.

delirieren [deli'ri:rən] v/i. (h.) be delirious, rave.

Delirium [de'li:rium] n (-s; -rien) delirium; fig. a. ecstasy; ~ tremens delirium tremens (abbr. d.t.).

Delkredere [dɛl'kre:dere] econ. n (-; -) del credere, guaran|tee, Am. -ty; **.** stehen stand surety, guarantee payment; **.fonds** m, **.konto** n del credere (or contingent) fund; **.ver-sicherung** f credit insurance.

Delle ['dɛlə] f (-; -n) dent, depres-sion.

Delphin [dɛl'fi:n] m (-s; -e) dolphin.

Delta ['dɛlta] n (-s; -s) delta; **2för-mig** ['-fœrmiç] adj. deltaic, deltoid; **'.metall** n delta metal; **'.muskel** anat. m deltoid; **'.schaltung** el. f delta connection.

dem [de:m] dat./sg. of der, das: to

---

the; as rel. pron.: to whom, to which; ~ steht nichts im Wege that can be arranged, that's all right; es ist an ~ it is (actually) the case; nach ~, was ich gehört habe from what I have heard; wenn ~ so ist if that is true; wie ~ auch sei be that as it may.

Demagog|e [dema'go:gə] m (-n; -n) demagogue; **.entum** n (-s) dema-gogy, demagogism; **2isch** adj. demagogic.

Demarkationslinie [demarka-tsi'o:ns-] f line of demarcation.

demas'kieren [de-] v/t. (h.) un-mask.

Dementi [de'mɛnti:] n (-s; -s) (of-ficial) denial; **demen'tieren** v/t. (h.) deny, contradict.

dem... ['de:m-]: **.entsprechend**, **.gemäß** adv. according to that, accordingly, correspondingly; **.ge-genüber** adv. in contrast, on the other hand, compared with this.

Demission [demisi'o:n] f (-; -en) resignation; **demissio'nieren** v/i. (sn) resign (office), tender (or hand in) one's resignation.

'dem...: **.nach** adv. therefore, hence, consequently; accordingly; **.nächst** adv. soon, shortly, before long, in a near future; ~ stattfin-dend, etc. forthcoming.

demobili'sier|en [de-] v/t. and v/i. (h.) demobilize, demob; **2ung** f (-; -en) demobilization.

demodu'lieren [de-] v/t. (h.) de-mod(ulat)e.

Demokrat(in f) [demo'kra:t(in)] m (-en, -en; -, -nen) democrat; **De-mokratie** [-kra'ti:] f (-; -n) de-mocracy; **demo'kratisch** adj. de-mocratic; **demokratisieren** [-ti-'zi:rən] v/t. (h.) democratize.

Demonstrant(in f) [demɔn'strant (-in)] m (-en, -en; -, -nen) demon-strator; **Demonstration** [-strat-si'o:n] f (-; -en) demonstration; **demonstrativ** [-'ti:f] adj. demon-strative (a. gr.); **demon'strieren** v/t. and v/i. (h.) demonstrate.

Demont|age [-'ta:ʒə] f (-; -n) dis-assembly; dismantling; **2ierbar** [-'ti:rba:r] adj. removable, sepa-rable; **2ieren** v/t. (h.) disassemble, take apart; dismantle, pull down, strip.

demoralisieren [demorali'zi:rən] v/t. (h.) demoralize.

Demoskopie [-sko'pi:] f (-; -n) opinion poll(ing).

Demut ['de:mu:t] f (-) humility; submissiveness, meekness.

demütig ['de:my:tiç] adj. humble; submissive, iro. meek; **.en** ['-gən] v/t. (h.) humble, humiliate, morti-fy; sich ~ humble o.s. (vor dat. be-fore); abase o.s., grovel (before); **2ung** f ['-guŋ] (-; -en) humiliation; mortification.

demzufolge ['de:mtsu'fɔlgə] adv. accordingly.

den [de:n], **denen** ['de:nən] → der.

denaturier|en [denatu'ri:rən] chem. v/t. (h.) denature; denaturierter Alkohol methylated spirit, Am. denatured alcohol; **2ungsmittel** n denaturant.

dengeln ['dɛŋəln] v/t. (h.) sharpen, whet.

Denk(ungs)art ['dɛŋk(uŋs)ʔa:rt] f way of thinking; turn of mind, mentality; edle ~ high-mindedness.

denkbar ['dɛŋkba:r] I. adj. con-ceivable, thinkable, imaginable, pos-sible; in der ~ kürzesten Zeit in the shortest time imaginable or pos-sible; II. adv.: das ist ~ einfach it's most simple, it's simplicity itself.

'denken v/t., v/i. and sich ~ (irr., h.) think; reflect; phls. cogitate; reason; think, believe, suppose; consider, think of (doing a th.); intend, pro-pose; sich et. ~ imagine, fancy, visualize; ~ an (acc.) think of; re-member; ~ über (acc.) think about, reflect on; j-m zu ~ geben set a p. thinking, give a p. food for thought, bemuse (or puzzle) a p.; ~ Sie nur! just imagine (or fancy)!; ich denke (schon) I think so; das habe ich mir gedacht I thought as much; das kann ich mir ~, das läßt sich ~, I can well imagine; daran ist nicht zu ~ that's out of the question; ich denke nicht daran! I wouldn't think of it!; er denkt daran heimzugehen he is thinking of going home; es war für dich gedacht it was meant (or in-tended) for you; an was du jetzt wohl ~ magst a penny for your thoughts; wie denkst du über? what are your views on?, what do you say to?; wie Sie ~ as you like, whatever you say; wo ~ Sie hin? what are you thinking of?, not on your life!, impossible!; solange ich ~ kann so long as I can remember; der Mensch denkt, Gott lenkt man pro-poses, God disposes; **'Denken** n (-s) thinking, thought; phls. cogita-tion; reasoning; way of thinking.

'denkend adj. thinking, reasoning, rational.

'Denker m (-s; -) thinker, philoso-pher.

'Denk...: **2fähig** adj. intelligent, rational; **.fähigkeit** f (-) thinking faculty, intelligence; **2faul** adj. too lazy to think, mentally inert; **.fehler** m false reasoning; **.freiheit** f (-) freedom of thought; **.gewohn-heit** f habit of thought; **.kraft** f (-) → Denkvermögen; **.mal** n monu-ment (a. fig.); memorial; statue; **.malpfleger** m curator of monu-ments; **.münze** f commemorative medal; **.prozeß** m process of rea-soning; **.schrift** f memorial; pol. memorandum; memoir; **.sport** m mental exercise (or gymnastics sg. or pl.); **.sportaufgabe** f intelligence test, problem, brain twister, Am. quiz; **.spruch** m motto, sentence; aphorism; **.stein** m memorial stone; **.übung** f mental exercise; **.ver-mögen** n (-s) intellectual (or reason-ing, brain) power; intelligence; **.weise** f → Denkart; **2würdig** adj. memorable (wegen for); **.würdig-keit** f memorableness; **.en** pl. memorabilia; memoirs, reminis-cences; **.zettel** fig. m reminder, lesson.

denn [dɛn] I. cj. causal: for; after comp. than; mehr ~ je more than ever; II. adv. wo ~? where else?; es sei ~, daß unless, except; (un-stressed) then; wo ~? where (then)?; wo war es ~? where (then) was it?; *dies zeigt uns ~ doch* this shows us, after all; *ist er ~ so arm?* is he really so poor?; *was ~?* what is it now?; *wieso ~?* how so?, but why?; *es gelang ihm ~ auch* he succeeded after all; *wo bleibt er ~?* what may be keeping him, I wonder?

'**dennoch** *adv. and cj.* yet, still, however, nevertheless, for all that; though; *~ bist du mir lieber* I like you better, though.

Dentist(in *f)* [dɛn'tist(in)] *m* (-en, -en; -, -nen) dentist.

Denunziant(in *f)* [denuntsi'ant (-in)] *m* (-en, -en; -, -nen) informer; **Denunziation** [-tsiatsi'oːn] *f* (-; -en) denunciation; **denun'zieren** *v/t.* (h.) inform against, denounce.

Depesche [de'pɛʃə] *f* (-; -n) dispatch; telegram, wire; wireless, radio; cablegram, cable message; **depe'schieren** *v/i.* (h.) telegraph, wire; cable.

deplaciert [depla'siːrt] *adj.* out of place.

depolarisieren [depolari'ziːrən] *el., phys. v/t.* (h.) depolarize.

Deponens [de'poːnens] *gr. n* (-; -'nentia) deponent (*verb*).

Depon|ent(in *f)* [depo'nɛnt(in)] *m* (-en, -en; -, -nen) depositor; ℒ**ie- ren** *v/t.* (h.) (place on) deposit; ~**'ie- rung** *f* (-) deposition.

Deport [de'pɔrt] *econ. m* (-s; -s) backwardation.

Deportation [depɔrtatsi'oːn] *f* (-; -en) deportation; *Brit.* transportation.

depor'tieren *v/t.* (h.) deport; *econ.* transact backwardation business.

Depositar [depozi'taːr], **Depositär** [-'tɛːr] *econ. m* (-s; -e) depositary, trustee.

Depositen [-'ziːtən] *econ. pl.* deposits; ~**bank** *f* (-; -en) deposit bank; ~**gelder** [-gɛldər] *n/pl.* deposits; ~**geschäft** *n* deposit banking; ~**kasse** *f* branch office (of a bank); deposit department; ~**konto** *n* deposit account.

Depot [de'poː] *n* (-s; -s) *econ.* deposit; *for securities:* safe custody (account), *Am.* custodianship (account); depository, warehouse, (*a. mil.*) depot; *customs:* bonded warehouse; *in ~ geben* place *money* on deposit, deposit *papers* for safe custody; ~**abteilung** *f* safe custody department, *Am.* customers' securities department; ~**schein** *m* deposit receipt; ~**wechsel** *m* bill on deposit.

Depression [deprɛsi'oːn] *f* (-; -en) depression, *econ. a.* slump.

deprimieren [depri'miːrən] *v/t.* (h.) depress.

Deputat [depu'taːt] *n* (-[e]s; -e) (extra) allowance, emolument.

Deputation [-tatsi'oːn] *f* (-; -en) deputation, delegation; **depu'tie- ren** *v/t.* depute; **Depu'tierte(r** *m)* *f* (-n, -n; -n, -n) deputy.

der [deːr] *m,* **die** [diː] *f,* **das** [das] *n, pl.* **die I.** *art.* the; *der arme Hans* poor John; *die Königin Elisabeth* Queen Elizabeth; *die Oxford Straße* Oxford Street; *die Chemie* chemistry; *das Fernsehen* television; *ich wusch mir das Gesicht* I washed my face; *zwei Dollar das Pfund* two

dollars a (*or* the) pound; **II.** *dem. pron.* that, this; he, she, it; *pl.* these, those, they, them; *der Mann hier* this man; *der (or die) mit der Brille* the one with the glasses; *nimm den hier!* take that one!; *sind das Ihre Bücher?* are those your books?; *das sind Sie* it is you; *das, was er sagt* what he says; *das waren Chinesen* they were Chinese; *zu der und der Zeit* at such and such a time; *es war der und der* it was Mr. So-and- -So; *der und baden gehen?* go bathing?, not he!; → *dem;* **III.** *rel. pron.* who, which, that; *das Mädchen, mit dem (mit dessen Vater) ich sprach* the girl to whom (to whose father) I spoke; *das Material, dessen Eigen- schaften* the material, whose pro- perties (*or* the properties of which); *ich, der ich Zeuge davon war* I who witnessed it; *der Bezirk, der e-n Teil von X. bildet* the district forming part of X.; *er war der erste, der es fertigbrachte* he was the first to succeed; *keiner (jeder), der no one (any one) that; *alle, die davon betroffen sein können* all that may be concerned.

derart [deːr'?aːrt] *adv.* in such a manner (*or* way), to such a degree, to such an extent; ~ *daß a.* such as to; *ich war ~ zornig, daß* I was so (*colloq.* that) angry that; ~ *groß war seine Freude* so great (*or* such) was his joy that; ~**ig** *adj.* such, of such a kind, of that kind; *e-e ~e Politik* such a policy, a policy such as this; *etwas (nichts)* ℒ*es* something (nothing) of the kind; *er sagte etwas* ℒ*es* he said some words to that effect.

derb [dɛrp] *adj.* firm, solid; robust, stout, sturdy; coarse, rough, uncouth; blunt; earthy (*humour*); coarse, gross, broad (*joke*); strong; severe (*rebuke*); ℒ**heit** *f* (-; -en) compactness, solidity; robustness, sturdiness, roughness, bluntness; severity; ~**en** *pl.* rough words; coarse jokes.

der'einst *adv.* some day, in days to come; ~**ig** *adj.* future.

deren ['deːrən] → *der.*

derent|halben ['deːrənthalbən], ~- '**wegen, (um)** ~'**willen** *adv.* for her (their) sake; on her (their) account *or* behalf; *die Leute, ~ er sprach* the people on whose behalf (*or* for whom) he spoke; *die Ware, ~ er gekommen war* the merchandise for which he had come.

dergestalt ['deːrgəʃtalt] *adv.* → *derart.*

dergleichen ['deːr'glaiçən] *adv.* such, suchlike, of that kind; *sub- stantival*: the like, such a thing, something like that; *nichts ~* no such thing, nothing of the kind (*or* sort), *und ~ (mehr)* (*abbr. u. dgl.*) and the like, and so forth (*or* on) (*abbr.* etc.).

Derivat [deri'vaːt] *n* (-[e]s; -e) derivate.

'**der-,** '**die-, dasjenige** ['-jeːnigə] *dem. pron.* he who, she who; that which; the one who; *pl.* diejenigen they *or* those who; the ones who.

derlei ['deːr'lai] *adv.* → *dergleichen.*

dermaßen ['deːr'maːsən] *adv.* → *derart.*

Dermatologie [dɛrmatolo'giː] *f* (-) dermatology.

Dermatose [-'toːzə] *f* (-; -n) dermatosis.

Derm(at)o'plastik [-m(at)o-] *med. f* dermatoplasty.

der-, die-, dasselbe [-'zɛlbə] *dem. pron.* the same; he, she, it; *ein und ~* one and the same; *ziemlich dasselbe* much the same (thing); *auf dieselbe Weise wie* the same (way) as; *es kommt auf dasselbe heraus* it comes to the same thing.

derweil ['deːr'vail] *cj.* whilst; ~**e(n)** *adv.* meanwhile.

Derwisch ['dɛrviʃ] *m* (-[e]s; -e) der- vish.

'**derzeit** *adv.* at present, at the moment, now, for the time being; ~**ig** *adj.* **1.** present, current, actual; **2.** then, of (*or* at) that time.

des [dɛs-] (*minor*), **Des** (*major*) *n* (-; -) d, D flat.

'**Des-Dur** *n* (-) D flat major.

Desert|eur [dezɛr'tøːr] *m* (-s; -e) deserter, runaway; ℒ**ieren** *v/t.* (sn) desert, run away.

des'gleichen *adv.* the like, such a thing; also, likewise; as well; *econ.* ditto, same; *ich stand auf und mein Freund tat ~ I got up* and so did my friend.

deshalb ['dɛshalp] *adv.* therefore, for that reason, on this account; that is why; for the purpose, to that end; *er ist ~ keineswegs gesün- der* he isn't any healthier for it; *ich tat es nur ~, weil* I did it only because; *er tat es gerade ~* he did it just because of it.

Des-infekti'on *f* disinfection; ~**s- kraft** *f* (-) disinfecting power; ~**s- mittel** *n* disinfectant; antiseptic.

des-infi'zieren *v/t.* (h.) disinfect, sterilize; ~**d** *adj.* disinfectant.

Designer [di'zainər] *m* (-s; -) designer.

Desintegration [-integratsi'oːn] *f* (-; -en) disintegration.

desinteressiert [-intere'siːrt] *adj.* indifferent.

desodorisier|en [-odori'ziːrən] *v/t.* (h.) deodorize; ℒ**ungsmittel** *n* deodorant.

'**Des-organisati'on** *f* disorganiza- tion.

Des-oxydati'on *f* deoxidation.

despektierlich [despek'tiːrliç] *adj.* disrespectful.

Despot [dɛs'poːt] *m* (-en; -en), ~**in** *f* (-; -nen) despot; ℒ**isch** *adj.* despot- ic; **Despotismus** [-po'tismus] *m* (-) despotism, tyranny.

dessen ['dɛsən] **I.** *rel. pron.* whose, of whom, of which; *sein Bekannter und ~ Frau* his friend and his (the latter's) wife; **II.** *dem. pron.: ~ bin ich sicher* I am quite certain of that; *bist du dir ~ bewußt?* are you aware of that?

dessen'ungeachtet *adv.* notwith- standing (that), nevertheless, for all that; → *dennoch.*

Dessert [dɛ'seːr] *n* (-s; -s) dessert.

Dessin [dɛ'sɛ̃ː] *n* (-s; -s) design, pat- tern.

Destillat [desti'laːt] *n* (-[e]s; -e) distillate.

Destillation [-latsi'oːn] *f* (-; -en) distillation.

Destillier|apparat [-'liːr-] *m* distilling apparatus, still; **≎bar** *adj.* distillable; **∼blase** *f* distilling vessel, (shell) still, retort; **≎en** *v/t. and v/i.* (*h.*) distil; **∼kolben** *m* distilling flask, retort.

desto ['dɛsto] *adv.* the; ∼ *besser* all (*or* so much) the better, *as cj.* the better; ∼ *weniger* the less; *je mehr*, ∼ *besser* the more the better.

destruktiv [dɛstruk'tiːf] *adj.* destructive.

deswegen ['dɛs've:gən] *adv.* → *deshalb.*

Detail [de'taɪ] *n* (-s; -s) detail; *ins* ∼ *gehen* go into details (*or* particulars); *bis ins kleinste* ∼ (down) to the last detail; *econ. im* ∼ *verkaufen* (sell by) retail; **∼bericht** *m* detailed statement; **∼geschäft** *n*, **∼handel** *m* retail business (*or* trade); retail shop; **∼händler** *m* retail dealer, retailer. **detaillier|en** [deta'jiːrən] *v/t.* (*h.*) particularize, specify, *Am. a.* itemize; give a detailed description of; *econ.* (sell by) retail; **∼t** *adj.* detailed, stating full particulars. **De'tail...: ∼preis** *m* retail price; **∼schilderung** *f* detail; particularization, detailed description; **∼verkauf** *m* retail; **∼zeichnung** *tech. f* detail drawing.

Detekt|ei [detɛk'taɪ] *f* (-; -en) detective agency, private investigators *pl.*; **∼iv** [-'tiːf] *m* (-s; -e) detective; *of police: a.* plain-clothes man; *Am. colloq.* sleuth, gumshoe; **∼ivroman** *m* detective story, *Am.* mystery, *sl.* whodunit.

Detektor [de'tɛktɔr] *m* (-s; -'toren) *radio:* detector; **∼empfänger** *m* (wireless) detector, crystal set; **∼röhre** *f* detector valve (*Am.* tube).

Detonation [detonatsi'oːn] *f* (-; -en) detonation; **∼sdruck** *m* blast (pressure); **∼skapsel** *f* detonator; **∼sladung** *f* detonation charge; **∼swert** *m nuclear physics:* yield. **deto'nieren** *v/t.* (*h.*) detonate.

Deut [dɔyt] *m:* *keinen* ∼ *wert* not worth a fig (*or* farthing); *er kümmerte sich keinen* ∼ *darum* he didn't care a rap about it.

Deutelei [dɔytə'laɪ] *f* (-; -en) sophistry, quibble, hair-splitting. **deuteln** ['dɔytəln] *v/t. and v/i.* (*h.*) subtilize, split hairs; quibble (*an dat.* at).

deuten ['dɔytən] **I.** *v/i.* (*h.*): ∼ *auf* (*acc.*) point at (*or* to); *mit dem Finger* ∼ point one's finger (at); *fig.* point to, indicate, suggest; (*fore-*) bode, portend; *alles deutet darauf hin*, *daß* there is every indication that; **II.** *v/t.* (*h.*) interpret, construe; read; *falsch* ∼ misinterpret; *j-m et.* ∼ explain (*or* point out) a th. to a p.

Deuterium [dɔy'te:rium] *chem. n* (-s) deuterium, heavy hydrogen. **Deuteron** ['dɔytərɔn] *phys. n* (-; -'ronen) deuteron.

deutlich ['dɔytliç] *adj.* clear, distinct, plain; intelligible; articulate; legible; evident, obvious, clear; blunt, plain(-spoken), outspoken; **∼er Wink** broad hint; *et.* ∼ *machen* make a th. clear (*or* plain); *j-m:* *a.* explain (*or* point out) a th. to a p., bring a th. home to a p.; *e-e* **∼e**

Sprache führen be plain-spoken, not to mince matters; **≎keit** *f* (-) clearness, distinctness, plainness; bluntness, plain speaking.

deutsch [dɔytʃ] *adj.* German; *das* **≎e** *Reich* the (German) Reich, Germany; **∼er** *Abstammung* of German extraction (*or* stock); **Deutsch(e)** *n* (-[n]) German, the German language; *fig.* **≎** *reden* speak plainly, not to mince matters; *auf gut* **≎** *in* plain English.

'Deutsch...: ∼amerikaner(in *f*) *m*, **≎amerikanisch** *adj.* German-American; **≎blütig** ['-bly:tiç] *adj.* of German blood; **∼e(r** *m*) *f* (-n, -n; -en, -en) German; **≎feindlich** *adj.* anti-German, Germanophobe; **≎freundlich** *adj.* pro-German, Germanophile; **∼land** *n* (-s) Germany; **≎sprechend** *adj.* German-speaking; **∼tum** *n* (-s) German character, Germanity; *the* Germans *pl.*

'Deutung *f* (-; -en) interpretation, explanation, construction; *falsche* ∼ misinterpretation; *der Text läßt noch e-e andere* ∼ *zu* the text admits of another construction.

Devalorisierung [devalori'zi:ruŋ] *econ. f* (-; -en) devalorization. **Devalvation** [devalvatsi'o:n] *econ. f* (-; -en) devaluation, depreciation. **Devinkulierung** [deviŋku'li:ruŋ] *f* (-; -en) conversion *of registered bonds* into bearer bonds.

Devise [de'vi:zə] *f* (-; -n) device, motto, maxim; *econ.* foreign bill; **∼n** *pl.* foreign exchange(s *Brit.*), foreign currency; *1000 Mark in* **∼n** 1,000 marks of foreign exchange. **Devisen...: ∼abkommen** *n* foreign exchange clearing agreement; **∼abschlüsse** [-apʃlysə] *m/pl.* exchange commitments; **∼ausgleichsfonds** *m* exchange equalization funds; **∼ausländer** *m* non-resident; **∼bank** *f* (-; -en) exchange bank; **∼bestand** *m* foreign exchange holdings; **∼bestimmungen** *f/pl.* (foreign) exchange regulations; **∼bewirtschaftung** *f* foreign exchange control; **∼bilanz** *f* balance of foreign exchange payments; **∼geschäfte** *n/pl.* foreign exchange operations, exchange deals; **∼inländer** *m* resident; **∼kontrollbehörden** *f/pl.* foreign exchange control authorities; **∼kurs** *m* rate of exchange; **≎politisch** *adj.* foreign exchange *margin, etc.*; **≎rechtlich** *adj.* under exchange control legislation; **∼e** *Genehmigung* exchange control approval; **∼schmuggel** *m* currency smuggling; **∼sperre** *f* exchange embargo; **∼vergehen** *n* currency offen|ce, *Am.* -se. [missive.╲ **devot** [de'vo:t] *adj.* humble, sub-╱ **Dextrin** [dɛks'tri:n] *n* (-s; -e) dextrin(e), starch-gum. **Dezember** [de'tsɛmbər] *m* (-[s]; -) December. **Dezennium** [de'tsɛnium] *n* (-s; -nien) decade. **dezent** [de'tsɛnt] *adj.* unobtrusive; subdued, mellow (*colour, light*); discreet (*language, taste*). **dezentrali'sieren** *v/t.* (*h.*) decentralize; departmentalize. **Dezernat** [detsɛr'na:t] *n* (-[e]s; -e) department.

Dezigramm [detsi-] *n* decigram. **dezi'mal** *adj.* decimal; **≎bruch** *m* decimal fraction; **≎rechnung** *f* decimal arithmetic; **≎stelle** *f* decimal place; **≎system** *n* decimal system; metric system; *auf das* ∼ *umstellen* decimalize; **≎waage** *f* decimal balance; **≎zahl** *f* decimal.

Dezi'meter *n radio:* decimeter; **∼welle** *f* decimetric wave, microwave, *in frequencies:* ultra-high frequency wave (*abbr.* UHF).

dezimier|en [-'mi:rən] *v/t.* (*h.*) decimate; **≎ung** *f* (-; -en) decimation; *fig. a.* drastic reduction.

Dia ['di:a] *n* (-s; -s) → *Diapositiv.* **Diabe|tes** [dia'be:tɛs] *med. m* (-) diabetes; **∼tiker** [-'be:tikər] *m* (-s; -), **≎tisch** *adj.* diabetic. **diabolisch** [dia'bo:liʃ] *adj.* diabolic(al), fiendish. **Diadem** [dia'de:m] *n* (-s; -e) diadem.

Diagnose [-'gno:zə] *f* (-; -n) diagnosis; **Diagnostiker** [-'gnɔstikər] *m* (-s; -) diagnostician; **diagnostizieren** [-sti'tsi:rən] **I.** *v/t.* (*h.*) diagnose, state; **II.** *v/i.* (*h.*) make a diagnosis.

diagonal [-go'na:l] *adj.*, **≎e** *f* (-; -n) diagonal.

Dia'gramm *n* diagram, graph(ical representation); *in Form e-s* ∼s diagrammatically.

Diakon [-'ko:n] *m* (-s; -e[n]), **Diakonus** [di'a:konus] *m* (-; -'kone[n]) deacon.

Diakonis|se [diako'nisə] *f* (-; -n), **∼sin** [-'nisin] *f* (-; -nen) deaconess.

Dialekt [-'lɛkt] *m* (-[e]s; -e) dialect; ∼ *sprechen* speak dialect; **∼ausdruck** *m* dialectism; **≎frei** *adj.* pure, standard (*language*); **∼ik** *phls. f* (-) dialectic(s *pl.*); **∼iker** *m* (-s; -) dialectician; **≎isch** *adj.* dialectal; *phls.* dialectic(al).

Dialog [-'lo:k] *m* (-[e]s; -e) dialogue; **≎isch** [-giʃ] *adj.* dialogic; **∼regie** *f film:* direction of dialogues.

Diamant [-'mant] *m* (-en; -en) (*a. tech. and typ.*) diamond; *geschliffener* (*ungeschliffener*) ∼ cut (rough) diamond; *fig. schwarzer* ∼ black diamond, carbon; **≎en** *adj.* diamond; **∼e** *Hochzeit* diamond wedding; **∼schleifer** *m* diamond cutter; **∼schneider** *tech. m* diamond cutting point; **∼schrift** *typ. f* diamond.

diametral [-me'tra:l] *adj.* diametric(al); ∼ *entgegengesetzt* diametrically opposed.

diaphan [-'fa:n] *adj.* diaphanous. **Diaposi'tiv** *phot. n* (lantern) slide, (colour) transparency. **Diarrhöe** [-'rø:] *f* (-; -n) diarrh(o)ea. **Diaspora** [di'aspora] *eccl. f* (-) diaspora.

Diät [di'ɛ:t] *f* (-) (special) diet, regimen; *parl. Diäten pl.* (daily) allowance *sg.*; **≎** *leben* diet o.s.; *strenge* ∼ *halten* observe a strict regimen; *j-n auf* ∼ *setzen* put a p. on a diet. **Diätet|ik** [diɛ'te:tik] *f* (-; -en) dietetics *pl.*; **∼iker** *m* (-s; -) dietician; **≎isch** *adj.* dietetic. **Di'ätfehler** *m* dietetic error, faulty diet.

Diathermie [diatɛr'mi:] *med. f* (-) diathermy.

Di'ät...: **~kost** f dietary; **~kur** f dietetic treatment, regimen.
dich [diç] pron. (acc. of du) you; eccl., poet. thee; as rel.pron. yourself, after prp.: you; beruhige ~! calm yourself!; sieh hinter ~! look behind you!
dicht [diçt] I. adj. tight (a. fig.), impervious; leakproof; close(ly packed), compact (a. tech.); phys. and fig. dense (fog, population, traffic, wood, etc.); thick (crowd, foliage, hair); thick, close (fabric); II. adv.: ~ an or bei (dat.) close (or next) to; ~ aneinander close together; dress: ~ anliegend tight(ly fitting); ~ dabei close (or hard) by; ~ hinter j-m her close at (or hot on) a p.'s heels; ~ hintereinander in rapid succession; **~be'haart** adj. thick with hair, hirsute; **~be'laubt** adj. thick with leaves; **'2e** f (-; -n) (a. phys.) density; chem. concentration; → Dichtheit.
dichten¹ ['diçtən] v/t. (h.) make tight; tech. pack, seal; flush (joint); lute; mar. ca(u)lk.
'dichten² I. v/t. (h.) compose, write: II. v/i. (h.) compose (or write) poetry, make verses, rhyme; **'Dichten** n (-s) composition (or writing) of poetry; sein ganzes ~ und Trachten all his thoughts and desires.
'Dichter|(in f) m (-s, -; -, -nen) poet(ess f); w.s. author(ess f), writer; **2isch** adj. poetic(ally adv.); **~e Freiheit** poetic licence; **~ling** ['-liŋ] m (-[e]s, -e) would-be poet, poetaster.
'dicht...: **~gedrängt** adj. closely packed, compact; **~halten** colloq. v/i. (irr., h.) keep mum; jemand hat nicht dichtgehalten there must have been a leak.
'Dicht|heit f (-), **~igkeit** f (-) → dicht: tightness; compactness; density; closeness (of liquids: consistency; auf ~ prüfen test for leaks.
'Dichtkunst f (-) poetry, poetic art.
dichtmachen colloq. v/i. (h.) lock up; (a. v/t. den Laden ~) shut up shop.
'Dichtung¹ tech. f (-; -en) sealing; seal; packing; gasket; washer; lute; ca(u)lking.
'Dichtung² f (-; -en) poetry; fiction; poem, poetical work; work of fiction; fig. fiction, invention; ~ und Wahrheit fact and fiction.
'Dichtungs...: **~kitt** m lute; **~manschette** f gasket; **~masse** f sealing compound; in tyres, etc.: sealant; **~material, ~mittel** n sealing (or packing) material; **~muffe** ['-mufə] f (-; -n) f packing sleeve.
dick [dik] adj. thick; big, large, bulky; voluminous, stout; swollen; stout, corpulent, fat; viscid, sirupy; **~e Milch** curdled milk; **~e Luft** close air, fig. colloq. **~e Luft!** trouble's brewing!, something is up (or in) the wind!; **~e Freunde** close friends, they are as thick as thieves; → Ende; colloq. (sich) ~ tun talk big; mit et.: brag of a th.; ~ auftragen lay it on thick; durch ~ und dünn through thick and thin; **~bäckig** ['-bɛkiç] adj. chubby; **2bauch** m pot-belly, paunch; **~bäuchig** ['-bɔyçiç] adj. big-bellied; **'2darm** m

great gut, colon; **'2e** f (-n; -n) thickness; bigness, bulk(iness); corpulence, stoutness; thickness; diameter; (metal sheet, wire) ga(u)ge; chem. consistency; viscosity; **'2er** (-chen n) m (-en, -en; -s, -) colloq. fatty; **~fellig** ['-fɛliç] adj. thick-skinned; **'2felligkeit** f (-) fig. stolidity, callousness; **'~flüssig** adj. viscid, viscous, syrupy; **~es Öl** high-viscosity oil; **2häuter** ['-hɔytər] zo. m (-s; -) pachyderm; **2icht** ['-içt] n (-[e]s, -e) thicket; **'2kopf** m pig-headed (or headstrong) fellow, mule; **~köpfig** ['-kœpfiç] adj. pig-headed, obstinate, mulish; **~leibig** ['-laıbiç] adj. corpulent, fig. bulky; **'2wanst** m paunch, belly.
Didak|tik [di'daktik] f (-) didactics pl.; **2isch** adj. didactic.
die [di:] → der.
Dieb [di:p] m (-[e]s, -e) thief; burglar; jur. larcenist; haltet den ~! stop thief!; → Gelegenheit; **~erei** [di:bə'raı] f (-; -en) thieving, thievery.
Diebes... ['di:bəs-]: **~bande** f gang of thieves; **~gut** n stolen goods pl.; **2sicher** adj. theft-proof; burglar-proof; **~sprache** f thieves' cant.
diebisch ['di:biʃ] adj. thievish; **~e Elster** pilfering magpie; fig. fiendish, awful (pleasure); sich ~ freuen gloat (über acc. over), be tickled pink.
Diebstahl ['di:pʃta:l] m (-[e]s, ~e) theft, jur. a. larceny; leichter ~ petty larceny; schwerer ~ aggravated (or grand) larceny; räuberischer ~ theft attended with violence; ~ geistigen Eigentums plagiarism.
Diele ['di:lə] f (-; -n) board; plank; floor; hall, vestibule; **2n** v/t. (h.) board, plank (the floor); floor (room).
dielektrisch [di-] adj. dielectric; **~er Verlust** power loss.
dienen ['di:nən] v/i. (h.) serve (j-m a p.; als as; zu for; dazu, zu to inf.); zu et. ~ be conducive (or contribute) to, make for a th.; mil. serve one's time; bei der Marine ~ serve in (or with) the Navy; damit ist mir nicht gedient that is of no use to me; womit kann ich ~? what can I do for you?; welchem Zweck dient das? what is the use of this?, what is that good for?; es dient dazu (zu inf.) it serves the purpose (of ger.); es kann dazu ~, die Lage völlig zu verändern it is apt to alter the situation completely; → Warnung.
'Diener m (-s; -) (man-)servant; footman, valet; fig. servant; ~ Gottes servant (or man) of God; reverence, bow (vor dat. to); stummer ~ (table) dumb-waiter, **~in** f (-; -nen) maid-servant, maid; fig. handmaid; **2n** v/i. (h.) bow and scrape; **~schaft** f (-) servants, domestics pl.
'dienlich adj. useful, serviceable (j-m to); expedient, suitable, handy; salutary, wholesome; e-r Sache ~ sein be conducive (or contribute) to a th., promote a th.; jegliche für ~ erachteten Maßnahmen any measures that may be deemed fit; es war mir sehr ~ it

was very helpful (or of great help) to me.
Dienst [di:nst] m (-es; -e) service; duty, function; situation, post, employment; öffentlicher ~ a) Civil Service, b) service, e.g. Telephon2 telephone service; pol. gute ~e good offices; im (außer) ~ on (off) duty; außer ~ retired, in retirement; Hauptmann außer ~ (abbr. a. D.) retired (abbr. rtd) captain, captain on half-pay; ~ haben be on duty; ~ am Kunden prompt service to the customer; mil. in aktivem ~ on active service; in Ausübung des ~es in line of duty; Offizier vom ~ officer of the day (abbr. O.D.); Unteroffizier vom ~ charge of quarters (abbr. C.Q.); j-m e-n guten ~ leisten or erweisen render a p. a good service, do a p. a good turn; gute ~e leisten render good services; ~ tun serve, be on duty; in ~ nehmen engage, Am. hire; in ~ stellen mar. commission; außer ~ stellen inactivate, mar. lay up; in j-s ~ treten enter a p.'s service; sich zum ~ melden report for duty; sich in den ~ e-r Sache stellen devote o.s. to a th., embrace a cause; j-m zu ~en stehen be at a p.'s service (or command).
Dienstag ['di:nsta:k] m (-[e]s, -e) Tuesday; **2s**, an **~en** on Tuesdays.
'Dienst...: **~alter** n length of service, seniority, Am. time-in-grade; nach dem ~ by seniority; **2ältest** ['-ɛltəst] adj., **~älteste(r)** m (-[e]n; -[e]n) senior; **~antritt** m installation; entrance into (or on) one's office; entering upon service; **~anweisung** f service instruction(s pl.); **~anzug** m service dress (a. mil.), Brit. mil. battle dress; großer ~ dress uniform; kleiner ~ semidress; **~aufsichtsbeschwerde** f complaint; **2bar** adj. subservient (dat. to); **~er Geist** fig. factotum; s-n Zwecken ~ machen make a p. or th. serve one's purpose; harness, utilize (natural forces); **~barkeit** f (-) subjection, servitude; bondage; **~befehl** m routine order; **2beflissen** adj. zealous, assiduous (in office), obliging; officious; **2bereit** adj. ready for service; obliging; **~beschädigung** f injury (or damage) sustained while on duty; **~bezüge** ['-bətsy:gə] m/pl. official income sg.; **~bote** m domestic (servant), Am. help; **~eid** m oath of office; den ~ leisten be sworn in; **~eifer** m obligingness; zeal; b.s. officiousness; **2eifrig** adj. → dienstbeflissen; **2entlassung** f dismissal (or discharge) from service; suspension; **2fähig** adj. → diensttauglich; **~fahrt** f official trip; **2fertig** adj. → dienstbeflissen; **2frei** adj.: ~ sein be off duty; **~er Tag** off day; **~gebrauch** m: zum ~ for official purposes; nur zum ~! restricted!; **~geheimnis** n official secret; **~gespräch** teleph. n official (or service) call; **~grad** m rank; Am. of enlisted personnel: grade; mar. rating; **~gradabzeichen** n/pl. insignia of rank; **2habend** adj. (on) duty; **~herr** m master, employer, principal; **~jahre** n/pl. years of service;

Qleistend *econ. adj.* service-rendering; ~leistung *f* service; ~en *pl. econ.* (a. ~leistungsverkehr *m*, ~leistungswirtschaft *f*) services; ~leitung *teleph. f* service line; Qlich *adj.* official; *adv. a.* in official capacity; ~ verhindert prevented by official duties; ~mädchen *n* maid (-servant), domestic helper, *Am. a.* help; ~mann *m* out-porter, commissionaire; ~mütze *mil. f* service cap; ~ordnung *f* service regulations *pl.*; ~pferd *mil. n* troop horse; ~pistole *f* service pistol; ~pflicht *f* official duty; *mil.* compulsory (military) service; Qpflichtig *adj.* liable to conscription; ~pflichtige(r) *m* (-[e]n; -[e]n) conscript, *Am.* draft registrant; ~plan *m* duty roster, service schedule; ~prämie *f* (service) gratuity; ~raum *m* office; ~reise *f* official journey (or trip); ~sache *f* official matter; (*imprint*) *Brit.* On Her Majesty's Service (*abbr.* O.H.M.S.), *Am.* Official Business; ~siegel *n* official seal; ~stelle *f* agency, office; administrative department; police station; *mil.* headquarters *pl.*; ~stellung *f* appointment, official function; service grade (*or* rank); ~strafe *f* disciplinary punishment; ~strafsache *f* disciplinary action; ~stunden *f/pl.* office (or business) hours, hours of attendance; Qtauglich *adj.* fit for active service, able-bodied (*abbr.* A.B.); Qtuend ['-tuːənd] *adj.* on duty; acting, in charge; ~er *Offizier* officer of the day; Qunfähig, Quntauglich *adj.* unfit for service; disabled; ~vergehen *n* official misdemeano(u)r; ~verhältnis *n* employment, service (a. military) status; ~se *pl.* conditions of service; terms of employment; Qverpflichtet *adj.* drafted (or conscripted) for essential service; ~verpflichtung *f* labo(u)r conscription, compulsory direction; *mil.* commandeering; ~vertrag *m* service contract; contract of employment; labo(u)r contract; ~vorschrift *f* (service) regulations *pl.*; ~wagen *m* official car; ~weg *m* official channels *pl.*; *auf dem* ~ through official channels; Qwillig *adj.* → dienstbereit; ~wohnung *f* official residence; ~zeit *f* of officials: length of service; tenure; *mil.* period of service; → *Dienststunden*; ~zeugnis *n* (service) certificate; testimonial; *for domestic servants*: character.
diesbezüglich ['diːs-] *adj.* referring (or relating) to this *or* thereto, relevant, pertinent (to this); e-e ~e *Erklärung* a statement on this matter (or in this connection).
Diesel|antrieb ['diːzəl-] *m* Diesel propulsion (or operation); *mit* ~ Diesel-driven (or -powered); ~kraftstoff *m* Diesel fuel-oil; ~motor *m* Diesel engine; ~öl *n* Diesel oil.
dies|er ['diːzər], '~e, '~es *or* dies [diːs], *pl.* diese *dem.pron.* **1.** *adj.* this, that; *pl.* these; those; dies *alles* all this; *dieses Scheusal!* that monster! *dieser Tage* the other day, *future*: one of these days;

diese *Ihre Beobachtung* this observation of yours; **2.** *substantival*: this (or that) one; he, she; *pl.* these, those; the latter; *dieser ist es* this is the one; *diese sind es* these are the ones; *dies sind m-e Schwestern* these are my sisters; *dieser und jener* this one and that (one); *econ. am dritten dieses (Monats)* (3. d. M.) the third instant (*abbr.* 3rd inst.); *der Schreiber dieses* the present writer, the undersigned.
diesig ['diːziç] *adj.* hazy, misty.
dies|jährig ['diːs-] *adj.* this year's, of this year; ~mal *adv.* this time; for (this) once; ~malig *adj.* this, present; today's; ~seitig ['-zaitiç] *adj.* on this (or our) side; ~seits ['-zaits] *adv. and prp.* (gen.) on this side (of); Qseits *n: das* ~ this life (or world).
Dietrich ['diːtriç] *m* (-s; -e) picklock, skeleton key; *mit e-m* ~ *öffnen* pick (*a lock*).
diffamier|en [difa'miːrən] *v/t.* (h.) defame, calumniate, slander; ~end *adj.* defamatory; Qung *f* (-; -en) defamation.
Differential [difərentsi'aːl] *n* (-s; -e) differential; ~achse *mot. f* live axle; ~getriebe *mot. n* differential gear; ~gleichung *f* differential equation; ~rechnung *f* differential calculus; ~rente *econ. f* differential profit.
Diffe'renz *f* (-; -en) difference; balance; surplus; difference, disagreement, tiff; ~geschäft *econ. n* speculation for differences; *Am.* margin business (*or* transaction).
differen'zieren *v/t.* (h.) differentiate; refine; *differenzierter Geschmack* discriminating taste.
diffe'rieren *v/t.* (h.) differ, be different (*um* by).
diffus [di'fuːs] *el. adj.* diffuse(d).
Diffusion [difuzi'oːn] *f* (-) diffusion; Qsfähig *adj.* diffusible.
Digitalrechengerät [digi'taːl-] *n* digital computer.
Diktat [dik'taːt] *n* (-[e]s; -e) dictation; dictate; *nach* ~ from dictation; *ein* ~ *aufnehmen* take a dictation; ~or *m* (-s; -'toren) dictator; **dikta'torisch** [-ta'toːriʃ] *adj.* dictatorial; **Diktatur** [-'tuːr] *f* (-; -en) dictatorship (*des Proletariats* of the proletariat).
dik'tier|en *v/t. and v/i.* (h.) dictate; Qgerät *n* dictating machine.
dilatorisch [dila'toːriʃ] *adj.* dilatory.
Dilemma [di'lema] *n* (-s; -s) dilemma; *sich in e-m* ~ *befinden* be on the horns of a dilemma.
Dilettant|(in *f)* [dile'tant(in)] *m* (-en, -en; -, -nen) dilettante, amateur, dabbler; smatterer; Qisch *adj.* amateurish, dilettante; **Dilettantismus** [-'tismus] *m* (-) dilettantism, amateurishness.
Dill [dil] *bot. m* (-[e]s; -e) dill.
Dimension [dimenzi'oːn] *f* (-; -en) dimension; *fig. a.* proportion.
dimensio'nier|en *v/t.* (h.) dimension; Qung *f* (-) dimensioning; design.
Diner [di'neː] *n* (-s; -s) dinner(-party).
Ding [diŋ] *n* (-[e]s; -e) thing; object; matter, affair; *phls. das* ~ *an sich*

the thing in itself; *das arme* ~ the poor thing (or creature); *guter* ~e in good spirits; *sei guter* ~e! cheer up!; *vor allen* ~en first of all, above all, primarily; *aller guten* ~e *sind drei* all good things go by threes; *das geht nicht mit rechten* ~en *zu* there is something wrong (or funny, *sl.* fishy) about it; *es ist ein* ~ *der Unmöglichkeit* it's a physical impossibility, it's quite impossible; → *Lauf*; *wie die* ~e *liegen* as matters stand; *colloq. ein* ~ *drehen sl.* pull a job.
'**dingen** *v/t.* (h.) hire (a. criminals), engage; bribe.
'**dingfest** *adj.*: *j-n* ~ *machen* arrest a p., take a p. in custody.
'**dinglich** *jur. adj.* real; ~er *Anspruch* ad rem claim; ~er *Arrest* attachment; ~e *Klage* real action; ~es *Recht* real right; ~ *berechtigt* holding interests in rem.
Dings [diŋs] *colloq.* **1.** *n* (-; -ger) thing, thingumbob, what's-its-name; gadget, *sl.* contraption; **2.** *m*, *f* (-; -) a. Dingsda ['diŋsdaː] what's-his-(her-, its-)name, thingumbob.
di'nieren *v/i.* (h.) dine.
Dinkel ['diŋkəl] *bot. m* (-s; -) spelt.
Diode [di'oːdə] *el.* (-; -n) diode, two-electrode valve; ~ngleichrichter *m* diode detector.
Dio'xyd *chem. n* dioxide.
Diözese [diø'tseːzə] *eccl. f* (-; -n) diocese.
Diphtherie [difte'riː] *f* (-; -n) diphtheria.
Diphthong [dif'tɔŋ] *gr. m* (-s; -e) diphthong.
Diplom [di'ploːm] *n* (-[e]s; -e) diploma, certificate, patent; → diplomiert.
Diplomat [diplo'maːt] *m* (-en; -en) diplomat; *w.s.* diplomatist; ~enlaufbahn *f* diplomatic career.
Diplomatie [-ma'tiː] *f* (-) diplomacy.
Diplo'matik *f* (-) diplomatics *pl.*
diplo'matisch *adj.* diplomatic (a. *fig.*); ~es *Korps* diplomatic body (or corps); ~er *Schritt* démarche (*Fr.*); ~e *Vertretung* diplomatic mission *of a state*; *die* ~en *Beziehungen abbrechen (wiederaufnehmen)* sever (restore) diplomatic relations.
diplomiert [-'miːrt] *adj.* diplomaed, certificated, graduated.
Di'plomingenieur *m* certificated (*Am.* graduated) engineer.
Dipol [di-] *el. m* dipole.
dir [diːr] *pron. pers.* (*dat. of du*) **1.** (to) you, *eccl., poet.* (to) thee; *refl.* you; er *wird* ~ *helfen* he will help you; *ich werde es* ~ *erklären* I'll explain it to you; *nach* ~! after you!; *wasche* ~ *die Hände!* wash your hands; **2.** *colloq. das war* ~ *(vielleicht) ein Durcheinander!* there was a mess for you!
direkt [di'rɛkt] **I.** *adj.* direct; immediate; lineal (*descent*); first-hand, inside (*information*); decided, perfect, plain; actual; ~e *Rede* direct speech; ~er *Wagen* (*Zug*) through carriage (train) (*nach* for); ~er *Wahnsinn* sheer madness; **II.** *adv.* direct, straight (*zu* to); directly, presently, right (away); directly,

exactly, right; point-blank; ~ *proportional* directly proportional; ~ *vom Hersteller* direct from the producer; *das ist ja* ~ *unangenehm* that's rather *or* downright awkward; *er rannte* ~ *gegen e-e Mauer* he ran smack into a wall.

Direktion [-ktsi'oːn] *f* (-; -en) direction; management, administration; board of directors, management; **~s-assistent** *m* assistant manager; **~ssekretär(in** *f*) *m* executive secretary.

Direktive [-'tiːvə] *f* (-; -n) directive; (general) instruction, rule.

Direktor [-'rɛktɔr] *m* (-s; -'toren) director, manager, *Am. a.* vice-president; managing director; *of a bank*: governor, *Am.* president; *of a jail*: prison governor, *Am. a.* warden; *ped.* headmaster, *Am.* principal.

Direktorat [-'raːt] *n* (-[e]s; -e) directorship; → *Direktorium*; *ped.* headmaster's office.

Direktorium [-'toːrium] *n* (-s; -ien) directorate, *Am.* directory; management committee; *econ.* board of directors, managing board.

Direktrice [-'triːsə] *f* (-; -n) directress, manageress; *ped.* headmistress, *Am.* principal.

Di'rektübertragung *f radio*: live program(me).

Dirigent [diri'gɛnt] *m* (-en; -en) director, manager; *mus.* conductor, leader; **~enstab, ~stock** *m* baton.

diri'g|ieren *v/t.* (h.) direct, manage; control, rule; steer; *econ.* conduct; **♀ismus** [-'gismus] *m* (-) *pol.* regimentation; *econ.* controlled economy.

Dirndl [dirndəl] *n* (-s; -) → *Dirne 1.*; (*a.* **~kleid** *n*) dirndl, Bavarian costume.

Dirne ['dirnə] *f* (-; -n) 1. girl, lass, maid; 2. *b.s.* prostitute, street-walker, hussy.

dis [dis] (*minor*), **Dis** (*major*) *mus. n* (-; -) d, D sharp.

Disagio [dis'ɐ̓aːdʒo] *econ. n* (-) discount.

Dis-Dur *n* D-sharp major.

Disharmo'nie *f mus.* disharmony, dissonance, discord (*all a. fig.*); **dishar'monisch** *adj.* discordant, dissonant.

Diskant [-'kant] *mus. m* (-s; -e) treble, soprano; **~schlüssel** *m* descant clef.

Dis'kont(o) *econ. n* discount, rebate; bank-rate, discount, *Am.* rediscount; *e-n* ~ *gewähren* allow a discount; *in* ~ *nehmen* take on discount; *Wechsel zum* ~ *hereinnehmen* accept bills for discount; **~bank** *f* (-; -en) discount bank; **~bestand** *m*, **~en** *pl.* bills discounted, *Am.* discount holdings; **~erhöhung** *f* increase *or* rise in the bank-rate (*Am.* rediscount rate); **~fähig** *adj.* discountable; *Am.* eligible (for rediscount); **~geschäft(e** *pl.*) *n* discounting (business); **~herabsetzung** *f* reduction in the discount (*Am.* rediscount).

diskontieren [diskɔn'tiːrən] *v/t.* (h.) discount.

Dis'kont...: ~markt *m* discount (*or* bill) market; **~politik** *f* (*Am.* re-

discount policy; **~satz** *m* bank-rate, rate of discount, *Am.* rediscount rate; *den* ~ *erhöhen* raise the bank-rate; *den* ~ *herabsetzen* cut (*or* lower) the bank-rate; **~wechsel** *m*/*pl.* bills discounted, discounts.

Diskothek [disko'teːk] *f* (-; -en) discotheque.

diskredi'tieren *v/t.* (h.) discredit, throw discredit upon.

Diskrepanz [diskre'pants] *f* (-; -en) discrepancy.

diskret [dis'kreːt] *adj.* discreet, tactful.

Diskretion [-kretsi'oːn] *f* (-) discretion.

diskriminier|en [-krimi'niːrən] *v/t.* (h.) discriminate (*acc.* against); **~end** *adj.* discriminatory; **♀ung** *f* (-; -en) discrimination.

Diskus ['diskus] *m* (-; -ken) discus; ~ *werfen* throw (*or* hurl, toss) the discus.

Diskussion [-kusi'oːn] *f* (-; -en) discussion, debate; *zur* ~ *stehend* under discussion; **~s-teilnehmer(in** *f*) *m TV, etc.*: panel member; **~sveranstaltung** *f* discussion meeting, *Am.* forum.

'Diskus|werfer(in *f*) *m* discus-thrower; **~wurf** *m* discus-throw(-ing).

diskutabel [-'taːbəl] *adj.* discussible; *nicht* ~ out of the question, preposterous.

disku'tieren *v/t. and v/i.* discuss, debate, argue.

dis-Moll *n* d-sharp minor.

Dispens [-'pɛns] *m* (-es; -e) dispensation, exemption; ~ *erteilen* grant dispensation.

dispen'sieren *v/t.* (h.) dispense, exempt (*von* from).

Dispon|ent [-po'nɛnt] *econ. m* (-en; -en) manager, managing clerk; *banking*: dealer; **♀ibel** [-'niːbəl] *adj.* available, disposable, at (one's) disposal; **♀ieren** *v/i.* (h.) make arrangements; plan ahead; dispose (*über acc.* of); place orders; **♀'iert** *adj.*: *gut* (*schlecht*) ~ in good (bad) form.

Dispositi'on *f* disposition (*a. fig.* inclination), arrangement, preparation; disposal; instruction(*s pl.*); *laut* ~ according to instructions; **~en** *pl. a.* planning ahead; action *sg.* taken; placing of orders; *s-e* ~*en treffen* make one's dispositions *or* arrangements; *mil. zur* ~ *stellen* place on half-pay.

Disput [-'puːt] *m* (-[e]s; -e) dispute; **Disputation** [-putatsi'oːn] *f* (-; -en) controversy, debate; **dispu'tieren** *v/i.* (h.) (*über acc.*) dispute (about), debate *or* argue (a th.).

Disqualifikati'on *f* disqualification; ineligibility.

disqualifi'zieren *v/t.* (h.) disqualify.

Dissertation [dizertatsi'oːn] *f* (-; -en) dissertation, (*doctorate*) *a.* thesis.

Dissident(in *f*) [disi'dɛnt(in)] *m* (-en, -en; -, -nen) dissident.

Dissonanz [diso'nants] *f* (-; -en) *mus.* dissonance; *fig. a.* discordant note.

Distanz [di'stants] *f* (-; -en) distance (*a. fig.*); ~ *halten* keep one's

distance, remain aloof, be exclusive; *sports*: distance; leeway, gap; *boxing*: *in der* ~ at long range; **~boxer** *m* outfighter.

distan'zier|en *v/t.*: *sich* ~ (h.) keep one's distance, *fig.* dis(as)sociate o.s. (*von* from); *sports*: *j-n mit fünf Metern* ~ win by five yards against a p.; **~t** *adj. fig.* detached.

Di'stanz...: ~ritt *m* long-distance ride, speed test; **~scheck** *m* out-of-town cheque (*Am.* check); **~wechsel** *econ. m* out-of-town bill.

Distel ['distəl] *f* (-; -n) thistle; **~fink** *m* goldfinch.

Distichon ['distiçon] *n* (-s; -chen) distich.

distinguiert [distiŋ'giːrt] *adj.* distinguished.

Distrikt [dis'trikt] *m* (-[e]s; -e) district; → *Bezirk.*

Disziplin [distsi'pliːn] *f* (-; -en) discipline; branch, department; *sports*: event, competition.

Disziplinar|gewalt [-li'naːr-] *f* disciplinary power (*über acc.* over); **♀isch** *adj.* disciplinary; ~ *vorgehen* take disciplinary action; **~strafe** *f* disciplinary punishment; **~verfahren** *n* disciplinary action (*or* proceedings *pl.*); **~vergehen** *n* infraction of discipline.

diszipli'niert *adj.* disciplined.

diszi'plinlos [-loːs] *adj.* undisciplined, disorderly, unruly; **♀igkeit** *f* (-) lack of discipline.

dito ['diːto] *adv.* ditto, (the) same (*abbr.* do).

Diva ['diːva] *f* (-; -s) star, prima donna.

divergieren [diver'giːrən] *v/i.* (h.) diverge (*von* from).

divers [di'vers] *adj.* sundry; **♀es** [-'verzəs] *n* (-en) sundries *pl.*

Dividende [divi'dɛnt] *math. m* (-en; -en) dividend; **~e** [-də] *econ. f* (-; -n) dividend; dividend rate; *e-e* ~ *ausschütten* pay (*or* distribute) a dividend; *e-e* ~ *erklären* declare a dividend; *einschließlich* ~ cum dividend, *Am.* dividend on; *ohne* ~ *ex* dividend, *Am.* dividend off; **~enausfall** *m* dividend omission; **~enausschüttung** *f* payment (*or* distribution) of dividend, *Am.* dividend disbursement; **♀enberechtigt** *adj.* ranking for dividend; **~enbogen** *m* coupon sheet; **♀enlos** [-'loːs] *adj.* ex dividend; **~enpapiere** *n*/*pl.* shares, *Am.* stocks; **~ensatz** *m* dividend rate; **~enschein** *m* dividend warrant (*or* coupon).

divi'dieren *v/t.* (h.) divide (*durch* by).

Divis [di'viːs] *typ. n* (-es; -e) hyphen.

Division [divizi'oːn] *math., mil. f* (-; -en) division; **~s-abschnitt** *m* division combat sector; **~sbefehl** *m* division (combat) order; **~skommandeur** *m* division(al) commander; **~szeichen** *math. n* divisional mark.

Divisor [di'viːzɔr] *math. m* (-s; -'soren) divisor.

Diwan [di'van] *m* (-s; -e) divan, *Am.* davenport.

d-Moll *n* d minor.

doch [dɔx] *cj. and adv.* however, yet, still, for all that; all the same, nevertheless; after all; surely; *und*

~ and yet; *er kam also* ~*?* then he did come, after all; but; *setz dich* ~*!* do sit down; *after negative question: don't you see it?* ~*!* yes, I do; *won't you come?* ~*!* O, yes, I will!; *ja* ~*!* yes, indeed!, of course!, by all means!, *Am.* sure (thing)!; *nicht* ~*!* **a)** don't!, **b)** certainly not!; *du weißt* ~*, daß* surely (*or* I am sure) you know that; *du kommst* ~*?* you will come, won't you?; *das kann* ~ *nicht dein Ernst sein?* you don't really mean that, do you?; *das ist* ~ *zu arg!* that's really too bad!; *wenn er* ~ *käme* if only he would come; *wenn es* ~ *wahr wäre* I wish it were true; *hättest du das* ~ *gleich gesagt!* if you had but said so at once!

Docht [dɔxt] *m* (-[e]s; -e) wick; '**~schmierung** *mot. f* wick-feed lubrication.

Dock [dɔk] *mar. n* (-[e]s; -s) dock, dockyard; *auf* ~ *legen* (put into) dock; *ins* ~ *gehen* (go into) dock; '**~arbeiter** *m* docker, *Am.* longshoreman.

Docke ['dɔkə] *f* (-; -n) *tech.* mandril, arbor; baluster; skein, hank; bundle (*tobacco, etc.*); doll.

'**docken** *mar. v/t. and v/i.* (h.) dock.

Doge ['do:ʒə] *m* (-n; -n) doge; ~**n-palast** *m* ducal palace.

Dogge ['dɔgə] *zo. f* (-; -n) bulldog; *deutsche* ~ Great Dane; *englische* ~ mastiff.

Dogma ['dɔgma] *n* (-s; -men) dogma; *zum* ~ *erheben* dogmatize.

Dogma|tik [-'ma:tik] *f* (-; -en) dogmatics *pl.*; ~**tiker** *m* (-s; -) dogmatist; ♀**tisch** *adj.* dogmatic; ~'**tismus** *m* (-) dogmatism.

Dohle ['do:lə] *orn. f* (-; -n) (jack-)daw.

doktern ['dɔktərn] *colloq. v/i.* (h.) doctor.

Doktor ['dɔktɔr] *m* (-s; -'toren) doctor, → *Dr.* (*in annexed list of abbreviations*); *den* ~ *machen or colloq.* bauen take one's (doctor's) degree; doctor, medical man.

Doktorand [dɔkto'rant] *m* (-en; -en) candidate for a doctor's degree; doctorand.

'**Doktorarbeit** *f* (doctorate) thesis.

Doktorat [dɔkto'ra:t] *n* (-[e]s; -e) doctorate.

'**Doktor...:** ~**diplom** *n* doctor's diploma; ~**examen** *n* examination for a doctor's degree; ~**frage** *fig. f* vexed question, poser; ~**grad** *m* doctor's degree.

Doktorin [dɔk'to:rin] *f* (-; -nen) woman (*or* lady) doctor.

'**Doktorwürde** *f* doctorate; *j-m die* ~ *verleihen* confer the degree of doctor on a p.

Doktrin [dɔk'tri:n] *f* (-; -en) doctrin; **doktrinär** [-tri'nɛ:r] *adj.*, ♀ *m* (-s; -e) doctrinaire.

Dokument [doku'mɛnt] *n* (-[e]s; -e) document; (legal) instrument, deed; record.

Dokumentarfilm [-'ta:r-] *m* documentary (film).

dokumen'tarisch *adj.* documentary.

Dokumentation [-tatsi'o:n] *f* (-; -en) documentation.

Doku'menten|akkreditiv *n* doc-umentary letter of credit; ~**inkasso** *n* collection of documents; ~**papier** *n* bond paper; ~**tratte** *f* documentary draft.

dokumen'tieren *v/t.* (h.) document; establish by documentary evidence; *fig.* demonstrate, reveal.

Dolch [dɔlç] *m* (-[e]s; -e) dagger; *mil.* dirk; '~**messer** *n* case-knife, *Am.* bowie knife; '~**stich**, '~**stoß** *m* stab (*or* thrust) with a dagger; *pol. Dolchstoßlegende* myth of the "stab in the back".

Dolde ['dɔldə] *bot. f* (-; -n) umbel; ~**n-erbse** *f* crown pea; ~**ngewächse** *n/pl.* umbellate plants, umbellifers.

Dole ['do:lə] *f* (-; -n) drain, sewer.

Dollar ['dɔlar] *m* (-s; -s) dollar, *Am. sl.* buck; ~**bilanz** *f* dollar balance of payment; ~**Lücke** *f* dollar gap; ~**Raum** *m* dollar area; ~**schwund** *m* dollar drain.

Dolle ['dɔlə] *mar. f* (-; -n) thole, rowlock.

Dolmetsch ['dɔlmɛtʃ] *fig. m* (-es; -e) interpreter, spokesman, champion; ♀**en** *v/i.* (h.) interpret (*a. v/t.*); act as interpreter; ~**er(in** *f*) *m* (-s, -; -, -nen) interpreter.

Dolomit [dolo'mi:t] *min. m* (-s; -e) dolomite.

Dom [do:m] *m* (-[e]s; -e) cathedral; *fig.* dome, arch.

Domäne [do'mɛ:nə] *f* (-; -n) domain, (state) demesne; *fig.* domain, province.

'**Dom...:** ~**chor** *m* cathedral choir; ~**herr** *m* canon, prebendary.

Dominant|e [domi'nantə] *f mus.* dominant; *fig.* dominant factor; ~**akkord** *m* dominant-chord.

dominieren *v/i.* (h.) *person:* dominate, lord it (*über acc.* over): have the upper hand; *matter:* (pre)dominate, prevail; ~**d** *adj.* dominating, preponderant, commanding.

Dominikaner|(in *f*) [-ni'ka:nər(in)] *eccl. m* (-s, -; -, -nen) Dominican (friar, *f* nun); ~**orden** *m* (-s) Order of St. Dominic, *the* Dominicans *pl.*

Domino ['do:mino] **1.** *m* (-s; -s) *a.* ~**maske** *f* domino; **2.** *n* (-s; -s) *a.* ~**spiel** *n* (game of) dominoes *pl.*; ~ *spielen* play at dominoes; ~**stein** *m* domino.

Domizil [domi'tsi:l] *n* (-s; -e) domicile (*a. econ.*); **domizilieren** [-tsi-'li:rən] *econ. v/t.* (h.) domicile, domicilate a bill (*bei j-m* with a p.; *bei e-r Bank* at a bank).

Domi'zilwechsel *econ. m* domiciled bill.

'**Dom...:** ~**kapitel** *n* chapter (of a cathedral); ~**pfaff** [-pfaf] *orn. m* (-en; -en) bullfinch; ~**prediger** *m* preacher at a cathedral; ~**prorst** *m* provost of a cathedral; ~**stift** *n* chapter; seminary.

Dompteur [dɔmp'tø:r] *m* (-s; -e) tamer, trainer.

Donau ['do:nau] *f* (-) Danube; *in compounds:* Danubian.

Donner ['dɔnər] *m* (-s; -) thunder; *wie vom* ~ *gerührt* thunder-struck; ~**getöse** *n* rolling of thunder; *fig.* thundering noise; ♀**n** *v/i.* (h.) thunder (*a. fig., person or thing*); *es donnert* it thunders, it is thundering; ♀**nd** *adj.* thundering, thunderous; ~-

schlag *m* peal (*or* crash) of thunder, thunderclap (*a. fig.*).

'**Donners-tag** *m* Thursday; ♀**s,** *an* ~**en** on Thursdays.

'**Donner...:** ~**stimme** *f* thundering voice; ~**wetter** *n* thunderstorm; *colloq. fig. wie ein* ~ *dreinfahren* raise the roof, raise hell; *zum* ~*!* confound it!, hang it all!, damn it! ~*!* surprised: wow!

doof [do:f] *colloq. adj.* boring, dull; goofy, *Am. sl.* dopey.

dopen ['dɔpən] *v/t.* (h.) *sports:* dope.

Doppel ['dɔpəl] *n* (-s; -) duplicate; *tennis:* doubles *pl.*; *gemischtes* ~ mixed doubles; ~**adler** *m* double eagle; ~**belichtung** *phot. f* double exposure; ~**bereifung** *f* dual tyres (*Am.* tires); ~**besteuerung** *f* double taxation; ~**betrieb** *el. m* duplex operation; ~**bett** *n* double bed, twin-bed; ~**boden** *m* double (*or* false) bottom; ~**decker** ['-dɛkər] *m* (-s; -) *aer.* biplane; *bus, etc.:* double-decker; ~**deckung** *f boxing:* covering up; ~**ehe** *f* bigamy; ♀**fä-dig** ['-fɛ:diç] *tech. adj.* bifilar; ~**fehler** *m tennis:* double fault; ~**fenster** *n* double window; ~**fern-rohr** *n* binocular telescope; ~**flinte** *f* double-barrel(l)ed gun; ~**gänger** ['-gɛŋər] *m* (-s; -) double; ♀**gängig** *adj.* double-threaded (*screw*); ~**gleis** *n* double rail (*or* track); ♀**gleisig** ['-glaiziç] *adj.* doubletrack; ~**griff** *mus. m* double-stop; ~**haus** *n* double house; semi-detached house; ~**kinn** *n* double chin; ♀**kohlensauer** *adj.* bicarbonate of; → *doppeltkohlensauer;* ~**kolben-motor** *m* opposed-piston engine; ~**kreuz** *mus. n* double sharp; ~**lauf** *m* double barrel; ~**laut** *gr. m* diphthong; ~**leitung** *f el.* twin conductor; *teleph.* loop circuit; ~**mord** *m* double murder; ♀**n** *v/t.* (h.) double; ~**name** *m* compound name; ♀**polig** *adj.* bipolar; ~**posten** *mil. m* double sentry; ~**punkt** *m* colon; ~**rad** *n* twin wheel; ~**reifen** *mot. m* dual tyre (*Am.* tire); ~**reihe** *f* double row; *mil.* double file, column by twos; ~**rumpf** *aer. m* twin-fuselage; ~**schalter** *el. m* double switch; ♀**schichtig** *adj.* two-layered; ~**schlußmotor** *el. m* compound(-wound D.C.) motor; ♀**seitig** ['-zaitiç] *adj.* double-sided, bilateral; reversible (*fabric, etc.*); *med.* ~*e Lungenentzündung* double pneumonia; ~ *bespielte Schallplatte* two-sided record; ~**sieg** *m* double win; ~**sinn** *m* (-[e]s) double meaning, ambiguity; ♀**sinnig** *adj.* ambiguous, equivocal; ~**sitzer** *m* (-s; -) two-seater; ~**sohle** *f* clump sole; ~**spiel** *n tennis:* → *Doppel; fig.* double game (*or* dealing); ~**stecker** *el. m* two-pin plug, two-way adapter; ~**steuerung** *aer. f* dual control; ~**stück** *n* duplicate.

'**doppelt I.** *adj.* double; twofold; duplicate; twin (*engines, etc.*); → *Buchführung; in* ~*er Ausführung* in duplicate, in two copies; *ein* ~*es Spiel spielen* play a double game; *mit j-m:* sl. double-cross a p.; **II.** *adv.* double, twice; *before adj.:* doubly; ~ *schmerzlich* doubly painful; ~ *so alt wie ich* twice my age;

ich habe das Buch ~ I have two copies of the book; 2e(s) *n* (-[e]*n) the* double; *das* ~*e des Betrages* double (*or* twice) the amount; *um das* ~*e größer* double the size; ~**kohlensauer** *adj.*: ~*es Natron* bicarbonate of soda.

'**Doppel**...: ~**tür** *f* double-door; folding door; ~**ung** *f* doubling; ~**verdiener** *m* dual income recipient, double wage-earner; two-job man; ~**währung** *f* double standard; ~**zentner** *m* quintal; ~**zimmer** *n* double(-bedded) room; twin-bedded room; ~**zündung** *f* dual ignition; 2**züngig** [-tsyniç] *adj.* double-faced, double-dealing; ~**züngigkeit** *f* (-) double-dealing.

Dorf [dɔrf] *n* (-[e]s; ~er) village; '~**bewohner(in** *f*) *m* villager.

Dörfchen ['dœrfçən] *n* (-s; -) little village; hamlet.

'**dörflich** *adj.* village, *e.g.* ~*es Leben* village life; rustic.

'**Dorf**...: ~**pfarrer** *m* country parson; ~**schenke** *f* village inn; ~**trottel** *m* village idiot.

Dorn [dɔrn] *m* (-[e]s; ~er) thorn (*a. fig.*); (*pl.* -en) prickle, spine; *sports*: spike; *of buckle*: tongue; *tech.* (*pl.* -e) pin, bolt, stem; reamer; mandril; spike; *er ist ihnen ein* ~ *im Auge* he is a thorn in their sides; '~**busch** *m* brier, bramble; '~**enhecke** *f* thorn hedge; '~**enkrone** *f* crown of thorns; 2**enlos** ['-lo:s] *adj.* thornless; '~**enpfad** *m* thorny path; '2**envoll** *adj.* thorny; '2**ig** *adj. bot., zo.* spinous, spiny; (*a. fig.*) thorny; ~**röschen** ['-rø:sçən] *n* (-s; -) Sleeping Beauty; '~**strauch** *m* brier.

dorren ['dɔrən] *v/i.* (*sn*) dry (up), wither; parch.

dörr|en ['dœrən] *v/t.* (h.) dry, desiccate, dehydrate; kiln-dry; 2**fleisch** *n* dried meat; 2**gemüse** *n* dried vegetables *pl.*; 2**obst** *n* dried fruit.

Dorsch [dɔrʃ] *m* (-es; -e) cod (-fish).

dort [dɔrt] *adv.* there; *econ.* at your end; ~ *drüben* over there, yonder; ~ *oben* up there; *von* ~ → '~**her** *adv.* from there, thence; '~**hin** *adv.* there, that way, to that place, thither; '~**hinaus** *adv.* out there; *colloq. fig. bis* ~ awfully; '~**hinein** *adv.* in there.

'**dortig** *adj.*: *die* ~*en Filmtheater* the cinemas there *or* of that place; *econ. die* ~*en Verhältnisse* the conditions at your end.

Dose ['do:zə] *f* (-; -n) box; *package*: tin, *Am.* can; *el.* (plug) socket; box, *e.g. Abzweig*2 distribution box; *in* ~*n einmachen* tin, *Am.* can.

dösen ['dø:zən] *v/i.* (h.) doze.

'**Dosen**...: ~**öffner** *m* tin-opener, *Am.* can opener; ~**sicherung** *el. f* box fuse; ~**stecker** *m* infinity plug.

dosier|en [do'zi:rən] *v/t.* (h.) dose, measure out; 2**ung** *f* (-; -en) dosage; dosing.

'**dösig** ['dø:ziç] *colloq. adj.* dozy, drowsy, sleepy; → *doof.*

Dosis ['do:zis] *f* (-; -sen) dose (*a. fig.*); *zu große* ~ overdose; *zu kleine* ~ underdose; *fig. mit e-r leichten* ~ *Sarkasmus* with a dash of sarcasm.

Dotation [dotatsi'o:n] *f* (-; -en) dotation, endowment.

dotier|en [do'ti:rən] *v/t.* (h.) endow; 2**ung** *f* (-; -en) endowment; allocation (of funds).

Dotter ['dɔtər] *m and n* (-s; -) yolk (of an egg); *bot.* gold-of-pleasure; ~**blume** *f* marsh-marigold.

Double ['du:bəl] *n* (-s; -s) *film*: double, *Am.* stand-in.

Doyen [doa'jɛ̃:] *m* (-s; -s) (*Fr.*): ~ *des diplomatischen Korps* doyen, Dean of the Diplomatic Corps.

Doz|ent [do'tsɛnt] *m* (-en; -en) university lecturer, reader, *Am.* assistant professor, instructor; 2**ieren** *v/t. and v/i.* (h.) lecture (*über acc.* on); *fig. contp.* hold forth (on), pontificate.

Drache|(n) ['draxə(n)] *m* (-n, -n; -s, -) dragon; kite; *e-n* ~*n steigen lassen* fly a kite; *fig.* termagant, shrew; ~**nblut** *n* dragon's blood; ~**nsaat** *fig. f* dragon-seed, dragon's teeth; ~**ntöter** *m* (-s; -) dragon-slayer.

Drachme ['draxmə] *f* (-; -n) drachm(a); (*weight*) dram.

Dragée [dra'ʒe:] *n* (-s; -s) dragée, sugar-coated pill (*or* fruit), coated tablet.

Dragoner [dra'go:nər] *m* (-s; -) *mil.* dragoon; *colloq. fig.* virago, tough type.

Draht [dra:t] *m* (-[e]s; ~e) wire; filament; conductor; *sl.* (*money*) cash, brass; ~ *unter Strom* live wire; *toter* ~ idle wire; *fig. direkter* ~ pipe-line; *pol. heißer* ~ hot wire; *mit* ~ *befestigen, etc.* wire; *teleph. per* ~ *antworten* reply by wire, wire back; *colloq. auf* ~ *sein* be in good form, be on one's toes, be on the ball *or* beam, know one's stuff; *ich bin heute nicht ganz auf* ~ I don't feel quite up to the mark today.

'**Draht**...: ~**anschrift** *f* cable address; ~**antwort** *f* telegraphic (*or* wire) reply; ~**auslöser** *phot. m* cable release; ~**bericht** *m* telegraphic report, wire; ~**bürste** *f* wire brush; ~**eisen** *n* drawing plate; 2**en** *v/t.* (h.) telegraph, wire, cable; ~**funk** *m* wired wireless (*Am.* radio), wire broadcasting, carrier transmission; *hochfrequenter* ~ carrier rediffusion; ~**gaze** *f* wire gauze; ~**geflecht** *n* wire netting; ~**gewebe** *n* wire-cloth, wire fabric; ~**gitter** *n* wire grating (*or* fence), *Am.* wire grille; ~**glas** *n* wired *or* armo(u)red glass; 2**haarig** *adj.* wire-haired; ~**haarterrier** [-teriər] *zo. m* (-s; -) wire-hair(ed terrier); ~**hefter** *m* wire stitcher; 2**ig** *adj.* (*a. person*) wiry; ~**kern** *m* wire core; ~**lehre** *f* wire ga(u)ge; 2**lich** *adj. and adv.* telegraphic(ally), by wire, wired; ~**litze** *f* wire strand; 2**los** [-lo:s] **I.** *adj.* wireless, radio-...; ~*e Nachricht* wire(less), radio(gram); ~*e Telegraphie* wireless telegraphy, radio-telegraphy; **II.** *adv.*: ~ *senden, telegraphieren* wireless, radio; ~**nachricht** *f* telegraphic message, wire; ~**netz** *n* wire netting; *el.* wiring; ~**öse** *f* staple; ~**puppe** *f* puppet, marionette; ~**saite** *f* wire string; ~**schere** *f* wire-shears *pl.*; ~**seil** *n* wire rope, cable; ~**seilakro-**

---

bat *m* wire-walker; ~**seilbahn** *f* cable railway, funicular (railway); ~**sieb** *n* wire sieve (*or* screen); ~**spule** *f* wire spool, *Am.* wire reel; ~**stärke** *f* wire ga(u)ge; ~**stift** *m* wire tack; ~**telegraphie** *f* line telegraphy; ~**ung** *f* (-; -en) wire message, telegram, radiogram; ~**verbindung** *f teleph.* wire communication (*or* connection); *el.* wiring; ~**verhau** *mil. m* wire-entanglement; ~**walzwerk** *n* wire mill; ~**wurm** *m* wire-worm; ~**zange** *f* wire-cutters *pl.*; ~**zaun** *m* wire fence; ~**zieher** *m tech.* wire-drawer; *fig.* wire-puller; *der* ~ *sein* pull the wires; ~**ziehe'rei** *f tech.* wire (drawing) mill; *fig.* wire-pulling.

Drain... → *Drän*...

Draisine [drai'zi:nə] *f* (-; -n) draisine; *rail.* trolley.

drakonisch [dra'ko:niʃ] *adj.* Draconian, draconic.

drall [dral] *adj.* tight(ly twisted) (*thread*); *fig.* buxom, strapping (*girl*); **Drall** *m* (-[e]s; -e) *of thread*: twist; *of bullet, etc.*: twist; *of rifle*: rifling; *of ball*: spin; *phys.* moment of momentum.

Drama ['dra:ma] *n* (-s; -men) drama.

Dramatik [dra'ma:tik] *f* (-) dramatic art; drama (*a. fig.*); ~**er** *m* dramatist.

dra'matisch *adj.* dramatic(ally) (*adv.*); ~*e Pause* stage-wait.

dramatisieren [dramati'zi:rən] *v/t.* (h.) dramatize (*a. fig.*), adapt for the stage.

Dramaturg [-'turk] *m* (-en; -en) dramatic adviser; *film*: scenario editor; **Dramaturgie** [-tur'gi:] *f* (-; -n) dramaturgy.

dran [dran] → *daran*.

Dränage [drɛ'na:ʒə] *f* (-; -n) drainage (*a. med.*).

Drang [draŋ] *m* (-[e]s; ~e]) pressure (*of business*); rush, stress, hurry; impetus, impulse; urge, drive, yearning; distress; *physiol. e-n heftigen* ~ *verspüren* feel a motion coming, need the lavatory badly.

drang *pret. of dringen.*

'**drängeln** *colloq. v/i.* (h.) press, push, jostle.

drängen ['drɛŋən] **I.** *v/t.* (h.) press, push, shove; *j-n in die Ecke* ~ drive a p. into a corner; *fig.* press, urge; press *debtor* for payment; hurry, urge; *ich lasse mich nicht* ~ I won't be rushed; *sich* ~ crowd, throng, mill; *sich durch e-e Menge* ~ force (*or* elbow) one's way through a crowd; *sich aneinander* ~ press closely together, fearfully, *etc.*: huddle (together); *sich um j-n* ~ crowd *or* press (a)round a p.; *sich zu e-r Sache* ~ volunteer for a th. *or* to do a th., go all out after a th.; *es drängt mich zu inf.* I feel moved to *inf.*; **II.** *v/i.* (h.) be pressing *or* urgent; *die Sache drängt a.* the matter presses (*or* admits of no delay); *die Zeit drängt* time presses; ~ *auf* (*acc.*) insist (up)on, urge; → *gedrängt;* '**Drängen** *n* (-s) pressing, pushing; crowd, crush; *fig.* pressure, insistence; urging, urgent request(s).

Drangsal ['draŋzɑːl] *f* (-; -e) affliction, distress, ordeal; ~e *pl.* hardships; **drangsa'lieren** *v/t.* (*h.*) harass, vex; torment, bully; persecute.

dränieren [drɛ'niːrən] *v/t.* (*h.*) drain.

drapier|en [dra'piːrən] *v/t.* (*h.*) drape; ℒung *f* (-; -en) draping, drapery.

Dräsine [drɛ'ziːnə] *f* (-; -n) → *Draisine.*

drastisch ['drastiʃ] *adj.* drastic(ally *adv.*).

drauf [drauf] **I.** *adv.* → *darauf;* **II.** *int.* ~! at it!, go it!, let him have it!; ℒ**gänger** ['-gɛŋər] *m* (-s; -) daredevil, plucky fellow, go--ahead fellow, *Am.* go-getter; *in love:* he-man, Casanova; ~**gängerisch** *adj.* daredevil, reckless; aggressive; plucky, go-ahead, *Am.* go-getting; ℒ**gängertum** *n* (-s) recklessness; pluck, dash; aggressiveness; go-aheadedness; '~**gehen** *colloq. v/i.* (*irr.*, *sn*) go west (*or* up in smoke); be lost, *money a.* go down the drain; go to pot; be killed, hand in one's dinner-pail, *Am. sl.* kick the bucket.

'**Draufgeld** *n* earnest-money.

drauf'los|arbeiten *v/i.* (*h.*) work away (*an dat.* at); ~**gehen** *v/i.* (*irr.*, *sn*) make straight for it, make a beeline for it; ~**reden** *v/i.* (*h.*) talk at random, ramble; ~**schlagen** *v/i.* (*irr.*, *h.*) hit wildly (*or* blindly), let fly; ~**wirtschaften** *v/i.* (*h.*) spend recklessly.

'**Draufsicht** *f* top (*Am.* plan) view.

draußen ['drausən] *adv.* out, outside, without; out of doors, outdoors, in the open (air); abroad; ~ *und drinnen* without and within; *da* ~ out there; ~ *im Garten* out in the garden; ~ *auf dem Lande* out in the country; ~ *in der Welt* out in the world.

Drechsel|bank ['drɛksəl-] *f* (-; ℒe) turning-lathe; ℒn *v/t. and v/i.* (*h.*) turn; *fig.* elaborate.

Drechsler ['-lər] *m* (-s; -) turner.

Dreck [drɛk] *m* (-[e]s) dirt; mud, muck, mire; filth (*a. fig.*); *fig.* rubbish, trash; *vulg.* shit; *in den (aus dem)* ~ *ziehen* drag in (out of) the mud; *colloq. er kümmert sich um jeden* ~ he pokes his nose into everything; *er kümmert sich e-n* ~ *darum* he doesn't care a damn (about it); *das geht dich e-n* ~ *an!* that's none of your business!; *du verstehst e-n* ~ *davon* you don't know the first thing about it; *er hat Geld wie* ~ *sl.* he is lousy with money; '~**fink** *m* mudlark; '²**ig** *adj.* dirty; filthy (*both a. fig.*); *colloq. es geht ihm* ~ he is badly off; ~ *lachen* laugh nastily; '~(**°)kerl** *m* swine, skunk, *Am. sl.* heel, louse.

Dreh [dreː] *colloq. m* (-[e]s; -s) twist; *e-r Geschichte e-n heiteren* ~ *geben* give a story an amusing twist; trick, knack; *jetzt hat er den* ~ *weg* now he has got the hang of it.

'**Dreh...:** ~**achse** *f* axis of rotation; ~**arbeiten** *f/pl. film:* shooting *sg.*; ~**automat** *m* automatic lathe; ~**bank** *f* (-; ℒe) (turning-)lathe; ℒ**bar** *adj.* revolving, rotating, rota(to)ry;

---

swivel(l)ing; ~ *eingesetzt* pivoted; ~**be-anspruchung** *f* torsional strain; ~**beginn** *m film:* start of shooting; ~**bewegung** *f* rotation; twisting motion; ~**bleistift** *m* propelling pencil; ~**bohrer** *m* rotary drill; ~**bolzen** *m* pivot pin; ~**brücke** *f* swing (*or* turning) bridge; ~**buch** *n film:* scenario, script; ~**buchverfasser** *m* scenario (*or* script, screen) writer; ~**bühne** *thea.* *f* revolving stage.

drehen ['dreːən] *v/t. and v/i.* (*h.*) turn (*a. tech.*); *round an axis:* a. rotate, swivel; twist, twine; roll (*cigarette*); grind (*organ*); shoot (*film*); dial; → *Ding; sich* ~ turn, spin, gyrate, rotate, pivot; *wind:* shift, veer; *fig.* twist; *sich* ~ *um* revolve round *a centre,* on an axis; *fig.* (be) center(ed) round; *es dreht sich darum, ob* the point is whether; *die Frage dreht sich um* the question hinges on; *das Gespräch drehte sich um* the conversation was about; *mir dreht sich alles im Kopfe* my head swims; *sich* ~ *und wenden* wriggle like an eel.

'**Dreh...:** ~**er** *tech. m* (-s; -) turner, lathe-hand; ~**feder** *f* torsion spring; ~**feld** *el.* *n* rotating field; ~**feldmotor** *el. m* revolving field motor; ~**flügelflugzeug** *n* gyroplane, autogyro; ~**gelenk** *tech. n* swivel joint; ~**geschwindigkeit** *f* rotating speed; ~**gestell** *n* bogie, *Am.* truck; ~**griff** *m* turning handle; *motorcycle:* control grip; ~**knopf** *m* (control) knob; ~**kondensator** *m* variable condenser; ~**kraft** *f* torsional force; torque; ~**kran** *m* swing crane; ~**krankheit** *vet. f* staggers *pl.*; ~**kranz** *m* circular track; *mil.* skate mount; ~**kreuz** *n* turnstile; *tech.* capstan handle; ~**kuppel** *mil. f* revolving turret; ~**moment** *n* torque; ~**orgel** *f* barrel-organ; ~**punkt** *m tech.* cent|re (*Am.* -er) of rotation, fulcrum point; *fig.* pivot; ~**schalter** *el. m* turn (*or* rotary) switch; ~**scheibe** *f* turntable; potter's wheel; *teleph., etc.* dial; ~**schemel** *m* bridge-building: rolling segment; *rail., mot.* bogie; *tractor:* fifth wheel; ~**schieber** *m* rotary slide valve; ~**schranke** *f* revolving (*or* swing) gate; ~**sinn** *tech. m* sense of rotation; ~**spindel** *f* (head-stock) spindle; ~**spule** *el. f* moving coil; ~**stahl** *m* turning tool; ~**strom** *el. m* three-phase current; ~**strommotor** *m* three-phase A.C. motor; ~**stuhl** *m* swivel-chair; ~**tag** *m film:* shooting day; ~**teil** *tech. n* lathe work; ~**tisch** *m tech.* revolving (*or* index) table; *opt.* revolving stage; ~**tür** *f* revolving door; ~**turm** *mar., mil. m* revolving turret; ~**ung** *f* (-; -en) turn; *circular:* a. gyration, rotation (*um on an axis*); revolution (*um round a body*); torsion, twist; ~**ungsfestigkeit** *f* torsional strength; ~**wähler** *m* rotary selector (*or* switch); ~**zahl** *mot. f* speed, number of revolutions, revolutions per minute (*abbr.* r.p.m.); ~**zahlbereich** *m* speed range; ~**zahlmesser** *m* (-s; -) revolution indicator, tachometer; ~**zahlregler** *m* speed governor; ~**zapfen** *m* pivot; trun-

---

nion; *rail.* bogie pin, *Am.* truck center pin; *of crane:* slewing journal.

drei [draɪ] three; ~ *Uhr* three o'clock; ~*viertel zehn* a quarter to ten; *halb* ~ half past two; *sie waren ihrer* ~ there were three of them, they were three (in number); *ehe man bis* ~ *zählen konnte* in the twinkling of an eye, in a jiffy; *er sieht aus, als ob er nicht bis* ~ *zählen könnte* he looks as if butter would not melt in his mouth; ~ *Schritte vom Leib!* keep (*or* hands) off!; ℒ *f* (-; -en) (number) three.

'**drei...:** ℒ**achser** ['-aksər] *mot. m* (-s; -) six-wheeler; ℒ**achteltakt** *mus. m* three-eight time; ℒ**akter** ['-aktər] *thea. m* (-s; -) three-act play; ~**armig** *adj.* three-armed; ~**atomig** *adj.* triatomic; ~**bändig** ['-bɛndiç] *adj.* (consisting) of three volumes, three-volume; ~**basisch** *chem. adj.* tribasic; ℒ**bein** *n* tripod; ~**beinig** *adj.* three-legged; ℒ**blatt** *bot. n* trefoil; ~**blätterig** ['-blɛteriç] *adj.* three-leaved; ℒ**bund** *pol. m* (-[e]s) Triple Alliance; ℒ**decker** ['-dɛkər] *m* (-s; -) *mar.* three--decker; *aer.* triplane; ~**dimensional** *adj.* three-dimensional; *sound:* a. stereophonic; ℒ**eck** ['-ˀɛk] *n* (-s; -e) triangle; ℒ**eckgeschäft** *econ. n* triangular transaction; ~**eckig** *adj.* three-cornered; triangular, trigonal, V-shaped; ℒ**eckschaltung** *el. f* delta connection; ℒ**ecksverhältnis** *fig. n* triangle; ~**einig** *adj.* triune; ℒ**einigkeit** *eccl. f* Trinity; ℒ**einigkeits...** Trinitarian; ~**erlei** ['draɪərlaɪ] *adj.* of three kinds, three sorts of; *auf* ~ *Art* in three (different) ways; ~**fach** *adj.* threefold, treble, triple; *in* ~*er Ausfertigung* in triplicate, in three copies; ℒ**fachkondensator** *el. m* three-gang condenser; ℒ**fachschalter** *m* three-point switch; ℒ**fachschnur** *el. f* triple cord (*or* flex); ℒ**fachstecker** *el. m* three--pole pin plug; ℒ**fachverstärker** *m* three-phase amplifier; ℒ**fadenlampe** *f* three-filament (incandescent) lamp; ~**fältig** ['-fɛltiç] *adj.* → *dreifach*; ℒ**fältigkeit** ['-fɛltiçkaɪt] *eccl. f* (-) Trinity; ℒ**farbendruck** *m* (-[e]s; -e) three-colo(u)r print (-ing); ℒ**farbenphotographie** *f* three-colo(u)r photography; ~**farbig** *adj.* three-colo(u)r(ed), trichromatic; ℒ**felderwirtschaft** *agr. f* three-field system; ℒ**fuß** *m* tripod; ~**füßig** ['-fyːsiç] *adj.* three-footed, tripedal; ℒ**ganggetriebe** *n* three--speed gear (*or* transmission); ~**gängig** *tech. adj.* triple-threaded (*screw*); ℒ**gespann** *n* three-horse carriage; *fig.* trio; ℒ**gestirn** ['-gəʃtirn] *n* (-[e]s; -e) triumvirate; ~**gestrichen** *mus. adj.* three-marked; ℒ**gitterröhre** *f* radio: three-grid valve (*Am.* tube); ~**glied(e)rig** ['-gliːd(ə)riç] *math. adj.* trinominal; *w.s.* triangular; ~**hundert** *adj.* three hundred; ~**hundertjährig** *adj.* tercentenary; ~**hundertst** *adj.,* ℒ**hundertstel** *n* three hundredth; ~**jährig** *adj.* three-year-old; of three years, three years', three-year; ~**jährlich I.** *adj.* triennial; **II.** *adv.*

every three years; **2kampf** *m* *sports*: triathlon; **~kantig** *adj.* three-edged, three-cornered; **2-käsehoch** *colloq. m* (-s; -[s]) whipper-snapper, hop-o'-my-thumb; **2-klang** *mus. m* triad; **2königsfest** *n* Epiphany; **2mächteabkommen** *pol. n* tripartite agreement; **~mal** *adv.* three times, thrice; **~malig** *adj.* done (*or* repeated) three times, triple; *sein ~er Versuch* his three attempts; **2master** *mar. m* (-s; -) three-master; (*hat*) three-cornered hat; **2meilenzone** *f* three-mile limit; **~monatig** ['-moːnatiç] *adj.* of three month, three months', three-month; **~monatlich I.** *adj.* three-monthly, quarterly; **II.** *adv.* every three months; **~motorig** *adj.* three-engined.
drein [draɪn] → darein.
'**drei...: ~phasig** ['-faːziç] *el. adj.* three-phase; **~polig** ['-poːliç] *adj.* three-pole, triple-pole; **~prozentig** *econ. adj.* bearing three per cent (interest); **2e** *Papiere* three-per-cents; **2rad** *n* (a. child's) tricycle; *mot.* (**2radwagen** *m*) three-wheeler; **~räd(e)rig** ['-rɛːd(ə)riç] *adj.* three-wheeled; **~reihig** ['-raɪç] *adj.* (placed) in three rows *or* lines, triple-row; **2ruderer** *m* trireme; **2satz** *math. m* rule of three; **~säurig** ['-zɔyriç] *chem. adj.* triacid; **~schichtig** ['-fiçtiç] *adj.* three-layered; *wood*: three-ply; **~seitig** ['-zaɪtiç] *adj.* three-sided, trilateral; **~silbig** ['-zilbiç] *adj.* trisyllabic; **~sitzig** ['-zitsiç] *adj.,* **2sitzer** *m* three-seater; **~spaltig** ['-fpaltiç] *adj.* three-columned; **2spänner** ['-fpɛnər] *m* (-s; -) → Dreigespann; **~spännig** ['-fpɛniç] *adj.* with (a team of) three horses; **~sprachig** ['-fpraːxiç] *adj.* in three languages, trilingual; **2springer** *m sports*: triple jump man; **2sprung** *m sports*: triple jump; hop, step (*Am.* skip), and jump.
dreißig ['draɪsiç] *adj.* thirty; *im Alter von ~ Jahren* at the age of thirty; *tennis*: *zu ~* thirty all; **2** *f* (-; -en) (number) thirty; **~er** ['-gər] *adj.*: *in den* **2***n* (*age*), *in den ~ Jahren* (*period*) in the thirties; **2er(in** *f*) *m* (-s, -; -, -nen) man (woman) of thirty *or* in his (her) thirties; **~jährig** *adj.* thirty-years-old; of thirty years; *der* **2***e Krieg* the Thirty Years' War; **~ste** *adj.,* **2stel** [-stəl] *n* (-s; -) thirtieth.
dreist [draɪst] *adj.* bold, audacious; impudent, cheeky, saucy; *ich darf ~ behaupten* I make bold to say.
'**dreistellig** *adj.* of three places (*or* digits); **~e** *Zahl a.* three-figure number.
'**Dreistigkeit** *f* (-) boldness, audacity; impudence, cheek; *die ~ haben zu inf.* have the face to *inf.*
'**drei...: ~stimmig** ['-ftimiç] *adj.* for (*or* in) three voices; **~stöckig** ['-ftœkiç] *adj.* three-storied; **~stufig** ['-ftuːfiç] *adj.* with three steps; *tech.* three-stage (*a. rocket*); **~-speed** (*engine*); **~stündig** ['-ftyndiç] *adj.* of three hours, three hours', three-hour; **~tägig** *adj.* of three days, three days', three-day; **~teilig** *adj.* (consisting of) three

parts, tripartite; three-piece (*dress,* etc.); **2viertelmehrheit** *f* three-quarter majority; **2vierteltakt** *mus. m* three-four time; **2zack** ['-tsak] *m* (-[e]s; -e) trident; *bot.* arrow-grass; **~zehn** *adj.* thirteen; *jetzt schlägt's aber ~!* that's the limit!; **~zehnte** *adj.* thirteenth; **2-zylindermotor** *m* three-cylinder engine.
Drell [drɛl] *m* (-s; -e) → Drillich.
Dresch|e ['drɛfə] *colloq. f* (-; -n) thrashing; **2en** *v/t. and v/i.* (irr., h.) thresh; (*beat*) thrash; → Phrase, Stroh; **~er** *m* (-s; -) thresher; **~flegel** *m* flail; **~maschine** *f* threshing-machine.
Dress|eur [drɛˈsøːr] *m* (-s; -e) trainer; tamer; **2ieren** *v/t.* (h.) train; break in (*horse*); *fig.* drill; *tech.* finish; **~ur** [drɛˈsuːr] *f* (-; -en) training; breaking-in.
dribb|eln ['dribəln] *v/i.* (h.), **2ling** [-liŋ] *n* (-s; -s) *soccer*: dribble.
Drill [dril] *mil. m* (-[e]s) drill (*a. fig.*).
'**Drillbohrer** *m* (screw) drill.
'**drillen** *v/t.* (h.) *mil.* drill (*a. fig.*); *tech.* **a**) twist, **b**) drill.
Drillich ['driliç] *m* (-[e]s; -e) drill (cloth), tick(ing); **~anzug** *m* fatigue uniform, denims *pl.*; **~zeug** *n* fatigue clothes *pl.*
Drilling ['driliŋ] *m* (-s; -e) (*child*) triplet; *hunt., mil.* three-barrel(l)ed gun; **~turm** *mil. m* triple turret.
drin [drin] → darin.
dringen ['driŋən] *v/i.* (irr., sn) *durch et.*: force one's way through, break (*or* get) through (*a th.*); penetrate, pierce; pass through; *aus et.*: break forth from; *noise*: come from; *in et.*: penetrate into; invade, enter (by force), force one's way into; *fig.* search into, go to the bottom of; *in die Öffentlichkeit ~* get abroad, spread, leak out; *in j-n ~* urge (*or* press) a p., prevail on (*or* entreat) a p.; *er drang nicht weiter* (*in sie*) he didn't press the point any further; *bis zu et.*: get (*or* go, advance) as far as, reach; *zum Herzen ~* go (straight) to a p.'s heart; (*irr., h.*) *~ auf* (*acc.*) insist on, press for; urge, demand; → gedrungen; **~d I.** *adj.* urgent, pressing; priority; imminent, instant (*danger*); strong (*suspicion*); **~es** *Gespräch teleph.* emergency call; **II.** *adv.* urgently; *~ notwendig* imperative; *~ verdächtig* highly suspect; *~ abraten* (*zu inf., von*) strongly advise against; *~ bitten* plead hard (*acc.* with), request a p. earnestly, entreat; *~ brauchen* be in urgent need of, want badly.
dringlich ['driŋliç] *adj.* pressing, urgent; **2keit** *f* (-) urgency; priority.
'**Dringlichkeits...: ~antrag** *m* application (*parl.* motion) of urgency; **~bescheinigung** *f* certificate of priority; **~fall** *m* case of (special) emergency; **~liste** *f* priority list; **~stufe** *f* priority (class); *höchste ~* top priority; **~vermerk** *m* priority note.
drinnen ['drinən] *adv.* inside, within; indoors.
dritt|(e) ['drit(ə)] *adj.* third; *aus ~er Hand* at third-hand, indirectly;

wir waren zu ~ we (*or* there) were three of us; *das ist sein ~es Wort* that's his pet saying; **2e(r)** *m* (-[e]n; -[e]n) *the* third; *jur.* third party; *Heinrich III.* (*der ~*) Henry III (the Third); third best; *er erreichte das Ziel als ~r* he came in third; **2el** *n* (-s; -) *and* **~el** *adj.* third; *zwei Drittel* two(-)thirds; **~eln** *v/t.* (h.) divide into three (parts); **~ens** *adv.* thirdly, in the third place; **~letzt** *adj.* last but two; **2schuldner** *m* third-party debtor.
droben ['droːbən] *adv.* above (there), up there; on high.
Droge ['droːgə] *f* (-; -n) drug; **Drogerie** [drogəˈriː] *f* (-; -n) chemist's (shop), *Am.* drugstore.
Droge'riewaren *f/pl.* drugs.
Drogist [-ˈgist] *m* (-en; -en) druggist.
Drohbrief ['droː-] *m* threatening letter.
drohen ['droːən] *v/i.* (h.) (*dat.*) threaten, menace; *mit der Faust*: shake a fist at; *mit Krieg ~* threaten war, rattle the sabre; warn; shake a warning finger at; *danger, etc.*: threaten, impend, approach, loom (up); *er weiß noch nicht, was ihm droht* he doesn't know yet what is in store for him; *die Firma drohte zusammenzubrechen* the firm threatened to collapse *or* was near (*or* in danger of) going bankrupt *or* was on the verge of failure; **~d** *adj.* threatening, menacing; imminent, impending.
Drohne ['droːnə] *f* (-; -n) drone (*a. fig.*); **~nschlacht** *f* slaughter of the drones.
dröhnen ['drøːnən] *v/i.* (h.) rumble; *engine, gun, voice, etc.*: boom, roar; *machine, voice, etc.*: drone, hum; *thunder, etc.*: roll; *steps*: thud; *room*: resound, ring, echo (*von* with); *mir dröhnt der Kopf* my head is ringing; quake, shake.
'**Drohrede** *f* threatening speech.
Drohung ['droːuŋ] *f* (-; -en) threat (*mit et.* of a th.; *gegen j-n* to a p.), menace; intimidation; *leere ~* bluff.
drollig ['droliç] *adj.* droll, funny, comical; **2keit** *f* (-) drollery, drollness.
Dromedar [dromeˈdaːr] *n* (-s; -e) dromedary.
drosch [drɔf] *pret. of* dreschen.
Droschke ['drɔfkə] *f* (-; -n) cab, taxi(-cab); **~ngaul** *m* cab-horse; **~nhalteplatz** *m* cab-stand; **~nkutscher** *m* cabman.
Drossel ['drɔsəl] *f* (-; -n) *orn.* thrush; song-thrush, *poet.* mavis; *hunt.* throat; *mot.* throttle; *el.* choking coil, choke; **~ader** *anat. f* jugular vein; **~hebel** *mot. m* throttle (lever); **~klappe** *f* throttle(-valve); **2n** *v/t.* (h.) throttle, choke (a. *mot.* and *fig.*); **~spule** *el. f* choke coil; **~ung** *fig. f* (-) throttling, curb (-ing); **~ventil** *n* → Drosselklappe.
drüben ['dryːbən] *adv.* over there, on the other side, yonder.
drüber ['dryːbər] → darüber.
Druck [druk] *m* (-[e]s; [-e]) **1.** (*pl.* **~e**) pressure (*a. med., tech.*); squeeze (*of hand*); *phys.* **a**) axial: thrust, **c**) load, **d**) stress;

atmosphärischer ~ atmospheric pressure; blast; *Dampf unter* ~ live steam; ~ *und Gegendruck* action and reaction; *fig.* pressure; strain, stress; oppression; burden, weight; nightmare; ~ *ausüben auf (acc.)* exert pressure on, bring pressure to bear on; *j-n unter* ~ *setzen* put pressure (or the screw) on a p.; *colloq. im* ~ *sein* be rushed; **2.** (*pl.* -e) *typ.* impression, print; printing; copy, issue; *großer* (*kleiner*) ~ large (small) print *or* type; *im* ~ *erscheinen* appear in print, be published; *im* ~ *sein* be printing (or in the press); *in* ~ *senden* (*gehen*) send (go) to the press; ~ *und Verlag L.* Printers and Publishers L.; '~anzug *aer. m* pressure suit; '~beanspruchung *f* compressive stress; '~behälter *m* pressure tank; '~bogen *typ. m* (-s; -) printed sheet; '~buchstabe *m* block letter; *in* ~*n schreiben* print, write in block letters.
Drückeberger ['drykəbergər] *colloq. m* (-s; -) shirker, dodger; malingerer; Drückeberge'rei *f* (-) shirking; absenteeism.
'Druck...: ⊊dicht *tech. adj.* tight, pressurized; ⊊empfindlich *adj.* sensitive to pressure, *med a.* tender.
'drucken *v/t.* (h.) print; ~ *lassen* have *a th.* printed, bring out, publish; *er lügt wie gedruckt* he lies by the book.
drücken ['drykən] **I.** *v/t.* (h.) press; depress (*key, lever*); *j-m die Hand* ~ shake hands with a p., press (or squeeze) a p.'s hand; *j-m et.* (*heimlich*) *in die Hand* ~ slip a th. into a p.'s hand; *j-n an sich* ~ press (or clasp) a p. to one's breast, give a p. a hug; *fig.* oppress, weigh down, depress, lie (or weigh) heavily (up)on; *shoe:* pinch; depress, bring (or force) down (*market, prices*); lower, better *a record* (*um by*); *aer.* nose down; **II.** *v/refl.* (h.): *colloq. sich* ~ sneak (or slip) away, *Am. a.* beat it, duck; *sich von e-r Pflicht* ~ shirk a duty; *sich* ~ *um* evade, dodge; back out of; *mil.* malinger; *du willst dich nur* ~*!* you only want to get out of it!; **III.** *v/i.* (h.): ~ *auf* (*acc.*) press, touch; *auf den Knopf* ~ press the button; ~ *drückend, gedrückt;* ⊊ *n* (-s) → *Druck; weight-lifting:* (*beidarmiges*) (two-hands) clean and press; *gym.* press-up; ~d *adj.* heavy, oppressive (*a.* ~ *heiß* = sultry, sweltering); ~e *Last fig.* onerous charge; ~e *Armut* grinding poverty.
'Drucker *typ. m* (-s; -) printer (*a. device, e.g. Blatt*⊊ page-printer).
'Drücker *m* (-s; -) latch; latchkey; *on rifle:* trigger; *tech. a.* thumb-release; press-button.
'Druckerarbeit *f* press-work.
Drucke'rei *f* (-; -en) printing-office, *Am.* printery, printing shop.
'Druck-erlaubnis *f* printing licen|ce, *Am.* -se, imprimatur.
'Drucker...: ~presse *f* (printing-) press; ~schwärze *f* printer's ink; ~zeichen *n* printer's mark.
'Druck...: ~fahne *typ. f* (galley-) proof; ~farbe *f* (printing-)ink; ~-

feder *f* tension spring; ~fehler *m* misprint, typographical error; ~fehlerteufel *m* gremlin who causes misprints; ~fehlerverzeichnis *n* errata *pl.*; ⊊fertig *adj.* ready for the press; ⊊fest *adj.* pressure-proof; ~festigkeit *tech. f* compressive strength; ~füllstift *m* automatic pencil; ~gas *n* pressure gas; ~gefälle *n* pressure drop; ~kabine *f* pressurized cabin; ~knopf *m tech.* push-button, press button; *on dress:* patent (*or snap*) fastener; ~knopfanlasser *mot. m* push-button starter; ~knopfgetriebeschaltung *mot. f* push-button drive (selection); ~knopfsteuerung *f* push-button control; ~last *f* load; ~legung *f* (-; -en) printing, going to press; ~leitung *f* pressure line; ~luft *f* (-) compressed air; ~luftbehälter *m* compressed air cylinder; ~luftbremse *f* air(-pressure) brake; ~maschine *typ. f* printing machine; ~messer *tech. m* (-s; -) pressure ga(u)ge; *steam:* manometer; ~papier *n* printing paper; ~platte *f* printing plate; *el.* armature head; ~posten *colloq. m* soft job; ~presse *f* printing-press; ~pumpe *f* pressure pump; ~punkt *m tech.* working (or straining) point; *rifle, etc.:* pull-off; ~ *nehmen* a) take first pressure, b) *colloq. fig.* → *sich drücken;* ~raster *m* (printer's) screen; ~regler *tech. m* pressure governor; ⊊reif *adj.* ready (*fig.* ripe) for the press.
drucksen ['druksən] *colloq. v/i.* (h.) hem and haw, beat about the bush, hesitate.
'Druck...: ~sache(n *pl.*) *f* printed matter, *Am. a.* second-class (matter); *parl.* Document; ~sachenwerbung *f* direct-mail advertising; ~schmierpresse *f* grease gun; ~schmierung *tech. f* forced-feed lubrication; ~schraube *aer. f* pusher airscrew; *Flugzeug mit* ~ pusher (plane); ~schrift *f* print, type; publication; ~stock *m* (-[e]s; -stöcke) (printing) block, cut, electro(type); ~taste *f* press key; ~telegraph *m* (typ.) printing telegraph; ~umlaufschmierung *mot. f* forced oil circulation, flooding system; ~ventil *n* reduction (*hydraulics:* delivery) valve; ~verband *med. m* pressure dressing; ~verfahren *n* printing process (or method); ~walze *f typ.* printing roller, cylinder; *agr.* press(ing) roll; ~waren *pl.* printed goods, prints; ~wasser *n* pressure water; *in compounds:* hydraulic; ~welle *f* blast, pressure wave; ~zylinder *m* pressure-cylinder; *typ.* impression; (*offset:* rubber) cylinder.
Drudenfuß ['dru:dən-] *m* pentagram; *bot.* clubmoss.
drum [drum] *adv.* → *darum; das* ⊊ *und Dran* everything (or all the little things) connected with it, the paraphernalia; *mit allem* ⊊ *und Dran* with all the trimmings.
drunten ['druntən] *adv.* down there, below (there); downstairs.
drunter und drüber *adv.* upside down, topsy-turvy, higgledy-pig-

gledy; *alles ging* ~ everything was at sixes and sevens.
Druse ['dru:zə] *f* (-; -n) *min.* druse, geode; *vet.* strangles, glanders *pl.*
Drüse ['dry:zə] *f* (-; -n) *anat. f* gland; ~n *pl. mit innerer Sekretion* endocrine glands.
'Drüsen...: ~entzündung *f* adenitis; ~krankheit *f* glandular disease, scrofula; ~schwellung *f* glandular swelling; ~tätigkeit *f* (-) glandular activity.
Dryade [dry'a:də] *f* (-; -n) dryad.
Dschungel ['dʒuŋəl] *m* (-s; -) jungle; ~fieber *n* jungle-fever.
Dschunke ['dʒuŋkə] *f* (-; -n) junk.
du [du:] *pron. pers.* you; *eccl., poet.* thou; *bist* ~ *es?* is it you?; *auf* ~ *und* ~ *stehen* be on intimate terms (*mit* with).
Dualismus [dua'lismus] *m* (-) dualism.
Dübel *tech. m* ['dy:bəl] *m* (-s; -) dowel, peg, plug.
Dublee [du'ble:] *n* (-s; -s) rolled gold.
Dublette [du'blɛtə] *f* (-; -n) duplicate, double (specimen); *gr.* doublet; *hunt.* right-and-left (shot); *boxing:* doublette.
ducken ['dukən] *v/t.* (h.) duck (one's head); *fig.* take *a p.* down a peg or two; *sich* ~ a) stoop, cower, crouch, b) duck, c) *fig.* cringe, cower, knuckle under (*vor dat.* to).
Duckmäuser ['-mɔyzər] *m* (-s; -) sneak, cringer, *Am. sl.* pussyfoot; hypocrite; ⊊ig *adj.* cringing, sneaking; hypocritical.
Dudelei [du:də'lai] *f* (-) tooting; dudeln ['du:dəln] *v/i. and v/t.* (h.) tootle; thrum, strum; skirl.
'Dudelsack *m* bagpipe; *auf dem* ~ *spielen* play (on) the bagpipe, skirl; ~pfeifer *m* bagpiper.
Duell [du'ɛl] *n* (-s; -e) duel; ~ *auf Pistolen* duel with pistols; Duellant [-'lant] *m* (-en; -en) duellist; duellieren: *sich* ~ (h.) (fight a) duel.
Duett [du'ɛt] *n* (-[e]s; -e) duet.
Duft [duft] *m* (-[e]s; ⁺e) exhalation, haze; pleasant smell, fragrance, perfume, aroma, (sweet) scent; waft, whiff; ⊊en *v/i.* exhale fragrance, have a perfume, smell sweet; ~ *von* be scented (or fragrant, sweet) with; be redolent with; '⊊end *adj.* fragrant, sweet-smelling (or -scented), aromatic; '⊊ig *adj.* fragrant, filmy, dainty; hazy; '~stoff *m* odorous substance, perfume, scent; *chem.* odiferous agent.
Dukaten [du'ka:tən] *m* (-s; -) ducat; ~gold *n* ducat (or fine) gold.
duld|en ['duldən] *v/t.* (h.) bear (patiently), endure, suffer; tolerate, permit, put up with, shut one's eyes to; → *Aufschub; ich dulde nicht, daß* I won't have it that; ⊊er(in *f*) *m* (-s, -; -, -nen) sufferer; ~sam *adj.* tolerant (*gegen* of), indulgent (to), patient (with), forbearing; ⊊samkeit *f* (-) tolerance (*gegen* of), forbearance; ⊊ung *f* (-) toleration, sufferance.
dumm [dum] *adj.* stupid, dull, dense, *Am. a.* dumb; idiotic, brainless, blockheaded; silly, foolish; imprudent, unwise; fatuous; awk-

ward (*thing*); dizzy, giddy (*von, vor dat.* with); ~er *Junge* young shaver, jackanapes; e-e ~e *Sache* an awkward business; ~er *Streich* foolish prank; ~es *Zeug!* nonsense!, rubbish!, bosh!; ~es *Zeug reden* talk nonsense (*or* through one's hat, *or* hot air); ~ *machen, für* ~ *verkaufen* dupe, *Am. sl.* play a p. for a sucker; *sich* ~ *stellen* play the fool; *er ist nicht so* ~ he is no fool; *so* ~ *müßte ich sein!* catch me doing that!; *das ist zu* ~*!* how awkward!, what a nuisance (*or* bore)!; *schließlich wurde es mir zu* ~ at last I got tired of all this; *das war* ~ *von mir* how stupid of me; '2e(r) *m* (-[e]n; -[e]n) fool; *der* ~ *sein* be the loser (*or* dupe), (have to) pay the piper; *die* ~*n werden nicht alle* fools never die out, *Am.* there's a sucker born every minute; '~**dreist** *adj.* impudent, impertinent, saucy; '2**heit** *f* (-; -en) stupidity, dullness; foolishness, silliness; ignorance; imprudence; folly; blunder; foolish prank; indiscretion, faux pas (*Fr.*); e-e ~ *begehen or machen* do a foolish thing, put one's foot in it, *sl.* drop a brick; ~*en* (*pl.*) *treiben* cut capers, (play the) clown; '2**kopf** *m* blockhead, duffer, stupid, *Am. sl.* sap(head), dumbbell; fool.

dumpf [dumpf] *adj.* hollow, dull, muffled (*sound*); ~er *Aufprall, etc.*, *a.* ~ *aufprallen, etc.* thud; heavy, sultry, close (*air*); muggy, stifling (*weather*); stuffy, fusty; mo(u)ldy, musty; *fig.* dull; gloomy; dim, faint; e-e ~e *Ahnung, ein* ~*es Gefühl* a dark feeling.

'**dumpfig** *adj.* damp, dank; mouldy, musty; close, stuffy, fusty; sultry, stifling.

Düne ['dy:nə] *f* (-; -n) dune, sandhill; '~**ngras** *n* beach grass.

Dung [duŋ] *m* (-[e]s) dung, manure.

Düngemittel ['dyŋə-] *n* fertilizer.

'**düngen** *v/t.* (h.) dung, manure, fertilize.

'**Dünger** *m* (-s;) dung, manure; fertilizer.

'**Dung...**: ~**erde** *f* vegetable earth, mo(u)ld, compost; ~**grube** *f* manure pit; ~**haufen** *m* dunghill.

'**Düngung** *f* (-) manuring, fertilizing.

dunkel ['duŋkəl] *adj. generally*: dark; dim, murky; dusky; gloomy, somb|re, *Am.* -er; *fig.* dark, obscure, deep, mysterious; vague, dim, hazy (*feeling, memory*); ~ *machen* darken; ~ *werden* get (*or* grow) dark, darken, dim; shady, dubious, obscure (*dealings, existence, etc.*); *das dunkle Mittelalter* the Dark Ages *pl.*; → *Punkt*; '**Dunkel** *n* (-s) *the* dark, darkness, gloom; *fig.* darkness, obscurity, mystery; *im* ~ *der Nacht* in the depth of night; *j-n im* 2*n lassen* leave a p. in the dark (*über acc.* about); *im* ~*n tappen* grope in the dark.

Dünkel ['dyŋkəl] *m* (-s) (self-)conceit, arrogance.

'**dunkel...**: ~**blau** *adj.* dark-blue; ~**braun** *adj.* dark-brown; tan(ned), tawny.

'**dünkelhaft** *adj.* (self-)conceited, arrogant.

'**dunkel...**: ~**häutig** *adj.* swarthy;

dark(-skinned); 2**heit** *f* (-) darkness; *tiefe* ~ blackness, *of skin: a.* swarthiness, *fig.* obscurity; darkness, gloom; *in* ~ *hüllen* plunge into darkness, *fig.* wrap in obscurity; *spread a veil of mystery over*; *bei anbrechender* ~ at nightfall; 2**kammer** *phot. f* dark room; 2**mann** *m* obscurant(ist); shady character; ~**n** I. *v/i.* (h.) grow dark, darken; II. *v/t.* (h.) darken, deepen (*colours*); ~**rot** *adj.* dark-red; 2**schalter** *m* dimmer switch; 2**ziffer** *f* estimated figure of unknown cases.

dünken ['dyŋkən] *v/i.* (h.) seem, appear; *es dünkt mich* (*a. mir*) *it* seems to me; *es dünkt mich etwas seltsam* it strikes me as being a little odd; *sich weise* ~ fancy (*or* imagine, think) o.s. wise.

dünn [dyn] *adj. generally*: thin (*a. voice*); fine, delicate; flimsy; sheer (*fabric*); slight, slender, slim; lean, spindly; weak, dilute(d) (*liquid*); *phys.* rare (*air*); ~ *bevölkert* thinly (*or* sparsely) populated; ~ *machen* (make) thin; *colloq. sich* ~*e machen* make o.s. scarce; ~ *werden* grow thin; 2**blech** *n* light-ga(u)ge steel sheet; '2**bier** *n* small beer; '2**darm** *m* small intestine (*or* gut); '2**druckpapier** *n* India paper; '2**e**, '2**heit** *f* (-) thinness; fineness; flimsiness; slenderness; weakness (*of liquid*); *phys.* rarity (*of air*); '~**flüssig** *adj.* thinly liquid, watery, fluid; light, thin-bodied (*oil*); ~**gesät** ['~gəsɛ:t] *adj.* thin-sown, thinly scattered; *fig.* sparse, scarce; '~**wandig** *adj.* thin-walled.

Dunst [dunst] *m* (-es; ⁻e) exhalation; vapo(u)r, steam; smoke; fume; haze, mist; *fig. j-m e-n blauen* ~ *vormachen* throw dust into a p.'s eyes, humbug a p.; *er hat keinen* (*blassen*) ~ *davon* he hasn't the foggiest idea about it.

dünsten ['dynstən] I. *v/t.* (h.) stew; II. *v/i.* (h.) stew; vapo(u)r, steam, smoke.

'**dunstig** *adj.* vaporous; damp; hazy, misty; → *dumpfig*.

'**Dunstkreis** *m* atmosphere.

'**Dunst-obst** *n* stewed fruit.

'**Dunstschleier** *m* haze.

Dünung ['dy:nuŋ] *f* (-; -en) swell, surf.

Duodez [du:o'de:ts] *typ. n* (-es) duodecimo; ~**band** *m* (-[e]s; ⁻e) duodecimo (volume); ~**fürst** *m* petty prince, princeling.

Duodezi'malsystem *n* duodecimal system.

düpieren [dy'pi:rən] *v/t.* (h.) dupe.

Duplex|bremse ['du:plɛks-] *mot. f* duplex brake; ~**betrieb** *el. m* duplex operation; ~**leitung** *f* duplex circuit.

Duplik [du'pli:k] *jur. f* (-; -en) (defendant's) rejoinder.

Duplikat [dupli'ka:t] *n* (-[e]s; -e) duplicate; (identical) copy; *arts:* replica; ~**s-quittung** *f* duplicate receipt.

Duplizität [-litsi'tɛ:t] *f* (-) duplicity.

Dur [du:r] *mus. n* (-; -) major.

'**Dur-alumin(ium)** *n* duralumin.

durch [durç] I. *prp.* (*acc.*) through, *Am. a.* thru; across; ~ *ganz England* throughout (*or* all over) England;

through, by, by means (*or* the agency) of; → *wegen*; through(out), during; *das ganze Jahr* ~ throughout the year, the whole year through; *den ganzen Tag* ~ all day (long), the clock round; *die ganze Nacht* ~ all night long; II. *adv.*: *es ist drei* (*Uhr*) ~ it is past three; *hast du das Buch schon* ~? have you finished the book?; ~ *und* ~ through and through, thoroughly, completely, *fig. a. person*: to the backbone; *ein Politiker* ~ *und* ~ a dyed-in-the-wool (*or* engrained) politician; ~ *und* ~ *ein Ehrenmann* a thorough gentleman; ~ *und* ~ *naß* wet (*or* drenched) to the skin.

'**durch-ackern** *fig. v/t.* (h.) plough through.

'**durch-arbeiten** I. *v/t.* (h.) work through; study thoroughly; exercise, train, give *the body* a work-out; work *or* knead (thoroughly); complete, finish; *sich* ~ work (*or* make) one's way through; II. *v/i.* (h.) work without a break.

durch'aus *adv.* throughout, thoroughly; through and through, out and out; absolutely, quite, positively, definitely, by all means; downright; ~ *nicht* not at all, not in the least, by no means; ~ *nicht reich* far from rich; *wenn du es* ~ *willst* if you insist on (*or* make a point of) it; *sie wollte es* ~ *so haben* she wouldn't do it otherwise.

'**durchbacken** *v/t.* (*irr.*, h.) bake thoroughly; *durchgebacken* well done.

durch'beben *v/t.* (h.) thrill (through), pervade, go through.

'**durch|beißen** *v/t.* (*irr.*, h.) bite through (*or* in two); *fig. sich* ~ fight it out, struggle through; weather the storm; ~**betteln**: *sich* ~ (h.) beg one's way; live by alms; ~**biegen**: *sich* ~ (*irr.*, h.) bend through, sag; ~**bilden** *v/t.* (h.) educate (*or* train) thoroughly; improve, perfect, develop fully (*or* to perfection); design; ~**blättern** *v/t.* (h.) glance (*or* skim) through (*a book*), *Am.* leaf (*or* thumb) through; ~**bleuen** *v/t.* (h.) beat soundly, thrash, give a sound hiding; 2**blick** *m* (*auf or in acc.* of), view, vista, perspective; peep; ~**blicken** *v/i.* (h.) look (*or* peer) through; *fig.* become apparent, peep out, show; *colloq.* get it; ~ *lassen* give to understand, hint.

durch'bluten *v/t.* (h.) supply with blood.

durch'bohren I. *v/t.* (h.) pierce; stab; run through; perforate; *fig.* → *Blick*; II. *v/i.* (h.) '**durchbohren** bore through; *sich* ~ bore one's way (through); ~**d** *adj.* piercing, keen (*glance*); gnawing (*pain*); ~**boxen** *colloq. v/t.* (h.) push a th. through; *sich* ~ struggle through.

'**durch|braten** *v/t.* (*irr.*, h.) roast thoroughly; *durchgebraten* well done; ~**brechen**[1] I. *v/t.* (*irr.*, h.) break through (*or* in two), snap; *ein Loch* ~ make *or* cut a hole; II. *v/i.* (*irr.*, sn) break (*or* crash) through, force one's way (through); appear, show; break (*or* come) out; *blossoms*: come (*or* spring) forth; *teeth*: cut; '**brechen**[2] *v/t.* (*irr.*, h.) break through, pierce; run (*blockade*); perforate; *fig.* break, be contrary to; **~brennen** *v/t.* (*irr., h.*) *and v/i.* (*irr., sn*) burn through; burn a hole in; *el.* fuse, blow; burn out; *colloq. fig.* run away, bolt (*mit et.* with); *sie brannte mit ihm durch* she eloped with him; **~bringen** *v/t.* (*irr., h.*) bring (*or* get) through; see *a th. or p.* safely through; pull *a patient* through, bring *a p.* round; bring up, rear (*children*); pass (*law*) → *durchdrücken*; squander, *sl.* blue (*money*); *sich ~* support o.s., make both ends meet; *sich ehrlich ~* make an honest living; *sich kümmerlich ~* make a poor living, scrape through.

durchbrochen [-'brɔxən] *adj.* pierced, perforated; **~e** *Arbeit* pierced work, *sewing:* openwork, *of goldsmith:* filigree(-work).

'Durchbruch *m mil.* break-through, penetration; rupture, bursting (*of dam, etc.*); gap, breach, opening; *med.* eruption; *of teeth:* cutting; *of road:* piercing, cutting; *fig.* breakthrough, ultimate success; *zum ~ kommen* appear, show, burst forth; **~sschlacht** *mil. f* break-through battle; **~s-stelle** *mil. f* point of penetration; **~sversuch** *mil. m* attempted break-through, *Am.* probe.

durchdacht [-'daxt] *adj.: gut ~* well--reasoned, well weighed; well--devised.

durch'denken *v/t.* (*irr., h.*) think (*or* reason) out; think *a th.* over, turn *a th.* over in one's mind.

'durch|drängen *v/t.* (*h.*) force (*or* press) through; *sich ~* force (*or* squeeze, elbow, push) one's way through; **~drehen I.** *v/t.* (*h.*) crank *the engine* (through); *aer.* swing; pass *meat* through the mincer, mince; **II.** *colloq. v/i.* (*sn*) go mad, crack up; **~dringen I.** *v/i.* (*irr., sn*) get through, penetrate; *liquid:* permeate, ooze through; *news:* get abroad, leak out; *fig. person:* succeed, carry one's point, win through; *opinion:* prevail; **II.** *v/t.* (*irr., h.*) *durch'dringen* penetrate, pierce; permeate, pass through; *fig.* penetrate; fill, imbue, inspire (*mit* with); **~d** *adj.* penetrating, piercing; piercing, cutting (*cold, wind*); piercing, shrill (*voice*); **~er** *Schrei* scream, shriek; penetrating, keen (*intelligence*).

Durchdringung [-'driŋuŋ] *f* (-) penetration, pervasion; *pol.* friedliche **~** peaceful penetration; **~s-vermögen** *n* penetrating power.

'durchdrücken *v/t.* (*h.*) press (*or* squeeze) through; straighten (*knee, etc.*); *fig.* → *durchsetzen; pol.* rush (*or* railroad) *a bill* through.

durchdrungen [-'druŋən] *adj.* imbued, impressed, inspired (*von* with).

durch'eilen *v/t.* (*h.*) (*v/i.* [*sn*] *'durcheilen*) hasten (*or* hurry, rush) through, pass through *or* across in haste; *sports:* cover (*a distance*).

durchein'ander *adv.* in confusion; in a jumble, pell-mell, higgledy--piggledy; promiscuously; *ganz ~ sein person:* be all mixed up, be all

upset; **2** *n* (-s; -) confusion; disorder, disarray; muddle, jumble; medley of voices; **~bringen** *v/t.* (*irr., h.*) muddle up; *j-n:* upset, bewilder a p.; mix up (*ideas*); **~geraten** *v/i.* (*irr., sn*) get mixed up; **~reden** *v/i.* (*h.*) talk (*or* speak) simultaneously *or* confusedly, speak all in a crowd; **~werfen** *v/t.* (*irr., h.*) throw into disorder, jumble up; *fig.* mix up.

'durchfahren I. *v/i.* (*irr., sn*) pass (*or* drive *or* mar. sail *or* rail. run) through; go through (without stopping, *mar.* landing); *unter e-r Brücke:* shoot a bridge; **II.** *v/t.* (*irr., h.*) *durch'fahren* pass through, → *I.; das Meer ~* sail *or* cross the sea; *fig.* go (*or* run, rush) through; *der Gedanke durchfuhr mich* the idea flashed upon me.

'Durchfahrt *f* passage (through); thoroughfare; gate(-way); channel; **~** *verboten!* no thoroughfare!; **~höhe** *f* clearance (height); **~srecht** *n* right of passage (*or* way); **~szoll** *m* transit-duty, toll.

'Durchfall *m med.* diarrh(o)ea; *fig.* failure, *thea., etc. sl.* flop; **2en I.** *v/i.* (*irr., sn*) fall through; *ped. etc.* fail, be rejected, flunk; *in election:* be unsuccessful, be defeated; *thea. sl.* turn out a flop; **~** *lassen* reject, flunk; *thea.* damn; **II.** *v/t.* (*irr., h.*) *durch'fallen* fall (*or* drop) through.

'durch'faulen *v/i.* (*sn*) rot through; **~fechten** *v/t.* (*irr., h.*) fight (*or* battle, see) *a th.* through, fight it out; carry one's point; *sich ~* fight one's way through; **~feilen** *v/t.* (*h.*) file through; *fig.* polish, give the last finish to.

durch'feuchten *v/t.* (*h.*) wet thoroughly, soak.

'durchfinden: *sich ~* (*irr., h.*) find one's way through; *er findet sich nicht mehr durch* he is at his wit's end (*or* completely at a loss).

durch'flechten *v/t.* (*irr., h.*) interlace, interweave, intertwine.

durch'fliegen I. *v/t.* (*irr., h.*) fly through; fly (*or* cover) *a distance; fig.* skim over, run (*or* glance) through; **II.** *v/i.* (*irr., sn*) *'durchfliegen* fly through *a book; colloq.* fail, get ploughed in, flunk *an examination.*

durch'fließen *v/t.* (*irr., h.*) flow (*or* run) through (*a. fig.*); *el.* pass, traverse.

'Durchflug *m* flying through, transit by air.

'Durchfluß *m* flow(ing through), passage; *tech.* flow, discharge; **~erhitzer** *m* flow heater; **~geschwindigkeit** *f* velocity of flow (*or* circulation); **~menge** *f* rate (*or* quantity) of flow; **~messer** *m* (-s; -) flow meter.

durch'fluten *v/t.* (*h.*) flow (*or* run) through; *fig. a.* flood, pervade.

durch'forsch|en *v/t.* (*h.*) search through, investigate; scrutinize; explore (*country*); **2ung** *f* search, investigation; scrutiny; exploration.

durch'forsten [-'fɔrstən] *v/t.* (*h.*) thin (*a forest*).

'Durchfracht *econ. f* through freight; **~brief** *m* through way-bill;

~konossement *n* through bill of lading.

'durchfragen: *sich ~* (*h.*) ask one's way through.

'durchfressen *v/t.* (*irr., h.*) eat through; *chem., geol.* corrode.

'durchfrieren *v/i.* (*irr., sn*) freeze (*or* chill) through.

Durchfuhr [-'fu:r] *econ. f* (-) transit.

'durchführ|bar *adj.* practicable, feasible, workable; **2barkeit** *f* (-) practicability, feasibility, workability; **~en** *v/t.* (*h.*) lead (*or* convey, take) through *or* across; pass *a wire* through; *fig.* carry through *or* out; conduct, effect (*investigation, etc.*); *parl.* implement, (*a. jur.*) enforce (*a law*); complete, accomplish; realize, go ahead with.

'Durchfuhr...: **~handel** *m* transit trade; **~schein** *m* permit of transit.

'Durchführung *f* carrying-out, execution; performance; completion; realization; implementation, (*a. jur.*) enforcement (*of law*); *tech.* passing through, wall entrance; **~sbestimmungen** *f/pl.* implementing regulations; **~sverordnung** *f* regulation.

'Durchfuhr...: **~verbot** *n* transit embargo; **~zoll** *m* transit duty.

durchfurcht [-'furçt] *adj.* furrowed.

'durchfüttern *v/t.* (*h.*) feed through the winter; *j-n:* feed, support *a p.; sich ~ lassen von j-m* live (*or* sponge) on a p.

'Durchgabe *f* transmission; special announcement.

'Durchgang *m* passage; passageway, gateway, alley; *a. aer.* gangway, *Am.* aisle; *tech.* connecting passage; *of valve:* gate, diameter; *ast., econ.* transit; *sports:* round, heat, run; *kein ~!* no thoroughfare!, private (*road*)!

Durchgäng|er ['-gεŋər] *m* (-s; -) bolter, runaway (horse); *person:* (*a. ~in*) absconder, runaway; **2ig I.** *adj.* general, universal; uniform (*prices*); **II.** *adv.* generally, as a rule.

'Durchgangs...: **~bahnhof** *m* through-station; **~güter** *n/pl.* transit goods *pl.;* **~handel** *m* transit trade; **~konto** *n* transit account; **~lager** *n* transit camp; **~schein** *m* permit (of transit); **~straße** *f* thoroughfare, through road; **~verkehr** *m* through traffic; *mot.* non--resident traffic; transit trade; **~visum** *n* transit visa; **~wagen** *m* corridor carriage, through carriage; **~zoll** *m* transit duty; **~zug** *m* through (*or* express) train; corridor train.

'durchgeben *v/t.* (*irr., h.*) pass on *news,* pass *the word; teleph.* transmit, *radio:* announce.

'durchgehen I. *v/i.* (*irr., sn*) go (*or* walk) through, pass (through); go through, penetrate; abscond, run away, *lovers:* elope; *horse:* bolt; *tech., mot.* race, run away; *bill, motion:* pass, be carried; pass, be tolerated; *et. ~ lassen* let pass, overlook, close one's eyes to; *j-m nichts ~ lassen* pass a p. nothing; *mit j-m ~* (*feeling, etc.*) run away with a p.; **II.** *v/t.* (*irr., sn*) *fig.* go through *a th.,* go over *a th.;* **~d I.** *adj.* through; continuous; **~er** *Dienst* twenty-four--hour service; **~er** *Zug* through (*or* non-stop) train; ~e *Fahrkarte* through-ticket; e-e ~e *Fahrkarte lösen* book through; **II.** *adv.* generally, usually; throughout; ~ *geöffnet* open throughout.

durch'geistigt *adj.* spiritual, highly intellectual.

'**durch|gießen** *v/t.* (*irr., h.*) pour through; filter, strain; ~**gleiten** *v/i.* (*irr., sn*) glide (*or* slide, slip) through; ~**glühen** *v/t.* (*h.*) make red-hot; *tech.* anneal thoroughly; *el.* burn out (*bulb*); *fig. durch'glühen* inflame, inspire; *durchglüht von a.* glowing with; ~**graben** *v/t.* (*irr., h.*) dig through, pierce; *sich* ~ dig one's way through; ~**greifen** *v/i.* (*irr., h.*) pass one's hand through; *fig.* take rigorous action, resort to drastic measures, use a strong hand; ~**greifend** *adj.* drastic; radical, sweeping; ~**halten** *v/t. and v/i.* (*irr., h.*) hold out (to the end); see it through, stick (*or* sweat) it out; *verzweifelt* ~ hang on for dear life; *sports: a.* stay, last out; *das Tempo* ~ stand the pace; 2**haltevermögen** *n* (-s) stamina, staying power; 2**hang** *m* sag; ~**hauen** *v/t.* (*h.*) cut (*or* hew) through; cleave, split; cut (*or* chop, hew) in two; flog, give *a p.* a thrashing; *sich* ~ hack one's way through; ~**hecheln** *v/t.* (*h.*) *fig.* gossip about *a p.*; run down, pull to pieces; ~**helfen** *v/i.* (*irr., h.*) (*dat.*) help through; see *a p.* through, help *a p.* out of a difficulty; *sich* ~ get by, manage; ~**hocken** *v/i.* (*h.*), 2**hocken** *n* (-s) *gym.* squat through.

durch'irren *v/t.* (*h.*) wander (*or* rove) through.

'**durch|jagen I.** *v/i.* (*sn*) rush (*or* race, tear) through; **II.** *v/t.* (*h.*) drive (*or* chase) through; *country:* (*durch-'jagen*) hunt through *or* across; *fig.* → *I.*; ~**kämmen** *v/t.* (*h.*) comb (thoroughly); *fig. mil., etc.* comb (out); *pol.* screen; ~**kämpfen** *v/t. and sich* ~ (*h.*) → *durchfechten*; ~**kauen** *v/t.* (*h.*) chew through; *fig.* ruminate over *a th.*; repeat *a th.* over and over again, *belabo(u)r a th.*; ~**kneten** *v/t.* (*h.*) knead (*or* work) thoroughly; ~**kochen** *v/t.* (*h.*) boil thoroughly; *durchgekocht* well done; ~**kommen** *v/i.* (*irr., sn*) come (*or* get) through; *fig.* (manage to) get through, succeed; *ped.* pass; *patient:* pull through; *mit et.* ~ get along (*or* by) with a th., do (*or* manage) with a th.; *kümmerlich* ~ scrape through, make both ends meet; *damit kommst du bei ihm nicht durch sl.* that cuts no ice with him; ~**kosten** *v/t.* (*h.*) taste one *dish, etc.*, after the other; *fig.* go through; endure, undergo.

durch'kreuzen *v/t.* (*h.*) cross; *fig. a.* thwart, foil, frustrate.

'**durchkriechen** *v/i.* (*irr., sn*) creep (*or* crawl) through.

Durch|laß ['durçlas] *m* (-sses, ‹sse) passage; outlet, opening; conduit, duct; culvert; (*sluice*) gate; filter; *um* ~ *bitten* ask for permission to pass; ~ *erhalten* be allowed to pass; 2**lassen** *v/t.* (*irr., h.*) let (*or* allow to) pass, let through; pass (*examinee, motion*); *phys.* be pervious *or* permeable to; transmit (*light*); *Wasser*

~ leak; filter, strain; *fig.* let pass; → *durchgehen lassen*; 2**lässig** *adj.* permeable, pervious (to); porous; leaky; translucent, diaphanous; ~**lässigkeit** *f* permeability, perviousness; porosity; leakiness; translucence; *opt.* transmission factor; *elektrische* ~ electric constant.

Durchlaucht ['-lauxt] *f* (-; -en) (Serene) Highness; *Seine* ~ His Grace; **durchlauchtig(st)** [-'lauxtiç(st)] *adj.* (most) serene, illustrious.

'**durchlauf|en I.** *v/i.* (*irr., sn*) run through, pass through (quickly); *liquid:* percolate, filter, ooze through; *econ.* ~**de** *Kredite* loans granted on a trust basis; ~**de** *Mittel* transitory monies; **II.** *v/t.* (*irr., h.*) wear (*or* go) through (*shoes*); *sich die Füße* ~ walk one's feet sore (*or* off); *durch'laufen* run through (*a. fig. feeling, shudder*); traverse; *a. phys., tech.* travel through; *sports:* e-e *Strecke* ~ cover a distance; *fig.* pass through (*a school, etc.*); spread (*over a town*); ~**end** *adj.* continuous (*a. tech.*); 2**erhitzer** *m* continuous-flow water heater; 2**schmierung** *f* total-loss lubrication.

durch'leben *v/t.* (*h.*) go (*or* pass, live) through, experience.

'**durch|leiten** *v/t.* (*h.*) lead (*or* conduct, channel) through; ~**lesen** *v/t.* (*irr., h.*) read through *or* over, peruse; ~**leuchten I.** *v/i.* (*h.*) shine through; *fig.* come to light, become apparent, show; **II.** *v/t.* (*h.*) *durch-'leuchten* (flood with) light; *med.* X-ray, screen; *fig.* fill with light, illumine; investigate, analyze, clear up.

Durch'leuchtung *f* (-; -en) illumination; *med.* X-ray screening, radio(scopy); ~**sschirm** *m* fluorescent screen.

'**durchliegen:** *sich* ~ (*irr., h.*) get bed-sore.

durch'lochen *v/t.* (*h.*) punch (*tickets, etc.*); puncture.

durchlöcher|n [-'lœçərn] *v/t.* (*h.*) make holes into, perforate, punch; pierce; riddle (*with bullets*); ~**t** *adj.* full of holes; perforated; punctured; riddled.

durch'lüft|en *v/t.* (*h.*) air, ventilate; 2**ung** *f* airing, ventilation.

'**durchmachen** *v/t.* (*h.*) go (*or* pass) through; go through (suffering, *etc.*); endure, suffer.

'**Durchmarsch** *m* passage *of troops*, march(ing) through; 2**ieren** *v/i.* (*sn*) march through.

durch'messen *v/t.* (*irr., h.*) traverse, pass over; cover, travel (*distance*); walk; *er durchmaß das Zimmer mit langen Schritten* he paced the floor.

'**Durchmesser** *m* (-s; -) diameter; *äußerer* (*innerer*) ~ outside (inside) diameter.

'**durch|mischen** *v/t.* (*h.*) mix thoroughly, intermix; ~**müssen** *v/i.* (*irr., h.*) have (*or* be obliged) to pass; ~**mustern** *v/t.* (*h.*) pass in review; scrutinize, scan.

durch'nässen *v/t.* (*h.*) wet through, soak, drench; *ganz durchnäßt* wet to the skin, soaked, drenched.

'**durch|nehmen** *v/t.* (*irr., h.*) go

through *or* over, deal with, treat (*subject*); *b.s.* → *durchhecheln*; ~**numerieren** *v/t.* (*h.*) number consecutively; ~**pausen** [-pauzən] *v/t.* (*h.*) trace, calk; ~**peitschen** *v/t.* (*h.*) whip (soundly); *fig.* hurry (*or* rush) through; *parl.* rush (*or* hustle, *Am. a.* railroad) *a bill* through; ~**pressen** *v/t.* (*h.*) press (*or* squeeze) through; *cul.* pass through; strain; ~**prüfen** *v/t.* (*h.*) examine (*or* test) thoroughly; scan, screen; ~**prügeln** *v/t.* (*h.*) beat soundly, thrash.

durchpulst [-'pulst] *fig. adj.:* ~ *von* (*dat.*) pulsating (*or* vibrating) with.

durchquer|en [durç'kve:rən] *v/t.* (*h.*) pass through, cross, traverse; *fig.* → *durchkreuzen*; 2**ung** *f* (-; -en) crossing.

'**durchquetschen** *v/t. and sich* ~ (*h.*) squeeze through.

durch'rasen *v/t.* (*h.*) (*and v/i.* [*sn*] '*durchrasen*) race (*or* rush, tear) through.

'**durch|räuchern** *v/t.* (*h.*) smoke thoroughly; fumigate (*air, etc.*); ~**rechnen** *v/t.* (*h.*) count (*or* calculate, go) over, check; ~**reiben** (*irr., h.*) → *durchscheuern*; 2**reiche** [-raiçə] *f* (-; -n) (service) hatch; ~**reichen** *v/t.* (*h.*) pass (*or* hand, reach) through; 2**reise** *f* passage, transit; *auf der* ~ on one's way through; ~**reisen I.** *v/i.* (*sn*) travel (*or* pass) through; **II.** *v/t.* (*h.*) *durch'reisen* travel over, tour (*a country*); 2**reisende(r** *m*) *f* travel(l)er, *Am. a.* transient; *rail.* through passenger; 2**reisevisum** *n* transit visa; ~**reißen I.** *v/i.* (*irr., sn*) tear, get torn, break; **II.** *v/t.* (*irr., h.*) *a. durch'reißen* tear asunder (*or* in two), rend; → *Zielband.*

'**durchreiten I.** *v/t.* (*irr., h.*) gall *a horse* by riding; *sich* ~ chafe o.s. by riding; *durch'reiten* ride through, pass over (*or* cross) on horseback; **II.** *v/i.* (*irr., sn*) ride through.

durch'rennen I. *v/t.* (*irr., h.*) run (*or* race, dash) through; *j-n* ~ run *a p.* through; **II.** *v/i.* (*irr., sn*) '*durchrennen* run through.

durch'rieseln I. *v/t.* (*h.*) trickle (*or* flow) through; *brook: poet.* murmur through; *fig.* run through, thrill *a p.*; **II.** *v/i.* (*sn*) '*durchrieseln* run through; trickle through.

'**durchringen:** *sich* ~ (*irr., h.*) win (*or* struggle) through (*zu et.* to), fight one's way through; *sich zu e-m Entschluß* ~ make up one's mind (after long inner struggles).

'**durch|rosten** *v/i.* (*sn*) rust through; ~**rühren** *v/t.* (*h.*) stir (*or* mix) thoroughly; ~**rutschen** *v/i.* (*sn*) slide (*or* slip) through; ~**rütteln** *v/t.* (*h.*) shake up *or* thoroughly; ~**sacken** *aer. v/i.* (*sn*) pancake; 2**sage** *f*, ~**sagen** *v/t.* (*h.*) → *Durchgabe, durchgeben;* ~**sägen** *v/t.* (*h.*) saw through.

durch'säuern *v/t.* (*h.*) make sour; *chem.* acidify; leaven (*dough*).

'**durchschalten** *v/i.* (*h.*) *mot.* shift the gears through their full range; *teleph.* connect (*Am.* put) through.

'**durchschauen I.** *v/i.* (*h.*) look (*or* peer) through; **II.** *v/t.* (*h.*) *fig. durch'schauen* see through, find out; get, to the bottom of.

durch'schauern v/t. (h.) shudder; fig. thrill (through); es durchschauerte ihn a cold shiver ran through him.

'**durch|scheinen** v/i. (irr., h.) shine through; **~scheinend** adj. translucent, transparent, diaphanous; **~scheuern** v/t. (h.) rub through, gall, chaff; wear through; sich ~ get chafed; **~schießen I.** v/i. (irr., h.) shoot through; dash through; **II.** v/t. (irr., h.) shoot through; typ. durch'schießen interline, space (out); interleave.

durch'schiffen v/t. (h.) sail across (or through), cross, traverse.

'**durchschimmern** v/i. (h.) gleam (or shine) through.

'**Durchschlag** m colander, strainer; typing: (carbon-)copy, duplicate, carbon; tech. punch, drift pin; mot. puncture; el. disruptive discharge, Am. puncture, dielectric: breakdown; of fuse: blow-out; ♀en I. v/i. (irr., h.) break (or pass, get) through, penetrate, fig. take (or have) effect, med. a. operate; paper: blot, run; colour: show through; el. break down; spark; fig. be dominant; become apparent, show, tell; **II.** v/t. (irr., h.) strain; sich ~ fight one's way through, fig. scrape through, live from hand to mouth; durch'schlagen beat (or knock) through; pierce, penetrate, bullet: a. go through; cut (or slash) in two; ♀end adj. effective, telling, thorough; conclusive, irrefutable (proof); sweeping (victory); **~er** Erfolg striking (or sensational) success; **~festigkeit** el. f disruptive strength; **~papier** n carbon paper; → Durchschreibepapier; **~sicherung** el. f puncture cut-out; **~skraft** f (-) penetrating power, penetration; fig. force, impact; **~stoff** m road-construction: aggregate.

'**durch|schlängeln:** sich ~ (h.) river, etc.: wind (or meander) through; person: thread one's way through, fig. wriggle through; **~schleichen:** sich ~ (irr., h.) sneak (or steal) through; **~schleppen** v/t. (h.) drag (or pull) through; sich ~ drag o.s. along, pull through; **~schleusen** v/t. (h.) pass a vessel through a lock; fig. j-n: guide (or get, see) through; adm. channel through, Am. process, stage; **~schlüpfen** v/i. (sn) slip through; **~schmelzen** v/t. (irr., h.) and v/i. (irr., sn) melt, fuse; **~schmoren** el. v/i. (sn) char through, Am. scorch; **~schneiden** v/t. (irr., h.) cut through (or in two); durch'schneiden cut; fig. intersect (a. math.); cross, traverse; cleave, plough (the waves).

'**Durchschnitt** m cutting through; tech. section, profile; math. intersection; rail. cutting; mean, average; fig. average, standard; der ~ der Leute the common run of men; im ~ on an average; über (unter) dem ~ above (below) average or standard; im ~ erzielen, etc. average; den ~ nehmen strike an average; ♀lich **I.** adj. average, mean; medium (price, quality); common, ordinary; mediocre; middling, second-rate; **II.** adv. on an average; ~ betragen, leisten, verdienen, etc. average; er raucht ~ zehn Zigaretten am Tage he smokes an average of ten cigarettes a day.

'**Durchschnitts...:** in compounds usu. average; **~einkommen** n average income; **~geschwindigkeit** f average speed; **~linie** math. f line of intersection; **~mensch** m average person; man in the street; **~qualität** f fair average quality, standard quality; **~wert** m average (or mean) value; **~zeichnung** tech. f profile (or cross-section) drawing.

'**Durchschreibe|block** m (-[e]s; ~e) carbon-copy pad; **~buch** n copying (or duplicating) book; **~feder** f manifold pen; ♀n v/t. (irr., h.) copy; **~papier** n duplicating paper; **~verfahren** n copying process.

'**durchschreiten** v/i. (irr., sn and v/t. [irr., h.] durch'schreiten) stride (or step, walk) through, pass (through); cross.

'**Durchschrift** f (carbon) copy; econ. ~ an carbon copy (abbr. c.c.) to.

'**Durchschuß** m weaving: weft; typ. lead, slug; med. shot-through, through and through (bullet) wound; Arm♀ shot through the arm; **~blatt** n interleaf.

'**durchschütteln** v/t. (h.) shake thoroughly; cold, etc.: durch'schütteln shake; das Fieder durchschüttelte ihn he was shivering with fever.

durch'schwärmen v/t. (h.) roam (or swarm) through (streets); die Nacht ~ make a night of it.

durch'schweifen v/t. (h.) wander through, roam.

'**durchschwimmen I.** v/i. (irr., sn) swim (thing: float) through or across; **II.** v/t. (irr., h.) durch'schwimmen swim through or across, cross; swim (a distance).

'**durchschwitzen** v/t. (h.) soak with sweat; durchgeschwitzt sein (person) be all in a sweat.

durch'segeln I. v/t. (h.) sail, cross; sail through or across; **II.** colloq. v/i. (sn) 'durchsegeln candidate: be ploughed, flunk.

'**durch|sehen I.** v/i. (irr., h.) see (or look) through; **II.** v/t. (irr., h.) look a th. over, go over a th.; glance over; examine, inspect, review; read (proofs); revise (edition); **~seihen** v/t. (h.) strain, (pass through a) filter, percolate; **~setzen** v/t. (h.) 1. carry through, put through, succeed with; enforce; s-n Kopf ~ have one's way; ~, daß j-d et. tut compel or force a p. to do a th., make a p. do a th.; ~, daß et. geschieht cause a th. to be done; sich ~ assert o.s.; carry one's point (bei with); win through or recognition, succeed, prevail; novel, etc.: take; Am. (person) get there; make one's way; product: prevail on the market (or over competing articles); 2. durch'setzen intersperse, mix, saturate (mit with).

'**Durchsicht** f perspective, vista; fig. looking over, perusal; examination, inspection, check(ing); typ. reading; revision (of edition); bei (der) ~ unserer Bücher on examining our books; ♀ig adj. transparent (a. fig.); fig. perspicuous, lucid; **~igkeit** f (-) transparency (a. fig.); fig. perspicuity, lucidity; **~ssucher** phot. m direct view finder.

'**durchsickern** v/i. (sn) trickle (or ooze, seep) through; percolate; fig. mil. infiltrate; news: leak out, seep, transpire; ♀ n (-s) seepage; leakage (a. fig.).

'**durchsieben** v/t. (h.) **1.** sift, screen (both a. fig.); sieve; bolt (flour); **2.** durch'sieben riddle.

'**durch|spielen** v/t. (h.) mus. play through or over; play to the end; sports: sich ~ dribble through; **~sprechen** v/t. (irr., h.) talk over, discuss; **~starten** aer. v/i. (sn) go round again; **~stechen I.** v/i. (irr., h.) pierce through; perforate; **II.** v/t. (irr., h.) prick (with needle); (copy) pounce; cut, dig through (dam); durch'stechen → durch'bohren.

Durchsteche'rei f (-; -en) underhand dealing(s pl.); Am. pol. logrolling.

'**durch|stecken** v/t. (h.) pass (or stick, put) through; **~stehen** v/t. (irr., h.) see a th. through; → durchhalten; ♀stich m cut (a. rail., road-construction, etc.); canal.

durch'stöbern v/t. (h.) ransack, rummage through (nach for); scour (area).

'**durchstoßen I.** v/i. (irr., sn) mil. penetrate, a. sports: break through; **II.** v/t. (irr., h.) **a)** push (or thrust) through; **b)** durch'stoßen pierce; → durch'bohren; mil. break through; fly through (clouds).

'**durchstreichen** v/t. (irr., h.) **1.** cross (or strike) out, cancel; **2.** durch'streichen roam (through).

durch'streifen v/t. (h.) roam, rove, wander through; scour; prowl.

'**durchströmen** v/i. (sn) (and v/t. [h.] durch'strömen) flow (or run) through; fig. a. thrill through.

durch'such|en v/t. (h.) search (all over); ransack, hunt (nach for); comb, scour (area); search, sl. frisk (person); **~ung** f (-; -en) search; ♀ungsbefehl m search warrant.

'**durchtanzen** v/t. (h.) dance through; wear shoes out by dancing.

durch'toben v/t. (h.) roar through.

durch'tränken v/t. (h.) impregnate (mit with); soak.

'**durchtrainiert** adj. well-trained; in splendid condition, Am. in shape.

'**durchtreten** v/t. (irr., h.) wear out (shoes); mot. floor (pedal); kick (starter).

durchtrieben [durç'tri:bən] adj. artful, cunning, sly, crafty; mischievous, roguish; ♀heit f (-) cunning, craftiness, slyness.

'**durchverbinden** v/t. (irr., h.) connect (teleph. a. put, extend) through.

durch'wachen v/t. (h.) pass the night waking; lie awake (die Nacht all night).

'**durchwachsen**[1] v/i. (irr., sn) grow through.

durch'wachsen[2] adj. streaky, marbled (meat).

'**durch|wagen:** sich ~ (h.) venture through; **~wählen** v/i. (h.) teleph.

dial through; **~walken** ['-valkən] *v/t.* (*h.*) *tech.* full well; *fig.* thrash.

durch'wandern *v/t.* (*h.*) wander (*or* pass) through (*a. v/i.* [sn] 'durchwandern); traverse, cross.

durch'wärmen *v/t.* (*h.*) warm through.

durch'waten *v/t.* (*h.*) (*and v/i.* [sn] 'durchwaten) wade through, ford.

durch'weben *v/t.* (*h.*) interweave; *fig. a.* intersperse (*mit* with); 'durchgewebter *Stoff* reversible fabric.

Durchweg ['durçve:k] *m* (-[e]s; -e) passage, way through.

durchweg ['durçvek] *adv.* throughout, down the line; without exception; all of them, (*persons a.*) every manjack.

durch'weich|en *v/t.* (*h.*) soften; soak, drench; **~t** *adj.* soaked, sodden, soggy.

'durchwinden: *sich* ~ (*irr., h.*) wind (*or* meander) through; *person:* worm (*or* thread) one's way through; *fig.* wriggle through; struggle through.

durch'wirken *v/t.* (*h.*) interweave (*mit* with).

durch'wühlen *v/t.* (*h.*) rake (*or* root) up, burrow (*the ground*); search, rummage; ransack; *sich* 'durchwühlen burrow through; *fig.* work one's way through.

'durchwursteln: *sich* ~ (*h.*) muddle through.

durch'würzen *v/t.* (*h.*) season (*mit* with; *a. fig.*); scent.

'durch|zählen *v/t.* (*h.*) count over; **~zeichnen** *v/t.* (*h.*) trace.

'durchziehen I. *v/t.* (*irr., h.*) **1.** draw (*or* pull) through; drag through; pass *thread* through; run *ditch, etc.* through; *aer.* pull out (of a dive); *arch.* lay (*beam, etc.*); *sich* ~ run (*or* extend) through, *fig.* pervade; **2.** durch'ziehen pass (*or* march, travel) through, traverse; interlace; *fig.* pervade; thread; **II.** *v/i.* (*irr., sn*) pass (*or* march) through.

durch'zucken *v/t.* (*h.*) flash through.

'Durchzug *m* passage, march through; draught, *Am.* draft; circulation; ~ *machen* let in fresh air; *arch.* girder; *of bridge:* intermediate tie; **~skraft** *mot. f* engine (*or* tractive) power.

'durch|zwängen *v/t.* (*h.*), **~zwingen** *v/t.* (*irr., h.*) force (*or* sqeeze) through; *sich* ~ squeeze o.s. through, force one's way through.

dürfen ['dyrfən] *v/i.* (*irr., h.*) be permitted *or* allowed, have the right (*zu* to *inf.*); *ich darf* I may; *du darfst nicht* you must not; *darf man?* is it allowed to?; *es darf*

---

niemand herein no one is admitted; *das hättest du nicht sagen* ~ you ought not to have said that; *dare*; *ich darf sagen* I dare say, I am correct in saying; *man darf wohl annehmen* it is safe to assume; *wir* ~ *es bezweifeln* we have reason to doubt it; *man darf erwarten* it is to be expected; *es dürfte leicht sein* it should be easy; *es dürfte sich erübrigen* it would seem superfluous; *es dürfte zu e-r Krise führen* it is likely (*or* apt) to cause a crisis; *das dürfte Herr X. sein* that would be Mr. X. *or* this is Mr. X., I suppose; *er dürfte mein schlimmster Feind sein* he may well be (*or* is probably) my worst enemy.

durfte ['durftə] *pret. of* dürfen.

dürftig ['dyrftiç] *adj.* needy, indigent; *fig.* poor, inadequate; scanty, meag|re (*Am.* -er), skimpy; slim (*chance*); paltry, measly (*income, etc.*); humble, shabby; *in* ~*en Verhältnissen* in needy circumstances; *ein* ~*er Badeanzug* a scanty (*or* skimpy) bathing-suit; '2keit *f* (-) neediness, indigence; poverty, *fig. a.* poorness, inadequacy; scantiness, paltriness.

dürr [dyr] *adj.* dry; arid, barren, sterile (*soil*); gaunt, lean, skinny, spindly; *mit* ~*en Worten* in plain terms, in so many words.

'Dürre *f* (-) dryness; aridity, barrenness; drought; leanness, gauntness.

Durst [durst] *m* (-es) thirst (*nach* for; *a. fig.*); ~ *bekommen* (*haben*) get (be) thirsty; ~ *machen* make thirsty; *s-n* ~ *löschen* quench one's thirst.

dürsten ['dyrstən] *v/i.* (*h.*) be thirsty; *mich dürstet* I feel thirsty; *fig.* thirst *or* crave (*nach* for).

'durstig *adj.* thirsty (*nach* for); dry.

'durst|stillend *adj.* thirst-quenching; 2strecke *fig. f* long pull, rough going.

'Dur-tonart *f* major key *or* mode.

Dusch|e ['du:ʃə] *f* (-; -n) douche; shower; shower bath; *med.* douche; feminine syringe; *fig.* e-e *kalte* ~ *verabreichen* cast a damp on, throw cold water on; *s-e Rede wirkte wie e-e kalte* ~ *auf sie a.* his words brought them down to earth (with a bang); 2en *v/t. and v/i.* (*h.*) douche, shower; (*v/i.*) have *or* take a shower; **~raum** *m* shower room.

Düse ['dy:zə] *f* (-; -n) *tech.* nozzle; jet (*a. colloq. plane*); *metall.* blast pipe; *mot.* high speed nozzle; injector.

Dusel ['du:zəl] *colloq. m* (-s) dizzi-

---

ness, giddiness; fuddle; luck, fluke; ~ *haben* be in luck, be lucky; *da haben wir noch einmal* ~ *gehabt* that was a close shave; 2ig *adj.* dizzy; drowsy; 2n *v/i.* (*h.*) doze, be half asleep; be daydreaming.

'Düsen|antrieb *m* jet propulsion; *mit* ~ jet-powered *or* propelled; **~bomber** *aer. m* jet(-propelled) bomber; **~flugzeug** *n* jet(-propelled) aircraft; jet-plane; **~jäger** *aer. m* jet-fighter; **~triebwerk** *n* jet engine (*or* unit); **~vergaser** *mot. m* jet (*or* spray) carburet(t)or.

Dussel ['dusəl] *colloq. m* goof, sap.

düster ['dy:stər] *adj.* dark, gloomy, sombre (*all a. fig.*); dusky; dim (*light*); *fig.* sad, melancholy; dismal, depressing; shady; *ein* ~*es Licht werfen* cast a lurid light (*auf acc.* on); 2heit *f* (-), 2keit *f* (-) gloom(iness).

Dutzend ['dutsənt] *n* (-s; -e) dozen (*abbr.* doz.); *ein* (*zwei*) ~ *Gläser* a (two) dozen glasses; ~*e von Leuten* dozens of people; *im* ~ *billiger* cheaper by the dozen; 2(e)mal *adv.* dozens of times; **~mensch** *m* commonplace (*or* mediocre) person; 2weise ['-vaɪzə] *adv.* by the dozen.

Duz|bruder ['du:ts-] *m*, **~schwester** *f* intimate friend, crony, pal; 2en *v/t.* (*h.*) (thee and) thou; call *a p.* by his Christian name; *sich mit j-m* ~ be on intimate terms with a p.

dwars [dvars] *mar. adv.* abeam; 2linie *f* line abreast; 2wind *m* beam wind.

Dyn [dy:n] *phys. n* (-s; -) dyne.

Dynam|ik [dy'na:mik] *f* (-) dynamics *pl.*; *fig.* dynamic force; vitality; 2isch *adj.* dynamic(al); progressive (*pension, etc.*).

Dynamismus [dyna'mismus] *phls. m* (-) dynamism.

Dynamit [-'mi:t] *n* (-s) dynamite; *mit* ~ *sprengen* (blow up with) dynamite; **~patrone** *f* dynamite cartridge.

Dynamo [dy'na:mo] *m* (-s; -s), **~maschine** *f* dynamo (machine), generator; **~meter** *n* dynamometer.

Dynastie [dynəs'ti:] *f* (-; -n) dynasty; **dynastisch** [dy'nastiʃ] *adj.* dynastic(al).

Dysenterie [dyzente'ri:] *med. f* (-; -n) dysentery.

Dyspepsie [dyspɛ'psi:] *med. f* (-; -n) dyspepsia.

Dystrophie [dystro'fi:] *med. f* (-; -n) dystrophy.

D-Zug *m* corridor train, *Am. a.* vestibule train; express train.

E

E, e [eː] *n* E, e; **E, e** *mus. n* (-; -) E.
Ebbe ['ɛbə] *f* (-; -n) ebb(-tide), low tide; ~ *und Flut* high tide and low tide, the tides *pl.*, *a. fig.* ebb and flow; *es ist* ~ the tide is out *or* down; *die* ~ *tritt ein* the tide is going out; *colloq. fig. in m-m Geldbeutel ist* ~ my purse is at low ebb; **2n** *v/i.* (h.) ebb; *es ebbt* it is ebb-tide.
eben ['eːbən] **I.** *adj.* even; level, flat, plain; *math.* plane; smooth; **II.** *adv.* evenly; exactly, precisely; ~! exactly!, quite!; *as to time:* just; *das wollte ich* ~ *sagen* that's just what I was going to say; ~ *damals* just then (*or* at that time); ~ *erst* (only) just now; *er wollte* ~ *gehen* he was just about (*or* going) to leave; *das* ~ *suche ich* that's the very thing I am looking for; *er kam* ~ *recht* he came in the (very) nick of time; *sie ist nicht* ~ *schön* she is not exactly a beauty; *es wird* ~ *reichen* it will just (*or* barely) do; *as expletive:* *er ist* ~ *schon alt* he is an old man after all; *da läßt sich* ~ *nichts machen* it can't be helped, I'm afraid; *es ist* ~ *zu gefährlich* it's too risky, there is no getting away from that; *das nun* ~ *nicht* not precisely that; **2bild** *n* image, (exact) likeness; *das* ~ *Gottes* God's image; *das* ~ *s-s Vaters* the very picture (*or* the spit and image) of his father; **~bürtig** ['-byrtiç] *adj.* of equal birth (*dat.* with); *fig.* equal, of equal rank *or* value *or* quality; *j-m* ~ *sein* be a p.'s equal, be a match for a p.; *ein* ~*er Nachfolger* a worthy successor; **~da(selbst)** *adv.* at the very (same) place, just there; *in books:* ibidem (*abbr.* ib., ibid); **~der, ~die, ~das(selbe)** *adj.* the very same (person, thing).
eben'deswegen *adv.* for that very reason; that's just why.
Ebene ['eːbənə] *f* (-; -n) plain; level (*or* flat) land *or* ground; *math.* plane; *tech.* plane surface; *schiefe* ~ inclined plane, gradient, slope; *fig.* level, plane; *Besprechungen auf höherer* ~ high-level talks; *auf staatlicher* ~ at government level; *auf gleicher Ebene liegen mit* (*dat.*) be on a level with; *auf die schiefe* ~ *geraten* slide downhill, *Am.* be on the downgrade.
'eben...: **~erdig** *adj.* on the ground (*Am.* first) floor; at road level; **~falls** *adv.* likewise, also; too, as well; ~ *nicht* (*kein*) neither, not ... either, nor; → *auch*; **2heit** *f* (-; -en) evenness; smoothness; **2holz** *n* ebony; **2maß** *n* symmetry, due proportion; harmony; shapeliness, beauty; **~mäßig** *adj.* symmetrical, well proportioned; harmonious; shapely, beautiful.
'ebenso *adv.* equally, just so; ~ *wie* just as ..., in the same way as ...; *in Amerika* ~ *wie in England* in America no less than in England; likewise; → *auch*; **~gut** *adv.* (just) as well;

wir können ~ *wegbleiben* we may as well stay away; **~gern** *adv.* just as soon, rather; **~lange** *adv.* just as long; **~oft** *adv.* just as often, as many times (*wie as*); **~sehr, ~viel** *adv.* just as much, no less than; **~wenig** *adv.* just as little, no more than.
Eber ['eːbər] *m* (-s; -) (wild) boar; **~esche** *f* mountain-ash, rowan (-tree).
ebnen ['eːbnən] *v/t.* (h.) make even, level, plane, smooth; grade; *fig. j-m den Weg* ~ smooth (*or* pave) the way for a p.; *e-r Sache: a.* prepare the ground for *a th.*
Ebonit [ebo'niːt] *n* (-s) ebonite.
Echo ['ɛço:] *n* (-s; -s) echo; reverberation; *ein* ~ *geben* echo, resound, reverberate; *fig.* echo, response; *ein lebhaftes* ~ *finden* meet with a lively response; **2en** *v/i.* (h.) echo; **2frei** *adj.* anechoic; **~lot** *n mar.* echo depth sounder; *aer.* sonic altimeter.
echt [ɛçt] *adj.* genuine (*a. fig.*); true; real; pure; unadulterated, *metal:* unalloyed; legitimate, lawful; fast (*colour*); fadeless, unfading; natural (*hair*); authentic (*document, etc.*); *math.* ~*er Bruch* proper fraction; *ein* ~*er Engländer* a regular *or* true-born Englishman; *ein* ~*er Freund* a true friend; ~*e Gefühle* genuine feelings; *ein* ~*er Rembrandt* a genuine Rembrandt; *das ist* ~! that's typical (of him), that's him all over! → *durch* (*und durch*); **'2heit** *f* (-;) genuineness; authenticity; purity; sterling quality; legitimacy; fastness.
Eck|ball ['ɛk-] *m soccer:* corner (-kick); *waterpolo, etc.:* corner throw; **~blech** *tech. n* gusset, sheet-iron corner plate.
'Ecke *f* (-; -n) corner (*a. fig. region*); angle; edge; nook, recess; *arch.* quoin; *cheese:* wedge; turning; short distance; *an allen* ~*n und Enden* (here, there, and) everywhere; *in die* ~ *drängen a. fig.* corner; *colloq. fig. um die* ~ *bringen* murder, *sl.* bump off; *um die* ~ *gehen* turn (round) the corner, *colloq. fig.* bite the dust, kick the bucket; **~nsteher** *m* loafer.
Ecker ['ɛkər] *bot. f* (-; -n) acorn.
'Eck...: **~fenster** *n* corner-window; **~haus** *n* corner-house.
'eckig *adj.* angular, cornered; ~*e Klammer* bracket; *fig.* awkward, clumsy; unpolished.
'Eck...: **~laden** *m* corner-shop; **~lohn** *m* basic wage; **~pfeiler** *m* corner pillar; *of bridge:* abutment pier; *fig.* corner-stone; **~stein** *m* corner-stone; kerbstone, *Am.* curbstone; *cards:* diamond; **~zahn** *n* eye-tooth, canine tooth; **~zimmer** *n* corner-room.
edel ['eːdəl] *adj.* noble, aristocratic; *von edler Herkunft* of noble birth, highborn; thoroughbred (*horse*); *fig.* noble, lofty (*mind*), → *edel-*

denkend; anat. vital (*parts*); precious, noble (*metal*); generous; *die edle Kunst der Selbstverteidigung* the noble art of self-defen|ce, *Am.* -se; **~denkend** *adj.* noble- (*or* high-)minded; **2fäule** *f* overripeness; **2fichte** *f* silver pine; **2frau** *f* noblewoman, titled lady; **2gas** *n* rare gas; **~gesinnt** *adj.* → *edeldenkend;* **2hirsch** *m* stag, red deer; **2holz** *n* rare wood; **2kastanie** *f* sweet (*or* edible) chestnut; **2knabe** *m* page; **2mann** *m* (-es; -leute) noble(man), aristocrat; *pl. Edelleute* noblemen, nobility; gentry;
Edle(r) ['eːdlə(r)] *m* (-[e]n; -[e]n) → *Edelfrau, Edelmann.*
E-Dur *n* (-) E major.
'Efeu ['eːfɔʏ] *m* (-s) ivy; **2umrankt** *adj.* ivyclad, ivied.
Effeff ['ɛf'ʔɛf] *colloq. n:* *et. aus dem* ~ *können* have a th. at one's finger-ends, know the ins and outs of a th.
Effekt [ɛ'fɛkt] *m* (-[e]s; -e) effect; *tech. a.* efficiency; *weaving:* design; *nach* ~ *haschen* aim at effect, play to the gallery (*Am.* grandstand); *auf* ~ *angelegt* calculated for effect.
Ef'fekten *pl.* effects, movables, goods and chattels; *econ.* securities; bonds; stocks; **~börse** *f* stock exchange; **~geschäft** *n* stock-exchange transaction; **~handel** *m* dealing in stocks, stock-exchange business; **~händler** *m* stock jobber, *Am.* security dealer *or* trader; **~makler** *m* stock broker; **~markt** *m* stock market.
Ef'fekthascherei [-haʃə'raɪ] *f* (-; -en) straining after effect, sensationalism, *Am.* grandstand-playing, showmanship; claptrap.
effektiv [ɛfɛk'tiːf] *adj.* effective (*a. el., tech.*), real, actual; *econ.* ~*er Preis* cash price; ~*er Wert* effective value; ~*e Verzinsung* net yield; **2bestand** *econ. m* actual balance; **2leistung** *tech. f* actual power, effective output, brake horse power; **2lohn** *m* actual wage; **2stärke** *mil. f* effective strength.
effektuieren [-tu'iːrən] *v/t.* (h.) effect; execute, carry out, *Am. a.* fill *orders.*
ef'fektvoll *adj.* effective, impressive; sensational, spectacular.
Effet [ɛ'feː] *m* (-s; -s) *sports:* spin; **~ball** *m* spin ball.
egal [e'gaːl] *adj.* equal, uniform; *colloq. das ist* ~ that makes no difference; *das ist mir* ~ it's all the same to me, I don't care; *ganz* ~ *wo* no matter where; over and over again.
egalisieren [egali'ziːrən] *v/t.* (h.) equalize.
Egel ['eːgəl] *zo. m* (-s; -) leech.
Egge ['ɛgə] *f* (-; -n) harrow; *road-building:* tamping roller; **2n** *v/t.* (h.) harrow.
Ego|ismus [ego'ʔɪsmus] *m* (-; -men) selfishness, egotism; *esp. phls.* egoism; **~ist(in** *f)* *m* (-en, -en; -nen) selfish person, egotist;

2'**istisch** adj. selfish, egotistic(al); phls. egoistic(al); 2**zentrisch** [-'tsɛntriʃ] adj. self-centred, egocentric.

ehe ['e:ə] cj. before, poet. ere; → eher, ehestens.

'**Ehe** f (-; -n) marriage; a. matrimony, married state or life, wedlock; union; wilde ~ concubinage, common-law marriage; zerbrochene ~ broken home; aus erster ~ by one's first marriage, by the first husband or wife; → brechen; e-e ~ schließen (mit dat.) contract a marriage (with), get married (to); ~**anbahnung** f (-; -en) matchmaking; ~**berater** m marriage guidance counsellor; ~**beratung** f marriage guidance; 2**brechen** v/i. (onlv inf.) commit adultery; ~**brecher(in** f) m (-s, -; -, -en) adulterer (f adulteress); 2**brecherisch** adj. adulterous; ~**bruch** m adultery; ~ begehen commit adultery; ~**delikt** n matrimonial offen|ce, Am. -se.

'**ehedem** adv. formerly.

'**Ehe...: ~fähigkeit** f (-) **1.** fitness or freedom to marry; **2.** ~ mündigkeit; ~**frau** f wife, spouse; married woman; ~**gatte** m, ~**gattin** f spouse, marital partner; → Ehemann, Ehefrau; Ehegatten pl. a. husband and wife (a. jur.); ~**glück** n connubial, domestic felicity; ~**hälfte** f better half; ~**hindernis** n impediment to marriage; ~**leben** n (-s) married life; ~**leute** pl. (married) couple, spouses, husband and wife; 2**lich I.** adj. conjugal, matrimonial; wedded, married (life); legitimate (child), born in wedlock; ~e Gemeinschaft (Pflichten) conjugal community (duties); ~er Verkehr marital intercourse; für ~ erklären legitimate; **II.** adv.: ~ verbinden join in marriage; 2**lichen** v/t. (-) marry; ~**lichkeit** f legitimacy (of child); ~**lichkeitserklärung** f declaration of legitimacy; ~**losigkeit** f (-) single life, celibacy.

ehe|malig ['-mɑ:liç] adj. former, erstwhile, ex-..., Am. a. one-time; old; (dead) late; ~er König (Sträfling) ex-king (ex-convict); ~**mals** ['-mɑ:ls] adv. formerly, in former times, once; of old, in the old days.

'**Ehe...: ~mann** m husband; 2**mündig** adj. of marriageable age; ~**mündigkeit** jur. f marriageable age; ~**paar** n married couple; ~**pflicht** f conjugal duty.

eher ['e:ər] adv. sooner, earlier; rather, sooner; alles ~ als das anything but that; um so ~ als all the more so that; je ~, desto lieber the sooner the better; ich würde ~ sterben I would rather die (als than); das ist ~ möglich that's more likely; das läßt sich ~ hören that sounds better.

'**Ehe...: ~recht** n (-[e]s) marriage law; ~**ring** m wedding-ring.

ehern ['e:ərn] adj. brazen, of brass; fig. firm, unshakeable, adamant; brazen; ~es Gesetz iron rule; mit ~er Stirn brazen-faced.

'**Ehe...: ~scheidung** f divorce; ~**scheidungsklage** f petition for divorce; divorce-suit; ~**schließung**

f (contraction of) marriage; → Trauung; ~**stand** m (-[e]s) matrimony, wedlock, married state; ~**standsdarlehen** n (state) marriage loan.

ehestens ['e:əstəns] adv. as soon as possible, at the earliest (date or opportunity or convenience).

'**Ehe...: ~stifter(in** f) m matchmaker; ~**streit** m domestic dispute; ~**trennung** f judicial separation; ~**versprechen** n promise of marriage; ~**vermittler(in** f) m matchmaker, marriage broker; ~**vertrag** m marriage contract (or settlement); ~**weib** n wife, spouse; 2**widrig** adj. constituting a matrimonial offen|ce, Am. -se; adulterous (relations).

Ehrabschneider(in f) ['e:rʔapʃnaɪdər(in)] m (-s, -; -, -nen) calumniator, slanderer.

'**ehrbar** adj. hono(u)rable, upright, respectable; honest; 2**keit** f (-) honesty, respectability, integrity.

'**Ehrbegier(de)** f → Ehrgeiz.

Ehre ['e:rə] f (-; -n) hono(u)r; distinction; self-respect, dignity, pride; reputation, credit, prestige; glory; ~n pl. hono(u)rs; es sich zur ~ anrechnen consider it an hono(u)r or privilege; → antun; j-m ~ erweisen pay hono(u)r or tribute to a p.; j-m die ~ erweisen do a p. the hono(u)r; j-m die letzte ~ erweisen pay a p. the last hono(u)rs; j-m (keine) ~ machen be a (no) credit to a p.; j-m zur ~ gereichen do a p. credit; in ~n halten hold in hono(u)r; mit ~n bestehen acquit o.s. creditably at; s-e ~ darein setzen zu inf. make it a point of hono(u)r to inf.; wieder zu ~n kommen come back into favo(u)r; ~ wem ~ gebührt hono(u)r to whom hono(u)r is due; ich hatte noch nicht die ~ you have the advantage of me; Ihr Wort in ~n with due deference to you; ihm zu ~n in his hono(u)r; mit wem habe ich die ~? whom have I the pleasure to address?; ihm zu ~n in his hono(u)r; zu ~n des Tages in hono(u)r of the day; zur ~ Gottes to the glory of God.

'**ehren** v/t. (h.) hono(u)r; pay hono(u)r or tribute to; respect, esteem; revere; sein Vertrauen, etc., ehrt mich his trust, etc., is an hono(u)r to me; I feel hono(u)red by his confidence in me; das ehrt dich it does you credit.

'**Ehren...: ~amt** n honorary post or office; dignity; 2**amtlich** adj. honorary; unpaid, unsalaried; ~**bezeigung, ~bezeugung** f mark of respect, tribute; mil. salute; ~en pl. hono(u)rs; ~**bürger** m freeman, honorary citizen; ~**bürgerrecht** n (honorary) freedom of a city; ~**dame** f maid of hono(u)r; ~**doktor** m honorary doctor; ~**erklärung** f (full) apology; amende honorable (Fr.); ~**gast** m guest of hono(u)r; ~**geleit** n escort of hono(u)r; ~**gericht** n court of hono(u)r; 2**haft** adj. hono(u)rable, high-principled; honest; ~**haftigkeit** f (-) honesty, uprightness, integrity; 2**halber** ['-halbər] adv. for hono(u)r's sake; univ. Doktortitel ~ honorary degree (of); ~**handel** m affair of hono(u)r;

duel; ~**jungfrau** f maid of hono(u)r; ~**karte** f complimentary ticket; ~**kompanie** mil. f hono(u)r-guard company; ~**kodex** m code of hono(u)r; ~**kränkung** f insult to a p.'s hono(u)r, affront; → Verleumdung; ~**legion** f Legion of Hono(u)r; ~**mal** n monument; (war) memorial, cenotaph; ~**mann** m man of hono(u)r, gentleman; ~**mitglied** n honorary member; ~**pflicht** f: et. für s-e ~ halten be in hono(u)r bound; ~**pforte** f triumphal arch; ~**platz** m place of hono(u)r; ~**preis** m prize; bot. speedwell; ~**recht** n: Verlust der bürgerlichen ~e loss of civil rights, civil degradation; ~**rettung** f vindication (of a p.'s hono[u]r); rehabilitation; 2**rührig** adj. defamatory; ~**sache** f affair of hono(u)r; das ist ~! it's a point of hono(u)r to me; colloq. ~! you can rely (or count) on me!; ~**salve** f volley; ~**schuld** f debt of hono(u)r; ~**sold** m honorary pay; ~**tafel** f memorial tablet; mil. roll of hono(u)r; ~**tag** m day of glory; (one's) great day; ~**titel** m honorary title; 2**voll** adj. hono(u)rable, glorious, creditable; ~**wache** f guard of hono(u)r; 2**wert** adj. hono(u)rable, respectable; ~**wort** n (-[e]s; -e) word of hono(u)r, mil. parole of hono(u[r]); (auf) mein ~! upon my hono(u)r, hono(u)r bright!; sein ~ geben pledge one's word; auf ~ entlassen release a p. on parole; 2**wörtlich** adv. on one's word of hono(u)r; ~**zeichen** n badge of hono(u)r; decoration, medal.

'**ehr...: ~erbietig** ['-ʔɛrbi:tiç] adj. respectful, deferential (gegen towards); 2**erbietigkeit** f (-), 2**erbietung** f (-) respect (-fulness), deference; veneration; 2**furcht** f awe (vor dat. of), respect, reverence (for); ~ einflößen (dat.) (inspire with) awe; von ~ gepackt awestruck; ~**furchtgebietend** adj. awe-inspiring, awesome; ~**fürchtig** ['-fyrçtiç] **I.** adj. reverential, respectful; awestruck, awed; **II.** adv.: ~ lauschen listen in awe; ~**furchtslos** adj. irreverent, disrespectful; ~**furchtsvoll** adj. → ehrfürchtig; 2**gefühl** n (-[e]s) sense of hono(u)r; self-respect; 2**geiz** m ambition; ~**geizig** adj. ambitious; high-flying.

'**ehrlich I.** adj. honest; → ehrbar; fair, pred. aboveboard, on the square (Am. colloq. level); sincere; genuine; open, frank, candid; reliable, loyal; good (name); ~ währt am längsten honesty is the best policy; seien wir ~! let's face it!; **II.** adv.: ~ gesagt frankly, to tell the truth; er freute sich ~ darüber he was genuinely pleased about it; er meint es ~ (mit uns) his intentions (towards us) are good, he can be trusted to act on the square; 2**keit** f (-) honesty; uprightness; reliability, loyalty; fairness, plain dealing.

'**ehr...: ~los** adj. dishono(u)rable, infamous; 2**losigkeit** f (-) dishono(u)rableness, infamy; perfidy; ~**sam** adj. → ehrbar; 2**sucht** f (-) (inordinate) ambition; ~**süchtig** adj. (over-)ambitious; 2**ung** f (-; -en) hono(u)r (conferred on a p.), tribute (*gen.* to); **~vergessen** *adj.* unprincipled, disgraceful, infamous; **♀verlust** *m* (-es) → Ehrenrecht; **♀würden** ['-vyrdən] *m* (-s; -): Ew. ~ Reverend Sir; Seine ~ the Reverend (*abbr.* Rev.); **~würdig** *adj.* venerable (*a. R.C.*), reverend; patriarchal; *alt* ~ time-hono(u)red; **♀würdigkeit** *f* (-) venerableness.

ei [aɪ] *int.* ah!, indeed!; ~ ~ ~! now, now!, *iro.* fancy that!, is that really so?; ~ wer kommt denn da! look who is here!

Ei *n* (-[e]s; -er) egg; *physiol.* ovum; altes (frisches, rohes) ~ stale (new--laid, raw) egg; eingelegte ~er waterglass (*or* preserved) eggs; faules ~ rotten (*or* addled, bad) egg; hart (weich) gekochtes ~ hard (soft) boiled egg; verlorene ~er poached eggs; aus dem ~ kriechen creep out (of the shell); *fig.* das ~ des Kolumbus a solution of striking simplicity, a pat solution, simplicity itself; wie auf ~ern gehen walk gingerly; wie ein ~ dem andern gleichen be alike as two peas; wie ein rohes ~ behandeln handle a p. most gingerly (*Am.* with kid gloves); wie aus dem ~ gepellt as neat as a pin, spick and span; will das ~ klüger sein als die Henne? go and teach your grandmother how to suck eggs; **'~ausstoßung** *physiol. f* expulsion of the ovum.

Eibe ['aɪbə] *f* (-; -n) yew(-tree); **~nholz** *n* yew(-wood).

Eibisch ['aɪbiʃ] *bot. m* (-es; -e) marsh-mallow.

Eichamt ['aɪçʔamt] *n* (-[e]s; ⁼er) Office of Weights and Measures, *Am.* Bureau of Standards.

'Eich-apfel *m* oak-apple, gall-nut.

Eiche ['aɪçə] *f* (-; -n) oak (tree); junge ~, kleine ~ oakling.

Eichel ['aɪçəl] *bot. f* (-; -n) acorn; *anat.* glans (penis); *cards:* club; **♀förmig** ['-fœrmiç] *adj.* acorn--shaped; **~häher** *m* jay.

eichen¹ ['aɪçən] *adj.* oaken, (of) oak.

'eichen² *v/t.* (h.) ga(u)ge; adjust (to standard), standardize; calibrate; *fig.* condition; → geeicht.

'Eichen...: ~blatt *m* oak leaf; **~holz** *n* oak(-wood); **~laub** *n* oak leaves *pl.* (*a. mil.*); **~lohe** *f* tanbark.

'Eich...:~gewicht *n* standard weight; **~hörnchen, ~kätzchen** *zo. n* squirrel; **~lampe** *f* ga(u)ge lamp; **~maß** *n* ga(u)ge, standard (measure); **~meister** *m* ga(u)ger; calibrator; *for weights:* sealer; **~stab** *m* ga(u)ging rod; **~stempel** *m* ga(u)ger's stamp; **~ung** *tech. f* (-; -en) ga(u)ging; standardization; calibration; **~wert** *m* standard value.

Eid [aɪt] *m* (-[e]s; -e) oath; falscher ~ false oath, perjury; an ~es Statt in lieu of oath, → eidesstattlich; unter ~ under oath, → eidlich; e-n ~ leisten take an oath (auf acc. on), swear (to); e-n falschen ~ schwören foreswear (*or* perjure) o.s.; j-m e-n ~ abnehmen administer an oath to a p., swear a p. in; unter ~ aussagen testify (*or* give evidence) on oath; darauf lege ich jeden ~ ab I'll swear to that.

Eidam ['aɪdam] *m* (-[e]s; -e) son--in-law.

Eid... ['aɪt]: **~bruch** *m* breaking one's oath; **♀brüchig** *adj.* oath--breaking; **~werden** break one's oath.

Eidechse ['aɪdɛksə] *f* (-; -n) lizard.

Eider|daunen ['aɪdər-] *f/pl.* eider--down; **~ente, ~gans** *f* eider(-duck).

Eides|abnahme ['aɪdəs-] *f* administering of an oath; **~formel** *f* form of (an) oath; **♀gleich** *adj.* → Beteuerung; **♀stattlich** *adj.* in lieu of oath, ~e Erklärung statutory declaration; affidavit; → eidlich.

Eid... ['aɪt-]: **~genossenschaft** *f* confederacy; (Schweizer ~) Swiss Confederation; **♀genössisch** ['-gənœsiʃ] *adj.* confederate, Federal; *n.s.* Swiss.

'eidlich I. *adj.* sworn; ~e Aussage sworn statement (*or* testimony), deposition, affidavit; e-e ~e Erklärung abgeben swear an affidavit; **II.** *adv.* by (*or* upon, under) oath; ~bezeugen testify on oath; ~ verpflichten bind by oath, swear (zur Geheimhaltung to secrecy), swear in; ~ verpflichtet sein be under oath.

Eier... ['aɪər-]: **~becher** *m* egg-cup; **~brikett** *n* egg coal; **~handgranate** *mil. f* Mill's bomb (*or* grenade); **~kette** *el. f* chain of egg insulators; **~kognak** *m* egg-nog (*or* flip); **~kuchen** *m* omelet, pancake; **~kürbis** *m* vegetable marrow; **~landung** *aer. f* three-point landing; **~laufen** *n* egg-and-spoon race; **♀legend** *adj.* laying (eggs), oviparous; **~löffel** *m* egg-spoon; **~pflaume** *f* mirabelle--plum; **~punsch** *m* → Eierkognak; **~schale** *f* egg-shell; **~schnee** *m* whipped white of eggs; **~speise** *f* dish made of eggs; **~stock** *anat. m* (-[e]s; ⁼e) ovary; den ~ betreffend ovarian; **~tanz** *m* egg-dance.

Eifer ['aɪfər] *m* (-s) zeal, eagerness; glühender ~ ardo(u)r, fervo(u)r; enthusiasm, devotion; assiduity; officiousness; blinder ~ rashness; passion; blinder ~ schadet nur haste is waste; in ~ geraten fire (*or* flare) up; im ~ des Gefechtes in the heat of the moment.

'Eiferer *m* (-s; -), **'Eiferin** *f* (-; -nen) zealot, fanatic.

'eifern *v/i.* (h.) be zealous *or* eager (nach for), strive *or* strain (for); declaim, inveigh (gegen against), lash out (at).

'Eifersucht *f* (-) jealousy (auf acc. of).

Eifersüchtelei [-zyçtə'laɪ] *f* (-; -en) petty jealousy.

'eifersüchtig I. *adj.* jealous (auf acc. of); **II.** *adv.*: ~ wachen über et. guard a th. jealously.

eiförmig ['-fœrmiç] *adj.* oval, egg--shaped.

eifrig ['aɪfriç] *adj.* eager, zealous, keen; passionate, ardent, fervent; enthusiastic; assiduous, studious; officious, fussy; ~ bestrebt sein zu (*inf.*) be very anxious to (*inf.*), be keenly intent on (*ger.*); sich ~ bemühen make strenuous efforts (um for), do one's best *or* utmost.

'Eigelb *n* (-[e]s; -e) (egg-)yolk.

eigen ['aɪgən] *adj.* own, of one's own; particular, special; particular; fussy, proper, inherent; peculiar,

odd, queer; squeamish; *j-m:* peculiar *or* special (to a p.), characteristic (of a p.); *in compounds:* -owned, *e.g.* staats~ state-owned; ~e Ansichten personal (*or* individual, independent) views; ein ~es Zimmer a room of one's own, a separate (*or* private) room; *econ.* ~e Aktien own shares, *Am.* treasury stock; ~e Order my (our) order; ~er Wechsel promissory note; *mil.* ~e Truppe(n) friendly troops; auf *or* für ~e Rechnung for (*or* on) one's own account; → Antrieb; aus ~er Erfahrung from personal experience; sich et. zu ~ machen make a th. one's own; adopt, endorse (opinion); dies ist mein ~ this is my own *or* mine.

'Eigen...: ~antrieb *tech. m* self-propulsion; mit ~ versehen self-propelled, self-powered; **~art** *f* peculiarity, individuality, (peculiar) character *or* feature; artistic, *etc.*: originality; **♀artig** ['-ɑːrtiç] *adj.* peculiar; odd, queer; characteristic; individual, special, original; **♀artigerweise** ['-gərvaɪzə] *adv.* strange to say, oddly enough; **~artigkeit** *f* → Eigenheit; **~bedarf** *m* one's own requirements (*or* needs) *pl.*; home *or* domestic requirements *pl.* (of country) **~bericht** *m* special report; ~ unserer Zeitung report from our correspondent; **~besitz** *jur. m* possession in fact and law; **~betrieb** *m*: im ~ verwalten run under (one's) own administration; **~brötler** ['-brøːtlər] *m* (-s; -) odd *or* eccentric person, crank; **♀brötlerisch** *adj.* odd, eccentric, cranky; **~dünkel** *m* self--conceit; **~erzeugung** *f* domestic production; **~fabrikat** *n* self--produced article; **~geräusch** *n* radio: background noise; valve noise; **~gesetzlichkeit** *f* autonomy; *w.s.* inherent laws *pl.*; pattern; **~geschwindigkeit** *aer. f* air speed; **~gewicht** *n* phys. specific gravity; *tech.* dead (*or* net) weight; of bridge: own weight; container: weight empty, tare; *econ.* net weight; **♀händig** ['-hɛndiç] *adj. and adv.* with one's own hand(s *pl.*); autograph (letter; holographic (will); signature in one's own hand; ~ übergeben deliver personally; **~heim** *n* separate home, homestead; owner--occupied house; **~heit** *f* (-; -en) peculiarity; oddity; idiom(atic turn); idiosyncrasy; mannerism; **~kapital** *econ. n* privately owned capital, capital stock and reserve; capital resources *pl.*; **~leben** *n* (-s) individual existence; inner life; **~liebe** *f* (-) self-love, egotism; **~lob** *n* self-praise; ~ stinkt! don't blow your own trumpet!; **~macht** *f* → Eigenmächtigkeit; *jur.* verbotene ~ trespass; **♀mächtig I.** *adj.* arbitrary, high-handed; unauthorized; independent; **II.** *adv.*: ~ handeln act on one's own initiative, act off one's own bat; **~mächtigkeit** *f* (-; -en) arbitrariness; unauthorized action; grobe ~ grossly high-handed action; **~name** *m* proper name; **~nutz** *m* self-interest, selfishness; *jur.* aus grobem ~ from grossly selfish motives; **♀nützig**

['-nytsiç] *adj.* selfish, self-interested.

'**eigens** *adv.* expressly, on purpose; particularly; ~ *zu diesem Zweck* for that very (*or* particular) purpose; *er nahm sie ~ mit* he made it a point to take her along.

'**Eigenschaft** *f* (-; -en) quality; attribute, (distinctive) feature, characteristic; *chem., phys.* property; nature; peculiarity; *jur.* (*legal*) status; *gute ~* (*a. tech.*) virtue; *gute* (*schlechte*) ~en *pl.* good (bad) points *pl.*; *in s-r ~ als* in his capacity of (*or* as), acting as; ~**swort** *gr. n* (-[e]s; ⸚er) adjective.

'**Eigen...:** ~**sinn** *m* (-[e]s) wil(l)fulness; obstinacy, stubbornness; caprice; ⸗**sinnig** *adj.* wil(l)ful; obstinate, stubborn, headstrong, pigheaded; dogged; capricious; ~**staatlichkeit** *f* (-) (autonomous) statehood, sovereignty; ⸗**ständig** *adj.* independent, self-reliant.

eigentlich ['aıgəntliç] **I.** *adj.* real, true, actual, virtual; essential; precise, proper; intrinsic (*value, etc.*); *das ~e England* England proper; *im ~en Sinne* (*des Wortes*) in the true (*or* strict, literal) sense (of the word); **II.** *adv.* really, actually, as a matter of fact; originally; exactly; strictly speaking; by rights; to tell the truth; *was wollen Sie ~?* what do you want anyhow?; *wo geschah das ~?* where exactly did it happen?; *~ ist er ganz vernünftig* he is quite reasonable, after all; *~ nicht* not really.

'**Eigentor** *n sports:* own goal.

'**Eigentum** *n* (-s) property; *jur.* ~ (*an dat.*) (absolute) ownership (of) *or* title (to); → *beweglich, geistig, etc.; sich das ~ vorbehalten* reserve title (to); *das ist mein ~* this is my property, it is mine *or* my own, it belongs to me.

Eigentümer(in *f*) ['aıgənty:mər(in)] *m* (-s, -; -, -nen) owner, proprie|tor (-tress *f*); *econ.* holder (*of securities, etc.*).

'**eigentümlich I.** *adj.* peculiar, special (*j-m* to a p.); characteristic, specific; inherent (*dat.* in); peculiar, odd, strange, queer; **II.** *adv.: j-n ~ berühren* make a peculiar impression upon a p.; ⸗**keit** *f* (-; -en) peculiarity; oddity; characteristic, (peculiar) feature, (special) trait.

'**Eigentums...:** ~**nachweis** *m* evidence of ownership; abstract of title; ~**recht** *n* proprietary right, title (*an dat.* to); ownership; copyright; *sich das ~ vorbehalten* reserve the right of property; ~**übertragung** *f* transfer (of property *or* title), assignment; conveyance; ~**vergehen** *n* offen|ce (*Am.* -se) against property; ~**verhältnisse** *n/pl.* property relations, (status of) ownership *sg.*; ~**vorbehalt** *m* reservation of title; ~**wohnung** *f* freehold flat.

'**Eigen...:** ~**vermögen** *n* separate property (*of wife*); ~**versorgung** *f* domestic supply; self-supply, self-sufficiency; ~**wärme** *f* specific heat; body heat; ~**wechsel** *econ. m* promissory note (*abbr.* P/N); ~**wert** *m* (-[e]s) intrinsic value; ~**wille** *m*

selfwill, wil(l)fulness; ⸗**willig** *adj.* selfwilled, wil(l)ful; *fig.* individual, characteristic, original.

eignen ['aıgnən] **I.** *sich ~* (h.) *für j-n* suit (*or* fit) a p.; *für et.*: be suited (*or* suitable) for a th.; *person:* be qualified for; *er würde sich zum Arzt ~* he would make a good physician; **II.** *v/i.* (h.) *j-m:* be peculiar (*or* inherent) in a p.; → *geeignet.*

'**Eigner** *m* (-s; -) owner, proprietor.

'**Eignung** *f* (-; -en) *person:* qualification, fitness, aptitude (*zu, für* for); *thing:* suitability, applicability; ~**prüfung** *f* aptitude test.

Eiland ['aılant] *n* (-[e]s; -e) island, isle.

Eil|auftrag *m* ['aıl-] *m* rush order; ~**bestellung** *f* express (*Am.* special) delivery; ~**bote** *m: durch ~n* (by) express (messenger), *Am.* by special delivery; ~**brief** *m* express letter, *Am.* special delivery (letter).

'**Eile** *f* (-) haste; *große ~* hurry, rush, speed; dispatch, expedition; urgency; *~ haben person:* be in a hurry, be pressed for time; *matter:* be urgent; *es hat keine ~* there is no hurry (about it), there is plenty of time; *in aller ~* **a**) in great haste, **b**) with great expedition, with the utmost dispatch; *in der ~* in the rush; *~ mit Weile* more haste less speed.

'**Eileiter** *anat. m* oviduct, Fallopian tube.

'**eilen** *v/i.* (sn) *and* (h.) *sich ~* make haste, hasten, hurry; hustle, bustle; rush, scurry; *~ zu or nach* hasten (*or* rush) to; *matter:* be urgent (*or* pressing); *er eilte nicht sehr damit* he took his own time about it; *es eilt nicht* (*damit*)! there is no hurry (about it)!; *die Zeit eilt* time flies; *inscription: Eilt!* Urgent!, Immediate!; ~d *adj.* hurrying, hurried; ~ds ['-ts] *adv.* in a hurry, hastily; in (great *or* hot) haste, posthaste.

'**eilfertig** *adj.* hasty; rash; ⸗**keit** *f* (-) hastiness, rashness.

'**Eil...:** ~**fracht** *f* express goods *pl., Am.* fast freight; express (forwarding); ~**gebühr** *f* express fee; ~**gespräch** *teleph. n* express call; ~**gut** *n* → *Eilfracht; ~!* by express!; *als ~ befördern* send by express.

'**eilig** *adj.* hasty, speedy, hurried; urgent, pressing; prompt; *es ~ haben* be in a hurry (*et. zu tun* to do a th.); *wohin so ~?* what's the hurry?, where's the fire?; *liegt et.* ⸗*es vor?* are there any urgent matters?; ~**st** *adv.* with utmost dispatch, with greatest expedition; in great (*or* hot) haste, posthaste; *er wurde ~ ins Krankenhaus gebracht* he was rushed to the hospital.

'**Eil...:** ~**marsch** *mil. m* forced march; ~**post** *f* express (*Am.* special) delivery; ~**sache** *f* urgent matter; ~**schrift** *f* high-speed shorthand; ~**schritt** *m, ~tempo n: im ~* at high speed, quickly; ~**zug** *m* semi-fast train.

Eimer ['aımər] *m* (-s; -) pail, bucket (*a. tech.*); ~**kette** *f dredger:* bucket chain; ⸗**weise** ['-vaızə] *adv.* by buckets, in bucketfuls.

ein [aın] **I.** *adj.* one; *um ~s* at one (o'clock); *~ für allemal* once for all;

~ und derselbe one and the same, the (very) same; *er ist ihr ~ und alles* he means everything to her; *in ~em fort* incessantly, continuously; *~s sein mit j-m* agree with a p., see eye to eye (*or* be of one mind) with a p.; *sich ~s werden mit j-m* agree (*or* come to terms, settle) with a p.; *die beiden Begriffe sind ~s* the two terms are identical; *~s gefällt mir nicht* there is one thing I don't like; *~s trinken* have a glass, take a drop; *j-m ~s versetzen* deal a p. a blow, paste a p. one; *noch ~s!* one thing more; *es kommt alles auf ~s heraus* it (all) comes to the same thing; *es ist mir alles ~s* I don't care at all; **II.** *indef. art.* a, an; *~ Berg* a mountain; *~ Abend* an evening; *~ Europäer* a European; *~ jeder* each one; *~es Tages* one day; *die Beredsamkeit ~es X.* the eloquence of a man like X.; *welch ~ Glück* what luck; *~ Bernard Shaw* a Bernard Shaw; *~ (gewisser) Herr Braun* a (*or* one) Mr. Brown; **III.** *indef. pron.* **a**) someone, **b**) something; *~er m-r Freunde* a friend of mine; *~er von beiden* either of them; *~er nach dem andern* one after the other, one by one; *manch ~er* many a one; *so ~er* such a one; *wenn ~er behauptet* if a fellow says; *das tut ~em gut* that does one good; *~s ums andere* by turns, alternately; **IV.** *adv.: nicht ~ und aus wissen* be at one's wits' end, be (completely) at a loss; *~ und aus gehen* come and go, *bei j-m:* frequent a p.('s house); *on apparatus: ~!* on!

ein|achsig ['-ʔaksiç] *adj. vehicle:* two-wheel(ed); *bogie:* single-axle; *phys.* uniaxial; ⸗**akter** ['-ʔaktər] *m* (-s; -) one-act play.

ein'ander *adv.* each other; one another; mutually; *sie sind ~ im Wege* they are in each other's way; → *an-, auf-, auseinander, etc.*

'**ein-arbeit|en** *v/t.* (h.): (*sich*) ~ *in* (*acc.*) make (o.s.) acquainted with, familiarize (o.s.) with; work *or* break (o.s.) in; → *anlernen, einführen;* ⸗**ungszeit** *f* period of vocational adjustment, initial period.

'**ein...:** ~**armig** *adj.* one-armed; *anat.* one-branched; *~er Handstand* one-hand balance; *~er Hebel* one-armed lever; *machine-tool:* throat-type; ~**äschern** ['-ʔɛʃərn] *v/t.* (h.) incinerate; reduce (*or* burn) to ashes *or* cinders; lay in ashes; cremate; *chem.* calcine; ⸗**äscherung** *f* (-; -en) incineration; cremation; *chem.* calcination; ~**atmen** *v/t.* (h.) *and v/i.* inhale, breathe (in); *tief ~* draw a deep breath; ⸗**atmung** *f* inhalation; ~**atomig** ['-ʔato:miç] *adj.* monatomic; ~**ätzen** *v/t.* (h.) etch in; ~**äugig** *adj.* one-eyed.

'**Ein...:** ~**bahnstraße** *f* one-way street; ⸗**bahnig** ['-ba:niç] *adj.* single-lane; *esp. rail.* single-track; ⸗**balsamieren** *v/t.* (h.) embalm; ~**balsamierung** *f* (-; -en) embalming; ~**band** *m* (-[e]s; ⸚e) binding; cover; ⸗**bändig** [-bɛndiç] *adj.* in one volume, one-volume; ⸗**basig** ['-ba:ziç] *chem. adj.* monobasic.

'**Einbau** *tech. m* (-[e]s; -ten) building in, installation, fitting, mount-

ing, insertion, incorporation; 2en v/t. (h.) build in(to in acc.), incorporate, install, mount, fit (into); insert (into); ~möbel n/pl. built--in or unit furniture sg.; ~motor m built-in motor.
'**Einbaum** m (log-)canoe, dug-out.
'**ein...:** ~begreifen v/t. (irr., h.): (mit) ~ comprise (or include); be inclusive of; (mit) (e)inbegriffen including; inclusive (of); ~behalten v/t. (irr., h.) keep back, retain, withhold; ~beinig ['-bainiç] adj. one-legged.
'**einberuf|en** v/t. (irr., h.) call, convene (assembly); parl. convoke, summon; mil. call up, Am. draft, induct (into military service); 2ene(r) m (-[e]n; -[e]n) conscript, Am. draftee, inductee; 2ung f convocation, summoning; mil. call-up, Am. draft, conscription, induction; 2ungsbescheid mil. m call-up order, Am. induction order.
'**ein...:** ~betonieren v/t. (h.) set (or embed) in concrete; ~betten ['-bɛtən] v/t. (h.) embed (a. tech.).
Einbett|kabine ['ainbɛt-] f single--berth cabin; ~zimmer n single (-bedded) room.
'**ein...:** ~beulen ['-bɔʏlən] v/t. (h.), 2beulung f (-; -en) dent; ~beziehen v/t. (irr., h.) include, cover; incorporate (in acc. in); 2beziehung f inclusion, incorporation (in acc. into); ~biegen I. v/t.(irr., h.) bend or turn in(wards); II. v/i. (irr., sn) turn (or swing) (in acc. into a street); links ~ make a left turn, turn left.
'**einbilden:** sich et. ~ (h.) fancy, imagine; think, believe; iro. flatter o.s. with the belief (daß that), labo(u)r (or be) under the delusion (daß that); sich et. steif und fest ~ be firmly convinced of a th.; sich viel ~ be full of conceit, have a high opinion of o.s.; sich et. ~ auf (acc.) pride (or pique) o.s. on a th.; bilde dir ja nicht ein, daß don't (you) think that; darauf brauchst du dir nichts einzubilden that's nothing to be proud of; darauf kannst du dir et. ~ that's a feather in your cap; ich bilde mir nicht ein, ein Genie zu sein I don't pretend (or claim) to be a genius; → eingebildet.
'**Einbildung** f fancy; imagination; idea; illusion, delusion, hallucination; conceit; presumption; nur in der ~ existierend only imaginary; ~skraft f (-), ~svermögen n (-s) (power of) imagination.
'**ein...:** ~binden v/t. (irr., h.) bind (book); ~blasen v/t. (irr., h.) blow in(to in acc.); tech. a. inject (into); med. insufflate (with a th.); fig. j-m et. ~ whisper (or prompt) a th. to a p.
'**Einbläser** m prompter.
'**Einblattdruck** typ. m (-[e]s; -e) broadsheet.
'**ein...:** ~blenden v/t. (h.) fade in (picture, sound); radar: crossfade; ~bleuen v/t. (h.) j-m et.: beat into; pound (or hammer, drum) a th. into a p.'s head (or skull).
'**Einblick** m view (in acc. into); fig. insight (into); glimpse (of); opt. eyepiece; ~ gewinnen (in acc.) gain

an insight (into); ~ gewähren give (or afford) an insight (into); give a general idea of; ~ nehmen look (into), inspect; er hat ~ in die internen Vorgänge he is in a position to observe the internal affairs.
'**ein...:** ~booten ['-boːtən] v/t. (h.) embark; ~brechen I. v/t. (irr., h.) break (or force) open, smash (in); II. v/i. (irr., sn) break (or sink) in, give way, collapse; person: enter forcibly; thief: break into (in acc. a flat), burgle, commit burglary, Am. burglarize; bei ihm wurde eingebrochen his house was broken into; mil. penetrate; invade (in acc. a country); die Nacht bricht ein night is falling; bei ~der Nacht at nightfall.
'**Einbrecher** m housebreaker; burglar; 2isch adj. burglarious.
'**ein...:** ~brennen v/t. (irr., h.) burn in(to in acc.); anneal (colours); bake (lacquer); ein Zeichen ~ (dat.) (mark with a) brand; cauterize; 2brennlack m baking (or stove) enamel; ~bringen v/t. (irr., h.) bring in; gather in, house (harvest); parl. bring or enter a motion; introduce a bill; econ. pay in, contribute, invest (capital); jur. bring, file (an action); yield net (profit); j-m et. ~ bring (or earn, win) a p. a th.; fetch a prize (j-m ~ for a p.); das bringt nichts ein it does not pay; make up for time; typ. get in line; jur. eingebrachtes Gut property brought in (by a spouse) upon marriage; ~brocken ['-brɔkən] v/t. (h.) crumble (in acc. into); fig. j-m et. ~ land a p. in trouble; sich et. ~ get (o.s.) into trouble; das hast du dir selbst eingebrockt that's your own doing; jetzt hat er sich aber et. eingebrockt now he is in for it.
'**Einbruch** m mil. a) invasion (of country), b) penetration, breach (in acc. of line, position); a. fig. inroad (in acc. into); housebreaking, burglary; break-in; ~ verüben commit burglary; econ. fall, reduction; stock exchange: break, setback; ~ der Nacht nightfall, dusk; ~sdiebstahl m housebreaking; burglary; ~sfront f meteor. cold front; mil. frontage of penetration; 2ssicher adj. burglar-proof; ~sversicherung f insurance against burglary and theft.
'**einbucht|en** v/t. (h.) indent; colloq. lock up, jug a p.; 2ung f (-; -en) bay, inlet, indentation; dent.
'**ein...:** ~buddeln colloq. v/t. (h.) (mil.) sich ~ dig in; ~bürgern ['-byrgərn] v/t. (h.) naturalize (a. fig. foreign word, etc.); sich ~ become naturalized, settle down; fig. be (generally) adopted, take root; come into use; fig. sich fest eingebürgert haben have come to stay; 2bürgerung f (-) naturalization; fig. (general) adoption or acceptance.
'**Einbuße** f loss, damage; das tut s-m Ansehen keine ~ that won't injure (or detract from) his good reputation.
'**ein...:** ~büßen I. v/t. (h.) forfeit, lose; II. v/i. (h.) lose; suffer (or sustain) losses; ~dämmen v/t. (h.) dam up or in, embank; dike, dyke

(land); a. fig. stem; check, locate (fire); fig. check, restrain; ~dampfen v/t. (h.) evaporate; ~decken v/t. (h.) cover; mil. straddle; econ. buy back, cover (securities); sich ~ provide o.s. (mit with), get a supply (of); stock up (on), buy heavily; eingedeckt sein mit be supplied (or provided) with; stock exchange: be long of.
Eindecker ['-dɛkər] aer. m (-s; -) monoplane.
'**ein...:** ~deichen v/t. (h.) dike, dyke; ~deutig ['-dɔʏtiç] adj. unequivocal, definite, clear-cut; clear, plain; s-e Stellungnahme ist ~ his comment leaves no doubt; er wurde ~ geschlagen he was clearly defeated; ~deutschen v/t. (h.) Germanize; ~dicken v/t. (h.) thicken; chem. condense, concentrate, inspissate; ~dosen v/t. (h.) tin, Am. can; ~drängen: sich ~ (h.) intrude (in acc. into), crowd in; ~drehen I. v/t. (h.) turn in; II. v/i. (sn) aer. swing on a new course, for attack: close in; ~drillen v/t. (h.) → einexerzieren.
'**eindring|en** v/i. (irr., sn) enter forcibly or by force; break or burst in (in acc. into); intrude (into company), crash the gate; sl. muscle in; invade (a country); penetrate; liquid: soak in(to), ooze in(to), (a. mil., pol.) infiltrate; pierce, penetrate; fig. fathom (or delve into) (in acc. a matter); auf j-n: rush upon a p.; fig. problems, etc.: press, crowd (auf j-n upon a p.); feelings: throng in (upon a p.); 2en n (-s) forcible (jur. unlawful) entry; invasion, inroad; penetration, infiltration; ~lich adj. insistent, urgent, emphatic; striking, impressive, forcible; 2lichkeit f insistence, urgency; force(fulness); 2ling ['-liŋ] m (-[e]s; -e) intruder; invader.
'**Eindruck** m (-[e]s; ~e) imprint, impress(ion), mark; fig. impression; appeal; bleibender (schlechter) ~ lasting (poor) impression; ~ machen auf (acc.) impress, make (or leave) an impression on; appeal to; den ~ erwecken, daß give (or produce) the impression that; ich habe den ~, daß I have (or am under) the impression that, I have a feeling that; colloq. ~ schinden show off; nur um ~ zu schinden only for show; 2en v/t. (h.) imprint; print on.
'**ein...:** ~drücken v/t. (h.) press in; flatten, compress; crush, squash; dent, cave in; mil. break into (the front); wrestling: die Brücke ~ break the bridge; force, crash (door) break in (window); ~drucksfähig adj. impressionable; ~drucksvoll adj. impressive, spectacular, striking, appealing; ~dünsten v/t. (h.) stew down, evaporate; → dünsten; ~ebnen v/t. (h.) level, plane, grade; 2ehe f monogamy.
'**einen** v/t. and sich ~ (h.) unite.
ein...: ~eiig ['-ʔaiiç] anat. adj. uniovular; ~e Zwillinge usu. identical twins; '~engen v/t. (h.) constrict; confine, narrow (down), hem in, limit; cramp.
'**einer** I. pron. (some)one, somebody; → ein; II. 2 m (-s; -) arith. unit,

digit; (*boat*) single (sculler); ~lei *adj*. (one and) the same, of one (*or* the same) kind; indifferent, immaterial; *es ist ganz* ~ it makes no difference; *es ist mir* ~ it's all one (*or* the same) to me, I don't care; ~ *ob* no matter (*or* regardless) whether; ~ *wer*, *etc*. whoever, *etc*., no matter who, *etc*.; ~, *wir gehen hin!* all the same, let's go there!; ⎰lei ['-'laɪ] *n* (-s) sameness, uniformity; monotony, humdrum.
'einernten *v/t*. (*h*.) gather in, harvest; *fig*. gain, win.
einerseits ['-zaɪts], 'einesteils *adv*. on the one hand (*or* side).
'einexerzieren *v/t*. (*h*.) drill (*or* train) thoroughly; *fig*. coach; drill (*task*, *etc*.).
einfach ['-fax] I. *adj*. 1. single; ~e *Buchführung* book-keeping by single entry; ~e *Fahrkarte* single (ticket), *Am*. one-way ticket; 2. simple; ~er *Bruch med*. simple fracture; ~er *Bankrott* simple bankruptcy; 3. simple, plain, homely, frugal, plain (*food*); ~er *Soldat* private (soldier), *Am*. *a*. enlisted man, buck private; 4. easy, simple; elementary; II. *adv*. simply, plainly; just; *das ist* ~ *herrlich* that's simply (*or* just) wonderful; *es ist* ~ *verbrecherisch* it's outright criminal; *es ist* ~ *unglaublich* it is fantastic; ⎰heit *f* (-) simplicity; plainness, frugality; *der* ~ *halber* to simplify matters; ~wirkend *tech. adj*. single-acting.
'ein...: ~fädeln ['-fɛ:dəln] *v/t*. (*h*.) thread (*needle*, *a*. *film*, *tape*); *fig*. start, set afoot; contrive, arrange, engineer; ~fahrbar *aer. adj*. retractable (*landing gear*); ~fahren I. *v/i*. (*irr*., *sn*) drive in(to *in acc*.); enter, come in, arrive; *train*: *a*. pull in; *mining*: descent; II. *v/t*. (*irr*., *h*.) cart in; carry *or* bring in; retract (*landing gear*, *periscope*); run in, *esp. Am*. break in (*car*); ⎰fahrt *f* entrance, arrival; *mining*: descent; entrance; *of port*: mouth; *mining*: pit-head; gateway, drive(-way).
'Einfall *m* → *Einsturz*; *mil*. irruption, inroad, raid (*in acc*. into), invasion (*of*); *phys*. incidence (*of light*); *fig*. inspiration, idea, notion; *glücklicher* ~ brain-wave; *witziger* ~ flash of wit; whim; *er kam auf den* ~ the idea occured to him, *iro*. *a*. he took it in his head; ⎰en *v/i*. (*irr*., *sn*) fall in; *light*: be incident; *mil*. invade (a country); *mus*. chime (*or* join) in; *conversationally*: interrupt, cut short, *affirmatively*: chime in; collapse, tumble down; *j-m* ~ come into a p.'s mind, occur to a p.; *dabei fällt mir et. ein* that reminds me of something; *es fällt mir jetzt nicht ein* I can't remember (*or* think of) it now; → *Traum*; *was fällt dir ein!* what are you thinking of?, what's the idea!; *wie es ihm gerade einfiel* as the humo(u)r seized him; *sich et.* ~ *lassen* a) take a th. into one's head, b) think of a th., *Am*. think a th. up; *laß dir das ja nicht* ~! don't (you) dare to do that; ⎰end *phys. adj*. incident; ⎰slos *adj*. unimaginative; dull, pointless; ⎰sreich *adj*. imaginative, inventive; ~sreichtum *m* (-s) wealth

of invention; ~swinkel *m* angle of incidence.
'Ein...: ~falt ['-falt] *f* (-) simplicity, naïveté (*Fr*.); innocence; silliness; ⎰fältig ['-fɛltiç] *adj*. simple(-minded); innocent, naïve; silly, foolish; ~faltspinsel *m* simpleton, nincompoop, *Am*. dum(b)bell; ~familienhaus *n* one-family house; ⎰fangen *v/t*. (*irr*., *h*.) catch, seize; capture, apprehend (*criminal*); *fig*. ensnare, entrap *a p*.; capture (*mood*, *etc*.); ⎰farbig *adj*. one-colo(u)red, unicolo(u)red; plain (*cloth*); *typ*. monochromatic; ⎰fassen *v/t*. (*h*.) enclose; fence (in); border, edge, line; frame (*picture*); set (*gem*); ~fassung *f* enclosure; fence; railing; rim; border, edge; *of dress*: *a*. trimming; *of shoe*: welt; *of gem*: setting; *picture*, *window*, *etc*.: frame; ⎰fetten *v/t*. (*h*.) grease; oil; ~fetten *n* (-s) greasing, lubrication; ⎰finden: *sich* ~ (*irr*., *h*.) appear (on the scene); arrive, turn up; attend; assemble; ⎰flechten *v/t*. (*irr*., *h*.) interlace, weave in, work into; plait, braid (*hair*); *fig*. put in, insert, mention casually; weave in(to), insert *story*; ⎰flicken *v/t*. (*h*.) patch in; *fig*. add, insert; ⎰fliegen *aer*. I. *v/i*. (*irr*., *sn*) fly into, enter (by air); penetrate, intrude; II. *v/t*. (*irr*., *h*.) make test-flights with, test out; ~flieger *m* test pilot; ⎰fließen *v/i*. (*irr*., *sn*) flow in(to *in acc*.); *fig*. *mit* ~ *lassen* drop in, mention in passing; ⎰flößen *v/t*. (*h*.) infuse, pour in(to *in acc*.); *med*. administer (*dat*. to); feed (*j-m a p*. with *food*); *fig*. *j-m et*. ~ inspire (*or* fill) a p. with a th.; command (*respect*, *etc*.); kindle (*desire*); ⎰fluchten *v/t*. (*h*.) align.
'Einflug *m aer*. approach (flight), entrance (by air); *mil*. intrusion; raid; ~erlaubnis *f* entry-permit, clearance; ~schneise *f* air corridor, lane of approach.
'Einfluß *m* flowing in, influx; *fig*. influence (*auf acc*. on, *bei* with), *esp. pol*. *a*. pull; power, control, sway (over), grip (on); effect; ~ *haben auf* (*acc*.) influence; affect, have a bearing on; sway; *e-n* ~ *ausüben* (*auf*) exercise an influence (on); bring one's influence to bear (on); *unter dem* ~ *von j-m or et*. under the influence of *a p. or th*.; ~bereich *m* sphere of influence, orbit; ⎰reich *adj*. influential; *er ist sehr* ~ *a*. he casts a long shadow, he has a lot of pull.
'ein...: ~flüstern *v/t*. (*h*.) *j-m et*.: whisper (*fig*. *a*. suggest, insinuate) a th. to a p., prompt a th. to a p.; ⎰flüsterung *f* (-; -en) prompting; suggestion, insinuation; ~fordern *econ*. *v/t*. (*h*.) call in, demand payment of (*debts*); call for (*or* in) (*capital*); collect (*taxes*); ⎰forderung *f* calling-in, demand; call (for funds); collection (*of taxes*); ~förmig ['-fœrmiç] *adj*. uniform; → *eintönig*; ⎰förmigkeit *f* (-) uniformity, monotony; ~fressen: *sich* ~ *in* (*irr*., *h*.) eat into, corrode; ~fried(ig)en ['-fri:d(ig)ən] *v/t*. (*h*.) enclose; hedge (wall, fence) in; ⎰friedigung *f* (-; -en) enclosure;

~frieren *v/i*. (*irr*., *sn*) *water*, *econ*. *assets*: freeze; *sea*, *ship*: freeze in; eingefroren frozen (up); *ship*: *a*. ice-bound; *credit*, *etc*.: frozen; ~fugen *v/t*. (*h*.) dovetail, rabbet; ~fügen *v/t*. (*h*.) put (*or* fit) in, insert (*in acc*. into); sandwich in; *sich* ~ fit in (well); *person*: *a*. adapt o.s., fall in (with others); ⎰fügung *f* fitting in, insertion; interpolation; adaptation; ~fühlen: *sich* ~ (*h*.) (*in acc*.) feel one's way (into); acquire an insight (into); grasp (*by intuition*); feel (with) *a p*.; ⎰fühlungsvermögen *n* (-s) sympathetic understanding; flair, intuition(al grasp); insight into people's nature; empathy.
Einfuhr ['-fu:r] *f* (-; -en) *econ*. import(ation); imports *pl*.; ~ *und Ausfuhr* imports and exports; ~artikel *m* import(ed) article, *pl*. imports; ~beschränkung *f* import restriction; ~bestimmungen *f/pl*. import regulations *pl*.; ~bewilligung *f* import licen|ce (*Am*. -se).
'einführ|bar *adj*. importable; ~en *v/t*. (*h*.) introduce; set, launch (*fashion*); initiate, adopt (*measures*); establish, set up (*institutions*); import (*goods*); obtain quotation of, *Am*. list (*securities*); introduce *a p*. (*bei j-m* to a p., *in acc*. into) (*a company*); present (*bei Hofe* at court); *j-n in et*. ~ initiate into; install, inaugurate in *an office*; *med*., *tech*., *etc*.: introduce, insert *a th*. (into); *el*. lead in; feed in(to); *gut eingeführt person*, *merchandise*: well introduced, *business*: well established.
'Einfuhr...: ~erlaubnis, ~genehmigung *f* import licence (*or* permit); ~hafen *m* port of entry; ~handel *m* import trade; ~kontingent *n* import quota; ~land *n* importing country; ~lizenz *f* import licence; ~prämie *f* bounty on imports; ~schein *m* import permit; bill of entry; ~sperre *f*, ~stop *m* embargo on imports, import ban.
'Einführung *f generally*: introduction; presentation (*bei j-m* to a p., *bei Hofe* at court); initiation; installation, inauguration (*into an office*); introduction, adoption (*of measures*, *etc*.); establishment (*of institutions*); *econ*. importation; *el*. lead-in; ~sgesetz *n* introductory law; ~skabel *el. n* leading-in cable; ~skursus *m* introductory course; ~sreklame *f* introductory campaign; ~sschreiben *n* letter of introduction.
'Einfuhr...: ~verbot *n* import ban (*or* prohibition); ~waren *f/pl*. import(ed) goods, imports; ~zoll *m* import duty; ~zollschein *m* bill of entry.
'einfüll|en *v/t*. (*h*.) fill *or* pour in(to *in acc*.); bottle; ⎰stutzen *mot*. *m* filler-cap; ⎰trichter *m* funnel; *tech*. feed hopper.
'Ein...: ~gabe *f* petition, application, memorial (*an acc*. to, *um* for); *e-e* ~ *machen* submit *or* file a petition, apply (*um* for); ⎰gabeln *v/t*. (*h*.) *mil*. bracket, straddle (*target*).
'Eingang *m* entrance, doorway; way in; entering, entry; access; introduction, opening; preamble; *econ*.

arrival, entry (*of goods*); receipt (*of letter, sum*); Eingänge *pl.* goods (payments) received; receipts, takings *pl.*; entries *pl.* (*of bookings, etc.*); bei ~, nach ~ on receipt; kein ~! no entrance!; no admittance!; j-m ~ gewähren give a p. access (*zu dat.* to); sich ~ verschaffen obtain entry (*or* access), gain admission (to).

eingangs ['aıŋaŋs] *adv.* at the beginning *or* outset; by way of introduction; 2anzeige, 2bestätigung f notice of arrival; acknowledg(e)ment (*or* advice) of receipt; 2buch *n* book of entries; 2datum *n* date of arrival (*or* entry); *of cheque*: value date; 2formel f preamble; 2halle f entrance-hall; 2kreis *m* radio: input circuit; 2spannung *el.* f input voltage; 2stempel *m* entry stamp; 2tor *n* (entrance-)gate; 2zoll *m* import duty.

'**ein...**: ~gebaut ['-gəbaut] *tech. adj.* built-in, integral, installed, incorporated, mounted; ~geben v/t. (*irr., h.*) give, administer *drug* (*dat.* to); submit (*petition*), hand in, → einreichen; *fig. j-n* (*zur Beförderung, etc.*): recommend (for *promotion, etc.*); *j-m* (*e-n Gedanken, etc.*) give, inspire *a p.* with (*an idea*), prompt (*or* suggest) *a th.* to; 2gebung f (-; -en) inspiration; bright idea, brain-wave; ~gebildet *adj.* imaginary (*disease, etc.*); *person*: conceited (*auf acc.* about), priggish; arrogant; ~geboren *adj.* only-begotten (*son of God*); native, indigenous; inborn, innate; 2geborene(r m) f (-n, -n; -en, -en) native; ~e *pl. a.* aborigines; ~gedenk ['-gədɛŋk] *adj.* mindful (*gen.* of), remembering; e-r Sache ~ sein (*bleiben*) bear (keep) a th. in mind, remember a th.; ~gefallen *adj.* dilapidated (*house*); *med.* emaciated, shrunken; hollow-cheeked; sunken (*eyes*); ~gefleischt ['-gəflaıʃt] *adj.* incarnate; *fig.* inveterate, engrained, dyed-in-the-wool; ~er Junggeselle confirmed bachelor.

'**eingehen I.** v/i. (*irr., sn*) *eccl.* go in, enter; *letters, goods*: come in (*or* to hand), arrive; *money*: be received *or* cashed; *bot., zo.* die; *colloq. fig.* die on the vine, wilt; cease (to exist); *factory*: close down; *enterprise*: fizzle out; *newspaper*: perish; ~ lassen give up; am 2 sein (*a. matter*) be on one's last legs; ~ auf (*acc.*) consent (*or* agree) to; comply with; accept (*proposal*); show interest for *a th.*; auf Einzelheiten ~ go into details; auf j-s Ansichten ~ enter into (*or* chime in with) a p.'s views; auf j-n: respond to a p., *indulgently*: humo(u)r; *j-m*: go down with a p.; → Geschichte. **II.** v/t. (*irr., h., sn*) contract (*marriage*); run *a risk*, take *a chance*; come to *an arrangement*; incur, enter into (*obligation*); enter into (*contract*); lay *a wager*, make a bet; ~d *adj.* incoming; exhaustive, thorough, detailed; close (*inspection*); nicht ~ shrink-proof (*fabric*).

'**ein...**: ~gelassen *tech. adj.* sunk, flush(-mounted); sunk (*screw*); ~gelegt ['-gəle:kt] *adj.*: ~e Arbeit inlaid work, inlay; ~e Eier

water-glass eggs; 2gemachte(s) ['-gəmaxtə(s)] *n* (-[e]n) preserves *pl.*; preserved fruit; pickles *pl.*; ~gemeinden ['-gəmaındən] v/t. (*h.*) incorporate (*dat.* into); 2gemeindung f (-; -en) incorporation; ~genommen *adj.* für j-n: prepossessed (*or* biassed) in favo(u)r of *a p.*, von j-m: fond of, taken with *a p.*; gegen j-n: prejudiced (*or* biassed) against; für *et.*: partial to, enthusiastic about, heart and soul for *a th.*; von sich ~ conceited, having a high opinion of o.s.; *head*: dull, heavy; 2genommenheit f (-) prepossession, bias (*für* in favo[u]r of); fondness (of); prejudice (*gegen* against); (self-)conceit; ~gerostet ['-gərɔstət] *adj.* rusty (*a. fig.*); 2gesandt ['-gəzant] *n* (-s; -s) Letter to the Editor; ~geschlechtig *bot. adj.* unisexual; ~geschnappt ['-gəʃnapt] *colloq. adj.* cross, piqued, peeved; ~gesehen *mil. adj.* exposed (to observation); ~gesessen ['-gəzesən] *adj.* resident, domiciled; 2gesessene(r m) f (-n, -n; -en, -en) resident, inhabitant; ~gestandenermaßen ['-gəʃtandənər'mɑːsən] *adv.* avowedly, admittedly; 2geständnis *n* avowal, confession, admission; ~gesteh(e)n v/t. (*irr., h.*) avow, confess, admit, own (up).

Eingeweide ['-gəvaıdə] *n/pl. anat.* viscera; bowels, entrails, guts, intestines; ~bruch *m* hernia.

'**ein...**: ~geweiht ['-gəvaıt] *adj.* → einweihen; 2geweihte(r m) f (-n, -n; -en, -en) initiate(d person), insider; *pl.* the initiated; ~gewöhnen v/t. and sich ~ (*h.*) accustom (o.s.) (*in acc.* to), acclimatize, *Am.* acclimate (to); get used to; 2gewöhnung f acclimatization, familiarization; ~gewurzelt ['-gəvurtsəlt] *adj.* deep-rooted; engrained, inveterate; ~gezahlt ['-gətsaːlt] *econ. adj.* paid-up (*capital, stock*).

'**ein...**: ~gießen v/t. (*irr., h.*) pour in(to *in acc.*); infuse; pour out; *tech.* cast in; 2glas *n* monocle; ~gleisig ['-glaızıç] *adj.* single-line, single-track; ~gliedern v/t. (*h.*) incorporate, integrate (*in acc.* into); classify (into); assign (to); annex (*territory*); enrol(l) (*in acc.* in), make a member (of); sich ~ fit in, become a part (*person*: member) (*in acc.* of); 2gliederung f integration, incorporation; annexation; enrolment; ~graben v/t. (*irr., h.*) dig in(to *in acc.*); bury; hide in the ground; engrave (*in acc.* upon *steel, etc.*; *a. one's memory*); sich ~ *animal*: burrow in(to *in acc.*); *mil.* dig in, entrench o.s.; *fig. ins Gedächtnis*: engrave o. s. (on one's memory); ~gravieren v/t. (*h.*) engrave (*in acc.* on); ~greifen v/i. (*irr., h.*) *tech.* engage (*in acc.* in *or* with); gear in(to *in acc.*), mesh; *fig.* take action, step in; *mil.* come into action; intervene; interfere, meddle (*in* with); in j-s Rechte ~ encroach (up)on a p.'s rights; in ein Gespräch ~ engage (*or* join) in a discussion, cut in; 2greifen *n* (-s) *tech.* engagement; gearing, meshing; *fig.* action; intervention; interference; ~greifend *adj. fig.* → durchgreifend; 2greif-

geschwader *mil.* flying squadron; 2griff *m med.* operation, surgical treatment; *tech.* gearing, contact; ständiger ~ constant mesh; im ~ in gear, engaged; *fig.* action; intervention; interference; encroachment. '**ein...**: ~hacken v/i. (*h.*) *bird*: ~ auf (*acc.*) peck at; *fig.* pick at, pester; ~haken v/t. (*h.*) hook in(to *in acc.*), fasten; sich ~ bei link arms with; eingehakt arm in arm; *fig.* cut in; bei *et.*: take a th. up; 2halt *m*: ~ gebieten *or* tun (*dat.*) stop, check, call a halt to; ~halten **I.** v/t. (*irr., h.*) stop, check; *fig.* observe, adhere to, follow (*custom, contract*); keep (to *a term*, within *a time-limit*), *Am.* meet (*a deadline*), be punctual; keep (*promise*); meet (*obligation*). **II.** v/i. (*irr., h.*) stop, leave off; pause; mit dem Lesen ~ stop reading; halt ein! stop!, leave off!; 2haltung f (*gen.*) observance (of); adherence (to); compliance (with); ~hämmern v/t. (*h.*) drive *a nail* in(to *in acc.*); *fig. j-m et.* ~ hammer (*or* drum, pound) a th. into a p.'s head; ~handeln v/t. (*h.*) purchase, buy; trade in, barter; get, obtain, chisel out; ~händig ['-hendıç] *adj.* one-handed; ~händigen ['-gən] v/t. (*h.*) *j-m et.*: hand (over) to, deliver to; ~hängen **I.** v/t. (*h.*) hang *or* hook in(to *in acc.*); *tech.* suspend (into); hang up; put *door* on its hinges; replace, restore *telephone receiver*; sich bei j-m ~ → einhaken; **II.** v/i. (*h.*) *teleph.* hang up, clear the line; ~hauchen *fig.* v/t. (*h.*) inspire (*j-m et.* a p. with a th.); *j-m neues Leben* ~ breathe new life into a p.; ~hauen **I.** v/i. (*h.*): ~ auf (*acc.*) fall upon, pitch into; *fig. at table*: fall to, tuck in; **II.** v/t. (*h.*) break in (*or* open); cut open; sink (a hole) in; ~heften v/t. (*h.*) sew or stitch in(to *in acc.*); file; ~hegen v/t. (*h.*) fence in, enclose; ~heimisch *adj.* native; indigenous (*a. bot.*); *econ.* home, domestic, inland, home-made; ~er Markt home-market; ~es Vieh home-bred livestock; ~es Agrarprodukt home-grown produce; endemic (*disease*); vernacular (*speech*); die 2en the natives; ~heimsen ['-haımzən] v/t. (*h.*) reap; pocket, rake in; 2heirat f: ~ in (*acc.*) marriage into *a family or business firm*; ~heiraten v/i. (*h.*): ~ in (*acc.*) marry into.

Einheit ['-haıt] f (-; -en) unity; oneness; uniformity; *math., phys., mil.* unit (*mil. Am. a.* outfit), *stock exchange*: unit of trade, *Am.* full lot; *thea.* die drei 2en the dramatic unities; zu e-r ~ verbinden unify; 2lich *adj.* uniform; homogeneous; standardized; undivided; *econ.* regular (*prices*); central(ized) (*government*); ~lichkeit f (-) uniformity, conformity to standard.

'**Einheits...**: ~bauart *tech.* f standard type; ~bestrebungen f/pl. unitary tendencies (*or* movement); ~front f united front; ~gewicht *n* standard weight; ~kurs *econ. m* standard quotation; ~kurzschrift f standard shorthand system; ~partei f unity party; ~preis *econ. m* uniform (*or* standard, flat) price;

~**schule** f comprehensive school; ~**staat** m centralized state; ~**strafe** jur. f global punishment; ~**tarif** m uniform tariff; ~**vordruck** m standard printed form; ~**währung** f standard currency; ~**wert** m standard (or unit) value; tax: rateable value; ~**zeit** f standard time.

'**ein...**: ~**heizen** v/i. (h.) make (or light) a fire; heat a stove (or room); fig. j-m: make it hot for a p., give a p. hell; ~**hellig** ['-hɛliç] adj. unanimous; 2**helligkeit** f unanimity. **ein'her...**: in compounds ... along, e.g. ~**gehen** v/i. (irr., sn), (~**schreiten** v/i., irr., sn, ~**stolzieren** v/i. sn) walk (stride, strut) along.

'**ein...**: ~**holen** I. v/t. (h.) bring in, collect; go to meet; mar. strike (sail, flag), haul down, lower (flag), haul in (rope), tow in (ship); buy, fetch; overtake, (a. fig.) catch up with; sports: a. pull up to; call for; obtain; procure; ask (or apply) for; make inquiries (über acc. about); take (orders); seek or take advice; make up for (lost time); II. v/i. (h.): gehen go shopping; 2**horn** n unicorn; 2**hufer** ['-hu:fər] zo. m (-s; -) solid-hoofed animal, soliped; ~**hüllen** v/t. (h.) wrap up (in acc. in), envelop in; cover; tech. encase, sheathe, coat; in Dunkel (Schweigen) gehüllt wrapped in darkness (silence).

'**einig** adj. united; ~ sein mit (dat.) agree with, be at one (or in agreement) with; (sich) ~ werden come to terms or an agreement (über acc. about); die Fachwelt ist sich einig darüber, daß there is agreement (or consensus) among the experts that, the experts are agreed that; er ist sich selbst nicht ~, was er tun soll he can't make up his mind, either; ~e indef. pron. several, some, a few; Am. a couple of; vor ~n Tagen the other day (about) some; ~ hundert Jahre some hundred (or hundred odd) years; ~es ['aɪnɪgəs] indef. pron. something; ich könnte dir ~ erzählen I could tell you a thing or two; → allerhand; ~**emal** adv. several times.

ein-igeln ['aɪnʔi:gəln]: mil. sich ~ (h.) set up a hedgehog defen|ce, Am. -se.

'**einig...**: ~**en** ['-gən] v/t. (h.) unite, unify; conciliate; sich ~ agree (über acc. on), come to an agreement or terms (about); settle (mit with); Am. colloq. get together; ~**ermaßen** ['-gər'ma:sən] adv. to some (or a certain) extent; somewhat; rather, fairly; ~**gehen** v/i. (irr., sn) agree or concur (mit with), be in agreement with; 2**keit** f (-) unity, union, concord, harmony; unanimity; agreement, consensus; ~ macht stark union is strength; 2**ung** ['-gʊŋ] f (-; -en) pol. unification, union; agreement, settlement, understanding; e-e ~ erzielen come to an agreement; 2**ungs-amt** n conciliation board; 2**ungs-stelle** f settlement board.

'**ein-impf|en** v/t. (h.) med. inoculate (j-m into); fig. j-m et.: inoculate (or indoctrinate) with, implant in; 2**ung** f inoculation (a. fig.).

'**einjagen** v/t. (h.): j-m Furcht ~ scare (or frighten, terrify) a p., strike fear into a p.
'**einjährig** adj. (one-)year-old; duration: of one year, one year's, one-year; annual (plant); 2**e(s)** ['-gə(s)] n (-[e]n) lower school-leaving certificate.

'**ein...**: ~**kalkulieren** v/t. (h.) take into account, allow for; ~**kapseln** v/t. (h.) tech. encase, enclose; med. (a. sich ~) encyst; fig. sich ~ retire into one's shell; ~**kassieren** v/t. (h.) cash, collect; 2**kassierung** f (-) encashment; collection.

'**Ein|kauf** m purchase; bargain; econ. purchasing (department); Einkäufe machen go shopping, shop; 2**kaufen** I. v/t. (h.) buy, purchase; shop for; procure; lay in, stock (supply); sich ~ buy o.s. in; II. v/i. (h.) make purchases, shop (bei at); ~**käufer(in** f) m purchaser, buyer; shopper; econ. buying agent.

'**Einkaufs...**: ~**abteilung** f purchasing department; ~**genossenschaft** f co-operative purchasing society; ~**leiter** m head of purchasing department; ~**netz** n string bag; ~**preis** m (zum at) cost price, prime (or first) cost; ~**tasche** f shopping bag; ~**zentrum** n shopping centre (Am. center).

Einkehr ['aɪnke:r] f (-) (bei, in dat.) putting up (at an inn); fig. contemplation, introspection, self-communion; ~ halten bei sich hold communion with o.s., take stock of o.s.; 2**en** v/i. bei j-m: call on (or stay with) a p.; in e-m Gasthofe: put up (or stop) at an inn; fig. bei sich ~ commune with o.s., search one's soul.

'**ein...**: ~**keilen** v/t. (h.) wedge in; fig. hem in; ~**kellern** v/t. (h.) lay in (the cellar), (store in the) cellar; ~**kerben** v/t. (h.), 2**kerbung** f (-; -en) notch, indent; ~**kerkern** v/t. (h.) imprison, incarcerate, cast into prison; ~**kesseln** mil. v/t. (h.) encircle, pocket, trap; 2**kesselung** f (-; -en) encirclement; ~**kitten** v/t. (h.) cement in(to in acc.), fix with putty; ~**klagbar** jur. adj. actionable; ~**klagen** v/t. (h.) sue for, file suit for, take legal proceedings for the recovery of a th.; ~**klammern** v/t. (h.) tech. cramp; typ. bracket, put in parentheses (or brackets), parenthesize.

'**Einklang** m mus. unison; radio: syntony; fig. unison, accord, harmony; in ~ bringen reconcile, square, bring into line (mit with); im ~ stehen mit be compatible (or in keeping) with; correspond to, coincide (or tally) with; nicht im ~ stehen mit be at variance with.

'**ein...**: ~**kleben** v/t. (h.) paste in; ~**kleiden** v/t. (h.) clothe; mil. issue clothing to, fit out; fig. clothe, couch (thoughts); ~**klemmen** v/t. (h.) pinch; squeeze (in) jam (or wedge) in; tech. a. screw down, clamp (fast); fig. sandwich in; 2**klemmung** f (-; -en) jamming; med. strangulation; ~**klinken** v/t. and v/i. (h.) latch (door); eingeklinkt on the latch; tech. engage, catch, clinch; ~**knicken** I. v/t. (h.)

bend in; fold (paper); crease (cloth); II. v/i. (sn) bend, break; a. knees: buckle, give way; ~**kochen** v/t. (h.) and (sn) v/i. boil down, thicken by boiling; (make) preserve; make jam.
'**einkommen** v/i. (irr., sn) bei j-m: make an application, (present a) petition, apply to a p. (um for); um s-n Abschied ~ hand in (or tender) one's resignation; gegen et.: protest (or lodge a complaint) against a th.; funds: come in, be paid in; 2 n (-s) income; pol. revenue; ~ aus Arbeit earned income, earnings pl.; ~ aus Kapital unearned income; festes ~ fixed income; 2**steuer** f income-tax; 2**steuererklärung** f income-tax return; 2**stufe** f income-class (Am. bracket).
'**einköpfen** v/t. and v/i. (h.) soccer: head (the ball) home.
'**Einkreis-empfänger** m radio: single-circuit receiver.
'**einkreis|en** v/t. (h.) mil. encircle (a. pol.), envelop, outflank, surround; w.s., a. pol. isolate; 2**ung** f (-; -en) encirclement; 2**ungs-politik** f policy of encirclement; 2**ungs-schlacht** f battle of encirclement.
einkremen ['-kre:mən] v/t. (h.) cream, apply cream to.
'**Einkünfte** ['-kʏnftə] pl. proceeds, receipts, takings; profit; income; pol. revenue sg.; of judge, etc.: emoluments.
'**einkuppeln** tech. v/t. (h.) couple, clutch; mot. throw into gear, engage (the clutch v/i.).
'**einlad|en** v/t. (irr., h.) load (in); mar. ship, embark; mot. entruck; rail. entrain; aer. emplane; j-m: invite or ask a p. (zu to); ~**end** adj. inviting; enticing, tempting; appetizing; 2**ung** f invitation; auf die ~ von at the invitation of; 2**ungskarte** f invitation-card; 2**ungs-schreiben** n (letter of) invitation.
'**Einlage** f in letter: enclosure, accompanying document(s pl.); tailoring: pad(ding); in shoe: a) insole, b) med. arch-support; in tooth: temporary filling; tech. intermediate layer, ply; mot. inside tyre (Am. tire) protector; econ. investment, share; (savings) deposit; gambling: stake; thea. extra (number) inserted song; cul. garnish (for soup), w.s. side-dish; entree; ~**kapital** n capital invested (or paid in).
'**einlager|n** v/t. (h.) econ. warehouse, store (up), put into stock; 2**ung** f warehousing, storage.
Einlaß ['-las] m (-sses, ⸗sse) admission, admittance, entrance (zu to); tech. inlet, intake; → Eintritt; gewähren.
'**einlassen** v/t. (irr., h.) let in, admit, open the door(s pl.) to; insert; tech. ~ in let (or fit, sink) into, imbed in; → eingelassen; take in (dress); sich ~ let o.s. in; fig. sich ~ auf or in (acc.) engage in, enter into (a. conversation); venture (or embark) on (enterprise); fool (or meddle) with; agree to, entertain; jur. sich auf eine Klage ~ defend an action, put in an appearance; laß dich nicht darauf ein don't go in on it!, leave it alone!; ich lasse mich nicht darauf ein I will not have anything to do with it;

sich ～ mit (dat.) associate (or have dealings) with, hostilely: join issue (or grapple) with, amorously: get involved with, have an affair with. '**Einlaß...**: ～**karte** f admission ticket; ～**öffnung** tech. f inlet; ～**rohr** n inlet pipe.
'**Einlassung** jur. f (-; -en) (entering an) appearance; averment, defen|ce (Am. -se); ～**s-erklärung** jur. f notice of one's intention to defend; ～**frist** jur. f time for entering an appearance.
'**Einlaßventil** n inlet valve.
'**Einlauf** med. m enema, clyster; w.s. → Eingang.
'**einlaufen I.** v/i. (irr., sn) come in, arrive; w.s. → eingehen; in e-n Hafen: enter, put into a port; fabric: shrink; nicht ～d unshrinkable; das Bad(ewasser) ～ lassen run the bath; **II.** v/t. (irr., h.): j-m das Haus ～ besiege a p.'s house, pester a p.; mot. ～ (lassen) run in; sich ～ sports warm up; '**Einlaufen** n (-s) coming in, arrival; of cloth: shrinkage.
'**ein...**: ～**läufig** ['-lɔyfiç] adj. single--barrel (-led); ～**läuten** v/t. (h.) ring in; ～**leben**: sich ～ (h.) accustom o.s. (in acc. to); settle down (in), acclimatize; fig. become familiar(ized) with, enter into the spirit of a th.; ♀**legearbeit** f inlaid work; ～**legen** v/t. (h.) lay (or put) in(to in acc.); enclose (in a letter); insert (dance, etc.); deposit (money); insert (film, paper, etc.); cul. preserve; pickle; salt; pot; couch (lance); immerse, soak, steep; tech. inlay with ivory, etc.; eingelegte Arbeit inlaid work, marquetry; fig. → Berufung, Verwahrung, Veto, Wort; Ehre ～ mit et. gain hono(u)r or credit by; mit ihm wirst du keine Ehre ～ he will do you no credit; ♀**leger** m (-s; -) bank: depositor; company: investor; typ. feeder, layer-on; ♀**legesohle** f slip sole, (cork) sock.
'**einleit|en** v/t. (h.) start; initiate, introduce; launch, set on foot; mus. prelude (a. fig.); preface a book (mit by); open (talks, etc.); usher in (era, etc.); jur. institute (investigation, proceedings); e-n Prozeß ～ bring an action (gegen against); ～**end** adj. introductory, opening, preliminary; ～**e** Maßnahmen, etc. preliminaries pl.; adv. by way of introduction; ～**ung** f introduction; preface, preamble (gen. to); mus. prelude (a. fig.); preliminaries pl.; starting, opening, jur. institution; preamble, caption.
ein...: ～**lenken** v/i. (h.) turn in(to, in acc.); fig. give in, come round; change one's note; ～**d** adv. peaceably, reasonably; ～**lernen** v/t. (h.) → anlernen; sich et. ～ learn a th. thoroughly (or by heart); j-m et. ～ teach a p. a th., drum a th. into a p.; ～**lesen**: sich ～ (irr., h.) read o.s. into; familiarize o.s. with; read up (subject); ～**leuchten** v/i. (h.) be clear (or obvious, evident, plausible) (j-m to a p.); es leuchtet mir nicht ein I cannot see that, it does not make sense (to me); ～**leuchtend** adj. clear, obvious, evident, plausible; ～**liefern** v/t. (h.) deliver (up);

j-n: transfer a p. (in acc. to); ins Krankenhaus ～ take to the hospital, hospitalize; ins Gefängnis ～ send (or commit to) prison; ♀**lieferung** f delivery; hospitalization; commitment (to prison, etc.); ♀**lieferungs-schein** m receipt of posting; paying--in slip; ～**liegend** adj. enclosed; ～**lochen** v/t. (h.) golf: put(t), hole (out); colloq. put behind bars, sl. put in jug; ～**logieren** v/t. (h.) → einmieten; ～**lösbar** ['-løːsbaːr] adj. collectible; due, payable; redeemable; nicht ～ irredeemable; convertible; ♀**lösbarkeit** f (-) redeemableness; convertibility.
'**einlös|en** v/t. (h.) redeem (mortgage, securities); withdraw bank--note from circulation; collect; convert; discharge, pay (bills); meet, take up (acceptance, bill of exchange); hono(u)r, nicht ～ dishono(u)r (cheque, sight draft); take out of pawn; cash; ransom (prisoner); fig. redeem, keep (promise, etc.); ♀**ung** f redemption (a. fig.); withdrawal; payment; discharge; cashing; ♀**ungsfrist** f term of redemption; ♀**ungs-termin** m date of maturity; date of redemption.
'**ein|löten** tech. v/t. (h.) solder in(to in acc.); ～**lullen** v/t. (h.) lull to sleep; fig. lull.
'**einmach|en** v/t. (h.) preserve; pickle; pot; tin, Am. can; → Eingemachtes; ♀**glas** n preserving jar; ♀**zucker** m preserving sugar.
'**einmal** adv. once; (in future) one day, some day; for once; ～ eins ist eins once one is one; ～ hell, ～ dunkel now bright, now dark; ～ weil first because; auf ～ a) all at once, all of a sudden, b) at the same time; es war ～ once (upon a time) there was; das war ～ that's a matter of the past, that's all gone; nicht ～ not even, not so much as; noch ～ once more (or again); noch ～ so alt twice (or double) a p.'s age; haben Sie schon ～ ...? did you ever ...?; ich bin ～ so I can't help being as I am; es ist nun ～ so that's how it is (and nothing can be done about it); hör ～! (just) listen!, look here!; stell dir ～ vor just imagine or fancy; ～ ist keinmal one and none is all one.
Einmal'eins n (-; -) multiplication table; großes (kleines) ～ compound (simple) multiplication.
'**einmalig I.** adj. solitary; nach ～em Durchlesen after reading it once; non-recurring (expenditure, payment); fig. unprecedented, unparalleled, matchless; ～**e** Gelegenheit unique opportunity; **II.** adv.: ～ schön of singular beauty, simply wonderful.
'**Ein...**: ～**manngesellschaft** econ. f one-man company; ～**manntorpedo** mil. n one-man torpedo; ～**marsch** m march(ing) in, entry; ♀**marschieren** v/i. (sn) march in(to in acc.), enter; ♀**mauern** v/t. (h.) wall in, immure; fix in a wall, (a. fig.) imbed; ♀**meißeln** v/t. (h.) chisel in(to in acc.); ♀**mengen** v/t. (h.) mix in, intermix, add; fig. sich ～ (in acc.) interfere, intervene, meddle (with), colloq. butt in; ♀**mieten** v/t. (h.) (a. sich) take lodg-

ings or rooms (bei with, j-n for a p.); pit, stack up (potatoes, etc.); silo (grain); ♀**mischen** v/t. (h.) → einmengen; ～**mischung** f interference, meddling; esp. pol. intervention; ♀**motorig** ['-moˈtoːriç] adj. single-engine(d); ♀**motten** ['-mɔtən] v/t. (h.) mothball (a. ship, etc.); ♀**mummen** ['-mumən] v/t. and sich ～ (h.) muffle (up); ♀**münden** v/i. (sn, h.): ～ in (acc.) river: discharge (or empty, flow) into; tributary: join; street: join, run into; anat. veins: inosculate with; ～**mündung** f mouth, estuary (of river); of road: junction; ♀**mütig** ['-myːtiç] adj. unanimous, of one mind; adv. a. as one man, with one voice, solidly; ～**mütigkeit** f (-) unanimity, full accord.
'**einnähen** v/t. (h.) sew in(to in acc.); sew up in.
Einnahme ['-naːmə] f (-; -n) mil. taking, capture; occupation, conquest; econ. receipts, takings pl., return; proceeds pl.; earnings; income, pol. revenue; parl. ～n und Ausgaben pl. revenues and expenditures; ～**buch** n receipt-book; ～**quelle** f source of income (or pol.: of revenue).
einnebeln ['-neːbəln] v/t. (h.) (smoke-)screen, smoke; sich ～ lay a smoke-screen.
einnehmen v/t. (irr., h.) mar. take in (or on board), ship; take; have (food), take (a. drug, etc.); receive, take, cash, register (money); collect (taxes); earn, make; mil. take (possession of), capture; occupy, conquer (country); occupy, fill (post); s-n Platz ～ take one's seat; j-s Stelle ～ take (or succeed to) a p.'s place, replace a p.; fig. e-e Haltung ～ assume an attitude; e-e hervorragende Stelle ～ hold an eminent place, rank high; zuviel Platz ～ take or occupy too much room; fig. captivate, charm; j-n für sich ～ win the heart of a p.; j-n gegen sich ～ prejudice (or bias, set) a p. against one; ～**d** adj. engaging, winning, taking.
'**Ein...**: ～**nehmer** m receiver, collector; ♀**nicken** v/i. (sn) fall asleep, nod (or drop) off; ♀**nisten**: sich ～ (h.) (in dat.) build one's nest (or nestle) in; parasites: nest in; fig. settle down (in), make o.s. at home (in).
'**Ein...**: ～**öde** f desert, waste, wilderness, solitude; ♀**ölen** v/t. (h.) oil, lubricate; ♀**ordnen** v/t. (h.) arrange (in acc.); range in; pigeonhole; file; classify; integrate or incorporate (into a whole); sich ～ adjust o.s.; pol. toe the (or fall into) line; fit a th. in; mot. sich rechts ～ move to the right lane of traffic; sich ～ get in lane.
'**ein...**: ～**packen I.** v/t. (h.) pack (up); wrap up, do up (parcel); wrap a p. (up); **II.** v/i. (h.) pack up; colloq. fig. da können wir ～ we might as well pack up and go home; ～**passen** tech. v/t. (h.) fit in(to in acc.); ～**pauken** colloq. v/t. (h.) cram, drum in(to in a p.); ♀**peitscher** parl. m (-s; -) (party-)whip; ～**pendeln** fig.: sich ～ (h.) even out,

level off (*bei* at), come right; ~**pfählen** *v/t.* (*h.*) fence (in with pales), pale in, palisade; ♀**pfählung** *f* (-; -en) paling, palisade, stockade; ~**pferchen** *v/t.* (*h.*) pen in; *fig.* cram, crowd together, coop up; *wie Schafe eingepfercht* packed like sardines; ~**pflanzen** *v/t.* (*h.*) plant; *fig.* implant (*j-m* in a p.'s mind); → *einimpfen;* ~**pfropfen** *v/t. bot.* engraft; cram in(to *in acc.*); ♀**phasen...,** ~**phasig** *el. adj.* single--phase, monophase; ~**planen** *v/t.* (*h.*) include (in the planning), programme, allow for; ~**pökeln** *v/t.* (*h.*) pickle, salt; cure (*meat*); ~**polig** *el. adj.* unipolar, single-pole; one-pin (*plug*); ~**prägen** *v/t.* (*h.*) impress, imprint; *fig. j-m et.* ~ impress (*or* enjoin, urge) a th. upon a p.; *sich j-m* ~ stamp itself upon a p.'s memory; *words:* sink in; *sich et.* ~ take a (mental) note of; commit to one's memory, memorize; ~**prägsam** ['-prɛ:kza:m] *adj.* impressible; easily remembered; impressive; ~**pressen** *v/t.* (*h.*) press (*or* squeeze) in(to *in acc.*); ~**prob(ier)en** *v/t.* (*h.*) *thea.* rehearse; ~**pudern** *v/t.* (*h.*) powder; ~**puppen:** *sich* ~ (*h.*) pupate.

'**einquartier|en** *v/t.* (*h.*) quarter, billet (*in e-m Ort, bei j-m:* on a town, a person; *in acc.* in a house); *sich* ~ take up quarters (in, at; *bei dat.* with); ♀**ung** *f* (-; -en) *mil.* quartering, billeting; soldier(s *pl.*) quartered (on *a p.,* in *a house*).

'**ein...:** ~**rahmen** *v/t.* (*h.*) frame; ~**rammen** *v/t.* (*h.*) ram in(to *in acc.*) *or* down, drive in (*stakes*); ~**rasten** *v/i.* (*sn, h.*) engage, click into place; ~**räuchern** *v/t.* (*h.*) smoke; fill with smoke.

'**einräum|en** *v/t.* (*h.*) place (*or* put) in *furniture;* put the furniture in a room; clear (*or* stow) away; put in order; give up *or* cede (*dat.* to); concede (*right*); *econ.* grant, allow (*credit, etc.*); admit, concede, grant (*dat.* to); ~**end** *gr. adj.* concessive; ♀**ung** *fig. f* concession; allowance; admission; ♀**ungssatz** *gr. m* concessive clause.

'**einrechnen** *v/t.* (*h.*) include, reckon (*or* count) in; allow for, take into account; (*nicht*) *eingerechnet* (not) including.

'**Einrede** *f* objection; remonstrance; contradiction; *jur.* defen|ce, *Am.* -se, demurrer; *prozeßhindernde* ~ demurrer to action.

'**ein...:** ~**reden I.** *v/t.* (*h.*): *j-m et.* ~ talk (*or* argue) a p. into a th., make a p. believe a th.; persuade a p. (*daß* that); *sich et.* ~ talk o.s. into a th., take a th. into one's head; *das lasse ich mir nicht* ~ I refuse to believe that; **II.** *v/i.* (*h.*): *auf j-n* ~ talk insistently to (*or* buttonhole) a p.; urge a p.; ~**regnen:** *eingeregnet sein* be caught by the rain; *sich* ~ (*h.*) settle in for rain; ~**regulieren** *tech. v/t.* (*h.*) adjust, regulate; time; ~**reiben** *v/t.* (*irr., h.*) rub in(to *in acc.*); *mit Fett* ~ grease; *sich den Arm* ~ *mit* rub one's arm with; ♀**reibung** *f* rubbing in; embrocation; ♀**reibungsmittel** *n* ointment; ~**reichen** *v/t.* (*h.*) hand in, deliver;

file, submit, send in, present (*petition, etc.*); *s-n Abschied:* tender, hand in (*one's resignation*); *e-e Klage:* file, bring (*an action*), prefer (*charges*); *econ. Forderung:* lodge (*a claim*); ♀**reichung** *f* (-; -en) handing in; submittal, tender; presentation; filing; ~**reihen** *v/t.* (*h.*) range (*in acc.* among), insert (in); class (with), classify (into); *mil., etc.:* enrol, enlist, incorporate, allot; → *eingliedern; sich* ~ fall into line; join, become a member; ~**reihig** ['-raɪç] *adj.* single--breasted (*suit*); *tech.* single-row; ♀**reise** *f* entry; ♀**reisegenehmigung** *f* entry permit; ~**reißen I.** *v/t.* (*irr., h.*) tear, rend; pull (*or* take) down, demolish (*house, etc.*); **II.** *v/i.* (*irr., sn*) tear, be torn; *fig. abuses:* spread, come into use; *immer mehr* ~ get worse and worse; ~**reiten I.** *v/i.* (*irr., sn*) come riding in; **II.** *v/t.* (*irr., h.*) break in (*horse*); ~**renken** *v/t.* (*h.*) *med.* set; *fig.* set right, *Am.* straighten out; *sich* ~ come right; ~**rennen** *v/t.* (*irr., h.*) smash open, crash through, force (*door*); *fig. offene Türen* ~ force an open door; *sich den Kopf* ~ run one's head against the wall; *j-m das Haus* ~ besiege a p.'s house, pester a p.

'**einrich|ten** *v/t.* (*h.*) arrange, organize, regulate; *es* ~, *daß* arrange (*or* see to it) that; *es läßt sich* ~ it can be arranged; *med.* set (*arm, etc.*); fit (*Am.* fix) up, decorate, furnish (*house*); *gut eingerichtet* well furnished (*or* appointed); establish, set up (*business, school*); found; *tech.* install; equip; adjust; set (*machine tool*); *typ. Seiten* ~ lay pages; *mil.* lay (*gun*); set, orient (*map*); *sich* ~ establish o.s.; *auf et.:* prepare for a th.; *nach et.:* accommodate o.s. to a th.; plan (carefully), economize, make both ends meet; *es so* ~, *daß* arrange it that; → *häuslich;* ♀**tung** *f* arrangement, organization, set-up; disposition; design; establishment, setting-up; furniture, furnishings, appointments *pl.*, (interior) decoration; *of shop:* fittings *pl.*; *tech.* equipment, facilities *pl.*; installation; setting; adjustment; plant, installation; apparatus, appliance, device, mechanism; (*public*) institution, *w.s.* facility; agency; *med.* setting; ♀**tungsgegenstände** ['-gə:gɛnʃtɛndə] *m/ pl.* fixtures, fitments, appointments.

'**ein...:** ~**rollen** *v/t.* (*h.*) roll up (*or* in); curl; ~**rosten** *v/i.* (*sn*) rust (in), (*a. fig.*) get rusty.

'**einrück|en I.** *v/t.* (*h.*) insert, put in(to *in acc.*), publish (*ad*); *tech.* engage, trip; throw into gear, engage (*clutch*); shift (*gears*); *typ.* indent (*line*); **II.** *v/i.* (*sn*) march in(to *in acc.*), enter; *recruit:* report for active duty, join the services; ♀**ung** *f* (-; -en) insertion, publication; ♀**hebel** *tech. m* engaging lever.

'**einrühren** *v/t.* (*h.*) stir, mix in (*or* with); beat up (*eggs*); *Kalk* ~ temper; *colloq. fig.* → *einbrocken.*

Eins [aɪns] *f* (-; -en) (number) one; *ped.* alpha, grade one; **eins** one thing; → *ein.*

'**ein...:** ~**sacken** *v/t.* (*h.*) put (*or* fill)

into sacks, sack, bag; *fig.* pocket, bag; ~**salben** *v/t.* (*h.*) rub with ointment, anoint, apply a salve to; ~**salzen** *v/t.* (*h.*) salt; cure (*meat*); ~**sam** *adj.* (*a. person*) lonely, lonesome, solitary; *thing, a. life:* secluded, isolated, retired; forlorn; ♀**samkeit** *f* (-) loneliness, lonesomeness; solitude; seclusion, isolation; ~**sammeln** *v/t.* (*h.*) gather (in); collect (*money, etc.*); *fig.* win, reap; ~**sargen** ['-zargən] *v/t.* (*h.*) (put into a) coffin; *colloq. fig.* abandon (*hope*).

'**Einsatz** *m* inset; *of vessel, etc.:* insert; (*table*) leaf; *on dress:* insertion; shirt-front; *in suitcase:* tray; *metall.* charge; case; (*filter*) element; *gambling:* stake; *cards:* pool; *fig. mus.* striking in, entry; share; use, application, employment; *mil.* action, engagement; mission, commitment; *aer.* ~ *fliegen* fly a sortie *or* mission; *taktischer* ~ tactical employment; war activity; ~ *von Arbeitskräften* assignment (*or* mobilization) of labo(u)r; *im* ~ in action, *tech. a.* in practical service (*or* operation); effort; hard work; risk, venture; *mit vollem* ~ all out; *unter* ~ *des Lebens* at the risk of one's life; ~**befehl** *mil. m* combat *or* operation(al) order; ♀**bereit** *adj.* ready for action (*tech.* service, operation); *mil. a.* combat-ready; self-sacrificing, devoted; daring, gallant; ~**bereitschaft** *f* readiness for action (*or* service), preparedness; fighting (*or* working) morale; ♀**fähig** *adj.* usable, workable; available; in good working condition; *mil.* operational; *person:* fit for employment, able-bodied; ~**flug** *m* (operational) sortie, mission; ~**gruppe** *mil. f* task force; ~**härtung** *tech. f* case-hardening; ~**rennen** *n* sweepstake; ~**stück** *tech. n* insert; → *Einsatz;* ~**zug** *m* relief train.

'**ein...:** ~**säuern** *v/t.* (*h.*) *chem.* acidify; leaven (*bread*); pickle *meat* (in vinegar); ensilage (*green fodder*); ~**saugen** *v/t.* (*h.*) suck in; *fig.* absorb, imbibe; ~**säumen** *v/t.* (*h.*) hem (in); ~**schalten** *v/t.* (*h.*) insert, put (*or* slip, thrust) in; interpolate (*words*); intercalate (*day*); *el.* connect up (*or* with a circuit), switch on (*light*); turn on (*radio, etc.*); tune in (*station*); throw in (*clutch*); *mot.* put in, start; *j-n:* call a p. in, bring a p. in(to play); *sich* ~ step in, intervene; engage *in conversation,* join in, *a. teleph.* cut in.

'**Ein- u. Ausschalter** *tech. m* on-off switch.

'**Einschalt|hebel** *m* switch lever; ~**stellung** *f* on-position; ~**strom** *el. m* starting current; ~**ung** *f* insertion; interpolation; intercalation; *gr.* parenthesis; *el., tech.* switching (*or* turning) on; *fig.* intervention; participation; engagement.

'**ein...:** ~**schärfen** *v/t.* (*h.*): *j-m et.* ~ enjoin (*or* urge, impress) a th. upon a p.; ~**scharren** *v/t.* (*h.*) bury; ~**schätzen** *v/t.* (*h.*) assess, appraise, estimate (*auf acc.* at); *a. fig.* value, rate; *j-n: a.* size a p. up; *hoch* ~ value highly, rate high; *zu hoch* (*niedrig*) ~ overrate (underrate);

~schenken v/t. and v/i. (h.) pour out or in(to in acc.); j-m (ein Glas) Wein ~ help a p. to (a glass of) wine; sich ~ pour o.s. (or help o.s. to) a drink; fig. → Wein; ~schicken v/t. (h.) send in; → einsenden; ~schieben v/t. (irr., h.) shove (or push, slip) in; insert, interpolate (words, etc.); intercalate (day); introduce; 2schiebsel ['aɪnʃiːpsəl] n (-s; -), 2schiebung f insertion; interpolation.

'Einschienenbahn f monorail.

'ein...: ~schießen v/t. (irr., h.) mil. shoot (or batter) down; test, try (gun); put or shove bread in(to the oven); weaving: shoot; sports: score, net; fig. contribute, invest (money); mil. sich ~ auf (acc.) find the range of, bracket, straddle; 2schießen n mil. adjustment fire; bracketing; ~schiffen v/t. (h.) embark, ship; sich ~ embark (nach for), go on board; 2schiffung f (-) embarkation; ~schirren v/t. (h.) harness; ~schlafen v/i. (irr., sn) fall asleep, drop off; limbs: go to sleep, become numb; fig. (die) pass away; correspondence, etc.: be dropped, flag, fizzle out; custom: die out; ~ lassen drop, discontinue; ~schläfrig ['-ʃlɛːfriç] adj. single (bed); ~schläfern v/t. (h.) lull to sleep; med. narcotize, colloq. put to sleep; fig. lull into security; ~schläfernd adj. lulling, somnolent; med. soporific, narcotic; 2schläferung f (-) lulling to sleep; med. soporification, narcotization.

'Einschlag m wrapper, cover, envelope; on dress, etc.: tuck, fold; weaving: weft, woof; of lightning: striking; mil. impact, strike (of projectile); forestry: felling; mot. turning angle; vollständiger ~ steering lock; fig. strain, streak; touch, suggestion (von of); 2en I. v/t. (irr., h.) drive (or knock) nail in(to in acc.); break, smash; crack (egg); bash in (skull); envelope, wrap (or do) up; fold, tuck in; take (road), fig. pursue or adopt (a course); enter upon, choose (career); II. v/i. (irr., h.) strike, hit; fig. (wie e-e Bombe) ~ cause a sensation, fall like a bomb-shell; succeed, be a succees (or hit); thea. and econ. take (well); in j-s Hand: shake hands (with a p.); fig. agree; auf j-n ~ fall upon a p., shower a p. with blows.

einschlägig ['-ʃlɛːgiç] adj. pertinent, relevant, relative (to); respective; ~e Literatur literature on the subject; bibliography; jur. ~er Fall relevant precedent; ~es Geschäft business dealing in that article.

'Einschlag...: ~papier n wrapping paper; ~winkel m mot. turning angle; mil. angle of impact.

'ein...: ~schleichen v/i. (irr., sn) and sich ~ (irr., h.) creep (or sneak, steal) in(to in acc.); mistake: creep (or slip) in; sich in j-s Vertrauen ~ worm one's way into a p.'s confidence; ~schleifen tech. v/t. (irr., h.) grind in (valves); rebore (piston); ~schleppen v/t. (h.) drag in; bring in, import (disease); ~schleusen fig. v/t. (h.) channel (or let) in; spies: infiltrate; ~schließen v/t.

(irr., h.) lock in or up; j-n: a. turn the key on, confine a p.; (a. in letter) enclose; tech. encase, house; mil. surround, encircle; invest (town); fig. include, comprise, embrace; be inclusive of; unsere Preise schließen Ihre Provision ein a. our prices reflect your commission; j-n ins Gebet ~ remember a p. in one's prayer; ~schließlich adj. (gen.) inclusive of; including, comprising; econ. ~ Verpackung packing included; 2schließung jur. f (-) hono(u)rable corrective detention; ~schlummern v/i. (sn) fall into a slumber, doze off; fig. (die) pass (quietly) away; ~schlürfen v/t. (h.) sip in; fig. drink in, iro. lap up; 2schluß m inclusion; mit ~ von → einschließlich; -schmeicheln: sich bei j-m ~ (h.) ingratiate o.s. with a p., curry favo(u)r with (or fawn upon) a p.; ~schmeichelnd I. adj. ingratiating, fawning; II. adv. a. cooingly; 2schmeichelung f (-; -en) ingratiation, cajolery, honeyed words; ~schmelzen v/t. (irr., h.) and v/i. (irr., sn) melt (down); ~schmieren v/t. (h.) smear; cream; tech. grease, lubricate; -schmuggeln v/t. (h.) smuggle in; plant; sich ~ sneak in; ~schnappen v/i. (sn) catch, click; snap in, engage; colloq. take offen|ce, Am. -se (wegen at), get sore (about); ~schneiden I. v/t. (irr., h.) cut in(to in acc.); notch; indent; carve name, etc. (in acc.); engrave; II. v/i. (irr., h.) cut (a. w.s. collar, etc.); make an incision (in acc. in); ~schneidend adj. fig. incisive, trenchant, drastic; ~schneien v/i. (sn) to be snowed up (or in); eingeschneit a. snow-bound; 2schnitt m cut, incision; notch; terrain: cut, cleft; rail. cutting; fig. (decisive) turning-point; ~schnüren v/t. (h.) lace; strangle; tie (or cord) up; ~ einengen.

'einschränk|en v/t. (h.) restrict (a. right), confine, limit (auf acc. to); reduce, retrench, curtail, cut down (expenditures); reduce (production, volume); qualify (statement); sich ~ economize, cut down expenses; ~end adj. restrictive; 2ung f (-; -en) restriction; reduction, curtailment, cut; qualification; ohne ~ without reservation, unreservedly.

'einschrauben v/t. (h.) screw in(to in acc.), screw home or in(to position).

'Einschreibe|brief m registered letter; ~gebühr f registration fee.

'einschreib|en v/t. (irr., h.) enter; book; as member: enrol(l); mil. enlist, enrol(l); mail register; e-n Brief ~ lassen have a letter registered; 2! Registered; sich ~ enter (or inscribe) one's name (in acc. in); univ. matriculate, Am. enroll; 2ung f entering, entry; registration; enrol(l)ment; matriculation.

'ein...: ~schreiten v/i. (irr., sn) fig. step in, interfere, intervene; ~ gegen (acc.) take (drastic) steps against; jur. proceed against, prosecute; 2schreiten n (-s) interference, intervention; action ~; schrumpfen v/i. (sn) shrink;

shrivel (up); ~schub m insertion; el. plug-in unit; gr. epenthesis; ~schüchtern ['-ʃyçtərn] v/t. (h.) intimidate, cow; bully, browbeat; bluff; 2schüchterung f (-; -en) intimidation; 2schüchterungsversuch m attempt at intimidation; 2schulung f enrol(l)ment (in elementary school); 2schuß m hit; entry-hole; med. wound of entry; econ. capital invested (or paid in), injection (of money); margin; weaving: woof, weft; 2schußgarn n woof (or weft) yarn; ~schütten v/t. (h.) pour in(to in acc.); ~schwärzen v/t. (h.) blacken; ~schwenken I. v/i. (sn) mil. wheel (inwards); ~ in (acc.) turn (or swing) into; come round to, fall into line with, conform to; II. v/t. (h.) swing or move (in acc. into); ~segnen v/t. (h.) consecrate; confirm (child); 2segnung f consecration; confirmation; ~sehen v/t. (irr., h.) look into or over; have a look at; inspect, examine; mil. observe; fig. see, understand; realize; appreciate; ich sehe nicht ein, weshalb I don't see why; 2sehen n: ein ~ haben have or show consideration; be reasonable; weather: be favo(u)rable; ~seifen v/t. (h.) soap; lather (beard); colloq. fig. dupe, sl. take in, bamboozle; ~seitig ['-zaɪtiç] adj. one-sided (a. fig.); jur., pol., med. unilateral; partial, bias(s)ed; exclusive; ~e Ernährung unbalanced nutrition; ~e Lungenentzündung single pneumonia; 2seitigkeit f (-) one-sidedness; ~senden v/t. (irr., h.) send in; transmit; submit, file, hand in; soccer: net, drive the ball home; 2sender(in f) m sender, transmitter; to newspaper: contributor; 2sendung f sending in, transmittal; contribution; letter; ~senken v/t. (h.) sink (or let) in; 2senkung f depression.

'Einser ['aɪnzər] m (-s; -) → Eins.

'einsetz|en I. v/t. (h.) set (or put) in; insert; institute; set up (committee, etc.); mil. engage, put into action; stake (money); install official: (in acc.), appoint (to); appoint, constitute (j-n als a p. [as] agent, heir, chairman, etc.); use, employ, apply, fig. a. bring into action (or play); assign labo(u)r (zu to); risk, stake (one's life); sich ~ für (acc.) a) stand up for, b) plead for, advocate, c) champion; sich voll ~ do one's utmost, pull one's weight, work hard; für j-n: go the limit for a p.; II. v/i. (h.) mus. strike (or chime) in; fever, tide, weather, etc.: set in; wieder ~ recommence, revive; 2ung f (-; -en) insertion; institution; appointment; installation; → Einsatz.

'Einsicht f inspection; examination; fig. insight; understanding, discernment, judgement; understanding, reasonable view; ~ nehmen in (acc.) inspect, examine; zur ~ kommen listen to reason; 2ig adj. → einsichtsvoll; ~nahme ['-naːmə] f (-; -n): (zur ~ for) inspection; nach ~ on sight; 2slos ['-loːs] adj. injudicious; unreasonable; 2svoll adj.

judicious, prudent; reasonable, sensible.

'ein...: ~sickern ['-zikərn] v/i. (sn) soak in(to in acc.); ooze (or trickle, seep) in; (a. mil., etc.) infiltrate; ♀siede'lei [-zi:də'lai] f (-; -en) hermitage; ♀siedler(in f) m hermit; ~siedlerisch adj. solitary; ~silbig ['-zilbiç] adj. monosyllabic; taciturn; curt, short; ~es Wort monosyllable; ♀silbigkeit f (-) fig. taciturnity, curtness; ~sinken v/i. (irr., sn) sink in(to in acc.); ground, etc.: subside, cave in; ~sitzen jur. v/i. (irr., h.) serve time, be detained; ♀sitzer m (-s; -) single-seater; ~sitzig ['-zitsiç] adj. single-seated.

'Einsonderungsdrüse anat. f endocrine gland.

'ein...: ~spannen v/t. (h.) stretch (in e-n Rahmen: in a frame); harness, put in (horse); tech. clamp, chuck; fig. harness; make a p. work; ♀spänner ['-ʃpɛnər] m (-s; -) one-horse carriage; fig. bachelor; outsider, recluse; ~spännig adj. one-horse; ~sparen v/t. (h.) save up, economize; ♀sparung f (-; -en) saving(s pl.); economizing, economies pl.; ~speicheln v/t. (h.) salivate; ~speisen tech. v/t. (h.) feed; ~sperren v/t. (h.) lock (or shut) in, turn the key on a p.; gaol (esp. Am. jail), lock up, put behind bars; cage (up); ~spielen v/t. (h.) mus. practise; tech. (a. sich) balance out; film: realize, net; sich ~ sports: warm up; fig. sich aufeinander ~ become co-ordinated; sich ~ (matter) get into its stride; sie sind gut aufeinander eingespielt a. fig. they are a fine team (or show excellent teamwork); es hat sich gut eingespielt it is functioning well or running smoothly.

'Einspiel-ergebnisse n/pl. film: box-office returns.

'einspinnen v/t. (irr., h.) spin in(to in acc.); zo. sich ~ (form a) cocoon; fig. lead a solitary life, keep to o.s.; eingesponnen in (acc.) absorbed (or wrapped up) in; → einlochen.

'Einsprache f → Einspruch.

'ein...: ~sprechen I. v/t. (irr., h.): j-m Mut ~ encourage a p.; j-m Trost ~ comfort a p.; II. v/i. (irr., h.): auf j-n ~ talk insistently to (or buttonhole) a p.; urge a p.; ~sprengen v/t. (h.) burst open; sprinkle (mit with water, etc.); admix; geol. interstratify; intersperse (a. fig.); ~springen v/i. (irr., sn) jump in(to in acc.); tech. catch, snap; cloth: shrink; bend in; fig. help out, step in(to the breach); für j-n ~ substitute (Am. a. pinch-hit) for a p.; relieve a p.; thea. understudy for a p.; ~ auf (acc.) fly at, fall upon; ~der Winkel re-entrant angle.

'Einspritz|düse mot. f Diesel: injection nozzle; carburettor: jet; ♀en v/t. (h.) inject (in acc. into); ~motor m fuel injection engine; ~pumpe mot. f (fuel) injection pump; ~ung f (-; -en) injection.

'Einspruch m objection, protest, veto; jur. objection, demurrer, appeal; patent law: opposition; ~ erheben enter a protest (gegen against); veto (a th.); jur. demur

(to), file an objection (against); ~srecht n (right of) veto.

'einspurig ['aɪnʃpu:riç] adj. single-track.

'einst [aɪnst] adv. once, at one time, erstwhile; in the days of old; (future) one (or some) day, in days to come.

'ein...: ~stampfen v/t. (h.) stamp or ram in(to in acc.); tech. a. tamp in; pulp (publications); ♀stand m entrance; tennis: deuce; den ~ geben pay (for) one's footing; ♀standspreis m cost price; ~stäuben v/t. (h.) dust, powder; ~stechen v/t. (irr., h.) prick, puncture; stick in (needle); tech. machine tool: cut, recess; make a hole in, pierce; engrave; ~stecken v/t. (h.) put (or stick) in; pocket; sheathe (sword); fig. pocket, clean up (profit); pocket, swallow, put up with (rebuke, etc.); take, get caught by a blow; colloq. er kann viel ~ he can take a lot (of punishment).

'Einsteck|kamm m dress comb; ~lauf mil. m subcalibre barrel, Am. a. liner; ~schloß n mortise-lock.

'ein...: ~stehen v/i. (irr., sn): ~ für (acc.) answer (or vouch, be responsible) for; guarantee; ~steigen v/i. (irr., sn) get in(to in acc.), board (vehicle); rail. alle ~! take your seats, please!, Am. (all) aboard!; climb (or slip) in, enter; ♀steigdieb m sneak thief, cat-burglar; ♀steigloch n manhole.

'einstell|bar adj. adjustable; ~en v/t. (h.) put in; garage (car); mil. recruit, enlist; engage, employ (workers, etc.); adjust mechanism (a. fig., auf acc. to), set; radio: tune in (to), syntonize; chem. standardize; opt., a. fig. focus (auf acc. on); time; put into service (or operation); sports: e-n Rekord ~ tie a record; give up, drop, stop, leave off, discontinue, cease; stop, suspend (payment); mil. suspend (hostilities); cease (fire); → Arbeit; suspend (work), stop (operations); den Betrieb ~ shut down; jur. stay or quash (proceedings), dismiss (a case); withdraw (a suit); sich ~ appear, turn up; weather, etc.: set in; consequences: be (or make o.s.) felt; thought, word: suggest itself; fig. sich ~ auf (acc.) adjust (or adapt) o.s. to; study (an opponent); auf et.: a) prepare for, b) set one's mind on a th.; sozial etc., eingestellt socially, etc., minded; eingestellt auf et. prepared for a. th., to inf.; keyed to, geared to; eingestellt gegen (acc.) opposed to.

'einstellig adj. of one place or figure; ~e Zahl unit, one-digit number.

'Einstell|knopf m radio: tuning control (or knob); ~marke tech. f reference mark, index; ~scheibe f dial; phot. focussing screen.

'Einstellung f mil. recruiting, enlistment; of labo(u)r, etc.: engagement; tech. adjustment, setting; mot. of ignition, valve, a. bomb: timing; chem. standardization; opt., phot. focus(sing); film: angle; cessation, discontinuance; of operations: stoppage, a. of hostilities, payment: suspension; strike, Am. a. walkout;

jur. stay (of proceedings), nolle prosequi; withdrawal (of a charge); (mental or personal) attitude (zu dat. to[wards]); view (of); approach (to); outlook (on).

'einstemmen v/t. (h.) tech. mortise; chisel out (hole); die Arme eingestemmt arms akimbo.

'einstens ['aɪnstəns] adv. → einst.

'einsticken v/t. (h.) embroider (in acc. into or on).

'einstig ['aɪnstiç] adj. future; former, Am. a. one-time; (dead) late.

'einstimm|en mus. v/i. (h.) chime (or join) in; in ein Lied ~ join in a song; fig. agree (in acc. to); chime in (with); ~ig adj. mus. of (or for) one voice; fig. unanimous; ♀igkeit f (-) unanimity.

'einstmals ['aɪnstmɑːls] adv. → einst.

'ein...: ~stöckig adj. one-storied; ~stopfen v/t. (h.) stuff or cram in(to in ac.c); ~stöpseln v/t. (h.) plug in; ~stoßen v/t. (irr., h.) push (or thrust) in; smash (in); ~streichen v/t. (irr., h.) pocket (money); ~streuen v/t. (h.) strew in(to in acc.); fig. intersperse, slip in; ~strömen v/i. (sn) stream (or flow) in(to in acc.); ~studieren v/t. (h.) study; thea. rehearse, produce (play), get up (part); einstudiert werden be in rehearsal.

'einstuf|en v/t. (h.) classify (in acc. into, als as), grade, rate; hoch ~ rate high; ~ig tech. adj. single-stage; ♀ung f (-; -en) classification, rating.

'Einsturz m collapse, crash.

'einstürzen v/i. (sn) fall in, break (or tumble) down, collapse; cave in; fig. auf j-n: overwhelm a p.

'Einsturzgefahr f danger of collapse.

'einstweil|en ['aɪnst'vaɪlən] adv. meanwhile, in the meantime; for the present, for the time being; ~ig adj. temporary, provisional; interim; jur. ~e Verfügung interlocutory decree, injunction.

'eintägig adj. one day's, one-day; bot., zo., med. ephemeral.

'Eintagsfliege f day-fly, ephemera; fig. ephemeral success, flash in the pan.

'Eintänzer m gigolo; taxi-dancer (a. ~in f).

'ein...: ~tauchen I. v/t. (h.) dip in(to in acc.), immerse (in); sop, steep in; II. v/i. (sn) dive or plunge (in acc. into); ~tauschen v/t. (h.) exchange, barter (both: gegen for); trade in a th.; ~teilen v/t. (h.) (sub)divide (in acc. into); arrange (in); distribute, parcel out; graduate; plan, map out; budget; time; classify, grade, group; dispose of; zur Arbeit: detail, assign (to work); ~teilig adj. one-part, one-piece; ~er Badeanzug one-piece (swimming-suit).

'Einteilung f division; arrangement; distribution; plan(ning); schedule; budget; classification; grouping; graduation, scale.

'eintönig ['-tø:niç] adj. monotonous; fig. a. drab, humdrum; ♀keit f (-) monotony.

'Eintopfgericht n hot-pot.

'Ein...: ~tracht f (-) harmony, concord, peace; ♀trächtig ['-trɛçtiç]

I. *adj.* harmonious, peacable; → einmütig; **II.** *adv.*: ~beisammen (*sitzend, liegend*) cheek by jowl; ~trag ['-traːk] *m* (-[e]s; ~e) entry, item; *fig.* prejudice; damage; ~ tun (*dat.*) prejudice, injure, affect, detract from; ⸿tragen *v/t.* (*irr., h.*) enter (*in acc.* into); book, list, record; (*a. sich ~ lassen*) register (*bei* with); *as member*: enrol(l) (with); incorporate (*company, society*); insert; *sich ~* (*person*) enter (*or inscribe*) one's name, register (*bei* with); bring in, yield (*profit*) rein ~ net; *fig.* bring misfortune, etc. on (*j-m a p.*); *dies trug ihm den Haß s-r Kollegen ein* by this he incurred the hatred of his colleagues; *eingetragenes Warenzeichen* registered trade-mark; ⸿träglich ['-trɛːkliç] *adj.* profitable, lucrative; remunerative, paying, worthwhile; *agr., mining*: productive; ~träglichkeit *f* (-) profitableness, *etc.*; ~tragung *f* (-; -en) entry; registration (*bei* with); item; insertion; ⸿tränken *v/t.* (*h.*): *ich werde es ihm ~* I'll make him pay for it; ⸿träufeln *v/t.* (*h.*) instil(l) (*in acc.* into), pour in drop by drop (*or* in drops); ~treffen *v/i.* (*irr., sn*) arrive; → eingehen; *als erster* (*zweiter*) ~ come in first (second); happen, come about, arrive; come true, be fulfilled; ~treffen *n* arrival, appearance; ⸿treiben *v/t.* (*irr., h.*) drive in *or* home (*cattle, nail*); collect (*debts, taxes*); recover, *jur.* enforce (*payment*); ~treibung *f* (-; -en) collection, recovery.

'eintreten **I.** *v/i.* (*irr., sn*) enter (*in ein Haus* a house), step (*or* come) in; *fig. in* (*acc.*): enter (*a profession, a. p.'s services*); join (*army, club, business*); *als Teilhaber ~* enter into partnership (*j-s* with a p.); enter on (*an office*); enter into, open (*negotiations*); open (*proceedings*); enter into (*a p.'s rights or obligations*); happen, occur, take place, come about; *case, necessity, circumstances*: arise; *liability, etc.*: accrue; *darkness, silence*: fall; *weather, etc.*: set in; *death*: occur; *der Tod trat auf der Stelle ein* death was instantaneous; *für j-n*: answer for, stand up (*or* intercede) for a p. *für et.*: advocate a th., → *befürworten*; **II.** *v/t.* (*irr., h.*) stamp in(to the ground); kick open, crash (*door*); *sich et. ~* run a th. into one's foot; ~denfalls ['-dən'fals] *adv.* in that case, should the case arise.

eintrichtern ['-triçtərn] *v/t.* (*h.*) pour in through a funnel; *fig. j-m et. ~* drum (*or* hammer) a th. into a p.'s head.

'Eintritt *m* entry, entrance; admission, access; beginning; *of weather, etc., a. med., etc.*: setting in, onset; *~ frei!* free entrance!; *~ verboten!* no admittance!, keep out!; ~sgeld *n* entrance-fee; ~skarte *f* (admission) ticket.

'ein...: ~trocknen *v/i.* (*sn*) dry in *or* up; shrivel up; ~trüben: *sich ~* (*h.*) become cloudy *or* overcast; ⸿trübung *f* cloudiness, overcast sky; ~tunken *v/t.* (*h.*) dip *or* steep in(to *in acc.*); sop; ~üben *v/t.* (*h.*): *et. (a.*

sich) practise a *th.*; *j-n*: train, coach, drill *a p.*

einverleib|en ['aɪnfɛrlaɪbən] incorporate (*dat. or in acc.* in, with); embody (in); annex *land* (to); ⸿ung *f* (-) incorporation, inclusion; annexation.

Einvernahme ['-fɛrnɑːmə] *jur. f* (-; -en) interrogation, examination (*of witnesses*).

Einvernehmen ['-fɛrneːmən] *n* (-s) agreement, (good) understanding, harmony; *in gutem ~ on* friendly terms (*mit* with); *im ~ mit* (*dat.*) in agreement with; *sich mit j-m ins ~ setzen* come to an understanding with a p.

'einverstanden *adj.*: *~ sein* agree, be agreeable; *mit et.*: agree (*or* consent) to, approve of a th.; *~!* agreed!; all right!, that's a bargain!, *sl.* O.K. (*or okay*)!

'Einverständnis *n* agreement, understanding; → *Einvernehmen*; assent, consent (*zu* to), approval; *geheimes ~* secret understanding, *esp. jur.* collusion.

'ein...: ~wachsen **I.** *v/i.* (*irr., sn*) grow in(to *in acc.*); *eingewachsener Nagel* ingrown nail; **II.** *v/t.* (*h.*) wax (*floor*); ⸿wand ['-vant] *m* (-[e]s; ~e) objection (*gegen* to), argument (against); *jur.* defen|ce, *Am.* -se; → *Einspruch*; ⸿wanderer *m* immigrant; ~wandern *v/i.* (*sn*) immigrate (*in acc.* into); ⸿wanderung *f* immigration; ~wandfrei **I.** *adj.* unobjectionable; incontestable, unassailable; completely accurate; blameless, impeccable; sound (*alibi*); ~e *Führung* irreproachable conduct; faultless, flawless, trouble-free, perfect; **II.** *adv.*: *~ der Beste* absolutely (*or* undeniably) the best; ~wärts ['-vɛrst] *adv.* inward(s); ~weben *v/t.* (*h.*) weave (*or* work) in(to *in acc.*); *fig.* interweave (*in acc.* in); ~wechseln *v/t.* (*h.*) change; exchange (*gegen* for); cash; ~wekken *v/t.* (*h.*) → *einmachen*; ⸿wegbahn *f* monorailway; ~weichen *v/t.* (*h.*) soak, steep, macerate.

'einweih|en *v/t.* (*h.*) *eccl.* consecrate; inaugurate, *Am.* dedicate (*monument, etc.*), open (formally); *~ in* (*acc.*) initiate into; *j-n in ein Geheimnis ~* let a p. into a secret; *eingeweiht sein* be in the secret (*or* know); ⸿ung *f* (-; -en) consecration; ordination; inauguration, (formal) opening, dedication; initiation; ⸿ungsrede *f* inaugural address.

'einweis|en *v/t.* (*irr., h.*) direct, guide; install (*in acc.* in *an office*); assign in(to *in acc.*); *aer.* vector (*a plane*); brief (*personnel*); ⸿er *m* guide; ⸿ung *f* guidance; installation; assignment; vectoring; briefing.

'einwend|en *v/t.* (*irr., h.*) object (*gegen* to), oppose (*gegen a th.*); *~, daß* argue that; *es läßt sich nichts dagegen ~* there is nothing to be said against it; ⸿ung *f* objection, exception; protest; argument; *~en erheben gegen* (*acc.*) raise objections to, argue against, oppose.

'ein...: ~werfen *v/t.* (*irr., h.*) throw in (*a. v/i. soccer*); smash, break

(*window*); post, *Am.* mail (*letter*); *fig.* interject, throw in (*remarks*); object; ~wertig *chem. adj.* monovalent; ~wickeln *v/t.* (*h.*) wrap (up), envelope (*in acc.* in); swaddle, swathe (*child, patient*); *fig.* trick, dupe; butter *a p.* up, *Am. sl.* softsoap; ⸿wickelpapier *n* wrapping paper; ~wiegen *v/t.* (*h.*) rock *child* to sleep; *fig.* lull.

'einwillig|en *v/i.* (*h.*) consent, agree (*in acc.* to), acquiesce (in), approve (of); ⸿ung *f* (-; -en) consent, approval.

'einwirk|en *v/i.* (*h.*): *~ auf* (*acc.*) act (*med. a.* = operate) (up)on, *a. w.s.* have an effect (up)on; affect; influence, work on *a p.*; *~ lassen chem.* allow to react; ⸿ung *f* action, operation, effect; influence.

Einwohner ['-voːnər] *m* (-s; -), ~in *f* (-; -nen) inhabitant, resident; ~meldeamt *n* registration office; ~schaft *f* (-) inhabitants *pl.*, population; ~zahl *f* number of inhabitants, (total) population.

'Einwurf *m soccer*: throw-in; *for letters, etc.*: opening, slit; *for coins*: slot; *fig.* objection.

'einwurzeln: *sich ~* (*h.*) take root, *fig.* become deeply rooted; → *eingewurzelt*.

'Einzahl *gr. f* (-) singular (number).

'einzahl|en *v/t.* (*h.*) pay in (*auf acc.* to *an account*); *voll eingezahlt* fully paid-up; ⸿er (*in f*) *m* depositor; ⸿ung *f* payment; deposit; instal(l)-ment; *econ.* e-e ~ *auf Aktien leisten* pay a call on shares; ⸿ungsschein *m* pay(ing)-in slip, *Am.* deposit slip.

einzäun|en ['-tsɔynən] *v/t.* (*h.*) fence in; ⸿ung *f* (-; -en) enclosure; fence.

'einzeichn|en *v/t.* (*h.*) draw (*or* mark) in; enter; plot; insert; *sich ~* enter one's name, subscribe; ⸿ung *f* mark, entry; subscription.

Einzel|akkord ['aɪntsəl-] *m* individual contract work; ~aufhängung *mot. f* independent suspension; ~aufstellung *f* detailed enumeration, specification, *Am. a.* itemized schedule; ~ausgabe *f* separate edition; ~beratung *parl. f*: *in ~ eintreten* go into committee; ~betrag *m* single amount, item; ~darstellung *f* detailed presentation, separate treatment; ~fall *m* individual (*or* isolated) case; ~fertigung *f* single-part production, single-piece work; ~feuer *mil. n* independent fire; *machine-gun*: single(-shot fire); ~firma *f* private firm, one-man business; ~gänger ['-gɛŋər] *fig. m* (-s; -) lone wolf (*or* hand); outsider; ~haft *f* solitary confinement; ~handel *m* retail trade; ~handelspreis *m* retail price; ~händler *m* retailer; retail dealer; ~haus *n* detached house; ~heit *f* (-; -en) particular point, detail, item; isolated fact; *bis in alle ~en* down to the smallest detail; *mit allen ~en* with full particulars *or* details; *sich mit ~en befassen* go into detail(s); ~kampf *m mil.* single (*or* hand-to-hand) combat; *aer.* dog-fight; *sports*: individual competition; ~kosten *pl.* itemized costs *pl.*;

~leben n (-s) individual (or solitary) life; ~leistung f individual performance.

einzellig ['aıntsɛliç] adj. unicellular.

'**Einzellohn** m individual wage.

einzeln ['aıntsəln] **I.** adj. single, solitary; particular, special; individual; isolated; separate; detached; odd (shoe, etc.); die ~en Teile the several parts; jeder ~e each one; down to the last man, every manjack; ~es some (things or parts); → einige; im ~en **a)** in detail, **b)** in particular; ins ~e gehen go into detail(s); **II.** adv. single; individually; separately; severally; one by one; ~ angeben or aufführen specify, itemize; econ. ~ verkaufen (sell by) retail; ♀e(r) m (-[e]n; -[e]n): der ~e the individual.

'**Einzel...**: ~persönlichkeit f individual; ~prokura econ. f power of procuration; ~richter jur. m judge sitting singly; ~spiel n tennis: single; ♀stehend adj. isolated; detached (building); scattered; ~teil m component (part); Lieferant von ~en parts supplier; ~unternehmen n → Einzelfirma; ~unternehmer m individual entrepreneur, sole proprietor; ~unterricht m private lessons pl.; ~verkauf m sale by retail; ~verpackung f unit packing; ~wertberichtigung econ. f ad hoc value adjustment; ~wesen n individual (being); ~zeichnung f detail drawing; ~zelle f biol. isolated cell; in prison: solitary cell; ~zimmer n single (room).

einzieh|bar ['aıntsi:baːr] adj. tech. retractable; recoverable, collectible (money); seizable (goods); ~en **I.** v/t. (irr., h.) draw in; esp. aer., tech. retract; strike (flag); take in, furl (sail); insert; typ. indent; mil. call up, conscript, Am. draft, induct; mil. withdraw (sentry); jur. seize, confiscate; collect (tax, etc.); cash; withdraw bank-notes, etc. (from circulation), call in; Erkundigungen ~ → erkundigen; **II.** v/i. (irr., sn) come in, enter, march in(to in acc.); lodger: move in(to in acc.); bei j-m: take lodgings with a p.; liquid: soak in, be absorbed; ♀ung f mil. call-up, Am. drafting, induction; jur. confiscation, seizure, forfeiture; econ. collection; withdrawal (of coins, etc.; mil. of sentries).

einzig ['aıntsiç] **I.** adj. only; single; sole; unique, peerless; **II.** adv.: ~ und allein solely, purely and simply; nicht ein ~es Mal never once; mein ~er Gedanke my one thought; ~ dastehen be unique, stand alone, be second to none; der ~e the only one; unser ♀er our only son; kein ~er not a single person; das ~e wäre, zu inf. the only thing would be to inf.; ~artig ['-°ɑːrtiç] **I.** adj. unique, singular; unparalleled; **II.** adv.: ~ schön of rare (or singular) beauty, marvel(l)ous.

'**einzuckern** v/t. (h.) sugar.

'**Einzug** m entry, entrance, march (-ing) or procession in(to in acc.); moving in(to in acc.), occupation (of a house); s-n ~ halten in (acc.) → einziehen **II.** fig. of season, etc.:

coming, advent; → Einziehung; typ. indentation.

'**einzwängen** v/t. (h.) squeeze (or jam, force) in; fig. constrain, straitjacket.

'**Eipulver** n dried egg.

E-is ['eː°ıs] mus. n (-; -) E sharp.

Eis [aıs] n (-es) ice; ice(-cream); von ~ eingeschlossen ice-bound; auf ~ legen ice, a. fig. put on ice (or into cold storage); fig. das ~ brechen break the ice; j-n aufs ~ führen dupe a p., take a p. in.

'**Eis...**: ~bahn f skating-rink, (ice-) rink; ~bär m polar (or white) bear; ♀bedeckt adj. ice-covered; ~bein n pickled knuckle of pork (in jelly); ~berg m iceberg; ~beutel m ice-bag; ~blick m, ~blink ['-bliŋk] m (-[e]s; -e) iceblink; ~block m (-[e]s; ¨e) ice-block; ~blume f frost-flower (on window); ~bombe f ice-cream bombe; ~brecher m ice-breaker; of bridge: ice-apron; ~decke f sheet of ice; ~diele f ice-cream parlo(u)r.

'**eisen** (-s; -) v/t. (h.) ice.

'**Eisen** n (-s; -) iron; tech. iron tool; horseshoe; → Bügel♀, Guß♀, Roh♀, etc.; j-n in ~ legen put a p. in irons; fig. heißes ~ anfassen tackle a hot problem, play with dynamite, tread on delicate ground; altes ~ scrap iron; zum alten ~ werfen consign to the scrap-heap, scrap, fig. j-n: throw a p. on the (economic) scrap-heap; shelve; zwei ~ im Feuer haben have two strings to one's bow; (man muß) das ~ schmieden, solange es heiß ist strike the iron while it is hot, make hay while the sun shines; ein Mann aus ~ a man of iron; ~abfälle [-apfɛlə] m/pl. iron scrap; ♀artig [-'aːrtiç] adj. ferruginous; ~azetat chem. n ferric acetate.

'**Eisenbahn** f railway, Am. railroad; train; mit der ~ by rail, by train; → Bahn; colloq. es ist die höchste ~ it is high time.

'**Eisenbahn...**: → Bahn...; ~abteil n compartment; ~betriebsmaterial n rolling stock; ~er m (-s; -) railwayman, Am. railroader; ~knotenpunkt m (railway) junction; ~netz n railway (Am. railroad) network; ~obligationen econ. f/pl. railway (debenture) stocks, Am. railroad bonds pl.; ~schaffner m railway guard; ~station f railway (Am. railroad) station, Am. a. depot; ~tarif m railway tariff; ~transport m transport(ation Am.) by rail; ~unglück n railway accident, train disaster; ~wagen m railway carriage or coach, Am. railroad car; ~zug m train.

'**Eisen...**: ~band n (-[e]s; ¨er) iron hoop, steel band; ~bau m (-[e]s; -ten) iron (or steel) structure; ~bergwerk n iron mine, iron-pit; ~beschlag m iron mountings pl., hardware; ♀beschlagen adj. iron-bound; ~beton m reinforced (or armo[u]red) concrete; ♀bewehrt ['-bəveːrt] adj. reinforced, armo(u)red; ~blech n sheet iron; ~chlorid chem. n ferric chloride; ~erz n iron-ore; ~fresser fig. m bully, fire-eater; ~gieße'rei f iron-foundry; ~glanz m iron glance, h(a)ematite;

~guß m iron casting; cast iron; ♀haltig adj. ferruginous; ~hammer m iron-works pl.; ~handel m iron trade; ♀hart adj. (as) hard as iron; ~hut bot. m aconite, monk's-hood; ~hütte f ironworks pl.; ~kohlenstoff m iron carbide; ~konstruktion f iron construction; steel structure; ~kraut bot. n (-[e]s) vervain; ~manganerz n manganiferous iron-ore; ~mennige f red och|re, Am. ~r; ~oxyd chem. n ferric oxide; ♀schaffend adj.: ~e Industrie iron and steel producing industry; ~späne ['ʃpeːnə] m/pl. iron filings; ~spat min. m spathic iron, siderite; ~stange f iron (or steel) rod; ~träger m iron girder; ~walzwerk n iron rolling mill; ~waren f/pl. ironware, esp. Am. hardware; ~warenhändler m iron-monger, Am. hardware dealer; ~warenhandlung f ironmonger's (shop), Am. hardware store; ~werk n iron-work; (plant) iron-works pl.; ~zeit f (-) Iron Age.

eisern ['aızərn] adj. iron, of iron; fig. a. cast-iron, robust; hard, inflexible, rigid; → Besen, Lunge, Ration, Faust, etc.; ~er Bestand permanent stock; ~er Fleiß indefatigable industry; ~er Grundsatz hard and fast principle; ~er Wille iron will; mit ~er Stirn undaundet, b.s. with brazen effrontery.

'**Eis...**: ~fläche f ice surface; sheet of ice; ♀frei adj. free from ice, ice-free; ~gang m (-[e]s) ice-drift; ♀gekühlt ['-gəky:lt] adj. iced; ~glas n frosted glass; ~glätte f icy road conditions; ♀grau adj. hoary; ~heilige pl. Ice Saints; ~hockey n ice-hockey; ~hockeyscheibe f puck; ~hockeyschläger m ice-hockey stick; ~hockeyspieler m ice-hockey player.

eisig ['aıziç] adj. icy, glacial; fig. a. chilly.

'**Eis...**: ~kaffee m iced coffee; ♀kalt adj. icy-cold; fig. icy-nerved; brazen, cool; glacial, icy; ~kasten m ice-box; ~keller m ice-cellar; ~krem f ice-cream; ~kunstlauf m figure skating; ~kunstläufer(in f) m figure skater; ~lauf m skating; ♀laufen v/i. (irr., sn) skate; ~läufer(in f) m skater; ~maschine f ice-machine; ~meer n polar sea; Nördliches (Südliches) ~ Arctic (Antarctic) Ocean; ~pickel m ice-ax(e); ~punkt m freezing point; ~schicht f coating of ice, ice layer; ~schießen n curling; ~schnellauf m speed-skating; ~schnelläufer m speed-skater; ~scholle f ice-floe; ~schrank m refrigerator, Am. a. ice-box; ~segeln n ice-yachting; ~sport m ice-sport; ~tanz m ice dance; ~vogel m kingfisher; ~waffel f ice-cream bar; ~wasser n iced water; ~würfel m ice-cube; ~zapfen m icicle; ~zeit f glacial period, ice-age; ~zone f frigid zone.

eitel ['aıtəl] adj. vain (auf acc. of); conceited; vain, empty; mere, sheer, nothing but; vain, futile; eitles Gerede idle talk; eitles Gold pure gold; eitle Hoffnung idle hope; eitle Versprechungen empty promises; ♀keit f (-; -en) vanity; vainness, futility.

Eiter ['aɪtər] *m* (-s) matter, pus; ~beule *f* abscess, boil, *fig.* canker, festering sore; ~bildung *f* suppuration; ~bläs-chen *n* pustule; ~erreger *m* pyogenic organism; ~herd *m* suppurative focus; ♀ig *adj.* purulent, suppurative; ♀n *v/i.* (h.) fester, discharge pus, suppurate; ~pfropf, ~stock *m* core; ~ung *f* (-; -en) festering, suppuration.

'**Eiweiß** *n* (-es; -e) white of egg, albumen, protein; ♀arm *adj.* poor in albumen; ~e Ernährung low albumen diet; ♀haltig *adj.* albuminous; ~körper *m* protein, albuminous body; ~mangel *m* protein deficiency; ~stoff *m* albumen.

'**Eizelle** *f* egg-cell, ovum.

Ekel ['e:kəl] **1.** *m* (-s) disgust (*vor dat.* of), loathing (at), aversion (to); nausea; ~ empfinden über (*acc.*) be nauseated at, shudder *or* sicken at; ~ erregen nauseate, sicken; → ekeln; **2.** *n* (-s; -) *colloq.* nasty (*or* loathsome) person, (perfect) horror, pest; ♀erregend *adj.* nauseating, sickening; ♀haft, ♀ig *adj.* nauseous, disgusting, revolting, loathsome; *fig.* nasty, beastly; ♀n *v/refl. and impers.* (h.): *es ekelt mich or mich ekelt or ich ekle mich davor* (*dat.*) I loathe it, it disgusts me, it sickens me (*or* makes me sick).

eklatant [ekla'tant] *adj.* striking, brilliant, sensational; blatant, flagrant.

eklig ['e:kliç] *adj.* → ekelig.

Eksta|se [ɛk'sta:zə] *f* (-; -n) ecstasy; *in* ~ geraten über (*acc.*) go into ecstasies over; ♀tisch *adj.* ecstatic (-ally *adv.*).

Ekzem [ɛk'tse:m] *med. n* (-s; -e) eczema.

Elan [e'lã:] *m* (-s) élan (*Fr.*), spirit, dash; → Schwung.

elastisch [e'lastiʃ] *adj.* elastic(ally *adv.*) (*a. fig.*); resilient, springy; (*a. mot. or fig.*) flexible.

Elastizi'tät [elastitsi'tɛ:t] *f* (-) elasticity (*a. fig.*); resilience, springiness; (*a. tech., mot. or fig.*) flexibility.

Elch [ɛlç] *m* (-[e]s; -e) elk; moose.

Elefant [ele'fant] *m* (-en; -en) elephant; *fig.* ~ *im Porzellanladen* bull in a china shop; *aus e-r Mücke e-n* ~en machen make a mountain out of a molehill; ~enrüssel *m* elephant's trunk, proboscis; ~enzahn *m* elephant's tusk.

elegan|t [ele'gant] *adj.* elegant (*a. fig.*), stylish, fashionable, smart; dressy; ♀z [-'gants] *f* (-) elegance; stylishness.

Elegie [ele'gi:] *f* (-; -n) elegy; **elegisch** [e'le:giʃ] *adj.* elegiac; *fig. a.* melancholy, sad.

elektrifizier|en [elɛktrifi'tsi:rən] *v/t.* (h.) electrify; ♀ung *f* (-) electrification.

Elektriker [e'lɛktrikər] *m* (-s; -) electrician.

e'lektrisch I. *adj.* electric(al); ~er Antrieb electric drive; ~er Apparat electrical apparatus; ~e Bahn electric railway; ~e Beleuchtung electric lightning; ~e Energie electrical energy; ~er Schlag electric shock; ~er Strom electric current; ~er Stuhl electric chair; ~e Uhr electric clock; **II.** *adv.*: ~ betreiben run by electric-

ity; ~ beheizt electric (*blanket, radiator, etc.*); ~ betätigt electrically operated; ♀e *colloq. f* (-n; -n) (electric) tram, *Am.* streetcar.

elektrisier|bar [-'zi:rba:r] *adj.* electrifiable; ~en *v/t.* (h.) electrify (*a. fig.*); ♀maschine *f* electrical (*or* electrostatic) machine; ♀ung *f* (-; -en) electrification; electrization.

Elektrizität [-tsi'tɛ:t] *f* (-) electricity; (electric) current; ~sgesellschaft *f* electricity-supply company; ~smessung *f* electrometry; ~sversorgung *f* electric supply; ~swirtschaft *f* electro-economics *pl.*, (public) electricity supply; ~szähler *m* electricity meter.

Elektro|analyse [e'lɛktro-] *f* electro-analysis; ~chemie *f* electro-chemistry; ♀chemisch *adj.* electro-chemical.

Elektrode [elɛk'tro:də] *f* (-; -n) electrode; plate, element; *negative* ~ cathode; *positive* ~ anode; ~nabstand *m* electrode spacing, *mot.* spark plug air gap; ~nmetall *n* filler metal.

E'lektro...: ~dynamik *f* electro-dynamics *pl.*; ♀dynamisch *adj.* electrodynamic; ~gerät *n* electrical appliance; ~geschäft *n* electrical supply shop; ~herd *m* electric range; ~ingenieur *m* electrical engineer; ~kardiogramm *n* electro-cardiogram; ~karren *m* electric truck.

Elektroly|se [-'ly:zə] *f* (-; -n) electrolysis; ~t *m* (-en; -e) electrolyte; ♀tisch *adj.* electrolytic.

E'lektro...: ~magnet *m* electro-magnet; ~mechanik *f* electro-mechanics *pl.*; ~mechaniker *m* electrician; ♀mechanisch *adj.* electro-mechanic(ally *adv.*); ~meter *n* electrometer; ~mobil [-mo'bi:l] *n* (-s; -e) electromobile; ~motor *m* (electric) motor; ♀motorisch *adj.* electromotive.

Elektron [e'lɛktron] *n* (-s; -'onen) electron.

Elektronen... [-'tro:nən]: ~aussendung, ~emission *f* emission of electron; ~blitz(gerät *n*) *m* phot. electronic flash; ~gehirn *n* electronic brain; ~hülle *f* electron shell; ~kamera *f* electron camera; ~mikroskop *n* electron microscope; ~rechner *m* computer; ~röhre *f* electron *or* thermionic valve (*Am.* tube).

Elektro|nik [elɛk'tro:nik] *f* (-) electronics *pl.*; ♀nisch *adj.* electronic (-ally *adv.*).

E'lektro...: ~ofen *m* electric stove; *metall.* electric furnace; ~physik *f* electrophysics *pl.*; ♀plattieren *v/t.* (h.) electroplate; ~rasierer *m* (-s; -) electric razor; ~schock *med. m* electro-shock; ~schweißung *f* electric welding.

Elektroskop [-'sko:p] *n* (-s; -e) electroscope.

E'lektrostahl *m* electric steel.

Elektro'sta|tik *f* electrostatics *pl.*; ♀tisch *adj.* electrostatic(ally *adv.*).

Elektro'tech|nik *f* (-) electrical engineering; ~niker *m* electrical engineer, electro-technician; ♀nisch *adj.* electrotechnical; electrical (*industry, part, etc.*).

Elektrothera|'peutik *f* electro-therapeutics *pl.*; ♀'peutisch *adj.* electrotherapeutic(al); ~'pie *f* electrotherapy.

elektro'thermisch *adj.* electro-therm|al (*or* -ic).

Elektrotypie [-ty'pi:] *f* (-) electro-type.

Element [ele'mɛnt] *n* (-[e]s; -e) (*a. phys., chem., tech.*) element; *el. a.* cell, battery; *fig.* (*nicht*) *in s-m* ~ *sein* be in (out of) one's element; ~e *pl.* elements, rudiments *pl.*; *schlechte* ~e (*persons*) bad elements.

elementar [-'ta:r] *adj.* elemental; *fig.* elementary, rudimentary, primary; primitive; ~e Gewalt elemental force; ♀buch *n* primer; ♀gewalt *f* elemental force; ♀schule *f* elementary (*or* primary, *Am.* grade) school; ♀stoff *m* element(ary matter); ~teilchen *n* elementary (*or* sub-atomic) particle; ♀unterricht *m* elementary instruction.

Elen ['e:lən] *m and n* (-s; -), ~tier *n* elk.

Elend ['e:lɛnt] *n* (-[e]s) misery, wretchedness; distress, need; poverty, penury; squalor; *ins* ~ geraten fall into misery; *im* (größten) ~ leben live in (utter) misery; → stürzen; *das heulende* ~ the horrors *pl.*, the blues; *es ist schon ein* ~ *mit ihm* it's no end of trouble with him.

'**elend I.** *adj.* miserable, wretched; distressed, poverty-stricken; pitiable, pitiful; miserable, base; terrible; **II.** *adv. colloq.* awfully, terribly; ~ aussehen look very poorly; *sich* ~ *fühlen* feel miserable (*or* wretched, seedy); ~iglich ['-diklɪç] *adv.* miserably, wretchedly.

'**Elendsviertel** *n* slum(s *pl.*).

Elev|e [e'le:və] *m* (-n; -n), ~in *f* (-; -nen) trainee.

elf [ɛlf] *adj.* eleven; '**Elf**[1] *f* (-; -en) *soccer:* eleven, team.

'**Elf**[2] *m* (-en; -en), ~e *f* (-; -n) elf, fairy, pixie.

'**Elfenbein** *n* (-[e]s) ivory; ♀ern *adj.* (of) ivory; ivorylike; ~er Turm ivory tower; ♀farbig *adj.* ivory-colo(u)red; ~küste *geogr. f* (-) Ivory Coast; ~schnitze'rei *f* ivory carving.

'**Elfen...:** ~königin *f* elf-queen; ~reich *n* fairyland.

'**elf...:** ~fach *adj.* elevenfold; ~mal *adv.* eleven times; ♀meter(ball) [-'-] *m soccer:* penalty kick; ♀metermarke [-'-] *f* penalty spot.

elfte ['elftə] *adj.* eleventh; ♀l *n* (-s; -) eleventh (part); ~ns *adv.* in the eleventh place, eleventh.

eliminieren [elimi'ni:rən] *v/t.* (h.) eliminate.

Elite [e'li:tə] *f* (-; -n): *die* ~ the élite (*Fr.*), the pick (*or* cream, flower); ~truppen *f/pl.* picked (*or* crack) troops; ~vorstellung *thea. f* star performance.

Elixier [eli'ksi:r] *n* (-s; -e) elixir.

Elle ['ɛlə] *f* (-; -n) yard; *anat.* ulna. '**Ell(en)bogen** *m* (-s; -) elbow; *mit dem* ~ *stoßen* elbow; *sich mit den* ~ *den Weg bahnen* elbow one's way (*durch* through); ~freiheit *f* (-) elbow-room; ~gelenk *n* elbow-joint.

'Ellen...: ℒlang adj. one yard in length; fig. very long; lengthy, endless; ∼maß n yardstick; ∼waren f/pl. drapery sg., Am. dry-goods; ℒweise ['-vaɪzə] adv. by the yard.

Ellip|se [ɛ'lipsə] f (-; -n) math. ellipse; gr. ellipsis; ℒtisch adj. elliptic(al).

Elmsfeuer ['ɛlms-] n St. Elmo's fire, corposant.

Eloxalverfahren [elɔ'ksaːl-] n anodizing process.

elo'xieren v/t. (h.) anodize.

Elritze ['ɛlritsə] ichth. f (-; -n) minnow.

Elsaß ['ɛlzas] n (-): das ∼ Alsace; ∼-Lothringen ['-'loːtriŋən] n (-s) Alsace-Lorrain.

Elsäss|er ['ɛlzɛsər] m (-s; -), ∼erin f (-; -nen), ℒisch adj. Alsatian.

Elster ['ɛlstər] f (-; -n) magpie.

elterlich ['ɛltərliç] adj. parental; jur. ∼e Gewalt parental authority.

'Eltern pl. parents; colloq. nicht von schlechten ∼ not half bad, terrific; ∼beirat m Parents' Council; ∼haus n house of one's parents, home; ∼liebe f (-) parental love; ℒlos adj. parentless, orphan(ed); ∼schaft f (-) parentage; the parents pl.; ∼teil m parent.

Email [e'maːj] n (-s; -s), ∼le [e'maljə] f (-; -n) enamel; ∼arbeiter m enamel(l)er; ∼farbe f enamel paint; ∼geschirr n enamel ware; ∼lack m enamel varnish.

emaillieren [ɛma(l)'jiːrən] v/t. (h.) enamel.

Emanation [emanatsi'oːn] phys. f (-; -en) emanation.

Emanzipation [ɛmantsipatsi'oːn] f (-; -en) emancipation; emanzi'pieren v/t. (h.) emancipate.

Embargo [ɛm'bargo] n (-s; -s) embargo; ein ∼ legen auf (acc.) lay an embargo on a th., lay a th. under an embargo.

Embolie [ɛmbo'liː] med. f (-; -n) embolism.

Embryo ['ɛmbryo] m (-s; -s) embryo; Embryologie [-lo'giː] f (-) embryology; embryonal [-'naːl] adj. embryonic, embryo.

emeritieren [emeri'tiːrən] univ. v/t. (h.) retire.

Emigrant [emi'grant] m (-en; -en) emigrant; emi'grieren v/i. (sn) emigrate.

eminen|t [emi'nɛnt] adj. eminent, distinguished, outstanding; ℒz [-'nɛnts] eccl. f (-; -en): Seine ∼ His Eminence.

Emission [emisi'oːn] f (-; -en) phys. emission; econ. issue; ∼sbank f (-; -en) bank of issue, issuing house; ∼sgeschäft n issuing transaction; ∼skurs m rate of issue.

emittieren [emi'tiːrən] econ. v/t. (h.) issue.

e-Moll n (-) e minor.

emotional [emotsio'naːl], emotionell [-'nɛl] adj. emotional; Emotionen [-tsi'oːnən] pl. emotions.

empfahl [ɛm'pfaːl] pret. of empfehlen.

Empfang [ɛm'pfaŋ] m (-[e]s; ∼e) reception (a. radio); receipt; nach (or bei) ∼ von (gen.) on receipt (or delivery) of; j-m e-n guten (schlechten) ∼ bereiten give a p. a kind (cold) reception or welcome; den ∼ bestätigen acknowledge receipt; in ∼ nehmen receive; auf ∼ bleiben teleph., radio: stand by; ℒen I. v/t. (irr., h.) receive; welcome; see (a p.); accept; draw (salary, etc.); II. v/i. (irr., h.) conceive, become pregnant.

Empfänger [ɛm'pfɛŋər] m (-s; -) receiver (a. teleph., radio), recipient; payee; consignee; addressee; acceptor (of bill of exchange); transferee; beneficiary (of credit).

emp'fänglich adj. susceptible (für to), receptive (to), responsive (to); med. predisposed or prone (to); impressionable; ℒkeit f (-) susceptibility, receptivity; impressionableness; med. predisposition, proneness (für to).

Emp'fängnis f (-; -se) conception; ℒverhütend adj. contraceptive; ∼des Mittel contraceptive, prophylactic; ∼verhütung f contraception.

Emp'fangs...: ∼antenne f receiving aerial (Am. antenna); ∼bereich m radio: service area, range of reception; ∼bescheinigung f receipt; ∼bestätigung f advice (or acknowledgement) of receipt; ∼chef m reception (Am. room) clerk; ∼dame f, ∼herr m receptionist; ∼gerät n receiving set; ∼schein m receipt; ∼stärke f reception intensity; ∼station f econ., rail. point of destination; radio: receiving station; ∼störung f radio: interference, jamming(s pl.); statics, atmospherics pl.; ∼tag m at-home (day); ∼zimmer n reception-room, parlo(u)r.

empfehlen [ɛm'pfeːlən] v/t. (irr., h.) recommend (als as, für for); commend (dat. to); sich ∼ thing: commend itself (für for); sich j-m ∼ present one's respects (or compliments) to a p.; ∼ Sie mich (dat.) please remember me to; sich ∼ method, etc.: suggest itself; iro. take one's leave; → französisch; es empfiehlt sich, zu inf. it is recommendable (or advisable) to inf.; ∼swert adj. (re)commendable.

Emp'fehlung f (-; -en) recommendation; auf ∼ on recommendation; gute ∼en haben be highly recommended, have good references; meine besten ∼en an (acc.) my best regards (or compliments) to; ∼sschreiben n letter of recommendation.

empfinden [ɛm'pfindən] v/t. (irr., h.) feel (a. v/i.); et. als lästig, etc. ∼ feel a th. to be troublesome, etc.; perceive, sense; experience.

emp'findlich I. adj. sensitive (a. phot., tech. gegen to); med. a. allergic (to); delicate, tender; vulnerable; squeamish; irritable, testy; touchy; sensible; severe (cold); grievous (affront); critical (want); acute (pain); severe, drastic (pain); heavy, bad (loss); susceptible; s-e ∼ste Stelle his sore spot; II. adv.: phot. ∼ machen sensitize; ∼ getroffen severely or badly hit; ℒkeit f (-; -en) sensitiveness; allergy; delicacy; irritability; touchiness; severity.

emp'findsam adj. sensitive, tender;

sentimental; ℒkeit f (-; -en) sensitiveness; sentimentality.

Emp'findung f (-; -en) sensation; perception; w.s. feeling, sense; ich habe die ∼, daß I have a feeling that; ℒslos adj. insensitive (für, gegen to); insensible; numb (limb); b.s. fig. unfeeling, hardhearted; ∼slosigkeit f (-) insensitiveness (für, gegen to), insensibility; apathy; numbness; ∼svermögen n (-s) sensitive (or perceptive) faculty; ∼szelle f sensory cell.

empfohlen [ɛm'pfoːlən] p.p. of empfehlen.

Empha|se [ɛm'faːzə] f (-; -n) emphasis; ℒtisch [-tiʃ] adj. emphatic(ally adv.).

Empir|ik [ɛm'piːrik] f (-) empiricism; ∼iker m (-s; -) empiric; ℒisch adj. empiric(al).

empor [ɛm'poːr] adv. up, upwards; poet. aloft, on high; ∼arbeiten: sich ∼ (h.) work one's way up; ∼blicken v/i. (h.) look up (zu to).

Empore [ɛm'poːrə] arch. f (-; -n) choir loft, gallery.

empören [ɛm'pøːrən] v/t. (h.) (rouse to) anger, incense; offend, insult; shock, scandalize; sich ∼ revolt, rebel, rise (in arms); grow furious, flare up, boil with indignation; empört furious, fuming; indignant; shocked, scandalized (über acc. at); ∼d adj. outrageous; shocking, scandalizing.

Em'pörer m (-s; -), ∼in f (-; -nen) insurgent, rebel; ℒisch adj. rebellious, mutinous.

em'por...: ∼heben v/t. (irr., h.) lift (up), raise; ∼kommen v/i. (irr., sn) rise, get up; fig. rise (in the world); ℒkömmling [-kœmliŋ] m (-s; -e) upstart, parvenu (Fr.); ∼ragen v/i. (sn) tower, loom, rise (über acc. above); ∼schießen v/i. (irr., sn) plants: shoot (or spring) up; water: gush up; fig. überall ∼ mushroom up; rocket up; ∼schnellen v/i. (sn) and sich ∼ (h.) jerk (or bounce, bound) up; a. prices: jump (up), ∼schrauben: sich ∼ (h.) spiral up (a. prices); ∼schwingen: sich ∼ (irr., h.) soar up, rise (aloft); ∼steigen v/i. (irr., sn) rise, ascend; soar; ∼streben v/i. (h.) strive (or tend) upwards; fig. aspire, aim high; ∼treiben v/t. (irr., h.) force (or drive) up(wards).

Empörung [ɛm'pøːruŋ] f (-; -en) revolt, rebellion, insurrection; mutiny; indignation, resentment (über acc. at).

emsig ['ɛmziç] adj. busy, active, bustling; assiduous, sedulous, hard-working; eager, keen, zealous; indefatigable; ℒkeit f (-) activity; industry, assiduity; zeal, eagerness.

emul|gieren [emul'giːrən] chem. v/i. (sn) and v/t. (h.) emulsify; ℒsion [-zi'oːn] f (-; -en) emulsion.

End|abnehmer ['ɛnt-] econ. m ultimate buyer; ∼absicht f end (in view), ultimate object; ∼bahnhof m terminus, railhead, Am. terminal; ∼be-arbeitung f finishing; ∼betrag m sum total, grand total, aggregate; ∼buchstabe m final letter.

Ende ['ɛndə] n (-es; -n) end; of time: close; film, etc.: ending; termina-

tion; result, outcome, upshot; *zo.* antler, point; *äußerstes* ~ extreme end, extremity; ~ *Januar* late in January; ~ *der dreißiger Jahre* in the late thirties; *am* ~ **a)** at (*or* in) the end, **b)** after all, **c)** perhaps, maybe, **d)** eventually; in the long run; *bis zum bitteren* ~ to the bitter end; *letzten* ~*s* in the final analysis, strictly speaking, when all is said and done; *e-r Sache ein* ~ *machen* put an end to a th.; *zu* ~ *führen* bring to an end, complete; *zu* ~ *gehen* (come to an) end, draw to a close, → *enden*; *supplies*: run short; *zu* ~ *sein* be at an end, be over; ~ *gut, alles gut* all's well that ends well; *das dicke* ~ *kommt nach* the disagreeable part is yet to come; *die Arbeit geht ihrem* ~ *entgegen* the work is nearing completion; → *Weisheit*; *es geht mit ihm zu* ~ he is going *or* sinking fast, he is on his last legs; *es ist noch ein gutes* ~ *bis dahin* it's a long way off yet; *ohne daß ein* ~ *abzusehen wäre* with no end in sight; *alles muß einmal ein* ~ *haben* there is an end to everything; *das nimmt kein* ~ that goes on and on.
endemisch [ɛn'deːmiʃ] *med. adj.* endemic(al).
'**enden I.** *v/t.* (*h.*) → *beend(ig)en*; **II.** *v/i.* (*h.*) (come to an) end, close, terminate; cease, finish, stop; *speaker*: wind up *or* close (*mit den Worten* by saying); die, meet one's death; *nicht* ~ *wollend* unending, rounds and rounds of (*applause*).
'**End...**: ~**ergebnis** *n* final result, upshot; ~**es-unterzeichnete(r** *m*) *f the* undersigned; ♀**gültig** *adj.* final, definitive; definite (*answer*); conclusive (*proof*); *jur.* ~**es** *Scheidungsurteil* decree final (*or* absolute).
'**endigen** *v/t. and v/i.* (*h.*) → *enden*; *gr.* ~ *auf* (*acc.*) terminate in.
Endivie [ɛn'diːviə] *bot. f* (-; -*n*) endive.
End... ['ɛnt-]: ~**kampf** *m sports*: final; finish; ~**lauf** *m* final (heat *or* run).
'**endlich I.** *adj.* final, ultimate; limited; *phls. and math.* finite; **II.** *adv.* at last, at length, finally; ~ *doch* after all; ♀**keit** *f* (-) finiteness.
'**endlos** *adj.* endless, interminable; boundless, infinite; *tech.* continuous, endless; ♀**papier** *n* continuous paper.
'**End...**: ~**lösung** *f* final solution; ~**montage** *f* final assembly; ~**preis** *m* price to ultimate consumer; ~**produkt** *n* end (*or* final, finished) product; ~**punkt** *m* final (*or* extreme) point; ~**reim** *m* end-rhyme; ~**resultat** *n* final result, upshot; ~**runde** *f sports*: final; ~**nteilnehmer** (-*in*) finalist; ~**silbe** *f* final syllable; ~**spiel** *n sports*: final; ~**spurt** *m* final spurt, finish; ~**station** *f* terminus, railhead, *Am.* terminal; ~**stück** *n* end piece; ~**stufe** *el. f* output *or* final stage; ~**summe** *f* (sum) total.
Endung ['ɛnduŋ] *f* (-; -*en*) ending, termination.
End... ['ɛnt-]: ~**urteil** *n* final deci-

sion; ~**verbraucher** *m* ultimate consumer; ~**röhre** *f radio*: output valve; ~**wert** *m* final value; ~**ziel** *n* final aim (*or* objective), ultimate end; ~**zweck** *m* ultimate object, final aim (*or* purpose).
Energetik [enɛr'geːtik] *phys. f* (-) energetics *pl.*
Ener'gie *f* (-; -*n*) energy, power; *fig. a.* vigo(u)r, force, drive; ~ *der Lage* potential energy; *mit* ~ *erfüllen* energize; ~**aufspeicherung** *f* accumulation (*or* storage) of energy; ~**einheit** *f* unit of energy; ♀**geladen** *fig. adj.* dynamic, bursting with energy; ♀**los** *adj.* lacking (in) energy, weak, slack; ~**losigkeit** *f* (-) lack of energy, weakness; ~**quelle** *f* source of energy; *el., etc.* power source; ~**umwandlung** *f* transformation of energy; ~**wirtschaft** *f* power industry; power economy.
energisch [e'nɛrgiʃ] *adj.* energetic (-ally *adv.*), vigoro(u)s, dynamic; assertive; sharp, imperative; ~ *werden* put one's foot down.
eng [ɛŋ] **I.** *adj.* narrow (*a. fig.*); tight (*shoe, etc.*); clinging; crowded, (closely) packed; close; (*innig*) intimate, close; ~ *befreundet sein* be great friends; ~*er machen* tighten, take in (*clothes*); *im* ~*eren Sinne* in a restricted sense, strictly speaking; → *Wahl*; **II.** *adv.*: ~ *zusammenlegen* fold compactly.
Engagement [ãgaʒə'mãː] *n* (-*s*; -*s*) engagement; *econ. and fig.* commitment.
enga'gieren *v/t.* (*h.*) engage (*sich o.s.*); employ, take in, *Am. a.* hire; *fig. sich* ~ commit o.s.; *gegen*: join issue with; *econ.* invest, tie up (*capital*); *engagiert* committed (*writer, etc.*); *sehr engagiert sein* be very busy, have a crowded schedule.
engbrüstig ['ɛnbrystiç] *adj.* narrow-chested; → *kurzatmig*.
Enge ['ɛŋə] *f* (-) narrowness (*a. fig.*); closeness; tightness; narrow passage, (*a. fig.*) bottleneck; (*pl.* -*n*) (*of sea*) strait; *fig.* tight spot; *in die* ~ *treiben* (drive into a) corner; *in die* ~ *getrieben* cornered, with one's back to the wall.
Engel ['ɛŋəl] *m* (-*s*; -) angel; *guter* (*gefallener, rettender*) ~ good (fallen, preserving) angel; *colloq. die* ~ *im Himmel singen hören* see stars; *du bist ein* ~! you are an angel (*or* a dear)!; ~**chen** (-*s*; -) little angel, cherub; ♀**haft** *adj.* angelic; ~**schar** *f* host of angels; ~**sgeduld** *f* patience of Job; ~**szunge** *f*: *mit* ~*n reden* speak with the tongues of angels; ~**wurz** ['-vurts] *bot. f* (-; -*en*) angelica.
Engerling ['ɛŋərliŋ] *m* (-*s*; -*e*) grub (*or* larva) of the cockchafer, white worm.
'**engherzig** *adj.* narrow(-minded), hidebound; ♀**keit** *f* (-) narrow(-minded)ness, pettiness.
England ['ɛŋlant] *n* (-*s*) England; ♀**feindlich** *adj.* anti-British; ~**freund** *m* Anglophile; ~**hasser** *m* Anglophobe.
Engländer ['ɛŋlɛndər] *m* (-*s*; -) Englishman, *Am. a.* Britisher; *pl. the* English; *tech.* (adjustable) span-

ner, monkey-wrench; ~**in** *f* (-; -*nen*) Englishwoman.
'**englisch**[1] *eccl. adj.*: *♀er Gruß* angelic salutation; Ave Maria.
'**englisch**[2] *adj.* English; *w.s.* British; ~*e Kirche* Anglican church; ~*e Krankheit* rickets *pl. or sg.*; ~*es Pflaster* court-plaster; *cul.* ~ (*gebraten*) underdone, *Am.* rare; ♀ *n* (-[*s*]): *das* ~(*e*) English, the English language; *auf* ♀ in English; *aus dem* ~*en* from (the) English; *ins* ~*e* into English; ~**-deutsch** *adj.* Anglo-German; English-German (*dictionary*); ♀**horn** *mus. n* (-[*e*]*s*; ~*er*) English horn; ♀**leder** *n* moleskin; ~**sprechend** *adj.* English-speaking.
engmaschig ['ɛŋmaʃiç] *adj.* close-meshed; *soccer*: close.
'**Engpaß** *m* (narrow) pass, defile, *Am. a.* notch; *fig.* bottleneck; ~**material** *n* critical material.
Engramm [ɛn'gram] *med. n* (-*s*; -*e*) engram.
engros [ã'groː] *adv.* wholesale; ♀**handel** (♀**händler**, ♀**preis**) *m* wholesale business (dealer, price).
engstirnig ['ɛŋʃtirniç] *adj.* narrow (-minded), insular, hidebound.
Enkel ['ɛŋkəl] *m* (-*s*; -) (~*kind*) grandchild; (~*sohn*) grandson; *w.s.* descendant; ~**in** *f* (-; -*nen*) granddaughter.
Enklave [ɛn'klaːvə] *f* (-; -*n*) enclave.
enorm [e'nɔrm] *adj.* enormous, huge; *colloq.* terrific, great.
Enquete [ã'kɛːt(ə)] (*Fr.*) *f* (-; -*n*) investigation, inquiry.
Ensemble [ã'sãːbəl] *mus., thea. n* (-*s*; -*s*) ensemble; cast.
entart|en [ɛnt'ʔaːrtən] *v/i.* (*sn*) degenerate; deteriorate; ~**et** *adj.* degenerate, abnormal; *fig.* decadent, debased; ♀**ung** *f* (-; -*en*) degeneration; deterioration; abnormity; *fig.* decadence; corruption, depravation.
ent'äußern *v/t.* (*h.*): *sich* ~ (*gen.*) dispose (*or* get rid) of; divest o.s. of, part with, discard; → *veräußern*.
entbehr|en [ɛnt'beːrən] *v/t.* (*h.*) lack, miss, want; do (*or* go) without, dispense with; *ich kann ihn nicht* ~ I can't spare him; *die Beschuldigung entbehrt jeder Grundlage* the charge is entirely unfounded; ~**lich** *adj.* dispensable; non-essential; unnecessary, needless; superfluous; ♀**lichkeit** *f* (-) superfluity, needlessness; ♀**ung** *f* (-; -*en*) privation, want.
ent'bieten *v/t.* (*irr., h.*): *j-m sein Gruß* ~ present (*or* send) one's compliments to a p.; *j-m e-n guten Morgen* ~ bid a p. a good morning; *j-n zu sich* ~ send for (*or* summon) a p.
ent'bind|en *v/t.* (*irr., h.*) dispense, release, excuse (*von* from); *chem.* disengage, liberate, set free; *deliver woman*; *entbunden werden* (*von*) be delivered (of), give birth (to); ♀**ung** *f* dispensation, release, exemption (*von* from); *med.* delivery, accouchement (*Fr.*); ♀**ungsanstalt** *f* lying-in (*or* maternity) hospital, *Am.* maternity home.

ent'blättern v/t. (h.) strip of leaves, defoliate; *sich* ~ shed *its* leaves.

entblöden [ɛnt'blø:dən]: *sich nicht* ~ (h.) *zu inf.* not to be ashamed to *inf.*, have the impudence to *inf.*

entblöß|en [-'blø:sən] v/t. (h.) bare, denude, strip (to the skin); uncover (*one's head*); draw (*sword*); *med., mil.* expose; *sich* ~ strip (*gen.* of); *fig.* divest, strip (*gen.* of); *entblößt* bare, naked, nude; *fig.* destitute, stripped (of); ♀ung f (-; -en) denudation; *med., mil.* exposure; *fig.* deprivation; destitution.

ent'brennen v/i. (irr., sn) be inflamed (*in Liebe zu j-m* with love for a p.); *anger*: blaze up; *fight, etc.*: break out; start.

ent'deck|en v/t. (h.) discover; strike (*oil, etc.*); detect, find out, spot; reveal, expose; disclose; et. *zufällig* ~ stumble (up)on a th.; *sich j-m* ~ confide in a p., unbosom o.s. to a p.; ♀er m (-s; -), ♀erin f (-; -nen) discoverer; ♀ung f (-; -en) discovery; detection; disclosure, exposure; ♀ungsreise f voyage of discovery, expedition.

Ente ['ɛntə] f (-; -n) duck; *junge* ~ duckling; *fig. newspaper*: canard, hoax.

ent'ehr|en v/t. (h.) dishono(u)r (*a. a woman*), disgrace, degrade; ~end adj. dishono(u)ring, disgraceful; degrading; ♀ung f (-; -en) dishono(u)ring; disgrace; degradation.

ent'eign|en v/t. (h.) expropriate, disposses; ♀ung f (-; -en) expropriation.

ent'eilen v/i. (sn) hasten away, be gone; escape; *time*: slip away.

ent'eis|en v/t. (h.) free from ice; *mot., etc.* defrost; *aer.* de-ice; ♀ung f defrosting; de-icing, ice eliminating; ♀ungs-anlage f defroster; de--icing equipment.

'Enten...: ~braten m roast duck; ~ei n duck's egg; ~jagd f duck--shooting; ~schnabel m duck's bill; *med.* speculum; ~teich m duck--pond.

Enterbeil ['ɛntər-] mar. n boarding--ax(e).

ent'erb|en v/t. (h.) disinherit, cut a p. off with a shilling (*Am.* cent); ♀ung f (-; -en) disinheriting.

'Enterhaken mar. m grapnel.

Enterich ['ɛntəriç] m (-s; -e) drake.

entern ['ɛntərn] v/t. (h.) board, grapple.

entfachen [ɛnt'faxən] v/t. (h.) kindle, set ablaze; *fig. a.* arouse, call forth, provoke.

ent'fahren v/i. (irr., sn): *j-m* ~ escape a p.

ent'fallen v/i. (irr., sn) fall (*or* slip, drop) (*den Händen* from one's hands); *fig. j-m* ~ escape a p., slip a p.'s memory; be inapplicable; *in formular*: *entfällt* not applicable; *auf j-n* ~ fall to a p.('s share), be allotted to; *auf Einzelhändler* ~ 60% the share of retailers is 60 per cent.

ent'falt|en v/t., *a. sich* (h.) unfold; expand, spread; unroll; unfurl (*flag*); *mil.* (*a. sich*) deploy, spread out; *fig.* (*a. sich*) expand, unfold, develop (*zu into*); display, exhibit; develop (*faculties*); launch into (*activity*); *dabei kann ich mich nicht*

recht ~ this cramps my style; ♀ung f (-) unfolding; *mil.* deploy; display (*of pomp, etc.*); development; *zur* ~ *kommen* develop, display o.s.

ent'färb|en v/t. (h.) discolo(u)r; *tech.* decolo(u)r(ize); bleach; *sich* ~ → *verfärben*; ♀ung f (-) decolo(u)r-ization; bleaching; ♀ungsmittel n decolo(u)rant; bleaching agent.

ent'fasern v/t. (h.) divest of fib|res, *Am.* -ers; ravel out (*fabric*); string (*beans*).

entfern|en [-'fɛrnən] v/t. (h.) *generally*: remove (*von* from); take away, put aside; clear away; take out (*spot*); strike out (*in a list*); *sich* ~ go away, withdraw, retire, absent o.s. (*von* from); deviate, depart (from); ~t I. adj. remote, distant (*a. relative*); far(away); e-e *Meile von X.* ~ a mile off X., within a mile from X.; *fig.* remote, faint (*similarity, etc.*); *weit* ~! far from it!; *weit* ~ *davon, zu inf.* far from *ger.*; II. *adv.*: *fig. nicht* ~ not by a long way; *es ist nicht* ~ *so gut* it can't touch it, it can't compare with it; *nicht im* ~*esten* not in the least; ♀ung f (-; -en) removal; distance, remoteness; *in e-r* ~ *von* at a distance of; *aus der (einiger)* ~ from the (a) distance; *mil. aus kurzer (großer)* ~ at close (long) range; → *unerlaubt*; ♀ungsmesser m (-s; -) range-finder (*a. phot.*), telemeter; *person*: range--taker; ♀ungsskala *phot.* f focus-sing scale.

ent'fessel|n v/t. (h.) unchain; *fig. a.* set loose; unleash (*war, etc.*); ~t adj. raging (*elements*); uncontrol(l)ed (*passions*).

ent'fett|en v/t. (h.) remove the fat from, degrease, scour; ♀ung f (-) removal of fat, scouring; ♀ungskur f slimming-cure; ♀ungsmittel n *med.* slimming (*or* anti-fat) drug; *chem.* degreasing agent, detergent.

ent'flamm|bar adj. inflammable; ~en I. v/t. (h.) set ablaze; *fig.* inflame, kindle; rouse (*a p.'s anger*), incense (*a p.*); II. v/i. (sn) *phys.* flash; *fig.* → *entbrennen*; ~end adj. inflammatory; ♀ungspunkt m flash point.

ent'flecht|en v/t. (irr., h.) disentangle; *econ.* decartelize, ♀ung f (-; -en) decartelization.

ent'fliegen v/i. (irr., sn) fly away (*dat.* from).

ent'fliehen v/i. (irr., sn) flee, escape, run away (*dat.* from); *time*: fly.

ent'fließen v/i. (irr., sn) flow (*dat.* from); *fig.* spring *or* emanate (from).

entfremd|en [-'frɛmdən] v/t. (h.) estrange, alienate (*j-m* from a p.); *sich* ~ become estranged, drift apart; ♀ung f (-) estrangement, alienation (of affections).

entfritten [-'fritən] v/t. *radio*: decohere.

Entfroster [-'frɔstər] mot. m (-s; -) defroster.

ent'führ|en v/t. (h.) carry off; elope (*or* run away) with (*girl*); abduct, kidnap; hijack (*a plane*); ♀er(in f) m abductor, kidnapper; hijacker; ♀ung f abduction, kidnapping; elopement; hijacking.

entgas|en [-'ga:zən] v/t. (h.) degas;

deaerate; decontaminate; ♀ung f (-) degassing.

ent'gegen adv., prp. (dat.) **a)** in opposition to; contrary to; in the face of; against; ~ *allen Erwartungen* contrary to all expectations; **b)** towards, against; ~arbeiten v/i. (h.) work against, counteract, oppose, inhibit (*e-r Sache* a th.; *j-m* a p.); ~bringen v/t. (irr., h.): *j-m et.* ~ carry towards a p.; *fig.* meet a p. with, show, offer (*feeling, etc.*); ~eilen v/i. (sn) (dat.) hasten to meet; rush into (*one's ruin*); ~gehen v/i. (irr., sn) (dat.) go to meet (*a p.*); *fig.* approach; face, be in for (*danger, future, etc.*); *dem Ende* ~ be drawing to a close; ~gesetzt adj. opposite; *fig. a.* contrary, opposed (dat. to); antagonistic (to); antipodal; ~halten v/t. (irr., h.) hold out *or* against; *fig.* object (dat. to); contrast (*e-r Sache et. anderes* a th. with another); cite *patent* in opposition; ♀haltung f *patent law*: prior art (reference); ~handeln v/i. (dat.) act against; ~kommen v/i. (dat.) (irr., sn): (come to) meet (*a p.*); *fig.* co-operate (dat. with); meet, comply with (*wishes*); *j-m auf halbem Wege* ~ meet a p. halfway; ♀kommen n obligingness; co-operation; friendly advance; concession(s *pl.*); ~kommend adj. obliging, accommodating, co-operative; oncoming (*traffic, vehicle*); ~laufen v/i. (dat.) (irr., sn) run to meet, run up to (*a p.*); *fig.* run counter to; ♀nahme [-'ge:gən-na:mə] f (-; -n) acceptance; receipt; ~nehmen v/t. (irr., h.) receive, accept, take; ~rücken *mil.* v/i. (sn) advance *or* march (dat. against); ~schlagen v/i. (irr., h.) (dat.) *heart*: go out to; ~sehen v/i. (irr., h.) expect, await; *e-r Sache freudig* ~ look forward to a th.; face, brace o.s. for (*danger*); *e-r baldigen Antwort* ~d awaiting (*or* in anticipation of) an early reply; ~setzen v/t. (h.) oppose (dat. to); contrast (with); put up (*resistance*); → *entgegengesetzt*; ~stehen v/i. (irr., h.) be opposed (dat. to); stand in the way (of); face (*opponent, etc.*); *jur.* controvert, defeat (*a claim*), bar, preclude (acc.); ~d contradictory, conflicting; ~stellen v/t. (h.) set (*or* pit) against; → entgegensetzen, -halten; ~stemmen: *sich* ~ (dat.) (h.) set o.s. (*or* one's face) against, oppose, resist, battle against; ~strecken v/t. (h.) hold (*or* stretch) out (dat. to); ~stürzen v/i. (sn) (dat.) rush towards; ~treten v/i. (irr., sn) (dat.) meet (*or* step up to) a p.; *fig.* confront, face (*a. a danger*); → entgegenstemmen; ~wirken v/i. (h.) → entgegenarbeiten; ~ziehen v/i. (irr., sn) advance (*or* march) (dat. towards).

entgegn|en [-'ge:gnən] v/i. (h.) reply, return; retort; ♀ung f (-; -en) reply; retort, repartee.

ent'gehen v/i. (irr., sn) escape (*j-m* a p.; *e-r Sache* from a th.); elude; *fig. j-m* ~ escape a p.('s notice); ~ *lassen* let slip, miss; *sich die Gelegenheit* ~ *lassen* miss one's opportunity; *er ließ sich die Gelegenheit nicht* ~ he seized the opportunity; *es kann ihm nicht* ~, *daß he*

cannot fail to notice that; *ihm entging wenig* he didn't miss much.
ent'geistert [-'gaistərt] *adj.* aghast, thunderstruck, flabbergasted.
Entgelt [ɛnt'gɛlt] *n* (-[e]s) equivalent; (*contractual*) consideration, remuneration, compensation, recompense; reward; *gegen ~* for reward; *ohne ~* free (of charge), gratuitously, gratis; ℒen *v/t.* (*irr.*, *h.*) atone (*or* suffer, pay) for; *j-n et. ~ lassen* make a p. suffer (*or* pay) for a th.; ℒlich *adj.* against payment.
entgift|en [ɛnt'giftən] *v/t.* (*h.*) *chem.* detoxicate; *of ga·*, *etc.*: decontaminate; *fig.* clear, decontaminate (*the atmosphere*); ℒung *f* (-) detoxication; decontamination (*a. fig.*); ℒungsmittel *n* detoxicating agent; decontaminant.
entgleis|en [ɛnt'glaizən] *v/i.* (*sn*) run off the rails, be derailed; *~ lassen* derail, throw off the rails; *fig.* (make a) slip; commit a faux pas; ℒung *f* (-; -en) derailment; *fig.* slip, faux pas (*Fr.*), (social) blunder.
ent'gleiten *v/i.* (*irr.*, *sn*) slip (*dat.* from); slip away.
entgräten [-'grɛ:tən] *v/t.* (*h.*) bone.
ent'haar|en *v/t.* (*h.*) unhair; depilate; ℒungsmittel *n* depilatory.
ent'halten I. *v/t.* (*irr.*, *h.*) contain; hold; *w.s. a.* comprise, embody; *mit ~ sein in* (*dat.*) be included in; *4 ist in 12 dreimal ~* 4 goes into 12 three times; **II.** *sich ~* (*irr.*, *h.*, *gen.*) abstain *or* refrain from; *parl. sich der Stimme ~* abstain from voting; *er konnte sich des Lachens nicht ~* he could not help laughing.
ent'haltsam *adj.* abstinent, abstemious; moderate, *in drinking*: temperate, sober; *sexually*: continent; ℒkeit *f* (-) abstinence, abstemiousness; moderation; temperance, sobriety; continence.
Ent'haltung *f* (-) abstention (*a. parl.*); forbearance.
ent'härt|en *v/t.* (*h.*) soften (*water*); ℒungsmittel *n* water softener.
enthaupt|en [ɛnt'hauptən] *v/t.* (*h.*) behead, decapitate; ℒung *f* (-; -en) beheading, decapitation; execution.
ent'häuten *v/t.* (*h.*) skin, flay.
ent'heb|en *v/t.* (*irr.*, *h.*) (*gen.*) relieve (of); release (*or* exempt, dispense, excuse) (from *a duty, etc.*); remove (*from office*), oust; suspend (from); ℒung *f* (-; -en) relief; exemption; removal; suspension.
ent'heilig|en *v/t.* (*h.*) profane, desecrate; ℒung *f* (-; -en) profanation; desecration.
ent'hüll|en *v/t.* (*h.*) uncover, bare; unveil (*face, monument*); show; unveil; *fig.* reveal, disclose, divulge; bring to light, expose; unmask; *sich ~ reveal o.s.* (*als as*); ℒung *f* (-; -en) uncovering; unveiling; *fig.* revelation, disclosure; exposure.
enthülsen [ɛnt'hylzən] *v/t.* (*h.*) shell, husk.
Enthusias|mus [ɛntuzi'asmus] *m* (-) enthusiasm; ~t *m* enthusiast; (*sports, etc.*) fan; ℒtisch *adj.* enthusiastic(ally *adv.*) (*über acc.* about, at).
ent'jungfer|n [-'juŋfərn] *v/t.* (*h.*) deflower; ℒung *f* (-; -en) defloration.
ent'kalken *v/t.* (*h.*) decalcify.

ent'keimen I. *v/i.* (*sn*) germinate, sprout; *fig.* arise *or* spring (*dat.* from); **II.** *v/t.* (*h.*) degerminate; disinfect; sterilize, pasteurize; free *potatoes* from buds.
entkernen [-'kɛrnən] *v/t.* (*h.*) stone; core (*apple*).
ent'kleiden *v/t., a. sich* (*h.*) undress, strip; take *a p.'s* (one's) clothes off; *fig. e-r Sache ~* divest (*or* strip) of a th.
ent'kohlen *tech. v/t.* (*h.*) decarbonize.
ent'kommen *v/i.* (*irr.*, *sn*) escape (*j-m* a p.; *aus* from); get away (*or* off); → *knapp I.* **Ent'kommen** *n* escape, get-away.
ent'koppeln *v/t.* (*h.*) *el.* uncouple; *radio*: tune out, neutralize.
ent'korken *v/t.* (*h.*) uncork.
ent'körnen *tech. v/t.* (*h.*) shell, gin.
ent'kräft|en [-'krɛftən] *v/t.* (*h.*) weaken, enfeeble, debilitate, enervate; exhaust; *fig. jur.* invalidate, defeat, refute; ℒung *f* (-) weakening, enfeeblement, debilitation; *fig. jur.* invalidation; refutation.
ent'kuppeln *v/t.* (*h.*) uncouple, disconnect; *mot.* declutch; (*v/i.*) disengage the clutch.
ent'laden *v/t.* (*irr.*, *h.*) unload (*a. rifle, etc.*), unlade, dump (*goods*); (*esp. el., a. sich*) discharge; *sich ~ storm, etc.*: burst, break, *rifle, etc.*: go off, *dynamite, etc.*: explode, detonate; *fig.* pour out (*or* give vent to) *one's anger*; *sein Zorn entlud sich über uns* he vented his anger on us, he took it out on us.
Ent'lade...: *~rampe f* unloading ramp *or* platform; *~spannung el. f* discharge current.
Ent'ladung *f* unloading; discharge; explosion; *fig.* explosion, eruption; *zur ~ bringen* explode, detonate.
ent'lang *adv. and prp.* along; *die Straße ~* along (*or* down) the street; *den ganzen Weg ~* the whole lenght of the lane; *an e-m Feld ~* gehen (*fahren, reiten*) skirt a field; *hier ~, bitte!* this way, please!
entlarv|en [ɛnt'larfən] *v/t.* (*h.*) unmask, expose; ℒung *f* (-; -en) unmasking, exposure.
ent'lassen *v/t.* (*irr.*, *h.*) dismiss; discharge (*soldier, patient, juror, etc.*) (*aus* from); release, set free (*prisoner*); dismiss (*employee*); remove, oust (*official*); pension off, retire; put *officer* on the retired list, put on half-pay, *b.s.* cashier; discharge, demobilize (*soldiers*); disband (*troops*); *mar.* pay off.
Ent'lassung *f* (-; -en) dismissal, discharge; release; removal (from office); retirement; cashierment; demobilization; → *Abschied*; *~geld mil. n* discharging (*Am.* mustering-out) pay; *~gesuch n* resignation; *jur.* petition for release (from custody); *~s-papiere n/pl.* discharge papers; *~sschein m* certificate of discharge; *~sschreiben n* letter of dismissal.
ent'lasten *v/t.* (*h.*) unburden, take the weight off, ease; relieve (*von* of); *jur. von e-r Anklage*: exonerate, clear, release (*from a charge*); *econ.* approve of the actions of, release;

discharge (*the Board*); *j-n für e-n Betrag ~* credit a p. for a sum.
Ent'lastung *f* (-; -en) relief; discharge; exoneration; *econ.* credit (to *a p.'s* account); improvement, easing; *jur. zu s-r ~ führte er an* in his defen|ce, *Am.* -se he argued; *econ. j-m ~ erteilen* → *entlasten*; *~s-angriff m*, *~s-offensive f* diversionary (*or* relief) attack; *~sstraße f* by-pass (road); *~sventil n* safety (*or* relief) valve; *~szeuge m* witness for the defen|ce, *Am.* -se; *~szug m* relief train.
entlaubt [-'laupt] *adj.* stripped of its leaves, leafless.
ent'laufen *v/i.* (*irr.*, *sn*) run away (*dat.* from).
ent'laus|en *v/t.* (*h.*) delouse; ℒungsanstalt *f* delousing station.
entledig|en [-'le:digən] *v/t.* (*h.*) release, exempt (*gen.* from); *sich ~* (*gen.*) rid o.s. (*or* get rid) of (*a p. or th.*); acquit o.s. of, discharge (*a duty*); take *one's clothes* off, strip; ℒung *f* (-) release; *fig.* discharge, execution, performance.
ent'leer|en *v/t.* (*h.*) empty, drain, deplete; *phys. and physiol.* evacuate; deflate (*balloon, etc.*); ℒung *f* emptying, depletion; evacuation.
entlegen [-'le:gən] *adj.* remote, distant, far-away; out-of-the-way (*village*); ℒheit *f* (-) remoteness, distance.
ent'lehnen *v/t.* (*h.*) borrow (*dat.* of; from *a fig.*).
entleiben [-'laibən]: *sich ~* (*h.*) commit suicide, kill o.s.
ent'leihen *v/t.* (*irr.*, *h.*) → *entlehnen*.
ent'lob|en: *sich ~* (*h.*) break off one's engagement; ℒung *f* (-; -en) disengagement.
ent'locken *v/t.* (*h.*) draw *or* elicit (*dat.* from); *j-m ein Geheimnis ~* worm a secret out of a p.
ent'lohn|en *v/t.* (*h.*) pay (off); ℒung *f* (-; -en) pay(ing off); → *Entgelt*.
ent'lüft|en *v/t.* (*h.*) evacuate the air from; *chem.* de-aerate; *mot.* bleed (*brake*); air, ventilate; ℒer *mot. m* air exhauster; *of brake*: bleeder; air vent; ℒung *f* evacuation of air (*gen.* from); deaeration; ventilation; ℒungsanlage *f* ventilation system; ℒungsrohr *mot. n* vent pipe.
entmachten [-'maxtən] *v/t.* (*h.*) deprive *a p.* of *his* power.
entmagneti'sieren *v/t.* (*h.*) demagnetize; (*ship*) degauss.
entmann|en [-'manən] *v/t.* (*h.*) castrate; *fig.* unman; ℒung *f* (-; -en) castration, (*a. fig.*) emasculation.
entmateriali'sieren *v/t.* (*h.*) dematerialize.
entmenscht [-'mɛnʃt] *adj.* inhuman, brutish.
entmilitari'sier|en *v/t.* (*h.*) demilitarize; ℒung *f* demilitarization.
entminen [-'mi:nən] *mil. v/t.* (*h.*) clear of mines.
ent'mischen *chem. v/t.* (*h.*) disintegrate, decompose.
entmündig|en [-'myndigən] *v/t.* (*h.*) put under tutelage (*or* restraint), incapacitate; *~t adj.* legally incapacitated, under restraint; ℒung *f* (-; -en) legal incapacitation.
entmutig|en [-'mu:tigən] *v/t.* (*h.*) discourage, dishearten; *entmutigt a.*

downhearted; 2ung *f* (-) discouragement; damper.

Ent'nahme [-'nɑːmə] *f* (-; -n) taking (out); drawing, withdrawal (*of money*); *econ.* bei ~ von by taking or ordering; **~kreis** *el. m* load circuit.

entnazifizier|en [-natsifi'tsiːrən] *v/t.* (h.) denazify; 2ung *f* (-; -en) denazification.

entnebeln *v/t.* (h.) free from mist (*or* fog).

ent'nehmen *v/t.* (*irr., h.*) take, remove (*dat.* from); produce from (*one's pocket*); draw, withdraw (*money*); draw, borrow from (*a book, etc.*), quote from; *fig.* learn (*dat. or aus* from); gather, infer (from); *ich entnehme Ihren Worten, daß Sie* I take it that you; *econ. nicht entnommene Gewinne* undistributed profits.

entnerven [-'nɛrfən] *v/t.* (h.) enervate, unnerve.

ent'öl|en *v/t.* (h.) free from oil, remove the oil from, drain of oil; 2er *m* (-s; -) oil trap.

entpuppen [-'pupən]: *sich* ~ (h.) burst (from) the cocoon; *fig. sich* ~ *als* reveal o.s. as, turn out to be.

ent'rahmen *v/t.* (h.) skim; *centrifuge*: separate.

ent'raten *v/i.* (*irr., h.*) (*gen.*) do without, dispense with.

ent'rätseln *v/t.* (h.) solve, unravel, puzzle out; decipher.

entrecht|en [-'rɛçtən] *v/t.* (h.): *j-n* ~ deprive a p. of his (own) rights; 2ung *f* (-) deprivation of rights.

Entree [ã'treː] *n* (-s; -s) entrance money.

ent'reißen *v/t.* (*irr., h.*) tear or snatch (away) (*dat.* from); *a. fig.* wrench (*or* wrest) from; save (*or* rescue) from (*death, etc.*).

ent'richt|en *v/t.* (h.) pay (off), discharge; 2ung *f* payment, discharge.

entrinden [-'rindən] *tech. v/t.* (h.) decorticate.

ent'ringen *v/i.* (*irr., h.*): *j-m* et. ~ wrest a th. from a p.; *sich j-s Lippen, etc.* ~ escape (*or* break) from a p.'s lips, *etc.*

ent'rinnen *v/i.* (*irr., sn*) escape, get away (*dat.* from); *e-r Gefahr* ~ escape a danger; **Ent'rinnen** *n* (-s) escape.

ent'rollen I. *v/i.* (sn) roll (down) (*dat.* from); **II.** *v/t., a. sich* (h.) unroll; *flag, sail, etc.*: unfurl; *fig. ein Bild von et.* ~ unfold a picture of a th.

ent'rosten *v/t.* (h.) derust.

ent'rück|en *v/t.* (h.) remove (*dat.* from), whisk (*or* spirit) off *or* away; *den Blicken entrückt werden* be carried out of sight, vanish; *fig.* enrapture, ecstasize; **~t** *adj.* entranced; lost in thought.

entrümpel|n [ɛnt'rympəln] *v/t.* (h.) clear of junk; 2ung *f* (-) attic clearing.

ent'rüst|en *v/t.* (h.) fill with indignation; anger, incense, provoke; shock, scandalize; *sich* ~ become indignant *or* angry (*über acc.* at a th.; with *a* p.), flare up; be shocked *or* scandalized (*über acc.* at); **~et** *adj.* indignant, angry; furious, incensed; shocked, scandalized; 2ung

f (-; -en) indignation; anger; exasperation.

ent'sag|en *v/i.* (h., *dat.*) renounce; waive, resign, abandon (*claim*); *dem Throne* ~ abdicate; relinquish; 2ung *f* (-) renunciation; resignation; abdication; (self-)abnegation; **~ungsvoll** *adj.* resigned(ly *adv.*); sacrificing.

Ent'satz *mil. m* (-es) relief.

ent'schädig|en *v/t.* (h.): für (*acc.*) indemnify for; make good (*loss, etc.*) to *a* p.; compensate (*or* pay, remunerate) for (*services rendered*); reimburse for, repay *a* p. (*outlays*); *sich* ~ für reimburse o.s. for, indemnify o.s. for, (re)cover (*für e-n Verlust* a loss); 2ung *f* (-; -en) indemnification, indemnity; compensation, consideration; reimbursement; *jur.* ~ *verlangen* claim damages; → *Schadenersatz*.

ent'schärfen *v/t.* (h.) disarm, unprime, de-cap (*bomb, etc.*); deactivate (*ammunition*).

Entscheid [-'ʃaɪt] *jur. m* (-[e]s; -e) decree; decision; → *Entscheidung*.

ent'scheiden *v/t. and v/i.* (*irr., h.*) decide, determine; *jur.* settle; *a.* decree, rule, adjudge; *sich* ~*matter*: be decided *or* settled, *person*: decide, vote (*für, gegen, über acc.* for, against, on), make up one's mind; *er entschied sich* (*schließlich*) *für den teueren Wagen* he settled on the more expensive car; *damit war die Sache entschieden* that settled (*or* clinched) it; *du mußt dich* ~ make up your mind; *wir haben uns entschieden, nicht hinzugehen* we have decided against going there; **~d** *adj.* decisive; conclusive; final; crucial; critical (*moment*); **~e** *Stimme* casting vote; **~** *sein für* a) be decisive for *a* p., **b**) be decisive of, decide *a* th.

Ent'scheidung *f* (-; -en) decision (*gen. of; über acc.* on), determination; *jur.* decision, ruling, finding, decree; → *Urteil; of jury*: verdict; award; *e-e* ~ *treffen* take (*or* come to) a decision, decide; *die letzte* ~ *haben* have the final say; *zur* ~ *bringen* bring to a head; *zur* ~ *kommen* come to a head; *sports*: *Kampf ohne* ~ no decision contest; **~sbefugnis** *f* competence, jurisdiction; **~sgrund** *m* decisive factor; **~skampf** *m* sports: final; *fig. Am.* showdown; **~sschlacht** *f* decisive battle; **~sspiel** *n* sports: play-off; final; **~sstunde** *f* critical hour; 2svoll *adj.* decisive; crucial, critical; fateful.

entschieden [-'ʃiːdən] **I.** *adj.* decided; determined, resolute; marked, distinct, definite; emphatic(ally *adv.*); peremptory, authoritative (*tone*); *ein* ~*er Gegner von* (*dat.*) a declared (*or* decided) enemy of; **II.** *adv.* firmly, resolutely; decidedly, definitely, unquestionably; 2heit *f* (-) determination, resoluteness; peremptoriness; *mit* ~ decidedly, categorically; *mit* ~ *ablehnen* refuse flatly.

ent'schlack|en *v/t.* (h.) remove cinders or slag from; separate the dross or slag from (*the metal*); *med.* purge; 2ung *med. f* (-) purge, catharsis.

ent'schlafen *v/i.* (*irr., sn*) fall asleep; *fig.* die, pass away; 2e(r *m*) *f* (-n, -n; -en, -en) *the* deceased (*or* departed).

entschleiern [-'ʃlaɪərn] *v/t.* (h.) unveil; *fig. a.* reveal.

ent'schließ|en: *sich* ~ (*irr., h.*) decide, determine (*für, zu et.* on; *zu tun* to do), resolve (to do); make up one's mind; *sich anders* ~ change one's mind; 2ung *f* resolution; → *Beschluß*.

entschlossen [-'ʃlɔsən] *adj.* resolute, determined; ~ *sein, zu inf.* be determined to *inf.*; *kurz* ~ without a moment's hesitation; abruptly; 2heit *f* (-) determination, resoluteness; energy.

ent'schlummern *v/i.* (sn) fall into a slumber, doze off; (*die*) pass away.

ent'schlüpfen *v/i.* (sn) slip away (*dat.* from); escape (*dat.* from), give *a* p. the slip; *fig. word*: slip out; *dem Gedächtnis* ~ slip from one's memory.

Ent'schluß *m* resolve, resolution; decision; determination; *zu e-m* ~ *kommen* come to a decision, make up one's mind; *zu dem* ~ *kommen zu inf.* make up one's mind to *inf.*; **~kraft** *f* (-) determination, strength of purpose, initiative.

entschlüsseln [-'ʃlysəln] *v/t.* (h.) decipher, decode.

entschuldbar [-'ʃult-] *adj.* excusable, pardonable.

entschuldig|en [-'ʃuldigən] *v/t.* (h.) excuse, pardon; justify; *sich* ~ excuse o.s., apologize (*bei j-m* to a p.; *für* et. for a th.); *j-n* ~ *bei* (*dat.*) make a p.'s excuses to; *sich* ~ *lassen* beg to be excused; *es läßt sich nicht* ~ it admits (*or* allows) of no excuse; *er entschuldigte sich mit Unwissenheit* he pleaded ignorance; ~ *Sie!* excuse me!, I beg your pardon!; (I am) sorry!; *ich bitte mich zu* ~ I would rather not; **~end** *adj.* apologetic(ally *adv.*); 2ung *f* (-; -en) excuse; apology; excuse, pretext; *als or zur* ~ *für* (*acc.*) in excuse of; *dafür gibt es keine* ~ it is inexcusable, there is no excuse for it; 2ungsgrund *m* excuse; 2ungsschreiben *n* letter of excuse, written apology.

Ent'schuldung *f* (-; -en) liquidation of a p.'s indebtedness; *of real estate*: disencumberment.

ent'schweben *v/i.* (sn) → entschwinden.

ent'schwefeln *v/t.* (h.) desulphurize.

ent'schwinden *v/i.* (*irr., sn*) disappear, vanish, pass out of sight; *dem Gedächtnis* ~ slip one's memory.

ent'seelt [-'zeːlt] *adj.* dead, lifeless.

ent'senden *v/t.* (*irr., h.*) send off, dispatch; *als Vertreter* ~ delegate, depute.

ent'setzen *v/t.* (h.) dismiss, remove, oust (*gen. from office*); *mil.* relieve (*fortress*); frighten, horrify, terrify; appal(l), shock; *sich* ~ be terrified (*or* dismayed, appalled) (*über acc.* at), be shocked or scandalized (at); shudder (at).

Ent'setzen *n* (-s) terror, fright, horror, dismay.

ent'setzlich I. *adj.* dreadful, terrible, horrible, horrid (*all a. colloq.*); shocking, heinous, atrocious; disastrous; **II.** *adv.* dreadfully, *etc.*; ~ *langweilig* awfully boring; ~ *dumm* infernally stupid; **2keit** *f* (-) frightfulness; heinousness; atrocity.

Ent'setz|ung *f* (-; -en) dismissal, removal; *mil.* relief.

entseuch|en [-'zɔɪçən] *v/t.* (h.) decontaminate; disinfect; **2ung** *f* (-; -en) decontamination; disinfection; **2ungsmittel** *n* decontaminant; disinfecting agent.

ent'sichern *mil.* *v/t.* (h.) unlock, release the safety-catch of.

ent'siegeln *v/t.* (h.) unseal.

ent'sinken *v/i.* (*irr.*, sn) drop (*dat.* from); *fig.* der Mut entsank ihm his courage failed, his heart sank.

ent'sinnen: sich ~ (*irr.*, h.) (*gen.*) remember, recall, recollect; *wenn ich mich recht entsinne* if my memory serves me right.

entsittlich|en [-'zitliçən] *v/t.* (h.) demoralize, deprave, corrupt; **2ung** *f* (-) demoralization.

ent'spann|en *v/t.* (h.) *tech.* relieve the tension (*or* stress) on; release (*spring*); expand (*gases, etc.*); slacken (*rope*); unbend (*bow*); relax, let go limp (*muscles*); *fig.* relax, unbend (*nerves, mind*); *sich* ~ *person, face:* relax; *situation:* ease; **2ung** *f* *tech.* release (from tension); *fig.* relaxation (*a. w.s.*), rest; diversion; *w.s.* easing (*a. econ. am Geldmarkt* of money rates); *pol.* détente (*Fr.*), relaxation of tension; *eine* ~ *der politischen Lage* trat ein the political tension eased up (a little).

ent'spinnen: sich ~ (*irr.*, h.) arise, develop (*aus* from); ensue.

ent'sprech|en *v/i.* (*irr.*, h.) (*dat.*) correspond to *or* with, be in accordance (*or* keeping) with; be equivalent to; coincide (*or* tally) with; suit, match; fulfil; meet, answer, come up to (*requirements*); meet, comply with (*wish*); come (*person a.:* live) up to (*expectations*); comply with, follow (*rules*); answer, serve (*purpose*); *nicht* ~ fall short of; fail to meet (*or* come up to); er *entsprach der Personenbeschreibung* he answered the description; ~end **I.** *adj.* corresponding (*dat.* to); adequate (*to*); equivalent (*to*); analogous (*to*); proportionate *or* commensurate (with); suitable (*to or* for); respective; *jur.* Paragraph 10 *findet* ~e Anwendung Article 10 shall apply analogously (*or* mutatis mutandis); **II.** *adv.* (*dat.*) according to, in accordance (*or* conformity) with; in compliance with, following; er *verhielt sich* ~ he acted accordingly; ~ *den besonderen Umständen* in keeping with the special circumstances; **2ung** *f* (-; -en) equivalent counterpart; analogy.

ent'sprießen *v/i.* (*irr.*, sn) sprout, spring up (*dat.* from); *fig.* → *entstammen.*

ent'springen *v/i.* (*irr.*, sn) escape (*dat., aus* from); *river:* rise (in, at), spring (from); *fig.* spring (*or* arise, come) (from); originate (from *or* in); → *entstammen.*

entstaatlich|en [-'ʃtaːtliçən] *v/t.* (h.) denationalize; **2ung** *f* (-; -en) denationalization.

ent'stammen *v/i.* (sn, *dat.*) be de-

scended from; *fig.* come from *or* of, originate from.

ent'stauben *v/t.* (h.) (free from) dust.

ent'stehen *v/i.* (*irr.*, sn) come into being, spring up; grow (*aus* out of), develop, emerge (from); arise, take its rise (*aus* from), originate (from, in); ~ *durch* (*acc.*) be caused by, be due to, result from; *costs, etc.:* a. be incurred by, accrue from; *fire:* break out; *daraus entstand eine Notlage* this gave rise to an emergency; *im* 2 *begriffen* in the making, in process of development; nascent; *a. med.* incipient.

Ent'stehung *f* (-; -en) origin, beginning; coming into being, rise, emergence; birth, genesis; formation; ~**sgeschichte** *f* genesis; ~**slehre** *f* genetics *pl.*

ent'steigen *v/i.* (*irr.*, sn) emerge (*dat.* from); alight from (*a car, etc.*); *fig. vapours, etc.:* rise (*or* issue) from.

entsteinen [-'ʃtaɪnən] *v/t.* (h.) stone.

ent'stell|en *v/t.* (h.) disfigure, deform; deface; mar; *von Wut entstelltes Gesicht* face distorted with rage; *fig.* distort (*facts, etc.*); garble (*report*); pervert (*truth*); **2ung** *f* disfigurement, deformation; distortion, misrepresentation, garbled account; perversion (of truth).

ent'stör|en *v/t.* (h.) *teleph.* clear, dejam; *radio:* radio-shield; screen; *entstört* interference-free; **2er** *m* interference suppressor; **2gerät** *n* anti-interference device; **2ung** *f* radio interference suppression, fault-clearing.

ent'strahlen *v/t.* (h.) decontaminate (*radioactive area, etc.*).

ent'strömen *v/i.* (sn) flow *or* stream (*dat.* from); gush (from); *gas, water, etc.:* escape, issue (from).

entsumpfen [-'zumpfən] *v/t.* (h.) drain.

ent'täusch|en *v/t.* (h.) disappoint; let *a p.* down; *psych.* frustrate; ~t *adj.:* ~ *sein über* (*acc.*) *or von* (*dat.*) be disappointed at; *angenehm* ~ agreeably disappointed; **2ung** *f* (-; -en) disappointment, let-down; disillusion(ment).

ent'thron|en *v/t.* (h.) dethrone; **2ung** *f* (-; -en) dethronement.

entvölker|n [-'fœlkərn] *v/t.* (h.) depopulate, unpeople; *entvölkert* depopulated, deserted; **2ung** *f* (-) depopulation.

ent'wachsen *v/i.* (*irr.*, sn) (*dat.*) outgrow, grow out of.

ent'waffn|en *v/t.* (h.) disarm (*a. fig.*); ~end *fig. adj.* disarming; **2ung** *f* (-) disarming; *of country:* disarmament.

entwalden [-'valdən] *v/t.* (h.) clear of forest, deforest.

ent'warn|en *v/i.* (h.) *mil.* sound the "all-clear" (signal); **2ung** *f* "all-clear" (signal).

ent'wässer|n *v/t.* (h.) drain; **2ung** *f* drainage, draining; **2ungsanlagen** *f/pl.* drainage; **2ungsgraben** *m* drainage ditch.

entweder [ɛnt've:dər] *cj.:* ~ ... *oder* either ... or.

ent'weichen *v/i.* (*irr.*, sn) *person:* escape (*j-m; aus* from), run *or* get

away, abscond; *gas:* escape; *a. liquid:* leak.

ent'weih|en *v/t.* (h.) desecrate, profane; violate; drag in the dust; **2ung** *f* (-; -en) desecration, profanation; defilement.

ent'wend|en *v/t.* (h.) purloin, misappropriate, steal, pilfer, *sl.* swipe; embezzle; **2ung** *f* purloining, theft, pilfering; embezzlement.

ent'werf|en *v/t.* (*irr.*, h.) trace (out), project; sketch, outline (*all a. fig.*); design (*construction, pattern*); lay out, plan (*garden*); draw up, draft (*contract, etc.*); chart (*programme*); make, devise (*plan*); **2er** *tech.* *m* designer.

ent'wert|en *v/t.* (h.) depreciate, devaluate (*currency, etc.*); demonetize, call in, withdraw (*money*), cancel, deface (*stamps*); *fig.* render valueless, devaluate; **2ung** *f* depreciation, devaluation; withdrawal, demonetization; defacement, cancellation.

ent'wick|eln *v/t., a.* sich (h.) develop (*a. phot., tech.*), evolve, form, grow; generate, produce (*a. gases*); set forth, unfold, outline; elaborate; display, show, give proof of (*energy, etc.*); develop, achieve (*speed, etc.*); *mil.* (*a.* sich) deploy; *sich aus* et. zu et. ~ develop from a th. into a th.; *der Streitfall entwickelte sich zu e-r ernsten Krise* the dispute assumed the proportions of a serious crisis; *das Unternehmen entwickelt sich gut* the project is shaping well; **2ler** [-'vɪklər] *m* (-s; -) *phot.* developer.

Ent'wicklung *f* (-; -en) development; (*a. biol.*) evolution; formation (*a. phys.*), growth; generation; *chem.* extrication; *phot.* developing; *mil.* deployment; display (*of courage, etc.*); trend.

Ent'wicklungs...: ~**bad** *phot. n* developing bath; **2fähig** *adj.* capable of development; developable; progressive (*post, etc.*); promising; *biol.* viable; ~**gang** *m* course of development, evolution; ~**geschichte** *f* history of (the) development; *biol.* biogenetics; **2geschichtlich** *adj.* developmental; biogenetic(ally *adv.*); ~**hilfe** *f* economic aid to developing countries; ~**ingenieur** *m* development engineer; ~**jahre** *n/pl.* formative years (*fig.* period), puberty; ~**land** *n* developing country; ~**lehre** *f* theory of evolution; ~**möglichkeit** *f* (developmental) possibility; ~**stadium** *n* nascent stage; ~**störung** *f* developmental disturbance, disturbed development; ~**stufe** *f* stage of development, phase; ~**tendenz** *f* trend; ~**zeit** *f* period of development.

ent'winden *v/t.* (*irr.*, h.): *j-m* et. ~ wrest a th. from a p.; *sich* ~ extricate o.s. (*aus* from).

entwirren [-'vɪrən] *v/t.* (h.) disentangle, unravel, unsnarl (*a. fig.*).

ent'wischen *v/i.* (sn) slip away (*dat.* from); escape (*j-m a p., aus* from); *j-m* ~ give a p. the slip, elude a p.

entwöhn|en [-'vøːnən] *v/t.* (h.) disaccustom (*gen.* to); break *a p.* (of *a habit*); wean *a child, drunkard,* *etc.* (from); **2ung** *f* (-; -en) weaning.

ent'wölken *v/t.* (*h.*) uncloud; *sich* ~ clear, *fig. a.* brighten.

ent'würdig|en *v/t.* (*h.*) degrade, disgrace, abase; **~end** *adj.* degrading, disgraceful; **2ung** *f* degradation, debasement, disgrace.

Ent'wurf *m* design; sketch, draft; model; plan, project, outline, sketch, blueprint; rough copy, draft; draft agreement; *im* ~ *sein* be in the planning stage; **~sstadium** *tech. n* blueprint stage.

ent'wurzel|n *v/t.* (*h.*) uproot, unroot, deracinate; *fig.* uproot; **2ung** *f* (-) uprooting.

ent'zauber|n *v/t.* (*h.*) disenchant; **2ung** *f* (-) disenchantment.

ent'zerr|en *v/t.* (*h.*) *phot.* rectify; *teleph.* correct (*a distortion*), equalize; **2ung** *f phot.* rectification; *teleph.* correction.

ent'zieh|en *v/t.* (*irr., h.*): *j-m et.* ~ withdraw a th. from a p.; deprive (*or strip, rob*) a p. of a th.; take a th. away from a p.; withhold a th. from a p.; forbid (*j-m den Alkohol* a p. to drink); *j-m s-e Befugnisse* ~ divest (*or strip*) a p. of his powers; *j-m das Wort* ~ *parl.* rule a p. out of order; *chem.* abstract, extract; *Kohlensäure* ~ decarbonate; *sich* ~ (*dat.*) avoid, escape; shirk, evade (*duty*); elude (*pursuers*); flee from (*or evade*) *justice*; *es entzieht sich m-r Beurteilung* (*m-r Kenntnis*) it is beyond my judgment (knowledge); *es entzieht sich m-r Zuständigkeit* it exceeds my authority; *es entzicht sich jeder Berechnung* it defies calculation; **2ung** *f* withdrawal; deprivation; denial; prohibition; *chem.* extraction; *of suffrage:* distranchisement; *of civil rights:* civic degradation; *jur. zeitweilige* ~ *suspension;* **2ungsanstalt** *f* institution for alcoholics or drug addicts; **2ungskur** *f* withdrawal treatment.

entziffer|bar [-'tsifərba:r] *adj.* decipherable; **~n** *v/t.* (*h.*) decipher, decode; solve (*or break*) the key of, cryptoanalyze; *fig.* make (*or puzzle*) out; **2ung** *f* (-; -en) deciphering; decoding.

ent'zück|en *v/t.* (*h.*) charm, enchant, captivate, (fill with) delight; enrapture, ravish, thrill; **2en** *n* (-s) →*Entzückung;* **~end** *adj.* charming, enchanting, delightful, captivating; lovely, sweet; **~t** *adj.* delighted, enchanted (*über acc.* at, *von* with), charmed (by), thrilled (at); **2ung** *f* (-; -en) delight; rapture, transport; ecstasy; raptures, transports *pl.; in* ~ *geraten* (*versetzen*) go (send) into raptures (*über acc.* over).

Entzug [-'tsu:k] *m* (-[e]s) → *Entziehung.*

entzündbar [ɛnt'tsyntba:r] *adj.* inflammable (*a. fig.*); **2keit** *f* (-) inflammability.

ent'zünd|en *v/t.* (*h.*) kindle, ignite, light, set on fire; *fig.* inflame (*a. med.*), kindle, spark; *sich* ~ catch fire, ignite, blaze up; *med. or fig.* be(come) inflamed; **~lich** *adj.* inflammatory; **2ung** *f* kindling; ignition; *med.* inflammation; **2ungs-**

---

herd *med. m* focus of inflammation.

ent'zwei *adj.* in two, asunder, in half; broken, in (*or* to) pieces; (*zerrissen*) torn; **~brechen** *v/t.* (*irr., h.*) *and v/i.* (*irr., sn*) break in two (*or* asunder); **~en** *v/t.* (*h.*) disunite, divide, separate, set at variance; *sich* ~ split *or* break *or* fall out (*mit* with); quarrel (with); **~gehen** *v/i.* (*irr., sn*) go to pieces, break; **~reißen I.** *v/t.* (*irr., h.*) tear asunder (*or* to pieces, to rags); **II.** *v/i.* (*irr., sn*) tear; **~schlagen** *v/t.* (*irr., h.*) smash, shatter; **~schneiden** *v/t.* (*irr., h.*) cut in two (*or* pieces); **2ung** *f* (-; -en) disunion; division, split, rupture; quarrel.

Enzian ['ɛntsia:n] *m bot.* gentian; (*Schnaps*) Enzian.

Enzyklika [ɛn'tsy:klika] *eccl. f* (-; -ken) encyclic(al).

Enzyklopädie [ɛntsyklopɛ'di:] *f* (-; -n) (en)cyclop(a)edia; **enzyklopädisch** [-'pɛ:diʃ] *adj.* (en)cyclop(a)edic(ally *adv.*); **Enzyklopädist** [-pɛ'dist] *m* (-en; -en) encyclop(a)edist. [enzyme.)

Enzym [ɛn'tsy:m] *biol. n* (-s; -e))

Epaulett [epo'lɛt] *n* (-s; -s), **~e** [-lɛtə] *f* (-; -n) epaulet(te).

ephemer [efe'me:r] *adj.* ephemeral (*a. fig.*).

Epidemie [epide'mi:] *f* (-; -n) epidemic (disease); **epidemisch** [-'de:miʃ] *adj.* epidemic(ally *adv.*).

Epigone [epi'go:nə] *m* (-n; -n) successor; epigon(e), imitator; **2nhaft** *adj.* epigonous.

Epigramm [epi'gram] *n* (-s; -e) epigram; **epigrammatisch** [-gra'ma:tiʃ] *adj.* epigrammatic.

Epigraph [epi'gra:f] *n* (-s; -e) epigraph.

Epik ['e:pik] *f* (-) epic poetry; **~er** *m* (-s; -) epic poet.

Epikure|er [epiku're:ər] *fig. m* (-s; -) epicure(an); **2isch** *adj.* epicurean.

Epilepsie [epilɛp'si:] *f* (-; -n) epilepsy.

Epilep|tiker(in *f*) [-'lɛptikər(in)] *m* (-s, -; -, -nen), **2tisch** *adj.* epileptic; **~er** *Anfall* epileptic fit.

Epilog [-'lo:k] *m* (-s; -e) epilog(ue).

episch ['e:piʃ] *adj.* epic.

Episod|e [epi'zo:də] *f* (-; -n) episode; **2enhaft, 2isch** *adj.* episodic(al).

Epistel [e'pistəl] *f* (-; -n) epistle.

Epitaph [epi'ta:f] *n* (-s; -e) epitaph.

Epithel [epi'te:l] *biol. n* (-s; -e) epithelium; **~gewebe** *n* epithelial tissue.

epochal [epɔ'xa:l] *adj.* epochal.

Epoche [e'pɔxə] *f* (-; -n) epoch, era, period; ~ *machen* mark an epoch, create a sensation, make a stir; **2machend** *adj.* epoch-making, epochal.

Epos ['e:pɔs] *n* (-; *Epen*) epic (poem).

Eppich ['ɛpiç] *bot. m* (-[e]s; -e) 1. celery; 2. ivy.

Equipage [ek(v)i'pa:ʒə] *f* (-; -n) carriage, equipage.

er *pers. pron.* he; ~ *selbst* he himself; *er ist es* it is he, it's him; *of things:* it; *of moon:* she.

er'achten *v/i.* (*h.*) consider, judge, deem, think; *et. für unnötig* ~ consider (*or* deem) a th. unnecessary.

Er'achten *n* (-s) opinion, judg(e)ment; *m-s* ~*s* in my opinion, to my mind, as I see it; *nach s-m a.* he holds *or* takes the view *that.*

er'arbeiten *v/t.* (*h.*) gain (*or* acquire, achieve) by working; acquire (*knowledge*), make a th. one's own; extract, collect, compile.

Erb|adel ['ɛrp⁹a:dəl] *m* (-s) hereditary nobility; **~anlage** *f* hereditary disposition (*or* factors *pl.*), gene; **~anspruch** *jur. m* hereditary title, claim to an inheritance; *bedingter* ~ contingent remainder; **~anteil** *m* → *Erbteil.*

erbarmen [ɛr'barmən] *v/t. j-n* (*h.*): move a p. (to pity); *er erbarmt mich* I pity (*or* feel sorry for) him; *sich j-s* ~ pity (*or* take pity on) a p., show mercy to a p.; *eccl. Herr, erbarme Dich unser* Lord, have mercy upon us.

Er'barmen *n* (-s) pity, compassion, commiseration; mercy; *er hatte kein* ~ he was pitiless, he had no pity (*or* mercy); *zum* ~ → **2swert** **2swürdig** *adj.* pitiable, pitiful, wretched.

erbärmlich [ɛr'bɛrmliç] **I.** *adj.* (*a. contp.*) pitiful, pitiable; miserable, wretched; paltry, mean, base; **II.** *adv.* terribly, awfully; **2keit** *f* (-) pitiableness, misery; *fig.* wretchedness; *b.s.* meanness, baseness.

erbarmungs|los [ɛr'barmuŋslo:s] *adj.* pitiless, merciless, relentless; **~voll** *adj.* full of pity, compassionate.

er'bau|en *v/t.* (*h.*) build (up), construct, raise, erect; *fig.* edify; *sich* ~ *an* (*dat.*) be edified by, find delight in; *colloq. er ist nicht besonders erbaut davon* he is not exactly enthusiastic about it; **2er** *m* (-s; -) builder, constructor; founder; **~lich** *adj.* edifying (*a. iro.*), elevating; devotional; **2ung** *f* (-; -en) building, construction, erection; foundation; *fig.* edification, *Am.* uplift; **2ungsbuch** *n* devotional book; **2ungsschrift** *f* (religious) tract; **2ungsstunde** *f* hour of devotion.

Erb... ['ɛrp-]: **~begräbnis** *n* family vault; **2berechtigt** *adj.* entitled to inherit; **~bild** *biol. n* genotype.

Erbe ['ɛrbə] **1.** *m* (-n; -n) heir, successor (*j-s of* *or* to a p.; *e-s Vermögens* to an estate); beneficiary (under a will); legatee; devisee; *gesetzlicher* ~ heir-at-law; *leiblicher* ~ heir of one's body; *ohne leibliche* ~*n* without issue; *mutmaßlicher* ~ *heir* presumptive; *j-n zum* ~*n einsetzen* make (*or* appoint, constitute) a p. one's heir; **2.** *n* (-s) inheritance, (*a. fig.*) heritage; legacy; *fig. j-s* ~ *antreten* enter into the heritage of a p.

er'beben *v/i.* (*sn*) shake, tremble (*vor Furcht* with fear), quake, quiver.

erb-eigen ['ɛrp-] *adj.* inherited, hereditary; **2schaft** *f* hereditary quality.

erben ['ɛrbən] *v/t.* (*h.*) inherit (*von* from), be (*or* fall) heir to, succeed to a p.'s *property, only v/i.* take (under a will); come into (*a fortune,*

a little money); *colloq.* da ist nichts zu ~ there's nothing to be got here.
'**Erben|gemeinschaft** f community of heirs, coparcenary; **~haftung** f liability of the heir (*to the debts of the deceased*).
er'betteln v/t., a. sich (h.) get by begging, cadge; wheedle a th. (von j-m out of a p.).
erbeuten [ɛr'bɔʏtən] v/t. (h.) capture, take as booty, carry off; erbeutetes Feindmaterial captured enemy matériel.
Erb... ['ɛrp-]: **Ꝛfähig** adj. inheritable; (*legally*) capable of inheriting; **~faktor** m gene; **~fall** m accrual of an inheritance; **~fehler** m hereditary defect; **~feind** m traditional enemy; (*devil*) the Foe; **~folge** f (-) succession; gesetzliche ~ intestate succession; ~ in gerader Linie lineal descent; **Ꝛfolgekrieg** m war of succession; **Ꝛgesund** adj. of healthy stock; **~gut** n (ancestral) manor; (inherited) estate; *fig.* heritage; **~hof** m hereditary farm, freehold.
er'bieten: sich ~ (irr., h.) offer (or volunteer) to do.
Erbin ['ɛrbin] f (-; -nen) heiress; → Erbe 1.
er'bitten v/t. (irr., h.) beg or ask for, request;
erbitter|n [ɛr'bitərn] v/t. (h.) embitter, exasperate, incense; **~t** adj. embittered, etc. (auf acc. at, by); resentful (against); fierce; bitter (enemy, etc.); sich ~ begämpfen fight a th. tooth and nail; **Ꝛung** f (-; -en) exasperation, bitterness; embitterment, animosity; vehemence.
erbkrank ['ɛrp-] adj. afflicted with a hereditary disease; **Ꝛheit** f hereditary disease.
erblassen [ɛr'blasən] v/i. (sn) (grow or turn) pale, blanch, lose colo(u)r.
Erb... ['ɛrp-]: **~lasser(in** f) [-lasər(in)] m (-s, -, -; -nen) testa|tor (-trix f), the deceased, Am. a. decedent; **~lehre** f genetics pl.
erbleichen v/i. (sn) → erblassen.
erblich ['ɛrpliç] adj. hereditary, inheritable; **~e Belastung** hereditary taint; ~ belastet tainted with a hereditary disease; **Ꝛkeit** f (-) hereditary, hereditary character.
er'blicken v/t. (h.) see, perceive; discover, catch sight of, spot; catch a glimpse of; *fig.* et. in j-m or e-r Sache ~ see a th. in a p. or th., regard or look upon a p. or th. as; → Licht.
erblind|en [ɛr'blindən] v/i. (sn) grow (or go) blind, lose one's light; glass: dull, dim; **Ꝛung** f (-; -en) loss of (one's) sight; blindness.
er'blühen v/i. (sn) → aufblühen.
Erb... ['ɛrp-]: **~masse** f jur. (inherited) estate or assets pl.; physiol. hereditary factors pl.; idioplasm; **~onkel** m wealthy uncle.
erbosen [ɛr'bo:zən] v/t. (h.) irritate, infuriate; sich ~ grow angry (über acc. at), get (or be) exasperated (at, by), fume.
erbötig [ɛr'bø:tiç] adj.: zu et. ~ ready (or willing, prepared) to do a th.
Erb... ['ɛrp-]: **~pacht** f hereditary tenancy; **~pächter** m hereditary tenant; **~prinz** m hereditary prince.

er'brechen v/t. (irr., h.) break open; force (door); open (letter); med. vomit, bring up; sich ~ vomit, retch, be sick; **Er'brechen** n breaking open, etc.; med. vomiting.
Erbrecht ['ɛrp-] n law of succession (Am. descent); right of succesion, hereditary title.
er'bringen v/t. (irr., h.) produce, furnish, jur. a. adduce (evidence).
'**Erbschaft** f (-; -en) inheritance; estate; legacy; **~s-anspruch** m claim (of rightful heir) to surrender of the inheritance; **~s-ausschlagung** f (-; -en) disclaimer of inheritance; **~ssteuer** f estate duty, Am. succession tax.
'**Erb...**: **~schein** m certificate of heirship; **~schleicher(in** f) m legacy-hunter; **~schleiche'rei** f legacy-hunting.
Erbse ['ɛrpsə] f (-; -n) pea; **Ꝛförmig** [-fœrmiç] adj. pea-shaped, pisiform; **~nmehl** n peasemeal; **~nschote** f pea-pod; **~nsuppe** f pea-soup.
'**Erb...**: **~stück** n heirloom; **~sünde** f original sin; **~tante** f wealthy aunt; **~teil** n (distributive) share or portion; **~übergang** m transfer of title at death; **~vertrag** m contract of inheritance; **~verzicht** m waiver of succession rights.
Erd|achse ['ɛrt-] f axis of the earth; **~anschluß** el. m earth (connection), Am. ground(ing); **~antenne** f ground aerial or antenna; **~apfel** m potato; **~arbeit** f earthwork, excavation work; **~arbeiter** m digger, excavator, esp. rail. navvy, Am. laborer; **Ꝛartig** [-'a:rtiç] adj. earthy; **~aufklärung** mil. f ground reconnaissance; **~bahn** f orbit of the earth; **~ball** m (terrestrial) globe; **~batterie** mil. f ground battery; **~beben** n (-s) earthquake; **~bebengebiet** n seismic area; **~bebenkunde** f (-) seismology; **~bebenmesser** m (-s; -) seismograph; **~beere** f strawberry; **~be-obachtung** mil. f ground observation; **~bewegung** tech. f moving of earth, earthworks pl.; **~bewohner** m inhabitant of the earth, terrestrial; **~biene** f ground-bee; **~boden** m ground, soil; (surface of the) earth; dem ~ gleichmachen level to (or with) the ground, raze, flatten; **~bohrer** m earth borer (or auger); **~damm** m embankment, mound; **~draht** el. m earth (Am. ground) lead.
Erde ['e:rdə] f (-) earth; soil; ground; mo(u)ld; el. → Erdung; lockere ~ dirt; seltene ~n pl. rare or noble earths; (planet) the earth or world, our planet; auf ~n on earth, here below; auf der ganzen ~ all the world over; über der ~ above ground; unter der ~ under ground, subterraneous; zu ebener ~ on the ground-floor, at street-level; zur ~ gehörig terrestrial; j-n unter die ~ bringen be the death of a p.
'**erden** el. v/t. (h.) earth, Am. ground.
'**Erden|bürger** m earthly being, mortal; **~glück** n earthly happiness.
erdenk|en [ɛr-] v/t. (irr., h.) think out, devise; invent; → erdichten; **~lich** adj. imaginable, conceivable;

possible; sich alle ~e Mühe geben do one's best (or utmost), spare no efforts.
Erdenleben ['e:rdən-] n earthly life.
Erd... ['e:rt-]: **Ꝛfahl**, **Ꝛfarben** adj. clay-colo(u)red, livid; **~ferne** ast. f apogee; **~floh** m flea-beetle; **~funkstelle** f ground signal station; **~gas** n natural gas; **~geist** m (-es; -er) gnome; **~geruch** m earthy smell; **~geschoß** n ground-floor, Am. first floor; **~gürtel** m zone; **~hälfte** f hemisphere; **Ꝛhaltig** adj. containing earth, earthy; **~harz** n asphalt; **~haufen** m heap of earth.
er'dicht|en v/t. (h.) invent, b.s. a. fabricate, trump up; **~et** adj. invented, imaginary; fictional; fictitious; fabricated, trumped-up; **Ꝛung** f fiction; figment; invention; fabrication.
erdig ['e:rdiç] adj. earthy.
Erd... ['e:rt-]: **~innere** n interior of the earth; **~kabel** n buried (or underground) cable; **~kampf** mil. m ground fighting; **~karte** f map of the world; **~klemme** el. f earth (Am. ground) terminal; **~klumpen** m clod; **~körper** m terrestrial body; **~kreis** m (-es): der ganze ~ the whole world; **~krume** f surface soil, topsoil; **~krümmung** f earth curvature; **~kruste** f → Erdrinde; **~kugel** f (terrestrial) globe; **~kunde** f (-) geography; **~leiter** el. m earth wire, Am. ground wire; **~leitung** el. f earth-connexion, Am. ground connection; **~loch** mil. n foxhole; **~magnetismus** m terrestrial magnetism; **~massen** f/pl. earth masses; **~maus** f field mouse; **~messung** f geodesy; **~metall** n earth metal; **~mine** mil. f land mine; **~moos** n club-moss; **Ꝛnahe** fig. adj. close to earth, earthy; **~nähe** ast. f perigee; fig. earthiness; **~nuß** f peanut, groundnut; **~oberfläche** f surface of the earth; **~öl** n mineral oil, petroleum; Am. a. kerosene.
erdolchen [ɛr'dɔlçən] v/t. (h.) stab (with a dagger).
Erd... ['e:rt]: **~pech** n mineral pitch, bitumen; **~pol** m pole (of the earth); **~probe** f soil (test) sample; **~reich** n (-[e]s) earth, ground, soil.
erdreisten [ɛr'draɪstən]: sich ~ (h.) dare, presume; have the impudence (or face, cheek) to do a th.
Erdrinde ['e:rt-] f (-) earth's crust, lithosphere.
er'dröhnen v/t. (h.) → dröhnen.
er'drossel|n v/t. (h.) strangle, throttle; **Ꝛung** f strangulation, throttling.
er'drücken v/t. (h.) squeeze to death, crush; fig. crush; smother, choke; **~des** Beweismaterial damning evidence; **~de** Mehrheit overwhelming evidence; von Arbeit fast erdrückt werden be swamped with work; von Sorgen erdrückt werden be oppressed (or beset) by worries.
Erd... ['e:rt-]: **~rutsch** m landslip, esp. Am. landslide (a. fig.); **~salz** n rocksalt; **~satellit** m earth satellite; **~schicht** f layer of earth; stratum; subsoil; **~schluß** el. m earth (contact); Am. ground (leakage); aus-

setzender ~ intermittent earth; ~**scholle** *f* clod; ~**sicht** *aer. f* visibility of the ground; ~**spalte** *f* crevice, chasm; ~**stecker** *el. m* earthing plug; ~**stoß** *m* seismic shock; ~**strich** *m* region, zone; ~**strom** *m* earth current; ~**teil** *m* part of the world; *geogr.* continent; ~**truppen** *mil. f/pl.* ground forces.
er'duld|en *v/t.* (*h.*) endure; suffer; → *dulden*; ♀**ung** *f* endurance (*gen.* of); submission (to), toleration (of).
Erd... ['e:rt-]: ~**umdrehung** *f* rotation of the earth; ~**umfang** *m* circumference of the earth.
Erdung ['e:rduŋ] *el. f* (-; -en) earth(ing), *Am.* ground(ing); ~**schalter** *m* earthing switch.
Erd... ['e:rt-]: ♀**verlegt** ['-ferle:kt] *adj.*: ~e *Kabel pl.* underground cables; ~**verwehung** *f* soil-drift; ~**wall** *m* earth wall, embankment, mound.
er'eifer|n: *sich* ~ (*h.*) get excited *or* flushed (*über acc.* over); work up a rage, fly into a passion; lash out (at); ♀**ung** *f* (-) excitement; passion, exasperation, vehemence.
ereignen [ɛr'ʔaɪgnən]: *sich* ~ (*h.*) happen, come to pass (*or* about), occur, take place.
Er'eignis [-nis] *n* (-ses; -se) event; occurrence, incident, happening; affair; phenomenon; *freudiges* ~ (*birth*) happy event; ♀**los** *adj.* uneventful; dull, monotonous; ♀**reich** *adj.* eventful.
er'eilen *v/t.* (*h.*) overtake, *a. fig.* catch up with.
Eremit [ere'mi:t] *m* (-en; -en) hermit.
er'erb|en *v/t.* (*h.*) inherit (*von* from); ~**t** *adj.* inherited, *biol. a.* hereditary.
er'fahren I. *v/t.* (*irr., h.*) come to know, learn, hear; be told (*or* informed); experience, go through; suffer; receive, get; *er erfuhr von dem Anschlag* he got wind of the plot; *die Produktion erfuhr e-e Steigerung* the production (was) increased; **II.** *adj.* experienced, expert (*in dat.* in, at); seasoned (*soldier, etc.*); skilled; well versed (in), at home (in); proficient (in); *er ist in diesen Dingen sehr erfahren* he is an old hand at such things; ♀**heit** *f* (-) experience.
Er'fahrung *f* (-) (*event*) experience; *w.s.* experience, practice; practical knowledge; *technische* ~ know-how; *aus* ~ from (*or* by) experience; *auf dem Wege praktischer* ~ by trial and error; *durch* ~ *klug werden* learn it the hard way; *in* ~ *bringen* learn, find out, ascertain; *nach s-r* ~ *in* his experience; *s-e* ~*en machen* gain experience; *wir haben mit dem Gerät gute* ~*en gemacht* the device has been quite a success (*or* has proved quite satisfactory); *die* ~ *hat gezeigt, daß* previous experience has shown that.
Er'fahrungs...: ~**austausch** *m* exchange (*or* sharing) of experience; ♀**gemäß** *adv.* according to (*my, our*) experience; *a.* ♀**mäßig** *adj.* empiric(ally *adv.*); ~**satz** *m* empirical theorem; ~**wissenschaft** *f* empirical science; ~**zahl** *f* empirical coefficient.

er'fass|en *v/t.* (*h.*) seize, grasp, catch (*all a. fig.* = comprehend); catch (*or* lay) hold of; clutch, (*a. fig.*) grip; realize; *statistically*: register, record, list; *mil.* mobilize, muster, cover, comprise; consider; apply to; *von e-m Verlangen, etc., erfaßt werden* be seized by a desire, *etc.*; ♀**ung** *f* registration, recording, listing; consideration; ♀**ungsstelle** *f* registration office; collecting cent|re, *Am.* -er.
er'finden *v/t.* (*irr., h.*) invent, devise; discover, hit upon; invent, make up, *b.s. a.* concoct, cook up.
Er'finder *m* inventor; ~**geist** *m* (-es) inventive genius, ingenuity; ~**in** *f* inventress; ♀**isch** *adj.* inventive, ingenuous, imaginative, creative; resourceful; → *Not.*
Er'findung *f* (-; -en) invention; discovery; device; fiction, invention, *b.s. a.* fabrication; ~**sgabe** *f* (-) inventive faculty (*or* genius), inventiveness; imagination; ~**s-patent** *n* inventor's patent; ♀**sreich** *adj.* → *erfinderisch.*
er'flehen *v/t.* (*h.*) implore, invoke; obtain by entreaty.
Erfolg [ɛr'fɔlk] *m* (-[e]s, -e) result; outcome, issue; consequence; effect (*a. jur.*); *glücklicher* ~ success, hit; achievement; ~ *haben* succeed, be (*or* score) a success, be successful; *keinen* ~ *haben* be unsuccessful, fail; *thea. a.* fall flat, be a flop; *enterprise: a.* come to grief, be abortive; *efforts: a.* be *or* prove fruitless (*or* unavailing); *von* ~ *gekrönt* crowned with success; ♀**en** *v/i.* (*sn*) ensue, follow, result (*aus* from); happen, take place, occur; come, arrive, be forthcoming; *es ist noch keine Antwort erfolgt* no answer has been received as yet; *die Zahlung muß sofort* ~ payment must be made (*or* effected) immediately; ♀**los I.** *adj.* unsuccessful, ineffective, vain, unavailing, fruitless, abortive; **II.** *adv.* unsuccessfully, *etc.*; in vain, without success; ~**losigkeit** *f* (-) unsuccessfulness, failure; ♀**reich** *adj.* successful (*in dat.* in), effective; crowned with success; ~**s-anteil** *econ. m* share in results; ~**sbuch** *n* best seller; ~**sfilm** *m* success film; ~**smensch** *m* careerist, hustler, *Am. sl.* go-getter; ~**srechnung** *econ. f* profit and loss account; ♀**versprechend** *adj.* promising.
erforderlich [ɛr'fɔrdərlɪç] *adj.* necessary, requisite, required (*für* to); *unbedingt* ~ indispensable, imperative, essential; *falls* ~ if required; *dazu sind erhöhte Zuschüsse* ~ this requires (*or* calls for) higher subsidies; ~**enfalls** *adv.* if need be, if necessary.
er'forder|n *v/t.* (*h.*) require, demand; exact; call for, necessitate; take up, require; ♀**nis** *n* (-ses; -se) requirement; exigency, necessity; (pre)requisite (*all für* for).
er'forsch|en *v/t.* (*h.*) explore *land* (*a. fig.*); inquire into, investigate; fathom, sound; *scient.* research, investigate, study; ♀**er** *m* explorer; ♀**ung** *f* exploration; investigation; fathoming.

er'fragen *v/t.* (*h.*) ascertain; *zu* ~ *bei* (*dat.*) inquire at, apply to.
erfrechen [ɛr'frɛçən]: *sich* ~ (*h.*) *zu inf.* have the impudence to *inf.*, dare to *inf.*
er'freuen *v/t.* (*h.*) gladden, please, give pleasure to; delight; gratify; *ich bin darüber erfreut* I am glad of it, I am pleased to hear it; *sich* ~ *an* (*dat.*) rejoice (*or* delight, take pleasure) in, enjoy *a th.*; *sich e-r Sache* ~ enjoy a th.
er'freulich *adj.* delightful, pleasing, agreeable; glad, welcome, fine, pleasant (*news, etc.*); encouraging; gratifying, satisfactory; ~**erweise** [-vaɪzə] *adv.* fortunately, happily; (much) to my (our) pleasure *or* relief.
er'frier|en *v/i.* (*irr., sn*) freeze to death, die from cold *or* exposure; *plants*: be killed by frost, be blighted; *sich die Ohren* ~ have one's ears frozen; *erfroren* frozen (to death), *plant, etc.*: frost-bitten; ♀**ung** *f* (-; -en) death from exposure (to cold); *local*: frostbite.
er'frisch|en [ɛr'frɪʃən] *v/t.* (*h.*) refresh, freshen; cool; give new life to, revive; ~**d** refreshing (*a. fig.*), cooling; ♀**ung** *f* (-; -en) refreshment; ♀**ungsraum** *m* refreshment-room.
er'füllen *v/t.* (*h.*) fill (*mit* with); *fig. a.* inspire (*or* strike) with (*fear, etc.*); fulfil(l); accomplish (*task*); comply with, meet (*condition, request*); meet, come up to (*expectations*); do, carry out (*duty*); keep, make good (*promise*); perform (*contract*); answer, serve (*purpose*); *sich* ~ be fulfilled, materialize, come true; *erfüllt sein von* (*dat.*) be imbued *or* inspired with, be full of.
Er'füllung *f* fulfil(l)ment; accomplishment; performance; compliance (with); realization; *in* ~ *gehen* → (*sich*) *erfüllen*; ~**s-ort** *econ. m* (-[e]s; -e) place of performance; domicile (of the contracting parties for the purposes of a contract); ~**s-politik** *f* policy of fulfilment; ~**s-tag** *econ. m* settling-day.
Erg [ɛrk] *phys. n* (-s; -) erg(on).
ergänzen [ɛr'gɛntsən] *v/t.* (*h.*) complete, complement; replace; fill up, supply; *econ.* replenish (*stocks*); make up (*sum*); supplement (*mit by, with*); restore; *sich* (*gegenseitig*) ~ complement one another; ~**d** *adj.* supplementary, supplemental, complementary (*all acc.* to); integral; additional.
Er'gänzung *f* (-; -en) completion; restoration; supplementation; replenishment; supplement, *gr.* complement; *to a law*: amendment.
Er'gänzungs...: ~**band** *m* (-[e]s; ¨e) supplement(ary volume); ~**farbe** *f* complementary colo(u)r; ~**mannschaften** *mil. f/pl.* replacements; ~**teil** *n* integral (*or* supplementary) part; ~**wahl** *f* by-election.
ergattern [ɛr'gatərn] *v/t.* (*h.*) (manage) to get hold of, secure, bag; cadge; hunt up (*news*).
er'gaunern *v/t.* (*h.*) obtain (by sharp practices); swindle (*von j-m*: out of).
er'geben I. *v/t.* (*irr., h.*) **a)** result in; amount to; yield, produce, show,

prove, reveal; **b)** *sich ~ mil.* surrender (*dat.* to), capitulate, lay down one's arms; *sich e-r Sache ~* devote o.s. to; take to, become addicted to; *sich ~ difficulties, etc.*: arise, emerge, ensue; *sich ~ aus* (*dat.*) result (*or* follow) from; be a function of; *sich ~ in* (*acc.*) resign o.s. (*or* submit) to, acquiesce in (*fate*); *daraus ergibt sich* hence it follows, this goes to prove; **II.** *adj.* devoted (*dat.* to); addicted (to *a vice*); loyal; resigned (to); humble; *~er Diener* obedient servant; *~st* respectfully; *in letters*: Yours faithfully (*Am.* very truly); **2heit** *f* (-) devotion; loyalty; submission; resignation.

Ergebnis [ɛr'geːpnis] *n* (-ses; -se) result, outcome; issue, upshot; consequence; effect; *sports, etc.*: score; finding(s *pl.*); → *Ertrag*; **2los** *adj.* resultless, ineffective; fruitless, futile; negative; unsuccessful; without result; *~ bleiben* give no result; fail, come to nothing.

Er'gebung *f* (-) *mil.* surrender; *fig.* resignation, submission; *voll ~* resigned(ly *adv.*).

er'gehen *v/i.* (irr., sn) *law, etc.*: be published *or* issued, come out; *invitation, etc.*: be sent (out); *jur. sentence*: be pronounced, be handed down; *~ lassen* publish, issue; pass (*a resolution, sentence*); extend (*invitation*); give out, issue (*instructions*); *über sich ~ lassen* submit to, endure; *sich ~ (im Garten)* stroll about (*in the garden*); *fig. sich ~ in* (*dat.*) indulge in; break out in, pour forth (*oaths, etc.*); *sich ~* expatiate *or* hold forth (*über acc.* on); *es würde ihm schlecht ~* he would come off badly *or* fare ill; *wie mag es ihm ergangen sein?* I wonder what has become of him; *wie ist es dir ergangen?* how did you fare?; **Er'gehen** *n* (state of) health; condition.

ergiebig [ɛr'giːbiç] *adj.* productive; fertile; rich *or* abounding (*an dat.* in); *business*: profitable, lucrative, paying; *paint, etc.*: yielding; **2keit** *f* (-) productiveness; fertility; richness, abundance; lucrativeness; *tech.* yield value.

er'gießen *v/t.* (irr., h.) pour out, gush forth; *sich ~ in acc.* flow into; *river*: *a.* discharge (*or* empty, fall) into; *sich ~ über* (*acc.*) pour over.

er'glänzen *v/i.* (sn, h.) shine forth; gleam, sparkle.

er'glühen *v/i.* (sn) glow; *face*: *a.* blush, flush (*vor dat.* with); *fig. ~ vor* (*dat.*) be flushed with (*enthusiasm*).

ergötz|en [ɛr'gœtsən] *v/t.* (h.) delight; amuse, entertain; *sich ~* enjoy o.s.; *sich ~ an* (*dat.*) take delight in; be amused by; feast one's eyes on; *b.s.* gloat over; **2en** *n* (-s) delight; amusement; *zu j-s ~* to a p.'s amusement; **~lich** *adj.* delightful, delectable; amusing, comical.

er'grauen *v/i.* (sn) (become *or* turn) grey, *Am.* gray.

er'greifen *v/t.* (irr., h.) seize, grasp, grip; lay hold of; pick up; take up (*pen, weapon*); apprehend, arrest,

pick up (*criminal*); *fig.* choose, take up (*profession*); seize, avail o.s. of (*opportunity*); move, touch, affect, stir (*the heart, soul*); take, adopt, apply (*measure*); → *Besitz, Flucht, Partei, etc.*; *~d adj.* moving, touching, (soul-) stirring.

ergriffen [ɛr'grifən] *adj.* moved, touched, deeply stirred, affected (*von* by); *von Fieber* (*Panik*) *~ struck* with (*fever*), seized with (*panic*); **2heit** *f* (-) emotion.

er'grimmen *v/i.* (sn) become angry *or* furious, flare up, fly into a rage.

er'gründ|en *v/t.* (h.) fathom; *fig. a.* penetrate, get to the bottom of; explore, probe; **2ung** *f* fathoming, penetration.

Er'guß *m* discharge; *physiol.* effusion; *fig.* effusion, outpour.

erhaben [ɛr'haːbən] *adj.* raised, elevated; *tech. ~e Arbeit* embossed (*or* raised) work, relief; *ganz ~e Arbeit* high-relief, alto-relievo; *halb ~e Arbeit* half-relief, demi-relievo; *fig.* sublime, exalted, lofty; illustrious, eminent; grand, magnificent; *~ über* (*acc.*) above (*a th. or* doing *a th.*), superior to; → *Tadel*; *das 2e phls. n* (-n) the sublime; **2heit** *f* (-) elevation; *fig.* sublimity; loftiness; grandeur; eminence.

Er'halt *m* receipt; → *Empfang*.

er'halten I. *v/t.* (irr., h.) get, obtain (*a. chem.*); receive (*news, etc.*); be awarded (*or* given) *a prize, thing a.* fetch; preserve, keep (*am Leben* alive); maintain, retain (*custom*); maintain, preserve (*peace*); support (*sich selbst* o.s.), maintain; *sich ~ von* (*dat.*) subsist on; *sich gesund ~* conserve one's health; *econ. e-n besseren Preis ~* secure (*or* fetch) a higher price; **II.** *p.p.* *gut* (*schlecht*) *~ in good* (bad) condition *or* repair; *~ bleiben* be preserved, survive; *noch ~ sein* remain, be left, survive; *econ. Wert ~* value received; *zu ~* → *erhältlich.*

Er'halter(in *f*) *m* (-s, -; -, -nen) preserver; supporter, breadwinner.

erhältlich [ɛr'hɛltliç] *adj.* obtainable, available; *nicht ~* not obtainable (*or* available), not to be had; *schwer ~* hard to come by.

Er'haltung *f* (-) preservation; maintenance (*a. of peace, machinery*); support (*of a family*); conservation (*of energy, etc.*); upkeep (*of buildings*).

er'handeln *v/t.* (h.) get by bargaining *or* haggling; buy, purchase.

er'hängen *v/t.* (h.) hang (*sich* o.s.).

er'härt|en *v/t.* (h.) harden, set; *fig.* confirm, corroborate, substantiate; *eidlich ~* affirm upon oath, swear to; **2ung** *f fig.* confirmation, corroboration; proof.

er'haschen *v/t.* (h.) snatch, catch, seize; *e-n flüchtigen Blick von et. ~* catch a glimpse of a th.

er'heben *v/t.* (irr., h.) raise, lift (up); *fig.* elevate; exalt, extol; ascertain, investiagte; *math.* raise to a higher power; levy, impose, collect (*taxes*); ascertain, record; raise (*objection*); → *Anspruch*; *e-e Forderung ~* enter (*or* put in) a claim; *e-e Frage ~* start a question, bring up a point; → *Geschrei, Klage, Protest, Quadrat*;

auf den Thron (*in den Adelsstand*) *~* raise to the throne (to peerage); *s-e Hand ~ gegen* (*acc.*) lift up one's hand against; *s-e Stimme ~* raise one's voice; *sich ~* **a)** rise, get up, **b)** noise, problem, question: arise; *wind*: spring up; *bird*: soar up; *sich ~ gegen* (*acc.*) rise (in arms) against, revolt (*or* rebel) against; *sich ~ über* (*dat.*) tower above, *fig.* rise (*or* soar) above, surmount; *~d adj. fig.* elevating, edifying; impressive.

erheblich [ɛr'heːpliç] **I.** *adj.* considerable; serious, grave, heavy (*losses, etc.*); important; *jur.* relevant; **II.** *adv.* considerably; *~ besser* much better; **2keit** *f* (-) importance; relevance.

Er'hebung *f* rising ground, elevation; *fig.* elevation, promotion; *of taxes*: imposition; *jur.* filing (*of action*); *math.* involution; investigation, (official) inquiry *or* survey; *~en pl. a.* statistics, data (collected); *~en anstellen über* (*acc.*) investigate (*or* inquire) into; *~ ins Quadrat* squaring; *seelische ~* elevation, elation, *Am.* uplift; *pol.* upheaval, uprising, rebellion, revolt.

er'heischen *v/t.* (h.) require, demand, exact; command (*respect*).

erheiter|n [ɛr'haɪtərn] *v/t.* (h.) cheer (up), exhilarate; amuse; brighten (*face*); *sich ~ face*: brighten, light up; **2ung** *f* (-; -en) amusement.

erhell|en [ɛr'hɛlən] **I.** *v/t.* (h.) light up, illuminate; brighten (*colours*); *fig.* clear up, elucidate, shed light (up)on; **II.** *v/i.* (h.) become evident; *daraus erhellt* hence it appears; **2ung** *f* (-; -en) illumination.

erhitz|en [ɛr'hitsən] *v/t.* (h.) heat (*auf acc.* to); make hot; pasteurize; *fig.* rouse, inflame (*passions*); fire (*the imagination*); *sich ~* get (*or* grow) hot; *fig. conversation, mind*: become heated; *feelings*: be roused; *person*: flush (with anger), work up a rage; *die Gemüter erhitzen sich* tempers run high; **2er** *m* (-s; -) heater; *~t adj.* heated; hot, *person a.* flushed; *fig.* heated (*debate*); flushed, excited; **2ung** *f* (-; -en) heating.

er'hoffen *v/t.* (h.) hope for, expect.

erhöh|en [ɛr'høːən] *v/t.* (h.) raise, lift; elevate; *fig.* raise, increase, augment (*auf acc.* to; *um* by); intensify; whet, sharpen (*appetite*); deepen (*impression*); raise (*price*); advance, mark up, *Am.* lift; enhance, heighten, add to, boost (*effect*); *in rank*: exalt; *sich ~* increase, be increased (*or* raised, enhanced, *etc.*); heighten (*suspense*).

Er'höhung *f* (-; -en) raising; elevation; hill(ock); *fig.* increase; enhancement; heightening; *of wages*: rise, *Am.* raise; *of prices*: increase, advance, rise; improvement; *~szeichen mus. n* sharp.

er'hol|en: *sich ~* (h.) recover (*von* from; *a. fig.*), get better *or* well, recuperate; rally (*a. fig.*), come round; (take a) rest; relax; *econ. prices, market*: recover, rally; *~sam adj.* restful.

Er'holung *f* (-; -en) recovery, recuperation, convalescence; rest, recreation, relaxation; *econ.* recovery,

rally; rehabilitation; 2bringend re-creative; holiday, *esp. Am.* vacation; zur ~ *in X. weilen* stay for a rest in X.
Er'holungs...: 2bedürftig *adj.* wanting a rest, run down; ~heim *n* convalescent home; recreation home, rest cent|re, *Am.* -er; ~kur *f* rest-cure; ~ort *m* (-[e]s; -e) (health *or* holiday) resort; ~pause *f* (pause for) rest, respite; breather; ~reise *f* recreation trip, (pleasure-)trip; ~stunde *f* hour of recreation, leisure hour; ~urlaub *m* holiday, (recreation) leave, *Am.* vacation; *med.* convalescent (*or* sick-)leave.
er'hör|en *v/t.* (h.) hear *or* grant (*request*); yield to, accept (*lover*); 2ung *f* (-; -en) hearing; granting.
Erika ['e:rika] *bot. f* (-; -ken) heather.
erinnerlich [ɛr'ʔinərliç] *adj.* present to one's mind, recallable; *soviel mir* ~ *ist* as far as I can remember (*or* recollect); *es ist mir nicht* ~ I do not remember it.
er'innern I. *v/t.* (h.): j-n ~ *an* (acc.) remind a p. of, call *a th.* (back) to a p.'s mind; draw a p.'s attention to, point *a th.* out to a p.; *j-n daran* ~, *daß or wie, etc.* remind a p. that *or* how, etc.; *das erinnert mich an e-e Geschichte* that reminds me (*or* makes me think) of a story; *sich* ~ (*gen. or an acc.*) remember; recall, recollect, call to mind; *wenn ich mich recht erinnere* if I remember rightly; *soviel ich mich* ~ *kann* as far as I can remember; II. *v/i.* (h.): ~ *an* (acc.) be reminiscent (*or* suggestive) of, make *a p.* think of.
Er'innerung *f* (-; -en) remembrance, recollection (*an acc.* of); reminder; memory; ~en *pl.* reminiscences; memoirs; *j-m et. in* ~ *bringen* → *erinnern* I; ~*en wachrufen an* (acc.) call *a th.* back to mind, call (*or* conjure) up, be reminiscent of, evoke *a th.*; *zur* ~ *an* (acc.) in memory of; → *Gedächtnis.*
Er'innerungs...: ~medaille *f* commemorative medal; ~tafel *f* memorial tablet; ~tag *m* commemoration day; ~vermögen *n* (-s) power of recollection, memory; ~werbung *f* follow-up advertising; ~wert *m* sentimental personal value; *balance--sheet* pro memoria figure; ~zeichen *n* keepsake, souvenir.
er'jagen *v/t.* (h.) hunt down; *fig.* catch, secure, lay hold of.
erkalten [ɛr'kaltən] *v/i.* (sn) get cold, cool (down); *fig.* cool (off).
erkält|en [ɛr'kɛltən] *v/t.* (h.) chill; *sich* ~ catch *or* take (a) cold; *sich den Magen erkältet haben* have a chill on the stomach; *er ist stark erkältet* he has a bad cold; 2ung *f* (-; -en) cold, chill, catarrh; 2ungskrankheit *f* catarrhal disease.
er'kämpfen *v/t.* (h.) gain by force, force; *er mußte sich s-e Stellung hart* ~ he had to fight (*or* struggle) hard for his position.
er'kaufen *v/t.* (h.) buy, purchase; *fig. et. teuer* ~ *müssen* (have to) pay dearly for a th.
er'kennbar *adj.* recognizable; perceptible, discernible; distinguish-

able; identifiable; 2keit *f* (-) recognizability.
er'kennen I. *v/t.* (irr., h.) recognize (*an dat.* by); perceive, discern; detect, spot; *med.* diagnose; know (*an dat.* by); realize, see; → *durchschauen:* econ. j-n ~ *für* (acc.) credit a p. with (*a sum*); *jur. für* (nicht)*-schuldig:* adjudge *or* find *a p.* (not) guilty; return a verdict of (not) guilty; ~ *lassen* suggest, show, reveal; zu ~ *geben* signify, indicate, give to understand; *sich zu* ~ *geben* disclose one's identity, *fig.* declare o.s., come out into the open, show one's real face; II. *v/i.* (irr., h.): jur. ~ *auf* (acc.) pass a sentence of, impose; *das Gericht erkennt daher für Recht* it is therefore ordered, adjudged, and decreed.
er'kenntlich *adj.* perceptible; grateful (*dat.* to); *sich j-m* ~ *zeigen für* (acc.) reciprocate for, return a p.'s favo(u)r; 2keit *f* (-; -en) thankfulness, (sign of) gratitude.
Er'kenntnis 1. *f* (-; -se) knowledge; perception; realization; understanding, recognition; *phls.* cognition; *neueste wissenschaftliche* ~*se pl.* latest scientific findings; *zu e-r* ~ *gelangen* arrive at a conclusion; *zur* ~ *kommen* realize one's mistake(s *pl.*), listen to reason; **2.** *jur. n* (-ses; -se) judg(e)ment, sentence, finding; *of jury:* verdict; ~ *auf Todesstrafe* imposition of the death penalty; ~theorie *f* theory of cognition; ~vermögen *n* perceptive faculty, intellect.
Erkennung [ɛr'kɛnuŋ] *f* (-; -en) recognition; identification; detection; ~sdienst *m* criminal identification department; ~smarke *mil. f* identity disk, *Am.* identification tag, dog-tag; ~swort *n* watchword, password; ~szeichen *n* sign of recognition; distinctive mark, characteristic; *med.* diagnostic symptom; badge; *aer.* aircarft markings *pl.*
Erker ['ɛrkər] *m* (-s; -) alcove, bay; ~fenster *n* oriel, bay-window; ~zimmer *n* corner-room.
erkiesen [ɛr'ki:zən] *poet. v/t.* (irr., h.) choose, (s)elect.
erklär|bar [ɛr'klɛ:rbɑ:r] *adj.* explainable, explicable; ~en *v/t.* (h.) explain; interpret; define; illustrate, demonstrate; account for; declare, state; depose; profess; *sich* ~ *durch matter:* explain itself by, be due to; *so erklärt sich* that accounts for (*a th. or ger.*); *sich* ~ *person:* declare o.s., speak one's mind; *sich* ~ *für, gegen* (acc.) declare (*or* pronounce) for, against; *den Krieg* ~ declare war (*dat.* on); *ich kann es mir nicht* ~ I don't understand it; *erklärter Gegner, etc.* declared enemy, *etc.*; ~end *adj.* explanatory, illustrative; ~lich *adj.* → *erklärbar;* understandable; evident, obvious; *aus* ~en *Gründen* for obvious reasons; *das ist leicht* ~ that can easily be accounted for; 2ung *f* explanation (*für acc.* of); interpretation, definition; reasons *pl.*; comment; illustration; declaration, statement (*a. pol.*); *jur. a.* deposition, testimony; → *eidesstattlich; econ.* declaration,

announcement (*of a dividend*); *e-e* ~ *abgeben* make a declaration *or* statement; *zur* ~ *dieser Maßnahme* in explanation of this measure; *dies wäre e-e* ~ *für s-e Handlungsweise* that would explain his way of acting; 2ungs-tag *m stock exchange:* contango day.
erklecklich [ɛr'klɛkliç] *adj.* considerable, substantial; *e-e* ~*e Summe* a tidy penny.
er'klettern (h.), **er'klimmen** *v/t.* (irr., h.) climb (up); ascend, conquer (*mountain*); scale; *fig. a.* rise to.
er'klingen *v/i.* (irr., sn) (re)sound, ring (out), be heard; ~ *lassen* sound.
erkor [ɛr'ko:r] *pret. of erkiesen.*
erkoren[1] [ɛr'ko:rən] *pp. of erkiesen.*
er'koren[2] *adj.* chosen, (s)elect.
erkrank|en [ɛr'kraŋkən] *v/i.* (sn) fall ill *or* sick, be taken ill (*an dat.* with), contract a disease; *organ:* disease, be affected; 2ung *f* (-; -en) falling ill, illness, sickness; disease, affection (*of organ*); *im* ~*sfalle* in case of illness.
erkühnen [ɛr'ky:nən]: *sich* ~ (h.) make bold, venture, presume (*zu* to *inf.*).
erkunden [ɛr'kundən] *v/t.* (h.) explore, spy out; *mil.* reconnoit|re (*Am.* -er), scout.
erkundig|en [ɛr'kundigən]: *sich* ~ (h.) inquire (*nach et. a th.,* for a th., after a th. *or* p.; *bei j-m* of a p.), make inquiries (*über acc.* about); *sich* ~ *über a.* gather information on; 2ung *f* (-; -en) inquiry; ~en einziehen → (sich) erkundigen (*über*).
Er'kundung *mil. f* (-; -en) reconnaissance; → *Aufklärung.*
erkünsteln [ɛr'kynstəln] *v/t.* (h.) affect.
erlahmen [ɛr'lɑ:mən] *v/i.* (sn) become lame; *fig.* grow weary, tire; *person:* relax, slacken (*a. econ.*); *interest, etc.:* wane, flag.
er'lang|en *v/t.* (h.) reach, attain (to), achieve; obtain, get, secure; acquire; gain (*entry, etc.*); *wieder* ~ recover, retrieve, get back; 2ung *f* reaching; attainment, achievement; acquisition.
Erlaß [ɛr'las] *m* (-sses; -sse) dispensation, exemption, release (*gen.* from); remission (*of debt, sin, penalty*); decree, ordinance; enactment, promulgation (*of law*); *econ.* → *Nachlaß.*
er'lassen *v/t.* (irr., h.) remit, cancel (*debt*); remit (*punishment, sin*); release, dispense, excuse, let off (*j-m et. a p.* from a th.); issue, publish (*decree, etc.*); enact, promulgate (*law*).
erläßlich [ɛr'lɛsliç] *adj.* remissible; pardonable (*sin*).
Er'lassung *f* (-; -en) → *Erlaß.*
erlauben [ɛr'laubən] *v/t.* (h.) allow, permit; suffer, tolerate; *j-m et.* ~ allow *or* permit a p. (to do) a th.; give a p. permission (*or* leave) to do a th.; *sich* ~ *zu inf.* venture to *inf.*, take the liberty of *ger.*, be so free as to *inf.*; *econ. a.* beg to *inf.*; → *erdreisten; sich et.* ~ indulge in a th., treat o.s. to a th.; *sich Frechheiten* ~ take liberties; *wenn Sie* ~ by your permission, if you don't mind; *m-e*

Mittel ~ *mir das or (a. w.s.) ich kann mir das* ~ I can afford it; *was* ~ *Sie sich?* how dare you?

Erlaubnis [ɛr'laupnis] *f* (-) permission, leave; licen|ce, *Am.* -se; authority; *j-n um* ~ *bitten* ask ə p.'s permission (*or* a p. for permission) *to do a th.*; beg leave *to inf.*; *j-m* ~ *erteilen* → *erlauben*; *er erhielt die* ~ *zur Besichtigung der Fabrik* he was authorized (*or* granted permission) to inspect the works; ~**schein** *m* permit, licen|ce, *Am.* -se.

er'laubt *adj.* allowed, permitted; admissible, permissible.

erlaucht [ɛr'lauxt] *adj.* illustrious, noble.

er'lauschen *v/t.* (h.) overhear.

er'läuter|n *v/t.* (h.) explain, elucidate, expound; comment (up)on; illustrate, exemplify; ~**nd** *adj.* explanatory; illustrating; 2**ung** *f* explanation, elucidation; illustration; comment(ary); note, annotation.

Erle ['ɛrlə] *bot. f* (-; -n) alder.

er'leb|en *v/t.* (h.) live to see; experience; pass through, meet with; go through; undergo (*changes*); see, witness, be witness of; have, spend (*nice days, etc.*); *er hat viel erlebt* he has had a great many adventures; *ich habe es oft erlebt* I've often seen it happen; *hat man schon so etwas erlebt! colloq.* can you beat that?; *er will et.* ~ he wants to see things; *colloq. na, er soll et.* ~ just let him come! 2**ensfallversicherung** *f* pure endowment assurance; 2**nis** *n* (-ses; -se) experience; event, occurrence, episode; accident; adventure; *es war ein großes* ~ it was a wonderful experience.

erledig|en [ɛr'le:digən] *v/t.* (h.) finish, bring to a close; carry (*or* see) through, effect, execute; dispose of; settle, wind up (*transaction*); settle (*dispute*); remove (*doubt*); *j-n* ~ dispose of (*or* do for) a p., settle a p.'s hash; finish a p. off; *ich werde die Sache* ~ I'll attend to (*or* deal with, handle) this matter; *sich* ~ be settled; *damit* ~ *sich die übrigen Punkte* this disposes (*or* takes care) of the remaining questions; *würden Sie das für mich* ~ would you do this for me (*or* take this off my hands); ~**t** *adj.* finished, settled; vacant (*office*); *das wäre* ~ that's settled then, that was that; *fig.* played out, done (*or* all) in, ready to drop; *er ist* ~ he is done for; his goose is cooked; he is down, out and finished; he is at the end of his tether; *du bist für mich* ~ I am through with you; 2**ung** *f* (-; -en) settlement; consideration, treatment, handling; discharge; liquidation; *umgehende* ~ immediate attention.

er'legen *v/t.* (h.) kill, shoot.

erleichter|n [ɛr'laiçtərn] *v/t.* (h.) make *a task* easy, facilitate; lighten (*a burden*); relieve, alleviate (*pain, misery*); ease (*one's conscience*); ease, relieve (*a. p., one's mind*); *sich* ~ relieve nature; *sich das Herz* ~ disburden one's mind; *er erleichterte mich um m-n Geldbeutel* he eased me of my purse; *erleichtert aufatmen* heave a sigh of relief, breathe freely; 2**ung** *f* (-; -en) light-

ening; facilitation; ease (*von from*); relief (*über acc.* at); alleviation; ~**en** *pl. esp. econ.* facilities *pl.*; *taxation:* easements *pl.*

er'leiden *v/t.* (*irr., h.*) suffer, endure, bear; sustain, suffer, incur (*defeat, damage, loss*); suffer *death*; undergo (*changes*).

er'lern|bar [ɛr'lɛrnbɑːr] *adj.* learnable; ~**en** *v/t.* (h.) learn, acquire, master.

er'lesen I. *v/t.* (*irr., h.*) acquire by reading; select, choose, pick; **II.** *adj.* select; choice, exquisite.

er'leucht|en *v/t.* (h.) light (up), illumin(at)e; *fig.* enlighten; 2**ung** *f* (-; -en) illumination; *fig.* enlightenment; *a. eccl.* illumination; inspiration, bright idea, brain-wave.

er'liegen *v/i.* (*irr., sn*) succumb (*dat.* to *illness, temptation, etc.*); fall victim to; *unter e-r Last* ~ sink under a burden; *mining: zum* 2 *kommen* be worked out (*pit*).

erlisten [ɛr'listən] *v/t.* (h.) obtain by artifice, manage to get, wangle.

erlogen [ɛr'lo:gən] *adj.* → *erlügen.*

Erlös [ɛr'løːs] *m* (-es; -e) proceeds *pl.*; net profits(*pl.*).

erlosch [ɛr'lɔʃ] *pret.* of *erlöschen.*

er'löschen *v/i.* (*irr., sn*) be extinguished, go out; *fig.* become extinct, cease to exist, die out; *eyes:* dim; *life, passion:* be extinguished; *contract, patent:* expire; *claim, etc.:* lapse; *mit* ~**der Stimme** with a failing voice.

Er'löschen *n* (-s) extinction; expiration, lapse.

erloschen[1] [ɛr'lɔʃən] *p.p.* of *erlöschen.*

er'loschen[2] *adj.* extinct, extinguished; ~**e Rechte** lapsed interests.

er'lös|en *v/t.* (h.) *esp. eccl.* redeem, save (*von* from); deliver, release, free (from); realize, net, get; *das erlösende Wort sprechen* break the ice; 2**er** *eccl. m* (-s) the Redeemer, the Saviour; 2**ung** *f* (-; -en) *eccl.* redemption; *fig.* deliverance, release; relief.

er'lügen *v/t.* (*irr., h.*) invent, fabricate; *erlogen a.* false, untrue, trumped up; *das ist* (*erstunken und*) *erlogen* that's a (filthy) lie.

ermächtig|en [ɛr'mɛçtigən] *v/t.* (h.) empower, authorize; vest *a p.* with authority *or* powers; *ermächtigt sein zu inf.* be authorized *or* empowered to *inf.*, have authority *or* power to *inf.*; 2**ung** *f* (-; -en) authorization; authority; power; warrant, licen|ce (*Am.* -se); 2**ungsgesetz** *n* Enabling Act.

er'mahn|en *v/t.* (h.) admonish (*j-n zum Fleiß, etc.* a p. to be diligent, *etc.*), exhort; expostulate (*acc.* with); urge; caution, warn; ~**end** *adj.* hortatory, admonishing; 2**ung** *f* admonition, exhortation; *a* word to the wise.

er'mangel|n *v/i.* (h., *gen.*) lack, want; be lacking *or* wanting (in); fail; *es an nichts* ~ *lassen* spare no trouble *or* pains; *ich werde nicht* ~ *zu inf.* I shall not fail to *inf.*; *er ermangelte jeglichen Feingefühls* he was innocent of any delicacy; 2**ung** *f* (-): *in* ~ *e-r Sache* in default (*or* in the absence) of a th., failing a th.;

in ~ *e-s Besseren* for want of something better.

ermannen [ɛr'manən]: *sich* ~ (h.) take heart, pluck up courage; pull o.s. together.

er'mäßig|en *v/t.* (h.) abate, reduce, lower; mark down, *Am.* cut (down) *prices*; *zu ermäßigten Preisen* at reduced prices; *sich* ~ be reduced; 2**ung** *f* (-; -en) reduction, lowering, *Am.* cut; (tax) relief.

ermatt|en [ɛr'matən] **I.** *v/t.* (h.) tire, fatigue, exhaust, wear down; **II.** *v/i.* (sn) tire (*vor dat.* with), be exhausted, give out; *mentally:* (grow) weary, slacken; *interest, etc.:* wane, flag; ~**et** *adj.* fatigued, exhausted, spent, worn out; weary, jaded; 2**ung** *f* (-; -en) fatigue, exhaustion; weariness, lassitude.

er'messen *v/t.* (*irr., h.*) estimate; calculate; judge; weigh, consider; conceive, appreciate, realize; infer, conclude (*aus* from).

Er'messen *n* estimate, judg(e)ment; *freies* ~ (free) discretion; *nach m-m* ~ in my opinion, as I see it; *nach menschlichem* ~ in all probability; *ich stelle es in Ihr* ~ I leave it to you(r discretion); *nach bestem* ~ to the best of one's judg(e)ment; *nach dem* ~ *des Gerichtes* at the discretion (*or* pleasure) of the court; 2**entscheidung** *jur. f* discretionary decision; 2**smißbrauch** *jur. m* abuse of power of discretion.

ermitteln [ɛr'mitəln] *v/t.* (h.) determine (*a. chem., etc.*); ascertain, establish; investigate; find out, discover; locate; *j-s Identität* ~ identify a p.

Er'mitt(e)lung *f* (-; -en) ascertainment; *chem., etc.:* determination; discovery; investigation, inquiry; ~**en** *pl.* findings, facts; information *sg.*; ~**en anstellen über** (*acc.*) make inquiries about, inquire into, investigate; ~**s-ausschuß** *m* fact-finding committee; ~**sbeamter** *m* investigator; ~**sverfahren** *jur. n* judicial inquiry.

ermöglichen [ɛr'møːkliçən] *v/t.* (h.) make (*or* render) possible *or* feasible; enable (*et.* a th. *or* a th. to be done); *j-m et.* ~ make it possible for (*or* enable) a p. to do a th.; allow.

er'mord|en *v/t.* (h.) murder; assassinate; 2**ung** *f* (-; -en) murder; assassination.

ermüden [ɛr'myːdən] *v/t.* (h.) *and v/i.* (sn) → *ermatten*; ~**d** *adj.* fatiguing; tiresome, wearisome.

Er'müdung *f* (-) fatigue (*a. tech.*), tiredness; exhaustion; weariness; ~**serscheinung** *f* symptom of fatigue; ~**sfestigkeit** *metall. f* fatigue strength; ~**sgrenze** *tech. f* endurance limit; ~**sstoff** *m* fatigue toxine.

ermunter|n [ɛr'muntərn] *v/t.* (h.) awake, rouse; *fig.* rouse, stir up; encourage *or* stimulate (*zu et.* to do a th.); cheer (up); animate, enliven, stimulate; *sich* ~ take heart, cheer up; 2**ung** *f* (-; -en) encouragement; stimulation; fillip; incentive; stimulus.

ermutig|en [ɛr'muːtigən] *v/t.* encourage (*j-n zu et.* a p. to do a th.); hearten, embolden; ~**end** *adj.* encouraging, reassuring; ♀ung *f* (-) encouragement.

er'nähr|en *v/t.* (h.) nourish, feed; keep, support, maintain; *sich ~ von* (*dat.*) live (*or* subsist, feed) on; *fig.* live (*or* make a living) by; *schlecht ernährt* ill-fed, malnourished; ♀**er(in** *f*) *m* (-s, -; -, -nen) bread-winner.

Er'nährung *f* (-) nourishing, feeding; food, nourishment, *med.* nutrition, alimentation; diet; maintenance, support.

Er'nährungs...: ~**amt** *n* Food Office; ~**güter** *n/pl.* foods, foodstuffs; ~**faktor** *m* nutritive factor; ~**krankheit** *f* nutritional disease; ~**kunde** *f* (-) dietetics *pl.*; ~**spezialist(in** *f*) *m* dietician, nutritionist; ~**therapie** *f* trophotherapy; ~**weise** *f* nutrition, feeding habit; *verordnete* ~ diet, regime; ~**wirtschaft** *f* food and fodder production and trade; ~**wissenschaft** *f* dietetics *pl.*; ~**zustand** *m* nutritional condition.

Ernannte(r *m*) [ɛr'nantə(r)] *f* (-n, -n; -en, -en) nominee.

er'nenn|en *v/t.* (irr., h.) nominate, appoint, constitute; *er wurde zum Vorsitzenden ernannt* he was appointed chairman; ♀ung *f* appointment, nomination, designation; *s-e* ~ *zum Konsul* his appointment to be (*or* to the post of) consul; ♀**ungsurkunde** *f* letter of appointment, commission.

erneuern [ɛr'nɔyərn] *v/t.* (h.) renew, renovate; *tech.* recondition; renew, prolong (*contract, etc.*); refresh (*colours*); restore (*painting*); replace; *mot.* change (*oil*); retread (*tyre*); renew, repeat; (*a. sich*) revive; reinstate (*patent*).

Er'neuerung *f* (-; -en) renewal, renovation; reconditioning; restoration; replacement; revival; reinstatement; reiteration; ~**sfonds** *econ. m* depreciation reserve; ~**srate** *econ. f* renewal rate; ~**sschein** *econ. m* talon.

erneut [ɛr'nɔyt] **I.** *adj.* renewed, repeated, fresh; *jur.* ~**e** *Verhandlung* rehearing; **II.** *adv.* anew, again.

erniedrig|en [ɛr'ni:drigən] *v/t.* (h.) degrade; humble, humiliate; *mus.* flat; *econ.* reduce, lower (*prices*); *sich* ~ degrade (*or* demean) o.s.; humble o.s.; *zu et.*: stoop to doing a th.; ~**end** *adj.* abasing, humiliating, degrading; ♀ung (-; -en) *f* degradation; abasement; humiliation; *mus.* flattening; *econ.* reduction.

Ernst [ɛrnst] *m* (-es) seriousness, earnest; earnestness; seriousness, gravity; severity, sternness; gravity, solemnity; *allen* ~**es** quite seriously, in all seriousness; ~ *machen mit* put *a. th.* into practice, go ahead with *a th.*, set about doing *a th.*; *et. im* ~ *meinen* be in earnest, be serious, mean it; *es ist mein voller* ~ I am in good earnest, I am perfectly in earnest; *ist das Ihr* ~? do you really mean it; *wollen Sie im* ~ *behaupten*? you don't mean to say?

ernst *adj.* serious, earnest; grave, critical; solemn, grave; severe, stern; grave, weighty; gloomy; *ein* ~**er** *Rivale* a serious rival; *et.* ~

meinen be serious (*or* in earnest) about a th., mean it; *et.* ~ *nehmen* take a th. seriously; *ich nehme die Sache* ~ I regard the matter as serious.

'Ernst...: ~**fall** *m* emergency; *im* ~ in case of emergency; if things come to a head; if need be; *mil.* in case of (actual) war; ♀**gemeint** ['-gəmaint] *adj.* serious, meant in earnest; ♀**haft** *adj.* serious, earnest, grave; ♀**lich** *adj.* (*and adv.*) earnest(ly), serious(ly); ~ *besorgt* very anxious, alarmed; ~ *krank* seriously ill.

Ernte ['ɛrntə] *f* (-; -n) harvest (*a. fig.*); crop, produce; ~ *auf dem Halm* standing crop; ~**arbeit** *f* harvest work; ~**arbeiter(in** *f*) *m* reaper, harvester; ~**ausfall** *m* crop failure; ~**aussichten** *f/pl.* crop prospect; ~**dankfest** *n* harvest-festival, *Am.* Thanksgiving Day; ~**ertrag** *m* crop yield, produce; ~**jahr** *n* crop year; ~**maschine** *f* harvester; ~**monat** *m* harvest-month, August.

'ernten *v/t.* (h.) *and v/i.* (h.) harvest, gather (in), reap; *fig.* reap, earn.

'Ernte...: ~**schäden** ['-ʃɛːdən] *m/pl.* damages to the crop; ~**segen** *m* rich harvest; ~**wagen** *m* harvest-wag(g)on; ~**zeit** *f* harvest(-time).

ernüchter|n [ɛr'nyçtərn] *v/t.* (h.) sober; *fig. a.* disillusion, bring *a. p.* down to earth; *sich* ~ sober down, *fig. a.* come down to earth; ~**d** *wirken* have a sobering effect; ♀ung *f* (-; -en) sobering, disillusionment, disenchantment.

Erober|er [ɛr'?o:bərər] *m* (-s; -) conqueror; ♀**n** *v/t.* (h.) conquer (*a. fig.*); *mil.* capture, take; → *Sturm*; ~**ung** *f* (-; -en) conquest, capture (*both a. fig.*); *a. fig.* e-e ~ *machen* make a conquest; ~**ungskrieg** *m* war of conquest; ~**ungszug** *m* (warlike) expedition; invasion, inroad.

er'öff|nen *v/t.* (h.) open (*a. account, credit, hostilities, operations, session, etc.*); inaugurate; *das Feuer* ~ open fire; open, start, set up (*business*); institute (*bankruptcy proceedings*); probate (*a will*); *fig.* start, launch; open (up) *prospects*; *j-m et.* ~ disclose (*or* reveal, *formally*: notify) a th. to a p., inform a p. of a th.; *sich* ~ *opportunity*: offer (*or* present) itself; *sich j-m* ~ open o.s. to a p., take a p. into one's confidence; ♀**nung** *f* opening; inauguration; disclosure, information, notification.

Er'öffnungs...: ~**ansprache** *f* opening (*or* inaugural) address; ~**beschluß** *m jur.* order to proceed; ~**bilanz** *econ. f* opening balance-sheet; ~**feier** *f* opening ceremony; ~**kurs** *econ. m* opening price; ~**sitzung** *f* initial meeting, *parl.* opening session.

erogen [ero'ge:n] *physiol. adj.* erogenous.

erörter|n [ɛr'?œrtərn] *v/t.* (h.) discuss, debate, argue; discuss in detail, thrash out; ♀ung *f* (-; -en) discussion, debate, argument; *zur* ~ *stehen* be under discussion.

Ero|tik [e'ro:tik] *f* (-) eroticism; ♀**tisch** *adj.* erotic.

Erpel ['ɛrpəl] *m* (-s; -) drake.

erpicht [ɛr'piçt] *adj.*: ~ *auf* (*acc.*) intent (*or* bent, keen) on; mad for (*or* after); greedy for; *darauf* ~ *sein*, *zu inf.* be intent, *etc.*, on *ger.*; be anxious to *inf.*

er'press|en *v/t.* (h.) extort (*von* from); blackmail *a p.*; squeeze *money* (*von j-m* out of); ♀**er(in** *f*) *m* (-s, -; -, -nen) extortioner, blackmailer; ♀ung *f* (-; -en) extortion; blackmail; ♀**ungsversuch** *m* attempted extortion.

er'prob|en *v/t.* (h.) try, test, prove; put to the test; ~**t** *adj.* tried, tested; approved; experienced; reliable; ♀ung *f* (-; -en) trial, test, try-out; ♀**ungsflieger** *m* test pilot; ♀**ungsflug** *aer. m* proving flight.

erquick|en [ɛr'kvikən] *v/t.* (h.) refresh; (re)invigorate, brace; *s-e Augen* ~ *an* (*dat.*) feast one's eyes on; ~**end**, ~**lich** *adj.* refreshing; delightful, agreeable; ♀ung *f* (-; -en) refreshment; delight, treat.

er'raten *v/t.* (irr., h.) guess; divine; hit upon (*answer*).

erratisch [ɛ'ra:tiʃ] *geol. adj.* erratic.

er'rechnen *v/t.* (h.) reckon out, calculate, compute.

erreg|bar *adj.* excitable, irritable; nervous, high-strung; ♀**barkeit** *f* (-) excitability, irritability; ~**en** [ɛr-'re:gən] *v/t.* (h.): *j-n*: excite, agitate, upset *a p.*; irritate; infuriate, incense, madden; cause, give rise to, call forth; inspire (*fear, etc.*); (a)rouse, stir up (*passion, suspicion*); create (*a sensation, a scandal*); provoke (*anger*); *el.* excite, *Am.* energize; *sich* ~ be excited (*etc.*); get all worked up (*über* about); flare up, (fly into a) rage; ~**end** *adj.* exciting, thrilling, stirring; *med.* (*a.* ~**es** *Mittel*) excitant, stimulant; → *besorgnis*~, *etc.*; ♀**er** *m* (-s; -) cause; *el.* exciter; *med.* causative organism; virus; germ; ♀**erenergie** *el. f* field energy; ♀**erspannung** *el. f* exciting voltage; ♀**erstrom** *el. m* exciting current; ~**t** *adj.* excited; agitated, in a state; heated (*discussion, etc.*); stirring, turbulent (*times*); ♀ung *f* excitement, agitation; emotion; exasperation, rage, fury; *el., a. med. of nerve, a. sexual*: excitation; *freudige* ~ thrill (*or* ecstasy) of joy; *jur.* ~ *öffentlichen Ärgernisses* disorderly conduct.

erreichbar [ɛr'raiçbɑːr] *adj.* within reach *or* call, get-at-able; available; *fig.* attainable, achievable; *leicht* ~ within easy reach; *zu Fuß* (*mit dem Auto*) *leicht* ~ within easy walking (driving) distance.

er'reich|en *v/t.* (h.) reach; catch; *Am.* make (*a train*); arrive at, get to (*a place*); make (*the shore, etc.*); come up with, draw up to; *j-n telephonisch* ~ get a p. on the phone; *von der Bahn leicht zu* ~ within easy reach of the station; *fig.* achieve, attain, reach; obtain, secure, get; equal, match; come up to; *ein hohes Alter* ~ live to a great age; → *Ziel, Zweck*; *alles, was dabei erreicht wurde, war* the only result of it was; *ich erreichte, daß* I managed to *inf.*; I succeeded in *ger.*; *nichts wurde erreicht* it was all in vain, we didn't

get anywhere; ℒung *f* (-) reaching; attainment, achievement.
er'rett|en *v/t.* (*h.*) save, rescue (*von, aus* from); deliver (from); ℒer *m*, ℒerin *f* rescuer, savio(u)r (*a. eccl.*); ℒung *f* rescue, deliverance; *eccl.* salvation, redemption.
er'richt|en *v/t.* (*h.*) erect, build, raise; → *Lot*; *fig.* found, establish; open, set up (*business*); draw up, make (*last will*); ℒung *f* erection, building, construction; foundation, establishment.
er'ringen *v/t.* (*irr., h.*) obtain; achieve, gain (*fame, success*); win, carry off (*prize*); → *Sieg*; *er errang den zweiten Platz* he was second, *runner*: he came in (*or* ran) second.
erröten [εr'røːtən] *v/i.* (*sn*) blush, flush, colo(u)r (*vor dat.* with) (*über acc.* at); **Er'röten** *n* (-s) blush(ing); *j-n zum ~ bringen* put ə p. to the blush.
Errungenschaft [εr'ruŋənʃaft] *f* (-; -en) acquisition; *fig.* achievement; feat, triumph; **~sgemeinschaft** *jur. f* community of after--acquired property.
Ersatz [εr'zats] *m* (-es) compensation; indemnification; damages *pl.*, indemnity; reparation; restitution; alternative; replacement, substitute, ersatz (*für* for); *mil.* replacements, reinforcements *pl.*; → *Ersetzung*, **~mann**, **~mittel**, **~teil**; *als ~ für* (*acc.*) as (*or* by way of) compensation for; in exchange (*or* by way of compensation) for; in exchange (*or* return) for; *~ leisten für* (*acc.*) compensate (*or* make compensation, amends) for, make restitution of; **~anspruch** *m* claim for compensation; **~bataillon** *n* depot (*Am.* replacement training) battalion; **~batterie** *el. f* refill; **~brennstoff** *m* substitute fuel; **~dienst** *mil. m* → *Wehrersatzdienst*; **~einheit** *mil. f* replacement *or* reserve unit; **~erbe** *m* substitute heir; **~fahrer** *m* substitute driver; **~geld** *n* token money; **~handlung** *psych. f* redirection activity; **~heer** *n* reserve army; **~kaffee** *m* ersatz coffee; **~kasse** *f* (private) sickness insurance society; **~leder** *n* imitation leather; **~leistung** *f* compensation, indemnification, payment of damages; **~lieferung** *f* compensation delivery; **~mann** *m* substitute, *Am. a.* alternate; *sports*: emergency man, sub(stitute), spare; **~mine** *f* refill; **~mittel** *n* substitute, surrogate; ersatz; **~pflicht** *f* liability (to pay damages); ℒpflichtig *adj.* liable to compensation; **~rad** *mot. n* spare wheel; **~reifen** *m* spare tyre, *Am.* tire; **~reserve** *mil. f* supplementary reserve; **~spieler** *m thea.* understudy, *Am. a.* stand-in; *sports*: → *Ersatzmann*; **~strafe** *jur. f* alternative punishment; **~teil** *tech. m* replacement part; spare (part); **~liste** parts list; **~lager** spare parts store; **~wahl** *f* by-election; **~wesen** *mil. n* (-s) recruitment; ℒ-**weise** [-vaɪzə] *adv.* by (way of) substitution, *etc.*; alternatively; **~zahn** *m* permanent tooth.
er'saufen *colloq. v/i.* (*irr., sn*) be drowned; *thing*: be flooded.

ersäufen [εr'zɔyfən] *v/t.* (*h.*) drown (*a. colloq. fig. s-e Sorgen im Alkohol* one's sorrows in drink).
er'schaff|en *v/t.* (*irr., h.*) create; produce, make; ℒer(in *f*) *m* (-s, -; -, -nen) creator; *God: the* Creator; ℒung *f* creation.
er'schallen *v/i.* (*irr., sn*), (*a. ~ lassen*) (re)sound, ring; echo.
er'schauern *v/i.* (*sn*) thrill; tremble, shiver, shudder (*all: über acc.* at; *vor dat.* with).
er'scheinen *v/i.* (*irr., sn*) appear (*a. ghost: j-m* to a p.); come (along), turn up; put in a (personal) appearance; *vor Gericht ~* appear (*or* attend) in court; *nicht ~* fail to appear; *nicht erschienen sein* be absent; emerge (*aus* from); show o.s.; *book*: appear, come out, be published; *soeben erschienen* just published (*or* out); *~ lassen* publish, bring out; seem, appear, look; *es erscheint mir merkwürdig* it strikes me as (being) funny; *es erscheint ratsam* it appears advisable.
Er'scheinen *n* (-s) appearance; apparition (*of ghost*); publication (*of book*); *im ~ begriffen* forthcoming (*book*); *beim ~* when published.
Er'scheinung *f* (-; -en) appearance; phenomenon; spectacle; apparition; spectre, phantom; vision; indication, sign; symptom, manifestation; (outward) appearance; e-e *glänzende ~ sein* cut a fine figure; *in ~ treten* make one's appearance, *fig.* appear, emerge, show, enter the picture, come to the fore; be (*or* make itself) felt.
Er'scheinungs...: ~bild *biol. n* ph(a)enotype; **~fest** *eccl. n* Epiphany; **~form** *f* (outward) shape, manifestation, embodiment; *biol.* genotype; **~jahr** *n* year of publication; **~welt** *f* physical world.
Er'schienene(r *m*) [εr'ʃiːnənə(r)] *f* (-n, -n; -en, -en) *notary's office*: deponent, appearer.
er'schieß|en *v/t.* (*irr., h.*) shoot (dead); *~ lassen* have a p. shot; *sich ~* shoot o.s.; ℒung *f* (-; -en) shooting; (military) execution; ℒungskommando *n* firing squad.
erschlaff|en [εr'ʃlafən] **I.** *v/i.* (*sn*) *muscle*: go limp, relax; *person*: tire, be exhausted (*or* weary); *fig.* slacken, languish, flag; **II.** *v/t.* (*h.*) relax; fatigue, exhaust; enervate; ℒung *f* (-; -en) relaxation; enervation; prostration.
er'schlagen I. *v/t.* (*irr., h.*) slay, kill; *der Blitz hat ihn ~* he was killed by lightning; **II.** *colloq. adj.*: *wie ~ sein* a) be dum(b)founded, b) be dead tired, *sl.* be all in.
er'schleich|en *v/t.* (*irr., h.*) obtain surreptitiously (*or* by fraud, by false pretences); *sich j-s Gunst ~* creep into a p.'s favo(u)r; ℒung *jur. f* (-) obtaining by false pretences.
er'schließ|en *v/t.* (*irr., h.*) open, make accessible; open up, throw open (*markets*); develop, tap, exploit (*resources*); develop (*building area*); infer (*aus* from); derive *word* (from); disclose, reveal, unfold; *sich ~* open (*j-m* to a p.); ℒung *f* opening (up), development.
er'schmeicheln *v/t.* (*h.*): *et. von*

j-m ~ coax a th. out of a p.; *sich j-s Gunst ~* wheedle o.s. into a p.'s favo(u)r.
er'schöpf|en *v/t.* (*h.*) exhaust, wear out, take it out of *a p.*; drain, deplete, exhaust (*supplies, etc.*); exhaust (*a subject*), treat exhaustively; *sich ~* exhaust o.s., wear o.s. out; *writer*: write o.s. out, run dry; *matter*: be exhausted, peter out; **~end** *adj.* exhausting, punishing; exhaustive, full (*treatment, etc.*); **~t** *adj.* exhausted (*von* by), spent, done in; run-down (*battery*); ℒung *f* exhaustion, weariness, prostration; depletion, exhaustion (*of supplies*); *bis zur ~* to the point of exhaustion.
er'schrecken I. *v/t.* (*h.*) frighten, scare, terrify, dismay; startle, (give a) shock, alarm; *j-n zu Tode ~* frighten a p. out of his (her) wits, give a p. the shock of his (her) life; **II.** *v/i. and sich ~* (*irr., h.*) be frightened (*über acc.* at); be startled *or* alarmed (by); *sie erschrak beim kleinsten Geräusch* she started at the slightest noise; ℒ *n* shock, fright, alarm; **~d I.** *adj.* alarming, startling, terrible; **II.** *adv.*: *~ wenige, etc.* appallingly (*or* alarmingly) few, *etc.*
erschrocken¹ [εr'ʃrɔkən] *p.p. of* erschrecken.
er'schrocken² *adj.* frightened, scared, terrified; startled.
erschütter|n [εr'ʃytərn] *v/t.* (*h.*) shake, rock, stagger; *fig.* shake (*decision, health, trust, etc.*); shock, upset; move (*a p. or a p.'s heart*), affect *a p.* deeply; *das konnte ihn nicht ~* it left him cold; **~nd** *adj.* shocking, pitiable, distressing; moving, (heart-)stirring, heart--wrenching; ℒung *f* (-; -en) concussion, shock, jolt; *tech. a.* vibration; *fig.* shock, jolt; blow; emotion; **~ungsfrei** *tech. adj.* free from vibrations, smooth.
erschwer|en [εr'ʃveːrən] *v/t.* (*h.*) render (more) difficult, complicate; impede, obstruct; aggravate; **~end** *adj.* complicating; *esp. jur.* aggravating; ℒung *f* (-; -en) impediment (*gen.* to); complication, handicap; aggravation.
er'schwindeln *v/t.* (*h.*) obtain by trickery (*or* fraud); *von j-m ~* swindle (*or* cheat) out of a p.
er'schwing|en *v/t.* (*irr., h.*) afford; *ich kann es nicht ~* I cannot afford it; **~lich** *adj.* within a p.'s means (*or* reach); *zu ~en Preisen* at reasonable (*or* agreeable) prices.
er'sehen *v/t.* (*irr., h.*) see (*aus* by, from); note, observe; learn *or* understand (from); gather (from); *daraus ist zu ~, daß* hence it appears that, this shows that.
er'sehnen *v/t.* (*h.*) long (*or* yearn, crave) for, hanker after.
ersetz|bar [εr'zɛtsbaːr] *adj.* replaceable (*a. tech.*); reparable; *loss*: *a.* recoverable, retrievable; **~en** *v/t.* (*h.*) *et.*: replace a th., substitute *a th.* for a th.; take the place of, supersede; *j-n: a.* replace a p.; fill a p.'s place; **repair**; indemnify, compensate (for), make good; reimburse, refund (*expenses*); *j-m et. ~* indemnify (*or* reimburse) a p.

for a th.; *den Schaden ersetzt be-kommen* recover damages; *sie ersetzte ihm die Eltern* she was father and mother to him; *er ersetzte mangelndes Talent durch Fleiß* he compensated (*or* made up for) a lacking talent by his industry; *er kann ihn nicht* ~ he can't fill his shoes; 2ung *f* (-; -en) replacement; substitution; supersession; compensation, indemnification.

er'sichtlich *adj.* clear, obvious, evident; *ohne* ~*en Grund* for no obvious reason; *daraus wird* ~ hence it appears, this shows.

er'sinnen *v/t.* (irr., h.) devise, contrive, think out (*Am.* up); invent.

er'sitz|en *jur. v/t.* (irr., h.) acquire by prescription, usucapt; 2ung *f* positive prescription; 2ungsfrist *f* prescriptive period.

er'spähen *v/t.* (h.) espy, catch sight of, spot.

er'spar|en *v/t.* (h.) save, put by (*money*); *j-m Kosten, Zeit, etc.* ~ save a p. money, time, *etc.*; *j-m e-e Demütigung, etc.* ~ spare a p. a humiliation, *etc.*; *erspare dir deine Bemerkungen* keep your remarks to yourself; *mir bleibt nichts erspart* I am spared nothing; 2nis *f* (-; -se) saving (*an dat.* in, of).

ersprießlich [ɛr'ʃpriːsliç] *adj.* useful; profitable, worthwhile; fruitful; beneficial, advantageous (*für* to); 2keit *f* (-; -en) usefulness; profitableness; beneficialness; positive results *pl.*

erst [eːrst] I. *adv.* first; at first, at the outset, originally; first, before, previously; only, just, but; only, not before, not till *or* until; as late as; (*eben*) ~ just; ~ *als* only when; ~ *dann* only (*or* not till) then; ~ *gestern* only (*or* but) yesterday; ~ *jetzt* only (*or* not until) now; ~ *nach der Vorstellung* not until after the performance; ~ *sagtest du, du würdest es tun* first you said you would (do so); ~ *recht* more than ever, all the more (so); *jetzt* ~ *recht!* now with a vengeance!; *jetzt* ~ *recht nicht* now less than ever; *das macht es* ~ *recht schlimm* that makes it even (*or* all the) worse; *wäre er* ~ *hier!* if only he were here!; II. *adj.* → erste.

erstark|en [ɛr'ʃtarkən] *v/i.* (sn) grow strong(er), gather (*or* gain) strength, strengthen; 2ung *f* (-) strengthening.

er'starr|en *v/i.* (sn) grow stiff, stiffen; *limbs:* become numb (*or* torpid); *with cold:* be chilled; *chem., etc.:* solidify; *fat:* congeal; *cement:* set; *blood:* coagulate; freeze; *fig. vor Schreck* ~ be paralysed with fear, freeze with horror; *j-s Blut* ~ *lassen* make a p.'s blood curdle; *sein Gesicht erstarrte* his face froze; ~t *adj.* stiff; numb, torpid; *fig.* paralysed; 2ung *f* (-; -en) stiffness; numbness, torpor, torpidity (*all a. fig.*); *chem.* solidification; *blood:* coagulation; *fat:* congelation; *cement:* setting; 2ungs-punkt *phys. m* solidification point; *of blood:* coagulation point.

erstatt|en [ɛr'ʃtatən] *v/t.* (h.) restore, return; repay, refund; *An-*zeige ~ **a)** give notification (*über acc.* of), report, **b)** *jur.* inform (*gegen* against *a p.*), report *a p.* (to the police); → *Bericht*; ersetzen; 2ung *f* (-; -en) restitution, return; compensation; reimbursement, refund; sending in (*or* delivery) of a report; ~ungspflichtig *adj.* liable to make restitution; reimbursable (*cost*).

Erstaufführung ['eːrst-] *f thea.* first (*or* opening) night, première; *film:* a. first run.

er'staunen I. *v/i.* (sn) be astonished *or* amazed (*über acc.* at); be surprised (at); II. *v/t.* (h.) → *in* 2 *setzen*; Er'staunen *n* astonishment, amazement, surprise; stupefaction; *in* ~ *geraten* → erstaunen I.; *in* ~ *setzen* astonish, surprise (*durch* by), astound, amaze, fill with amazement; (*sehr*) *zu m-m* ~ to my (great) astonishment, (much) to my surprise.

er'staun|lich *adj.* astonishing, amazing, surprising; remarkable; stupendous; 2es amazing thing(s); ~t *adj.* astonished, amazed, surprised (*über acc.* at).

Erst... ['eːrst-]: ~ausfertigung *f* original (copy); ~ausführung *tech. f* prototype; ~ausgabe *f*, ~druck *m* (-[e]s, -e) first edition; ~ausstattung *f* initial issue; 2beste *adj.* → erste beste; ~besteigung *f* first ascent.

erste ['eːrstə] *adj.* first; *Karl der* 2 (*Karl I.*) Charles the First (Charles I); *der* 2 *des Monats* the first day of the month; *fig.* first, foremost, prime, leading; ~ *Güte* prime quality; → *Hand, Hilfe*; *der* (*die*) ~ *beste* the first comer; *das* ~ *beste* anything, the first *or* next (thing); *er war der* ~, *der* he was the first to *inf.*; *ped. der* (*die*) 2 the top boy (girl); *in* ~*r Linie, an* ~*r Stelle* in the first place, first of all, primarily; *fürs* ~ for the present (*or* moment), for the time being; → *Mal*; *zum* ~*n, zweiten, zum dritten!* going, going, gone!; *der* ~*re, der letztere* the former, the latter.

er'stechen *v/t.* irr., h.) stab.

er'steh|en I. *v/t.* (irr., h.) buy, purchase, get; II. *v/i.* (irr., sn) arise, rise, come into being; 2er(in *f*) *m* (-s, -; -, -nen) successful purchaser (*or* bidder); 2ung *f* (-; -en) purchase.

ersteig|bar [ɛr'ʃtaɪkbaːr] *adj.* climbable; ~en [-gən] *v/t.* (irr., h.) ascend, mount; climb, scale; *fig. den Gipfel des Ruhms, etc.* ~ rise to the zenith of fame, *etc.*; 2ung *f* ascent, climbing.

Ersteinlage ['eːrst-] *econ. f* original investment.

er'stellen *v/t.* (h.) provide, make available, supply; erect, construct, build.

erstenmal ['eːrstən-] *adv.*: *zum* ~ for the first time.

erstens ['eːrstəns] *adv.* first(ly), in the first place; to begin with, for one thing.

'erster → erste.

er'sterben *v/i.* (irr., sn) die (away), expire; *fig. sound, etc.*: die, fade (away).

erst... ['eːrst-]: ~geboren *adj.* first--born, eldest; 2geburt *f* first-born child; → 2geburtsrecht *n* birthright, (right of) primogeniture; ~genannt *adj.* first-named, aforesaid; former.

er'stick|en I. *v/t.* (h.) suffocate, choke (*a. fig.*); stifle, smother (*a. fig.*); *med., mil.* asphyxiate; → *Keim*; II. *v/i.* (sn) suffocate, choke (*a. fig. vor dat.* with), be choked; *fig. in Arbeit* ~ be snowed under with work; *mit erstickter Stimme* in a choked voice; *zum* 2 (*heiß*) suffocating, stifling (*ly* hot); ~end *adj.* suffocating, stifling (*a. fig.*); asphyxiating; 2ung *f* (-; -en) suffocation; asphyxiation; 2ungs-anfall *m* fit of choking; 2ungstod *m* death from suffocation; asphyxia.

erst... ['eːrst-]: ~instanzlich *jur. adj.* of the trial court, (*a. adv.*) at first instance; ~e *Gerichtsbarkeit* original jurisdiction; ~klassig *adj.* first-class, first-rate; *pred.* of the first order; *econ. a.* prime, top--quality, high-grade; gilt-edged (*securities*); *colloq.* A-1, *esp. Am.* dandy, great.

erstlich *adv.* → erstens.

Erstling ['eːrstlɪŋ] *m* (-s; -e) first--born (child); *zo.* firstling; *fig.* first production, first fruits *pl.*; ~s-arbeit *f* first work; ~s-ausstattung *f* layette; ~sfrüchte ['-fryçtə] *f/pl.* first fruit (of the season); ~sgefieder *n* nestling plumage; ~sversuch *m* first attempt; → *Jungfern...*

'erst...: ~malig ['-maːliç] I. *adj.* first; II. *adv. a.* ~mals for the first time.

'Erst...: ~meldung *f* exclusive news (*or* story), scoop; ~montage *f* green assembly; 2rangig ['-raŋiç] *adj.* of the first order; → erst-klassig.

er'streben *v/t.* (h.) strive after (*or* for), aspire to; desire, covet; ~swert *adj.* desirable, worth the effort.

er'strecken: *sich* ~ (h.) extend, stretch, reach, range (*bis zu* to; *über acc.* over); *fig. a. sich* ~ *auf* (*acc.*) refer to, concern, be concerned with; *sich* ~ *über* (*acc.*) cover.

er'stürm|en *v/t.* (h.) take by storm *or* assault, storm; 2ung *f* (-; -en) taking (by assault), storming.

er'suchen I. *v/t.* (h.): *j-n um et.* ~ request (*or* call upon) a p. to do a th.; entreat, beseech, request urgently; II. *v/i.* (h.): *um et.* ~ request a th.; petition for a th.

Er'suchen *n* (-s) request; petition; *auf sein* ~ *hin* at his request; *auf sein dringendes* ~ at his insistence.

er'tappen *v/t.* (h.) catch, surprise (*bei et.* at); *beim Stehlen* ~ catch stealing; → *Tat*; *fig. sich bei et.* ~ catch o.s. doing a th.

er'teil|en *v/t.* (h.) give (*a. advice, information, lessons*); confer *or* bestow (*dat.* on); place *orders* (*dat.* with), give; grant (*patent*); administer (*punishment, etc.*) (*dat.* to); → *Vollmacht, Wort, etc.*; 2ung *f* giving, grant(ing), conferring; placing.

er'tönen *v/i.* (sn) (re)sound, ring (out); ~ *lassen* sound; raise (*one's voice*); ~ *von* (*dat.*) resound with, echo with.

er'töten *v/t.* (*h.*) deaden, stifle.

Ertrag [ɛr'trɑ:k] *m* (-[e]s; ⁀e) yield, produce; *mining*: output; proceeds, returns, profits *pl.*; **⁀en** [-gən] *v/t.* (*irr., h.*) bear, endure; suffer, support, stand; tolerate, suffer, put up with; **⁀fähig** *adj.* productive, yielding a return; **~fähigkeit** *f* (-) productiveness.

erträglich [ɛr'trɛ:kliç] *adj.* bearable, endurable; passable, tolerable (*adv.* tolerably well); **⁀keit** *f* (-) bearableness.

ertraglos *adj.* unproductive, unprofitable.

Er'trägnis *n* (-ses; -se) → Ertrag.

Er'trag...: **⁀reich** *adj.* productive, rich (in yield); profitable, paying (*transaction, etc.*); **~sfähigkeit** *f* (-) productive capacity, earning power; **~srechnung** *f* profit and loss account, income account; **~ssteuer** *f* profits tax.

er'tränken *v/t.* (*h.*) drown.

er'träum|en *v/t.* (*h.*) dream of, imagine, vision; **~t** *adj.* imaginary, visionary.

er'trinken *v/i.* (*irr., sn*) be drowned, drown; *ertrunken* drowned; *ein Ertrinkender* a drowning man.

Er'trinken *n* drowning.

er'trotzen *v/t.* (*h.*) extort *or* wring (*et. von j-m* a th. from a p.), force a th. (out of a p.).

ertüchtig|en [ɛr'tyçtigən] *v/t.* (*h.*) make fit, train; strengthen, harden, steel; **⁀ung** *f* (-) training, strengthening, hardening; *körperliche* ~ physical training.

erübrigen [ɛr'⁀y:brigən] *v/t.* (*h.*) save (*money*); spare (*time*); *sich* ~ be unnecessary (*or* useless); be superfluous; *es dürfte sich* ~ it will hardly be necessary; *es erübrigt sich jedes Wort* there is nothing more to be said.

eruieren [eru'i:rən] *v̇/t.* (*h.*) find out, elicit.

Eruption [eruptsi'o:n] *f* (-; -en) eruption.

Eruptivgestein [erup'ti:f-] *n* volcanic rock.

er'wachen *v/i.* (*sn*) awake(n), wake (up); start up; ~ *an* (*dat.*) be roused by; *fig. feelings*: wake, be roused; *day:* dawn; *zu neuem Leben* ~ awaken to new life.

Er'wachen *n* (-s) (a)wakening.

er'wachsen I. *v/i.* (*irr., sn*) arise, develop, spring (*aus* from); (*dis-*) *advantage, expense, etc.*: accrue (*dat. to, aus* from); *daraus können uns große Schwierigkeiten* ~ this may cause us great difficulties; **II.** *adj.* grown-up, adult (*both a.* **⁀e[r** *m*] *f,* -n, -n; -en, -en); full-grown; of age; **⁀enbildung** *f* (-) adult education; **⁀heit** *f* (-) maturity; adulthood.

er'wäg|en *v/t.* (*irr., h.*) weigh; consider, deliberate; examine; take into account; ~ *et. zu tun* consider (*or* contemplate) doing a th.; **⁀ung** *f* (-; -en) consideration; reflection; deliberation; *in* ~ *ziehen* take into consideration; *in der* ~, *daß* considering that.

er'wählen *v/t.* (*h.*) choose, select, pick; elect, vote for.

er'wähn|en *v/t.* (*h.*) mention, refer to, make mention of (*or* reference to); **~enswert** *adj.* worth mentioning, worthy of note; **⁀ung** *f* (-; -en) mention (*gen.* of), reference (to).

er'wärm|en *v/t.* (*h.*) warm, heat; *sich* ~ (grow) warm; *fig. sich* ~ warm up; *für:* warm (up) to, take a lively interest in (*a p. or th.*); **⁀ung** *f* (-; -en) warming.

er'warten *v/t.* (*h.*) expect (*von* of, from); look forward to; wait for, await; anticipate; *et. kaum* ~ *können* be eagerly looking forward to a th.; → *Kind; es ist zu* ~ it is expected; *wie zu* ~ *as wəs to be expected; wenn er wüßte, was ihn erwartet* if he knew what is in store for him; *das war mehr, als er erwartet hatte* that was more than he had bargained for; *von ihm kann man noch allerhand* ~ he is a man to watch; *über (wider)* ⁀ beyond (contrary to) expectation.

Er'wartung *f* expectation; hope, anticipation; expectancy; *in* ~ (*gen.*) in anticipation of, looking forward to, awaiting (*your reply*); *den* ~*en entsprechen* come up to a p.'s expectations; **⁀svoll** *adj. and adv.* full of expectation, expectant(ly).

er'weck|en *v/t.* (*h.*) wake, rouse (*a p.*); resuscitate, recall to life, raise (from the dead); *fig.* awaken; rouse, stir up (*feelings*); raise (*hope, memory*); arouse, excite (*interest*); inspire (*fear*); *bei j-m den Glauben* ~, *daß* make a p. believe that; → *Anschein, Eindruck, etc.*; **⁀ung** *f* (-; -en) resuscitation, revival; *fig.* awakening, arousing, raising.

er'wehren: *sich* ~ (*h., gen.*) keep (*or* ward, fend) off; resist; *sich der Tränen* ~ restrain (*or* keep back) one's tears; *ich konnte mich des Lachens nicht* ~ I could not help laughing; *man konnte sich des Eindrucks nicht* ~ you could not help feeling.

er'weich|en *v/t.* (*h.*) soften; *fig. j-n:* a. mollify; move, touch; *sich* ~ *lassen* relent, yield, give in; **~end** *adj.* softening; *med.* (*a.* ~*es Mittel*) emollient; **⁀ung** *f* (-; -en) softening; *fig. a.* mollification.

er'weis|en *v/t.* (*irr., h.*) prove, show; render (*dat. to a p.*); → *Achtung, Dienst, Ehre, Gefallen[1], Gunst; sich* ~ show o.s.; become apparent (*or* clear); *sich* ~ *als* prove (o.s. to be), turn out to be; *dieses Mittel hat sich als unwirksam erwiesen a.* this drug has been found to be ineffective; **~lich I.** *adj.* provable, demonstrable; **II.** *adv.* provably, as can be proved.

erweiter|n [ɛr'vaitərn] *v/t. and sich* ~ (*h.*) widen, enlarge, expand, extend (*all a. fig.*); *med.* dilate; *gr. erweiterter Satz* compound sentence; *erweiterter Sinn* extended sense; *erweiterte Vollmachten* extended powers; **⁀ung** *f* (-; -en) widening, expansion, enlargement, *a gr., a. of factory:* extension; *med.* dila(ta)tion; **⁀ungsbau** *m* (-[e]s; -ten) annex(e), extension, addition.

Erwerb [ɛr'vɛrp] *m* (-[e]s; -e) acquisition; purchase; earnings *pl.*; living; **⁀en** [-bən] *v/t.* (*irr., h.*) ac-

quire; purchase; earn; (*sich*) ~ gain (*riches*); make (*a fortune*); *econ.* secure (*interests*); *sich sein Brot* ~ earn one's living; *fig.* acquire (*knowledge, rights, etc.*); earn, gain, win (*a p.'s respect, etc.*); → *Verdienst* 2; **~er(in** *f*) *m* (-s, -; -, -nen) acquirer, purchaser; transferee, assign.

erwerbs... [ɛr'vɛrps-]: **~behindert** *adj.* disabled (for work); **⁀betrieb** *m* business undertaking; **~fähig** *adj.* capable of gainful employment; **⁀gesellschaft** *f* trading company, *Am.* corporation; **⁀leben** *n* (-s) gainful activity; labo(u)r market; **~los** *adj. etc.* → *arbeitslos etc.*; **⁀-minderung** *f* reduction in earning capacity; **⁀mittel** *n* means of living; **⁀quelle** *f* source of income; **⁀sinn** *m* (-[e]s) business sense; acquisitiveness; **⁀steuer** *f* profit and income tax; **~tätig** *adj.* working (for a living), gainfully employed; **⁀-tätige(r** *m*) *f* (-n, -n; -en, -en) gainfully employed person; **⁀tätigkeit** *f* gainful employment; occupational activities *pl.*; **⁀trieb** *m* (-[e]s) → *Erwerbssinn*; **~unfähig** *adj.* incapable of earning one's living, disabled; **⁀unfähigkeit** *f* (-) incapacity of earning one's living, disability; **⁀urkunde** *jur. f* title-deed; **⁀zweig** *m* branch of industry (*or* trade); line (of business), trade.

Er'werbung *f* acquisition.

erwider|n [ɛr'vi:dərn] *v/t.* (*h.*) return, reciprocate; requite, retort; (*a. v/i.* [*h.*]) reply, answer (*auf acc.* to), *jur.* rejoin; retort; *auf m-e Frage erwiderte er* in reply to my question he said; **⁀ung** *f* (-; -en) return, reciprocation; retaliation; reply, (*a. jur.*) answer; retort, repartee.

erwiesen [ɛr'vi:zən] → *erweisen*; **~ermaßen** [-'mɑ:sən] *adv.* provedly, as has been proved (*or* shown).

er'wirken *v/t.* (*h.*) obtain, procure, effect, bring about.

er'wischen *v/t.* (*h.*) catch; get (hold of); → *ertappen*; *sich* ~ *lassen* get caught; *colloq. ihn hat's erwischt* he has got it.

erwünscht [ɛr'vynʃt] *adj.* desired, wished-for; desirable; *das ist mir sehr* ~ that suits me well.

er'würgen *v/t.* (*h.*) strangle, throttle; choke (the life out of).

Er'würgen *n* (-s) strangling, strangulation.

Erz [e:rts] *n* (-es; -e) ore; metal; brass; bronze; **'~ader** *f* mineral (*or* ore) vein, lode.

erzähl|en [ɛr'tse:lən] *v/t.* (*h.*) tell; relate, report, give an account of; narrate; *man hat mir erzählt* I have been told; *man erzählt sich* people (*or* they) say; *man erzählte von ihr* it was told of her (that), she was said (to be *or* to have); *wem* ~ *Sie das!* you are telling me!; **⁀er(in** *f*) *m* (-s, -; -, -nen) narrator, relator; story-teller; writer (of tales), author (of fiction); **⁀ung** *f* narration; report, account; tale, story, narrative; **⁀ungskunst** *f* narrative power, story-telling genius.

Erz... ['e:rts-]: **~aufbereitung** *f* ore dressing; **~bergwerk** *n* ore mine.

'**Erz|bischof** *m* archbishop; ℚ-**bischöflich** *adj.* archiepiscopal; ⏷**bistum** *n* archbishopric.

'**Erz...**: ⏷**bösewicht**, ⏷**bube** *m* arrant rogue; ℚ**dumm** *adj.* infernally stupid; ⏷**engel** *m* archangel.

er'zeug|en *v/t.* (h.) beget (*children*); produce; *agr. a.*: grow; manufacture, make; *chem., phys.* generate; form; breed (*fever*); *fig.* cause, give rise to, bring about; engender, produce (*feeling, state*); ℚ**er** *m* (-s; -) begetter, progenitor, father; producer, manufacturer, maker; *el.* generator; ℚ**erin** *f* (-; -nen) mother; *econ.* (*firm*) manufacturers, makers *pl.*; ℚ**erland** *n* country of origin; ℚ**erpreis** *m* producer's price; ℚ**nis** *n* (-ses; -se) product; *agr. usu.* ⏷**se** *pl.* produce; *chem., econ.* product; *econ. a.* make, article; *eigenes* ⏷ my, *etc.*, own make; *Deutsches* ⏷ Made in Germany; production (*of intellect, of art*), *iro.* brain-child; product (*of imagination*).

Er'zeugung *f* begetting, procreation; *chem., phys.* generation; *w.s.* production; manufacture, making; formation; *fig.* creation, generation, production; ⏷**skosten** *pl.* prime cost, cost of production; ⏷**skraft** *f* generative force.

Erz... ['e:rts-]: ⏷**feind** *m eccl.* arch-fiend; *a. w.s.* arch-enemy; ⏷**gang** *m* → *Erzader*; ⏷**gauner** *m* arrant swindler, rascal; ⏷**gießer** *m* brass-founder; ⏷**gieße'rei** *f* brass-foundry; ⏷**grube** *f* (ore) mine, pit; ℚ**haltig** *adj.* ore-bearing, metalliferous; ⏷**herzog(in** *f*) *m* archduke (*f* archduchess); ℚ**herzoglich** *adj.* archducal; ⏷**herzogtum** *n* archduchy; ⏷**hütte** *f* smelting works *pl.*

er'zieh|en *v/t.* (irr., h.) bring up, raise, rear; educate; ⏷ *zu et.* bring up to, train to; *wohlerzogen* well-bred, well-educated; *schlecht erzogen* ill-bred; ℚ**er** *m* educator, educationalist; teacher; (*private*) tutor; ℚ**erin** *f* (-; -nen) lady teacher; governess; ℚ**erisch** *adj.* educational, pedagogic(al).

Er'ziehung *f* bringing up, rearing; *a. w.s.* up-bringing, education, cultivation (of the mind); training; breeding; manners *pl.*; *von guter* ⏷ well-bred; *er hat e-e gute* ⏷ *genossen* he has had a good education; ⏷**s-anstalt** *f* educational establishment; → *Besserungsanstalt*; ⏷**sbei-hilfe** *f* education allowance; ⏷**s-fach** *n*, ⏷**skunde** *f* (-) pedagogics *pl.*, pedagogy; ⏷**smethode** *f* educational method; ⏷**swesen** *n* (-s) educational (al system *or* matters *pl.*).

er'zielen *v/t.* (h.) obtain, attain, get; achieve, score (*success*); realize, make, secure (*profit*); fetch (*prize*); score (*hit*); reach, come to, arrive at (*an understanding*); produce (*an effect*).

er'zittern *v/i.* (sn) tremble, shake, shiver (*vor dat.* with).

Erz... ['e:rts-]: ⏷**ketzer** *m* arch-heretic; ⏷**lager** *n* ore deposit; ⏷**lügner** *m* arch-liar; ⏷**metalle** *n/pl.* heavy metals; ⏷**narr** *m* arrant fool; ⏷**priester** *m* archpriest; ⏷**probe** *f* ore assay; ⏷**scheider** ['-ʃaɪdər] *m* (-s; -) ore separator; ⏷**schelm** *m*

arrant knave; ⏷**stahl** *m* ore (*or* mine) steel; ⏷**stift** *eccl.* *n* archbishopric.

er'zürnen *v/t.* (h.) anger, make angry, irritate, incense, enrage; *sich* ⏷ *über* (*acc.*) grow angry at, lose one's temper over; *sich* ⏷ *mit* (*dat.*) quarrel (*or* fall out) with.

Erz... ['e:rts-]: ⏷**vater** *m* patriarch; ⏷**verhüttung** *f* ore smelting.

er'zwingen *v/t.* (irr., h.) force; *esp. legally*: enforce; compel (*obedience*); *et. von j-m* force (*or* extort, wring) a th. from a p.; *e-e Entscheidung* ⏷ force an issue; *Liebe läßt sich nicht* ⏷ love cannot be commanded; *erzwungen* forced (*smile, etc.*).

es¹ [ɛs] *pers. pron.* **1.** *as subject*: it; ⏷ *ist auf dem Tisch* it (*the knife, etc.*) is on the table; *impers.* ⏷ *schneit* it is snowing; ⏷ *ist kalt* it is cold; ⏷ *friert mich* I am cold; ⏷ *tut mir leid* I am sorry; *who is the boy?* ⏷ *ist mein Bruder* he is my brother; *who are these girls?* ⏷ *sind m-e Schwestern* they are my sisters; *who has called?* ⏷ *war mein Freund* it was my friend; ⏷ *war einmal ein König* once (upon a time) there was a king; ⏷ *gibt zu viele Menschen* there are too many people; ⏷ *wird erzählt* they say, it is said; ⏷ *heißt in der Bibel* it says in the Bible; ⏷ *lebe der König!* long live the king!; **2.** *as object*: it; *ich nahm* ⏷ I took it; *ich halte* ⏷ *für unnütz* I think it useless; *da hast du* ⏷ there you are; *ich weiß* ⏷ I know; **3.** *to replace or supplement the predicate*: so; *er ist reich, ich bin* ⏷ *auch* he is rich, so am I; *ich hoffe* ⏷ I hope so; *er hat* ⏷ *mir gesagt* he told me so; *er sagte, ich sollte gehen, und ich tat* ⏷ he told me to go, and I did so; *ich bin's* it is I; *sie sind* ⏷ it is they; *are you ready?* — *ja, ich bin* ⏷ yes, I am; *are you ill?* — *nein, ich bin* ⏷ *nicht* no, I am not; *ich kann (darf, will)* ⏷ I can (may, will); *ich will* ⏷ *versuchen* I will try; *ich ziehe* ⏷ *vor zu gehen* I prefer to go; **4.** *as gen.*: *ich habe* ⏷ *satt (bin* ⏷ *müde)* I am tired of it.

es², Es *mus. n* (-; -) e, E flat.

Esche ['ɛʃə] *f* (-; -n) ash-tree; ℚ**n** *adj.* ash(en); ⏷**n-ahorn** *m* box elder; ⏷**nholz** *n* ash (wood).

'**Es-Dur** *n* (-) E-flat major.

Esel ['e:zəl] *m* (-s; -) ass, donkey; *männlicher* ⏷ he-ass, jackass; *colloq.* silly ass, jackass, fool; *alter* ⏷ old fool, silly ass; *wenn dem* ⏷ *zu wohl wird, geht er aufs Eis* pride will have a fall.

Eselei [e:zə'laɪ] *f* (-; -en) stupidity, stupid thing, folly.

'**eselhaft** *adj.* asinine, stupid.

'**Eselin** *f* (-; -nen) she-ass, jenny-(-ass).

'**Esels|brücke** *f* ped. crib, *Am.* pony; ⏷**ohr** *n* in book: dog's ear; *ein Buch mit* ⏷*en* a dog-eared book.

Eskadron [ɛska'dro:n] *mil. f* (-; -en) squadron.

Eskalation [ɛskalatsi'o:n] *mil. f* (-) escalation.

Eskapade [ɛska'pɑ:də] *f* (-; -n) [escapade.)

Eskimo ['ɛskimo] *m* (-[s]; -[s]) Eskimo.

Eskorte [ɛs'kɔrtə] *f* (-; -n) mil. escort; *mar.* convoy.

eskor'tieren *v/t.* (h.) escort; convoy.

es-Moll *mus. n* (-) e-flat minor.

esoterisch [ezo'te:riʃ] *adj.* esoteric (-ally *adv.*).

Espe ['ɛspə] *f* (-; -n) asp(en); ⏷**n-laub** *n* aspen leaves *pl.*; *wie* ⏷ *zittern* tremble like an aspen-leaf.

Eß|apfel ['ɛs-] *m* eating-apple, dessert apple; ℚ**bar** *adj.* eatable, edible; ⏷**er** *Pilz* (edible) mushroom; ⏷**e Sachen** eatables; ⏷**besteck** *n* → *Besteck*.

Esse ['ɛsə] *f* (-; -n) chimney, flue, funnel; forge.

essen ['ɛsən] *v/t. and v/i.* (irr., h.) eat; *mil.* mess; *zu Mittag* ⏷ lunch, dine (early), have dinner; → *Abend*; *auswärts* ⏷ eat (*or* dine) out; *gern* ⏷ like, be fond of; *leer* ⏷ empty, clean (one's plate); *sich satt* ⏷ eat one's fill; *tüchtig* ⏷ eat heartily; *zuviel* ⏷ overeat (F stuff) o.s.; *wann (wo)* ⏷ *Sie?* when (where) do you take (*or* have) your meals?; *haben Sie schon gegessen?* have you had your lunch, *etc.*, yet?; *man ißt dort ganz gut* the food isn't bad there.

'**Essen** *n* (-s) eating; food; meal, repast; lunch, dinner; supper; *mar., mil.* mess, chow; dinner, banquet; ⏷ *und Trinken* food and drink.

'**Essenszeit** *f* mealtime; lunch-hour; dinner-time.

Essenz [ɛ'sɛnts] *f* (-; -en) essence; *fig. a.* gist, pith.

'**Esser(in** *f*) *m* (-s, -; -, -nen): *starker (schwacher)* ⏷ great (poor) eater; *er ist ein guter* ⏷ he plays a good knife and fork.

'**Eß...**: ⏷**gefäß** *n Am.* dinner-pail; ⏷**geschirr** *n* dinner-service; *mil.* mess-tin, *Am.* mess kit; ⏷**gewohnheiten** *f/pl.* eating habits; ⏷**gier** *f* gluttony; ℚ**gierig** *adj.* greedy.

Essig ['ɛsiç] *m* (-s; -e) vinegar; *fig. damit ist es* ⏷ it's no go, it's out; ⏷**äther** *m* acetic ether, ethyl acetate; ⏷**bildung** *f* (-) acetification; ⏷**ester** *m* acetic ester; ⏷**gurke** *f* pickled cucumber, gherkin; ℚ**sauer** *chem. adj.* acetic; ⏷**es Ammonium** ammonium acetate; ⏷**e Tonerde** acetate of alumina; ⏷**säure** *f* acetic acid; ⏷ *und Ölständer m* cruet.

Eß... ['ɛs-]: ⏷**kastanie** *f* edible chestnut; ⏷**korb** *m* hamper; ⏷**löffel** *m* tablespoon; *zwei* ⏷ two tablespoonfuls; ⏷**lust** *f* (-) appetite; ⏷**marke** *f* mealticket; ⏷**nische** *f* dining alcove, *Am.* dinette; ⏷**saal** *m* dining-hall; ⏷**tisch** *m* dining-table; ⏷**waren** *f/pl.* eatables, victuals, provisions; foodstuff; ⏷**zimmer** *n* dining-room.

Est|e ['e:stə] *m* (-n; -n), ⏷**in** *f* (-; -nen), ℚ**nisch** *adj.* Est(h)onian.

Ester ['ɛstər] *chem.* (-s; -) ester.

Estland ['e:st-] *n* (-s) Est(h)onia.

Estrade [ɛs'trɑ:də] *f* (-; -n) estrade, dais, platform.

Estrich ['ɛstriç] *m* (-s; -e) stone floor; cement (*or* plaster *or* asphalt) floor(ing).

etablieren [eta'bli:rən] *v/t. and sich* ⏷ (h.) establish (o.s.), settle down (*als* as); *sich (geschäftlich)* ⏷ set up in (*or* start a) business.

Etablissement [-blisə'mã:] *n* (-s; -s) establishment.

Etage [e'taːʒə] f (-; -n) floor, stor(e)y; tech. deck, tier; → ~wohnung; ~nbett n bunk bed; ~nchef econ. m floor manager; 2nförmig [-fœrmiç] adj. storeyed, in tiers; ~nheizung f floor heating; ~nkessel tech. m multiple stage boiler; ~n-ofen m shelved kiln; ~nventil n step valve; ~nwohnung f flat, Am. apartment.

Etagere [eta'ʒeːrə] f (-; -n) bracket, shelf, whatnot.

Etappe [e'tapə] f (-; -n) mil. communications zone; base; fig. stage, leg; day's march; stop; ~nschwein n mil. colloq. base wallah; 2nweise [-vaɪzə] adv. by stages.

Etat [e'taː] m (-s; -s) balance-sheet; budget, parl. a. the Estimates pl.; supplies pl.; den ~ aufstellen make up the budget, draw up the estimates; nicht im ~ vorgesehen not budgeted for; ~ausgleich m budget balance; 2mäßig adj. budgetary; adm. permanent (post, etc.); ~mittel n/pl. voted funds; ~sjahr n fiscal (or financial) year; ~stärke mil. f authorized strength.

etepetete [eːtəpe'teːtə] colloq. adj. finicky, over-fastidious; over-nice.

Eth|ik ['eːtik] f (-; [-en]) ethics pl.; 2isch adj. ethical.

Ethno|graph [ɛtno'graːf] m (-en; -en) ethnographer; ~graphie [-gra-'fiː] f (-; -n) ethnography; 2graphisch adj. ethnographic(ally adv.); ~loge [-'loːgə] m (-n; -n) ethnologist; ~logie [-lo'giː] f (-; -n) ethnology.

Etikett [eti'kɛt] n (-[e]s; -e) label, ticket; tag; Am. a. sticker.

Etikette [-'kɛtə] f (-; -n) etiquette, ceremonial.

etiket'tier|en v/t. (h.) label; 2maschine f label(l)ing machine.

etliche ['ɛtliçə] indef. pron. pl. some, several; a few, sundry; ~s sg. various things pl., a thing or two.

Etüde [e'tyːdə] mus. f (-; -n) étude (Fr.), study.

Etui [e'tviː] n (-s; -s) case.

etwa ['ɛtva] adv. about, approximately, in the neigbo(u)rhood of; Am. a. around; or so, or thereabouts; perhaps, by (any) chance, possibly; for instance, for example; (let us) say; nicht ~, daß not as if, not that (it mattered); ist das ~ besser? is that any better?; denken Sie ~ nicht, daß! don't think for a moment that!; ~ig ['-vaʔiç] adj. possible, contingent; ~e Unkosten any expenses (that may be incurred).

etwas ['ɛtvas] I. indef. pron. something; anything; da liegt ~ there is something; ~ Merkwürdiges a strange thing; ~ anderes something (or anything) else; ~, was something that; ohne ~ zu sagen without saying anything; ich habe nie so ~ gehört I have never heard anything like it; aus ihm wird ~ he is getting on, he will go a long way; II. adj. some; any; hast du ~ Geld? have you some (or any) money?; ich möchte ~ Milch I want some milk; III. adv. somewhat; rather; a little, a bit; IV. 2 n (-; -): ein gewisses ~ a certain something; so ein kleines ~ such a little thing.

Etymo|loge [etymo'loːgə] m (-n; -n) etymologist; ~logie [-lo'giː] f (-; -n) etymology; 2'logisch adj. etymological.

euch [ɔʏç] pers. pron. (acc. and dat. of du) you, to you; refl.: yourselves, after prep.: you; setzt ~! sit down!; hinter ~ behind you.

euer ['ɔʏɐr] 1. pers. pron. of you; ich gedenke ~ I am thinking of you; 2. poss. pron. your; der (die, das) eu(e)re this book is yours.

Eugen|ik [ɔʏ'geːnik] f (-) eugenics sg.; 2isch adj. eugenic(ally adv.).

Eule ['ɔʏlə] f (-; -n) owl; fig. ~n nach Athen tragen carry coals to Newcastle; ~nspiegel m Owlglass; ~nspiege'lei f roguish trick.

Eunuch [ɔʏ'nuːx] m (-en; -en) eunuch.

Euphemis|mus [ɔʏfe'mismus] m (-; -men) euphemism; 2tisch adj. euphemistic(ally adv.).

Euphorie [ɔʏfo'riː] f (-) euphory. **euphorisch** [ɔʏ'foːriʃ] adj. euphoric.

Eurasien [ɔʏ'raːziən] n (-s) Eurasia. **Eu'rasier** m (-s; -), ~in f (-; -nen), **eu'rasisch** adj. Eurasian.

eure ['ɔʏrə] → euer.

eurerseits ['ɔʏrɐr'zaɪts] adv. on your part.

euresgleichen ['-'glaɪçən] pron. the likes of you.

euret|halben ['-rət'halbən], ~wegen, um ~willen adv. for your sake, on your account (or behalf).

'eurig poss. pron.: der (die, das) ~e yours; → euer.

Europa [ɔʏ'roːpa] n (-s) Europe.

Europä|er [ɔʏro'pɛːɐr] m (-s; -), ~erin f (-; -nen), 2isch adj. European.

europäi'sieren [-pɛi'ziːrən] v/t. (h.) Europeanize.

Eurythmie [ɔʏryt'miː] f (-) eurythmy.

Euter ['ɔʏtɐr] n (-s; -) udder.

Euthanasie [ɔʏtana'ziː] f (-) euthanasia, mercy killing.

evakuier|en [evaku'ʔiːrən] v/t. (h.) evacuate (a. med., phys.); 2te(r m) f (-n, -n; -en, -en) evacuee; 2ung f (-; -en) evacuation.

evangelisch [evaŋ'geːliʃ] adj. evangelic(al); Protestant; **Evange'list** [-ge'list] m (-en; -en) evangelist; (preacher) a. revivalist; **Evangelium** [-'geːlium] n (-s; -ien) gospel; Matthäus2 the Gospel according to St. Matthew.

Evastochter ['eːfaːs-] f daughter of Eve.

Eventualität [evɛntuali'tɛːt] f (-; -en) eventuality, contingency.

eventuell [-'ɛl] I. adj. possible; contingent; II. adv. possibly, perhaps; if necessary.

Evolution [evolutsi'oːn] f (-; -en) evolution; ~s-theorie f Theory of Evolution.

Ewer ['eːvɐr] mar. m (-s; -) lighter; ~führer m lighterman.

ewig ['eːviç] I. adj. eternal; everlasting, perpetual (happiness, peace, etc.); endless, unending, eternal, incessant; der ~e Jude the Wandering Jew; der 2e (God) the Eternal; das 2e the eternal; seit ~en Zeiten from times immemorial, colloq. for

ages; colloq. du mit deinem ~en Jammern you and your (eternal) lamentations; II. adv. eternally; constantly; auf ~ for ever; ~ lange an eternity, for ages; es ist ~ schade it's just too bad; 2keit f (-; -en) eternity; everlastingness, perpetuity; bis in alle ~ to all eternity, to the end of time; es ist e-e ~, seit it's ages since; ich wartete e-e ~ I waited for ages; ~lich ['eːviklic] adv. eternally; for ever.

ex [ɛks]: ~ (trinken)! bottoms up! **Ex...** [ɛks-] in compounds ex-..., former..., late..., one-time...

exakt [ɛ'ksakt] adj. exact, accurate; die ~en Wissenschaften the exact sciences; 2heit f (-; -en) exactitude; accuracy.

exaltiert [ɛksal'tiːrt] adj. over-excited, highly strung; exaggerated.

Examen [ɛ'ksaːmən] n (-s; -) examination; ins ~ gehen go in (or sit) for one's examination; → Prüfung; ~s-arbeit f examination-paper; thesis.

Examin|and [ɛksami'nant] m (-en; -en) examinee, candidate; ~ator [-'naːtɔr] m (-s; -t'oren) examiner; 2'ieren v/t. (h.) examine; test; fig. question, catechize, quiz.

Exegese [ɛkse'geːzə] f (-; -n) exegesis.

exekut|ieren [-ku'tiːrən] v/t. (h.) execute; 2ion [-tsi'oːn] f (-; -en) execution; ~iv [-'tiːf] adj.; 2ive [-'tiːvə] f (-) executive; 2ivgewalt f executive power; 2ivorgan n law-enforcement agency.

Exempel [ɛ'ksɛmpəl] n (-s; -) example, instance; math. sum, problem; ein ~ an j-m statuieren make an example of a p.

Exemplar [ɛksɛm'plaːr] n (-s; -e) specimen; copy (of book); number, issue; sample, pattern; colloq. er ist ein prächtiges ~ he is a fine specimen; 2isch I. adj. exemplary; II. adv.: j-n ~ bestrafen punish a p. severely, make an example of a p.

exerzier|en [ɛksɛr'tsiːrən] v/t. and v/i. (h.) drill (a. fig.); 2en n (-s) drill; 2munition f dummy (or drill) ammunition; 2patrone f blank (or dummy) cartridge; 2platz m drill-ground.

Exhibitionismus [ɛkshibitsio'nismus] m (-) exhibitionism.

exhumieren [ɛkshu'miːrən] v/t. (h.) exhume.

Exil [ɛ'ksiːl] n (-s; -e) exile, banishment; im ~ in exile; im ~ lebende Person exile; ins ~ gehen go into exile; ins ~ schicken (send into) exile; ~regierung f government-in-exile.

Existentialist [ɛksistentsia'list] m (-en; -en) existentialist.

Existentialphilosophie [-tsi'aː-l-] f existential philosophy, existentialism.

Existenz [ɛksis'tɛnts] f (-; -en) existence; living, (means of) livelihood; sichere ~ established position; verkrachte ~ (person) failure; dunkle ~ shady character; ~berechtigung f right to exist; raison d'être (Fr.); 2fähig adj. capable of existence; viable, econ. a. paying; ~grundlage f basis of subsistence;

~kampf *m* struggle for existence *or* life; **~minimum** *n* subsistence minimum, living wage; ~**mittel** *n* means of existence.

exi'stieren *v/i.* (*h.*) exist, be in existence; live, subsist (*von* on); *noch* ~ be extant, survive.

Exklave [εks'klɑ:və] *f* (-; -*n*) exclave.

exklusiv [εksklu'zi:f] *adj.* exclusive; ~**e** [-'zi:və] *adv.*: ~ *Mahlzeiten, etc.* exclusive of, excluding; **Exklusivität** [-zivi'tε:t] *f* (-) exclusiveness.

Exkommunikation [εkskɔmunikatsi'o:n] *f* (-; -*en*) excommunication; **exkommunizieren** [-ni'tsi:rən] *v/t.* (*h.*) excommunicate.

Exkremente [εkskre'mεntə] *n/pl.* excrements.

Exkret [εks'kre:t] *physiol. n* (-[*e*]*s*; -*e*) excretum (*pl.* excreta); **Exkretion** [εkskretsi'o:n] *f* (-; -*en*) excretion.

Exkurs [εks'kurs] *m* (-*es*; -*e*) digression, excursion (*in acc.* into); appendix.

Exkursion [-kurzi'o:n] *f* (-; -*en*) study trip, excursion.

Exlibris [-'li:bri:s] *n* (-; -) ex-libris, book-plate.

exmatrikulieren [εksmatriku'li:rən] *v/t.* (*h.*) *univ.* strike off the register.

'**Exmeister** *m* ex-champion.

exmittieren [-mi'ti:rən] *v/t.* (*h.*) evict, eject.

exogen [εksɔ'ge:n] *adj.* exogenous.

ex'otisch *adj.* exotic.

Ex'pander [εks'pandər] *m* (-*s*; -) *gym.* (chest-)expander.

Expansion [εkspanzi'o:n] *f* (-; -*en*) expansion.

Expansi'ons...: ~**hub** *mot. m* expansion stroke; ~**kraft** *phys. f* expansive force; ~**politik** *f* expansionism; ~**politiker** *m* expansionist; ~**ventil** *n* expansion valve.

Expedient [εkspedi'εnt] *econ. m* (-*en*; -*en*) forwarding agent (*or* clerk); **expe'dieren** *v/t.* (*h.*) dispatch, forward; **Expediti'on** [-ditsi'o:n] *f* (-; -*en*) dispatch, forwarding; forwarding department; (newspaper-)office; *mil. scient., etc.* ex-

pedition; ~**skorps** *n* expeditionary force.

Experiment [εksperi'mεnt] *n* (-[*e*]*s*; -*e*) experiment; **experimental** [-'tɑ:l] *adj.* experimental; **experimentell** [-'tεl] *adj.* experimental; **experimen'tieren** *v/i.* (*h.*) experiment, make experiments (*an dat.* on; *mit* with). [*pert.*]

Experte [εks'pεrtə] *m* (-*n*; -*n*) ex-

explodieren [εksplo'di:rən] *v/i.* (*sn*) explode, burst.

Explosion [εksplozi'o:n] *f* (-; -*en*) explosion; *zur* ~ *bringen* detonate.

Explosi'ons...: ~**druck** *m* explosion pressure, blast; ?**fähig** *adj.* explosive; ?**geschützt** *adj.* → explosionssicher; ~**gefahr** *f* danger of explosion; ~**motor** *m* internal combustion engine; ?**sicher** *adj.* explosion-proof; ~**takt** *mot. m* work (*or* explosion) stroke; ~**welle** *f* wave of explosion.

explosiv [-plo'zi:f] *adj.* explosive; ?**geschoß** *n* explosive missile; ?**stoff** *m* explosive (substance); *fig.* dynamite.

Exponent [εkspo'nεnt] *m* (-*en*; -*en*) *math.* (*a. fig.*) exponent; ?**ieren** *v/t.* (*h.*) explain, expound; (*a. phot.*) expose (*dat.* to); *sich* ~ expose o.s. (*dat.* to).

Export [εks'pɔrt] *m* (-[*e*]*s*; -*e*) export(ation); exports *pl.*; → *Ausfuhr*; ~**abteilung** *f* export department; ~**artikel** *m* export article *or* item, *pl. a.* exports; ~**ausführung** *f* export version.

Exporteur [-'tø:r] *m* (-*s*; -*e*) exporter.

Ex'port...: ~**geschäft** *n* export transaction; export trade; *a.* ~**haus** *n* export house (*or* firm).

expor'tieren *v/t.* (*h.*) export (*nach* to).

Ex'port...: ~**land** *n* exporting country; country of destination; ~**kaufmann** *m* export merchant, exporter; ~**leiter** *m* export manager; ~**quote** *f* export ratio; ~**verpackung** *f* export packing; ~**vergütung** *f* bounty; → *Ausfuhr*.

Exposé [εkspo'ze:] *n* (-*s*; -*s*) exposé (*Fr.*).

expreß [εks'prεs] *adv.* expressly; ~ *schicken* send express; ?**gut** *n* express goods *pl., Am.* fast freight.

Expressionis|mus [-prεsio'nismus] *m* (-; [-*men*]) expressionism; ~**t(in** *f) m* (-*en*, -*en*; -, -*nen*), ?**tisch** *adj.* expressionist.

ex tempore [-'tεmpore] *adv.* extempore, offhand; **extemporieren** [-'ri:rən] *v/t. and v/i.* (*h.*) extemporize, improvise, *Am. a.* adlib.

extensiv [εksten'zi:f] *adj.* extensive.

extern [εks'tεrn] *adj.* external; ?**e(r** *m) f* (-*n*, -*n*; -*en*, -*en*) day-pupil (*or* scholar).

exterritori'al *adj.* extraterritorial.

extra ['εkstra] **I.** *adj.* extra; **II.** *adv.* extra, specially; (*obendrein*) in addition, into the bargain; ~ *angefertigt* made-to-order; ?... *extra...*, special..., additional...; ?**blatt** *n* extra (editions); ?**dividende** *econ. f* superdividend, bonus; ~**fein** *adj.* extra-fine, superfine.

extrahieren [εkstra'hi:rən] *v/t.* (*h.*), **Extrakt** [εks'trakt] *m* (-*es*; -*e*) extract.

Extra-ordi'narius *univ. m* reader; *Am.* associate professor.

extravagant [-va'gant] *adj.* extravagant.

extravertiert [-vεr'ti:rt] *adj.* extrovert.

Extrawurst *colloq. f* something special.

extrem [εks'tre:m] *adj.* extreme; **Ex'trem** *n* (-*s*; -*e*) extreme; *von e-m* ~ *ins andere fallen* go from one extreme to the other.

Extremitäten [εkstremi'tε:tən] *f/pl.* extremities.

Exzellenz [εkstse'lεnts] *f* (-; -*en*) (*Ew.* ~ Your) Excellency.

Exzenter|presse [εks'tsεntə-] *tech. f* eccentric press; ~**scheibe** *f* eccentric disk.

exzentrisch [-'tsεntriʃ] *adj.* eccentric; **Exzentrizität** [-tsεntritsi'tε:t] *tech. f* (-; -*en*) eccentricity, out-of-balance.

Exzerpt [εks'tsεrpt] *n* (-[*e*]*s*; -*e*) excerpt, extract.

Exzeß [εks'tsεs] *m* (-*sses*; -*sse*) excess; violence, outrage, riot.

F

F, f [εf] *n* F, f; **F, f** *mus. n* F, *a.* fa.

Fabel ['fɑ:bəl] *f* (-; -*n*) fable; *of drama, etc.*: *a.* plot, story; *fig.* cock-and-bull story, tall tale, fable; ~**dichter** *m* fabulist.

Fabe'lei *f* (-; -*en*) fantastic story, yarn; imagination gone wild.

'**fabel...:** ~**haft I.** *adj.* fabulous, amazing; capital, excellent; marvellous, phenomenal, stunning; *ein* ~**er** *Kerl* an excellent fellow, *Am. colloq.* a great guy; **II.** *adv.* fabulously, *etc.*; ~**n** *v/i.* (*h.*) tell tales *or* stories (*von* about), spin a yarn; → *faseln*; ?**tier** *n* fabulous (*or* legendary, mythical) animal *or* beast; ?**welt** *f* fabulous (*or* mythical)

world; domain of legend; ?**wesen** *n* fabulous creature.

Fabrik [fa'brik] *f* (-; -*en*) (manu-)factory, mill; works (*pl., often sg.*); ~**anlage** *f* (manufacturing) plant, works *pl.*

Fabrikant [-bri'kant] *m* (-*en*; -*en*) factory (*or* mill-)owner; manufacturer, maker.

Fa'brik...: ~**arbeit** *f* (-) work in a factory, factory work; → *Fabrikware*; ~**arbeiter** *m* factory (*or* industrial) worker, mill-hand; workman, operative; ~**arbeiterin** *f* factory girl, female operative.

Fabri'kat [-'kɑ:t] *n* (-[*e*]*s*; -*e*) manufacture(d article), product,

make, brand; fabric(s *pl.*); *eigenes* ~ my, *etc.*, own make.

Fabrikation [-katsi'o:n] *f* (-; -*en*) manufacture, production, making, fabrication; output; *in (die)* ~ *geben* put into production.

Fabrikati'ons...: ~**fehler** *m* flaw; ~**gang** *m* course of manufacture; operation; ~**geheimnis** *n* manufacturing secret; ~**nummer** *f* serial number; ~**programm** *n* manufacturing schedule; *w.s.* range of manufacture; ?**stätte** *f* production plant; ~**teil** *n* production part; ~**zweig** *m* manufacturing branch.

Fa'brik...: ~**besitzer(in** *f) m* factory owner, mill-owner; ~**betrieb** *m* factory management; working (*or*

operating) of a factory; → *Fabrik*;
~**direktor** *m* managing director,
superintendent; ⚲**fertig** *adj.* fac-
tory-built, prefabricated; ⚲**frisch**
adj. brand-new; ~**gebäude** *n* factory building, premises *pl.* (of a
factory); ~**mädchen** *n* factory
girl; ~**marke** *f* trade mark, brand;
⚲**mäßig** *adj.* industrial; ~ *her-*
gestellt factory-made, manufactured; ⚲**neu** *adj.* brand-new; ~-
nummer *f* serial number; ~**preis**
m factory price, prime-cost; ~**stadt**
f manufacturing town; ~**ware** *f*
manufactured goods *pl.* or article;
~**zeichen** *n* trade mark, brand.
fabrizieren [fabri'tsi:rən] *v/t.* (*h.*)
manufacture, make, produce; *fig.*
fabricate.
fabulieren [fabu'li:rən] *v/i.* (*h.*) →
fabeln.
Facette [fa'setə] *f* (-; -n) facet; ~**n-**
auge *n* compound eye.
Fach [fax] *n* (-[e]s; ¨er) compartment, partition, division; partition
(*of cupboard, suitcase, etc.*); *in desk*:
pigeonhole; drawer; *bookcase, etc.*:
shelf; *door, wall*: panel; *typ.* box;
anat., bot. cell; *arch.* **a)** bay, **b)** *in*
ceiling: coffer; *fig.* department,
province, branch, field (*of activity*);
business, trade, line; specialty;
ped. subject; *thea.* rôle, part; *Mann*
vom ~ expert, specialist; *sein* ~ *ver-*
stehen know one's business; *das*
schlägt nicht in mein ~ that's not in
my line.
...fach [-fax] *in compounds ...* times,
...fold, *e.g. zehn*~ ten times, tenfold.
'**Fach...:** ~**arbeit** *f* expert (*or* skilled)
work; ~**arbeiter(in** *f*) *m* skilled
(*or* trained, expert) worker, specialist; *pl.* skilled labo(u)r; ~**arzt**
m (medical) specialist (*für in*); ~**aus-**
bildung *f* special(ized) training;
professional training; ~**ausdruck** *m*
technical term; ~**ausschuß** *m* technical *or* professional committee; ~-
berater *m* technical adviser, consultant; ~**bildung** *f* → *Fachausbil-*
dung.
fächeln ['fɛçəln] **I.** *v/t.* (*h.*) (*sich*)
fan (o.s.); **II.** *v/i.* (*h.*) *wind*: waft;
in the wind: flutter gently.
'**Fächer** *m* (-s; -) fan; ~**antenne** *f*
fan(-shaped) aerial, *Am.* antenna;
~**fenster** *n* fanlight; ⚲**förmig**
[-fœrmiç] *adj.* fan-shaped; *sich* ~
ausbreiten, verteilen, etc. fan out;
~**motor** *m* fan-type (*or* double V)
engine; ~**palme** *f* fan-palm; ~-
schuß *m torpedo*: spread salvo.
'**Fach...:** ~**gebiet** *n* (special) field *or*
subject, specialty; ~**gelehrte(r** *m*) *f*
specialist, expert; ⚲**gemäß**, ⚲**ge-**
recht *adj.* workmanlike, competent,
skil(l)ful; ~**geschäft** *n* special(-line)
shop; *a.* specialized dealer, stockist;
~**größe** *f* authority; ~**gruppe** *f* trade
association; vocational group; ~**in-**
genieur *m* specialist engineer, engineering specialist; ~**kenntnis(se)**
f (*pl.*) technical (*or* specialized,
expert) knowledge; ~**kräfte** *f/pl.*
trained workers, specialists; techni-
çal personnel; ~**kreis** *m*: *in* ~*en*
among experts; ⚲**kundig** *adj.* expert,
competent; ~**lehrer** *ped. m* subject
(*or* specialist) teacher; ⚲**lich** *adj.*
professional, special, technical;

~**literatur** *f* technical (*or* trade)
literature; ~**mann** *m* expert, specialist (*in dat.* in, at; *für* on);
authority (on); ⚲**männisch** ['-mɛ-
nɪʃ] *adj.* expert(ly *adv.*), specialist;
workmanlike, competent (*work*);
~*es Auge* expert's eye; ~*es Urteil* expert opinion; ~**normen-ausschuß**
m engineering standards committee;
~**personal** *n* → *Fachkräfte*; ~**pres-**
se *f* technical press; ~**redakteur** *m*
special editor; ~**schaft** *f* (-; -en) all
the students of a university department; → *Fachgruppe*; ~**schule** *f*
technical (*or* vocational) school; ~-
simpelei [-zimpə'laɪ] *f* (-; -en)
shop-talk; ⚲**simpeln** *v/i.* (*h.*) talk
shop; ~**sprache** *f* technical language *or* terminology; ~**studium** *n*
specialized studies *pl. or* training;
~**verband** *m* professional (*or* trade,
industrial) association; ~**welt** *f*
profession, trade, experts *pl.*; ~-
werk *n* framework, half-timbering;
~**werkhaus** *n* timber-framed house;
~**wissen** *n* → *Fachkenntnis*; ~**wis-**
senschaft *f* special branch of
science; speciality; ~**wort** *n* (-[e]s;
¨er) technical term; ~**wörterbuch**
n technical dictionary; ~**zeitschrift**
f trade journal, special periodical.
Fackel ['fakəl] *f* (-; -n) torch (*a. fig.*),
flare; ⚲*n v/i.* (*h.*) *fig.* waver, shilly-
-shally; *er fackelte nicht lange* he
lost no time, he made short work
of it (*or* them); ~**schein** *m* (-[e]s)
torchlight; ~**träger** *m* torch-bearer;
~**zug** *m* torchlight procession.
Fädchen ['fɛːtçən] *n* (-s; -) small
thread, filament.
fade ['faːdə] *adj.* tasteless, insipid;
stale; *fig.* insipid; dull, boring,
jejune, flat; ~*r Kerl* bore, wet
blanket.
Faden ['faːdən] *m* (-s; ¨) thread;
twine; fib|re, *Am.* -er; *el., tech.* fila-
ment; *opt.* hairline; *mar.* fathom; *mit Fäden durchziehen* thread;
Fäden ziehen rope; *fig. den* ~ *ver-*
lieren lose the thread; *den* ~ *wieder-*
aufnehmen pick up the thread;
keinen trockenen ~ *am Leibe haben*
not to have a dry stitch on one; *alle*
Fäden in der Hand halten hold all
the strings in one's hand; *sie ließ*
keinen guten ~ *an ihm* she had not
a good word to say for him; *es hing*
an e-m ~ it hung by a thread,
it was touch and go; ⚲**förmig**
[-fœrmiç] *adj.* thread-shaped, fili-
form; ~**kreuz** *n opt.* reticule, cross-
hairs *pl.*, spider lines *pl.*; *weaving*:
lease; ~**nudeln** *f/pl.* vermicelli *pl.*;
~**rolle** *f* reel of thread; ⚲**scheinig**
['-ʃaɪniç] *adj.* threadbare (*a. fig.*),
sleazy, shabby; *fig.* thin, poor (*ex-*
cuse); ~**stärke** *f* count of yarn; ~-
wurm *m* nematode; ⚲**ziehend** *adj.*
stringy, ropy.
Fadheit ['faːthaɪt] *f* (-) tastelessness, insipidity, flatness; staleness;
fig. dullness, flatness, insipidity.
Fading ['feːdɪŋ] *n* (-s) *radio*: fading;
~**regelung** *f* automatic gain control.
Fagott [fa'gɔt] *mus. n* (-[e]s; -e)
bassoon; ~**bläser, Fagot'tist** *m*
(-en; -en) bassoonist.
fähig ['fɛːiç] *adj.* capable (*zu et.* of
a th.; *zu inf.* of *ger.*), able (to *inf.*)

qualified, fit; liable *or* apt (to *inf.*);
competent, efficient; clever, ingenious; ~ *machen* (*zu*) enable (to);
usu. b.s. zu allem ~ capable of anything; ⚲**keit** *f* (-; -en) (cap)ability;
qualification (*zum Richteramt* to
hold judicial office), competence,
efficiency; capacity; talent, (*a.*
physiol.) faculty.
fahl [faːl] *adj.* fallow, dun; pale,
livid (*a. sky*); sallow (*face*); lurid;
faded; ~**gelb** *adj.* fallow; ~**grau**
adj. grayish, livid; ~**rot** *adj.* fawn.
Fähnchen ['fɛːnçən] *n* (-s; -) small
flag; pennant (*a. mus.*), streamer;
sports: (course) marker; *fig.* cheap
(*or* flimsy) summer-dress.
fahnd|en ['faːndən] *v/i.* (*h.*): *nach*
j-m ~ search for; ⚲**ung** *f* (-; -en)
search; ⚲**ungsstelle** *f* criminal investigation service.
Fahne ['faːnə] *f* (-; -n) flag; standard; banner; *mar., mil.*, *fig.* col-
o(u)rs *pl.*; *fig.* banner; trail (of
smoke); *on files*: tab; *typ.* (galley)
proof; *bei der* ~ *dienen* serve with
the colo(u)rs; *die* ~ *hochhalten* keep
the flag flying; *mit fliegenden* ~*n*
with flying colo(u)rs; *mit fliegenden*
~*n untergehen* go down with one's
colo(u)rs flying.
'**Fahnen...:** ~**eid** *m* oath of allegiance; ~**flucht** *f* (-) desertion; ⚲-
flüchtig *adj.* deserting; ⚲**flüchti-**
ge(r) *m* deserter; ~**junker** *m* cadet
officer; ~**stange** *f*, ~**stock** *m* flag-
-staff, *Am. a.* flagpole; ~**träger** *m*
standard-bearer (*a. fig.*); ~**tuch** *n*
bunting; ~**weihe** *mil. f* consecration
of the colo(u)rs.
Fähnlein ['fɛːnlaɪn] *n* (-s; -) →
Fähnchen; *fig.* squad, troop.
Fähnrich ['-riç] *m* (-[e]s; -e) *mil.* ~
zur See midshipman; *hist.* ensign.
Fahr|ausweis ['faːr-] *m* → *Fahr-*
karte; ~**bahn** *f* roadway, *Am.*
driveway; lane; *Straße mit 2* ~*en*
two-lane road; ⚲**bar** *adj.* passable,
practicable; *mar.* navigable; *tech.*
mobile, travel(l)ing, portable; ~-
barkeit *f* (-) practicability; navi-
gableness; mobility; ~**bereich** *mar.*
m radius of action, cruising radius;
⚲**bereit** *adj.* ready to start; in running order; ~**bereitschaft** *f* motor
pool; ~**damm** *m* roadway, *Am.*
pavement; ~**dienstleiter** *m* traffic
superintendent.
Fähre ['fɛːrə] *f* (-; -n) ferry(-boat);
fliegende ~ flying bridge; *in e-r* ~
übersetzen (*v/t. and v/i.*) ferry
across *or* over.
'**Fahr-eigenschaften** *mot. f/pl.* driving properties, road performance *sg.*
'**fahren I.** *v/i.* (*irr., sn*) go, travel
(*mit* by); drive; ride (*on bicycle,*
train, etc.); *mot.* drive, motor; *mar.*
sail, cruise; *zwischen zwei Häfen etc.*
~ ply between; *car, ship*: go, run;
be moving; *in et.* ~ *bullet, knife,*
etc.: go into; *mit der Bahn* ~ go by
train *or* rail; *erster Klasse* ~ go first
(class); *mit dem Omnibus* ~ go (*or*
travel, ride) by bus; *über e-n Fluß*
(*Platz*) ~ cross a river (square);
aus dem Hafen ~ clear the port; *auf*
den Grund ~ run aground; *gen Him-*
mel ~ ascend to heaven; *zur Hölle* ~
descend (*or* go) to hell; *aus dem*
Bette ~ start up from one's bed; *in*

die Kleider ~ slip on (*or* into) one's clothes; *mit der Hand* ~ *über* (*acc.*) pass one's hand over; *aus der Hand* ~ slip from (*or* jump out of) one's hand; → *Haut*; ~ *lassen* a) run (*boat, train, etc.*), b) let go (*or* slip), c) *fig.* abandon, renounce, give up; *gut* (*schlecht*) ~ *bei* fare well (ill) at *or* with; *er ist sehr gut* (*schlecht*) *dabei ge~* he did very well (badly) out of it; *was ist in ihn ge~?* what has come over him?; *es fuhr mir durch den Sinn* it flashed across my mind; *er kann* ~ he can (*or* knows how to) drive, he is a good driver; *rechts* ~! keep to the right!; **II.** *v/t.* (*irr., h.*) drive, steer; *mar.* navigate, sail; row; convey, carry, *Am. a.* ship; cart; *ein Schiff auf den Grund* (*in e-e Bucht*) ~ run a ship aground (into a bay); *e-e Strecke* ~ cover (*or* traverse, run through) a distance; *j-n an e-n Ort* ~ drive a p. to *a place*; *es fährt sich gut hier* it is good driving here, the going is good here; *er fuhr die beste Zeit* he clocked (*or* made) the best time; ♀ *n* (*-s*) travel(l)ing, going, riding; driving; motoring; navigating, sailing, steering; ~**d** *adj.* travel(l)ing, roaming, vagrant, itinerant; ~*er Ritter* knight errant; ~*es Volk* vagrants *pl.*, wayfaring people.

'**Fahrer** *m* (*-s; -*), ~**in** *f* (*-; -nen*) driver; *mot. a.* chauffeur; (*motorcycle, etc.*) rider; motorist; *rücksichtsloser* ~ road-hog, speed-demon; ~**flucht** *f* (*-*) driving away from an accident; hit-and-run offen|ce, *Am. -se.*

'**Fahr...:** ~**erlaubnis** *f* → *Führerschein*; ~**gast** *m* passenger; ~**gastschiff** *n* liner, passenger-boat; ~**geld** *n* fare.

'**Fährgeld** *n* ferriage, fare.

'**Fahr...:** ~**gelegenheit** *f* conveyance; ~**geschwindigkeit** *f* (driving) speed; ~**gestell** *n* *mot.* chassis; *aer.* undercarriage, landing gear; *humor.* (*legs*) pins, shafts *pl.*

'**fahrig** *adj.* erratic, fickle, flighty; fidgety, nervous; inattentive.

'**Fahrkarte** *f* ticket (*a. fig.*); *einfache* ~ single (*Am.* one-way) ticket; *durchgehende* ~ through-ticket; ~ *hin u. zurück* return-ticket; *e-e* ~ *lösen nach* book (*or* take a ticket) for.

'**Fahrkarten...:** ~**ausgabe** *f* booking- *or* ticket-office (window); ~**kontrolleur** *m* ticket-inspector; ~**schalter** *m* → *Fahrkartenausgabe*; ~**verkäufer** *m* booking-clerk.

'**Fahrkilometer** *m/pl.* mileage *sg.*

'**fahrlässig** *adj.* careless, reckless, (*a. jur.*) negligent; ~*e Tötung* manslaughter (in the second degree *Am.*); ♀**keit** *f* (*-*) carelessness, recklessness, negligence; *grobe* ~ gross negligence.

'**Fahr...:** ~**lehrer** *mot. m* driving instructor; ~**leistung** *mot. f* road performance.

'**Fährmann** *m* ferryman.

'**Fahrnis** *jur. f* (*-; -se*) chattels *pl.* personal, movables *pl.*; ~**gemeinschaft** *f* community of movables.

'**Fahr...:** ~**plan** *m* time-table, *Am.* schedule; ♀**planmäßig I.** *adj.* regular, *Am.* scheduled; **II.** *adv.* to

---

time, *esp. Am.* (according) to schedule; *der Zug fährt* (*kommt*) ~ *ab* (*an*) *um 12 Uhr* the train is scheduled to leave (is due) at 12 o'clock; ~**praxis** *f* driving experience; ~**preis** *m* fare; ~**preisanzeiger** *m* taximeter; ~**preis-ermäßigung** *f* reduction of fare; ~**prüfung** *mot. f* driving-test; ~**rad** *n* bicycle, cycle, bike, *Am. a.* wheel; ~**rinne** *f* *mar.* fairway, shipping channel *or* lane; (*inland*) water-way; *on road:* wheel track, rut; ~**schein** *m* ticket; ~**scheinheft** *n* book of tickets, coupons *pl.*; ~**schule** *mot. f* driving school; ~**schüler(in** *f*) *m* learner (*abbr. L.*); ~**sicherheit** *f* safe driving; road safety; ~**straße** *f* highway; → *Fahrdamm*; ~**strecke** *f* tour, itinerary; distance; → *zurücklegen*; ~**stuhl** *m* lift, *Am.* elevator; wheel (*or* Bath)-chair; ~**stuhlführer** *m* lift-boy (*or* -man); *Am.* elevator operator; ~**stuhlschacht** *m* well, *Am.* elevator shaft; ~**stunde** *mot. f* driving lesson.

Fahrt [fa:rt] *f* (*-; -en*) drive, ride, journey, tour, trip; *mar.* voyage, passage, cruise; outing, excursion, hike; ~ *ins Blaue* mystery trip; *mar.* course; speed; *in voller* ~ (at) full speed; *freie* ~! clear road!, open drive!; *rail.* freie ~ *geben* clear the line; *freie* ~ *haben* have a free course, have the green light (*a. fig.*); *gute* ~! bon voyage (*Fr.*)!; *mar.* *große* ~ (*halbe, kleine, volle*) ~ three quarter (half, deadslow, full) speed; ~ *aufnehmen* gather speed; ~ *verlieren* lose headway; *in* ~ *kommen* get under way, get up speed, *fig.* get into one's stride, swing into action; *in* (*voller*) ~ *sein* be in (full) swing; '~**ausweis** *m* ticket.

Fährte ['fe:rtə] *f* (*-; -n*) track, trace, trail, *a. fig.* scent; *auf der falschen* ~ *sein* be on the wrong track, be barking up the wrong tree.

'**Fahrten|buch** *mot. n* (driver's) logbook; ~**schreiber** *mot.* m tachograph.

Fahrt...: ~**messer** *aer. m* (*-s; -*) airspeed indicator; ~**richtung** *f* direction (of motion *or* traffic); ~**richtungsanzeiger** *mot. m* direction indicator; ~**unterbrechung** *f* break of a journey, *Am.* stopover; ~**wind** *m* air stream.

'**Fahr...:** ~**vorschrift** *f* rule(s *pl.*) of the road, driving regulations *pl.*; ~**wasser** *mar. n* (*-s*) navigable water; → *Fahrrinne*; *fig.* track; tendency; *im richtigen* ~ *sein* be in one's element; *in politisches* ~ *geraten* take a political turn; ~**weg** *m* → *Fahrbahn*; wag(g)on road; drive, *Am.* driveway; ~**weise** *mot. f* driving (habit *or* style); ~**werk** *n* *tech.* travel(l)ing gear; *aer.* → *Fahrgestell*; *of tank:* suspensions and tracks *pl.*; ~**zeit** *f* running time; duration (of a trip, *etc.*); hours *pl.* of operation; engine mileage; ~**zeug** *n* vehicle; *mar.* vessel, craft; ~**zeughalter** *m* car-owner; ~**zeugkolonne** *f* column of vehicles; ~**zeugmotor** *m* automotive engine; ~**zeugpapiere** *n/pl.* registration papers; ~**zeugpark** *m* *mot.* fleet;

---

rail. rolling stock; ~**zeugverkehr** *m* vehicular (*or* wheeled) traffic.

Faible ['fɛ:bəl] (*Fr.*) *n* (*-[s]; -s*) soft spot (*für* for).

fäkal [fɛ'ka:l] *adj.* f(a)ecal.

Fä'kalien [-ɪən] *pl.* f(a)eces *pl.*, f(a)ecal matter, sewage.

Fakir ['fa:ki:r] *m* (*-s; -e*) fakir.

Faksimile [fak'zi:mile] *n* (*-s; -s*) facsimile; ~**telegraphie** *f* facsimile telegraphy.

Faktion [faktsi'o:n] *pol. f* (*-; -en*) faction.

'**faktisch I.** *adj.* factual, real, actual; **II.** *adv.* actually, in fact, de facto.

faktitiv [-ti'ti:f] *gr. adj.* factitive.

Faktor ['faktɔr] *m* (*-s; -'toren*) *math.* factor; *econ.* a) manager, b) (*agent*) factor; steward; foreman (*a. typ.*); *fig.* factor (*a. biol.*); bestimmender ~ determinant; *tech.* veränderliche ~en variables.

Fakto'rei *econ. f* (*-; -en*) factory; (foreign) trading post.

Faktotum [-'to:tum] *n* (*-s; -s*) factotum.

Fak|tum ['faktum] *n* (*-s; -ten*) fact; ~**ten** *pl.* facts; data.

Faktur(a) [fak'tu:r(a)] *econ. f* (*-; -en*), **fakturieren** [-tu'ri:rən] *v/t.* (*h.*) invoice; **Faktu'rist** *m* (*-en; -en*) invoice clerk.

Fakultät [fakul'tɛ:t] *univ. f* (*-; -en*) faculty, *Am.* department.

fakultativ [-ta'ti:f] *adj.* optional.

falb [falp] *adj.* fallow, dun; ♀**e(r)** ['-bə(r)] *m* (*-[e]n; -[e]n*) dun horse.

Falbel ['falbəl] *f* (*-; -n*) flounce, furbelow.

Falke ['falkə] *m* (*-n; -n*) falcon, hawk (*a. pol.*); ~**n-auge** *n* hawk's eye; ~**nbeize**, ~**njagd** *f* falconry, hawking; **Falkenier** [-'ni:r] *m* (*-s; -e*), '**Falkner** *m* (*-s; -*) falconer, hawker.

Fall[1] [fal] *m* (*-[e]s; ⁼e*) fall; drop, tumble; *of parachutist:* descent; *of barometer:* fall, drop; → *Gefälle*, *fig.* downfall, overthrow, ruin; decay; *mil.* fall, surrender (*of fortress, etc.*); *econ.* fall, drop, slump (*of prices*); case, matter, affair; instance; *gr., jur., med.* case; *im* ~*e Müller u. Genossen* in the case (*or* matter) of Müller et al.; *auf alle Fälle* at all events, in any case, at any rate; by all means; to be on the safe side; *auf keinen* ~ on no account, in no case, by no means; *gesetzt den* ~ suppose, supposing; *im* ~*e, daß* in case (*he came*), in the event of (*his coming*); *im* ~*e des Versagens* in case of failure; *im besten* ~*e* at best; *im schlimmsten* ~*e* if the worst comes to the worst, in the last resort; *in den meisten Fällen* in most instances; *in diesem* ~*e* in that case; *von* ~ *zu* ~ from time to time, according to circumstances; *zu* ~ *bringen* give a fall, trip up, bring down; *fig.* trip up, cause the downfall of, ruin; *parl.* defeat (*a motion*); *zu* ~ *kommen* have a (*bad*) fall; *fig.* come to grief, collapse; *das ist ganz mein* ~ that's just my cup of tea; *das ist auch bei ihm der* ~ this is the case with (*or* true for) him, too.

Fall[2] *mar. n* (*-[e]s; -en*) halyard.

fällbar ['fɛlba:r] *chem. adj.* precipitable.

'**Fall...:** ~**behälter** *m* gravity tank; ~**beil** *n* guillotine; ~**beschleunigung** *f* gravitational acceleration; ~**bö** *aer. f* air pocket, down gust; ~**brücke** *f* drawbridge.

Falle ['falə] *f* (-; -n) trap; snare; pitfall (*all a. fig.*); *tech.* latch; *colloq.* bed, bunk; *j-m e-e* ~ *stellen* set a trap for; *in die* ~ *gehen* **a)** walk into the trap, **b)** *colloq.* turn in, hit the hay; *in die* ~ *locken* lure into the trap.

'**fallen** *v/i. (irr., sn)* fall, drop; tumble (down); (have a) fall; *mil. fortress, etc.*: fall, be taken; *soldier*: fall, be killed in action; *barometer*: (be) fall(ing); *water*: subside; *mus.* descend; *fig.* abate, decline, subside; *prices, etc.*: fall, drop, go down, slump; ~*de Tendenz* bearish (*or* downward) trend; be heard, become audible; *Schüsse fielen* shots were fired; *remark*: fall (*über j-n* about a p.); *holiday, etc.*: fall (*auf* on); ~ *in (e-e Kategorie)* or *unter (ein Gesetz, etc.)*, fall within (the scope of), be covered by; *an j-n* ~ *inheritance*: fall to, devolve on, come (*or* go) to a p.; ~ *lassen* drop, let fall (*a. fig. a person, a remark*); release (*bomb*); dismiss, drop (*idea*); abandon, drop, give up (*plan*); drop, waive (*claim*); → *Arm, Rede*; *j-m in die Hände* ~ fall into a p.'s hands; *j-m zu Füßen* ~ throw o.s. at a p.'s feet; *das Kleid fällt hübsch* the dress drapes beautifully; *mein Auge fiel auf sie* my eye fell (*or* lighted) upon her; *das Los fiel auf mich* the lot fell upon me; *es fällt mir schwer* it is difficult for me, it goes hard with me, *spiritually*: it is hard on me; → *Auge, Extrem, Nerven, Opfer, Ungnade etc.*

'**Fallen** *n* (-s) fall(ing); *of terrain*: slope, descent, dip; *fig.* decline; *of prices*: fall, drop, slump; decline, downward movement.

fällen ['fɛlən] *v/t. (h.)* fell, cut down (*tree*); fell (*animal, opponent*); *mil.* lower (*the bayonet*); *chem.* precipitate; → *Lot*; drop, draw; *jur. Urteil* ~ pronounce (*or* pass) sentence (*über acc.* on); *a. fig.* pass judg(e)ment (on).

Fallensteller ['-ʃtɛlər] *m* (-s; -) trapper.

'**Fall...:** ~**gatter** *n* portcullis; ~**geschwindigkeit** *phys. f* velocity (*or* rate) of fall; ~**gesetz** *n* law of falling bodies; ~**grube** *f (a. fig.)* pitfall, *Am.* deadfall; ~**hammer** *m* drop hammer; pile driver; ~**höhe** *f* height of fall; ~**holz** *n* fallen wood.

fal'lieren *econ. v/i. (h.)* fail, become insolvent, go bankrupt.

fällig ['fɛliç] *adj.* due; payable; *taxes*: *a.* collectible; *bill of exchange*: *a.* mature; *längst* ~ overdue; *wenn* ~ at maturity, when due; ~ *werden* become due *or* payable; mature; expire; 2**keit** *f* (-) maturity; expiration; *bei* ~ at maturity, when due; 2**keits-tag**, 2**keitstermin** *m* due date, maturity (date).

Falliment [fali'mɛnt] *n* (-s; -e) failure, bankruptcy.

'**Fall...:** ~**kippe** *f gym.* drop up-

start; ~**klinke** *f* (falling) latch; ~**kurve** *f* flight path, trajectory; ~**obst** *n* windfall; ~**recht** *jur. n* case law; ~**reep** *mar. n* gangway; ~**rinne** *f* chute; ~**rohr** *tech. n* down-pipe.

falls [fals] *cj.* in case; if; in the event of (*ger.*); suppose, supposing; provided (that).

'**Fallschirm** *m* parachute; *mit* ~ *abspringen, absetzen* parachute; *para*drop; *in emergency*: bail *or* bale out; ~**absprung** *m* parachute jump (*or* descent); ~**jäger** *m* paratrooper; ~**jägerdivision** *f* paratroop division; ~**kombination** *f* parasuit; ~**leuchtbombe** *f* parachute flare; ~**springen** *n* parachute jumping; ~**springer(in** *f) m* parachutist; ~**truppen** *f/pl.* paratroops.

'**Fall...:** ~**strick** *m* snare; *fig. a.* trap, pitfall; ~**stromvergaser** *mot. m* down-draught (*Am.* -draft) carburet(t)or; ~**sucht** *med. f* (-) falling sickness, epilepsy; 2**süchtig** *adj.*, ~**süchtige(r** *m) f* epileptic; ~**tank** *mot. m* gravity tank; ~**treppe** *f* trap stairs, fold-away stairs *pl.*; ~**tür** *f* trap-door.

'**Fällung** *chem. f* (-; -en) precipitation; ~**smittel** *n* precipitant.

'**Fall...:** ~**wind** *m* katabatik wind; ~**winkel** *m* angle of inclination; *arch., mil.* dip, incline; *of missile*: angle of descent *or* impact.

falsch [falʃ] **I.** *adj.* false; wrong, incorrect; erroneous; ~*e Anwendung* misapplication; ~*e Bezeichnung* misnomer; ~*e Darstellung* misrepresentation; *mus.* ~*er Ton* false note; spurious, imitated, bogus, *Am.* fake, phon(e)y, false (*hair*); false, artificial (*teeth*); forged; counterfeit, bad (*money*); adulterated; ~*e Angabe* false statement; ~*er Eid* false oath; ~*er Name* false (*or* fictitious) name; deceitful, fraudulent; false, insincere, treacherous (*friend*); ~*er Prophet* false prophet; ~*e Rippe* floating rib; ~*e Schlange* snake in the grass; ~*es Spiel* foul play, double-dealing, *Am.* double-cross; ~*er Würfel* loaded dice; *unter* ~*er Flagge* under false colo(u)rs; angry, venomous, *Am.* mad; ~*e Scham* false shame; ~*er Stolz* false pride; **II.** *adv.*: ~ *antworten* answer wrong; ~ *auffassen* misconceive, misunderstand, get wrong; ~ *aussprechen* pronounce incorrectly *or* wrongly, mispronounce; *watch*: ~ *gehen* go wrong; ~ *schreiben* write incorrectly, misspell; ~ *singen* sing out of tune (*or* off-key); ~ *geraten!* wrong!; ~ *verbunden teleph.* sorry, wrong number; ~ *schwören* perjure (*or* forswear) o.s.; ~ *spielen* cheat (at cards).

Falsch *m* (-s) falseness; *ohne* ~ without guile, guileless, harmless.

'**Falsch...:** ~**aussage** *jur. f* false testimony; ~**be-urkundung** *jur. f* making false entry; ~**buchung** *f* fraudulent entry; ~**eid** *m* false oath.

fälsch|en ['fɛlʃən] *v/t. (h.)* falsify; forge, fake (*document, signature*); counterfeit, forge; *jur. a.* make falsely, alter fraudulently; *econ.* tamper with, doctor (*books, etc.*);

adulterate (*food*); fake (up) (*painting*); 2**er(in** *f) m* (-s, -; -, -nen) falsifier; forger, counterfeiter; faker; adulterator.

'**Falschgeld** *n* counterfeit (*or* false, bogus) money, *Am. a.* queer.

'**Falschheit** *f* (-) falseness, falsity; *of person*: *a.* insincerity, duplicity, insidiousness; *of action*: *a.* treachery, double-dealing.

'**fälschlich** *adj. (and adv.), a.* ~**erweise** [-ər'vaɪzə]) false(ly); fraudulent(ly); incorrect(ly), wrong(ly); erroneous(ly), by mistake.

'**Falsch...:** ~**luft** *tech. f* infiltrated air, air leak; ~**meldung** *f* false report; canard, hoax; ~**münzer(in** *f) m* (-s, -; -, -nen) counterfeiter; ~**münze'rei** *f* (-; -en) counterfeiting; ~**spieler(in** *f) m* card-sharper, cheat.

'**Fälschung** *f* (-; -en) falsification; faking; forging, forgery; counterfeiting; adulteration; *thing*: forgery; counterfeit; fake.

Falsett [fal'zɛt] *n* (-[e]s; -e) falsetto (voice).

falt|bar ['faltbɑːr] *adj.* foldable; 2**blatt** *n* folder; 2**boot** *n* collapsible boat, folding canoe; 2**dach** *mot. n* folding roof, collapsible top.

'**Falte** *f* (-; -n) fold; wrinkle; *on forehead*: *a.* furrow; *in cloth*: **a)** wrinkle, crinkle, crease, **b)** pleat, plait; crease; *of terrain*: fold; ~*n werfen* pucker; *schöne* ~*n werfen* drape beautifully; *die Stirn in* ~*n ziehen* knit one's brow, frown; *in* ~*n legen* → *falten*.

fältel|n ['fɛltəln] *v/t., a. sich (h.)* gather, pleat, plait; frill; 2**ung** *f* (-; -en) pleat(ing).

'**falten** *v/t. (h.)* fold; pleat, plait; crease; shir(r); *sich* ~ wrinkle, crinkle, crease; *es läßt sich mühelos* ~ it folds easily; *die Hände* ~ join (*or* fold, clasp) one's hands.

'**Falten|gebirge** *n* folded mountains *pl.*; 2**los** *adj.* without folds (*or* pleats); unwrinkled, smooth; ~**rock** *m* pleated skirt; ~**wurf** *m* drapery.

'**Falter** *m* (-s; -) butterfly, moth.

'**faltig** *adj.* folded; plaited, pleated; wrinkled, puckered.

'**Falt...:** ~**prospekt** *m* folder; ~**schachtel** *f* folding box; ~**stuhl** *m* folding chair; ~**ung** *f* (-; -en) folding; plaiting; wrinkling; doubling; *bot.* vernation (*of leaves*).

Falz [falts] *m* (-es; -e) fold; *tech.* welt, (turned-over) edge; *bookbinding*: guard, fold; *woodworking*: rabbet; groove, notch; '~**bein** *n* paper-knife, folder; '~**blech** *n* metal-sheet with good bend properties; '2**en** *v/t. (h.)* fold; rabbet; groove; welt, bead; '~**fräser** *m* rabbeting (*or* notching) cutter; '~**hobel** *m* rabbet plane; '~**maschine** *f* book*binding*: folding-machine; *tech.* seaming machine; '~**ziegel** *m* grooved tile.

Fama ['fɑːma] *f* (-) rumo(u)r; fame.

familiär [famili'ɛːr] *adj.* familiar; intimate; ~*er Ausdruck* colloquialism.

Familie [fa'miːliə] *f* (-; -n) family (*a. bot., zo.*); *von guter* ~ of a good family; *e-e* ~ *gründen* (marry and) settle down; ~ haben have children; er hat ~ he is a family man; es liegt in der ~ it runs in the family; das kommt in den besten ~n vor accidents will happen in the best regulated families.

Fa'milien...: **~ähnlichkeit** f family likeness; **~album** n family album; **~angelegenheit** f family affair; **~anschluß** m: mit ~ as one of the family; **~bad** n mixed bathing; **~bande** n/pl. family ties; **~beihilfe** f family allowance, Am. dependents benefits pl.; **~forschung** f genealogical research; **~glück** n domestic happiness; **~gruft** f family vault; **~haupt** n → ~vater; **~kreis** m family circle; **~leben** n (-s) family life; **~mitglied** n member of the family; **~nachrichten** f/pl. newspaper: births, marriages, and deaths; **~name** m family name, surname, Am. a. last name; **~packung** econ. f family size package; **~planung** f family planning; **~rat** m family council; **~roman** m saga novel; **~stammbuch** n family register; **~stand** m family status; marital status; **~stiftung** f private trust; **~stück** n heirloom; **~unterstützung** f family allowance; **~vater** m paterfamilias, head of the family; **~zulage** f → **~beihilfe**; **~zuwachs** m addition to the family; ~ haben have a little newcomer.

famos [fa'moːs] adj. excellent, capital, great.

Fanal [fa'naːl] n (-s; -e) (light-) signal; fig. beacon, torch.

Fana|tiker(in f) [fa'naːtikər-] m (-s, -; -, -nen) fanatic; **Qtisch** adj. fanatic(al); **fanati'sieren** v/t. (h.) fanaticize; **Fanatismus** [fana'tismus] m (-) fanaticism.

fand [fant] pret. of finden.

Fanfare [fan'faːrə] f (-; -n) fanfare, flourish of trumpets.

Fang [faŋ] m (-[e]s; ⁺e) capture, catch(ing); hunt. bag; fishing: catch, haul (both a. fig.); hunt. coup de grâce (Fr.) (a. fig.); zo. fang; of boar: tusk; **Fänge** pl. orn. claws, talons pl.; e-n guten ~ tun make a good catch; in s-n Fängen halten hold a th. or p. in one's clutches; **'~arm** zo. m tentacle; **'~ball** m catch-ball; **'~eisen** n (steel) trap.

'fangen v/t. (irr., h.) catch; capture, seize, mind. a. take prisoner; (en-) trap; net; Feuer ~ catch fire (a. fig.); sich ~ be caught, catch; sich wieder ~ regain one's composure, rally (a. sports), aer. flatten (or straighten) out; sich ~ lassen walk into the trap, get caught. [→ Fangzahn.\

Fänger ['fɛŋər] m (-s; -) catcher;

'Fang...: ~leine f mar. painter; aer. grappling rope; parachute cord; hunt. of dog: leash; **~messer** n hunting-knife; **~zahn** zo. m fang; of boar: tusk.

Fant [fant] m (-[e]s; -e) fop, dandy, coxcomb.

Fantasie [fanta'ziː] mus. f (-; -n) fantasia; **Qren** v/i. (h.) improvise.

Farb|anstrich ['farp-] m coat of paint, painted surface; **~band** n (-[e]s; ⁺er) typewriter (or ink) ribbon; **~diapositiv** n colo(u)red slide.

Farbe ['farbə] f (-; -n) colo(u)r; hue; tint; shade; pigment; tech. colo(u)r, paint; dye; typ. (printer's) ink; stain; facial: complexion, colo(u)r, hue; cards: suit; ~ bekennen follow suit, fig. lay one's cards on the table, declare o.s.; die ~ wechseln change colo(u)r, fig. change sides; e-r Sache ~ verleihen lend colo(u)r to a th.; s-n ~n treu bleiben stick to one's colo(u)rs.

'farb-echt adj. fast, fadeless; film: orthochromatic.

Färbe|faß ['fɛrbə-] n dye-vat; **~flüssigkeit** f dyeing liquid; staining liquid; **~kraft** f tinting strength; **~mittel** n dye, colo(u)ring agent.

'färben v/t. (h.) colo(u)r, tinge (both a. fig.); (cloth, hair) dye; stain (glass, paper); mit Blut gefärbt blood-stained; tint; sich ~ colo(u)r; sich rot ~ turn red, redden; sich ~ lassen dye; gefärbter Bericht colo(u)red report.

'Farben|abstufung f colo(u)r gradation; **~band** n (-[e]s; ⁺er), **~bild** phys. n spectrum; **~beständigkeit** f colo(u)r stability; **Qblind** adj. colo(u)r-blind; **~druck** typ. m (-[e]s; -e) colo(u)r printing, chromotypy; (picture) colo(u)r-print, chromotype; **Qempfindlich** adj. colo(u)r-sensitive; phot. orthochromatic; **Qfreudig, Qfroh** adj. colo(u)rful, gay(ly colo[u]red); **~händler** m dealer in dyes and paints; **~kasten** m colo(u)r (or paint) box; **~kleckser** m dauber; **~kreis** m colo(u)r-disk; **~lehre** phys. f theory of colo(u)rs, chromatics pl.; **~messer** m (-s; -) colorimeter; **Qprächtig** adj. colo(u)rful, gorgeous; **Qreich** adj. richly colo(u)red; **~reinheit** f chromatic purity; **~skala** f colo(u)r chart; **~spiel** n play of colo(u)rs; iridescence; opalescence; **~zerstreuung** f colo(u)r dispersion; **~zusammenstellung** f colo(u)r scheme.

'Färber(in f) m (-s, -; -, -nen) dyer; stainer.

Färbe'rei f (-; -en) dye-house; dye-works pl.; dyer's trade.

'Farb...: ~fernsehen n colo(u)r television; **~film** m colo(u)r film; **~filter** phot. m colo(u)r filter; **~gebung** ['-geːbun] f (-) colo(u)ring, colo(u)ration; **~holz** n dyewood.

farbig ['farbiç] adj. colo(u)red; chromatic; stained (glass, leather, paper); es Herrenhemd fancy-shirt; fig. colo(u)rful; → bunt; **Qe(r** m) ['-gə(r)] f (-n, -n; -en, -en) colo(u)red (gentle)man (f woman); pl. colo(u)red people.

'Farb...: ~kissen n ink(ing)-pad; **~körper** m colo(u)ring matter, pigment (a. biol.); **~lack** m lake, lacquer; **Qlos** adj. colo(u)rless (a. fig.); opt. achromatic; pale, pallid; **~losigkeit** f (-) colo(u)rlessness (a. fig.); opt. achromatism; pallor; **~mine** f colo(u)red lead; **~muster** n colo(u)r pattern; **~photographie** f colo(u)r photography, chromophotography; (picture) chromophotograph; **~stift** m colo(u)red pencil (or crayon); **~stoff** m → Farbkörper; tech. dye(-stuff); in food: col-

o(u)ring matter; **~stufe** f colo(u)r gradation; shade; **~ton** m (-[e]s; ⁺e) tone; hue; tint; shade; **Qtonrichtig** phot. adj. orthochromatic; **~topf** m paint-pot.

'Färbung f (-; -en) colo(u)ring, colo(u)ration; pigmentation (of skin, etc.); hue, tinge (both a. fig.).

'Farb...: ~walze f ink(ing)-roller; **~waren** f/pl. colo(u)rs, paints, dyes; **~werk** typ. n inking apparatus; **~wert** m chromaticity value; **~wiedergabe** f: treue ~ colo(u)r fidelity; **~zelle** f pigment cell.

Farce ['farsə] f (-; -n) cul. stuffing, forcemeat; thea. burlesque, farce (a. fig.); **far'cieren** v/t. (h.) stuff.

Farinzucker [fa'riːn-] m (-s) powder(ed) sugar.

Farm [farm] f (-; -en) farm; ranch; '**~er** m (-s; -) farmer; rancher.

Farn [farn] bot. m (-[e]s; -e), '**~kraut** n fern.

Farre ['farə] m (-n; -n) young bull, steer.

Färse ['fɛrzə] f (-; -n) young cow, heifer.

Fasan [fa'zaːn] m (-[e]s; -e[n]) pheasant.

Fa'sanen...: ~braten m roast pheasant; **~garten** m pheasantry; **~hahn** m cock-pheasant; **~henne** f hen-pheasant; **~jagd** f pheasant shooting; **~zucht** f pheasant-breeding.

Fasane'rie f (-; -en) pheasantry.

Faschine [fa'ʃiːnə] f (-; -n) fascine.

Fasching ['faʃiŋ] m (-s; -e) carnival, Shrovetide; → Fastnacht.

Faschis|mus [fa'ʃismus] m (-) Fascism; **~t(in** f) m (-en, -en; -, -nen), **Qtisch** adj. Fascist.

Fase ['faːzə] tech. f (-; -n) chamfer; spiral drill: land.

Faselei [faːzə'laɪ] f (-; -en) silly talk, twaddle, gibberish.

'Fasel|hans m (-[es]; -e) drivel(l)er; scatter-brain; **Qig** adj. silly, scatter-brained; **Qn** v/i. (h.) drivel, babble, talk at random.

Faser ['faːzər] f (-; -en) anat., bot. fib|re, Am. -er; thread; dünne ~ filament; of beans: string; of wood: grain; fig. mit jeder ~ s-s Herzens with every fibre of his heart; **Qartig** ['-aːrtiç] adj. fibroid, fibrous.

Fäserchen ['fɛːzərçən] n (-s; -) fibril, filament; loose: fluff, Am. lint.

'Faser...: ~gewebe n fibrous tissue; **~holzplatte** f fibreboard, Am. fiberboard; **Qig** adj. fibrous, filamentous, stringy; fuzzy; **Qn I.** v/t. (h.) unravel, unweave; mottle (paper); **II.** v/i., a. sich (h.) ravel (out), fray, fuzz; **Qnackt** adj. stark naked; **~stoff** m fibrous material, fibrin; **~strang** m cord of fib|res, Am. -ers; **~ung** f (-; -en) fibrillation; in wood: grain; in paper: mottling; fraying, fuzzing.

Faß [fas] n (-sses; ⁺sser) cask, barrel, keg; vat, tub; Bier vom ~ beer on draught; Wein vom ~ wine from the wood; in Fässer füllen barrel, cask; das schlägt dem ~ den Boden aus! that's the limit (or last straw)!

Fassade [fa'saːdə] f (-; -n) façade, front (a. fig.); **~nkletterer** m cat burglar.

faßbar ['fasbɑːr] *adj.* tangible; comprehensible; *schwer ~* elusive.
'Faß...: **~bier** *n* draught beer; **~binder** *m* cooper.
Fäßchen ['fɛsçən] *n* (-s; -) small barrel (*or* cask), keg.
fassen ['fasən] **I.** *v/t.* (h.) seize, grasp, take (*or* lay) hold of; catch, apprehend, seize; *~ bei* (*dat.*) seize (*or* take, tackle) by; *am Kragen ~* (seize by the) collar; *an or bei der Hand ~* take by the hand; *fig.* seize (mentally), grasp; conceive, understand; *mil.* draw, fetch (*food, etc.*); *tech.* mount; set, enchase (*jewel, etc.*); put in(to *in acc.*), in *Säcke:* sack; *room, etc.:* hold, have a capacity of; accommodate, seat; contain; *fig. in sich ~* include, comprise, embrace; *e-n Gedanken ~* form *or* conceive an idea; → *Beschluß, Fuß, Neigung, Vorsatz, Wurzel, etc.*; *j-n bei der Ehre ~* appeal to a p.'s hono(u)r; *in Worte ~* put into (*or* express, clothe, couch in) words, formulate; *sich ~ an die Stirn, etc.:* touch, feel, put one's hand to *one's forehead, etc.*; *fig. sich ~* compose (*or* collect) o.s., master one's feelings; *sich schnell wieder ~* rally quickly; → *Geduld; sich kurz ~* (*~ Sie sich kurz!*) be brief (!), make it short (!); **II.** *v/i.* (h.) *tool, etc.:* bite; *~ nach* (*dat.*) grasp (*or* clutch) at; *es ist nicht zu ~!* it's incredible!, it baffles me!; *to dog: faß!* sick him! → *gefaßt.*
'faßlich *adj.* comprehensible, conceivable; **2keit** *f* (-) comprehensibility, conceivability.
Fasson [fa'sõ] *f* (-; -s) form, shape, design, style; *tech. a.* cut, section; *fig.* fashion, manner, way; *nach ~ gearbeitet* fully fashioned; **~draht** *tech. f* shaping, profiling; **~draht** *m* section wire.
fassonieren [faso'niːrən] *v/t.* (h.) form, shape, profile.
Fas'sonstahl *m* shaping tool.
faßreif *adj.* vatted.
'Faßreif(en) (*m*) hoop.
'Fassung *f* (-; -en) *tech.* mounting, frame, support; frame (*of spectacles*); lamp holder, socket; setting (*of jewel*); *fig.* draft(ing); wording, version, formulation; style, diction; *jur. in der jeweils geltenden ~* as (hereafter) amended; composure, poise, self-command; *aus der ~ bringen* disconcert, upset, put out, *sl.* rattle; *die ~ bewahren* keep one's head; *die ~ verlieren* lose one's self-control (*or* head, poise), lose one's temper; *die ~ wiedergewinnen* recover one's self-possession, rally; *er war ganz außer ~* he was completely beside himself; **~skraft** *f* (power of) comprehension, mental capacity, grasp; **2slos** *adj.* disconcerted, perplexed; aghast, speechless; *ich war völlig ~* you could have knocked me down with a feather; **~slosigkeit** *f* (-) bewilderment, perplexity; shock, dismay; **~sraum** *m*, **~svermögen** *n* (-s) (carrying *or* seating *or* volumetric) capacity; *fig.* → *Fassungskraft.*
'Faß...: **~wein** *m* wine in (*or* from) the wood; **2weise** ['-vaɪzə] *adv.* by the barrel.

fast [fast] *adv.* almost; nearly; → *beinahe; ~ nichts* next to nothing; *~ nie* hardly ever.
fasten ['fastən] *v/i.* (h.) fast, abstain from food.
'Fasten *n* (-s) fast(ing), abstinence; **~predigt** *f* Lent sermon; **~speise** *f* Lenten fare; **~zeit** *f* Lent.
'Fastnacht *f* (-) Shrove Tuesday, Mardi gras; Shrovetide, carnival; **~skostüm** *n* carnival dress; **~sscherz** carnival joke.
'Fasttag *m* day of fasting.
Faszikel [fas'tsiːkəl] *m* (-s; -) fascicle; file.
faszinieren [fastsi'niːrən] *v/t.* (h.) fascinate.
fatal [fa'tɑːl] *adj.* unfortunate; fatal (*mistake, etc.*); awkward, embarrassing.
Fatalis|mus [fata'lismus] *m* (-) fatalism; **~t(in** *f)* *m* (-en, -en; -, -nen) fatalist; **2tisch** *adj.* fatalist(ic).
Fatali'tät *f* (-; -en) misfortune, adversity.
Fatum ['fɑːtum] *n* (-s; -ta) fate, destiny, lot.
Fatzke ['fatskə] *colloq. m* (-n; -n) fop, dandy; fool, goof.
fauchen ['fauxən] *v/i.* (h.) *cat, etc.:* spit; snarl; *engine:* whiz(z), hiss, puff; *person:* snarl, hiss, spit.
faul [faul] *adj.* rotten; foul, putrid; rotten, bad (*egg*); brittle (*metal, stones*); rotten, decayed, carious (*teeth*); *fig. econ.* worthless (*a. bill of exchange, etc.*), inferior; unsound (*business firm*); shady, *sl.* fishy; *sports:* foul, unfair; lazy, indolent, idle, slothful; *~e Ausrede* lame (*or* poor, thin) excuse; *~er Kunde* bad (*or* shady) customer; *~e Redensarten* empty words, idle talk; *~e Sache* queer (*or* fishy) business; *~er Witz* poor (*or* stale) joke; *~e Witze machen* talk rot; → *Zauber; sich auf die ~e Haut legen* → *faulenzen; an der Sache ist etwas ~* I smell a rat.
'Faul...: **~baum** *m* black alder; **~bett** *n: sich aufs ~ legen* → *faulenzen;* **~brand** *agr. m* (-[e]s) smut; **~bruch** *metall. m* shortness; brittleness; **2brüchig** *adj.* short, brittle.
Fäule ['fɔylə] *agr. f* rot; → *Fäulnis.*
'faulen *v/i.* (h.) rot, decay, putrefy.
'Faulen *n* (-s) decay(ing), rotting, putrefaction; *tech. of paper:* fermenting.
faulen|zen ['fauləntsən] *v/i.* (h.) lead an idle life, idle; be lazy, laze; take it easy, loaf; **2zer(in** *f)* *m* (-s, -; -, -nen) sluggard, dawdler, lazybones *sg.*; idler, loafer (*only m*) easy-chair; **2ze'rei** *f* (-; -en) lazy (*or* idle) life, laziness; lounging.
'Faul...: **~fieber** *n* putrid fever, *fig.* fit of laziness; **~heit** *f* (-) laziness, idleness, sluggishness; **2ig** *adj.* rotten; putrid; mo(u)ldy; rotting, putrescent.
'Fäulnis *f* (-) rottenness; putrefaction; decay, decomposition; putrescence; *med.* a) sepsis, b) caries; *in ~ übergehen* rot, putrefy; **2ständig** *adj.* decay-resistant; **2erregend** *adj.* putrefactive; septic; **~erreger** *m* putrefactive agent (*or* bacterium).

'Faul...: **~pelz** *m* → *Faulenzer;* **~tier** *zo. n* sloth (*a. fig.*).
Faun [faun] *m* (-[e]s; -e) faun.
Fauna ['fauna] *f* (-; -nen) fauna.
Faust [faust] *f* (-; =e) fist; *e-e ~ machen* make a fist; *die ~ ballen* clench one's fist; *j-m e-e ~ machen* shake a fist at a p.; *fig. auf eigene ~* on one's own (account), off one's own bat; *mit eiserner ~* with an iron hand; *mit der ~ auf den Tisch schlagen* plant one's fist on the table, *fig.* put one's foot down; → *Auge.*
Fäustchen ['fɔystçən] *n* (-s; -) small fist; *fig. sich ins ~ lachen* laugh up one's sleeve; gloat (*über acc.* over).
'faustdick *adj.* as big as a fist; *fig. e-e ~e Lüge sl.* a whopping lie; *er hat es ~ hinter den Ohren* he is a sly dog, he is a deep one; *es kommt immer gleich ~* it never rains but it pours.
'fausten *v/t. and v/i.* (h.) *sports:* punch *or* fist (the ball).
'Faust...: **2groß** *adj.* (as) big as (*or* the size of) a fist; **~handschuh** *m* mitt(en); **~kampf** *m* fist fight; boxing-match; pugilism, boxing; **~kämpfer** *m* pugilist; boxer; **~keil** *m* hand-axe; **~pfand** *n* dead pledge; **~recht** *n* (-[e]s) club-law, law of the jungle; **~regel** *f* rule of thumb; **~schlag** *m* blow with the fist; punch; **~skizze** *f* rough sketch.
Favorit(in *f)* [favo'riːt] *m* (-en, -en; -, -nen) favo(u)rite.
Faxe ['faksə] *f* (-; -n) foolery, antic, (silly) prank; **~n machen** clown, (play the) fool; **~n schneiden** grimace, make faces; **~nmacher** *m* clown, buffoon.
Fazit ['fɑːtsit] *n* (-s; -e) result, upshot; sum total; *das ~ ziehen* sum (it) up.
F-Dur ['ɛf-] *n* (-) F major.
Februar ['feːbruɑːr] *m* (-[e]s; -e) February.
Fecht|bahn ['fɛçt-] *f* fencing strip; **~boden** *m* fencing-room; **~degen** *m* épée (*Fr.*), rapier.
'fechten *v/i.* (*irr.*, h.) fence; fight (*a. v/t.*); gesticulate; *colloq.* beg one's way, cadge; *mil. ~de Truppe* combat forces *pl.*
'Fechten *n* (-s) fencing; fighting.
'Fechter(in *f)* *m* (-s, -; -, -nen) fighter; fencer, swordsman; *colloq.* beggar, cadger, *Am.* bum.
'Fecht...: **~kunst** *f* (art of) fencing; **~meister** *m* fencing-master; **~schule** *f* fencing-school; **~turnier** *n* fencing tournament.
Feder ['feːdər] *f* (-; -n) feather; down; plume; pen, nib; quill; *fenc.* foible; *tech.* spring; tongue; *~ und Nut* a) *wood:* tongue and groove, b) *metal:* slot and key; *sich mit fremden ~n schmücken* adorn o.s. with borrowed plumes; *die ~ ergreifen* take up pen, set pen to paper; *e-e scharfe ~ führen* wield a formidable pen; *in die ~ diktieren* dictate; *colloq. noch in den ~n liegen* be still in bed; **2artig** ['-ɑːrtiç] *adj.* featherlike, plumaceous; spring-like; **~ball** *m* shuttlecock; (*game*) badminton; **~bein** *mot. n* telescopic fork; shock-absorbing strut; **2be-**

lastet *adj.* spring-loaded; **~bett** *n* feather-bed; **~blatt** *tech.* *n* spring leaf; **~bolzen** *m* spring bolt; **~brett** *n gym.* springboard; **~busch** *m* tuft of feathers, plume; *zo.* crest; **~decke** *f* eiderdown, featherquilt, *Am.* comforter; **~druck** *tech.* *m* spring load; **~fuchser** ['-fuksər] *m* (-s; -) quill-driver, scribbler; **2führend** *adj.* managing, authorized, in charge; **~führung** *f* centralized administration; leadership; *unter der* ~ (*gen.*) under the control of; **~gabel** *mot.* *f* spring-fork; **~gehäuse** *n* watch: springbox; **~gewicht(ler** *m*, -s; -) *in sports:* featherweight; **~halter** *m* penholder; **2ig** *adj.* feathery; **~kasten** *m* pencil box; **~kiel** *m* quill; **~kissen** *n* feather-pillow; **~kraft** *f* springiness, resilience, elasticity; **~krieg** *m* literary feud; **2leicht** *adj.* (as) light as a feather, *Am.* featherweight; **~lesen** *n* (-s): *fig.* nicht viel ~s machen make short work of; **~messer** *n* penknife.

'federn **I.** *v/i., a. sich* (*h.*) bird: mo(u)lt, shed one's feathers; be elastic (*or* resilient), be cushioned; *mot., etc.* gut gefedert well-sprung; *sports:* bend up and down, spring; jerk, bounce; **II.** *v/t.* (*h.*) pluck, feather; *tech.* fit with springs, spring; *woodworking:* tongue; **~d** *adj.* springy, elastic, resilient, flexible, anti-vibration; ~ *angebracht* spring-mounted.

'Feder...: **~ring** *tech.* *m* spring washer; **~schloß** *n* spring-lock; **~spannung** *tech.* *f* spring tension; *unter* ~ spring-loaded; **~spitze** *f* nib, *Am.* (pen-)point; **~stahl** *m* spring steel; **~strich** *m* stroke of the pen (*a. fig.*); **~ung** *f* (-; -en) *tech.* springing, springs *pl.*; cushioning; *mot. a.* spring suspension; → *Federkraft*; **~vieh** *n* poultry; **~waage** *f* spring-balance; **~werk** *n* spring mechanism; **~wild** *n* winged game; **~wisch** *m* feather-duster; **~wolke** *f* cirrus (cloud); **~zeichnung** *f* pen-and-ink drawing; **~zirkel** *m* spring-callipers *pl.*; **~zug** *m* → *Federstrich*; *tech.* spring pull.

Fee [fe:] *f* (-; -n) fairy: *böse* ~ wicked fairy; *gute* ~ good fairy, Lady Bountiful.

Feen... [fe:ən-]: **2haft** *adj.* fairylike; *fig.* magic(al), romantic; marvel(l)ous; **~könig** (in *f*) *m* fairy-king (-queen); **~kreis** *m* fairy-ring; **~land** *n* fairyland.

Fegefeuer ['fe:gə-] *n* (-s) purgatory.

'fege|n **I.** *v/t.* (*h.*) furbish, rub; clean, wipe; scour; sweep; *agr.* winnow; *stag:* das Geweih ~ fray its head; sweep *or* tear off; **II.** *v/i.* (sn) sweep, rush, race, flit; **2sand** *m* scouring sand.

Feh [fe:] *n* (-[e]s; -e) grey (Siberian) squirrel.

Fehde ['fe:də] *f* (-; -n) feud; *in* ~ liegen mit bc at feud (*or* war) with; *j-m* ~ ansagen throw down the gauntlet to a p.; **~brief** *m* challenge; **~handschuh** *m* gauntlet; *den* ~ aufnehmen take up the gauntlet.

fehl [fe:l] *adj.* false, wrong; ~ *am Platze* out of place, inappropriate.

'Fehl *m* (-) blemish, flaw, fault;

~anzeige *f* negative report, *a. mil.* nil return; **~ball** *m* tennis: fault; **2bar** *adj.* fallible; **~barkeit** *f* (-) fallibility; **~besetzung** *thea.* *f* miscasting; *w.s.* the wrong man; **~bestand** *m* deficiency, shortage; **~betrag** *m* deficit, deficiency; **~bezeichnung** *f* misnomer; **~bitte** *f:* e-e ~ tun meet with a refusal, be turned down; **~blatt** *n cards:* inferior (*or* bad) card; **~bogen** *typ.* *m* imperfect sheet; **~diagnose** *f* false diagnosis; **~disposition** *f* misguided action; **~druck** *typ.* *m* (-[e]s; -e) misprint, foul impression.

'fehlen *v/i.* (*h.*) be absent (*in dat.*, *bei* from); have failed to come (*or* appear, attend); be missing; fail, lack, be wanting (*or* lacking); *j-m et.:* be in need of, be short of; es ~ *lassen an* (*dat.*) fail in, be wanting in; es an nichts ~ *lassen* spare no pains (*or* expense), leave nothing undone; err, sin, do wrong; ~ gegen (*acc.*) offend against, violate; miss (*a. v/t.*); *weit gefehlt!* far off the mark! you are quite wrong!; *fehlt Ihnen etwas?* is anything the matter (*or* wrong) with you? what ails you?; es fehlte nicht viel und it was touch and go that, a little more and; das fehlte gerade noch! what next!, it only wanted that!, that's the last straw!; es fehlte an jeder Zusammenarbeit there was no co-operation whatsoever; es fehlte ihm nie an e-r Ausrede he was never at a loss for an excuse; an mir soll es nicht ~ it shall not be my fault; du hast uns sehr gefehlt we have missed you badly; er fehlte an allen Ecken und Enden his absence was painfully felt everywhere; wo fehlt's denn? what's wrong (*or* the trouble)?; **2** *n* (-s) want, absence; nonattendance; absenteeism; **~d** *adj.* lacking, missing; **2es** what is missing *or* lacking; *econ.* deficit, deficiency, shortage; *der* (*die*) 2e the absentee.

'Fehl-entscheidung *f a. sports:* incorrect (*or* wrong) decision.

'Fehler *m* (-s; -) defect; drawback, *Am. a.* shortcoming; *of character, etc.:* a. failing, fault, imperfection; weakness; blemish; *körperlicher* ~ bodily defect, infirmity; *tech.* defect (*an, in dat.* in), fault, flaw; *shooting:* miss; *sports:* fault; mistake; error; blunder; *e-n* ~ machen make a mistake, commit an error, blunder; *w.s.* make a faux pas, put one's foot in it; das war allein sein ~ that was entirely his fault; *jeder hat s-e* ~ we all have our little failings; das war gerade der ~ an der Sache that was just the trouble (with it); **2frei** *adj.* faultless, perfect; *tech.* flawless (*a. fig.*), trouble-free; **~grenze** *f* margin of error, tolerance; **2haft** *adj.* faulty, defective, deficient; incorrect; *jur.* wrongful (*possession, etc.*); ~e *Stelle* flaw, blemish (*in fabric, etc.*); **2los** *adj.* → *fehlerfrei*; **~losigkeit** *f* (-) faultlessness, flawlessness; **~quelle** *f* source of error (*or tech.* trouble); **~verzeichnis** *n* (list of) errata *pl.*

'Fehl...: **~farbe** *f cards:* non-trump card; *econ.* off shade; **~fracht** *f* dead freight; **~geburt** *f* miscarriage,

abortion; **2gehen** *v/i.* (irr., sn) miss one's way, (*a. fig.*) go wrong; *shot:* miss (its mark), *fig.* fail, go amiss (*or* wrong); **~gewicht** *n econ.* short weight; **2greifen** *v/i.* (irr., h.) miss one's hold; *fig.* make a mistake; **~griff** *m fig.* mistake, blunder; **~investition** *f* misinvestment, misconceived capital project; **~jahr** *agr.* *n* bad year, off year; **~kalkulation** *f* miscalculation; **~kauf** *m* bad bargain; **~konstruktion** *f* faulty design (*or* construction); **~landung** *aer.* *f* balked landing; **~leistung** *f* slip, blunder; **2leiten** *v/t.* (h.) misdirect, mislead; miscarry, *Am.* misthrow (*letters*); **~prognose** *f* false prognosis; **~punkt** *m sports* bad point (*or* mark), penalty; **2schießen** *v/i.* (irr., h.) miss one's aim (*or* the mark); **~schlag** *m* miss; *fig.* failure; disappointment; setback; **2schlagen** *v/i.* (irr., sn) miss (one's blow); *fig.* fail, miscarry, come to nothing, *Am. sl.* backfire; **~schluß** *m* false inference, wrong conclusion, fallacy, paralogism; **~schuß** *m* miss, **~spekulation** *f* bad speculation; **~spruch** *jur.* *m* miscarriage of justice; judicial error; false verdict; **~start** *m* false start; **~stoß** *m* miss; **2treten** *v/i.* (irr., sn) make a false step, miss one's footing, stumble; **~tritt** *m* false step, slip; *fig.* blunder, faux pas (*Fr.*); *moral:* slip, lapse; **~urteil** *n* misjudg(e)ment; → *Fehlspruch*; **2zünden** *v/i.* (h.) **~zündung** *mot.* *f* misfire, backfire.

feien ['faɪən] *poet.* *v/t.* (h.) charm (*gegen* against), make proof (*against*); → *gefeit.*

Feier ['faɪər] *f* (-; -n) rest; holiday; celebration; ceremony; festival, fête; party; *zur* ~ *des Tages* in hono(u)r of the day, to mark *or* celebrate the occasion; **~abend** *m econ.* closing-time; leisure-time, spare time (*or* hours), *in compounds* a. after-work; ~ *machen* leave (*or* knock) off work; (*machen wir*) ~! let's call it a day!

'feierlich *adj.* solemn; festive; ceremonious; ~ *begehen* celebrate; **2keit** *f* (-) solemnity; ceremoniousness; ceremony; **~en** *pl.* ceremonies, *Am. a.* exercises *pl.*; pomp.

'feier|n **I.** *v/t.* (h.) celebrate (*feast, victory, etc.*); keep, observe (*holiday*); commemorate; celebrate, hono(u)r, extol, praise; *j-n: a.* fête a p.; **II.** *v/i.* (h.) rest (from work), make holiday; ~ *müssen* be out of work, be idled, be laid off; *fig.* take it easy; **2schicht** *f* idle shift; ~en *einlegen* drop shifts; **2stunde** *f* hour of rest (*or* recreation), leisure hour; festive hour; ceremony; solemnity, hour of meditation; **2tag** *m* holiday, red-letter day; *gesetzlicher* ~ public (*Am.* legal) holiday; *eccl.* (feast-)day; festive day.

feig(e) [faɪk, '-gə] *adj.* cowardly, white-livered, yellow; fainthearted, timid; dastardly, mean; *sich* ~ zeigen quail, show the white feather, funk, have cold feet.

Feige ['faɪgə] *f* (-; -n) fig; **~nbaum** *m* fig-tree; **~nblatt** *n* fig-leaf.

'Feig...: **~heit** *f* (-) cowardice, cowardliness, funk; Sherzig *adj.* faint-hearted, pusillanimous; ~ling ['-liŋ] *m* (-s; -e) coward.

feil [faıl] *adj.* on (*or* for) sale, to be sold; *fig.* mercenary, venal; '~bieten *v/t.* (*irr., h.*) offer (*or* put up) for sale; *contp.* prostitute.

Feile ['faılə] *f* (-; -n) file; rasp; *fig.* file, finish; *die letzte* ~ *legen an* (*acc.*) give the finishing touches to; Sn *v/t.* (*h.*) file; *fig.* (*a.* ~ *an dat.*) file, polish, finish (off).

'feilhalten *v/t.* (*irr., h.*) have on sale.

'Feilheit *f* (-) venality; corruptibility.

feilschen ['faılʃən] *v/i.* (*h.*) bargain (*um* for), haggle (about); S *n* (-s) bargaining, haggling.

'Feilscher *m* (-s; -) bargainer, haggler.

Feim(en) ['faım(ən)] *agr. m* (-[e]s, -e -s, -) stack, rick.

fein [faın] *adj.* fine; delicate, dainty; minute; graceful; distinguished, *iro.* genteel; refined; elegant, smart; choice, exquisite; *colloq.* excellent, splendid; great; accurate, precise, fine (*tuning*); fancy (*pastries*); delicate, subtle (*feeling*); fine(ly chiselled) (*face*); ~es Gold fine gold; sensitive, sharp (*ear, etc.*); drizzling (*rain*); ~er Ton good form; ~er Unterschied nice (*or* subtle, fine) distinction; *sich* ~ *machen* smarten (*or* spruce) o.s. up; *er ist* ~ *heraus* he is well out of it, *w.s.* he is a lucky fellow.

'Fein...: ~abstimmung *f radio:* fine tuning; ~arbeit *f* delicate (*or* precision) work; ~bäcke'rei *f* fancy-bakery, confectionery; ~blech *n* thin sheet (*or* plate).

Feind [faınt] *m* (-[e]s; -e), ~in ['-din] *f* (-; -nen) enemy (*a. mil.*); *rhet.* foe; adversary, opponent, antagonist; rival; *eccl. der böse* ~ the Fiend, the Evil One; *Freund und* ~ friend and foe; *sich* ~e *machen* make enemies; *ein* ~ *e-r Sache sein* → **feind** *pred. adj.:* (*dat.*) ~ *sein* be an enemy of *or* to; be hostile (*or* opposed) to; hate, loathe.

'Feind...: ~berührung *mil. f* contact with the enemy; ~einwirkung *f* enemy action; ~eshand ['-dəshant] *f* (-): *in* ~ *fallen* fall into the enemy's hands; ~esland ['-dəslant] *n* (-[e]s) enemy country *or* territory; ~fahrt *mar. f* operational cruise; ~flug *aer. m* (combat) mission, sortie; Sfrei *adj.* clear of the enemy; Slich I. *adj. mil.* hostile, enemy('s *fire, lines, etc.*); ~e *Truppen* enemy forces; ~er *Ausländer* enemy alien; *person:* hostile, adverse, inimical, antagonistic, opposed, unfriendly (*gegen* to); II. *adv.:* ~ *gesinnt* hostile (*dat.* to), ill-disposed (towards); ~lichkeit, ~schaft *f* (-; -en) enmity, animosity, hostility; antagonism; ranco(u)r; hatred; illwill; feud, quarrel, strife; discord; *in Feindschaft leben mit* (*dat.*) be at enmity (*or* variance, daggers drawn) with; Sselig *adj.* hostile (*gegen* to); → *böswillig;* ~seligkeit *f* (-; -en) hostility; malevolence; → *Feindlichkeit; mil. die* ~en *eröffnen* (*einstellen*) commence (suspend) hostilities.

'Fein...: ~einsteller *tech. m* (-s; -) vernier; ~einstellung *f* fine adjustment; Sfühlend, Sfühlig ['-fy:-lic] *adj.* sensitive; delicate; tactful; ~gefühl *n* (-[e]s) sensitiveness; delicacy; tact; ~gehalt *m* standard (*of coin*); ~gehaltsstempel *m* hall-mark; Sgesponnen *adj.* fine(ly)-spun (*a. fig.*); ~gold *n* fine (*or* refined) gold; ~heit *f* (-; -en) fineness; delicacy, daintiness; grace (-fulness); elegance; refinement, elegance, polish; (*of manners, style*); delicacy, tact; subtlety, finesse; exquisiteness, superior quality; purity; size, grist (*of yarn*); ~en *pl.* niceties, delicacies, finer points *pl. die letzten* ~en the last touches; Shörig *adj.* quick of hearing, having a quick (*or* sensitive) ear; ~keramik *f* fine ceramics *pl.*; Skörnig *adj.* fine grained; ~korn *n* (-[e]s) *shooting:* fine sight; *phot.* fine grain; ~kost *f* → *Delikatessen;* Smaschig *adj.* fine-meshed; ~mechanik *f* precision engineering; ~mechaniker *m* precision-instrument maker; precision mechanic; Smechanisch *adj.* fine mechanical, precision; ~messer *m* (-s; -) micrometer; Sporig ['-po:riç] *adj.* finely porous; ~schliff *tech. m* finishing, final rub; ~schmecker(in *f*) *m* (-s, -; -, -nen) gourmet, epicure; *für die* ~ for the fastidious palates; ~schnitt *m* (-[e]s) *tobacco:* fine cut; ~seife *f* toilet soap; ~silber *n* fine (*or* refined) silver; ~sinn *m* (-[e]s) subtle sense, delicacy; Ssinnig *adj.* subtle, delicate; sensitive; ~stbearbeitung *tech. f* superfinish; microfinish; ~stellschraube *f* micrometer screw; ~struktur *phys. f* microstructure; ~waage *f* precision balance; ~wäsche *f* (dainty) lingerie; fine laundering; ~zucker *m* refined sugar.

feist [faıst] *adj. hunt.* in grease, fat; *person:* fat, stout; plump, chubby (*cheeks, etc.*); *mit* ~em *Lachen* with a fat laugh.

feixen ['faıksən] *colloq. v/i.* (*h.*) grin; sneer.

Feld [fɛlt] *n* (-[e]s; -er) field (*a. agr. heraldry, mil., mining, sports, TV*); ground, soil, land; *arch.* panel, compartment; *of ceiling:* coffer; *chess:* square; *phys. elektrisches* (*magnetisches, etc.*) ~ electric (magnetic, *etc.*) field; ~ *der Ehre* field of honour; *fig.* field, domain, department; scope; *aus dem* ~ *schlagen* drive from the field, *fig.* defeat, outstrip, rout, eliminate (*a competitor*); *das* ~ *behaupten* hold the field, stand one's ground; *das* ~ *räumen* retreat, fall back, *fig.* make off, clear out; quit; *das* ~ *bestellen* till the ground; *ins* ~ *führen fig.* advance (*arguments*); *mil. ins* ~ *rücken, ziehen* take the field, go to the front; *auf freiem* ~e in the open (field); (*noch*) *weit im* ~e a long way off; *er hat freies* ~ he has full (free) scope *or* a clear field.

'Feld...: ~arbeit *f* field-work; ~artillerie *f* field artillery; ~ausrüstung *mil. f* field-equipment; ~bahn *f* field-railway; ~bau *m* (-[e]s) agriculture, tillage; ~becher *m* canteen cup; ~befestigung *mil. f* field-fortification, fieldwork; ~bett *n* camp-bed; ~bischof *mil. m* chief of chaplains; ~blume *f* wild flower; ~bluse *mil. f* service blouse; ~bohne *f* horse bean; ~dienst *mil. m* field duty; Sdienstfähig *adj.* fit for active duty; ~dienstübung *f* field exercise; Seinwärts *adv.* across the fields; ~elektron *n* field electron; ~erbse *f* field pea; ~flasche *mil. f* waterbottle, canteen; ~flugplatz *mil. m* advanced airfield; ~früchte ['-fryçtə] *f/pl.* fruit *sg.* of the earth, field-produce; ~geistliche(r) *m* army chaplain; ~gendarm *m* military policeman; ~gendarmerie *f* military police (*abbr.* M.P.); ~gericht *n* field court martial; ~geschrei *n* war-cry; password; ~geschütz *n* field gun; ~grau *mil. adj.* field-grey; *die* Sen *pl.* the German soldiers; ~haubitze *f* field-howitzer; ~heer *n* Army field forces *pl.*; ~herr *m* general; commander-in-chief; strategist; ~herrnkunst *f* (-) strategy, generalship; ~herrnstab *m* baton; ~hockey *n* field hockey; ~huhn *n* common partridge; ~hüter *m* field-guard; ~küche *f* field-kitchen; ~lager *n* bivouac, (military) camp; ~lazarett *n* casualty clearing station, *Am.* evacuation hospital; ~lerche *f* skylark; ~marschall *m* field-marshal; Smarschmäßig *adj.* in heavy marching order; ~maus *f* field mouse; ~messer *m* (-s; -) surveyor; ~mütze *f* field-cap, forage-cap; ~post *f* armypost, army postal service; ~post-amt *n* army post office (*abbr.* APO); ~postbrief *m* field-post letter; ~regler *el. m* field rheostat; ~rübe *f* rape; ~salat *m* lamb's lettuce; ~schaden *m* damage to crops; ~scher ['-ʃər] *hist. m* (-s; -e) army-surgeon; ~schlacht *f* battle; ~schlange *hist. f* culverin; ~schmiede *f* portable forge; ~schütz *m* field-guard; ~spannung *el. f* field voltage; ~spat *min. m* feldspar; ~spiel(er *m*) *n* outfield play(er); ~stärke *phys. f* field-strength; ~stecher *m* field-glass; ~stein *m* field-stone; erratic block; landmark; ~stuhl *m* camp-stool, folding chair; ~telephon *n* field-telephone; ~theorie *phys. f* field theory; ~truppen *f/pl.* field-troops *pl.*; ~verbandsplatz *m* field dressing station; ~wache *f* outpost, picket; ~webel ['-ve:bəl] *m* (-s; -) sergeant; ~weg *m* field-path, country-lane; ~wicklung *el. f* field coil; ~zeichen *n* ensign, standard; ~zeugdepot *n* ordnance depot; ~zeugmeister *m* master of the ordnance; ~zug *m mil.* campaign, expedition; *fig.* campaign, *Am. a.* drive; ~zugsplan *m* plan of operations.

Felge ['fɛlgə] *f* (-; -n) *tech.* felloe, felly; *spec. mot.* rim; *agr.* (ploughing of) fallow land; *gym.* circle; ~abziehhebel *mot. m* rim tool; ~bremse *f* rim (*bicycle:* calliper) brake; ~nrand *m* rim edge.

Fell [fɛl] *n* (-[e]s; -e) coat; hide; skin; pelt; fur; *of men:* skin, hide; *das* ~ *abziehen* (*dat.*) skin; *fig. ein dickes* ~ *haben* be thick-skinned, have a thick hide; → *gerben, jukken*; *j-m das ~ über die Ohren ziehen* fleece (*or* flay) a p.; *fig. s-e ~e davonschwimmen sehen* see all one's plans (*or* hopes) wrecked; '**~händler** *m* dealer in hides, furrier; '**~zeichnung** *f* coat pattern; '**~zurichter** *m* hide-dresser.

Fels [fɛls] *m* (-en; -en) → *Felsen*; '**~block** *m* (-[e]s; ⁓e) (piece of) rock, block, boulder; '**~boden** *m* rock soil.

Felsen ['fɛlzən] *m* (-s; -) rock; crag; cliff, crag; **~abhang** *m* rocky declivity, precipice; **~bewohner(in** *f*) *m* crags (wo)man; **Ⴍfest** *adj.* as firm as a rock, rocklike; unshakeable, unwavering; *ich bin ~ davon überzeugt* I am absolutely convinced of it; **~gebirge** *n* Rocky Mountains *pl.*; **~grund** *m* rock-bed; **~huhn** *n* stone grouse; **~klippe** *f* cliff; **~küste** *f* rocky coast; **~masse** *f* mass of rocks; **~riff** *n* reef; **~wand** *f* wall (*or* face) of rock.

'**Fels...:** **~geröll** *n* rock debris; **~glimmer** *m* mica; **~grat** *m* rocky ridge; **Ⴍig** *adj.* rocky, cragged, craggy; rock-like; **~spalte** *f* crevice; **~spitze** *f* crag, peak; **~sturz** *m* rock-slip; **~vorsprung** *m* ledge.

Fem|e ['fe:mə] *f* (-; -n) vehme; **~gericht** *n* vehmic court.

Femininum [femi'ni:num] *gr. n* (-s; -na) feminine noun.

Fenchel ['fɛnçəl] *m* (-s) fennel; **~holz** *n* sassafras (wood).

Fenn [fɛn] *n* (-[e]s; -e) fen, bog.

Fenster ['fɛnstər] *n* (-s; -) window; *fig. pol.* gate; *mit ~n versehen window (adj. -ed); Geld zum ~ hinauswerfen* throw money down the drain.

'**Fenster...:** **~bogen** *m* bow of a window; **~brett** *n* window-sill; **~briefumschlag** *m* window envelope; **~brüstung** *f* breast-wall; **~chen** *n* (-s; -) small window; **~flügel** *m* casement (*or* wing) of a window; **~gitter** *n* window-grate, lattice; **~glas** *n* window (*or* broad) glass; **~griff** *m* window knob; **~jalousie** *f* Venetian blind; **~kitt** *m* putty; **~kreuz** *n* cross-bar(s *pl.*); **~krone** *f* on tooth: window crown; **~kurbel** *mot. f* window crank; **~laden** *m* shutter; **~leder** *n* chamois (leather); **Ⴍlos** *adj.* windowless; **~nische** *f* embrasure; **~pfeiler** *m* pier; **~pfosten** *m* mullion; **~platz** *m* seat by the window; **~putzer** *m* window cleaner; **~rahmen** *m* window-frame; sash; **~rose** *arch. f* rose window; **~scheibe** *f* (window-) pane; **~sims** *m* window-sill; **~spiegel** *m* window-mirror; **~sturz** *m* lintel.

Ferien ['fe:riən] *pl.* holidays; *esp. jur., univ. or Am.* vacation; *parl.* recess; *die großen ~* the long vacation; *~ machen* take (*or* go for) one's holidays, *Am.* take a vacation, go (*or* be) vacationing; → *Urlaub*; **~heim** *n* holiday home; **~kolonie** *f*, **~lager** *n* holiday camp; **~kurs(us)** *m* vacation course; **~reise** *f* holiday-trip *or* -tour; **~reisende(r** *m*) *f* holiday-maker, *Am.* vacationist; **~zeit** *f* holiday time.

Ferkel ['fɛrkəl] *n* (-s; -) young pig,

piglet; sucking pig, sucker; *fig.* pig; **Ferke'lei** *f* (-; -en) dirtiness; filthy (*or* dirty) joke, obscenity, smut; '**ferkeln** *v/i.* (h.) farrow, pig; *fig.* talk smut.

Fermate [fɛr'mɑːtə] *mus. f* (-; -n) pause, hold.

Ferment [fɛr'mɛnt] *n* (-s; -e) ferment, enzyme; **Fermentation** [-tatsi'oːn] *f* (-; -en) fermentation; **fermen'tieren** *v/t.* (h.) *and v/i.* (sn) ferment.

fern [fɛrn] *adj.* far (*a. adv.*); far off, distant, remote (*a. as to time*); *der Ⴍe Osten* the Far East; *~e Ähnlichkeit* remote (*or* distant) resemblance; *von ~* from afar, from (*or* at) a distance; *in nicht (allzu) ~er Zukunft* in a not too distant future, before long; *das sei ~ von mir!* far be it from me!, by no means!

'**Fern...:** **~amt** *teleph. n* trunk (*Am.* long-distance *or* toll) exchange; **~anruf** *m* trunk (*Am.* long-distance *or* toll) call; **~antrieb** *m* remote drive (*or* control); **~anzeigegerät** *n* remote indicating instrument; **~aufklärung** *mil. f* long-range (*or* strategical) reconnaissance; **~aufklärungsflugzeug** *n* long-range reconnaissance plane; **~aufnahme** *f* long-shot, telephoto(graph); **~auslöser** *phot. m* distance release; **~beben** *n* (-s) distant earthquake; **~bedienung** *tech. f* remote control; **Ⴍbetätigt** *adj.* → *ferngesteuert*; **~bild** *n* telephoto; **Ⴍbleiben** *v/i.* (*irr., sn*) keep away (*dat.* from), absent o.s., not to come (*or* appear, attend); **~bleiben** *n* nonappearance, absence; *econ.* absenteeism; **~blick** *m* distant view, vista; **~bomber** *m* long-range bomber; **~drucker** *tel. m* teleprinter.

Ferne ['fɛrnə] *f* (-; -n) distance, remoteness; *aus der ~* from a distance, from afar; *in der ~* in the (*or* at a) distance; *fig.* (*noch*) *in weiter ~* (still) a long way *or* a far cry off; *das liegt noch in weiter ~ a.* there is a long way to go yet; *in der ~ verschwinden* pass out of sight, fade into the distance.

'**Fern-empfang** *m* (-[e]s) *radio*: long-distance reception.

'**ferner I.** *adj.* further; farther; **II.** *adv.* further(more); moreover, besides, in addition; and then; *~ liefen sports:* also ran (*a. fig.*); **~hin** *adv.* for the (*or* in) future, henceforth; *auch ~ tun* continue to do, keep doing.

'**Fern...:** **~fahrer** *mot. m* long-distance lorry (*Am.* truck) driver; **~fahrt** *f* long-distance trip (*or* run, *mar.* cruise); long haul; **~flug** *m* long-distance flight; **~funk** *m* long-distance broadcast; **~gang** *mot. m* overdrive; **~gasversorgung** *f* grid gas supply; **Ⴍgelenkt** *adj.* → *ferngesteuert*; **~geschütz** *n* long-range gun; **~gespräch** *teleph. n* trunk (*Am.* long-distance) call; **Ⴍgesteuert** *adj.* remote-control(l)ed; radio-control(l)ed; pilotless; *~es Geschoß* guided missile; **~glas** *n* binocular(s *pl.*); → *Fernrohr*; **Ⴍhalten** *v/t.* (*irr., h.*) keep away, hold off; *j-n von sich ~* keep a p. at a distance, fend a p. off; *et. von j-m*

~ keep a th. from a p., protect (*or* shield) a p. from a th.; *sich ~ keep away (von from); keep aloof (from);* steer clear (of); **~heizung** *f* district heating; **Ⴍher** *adv.* from afar; **~kabel** *n* long-distance cable; **~kamera** *f* telecamera; **~kampfartillerie** *f* long-range artillery; **~kurs(us)** *m* correspondence course; **~laster** *m* long-distance lorry (*Am.* truck); **~lastverkehr** *m* long-distance road haulage; **~lastzug** *m* long-distance road train; **~leitung** *f teleph.* trunk-line, *Am.* long-distance line; *el.* transmission line; pipeline; **~lenkpult** *n* control desk; **~lenkung** *f* remote (*or* distant) control; wireless (*Am.* radio) control; **~licht** *mot. n* (-[e]s) full headlight beam, high beam (position); **Ⴍliegen** *v/i.* (*irr., h.*): *es liegt mir fern, zu inf.* I am far from *ger.*, far be it from me to *inf.*; *der Gedanke liegt mir fern* that's far from my thoughts; **~d** → *fern*.

Fernmelde|bataillon ['fɛrnmɛldə-] *n* signal battalion; **~dienst** *m* telecommunication service; **~netz** *n* telecommunication system; **~technik** *f* telecommunications *pl.* (engineering); **~wesen** *n* (-s) telecommunication(s *pl.*).

'**Fern...:** **Ⴍmündlich** *adj.* telephonic, by telephone; **~ost...,** **Ⴍöstlich** *adj.* Far-Eastern; **~photographie** *f* telephoto(graphy); **~rohr** *n* telescope; **~ruf** *m* telephone call; → *Fernanruf*; *on letters, etc.:* Telephone (*abbr.* Tel.); **~schalter** *m* remote control switch; **~schnellzug** *m* long-distance express train; **Ⴍschreiben** *v/i.* (*irr., h.*) teleprint, *Am.* teletype (a message); **~schreiben** *n* teleprint (*Am.* teletype[d]) message; **~schreiber** *m* teletype(writer); teleprinter (*a. person*), telex; **~schuß** *m* long(-range) shot.

Fernseh|antenne ['fɛrnze:-] *f* television aerial (*Am.* antenna); **~apparat** *m* → *Fernsehempfänger*; **~auge** *n* television eye; **~band** *n* television band; **~bild** *n* television (*abbr.* TV) image (*or* picture); **~bildschirm** *m* telescreen, (viewing) screen; **~empfang** *m* (-[e]s) television reception; **~empfänger** *m* television (*abbr.* TV) receiver (*or* set, viewer), telly; (*person*) televiewer, *pl.* television audience; **~en** *n* (-s) television (*abbr.* TV), *Am. a.* video; *farbiges ~* colo(u)r television; *im ~* on television; *im ~ übertragen* televise, telecast; *durch ~ miterleben* watch on television, (*a.* **Ⴍen** *v/i.*, *irr., h.*) teleview; **~film** *m* telefilm; **~er** *m* televisor, televiewer; *a.* **~gerät** *n* → *Fernsehempfänger*; **~kamera** *f* television camera; **~kanal** *m* television channel; **~kassette** *f* video cassette; **~koffer-empfänger** *m* portable television receiver; **~publikum** *n* television audience; **~röhre** *f* television tube; *of camera:* iconoscope, pickup tube; **~sehschirm** *m* → *Fernsehbildschirm*; **~sender** *m* television broadcast station; *durch ~ übertragen* telecast, televise; **~sendung** *f* television (*abbr.* TV) broadcast, telecast; **~studio** *n* telestudio; **~technik** *f* television engineering; ~techniker *m* television engineer; ~teilnehmer(in *f*) *m* televiewer, *pl.* television audience; ~telephon *n* television telephone; ~turm *m* television tower; ~übertragung *f* television transmission, telecast.

'**Fern**...: ~sicht *f* (distant) view, visual range; perspective (view); ♀sichtig *adj.* long-sighted.

Fernsprech|amt ['fɛrnʃprɛç-] *n* telephone exchange; ~anschluß *m* telephone connection, subscriber's line; ~apparat *m* telephone set, (tele)phone; ~auftragsdienst *m* automatic telephone answering service; ~automat *m* coin-box telephone, *Am.* pay station; ~buch *n* telephone directory; ♀en *v/i.* (*irr., h.*) telephone, phone; ~er *m* telephone, phone; öffentlicher ~ public telephone (station), *Am.* pay station; *am* ~ at *or* on the (tele-)phone; *durch den* ~ on (*or* over) the telephone, by telephone; ~gebühren *f/pl.* telephone-fees; ~leitung *f* telephone line; ~netz *f* telephone network; ~nummer *f* telephone number; ~stelle *f* (öffentliche ~ public) call-office, ~ Fernsprechzelle; ~teilnehmer(in *f*) *m* telephone subscriber; ~teilnehmerverzeichnis *n* telephone directory; ~wesen *n* (-s) telephony; ~zelle *f* telephone box, call-box, *Am.* (tele-)phone-booth; ~zentrale *f* (tele-phone)exchange.

'**Fern**...: ~spruch *m* telephone message; ♀stehen *v/i.* (*irr., h.*) (*dat.*) be a stranger to, have no contacts with; ~stehende(r *m*) ['-də(r)] *f* -*n*, -*n*; -*en*, -*en*) outsider, onlooker; ~steuerung *f* remote (*or* distant) control; ~studium *n* (study by) correspondence course; ~thermometer *n* telethermometer; ~transport *m* long-distance (*or* long-haul) transport; ~trauung *f* marriage by proxy; ~unterricht *m* correspondence course (*or* tuition), postal course; ~verkehr *m* long-distance traffic; *tel.* long-distance communication; ~verkehrs-omnibus *m* long-distance (*or* cross-country) bus; ~verkehrsstraße *f* trunk--road, highway; ~waffe *f* long--range weapon; ~wahl *teleph. f* trunk (*Am.* direct distance) dial-(l)ing; ~weh *n* (-[e]s) wanderlust; ~wirkung *f* distant effect; radiation effect; telepathy; ~ziel *n* long--range objective; ~zug *m* long-distance train; ~zündung *f* distant ignition.

Ferri|ammonsulfat ['fɛri?amon-] *n* ammonium ferric sulphate; ~azetat *n* ferric acetate; ~chlorwasserstoff *m* ferrichloric acid.

Ferro|azetat ['fɛro-] *n* ferrous acetate; ~chlorid *n* ferrous chloride; ~legierung *f* ferroalloy; ~zyanid ['-tsya'ni:t] *n* (-s) ferrocyanide.

Ferse ['fɛrzə] *f* (-; -n) heel; (*dat.*) (dicht) *auf den* ~*n folgen* follow (hot) on the heels of; *j-m auf den* ~*n sein* be at (*or* on) a p.'s heels, follow a p. closely, run a p. close; *sich an j-s* ~*n heften* dog a p.'s footsteps, *sports*: tuck (*or* drop) in behind a p.; ~nbein *n* heel-bone; ~ngeld *n*:

~ *geben* take to one's heels, show a clean pair of heels, turn tail; ~sehne *f* tendon of Achilles.

fertig ['fɛrtiç] *adj.* ready; finished, done; complete; ready, skilled, dexterous; accomplished, perfect; fluent (*talker*); mature; ready--made, reach-me-down (*clothes*); ready-to-eat, instant (*food*); *tech.* prefabricated, ready-built; *fix und* ~ a) quite ready, b) tired to death, played out, ready to drop, all in, c) ruined, lost, broken, at the end of one's tether, done for; → *fertig-machen*; ~ *werden* get ready, *mit et. or j-m*: manage, handle, deal (*or* cope) with *a p. or th.*, get over (*one's* grief, etc.*); ~ *sein* a) be ready, b) *mit et. or j-m*: have finished *or* done (doing *a th. or* with *a th.*, with *a p.*), be through with; *ohne j-n or et.* ~ *werden* get along (*or* manage, do) without *a p. or th.*; *das Essen ist* ~ dinner is ready; *sports*: ~! ready!, get set!; *laß ihn sehen, wie er damit* ~ *wird* let him look out for himself, that's his outlook (*or Am.* funeral); *colloq.* nun *bin ich aber* ~! you don't say!, that's the limit!; ♀bauweise *tech.f* prefab(ricated) construction; ♀bearbeitung *f* finishing, finish machining; ~bringen *v/t.* (*irr., h.*) finish, complete; bring about, accomplish, achieve; *es* ~ *zu inf.* manage (*or* contrive) to *inf.*, succeed in *ger.*; *ich brachte es nicht fertig* I couldn't do it, I failed, I didn't make it; *er bringt es nicht fertig, ihr die Wahrheit zu sagen* he has not the heart to tell her the truth; *er bringt es* (*glatt*) *fertig* he is capable of it, I shouldn't put it past him; ~en *v/t.* (*h.*) manufacture, make, fabricate, produce; ♀erzeugnis *n*, ♀fabrikat *n* finished product; ♀haus *n* prefabricated house, prefab; ♀keit *f* (-; -en) dexterity; skill, art, facility; proficiency (*in dat.* in); fluency; practice; ~*en pl.* accomplishments; *e-e große* ~ *haben in* (*dat.*) be highly proficient in, be very good at; ♀kleidung *f* ready--to-wear (*or* ready-made) clothing; ~kriegen *v/t.* (*h.*) → *fertigbringen*; ~machen *v/t.* (*h.*) finish, complete, get ready; *typ.* adjust; *fig.* finish; fix, do for; shatter; *colloq.* *den habe ich fertiggemacht* I settled his hash; *sich* ~ get ready, prepare (*zu* for); ♀montage *f* final assembly; ♀produkt *n* finished product; ~stellen *v/t.* (*h.*) finish, complete; ♀stellung *f* completion; ♀stellungs-termin *m* completion date; ♀ung *f* (-; -en) manufacture, production, making, fabrication; output; → *Herstellungs*...; ♀ungs-auftrag *m* production order; ♀ungsbetrieb *m* factory, finishing plant; ♀ungsfehler *m* manufacturing defect; ♀ungsingenieur *m* production engineer; ♀ungsjahr *n* year of manufacture; ♀ungsstraße *f* production line; ♀ungs-teil *m* prefabricated part; ♀ungszeit *f* production time; ♀waren *f/pl.* finished goods (*or* products), ready-made articles.

fes [fɛs], **Fes** *mus.* *n* (-; -) f, F flat.

fesch [fɛʃ] *colloq. adj.* smart, natty, chic (*Fr.*), stylish; dashing.

Fessel ['fɛsəl] *f* (-; -n) fetter, shackle, chain; *fig. a.* trammels *pl.*, *pl.* handcuffs, manacles; *wrestling*: lock, tie-up; *anat.* ankle, *vet.* fetlock, pastern; *j-m* ~*n anlegen* a) → *fesseln*, b) *fig.* lay fetters on, fetter, trammel; *die* ~*n abschütteln* shake off one's chains; *j-m die* ~*n abnehmen* unfetter (*or* unshackle, release) a p.; ~ballon *m* captive balloon; ~gelenk *vet. n* pastern-joint.

'**fessel|n** *v/t.* (*h.*) fetter, shackle, chain, put in irons; tie, bind, pin; *fig. mil.* contain (*enemy forces*); captivate, fascinate, enthrall; catch, arrest, rivet (*attention, eye, etc.*); *j-n an sich* ~ attract a p., attach (*or* draw) a p. to one; confine (*an acc.* to *bed, one's room, etc.*); *ans Bett gefesselt* confined to one's bed, bed-ridden, laid-up; ~nd *adj.* captivating, fascinating, spell-binding; gripping, thrilling; absorbing; ♀ung *f* (-; -en) shackling, chaining up; *wrestling*: lock, tie-up; *mil.* containing.

fest [fɛst] *adj.* firm; *a. phys.* solid; ~er Körper *phys.* solid; ~ *werden* solidify, harden; compact, hard; strong, sturdy; fixed, rigid, *tech. a.* stationary, positive (*stop*); solid (*coupling*); surfaced (*road*); fast; ~ *anbringen* fasten (*or* attach, secure) (*an dat.* to); tight; ~er machen, ziehen tighten; close (*fabric*); permanent (*domicile, position, structure*); sound (*sleep*); ~ *schlafen* be fast asleep; *mil.* fortified, strong (*place*); ~er Platz fortress, stronghold; constant; firm, steady, inflexible, unshakable; stable, durable, lasting (*peace, friendship, etc.*); steady, firm (*look*); robust (*health*); heavy, sound (*blow, etc.*); *econ.* steady, firm (*market, price, etc.*); fixed (*costs, income, price, salary*); regular (*customer*); ~es Angebot firm (*or* binding) offer; ~es Geld time-money, fixed deposits *pl.*; ~ *angelegtes Geld* tied-up funds; ~ *bleiben* prices: keep firm; ~ *werden* harden, stiffen; ~er Gewahrsam safe custody; ~en Fuß fassen gain a (firm) footing; ~ *beharren auf* (*dat.*) insist on, make a point of; → *steif* II.; *ich bin* ~ *davon überzeugt, daß* I am perfectly convinced that, I am positive that; ~ *abgemacht* definitely agreed; ~ *entschlossen* firmly resolved; ~ *sein in* (*dat.*) be well grounded (*or* versed) in (*a subject*); ~ *sein gegen* (*acc.*) be proof against; *colloq.* (*immer*) ~*e! go it!*

Fest [fɛst] *n* (-es; -e) festival, celebration; holiday, *eccl.* feast; festivities *pl.*; party; feast, banquet; *fête*; *ein* ~ *begehen* keep (*or* have) a festival, celebrate; *ein frohes* ~! a pleasant holiday!; *colloq.* es war *mir ein* ~! it was a real pleasure (*or* a picnic)!; *man muß die* ~*e feiern, wie sie fallen* Christmas comes but once a year.

'**Fest**...: ~abend *m* (festive) night; ~akt *m* ceremony; ~antenne *f* fixed aerial (*or* antenna); ~aufführung *f* festival production; ~ausschuß *m* organizing (*or* festival) committee; 2**backen** *tech. v/i.* (sn) cake (together); 2**bannen** *v/t.* (h.) fix (*or* rivet) to the spot; ~**beleuchtung** *f* festive illumination; 2**besoldet** *adj.* salaried; 2**binden** *v/t.* (*irr., h.*) fasten (*an dat.* to), tie up, bind fast; 2**bleiben** *v/i.* (*irr., sn*) remain firm; 2**drehen** *v/t.* (h.) turn fast (*or* tight), tighten; ~**e** *f* (-; -n) *mil.* → *Festung;* firmament; ~**essen** *n* feast, banquet, public (*or* gala) dinner; 2**fahren** *v/i.* (*irr., sn*) *and sich* ~ (h.) *mar.* run aground; *sich* ~ stick fast, get stuck (*in dat.* in); *festgefahren sein* be stalled, *fig.* be at a deadlock; 2**fressen** *tech.*: *sich* ~ (*irr., h.*) seize, freeze; ~**gedicht** *n* festive poem; ~**gelage** *n* feast, banquet; ~**geläute** *n* festive peal (of bells); ~**gelder** ['-gɛldər] *n/pl.* deposits at fixed date; ~**gesang** *m* festive song; ~**halle** *f* → *Festsaal;* 2**halten I.** *v/t.* (*irr., h.*) hold fast (*or* tight) *jur.* arrest, seize, detain, keep in custody; *j-n* ~ (*conversationally*) buttonhole a p.; hold, withhold, retain; *fig.* record; capture; *sich* ~ hold fast *or* on (*an dat.* to), cling (to); **II.** *v/i.* (*irr., h.*): ~ *an* (*dat.*) adhere (*or* cling, keep) to; ~**halten** *n* adherence (*an dat.* to); 2**igen** ['-igən] *v/t.* (h.) *fig.* secure; strengthen, steel, fortify; establish (firmly), consolidate (*power, etc.*); stabilize (*currency*); *sich* ~ strengthen, grow stronger, consolidate; ~**igung** *f* (-) strengthening; establishment; consolidation; stabilization.

Festigkeit ['-içkait *f* (-) → *fest;* firmness, solidity, compactness; *phys., tech.* strength, resistance; ruggedness, stability; *econ.* firmness, steadiness; stability (*of currency*); *of person:* firmness, determination; steadfastness.

'**Festigkeits...**: ~**eigenschaften** *f/pl.* mechanical (*or* stress) properties; ~**grad** *m* degree of firmness; ~**grenze** *f* breaking strength (*or* point); ~**lehre** *f* (-) (science of) strength of materials; ~**prüfung** *f* strength test.

'**fest...**: ~**keilen** *v/t.* (h.) fasten by wedges, *tech.* key; ~**klammern** *v/t.* (h.) fasten with clamps *or* pegs; clamp fast; clinch; *sich* ~ *an* (*dat.*) cling (*or* hold on) to, clutch; ~**kleben I.** *v/i.* (sn) adhere, stick (*an dat.* to); **II.** *v/t.* (h.) fasten (*or* stick) with glue *or* gum, glue (to); 2**kleid** *n* festive robe, holiday-dress; ~**klemmen** *v/t.* (h.) *tech.* clamp; *b.s.* (*a. sich*) jam; ~**knüpfen** *v/t.* (h.) tie fast; 2**konto** *n* (deposit) account at fixed date; blocked account; 2**land** *n* mainland, continent; ~**ländisch** ['-lɛndiʃ] *adj.* ~**lands...** continental; ~**legen** *v/t.* (h.) fix, determine, establish, mark out; set *a date, Am.* schedule (*auf* on); stipulate; lay down (*principle, rule, etc.*); *mar.* plot (*course*); *econ.* tie (*or* lock) up, sink, freeze; *fig. sich auf et.* ~ commit (*or* bind, pledge) o.s. to a th.; *j-n auf et.* ~ pin a p. down to a th.; 2**legung** ['-le:guŋ] *f* (-; -en) → *Festsetzung.*

'**festlich** *adj.* festive; solemn; splen-

---

did; ~ *begehen* celebrate, solemnize; ~ *bewirten* fête, entertain liberally; 2**keit** *f* (-; -en) festivity; solemnity; splendo(u)r; → *Fest.*

'**fest...**: ~**liegen** *v/i.* (*irr., h.*) be stuck; *patient:* be laid up; ~*d* fixed; ~*des Kapital* tied-up (*or* frozen) capital; ~**machen I.** *v/t.* (h.) fix, attach, fasten (*an dat.* to); *mar.* moor; *fig.* fix, settle; close, clinch (*bargain*); **II.** *v/i.* (h.) *mar.* moor; 2**mahl** *n* feast, banquet; 2**meter** *n* cubic meter (*of timber*); ~**nageln** *v/t.* (h.) nail fast (*or* down); *fig. j-n auf et.* ~ nail (*or* pin) a p. down to a th.; 2**nahme** ['-na:mə] *f* (-; -n) apprehension, capture; detention, arrest; ~**nehmen** *v/t.* (*irr., h.*) apprehend, (put under) arrest, take into custody; 2**ordner** *m* steward; 2**ordnung** *f,* 2**programm** *n* festival program(me), table of events; 2**platz** *m* festival ground; 2**preis** *m* fixed price; 2**punkt** *m* fixed point, base; 2**rede** *f* speech of the day; 2**redner** *m* official speaker; 2**saal** *m* (festival) hall; banqueting-hall; ~**schnallen** *v/t.* (h.) buckle fast, strap (*an acc.* to); ~**schnüren** *v/t.* (h.) tie fast; ~**schrauben** *v/t.* (h.) bolt, fasten with screws, screw on (*or* down); 2**schrift** *f* commemorative publication; ~**setzen** *v/t.* (h.) establish, settle, arrange; regulate; appoint, prescribe; lay down, stipulate (*condition*); fix, appoint (*place, time*); set a *date* (*auf acc.* for), *Am.* schedule (on); fix a *price* (at); assess (*damage, tax*); agree upon; take into custody, imprison; *sich* ~ establish o.s., settle (*a. med.*), gain a footing (*in dat.* in); 2**setzung** ['-zɛtsuŋ] *f* (-; -en) appointment, fixing; establishment, arrangement, regulation; laying down, stipulation, provision; assessment; agreement; imprisonment; ~**sitzen** *v/i.* (*irr., h.*) sit fast; *clothes, tech.:* fit tightly; be stuck *or* stalled; *ship:* be stranded *or* aground; be ice-(snow-)bound; 2**spiel** *n* festival (performance); *pl.* ~**e** (*a.* 2**spielwoche** *f*) Festivals; ~**stampfen** *v/t.* (h.) stamp (*or* ram; *tech. a.* tamp) down; ~**stehen** *v/i.* (*irr., h.*) stand firm (*or* fast), be steady; *fig.* be certain (*or* positive), be a fact; ~**stehend** *adj. tech.* stationary; fixed, dead (*axle*); established, settled (*custom, etc.*); established, positive (*fact*).

'**feststell|bar** *adj.* ascertainable, detectable; noticeable; identifiable; determinable; *tech.* lockable, securable; 2**bremse** *mot. f* parking brake; ~**en** *v/t.* (h.) establish; state; declare; ascertain, detect, find out; *a. chem.* determine; assess (*damage*); locate (*fault, place*); notice, observe; *tech.* lock, secure (in position), set; 2**er** *m* (-s; -) *of typewriter:* shift lock; 2**schraube** *tech. f* setscrew; 2**ung** *f* → *feststellen;* establishment; ascertainment; location; *jur., etc.* finding(s *pl.*); identification; statement, comment; observation; determination; assessment; *tech.* locking, securing; detent, stop, locking device; 2**ungsklage** *jur. f* action for declaratory

---

judgment; 2**ungs-urteil** *n* declaratory judgment.

'**Fest...**: ~**stoffrakete** *f* solid fuel rocket; ~**tag** *m* festive (*or* high) day; festival, holiday; *eccl.* feast; red-letter day; 2**täglich** *adj.* festive; 2**treten** *v/t.* (*irr., h.*) tread (*or* stamp, trample) down.

'**Festung** *f* (-; -en) fortress; fort; citadel.

'**Festungs...**: ~**bau** *m* (-[e]s; -ten) fortification; (building of) fortifications *pl.*; ~**graben** *m* moat; ~**gürtel** *m* ring of forts; ~**haft** *f* confinement in a fortress; ~**krieg** *m* siege warfare; ~**werk** *n* fortification.

'**fest...**: ~**verzinslich** *econ. adj.* fixed interest bearing; 2**vorstellung** *f* festive performance; 2**wagen** *m* pageant car, *Am.* (street-parade) float; 2**wert** *m* standard value; *phys., math.* constant; co-efficient; 2**wiese** *f* fairground; 2**woche** *f:* *Berliner* ~ Berlin Festival; ~**wurzeln** *v/i.* (sn) become deeply rooted; *festgewurzelt dastehen* be firmly rooted to the spot; 2**zug** *m* procession, pageant, parade.

Fetisch ['fe:tiʃ] *m* (-es; -e) fetish, idol; ~**anbeter(in** *f*) ['-anbe:tər-] *m* (-s, -; -, -nen) fetishist; **Fetischismus** [feti'ʃismus] *m* (-) fetishism. **fett** [fɛt] *adj.* fat; corpulent, obese; greasy; grimy; oily; rich (*food, mixture*); fertile, rich, fat (*soil*); bituminous, fat (*coal*); *typ.*: fat, extra bold; *fig.* fat, rich, lucrative; ~ *machen* fatten; ~ *werden* grow (*or* run to) fat; *fig. davon kann man nicht* ~ *werden* that doesn't pay. **Fett** *n* (-[e]s; -e) fat; grease (*a. tech.*); dripping(s *pl.*); shortening; ~ *ansetzen* put on flesh (*or* weight); *fig. j-m sein* ~ *geben* let a p. have it, settle a p.'s hash; *der hat sein* ~ that will teach him.

'**Fett...**: ~**ansatz** *m* (incipient) corpulence; 2**arm** *adj.* poor in fats; ~**auge** *n* speck of fat; ~**bauch** *m* → *Fettwanst;* ~**bestandteil** *m* fatty constituent; 2**druck** *typ. m* (-[e]s; -e) extra bold print, heavy-faced type; 2**en** *v/t.* (h.) grease, lubricate; compound (*oil*); ~**fleck** *m* spot of grease; ~**gas** *n* oil gas; 2**gedruckt** *adj.* boldface, heavily printed; ~**gehalt** *m* fat content; ~**gewebe** *n* fatty tissue; 2**glänzend** *adj.* greasy, shiny; 2**haltig** *adj.* containing fat, fatty; ~**heit** *f* (-) fatness; 2**ig** *adj.* fat(ty); greasy; 2**igkeit** *f* (-) fatness; greasiness; ~**kohle** *f* fat coal; 2**leibig** ['-laibiç] *adj.* corpulent, obese; ~**leibigkeit** *f* (-) corpulence, obesity; 2**löslich** *adj.* fat-soluble; ~**magen** *zo. m* fourth stomach (of ruminants); ~**näpfchen** *n:* *fig. ins* ~ *treten* put one's foot in it, drop a brick; ~**papier** *n* grease-proof paper; ~**polster** *n* cushion of fat, subcutaneous fatty layer; ~**presse** *mot. f* grease gun; ~**salbe** *f* greasy ointment; ~**säure** *chem. f* fatty acid; ~**schicht** *f* layer of fat; 2**spaltend** *chem. adj.* fat-splitting, lipolytic; ~**spritze** *f* grease gun; ~**sucht** *f* (-) obesity, fatty degeneration; ~**wolle** *f* yolk (*or* grease) wool; ~**wanst** *m* fat belly, paunch; ~**wulst** *f* (-; ~e) roll of fat.

Fetzen ['fɛtsən] *m* (-s; -) shred; rag; *Am. a.* frazzle; *ein* ~ *Papier* a scrap of paper; scrap, wisp (*of smoke, cloud*); *contp.* (*dress*) rag; *in* ~ in rags; in shreds (and tatters); *in* ~ *reißen* tear to shreds; *in* ~ *gehen* go to pieces; *colloq. daß die* ~ *fliegen* with a vengeance, like blazes.

feucht [fɔʏçt] *adj.* moist (*von with*), damp, *esp. phys.* humid (*air*); wet (*paint*); clammy (*hands*); dank (*cellar*); ~*e Augen* moist eyes; **Qe** *f* (-) → *Feuchtigkeit;* '~*en* *v/t.* (h.) moisten, damp; ~**fröhlich** *adj.* hilarious; alcoholic, boozy.

'Feuchtigkeit *f* (-) moisture, dampness; humidity; clamminess; dankness; *physiol.* humo(u)r (*of the eye, etc.*); *vor* ~ *schützen!* keep dry!; ~**gehalt** *m* moisture content; ~**grad** *m* degree of moisture (*of air:* humidity); ~**smesser** *m* (-s; -) hygrometer.

'feucht|kalt *adj.* clammy, dank; ~**warm** *adj.* moist and warm.

feudal [fɔʏ'da:l] *adj.* feudal; *fig.* aristocratic, exclusive; grand, magnificent, sumptuous, tip-top, *Am. a.* swank(y); **Feudalismus** [fɔʏda-'lismus] *m* (-) → *Feudalsystem.*

Feu'dal...: ~**recht** *n* feudal law; ~**system** *n* feudal system, feudalism.

Feuer ['fɔʏər] *n* (-s; -) fire; → *anstecken, anmachen, auslöschen, etc.;* *tech. of furnace:* heat; *j-m* ~ *geben* give a p. a light; *mar.* light; beacon; *mil.* fire, firing; *gezieltes* (*massiertes*) ~ aimed (massed) fire; ~ *bekommen* be fired at; *das* ~ *eröffnen* open fire; *im* ~ *stehen* be under fire; *unter* ~ *nehmen* fire at; ~*! fire!; am* ~ *kochen* cook over a fire; *auf langsamem or schwachem* ~ on a slow fire; *fig.* fire, sparkle, brilliance; fire, ardo(u)r, fervo(u)r; fire, spirit, mettle (*a. of horses*); *of wine:* body, vigo(u)r; ~ *und Flamme sein für* (*acc.*) be enthusiastic about, be heart and soul for; *in* ~ *geraten* catch (*or* take) fire (*über acc.* at), kindle (at), get excited (about); *mit dem* ~ *spielen* play with (the) fire; *durchs* ~ *gehen für* (*acc.*) go through fire and water for; ~ *machen hinter* (*acc.*) put pressure (*or* steam) behind; *mit* ~ *und Schwert* with fire and sword; *zwischen zwei* ~*n* between two fires, between the devil and the deep (blue) sea; → *Kastanie, Öl, etc.*

'Feuer...: ~**alarm** *m* fire-alarm; ~**anbeter(in** *f*) ['-anbe:tər-] *m* (-s, -; -, -nen) fire-worshipper; ~**ball** *m* fire ball; ~**befehl** *mil. m* fire order *or* command; ~**bekämpfung** *f* fire-fighting; **Qbereit** *mil. adj.* ready (for action); **Qbeständig** *adj.* fire-proof (*or* resistant); refractory; ~**beständigkeit** *f* fire-proof quality; **Qbestatten** *v/t.* (h.) cremate; ~**bestattung** *f* cremation; ~**bohne** *bot. f* scarlet runner; ~**brand** *m* firebrand (*a. fig.*); ~**eifer** *m* (ardent) zeal, ardo(u)r; ~**einstellung** *f mil.* cessation of fire; cease fire; ~**eröffnung** *mil. f* opening of fire; ~**esse** *f* chimney, forge; **Qfarben, Qfarbig** *adj.* flame-colo(u)red; **Qfest** *adj.* fire-proof, incombustible; refractory; ~**er Ton** fire(-)clay; ~**er**

Ziegel fire(-)brick; ~**festigkeit** *f* (-) fire-proof quality, heat resistance, refractoriness; **Qflüssig** *adj.* liquid at high temperature, molten; ~**fresser** *m* fire-eater; ~**garbe** *mil. f* sheaf *or* cone of fire; ~**gefahr** *f* → *Feuersgefahr;* **Qgefährlich** *adj.* inflammable, hazardous; ~**gefecht** *mil. n* gun-battle (*or* -fight); ~**geist** *m* fiery spirit; ~**geschwindigkeit** *f* rate of fire; ~**glocke** *f* alarm-bell, tocsin; *mil.* box-barrage; ~**hahn** *m* fire-plug, hydrant; **Qhemmend** *adj.* fire-retarding; ~**herd** *m* fireplace, hearth; ~**kraft** *mil. f* fire-power; **Q-lackiert** *adj.* black enamel(l)ed; ~**leiter** *f* fire-ladder; fire-escape; ~**lilie** *f* tiger-lily; ~**löschboot** *n* fire-tug; ~**löscher** *m* fire-extinguisher; ~**löschgerät** *n* fire-fighting equipment; ~**löschmittel** *n* fire-extinguishing substance; ~**löschteich** *m* static water tank; ~**mal** *n* n(a)evus flammens; ~**material** *n* fuel; ~**meer** *n* sea of flames, sheet of fire; ~**melder** ['-mɛldər] *m* (-s; -) fire-alarm; **Qn I.** *v/i.* (h.) make (*or* light) a fire; *mit Holz* (*Kohlen*) ~ burn wood (coal); *mil.* fire (*auf acc.* at, upon); *el.* flash, spark; **II.** *v/t.* (h.) fire (*stove, mil. salute, etc.*); *fig.* fling, hurl; ~**n** *n* (-s) firing; ~**nelke** *bot. f* scarlet lychnis; ~**pause** *mil. f* pause *or* break in firing; ~**probe** *f hist.* ordeal by fire; *fig.* crucial (*or* acid) test; *die* ~ *bestehen* stand the test; ~**rad** *n* Catherine-wheel; ~**raum** *tech. m* fire-box, combustion chamber, furnace; ~**regen** *m* rain of fire (*mil.* of steel); ~**risiko** *n* fire hazard (*or* risk); **Qrot** *adj.* fiery, blazing-red; ~**werden** turn crimson (*in the face*); ~**salamander** *m* fire-salamander; ~**säule** *f* column of fire; ~**sbrunst** *f* (great) fire, conflagration; ~**schaden** *m* damage caused by fire; *gegen* ~ *versichert* insured against fire; ~**schein** *m* glare (*or* reflection) of fire; ~**schiff** *mar. n* lightship; ~**schirm** *m* fire-screen; fire-guard; ~**schlag** *mil. m* → *Feuerüberfall;* ~**schlund** *poet. m* fire-spitting mouth; ~**schutz** *m* fire protection (*or* prevention); *mil.* protective fire, fire support; ~**schutzmittel** *n* fire--proofing agent; ~**sgefahr** *f* danger (*or* risk) of fire, fire hazard; ~**sglut** *f* burning heat; **Qsicher** *adj.* fire--proof; ~**snot** *f* danger from fire; **Qspeiend** *adj.* fire-spitting; volcanic; ~*er Berg* volcano; ~**spritze** *f* fire-engine; ~**stätte, ~stelle** *f* fireplace; hearth; scene of a fire; ~**stein** *m* flint; ~**stellung** *mil.* firing position, gun emplacement; *in* ~ *bringen* emplace; ~**stoß** *mil. m* burst of fire; ~**strahl** *m* flash of fire, *mil. a.* gun flash; back-blast; ~**taufe** *mil. f: die* ~ *erhalten* receive the baptism of fire; ~**tod** *m* death by fire; ~**ton** *m* (-[e]s) fire(-)clay; ~**treppe** *f* fire--escape; ~**überfall** *mil. m* surprise fire, sudden concentration.

'Feu(e)rung *f* (-; -en) firing, heating; furnace; fuel; ~**sbedarf** *m* fuel requirement; ~**smaterial** *n* fuel; ~**sraum** *m* fire-box, furnace; *mar.* stoke-hole.

'Feuer...: ~**unterstützung** *mil. f*

fire support; ~**vereinigung** *mil. f* concentration of fire; ~**vergoldung** *f* hot gilding; ~**verhütung** *f* fire prevention; ~**versicherung(sgesellschaft)** *f* fire insurance (company); ~**versicherungspolice** *f* fire-policy; **Qverzinken** *v/t.* (h.) hot-galvanize; **Qverzinnt** *adj.* fire--tinned, tin-coated; ~**verzinnung** *f* (-) hot plate tinning, tin-coating; ~**vogel** *m* copper (butterfly); *myth.* phoenix; ~**vorhang** *m thea.* fire--curtain; *mil.* fire-screen, curtain of fire; ~**wache** *f* fire-station; fire--watch; ~**waffe** *f* fire-arm, gun; ~**walze** *mil. f* creeping barrage; ~**wasser** *n* (-s) fire-water; ~**wehr** *f* fire-brigade, *Am. a.* fire department; ~**wehrmann** *m* fireman, *Am. a.* firefighter; ~**wehrschlauch** *m* fire-hose; ~**wehrwagen** *m* fire--engine, *Am.* fire-truck, hook-and--ladder (truck); ~**werk** *n* fireworks *pl.* (*a. fig.*); ~**werker** ['-vɛrkər] *m* (-s; -) pyrotechnician; *mil.* ordnance technician, artificer; ~**werke'rei** *f* (-; -en) pyrotechnics *pl.;* ~**werkskörper** *m* firework; ~**werkskunst** *f* pyrotechnics *pl.;* ~**zange** *f* fire-tongs *pl.;* ~**zeichen** *n* fire-signal; *mar.* beacon(-fire), signal-light; ~**zeug** *n* (cigarette-, *or* cigar-, pocket-)lighter; ~**zeugbenzin** *n* lighter fluid; ~**zug** *m* flue.

Feuilleton ['fœjə'tõ:] *n* (-s; -s) feuilleton (*Fr.*); features section; **Feuilleto'nist(in** *f*) *m* (-en, -en; -, -nen) feuilleton writer; **feuilleto'nistisch** *adj.* feuilletonistic.

feurig ['fɔʏriç] *adj.* fiery, burning; sparkling, flashing, burning (*eyes*); *fig.* fiery, ardent, impetuous; fiery, mettlesome (*horse*); heady, strong (*wine*); flaming, glowing, impassioned (*speech*).

Fex [fɛks] *m* (-es; -e) faddist; *in compounds* ... fan, enthusiastic ...

Fez [fe:ts] *m* (-es; -e) fez; *colloq.* (-es) lark; *sich e-n* ~ *machen* have a lark.

ff. *abbr.* et sequ.; *econ.* first-rate, superior; → *Effeff.*

Fiaker [fi'akər] *m* (-s; -) cab; cabman.

Fiasko [fi'asko] *n* (-s; -s) (complete) failure, fiasco, flop; ~ *machen* prove a (complete) failure, break down, flop.

Fibel ['fi:bəl] *f* (-; -n) **1.** primer, spelling-book; **2.** fibula, brooch.

Fiber ['fi:bər] *f* (-; -n) fib|re, *Am.* -er, filament; → *Faser.*

Fibrille [fi'brilə] *f* (-; -n) fibril.

Fibrin [fi'bri:n] *n* (-s) fibrin; **Qhaltig** *adj.* containing fibrin, fibrinous.

fibrös [fi'brø:s] *adj.* fibrous.

Fichte ['fiçtə] *f* (-; -n) spruce.

'Fichten...: ~**harz** *n* spruce resin; ~**holz** *n* spruce(-wood); ~**nadelbad** *n* pine-needle bath; ~**nadelextrakt** *m* pine-needle extract; ~**zapfen** *m* spruce-cone.

Fideikom'miß [fi:dei-] *jur. n* (-sses, -sse) entail(ed estate).

fidel [fi'de:l] *adj.* cheerful, merry, jolly.

Fidibus ['fi:dibus] *m* (-ses; -se) spill.

Fieber ['fi:bər] *n* (-s) fever (*a. fig.*); *gelbes* ~ yellow fever; *hitziges* ~ inflammatory fever; *hohes* ~ high temperature; *kaltes* ~ ague; *schlei-*

chendes ~ slow fever; vom ~ befallen fever-stricken; ~ haben be feverish, have (or run) a temperature; ~anfall m attack of fever; ℒartig ['-ɑːrtiç] adj. feverish, febrile; ℒerregend adj. producing fever, febrifacient; ~flecken m/pl. fever--spots; ℒfrei adj. free from fever, afebrile; ~frost m chill; ~ haben be shivering with fever; ℒgerötet adj. flushed with fever; ℒhaft, ℒig adj. feverish (a. fig.), febrile; fig. ~e Spannung, etc. fever; ~haftigkeit ['-haftiçkait] f (-) feverishness; fig. a. feverish activity; ~hitze f feverish heat, fever-heat; ℒkrank adj. feverish, febrile, down with fever; ~kranke(r m) f fever-patient; ~kur f fever treatment; ~kurve f temperature curve; → Fieberta- belle; ~mittel n febrifuge, anti- pyretic; ℒn v/i. (h.) be in fever (a. fig.), have (or run) a temperature; be delirious, rave (a. fig.); ~ nach (dat.) yearn for; er fieberte dem Tag entgegen he awaited the day in a fever of anticipation; ~phantasie f delirium; ~rinde f Peruvian bark; ~schauer m shivering fit, shivers pl.; ~tabelle f temperature chart; ~thermometer n clinical thermometer; ~traum m feverish dream; ℒvertreibend adj. febri- fuge; ~wahn m delirium; im ~ delirious; ~zustand m febrile state.
Fied|el ['fiːdəl] f (-; -n) fiddle; ~el- bogen m fiddle-stick; ℒeln v/i. and v/t. (h.) fiddle; ~ler m (-s; -) fid- dler.
fiel [fiːl] pret. von fallen.
fies [fiːs] adj. colloq. nasty.
Figur [fi'guːr] f (-; -en) figure (a. dancing, skating); shape, appear- ance; waist-line; cards: court-card; chess: chessman, piece; arts: figure, statue, figurine, statuette; math., tech. figure, diagram, graph(ical representation); figure of speech, metaphor; von guter ~ well-propor- tioned, well made, shapely; e-e gute (schlechte) ~ machen cut a fine (poor) figure; komische ~ figure of fun.
figural [figu'rɑːl] mus. adj. florid, figural.
Figurant(in f) [-'rant-] m (-en, -en; -, -nen) thea. super, walker-on.
Fi'guren|laufen n figure skating; ~tanzen n figure dancing.
figu'rieren v/i. (h.) figure (als as).
Figurine [-'riːnə] f (-; -n) figurine.
figürlich [fi'gyːrliç] adj. figurative.
Fiktion [fiktsi'oːn] f (-; -en) fiction.
fiktiv [fik'tiːf] adj. fictitious.
Filet [fi'leː] n (-s; -s) netting; cul. fillet (of beef, fish), sirloin (of beef), Am. tenderloin; ~arbeit f netting, network; ℒbraten m roast fillet.
Filial|bank [fili'ɑːl-] f (-; -en) branch bank; ~e f (-; -n) branch (office or establishment), subsidi- ary; ~geschäft n → Filiale; mul- tiple shop, chain store; ~leiter m branch manager.
Filigran(arbeit f) [fili'grɑːn-] n -s; -e) filigree.
Film [film] m (-[e]s; -e) film, thin coat(ing); phot. (roll of) film; e-n ~ einlegen load a camera; (cinemato- graphic) film, (moving) picture,

Am. a. motion picture, movie; feature film; the films pl., the pic- tures, the movies pl.; the screen; beim (or im) ~ on the films pl. (or screen); e.-n ~ drehen shoot a film; über et.: film (or screen, picturize) a th.; e-n ~ herstellen produce a film; e-n ~ vorführen show a film; zum ~ gehen become a screen-actor (f -actress).
'**Film...:** ~atelier n film studio; ~ aufnahme f shooting (of a film); (of scene) shot, take; ~autor m film author, Am. screen writer; ~band n (-[e]s; ⸚er) film strip; ℒbar adj. filmable; ℒbauten pl. sets; ~bear- beitung f film (Am. screen) adapta- tion; ~bericht m film report; ~be- sucher m cinema-goer, Am. movie goer; ~diva f film star; ℒen I. v/t. (h.) film, shoot, reel; → ver- filmen; II. v/i. (h.) be filming, take shootings; be on location; ~enthu- siast, ~freund m film fan, Am. movie fan; ~festspiele n/pl. film festivals; ~gelände n studio (or filming) lot; ~gesellschaft f film (Am. motion-picture) company; ~größe f film star; ~held m film (Am. movie) hero; ~hersteller m film producer; ~herstellung f film production; ~industrie f film industry, the films (or pictures, Am. movies) pl.; ℒisch adj. filmic; ~ka- mera f film camera, cine-camera, Am. motion-picture (or movie) cam- era; ~kassette phot. f film pack; ~komiker(in f) m screen comedian (f comedienne); ~kopie f print, copy; ~kunst f (-) cinematics pl., filmic art; ~leinwand f screen; ~magazin n film magazine; ~ manuskript n film script; ~ pack m film pack; ~preis m film award (or prize); ~prüfer m film censor; ~prüfstelle f film censor- ship office; ~regisseur m film director; ~reklame f screen advertising or publicity; ~repor- tage f screen record; ~schau- spieler(in f) m film or screen actor (f actress); ~spule f film spool; reel of film; ~star m (-s; -s) film star, Am. a. movie star; ~stern- chen n starlet; ~streifen m film strip; reel; ~studio n film studio; ~theater n cinema, Am. motion picture theater; ~transport m film transport (or feed); ~verleih, ~ver- trieb m film distribution; film distributors pl.; ~vorführer m pro- jectionist; ~vorführgerät n film projector; ~vorführung, ~vor- stellung f cinema show, Am. movie (or picture) show; ~vorschau f (film) trailer; ~welt f (-) film world, filmland, screendom, Am. a. movie- land; ~werbung f → Filmreklame; ~zähler m footage counter.
Filter ['filtər] m and tech. n (-s; -) filter, strainer; el. a. sifter; phot. yellow screen; ~anlage f filtration plant; ~einsatz m, ~element n filter element; ~gaze f filter gauze; ~gerät n filter; ~kaffee m drip coffee; ~kanne f percolator; ~kohle f filter charcoal; ~mundstück n filter-tip; ℒn v/t. (h.) filter; strain, percolate; ~n n (-s) filtering, filtra- tion, percolation; ~papier n filter

paper; ~rückstand m (filter) sludge; ~zigarette f filter-tip(ped cigarette).
Filtrat [fil'trɑːt] n (-[e]s; -e) filtrate.
Filtrier|apparat [fil'triːr-] m filter- ing apparatus, filter, percolator; ℒ- bar adj. filterable; ℒen → filtern; ~trichter m filtering-funnel; ~- tuch n (-[e]s; ⸚er) filtering cloth; ~ung f (-) filtering, filtration; per- colation.
Filz [filts] m (-es; -e) felt; typ. blan- ket; bot. tomentum; colloq. felt-hat; skinflint; rebuke; '~dichtung tech. f felt packing; 'ℒen I. v/t. (h.) felt; sl. search, Am. sl. frisk; II. v/i. (h.) be stingy; → verfilzen; '~hut m felt- -hat; 'ℒig adj. felt-like; of felt, felt; felted; matted (hair); bot. tomen- tous, downy; colloq. stingy; '~laus f crab louse; '~pantoffel m felt slipper; '~schreiber m felt-tip(ped) pencil; '~sohle f felt-sole; '~stiefel m/pl. felt boots; '~stift m → ~- schreiber.
Fimmel ['fiməl] m (-s) fimble hemp; tech. miner's wedge; colloq. craze; e-n ~ haben have a bee in one's bonnet; er hat den Fußballℒ he is a football fan, he is wild (or crazy) about football.
Finale [fi'nɑːlə] n (-s; -) mus. finale; sports: final (heat, round), finals pl.
Finanz|abteilung [fi'nants-] f fi- nance section (or department), treasury; ~amt n (inland) revenue office; ~anpassung f, ~ausgleich m financial adjustment; ~ausschuß m finance committee, parl. Com- mittee of Ways and Means; ~be- amte(r) m fiscal officer, revenue- -officer; ~bedarf m financial re- quirements pl.; ~bericht m fiscal report; ~blatt n financial news- paper; ~en pl. finances; ~geba- rung f fiscal policy, (conduct of public) finances; ~geschäft n financing; investment banking; ~e pl. financial affairs.
finanziell [-tsi'ɛl] adj. financial; pecuniary (circumstances, difficul- ties); in ~er Hinsicht financially.
finan'zier|en v/t. (h.) finance; sub- sidize; float (loans, etc.); sponsor (radio programme, etc.); ℒung f (-; -en) financing; ℒungsgesellschaft f finance company; loan society.
Fi'nanz...: ~jahr n fiscal year; ~- kammer f revenue board; ~kon- trolle f financial control; ~lage f (-) financial state (or condition, standing); pecuniary circumstances pl.; ~mann m (-[e]s; -leute) finan- cier; ~minister m Minister of Finance; Brit. Chancellor (of the Exchequer), Am. Secretary of the Treasury; ~ministerium n Min- istry of Finance; Brit. (Board of) Exchequer; Am. Treasury Depart- ment; ~periode f budgetary (or fiscal) period; ~politik f financial (or fiscal) policy; ℒschwach adj. financially weak; ℒtechnisch adj. financial, fiscal; ~verwaltung f administration of the finances; Board of Inland Revenue; ~wech- sel m finance bill, bank-bill; ac- commodation bill; ~welt f (-) financial world, the financiers; ~ wesen n (-s) (public) finance, fi-

nances *pl.*; financial concerns *pl.*; ~wirtschaft *f* (-) financial management; ~wissenschaft *f* public finance; ~zölle [-tsœlə] *m/pl.* revenue-raising duties.

Findel|haus ['findəl-] *n* foundling hospital; ~kind *n* foundling.

finden ['findən] *v/t.* (*irr.*, *h.*) find; meet with; discover, chance upon, come across; find, think, consider; *sich* ~ a) *thing:* be found, b) *person:* find o.s.; *sports team, etc.:* get into one's stride, rally; *sich* ~ *in* (*acc.*) accommodate o.s. to; resign (*or* reconcile) o.s. to, put up with; → *Anerkennung, Beifall, Gefallen, Gnade, etc.*; *et. gut (schlecht)* ~ find a th. good (bad); *s-n Tod* ~ meet one's death; *Trost* ~ *in* (*acc.*) find comfort in; *wir fanden ihn bei der Arbeit* we found him at work; *er fand sich umzingelt* he found himself surrounded; *ich habe noch keine Zeit dazu gefunden* I haven't yet found time to do it; *wir fanden in ihm e-n Freund* we found a friend in him; *ich finde keine Worte* I am at a loss for words; ~ *Sie nicht?* don't you think so?; *ich kann das nicht* ~ I am afraid I can't agree with you; *ich finde es schön* I find it beautiful; *wie* ~ *Sie das Buch?* how do you like (*or* what do you think of) the book?; *ich finde, daß es unangebracht wäre* I think it would be inappropriate; *es wird sich* ~ we shall see, (you) wait and see; *es fanden sich nur wenige Freiwillige* there were but few volunteers.

'**Finder** *m* (-s; -), ~in *f* (-; -nen) finder; ~lohn *m* finder's reward.

'**findig** *adj.* resourceful, ingenious, clever; ♀keit *f* (-) resourcefulness, ingenuity, cleverness.

Findling ['fintliŋ] *m* (-s; -e) foundling; *geol.* (~sblock *m*, -[e]s; ⸗e) erratic block, boulder.

Finesse [fi'nɛsə] *f* (-; -n) finesse; ~n *pl.* wiles, tricks, ruses.

fing [fiŋ] *pret. of fangen.*

Finger ['fiŋər] *m* (-s; -) finger; *an den* ~n *abzählen* count on one's fingers; *fig. j-m auf die* ~ *klopfen* rap a p.'s knuckles; → *saugen; j-m (scharf) auf die* ~ *sehen* keep a strict eye on a p.; *j-m durch die* ~ *sehen* close one's eyes to (*or* wink at) a p.'s faults; *j-n um den kleinen* ~ *wickeln* twist a p. round one's little finger; *mit dem* ~ *auf j-n weisen* point at a p.; *sich die* ~ *verbrennen* (*a. fig.*) burn one's fingers; *sich in den* ~ *schneiden* cut one's finger, *fig.* be greatly mistaken; *er rührte keinen* ~ he lifted no finger; *er hat überall s-e* ~ *im Spiel* he has a finger in every pie; *laß die* ~ *davon* keep your hands off, (*a. fig.*) leave it alone; *das kannst du dir an den* ~n *abzählen* that's obvious enough (*or* as clear as daylight); → *lecken²;* ~**abdruck** *m* finger-print; *e-n* ~ *(von j-m) nehmen* take (a p.'s) finger-print(s), finger-print (a p.); ♀**breit**, ♀**dick** *adj.* (as) thick as a finger, a finger's breadth; ~**druck** *m* (-[e]s; ⸗e) pressure of the finger; ♀**fertig** *adj.* dext(e)rous, deft, nimble-fingered; ~**fertigkeit** *f* dexter-

ity, manual skill, nimble fingers *pl.*; ♀**förmig** ['-fœrmiç] *adj.* finger-shaped; ~**glied** *n* finger-joint; ~**hut** *m* thimble; *bot.* foxglove, digitalis; *ein* ~*voll* a thimbleful; ~**ling** ['-liŋ] *m* (-s; -e) finger-stall; ♀n *v/t.* (*h.*) finger; *colloq.* manage, wangle; ~**nagel** *m* finger-nail; ~**ring** *m* finger-ring; ~**satz** *mus.* m fingering; ~**schale** *f* finger bowl; ~**spitze** *f* finger-tip; ~**spitzengefühl** *n* (-[e]s) *fig.* sure instinct, subtle intuition, flair, smooth touch; ~**sprache** *f* finger-language, dactylology; ~**zeig** ['-tsaɪk] *m* (-[e]s; -e) cue; hint, tip, pointer.

fingier|en [fiŋ'giːrən] *v/t.* (*h.*) feign, sham, simulate; ~**t** *adj.* fictitious, imaginary.

Fink [fiŋk] *m* (-en; -en) finch.

Finne¹ ['finə] *f* (-; -n) *ichth.* fin; *med.* pimple, pustule, blotch; *vet.* (pig's) measles; bladder worm; *tech.* pane, peen (*of hammer*).

Finn|e² ['finə] *m* (-n; -n), ~**in** *f* (-; -nen) Finn.

'**finnig** *adj.* pimpled; *vet.* measly.

'**finnisch** *adj.* Finnish; ~*er Meerbusen* Gulf of Finland.

'**Finnwal** *m* fin-back, finner.

finster ['finstər] *adj.* dark, obscure; gloomy, dim, murky; *fig.* gloomy, dark; ominous; stern; grim; sinister; *colloq.* awful; *das* ~*e Mittelalter* the Dark Ages *pl.*; ~*e Gedanken* dark thoughts; ~*er Blick* scowl; *j-n* ~ *ansehen* scowl at a p.; *es wird* ~ it is getting dark; *es sieht* ~ *aus* things look bad (*or* black, hopeless); ♀e(s) *n* (-[e]n) darkness, gloom; *im Finstern tappen* (*a. fig.*: *im finstern*) grope in the dark; ♀**ling** ['-liŋ] *m* (-s; -e) obscurant; ♀**nis** *f* (-; -se) darkness, obscurity, gloom, *fig. a.* blackness; *ast.* eclipse.

Finte ['fintə] *f* (-; -n) feint; *fig. a.* stratagem, ruse, trick; **fin'tieren** *v/i.* (*h.*) feint.

Firlefanz ['firləfants] *m* (-es; -e) frippery; gew-gaws *pl.*; nonsense, (tom)foolery; ~ *treiben* play the fool.

firm [firm] *adj.* → *beschlagen (fig.).*

Firma ['firma] *f* (-; -men) firm, (commercial) house, enterprise, business, company; firm(-name), style; *die* ~ *W.* the firm of W.; *unter der* ~ *W.* under the firm (*or* style) of W.; *in letters:* (An) ~ *Langenscheidt* Messrs. Langenscheidt.

Firmament [firma'mɛnt] *n* (-[e]s; -e) firmament, sky.

firme(l)n ['firmə(l)n] *eccl. v/t.* (*h.*) confirm.

Firmen... ['firmən-]: ~**ansehen** *n:* ~ *und Kredit* goodwill; ~**bezeichnung** *f* → *Firmenname;* ~**inhaber** *m* owner of a firm; principal; ~**name** *m* firm(-name), style; ~**register** *n* register of companies; ~**schild** *n* sign(-board), facia; *on machine:* name-plate; ~**stempel** *m* firm's stamp, company stamp; ~**vertreter** *m* manufacturer's agent; ~**verzeichnis** *n* trade-directory; ~**wert** *m* goodwill; intangible assets *pl.*; ~**zeichen** *n* (maker's) emblem.

fir'mieren *v/i.* and *v/t.* (*h.*) have (*or* use) the firm-name of; sign (for).

Firm|ling ['-liŋ] *m* (-s; -e) confirmand; ~**ung** *f* (-; -en) confirmation.

Firn [firn] *m* (-[e]s; -e) firn (snow), névé; '~**ewein** *m* last year's (*or* well-seasoned) wine.

Firnis ['firnis] *m* (-ses; -se) linseed oil; varnish; *fetter* ~ oil varnish; *fig.* varnish, veneer; ~**papier** *n* varnished paper; ♀**sen** *v/t.* (*h.*) varnish.

'**Firnschnee** *m* → *Firn.*

First [first] *m* (-es; -e) ridge (*of roof, mountain*); peak, top; *mining:* back, roof; top; '~**ziegel** *m* ridge-tile.

fis, Fis [fis] *mus. n* (-; -) f, F sharp.

Fisch [fiʃ] *m* (-es; -e) fish; ~*e pl. ast.* Fishes, Pisces; *colloq. kleine* ~*e Am.* small potatoes; *faule* ~*e* lame excuses; *gesund wie ein Fisch im Wasser* sound as a bell; *stumm wie ein* ~ (as) mute as a maggot; *das ist weder Fisch noch Fleisch* that's neither fish nor fowl.

'**Fisch...:** ~**adler** *m* osprey, *Am.* fish-hawk; ♀**ähnlich** *adj.* fishlike, fishy; ~**behälter** *m* fish-tank, reservoir; ~**bein** *n* (-[e]s) whalebone; ~**blase** *f* fishbladder; ~**blut** *n* fishblood; ~ *haben* be fishblooded; ~**bratküche** *f* fried-fish shop; ~**brut** *f* fry; ~**dampfer** *m* steam-trawler.

'**fischen** *v/t.* and *v/i.* (*h.*) fish; angle; ~ *nach* (*dat.*) fish for (*a. fig.*); → *trüb(e).*

'**Fischen** *n* (-s) fishing; angling.

'**Fischer** (-s; -) fisherman; ~**boot** *n* fishing-boat; ~**dorf** *n* fishing-village; ~**flotte** *f* fishing fleet.

Fische'rei *f* (-; -en) fishing; fishery.

'**Fisch...:** ♀**essend** *adj.* piscivorous; ~**fang** *m* fishing; ~**filet** *n* fillet of fish; ~**flosse** *f* fin; ~**gabel** *f* fish-fork; ~**gerät** *n* fishing-tackle; ~**gericht** *n* fish dish *or* course; ~**geruch** *m*, (~**geschmack**) *m* fishy smell (taste); ~**gräte** *f* fish-bone; ~**grätenmuster** *n* herring-bone (pattern); ~**gründe** ['-gryndə] *m/pl.* fishing grounds; ~**händler** *m* fish-merchant; fish-monger, *Am.* fish-dealer; ~**händlerin** *f* fishwife; ~**handlung** *f* fish-shop; ~**haut** *f* fish-skin; ♀**ig** *adj.* fishy; ~**kelle** *f* fish slice; ~**köder** *m* bait; ~**konserve(n** *pl.*) *f* tinned (*Am.* canned) fish; pickled fish; ~**kunde** *f* (-) ichthyology; ~**kutter** *m* fishing-smack; ~**laich** *m* spawn; ~**leim** *m* fish-glue; ~**mehl** *n* fish-meal; ~**milch** *f* milt, soft roe; ~**netz** *n* fishing net; drag (*or* sweep) net; (casting-)net; ~**otter** *zo. f* otter; ~**platz** *m* fishing-ground; ♀**reich** *adj.* abounding in fish, fishy; ~**reiher** *m* (common) heron; ~**reuse** *f* fish pot; ~**rogen** *m* roe; ~**schuppe** *f* fish-scale; ~**stäbchen** *cul.* n fish finger; ~**teich** *m* fish-pond; ~**tran** *m* train-oil; ~**treppe** *f* fish way; ~**vergiftung** *f* fish-poisoning; ~**weib** *n* fishwife; ~**zucht** *f* pisciculture, fish-hatching; ~**zuchtanstalt** *f* fish-hatchery, nursery pond; ~**züchter** *m* fish-farmer, pisciculturist; ~**zug** *m* catch, haul, draught (of fish); shoal (of fish).

'**Fis-Dur** *n* F sharp major.

fiskalisch [fis'kaːliʃ] *adj.* fiscal.

Fiskus ['fiskus] *m* (-) Exchequer, *Am.* Treasury; Government.
fis-Moll *n* f sharp minor.
Fissur [fi'su:r] *med. f* (-; -en) fissure, cleft.
Fistel ['fistəl] *med. f* (-; -n) fistula; **♀artig** ['-a:rtiç], **fistulös** [fistu-'lø:s] *adj.* fistulous; **∼stimme** *f* falsetto.
Fittich ['fitiç] *m* (-[e]s; -e) wing, pinion; *j-n unter s-e ∼e nehmen* take a p. under one's wings.
fix [fiks] **I.** *adj.* fixed (*costs, prices, salary*); *chem.* ∼es *Salz* fixed salt; ∼e *Idee* fixed idea; *fig.* quick, deft, sharp, clever; *ein ∼er Junge* a smart fellow; *mach ∼!* make it snappy!; **II.** *adv.:* ∼ *hatte er den Reifen gewechselt* in a jiffy the tyre was changed; → *fertig*.
Fixativ [fiksa'ti:f] *n* (-s; -e) fixative.
'**fix|en** *econ. v/i.* (h.) (sell) bear, operate (*or* speculate) for a fall, *Am. a.* sell short; **♀er** *m* (-s; -) bear; **♀geschäft** *n* time-bargain; **♀kauf** *m* time purchase.
Fixier|bad [fi'ksi:r-] *phot. n* fixing bath, fixer; **♀en** *v/t.* (h.) (*a. phot.*) fix; → *festlegen; j-n ∼ stare at a p.;* **∼mittel** *n* fixative; **∼natron** *n* sodium hyposulphite, hypo; **∼salz** *n* fixing salt; **∼schraube** *f* setscrew; **∼ung** *f* (-; -en) fixation.
'**Fixstern** *m* fixed star.
Fixum ['fiksum] *n* (-s; -xa) fixed sum; fixed salary. [fjord.⟩
Fjord [fjɔrt] *m* (-[e]s; -e) fiord,⟩
flach [flax] **I.** *adj.* flat; plain, level, even; *math.* plane; shallow (*a. fig.* = superficial), shoal; low; *mar.* flat-bottomed (*boat*); *phot., etc.:* soft, with contrast; flat (*hue*); ∼e *Böschung* gentle slope; ∼e *Hand* flat of the hand, palm; ∼er *Motor* flat-type engine; *mil. mit der ∼en Klinge* with the flat of one's sabre; ∼ *machen* flatten; ∼ *werden* flatten out, level off; **II.** *adv.: opt.* ∼ *auftreffend* incident at small angle.
'**Flach...:** **∼bahn** *f tech.* square guide way; *mil.* flat trajectory; **∼bahngeschütz** *mil. n* flat trajectory gun; **∼bettfelge** *mot. f* flat-base rim; **∼boot** *n* flat-bottomed boat; **∼dach** *n* flat roof; **∼draht** *m* flat wire; **∼druck** *typ. m* (-[e]s; -e) flat-bed printing.
Fläche ['flɛçə] *f* (-; -n) surface, *math. a.* plane; face (*of crystal*); facet (*of jewel*); expanse; sheet (*of water, etc.*); area, space; *tech.* bearbeitete ∼ machined surface.
'**Flacheisen** *tech. n* flat iron (*or* bar).
'**Flächen...:** **∼abwurf** *mil. m* pattern bombing; **∼antenne** *f* flat-top (*or* sheet) antenna *or* aerial; **∼ausdehnung** *f* square dimension; **∼bedarf** *tech. m* floor space required; **∼belastung** *aer. f* wing load; **∼blitz** *m* sheet lightning; **∼brand** *m* area conflagration; **∼druck** *m* (-[e]s; -e) pressure per unit area, surface pressure; **∼einheit** *f* unit of area; **∼inhalt** *m* area, superficies, surface (area); acreage; **∼maß** *n* square *or* surface measure(ment); **∼messer** *m* (-s; -) planimeter; **∼messung** *f* planimetry; **∼raum** *m* → *Flächeninhalt*; **∼winkel** *m* plane angle; **∼ziel** *mil. n* area target.

'**flach...:** **∼fallen** *colloq. v/i.* (*irr., sn*) be off (*or* out); **∼gedrückt** *adj.* flat(tened down); **♀gewinde** *tech. n* flat thread; *of screw:* square thread; **♀hang** *m* gentle slope; **♀heit** *f* (-) flatness; *fig.* shallowness, insipidity; triviality; platitude; **♀kolben** *tech. m* flat(-top) piston; **∼köpfig** ['-kœpfiç] *adj.* (*a. tech.*) flatheaded; **♀kopfschraube** *f* countersunk screw; **♀küste** *f* low-lying coast; **♀land** *n* plain (*or* flat, level) country, plain; **♀meißel** *tech. m* flat chisel; **♀paß** *m soccer:* low pass; **♀relief** *n* bas-relief; **♀rennen** *n* flat race.
Flachs [flaks] *m* (-es) flax; ∼ *brechen* break flax; '**∼bau** *m* (-[e]s) cultivation of flax.
'**Flachschuß** *m sports:* low ball.
flachsen *colloq. v/i.* (h.) be kidding.
'**Flachs...:** **♀farben** *adj.* flaxen; **∼feld** *n* flax-field; **♀haarig** *adj.* flaxen-haired; **∼hechel** *f* flax-comb; **∼kopf** *m* flaxen-haired person; **∼spinne'rei** *f* flax-mill.
'**Flach...:** **∼spule** *f* flat coil; **∼zange** *f* flat-nose(d) pliers *pl.*; **∼ziegel** *m* flat (*or* plain) tile.
flackern ['flakərn] *v/i.* (h.) flare; flicker (*a. light, eyes*); flutter; *voice:* shake, quaver.
'**Flackern** *n* (-s) flaring; flickering.
Fladdermine ['fladər-] *mil. f* contact *or* land mine.
Fladen ['fla:dən] *m* (-s; -) flat cake.
Flagge ['flagə] *f* (-; -n) flag, colo(u)rs *pl.*; → *Fahne; die ∼ hissen* (*streichen*) hoist (strike) the flag; *e-e ∼ führen* fly a flag; *unter falscher* ∼ *unter false* colo(u)rs; **♀n** **I.** *v/i.* (h.) hoist (*or* show, fly) one's flag; **II.** *v/t.* (h.) dress; signal (with flags).
'**Flaggen...:** **∼gruß** *m* colo(u)r-salute; **∼parade** *f* flag parade; **∼signal** *n* flag signal; **∼tuch** *n* (-[e]s) bunting.
Flagg... ['flak-]: **∼leine** *f* flag-line; **∼offizier** *m* flag officer; **∼schiff** *n* flag-ship.
Flak [flak] *mil. f* (-; -s) (*abbr. of Fliegerabwehrkanone*) anti-aircraft gun (*abbr.* A.A. gun); *w.s.* → *Flugabwehr*; **∼artillerie** *f* anti-aircraft artillery (*abbr.* AAA.); **∼feuer** *n* anti-aircraft fire; **∼granate** *f* anti-aircraft shell; **∼gürtel** *m* cordon of anti-aircraft fire; **∼rakete** *f* → *Fla-Rakete*; **∼sperre** *f* anti-aircraft barrage.
Flakon [fla'kõ:] *n* (-s; -s) small bottle, phial.
Flam|e ['fla:mə] *m* (-n; -n) Fleming; **∼in** *f* (-; -nen) Flemish woman.
Flamingo [fla'miŋgo] *m* (-s; -s) flamingo.
flämisch ['flɛ:miʃ] *adj.* Flemish.
Flämmchen ['flɛmçən] *n* (-s; -) little flame.
Flamme ['flamə] *f* (-; -n) flame (*a. colloq. loved person*); blaze; *in ∼n* in flames, ablaze; *in ∼n aufgehen* go up in flames; *in ∼n ausbrechen* burst into flames; *fig. die ∼n der Leidenschaft* the flames of passion.
'**flammen I.** *v/i.* (h.) flame, blaze, flare; *fig.* flash, shine, sparkle; *face:* flame up; *person:* flame (*vor dat.* with); **II.** *v/t.* (h.) *tech.* sear, singe;

water (*cloth*); ∼*d flaming* (*a. fig.*), *etc.; fig. a.* glowing (*speech*), stirring (*appeal*).
'**Flammen...:** **♀beständig** *adj.* flame-proof; **∼meer** *n* sea of flames; **∼muster** *n* wavy pattern; **∼schrift** *f fig. the* hand on the wall; **∼schwert** *n* flaming sword; **∼tod** *m* death in the flames; **∼werfer** *mil. m* flame-thrower (*or* -projector); **∼zeichen** *n* signal fire; *fig.* oriflamme.
Flammeri ['flamǝri] *m* (-[s]; -s) blancmange.
'**flammig** *adj.* flame-like; *tech.* watered (*cloth*); waved (*design*).
'**Flamm...:** **∼ofen** *m* reverbatory furnace; **∼punkt** *m* flash point; **∼rohr** *n* flame tube, flue; **∼rohrkessel** *m* flue boiler.
Fland|ern ['flandərn] *n* (-s) Flanders; **♀risch** *adj.* Flemish.
Flanell [fla'nɛl] *m* (-s; -e) flannel; **♀en** *adj.* (made of) flannel; **∼hemd** *n* flannel shirt; **∼hose** *f* flannel trousers, flannels *pl.*
flanieren [fla'ni:rən] *v/i.* (*sn*) saunter, stroll about.
Flanke ['flaŋkə] *f* (-; -n) flank (*a. arch., mil., mount., tech.*); *tennis:* side; *gym.* side-vault; *soccer:* **a)** wing, **b)** centre (pass); *in die ∼ fallen* attack in flank; **♀n** *v/i.* (h.) *soccer:* centre; **∼n-angriff** *mil. m* flank attack; **∼nball** *m* centre (pass); **∼nbewegung** *f* flanking movement; **∼ndeckung** *f* flank protection; **∼nfeuer** *n* flanking fire; **∼nmarsch** *m* flanking march; **∼nsicherung** *f* flank protection; **∼nstellung** *f* flanking position.
flan'kieren *v/t.* (h.) flank; *mil.* **a)** (out)flank, **b)** *by fire:* flank, enfilade, **c)** (*protect*) flank.
Flansch [flanʃ] *tech. m* (-es; -e) flange; '**∼dichtung** *f* gasket; **♀en** *v/t.* (h.) flange; '**∼motor** *m* flange(-mounted) motor; '**∼rohr** *n* flange(d) pipe; '**∼verbindung** *f* flanged joint (*or* coupling); '**∼welle** *f* flanged shaft.
Flaps [flaps] *colloq. m* (-es; -e) boor, lout.
Fla-Rakete ['fla:-] *f* anti-aircraft rocket, ground-to-air missile.
Fläschchen ['flɛʃçən] *n* (-s; -) small bottle, flask; *pharm.* phial; *for babies:* feeding-bottle.
Flasche ['flaʃə] *f* (-; -n) bottle; flask; *el. Leidener ∼* electric (*or* Leyden) jar; *tech.* Preßluft∼ compressed-air bottle; casting-box; pulley case; *colloq. sports:* ∼ dud, washout; *e-e ∼ Wein* a bottle of wine; *in ∼n füllen, auf ∼n ziehen* bottle; *e-r ∼ den Hals brechen* crack a bottle; *mit der ∼ aufziehen* bring up on the bottle.
'**Flaschen...:** **∼batterie** *el. f* battery of bottle cells; **∼bier** *n* bottled beer; **∼bürste** *f* bottle brush; **∼füllmaschine** *f* bottling-machine; **∼gas** *n* liquid gas; **♀grün** *adj.* bottle-green; **∼hals** *m* neck of a bottle; **∼kind** *n* bottle-fed baby; **∼kürbis** *bot. m* bottle-gourd; **∼milch** *f* bottled milk; **∼öffner** *m* bottle-opener; **∼post** *f* bottle post, message-in-bottle; **♀reif** *adj.* fit for bottling; **∼spüler** ['ʃpy:lər] *m* (-s; -), **∼spül-**

maschine *f* bottle washer; **~wein** *m* bottled wine; ♀**weise** ['-vaɪzə] *adv.* by the bottle, in bottles; **~zug** *tech. m* pulley block, block (and tackle); electric chain hoist; trolley block.

Flaschner ['flaʃnər] *tech. m* (-s; -) plumber, fitter.

Flatter|geist ['flatər-] *m* **1.** fickle person, flibbertigibbet, gad-about; **2.** *a.* **~sinn** *m* (-[e]s) fickleness, flightiness.

'flatterhaft *adj.* fickle, flighty, inconstant; skittish; ♀**igkeit** *f* (-) fickleness, flightiness, inconstancy.

'flattern *v/i.* (h., sn) flutter, flit; beat *or* flap the wings; *fig.* flag, *etc.*: flutter, float, wave, fly; *hair*: stream; *im Winde* ~ flutter before the wind; *zu Boden* ~ flutter (*or* float) to the floor; *tech.* flutter; *mot. wheels*: shimmy, wobble.

flau [flau] *adj.* weak, feeble, faint; lax, listless; stale, flat (*drink*); dull, flat (*colour*); lukewarm (*feeling*); *econ.* dull, lifeless, slack, **~e** *Zeit* slack season; *phot.* weak, fuzzy; ~ *werden* **a)** *wind*: lull, calm down, **b)** *stock exchange*: turn dull; *mir ist ganz ~* I have butterflies in my stomach, I feel queasy; ♀**heit** *f* (-) feebleness, faintness, staleness, flatness; *econ.* dul(l)ness, stagnation, depression.

Flaum [flaum] *m* (-[e]s) down, fluff, fuzz.

'Flau-macher *m* pessimist, alarmist; *pol. a.* defeatist; killjoy, wet blanket.

Flau-mache'rei *f* (-) defeatism.

'Flaum...: **~bart** *m* fluff; **~feder** *f* down; ♀**ig** *adj.* downy, fluffy.

Flaus [flaus] *m* (-es; -e), **Flausch** [flauʃ] *m* (-es; -e) fleece, tuft; pilot-cloth; pilot coat; duffle-coat.

Flause ['flauzə] *f* (-; -n) fib, shift, taradiddle; nonsense, humbug, funny idea; **~n** *machen* tell fibs, prevaricate; **~nmacher(in** *f*) *m* shuffler, quibbler, humbug.

Flaute ['flautə] *f* (-; -n) dead calm, lull; *econ.* slackness, stagnation, recession.

Flechs|e ['flɛksə] *f* (-; -n) sinew, tendon; ♀**ig** *adj.* sinewy.

Flechte ['flɛçtə] *f* (-; -n) braid, plait, *of hair*: *a.* tress; *bot.* lichen; *med.* herpes, tetter; ring-worm; ♀**n** *v/t.* (*irr.*, *h.*) twist, strand (*rope*); wreathe, bind (*wreath*); weave, plait (*basket*); cane (*chair*); plait, braid (*hair*); *sich ~* twine, wind (*um round*).

'Flechtwerk *n* plaiting; wicker-work; wattle.

Fleck [flɛk] *m* (-[e]s; -e) spot, place; patch (*of leather, land, etc.*); blot, spot, smudge, stain; heel(-piece); *med., zo.* spot, speck, patch, dot, blue mark; flaw; *fig.* blemish, blot, blur; *am falschen ~* in the wrong place; *auf dem ~, vom ~ weg* on the spot; *schöner ~ Erde* beauty spot; *nicht vom ~ kommen* not to get on, make no headway; *sich nicht vom ~ rühren* not to stir (*or* budge); *er hat das Herz auf dem rechten ~* his heart is in the right place; **'~chen** *n* (-s; -) fleck, speck, place, spot.

'flecken I. *v/t.* (h.) spot (*a.* artillery); patch (*shoe*); **II.** *v/i.* (h.) make stains, stain, blot; spot easily; *fig. colloq. das fleckt!* good work!; *es will nicht ~* the work is not getting on.

'Flecken *m* (-s; -) → *Fleck*; market-town, borough; ♀**los** *adj.* spotless; *fig. a.* stainless; **~reiniger** *m* (-s; -) → *Fleckenwasser*; **~reinigung** *f* spot (*or* stain) removal; dry-cleaning; **~wasser** *n* stain (*or* spot) remover.

'Fleck|fieber *med. n* spotted fever; ♀**ig** *adj.* spotted, speckled; stained, smudgy; *face*: freckled; ~ *machen* spot, stain, soil; ~ *werden* spot, stain; *fruit*: show spots; **~mittel** *n* stain-remover; **~schuß** *m* point-blank shot; **~typhus** *m* (spotted) typhus; **~wasser** *n* spot remover.

fleddern ['flɛdərn] *v/t.* (h.) plunder, rob.

Fleder|maus ['fle:dər-] *f* bat; **~wisch** *m* (feather-)duster, whisk.

Flegel ['fle:gəl] *m* (-s; -) *agr.* flail; *fig.* boor, lout, hooligan; **~alter** *n* (-s) awkward age.

Flege'lei *f* (-; -en) rudeness, churlishness.

'Flegel...: ♀**haft** *adj.* boorish, ill-behaved, rude; impudent, saucy; **~jahre** *n/pl.* awkward age *sg.*; ♀**n:** *sich ~* (h.) sprawl, loll.

flehen ['fle:ən] *v/i.* (h.): *zu j-m ~* implore (*or* beseech, entreat) a p. (*um et.* for a th.); *zu j-m um Hilfe ~* implore a p.'s aid; *zu Gott ~* pray to God; ♀ *n* (-s) supplication, entreaty, prayer(s *pl.*); **~tlich I.** *adj.* suppliant, imploring(ly *adv.*), beseeching(ly *adv.*); urgent (*request*); fervent (*prayer*); **II.** *adv.*: *j-n ~ bitten* → *flehen*.

Fleisch [flaɪʃ] *n* (-es) flesh; meat; *of fruit*: pulp, flesh; → *wild*; *fig. the* flesh; ~ *ansetzen* put on flesh; *das eigene ~ und Blut* one's own flesh and blood; *in ~ u. Blut* in the the flesh; *j-m in ~ und Blut übergehen* become second nature with a p.; *den Weg alles ~es gehen* go the way of all flesh; *sich ins eigene ~ schneiden* do o.s. an ill favo(u)r, turn the tables on o.s.

'Fleisch...: **~bank** *f* (-; -"e) butcher's stall, shambles *pl.*; *Am.* meat-counter; **~beschau** *f* meat inspection; **~beschauer** *m* meat inspector; **~brühe** *f* (meat-)broth; beef tea.

'Fleischer *m* (-s; -) butcher; **~geselle** *m* butcher's man; **~hund** *m* mastiff; **~laden** *m*, **Fleische'rei** *f* (-; -en) butcher's (*Am.* butcher) shop.

'Fleischeslust *f* carnal desire, lust.

'Fleisch...: **~extrakt** *m* meat extract, bovril; **~farbe** *f* flesh-colo(u)r; ♀**farbig** *adj.* flesh-colo(u)red; **~faser** *f* muscle fib|re, *Am.* -er; **~fliege** *f* meat-fly, blow-fly; ♀**fressend** *adj.* carnivorous; **~fresser** *m* carnivore; **~gericht** *n* dish of meat; *on menu*: **~e** *pl.* meats; ♀**geworden** *adj.* incarnate; **~gift** *n* meat toxin, ptomaine; **~hackmaschine** *f* mincing-machine, mincer, *Am.* meat grinder; **~hauer** *m* butcher; ♀**ig** *adj.* fleshy, meaty; *bot.* pulpous, pulpy; **~kloß** *m* meat-ball; **~konserven** *f/pl.* preserved (*or* potted, tinned, *Am.* canned) meat; **~kost** *f* meat diet; ♀**lich** *adj.* carnal, sensual; ♀**los** *adj.* fleshless; *diet:* meatless; **~made** *f* maggot; **~mehl** *n* meat-meal; **~messer** *n* carving knife; **~pastete** *f* meat-pie; **~saft** *m* gravy; **~schnitte** *f* slice of meat; steak; **~speise** *f* (course *or* dish of) meat; **~ton** *m* flesh-tint; **~topf** *m* fleshpot; *fig. die Fleischtöpfe Ägyptens* the fleshpots of Egypt; **~vergiftung** *f* ptomaine poisoning; **~waage** *f* meatscales *pl.*; **~ware** *f* meat (product); **~n** *pl.* meats; **~werdung** ['-ve:rduŋ] *f* (-) incarnation; **~wolf** *m* → *Fleischhackmaschine*; **~wunde** *f* flesh-wound; **~wurst** *f* sausage.

Fleiß [flaɪs] *m* (-es) diligence, industry; application, assiduity; pains *pl.*, hard work; *viel ~ verwenden auf* (*acc.*) take great pains with; *ohne ~ kein Preis* no pains, no gains; *mit ~* intentionally, on purpose, deliberately; ♀**ig I.** *adj.* diligent, industrious, hard-working; assiduous, sedulous, active, busy; painstaking; frequent, regular (*visitor, churchgoer, etc.*); **II.** *adv.*: ~ *studieren* study hard; ~ *besuchen* frequent.

flektieren [flɛk'ti:rən] *gr. v/t.* (h.) inflect.

flennen ['flɛnən] *v/i.* (h.) cry, blubber.

fletschen ['flɛtʃən] *v/t.* (h.): *die Zähne ~* show one's teeth, snarl; *animal: a.* bare one's fangs.

Flexion [flɛksi'o:n] *gr. f* (-; -en) inflection; **~s...** *in compounds*: inflexional ...

Flexor ['flɛksɔr] *anat. m* (-s; -'oren) flexor.

Flick|arbeit ['flik-] *f* patchwork; ♀**en** *v/t.* (h.) mend, patch (up), repair; *contp.* botch; → *Zeug*; **~en** (-s; -) patch; **~endecke** *f* crazy quilt.

'Flicker(in *f*) *m* (-s, -; -, -nen) patcher, mender.

Flicke'rei *f* (-; -en) patching, patchwork.

'Flick...: **~korb** *m* work-basket; **~schuster** *m* cobbler; **~werk** *n* (-[e]s) patchwork; **~wort** *n* (-[e]s; **~er**) expletive; **~zeug** *n* sewing kit; *mot., etc.* repair outfit (*or* kit).

Flieder ['fli:dər] *bot. m* (-s; -) elder; lilac; **~beere** *f* elderberry; **~tee** *m* elder-tea.

Fliege ['fli:gə] *f* (-; -n) fly; imperial (beard); bow-tie; *tech. spinning*: traveller, runner; *von ~n beschmutzt* fly-blown; *zwei ~n mit e-r Klappe schlagen* kill two birds with one stone; *er tut keiner ~ was zuleide* he wouldn't hurt a fly; *wie die ~n sterben* die like flies.

'fliegen I. *v/i.* (*irr.*, sn) fly; *flags, etc.*: *a.* stream; flutter; ~ *nach* fly to, go by air to; *in die Höhe ~* soar up; *in die Luft ~* blow up, be blown up, explode; *fig.* fly, rush; *colloq.* get the sack, *Am.* get fired; *student:* flunk (the exam); **II.** *v/t.* (*irr.*, h.) fly (*an airplane*), pilot; fly, cover (*a distance, route*); → *Einsatz*; ~ *lassen* fly (*a kite*); ♀ *n* (-s) flying; aviation; ~ *im Verband* formation flying; **~d** *adj.* flying (*bomb, fish, hospital, etc.*); → *Holländer*; *aer.*

~*es Personal* flight echelon, flying personnel; ~*er Händler* kerbstone trader; pedlar; ~*er Buchhändler* itinerant bookseller; *sports*: ~*er Start* flying (*or* running) start; ~*er Salto* flying somersault; → *Fahne*; *tech.* ~*e Achse* floating axle; ~*e Anlage* temporary plant; ~ *angeordnet* in overhung position, overhung.

'**Fliegen...**: ~**dreck** *m* flyblow; ~**fänger** *m* fly-paper; ~**fenster** *n* fly-screen; ~**gewicht(ler** *m*, *-s*; -) *n* (-[e]s) *boxing*: fly-weight; ~**klappe**, ~**klatsche** *f* fly-flap, *Am.* fly-swatter; ~**kopf** *typ. m* turned letter; ~**netz** *n* fly-net; ~**pilz** *m* toadstool, fly agaric; ~**schrank** *m* meat-safe; ~**schwamm** *m* → *Fliegenpilz*.

'**Flieger** *m* (*-s*; -) flyer; *aer. a.* airman, aviator, pilot; *mil. Brit.* aircraftman 2nd class, *Am.* Airman Basic; *cycling, horse racing*: sprinter; → *Flugzeug*; ~**abwehr** *f* anti-aircraft (*or* air) defen|ce, *Am.* -se; *in compounds*: anti-aircraft ... (*abbr.* A.A.); ~**abwehrgeschütz** *n* anti-aircraft gun; ~**abzeichen** *n* flying badge, wings *pl.*; ~**alarm** *m* air-raid warning, air alert; ~**angriff** *m* air raid, aerial (*or* air) attack; blitz; ~**aufnahme** *f* aerial photo (-graph); ~**bombe** *f* aircraft bomb; ~**dreß** ['-drɛs] *m* (*-sses*; *-sse*) flying suit, overalls *pl.*

Fliege'rei *f* (-) flying, aviation.

'**Flieger...**: ~**geschädigte(r** *m*) *f* sufferer from air raids; ~**hauptmann** *m Brit.* flight-lieutenant, *Am.* -captain; ~**held** *m* ace; ~**horst** *m* air station, *Brit.* R.A.F.-station, *Am.* air base; ~**in** *f* (-; *-nen*) air woman, aviatrix, woman pilot; 2**isch** *adj.* flying, piloting, aeronautic(al); ~**karte** *f* aeronautical (*or* flying) map; ~**korps** *n* air corps, air force; ~**krankheit** *f* aviator's disease, air-sickness; ~**leutnant** *m Brit.* pilot officer, *Am.* second lieutenant; ~**offizier** *m* air force officer; ~**schaden** *m* air-raid damage; ~**schule** *f* flying school; ~**schütze** *m* air gunner; ~**sprache** *f* aviator slang; ~**staffel** *f* flying squadron; ~**-Such-aktion** *f* aerial search; ~**tätigkeit** *f* air activity; ~**tauglichkeit** *f* fitness for flying; ~**truppe** *f* → *Fliegerkorps*; ~**tuch** *n* ground panel.

fliehen ['fli:ən] **I.** *v/i.* (*irr.*, *sn*) flee, run away, turn tail, take to one's heels; escape; *zu j-m* ~ take (*or* seek) refuge with a p.; *time*: fly; **II.** *v/t.* (*irr.*, *h.*) avoid, shun, flee (from); ~**d** *adj.* fleeing, fugitive; receding (*chin, etc.*).

'**Fliehkraft** *phys. f* centrifugal force; ~**beschleunigung** *f* centrifugal acceleration; ~**regler** *m* centrifugal governor.

Flies|boden ['fli:s-] *m* flagged floor, flagging; ~**e** ['fli:zə] *f* (-; *-n*) flag (-stone), tile; *mit* ~*n belegen* flag, tile; ~**enleger** ['-zənle:gər] *m* (*-s*; -) floor-tiler.

Fließ|arbeit ['fli:s-] *f* assembly-line work, flow production; ~**band** *n* (-[e]*s*; *-er*) assembly line, production line; conveyor belt; ~**bandfertigung** *f* → *Fließarbeit*; ~**bandmontage** *f Am.* progressive assembly.

'**fließen** *v/i.* (*irr.*, *sn*) flow, run; pour, gush, stream; *river*: ~ *in* flow (*or* run, fall) into; *nose*: run; *paper*: blot; *tech. material*: flow, pass; *fig. conversation, etc.*: flow (smoothly *or* easily); *es wird Blut* ~ blood will flow, there will be blood-shed; 2 *n* (*-s*) flow, flowing; ~**d** **I.** *adj.* flowing; ~*es Wasser* running water; *fig.* fluid; fluent, easy, smooth (*style*); *in* ~*em Englisch* in fluent English; **II.** *adv.*: ~ *schreiben* (*sprechen*) write (speak) fluently.

'**Fließ...**: ~**fähigkeit** *f* (-) filterability, cold-flowing properties *pl.*; ~**fett** *n* semi-fluid grease; ~**heck** *mot. n* fast-back; ~**papier** *n* blotting-paper; ~**produktion** *f* flow production.

Flimmer ['flimər] *m* (*-s*; -) glitter, glimmer; 2**n** *v/i.* (*h.*) glitter, glimmer, scintillate; *film*: flicker; *stars*: twinkle; *es flimmert mir vor den Augen* my head swims.

flink [fliŋk] *adj.* quick, nimble, light-footed, brisk; bright, alert; ~ *wie ein Wiesel* quick as a flash, swift(ly *adv.*); '2**heit** *f* (-) quickness, nimbleness, agility.

Flinte ['flintə] *f* (-; *-n*) gun, rifle, *hist.* musket; shot-gun; *fig. die* ~ *ins Korn werfen* throw up the sponge; lose courage, resign; ~**nkugel** *f* bullet; ~**nlauf** *m* gun-barrel; ~**nschuß** *m* gunshot; ~**nweib** *colloq. n* gun-woman, woman soldier.

flirren ['flirən] *v/i.* (*sn*) flicker, whirr, vibrate.

Flirt [flirt] *m* (-[e]*s*; *-s*) flirtation; flirt; '2**en** *v/i.* (*h.*) flirt.

Flitter ['flitər] *m* (*-s*; -) spangle, tinsel; *fig.* frippery, tinsel; ~**glanz** *m* false splendo(u)r *or* lust|re, *Am.* -er; ~**gold** *n* tinsel, leaf-brass; ~**kram** *m* frippery, tawdry finery, gew-gaws *pl.*, tinsel; 2**n** *v/i.* (*h.*) glitter, glisten; ~**staat** *m* (-[e]s) tawdry finery; ~**wochen** *f/pl.* honeymoon; *in den* ~ *befindlich* honeymooning.

Flitzbogen ['flits-] *m* boy's bow.

'**flitzen** *v/i.* (*sn*) flit, whisk, nip.

flocht [flɔxt] *pret. of flechten.*

Flock|e ['flɔkə] *f* (-; *-n*) flake (*of snow*); flock (*of wool*); *cul. pl.* corn flakes *pl.*; 2**en** *v/i.* (*h.*) form flakes *or* flocks, flake; fuzz; ~**enbildung** *f* flocculation; ~**enblume** *f* centaury; ~**enerz** *n* mimetite; 2**ig** *adj.* flaky, flocky, fluffy; flocculent; ~**wolle** *f* flock wool.

flog [flo:k] *pret. of fliegen.*

floh [flo:] *pret. of fliehen.*

Floh [flo:] *m* (-[e]*s*; ⸚*e*) flea; *j-m e-n* ~ *ins Ohr setzen* put ideas into a p.'s head; ~**biß**, ~**stich** *m* flea-bite; ~**zirkus** *m* flea-circus.

Flor[1] [flo:r] *m* (*-s*; *-e*) bloom, blossom(ing); *fig.* bloom, prime; display (*or* abundance) of flowers; *fig.* bevy (*of ladies*).

Flor[2] *tech. m* (*-s*; *-e*) *on velvet, etc.*: nap, pile; gauze; → *Florband*.

Flora ['flo:ra] *f* (-; *-ren*) flora.

'**Flor|band** (-[e]s; ⸚*er*) *n*, ~**binde** *f* crape-band.

Florett [flo'rɛt] *n* (-[e]*s*; *-e*) foil, fleuret; ~**fechten** *n* foil fencing; ~**seide** *f* floss-silk.

florieren [flo'ri:rən] *v/i.* (*h.*) flourish, prosper, thrive.

'**Flor...**: ~**schleier** *m* gauze veil; ~**strumpf** *m* lisle stocking.

Floskel ['flɔskəl] *f* (-; *-n*) flower of speech, flourish; *contp.* ~*n pl.* empty phrases.

floß [flɔs] *pret. of fließen.*

Floß [flo:s] *n* (*-es*; ⸚*e*) raft, float; '~**brücke** *f* floating bridge.

Flosse ['flɔsə] *f* (-; *-n*) *ichth.* fin; flipper *of wale, etc.*; *aer.* stabilizer fin; *metall.* pig iron; *colloq.* (*hand*) fin, flapper; (*foot*) trotter.

flößen ['flø:sən] *v/t.* (*h.*) float, raft.

Flossen|füßer ['-fy:sər] *zo. m* (*-s*; -) fin-footed animal; ~**kiel** *mar. m* fin keel.

'**Flößer** *m* (*-s*; -) raftsman, rafter; '**Flößholz** *n* float(ed) timber.

Flöte ['flø:tə] *f* (-; *-n*) flute; whistle; *cards*: flush; 2**n** *v/t. and v/i.* (*h.*) play (on) the flute; *fig.* flute; ~**nbläser(in** *f*) *m* flute-player, flutist; 2**ngehen** *colloq. v/i.* (*irr.*, *sn*) get lost, go to the dogs *or* to pot; ~**nstimme** *f* flutepart; ~**nton** (-[e]s; ⸚e) *m* note (*or* tone) of a flute; sweet (*or* silvery) note; *colloq. fig. j-m die Flötentöne beibringen* teach a p. what's what; ~**nzug** *m organ*: flute-stop.

Flö'tist(in *f*) *m* (*-en*, *-en*; -, *-nen*) → *Flötenbläser(in)*.

flott [flɔt] *adj. mar.* floating, afloat; ~ *sein* be afloat; *fig.* gay; quick, snappy; smart, chic, stylish (*dress, etc.*); lively (*dance*); good, brisk, lively (*business*); ~*er Bursche* dashing fellow; ~*er Tänzer* good dancer; *adv.* ~ *leben* lead a gay and easy life, go the pace; *es ging* ~ *vonstatten* it went off smoothly, there was no hitch to it; *den Hut* ~ *auf dem Kopfe* the hat at a jaunty angle.

Flotte ['flɔtə] *f* (-; *-n*) *mar.* fleet; navy; *tech.* dye liquor, liquor-bath.

'**Flotten...**: ~**abkommen** *n* naval agreement; ~**bauprogramm** *n* naval program(me); ~**chef** *m* fleet commander; ~**manöver** *n/pl.* naval manoeuvres, *Am.* maneuvers; ~**parade**, ~**schau** *f* naval review; ~**station** *f* naval station; ~**stützpunkt** *m* naval base; ~**verband** *m* naval formation.

'**flottgehend** *adj.* brisk, lively, flourishing (*business*).

Flottille [flɔ'tilə] *mar. f* (-; *-n*) flotilla; ~**n-admiral** *m Brit.* Commodore, *Am.* Rear Admiral.

'**flott...**: ~**machen** *v/t.* (*h.*) float, set afloat; ~**weg** *adv.* promptly, briskly, smoothly, without a hitch.

Flöz [flø:ts] *n* (*-es*; *-e*) *geol.*, *mining*: layer, stratum; seam; coal seam.

Fluch [flu:x] *m* (-[e]*s*; ⸚*e*) curse, malediction; imprecation; *eccl.* anathema; blasphemy; (profane) oath, profanity, curse, swear-word, *Am.* cuss word; *fig.* curse, bane, plague; *e-n* ~ *legen auf* (*acc.*) lay a curse upon; *unter e-m* ~*e stehen* be under a curse; ~ *dem Verräter!* curse(d be) the traitor!; *e-n* ~ *ausstoßen* → *fluchen*; '2**beladen** *adj.* under a curse, accursed; '2**en** *v/i.*

(h.) curse and swear, swear; utter imprecations *or* oaths; *j-m* ~ curse a p.; *auf j-n* ~ swear at a p.; '~er *m* (-s; -) curser, swearer.
Flucht [fluxt] *f* (-; -en) flight (*vor dat.* from); escape; *wilde* ~ rout, stampede; range, row, series; suite *of rooms*; flight *of stairs*; *arch.* alignment, straight line; play; *auf der* ~ fleeing, flying, on the run; *die* ~ *ergreifen* → *flüchten*; *in die* ~ *schlagen* put to flight, rout, drive away; ☰artig ['-ɑːrtiç] I. *adj.* hasty, hurried, headlong; II. *adv.* precipitately, head over heels, helter--skelter.
'**fluchten** *arch. v/t.* (h.) align.
flüchten ['flyçtən] *v/i.* (sn) flee (*a. sich; nach, zu* to); run away; take to flight, turn tail; escape; *sich* ~ take (*or* seek) refuge *or* shelter (*zu j-m* with a p.); → *Öffentlichkeit*.
'**Flucht** ..: ~**gelder** ['-gɛldər] *n/pl.* fugitive funds, flight money; ☰-**gerecht** *arch. adj.* truly aligned, flush (*dat.* with).
'**flüchtig** I. *adj.* fugitive (*a. fig.*), absconding, runaway; *chem.* volatile; fleeting, passing, transitory, short-lived; transient (*effect*); hasty; careless (*person, work*), cursory (*inspection, perusal*); flighty, fickle; ~*e Bekanntschaft* passing (*or* nodding) acquaintance; ~*e Bemerkung* passing remark; ~*er Besuch* flying visit; *e-n* ~*en Besuch machen* drop in (*bei j-m* to see a p.); ~*er Blick* glance; ~*es Lächeln* fleeting smile; II. *adv.* fleetingly, *etc.*; ~ *bemerken* mention in passing; ~ *werden jur.* abscond; ~ *durchlesen* skim (through); ~ *niederschreiben* jot down; ~ *zu Gesicht bekommen* catch a glimpse of; ☰e(**r** *m*) ['-gə(r)] *f* (-n, -n; -en, -en) fugitive, runaway; ☰**keit** *f* (-; -en) fleetingness, transitoriness; hastiness; carelessness; cursoriness; *chem.* volatility; ☰**keitsfehler** *m* slip (of the pen, *etc.*), oversight.
Flüchtling ['-liŋ] *m* (-s; -e) fugitive, runaway; *pol.* refugee; expellee; ~**slager** *n* refugee camp.
'**Flucht**...: ~**linie** *f arch.* alignment, face line; *opt.* vanishing line; ~**punkt** *m* vanishing point; ~**verdacht** *m*: *es besteht* ~ the prisoner is likely to attempt an escape; ☰-**verdächtig** *adj.* suspected of planning an escape; ~**versuch** *m* attempt to escape.
'**fluchwürdig** *adj.* damnable, accursed, execrable.
Flug [fluːk] *m* (-[e]s; ~e) flight; *birds: a.* swarm, flock; *aer.* flight, air travel; *im* ~*e* flying, in flight, on the wing; *fig.* quickly, rapidly; *tennis, soccer:* *den Ball im* ~*e schlagen* volley.
'**Flug**...: ~**abkommen** *n* air agreement; ~**abwehr** *f* air defen|ce, *Am.* -se; *in compounds:* anti-aircraft; ~**apparat** *m* flying machine; ~**asche** *tech. f* fly (*or* flue) ash; ~**bahn** *f* trajectory, flight (path); *aer.* flight path; ~**ball** *m sports:* volley; ☰**begeistert** *adj.* air-minded; ~**bereich** *m* flying range, radius of action; ☰**bereit** *adj.* ready to take off, in flying order; ~**betrieb** *m* →

Flugverkehr; ~**blatt** *n* leaflet (*a. mil.*), pamphlet; handbill; ~**boot** *n* flying boat; ~**deck** *n* flight deck; ~**dienst** *m* air-service; ~**eigenschaften** *aer. f/pl.* flying characteristics.
Flügel ['flyːgəl] *m* (-s; -) wing; *aer. a.* aerofoil, *Am.* airfoil; *of propeller, fan, etc.:* blade, vane; *of bomb:* fin; *of windmill:* sail; *bot.* side-petal; *anat. of lung:* lobe; *of window:* casement; *of door:* leaf; *of building:* wing, aisle; *of altar:* side-piece; *mus.* grand-piano; *mil., sports:* wing, flank; *die* ~ *hängen lassen* droop one's wings, *fig.* droop, lose heart, be downcast; *j-m die* ~ *beschneiden* clip a p.'s wings; *j-m* ~ *verleihen* lend wings to a p.
'**Flügel**...: ~**abstand** *aer. m* wing gap; ~**adjutant** *mil. m* aide-de--camp; ~**angriff** *m* wing attack; ~**an-ordnung** *aer. f* wing setting; ~**decke** *zo. f* wing-case; ~**fenster** *n* casement-window; ☰**förmig** ['-fœrmiç] *adj.* wing-shaped; ~**lahm** *adj.* broken-winged; *fig.* lame; dejected; ☰**lastig** *aer. adj.* wing-heavy; ☰**los** *adj.* wingless; ~**mann** *m* marker; flank man; *rechter* ~ right hand man; *sports:* wing-forward, winger; ~**mine** *mil. f* vaned bomb; ~**mutter** *tech. f* (-; -n) wing nut; ☰**n** *v/i. and v/t.* (h.) wing; ~**pumpe** *f* oscillating pump; ~**rad** *n* screw wheel, propeller; ~**rad-antrieb** *m* impeller drive; ~**radpumpe** *f* vane-type pump; ~**schlag** *m* wing-stroke, flapping (*or* beat) of wings; ~**schraube** *f* wing bolt, butterfly (*or* thumb) screw; ~**schraubenmutter** *f* butterfly nut; ~**spannweite** *aer. f* wing spread, *Am.* wing span; ~**stürmer** *m sports:* → *Flügelmann*; ~**tür** *f* folding-door; ~**ventil** *n* butterfly valve; ~**verstrebung** *f* wing bracing; ~**wechsel** *m soccer:* wing-change.
'**Flug**...: ~**erfahrung** *f* flying experience; ☰**fähig** *adj.* airworthy; ~**feld** *n* → *Flugplatz*; ~**gast** *m* air--passenger.
flügge ['flygə] *adj.* fledged; *noch nicht* ~ unfledged (*both a. fig.*); ~ *werden* fledge (*a. fig.*).
'**Flug**...: ~**gelände** *n* flying terrain; ~**gepäck** *n* (air) baggage; ~**geschwindigkeit** *f* flying speed, air speed; *phys.* travelling velocity; ~**gesellschaft** *f* airline (company); ~**gewicht** *n* loaded weight; ~**hafen** *m* airport; ~**halle** *f* hangar; ~**haut** *zo. f* flying membrane, patagium; ~**höhe** *aer. f* altitude, flying height; *höchste* ~ absolute ceiling; *ballistics:* ordinate *of a trajectory*; ~**hörnchen** *zo. n* flying squirrel; ~**kapitän** *m* (aircraft) captain; ~**karte** *f* a) air-travel ticket, b) aviation chart; ☰**klar** *adj.* ready to take off; ~**körper** *m* missile; ~**lehrer** *m* flying instructor; ~**leistung** *f* flight performance; ~**leitung** *f* air-traffic control; ~**linie** *f* → *Flugbahn*; *aer.* air-route; airline; ~**loch** *n of bees:* entrance to the hive; pigeon-hole; ~**maschine** *f* flying-machine; → *Flugzeug*; ~**meldedienst** *m* aircraft reporting service; ~**motor** *m*

aircraft engine; ~**objekt** *n*: *unbekanntes* ~ unidentified flying object; ~**ortung** *f* aerial position finding; ~**plan** *m* time-table, (flying) schedule; ~**platz** *m* aerodrome, airfield, *Am. a.* airdrome; ~**platzbefeuerung** *f* airfield lighting; ~**post** *f* air-mail; ~**richtung** *f* direction of flight; ~**route** *f* flight (*or* air-)route.
flugs [fluːks] *adv.* quickly, swiftly, in a jiffy; at once, instantly.
'**Flug**...: ~**sand** *m* quicksand; ~**schein** *m* air-travel ticket; ~**schlag** *m sports:* volley; ~**schlepp** ['-ʃlep] *m* (-s) airplane towing; ~**schneise** *f* air lane; ~**schrift** *f* pamphlet; ~**schüler** *m* pilot pupil, trainee pilot; ~**sicherheit** *f* (-) flying safety; ~**sicherung** *f* air-traffic control; ~**sicht** *f* flight visibility; ~**sport** *m* aviation, sport flying; ~**staub** *m* airborne dust; ~**steig** *m* gate; ~**strecke** *f* flight route; distance flown *or* covered; ~**stützpunkt** *m* air base; ~**technik** *f* aeronautics *pl.*; aircraft engineering; *of pilot:* flying technique, airmanship; ~**techniker** *m* aeronautical engineer; ☰**technisch** *adj.* aeronautical; ☰-**tüchtig** *adj.* airworthy; ~**verbot** *n* grounding; ~**verkehr** *m* air traffic; air service; ~**versuch** *m* flight test (*or* experiment); ~**weg** *m* flight path; ~**weite** *f* → *Flugbereich*; ~**wetter** *n* flyable weather; ~**wetterdienst** *m* aviation weather service; ~**wissenschaft** *f* aeronautics *pl.*; ~**zeit** *f* flying time, time of flight.
'**Flugzeug** *n* aeroplane, plane, *Am.* airplane, plane; aircraft (*a.* ~*e pl.*); *im* ~ *ankommen* arrive by air; *im* ~ *reisen* go *or* travel by aeroplane (*or* air), fly, take a plane (*nach* for); ~**abwehr** *f* anti-aircraft defen|ce, *Am.* -se; ~**bau** *m* (-[e]s) aircraft construction; ~**bauingenieur** *m* aircraft engineer; ~**besatzung** *f* air crew; ~**entführung** *f* hijacking (*of plane*); ~**erkennungsdienst** *m* aircraft recognition service; ~**fabrik** *f* aircraft factory; ~**führer** *m* pilot; *zweiter* ~ co-pilot; ~**führerschein** *m* pilot's licen|ce, *Am.* -se; ~**halle** *f* hangar; ~**industrie** *f* aircraft industry; ~**kanone** *f* (aircraft) cannon; ~**kommandant** *m* aircraft commander, captain; ~**konstrukteur** *m* aircraft designer; ~**modell** *n* model aeroplane (*Am.* airplane); ~**motor** *m* aircraft (*or* aero)engine; ~**mutterschiff** *n* aircraft tender; ~**rumpf** *m* fuselage, body; ~**schlepp** ['-ʃlep] *m* (-s) aircraft towing; ~**schleuder** *f* aircraft catapult; ~**schuppen** *m* aircraft shed; ~**stewardeß** *f* air hostess; ~**träger** *m* aircraft carrier; ~**treibstoff** *m* aviation fuel; ~**trümmer** *pl.* aircraft wreckage *sg.*; ~**unfall** *m* flying accident, air disaster *or* crash; ~**verband** *m* aircraft formation; ~**wart** *m* aircraft mechanic; ~**werk** *n* aircraft factor.
Fluidum ['fluːidum] *n* (-s; -da) fluid; *fig.* atmosphere, aura, air.
fluktuieren [fluktu'iːrən] *v/i.* (h.) fluctuate.
Flunder ['flundər] *f* (-; -n) flounder.
Flunkerei [fluŋkə'rai] *f* (-; -en) fib, (cock-and-bull) story; fibbing,

story-telling; bragging; 'flunkern v/i. (h.) fib, tell fibs (or stories), spin a yarn; brag.

Fluor ['fluːr] n (-s) fluorine; ~ammonium n ammonium fluoride.

Fluoresz|enz [fluores'tsɛnts] f (-) fluorescence; 2ieren v/i. (h.) fluoresce; 2ierend adj. fluorescent.

Fluoroskop [fluoro'skoːp] med. n (-[e]s; -e) fluoroscope.

'Fluor...: ~säure f fluoric acid; 2wasserstoffsauer adj. fluoride of ...; ~wasserstoffsäure f hydrofluoric acid.

Flur[1] [fluːr] f (-; -en) field, plain; pasture, meadow.

Flur[2] m (-[e]s; -e) (entrance-)hall; passage, corridor; of staircase: landing.

'Flur...: ~bereinigung agr. f consolidation (of farmland); ~garderobe f hall-stand; ~namen m/pl. names of parcels (of land); ~register n agricultural land register; ~schaden m damage to crops; ~schütz m field guard.

Fluß [flus] m (-sses; ˝sse) river, stream; rivulet, Am. creek; flow (-ing); fig. fluency (of speech); flow (a. of traffic, etc.); metall. melting, fusion; tech. flux; med. flux(ion), catarrh; weißer ~ med. leucorrhoea; geol. fluor spar; im ~ fig. in a state of flux; in ~ bringen tech. fuse, flux, fig. set going or in motion; in ~ kommen begin to melt, fig. get under way, get going or into full swing; 2'abwärts adj. down the river, downstream; 2'aufwärts adv. upstream; '~bad n river-bath; '~bett n river-bed, channel.

Flüßchen ['flysçən] n (-s; -) rivulet, streamlet, Am. creek.

'Fluß...: ~eisen n ingot steel; ~gebiet n river basin.

flüssig ['flysiç] adj. fluid, liquid; molten, melted; econ. available, ready (money); ~es Kapital liquid assets; flowing (style); → fließend; ~ machen liquefy, melt (a. ~ werden); econ. realize (values); disengage, convert into cash.

'Flüssigkeit f (-; -en) liquid, fluid; liquor; liquidity, fluidity (a. fig.).

'Flüssigkeits...: ~aufnahme physiol. f fluid intake; ~bremse mot. f hydraulic brake; ~druck m hydrostatic pressure; ~getriebe mot. n fluid transmission; ~grad m viscosity; ~kompaß m floating compass; ~kühler mot. m liquid radiator; ~maß n liquid measure; ~messer m (-s; -) liquid meter, flowmeter; ~säule f column of liquid; ~spiegel m surface of a liquid; physiol. fluid-balance.

'Flüssig|machen n (-s) liquefaction; econ. realization; ~werden n fusion, fusing; 2d liquescent.

'Fluß...: ~kies m river gravel; ~krebs m (river) crayfish; ~lauf m course of a river; ~mittel tech. n flux; ~mündung f mouth (of a river), estuary; ~netz n network of rivers or watercourses; ~pferd n hippopotamus, river-horse; ~säure chem. f hydrofluoric acid; ~schiff n river-boat; ~schiffahrt f river-navigation; ~spat min. m fluor-

-spar, fluorite; ~stahl m ingot steel; ~übergang m river-crossing, ford; ~ufer n river-bank, riverside.

Flüster|bariton ['flystər-], ~tenor m whispering baritone (tenor); ~galerie f whispering gallery.

'flüstern v/i. and v/t. (h.) (speak in a) whisper, speak under one's breath; colloq. dem werde ich was ~ I'll tell him a thing or two; 2 n (-s) whisper(ing).

'Flüster...: ~parolen f/pl. whisperings, Am. grapevine; ~propaganda f whispering campaign; ~ton m (-[e]s; ˝e) whisper, undertone.

Flut [fluːt] f (-; -en) flood; high tide, flood-tide; waves pl., billows pl.; inundation, flood; fig. flood, spate, deluge; ~ von Tränen flood of tears; ~ von Worten torrent of words; die ~ kommt (geht) the tide is coming in (going out); es ist ~ the tide is up; fig. mit e-r ~ von Zuschriften überschüttet werden be flooded (or deluged) with letters; '2en I. v/i. (h.) flow, flood; swell, surge; II. v/t. (h.) mar. flood (the tanks); '~grenze f high-water mark; '~hafen m tidal harbo(u)r; '~licht n (-[e]s) floodlight; '~lichtspiel n sports: floodlit match; '~wechsel m turn of the tide; '~welle f tidal wave; '~zeit f flood-tide.

flutschen ['flutʃən] v/i. (h.) slip; fig. work: go swimmingly.

'f-Moll n f minor.

Fobklausel ['fɔb-] econ. f F.O.B. clause.

focht [fɔxt] pret. of fechten.

Fock [fɔk] f (-; -en), '~mast m foremast; '~segel n foresail.

Föderal|ismus [føːdəra'lismus] m (-) federalism; ~ist m (-en; -en) federalist; 2istisch adj. federalist; federal.

Födera|tion [-tsi'oːn] f (-; -en) (con)federation, confederacy; 2tiv [-'tiːf] adj. federative; ~'tivstaat m federal state, confederation.

fohlen ['foːlən] v/i. (h.) foal.

'Fohlen n (-s; -) foal, colt; filly.

Föhn [føːn] m (-[e]s; -e) föhn, foehn.

Föhre ['føːrə] f (-; -n) pine(-tree), Scotch fir.

Fokus ['foːkus] phys. m (-; -se) focus.

Folge ['fɔlgə] f (-; -n) sequence, succession, continuation, sequel (a. of novel, etc.); number, edition; series; set, suit; (time) sequel, future; consequence, result, upshot; aftermath; consequence; → Folgerung; in der ~ in the sequel, subsequently; in bunter ~ in colo(u)rful succession; die ~n tragen take the consequences; zur ~ haben result in, entail, bring in its wake, lead to; die ~ war, daß the result was, as a result; ~ leisten (dat.) obey; comply with (request, rule); grant (petition); accept (invitation); take, follow (advice); ~brief econ. m follow-up letter; ~erscheinung f sequel, after-effect (both a. med.) result.

'folgen v/i. (sn, dat.) follow; succeed (a p., auf acc. to); follow, ensue (aus from); obey; → befolgen; j-m auf Schritt u. Tritt ~ dog a p.'s footsteps,

shadow (Am. a. tail) a p.; j-s Beispiel ~ follow a p.'s example, follow suit; j-s Rat ~ follow (or take, act upon) a p.'s advice; daraus folgt, daß hence (or from this) follows that; wie folgt as follows; Fortsetzung folgt to be continued; können Sie ~? can you follow?; er folgte der Unterhaltung nicht he did not follow the conversation; ~d adj. following; ensuing; subsequent; next; am ~en Tage next day, the following day, the day after; ~en Inhalts a letter running as follows, saying; aus ~em from what follows; im ~en in the following; es handelt sich um ~es the matter is this; ~dermaßen ['-dər'maːsən], ~derweise ['-dər'vatsə] adv. as follows, in the following manner, like this; ~schwer adj. of grave consequence, grave, momentous.

'folgerichtig adj. logical, consistent; 2keit f logic(al consistency).

'folger|n v/t. (h.) infer, deduce, conclude, gather (aus from); 2ung f (-; -en) inference, deduction, conclusion; e-e ~ ziehen draw a conclusion, etc.

'Folge...: ~satz gr. m consecutive clause; math. corollary; ~schäden ['-ʃɛːdən] jur. m/pl. consequential damages; 2widrig adj. illogical; inconsistent, inconsequential; ~widrigkeit f inconsistency; ~wirkung f consequent effect; ~zeit f following period, sequel; future.

folglich ['fɔlklɪç] adv. and cj. consequently; therefore, hence; thus, so.

folgsam ['fɔlkzaːm] adj. obedient, docile, submissive, unresisting; 2keit f (-) obedience; docility.

Foliant [foli'ant] m (-en; -en) folio (-volume), tome.

Folie ['foːliə] f (-; -n) foil, film; background; fig. als ~ dienen serve as a foil (dat. to); foliieren [foli'iːrən] v/t. (h.) foliate; silver (mirror); page (book).

Folio ['foːlio] n (-s; -lien), ~blatt n folio; ~format n folio (size), foolscap.

Folklore [fɔl'kloːr(ə)] f (-) folklore.

Folter ['fɔltər] f (-; -n) rack; torture; auf die ~ spannen put to the rack; fig. a. tantalize, keep in suspense (or on tenter-hooks); ~bank f (-; ˝e) rack; ~instrument n instrument of torture; ~kammer f torture-chamber; ~knecht m torturer; 2n v/t. (h.) (put to or on the) rack, torture, torment; ~qual f torture, fig. a. torment; ~werkzeug n instrument of torture.

Fön [føːn] m (-[e]s; -e) hair-dryer.

Fond [fɔ̃ː] m (-s; -s) foundation; background; mot. back (of the car), back seat.

Fondant [fɔ̃'dãː] m (-s; -s) fondant.

Fonds [fɔ̃ː] econ. m (-; -) fund; pool; funds pl., capital; government funds (or stocks, securities), Am. government bonds pl.; fig. fund; '~börse f stock exchange; '~makler m stock (Am. bond) broker.

Fontäne [fɔn'tɛːnə] f (-; -n) fountain; jet of water.

Fontanelle [fɔnta'nɛlə] anat. f (-; -n) fontanel(le).

foppen ['fɔpən] v/t. (h.) tease, chaff, pull a p.'s leg, kid; hoax, fool; **Foppe'rei** f (-; -en) teasing, chaff, leg-pull(ing), kidding.

forcieren [fɔr'siːrən] v/t. (h.) force; *forciert* forced.

Förder|anlage ['fœrdər-] f conveying plant (or equipment), conveyor system; **~band** n (-[e]s; ~er) conveyor belt; **~er** m (-s; -), **~in** f (-; -nen) furtherer, patron (f -ess), Am. sponsor, promoter; **~gerät** n conveyor; **~gerüst** mining: n (pit-)head frame; **~gut** n material (delivered or to be transported); *mining:* output; **~hund** m → *Förderwagen;* **~kohle** f pit-coal; **~korb** m cage; **~leistung** f conveying capacity; *mining:* output, production; *of pump:* delivery; **~leitung** f feed pipe.

'**förderlich** adj. conducive (dat. to), promotive (of); useful, profitable; effective; beneficial.

'**Förder...:** **~maschine** f mining: winding engine; **~menge** f quantity delivered, delivery, output; → *Förderleistung.*

fordern ['fɔrdərn] v/t. (h.) a. fig. demand, require (von j-m of a p.); call (ask) for, exact; jur. claim; ask (for), charge (price); *zuviel ~* overcharge; *vor Gericht ~* summon before a court; *zum Duell:* challenge (*auf Pistolen* to a duel with pistols).

'**fördern** v/t. (h.) further, advance, promote; encourage; stimulate; aid, assist; → *förderlich (sein);* patronize, support, Am. a. sponsor; **~des Mitglied** supporting (or subscribing) member; *mining:* haul, raise; *pump:* deliver; convey, transport; *tech.* feed; speed up, expedite; → *zutage.*

'**Förder...:** **~schacht** m mining: winding shaft; **~schnecke** f worm conveyor; **~Soll** n planned output; **~turm** m winding tower.

'**Forderung** f (-; -en) demand (nach for, an acc. on); call (for); claim (for); (title to a) debt, debt claim; *adm.* requisition; challenge (to a duel); of price: charge; → *ausstehen; gerichtlich anerkannte ~* judg(e)ment debt; **~en** pl.: buchmäßige **~en** accounts receivable; bevorrechtigte **~en** secured claims.

'**Förderung** f (-; -en) furtherance, promotion, advancement; encouragement; assistance, support; dispatch; *mining:* **a)** drawing, extraction, hauling, **b)** output, production; *tech.* conveyance, transport, delivery.

'**Förder...:** **~wagen** m (mine) tub or car; **~winde** f drawing winch.

Forelle [fo'rɛlə] f (-; -n) trout; **~n-bach** m trout-brook; **~nfang** m trout-fishing.

forensisch [fo'rɛnziʃ] adj. forensic.

Forke ['fɔrkə] agr. f (-; -n) (pitch-)fork.

Form [fɔrm] f (-; -en) form; shape, appearance, figure; style, cut (of dress); *esp. tech.* design; of ship: lines pl.; type, model; profile, section; for hats: block; tech. mo(u)ld; die; for cakes: tin, mo(u)ld; typ. form(e), chase; for shoes: block, last; gr. form, voice; mode, man-

ner; *sports:* form, condition, shape; form, ceremony, usage; *gute ~* good form; formality; ~ *annehmen* take shape; *merkwürdige ~en* annehmen assume strange aspects; *die ~ wahren* keep up appearances; *in aller ~* in due form; *in höflicher ~* in polite terms; *der ~ halber* for form's sake, pro forma, to keep up appearances; *sports: in ~ sein* be fit (or in form, in good condition or shape); *fig. a.* be at one's best; *nicht in ~ sein* be off form, be in bad shape (or not up to the mark); *in ~ kommen (bleiben)* get into (keep in) form.

formal [fɔr'maːl] adj. formal, technical; **~e** *Ausbildung* formal training, *mil.* drill, *Brit.* physical training; *aus ~en Gründen* on technical grounds.

'**Form-aldehyd** chem. n formaldehyde.

Formalien [-'maːliən] pl. formalities.

Formalin [fɔrma'liːn] chem. n (-s) formalin.

Formalist [fɔrma'list] m (-en; -en) formalist.

Formali'tät f (-; -en) formality.

Format [fɔr'maːt] n (-[e]s; -e) size, form(at); *von mittlerem ~* medium-sized; *fig.* importance, stature, weight, calib|re or -er.

Formation [fɔrmatsi'oːn] geol., mil. f (-; -en) formation; unit.

'**formbar** adj. plastic, mo(u)ldable, workable; *metall.* malleable; **2keit** f (-) plasticity, workability; *metall.* ductility, malleability.

Formblatt n (blank) form, blank.

Formel ['fɔrməl] f (-; -n) form, formula; **~buch** n formulary; **~wagen** mot. m formula car.

formell [fɔr'mɛl] adj. formal; → *Recht.*

'**formen** v/t. (h.) form, model, fashion, (a. tech.) mo(u)ld, shape.

'**Formen|lehre** gr. f accidence; **~mensch** m formalist.

'**Former** m (-s; -) former, mo(u)lder.

'**Form...:** **~fehler** m informality; irregularity; *jur.* formal defect; breach of etiquette, social blunder, faux pas (Fr.); **~gebung** ['-geːbuŋ] tech. f (-; -en) shaping, styling, design(ing); **2gerecht** adj. tech. accurate to size; jur. in due form, duly; **~gestalter** m (industrial) designer.

for'mieren v/t. (h.) form; array, a. line up; *sich ~* fall into line; form up.

förmlich ['fœrmliç] **I.** adj. formal; ceremonious; punctilious; literal; veritable, regular; **II.** adv. literally, practically, almost; **2keit** f (-; -en) formality; ceremoniousness; ceremony.

'**Form...:** **2los** adj. formless, shapeless, amorphous; informal (a. jur.); unceremonious, unconventional; unpolished, rude; **~losigkeit** f (-) formlessness, shapelessness; informality; crudeness, rudeness; **~mangel** jur. m formal defect; **~maschine** f mo(u)lding machine; **~sache** f matter of form, formality; **~sand** m mo(u)lding sand; **2schön** adj. of graceful design, elegant;

streamlined; **~stahl** m structural steel; steel section; **~stück** n shape(d part).

Formular [fɔrmu'laːr] n (-s; -e) (printed) form, blank, schedule; → *Fragebogen.*

formu'lier|en v/t. (h.) formulate, word, define; **2ung** f (-; -en) formulation; wording; definition.

'**Formung** f (-) formation; forming, shaping, mo(u)lding; *spanabhebende ~* metal cutting; *spanlose ~* non-cutting shaping.

'**Form...:** **~veränderung** f change of form; modification, deformation; **2vollendet** adj. perfect (in form), finished; **~vorschriften** f/pl. formal requirements; **2widrig** adj. irregular; fig. offensive, informal; **~zahl** f form factor.

forsch [fɔrʃ] adj. vigorous, energetic, enterprising; smart, dashing; breezy, brisk.

forschen ['fɔrʃən] **I.** v/i. (h.): *nach (dat.)* inquire after, search for, seek, investigate for; *~ in (dat.)* investigate, explore, search, examine; *scient.* do research work; **II.** **2** n (-s) search, investigation, inquiry; **~d** adj. inquiring, speculative, searching (glance).

'**Forscher** m (-s; -), **~in** f (-; -nen) inquirer, seeker, investigator; researcher, research worker, scientist; explorer; **~blick** m (-[e]s) searching glance; **~drang** m (-[e]s) zeal for research, scientific curiosity, inquiring mind; **~geist** m (-es) spirit of research, scholarliness.

'**Forschung** f (-; -en) investigation, research, research work.

'**Forschungs...:** **~abteilung** f research department; **~anstalt** f research institute; **~arbeit** f research work; **~gebiet** n field of research; **~ingenieur** m research engineer; **~reise** f exploring expedition; **~reisende(r)** m explorer.

Forst [fɔrst] m (-es; -e[n]) forest; **~akademie** f school of forestry; **~amt** n forest superintendent's office; **~beamter** m forest-officer.

Förster ['fœrstər] m (-s; -) forester, forest ranger.

Förste'rei f (-; -en) forester's house.

'**Forst...:** **~fach** n forestry; **~frevel** m infringement of forest-laws; **~gesetz** n forest-law; **~haus** n → *Försterei;* **~mann** m forester; **~meister** m forest superintendent; **~revier** n forest district; **~verwaltung** f forest administration; **~wesen** n (-s), **~wirtschaft** f forestry; **2-wirtschaftlich** adj. forest (property, etc.); **~wissenschaft** f (-) (science of) forestry.

Fort [foːr] mil. n (-s; -s) fort.

fort [fɔrt] adv. away, gone; on; gone, lost; *in einem ~* uninterruptedly, ceaselessly, on and on; *und so ~ and so forth or on; ~ mit dir!* be gone (or off)!, clear out!, sl. go to blazes!; *sie sind schon ~* they have already left; *ich muß ~* I must be off.

'**fort...:** (→ *compounds with weg...*) **~an** adv. henceforth, from now on; **2bestand** m continuance; survival; **~bestehen** v/i. (irr., h.) continue, persist, survive; **~bewegen** *v/t.* (*h.*) move on (*or* away); propel, drive; *sich* ~ move, move along *or* away; *sich nicht* ~ not to move (*or* budge, stir); **☉bewegung** *f* locomotion, progression; **~bilden**: *sich* ~ (*h.*) continue one's studies, perfect *or* improve o.s.; **☉bildung** *f* further training (*or* education); improvement; *ärztliche* ~ graduate medical education; **☉bildungs|anstalt** (*or* -schule) *f* continuation school *or* classes *pl.*; **~bleiben** *v/i.* (*irr.*, *sn*) keep (*or* stay) away; fail to return; **~bringen** *v/t.* (*irr.*, *h.*) carry (*or* take) away, remove; see *a p.* off (*or* to the station, *etc.*); *sich* ~ keep the pot boiling; **☉dauer** *f* continuance; **~dauern** *v/i.* (*h.*) continue, last, persist; **~dauernd** *adj.* lasting, permanent; constant, continuous, incessant; recurrent (*payments*, *etc.*); **~denken** ~ *wegdenken*; **~eilen** *v/i.* (*sn*) hasten (*or* hurry) away, dash off; **☉entwick(e)lung** *f* continued growth, further development; **~erben**: *sich* ~ (*h.*) be hereditary; be passed on by hereditance; *fig.* go down to posterity; *sich* ~ *von ... auf* (*acc.*) descend from ... to; **~fahren** *v/i.* (*irr.*, *sn*) drive away, depart, leave, start; continue (*et. zu tun* to do a th. *or* doing a th.), go on *or* keep (doing a th.); **☉fall** *m* (-[e]s) → *Wegfall*; **~fallen** → *aus-*, *wegfallen*; **~fliegen** *v/i.* (*irr.*, *sn*) fly away, *aer.* take off; **~führen** *v/t.* (*h.*) lead away, walk (*or* march) *a p.* off; remove; go on with, continue, keep on; carry on (*business*, *war*); **☉führung** *f* continuation; carrying on; resumption; **☉gang** *m* (-[e]s) departure, leaving; → *Fortdauer*, *Fortschritt*; *den* ~ *der Sache abwarten* see how matters develop; **~gehen** *v/i.* (*irr.*, *sn*) go (away), leave; go on; proceed; continue; **~geschritten** *adj.* advanced, progressed; *Kurs für* ☉e advanced course; **~gesetzt** *adj.* continual, constant, incessant; **~helfen** *v/i.* (*irr.*, *h.*): *j-m* ~ help a p. to get away; *fig.* help a p. on; **~hin** *adv.* → *fortan*; **~jagen** *v/t.* (*h.*) turn (*or* drive) away; turn *a p.* out (on his ear), kick *a p.* out; expel (*aus dat.* from); **~kommen** *v/i.* (*irr.*, *sn*) get away (*or* off); *mach, daß du fortkommst!* be off!, *sl.* beat it!; *fig.* get on (*or* ahead), prosper; **☉kommen** *n* getting on, progress; living, livelihood; **~lassen** *v/t.* (*irr.*, *h.*) let *a p.* go, allow *a p.* to go; leave *a th.* out, omit, drop; **~laufen** *v/i.* (*irr.*, *sn*) run away (*[vor]* *j-m* from a p.); run on, be continued; **~laufend** *adj.* continuous, running; consecutive (*number*, *numbering*); serial (*number*), *econ.* ~e *Notierung* consecutive quotation; ~er *Bericht* serial report, sequel; **~leben** *v/i.* (*h.*) live on; survive (*in dat.* in one's *work*); **☉leben** *n* (-s) survival; life after death, after-life; **~machen** *v/i.* (*h.*) go on, carry on; *colloq.* make off; **~pflanzen** *v/t. and sich* ~ (*h.*) propagate; *phys. a.* transmit, communicate; *disease*: *a.* spread; *zo. a.* reproduce, multiply. **'Fortpflanzung** *f* (-) propagation;

phys. a. transmission, communication; *zo. a.* reproduction; *of disease*: *a.* spread; **~s-apparat** *m* reproductive organs; **☉sfähig** *adj.* reproductive; *phys.* transmissible; **~sfähigkeit** *f* (-) reproductiveness; *phys.* transmissibility; **~sgeschwindigkeit** *f* velocity of propagation *or* transmission; **~s-trieb** *m* reproductive instinct; **~svermögen** *n* (-s) reproductive power; **~szelle** *f* propagative cell, spore. **'fort...**: **~reisen** *v/i.* (*sn*) depart, leave, go away; **~reißen** *v/t.* (*irr.*, *h.*) → *wegreißen*; *fig. j-n mit sich* ~ carry a p. away with one; *sich von* (*or durch*) *et.* ~ *lassen* allow o.s. to be carried away by; **☉satz** *m* projection; *anat.*, *med.* process; **~schaffen** *v/t.* (*h.*) carry away, transport off; rush *or* whisk off *or* away; remove, get rid off; **~schätzen** *econ. v/t.* (*h.*) estimate ahead; **~schicken** *v/t.* (*h.*) send off; **~schleichen** *v/i.* (*irr.*, *sn*), *a. sich* (*irr.*, *h.*) steal away, sneak off; **~schleppen** *v/t.* (*h.*) drag away; *sich* ~ drag (o.s.) along; **~schreiben** *v/t.* (*irr.*, *h.*) *statistics*: project to subsequent dates, extrapolate; **~schreiten** *v/i.* (*irr.*, *sn*) proceed, advance, progress; **~schreitend** *adj.* progressive; *mit* ~er *Zeit* with the passage of time; **☉schritt** *m* progress (*in dat.* in), headway; advance(ment); improvement; *technische* ~e engineering progress; ~e *machen* make progress *or* headway; *große* ~e *machen* make great strides, forge ahead; **☉schrittler(in** *f*) [' -ʃritlər-] *m* (-s, -; -, -nen) progressionist; **~schrittlich** *adj.* progressive, advanced; modern, up-to-date; *person*: progressive, progress-minded; **~schwemmen** *v/t.* (*h.*) wash away; **~sehnen**: *sich* ~ (*h.*) wish o.s. away; **~setzen** *v/t.* (*h.*) continue (*a. sich*), pursue; *wieder* ~ resume; **☉setzung** ['-zetsuŋ] *f* (-; -en) continuation, sequel; pursuit, carrying on; resumption; *in* ~en *abdrucken* serialize (*novel*); ~ *folgt* to be continued; ~ *von Seite 2* continued from page two; **~stehlen**: *sich* ~ (*irr.*, *h.*) steal (*or* sneak) away *or* off; **~stoßen** *v/t.* (*irr.*, *h.*) push away; **~tragen** *v/t.* (*irr.*, *h.*) carry away *or* off; **~treiben** I. *v/t.* (*irr.*, *h.*) drive away; *fig.* carry on, go on with; II. *v/i.* (*irr.*, *sn*) drift away *or* off. **Fortuna** [fɔr'tuːna] *f* (-) Fortune. **'fort...**: **~wagen**: *sich* ~ (*h.*) venture away (*von* from); **~währen** *v/i.* (*h.*) last, continue, persist; **~während** I. *adj.* continual, continuous, constant, perpetual, incessant; II. *adv.* constantly, incessantly, *etc.*; all the time; *sie lächelte* ~ she kept smiling; **~werfen** *v/t.* (*irr.*, *h.*) throw away; **~ziehen** I. *v/t.* (*irr.*, *h.*) draw (*or* drag, pull) away; II. *v/i.* (*irr.*, *sn*) *tenant*, *etc.*: move on, remove; *mil.* march off; *birds*: migrate. **Forum** ['foːrum] *n* (-s; -ren) forum, tribunal; (public) forum, public discussion. **fossil** [fɔ'siːl] *geol. adj.* fossil. **Fos'sil** *geol. n* (-s; -ien) fossil, petrifaction.

fötal [fœ'taːl] *anat. adj.* f(o)etal. **Foto...** ['foːto-]: → *Photo...* **Fötus** ['fœːtus] *m* (-ses; -se) f(o)etus. **Foxterrier** ['fɔksteriər] *m* (-s; -) fox terrier. **'Foxtrott** *m* foxtrot. **Foyer** [foa'jeː] *n* (-s; -s) *thea.* foyer; *Am. and parl.* lobby; *of hotel*: foyer, lounge. **Fracht** [fraxt] *f* (-; -en) load, freight, goods *pl.*; *mar.* cargo, shipload; air freight; (*transport*, *rate*) carriage, *Am.* freight(age); *mar.* freightage; *durchgehende* ~ through-rate; cartage; *in* ~ *geben* (*nehmen*) freight (charter). **'Fracht|aufschlag** *m* extra carriage, *mar. and Am.* extra freight; **~aufseher** *m* supercargo; **~brief** *m* way-bill; consignment-note; *mar. and Am.* bill of lading; **~dampfer** *m* cargo-steamer, freighter; **~empfänger** *m* consignee; **☉en** *v/t.* (*h.*) consign, ship; load, freight; **~er** *m* (-s; -) freighter; **~flugzeug** *n* (air) freighter, cargo airplane; **☉frei** *adj.* carriage paid, *Am.* freight paid, prepaid; *mar.* freight-free; **~führer**, **~fuhrmann** *m* carrier, *Am. a.* teamster; **~gebühr** *f*, **~geld** *n* carriage, *Am.* freight(age); cartage; *mar.* freightage; **~geschäft** *n* carrying trade; **~gut** *n* freight, goods *pl.*, *Am.* ordinary freight; *mar.* cargo, shipload; *als* ~ by goods (*Am.* freight) train; **~gutsendung** *f* consignment; **☉intensiv** *adj.*: ~e *Massengüter* bulkgoods on which the freight is heavy; **~kahn** *m* barge, freight boat; **~kosten** *pl.* freight charges, freightage, carriage; **~liste** *f* freight list; **~raum** *m* cargo compartment, hold; freight capacity; **~rechnung** *f* freight account (*or* bill); **~satz** *m* rate of freight, freightage; **~schiff** *n* cargo-ship, freighter; **~spediteur** *m* freight forwarder; **~stück** *n* package, parcel; bale; **~tarif** *m* freight tariff; **~verkehr** *m* goods (*Am.* freight) traffic; **~versicherung** *f* freight insurance; **~vertrag** *m* freight contract; *mar.* charter-party; **~vorschuß** *m* advance freight; **~wagen** *m* goods wag(g)on; **~zuschlag** *m* → *Frachtaufschlag*. **Frack** [frak] *m* (-[e]s; ⁔e) dress- (*or* tail-)coat; *im* ~ in full evening dress, in tails; **'~anzug** *m* dress-suit; **'~hemd** *n* dress-shirt. **Frage** ['fraːgə] *f* (-; -n) question (*über acc.* about); *gr.*, *rhet.* interrogation; query; inquiry; *fig.* problem, question, point (in question); *e-e* ~ *tun or stellen* ask (*or* put) a question; *außer* ~ *stehen* be beyond question; *in* ~ *kommen* come into question, be in consideration, be suitable; *in* ~ *kommende Personen* eligible persons; *in* ~ *stellen* make dubious *or* uncertain, jeopardize; *in* ~ *ziehen* (call in) question, query, challenge; *das ist e-e* ~ *der Zeit* that's a matter (*or* question) of time; *das ist e-e andere* ~ that's another question (*or* matter); *das ist eben die* ~ that's just the point; *das ist gar keine* ~ there is no doubt about that; *das kommt (gar) nicht in* ~ that's out of the question; *der*

in ~ *stehende Punkt* the point in question; *die* ~ *ist, ob* the point is whether; *es erhebt sich die* ~ the question arises; *ohne* ~ beyond question, undoubtedly, doubtless; **~bogen** *m* questionnaire; **~form** *gr. f* interrogative form; **~fürwort** *gr. n* interrogative (pronoun).
'fragen *v/t. and v/i.* (h.) ask; question, query, interrogate; inquire (*nach* after); (*j-n*) et. ~ ask (a p.) a question; (*j-n*) ~ *nach* (*dat.*) ask (*ə p.*) for; *j-n nach s-m Namen, dem Wege, etc.,* ~ ask a p. his name, the way, *etc.*; *nach j-s Befinden* ~ inquire after a p.'s health; *j-n um Rat* ~ ask a p. for advice, consult a p.; *es fragt sich, ob* it is doubtful (*or* a question) whether; *ich frage mich, warum* I wonder why; *er fragt nicht danach* he doesn't care; ℒ *kostet nichts* there is no harm in asking; *wenn ich* ~ *darf* if I may ask; *econ.* (*stark*) *gefragt in* (great) demand; **~d** *adj.* interrogative; inquiring (*look*); *j-n* ~ *ansehen* look at a p. inquiringly.
'Fragenkomplex *m* complex of questions.
'Frager(in *f) m* (-s, -; -, -nen) questioner, interrogator.
'Frage...: ~satz *gr. m* interrogative sentence; **~steller** ['-ʃtɛlər] *m* (-s; -) questioner; **~stellung** *f* (formulation of the) question; *fig.* statement of a problem; **~stunde** *parl. f* question-time; **~-und-Antwortspiel** *n radio:* quiz; **~wort** *n* (-[e]s; ⸚er) interrogative; **~zeichen** *n* question-mark, interrogation mark; (*a. fig.*) query.
fraglich ['fra:klɪç] *adj.* questionable, doubtful, problematic(al), uncertain; in question, under consideration (*or* discussion); *die* ~e *Klausel* the clause in question; *es ist* ~*, ob* it is open to question (*or* it is questionable) whether.
fraglos ['fra:klo:s] **I.** *adj.* unquestionable, indisputable; **II.** *adv.* beyond (all) question, beyond dispute, unquestionably; decidedly.
Fragment [frag'mɛnt] *n* (-[e]s; -e) fragment; **fragmentarisch** [-'ta:rɪʃ] *adj.* fragmentary.
fragwürdig ['fra:k-] *adj.* questionable, dubious, *b.s. a.* shady.
Fraktion [fraktsi'o:n] *parl. f* (-; -en) (parliamentary) group; **~sbeschluß** *m* fractional motion; **~sführer** *m* parliamentary leader of a party, *Brit.* whip, *Am.* floor leader; ℒ**slos** *adj.* nonpartisan, independent; **~svorsitzende(r)** *m* → *~sführer*; **~szwang** *m: bei der Abstimmung gab es keinen* ~ voting was on non-party lines.
fraktio'nieren *chem. v/t.* (h.) fractionate; ℒ**kolonne** *f* fractionating column; ℒ**ung** *f* (-) fractionating.
Fraktur [frak'tu:r] *f* (-; -en) *typ.* Gothic *or* German type; *med.* fracture; *mit j-m* ~ *reden* talk in plain English to a p., *Am.* talk turkey with a p.
frank [fraŋk] *adv.:* ~ *und frei* quite frankly, openly, without restraint.
Franke ['fraŋkə] *m* (-n; -n) Franconian; *hist.* Frank; **~n**[1] *n* (-s) Franconia.

'Franken[2] *m* (-s; -) (*coin*) franc.
fran'kier|en *v/t.* (h.) prepay, stamp; ℒ**maschine** *f* franking machine; **~t** *adj.* prepaid, post-paid, stamped, post-free; *nicht genügend* ~ underpaid; ℒ**ung** *f* (-; -en) prepayment.
Fränk|in ['frɛŋkin] *f* (-; -nen), ℒ**isch** *adj.* Franconian.
franko ['fraŋko] *adv.* post-paid, prepaid; *parcel:* carriage paid.
'Frankreich *n* (-s) France.
Franse ['franzə] *f* (-; -n) fringe; ℒ**n** *v/i.* (h.) fray, frazzle.
Franz [frants] *aer. sl. m* (-es; -e) observer.
'Franz|band *m* (-[e]s; ⸚e) calf-binding; **~branntwein** *m* surgical spirit.
Franziskaner [frantsis'ka:nər] *m* (-s; -), ~*in* *f* (-; -nen) Franciscan friar (*f* nun); **~orden** *m* (-s) Order of St. Francis.
'Franzmann *m* Frenchman, *sl.* frog.
Franzose [fran'tso:zə] *m* (-n; -n) Frenchman; *die* ~*n* *pl.* the French; *tech.* monkey-wrench; **~nfeind(in** *f) m* Francophobe; ℒ**nfeindlich** *adj.* anti-French; **~nfreund(in** *f) m,* ℒ**nfreundlich** *adj.* Francophil(e).
Französin [fran'tsø:zin] *f* (-; -nen) Frenchwoman.
fran'zösisch *adj.* French; ~e *Spracheigenheit* Gallicism; *die* ~e *Sprache, das* ℒ(e) the French language, French; *er spricht gut* ℒ he speaks good French; *auf* ~, *ins* ℒe in, into French; *sich* ~ *empfehlen* take French leave; **~-deutsch** *adj.* Franco-German (*relations, etc.*); French-German (*dictionary*).
frap|pant [fra'pant], **~pierend** [-'pi:rənt] *adj.* striking.
Fräs|arbeit ['frɛ:s-] *f* milling work; **~art** *f* milling method; ~e *f* (-; -n) milling cutter (*or* tool); *agr.* rotary hoe; ℒ**en** *v/t. and v/i.* (h.) mill; **~er** *m* (-s; -) milling cutter (*or* tool); metal-cutting-machine operator; **~maschine** *f* milling machine; **~messer** *n* cutter blade; **~vorrichtung** *f* milling fixture (*or* jig).
fraß [fra:s] *pret. of* fressen.
Fraß *m* (-es) *sl.* grub; *for animals:* feed; *med.* caries; *chem.* corrosion.
Fratz [frats] *m* (-es; -e[n]): *kleiner* ~ little rascal, brat; *niedlicher* ~ poppet, darling.
'Fratze *f* (-; -n) grimace, distorted face; (*face*) *sl.* mug; caricature; e-e ~ *schneiden* make a grimace; ~*n schneiden* make grimaces *or* faces; ℒ**nhaft** *adj.* distorted, grotesque.
Frau [frau] *f* (-; -en) woman; female; mistress; lady; wife; *before name:* Mrs.; *gnädige* ~! madam!; *wie geht es Ihrer* ~? how is Mrs. X.?; *Ihre* ~ *Mutter* your mother; *eccl. Unsere Liebe* ~ Our (blessed) Lady; *zur* ~ *geben* give in marriage; *zur* ~ *nehmen* marry, take in marriage; **'~chen** *n* (-s; -) little woman; wifey, old girl.
'Frauen...: (→ *compounds with Damen...*) **~arbeit** *f* women's work; **~arzt** *m* gyn(a)ecologist; **~bewegung** *f* (-) feminist movement; **~feind** *m* woman-hater, misogynist; ℒ**haft** *adj.* womanly; **~heilkunde** *f* gyn(a)ecology; **~herrschaft** *f* matriarchy; *contp.* petticoat govern-

ment; **~klinik** *f* hospital for women; **kloster** *n* nunnery; **~krankheit** *f* women's disease; **~leiden** *n* women's complaint; **~rechte** *n/pl.* women's rights; **~rechtlerin** ['-rɛçtlərin] *f* (-; -nen) suffragette; **~rolle** *thea. f* female part; **~schuh** *bot. m* (-[e]s) lady's slipper; **~spiegel** *bot. m* Venus's looking-glass; **~sport** *m* (-[e]s) women's sports *pl.*; **~stimmrecht** *n* women's suffrage; **~tum** *n* (-s) womanhood; **~welt** *f* (-) womankind, women *pl.*; **~zeitschrift** *f* women's magazine; **~zimmer** *n usu. contp.* female, woman; petticoat, *sl.* skirt, *Am. a. sl.* broad.
Fräulein ['frɔylain] *n* (-s; -) young lady; unmarried (*or* single) woman *or* lady; *title:* Miss; *Ihr* ~ *Tochter* your daughter; governess; shop-girl, sales-girl, *when addressed:* Miss; *teleph.* ~ *vom Amt* operator.
'fraulich *adj.* womanly, womanlike; ℒ**keit** *f* (-) womanhood, womanliness.
frech [frɛç] *adj.* impudent, insolent, saucy, cheeky, *Am. sl.* fresh; forward, pert; daring, bold, audacious; e-e ~e *Lüge* a brazen lie; *mit* ~er *Stirn* brazen-facedly; *colloq.* ~ *wie Oskar* bold as brass, cool as a cucumber; '**ℒdachs** *colloq. m* cheeky fellow; *kleiner* ~ whipper-snapper; '**ℒheit** *f* (-; -en) impudence, insolence, sauciness, cheek, *sl.* nerve; boldness; ~en *pl.* impudent remarks; *sich* ~en *erlauben* take liberties (*mit j-m* with a p.); *er hatte die* ~, *zu inf.* he had the impudence (*or* cheek) to *inf.*; *so* e-e ~! confound (*or* damn) your impudence (*or* cheek)!, the insolence of it!; *sl.* what a nerve!
Fregatte [fre'gatə] *f* (-; -n) frigate; **~nkapitän** *m* commander.
frei [frai] *adj.* free (*von* from, of); independent; exempt (*von* from *taxes, etc.*); frank, open, candid; at liberty, *criminal, etc.:* at large; blank; unrestrained, unhampered; *road, etc.:* clear; free and easy; free, licentious; gratuitous, gratis, free (of charge); (pre)paid, postfree, *parcel:* carriage-paid; *chem.* uncombined; open (*field, sky*); free-lance (*artist, etc.*); *teleph.* disengaged, vacant, *Am.* not busy; vacant, open (*post*); loose, free (*translation*); ~e *Ansichten* liberal views; ~er *Beruf* liberal (*or* independent) profession; ~er *Eintritt* free admission; → *Fahrt;* ~e *Künste* liberal arts; ~e *Liebe* free love; ~e *Stadt* free city; ~e *Stelle* vacancy, opening; ~er *Nachmittag* half-holiday, afternoon off; ~er *Tag* off day, day off, holiday; ~e *Zeit* → *Freizeit;* *econ.* ~ *von Kosten* free of expense, all charges paid; ~ *von Schulden* clear of debt; ~ *Haus* free domicile; ~ *an Bord* free on board (*abbr.* f.o.b.); *im* ~en *Handel* in the shops; ~er *Markt* free market, *stock exchange:* unofficial (*or* open) market; ~e *Wirtschaft* free economy; ~ *von Bewirtschaftung* non-rationed; *heraus* **a)** frankly, plainly, **b)** bluntly, point-blank; → *Fuß, Stück, Wille(n); im* ℒen, *unter* ~em *Himmel* in the open (air); ~ *sprechen*

speak openly, *speaker*: speak off-hand (*or* extempore, without notes); *sich* ~ *bewegen* move freely; ~e *Hand haben, etc.* → *Hand*; *den Dingen* ~*en Lauf lassen* let things take their course; *ich bin so* ~ I take the liberty (*zu inf.*, *of ger.*), I venture (*to inf.*), I don't mind if I do; *ich bin so* ~, *Sie zu erinnern* permit me to remind you; *Straße* ~*!* road clear!; *aer.*, *rail.* 20 Pfund *Gepäck* ~ *haben* be allowed 20 pounds of luggage; *tech.* ~ *aufliegend* freely supported; ~ *schwingen* swing clear; ~ *finanziert* privately financed.

'**Frei...:** ~**antenne** *f* free (*or* outdoor) aerial *or* antenna; ~**antwort** *f* prepaid reply; ~**bad** *n* open-air bath, *Am.* outdoor swimming pool; ~**ballon** *m* free balloon; ~**bank** *f* (-; ⸗e) cheap-meat department; ⸗**beruflich** *adj.* professional; free-lance (*artist*, *journalist*, *etc.*); ~**betrag** *m* allowance, tax-exempt amount; ~**beuter** *m* (-s; -) free-booter, filibuster, buccaneer; ~**beute'rei** *f* (-) freebooting, filibustering, piracy; ⸗**beweglich** *tech. adj.* freely moving, mobile; ~**billett** *n* → Freikarte; ⸗**bleibend** *econ. adj. and adv.* subject to being sold (*or* to alteration without notice), without engagement; ~**bord** *mar. m* freeboard; ~**börse** *f* → Freiverkehrsbörse; ~**brief** *m* charter; privilege; (*letters pl.*) patent; *fig.* passport (für to), warrant (for); ~**denker(in** *f)* *m* freethinker; ⸗**denkerisch** *adj.*, ~**denkertum** *n* (-s) freethinking.

'**Freie 1.** ~(**r** *m)* *f* (-n, -n; -en, -en) freeman, freewoman, free-born citizen; **2.** ~ *n* (-n) the open country (*or* field); *im* ~*n* in the open (air), out of doors, outdoors; *Spiele im* ~*n* outdoor games; *im* ~*n lagern* (übernachten) camp out.

'**freien I.** *v/i.* (h.): ~ *um* (*acc.*) court, make love to, *rhet.* woo; **II.** *v/t.* (h.) → heiraten.

'**Freien** *n* (-s) courting, courtship, wooing.

'**Freier** *m* (-s; -) suitor; wooer; ~**s-füße** *f* '-sfy:sə] *pl.*: *auf* ~*n gehen* go courting, be looking for a wife.

'**Frei...:** ~**exemplar** *n* free (*or* presentation) copy, specimen (copy); author's copy; ~**fahrschein** *rail. m* free (travel) ticket; ~**fläche** *f* open space; ⸗**fliegend** *tech. adj.* cantilever, overhang; ~**flughafen** *m* customs-free airport; ~**frau** *f* baroness; ~**gabe** *f* release; decontrol; *aer.* clearance; ⸗**geben** *v/t.* (*irr.*, h.) release; *prisoner*: set free; *für den Verkehr* ~ open to the traffic; *aer.*, *rail.* clear; decontrol; deblock (*account*); *j-m* ~ (*v/i.*) give time off; *e-e Woche* ~ give a week's holiday; ⸗**gebig** ['-ge:biç] *adj.* liberal (*mit* of); generous, open-handed; ~ *sein* have an open hand; ~**gebigkeit** *f* (-) liberality, generosity, open-handedness; ⸗**geboren** *adj.* free-born; ~**geist** *m* freethinker; ⸗**geistig** *adj.* freethinking; ~**gepäck** *n* free (*or* allowed) luggage; ~**grenze** *f* limit of tax-free income, free quota; ~**gut** *n econ.* duty-free goods *pl.*; *hist.* freehold (property); ⸗**haben**

v/i. (h.) have a holiday; have a day off; *heute habe ich frei* this is my day off; ~**hafen** *m* free port; ⸗**halten** *v/t.* (*irr.*, h.) treat *a p.* (*mit* to), pay for *a p.*; keep *a seat free*, *the road* clear; keep open (*an offer*); ~**handel** *m* free trade; ~**handelszone** *f* free trade area; ⸗**händig** *adj. and adv.* offhand, without support; *jur.* by private contract, privately; direct (*sale*, *ordering*); ~**er** *Verkauf* of securities in the open market, *Am.* over the counter trade; ~**handzeichnen** *n*, ~**handzeichnung** *f* freehand drawing; ⸗**hängend** *tech. adj.* freely suspended.

'**Freiheit** *f* (-; -en) liberty, freedom (*von* from); exemption (from); *bürgerliche* ~ civil liberty, franchise; *licen|ce*, *Am.* -se; *dichterische* ~ poetic *licen|ce*, *Am.* -se; scope, latitude; *volle* ~ *haben* have full scope; ~ *der Meere* freedom of the seas; → Rede⸗, Presse⸗, *etc.*; *in* ~ *sein* be free (*or* at liberty), *criminal*: be at large; *in* ~ *setzen* set free (*or* at liberty), release, liberate; *sich die* ~ *nehmen, zu inf.* take the liberty of *ger.*, venture *to inf.*; *sich* ~*en erlauben or herausnehmen* take liberties (*gegen* with), make free (with); ⸗**lich** *adj.* liberal, free.

'**Freiheits...:** ~**beraubung** *jur. f* deprivation of liberty, *im Amt*: false imprisonment; ~**drang** *m* desire for liberty (*or* independence); ~**entzug** *jur. m* detention; ~**grad** *tech. m* degree of freedom; ~**kampf** *m* struggle for freedom (*or* political independence); revolt; ~**krieg** *m* war of independence; ~**liebe** *f* love of liberty; ⸗**liebend** *adj.* freedom-loving; ~**strafe** *jur. f* prison sentence; imprisonment.

'**Frei...:** ⸗**heraus** *adj.* frankly; ~**herr** *m* baron; ~**herrin** *f* baroness; ⸗**herrlich** *adj.* baronial; ~**herzig** *adj.* open-hearted, frank; ~**in** *f* (-; -nen) → Freiherrin; ~**karte** *f* free pass (*or* ticket), *thea. a.* complimentary ticket; ~**kirche** *f* free church; ⸗**kommen** *v/i.* (*irr.*, sn) get free; *jur. a.* be released *or* acquitted; ~**körperkultur** *f* (-) nudism; ~**korps** *mil. n* volunteer corps; ~**kuvert** *n* stamped envelope; ~**lager** *n* bivouac; *econ.* dump; ⸗**lassen** *v/t.* (*irr.*, h.) release, liberate, set free (*or* at liberty); emancipate (*slaves*); → Kaution; *in formulars*: leave blank; ~**lassung** *f* (-; -en) release, liberation; ~**lauf** *m* free-wheeling, *Am.* coasting; *im* ~ *fahren* freewheel, coast; (*device*) → ~**laufnabe** *f* freewheel hub, *Am.* coaster-hub; ⸗**legen** *v/t.* (h.) lay open (*or* bare), expose; uncover; ~**leitung** *el. f* overhead line.

'**freilich** *adv.* certainly, to be sure, quite so; *ja* ~*!* yes, indeed (*or* of course)!, by all means!; *concessively*: it is true, of course, though; *dies ist* ~ *nicht ganz richtig* this is not quite correct, though.

'**Frei...:** ~**lichtaufnahme** *phot. f* outdoor (*or* exterior) shot; ~**lichtbühne** *f*, ~**lichttheater** *n* open-air stage, open-air theat|re, *Am.* -er; ~**lichtmale'rei** *f* plein-air painting; ⸗**liegen** *v/i.* (*irr.*, h.) be open *or*

bare, be exposed; ~**liste** *econ. f* free list (*for duty-free goods*); ~**los** *n* free (*or* gratuitous) lottery-ticket; *sports*: bye; ~**luft...** open-air..., outdoor...; ⸗**machen** *v/t.* (h.) get free, disengage, extricate (*von* from); clear (*road*, *etc.*); *fig. die Bahn* ~ *für* (*acc.*) clear (*or* pave) the way for; prepay, stamp (*letters*); *sich* ~ (*employee*) take time off; *sich e-n Tag* ~ take a day off; ~**machung** *f* (-; -en) freeing, disengagement, extrication, release; clearing; evacuation; *mail.* prepayment, stamping; ~**marke** *f* (postage-)stamp.

'**Freimaure|r** *m* freemason; ~'**rei** *f* (-) freemasonry; ⸗**risch** *adj.* masonic; ~**rloge** *f* freemasons' (*or* masonic) lodge.

'**Frei...:** ~**mut** *m*, ~**mütigkeit** ['-my:tiçkaɪt] *f* (-) frankness, cando(u)r, openness; ⸗**mütig** *adj.* frank, candid, open; ⸗**nehmen** *v/t.* (*irr.*, h.): (*sich*) *e-n Tag* ~ take a day off; ~**plastik** *f* free-standing sculpture; ~**platz** *m* → Freistelle; ⸗**religiös** *adj.* secular, non-dogmatic; ~**sasse** *m* freeholder, yeoman; ⸗**schaffend** *adj.*: ~*er Künstler* free-lance artist; ~**schar** *mil. f* volunteers corps, irregulars *pl.*; ~**schärler** ['-ʃɛːrlər] *m* (-s; -) volunteer; irregular, gue(r)rilla; ~**schein** *m* licen|ce, *Am.* -se; ~**schule** *f* free school; ~**schüler(in** *f) m* free scholar; ⸗**schwebend** *tech. adj.* → freitragend; ⸗**schwimmen:** *sich* ~ (*irr.*, h.) pass one's 15 minute swimming test; ~**sinn** *m* (-[e]s) liberalism; ⸗**sinnig** *adj.* liberal; ⸗**spielen** *soccer*: *sich* ~ (h.) dribble o.s. free; ⸗**sprechen** *v/t.* (*irr.*, h.) *esp. eccl.* absolve (*von* from); *jur.* acquit (of), discharge (on); exonerate (from *guilt*); clear (*of suspicion*); release *apprentice* from his articles; ~**sprechung** ['-ʃpreçʊŋ] *f* (-; -en) absolution; exoneration; release *of an apprentice*; *jur.* → ~**spruch** *m* acquittal; verdict of not guilty; ~**staat** *m* free state; republic; ~**statt**, ~**stätte** *f* asylum, sanctuary, refuge; ⸗**stehen** *v/i.* (*irr.*, h.): *es steht Ihnen frei, zu inf.* you are free (*or* at liberty), it is free for (*or* to) you *to inf.*; ⸗**stehend** *adj.* isolated; detached (*house*, *etc.*); *sports*: ~*er Spieler* unmarked player; ~**stelle** *f ped.* free place, scholarship; ⸗**stellen** *v/t.* (h.) exempt (*von* from; *a. mil.*); *j-m et.* ~ leave a th. to a p.('s discretion); *freigestellt* optional; ~**stellung** *mil. f:* ~ *im öffentlichen Interesse* exemption (from military service).

'**Freistil** *m* (-[e]s) *sports*: free style; ~**ringen** *n* free-style wrestling; catch-as-catch-can; ~**ringer** *m* free-style (*or* catch-as-catch-can) wrestler; ~**schwimmen** *n* free-style swimming.

'**Frei...:** ~**stoß** *m soccer*: free kick; ~**stunde** *f* leisure hour; *ped.* free period; ~**tag** *m* Friday; *Stiller* ~, *Kar*⸗ Good Friday; ~**tod** *m* voluntary death, suicide; ⸗**tragend** *tech. adj.* cantilever, self-supporting; floating (*axle*); *el.* ~*er Mast* pylon;

~treppe f outside staircase, perron, Am. stoop; ~übungen f/pl. free standing exercises, light (Am. free) gymnastics; callisthenics; ~umschlag m stamped envelope; ~verkehr econ. m unofficial (Am. curb) trading; im ~ in the open market, Am. over the counter; ~verkehrsbörse econ. f kerb (or inofficial) market, Am. curb market; 2werden v/i. (irr., sn) become free; mil. troops, chem. become disengaged; ~wild n fair game (a. fig.); 2willig adj. voluntary, spontaneous; adv. a. of one's own free will; sich ~ erbieten or melden volunteer, mil. a. enlist, enroll; jur. ~e Gerichtsbarkeit non-contentious litigation; ~willige(r m) ['-viligə(r)] f (-n, -n; -en, -en) volunteer; ~willigkeit f voluntariness, spontaneity; ~zeichen teleph. n dial(l)ing tone; ~zeichnung econ. f exoneration (of liability); public subscription (to shares); ~zeichnungsklausel f exoneration clause; ~zeit f free (or spare, leisure, off) time; ~zeitgestaltung f recreational (or spare time) activities pl., planned recreation; ~zeitlager n holiday camp; ~zone f free zone; 2zügig adj. free to move; fig. unhampered; permissive; ~zügigkeit f freedom of movement; permissiveness.

fremd [fremt] adj. strange; foreign; alien; exotic; extraneous; → ~artig; unknown, unfamiliar; econ. ~e Gelder banking: deposits by customers; ~e Mittel outside funds; ~es Gut other people's property; ~e Hilfe outside help; in ~en Händen in other (or strange) hands; unter e-m ~en Namen under an assumed name, incognito; ich bin hier (selbst) ~ I am a stranger here (myself); er ist mir nicht ~ he is no stranger to me; diese Gedankengänge sind ihm ~ such thoughts are alien to him; sie tat so ~ she acted very cool (or distant); 2arbeit f outside labo(u)r; 2arbeiter m outside worker; pl. foreign labo(u)r; ~artig ['-a:rtiç] adj. strange, heterogeneous; odd, strange, outlandish, exotic; '2artigkeit f (-; -en) heterogeneity; strangeness, oddness; '2befruchtung bot. f cross-fertilization; '2bestäubung f cross-pollination.

Fremd|e ['fremdə] 1. f (-) foreign country or parts pl.; in die (der) ~ abroad; 2. ~e(r m) f (-n, -n; -en, -en) stranger; foreigner; alien; tourist; guest, visitor; 2eln [-əln] v/i. (h.) act strange, be reserved (or shy).

Fremden... ['fremdən-]: ~buch n visitors' book; 2feindlich (2freundlich) adj. hostile (friendly) to foreigners; ~führer m guide; ~haß m xenophobia; ~heim n boarding-house, private hotel; ~industrie f tourist trade (or industry); ~legion mil. f Foreign Legion; ~verkehr m tourist traffic, tourism; den ~ heben attract tourists; ~verkehrs-ort m (-[e]s; -e) tourist cent|re, Am. -er; ~zimmer n spare (bed-)room, guest-room.

'Fremd...: ~erträge ['-ɛrtrɛːgə]

m/pl. extraneous income sg.; ~finanzierung f outside financing; ~herrschaft f alien rule; ~kapital n outside (or borrowed) capital; ~körper m foreign body (or substance, matter); fig. alien element; 2ländisch ['-lendiʃ] adj. foreign, bot. exotic; ~ling m (-s; -e) stranger; 2rassig adj. alien (to the race); ~sprache f foreign language; ~sprachenkorrespondent(in f) m foreign correspondence clerk; ~sprachensekretärin f linguist-secretary; 2sprachig adj. speaking a foreign language, foreign-language; 2sprachlich adj. foreign-language; 2stämmig adj. alien (to the race), (of a) foreign (race); ~stoff m → Fremdkörper; impurity; ~strom el. m extraneous current; ~wort n (-[e]s; ~er) foreign word; ~zündung mot. f spark ignition; b.s. uncontrol(l)ed ignition.

frenetisch [fre'ne:tiʃ] adj. frenzied, frantic.

frequentieren [frekven'ti:rən] v/t. (h.) frequent; patronize (shop, etc.).

Frequenz [fre'kvents] f (-; -en) phys. frequency; (visitors) attendance; traffic; ~abstand m radio: frequency, separation; ~band n (-[e]s; ~er) frequency band; service band; ~bereich m range of frequencies; ~messer m (-s; -) frequency meter; ~modulation f radio: frequency modulation (abbr. F.M.); 2moduliert adj. frequency-modulated; ~schreiber m frequency recorder; ~wandler m frequency converter.

Fresk|e ['freskə] f (-; -n), ~o n (-s; -ken) fresco; ~engemälde n fresco-painting; ~enmale'rei f painting in fresco.

Freßbeutel ['fres-] m nose-bag.

Fresse ['freːsə] vulg. f (-; -n) (mouth) jaws pl., potato-trap; (face) sl. mug, map; meine ~! God's teeth! → Maul.

'fressen v/t. and v/i. (irr., h.) eat, feed; devour; colloq. person: gorge (a. v/i.), guzzle; chem. corrode; tech. pit; piston: freeze; bearing: stick; fig. swallow, consume; e-m Tier (Gras, etc.) zu ~ geben always: feed an animal (on grass, etc.), once: feed (grass, etc.) to an animal; fig. an j-m ~ prey on a p.'s mind; der Neid frißt ihn he is eaten (up) with envy; er fraß sie mit s-n Augen he devoured her with his eyes; 'Fressen n (-s) feed(ing), food; das ist ihm ein gefundenes ~ that was just what he wanted.

'Fresser(in f) m (-s, -; -, -nen) glutton, gormandizer, guzzler.

Fresse'rei f (-; -en) gluttony, gormandizing, guzzling.

'Freß...: ~gier f greediness, gluttony, voracity; 2gierig adj. greedy, gluttonous, voracious; ~napf m feeding dish; ~trog m trough, manger; ~werkzeuge n/pl. masticating apparatus sg.

Frettchen ['frɛtçən] n (-s; -) ferret.

Freude ['frɔydə] f (-; -n) joy (an dat. in, über acc. at), gladness, pleasure; delight, glee; ~ haben (or finden) an (dat.) take pleasure (or delight) in; j-m ~ bereiten give

pleasure (or joy) to a p., please a p.; j-m die ~ verderben spoil a p.'s joy; vor ~ weinen weep for (or with) joy; außer sich vor ~ beside o.s. with joy, overjoyed; mit ~n gladly, with pleasure; es war e-e ~, sie tanzen zu sehen it was a pleasure (or treat) to see her dance; zu m-r großen ~ to my great (or much to my) pleasure.

'Freuden...: in compounds usu. ... of joy; ~botschaft f glad tidings pl.; ~fest n rejoicing, festival, feast; ~feuer n bonfire; ~geschrei n shouts pl. of joy, cheers pl.; ~haus n disorderly house, brothel; ~mädchen n prostitute; ~rausch m transports pl. (or ecstasy) of joy, raptures pl.; ~schrei m cry of joy; ~tag m day of rejoicing, red-letter day; ~tanz m: e-n ~ aufführen dance with joy; ~taumel m → Freudenrausch; ~tränen f/pl. tears of joy.

freude|strahlend adj. radiant, beaming with joy; ~trunken adj. rapturous, exulting.

'freudig adj. joyful, joyous; glad; enthusiastic(ally adv.), keen, ...-conscious, ...-minded; ~es Ereignis happy event; ~ stimmen gladden, cheer, elate; et. ~ erwarten look forward to a th.; 2keit f (-) joyousness; enthusiasm, keenness, willingness.

freudlos ['frɔytloːs] adj. joyless, cheerless.

freuen ['frɔyən] v/t. (h.) → erfreuen; es freut mich, zu inf. I am glad (or pleased, happy) to; es freut mich, daß du gekommen bist I am glad you have come; deine Antwort freut mich I am pleased with (or glad of, happy about) your answer; sich ~ (über acc.; zu inf.) be glad (of, at; to inf.), be pleased (with; to inf.), be happy (about; to inf.), rejoice (at; to inf.; daß that); sich ~ an (dat.) delight in, enjoy, take (or find) pleasure in; sich ~ auf (acc.) look forward to (a th.; doing a th.).

Freund [frɔynt] m (-[e]s; -e), ~in ['-din] f (-; -nen) (gentleman, lady, or boy, girl) friend; chum, sl. pal, Am. sl. buddy; alter ~ old friend, crony, when addressing: old man (or chap); vertrauter ~ intimate (or bosom-)friend, other self; admirer, beau; → dick, eng; ~ der Musik, etc. lover of music, etc.; ~ sein von be fond of, be partial to, like a th.; sich j-n zum ~e gewinnen make friends with a p.; ~ und Feind friend and foe; ~chen iro. n (-s; -) old man, old chap, laddie, Am. sl. buddy; ~eskreis ['-dəs-] m (circle of) friends pl.; 2lich adj. friendly, kind (gegen to); amiable, pleasant, genial; obliging; affable; gracious; fair, bright (weather); mild, genial (climate); cheerful (room; a. stock exchange); das macht das Zimmer ~er that brightens the room; ~ empfangen give a p. a friendly welcome, receive kindly; in ~en Farben malen paint a happy picture of; phot. bitte recht ~! smile, please!; ~e Grüße kind regards (an acc. to); mit ~er Genehmigung by courtesy of; **~lichkeit** f (-; -en) friendliness, kindness; amiability; affability; pleasantness; brightness; j-m e-e ~ erweisen do a p. a favo(u)r (or a good turn); haben Sie die ~, zu inf. have the kindness to, be kind enough to inf.

'**freundlos** adj. friendless.

'**Freundschaft** f (-; -en) friendship; ~ schließen mit make friends with; aus ~ out of friendship; **♀lich I.** adj. friendly, amicable; ~e Beziehungen friendly relations; **II.** adv.: ~ gesinnt gegen (acc.) friendly to, well-disposed to; pro-(German, etc.); auf ~em Fuße stehen mit j-m be on friendly terms with a p.

'**Freundschafts...: ~bande** ['-bandə] n/pl. ties of friendship; **~besuch** pol. m goodwill visit; **~bezeigung** f mark of friendship; **~dienst** m good offices pl., good turn; j-m e-n ~ erweisen do a p. a good turn; **~pakt** m treaty of friendship; **~spiel** n sports: friendly game; **~wechsel** econ. m accommodation-bill.

Frevel ['fre:fəl] m (-s; -) eccl. sacrilege (a. fig. = solecism; social crime); blasphemy; misdeed, crime, outrage (an dat., gegen on); wantonness; wickedness; vandalism; **♀haft** adj. sacrilegious; criminal, outrageous; wanton; wicked, impious; **~mut** m wantonness, wickedness; **♀n** v/i. (h.) commit an outrage; trespass; ~ an (dat.), ~ gegen (acc.) outrage; blaspheme; **~tat** f outrage, crime.

freventlich ['-fəntliç] adj. → frevelhaft.

'**Frevler** m (-s; -), **~in** f (-; -nen) evil-doer, transgressor, offender; blasphemer; **♀isch** adj. → frevelhaft.

Friede(n) ['fri:də(n)] m (-[n]s; -[n]) peace; harmony; tranquillity, peace (of mind); fauler ~ hollow truce; im ~n at peace (mit with); in peace-times; ~n haben vor (dat.) be safe from; ~n schließen make peace; den ~n bewahren keep the peace; mit aller Welt in ~n leben be at peace with everybody; laß mich in ~n! leave me alone!; dem ~n traue ich nicht there is something in the wind, I smell a rat.

'**Friedens...:** in compounds ... of (the) peace, peace-..., peacetime ...; pre(-)war ...; **~angebot** n peace-offer; overtures pl. of peace; **~bedingungen** f/pl. conditions of peace, peace-terms; **~brecher(in** f) m (-s, -; -, -nen) peace-breaker; **~bruch** m breach of (the) peace; **~forschung** f peace (or conflict) research; **~fürst** eccl. m Prince of Peace; **~gericht** n → Friedensrichter; **~konferenz** f peace conference; **♀mäßig** adj. peacetime (production, etc.), as (it was) in peacetimes; **~e** Qualität pre(-)war quality; **~pfeife** f pipe of peace; **~politik** f pacific (or peace) policy; **~preis** m pre(-)war price; **~produktion** f peacetime production; **~richter** m arbitrator; **~schluß** m conclusion of peace; **~stärke** mil. f peacetime strength, Brit. peace establishment; **~stifter(in** f) m

peacemaker; **~störer(in** f) m disturber of the peace, peace-breaker; **~taube** f dove of peace; **~verhandlungen** f/pl. peace-negotiations; **~vertrag** m peace-treaty; **~ware** f pre(-)war goods pl.; **~wille** m (-ns) will to peace; **~zeit** f time(s pl.) of peace; in ~en a. in peacetime.

fried|fertig ['fri:t-] adj. peaceable, pacific; **♀fertigkeit** f (-) peaceableness; **♀hof** m churchyard, cemetery, Am. a. graveyard; **~lich** adj. peaceable; peaceful, untroubled, tranquil; ~ stimmen pacify, mollify; **♀lichkeit** f (-) peaceableness; peacefulness; **~liebend** adj. peace-loving; **~los** adj. peaceless, without peace; **~sam** adj. → friedlich.

frieren ['fri:rən] v/i. and impers. (irr., h.) freeze; mich friert or es friert mich I am (or feel) cold, I am freezing; mich friert an den Füßen my feet are cold; es friert it is freezing; der Fluß ist gefroren the river is frozen over.

'**Frieren** n (-s) freezing, congelation; chill, shivering.

Fries [fri:s] m (-es; -e) arch. (a. cloth) frieze.

Fries|e ['fri:zə] m (-n; -n), **~in** f (-; -nen), **♀isch** adj., **~länder** ['fri:s-lendər] m (-s; -), **~länderin** f (-; -nen) Frisian, Friesian.

Friesel(n pl.) ['fri:zəl(n)] m (-s; -n) miliary vesicles.

frigide [fri'gi:də] adj. frigid; **Frigidi'tät** f (-) frigidity.

Frikadelle [frika'delə] f (-; -n) rissole, meat ball.

Frikass|ee [frika'se:] n (-s; -s), **♀ieren** v/t. (h.) fricassee.

Friktionsgetriebe [friktsi'o:ns-] n friction gear(ing).

frisch [friʃ] **I.** adj. fresh; new (bread); new-laid, fresh (egg); clean (laundry); fresh, new; recent; vigorous; bright (colour); cool, chilly; brisk, lively; alert; ~ und munter fresh as a daisy, alive and kicking, wide awake; mit ~er Kraft with renewed strength, refreshed; von ~em afresh; noch in ~er Erinnerung fresh in (my) memory; ~er werden wind: freshen, stiffen; ~en Mut fassen take fresh courage; → Tat; **II.** adv.: ~ gestrichen! wet (Am. fresh) paint!; ~ zu! on!, go it!, at it!, look lively!; ~ gewagt ist halb gewonnen a good start is half the battle; **♀arbeit** f metall. fining (process); puddling process; **♀blei** n refined lead; **♀dampf** m live steam; **♀e** f (-) freshness; coolness, chill(iness); briskness, liveliness; ruddiness, vigo(u)r; in alter ~ as fresh as ever; **♀ei** n new-laid (or fresh) egg; shell egg; **♀eisen** metall. n (re)fined iron; **'~en** v/t. (h.) metall. (re)fine, puddle; reduce (lead); revive (copper); reclaim (oil).

Frische'rei tech. f (-; -en) (re-)finery.

'**Frisch...: ~esse** f refining furnace, refinery; **~fleisch** n fresh meat; **~gewicht** n fresh weight; **~haltepackung** f vacuum package; in ~ vacuum-packed; **~haltung** f preservation; refrigeration, cold storage; **~ling** ['-liŋ] m (-s; -e) young

wild boar; **~luftheizung** mot. f fresh-air heating system; **~stahl** m natural (or furnace-)steel; **~wasser** n (-s) fresh water.

Friseur [fri'zø:r] m (-s; -e) hairdresser; barber; **~laden** m hairdresser's shop, Am. a. barbershop.

Friseuse [-'zø:zə] f (-; -n) ladies' hairdresser, coiffeuse (Fr.).

fri'sieren v/t. (h.): j-n dress (or do) a p.'s hair; fig. cook, doctor; mot. Am. sl. soup up, hot up; frisierter Motor a. hot-rod engine.

Fri'sieren n (-s) hairdressing; fig. cooking; window-dressing.

Fri'sier|mantel m dressing-gown, peignoir (Fr.); **~salon** m hairdressing saloon, Am. a. barbershop; **~tisch** m dressing- (or toilet-)table, Am. dresser.

Frist [frist] f (-; -en) appointed time, (prescribed) period, (set) term; time-limit, date (of completion, etc.), äußerste ~ final date, Am. deadline; interval; time allowed, extension, prolongation; respite; reprieve; econ., jur. drei Tage ~ three day's grace; in Jahres♀ in a year's time, within a year; in kürzester ~ at a very short notice, without delay; innerhalb e-r ~ von 10 Tagen within a ten-day period; e-e ~ innehalten observe a term, meet a time-limit (or deadline); e-e ~ gewähren grant a respite (or three day's grace); die ~ ist abgelaufen the period has expired (or lapsed); deine ~ ist abgelaufen your time is up; '**~ablauf** m lapse of time; expiry; maturity; '**♀en** v/t. (h.) delay, put off; → befristen; sein Leben ~ just manage to live, make a bare living, vegetate; '**♀gerecht** adj. in time, timely, within the period prescribed; '**~gesuch** n petition for respite; '**♀los** adj. and adv. without notice; **~e** Entlassung summary dismissal; **~setzung** ['-zetsuŋ] f (-; -en) appointment (or fixing) of a term; → Frist; '**~verlängerung** f extension (of time), prolongation of a term; extension of term of payment; '**~versäumnis** f default.

Frisur [fri'zu:r] f (-; -en) hairdressing; hair-style, coiffure (Fr.), hair-do; hair cut.

Fritter ['fritər] m (-s; -) radio: coherer.

frivol [fri'vo:l] adj. frivolous, flippant.

Frivoli'tät f (-; -en) frivolity, flippancy.

froh [fro:] adj. joyful, glad; cheerful, blithe, in good spirits; merry; gay (a. colour); relieved; Am. Botschaft glad tidings, good news pl.; ~es Ereignis happy event; über et. ~ sein be glad of (or about) a th., be happy about a th.; er wird s-s Lebens nicht mehr ~ he has no end of trouble; **~gemut** ['-gəmu:t] adj. cheerful, happy.

fröhlich ['frø:liç] adj. merry, gay, cheerful, chipper; ~ machen cheer, gladden, elate; **♀keit** f (-) joyfulness; mirth, gaiety, cheerfulness.

froh'locken v/i. (h.) shout for joy, be jubilant; exult (über acc. at); triumph (over); b.s. gloat (over); **♀** n (-s) jubilation, exultation;

triumph; gloating; ~d *adj.* jubilant, exultant.
'**Frohsinn** *m* (-[e]s) cheerfulness, gaiety.
fromm [frɔm] *adj.* pious, religious, devout, godly; gentle, meek (as a lamb); quiet, steady (*horse*); ~e *Lüge* pious (*or* white) lie; ~er *Betrug* pious fraud; ~er *Wunsch* idle wish, wishful thinking.
Frömmelei [frœmə'laɪ] *f* (-; -en) affected piety, bigotry; '**frömmeln** *v/i.* (h.) affect piety, be bigoted; ~de *Sprache* cant.
'**frommen** *v/i.* (h.): j-m ~ profit a p., be of use to a p.; → *nutzen*.
'**Frommen** *n*: zu *Nutz und* ~ (*gen.*) *or von* (*dat.*) for the good (*or* benefit) of.
'**Frömmigkeit** *f* (-) piety, devoutness, godliness.
'**Frömmler(in** *f*) *m* (-s, -; -, -nen) bigot(ed person), devotee; hypocrite.
Fron [froːn] *f* (-; -en), '~**arbeit** *f*, '~**dienst** *m* compulsory labo(u)r *or* service; *hist.* soc(c)age; *fig.* drudgery; '2**en** *v/i.* (h.) do compulsory labo(u)r, *hist.* do soc(c)age-service; *fig.* slave.
Fronde ['frɔːdə] *f* (-; -n) fronde, rebels *pl.*
frönen ['frøːnən] *v/i.* (h., *dat.*) indulge in; be a slave to, be addicted to.
Fron'leichnamsfest *n* Corpus Christi (Day).
Front [frɔnt] *f* (-; -en) *arch.* front, face; *mil.* front, front-line; *meteor.* front; *an der* ~ at the front; *hinter der* ~ behind the line; *die* ~ *der Arbeiterschaft* the labour front; *an die* ~ *gehen* go to the front; *fig.* ~ *machen gegen* (*acc.*) turn against; *sports:* *in* ~ *gehen* take the lead, set ahead; '~**abschnitt** *m* front sector.
frontal [frɔn'taːl] *adj.* frontal (*attack, etc.*); *mot., etc.* ~er *Zusammenstoß* head-on collision.
'**Front...**: ~**angriff** *m* frontal attack; ~**antrieb** *mot. m* front-wheel drive; ~**arterie** *anat.* f frontal artery; ~**bericht** *m* front-line report; ~**berichtigung** f correction of the front; ~**dienst**, ~**einsatz** *m* front-line service, combat duty; ~**flug** *aer. m* combat sortie, mission.
Frontispiz [frɔnti'spiːts] *arch., typ.* *n* (-es; -e) frontispiece.
'**Front...**: ~**kämpfer** *m* front-line fighter, combatant; ex-serviceman, *Am.* (combat) veteran; ~**linie** f front-line; ~**seite** *arch.* f frontispiece; ~**soldat** *m* → *Frontkämpfer*; ~**truppen** *pl.* combat troops; ~**urlaub** *m* leave (*or* furlough) from the front; ~**wechsel** *m* change of front, *fig.* about-face.
'**Fronvogt** *hist. m* task-master.
fror [froːr] *pret. of* frieren.
Frosch [frɔʃ] *m* (-es; ⸚e) frog; *tech.* cam, bracket; detonating *or* frog rammer; pile-driver; *typ.* adjustable slide; *mus.* on violin: nut; *firework:* cracker, squib; *med.* ~ *im Hals* frog-in-the-throat; *fig.* sei kein ~! come on now!, be a sport!; '~**hüpfen** *n* (-s) leap-frog; '~**laich** *m* frog-spawn; '~**perspektive** f worm's-eye view; '~**schenkel** *m*

frog's (hind-)leg; '~**teich** *m* frog-pond.
Frost [frɔst] *m* (-es; ⸚e) frost; chill, coldness; *med.* cold, shivers *pl.*; '2**beständig** *adj.* frost-resistant; '~**beule** f chilblain.
frösteln ['frœstəln] *v/i.* (h.) feel chilly, shiver (with cold).
'**Frösteln** *n* (-s) (cold) shiver.
'**frostig** *adj.* frosty, chilly (*a. fig.*).
'**Frost...**: ~**salbe** f chilblain ointment; ~**schaden** *m* frost damage; *med.* frostbite; ~**schutzmittel** *mot. n* antifreezing solution; ~**schutzscheibe** *mot.* f antifrost screen; 2**sicher** *adj.* frost-resistant; ~**wetter** *n* frosty weather.
Frottee [frɔ'teː] *n* (-[s]; -s) terry cloth.
frot'tier|en *v/t.* (h.) rub; 2(**hand**)-**tuch** *n* Turkish towel.
Frucht [fruxt] *f* (-; ⸚e) fruit; corn; *physiol.* f(o)etus; *fig.* fruit, product, result; *jur.* revenue; *Früchte tragen* bear fruit; '2**bar** *adj.* fruitful (*esp. a. fig.*); (*a. biol.*) fecund, fertile, prolific (*all a. fig.*); *an dat.* in); ~ *machen* fertilize; '~**barkeit** f (-) fruitfulness; fertility, fecundity; productivity; '~**baum** *m* fruit-tree; '~**boden** *bot. m* receptacle; '~**bonbon** *m* fruit-lozenge (*or* -drop).
Früchtchen ['fryçtçən] *n* (-s; -) small fruit; *fig. colloq.* saubere ~ young scamp, scapegrace, (young) rascal.
'**Frucht...**: ~**eis** *n* ice-cream, sundae; 2**en** *v/i.* (h.) *fig.* bear fruit; be of use, have effect; *nicht(s)* ~ be of no avail *or* use, be in vain; ~**fleisch** *n* fruit pulp; ~**folge** *agr.* f crop rotation; ~**hülle** *anat.* f f(o)etal membrane; ~**knoten** *bot. m* seed vessel; 2**los** *adj.* fruitless; *fig. a.* unavailing, ineffective; ~**losigkeit** f (-) fruitlessness; ~**presse** f fruit-press, juicer; ~**saft** *m* fruit-juice; ~**säure** f fruit acid; 2**tragend** *adj.* fruit-bearing, fructiferous; ~**wasser** *anat. n* (-s) amniotic fluid; ~**wechsel** *m* → *Fruchtfolge*; ~**zucker** *m* fruit-sugar, d-fructose.
frugal [fru'gaːl] *adj.* frugal.
früh [fryː] *adj.* early; (*adv.*) *a.* in good time; early on; premature, untimely; in the morning; *heute* ~ (early) this morning; *von* ~ *bis spät* from morning till night; ~*er* earlier; former, previous, *adv.* earlier, sooner; formerly, in former times; ~ *als* a. prior to; ~*er oder später* sooner or later; ~*est* earliest, soonest; *in* ~*esten Zeiten* in most distant (*or* remote) ages, at the dawn of history; ~*estens* at the earliest; ~*e Morgenstunden* the small hours; *zu* ~ *kommen* be early; '2**apfel** *m* summer apple; '2**aufsteher(in** *f*) *m* (-s, -; -, -nen) early riser, early bird; '2**beet** *n* hotbed.
'**Frühe** *f* (-) early hour *or* morning; daybreak, dawn; *in aller* ~ quite early, early in the morning, at daybreak.
'**früher, frühest** ['-əst] → früh.
'**Früh...**: ~**geburt** f premature birth; ~**gemüse** *n* early vegetables *pl.*; ~**geschichte** f (-) early history; ~**gottesdienst** *m* morning service; ~**jahr** *n* spring; ~**jahrsmüdigkeit**

f spring lassitude; ~**jahrsputz** *m* spring cleaning; ~**kartoffeln** f/pl. early potatoes; ~**konzert** *n* morning concert.
Frühling ['-liŋ] *m* (-s; -e) spring, springtime; ~**s-anfang** *m* commencement of spring; 2**shaft** *adj.* spring-like; ~**sluft** f vernal air; ~**s-wetter** *n* spring-weather; ~**szeit** f springtime.
'**Früh...**: ~**messe** f morning prayer, matins *pl.*; 2**morgens** *adv.* early in the morning; ~**obst** *n* early fruit; 2**reif** *adj.* early(-ripe), forward; *fig.* precocious; ~**reife** f earliness; precocity; ~**saat** f first sowing; ~**schoppen** *m* morning pint; ~**sport** *m* early morning exercises *pl.*; ~**start** *m* *sports:* false start; ~**stück** *n* breakfast; *zweites* ~ mid-morning snack; 2**stücken** *v/i.* (h.) (have) breakfast; ~**zeit** f (-) early epoch, dawn (of history); 2**zeitig** *adj.* early, in good time; untimely, premature; ~**zeitigkeit** f (-) earliness; untimeliness; ~**zug** *m* early train; ~**zündung** *mot.* f pre-ignition, advanced ignition.
Frustration [frustratsi'oːn] *psych.* f (-; -en) frustration; **fru'striert** *adj.* frustrated.
Fuchs [fuks] *m* (-es; ⸚e) fox (*a. fig.*); *männlicher* ~ he-fox, *weiblicher* ~ (**Füchsin** ['fyksin] f, -; -nen) she-fox, vixen; *fig. schlauer* ~ sly fox (*or* dog); sorrel (horse); *univ.* freshman; *tech.* main flue; *wo sich* ~ *und Hase gute Nacht sagen* in the backwoods; '~**bau** *m* (-[e]s; -ten) fox-earth; ~**eisen** *n* fox-trap; '2**en** *colloq. v/t.* (h.) madden; *sich* ~ 2**en** *colloq. v/t.* (h.) fret (and fume), be mad (*über acc.* at); '~**falle** f → *Fuchseisen*.
Fuchsie ['fuksiə] *bot.* f (-; -n) fuchsia.
'**Fuchs...**: 2**ig** *adj.* foxy; *colloq.* furious, mad; ~**jagd** f fox-hunt(ing); ~**pelz** *m* (fur of a) fox; 2**rot** *adj.* foxy red, sorrel; ~**schwanz** *m* foxtail (*a. bot.*), brush; *tech.* pad-saw; 2**teufelswild** *colloq. adj.* mad with rage, foaming.
Fuchtel ['fuxtəl] f (-; -n) rod; *fig.* j-n *unter der* ~ *halten* keep a p. under one's thumb; *unter* j-s ~ under a p.'s thumb; 2**n** *v/i.* (h.): ~ *mit* (*dat.*) wave *a. th.* about, fidget with; brandish; *mit den Händen* ~ gesticulate, saw the air.
fuchtig *adj.* furious.
Fuder ['fuːdər] *n* (-s; -) cart-load; tun (*of wine*).
Fug [fuːk] *m*: *mit* ~ *und Recht* with full right; by rights, justly; *mit* ~ *und Recht kann er behaupten* he is fully justified in saying.
Fuge ['fuːgə] f (-; -n) **1.** *tech.* joint; seam; slit; rabbet, groove; mortise; *aus den* ~*n bringen* disjoint, put out of joint; *aus den* ~*n gehen* go out of joint, come apart, *fig.* come off the hinges; **2.** *mus.* fugue; 2**n** *v/t.* (h.) joint; groove; point up; ~**nkelle** f pointing trowel; 2**nlos** *adj.* jointless; seamless.
füg|en ['fyːgən] *v/t.* (h.) → an-, hinzu-, zusammenfügen; *fig.* decree, ordain, dispose; *sich* ~ (*dat.*) *or in* (*acc.*) yield to, submit to, comply with; resign o.s. to, put up with;

accommodate o.s. to, reconcile o.s. to; es *fügt sich* it (so) happens; **~lich** ['fy:kliç] *adv.* conveniently, rightly, justly, (very) well; **~sam** ['fy:kza:m] *adj.* pliant, supple; tractable, manageable, docile; obedient; **2samkeit** *f* (-) pliancy; docility; obedience; **2ung**['-guŋ] *f* (-; -en) dispensation (of Providence), providence, decree; coincidence; fate; ~ *in* (*acc.*) resignation to, submission to.

fühlbar ['fy:lba:r] *adj.* sensible; tangible, palpable; perceptible, noticeable; distinct, marked; considerable, appreciable; **~er** *Mangel* felt want; **~er** *Verlust* serious loss; *sich ~ machen* make itself felt; be (much) in evidence; **2keit** *f* (-) sensibility; tangibleness; perceptibility; seriousness.

'fühlen I. *v/t.* (h.) feel; have a sense of, sense; perceive; be aware of; *j-m den Puls ~* feel a p.'s pulse (*a. fig.*); *j-n et. ~ lassen* make a p. feel a th.; *sich glücklich, etc., ~* feel happy, *etc.; er fühlte sich mehr u. mehr bedroht* he had a growing sense of being in danger; **II.** *v/i.* (h.) feel; *mit j-m ~* feel for (or sympathize with) a p.; → *Zahn.*

'Fühlen *n* (-s) feeling; → *Gefühl.*

'Fühl|er *m* (-s; -) feeler, antenna; tentacle; *fig. s-e ~ ausstrecken* put out a feeler; **~horn** *n* (-[e]s; ⁺er) feeler, horn; **2los** *fig. adj.* unfeeling; **~ung** *f* (-) touch, contact (*a. mil.*); *~ haben (verlieren) mit* (*dat.*) be in (lose) touch with; *~ nehmen mit* get into touch with, establish contacts with, contact *a p.*; **~ung-nahme** ['-na:mə] *f* (-; -en) (entering into) contact; approach; first (or preliminary) step or talks *pl.*

fuhr [fu:r] *pret. of fahren.*

Fuhre ['fu:rə] *f* (-; -n) conveyance, carriage, carting; (cart-)load.

führen ['fy:rən] **I.** *v/t.* lead (*nach, zu* to); direct; take (to); conduct, guide, escort; usher (*a p. to his seat*); march (*a p. to one door, the troops uphill, etc.*); *mil.* command; captain (*aircraft, enterprise, team*); carry (*a. mar.*); *bei sich ~* carry or have with (*money*: about) one; drive, steer, pilot; manage, control, superintend; hold (*office*); keep (*books*); *in den Büchern ~* carry on the books; carry on, manage, run (*business*); hold (*a conversation*); carry on (*law-suit*), try (*a case*), conduct (*a case*); bear, go by or under (*a name*); hold, bear (*title*); bear, have (*coat-of-arms*); wield (*weapon, pen*); *econ.* **a)** carry (in stock), keep, **b)** deal in, sell, have for sale, keep, *Am. a.* carry; strike (*a blow*); use (*bad language*); *el.* carry, conduct (*current*); *sich gut ~ conduct* o.s. or behave well; *hinein~* show (or usher) in (*visitor*); *durch das Haus ~* show over the house; *zum Munde ~* raise to one's lips; *die Aufsicht ~ über* (*acc.*) superintend; (*j-m*) *den Haushalt* (or *die Wirtschaft*) *~* keep house (for a p.); *Krieg ~ mit* (*dat.*) wage war with, make war upon, be at war with; *ein Leben ~* lead (or live) a life; *j-s Sache ~* plead a p.'s cause; → *Be-*

weis, Klage, Krieg, Licht, Protokoll, Schild, Vorsitz, Wort, etc.; tech. → **einführen;** *über et. ~ pass a tool, etc.* over; **II.** *v/i.* (h.) lead (*nach, zu* to); *fig. ~ zu* (*dat.*) lead to, result (or end) in, entail; *sports:* (hold the) lead; be ahead (*e.g. 6:2*); *wer führt?* who is ahead?; *die Straße führt nach* X. this road leads to X.; *wohin soll das (bloß) ~?* where is that going to lead us?, what (earthly) good can come of it?; *das führt zu nichts* that leads us nowhere; **~d** *adj.* leading, prominent, (top-)ranking; **~e** *Stellung* position of authority; *~ sein* (hold the) lead, rank in first place, be at the top.

'Führer *m* (-s; -), **~in** *f* (-; -nen) leader; chief, head; conductor; director; guide (*a. book*); manager (-ess *f*); *mil.* commander; leader; *sports:* captain; driver (*of vehicle*); *aer.* pilot; *b.s.* ring-leader; *tech.* guide; **~eigenschaften** *f/pl.* qualities of leadership; **~flugzeug** *n* flight leader; **2haus** *mot., rail. n* driver's cab; **2los** *adj.* without a leader, guideless; driverless, abandoned (*car*); **~es** *Flugzeug* pilotless aircraft; **~prinzip** *n* authoritarian principle, principle of (totalitarian) leadership; **~schaft** *f* (-) leadership; *the leaders pl.;* **~raum** *aer. m* cockpit; **~schein** *m mot.* driving licence, *Am.* driver's license or permit; *aer.* pilot's certificate; **~sitz** *m mot.* driver's seat; *aer.* pilot's seat, cockpit; **~stand** *m of crane:* driver's stand (or cabin); *aer., mar.* control cabin; *rail.* cab; **~stellung** *f* leadership, conductorship; **~tum** *n* (-s) leadership.

'Fuhr...: ~geld *n,* **~lohn** *m* cartage, carriage; **~herr** *m* jobmaster; **~mann** *m* (-[e]s; -leute) carter, carrier; driver; **~park** *m* (transport) park, *Am. a.* vehicle pool; fleet.

'Führung *f* (-) leadership; conduct, direction, management; *mil.* command; control; *mil. innere ~* moral leadership; guidance; *in museum, etc.* (*pl. -en*): tour of inspection, showing round; use (*of a title*); *mot.* driving, steering; *aer.* piloting, pilotage; house-keeping; conduct, demeano(u)r; *schlechte ~* misconduct; *tech.* guide, slide; → *Bogenführung; unter der ~ von* (*dat.*) under the direction (or guidance, *mil.* command of), headed by; *die ~ übernehmen* take charge (or the initiative); take the lead (*a. sports*); *in ~ sein* be in the lead, be leading.

'Führungs...: ~bahn *tech. f* (guide-)way, guide(-track); **~bolzen** *tech. m* guide pin; **~kraft** *f* executive; manager; leader; **~leiste** *f* cam groove; **~lineal** *n* guide rule; *of milling machine:* gib; **~rolle** *tech. f* guide roller; **~schiene** *f* guide rail; **~stab** *mil. m* operations staff; **~zeugnis** *n* certificate of (good) conduct; police clearance; *for domestics:* character, reference.

'Fuhr...: ~unternehmen *n* haulage contracting firm, *Am.* trucking company; **~unternehmer** *m* carrier, haulage contractor, hauler, *Am. a.* trucker, teamster; **~werk** *n*

vehicle, conveyance; cart, wag(g)on; *for passengers:* carriage; **~wesen** *n* (-s) conveyance; carrying (*Am.* trucking) trade, hauling business.

Füll|bleistift ['fyl-] *m* mechanical (or propelling) pencil; **~e** *f* (-) fullness (*a. fig.*); plenty, wealth, abundance, profusion, overflow; stoutness, corpulence, plumpness; *of voice:* richness; e-e *~ von Einfällen* (*Eindrücken, etc.*) a wealth of ideas (impressions, etc.); → *Hülle.*

'füllen *v/t.* (h.) (*a. sich ~*) fill; inflate; stuff, cram; load, charge; replenish; stop, fill (*tooth*); stuff (*meat, etc.*); *auf Flaschen ~* bottle; *in Fässer ~* barrel; *in Säcke ~* sack, put into bags; *persons:* fill, crowd, throng (*a room, etc.*); *die Kirche füllte sich* the church filled.

Füllen ['fylən] *n* (-s; -) foal; colt; filly.

'Füll...: ~er *m* (-s; -), **~feder(halter** *m) f* fountain-pen; **~horn** *n* (-[e]s; ⁺er) horn of plenty, cornucopia; **2ig** *adj.* full; well rounded, plump; **~masse** *f* filling compound (or paste), filler; **~material, ~mittel** *n* filling material, filler; **~order** *econ. f* stopgap order; **~rumpf** *m* storage bin *or* hopper; **~schraube** *mot. f* filler cap; **~sel** ['-səl] *n* (-s; -) *cul.* stuffing; *fig.* stopgap; *in writings, etc.:* padding; **~steine** *arch. m/pl.* rubble, filling-in stone *sg.*; **~stift** *m →* Füllbleistift; **~stoff** *m →* Füllmaterial; **~stutzen** *m* filler neck; **~trichter** *m* (filling) funnel; (feeding) hopper; **~ung** *f* (-; -en) filling; *cul.* stuffing; *tech.* padding, stuffing; *of door:* panel; *for processing:* charge, batch; *of tooth:* filling, stopping; **~vorrichtung** *f* filling device; **~wort** *n* (-[e]s; ⁺er) expletive.

fulminant [fulmi'nant] *adj.* phantastic, terrific.

fummeln ['fuməln] *colloq. v/i.* (h.) fumble (*an dat.* with), fiddle (with, at); pet.

Fund [funt] *m* (-[e]s; -e) finding, discovery; find; *jur.* object found; *e-n ~ tun* make a find or discovery.

Fundament [funda'ment] *n* (-[e]s; -e) *arch.* foundation(s *pl.*), base (*a. of mountain*), ground work; *tech.* foundation- (or bed-)plate; *fig.* foundation, basis, ground work; *das ~ legen zu* (*dat.*) → *fundamentieren;* **fundamental** [-'ta:l] *adj.* fundamental, basic; **fundamen-'tieren** *v/t.* (h.) lay the foundation of.

'Fund...: ~büro *n* lost property office, *Am.* lost package bureau; **~gegenstand** *m* object found; **~grube** *fig. f* rich source, mine, bonanza, storehouse.

fundieren [fun'di:rən] *v/t.* (h.) found, establish; *econ.* fund (*loan*); *fundierte Schuld* funded (or consolidated) debt; consols *pl.; gut fundiert* **a)** well-established, sound (*business*), **b)** well-grounded (*knowledge*).

'Fund...: ~ort *m* (-[e]s; -e) place of discovery; *bot., etc.:* a. habitat, locality; **~unterschlagung** *jur. f* larceny by finder.

fünf [fynf] *adj.* five; *fig.* ~ *gerade sein lassen* stretch a point; *fig.* ~ *Minuten vor zwölf* at the eleventh hour; *es ist* ~ *Minuten vor zwölf* it is high time; *nimm deine* ~ *Sinne zusammen* pay attention!, look alive!; *tennis:* ~ (*für*) *beide games*-all, five all.
Fünf *f* (-; -en) (number) five; *on dice:* cinque.
fünf...: ~**aktig** *adj.* in five acts, five-act (play); ~**atomig** *adj.* pentatomic; ~**blätt(e)rig** *bot. adj.* five--leaved; **♀eck** ['-ɛk] *n* (-[e]s; -e) pentagon; ~**eckig** *adj.* pentagonal; **♀er** *m* five; ~**erlei** ['-ǝrlaɪ] *adj.* of five (different) kinds; ~ *Typen* five different types; ~**fach**, ~**fältig** ['-fɛltɪç] *adj.*, **♀fache(s)** *n* (-n) five--fold, quintuple; ~**hundert** *adj.* five hundred; **♀'jahresplan** *m* five-year plan; ~**jährig** *adj.* five-year--old; *of* (*or* lasting) five years, five-year; ~**jährlich** *adj.* every five years, quinquennial; **♀kampf** *m sports:* (moderner) ~ (modern) pentathlon; **♀linge** ['-lɪŋǝ] *m*|*pl.* quintuplets; ~**mal** *adv.* five times; ~**malig** *adj.* done (*or* occurring) five times; *nach* ~*em Versuch* after five attempts; **♀polröhre** *f radio:* pentode; ~**prozentig** *adj.* of (*or* at *or* bearing) five per cent; *econ.* ~*e Papiere* five per cents; ~**seitig** *adj.* pentahedral; ~**stellig** *adj. number:* of five digits; ~**stöckig** *adj.* five--storied; **♀tagewoche** *f* five-day week; ~**tägig** *adj.* of five days, five--day; ~**tausend** *adj.* five thousand; ~**te** ['-tǝ] *adj.* (the) fifth; → *achte*; *fig. das* ~ *Rad am Wagen sein* be quite superfluous, be the fifth wheel on the coach; ~**teilig** *adj.* having five parts, five-piece (set); **♀tel** ['-tǝl] *n* (-s; -) fifth (part); ~**tens** ['-tǝns] *adv.* fifthly, in the fifth place; **♀uhrtee** *m* five-o'clock tea; ~**wertig** *adj.* pentavalent.
'fünfzehn *adj.* fifteen; *tennis:* ~ *zu* ~ fifteen all; ~**jährig** *adj.* fifteen--year-old; ~**te** *adj.* fifteenth; **♀tel** *n* fifteenth (part).
fünfzig ['-tsɪç] *adj.* fifty; **♀** *f* (-; -en) (number) fifty; **♀er(in)** *f* ['-gǝr] *m* (-s, -; -, -nen) man (woman) in his (her) fifties, quinquagenarian; ~**jährig** *adj.* fifty-year-old, *man of* fifty; fiftieth *anniversary*; ~**ste** ['-stǝ] *adj.* fiftieth.
fungieren [fuŋ'giːrǝn] *v*|*i.* (h.): ~ *als* act (*or* officiate) as, function as.
Funk *m* (-s) wireless, radio; → *Rundfunk, Radio;* '~**anlage** *f* → *Funkeinrichtung;* '~**apparat** *m* wireless (*or* radio) set; '~**ausstellung** *f* radio show; '~**bake** *f* radio beacon; '~**bastler** *m* radio amateur (*or* fan); '~**bearbeitung** *f* radio adaptation (*of play, etc.*); '~**bericht** *m* broadcast; '~**bild** *n* photoradiogram, facsimile (broadcast); '~**brief** *m* radiogram.
Fünkchen ['fyŋkçǝn] *n* (-s; -) small spark; *fig.* → *Funke.*
'Funkdienst *m* wireless (*or* radio) service.
'Funke *m* (-ns; -n), ~**n** *m* (-s; -) spark; flash; *elektrischer* ~ electric spark; *fig.* spark, grain, atom, particle (*of truth, etc.*); ray, gleam,

flicker (*of hope*); grain, vestige (*of reason, etc.*); ~*n sprühen* spark, emit sparks, scintillate.
'Funk-einrichtung *f* wireless (*or* radio) installation *or* equipment; *mit* ~ versehen radio-equipped.
funkeln ['fuŋkǝln] *v*|*i.* (h.) sparkle (*a. fig. wit*); flash; scintillate; glint, glisten, glitter, *stars: a.* twinkle; *eyes:* flash.
'Funkeln *n* (-s) sparkling, sparkle; scintillation; glitter; twinkling.
'funkelnagelneu *adj.* brand-new.
'funken *v*|*i. and v*|*t.* (h.) radio, broadcast.
'Funken[1] *n* (-s) wireless (*or* radio) transmission.
'Funken[2] *m* (-s; -) → *Funke;* ~**bildung** *f* sparking; ~**entladung** *f* spark discharge; ~**fänger** *m* spark catcher; ~**induktor** *m* induction coil; **♀sprühend** *adj.* giving off (*or* emitting) sparks; ~**strecke** *f* spark gap; ~**telegraphie** *f* wireless telegraphy.
'Funk...: **♀entstört** *adj.* radio--screened; ~**entstörung** *f* interference suppression; (*device*) static screen; ~**er** *m* (-s; -) wireless (*or* radio) operator; **♀ferngesteuert** *adj.* wireless- (*or* radio-)controlled; ~**fernschreiber** *m* radio teleprinter (*or* teletype); ~**fernsprecher** *m* radiotelephone; ~**feuer** *n* radio beacon; ~**gerät** *n* → *Funkapparat;* ~**haus** *n* broadcasting cent|re, *Am.* -er (*or* studio); ~**meldung**, *radio*-*nach*-**richt** *f* → *Funkspruch;* ~**navigation** *f* radio navigation; ~**offizier** *m* wireless officer (*abbr.* W.O.), radio officer; ~**ortung** *f* radio location; ~**peilgerät** *n* radio direction finder (*abbr.* RDF); ~**peilstelle** *f* D/F (= direction finder) station; ~**peilung** *f* radio bearing; ~**senden** *n* (-s), ~**sendung** *f* wireless (*or* radio) transmission; ~**signal** *n* radio signal; ~**sprechgerät** *n* radiophone; walkie-talkie; ~**sprechverkehr** *m* radiotelephony; ~**spruch** *m* wireless (*or* radio) message, radiogram, signal; ~**station** *f* radio (*or* wireless) station; ~**stelle** *f* radio (*or* wireless) station; broadcasting station; ~**steuerung** *f* radio remote control; ~**stille** *f* radio (*or* wireless) silence; ~**störung** *f* radio jamming; ~**streife** *f*, ~**streifenwagen** *m* radio patrol (car), squad car; ~**technik** *f* wireless (*or* radio) engineering; ~**techniker** *m* radio engineer *or* technician; ~**telegramm** *n* → *Funkspruch;* ~**telephonie** *f* radiotelephony.
Funktion [fuŋktsi'oːn] *f* (-; -en) function; *in* ~ *treten* act, take charge (*or* over *or* action); **Funktionär** [-tsio'nɛːr] *m* (-s; -e) functionary, official; **funktionell** [-'nɛl] *physiol. adj.* functional; **funktio'nieren** *v*|*i.* (h.) function, operate, work (*a. fig.*).
Funkti'ons|probe *el. f* function test; ~**störung** *med. f* functional disturbance.
'Funk...: ~**trupp** *m* radio squad; ~**turm** *m* radio tower; ~**verbindung** *f* wireless (*or* radio) connection *or* contact; ~**verkehr** *m* wireless *or* radio) communication *or* traffic; ~**wagen** *m* radio car *or* truck; → *Funkstreifenwagen;* ~**weg** *m:* *auf*

dem ~ by wireless (*or* radio); ~**wesen** *n* (-s) broadcasting; radiotelegraphy; ~**zeitung** *f* radio magazine.
Funzel ['funtsǝl] *colloq. f* (-; -n) dim (*or* miserable) lamp.
für [fyːr] *prp.* (*acc.*) for; in exchange (*or* return) for; in favo(u)r of; instead of, in lieu of; in *a p.'s* place, on behalf of *a p.*; *Jahr* ~ *Jahr* year by year; *Schritt* ~ *Schritt* step by step; *Stück* ~ *Stück* piece by piece; *Tag* ~ *Tag* day by (*or* after) day; day in, day out; ~ *immer* (*a.* ~ *und* ~ *adv.*) for ever, for good; ~ *dich* for you, for your sake; *ich,* ~ *m-e Person* I for one, as for me; ~ *erste* first, for a start, for the present; ~ *eigene Rechnung* on one's own account; ~ *sich* in an undertone, *thea.* aside; ~ *sich leben* live by o.s.; *sich* ~ *sich halten* stand (*or* keep) aloof; *an und* ~ *sich* a) in (*or* of) itself; b) properly speaking; *e-e Sache* ~ *sich* quite another matter, a separate question; *das hat viel* ~ *sich* there is something in that, much can be said for it; *sie sind ein Völkchen* ~ *sich* they are a race to themselves (*or* apart); *ich halte es* ~ *unklug* I think it unwise; *ich habe* (*esse*) *es* ~ *mein Leben gern* I like it above all things; *was* ~ (*ein*)? what (kind of)?
Für *n:* *das* ~ *und Wider* the pros and cons *pl.*
Furage [fu'raːʒǝ] *mil. f* (-) forage, fodder; **fura'gieren** *v*|*i.* (h.) forage.
fürbaß ['-bas] *adv.* on, further, forward.
'Fürbitte *f* intercession; ~ *einlegen* intercede, plead (*für* for; *bei* with).
Furche ['furçǝ] *f* (-; -n) furrow; *tech.* groove; rut; **♀n** *v*|*t.* (h.) furrow (*a. face, forehead*); ridge; rut.
Furcht [furçt] *f* (-) fear (*vor dat.* of); apprehension (of), anxiety; dread (of), fright; terror; awe; *aus* ~ *vor* (*or* from) fear of; ~ *ein-flößen* frighten, terrify; → *einjagen;* ~ *haben vor* be afraid of, stand in fear of; → *fürchten;* *in* ~ *geraten* take fright *or* alarm; *keine* ~*!* no (*or* never) fear!; '**♀bar** *adj.* fearful; dreadful, frightful, formidable, horrible, terrible (*all a. colloq.* enormous); *colloq.* awful, tremendous.
fürchten ['fyrçtǝn] *v*|*t. and v*|*i.* (h.) (*a. sich* ~ *vor dat.*) fear; be afraid (*or* apprehensive) of; dread, be in dread of; be terrified by; *für j-n* ~ fear for (*or* be anxious about) *a p.*; *Gott* ~ fear God; *sich* ~ *zu inf.* fear *ger.*, be afraid of *ger.*, dread to *inf.*; *ich fürchte, du hast nicht recht* I am afraid you are not right.
'fürchterlich *adj.* horrible, terrible; appalling; → *furchtbar.*
'furcht|erregend *adj.* awful, formidable; alarming; → *furchtbar.* ~**los** *adj.* fearless, intrepid; undaunted, unflinching; ~**losigkeit** *f* (-) fearlessness, intrepidity; ~**sam** *adj.* timid, timorous, fearful, faint--hearted; **♀samkeit** *f* (-) timidity, faint-heartedness.
fürder(hin) ['fyrdǝr-] *adv.* → *ferner(hin).*
Furie ['fuːriǝ] *f* (-; -n) Fury; *fig.* fury, termagant, hell-cat.

Furier [fuˈriːr] *mil. m* (-s; -e) quartermaster sergeant (*abbr.* QM), *Am.* ration N.C.O. (= noncommissioned officer).

furios [furiˈoːs] *adj.* furious, vehement.

Furnier [furˈniːr] *tech. n* (-s; -e) veneer; 2**en** *v/t.* (h.) veneer, inlay; ~**holz** *n* plywood, veneers *pl.*; ~**säge** *f* veneer saw; ~**ung** *f* (-; -en) veneering; inlaid work, inlaying.

fürliebnehmen [fyːrˈliːp-] *v/i.* (*irr.*, h.): ~ *mit* (*dat.*) be content with, put up with.

Furore [fuˈroːrə] *f* (-) *or n* furore; sensation; ~ *machen* cause (*or* create) a sensation, make a splash.

¹**Fürsorge** *f* (-) care (*für* for); solicitude; *ärztliche* ~ medical care *or* attention; *öffentliche* ~ public assistance, public relief, welfare service (*or* work); *soziale* ~ social welfare (work); *Am.* child welfare; ~ *für Strafentlassene* after-care (for discharged prisoners); ~**amt** *n* welfare cent|re, *Am.* -er, public relief office; ~**anstalt** *f* reformatory; ~**arbeit** *f* social work; ~**arzt** *m* welfare service doctor; 2**berechtigt** *adj.* eligible for public relief; ~**empfänger(in** *f*) *m* recipient of public relief, public charge; ~**r(in***f*) *m* (-s; -; -, -nen) welfare officer, social worker; ~**erziehung** *f* trustee (*or* correctional) education; ~**wesen** *n* (-s) welfare work.

¹**fürsorglich** *adj.* careful, thoughtful, solicitous.

¹**Fürsprache** *f* intercession (*für* for, *bei dat.* with); advocacy, plea; recommendation; mediation; ~ *einlegen* intercede *or* plead (*für j-n* for a p., *bei j-m* with a p.).

¹**Fürsprecher** *m* intercessor; advocate.

Fürst [fyrst] *m* (-en; -en) prince; sovereign; ¹**~bischof** *m* prince-bishop; ¹**~engeschlecht**, ¹**~enhaus** *n* dynasty (of princes); ¹**~enstand** *m*, ¹**~enwürde** *f* princely rank, princedom; ¹**~entum** *n* principality; ¹**~in** *f* (-; -nen) princess; ¹2**lich I.** *adj.* princely (*a. fig. income*); *fig.* noble, magnificent, grand; ~**es** *Trinkgeld* generous tip; ~**es** *Mahl* sumptuous dinner; **II.** *adv.*: ~ *leben* live in grand style; ¹**~lichkeit** *f* (-; -en) princeliness; ~**en** *pl.* princely personages, royalties.

Furt [furt] *f* (-; -en) ford.

Furunkel [fuˈruŋkəl] *med. m* (-s; -) boil, furuncle; **furunkulös** [-ku-ˈløːs] *adj.* furuncular; **Furunkulose** [-ˈloːzə] *f* (-; -n) furunculosis.

für'wahr *adv.* indeed, truly.

¹**Für|witz** *m* (-es) → *Vorwitz*; ~**wort** *gr. n* (-[e]s; ⁼er) pronoun.

Furz [furts] *vulg. m* (-es; ⁼e), ¹**furzen** *v/i.* (h.) fart.

Fusel [ˈfuːzəl] *m* (-s; -) bad liquor (*or* brandy), *sl.* rotgut; ~**öl** *n* fusel oil.

füsilieren [fyziˈliːrən] *mil. v/t.* (h.) execute (by firing squad), shoot.

Fusion [fuziˈoːn] *f* (-; -en) *chem.* fusion; *fig. econ. a.* amalgamation, merger, *Am. a.* consolidation; **fu-sio'nieren** *v/t., a. sich* (h.) amal-

---

gamate, merge, *Am. a.* consolidate (*mit dat.* with).

Fuß [fuːs] *m* (-es; ⁼e) foot; *Füße pl.* feet; *cul.* (*pig's, etc.*) trotters *pl.*; (*measure*) foot (= 30,48 cm); *zehn ~ lang* ten feet long; *fig.* foot, bottom (*of list, page, mountain*); base, pedestal (*of column*); foot, stem (*of wine-glass*); leg (*of chair, table*); (*festen*) ~ *fassen* (*a. fig.*) get a firm footing, gain a foothold; *auf dem ~e folgen* (*dat.*) follow on the heels of (*or in the wake of*); *auf die Füße fallen fig.* fall on one's feet; *auf freien ~ setzen* set at liberty, release; *auf eigenen Füßen stehen* be independent, be on one's own; *auf schwachen Füßen stehen* rest on a weak foundation, be built on sand; *auf großem ~e leben* live in grand style; *auf gutem* (*schlechtem*) ~*e stehen mit* (*dat.*) be on good (bad) terms with; *mit beiden Füßen auf der Erde stehen* keep both feet on the ground; *mit Füßen treten* tread under foot, trample upon; *ungeduldig von e-m ~ auf den anderen treten* kick one's heels; *zu ~* on foot; *zu ~ gehen* walk; *zu ~ erreichbar* within walking distance; *gut zu ~ sein* be a good walker.

¹**Fuß...:** ~**abstreifer** *m* (-s; -) door-scraper *or* -mat; ~**abdruck** *m* footprint; ~**angel** *f* mantrap; *hist. mil.* caltrop; ~**antrieb** *m* treadle (*or* pedal) drive; ~**bad** *n* foot-bath; ~**ball** *m* football, soccer ball; (*game*) (*association*) football, soccer; *amerikanischer* (*australischer, irischer*) ~ American (Australian, Gaelic) football; ~**ballanhänger** *m* football (*or* soccer) devotee *or* fan; ~**ballen** *m* ball of the foot; ~**ballklub** *m* football club; ~**ballmannschaft** *f* football team; ~**ballplatz** *m* football field (*or* stadium); ~**ballspiel** *n* → *Fußball*; soccer game (*or* match); ~**ballspieler** *m* football (*or* soccer) player; ~**balltoto** *n* football pool(s *pl.*); ~**ballverband** *m* football association; ~**ballverein** *m* → *Fußballklub*; ~**bank** *f* (-; ⁼e) footstool; ~**bekleidung** *f* footwear; ~**betrieb** *tech. m* (-[e]s) treadle drive (*or* operation); ~**boden** *m* floor(ing), ground; ~**bodenbelag** *m* floor covering, flooring; ~**bodenfläche** *f* flooring, floorage; ~**bodenwachs** *n* floor polish; ~**breit** *m*: *keinen ~ weichen* not to budge an inch; ~**breite** *f* foot-breadth; ~**bremse** *mot. f* footbrake, pedal brake; ~**eisen** *n* → *Fußangel*.

Fussel [ˈfusəl] *colloq. f* (-; -n) fluff, fuzz, *Am. a.* lint; 2**n** *v/i.* (h.) fuzz.

füßeln [ˈfyːsəln] *colloq. v/i.* (h.) make small steps, toddle; play footsie (*under the table*).

¹**fußen** *v/i.* (h.): ~ *auf* (*dat.*) rest (*or* rely) upon, be based upon; ~*d auf* basing upon.

¹**Fuß...:** ~**ende** *n* foot(-end); ~**fall** *m* prostration; *e-n ~ tun vor j-m* prostrate o.s. before a p., hurl o.s. at a p.'s feet; 2**fällig I.** *adj.* prostrate; **II.** *adv.* on one's knees; → *kniefällig*; 2**frei** *adj.*: ~*er Rock* ankle-length skirt; ~**gänger(in** *f*) [-gɛŋər-] *m* (-s, -; -, -nen) pedestrian, walker; *für ~! cross here!*;

~**gängerbrücke** *f* foot-bridge; ~**gängerfurt** *f* pedestrian crossing; ~**gängerunterführung** *f* pedestrian subway, *Am.* underpass; ~**gängerverkehr** *m* pedestrian traffic; ~**gashebel** *mot. m* accelerator (pedal), *Am.* gas pedal; ~**gelenk** *n* ankle joint; ~**gestell** *tech. n* pedestal, base; trestle; ~**gicht** *med. f* podagra; ~**hebel** *m* pedal; 2**hoch** *adj.* one foot high; *der Schnee liegt ~* the snow is a foot deep; ~**knöchel** *m* ankle(-bone); 2**krank** *adj.* footsore; ~**kupplung** *mot. f* foot-operated clutch; ~**leiden** *med. n* foot complaint; ~**leiste** *f* skirting (board).

Füßling [ˈfyːsliŋ] *m* (-s; -e) foot (*of stocking, etc.*).

¹**Fuß...:** ~**note** *f* footnote; ~**pfad** *m* footpath; ~**pflege** *f* pedicure, chiropody; ~**pfleger(in** *f*) *m* chiropodist; ~**pilz** *m* dermatophyte; athlete's foot; ~**puder** *m* foot-powder; ~**punkt** *m* *ast.* nadir; *math.* foot; ~**raste** *f* foot rest; ~**reise** *f* journey on foot, tramp; ~**sack** *m* foot-muff; ~**schalter** *m* foot-operated switch; ~**schaltung** *mot. f* pedal gear-change; ~**schemel** *m* footstool; ~**schweiß** *m* sweating of the feet; sweaty feet; ~**sohle** *f* sole of the foot; ~**soldat** *m* foot-soldier, infantryman; ~**spezialist** *med. m* podiatrist; ~**spitze** *f* point of the foot; *auf den ~n gehen* (*stehen*) walk (stand) (on) tiptoe; ~**spur** *f* footprint; *Reihe von ~en* track; ~**stapfe** *f* footstep; *in j-s ~ treten* follow a p.'s footsteps; ~**steig** *m* footpath, pavement, *Am.* sidewalk; ~**steuerung** *f* foot (*or* pedal) control; ~**stütze** *f* foot rest; *med.* instep-raiser, arch-support; ~**tritt** *m* footstep; footboard; *tech.* treadle; footstool; kick; *j-m e-n ~ versetzen* give a p. a kick, kick a p., *fig.* e-n ~ *bekommen* be kicked out, get the boot; → *Fußspur*; ~**volk** *n* foot, infantry; *fig.* the rank and file; ~**wanderung** *f* walking-tour, hike; ~**wärmer** [ˈ-vɛrmər] *m* (-s; -) foot-warmer; ~**weg** *m* footpath, footway; ~**wurzel** *anat. f* tarsus; ~**wurzelgelenk** *n* tarsal joint.

futsch [futʃ] *colloq. adj. pred.* lost, gone; broken, *Am. sl.* busted; *person*: done for; ~ *gehen* go to pot, go phut *or* west.

Futter¹ [ˈfutər] *n* (-s) food, *sl.* grub, *Am.* chow; *agr.* feed, fodder.

¹**Futter**² *n* (-s; -) lining; *arch.* casing; *tech.* lining, casing; *of machine tool*: chuck.

Futteral [-ˈraːl] *n* (-s; -e) case; box; sheath.

¹**Futter...:** ~**blech** *tech. n* lining plate; ~**beutel** *m* nose-bag; ~**boden** *m* hay-loft; ~**bohne** *f* fodder bean; ~**erbse** *f* fodder pea; ~**gabe** *f* feeding dose; ~**gerste** *f* barley for cattle; ~**getreide** *n* feed grain; ~**kasten** *m* feed-box; ~**klee** *m* red clover; ~**knecht** *m* ostler; ~**krippe** *f* crib, manger; *fig. an der ~ sitzen* feed at the public trough; ~**krippenjäger** *pol. m* placeman, *Am.* spoilsman; ~**krippensystem** *pol. n* *Am.* spoils system; ~**leinen** *n* linen for lining; ~**mittel** *n* feed(ing)-

-stuff; 2n *colloq. v/t.* (h.) eat heartily, feed, *sl.* tuck in.
füttern ['fytərn] *v/t.* (h.) feed; *tech.* line (*a. coat, etc.*); *arch.* case; fur; pad, stuff; lead; sheathe.
'Futter...: ~napf *m* feeding dish; **~neid** *m* envy, (professional) jealousy; **~pflanzen** *f/pl.* forage crops, fodder plants; **~rübe** *f* turnip; **~-**

schneidemaschine *f* fodder chopping machine; **~seide** *f* silk for lining; **~stoff** *m* lining (material); **~trog** *m* feeding trough, manger.
'Fütterung *f* (-; -en) **1.** feeding, foddering, forage; **2.** *tech.* lining; *arch.* casing; padding.
'Futter...: ~zeug *n* lining (material);

~zustand *m*: *in gutem ~* well-meated.
Futur|ismus [futu'rismus] *m* (-) futurism; **~ist(in** *f*) *m* (-en, -en; -, -nen), 2**istisch** *adj.* futurist.
Futurologie [-olo'gi:] *f* (-) futurology.
Futur(um) [fu'tu:r(um)] *gr. n* (-s, -e; -s, -ra) future (tense).

G

G, g [ge:], *n* G, g; **G, g** *mus. n* G.
gab [ga:p] *pret. of* geben.
Gabardine ['gabardin] *m* (-s) *or* (-) gaberdine.
Gabe ['ga:bə] *f* (-; -n) gift, present; donation, gratuity; *milde* ~ alms; *um e-e milde* ~ *bitten* ask for charity; offering; *med.* dose; *fig.* gift, talent, endowment; skill, knack.
Gabel ['ga:bəl] *f* (-; -n) fork (*a. on bicycle*); *agr.* (pitch)fork, prong; *teleph.* cradle; *of waggon*: shafts *pl.*; *of road, etc.*: fork; *bot.* **a)** tendril, **b)** crotch (*of branches*); *artillery*: bracket; **~bildung** *f* forking, bifurcation; *artillery*: bracketing; **~bissen** *m* cocktail snack; **~deichsel** *f* shafts, thills *pl.*; 2**förmig** ['-fœrmiç] *adj.* forked, bifurcated; **~frühstück** *n* early lunch; **~hirsch** *m* brocket; 2**ig** *adj.* → gabelförmig; 2**n** *v/t.* (h.) fork; *sich* ~ fork (off *or* out), bifurcate, divide; **~stapler** ['-ʃta:plər] *m* (-s; -) fork-lift truck; **~stütze** *f* forked support; *mil.* thill prop; bipod; **~ung** *f* (-; -en) forking, bifurcation; *of tree* crotch; **~weihe** *orn. f* kite; **~zinke** *f* prong (of a fork).
'Gabentisch *m* table of presents.
gackern ['gakərn] *v/i.* (h.), 2 *n* (-s) cackle (*a. fig.*).
gacksen ['gaksən] *v/t.* (h.) *and v/i.* stutter; hem and haw.
Gaffel ['gafəl] *mar. f* (-; -n) gaff; **~schoner** *m* fore-and-aft(er) (schooner); **~segel** *n* gaff-sail.
gaffen ['gafən] *v/i.* (h.) gape; stare.
'Gaffer(in *f*) *m* (-s, -; -, -nen) gaper.
Gagat [ga'ga:t] *min. m* (-[e]s; -e), **~kohle** *f* jet.
Gage ['ga:ʒə] *f* (-; -n) *esp. thea.* salary.
gähnen ['gɛ:nən] *v/i.* (h.) yawn.
'Gähnen *n* (-s) yawn(ing); 2**d** *adj.* yawning (*a. fig.*).
Gala ['gala] *f* (-) gala; pomp, state; *in (großer)* ~ in full dress; **~anzug** *m* dress- (*od.* gala) suit; **~kleid** *n* gala-dress.
Galalith [gala'li:t] *n* (-s) galalith.
Galan [ga'la:n] *m* (-s; -e) gallant, lover, squire, beau, *iro.* swain.
galant [ga'lant] *adj.* gallant, amatory; courteous; **~es** *Abenteuer* love affair *or* adventure.
Galante'rie *f* (-; -en) gallantry, courtesy; **~arbeit** *tech. f,* **~waren** *f/pl.* fancy goods, *Am.* notions *pl.*
'Gala...: ~uniform *f* full dress (uniform); **~vorstellung** *thea. f* gala performance.

Galeere [ga'le:rə] *f* (-; -n) galley; **~nsklave,** **~nsträfling** *m* galley-slave.
Galerie [galə'ri:] *f* (-; -n) gallery (*a. tech.*); picture-gallery; *für die* ~ *spielen* play to the gallery, *Am.* play to the grandstand.
Galgen ['galgən] *m* (-s; -) gallows *sg.* (*a. film*), gibbet; *tech.* cross-beam; horse; *of well*: post, tree; *am* ~ on the gallows; *an den* ~ *kommen* come to the gallows, *be hanged; dafür soll er an den* ~ he shall swing for it; **~frist** *f* last respite, short grace; *ich gebe dir bis morgen* ~ I give you till tomorrow; **~gesicht** *n* gallows-bird face; **~humor** *m* grim humo(u)r; **~strick,** **~vogel** *m* gallows-bird; scalawag, good-for-nothing.
Galiläa [gali'lɛ:a] Galilee; **~er(in** *f*) *m* (-s, -; -, -nen), 2**isch** *adj.* Galilean.
Galionsfigur [gali'o:ns-] *f* figure-head. [Gaelic.]
gälisch ['gɛ:liʃ] *adj.,* 2**e** *n* (-n)
Galiz|ien [ga'li:tsiən] *n* (-s) Galicia; **~ier(in** *f*) *m* (-s, -; -, -nen), 2**isch** *adj.* Galician.
Gall-apfel ['gal-] *m* gall-nut, oak-apple; **~beize** *f tech.* gall steep.
Galle ['galə] *f* (-; -n) *anat.* (*a.* **~n-saft** *m*) bile; *zo., a. bot. and vet.*: gall; *tech.* flaw, blister; *fig.* bile, gall, venom, bitterness; *s-e* ~ *ausschütten* vent one's spite (*über acc.* upon); *ihm lief die* ~ *über* his blood boiled, he saw red.
'Gall-eiche *f* gall oak.
'gallen *v/t.* (h.) gall out (*fish*); *tech.* treat with gall-nut, gall; **~bitter** *adj.* (as) bitter as gall, acrid (*a. fig.*); 2**blase** *f* gall-bladder; *med. Entfernung der* ~ cholecystectomy; *Entzündung der* ~ cholecystitis; 2**fieber** *n* bilious fever; 2**gang** *anat. m* bile-duct; **~grün** *adj.* biliverdin; 2**kolik** *f* biliary colic; 2**leiden** *n* bilious complaint; 2**stein** *m* gall-stone, biliary calculus; 2**stein-operation** *f* cholecystotomy; 2**weg** *m* bile-duct.
Gallert ['galərt] *n* (-[e]s; -e), **Gallerte** [ga'lɛrtə] *f* (-; -n) gelatine; *cul. usu.* jelly; 2**artig** *adj.* gelatinous, jelly-like, colloid(al).
Gall|ien ['galiən] *n* (-s), **~ier(in** *f*) *m* (-s, -; -, -nen) Gaul.
'gallig *adj.* gall-like, biliary; *fig.* bilious, acrid, bitter.
'gallisch *adj.* Gallic, Gaulish.
Gallizismus [gali'tsismus] *m* (-; -men) Gallicism.

Gallone [ga'lo:nə] *f* (-; -n) (*Brit.* Imperial) gallon (= 4,54 l), (*Am.* U.S.) gallon (= 3,78 l).
'Gallwespe *f* gall-fly.
Galopp [ga'lɔp] *m* (-s; -s) gallop; (*dance*) galop; *kurzer or leichter* ~ canter; *gestreckter (starker, versammelter)* ~ full (extended, collected) gallop; *im* ~ at a gallop, *fig.* at a lope; *w.s.* in (hot) haste, hurry-skurry; *im* ~ *reiten* gallop; *in* ~ *verfallen* break into a gallop; **galop'pieren** *v/i.* (h., sn) gallop; (ride at a) canter; *med.* **~de** *Schwindsucht* galloping consumption.
Galoschen [ga'lɔʃən] *f/pl.* galoshes, *Am.* rubbers.
galt [galt] *pret. of* gelten.
galvanisch [gal'va:niʃ] *adj.* galvanic(ally *adv.*); ~ *gefällt* electrodeposited, electrolytic; **~es** *Element* galvanic cell; **~e** *Kette* voltaic cell (*or* couple); **~e** *Metallisierung* galvanic metallization; **~e** *Plattierung* electroplating; **~e** *Säule* pile; **~e** *Vergoldung* electro-gilding.
Galvaniseur [galvani'zø:r] *m* (-s; -e) galvanizer.
Galvanisier|anstalt [-'zi:r-] *f* galvanizing (*or* electroplating) plant; 2**n** *v/t.* (h.) galvanize, electroplate.
Galvanismus [-'nismus] *m* (-) galvanism.
Galvano [-'va:no] *typ. n* (-s; -s) electrotype.
Galvano|'meter *n* galvanometer; **~'plastik** *f* galvanoplasty, electrotyping; **~'technik** *f* electroplating.
Gamasche [ga'maʃə] *f* (-; -n) gaiter; spat; legging; puttee; *colloq.* **~n** *haben vor* (*dat.*) be scared of.
Gambit [gam'bit] *n* (-s; -s) *chess*: gambit.
Gamet [ga'me:t] *biol. m* (-en; -en) gamete.
'Gammastrahlen ['gama-] *phys. m/pl.* gamma rays.
gammeln ['gaməln] *colloq. v/i.* (h.) loaf; behave like a beatnik.
Gamsbart ['gams-] *m* chamois tufts *or* brush.
Gammler *colloq. m* (-s; -) beatnik, layabout.
Gang [gaŋ] *m* (-[e]s; ⁻e) going, walk(ing); gait, walk; *of horse*: pace; *fig.* motion; *of machine*: *a.* movement, running, operation, action; walk, stroll; errand, commission; way; arcade; colonnade; passage; corridor, gallery, hall; gangway, *Am.* aisle; *rail.* corridor, *Am.* aisle; *anat.* duct, canal; *tech.*

duct (*of pipe*); worm, thread; →
tot; *mot.* speed; erster ~ first *or*
bottom (*Am.* low) gear, first speed;
zweiter ~ second gear; *im dritten* ~
in third; *ruhiger* ~ smooth running;
mining: tunnel, gallery; lode, vein;
fig. course; course of business;
routine; process of manufacture,
operation; *cul.* course; *Essen mit
zwei Gängen* two-course dinner;
sports: heat, run; *fenc.* bout; *der ~
der Ereignisse* the course (*or* march)
of events; *das ist der ~ der Welt*
that's the way of life; *e-n ~ tun*
go on an errand; *Gänge besorgen*
run errands; *vergeblicher ~* fool's
errand; *mot.* den ~ wechseln change
(*Am.* shift) gear; *den dritten ~ einschalten* shift into third; *in ~ bringen or setzen* start, set going *or* in
motion, *fig. a.* launch, set on foot;
tech. a. throw into gear, put into
operation; *in ~ halten* keep going;
in ~ kommen get going (*or* under
way), get into one's stride; *in ~
sein* be in motion, *machine, etc.*: *a.*
be on *or* in gear, be working *or*
running; *fig.* be going on, be in
progress (*or* afoot, under way);
s-n ~ gehen take its course; *es ist
et. im ~e* something is up (*or* going
on, in the wind); *in vollem ~e* in
full swing.

gang: ~ *und gäbe* customary, usual,
the usual thing; *durchaus ~ und
gäbe* nothing unusual.

'**Gang...:** ~**an-ordnung** *mot. f* gear-
-change diagram, arrangement of
gears; ~**art** *f* gait, walk; *of horse*:
pace; *tech.* working pace; ♀**bar** *adj.*
practicable, passable (*road*); current (*coin*); sal(e)able, marketable,
popular (*goods*); ~**ste Nummern** best
selling numbers; *fig.* practicable,
workable; ~**barkeit** *f* (-) practicability (*a. fig.*); *of coin*: currency; *econ.* sal(e)ability, marketableness.

Gängel|band ['gɛnǝlbant] *n* (-[e]s)
leading-strings *pl.*; *am ~ führen*
keep in leading-strings; *sich am ~
führen lassen* be in leading-strings;
♀**n** *v/t.* (h.) *fig.* lead by the nose.

'**Gang...:** ~**hebel** *m* → Gangschalter;
~**höhe** *tech. f of screw*: pitch; *of
multiple thread*: lead.

gängig ['gɛnɪç] *adj. horse*: swift;
~**er Ausdruck** current term; *econ.* →
gangbar.

Ganglien ['gaŋliǝn] *anat. n/pl.*
ganglia; ♀**förmig** ['-fœrmɪç] *adj.*
gangliform; ~**system** *n* ganglious
system.

Gangrän [gaŋˈgrɛːn] *med. n* (-[e]s;
-e) gangrene; **gangränös** [-ˈnøs]
adj. gangrenous.

'**Gang...:** ~**schalter**, ~**schalthebel**
mot. m gear(-change) lever, *Am.*
gear-shift lever; ~**schaltung** *mot.*
f gear-change, *Am.* gear shift.

Gangster ['gɛŋstǝr] *m* (-s; -) gangster; ~**bande** *f* gang (of criminals);
~**tum** *n* (-s) gangsterism.

'**Gang...:** ~**werk** *n of watch*: movement; ~**wähler** *mot. m* gear selector;
~**zahl** *f mot.* number of gears;
thread: number of threads.

Ganove [gaˈnoːvǝ] *colloq. m* (-n; -n)
crook.

Gans [gans] *f* (-; ⁼e) goose, *pl.*

---

geese; *junge* ~ gosling; *fig. dumme* ~
(silly) goose.

Gänschen ['gɛnsçǝn] *n* (-s; -) gosling; *fig. dummes* ~ goosey, ninny.

Gänse... ['gɛnzǝ-]: ~**blümchen** *n*
daisy; ~**braten** *m* roast goose;
~**feder** *f* (goose-)quill; ~**fett** *n*
goose-fat (*or* dripping); ~**füßchen**
['-fyːsçǝn] *n/pl.* quotation-marks,
inverted commas; ~**haut** *f* goose-
-skin; *fig.* goose-flesh, goose-
-pimples *pl.*; *ich bekam e-e* ~ my
flesh began to creep, it gave me
the creeps; ~**kiel** *m* quill; ~**klein** *n*
(-s) (goose-)giblets *pl.*; ~**leber-
pastete** *f* (goose-)liver pie, pâté de
foie gras (*Fr.*); ~**marsch** *m* (-es):
im ~ in single (*or* Indian) file; ~**rich**
['-rɪç] *m* (-[e]s; -e) gander; ~
schmalz *n* → Gänsefett; ~**wein** *m
humor.* Adam's ale.

Gant [gant] *f* (-; -en) → Auktion,
Konkurs.

ganz [gants] **I.** *adj.* all; whole,
entire, undivided; complete, total,
full; intact; ~ *Deutschland* all (*or*
the whole of) Germany; *die* ~**e**
Stadt **a)** the whole town, **b)** all the
town; *über* ~ *Amerika* all over
America; *in der* ~**en** *Welt* all the
world over; *die* ~**e** *Welt betreffend*
world-wide; *den* ~**en** *Staat betreffend* state-wide; *tech.* ~**e** *Länge*
total (*or* overall) length; ~**e** *Note
mus.* semibreve, whole note; ~**e**
Zahl whole number; ~**e** *zwei
Stunden* for fully two hours; ~**e** *drei
Pfund* just (*or* merely) three pounds;
ein ~**er** *Mann* a true (*or* real) man;
von ~**em** *Herzen* with all my heart;
meine ~**en** *Schuhe* all my shoes;
den ~**en** *Morgen* (*Tag*) all the morning (day), *Am.* all morning (day);
die ~**e** *Nacht* (hindurch) all through
the night, all night long; *das* ~**e** *Jahr*
throughout the year; *die* ~**e** *Zeit*
all the time; *der* ~**e** *Betrag* the full
amount; **II.** *adv.* quite; all; entirely,
wholly; completely; fully; all, very;
~ *Auge* (*Ohr*) all eyes (ears); ~ *und
gar nicht* not at all, not in the least,
by no means; *et.* ~ *anderes* quite
another thing; *nicht* ~ *dasselbe* not
quite the same thing; ~ *durch*
throughout; ~ *gewiß* most certainly *or* assuredly, absolutely; ~
gut (*or* nett) not bad; ~ *naß* wet
all over; ~ *oder teilweise* in whole
or in part; ~ *meine Meinung* I quite
agree (with you); ~ *bezahlen* pay in
full; ~ *der Vater* the (very) image
of his (her) father; *nicht* ~ *zehn*
just under ten; *er war* ~ *Freude*
he was overjoyed; *das ist mir* ~
gleich that's all the same to me,
I don't care; ~ *gleich, was du denken
magst* no matter what you may
think; ~ *wie du willst* just as you
like; ~ *besonders, weil* especially
since, all the more so as; *im* ~**en** on
the whole, taken all together, *econ.*
in the lump, wholesale; *er gewann
im* ~**en** *70 Preise* he fetched a total
of 70 prizes; *im großen* und ~**en** on
the whole, generally speaking, by
and large; **Ganze(s)** *n* (-n) whole;
total (amount), sum total; totality,
entirety; *aufs* ~ *gehen* go all out,
go all lengths, *Am.* go the whole

---

hog; *jetzt geht's ums* ~ it's do or die
(*or* all or nothing) now.

Gänze ['gɛntsǝ] *f* (-): *zur* ~ entirely,
in its entirety.

'**Ganz...:** ~**aufnahme** *f*, ~**bild** *n*
full-length (portrait); ~**automat**
tech. m fully automatic machine;
~**fabrikat** *n* finished product; ~**heit**
f (-) entirety, entireness; totality,
~**heitsmethode** *ped. f* "look and
say" method; ~**holz** *n* round timber,
logwood; ~**holzbauweise** *f* all-
-wood construction; ♀**jährig** *adj.*
all-year; *mot.* all-season (*oil*); ~
leder *n*: *in* ~ *gebunden* in whole-
-leather binding; ~**lederband** *m*
whole-leather binding; ~**leinenband** *m* full cloth binding.

gänzlich ['gɛntslɪç] **I.** *adj.* complete,
total, entire, utter; **II.** *adv.* wholly,
completely, entirely; totally, absolutely, utterly; in every respect.

'**Ganz...:** ~**metallkonstruktion** *f*
all-metall construction; ~**seide** *f*
pure silk; ~**seitig** *adj.* full-page;
♀**tägig** *adj.* all-day; full-time;
~**tagsbeschäftigung** *f* full-time
job; ♀**wollen** *adj.* all-wool; ~**zeug**
tech. n paper: stuff.

gar [gaːr] **I.** *adj. food*: (well) done;
dressed (*leather*); refined (*steel*);
carbonized (*coke*); *nicht* (*ganz*) ~
meat: underdone; **II.** *adv.* quite,
entirely, very; even; ~ *keiner* not a
single one, none whatever; ~ *niemand* not a soul; ~ *mancher* many
a man; ~ *nicht* not at all; ~ *nichts*
not a thing, nothing at all; ~ *zu sehr*
overmuch, → *allzu(...)*; ~ *kein
Zweifel* not the least doubt; *das
fällt mir* ~ *nicht ein* I wouldn't
dream of doing that; *oder* ~ *to* say
nothing of, let alone; *warum nicht*
~! and why not, indeed!

Garage [gaˈraːʒǝ] *f* (-; -n) garage;
in e-e ~ *einstellen* garage.

Garant [gaˈrant] *m* (-en; -en)
guarantor; → *Bürge*.

Garantie [-ˈtiː] *f* (-; -n) guaran|tee
(*a. fig.*), -ty; *of seller*: warranty;
surety; *ein volles Jahr* ~ guaranteed
one full year; *ohne* ~ without
obligation; ♀**ren** *v/t.* (h.) guarantee,
warrant; *econ.* underwrite (*issue of
securities*); ~**lohn** *m* guaranteed
wage(s *pl.*); ~**schein** *m* certificate
of guarantee, *Am.* surety bond; *of
seller*: certificate of warranty; ~**syndikat** *n* underwriters *pl.*; ~**verpflichtung** *f* warranty of quality;
~**versprechen** *n*, ~**vertrag** *m*
guarantee contract; ~**wechsel** *m*
security bill.

Garaus ['gaːrʔaus] *m*: *j-m den* ~
machen finish (dispatch, do for)
a p.; *fig. e-r Sache den* ~ *machen* put
an end (*or* give the deathblow)
to a th.

Garbe ['garbǝ] *f* (-; -n) *agr.* sheaf;
bot. milfril, yarrow; *mil.* sheaf, cone
of fire; *in* ~**n** *binden* sheave, bundle.

Gärbottich [gɛːr-] *m* fermenting-
-vat.

Garde ['gardǝ] *mil. f* (-; -n) the
Guard(s); *zu Fuß die* ~ the Foot-
-Guards *pl.*; *fig. die alte* ~ the old
guard; ~**regiment** *n* regiment of
the Guards; ~**reite'rei** *f* Horse-
-Guards *pl.*

Garderobe [gardǝˈroːbǝ] *f* (-; -n)

wardrobe; cloak-room, *Am.* check-room; *thea.* dressing-room.
Garde'roben...:~frau *f* cloak-room attendant, *Am.* hat-check girl; **~haken** *m* wardrobe hook; **~marke** *f* cloak-room ticket, *Am.* check; **~schrank** *m* wardrobe; **~ständer** *m* hat (*or* hall) stand.
Garderobiere [-robi'ɛ:rə] *f* (-; -n) → *Garderobenfrau*; *thea.* wardrobe mistress.
Gardine [gar'di:nə] *f* (-; -n) curtain; → *schwedisch.*
Gar'dinen...: ~predigt *f* curtain lecture; **~stange** *f* curtain rod.
Gardist [gar'dist] *m* (-en; -en) guardsman.
Gare ['ɡɑ:rə] *f* (-) *agr.* mellowness, friable condition of soil; *metall.* finished state.
gären ['ɡɛ:rən] *v/i.* (*irr.*, *h.*) ferment; effervesce; *fig.* es gärt im Volke there is unrest among the people; **'Gären** *n* (-s) fermentation; *fig.* agitation, unrest.
'Gärfutter *agr. n* silage.
'Garküche *f* cook-shop, (cheap) eating-house.
'Gärmittel *n* ferment.
Garn [garn] *n* (-[e]s; -e) yarn; thread; cotton; net; twine; worsted; *fig.* ins ~ gehen fall into the snare; ins ~ locken ensnare, decoy, trap; ein ~ spinnen spin a yarn.
Garnele [gar'ne:lə] *ichth. f* (-; -n) shrimp.
garnier|en [gar'ni:rən] *v/t.* (*h.*) trim; *cul.* garnish; **Q ung** *f* (-; -en) trimming; *cul.* trimmings *pl.*, garnish, garniture.
Garnison [garni'zo:n] *mil. f* (-; -en) garrison; **Q dienstfähig** *adj.* fit for garrison duty *or* limited service; **~lazarett** *n* military hospital; **~stadt** *f* garrison-town.
Garnitur [garni'tu:r] *f* (-; -en) trimming; *tech.* fittings *pl.*; mountings *pl.*; set; *mil.* complete uniform; erste ~ No. 1 dress; → *Ausrüstung*; *fig.* die erste ~ the (very) best, the élite (*of writers, clubteam, etc.*).
'Garn...: ~knäuel *m or n* ball of yarn; **~rolle** *f* reel; **~spinnerei** *f* yarn spinning mill; **~spule** *f* bobbin, spool; **~strähne** *f* hank (*or* skein) of yarn; **~winde** *f* → *Garnrolle.*
garstig ['garstiç] *adj.* nasty, loathsome, foul, vile; filthy, foul; ugly er war sehr ~ zu mir he was very nasty to me.
'Gärstoff *m* ferment.
Gärtchen ['ɡɛrtçən] *n* (-s; -) little garden.
Garten ['gartən] *m* (-s; ⁴) garden; botanischer (zoologischer) ~ botanical (zoological) gardens *pl.*; **~anlage** *f* garden-plot; public garden, (pleasure-)grounds *pl.*; **~arbeit** *f* gardening; **~architekt** *m* landscape gardener, *Am.* landscape architect; **~bau** *m* (-[e]s) horticulture; **~bau-ausstellung** *f* horticultural show; **~erde** *f* garden-mo(u)ld; **~fest** *n* garden (*Am. a.* lawn) party; **~geräte** *n/pl.* gardening tools; **~gestaltung** *f* horticulture; landscaping; **~gewächse** *n/pl.* garden produce; **~haus** *n* summer-house; **~land** *n* garden-plot; **~laube** *f*

arbo(u)r, bower; *fig.* sentimental trash; **~lokal** *n* beer- (*or* tea-) garden; **~messer** *n* pruning knife; **~schau** *f* horticultural show; **~schere** *f* pruning shears *pl.*; **~schirm** *m* sunshade, beach umbrella; **~stadt** *f* garden city; **~stuhl** *m* lawn chair; **~wirtschaft** *f* → *Gartenlokal*; **~zaun** *m* garden fence.
Gärtner ['ɡɛrtnər] *m* (-s; -), **~in** *f* (-; -nen) gardener.
Gärtne'rei *f* (-; -en) gardening; horticulture; nursery(-garden); market-garden, *Am.* truck garden (*or* farm); **'gärtnerisch** *adj.* horticultural; ~ gestalten landscape; **'gärtnern** *v/i.* (*h.*) do gardening.
Gärung ['ɡɛ:rung] *f* (-; -en) fermentation; *med.* zymosis; *fig.* ferment(ation); unrest, agitation, tumult; zur ~ bringen ferment; sich in ~ befinden (*a. fig.*) be in a state of ferment.
'Gärungs...: ~lehre *f* zymology; **~mittel** *n* ferment; **~pilz** *m* yeast-plant; **~prozeß** *m* process of fermentation; **~stoff** *m* ferment.
Gas [ɡɑ:s] *n* (-es; -e) gas; *mot.* ~ geben step on the accelerator, *Am. a. fig.* step on the gas; ~ wegnehmen throttle down, cut off the gas; in ~ verwandeln gasify; mit ~ vergiften gas.
'Gas...: ~angriff *mil. m* gas-attack; **~anstalt** *f* gas-works *pl.*; **~anzünder** *m* gas lighter; **~arbeiter** *m* gas-fitter; **Q artig** ['-ɑ:rtiç] *adj.* gaseous; **~austritt** *m* gas leakage; gas outlet; **~automat** *m* coin-operated gas-meter; **~backofen** *m* gas oven; **~behälter** *m* gas-holder *or* -container, gasometer; **Q beheizt** *adj.* gas-fired; **~beleuchtung** *f* gas-light(ing); **~bereitschaft** *mil. f* gas alert; **~bombe** *f* gas bomb; **~brenner** *m* gas-burner; **Q dicht** *adj.* gas-tight; **~druck** *m* gas pressure; **Q en** *v/i.* (*h.*) (develop) gas; **~entwickler** *m* gas generator; **~entwicklung, ~erzeugung** *f* gas production; **~fabrik** *f* → *Gasanstalt*; **~feuerung** *f* gas firing; **~flamme** *f* gas jet; **~flasche** *f* gas cylinder; **Q förmig** ['-fœrmiç] *adj.* gaseous; **Q förmigkeit** *f* (-) gaseity; **~fußhebel** *mot. m* → *Gaspedal*; **~gebläse** *n* gas blower; **~gemisch** *n* gas(eous) mixture; **~geruch** *m* odo(u)r of gas; **~gewinnung** *f* gas production; **~glühlicht** *n* incandescent (gas-)light; **~granate** *f* gas-shell; **~hahn** *m* gas tap; **~hebel** *mot. m* throttle hand lever; → *Gaspedal*; **~heiz-ofen** *m* gas-stove; **~heizung** *f* gas heating; **~herd** *m* gas-range (*or* -stove); **~kammer** *f* gas chamber; **~kampfstoff** *m* poison gas; **~kessel** *m* → *Gasbehälter*; **~kocher** *m* gas cooker, gas range; **~koks** *m* gas coke; **Q krank** *adj.* gassed; **~krieg** *m* chemical warfare; **~lampe** *f*, **~laterne** *f* gaslamp; **~leitung** *f* gas main (*or* conduit); **~licht** *n* gas-light; **~lichtpapier** *phot. n* gas-light paper; **~Luftgemisch** *n* gas-air mixture; **~mann** *m* gas-man; **~maske** *f* gas mask; **~messer** *m* (-s; -) gas-meter; **~-**

motor *m* gas-engine; **~ofen** *m* gas-stove.
Gasolin [gazo'li:n] *chem. n* (-[e]s) gasolene, gasoline.
Gaso'meter *m* gas-holder, gasometer.
'Gas...: ~pedal *mot. n* accelerator (pedal), *Am.* gas pedal; **~rohr** *n* gas-pipe; **~schweißbrenner** *m* autogenous welding torch.
Gäßchen ['ɡɛsçən] *n* (-s; -) narrow alley *or* lane.
Gasse ['ɡasə] *f* (-; -n) (narrow) street *od.* passage; (*a. fig.*) lane; schmale ~ narrow lane, alley; e-e ~ bilden form a lane; **~nbube, ~njunge** *m* street arab, urchin, guttersnipe; **~nhauer** *m* street-ballad, popular song.
Gast [gast] *m* (-es; ⁴e) guest; visitor, caller; customer, frequenter, → *Stammgast*; boarder; stranger; tourist; *thea.* guest (artist); ungebetener ~ intruder; ein seltener ~ quite a stranger; Gäste haben have company; j-n bei sich zu ~ haben entertain a p.; j-n zu ~e bitten invite a p.; bei j-m zu ~ sein be a p.'s guest, be staying with a p.; **~arbeiter** *m* foreign worker; **~bett** *n* spare (bed); **~dirigent** *mus. m* guest conductor.
Gäste|buch ['ɡɛstə-] *n* visitors' book; guest book; **~heim** *n* guest-house, boarding-house.
'Gast...: Q frei *adj.* hospitable; **~freiheit** *f* hospitality; **~freund** *m* guest; → *Gastgeber*; **Q freundlich** *adj.* hospitable; **~freundschaft** *f* hospitality; **~geber** *m* host; **~geberin** *f* hostess; **~geberstaat** *m* host nation; **~haus** *n*, **~hof** *m* restaurant; inn, hotel; **~hörer(in** *f*) *univ. m* guest (*or* extramural) student, *Am. a.* auditor.
ga'stieren *thea. v/i.* (*h.*) be a guest star, give a guest performance.
'Gast...: ~land *n* host country; **Q lich** *adj.* hospitable; ~ aufnehmen receive as a guest; **~lichkeit** *f* (-) hospitality; **~mahl** *n* feast, banquet; **~professor** *m* visiting professor; **~recht** *n* (-[e]s) right to hospitality.
gastrisch ['gastrif] *med. adj.* gastric;
Gastritis [gas'tri:tis] *f* (-) gastritis.
Gastrologie [gastrolo'gi:] *med. f* (-) gastrology.
'Gastrolle *thea. f* guest part; *fig.* e-e kurze ~ geben pay a flying visit; → *gastieren.*
Gastronom [gastro'no:m] *m* (-en; -en) gastronom|er, -ist; **Q isch** *adj.* gastronomic(al).
'Gast...: ~spiel *thea. n* guest performance; **~spielreise** *f* tour; **~spieltruppe** *f* road company; **~stätte** *f* restaurant; **~stättengewerbe** *n* catering trade; **~stättenwesen** *n* (-s) hotels and restaurants *pl.*; **~stube** *f* (bar) parlo(u)r; **~vorlesung** *f* guest lecture; **~vorstellung** *thea. f* guest performance; **~wirt** *m* landlord, host, innkeeper; *Am.* saloon keeper; **~wirtin** *f* landlady, hostess; **~wirtschaft** *f* → *Gasthaus*; **~zimmer** *n* lounge; *w.s.* spare (bed)room.
'Gas...: ~uhr *f* gas-meter; **Q vergiftet** *adj.* gassed, gas-poisoned; **~vergiftung** *f* gas-poisoning; **~ver-**

sorgung f gas supply; **~werk** n gasworks pl.; **~wolke** f gas cloud (or wave); **~zähler** m gas-meter; **~zufuhr** f gas supply.

Gatt [gat] mar. n (-[e]s; -en) hole.

Gatte ['gatə] m (-n; -n) husband, poet. mate, spouse (a. jur.); **~n** pl. married couple, husband and wife; **~nliebe** f conjugal love; **~nwahl** biol. f assortative mating.

Gatter ['gatər] n (-s; -) railing fence; grating; lattice, trellis; **~säge** f frame saw; **~tor** n, **~tür** f lattice gate, barrier; **~werk** n lattice-work.

'Gattin f (-; -nen) wife, poet. spouse, mate; Ihre ~ your wife, formally: Mrs. X.

Gattung ['gatuŋ] f (-; -en) bot., zo. genus, race, family, species; fig. kind, sort, type, class; arts: a. genre (Fr.); von jeder ~ of every (kind and) description; **~sbegriff** m generic term; **~sname** m generic name; gr. appellative, common noun.

Gau [gau] m (-[e]s; -e) district, region, province.

Gaudi ['gaudi] f (-) → Gaudium; **Gaudium** ['-um] n (-s) (bit of) fun; zum allgemeinen ~ to the general amusement.

Gaukelbild ['gaukəl-] n illusion; phantasm, mirage.   [kelspiel.)

Gaukelei [-'lai] f (-; -en) → Gau-)

'gaukel|haft adj. juggling, fig. delusive; **♀spiel, ♀werk** n jugglery, sleight-of-hand, legerdemain; trickery, hocus-pocus, deception.

'gaukeln v/i. (h.) juggle, do tricks; flutter about; sway (to and fro), rock; → vorgaukeln.

Gaukler(in f) ['gauklər(in)] m (-s, -; -, -nen) juggler, conjurer, illusionist; buffoon, clown; charlatan.

Gaul [gaul] m (-[e]s; ~e) (farm-) horse, nag; contp. alter ~ (old) jade; fig. e-m geschenkten ~ sieht man nicht ins Maul never look a gift horse in the mouth.

Gaumen ['gaumən] m (-s; -) palate, roof of the mouth; harter (weicher) ~ hard (soft) palate; feiner (verwöhnter) ~ delicate (fastidious) palate; j-s ~ kitzeln tickle a p.'s palate; den ~ betreffend palatal; **~laut** m palatal (sound); **~platte** f dentistry: (dental) plate; **~segel** n soft palate, velum; **~laut** velar; **~zäpfchen** n uvula.

Gauner ['gaunər] m (-s; -), **~in** f (-; -nen) swindler, sharper, trick-(st)er, crook; scoundrel, humor. scamp, scalawag; **~bande** f gang of swindlers.

Gaune'rei [-'rai] f (-; -en) swindling, sharp practice, trickery, Am. a. skulduggery.

'gauner|haft adj. knavish, crooked, dishonest; **~n** v/i. (h.) cheat, swindle; **♀sprache** f thieves' cant; **♀streich** m, **♀stück** n swindle, imposture; → Gaunerei.

Gaze ['ga:zə] f (-; -n) gauze; cheesecloth; tech. wire gauze (or mesh); **♀artig** ['-a:rtiç] adj. gauzy; **~bausch** m gauze pad; **~binde** f gauze bandage; **~fenster** n gauze-screened window, screen; **~sieb** n gauze sieve.

Gazelle [ga'tsɛlə] f (-; -n) gazelle.

'G-Dur n G-major.

Geächtete(r m) [gə'ʔɛːçtətə(r)] f (-n, -n; -en, -en) outlaw.

Geächze [gə'ʔɛçtsə] n (-s) groaning, groans pl.

Geäder [gə'ʔɛːdər] n (-s) veins pl., veined structure; blood vessels; in wood: graining; ♀t adj. veined, veiny; wood, etc.: grained, marbled.

geartet [gə'ʔa:rtət] adj. natured, disposed, conditioned; anders ~ sein be of a different nature.

Geäst [gə'ʔɛst] n (-es) branches pl., branch work.

Gebäck [gə'bɛk] n (-[e]s; -e) baker's ware; pastry, fancy cakes, cookies pl.

Gebälk [gə'bɛlk] n (-[e]s) frame--work; timber-work; framing; beams pl.; of columns: entablature.

geballt [gə'balt] adj. balled, clench-ed (fist); fig. concentrated; mil. ~es Feuer concentric fire; ~e Ladung concentrated charge.

gebannt [gə'bant] adj. and adv. fascinated(ly), spellbound.

gebar [gə'ba:r] pret. of gebären.

Gebärde [gə'bɛ:rdə] f (-; -n) gesture; heftige ~ gesticulation; ♀n: sich ~ (h.) behave, act (wie like); **~nspiel** n gesticulation, gestures pl.; thea. pose; pantomime, dumb show (a. fig.); **~nsprache** f language of gestures, sign-language.

gebaren: sich ~ (h.) behave, act, deport o.s.

Gebaren [gə'ba:rən] n (-s) deportment, demeano(u)r, behavio(u)r, conduct.

gebären [gə'bɛ:rən] v/t. (irr., h.) bear, bring forth (a. fig.), give birth to, be delivered of (a child); fig. produce, beget, breed; geboren werden be born; ich wurde geboren am I was born on; → geboren; ♀ n (-s) child-bearing, parturition; **~d** adj. being in labo(u)r, parturient.

Ge'bärmutter f anat. womb, uterus; die ~ betreffend uterine; **~hals** m cervix uteri; **~senkung** f uterine descent.

Ge'barung econ. f (-; -en) management; policy.

Gebäude [gə'bɔydə] n (-s; -) building, structure; edifice; fig. structure, framework; edifice (of ideas); **~entschuldungssteuer** f rental tax; **~komplex** m complex of buildings.

gebefreudig ['ge:bə-] adj. open--handed.

Gebein [gə'bain] n (-[e]s; -e) bones pl.; skeleton; ~e pl. (mortal) remains.

Gebelfer [gə'bɛlfər] n (-s) yelping, yapping.

Gebell [gə'bɛl] n (-[e]s) barking.

geben ['ge:bən] v/t. (irr., h.): j-m et. ~ give a p. a th., give a th. to a p.; hand a p. a th., hand a th. over to a p.; present a p. with a th.; bestow (or confer) a th. on a p.; e-r Sache et. ~ impart a th. to a th.; grant, allow (esp. a. econ.); allot, apportion; add; give (a party, etc.), hold, stage; tel. transmit, send; tennis: serve (v/i.); thea. perform, show; play, do (a part); gegeben werden be on; yield (income, etc.); cards: deal (a. v/i.); et. ~ auf (acc.) set (no) store by; → Anlaß, Beispiel,

Druck, Verwahrung, Zeugnis, verstehen, etc.; sich ~ yield, stretch; settle (down), abate, passion, zeal; a. cool; person: behave, act; sich ~ als pretend to be, try to pass off for, give o.s. the air of; sich gefangen ~ surrender, give o.s. up; → Mühe; sich verloren ~ give o.s. up for lost; sich zu erkennen ~ make o.s. known, reveal one's identity; von sich ~ give out, emit; utter (sound); chem. give off, evolve; bring up, vomit (food); pour forth (oaths); deliver (speech); sich ~ in resign o.s. to; viel auf sich ~ be particular about one's person; es gibt there is, there are; was gibt es? what is the matter?, what is it?; colloq. was es nicht alles gibt! it takes all kinds; so etwas gibt es nicht there is no such thing; das gibt es nicht! that's out!, nothing doing!; das gibt keinen Sinn it makes no sense; ein Wort gab das andere one word led to the other; es gibt viel zu tun there is a lot to do; wir ~ Ihnen zu bedenken, daß we would have you consider that; das gibt mir zu denken that gives me a new thought; es wird sich schon ~ it will pass, it will be all right; das Stück wurde 7 Wochen lang gegeben the play had a run of 7 weeks; ich gäbe was drum, zu erfahren I would give my eye-teeth to know; es wird heute noch etwas ~ there will be (or we are in for) a storm (row, etc.); cards: wer gibt? whose deal is it?; ich habe es ihm tüchtig gegeben I gave him a piece of my mind, I gave it him hot; → gegeben; gib's ihm! let him have it!; gebe Gott! God grant!

'Geben n (-s) giving; cards: am ~ sein (have the) deal; es ist alles ein ~ und Nehmen it's all a matter of give and take; ~ ist seliger denn Nehmen it is more blessed to give than to receive.

'Geber m (-s; -), **~in** f (-; -nen) giver, donor (a. jur.); econ. ~ und Nehmer sellers and buyers; cards: dealer; tel. transmitter; dispenser; **~laune** f (-) generous mood, burst of generosity.

Gebet [gə'be:t] n (-[e]s; -e) prayer; sein ~ verrichten say one's prayers; fig. j-n ins ~ nehmen question a p. closely, catechize a p., take a p. to task, call or have a p. on the carpet, give a p. a (good) talking-to; **~buch** n prayer-book.

ge'beten p.p. of bitten.

Ge'bet...: ~mühle f prayer-wheel; **~s-teppich** m prayer-rug.

Gebiet [gə'bi:t] n (-[e]s; -e) territory; soil, ground; district, region; zone; area; terrain; tract; econ. (con-tractual) territory or district; fig. jur. jurisdiction; field, domain; province, department; subject; sphere, scope, range; Fachmann auf dem ~ der Kernspaltung authority on (or in the field of) nuclear fission; **♀en I.** v/t. (irr., h.) j-m et. ~ order (or command, tell, bid) a p. to do a th.; enjoin; direct, instruct; require, call for, command (respect, etc.); impose (silence); **II.** v/i. (irr., h.) rule (über acc. over); govern; (dat.) check, control (one's passions, *etc.*); have at one's disposal, command; → *geboten*; ~**er** *m* (-s; -) master, lord, governor, ruler, commander; ~**erin** *f* (-; -nen) mistress; ℒ**erisch** *adj.* commanding; imperious, authoritative, dictatorial; categoric, peremptory (*tone*).

Ge'biets...: ~**abtretung** *f* cession of territory; ~**anspruch** *m* territorial claim; ~**hoheit** *f* territorial sovereignty; ~**körperschaft** *f* area authority; ℒ**weise** *adj.* local(ly *adv.*).

Gebilde [gə'bildə] *n* (-s; -) thing; creation; product; form, shape; structure; *econ., jur.* entity, instrumentality; *a. geol.* formation; *weaving*: pattern, figure.

ge'bildet *adj.* educated, well-bred, cultivated, cultured, refined; accomplished; well-informed; well-read; *die Gebildeten pl. the* educated classes, *the* intelligentsia.

Gebimmel [gə'biməl] *n* (-s) (continual) ringing *or* tinkling.

Gebinde [gə'bində] *n* (-s; -) bundle; *agr.* sheaf; skein (*of yarn, etc.*); *arch.* truss; container; barrel, cask.

Gebirg|e [gə'birgə] *n* (-s; -) mountain-range (*or* -chain); mountains *pl.*; *mining*: ground, rock; *festes* (*schwimmendes*) ~ solid (shifting) rock; ℒ**ig** *adj.* mountainous.

Gebirgs... [gə'birks-]: ~**artillerie** *f* mountain artillery; ~**ausläufer** *m* spur (of a mountain-range); ~**bahn** *f* mountain railway; ~**bewohner(in** *f*) *m* mountain-dweller, highlander; ~**gegend** *f* mountainous region; ~**geschütz** *mil.* *n* mountain gun; ~**grat** *m* mountain-ridge; ~**jäger** *mil.* *m* mountain infantryman; *pl.* mountain troops; ~**kamm** *m* → *Gebirgsgrat*; ~**kette** *f* chain of mountains; ~**kunde** *f* (-) orology; ~**land** *n* mountainous country; ~**paß** *m* mountain-pass; ~**rücken** *m* → *Gebirgsgrat*; ~**truppen** *f/pl.* mountain troops; ~**volk** *n* mountain-tribe; highlanders *pl.*; ~**wand** *f* wall of a mountain; ~**zug** *m* mountain-range; → *Berg...*

Gebiß [gə'bis] *n* (-sses; -sse) (set of) teeth; denture, set of artificial (*or* false) teeth; *for horse*: bit.

gebissen [gə'bisən] *p.p. of beißen*.

Gebläse [gə'blɛːzə] *tech.* *n* (-s; -) blast (engine), blower; *mot.* supercharger; *of furnace*: air-pipe; bellows *pl.*; wind projector, ventilator; ~**brenner** *tech.* *m* blow pipe; ~**luft** *f* (-) blast air; ~**motor** *m* forced induction engine; ~**ofen** *m* blast furnace; ~**rad** *n* blower (*Am.* fan) wheel.

geblieben [gə'bliːbən] *p.p. of bleiben*.

Geblök [gə'bløːk] *n* (-[e]s) bleating (*of sheep*); lowing (*of cattle*).

geblümt [gə'blyːmt] *adj.* flowered, flowery; *econ.* *a.* sprigged, with floral design.

Geblüt [gə'blyːt] *n* (-[e]s) blood; lineage, race; *von edlem* ~ of noble birth (*or* descent); *Prinz von* ~ prince of the blood.

gebogen[1] [gə'boːgən] *p.p. of biegen*.

ge'bogen[2] *adj.* bent, curved; convex.

geboren [gə'boːrən] *adj.* (*p.p. of gebären*) born; ~*er Deutscher* German by birth; *in Deutschland* ~

German-born; ~*e Schmidt* née Schmidt; *sie ist eine* ~*e Schmidt* her maiden name was Schmidt; *zu et.* ~ *sein* be born to a th. (*or* to be a th., to do a th.), be cut out for (*a profession, etc.*); *ein* ~*er Geschäftsmann* a born businessman.

geborgen[1] [gə'bɔrgən] *p.p. of bergen*.

ge'borgen[2] *adj.* safe, sheltered (*vor dat.* from).

Ge'borgenheit *f* (-) safety, security.

geborsten [gə'bɔrstən] *p.p. of bersten*.

Gebot [gə'boːt] *n* (-[e]s; -e) order, command; rule; *econ.* bid; *die Zehn* ~*e pl.* the Ten Commandments; *das* ~ *der Vernunft* the dictates *pl.* of reason; *j-m zu* ~*e stehen* be at a p.'s disposal (*or* command); *ihm stehen reiche Hilfsquellen zu* ~*e* he has (*or* commands, can rely on) rich resources; *Not kennt kein* ~ necessity knows no law; *dem* ~ *der Stunde gehorchen* fit in with the needs of the moment; ℒ**en** *adj.* requisite, necessary; *pred.* imperative; indicated; due; *jur.* mandatory; ~**s-schild** *n* mandatory sign.

gebracht [gə'braxt] *p.p. of bringen*.

gebrannt [gə'brant] *p.p. of brennen*.

Gebräu [gə'brɔy] *n* (-[e]s; -e) brewage, brew; *fig.* (*usu. contp.*) mixture, concoction.

Gebrauch [gə'braux] *m* (-[e]s) use; employment, *esp. med., pharm.* application; (-[e]s; ~e) custom; usage, practice; *heilige Gebräuche pl.* sacred rites; *von et.* ~ *machen* make use (*or* avail o.s.) of a th.; *in* ~ *kommen* come into use; *im* ~ *sein* be in use; *außer* ~ *kommen* go out of use, fall into disuse; *außer* ~ *setzen* supersede, discard, invalidate; *allgemein in* ~ in common use; *der* ~ *seines linken Arms* the use of his left arm; *zum äußeren* (*inneren*) ~ for external (internal) application; *vor* ~ *schütteln* to be shaken before taken; ℒ**en** *v/t.* (h.) use, make use of, avail o.s. of; employ (*für* for), apply (to); handle; take (*medicine*); *Gewalt* ~ employ force, have recourse to violence; *sich* ~ *lassen zu* lend o.s. to; *ich kann es gut* ~ I have a good use for it, it's just what I needed; *ich kann es nicht* ~ it is of no use (*or* useless) to me; *ich könnte e-n Schirm* ~ I could do with an umbrella; *er ist zu allem zu* ~ he can turn his hand to anything; *er ist zu nichts zu* ~ he's good for nothing; *äußerlich zu* ~*!* for outward application!; *gebrauchte Kleider, etc.* second-hand clothes, *etc.*; *gebrauchte Wagen a.* used cars; → *brauchen*.

gebräuchlich [gə'brɔyçliç] *adj.* in use; current, commonly used (*words, etc.*); ordinary, common; customary, usual (*bei* with); *nicht mehr* ~ no longer used; out-dated, obsolete; ~ *werden* come into use (*or* fashion, vogue).

Ge'brauchs...: ~**anmaßung** *jur.* *f* unauthorized use of pledged articles; ~**anweisung** *f* directions *pl.* for use, instructions *pl.* (for use); ~**artikel** *m* commodity, necessary,

personal article; ~**diebstahl** *m* of *car*: stealing a ride; ℒ**fähig** *adj.* usable, serviceable; ~**fahrzeug** *n* utility vehicle; ℒ**fertig** *adj.* ready for (*or* to) use; instant (*coffee, soup, etc.*); ~**gegenstand** *m* commodity, utility article; ~**graphik** *f* commercial art; ~**graphiker** *m* commercial (*or* industrial) artist; ~**güter** *n/pl.* commodities, necessaries; ~**hund** *m* all-round dog; ~**möbel** *n/pl.* utility furniture; ~**muster** *n* registered design (*or* pattern); ~**musterschutz** *m* legal protection for registered designs; ~**spannung** *el.* *f* service voltage; ~**vorschrift** *f* → *Gebrauchsanweisung*; ~**wert** *m* utility value.

ge'braucht *adj.* second-hand, used; worn, old (*clothes*); ℒ**wagen** *m* used car, second-hand car; ℒ**waren** *f/pl.* second-hand articles.

gebräunt [gə'brɔynt] *adj.* tanned; *tief* ~ bronzed; *tech.* burnished.

Gebraus [gə'braus] *n* (-es) → *Brausen*.

ge'brechen *v/i.* (*irr., h.*) → *fehlen*, (*er*)*mangeln*.

Ge'brechen *n* (-s; -) (physical *or* bodily) defect *or* handicap; infirmity; affliction, ailment; *fig.* shortcoming, handicap.

ge'brechlich *adj.* fragile, brittle; rickety; *person*: feeble, frail; decrepit, infirm, shaky; ℒ**keit** *f* (-) fragility; frailty; infirmity, decrepitude.

gebrochen[1] [gə'brɔxən] *p.p. of brechen*.

ge'brochen[2] *adj.* broken (*a. fig.*); *mit* ~*er Stimme* in a broken voice; *mit* ~*em Herzen* broken-hearted; ~*es Englisch* broken English.

Gebrodel [gə'broːdəl] *n* (-s) boiling, bubbling.

Gebrüder [gə'bryːdər] *pl.* brothers; *econ.* ~ (*Gebr.*) *Wolfram* Wolfram Brothers (*abbr.* Bros.).

Gebrüll [gə'bryl] *n* (-[e]s) roaring; *of cattle*: lowing.

gebückt [gə'bykt] *adj.* bent, stooped; ~*e Haltung* stoop.

Gebühr [gə'byːr] *f* (-; -en) due; (*usu.* ~*en pl.*) duty, tax(es *pl.*), toll; fee(s *pl.*), charge(s *pl.*) dues *pl.*; rate, scale; royalty; *econ.* commission; *prozentuale* ~ percentage; → *Anwalts*ℒ, *Aufnahme*ℒ, *Lizenz*ℒ, *etc.*; *for motorway*: toll; *mail.* ermäßigte ~ reduced rate; *nach* ~ duly, properly, deservedly; *über* ~ unduly, immoderately, excessively.

ge'bühren *v/i.* (h.) (*dat.*) be due to, belong to; *sich* ~ be becoming *or* fitting *or* proper; *gib ihm, was ihm gebührt* give him his due; → *Ehre*; *dies gebührt sich nicht für einen Ausländer* it ill becomes a foreigner; ~**d** **I.** *adj.* due (*dat.* to); becoming, seemly; proper (*answer, etc.*); **II.** *adv.* (*a.* ~**dermaßen** [-mɑːsən], ~**derweise** [-vaizə]) duly, properly.

Ge'bühren...: ~**einheit** *f* tariff unit; ~**erlaß** *m* remission of fees; ~**ermäßigung** *f* reduction of fees (*or* rates, charges); ℒ**frei** *adj.* free of charges, no-charge; duty-free; ~**freiheit** *f* exemption from payment of charges; ~**marke** *f* revenue stamp, fee-stamp; ~**ordnung** *f*

schedule (*or* scale) of fees, tariff; ♀**pflichtig** *adj.* chargeable, liable to a fee, dutiable; subject to postage; ~e *Autostraße* turnpike road, *Am.* toll road; ~**satz** *m* rate (of fees), ~**stempel** *m* fee stamp.
ge'**bührlich** *adj.* → *gebührend.*
gebunden[1] [gə'bundən] *p.p.* of *binden.*
ge'**bunden**[2] *adj.* bound; → *Ganzleder; chem.* combined (*an acc.* with); *phys.* latent (*heat*); *fig.* controlled (*a. currency, price*); directed, subject to supervision; tied (*capital*), earmarked; blocked; *vertraglich* ~ bound by contract; ~**er** *Zahlungsverkehr* payment through clearing channels; metrical (*speech*); → *binden;* ♀**heit** *f* (-) constraint, restraint; subordination; dependence.
Geburt [gə'bu:rt] *f* (-; -en) birth; delivery, confinement; parturition; *w.s.* birth, extraction, descent; *fig.* birth, creation, rise; *leichte* ~ easy confinement; *Deutscher von* ~ → *gebürtig; von vornehmer* ~ of (noble) birth; *colloq.* e-e *schwere* ~ a tough job.
Ge'burten...: ~**beihilfe** *f* maternity benefits *pl.;* ~**beschränkung,** ~**kontrolle** *f* birth-control; ~**regelung** *f* birth-control; planned parenthood; ~**rückgang** *m* declining birth-rate; ♀**schwach** (♀**stark**) *adj.* having a low (high) birth-rate; ~**überschuß** *m* excess of births; ~**ziffer** *f* birth-rate.
gebürtig [gə'byrtiç] *adj.:* ~ *aus Deutschland, ein* ~*er Deutscher* born in Germany, a native of Germany, German-born.
Ge'burts...: ~**anzeige** *f* announcement of birth; ~**fehler** *m* congenital defect; ~**haus** *n* house where a p. was born, birthplace; ~**helfer** *m* obstetritian; ~**helferin** *f* midwife; ~**hilfe** *f* midwifery, obstetrics *pl.;* ~**jahr** *n* year of birth; ~**jahrgang** *m* age class; ~**land** *n* native country; ~**ort** *m* birthplace, native place; ~ *und Geburtstag* place and date of birth; ~**schein** *m* birth certificate; ~**stadt** *f* native town; ~**stunde** *f* hour of birth; ~**tag** *m* birthday; date of birth; (*ich*) *gratuliere zum* ~ (I wish you) many happy returns of the day; ~**tagsfeier** *f* birthday party; ~**tagsgeschenk** *n* birthday present; ~**tagskind** *n* person celebrating his (her) birthday; ~**urkunde** *f* → *Geburtsschein;* ~**vorgang** *med.* *m* parturition; ~**wege** *med. m/pl.* genital tract *sg.;* ~**wehen** *pl.* labo(u)r-pains, throes, labo(u)r *sg.; in* ~ *liegen* be in labo(u)r; ~**zange** *f* forceps.
Gebüsch [gə'byʃ] *n* (-es; -e) bushes *pl.,* shrubbery; thicket; underbrush, underwood, copse.
Geck [gɛk] *m* (-en; -en) fop, dandy, *Am. a.* dude; conceited ass.
'**geckenhaft** *adj.* dandyish, foppish.
gedacht[1] [gə'daxt] *p.p.* of *denken.*
ge'**dacht**[2] *adj.* imaginary, assumed.
Gedächtnis [gə'dɛçtnis] *n* (-ses;-se) a) (faculty of) memory; b) remembrance, recollection, memory; *gutes* ~ good (*or* retentive) memory; *schlechtes* (*kurzes*) ~ bad (short) memory; *aus dem* ~ by heart, from

memory; *aus dem* ~ *streichen* dismiss the memory of; *zum* ~ in remembrance, in memory (*gen. or an acc.* of); *to a p.'s memory; im* ~ *behalten* keep (*or* bear) in mind, remember; *j-m et. ins* ~ *zurückrufen* call a th. back to a p.'s memory, remind a p. of a th.; *sich et. ins* ~ *zurückrufen* call a th. (back) to mind, recall a th.; *wenn mich mein* ~ *nicht trügt* if my memory serves me right, if I remember rightly; ~**fehler** *m* slip of the memory; ~**feier** *f* commemoration; ~**gottesdienst** *m* memorial service; ~**hilfe** *f* memory-aid; memo; ~**kirche** *f* memorial church; ~**kunst** *f* mnemonics *pl.;* ~**rede** *f* commemorative address; ~**rennen** *n* sports: memorial (stakes *pl.*); ~**schwäche** *f* weakness of memory; ~**schwund** *m* loss of memory; ~**störung** *f* disturbed memory, temporary amnesia; ~**stütze** *f* mnemonic aid; ~**übung** *f* memory-training; ~**verlust** *m* amnesia, loss of memory; → *Gedenk...*
gedämpft [gə'dɛmpft] *adj.* deadened, muffled (*sound*); hushed (*steps, voice*); subdued (*colour, light*); *phys.* attenuated (*sound*); damped (*oscillation, wave*); *mit* ~*er Stimme a.* in an undertone, under one's breath; *cul.* stewed; *fig.* subdued (*mood*).
Gedanke [gə'daŋkə] *m* (-n; -n) thought (*an acc.* of); idea; notion; (~*ngang*) reflection; speculation; conjecture; *guter* ~ good (*or* bright) idea, inspiration, brain-wave; *in* ~ a) in the spirit, b) in fancy, c) absent-mindedly; *in* ~*n versunken sein* be absorbed (*or* wrapped, lost) in thought, be in a brown study; *s-e* ~*n beisammen haben* (*halten*) have (keep) one's wits about one; *j-n auf andere* ~*n bringen* divert a p.'s thought, make a p. think of other things; *j-n auf den* ~*n bringen, daß* make a p. think that, give a p. the idea that; *j-s* ~*n lesen* read a p.'s mind; *sich mit dem* ~*n tragen, zu tun* consider (*or* think of) doing, have in mind to do; *sich* ~*n machen über* (*acc.*) a) wonder about, b) worry about; *wie kommst du auf den* ~*n?* what gives you this idea?; *what makes you think that?; ich kam auf den* ~*n* it (*or* the thought) occurred to me, it came to my mind; *kein* ~*!* no idea!, certainly not!, nothing of the kind!; *es ist kein* ~ *daran, daß* it is out of the question that; *mache dir keine* ~*n* don't let it worry you; *ich möchte nicht den* ~*n erwecken, daß* I don't wish to create (*or* give) the impression that.
Ge'danken...: ♀**arm** *adj.* lacking in ideas; ~**armut** *f* lack of ideas; ~**austausch** *m* exchange of ideas; ~**blitz** *m* sudden inspiration, brainwave; ~**freiheit** *f* (-) freedom of thought; ~**fülle** *f* wealth of ideas; ~**gang** *m* train of thought, (chain of) reasoning; ~**leser(in** *f*) *m* thought-reader; ♀**los** *adj.* thoughtless, inconsiderate; mechanical; ~**losigkeit** *f* (-) thoughtlessness; ~**lyrik** *f* contemplative lyrics *pl.;*

♀**reich** *adj.* rich in ideas; ~**reichtum** *m* (-s) wealth of ideas; fertility of the mind; ~**splitter** *m/pl.* aphorisms; ~**strich** *m* dash; ~**übertragung** *f* thought transference; telepathy; ~**verbindung** *f* association of ideas; ♀**verloren** *adj.* lost (*or* wrapped) in thought; ♀**voll** *adj.* thoughtful, pensive; deep in thought; ~**vorbehalt** *m* mental reservation; ~**welt** *f* (world of) ideas, thought; intellectual world.
ge'**danklich** *adj.* intellectual, mental; imaginary.
Gedärm [gə'dɛrm] *n* (-[e]s; -e), *usu.* ~**e** *pl.* entrails, bowels, guts, intestines.
Gedeck [gə'dɛk] *n* (-[e]s; -e) cover; menu; *ein* ~ *auflegen* lay a place.
Gedeih [gə'daɪ] *m: auf* ~ *und Verderb* for better or for worse.
ge'**deihen** *v/i.* (*irr.,* sn) *all a. fig.* prosper, thrive, grow; flourish, blossom; succeed, get on (well); develop; progress (well), get on (well); → *Gut; die Sache ist nun so weit gediehen, daß* the matter has now reached a stage where; *die Verhandlungen sind schon weit gediehen* the negotiations are in good progress (*or* well under way).
Ge'deihen *n* (-s) growth, thriving, prosperity, success.
ge'**deihlich** *adj.* thriving, prosperous, successful; beneficial, salutary; profitable.
ge'**denken** *v/i.* (*irr., h., gen.*) think of; remember, recollect; bear in mind; mention; hono(u)r; *e-r Sache nicht* ~ pass a th. over in silence; commemorate; ~ *zu tun* think of (*or* consider) doing, intend (*or* propose, have in mind) to do.
Ge'denken *n* (-s) memory; → *Andenken, Gedächtnis.*
Ge'denk...: ~**feier** *f* commemoration; ~**gottesdienst** *m* memorial service; ~**rede** *f* commemorative address; ~**spruch** *m* motto; ~**stätte** *f* memorial place; ~**stein** *m* memorial (stone); tombstone; ~**stunde** *f* memorial hour; ~**tafel** *f* memorial tablet; ~**tag** *m* commemoration (day); anniversary.
Gedicht [gə'diçt] *n* (-[e]s; -e) poem, piece of poetry; *pl. a.* poetry; *colloq. der Hut ist ein* ~ the hat is a (perfect) dream; ~**sammlung** *f* collection of poems; anthology.
gediegen [gə'di:gən] *adj.* solid; pure, unmixed, native; sterling (*gold, etc.; a. fig. character, person*); *fig.* genuine, true; upright, high-principled; ~e *Arbeit* good craftsmanship; ~e *Kenntnisse* sound (*or* thorough) knowledge; capital (*joke*); *colloq. das ist* ~ that's very funny; ♀**heit** *f* (-) solidity, purity; sterling quality; genuineness; soundness, thoroughness.
gedieh [gə'di:] *pret.* of *gedeihen.*
ge'**diehen** *p.p.* of *gedeihen.*
Ge'dinge *n* (-s; -) bargain; agreement; piecework; contract (*or* job) work; payment by the job, piece wage(s *pl.*); *im* ~ *arbeiten* work by contract *or* by the job.
Gedränge [gə'drɛŋə] *n* (-s) crowding, press, buffeting, squash; rush; *sports:* bunching; *rugby:* scrum-

mage; crowd, throng, crush; *fig.* trouble, embarrassment, fix, dilemma; *ins* ~ *kommen* get into a tight corner.

ge'drängt I. *adj.* crowded, packed; crammed; *fig.* concise, compact, terse (*style, etc.*); ~*e Übersicht* condensed review, synopsis; **II.** *adv.*: ~ *voll* packed (to capacity), *Am. a.* jammed; **Qheit** *fig. f* (-) compactness; conciseness, terseness.

ge'drechselt *adj. fig.* stilted.

gedroschen [gə'drɔʃən] *p.p. of dreschen.*

ge'drückt *adj.* depressed (*a. econ. prices*); *tech.* shallow formed; ~*er Stimmung sein* be depressed (*or* dejected, down-hearted, in low spirits); **Qheit** *f* (-) depression; gloominess, low spirits *pl.*

gedrungen[1] [gə'druŋən] *p.p. of dringen.*

ge'drungen[2] *adj.* compact; squat, stocky, thickset, stumpy (*figure*); concise, terse (*speech*); **Qheit** *f* (-) compactness; squatness, square build.

Gedudel [gə'du:dəl] *n* (-s) tooting.

Geduld [gə'dult] *f* (-) patience; indulgence, forbearance; perseverance; ~ *haben mit* (*dat.*) have patience with; *die* ~ *verlieren* lose patience; *sich in* ~ *fassen* have patience, possess one's soul in patience; *j-s* ~ *auf die Probe stellen* try *or* task a p.'s patience; *in, mit* ~ → *geduldig;* **Qen** [-'duldən]: *sich* ~ (*h.*) have patience; wait (patiently); **Qig** [-'duldiç] **I.** *adj.* patient; indulgent, forbearing; → *Papier;* **II.** *adv.* patiently, in *or* with patience; ~*sfaden* *m: mir riß der* ~ I lost (all) patience; ~*spiel* [-'dult-] *n* (jigsaw) puzzle; ~*s-probe* *f* trial of patience, ordeal; *es war eine* ~ it was nerve-racking.

gedungen [gə'duŋən] *p.p. of dingen.*

gedunsen [gə'dunzən] *adj.* puffed up, bloated.

gedurft [gə'durft] *p.p. of dürfen.*

ge'ehrt *adj.* hono(u)red; *in letters: Sehr* ~*er Herr N.!* Dear Sir, *intimately:* Dear Mr. N., *adm.* Sir.

ge'eicht *adj. tech.* calibrated; *fig. darauf ist er* ~ he is an expert on that, *Am. sl.* that's just his meat.

ge'eignet *adj. person:* fit (*für, zu* for *a th.,* to be); qualified (for); *a. thing:* suited, suitable (to, for); proper, appropriate (to); *er ist nicht dafür* ~ he does not qualify (for the job), he is not the right man (for it); *im* ~*en Augenblick* at the right moment.

Geest [ge:st] *f* (-; -en) sandy heath-land (of North German coastal region).

Gefahr [gə'fɑ:r] *f* (-; -en) danger (*für* to); peril; risk, hazard, jeopardy; threat, menace; → *gelb; auf eigene* ~ at one's own risk; *econ.* → *Rechnung; insurance: gegen alle* ~*en* against all risk; *außer* ~ out of danger (*or* harm's way), out of the woods; *auf die* ~ *hin, zu verlieren* at the risk of *losing*; ~ *laufen zu inf.* run the risk of *ger.,* be liable (*or* likely) to *inf.; der* ~ *aussetzen* expose to danger; *in* ~ *bringen* → gefährden; *in* ~, *getötet zu werden*

in danger of being killed; *sich in* ~ *begeben* incur danger, expose o.s. to danger; ~ *wittern* see rocks ahead; *es hat keine* ~ there is no danger; ~ *im Verzuge!* danger ahead!; **Qbringend** *adj.* dangerous.

gefährd|en [gə'fɛ:rdən] *v/t.* (*h.*) endanger, imperil; expose to danger; risk, hazard; jeopardize; threaten (*the peace, etc.*); compromise (*position, reputation*); *gefährdete Jugend* endangered youth; **Qung** *f* (-) endangering, *etc.;* threat, menace (*gen.* to).

Ge'fahren...: ~*herd* *m,* ~*quelle* *f* source of danger, hazard; ~*punkt* *m* danger point (*or* spot), *fig. a.* critical point; ~*zone* *f* danger area; *aus der* ~ *out of harm's way;* ~*zulage* *f* danger money, *Am.* hazard bonus.

gefährlich [gə'fɛ:rliç] *adj.* dangerous (*für* to), perilous; risky, hazardous, precarious, ticklish; critical, grave, serious; *ein* ~*es Spiel treiben* skate on thin ice, ride for a fall; *colloq. das ist nicht so* ~*!* that's nothing much; **Qkeit** *f* (-) danger (-ousness), riskiness; gravity, critical nature.

ge'fahrlos *adj.* without danger *or* risk, riskless; safe; harmless; **Qigkeit** *f* (-) safety, security.

Gefährt [gə'fɛ:rt] *n* (-[e]s; -e) vehicle; → Fuhrwerk.

Ge'fährte *m* (-n; -n), **Ge'fährtin** *f* (-; -nen) companion; associate; fellow, mate.

ge'fahrvoll *adj.* full of danger, dangerous, risky, venturesome.

Gefälle [gə'fɛlə] *n* (-s; -) fall, slope, incline, descent, gradient, *Am.* grade; fall (*of water*); ~ *der Wärme* heat drop; *elektrisches* ~ fall of potential; *fig.* downward trend, fall; wage differential; price gap; variation in the level of economic activity; margin (between interest rates); *mot. starkes* ~*!* steep grade!

Ge'fallen[1] [gə'falən] *m* (-s; -) favo(u)r, kindness; *mir zu* ~ to please (*or* oblige) me, for my sake; *j-m e-n* ~ *tun or erweisen* do a p. a favo(u)r *or* good turn; *j-m et. zu* ~ *tun* do a th. to please (*or* oblige) a p.; *j-n um e-n* ~ *bitten* ask a favo(u)r of a p.; *tu mir den* ~, *zu inf.* do me the favo(u)r of *ger.*

Ge'fallen[2] *n* (-s) pleasure; ~ *finden an* (*dat.*) like, be pleased (*or* delighted) with, enjoy, take (a) pleasure in, take a fancy to *or* for, take to (*a. p. or th. or doing a th.*); ~ *haben an* have a liking for; *Ihnen zu* ~ to please (*or* oblige) you; *j-m zu* ~ *sein* be at a p.'s beck and call; *j-m zu* ~ *reden* cajole a p., fawn on a p.; *nach* ~ at one's pleasure, at one's (own) discretion, as one likes.

ge'fallen I. *v/i.* (*irr., h.*) please (*j-m* a p.); *es gefällt mir* I like it, it is to my liking (*or* taste), I am pleased with it; *er gefiel mir auf den ersten Blick* I liked (*or* took to) him at once; *solche Filme* ~ *der Masse* such films will appeal to the masses; *colloq. er gefällt mir nicht* he doesn't look too well, I am worried about him; *hat dir das Konzert* ~*?* did you enjoy the con-

cert?; *wie gefällt es Ihnen in B.?* how do you like B.?; *er tut, was ihm gefällt* he does as he pleases; *ob es dir gefällt oder nicht* like it or lump it; *sich et.* ~ *lassen* **a)** agree with (*or* approve of) a th., consent to a th. (being done), **b)** put up with (*or* submit to, suffer) a th.; *das laß ich mir* ~*!* that's what I like!; *das lasse ich mir nicht* ~ I won't stand (*Am.* for) it; *sich* ~ *in* (*dat.*) take pleasure in, indulge (o.s.) in, affect; *sich in e-r Rolle* ~ fancy o.s. in a *rôle, etc.; er gefiel sich in dem Gedanken, daß* he gloried in the thought that, he flattered himself in the belief that; **II.** *adj.* fallen (*angel, girl, etc.*); *mil.* killed in action, fallen; **Qe(r** *m*) *f* (-n, -n; -en, -en) fallen person; *mil.* killed (*or* dead) soldier; *die Gefallenen pl.* the fallen *or* dead; **Qenfriedhof** *m* war cemetery.

gefällig [gə'fɛliç] *adj.* pleasing, agreeable; engaging, taking; obliging, complaisant; kind, accommodating; *j-m* ~ *sein* please (*or* oblige, accommodate) a p.; *econ. was ist Ihnen* ~*?* what can I do for you?; *Zigaretten* ~*?* cigarettes, please?; *um* ~*e Antwort wird gebeten* the favo(u)r of an answer is requested; → *gefälligst;* **Qkeit** *f* (-; -en) kindness, complaisance, obligingness; favo(u)r; → *Gefallen[1];* **Q-keits-akzept** *n,* **Qkeitswechsel** *m* accommodation bill; ~*st adv.* kindly, (if you) please; *sei* ~ *still!* be quiet, will you!

Ge'fallsucht *f* (-) desire to please, craving for admiration; coquetry; **Qsüchtig** *adj.* coquettish.

Gefältel [gə'fɛltəl] *n* (-s) folds, pleats; **Qt** *adj.* folded, pleated.

ge'fangen *adj.* caught; *mil.* captive, captured; imprisoned, in prison; *fig.* captivated, enthralled; *sich* ~ *geben* give o.s. up (as a prisoner), surrender; **Qe(r** *m*) *f* (-n, -n; -en, -en) prisoner, captive; → *Sträfling;* **Qen-arbeit** *f* convict labo(u)r; **Qenfürsorge** *f* prison welfare-work; **Qenlager** *n* prison(ers') camp; **Qenwagen** *m* prison van, *Am.* patrol wagon; ~*halten* *v/t.* (*irr., h.*) keep a p. (a) prisoner; detain (in prison); *fig.* hold a p. under one's spell; **Qnahme** [-nɑ:mə] *f* (-) capture (*a. mil.*); seizure; arrest, apprehension; ~*nehmen* *v/t.* (*irr., h.*) *mil.* take a p. prisoner; capture, seize; arrest, apprehend; *fig.* captivate; enthrall; grip, absorb; **Qschaft** *f* (-) *mil.* captivity; imprisonment, confinement; custody; *in* ~ *geraten* be captured, be taken prisoner; ~*setzen* *v/t.* (*h.*) imprison, put (*or* cast) in prison, jail; arrest, take into custody.

Gefängnis [gə'fɛŋnis] *n* (-ses; -se) prison, jail, *Brit. a.* gaol; dungeon; (term of) imprisonment; *j-n zu 5 Jahren* ~ *verurteilen* sentence a p. to 5 years' imprisonment; *ins* ~ *schicken* send to prison, jail; ~*direktor* *m* governor, *Am.* warden; ~*haft* *f* detention, imprisonment; ~*strafe* *f* (sentence *or* term of) imprisonment; *zu e-r* ~ *verurteilen* sentence to a term of imprisonment; ~**wärter** *m* gaoler, *esp. Am.* jailer; turnkey; (prison) guard; ~**zelle** *f* prison cell.

Gefasel [gəˈfɑːzəl] *n* (-s) twaddle, drivel.

Gefäß [gəˈfɛːs] *n* (-es; -e) vessel (*a. anat., bot.*); receptacle, container; pot, jar; bowl, basin; *bot. a.* canal, tube; *fig.* receptacle, vehicle; ~**klappe** *anat. f* vascular valve; ~**krampf** *med. m* vasospasm, arteriospasm; ~**lehre** *f* angiology; ~**vereng(er)ung** *f* vaso-constriction; ~**wand** *f* vascular wall.

gefaßt [gəˈfast] *adj.* calm, composed; resigned; ~ *sein auf (acc.)* be prepared for; → *schlimm; sich* ~ *machen auf (acc.)* prepare (o.s.) for; *colloq.* *er kann sich auf et.* ~ *machen* he is in for it now.

Gefecht [gəˈfɛçt] *mil. n* (-[e]s; -e) fight, combat, encounter; engagement; action; skirmish; *außer* ~ *setzen* put out of action, silence (*guns*), knock out (*tank*); *ins* ~ *kommen* come into action, engage in battle; *in ein* ~ *verwickeln* engage; *ins* ~ *führen* advance (*arguments*).

Geˈfechts...: ~**ausbildung** *mil. f* combat training; ~**bereich** *m* zone of action; 2**bereit** *adj.* ready for action, combat-ready; ~**einheit** *f* combat unit; 2**klar** *mar. adj.* clear for action; *ein Schiff* ~ *machen* clear a ship for action; ~**kopf** *mil. m* warhead; ~**lage** *f* tactical situation; ~**lärm** *m* noise of battle; 2**mäßig** *adj.* combat (*firing practice, etc.*); ~**schießen** *n* field firing; ~**stand** *m* (advanced) command post; *aer.* **a)** operations room, **b)** *in plane:* turret; ~**stärke** *f* fighting strength; ~**tätigkeit** *f* combat activity; ~**übung** *f* combat practice, field exercise; ~**ziel** *n* objective.

gefeit [gəˈfaɪt] *adj.* invulnerable (*gegen* to), immune (*from, against*), proof (*against*).

Gefieder [gəˈfiːdər] *n* (-s; -) plumage, feathers *pl.*; 2**t** *adj.* feathered; *bot.* pinnate.

Gefilde [gəˈfɪldə] *poet. n* (-s; -) fields *pl.*, regions *pl.*; ~ *der Seligen* Elysian Fields *pl.*

geˈflammt *adj.* watered; waved.

Geflatter [gəˈflatər] *n* (-s) fluttering.

Geflecht [gəˈflɛçt] *n* (-[e]s; -e) plait; plaited work; wickerwork; *tech.* netting, mesh; texture; *anat.* plexus.

gefleckt [gəˈflɛkt] *adj.* spotted, speckled; freckled; → *fleckig.*

geflissentlich [gəˈflɪsəntlɪç] **I.** *adj.* wilful, intentional, deliberate; **II.** *adv. a.* studiously, designedly, on purpose.

geflochten [gəˈflɔxtən] *p.p.* of *flechten.*

geflogen [gəˈfloːgən] *p.p. of fliegen.*
geflohen [gəˈfloːən] *p.p. of fliehen.*
geflossen [gəˈflɔsən] *p.p. of fließen.*
Geˈflügel *n* (-s) poultry, fowl(s *pl.*); ~**farm** *f* poultry farm; ~**händler** *m* poulterer; ~**handlung** *f* poultry--shop; ~**schere** *f* poultry dissectors *pl.*

geˈflügelt *adj.* winged; ~*e Worte* winged words, household words, familiar quotations.

Geˈflügel|zucht *f* poultry-farming; ~**züchter** *m* poultry-farmer.

Geflunker [gəˈflʊŋkər] *n* (-s) fibbing, humbug; fibs, lies *pl.*; bragging.

Geflüster [gəˈflʏstər] *n* (-s) whispering, whispers *pl.*

gefochten [gəˈfɔxtən] *p.p. of fechten.*

Gefolge [gəˈfɔlgə] *n* (-s; -) suite, retinue; train, entourage, followers *pl.*; attendance, attendants *pl.*; escort; *im* ~ *von fig.* in the train (*or* wake) of; *im* ~ *haben* lead to.

Gefolgschaft [gəˈfɔlk-] *f* (-; -en) followers *pl.*, following, adherents *pl.*; *econ.* staff, personnel, employees.

Geˈfolgsmann *m* → *Lehnsmann;* follower, *pol. a.* supporter, henchman.

gefräßig [gəˈfrɛːsɪç] *adj.* greedy, voracious, gluttonous; 2**keit** *f* (-) voracity, gluttony, greediness.

Gefreite(r) [gəˈfraɪtə(r)] *mil. m* (-n; -n) lance-corporal, *Am.* private first class; *aer. Brit.* aircraftman 1st class, *Am.* airman 3rd class.

Gefrier|anlage [gəˈfriːr-] *f* freezing plant; ~**apparat** *m*, ~**maschine** *f* freezing apparatus, freezer; 2**en** *v/i.* (*irr., sn*) freeze, congeal; 2**fest** *adj.* cold-resistant, non-freezable; ~**fleisch** *n* frozen meat; ~**punkt** *m* freezing-point; *auf dem* ~ *stehen* be at zero; ~**raum** *m* freezing room, freezer; ~**salz** *n* freezing-salt; ~**schrank** *m* freezer (cabinet), refrigerator; ~**schutzmittel** *n* anti--freezing solution, antifreeze.

gefroren [gəˈfroːrən] *p.p. of frieren.*
Geˈfrorene(s) *n* (-n) ice(-cream).

Gefüge [gəˈfyːgə] *n* (-s; -) joints *pl.*; *tech.* articulation; structure; structure, texture (*a. metall., anat.*); *mining:* layer, stratum, bed; *fig.* structure, make-up, fabric; *sittliches* ~ moral order; *Staats*2 political system.

geˈfügig *adj.* pliable, supple, flexible; *person:* pliant, tractable, docile, submissive; *j-n* ~ *machen* bring a p. to heel; 2**keit** *f* (-) pliancy, flexibility; docility, submissiveness.

Gefühl [gəˈfyːl] *n* (-s; -e) feeling, sentiment; emotion; sense (*für of*); sensation; touch, *a. w.s.* feel (*e.g.* ~ *für richtiges Kuppeln mot.* clutch feel); instinct, intuitive understanding; flair; ~ *der Sicherheit* feeling (*or* sense) of safety; ~ *des Unvermögens* sense of frustration; ~ *für Anstand* sense of propriety; *mit gemischten* ~*en* with mixed feelings; *s-e* ~*e zur Schau tragen* wear one's heart on one's sleeve; *s-n* ~*en freien Lauf lassen* vent one's feelings, not to mince words; *j-s* ~*e verletzen* hurt a p.'s feelings; *ich habe das* ~, *daß* I have a feeling that; *von s-n* ~*en überwältigt* overpowered by his emotion; *er sang mit* ~ he sang with feeling; *das muß man mit* ~ *machen* that takes a certain touch; 2**los** *adj.* numb; *person:* insensible, impassible (*gegen* to); unfeeling, callous, heartless; ~**losigkeit** *f* (-) unfeelingness, callousness; cruel *or* brutal act.

Geˈfühls...: ~**ausbruch** *m* outburst (of emotion); 2**betont** *adj.* emotional; ~**duselei** [-duːzəlaɪ] *f* (-) sentimentalism; 2**duselig** *adj.* sentimental, romantic, *sl.* mushy, soppy; ~**leben** *n* (-s) emotional life, emotions *pl.*; 2**mäßig I.** *adj.* emotional; **II.** *adv. a.* by intuition; ~**mensch** *m* emotional character, emotionalist; ~**nerv** *m* sensory nerve; ~**sache** *f* matter of feeling; ~**wärme** *f* warmth of emotion, glow; ~**wert** *m* emotional value.

geˈfühlvoll *adj.* (full of) feeling; sensitive; tender; sentimental, melodramatic.

gefunden [gəˈfʊndən] *p.p. of finden.*
gefurcht [gəˈfʊrçt] *adj.* furrowed.
gegangen [gəˈgaŋən] *p.p. of gehen.*
geˈgeben *adj.:* *math.* ~*e Größe* given quantity; *tech.* ~*e Temperatur* stated temperature; *innerhalb e-r* ~*en Frist* within a given (*or* specified) period; *als* ~ *voraussetzen* assume as a fact; *wenn wir es als* ~ *voraussetzen, daß* taking (it) for granted that; *unter den* ~*en Umständen* under the prevailing conditions, things being as they are; *zu* ~*er Zeit* at the proper time; *die* ~*e Methode* the best (*or* obvious) approach; 2**e** *n* (-n): *das* ~ *sein* be the best thing (*or* policy), suggest itself; *das ist das* ~! that's the thing!; ~**enfalls** *adv.* in that case; if need be; if necessary; if the occasion arises; 2**heit** *f* (-; -en) reality, (given) fact, fact existing, factor.

gegen [ˈgeːgən] *prp.* (*acc.*) towards; against; opposed to; in the face of; about, nearly, in the neighbo(u)rhood of, *Am.* around; by (*a time*); for (*a disease*); compared with, as against; opposite to; in exchange (*or* return) for; *jur.* versus (*abbr.* vs. *or* v.); *freundlich, grausam, etc.* ~ kind, cruel, *etc.*, to; ~ *die Vernunft* contrary to reason; *econ.* ~ *Bezahlung* (*Dokumente*) against payment (documents); ~ *bar* for cash; ~ *Quittung* on (*or* against a) receipt; ~ *die Wand lehnen* (*stoßen*) lean (knock) against the wall; *ich wette 10* ~ *eins* I lay ten to one.

'Gegen...: ~**aktion** *f* → *Gegenmaßnahme;* ~**angebot** *n* counter-offer; ~**angriff** *m* counterattack (*a. v/t.* *e-n* ~ *führen gegen*); ~**anklage** *f* countercharge; ~**anspruch** *m* counterclaim; ~**antrag** *m* counter--motion; ~**antwort** *f* reply, rejoinder; *jur.* counterplea; ~**auftrag** *m* counterorder; ~**aussage** *f* counterevidence; ~**bedingung** *f* counterstipulation; ~**befehl** *m* counterorder; ~**beschuldigung** *f* → *Gegenanklage;* ~**besuch** *m* return visit; *j-m e-n* ~ *machen* return a p.'s visit; *e-n* ~ *machen* return a p.'s visit; ~**bewegung** *f* countermovement; *fig.* reaction(ary movement); ~**beweis** *m* proof to the contrary; *jur.* counterevidence; *den* ~ *antreten* introduce rebutting evidence; ~**bild** *n* counterpart, antitype; opposite; ~**blockade** *f* counterblockade; ~**buchung** *econ. f* cross-entry; ~**bürgschaft** *f* countersecurity.

Gegend [ˈgeːgənt] *f* (-; -en) region (*a. anat.*), (tract of) country; district, area; locality; quarter, part, climate;

umliegende ~ surroundings *pl.*, environs *pl.*, vicinity; *in der* ~ von near, close to, in the neighbo(u)rhood of; *in unserer* ~ in our parts. **'Gegen...:** ~**dienst** *m* return (or reciprocal) service; *j-m e-n* ~ *leisten* return a p.'s favo(u)r, reciprocate (a p.'s service); *als* ~ in return; *zu* ~*en gern bereit* (always) glad to reciprocate; ~**drehmoment** *n* anti-torque moment; ~**druck** *m* (-[e]s; *=*e) counterpressure, backpressure; *fig.* reaction, resistance; ⅋**einander** *adv.* against (or towards) one another *or* each other; reciprocally, mutually; *tech.* ~ *versetzt* staggered; ⅋**einanderdrehen** *tech.*: *sich* ~ (h.) counterrotate; ⅋**einanderhalten** *v/t.* (*irr.*, h.) put side by side, compare; ⅋**einanderprallen** *v/i.* (sn) collide, crash together; run *or* bump into each other; ~**elektrode** *f* counterelectrode; ~**erklärung** *f* counterstatement; ~**faktor** *m* opposing factor; ~**farbe** *f* complementary colo(u)r; ~**forderung** *f* counterclaim; *econ.* offset, *Am.* set-off; ~**frage** *f* counter-question; ~**füßler** ['-fy:slər] *m/pl.* antipodes; ~**gabe** *f* return gift; ~**gerade** *f sports*: back straight (*Am.* stretch); ~**geschäft** *n* contra transaction; ~**geschenk** *n* → *Gegengabe*; ~**getriebe** *n* differential (gear); ~**gewicht** *n* counterweight, counterpoise; *fig.* compensating factor; *das* ~ *halten* (*dat.*) counterbalance; *als* ~ *zu* et. to balance (or set off) a th.; ~**gift** *n* antidote; ~**griff** *m wrestling*: counter-hold; ~**grund** *m* counterargument, argument against a th.; ⅋-**halten** *tech. v/i.* (*irr.*, h.) *riveting*: hold up; ~**halter** *tech. m riveting*: dolly; *machine tool*: back stop; ~**kandidat** *m* rival candidate; *ohne* ~ unopposed; ~**klage** *jur. f* countercharge, cross action; ~**kläger(in** *f*) *m* defendant counterclaiming; ~**kopp(e)lung** *f radio*: negative feedback; ~**kraft** *f* counteracting (or opposing) force, reaction; ~**lauf-fräsen** *tech. n* (-s) conventional (or cut-up) milling; ⅋**läufig** *tech. adj.* counter-rotating, opposite; ~**läu-figkeit** *econ. f* (-) contrary course; ~**leistung** *f* return (service), equivalent; *econ.*, *jur.* consideration; → *Entschädigung*; *als* ~ by way of return, in return; ~**licht** *n* opposite light; ~**lichtaufnahme** *phot. f* photograph taken against the light; ~**lichtblende** *f phot.* lense hood; ~**liebe** *f*: *er fand keine* ~ his love was not returned; *fig. sein Vorschlag fand keine* ~ his proposal found no takers; ~**maßnahme**, ~**maßregel** *f* countermeasure; preventive measure; reprisal; *n ergreifen* counteract, counter; ~**mittel** *n* remedy (*gegen* for), antidote (against); ~**mutter** *tech. f* (-; -n) check (or lock) nut; ~**offensive** *f* counteroffensive; ~**papst** *m* antipope; ~**partei** *f jur.* party in opposition, opposite party; *sports*: opponents *pl.*; opposition; ~**pol** *m* opposite pole; *math.* antipole; ~**posten** *econ. m* contra-item; ~**probe** *f* check-test; ~**propaganda**, ~**ropaganda**, ~**quittung** *f* counter-

receipt; ~**rechnung** *econ. f* check account, *Am.* control(ling) account; counterclaim; set-off, *Am.* offset; *in* ~ *bringen* set off, *Am.* offset (*mit* against); ~**rede** *f* reply; contradiction, objection; ~**reformation** *f* counter-reformation; ~**revolution** *f* counter-revolution; ~**ruder** *aer. n/pl.* opposite controls; ~**saldo** *m* counterbalance; ~**satz** *m* contrast (*zu dat.* to); (the) opposite, (the) contrary (*von dat.* of); opposition, antagonism (*zwischen dat.* between); antithesis; *im* ~ *zu* in contrast to *or* with, in opposition to, unlike (*a th.*); *im* ~ *dazu* by way of contrast; → *Widerspruch*; ⅋**sätz-lich** ['ge:gənzεtsliç] *adj.* contrary, opposite; opposing, antagonistic; ~e *Vorschriften* conflicting regulations; ~**schlag** *m* counterblow, *fig. a.* retaliation; *e-n* ~ *tun* counter, *fig. a.* retaliate; ~**schrift** *f* rejoinder; ~**seite** *f* opposite side; → *Gegenpartei*; ⅋**seitig** ['-zaitiç] *adj.* mutual, reciprocal; bilateral; *sich* ~ *loben* praise each other *or* one another; ~e *Abhängigkeit* interdependence; ~e *Beziehung* interrelation, correlation; ~**seitigkeit** *f* (-) reciprocity, mutuality; *Abkommen* (*Versicherung*) *auf* ~ mutual agreement (insurance); *auf* ~ *gegründet* founded on mutual interest, on a basis of reciprocity; *colloq. das beruht ganz auf* ~ same here, it's mutual; ~**seitigkeits-abkommen** *econ. n* reciprocal trade agreement; ~**seitigkeitsgeschäft** *n* barter transaction; ~**seitigkeitsklausel** *f* reciprocity clause; ~**seitigkeits-prinzip** *n* co-operative principle; ~**signal** *n* reply (signal); ~**spieler** *m sports*: opposite number; *fig.* opponent, antagonist; ~**spionage** *f* counterespionage, counterintelligence; ~**sprech-anlage** *tel. f* duplex (*or* two-way) system; ~**sprech-verkehr** *m* duplex traffic (*or* operation); ~**stand** *m* object, thing (*a. fig.*); item; subject, theme, topic; *art*: motif; subject-matter; matter, affair; issue; ~ *des Mitleids*, *etc.* object of pity, *etc.*; ~ *des Spottes* object *or* butt of ridicule, laughing-stock; *zum* ~ *haben* have for subject, deal (or be concerned) with; ⅋**ständlich** ['-ʃtεntliç] *adj.* objective; concrete; graphic(ally *adv.*); ⅋**standslos** *adj.* without object, abstract; *art*: non-representational; to no purpose; meaningless; unnecessary, superfluous, irrelevant, immaterial; invalid; *damit ist Ihre Frage* ~ *geworden* this settles (or disposes of, takes care of) your question; ~**standswort** *gr. n* (-[e]s; *=*er) concrete noun; ~**stimme** *f mus.* counterpart; *pol.* adverse vote; ~**stoß** *mil. m* counterthrust (*a. v/i.* = *e-n* ~ *führen*); ~**strom** *el. m* reverse current; ~**strömung** *f* countercurrent, *fig.* → *Gegenbewegung*; ~**stück** *n* counterpart, antitype; equivalent; matching (*or* companion-)piece, fellow; ~**takt-gleichrichter** *el. m* push-pull rectifier; ~**teil** *n* contrary (*von* to), reverse (of), opposite (of), antithesis; (*ganz*) *im* ~ (quite) on the

contrary; *gerade das* ~ just the opposite (*or* reverse); *ich behaupte das* ~ I maintain the contrary; ⅋**teilig** *adj.* contrary, opposite; ~e *Auskunft* information to the contrary; *soweit nachfolgend nichts* ⅋es *bestimmt ist* unless otherwise provided hereinafter.

gegen'über *adv.*, *prp.* (*dat. or von*) opposite ([to] *a th.*), over the way, facing, in front of, vis-a-vis; *persons*: *a.* face to face (with); compared with *or* to, as against; contrary to; in view of, in the face of, considering; *freundlich*, *etc. j-m* ~ kind, *etc.*, to; *sich e-r Aufgabe*, *etc.*, ~*sehen* be up against, be faced (or confronted) with a task, *etc.*

Gegen'über *n* (-s; -) vis-a-vis; *fig. a.* opposite number.

gegen'über...: ~**liegen** *v/i.* (*irr.*, h.; *dat.*) be (or lie) opposite, face; ~d opposite, facing; *math.* alternate (*angle*); ~**stehen** *v/i.* (*irr.*, h.; *dat.*) stand opposite (*a th.*), face; *persons*: ~ be face to face with; be opposed to; ~**stellen** *v/t.* (h.; *dat.*) oppose to; set (*or* pit) against; confront (with); *fig.* contrast (with); ⅋**stellung** *f* opposition; confrontation; *fig.* comparison, contrasting; ~**treten** *v/t.* (*irr.*, sn; *dat.*) step in front of; *fig.* face.

'Gegen...: ~**unterschrift** *f* countersignature; ~**verkehr** *m* on-coming traffic; two-way traffic; *tel.* duplex operation; ~**verschreibung** *f* counterbond, collateral security; ~**versicherung** *f* reciprocal (*or* re-)insurance; ~**versuch** *m* control experiment; ~**vorschlag** *m* counterproposal; ~**waffe** *f* anti-weapon; ~**wart** ['-vart] *f* (-) presence; *the* present time, present; *gr.* present (tense); *in m-r* ~ in my presence; ⅋**wärtig** ['-vertiç] **I.** *adj.* present; ~ *sein bei* (*dat.*) be present at, attend; *fig.* present, actual, current; prevailing; present-day (*problems*, *etc.*), of our time, today's; *econ.* current, ruling (*price*); *fig. j-m* ~ *sein* be present to a p.'s mind; *es ist mir jetzt nicht* ~ I can't think of it now, I forget; **II.** *adv.* at present; at the time being, at the moment; nowadays, in our time, (in) these days; ~**wartskunde** *ped. f* (-) (study of) current affairs *pl.*, *Am.* social studies *pl.*; ⅋**wartsnah(e)** *adj.* topical, up-to-date; ~**wartsprobleme** *n/pl.* present-day problems; ~**wechsel** *econ. m* counter-bill; ~**wehr** *f* defen|ce, *Am.* -se; resistance; ~**wert** *m* equivalent; proceeds *pl.*; *der* ~ *in Reis* the rice equivalent; *den* ~ *leisten für* give value for; *der* ~ *des Betrages* the equivalent of the funds; ~**wertfonds** *m* counterpart fund; ~**wind** *m* head wind; ~**winkel** *m* corresponding angle; ~**wirkung** *f* countereffect, reaction (*auf acc.* to); ~**zeichen** *n* countersign, check; ⅋**zeichnen** *v/i. and v/t.* (h.) countersign; endorse; ~**zeichnung** *f* countersignature; ~**zeuge** *m* counterwitness; ~**zug** *m* countermove (*a. fig.*); *rail.* opposite train.

geglichen [gə'gliçən] *p.p. of gleichen.*

gegliedert [gə'gli:dərt] *adj.* articulate, jointed; *w.s.* organized.
geglitten [gə'glitən] *p.p. of* gleiten.
geglommen [gə'glɔmən] *p.p. of* glimmen.
Gegner ['ge:gnər] *m* (-s; -), **~in** *f* -; -nen) opponent (*a. sports*), adversary, antagonist; enemy, foe; assailant; rival, competitor; *ein ~ sein von* be an enemy of, be opposed to, hate; *sich j-n zum ~ machen* incur the enmity of a p., antagonize a p.; **2isch** *adj. mil.* (of the) enemy, hostile, → *feindlich*; antagonistic, opposed, adverse; **~schaft** *f* (-) opponents *pl.*, opposition; antagonism, opposition, hostility; rivalry.
gegolten [gə'gɔltən] *p.p. of* gelten.
gegoren [gə'go:rən] *p.p. of* gären.
gegossen [gə'gɔsən] *p.p. of* gießen.
gegriffen [gə'grifən] *p.p. of* greifen.
Gehabe [gə'ha:bə] *n* (-s) (affected) behavio(u)r, affectation, mannerism; **2n** *sich ~* behave; *gehab dich wohl* farewell; *colloq.* (ge)hab dich nicht so* don't make a fuss.
Gehackte(s) [gə'haktə(s)] *n* (-n) *cul.* mincemeat, mince, *Am.* ground meat.
Gehalt [gə'halt] **1.** *m* (-[e]s; -e) contents *pl.*; *chem.* concentration; *~ an* content of, proportion (*or* percentage) of; capacity, cubic content, volume; *of coin*: standard; *fig.* content, substance; merit; *~ an Öl* oil content; *geistiger ~* intellectual content; **2.** *n* (-[e]s; ⸚er) salary, pay, *Am. a.* compensation; *of clergyman, magistrate, etc.*: stipend; *ein festes ~ beziehen* draw a fixed salary; *~ weiterbeziehen* be kept on the payroll; *mit vollem ~* on full pay; **2en** *adj.* speech, writing: worded, formulated; self-controlled, sober, steady; *~ sein zu tun* be bound (*or* obliged) to do; **2los** *adj.* unnourishing (*food*); *fig.* empty, hollow, trivial, lacking substance; **~losigkeit** *f* (-) emptiness, hollowness, triviality, lack of substance; **2reich, 2voll** *adj.* rich; *food: a.* substantial, nutritious; full-bodied, racy (*wine*); rich in content, profound, containing a wealth of information (*book*).
Ge'halts...: **~abzug** *m* deduction from pay; **~anspruch** *m* salary expected, salary claim; **~aufbesserung** *f* increase in salary, rise (in salary), *Am.* (pay) raise; **~auszahlungen** *f/pl.* payroll disbursements; **~bestimmung** *f* determination of content, analysis; *mining*: assay; **~einstufung** *f* salary classification; **~empfänger(in** *f)* *m* salaried employee (*or* worker); **~erhöhung** *f* → *Gehaltsaufbesserung*; **~forderung** *f* → *Gehaltsanspruch*; **~gruppe** *f* salary group; **~kürzung** *f* reduction in salary, salary cut; **~liste** *f* payroll; **~sätze** [-zɛtsə] *m/pl.* scale of salaries, pay scale; **~stufe** *f* salary level; **~vorschuß** *m* advance (on salary); **~zahlung** *f* payment of salary; **~zulage** *f* additional pay, increment of pay; bonus.
Gehänge [gə'hɛŋə] *n* (-s; -) slope, declivity; festoon(s *pl.*); pendants, *Ohr2 a.* ear-drops; *mil. hist.* belt; *tech.* suspension gear; *mot.* shackle.

gehangen [gə'haŋən] *p.p. of* hängen.
geharnischt [gə'harniʃt] *adj.* (clad) in amo(u)r, steel-clad; *fig.* sharp, withering, stinging (*answer, etc.*).
gehässig [gə'hɛsiç] *adj.* hateful, spiteful, venomous, malignant; odious, hateful; **2keit** *f* (-; -en) hatred, spite(fulness), venom; vindictive *or* spiteful act (*or* words, *etc.*).
Gehäuse [gə'hɔyzə] *n* (-s; -) case, box; *tech.* casing, case, housing, cabinet; *of compasses*: binnacle; *phot.* body; *of fruit*: core; *of snail, a. of headlights*: shell; **~bau** *m* (-[e]s; -ten) case building.
Gehege [gə'he:gə] *n* (-s; -) enclosure, fence, hedge; pen; paddock, *Am.* corral; *hunt. and fig.* preserve; *fig. j-m ins ~ kommen* encroach a p.'s preserve, get in a p.'s way; *komm mir ja nicht ins ~* (you) keep out of my way.
geheim [gə'haim] *adj.* secret; confidential, private; concealed, hidden; clandestine, surreptitious; mysterious; hush-hush; occult; **2er Rat a)** Privy Council, **b)** *person*: privy councillor; *im ~en* secretly, in secret, privately; → *heimlich*; **~e Dienstsache** classified matter; *on documents: ~!* Restricted!; *streng ~* most secret, *Am.* top secret; **~e Tür** secret door; *in ~em Einvernehmen mit* (*dat.*) in collusion with; **2abkommen** *n* secret agreement; **2agent** *m* secret (*or* confidential) agent; **2befehl** *m* secret order; **2bericht** *m* secret (*or* confidential) report; **2bund** *m* (-[e]s; ⸚e) secret society; **2dienst** *m* secret service; **2diplomatie** *f* secret diplomacy; **2fach** *n* secret drawer; **~halten** *v/t.* (*irr., h.*) keep secret (*vor dat. from*), conceal (from); hush (*a th.* up); **2haltung** *f* (observance of) secrecy; concealment; **2haltungs-pflicht** *f* (imposed) secrecy; **~haltungsstufe** *f* security grade, classification; **2mittel** *n* secret remedy, nostrum, arcanum.
Ge'heimnis *n* (-ses; -se) secret (*vor dat.* from); mystery; *das ~ des Erfolgs, Glücks, etc.* the secret of success, happiness, *etc.*; *ein ~ aus et. machen* make a secret of a th., be secretive about a th.; *ein ~ bewahren* keep (*or* guard) a secret; *es ist ein öffentliches ~* it is an open (*or* nobody's) secret; *das ist das ganze ~* that's the whole story; → *einweihen*; **~krämer** *m* secret-monger; **~kräme'rei** *f* (-; -en) secret-mongering, secretiveness; **~träger** *m* *mil. pol.* bearer of secrets; **~verrat** *m* betrayal of a (state) secret; **2voll** *adj.* mysterious, mystical; hidden, dark, obscure; *~ tun* be secretive (*mit et.* about).
Ge'heim...: **~polizei** *f* secret police; **~polizist** *m* detective, plain-clothes man; **~rat** *m* (-[e]s; ⸚e) Privy Councillor; **~sache** *f* secret (*or* security) matter; **~schreiber** *m* private secretary; **~schrift** *f* cipher, code; secret writing; **~sitzung** *f* secret session, closed meeting; **~tinte** *f* sympathetic (*or* invisible) ink; **~sender** *m* clandestine radio transmitter; **~sprache** *f* secret language;

~tue'rei [-tu:əraɪ] *f* (-) secretiveness, mysteriousness; **2tuerisch** *adj.* secretive, mysterious; **~tür** *f* secret door; **~vertrag** *m* secret treaty; **~waffe** *f* secret weapon; **~wissenschaft** *f* occult science; **~zeichen** *n* secret sign; code number.
Geheiß [gə'haɪs] *n* (-es) order, command, bidding; *auf sein ~* by his order, at his behest.
gehen ['ge:ən] *v/i.* (*irr., sn*) go; zu *Fuß ~* walk, go on foot, march; go away, leave, depart (*nach for*); *servant, official, etc.*: leave, quit; resign; *er ist gegangen* he is gone, he has left; *colloq.* er ist gegangen worden* he has been dismissed *or* sacked, *Am.* fired; *~ wir!* let's go!; *er ist von uns gegangen (dead)* he has departed this life (*or* passed away); *der Zug, etc. geht um 6 Uhr (ab)* the train, etc., leaves (*or* starts) at six o'clock; *das Schiff geht nach China* the ship is bound for China; *tanzen, schwimmen, etc., ~ go dancing, swimming, etc.; schlafen ~ go to bed, turn in; machine, etc.: work, run, operate, function; watch: go, run; die Uhr geht gut* the watch keeps good time; *der Apparat geht nicht* the apparatus does not work, is out of order; *dough*: rise; *wind*: blow; *wares*: sell; *der Artikel geht glänzend* the article sells well *or* like hot cakes; *es geht sich schlecht hier* it's bad walking here; *wie geht es Ihnen?* **a)** how are you getting on?, **b)** how are you?, **c)** how do you feel?; *es geht mir gut (schlecht)* I am well (not well), *in business, etc.*: I am doing well (badly); → *Geschäft; mir ist es genau so gegangen* the same thing has happened to me; *es geht mir gerade so* it's just so with me, I feel the same way, same here; *es geht* **a)** it can be done, **b)** it works; *danke, es geht* **a)** thanks, fairly well, it could be worse, **b)** I can manage (alone); *es wird schon ~* you will manage, it will be all right; *wird es (so) ~?* will that do?; *das geht nicht* **a)** it can't be done, it is impossible, that's out, it's no go, **b)** that will not (*or* won't) do, **c)** it doesn't work (*a. fig.*); *es geht eben nicht anders* it can't be helped, there is no other way; *es geht um ... our happiness, etc.* is at stake; → *Leben; um was geht es hier?* what is the issue (*or* point)?, what is it all about?; *so geht es (immer)*, *wenn* that's what will happen if; *wenn es darum geht, zu inf.* when it comes to *inf.*; *wenn es nach mir ginge* if I had my way; *es geht nichts über* there is nothing like, you can't beat; *~ lassen* let go, *wrongdoer a.* let off; *leave a p. alone; sich ~ lassen* take it easy, be unrestrained, let o.s. go, take leave of one's manners; *er läßt sich niemals ~* he never slips (*or* loses control of himself); *es sich gut ~ lassen* take good care of o.s., look well after o.s., have a good time; *geh, tu mir den Gefallen* come, do me the favo(u)r; *colloq. ach, geh (doch)!* go on!; *with prp.: ~ bis an (acc.)* go as far as, reach, extend to; *er ging mir bis an die*

Schultern he came up to my shoulders; *das Erbteil ging an ihn* the inheritance fell (*or* went) to him; → *Arbeit; an e-e Aufgabe, etc.,* ~ set about a task, *etc.; geh mir ja nicht an meine Sachen!* don't you touch my things!; *auf die andere Seite* ~ pass over to the other side; *das Fenster geht auf die Straße (hinaus)* the window opens (*or* gives, looks) into the street; *auf Reisen* ~ go travelling, go on a journey; *die Uhr (or es) geht auf zehn* it is going on for ten; *das geht auf dich* that is meant for you; ~ *aus (dat.)* leave, quit; → *Fuge; s-e Ausführungen, etc.,* ~ *dahin, daß* his arguments, *etc.,* aim at *ger.,* are to the effect that; ~ *durch (acc.)* pass through; *der Gedanke ging mir durch den Kopf* the idea crossed my mind; *ich muß es mir durch den Kopf* ~ *lassen* I must think it over; *das geht gegen mein Gewissen* my conscience rebels against it; ~ *in (acc.)* go in(to), enter; *der Schaden geht in die Millionen* the damage runs into millions; *es* ~ *200 Personen in den Saal* the hall holds (*or* accommodates, seats) 200 persons; *er geht ins 20. Jahr* he is entering upon his twentieth year; *in die Industrie* ~ go into industry; *in Seide, etc.,* ~ wear, be dressed in silk, *etc.; in sich* ~ **a)** commune with o.s., take stock of o.s., **b)** repent, feel remorse; *ins Wasser* ~ throw o.s. into the water; *wie oft geht fünf in zehn?* how many times does five go into ten?; *mit j-m* ~ accompany a p., keep a p. company, *zum Bahnhof, etc.:* see a p. to the station, *etc.; mit e-m Mädchen* ~ go (*or* walk out with) a girl; *nach e-r Regel* ~ follow a rule; *das Fenster geht nach Norden* the window faces (*or* looks) north; ~ *über (acc.)* go (*or* walk) over, cross; *die Straße geht über e-e Brücke* the road crosses a bridge; *die Brücke geht über e-n Fluß* the bridge crosses a river; *der Brief geht über Berlin* the letter goes via Berlin; *das geht ihm über alles* he prizes it above everything; *nichts geht über* there is nothing like; *von Hand zu Hand* ~ pass from hand to hand; *j-m nicht von der Seite* ~ not to budge from a p.'s side; *vor sich* ~ happen, take place; *wie geht das vor sich?* how does it work?; *was geht hier vor?* what's up?, what's going on here?; *zu j-m* ~ go *or* step up to a p., join a p.; (go to) see a p., call on a p.

'**Gehen** *n* (-s) going, walking; → *Abschied, Gang; sports:* walking.

Gehenk [gə'heŋk] *n* (-[e]s; -e) (sword-)belt.

Ge'henkte(r) *m* (-n; -n) hanged man.

'**Geher** *m* (-s; -) *sports:* walker.

geheuer [gə'hɔʏər] *adj.:* nicht ~ **a)** risky, ticklish, **b)** uncanny, eerie; *hier ist es nicht* ~ this place is haunted; *die Sache ist nicht ganz* ~ *sl.* it looks a bit fishy (to me); *ihm war nicht recht* ~ *zumute* he did not feel quite at his ease.

Geheul [gə'hɔʏl] *n* (-[e]s) howling, howls *pl.*

'**gehfähig** *med. adj.* ambulant (*case*), walking (*wounded mil.*).

Gehilf|e [gə'hilfə] *m* (-n; -n), ~**in** *f* (-; -nen) assistant; *econ.* shop assistant; clerk; journey man; *jur.* accessory before the fact; *fig.* helpmate.

Gehirn [gə'hirn] *anat. n* (-[e]s; -e) brain; *das* ~ *betreffend* cerebral; *fig.* sense; brains *pl.,* brain-power; ~**blutung** *med. f* cerebral h(a)emorrhage; ~**entzündung** *f* encephalitis, brain-fever; ~**erschütterung** *f* concussion (of the brain); ~**erweichung** *f* cerebral softening; ~**haut** *f* cerebral membrane, meninx; ~**hautentzündung** *f* meningitis; ~**kasten** *colloq. m* skull; ~**krankheit** *f* brain disorder, cerebral disease; ~**nerv** *m* cranial nerve; ~**rinde** *f* cerebral cortex; ~**schale** *f* brain-pan, cranium; ~**schlag** *m* cerebral apoplexy; ~**schwund** *m* encephalatrophy; ~**substanz** *f* brainmatter; *graue* ~ grey matter; ~**tätigkeit** *f* cerebration; ~**tumor** *m* cerebral tumo(u)r; ~**wäsche** *pol. f* brainwashing.

gehoben[1] [gə'ho:bən] *p.p. of* heben.

ge'hoben[2] *adj.* elevated (*language, etc.*); high, senior, executive (*position*); ~**e** Stimmung elation, high spirits *pl.; in* ~*er Stimmung* elated, in high spirits; *econ. Güter des* ~*en Bedarfs* luxuries and semi-luxuries.

Gehöft [gə'hø:ft] *n* (-[e]s; -e) farm(stead).

geholfen [gə'hɔlfən] *p.p of* helfen.

Gehölz [gə'hœlts] *n* (-es; -e) wood, copse; thicket.

Gehör [gə'hø:r] *n* (-[e]s) (sense of) hearing; audience; hearing (*a. jur.*); *jur. ordentliches, rechtliches* ~ due process of law; *feines (scharfes)* ~ delicate (quick) ear; *musikalisches* ~ musical ear; *nach dem* ~ by (the) ear; ~ *haben für (acc.)* have an ear for; *j-m* ~ *schenken* listen (*or* lend an ear) to a p., give a p. a hearing (*or* audience); *e-r Sache kein* ~ *schenken* turn a deaf ear to a th.; ~ *finden* get a hearing; *sich* ~ *verschaffen* make o.s. heard, *jur., etc.,* obtain a hearing; *mus. zu* ~ *bringen* perform, present, play; sing.

ge'horchen *v/i.* (h.): *j-m (nicht)* ~ (dis)obey a p.; *tech.* respond.

ge'hören *v/i.* (h.) (*dat. or zu*) belong to (*a. fig.*); → *angehören;* be owned by; form part of, appertain to; rank (*or* be) among, be classed with; ~ *unter (acc.)* come *or* fall under, be subject to; *wem gehört das Haus?* who is the owner of the house?; *gehört der Handschuh dir?* is this glove yours?; *ihm gehört (eigentlich) der volle Anteil* he is entitled to a full share; *er gehört zu den besten Pianisten* he is one of (*or* ranks among) the best piano-players; *die Sachen* ~ *in den Schrank* these things go into the cupboard; *es gehört zu s-r Arbeit* it is part of his job; *und alles, was dazu gehört* and all that goes with it; *das gehört nicht hierher* **a)** *object:* that doesn't belong here, **b)** *remark, etc.:* that's beside (*or* not to) the point, it's irrelevant; *dazu gehört Geld, Zeit, Mut, etc.* that requires (*or* takes) money, time, courage, *etc.; es gehört nicht*

viel dazu it doesn't take much (to do it); *die Sache gehört vor das Gericht* the matter should be brought before a court; *er gehört tüchtig verprügelt* what he wants is a sound beating; *er gehört an den Galgen* he ought to be hanged; *es gehört sich* it is proper *or* right *or* fit; *das gehört sich nicht* it's not done, it's not good form; *wie es sich* ~ properly, duly, as it should be.

Gehör... [gə'hø:r-]: ~**fehler** *m* auditionary defect, defective hearing; ~**gang** *m* auditory canal.

ge'hörig I. *adj.* (*dat. or. zu*) belonging to, owned by; forming part of, appertaining to; proper, fit, right, due, just; (*nicht*) *zur Sache* ~ having (no) reference to the subject, (ir)relevant; *mit* ~*em Respekt* with due respect; *e-e* ~*e Tracht Prügel* a sound thrashing; *ein* ~*er Schluck* a good (*or* powerful, mighty) gulp; *e-e* ~*e Wegstrecke* quite a distance; *in* ~*er Weise* in due form, duly; II. *adv.: ich habe es ihm* ~ *gegeben* I gave him what for, I settled his hash (properly); *es ist* ~ *kalt* it's awfully cold.

Ge'hör...: ~**leidende(r** *m*) *f* (-n, -n; -en, -en) person with impaired hearing; 2**los** *adj.* deaf.

Gehörn [gə'hœrn] *n* (-[e]s; -e) horns *pl.; hunt.* antlers *pl.*

Ge'hörnerv *m* auditory nerve.

ge'hörnt *adj.* horned, antlered; *fig.* ~*er Ehemann* cuckold.

gehorsam [gə'ho:rza:m] *adj.* obedient (*gegen* to); law-abiding (*citizen*); docile, submissive, dutiful.

Ge'horsam *m* (-s) obedience; *aus* ~ *gegen* in obedience to; *j-m* ~ *leisten* obey a p.; *j-m den* ~ *verweigern* refuse to obey a p.; *sich* ~ *verschaffen* enforce (*or* exact) obedience; ~**sverweigerung** *f* disobedience, *esp. mil.* insubordination.

Ge'hör...: ~**sinn** *m* (-[e]s) sense of hearing; ~**verlust** *m* loss of hearing.

Geh|rock ['ge:-] *m* frock coat, *Am.* Prince Albert.

Gehrung ['ge:ruŋ] *tech. f* (-; -en) mitring, *Am.* mitering.

'**Geh...:** ~**steig** *m* pavement, *Am.* sidewalk; ~**störung** *f* locomotor disturbance; ~**versuch** *m* attempt at walking; ~**werk** *n* clockwork, movement, works *pl.;* ~**werkzeuge** *n/pl. colloq.* locomotor apparatus *sg.*

Geier ['gaɪər] *zo. m* (-s; -) vulture (*a. fig.*); *colloq.* hol's der ~! confound it!, to hell with it!; ~**falke** *m* gerfalcon.

Geifer ['gaɪfər] *m* (-s) slaver, drivel; *med., zo.* foam, froth; *fig.* venom, spite, spleen; 2**n** *m* (-s; -) vilifier, vituperator; 2**n** *v/i.* (h.) drivel, slaver; *vor Wut* ~ foam with rage; *fig.* ~ *gegen (acc.)* rail at, vituperate.

Geige ['gaɪgə] *f* (-; -en) violin, fiddle; (*auf der*) ~ *spielen* play (on) the violin; (*die*) *erste* ~ *spielen* play the first violin *or fig.* first fiddle; *fig. die zweite* ~ *spielen* play second fiddle; *fig. der Himmel hängt ihm voll(er)* ~*n* he sees everything from the rosy side.

'**Geigen...:** ~**bauer** *m* (-s; -) violin-

-maker; ~**bogen** *m* (violin-)bow; ~**harz** *n* colophony, rosin; ~**kasten** *m* violin-case; ~**macher** *m* → *Geigenbauer*; ~**saite** *f* violin-string; ~**spiel** *n* violin music; ~**steg** *m* violin bridge; ~**stimme** *f* violin-part; ~**strich** *m* stroke (of the violin-bow).

'**Geiger** *m* (-s; -), ~**in** *f* (-; -nen) violinist.

'**Geigerzähler** *m* Geiger counter.

geil [gaɪl] *adj.* lascivious, lecherous, lewd, wanton; randy, in heat; luxuriant, rank; '~**heit** *f* (-) lasciviousness, lechery, lewdness, wantonness, lust; luxuriance.

Geisel ['gaɪzəl] *f* (-; -n) hostage; ~*n stellen* give hostages; *als* ~ *behalten* hold as hostage.

Geiß [gaɪs] *f* (-; -en) (she *or* nanny-)goat; doe; '~**bart** *bot.* *m* (-[e]s) meadowsweet, goatsbeard; '~**blatt** *bot.* *n* (-[e]s) honeysuckle, woodbine; '~**bock** *m* he-goat, billy-goat.

Geißel ['gaɪsəl] *f* (-; -n) whip, lash; *fig.* scourge; *biol.* flagellum; ~n *v/t.* (h.) whip, lash; *eccl.* flagellate, (sich) scourge (o.s.); *fig.* castigate, scourge, *eccl.* chastise; *with words*: lash, castigate, stigmatize; ~**tierchen** *biol. n* (-s; -) flagellate; ~**ung** *f* (-; -en) lashing, scourging, flagellation; *fig.* castigation; severe criticism, lashing, condemnation.

Geißler ['gaɪslər] *eccl. m* (-s; -) flagellant.

Geist [gaɪst] *m* (-es) spirit; mind; intellect, brains *pl.*; wit; genius; morale; (*pl.* -er) ghost, spectre; apparition; phantom; sprite; *böser* ~ evil spirit, demon; *der Böse* ~ the Evil One; *der Heilige* ~ the Holy Ghost; *der* ~ *des Christentums, etc.* the spirit of Christianity, *etc.*; *der* ~ *der französischen Sprache* the genius of the French language; ~ *und Körper* mind and body; *Sieg des* ~*es über die Materie* triumph of mind over matter; *ein großer* ~ a great mind, a master-mind, a mental giant; *ein kleiner* ~ a small (narrow) mind; *Mann von* ~ witty (*or* brilliant) man, wit; *den* ~ *aufgeben* give up the ghost; *im* ~*e bei j-m sein* be with a p. in (the) spirit; *ich sah es im* ~*e vor mir* I saw it before my mind's eye; *wes* ~*es Kind ist er?* what kind of man is he?; *hier geht ein* ~ *um* the place is haunted (*or* ghost-ridden); *bist du denn von allen guten* ~*ern verlassen?* are you out of your mind?

'**Geister**...: ~**banner**, ~**beschwörer** *m* (-s; -) necromancer; exorcist; ~**beschwörung** *f* necromancy, evocation; exorcism; ~**erscheinung** *f* apparition, vision, phantom; ~**geschichte** *f* ghost-story; ~**glaube** *m* belief in ghosts; superstition; spiritism; 2**haft** *adj.* ghostly, ghostlike, spectral; *fig.* ghastly; ~**klopfen** *n* spirit-rapping; 2**n** *v/i.* (h.) wander *or* roam (like a ghost); ~**seher(in** *f)* m ghost-seer; ~**stunde** *f* witching hour; ~**welt** *f* spirit-world.

'**Geistes**...: 2**abwesend** *adj.* absent-minded; ~**abwesenheit** *f* absent-mindedness; ~**anlagen** *f/pl.* men-

tal faculties, abilities, talents; ~**arbeit** *f* brain-work; ~**arbeiter** *m* brain-worker; ~**armut** *f* poverty of mind, intellectual thinness; ~**art** *f* cast of mind, mentality, psychology; ~**blitz** *m* brain-wave, flash of genius; spark of wit, sally; aphorism; ~**flug** *m* flight of the imagination; ~**freiheit** *f* (-) intellectual liberty, freedom of the mind; ~**frische** *f* mental vigo(u)r; ~**gabe** *f* (intellectual) gift, talent; ~**gegenwart** *f* presence of mind; 2**gegenwärtig** *adj.* (on the) alert; quick-witted; *adv.*: ~ *sprang er zur Seite* he had the presence of mind to jump aside; ~**geschichte** *f*: *die* ~ *des deutschen Volkes* the history of the German mind; 2**geschichtlich** *adj.* intellectual-history; 2**gestört** [-gəˈʃtøːrt] *adj.* mentally disturbed (*or* deranged); insane; ~**größe** *f* greatness of mind, magnanimity; → *Geistesriese*; ~**haltung** *f* mental attitude, mentality; ~**kraft** *f* power of mind; mental vigo(u)r; 2**krank** *adj.* mentally diseased *or* deranged; insane; ~**kranke(r)** *m) f* (-n, -n; -en, -en) lunatic; mental patient (*or* case), *colloq.* mental; ~**krankheit** *f* mental disorder; insanity; ~**leben** *n* (-s) intellectual (*or* spiritual) life; ~**produkt** *n* intellectual product; brain-child; ~**richtung** *f* (mental) tendency, philosophy (of life); school of thought; → *Geisteshaltung*; ~**riese** *m* mental giant, master-mind, genius; ~**schärfe** *f* acuteness, keen intellect, perspicacity; 2**schwach** *adj.* feeble-minded; imbecile; ~**schwäche** *f* feeble-mindedness; imbecility; ~**stärke** *f* → *Geisteskraft*; ~**störung** *f* mental derangement *or* disorder, psychopathy; ~**trägheit** *f* mental indolence; ~**verfassung** *f* state (*or* frame) of mind; *w.s.* mentality; 2**verwandt** *adj.* congenial (*mit* to); ~**verwandtschaft** *f* congeniality; affinity; ~**verwirrung** *f* mental derangement; ~**wissenschaften** *f/pl.* the Arts, the humanities; ~**zerrüttung** *f* insanity; ~**zustand** *m* state of mind, mental condition.

'**geistig I.** *adj.* spiritual, immaterial; intellectual, mental; spirituous, alcoholic; ~*es Auge* mind's (*or* mental) eye; ~*es Eigentum* intellectual property; *Diebstahl* ~*en Eigentums* (*begehen*) plagiarism (plagiarize); ~*er Führer* spiritual leader, brains *pl.*; ~*er Gehalt* intellectual content (*or* substance); ~*e Getränke pl.* spirits, alcoholic beverages; ~*e Veranlagung, Einstellung* mentality, psychology; ~*er Vorbehalt* mental reservation; **II.** *adv.*: ~ *belastet* mentally afflicted; ~ *anspruchsvoll*, *hochstehend* high-brow; *sich* ~ *mit j-m messen* match wits with a p.; 2**keit** *f* (-) spirituality; intellectuality.

'**geistlich** *adj.* spiritual, religious; sacred (*music etc.*); clerical; ecclesiastical; ~*es Amt* ministry; ~*er Orden* religious order; 2**e(r)** *m* (-n; -n) clergyman, cleric; minister; priest; *mar.*, *mil.*, *etc.* chaplain; *die* ~*en pl.* → 2**keit** *f* (-) clergy.

'**Geist**...: 2**los** *adj.* mindless; dull;

insipid, trivial, platitudinous; stupid; ~**losigkeit** *f* (-) spiritlessness; dul(l)ness; insipidity; platitude; 2**reich**, 2**voll** *adj.* witty, brilliant, ingenious, clever; 2**tötend** *adj.* stupefying, dull, tedious, soul-destroying.

Geiz [gaɪts] *m* (-es) avarice, greediness; stinginess; *bot.* (-es; -e) shoot, sucker; '2**en** *v/i.* (h.) be avaricious (*or* stingy, niggardly); ~ *mit* (*dat.*) be sparing with, stint a th.; *nicht* ~ *mit* lavish a th.; *nach et.* ~ be covetous of, covet; '~**hals** *m* miser, niggard, skinflint; '2**ig** *adj.* avaricious, covetous, stingy, niggardly, close(-fisted); mean, shabby, miserly; parsimonious; '~**kragen** *m* → *Geizhals*.

Gejammer [gəˈjamər] *n* (-s) (endless) lamentation, wailing, complaining, complaints *pl.*, *Am. a.* belly-aching.

Gejauchze [gəˈjauxtsə] *n* (-s) jubilation(s *pl.*), exultation, loud cheers.

Ge'johle *n* (-s) hooting, howling.

Ge'jubel *n* (-s) → *Gejauchze*.

gekachelt [gəˈkaxəlt] *adj.* tiled.

gekannt [gəˈkant] *p.p. of kennen*.

Gekeife [gəˈkaɪfə] *n* (-s) nagging, scolding.

Ge'kicher *n* (-s) tittering, giggling; snicker(ing), sniggers *pl.*

Gekläff [gəˈklɛf] *n* (-[e]s) yelping.

Ge'klapper *n* (-s) rattling, clatter.

Ge'klatsche *n* (-s) clapping (of hands); *fig.* gossip(ing), prattle.

Ge'klimper *n* (-s) strumming.

Ge'klingel *n* (-s) tinkling, jingling.

Ge'klirr(e) *n* (-[e]s) clashing, clanking; clatter; clink. {*klimmen*.)

geklommen [gəˈklɔmən] *p.p. of)*

geklungen [gəˈkluŋən] *p.p. of klingen*.

Ge'knatter *n* (-s) rattling, crackling.

geknickt [gəˈknikt] *fig. adj.* broken (down), crestfallen, crushed.

gekniffen [gəˈknifən] *p.p. of kneifen*.

Ge'knister *n* (-s) crackling; *of dress*: rustling.

gekonnt¹ [gəˈkɔnt] *p.p. of können*.

ge'konnt² *colloq. adj.* perfect(ed), clever, competent, slick.

geköpert *adj.* twilled.

ge'körnt *adj.* granulated.

Ge'kreisch *n* (-es) screaming, shrieking; screams, shrieks *pl.*

Ge'kritzel *n* (-s) scrawl(ing), scribbling, scribble.

gekrochen [gəˈkrɔxən] *p.p. of kriechen*.

ge'kröpft *adj. tech.* cranked, elbowed; ~*e Achse* dropped axle; *dreimal* ~*e Kurbelwelle* three-throw crankshaft; *arch.* angulate.

Gekröse [gəˈkrøːzə] *n* (-s; -) *anat.* mesentery; *cul.* tripe; *of goose*: giblets *pl.*

gekünstelt [gəˈkynstəlt] *adj.* artificial, false (*laughter*); affected.

Gel [geːl] *phys. n* (-s; -e) gel.

Gelächter [gəˈlɛçtər] *n* (-s; -) laughing, laughter; (*person*) laughing-stock; *lautes* (*brüllendes*) ~ guffaw, horse-laugh; *unterdrücktes* ~ chuckle, snigger; *in schallendes* ~ *ausbrechen* burst out laughing, roar with laughter, guffaw; *sich dem* ~ *aussetzen* expose o.s. to ridicule.

ge'laden *adj.* loaded; *mil. a.* armed, charged; *el.* charged; live (*wire*); invited (*guest*); *fig.* ~ mit laden (or brimming, pregnant) with; → laden; *colloq.* furious.

Gelage [gə'lɑːgə] *n* (-s; -) feast, banquet; drinking-bout, carouse.

ge'lagert *adj. tech.* running in bearings; *fig.* circumstanced; *in besonders ~en Fällen* in cases of a special nature.

Gelände [gə'lɛndə] *n* (-s; -) tract of land, area; country; ground; terrain; lot, plot; site; *durchschnittenes ~* intersected country; *schwieriges ~* difficult terrain; *~ erschließen* develop (or open up) ground; ~abschnitt *m* sector, area; ~antrieb *mot. m* all-wheel drive; ~aufnahme *f* ground survey; *aer.* terrain photograph; ~ausbildung *mil. f* field training; ~erkundung *mil. f* terrain reconnaissance; ~fahrt *f* cross-country drive; ~gang *mot. m* auxiliary (*Am.* booster) gear; 2-gängig [-gɛŋiç] *mot. adj.* cross-country (*car*); ~gängigkeit *f* (-) cross-country mobility; ~gestaltung *f* terrain features *pl.*; ~hindernis *n* natural obstacle; ~karte *f* ground map; ~kunde *f* (-) topography; ~lauf *m* cross-country race; ~läufer *m* cross-country runner; ~prüfung *f* riding: endurance test; ~punkt *m* landmark.

Geländer [gə'lɛndər] *n* (-s; -) railing, rails *pl.*; balustrade; banisters *pl.*; hand-rail.

Ge'lände...: ~reifen *mot. m* cross-country tyre, *Am.* off-the-road tire; ~ritt *m* cross-country ride; ~ski *m* cross-country (or long distance) ski; ~spiel *n* scouting game; ~sprung *m* obstacle jump, gelandesprung; ~übung *f* field exercise; ~verhältnisse *n/pl.* terrain conditions; ~wagen *mot. m* cross-country car.

gelang [gə'laŋ] *pret. of* gelingen.

gelangen [gə'laŋən] *v/i.* (sn): ~ an (*acc.*), nach, zu arrive at, get (or come) to; reach, gain; *et. an j-n ~ lassen* address (or forward) a th. to a p.; *fig.* attain (to), gain; acquire; *in j-s Hände ~* get into a p.'s hands; *in andere Hände ~* pass into other (or change) hands; *zu e-r Ansicht (Folgerung) ~* form an opinion, arrive at or reach a conclusion; *zur Aufführung ~* be put on (the stage), be presented; *zur Macht ~* come into power; *zu Reichtum ~* make a fortune, gain wealth, attain to prosperity; → Ziel.

Gelaß [gə'las] *n* (-sses; -sse) room, space.

ge'lassen *adj.* calm, cool, composed; tranquil; imperturbable; ~ bleiben keep one's temper, keep cool; 2heit *f* (-) calm(ness), composure; tranquillity; imperturbability.

Gelatine [ʒela'tiːnə] *f* (-) gelatin(e); gelati'nieren [-ti'niːrən] *v/t.* (h.) gelatinize; → Gallert.

Gelaufe [gə'laufə] *n* (-s) running (to and fro).

geläufig [gə'lɔʏfiç] *adj.* fluent, easy, smooth; familiar; current, common; ~e Zunge voluble tongue; *er spricht ein ~es Englisch* he speaks English fluently; *das ist ihm ~* he is familiar

with it; 2keit *f* (-) fluency, ease, facility; volubility, glibness (*of tongue*).

gelaunt [gə'launt] *adj.* disposed; *gut ~* good-humo(u)red, in good humo(u)r, chipper; *schlecht ~* ill-humo(u)red, out of (or in bad) humo(u)r, bad-tempered, cross.

Geläut(e) [gə'lɔʏt(ə)] *n* (-[e]s; -e) ringing or peal (of bells); (*bells*) chime.

ge'läutert *adj.* purified (*a. fig.*).

gelb [gɛlp] *adj.* yellow; *traffic light*: amber; sallow (*complexion*); *die ~e Gefahr* the Yellow Peril; *das 2e Meer* the Yellow Sea; ~ werden (get or turn) yellow; ~ vor Neid green with envy; 2e(s) ['gɛlbə(s)] *n* (-n) yolk (*of egg*); 2blei-erz *min. n* wulfenite; ~braun *adj.* yellowish-brown; ~brennen *tech. v/t.* (*irr.*, h.) dip, pickle; 2buch *pol. n* yellow book; 2fieber *n* yellow fever; 2filter *phot. n* yellow (light-)filter; 2gießer *m* brass-founder; 2glut *f* yellow heat; ~grün *adj.* yellowish-green; 2holz *n* yellow-wood; 2kali *n* potassium ferrocyanide; 2kreuz (-gas) *mil. n* mustard gas; 2kupfer *n* brass, yellow copper; ~lich *adj.* yellowish; 2scheibe *f* → Gelbfilter; 2schnabel *m* twite; *fig.* greenhorn, whipper-snapper; 2sucht *f* (-) jaundice; ~süchtig *adj.* jaundiced; 2wurz ['-vurts] *bot. f* (-; -en) turmeric.

Geld [gɛlt] *n* (-[e]s; -er) money; coin; capital; currency; *bares ~* cash, ready money; *kleines ~* change; *falsches ~* base (or counterfeit) coin; *econ. ~er pl.* funds; money *sg.*; deposits; *ausstehende ~er* outstanding debts; *öffentliche ~er* public funds; *festes ~* time-money; *tägliches ~, auf tägliche Kündigung* day-to-day money, call money; *kurzfristiges ~* short term loan; *billiges ~* easy money; *teures ~* dear (or close) money; *totes ~* barren money; *~ und ~eswert* money and valuables; *~ zurück!* money refunded!; → abheben, aufnehmen, vorstrecken, *etc.*; *bei ~e sein* be in cash, have plenty of money, be flush, *sl.* be in the chips; *ohne ~* penniless, impecunious, *sl.* broke; *knapp bei ~e sein* be short of money, be hard up (or in low water); *im ~e schwimmen* be rolling in money (or one's riches); *ins ~ laufen* run into money; *~ machen* (verlieren) make (lose) money; *zu ~ machen* turn into cash, realize; *von s-m ~e leben* live on one's money (or capital); *~ regiert die Welt* money rules the world; *nicht für ~ und gute Worte* neither for love nor money.

Geld...: ~abfindung *f* monetary compensation, cash settlement; ~abfluß *m* drain (or efflux) of money; ~abwertung *f* devaluation, devalorization; ~angelegenheit *f* money (or financial) matter; ~anlage *f* investment; ~anleihe *f* loan; ~anweisung *f* remittance; money order; ~aristokratie *f* plutocracy; ~aufnahme *f* raising of money, borrowing; ~aufwand *m* expenditure(s *pl.*); ~aufwertung *f* revaluation of money; ~ausgabe *f*

expenditure, expense, disbursement; ~ausleiher *m* (-s; -) money-lender; ~ausweitung *f* monetary expansion; ~auszahler *m* (-s; -) cashier; *bank:* (paying) teller; ~bedarf *m* sum required; money requirements; *money market:* currency demands *pl.*; ~belohnung *f* pecuniary reward, remuneration; ~betrag *m* amount or sum (of money); ~beutel *m* purse; ~bewilligung *f* (money) grant; ~brief *m* money-letter; ~briefträger *m* postman authorized to make cash payments; ~buße *f* fine; ~einheit *f* monetary unit; ~einlage *f* deposit; ~einnahme *f* receipts *pl.*; ~einnehmer *m* collector; *bank:* receiving teller; ~einwurf *m* coin slot; ~empfänger *m* remittee; ~entschädigung *f* monetary compensation, indemnity; ~entwertung *f* depreciation of currency; inflation; ~eswert *m* money's worth; *Geld und ~* money and valuables; ~flüssigkeit *f* liquidity; *money market:* turnover of money; ~forderung *f* money due or owing (to); outstanding debt; monetary claim; ~geber(in *f*) *m* money lender, financial backer, financier; investor; mortgagee; ~geschäft *n* money transaction; financial operation; banking (business); ~geschenk *n* gratuity; donation; tip; ~gier *f* greed (for money), avarice; 2gierig *adj.* greedy for money, avaricious; ~heirat *f* money-match, marriage of convenience; ~herrschaft *f* capitalism, plutocracy; ~hilfe *f* financial aid; ~hortung *f* (money) currency hoarding; ~institut *n* financial institution; ~kasse *f* strong box; till, cash register; ~klemme *f* pecuniary difficulty; ~knappheit *f* shortness (or tightness) of money; ~krise *f* monetary crisis; ~kurs *m* rate of exchange; *stock exchange:* a) bid price, b) buying rate; ~kurswert *m* (international) monetary standard; ~leihsatz *m* lending (or bank) rate; ~leistung *f* payment; 2lich *adj.* pecuniary, financial, monetary; ~macht *f* financial power; ~makler *m* money-broker; ~mangel *m* lack of money; *econ.* money scarcity (or *Am.* stringency); → Geldknappheit; ~mann *m* (-[e]s; -leute) financier; ~markt *m* money market; *Anspannung des ~s* monetary strain; *Druck auf den ~ verursachen* place pressure on the market; 2markt-empfindlich *adj.* sensitive to money market influences; ~mittel *pl.* means, funds, resources; ~münze *f* coin; ~nehmer(in *f*) *m* borrower; mortgagor; ~neuordnung *f* monetary reform; ~not *f* pecuniary embarrassment, financial straits; *econ.* → Geldknappheit; ~politik *f* monetary policy; ~preis *m* sports: prize money; *econ.* price in cash; ~protz *m* purse-proud person; ~quelle *f* source of capital, pecuniary resource; ~reform *f* monetary reform; ~reserve *f* money reserve; ~sache *f* money matter; ~sack *m* money-bag; bag of money; ~sammlung *f* collection; fund-raising drive; ~sätze ['-zɛtsə] *m/pl.* money rates; *Abschwächung (Erholung)* der ~ ease in (relaxation of) money rates; ~ *herauf- (herab-) setzen* mark up (down) money rates; **~schein** *m* bank-note, *Am.* bill; payment certificate; **~scheintasche** *f* note case, pocketbook, *Am. a.* billfold; **~schneider** *m* usurer; sharper, shark; **~schöpfung** *f* creation of currency; **~schrank** *m* safe, strong box; **~schrankknakker** *m* (safe-)cracksman, safe-cracker; **~schuld** *f* (pecuniary *or* money) debt; **~schwemme** *f* glut of money; **~sendung** *f* cash remittance; **~sorgen** *f/pl.* pecuniary difficulties (*or* embarrassment); **~sorte** *f* (monetary) denomination; **~spende** *f* contribution, donation, subscription; money gift; **~strafe** *f* fine; *mit e-r ~ belegen* fine, mulct; **~stück** *n* coin; **~summe** *f* sum (of money); **~surrogat** *n* substitute for money; **~system** *n* monetary system; **~tasche** *f* money-bag; *in man's suit*: change pocket; → *Geldscheintasche;* **~theorie** *f* monetary theory; **~überfluß** *m* glut (*or* excess) of money; **~überhang** *m* surplus money; **~überweisung** *f* remittance, (money) transfer; **~umlauf** *m* money circulation; **~umsatz** *m* turnover (of money); **~umstellung** *f*, **~umtausch** *m* currency conversion; **~unterstützung** *f* pecuniary aid; **~verdiener** *m* money-maker; **~verfassung** *f* monetary structure; **~verkehr** *m* monetary intercourse; **~verknappung** *f* → *Geldknappheit;* **~verlegenheit** *f* pecuniary embarrassment; *in ~ sein* be pressed for money, be hard up; **~verleiher** *m* money-lender; **~verlust** *m* pecuniary loss; **~vermögenswert** *m* monetary asset; **~verschwendung** *f* waste of money; **~volumen** *n* money supply; **~vorrat** *m* funds; cash reserve; cash in hand; supply of money; **~vorschuß** *m* cash advance; **~währung** *f* currency; **~wechsler** *m* money changer; **~wert** *m* (-[e]s) monetary value, value in currency; **~wertschuld** *f* claim payable in original value; **~wesen** *n* (-s) monetary system, finance; **~wirtschaft** *f* money economy, trade on a monetary basis; **~wucher** *m* usury; **~zeichen** *n* money token.

Gelee [ʒeˈle:] *m or n* (-s; -s) jelly.

gelegen[1] [ɡəˈle:ɡən] *p.p. of liegen.*

ge'legen[2] *adj.* lying, situated, *Am. a.* located; *fig.* convenient, suitable, apt, fit; opportune; *es kommt mir gerade ~* it just suits me, it comes in handy; *du kommst mir gerade ~* you are just the man I wanted to see; *mir ist daran ~, daß* I am anxious to *inf.*, what I want is to *inf.*; *es ist mir sehr daran ~* I set great store by it, it matters a lot to me; *mir ist nichts daran ~* I am not keen on it, it makes no difference to me, I don't care for it; *was ist daran ~?* what of it ?, what difference does it make ?

Ge'legenheit *f* (-; -en) occasion; opportunity, chance; **~en** *pl. a.* facilities; *bei ~* on occasion, when

there is a chance; at one's leisure; some time; *bei erster ~* at the first opportunity; *bei dieser ~* **a)** on that occasion, **b)** in this connection; ~ *haben zu inf.* have (an) opportunity to *inf.*; *e-e ~ ergreifen or wahrnehmen* seize (*or* take, avail o.s. of, profit by) an opportunity; → *Schopf; die ~ verpassen* miss (*or* lose) an opportunity; *j-m ~ geben zu inf.* give a p. the opportunity of *ger.*; → *Anlaß; es bot sich e-e ~ an* opportunity presented itself, there was an opening; ~ *macht Diebe* opportunity makes the thief.

Ge'legenheits...: ~arbeit *f* casual (*or* odd) job; **~arbeiter** *m* casual labo(u)rer, odd-job worker; **~auftrag** *m* jobbing order; **~gedicht** *n* occasional poem; **~geschäft** *n* occasional (*or* chance) profit; **~kauf** *m* chance purchase; bargain; **~käufer** *m* chance (*or* outside) buyer.

gelegentlich [ɡəˈle:ɡəntliç] **I.** *adj.* occasional; casual, incidental, accidental, chance; temporary; odd (*job*); **II.** *adv.* occasionally, now and then, at times; on occasion, when there is a chance, at your leisure; ~ *e-e Tasse Kaffee trinken* have an occasional cup of coffee; *gib mir das Buch ~ zurück* return the book to me some time; **III.** *prp.* (*gen.*) on the occasion of; ~ *m-s Aufenthaltes in London a.* when I was in London, during my stay in London.

gelehrig [ɡəˈle:riç] *adj.* docile, teachable; clever, intelligent, quick in the uptake; **♀keit** *f* (-) docility, teachability.

Ge'lehrsamkeit *f* (-) erudition, learning.

ge'lehrt *adj.* learned, erudite; scholarly; *~e Bücher* learned books; *~e Gesellschaft* learned (*or* literary) society; *colloq. ~es Haus* pundit; **♀er** *m* (-en; -en) learned man, scholar, savant (*Fr.*).

Geleier [ɡəˈlaɪər] *n* (-s) monotonous music *or* speech, singsong.

Geleise [ɡəˈlaɪzə] *n* (-s; -) rut, track; *rail.* rails *pl.*, line, *Am.* track; *einfaches (doppeltes) ~* single (double) line *or* track; *aus dem ~ springen* get off a line, be derailed, *Am.* jump the track; *fig. im alten ~* in the (same) old rut (*or* groove), following the beaten track; *aus dem ~ off the rails; aus dem ~ kommen colloq.* be put out; *wieder ins ~ bringen* put right again; *die Verhandlungen sind auf ein totes ~ geraten* the negotiations have reached a deadlock; → *Gleis...*

Geleit [ɡəˈlaɪt] *n* (-[e]s) conduct; *a. mil.* escort; *mar.* convoy; attendance; *j-m das ~ geben* accompany (*or* escort) a p.; *see a p. off (or zu dat.* to); *j-m freies (or sicheres) ~ geben* give a p. safe-conduct; *j-m das letzte ~ geben* pay a p. the last hono(u)rs; **~brief** *m* (letter of) safe-conduct; *econ.* letter of consignment; customs certificate; **♀en** *v/t.* (h.) accompany, conduct, escort; *an die Tür, etc., ~* see to the door, *etc.; an den Bahnhof, etc., ~* see off (*or* to the station, *etc.*); *mil.* escort, *mar. usu.* convoy; **~flugzeug** *n* escort plane (*or* fighter); **~schein**

econ. m navicert; **~schiff** *n* convoy *or* escort (vessel); **~schutz** *m* convoy (escort); ~ *geben* escort, convoy; **~wort** *n* (-[e]s; -e) prefatory word; preface, foreword; **~zug** *mar. m* convoy; *im ~ fahren* sail in convoy.

Gelenk [ɡəˈlɛŋk] *n* (-[e]s; -e) *anat.* joint; articulation; *Hand♀* wrist; *Fuß♀* ankle; *falsches ~* false joint; *bot., tech.* articulation, joint; link; hinge; *um ein ~ drehbar* hinged; **~band** *n anat.* ligament; **~entzündung** *f* arthritis; **~fahrzeug** *n* articulated vehicle; **♀ig** *adj.* flexible, pliable; agile; lissom(e), supple; *tech.* flexible, articulated; *a.* angebracht hinged; **♀igkeit** *f* (-) flexibility, pliancy; agility; suppleness; **~kopf** *mot. m* cardan joint; **~kupplung** *tech. f* joint coupling; **~pfanne** *anat. f* socket of a joint; **~rheumatismus** *m* articular rheumatism; **~schmiere** *f* joint-oil, synovia; **~stange** *tech. f* toggle link; **~welle** *tech. f* cardan shaft.

gelernt [ɡəˈlɛrnt] *adj.* skilled (*worker*).

Gelichter [ɡəˈliçtər] *n* (-s) lot. rabble, riffraff.

Geliebte(r *m*) [ɡəˈli:ptə(r)] *f* (-n, -n; -en, -en) *m* lover; love, sweetheart, darling; mistress, (kept) woman.

geliehen [ɡəˈli:ən] *p.p. of leihen.*

gelieren [ʒeˈli:rən] *v/i.* (sn) gelatinize.

ge'lind(e) *adj.* soft, mild, gentle (*all a. fig.*); mild, lenient, slight (*punishment*); slight (*pain*); slow (*fire*); moderate; → *aufziehen; ~e gesagt* to put it mildly, to say the least.

gelingen [ɡəˈliŋən] *v/i.* (*irr.*, sn) succeed, be successful; *es gelang ihm (es zu tun)* he succeeded (in doing it), he managed (to do it); he was successful, he put it across; *es gelang ihm nicht* he failed; *die Arbeit gelang gut* the work turned out well; → *gelungen.*

Ge'lingen *n* (-s) success, successful outcome.

Gelispel [ɡəˈlispəl] *n* (-s) lisping; whispering.

gelitten [ɡəˈlitən] *pret. of leiden.*

gell [ɡɛl] *adj.* shrill, piercing.

gellen [ˈɡɛlən] *v/i. and v/t.* (h.) shrill; *a.* yell, scream; **♀d** *adj.* shrill, piercing; *~es Geschrei* yelling, screams *pl.*

ge'loben *v/t.* (h.) promise solemnly; vow, pledge; *sich ~* vow to o.s.; make a solemn resolve; → *Land.*

Ge'löbnis [ɡəˈlø:pnis] *n* (-ses; -se) (solemn) promise; pledge; vow.

gelogen [ɡəˈlo:ɡən] *pret. of lügen.*

Ge'löstheit [ɡəˈlø:sthaɪt] *f* (-) relaxed mood.

gelt [ɡɛlt] **I.** *adj.* giving no milk, dry; (sterile) barren; **II.** *int. colloq.* isn't it ?, eh ?

gelten [ˈɡɛltən] **I.** *v/t.* (*irr.*, h.) be worth; **II.** *v/i.* (*irr.*, h.) be of value; be valid; count; *reason:* a. hold (good *or* true); *law, etc.:* a. be effective(*or* in force, in operation); *coin:* be current; *fig.* matter; *et. ~ a.* carry weight, have credit *or* influence, count for much; *wenig ~* rate low; *j-m ~* be meant (*or* intended) for a p.; ~ *für:* **a)** (*or* als) pass for, be reputed (*or* thought, supposed) to be, be considered as, be looked upon as, rank *or* rate as; **b)** apply to, *jur.* be applicable to; be true *or* right for; ~ *lassen* let pass (*or* stand), allow, admit of; ~ *lassen als* pass off as; *das will ich* ~ *lassen!* granted!, I don't dispute that; *das gilt auch für dich!* that applies to (*or* goes for) you, too!; *jur. dasselbe gilt für* the same rule shall apply to; *als Sonderfall gilt* shall be deemed an exceptional case; *in Zweifelsfällen gilt die englische Fassung* in case of doubt the English version shall prevail (*or* be the official text); *er gilt dort viel* his word carries weight there, he is higly respected (*or* much made of) there; *was er sagt, gilt* what he says goes, his word is the law; *was gilt die Wette?* what do you bet?; *es gilt!* done!, agreed!, I am on!; *das gilt nicht* that is not allowed (*or* not fair); that does not count; *jetzt gilt's!* now's the time!; *es gilt, zu inf.* the (point in) question is to *inf.*, it is necessary (*or* imperative) to *inf. or* that; *es gilt e-n Versuch* an attempt must be made; *es galt unser Leben* our life was at stake; *er war stets zur Hand, wenn es galt* he was always there in an emergency; **~d** *adj.* valid, *law, etc.*: *a.* effective, in force *or* operation; applicable; *econ.* ruling, current (*prices*); accepted, acknowledged; prevailing; ~ *machen, daß* advance (*or* maintain, put forward, urge) that; *s-n Einfluß* ~ *machen* bring one's influence to bear; *als Entschuldigung, etc.,* ~ *machen* plead; *jur. Verjährung* ~ *machen* plead prescription; *sich* ~ *machen* assert o.s., claim recognition, *fig.* be (*or* make itself) felt; **2dmachung** *f* (-) assertion (*of claims, etc.*); exercise (*of influence*).

'Geltung *f* (-; -en) worth, value; validity; *of coin:* currency (*a. fig. of idea, expression*); importance, consequence, weight, *of person: a.* authority, credit; respect, recognition; prestige; ~ *haben* be valid, → *gelten; zur* ~ *bringen* bring to bear; accentuate; *zur* ~ *kommen* (begin to) tell, be (*or* make itself) felt, take effect, come into play; be conspicuous, stand out; *die Farbe kommt gut zur* ~ the colo(u)r shows well; *er kam in der Masse nicht zur* ~ he was hardly noticed in the crowd; *sich* ~ *verschaffen* make o.s. respected, bring one's influence to bear; **~sbedürfnis** *n* (-ses) craving for admiration, desire to show off, egotism; **~sbereich** *m* scope, authority, jurisdiction; *of law:* purview; **~sdauer** *f* (period of) validity, valid period; life (*of patent, etc.*); term (*of contract*).

Gelübde [gə'lypdə] *n* (-s; -) vow; *ein* ~ *ablegen* take (*or* make) a vow.

gelungen[1] [gə'luŋən] *p.p. of* gelingen.

ge'lungen[2] *adj.* successful, *pred.* a success; *das Bild ist gut* ~ the picture turned out well; amusing, funny, capital; *ein* ~*er Kerl* quite a character.

Gelüst [gə'lyst] *n* (-es; -e) craving, appetite, desire, lust (*all: nach* for); **2en** *v/i.* (*impers., h.*): *es gelüstet mich* (*or mich gelüstet*) *nach* I crave (*or* long) for; *es gelüstet mich sehr, zu inf.* I feel strongly tempted to *inf.; eccl. sich* ~ *lassen nach* covet *a. th.*

gemach! [gə'ma:x] *int.* gently!, easy!

Ge'mach *n* (-[e]s; ᵘer) room, apartment, chamber; cabinet, closet; boudoir (*Fr.*).

gemächlich [gə'mɛ:çliç] *adj.* easy, comfortable; leisurely (*a. adv.*); ~*en Schrittes* (*or Tempos*) at a leisurely pace, leisurely; ~ *gehen* stroll, amble; ~ *leben* live at ease (*or* comfortably); **2keit** *f* (-) ease, comfort; leisureliness.

Gemahl [gə'ma:l] *m* (-[e]s; -e) consort; husband; *Prinz2* prince consort; *2in f* wife; spouse, consort; *Ihr Herr Gemahl, Ihre Frau Gemahlin* Mr. N., Mrs. N., *intimately:* your husband, your wife.

ge'mahnen *v/t.* (*h.*): *j-n* ~ *an* (*acc.*) remind a p. of, put a p. in mind of; *fig.* ~ *an* (*acc.*) suggest, be suggestive of.

Gemälde [gə'mɛ:ldə] *n* (-s; -) painting, picture; portrait; **~ausstellung** *f* exhibition of paintings *or* pictures; **~galerie** *f* picture-gallery, *Am. a.* museum; **~sammlung** *f* collection of paintings *or* pictures.

Gemarkung [gə'markuŋ] *f* (-; -en) boundary; landmark.

gemäß [gə'mɛ:s] **I.** *adj.* appropriate, conformable (*dat.* to); **II.** *prp.* (*dat.*) according to, in accordance (*or* conformity, agreement) with, in compliance with; in consequence of, as a result of; *jur.* pursuant to, in pursuance of; ~ *den bestehenden Bestimmungen* under the existing regulations; ~ *Ihren Anweisungen* as prescribed, following your instructions; ~ *den nachfolgenden Vorschriften* as hereinafter provided; **2heit** *f* (-) conformity.

ge'mäßigt *adj.* moderate; *geogr.* temperate.

Gemäuer [gə'mɔʏər] *n* (-s; -): *altes* ~ (*old*) ruins *pl.,* decayed walls *pl.*

gemein [gə'maɪn] **I.** *adj.* common; general, common; public; *b.s.* low, base, caddish; mean; vulgar; coarse; dirty; vile, awful, beastly; *math.* ~*er Bruch* vulgar fraction; ~*es Feldhuhn* common partridge; *das* ~*e Wohl* → *Gemeinwohl; ~er Soldat* → *Gemeine(r); der* ~*e Mann* the man in the street; ~*e Ausdrücke* filthy (*or* vile, abusive) words; ~*er Kerl* cad, dirty dog, *Am. a.* heel; *et.* ~ *haben mit* (*dat.*) have a th. in common with; *sie haben nichts miteinander* ~ they have nothing in common; *sich* ~ *machen* make o.s. cheap; *sich* ~ *machen mit* (*dat.*) make common cause with, chum up with; *j-m e-n* ~*en Streich spielen* play a p. a dirty trick; *sei nicht* ~*!* don't be a cad!; **II.** *adv. colloq.:* ~ *kalt* awfully (*or* beastly) cold.

Ge'mein...: **~betrieb** *m* public utilities *pl.; agr.* communal farming; **~besitz** *m* common (*or* public, collective) property.

Gemeinde [gə'maɪndə] *f* (-; -n) *pol.* community (*a. fig.*); local authority; municipality; *eccl.* **a)** parish, **b)** congregation; audience; **~abgaben** *f/pl.* local rates, *Am.* local taxes; **~amt** *n* local board; *~anger m* common; **~beamte(r)** *m* communal officer; **~behörde** *f* local authority; **~betrieb** *m* communal undertaking; **~diener** *m* beadle; *2eigen adj.* communal(-owned), municipal; **~haus** *n* municipal hall; *eccl.* parish home; **~haushalt** *m* communal (*or* municipal) budget; **~mitglied** *n* member of a community, *n.s.* parishioner; **~ordnung** *f* local (*or* municipal) code; **~pfleger** *m* parish (*or* town) treasurer; **~rat** *m* (-[e]s; ᵘe) municipal council (*or* person: councillor; **~schreiber** *m* parish (*or* town) clerk; **~schule** *f* council (*or* parish) school; **~schwester** *f* district (*eccl.* parish) nurse; **~steuer** *f* (local) rate, *Am.* local tax; **~unterstützung** *f* parish relief; **~verband** *m* communal association; **~verwaltung** *f* local administration (board), local government; municipality; **~vorstand** *m* local board; → *Gemeinderat;* **~vorsteher** *m* chairman of a parish council; mayor; **~wahl** *f* communal election.

Ge'meine(r) *m* (-n; -n) *mil.* private (soldier), *Am.* (basic) private; *die* ~*n pl.* the ranks, the rank and file.

ge'mein...: **~faßlich** → *gemeinverständlich;* **~gefährlich** *adj.* dangerous to the public; ~*er Mensch* public danger (*Am.* enemy); *2gefahr f* public danger; *2geist m* (-es) public spirit, civic sense; *2gläubiger m* bankrupt's creditor; **~gültig** *adj.* generally accepted, current; *2gut n* (-es) common property; *zum* ~ *machen* make *a. th.* common property, popularize; *2heit f* (-; -en) meanness, lowness; baseness; vulgarity; coarseness; mean (*or* low) act, dirty trick; **~hin** *adv.* commonly, generally (speaking); *2kosten pl.* overhead (costs); *2nutz m* (-es) common *od.* public interest (*or* good), public weal; ~ *geht vor Eigennutz* public need before private greed; **~nützig** [-nytsiç] *adj.* of general (*or* public) utility; charitable, welfare; co-operative; *person:* public-spirited; ~*e Organisation* non-profit (making) organization; ~*e öffentliche Betriebe* public utilities; ~*e Belange* community interest; *in* ~*er Weise* on a non-profit basis; *2nützigkeit f* (-) general usefulness, public utility; *2platz m* commonplace (expression), truism, platitude, bromide; **~sam I.** *adj.* joint, common (*dat.* to); combined; collective; mutual; *allen* ~ common to all; ~*er Freund* common (*a.* mutual) friend; → *Nenner;* ~*e Aktion* joint (*or* concerted) action; ~*es Eigentum* joint *or* common property; ~*e Eigentümer* joint owners; ~*er Markt* (European) Common Market (*abbr.* E.C.M.); ~*e Sache machen* make common cause (*mit* with); **II.** *adv.* jointly, together; in a body; ~ *handeln mit* (*dat.*) act in concurrence (*or* conjointly, in concert) with; ⎆samkeit *f* (-) commonness; community; common interest; mutuality.

Ge'meinschaft *f* (-; -en) community (*of goods, etc.*); *econ.* partnership; community, union, association; team; *eccl.* communion; intercourse, association (*mit* with); *jur.* eheliche ⁓ conjugal community; *häusliche* ⁓ common household; *in* ⁓ *mit* jointly (*or* together, in co--operation) with; ⎆lich *adj.* → gemeinsam; *econ.* ⁓es Konto, ⁓e Rechnung joint account; ⁓ *haften* be jointly and severally liable.

Ge'meinschafts...: ⁓anschluß *teleph. m* party line; ⁓antenne *f* party aerial (*or* antenna); ⁓arbeit *f* team-work; ⁓betrieb *m* joint enterprise; ⁓empfang *m'* (-[e]s) *radio:* community listening; ⁓erziehung *f* co-education; ⁓finanzierung *f* group financing; ⁓gefühl *n* (-[e]s) fellow feeling, community of feelings; ⁓geist *m* (-es) team-spirit, esprit de corps (*Fr.*), solidarity; ⁓konto *n* joint account; ⁓küche *f* canteen; ⁓kunde *f* (-) social studies *pl.*; ⁓produktion *f* co-production; ⁓raum *m* recreation (*or* common) room; ⁓schule *f* co-educational school; ⁓sendung *f* hook-up, link--up; ⁓speisung *f*, ⁓verpflegung *f* communal feeding; ⁓werbung *f* co-operative advertising.

Ge'mein...: ⁓schuldner *m* bankrupt; ⁓sinn *m* (-[e]s) public spirit, civic sense; ⎆verständlich *adj.* intelligible to all, popular; ⁓wesen *n* (-s) community; polity, commonwealth; ⁓wirtschaft *f* social economy; *agr.* collective farming; ⎆wirtschaftlich *adj.* public; ⁓er Nutzungsbetrieb public utilities *pl.*; ⁓wohl *n* common (*or* public) weal.

Gemenge [gə'mεŋə] *n* (-s; -) mixture; scuffle, brawl, mêlée (*Fr.*).

Gemengsel [gə'mεŋzəl] *n* (-s; -) medley, hotchpotch.

ge'messen *adj.* measured (*a. steps, words*); formal; strict; grave, solemn; *tech.* rated (*performance*); ⎆heit *f* (-) measuredness; formality; gravity.

Gemetzel [gə'mεtsəl] *n* (-s; -) carnage, slaughter, butchery, massacre.

gemieden [gə'mi:dən] *p.p. of* meiden.

Gemisch [gə'miʃ] *n* (-es; -e) mixture (*a. chem., mot.*); *fig.* medley, mixture; ⁓regelung *mot. f* mixture control.

ge'mischt *adj.* mixed (*a. tennis*), diffused; mixed-type (*mortgage bank, etc.*); ⁓e Gefühle mixed (*or* mingled) feelings; ⁓e Gesellschaft mixed company; *colloq.* es ging recht ⁓ zu there were all sorts of goings-on; ⎆bauweise *f* composite construction; ⎆warenhandlung *f* grocery; *Am.* general merchandise store; ⁓wirtschaftlich *econ. adj.* public-private.

Gemme ['gεmə] *f* (-; -n) gem.

gemocht [gə'mɔxt] *p.p. of* mögen.

gemolken [gə'mɔlkən] *p.p. of* melken.

Gems|bock ['gεms-] *m* chamois-

-buck; ⁓e ['gεmzə] *f* (-; -n) chamois; ⁓jäger *m* chamois-hunter; ⁓leder *n* chamois leather, shammy.

Gemunkel [gə'muŋkəl] *n* (-s) rumours *pl.*, gossip, talk; whispering, whispers *pl.*

Gemurmel [gə'murməl] *n* (-s) murmur(ing), mutter(ing).

Gemüse [gə'my:zə] *n* (-s; -) vegetable; *collect.* vegetables, greens *pl.*; *colloq. fig.* junges ⁓ small fry; ⁓bau *m* (-[e]s) cultivation of vegetables; vegetable gardening, *Am.* truck farming; ⁓beet *n* vegetable bed; ⁓garten *m* kitchen-garden; ⁓gärtner *m* market-gardener, *Am.* truck farmer, trucker; ⁓händler(in *f*) *m* greengrocer; ⁓handlung *f* greengrocer's shop; ⁓konserven *f/pl.* preserved (*or* tinned, *Am.* canned) vegetables; ⁓suppe *f* vegetable soup.

gemüßigt [gə'my:sigt] *adj.:* sich ⁓ sehen, an *inf.* feel (*or* find o.s.) obliged *or* compelled to *inf.*

gemußt [gə'must] *p.p. of* müssen.

gemustert [gə'mustərt] *adj.* figured, patterned.

Gemüt [gə'my:t] *n* (-[e]s; -er) mind; feeling; soul; heart; nature, disposition, temper(ament), cast of mind; ⁓er *pl.* (*persons*) minds, people; *die* ⁓er erhitzten sich feeling ran high; *sonniges* ⁓ sunny nature; sich et. zu ⁓e führen take a th. to heart; *colloq.* sich zu ⁓e führen discuss, wrap o.s. around *a bottle of wine, etc.*; ⎆lich *adj. person:* **a**) sociable, genial, jovial, jolly, good--natured, **b**) placid, cool, **c**) easy--going, leisurely; *place:* comfortable, cosy, snug; restful (*atmosphere, journey, etc.*); ⁓es Beisammensein social gathering; *person:* ⁓ werden unbend; es sich ⁓ machen make o.s. at home, relax; take it easy; *immer* ⁓! take it easy!, keep your shirt on!; ⁓lichkeit *f* (-) sociability, geniality, joviality, good nature; comfort(ableness), cosiness, snugness; cosy atmoshpere; relaxed mood; *in aller* ⁓ leisurely; with time to spare; *da hört doch die* ⁓ *auf!* that's the limit!; ⎆los *adj.* unfeeling, heartless.

Ge'müts...: ⁓art, ⁓beschaffenheit *f* (mental) disposition, nature, temper, character, cast of mind; ⁓bewegung *f* emotion; ⎆krank *adj.* mentally diseased, emotionally disturbed; insane; melancholic; ⁓krankheit *f* mental disorder; melancholia; ⁓leben *n* (-s) inner life; ⁓mensch *m* emotional person, sentimentalist; *iro.* hard-boiled person; ⁓ruhe *f* peace of mind, tranquil(l)ity; calmness, composure, placidity; *in aller* ⁓ cool as a cucumber, as calm and complacent as you please; ⁓verfassung *f*, ⁓zustand *m* state (*or* frame) of mind; humo(u)r.

ge'mütvoll *adj.* warm(-hearted), emotional; full of feeling (*or* sentiment).

gen [gεn] *prp.* (*acc.*) *poet.* → gegen; ⁓ Osten towards the east, eastward; ⁓ Himmel heavenward.

Gen [ge:n] *biol. n* (-s; -e) gene, factor.

genannt[1] [gə'nant] *p.p. of* nennen.

ge'nannt[2] *adj.* said, aforesaid, above-mentioned, foregoing; *econ.* ⁓er Kurs nominal price.

genas [gə'nɑ:s] *pret. of* genesen.

genau [gə'nau] **I.** *adj.* exact, accurate (*in dat.* in); *tech. a.* true; definite, precise; right; strict; careful, scrupulous, meticulous; minute, detailed, in detail; particular, punctilious; sparing, parsimonious; *die* ⁓e Zeit the exact *or* right time; ⁓er Bericht detailed account, full report; ⁓es Befolgen der Anweisungen strict adherence to instructions; *econ.* ⁓ester Preis lowest price; ⁓eres full particulars, further details; **II.** *adv.* exactly, etc.; ⁓ dasselbe just the same thing; ⁓ so gut just as good (*or w.s.* well); ⁓ so gern just as soon; ⁓ überlegt carefully considered; ⁓ um 4 Uhr at 4 o'clock precisely; ⁓ eine Meile exactly one mile; ⁓ in der Mitte right in the middle; ⁓genommen strictly speaking; es ⁓ nehmen (mit dat.) be particular (about), be strict (about); ⁓ befolgen follow rules closely; ⁓ berechnen make a close calculation; ⁓ gehen watch: keep good time; ⁓ kennen know thoroughly (*or* intimately, inside out); ich weiß es ⁓ I am sure of it; ich weiß ⁓, daß I am positive that, I know for certain that; ich denke darüber ⁓ so I feel (just) the same way about it; aufs ⁓este minutely, to a nicety, to a T.; ⎆igkeit *f* (-) exactness, accuracy; precision; strictness; carefulness; punctiliousness; particularity; sparingness, parsimony; fidelity; *mit* ⁓ accurately; *mit einiger* ⁓ with some approach to accuracy; ⎆igkeitsgrad *m* degree of accuracy.

Gendarm [ʒãˈdarm] *m* (-en; -en) country policeman, gendarme; **Gendarmerie** [-mə'ri:] *f* (-; -n) rural constabulary.

Gene-alog [genea'lo:k] *m* (-en; -en) genealogist; **Gene-alogie** [-lo'gi:] *f* (-; -n) genealogy; **gene-alogisch** [-'lo:giʃ] *adj.* genealogical.

genehm [gə'ne:m] *adj.* acceptable, convenient, agreeable (*dat.* to); *wenn es ihm* ⁓ *ist* when it will suit him.

genehmig|en [gə'ne:migən] *v/t.* (h.) grant; agree (*or* assent, consent) to; approve (of), authorize, *Am. colloq.* okay; license; accept (*proposal, etc.*); ratify (*treaty*); → erlauben; *amtlich genehmigte Ausrüstung* (officially) approved equipment; *colloq.* sich einen ⁓ have a drink, hoist one; ⎆ung *f* (-; -en) grant; approval (*gen.* of), assent (to); acceptance (of); ratification; permission; authorization; *adm.* licen|ce, *Am.* -se; permit; *j-m* erteilen, zu *inf.* give a p. permission (*or* leave) to *inf.*; ⁓ authorize (*or* license) a p. to *inf.*; *jur. mit* ⁓ des Gerichtes by leave of court; *mit freundlicher* ⁓ von by favour of, *Am.* by courtesy of; ⎆ungsbehörde *f* approving authority; ⎆ungsbescheid *m* notice of approval; ⁓ungspflichtig *adj.* subject to authorization.

geneigt [gə'naɪkt] *adj.* sloping, inclined; *fig. j-m:* well-disposed (towards *a p.*), gracious; *zu et.* ~ *sein* be inclined to; → *neigen; ein* ~*es Ohr* a willing ear, a favourable hearing; *der* ~*e Leser* the gentle reader; *er war nicht* ~, *ihn zu empfangen* he did not deign (*or* choose) to receive him; **heit** *f* (-) inclination; kind disposition, benevolence, favo(u)r, goodwill; → *Neigung.*

General [genə'raːl] *mil. m* (-s; ~e) general; **abrechnung** *econ. f* general account; **agent** *m* general agent; **anwalt** *m* advocate-general; **anzeiger** *m* (-s; -) General Gazette; **arzt** *m* Brigadier, *Am.* Brigadier General (Medical Corps); **baß** *mus. m* thorough-bass; **bevollmächtigte(r** *m*) *f* chief representative, delegate general, *pol.* plenipotentiary; *of private person:* lawful agent and attorney (with full power to *inf.*); **bilanz** *econ. f* annual balance; **direktion** *f* management, executive board; **direktor** *m* general manager, managing director; **'feldmarschall** *m* field-marshal; **gouverneur** *m* governor-general; **intendant** *m thea.* director; *mil.* Commissary-general.

generalisieren [-rali'ziːrən] *v/t. and v/i.* (h.) generalize.

Generalissimus [-ra'lisimus] *m* (-; -mi) generalissimo.

Generalität [-rali'tɛːt] *f* (-; -en) the generals *pl.*

Gene'ral...: **kommando** *n* chief command; command headquarters *pl.;* **konsul** *m* consul-general; **konsulat** *n* consulate-general; **'leutnant** *m* lieutenant-general; *aer. Brit.* air marshal; **major** *m* major-general; *aer. Brit.* air vice marshal; **marsch** *m* general(e); **nenner** *math. m* common denominator; **'oberst** *m* colonel-general; **pardon** *m* general pardon; **police** *f insurance:* general policy; **'postmeister** *m* postmaster-general; **probe** *thea. f* dress rehearsal; **quar'tiermeister** *m* quartermaster-general; **quittung** *f* receipt in full; **sekretär** *m* secretary-general; **srang** *m* rank of a general, generalship; **'staatsanwalt** *m* Chief State Counsel; **stab** *mil. m* general staff; **stabs-chef** *m* chief of general staff; **stabskarte** *f* ordnance map 1 : 100 000; *Am.* strategic map; **stabs-offizier** *m* general-staff officer; **streik** *m* general strike; **swürde** *f* → *Generalsrang;* **überholung** *f* major overhaul; **unkosten** *pl.* overhead expenses, total overhead *sg.;* **versammlung** *econ. f* general meeting (of shareholders, *Am.* of stockholders); *außerordentliche* ~ extraordinary general meeting, *Am.* special meeting of stockholders; *pol.* General Assembly (of the United Nations); **vertreter** *m* general agent; **vollmacht** *jur. f* general (*or* full) power of attorney.

Generation [genəratsi'oːn] *f* (-; -en) generation; *die heranwachsende* ~ the oncoming generation.

Generator [-'raːtɔr] *tech. m* (-s; -'toren) *of current:* generator;

dynamo; gas producer; **gas** *n* producer gas.

generell [-'rɛl] *adj.* general, universal, *Am. a.* blanket.

generisch [gə'neːriʃ] *adj.* generic(ally *adv.*).

generös [genə'røːs] *adj.* generous.

genesen [gə'neːzən] *v/i.* (*irr., sn*) recover, convalesce (*von* from); be restored (to health), recuperate; *e-s Kindes* ~ give birth to (*or* be delivered of) a child; **de(r** *m*) *f* (-n, -n; -en, -en) convalescent.

Ge'nesung *f* (-) recovery, convalescence (*both:* von from).

Ge'nesungs...: **heim** *n* convalescent home; **kompanie** *mil. f* convalescent company; **urlaub** *m* convalescent (*or* sick) leave.

Genetik [gə'neːtik] *biol. f* (-) genetics *pl.*

Genf [gɛnf] *n* (-s) Geneva; **er(in** *f*) *m* (-s, -; -, -nen) Genevan, Genevese; **er** *adj.* Genevan, (of) Geneva; ~ *Konvention* Geneva Convention; ~ *Rotes Kreuz* Geneva Red Cross; ~ See Lake Geneva, Lake Leman.

genial [gəni'aːl] *adj. person:* ingenious, inspired, brilliant; *er ist* ~ he is a (man of) genius; *matter:* ingenious, brilliant, inspired; **Geniali'tät** [-ali'tɛːt] *f* (-) genius; ingenuity, brilliancy.

Genick [gə'nik] *n* (-[e]s; -e) (back of the) neck, nape (of the neck); (*sich) das* ~ *brechen* break one's neck; *fig. das brach ihm das* ~ *that* broke his neck, that did it for him; *j-n beim* ~ *nehmen* take a p. by the scruff of the neck; **schlag** *m boxen:* blow behind the neck, rabbit-punch; **schuß** *m* shot through the base of the skull; **starre** *med. f* (-; -n) cerebrospinal meningitis.

Genie [ʒe'niː] *n* (-s; -s) genius; *person: a.* man of genius.

genieren [ʒe'niːrən] *v/t.* (h.) trouble, bother, incommode; *sich* ~ feel embarrassed *or* awkward, be self-conscious (*or* timid, shy); *sich* ~ *et. zu tun* be too timid to do a th., be shy of doing ɘ th.; *geniert es Sie, wenn ich rauche* (do you) mind my smoking (*or* if I smoke); ~ *Sie sich nicht* don't be shy, make yourself at home; *er genierte sich nicht, zu inf.* he had the audacity (*or* nerve) to *inf.*; *das geniert ihn nicht* he doesn't mind, that doesn't bother him.

genieß|bar [gə'niːsbaːr] *adj.* eatable, fit to eat; edible; drinkable; *fig.* enjoyable, agreeable; *nicht* ~ → *ungenießbar;* **barkeit** *f* (-) eatableness, edibility, drinkability; **en** *v/t.* enjoy (*a. advantage, credit, reputation, etc.*); *food:* take, eat, drink; *recht* ~ relish, savo(u)r (*both a. fig.*); revel in; *nicht zu* ~ not eatable, unpalatable, *fig.* intolerable; *person:* unbearable; *et.* ~ take some food *or* refreshments; *j-s Vertrauen* ~ be in a p.'s confidence; *e-e gute Erziehung* ~ receive a good education; **er(in** *f*) *m* (-s, -; -, -nen) epicure, sensualist, bon viveur (*Fr.*); gourmet.

Ge'niestreich *m* stroke of genius,

ingenious trick; *iro.* foolish trick, bright idea.

Genitalien [geni'taːliən] *pl.* genitals.

Genitiv ['geːnitiːf] *gr. m* (-s; -e) genitive, possessive case.

Genius ['geːnius] *m* (-; -ien) genius; *guter* ~ guardian angel.

genommen [gə'nɔmən] *p.p. of nehmen.*

genormt [gə'nɔrmt] *adj.* standardized.

genoß [gə'nɔs] *pret. of genießen.*

Genosse [gə'nɔsə] *m* (-n; -n) companion, partner; comrade (*a. communist*); fellow, chum, pal; *jur.* accomplice; *Braun u.* ~*n* Braun and others.

genossen [gə'nɔsən] *p.p. of genießen.*

Ge'nossenschaft *f* (-; -en) company, association; *n.s.* co-operative (society), *Am. a.* mutual benefit association; *landwirtschaftliche* farmers' co-operative; **er** *m* (-s; -) member of a co-operative society; associate; **lich** *adj.* co-operative; **sbank** *f* (-; -en) co-operative bank(ing association); **sgesetz** *n* (co-operative) association law; **s-register** *n* register of (co-operative) associations; **sverband** *m* co-operative union.

Ge'nossin *f* (-; -nen) (female) companion; → *Genosse.*

Genotyp [geno'tyːp] *biol. m* (-s; -en) genotype.

Genre ['ʒɑ̃ːr(ə)] *n* (-s; -s) genre (*Fr.*); **bild** *n* genre picture; **maler(in** *f*)ʳ *m* genre painter.

Genua ['geːnua] *n* (-s) Genoa; **Genueser(in** *f*) [genu'eːzər(in)] *m* (-s, -; -, -nen), **genu'esisch** *adj.* Genoese.

genug [gə'nuːk] **I.** *adv. and adj.* enough, sufficient(ly); ~ *Geld* enough money *or* money enough; *wir haben* ~ *zu leben* we have enough to live on; ~ *der Tränen!* no more tears!; ~ *davon!* enough (of that)!, no more of this!, that will do!; *ich habe* ~ *davon* I have enough (*or* am tired) of it, I am fed up with it, I am sick of it; *er hat* ~ **a)** he is making enough money, **b)** he has had his share, **c)** he has had his fill, **d)** that will do for him; *mehr als* ~ enough and to spare; *nicht* ~, *daß er sie lobte, sondern* not only did he praise her, but; *to guest: sag, wenn es* ~ *ist!* say when!; **II.** *int.* ~! enough!, stop!, that will do!; in short, in a word.

Genüge [gə'nyːgə] *f: zur* ~ enough, sufficiently, fully; *ich kenne ihn zur* ~ I know him well enough; *j-m* ~ *tun or leisten* satisfy a p., give a p. satisfaction; ~ *tun or leisten* (*dat.*) come up to (*expectations*), comply with, meet, fulfil (*conditions, etc.*).

ge'nügen *v/i.* (h.) suffice, be sufficient *or* enough; *das genügt* (*mir*) that's enough, that will do (for me); *j-m* ~ satisfy a p.; (*nicht*) ~ (not) to give satisfaction; meet (*demand, requirements*); → *Genüge tun; sich* ~ *lassen* be satisfied with; **d** *adj.* sufficient, enough; satisfactory; *ped.* fair.

genügsam [gə'nyːkzaːm] *adj.* easily

satisfied, contented; moderate; frugal; modest; **2keit** *f* (-) contentedness; moderation; frugality; modesty.

ge'nug ...: **~tun** *v/i.* (*irr.*, *h.*): j-m ~ satisfy a p., give a p. satisfaction; *sich nicht ~ können in* (*dat.*) *or mit et.*, *zu inf.* spend o.s. in a th., in *ger.*; **2tu-ung** *f* (-) **1.** satisfaction (*für acc.* for); reparation, redress; ~ *geben* give satisfaction (*dat.* to *insulted person*); ~ *leisten für* (*acc.*) make reparation (*or* amends) for; ~ *verlangen* demand satisfaction; **2.** satisfaction, gratification (*über acc.* at); *zu unserer ~ haben wir gehört, daß* we are gratified to hear that.

Genus ['genus] *n* (-; *-nera*) *biol.* genus, *pl.* genera; *gr.* gender.

Genuß [gə'nus] *m* (*-sses*, *~sse*) consumption, taking (*of food*), eating, drinking; *of possession, rights*: enjoyment, *a.* benefit, *jur. a.* use, usufruct (*gen.* of); *fig.* enjoyment (*an dat.* in; *für acc.* to); pleasure, delight, treat; *mit ~* with relish; *mit ~ essen, trinken, sehen, zuhören* enjoy; *die Genüsse des Lebens* the pleasures (*or* sweets) of life; *j-n in den ~ e-r Sache setzen* give a p. the benefit of a th.; **~mensch** *m* pleasure-lover, epicure, sensualist; **~mittel** *n* semi-luxury; stimulant; **2reich** *adj.* enjoyable, pleasurable, delightful; **~schein** *econ. m* enjoyment right certificate; **~sucht** *f* (-) thirst for pleasure; pleasure-seeking, dissipation; **2süchtig** *adj.* pleasure-seeking; sensual.

Geo|che'mie [geo-] *f* geochemistry; **~däsie** [-dɛ'zi:] *f* (-) geodesy; **~graph** [-'grɑ:f] *m* (*-en*; *-en*) geographer; **~graphie** [-gra'fi:] *f* (-) geography; **2graphisch** [-'gra:fiʃ] *adj.* geographic(al); **~loge** [-'lo:gə] *m* (*-en*; *-en*) geologist; **~logie** [-lo'gi:] *f* (-) geology; **2logisch** [-'lo:giʃ] *adj.* geologic(al).

Geo|meter [-'me:tər] surveyor; **~metrie** [-me'tri:] *f* (-; *-n*) geometry; **2metrisch** [-'me:triʃ] *adj.* geometric(al); **~e Reihe** geometrical progression; **~es Zeichnen** lineal drawing; **~phy'sik** *f* geophysics *pl.*; **~'physiker** *m* geophysicist; **~poli'tik** *f* geopolitics *pl.*

ge'ordnet *adj. a. fig.* orderly (*a. mil. retreat*); systematic; **~es Denken** disciplined thinking; *in ~en Verhältnissen leben* live in easy circumstances, be financially sound; → *ordnen.*

Ge-orgine [geor'gi:nə] *bot. f* (-; *-n*) dahlia.

Gepäck [gə'pɛk] *n* (*-[e]s*) luggage; *mil. or esp. Am.* baggage, pack; *das ~ aufgeben* book (*or* register) one's luggage, *Am.* check one's baggage; **~abfertigung** *f* dispatch of luggage, *Am.* baggage dispatch; **~annahme(stelle)** *f* luggage (registration) office, *Am.* baggage checking counter; **~aufbewahrung(sstelle)** *f* (left-)luggage office, *Am.* check room; **~ausgabe(stelle)** *f* luggage delivery office, *Am.* baggage room; **~halter** *m on bicycle*: carrier; **~marsch** *m* march with full equipment; **~netz** *n* luggage-rack; **~-**

raum *mot. m* → *Kofferraum*; **~revision** *f* examination of luggage; **~schalter** *m* → *Gepäckannahme*; **~schein** *m* luggage ticket, *Am.* baggage check; **~stück** *n* piece of luggage, parcel, item; **~träger** *m* (railway) porter; *on bicycle*: carrier; **~versicherung** *f* luggage insurance; **~wagen** *m* luggage van, *Am.* baggage car.

ge'panzert *adj.* armo(u)red, iron-clad.

Gepard ['ge:part] *zo. m* (*-s*; *-e*) hunting-leopard.

ge'pfeffert *adj. fig.* peppered, steep (*bill*); spicy, fruity (*joke*).

Gepfeife [gə'pfaifə] *n* (*-s*) whistling.

gepfiffen [gə'pfifən] *p.p. of* pfeifen.

gepflegt [gə'pfle:kt] *adj.* well-groomed (*person, etc.*); soigné (*Fr.*) (*appearance, clothes*); well cared-for (*hands, garden, etc.*); cultivated, polished, refined (*speech, style*); **~es Heim** refined home; **~er Wein** seasoned wine; **~er Schriftsteller** cultured writer.

gepflogen [gə'pflo:gən] *p.p. of* pflegen.

Ge'pflogenheit *f* (-; *-en*) habit, custom; practice, usage.

geplagt [gə'pla:kt] *adj.* tormented; harassed; *von Befürchtungen ~* ridden by fears.

Geplänkel [gə'plɛŋkəl] *n* (*-s*; -) skirmish (*a. fig.*).

Geplapper [gə'plapər] *n* (*-s*) babbling, babble, chatter(ing), prattle, chit-chat.

Geplärr [gə'plɛr] *n* (*-[e]s*) bawling.

Geplätscher [gə'plɛtʃər] *n* (*-s*) splashing, purling.

Geplauder [gə'plaudər] *n* (*-s*) chat, small talk; chatting, prattle.

ge'polstert *adj.* upholstered; padded.

Gepolter [gə'pɔltər] *n* (*-s*) rumbling (noise), rumble, din.

Gepräge [gə'prɛ:gə] *n* (*-s*; -) impression; coinage; *fig.* stamp, imprint, character(istics *pl.*); *e-r Sache das ~ geben* set the character of a th.; *das ~ aufweisen* (*gen.*) bear the imprint (*or* stamp) of (*a p. or th.*).

Gepränge [gə'prɛŋə] *n* (*-s*) pomp, splendo(u)r, pageantry.

Geprassel [gə'prasəl] *n* (*-s*) crackling, rattling, clatter.

gepriesen [gə'pri:zən] *p.p. of* preisen.

Gequassel [gə'kvasəl], **Gequatsche** [gə'kvatʃə] *colloq. n* (*-s*) silly talk, twaddle, balderdash.

gequollen [gə'kvɔlən] *p.p. of* quellen.

gerade [gə'ra:də] **I.** *adj.* straight; upright, erect; direct; even (*number*); *fig.* straightforward, sincere, plain, upright; **II.** *adv.* just, exactly, precisely; ~ *ein Jahr* a year to a day; ~ *entgegengesetzt* diametrically opposite *or* opposed; ~ *das Gegenteil* just the contrary, the very opposite; ~ *in dem Augenblick* (at) the very moment; *ich bin ~ gekommen* I have just come; *er schrieb ~* he was just writing; *sie wollte ~ gehen* she was just about (*or* going) to leave; *ich war ~ dort* I happened

to be there; *daß ich ~ dich treffen würde* that I should meet you of all people; *das hat mir ~ noch gefehlt* that's all I needed; *sie ist nicht ~ eine Schönheit* she is not exactly a beauty; *das ist ~ das Richtige* that's just the thing (we need); *geschieht dir ~ recht* serves you right; *da wir ~ von Kindern sprechen* speaking of children; ~ *zur rechten Zeit* just in time (*um zu inf.* to *inf.*), in the (very) nick of time; *nun ~!* now more than ever!, now with a vengeance!; *nun ~ nicht!* now less than ever!; ~ *als wenn or ob* just as if *or* though; ~ *darum, weil* for the very reason that, just because.

Ge'rade *f* (*-n*; *-n*) *math.* straight line; *sports*: **a)** straight(-away), **b)** home straight (*or* stretch); *boxing*: *linke (rechte) ~* straight left (right).

gerade'aus *adv.* straight on *or* ahead; **2empfänger** *m radio*: straight-circuit receiver; **2fahrt** *f skiing*: straight run; **2flug** *m* horizontal flight.

ge'rade ...: **~biegen** *v/t.* (*irr.*, *h.*) straighten; *fig. colloq.* put right (again), straighten out, *Am. a.* fix; **~halten**: *sich ~* (*irr.*, *h.*) hold o.s. upright *or* erect.

geradeher'aus *adv.* freely, frankly, outright; bluntly, point-blank.

ge'rade ...: **~legen**, **~machen**, *etc. v/t.* (*h.*) put straight, straighten.

Ge'rader *m* (*-n*; *-en*) *boxing*: → *Gerade.*

ge'rade ...: **~so** *adv.* just the same, exactly the same thing; ~ *wie* just like; ~ *viel* just as much; *es sieht ~ aus, als ob* it seems to me just as if; **~stehen** *v/i.* (*irr.*, *h.*) stand straight *or* erect; *fig. für et. ~* answer for a th.; **~(s)wegs** *adv.* directly, straight (on); ~ *auf et. losgehen* make a beeline for; straight away, on the spot, immediately; **~'zu** *adv.* straight(way), directly; → *geradeheraus*; almost, next to; sheer, plain, downright; nothing short of; *das ist ~ Wahnsinn* that's sheer (*or* downright) madness.

Gerad|führung [gə'ra:t-] *tech. f* guide; **~heit** *f* (-) straightness; *fig.* straightforwardness, uprightness, honesty; **2linig** [-li:niç] *adj.* rectilinear, straight-lined; lineal (*descent*); **~linigkeit** *f* (-) (recti-) linearity; **2sinnig** [-ziniç] *adj.* straightforward; **2zahlig** [-tsa:liç] *adj.* even-numbered.

gerammelt [gə'raməlt] *colloq. adv.*: ~ *voll* chockful, crammed, packed to capacity.

Geran|ie [ge'ra:niə] *f* (-; *-n*), **~ium** [-nium] *bot. n* (*-s*; *-ien*) geranium.

gerannt [gə'rant] *p.p. of* rennen.

Gerassel [gə'rasəl] *n* (*-s*) rattling, rattle; clatter.

Gerät [gə'rɛ:t] *n* (*-[e]s*; *-e*) tool, utensil, implement; gear; apparatus; instrument; *teleph., radio, TV* set; device, gadget; unit; equipment; *elektrisches ~* electrical appliance; *Küchen2* kitchen utensil(s *pl.*); household effects *pl.*; *Angel2* fishing-tackle; *Sport2* athletic implement(s *pl.*); *Turn2* apparatus; **~ekasten** *m* tool box.

geraten [gə'ra:tən] **I.** *v/i.* (*irr.*, *sn*)

come or fall, get in(to in acc., auf acc. [up]on), happen upon; über et. ~ come across; turn out well, etc., prove or be a success, etc., prosper, thrive; nach j-m ~ take after a p.; ~ an (a c.) come by a. p. or th.; aneinander ~ come to high words (or blows), mil. come to close quarters; außer sich ~ be beside o.s. (vor dat. with), go off one's head, be overjoyed, fly into a rage, see red; ~ in (acc.) get (or run) into (danger, debt); get caught in (a storm, etc.); in Entzücken ~ go into raptures; in Besorgnis ~ grow alarmed; unter j-s Einfluß ~ come under a p.'s influence; ihm gerät alles everything succeeds with him; die Ernte ist gut (schlecht) ~ there has been a good (bad) crop; → Abwege, Brand, Konkurs, etc.; II. adj. successful; advisable, commendable, good policy; advantageous, profitable; was du für ~ hältst whatever you think fit; das ~ste wäre, zu inf. the best thing (or policy) would be to inf.

Ge'räte...: ~schalter m plug switch; ~schnur f flexible cord; ~steckdose f coupler socket; ~stecker m connector plug; ~turnen n apparatus gymnastics pl.; ~übung f apparatus exercise; ~wagen m equipment wag(g)on or truck.

Ge'ratewohl n: aufs ~ at random, on the off-chance; aufs ~ e-e Auswahl treffen make a random selection; er versuchte es aufs ~ he took a chance.

Ge'rätschaften f/pl. tools, utensils, implements; equipment sg.

geraum [gə'raum] adj.: ~e Zeit long time; seit ~er Zeit for a long time; es wird noch e-e ~e Zeit dauern, bis it will be (or take) long before.

geräumig [gə'rɔymiç] adj. spacious, roomy; 2keit f (-) spaciousness, roominess.

Geräusch [gə'rɔyʃ] n (-es; -e) noise, sound; med. a. murmur; → Lärm, Knistern, Schwirren, etc.; 2arm adj. noiseless, silent; 2dämpfend adj. silencing, anti-noise; → schalldämpfend; ~kulisse f background; 2los adj. noiseless, silent, quiet (all a. tech.); ~losigkeit f (-) noiselessness, silence, quietness; ~pegel, ~spiegel m noise level; 2voll adj. noisy, loud; clamorous, uproarious.

gerben ['gɛrbən] v/t. (h.) dress, curry (hides); rot ~ tan; weiß ~ taw; sämisch ~ chamois; refine (metal); fig. j-m tüchtig das Fell ~ give a p. a good hiding.

'Gerber m (-s; -) leather-dresser, currier; tanner; tawer; Gerbe'rei f (-; -en) tanning, tanner's trade; tannery.

'Gerber...: ~lohe f tan-bark; ~wolle f skin wool.

Gerb|leim ['gɛrp-] m tannic acid glue; ~säure f tannic acid; ~stahl m polishing steel, burnisher; ~stoff m tannin.

gerecht [gə'rɛçt] adj. just; righteous; fair, equitable; impartial; justified, legitimate; just, well--deserved (punishment); ~ werden (dat.) do justice to a p. or th. (a. fig.); meet (conditions, demand, require-

ments, wish); meet, come up to (expectations); live up to (one's name, reputation); → entsprechen; e-r Aufgabe ~ werden master (or cope with) a task; allen Seiten ~ werden deal with all aspects; → Sattel; ~er Himmel! good heavens!; 2e(r) m (-; -n) eccl. righteous man; der Schlaf des ~n the sleep of the just; ~fertigt adj. justified, justifiable.

Ge'rechtigkeit f (-) justice; righteousness; fairness, equitableness; legitimacy, justification; → Gerechtsame; ~ widerfahren lassen (dat.) do justice to; ~ walten lassen dispense justice, fig. be just (or fair); ~sliebe f love of justice; 2sliebend adj. fair(-minded), equitable; ~ssinn m (-[e]s) sense of justice.

Gerechtsame [gə'rɛçtzaːmə] f (-n; -n) right; franchise, privilege, prerogative.

Gerede [gə're:də] n (-s) (idle) talk; gossip, tittle-tattle; rumo(u)r; sich (j-n) ins ~ bringen make o.s. (a p.) the talk of the town; ins ~ kommen get talked about; das ist nur leeres ~ that's mere eyewash.

geregelt [gə're:gəlt] adj. regular; orderly, well-conducted; → regeln.

ge'reichen v/i. (h.): zu et. ~ contribute (or redound) to a th.; es gereicht mir zur Freude it gives (or affords) me much pleasure; es gereicht ihm zum Vorteil it is (or will prove) to his advantage; → Ehre.

gereizt [gə'raitst] adj. irritated (a. med.), nettled, piqued; irritable, testy, edgy; 2heit f (-) irritation.

ge'reuen v/t. (impers., h.): es gereut mich I repent (of) it, I am sorry for it; sich die Zeit nicht ~ lassen not to grudge the time; sich keine Mühe ~ lassen spare no trouble.

Gericht[1] [gə'riçt] n (-[e]s; -e) dish; course.

Gericht[2] [gə'riçt] jur. n (-[e]s; -e) court (of justice), law-court, usu. rhet. and fig. tribunal, forum; the judges pl., the Bench; hearing, trial; session, term; judg(e)ment; eccl. jüngstes ~ Last Judg(e)ment, Doomsday; ~ erster Instanz court of first instance, trial court; ~ zweiter Instanz court of appeal(s), appellate court; ordentliches ~ (regular) court of law; von ~s wegen by order (or decree, warrant) of the court; ~ halten (or zu ~ sitzen) über (acc.) sit in judg(e)ment upon (a. fig.), try (a p. or case); das ~ anrufen apply to a court, appeal to a (higher) court; vor ~ bringen bring a th. into court, go to law about a th., bring an action against a p.; vor ~ erscheinen appear in court; vor ~ kommen a) matter: come before the court(s), b) person: go on trial; vor ~ stellen bring to trial, put on trial, arraign; sich vor ~ verantworten stand trial; e-e Sache vor ~ vertreten plead a cause, defend a case; fig. mit j-m scharf ins ~ gehen take a p. severely to task; Hohes ~! Your Lordship (Am. Honor), Members of the Jury!; 2lich adj. judicial, legal; adv. a. by order of the court; ~ vereidigt sworn (interpreter, etc.); ~e Beglaubigung legalization; ~e Medizin

forensic medicine; ~es Verfahren legal proceedings pl.; ~e Verfügung order (of a court); ~e Verfolgung prosecution; ~e Zustellungen legal process sg.; ~ anerkannte Schuld judg(e)ment debt; j-n ~ belangen, gegen j-n ~ vorgehen, ~e Schritte ergreifen gegen j-n sue a p., institute (legal) proceedings against a p., take legal steps against a p.

Ge'richts...: ~akten f/pl. court records; 2anhängig adj. pending; ~arzt m medical examiner; ~assessor m fully qualified candidate for judicial appointment; junior barrister; ~barkeit f (-) jurisdiction; erstinstanzliche ~ original jurisdiction; freiwillige ~ voluntary jurisdiction, non-contentious litigation; ~beamter m law-court official; ~befehl m legal warrant, writ, court order; ~beschluß m court order; ~bezirk m circuit; judicial district; ~diener m usher, bailiff, Am. marshal; ~entscheid(ung f) m (court) decision, ruling; ~ferien pl. vacation sg., Am. recess sg.; ~gebäude n law-court, courthouse; ~herr m supreme judicial authority; ~hof m court of justice, law--court; usu. rhet. or fig. tribunal; Oberster ~ Brit. Supreme Court of Judicature, Am. Supreme Court; ~kasse f court cashier; ~kosten pl. (law-)costs; ~medizin f forensic medicine; ~ordnung f rules pl. of (the) court; ~person f court officer, member of the court; ~referendar m law-student who has passed his first State Examination; ~saal m court room; ~schreiber m clerk (of the court); ~sitzung f hearing, (court) session; ~stand m venue, jurisdiction; econ. (legal) domicile; ~verfahren n a) court procedure, b) legal proceedings pl., lawsuit; ein ~ einleiten gegen (acc.) institute legal proceedings against; ~verfassung f constitution of law-courts; (structure of the) judiciary; ~sgesetz Judicature Act; ~verhandlung f (judicial) hearing; trial; ~vollzieher m (court-)bailiff, Am. marshal; ~wesen n (-s) judicial system, judiciary.

gerieben[1] [gə'ri:bən] p.p. of reiben.

ge'rieben[2] adj. → reiben; fig. cunning, crafty, shrewd, wily; ~er Geschäftsmann smart businessman.

Geriesel [gə'ri:zəl] n (-s) purling; of rain: drizzling.

gering [gə'riŋ] adj. little, small; → ~er, ~st; trifling; slight, negligible, unimportant; modest; limited; low, mean; poor; inferior, of inferior quality; low (pressure, price, temperature); ~e Aussicht poor (or slender, slim) chance; ~er Betrag petty amount; ~es Einkommen modest income; ~e Entfernung short distance; ~es Interesse little interest; ~e Kenntnisse scanty (or poor, meag|re, Am. -er) knowledge; mit ~en Ausnahmen with (but) few exceptions; mein ~es Verdienst my humble merit; Vornehm und ~ high and low, rich and poor; ~denken von (dat.) → ~achten v/t. (h.) have a low opinion of, think little of; look down (up)on, despise; disregard, ignore; ~er adj. inferior, less, minor; ein ~er Betrag a smaller sum; in ~em Maße in a less degree; das ~e von zwei Übeln the lesser of two evils; kein Ɛer als no less a p. than; ~fügig [-fy:giç] adj. little, slight, negligible, insignificant, unimportant, trifling, petty; Ɛfügigkeit f (-) littleness, insignificance; trifle; jur. Verfahren wegen ~ einstellen dismiss a case; ~haltig [-haltiç] adj. base, low-grade, of low standard; ~schätzen v/t. (h.) → geringachten; ~schätzig [-ʃɛtsiç] adj. deprecatory, disparaging, slighting; disdainful, contemptuous; adv.: j-n ~ behandeln treat a p. with contempt or disdain, slight a p.; et. ~ abtun pooh-pooh a th.; Ɛschätzung f (-) disregard; disdain, contempt, disrespect, disparagement; ~st adj. least; slightest; minimum; smallest; nicht im ~en not in the least, in no way, by no means, not at all; nicht das Ɛe nothing what(so)ever, not a thing; die ~e Kleinigkeit the merest trifle; bei der ~en Kleinigkeit at the least word, at the drop of a hat; nicht die ~e Aussicht not the slightest chance; nicht die ~e Ahnung not the faintest (or foggiest) idea; nicht den ~en Zweifel not the slightest doubt; das macht nicht das ~e aus it doesn't make any difference; ~wertig [-ve:rtiç] adj. of small value; inferior; of inferior quality.

Gerinne [gə'rinə] n (-s; -) running (water); drain, channel; tech. casting: chute, gutter; of sluice: clough arch.

ge'rinnen v/i. (irr., sn) chem. coagulate, clot, set; congeal; milk: curdle; metall. concrete; ~ machen or lassen coagulate; congeal; curdle (a. fig.: a p.'s blood).

Gerinnsel [gə'rinzəl] n (-s; -) coagulated mass, clot; med. a. coagulum; → Rinnsal.

Gerippe [gə'ripə] n (-s; -) skeleton; (person) a. scrag, bag of bones; arch. framework, shell; mar. carcass; aer. frame; fig. skeleton, frame; (general) outline, sketch (of a story, etc.).

ge'rippt adj. ribbed (a. tech. = finned); bot., zo. costate(d); leaf: a. nervate; fabric: corded; column: fluted.

gerissen [gə'risən] p.p. of reißen; adj. colloq. fig. → gerieben.

geritten [gə'ritən] p.p. of reiten.

German|e [gɛr'ma:nə] m (-n; -n), ~in f (-; -nen) Teuton; Ɛisch adj. Germanic, Teutonic; **germanisieren** [gɛrmani'zi:rən] v/t. (h.) Germanize.

Germanis|mus [-ma'nismus] m (-; -men) Germanism; ~t m (-en; -en) Germanscholar, Germanist; ~tik f (-) (study) of German language and literature, Germanistics pl., Am. Germanics pl.; Ɛtisch adj. German.

Germanium [-'ma:nium] n (-s) chem. germanium.

gern(e) ['gɛrn(ə)] adv. (comp. lieber; sup. am liebsten); gladly, with pleasure; willingly, readily; as answer: I should be delighted, I should

love to; ganz ~ I don't mind (if I do; doing a th.); herzlich ~ with great pleasure, by all means; ~ haben, mögen, tun be fond of, like; care for, be keen on; ich reise ~ I like to travel, I like (or am fond of) travelling; nach dem Essen ging er ~ spazieren after dinner he used to (or would) take a walk; Erlen wachsen ~ am Bach alders are often found (or tend to grow) along brooks; er kommt ~ um diese Zeit he often (or usually) comes at this hour; ~ glaube ich ~ I quite believe it; das kannst du ~ haben you are welcome to it; ich möchte ~ wissen I should like to know, I wonder; wir sind ~ bereit, zu inf. we are quite prepared (or should be glad or happy) to inf.; ~ geschehen sein be welcome; ~ geschehen! don't mention it!, (you are) welcome!; colloq. du kannst mich ~ haben! go to blazes (or hell)!; ~gesehen adj. welcome; Ɛgroß m (-; -e) show-off.

gerochen [gə'rɔxən] p.p. of riechen.

Geröll [gə'rœl] n (-[e]s; -e) pebbles pl.; rubble, geol. débris, scree; boulders pl.; ~halde geql. f débris (or scree) slope.

geronnen [gə'rɔnən] p.p. of (ge-) rinnen.

Gerontologie [gərɔntolo'gi:] f (-) gerontology.

Gerste ['gɛrstə] f (-) barley.

'Gersten...: ~graupen f/pl. pearl barley sg.; ~hartbrand m covered smut of barley; ~korn n (-[e]s; ⁓er) barley-corn; med. sty; ~saft m (-[e]s) beer; ~schleim m barley-water; ~zucker m barley-sugar.

Gerte ['gɛrtə] f (-; -n) switch, rod, twig; Ɛnschlank adj. slim and willowy.

Geruch [gə'rux] m (-[e]s; ⁓e) smell, odo(u)r; angenehmer ~ pleasant smell, scent, perfume, fragrance; übler ~ bad (or offensive, unpleasant) smell or odo(u)r, stench; ~ beseitigen an or in et. deodorize a th.; e-n feinen ~(ssinn) haben have a fine sense of smell, have a good nose; fig. reputation, odo(u)r; im ~ der Heiligkeit in the odo(u)r of sanctity; in schlechtem ~ stehen be in bad odo(u)r (bei with), be ill reputed (or famed); Ɛbeseitigend adj. → geruchtilgend; Ɛlos adj. scentless, odo(u)rless; inodorous (gas, etc.); ~ machen deodorize; ~losigkeit f (-) scentlessness, inodorousness; absence of smell; ~s- nerv m olfactory nerve; ~ssinn m (-[e]s) (sense of) smell; ~stoff m odorous substance, aromatic essence.

Gerücht [gə'ryçt] n (-[e]s; -e) rumo(ur)r, report; es geht das ~, daß it is rumo(u)red, the rumo(u)r (or story) goes; das ~ läuft um, er sei entkommen as rumo(u)r has it he has escaped, he is rumo(u)red to have escaped; ein ~ verbreiten spread a rumo(u)r (abroad); ~emacher m rumo(u)r-monger.

geruchtilgend [-tilgənd] adj. deodorant.

ge'rüchtweise [-vaizə] adv. as a rumo(u)r; ~ verlautet it is rumo(u)red, the story goes.

ge'rufen adj.: das kommt wie ~ that comes in handy.

ge'ruh|en v/i. (h.): ~ zu inf. be pleased to inf.; esp. iro. condescend (or deign) to inf.; ~sam adj. quiet, peaceful, tranquil; leisurely, comfortable, relaxed.

Gerumpel [gə'rumpəl] n (-s) rumbling, rumbles pl.; bumps, jolts pl.

Gerümpel [gə'rympəl] n (-s) lumber, junk.

Gerundium [ge'rundium] gr. n (-s; -ien) gerund.

gerungen [gə'ruŋən] p.p. of ringen.

Gerüst [gə'ryst] n (-[e]s; -e) scaffold(ing); trestle; truss (on roof, bridge); a. tech. stage, platform; biol. stroma, reticulum; eisernes ~ arch. steel frame or structure; fliegendes ~ flying scaffold or stage; → Skelett; fig. frame, framework; ein ~ aufschlagen put up a scaffold; ~brücke f trestle bridge; ~stange f scaffolding-pole.

Gerüttel [gə'rytəl] n (-s) shaking; jolting, jolts pl.

Ges [ges] mus. n (-; -) G-flat.

gesamt [gə'zamt] adj. whole, entire, all, complete; total, aggregate, collective, overall; general; joint; united; → ganz; jur. zur ~en Hand collective, joint (ownership, property, etc.), joint and several (liability); Ɛe(s) n (-n) the whole, the total; Ɛansicht f general view; Ɛaufkommen n total yield; Ɛauflage f total circulation (of newspaper, etc.); Ɛaufstellung f collective statement; Ɛausfuhr f total exports pl.; Ɛausgabe f of book: complete edition; Ɛausgaben econ. f/pl. total expenses; Ɛbedarf m total requirement; Ɛbegriff m collective (idea), comprehensive (or generic) term; Ɛbetrag m total (amount); Ɛbild n general (or overall) view or picture; ~deutsch adj. all-German; Minister für Fragen Minister for All-German Affairs; Ɛeigentum n (-[e]s) aggregate property; joint property; Ɛeindruck m general impression; Ɛeinfuhr f total imports pl.; Ɛeinnahme f, Ɛerlös m total receipts pl.; Ɛergebnis n total result; Ɛertrag m total proceeds or returns pl.; Ɛfläche f total area; Ɛgewicht n (-[e]s) total weight; Ɛgläubiger m general creditor; Ɛhaftung f joint liability; Ɛhandgemeinschaft f joint owners pl.; Ɛheit f (-) total(ity); the whole; the entirety; in ~ in its entirety; Ɛhypothek f blanketed mortgage; Ɛkapital n joint capital; aggregate amount of principal; Ɛkohlenstoff chem. m total carbon; Ɛkosten pl. total expenses; Ɛlage f (-) general (or overall) situation; Ɛlänge f (-) overall length; Ɛmaße tech. n/pl. overall dimensions; Ɛnote ped. f aggregate mark; Ɛplanung f overall planning; Ɛpreis m lump-sum price; Ɛprobe thea. f full rehearsal; Ɛprodukt n gross (national) product; Ɛproduktion f total output; Ɛprokura f joint power of attorney; Ɛquittung f receipt in full; Ɛregelung f overall settlement; Ɛschaden m total damage (or loss); Ɛschau f (-) total view, synopsis;

$\mathfrak{Q}$schuld *f* joint and several liability; $\mathfrak{Q}$schuldner *m* joint debtor; ~schuldn erisch *adj.*: ~e Bürgschaft joint and several guarantee; $\mathfrak{Q}$sieger *m* final winner; ~strafe *jur. f* global term; ~streitkräfte *mil. f/pl.* joint forces; $\mathfrak{Q}$summe *f→Gesamtbetrag*; $\mathfrak{Q}$überblick *m*, $\mathfrak{Q}$übersicht *f* general survey; overall view; $\mathfrak{Q}$umsatz *m* total turnover; $\mathfrak{Q}$verband *m* general association; $\mathfrak{Q}$verbindlichkeit *f* joint liability; $\mathfrak{Q}$vermögen *n* aggregate property; $\mathfrak{Q}$versicherung *f* all-in insurance; $\mathfrak{Q}$wert *m* total (or aggregate) value; $\mathfrak{Q}$wirkung *f* general (or cumulative) effect; $\mathfrak{Q}$wirtschaft *f* whole national economy; $\mathfrak{Q}$wohl *n* common weal; $\mathfrak{Q}$zahl *f* total number; (sum) total; aggregate figure.

gesandt [gə'zant] *p.p. of senden.*

Ge'sandt|e(r) *m* (-n; -n) envoy; ambassador; *päpstlicher* ~ nuncio; ~in *f* (-; -nen) ambassadress; ~schaft *f* (-; -en) legation; embassy; $\mathfrak{Q}$schaftlich *adj.* ambassadorial; diplomatic; ~schaftsattaché *m* attaché (*Fr.*); ~schaftspersonal *n* (staff of a) legation.

Gesang [gə'zaŋ] *m* (-[e]s; -e) singing, *mus.* vocal music; song; air, tune, melody; *eccl.* hymn, chant; *part of poem*: canto; ~buch *n* book of songs, *eccl.* hymn-book; ~lehrer(in *f*) *m* singing teacher; $\mathfrak{Q}$lich *adj.* vocal; melodious, flowing; ~s-einlage *thea. f* inserted song; vocal number; ~skunst *f* art of singing; vocal art; ~stunde *f* singing lesson; ~unterricht *m* singing lessons *pl.*; ~verein *m* choral society, glee club.

Gesäß [gə'zɛːs] *n* (-es; -e) buttocks *pl.*, seat, posterior, bottom; ~gegend *f* gluteal region; ~muskeln *m/pl.* gluteal muscles.

ge'sättigt *adj.* satiated; *chem.* saturated (*solution*).

Ge'schädigte(r *m*) *f* (-n, -n; -en, -en) injured person, sufferer.

Geschäft [gə'ʃɛft] *n* (-[e]s; -e) business; transaction, operation, deal, *Am. colloq.* proposition; affair; *usu.* ~e *pl.* duties, functions; work; occupation, trade, line, job, *Am. sl.* racket; business, firm, commercial house, enterprise, concern; commerce, trade; shop, store; *gut gehendes* ~ going concern; *glänzendes* ~ **a)** gold-mine, **b)** roaring trade; *vorteilhaftes* ~ bargain, (good) deal; *dunkles* ~ shady deal, *Am. sl.* racket; *die* ~e *des Gerichts* the business of the court; *laufende* ~e current business; ~ *in Wolle* dealings *pl.* or trading (or transaction) in wool; ~(e) *mit dem Auslande (Inlande)* foreign (home) trade; ~e *halber, in* ~en on business; ~e *machen mit j-m*: do business (or deal) with *a p., et.*: do business (or deal) in *a th.*; *ins* ~ *kommen mit j-m* secure business from, do business with *a p.*; *s-n* ~en *nachgehen* go about one's business; *colloq. ein* ~ *verrichten* relieve nature, *colloq.* wash one's hands; *wie gehen die* ~e? how is business?; *die* ~e *gehen gut (schlecht)* business is good (slack); ~ *ist* ~ a bargain is a bargain, business is business; ~e-**macher** *m* profiteer; $\mathfrak{Q}$**ig** *adj.* active,

busy; bustling; industrious; pushing, energetic; eager; *contp.* officious; ~igkeit *f* (-) activity, bustle; industry; officiousness; $\mathfrak{Q}$lich **I.** *adj.* relating to business, commercial; ~es *Unternehmen* **a)** business, **b)** transaction; ~e *Beziehungen* business connections; ~e *Angelegenheit* business matter; *in e-r* ~en *Angelegenheit* on business; ~e *Verhandlungen* business negotiations; **II.** *adv.* on business; ~ *verreist* away on business; ~ *verhindert* prevented by business; ~ *zu tun haben mit* have dealings with, do business with *a p.*; *sich* ~ *betätigen* be in business; ~ *geht es ihm gut* (in business) he is doing well.

Ge'schäfts...: ~abschluß *m* (business) transaction or deal; *pl. a.* orders (or contracts) secured; annual report; ~**anteil** *m* share in a business, business interest; *maßgeblicher* ~ control(l)ing interest; ~**anzeige** *f* business advertisement; ~**aufgabe** *f* closing of business; retirement from business; ~**aufsicht** *f* legal control; judicial supervision; *unter* ~ *gestellt werden* be put into (temporary) receivership; ~**aussichten** *f/pl.* business prospects; ~**bereich** *m* sphere of action, scope; jurisdiction; *Minister ohne* ~ minister without portfolio; ~**bericht** *m* business report; *jährlicher* ~ annual report; ~**betrieb** *m* business operations *pl.*; commercial (or business) enterprise; ~**beziehungen** *f/pl.* business relations; ~**brief** *m* commercial (or business) letter; ~**bücher** *n/pl.* account (or commercial) books; ~**erfahrung** *f* business experience; ~**eröffnung** *f* opening of a business; $\mathfrak{Q}$**fähig** *adj.* having legal (or disposing) capacity; ~**fähigkeit** *f* legal (or disposing) capacity; *mangelnde* ~ incompetency; ~**flaute** *f* slackness of business, slump; ~**frau** *f* business woman; ~**freund** *m* business friend; $\mathfrak{Q}$**führend** *adj.* managing, executive; acting; in charge of affairs; ~er *Ausschuß* managing (or executive) committee; ~e *Regierung* caretaker government; ~**führer** *m* manager, managing clerk (or director, partner); (general) secretary (*of club*); ~**führung** *f* management (or conduct) of business; ~**gang** *m* errand; course of business; *täglicher* ~ daily (or office) routine; trend of affairs; ~**gebaren** *n* business policy (or methods or practices *pl.*); ~**gegend** *f* → *Geschäftsviertel*; ~**geheimnis** *n* business secret; ~**geist** *m* (-es) business acumen; $\mathfrak{Q}$**gewandt** *adj.* smart, efficient, versatile; ~**haus** *n* commercial firm; office building, business premises *pl.*; ~**inhaber(in** *f*) *m* owner (of a business), principal; general partner; ~**interesse** *n* business interest; ~**jahr** *n* business year; financial (*Am.* fiscal) year; ~**kapital** *n* capital; ~**karte** *f* business-card; ~**kosten** *pl.* costs (of management); *auf* ~ on expense account; ~**kreis** *m* sphere of activity; *of bank*: business; *in* ~en in commercial circles; $\mathfrak{Q}$**kundig** *adj.* experienced in business; ~**lage** *f*

business status; store location; ~**leben** *n* (-s) business life; *ins* ~ *eintreten* go into business; ~**leiter** *m* manager; ~**leitung** *f* management; ~**leute** *pl.* businessmen; ~**lokal** *n* business premises *pl.*; shop, store; office; $\mathfrak{Q}$**los** *adj.* stock exchange: dull, lifeless, slack; ~**mann** *m* businessman; $\mathfrak{Q}$**mäßig** *adj.* businesslike; ~**ordnung** *f parl.* standing orders *pl.*; *zur* ~ *sprechen* rise to order; rules *pl.* (of procedure); agenda; ~**papiere** *n/pl.* commercial papers; ~**personal** *n* staff, employees *pl.*; ~**räume** *m/pl.* business premises; ~**reise** *f* business tour (or trip); ~**reisende(r)** *m* commercial traveller, *Am.* traveling salesman; ~**risiko** *n* business risk; ~**rückgang** *m* business recession; ~**schluß** *m* closing-time; *nach* ~ *a.* after business hours; ~**sitz** *m* (registered or official) seat of a firm, place of business; ~**sprache** *f* commercial language, business style; ~**stelle** *f* office, secretariat; ~**stille**, ~**stockung** *f* stagnation of business, dul(l)ness of trade; ~**straße** *f* business street; ~**stunden** *f/pl.* business (or office) hours; ~**tätigkeit** *f* business activity; ~**teilhaber(in** *f*) *m* partner; ~**träger** *m pol.* chargé d'affaires (*Fr.*); $\mathfrak{Q}$**tüchtig** *adj.* smart, good businessman; ~**tüchtigkeit** *f* business acumen, smartness; $\mathfrak{Q}$**unfähig** *adj.* legally incapacitated, under legal incapacity; ~**unkosten** *pl.* business expenses; overhead expenses; ~**unterlagen** *f/pl.* business data *pl.*; ~**unternehmen** *n* commercial enterprise, business; ~**verbindung** *f* business connection; *in* ~ *treten* open up business relations, enter into business connections; *in* ~ *stehen* do (or transact) business (*mit* with); ~**verkehr** *m* business dealings (or transactions) *pl.*; ~**verlauf** *m* course of business; ~**verlust** *m* trade loss; ~**viertel** *n* business (or shopping) centre, *Am.* downtown; ~**vorfall** *m* transaction; ~**wagen** *m* commercial vehicle; delivery van; ~**welt** *f* (-) business (world); → *Geschäftsleute*; ~**wert** *m* goodwill (of a business); *jur.* → *Streitwert*; ~**zeichen** *n* file number; *in letters*: reference mark (*abbr.* Ref.); ~**zeit** *f* office (or business-) hours *pl.*; ~**zentrum** *n* → *Geschäftsviertel*; ~**zimmer** *n* office; ~**zweig** *m* branch (of business), line (of business).

geschah [gə'ʃa:] *pret. of geschehen.*

geschehen [gə'ʃeːən] **I.** *v/i.* (*irr.*, sn) happen, occur, come to pass; chance; take place; be done; *lassen* allow, suffer, tolerate, shut one's eyes to; *es geschehe so sei es*; *es geschieht ihm recht* it serves him right; *es geschieht ihm ein Unrecht* he is wronged; *was soll damit* ~? what is to be done with it?; *es muß et.* ~ something must be done (about it); *es wird dir nichts* ~ no harm will come to you, it is perfectly safe; *er wußte nicht, wie ihm geschah* he was puzzled (or dumbfounded); *es ist um mich* ~ I am done for; *Bible: Dein Wille ge-*

schehe Thy will be done; ~ ist ~ what's done is done, it's no use crying over spilt milk; **II.** ♀ *n* (-s) happenings *pl.*, events *pl.*; ♀e(s) *n* (-*n*) what is done, accomplished facts *pl.*; bygones *pl.*
Ge'schehnis *n* (-ses; -se) event, occurrence, incident, happening.
gescheit [gə'ʃaɪt] *adj.* clever, intelligent, brainy; bright; wise, prudent; sensible; *sei doch ~!* don't be a fool!, (do) be sensible!, be your age!; *nicht recht ~* a bit cracked *or* touched, *sl.* not all there; *du bist wohl nicht recht ~* you can't be in your right senses, you must be out of your mind; *ich werde nicht daraus ~* I can't make head or tail of it, it makes no sense to me; *ich war so ~ wie zuvor* I was none the wiser (for it); ♀**heit** *f* (-) cleverness, intelligence, brains *pl.*; brightness.
Geschenk [gə'ʃɛŋk] *n* (-[e]s; -e) present, gift; donation; gratuity; *fig. ~ des Himmels* godsend, windfall; *j-m et. zum ~ machen* make a p. a present of a th.; ~**artikel** *m/pl.* gifts, fancy goods, souvenirs; ~**artikelladen** *m* gift shop; ~**packung** *f* giftbox, gift wrapping.
Geschichtchen [gə'ʃɪçtçən] *n* (-s; -) little story; anecdote.
Ge'schicht|e *f* (-; -*n*) story, narrative, tale; history; affair, business; → *biblisch*; ~**en erzählen** tell stories; *in die ~ eingehen* become (*German, etc.*) history, go down in history (*als as*); *e-e alte ~* an old story; *e-e dumme ~* a stupid business, a nuisance; *e-e schöne ~! a* nice affair!, a pretty mess!; *die ganze ~* the whole concern (*or* business, show), *Am. a.* the whole caboodle; *da haben wir die ~!* there you are!; *mach keine ~n!* don't make a fuss!, don't be a fool!; *er macht keine große ~ daraus* he does not make a big issue of it; *damit ist eine ~ verknüpft* thereby hangs a tale; ~**enbuch** *n* story-book; ~**enerzähler(in** *f*) *m* story-teller; ♀**lich** *adj.* historical; historic; *adv.* historically, in the light of history.
Ge'schichts...: ~**bild** *n* conception of history; ~**buch** *n* history-book; ~**fälschung** *f* falsification of history; ~**forscher** *m* historian; ~**forschung** *f* historical research; ~**kenntnis** *f* knowledge of history; ~**klitterung** [-klɪtərʊŋ] *f* (-; -en) biased historical account; perversion of history; ~**maler** *m* history-painter; ~**philosophie** *f* philosophy of history; ~**schreiber** *m* historian; ~**studium** *n* study of history; ~**stunde** *f*, ~**unterricht** *m* history lesson(s *pl.*); ~**werk** *n* historical work; ~**wissenschaft** *f* (science of) history.
Geschick [gə'ʃɪk] *n* **1.** (-[e]s; -e) destiny, fate, lot; *schlimmes ~* bad (*or* ill, adverse) fortune *or* luck; blow, visitation, affliction; **2.** (-[e]s) → ~**lichkeit** *f* (-) skill, facility, cleverness, address; dexterity, adroitness, deftness; aptitude, ability; → *geschickt*; ~**lichkeitsprüfung** *f* test of skill.
ge'schickt I. *adj.* skil(l)ful (*zu at, in dat.* in); clever (*at*); dexterous, deft,

adroit, handy, slick; *er ist besonders ~ im* he has a knack for; **II.** *adv.:* ~ *ausgedacht* cleverly (*or* ingeniously) contrived; ~ *handeln* play one's cards well.
Geschiebe [gə'ʃiːbə] *n* (-s) shoving, pushing; *geol.* detritus, bed load, boulder.
geschieden[1] [gə'ʃiːdən] *p.p. of scheiden.*
ge'schieden[2] *adj.* separated; *spouses:* divorced; *marriage:* dissolved; ~*er Mann,* (~*e Frau*) *divorcé(e); wir sind ~e Leute* we have finished (*Am.* are through) with each other.
geschienen [gə'ʃiːnən] *p.p. of scheinen.*
Geschirr [gə'ʃɪr] *n* (-[e]s; -e) vessel; table-ware; dishes *pl.*; plate; china; tea service (*or* things); *irdenes ~* earthenware, crockery, pottery; kitchen utensils (*or* things), pots and pans; *for horses:* harness; (horse and) carriage; *tech. weaving:* tackle; → *Gerät*; ~ *spülen* wash (*or* do) the dishes; *das ~ anlegen* (*dat.*) harness (*a horse*); *sich ins ~ legen* pull hard, *fig.* set one's shoulder to the wheel, put one's back into it; ~**leder** *n* harness leather; ~**schrank** *m* cupboard; ~**spülmaschine** *f* dish washer; ~**trockner** *m* dish dryer; ~**tuch** *n* dish-cloth.
geschissen [gə'ʃɪsən] *p.p. of scheißen.*
Geschlecht [gə'ʃlɛçt] *n* (-[e]s; -er) sex; kind, genus, species; descent, birth, lineage, race, stock, extraction; family; generation; *gr.* gender; *das menschliche ~* the human race, mankind; *das männliche* (*weibliche*) ~ the male (female) sex; *das andere ~* the opposite sex; *das starke ~* the strong sex; *das schwache* (*schöne*) ~ the weak (fair, gentle) sex; *beiderlei ~s* of both sexes; *künftige ~er* future generations.
Ge'schlechter...: ~**folge** *f* generations *pl.*; ~**kunde** *f* (-) genealogy.
ge'schlechtlich *adj.* sexual; *biol.* generic; ~*e Aufklärung* sex education; ~*e Anziehungskraft* sex appeal; ~*er Verkehr* sexual intercourse.
Ge'schlechts...: ~**akt** *m* sexual act, coition; ~**bestimmung** *f* sex determination; ♀**betont** *adj.* sex-conscious, sexy; ~**beziehungen** *f/pl.* sexual relations; ~**chromosom** *n* sex chromosome; ~**drüse** *f* genital gland, gonad; ~**gang** *m* genital passage; ~**hormon** *n* sex hormone; ♀**krank** *adj.* suffering from a venereal disease; ~**krankheit** *f* venereal disease (*abbr.* V.D.); ~**leben** *n* (-s) sex life; ♀**los** *adj.* sexless; *biol.* asexual, *bot.* agamic; *gr.* neuter; ~**merkmal** *n* sex characteristic; ~**name** *m* family name, surname, *Am.* last name; *biol.* genus (name); ~**organ** *n* sexual organ; ~**reife** *f* sexual maturity; ~**teile** *m/pl.* genitals; private parts; ~**trieb** *m* sexual instinct (*or* urge, drive); ~**umwandlung** *f* sex reversal; ~**verkehr** *m* sexual intercourse; ~**wort** *gr. n* (-[e]s; -er) article.
geschlichen [gə'ʃlɪçən] *p.p. of schleichen.*

geschliffen[1] [gə'ʃlɪfən] *p.p. of schleifen.*
ge'schliffen[2] *adj.* → *schleifen*; *glass:* cut; *fig.* polished.
Geschlinge [gə'ʃlɪŋə] *n* (-s) *cul.* pluck.
geschlissen [gə'ʃlɪsən] *p.p. of schleißen.*
geschlossen[1] [gə'ʃlɔsən] *p.p.. of schließen.*
ge'schlossen[2] **I.** *adj.* closed; *tech.* compact; (fully-)enclosed (*motor*); self-contained (*unit*); *fig.* compact (*a. style*); round, consistent (*work, performance*); united; uniform; serried (*front, ranks*); close (*season, vowel*); *als Ganzes* compact whole; ~*e Gesellschaft* private party; ~*e Veranstaltung* private meeting *or* performance; *jur. in ~er Sitzung* in closed court, in camera; **II.** *adv.* compactly, *etc.; econ.* en bloc (*Fr.*); in a body, to a man; unanimously; ~ *für et. sein or stimmen* go (*or* be) solid for; ~ *hinter j-m stehen* solidly behind a p.
Geschluchze [gə'ʃlʊxtsə] *n* (-s) sobbing.
geschlungen [gə'ʃlʊŋən] *p.p. of schlingen.*
Geschmack [gə'ʃmak] *m* (-[e]s) taste; flavo(u)r; relish; smack; *fig.* (-[e]s; ~e) taste; fancy, liking (*all: an dat.* for); *feiner* ~ refined taste; ~ *finden an* (*dat.*) acquire a taste for, take (a) fancy to, relish; *keinen* ~ *finden an* have no taste for; *auf den* ~ *kommen fig.* taste blood; *er hat* ~ he is a man of taste, he has good taste; *es ist nicht nach m-m* ~ it is not to my taste; *nach m-m* ~ a man after my heart; *Geschmäcker sind verschieden, über den* ~ *läßt sich nicht streiten* tastes differ, there is no accounting for tastes; *ohne, mit* ~ → ♀*los*, ♀*voll*; → *abgewinnen*; ♀**lich** *adj. and adv.* as regards taste; ♀**los** *adj.* tasteless, having no taste; flat, insipid; flavo(u)rless; *fig.* tasteless, *pred.* in bad taste; inelegant; tactless; ~**losigkeit** *f* (-) tastelessness; *fig.* (-; -en) bad taste; *das war e-e* ~ that (remark) was in bad taste; ~**smuster** *n* (ornamental) design; ~**snerv** *m* gustatory nerve; ~**s-organ** *n* organ of taste; ~**srichtung** *f* (trend in) taste; ~**ssache** *f* matter of taste; ~**ssinn** *m* (-[e]s) (sense of) taste; ~**sverirrung** *f* lapse of taste; crime against good taste, outrage; ♀**swidrig** *adj.* contrary to good taste, in bad taste; ~**swidrigkeit** *f* bad taste; ~**szusatz** *m* flavo(u)r; *mit* ~ flavo(u)red; ♀**voll I.** *adj. fig.* tasteful, *pred.* in good taste; elegant, stylish; *äußerst* ~ in excellent (*or* admirable, the best) taste; **II.** *adv.:* ~ *gekleidet* dressed in good taste; *das war nicht sehr* ~ *von ihm* that was not very tactful of him.
Geschmeide [gə'ʃmaɪdə] *n* (-s) trinkets *pl.*, jewels *pl.*; jewel(le)ry.
ge'schmeidig *adj.* supple, lithe, lissom(e) (*body*); flexible, elastic, pliant; smooth; *metal:* **a)** malleable, **b)** ductile; *fig.* adaptable, supple, elastic (*mind*); versatile; smooth, elusive, slick; *er hat e-e ~e Zunge* he has a glib tongue; ♀**keit** *f* (-)

suppleness; flexibility, pliancy; versability; smoothness; malleability, ductility; glibness; ⏀keitsübungen *f/pl. sports*: limbering-up exercises.

Geschmeiß [gə'ʃmaɪs] *n* (-es) vermin; *fig. a.* rabble, scum, riffraff.

Geschmetter [gə'ʃmɛtər] *n* (-s) flourish, blare *of trumpets*.

Geschmier(e) [gə'ʃmiːr(ə)] *n* (-[e]s) smearing; scrawl, scribble; *paint*: daub.

geschmissen [gə'ʃmɪsən] *p.p. of* schmeißen.

geschmolzen [gə'ʃmɔltsən] *p.p. of* schmelzen.

Geschmorte(s) [gə'ʃmoːrtə(s)] *n* (-n) stew(ed meat).

Ge'schnatter *n* (-s) cackling; *fig. a.* chatter(ing).

geschniegelt [gə'ʃniːgəlt] *adj.* smart, spruce, dapper; ~ *und gebügelt* spick-and-span.

geschnitten [gə'ʃnɪtən] *p.p. of* schneiden.

geschnoben [gə'ʃnoːbən] *p.p. of* schnauben.

geschoben [gə'ʃoːbən] *p.p. of* schieben.

gescholten [gə'ʃɔltən] *p.p. of* schelten.

Geschöpf [gə'ʃœpf] *n* (-[e]s; -e) creature; *colloq.* süßes (armes) ~ lovely (poor) creature *or* thing.

geschoren [gə'ʃoːrən] *p.p. of* scheren.

Geschoß [gə'ʃɔs] *n* (-sses; -sse) projectile; missile; bullet; shell; *ferngesteuertes* ~ guided missile; *arch.* stor(e)y, floor; ~aufschlag *m* impact; ~bahn *f* trajectory; ~garbe *f* cone of fire; ~höhe *arch. f* height between floors; ~kern *m* core (of projectile); ~mantel *m* jacket (of bullet); (shell) case.

ge'schossen *p.p. of* schießen.

geschränkt [gə'ʃrɛŋkt] *tech. adj.* crossed, angle-axis.

geschraubt [gə'ʃraupt] *adj. tech.* screwed, bolted; *fig.* stilted, affected (*style*).

Ge'schrei *n* (-[e]s) shouting, yelling; shouts, cries, screams *pl.*; clamo(u)r; hullabaloo; acclamations *pl.*, cheers *pl.*; *sports*: anfeuerndes ~ cheering, *Am.* yell(ing), rooting; *of donkey*: bray(ing); *fig.* clamo(u)r, outcry, hue and cry (*all*: *gegen* against); (great) noise, fuss; *viel* ~ *und wenig Wolle* much ado about nothing; *ein großes* ~ *erheben* set up a great shout (*or* loud cry), vociferate, raise a hue and cry, cry blue murder.

Geschreibsel [gə'ʃraɪpsəl] *n* (-s) scrawl, scribble; *fig.* scribble, wish-wash, *sl.* bilge.

geschrieben [gə'ʃriːbən] *p.p. of* schreiben.

geschrie(e)n [gə'ʃriː(ə)n] *p.p. of* schreien.

geschritten [gə'ʃrɪtən] *p.p. of* schreiten.

geschunden [gə'ʃundən] *p.p. of* schinden.

Geschütz [gə'ʃyts] *n* (-es; -e) gun, cannon; piece (of ordnance); *schweres* ~ heavy artillery (*or* guns), ordnance; *ein* ~ *auffahren* bring a gun into action; *ein* ~ *in Stellung*

bringen emplace a gun; *fig. er fuhr schweres* ~ *gegen sie auf* he turned his heavy guns on them; ~bedienung *f* serving of a gun; gun crew, gunners *pl.*; ~bettung *f* gun base; ~bronze *f* gun-metal; ~donner *m* roar (*or* booming, rumbling) of guns; ~exerzieren *n* gun drill; ~feuer *n* gun-fire, shelling; ~führer *m* (No. 1) gunner; ~lafette *f* gun-mount(ing); ~park *m* ordnance park; ~rohr *n* gun-barrel; ~stand *m*, ~stellung *f* gun position, (gun) emplacement; ~turm *m* turret.

Geschwader [gə'ʃvaːdər] *n* (-s; -) *mil.* squadron; *aer.* group, *Am.* wing, *mar.* squadron; ~flug *m* formation flying; ~kommodore *aer. m Brit.* Air Officer Commanding (*abbr.* A.O.C.), *Am.* wing commander.

Geschwätz [gə'ʃvets] *n* (-es) (idle) talk, twaddle, babble, prattle, gabble; gossip, tittle-tattle; ⏀ig *adj.* talkative, loquacious, garrulous, voluble, gabby; gossipy; verbose; ~igkeit *f* (-) talkativeness, loquacity, volubleness, verbosity.

geschweift [gə'ʃvaɪft] *tech. adj.* curved.

geschweige [gə'ʃvaɪgə] *adv. and cj.*: ~ *denn* to say nothing of, not to mention, let alone, much less.

geschwiegen [gə'ʃviːgən] *p.p. of* schweigen.

geschwind [gə'ʃvɪnt] **I.** *adj.* quick, fast, swift; rapid, speedy, hasty; prompt; **II.** *adv. a.* in an instant (*or* twinkling), in a jiffy; ~! quick!

Ge'schwindigkeit [-dɪç-] *f* (-; -en) quickness, swiftness, speed, rapidity; promptness, expedition; speed, pace, *esp. phys.* velocity; rate; momentum; *mit e-r* ~ *von* at a rate (*or* speed) of; *mit größter* ~ at full (*or* top) speed, *mot. a.* at full throttle; *an* ~ *zunehmen* gather (*or* pick up) speed, gather momentum; *die* ~ *herabsetzen* slow down, decelerate, throttle down; e-e ~ *erreichen von* attain a speed of.

Ge'schwindigkeits...: ~abfall *m* loss of speed; ~anzeiger *m* → Geschwindigkeitsmesser; ~begrenzung *f* speed restriction (*or* limit); ~bereich *m* speed range; ~gleichung *f* velocity equation; ~grenze *f* speed limit; ~messer *m* (-s; -) speed ga(u)ge *or* indicator; speedometer, *mot. a.* tachometer; ~regler *m* speed governor; ~rekord *m* speed record; ~zunahme *f* increase in speed.

Geschwirr [gə'ʃvɪr] *n* (-[e]s) whirring, buz(zing).

Geschwister [gə'ʃvɪstər] *pl.* brother(s) and sister(s); ~kind *n* (first) cousin; ⏀lich *adj.* brotherly, sisterly; ~liebe *f* brotherly *or* sisterly love; ~paar *n* brother and sister.

geschwollen[1] [gə'ʃvɔlən] *p.p. of* schwellen.

ge'schwollen[2] *adj.* swollen, thick; *med.* tumid; *fig.* bombastic, pompous.

geschwommen [gə'ʃvɔmən] *p.p. of* schwimmen.

geschworen[1] [gə'ʃvoːrən] *p.p. of* schwören.

ge'schworen[2] *adj.*: ~er Gegner von

(*dat.*) sworn enemy of; ⏁e(r *m*) *f* (-n, -n; -en, -en) *jur.* juror; *die Geschworenen pl. the* jury; ⏁enbank *f* (-; ⸚e) jury box; ⏁engericht *n* jury; ⏁enliste *f* jury-list, panel.

Geschwulst [gə'ʃvulst] *med. f* (-; ⸚e) swelling, inflation; growth, tumo(u)r; boil.

geschwunden [gə'ʃvundən] *p.p. of* schwinden.

geschwungen [gə'ʃvuŋən] *p.p. of* schwingen.

Geschwür [gə'ʃvyːr] *med. n* (-[e]s; -e) ulcer, abscess; boil; cancerous ulcer; running sore; gathering; *fig.* sore; ~bildung *f* ulceration; ⏁ig *adj.* ulcerous.

Ges-Dur ['gɛsduːr] *n* (-) G flat minor.

Geselle [gə'zɛlə] *m* (-n; -n) companion, mate, fellow; journeyman, *e.g. Schneider* ⏁ journeyman tailor.

ge'sellen *v/t. and sich* ~ (*zu dat.*; *h.*) associate with, join (with, to); *zu uns gesellte sich e-e Dame* we were joined by a lady; *zu diesem Punkt gesellt sich noch ein zweiter* this point brings up (*or* leads to) still another; → *gleich*; ⏁prüfung *f* journeymen's examination; ⏁stück *n* journeyman-work; ⏁zeit *f* journeyman's years *pl.* of service.

ge'sellig *adj. zo.* gregarious (*a. fig.*); *person*: social; sociable, companionable, convivial; ~es Leben social life; *der Mensch ist ein* ~es *Tier* man is a gregarious animal; ⏁keit *f* (-) sociability, conviviability, companionableness; sociality, company, social life.

Ge'sellschaft *f* (-; -en) society; *bürgerliche* ~ civil community; *menschliche* ~ human society; *vornehme* ~ fashionable (*or* high) society, high life; (*guests*) company; party, social gathering; *fig. contp.* lot, set, *sl.* bunch, crowd; society, association, union; *rechtsfähige* ~ legal corporation, incorporated society; *eingetragene* ~ registered (*Am.* incorporated) society; *gelehrte, wissenschaftliche* ~ learned society, scientific association; *eccl. Jesu* Society of Jesus; *econ.* company, *Am. a.* corporation; partnership; ~ *mit beschränkter Haftung* (GmbH) private limited liability company; → *Aktien* ⏁, *Handels* ⏁, *etc.*; *gute* (*schlechte*) ~ good (bad) company; *in j-s* ~ in company with a p.; *e-e* ~ *geben* give (*Am. sl.* throw) a party, entertain; *in* ~ *gehen* go into (*or* mix in) society; *in die* ~ *eingliedern* socialize; *j-m* ~ *leisten* keep a p. company, join a p. (*bei* in); *sich in guter* ~ *bewegen* move in good society *or* circles; *ich lernte sie auf einer* ~ *kennen* I met her socially (*or* at a party); ~er(in *f*) *m* (lady) companion; *er ist ein guter* ~ he is good company; *econ.* partner, associate; *stiller* ~ sleeping (*Am.* silent) partner; *tätiger* ~ active partner; ⏁lich *adj.* social; ~e Manieren *pl.* company manners; ~ *unmöglich werden* be socially disgraced.

Ge'sellschafts...: ~anteil *econ. m* share, interest; ~anzug *m* evening (*or* formal) dress, dress-suit; *mil.*

dress uniform; ~dame *f* lady companion; ℧fähig *adj.* presentable; gentlemanlike; ladylike; ~fahrt *f* conducted tour; ℧feindlich *adj.* antisocial; ~inseln *f/pl.* Society Islands; ~kapital *n* company's capital; joint stock, share capital, *Am.* capital stock; ~klasse *f* social class; ~klatsch *m* society gossip; ~kleid *n* (evening) gown, party dress; ~kreis *m* circle (of acquaintances *or* friends), set; ~kritik *f* social criticism; ~lehre *f* sociology; ~ordnung *f* social order; ~raum *m* reception room, drawing-room, lounge; ~recht *n* company law; ~register *n* commercial register; ~reise *f* conducted *or* party tour; ~roman *m* social novel; ~satzungen, ~statuten *f/pl.* articles of association, by-laws; articles (*or* deed, contract) of partnership; ~spiel *n* parlo(u)r game; ~steuer *f* corporation tax; ~stück *thea.* *n* social drama; ~tanz *m* ballroom dance; ~vermögen *n* joint capital, company assets *pl.*; ~vertrag *m* → *Gesellschaftssatzungen; phls.* social contract; ~wissenschaft *f* social science; sociology; ~zimmer *n* reception room, drawing-room.

Gesenk [gə'zɛŋk] *tech. n* (-[e]s; -e) die; forging die; swage; *im* ~ *schmieden* drop-forge; ~arbeit *f* die work; ~hammer *m* top swage; drop hammer; ~presse *f* die press; ~schmiede *f* drop forge; ~schmieden *n* drop forging; swaging; ~stahl *m* die steel.

gesessen [gə'zɛsən] *p.p. of sitzen.*

Gesetz [gə'zɛts] *n* (-es; -e) *generally:* law; *jur.* law; *parl.* act; statute; rule; law of nature; ~ *der Schwerkraft* law of gravity; ~ *über or betreffend* law relating to; ~ *über Testamentsvollstreckung* Administration of Estates Act; ~ *über Verjährungsvorschriften* Statute of Limitations; ~ *in der Fassung von* law (*or* act) as amended on; *aufgrund* (*or kraft*) *e-s* ~*es* under a law, by (*or* in) virtue of a law; *im Namen des* ~*es* in the name of the law; *ein* ~ *erlassen* enact a law; *zum* ~ *werden* become law, pass into law; → *aufheben, fallen, übertreten, etc.; fig. das oberste* ~ *der Werbung ist the* supreme law (*or* first rule) of advertising is; *er bestimmte das* ~ *des Handelns* he had the initiative; ~blatt *n* law gazette; ~buch *n* code; statute-book; ~entwurf *m* (draft of a) bill.

Ge'setzes...: ~kraft *f* (-) legal force; ~ *erlangen* pass into law; ~ *verleihen* enact; ~lücke *f* loophole in a law; ~text *m* legal text; ℧treu *adj.* law-abiding; ~übertreter(in *f*) *m* offender, law-breaker; ~übertretung *f* offen|ce, *Am.* -se; violation (*or* infraction, transgression) of the law; ~vorlage *f* (draft of a) bill; ~vorschrift *f* legal provision.

Ge'setz...: ℧gebend *adj.* legislative, law-making; ~*e Gewalt* legislative authority, legislature; ~geber *m* legislator, law-maker; ~gebung *f* (-; -en) legislation; ℧lich I. *adj.* legal, statutory; lawful; legitimate (*claim*); constitutional (*right*); ~es

Alter legal age; ~er *Erbe* statutory heir; ~e *Erbfolge* intestate succession; ~es *Erbteil* statutory portion; ~er *Feiertag* legal holiday; ~es *Hindernis* statutory bar; *econ.* ~e *Reserven* statutory reserves; ~er *Vertreter* legal representative; ~es *Zahlungsmittel* legal tender; II. *adv.* legally, *etc.*; ~ *bestimmt* determined by law; ~ *geschützt* patented, registered; proprietory; ~ *zulässig* legal, lawful, warrantable by law; ~lichkeit *f* (-) lawfulness; legality; legitimacy; (system of) laws *pl.*; ℧los *adj.* lawless; ~losigkeit *f* (-) lawlessness; anarchy; ℧mäßig *adj.* legal (*power*); lawful; legitimate (*claim*); statutory; *fig.* regular, following a principle *or* pattern; ~mäßigkeit *f* legality; lawfulness; legitimacy; *phys.* conformity with a natural law; *fig.* (inherent) law(s *pl.*), regularity; ~sammlung *f* digest; statute-book.

ge'setzt *adj.* **1.** sedate, staid; steady; composed, calm; sober; grave; *sports:* seeded (*player*); ~*es Alter* mature age, years of discretion; ~*es Wesen* staid (*or* dignified) demeano(u)r; **2.** *cj.* ~ (*den Fall*), *es sei wahr* suppose (*or* supposing) it were (*or* it to be) true; granting this to be so; provided such was the case; ℧heit *f* (-) sedateness, staidness; steadiness; gravity.

Ge'setz...: ~vorlage *f* bill; ℧widrig *adj.* unlawful, illegal; ~widrigkeit *f* unlawfulness; illegality; unlawful or illegal act.

gesichert [gə'ziçərt] *adj.* safe, secured (*a. econ.*); warranted; assured (*position*); protected (*a. tech.*); → *sichern.*

Gesicht [gə'ziçt] *n* (-[e]s; -er) (eye-)sight; face; countenance, mien; look; *fig.* physiognomy, aspect, character; (*pl.* -e) apparition, vision; *zweites* ~ second sight; ~*er machen or schneiden* make (*or* pull) faces, grimace; *ein böses* ~ *machen* scowl; *ein saures* ~ *machen* look surly, make a (sour) face; *ein langes* ~ *machen* pull a long face; *er machte ein langes* ~ his face fell; *j-m ins* ~ *fahren* fly in a p.'s face; *j-m gut zu* ~ *stehen suit* (*or* be becoming to) a p.; *fig. es steht e-m Staatsmann schlecht zu* ~*e* it ill becomes a statesman; *j-m ins* ~ *schlagen* slap a p.'s face; *fig. e-r Sache ins* ~ *schlagen* flatly contradict, be at variance with, conflict (*or* clash) with a th., belie (*a fact*); *j-m et. ins* ~ *sagen* say a th. to a p.'s face; *fig. j-m et. ins* ~ *schleudern* fling a th. into a p.'s teeth; *sein* ~ *wahren* save one's face; *zu* ~ *bekommen* catch sight of, set eyes (up)on; *aus dem* ~ *verlieren* lose sight of; *sein wahres* ~ *zeigen* show one's true face, drop the mask; *e-r Sache ein neues* ~ *geben* put a different complexion on a th., throw a different light on a th.; *er ist s-m Vater wie aus dem* ~ *geschnitten* he is the spit and image of his father.

Ge'sichts...: ~ausdruck *m* (facial) expression; ~bildung *f* features *pl.*, physiognomy; ~farbe *f* complexion; ~feld *opt. n* visual field, field (*or* range) of vision; ~knochen *m/pl.*

facial bones; ~kreis *m* horizon (*a. fig.*); s-n ~ *erweitern* widen one's (mental) horizon, broaden one's mind; *er verschwand aus m-m* ~ I lost sight of him; ~krem *m* face-cream; ~lähmung *f* facial paralysis; ~linie *f* facial line; *opt.* line of vision; ~maske *f* mask; *med.* (surgical) face-mask; *tech.* face shield; *fenc.* fencing mask; *cosmetics:* face-pack; ~massage *f* facial massage, *Am. colloq.* facial; ~muskel *m* facial muscle; ~nerv *m* facial nerve; ~neuralgie *f* facial neuralgia; ~operation *f* operation on the face; face-lift(ing); ~packung *f cosmetics:* face pack; ~pflege *f* face treatment; ~plastik *f* plastic surgery; ~puder *m* face powder; ~punkt *m* point of view, viewpoint, aspect, angle; motive; factor; criterion; ~rose *med. f* facial erysipelas; ~schmerz *med. m* facial neuralgia; ~schnitt *m* cast of features; ~seife *f* facial (*or* face-)soap; ~spannung *f* face-lifting; ~tuch *n* face-cloth; ~verletzung *f* facial injury; ~wasser *n* face-lotion; ~winkel *m anat.* facial angle; *opt.* visual angle; *fig.* → *Gesichtspunkt;* ~zug *m* (*usu. pl.*) feature(s), lineament(s).

Gesims [gə'zims] *n* (-es; -e) ledge, shelf (*both a. geol.*); mo(u)lding; cornice; mantelpiece.

Gesinde [gə'zində] *n* (-s; -) servants *pl.*, domestics *pl.*; ~stube *f* servants' hall.

Ge'sindel *n* (-s) rabble, mob, riffraff; scoundrels *pl.*

gesinnt [gə'zint] *adj.* well, *etc.*, disposed; *in compounds:* ...-minded; *feindlich* ~ ill-disposed, hostile; *anders* ~ *sein* have different views (*als* from, than); *sozialistisch* ~ *sein* be a socialist; *wie ist er* ~*?* what are his views?

Gesinnung [gə'zinuŋ] *f* (-; -en) mind, sentiment(s *pl.*); way of thinking; opinions *pl.*; views *pl.*; attitude; conviction, persuasion; character: *aufrichtige* ~ fair-mindedness; *edle* ~ noble-mindedness; *niedere* ~ base mind, meanness; *treue* ~ loyalty; *vaterländische* ~ patriotism.

Ge'sinnungs...: ~genosse *m*, ~genossin *f* mind-mate; *pol.* political friend; partisan, adherent, supporter; ℧los *adj.* unprincipled, characterless; disloyal; ~losigkeit *f* (-) lack of principle (*or* character); ~lump *m* time-server, *sl.* rat; ℧treu *adj.* loyal; ℧tüchtig *adj.* sta(u)nch; *iro.* time-serving; ~wechsel *m* change of opinion *or* front, *esp. pol.* volteface, *Am.* about-face.

gesitt|et [gə'zitət] *adj.* civilized; moral; well-bred, well-mannered; polite, courteous; ℧ung *f* (-) civilization.

Gesöff [gə'zœf] *colloq. n* (-[e]s; -e) (vile) brew, poison.

gesoffen [gə'zɔfən] *p.p. of saufen.*

gesogen [gə'zo:gən] *p.p. of saugen.*

gesondert [gə'zɔndərt] *adj.* separate.

gesonnen[1] [gə'zɔnən] *p.p. of sinnen.*

ge'sonnen[2] *adj.* minded, disposed; ~ *sein zu inf.* have in mind to *inf.*; be disposed (*or* inclined, willing) to *inf.*, intend (*or* propose) to *inf.*

gesotten [gə'zɔtən] *p.p. of* sieden.

Gespann [gə'ʃpan] *n* (-[e]s; -e) team; horse(s) and carriage, turn-out; *fig.* couple, pair; *die beiden bilden ein ausgezeichnetes* ～ the two are a perfect team; *ungleiches* ～ bad match, incongruous pair; **～führer** *m* teamster.

ge'spannt *adj.* stretched, tight, tense; taut (*muscle, rope*); close (*attention*); strained (*relations*); tense (*nerves, situation*); eager, anxious; (*sehr*) ～ *sein* be in suspense (*or* on tenterhooks), be in a flutter of expectation, be all agog; ～ *sein auf* (*acc.*) be anxious (*or* on edge) for, await eagerly *or* anxiously; ～ *sein, ob* be anxious to know (*or* wonder) if; *auf ihn bin ich ja* ～ **a**) I wonder what he is like, **b**) I am anxious (*or* dying) to see him; *auf* ～*em Fuße mit* on bad terms with; *er hörte* ～ *zu* he listened intently; **♀heit** *f* (-) tenseness, tension; intensity, intentness; strained relations *pl.*

Gespenst [gə'ʃpɛnst] *n* (-es; -er) ghost, spect│re, *Am.* -er; apparition, phantom; *fig.* spectre, nightmare. **Ge'spenster...: ～geschichte** *f* ghost-story; **♀haft** *adj.* ghostly, spectral, phantomlike; *fig.* ghastly, lurid; **～schiff** *n* phantom ship; **～stunde** *f* witching hour.

ge'spenstisch *adj.* → gespensterhaft.

Gesperre [gə'ʃperə] *tech. n* (-[e]s; -e) safety catch, ratchet, stop.

ge'sperrt *adj.* → sperren.

gespie(e)n [gə'ʃpi:(ə)n] *p.p. of* speien.

Gespiel│e [gə'ʃpi:lə] *m* (-n; -n), **～in** *f* (-; -nen) playmate.

Gespinst [gə'ʃpinst] *n* (-es; -e) web, tissue (*both a. fig.*), textile, fabric; wire netting; spun yarn; *zo.* cocoon; **～faser** *f* textile fib│re, *Am.* -er.

gesponnen [gə'ʃpɔnən] *p.p. of* spinnen.

Gespons [gə'ʃpɔns] *m and n* (-es; -e) spouse.

Gespött [gə'ʃpœt] *n* (-[e]s) mockery, derision, raillery, scoffing, jeers *pl.*; *sein* ～ *treiben mit* (*dat.*) ridicule, deride, mock (*or* scoff) at; *sich zum* ～ *machen* make a fool of o.s.; *zum* ～ *der Leute werden* become the laughingstock of everybody.

Gespräch [gə'ʃprɛːç] *n* (-[e]s; -e) talk, conversation, colloquy, discourse; discussion; dialog(ue); exchange of ideas; telephone conversation, call; *pol.* ～*e auf höchster Ebene* summit talks; *mit j-m ein* ～ *anknüpfen* (*führen*) enter into (carry on) a conversation with a p.; *fig. mit j-m ins* ～ *kommen* establish contacts with a p.; *das* ～ *bringen auf* (*acc.*) lead the conversation round to, introduce (*or* broach) the subject of; *es (er) ist das* ～ *der Stadt* it (he) is the talk of the town; **♀ig** *adj.* talkative; communicative, chatty; *j-n* ～(er) *machen* loosen a p.'s tongue; **～igkeit** *f* (-) talkativeness; talking mood.

Ge'sprächs...: ～anmeldung *teleph. f* booking (*Am.* placing) of a call; **～form** *f*: *in* ～ (written) in dialog(ue); **～gegenstand, ～stoff** *m* topic(s *pl.*)

or subject(s *pl.*) of conversation; something to talk about; **～partner** (-*in f*) *m* interlocutor; gewandter ～ good conversationalist; **♀weise** [-vaizə] *adv.* conversationally; in the course of conversation.

gespreizt [gə'ʃpraitst] *adj.* spread out, wide apart; *die Beine* ～ *legs* astraddle; *fig.* pompous, affected; stilted (*style*); **♀heit** *f* (-) pomposity, affectation; stiltedness.

gesprenkelt [gə'ʃprɛnkəlt] *adj.* spotted, speckled, mottled.

gesprochen [gə'ʃprɔxən] *p.p. of* sprechen.

gesprossen [gə'ʃprɔsən] *p.p. of* sprießen.

gesprungen [gə'ʃpruŋən] *p.p. of* springen.

Gestade [gə'ʃtaːdə] *n* (-s; -) bank, waterside; (sea) shore, coast, beach.

Gestalt [gə'ʃtalt] *f* (-; -en) shape, form, appearance; *tech.* design; contour; figure, build, frame, stature; (*vague*) shape, *esp. person*: figure; *fig.* kind; manner, fashion, way; (*historic, literary*) figure, character; *in* ～ *von* in the shape (*or* form) of, *w.s.* in the guise of; *rund von* ～ spherical in shape; *e-r Sache* ～ *geben* materialize (*or* frame, create) a th.; (*feste*) ～ *annehmen* take shape, assume a definite form, materialize; *sich in s-r wahren* ～ *zeigen* show one's true colo(u)rs *or* character; *er ist e-e dunkle* ～ he is an obscure character *or* a shady customer; **♀en** *v/t.* (*h.*) form, shape, fashion; model, mo(u)ld; *tech.* design; arrange, organize; *schöpferisch* ～ create, produce; *dramatisch* ～ dramatize; *e-e Sache zu et.* ～ *make a th. out of a th., turn a th. into a th.; sich* ～ assume (*or* take) a form *or* shape; form, shape; develop; *sich* (*gut, etc.,*) ～ go (well, *etc.*), work (*or* turn) out; *sich* ～ *zu* (*e-m Erfolg etc.*) develop into, prove (to be a *success, etc.*), be(come); **～er(in** *f*) *m* (-s, -; -, -nen) shaper, fashioner; organizer; creator; *tech.* designer; **♀erisch** *adj.* designing; artistic; creative; **♀et** *adj.* shaped, fashioned, modelled; *wohl～* well-shaped, well-made; **～lehre** *f* morphology; **♀los** *adj.* shapeless, amorphous; **～psychologie** *f* gestalt psychology. **Ge'staltung** *f* (-; -en) formation; arrangement, organization; *art:* creation, production; shaping, *tech.* designing; shape, configuration; features *pl.*; style, fashion; development; situation, position; state, condition(s *pl.*); **♀sfähig** *adj.* shapable, plastic; **～skraft** *f* creative power (*or* genius); **～s-trieb** *m* creative impulse.

Gestammel [gə'ʃtaməl] *n* (-s) stammering.

gestanden [gə'ʃtandən] *p.p. of* (ge)stehen.

geständig [gə'ʃtɛndiç] *adj.* confessing (*or* admitting) one's guilt, pleading guilty; *er ist* ～ he has confessed.

Geständnis [gə'ʃtɛntnis] *n* (-ses; -se) confession; admission; avowal; ～ *ablegen* make a confession (*über acc.* of), confess (*a th.*); make a clean breast (of *a th.*).

Gestänge [gə'ʃtɛŋə] *n* (-s; -) *tech.*

rod(s *pl.*), bar(s *pl.*), pole(s *pl.*); linkage, gear; *mining:* boring tools *pl.*; *hunt.* antlers *pl.*

Gestank [gə'ʃtaŋk] *m* (-[e]s) stench, bad (*or* offensive) smell, stink.

gestatten [gə'ʃtatən] *v/t.* (*h.*) allow, permit; consent to, approve (of); grant; suffer, tolerate; authorize; *j-m et.* ～ allow *or* permit a p. (to do) a th.; *j-m et.* ～ give a p. permission (*or* leave) to do a th.; *sich* ～ *zu inf.* venture to *inf.*; take the liberty of *ger., econ. a.* beg (leave) to *inf.*; *b.s.* presume, → *erdreisten; wenn Sie* ～ by your permission, if you don't mind; *m-e Mittel* ～ *mir das* I can afford it; ～ *Sie mir, zu inf.* permit me to *inf.* [*fig.*).｝

Geste ['gɛstə] *f* (-; -n) gesture (*a.｝*

gestehen [gə'ʃteːən] **I.** *v/t.* (*irr., h.*) confess, admit, avow; *ich muß* ～, *daß* I must admit that; *offen gestanden* to tell the truth, frankly; **II.** *v/i.* (*irr., h.*) confess, make a confession, plead guilty, own up, *Am. sl.* come clean.

Ge'stehungs│kosten *pl.*, **～preis** *m* prime (*or* first) cost(s), production cost(s), cost-price *sg.*

Gestein [gə'ʃtain] *n* (-[e]s; -e) rock, stone(s *pl.*), mineral; rock stratum; *loses* ～ loose rock; *taubes* ～ dead rock.

Ge'steins...: ～art *f* (kind of) rock *or* mineral; **～bohrer** *m* rock drill; **～gang** *m* streak, lode; **～kunde** *f* (-) petrology, mineralogy; **～pflanze** *f* rock plant; **～probe** *f* rock sample.

Gestell [gə'ʃtɛl] *n* (-[e]s; -e) stand, rack, shelf; trestle, horse; support; frame (*a. of bicycle, spectacles*); holder, mount(ing); pedestal; *metall.* hearth; *of plough:* stool; → *Fahr♀, Regal, etc.*; **～macher** *m* wheelwright; **～pflug** *m* wheel plough, *Am.* wheeled plow; **～säge** *f* frame-saw.

Ge'stellung *f* (-; -er.) making available, furnishing; *mil.* reporting for service; **～sbefehl** *m* call(ing)-up order, *Am.* induction order; **♀spflichtig** *adj.* bound to appear at a muster.

gestern ['gɛstərn] *adv.* yesterday; ～ *früh*, ～ *morgen* yesterday morning; ～ *abend* last night; ～ *vor 14 Tagen* yesterday fortnight; *von* ～ of yesterday, yesterday's; *fig. er ist nicht von* ～ he wasn't born yesterday.

'Gestern *n* (-) yesterday, *the* past.

gestiefelt [gə'ʃtiːfəlt] *adj.* booted, in boots; ～ *und gespornt* booted and spurred; **♀er Kater** Puss in Boots.

gestielt [gə'ʃtiːlt] *adj.* helved; *zo.* stalked, *bot. a.* petiolate.

gestiegen [gə'ʃtiːgən] *p.p. of* steigen.

gestikulieren [gɛstiku'liːrən] *v/i.* (*h.*) gesticulate; **♀** *n* (-s) gesticulation.

Gestirn [gə'ʃtirn] *n* (-[e]s; -e) star(s *pl.*); constellation; **♀t** *adj.* starry.

gestoben [gə'ʃtoːbən] *p.p. of* stieben.

Gestöber [gə'ʃtøːbər] *n* (-s; -) drift, flurry (of snow); storm.

gestochen [gə'ʃtɔxən] *p.p. of* stechen.

gestohlen [gə'ʃtoːlən] *p.p. of* stehlen.

Gestöhn(e) [gə'ʃtøːn(ə)] *n* (-[e]s) groaning, groans *pl.*, moaning.

gestorben [gə'ʃtɔrbən] *p.p. of* sterben.

Gestotter [gə'ʃtɔtər] n (-s) stuttering, stammering.

Gestrampel [gə'ʃtrampəl] n (-s) kicking, fidgeting, wriggling.

Gesträuch [gə'ʃtrɔyç] n (-[e]s; -e) shrubs, bushes pl., shrubbery.

gestreift [gə'ʃtraift] adj. striped, streaky; bot. striate(d).

gestreng [gə'ʃtrɛŋ] adj. severe; → streng.

gestrichen[1] [gə'ʃtriçən] p.p. of streichen.

ge'strichen[2] adj. painted; → frisch; ~es Papier glazed paper; ~es Maß strike measure; shooting: ~es Korn medium; ~ voll filled to the brim, brimful; drei ~e Eßlöffel three level tablespoons; mus. ledger-line (note); typ. deleted; im Protokoll ~ stricken from the records.

gestrig ['gɛstriç] adj. yesterday's, of yesterday; am ~en Tage yesterday; am ~en Abend last night; unser ~es Schreiben our letter of yesterday.

gestritten [gə'ʃtritən] p.p. of streiten.

Gestrüpp [gə'ʃtryp] n (-[e]s; -e) scrub, brush wood; underwood; thicket, tangled growth; fig. jungle, maze.

Gestühl [gə'ʃty:l] n (-[e]s; -e) chairs, seats pl.; eccl. pews pl.; (chair-)stalls pl.

Gestümper [gə'ʃtympər] n (-s) bungling, botching.

gestunken [gə'ʃtuŋkən] p.p. of stinken.

Gestüt [gə'ʃty:t] n (-[e]s; -e) stud (-farm); ~hengst m stud-horse, stallion; ~stute f stud-mare.

Gesuch [gə'zu:x] n (-[e]s; -e) (formal) request; petition, suit; application; → Antrag; ~steller(in f) m (-s, -; -, -nen) petitioner; applicant.

ge'sucht adj. (much) sought after; econ. (sehr) ~ sein be in (great or brisk) demand or request; (greatly) courted; wanted (a. by police); fig. studied; affected, artificial; far-fetched; ♀heit f (-) affectation.

Gesudel [gə'zu:dəl] n (-s) scribble, scrawl.

Gesumme [gə'zumə] n (-s) hum (-ming), buzz(ing).

gesund [gə'zunt] adj. healthy (a. fig. e.g. opposition); in good health; well; sound (in body and mind); fig. sound (views, economy, etc.); able-bodied, fit; healthful, wholesome, salubrious, beneficial; salutary; sound (sleep); geistig ~ sane, of sound mind; ~es Herz sound heart; ~e Nahrung wholesome food; ~ und munter fit as a fiddle, alive and kicking; → Fisch; safe and sound; frisch und ~ hale and hearty; → Menschenverstand; wieder ~ machen restore to health, cure; wieder ~ werden or gesunden; j-n ~ schreiben certify a p. as recovered; fig. sich ~ machen feather one's nest; durch diese Spekulation konnte er sich wieder ~ machen this speculation put him on his feet again; die Lektion ist ihm ganz ~ does him a world of good or serves him right; ♀beten n, ♀beterei [-be:tə'rai] f (-) faith-healing; ♀beter(in f) m (-s, -; -, -nen) faith-healer; ♀brunnen m mineral spring or waters pl.; ~en

gesunden [gə'zundən] v/i. (sn) recover (one's health), be restored to health, get well again, recuperate; convalesce; fig. recover.

Gesundheit [-'zunt-] f (-) health; soundness (a. econ.); soundness of mind, sanity; fitness; wholesomeness, salubrity; healthiness (of climate, etc.); geschädigte (zerrüttete) ~ impaired (shattered) health; öffentliche ~ public health; bei bester ~ in the best (or pink) of health; von zarter ~ in delicate health; vor ~ strotzen be the picture of health; auf j-s ~ trinken drink a p.'s health; auf Ihre ~! your health!; ~! at a sneeze: God bless you!; ♀lich adj. sanitary, hygienic; ~er Zustand state of health, physical condition; aus ~en Gründen for reasons of health.

Ge'sundheits...: ~amt n public health office; ~apostel m sanitarian, health fanatic; ~appell mil. m physical inspection; ~beamte(r) m public health officer; ~behörde f public health authority; ~dienst m public health service; ♀förderlich adj. conducive to health, healthy, wholesome, salubrious; ~fürsorge f public health welfare; ♀halber adv. for health reasons; ~lehre f hygiene, hygienics pl.; ~paß m → Gesundheitszeugnis; ~pflege f (personal) hygiene; preventive medicine; öffentliche ~ public health service; ~polizei f sanitary police; ~rücksichten f/pl.: aus ~ for reasons of health; ~schäden [-ʃɛ:dən] m/pl. injuries to health; ♀schädlich [-ʃɛ:t-] adj. injurious to health, unwholesome, noxious; ~vorschriften f/pl. sanitary regulations; ~wesen n (-s) (öffentliches ~) Public Health; ♀widrig adj. unwholesome; ~zeugnis n certificate (or bill) of health; ~zustand m state of health, physical condition; schlechter ~ poor health, ill-health.

Gesundung [gə'zundun] f (-) recovery; fig. (economic) recovery, rehabilitation.

gesungen [gə'zuŋən] p.p. of singen.

gesunken [gə'zuŋkən] p.p. of sinken.

Getäfel [gə'tɛ:fəl] n (-s) wainscot, panelling.

getan [gə'ta:n] p.p. of tun.

Getändel [gə'tɛndəl] n (-s) dallying, flirting.

Getier [gə'ti:r] n (-s) animals pl.

getigert [gə'ti:gərt] adj. striped, streaked.

Getöse [gə'tø:zə] n (-s) (deafening) noise, din, crash, turmoil, racket; fracas; pandemonium; roar(ing) (of guns, waves, etc.).

getragen [gə'tra:gən] adj. fig. solemn, measured, slow.

Getrampel [gə'trampəl] n (-s) trampling, stamping.

Getränk [gə'trɛŋk] n (-[e]s; -e) drink, beverage; potion; → geistig; liquors, spirits; ~e-steuer f beverage tax.

Getrappel [gə'trapəl] n (-s) pattering; clatter (of hooves).

getrauen [gə'trauən]: sich ~ (h.) dare, venture; risk; → trauen.

Getreide [gə'traidə] n (-s) corn, grain; cereals pl.; ~art f cereal; ~bau m (-[e]s) grain-growing; ~bestand m grain crop; ~börse econ. f grain exchange; ~brand m (-[e]s) smut; ~feld n grainfield; ~handel m grain trade; ~händler m grain merchant; ~heber m grain elevator; ~land n grain-growing country; ~markt m grain market; ~nager m cadelle; ~pflanze f cereal plant; ~rost m black rust; ~schrot m or n whole meal; ~sortiermaschine f grain sorter, wheat grader; ~speicher m granary.

getreu [gə'trɔy], ~lich adj. faithful, true, loyal, trusty, sta(u)nch; ~e Abschrift true copy; ~e Übersetzung faithful translation; ~ s-m Eid, etc. true to his oath, etc.; ♀e(r m) f (-n, -n; -en, -en): s-e ~n his (faithful) followers.

Getriebe [gə'tri:bə] n (-s; -) tech. gearing, gear unit; gears pl.; (power or gear) transmission; pinion; wheelwork, of watch: a. springs pl., going parts pl.; fig. machinery, wheels pl.; commotion, (hustle and) bustle, whirl, rush, fuss; ~bremse f gear (or transmission) brake; ~gehäuse mot. n gear-box; ~motor m geared motor. [ben.)

getrieben [gə'tri:bən] p.p. of trei-ʃ

Getriebe...: ~rad n gear wheel; ~welle f gear shaft.

getroffen [gə'trɔfən] p.p. of treffen.

getrogen [gə'tro:gən] p.p. of trügen.

getrost [gə'tro:st] I. adj. confident, hopeful; seid ~! be of good cheer!; II. adv. without hesitation, safely, always; das kannst du ~ tun you are perfectly safe in doing that, you can easily do so.

getrunken [gə'truŋkən] p.p. of trinken.

Getto ['gɛto] n (-s; -s) ghetto.

Getue [gə'tu:ə] n (-s) fuss; silly behavio(u)r, affectation.

Getümmel [gə'tyməl] n (-s; -) turmoil, tumult, bustle, hurly-burly.

getüpfelt [gə'typfəlt] adj. spotted, dotted.

geübt [gə'y:pt] adj. practised; skilled, versed, experienced; trained (a. eye); ♀heit f (-) skill, practice, experience.

Gevatter [gə'fatər] m (-s; -n) godfather, sponsor; ~ Tod Goodman Death; fig. friend, neighbo(u)r; ~in f (-; -nen) godmother; ~schaft f (-; -en) godfathership, godmothership, sponsorship.

geviert [gə'fi:rt] adj. I. squared; II. n (-[e]s; -e) square; typ. quadrat.

Gewächs [gə'vɛks] n (-es; -e) plant, vegetable; herb; produce, growth; (wine) vintage; med. growth; bösartiges ~ malignant growth.

gewachsen [gə'vaksən] adj. natural, undisturbed (soil); fig. j-m ~ sein be a p.'s equal, be a match for a p.; e-r Sache ~ sein be equal to a th., measure up to a th.; sich der Lage ~ zeigen rise to the occasion, cope with (or handle) the situation.

Gewächshaus [gə'vɛks-] n greenhouse.

gewagt [gə'va:kt] adj. daring (a. fig.); risky, precarious; risqué (Fr.), Am. off-color, blue (joke).

gewählt [gə'vɛːlt] *adj.* choice; selected, refined (*style, etc.*).

gewahr [gə'vaːr] *adj.*: ~ werden (*gen.*) → ~en *v/t.* (*h.*) become aware of; perceive, observe, notice; discover, discern; catch sight of, sight, see.

Gewähr [gə'vɛːr] *f* (-) guarantee, guaranty, warrant, security, surety (*all*: für for); ohne ~ without guarantee, *econ. a.* without engagement, without one's prejudice, subject to change; ~ bieten *or* leisten für (*acc.*) guarantee, warrant, ensure; → *Bürgschaft*; **2en** *v/t.* (*h.*) grant, allow, accord; allow, concede; give, yield, furnish, offer, afford; j-n ~ lassen let a p. have his way (*or* head); give a p. full play (*or* scope); let (*or* leave) a p. alone; j-m Einlaß ~ allow a p. to enter, admit a p.; e-n Vorteil ~ offer an advantage; → *Einblick*; **2leisten** *v/t.* (*h.*) guarantee, warrant, vouch for; ensure; ~leistung *f* guaranty, warranty.

Ge'wahrsam *m* and *n* (-s; -e) custody, care; safe keeping; control; custody, detention; et. in ~ haben have the care (*or* control) of a th., have a th. in safe keeping; j-n in ~ halten hold a p. in custody *or* under detention; in ~ nehmen **a**) take charge of (*a thing*), **b**) take (*a p.*) into custody, place under detention; in sicherem ~ in safe keeping (*or* custody).

Ge'währs...: ~mann *m* **a**) informant; **b**) *a.* ~träger *m* guarantor; **c**) predecessor in title; ~pflicht *f* warranty; e-e ~ übernehmen give a warranty; *Verletzung der* ~ breach of warranty.

Ge'währung *f* (-; -en) granting, allowing.

Gewalt [gə'valt] *f* (-; -en) power (*über acc.* over, of); authority; sway (over), dominion (over), control (of); force, might, power; restraint; violence, force; vehemence, impact; → *elterlich*; → *gesetzgebend*; höhere ~ force majeure (*Fr.*), Act of God, influence beyond one's control; nackte ~ brute (*or* sheer) force; richterliche ~ judicial power; *jur.* tatsächliche ~ actual control (*über acc.* of *a th.*); vollziehende ~ executive; mit ~ by force, forcibly; mit aller ~ with might and main, by hook or crook, at all costs; ~ antun **a**) do violence to, **b**) violate, ravish, rape (*a woman*); sich ~ antun lay hands on o.s., *fig.* restrain (*or* check) o.s.; sich in der ~ haben have o.s. under control; die ~ verlieren über (*acc.*) lose control over, lose one's hold (*or* grip) on; in s-e ~ bringen bring under one's sway, achieve control of, obtain a hold on; in s-r ~ haben have under one's sway (*or* power, thumb), have in one's hand *or* grip; er verlor die ~ über s-n Wagen he lost control over his car *or* his car got out of hand; → anwenden; ~akt *m* act of violence; ~androhung *f* threat of violence; ~anwendung *f* use of force; ohne ~ without resort to force; ~entrennung *f* separation of powers; ~friede *m* dictated peace; ~herrschaft *f* despotism, tyranny, terrorism; ~herrscher *m* despot; **2ig** **I.** *adj.* powerful, mighty; vehement, violent; enormous, immense, stupendous, phenomenal; gigantic, colossal, huge, vast, *colloq.* tremendous, terrific; ~er Unterschied vast difference; ~er Schlag powerful stroke (*or* punch), stunning *or* staggering blow; **II.** *adv.* enormously, etc.; da irren Sie sich ~ you are very much mistaken there; ~kur *f* drastic measures *pl.*; **2los** *adj. pol.* nonviolent; ~marsch *m* forced march; ~maßnahme *f* violent (*fig.* drastic) measure; ~mensch *m* brute, terrorist; **2sam** *adj.* violent, forcible, by force; ~er Tod violent death; ~samkeit *f* (-; -en) violence, force; ~streich *m* arbitrary act, bold stroke; coup de main (*Fr.*); ~tat *f* act of violence; outrage, atrocity; **2tätig** *adj.* violent; brutal, brutish, outrageous; ~tätigkeit *f* brutality; violence, outrage; ~verbrechen *n* crime of violence; ~verbrecher *m* violent criminal.

Gewand [gə'vant] *n* (-[e]s; ⁼er) garment, raiment; robe, gown; *esp. eccl.* vestment; ~meister *thea. m* wardrobe master.

gewandt¹ [gə'vant] *p.p. of* wenden.

ge'wandt² *adj.* agile, nimble, quick; dexterous, deft, skil(l)ful, adroit, clever (*all a. fig.*); versatile; efficient; ingenious; smart; elegant, easy, *a. b.s.* smooth (*manners, style, etc.*); fluent (*speaker*); ~ sein in et. be good (*or* quick) at; **2heit** *f* (-) agility; dexterity, skill, cleverness, adroitness; efficiency, versatility; ingenuity, smartness; elegance (*of style, manners, etc.*); smoothness; fluency.

gewann [gə'van] *pret. of* gewinnen.

gewärtig [gə'vɛrtiç] *adj.* (*gen.*) expecting, expectant of; ~ sein (*gen.*) → ~en *v/t.* expect, await; reckon with; be in for; zu ~ haben be liable to, face (*punishment, etc.*).

Gewäsch [gə'vɛʃ] *n* (-es) twaddle; balderdash, nonsense, *sl.* bilge.

Gewässer [gə'vɛsər] *n* (-s; -) waters *pl.*

Gewebe [gə've:bə] *n* (-s; -) (woven) fabric, textile, web (*a. fig.*); tissue (*a. anat. and fig.*); texture; netting; ~atmung *physiol. f* tissue respiration; ~lehre *f* (-) histology; ~schicht *f* layer of tissue; **2schonend** *adj.* gentle (to textiles); ~verletzung *f* lesion; ~zerfall *m* death of tissue.

geweckt [gə'vɛkt] *adj. fig.* alert, wide-awake, lively; bright.

Gewehr [gə've:r] *n* (-[e]s; -e) gun; rifle; carbine; *pl. a.* (fire-)arms; *mil.* an die ~e! to arms!; ~ ab! order arms!; das ~ über! slope arms!, *Am.* right shoulder arms!; präsentiert das ~! present arms!; (mit) ~ bei Fuß stehen be at the order; *hunt.* tusk (*of boar*); ~appell *m* rifle inspection; ~auflage *f* support, parapet; ~feuer *n* rifle fire; ~futteral *hunt. n* gun-case; ~granate *f* rifle-grenade; ~kolben *m* (rifle-)butt; ~kugel *f* bullet; ~lauf *m* barrel; ~munition *f* rifle (*or* small-arms) ammunition; ~patrone *f* cartridge; ~pyramide *f*

pile of arms; ~riemen *m* rifle-sling; ~schaft *m* stock; ~schloß *n* gun lock; ~schuß *m* rifle-shot; ~ständer *m* rifle-rack; ~stock *m* cleaning rod.

Geweih [gə'vai] *n* (-[e]s; -e) horns, antlers *pl.*; ~sprosse *f* antler, branch.

Gewerbe [gə'vɛrbə] *n* (-s; -) trade, business; trade, vocation, profession; → *Beruf*; craft; industry; ehrliches ~ honest trade; dunkles ~ shady business; er ist s-s ~es ein Bäcker he is a baker by trade; sich ein ~ aus et. machen make a business of a th.; ein ~ treiben follow (*or* pursue, carry on) a trade; ~aufsicht *f* trade (*or* industrial) inspection; ~aufsichts-amt *n* industrial inspection board; ~ausstellung *f* industrial exhibition; ~bank *f* (-; -en) trade bank; ~betrieb *m* industrial establishment; factory; commercial enterprise; ~erlaubnis *f* trade licen|ce, *Am.* -se; ~ertragssteuer *f* tax on trade returns; ~freiheit *f* (-) freedom of trade; ~gesetz *n* trade law; ~lehrer *m* vocational (school) teacher; ~museum *n* industrial museum; ~ordnung *f* industrial code, trade regulations *pl.*; ~schein *m* trade licen|ce, *Am.* -se; ~schule *f* trade school, vocational school; ~steuer *f* trade tax; **2tätig** *adj.* industrial; ~tätigkeit *f* industrial activity; **2treibend** *adj.* engaged in trade, trading; industrial, manufacturing; ~treibender *m* (-en; -en) person carrying on a trade or business; ~zählung *f* census of industry; ~zweig *m* (branch of) industry, industrial (*or* trade) group; line (of business).

gewerblich [gə'vɛrp-] *adj.* industrial, commercial, trade-...; ~er Betrieb business enterprise, industrial establishment; ~e Einfuhr industrial imports; ~es Fahrzeug commercial vehicle; ~er Güterverkehr road haulage; ~e Wirtschaft trade and industry.

ge'werbsmäßig [-mɛːsiç] **I.** *adj.* professional; (carried on) for gain (*both a. jur.*); ~er Künstler professional; ~e Unzucht prostitution; **II.** *adv.* professionally, on a commercial basis, for gain.

Gewerkschaft [gə'vɛrkʃaft] *f* (-; -en) trade union, *Am.* labo(u)r-union; mining company; in e-e ~ zusammenfassen unionize; der ~ angeschlossener Betrieb closed shop; der ~ nicht angeschlossener Betrieb open (*or* non-union) shop; ~ler *m* (-s; -) trade-unionist; organized workman; **2lich** *adj.* (trade-) unionist; *adv.*: ~ organisieren unionize.

Ge'werkschafts...: ~bewegung *f* trade-unionism; ~bund *m* (-[e]s; ⁼e) Federation of Trade Unions; *Brit.* Trade Union Congress (*abbr.* T.U.C.), *Am.* American Federation of Labor & Congress of Industrial Organizations (*abbr.* AFL-CIO); **2feindlich** *adj.* anti-union; ~führer *m* trade-union leader; ~funktionär *m* trade-union official; ~mitglied *n* → Gewerkschaftler; ~sekretär *m* trade-union organizer; ~unterstützung *f* (trade-)union benefits *pl.*; ~verband *m* federation of trade unions; ~wesen *n* (-s) (trade-)unionism.

gewesen [gə'veːzən] *p.p. of sein*; former, one-time, erstwhile.

gewichen [gə'viçən] *p.p. of weichen.*

Gewicht [gə'viçt] *n* (-[e]s; -e) weight; load; *of scale*: weight; *of pendulum*: bob; fehlendes ~ short weight; geeichtes ~ standard weight; → *spezifisch*; *tech.* totes ~ dead weight (*or* load); nach ~ by weight; *sports*: ~ abtrainieren reduce the weight, get the weight down; *skiing*: das ~ verlagern auf (*acc.*) weight; *fig.* weight, consequence, moment; *e-r Sache* ~ beimessen attach importance to *a th.*; ~ haben carry (*or* have) weight (*bei dat.* with); ~ legen auf et. lay stress upon, set (great) store by, make it a point to (*or* that); ins ~ fallen be of great weight, weigh heavily, count, matter; nicht ins ~ fallen be of no consequence (*or* weight), make no difference; ~heben *n sports*: weightlifting; ~heber *m* weight lifter; 2ig *adj.* weighty, heavy, ponderous; *fig.* weighty, important, momentous; influential.

Ge'wichts...: ~abgang *m*, ~abnahme *f* loss (*or* decrease) in weight; *econ.* shortage; ~analyse *f* gravimetric analysis; ~angabe *f* declaration (*of scale*: indication) of weight; ~einheit *f* unit of weight; ~klasse *f sports*: weight (class); ~mangel *m*, ~manko *n* deficiency in weight, short weight, underweight; ~verhältnis *n* ratio of weight; ~verlagerung *f* shifting of weight; *fig.* change of emphasis, shift; ~verlust *m* loss in weight; ~zunahme *f* increase in weight, weight gain.

gewiegt [gə'viːkt] *adj.* experienced, seasoned; smart, shrewd, clever, astute.

Gewieher [gə'viːər] *n* (-s) neighing; *fig.* horse-laugh, guffaws *pl.*

gewiesen [gə'viːzən] *p.p. of weisen.*

gewillt [gə'vilt] *adj.* willing, prepared, ready, inclined (*zu inf.* to *inf.*), determined (*to inf.*); er ist nicht ~, zu *inf.* he is not willing (*or* he refuses) to *inf.*

Gewimmel [gə'viməl] *n* (-s) swarming; swarm, (milling) crowd, throng.

Gewimmer [gə'vimər] *n* (-s) whimpering, whining; wailing, wails *pl.*

Gewinde [gə'vində] *n* (-s; -) winding; garland, festoon; wreath; skein (*of yarn*); coil; *anat.* labyrinth (*of ear*); *tech.* thread; rechts-(links-)gängiges ~ right- (left-)hand(ed) thread; ~bohrer *tech. m* screw tap; ~bolzen *m* threaded bolt; ~drehbank *f* threading lathe; ~gang *m* thread; ~lehre *f* thread pitch ga(u)ge; ~schneiden *n* (-s) thread cutting; thread hobbing; ~schneidkopf *m* [-ʃnait-] screwing chuck; ~schneidmaschine *f* threading machine; ~steigung *tech. f* a) lead, b) pitch; ~strähler [-ʃtrɛːlər] *m* (-s; -) chasing tool.

Gewinn [gə'vin] *n* (-[e]s; -e) winning; gain, profit; *at game*: winnings *pl.*; *lottery*: prize; (*lot*) winner; earnings *pl.*; yield, returns *pl.*; proceeds *pl.*; advantage, benefit; (profit) margin; surplus; *fig.* gain, advantage, profit; ~ und Verlustkonto *or* -rechnung profit-and-loss account (*Am.* statement); entgangener ~ profit lost; erzielter ~ realized profit; reiner ~ net profit; unerwarteter ~ unexpected profit, windfall; verteilbarer ~ profit available for distribution; ~ abwerfen, bringen leave (*or* yield) a profit, leave a margin; am ~ beteiligt sein share in profits; ~ erzielen realize a profit, net (a sum); mit ~ verkaufen sell at a profit *or* to advantage; ~abführung *f* surrender of profits; ~abführungssteuer *f* excess of profits tax; ~abschöpfung [-apʃœpfuŋ] *f* (-) taxation: skimming of excess profits; ~anteil *m* share of (the) profits; dividend; ~anteilschein *m* dividend warrant; ~aufstellung *f* earnings statement; ~aufstockung *f* (-) increase of capital resources out of profits; ~beteiligung *f* participation in profits; profit-sharing; ~beteiligungsplan *m* profit-sharing scheme; 2bringend *adj.* profitable, lucrative, paying.

ge'winnen I. *v/t.* (irr., h.) win, gain; gain, get (*advantage, lead*); secure (*a th. or p.*); acquire, obtain; earn, make, net, bag; carry off, fetch (*prize*); den Kampf ~ win the battle; e-n Prozeß ~ win a law-suit; Zeit ~ gain time; Zeit zu ~ suchen temporize; → Oberhand: gain, reach, *Am.* make (*the shore, etc.*); *j-n für sich* ~ win *or* gain a p.('s support), win a p. over; *j-n für et.* ~ a. interest a p. in a th.; convert a p. to a th.; *j-s Hilfe* ~ enlist a p.'s help; *j-n zum Freunde* ~ gain the friendship of a p.; *j-s Herz (Hand)* ~ win a p.'s heart (hand); *mining, etc.*: win, produce, obtain, extract; *from scrap*: recover, salvage, reclaim; *chem.* extract, derive; ich konnte es nicht über mich ~ I could not bring myself to do it; es gewinnt den Anschein, als ob it appears as though; wie gewonnen, so zerronnen easy come, easy go; II. *v/i.* (irr., h.) win, be winner (*or* victorious); win the battle, gain the victory; spielend ~ win hands down; an Bedeutung, etc., ~ gain in importance, etc.; an Boden ~ gain ground; ~ von *or* durch et. profit by a th., benefit from a th.; *by comparison, contrast, etc.*: gain, improve; er hat sehr gewonnen he has greatly improved; sie gewinnt bei näherer Bekanntschaft she improves on acquaintance; an Kraft *or* Wucht ~ gather force.

Ge'winn...: 2end *fig. adj.* winning, engaging, taking; ~entnahme *f* withdrawal of profits; ~er(in *f*) *m* (-s, -; -, -nen) winner; ~lage *f* profit-and-loss position; ~ler(in *f*) [-lər(in)] *m* (-s, -; -, -nen) profiteer; ~los *n*, ~nummer *f* winning number, winner; ~rechnung *f* profit account; 2reich *adj.* profitable,

lucrative; ~schrumpfung *f* profit shrinkage; ~spanne *f* profit margin; ~steuer *f* profit tax; ~streben *n* pursuit of profit; ~sucht *f* (-) greed, avarice, lucre; 2süchtig *adj.* greedy, profit-seeking, covetous; *jur. in* ~er Absicht with mercenary intent; ~überschuß *m* surplus (profits *pl.*); ~ung *f* (-; -en) winning; gaining; acquirement; production, extraction, winning; output; reclamation (*of land*); *chem.* preparation, derivation; ~verteilung *f* distribution of profits; ~vortrag *m* surplus brought forward.

Gewinsel [gə'vinzəl] *n* (-s) whining, whine, whimpering.

Gewinst [gə'vinst] *m* (-es; -e) winnings *pl.*, takings *pl.*; profit.

Gewirr [gə'vir] *n* (-[e]s; -e) confusion, tangle, snarl, entanglement; maze.

gewiß [gə'vis] I. *adj.* certain, sure, positive; ein gewisser Preis a fixed price; in gewissen Fällen in certain (*or* some) cases; ein gewisser Herr N. a certain (*or* one) Mr. N.; → Etwas; in gewissem Sinne in a sense; ~! certainly!, to be sure!, *Am.* sure!; aber ~! by all means!, why, yes (*of course*)!; es ist ganz ~, daß a) it is quite certain that, there can be no doubt that, b) I am quite sure (*or* certain, positive) that; ich bin dessen ~ I am sure of it; s-e Stimme ist mir ~ I am sure of his vote; sich s-r Sache ~ sein be sure of one's ground *or* facts; II. *adv.* certainly, surely; indeed; no doubt, doubtless; decidedly, assuredly; ~ nicht certainly not, by no means; er kommt ~ he is sure to come; davon hast du ~ noch nicht gehört I am sure (*or* I dare say) you have not heard of this before; du wolltest mir ~ e-e Freude machen you wished to do me a favo(u)r, didn't you?

Ge'wissen *n* (-s; -) conscience; reines ~ clear conscience; gutes (ruhiges) ~ good (safe, peaceful) conscience; schlechtes ~ bad (*or* guilty) conscience; ein schlechtes ~ haben a. be conscience-stricken; sein ~ beruhigen (erleichtern) soothe (ease) one's conscience; → weit I.; *j-m ins* ~ reden appeal to a p.'s conscience; das hast du auf dem ~ that is your fault (*or* doing); das kannst du mit gutem ~ behaupten you can say that with a safe conscience (*or* with safety); er machte sich kein ~ daraus, zu *inf.* he thought nothing of ger., he had no scruples about ger.; das ~ schlug ihm his conscience smote him, he was stung with remorse; → Wissen; 2haft *adj.* conscientious, scrupulous (*in dat.* about); ~haftigkeit *f* (-) conscientiousness; scrupulousness; 2los *adj.* unscrupulous; irresponsible; reckless; ~losigkeit *f* (-) unscrupulousness.

Ge'wissens...: ~angst *f* qualms *pl.* of conscience, anguish; ~bisse [-bisə] *m/pl.* pricks (*or* twinges) of conscience; remorse, compunction *sg.*; ~ haben a. be conscience-stricken; mach dir keine ~ deswegen don't lose any sleep over it, don't let it worry you; **~frage** f matter of conscience, moral issue; **~freiheit** f (-) freedom of conscience; **~konflikt** m inner conflict; **~not** f pressure of conscience, moral dilemma; **~prüfung** f self-examination; **~ruhe** f peace of conscience; **~sache** f matter of conscience; **~zwang** m moral constraint; eccl. religious intolerance; **~zweifel** m scruple, conscientious doubt.

gewissermaßen [-'ma:sən] adv. so to speak, in a manner of speaking; as it were; to some extent, in a way.

Ge'wißheit f (-) certainty, surety; assurance; innere ~ certitude, conviction; mit ~ with certainty; mit voller ~ most assuredly or positively; zur ~ werden become certain or a certainty; sich ~ verschaffen über (acc.) make certain on, make sure of a th.

ge'wißlich adv. → gewiß II.

Gewitter [gə'vitər] n (-s; -) (thunder)storm; es ist ein ~ im Anzuge there is storm brewing or gathering, we'll have a thunderstorm; fig. storm, tempest; **~bildung** f formation of a thunderstorm; **2haft, 2ig** adj. stormy, thundery; **2n** v/i. (impers., h.): es gewittert there is a thunderstorm; **~neigung** f (-) tendency to thunderstorms; **~regen, ~schauer** m thunder-shower; **2schwül** adj. thundery, oppressive, sultry; **~schwüle** f sultriness, thundery air; **~störungen** f/pl. radio: atmospherics, static sg.; meteor. thundery showers; **~sturm** m thunderstorm; **~wolke** f thunder-cloud.

gewitz(ig)t [gə'vits(iç)t] adj. made wise by experience; sharp, shrewd, smart; ich bin jetzt ~ I've had my lesson.

gewoben [gə'vo:bən] p.p. of weben.

Gewoge [gə'vo:gə] n (-s) surging (a. fig.), surging (or milling) crowd, throng.

ge'wogen[1] p.p. of wägen and wiegen.

ge'wogen[2] adj. (dat.) well (or kindly) disposed or favourably inclined (to[wards]); friendly (to), kind (to); j-m ~ sein a. show affection for a p., like a p.; sie ist ihm sehr ~ he is in her good graces; **2heit** f (-) friendliness, goodwill, kindness, affection.

gewöhnen [gə'vø:nən] v/t. (h.) accustom (an acc. to), habituate (to), get used (to); inure (to); familiarize (with); sich ~ an (acc.) get accustomed (or used) to; become familiar with; sich an ein Klima ~ acclimatize, Am. acclimate; sich daran ~ zu inf. get used to ger., get into the habit of ger., take to ger.; gewöhnt sein → gewohnt.

Gewohnheit [gə'vo:nhait] f (-; -en) habit; wont; custom; practice, usage; → Macht; aus (alter) ~ from habit; aus der ~ kommen get out of practice (or the habit); die ~ haben, zu inf. be in the habit of ger., be wont to inf.; j-m zur ~ werden become a habit with a p.; in die ~ verfallen, zu inf. get into the habit of ger.; sich et. zur ~ machen make it a habit (to do a th.); zur ~ werden

grow into a habit; wie es s-e ~ war as was his wont (or custom).

Ge'wohnheits...: ~laster n besetting sin; **2mäßig** [-mɛ:siç] **I.** adj. habitual (a. jur.), customary; normal, usual, routine; **II.** adv. habitually, by (or from) habit; mechanically; **~mensch** m creature of habit; **~recht** n jur. common law; w.s. established right; **~sünde** f habitual sin; **~tier** n creature of habit; **~trinker(in** f) m habitual drunkard, problem-drinker; **~verbrecher** m habitual criminal.

gewöhnlich [gə'vø:nliç] **I.** adj. common; general; ordinary, commonplace; usual, customary; habitual; normal, routine; customary; conventional; plain; average; mediocre; common; vulgar, low; **II.** adv. commonly, etc.; as a rule, generally, normally; under ordinary circumstances; wie ~ as usual.

gewohnt [gə'vo:nt] adj. habitual, usual, wonted; traditional, customary; ~er Anblick familiar sight; zu ~er Stunde at the usual hour; pred.: et. ~ sein be accustomed (or used) to a th.; be in the habit of doing a th.; be inured (or seasoned) to (cold, strain, etc.); **~ermaßen** [-tərma:sən] adv. as usual.

Ge'wöhnung f (-) accustoming, habituation (an acc. to); inurement; acclimatization, Am. acclimation; med. addiction (to); Pervitin führt zur ~ is a habit-forming drug; training, breaking in, domestication (of animals); → Gewohnheit.

Gewölbe [gə'vœlbə] n (-s; -) vault; cellar; arch; family-vault; fig. ~ des Himmels vault of heaven; **~bogen** m arch (of a vault); **~pfeiler** m arched buttress.

ge'wölbt adj. vaulted, arched; domed; convex; cambered (road).

Gewölk [gə'vœlk] n (-[e]s) clouds pl.

gewollt [gə'vɔlt] adj. deliberate, studied (insult, etc.); ~ malerisch consciously picturesque.

gewonnen [gə'vɔnən] p.p. of gewinnen.

geworben [gə'vɔrbən] p.p. of werben.

geworden [gə'vɔrdən] p.p. of werden.

geworfen [gə'vɔrfən] p.p. of werfen.

Gewühl [gə'vy:l] n ('Fe]s) bustle, turmoil; throng, milling crowd; im ~ der Schlacht in the thick of the battle.

gewunden[1] [gə'vundən] p.p. of winden.

ge'wunden[2] adj. twisted; wound; winding, sinuous, spiral; esp. fig. tortuous.

gewürfelt [gə'vyrfəlt] adj. chequered.

Gewürm [gə'vyrm] n (-[e]s; -e) reptiles pl., worms pl.; vermin.

Gewürz [gə'vyrts] n (-es; -e) spice; cul. seasoning, condiment; aromatics (pl.); **~essig** m aromatic vinegar; **~handel** m spice trade, grocery business; **~händler(in** f) m spicer, grocer; **~kräuter** n/pl. spice plants; **~nelke** f clove; **2t** adj. spicy, seasoned, flavo(u)red (all a. fig.); **~tinktur** f aromatic tincture; **~waren** f/pl. spices, groceries.

gewußt [gə'vust] p.p. of wissen.

gezackt [gə'tsakt] adj. jagged, ragged; esp. bot., tech. serrated; esp. tech. indented, scalloped.

gezähnt [gə'tsɛ:nt] adj. toothed, tech. a. cogged; notched; anat., bot. dentate(d); stamp: perforated.

Gezänk [gə'tsɛŋk] n (-[e]s) quarrelling, wrangling, squabble; nagging.

Gezappel [gə'tsapəl] n (-s) fidgeting, wriggling, struggling; floundering, squirming bodies; rush, Am. colloq. hustle.

gezeichnet [gə'tsaiçnət] adj. drawn; signed (document, etc.); ~ (gez.) signed (abbr. sgd.); boxer, face, woman, etc.: marked; vom Schicksal ~ marked out by fate; vom Tode ~ with the mark of death; econ. voll ~ fully subscribed (loan).

Gezeiten [gə'tsaitən] pl. tide; **~kraftwerk** n tidal power station; **~strom** m tidal current; **~tafel** f tide table.

Gezelt [gə'tsɛlt] n (-[e]s; -e) tent, pavillion.

Gezeter [gə'tse:tər] n (-s) ˈloud scolding, (yelling) clamo(u)r; hue and cry; nagging; → Geschrei.

geziehen [gə'tsi:ən] p.p. of zeihen.

ge'ziemen v/i and sich ~ be becoming (or seemly, fit) (dat. or für acc. for), befit a. p.; es geziemt sich nicht it is not fitting (or proper), it is not done (or good form); wie es sich geziemt as is fitting; **~d** adj. becoming, seemly, fit(ting); decent, decorous; due, proper; mit ~em Respekt with due respect.

geziert [gə'tsi:rt] adj. affected; foppish; prim; → gekünstelt; **2heit** f (-) affectation; foppishness; primness; mannerism.

Gezisch [gə'tsiʃ] n (-es) hissing; **~el** n (-s) whispering, whispers pl.

gezogen [gə'tso:gən] p.p. of ziehen; barrel: rifled.

Gezücht [gə'tsyçt] n (-[e]s; -e) breed, brood, vermin.

Gezweig [gə'tsvaik] n (-[e]s) branches, boughs pl.

Gezwitscher [gə'tsvitʃər] n (-s) chirping, twitter(ing).

gezwungen[1] [gə'tsvuŋən] p.p. of zwingen.

ge'zwungen[2] **I.** adj. compulsory, forced; unnatural, self-conscious; affected; stiff, formal, constrained; forced, strained (gaiety, etc.); **II.** adv.: ~ lachen force a laugh; **~ermaßen** adv. under compulsion; willy-nilly; I am (or find myself) compelled to inf.; **2heit** f (-) constraint; affectation; formality, stiffness.

Gicht [giçt] f (-) **1.** med. gout, goutiness, arthritis; **2.** metall. furnace top (or mouth); furnace charge; **~anfall** m attack of (the) gout; **2artig** adj. gouty, arthritic; **2brüchig** adj. gouty; bibl. paralytic, palsied; **~gas** metall. n blast furnace gas; **2isch** adj. gouty, afflicted with gout; **~knoten** m gouty node, tophus; **2krank** adj. suffering from the gout, gouty, arthritic; **~kranke(r** m) f (-n, -n; -en, -en) gouty patient, arthritic; **~mittel** n remedy for gout, antarthritic agent;

~schmerzen m/pl. gouty (or arthritic) pains.

Giebel ['gi:bəl] m (-s; -) gable(-end); gablet; fronton, pediment; **~dach** n gable roof; **~feld** n tympan; **~fenster** n gable-window; **~seite** f frontispiece; **~stube** f garret, attic; **~wand** f gable wall.

Gier [gi:r] f (-) greed(iness), avidity; eagerness; ~ nach thirst (or craving, lust) for; '2en v/i. (h.) lust (nach dat. after or for), thirst (for), crave; aer., mar. yaw; '2ig I. adj. (nach, auf acc.) greedy (after, for, of), avid (for, of), covetous (of); grasping; gluttonous; II. adv.: ~ essen eat greedily; ~ verschlingen gulp down, bolt; ~ lesen read avidly.

Gießbach ['gi:s-] m torrent.

gießen ['gi:sən] v/t. and v/i. (irr., h.) pour; tech. cast (zu Barren into bars); found (bell, statue), (cast in a) mo(u)ld; glass: mo(u)ld; fallend ~ pour from the top; in Sand ~ sand-cast; water (garden, plants); spill, shed; fig. shed forth light, etc. (über acc. over), pour (in acc. into); → Öl; es gießt it is pouring; it is raining cats and dogs.

'**Gießer** tech. m (-s; -) caster; founder, mo(u)lder; glassworks: ladler, shearer; **Gieße'rei** f (-; -en) foundry; casting, mo(u)lding.

Gieß...: **~fähigkeit** tech. f (-) pourability; castability; **~form** f mo(u)ld; for injection: die; **~grube** f casting-pit; **~kanne** f watering-can; **~kelle** f, **~löffel** m (hand or casting) ladle; **~maschine** typ. f casting-machine; **~pfanne** f (foundry) ladle; **~rinne** f spout; **~technik** f casting practice; casting process.

Gift [gift] n (-[e]s; -e) poison; esp. of snakes: venom; toxin(e); virus; fig. poison; virus; venom, malice, spite; das ist das reinste ~ für ihn that's sheer poison to him; darauf kannst du ~ nehmen you can bet your life on it; er spie ~ u. Galle he fumed and foamed; '2abtreibend adj. antitoxic, antidotal; '~becher m poison(ed) cup; '~beibringung jur. f poisoning; '~blase zo./ venom-sac; '~drüse f venom-gland; '2fest adj. immune to poison; '2frei adj. free from poison, non-poisonous; '~gas n poison gas; '~hauch m poisonous breath, blight.

'**giftig I.** adj. poisonous, venomous; chem. toxic(al); med. virulent, contagious; poisoned; fig. poisonous, baneful; malicious, spiteful, venomous, virulent; furious, mad, waspish; **II.** adv.: j-n ~ ansehen look daggers at, look at venomously; **2igkeit** f (-) poisonousness, virulence; chem. toxicity; fig. banefulness, virulence; malice, spitefulness, viciousness; (cold) fury.

'**Gift...:** **~kunde** f (-) toxicology; **~mischer(in** f) m (-s, -; -, -nen) poisoner; **~mittel** n antidote; **~mord** m (murder by) poisoning; **~mörder(in** f) m poisoner; **~pfeil** m poisoned arrow (or dart); **~pflanze** f poisonous plant; **~pille** f poisoned pill; **~pilz** m poisonous mushroom, toadstool; **~schlange** f poisonous (or venomous) snake or

serpent; **~schrank** m poison cupboard (or cabinet); **~schwamm** m → Giftpilz; **~spinne** f poisonous spider; **~stachel** m poisonous sting; **~stoff** m poison(ous matter); chem. toxin(e), toxic agent; **~trank** m poisoned draught; **~wirkung** f poisonous action or effect; **~zahn** m poison-fang; **~zwerg** m contp. venomous toad.

Gigant [gi'gant] m (-en; -en) giant; **~in** f (-; -nen) giantess; 2isch adj. gigantic, colossal.

Gigerl ['gi:gərl] m (-s; -) fop, dandy; Am. a. dude.

Gilde ['gildə] f (-; -n) guild, corporation; **~meister** m master of a guild.

Gimpel ['gimpəl] m (-s; -) bullfinch; fig. simpleton, gawk, booby, Am. sucker.

ging [giŋ] pret. of gehen.

Ginster ['ginstər] bot. m (-s; -) broom.

Gipfel ['gipfəl] m (-s; -) summit, top, peak; pinnacle; (tree-)top; fig. climax, culmination; peak, apex, apogee; acme, peak (of perfection); zenith, summit (of fame, power); auf dem ~ des Glücks on the crest of the wave; der ~ der Frechheit the height of impudence; das ist der ~ that's the limit; der ~ m-r Träume the summit of my ambition; **~gespräche** pol. n/pl. summit talks; **~höhe** aer. f ceiling; maximum ordinate; **~konferenz** pol. f summit meeting or conference; **~leistung** f peak (performance or capacity); record; 2n v/i. (h.) culminate (in dat. in), fig. a. climax (in); **~punkt** m highest (fig. a. culmination) point; → Gipfel; 2ständig bot. adj. terminal, apical; **~trieb** bot. m leader shoot; **~ung** f (-) culmination.

Gips [gips] m (-es; -e) min. gypsum, calcium sulphate; plaster (of Paris). '**Gips|abdruck, ~abguß** m plaster cast; **~arbeit** f plastering; **~bewurf** m plastering; coat of plaster; 2en v/t. (h.) plaster; agr. fertilize (with gypsum); **~er** m (-s; -) plasterer; **~erde** f gypseous soil; **~figur** f plaster figure; 2haltig adj. calcareous, containing gypsum; **~kelle** f plastering trowel; **~kopf** m plaster head; humor. blockhead; **~marmor** m stucco; **~mehl** n powdered plaster; **~mörtel** m gypsum mortar; **~ofen** m plaster kiln; **~verband** med. m plaster (of Paris) dressing or cast; e-m Glied e-n ~ anlegen dress (or put) a limb in plaster; er trug den Arm in ~ his arm was in a cast.

Giraffe [gi'rafə] f (-; -n) giraffe.

Gir|ant [ʒi'rant] econ. m (-en; -en) endorser; **~at** [-'a:t] m (-en; -en) endorsee; 2ierbar adj. endorsable; 2ieren v/t. (h.) put in circulation; endorse, indorse bill of exchange (auf, an acc. upon); blanko giriert endorsed in blank.

Girlande [gir'landə] f (-; -n) garland, festoon.

Giro ['ʒi:ro] n (-s; -s) endorsement, indorsement; giro transfer; ausgefülltes (beschränktes) ~ special (restrictive) endorsement; mit ~ versehen endorse; **~bank** f (-; -en)

clearing-bank, transfer bank; **~einlagen** f/pl. deposits on a giro transfer account; **~konto** n giro (transfer) account; cheque (Am. check) account; **~kunde** m giro account holder; **~überweisung** f giro transfer; **~verband** m clearing bank association; **~verbindlichkeiten** f/pl. contingent liability on account of endorsements on bills discounted; **~verkehr** m clearing (or giro transfer) business; clearing system; **~zentrale** f clearing house; central bank (of a clearing-bank association).

girren ['girən] v/i. (h.) coo.

Gis [gis] mus. n (-; -) G sharp.

gischen ['giʃən] v/i. (h.) foam, froth; effervesce, fizz; spray.

Gischt [giʃt] m (-es; -e) foam, spray; froth.

Gis-Dur ['-du:r] n (-) G sharp major.

Gitarre [gi'tarə] f (-; -n) guitar; **~spieler(in** f) m guitar-player, guitarist.

Gitter ['gitər] n (-s; -) grating, lattice; trellis; iron bars pl.; grille; fender, guard; grate; wire-lattice (or -screen); radio, etc., a. on maps: grid; fence; railing; fig. hinter ~n behind bars; **~batterie** f grid (or C) battery; **~bett** n (latticed) cot, crib; **~brücke** f latticed bridge; **~draht** m wire-netting; el. filament grid; **~elektrode** f grid electrode; **~fenster** n lattice-window; barred window; 2förmig ['-fœrmiç] adj. latticed, grated, trellised; **~gleichrichter** m grid leak detector; **~kapazität** f input capacity; **~kondensator** m grid capacitor; **~kreis** m grid (or input) circuit; **~mast** m lattice mast, pylon; **~modulation** f radio: grid (circuit) modulation; **~netz** n map: grid; **~netzkarte** f gridded (or coordinate) map; **~röhre** f grid valve; **~spannung** f grid voltage; **~spule** f grid coil; **~stab** m grate bar; radio: grid bar; **~steuerung** f grid control; **~tor** n trellised gate; **~träger** arch. m lattice truss; **~werk** n trellis- (or lattice-)work; **~widerstand** m radio: grid leak (resistance); **~zaun** m trellis-work (or iron) fence.

Glacé|handschuhe [gla'se:hantʃu:ə] m/pl. kid gloves; fig. mit ~n anfassen treat gently or gingerly (Am. with kid gloves); **~leder** n kid leather.

Gladiator [gladi'a:tor] m (-s; -'toren) gladiator.

Glanz [glants] m (-es). brightness, lust|re, Am. -er, brilliance, sparkle, resplendence; radiance, luminosity, glow; glitter; glare; tech. polish, lust|re, Am. -er, gloss, gleam; on cloth: sheen; fig. splendo(u)r; glamo(u)r; bloom; glory; pomp; äußerer ~ gloss; glitter, tinsel; e-e Prüfung mit ~ bestehen pass an examination with distinction; colloq. e-n ~ im Gesicht haben have a glow on; s-s ~es beraubt shorn of all glamo(u)r; '~bürste f polishing brush.

glänzen ['glɛntsən] I. v/i. (h.) glance, gleam, shine; be lustrous or glossy; glitter, glisten, glint, flash, sparkle, scintillate; *stars*: a. twinkle; *person*: **a)** radiate, beam, shine (*vor dat.* with), **b)** be brilliant, excel, shine (*durch acc.* in); → Abwesenheit, Gold; **II.** *v/t.* (*h.*) *tech.* gloss, lust|re, *Am.* -er, polish; burnish (*metal*); lacquer (*leather*); polish, *Am.* shine (*shoes*); Ձ *n* (-s) brightness, brilliance, radiance; → Glanz; *tech.* polishing; glazing, burnishing; **⁓d** *adj.* bright, lustrous, brilliant, gleaming, glittering, flashing, sparkling; radiant, luminous; glossy, shiny; *fig.* splendid, magnificent, gorgeous, brilliant; **⁓er** Redner brilliant (*or* magnificent) orator; **⁓e** Idee splendid (*or* excellent, *esp. iro.* bright) idea; **⁓e** Geschichte capital story; **⁓e** Zukunft, *etc.* bright future, *etc.*; *du siehst ⁓ aus* show you look exceedingly well (*or* the picture of health); → ausgezeichnet, hervorragend, Geschäft.

'Glanz...: **⁓farbe** *typ. f* gloss ink; **⁓firnis** *m* glazing varnish; **⁓garn** *n* glazed yarn; **⁓gold** *n* gold-foil; **⁓kattun** *m* glazed calico; **⁓kobalt** *n* glance cobalt; **⁓kohle** *f* glance coal; **⁓lack** *m* brilliant varnish; **⁓leder** *n* patent leather; **⁓leinen** *n* glazed linen; **⁓leistung** *f* masterly achievement, brilliant feat (*or* performance); **⁓lichter** *paint. n/pl.* highlights; **Ձlos** *adj.* lustreless, dull, mat, dim; **⁓nummer** *f* chief attraction, highlight, *Am.* a. hit; **⁓papier** *n* glazed paper; **⁓pappe** *f* glazed board; **⁓periode** *f* → Glanzzeit; **⁓punkt** *m* highlight; acme, climax; **⁓silber** *n* argentite; **⁓stelle** *f in book*: purple patch; **⁓stoff** *m* glazed fabric; artificial silk; **⁓stück** *n* show piece, gem; brilliant feat, pièce de resistance (*Fr.*); **⁓taf(fe)t** *m* glaced taffeta; **Ձvoll** *adj.* splendid, brilliant, resplendent, magnificent, glorious; → glänzend; **⁓weiß** *n* brilliant white; **⁓wichse** *f* polishing paste; **⁓zeit** *f* golden age, glorious (*or* palmy) days, big time, heyday.

Glas [glɑːs] *n* (-es, ᵘer) glass (a. *vessel*); tumbler; (eye)glasses *pl.*; Gläser *pl. for spectacles*: glasses, *for protective masks*: eyepieces; *mit dicken Gläsern* thick-lensed; *mar.* (*half hour, pl.* Glasen) bell; *zwei ⁓ Wein* two glasses of wine; *colloq.* *gern ins ⁓ gucken* be fond of one's glass (*or* a drop); *zu tief ins ⁓ gucken* take a drop too much; **Ձartig** ['-ɑːrtiç] *adj.* vitreous, glasslike; **⁓auge** *n* glass-eye; *vet.* walleye; **'⁓ballon** *m* demijohn, carboy; **'⁓birne** *f* (glass-)bulb; **'⁓bläser** *m* glass-blower.

Gläschen ['glɛːsçən] *n* (-s; -) little (*or* small) glass; *ein ⁓ zuviel* a drop too much.

'Glas...: **⁓dach** *n* glass-roof; skylight; **⁓deckel** *m* glasscover (*or* -top).

Glaser [glɑːzər] *m* (-s; -) glazier; **⁓arbeit** *f* glazier's work.

Glase'rei *f* (-; -en) glazier's workshop.

'Glaserkitt *m* glazier's putty.

Gläserklang ['glɛːzər-] *m* clinking of glasses.

'gläsern *adj.* (of) glass, glassy; vitreous; glassy (*eye*).

'Glas...: **⁓fabrik** *f* glassworks *pl.*; **⁓faden** *m* glass thread; **⁓faser** *f* glass fib|re, *Am.* -er; **⁓fenster** *n* glass window; **⁓flasche** *f* glass bottle; decanter; **⁓flügler** ['-flyːglər] *zo. m* (-s; -) clearwings; **⁓fluß** *m* glass flux; **⁓gefäß** *n* glass vessel *or* jar; **⁓geschirr** *n* glassware; **⁓gespinst** *n* spun glass; **⁓glocke** *f* glass shade *or* cover, *for lamps*: globe, *for plants*: glass bell; **Ձhart** *adj.* (as) hard as glass, brittle; **⁓haus** *n* glass house; *wer im ⁓ sitzt, soll nicht mit Steinen werfen* those who live in glass houses should not throw stones; *er sitzt selbst im ⁓* the pot is calling the kettle black; **⁓haut** *f* vitreous layer; cellophane; **⁓hütte** *f* glassworks *pl.*

glasieren [glaˈziːrən] *v/t.* (*h.*) glaze, gloss; varnish, enamel; *cul.* frost, ice.

glasig [glɑːziç] *adj.* glassy, vitreous; glazed, glassy (*eye*).

Glas... ['glɑːs-]: **⁓kasten** *m* glass case; **⁓kinn** *n boxing*: glass jaw; **Ձklar** *adj.* crystal-clear (a. *fig.*); clear (*air, plastic, etc.*); **⁓kolben** *m* demijohn; *chem.* flask, balloon; *el.* bulb; **⁓körper** *med. m* vitreous body, vitreous humo(u)r; **⁓kugel** *f* glass bulb (*or* sphere, globe); **⁓maler(in** *f*) *m* glass-painter; **⁓male'rei** *f* glass-painting; **⁓masse** *f* glass metal, frit; **⁓ofen** *m* glass-furnace; **⁓papier** *n* glass (*or* sand) paper; **⁓perle** *f* glass bead; **⁓platte** *f* glass-plate; **⁓rohr** *n* glass tube; **⁓röhrchen** *pharm. n* vial; **⁓sand** *m* vitreous sand; **⁓scheibe** *f* pane (of glass); glass plate; **⁓scherbe** *f* broken glass, glass splinter; **⁓schleifer** *m* glass grinder *or* cutter; **⁓schneider** *m* glass-cutter (a. *tool*); **⁓schrank** *m* glass-cupboard (*or* cabinet); **⁓splitter** *m* glass splinter, shiver of glass; **⁓stopfen, ⁓stöpsel** *m* glass stopper; **⁓tafel** *f* glass plate, sheet glass; **⁓träne** *f*, **⁓tropfen** *m* glass tear; **⁓tür** *f* glass door; hall-door.

Glasur [glaˈzuːr] *f* (-; -en) glazing, glaze, gloss; *for cloth*: glaze, varnish, enamel; *for pastries*: icing, frosting; **Ձblau** *adj.* zaffre; **⁓brand** *m* glaze baking; **⁓ofen** *m* glaze kiln.

Glas... ['glɑːs-]: **⁓veranda** *f* glass veranda(h), *Am.* sun parlor; **⁓versicherung** *f* plate-glass insurance; **⁓wand** *f* glass partition; **⁓waren** *f/pl.* glassware *sg.*; **⁓watte** *f* glass wool; **Ձweise** [-vaɪz] *adv.* in glasses, by glassfuls; **⁓wolle** *f* glass wool; **⁓ziegel** *m* glass tile.

glatt [glat] **I.** *adj.* smooth; *hair*: a. sleek, lank; smooth, sleek, soft (*skin*); level; smooth, unruffled (*sea*); polished, glossy; slippery, treacherous (*road*); plain (*cloth*); *fig.* smooth; *b.s.* slippery; clear, plain, obvious; absolute, downright, outright; **⁓e** Absage flat refusal; **⁓e** Lüge outright lie; **⁓er** Sieg straight win; *es kostete mich ⁓e 1000 Dollar* it cost me a cool thousand (dollars); **II.** *adv.* smoothly; thoroughly, entirely, clean; *⁓ rasiert* clean-shaven; *⁓ anliegen* fit closely or tightly, *tech.* be flush (*with the wall, etc.*); *⁓ ablehnen* (ableugnen) refuse (deny)

flatly; *⁓ durchschneiden* cut clean through; *⁓ heraussagen* tell frankly (*or* bluntly, straight to a p.'s face); *⁓ gewinnen* win hands down; *mit ⁓ 10 Sekunden* (Vorsprung) by clear 10 seconds; *⁓ geschlagen werden* be roundly defeated; *⁓ vergessen haben* have completely (*or* clean) forgotten; *es ging ⁓* it went smoothly (*or* without a hitch); *es geht nicht immer alles ⁓* it isn't all smooth sailing; **'⁓bürsten** *v/t.* (*h.*) brush up.

Glätte ['glɛtə] *f* (-) smoothness; gloss; *fig. person*: smoothness, sleekness, slipperiness; polish, fluency (*of style*).

'Glatt-eis *n* glazed frost, slippery ice; *j-n aufs ⁓ führen* trick (*or* trap) a p., lead a p. up the garden-path.

Glätteisen ['glɛtˀ-] *tech. n* polishing iron, sleeker.

'glätten *v/t.* (*h.*) smooth (a. el.), *esp. hair*: sleek; *Falten ⁓* take out creases; *tech.* polish, *metal* a. burnish; plane (*wood*); glaze, gloss (*paper*); calender (*cloth*); *sich ⁓* (become) smooth; → Woge.

'Glättfeile *tech. f* smooth file.

'glatt...: **⁓haarig** *adj.* smooth-haired; **Ձhobel** *m* smoothing plane; **⁓machen** *v/t.* (*h.*) → glätten; *colloq. econ.* settle, pay off.

'Glättmaschine *f* planing machine; *for paper*: glazing machine; *for wool*: sleeking machine.

glattrasiert ['glatraziːrt] *adj.* clean-shaven.

'glatt...: **⁓stellen** *econ. v/t.* (*h.*) settle; *stock exchange*: realize, *Am.* even up; **Ձstellung** *f* realization, *Am.* evening-up; **⁓streichen** *v/t.* (*irr., h.*) smooth down; *tech.* flatten, planish, flush; *arch.* point flat (*joints*); job (*paper*); **⁓weg** ['-vɛk] *adv.* plainly, bluntly, point-blank; flatly; *⁓ ablehnen* refuse flatly; *⁓ erzählen* tell a *th.* straight out; **⁓züngig** ['-tsyŋiç] *adj.* smooth-tongued, glib.

Glatz|e ['glatsə] *f* (-; -n) baldness; bald spot; bald head or pate; **⁓kopf** *m* bald-head(ed person), baldpate; **Ձköpfig** ['-kœpfiç] *adj.* bald(-headed).

Glaube(n) ['glaubə(n)] *m* (-ns) faith, belief (*an acc.* in); creed; religious belief, religion; persuasion; *blinder ⁓* implicit faith; *fester ⁓* firm belief; → Treu; *in gutem ⁓* in good faith, bona fide; *⁓n finden* be believed, find credit; *⁓n schenken* (*dat.*) give credence (*or* credit) to, believe; *des ⁓ns sein, daß* believe that (*or* a *th.* to be), be of the opinion that; *sich zu e-m ⁓n bekennen* profess a faith; *vom ⁓n abfallen* renounce (*or* abjure) one's faith, apostatize; *⁓ macht selig* faith is bliss.

'glauben I. *v/t.* (*h.*) believe; give credence (*or* credit) to; believe, think, suppose, *Am.* a. guess; expect; *nicht ⁓* disbelieve; *ich glaubte dich in London* I thought you were in London; *das glaube ich gern* I can easily believe that; *es ist nicht zu ⁓* it is incredible (*or* fantastic); *er glaubt alles* he swallows anything; *ob du es glaubst oder nicht* believe it or not; *das glaubst du ja selbst nicht!* tell that to the horse-marines!, my eye!; **II.** *v/i.* (h.) believe (*j-m a p.*; *an acc.* in); give credence (*or* credit) to; have faith in, trust; *colloq.* dran ~ *müssen* have to die (*or thing:* go), → *draufgehen*; *ich glaube schon* I suppose so; *ich glaube wohl* I dare say (*he will come*); *ich glaubte, er sei Künstler* I thought he was (*or* him to be) an artist; *sie ~ fest daran* they swear to it; *du kannst mir ~* you can take it from me; *er machte uns ~, daß* he made (*or* had) us believe that.

'Glaubens...: ~**abfall** *m* apostasy; ~**änderung** *f* change of faith (*or* religion); ~**artikel** *m* article of faith; ~**bekenntnis** *n* creed, confession (of faith); ~**bewegung** *f* religious movement; ~**eifer** *m* religious zeal; ~**freiheit** *f* (-) religious liberty; ~**genosse** *m*, ~**genossin** *f* fellow-believer, co-religionist; ~**lehre** *f* religious doctrine, dogma; *religious doctrines pl.*, dogmatics *pl.*; ~**sache** *f* matter of faith; ~**satz** *m* dogma; ~**spaltung** *f* schism; 2**stark** *adj.* deeply religious; ~**streit** *m* religious controversy (*or* strife); 2**wert** *adj.* worthy of belief (*or* credit), credible; ~**wut** *f* fanaticism, zealotism; ~**zeuge** *m* martyr; ~**zwang** *m* religious coercion, intolerance; ~**zwist** *m* → Glaubensstreit.

Glaubersalz ['glaubər-] *n* (-es) Glauber's salt.

glaubhaft ['glauphaft] *adj.* credible; authentic; *jur.* ~ *machen* substantiate; *dem Gericht ~ machen* satisfy the court; ~ *nachweisen* satisfactorily show; → *glaubwürdig*; 2**machung** ['-maxuŋ] *jur. f* (-) satisfactory proof; substantiation; *nach erfolgter ~* upon proper showing.

gläubig ['glɔɣbiç] *adj.* believing, faithful; pious, devout; *streng*~ orthodox; trustful; credulous, unsuspecting; 2**e**(**r¹** *m*) ['-bigə(r)] *f* (-n, -n; -en, -en) (true) believer *or* follower; *die Gläubigen pl.* the faithful.

'Gläubiger² *econ. m* (-s; -), ~**in** *f* (-; -nen) creditor; guarantor; mortgagee; *bevorrechtigter ~* preferential (*Am.* preferred) creditor; *gerichtlich anerkannter ~* judgment creditor; *sichergestellter ~* secured creditor; *Vergleich mit ~n* composition with creditors; ~**ausschuß** *m* committee of inspection, *Am.* creditor's committee; ~**forderungen** *f/pl.* creditor's claims; ~**staat** *m* creditor country; ~**versammlung** *f* meeting of creditors.

'Gläubigkeit *f* (-) full belief *or* confidence; *eccl.* faith, devoutness.

glaublich ['glaupliç] *adj.* credible, believable; likely; *kaum ~* hard to believe.

'glaubwürdig *adj.* credible; authentic, reliable; trustworthy (*person*); ~*er Zeuge* credible witness; *aus ~er Quelle* on good authority, from a reliable source; 2**keit** *f* (-) credibility; authenticity; reliability; trustworthiness.

gleich [glaiç] **I.** *adj.* like, same;

identical; equal (*an dat.* in); coincident; even, level; (very) similar, of striking resemblance; (~*bleibend*) constant; (*einheitlich*) uniform; *math.* ~*e Winkel* equal angles; *in ~em Abstand von ea.* equidistant from each other; *x ist ~ y* x equals y; *7—2 ist ~ 5* 7—2 is (equal to) (*or* leaves) 5; *in ~er Weise* likewise, in like manner, in the same way; → *Teil*; *zu ~er Zeit* at the same time (*or* moment), simultaneously; *er ist ihm ~* he is his equal, he is on a par with him; *es ist (mir) ~* it is all the same (to me), it makes no difference (to me); *es geht uns diesmal allen ~* we are in the same boat this time; *das sieht ihm ~* that's just like him; *ins ~e bringen* make even, settle; ~ *und ~ gesellt sich gern* birds of a feather flock together; ~*es gilt für staatenlose Personen* the same (rule) applies to stateless persons; *er ist nicht (mehr) der ~e* he is not the same man; *es kommt aufs ~e hinaus* it comes (*or* amounts) to the same thing; 2*es mit* 2*em vergelten* give tit for tat (*or* measure for measure); *ein* 2*es tun* do the same thing, follow suit; *es kann uns ein* 2*es begegnen* the same thing may happen to us; **II.** *adv.* alike, equally; immediately, presently, directly, at once; ~ *alt* (*groß, etc.*) of the same age (size, *etc.*); ~ *zu Beginn* at the very beginning; ~ *daneben* just beside it, next-doors; ~ *gegenüber* just (*or* directly) opposite; ~ *als* as soon as, the moment (*he had entered*); ~ *nach(dem)* immediately (*or* right) after; ~ *als ob* just as if; *j-n ~ behandeln wie* (*acc.*) treat a p. the same way as, put a p. on a footing with; *das dachte ich mir doch ~* I thought as much; *habe ich es nicht ~ gesagt!* didn't I tell you (before)!; *das ist ~ geschehen* that's easily done, it won't take a minute; *das ist ~ ganz anders* that makes all the difference; *wie lautete doch ~ die Adresse?* I say, what was the address?; *es ist ~ zehn* (*Uhr*) it is nearly (*or* close on, on the stroke of) ten (o'clock); ~*!* (I'm) coming *or* on my way!, just a minute, please!; *was wollte ich doch ~ sagen?* what was I just going to say?; **III.** *prp.* (*dat.*): ~ *einem König* like a king.

'gleich...: ~**altrig** ['-²altriç] *adj.* (of) the same age; ~**artig** *adj.* of the same kind, homogeneous; similar, analogous; uniform; 2**artigkeit** *f* (-) homogeneousness, homogeneity; similarity; uniformity; ~**bedeutend** *adj.* synonymous (*mit* with); equivalent (to); tantamount (to); ~*e Wörter* synonyms; ~**berechtigt** *adj.* having equal rights, being equally entitled; 2**berechtigung** *f* equality (of rights *or* status); ~ *der Frau* equal rights for women; ~**bleiben** *v/i. and sich ~* (*irr.*, sn) remain the same *or* unchanged; *das bleibt sich gleich* that comes to the same thing, it makes no difference; ~**bleibend** *adj.* always the same; constant, unchangeable, invariable, even; steady (*a. econ. and barometer*); *Motor mit ~er Geschwindigkeit* constant-speed mo-

tor; ~**denkend**, ~**empfindend** *adj.* congenial, like-minded; sympathetic, sympathizing.

'gleichen *v/i.* (*irr.*, h.; *dat.*) equal, be equal to; be similar to, resemble; be like, be comparable to; *er gleicht s-r Mutter* he looks like (*or* takes after) his mother; → *Ei*; correspond to, be analogous (*or* a parallel) to.

'gleicher|gestalt, ~**maßen,** ~**weise** *adv.* in like manner, likewise.

'gleich...: ~**falls** *adv.* also, likewise, as well, too, in the same way; *danke*, ~*!* thanks, the same to you!; ~**farbig** *adj.* of the same colo(u)r, isochromatic; ~**förmig** ['-fœrmiç] *adj.* uniform, equal; steady, invariable; monotonous; 2**förmigkeit** *f* (-) uniformity; conformity; monotony; ~**gerichtet** ['-gəriçtət] *adj.* parallel, similarly directed; *tech.* acting in the same direction; synchronous; *el.* rectified, redressed; ~**geschlechtlich** *adj.* homosexual; ~**gesinnt** *adj.* like-minded, sympathetic, congenial; ~**gestellt** *adj.* co-ordinate; (*socially*) on the same level, equal (in rank), on a par (*dat.* with); assimilated in status (to *German citizens*); ~**gestimmt** ['-gəʃtimt] *adj. mus.* tuned to the same pitch; *fig.* congenial, like-minded; in accord; 2**gewicht** *n* (*a. fig.*) balance, equilibrium, equipoise; *politisches ~* balance of power; *seelisches* ~ mental equilibrium, psychic balance, poise of mind; *im ~* in (a state of) equilibrium, balanced; *aus dem ~ bringen* unbalance, put (*or* throw) off one's balance; *fig. a.* upset, disconcert; *das ~ behalten* keep (*or* preserve) one's balance; *das ~ halten* (*dat.*) counterpoise, counterbalance *a p.'s* influence, *etc.*, zwischen (*dat.*): hold the balance between; *das ~ verlieren* lose one's balance; *das ~ wiederherstellen* redress the balance; *im ~ halten* balance, equipoise; *ins ~ bringen* balance, equilibrate; 2**gewichtslage** *f* position of equilibrium; 2**gewichtslehre** *f* statics *pl.*; 2**gewichtsorgan** *n* vestibular apparatus of the ear; 2**gewichtssinn** *m* (-[e]s) sense of balance; 2**gewichtsstörung** *f* disturbance of equilibrium; *physiol.* hormonale ~ hormonal imbalance; 2**gewichtsübung** *f* balance exercise; ~**gültig** *adj.* indifferent (*gegen or dat.* to); incurious, unconcerned (*about*); careless; casual, nonchalant; listless, apathetic (*towards*); unfeeling, callous; ~*er Arbeiter* negligent worker; *es ist mir ~* it is all the same to me, I don't care; *Sport ist mir ~* I am not interested in sports; *s-e Gedanken sind mir ~* his thoughts are indifferent to me; *es ist völlig ~* it is of no consequence whatever, it doesn't matter at all; ~, *was du tust* whatever *or* no matter what you do; 2**gültigkeit** *f* indifference (*gegen* to), unconcern; nonchalance; apathy; 2**heit** *f* (-) equality; sameness, identity; *in rank:* parity; likeness, similarity; uniformity; monotony; conformity; homogeneousness; equivalence;

evenness, symmetry; ~ vor dem Gesetz equality before the law; ♀heitszeichen *math. n* sign of equality; ♀klang *m* accord, unison (*a. fig.*); consonance, harmony; ~kommen *v/i.* (*irr., sn*) (*dat.*) equal, come up to, match; *nicht* ~ be no match for; fall short of; *das kommt e-m Mord gleich* that amounts to (*or* is nothing short of) murder; ♀lauf *tech. m* (-[e]s) synchronism; *zum* ~ *bringen* synchronize; ~laufend *adj.* parallel (*mit dat.* to, with); *tech.* synchronous, synchronized; ♀lauffräsen *n* (-s) climb milling; ♀laut *m* consonance; ~lautend **I.** *adj.* consonant; *contents*: of the same tenor, to the same effect; identical; *gr.* homonymous; ~es *Wort* homonym; ~ *sein* tally, correspond; ~e *Abschrift* duplicate, true copy; **II.** *adv.: econ.* ~ *buchen* book in conformity; ~machen *v/t.* (*h.*) make equal (*dat.* to), equalize (to *or* with); (make) level (with *or* to); standardize; → *Erdboden*; *es allen* ~ treat all alike; ♀macher *pol. m* level(l)er, egalitarian; ♀mache-'rei *f* (-; -en) level(l)ing (mania), egalitarianism; ~macherisch *adj.* egalitarian; ♀maß *n* symmetry, proportion; ~mäßig *adj.* proportionate, symmetric(al); even, equable; uniform, regular, rhythmic(al), constant; steady; ♀mäßigkeit *f* evenness, equableness; uniformity, regularity, continuity; ♀mut *m*, ♀mütigkeit ['-myːtiçkaıt] *f* (-) equanimity; calmness, coolness, serenity; imperturbability, stoicism; indifference; ~mütig *adj.* even-tempered; calm, stolid, cool; imperturbable; indifferent; ~namig ['-naːmiç] *adj.* of (*or* having) the same name, homonymous; *math.* correspondent; ♀nis *n* (-ses; -se) image; *rhet.* simile; metaphor, figure of speech; allegory; *bibl.* parable; ~nishaft *adj.* allegoric(al), parabolic(al); symbolic(al); ~rangig *adj.* equivalent (*mit* to); equal (to), on a par (with); of equal priority; ~richten *el. v/t.* (*h.*) rectify; ♀richter *el. m* rectifier; ♀richterröhre *el. f* rectifying valve, *Am.* tube; ♀richtung *f* rectification; ~sam *adv.* as it were, so to speak, almost; ~ *als wollte er sagen* (just) as if (*or* though) he wanted to say; ~schalten *v/t.* (*h.*) *tech.* synchronize; *pol.* coordinate, unify, *b.s.* bring into line, *Am. a.* streamline; ♀schaltung *f* synchronization; *pol.* coordination, unification, *b.s.* bringing into line, *Am.* streamlining; ~schenk(e)lig ['-ʃɛŋk(ə)liç] *math. adj.* isosceles; ♀schlag *m* swimming: double-arm stroke; *with legs:* dolphin kick; ♀schritt *m* (-[e]s) uniform step, *Am.* cadence; *lm* ~! quick time, march!; *lm* ~ *marsch!* forward, march!; ~sehen *v/i.* (*irr., h.*) (*dat.*) resemble, look like; *das sieht ihm gleich* that's just like him; ~seitig *adj.* equilateral; ~setzen *v/t.* (*h.*) (*dat. or mit*) equate with; *fig.* identify (*or* compare) with, put on a level with; ♀setzung *f* (-; -en) identification (*mit* with); ~silbig

adj. parisyllabic; ~sinnig *adj.* in the same direction, in the same sense of rotation; ♀stand *m* (-[e]s) *tennis*: deuce; → *Einstand*; ~stehen *v/i.* (*irr., h.*) be equal (*dat.* to); equal (*a p.*); be on a par (*or* on a level) with; be on the same footing (with); *sports*: *sie stehen gleich* the scores are level, it is a tie *or* draw; ~stellen *v/t.* (*h.*) equalize, equate (*dat.* with); put *a p.* on a par (with), place on the same footing (with); assimilate *alien*, *etc.*, in status (to); ♀stellung *f* equalization; comparison; ♀strom *el. m* direct (*or* continuous) current (*abbr.* D.C., d.c., d-c); *in* ~ *umwandeln* rectify (*alternating current*); ♀strombetrieb *m* direct current operation; ♀strommotor *m* direct current motor; ♀stromnetz *n* direct current system; ♀takt *m* synchronous rhythm; *im* ~ *mit* keeping time with, parallel with; ~tun *v/t.* (*irr., h.*): *es j-m* ~ equal (*or* match) a p., come up to a p.; *es j-m* wollen try to do the same (*or* as much) as a p.; vie with a p.; ♀ung *f* (-; -en) equation; ~ *ersten Grades* equation of the first degree, linear equation; *e-e* ~ *lösen* solve an equation; ~viel *adv.* just as much; ~, *ob, etc.*, no matter if, *etc.*; ~, *wo es sich befindet* wherever situated; → *gleichwohl*; ~wertig *adj.* equivalent (*mit dat.* to), of the same value; *fig.* equal (to), on a par with; ♀wertigkeit *f* equivalence; ~wie *adv.* just as, as, like; ~wink(e)lig *adj.* equiangular; ~wohl *adv.* nevertheless, for all that, all the same; yet, however; ~zeitig **I.** *adj.* simultaneous, contemporaneous, synchronous; coincident; contemporary (*mit* with); **II.** *adv. a.* at the same time; together; at one blow, in one operation; ♀zeitigkeit *f* (-) simultaneousness, synchronism, contemporaneousness; coincidence; contemporaneity; coexistence; ~ziehen *v/i.* (*irr., h.*) *sports*: ~ *mit* **a)** overtake, pull up to, draw level with, **b)** equalize.

Gleis [glaız] *n* (-es; -e) → *Geleise*. 'Gleis|abschnitt *m* track section; ~anlage *f* track system; ~anschluß *m* own siding, works siding; ~bettung *f* bedding; ~kette *mot. f* track type chain; ~ketten-antrieb *m* crawler drive; ~kettenschlepper *m* crawler tractor; ~kreuzung *f* crossing of lines; level-crossing.

'Gleisner *m* (-s; -), ~in *f* (-; -nen) hypocrite; ♀isch *adj.* hypocritical. gleißen ['glaısən] → *glänzen*.

Gleit|bahn ['glaıt-] *f* slide, shoot, chute; *mar.* slipway; *aer.* gliding path; *tech.* guide(way); ~bombe *mil. f* glider bomb; ~boot *n* gliding boat, glider; ♀en *v/i.* (*irr., sn*) glide, slide, slip; *mot.* skid; *boat:* skim (*über acc.* over); *glance:* go, travel (over); *hands:* glide, pass, run (over); *smile:* pass (over *a p.'s face*); *et.* ~ *lassen* slide, slip a th. (*in acc.* into); *das Auge* ~ *lassen über* run one's eye over, (pass a) glance over; *die Hand* ~ *lassen über* pass one's hand over; ~de *Preise* sliding (scale

of) prices; ~fläche *f* slide face, gliding plane; *of ski:* running surface; ~flieger *m* glider; ~flug *m* glide, gliding flight, volplane; *e-n* ~ *machen, im* ~ *niedergehen* glide down, volplane; ~flugweite *f* gliding range; ~flugzeug *n* glider; ~klausel *econ. f* escalator clause; ~kufe *aer. f* landing (*or* snow) skid (*Am.* ski); ~lager *tech. n* slide bearing; ~landung *aer. f* glide landing; ~laut *gr. m* glide; ~rolle *tech. f* trolley; ~schiene *f* slide bar, guide; *typewriter:* carriage rail; ~schritt *m* dancing: glissade; ~schutzreifen *mot. m* non-skid tyre (*Am.* tire); ~schutzvorrichtung *f* anti-skid device; ~sitz *tech. m* slide fit; ~stein *m*, ~stück *tech. n* sliding-block; ~verdeck *mot. n* sliding roof; ~wachs *n skiing:* gliding (*or* downhill) wax.

Gletscher ['glɛtʃər] *m* (-s; -) glacier; ♀artig *adj.* glacial; ~bildung *f* glacial formation; ~boden *m* glacial soil; ~brand *m* (-[e]s) glacial sunburn; ~eis *n* glacial ice; ~kunde *f* (-) glaciology; ~mühle *f* pot-hole; ~periode *f* glacial period; ~spalte *f* crevasse.

glich [gliç] *pret. of* gleichen.

Glied [gliːt] *n* (-[e]s; -er) limb, member (*a. fig.*); joint (*a. anat., bot.*); künstliches ~ artificial limb; männliches ~ penis, male member; link (*a. fig.*); *bibl.* generation; *mil.* rank, file; erstes (letztes) ~ front (rear) rank; *math., logics:* term; *an allen* ~ern *zittern* tremble all over; *s-e* ~er *strecken* stretch o.s. (*or* one's limbs); *mil. ins* ~ *treten* fall in; *der Schreck fuhr ihm in alle* ~er he had a bad shock.

Glieder... ['gliːdər-]: ~bau *m* (-[e]s) structure (of limbs); articulation; frame, build; ~fahrzeug *n* articulated vehicle; ~frucht *bot. f* loment; ~füßler [-fyːslər] *zo. m* (-s; -) arthropod; ~kette *f* link chain; ♀lahm *adj.* lame in the limbs; paralytic; ~lähmung *med. f* paralysis.

'gliedern *v/t.* (*h.*) articulate, joint; arrange, dispose; organize; *esp. mil.* form; divide (*in acc.* into); subdivide, break down (into); group, classify; distribute (*a. mil., tactically*); *sich* ~ *in* (*acc.*) be divided into, be composed of.

'Glieder...: ~puppe *f* jointed doll; (*Marionette*) puppet; *for painters:* lay figure; *for clothing:* mannequin; ~reißen *n*, ~schmerz *m* pains *pl.* in the limbs, rheumatism; ~schwund *med. m* atrophy of limbs; ~tier *n* articulate(d animal); ~ung *f* (-; -en) *anat., bot., zo.* articulation; segmentation; arrangement, disposition; pattern; structure, organization, system; grouping, classification; division; distribution; *gr.* construction; *mil.* formation; *pol. a.* organization(s *pl.*); ~zelle *biol. f* articulate cell; ~zucken *n* (-s) convulsions *pl.*

'Glied...: ~maßen ['-maːsən] *pl.* limbs, extremities; ~staat *m* member (*or* constituent, federal) state.

glimmen ['glimən] *v/i.* (*irr., h.*) *fire*:

smo(u)lder (a. fig.); glimmer, gleam; glow; ~de Asche embers pl.

'**Glimmen** n (-s) smo(u)ldering (a. fig.); faint glow, gleam, glimmer.

'**Glimm-entladung** f glow discharge.

'**Glimmer** m (-s; -) faint glow, glimmer; min. mica; 2artig, 2haltig adj. micaceous; ~plättchen ['-plɛtçən] n (-s; -) mica plate, sheet mica; ~schiefer m mica schist.

'**Glimm|lampe** f glim (or glow) lamp; ~leuchtröhre f fluorescent lamp, cathode-ray tube; ~stengel colloq. m (cigar) weed, (cigarette) sl. fag.

glimpflich ['glimpfliç] I. adj. mild, gentle; lenient; II. adv.: ~ abgehen go off fairly well; ~ davonkommen get off lightly; j-n ~ behandeln deal gently with a p.

glitsch|en ['glitʃən] colloq. v/i. (h., sn) glide, slide; slip, slither, skid; ~ig adj. slippery, slithery.

glitt [glit] pret. of gleiten.

glitzern ['glitsərn] v/i. (h.) glitter, glisten, glint; stars: a. twinkle.

global [glo'ba:l] adj. global; 2berechnung econ. f aggregate calculation; 2betrag econ. m global (or overall) amount; 2sicherheit econ. f global security.

Globulin [glo:bu'li:n] n (-s; -e) globulin.

Globus ['glo:bus] m (-; -ben) globe.

Glöckchen ['glœkçən] n (-s; -) small bell.

Glocke ['glɔkə] f (-; -n) bell; (glass) shade; of lamp: globe; (cheese, etc.) cover; chem. bell(jar), receiver; clock; bot. bell-shaped calyx, cup; die ~n läuten ring the bells; fig. et. an die große ~ hängen make a song (or fuss) about a th., broadcast a th.; blazon a th. abroad, noise a th. up (or abroad); er weiß, was die ~ geschlagen hat he knows the time of the day (or what he is in for); ich werde ihm sagen, was die ~ geschlagen hat I'll tell him what the score is (or where he gets off).

'**Glocken...**: ~blume f bell-flower; ~bronze f, ~erz n bell metal; 2förmig ['-fœrmiç] adj. bell--shaped; ~geläut n bell-ringing, peal of bells; chime; ~gießer m bell founder; ~gieße'rei f bell foundry; ~guß m bell casting; ~gut n (-[e]s) bell metal; 2hell, 2rein adj. (as) clear as a bell, bell--like; ~hut m cloche; ~isolator m bell-shaped insulator; ~klang m sound (or ring, peal) of bells; ~rock m vine-flared skirt; ~schale f gong; ~schlag m stroke of the clock; mit dem ~ on the dot, punctually; ~seil n bell-rope; ~speise f bell metal; ~spiel n chime(s pl.); ~stuhl, ~turm m bell-tower, belfry; ~zug m bell-pull.

Glöckner ['glœknər] m (-s; -) bell--ringer, sexton.

glomm [glɔm] p.p. of glimmen.

Glorie ['glo:riə] f (-; -n) glory; ~n-schein fig. m halo, aureola.

glorifizieren [glorifi'tsi:rən] v/t. (h.) glorify.

glorios [glori'o:s] adj. glorious.

glorreich ['glo:rraiç] adj. glorious, illustrous, triumphant.

Glossar [glɔ'sa:r] n (-s; -e) glossary.

Glosse ['glɔsə] f (-; -n) gloss, comment (über acc. on), marginal note; b.s. ~n pl. sneering remarks, jeers, scoffs; fig. s-e ~n machen über (acc.) comment (up)on, b.s. pass sneering remarks (up)on, sneer (or jeer, scoff) at.

glossieren [glɔ'si:rən] v/t. (h.) gloss or comment (up)on; fig. censure, criticize.

Glotz|auge ['glɔts-] n goggle-eye, Am. a. pop-eye, 2äugig ['-ɔygiç] adj. goggle-eyed, Am. a. pop-eyed; 2en v/i. (h.) stare, goggle; gape.

Glück [glyk] n (-[e]s) fortune, (good) luck, good fortune, (lucky) chance, stroke of luck; happiness, bliss, felicity; prosperity; success; junges ~ young bliss; eheliches (häusliches) ~ domestic felicity; ~ im Unglück a blessing in disguise; zum ~ fortunately, luckily, as good luck would have it; zu m-m (d-m, etc.) ~ luckily for me (you, etc.); ~ haben be lucky, succeed (mit dat. in); kein ~ haben be out of luck, w.s. draw a blank; das ~ haben zu inf. have the good luck (or fortune, chance) to inf.; da hast du ~ gehabt you were lucky; da kannst du von ~ sagen you may consider yourself lucky, you may thank your lucky star; j-m ~ wünschen congratulate (or felicitate) a p. (zu on); viel ~! good luck (to you)!; viel ~ zum Geburtstag! (I wish you) many happy returns of the day!; viel ~ zum neuen Jahr! (I wish you) a very happy (and prosperous) New Year!; sein ~ machen make one's fortune; sein ~ versuchen try one's luck; auf gut ~ at haphazard, at a venture; ein ging auf gut ~ hin he went there on the off chance of meeting her, etc.; es ist ein (sein) ~, daß it is fortunate (for him) that; es ist ein wahres ~, daß it is quite a mercy that; man kann niemanden zu s-m ~e zwingen you can lead a horse to the water, but you cannot make it drink; jeder ist s-s ~es Schmied everyone is the architect of his own future; ~ und Glas, wie leicht bricht das glass and luck, brittle muck; mancher hat mehr ~ als Verstand Fortune favo(u)rs fools.

'**glückbringend** adj. bringing (good) luck, lucky.

Glucke ['glukə] f (-; -n) sitting hen.

'**glücken** v/i. (sn) succeed, be successful, come off well; nicht ~ fail, miscarry; der Plan glückte the plan succeeded (or worked out); es glückte ihm, zu inf. he succeeded in ger.; ihm glückt alles everything succeeds with him, he can turn his hand to anything; das wird ihm nicht ~ he won't get away with it; nichts wollte ~ everything went wrong.

'**gluck|en** v/i. (h.) cluck; ~ern v/i. (h.) gurgle (water, etc.).

'**Gluckhenne** f sitting hen.

glücklich I. adj. fortunate; happy, blissful; lucky; prosperous, successful; favo(u)rable, auspicious, propitious; happy, felicitous (idea, phrase, etc.); ~ sein be (or feel) happy; ~ machen make happy;

II. adv. fortunately, etc.; ~ ankommen arrive safely (or safe and sound); ~ vonstatten gehen go (or come) off well; es ~ treffen hit it lucky; sich ~ schätzen count o.s. happy; du kannst dich ~ schätzen you may consider yourself lucky; nun hat er ~ auch noch seinen Posten verloren on top of all that he lost his job; ~e Reise! bon voyage (Fr.)! 2e(r m) f (-n, -n; -en, -en) lucky (or fortunate) one; du ~er! you lucky dog!; ~erweise [-vaizə] adv. luckily, fortunately, happily, mercifully, by a lucky chance, as (good) luck would have it.

'**Glück...**: ~sache f matter of chance (or luck); ~sbeutel m lucky bag (or dip); ~sbringer(in f) m (-s, -; -, -nen) mascot; et. als ~ tragen keep a th. for luck.

'**glückselig** adj. blissful, overjoyed, radiant, in raptures (or ecstasies); 2keit f bliss(fulness), (supreme) happiness, felicity, ecstasy.

glucksen ['gluksən] v/i. (h.) hen: cluck; water, etc.: gurgle; chuckle; hiccup.

'**Glücks...**: ~fall m lucky chance (or break); stroke of luck, luck, windfall; ~gefühl n (sense of) happiness; ~göttin f Fortune; ~güter n/pl. riches, earthly possessions; good things of this world; ~kind n → Glückspilz; ~klee m four-leafed clover; ~pfennig m lucky penny; ~pille f tranquillizer; ~pilz m lucky fellow (or dog); er ist ein rechter ~ he always falls on his feet; ~rad n wheel of fortune; ~ritter m adventurer; fortune-hunter; ~spiel n game of chance (or hazard); fig. gamble; ~stern m lucky star; ~tag m happy (or lucky) day, red-letter day.

'**Glück...**: 2strahlend adj. radiant(ly happy); ~s-strähne f streak of luck; ~s-treffer m lucky strike, stroke of luck; ~s-umstände ['-umʃtɛndə] m/pl. fortunate circumstances; 2-verheißend adj. auspicious; ~wunsch m congratulation, felicitation (both: zu dat. on); good wishes pl.; compliments pl. (of the season); on birthday, New Year: → Glück; j-m s-n ~ aussprechen zu (dat.) offer a p. one's congratulations on, congratulate a p. on; m-n ~ zu deiner Beförderung! congratulations on your promotion!; in compounds: congratulatory; ~wunschkarte f congratulatory card; greeting card.

Glüh|birne ['gly:-] f (electric or incandescent) bulb; ~draht el. m filament; 2en I. v/i. (h.) glow, be red-hot; be white-hot or incandescent; fig. face, hands, etc.: burn; ~ vor (dat.) burn (or glow, be aglow) with; vor Zorn ~ burn (or boil) with anger; II. v/t. (h.) make red-hot; anneal (metal); chem. roast, calcine; 2end I. adj. glowing, incandescent; red-hot; live (coals); fig. glowing, burning, ardent, passionate, fervid, fiery; → Kohle; in ~en Farben schildern describe in glowing colo(u)rs; ~e Hitze scorching heat; II. adv. glowingly, etc.; ~ heiß glowing, burning hot; ~faden el. m (incandescent) filament; ~frischen *metall. n* (-s) malleableizing; ~hitze *f* red-heat; *w.s.* intense heat; ~kathode *f* hot-cathode; ~kathodenröhre *f* thermionic valve; ~kerze *mot. f* heater (*or* glow) plug; ~kopf *mot. m* hot bulb; ~lampe *f*, ~licht *n* (-[e]s) incandescent lamp; ~ofen *m* annealing furnace; *ceramics:* hardening-on kiln; ~stahl *m* malleable cast iron; ~strumpf *m* incandescent mantle; ~ung *metall. f* (-) annealing; process annealing; → *Glühfrischen*; ~wein *m* mulled claret; ~wurm *m*, ~würmchen *n* glow-worm.

Glukose [glu'koːzə] *chem. f* (-) glucose.

Glut [gluːt] *f* (-; -en) heat, glow; glowing fire, embers *pl.*; *fig.* glow; ardo(u)r, fervo(u)r, fire, flames *pl.*; *of colours:* glow, blaze; '~asche *f* embers *pl.*; '2flüssig *tech. adj.* molten, fused; '~hauch *m* scorching breath; '2rot *adj.* glowing red, of a fiery red.

Glutaminsäure [gluta'miːn-] *f* glutamic acid.

Glykogen [glyko'geːn] *biol. n* (-s) glycogen.

Glyzerin [glytsə'riːn] *n* (-s) glycerin(e); ~leim *m* glycerin(e) jelly; ~säure *f* glyceric acid; ~seife *f* glycerin(e) soap.

GmbH [geːʔembeːʔhaː] *econ.* = **Gesellschaft mit beschränkter Haftung** (private) limited liability company.

g-Moll ['geː'mɔl] *mus. n* (-) g minor.

Gnade ['gnaːdə] *f* (-; -n) grace; clemency; mercy; *mil.* keine ~ finden (*geben*) find (give) no quarter; favo(u)r; blessing; *ohne* ~ without mercy, mercilessly; *e-e* ~ ausbitten (*gewähren*) ask for (grant) a favo(u)r; ~ für Recht ergehen lassen show mercy, relent, temper justice with mercy; *j-n in* ~n entlassen dismiss a p. graciously; *um* ~ *bitten* ask for mercy; *fig.* ~ finden vor (*dat.*) please, find the approval of; *mil. sich auf* ~ *oder Ungnade ergeben* surrender unconditionally; *j-m auf* ~ *oder Ungnade ausgeliefert sein* be at a p.'s mercy; *iro. von eigenen* ~n self-styled; *von Gottes* ~n by the grace of God; *Euer* ~n Your Grace.

'**Gnaden...:** ~akt *m* act of grace; ~behörde *f* clemency board; ~beweis *m*, ~bezeigung *f* favo(u)r, grace; ~bild *eccl. n* miraculous image; ~brot *n*: (*bei j-m*) *das* ~ *essen* live on (a p.'s) charity; ~frist *f* reprieve, respite; (days of) grace; ~gehalt *n* allowance; ~gesuch *n* petition of grace (*or* mercy), petition for pardon (*or* clemency); 2los *adj.* merciless; relentless; ~mittel *eccl. n/pl.* means of grace; ~ort *eccl. m* place of pilgrimage; 2reich *adj.* gracious; merciful; charitable; ~sache *f* matter of grace, clemency case; ~schuß *m*, ~stoß *m* coup de grâce (*Fr.*); ~tod *m* mercy killing, euthanasia; ~wahl *eccl. f* predestination; ~weg *m*: *auf dem* ~ *e* by way of grace.

gnädig ['gnɛːdiç] **I.** *adj.* gracious (*gegen acc.* to); favo(u)rable (to); kind, benevolent (to); merciful

(to); condescending; lenient, mild (*judgement*); *title:* gracious (*king*); **II.** *adv.* graciously, *etc.*; *noch* ~ *davonkommen* get off lightly; *machen Sie es* ~! don't be too hard (on me)!, draw it mild!; *Gott sei ihm* ~! God have mercy upon him!; ~e Frau, ~es Fräulein Madam.

Gneis [gnaɪs] *min. m* (-es; -e) gneiss.

Gnom [gnoːm] *m* (-en; -en) gnome; '2enhaft *adj.* gnomish.

Gnu [gnuː] *zo. n* (-s; -s) gnu.

Gobelin [gobə'lɛ̃ː] *m* (-s; -s) Gobelin tapestry.

Gockel ['gɔkəl] *m* (-s; -), ~hahn *m* cock, rooster.

Gold [gɔlt] *n* (-[e]s) gold; *gediegenes* ~ sterling gold; *fig. nicht mit* ~ *zu bezahlen* priceless, invaluable; *er hat ein Herz* (*or ist treu*) *wie* ~ he has a heart of gold, he is as good as gold; *es ist nicht alles* ~, *was glänzt* all is not gold that glitters. '**Gold|abfluß** *econ. m* efflux (*or* drain) of gold; ~abzüge ['-aptsyːgə] *econ. m/pl.* withdrawals of gold; ~ader *f* vein (*or* streak) of gold; ~agio *n* premium on gold; ~ammer *orn. f* yellow-hammer; ~amsel *orn. f* golden oriole; ~arbeit *f* goldsmith's work; ~barren *m* gold ingot, bullion; ~barsch *ichth. m* ruff; ~basis *f* gold basis; ~bergwerk *n* gold-mine; ~bestand *m* gold stock (*or* reserve); ~blatt, ~blättchen, ~blech *n* gold foil; ~block(länder *n/pl.*) *m* gold block (countries); 2braun *adj.* auburn; ~brokat *m* gold brocade; ~buchstabe *m* gilt letter; ~deckung *econ. f* gold cover; ~devisen *econ. pl.* gold exchanges; ~devisenwährung *f* gold exchange standard; 2durchwirkt *adj.* gold-brocaded; 2en *adj.* (of) gold, golden; gilt, gilded; ~e Brille gold-rimmed spectacles *pl.*; ~e Uhr gold watch; *fig.* golden; ~es Haar golden hair; ~es Herz → Gold; ~e Hochzeit golden wedding; ~er Mittelweg golden mean; *math.* 2er Schnitt golden section; ~e Tage (Zeit) golden days, happy time; 2es Zeitalter Golden Age; → Berg, Brücke; ~erde *f* auriferous earth; ~erz *n* gold ore; ~faden *m* spun gold; ~farbe *f* gold colo(u)r; 2farben, 2farbig *adj.* gold-colo(u)red, golden; ~fasan *orn. m* golden pheasant; ~feder *f* gold nib; ~fink *m* goldfinch; ~fisch *m* goldfish; ~flitter *m* gold spangle; ~fuchs *m* bay(horse); → Goldstück; 2führend *adj.* gold-bearing, auriferous; ~füllung *f* gold stopping *or* filling; ~gehalt *m* percentage of gold, (standard) gold content; 2gelb *adj.* golden-yellow, golden; ~gewicht *n* troy (weight); ~gewinnung *f* production of gold; ~gier *f* greed after gold; ~glanz *m* golden lust|re, *Am.* -er; ~gräber *m* gold-digger; ~grube *f* gold-mine (*a. fig.*), gold-diggings, *Am. a.* bonanza (*a. fig.*); ~grund *m* art: gold size; ~haar *n* golden hair; 2haltig *adj.* auriferous, gold-bearing; ~hamster *zo. m* golden hamster; 2ig *adj.* golden; *fig.* lovely, sweet, darling, *Am. a.* cute; ~käfer *m* rose-chafer, *Am.* gold-beetle; ~-

kernwährung *econ. f* gold bullion standard; ~kind *n* darling; ~klumpen *m* lump of gold, nugget; ~könig *min. m* regulus of gold; ~kurs *m* gold rate; ~küste *geogr. f* (-) Gold Coast; ~lack *m* gold varnish; *bot.* wallflower; ~legierung *f* gold alloy; ~leim *m* gold size; ~macher *m* alchemist; ~mache'rei *f* alchemy; ~medaille *f* gold medal; ~medaillenträger *m* gold medallist; ~mine *f* gold-mine; ~münze *f* gold coin *or* medal; ~parität *f* gold parity; 2plattiert *adj.* gold-plated; ~plombe *f* gold filling; ~prägung *f* (-; -en) gold stamping; ~probe *f* (-; -en) gold assay; ~punkt *econ. m* specie- *or* gold-point; ~regen *bot. m* laburnum; 2reich *adj.* rich in gold; ~reserve *f* gold reserve; 2richtig *adj.* all right; thoroughly sound; ~sand *m* auriferous (*or* gold) sand; ~schaum *m* Dutch foil, tinsel; ~scheider *m* gold-refiner; ~schläger(haut *f*) *m* gold-beater('s skin); ~schmied(e-arbeit *f*) *m* goldsmith('s work); ~schnitt *m of book:* gild edge; *mit* ~ gild-edged; ~standard *m* gold standard; ~staub *m* gold dust; ~sticke'rei *f* embroidery in gold; ~stück *n* gold coin *or* piece; ~sucher *m* prospector, gold-digger; ~tresse *f* gold lace; ~vorrat *m* stock of gold; gold holdings *pl.*; ~waage *f* gold balance *or* scales *pl.*; *fig. jedes Wort auf die* ~ *legen* weigh every word; *du mußt nicht jedes s-r Worte auf die* ~ *legen* take him with a grain of salt; ~währung *f* gold standard; ~waren *f/pl.* jewel(le)ry; ~wäscher *m* gold-washer; ~wert *m* (-[e]s) value (*or* equivalent) in gold; value of gold; ~zahn *m* gold-(overcrowned) tooth; ~zufluß *econ. m* influx of gold.

Golf[1] [gɔlf] *geogr. m* (-[e]s; -e) gulf.

'**Golf**[2] (-s), ~spiel *n* golf; ~ball *m* golfball, *sl.* gutty; ~hose *f* plus-fours *pl.*; ~junge *m* caddie; ~platz *m* golf-links *pl. or* -course, green; ~schläger *m* golf-club; ~spieler(in *f*) *m* golfer.

'**Golfstrom** *m* (-[e]s) Gulf Stream.

Gondel ['gɔndəl] *f* (-; -n) gondola; *aer. usu.* car, nacelle; ~führer *m* gondolier; 2n *v/i.* (sn) go in (*or* row) a gondola *or* boat; *colloq. fig.* bowl (*or* tool) along.

Gong [gɔŋ] *m* (-s; -s) gong; *sports a.* bell; 2en *v/i.* (h.) sound (*or* strike) the gong; ~schlag *m* sound (*or* stroke) of the gong.

gönnen ['gœnən] *v/t.* (h.): *j-m et.* ~ allow (*or* grant *or* not to grudge) a p. a th.; *j-m et. nicht* ~ grudge (*or* envy) a p. a th.; *sich et.* ~ allow (*or* give, permit) o.s. a th.; *wir* ~ es ihm von Herzen we are so glad for him, *iro.* (that) serves him right; *ich gönne ihm das Vergnügen* I do not grudge him the pleasure.

'**Gönner** *m* (-s; -) patron, protector, well-wisher; ~in *f* (-; -nen) patroness, protectress; 2haft *adj.* patronizing; ~miene *f* patronizing air; ~schaft *f* (-) patronage, protection.

Gonokokkus [gono'kɔkus] *med. m* (-; -kken) gonococc|us (*pl.* -i).

Gonorrhoe [gono'rø:] *med.* *f* (-; -n) gonorrh(o)ea.

Göpel ['gø:pəl] *tech.* *m* (-s; -) horse capstan, whim gin; *mining:* winch, whim, capstan.

gor [go:r] *pret. of* gären.

Gör [gø:r] *colloq.* *n* (-[e]s; -en) kid; *contp.* brat, urchin.

gordisch ['gordiʃ] *adj.* Gordian; **den ₂en Knoten zerhauen** cut the Gordian knot.

Gorilla [go'rila] *m* (-s; -s) gorilla.

Gösch [gœʃ] *mar.* *f* (-; -en) **a)** jack, **b)** canton.

goß [gɔs] *pret. of* gießen.

Gosse ['gɔsə] *f* (-; -n) gutter (*a. fig.*).

Got|e ['go:tə] *m* (-n; -n), **~in** *f* (-; -nen) Goth; **~ik** *f* (-) Gothic (style); ₂**isch** *adj.; typ.* **~e Schrift** (*a.* **~isch** *n,* -[s]) Gothic type, black-letter (type).

Gott [gɔt] *m* (-[e]s; ⁺er) **1.** God; *~ der Herr* our Lord God; *~ der Allmächtige* God (*or* The) Almighty; *der liebe ~* the good God; *Wort ~es* word of God, The Word; *ach ~!*, *großer ~!* good God (*or* Lord, Heavens)!; *~ bewahre!* God (*or* Heaven) forbid!; *~ sei Dank!* thank God!, *adv.* fortunately, mercifully; *bei ~!* by God (*or* by golly)!; *leider ~es* unfortunately, alas; *in ~es Namen!* for Heaven's sake!; *so ~ will!* please God!; *so wahr mir ~ helfe!* so help me God!; *seit ~ weiß wann* since God knows when; *von ~es Gnaden* by the grace of God; *den lieben ~ e-n guten Mann sein lassen* let things slide (*or* take care of themselves); *den lieben ~ spielen* play providence (*bei in a. th.*); *wie ~ in Frankreich leben* live like a king (*or* in clover); *bist du denn ganz von ~ verlassen?* you must be out of your mind!; *er kennt ~ und die Welt* he seems to know everybody; **2.** god, deity; *fig. ein Anblick für (die) Götter* a sight for the gods; ₂**ähnlich** *adj.* godlike; ₂**begnadet** *adj.* god-gifted; (heaven-)inspired.

Götter ['gœtər] *m/pl. →* Gott **2.**; **~bild** *n* image of a god, idol; **~bote** *m* messenger of the gods; Mercury; **~dämmerung** *f* twilight of the gods.

gott-ergeben *adj.* resigned (to the will of God); pious, devout.

Götter...: **~glaube** *m* belief in (*or* worship of) gods; ₂**gleich** *adj.* god-like; **~lehre** *f* (-) mythology; **~mahl** *n* feast for the gods; **~sage** *f* myth; **~speise** *f* food of the gods, ambrosia; **~trank** *m* drink of the gods; nectar; **~verehrung** *f* worship of gods; **~welt** *f* (-) the gods *pl.*; Olympus.

Gottes... ['gɔtəs-]: **~acker** *m* churchyard; **~anbeterin** *zo.* *f* praying mantis; **~dienst** *m* divine service; ₂**dienstlich** *adj.* religious, ritual; **~friede** *m* truce of God; **~furcht** *f* fear of God; piety; ₂**fürchtig** ['-fʏrçtiç] *adj.* God-fearing; pious; **~gabe** *f* gift of God; godsend; **~geißel** *f* scourge of God; **~ge-lehrte(r)** *m* divine, theologian; **~gericht** *n* ordeal; **~glaube** *m* belief in God; theism; **~gnadentum** *n* (-s) divine right; **~haus** *n* house of God; church, chapel; **~käfer** *m*

ladybird; **~lästerer** *m* blasphemer; ₂**lästerlich** *adj.* blasphemous; *colloq.* unholy, awful; **~lästerung** *f* blasphemy; **~leugner** *m* atheist; **~lohn** *m* (-[e]s) God's reward; **~staat** *m* theocracy; **~urteil** *n* ordeal.

'gott...: **~gefällig** *adj.* pleasing to God; pious; **~gewollt** *adj.* God-given; **~gläubig** *adj.* unaffiliated; **~gleich** *adj.* godlike; ₂**heit** *f* (-; -en) deity, divinity; god, goddess; godhead.

Göttin ['gœtin] *f* (-; -nen) goddess.

'göttlich *adj.* divine, godlike; heavenly; *colloq. fig.* divine, heavenly, lovely; (most) capital (*joke*); *das ₂e* the divine essence (*or* spark *in man*); ₂**keit** *f* (-) divinity; godliness.

'Gott...: ₂**'lob!** *int.* thank God (*or* goodness)! ₂**los** *adj.* godless, ungodly; irreligious; impious, sinful, wicked; *colloq.* unholy, ungodly; awful (*matter*); **~losigkeit** *f* (-) ungodliness, irreligion; impiety, wickedness; **~mensch** *m* (-en) God incarnate, *the* Incarnation; **~seibei-uns** [-zaɪ'baɪ⁹uns] *m* (-) *the* devil, Old Nick; ₂**selig** *adj.* godly, pious; **~seligkeit** *f* godliness, piety; ₂**ver-gessen** *adj. →* gottlos; ₂**verlassen** *adj.* god-forsaken; ₂**vertrauen** *n* faith (*or* trust) in God, faith; ₂**voll** *colloq. adj.* heavenly; splendid, priceless; capital, most funny, too good to be true; *er Anblick* a sight for the gods; *sie war einfach ~!* she was a perfect scream.

Götze ['gœtsə] *m* (-n; -n) idol (*a. fig.*), false god; heathen(ish) god *or* deity; **~nbild** *n* idol; **~ndiener(in** *f*) *m* idolater (*f* idolatress); **~n-dienst** *m* idolatry; **~ treiben** worship idols; **~ntempel** *m* temple of an idol, heathen temple.

goutieren [gu'ti:rən] *v/t.* (h.) taste; *fig.* appreciate, relish.

Gouvernante [guver'nantə] *f* (-; -n) governess.

Gouverneur [-'nø:r] *m* (-s; -e) governor.

Grab [gra:p] *n* (-[e]s; ⁺er) grave (*a. fig.*), tomb; sepulchre, *Am.* -er; *das Heilige ~* the Holy Sepulchre; *am ~e* at the graveside; *ins ~ sinken* sink into the grave; *j-n zu ~e geleiten* attend a p.'s funeral; *zu ~e tragen* bury (*a. fig.*); *mit e-m Bein im ~e stehen* have one foot in the grave; *sein eigenes ~ schaufeln* be digging one's own grave; *sein Geheimnis mit ins ~ nehmen* carry one's secret into one's grave; *sich im ~e umdrehen turn (or writhe) in one's grave; verschwiegen wie das ~ (as) secret as the grave; er wird sie noch ins ~ bringen* he will be the death of her yet; *bis ins ~* unto (*or* till) death; *über das ~ hinaus* beyond the grave.

graben ['gra:bən] **I.** *v/i.* (*irr.,* h.) dig (*nach* for); spade; cut ditches, dig trenches, trench; *tech.* engrave; dig; **II.** *v/t.* (*irr.,* h.) dig (*grave, hole*); sink (*shaft, well*); *arch.* dig out, excavate; *tech.* engrave, cut; *agr.* dig (over), spade; *Kartoffeln ~* dig potatoes; *→* eingraben.

'Graben *m* (-s; ⁺) ditch, *esp. mil.* trench; (open) drain, culvert; moat

(*of castle*); *geol.* rift valley, graben; *mil.* vorderster *~* front-line trench; *e-n ~ ziehen* dig *or* run a ditch; *mot. e-n Wagen in den ~ fahren* ditch a car; **~bagger** *m* ditcher, trench excavator; **~kampf** *m* trench fighting; **~krieg** *m* trench war(fare); **~pflug** *m* trench plough (*Am.* plow); **~sohle** *f* bed (*or* floor) of ditch; trench-bottom.

Gräber¹ ['grɛ:bər] *m* (-s; -) digger; ditcher.

'Gräber² *pl. of* Grab; **~dienst** *mil.* *m* Graves Commission; **~fund** *m* sepulchral find.

Grabes... ['gra:bəs]: **~dunkel** *n* darkness (*or* gloom) of the grave, sepulchral darkness; **~ruhe**, **~stille** *f* peace of the grave, deathlike silence; **~stimme** *f* sepulchral voice.

'Grab...: **~geläut(e)** *n* (death-)knell, toll (*both a. fig.*); **~gesang** *m* funeral song, dirge; **~gewölbe** *n* (sepulchral) vault, tomb; **~hügel** *m* (grave-)mound, tumulus; **~in-schrift** *f* epitaph; **~legung** *f* (-; -en) interment, burial; **~lied** *n →* Grabgesang; **~mal** *n* (-[e]s; ⁺er) tomb, sepulchre; monument; **~rede** *f* funeral sermon; funeral oration; **~schändung** *f* desecration of graves; **~scheit** *n* spade; **~schrift** *f* epitaph; **~stätte**, **~stelle** *f* burial-place; grave, tomb; **~stein** *m* gravestone; tombstone; **~stichel** *tech. m* graving-tool, graver, chisel; **~urne** *f* funeral urn.

grad¹ [gra:t] *colloq. →* gerade.

'Grad² *m* (-[e]s; -e) degree; *univ.* (academical) degree; *mil., etc.* grade, rank; *fig.* degree, extent; stage; *10 ~ Wärme (Kälte)* 10 degrees above (below) zero; *10 ~ Fahrenheit* 10 degrees Fahrenheit (10⁰ F); *10 ~ Celsius* ten degrees Centigrade (10⁰ C); *bei Null ~* at zero; *~ Gleichung;* Verbrennung zweiten ~es second-degree burn; *Vetter (Base) ersten ~es* first cousin; *in ~e einteilen graduate; e-n akademischen ~ erlangen* take a degree; *fig. in (or bis zu) einem gewissen ~e* to a certain degree *or* extent, up to a point; *in hohem ~e* to a high degree, greatly, highly, largely; *der höchste ~ der Dummheit* the height of folly; *in dem ~e, daß* to such a degree that; **~abzeichen** *mil.* *n* badge of rank; **~bogen** *m ballistics:* graduated arc; *math.* protractor; **~einteilung** *f* graduation, scale.

Gradient [gradi'⁹ent] *phys. m* (-en; -en) gradient.

gradier|en [-'di:rən] *tech. v/t.* (h.) graduate; ₂**ung** *f* (-; -en) graduation; ₂**waage** *f* areometer; ₂**werk** *n* graduation house; cooling tower.

'Grad...: **~leiter** *f* (graduated) scale; ₂**linig** ['li:niç] *adj. →* geradlinig; **~messer** *m* (-s; -) graduator; *fig.* indicator, barometer; **~netz** *n* on *map:* grid; **~verwandtschaft** *f* graduated affinity; ₂**weise** ['-vaizə] *adv.* gradually, by degrees.

graduell [gradu'el] *adj.* gradual.

graduieren [gradu'i:rən] *v/i.* (h.) *→* promovieren.

Graf [gra:f] *m* (-en; -en) count; *in Britain:* earl; '**~enkrone** *f* earl's (*or* count's) coronet; **'~enstand** *m* dignity of a count; *in Britain*: earldom.

Gräf|in ['grɛːfin] *f* (-; *-nen*) countess; **²lich** *adj.* of an earl *or* a count(ess).

'Grafschaft *f* (-; *-en*) county, shire.

Gral [graːl] *m* (*-s*): *der Heilige ~* the Holy Grail.

Gram [graːm] *m* (*-[e]s*) grief, sorrow, affliction, sadness, melancholy; *vor ~ vergehen* pine away.

gram *adj. pred.*: *j-m ~ sein* bear a p. ill-will *or* a grudge, have a grievance against a p.; *man kann ihm nicht ~ sein* how can anyone be angry at him?

grämen ['grɛːmən] *v/t.* (h.) grieve, afflict, worry; *sich ~ (über acc.)* feel grieved (at, about), grieve (at, for, over); *take a th.* to heart; *sich zu Tode ~* die with grief *or* of a broken heart.

'gram...: ~erfüllt *adj.* sorrowful, grieved; **~gebeugt** ['-gəbɔʏkt] *adj.* bowed down with grief, grieve--stricken, brokenhearted; **~gebeugt** careworn.

'grämlich *adj.* morose, sullen.

Gramm [gram] *n* (*-s; -e*) gramme, *Am.* gram.

Grammatik [graˈmatik] *f* (-; *-en*) grammar; **grammatikalisch** [-ˈkaːliʃ], **gramˈmatisch** *adj.* grammatical; **Gramˈmatiker** *m* (*-s; -*) grammarian.

Grammophon [gramoˈfoːn] *n* (*-s; -e*) gramophone, *Am.* phonograph; record player; **~anschluß** *m* radio: gramophone pick-up; **~nadel** *f* gramophone needle; **~platte** *f* (gramophone) disk *or* record.

gram...: ~versunken *adj.* sunk in grief, woebegone; **~voll** *adj.* sorrowful, griefstricken.

Gran [graːn] *n* (*-[e]s; -e*) grain.

Granat [graˈnaːt] *min. m* (*-[e]s; -e*) garnet; **~apfel** *m* pomegranate.

Granat|e [graˈnaːtə] *mil. f* (-; *-n*) shell; grenade; **~feuer** *mil. n* shell--fire, shelling; **~hülse** *mil. f* shell case; **~loch** *n* shell-crater; **~splitter** *m* shell-splinter; **~trichter** *m* shell-crater; **~werfer** *m* mortar.

Grande ['grandə] *m* (*-n; -n*) grandee.

Grandezza [granˈdɛtsa] *fig. f* (-) grandeur.

grandios [grandiˈoːs] *adj.* grand (-iose), overwhelming.

Granit [graˈniːt] *min. m* (*-s; -e*) granite; *fig. auf ~ beißen* bite on granite; **²artig, ²en** *adj.* granitic; **~felsen** *m* granite (*or* granitic) rock.

Granne [graːnə] *bot. f* (-; *-n*) awn, beard, arista.

granulieren [granuˈliːrən] *v/t. and v/i.* (h.) granulate.

Graphik ['graːfik] *f* (-; *-en*) graphic arts *pl.*; *(representation)* → *graphisch I*; **~er** *m* (*-s; -*) graphic (*or* commercial) artist.

'graphisch I. *adj.* graphic(ally *adv.*); *~e Darstellung* graph(ic representation), diagram, chart; *~e Kunstanstalt* art printers *pl.*; **II.** *adv.*: *~ darstellen* chart.

Graphit [graˈfiːt] *min. m* (*-s; -e*) graphite, plumbago; black-lead; *mit ~ überziehen* → **graphiˈtieren**

[grafiˈtiːrən] *v/t.* (h.) graphitize, coat with graphite; **~schmiere** *f* graphite lubricant; **~stift** *m* (black-) lead pencil.

Graphologe [grafoˈloːgə] *m* (*-n; -n*) graphologist; **Graphologie** [-loˈgiː] *f* (-) graphology.

graps(ch)en ['grapsən] ('-pʃən] *colloq. v/t. and v/i.* (h.) grab, snatch (*nach* at).

Gras [graːs] *n* (*-es;* ⁺er) grass; *fig. das ~ wachsen hören* hear the grass grow, see through a millstone; *ins ~ beißen* bite the dust, go west; *es ist (viel) ~ darüber gewachsen* it is a thing of the past, that's dead and buried; **²artig** *adj.* gramin(a-c)eous; **²bewachsen** *adj.* grass--grown; **~boden** *m* lawn, turf; **~büschel** *n* grass-tuft; **~butter** *f* grass-butter; **²en** ['graːzən] *v/i.* (h.) graze; cut (*or* mow) grass; **~fleck** *m* grass-plot; *on clothes:* grass-stain; **²fressend** *zo. adj.* grass-eating, graminivorous; **'~fresser** *m* graminivore; **'~frucht** *f* caryopsis; **~futter** *n* grass-fodder, green food; **²grün** *adj.* grass--green; **'~halm** *m* blade of grass; **~hüpfer** *m* (*-s; -*) grasshopper; **²ig** ['-ziç] *adj.* grassy, grass-grown; **~land** *n* grassland; **~lilie** *f* lily spiderwort; **~mäher** *m*, **'~mähmaschine** *f* (grass-)mower, grass--cutter; **~mücke** *orn. f* warbler; **'~narbe** *f* sward, sod, turf; **'~nelke** *f* armeria; **~platz** *m* grass-plot, lawn, green; **²reich** *adj.* grassy; **'~samen** *m* grass-seed.

grassieren [graˈsiːrən] *v/i.* (h.) *disease, etc.*: rage, spread, be rampant; *~de Krankheit* epidemic disease.

gräßlich [grɛslic] *adj.* terrible, horrible, frightful, dreadful, awful; *(all a. colloq. fig.)*; hideous; monstrous, atrocious, heinous (*crime*); ghastly; **²keit** *f* (-; *-en*) horribleness, frightfulness; hideousness, ghastliness; atrocity, monstrous crime.

'Gras...: ~steppe *f* prairie, savanna (land); **~weide** *f* pasture(-land).

Grat [graːt] *m* (*-[e]s; -e*) (sharp) edge; (mountain) ridge, crest; *tech.* wire-edge; burr, flash; fin; *arch.* arris, groin; **'~balken** *m* arris beam, hip rafter; **'~bogen** *m* groin(ed arch).

Gräte ['grɛːtə] *f* (-; *-n*) fish-bone; **~nmuster** *econ. n* herringbone pattern; **~nschritt** *m* skiing: herringbone (step).

Gratifikation [gratifikatsiˈoːn] *f* (-; *-en*) gratuity, bonus.

'grätig *adj.* bony; *colloq. fig.* querulous, testy, peevish.

gratis ['graːtis] *adv.* gratis, free (of charge), gratuitous(ly); *into the bargain; ~ und franko* gratis and post-free; **²aktie** *f* bonus share; **²beilage** *f* (free) supplement; **²exemplar** *n* presentation copy; **²probe** *econ. f* free sample.

'Grätsch|e ['grɛːtʃə] *f* (-; *-n*) → *Grätschsprung, Grätschstellung;* **²en** *v/t. and v/i.* (h.) *gym.* straddle; **~schlag** *m swimming:* frog kick; **~sprung** *m* straddle vault; straddle dismount; *~ rückwärts* back straddle (vault); **~stellung** *f* straddle.

Gratulant(in *f*) [gratuˈlant(in)] *m* (*-en, -en; -, -nen*) congratulator.

Gratulation [-latiˈoːn] *f* (-; *-en*) congratulation (*zu* on); → *Glückwunsch.*

gratuˈlieren *v/i.* (h.) congratulate *or* felicitate (*j-m zu* et. a p. on a th.); *sich ~ zu* congratulate o.s. on, hug o.s. on *or* for; *j-m zum Geburtstag ~* wish a p. many happy returns of the day; *(ich) gratuliere!* (my) congratulations!

grau [grau] *adj.* grey, *esp. Am.* gray *(a. econ. market, rate);* livid *(complexion, sky):* etwas ~ greyish; ~ werden (grow *or* turn) grey; *~er Bär* grizzly bear; *med.* → *Star 3;* *~e Salbe* grey ointment; *anat.* *~e Gehirnsubstanz* grey matter; *fig.* grey, remote, ancient *(times);* *~er Alltag* the drab monotony of everyday life, workaday life; *~es Altertum* hoary antiquity; *seit ~er Vorzeit* from times immemorial; grey, bleak gloomy, dismal; *humor.* *~es Elend* the horrors *pl.*; → *Haar;* et. ~ *in ~ malen* paint a th. in the -darkest colo(u)rs; **²(e)** *n* (*-s; -*) grey (colour), *Am.* gray (color); *in ~* in grey; **~äugig** ['-ɔʏgiç] *adj.* grey--eyed; **²bart** *m* greybeard; **'~blau** *adj.* greyish blue; **²brot** *n* grey--bread.

'grauen¹ *v/i.* (h.) *day:* dawn, be dawning; **'Grauen** *n* (*-s*): *beim ~ des Tages* at the dawn of day, at day-break.

'grauen² *v/i.* (*impers.,* h.): *es graut mir (or mir graut) vor (dat.)* I shudder at, I have a horror of, I dread; **²** *n* (*-s*) horror, dread (*vor dat.* of); *j-m ~ einflößen* strike *or* fill a p. with horror, make a p. shudder, give a p. the creeps; *von ~ gepackt* seized by horror, horror-stricken; **~erregend, ~haft, ~voll** *adj.* horrible, horrid, dreadful, ghastly, gruesome.

'grau...: ~gelb *adj.* greyish yellow; **²guß** *tech. m* grey cast-iron; **~haarig** *adj.* grey-haired, grizzled.

graulen ['graulən]: *sich ~* (h.) be afraid of (ghosts), *colloq.* have the creeps; → *grauen 2.*

gräulich ['grɔʏliç] *adj.* greyish, *esp. Am.* grayish; *hair:* a. grizzly.

graumeˈliert *adj.* tinged with grey (*Am.* gray), grey-flecked.

Graup|e ['graupə] *f* (-; *-n*) pot--barley; *mining:* grain; **²elig** *adj.* sleety; **~eln** *f/pl.* sleet *sg.*; **²eln** *v/i.* (h.) sleet; *es graupelt* sleet is falling; **~ensuppe** *f* barley broth; **²ig** *adj.* granular.

Graus [graus] *m* (*-es*) **1.** horror, dread; **2.** *tech.* rubble, gravel.

'grausam *adj.* cruel (*gegen* to); *(hart)* hard (on); inhuman, brutish; ferocious, fierce; *colloq.* awful; **²keit** *f* (-; *-en*) cruelty; ferocity; atrocity.

'Grauschimmel *m* grey horse.

grausen ['grauzən], **~erregend,** *etc.* → *grauen², grauenerregend.*

'grausig *adj.* → *grauenerregend, gräßlich.*

'Grau...: ~specht *m* grey woodpecker; **~tier** *n* ass, donkey; **~wacke** ['-vakə] *geol. f* (-; *-n*) greywacke; **~werk** *n* (*-[e]s; -*) miniver.

Graveur [gra'vøːr] *m* (-s; -e) engraver.

Gravier-anstalt [gra'viːr-] *f* engraver's establishment.

gra'vier|en *v/t.* (h.) engrave; ~end *jur. adj.* aggravating; ₂nadel *f* (en)graving needle; ₂ung *f* (-; -en) engraving.

gravimetrisch [gravi'meːtriʃ] *adj.* gravimetric.

Gravis ['graːvis] *gr. m* (-; -) grave accent.

Gravitation [gravitatsi'oːn] *phys. f* (-) gravitation; ~sgesetz *n* law of gravitation; ~s-theorie *f* gravitational theory.

gravitätisch [gravi'tɛːtiʃ] *adj.* grave, solemn; stately (*walk*).

gravi'tieren *v/i.* (h.) gravitate (*zu, nach* to[wards]).

Gravüre [gra'vyːrə] *f* (-; -n) engraving.

Grazie ['graːtsiə] *f* (-; -n) grace (-fulness); charm; elegance; *mit* ~ → *graziös* II.; *die drei* ~n the three Graces.

graziös [gratsi'øːs] **I.** *adj.* graceful; charming, elegant; **II.** *adv.* with grace, gracefully, elegantly (*a. fig.*).

Greif [graɪf] *m* (-[e]s, -e[n]) griffin.

'Greif...: ~backe *tech. f* clamping jaw; ~bagger *m* grab dredger; ₂bar *adj.* seizable, tactile; *econ.* available, ready, on hand; *fig.* tangible, palpable; obvious; *nicht* ~ impalpable; ~e *Gestalt annehmen* assume a definite form, materialize; *in* ~e *Nähe gerückt* near at hand (*a. fig.*).

'greifen I. *v/t.* (*irr.*, h.) seize, grasp, catch hold of; *mus.* stop (*string*), strike (*note*); *man kann es mit den Händen* ~ it is quite evident, it meets the eye; *die Zahl ist zu hoch gegriffen* the figure is put too high; → *Luft;* **II.** *v/i.* (*irr.*, h.) ~ *an* (*acc.*) touch (*one's hat, etc.*); *fig. j-m ans Herz* ~ touch a *p.* deeply; ~ *in* (*acc.*) put one's hand in(to), dip into; *tech. ineinander*~ engage, interlock, mesh, gear into each other; *arch.* catch in; *hinter sich* ~ reach behind one; ~ *nach* (*dat.*) reach for, catch (*or grasp*) at, snatch at, clutch at, grip; *mit beiden Händen nach et.* ~ jump at *a chance, offer, etc.;* *um sich* ~ spread, gain ground; *zu et.* ~ reach for, get hold of, select, *w.s.* resort to, have recourse to; *zum Äußersten* ~ go to extremes; → *Arm;* *zu den Waffen* ~ take up arms, *people: a.* rise in arms.

'Greifer *m* (-s; -) *tech.* claw; *of crane:* grab; *of dredger:* grab, excavator; *typ.* gripper; *for tractor wheels:* lug; (*person*) *contp.* bloodhound; ~kran *m* grab crane; ~schaufel *f* spade lug.

'Greif...: ~klaue, ~kralle *f* claw, talon; ~werkzeug *n* gripping device; ~zange *f* prehensile pincers *pl.;* ~zirkel *m* external cal(l)ipers *pl.*

greinen ['graɪnən] *v/i.* (h.) whine, whimper, blubber, cry.

Greis [graɪs] *m* (-es; -e) old man; ₂ *adj.* hoary, grey, *esp. Am.* gray; old, aged, senile; ~en-alter ['graɪzən-] *n* old age; '₂enhaft *adj.* senile; '~enhaftigkeit *f* (-) senility; ~in *f* old *or* aged woman (*or* lady).

grell [grɛl] **I.** *adj.* shrill, strident,

piercing (*sound*); dazzling, glaring (*light, etc.*); glaring (*colour; a. fig.*); loud, garish, flashy, staring; *fig.* harsh, violent (*contrast, etc.*); **II.** *adv.:* ~ *gegen et.* abstechen form a sharp contrast to; '₂heit *f* (-) shrillness; *of light:* glare, dazzling brightness; *of colo(u)rs:* glare, garishness.

Gremium ['greːmium] *n* (-s; -ien) (authoritative) body, group.

Grenadier [grena'diːr] *mil. m* (-s; -e) rifleman, infantryman; grenadier; ~bataillon *n* rifle *or* infantry battalion.

Grenz|aufseher ['grɛnts-] *m* custom-house officer; ~bahnhof *m* frontier-station; ~befestigungen *f/pl.* frontier fortifications; ~belastung *tech. f* critical load; ~berichtigung *f* frontier adjustment; rectification of boundary; ~bestimmung *f* boundary settlement; ~bewohner *m* borderer; ~bezirk *m* frontier district.

'Grenze *f* (-; -n) boundary; frontier, border(s *pl.*); confines *pl.;* extremity; edge, verge; *fig.* limit, *econ. a.* margin; ~n *pl.* bounds (*of modesty, possibility, etc.*); *keine* ~n *kennen* know no bounds; *e-e* ~ *ziehen* draw a line; *alles hat s-e* ~n there is a limit to everything, we must draw the line somewhere; *in* ~n *within* (certain) *limits; ohne* ~n → *grenzenlos.*

'grenzen *v/i.* (h.): ~ *an* (*acc.*) border on (*a. fig.* = verge on, be next door to, come near being ...), touch; be adjacent (*or* contiguous) to; be bounded by; *s-e Felder* ~ *an die meinen* his fields adjoin (*or* are next) to mine.

'grenzen|los I. *adj.* boundless, unlimited; infinite; immense (*all a. fig.*); ~e *Freude* unbounded joy; ~e *Frechheit the* height of impudence; ~e *Trauer* infinite sadness; ~er *Zorn* towering rage; **II.** *adv.* boundlessly, *etc.;* ~ *dumm* infernally stupid; ₂losigkeit *f* (-) boundlessness, immensity; *fig. a.* excessiveness.

'Grenz...: ~ertrag *econ. m* marginal earnings *pl.;* ~fall *m* borderline case, critical (*or* extreme) case; ~festung *mil. f* frontier fortress; ~fläche *f* marginal surface, interface; ~frequenz *f* limiting frequency; ~gänger ['-gɛŋər] *m* (-s; -) (illegal) border crosser; frontier worker; ~gebiet *n* border-district (*or* area); ~jäger *m* border patrolman; ~kämpfe ['-kɛmpfə] *m/pl.* border fighting, border war(fare); ~kohlenwasserstoff *m* saturated hydrocarbon; ~kontrolle *f* customs inspection; ~krieg *m* → *Grenzkämpfe;* ~land *n,* ~mark *f* borderland, frontier-country; ~lehre *tech. f* limit-ga(u)ge; ~linie *f* boundary(-line); *a. fig.* borderline; *sports:* line; *außerhalb der* ~ out of bounds; ~maß *tech. n* limiting size; ~mauer *f* boundary-wall; → *Brandmauer;* ~nachbar *m* neighbo(u)r; ~nutzen *m* utilization threshold; ~pfahl *m* boundary-post; ~polizei *f,* ~schutz *m* frontier police; frontier defen|ce, *Am.* -se; ~spannung *tech. f* limiting stress; ~sperre *f* embargo on

border-traffic, closed frontier; ~stadt *f* frontier town; ~station *rail. f* frontier-station; ~stein *m* boundary-stone, landmark; ~streitigkeit *f* dispute over boundaries; *pol.* frontier-dispute; ~übergang *m* frontier crossing(-point); ~überschreitung *f,* ~übertritt *m* frontier-crossing; ~verbindung *chem. f* terminal (compound) member, saturated compound; ~verkehr *m* border traffic; ~verletzung *f* violation of frontier; ~wache, ~wacht *f,* ~wächter *m* frontier guard; ~wert *m* limiting (*or* threshold) value; ~winkel *m* critical angle; ~zoll *m* duty, customs; ~zollamt *n* (frontier) custom-house; ~zwischenfall *m* frontier incident, border trouble.

Greuel ['grɔʏəl] *m* (-s; -) horror (*vor dat.* of); abomination; atrocity, outrage; (*person*) horror; *er* (*es*) *ist mir ein* ~ I detest (*or* abhor, loathe) him (it); ~hetze *f,* ~märchen *n,* ~propaganda *f* atrocity propaganda (*or* story *or* tales *pl.*); ~tat *f* atrocity, deed of horror.

'greulich *adj.* horrible, dreadful; → *gräßlich.*

Grieben ['griːbən] *f/pl.* greaves.

Griech|e ['griːçə] *m* (-n; -n), ~in *f* (-; -nen) Greek; ~enland *n* (-s) Greece.

griechisch *adj.* Greek; *arch. paint.* Grecian; *die* ~e *Sprache, das* ₂(e) the Greek language; Greek; ~-orthodox *adj.* Greek orthodox; ~-römischer **Ringkampf** *m* Greco-Roman wrestling (*or* style).

Gries|gram ['griːsgraːm] *m* (-[e]s; -e) grumbler, crab, *Am.* grouch, *sl.* sourpuss; ₂grämig ['-grɛːmiç] *adj.* grumpy, sullen, morose, glum, *Am.* grouchy.

Grieß [griːs] *m* (-es; -e) grit, coarse sand, gravel; *mining:* dusty coal; *med.* gravel; *of flour:* (fine) groats *pl., Am.* farina; semolina; ground rice; *TV* sand; '~brei *m* semolina pudding; '~kloß *m* semolina dumpling; '₂krank *med. adj.* affected with gravel; '~mehl *n* semolina; '~stein *med. m* gravel, urinary calculus; '~suppe *f* semolina soup.

griff [grif] *pret. of greifen.*

'Griff *m* (-[e]s; -e) grip, grasp, hold; snatch (*nach* at), clutch (at); *wrestling:* hold; *mount.* handhold; *mus.* stop; *of cloth, etc.:* feel; *fig. kühner* ~ bold stroke; *sicherer* ~ sure touch; *würgender* ~ stranglehold; (*thing*) grip, handle, knob, pull; lever; *on violins, etc.:* stop; *of sword:* hilt; *mil.* manual drill (*or* exercise); ~e *üben or colloq. kloppen* do rifle drill; *wrestling:* e-n ~ *ansetzen* secure a hold; e-n ~ *tun* snatch (*or* clutch) at a th., reach for a th.; *fig.* e-n *guten* ~ *tun* make a good choice, make a hit; e-n *falschen* ~ *tun mus.* strike a false note, *fig.* make a mistake, pick the wrong *man, etc.;* et. *im* ~ *haben* have the feel (*fig.* knack) of a th.; *mit einem* ~ with one grasp, *tech.* in one motion, *colloq.* in a jiffy; ₂bereit *adj.* ready to hand, handy; ~brett *mus. n of violin, etc.:* finger-board; *piano:* key-board; *organ:* manual.

Griffel ['grifəl] *m* (-s; -) antique: style; *now:* slate pencil; *bot.* pistil. 'griff|ig *adj.* granular (*flour*); bulking well (*cloth*); handy, wieldy, lying good in hand (*tool*); affording a firm hold, gripping well, non-skid; ℒigkeit *mot. f* (-) grip, traction; ℒloch *mus. n* keyhole; ℒstück *n* grip, handle; *of pistol:* stock.

Grille ['grilə] *f* (-; -n) cricket; *fig.* whim, crotchet, fancy, fad; er fängt ∼n he is in the dumps; sie hat seltsame ∼n im Kopf she has maggots in her head; ∼nfänger(in *f*) *m* crank; ℒnhaft *adj.* capricious, whimsical, crotchety, cranky; morose, grumpy.

Grimasse [gri'masə] *f* (-; -n) grimace, wry face; ∼n schneiden grimace, pull faces.

Grimm [grim] *m* (-[e]s) fury, rage, wrath, ire; '∼darm *anat. m* colon; '∼en *med. n* (-s) gripes *pl.*, colic; ℒig I. *adj.* grim; furious, wrathful, enraged; ferocious, fierce; *fig.* grim, fierce, terrible; severe (*winter, etc.*); II. *adv.* grimly, etc.; ∼ kalt fiercely cold.

Grind [grint] *med. m* (-[e]s; -e) on *wounds:* crust, scab; dandruff; scurf; eschar, scab; *of children:* impetigo; *vet.* scab, mange; ℒig ['-diç] *adj.* scurfy, scabby; *vet.* mangy.

Grinsen ['grinzən] *n* (-s) grin; smirk; (*derisive*) sneer; ℒ *v/i.* (h.) grin (*über acc.* at); smirk; sneer.

Grippe ['gripə] *f* (-; -n) influenza, flu, grippe.

Grips [grips] *colloq. m* (-es; -e) brains *pl.*

grob [grɔp] *adj.* coarse; coarse-grained; rough; raw, crude; gross, *face:* a. hard-featured; *fig.* rough (*voice, work*); rude; rough, brutal; unpolished, uncouth, churlish; raw, crude; bluff, blunt; *jur.* gross; ∼e Fahrlässigkeit gross negligence; ∼er Unfug nuisance, disorderly conduct; ∼e Entfernung approximate distance; ∼e Skizze (Umrisse) rough sketch (outlines); in ∼en Zügen in rough outlines, roughly; ∼er Fehler gross (*or* bad) mistake; ∼es Geschütz heavy guns; ∼e Lüge flagrant lie; ∼er Spaß coarse joke; ∼es Vergehen grievous offen|ce, *Am.* -se; ∼ werden gegen j-n be rude to (*or* rough with) a p., be abusive (*or* uncivil) to a p.; aus dem Gröbsten heraus sein have broken the back of it; 'ℒabstimmung *f radio:* coarse tuning; '∼be-arbeiten *v/t.* (h.) *tech.* rough-machine; rough-hew (*stones, etc.*); 'ℒblech *n* (thick) plate; 'ℒdraht *m* coarse wire; 'ℒeinstellung *tech. f* coarse adjustment; ∼'fahrlässig *jur. adj.* grossly negligent; 'faserig *adj.* coarse-fib|red, *Am.* -ered; coarse-grain(ed) (*wood*); 'ℒfeile *f* rasp, rough file; '∼gerechnet [-gərεçnət] *adv.* roughly; 'ℒheit *f* (-; -en) coarseness; roughness; crudeness; *fig.* rudeness, roughness; coarseness, grossness; rudeness, incivility; j-m ∼en sagen be rude to a p., insult a p.; ℒian ['grɔ:biɑ:n] *m* (-[e]s; -e) rude (*or* coarse) fellow, boor, ruffian; 'jährig *adj.* broad-

∼ringed (*wood*); '∼körnig *adj.* coarse-grained.

gröblich (-) *adj.* gross; ∼ beleidigen insult grossly.

'Grob...: ∼mahlung *f* (-) crushing; ℒmaschig *adj.* coarse- (*or* wide-) meshed; ∼passung *tech. f* loose (*of thread:* coarse) fit; ∼sand *m* coarse sand; ℒschlächtig ['-ʃlεçtiç] *adj.* boorish, uncouth; ∼schleifen *n* (-s), ∼schliff *tech. m* rough grinding; ∼schmied *m* blacksmith; ∼schnitt *m tobacco:* coarse cut.

grölen ['grø:lən] *v/i. and v/t.* (h.) bawl, shout.

Groll [grɔl] *m* (-[e]s) grudge, ill-will, resentment, ranco(u)r; inveterate hatred, animosity; e-n ∼ hegen gegen (acc.), auf j-n e-n ∼ haben → 'ℒen *v/i.* (h.) sulk, be resentful (*or* angry); j-m ∼ bear a p. ill-will (*or* a grudge), have a grievance (*or* spite) against a p.; *thunder:* roll, rumble; 'ℒend *adj.* resentful, sulky, cross.

Grön|land ['grø:nlant] *n* (-s) Greenland; ∼länder(in *f*) ['-lɛndər(in)] *m* (-s, -; -, -nen) Greenlander; ∼landfahrer *m* Greenlandman.

Gros¹ [grɔs] *econ. n* (-ses; -se) gross, twelve dozen.

Gros² [gro:] *mil. n* (-; -) main body, bulk; main forces *pl.* (*a. mar.*).

Groschen ['grɔʃən] *m* (-s; -) penny; m-e paar ∼ the few pence I have, my little all; *colloq.* der ∼ ist gefallen! the penny has dropped!; ∼automat *m* (penny-in-the-)slot machine; ∼roman *m* penny dreadful, an dime novel; ∼schreiber *m* penny-a-liner.

groß [gro:s] I. *adj.* great; large, big; bulky, voluminous; tall; spacious; vast, extensive; huge, enormous, immense; grown-up (*person*); *fig.* great; eminent; grand; major, important; large-scale; gross, bad (*mistake*); intense, scorching (*heat*); severe (*cold*); heavy (*loss*); ∼er Buchstabe capital letter; ∼es Einkommen large income; ∼e Ferien long vacations; *parl.* ∼e Mehrheit vast majority; das ∼e Publikum the general public; der ℒe Ozean the Pacific (Ocean); im ∼en Stil on a large scale; Operationen im ∼en Stil large-scale operations; der größere Teil the larger (*or* better) half; zum ∼en Teil largely; *mus.* ∼e Terz major third; ∼e Toilette full dress; ∼er Unterschied vast difference; e-e ∼e Zahl von a large number of, a great many; ∼e Zehe big toe; gleich ∼ of the same size; so ∼ wie ein Haus as big as (*or* the size of) a house; wie ∼ ist er? what is his height?; er ist 6 Fuß ∼ he is (*or* stands) 6 feet high, he measures 6 feet, he is a six-footer; *colloq.* ganz ∼ → prima; *colloq.* er war ganz ∼ he was great (*or* at his best); ich bin kein ∼er Tänzer I am not much of a dancer; unser Umsatz war dreimal so ∼ wie der der Konkurrenz our turnover was three times that of the competition; → Augen, Fuß, Stück, Wert, etc.; II. *adv.:* ∼ auftreten lord it, assume airs; ∼ denken think nobly, von: think highly of, have a high opinion of; ∼ werden (*child*)

grow big; zu ∼ werden für et. outgrow a th.; ∼ schreiben capitalize; j-n ∼ anblicken stare at a p., look at a p. wide-eyed; et. ∼ herausbringen feature (*or* highlight, splash) a th.; bei ihnen geht es ∼ her they live in high style; *colloq.* er kümmert sich nicht ∼ darum he doesn't bother much about it; was gibt es da noch ∼ zu fragen? isn't that answer enough?; (der, die, das) 'ℒe: die ∼n a) the grownups, the adults, b) the great; ein ∼r a great man; Friedrich der ∼ Frederick the Great; Karl der ∼ Charlemagne; et. ∼s something great *or* big, a great thing, feat, great exploit (*or* achievement); im ℒn *econ.* wholesale; on a large scale; Versuch im ∼n large-scale trial; im ℒn und ganzen on the whole, generally (speaking), by and large; im ∼n wie im Kleinen in great as in little things.

'Groß|abnehmer *econ. m* bulk purchaser; ∼admiral *m* Admiral of the Fleet; ∼aktionär *m* principal shareholder (*Am.* stockholder); ℒangelegt ['-angə'le:kt] *adj.* large-scale; ∼angriff *m* major offensive, all-out attack, *Am. a.* drive, *aer.* air blitz; ℒartig I. *adj.* great, grand(iose); lofty, sublime; excellent, first-rate; wonderful, splendid, marvellous; enormous, phenomenal; ∼e Idee splendid (*a. iro.* bright) idea; ∼e Geschichte capital story; sie war ∼, *Am. sl.* she was a wow; II. *adv.:* ∼ tun put on airs; ∼artigkeit *f* grandeur; loftiness; magnificence, splendo(u)r; ∼aufnahme *f film:* close-up; ∼auftrag *econ. m* large order; ∼bank *f* (-; -en) large bank(ing concern); ∼bauer *m* (large) farmer; ∼behälter *m* container; ∼-Berlin Greater Berlin; ∼betrieb *m* large-scale enterprise, wholesale plant; wholesale trade; ∼britannien *n* Great Britain; ∼brand *m* → Großfeuer; ℒbritannisch *adj.* of Great Britain, British; ∼buchstabe *m* capital (letter); ∼bürgertum *n* upper middle-class.

Größe ['grø:sə] *f* (-; -n) size, largeness; height; tallness; stature; dimension(s *pl.*); *econ.* size; width, spaciousness, vastness; *esp. math.* quantity; (un)bekannte ∼ (un-)known quantity; volume, bulk; cubic contents *pl.*; *fig. ast.* magnitude; Stern erster ∼ star of the first magnitude; order; greatness; enormity (*of crime*); (*person*) celebrity, notability, great man, *thea., sports:* star; e-e ∼ auf dem Gebiet der Atomforschung an authority on atomics; in voller ∼ full-size; von mittlerer ∼ medium-sized, person: of medium height.

'Groß...: ∼einkauf *econ.* bulk purchase; ∼einsatz *m* large-scale operation; ∼eltern *pl.* grandparents; ∼enkel *m* great-grandson; ∼enkelin *f* great-granddaughter.

'Größen...: ∼klasse *f* size (group); ∼ordnung *f* order (of magnitude), dimension, volume.

'großenteils *adv.* to a large extent, in a large measure, largely.

'Größen...: ∼verhältnis *n* ratio of

size, proportion; ~se *pl.* proportions, dimensions; ~wahn *m* megalomania; delusions *pl.* of grandeur; ♀wahnsinnig *adj.* megalomaniac.
'**Groß...**: ~erzeuger *m* wholesale (*or* mass) producer; ~**fabrikation**, ~**fertigung** *f* mass (*or* quantity) production, large-scale manufacture; ~**feuer** *n* conflagration, four-alarm fire; ~**film** *m* superproduction; ~**finanz** ['-finants] *f* (-) high finance; ~**flughafen** *m* air terminal; ~**flugzeug** *n* giant aeroplane (*Am.* airplane); airliner; clipper; ~**folio** *n* large foolscap; ~**format** *n* large size; ~**frachtflugzeug** *n* super-cargo (aero)plane; ~**fürst** *m* Grand Duke; ~**fürstentum** *n* Grand Principality; ~**fürstin** *f* Grand Duchess; ~**garage** *f* large (-scale) garage; ~**grundbesitz** *m* large landed property; ~**grundbesitzer(in** *f*) *m* great landowner, landed proprietor; ~**handel** *m* wholesale trade; im ~ (by) wholesale; ~**handelsgeschäft** *n* wholesale business; ~**handelsindex** *m* index number of wholesale price, *Am.* level of commodity prices at wholesale; ~**handelspreis** *m* wholesale price; ~**handelsrabatt** *m* wholesale discount; ~**händler** *m* wholesale dealer, wholesaler, distributor; ~**handlung** *f* wholesale firm; ♀**herzig** *adj.* magnanimous, high-minded, generous; ~**herzigkeit** *f* (-) magnanimity, generosity; ~**herzog(in** *f*) *m* grand duke (*f* duchess); ♀**herzoglich** *adj.* grand-ducal; ~**herzogtum** *n* grand duchy; ~**hirn** *anat.* *n* cerebrum; ~**hirnrinde** *f* cerebral cortex; ~**industrie** *f* big industry; ~**industrielle(r)** *m* big industrialist, industrial magnate, captain of industry; ~**inquisitor** *m* (-s; -en) grand inquisitor.
Grossist [grɔ'sist] *econ.* *m* (-en; -en) → Großhändler.
'**Groß...**: ♀**jährig** *adj.* of age; ~ werden come of age; ~e *Person* major; ~**jährigkeit** *f* (-) majority, full (*Am.* legal) age; ~**kampfflugzeug** *n* superfortress; ~**kampfschiff** *n* capital ship; ~**kampftag** *m* great battle (day); ~**kapital** *n* high finance, big business; ~**kapitalismus** *m* big capitalism; plutocracy; ~**kapitalist** *m* big capitalist, business magnate; ~**kaufmann** *m* (wholesale) merchant; ~**knecht** *m* foreman, head man; ~**konzern** *m* big concern; ~**kraftwerk** *n* super-power station; ~**kreuz** *n* Grand Cross; ~**küche** *f* large (hotel- *etc.*) kitchen; ~**lautsprecher** *m* high-power loudspeaker; public address system (*abbr.* P.A.S.); ~**macht** *f* great power; ♀**mächtig I.** *adj.* high and mighty; **II.** *adv.* enormously, ~**machtstellung** *f* position as (*or* of) a great power; ~**mama** *colloq.* *f* grandma, granny; ~**mannssucht** *f* (-) megalomania; ~**mars** *mar.* *m* main-top; ~**maschig** *adj.* wide-meshed; ~**mast** *mar.* *m* mainmast; ~**maul** *colloq.* *m* braggart; → Groß-sprecher; ♀**mäulig** ['-mɔʏlɪç] *colloq.* *adj.* large-mouthed; *fig.* boastful, bragging, loud-mouthed; ~**mei-**

ster *m* Grand Master; ~**mut** *f* (-) generosity, magnanimity; ♀**mütig** ['-my:tɪç] *adj.* magnanimous, large-minded, generous; ~**mutter** *f* grandmother; ♀**mütterlich** *adj.* grandmotherly; ~**neffe** *m* grand-nephew; ~**nichte** *f* grand-niece; ~**oktav** *n* large octavo; ~**onkel** *m* great-uncle, grand-uncle; ~**papa** *colloq.* *m* grandpa; ~**photo(graphie** *f*) *n* photomural; ~**raum** *m* large (*or* extended) area; ~**raum-büro** *n* open-plan office; ~**reihen-fertigung** *f* quantity (*or* duplicate) production; ~**reinemachen** *n* wholesale house-cleaning; ~**schieber** *m* bigtime operator; ~**schiffahrt** *f* large-scale shipping; ~**schiffahrtskanalweg** *m* grand canal, ship canal; ~**schlächte'rei** *f* wholesale butchery; ~**schreibung** *f* capitalization; ~**sender** *m* long-distance transmitter; high-power broadcasting station; ~**sprecher** (-**in** *f*) *m* boaster, braggart; ~**spreche'rei** *f* (-) big talk, grandiloquence, bluster; ♀**sprecherisch** *adj.* boastful, swaggering, grandiloquent; ♀**spurig** *adj.* arrogant, haughty, overbearing; ~**stadt** *f* large (*or* big) town *or* city; metropolis; ~**städter(in** *f*) *m* inhabitant of a large town, city-dweller; ♀**städtisch** *adj.* of a large town *or* city, urban, city...; metropolitan; fashionable; ~**stadtluft** *f* (-) city air; ~**stadtverkehr** *m* big-city traffic; ~**tante** *f* grand-aunt; ~**tat** *f* great deed *or* exploit, feat.
'**größt** *sup.* of groß; ~**enteils** *adv.* for the most part, mostly, chiefly; ♀**maß** *n* maximum (measure *or* size); *tech.* maximum limit; ~**möglich** *adj.* greatest possible; best, utmost (*efforts, etc.*); ♀**wert** *m* maximal value.
'**Groß...**: ~**tuer(in** *f*) ['-tu:ər(in)] *m* (-s, -; -, -nen) boaster, braggart, show-off; ~**tue'rei** *f* (-) swagger (-ing), boasting; ♀**tun** ['-tu:n] *v/i.* (*irr.*, h.) give o.s. airs, talk big, swagger; (sich) mit et. ~ vaunt a th., boast (*or* brag) of *or* about a th.; ~**unternehmen** *n* large-scale (*or* big) enterprise; ~**unternehmer** *m* big industrialist (*or* manufacturer); ~**vater** *m* grandfather; ♀**väterlich** *adj.* grandfatherly; ~**vaterstuhl** *m* easy (*or* arm-)chair; ~**veranstaltung** *f* big event; ~**verbraucher** *m* bulk consumer; ~**versandgeschäft** *n* mail-order house; ~**verteiler** *econ.* *m* wholesaler, distributor; ~**vertrieb** *econ.* *m* distribution in bulk; ~**vieh** *n* (large *or* horned) cattle; ~**wesir** ['-ve'zi:r] *m* (-s; -e) Grand Vizier; ~**wildjagd** *f* big-game hunt(ing); ~**würdenträger(in** *f*) *m* high dignitary; ♀**ziehen** *v/t.* (*irr.*, h.) rear, bring up, raise; ♀**zügig** ['-tsy:gɪç] *adj.* on a large (*or* grand) scale, large-scale; bold (*plan, etc.*); liberal, broad-minded; liberal, generous, handsome, open-handed; ~**zügigkeit** *f* (-) bold conception; broad-mindedness, liberality; generosity.
grotesk [gro'tɛsk] *adj.*, ♀**e** *f* (-; -n) grotesque (*a. typ.*).

Grotte ['grɔtə] *f* (-; -n) grotto.
grub [gru:p] *pret.* of graben.
Grübchen ['gry:pçən] *n* (-s; -) dimple; *bot.* lacuna.
Grube ['gru:bə] *f* (-; -n) pit; mine, pit, colliery; hollow, hole, cavity, cave; *fig.* in die ~ fahren go down to the grave; wer andern eine ~ gräbt, fällt selbst hinein the biter will be bitten.
Grübelei [gry:bə'laɪ] *f* (-; -en) brooding, pondering; (deep) meditation, rumination; musing, poring; reverie.
'**grübeln** *v/i.* (h.) (über *acc.*) brood *or* ponder *or* meditate (on *or* over); pore (over); ruminate, rack one's brains (about).
'**Gruben...**: ~**anteil** *m* mining share; ~**arbeiter** *m* miner; collier; ~**bahn** *f* mine railway (*Am.* railroad), hauling track; ~**brand** *m* pit fire; ~**einbruch** *m* cave-in; ~**explosion** *f* colliery explosion; ~**gas** *n* mine gas, firedamp; ~**halde** *f* mine dump, tip; ~**holz** *n* mine-timber, pit-props *pl.*; ~**lampe** *f* miner's (*or* pit) lamp; ~**schacht** *m* mine (*or* pit) shaft; ~**steiger** *m* overseer of a mine; ~**stempel** *m* pit-prop; ~**unglück** *n* pit disaster; ~**wasser** *n* pit water; ~**wetter** *n* → Gruben-gas.
Grübler ['gry:blər] *m* (-s; -), ~**in** *f* (-; -nen) ponderer, brooding (*or* meditative, introspective) person; dreamer; ♀**isch** *adj.* pondering, pensive, meditative.
Gruft [gruft] *f* (-; ⁓e) tomb, vault.
Grum(me)t ['grum(ə)t] *agr.* *n* (-[e]s) aftermath, *Am.* rowen.
grün [gry:n] *adj.* green; *nature*: a. verdant, *trees*: a. in leaf; fresh; green, unripe; *fig. person*: green, raw; green, inexperienced; ~e Bohnen French beans, *Am.* string beans; ~er Hering fresh herring; ~es Holz fresh (*or* unseasoned) wood; ♀e Insel (Irland) Emerald Isle; ~er Junge greenhorn, whipper-snapper; ~es Licht traffic: green light; *fig.* j-m ~es Licht geben give a p. the green light; *colloq.* ~e Minna Black Maria; ~er Salat lettuce; ~er Tisch green-baize (*or* board *or* official) table, *fig.* vom ~en Tisch aus arm-chair (*strategy, etc.*), bureaucratic *or* red-tape (*decision, etc.*); ~ vor Neid green with envy; ~ u. blau schlagen beat black and blue; j-m nicht ~ sein have it in for a p.; j-n über den ~en Klee loben praise a p. to the skies; sich ~ und gelb ärgern be exasperated, fret and fume; er wird nie auf e-n ~en Zweig kommen he will never get somewhere, *Am.* he will never make the grade.
'**Grün** *n* (-s; -) green (colo[u]r); (*foliage, etc.*) greenery (*of nature*: verdure; im ~en, *colloq.* bei Mutter ~ in the open (air); dasselbe in ~ practically the same thing; ~e(s) *n* (-n) vegetables *pl.*, greens *pl.*; ~e(r) *m* (-n; -n) *colloq.* bobby, *sl.* (*a. Am.*) cop(per); ~anlage *f* green (plot), lawn; ♀blau *adj.* greenish-blue.
Grund [grunt] *m* (-[e]s; ⁓e) ground; soil; ~ und Boden land, (real) estate; bottom (*of sea, vessel, etc.*); valley; *arch.* **a)** foundation, **b)** (building-)

plot; *paint.* **a)** ground, **b)** priming (coat); *coffee*: ground; dregs *pl.*; *fig.* reason; cause, occasion; motive; argument; excuse; *Gründe für und wider* arguments for and against, *(the)* pros and cons (of a matter); *auf ~ von* (*dat.*) on grounds of, on the strength (*or* basis) of, in virtue of, *jur. a.* under, pursuant to (*a law*); *aus gesundheitlichen Gründen* for reasons of health; *aus diesem ~e* for this reason, that's why; *aus welchem ~e?* for what reason?, why?; *aus dem einfachen ~e, daß* for the simple reason that; *aus demselben ~e* **a)** for the same reason, **b)** by the same token; *im ~e* at (the) bottom, fundamentally; *im ~e genommen* actually, in reality, strictly speaking, when all is said and done; *mit (gutem) ~* justly, with reason, reasonably; *nicht (ganz) ohne ~* not unreasonably; *von ~ aus* thoroughly, completely, radically, fundamentally; *mar. auf ~ geraten* run aground; → *bohren*; *den ~ unter den Füßen verlieren* get out of one's depth; *e-r Sache auf den ~ gehen* get to the bottom (*or* root) of a th.; *den ~ legen zu* (*dat.*) lay the foundation of; *Gründe anführen* advance arguments, state one's case (*für* for); *triftige Gründe ins Feld führen können* have compelling arguments, have a strong case (*für* for); *jeden (keinen) ~ haben zu et.* have every (no) reason to *inf.*; *sich von ~ auf bessern* turn over a new leaf; *es besteht ~ zu der Annahme, daß* there is (good) reason to suppose that; → *zugrunde*.

'Grund|abgabe *f* land tax; **~akkord** *mus. m* fundamental chord; **~anschauung** *f* fundamental idea, basic conception; **2anständig** *adj.* upright, high-principled; **~anstrich** *m* priming (coat), first coat; **~ausbildung** *mil. f* basic training; **~bau** *m* (-[e]s; -ten) foundation; **~bedeutung** *f* original meaning; **~bedingung** *f* basic (*or* fundamental) condition; **~begriff** *m* fundamental (*or* basic) idea; **~e** *pl.* fundamentals, principles; rudiments; **~besitz** *m* landed property, real estate, immovables *pl.*; *freier ~* freehold (property); **~besitzer** *m* landed proprietor, landowner, estate owner; **~bestandteil** *m* element, basic component, primary constituent; **~buch** *n* land (title and charges) register; **~buchamt** *n* land registry (office), *Am.* real estate recording office; **~dienstbarkeit** *f* (real) servitude; easement; **~ebene** *tech. f* datum level; **2ehrlich** *adj.* thoroughly honest; **~eigentum** *n,* **~eigentümer** *m* → *Grundbesitz(er)*; **~einheit** *f* fundamental unit; **~einkommen** *n* basic income; **~einstellung** *f* fundamental attitude; **~eis** *n* ground-ice.

gründen ['gryndən] *v/t.* (h.) found, establish; institute, set up, organize; create; *econ.* form, promote, float, organize (*company*); start, open, set up (*business*); set on foot, launch; ground *or* base *argumentation* (*auf acc.* on); *sich ~ auf* (*acc.*) rest (*or*

be founded, be based, be grounded) on.

'Gründer *m* (-s; -), **~in** *f* (-; -nen) founder (*f* foundress); creator, originator; *econ.* founder, promoter, incorporator; **~aktien** *f/pl.,* **~anteile** *m/pl.* promoter's shares (*Am.* stock); **~bank** *f* (-; -en) parent bank; **~gesellschaft** *f* parent company; **~jahre** *n/pl.,* **~zeit** *hist. f* period of promoterism.

'Grund...: **~erfordernis** *n* basic requirement; **~erwerb** *m* purchase of land; **~erwerbssteuer** *f* purchase tax on real estate; **~erzeugnis** *n* primary product; **2falsch** *adj.* fundamentally wrong; **~farbe** *f* ground-colo(u)r; *phys.* primary colo(u)r; → *Grundanstrich*; **~fehler** *m* basic fault, fundamental mistake; **~feste** ['-festə] *f* (-; -n) foundation; *in den ~n erschüttern* shake to its very foundation; **~feuchtigkeit** *f* soil moisture; **~firnis** *m* priming varnish; **~fläche** *f* basal surface, base, basis; *tech.* floor space; **~form** *f* primary form; **~gebühr** *f* basic rate *or* fee, flat-rate; **~gedanke** *m* fundamental (*or* root) idea; leading idea; **~gehalt** *n* (-[e]s; =er) basic salary; **2gelehrt** *adj.* exceedingly learned, erudite; **~gesetz** *n* basic (constitutional) law; **~gestein** *n* underlying rock; **~gleichung** *math. f* basic equation; **~herr** *m* landlord, lord of the manor.

Grundier|bad [grun'diːr-] *n dyeing:* bottoming bath; **2en** *v/t.* (h.) *paint.* ground, *tech. usu.* prime; *dyeing:* bottom; stain (*paper, wood*); *gilding:* size; **~farbe** *f* priming colo(u)r; **~lack** *m* filler; **~ung** *f* (-; -en) priming (coat), first (*or* base) coat.

'Grund...: **~industrie** *f* basic industry; **~irrtum** *m* fundamental error; **~kapital** *econ. n* (original *or* capital) stock, original capital; **~kredit** *m* real estate loan; **~kreditanstalt** *f* mortgage bank; **~kreis** *math. m* circumference of the base; **~lage** *f* base; *esp. fig.* foundation, basis, groundwork; *biol.* matrix; data *pl.*; *of science, etc.:* elements, rudiments, fundamentals *pl.*; *auf der ~ von* (*dat.*) on the basis of; *auf gesetzlicher ~* on legal authority; *die ~ bilden von et.* underlie a th.; *jeder ~ entbehren* be without any foundation; *auf e-e neue ~ stellen* put on a new basis; **~lagenforschung** *f* basic research; **2legend** *adj.* fundamental, basic(ally *adv.*); **~legung** ['-leːguŋ] *f* (-) laying the foundation.

gründlich ['gryntliç] **I.** *adj.* thorough; careful, painstaking; solid; exhaustive; complete; thorough-going, radical; profound, solid (*knowledge*); *~e Kenntnisse haben in* (*dat.*) be well-grounded (*or* thoroughly versed) in, have a th. at one's finger-ends; **II.** *adv.* thoroughly, *etc.*; *j-m ~ die Meinung sagen* give a p. a piece of one's mind; **2keit** *f* (-) thoroughness; carefulness, diligence; solidity; exhaustiveness.

Gründling ['gryntliŋ] *ichth. m* (-s; -e) groundling; gudgeon.

'Grund...: **~linie** *f* base-line (*a.*

sports), base; **~lohn** *m* basic wage(s *pl.*); **2los I.** *adj.* bottomless, unfathomable; *fig.* groundless, unfounded, without foundation; **II.** *adv.* for no reason (at all); unreasonably; **~losigkeit** *f* (-) groundlessness; **~maß** *n* (basic) standard; **~masse** *biol. f* groundmass, stroma; **~mauer** *f* foundation(-wall); **~metall** *n* base (*or* parent) metal; **~nahrungsmittel** *n/pl.* basic food (-stuffs); **~norm** *f* fundamental standard.

Grün'donnerstag *m* Maundy Thursday.

'Grund...: **~peilung** *mar. f* sounding; **~pfeiler** *m* bottom (*or* foundation) pillar; *fig.* mainstay, keystone; **~platte** *tech. f* base plate; **~preis** *m* basic price; **~prinzip** *n* basic (*or* fundamental) principle; **~problem** *n* fundamental problem; **~rechnungs-arten** *f/pl.* fundamental rules of arithmetic; **~rechte** *n/pl.* basic (*or* constitutional) rights; **~regel** *f* fundamental rule, basic principle; **~rente** *f* ground-rent; **~richtung** *mil. f* zero line; **~richtungs-punkt** *mil. m* zero point; **~riß** *arch. m* ground-plan, plan (view); layout; sketch, outline; *fig.* compendium; outline(s *pl.*), summary; **~rißplan** *m* layout plan; **~satz** *m* principle; axiom; maxim; *Mann von hohen Grundsätzen* man of high principles; *gesunder ~* sound principle; *nach neuen (denselben) Grundsätzen* on new (the same) lines; *es sich zum ~ machen* make it a rule; **~satz-entscheidung** *jur. f* ruling; **2sätzlich** ['-zɛtsliç] **I.** *adj.* fundamental; *~e Angelegenheit* matter in principle; *~e Einstellung* attitude in principle; *~e Entscheidung* decision on principle; **II.** *adv.* fundamentally, basically; on principle, as a general principle; **~schicht** *f* primary layer; **~schuld** *f* real estate liability, encumbrance; land charge; **~schule** *f* elementary (*or* primary) school; **~stein** *m* foundation-stone; *a. fig.* corner-stone; *den ~ legen zu* (*dat.*) lay the foundation-stone of, *fig.* lay the foundations of; **~steinlegung** ['-leːguŋ] *f* (-; -en) laying (of) the foundation-stone; corner-stone ceremony; **~stellung** *f gym., mil.* position of attention, normal position; *fenc., etc.:* initial position; *boxing:* on-guard position; **~steuer** *f* land (*or* real estate) tax; **~stock** *m* foundation, basis, stock; main body; basic supply; **~stoff** *m phys.* element, radical; raw material, base; *fig.* basic material; **~stoffindustrie** *f* basic industry; **~stoffwechsel** *physiol. m* basal metabolism; **~strich** *m* down-stroke; → *Grundanstrich*; **~stück** *n* (landed *or* real) estate, lot; plot (of land); premises *pl.*; (building) site, *Am. a.* location; **~stückmakler** *m* real estate agent, *Am.* realtor; **~stück-übertragung** *f* conveyance of (landed) property; **~stufe** *f* initial (*or* standard) grade; *ped.* lowest *or* elementary classes *pl.*; *gr.* positive degree; **2stürzend** *adj.* revolutionary, radical; **~substanz** *f* element, radical; *biol.* matrix; ~teilchen *n* fundamental particle, atom; ~text *m* original text; ~ton *m paint.* ground shade; *mus.* keynote; *fig. esp.* stock exchange: prevailing tone (*or* mood); undertone; ~tugend *f* cardinal virtue; ~übel *n* basic evil; ~umsatz *m econ.* basic turnover; *physiol.* basal metabolic rate (*abbr.* B.M.R.).

Gründung ['gryndun] *f* (-; -en) foundation, creation; *econ. a.* formation (*of company*), by *financing*: promotion, flo(a)tation, *by registration*: incorporation; establishment, institution, setting-up, organizing.

'Gründungs...: ~jahr *n* year of foundation (*or* establishment); ~kapital *n* original (*or* capital) stock; ~mitglied *n* charter member; ~stadium *n* development stage (*of company*); ~urkunde *f*, ~vertrag *n* memorandum (*or* articles *pl.*) of association, *Am.* incorporation.

'Grund...: ~ursache *f* primary cause; ~verkehrt *adj.* fundamentally (*or* totally) wrong; es wäre ~, anzunehmen, daß it would be a fundamental mistake to believe that; ~vermögen *n* capital, principal; → Grundbesitz; 2verschieden *adj.* entirely different; ~wahrheit *f* fundamental truth; ~wasser *n* (under)ground water; ~wasserspiegel *m* ground water--level, water table; ~wort gr. *n* (-[e]s; ¨er) root(-form) (of word); ~zahl *f* cardinal number; unit; ~zins *m* ground rent; ~zug *m* characteristic (feature), main feature, distinctive mark; ~züge ['-tsy:gə] *m/pl.* fundamentals, basic concepts; et. in s-n ~n schildern outline (the essential aspects of) a th.

'grünen *v/i.* (h.) be green *or* verdant; (grow *or* become, turn) green; *fig.* flourish, thrive, prosper.

'Grün...: ~fäule *f* green rot; ~fink *m* greenfinch; ~fläche *f* green (plot), lawn; ~futter *n* green food *or* fodder; 2gelb *adj.* greenish--yellow; ~gürtel *m* green belt; ~kern *m* green rye; ~kohl *m* (-[e]s) green kale; ~kram *m* greens *pl.*; ~kreuzkampfstoff *mil. m* choking gas, Green Cross; ~land *n* pasture--land, meadows *pl.*; 2lich *adj.* greenish; ~schnabel *fig. m* greenhorn; young shaver, whipper--snapper; ~span *m* verdigris; ~specht *m* green woodpecker; ~stein *m* greenstone, diabase; ~streifen *m of road*: cent|re (*Am.* -er) strip.

grunzen ['gruntsən] *v/i. and v/t.* (h.) grunt.

'Grunzen *n* (-s) grunt(ing).

'Grünzeug *n* greens *pl.*, *contp.* greenstuff.

Gruppe ['grupə] *f* (-; -n) group, cluster; *of trees: a.* clump; *of workmen, etc.*: team, crew, gang; troop, covey, group, category; *mil.* section, *Am.* squad; *aer. Brit.* wing, *Am.* group; *econ.* group, syndicate; *tech.* assembly; ~n bilden form groups; in ~n einteilen group.

'Gruppen...: ~aufnahme *f*, ~bild *n phot.* group picture; ~bohr-

maschine *f* gang drill(ing machine); ~feuer *mil. n* volley fire; ~schaltung *tech. f* series connection; ~sex *m* group sex; ~therapie *f* group therapy; ~unterricht *m* group instruction; 2weise ['-vaɪzə] *adv.* in groups; *mil.* by *or* in sections, *Am.* squads; ~wirtschaft *f* group system.

gruppier|en *v/t.* (h.) group, arrange in groups, range; *sports: a.* marshal; sich ~ form groups, group o.s. *or* cluster (um acc. round); *sports:* line up; 2ung *f* (-; -en) grouping, arrangement (in groups), *Am.* layout; *sports:* line-up, disposition.

Grus [gru:s] *m* (-es; -) (coal-)slack, breeze.

gruselig ['gru:zəliç] *adj.* creepy; eerie, weird; *story: a.* hair-raising, blood-curdling.

'gruseln *v/i.* (h.) *and sich* ~: mir (*or* mich) gruselt my flesh creeps (bei dem Gedanken at the thought), it gives me the creeps; j-n ~ machen make a p.'s flesh creep, give a p. the creeps.

'Gruseln *n* (-s) the creeps *pl.*

Gruß [gru:s] *m* (-es; ¨e) salutation, greeting; bow; *esp. mar. mil.* salute; Grüße *pl.* compliments, regards, respects, greetings, *intimate*: love (an acc. to); (bestelle ihm) e-n schönen ~ von mir! give him my kind(est) regards (*formal*: my best respects, *intimate*: my love), remember me to him!; *in letters:* (viele) herzliche Grüße (many) kind regards; mit bestem ~ Sincerely yours, *formal*: Yours faithfully (*esp. Am.* truly).

grüßen ['gry:sən] *v/t.* (h.) greet, solemnly, *a. fenc., mar., mil.* salute; bow to; nod to; hail; ~ Sie ihn von mir! → Gruß; er läßt Sie freundlichst ~ he sends you his best respects *or* compliments.

Grützbeutel ['gryts-] *med. m* wen.

'Grütze *f* (-; -n) groats, grits *pl.*; (oatmeal-)porridge; *colloq.* brains *pl.*, gumption; 2schleim *m* gruel.

guck|en ['gukən] *v/i.* (h.) peep, peek, peer; stare, gaze; look (erstaunt surprised); laß mich mal ~! let me have a peep!; nicht ~! don't peep!; 2fenster *n* peep-hole, judas; 2kasten *m* peep-show, diorama; 2loch *n* peep-hole, spy-hole.

Guerilla|kämpfer [ge'rila-] *m* guer(r)illa; ~krieg *m* guer(r)illa war(fare).

Guillotine [gilio'ti:nə] *f* (-; -n), guilloti'nieren [-ti'ni:rən] *v/t.* (h.) guillotine.

Gulasch ['gu:laʃ] *n* (-[e]s; -e) goulash; ~kanone *colloq. mil. f* field--kitchen; ~suppe *f* goulash soup.

Gulden ['guldən] *m* (-s; -) *hist.* florin; *Dutch:* florin, gulden (*abbr.* Fl., G.).

gültig ['gyltiç] *adj.* valid (a. *fig.*); effective, in force; legal, lawful, admissible; binding; *coin:* current, good; *ticket:* available (drei Tage for three days); ~ vom *or* ab effective as from; ~ sein → gelten; (für) ~ erklären, ~ machen validate, render valid; legalize; 2keit *f* (-) validity; legal force; *of money:* currency; legality; 2keitsdauer *f* (period of)

validity; *of contract: usu.* term; *of patent, etc.*: life; *of ticket:* availability; 2keits-erklärung *f* validation, legalization.

Gummi ['gumi] *n or m* (-s; -[s]) gum; (India) rubber; Radier2 india-rubber, eraser; *colloq.* condom; mit ~ durchwirken elasticize; ~abfederung *f* rubber shock absorber; ~absatz *m* rubber heel; ~arabikum [ʔa'ra:bikum] *n* (-s) gum arabic; 2artig *adj.* gumlike, elastic; ~artikel *m* rubber article; ~ball *m* rubber ball; *tech.* rubber (suction) bulb; ~band *n* (-[e]s; ¨er) elastic (band); rubber band; ~baum *m* gum-tree; (India) rubber tree; ~bereifung *f* rubber tyres, *Am.* tires *pl.*; ~blase *f* rubber bladder; ~bonbon *m or n* gum-drop; ~boot *n* rubber dinghy, inflatable boat; ~dichtung *tech. f* rubber packing; ~druck *typ. m* (-[e]s; -e) offset (printing); ~elastikum [ʔe-'lastikum] *n* (-s) (India) rubber, elastic gum.

gum'mier|en *v/t.* (h.) gum; *tech.* rubberize, rubber-coat; 2ung *f* (-; -en) gumming; rubber-coat (-ing).

'Gummi...: ~faden *m* rubber thread; ~floß *n* rubber raft; 2gelagert ['-gəla:gərt] *tech. adj.* rubber-cushioned; ~gewebe *n* elastic mesh, rubber sheeting; ~gutt ['-gut] *n* (-[e]s) gamboge; ~handschuh *m* rubber glove; ~harz *n* gum resin; ~haut *f* rubber skin (of canoe, etc.); ~isolierung *f* rubber insulation; ~kabel *n* rubber-insulated cable; ~knüppel *m* (rubber) truncheon, *Am.* (policeman's) club, riot-stick, billy; ~lack *m* gum lac; ~linse *f* film, *TV*: zoom lens; ~lösung *tech. f* rubber solution; ~mantel *m* mackintosh, rubber coat; ~matte *f* rubber mat; ~reifen *m* (rubber) tyre, *Am.* tire; ~ring *m* rubber band; ~sauger *m tech.* rubber suction cup; *for baby*: rubber teat; ~schlauch *m* rubber hose; *bicycle, etc.*: rubber (or inner) tube; ~schnur *f* elastic (cord); ~schuhe *m/pl.* galoshes, rubber shoes, *Am.* rubbers; ~schwamm *m* rubber sponge; ~sohle *f* rubber sole; ~stempel *m* rubber stamp; ~stiefel *m* rubber boot; ~stopfen *m* rubber stopper; ~strumpf *m* elastic stocking; ~tier *n* rubber animal; ~überschuhe *m/pl.* → Gummischuhe; ~überzug *m* rubber coating; ~unterlage *f* rubber sheet (or square); ~walze *f* rubber roller; ~waren *f/pl.* rubber goods; ~zelle *f* padded room; ~zucker *m* arabinose; ~zug *m* elastic.

Gunst [gunst] *f* (-) favo(u)r; goodwill; kindness; partiality, patronage; favo(u)rableness (of the weather, etc.); j-m e-e ~ erweisen grant a p. a favo(u)r, bestow a favo(u)r on a p.; in j-s ~ stehen be in a p.'s favo(u)r (or good graces); in j-s besonderer ~ stehen be high in a p.'s favo(u)r; sich in j-s ~ setzen gain a p.'s favo(u)r, ingratiate o.s. with a p.; sich um j-s ~ bewerben court a p.'s favo(u)r; um j-s ~ buhlen curry favo(u)r with a p.;

zu m-n ～*en* (*a. econ.*) to my favo(u)r (*or* credit); *Saldo zu Ihren* ～*en* balance in your credit; → *zugunsten*; '～**bezeigung** *f* favo(u)r, kindness.
günstig ['gynstiç] **I.** *adj.* favo(u)rable (*für* to); auspicious; opportune, propitious; encouraging, reassuring; promising; suitable; advantageous, profitable, beneficial; satisfactory, agreeable; ～*e Gelegenheit* opportunity; ～ *sein für* (*acc.*) be favo(u)rable to, favo(u)r, make for; *bei* ～*em Wetter* weather permitting; *im* ～*sten Falle* at best; *econ.* *zu* ～*en Bedingungen* on easy terms; *der Wind ist* ～ the wind sits fair; *das Glück war uns* ～ luck was on our side; *er hätte keinen* ～*eren Zeitpunkt wählen können* he couldn't have chosen a better (*or* more propitious) moment; **II.** *adv.* favo(u)rably; ～ *gesinnt* well-disposed, benevolent (*dat.* to); ～ *abschneiden* show up to advantage (*bei* in); *sich* ～ *stellen zu et.* take a positive view of a th., favo(u)r a th.
Günstling ['gynstliŋ] *m* (-s; -e) favo(u)rite; *contp.* minion; ～**s-wirtschaft** *f* favo(u)ritism.
Gurgel ['gurgəl] *f* (-; -n) throat; *anat.* jugulum; gullet; *j-n bei der* ～ *packen* take a p. by the throat; *j-m die* ～ *zudrücken* choke (*or* strangle) a p.
'**gurgeln** *v/i. and v/t.* (*h.*) gargle; *voice, water:* gurgle.
'**Gurgeln** *n* (-s) gargling; gurgle.
Gurke ['gurkə] *f* (-; -n) cucumber; gherkin; *saure* (*eingelegte*) ～*n* pickled (preserved) cucumbers.
'**Gurken...**: ～**hobel** *m* cucumber slicer; ～**kraut** *n* (-[e]s) borage; ～**salat** *m* cucumber salad; ～**zeit** *f:* *saure* ～ silly season.
gurren ['gurən] *v/i.* (*h.*) coo.
Gurt [gurt] *m* (-[e]; -e) belt, girdle; *arch., a. of saddle:* girth; strap; webbing; waistband; sash; *mil.* cartridge belt; '～**band** *tech. n* (-[e]s; ～er) webbing, webs *pl.*; '～**bogen** *arch. m* transverse arch.
Gürtel ['gyrtəl] *m* (-s; -) belt, girdle (*both a. fig.*); *fig. geogr.* zone; *mil.* ring (*or* belt) of fortifications; cordon; *den* ～ *enger schnallen* tighten one's belt; ～**rose** *med. f* shingles *pl.*; ～**schnalle** *f* buckle (*or* clasp) of a belt; ～**tier** *zo. n* armadillo.
gurten ['gurtən] *v/i.* (*h.*) *mil.* fill (*or* charge) the belt; *arch.* string.
gürten ['gyrtən] *v/t.* (*h.*) gird; *sich* ～ put on one's belt, (*a. fig.*) gird o.s.
'**Gurt...**: ～**förderer** ['-fœrdərər] *tech. m* (-s; -) belt conveyor; ～**gewölbe** *n* cellular (*or* ribbed) vault; ～**sims** *m or n* plinth; ～**zuführung** *mil. f* belt feed (*of machine-gun*).
Guß [gus] *m* (-sses; ～sse) *tech.* founding, casting (process); cast iron (*or* metal); castings *pl.*; *schmiedbarer* ～ malleable iron; *typ.* fount, *Am.* font; jet, gush, dash (*of* water); downpour, (rain-)shower; *cul.* icing; *mit Zucker*～ iced; *aus e-m* ～ *fig.* of a piece.
'**Guß**|**asphalt** *m* poured asphalt; ～**beton** *m* cast concrete; ～**block** *m* ingot; ～**bruch** *m* cast iron scrap;

～**eisen** *n* cast iron; ♀**eisern** *adj.* cast-iron; ～**fehler** *m* casting flaw; ～**form** *f* (casting) mo(u)ld; ～**kasten** *m* mo(u)lding box; ～**naht** *f* casting burr, seam; ～**stahl** *m* cast steel; ～**stein** *m* sink; ～**stück** *n* casting; ～**waren** *f/pl.* castings *pl.*
gut [gu:t] **I.** *adj. generally:* good; good-natured, kind(-hearted); capable, efficient; favo(u)rable; fine, splendid; useful, serviceable; conducive (*für* to), beneficial, good (for); advantageous, profitable; adequate; considerable, substantial; sound; right, correct; *econ.* ～*er Anzug* Sunday's best; ～*es Wetter* fair weather; ～*gehendes Geschäft* going concern; ～*e Kenntnisse* fair knowledge, good grounding; ～*e Nerven* steady nerves; ～*e Qualität* good *or* high quality; ～*e Stube* drawing room, parlo(u)r; ～*e Worte* fair words; *auf* ～ *deutsch* in plain English; *aus* ～*er Familie* of a good family; *ganz* ～ not bad, well enough; *so* ～ *wie unmöglich* practically (*or* next to) impossible; *der Prozeß ist so* ～ *wie gewonnen* the lawsuit is as good as won; *so* ～ *wie kein* practically no; *zu* ～*er Letzt* finally; → *zugute*; *e-e* ～*e Stunde* a good (*or* full) hour; ～ *zu Fuß sein* be a good walker; ～*er Dinge,* ～*en Mutes sein* be of good cheer; *ein* ～*er Rechner sein* be good (*or* quick) at figures; → *Glaube, Glück, Haar, Hoffnung, Kasse;* ～ *sein für* (*acc.*) **a)** be good for (*a cold, etc.*), **b)** vouch (*or* answer) for, **c)** *econ. j-m:* be a p. good for (*an amount*); ～ *sein gegen j-n or zu j-m* be good (*or* kind) to a p.; ～ *sein mit j-m* be on friendly terms with a p.; *j-m* ～ *sein* love (*or* like) a p., be attached to a p.; ～ *werden wound, etc.:* get well, heal, mend, *fig. a.* turn out well, be all right; *es* ～ *haben* be well off, have a good time of it, be lucky; *für* ～ *finden* think fit (*or* proper); ～ *Miene; kein besonders* ～*er Tänzer sein* be not much of a dancer; *sich e-n* ～*en Tag machen* have a good time of it, take it easy; *make a day of it;* **II.** *adv.* well; favo(u)rably, *etc.*; ～ (*und gern*) at least, slightly over, easily; ～ *riechen* smell good, have a pleasant smell; ～ *schmecken* taste good, be good to eat; ～ *aussehen* look good, *person:* be good-looking, (*healthy*) look well; ～ *lernen* learn easily; *sich* ～ *halten* **a)** keep *or* preserve well, **b)** keep o.s. upright *or* erect, **c)** *fig.* bear up, stand one's ground, show up well; → *zustatten; colloq. mach's* ～*!* **a)** good luck (to you)!, **b)** cheerio!, have a good time!; ～ *so!* good!, well done!; *schon* ～*!* **a)** never mind!, (that's) all right!, **b)** that will do!; *laß es* ～ *sein!* let it be (*or* pass)!; *leave it alone!; sei so* ～ (*will you*) be so kind as to *inf.*, be good enough to *inf.*; *es ist ganz* ～*, daß* it is all to the good that; *das tut ihm* ～ (*a. iro.*) that's good for him, that does him (a world of) good; *er täte* ～ *daran, zu gehen* he had better go; *du hast* ～ *reden* (*lachen*) it's easy for you to talk (laugh); *da können wir ja ebenso* ～ *wieder gehen* we may just

as well leave; *das fängt ja* ～ *an* that's a nice start, really; *das kann* ～ *sein* that may well (*or* easily) be; (*der, die, das*) '♀**e** (-*n*): *mein* ～*r* my good man; *die* ～*n pl.* the good, the righteous; *das* ～ the good (part *or* thing); ～*s und Böses* the good and the bad; *et.* ～*s* something good; *das* ～ *an der Sache ist* the good thing about it is; *des* ～*n zuviel tun* overdo it, overshoot the mark; *das ist des* ～*n zuviel* that's too much of a good thing; *sich zum* ～*n wenden* change for the better, take a turn, turn out well; *im* ～*n* in a friendly manner, amicably; *alles* ～*!* good luck!; *ich wünsche ihm alles* ～ I wish him well; *das führt zu nichts* ～*m* nothing good will come of it.
Gut *n* (-[e]s; ～er) good (thing), treasure; property, possession, goods (*f.*); (landed) estate, farm; *tech.* (*in state of production or conveyance*) stock, material; *Güter pl. econ.* goods, products, commodities, merchandise; *rail.* goods, *Am.* freight; (*property*) effects, assets; *jur.* *eingebrachtes* ～ contributed property (*of wife*); (*un*)*bewegliche Güter* (im)movables; *lebenswichtige Güter* essential goods; *das höchste* ～ the greatest good; ～ *und Blut* life and property; *unrecht* ～ *gedeihet nicht* ill-gotten wealth never thrives.
'**Gut...**: ～**achten** *n* (-s; -) opinion; *n.s.* expert opinion *or* evidence, expert's report; decision, verdict; award; *ärztliches* ～ medical opinion (*or* certificate, *jur.* evidence); *ein* ～ *abgeben* deliver an opinion; *ein* ～ *einholen* take an opinion; ～**achter** *m* (-s; -) expert; consultant; arbitrator; valuer, appraiser; ♀**achtlich** ['-axtliç] **I.** *adj.* expert, authoritative; advisory; **II.** *adv.* by way of an (expert's) opinion; ♀**artig** *adj.* good-natured, harmless; *med.* benign, mild; ～**artigkeit** *f* good nature; harmlessness; *med.* benignity, mildness; ♀**aussehend** *adj.* good-looking; ♀**besetzt** *thea. adj.* well-cast (*part*), well-filled (*house*); ♀**bringen** *econ. v/t.* (*irr., h.*) → *gutschreiben;* ～**dünken** *n* (-s) opinion, judg(e)ment, discretion (*a. jur.*); *nach* ～ at pleasure, at (one's own) discretion; *Entscheidung nach* ～ discretionary decision; *nach* ～ *des Gerichtes* at the Court's pleasure (*or* discretion); *nach eigenem* ～ *handeln* use one's own discretion; *et. dem* ～ *j-s überlassen* leave a th. to a p.'s discretion.
Güte ['gy:tə] *f* (-) goodness (*of heart*), kind(li)ness; generosity; charitableness; (God's) grace, loving-kindness; (intrinsic) worth; quality, grade, class; excellence, superior quality (*or* properties, virtues); purity; *of sound reproduction:* fidelity; efficiency; *in* ～ amicably, in a friendly manner; by fair means; *haben Sie die* ～ *zu inf.* be so kind as to *inf.*; *e-e* ～ *ist der anderen wert* one good turn deserves another; *meine* ～*!* good gracious, good Lord (*or* Heavens)!; *econ.* (*von*) *erster* ～ first-class, first--rate, top-quality, *w.s.* of the first

water; **~grad** m quality, grade; efficiency; **~klasse** f class, grade; standard of quality; *nach* ~n *eingeteilt* graded; **2mäßig** adj. in quality.

Güter ['gy:tǝr] pl. of → Gut; **~abfertigung** f a) dispatch of goods, b) (a. **~annahme** f) goods office; **~austausch** m exchange of goods; **~bahnhof** m goods station or yard, Am. freight depot or yard; **~beförderung** f forwarding of goods; **~fernverkehr** m long-distance goods traffic; **~gemeinschaft** f community of goods (in *marriage*); **~kraftverkehr** m road haulage; **~makler** m (real) estate (or land) agent, Am. realtor; **~markt** m commodity market; **~recht** n law of property; *eheliches* ~ matrimonial regime; *gesetzliches* ~ statutory regime; *immaterielle* ~e pl. choses in action, incorporeal rights (or chattels); **~schuppen**, **~speicher** m goods shed, Am. freight depot; warehouse; **~sendung** f consignment (of goods); **~stand** jur. m: *ehelicher* ~ matrimonial regime; *getrennter* ~ separate (ownership of) estate; **~tarif** m goods tariff; **~trennung** f separation of property; **~verkehr** m goods (Am. freight) traffic; **~verlader** econ. m (-s; -) loader of goods; mar. shipping-agent, shipper; **~verteilung** f distribution of goods; **~wagen** rail. m goods wag(g)on, Am. freight car; *closed*: goods van, Am. boxcar; *open*: (goods) truck, Am. gondola car; **~wirtschaft** f merchandising; **~zug** m goods train, Am. freight train.

'Güte...: ~stelle f voluntary conciliation board; **~verfahren** n conciliatory proceedings pl.; **~zahl** f quality co-efficient; **~zeichen** n hallmark, guaranty seal, mark of merit.

'gut...: ~erhalten adj. well-preserved; in good repair (or condition); **~ge-artet** adj. → gutmütig; **~gebaut** ['-gǝbaut] adj. well-made; **~gelaunt** adj. good-humo(u)red, in a good temper, esp. Am. chipper; **~gemeint** ['-gǝmaint] adj. well-meant; **~gesinnt** adj. well-disposed (dat. to); well-meaning, loyal; decent; **2gewicht** econ. n fair

weight, allowance, overweight, tare; **~gläubig** adj. acting (or done) in good faith, bona fide; **~er** *Eigentümer* bona fide owner; → *leichtgläubig*; **2gläubigkeit** f good faith; **2haben** n (-s; -) credit (balance), (bank) balance; account; assets, holdings pl.; „*kein* ~" "no funds"; *mein gegenwärtiges* ~ the balance standing to my favo(u)r; **~heißen** v/t. (irr., h.) approve (of), sanction, Am. colloq. okay; **~herzig** adj. kind(-hearted), warm-hearted, good-natured; **2herzigkeit** f (-) kind-heartedness, kindness.

gütig ['gy:tiç] **I.** adj. good, kind (gegen to); kind-hearted, kindly; benevolent; indulgent; *mit Ihrer* ~en *Erlaubnis* with your kind permission; *Sie sind sehr* ~ you are very kind; **II.** adv.: *wollen Sie mir* ~st *gestatten* (will you) kindly allow me (a. iro.).

'gütlich I. adj. amicable, friendly; ~e *Einigung,* ~er *Vergleich* amicable settlement; **II.** adv.: *sich* ~ *einigen* settle or arrange a th. amicably, come to a friendly agreement; *sich* ~ *tun an* (dat.) do o.s. well on, regale o.s. on, take (or eat, drink) one's fill of; *sie taten sich an s-n Zigarren* ~ they helped themselves to his cigars.

'gut...: ~machen v/t. (h.): (wieder) ~ make good, make up for, make amends for, compensate; repair, redress (*mistake, etc.*); **~mütig** ['-my:tiç] adj. good-natured; **2mütigkeit** f (-) good nature; **~sagen** v/i. (h.) vouch, answer (*für* for).

'Gutsbesitzer(in f) m landowner, landed proprietor (f proprietress), gentleman farmer; owner of an estate.

'Gut...: ~schein m voucher; credit note, coupon; bonus, token; warranty; **2schreiben** v/t. (irr., h.) credit (*e-n Posten* an item); *j-m e-n Betrag* ~ pass (or place) an amount to a p.'s credit or to the credit of a p.'s account; *e-n Betrag e-m Konto* ~ pass (or place) an amount to the credit of an account, credit an account with an amount; **~schrift** f credit(ing), credit item; *zur* ~ *auf unser Konto* to the credit of our account; **~schrifts-anzeige** ['-ʃrifts-] f credit note; **~schrifts-**

beleg ['-ʃrifts-] m credit slip (Am. ticket).

Guts...: ~haus n farm-house; **~herr(in** f) m lord (lady) of the manor; → *Gutsbesitzer*; **~hof** m farmyard; w.s. estate, farm.

'gut-situiert adj. well-off, in easy circumstances.

'Guts-pächter m tenant(-farmer).

'gut-stehen v/i. (irr., h.) answer (or be answerable) (*für* acc. for).

'Gutsverwalt|er m landholder's steward or manager, estate-agent; **~ung** f management of an estate.

Guttapercha [guta'perça] f (-) gutta-percha. [benefit, kindness.]

'Gut-tat f good action (or deed),}

'gut-tun v/i. (irr., h.) medicine: take effect, operate; be soothing or a relief; *child*: behave, be good; *j-m* ~ do a p. good; fig. *das tut mir gut* that does me good; *das tut ihm gut!* (a. iro.) that does him (a world of) good!; *das tut nicht gut* no good can come of it.

guttural [guto'ra:l] adj. guttural.

'gut...: ~unterrichtet adj. well-informed; **~willig I.** adj. willing, ready; obliging, complaisant; **II.** adv. willingly, peacefully; voluntarily; **2willigkeit** f willingness, readiness; obligingness, complaisance.

Gymnasialbildung [gymnazi'a:l-] f (-) secondary school (n.s. classical) education.

Gymnasiast(in f) [-zi'ast(in)] m (-en, -en; -, -nen) grammar-school boy (girl); secondary school boy (girl).

Gymnasium [gym'na:zium] n (-s; -ien) **a)** secondary school, **b)** classical secondary school, grammar-school.

Gymnastik [gym'nastik] f (-) gymnastics pl., physical exercises pl. (or drill); cal(l)isthenics pl.; **~er** m (-s; -) gymnast; **~schule** f school of gymnastics; **gym'nastisch** adj. gymnastic.

Gynäkologe [gynɛ:ko'lo:gǝ] m (-n; -n) gyn(a)ecologist; **Gynäkolo'gie** [-lo'gi:] f (-) gyn(a)ecology; **gynäko'logisch** [-'lo:giʃ] adj. gyn(a)ecological.

Gyro ['gy:ro] m (-s; -s) gyro; **Gyro'skop** [gyro'sko:p] n (-s; -e) gyroscope.

H

H, h [ha:] n H, h; **H, h** mus. n B.
ha! [ha:] int. ha!, ah!
Haag [ha:k] m: *Den* ~ The Hague; *im* ~ at The Hague; **~er** *Abkommen, Landkriegsordnung* Hague Convention (respecting the laws and customs of war on land); **~er** *Internationaler Schiedsgerichtshof* International Court of Arbitration at The Hague.
Haar [ha:r] n (-[e]s; -e) hair (a. bot.); hair (of the head) sg.; of cloth: nap, pile; bristle; down, fuzz; *die* ~e *waschen* shampoo; *j-m die* ~e

schneiden give a p. a hair-cut; *sich die* ~e *schneiden lassen* have one's hair cut, have (or get) a hair-cut; *j-n an den* ~en *ziehen* pull a p.'s hair; *sich das* ~ *frisieren or richten* dress (or do, Am. a. fix) one's hair; fig. *aufs* ~ to a hair, to a T, exactly, precisely; *um ein* ~ within a hair's breadth, very nearly or narrowly; *um ein* ~ *wäre ich überfahren worden* I came within an ace of being run over, I had a narrow escape; *um kein* ~ *besser* not a bit better; *ein* ~ *in der Suppe finden* find a fly in the

ointment; *j-m kein* ~ *krümmen* not to touch a hair on a p.'s head; *kein gutes* ~ *an j-m lassen* tear (or pull) a p. to pieces, not to find a good word to say for a p.; ~e *auf den Zähnen haben* have a sharp tongue, be aggressive; *sich in den* ~en *liegen* be at loggerheads; *sich in die* ~e *geraten* fly at each other, clash, get into each other's hair; ~e *lassen müssen* **a)** suffer heavy losses, **b)** be fleeced; et. *bei den* ~en *herbeiholen* lug in a th., drag a th. in by the head and shoulders; *bei den*

~en herbeigeholt far-fetched; *mein Leben hing an e-m* ~ my life hung by a thread; *die* ~*e standen mir zu Berge* my hair stood on end; *da standen einem die* ~*e zu Berge* it was a hair-raising affair; *laß dir deshalb keine grauen* ~*e wachsen* don't let it worry you; → *spalten.* 'Haar...: ~ausfall *m* fall (*or* loss) of hair, *med.* alopecia; ~balg *anat. m* hair follicle; ~besen *m* hair broom; ~bleichen *n* hairbleaching; ~boden *m* hair bed; ~breit *n* (-) hair's breadth; *nicht um ein* ~ *weichen* not to budge an inch; → *Haar(esbreite)*; ~bürste *f* hair brush; ~büschel *n* tuft of hair; ~draht *m* finest (gold) wire; 2dünn *adj.* hair-thin, capillary; 2en *v/i.* (h.) (*a. sich*) lose (*or* shed) one's hair; ~entferner *m* (-s; -), ~entfernungsmittel *n* depilatory; ~ersatz *m* false hair; transformation; ~esbreite *f* (-) hairbreadth; *um* ~ by a hair's breadth, by the fraction of an inch; *nicht um* ~ not an inch; → (*um ein*) *Haar*; ~farbe *f* colo(u)r of hair; ~färbemittel *n* hair-dye, hair- -tint; ~färben *n* (-s) hair dying (*or* tinting); ~faser *f* capillary filament; ~feder *tech. f* hair spring; 2fein *adj.* (as) fine as a hair, capillary; *fig.* very subtle; ~festiger *m* (-s; -), ~fixativ *n* setting lotion; ~flechte *f* braid (of hair), plait; ~follikel ['-fɔli:kəl] *m* (-s; -) hair follicle; 2förmig ['-fœrmiç] *adj.* hairshaped, capilliform; ~fülle *f* abundant (*or* rich) hair; ~gefäß *anat. n* capillary (vessel *or* tube); 2genau *adj.* to a hair (*or* nicety), to a T; exact, precise, meticulous; → *haarklein*; 2ig *adj.* hairy, hirsute; *bot., zo.* pilous, pilose; *colloq.* stiff, tough; fishy; ~kamm *m* (hair-) -comb; ~klammer, ~klemme *f* bobby pin; 2klein *adv.* minutely, in detail, with all the details; ~künst-ler(in *f*) *m* hair-dresser, *humor.* tonsorial artist; ~locke *f* lock; curl, ringlet; 2los *adj.* hairless; bald; ~-mittel *n* hair restorer; ~nadel *f* hairpin; ~nadelkurve *f* hairpin bend; ~nest *n* chignon; ~netz *n* hair-net; ~öl *n* hair oil; ~pflege *f* care of the hair; ~pflegemittel *n* hair lotion; ~pinsel *m* hair-brush; ~puder *m* hair-powder; ~riß *tech. m* hair-crack; 2rissig *tech.* crazed; ~röhrchen *n* capillary tube; ~-salbe *f* hair-cream, pomade; 2-scharf I. *adj.* very sharp, razor- -sharp; *fig.* very precise (*or* exact); → *haargenau*; II. *adv. fig.* precisely, with mathematical precision; ~ *beweisen* prove to a nicety; *der Wagen fuhr* ~ *an uns vorbei* the car missed us by an inch; ~schere *f* hair scissors *pl.*; ~-schleife *f* bow *or* ribbon (for the hair); ~schmuck *m* hair ornament(s *pl.*); ~schneidemaschine *f* hair-clippers *pl.*; ~schneiden *n* (-s) hair-cut(ting); ~, *bitte!* hair- -cut, please!; ~schneider *m* hair- -cutter, hair-dresser, *Am.* barber; ~schneidesalon *m* hair-dressing saloon, *Am. a.* barber shop; ~-schnitt *m* hair-cut; ~schopf *m* tuft of hair; shock, mop (of hair);

~schuppen *f/pl.* dandruff *sg.*; ~schweif *ast. m* tail (of a comet), coma; ~schwund *m* loss of hair; ~seil *n med.* seton; *vet.* rowel; ~seite *tech. f* hair (*or* grain) side; ~sieb *n* hair-sieve; ~spalter *m* hair-splitter; ~spalterei [-ʃpaltə-'raɪ] *f* (-; -en) hair-splitting; ~ *treiben* split hairs; ~spange *f* hair-slide, hair clasp; ~spitze *f* tip of a hair; 2sträubend *adj.* shocking, outrageous; scandalous, incredible; ~strich *m* hair-stroke; ~tracht *f* hair-style; ~trockner *m* hair drier; ~waschen *n* (-s) shampoo; ~waschmittel *n* shampoo, hair- -wash; ~wasser *n* hair tonic (*or* lotion); ~wickel *m* curler, curl- -paper; ~wild *n* ground game, fur; ~wuchs *m* growth of (the) hair; head of hair; ~wuchsmittel *n* hair-restorer; ~wurzel *f* root of a hair; ~zange *f* tweezers *pl.*
Habe ['ha:bə] *f* (-) property; (personal) belongings, effects, goods *pl., jur.* personalty; *bewegliche* ~ movables *pl.*, personal estate; *un-bewegliche* ~ immovables *pl.*, real estate; *Hab und Gut* goods and chattels; *all one's property (or* belongings).
haben ['ha:bən] *v/t.* have; possess, be in possession of, own, hold; *es hat* there is, there are; ~ *zu inf.* have to *inf.*, be obliged (*or* compelled) to *inf.*; ~ *wollen* a) wish, desire, want, b) ask for, demand, require; *colloq. sich* ~ a) put on airs, b) (make a) fuss; *etwas* (*nichts*) *auf sich* ~ be of (no) consequence, (not to) matter; *hinter sich* ~ have experienced (*or* undergone), have gone through *a th.*; *vor sich* ~ await, face, be in for; *unter sich* ~ be in charge (*or* control, care) of, command; *es im Halse* ~ suffer from (*or* have) a bad throat; → *gern, recht, unrecht; es bequem* ~ have a comfortable (*or* easy) life; *econ. zu* ~ obtainable, to be had, for sale, on the market; *zu* ~ *bei* (*dat.*) sold by; *ich hab's!* I have (got) it!; *da hast du es!* there you are!; *was hast du?* what is the matter with you?; *er hat es ja!* he can afford it!; *colloq. hat sich was!* nothing doing!, what next?; *so will sie es* ~ that's the way she wants it; *er hat Geburtstag* it is his birthday; *wir* ~ *April* it is April; *wir* ~ *Winter hier* it's winter (over) here; *den wievielten* ~ *wir heute?* what is the date (today); *welche Farbe* ~ *seine Augen?* what colo(u)r are his eyes?; *es hat viel für sich* there is much to be said for it; *ich habe einen Freund an ihm* I have a friend in him; *er hat etwas Über-spanntes an sich* there is something eccentric about him; *die Aufgabe hat es in sich* it's a very difficult problem (*or* a tough job), it's a hard nut to crack; *er hat viel von seinem Vater* he takes after his father, he is like his father in many ways; *woher hast du das?* where did you get it?, how did you come by that?; *was hast du gegen ihn?* what have you (got) against him?; *sie hatte es mit ihm* she had an affair with him; *dafür bin ich*

nicht zu ~ I would rather not have anything to do with it, count me out; *ich will es nicht* ~ a) I don't want it, b) I won't have it; *was habe ich davon?* what's in it for me?, what's the good of it?; *du hättest es mir sagen sollen* you ought to have told me; *er hätte es tun können* he could (*or* might) have done it; → *Anschein, Auge, Eile, etc.*
'Haben *econ. n* (-s) credit (side); → *Soll.*
'Habenichts *m* (-; -e) have-not, beggar; ~e *pl.* have-nots.
'Haben|saldo *m* credit balance; ~seite *f* credit side.
Haber ['ha:bər] *m* (-s) → *Hafer.*
Habgier ['ha:p-] *f* greed(iness), covetousness, avarice; 2ig *adj.* greedy, covetous, grasping, avaricious.
'habhaft *adj.*: ~ *werden* (*gen.*) get hold of, secure; catch, seize.
Habicht ['ha:biçt] *m* (-e[s]; -e) hawk; ~skraut *bot. n* hawkweed; ~snase *f* hooked nose.
Habilitation [habilitatsi'o:n] *univ. f* (-; -en) habilitation; habili'tieren: *sich* ~ (h.) habilitate.
Habit [ha'bi:t] *n* (-s; -e) dress, garment, attire.
Habitus ['ha:bitus] *m* (-) (physical *or* mental) habits *pl.; physiol.* habitus.
Habseligkeiten ['ha:p-] *f/pl.* belongings, effects, things; → *Habe.*
Hab|sucht ['ha:p-] *f* (-), 2süchtig *adj.* → *Habgier, habgierig.*
Hachse ['haksə] *cul. f* (-; -n) knuckles *pl.*
Hack|beil ['hak-] *n* chopper, cleaver; ~block *m* chopping-block; ~-braten *m* mince loaf, meat roll; ~brett *n* chopping-board; *mus.* dulcimer.
Hacke ['hakə] *f* (-; -n) *agr.* hoe, mattock; pick(axe).
Hacken ['hakən] *m* (-s; -) heel; *die* ~ *zusammenschlagen* click one's heels.
hacken ['hakən] *v/t. and v/i.* (h.) *agr.* hack, hoe; chop, cut, cleave (*wood*); chop, mince (*meat*); pick, peck, hack.
Hackepeter ['hakəpe:tər] *cul. m* (-s) pork mince loaf.
Häckerling ['hɛkərliŋ] *m* (-s) → *Häcksel.*
'Hack...: ~fleisch *n* minced meat, *Am.* ground meat; ~frucht *f* hoed crop; ~klotz *m* chopping-block; ~maschine *f* mincing-machine, mincer, *Am.* food chopper; *tech.* rag-cutter (*for paper*); *agr.* hoeing machine, *Am.* cultivator; chipper; ~messer *n* chopping-knife, chopper.
Häcksel ['hɛksəl] *agr. m and n* (-s) chaff, chopped straw; ~bank *f* (-; ⁻e), ~(schneide)maschine *f* chaff-cutter.
Hader ['ha:dər] *m* 1. (-s; -n) rag; 2. (-s) dispute, quarrel; feud, strife; discord; 2n *v/i.* (h.) quarrel, wrangle (*mit* with); be at strife (*or* feud) with); be angry (*or* wrathful, bitter).
Hafen ['ha:fən] *m* (-s; ⁻) 1. port; harbo(u)r; haven; *econ.* (sea)port; *fig.* haven (of rest), (safe) refuge; *im* ~ *anlegen* harbo(u)r; → *anlaufen*,

einlaufen, etc.; fig. in den ~ der Ehe einlaufen be (or get) married; **2.** (*South German*) pot; **~amt** n port authority; **~anlagen** f/pl. docks, port installations (or facilities); **~arbeiter** m docker, Am. longshoreman; **~bau** m (-[e]s; -ten) harbo(u)r or dock construction; **~becken** n (harbo[u]r)basin, (wet) dock; **~behörde** f port authority; **~damm** m jetty, mole; pier; **~einfahrt** f entrance to a port; **~gebühren** f/pl., **~geld** n harbo(u)r-(or port-)dues or charges, anchorage sg.; **~meister** m harbo(u)r-master; **~platz** m → Hafenstadt; **~schlepper** m harbo(u)r tug; **~schleuse** f dock gate; **~sperre** f embargo; blockade; **~stadt** f seaport (town); **~viertel** n water-front, dock area; **~wache** f harbo(u)r police; **~zoll** m port-dues pl.

Hafer ['ha:fər] m (-s) oats pl.; fig. ihn sticht der ~ he is getting cocky or too reckless, he feels his oats; **~brei** m (oatmeal-)porridge, Am. oatmeal; **~flocken** f/pl. rolled (or flaked) oats; **~grütze** f groats, grits pl.

Haferlschuh ['ha:fərl-] m brogue.

'Hafer...: **~mehl** n oatmeal; **~schlehe** f bullace; **~schleim** m (water-)gruel; **~schleimsuppe** f oatmeal soup.

Haff [haf] n (-[e]s; -e) bay.

Hafner ['ha:fnər] m (-s; -) **1.** potter; **2.** (*South German*) plumber.

Haft [haft] f (-) custody; detention, confinement; arrest; strenge ~ close confinement; in ~ under detention (or arrest), in custody; aus der ~ entlassen release (gegen Sicherheitsleistung on bail); in ~ halten detain, hold under detention, keep in custody; in ~ nehmen place under detention, take into custody.

'haftbar adj. responsible, liable, answerable (für for); → haften; j-n ~ machen für make or hold a p. liable for; **2keit** f (-) responsibility, liability.

'Haft...: **~befehl** m warrant of arrest; **~dauer** f period of detention, term of confinement.

'haften v/i. (h.) cling, adhere, stick (an dat. to); mil. toxic agents, etc.: persist; fig. thoughts, etc.: be fixed or cent|red, Am. -ered (on); im Gedächtnis ~ (-bleiben) stick (in one's mind), be imprinted or engraved (up)on one's mind, b.s. haunt one's mind, rankle; s-e Blicke auf et. ~ lassen keep looking at a th., have one's eyes fixed on a th.; jur. be liable or responsible, answer (für for); be held responsible, guarantee (j-m a p. against); warrant (für et. a th.); beschränkt ~ have a limited liability; unbeschränkt ~ be liable without limitation; mit s-m ganzen Vermögen ~ be liable to the extent of one's property; persönlich ~der Gesellschafter personally liable (or full, responsible) partner, general partner.

'Haft...: **~fähigkeit, ~festigkeit** tech. f adhesion, adhesive strength; **~gläser** opt. n/pl. contact lenses;

~hohlladung mil. f magnetic anti-tank hollow charge.

Häftling ['heftliŋ] m (-s; -e) prisoner.

'Haftlokal n detention room.

'Haftpflicht f liability, responsibility; solidarische ~ joint liability; mit beschränkter ~ with limited liability; → GmbH; **~gesetz** n Employer's Liability Act; **2ig** adj. liable, responsible (für for); **~versicherung** f third party (indemnity) insurance.

'Haft...: **~psychose** f prison psychosis; **~sitz** tech. m tight fit; **~spannung** f bond stress.

'Haftung f (-; -en) tech. adhesion; chem. adsorption; jur. liability, responsibility, guarantee; beschränkte (persönliche) ~ limited (personal) liability; dingliche ~ liability in re; gesamtschuldnerische ~ joint and several liability; aus e-r ~ entlassen discharge from a liability; e-e ~ übernehmen undertake liability; **~s-ausschluß** m exemption from liability; **~sfonds** m guarantee funds pl.; **~sverzichtklausel** f liability waiver clause.

Hag [ha:k] m (-[e]s; -e) hedge; enclosure; grove; wood.

Hage|buche ['ha:gə-] f hornbeam; **~butte** f (rose-)hip; **~dorn** m (-[e]s; -e) hawthorn.

Hagel ['ha:gəl] m (-s; -) hail; small shot; fig. shower; volley, torrent (of oaths, etc.); **2dicht** adj. (as) thick as hail; **~korn** n hailstone; **2n** v/i. (h.) hail (a. fig.); es hagelt it hails; es hagelte Schläge blows rained down; es hagelte Vorwürfe auf ihn he was showered with reproaches; **~schaden** m damage caused by hail; **~schlag** m heavy fall of hail; **~schauer** m heavy fall of hail; **~schloßen** f/pl. hailstones; **~versicherung** f hail(storm) insurance; **~wetter** n hailstorm.

hager ['ha:gər] adj. lean, lank(y), spare; scraggy; rawboned; gaunt, haggard; **2keit** f (-) leanness, lank(i)ness; gauntness.

Hagestolz ['ha:gəʃtɔlts] m (-es; -e) (old) bachelor.

haha! ['ha'ha:] int. ha ha!, aha!

Häher ['he:ər] m (-s; -) jay.

Hahn [ha:n] m (-[e]s; ᵘe) cock; rooster; junger ~ cockerel; weather-cock; tech. (stop)cock, tap, Am. faucet; barrel: spigot; gun: cock, hammer; den ~ spannen cock a gun or rifle; den ~ aufdrehen (zudrehen) turn the tap on (off); fig. ~ im Korbe cock of the walk; es kräht kein ~ danach nobody cares two hoots about it; who cares?; j-m den roten ~ aufs Dach setzen set fire to a p.'s house. [cockerel.)

Hähnchen ['he:nçən] n (-s; -))

'Hahnen...: **~fuß** bot. m crowfoot; **~kamm** m (a. bot.) cockscomb; **~kampf** m cock-fight; **~schrei** m cock-crow(ing); mit dem ersten ~ at cock-crow; **~sporn** m (a. bot.) cockspur; **~tritt** m (cock-)tread (of egg).

Hahnrei ['ha:nrai] m (-[e]s; -e) cuckold; zum ~ machen cuckold.

Hai [hai] m (-[e]s; -e), **'~fisch** m shark.

Hain [hain] m (-[e]s; -e) grove; wood.

Häkchen ['he:kçən] n (-s; -) hooklet, crochet; on list, etc.: tick; gr. apostrophe; früh krümmt sich, was ein ~ werden will as the twig is bent the tree is inclined.

Häkelarbeit ['he:kəl-] f, **Häkelei** ['he:kə'lai] f (-; -en) crochet work.

'Häkel...: **~garn** n crochet-cotton; **2n** v/t. and v/i. (h.) crochet; **~nadel** f crochet-needle.

Haken ['ha:kən] m (-s; -) hook; peg; clasp, hasp; tech. hook, clutch; clamp; claw; ~ und Öse hook and eye; catch; picklock; boxing: linker (rechter) ~ left (right) hook; e-n ~ versetzen (land a) hook; hunt. etc. (e-n) ~ schlagen double; fig. snag, hitch; die Sache hat e-n ~ there is a hitch (or catch) to it; es hat den ~, daß the trouble is that; da sitzt der ~! there is the rub (or snag)! **2** v/t. and v/i. (h.) hook (an acc. on to); sich ~ an hook on; catch (or be caught) in; **~büchse** hist. f arquebus; **2förmig** ['-fœrmiç] adj. hooked; **~kreuz** n swastika; **~nase** f hooked nose; **~schlüssel** m hook-spanner; **~ziegel** m hook tile.

'hakig adj. hooked.

Häklerin ['he:klərin] f (-; -nen) crocheter.

Halali [hala'li:] hunt. n (-s; -[s]) mort; ~ blasen sound the mort.

halb [halp] **I.** adj. half; e-e ~e Stunde half an hour, Am. a. a half-hour; ~ drei Uhr half past two; es schlägt ~ the half-hour strikes; → Fahrt; auf ~er Höhe half-way (up); die ~e Summe half the sum; um den ~en Preis for half the money, (at) half-price; ~e Wahrheit half-truth; mit ~em Herzen half-hearted(ly); mus. ~er Ton semitone, half tone; j-m auf ~em Wege entgegenkommen meet a p. halfway; sich auf ~em Wege einigen split the difference; mit ~em Ohr zuhören listen with one ear only; **II.** adv. by halves, half; ~ entschlossen half decided; er wünschte ~ he half-wished; ~ soviel half as much; ~ und ~ by halves, half and half; → Halbpart; tolerably (well); nearly; es ist ~ so schlimm it's not as bad as all that; das ist ~ geschenkt it's practically a gift (at that price); damit war die Sache ~ gewonnen that was half the battle; die Zeit ist ~ um the time is half over; **2e(s)** n (one-)half; drei ~e three halves; nichts ~es und nichts Ganzes neither fish, flesh, nor fowl, neither here nor there, a half-measure.

'Halb...: **2amtlich** adj. semi-official; **~ärmel** m half-sleeve; **~atlas** m satinet(te); **~automat** tech. m semi-automatic machine; **2automatisch** adj. semi-automatic; **~band** m (-[e]s; ᵘe) half-binding; **~bildung** f semi-culture, smattering; **~blut** n half-blood; person, race: a. half-caste; horse: half-bred; **~blut..., 2blütig** ['-bly:tiç] adj. half-blooded, half-bred (horse); **~blüter** m (-s; -) horse: half-bred; **~bruder** m half-brother; **2bürtig** ['-byrtiç] adj. of the half-blood; **~dunkel** n semi-darkness, (dim) twilight; **~edelstein** *m* semi--precious stone.

...halben [-halbən], **(...)halber** [-halbər] *in compounds* **1.** on account of, for reasons of, owing to; **2.** for the sake of; **3.** for, with a view to.

Halb... ['halp-]: **Ձerhaben** *tech. adj.* demi-relief, mezzo-relievo; **~fabrikat** *tech. n* semi-finished product, intermediate product; **~e** *pl. a.* goods in process, semi-finishes; **Ձfertig** *adj.* half-done; *tech.* semi--manufactured (*or* -finished); **Ձ-fest** *adj.* semi-solid (*fat, etc.*); **Ձfett** *adj. typ.* semi-bold; semi--bituminous (*coal*); **~finale** *n* semi-final; **~flugball** *m tennis:* half-volley; **~format** *phot. n* half--frame; **~franz** ['-frants] *n* (-): *in ~* (*gebunden*) half-bound (calf); **~franzband** *m* (-[e]s, **ᵘe**) half-calf (binding); **Ձgar** *adj.* underdone, *Am.* rare; **Ձgebildet** *adj.* half--educated, semi-cultured; **~geschoß** *arch. n* entresol; **~geschwister** *pl.* half-brothers and sisters; **~geviert** *typ. n* en quad; **~gott** *m*, **~göttin** *f* demigod(dess *f*); **~heit** *f* (-; -en) incompleteness, imperfection; half-measure; *er liebt keine* **~en** *a.* he does not do things by halves.

halbier|en [-'bi:rən] *v/t.* (h.) halve, cut in half, divide into (equal) halves; *math.* bisect; **Ձung** *f* (-; -en) halving; *math.* bisection; **Ձungsebene**, **Ձungsfläche** *math. f* bisecting plane; **Ձungslinie** *math. f* bisecting line, bisector.

'Halb...: **~insel** *f* peninsula; **~jahr** *n* half-year; six months *pl.*; **~jahr(e)s...** mid-year..., semi-annual..., six-month...; **Ձjährig** *adj.* **1.** lasting (*or* of) six months, half-year, six--month; **2.** six-month(s)-old (*baby*); **Ձjährlich** *adj. and adv.* half-yearly, *Am.* semi-annual(ly *adv.*); **~kettenfahrzeug** *mot. n* half-track (vehicle); **~kreis** *m* semicircle; **Ձ-kreisförmig** *adj.* semicircular; **~kugel** *f* hemisphere; **Ձkugelförmig** ['-fœrmiç] *adj.* hemispheric(al); **Ձlang** *adj.* medium--length; half-length (*sleeve, trousers*); half-long (*vowel*); *colloq. mach's ~!* draw it mild!; **Ձlaut I.** *adj.* low, subdued; **II.** *adv.* in an undertone, under one's breath, sotto voce; **~leder** *n* half-calf; *~ gebunden* half-bound; **~lederband** *m* half-binding; **Ձleinen** *adj.* half-linen; **~leinen** *n* half-linen (cloth); *book:* (*in* **~**) half-cloth; **~linke(r)** *m* (-n; -n) *soccer:* inside left; **~mast** *adv.: auf ~ setzen (stehen)* lower to (fly at) half-mast; **~messer** *m* (-s; -) radius; **~metall** *n* semi-metal; **Ձmilitärisch** *adj.* paramilitary; **Ձmonatig** ['-mo:natiç] *adj.* lasting (*or* of) half a month, two--week; **Ձmonatlich I.** *adj.* semi--monthly, fortnightly; **II.** *adv.* every fortnight, twice a month; **~monatschrift** *f* semi-monthly; **~mond** *m* half-moon, crescent; **Ձmondförmig** *adj.* crescent--shaped; **Ձnackt** *adj.* half-naked, semi-nude; **Ձoffen** *adj.* half-open; *door:* ajar; **Ձpart: ~ machen** go

halves, go fifty-fifty; **~profil** *n* three-quarter face; **~rechte(r)** *m* *soccer:* inside right; **Ձreif** *adj.* half--ripe; **~relief** *n* half relief, mezzo--relievo; **Ձrund** *adj.* semicircular; **~samt** *m* uncut velvet; **~schatten** *m* half-shade, half-shadow; penumbra; **~schlaf** *m* doze; **~schuh** *m* (low) shoe; **~schwergewicht(ler** *m*, -s; -) *n sports* light heavy-weight; **~schwester** *f* half-sister; **~seide** *f* half-silk; **~seitenlähmung** *med. f* hemiplegia; **~sold** *mil. m* half-pay; **~sopran** *m* mezzo-soprano; **~spieler** *m soccer, etc.:* half-back; **Ձ-staatlich** *adj.* semi-governmental; **~stahl** *m* semi-steel; **~starke(r)** *colloq. m* (-n; -n) juvenile street--rowdy, hooligan, *Brit. a.* teddy--boy; **Ձstarr** *aer. adj.* semi-rigid; **~stiefel** *m* half-boot; **~strumpf** *m* knee-sock; **Ձstündig** ['-ʃtyndiç] *adj.* lasting (*or* of) half an hour, half-hour; **Ձstündlich** *adj.* half--hourly, (once) every half-hour; **Ձtägig** *adj.* lasting half a day, half a day's, half-day; **~tags-arbeit** *f* part-time job (*or* employment); **~tagsbeschäftigte(r** *m*) *f* (-n; -n, -en, -en) part-time worker, part--timer; **~ton** *m* (-[e]s, **ᵘe**) *mus.* semitone, *a. phot., typ.* half-tone; **~ton-ätzung** *f* half-tone (*engraving*); **Ձtot** *adj.* half-dead; *adv. sich ~ lachen* split one's sides with laughter; **~trauer** *f* half-mourning; **Ձverdaut** *adj.* undigested (*a. fig.*); **~vers** *m* hemistich; **~vokal** *m* semivowel; **Ձvoll** *adj.* half-full; **Ձwach** *adj.* half-awake, dozing; **~waise** *f* fatherless child, motherless child; **Ձwegs** ['-ve:ks] *adv.* half-way, midway; tolerably, middling; to a certain extent; **~welt** *f* (-) demi-monde; **~weltdame** *f* demi-mondaine, demi-rep; **~wertzeit** *phys. f* half-life (period); **~wissen** *n* superficial knowledge, smattering; **~wisser** *m* (-s; -) smatterer; **Ձwöchentlich** *adj.* half-weekly; **~wolle(nstoff** *m*) *f* linsey-woolsey; **Ձwollen** *adj.* half-woolen; **Ձwüchsig** ['-vy:ksiç] *adj.* adolescent, teenage; **~wüchsige(r** *m*) [-igə(r)] *f* (-n, -n; -en, -en) adolescent, juvenile (boy, girl), teenager; **~zeit** *f sports:* half-time (*a.* **~zeitpause** *f*); *phys.* half-life (period); **~zeug** *tech. n paper:* first (*or* half) stuff; → *Halbfabrikat;* **~zug** *mil. m Brit.* half platoon, *Am.* section.

half [half] *pret. of helfen.*

Hälfte ['hɛlftə] *f* (-; -n) half, *esp. jur.* moiety; *die ~ der Leute* half the men; *die ~ deiner Zeit* half your time; *bis zur ~* to the middle; half--way up; *um die ~ mehr (teurer)* half as much (dear) again; *um die ~ weniger less* by half, only half; *colloq. m-e bessere ~* my better half; *zur ~ tragen* go halves (*with*), split the bill.

Halfter ['halftər] *n* (-s; -) halter; *~ f* (-; -n) *for pistol:* holster; **Ձn** *v/t.*

(h.) halter; **~riemen** *m* halter--strap; **~tasche** *f* holster.

Hall [hal] *m* (-[e]s; -e) sound, clang, peal; echo, resonance.

Halle ['halə] *f* (-; -n) hall; vestibule, portico, porch; (hotel) lounge; *esp. parl.* lobby; market-hall; *tennis:* covered court; *aer.* hangar, shed.

Halleluja [hale'lu:ja] *n* (-s; -s) *and int.* hallelujah.

hallen ['halən] *v/i.* (h.) (re)sound, echo.

'Hallen...: **~fußball** *m* indoor football; **~meisterschaft** *f* indoor championship; **~rekord** *m* indoor record; **~schwimmbad** *n* indoor swimming-bath, *Am.* indoor swimming pool; **~sport** *m* indoor sports *pl.*

hallo [ha'lo:] *int.* hullo, *Am.* hello; *~ rufen* halloo, hallo(a).

Hal'lo *n* (-s; -s) *fig.* uproar, hullabaloo.

Halluzination [halutsinatsi'o:n] *f* (-; -en) hallucination.

Halm [halm] *m* (-[e]s; -e) blade; *cereals:* stalk, haulm; straw; *die Ernte auf dem ~* the standing crop.

Haloche'mie [halo-] *f* chemistry of salts.

Halogen [-'ge:n] *chem. n* (-s; -e) halogen; **Halogenid** [-ge'ni:t] *n* (-[e]s; -e) halide; **halogenieren** [-ge'ni:rən] *v/t.* (h.) halogenate, halinate.

Hals [hals] *m* (-es; **ᵘe**) neck; throat; *tech.* neck, collar; neck (*of bottle, violin*); *mus.* tail (*of note*); *med. steifer ~* stiff neck; *~ über Kopf* **a)** head over heels, **b)** headlong, helter-skelter, precipitately; *bis an den ~* up to the neck (*or* eyes), over head and ears (*all a. fig.*); *aus vollem ~e lachen* roar with laughter; *aus vollem ~e schreien* shout at the top of one's voice, scream one's lungs out; *e-n schlimmen ~ haben* have a bad (*or* sore) throat; *fig. et. auf dem ~ haben* have a th. on one's back, be saddled with a th.; *j-m den ~ umdrehen* wring a p.'s neck; *j-m um den ~ fallen* fall on a p.'s neck; *sich j-m an den ~ werfen* throw o.s. at a p.('s head); *sich den ~ verrenken nach* et. crane one's neck for a th.; *sich et. or j-n vom ~e schaffen* get rid of a th. or p.; *sich den ~ brechen* break one's neck; *e-r Flasche den ~ brechen* crack a bottle; *das bricht ihm den ~* that will be his undoing; *das kann ihm den ~ kosten* that may cost him his head; *es hängt (or wächst) mir zum ~ heraus* I am fed up (to the teeth) with it, I am sick (and tired) of it; *bleib mir damit vom ~e!* don't pester me with that!; *~ und Beinbruch!* good luck (to you)!

'Hals...: **~abschneider** *m* (-s; -), **Ձabschneiderisch** *adj.* cutthroat; **~ader** *anat. f* jugular vein; **~arterie** *anat. f* carotid artery; **~ausschnitt** *m* neckline; *tiefer ~* low neck(line); **~band** *n* (-[e]s; **ᵘer**) necklace, neck ribbon; *for dogs:* collar; **~binde** *f* (neck)tie; **~bräune** *f* quinsy; **Ձbrecherisch** *adj.* breakneck (*speed, etc.*); risky; **~bund** (-[e]s; -e) *on shirt:* neck-band;

~entzündung *med. f* inflammation of the throat; ~kette *f* necklace; ~kragen *m* collar; ~krankheit *f* throat-disease; ~krause *f* frill, ruff; ~leiden *n* → *Halskrankheit*; ~mandel *anat. f* tonsil; ~muskel *anat. m* cervical muscle, muscle of the neck; ~-, Nasen- u. Ohrenspezialist *m* ear, nose, and throat specialist, otolaryngologist; ~priese *f* neckband; ~schlag-ader *anat. f* carotid artery; ~schmerzen *m/pl.*: ~ haben have a sore throat; 2starrig *adj.* obstinate, stubborn; stiff-necked, headstrong; ~starrigkeit *f* (-) obstinacy, stubbornness, ~tuch *n* (-[e]s; ⁼er) neckerchief; scarf, muffler; comforter; ~vene *anat. f* jugular vein; ~weh *n* sore throat; ~weite *f* neck size; ~wickel *med. m* fomentation round the throat; ~wirbel *anat. m* cervical vertebra; ~zäpfchen *anat. n* uvula.

Halt [halt] *m* (-[e]s; -e) hold; foothold; handhold; halt, stop; pause; support, mainstay (*both a. fig.*); *moral*: stay; consistency (in character), steadiness, firmness; *Marsch, Flug, etc. ohne* ~ nonstop march, *flight, etc.*; *Mensch ohne* ~ unstable, unsteady, without backbone, weak *person*; ~ *gebieten* call a halt (*dat.* to), stop *a th.*; → *haltmachen*.

halt I. *int.*: ~! stop!, halt (*a. mil.*)!, don't go *or* move!; that will do!; wait a minute!; *mil.* ~, *wer da?* halt, who goes there?; **II.** *adv. colloq.* just; you know; to be sure; *das ist* ~ *so* that's the way it is; *da kann man* ~ *nichts machen* it can't be helped, I'm afraid.

'**haltbar** *adj.* durable, lasting, permanent; stable, strong, solid; imperishable; *tech.* wear-resistant; *mil.* tenable; *fig.* tenable, valid (*argument, etc.*); fast (*colour*); ~ *machen* preserve (*food*), fix (*paint*); ~ *sein cloth*: wear well; 2**keit** *f* (-) durability; stability (*a. chem.*); *tech. a.* resistance to wear, service life, rugged design; *of colour*: fastness; *of merchandise*: (lasting) wear, imperishable nature; 2**machen** *n* (-s) preservation (*of food*); *chem.* stabilizing.

'**Halte...**: ~feder *tech. f* retaining spring; ~kabel *n* anchoring cable; ~leine *f* handling line; mooring rope.

halten ['haltən] **I.** *v/t.* (*irr., h.*) hold; keep (*in a state*); hold (*meeting, etc.*); celebrate (*mass, marriage*); take, have (*meal*); keep (*car, horse, servants, etc.*); take in, be a subscriber to (*newspaper*); *econ.* keep, (keep in) stock, carry; hold (up); keep, detain; *mil.* hold (*a position, etc.*); hold, support (*a load*); maintain, keep up, peg (*prices*); hold, contain; *sports* save, block (*a shot*); keep (*a promise*); *an der Hand* ~ hold by the hand; *ans Licht* ~ hold to the light; *den Kopf hoch* ~ hold up one's head; *frisch* (*sauber, warm*) ~ keep fresh (clean, warm); *in Ehren* ~ hono(u)r; *Frieden* ~ keep peace; *in Gang* ~ keep going; *e-e Rede* ~ deliver an address, deliver (*or* make) a speech; *e-e Predigt* ~ preach (a sermon); *e-e Vorlesung* ~ give a

lecture, *Vorlesungen* ~ lecture; *j-n auf dem laufenden* ~ keep a p. informed; → *Maß, Mund, Narr, Ordnung, Schach, schadlos, Schritt, Stück, etc.*; *gut* ~ treat well; *knapp* ~ keep short; *streng* ~ be strict with; *es mit j-m* ~ hold *or* side with a p.; *viel* ~ *von* (*dat.*) think highly (*or* the world) of, make much of, have a high opinion of; *nicht viel* ~ *von* think little of, attach no value to; ~ *für* (*acc.*) consider, regard as, look upon as, think (*or* believe, suppose) to be; *erroneously*: (mis)take for; *es für angebracht* ~ *zu inf.* think fit (*or* proper) to *inf.*; *es für notwendig* ~ *zu inf.* consider (*or* deem) it necessary to *inf.*; *für wie alt hältst du ihn?* how old do you think he is?; *wofür* ~ *Sie mich* (*eigentlich*)? what are you taking me for?; *sich* ~ **a)** hold (out), **b)** keep (*left, etc.*; in a good condition, *etc.*); *sich an et.* (*fest*) ~ hold on to, steady o.s. by; *fig. sich* ~ *an* (*acc.*) keep to, stick to; adhere to, observe, follow, abide by, act in conformity with, comply with (*a contract, etc.*); *an j-n* (*for damages*) have recourse to a p., hold a p. liable; *sich aufrecht* ~ hold o.s. upright (*or* straight, erect); *sich bereit* ~ be *or* keep ready; *sich gut* ~ *food*: keep well, *dress*: wear well, *person*: stand one's ground, do well, show up fine; *sie hat sich gut gehalten* (*in looks*) she is well preserved; *sich links* (*rechts*) ~ keep to the left (right); *das kannst du* ~, *wie du willst* you can please yourself; *er ließ sich nicht* ~ there was no holding him; *was* ~ *Sie von?* **a)** what do you think of?, **b)** how about?; *wie hältst du es damit?* what do you generally do about it?; **II.** *v/i.* (*irr., h.*) hold; stop, halt, *vehicle*: **a.** draw (*or* pull) up; last, be lasting (*or* durable), endure, keep, hold out; *ice*: bear; *links* (*rechts*) ~ keep to the left (right); *auf et. zu* ~ make straight for a th.; *an sich* ~ restrain (*or* check, control) o.s.; ~ *auf* (*acc.*) **a)** pay heed (*or* attention) to, **b)** set store by, attach value to, lay great stress on, **c)** insist on; *auf sich* ~ be particular (about one's appearance); *dafür* ~, *daß* hold that; *wir* ~ *nicht auf Formen* we do not stand upon ceremony; *es wird schwer* ~ it will be difficult (*or* hard, not so easy); **III.** *v/i. gehalten*: ~ *sein, zu inf.* be bound (*or* pledged, obliged) to *inf.*; *ganz in Grün gehalten* all in green.

'**Halten** *n* (-s) holding; keeping (*of horses, servants, etc.*); observance (*of contract, etc.*); keeping, fulfilment (*of promise*); taking-in (*gen. of*), subscription (to) (*newspaper*); *sports*: blocking (*ball*); *boxing*: ~ *und Schlagen* holding and hitting; *da gab es kein* ~ *mehr* there was no holding them, *etc.*, any more.

'**Halte...**: ~platz *m* stopping-place; parking area; loading place; ~punkt *m* stopping point, stop; *phys.* critical point; *shooting*: point of aim.

'**Halter** *m* (-s; -) holder; legal owner; user; *tech.* holder; support;

clip; clamp; bracket; (*newspaper, towel, etc.*) rack; penholder.
'**Halte...**: ~riemen *m* (hanger-) strap (*in bus, etc.*); ~ring *tech. m* guard (*or* fastening) ring.
'**Halterung** *tech. f* (-; -en) mounting support, holding device, fixture.
'**Halte...**: ~schraube *tech. f* check screw; ~seil *n* guy(-line), holding-rope; ~signal *rail. n* block- (*or* stopping-)signal; ~stelle *f* stopping- (*or* halting-)place; station; *for bus, etc.*: stop(ping-point); ~stift *tech. m* locking pin; ~verbot *n* stopping prohibition, no-stopping sign; ~vorrichtung *tech. f* → *Halterung.*

...**haltig** [-haltiç] ...-containing.
'**Halt...**: 2**los** *adj.* without support; *fig.* **a)** untenable, **b)** unfounded, baseless, **c)** unsteady, unstable, weak (*character, person*); ~**losigkeit** *f* (-) instability, unsteadiness, laxity; unfoundedness; untenableness; 2**machen** *v/i.* (*h.*) (make *or* call a) halt, stop; pause; *mil.* ~ *lassen* halt; *fig. vor nichts* ~ stick at nothing.
'**Haltung** *f* (-; -en) bearing, carriage; attitude, posture, *sports a.* (body) position; stance, style; pose; *fig.* deportment; demeano(u)r, behavio(u)r; attitude (*gegenüber* towards); poise, composure; self-possession (*or* -control); morale; way of acting, rôle (in a matter); *stock exchange*: tone, tendency; *feste* ~ firmness; *matte* ~ flatness, dul(l)-ness; *politische* ~ political standpoint (*or* opinion, views *pl.*, outlook); e-e ~ *einnehmen* assume an attitude; ~ *bewahren* give proof of moral strength (*or* backbone), keep a stiff upper lip; keep a straight face; control (*or* check) o.s., preserve one's dignity; ~**sfehler** *m* posture fault.
'**Haltzeichen** *n traffic*: stop-signal.
Halunke [ha'luŋkə] *m* (-n; -n) scoundrel, blackguard, *a. humor.* rascal, scamp.
hämisch ['hɛːmiʃ] **I.** *adj.* malicious, spiteful; sneering, sardonic, gloating; *ein* ~*es Gesicht* (*machen*) sneer; **II.** *adv.*: *sich* ~ *freuen über* (*acc.*) gloat over.
Hammel ['haməl] *m* (-s; -) wether; (*meat*) mutton; ~**braten** *m* roast mutton; ~**fleisch** *n* mutton; ~**keule** *f* leg of mutton; ~**kotelett**, ~**rippchen** *n* mutton chop; ~**rücken** *m* saddle of mutton; ~**sprung** *parl. m* division.
Hammer ['hamər] *m* (-s; ⁼) hammer (*a. sports*); mallet; forge- (*or* sledge-)hammer; *parl. and auction*: gavel; ~ *und Sichel* (*symbol*) hammer and sickle; *fig. unter den* ~ *bringen* bring under the (auctioneer's) hammer; *unter den* ~ *kommen* come under the hammer, be put up for auction.
hämmerbar ['hɛmərbaːr] *tech. adj.* malleable, ductile; 2**keit** *f* (-) malleability.
'**hämmern** *v/t. and v/i.* (*h.*) hammer (*in acc.* into; *a. fig.*); forge; pound, *a. mot.* knock; *gehämmert* hammered (*metal ware*).
'**Hämmern** *n* (-s) hammering;

forging; knocking, pounding, rapping; *of the heart*: throbbing.

'**Hammer**...: ~**schlag** m hammer-blow; hammer-scales *pl.*; ~**schmied** m hammersmith; black-smith; ~**schweißung** f forge welding; ~**werfen** n hammer throw(ing); ~**werfer** m hammer-thrower; ~**werk** n forge (shop), hammer mill; *in musical instruments, etc.*: striking mechanism; ~**wurf** m → Hammer-werfen.

Hämoglobin [hɛmoglo'bi:n] n (-s) h(a)emoglobin.

Hämorrhoiden [-ro'i:dən] *med.* f/pl. h(a)emorrhoids, piles.

Hämostasis [-'stɑ:sis] f (-) h(a)e-mostasis.

Hampelmann ['hampəl-] m jumping-jack; *fig.* puppet; *contp.* booby.

Hamster ['hamstər] zo. m (-s; -) (common) hamster, marmot; *fig.* → ~**er** m (-s; -) hoarder; ♀**n I.** v/t. (h.) hoard; **II.** v/i. (h.) hoard; go on a hoarding trip, wangle; ~**n** n (-s; a. **Hamsterei** ['raı] f [-]) hoarding.

Hand [hant] f (-; ⁓e) hand; hand (-writing); *cards*: hand; *flache ~* palm; *hollow of the hand*; *fig. j-s rechte ~* a p.'s right hand *or* right-hand man; *öffentliche ~* public authorities (*or* funds *pl.*), state, government; *im Besitz der öffentlichen ~* public-owned, under government control; *jur. tote ~* mortmain; *Politik der freien ~* policy of the free hand; *Politik der starken ~* strong-arm (*or* get-tough) policy; *soccer: ~!* hands!; *Hände hoch!* hands up!; *Hände weg!* hands off!; *an ~ von (dat.)* by (means of), guided by, on the basis of, in the light of; *aus bester ~* on good authority, from the best source; *aus erster ~* at first hand, first-hand; *aus zweiter ~* at second hand, second-hand; used; *Nachrichten au erster ~* first-hand (*or* inside) information; *bei der ~, zur ~* at hand, handy, *answer, etc.*: pat; *parl. durch Heben der ~* by show of hands; *in der ~* in hand; *in Händen (esp. econ.)* on hand; *mit der ~ make, etc.*, by hand; *mit der ~ gemacht, etc.* hand-made; *mit bewaffneter ~* by force of arms; *mit starker ~* with a strong hand; *mit vollen Händen* plentifully, lavishly; open-handedly, liberally; *unter der ~* in secret, on the quiet, (*sell*) privately, by private contract; *von ~ gemalt* hand-painted; *von langer ~* for a long time past, long beforehand, carefully (*planned*); *von zarter ~* by dainty hands; *on letters: zu Händen (gen.)* care of (*abbr.* c/o.), *Am. officially*: Attention; *zu treuen Händen* in trust; *zur rechten (linken) ~* on the right (left) hand *or* side; ~ *anlegen* lend a hand, put one's shoulder to the wheel; ~ *an et. legen* take a th. in hand; ~ *an j-n legen* lay hands on a p.; ~ *an sich legen* lay hands on o.s., commit suicide; ~ *ans Werk legen* go to (*or* buckle down to) work; *letzte ~ an et. legen* put the finishing touches to; ~ *in ~ gehen* go hand in hand, *fig.* go together; ~ *und Fuß haben* hold water, be (very much) to the point (*or*

purpose); *ohne ~ und Fuß* without rhyme or reason; *alle Hände voll (zu tun) haben* have one's hands full, be very busy; *aus der ~ geben* part with, relinquish; *aus der ~ legen* put away *or* aside; et. *aus der ~ lassen* let a th. slip from one's hand, lose one's control of (*or* grip on) a th.; *die ~ erheben gegen j-n* lift one's hand against a p.; *die Hände in den Schoß legen* fold one's hand, twiddle one's thumbs; *e-e offene ~ haben* be open-handed (*or* generous); et. *in die Hände bekommen* get hold of a th., gain control over a th.; et. *in die ~ nehmen* take a th. in hand, take the initiative, take charge (of a th.); *j-m an die ~ gehen* aid (*or* assist) a p., lend *or* give a p. a hand; *j-m et. an die ~ geben* supply (*or* furnish) a p. with a th.; *give a p. the refusal (or option) of a th.*; *j-m aus der ~ fressen* feed out of a p.'s hand; *j-m die ~ drücken* squeeze (*or* press) a p.'s hand; *j-m die ~ reichen* hold one's hand out to a p.; offer a p. one's hand; accept a p. (as husband); *die ~ reichen zu et.* stoop to (do) a th.; *j-m die ~ schütteln* shake a p.'s hand, shake hands with a p.; *j-m in die Hände spielen* play into a p.'s hands, et.: play a th. into a p.'s hands, help a p. to a th.; *freie ~ haben* have carte blanche; *j-m freie ~ lassen* give a p. a free hand, allow a p. free play; *j-n auf (den) Händen tragen* fulfil a p.'s every wish, be wonderful to a p.; *j-n in der ~ haben* have a p. in the hollow of one's hand (*or* in one's grip, at one's mercy); *j-n in die ~ bekommen* gain complete control over a p., get a p. by the short hair; *j-s Hände binden* tie a p.'s hands (*a. fig.*); *mit beiden Händen zugreifen* grasp a th. with both hands, jump at an opportunity; *mit leeren Händen weggehen* go away empty-handed; *seine ~ im Spiele haben* have a hand in it, have a finger in the pie; *s-e ~ ins Feuer legen für (acc.)* put one's hand into the fire for, vouch for; *sich die Hände reichen* join hands (*fürs Leben* for life), *as a greeting*: shake hands; *sich mit Händen und Füßen gegen et. wehren* fight a th. tooth and nail *or* with might and main; *von (or aus) der ~ in den Mund leben* live from hand to mouth; *von der ~ weisen* reject, rule out; *es ist nicht von der ~ zu weisen* it cannot be denied; there is no getting away from it; *es liegt in s-r ~ a)* it (*or* the decision) lies *or* rests with him, it is for him to decide, **b)** it (*or* the power) is vested in him; *es liegt klar auf der ~* it is self-evident (*or* quite obvious), it goes without saying; *die Arbeit geht ihm flott von der ~* he is a quick (*or* efficient) worker; *sie hat immer e-e Antwort bei der ~* she has always an answer ready, she is never at a loss for a reply; *e-e ~ wäscht die andere* one good turn deserves another; *wir haben die Lage fest in der ~* we have the

situation well in hand; → *gesamt, fallen, gelangen.*

'**Hand**...: ~**abzug** typ. m hand-impression; ~**akten** f/pl. reference files; ~**anlasser** mot. m hand- (*or* crank) starter; ~**apparat** teleph. m handset; ~**arbeit** f manual labo(u)r *or* work; (*ant. machine work*) handwork; *a. as product*: handiwork; handicraft; needle-work; *feine ~* fancy-work; *das ist ~* it is hand-made; ~**arbeiter(in** f) m manual labo(u)rer *or* worker; *w.s.* (handi-)craftsman, mechanic; ~**arbeits-lehrerin** f needlework teacher; ~**arbeits-unterricht** m needlework (classes); ~**atlas** m hand-atlas; ~**aufheben** n (-s) parl., etc. show of hands; ~**auflegung** eccl. f imposition of hands; ~**ausgabe** f concise edition; ~**ball(spiel** n) m hand-ball; ~**ballen** anat. m ball of the thumb, thenar eminence; ~**beil** n hatchet; ~**besen** m hand-broom, brush; ~**betrieb** m (-[e]s) manual operation, hand driving; *mit ~* manual (*set, etc.*); hand-operated; ~**bewegung** f wave of the hand, motion, gesture; *durch e-e ~ auffordern* motion; ~**bibliothek** f reference library; ~**bohrer** m gimlet; ~**bohrmaschine** f hand-drill(ing machine); ♀**breit** adj. of a hand's breadth; ~**breit(e)** f (-, -; -, -n) hand's breadth; ~**bremse** f hand-brake; ~**bremshebel** m hand-brake lever; ~**buch** n manual, handbook; textbook, guide; ~**druck** tech. m (-[e]s; -e) hand printing; ~**dusche** f hand-spray.

Hände ['hendə] pl. of Hand; ~**druck** m (-[e]s; ⁓e) clasp of the hand, shaking of hands, handshake; ~**klatschen** n clapping of hands, applause.

Handel ['handəl] m (-s) trade, trading (*mit* in); commerce; *w.s.* traffic (*a. b.s.*); market; transaction, business, bargain, deal; *ehrlicher ~* square deal; *guter ~* good stroke of business, good bargain (*or* deal); barter; (*Rechts*♀) lawsuit, litigation; affair, business; ~ *und Gewerbe* trade and industry; ~ *und Wandel* trade and traffic, business life; *im ~* on the market; *nicht mehr im ~* off the market; *e-n ~ abschließen* close (*or* conclude, strike) a bargain; *in den ~ kommen* be put on the market; *be marketed*; ~ *treiben* (carry on) trade, *mit et.*: deal (*or* trade) in a th., *mit j-m*: do business with a p.

Händel ['hendəl] pl. quarrel, dispute, argument sg.; brawl sg.; squabble sg.; ~ *haben mit (dat.)* be at odds with; squabble with; ~ *suchen* pick (*or* seek) a quarrel.

'**handelbar** adj. stock exchange: negotiable.

'**handeln** v/i. (h.) act; proceed; take action; trade (*mit dat.* with *a* p.; *in goods*), deal (*in goods*); bargain (*um acc.* for), haggle (over); *econ. an der Börse gehandelt werden* be traded (quoted, *Am.* listed) on Stock Exchange; *mit sich ~ lassen* be accommodating (*or* open to an offer); *fig. ~ von (or über)* treat of, deal with; *es handelt sich um* it is

a question *or* matter of; it refers to, ... is concerned; *es handelt sich darum, ob* the question is if; *worum handelt es sich?* what is the (point in) question?; what is it all about?
'**Handeln** *n* (-s) acting, action; way of acting; trading.
'**Handels...**: ~**abkommen** *n* trade agreement; ~**adreßbuch** *n* commercial directory; ~**akademie** *f* commercial academy, *Am.* business school; ~**artikel** *m* article, commodity, product; ~**attaché** *m* commercial attaché; ~**bank** *f* (-; -en) commercial bank; ~**bericht** *m* trade (*or* market) report, City article; ~**beschränkung** *f* restriction on trade; ~**besprechungen** *f/pl.* trade talks; ~**betrieb** *m* commercial enterprise, business; trading; ~**bevollmächtigte(r** *m*) *f* authorized agent, attorney(-in-fact); ~**bezeichnung** *f* trade name, brand; ~**beziehungen** *f/pl.* trade relations; ~**bilanz** *f* balance of trade; *aktive* ~ favo(u)rable balance of trade; *passive* ~ unfavo(u)rable (*or* adverse) balance of trade; ~**buch** *n* trade journal; ~**bücher** *n/pl.* commercial books, account books; ~**chemiker** *m* analytical chemist; ~**dampfer** *m* → *Handelsschiff*; ~**dünger** *m* commercial fertilizer; ~**einheit** *f stock exchange*: unit of trade; ²**einig**, ²**eins** *adj.*: ~ *werden* come to terms; ~**erlaubnis** *f* trading licen|ce, *Am.* -se; ~**fach** *n* branch of trade, line of business; ~**faktur** *f* commercial invoice; ~**firma** *f* commercial firm; ~**flotte** *f* merchant (*or* mercantile) fleet; ~**freiheit** *f* (-) freedom of trade, *w.s.* free trade; ²**gängig** ['-gɛnɪç] *adj.* marketable, commercial; ~**gärtner** *m* market-gardener, *Am.* truck farmer; ~**gärtne'rei** *f* market-garden, *Am.* truck farm; ~**geist** *m* (-[e]s) commercialism, commercial spirit; ~**genossenschaft** *f* co-operative commercial association; ~**gericht** *n* commercial court; ²**gerichtlich** *adv.*: ~ *eintragen* register, *Am.* incorporate; ~**gesellschaft** *f* (trading) company, *Am.* (business) corporation; *offene* ~ (general) partnership; ~**gesetz(buch)** *n* commercial law (code); ~**gewicht** *n* commercial weight; ~**gewinn** *m* trading profit; ~**hafen** *m* commercial (*or* trading) port; ~**haus** *n* commercial house *or* firm; ~**herr** *m* great merchant; ~**hochschule** *f* University of Commerce, commercial academy, *Am.* business school; ~**index** *m* business index; ~**kammer** *f* Chamber of Commerce, *Am.* Board of Trade; ~**kapital** *n* trading capital; ~**korrespondenz** *f* commercial correspondence; ~**kredit** *m* business loan; ~**krieg** *m* economic war(fare); ~**krise**, ~**krisis** *f* commercial crisis; ~**mann** *m* (-[e]s; -*leute*) trader, tradesman, merchant; *n.s.* shopkeeper; ~**marine** *f* merchant marine; ~**marke** *f* trade-mark; brand; ~**minister** *m* Minister of Commerce, *Brit.* President of the Board of Trade, *Am.* Secretary of Com-

merce; ~**ministerium** *n* Ministry of Commerce, *Brit.* Board of Trade, *Am.* Department of Commerce; ~**nachrichten** *f/pl.* commercial news, City news; ~**name** *m* trade name; ~**niederlassung** *f* a) business establishment, b) branch, c) (foreign) trading station; ~**partner** *m* trade partner; ~**platz** *m* commercial (*or* trading) town; emporium, trading cent|re, *Am.* -er; ~**politik** *f* (-) commercial (*or* trade) policy; ²**politisch** *adj.* relating to trade policy; trade...; ~**produkt** *n* commercial product; ~**qualität** *f* commercial quality; ~**recht** *n* commercial law; ²**rechtlich** *adv.* under (*or* according to) commercial law; ~**register** *n* commercial register; *in das* ~ *eintragen* register, *Am.* incorporate; *Urkunde zur Eintragung in das* ~ certificate of registration (*Am.* incorporation); ~**reisende(r)** *m* commercial traveller, *Am.* traveling salesman; ~**richter** *m* commercial judge; ~**schiff** *n* merchantman (*pl.* ...men), trading vessel, cargo steamer; ~**schiffahrt** *f* merchant shipping; ~**schranken** *f/pl.* trade barriers; ~**schule** *f* commercial school, *Am.* business school (*or* college); ~**sorte** *f* commercial variety (*or* grade); ~**spanne** *f* trade margin; ~**sperre** *f* embargo; ~**stadt** *f* commercial (*or* trading)town; ~**stand** *m* trading class; ~**straße** *f* trade-route; ~**teil** *m* commercial (financial) section (*of newspaper*); ²**üblich** *adj.* usual in (the) trade, commercial; ~*e Qualität* commercial quality; ~*e Bezeichnung* trade-name, brand.
'**Händel...**: ~**sucht** *f* (-) quarrelsomeness; ²**süchtig** *adj.* quarrelsome.
'**Handels...**: ~**- und Zahlungsabkommen** *n* trade and credit agreement; ~**unternehmen** *n* commercial enterprise; ~**verbot** *n* prohibition of trade; ~**verkehr** *m* trading, traffic, commerce; ~**vertrag** *m* commercial treaty, trade agreement; ~**vertreter** *m* commercial (*or* mercantile) agent; ~**ware** *f* article of commerce, commodity; merchandise (*a. pl.*); ~**wechsel** *m* trade bill; ~**weg** *m* trade-route; ~**wert** *m* market value; ~**wissenschaft** *f* commercial science; ~**zeichen** *n* trade-mark, brand; ~**zweig** *m* → *Handelsfach*.
'**handeltreibend** *adj.* trading, commercial; ²**e(r)** *m* (-[e]n; -[e]n) trader, dealer.
hände... ['hɛndə-]: ~**ringend** *adv.* wringing one's hands; imploringly; despairingly; ²**schütteln** *n* shaking of hands, handshake, shake-hands.
'**Hand...**: ~**exemplar** *n* copy in regular use; author's copy; ~**fertigkeit** *f* manual skill, dexterity; ~**fertigkeitsunterricht** *m* manual training; craft classes *pl.*; ~**fesseln** *f/pl.* handcuffs; *j-m* ~ *anlegen* handcuff a p.; ²**fest** *adj.* sturdy, hefty, stalwart, robust; *fig.* solid (*arguments, etc.*); ~*e Lüge* whopping lie; ~**feuerlöscher** *m* (hand) fire extinguisher; ~**feuerwaffen** *mil.*

f/pl. small-arms; ~**fläche** *f* flat of the hand, palm; ~**galopp** *m* canter; ~**garn** *n* hand-spun yarn; ~**gashebel** *mot. m* hand throttle lever; ²**gearbeitet** *adj.* handmade; hand-tooled; hand-wrought; ~**gebrauch** *m* ordinary (*or* daily, every day) use; ²**gefertigt** *adj.* → *handgearbeitet*; ~**geld** *n* earnest-money; *mil.* bounty; ~**gelenk** *n* wrist(-joint); *fig. aus dem* ~ offhand, off the cuff; with the greatest ease; ~**gelenkschützer** *m sports* wristguard, wristlet; ²**gemacht** *adj.* hand-made; ²**gemein** *adj.*: ~ *werden* come to close ~quarters (*or* grips, blows); ~**gemenge** *n mil.* hand-to-hand fight(ing), mêlée (*Fr.*); brawl, scuffle, scrimmage; ~**gepäck** *n* small luggage, *Am.* hand-baggage; *rail.* left luggage office, *Am.* baggage room; ²**gerecht** *adj.* handy; ²**geschliffen** *adj.* ground by hand; ²**geschmiedet** *adj.* hand-forged; ²**geschöpft** *adj.* hand-made (*paper*); ²**geschrieben** *adj.* written by hand, handwritten; ²**gewebt**, ²**gewirkt** *adj.* hand-woven; ~**granate** *f* hand-grenade; ²**greiflich I.** *adj.* palpable; obvious, evident, manifest, plain; ~*e Lüge* downright lie; ~*er Scherz* practical joke; ~ *werden* get to grips, *Am.* get tough; **II.** *adv.*: ~ *vor Augen führen* illustrate clearly, make *a th.* plain enough (*j-m* to a p.); ~**griff** *m* grasp; grip, manipulation, motion; handle, grip; *fig.* knack, manipulation; *mit wenigen* ~*en* with effortless ease, in no time.
'**Handhab|e** *f* hold, handle, grip; *fig.* handle; occasion; proof, evidence; pretext; *gesetzliche* ~ legal grounds *pl.*; *er hat keinerlei* ~ *gegen mich* he hasn't a leg to stand on, he has nothing on me; ²**en** *v/t.* (h.) handle, wield (*a. pen*), manage; operate, manipulate (*machine*); apply, use; *jur.* administer (*justice*); *fig.* manage, handle, deal with; ~**ung** *f* (-; -en) handling, wielding; operation, manipulation; application, use; administration (*of justice*); *fig.* management, handling; application.
...händig [-hɛndɪç] ...-handed.
'**Hand...**: ~**harmonika** *mus. f* accordion; ~**hebel** *m* hand-lever; ~**kamera** *f* hand camera; ~**karren** *m* handcart; ~**kasse** *f* petty cash; ~**koffer** *m* suit-case, *esp. Brit.* portmanteau, *esp. Am.* valise; attaché case; ²**koloriert** *adj.* hand-colo(u)red; ~**korb** *m* hand-basket; ~**kurbel** *f* (crank-)handle; *mot.* starting crank; ~**kuß** *m*: *j-m e-n* ~ *geben* kiss a p.'s hand; *colloq. mit* ~ gladly, with the greatest pleasure; ~**lampe** *f* portable (*or* inspection) lamp; ~**langer** *m* (-s; -) handyman, odd-jobber; *arch.* hodman; *fig. contp.* underling, henchman, *Am. sl.* stooge; ~**langerdienste** *m/pl.*: *j-m* ~ *leisten* fetch and carry for a p., *contp. a.* do a p.'s dirty work for him.
Händler ['hɛndlər] *m* (-s; -) trader, dealer; shopkeeper, storekeeper; stock jobber; *Buch*² bookseller; *Fisch*² fishmonger; *Zeitungs*² news-

-vendor; *wenden Sie sich an Ihren* ~ ask your dealer; ~**in** *f* (-; -nen) tradeswoman; ~**preis** *m* trade-price; ~**seele** *f* huckster.

'**Hand...**: ~**lesekunst** *f* (-) palmistry; ~**leser(in** *f*) *m* palm reader, chiromancer; ~**leuchte** *f* → *Handlampe*; ~**leuchter** *m* (portable) candlestick; ♀**lich** *adj.* handy, wieldy; manageable, easy-to-use; compact.

Handlung ['handluŋ] *f* (-; -en) act(ion), deed; action, story, *of film, novel, etc.*: plot (*a. thea.*); *econ.* business (house), shop, *Am.* store; *jur. strafbare* ~ punishable act, (criminal) offen|ce, *Am.* -se; *unerlaubte* ~ tort(ious act); *Ort der* ~ scene of action.

'**Handlungs...**: ~**agent** *m* mercantile agent; ~**bevollmächtigte(r)** *m* authorized representative or agent; ~**fähigkeit** *f* (-) disposing capacity, capacity to contract; ~**freiheit** *f* (-) freedom of action, full discretion, free play; ~**gehilfe** *m* (commercial) clerk; shop-assistant, *Am.* (sales-)clerk; *jur.* servant, employee; ~**lehrling** *m* business apprentice; ♀**reich** *adj.* action-packed (*story, etc.*); ~**reisende(r)** *m* → *Handelsreisender*; ~**vollmacht** *f* commercial power of attorney; ~**weise** *f* manner or way of acting (*or dealing*); behavio(u)r, conduct; attitude; procedure; methods, practices *pl.*

'**Hand...**: ~**mühle** *f* hand-mill; ~**näherin** *f* hand seamstress; ~**nähmaschine** *f* portable sewing-machine; ~**pferd** *n* near-horse; ~**pflege** *f* manicure; ~**pfleger(in** *f*) *m* manicurist; ~**presse** *f* hand-press; ~**rad** *n* hand-wheel; ~**ramme** *f* paving-ram; ~**reichung** *f* (-; -en) help, assistance; ~**rücken** *m* back of the hand; ~**säge** *f* hand-saw; ~**satz** *typ.* *m* (-es) hand composition; ~**schaltung** *mot.* *f* hand-change, *Am.* manual shifting; ~**schelle** *f* handcuff; ~**schlag** *m* handshake; *durch* ~ by clasp of hands, by solemn hand-clasp; ~**schrapper** *tech.* *m* hand-scraper; ~**schreiben** *n* autograph letter; ~**schrift** *f* hand-writing; *e-e gute* ~ a good hand; signature; manuscript; ~**schriftdeutung** *f* graphology; ~**schriftenkunde** *f* (-) pal(a)eography; ♀**schriftlich** I. *adj.* written (by hand), in writing, manuskript; II. *adv.* in writing.

'**Handschuh** *m* glove; *hist. mil., sports* gauntlet; boxing-glove; mitten; *langer* ~ arm-length glove; *fig. j-m den* ~ *hinwerfen* throw down the gauntlet to a p.; ~**fach** *mot. n* glove compartment; ~**leder** *n* glove (*or kid*) leather; ~**macher** *m* glover; ~**nummer** *f* glove-size.

'**Hand...**: ~**schutz** *m* hand-guard; ~**siegel** *n* private seal, signet; *königliches* ~ privy seal; ~**spiegel** *m* hand-glass; ~**stand** *m gym.* handstand; ~**standüberschlag** *m* handspring (to standing); ~**streich** *m* surprise (attack *or* raid), coup de main (*Fr.*), bold stroke; *im* ~ *nehmen* take by surprise; ~**täschchen** ['-tɛʃçən] *n* (-s; -) pochette, *Am.* purse; vanity bag; ~**tasche** *f* hand-

-bag; ~**taschenräuber** *m* bag-snatcher; ~**teller** *m* → *Handfläche*; ~**tuch** *n* (-[e]s; ⁼er) towel; *mit dem* ~ *trocknen* towel; *boxing*: *das* ~ *werfen* throw in the towel; ~**tuchhalter**, ~**tuchständer** *m* towel-rack; ~**umdrehen** *n* (-s): *im* ~ in no time, in a jiffy, in the twinkling of an eye; ~**voll** *f* (-; -) handful; ~**wagen** *m* → *Handkarren*; ♀**warm** *adj.* luke-warm; ~**waschbecken** *n* hand basin; ~**wechsel** *m* change of hands.

'**Handwerk** *n* (handi)craft, trade; body (*or* guild) of craftsmen, the craft, the trade; *ein* ~ *lernen* learn a trade; *sein* ~ *verstehen* know one's business; *fig. j-m das* ~ *legen* put an end to a p.'s activities, settle a p.'s business, *Am. a.* fix a p.; *j-m ins* ~ *pfuschen* trespass on a p.'s preserves, botch at a p.'s trade; ~**er** *m* (-s; -) artisan; mechanic; ♀**lich** *adj.* of handicrafts, craftsman's...

'**Handwerks...**: ~**bursche** *m* travel(l)ing journeyman; ~**kammer** *f* chamber of handicrafts; ♀**mäßig** ['-me:siç] *adj.* workmanlike; *fig.* mechanical; ~**meister** *m* master craftsman *or* mechanic; ~**zeug** *n* (set of) tools, implements *pl.*

'**Hand...**: ~**wörterbuch** *n* concise dictionary; ~**wurzel** *f* wrist, carpus; ~**wurzelgelenk** *n* wrist-joint; ~**zeichen** *n* mark, initials *pl.*, monogram; hand signal; *parl.* show of hands; ~**zeichnung** *f* hand drawing; sketch; ~**zettel** *m* handbill, leaflet.

hanebüchen ['ha:nəby:çən] *adj.* incredible, scandalous, awful.

Hanf [hanf] *m* (-[e]s) hemp; ~**breche** ['-breçə] *f* (-; -n) hemp-break; ~**darre** *f* hemp-kiln; drying (*or* roasting) of hemp; ♀**en** *adj.* hempen; '-**faden** *m* hemp fib|re, *Am.* -er; ~**garn** *n* hemp yarn; '-**leinen** *n* hemp linen.

Hänfling ['henfliŋ] *orn. m* (-[e]s; -e) linnet.

'**Hanf...**: ~**öl** *n* hempseed oil; ~**samen** *m* hempseed; ~**schwinge** *f* swingler; ~**seil** *n* hempen rope.

Hang [haŋ] *m* (-[e]s; ⁼e) slope; declivity; incline; *gym.* hang; *fig.* inclination, propensity (*zu* for; to *inf.*); tendency (to); (natural) bent (for); disposition (to); proneness (to); partiality (for).

Hangar [haŋ'gɑːr] *aer. m* (-s; -s) hangar, shed.

Hänge|antenne ['heŋə-] *f* trailing aerial, *Am.* antenna; ~**backe** *f* flabby cheek; ~**bahn** *f* suspension (*or* overhead) conveyor; ~**balken** *arch. m* main beam; *of bridge*: suspension girder; ~**bauch** *m* paunch, pot-belly; *med.* pendulous abdomen; ~**boden** *m* hanging-loft; ~**brücke** *f* suspension-bridge; ~**brust** *f* pendulous breasts *pl.*; ~**gerüst** *arch. n* hanging stage; ~**kommission** *f art:* hanging committee; ~**lager** *tech. n* hanger bearing; ~**lampe** *f* hanging (*or* suspended) lamp; ~**licht** *n* (-[e]s; -er) drop light; ~**lippe** *f* hanging lip; ~**matte** *f* hammock.

hangeln ['haŋəln] *v/i.* (h.) *gym.*

climb (*or* travel) hand over hand, overhand o.s. (upwards).

hangen ['haŋən] *v/i.* (h.) → *hängen*.

'**Hangen** *n* (-s): ~ *u. Bangen* great anxiety.

hängen ['heŋən] I. *v/i.* (irr., h.) hang (*an dat.* on; *loose*: by; *von* from), be suspended; adhere, cling, stick (*an dat.* to), *tech.* catch, stick; be caught; → ~**bleiben**; *arch.* sag; (be) incline(d), lean (*or* hang) over; *fig.* ~ *an* (*dat.*) cling to, be attached (*or* devoted) to; → *Faden, Lippe*; ~ *über* (*dat.*) fate, sword, *etc.*: hang over; ~**lassen** (let) drop, droop; *den Kopf* ~**lassen** hang one's head, be dejected; *woran hängt's?* where is the hitch?, what's the trouble?; II. *v/t.* (h.) hang (up), suspend (*an acc.* on, by); attach, fix, fasten (*an acc.* to), hook on (to); hang *criminal* (*by the neck*); *gehängt werden* be hanged, swing, come to the gallows; *sich* ~ hang o.s.; *sports*: *sich an* (*acc.*) ~ drop (*or* tuck) in behind a *runner*; *fig. sein Herz an et.* ~ set one's heart on a th.; → *Mantel, Nagel*; ♀ *n* (-s) hanging, suspension, attachment; *colloq. mit* ~ *u. Würgen* barely, (only) with the greatest difficulty; ~**bleiben** *v/i.* (irr., sn) be caught (*an dat.* by), catch (on, in); get (*or* be) stuck (*in dat.* in); *tech.* jam, stick, lock; seize; *fig. im Gedächtnis*: stick (*in one's memory*); be detained; *schließlich blieb er in e-m Lokal hängen* he wound up in a pub; ~**d** *adj.* hanging, suspended, pendent; drooping, sagging; pendulous; ~**er** *Motor* inverted engine; ~**e** *Ventile* overhead valves.

'**Hänge...**: ~**ohren** *n/pl.* drooping (*or* lop-)ears; ~**schloß** *n* padlock; ~**seil** *n* suspension rope; ~**wand** *arch. f* suspended wall; ~**weide** *bot. f* weeping willow; ~**werk** *arch. n* truss frame.

'**Hang...**: ~**(auf)wind** *m* up-current, anabatic current; ~**kehre** *f skiing: Unterschwung mit* ~ swing forward with half turn of the body; ~**segeln** *n* ridge soaring; ~**waage** *f gym.* lever hang; ~**winkel** *m* gradient of a slope.

Hannover [ha'no:fər] *n* (-s) Hanover; **Hannoveraner** [hanovə'rɑ:nər] *m* (-s; -), ~**in** *f* (-; -nen) Hanoverian.

Hans [hans] *m* Jack, John; *fig.* ~ *und Grete* Jack and Gill; ~**dampf** *in allen Gassen* Jack-of-all-trades; ~ *im Glück* lucky dog; ~ *Guckindie-luft* Johnnie Head-in-the-air.

Hansa ['hanza], '**Hanse** *f* (-) Hansa, Hanseatic League.

Häns-chen ['hɛnsçən] *n* (-s; -) Jackie, Johnny; *was* ~ *nicht lernt, lernt Hans nimmermehr* you can't teach an old dog new tricks.

hanseatisch [hanze'ʔɑ:tiʃ] *adj.* Hanseatic.

hänseln ['hɛnzəln] *v/t.* (h.) tease, chaff, pull *a p.'s* leg, kid.

'**Hansestadt** *f* Hanseatic town.

Hans...: ~**narr** *m* tomfool; ~**wurst** *m thea.* buffoon, harlequin; clown; merry-andrew, punch; *fig. contp.* clown, buffoon.

Hantel ['hantəl] *f* (-; -n) dumb-bell; ~**übung** *f* dumb-bell exercise.

hantier|en ['han'ti:rən] v/i. (h.): ~ mit (dat.) work with, handle, operate, wield; fidget with; ~ an (dat.) work on, manipulate; bustle (about), busy o.s.; potter about; 2ung f (-; -en) operating, handling, manipulation; work; occupation.

hapern ['ha:pərn] v/i. (impers., h.): es hapert mit or bei (dat.) there is something wrong with, there is a hitch in; woran hapert es? what is wrong (or amiss)?; es hapert uns an Geld we are short of money; im Englischen hapert es bei ihm English is his weak point.

Häppchen ['hɛpçən] n (-s; -) bit, morsel.

Happen ['hapən] m (-s; -) morsel, mouthful, bite; großer ~ hunk; fig. haul, catch.

happig colloq. adj. greedy; fig. steep (price, etc.).

Härchen ['hɛ:rçən] n (-s; -) little (or tiny) hair, biol. cilium; pl. a. fuzz; → Haar.

Harem ['ha:rəm] m (-s; -s) harem.

hären ['hɛ:rən] adj. hairy, (made) of hair.

Häresie [hɛrɛ'zi:] f (-; -n) heresy; **Häretiker** m [hɛrɛ:tikər] m (-s; -) heretic; **hä'retisch** adj. heretical.

Harfe ['harfə] f (-; -n) harp; (die) ~ spielen play (on) the harp, harp. **Harfe'nist(in** f) m (-en, -en; -, -nen) harpist.

'Harfen...: ~antenne f fan aerial, Am. antenna; ~spiel n harping; ~spieler(in f) m harpist, harper.

Harke ['harkə] f (-; -n) agr. rake; road construction: rake dozer; fig. j-m zeigen, was eine ~ ist give a p. a good piece of one's mind, tell a p. what's what; a. show a p. (how to do it better); 2n v/t. and v/i. (h.) rake.

Harlekin ['harlekiːn] m (-s; -e) harlequin; **Harlekinade** [-ki'na:-də] f (-; -n) harlequinade.

Harm [harm] m (-[e]s) grief, sorrow; injury, wrong.

härmen ['hɛrmən]: sich ~ (h.) grieve (um about, over); → sich grämen.

'Harm...: 2los adj. harmless; innocent; guileless, harmless, innocuous, inoffensive; w.s. innocent-seeming (question); insignificant, small; ~losigkeit f (-; -en) harmlessness; innocence; innocuousness; insignificance.

Harmonie [harmo'ni:] f (-; -n) harmony (a. fig.), concord; ~lehre mus. f harmonics sg.; 2ren v/i. (h.) harmonize (mit with); fig. a. agree (with).

Harmonika [-'mo:nika] mus. f (-; -s) concertina; mouth-organ.

Har'moniker mus. m (-s; -) harmonist.

har'monisch adj. mus. harmonic(al) (a. math.), harmonious (a. fig.); ~e Schwingungen harmonics; 2e phys. f (-; -n) harmonic.

harmonisieren [harmoni'zi:rən] v/t. and v/i. (h.) harmonize.

Harmonium [har'mo:nium] n (-s; -ien) harmonium.

Harn [harn] m (-[e]s) urine, water; of horse, etc.: stale; '~analyse f → Harnuntersuchung; '~aus-

scheidung f urinary excretion; '~blase f (urinary) bladder; '~blasenentzündung med. f cystitis; '~drang m micturition; '2en v/i. (h.) urinate, pass urine (or water); '~en n (-s) urination; '~fluß m (-sses) urinary flow; med. incontinence of urine; '~gang m ureter; '~glas n urinal; '~grieß med. m gravel.

Harnisch ['harniʃ] m (-es; -e) armo(u)r, harness; cuirass, breast-plate; fig. in ~ bringen enrage, infuriate, exasperate, get a p.'s back up; in ~ geraten fly into a rage, bridle up.

'Harn...: ~lassen n (-s) discharge (or passing) of urine, urination; ~leiter m ureter; ~probe f sample of urine; uric test; ~röhre f urethra; ~röhrenausfluß med. m urethral discharge; ~röhrenentzündung f, ~röhrenkatarrh m urethritis; ~röhrensonde f catheder; ~ruhr f polyuria; ~säure chem. f uric acid; ~stein m urinary calculus; ~stoff m urea; 2treibend adj. diuretic; ~es Mittel diuretic; ~untersuchung f analysis of (the) urine, Am. urinalysis; ~zwang med. m strangury.

Harpune [har'pu:nə] f (-; -n) harpoon; **Harpunier** [harpu'ni:r] m (-s; -e) harpooner; **harpu'nieren** v/t. (h.) harpoon.

Harpyie [har'py:jə] f (-; -n) harpy.

harren ['harən] v/i. (h.) (gen. or auf acc.) wait (for), await; hope for; tarry, stay.

'Harren n (-s) waiting; hoping; tarrying; patience, perseverance.

harsch [harʃ] adj. harsh, rough (both a. fig.); brittle; crusted (snow); 2 m (-es) crust (on snow); '2schnee m crust(ed) snow.

härtbar ['hɛrtbaːr] adj. metall. hardenable; plastics: thermosetting.

hart [hart] I. adj. hard; firm, solid; stale (bread); hard(-boiled) (egg); hard, chalky (water); ~ machen harden, solidify; ~ werden harden, grow hard, solidify, indurate (a. med.); fig. hard; tough; severe, harsh; unfeeling, pitiless; adamant, inflexible; (difficult) hard, tough; troublesome, laborious; aer., mot. rough (landing, running, etc.); ~es Geld hard cash, coin(s pl.); ~e Währung hard currency; ~er Kampf hard (or stiff) fight; ~es Los hard lot, cruel fate; ~e Nuß tough nut to crack; ~er Schlag (Verlust) heavy blow (loss); ~e Strafe severe (or harsh) punishment; ~e Tatsachen hard facts; ~er Winter severe (or rigorous) winter; ~e Worte hard (or harsh) words; ~e Zeiten hard times; e-n ~en Kopf haben be head-strong or thick-headed; e-n ~en Leib haben be constipated; → Schule, Stand; ~ für j-n (or mit or zu j-m) sein be hard on a p.; II. adv. hard; ~ an (dat.) hard by, close to (or by); ~ bedrängt hard pressed (or beset); ~ anzufühlen hard to touch; ~ arbeiten work hard; ~ an et. vorbeistreifen graze a th.; ~ einandergeraten fly at each other, come to high words; ~ am Wind

segeln sail close to the wind; es kommt ihn ~ an it is hard on him, he finds it hard; er blieb ~ he was adamant; es ging ~ auf ~ it was either do or die.

'Hartblei n hard lead.

Härte ['hɛrtə] f (-; -n) hardness; of steel: a. temper; fig. toughness; harshness, severity, rigo(u)r; hardship; jur. unbillige ~ undue hardship; ~n verursachen work hardship; ~bad metall. n tempering bath; ~fachmann tech. m hardening expert, heat treating engineer; ~grad m degree of hardness; of steel: temper; ~mittel n hardening agent, hardener; 2n I. v/t. (h.) harden; metall. temper, case-harden (steel); II. v/i. (h., a. sich) harden, grow hard; ~n n (-s) hardening; of steel: a. tempering; heat treatment; ~ofen m hardening (or tempering) furnace or stove; ~prüfung f hardness test; ~'rei f (-; -en) heat-treating department (or shop); ~riß m heat (treatment) crack.

'Hart...: ~faserplatte f fibreboard, Am. fiberboard; ~floß metall. n (-es) specular iron, white cast iron; ~futter n grain-fodder, oats and grain; 2gefroren adj. hard frozen; 2gekocht ['-gəkɔxt] adj. hard-boiled; ~geld n (-[e]s) hard cash, coins pl., coined money; 2gelötet ['-gəlø:tət] tech. adj. hard-soldered; 2gesotten fig. adj. hard-boiled; 2-gießen metall. v/t. and v/i. (irr., h.) case-harden, chill-cast; ~glas n (-es) hard(ened) glass; ~gummi n hard rubber; econ. vulcanite, ebonite; ~guß m (-sses) chilled cast iron; case-hardened casting(s pl.); 2herzig adj. hard-hearted, unfeeling; ~ gegen (acc.) hard to; ~herzigkeit f (-) hard-heartedness, hardness; ~holz n hardwood; laminated wood; 2hörig adj. hard of hearing; ~hörigkeit f (-) defective hearing, partial deafness; ~käse m hard cheese; 2köpfig ['-kœpfiç] adj. headstrong; ~laubgehölz n sclerophyllous woodland; 2leibig ['-laɪbiç] adj. constipated, costive; ~leibigkeit f (-) constipation, costiveness; ~lot tech. n brazing lot; 2löten v/t. (h.) braze, hard-solder; 2mäulig ['-mɔylɪç] adj. hard-mouthed (horse); ~metall n hard metal; tech. cutting metal, carbide; ~metallwerkzeug n carbide tipped tool; 2näckig ['-nɛkiç] adj. stiff-necked, obstinate, stubborn; persistent, pertinacious, dogged (person); obstinate, stubborn (thing); refractory, obstinate (disease); ~e Versuche persistent efforts; ~näckigkeit f (-) obstinacy, stubbornness, persistence, pertinacity, doggedness; refractoriness; ~papier n kraft paper; ~pappe f hardboard; ~plätze ['-plɛtsə] m/pl. tennis: hard courts; ~post f typewriting paper, bank paper; 2schalig ['-ʃa:lɪç] adj. hard-shelled; ~spiritus m solid alcohol.

Hartung ['hartuŋ] m (-s; -e) January.

Härtung ['hɛrtuŋ] f (-; -en) hardening, of steel: a. tempering; heat-treatment; ~mittel n hardening

agent; *for paints*: *a.* hardener; ⌣s-verfahren *n* hardening process.
Hart...: ⌣weizen *m* durum wheat; ⌣wurst *f* hard sausage.
Harz [harts] *n* (-es; -e) resin; *mus.* rosin; *mot.* gum; '⌣baum *m* pine (pitch) tree; 'Ωen I. *v/t.* (h.) tap for resin; *mus.* (rub with) rosin; II. *v/i.* (h.) be resinous; '⌣firnis, '⌣lack *m* resin varnish; 'Ωig *adj.* resinous; '⌣teer *m* resinous tar.
Hasardspiel [ha'zart-] *n* game of chance; *fig.* gamble.
haschen ['haʃən] I. *v/t.* (h.) snatch, catch, seize; *game*: *sich* ⌣ play tag (*or* at catch); II. *v/i.* (h.): ⌣ *nach* (*dat.*) snatch (*or* grasp, grab) at; *fig.* aim at, strive (*or* hunt) for; → *Effekt; nach Komplimenten* ⌣ fish for compliments
Häschen ['hɛːsçən] *n* (-s; -) young hare, leveret.
Häscher ['hɛʃər] *m* (-s; -) catchpole, myrmidon; *contp.* blood-hound.
Hascherl ['haʃərl] *colloq.* *n* (-s; -): *armes* ⌣ poor little thing, poor creature.
Haschisch ['haʃiʃ] *n* (-) hashish.
Hase ['haːzə] *m* (-n; -n) hare; *junger* ⌣ leveret; *männlicher* ⌣ male hare, buckhare; *cul.* *falscher* ⌣ roasted forcemeat; *fig.* *alter* ⌣ old hand (*or* stager), old-timer; *sehen, wie der* ⌣ *läuft* see which way the cat jumps; *da liegt der* ⌣ *im Pfeffer* there is the rub, that's where the trouble lies; *wie der* ⌣ *im Kohl* in clover.
Hasel|busch ['haːzəl-] *m* hazel-bush; ⌣huhn *n* hazel-hen; ⌣maus *f* dormouse; ⌣nuß *f* hazel-nut; ⌣rute *f* hazel-rod; ⌣strauch *m* hazel(-tree).
'**Hasen...**: ⌣braten *m* roast hare; ⌣fell *n* hare's skin; ⌣fuß *m* hare's foot; *fig.* (*a.* ⌣herz *n*) coward, poltroon; ⌣jagd *f* hare-hunting; ⌣klein *n* (-s), ⌣pfeffer *m* jugged hare; ⌣panier *n*: *das* ⌣ *ergreifen* take to one's heels; Ωrein *adj. hunt. dog*: *nicht ganz* ⌣ a bit fishy; ⌣scharte *f* hare-lip.
Häsin ['hɛːzin] *f* (-; -nen) female hare, doe.
Haspe ['haspə] *f* (-; -n) hasp, hinge, clamp.
Haspel ['haspəl] *f* (-; -n) reel; windlass, winch; *mar.* capstan; Ωn *v/t. and v/i.* (h.) reel; *fig.* splutter, sputter.
Haß [has] *m* hatred (*gegen* of, against, for), *poet.* hate; *einge-fleischter* ⌣ ranco(u)r; *tückischer* ⌣ spite; animosity; loathing, enmity; → *Haßgefühle*; *aus* ⌣ out of hatred (*gegen* of), from spite (against); ⌣ *hegen gegen j-n* → *hassen.*
hassen ['hasən] *v/t.* (h.) hate, entertain feelings of hatred for; loathe, detest, abhor; → *Pest*; ⌣swert *adj.* hateful, odious, abominable.
'**Hasser(in** *f*) *m* (-s, -; -, -nen) hater.
'**Haß...**: Ωerfüllt I. *adj.* seething with hatred, spiteful, venomous; II. *adv.*: ⌣ *blicken* look daggers; ⌣gefühle *n/pl.* feelings of hatred, hatreds, rancour *sg.*; ⌣gesang *m* hymn of hate.
häßlich ['hɛsliç] *adj.* ugly; hideous;

unsightly; ill-looking, *a. person*: plain, *Am. a.* homely; misshapen, monstrous; *fig.* ugly, nasty, mean; unkind; unpleasant, offensive, loathsome; ⌣er *Anblick* eye-sore; Ωkeit *f* (-) ugliness; hideousness; unsightliness; nastiness.
Hast [hast] *f* (-) hurry, haste; precipitation; ⌣ *des Lebens*: rush, press; *in der* ⌣ in the rush; *in wilder* ⌣ in hot haste, precipitately, helter-skelter; 'Ωen *v/i.* (h.) hasten, (be in a) hurry; scurry, race; 'Ωig I. *adj.* hurried, hasty; precipitate; rash; slap-dash; nervous, excited; II. *adv.* hurriedly, *etc.*; in haste (*or* a hurry); *nicht so* ⌣! not so fast!, wait a minute!; '⌣igkeit *f* (-) hastiness; nervousness; → *Hast.*
hätscheln ['hɛːtʃəln] *v/t.* (h.) fondle, pet, cuddle, caress; pamper, coddle.
hatte ['hatə] *pret. of haben.*
Hatz [hats] *hunt. f* (-; -en) chase, hunt (with hounds).
Häubchen ['hɔʏpçən] *n* (-s; -) small cap.
Haube ['haubə] *f* (-; -n) cap; hood; *hist.* coif; *eccl.* (*sister's*) cornet; *orn.* crest, tuff; hood (*of falcon*); *zo.* second stomach (of ruminant); *tech.* cap, cover; *esp. mot.* bonnet, *Am.* hood; *chem.* dome; *aer.* cowling; (*protective*) helmet; *bot.* cupule; *fig. unter die* ⌣ *bringen* find a husband for, marry *a girl* off; *unter die* ⌣ *kommen* get married.
'**Haubenlerche** *f* crested lark.
Haubitze [hau'bitsə] *mil. f* (-; -n) howitzer.
Haublock ['hau-] *m* (-[e]s; ⸗e) chopping-block.
Hauch [haux] *m* (-[e]s; -e) breath; *of air*: breathing, gentle breeze; whiff, waft; *gr.* aspiration; *fig.* bloom, film; *of colour*: tinge; trace, touch, tinge; 'Ωdünn *adj.* filmy; paper-thin; flimsy, sheer (*fabric*); egg-shell (*porcelain*); 'Ωen I. *v/i.* (h.) breathe, respire; II. *v/t.* (h.) breathe, whisper; *gr.* aspirate; → *aushauchen*; '⌣laut *gr. m* aspirate; 'Ωzart *adj.* filmy, flimsy; (extremely) delicate.
Haudegen ['hau-] *m* broadsword; *fig.* experienced fighter, swordsman, fire-eater; *alter* ⌣ old blade, veteran.
Haue ['hauə] *f* (-; -n) hoe, mattock; pick(axe); (-) *colloq.* thrashing, whipping, spanking; ⌣ *bekommen* get a thrashing (*or* hiding).
'**hauen I.** *v/t.* (h.) hew, chop; cut (*wood*); cut (*hole, path, steps*); cut down, fell (*trees*); *mil.* hew; dress, carve (*stones*); strike, beat, hit; *colloq.* thrash, flog; spank (*children*); punch, sock; whip, lash; *sich* ⌣ (have a) fight; *haut ihn!* let him have it!; II. *v/i.* (h.): ⌣ *nach* (*dat.*) strike (*or* lash out) at; *um sich* ⌣ lay about one; *fig.* → *Ohr, Schnur.*
'**Hauer** *m* (-s; -) hewer, cutter; *zo.* tusk, fang.
Häuer ['hɔʏər] *mining*: *m* (-s; -) hewer, getter.
Häufchen ['hɔʏfçən] *n* (-s; -) small heap; *persons*: small group; *fig. wie ein* ⌣ *Unglück* the picture of misery, woebegone.
häufeln ['hɔʏfəln] *v/t. and v/i.* (h.)

heap, pile; earth (up), hill (*potatoes, etc.*).
Haufen ['haufən] *m* (-s; -) heap, pile; accumulation, cluster, mass; stack (*wood, etc.*); *fig.* swarm, crowd; troop, band, gang; great number, mass; *ein* ⌣ (*von*) a lot of; *ein* ⌣ *Geld* heaps (*or* lots, oodles) of money; *e-n* ⌣ (*Geld*) *verdienen* make a pile (of money); *auf e-n* ⌣ all of a heap; in a jumble, pell-mell, higgledy-piggledy; *der große* ⌣ the multitude, the masses *pl.*; *über den* ⌣ *rennen* run (*or* knock) over, bowl over; *über den* ⌣ *schießen* shoot down; *über den* ⌣ *werfen fig.* upset (*plans*); throw *scruples, etc.*, overboard (*or* to the winds), cast aside.
häufen ['hɔʏfən] *v/t.* (h.) heap (up), pile up; accumulate; *sich* ⌣ accumulate; multiply, increase; spread; *drei gehäufte Teelöffel* three heaping teaspoonfuls.
'**Haufen...**: Ωweise ['-vaɪzə] *adv.* in heaps; in crowds; *colloq.* lots (*or* heaps, oodles) of; ⌣wolke *f* cumulus (cloud); *geschichtete* ⌣ stratocumulus.
'**häufig I.** *adj.* frequent; repeated; continual; numerous; copious, abundant; rife; ⌣ *sein* be frequent, abound; ⌣er *werden* increase; II. *adv.* frequently, often; *e-n Ort* ⌣ *besuchen* frequent a place; Ωkeit *f* (-) frequency; Ωkeits-tabelle *f* frequency table.
'**Häuflein** *n* (-s; -) small heap; handful (*or* small body) of men.
'**Häufung** *f* (-; -en) heaping, accumulation; *fig.* accumulation, increase, multiplication; spreading; frequent occurrence.
'**Hauklotz** *m* chopping-block.
Haupt [haupt] *n* (-[e]s; ⸗er) head; *fig.* head, chief, leader; chieftain; *erhobenen* ⌣es with head erect; *gesenkten* ⌣es with bowed head; *ent-blößten* ⌣es bare-headed; *gekrönte Häupter pl.* crowned heads; *zu Häupten j-s* over a p.'s head, (just) above a p.; on high; *fig. aufs* ⌣ *schlagen* defeat (decisively), vanquish.
'**Haupt...** *in compounds usu.* head..., main..., chief..., primary..., general..., central..., leading...; ⌣abrechnung *econ. f* final accounts *pl.*; ⌣abschnitt *m* principal (*or* main) section; ⌣absicht *f* chief design, main object; ultimate end; ⌣achse *f* main axis; ⌣aktionär *econ. m* principal shareholder, *Am.* stockholder; ⌣altar *m* high altar; ⌣amt *n* central office; *teleph. a.* main exchange; Ωamtlich I. *adj.*: ⌣e *Beschäftigung* full-time employment; II. *adv.*: ⌣ *tätig* employed on a full-time basis; ⌣anschluß *teleph. m* main station; main line; ⌣apparat *teleph. m* master telephone; ⌣arbeit *f* chief (part of the) work; ⌣armee *f* main army; → *Hauptmacht*; ⌣artikel *m econ.* principal (*or* leading) article; *of newspaper*: leading article, leader; ⌣attraktion *f* special feature, highlight; ⌣augenmerk *n*: *sein* ⌣ *richten auf* (*acc.*) give one's special attention to; ⌣ausschuß *m* central committee; ⌣bahnhof *m* main *or* central station; terminus;

~bank *econ. f* (-; -en) head-bank; ~belastungszeuge *jur. m* star prosecution witness; ~beruf *m,* ~beschäftigung *f* chief *or* regular occupation; full-time job; ℨberuflich *adj.* as (*or* in) one's chief occupation, full-time, professional; ~bestandteil *m* chief ingredient (*or* component), main constituent; den ~ von et. bilden *fig.* be part and parcel of a th.; ~betrag *econ. m* chief amount, sum total; ~beweggrund *m* leading motive; ~buch *econ. n* (general) ledger; ~buchhalter *m* head book-keeper, *Brit.* accountant; ~darsteller(in *f*) *m* leading actor (*f* actress); → *Hauptrolle*; ~deck *mar. n* main deck; ~eigenschaft *f* chief quality (*or* property), leading feature; ~einfahrt *f*, ~eingang *m* main entrance; ~erbe *m* (~erbin *f*) chief heir(ess *f*), *jur.* residuary legatee; ~erfordernis *n* principal requisite, primary requirement; ~erzeugnis *econ. n* principal product, main produce, staple (product); ~fach *ped. n* principal subject, *Am.* major; ... als ~ studieren take ... as chief subject, *Am.* major in ...; ~fehler *m* principal (*or* chief, cardinal) fault *or* defect; ~feind *m* chief enemy; ~feldwebel *mil. m* sergeant major, *Am.* platoon sergeant; *aer. Am.* master sergeant; ~figur *f* main (*or* central) figure; *thea., etc.*: leading character, hero(ine *f*); ~film *m* feature (film); ~fluß *m* main stream (*or* river); ~frage *f* chief (*or* cardinal) question, main issue; ~gebäude *n* main building; ~gedanke *m* leading idea, keynote; ~gefreiter *mil. m Brit.* lance corporal, *Am.* private 1st class; *aer. Brit.* senior aircraftman, *Am.* airman 2nd class; ~gericht *n cul.* principal dish; ~geschäft(s-stelle *f*) *n* principal place of business, head office; ~geschäftsstunden *f/pl.* rush hours; ~gesichts-punkt *m* major consideration; ~gewinn *m lottery*: first prize; *econ.* main profit; ~gläubiger *m* principal creditor; ~grund *m* main reason; ~haar *n* hair of the head; ~hahn *m* main tap *or* cock; ~handels-artikel *m* staple (commodity); ~inhalt *m* principal contents *pl.*, substance, gist, sum; synopsis; ~interesse *n* primary interest; ~kabel *n* mains *pl.*; ~kampf *m sports*: competition proper, main event; ~kampffeld *mil. n* main fighting zone; ~kampflinie *mil. f* main line of resistance (*abbr.* MLR); ~kartei *f* master file; ~kasse *f* central pay office; ~kas'sierer *m* head cashier; ~kerl *colloq. m* capital fellow, *sl.* crackerjack; ~kontor *n* general office; ~kräfte *mil. f/pl.* main force; ~leitung *f* main(s *pl.*); *teleph.* trunk line.

Häuptling ['hɔyptliŋ] *m* (-s; -e) chief, leader; chieftain (*of tribe*).

'**Haupt...:** ~linie *rail. f* main (*or* trunk-)line; ~macht *f* chief (*or* central) power; *mil.* main (striking) force, bulk of the army, main body; ~mahlzeit *f* principal meal (of the day); ~mangel *m* main defect, chief drawback; ~mann *m* (-[e]s; -leute)

mil. captain; chief, leader; chieftain; ~markt *econ. m* primary (*or* chief) market; ~masse *f* bulk, main body; ~mast *m* mainmast; ~merkmal *n* distinctive (*or* characteristic) feature, chief characteristic, criterion; ~messe *eccl. f* great mass; ~mieter *m* chief tenant; ~moment *n* main point; ~nährstoff *m* chief nutritive substance; ~nahrung *f* staple (*or* chief) food; ~nenner *math. m* common denominator; ~nervensystem *anat. n* central nervous system; ~niederlage *econ. f* main store(house) *or* depot; ~niederlassung *econ. f* central *or* head office, headquarters *pl.*; ~ort *m* chief place; ~person *f* principal person, central figure; ~postamt *n* general (*Am.* main) post-office; ~posten *econ. m* principal item; ~probe *f thea.* dress rehearsal; *mus.* main full rehearsal; ~punkt *m* main (*or* cardinal) point; ~quartier *mil. n* headquarters *pl.* (*abbr.* HQ); ~quelle *f* main source; ~rechnung *econ. f* general account; ~rechnungs-arten *f/pl.* principal rules of arithmetic; ~redakteur *m* chief editor; ~regel *f* principal rule; ~rohr *n* main tube; ~rolle *f* chief part, leading rôle (*or* character), lead; title-rôle; in der ~ zeigen star, feature; die ~ spielen play the lead, take *or* act the chief part; star; *fig. person*: be the central figure, be the cent|re (*Am.* -er) of attraction, play the first fiddle, *sl.* run the show; *matter*: be all-important; ~rollendarsteller(in *f*) *m thea.* leading man (*f* lady), lead, *a. film*: star (performer); ~sache *f* main (*or* essential, most important) thing *or* point, essential; main issue, focal question; *jur.* in der ~ entscheiden give judg(e)ment on the merits; zur ~ verhandeln deal with a case upon its merits; in der ~ in the main, on the whole, chiefly; der ~ nach in substance; das ist die ~ that's all that matters; ℨsächlich ['-zeçliç] **I.** *adj.* principal, chief, main, essential, most important; **II.** *adv.* chiefly, mainly, especially, essentially, above all; ~saison *f* peak season; ~satz *m logics*: main proposition; *gr.* principal clause *or* sentence; ~schalter *el. m* main (*or* master) switch; ~schiff *arch. n* nave; ~schlag-ader *anat. f* aorta; ~schlager *m film*: theme-song; *econ., etc.* special hit (*or* feature); ~schlüssel *m* master- (*or* pass-)key; ~schriftleiter *m* chief editor, editor-in-chief; ~schuld *f* (-) principal fault; er trägt die ~ daran it is mostly his fault (*or* doing); ~schuldige(r *m*) *f* principal (in the first degree), major offender; ~schuldner *m* principal debtor; ~schwierigkeit *f* main difficulty; ~sender *m radio*: key (*or* net control) station; ~sicherung *el. f* main fuse; ~signal *rail. n* home signal; ~sitz *econ. m* registered office, principal place of business; ~sorge *f* main concern; ~spaß *m* capital joke, lark, *sl.* scream; es machte ihm e-n ~, zu inf. it amused him immensely to *inf.*; ~stadt *f*

capital (town *or* city); metropolis; ℨstädtisch *adj.* metropolitan; ~straße *f* main street, major road; main (*or* arterial) road, highway; ~strecke *rail. f* main (*or* trunk-)line; ~strom *el. m* (-[e]s) main current; ~strommotor *el. m* series(-wound D.C.) motor; ~stütze *fig. f* mainstay; ~summe *f* principal sum, (sum) total; ~täter (-in *f*) *m jur.* principal (offender); ~tätigkeit *f* main occupation; principal duty *or* function; ~teil *m* main part; ~ton *m* (-[e]s; ¨e) principal accent, main stress; *mus.* keynote; ~träger *arch. m* main girder; ~treffer *m lottery*: first prize; den ~ gewinnen hit the jackpot; ~treppe *f* principal staircase; ~tribüne *f* grandstand; ~triebfeder *f* mainspring (*a. fig.*); ~tugend *f* cardinal virtue; ~uhr *f* master clock (*or* watch); ~unterschied *m* principal (*or* main) difference; ~ursache *f* chief cause; ~verbandplatz *mil. m Brit.* main dressing station, *Am.* clearing station; ~verhandlung *jur. f* trial; ~verkehr *m* main (*or* peak) traffic; ~verkehrsstraße *f* arterial (*or* main, trunk) road, thoroughfare, main highway; ~verkehrsstunden *f/pl.*, ~verkehrszeit *f* rush (*or* peak, busy, crowded) hours *pl.*, peak traffic hours *pl.*; ~versammlung *econ. f* general meeting; ~verteiler *m* main distributor; ~vertreter *m* general agent; ~verwaltung *f* central administration, headquarters *pl.*; ~wache *mil. f* main guard(-station); ~wachtmeister *m* sergeant major, *Am.* first sergeant; ~wasserrohr *n* water mains *pl.*; ~welle *tech. f* transmission (*or* main) shaft; ~werk *n* chief (*or* standard) work; ~wort *gr. n* (-[e]s; ¨er) noun, substantive; ~zeuge *m* principal witness; ~ziel *n* main objective; primary target; ~zollamt *n* Customs and Excise Office; ~zug *m* principal trait, main feature, chief characteristic; ~zweck *m* main object, chief purpose.

Haus [haus] *n* (-es; ¨er) house (*a. econ.* = firm; *a. thea., ast.*); building; dwelling-house; residence; home, family, household; house, dynasty; *parl.* House; beschlußfähiges ~ quorum; das ~ ist nicht beschlußfähig! no house!; öffentliches ~ brothel; ~ und Hof house and home; *humor.* altes ~ old man (*or* chap); fideles ~ jolly (old) fellow, gay bird; gelehrtes ~ pundit; aus gutem ~e sein come of a good house; außer dem ~ out of doors, outdoors; *econ.* frei ~ free domicile; im ~e indoor(s), *econ.* on the premises; im ~e m-r Tante at my aunt's (house); im ~e wohnend resident; nach ~e home; von ~e from home; von ~ aus by nature, originally; by birth; von ~ zu ~ from house to house, from door to door; ~-zu-~-Lieferung door-to-door delivery; zu ~e at home, in; bei uns zu ~e at home, in our country, where I come from; zu ~e sein be at home (*Am.* home), be in; nicht zu ~e sein be out *or* away (from home), be not in; *in e-r Sache zu ~e sein* be at home (*or* well versed *or* well up) in a th.; *~ an ~ wohnen* be nextdoor neighbo(u)rs, *mit j-m:* live next door to a p.; *außer ~e essen* dine out; *das ~ hüten* stay in(doors), keep the house; *ein großes ~ führen* live in great style; *ein offenes ~ haben* keep open house; *j-m das ~ führen* keep house for a p.; *j-m das ~ verbieten* forbid a p. (to enter) the house; *j-n nach ~e bringen* see a p. home; *sein ~ bestellen* set one's house in order; *fig. ins ~ stehen* be forthcoming; *thea. vor leeren Häusern spielen* play to empty houses; *auf ihn kann man Häuser bauen* he is absolutely reliable; *tut, als ob ihr zu ~e wäret* make yourselves at home.

'Haus...: **~angestellte** f (domestic) servant, house-maid, *Am.* domestic helper, houseworker; *pl.* domestics, servants; **~anschluß** el. m mains connection; *teleph.* private connection; **~apotheke** f family medicine--chest; **~arbeit** f indoor work, housework, domestic duties *pl.*; *ped.* homework; **~arrest** m: *unter ~ stellen* place under house arrest; **~arznei** f household remedy; **~arzt** m family doctor; *at sanatorium, etc.*: resident doctor; **~aufgabe(n** pl.) f homework; **2backen** ['-bakən] adj. home-made; *fig.* plain, prosy, pedestrian; provincial; **~ball** m private ball; **~bar** f cocktail cabinet; **~bau** m (-[e]s; -ten) building of a house; **~bedarf** m domestic requirements, household necessaries *pl.*; *für den ~* for the home; **~besitzer(in** f) m house-owner; landlord (f landlady); **~besuch** m home visit (*by doctor, etc.*); **~bewohner** (-in f) m inmate (*or* occupant) of a house; tenant, lodger; **~bibliothek** f private library; **~biene** f domestic bee; **~boot** house-boat; **~brand** m domestic fuel; **~brandkohle** f house coal.

Häuschen ['hɔʏsçən] n (-s; -) small house; cottage, cabin; lodge; → *Hütte*; *colloq.* privy; *colloq. fig. aus dem ~ geraten* jump out of one's skin; *aus dem ~ sein* be beside o.s. (*vor dat.* with).

'Haus...: **~dach** n house-top; **~dame** f housekeeper, lady's companion; **~diener** m man-servant, valet; *at hotel:* boots *sg.*; **~drache** *colloq.* m shrew, scold, termagant; **~eigentümer(in** f) m → *Hausbesitzer(in)*; **~einrichtung** f household furniture, domestic furnishings *pl.*, appointments *pl.*

hausen ['hauzən] v/i. (h.) dwell, live, reside; *b.s.* ravage (*in dat. a place*); schlimm (*or* übel) ~ play havoc (*in dat.* in, *unter dat.* among).

'Hausen ichth. m (-s; -) (great) sturgeon; **~blase** f isinglass.

'Haus-ente f domestic duck.

Häuser ['hɔʏzər] pl. of *Haus*; **~block** m (-[e]s; -s) block (of houses); **~kampf** mil. m house-to--house fighting; **~makler** m house agent, (real) estate agent, *Am.* realtor; **~viertel** n quarter, *Am.* block.

'Haus...: **~flur** m (entrance-)hall, *Am. a.* hallway; **~frau** f housewife,

mistress (*or* lady) of the house; landlady; **2fraulich** adj. house--wifely, home-making; **~freund** m friend of the family; *humor.* (married woman's) gallant; **~friede(n)** m domestic peace; **~friedensbruch** jur. m breach of domestic peace; trespass; **~garten** m back garden, *Am.* backyard; **~gebrauch** m: *für den ~* for domestic use, for the household; **~gehilfin** f → *Hausangestellte*; **~gemeinschaft** f house-community, household; **~genosse** m, **~genossin** f fellow lodger, house-mate; **~gerät** n household utensils *pl.*; → *Hausrat*; **~grundstück** n house and lot; **~hahn** m domestic cock, rooster; **~halt** ['-halt] m (-[e]s; -e) household; home; housekeeping; *parl.* budget; *den ~ führen* manage (*or* run) a household; keep house (*für j-n* for a p.); *e-n gemeinschaftlichen ~ führen* keep house together; **2halten** v/i. (irr., h.) *für j-n:* keep house, manage (for); *~ mit* husband, economize, be economical with *a th.*; **~hälterin** ['-hɛltərin] f (-; -nen) housekeeper; **2hälterisch** adj. economical, thrifty; **~haltkunde** f (-) domestic science.

'Haushalts...: **~artikel** m household product (*or* appliance); *pl. a.* household supplies, *Am.* domestics *pl.*; **~ausgaben** f/pl. budget expenditure *sg.*; **~ausschuß** parl. m budget committee; **~beschränkungen** f/pl. budgetary restraints; **~führung** f house-keeping; *Person mit doppelter ~* person with two households to keep up; **~gegenstände** ['-ge:gənʃtɛndə] m/pl. furnishings, household equipment (*or* appliances, objects); **~geld** n housekeeping allowance; **~jahr** n fiscal (*or* financial) year; **2mäßig** ['-mɛ:siç] adj. budgetary; **~mittel** n/pl. budgetary means; appropriations; **~plan** parl. m budget; *et. im ~ vorsehen* budget for a th.; **2rechtlich** adj. → *haushaltsmäßig*; **~verbraucher** m domestic consumer; **~voranschlag** parl. m the Estimates *pl.*; **~zuweisung** parl. f (budgetary) appropriation.

'Haushaltung f housekeeping, housewifery; family budget; management; → *Haushalt*; **~sbuch** n housekeeping-book; **~skosten** pl. household expenses; **~svorstand** m head of the household.

'Haus...: **~herr** m master of the house, householder; host; landlord; **2hoch I.** adj. (as) high as a house; huge; *fig.* vast, enormous; **II.** adv.: *~ schlagen* trounce; *j-m ~ überlegen sein* be heads and shoulders above a p.; **~hofmeister** m steward; **~hund** m house-dog.

hau'sier|en [hau'zi:rən] v/i. (h.) hawk, peddle (*mit et.* a th.); *~ gehen* go peddling, hawk about; *fig.* peddle (*mit* with); *Betteln u. 2 verboten!* No begging or peddling; **2er** m (-s; -) hawker, pedlar; door--to-door salesman; **2gewerbeschein** m pedlar's (*or* hawker's) licen|ce, *Am.* -se.

'Haus...: **~industrie** f home-industry; **~kapelle** f private chapel;

mus. private band; **~katze** f domestic cat; **~kleid** n house-dress; **~knecht** m boots *sg.*; **~korrektor** typ. m indoor reader; **~korrektur** typ. f office corrections *pl.*; **~kost** f household fare; **~lehrer** m private teacher *or* tutor; **~lehrerin** f governess; **~leinen** n, **~leinwand** f homespun linen.

Häusler(in f) ['hɔʏslər(in)] m (-s, -; -, -nen) cottager.

'häuslich I. adj. domestic, household; economical, thrifty, sparing; home-keeping (*or* -loving), domesticated; *~e Aufgabe ped.* homework, home lesson; *~er Zwist* domestic difference; **II.** adv.: *sich ~ einrichten* set up housekeeping; come to stay (*bei j-m* with); *fig.* make o.s. comfortable; *sich ~ niederlassen* settle down; *fig.* make o.s. at home; **2keit** f (-) family-life; domesticity; home.

'Hausmacher... home-made (*sausage, etc.*).

'Haus...: **~macht** f dynastic power; **~mädchen** n, **~magd** f house--maid; **~mannskost** f plain fare (*or* cooking); **~meister** m → *verwalter*; **~miete** f house-rent; **~mittel** n household remedy *or* medicine; **~musik** f domestic music; **~mutter** f mother of the family; *fig.* matron; **2mütterlich** adj. motherly; matronly; **~nummer** f street number; **~ordnung** f rule of the house; **~pflanze** f indoor plant; **~pflege** f med. home--treatment; (*social*) outdoor relief; **~putz** m house cleaning; **~rat** m (-[e]s) household effects *pl.*; **~ratte** f black rat; **~recht** n (-[e]s) domestic authority; **~rock** m house-coat (*or* jacket); morning gown; **~sammlung** f house-to-house collection; **~schlachtung** f home slaughtering; **~schlüssel** m street--door (*or* latch)key; **~schuh** m slipper; **~schwalbe** f house martin; **~schwamm** m dry-rot.

Hausse ['ho:s(ə)] econ. f (-; -n) rise (of prices), boom, bull movement (*or* market); *Höhepunkt der ~* peak of the boom; *auf ~ spekulieren* operate (*or* buy) for a rise, bull the market; **~bewegung** f bull movement, upward tendency.

Haussegen ['hauze:gən] m (-s) wall-text; *humor. bei ihnen hängt der ~ schief* they are having a row.

Hausse... ['ho:s(ə)-]: **~kauf** m bull purchase; **~markt** m boom market; **~spekulant** m operator for a rise, bull, *Am.* long; **~spekulation** f bull(ish) operation (*or* speculation), operation for a rise; **~stimmung** f bullish tendency (*or* tone).

Haussier [hosi'e:] m (-s; -s) → *Haussespekulant*.

'Haus...: **~stand** m (-[e]s) household; *e-n eigenen ~ gründen* set up for o.s., settle down; **~steuer** f house-tax; **~suchung** ['-zu:xuŋ] f (-; -en) house search, domiciliary visit; **~suchungsbefehl** m search--warrant; **~telephon** n intercommunication system, intercom; *n.s.* telephone extension; private telephone; **~tier** n domestic animal; **~tochter** f lady help; **~tor** n gate;

~trauung f private wedding; **~tür** f street- (or front) door; **~tyrann** m domestic tyrant; den ~ markieren pull the heavy husband; **~vater** m father of the family, pater familias; family-man; of hostel, etc.: warden; **~verwalter** m caretaker, Am. a. janitor, house superintendent, super; **~verwaltung** f property management; **~wart** m → **~verwalter**; **~wirt** m landlord; householder; **~wirtin** f landlady; **~wirtschaft** f house-keeping; domestic economy; domestic science; **♀wirtschaftlich** adj. domestic, household...; **~es** Seminar school of domestic science; **~wirtschaftslehre** f domestic science; **~zeitung** f house organ; **~zelt** n wall tent; **~zins** m (house-)rent.

Haut [haut] f (-; ¨e) skin (a. aer.); hide; slough (of snake); anat. (in-)tegument, cuticle (a. bot.); obere ~ epiderm(is); dünne ~ membrane (a. bot.), pellicle; of fruit: peel; on liquids, etc.: film; dicke (empfindliche, gesprungene or rissige) ~ thick (sensitive, chapped) skin; die ~ betreffend cutaneous; durch die ~ wirkend percutaneous; unter der ~ (befindlich or angewandt) subcutaneous; hypodermic; bis auf die ~ durchnäßt soaked to the skin; auf bloßer ~ tragen wear next to one's skin; e-m Tier die ~ abziehen skin an animal; sich die ~ aufschürfen graze one's skin, skin (one's knees, etc.); colloq. e-e ehrliche ~ an honest fellow; mit ~ und Haar completely, altogether, root and branch; auf der faulen ~ liegen take it easy, loaf; aus der ~ fahren jump out of one's skin; es ist um aus der ~ zu fahren it's enough to drive you mad; e-e dicke ~ haben be thick-skinned; mit heiler ~ davonkommen come away unscathed (or unhurt, safely); s-e (eigene) ~ retten save one's bacon; s-e ~ zu Markte tragen risk one's hide; sich s-r ~ wehren defend o.s. (to the last); ich möchte nicht in s-r ~ stecken I wouldn't like to be in his shoes; er ist nur ~ und Knochen he is nothing but skin and bones; es kann eben keiner aus seiner ~ a leopard can't change his spots, we can't help being what we are; j-m unter die ~ gehen get under a p.'s skin.

'Haut...: ~abschürfung med. f excoriation, skin-abrasion; **~arzt** m dermatologist; **~atmung** f cutaneous respiration; **♀ätzend** adj. vesicant; **~ausschlag** med. m cutaneous eruption, rash; eczema; **~bildung** f skin (or film) formation; **~bräune** med. f croup; **~bürste** f complexion brush.

Häutchen ['hɔytçən] n (-s; -) thin coat(ing); on liquids: film; anat., bot. membrane, pellicle, tunicle.

'Hautdrüse anat. f cutaneous gland.

'häuten v/t. (h.) (strip of the) skin, flay; sich ~ cast or shed one's skin, snake, etc.: (cast the) slough; med. peel, desquamate.

'Haut...: ♀eng adj. skin-tight (dress); **~entgiftungsmittel** n skin decontaminant; **~entzündung** f cutaneous inflammation, dermatitis.

Hautevolee [(h)o:tvo'le:] (Fr.) f (-) high society, the upper crust.

'Haut...: ~farbe f complexion; econ. flesh-colo(u)r; **♀farben** adj. flesh--colo(u)red; **~farbstoff** m pigment; **~fetzen** med. m/pl. skin-debris; **~gewebe** n anat. dermal tissue; bot. periderm; **~gift** n blister agent (or gas), vesicant agent.

häutig ['hɔytiç] adj. skinny; anat., bot. membranous; dunkel~ dark-(-skinned).

'Haut...: ~jucken med. n itching (of the skin), pruritus; **~krankheit** f skin-disease; **~krebs** m (-es) cutaneous (or skin) cancer; **~krem** f skin cream; **~lehre** f (-) dermatology; **~nerv** m cutaneous nerve; **~ödem** n cutaneous (o)edema; **~pflege** f care of the skin; cosmetics pl.; **~salbe** f skin ointment; **~schere** f cuticle-scissors pl.; **~transplantation, ~übertragung** med. f skin-graft(ing).

'Häutung f (-; -en) skinning; of snake, etc.: sloughing; med. peeling (of skin), desquamation.

'Haut...: ~unreinheit f skin blemish; **~vene** f cutaneous vein; **~verletzung, ~wunde** f skin wound, cutaneous lesion; **~wassersucht** f dropsy (in the skin), anasarca.

'Hauzahn zo. m tusk, fang.

Havanna [ha'vana] f (-; -s), **~zigarre** f Havana (cigar).

Havarie [hava'ri:] f (-; -n) average, loss (or damage) by sea; große (besondere, kleine) ~ general (particular, petty) average; ~ andienen notify average; ~ aufmachen adjust (or settle) the average; **~attest** n certificate of average; **~gelder** [-geldər] n/pl. average charges; **~klausel** f average-clause; **~kommissar** m average-adjuster, claims agent; **~schein** m average bond.

H-Bombe ['haː-] f H-bomb (= hydrogen bomb).

H-Dur mus. n B major.

he! [he:] int. hi!, hey!, I say!, you there! [midwife.]

Hebamme ['he:pʔamə] f (-; -n)ʃ

Hebe|balken ['he:bə-], **~baum** m heaver; **~bock** m (lifting) jack; **~bühne** mot. f car lift; **~eisen** n crowbar; **~fahrzeug** mar. n salvage vessel; **~kran** m hoist(ing) crane.

Hebel ['he:bəl] tech. m (-s; -) lever (a. wrestling); handle; crank; e-n ~ ansetzen apply a lever; mit e-m ~ (hoch)drücken, etc. lever (up, etc.); fig. alle ~ in Bewegung setzen move heaven and earth, leave no stone unturned; **~arm** m lever arm.

'Hebeliste f register of taxes.

'Hebel...: ~kraft f, **~moment** n leverage; **~schalter** el. m lever switch; **~stützpunkt** m fulcrum; **~waage** f beam scale; **~werk** n lever gear; **~wirkung** f leverage, lever action.

'Hebemagnet m lifting magnet.

'heben v/t. (irr., h.) lift (a. sports); raise, elevate (both a. fig.); heave; hoist; crane up; jack up (car) (all treasure, wreck); math. reduce, cancel (fraction); → Angel, Himmel, Sattel, Taufe; fig. improve; paint. put into (bold) relief, set off; raise (spirits); enhance, add to (effect,

etc.); accentuate (colour); colloq. e-n ~ raise the elbow, hoist (or down) one; sich ~ rise, raise o.s.; sich ~ und senken rise and fall, heave; sich wieder ~ trade, etc.: revive; diese Zahlen ~ sich auf these figures cancel (out); → gehoben.

'Heben n (-s) lifting, raising; sports: fehlerhaftes ~ faulty lift; beidarmiges ~ twohands lift.

'Heber m (-s; -) phys. siphon; pipette; syringe; anat. and tech. elevator; tech. esp. in compounds: ...-lifter, raiser, aer. tail; mot. (car) jack; **~pumpe** f siphon-pump.

'Hebe...: ~schiff n salvage ship; **~stange** f crowbar, handspike; **~stelle** f receiver's office; (tax-)collecting office; **~vorrichtung** f lifting device (or gear, tackle), hoisting apparatus; on machine tools: elevating mechanism; hydraulic (hoisting) jack; **~zeug** n lifting gear, hoist.

Hebrä|er(in f) [he'brɛːər(in)] m (-s, -; -, -nen) Hebrew; **♀isch** adj. Hebrew; Jewish; die **~e** Sprache, das ♀(e) the Hebrew language, Hebrew.

'Hebung f (-; -en) lifting, raising, heaving; of the ground: elevation; fig. improvement, enhancement, encouragement, promotion; increase; poet., mus. stress, arsis; → Behebung.

Hechel ['hɛçəl] f (-; -n) hatchel, hackle, flax-comb; **♀n** v/t. (h.) hackle, comb.

Hecht [hɛçt] m (-[e]s; -e) pike, jack; ausgewachsener ~ luce; fig. (wie) ein ~ im Karpfenteich (like) a pike in a fish-pond; humor. thick tobacco smoke; **♀en** v/i. swimming: pike, jack(knife); soccer: dive at full-length; gehechtet piked; **'♀grau** adj. bluish-grey; **'~rolle** f gym. dive and roll; **'~sprung** m swimming: pike dive, jackknife, header; gym. long fly; soccer: den Ball durch ~ abfangen make a full-length save.

Heck [hɛk] n (-[e]s; -e) mar. stern, poop; mot. rear; aer. tail; fence; trellis-gate; **'~antrieb** mot. m rear drive; **'~bauer** n breeding-cage.

Hecke¹ ['hɛkə] f (-; -n) hedge; hedgerow; fence; mit e-r ~ umgeben hedge.

'Hecke² f (-; -n) 1. hatching, breeding; 2. hatch, brood.

'hecken v/t. and v/i. (h.) hatch, mammals: breed.

'Hecken...: ~rose f dog-rose; **~schere** f hedge-shears pl.; **~schütze** mil. m sniper; guer(r)illa; **~sprung** aer. m hedge-hopping.

'Heck...: ~geschütz n mar. stern--chaser; aer. tail gun; **♀lastig** aer. adj. tailheavy; **~laterne** f poop lantern; **~licht** aer. n (-[e]s; -er) tail-light; **~motor** mot. m rear engine; **~raddampfer** m stern wheeler; **~schütze** aer. m rear gunner; **~stand** aer. m tail turret.

heda! ['he:daː] int. hi (there)!, hullo!, hallo!

Hede ['he:də] f (-; -n) tow, oakum.

Hederich ['he:dəriç] m (-s; -e) hedge mustard.

Heer [he:r] *n* (-[e]s; -e) army; stehendes ~ standing army, regular
army; *fig.* host, multitude; *in das*
~ *eintreten* join (*or* enter, go into)
the army, recruits: *a.* enlist, join
the ranks; '~**bann** *m* levies *pl.*

'Heeres...: ~**bedarf** *m* army requirements (*or* supplies) *pl.*; ~**bericht** *m* army communiqué, (daily)
war bulletin; ~**bestände** ['-bə-
ʃtɛndə] *m/pl.* military stores; ~
dienst *m* (-es) military service; ~
dienstvorschrift *f* army manual;
~**führung** *f* army command (staff);
Oberste ~ *the* Supreme Command;
~**gruppe** *f* Army group; ~**leitung** *f*
→ *Heeresführung*; ~**lieferant** *m*
army contractor; ~**lieferung** *f*
army contract; ~*en pl.* army supplies; ~**luftwaffe** *f* Army Air
Forces *pl.*; ~**macht** *f* (military)
forces *pl.*, army; ~**ministerium** *n*
Brit. War Office, *Am.* Department
of the Army; ~**personal-amt** *n*
army personnel branch; ~**standort** *m* army post; ~**verwaltung** *f*
army administration; ~**zeug-amt** *n*
army ordnance department; ~**zug**
m expedition.

'Heer...: ~**fahrt** *f* expedition; ~
führer *m* general, commander-
-in-chief; ~**lager** *n* (army-)camp;
~**säule** *f* column of troops; ~**schar**
f host; *eccl. himmlische* ~*en pl.*
heavenly hosts; ~**schau** *f* (military)
review; ~**straße** *f* military road;
highway.

Hefe ['he:fə] *f* (-) yeast, leaven,
barm; dregs (*a. fig.* = scum) lees,
grounds (*a. fig.*); *fig.* den Kelch bis auf
die ~ *leeren* drink the cup to the
dregs (*or* lees); ~**gebäck** *n* raised
pastry; ~**kuchen** *m* raised cake; ~
nahrung *f* yeast food; ~**pilz** *m*
yeast fungus; ~**teig** *m* leaven(ed
dough).

'hefig *adj.* yeasty, yeastlike.

Heft [hɛft] *n* (-[e]s; -e) 1. handle,
haft; *of sword:* hilt; *bis ans* ~ *up*
to the hilt; *fig. das* ~ *in der Hand
haben* hold the power (*or* reins) in
one's hands, be master of the situation; hold the whiphand; *j-m das*
~ *entreißen* wrest the power from
a p.; 2. copy-book; *ped.* exercise-
-book; number, part (*of publication*); copy; (stitched) booklet,
pamphlet, brochure; *in* ~*en erscheinen* appear in numbers (*or*
parts); '~**draht** *m* stitching wire.

'heften *v/t.* (h.) fasten, attach, fix
(*an acc.* to); pin; *sewing:* baste,
tack; stitch, sew (*book*); *geheftet in*
sheets; *sich* ~ *an* (*acc.*) attach (*or*
cling) to; *fig. s-e Augen* ~ *auf* (*acc.*)
fasten (*or* fix, rivet) one's eyes on;
→ *Ferse.*

'Hefter *m* (-s; -) folder.

'Heft|faden *m*, ~**garn** *n* stitching-
(*or* basting-)thread.

heftig ['hɛftiç] *adj.* vehement, violent; impetuous, passionate; fierce;
irascible, hot-tempered; furious;
intens(iv)e, strong; *chem.* brisk;
sharp, severe, keen (*cold, etc.*);
heavy (*rain*); acute (*pain*); splitting
(*headache*); bad (*cold*); angry, high
(*words*); ~ *werden* grow vehement,
fly into a passion *or* temper, cut up
rough; **Ջkeit** *f* (-) vehemence, vio-

lence; fierceness; intensity; severity; impetuosity; hot temper.

'Heft...: ~**klammer** *f* paper-
fastener (*or* -clip); (wire) staple;
~**maschine** *f* thread stitching machine, stitcher; stapling machine,
stapler; ~**nadel** *f* stitching-needle;
~**naht** *f* tacking; ~**pflaster** *n* adhesive (*or* sticking-)plaster, court-
-plaster; ~**stich** *m* tack; **Ջweise**
['-vaizə] *adv.* in numbers (*or* serial
parts); ~**zwecke** *f* drawing-pin,
Am. thumb-tack.

Hegemeister ['he:gə-] *m* head
gamekeeper.

Hegemonie [hegemo'ni:] *f* (-; -n)
hegemony, supremacy.

hegen ['he:gən] *v/t.* (h.) *hunt.* preserve (*game*); nurse, tend (*plants*);
protect, guard; ~ (*und pflegen*)
foster, tend, bestow care (up)on;
cultivate (*arts, relations*); have,
cherish, entertain (*feelings, hope*);
harbo(u)r, nurse, nourish, bear
(*grudge, hatred*); have, entertain
(*doubts, suspicion*).

Hehl [he:l] *n* (-s): *kein* ~ *machen aus*
(*dat.*) make no secret of, make no
bones about, not to disguise; *ohne*
~ (quite) openly, without reserve;
Ջen *jur. v/i.* (h.) receive stolen
goods.

'Hehler(in *f*) *m* (-s, -; -, -nen) *jur.*
receiver of stolen goods, *sl.* fence;
Hehlerei [he:lə'rai] *f* (-) receiving
(of stolen goods); '**Hehlernest** *n*
fence.

hehr [he:r] *adj.* sublime, high, lofty;
person: noble, exalted, august.

Heide[1] ['haidə] *m* (-n; -n), '**Heidin**
f (-; -nen) heathen, pagan; *bibl.
Juden u. Heiden pl.* Jews and Gen-
tiles.

'Heide[2] *f* (-; -n) heath, heather,
moor(s *pl.*); ~**korn** *n* (-[e]s) buckwheat; ~**kraut** *n* (-[e]s) heather;
~**land** *n* (-[e]s) heath(y ground),
moor(land); ~**lerche** *f* woodlark.

Heidelbeere ['haidəl-] *bot. f* bilberry, *Am.* blueberry, huckleberry.

'Heiden...: ~**angst** *colloq. f:* e-e ~
haben be in a mortal fright (*or* blue
funk); ~**geld** *colloq. n* (-[e]s) a lot
of money, *an* enormous sum of
money; ~**lärm** *colloq. m* terrible
noise (*or* row, racket), hullabaloo;
Ջmäßig *colloq. adj.* tremendous,
awful; ~**spaß** *colloq. m* capital fun;
→ *Hauptspaß*; ~**tempel** *m* pagan
temple; ~**tum** *n* (-s) heathenism,
paganism; heathendom, pagan
world.

Heiderös-chen ['-rø:sçən] *n* (-s; -)
briar-rose.

'Heidin *f* → *Heide*[1].

heidnisch ['haidniʃ] *adj.* heathen
(-ish), pagan; godless, unbelieving;
barbarous.

Heidschnucke ['haitʃnukə] *zo. f*
(-; -n) (North German) moorland
sheep.

Heiduck [hai'duk] *m* (-en; -en)
heyduck.

heikel ['haikəl] *adj. person:* fastidious, particular, (over-)nice, finical;
exacting; squeamish; *matter:* delicate, ticklish; critical; *heikle Frage*
delicate (*or* thorny) question; *heikler Punkt or Thema* tender (*or* sore,
sensitive) point *or* subject.

heil [hail] *adj. person:* unhurt, uninjured, unscathed, safe and sound;
thing: whole, intact; *med.* healed,
cured, restored; *wound:* healed
(up); **Heil** *n* (-[e]s) welfare, well-
-being; *eccl.* salvation; *Jahr des* ~*s*
year of grace; *zu j-s* ~*e* (*gereichen*)
(be) for the good (*or* benefit) of a
p.; *zu s-m* ~ luckily for him; *sein* ~
versuchen try one's luck, have a go
at it; *sein* ~ *in der Flucht suchen*
seek safety in flight, take to flight;
~! hail!, hurra(h)!, cheerio!

Heiland ['hailant] *eccl. m* (-[e]s; -e)
Savio(u)r, Redeemer.

'Heil...: ~**anstalt** *f* medical establishment, hospital, clinic, sanatorium, *Am.* sanitarium; mental
home; ~**bad** *n* medicinal baths *pl.*;
watering-place, spa; **Ջbar** *adj.* cur-
able, healable, remediable; ~**barkeit** *f* (-) curableness; ~**behandlung** *f* curative treatment; *zur* ~
zugelassen doctor: licensed to practice; **Ջbringend** *adj.* salutary, salubrious, beneficial; ~**brunnen** *m*
mineral spring; ~**butt** *m* halibut;
Ջen I. *v/i.* (sn) *disease:* be cured;
wound: heal (up), close; **II.** *v/t.* (h.)
heal, cure a p.; *j-n* ~ *von* (*dat.*) cure
a p. of (*a. fig.*); heal (*wound*);
~**erde** *f* healing earth; ~**erfolg** *m*
successful treatment; ~**faktor** *m*
healing factor; **Ջfroh** *adj.* very
glad, greatly relieved; ~**gehilfe** *m*
(trained) male nurse; ~**gymnastik**
f remedial gymnastics *pl.*, physiotherapy; ~**gymnastiker(in** *f*) *m*
(-s, -; -, -nen) physiotherapist.

heilig ['hailiç] *adj.* holy; sacred;
hallowed; saintly, godly, pious;
solemn; sacred, inviolable, sacro-
sanct; venerable; *before proper
names:* Saint (*abbr.* St.); *der* ~*e
Antonius* St. Anthony; **Ջer** *Abend*
Christmas Eve; *der* **Ջe** *Geist*
(*Stuhl, Vater*) the Holy Ghost (See,
Father); → *Land, Schrift;* ~*e Bücher*
sacred books; ~*e Handlung* sacrament, sacred rite; ~*e Pflicht* sacred
duty; ~*er Zorn* righteous anger;
ihm ist nichts ~ nothing is sacred to
him; *schwören bei allem, was* ~ *ist*
swear by all that is holy; *es ist mein
~er Ernst* I am in dead earnest, I
absolutely mean it.

heiligen ['hailigən] *v/t.* (h.) hallow,
sanctify; *R.C.* **a)** canonize, **b)** beatify; hold sacred, keep holy; sanctify; → *Zweck.*

'Heiligen...: ~**bild** *n* Saint's image;
~**schein** *m* halo, aureole, (*a. paint.*)
gloriole, glory; *fig. a.* nimbus; *j-n
mit e-m* ~ *umgeben* put a halo on
a p.

'Heiliger *m* (-en; -en) saint; *fig.*
saintly man; *wunderlicher* ~ queer
customer.

'heilig...: ~**halten** *v/t.* (*irr.,* h.) hold
sacred, keep holy, observe *sabbath*
(strictly); **Ջhalten** *n* religious (*or*
strict) observance; **Ջkeit** *f* (-) holiness, sanctity, sacredness; *person:*
saintliness; *Seine* ~ (*the Pope*) His
Holiness; **Ջsprechen** *v/t.* (*irr.,* h.)
canonize; **Ջsprechung** *f* (-; -en)
canonization; **Ջtum** *n* (-s; =er)
sanctuary, (holy) shrine; (sacred)
relic; *fig.* something sacred; (*room*)
sanctum; *Schändung e-s* ~*s* sacri-

lege; ₂ung f (-; -en) hallowing, sanctification (a. fig.).
'Heil...: ᵥkraft f healing (or curative) power; ₂kräftig adj. healing, curative; medicinal; ᵥkraut n medicinal (or officinal) herb; ᵥkunde f (-) medical science; therapeutics pl.; ₂kundig adj. skilled in medicine; ᵥkundige(r m) f practician; ᵥkunst f medical art; ₂los adj. unholy (a. colloq. fig. = terrible, incredible, hopeless, awful); ᵥmagnetismus m animal magnetism, mesmerism; ᵥmethode f method of treatment, cure; ᵥmittel n remedy, cure (gegen for; a. fig.); medicine, medicament, drug; ᵥmittel-allergie f drug-allergy; ᵥmittellehre f (-) pharmacology; ᵥpädagogik f therapeutic pedagogy; ᵥpflanze f medicinal plant or herb; ᵥpflaster n healing (or medicated) plaster; ᵥpraktiker m non-medical practitioner; ᵥquelle f mineral (or medicinal) spring; ᵥruf m cheer; ᵥsalbe f healing ointment or salve; ₂sam adj. wholesome, salutary; salubrious (climate); healing, curative; fig. beneficial (für acc. to), good (for); iro. das wäre sehr ᵥ für ihn that would do him no end of good; ᵥsamkeit f (-) wholesomeness, salutariness; salubrity.
'Heils-armee f (-) Salvation Army.
'Heil...: ᵥserum n antitoxic serum, antitoxin; ᵥsgeschichte eccl. f (-) (Story of the) Life and Sufferings of Christ; ᵥslehre eccl. f (-) doctrine of salvation; ᵥstätte f sanatorium, cure cent|re, Am. -er; ᵥtrank m medicinal draught; ᵥ- u. Pflegeanstalt f institution for mental cases; ᵥung f (-; -en) cure, healing, successful treatment; ᵥungsprozeß m healing process; recovery; ᵥverfahren n medical treatment; therapy; ᵥwert m curative (or therapeutic) value; ᵥwirkung f curative effect, healing action.
Heim [haɪm] n (-[e]s; -e) home (a. institution); (youth, students') hostel; dwelling, residence, house; ₂ adv. home; homeward; 'ᵥarbeit f homework, outwork; 'ᵥarbeiter(in f) m home-worker.
Heimat ['haɪmɑːt] f (-) home, native place, jur. domicile; native country, homeland; bot. habitat; zweite ᵥ second home, country of one's adoption; ᵥanschrift f home address; ₂berechtigt adj. eligible for domicile, having right of residence, settled; ᵥberechtigung f right of residence (or citizenship); ᵥdichter m regional poet or writer; ᵥfilm m local-colo(u)r film; ᵥflotte f homefleet, ᵥfront f home front; ᵥhafen m home port; port of registry; ᵥkrieger m stay-at-home patriot; ᵥkunde f (-) local history and geography; ᵥland n homeland, native country, mother-country; ₂lich adj. native, home; homelike, like home, homy; vernacular (speech, etc.); ᵥer Boden native soil; ₂los adj. homeless, without a home; outcast; ᵥort m (-[e]s; -e) native place; ᵥrecht n 1. domestic law; (right of)

settlement; ᵥschein m certificate of residence; ᵥschuß mil. m Blighty (one), cushy one, homer; ᵥschutz m home defen|ce, Am. -se; ᵥsinn zo. m (-[e]s) homing instinct; ᵥstaat m native country, country of origin; ᵥstadt f home town, native town; ᵥvertriebene(r m) f expellee.
'heim...: ᵥbegeben (irr., h.): sich ᵥ go (or return) home; ᵥbegleiten v/t. (h.) see a p. home; ₂chen zo. n (-s; -) (house) cricket; ᵥeilen v/i. (-s; -) hasten home; ᵥelig ['-əliç] adj. homy, homelike; snug, cosy, comfy; ᵥfahren v/i. (irr., sn) go (or return) home; drive home; ₂fahrt f return (home), homeward journey (or mar. voyage), return--trip; ₂fall jur. m (-[e]s) reversion, escheat; ᵥfallen v/i. (irr., sn) revert (an acc. to); ᵥfällig adj. revertible, reversionary; ₂fallsberechtigte(r m) f reversioner; ₂fallsrecht n (-[e]s) reversionary right, right of escheat; ᵥfinden (irr., h.), a. sich ᵥ find one's way home (or back); ᵥfliegen aer. v/i. (irr., sn) fly home, home (a. zo.); ᵥführen v/t. (h.) lead (bride: take) home; repatriate; ₂gang m (-[e]s) going home; fig. death, decease; ₂gegangene(r m) f (-n, -n; -en, -en) departed, deceased; ᵥgehen v/i. (irr., sn) go (or return) home; fig. die, depart this life, pass away; ᵥholen v/t. (h.) fetch (or take) home; ₂industrie f home industry; ᵥisch I. adj. native, indigenous; national, domestic; home; ᵥ Gewässer home waters; vernacular (language); → ein...; ᵥ machen acclimatize, domesticate (animal); ᵥ werden become acclimatized, Am. acclimatize; ᵥ sein an (dat.) live (or be at home) in or at, come from (a place); in e-r Wissenschaft: be at home in a science; ᵥ marry for love (money).
II. adv.: sich ᵥ fühlen feel at home; ₂kehr ['-keːr] f (-), ₂kunft ['-kunft] f (-) return home, home--coming; ᵥkehren v/i. (sn), ᵥkommen v/i. (irr., sn) return home, come back; ₂kehrer m (-s; -) home-comer; repatriate(d soldier); ₂kino n home cinema (Am. movie); ₂leiterin f matron; ᵥleuchten v/i. (h.): colloq. j-m ᵥ tell a p. what's what, tick a p. off, send a p. about his business.
'heimlich I. adj. secret; hidden, concealed, private; clandestine, surreptitious, stealthy, furtive, underhand, hush-hush; in disguise, undercover; snug, cosy, homy; II. adv. secretly, etc.; by stealth, on the sly (or quiet); inwardly; ᵥ lachen laugh in one's sleeve; j-n ᵥ anblicken steal a glance at a p.; sich ᵥ entfernen slip (or steal) away, take French leave; ₂keit f (-; -en) secrecy, secretiveness; furtiveness, stealthiness, stealth; closeness, reticence; secret; ₂tuer ['-tuːər] m (-s; -) mystery-monger; ₂tue'rei f (-; -en) mysteriousness; furtive manners pl.; ᵥtun v/i. (irr., h.) be secretive (mit et. about) make a mystery (of); affect an air of mysteriousness.
'Heim...: ᵥreise f homeward (or

return) journey or mar. voyage; auf der ᵥ on the journey home; auf der ᵥ befindlich homeward bound; ₂schicken v/t. (h.) send home; ᵥschule f boarding school; ₂sehnen: sich ᵥ (h.) long for home, be home--sick; ᵥstätte f home; home-croft, homestead; ₂stättengesetz n Homestead Act; ₂suchen v/t. (h.) visit (a. bibl.), afflict, plague; ghosts: haunt (a. fig. the mind); vermin, etc.: infest (e-n Ort a place); enemy: overrun, ravage; heimgesucht haunted (von by), infested (with); von Dürre heimgesucht drought-stricken; von Krieg heimgesucht war-torn; vom Streik heimgesucht strike-racked; ᵥsuchung f ['-zuːxuŋ] f (-; -en) visitation; affliction, trial; infestation; ₂treiben v/t. (irr., h.) drive home; ᵥtücke f insidiousness, malice, treachery, foul play; ₂tückisch adj. malicious; insidious (a. fig.: disease), treacherous (a. fig. road); perfidious, cowardly, dastardly; ₂wärts ['-vɛrts] adv. homeward; ᵥziehen set out (or make for) home; ᵥweg m way (or return) home; auf dem ᵥ on my, etc., way home; ᵥweh n homesickness, nostalgia (a. fig.); ᵥ haben be homesick; ᵥwehr mil. f militia, Brit. Home Guard; ₂zahlen v/t. (h.) fig. pay back; j-m et. ᵥ pay a p. back for a th., get even with a p. for a th.; ₂ziehen v/i. (irr., sn) go (or return, march) home.
Hein [haɪn]: Freund ᵥ Goodman Death.
Heinzelmännchen ['haɪntsəl-] n brownie; pl. a. little people.
Heirat ['haɪrɑːt] f (-; -en) marriage; wedding; match; ᵥ aus Liebe love match; ₂en I. v/t. (h.) marry; wed, lead to the altar; II. v/i. (h.) marry, get married; aus Liebe (wegen Geld) ᵥ marry for love (money).
'Heirats...: ᵥantrag m offer (or proposal) of marriage; e-n ᵥ machen (dat.) propose to, pop the question to; ᵥanzeige f announcement of marriage; ᵥbüro n marriage agency; ₂fähig adj. marriageable; ᵥkandidat m suitor, wooer; ₂lustig adj. keen to marry; ᵥmarkt m marriage market; ᵥschwindler(in f) m marriage impostor; ᵥurkunde f marriage certificate; ᵥvermittler (-in f) m marriage broker; ᵥversprechen n promise to marry; Bruch des ᵥs breach of promise (to marry).
heischen ['haɪʃən] v/t. (h.) ask (for), beg; demand, require.
heiser ['haɪzər] I. adj. hoarse; husky; raucous; croaking; ᵥ werden (sein) grow (be) hoarse; II. adv. hoarsely; sich ᵥ schreien cry o.s. hoarse; ₂keit f (-) hoarseness; huskiness; raucousness.
heiß [haɪs] I. adj. hot; torrid (zone); fig. hot, burning, fiery, ardent; vehement, violent; fervent, fervid; (sexually) hot; glühend ᵥ red-hot, scorching; ᵥes Blut hot blood (or temper); ᵥer Kampf hot (or fierce) battle; ᵥer Kopf burning head; sl. ᵥe Musik (Ware) hot music (goods); → Eisen, Katze, Hölle, etc.; ᵥ machen make hot, heat; ᵥe Tränen

weinen shed scalding tears, weep bitterly; *mir ist* ～ I am hot; **II.** *adv.*: *es ging* ～ *her* it was a stormy affair (*or* a hard struggle); **～blütig** ['-bly:tiç] *adj.* hot-blooded (*a. zo.*); hot-tempered, passionate, fiery; '2**dampf** *m* superheated steam.

'**heißen**[1] **I.** ['haɪsən] **I.** *v/t.* (*irr.*, *h.*) call, name; bid, tell, order, direct, command; → *willkommen*; *colloq.* *das heiße ich e-e gute Nachricht!* that's what I call good news!; **II.** *v/i.* (*irr.*, *h.*) be called (*or* named), go by the name of; mean, signify; be tantamount (*or* equivalent) to; *das heißt* that is (to say) (*abbr.* i.e.); *das will (et)was* ～ that's something, that is saying a great deal; *das will nicht viel* ～ that doesn't mean much; *es heißt, daß* they (*or* people) say that, it is said *or* reported *or* rumo(u)red that; *es heißt in der Bibel* it says in the Bible; *es soll nicht* ～, *daß* it shall not be said that; *nun heißt es auf-gepaßt!* careful now!; *nun heißt es handeln, etc.* the situation now calls for (*or* requires) *action, etc.*, it is now for us *to act, etc.*; *soll das* ～, *daß* does that mean that, do you mean to say that; *was soll das* ～*!* what is the meaning of (all) that, *Am.* what's the big idea?; *wie* ～ *Sie?* what is your name?; *wie heißt das?* what is this called?, what is the name of this?; *wie heißt das auf englisch?* what is (*or* do you call) that in English?, what is the English for that?; *wie es bei Shakespeare heißt* as Shakespeare has it.

'**heißen**[2] *mar. v/t.* (*h.*) hoist; *heiß(t) Flagge!* hoist the flag!

'**heiß...:** **～ersehnt** ['-ɛrze:nt] *adj.* ardently desired; **～gekühlt** ['-ɡ ɔ-ky:lt] *tech. adj.* hot-cooled; **～ge-liebt** ['-ɡəli:pt] *adj.* dearly beloved, ardently loved; 2**hunger** *m* ravenous appetite, *fig.* craving, thirst (*nach* for); **～hungrig** *adj.* ravenous(ly hungry), voracious (*a. fig. reader*); **～laufen** *tech. v/i.* (*irr.*, *sn*) run hot, overheat (o.s.); 2**laufen** *n* overheating; **～löten** *tech. v/t.* (*h.*) hot-solder; **～luftbad** *n* hot-air bath; 2**luftdusche** *f* hot-air apparatus; electric hair dryer; 2**luft-kammer** *f* warm-air chamber; 2**-luftmaschine** *f* caloric *or* hot-air engine; 2**luftturbine** *f* hot-air turbine; 2**mangel** *f* rotary ironer; **～sporn** *m* hotspur; 2**strahltrieb-werk** *n* thermal jet engine, thermojet; 2**wasserbereiter** *m* (*-s*; *-*) geyser, *Am.* waterheater.

heiter ['haɪtər] *adj.* serene; clear, bright, fair; cheerful, gay, bright, *esp. Am.* chipper, gay, hilarious; amusing, funny; humorous (*story, etc.*); **～(er) werden** cheer up, *face, situation, weather*: brighten; *iro. das kann ja* ～ *werden!* nice prospects, indeed!; 2**keit** *f* (*-*) serenity; clearness, brightness; cheerfulness, glee; amusement, merriment, mirth; *zur allgemeinen (wachsenden)* ～ to the general (growing) amusement *or* merriment; 2**keitserfolg** *m*: *damit hatte er e-n* ～ this raised a laugh.

Heiz|anlage ['haɪts-] *f* heating

plant; **～apparat** *m* heating apparatus, heater; 2**bar** *adj.* heatable, with heating (facilities); *tech.* hot--stage (*intrument*); **～batterie** *el. f* filament battery, A-Battery; **～** (**bett**)**decke** *f* electric blanket; **～effekt** *m* heating effect; 2**en I.** *v/t.* (*h.*) heat, fire (up); **II.** *v/i.* (*h.*) make (*or* light) a fire; ～ *mit* (*dat.*) heat with, burn, fire; *der Ofen heizt gut* the stove heats well; *das Zimmer heizt sich gut* the room is easily heated, soon gets warm; **～er** *m* (*-s*; *-*) stoker (*a. rail.*); fireman; **～faden** *el. m* (heated) filament; **～fläche** *f* heating surface; **～gas** *n* fuel gas; **～gerät** *n* → *Heizapparat*; **～kessel** *m* boiler; **～kissen** *n* electric pad; **～körper** *m* radiator, heater; heating element; **～kraft** *f* heating (*or* calorific) power; **～loch** *n* stoke--hole; **～material** *n* fuel; **～ofen** *m* stove; electric fire (*or* radiator); **～öl** *n* fuel oil; **～platte** *f* hot-plate; **～raum** *m* furnace room, boiler-house; *mar.* stokehold; heating chamber; **～rohr** *n*, **～röhre** *f* heater flue, fire tube; hot (*or* heating) tube; **～rohrkessel** *m* fire tube boiler; **～schlange** *f* heating coil; **～sonne** *f* (reflector) bowl-fire; **～spannung** *f* heating voltage; **～strom** *m* filament (*or* heater) current; **～ung** *f* (*-*; *-en*) heating, firing; (central) heating; radiator; *die* ～ *anstellen* (*abstellen*) turn on (off) the radiators; **～ungs-anlage** *f* heating installation (*or* system); **～ungs-technik** *f* heating engineering; **～wert** *phys. m* heating (*or* calorific) value; **～widerstand** *m* filament resistance.

Hekatombe [heka'tɔmbə] *f* (*-*; *-n*) hecatomb.

Hektar [hɛk'ta:r] *n* (*-s*; *-e*) (ha) hectare (= 2.471 acres).

hektisch ['hɛktiʃ] *med. adj.* hectic (*a. fig.*).

Hektode [hɛk'to:də] *f* (*-*; *-n*) pentagrid mixer.

Hektograph [hɛkto'gra:f] *m* (*-en*; *-en*), **hektographieren** [-gra'fi:-rən] *v/t.* (*h.*) hectograph.

'**Hektoliter** *n* (hl) hectolitre (= 21.998 gal.).

Held [hɛlt] *m* (*-en*; *-en*) hero (*a. thea.*, *of novel, etc.*); champion; *fig.* ～ *des Tages* lion (of the day); *er ist kein* ～ *im Lernen* he is not much of a student, he is no mental giant.

Helden... ['hɛldən-]: **～dichtung** *f* epic *or* heroic poetry; **～friedhof** *m* military cemetery; **～gedenktag** *m* Memorial Day; **～gedicht** *n* epic (poem); 2**haft** *adj.* heroic(ally *adv.*), valiant; **～lied** *n* epic song; **～mut** *m* heroism, valo(u)r; 2**mütig** ['-my:-tiç] *adj.* → *heldenhaft*; **～rolle** *thea. f* part of a (*or* the) hero; **～sage** *f* heroic legend, epic tale; **～tat** *f* heroic deed, exploit, feat; **～tenor** *mus. m* heroic tenor; **～tod** *m* heroic death; *mil.* death in action; *den* ～ *sterben* die a hero; be killed in action, fall on the field of hono(u)r; **～tum** *n* (*-s*) heroism; **～verehrung** *f* hero-worship.

Held|in ['hɛldin] *f* (*-*; *-nen*) heroine; 2**isch** *adj.* heroic(ally *adv.*).

helfen ['hɛlfən] *v/i.* (*irr.*, *h.*) help;

lend *or* give a hand; succo(u)r; promote; back; be of use, avail, profit; serve (*zu inf.* to *inf.*), be instrumental (in *ger.*), go to(wards a th. *or ger.*); ～ *gegen et.* be a good remedy for, be good for *a th.*; *j-m auf die Spur* ～ put a p. on the track; *j-m aus dem* (in den) *Mantel* ～ help a p. off (on) with his coat; *j-m aus e-r Verlegenheit* ～ help a p. out of a difficulty; *j-m bei der Arbeit* ～ aid a p. in his work; *sich* ～ *find a way* (out), manage; *da ist nicht zu* ～ there is no help for it, nothing can be done about it; *das hilft mir wenig* that's not much help, that's cold comfort; *er weiß sich zu* ～ he is full of resource, he is able to take care of himself; *er weiß sich nicht (mehr) zu* ～ he is at a loss what to do, he is at his wits' end (*or* at the end of his resources); *es hilft (zu) nichts* it is useless (*or* of no use), it is no good; *es hilft alles nichts, wir müssen gehen* we have no choice but go; like it *or* not, we must go; *ich kann mir nicht* ～ I cannot help it; *ich kann mir nicht* ～, *ich muß darüber lachen* I can't help laughing about it; *ihm ist nicht (mehr) zu* ～ he is beyond help *or* past cure; *iro. ihm werde ich schon* ～*!* I'll give him what for!; *das half* that worked (*or* did the trick).

'**Helfer** *m* (*-s*; *-*), **～in** *f* (*-*; *-nen*) helper, assistant; **～in Steuersachen** tax adviser; **～shelfer** *m* accomplice; → *Handlanger*.

Helgoland ['hɛlgolant] *n* (*-s*) Heligoland, *Am.* Helgoland.

Helio|graph [he:lio'gra:f] *m* (*-en*; *-en*) heliograph; **～graphie** [-gra-'fi:] *f* (*-*) heliography; **～gra'vüre** *f* heliogravure, photogravure; **～skop** [-'sko:p] *n* (*-s*; *-e*) helioscope; **～thera'pie** *f* heliotherapy; **～trop** [-'tro:p] *n* (*-s*; *-e*) heliotrope; 2'**zen-trisch** *adj.* heliocentric(ally *adv.*).

Helium ['he:lium] *n* (*-s*) helium.

hell [hɛl] *adj.* clear, sonorous, ringing, blaring (*sound, etc.*); bright, clear, luminous, shining (*light, etc.*); transparent; pale, light (*beer*) light (*colour*); fair (*complexion, hair*); *fig.* bright, clear-headed, intelligent; **～es Gelächter** hearty (*or* ringing) laugh; **～er Jubel** ringing cheers, jubilations *pl.*; **～er Neid** pure envy; **～er Unsinn** sheer (*or* downright) nonsense; **～er Wahnsinn** sheer madness; *in* **～en Flammen stehen** be in a blaze; *s-e* **～e Freude haben an** (*dat.*) be (more than) delighted at *or* with, enjoy very much; *in* **～en Haufen** in (dense) crowds, in swarms; *in* **～er Verzweiflung** in utter despair; *am* **～(licht)en Tage** in broad daylight; *es wird* ～ it is beginning to dawn; *es ist schon* **～er Tag** it is quite light; *die* **～en Tränen standen ihr in den Augen** her eyes were brimming with tears; '**～blau** *adj.* light--blue; '**～blond** *adj.* very fair, ash--blond; 2**dunkel** *paint.* *n* chiaroscuro.

'**Helle** *f* (*-*) brightness, clearness; luminousness; transparency.

Hellebarde [hɛlə'bardə] *f* (*-*; *-n*) halberd.

Hellen|e [hɛ'le:nə] *m* (*-n*; *-n*), **～in** *f*

(-; -nen) Hellene, Greek; ℒisch *adj.*
Hellenic, Greek.
Heller ['hɛlər] *m* (-s; -) farthing;
auf ~ und Pfennig bezahlen pay to
the last farthing (*Am.* cent), pay
scot and lot; *es ist keinen ~ wert* it
isn't worth a ɪap; *er besitzt keinen
roten ~* he hasn't a penny to his
name.
Helles ['hɛləs] *n* (-en; -en) glass of
pale beer.
'**helleuchtend** *adj.* (*at division:*
hell-leuchtend) brilliant, luminous.
'**hell...:** **~farbig** *adj.* light-col-
o(u)red; fair (*hair*); **~gelb** *adj.* light
yellow; **~glänzend** *adj.* of a bright
lust|re, *Am.* -er, brilliant; **~grün**
adj. light green; **~hörig** *adj.* keen
of hearing; *arch.* poorly soundproofed; *fig. das machte ihn ~* that
aroused his suspicion.
'**Helligkeit** *f* (-) brightness (*a. TV*);
luminousness; brilliancy; *phys.*
light intensity; **~sgrad** *m* degree of
brightness; **~smesser** *m* (-s; -)
luxometer.
Helling ['hɛliŋ] *f* (-; -en) *mar.*
slip(way); building slip.
'**hellicht** *adj.* (*at division:* hell-licht):
am ~en Tage in broad daylight.
'**hell...:** **~rot** *adj.* bright red; ℒ-
schreiber *m* Hellprinter; ℒ**sehen**
n clairvoyance; ℒ**seher(in** *f*) *m*,
~seherisch *adj.* clairvoyant; **~-
sichtig** ['-ziçtiç] *adj.* clear-sighted;
~wach *adj.* wide-awake (*a. fig.*).
Helm [hɛlm] *m* (-[e]s; -e) **1.** *mil.*
etc. helmet; *arch.* dome, cupola; **2.** *tech.* handle, helve; **3.** *mar.* helm,
rudder.
'**Helm...:** **~busch** *m* plume, crest
(of a helmet); **~dach** *n* dome-
-shaped roof, cupola; **~kolben**
chem. m distilling flask; **~holz** *mar.
n* tiller.
Hemd [hɛmt] *n* (-[e]s; -en) shirt;
chemise; *ohne ~* shirtless; *fig. j-n
bis aufs ~ ausziehen* strip a p. to the
shirt, fleece a p.; *das ~ ist mir
näher als der Rock* charity begins at
home; '**~ärmel** *m* → *Hemdsärmel;*
'**~bluse** *f* shirt(-blouse), *Am.* shirt-
(waist); '**~brust** *f,* '**~einsatz** *m*
shirt-front; **~enstoff** ['hɛmdən-] *m*
shirting; '**~hose** *f* (*eine ~* a pair of)
combinations *pl., for ladies: a.*
cami-knickers *pl., Am. a.* union suit;
'**~(en)knopf** *m* shirt-button; stud;
'**~kragen** *m* shirt-collar; '**~särmel**
m shirt-sleeve; *in ~n* → ℒs-**ärmelig**
['-ɛrməliç] *adj.* in one's shirt-sleeves,
shirt-sleeved; *fig. a.* casual.
Hemisphär|e [he:mi'sfɛːrə] *f* (-;
-en) hemisphere; ℒ**isch** *adj.* hemi-
spheric(al).
hemmen ['hɛmən] *v/t.* (h.) check,
stop; hamper, handicap; impede,
obstruct, hold up; retard, delay;
slow up *or* down, brake; clog; drag,
skid, scotch (*cart, wheel*); stem
flood (*a. fig.*); staunch, stop (*blood*);
psych. inhibit; curb, check, restrain
(*passions*); *seelisch gehemmt sein* be
inhibited; *in dieser Umgebung fühle
ich mich gehemmt* this atmosphere
cramps my style; **~d** *adj.* impeding,
obstructive; *med.* inhibitory; *adv.:
dies wurde als sehr ~ empfunden*
this was felt as a severe handicap.
'**Hemm...:** **~feder** *tech. f* retaining

spring; **~nis** *n* (-ses; -se) check,
hindrance; impediment, obstruction, obstacle; handicap; **~rad** *n*
escape(ment) wheel (*of watch*);
~schuh *m* brake, drag, skid; rail.
scotch block; *fig.* drag (für on),
→ *Hemmnis;* **~stoff** *m* inhibitor;
~ung *f* (-; -en) stoppage, check,
hindrance, restraint; retardation
(*of growth*); escapement (*of watch*);
tech. detent pin, lock-hook; *mil.*
jam, stoppage; *psych.* restraint,
scruple, inhibition; *jur.* suspension
(*der Verjährung* of the statute of
limitations); ℒ**ungslos** *adj.* unrestrained, without restraint, reckless, unscrupulous; **~ungslosig-
keit** *f* (-) lack of restraint, recklessness; **~vorrichtung** *f* braking
device, stop, catch.
Hengst [hɛŋst] *m* (-es; -e) stallion;
jackass; **~füllen** *n* colt.
Henkel ['hɛŋkəl] *m* (-s; -) handle,
ear, lug; **~glas** *n* mug; **~korb** *m*
basket with a handle; **~krug** *m* jug;
~ohren *n/pl. colloq.* jughandle ears.
henken ['hɛŋkən] *v/t.* (h.) hang (by
the neck).
'**Henker** *m* (-s; -) executioner, hangman; *scher dich* (*schert euch*) *zum ~!*
go to blazes (*or* hell)!; *zum ~!* hang
it (all)!, the deuce!; *zum ~ mit!*
hang!; **~sbeil** *n* executioner's axe;
~sknecht *m* hangman's assistant;
fig. tormenter, torturer; **~smahl**
(-zeit *f*) *n* last meal (before execution); *humor.* farewell dinner.
Henne ['hɛnə] *f* (-; -n) hen; *junge*
(*or kleine*) **~** pullet.
Heptan [hɛp'taːn] *n* (-[e]s) heptane.
her [heːr] *adv.* (*ant. hin*) hither, *usu.*
here; from; *as to time:* ago;
komm ~! come here (*or* on)!; *wie
lange ist es ~?* how long is it ago
or how long ago was it?; *es ist
nun ein Jahr ~, daß* it is now a
year ago since, it is now a year
that; *wo ist er ~?* where does
he come *or* hail from?; *wo hat er
das ~?* where did he get that
(from)?; *von weit ~* from afar;
~ damit! out with it!, give it to
me!, hand it over!; *untranslated:*
an (*or neben*) *et. ~* beside (*or* by
the side) of a th.; *hinter* (*dat.*) *~
sein* be after; *hinter j-m ~ gehen*
walk behind a p., walk in (*or* dog)
a p.'s footsteps; *um mich ~* around
me; *von oben ~* from above; *vor j-m
~ gehen* walk in front (*or* ahead)
of a p.; *fig. damit ist es nicht weit ~*
that's of little value, it's nothing
to write home about, it's not so hot;
fig. vom rein Künstlerischen ~ from
a purely artistic point of view.
herab [hɛˈrap] *adv.* down, downward; *den Hügel* (*ins Tal*) **~** down
the hill, downhill; *die Treppe* **~**
down the stairs, downstairs; *von
oben* **~** from above (*or* on high), *fig.*
in a superior way, condescendingly;
in compounds usu. ... down; → *herunter...;* **~blicken** *v/i.* (h.) → *herab-
sehen;* **~drücken** *v/t.* (h.) press
down, depress; *econ.* beat (*or* force)
down (*prices*); **~gehen** *v/i.* (*irr., sn*)
walk down (here), descend; **~hän-
gen** *v/i.* (*irr., h.*) hang down;
dangle (*von* from); **~kommen** *v/i.*
(*irr., sn*) come down, descend;

~lassen *v/t.* (*irr., h.*) let down,
lower; *sich ~ fig.* condescend,
deign; *sich zu et. ~* stoop (*or*
condescend) to do a th.; **~lassend**
adj. condescending (*gegen, zu* to);
ℒ**lassung** *f* (-) condescension; *j-n
mit ~ behandeln* treat with condescension, patronize, *Am. sl.* high-
-hat; **~mindern** *v/t.* (h.) reduce,
diminish, decrease; impair, detract
from; **~sehen** *v/i.* (*irr., h.*): *~ auf*
(*acc.*) look down at (*or fig. contp.:*
upon); **~setzen** *v/t.* (h.) put (*or*
take) down, lower; *fig. in rank:*
degrade, debase; reduce (*a. speed*);
lower, *econ. a.* mark down; diminish,
decrease; cut (down), curtail, *Am. a.*
slash; *fig.* depreciate, disparage,
run down *a p.; zu herabgesetzten
Preisen* at reduced prices; **~setzend**
adj. degrading; derogatory, disparaging, contemptuous; ℒ**setzung**
f (-; -en) lowering, reduction (*a.
econ.*); curtailment, cut; *fig.* depreciation, disparagement; slight; **~-
sinken** *v/i.* (*irr., sn*) sink (down),
descend; *fig.* be(come) degraded,
sink; *econ.* fall; **~steigen** *v/i.* (*irr.,
sn*) descend, walk (*or* climb) down;
from horse: dismount; **~stoßen** *v/i.*
(h.) bird, *etc.:* swoop down, *aer. a.*
nose down; **~stürzen I.** *v/t.* (h.)
throw (*or* push) down, precipitate;
sich ~ throw (o.s.) down, jump (to
one's death); **II.** *v/i.* (*sn*) fall down,
be precipitated; rush down; **~wür-
digen** *v/t.* (h.) (*sich ~*) degrade
(o.s.), abase (o.s.), demean (o.s.);
ℒ**würdigung** *f* degradation, abase-
ment.
Herald|ik [he'raldik] *f* (-) heraldry;
ℒ**isch** *adj.* heraldic.
heran [hɛˈran] *adv.* (up) this way,
near, to the spot; *~ an* (*acc.*) up (*or*
near) to; *nur* (*or immer*) *~!* come on!;
in compounds usu. ... near; **~arbei-
ten:** *sich ~* (h.) work one's way near,
creep up (*an acc.* to); **~bilden** *v/t.*
(h.) train, educate; **~brechen** *v/i.*
(*irr., sn*) approach; *day:* dawn; **~-
bringen** *v/t.* (*irr., h.*) bring up;
carry (*or* transport, move) to the
spot; supply; **~drängen:** *sich ~* (h.)
press forward, jostle (*an acc.*
against); **~führen** *v/t.* (h.) lead
to the spot, bring up; *tech.*
advance *tool* (an *to*); *fig. j-n ~*
an et. lead a p. up to a th., initiate
a p. into a th.; **~gehen** *v/i.* (*irr., sn*)
go (*or* walk) up (*an acc.* to), step
up (to), approach; *an e-e Aufgabe:*
set about, approach, tackle *a job;* **~-
kämpfen** *sports: sich ~* (h.) close in
(*an acc.* on), pull up (to); **~kommen**
v/i. (*irr., sn*) come (*or* draw) near,
come on, approach; *~ an j-n* come
up to a p., *w.s.* gain (*or* close in) on
a p.; overtake a p.; *an et. ~ fig.* get
to (*or* at *or* hold of) a th., come by a
th.; *fig.* come (*or Am.* measure) up
to a th.; *~ an e-e Zahl, Leistung, etc.:*
come near to, approach, approximate) to *a figure, performance, etc.;*
et. ~ lassen await a th. (calmly),
wait and see, bide one's time; **~ma-
chen:** *sich an et. ~* (h.) set to work
on, undertake a th.; *sich an j-n ~*
approach a p., sidle up to a p., *fig.*
approach a p., make up to a p.,
(start to) work on a p.; **~nahen** *v/i.*

(sn) approach, draw near, *as to time*: a. be forthcoming; *danger*: be imminent; ♀**nahen** [-nɑːən] *n* (-s) approach; **~pirschen:** *sich ~* (h.) an (*acc.*) stalk creep up to; **~reichen** *v/i.* (h.): *~ an* (*acc.*) reach (or come) up to, touch, come close to; *fig.* a. equal, touch, fill *a p.'s* shoes; **~reifen** *v/i.* (sn) ripen, mature, grow up (*zu et.* to be *or* grow into); **~rücken I.** *v/t.* (h.) move (*or* push) near, pull up; **II.** *v/i.* (sn) approach, draw near (*a. time*); advance, come on; **~schaffen** *v/t.* (h.) bring up, carry (*or* transport, move) to the spot; supply, furnish; **~schleichen:** *sich ~* (irr., h.) an (*acc.*) sneak (*or* creep) up to; **~treten** *v/i.* (irr., sn) approach (an *j-n* a *p.*; *a. fig. mit* with *a request, etc.*); step up (to); **~wachsen** *v/i.* (irr., sn) grow up; *~ zu* (*dat.*) grow into (or up to be); *das ~de Geschlecht* the rising (*or* oncoming) generation; **~wagen:** *sich ~* (h.) an (*acc.*) venture near, dare to approach; *fig. an e-e Aufgabe, etc.*: venture to approach (*or* tackle), try one's hand (*or* luck) on, have a go at *a job*; **~winken** *v/t.* (h.) motion (*or* beckon) to approach; **~ziehen I.** *v/t.* (irr., h.) draw (*or* pull) near; *fig.* interest *a p.* (zu in); *j-n ~* summon (*or* call in) a p., enlist a p. ('s services), call (up)on a p.; *mil., etc.* mobilize, recruit (zu for); consult (*doctor, expert*); draw upon, use, apply (*funds*); find, procure; *econ.* attract (*capital, investors*); requisition; cite, quote, refer to, rely on (*a decision, etc.*); draw upon, rely upon (*a source*); rear (up), raise; **II.** *v/i.* (irr., sn) approach, draw near, *mil.* a. advance.

herauf [hɛ'rauf] *adv.* up, upwards; up here; *den Berg ~* up the hill, uphill; *den Fluß ~* up the river, upstream; *die Treppe ~* up the stairs, upstairs; *(von) unten ~* from below; *~!* come up (here)!; *in compounds usu.* ... up, → *empor* ...; **~arbeiten:** *sich ~* (h.) work one's way up; **~bemühen** *v/t.* (h.) (*a. sich*) trouble to come up; **~beschwören** *v/t.* (irr., h.) conjure up, evoke, call up (*all a. fig.: feelings, memories*); *fig.* bring on, give rise to; provoke; precipitate (*crisis*); **~bitten** *v/t.* (irr., h.) *j-n:* ask a p. (to come) up; **~bringen** *v/t.* (irr., h.) bring up; **~dämmern** *v/i.* (sn) dawn; **~dringen** *v/i.* (irr., sn) *sounds:* rise from below, float up; **~führen** *v/t.* (h.) show (*or* lead) up *or* upstairs; **~kommen** *v/i.* (irr., sn) come up; *die Treppe ~* come up the stairs *or* upstairs; *die Straße ~* come up (*or* along) the street; *fig.* get on, rise; *storm:* → *heraufziehen;* **~schalten** *mot. v/i.* (h.) shift into higher gear, change up; **~setzen** *v/t.* (h.) increase, raise, up; *econ.* a. mark up (*prices*); **~steigen** *v/i.* (irr., sn) ascend, mount, come (*or* climb) up; *vapours, etc.*: rise; *storm:* → **~ziehen I.** *v/t.* (irr., h.) draw (*or* pull) up; *fig. j-n:* lift *a p.* up (*zu sich* to one's own level); **II.** *v/i.* (irr., sn) move (*or* march) up; *storm:* come up, be brewing.

heraus [hɛ'raus] *adv.* out; *~ aus*

out of; *zum Fenster ~* out of the window; *nach vorn ~ wohnen* live at the front, in a front room; *von innen ~* from within; *med. von innen ~ heilen* cure internally *or* radically; *aus e-m Gefühl ~* from (*or* out of a sense of *lonesomeness, etc.*); → *fein;* *int.* → *raus;* *~ mit ihm!* out with him!; *~ damit!* out with it!; *~ mit der Sprache!* speak up (*or* out)!, spit it out, *Am. sl.* (the beans)!; *da ~!* out there!, this way out!; *is that the way out?;* *frei* (*or gerade, offen, rund*) *~* **a)** frankly, openly, **b)** plainly, bluntly, point-blank; *jetzt ist es ~!* now the secret is out!, now we know!; *colloq. das ist noch nicht ~* that's not at all certain, it is anybody's guess; → *heraushaben; in compounds usu.* ... out; **~arbeiten** *v/t.* (h.) work out; *aus Stein, Holz:* carve (*or* chisel, hew) out of *stone, wood;* *fig.* work out, elaborate (*ideas, etc.*); *sich ~* work one's way out, struggle out (*aus* of); extricate o.s. (from); **~beißen** *v/t.* (irr., h.) bite out (*aus* of); *fig. j-n ~* get a *p.* out (*aus e-r mißlichen Lage* of a quandary); *sich ~* extricate o.s., fight (*or* work) one's way out (of); **~bekommen** *v/t.* (irr., h.) **a)** get out (*aus* of); worm (*or* ferret) *a secret* out, elicit; find out, discover, *sl.* get wise to; puzzle (*or* work) out (*riddle, etc.*); make (*or* find, *Am.* figure) out (*meaning*); **b)** *sein Geld wieder ~* get back (*or* recover) one's money; *et.* (*Geld*) *~* get some change back; *Sie bekommen zwei Mark heraus* you get ... change; **~bringen** *v/t.* (irr., h.) bring out; get out; *fig.* bring out *a product*, come out with, (put on the) market; turn out; *riddle, secret, etc.* → *herausbekommen* a); *a book, etc.* → *herausgeben; thea.* (put on the) stage, produce; **~drücken** *v/t.* (h.) press (*or* squeeze) out; stick (*or* throw) out (*one's chest*); **~fahren** *v/i.* (irr., sn) come (*or* drive *a. v/t.*) out; *fig. words* escape, slip out; *das Wort war ihm herausgefahren* he had blurted out the word; **~finden** *v/t.* (irr., h.) discover, find out, trace (out); establish; *sich ~ find* one's way out, *fig.* extricate o.s. (*aus* from); **~fliegen** *v/i.* (irr., sn) and *v/t.* (irr., h.) fly out (*aus* of); **~fließen** *v/i.* (irr., sn) flow out (*aus* of), issue from; ♀**forderer** [-fɔrdərər] *m* (-s; -) challenger; **~fordern** *v/t.* (h.) ask for the return of (*object*), demand the restitution of; *zum Kampfe:* challenge, throw down the gauntlet to (*opponent*); defy, provoke; *das Unglück ~* court disaster, ask for it; *zur Kritik ~* invite criticism; **~fordernd** *adj.* challenging; defiant; provoking, provocative; arrogant; inviting; come-hither (*look*); ♀**forderung** *f* challenge; provocation; (open) defiance; *die ~ annehmen* accept the challenge, take up the gauntlet; **~fühlen** *v/t.* (h.) feel, sense; ♀**gabe** *f* (-) *jur.* restitution, surrender; delivery; *of books, etc.*: publication, issue; *jur. Klage auf ~* action for restitution (*or* detinue); **~geben** *v/t.* (irr., h.) surrender, deliver up,

hand over, give up; give back, return, restore; publish (*book, etc.*), edit; give *money* in change; *Geld ~ auf* (*acc.*) give change for; issue (*regulation, etc.*); ♀**geber(in** *f) m* publisher; editor; **~gehen** *v/i.* (irr., sn) *nail, etc.*: go out; *stain:* come out; *fig. aus sich ~* liven up, come out of one's shell; **~greifen** *v/t.* (h.) pick (*or* single) out; select, choose; cite (*examples*); **~gucken** *v/i.* (h.) peep (*or* peek) out; **~haben** *v/t.* (irr., h.) have solved *or* discovered (*riddle, etc.*); know (*or* understand) thoroughly; *die Handhabung von et. ~* know how to use (*or* handle) a th., have the knack (*Am.* hang) of a th.; *jetzt habe ich es* (he)*raus* now I have got it; **~halten** (irr., h.): *sich aus et. ~* keep out of a th.; **~heben** *v/t.* (irr., h.) lift (*or* take) out; *fig.* set off, accentuate; make stand out; *sich ~* stand out; **~helfen** *v/i.* (irr., h.): *j-m ~* (*aus dat.*) help (*or* get) a p. out (of); **~holen** *v/t.* (h.) get (*or* take, draw) out, extricate (*aus* from); *fig.* extract (from), get out (of); get (*or* worm) *secret, etc.*, out (of), elicit; *das Letzte aus sich ~* do one's utmost, make an all-out effort, give all one has; *aus et.:* force to the limit (*a. aus j-m*), work (*or* use, play) *a th.* for all it is worth; **~hören** *v/t.* (h.) hear; detect; **~kehren** *v/t.* (h.) sweep out; *fig.* assume the air of, like to play; **~klingeln** *v/t.* (h.) ring up; **~kommen** *v/i.* (irr., sn) come out; appear, emerge; get out; *fig. aus e-r Schwierigkeit:* get out of, extricate o.s. from *a difficulty;* come out, become known, spread (abroad), leak out, *Am. a.* develop; *book:* be published, come out, appear, *in serial parts:* be issued; *mit e-m Gewinn ~* draw a prize; result, come (*bei* of); *es kommt auf eins* (*or dasselbe*) *heraus* it amounts to the same thing, it is all the same; *es kommt nichts dabei heraus* there is nothing (to be) gained by it, it does not pay, it is of no use; *dabei ist nichts Gutes herausgekommen* nothing good has come (out) of it; *man kam aus dem Lachen nicht heraus* there was no end of laughter; **~kriegen** *colloq. v/t.* (h.) → *herausbekommen;* **~kristallisieren** *v/t.* (h.) crystallize; *sich ~ a.* take shape, materialize; **~lassen** *v/t.* (h.) let out; **~laufen** *v/i.* (irr., sn) run out, *liquid:* a. leak out; *sports* gain (*a victory*), secure (*a place*); **~locken** *v/t.* (h.) lure (*or* entice) out; *fig. aus j-m ~* draw (*or* worm) out of a p.; **~lügen:** *sich ~* (irr., h.) lie o.s. out (*aus* of); **~machen** *v/t.* (h.) take out; remove; *fig. sich ~* come (*or* get) on well; show (good) progress, improve; blossom out; develop; *after sickness:* pick up, come round (very nicely); **~nehmbar** [-neːmbaːr] *tech. adj.* removable; **~nehmen** *v/t.* (irr., h.) take out (*aus* of), remove (from); pull out, extract (*tooth*); *fig. sich ~* presume, venture, make bold; *sich ~ Freiheit;* *er nimmt sich zu viel heraus* he is too forward; **~platzen** *v/i.* (sn) burst out (*lachend:* laughing);

mit der Wahrheit, etc., ~ blurt out the truth, etc.; ~pressen v/t. (h.) press (or squeeze) out; ~putzen v/t. (h.) (sich ~) dress (o.s.) up, spruce (o.s.) up, doll (o.s.) up; ~ragen v/i. (h.) jut out, project; fig. stand out (aus from); ~reden v/i. (h.): frei ~ speak out (or up), speak freely (or one's mind); fig. sich ~ make excuses; prevaricate, quibble; wriggle out; ~reißen v/t. (irr., h.) tear (or pull, rip, wrench) out; fig. extricate, free (aus from), get out (of); shake out (of); colloq. das hat ihn noch herausgerissen this saved him (from the worst); ~rücken I. v/t. (h.) push (or move) out; II. v/i. (h.): mit et. ~ come out with a th.; (a. v/t.) (mit) Geld ~ shell (or fork) out, sl. cough up (money); mit der Sprache ~ a) speak out (freely), speak up, talk, b) come out with the truth, own up; er wollte nicht mit der Sprache ~ a. he kept beating about the bush (or hedging); ~rufen v/t. (irr., h.) call out; mil. turn out the guard; thea. call before the curtain; ~rutschen v/i. (sn) slip out; fig. a. (j-m) slip off the tongue; ~sagen v/t. (h.) declare (or utter) freely, tell frankly; → heraus; ~schaffen v/t. (h.) take (or move, carry) out; ~schälen v/t. (h.) fig. lay bare, unfold, develop; sift out; sich ~ crystallize, become more and more apparent; ~schauen v/i. (h.) look (or peer) out (aus of); fig. → herauskommen; ~schlagen I. v/t. (irr., h.) knock out (aus of); fig. Geld aus et. ~ profit (or make money) by; s-e Kosten ~ recover one's expenses; get, obtain, sl. wangle (an advantage); möglichst viel ~ aus make the most of; II. v/i. (irr., sn) flame: burst through, leap out (of); ~schleichen: sich ~ (irr., h.) sneak (or steal, slink) out; ~schleudern v/t. (h.) throw (or fling, catapult) out; ~schlüpfen v/i. (sn) slip out; ~schneiden v/t. (irr., h.) cut (or clip) out; med. excise, snip out; ~sehen v/i. (irr., h.) look out (aus of); ~springen v/i. (irr., sn) jump (or leap) out; fig. → herauskommen; ~spritzen v/i. (sn) spout out, gush forth; ~stecken v/t. (h.) put up (flag); → herausstrecken; ~stellen v/t. (h.) put (or place, get) out; player: turn (or order) out; fig. emphasize, set forth, point out (ideas, etc.); make public, publicize (in advertising, press, etc.); feature (a. thea.), bring out, give prominence to, give prominent display, Am. a. highlight; iro. dramatize, play up; distinguish plainly; set off, throw into (sharp) relief; sich ~ turn out, prove (als to be); appear, become apparent; be discovered (or found out, exposed), come to light; es stellte sich heraus, daß er had turned out (or proved, was found) to be; ~strecken v/t. (h.) put forth (or out); j-m die Zunge ~ put (or stick) one's tongue out at a p.; ~streichen v/t. (irr., h.) fig. extol, praise (to the skies), eulogize; esp. econ. cry up, puff; ~strömen v/i. (sn) pour (or flow, gush) out; fig. pour

forth; ~stürzen v/i. (sn) fall (or tumble) out; rush out; ~suchen v/t. (h.) choose, select, pick out; ~treten v/i. (irr., sn) step (or come) out (aus of); emerge (from); med. protrude; → hervortreten; ~wachsen v/i. (irr., sn) bot. sprout (or shoot, grow) out (aus of); aus den Kleidern: outgrow (one's clothes); → Hals; ~wagen: sich ~ (h.) venture out; ~wanken v/i. (sn) stagger out; ~winden: sich ~ (irr., h.) extricate o.s. (aus from); wriggle out (of); ~wirtschaften v/t. (h.) extract, obtain; ~wollen v/i. (h.) want to get out; fig. nicht mit der Sprache ~ → herausrücken; ~ziehen v/t. (irr., h.) draw (or pull, take) out, extract (a. chem., tooth, and fig. contents); drag out; mil. withdraw, disengage, pull out (troops); cull notes (aus from books, etc.).

herb [herp] adj. harsh; acrid, sharp; acid, sour; tart; dry (wine); fig. harsh; bitter, caustic (words, etc.); unpleasant; austere (beauty, style).

Herbarium [her'ba:rium] n (-s; -ien) herbarium.

Herbe ['herbə] f (-) → Herbheit.

herbei [her'baɪ] adv. here, hither; ~! come here (or on)!; → heran...; ~bringen v/t. (irr., h.) bring (on or along); ~ herbeischaffen, beibringen (jur.); ~eilen v/i. (sn) approach in haste, rush to the scene, come running; ~führen v/t. (h.) lead (or bring) up; fig. bring about (or on), cause, produce; engineer; provide for; lead (or give rise) to, entail; force; esp. med. induce; selbst herbeigeführte Abtreibung self-induced abortion; ~holen v/t. (h.) fetch, go for; call in (doctor); ~ lassen send for; ~kommen v/i. (irr., sn) → herankommen; ~lassen: sich ~ zu (inf., h.) condescend (or deign) to, agree to; ~laufen v/i. (irr., sn) come running (along); ~rufen v/t. (irr., h.) call here (or for a p.), call in (a. doctor = send for, summon); ~schaffen v/t. (h.) bring (or get) here; transport (or carry, move) to the spot; supply, procure; produce (a. evidence, witness); ~schleppen v/t. (h.) drag along (or here, in); ~strömen v/i. (sn) flock or crowd here (or zu to), come in crowds; ~stürzen v/i. (sn) rush here (or to the scene or spot); ~winken v/t. (h.) motion (or beckon) to approach; ~ziehen v/t. (irr., h.) draw (or pull) near.

her... ['he:r-]: ~bekommen v/t. (irr., h.) get here, obtain, procure; ~bemühen v/t. (h.) j-n (a. sich): trouble to come (here or round); ~be-ordern v/t. (h.) summon.

Herberg|e ['herbergə] f (-; -n) shelter (a. fig. = refuge), lodging; inn; (youth) hostel; ~svater m warden.

her... ['he:r-]: ~bestellen v/t. (h.) ask to come, make an appointment with; bid a p. come; send for; summon; ~beten v/t. (h.) say off mechanically (or monotonously), rattle off.

Herbheit ['herphaɪt] f (-) acerbity, harshness (both a. fig.); sharpness,

acidity; dryness (of wine); fig. a. severity; bitterness; austerity (of beauty, style).

'her...: ~bitten v/t. (irr., h.) ask to come, ask round; ~bringen v/t. (irr., h.) bring (here or along); → hergebracht.

Herbst [herpst] m (-es; -e) autumn, Am. fall; harvest-time; '~abend m autumn(al) evening; '~anfang m beginning of autumn (Am. fall); '~blume f autumnal flower; '~en I. v/i. (impers., h.): es herbstet autumn is coming; II. v/t. (h.) → ernten; '~färbung f autumnal tints pl.; '~ferien·pl. autumn holidays; '2lich adj. autumnal; ~ling ['-lɪŋ] m (-s; -e) autumn fruit; '~monat m autumn month; w.s. September; '~rose f hollyhock; '~tag m autumn(al) day; '~wetter n autumnal weather; ~zeitlose ['-tsaɪtlo:zə] bot. f (-n; -n) meadow-saffron.

Herd [he:rt] m (-[e]s; -e) hearth, fireplace; cooking-stove, (kitchen-) range; metall. hearth, smelting chamber; fig. hearth, home; seat, focus (a. med.); cent|re, Am. -er; am häuslichen ~ by (or at) one's fireside; s-n eigenen ~ gründen set up for o.s., settle down; eigener ~ ist Goldes wert there is no place like home.

Herde ['he:rdə] f (-; -n) herd (contp. a. fig.); flock; fig. a. crowd; mass, multitude; ~ngeist m (-es) herd-mentality; ~ninstinkt m herd instinct; ~nmensch m one of the common herd; ~ntier n gregarious animal; ~ntrieb m herd instinct; 2nweise adv. in herds, etc.

'Herd...: ~frischen metall. n (-s) refining in hearths; refinery process; ~frischstahl m fined steel; ~kohle f domestic coal; ~platte f top of (kitchen-)stove.

herein [he'raɪn] adv. in (here), into; von draußen ~ from outside; ~! come in!; hier ~! this way, please; in compounds usu. in(to in acc.); ~bekommen v/t. (irr., h.) econ. get in (stock); recover (debts); ~bemühen v/t. (h.) trouble (or ask) to come in; sich ~ take the trouble of coming in; ~bitten v/t. (irr., h.) invite (or ask) to come in; ~brechen v/i. (irr., sn) fig. night: close in (über acc. upon), fall; storm: set in, come on; misfortune: ~ über overtake, befall; ~bringen v/t. (irr., h.) bring in, get in; gather in, house (harvest); ~dringen v/i. (irr., sn) enter forcibly; → eindringen; 2fall m → Reinfall; ~fallen v/i. (irr., sn) fall in; fig. (colloq. reinfallen) be cheated (or swindled, victimized), be sold or taken in (auf acc. by), Am. fall (auf j-n or et. for); ~führen v/t. (h.) show (or usher) in(to in acc.); ~gehen v/i. (irr., sn) enter, step in; go or fit in(to in acc.); ~holen v/t. (h.) fetch (person: a. have) in; econ. canvass (orders); ~kommen v/i. (irr., sn) come in(side), come in(to in acc.), step or walk in(to in acc.); kurz ~ drop in; econ. come in (or to hand); ~lassen v/t. (irr., h.) let in, admit; ~legen v/t. (h.) fig. (colloq. reinlegen) cheat, swindle, take in, sell,

Am. sl. take for a ride; fool, hoax, dupe; ~lotsen *v/t.* (h.) pilot in(to *in acc.*); ~nehmen *v/t.* (*irr.*, h.) take in; *econ.* accept, book, take in (*orders*), take in stock (*goods*), accept in continuation (*securities*); *zum Diskont* ~ accept for discount; *Wechsel zum Inkasso* ~ accept bills for collection; 2nehmer *m* stock exchange: taker(-in); ~platzen *v/i.* (sn) burst in(to *in acc.*); ~regnen *v/i.* (*impers.*, h.): *es regnet herein* it is raining in(to *in acc.*); ~rufen *v/t.* (*irr.*, h.) call in; ~schneien *v/i.* (*impers.*, h.): *es schneit herein* it is snowing in(to *in acc.*); *colloq. fig.* turn up suddenly (*or* unexpectedly), *sl.* blow in; ~sehen *v/i.* (*irr.*, h.) look in(to *in acc.*); ~strömen *v/i.* (sn) flood in (*a. fig.*); ~stürmen *v/i.* (sn), ~stürzen *v/i.* (sn) rush in(to *in acc.*); ~treten *v/i.* (*irr.*, sn) enter, walk (*or* step, stride) in(to *in acc.*); ~ziehen **I.** *v/t.* (*irr.*, h.) draw *or* pull in(to *in acc.*); **II.** *v/i.* (*irr.*, sn) → einziehen.

'her...: ~fahren **I.** *v/t.* (*irr.*, h.) bring (*or* mot. drive) here; **II.** *v/i.* (*irr.*, sn) come (*or* drive) here; 2fahrt *f* journey back, return--journey (*or* trip); ~fallen *v/i.* (*irr.*, sn): ~ *über* (*acc.*) pounce (*or* fall, set, come down) upon; attack, assail, assault; → hermachen; ~finden: (*a. sich*) (*irr.*, h.) find one's way (here); 2fracht *f* home freight; ~führen *v/t.* (h.) bring (*or* conduct) here; *was führt Sie her?* what brings you here?; 2gang *m* course of events, proceedings *pl.*; circumstances, details *pl.*; *tell me what happened or the whole story;* ~geben *v/t.* (*irr.*, h.) give (away); give up, deliver, surrender, hand over; give back, return; *fig.* yield; *sich (seinen Namen)* ~ *zu* lend o.s. (one's name) to; ~gebracht ['-gəbraxt] *adj.* conventional, usual, customary; (*alt*~) handed down to us, traditional, ancient; ~gehen *v/i.* (*irr.*, sn) come (here); *hinter j-m* ~ follow a p.'s steps, walk behind a p.; *vor j-m* ~ walk ahead of a p.; happen; *hier geht es hoch her* there are grand goings-on here; *es ging heiß her* it was rough (work); *jetzt geht es über ihn her* now they are down upon him; ~gehören *v/i.* (h.) → hierhergehören; ~gehörig *adj.* pertinent; to the purpose (*or* point); ~gelaufen *adj.*: *contp.* ~*er Kerl* vagabond, tramp, beggar; ~haben *v/t.* (*irr.*, h.): *wo hast du das her?* where did you get that (from)?, how did you come by it?; ~halten **I.** *v/t.* (*irr.*, h.) hold forth (*or* out), tender; **II.** *v/i.* (*irr.*, h.): ~ (*müssen*) *für* (*acc.*) (have to) suffer *or* pay for; be the butt *or* target of (*jokes, etc.*); ~holen *v/t.* (h.) fetch (*or* get) here; ~ *lassen* send for; *fig. weit hergeholt* far-fetched; ~hören *v/i.* (h.) listen, pay attention.

Hering ['he:rɪŋ] *m* (-s; -e) herring; *geräucherter* ~ red (*or* smoked) herring, bloater; *gedörrter* ~ kipper(ed herring); *gesalzener or saurer* ~ pickled herring; *grüner* ~ fresh (*or* green) herring; *fig.* (tent) pin *or* peg; *colloq.* (*person*) scrag, starve-

ling; *wie die* ~*e zusammengedrängt* packed like sardines.

'**Herings...**: ~fang *m* herring--fishery; ~fänger *m* herring--smack; ~faß *n* herring-keg; ~fischer *m* herring-fisher, herringer; ~fische'rei *f* → Heringsfang; ~milch *f* herring-milt; ~rogen *m* soft-roe (of a herring); ~salat *m* salad (mixed) with pickled herring; ~schwarm *m* shoal (*or* school) of herring.

'her...: ~kommen *v/i.* (*irr.*, sn) come here; come (*or* draw) near, approach; ~ *von* come (*or* originate) from; *matter:* a. be due to; *word:* be derived from; *komm(t) her!* come here!; *wo kommt er her?* where does he come (*or* hail) from?; 2kommen *n* (-s) convention, custom, usage; tradition; → Herkunft; ~kömmlich ['-kœmlɪç] *adj.* conventional, traditional, customary; usual, orthodox; ~*e Konstruktionen* (*Verfahren, Waffen*) conventional designs (methods, weapons).

Herkulesarbeit ['hɛrkules-] *f* Herculean task.

herkulisch [hɛr'ku:lɪʃ] *adj.* Herculean.

'her...: 2kunft [-kunft] *f* (-) of person: origin, descent, extraction; birth; of thing: origin, provenance; of word: a. derivation; 2kunftsbezeichnung *econ. f* mark of origin; 2kunftsland *n* country of origin; ~laufen *v/i.* (*irr.*, sn) run here; *hinter j-m* ~ run after a p.; → hergelaufen; ~leiern *colloq. v/t.* (h.) reel (*or* rattle) off; ~leiten *v/t.* (h.) conduct here; *fig.* derive (*von* from); *by logic:* deduce *or* infer (from); *sich* ~ *von* be derive(d) from; go back to, be traceable to; date from; descend from; 2leitung *f* derivation; inference; ~locken *v/t.* (h.) allure, entice (here); ~machen: *sich* ~ (h.) *über et.* set about, tackle, attack; *sich über sein Essen* ~ fall to, pitch in; *über j-n:* → herfallen.

Hermelin [hɛrmə'li:n] **1.** *zo. n* (-s; -e) ermine, *in winter:* stoat; **2.** *m* (-s; -e) (= ~pelz) ermine(-fur).

hermetisch [hɛr'me:tɪʃ] *adj.* hermetic(ally *adv.*), air-tight; ~ *verschlossen* hermetically sealed.

'her...: ~müssen *v/i.* (*irr.*, h.) have (*or* be obliged) to come; *das Buch muß her!* we must have that book!

hernach [hɛr'na:x] *adv.* after, afterwards, after this (that); here-after (thereafter), subsequently; later (on).

'her...: ~nehmen *v/t.* (*irr.*, h.) take (*von* from), get (from); *j-n:* take a p. to task, rake a p. over the coals; drill, *Am. mil. sl.* give a p. chicken; ~'nieder *adv.* down.

Heroen|kult [he'ro:ən-] *m* hero--worship; ~tum *n* heroism; ~zeit *f* heroic age.

Heroin [hero'i:n] *n* (-s) heroin.

Heroine [hero'i:nə] *thea. f* (-; -n) heroine.

heroisch [he'ro:ɪʃ] *adj.* heroic(ally *adv.*).

Heroismus [hero'ɪsmʊs] *m* (-) heroism.

Herold ['he:rɔlt] *m* (-[e]s; -e) herald; *fig. a.* harbinger; ~stab *m* herald's staff.

Heros ['he:rɔs] *m* (-; -'oen) hero.

herplappern ['he:r-] *v/t.* (h.) reel (*or* rattle) off.

Herr [hɛr] *m* (-[e]n; -en) master, lord; *sl.* boss; ruler, sovereign; (*God, Christ*) the Lord; ~! O Lord!; gentleman; *before proper names:* Mr. (*abbr. of* Mister); *die* ~*en N. und M.* Messrs. (*abbr. of* Messieurs) N. and M.; (*mein*) ~! Sir!; *Ihr* ~ *Vater* your father; → *Gemahl;* ~ *Doktor (Professor, General)* doctor (professor, general); ~ *Präsident!* Mr. Chairman!; *to the US-President:* Mr. President!; *der* ~ *Präsident* the Chairman, *etc.;* *meine (Damen und)* ~*en!* (ladies and) gentlemen!; *in letters:* sehr geehrter ~ N.! Dear Sir,; *more intimately:* Dear Mr. N.,; *lavatory:* (*für*) ~*en* Gentlemen, Men; *univ. Alter* ~ old graduate, *Am.* alumnus, *colloq.* old boy; *colloq. mein Alter* ~ (*father*) my governor, my old man; *humor.* ~*en der Schöpfung* lords of creation; *mein* ~ *und Gebieter* my lord and master; *in aller* ~*en Länder* all the world over; *aus aller* ~*en Länder* from all over of the world; *ein großer Tänzer vor dem* ~*n* a great dancer; ~ *sein über* (*acc.*) be master of; have under (one's) control; ~ *der Lage sein* be master of the occasion; ~ *im eigenen Haus sein* be master in one's own house; ~ *über Leben und Tod sein* have power over life and death; ~ *werden* (*gen.*) master, bring (*or* get) under control, subdue, *s-r Gefühle, etc.:* a. conquer, overcome, control (*one's feelings, etc.*); *den (großen)* ~*n spielen* play the (fine) gentleman, lord it, do the swell; *als großer* ~ *leben* live in grand style; *sein eigener* ~ *sein* be one's own master, be a man in one's own right, stand on one's own feet, paddle one's own canoe; *keiner kann zwei* ~*en dienen* no man can serve two masters; *wie der* ~, *so der Knecht* like master, like man.

'**Herrchen** *n* (-s; -) little (*or* young) gentleman *or* master; dandy, fop.

'her...: ~rechnen *v/t.* (h.) reckon (*or* cast) up; enumerate, count off; ~reichen *v/t.* (h.) reach, hand, pass (*j-m et. a. p. a th.*); 2reise *f* journey (here); return-journey (*or mar.* voyage); ~reisen *v/i.* (sn) travel (*or* come) here.

'**Herren...**: ~abend *m* gentlemen's party, stag party; ~anzug *m* (gentle)man's suit; ~artikel *econ. m/pl.* gentlemen's outfitting (*or* wear), *Am.* haberdashery *sg.*; ~ausstatter *econ. m* (-s; -) men's outfitter, haberdasher, *Am.* gents' (*or* men's) clothing store; ~bekanntschaft *f* gentleman friend; ~bekleidung *f* men's clothing; ~besuch *m* male visitor *or* caller; ~doppel(spiel) *n tennis:* men's doubles *pl.*; ~einzel(spiel) *n tennis:* men's singles *pl.*; ~essen *n* sumptuous meal; ~fahrer *m* gentleman driver, motorist; *sports:* owner--driver; ~fahrrad *n* man's bicycle; ~friseur *m* men's hairdresser, *esp. Am.* barber; ~gesellschaft *f* → Herrenabend; ~haus *n* mansion, manor(-house); *Brit. parl.* House of Lords; **~hemd** n (man's) shirt; **~hof** m manor(-house); **~konfektion** f (gentle)men's ready-to-wear; **~leben** n (-s) high life; ein ~ führen live like a king (or in grand style); **2los** adj. without a master; thing: ownerless, unowned; animal: stray; **~e** Güter n/pl. unclaimed goods (or property sg.), derelicts (a. mar.); **~es** Fahrzeug driverless vehicle; **~mensch** m superior person; member of the master race; **~mode(n** pl.) f (gentle)men's fashion pl.; **~partie** f men's outing; → Herrenabend; **~reiter** m sports: gentleman rider; **~schneider** m (gentle)men's tailor; **~schnitt** m for ladies: Eton crop, shingled hair; **~sitz** m manor (-house); riding: im ~ reiten ride astride; **~socken** f/pl. half hose sg., socks; **~toilette** f (gentle)men's lavatory; **~volk** n master race; **~zimmer** n study; smoking-room; library; den.

'**Herrgott** m (-s) the Lord (our) God; → Gott; **~sfrühe** f: in aller ~ at an unearthly hour, at day-break; **~sschnitzer** m carver of crucifixes.

'**her-richten** v/t. (h.) arrange, fit up, Am. a. fix up; prepare, get ready; set in order; tidy (room); adapt (book, etc.); sich ~ smarten (or spruce) o.s. up.

Herrin ['herin] f (-; -nen) mistress, lady; → Herrscherin.

'**herrisch** adj. imperious, domineering, masterful; commanding, peremptory (voice, etc.); haughty, arrogant, overbearing.

'**herrlich I.** adj. grand, magnificent; wonderful, marvellous; excellent, capital, topping; charming, delightful, lovely; splendid, gorgeous, brilliant; glorious; delicious, exquisite; iro. (just) fine or great or Am. dandy; **II.** adv.: du siehst ja ~ aus you are quite a sight; ~ und in Freuden leben live in peace and plenty; **2keit** f (-) magnificence, grandeur; excellence; splendo(u)r, glory; die ~ Gottes the glory (or majesty) of God; die ~ wird nicht lange dauern it won't last long.

'**Herrschaft** f (-) domin(at)ion; rule (über acc. of, over); empire; government; reign; power, sway; a. fig. control, command, mastery (über acc. of); sovereignty; supremacy; (pl. -en) of domestics: master and mistress; Mr. and Mrs. X.; (area) dominion, territory; estate, manor; meine ~en! ladies and gentlemen!; hohe ~en people of high (and highest) rank, illustrious persons; die ~ der Mode the sway of fashion; unter j-s ~ fallen (kommen) fall (come) under a p.'s rule (or control, sway); er verlor die ~ über seinen Wagen he lost control over his car, his car got out of hand; **2lich** adj. belonging (or referring) to a lord or master; manorial; territorial (rights); high-class, elegant, fashionable.

herrschen ['herʃən] v/i. (h.) rule (über acc. over), be in power (of), hold sway (over), control, dominate; govern (über e-n Staat, etc. a state, etc.), prince: reign; fig. pre-

vail, predominate, reign (a. silence); be in vogue; disease: be raging (or rife); be, exist; es herrschte schlechtes Wetter the weather was bad; unter der Mannschaft herrscht eine glänzende Stimmung the team is in the best of spirits; **~d** adj. ruling, dominant; prevailing, prevalent, predominant; present; unter den ~en Verhältnissen conditions being as they are.

'**Herrscher|(in** f) m (-s, -; -, -nen) ruler; sovereign, monarch; unumschränkter ~ autocrat; in compounds sovereign...; commanding, imperious (look, tone); **~familie** f, **~geschlecht** n, **~haus** n (reigning) dynasty; **~gewalt** f sovereign power; **~miene** f commanding air; **~stab** m scept|re, Am. -er.

'**Herrschsucht** f (-) lust for power, inordinate ambition; fig. domineering, bossiness.

'**her...**: **~rücken** v/t. (h.) and v/i. (sn) move (or draw) near; **~rufen** v/t. (irr., h.) call here; **~rühren** v/i. (h.): ~ von (dat.) come (or arise, derive, proceed, spring, Am. a. stem) from; originate from or in; be due (or owing) to; **~sagen** v/t. (h.) recite, spout; say (lesson, prayer); **~schaffen** v/t. (h.) bring (or get) here; → herbeischaffen; **~schicken** v/t. (h.) send here; **~schleichen** v/i. (irr., sn) (a. sich) sneak (or steal) near or here; **~schreiben:** sich ~ von (irr., h.) date from; **~sehen** v/i. (irr., h.) look (here or this way); **~sein** v/i. (irr., sn) → her; **~senden** v/t. (irr., h.) send here; **~stammen** v/i. (h.) descend or come (von dat. from a family); be a native of, come (or hail) from, be born in; er stammt aus Deutschland her a. he is German-born; fig. → herrühren; **~stellbar** adj. capable of being produced, producible; **~stellen** v/t. (h.) place (or put) here or near; manufacture, produce, make, fabricate; turn out; build; process; chem. prepare; künstlich ~ synthesize; el. close or make (circuit); teleph. e-e Verbindung ~ establish a connection; restore, repair; restore to health, cure; fig. create, bring about, produce; establish (contacts, order, peace); **~steller(in** f) ['-ʃtelər(in)] m (-s, -; -, -nen) manufacturer, maker, producer (a. film); originating firm.

'**Herstellung** f (-) manufacture, production, making, fabrication; output; restoration, repair; med. recovery; fig. creation, establishment, bringing about.

'**Herstellungs...**: **~arbeiten** f/pl. restorative work sg.; **~betrieb** m manufacturing enterprise or plant; **~fehler** m productional defect; **~gang** m process (or course) of manufacture; **~kosten** pl. cost sg. of production; prime cost sg.; **~land** n producer country; **~preis** m price of production; cost-price; **~stadium** n stage of fabrication; **~verfahren** n manufacturing method; (factory or manufacturing) process, processing technique.

'**her...**: **~stottern** v/t. (h.) stammer

(or stutter) out or forth; **~stürzen** v/i. (sn) rush (or dash) here; → herfallen; **~tragen** v/t. (irr., h.) carry here; vor sich ~ carry before one; **~treiben** v/t. (irr., h.): vor sich ~ drive before one, soccer: dribble; colloq. was treibt dich her? what brings you here?; **~treten** v/i. (irr., sn) step near (or here).

Hertz [herts] phys. n (-; abbr. Hz) cycles pl. per second (abbr. c.p.s. or cps).

herüber [hε'ry:bər] adv. over (here), across, this side; ~ und hinüber hither and thither; in compounds usu. ... over,... across; **~bringen** v/t. (irr., h.) bring over (or round; über acc. across a border, river, etc.); **~geben** v/t. (irr., h.), **~reichen** v/t. (h.) hand or reach over (here); **~holen** v/t. (h.) fetch over; → herbeiholen; **~kommen** v/i. (irr., sn) über (acc.): come across a road, etc.; zu j-m: come over (or round) to a p.

herum [hε'rum] adv. **1.** aimlessly: about, Am. around; ~ um (a)round; rings~, rund~ round about, all around; (immer) um den Tisch ~ round (and round) the table; in der ganzen Stadt ~ all over the town; in der Stadt ~ driving about (the) town; (immer) um j-n ~ sein be (always) near or about a p.; turning (or spinning) round (its axis); hier ~! this way!; gleich um die Ecke ~ just round the corner; **2.** approximately: about; somewhere near; in the region or neighbo(u)rhood of; um zehn Uhr ~ about ten o'clock; hier ~ hereabouts, somewhere about here it must be; **3.** over, finished; in compounds usu. ... round; → umher ...; **~albern** v/i. (h.) fool (or clown) about (Am. around); **~balgen:** sich ~ (h.) (have a) romp, scuffle; esp. fig. wrangle (mit with); **~basteln** v/i. (h.) fumble (or dab. with); potter about; **~bekommen** v/t. (irr., h.) bring (or talk) a p. round (zu to), win over; **~bringen** v/t. (irr., h.) bring (or get) a th. round; kill (time); j-n: → herumbekommen; **~bummeln** v/i. (h.) loiter or loaf about; in der Stadt ~ saunter (or knock) about town; **~dirigieren** colloq. v/t. (h.) order about, Am. sl. boss around; **~doktern** [-dɔktərn] v/i. (h.): an j-m ~ doctor or physic a p.; **~drehen** v/t. (h.) turn (a)round; **~drücken** colloq.: sich ~ (h.) hang about, loiter; sich um et. ~ dodge, shirk a th.; **~drucksen** colloq. v/i. (h.) shuffle, hem and haw; **~fahren** v/i. (irr., sn) drive (or motor, ride, cruise, sail) about; ~ um drive round; in der Stadt ~ drive about town; um e-e Ecke ~ (drive) round a corner; mar. um ein Kap ~ (sail) round or double a cape; person: whisk (a)round; → herumfuchteln; **~fingern** v/i. (h.) fumble (an dat. with), finger (a th.); **~fliegen** v/i. (irr., sn) fly (a)round; fly about; **~fragen** v/i. (h.) make inquiries, ask round; **~fuchteln** v/i. (h.) saw the air, gesticulate; mit et.: a) fidget with, b) brandish; **~führen** v/t. (h.) lead (a)round (or about); show a p. round; j-n ~ in (dat.) show a p. over the house, etc.;

e-n *Graben, etc.,* ~ *um* run a ditch, *etc.,* round; → *Nase;* **~geben** *v/t. (irr., h.)* hand (*or* pass) round, circulate; **~gehen** *v/i. (irr., sn):* ~ *um* walk (*or* go) round, round *or* turn *the corner;* ~ *in* walk about; *ditch. etc.:* run round; circulate, be passed on; → *umhergehen; fig. im Kopfe* ~ go round and round in one's head, haunt one's mind; **~hacken** *v/i. (h.): fig. auf j-m* ~ pick on a p.; **~horchen** *v/i. (h.)* go about listening, scout about; **~kommandieren** *v/t. (h.)* order about (*Am.* around); *Am. sl.* boss around; **~kommen** *v/i. (irr., sn)* come round, turn *the corner; neighbour:* come round (*or* over); *weit* ~ get about (*Am.* around); see a great deal (of the world), do a lot of travel(l)ing; *rumour:* get about, spread; *fig. um et.* ~ avoid, evade, dodge a th.; *nicht* ~ *um et.* not to be spared a th., not to get away from a fact; **~kriegen** *v/t. (h.)* → *herumbekommen;* **~laufen** *v/i. (irr., sn): um et.* ~ run around a th.; run (*or* rove, ramble, roam) about; run loose; **~liegen** *v/i. (irr., h.): um et.* ~ lie round a th.; surround a th.; lie (scattered) about; *unordentlich:* auf (*or in*) litter *the floor or room; person:* lie about, sprawl; **~lungern** *v/t. (h.)* loaf (*or* loiter, hang) about; **~pfuschen** *v/i. (h.):* ~ *an et.* fumble (*or* tamper, monkey) with; **~reden** *v/i. (h.): um et.* ~ talk (*or* argue) round a th.; beat about the bush, hedge, dodge the issue; **~reichen** *v/t. (h.)* hand (*or* pass) round; **~reisen** *v/i. (sn)* travel about; **~reiten** *v/t. (irr., sn)* ride about (*or um et.* round a th.); *fig. auf et.:* harp on, keep bringing a th. up; *auf j-m:* pick on, pester a p.; **~schicken** *v/t. (h.)* send round (*or* about); **~schlagen:** *sich* ~ *(irr., h.)* knock each other about; (have a) fight *or* scuffle (*mit* with); *fig.* grapple *or* struggle *or* deal (with); **~schnüffeln** *v/i. (h.)* sniff about; *fig.* snoop around; **~schweifen** *v/i. (sn)* wander (*or* rove, roam, ramble) about; **~sitzen** *v/i. (irr., h.)* sit round *the table;* sit about; *fig.* twiddle one's thumbs; **~spielen** *v/i. (h.)* play about (*mit* with); *fig.* ~ *an* (*dat.*) fumble (*or* fool, monkey) with, finger (*a th.*); **~spionieren** *v/i. (h.)* snoop around; **~sprechen** *v/t. (irr., h.)* spread; *sich* ~ get about (*Am.* around), leak out, filter through; **~stehen** *v/i. (irr., h.):* ~ *um* (*acc.*) stand round, surround; stand about; loiter (*or* hang) about; **~streichen** *v/i. (irr., sn),* **~streifen** *v/i. (sn)* prowl (*in den Straßen* the streets), roam (rove, ramble) about; **~streiten:** *sich* ~ *(irr., h.)* wrangle (*or* quarrel) persistently; **~tanzen** *v/i. (h.)* dance about (*or um* round); → *Nase;* **~tappen** *v/i. (sn, h.),* **~tasten** *v/i. (h.)* grope (*or* feel, fetch) about (*nach* for); **~tollen** *v/i. (h.)* romp (*or* frolic, gambol) about; **~tragen** *v/t. (irr., h.)* carry round (*or* about); spread about (*news*); **~treiben:** *sich* ~ *(irr., h.)* rove (*or* knock) about, gad about; → *herumlungern;* ♀**treiber(in** *f*) *m* (*-s, -*;

-, -nen) loafer, tramp; **~wälzen** *v/t. (h.)* turn (*or* roll) over; *sich* ~ turn about (*Am.* around); *sleeplessly:* toss and turn; **~wandern** *v/i. (sn)* wander about; **~werfen** *v/t. (h.)* throw (*or* toss) about; throw (over) (*a lever*); *mar. and sich* ~ slew (round); *in bed:* toss and turn; **~wickeln** *v/t. (h.)* wind (*or* wrap, twist) round; **~wirbeln** *v/t. (h.) and v/i. (sn)* spin (*or* whirl) (a)round; pirouette; **~wirtschaften** *colloq. v/i. (h.)* potter (*or* rummage) about; **~wühlen** *v/i. (h.)* wallow about; *fig.* rummage (in *dat.* in); **~zanken:** *sich* ~ *(h.)* squabble (with one another); **~ziehen I.** *v/t. (irr., h.)* draw (*or* pull) (a)round; haul (*or* tug) about; **II.** *v/i. (irr., sn)* wander (*or* rove) about; ~ *um et.* march round a th.; **~ziehend** *adj.* nomadic, wandering (*tribe*); itinerant (*dealer*); strolling (*actor*).

herunter [hɛˈrʊntər] *adv.* → *herab; da* ~ down there; *hier* ~ down here; ~ *damit!* down with it!; ~ *mit ihm!* down with him!; *den Hut* ~! off with your hat!; ~ *mit dem Mantel!* off with your overcoat!; ~! *down* you go!, get off that chair!, get down that tree!; *in compounds usu.* ... down; → *herab..., nieder...;* **~bringen** *v/t. (irr., h.)* bring down; *fig. a.* lower, reduce, force down; → *herunterwirtschaften;* **~drücken** *v/t. (h.)* press (*or* force) down; depress (*key, lever*); *fig.* force (*or* beat, cut) down (*prices*); **~fallen** *v/i. (irr., sn)* fall down; ~ *von* (*dat.*) fall (*or* drop) off; **~gehen** *v/i. (irr., sn)* go down; *temperature, etc.:* drop (*bis auf acc.* to); *aer.* descend; *prices:* fall, drop, ease off; **~gießen** *v/t. (irr., h.)* pour down; *colloq.* down (*beer, etc.*); **~handeln** *v/t. (h.)* beat down (*price*); **~hauen** *v/t. (irr., h.): j-m eine* ~ fetch (*or* paste) a p. one; slap a p.('s face); *colloq.* knock off (*work*), do in a rush; **~helfen** *v/i. (irr., h.) j-m* help down *a p.;* **~holen** *v/t. (h.)* fetch (*or* get) down; *hunt.* bring down, *aer. a.* (shoot) down; **~klappen** *v/t. (h.)* turn *or* fold down; **~kommen** *v/i. (irr., sn)* come down (*or* downstairs); *fig.* decay, decline; deteriorate, go to rack and ruin, run to seed; *person:* come down in the world; *morally:* sink (low); *er wird dabei gesundheitlich* ~ this will injure (*or* ruin, tell on) his health; *heruntergekommen p.p. fig. person:* in reduced circumstances, shabby, out-at-elbows, down(-at-heel); demoralized, depraved; run-down, mismanaged (*estate, etc.*); **~lassen** *v/t. (irr., h.)* let down, lower; drop; **~leiern** *v/t. (h.)* rattle (*or* reel) off; **~machen** *v/t. (h.)* lower; turn down (*collar*); *fig.* scold, upbraid, give *a p.* a dressing-down, *Am.* bawl out; run (*Am.* call) down; pull to pieces; **~purzeln** *v/i. (sn)* fall (*or* tumble) down; **~putzen** *colloq. v/t. (h.)* → *heruntermachen;* **~rasseln** *colloq. v/t. (h.)* rattle off (*poem, etc.*); **~reißen** *v/t. (irr., h.)* pull down; *fig.* pull to pieces, scarify, *Am. sl.* pan; **~rutschen** *v/i. (sn)* slide *or* slip down; → *Buckel;* **~schalten** *mot.*

v/i. (h.) change down (*auf den ersten Gang* to low gear *or* first); **~schlagen** *v/t. (irr., h.)* beat (*or* knock) down; turn down (*collar, etc.*); **~sehen** *v/i. (irr., h.)* look down (*auf* at, *fig.* upon); **~sein** *v/i. (irr., sn)* be down (*von* from); *fig. physically:* be run down, be low; **~setzen** *v/t. (h.)* → *herabsetzen;* **~transformieren** *el. v/t. (h.)* step down; **~werfen** *v/t. (irr., h.)* throw down; **~wirtschaften** *v/t. (h.)* ruin (by mismanagement), mismanage, run down; **~ziehen I.** *v/t. (irr., h.)* draw (*or* pull, drag) down; **II.** *v/i. (irr., sn)* come (*or* march) down.

hervor [hɛrˈfoːr] *adv.* forth, forward; out; ~ *aus* out of; *hinter* ... ~ from behind; *unter* ... ~ from under; **~blicken** *v/i. (h.): hinter e-m Baum* ~ look (*or* peep, peer) from behind *a tree;* appear, peep through (*or* out); **~brechen** *v/i. (irr., sn)* break (*or* burst) forth *or* out *or* through; *mil.* sally (*or* rush) forth; **~bringen** *v/t. (irr., h.)* bring forth, produce; procreate; give birth to; bear; utter (*words*); create; generate; cause, effect, give rise to; ♀**bringung** *f* (*-*) bringing forth, production; creation; **~dringen** *v/i. (irr., sn)* → *hervorbrechen; noises:* proceed *or* come *or* issue (*von* from); **~gehen** *v/i. (irr., sn):* ~ *aus* (*dat.*) *person:* come (*or* arise, emerge, spring) from; *als Sieger* ~ come off (*Am.* out) winner (*or* victor[ious]), emerge a winner; *matter:* result (*or* follow) from; *daraus geht hervor, daß* from this (*or* hence) follows that, this shows (*or* proves *or* goes to prove) that; **~heben** *v/t. (irr., h.) fig.* render prominent, give prominence to, make stand out; *art:* set off, throw into (sharp) relief (*gegen* against); show off, display, accentuate, point out; emphasize, stress, lay stress (up)on; *sich* ~ be(come) conspicuous *or* prominent, stand out (*aus* from); **~holen** *v/t. (h.)* fetch forth *or* out, produce, take out; **~kommen** *v/i. (irr., sn)* come forth; appear, emerge (*aus* from); *stars:* come out; **~leuchten** *v/i. (h.)* shine forth *or* out; *fig.* come forth, manifest o.s.; **~locken** *v/t. (h.)* entice forth, lure out; *fig.* → *herauslocken;* fetch (*tears*); **~quellen** *v/i. (irr., sn)* well (*or* spring) forth; bulge out; **~ragen** *v/i. (h.)* project (*aus* from, *über* over), jut forth *or* out, stand (*or* stick) out; ~ *über* (*acc.*) rise above, overtop; *fig.* be prominent; stand out (*aus* from); excel, distinguish o.s.; **~ragend** *adj.* projecting; prominent, salient; *fig.* prominent, eminent, distinguished; outstanding, excellent, superior, superlative, first-rate, topping; **~er** *Spieler* crack player; *er war an dem Erfolg in* ~*em Maße beteiligt* the success was largely due to his efforts; ♀**ruf** *thea. m* recall, curtain call; **~rufen** *v/t. (irr., h.)* call forth (*or* out); *thea.* call (for); *fig.* call forth, evoke; cause, bring about, produce, give rise to; excite (*admiration*); create (*impression*); raise, draw (*a laugh*); **~springen** *v/i. (irr., sn)* leap *or* bound (*aus* from); *fig.* → **˷stechen** *v/i. (irr., h.) fig.* stand out (*aus* from); be prominent *or* salient *or* conspicuous; **˷stechend** *adj.* salient, prominent; striking, conspicuous; (pre)dominant; **˷stehen** *v/i. (irr., h.)* project, stand (*or* jut) out; *eyes, etc.*: protrude, bulge; *ears*: stick out; **˷de** *Backenknochen* high cheekbones; **˷stürzen** *v/i.* (sn) rush forth (*or* forward); burst forth; **˷suchen** *v/t. (h.)* search (*or* rummage) for *a th.*; pick out (*aus* from); **˷treten** *v/i. (irr.,* sn) step forth *or* forward; **˷** *aus* (*dat.*) step out (*or* emerge) from; *fig. eyes*: bulge, protrude; stand out (in bold relief), be set off *or* contrasted, *colours*: a. come out; come to the fore, be (much) in evidence; *person*: distinguish o.s. (*durch* by), make o.s. a name (*als* as); **˷tretend** *adj.* prominent, salient; (pre)dominant; **˷tun:** *sich* ˷ (*irr.,* h.) distinguish o.s.; **˷wagen:** *sich* ˷ (h.) venture forth; **˷zaubern** *v/t.* (h.) produce by magic (*or* sleight-of-hand); conjure up; **˷ziehen** *v/t. (irr.,* h.) draw forth, produce; pull out.

her... ['he:r-]: **˷wagen:** *sich* ˷ (h.) venture to come here *or* near; **˷wärts** ['-verts] *adv.* on the way here (*or* back); this way; **♀weg** *m* way here (*or* back); *auf dem* ˷ on the way here (*or* back).

Herz [herts] *n* (-ens; -en) heart (*a. fig.*); mind; soul; courage, spirit, pluck; *cards*: hearts *pl.*; *colloq.* darling, love; *fig.* heart, (*a. tech.*) core; heart, cent(re, *Am.* -er; *goldenes* ˷ heart of gold; ˷ *von Stein* heart of stone; *ohne* ˷ heartless; *aus tiefstem* ˷en from the depth (*or* bottom) of one's heart; *ein Mann nach meinem* ˷en a man after my heart; *klopfenden* ˷ens with a throbbing heart; *leichten* ˷ens with a light heart, light-heartedly; *schweren* ˷ens with a heavy heart; *mit* ˷ *und Hand* with heart and hand, heart and soul (*für* for); *mit ganzem* ˷en with one's whole heart; *von* ˷en heartily; *von* ˷en *kommend* deep-felt, hearty, sincere; *von* ˷en *gern* most willingly, with the greatest (of) pleasure; *von ganzem* ˷en with all my, *etc.*, heart; *an gebrochenem* ˷en *sterben* die of a broken heart; *auf* ˷ *und Nieren prüfen* put to the acid-test; *die* ˷en *höher schlagen lassen* thrill the hearts; *ein gutes (hartes)* ˷ *haben* be good- (hard-)hearted; *ein Kind unter dem* ˷en *tragen* be with child; *et. auf dem* ˷en *haben* have a th. on one's mind; *j-m et. ans* ˷ *legen* urge (*or* enjoin) a th. on a p., recommend a th. warmly to a p.; *j-m das* ˷ *schwer machen* grieve (*or* sadden, worry) a p.; *j-m zu* ˷en *gehen* go to (*or* move, stir) a p.'s heart; *j-n an sein* ˷ *drücken* press (*or* clasp) a p. to one's breast; *j-n in sein* ˷ *schließen* become attached to (*or* grow fond of) a p., (come to) love a p. dearly; *j-s* ˷ *brechen (gewinnen, stehlen)* break (win, steal) a p.'s heart; *sein* ˷ *auf der Zunge tragen* wear

one's heart on one's sleeves; *s-m* ˷en *Luft machen* give vent to one's feelings; *sich ein* ˷ *fassen* take heart (*or* courage), pluck up courage; *sich et. zu* ˷en *nehmen, sich et. zu* ˷en *gehen lassen* take a th. to heart; *Hand aufs* ˷! cross my heart!, hono(u)r bright!; *komm an mein* ˷ come to my heart; *ein Stein fiel mir vom* ˷en a weight was lifted from my heart, that took a load off my mind; *es liegt mir am* ˷en *I* have it at heart, I am keenly interested in it, I attach great importance to it; *es gab mir einen Stich ins* ˷ it cut me to the quick; *es ging mir bis ins* ˷ it thrilled me to the core; *es wurde mir leichter ums* ˷ I felt easier in my mind; *er hat das* ˷ *auf dem rechten Fleck* his heart is in the right place; *er ist mit ganzem* ˷en *dabei* he is heart and soul for the project, his heart is in his work, he is an enthusiastic member of our party; *es tut dem* ˷en *wohl* it does one good, it warms the cockles of your heart; *haben Sie doch ein* ˷! be merciful!, *sl.* have a heart!; *ich kann es nicht übers* ˷ *bringen* I can't find it in my heart, I can't bring myself to do it; *mein* ˷ *blutete* my heart bled (*für ihn* for him); *bei dem Anblick* at the sight); *sein* ˷ *schlug höher* his heart leaped up (*or* missed a beat); *in compounds ...* of the heart; *anat. and med.* cardiac ...

'Herz-ader *f* aorta, coronary artery.
herzählen ['he:r-] *v/t. (h.)* enumerate, count (*Am. a.* call) off.
'Herz...: **♀allerliebst** *adj.* → *allerliebst*; **˷allerliebste(r** *m) f* (-n, -n; -en, -en) sweetheart; **˷anfall** *m* heart-attack; **˷-As** *n cards*: ace of hearts; **˷asthma** *n* cardiac asthma; **˷beklemmung** *f* oppression of the heart; **˷beschleunigung** *f* tachycardia; **˷beschwerden** *f/pl.* heart-trouble *sg.*; **˷beutel** *anat. m* pericardium; **˷beutelentzündung** *f* pericarditis; **˷blatt** *n bot.* unopened leaf bud; diaphragm, sternum; *anat.* äußeres ˷ parietal layer of pericardium; *inneres* ˷ visceral pericardium; *fig. colloq.* (a. **˷blättchen** *colloq. n*) darling, sweetheart, *Am. a.* honey; **˷blut** *fig. n* life-blood; **˷bube** *m cards*: knave of hearts; **˷chen** *n* (-s; -) darling; **˷chirurgie** *f* heart surgery; **˷dame** *f cards*: queen of hearts.
herzeigen ['he:r-] *v/t. (h.)* show, let see.
Herzeleid ['hertsə-] *n* deep affliction *or* sorrow, woe; heart-sore, heart-ache(s *pl.*).
'herzen *v/t. (h.)* press (*or* clasp) to one's heart; embrace, hug; caress, fondle, cuddle.
'Herzens...: **˷angelegenheit** *f* love affair, romance; **˷angst** *f* anguish of mind; **˷brecher** *m* heart-breaker, lady-killer; **˷einfalt** *f* simplemindedness; **˷freude** *f* heart's delight; great joy; **˷freund(in** *f) m* bosom friend; **♀froh** *adj.* overjoyed, very happy; **♀gut** *adj.* very kind, (as) good as gold; **˷güte** *f* kindness of heart, kind-heartedness; **˷lust** *f*:

nach ˷ to one's heart's content; **˷meinung** *f* sincere opinion, true sentiment; **˷wunsch** *m* heart's desire, fondest wish.
'Herz...: **˷entzündung** *f* (pan-)carditis; **♀erfrischend, ♀erquikkend** *adj.* heart-warming, refreshing; **♀ergreifend** *adj.* heart-moving, soul-stirring; **♀erschütternd** *adj.* heart-rending, appalling; **♀erwärmend** *adj.* heart-warming; **˷erweiterung** *f* dilatation of the heart, cardiectasis; **˷fehler** *m* cardiac defect, organic disease of the heart; **♀förmig** ['-fœrmiç] *adj.* heart-shaped; **˷gegend** *anat. f* cardiac region; **˷geräusch** *n* cardiac murmur; **˷gift** *n* cardiotoxin; **˷grube** *anat. f* pit of the stomach, precordium; **♀haft I.** *adj.* courageous, plucky; bold; hearty; **II.** *adv.*: ˷ *lachen* laugh heartily, have a hearty laugh; **˷haftigkeit** *f* (-) courage, pluck.
herziehen ['he:r-] **I.** *v/t. (irr., h.)* draw here (*or* near); **II.** *v/i. (irr.,* sn) come to live here, move to this place; *fig.* ˷ *über* (*acc.*) run down, pull to pieces.
herzig ['hertsiç] *adj.* dear, lovely, charming, sweet, *Am.* cute; *in compounds ...*-hearted.
'Herz...: **˷infarkt** *m* cardiac infarction; **˷kammer** *anat. f* ventricle (of the heart); **˷kirsche** *bot. f* heart-cherry; bigaroon; **˷klappe** *anat. f* cardiac valve; **˷klappenfehler** *m* valvular defect of the heart; **˷klopfen** *n* beating (*or* throbbing) of the heart; *esp. med.* palpitation (of the heart); *mit* ˷ with a throbbing heart; **˷krampf** *m* cardiospasm; **♀krank** *adj.* suffering from the heart, cardiac; *fig.* sick at heart; **˷krankheit** *f* heart disease; **˷kranzgefäß** *anat. n* coronary (*vessel*); **˷lähmung** *med. f* paralysis of the heart; **˷leiden** *n* heart-complaint, cardiac disorder *or* condition.
'herzlich I. *adj.* cordial, hearty; heart-felt; affectionate, loving; *in letters*: ˷e *Grüße* kind regards, *intimately*: love (*an* to); ˷es *Beileid* sincere sympathy; **II.** *adv.* cordially, *etc.*; ˷ *gern* gladly, with pleasure; ˷ *schlecht* bad enough, *sl.* rotten; ˷ *wenig* precious little; **♀keit** *f* (-) cordiality; heartiness; sincerity.
'Herz...: **˷liebste(r** *m) f* my, *etc.*, own dear love; sweetheart; **˷linie** *f* table-line (*in palm*); **♀los** *adj.* heartless, unfeeling; **˷losigkeit** *f* (-) heartlessness, unfeelingness; heartless act; **˷lungenmaschine** *f* heart-lung machine; **˷massage** *f* cardiac massage; **˷mittel** *n* cardiac stimulant; cordial; **˷muskel** *m* cardiac muscle; **˷muskel-entzündung** *f* myocarditis; **˷neurose** *f* cardiac neurosis.
Herzog ['hertso:k] *m* (-[e]s; ¨e) duke; **˷in** *f* (-; -nen) duchess; **♀lich** *adj.* ducal; **˷tum** *n* (-[e]s; -tümer) duchy.
'Herz...: **˷schlag** *m* throb(bing) of the heart, heartbeat, palpitation; *med.* apoplexy of the heart, cardiac paralysis; **˷schwäche** *f* cardiac insufficiency; **˷spender** *m* heart

donor; ~spezialist *m* cardiologist; ~spitze *f* apex of the heart; 2stärkend *adj.* cordial, cardiac; ~stärkung *f* cordial, cardiac tonic; ~stillstand *m* perisystole; ~stück *n* cent|re (*Am.* -er) piece; *rail.* crossing frog; *fig.* core; ~tätigkeit *f* heart-action; ~ton *m* (-[e]s; ⁼e) cardiac sound.

herzu(...) [hɛr'tsu:] → heran(...), herbei(...).

'Herz...: ~verfettung *f* fatty degeneration of the heart muscle; ~vergrößerung *f* cardiac hypertrophy; ~verpflanzung *f* heart transplant(ation); heart; ~vorhof *m*, ~vorkammer *f* atrium; ~wand *f* cardiac wall; ~wassersucht *f* cardiac dropsy; ~weh *n* heartache (*a. fig.*), cardialgia; 2zerreißend *adj.* heart-rending.

Hesse ['hɛsə] *m* (-n; -n) Hessian.
'Hessen *n* (-s) Hesse.
'Hessin *f* (-; -nen), hessisch *adj.* Hessian.

Hetäre [he'tɛ:rə] *f* (-; -n) hetaeria.
hetero-atomig [hetero⁹a'to:miç] *adj.* heteroatomic.
heterogen [hetero'ge:n] *adj.* heterogenous; ~e Befruchtung cross-fertilization; ~e Bestäubung cross-pollination; ~e Zeugung → Heterogenesis [-'ge:nezis] *f* (-) heterogenesis.
Heterogenität [heterogeni'tɛ:t] *f* (-) heterogeneity.
Hetz|artikel ['hɛts-] *m* inflammatory article; ~blatt *n* yellow paper, rag.
'Hetze *f* (-; -n) → Hetzjagd; rush, stress, *Am. sl.* rat race; instigation, agitation, baiting; smear campaign; Juden2 Jew-baiting.
'hetzen I. *v/t.* (h.) *hunt.* course, bait, chase, hunt; *die Hunde ~ auf* (acc.) set the dogs at, sick the dogs on; *fig.* hurry, rush; hunt, pursue, hound, chase; incite; *Leute aufeinander~* make mischief among people; *zu Tode ~* drive (or hound, harass) to death; → Hund; *ich lasse mich nicht ~* I won't be rushed; II. *v/i.* (sn) *hunt. fig.* rush, race, hurry; cause (or sow the seeds of) discord, make mischief; *gegen j-n ~* agitate against, bait; slander, smear *a p.*
'Hetzer(in *f*) *m* (-s, -; -, -nen) *fig.* instigator; agitator, fomenter, rabble-rouser; Hetze'rei *f* (-) agitation; calumniation, slandering; *colloq.* rush, *Am. sl.* rat race; 'hetzerisch *adj.* inflammatory, slanderous.
'Hetz...: ~feldzug *m* inflammatory (or smear) campaign; atrocity campaign; ~hund *m* (stag-)hound; ~jagd *f* coursing, chase; *fig.* rush; ~kampagne *f* → Hetzfeldzug; ~peitsche *f* hunting-whip; ~presse *f* yellow press; ~rede *f* inflammatory speech; ~redner(in *f*) *m* agitator, fomentor, rabble-rouser; ~schrift *f* inflammatory writing (or pamphlet).
Heu [hɔy] *n* (-[e]s) hay; ~ machen make hay; *fig. Geld wie ~ haben* have heaps (or oodles) of money, have money to burn; ~bazillus *m* hay bacillus; ~boden *m* hayloft.

Heuchelei [hɔyçə'laɪ] *f* (-; -en) hypocrisy, cant; pharisaism; dissimulation, insincerity, duplicity; falsehood; deceit.
'heucheln I. *v/i.* (h.) play the hypocrite; simulate, feign, dissemble; II. *v/t.* (h.) simulate, feign, affect, sham, fake.
'Heuchler *m* (-s; -), ~in *f* (-; -nen) hypocrite, pharisee; dissembler; 2isch *adj.* hypocritical; deceitful, insincere; ~es Gerede double talk; ~es Gesicht dissembling (or pious) face.
heuen ['hɔyən] *v/i.* (h.) make hay.
'Heuen *n* (-s) haymaking.
heuer ['hɔyər] *adv.* (in) this year.
'Heuer¹ *m* (-s; -), ~in *f* (-; -nen) haymaker.
'Heuer² *mar. f* (-; -n), ~lohn *m* wages *pl.*, pay; 2n *v/t.* (h.) hire; *mar.* a) charter (*ship*), b) ship, engage (*sailors*). [making (season).)
'Heuernte *f* hay-harvest, hay-]
'Heuervertrag *m* charter-party.
'Heu...: ~fieber *med. n* hay fever; ~gabel *f* hay-fork, pitchfork; ~haufen *m* haycock; → Heuschober.
Heul|boje ['hɔyl-] *mar. f* whistling buoy; 2en *v/i.* (h.) howl; *wind:* a. roar, moan; *owl:* hoot; *siren:* hoot, wail; *bomb, etc.:* scream, screech; *person:* cry, blubber; wail, squall, bawl; *er heulte vor Wut* he howled with rage; ~en *n* (-s) howling; hooting; wailing; (a. Heule'rei *f* [-]) crying, blubbering, bawling; ~ und Zähneklappern weeping and gnashing of teeth; ~meier *colloq. m* blubberer; ~suse *colloq.* ['-zu:zə] *f* (-; -n) cry-baby; ~ton *m* (-[e]s; ⁼e) (high frequency) warble tone, multitone; ~tonfrequenz *f radio:* wobbling frequency.
'Heu...: ~machen *n* haymaking; ~monat *m* July; ~pferd *n* grasshopper; ~rechen *m* hay-rake.
heurig ['hɔyriç] *adj.* of this year, this year's (or season's), new; 2e(r) *m* (-n; -n) wine of this year's vintage, new (or young) wine.
'Heu...: ~scheune *f* hay barn; ~schnupfen *m* hay-fever; ~schober *m* hayrick, haystack; ~schrecke ['-ʃrɛkə] *f* (-; -n) locust, grasshopper; ~stapler ['-ʃta:plər] *m* (-s; -) haystacker.
heut(e) ['hɔyt(ə)] *adv.* today, this day; ~ abend this evening, tonight; ~ früh, ~ morgen this morning; ~ nacht tonight; ~ noch a) this very day, b) still today; ~ in acht Tagen (or über acht Tage) today week, this day week; ~ in einem Jahr (or über ein Jahr) a year hence (or from today); ~ vor acht Tagen a week ago (today); bis ~ till today, up to this day, *Am.* to date; *econ.* drei Monate nach ~ three months after date; von ~ an from today (onwards), from this day, *adm.* as of today; von ~ auf morgen *fig.* in a rush, precipitately, overnight, all of a sudden; *Ausgabe von ~* today's issue; *Mädchen von ~* girls of today, modern girls; *Amerika von ~* present-day America; → heutzutage; Heute *n* (-) *the* present, today.

'heutig *adj.* today's, this day's, of this day (*econ.* date); present(-day); modern; *der ~e Tag* this day, today; *die ~e Zeitung* today's paper; *bis zum ~en Tage* → heute; *mit ~er Post* by today's post *or* mail; *econ. mein 2es* (better: ~es Schreiben) my letter of this day.
'heutzutage *adv.* nowadays, (in) these days, today, in our time(s *pl.*).
hexa... ['hɛksa-] hexa... (→ sechs...).
Hexaeder [hɛksa'e:dər] *math. n* (-s; -) hexahedron; Hexagon [-'go:n] *math. m* (-s; -e) hexagon; hexagonal [-go'na:l] *adj.* hexagonal; Hexameter [hɛ'ksa:metər] *m* (-s; -) hexameter.
Hexe ['hɛksə] *f* (-; -n) witch, sorceress; *fig.* old witch, hag; hell-cat, vixen; 2n *v/i.* (h.) practise witchcraft *or* sorcery; *ich kann doch nicht ~* I can't work miracles; *es geht wie gehext* it works like magic.
'Hexen...: ~jagd *fig. f* witch-hunt (-ing); ~kessel *fig. m* inferno; ~küche *f* witch's kitchen; ~kunst *f* → Hexerei; ~meister *m* wizard, sorcerer; ~prozeß *m* witch trial; ~sabbat *m* Witches' Sabbath; *fig.* inferno; ~schuß *med. m* (-sses) lumbago; ~verfolgung *f* witch hunt; ~werk *n* witchery.
Hexe'rei *f* (-) witchcraft, sorcery, magic; the black art; jugglery; *das ist doch keine ~* that should be easy enough, there is nothing to it.
Hexode [hɛ'kso:də] *f* (-; -n) hexode.
hie [hi:] *adv.* → hier.
hieb [hi:p] *pret.* of hauen.
Hieb [hi:p] *m* (-[e]s; -e) blow, stroke, hit; punch; *whip:* lash, cut; *fenc.* cut; (*wound*) cut, gash, slash; ~e *pl.* thrashing, whipping, beating; (*tree-*) felling, cut; *tech.* with *file:* cut; *fig.* cutting remark; passing shot (*auf acc.* at); *fig. auf den ersten ~* at the first attempt (or try); *j-m e-n ~ versetzen* strike a p., deal a p. a blow, (a. *fig.*) lash out at a p.; ~e bekommen (a. *fig.*) get a thrashing or beating; *der ~ saß* that hit went home.
'Hieb...: 2- und stichfest *adj.* invulnerable; *fig.* watertight (*proof, etc.*); ~- und Stoßwaffe *f* cut-and-thrust weapon; ~waffe *f* cutting weapon; ~wunde *f* → Hieb.
hielt [hi:lt] *pret.* of halten.
hienieden [hi:'ni:dən] *adv.* here below.
hier [hi:r] *adv.* 1. here; in this place; ~ (herüben) on this side; ~ draußen (drinnen) out (in) here; ~ oben (unten) up (down) here; ~ entlang this way; ~ hinein in here; ~ sein be here *or* present; *roll-call:* ~! present!; *Am.* here!, *teleph.* ~ (spricht) John B. John B. *or* John B. speaking *or* calling; *er ist von ~* he is a native of this place; *ich bin auch nicht von ~* I am a stranger here myself; *das Haus ~* this house; ~ und da a) here and there, b) now and then, occasionally; 2. *fig.* here; in this case; this time; at these words; on this occasion.
hieran ['hi:ran] *adv.* at (or by, in, on, to) this; *wenn ich ~ denke* thinking of this; *er wird sich ~ erinnern* he will remember this; ~ kann ich

es erkennen by that I can recognize it.

Hierarch [hi:e'rarç] *eccl. m* (-en; -en) hierarch; **Hierar'chie** [-rar-'çi:] *f* (-; -n) hierarchy; **hier'ar-chisch** *adj.* hierarchical.

'**hier...: ~auf** *adv.* (up)on this, hereupon; after this (*or* that), now; **~aus** *adv.* from (*or* out of) this; *contract:* alle ~ entstehenden Verbindlichkeiten any liabilities arising hereunder; ~ geht hervor, daß hence (*or* from this) follows that; **~behalten** *v/t.* (*irr.*, *h.*) keep here *or* back; **~bei** *adv.* at (*or* in *or* with) this; on this occasion; in this connection; herewith, enclosed; attached, annexed; **~bleiben** *v/i.* (*irr.*, *sn*) stay here; *hiergeblieben!* (you) stay here!; **~durch** *adv.* through here, this way; *fig.* by this (means), hereby; **~für** *adv.* for this (*or* it); **~gegen** *adv.* against this (*or* it); **~her** *adv.* here, hither; this way, over here; (komm) ~! come here!; bis ~ up to here, so far; hitherto, (up) to this day, till now, so far; bis ~ *und nicht weiter* this far and no further; **~hergehören** *v/i.* (*h.*) belong here; *fig.* dies gehört nicht hierher this is not to the point, it is not relevant (*or* pertinent); **~herkommen** *v/i.* (*irr.*, *sn*) come here; come this way; **~herum** *adv.* this way round; hereabouts, somewhere about here; **~hin** *adv.* here, this way; **~in** *adv.* in this (*or* it), herein; **~mit** *adv.* with this (*or* it), herewith; with these words, saying this; ~ ist der Fall erledigt this settles (*or* brings to a close, disposes of) the case; ~ bin ich einverstanden to this I agree; ~ wird bescheinigt this is to certify; **~nach** *adv.* after this (*or* it), hereafter; according to this.

Hieroglyphe [hi:ero'gly:fə] *f* (-; -n) hieroglyph.

'**hier...: ~orts** *adv.* → hier; in this place, here; **2sein** *n* being here, presence; **~selbst** *adv.* here, in this place (*or* town); **~über** *adv.* over here; *fig.* about this, on this (subject *or* score); ~ ärgerte ich mich this made me angry; **~um** *adv.* about this (place); *fig.* about (*or* concerning) this; **~unter** *adv.* under(neath) *or* beneath this (*or* it); among these; *jur.* hereunder; *understand:* by this *or* that; **~von** *adv.* of (*or* from) this, hereof, here-from; **~zu** *adv.* to this, hereto; in addition to this, moreover; concerning this (matter), on this score; **~zulande** *adv.* in this country, in these parts, (over) here; **~zwischen** *adv.* between these.

hiesig ['hi:ziç] *adj.* of (*or* in) this place *or* town *or* country; local; m-e ~en Freunde my friends here.

hieß [hi:s] *pret. of* heißen.

hieven ['hi:fən] *mar. v/t.* (*h.*) heave.

Hifthorn ['hift-] *n* (-[e]s, ⁻er) bugle.

Hilfe ['hilfə] *f* (-; -n) help (a. *person*); aid, assistance; support; succo(u)r; relief; Erste ~ (leisten) (render) first aid; (zu) ~! help!, help!; mit ~ (gen.) *or* von with the help of a *p.*, with *or* by the aid of a *th.*; ohne ~ unaided, unassisted,

single-handed; ~ suchen seek help; et. zu ~ nehmen make use of, resort to; j-m ~ leisten → helfen; j-m zu ~ kommen (eilen) come (rush) to a *p.*'s aid *or* assistance; j-n um ~ bitten, j-n zu ~ rufen, bei j-m ~ suchen call on (*or* ask) a *p.* for aid, ask a *p.*'s help; um ~ rufen *or* schreien call (*or* cry) for help; *iro.* du bist mir e-e schöne ~ a fine help you are; **2flehend** *adj.* imploring help, suppliant; **~leistung** *f* assistance, aid, help; relief; **~ruf** *m* cry for help; **~stellung** *f* gym. standing-in, guarding; ~ geben stand in, guard, assist; **2suchend** *adj.* seeking (for) help.

'**Hilf...: 2los** *adj.* helpless; resourceless, shiftless; destitute; **~losigkeit** *f* (-) helplessness; resourcelessness, destitution; **2reich** *adj.* helpful; *adv.:* j-m ~ zur Seite stehen lend a *p.* a helping hand, stand by (*or* help, aid) a *p.*

'**Hilfs...** *in compounds usu.* auxiliary ..., emergency ..., temporary ...; relief ..., subsidiary ...; assistant ..., junior ...; → Behelfs..., Not...; **~aktion** *f* relief action; **~angestellte(r** *m*) *f* temporary employee, emergency man; **~anlage** *f* stand-by plant, emergency set; **~antrieb** *m* auxiliary drive; **~arbeiter(in** *f*) *m* unskilled (*or* auxiliary, temporary) worker, labo(u)rer; *pl.* unskilled labo(u)r; help; **~arzt** *m* assistant physician, *Am. a.* intern; **~ausschuß** *m* relief committee; **2-bedürftig** *adj.* requiring help; needy, indigent; **~bedürftigkeit** *f* indigence; **2bereit** *adj.* ready to help, co-operative; **~bereitschaft** *f* readiness to help, helpfulness; **~dienst** *m* auxiliary service; emergency service; **~fonds** *m* relief fund; **~frequenz** *f* radio: auxiliary *or* back-up frequency; **~geistliche(r)** *m* curate; **~gelder** ['-gɛldər] *n/pl.* subsidies; ~ zahlen an (acc.) subsidize; **~heer** *n* auxiliary army *or* forces *pl.*; relief force; **~kasse** *f* relief fund; **~kolonne** *f* emergency crew; **~kraft** *f* additional (*or* temporary) worker; help(er), assistant; *fachliche* ~ technical help; *mot.* Servo power; **~kreuzer** *mar. m* auxiliary cruiser; **~lehrer(in** *f*) *m* untrained (*or* student *or* supply) teacher; **~maschine** *f* auxiliary (*or* donkey) engine; **~maßnahme** *f* remedial measure; relief action; **~mittel** *n* aid, means; *tech.* auxiliary material; device, aid; *w.s.* remedy, resource; expedient, shift, stopgap; **~motor** *m* auxiliary engine (*el.* motor); *mot.* starting motor; *Fahrrad mit* ~ motor-assisted bicycle; **~organisation** *f* relief organization (*or* agency); **~personal** *n* auxiliary personnel; **~polizei** *f* auxiliary police; **~polizist** *m* special constable; **~prediger** *m* curate; **~programm** *n* aid program(me); **~quelle** *f* resource; **~regisseur** *m* *film:* assistant director; **~schule** *f* school for backward children; **~schwester** *f* nursing assistant; **~stoff** *m* auxiliary material; **~truppen** *mil. f/pl.* auxiliary troops; reinforcements; **~ventilator** *m* stand-

-by ventilator; **~vorrichtung** *f* auxiliary device; **~werk** *n* relief (work), relief organization; **~wissenschaft** *f* auxiliary science; **~zeitwort** *gr. n* (-[e]s, ⁻er) auxiliary verb; **~ziel** *mil. n* auxiliary target, reference point; **~zug** *m* breakdown van train.

Himalaja [hi'ma:laja] *m* (-[s]) the Himalaya(s *pl.*).

Himbeer|e ['him-] *f* raspberry; **~eis** *n* raspberry ice; **~saft** *m* raspberry juice; **~strauch** *m* raspberry bush.

Himmel ['himəl] *m* (-s; -) sky, heavens *pl.*; firmament; *eccl.* heaven; *of bed, etc.:* canopy; skies *pl.*, climate, zone; am ~ in the sky; *eccl.* im ~ in heaven, on high; *unter freiem* ~ in the open air; zwischen ~ *und Erde* between heaven and earth; *fig.* ~ *auf Erden* heaven on earth; ~ *und Hölle in Bewegung setzen* move heaven and earth; *aus allen* ~n fallen be cruelly disillusioned, be stunned; (bis) in den ~ heben praise to the skies; *im siebenten* ~ sein be in the seventh heaven (of delight); *wie vom* ~ fallen drop from the sky, appear from nowhere; der ~ würde einstürzen, wenn die sky would fall if; *das schreit zum* ~ it's a crying shame, it is scandalous; kein Meister ist vom ~ gefallen no man is born a master; *int.* du lieber ~! good Heaven!; dem ~ sei Dank! thank Heaven!; um('s) ~ willen! goodness gracious!, dear me!; → Geige; stinken; **2an** *adv.* (up) to heaven *or* to the skies, heavenward(s); **2angst** *colloq. adv.*: mir wurde ~ I was scared to death; **~bett** *n* canopy- *or* tester-bed; **2blau** *adj. and* **~blau** *n* sky-blue, azure, ultramarine blue; **~fahrt** *eccl. f* Ascension (of Christ); *Mariä* ~ Assumption (of the Blessed Virgin Mary); **~fahrtsfest** *n*, **~fahrtstag** *m* Ascension Day; **~fahrtskommando** *colloq. mil. n* suicide patrol; **~fahrtsnase** *colloq. f* tip-tilted nose; **2hoch** *I. adj.* skyhigh, soaring; *II. adv.:* *fig.* ~ jauchzend, zu Tode betrübt one moment exulting, the next quite cast down; **~reich** *n* (kingdom of) Heaven, paradise; **2-schreiend** *adj.* outrageous, shameful; **~e** Schande crying shame; utter (nonsense, etc.).

'**Himmels...** *usu.* heavenly ...; celestial ...; **~erscheinung** *f* phenomenon in the skies; celestial apparition; **~gegend** *f* quarter (of the heavens); die vier ~en the four cardinal points (of the compass); **~gewölbe** *n* celestial vault, firmament; **~karte** *f* celestial map; **~königin** *f* celestial queen; **~körper** *m* celestial body; **~kugel** *f* celestial globe; **~kunde** *f* (-) astronomy; **~leiter** *f* (-) Jacob's ladder; **~luft** *f* ether; **~ortung** *f* celestial navigation; **~pforte** *f* gate of heaven; **~raum** *m* celestial space; **~reklame** *f* sky-writing; **~richtung** *f* → Himmelsgegend; **~schlüssel** *m* key of heaven; *bot.* cowslip; **~schreiber** *aer. m* sky-writer; **~schrift** *aer. f* sky-writing; **~strich** *m* zone, climate, clime, latitude, region; ~-

stürmer *m* (-s; -) Titan; **~wagen** *ast. m* Great Bear, *Am.* Big Dipper; **~zeichen** *n* celestial sign; **~zelt** *n* (-[e]s) firmament.

'himmel...: ~wärts ['-vɛrts] *adv.* skyward(s); *fig.* heavenward(s); **~weit** *fig. adj. and adv.* vast(ly), enormous(ly), immense(ly); ~ voneinander entfernt miles apart; ~ verschieden sein differ widely, be diametrically opposed, be as different as day and night; *es ist ein* ~*er Unterschied zwischen* there is all the difference in the world between.

'himmlisch *adj.* celestial, heavenly; divine; heavenly, divine; lovely, sweet; glorious (*weather*); ~*er Vater* (Our) Father in Heaven; *~e Geduld the* patience of Job.

hin [hin] *adv.* there, thither; along; towards; *über ... ~* over; *colloq.* gone, broken, in pieces; gone, lost; ~ *und her* to and fro, *Am.* back and forth; ~- *und herfahren rail.* shuttle, *Am.* commute; ~ *und her gehen* walk up and down, *tech. machine parts*: reciprocate; ~ *und zurück* there and back (*a. rail*); *Fahrkarte ~ und zurück* return ticket, *Am.* round-trip ticket; ~ *und wieder* **a)** now and then, **b)** here and there; *noch weit ~* yet far off; *über die ganze Welt ~* all over the world; *ich muß ~* I must go there; *wo ist er ~?* where did he go?; *er ist ~* **a)** he is done for, *sl.* he is a goner, **b)** he is dead; *sie ist ganz ~* **a)** she is all in, **b)** she is in raptures; ~ *ist* ~ (what's) gone is gone, lost is lost; *auf et. ~* **a)** as a result of, in consequence of, following, upon, **b)** on the strength of; *auf die Gefahr ~, zu verlieren* at the risk of losing; *auf sein Versprechen ~* relying on his promise; *et. ~ und her überlegen* turn a th. over in one's mind, consider the pros and cons of a th.

hinab [hi'nap] *adv.* down, downward(s); down there; → *hinunter*; **~gehen** *v/i.* (*irr., sn*) go down, descend (*a. aer.*).

hinan [hi'nan] *adv.* up, upward(s); up to; → *hinauf*.

'hin-arbeiten *v/i.* (*h.*): ~ *auf* (*acc.*) work for (or towards), aim at.

hinauf [hi'nauf] *adv.* up, upward(s), up there; *bis ~ zu* up to; *den Berg ~* up the hill, uphill; *den Fluß ~* up the river, upstream; *die Treppe ~* upstairs; *die Straße ~* up the street, *Am.* upstreet; *hier ~* up here, this way; *dort ~* up there, go up; *in compounds usu. ...* up, → *empor...*; **~arbeiten:** *sich ~* (*h.*) toil up, *a. fig.* work one's way up; **~befördern** *v/t.* (*h.*) carry (or hoist) up; *in lift, etc.: schnell ~* shoot up; **~begeben:** *sich ~* (*irr., h.*) go up(stairs); **~blicken** *v/i.* (*h.*) look up (*zu at, fig.* to); **~bringen** *v/t.* (*irr., h.*) bring (or carry, take) up; get up; **~fahren** *v/i.* (*irr., sn*) drive (or ride, go) up; **~gehen** *v/i.* (*irr., sn*) go (or walk) up, ascend, mount; go upstairs; *fig. prices*: rise, climb; **~kommen** *v/i.* (*irr., sn*) come up; get up, make it; **~schnellen** *v/i.* (*sn*) bound up; *fig.* rise abruptly; *prices*: shoot (or soar,

rocket) up; **~schrauben** *v/t.* (*h.*) *fig.* screw or push up (*prices*); step (or tune) up, *Am. a.* up (*production, etc.*); **~setzen** *v/t.* (*h.*) *fig.* raise, mark up, *Am. a.* up (*price, rent, etc.*); **~steigen** *v/i.* (*h.*) mount (up), climb up, ascend; **~tragen** *v/t.* (*irr., h.*) carry (or take) up; **~transformieren** *el. v/t.* (*irr., sn*) step up; **~treiben** *v/t.* (*irr., h.*) drive (or push, force) up (*prices*); **~ziehen I.** *v/t.* (*irr., h.*) draw (or pull) up; **II.** *v/i.* (*irr., sn*) march (or troop, move, go) up.

hinaus [hi'naus] **I.** *adv.* out, out there; outside; ~ *aus* (*dat.*) out of; *hier ~* out here, this way; *nach hinten* (*vorn*) ~ live at the back (front); *über* (*acc.*) ... ~ **a)** beyond, past, **b)** above, exceeding, in excess of; *über das Grab ~* beyond the grave; *auf Jahre ~* for years (to come); *zum Fenster ~* out of the window; *fig. er weiß nicht wo ~* he doesn't know which way to turn (or what to do); *darüber ist er ~* he has got over it, he is past that stage now; *wo soll das noch ~?* what will all that lead to?; *worauf will er ~?* what is he driving at?; *über die Fünfzig ~* on the shady side of fifty; **II.** *int.* ~! out!, *Am. sl.* scram!; ~ *mit dir!* out with you!, out you go!, get out!; ~ *mit ihm!* turn (or throw) him out!; *in compounds ...* out; **~begleiten** *v/t.* (*h.*) see out (or to the door); **~beugen:** *sich ~* (*h.*) lean out (*zum Fenster* of the window); **~blicken** *v/i.* (*h.*) look or gaze out; **~bringen** *v/t.* (*irr., h.*) bring or take out(side); see *a p.* out; **~ekeln** *colloq. v/t.* (*h.*) winkle (*sl.* freeze) out; **~fahren** *v/i.* (*irr., sn*) *and v/t.* (*irr., h.*) drive (or motor, ride) out; *mar.* sail out, put to sea; **~feuern** *colloq. v/t.* (*h.*) → *hinauswerfen*; **~fliegen** *colloq. v/i.* (*irr., sn*) get the sack, be sacked (*Am.* fired); **~führen** *v/t.* (*h.*) lead (or take) out; **~gehen** *v/i.* (*irr., sn*) go (or walk) out, leave; *das Zimmer geht auf den Park hinaus* the room looks out on (or faces, opens on) the park; ~ *über* (*acc.*) go (or pass) beyond; surpass, exceed; *intent*: ~ *auf* (*acc.*) aim at; **~geleiten** *v/t.* (*h.*) see (or show, usher) out; **~greifen** *v/i.* (*irr., h.*): *fig.* ~ *über* (*acc.*) reach beyond; **~jagen** *v/t.* (*h.*) chase (or drive) out, expel; **~kommen** *v/i.* (*irr., sn*) come (or get) out; *fig.* → *hinauslaufen*; **~komplimentieren** *v/t.* (*h.*) bow out, ease out; **~laufen** *v/i.* (*irr., sn*) run (or rush) out; *fig.* ~ *auf* (*acc.*) come (or amount) to; *Am. a.* boil down to; *es läuft auf dasselbe* (or *eins*) *hinaus* it comes (or amounts) to the same thing; **~lehnen:** *sich ~* (*h.*) lean out; **~ragen** *v/t.* (*h.*): ~ *über* (*acc.*) project beyond; *fig.* tower above, stand out from; **~reichen** *v/i.* (*h.*): ~ *über* (*acc.*) reach (or stretch, extend) beyond; **~schaffen** *v/t.* (*h.*) take (or get) out, remove; **~schauen** *v/i.* (*h.*) look (or gaze) out; **~schicken** *v/t.* (*h.*) send out; **~schieben** *v/t.* (*irr., h.*) push (or shove) out; *fig.* postpone, defer, put off; delay; protract; **~schießen**

v/i. (*irr., sn*) *fig.* overshoot (*über das Ziel* the mark); **~schleichen** *v/i.* (*irr., sn*) slink (or sneak, steal) out; **~sehen** *v/i.* (*irr., h.*) look (or glance) out; **~sein** *v/i.* (*irr., sn*) be out(side), have left; *fig. über et.* ~ be past (or beyond, above) a th.; → *hinaus*; **~setzen** *v/t.* (*h.*) put (or turn, chuck) *a p.* out; **~stellen** *v/t.* (*h.*) put out(side); *sports*: send *a player* off the field; **~stoßen** *v/t.* (*irr., h.*) push (or thrust) out; eject (*a. tech.*); **~stürzen** *v/i.* (*sn*) rush (or dash, bolt) out; **~treiben** *v/t.* (*irr., h.*) drive out; **~trompeten** *v/t.* (*h.*) clarion; **~wachsen** *v/i.* (*irr., sn*): ~ *über* (*acc.*) outgrow; *fig. über j-n*: grow beyond, surpass *a p.*; *über sich selbst* ~ surpass o.s., rise above o.s.; **~wagen:** *sich ~* (*h.*) venture out; **~werfen** *v/t.* (*irr., h.*) cast (or throw) out (*aus of*); *j-n*: turn (or throw, chuck, kick) *a p.* out; expel, eject; (give the) sack, boot out, *Am.* fire; *Geld zum Fenster* ~ throw away, squander *money*; **~wollen** *v/i.* (*h.*) wish (or want) to get out (*aus of*); *fig.* ~ *auf* (*acc.*) aim (or drive) at; *wo will das hinaus?* what's the meaning of it?; *hoch* ~ aim high, be ambitious; *zu hoch* ~ aim (or aspire) too high; **~ziehen I.** *v/t.* (*irr., h.*) draw (or drag) out; protract, draw (or drag) out; *sich* ~ drag along, be protracted; **II.** *v/i.* (*irr., sn*) march out; *aufs Land* ~ move out into the country.

'hin...: ~begeben: *sich ~* (*irr., h.*) go there; **~bemühen** *v/t.* (*h.*) (*and sich*) trouble to go there; **~bestellen** *v/t.* (*h.*): ~ *zu* or *nach* order (or tell, arrange for) *a p.* to go to (or appear at); **2blick** *m*: *im* ~ *auf* (*acc.*) with regard to, in regard to (or of), with a view to, in view of; in consideration of, considering; in the light of; **~blicken** *v/i.* (*h.*) look or glance (*zu* at, towards); *vor sich* ~ gaze before o.s.; **~bringen** *v/t.* (*irr., h.*) bring (or take, carry) there (or *zu, nach* to); *j-n*: lead (or take, conduct) *a p.* there; accompany *a p.* there; spend, pass *time* (away), idle away, kill (*time*); dissipate (*fortune*); **~brüten** *v/i.* (*h.*): *vor sich* ~ be brooding, be lost in thought; **~denken** *v/i.* (*irr., h.*): *wo denkst du hin?* what are you thinking of?

hinderlich ['hindərliç] *adj.* (*dat.*) hindering, impeding; obstructive (to); troublesome, cumbersome; embarrassing; inconvenient (to); *j-m* ~ *sein* be in a p.'s way.

'hindern *v/t.* (*h.*) hinder, hamper, handicap, impede (*bei, in dat.* in); ~ *an* (*dat.*) prevent from; interfere with; block, obstruct (*traffic*).

'Hindernis *n* (-ses; -se) hindrance; obstacle, barrier (*both a. fig.*); *sports*: hurdle (*a. fig.*), obstacle, jump; impediment, handicap, check, snag; stumbling stone (or block); intervening circumstance; encumbrance; difficulty; *jur.* gesetzliches ~ legal impediment, statutory bar (*zu* to); *ohne* ~*se* without a hitch; *auf* ~*se stoßen* run into obstacles; *j-m* ~*se in den Weg legen* put (or throw) obstacles into

a p.'s way; **bahn** *f* obstacle course; **lauf** *m*, **rennen** *n* steeple-chase, obstacle race; **läufer** *m* steeplechaser.
'**Hinderung** *f* (-; -en) hindrance, obstruction; interference; *ohne* ~ without let or hindrance.
'**hindeuten** *v/i.* (h.): ~ *auf* (acc.) point to (or at); *fig. person*: point to, suggest; hint at, intimate; *matter*: point to, indicate, suggest; be indicative (or suggestive) of.
Hindin ['hindin] *f* (-; -nen) hind.
'**hindrängen** *v/t.* (h.) push or press (zu to[wards]); *sich* ~ crowd (or throng) (zu to[wards]).
Hindu ['hindu:] *m* (-[s]; -[s]) Hindu, Hindoo; **Hinduismus** [hindu'ismus] *m* (-) Hinduism.
hin'durch *adv.* through; throughout; across; *dort* ~ through here (or there); *mitten* ~ right (or straight) through; *during*, through(out) *a period*; *den ganzen Tag* ~ all day (long); *die ganze Nacht* ~ all night (long); *das ganze Jahr* ~ all the year round, throughout the year; *in compounds → durch …*
'**hin…: **dürfen** *v/i.* (irr., h.) be allowed to go there; *darf ich hin?* may I go there?; **eilen** *v/i.* (sn) hurry (or hasten) there, rush to the spot.
hinein [hi'nain] *adv.* in; ~ *in* (acc.) into, in(side); *da (hier)* ~ in there (here); *bis (or mitten)* ~ *in* (acc.) right into (the middle or heart of); *bis in den Mai* ~ well (or right) into May; *nur* ~! just go in!; ~ *mit dir!* in you go!; *in compounds usu. …* in(to in acc.); **arbeiten** *v/t.* (h.) work (or fit) in(to in acc.); *sich* ~ *in* (acc.) work one's way into; **bauen** *v/t.* (h.) build in(to in acc.); **bringen** *v/t.* (irr., h.) take (or carry) in(to in acc.); **denken:** *sich* ~ *in et.* (h.) go deeply into, dive into *a subject*; *in j-n*: try to understand, enter *a p.'s* ideas; **drängen** *v/t.* (h.) push (or press) in(to in acc.); *sich* ~ press in(to in acc.); shoulder one's way in, *Am. sl.* muscle in; **fallen** *v/i.* (irr., sn) fall (or tumble) in(to in acc.); **finden:** *sich* ~ *in* (irr., h.) in (acc.) find one's way into; familiarize o.s. with; get used to; **gehen** *v/i.* (irr., sn) go in(to in acc.); *in den Kanister gehen … hinein* the container holds …; *in den Saal gehen … hinein* the hall accommodates (or seats) … (*persons*); **geraten** *v/i.* (irr., sn): in et. ~ get (o.s.) into a th.; **grätschen** *n* (-s) *soccer*: sliding tackle; **knien:** *sich* ~ *in* (acc.) get down to *a th.*; **lachen** *v/i.* (h.): *in sich* ~ laugh to o.s.; **lassen** *v/t.* (irr., h.) let in(to in acc.); **leben** *v/i.* (h.): *in den Tag* ~ lead a happy-go-lucky life, take it easy; **legen** *v/t.* (h.) put in(to in acc., a. fig.), put inside; *colloq. fig. → hereinlegen*; **lesen** *v/t.* (irr., h.): et. ~ *in* (acc.) read a th. into; **mischen:** *sich* ~ (h.) *→ einmischen*; **ragen** *v/i.* (h.): ~ *in et.* project into a th.; **reden** *v/i.* (h.): *in et.* ~ interfere (or meddle) with; *→ Blau*; *sich in e-n Zorn* ~ talk o.s. into a passion; **reiten** *v/t.* (irr., h.) *colloq. fig.* get *a p.* into a mess; **stecken**

v/t. (h.) put or slip in(to in acc.); *fig. Geld* ~ put (or sink) money into, invest money in; **stehlen:** *sich* ~ (h.) steal (or sneak) in(to in acc.); **steigern:** *sich* ~ key o.s. up, get (all) worked up (wegen over); **tun** *v/t.* (irr., h.) put in(to in acc.); *e-n Blick* ~ *in* (acc.) glance into; **wachsen** *v/i.* (irr., sn): *in s-e Rolle* ~ grow to one's part; **wagen:** *sich* ~ (h.) venture in; **wollen** *v/i.* (h.) want to go in; **ziehen** *v/t.* (irr., h.) pull (or draw, drag) in(to in acc.); *fig. j-n* ~ *in* (acc.) bring (or drag) a p. into, implicate (or involve) a p. in; **zwängen** *v/t.* (h.) squeeze (or force, press) in(to in acc.).
'**hin…: **fahren I.** *v/t.* (irr., h.) drive (or carry, take) there (or nach, zu to); convey (to); **II.** *v/i.* (irr., sn) drive or go (nach, zu to); ~ *an* (dat.) drive (*mar.* sail) along; ~ *über* (acc.) pass over; *fig. mit der Hand über et.* ~ pass (or run) one's hand over a th.; pass away; *fahre hin!* farewell!; **fahrt** *f* journey (or trip, *mar.* voyage) out or there, way there; *auf der* ~ on the way there; *(Fahrkarte für)* Hin- und Rückfahrt there and back, return ticket, *Am.* round trip ticket; **fallen** *v/i.* (irr., sn) fall (down), have a fall, drop; **fällig** *adj.* frail, decrepit; weak, infirm; futile, untenable; null and void; ~ *machen* render invalid, invalidate, supersede; *damit wird dieser Punkt* ~ this disposes of the matter; **fälligkeit** *f* frailty, decrepitude; weakness, infirmity; *fig.* futility, weakness; **finden** *v/i.* (irr., h.) (a. sich) find one's way there or to a place; **flug** *m* flight there, outgoing flight; **fort** *adv.* henceforth, from now on; **fracht** *econ. f* outward freight; **führen** *v/t. and v/i.* (h.) lead (or take) there (or nach, zu to); *fig. wo soll das* ~? where will this lead to?
hing [hiŋ] *pret. of hängen*.
'**hin…: **gabe** *f* (-) devotion (an acc. to), devotedness; sacrifice; **gang** *fig. m* (-[e]s) decease, death; **geben** *v/t.* (irr., h.) give away; give up, relinquish, surrender (dat. to); abandon; sacrifice (für for); *sein Leben* ~ lay down one's life (for); *sich* ~ (dat.) give o.s. up (or devote o.s.) to, apply o.s. to; *woman*: give o.s. to (a man); indulge in, abandon o.s. to (vice, etc.); *sich Hoffnungen* ~ cherish hopes; **gebend** *adj.* devoted; **gebung** *f* (-) *→ Hingabe*; **gebungsvoll** *adj.* devoted; ~ '**gegen** *adv.* however, on the contrary; on the other hand, whereas; **gehen** *v/i.* (irr., sn) go there (or nach, zu to); *fig. road*: lead there (or nach, zu to); *time*: pass, elapse; *über et.* ~ pass over a th.; *lassen* let pass; overlook, close one's eyes to; **gehören** *v/i.* (h.): *wo gehört das hin?* where does that go (or belong) to?; **geraten** *v/i.* (irr., sn): *wo ist er* ~? where has he got to?, what has become of him?; **gerissen** *adj.* enchanted, enraptured, carried away, electrified; **halten** *v/t.* (irr., h.) hold out (dat. to), proffer, tender; *fig. j-n*: put off, jolly (*Am. sl.* stall) *a p.* along; keep *a p.* waiting

(or in the air); *et.*: delay (a th.); **haltend** *adj.* delaying (a. *mil.*); **hängen** *v/t.* (h.) hang up (there); **hauen** *colloq. v/t.* (h.) *fig.* do *a job* (in a slap-dash manner), knock off; *sich* ~ hit the ground, turn in; *das haut hin!* that works!, *sl.* that does the trick!, that's the stuff!; **hören** *v/i.* (h.) listen, prick one's ears.
hinken ['hiŋkən] *v/i.* (h., sn) (walk with a) limp, go lame; hobble; *fig.* be imperfect (or unsatisfactory, clumsy); *verse, line*: halt; *der Vergleich hinkt* that's a lame (or poor) comparison; 2 *n* (-s) limp(ing); **nd** *adj.* limping, lame; *fig.* lame (*proof, verse, etc.*).
'**hin…: **knien** *v/i.* (h.) kneel down; **kommen** *v/i.* (irr., sn) come (or get, arrive) there; *wo ist er (es) nur hingekommen?* where has he (it) got to?, what has become of him (it)?; *fig. wo kommen wir da hin?* what should we come to? **langen I.** *v/t.* (h.) *j-m et.* ~ hand a th. over to a p., reach a p. a th.; **II.** *v/i.* (h.): ~ *nach* reach for; ~ *(bis) zu* (dat.) reach, extend as far as; **länglich** *adj.* sufficient; adequate; enough; **lassen** *v/t.* (irr., h.) allow to go (there); **legen** *v/t.* (h.) lay or put down; *sich* ~ lie down; **leiten, lenken** *v/t.* (h.) (nach, zu) lead (or conduct, steer) to; direct (or draw, call) *attention* to; **metzeln, morden** *v/t.* (h.) massacre, slaughter, butcher; **nehmen** *v/t.* (irr., h.) accept, take; *et. als selbstverständlich* ~ take a th. or it for granted; put up with, submit to, suffer; **neigen** *v/t., v/i., and sich* (h.) incline or lean (zu to[wards]); *fig. sich* ~ tend or gravitate (zu towards).
hinnen ['hinən] *adv.*: *von* ~ from hence, away; *von* ~ *gehen* depart this life.
'**hin…: **opfern** *v/t.* (h.) sacrifice; **pflanzen** *v/t. and sich* (h.) plant or place (o.s.) there; **raffen** *v/t.* (h.) *death*: carry (or snatch) away; **reichen I.** *v/t.* (h.) reach (or stretch, hold) out *one's hand* (j-m to a p.); **II.** *v/i.* (h.) be sufficient, suffice, do; **reichend I.** *adj.* sufficient; adequate; ample; **II.** *adv.* sufficiently, *etc.*; *a.* enough; 2 **reise** *f* journey (*mar.* voyage) there or out; *auf der* ~ on the way there; **reisen** *v/i.* (sn) travel (or go) there; **reißen** *v/t.* (irr., h.) carry (or sweep) off; *fig.* enrapture, thrill, ravish, fascinate, *Am. sl.* wow, send; *j-n zu et.* ~ move (or drive) a p. to a th., make a p. do a th.; *sich* ~ *lassen von* (dat.) allow o.s. to be carried away by; give way (or surrender) to; *zu e-r Bemerkung*: be betrayed into a remark; *hingerissen sein* be ravished (von by), be in raptures (over); **reißend** *adj.* enchanting, ravishing, thrilling, breath-taking; **richten** *v/t.* (h.) execute, put to death; behead, decapitate; hang (by the neck); *auf dem elektrischen Stuhl*: electrocute; 2 **richtung** *f* execution; electrocution; 2 **richtungsbefehl** *m* death-warrant; **schaffen** *v/t.* (h.) move (or transport, convey) there (or nach, zu to); **scheiden** *v/i.* (irr., sn) pass away, depart this life;

ℒscheiden n decease, death; ~schicken v/t. (h.) send there (or nach, zu to); ~schlachten v/t. (h.) → hinmetzeln; ~schlagen v/i. (irr., sn) strike down (auf acc. on); fall down heavily (or full length); ~schleppen v/t. and sich (h.) drag (o.s.) along; fig. negotiations, etc.: drag on (or out); ~schmeißen colloq. v/t. (irr., h.) chuck (up); ~schmieren v/t. (h.) daub; scribble, scrawl; ~schreiben v/t. (irr., h.) write (or jot) down; ~schwinden v/i. (irr., sn) vanish or dwindle (away); ~sehen v/i. (irr., h.) nach, zu) look (or glance) to(wards) or at; ohne hinzusehen without looking; ~sein v/i. (irr., sn) → hin; ~setzen v/t. (h.) set (or put) down; seat (a p.); sich ~ sit down, take a seat; ℒsicht f: in anderer ~ in other respects; in dieser ~ in this regard (or respect), on that score; in gewisser ~ in a way (or sense); in jeder ~ in every respect, throughout, to all intents and purposes; in politischer ~ politically; in ~ auf (acc.) → ~sichtlich adv. with regard (or reference) to; in respect of, in regard of (or to); with a view to; concerning, regarding; relating to; as to; ~siechen v/i. (h.) waste away; pine away; ~sinken v/i. (irr., sn) sink down, swoon (or faint) away; tot ~ drop (down) dead; ~sprechen v/t. (irr., h.): (nur so) ~ say lightly; vor sich ~ talk to o.s.; ~stellen v/t. (h.) place somewhere; put down; colloq. raise (a building); sich ~ vor (acc.) stand (or plant o.s.) before; fig. et. ~ als represent (or picture, describe) as, make out to be; sich ~ als pose as; ~sterben v/i. (irr., sn) die away; ~streben v/i. (h.): ~ nach (dat.) strive for or after; phys. (and fig.) tend or gravitate towards; ~strecken v/t. (h.) stretch or hold out one's hand (dat. to); j-n: fell, knock down a p.; sich ~ lie down (full length), stretch o.s. out (auf on); ~strömen v/i. (sn) flock (or throng, stream) there; ~stürzen v/i. (sn) fall, tumble down; ~ nach or zu (dat.) rush to.

hintan|setzen [hint'ʔan-] v/t. (h.), ~stellen v/t. (h.) set aside; neglect, slight; disregard, ignore; ℒsetzung [-zɛtsuŋ] f (-), ℒstellung f slight (-ing), neglect, disregard; mit (or unter) ~ (gen.) without regard to, disregarding, regardless of.

hinten ['hintən] adv. behind, at the back; in the background; in the rear, rearmost, (quite) at the end; nach ~ backward(s), to the back (or rear), mar. aft, astern; nach ~ gelegenes Zimmer back room; von ~ from behind, from the rear; von ~ angreifen attack from behind (or in the rear); von weit ~ (from) far back; ~ anfügen add (or append, annex); ~ ausschlagen horse: kick, lash out, fig. kick up one's heels; sich ~ anstellen join on to a queue, queue up; ~ und vorn fig. everywhere; lieber Karl ~, lieber Karl vorn Charlie here, Charlie there, Charlie everywhere; ~an adv. behind, in the rear, at the back; ~herum adv. from behind (or the

rear); fig. secretly, on the quiet (sl. on the q.t.); et. ~ besorgen wangle a th.; ~nach → hintenan; ~über adv. backward(s), upside down.

hinter ['hintər] prp. behind, (at the) back of; after; ~es Ende rear end; ~ meinem Rücken behind my back; ~ mir (mich) behind me; ~hin (sich) behind him; ~ dem Hügel hervor from behind the hill; ~ et. or j-m hersein be (or run) after, pursue a th. or p.; ~ et. stecken be at the bottom of a th.; ~ e-r Sache stehen back (or support) a th.; et. ~ sich bringen get a th. over, get through with a th.; cover (a distance); et. ~ sich haben be through a th.; das Schlimmste haben wir ~ uns we are out of the woods now, we have broken the back of it; j-n or et. ~ sich haben have a p. or th. at one's back, be backed by; j-n or et. ~ sich lassen leave a p. or th. behind, running: a. outdistance; sich ~ die Arbeit machen buckle down to work; sich ~ et. machen get down to a th., tackle a th.

'Hinter...: ~achs-antrieb mot. m rear-axle drive; ~achse f rear axle; ~ansicht f back-view; ~asien n Farther Asia; ~backe f buttock; ~bänkler [-bɛŋklər] colloq. parl. m (-s; -) back-bencher; ~bein n hind leg; sich auf die ~e stellen stand on one's hindlegs (a. fig.); horse: a. rear up; ~bliebene(r m) [-'bliː.bə-nə(r)] f (-n, -n; -en, -en) survivor, (surviving) dependent; the bereaved; ~'bliebenenfürsorge f dependents relief; ~'bliebenenversicherung f survivor's insurance; ~bohren tech. n back drilling; ℒ'bringen v/t. (irr., h.): j-m et. ~ (secretly) inform a p. of a th.; tell a p. a th. (confidentially); ~'bringer(in f) m (-s, -; -, -nen) informer, tell-tale; ~'bringung f (-; -en) information, communication, denouncing; ~deck mar. n quarter-deck, poop; ~drehbank tech. f backing-off lathe; ℒ'drein [-'draɪn] → hinterher.

'hintere adj. rear, back, posterior; (of) behind, in the rear, at the back; die ~n Bänke the back benches; am ~n Ende at the far end; ℒ(r) colloq. m (-[e]n; -[e]n) posterior, backside, behind, bottom, bum.

hinter-ein'ander adv. one after the other, one by one; in succession (or series), successively; drei Tage ~ three days running (or at a stretch, in a row); fünfmal ~ five times running; et. ~ tun do in turns, take turns in ger.; dicht ~ close together, on top of each other; ~ gehen go in single (Am. Indian) file; ~ hereinkommen file in; tech. ~ angeordnet in tandem arrangement; el. ~ schalten connect in series; ℒschaltung el. f series connection.

'Hinter...: ~flügel arch. m back wing; ~fuß m hind foot; ~gabel f motorcycle: back fork; ~gebäude n back building (or premises pl.); ~gedanke m (mental) reservation; ulterior motive; arrière pensée (Fr.); ohne ~n without reserve, guilelessly; das war wohl sein ~ that may have been at the back of his

mind; ℒ'gehen v/t. (irr., h.) deceive, impose (up)on, cheat, dupe, Am. sl. doublecross; ~gehung [-'geː.uŋ] f (-; -en) deception; ~grund m background (a. paint and fig.); rear; thea. backscene, backdrops pl.; sich im ~ halten keep in the background; in den ~ drängen thrust into the background; in den ~ treten recede into the background, stand back; ℒgründig ['-gryndiç] fig. adj. enigmatical, cryptic, profound; subtle, sly; ~halt m ambush; trap; aus dem ~ überfallen ambush; im ~ liegen lie in ambush; sich in den ~ legen lie down in ambush; fig. et. im ~ haben have a th. in reserve (or up one's sleeve); ohne ~ without reserve, unreservedly, candidly; ℒhältig ['-hɛltiç] adj. perfidious, sneaking, sneaky, underhand; → hinterlistig; ~hand f hind quarter (of horse); cards: youngest hand; ~hang m reverse (or back) slope (of hill); ~haupt n back of the head, occiput; ~haus n back of the house, back house (or premises pl.); ~hauswohnung f rear flat.

hinter'her adv. behind, in the rear; after; afterwards, subsequently; when it is (or was) too late, with hind-sight; ~gehen v/i. (irr., sn) walk behind; follow (in the rear); ~kommen v/i. (irr., sn) follow (behind), bring up the rear; ~laufen v/i. (irr., sn) run behind; hinter j-m herlaufen run after a p.

'Hinter...: ~hof m backyard; ~indien n Farther India, w.s. Indo-China; ~keule f hind leg; ~kopf m → Hinterhaupt; ~lader ['-laːdər] mil. m (-s; -) breech-loader; ~lager tech. n rear bearing; ~land n (-[e]s) hinterland, interior of a country; esp. Am. back country; ℒ'lassen I. v/t. (irr., h.) leave (behind); testator: j-m et. ~ leave (or bequeath) a th. to a p.; Nachricht ~ leave word or a message; er hinterließ kein Testament he left no will behind (him), jur. he died intestate; II. adj. posthumous (works); ~'lassenschaft f (-; -en) property (left), estate; ℒlastig adj. aer. tail-heavy, mar. stern-heavy; ~lauf hunt. m hind leg; ℒ'legen v/t. (h.) deposit, lodge (bei with); give in trust; als Sicherheit ~ deposit (or lodge) as security; hinterlegte Gelder deposits; ~'leger m (-s; -) depositor; ~'legung f (-) depositing, deposition; deposit; ~legungsgelder [-'leː.guŋsgɛldər] n/pl. deposit funds, deposits; ~'legungsschein m certificate of deposit; ~leib zo. m hind quarters pl.; anat. abdomen; ~list f artifice, stratagem, ruse, trick, dodge; trap, snare; cunning, craftiness; insidiousness, treachery; falseness; ℒlistig adj. artful, cunning, wily; underhand; insidious, perfidious; deceitful; false; ~mann m mil. rear-rank man; mar. ship next astern; fig. econ. subsequent endorser; pol. backer; wire-puller; instigator; ~mannschaft f sports defen|ce, Am. -se; ℒmauern arch. v/t. (h.) back; ~n m (-s; -) → Hintere; ~pförtchen n back-door (a. fig.); ~pforte f back gate; ~pom-

mern *n* Farther Pomerania; ~**rad** *n* back (*or* rear) wheel; ~**rad-achse** *f* rear axle; ~**radantrieb** *m* rear wheel drive, rear-axle drive; ~**rad-bremse** *f* rear wheel brake; ~**rad-reifen** *m* back tyre (*Am.* tire); ~**radschwinge** *f* rear wheel suspension; ⊋**rücks** ['-ryks] *adv.* from behind, from the back; *fig.* treacherously; → *heimtückisch*; ~**schiff** *mar. n* stern; ~**schliff** *tech. m* relief grinding; ⊋**schlingen** *v/t.* (*irr.*, h.) gobble off, bolt; ⊋**schlucken** *v/t.* (h.) swallow, gulp down; ~**seite** *f* hind part, back; rear; ~**sitz** *m* back seat; ⊋**st** *adj.* hindmost; last; *das* ~e *Ende* the tail end; ⊋**stechen** *tech. v/t.* (*irr.*, h.) recess; ~**steven** *mar. m* stern-post; ~**stück** *n* hind piece; ~**teil** *n* hind (*or* back) part; rear; *mar.* stern; backside, posterior, behind, bottom; ~**treffen** *n* rear(guard), reserve; *sports:* rear; *im* ~ *sein* be at a disadvantage; *ins* ~ *geraten or kommen* get the worst of it, go to the wall, lag behind, take a back seat, *running:* fall (*or* lag) behind, drop back, tail off; ⊋'**treiben** *v/t.* (*irr.*, h.) prevent, hinder; frustrate, thwart, obstruct, *pol. a.* torpedo; counteract; ~'**treibung** *f* (-) hindrance, prevention; frustration, obstruction; ~**treppe** *f* back stairs *pl.*; ~**treppenpolitik** *f* backstair(s) politics; ~**treppen-roman** *m* shilling shocker, penny dreadful, *Am.* dime novel; ~**tupfin-gen** ['-tupfiŋən] *colloq. n* (-s) Podunk; ~**tür** *f* back-door; *fig. a.* loop-hole, escape, outlet; *sich ein* ~**chen offenhalten** keep a backdoor open; ~**wäldler** ['-veltlər] *m* (-s; -) backwoodsman, *Am. a.* hillbilly, hick; ~**wärts** ['-verts] *adv.* backward(s); ⊋'**ziehen** *jur. v/t.* (*irr.*, h.) defraud, evade (*taxes*); ~'**ziehung** *f* defraudation (*of the revenues*), (*tax*) evasion; ~**zimmer** *n* backroom.

'**hin...**: ~**tragen** *v/t.* (*irr.*, h.) carry (*or* take) there *or* to a place; ~**träu-men** *v/i.* (h.): *vor sich* ~ be musing, be lost in reverie, be daydreaming; ~**treten** *v/i.* (*irr.*, sn): *vor j-n* ~ (take one's) stand before a p.; *treten Sie dorthin!* stand over there!; ~**tun** *v/t.* (*irr.*, h.) place (*or* put) somewhere; *wo soll ich es* ~? where shall I put it?; *colloq. ich weiß nicht, wo ich ihn* ~ *soll* I can't place him.

hinüber [hi'ny:bər] *adv.* over, over there; to the other side; *quer* ~ across; *über ...* ~ over, across; *fig. colloq. food:* spoilt; *object:* gone, broken, no longer of use; *er ist* ~ he is dead, it's all over with him; ~**blicken** *v/i.* (h.) look over *or* across (*zu dat.* to); ~**bringen** *v/t.* (*irr.*, h.) take over *or* across; ~**fah-ren I.** *v/t.* (*irr.*, h.) *j-n:* drive (*or* run, take) *a p.* over *or* across; *et.:* convey (*or* transport), carry *a th.* over; **II.** *v/i.* (*irr.*, sn) pass to the other side, cross; ~**gehen** *v/i.* (*irr.*, sn) go over, walk across; ~ *über* (*acc.*) cross; *fig.* pass away; ~**kommen** *v/i.* (*irr.*, sn) get over *or* across; ~**lassen** *v/t.* (*irr.*, h.) allow to (*or* let) go over; ~**reichen I.** *v/t.* (h.) pass *or* hand over *or* across; **II.**

v/i. (h.) reach *or* extend across; ~**schwimmen** *v/i.* (*irr.*, sn) swim across, swim over (*zu* to); ~**sprin-gen** *v/i.* (*irr.*, sn) jump (*über e-n Zaun* a fence), leap over; ~**tragen** *v/t.* (*irr.*, h.) carry over *or* across (*zu* to); ~**wechseln** *v/i.* (h.) shift (*or* switch) over, go over (*zu* to); ~**werfen** *v/t.* (*irr.*, h.) throw (*or* fling) across; ~**ziehen I.** *v/t.* (*irr.*, h.) draw (*or* pull, drag) across *or* over; **II.** *v/i.* (*irr.*, sn) move (*or* march) across *or* over.

hinunter [hi'nuntər] *adv.* down (there), downward(s); *den Hügel* ~ down the hill, downhill; *die Treppe* ~ down the stairs, downstairs; *den Fluß* ~ down the river, downstream; *die Straße* ~ down the street; ~ *mit ihm!* down with him!; *da* ~, *dort* ~ down there, down that way; *in compounds usu. ...* down; ~**blicken** *v/i.* (h.), ~**schauen** *v/i.* (h.), ~**sehen** *v/i.* (*irr.*, h.) look (*or* glance) down (*auf acc.* upon); ~**fahren** *v/i.* (*irr.*, sn) drive (*or* ride, go) down; *schnell* ~ rush (*or* race, fly) down; ~**fallen** *v/i.* (*irr.*, sn) fall (*or* tumble) down; crash down; ~**führen I.** *v/t.* (h.) lead (*or* take) down; **II.** *v/i. path, stairs:* lead (*or* run) down (*nach, zu* to); ~**gehen** *v/i.* (*irr.*, sn) go (*or* walk) down; ~**gießen** *v/t.* (*irr.*, h.) pour down; gulp (down) (*drink*); ~**helfen** *v/i.* (*irr.*, h.) help *a p.* down; ~**lassen** *v/t.* (*irr.*, h.) let down, lower; ~**reichen I.** *v/t.* (h.) hand down; **II.** *v/i.* (h.): ~ (*bis*) *auf or zu* reach down to; ~**schlin-gen** *v/t.* (*irr.*, h.), ~**schlucken** *v/t.* (h.) → *hinterschlingen*; ~**spülen** *v/t.* (h.) wash down; ~**stürzen I.** *v/t.* (h.) gulp (down), toss off (*drink*); **II.** *v/i.* (sn) fall (*or* tumble, crash) down; ~**werfen** *v/t.* (*irr.*, h.) throw down; *j-n die Treppe* ~ kick *a p.* downstairs; ~**würgen** *v/t.* (h.) choke down; ~**ziehen I.** *v/t.* (*irr.*, h.) pull (*or* drag) down; *sich* ~ *bis* an *or* zu reach as far as, extend to; **II.** *v/i.* (*irr.*, sn) march (*or* troop) down (*nach, zu* to).

'**hinwagen:** *sich* ~ (h.) venture to *or* near a place.

Hinweg ['-ve:k] *m: auf dem* ~ on the way there *or* out.

hinweg [-'vɛk] *adv.* away, off; ~! (*mit euch!*) get away!, be off!, begone!; ~**bringen** *v/t.* (*irr.*, h.): *j-n über et.* ~ help a p. to get over a th.; *dies wird uns über die kriti-sche Zeit* ~ this will see us through (*or* tide us over) the critical period; ~**führen** *v/t.* (h.) lead (*or* march, walk) off; ~**gehen** *v/i.* (*irr.*, sn) go away; *fig. über et.* ~ pass lightly over a th.; laugh (shrug) a th. off; skip a th.; ignore (*or* overlook) a th.; ~**helfen** *v/i.* (*irr.*, h.): ~ *über* (*acc.*) help over; *fig.* → *hinwegbringen*; ~**kommen** *v/i.* (*irr.*, sn): ~ *über* (*a. fig.*); ~**raffen** *v/t.* (h.) snatch away; ~**sehen** *v/i.* (*irr.*, h.): ~ *über* (*acc.*) see over, look over; *fig.* overlook, shut one's eyes to; ~**sein** *v/i.* (*irr.*, sn): ~ *über* (*acc.*) be beyond *or* past *or* over; ~**setzen:** *sich über* (*acc.*) make light of, brush aside, disregard, dismiss, ignore; override *a rule, an objection*,

etc.; *lachend* (*gleichgültig*): laugh (shrug) *a th.* off; ~**täuschen** *v/t.* (h.): *über die Tatsache or darüber* ~ obscure the fact (*that*), *j-n:* blind *a p.* to a fact, delude *a p.* as to.

'**hin...**: ⊋**weis** ['-vaıs] *m* (-es; -e; *auf acc.*) reference (to); hint (at), allusion (to); advice, instruction; pointer; indication (of), index (to); notice; remark, comment; *unter* ~ *auf* in reference to, referring to; ~**weisen I.** *v/t.* (*irr.*, h.) *j-n* ~ *auf* (*acc.*) refer *a p.* to, draw (*or* call) *a p.'s* attention to; **II.** *v/i.* (*irr.*, h.): ~ *auf* (*acc.*) point at *or* to, indicate; *fig.* point out, indicate; hint at, allude to; refer to; *darauf* ~, *daß* point out that; stress (emphasize) that; ~**weisend** *gr. adj.*: ~*es Fürwort* demonstrative pronoun; ⊋**wei-sung** *f* → *Hinweis*; ⊋**weiszeichen** *n traffic:* directional sign; ~**wenden** *v/t. and sich* (*irr.*, h.) turn (*zu* to); ~**werfen** *v/t.* (*irr.*, h.) throw (*or* fling) down; *fig.* drop *a remark* (casually); dash off *a sketch, etc.*, with a few strokes; jot down, dash off (*a letter, etc.*); (*abandon*) chuck (up); *hingeworfene Bemerkung* casual (*or* stray) remark; ~'**wiederum** *adv.* 1. again, once more; 2. on the other hand; 3. in return; ~**wirken** *v/i.* (h.): ~ *auf* (*acc.*) work towards, use one's influence to *inf.*; ~**wollen** *v/i.* (h.) want to go (there).

Hinz [hints] *m:* ~ *und Kunz* Tom, Dick and Harry.

'**hin...**: ~**zählen** *v/t.* (h.) count out (*or* down); ~**zeigen** *v/i.* (h.) → *hin-weisen;* ~**ziehen I.** *v/t.* (*irr.*, h.) draw *or* pull (*zu* to[wards]); *fig.* draw *or* drag out, protract; *sich hingezogen fühlen* feel *or* be attracted (*zu* by), be drawn (to); *sich* ~ **a)** extend (*or* stretch, spread) (*bis* to, *entlang* along), **b)** stretch away, **c)** drag on; **II.** *v/i.* (*irr.*, sn) go (*or* march) away; ~ *nach* march (*or* move) to(wards); move to (*new dwelling*); ~**zielen** *v/i.* (h.): ~ *auf* (*acc.*) aim at, *fig. a.* have in view, be out for; *matter:* tend to, be directed to.

hin'zu *adv.* 1. to the spot, near; there; 2. in addition, moreover, besides; 3. into the bargain; *in compounds* to(wards), near, close (to), up, to the place; in addition, besides; ~**bekommen** *v/t.* (*irr.*, h.) get (*or* receive) in addition *or* besides; ~**denken** *v/t.* (*irr.*, h.) add in thought *or* one's mind; guess; ~**fügen** *v/t.* (h.) add; enclose, attach; append, annex; ⊋**fügung** *f* addition (*zu* to); ~**gesellen:** *sich* ~ (h.) join; ~**kommen** *v/i.* (*irr.*, sn) come up (to); come unawares, drop in; *med. complications:* supervene; *es kamen noch zehn Personen hinzu* they were joined by ten more persons; *es kommt noch hinzu, daß* add to this that, what is more; ~**kommend** *adj.* additional, further; ~**nehmen** *v/t.* (*irr.*, h.), ~**rechnen** *v/t.* (h.) add (*zu* to), include (in *or* among); ~**setzen** *v/t.* (h.) add (*zu* to); ~**treten** *v/i.* (*irr.*, sn) → *hinzu-kommen;* join; be added (*zu* to); ~**wählen** *v/t.* (h.) elect in addition, coopt; ~**zählen** *v/t.* (h.) add (*zu* to), reckon *or* count (in, with); ~ziehen *v/t.* (*irr.*, *h.*) call in, consult (*doctor*, *etc.*); ℒziehung *f* calling-in, consultation; inclusion.

Hiob ['hi:ɔp] *m* (-s) Job.

'**Hiobs...:** ~bote *m* bearer of bad news; ~botschaft, ~post *f* bad news; ~geduld *f* patience of Job.

Hippe ['hipə] *f* (-; -n) *agr.* bill(hook), pruningknife; scythe (*a. fig.*: of death); wafer.

Hippodrom [hipo'dro:m] *n* (-s; -e) hippodrome.

hippokratisch [-'kra:tiʃ] *adj.* Hippocratic.

Hirn [hirn] *n* (-[e]s; -e) brain; *a. fig.* brains *pl.*; *fig.* mind; → Gehirn; *in compounds* cerebral ...

'**Hirn|anhang** *m* hypophysis; pituitary gland; ~fläche *tech. f* cross-cut end; ~gespinst *n* chimera, phantasm, phantom; fancy, crotchet; wild notion; ~haut *f* meninx, *usu.* meninges *pl.*; ~haut-entzündung *f* meningitis; ~holz *tech. n* cross-cut wood; ℒlos *adj.* brainless, chicken-brained; ~rinde *f* cerebral cortex; ~säge *tech. f* cross-cut saw; ~schädel *m*, ~schale *f* brain-pan, skull, cranium; ~schlag *m* (fit of) apoplexy; ~stamm *m* brain stem; ℒverbrannt *adj.* insensate, foolish; crazy, mad, cracked.

Hirsch [hirʃ] *m* (-es; -e) stag, hart, *w.s.* (red) deer; *cul.* venison (...); '~bock *m* stag, buck; '~brunft *f* rut of stags; '~dorn *bot. m* buckthorn; '~fänger *m* hunting-knife, bowie knife; '~geweih *n* (stag's) antlers *pl.*; '~horn *n* (-[e]s) hartshorn; '~hornsalz *chem. n* hartshorn salt, carbonate of ammonia; '~jagd *f* stag-hunt(ing); '~käfer *m* stag-beetle; '~kalb *n* fawn, calf of deer; '~keule *f* haunch of venison; '~kuh *f* hind; '~leder *n* buckskin; ℒledern *adj.* (of) buckskin; '~talg *m* suet of deer; '~ziemer *m* saddle of venison.

Hirse ['hirzə] *f* (-) millet; ~brei *m* millet gruel; ~fieber *n* miliəry fever; ~korn *n* (-[e]s; ⁻er) millet-seed; *med.* milium, stye; ~mehl *n* millet-flour.

Hirt [hirt] *m* (-en; -en) herdsman; *a. fig.* shepherd; *eccl.* der Gute ~e the Good Shepherd.

'**Hirten...:** ~amt *eccl. n* pastorate; ~brief *eccl. m* pastoral (letter); ~flöte *f* shepherd's pipe; ~gedicht *n* pastoral (poem), bucolic poem; ~junge, ~knabe *m* shepherd boy; ~lied *n* pastoral song; ℒlos *adj.* sheperdless; ~mädchen *n* (young) shepherdess; ~spiel *n* pastoral play; ~stab *m* shepherd's staff; *eccl.* crosier; ~tasche *f* shepherd's pouch (*or* purse, *a. bot.*); ~volk *n* pastoral tribe *or* people.

'**Hirtin** *f* shepherdess.

His [his] *mus. n* (-; -) B sharp.

hissen ['hisən] *v/t.* (*h.*) hoist (up), raise.

hist! [hist] *int.* to horse: wo-hi!, left!

Histor|ie [hi'sto:riə] *f* (-; -n) (hi-)story; ~ienmaler *m* history painter; ~iker *m* historian; ℒisch I. *adj.* historical; (*important*) historic; II. *adv.* historically; in the light of history.

Hitz|ausschlag ['hits-] *med. m* heat-rash; ~bläs-chen *n*, ~blatter *f* (-; -n) (heat-)pimple; pustule; → Hitzpickel; ~draht *tech. m* hot (*or* heated) wire.

'**Hitze** *f* (-) heat (*a. tech.*), hot weather; drückende ~ oppressive (*or* sweltering) heat; *med.* fliegende ~ hot-fit; ~ ausstrahlen radiate heat; *fig.* heat (of passion), passion, ardo(u)r, fervo(u)r; rage, fury; *in* ~ geraten fire (*or* flare) up, fly into a passion, *Am. sl.* get hot under the collar; in der ~ des Gefechtes (*der Debatte*) in the heat of the moment (debate); ℒbeständig *adj.* heat-resistant (*or* -proof), thermostable; ~beständigkeit *f* heat resistance; ~einheit *f* heat unit; ℒempfindlich *adj.* sensitive to heat; ~grad *m* degree (*or* intensity) of heat; ~(grad)messer *m* pyrometer; ~härten *tech. n* thermosetting; ~welle *f* heat wave, hot spell.

'**hitzig I.** *adj. fig. med.* acute, high (*fever*); *person*: hot-headed, hot-tempered; hasty, rash; hot-blooded, passionate, fiery; violent, vehement; choleric, irascible; heated (*debate*); hot (*fight, etc.*); ~ werden fire up, fly into a passion, *debate*: grow heated; nicht so ~! gentle!, hold your horses!, take it easy!; II. *adv.* heatedly, hotly, passionately.

'**Hitz...:** ~kopf *m* hothead, hotspur; ℒköpfig ['-kœpfiç] *adj.* hot-headed; ~pickel *m/pl.*, ~pocken *f/pl.* heat-rash, prickly heat; ~schlag *m* heat-stroke, heat-prostration.

hm! [hm] *int.* hm!, ahem!

h-Moll ['ha:mɔl] *mus. n* (-) b minor.

hob [ho:p] *pret.* of heben.

Hobel ['ho:bəl] *m* (-s; -) *tech.* plane; *bookbinding*: plough knife; *typ.* shootboard; ~bank *f* (-; ⁻e) carpenter's (*or* joiner's) bench; ~eisen *n* plane-iron, ~maschine *f* planing machine; ~messer *n* plane-iron, cutter; ℒn *v/t.* (*h.*) plane; shape; surface; *fig.* polish, refine; ~späne ['-ʃpɛ:nə] *m/pl.* (wood) shavings, chippings; *of steel*: facings; ~werk *n* planing mill.

Hoboe [ho'bo:ə] *mus. f* (-; -n) hautboy, oboe; ~bläser, **Hoboist** [-bo'ist] *m* (-en; -en) hautboyist, oboist.

hoch [ho:x] **I.** *adj.* high; → höher, höchst; tall; elevated; 6 Fuß ~ sein be 6 feet high *or* in height, *snow*: be 6 feet deep; *fig.* high; noble, lofty, sublime; great, important; hoher Adel nobility, *Brit. a.* peerage; hohes Alter great (*or* old, advanced) age; hohe Ehre great hono(u)r; hohe Geburt high birth; hohe Geldstrafe heavy fine; hohes Gericht **a)** high court, **b)** *address*: Your Lordship (*Am.* Your Honor), Members of the Jury!; *parl.* Hohes Haus the House; hoher Norden far North; hoher Offizier, *etc.* high (-ranking) officer, *etc.*; hohe Politik high politics; hoher Preis high price; hoher Sinn lofty mind; hohe See the high seas *pl.*, open sea; hohes Spiel high playing; hohe Strafe severe punishment; bei hoher Strafe under a heavy penalty; *colloq.* hohes Tier

---

sl. big shot; *mus.* hoher Ton high tone *or* note; → Ansehen, Bogen, Kante; ein hohes Lied singen auf (*acc.*) sing the praises of; → Meinung; hohe Zinsen tragen bear large (*or* heavy) interest; in hoher Blüte stehen enjoy great prosperity, be flourishing; in hohem Maße highly, largely, in a high degree; in hoher Fahrt at full speed; **II.** *adv.* highly; ~ emporragend towering; drei Mann ~ three men deep, three of them; *math.* 4 ~ 5 four to the fifth (power); → anrechnen; ~ und heilig geloben promise solemnly; ~ und heilig schwören swear by all that is holy; ~ gewinnen win high (*or* by a wide margin); ~ verlieren suffer a crushing defeat, get trounced; ~ spielen play (at) high (stakes); ~ im Preise stehen stand at a high figure; ~ verehren hono(u)r *or* esteem highly; ~ zu stehen kommen cost dear, come expensive; den Kopf ~ tragen hold one's head high; die Nase ~ tragen stick up one's nose, be stuck-up (*or Am.* high-hat); zwei Treppen ~ wohnen live on the second floor; zu ~ bemessen calculate at too high a figure; *mus.* zu ~ gestimmt tuned (*or* pitched) too high; zu ~ einschätzen overestimate, overrate; zu ~ singen sing sharp; das ist mir zu ~ that's beyond me *or* my reach; s-e Rede war zu ~ für sie he was talking over their heads; die See ging ~ the sea was high; der Vorhang ist ~ the curtain is up; es ging ~ her it was quite an affair (*or* party), things were pretty lively; wenn es ~ kommt at the most (*or* highest), at best; wie ~ möchten Sie gehen? to what price would you like to go?; Hände ~! hands up!; → Kopf; ~ lebe die Königin! long live the Queen!

Hoch *n* cheer, hurrah; *toast, meteor.* high(-pressure area), anticyclone; ein ~ auf j-n ausbringen cheer a p.; ein dreifaches ~ für three cheers for; ℒ und niedrig high and low.

'**hoch...:** ~achtbar *adj.* most respectable *or* hono(u)rable; ~achten *v/t.* (*h.*) esteem highly, respect deeply; ℒachtung *f* (high) esteem, (deep) respect; reverence; admiration; bei aller ~ vor (*dat.*) with all respect to; j-m ~ zollen pay respect (*or* homage, tribute) to; *in letter*: mit vorzüglicher ~ Very respectfully yours, *esp. Am.* Yours very truly; ~achtungsvoll I. *adj.* (most) respectful, deferential; II. *adv. a.* with the greatest respect; *in letters*: Yours respectfully, *esp. econ.* Yours faithfully (*or* sincerely), *esp. Am.* Yours truly; ℒaltar *m* high altar; ℒamt *eccl. n* high mass; ~angesehen *adj.* → hochgeachtet; ~ansehnlich *adj.* most hono(u)rable; ℒantenne *f* elevated *or* overhead *or* outdoor aerial (*Am.* antenna); ~aufgeschossen *adj.* lanky; ℒaufnahme *phot. f* upright picture; ℒaufschlag *m tennis*: overhand service; ℒbahn *f* overhead (*or* high-level) railway, *Am.* elevated railroad (*abbr.* El); ℒbau *m* (-[e]s; -ten) surface (*or* structural) engineering; *el.* overhead-line construction; *Hoch- und Tiefbau* structural and civil engineering; ⌂bau-amt *n* Building Surveyor's Office; ~be-gabt *adj.* highly gifted (*or* talented), with high endowment; ⌂behälter *m* overhead bin, high-level (*or* gravity) tank; ~beinig ['-baıniç] *adj.* long-legged; ~bejahrt *adj.* advanced in years, aged; ~berühmt *adj.* highly renowned, very famous, celebrated; ~betagt *adj.* → hoch-bejahrt; ⌂betrieb *m* (-[e]s) intense (*or* feverish) activity, rush, bustle; rush hours, peak time; *w.s.* high season; *es herrschte* ~ there was a (mad) rush, business was booming; *auf den Werften herrschte* ~ the shipyards were humming with activity; ~bezahlt *adj.* highly paid; ~bringen *v/t.* (*irr.*, h.) lift, get up; *fig.* raise, develop; bring to prosperity; ~brisant *adj.* high-explosive; ~bunker *mil. m* tower shelter; ⌂burg *fig. f* stronghold; ⌂decker ['-dɛkər] *aer. m* (-s; -) high-wing monoplane; ~deutsch *adj.* High (*w.s.* standard) German; ⌂druck *m* (-[e]s) high pressure; *typ.* (-[e]s; -e) relief printing; *fig. mit* ~ at high (*or* full) pressure, at full blast; ⌂-druck... *in compounds* high-pressure ...; ⌂druckgebiet *n meteor.* high (-pressure area), anticyclone; ⌂ebene *f* elevated plain, plateau, tableland; ~elegant *adj.* very elegant, most stylish; ~empfindlich *phys. adj.* highly sensitive; *phot.* high speed (*film, etc.*); ~entwickelt *adj.* highly developed, greatly refined; subtle; *tech.* highly perfected; ~erfreut *adj.* highly pleased, overjoyed, delighted (*über acc.* at); ~erhoben ['-ɛrho:bən] *adj.* raised high; ~en Hauptes with head held high; ~explosiv *adj.* high-explosive; ~fahren *v/i.* (*irr.*, sn) start up; flare up; ~fahrend *adj.* high--handed, haughty, arrogant; ~fein *adj.* superfine; exquisite; tip-top, A 1, *econ. a.* very choice, first-rate; ⌂finanz *f* (-) high finance; ⌂fläche *f* → Hochebene; ~fliegen *v/i.* (*irr.*, sn) soar (up); *aer.* steil ~ zoom; ~fliegend *fig. adj.* high-flying, soaring, ambitious, lofty, highflown; ⌂flug *m aer.* high (altitude) flight; *fig.* ~ *der Gedanken* soaring thoughts; ⌂flut *f* high tide; *fig.* flood-tide, deluge; ⌂form *f: in* ~ in top form, at one's best; ⌂format *n* upright format; ~frequent ['-frekvɛnt] *el. adj.* high-frequent; supersonic; ⌂frequenz *el. f* high frequency (*abbr.* H.F.), radio frequency; *in compounds usu.* high--frequency ...; ⌂frequenzbereich *m radio:* treble range (*or* band); ⌂-frequenzhärtung *tech. f* hardening by high-frequency current; ⌂frequenzkamera *phot. f* high--speed camera; ⌂frequenztechnik *f* high-frequency engineering; ⌂frisur *f* upswept hair-style; ⌂garage *f* → ⌂hausgarage; ~ge-achtet ['-gəaxtət] *adj.* highly esteemed (*or* respected), of high standing; ~gebildet *adj.* highly educated; ⌂gebirge *n* high mountains *pl.*, high mountain region; ⌂gebirgs... high mountain ...,

Alpine *plant, world, etc.*: ~geboren *adj.* high-born; *title:* Right Hon-o(u)rable; ~ge-ehrt *adj.* highly hono(u)red; ⌂gefühl *n* elation, exultation, high glee; ~gehen *v/i.* (*irr.*, sn) *curtain, etc.*: rise; *sea:* run high; *prices:* go up, rise; up; *bomb, bridge, etc.*: blow up; *colloq. person:* explode, lose one's temper, hit the ceiling; ~gehend *adj.* running high, heavy (*sea*); ~gelegen *adj.* high--lying, elevated; ~gelehrt *adj.* very learned, erudite; ~gemut ['-gə-mu:t] *adj.* high-spirited; ⌂genuß *m* great delight, real treat; ⌂gericht *n* place of execution; ~geschätzt ['-gəʃɛtst] *adj.* highly appreciated (*or* valued); highly esteemed; ~geschlossen *adj.* high-necked (*dress*); ⌂geschwindigkeits... *tech.* high-speed...; ~gesinnt *adj.* high--minded; ~gespannt *adj.* at high tension; *fig.* high-strung; great, high (*expectations*); ~gestellt ['-gə-ʃtɛlt] *adj.* high-ranking; ~gesto-chen *adj.* jumped-up; sophisticated; ~gewachsen *adj.* tall, lanky; ~gezüchtet ['-gətsyçtət] *adj.* thoroughbred (*horse*); *tech.* sophisticated; ⌂glanz *m* high polish, bright lust|re, *Am.* -er, high mirror finish; ~glanzpolieren *v/t.* (h.) burnish, mirror-finish; ⌂glanzpolitur *f* brilliant polish, high-lust|re (*Am.* -er) polish; ~gradig ['-gra:diç] *adj.* in (*or* to) a high degree (*a. adv.*), high-grade, intense, extreme (*a. med. and fig.*); ⌂gradigkeit *f* (-) intensity; ⌂halte *f* (-) *gym.* Arme *in* ~ arms at vertical; ~halten *v/t.* (*irr.*, h.) hold up; *fig.* esteem (*or* value) highly; cherish (*memory, etc.*); uphold (*faith, etc.*); *econ.* keep up, peg (*prices*); ⌂haus *n* (multi--stor[e]y) building, skyscraper, tower block; ⌂hausgarage *f* multi--stor(e)y garage; ~heben *v/t.* (*irr.*, h.) lift, raise, heave; hold up (*dress*); *parl. durch* ⌂ *der Hände* by show of hands; ~herzig *adj.* high-minded; generous, magnanimous; ⌂herzig-keit *f* (-) generosity, magnanimity; ~jagen *v/t.* (h.) rout (out), rouse; race, rev up (*engine*); ~kant(ig) *adv.* on end *or* edge, edgewise; ~ *stellen* set on end, upend; ⌂kirche *f Brit.* High Church; ~klappbar *adj.* upward-folding, hinged; ~klappen *v/t.* (h.) turn up; ~klettern *v/i.* (sn): ~ *an* (*dat.*) climb up; ~kommen *v/i.* (*irr.*, sn) → heraufkommen; get up, get on (*or* struggle to) one's feet; *fig.* get on, make one's way up; ⌂-konjunktur *econ. f* boom, peak prosperity; ~konzentriert *chem. adj.* highly concentrated; ⌂kultur *f* (very) advanced civilization; ⌂lage *f* high altitude; ⌂land *n* highland, upland; *schottisches: the* Highlands *pl.*; ~leben: *j-n* ~ *lassen* give a p. three cheers; toast a p.; *er lebe hoch!* three cheers to ...; ⌂lei-stungs... *tech.* high capacity ..., heavy-duty ..., high-efficiency (*or* -output, -performance) ...; ⌂lei-stungs-öl *n* heavy-duty (*abbr.* H.D.) oil; ⌂leitung *el. f* overhead wire.

höchlich ['hø:çliç] *adv.* highly, greatly.

'hoch...: ⌂meister *m* Grand Master; ⌂mittelalter *n the* High Middle Ages *pl.*; ~modern *adj.* up-to-date, highly modern, ultra-modern, in the latest style; ⌂moor *n* upland moor; ⌂mut *m* haughtiness, superciliousness, pride; arrogance; ~ *kommt vor dem Fall* pride will have a fall; ~mütig ['-my:tiç] *adj.* haughty, supercilious, proud, arrogant; ~näsig ['-nɛ:ziç] *adj.* stuck--up, *Am.* high-hat, snooty; *j-n* ~ *behandeln* turn up one's nose at a p., *Am.* high-hat a p.; ~nehmen *v/t.* (*irr.*, h.) lift (*or* pick) up; *fig.* tease, pull a p.'s leg, heckle; fleece, *sl.* soak, *Am. a.* take for a ride; give a p. hell; ⌂ofen *m* (blast-)furnace; ⌂-parterre *n* raised ground-floor; ⌂plateau *n* high plateau; ~prozen-tig *adj.* of a high percentage; high--proof (*spirits*); ~pumpen *v/t.* (h.) pump up; ~qualifiziert *adj.* highly qualified (*or* trained); ~ragen *v/i.* (h.) tower, soar, loom; ~rappeln: *sich* ~ (h.) struggle to one's feet; ⌂-rechnung *f* projection; projected result; ⌂reck *n gym.* high bar; ~reißen *aer. v/t.* (*irr.*, h.) zoom, hoick; ⌂relief *n* high relief; ~rot *adj.* bright (*or* deep) red, crimson; ⌂ruf *m* cheer; *mit* ~en *empfangen, etc.* cheer; ⌂saison *f* peak (*or* height of the) season; ~schätzen *v/t.* (h.) → hochachten; ~schnellen *v/i.* (sn) bound up; *prices:* jump, rocket; ~-schrauben *v/t.* (h.) raise; pitch high; *aer. sich* ~ spiral up; ⌂schule *f* university; academy, college; *technische* ~ institute of technology, polytechnic; *pädagogische* ~ teacher's training college; ⌂schüler(in *f*) *m* university student; collegian; ⌂-schullehrer(in *f*) *m* university (college) teacher, professor, reader, lecturer; ⌂schulreife *f* matriculation standard; ~schwanger *adj.* well advanced in pregnancy; ⌂see *f* (-) high sea(s *pl.*), deep (*or* main) sea; ⌂seefische'rei *f* deep-sea fishery; ⌂seeflotte *f* high sea fleet; ~-seekabel *n* deep-sea cable; ⌂see-schlepper *m* sea-going tug(boat); ~seetüchtig *adj.* ocean- (*or* sea-) going; ⌂seil *n acrobatics:* high wire; ~sinnig *adj.* high-minded; ⌂som-mer *m* midsummer; ⌂spannung *el. f* high tension (*abbr.* H.T.), high voltage (*abbr.* H.V.); ⌂spannungs-leitung *el. f* high-tension (*or* power) line; ⌂spannungsmast *m* power line support, pylon; ⌂span-nungsnetz *n* high-tension mains *pl.*; ⌂sprache *f: die deutsche* ~ standard German; ⌂springer(in *f*) *m* high-jumper; ⌂sprung *m* high jump.

höchst [hø:çst] **I.** *adj.* highest, uppermost, topmost; *fig.* highest, greatest, supreme, extreme, utter; highest ranking; ~es Gut most precious possession; ~e *Instanz* last resort; ~er *Punkt fig.* culminating point, height, peak; ~e *Vollkommenheit* peak of perfection; → Ton²; *es ist* ~e *Zeit* it is high time; *es ist von* ~er *Wichtigkeit* it is of the utmost importance; **II.** *adv.* highly, greatly, most, extremely, exceedingly, in the highest degree, →

äußerst; *in compounds* maximum ..., top ..., peak ..., ceiling ...; → Spitzen ...

'**hoch...: ≈stämmig** *adj.* tall; standard (*rose tree*); ℒ**stand** *m hunt.* (raised) hide; *fig.* fine condition, prosperity; high level (*of prices*); ℒ**stapelei** [-ʃtɑːpəˈlaɪ] *f* (-; -en) (high-class) swindling, imposture, confidence trick (*Am.* game); ℒ**stapler(in** *f) m* (-s, -; -, -nen) impostor, swindler, confidence man.

höchst... [ˈhøːçst-]: ℒ**alter** *n* maximum age; ℒ**be-anspruchung** *tech. f* maximum (*or* peak) load *or* stress; ℒ**belastung** *f* maximum (*or* capacity, *el.* peak) load; ℒ**betrag** *m* maximum (amount), limit; ℒ**e** *n*: *das* ≈ the highest things *pl.* (*or* aim), the ideal; *auf das* (*or* aufs) ℒ *in the* highest degree, extremely, intensely.

'**hochstehend** *adj.* upright; *typ.* superior; *fig.* distinguished, high-ranking, notable, of high standing; superior, on a high level (*matter*).

'**höchst...: ≈eigenhändig** *adj.* with his (*f* her) own hand; ℒ**ens** [ˈhøçstəns] *adv.* at (the) most, at best; *esp. jur.* not exceeding; ℒ**e** *n*: ≈ → höchstens; ℒ**form** *f* (-) *sports:* top form, peak (*or* pink) of condition; ℒ**frequenzwelle** *f* microwave; ℒ**gebot** *n* highest bid; ℒ**geschwindigkeit** *f* maximum (*or* top) speed; *mot.* zulässige ≈ speed-limit; *Überschreiten der* ≈ speeding; ℒ**grenze** *f* maximum limit, ceiling; ℒ**leistung** *f sports:* record (performance), best mark (*or* time); *tech.* maximum output *or* performance; *el.* peak output; *w.s.* supreme achievement, great record; ℒ**lohn** *m* maximum wage(s *pl.*); ℒ**maß** *n* maximum (amount); ≈**persönlich** *adj.* himself (*f* herself), in person; ℒ**preis** *m* maximum (*or* ceiling) price; ℒ**satz** *m* maximum (level), ceiling; ℒ**spannung** *f el.* extra-high tension (*abbr.* E.H.T.); peak voltage; *tech.* maximum stress; ℒ**stand** *m* peak (level), record level; *Am. a.* all-time high; ℒ**strafe** *f* maximum penalty.

'**hochstrebend** *adj.* soaring; *fig.* aspiring, ambitious; high-flying, lofty.

'**höchst...: ℒwert** *m* maximum value; ℒ**zahl** *f* maximum, peak figure; ≈**zulässig** *adj.* maximum (permissible).

'**hoch...: ≈tönend** *adj.* high-sounding, grandiloquent, bombastic; ℒ**tonlautsprecher** *m* treble loud-speaker; ℒ**tour** *f* Alpine tour, high-level climb; *mot., tech. auf* ≈**en** at high pressure *or* speed, *fig. a.* in full swing; ≈**tourig** *tech. adj.* high-speed; ℒ**tourist(in** *f) m* mountaineer; ≈**trabend** *fig. adj.* pompous, overbearing; *words:* → hochtönend; ≈**treiben** *econ. v/t.* (irr., h.) force up, *Am.* boost (*prices*); ℒ**- und Tiefbau** *m* → Hochbau; ℒ**vakuumröhre** *f* high vacuum valve (*or* tube); ≈**verdient** *adj.* highly deserving, of great merit; ≈**verehrt** *adj.* → hochgeehrt; ℒ**verrat** *m* high treason; ℒ**verräter(in** *f) m* person guilty of high treason, traitor; ≈**verräterisch** *adj.* treasonable; ≈

verzinslich *adj.* bearing high rates of interest; ℒ**wald** *m* high forest, timber(-forest); ℒ**wasser** *n* (-s; -) *of river:* high water; *of sea:* high tide *or* water; floods *pl.*; ℒ**wasserkatastrophe** *f* flood disaster; ℒ**wasserschaden** *m* flood damage; ℒ**wasserstand** *m* high-water mark, flood level; ≈**wertig** [ˈveːrtiç] *adj.* high-grade, of high quality; high--class; ≈**e** *Nahrungsmittel* highly nutritive food; ≈**wichtig** *adj.* highly important; ℒ**wild** *n* big game; (red) deer; ≈**willkommen** *adj.* highly welcome; ≈**winden** *v/t.* (irr., h.) *tech.* hoist, jack up; *sich* ≈ wind up; ≈**wirksam** *adj.* highly active (*or* effective); ≈**wohlgeboren** *adj.:* Ew. ℒ! Your Hono(u)r!, Sir!; ℒ**würden:** Ew. ≈! Reverend Sir; S-e ≈ the Very Reverend (*title and full name*); ℒ**zahl** *math. f* exponent.

Hochzeit [ˈhɔxtsaɪt] *f* (-; -en) wedding, nuptials *pl.*; marriage; ≈ *halten* celebrate one's wedding; silberne (goldene, diamantene, eiserne) ≈ silver (golden, diamond, iron) wedding; ≈**er** *m* (-s; -) bridegroom; ≈**erin** *f* (-; -nen) bride; ℒ**lich** *adj.* nuptial, bridal.

'**Hochzeits...: ≈feier(lichkeit)** *f*, ≈**fest(lichkeit** *f) n* wedding celebration, wedding; ≈**flug** *zo. m* nuptial flight; ≈**gast** *m* wedding--guest; ≈**gedicht** *n* nuptial poem; ≈**geschenk** *n* wedding present; ≈**kleid** *n* wedding dress; ≈**kuchen** *m* wedding-cake; ≈**mahl** *n* wedding breakfast; ≈**nacht** *f* wedding night; ≈**reise** *f* honeymoon (trip); ≈**reisende** *pl.* honeymooners; ≈**tag** *m* wedding day; ≈**zug** *m* bridal procession.

'**hochziehen** *v/t.* (irr., h.) pull (*or* draw) up; raise, lift; hoist; *aer.* zoom, hoick.

Hocke [ˈhɔkə] *f* (-; -n) *agr.* shock (of corn); *gym.* **a)** squat vault, **b)** squat position; *wrestling:* mat position; *swimming:* tuck (position); *skiing, etc.:* crouch; *in die* ≈ *gehen* squat; ℒ**n** *v/i.* (h.) squat, crouch; sit; perch; *colloq.* sit long, not to budge (from one's seat); *immer zu Hause* ≈ stick at home; ≈ *über* (acc.) be poring over; *sich* ≈ squat (*or* sit) down.

'**Hocker** *m* (-s; -) stool.

Höcker [ˈhœkər] *m* (-s; -) protuberance, hump, bump; *anat.* tuberosity; hump (*a. zo.: of the camel*), hunch; ℒ**ig** *adj.* bumpy, rough, ragged; bossed, knobby; humpy; *bot.* tuberculate; tuberous; ≈**sperre** *mil. f* dragon's teeth.

Hockey [ˈhɔke] *n* (-s) (field) hockey; ≈**schläger** *m* hockey-stick; ≈**spieler(in** *f) m* hockey-player.

Hocksprung [ˈhɔk-] *m gym.* squat vault.

Hode [ˈhoːdə] *f* (-; -n), ≈ *m* (-s; -) *anat.* testicle; ≈**nbruch** *med. m* scrotal hernia; ≈**n-entzündung** *med. f* orchitis; ≈**nsack** *m* scrotum.

Hof [hoːf] *m* (-[e]s; ≈e) court(yard), yard; backyard; *of barracks:* square; *agr.* farm; hotel, inn; court (*of king, etc.*); *ast.*, *med.* corona, halo; *bei* (*or* am) ≈**e** at court; ≈ *halten* keep (*or* hold) court; *fig. j-m den* ≈ *ma-*

chen court a p., *contp.* dance attendance (*or* fawn) upon a p.

'**Hof...: ≈arzt** *m* court physician; ≈**ball** *m* court ball; ≈**burg** *f* Imperial Palace; ≈**dame** *f* lady-in--waiting; ≈**dichter** *m Brit.* Poet Laureate; ℒ**fähig** *adj.* presentable (at court).

Hoffart [ˈhɔfart] *f* (-) haughtiness, pride, arrogance; **hoffärtig** [ˈhɔfɛrtiç] *adj.* vainglorious, haughty, arrogant.

hoffen [ˈhɔfən] *v/t. and v/i.* (h.) (*auf acc.*) hope (for); expect, await; trust in, reckon upon, look forward to; be confident that; *verzweifelt* ≈ hope against hope; *das Beste* ≈ hope for the best; *es ist zu* ≈ it is to be hoped; *ich hoffe (es)* I hope so; *ich hoffe nicht, ich will es nicht* ≈ I hope not; ℒ *n* (-s) hoping, hope; ≈**tlich** *adv.* it is to be hoped; *in answers:* I hope so, let us hope so; ≈ *nicht* I hope not; ≈ *ist er gesund* I hope he is well.

Hoffnung [ˈhɔfnuŋ] *f* (-; -en) hope (*auf acc.* for, of); hopefulness; expectation, anticipation; trust; prospect; *getäuschte* ≈ disappointment; ≈**en** *erwecken* raise hopes (*in dat.* in); *berechtigte* ≈**en** *haben* have good hopes; *die* ≈ *aufgeben* abandon hope; *guter* ≈ *sein* be full of hope, *woman:* be expectant, be in the family way; *j-m* ≈**en** *machen* hold out hopes to a p.; *keine* ≈ *mehr haben* be out of hope; *sich* ≈**en** *machen* be in (*or* entertain) hopes (that), be hopeful (that), hope (that, for); *s-e* ≈**en** *setzen auf* (acc.) pin one's hopes on, bank (up)on; *e-e* ≈ *zerstören* dash a hope; *zu* ≈**en** *berechtigen* bid fair, show good promise; *zu schönen* ≈**en** *berechtigen* give fair promise (for the future), justify the fondest hopes; *in der* ≈ *zu* (*inf.*) hoping to (*inf.*), in the hope of (*ger.*); *er ist unsere einzige* ≈ our only hope is in him; *es besteht gewisse* ≈, *daß* there is guarded hope that; *es besteht noch* ≈ there is hope still; *Kap der Guten* ≈ Cape of Good Hope.

'**Hoffnungs...: ℒfreudig** *adj.* hopeful; ≈**lauf** *m sports:* consolation contest; ℒ**los** *adj.* hopeless; desperate; *pred. a.* past (all) hope; ℒ**losigkeit** *f* (-) hopelessness; despair; ≈**schimmer** *m* glimmer of hope; ≈**strahl** *m* ray of hope; ℒ**voll I.** *adj.* hopeful, full of hope; promising; **II.** *adv. a.* hopes high.

Hof... [ˈhoːf-]: ≈**gesinde** *n* farm labo(u)rers *or* servants *pl.*; servants *pl.* at court; ℒ**halten** *v/i.* (irr., h.) keep (*or* hold) court, reside; ≈**haltung** *f* princely suite, *Brit.* Royal Household; ≈**hund** *m* watch-dog.

hofieren [hoˈfiːrən] *v/i.* (h.) court, pay one's court (*or* addresses) to; flatter, fawn (up)on.

höfisch [ˈhøːfiʃ] *adj.* courtly; courtier-like.

'**Hof...: ≈kapelle** *f* royal chapel; *mus.* court orchestra; ℒ**kreise** *pl.* court circles; ≈**leben** *n* (-s) court life; ≈**leute** *pl.* courtiers.

höflich [ˈhøːfliç] **I.** *adj.* polite, civil, courteous (*gegen* to); gallant; obliging (to); **II.** *adv.* politely, *etc.*; wir bitten Sie ~, zu (*inf.*) we may ask you kindly to (*inf.*); *wir teilen Ihnen* ~(*st*) *mit* we beg to inform you; 2keit *f* (-) politeness, civility, courtesy; (*word*) civility, compliment; *aus* ~ out of politeness.

'Höflichkeits...: ~besuch *m* courtesy call; ~bezeigung *f* mark of respect; compliments *pl.*; ~formel *f* polite phrase; *in letters*: complimentary close.

'Hoflieferant *m* purveyor to the Court, *Brit.* to Her Majesty.

Höfling ['høːfliŋ] *m* (-s; -e) courtier.

'Hof...: ~mann *m* (-[e]s; -leute) courtier; ~marschall *m* seneschal; ~meister *m* Master of the (Royal, etc.) Household; 2meistern *v/t.* (h.) censure; ~narr *m* court jester; ~prediger *m* court chaplain; ~rat *m* (-[e]s; ⁼e) Privy Council(lor); ~raum *m* (court-)yard; ~schranze *f* courtier; ~staat *m* 1. royal or princely household (*or* suite); 2. court-dress; ~theater *n* court or royal theatre; ~tracht *f* court--dress; ~trauer *f* court mourning.

hohe ['hoːə] → hoch.

Höhe ['høːə] *f* (-; -n) height; *aer.*, *ast.*, *geogr.*: altitude; level; extent; importance, magnitude; *phys.* intensity; → *mus.* pitch; height, elevation; summit, top; *of sum*: amount; degree (*of punishment*); ~ *der Preise* level (*or* range) of prices; ~ *des Zinsußes* rate of interest; *in* ~ *von increase* at the rate of; *sum to* the amount (*or* tune) of; *in e-r* ~ *bis zu* ranging up to; *bis zu e-r* ~ *von punishment* to the extent of; *auf gleicher* ~ *mit* (*dat.*) on a level with; *auf der* ~ *von* in the latitude of, *mar.* off; *fig. auf der* ~ *sein* be up to the mark, be equal to the occasion, *der Zeit*: be up to date; *sich nicht auf der* ~ *fühlen* not to feel up to the mark; *auf der* ~ *s-s Ruhmes* on the summit (*or* at the height, peak) of his fame; *aus der* ~ from above (*or* on high); *in der* ~ on high, above; *in die* ~ up, upwards, aloft; *Preise in die* ~ *treiben* run up, *Am.* boost prices, *stock exchange*: bull the market; ~ *compounds with hoch...* (*hochfahren, hochsteigen, etc.*); *colloq. das ist die* ~! that's the limit!

Hoheit ['hoːhaɪt] *f* (-) sublimity; *of person*: a) nobleness, loftiness, b) grandeur, majesty, c) high rank (*or* dignity); *pol.* sovereignty; (*pl.* -en) *title*: Highness; *Seine (Ihre) Königliche* ~ His (Her) Royal Highness.

'Hoheits...: ~abzeichen *n aer.* nationality mark(ing); *pol.* national emblem; ~akt *m* sovereign act; ~bereich *m*: *staatlicher* ~ jurisdiction of state; ~gebiet *n* sovereign territory; *deutsches* ~ German territory; ~gewässer *n/pl.* territorial waters; ~grenze *f* (three miles) limit of territorial waters; ~rechte *n/pl.* sovereign rights; 2voll *adj.* majestic(ally *adv.*), dignified; imperious; ~zeichen *n* → ~abzeichen.

'Hohelied *n*: *das* ~ the Song of Solomon, the Song of Songs.

'Höhen...: ~abstand *m* vertical interval; ~angabe *aer. f* altitude reading;

~anzug *aer. m* high-altitude flying suit; ~atmer ['-aːtmər] *m*(-s;-) high--altitude oxygen apparatus; ~flosse *aer. f* (horizontal) fin *or* stabilizer; ~flug *m aer.* high-altitude flight; *fig. geistiger* ~ soaring thoughts; ~flugzeug *n* stratoplane, high-altitude aircraft; ~kabine *f* pressurized cabin; ~karte *f* contour map; ~klima *n* mountain climate; ~krankheit *f* altitude sickness; ~kurort *m* high-altitude health resort; ~lage *f* altitude (level); ~leitwerk *aer. n* elevator unit; ~linie *f map*: contour (line); ~luft *f* (-) mountain air; ~messer *m* (-s; -) *aer.* altimeter; *mil.* height finder; ~messung *f* altimetry; height measurement; ~rekord *m* altitude record; ~ruder *n aer.* elevator; *mar.* hydroplane (*of submarine*); ~schichtlinie *f* contour (line); ~schreiber *m* altigraph; ~sonne *f* Alpine (*or* mountain) sun; *med.* (*künstliche*) ~ sun-lamp, mercury vapour lamp; ~steuer *aer. n* elevator (control); ~ *geben* pull out; ~strahlung *f* cosmic radiation; ~unterschied *m* difference in elevation *or* altitude; ~verlust *aer. m* loss of altitude; ~weltrekord *m* world altitude record; ~wind *m* upper wind; ~zug *m* range of hills, mountain-chain.

Hohe'priester *m* high priest; 2lich *adj.* high-priestly.

'Höhepunkt *m* highest point; *ast.*, *fig.* height, culmination, zenith; *fig. a.* climax (*a. physiol.*), acme, peak (*a. chem.*); summit, pinnacle (*of fame, etc.*); heyday (*of life, of epoch*); highlight, climax, high spot (*of feast, etc.*); critical point (*or* stage); *auf dem* ~ at its height; *auf dem* ~ *s-r Macht* at the zenith (*or* peak) of his power; *auf den* ~ *bringen* (bring to a) climax; *s-n* ~ *erreichen* (reach one's) climax, culminate (*in dat.* in).

höher ['høːər] I. *adj.* higher; superior (*als* to); ~e *Bildung* higher education; ~er *Beruf* (learned) profession; ~e *Berufsstände* professional classes; *colloq.* ~er *Blödsinn* sheer nonsense; ~es *Dienstalter* seniority; ~e *Geometrie* analytical geometry; → *Gewalt*; ~e *Instanz* a) *jur.* higher court (*or* instance), b) *adm.* higher authority; ~e *Macht* supernatural power; ~e *Mathematik* higher mathematics *pl.*; ~en *Orts* by (higher) authority; ~e *Schule* secondary school; *in* ~en *Regionen schweben* live in the clouds; II. *adv.* higher, *fig.* more highly; higher up; *immer* ~ higher and higher; ~ *bewerten* rate higher; ~ *hinauswollen* fly at higher game; 2e(s) *n* (-[e]n) higher things *pl.*, *the* Higher Thought; ~liegend *adj.* more elevated; 2versicherung *f* increased insurance; ~wertig ['-veːrtiç] *adj.* of high value, (of) higher quality; *chem.* of higher valency.

hohl [hoːl] *adj.* hollow; hollow, dull (*sound*); *fig.* hollow, empty, shallow; ~er *Kopf* empty head, shallow mind; ~er *Magen* hollow stomach; ~e See heavy swell, grown sea; ~ *machen* hollow out; *in der* ~en *Hand* in the hollow of one's

hand (*a. fig.*); *mit* ~er *Stimme* in a hollow voice; ~äugig ['-?ɔʏgiç] *adj.* hollow-eyed; 2blockstein *m* hollow block; 2bohrer *m* hollow auger.

Höhle ['høːlə] *f* (-; -n) cave, cavern; hole; grotto; *zo.* den, lair (*both a. fig.*), *of fox, rabbit, etc.*: hole, burrow; hollow; cavity, ventricle (*a. anat.*); *die* ~ *des Löwen* the lion's den.

'Höhlen...: ~bär *zo. m* cave bear; 2bewohnend *adj.* cave-dwelling, spel(a)ean; ~bewohner(in *f*) *m* cave-dweller, cave-man, troglodyte; ~forscher *m* spel(a)eologist; ~forschung, ~kunde *f* (-) spel(a)eology; ~male'rei *f* cave-painting; ~mensch *m* → Höhlenbewohner; ~wohnung *f* cave-dwelling.

'Hohl...: 2erhaben *adj.* concavo--convex; ~fläche *f* concavity; ~fräser *tech. m* concave cutter; 2geschliffen *adj.* hollow-ground, *phys.* concave; ~gewinde *tech. n* female thread; ~glas *n* concave glass, *collect.* hollow glassware; ~heit *f* (-) hollowness; *fig. a.* emptiness, shallowness, vanity; ~kehle *f* hollow groove, channel; ~klinge *f* hollow blade; ~kopf *m* empty--headed fellow, numskull; 2köpfig ['-kœpfiç] *adj.* empty-headed; ~körper *m* hollow body; ~kreuz *med. n* hollow back; ~kugel *f* hollow sphere; ~maß *n* measure of capacity; dry measure; ~meißel *m* gouge; ~raum *m* hollow (space), cavity; ~saum *m* hem-stitch; ~schliff *m* hollow grinding; ~spiegel *m* concave mirror.

Höhlung ['høːluŋ] *f* (-; -en) excavation; hollow; cavity, *anat. a* chamber; *med.* fistula.

'Hohl...: 2wangig ['-vaŋiç] *adj.* hollow-cheeked; ~weg *m* hollow (way); ravine, gorge; sunken road, narrow pass, *esp. mil.* defile; ~ziegel *m* hollow brick; ~zirkel *m* spherical compasses *pl.*, inside cal(l)ipers *pl.*

Hohn [hoːn] *m* (-[e]s) scorn, disdain; mockery, derision, scoff(ing); sneer, jeer, gibe; sarcasm; sneer (on one's face); *ein* ~ *auf* (*acc.*) a mockery of; *zum Spott u.* ~ *werden* become a mockery, be the scorn (*or* laughing--stock) of all; *zum* ~(*e*) (*dat.*) in defiance of, to spite *a p.*, in the face (*or* teeth) of.

höhnen ['høːnən] *v/i.* (h.) sneer, jeer, mock, scoff (*über acc.* at).

'Hohngelächter *n* scornful (*or* derisive) laughter.

höhnisch ['høːniʃ] *adj.* scornful, disdainful; sarcastic, sneering, mocking, derisive; sardonic, gloating; ~e *Bemerkung*, ~es *Lächeln* sneer.

'Hohn...: ~lächeln *n* derisive smile, sneer; 2lächeln *v/i.* (h.) smile derisively, sneer (*über acc.* at); ~lachen *n* derisive laughter; 2lachen *v/i.* (h.) laugh derisively *or* scornfully (*über j-n* at a p.; *et.* about a th.); 2sprechen *v/i.* (*irr.*, h.) deride; scorn; sneer, scoff (*dat.* at); defy, challenge; fly in the face of (*reason, etc.*).

Höker ['høːkər] *m* (-s; -), ~in *f*

(-; -nen) hawker, huckster, street pedlar, costermonger; **~handel** *m* hawking; **2n** *v/i.* (h.) huckster, hawk about; **~waren** *f/pl.* hawker's goods.

Hokuspokus [ho:kus'po:kus] *m* (-) hocus-pocus (*a. fig.* = mumbo-jumbo); *~! a.* hey presto!

hold [hɔlt] *adj.* **I.** *attr.* lovely, charming, sweet, winsome; **II.** *pred.* kind, well-disposed, favo(u)rably inclined (*dat.* to); *j-m ~ sein a.* love (*or* like, be attached to) a p.; *das Glück war ihm ~* fortune smiled upon him; *das Glück war ihm nicht ~* his luck was against him.

Holder ['hɔldər] *bot. m* (-s; -) → *Holunder.*

Holdinggesellschaft ['houdiŋ-] *econ. f* holding company.

'**holdselig** *adj.* (most) graceful *or* charming *or* lovely; gracious; **2keit** *f* gracefulness, loveliness, sweetness; graciousness.

holen ['ho:lən] *v/t.* (go and) fetch, get; go for; come (*or* call) for; *~ lassen* send for; *sich ~* catch, contract; *Atem ~* draw breath, (*pause*) take breath; *sich bei j-m Rat ~* consult a p., ask a p.'s advice; *hol's der Teufel!* the devil take it!, hang it!; *bei ihm ist nichts zu ~* there is nothing to be had (*or* got) from him.   [hollo(a)!]

holla! ['hɔla] *int.* holla!, hallo!,

Holland ['hɔlant] *n* (-s) Holland, the Netherlands *pl.*

Holländer ['hɔlendər] *m* (-s; -) **1.** Dutchman; *pl. die ~* the Dutch (people); *der Fliegende ~* the Flying Dutchman; **2.** *tech.* pulp engine, *Am.* beater; **3.** push-pull car (*for children*).

Hollände'rei *f* (-; -en) dairy-farm.

'**Holländerin** *f* (-; -nen) Dutchwoman.

'**holländern** *v/t.* (h.) *tech.* pulp, beat (*rags*).

'**holländisch** *adj.* Dutch; *~e Sprache* → **2(e)** *n* Dutch (language).

Holle ['hɔlə] *f: Frau ~ schüttelt ihre Betten aus* Mother Carey is plucking her geese.

Hölle ['hœlə] *f* (-) hell; inferno; *in der ~* in hell; → *fahren; in die ~ kommen* go (*or* be doomed) to hell; *fig. die ~ auf Erden* hell on earth; *j-m die ~ heiß machen* give a p. hell, make it hot for a p.; *j-m das Leben zur ~ machen* make life a perfect hell to a p.; *die ~ war los* all hell broke loose.

'**Höllen...: ~angst** *f: e-e ~ haben* be in a mortal fright (*or* a blue funk), be scared to death; **~brut** *f* infernal crew; **~feuer** *n* hell-fire; **~fürst** *m* Prince of Darkness; **~hund** *m* hell-hound, Cerberus; **~lärm** *m* infernal noise, hell of a row *or* racket; pandemonium; **~maschine** *f* infernal machine, time bomb; **~pein, ~qual** *f* torment of hell; *fig.* excruciating pain, agony; *e-e ~ ausstehen* suffer hell; **~rachen, ~schlund** *m* jaws *pl.* of hell; **~stein** *chem. m* (-[e]s) (lunar) caustic, nitrate of silver.

Hollerith|maschine ['hɔlərit-] *f* Hollerith machine; **~verfahren** *n* Hollerith punched-card system.

höllisch ['hœliʃ] **I.** *adj.* hellish, infernal; devilish, fiendish (*all a. colloq. fig.*); *colloq. fig.* dreadful, awful; *ein ~er Spektakel* a hell of a noise; *e-e ~e Arbeit* a hellish (*or* fiendish) job; **II.** *adv. fig.* hellishly, infernally, awfully; *~ schwer* hellish, fiendish.

Holm¹ [hɔlm] *m* (-[e]s; -e) *tech.* (cross-)beam, transom; *aer.* a) spar, b) longeron; *gym.* bar; helve, handle; oar shaft.

Holm² *m* (-[e]s; -e) islet, holm(e).

holp(e)rig ['hɔlp(ə)riç] **I.** *adj.* rough, uneven, rugged; *road:* a. bumpy, jolting; *fig.* bumpy, stumbling, clumsy; **II.** *adv.:* et. *~ vorlesen or vortragen* stumble through a th.

'**holpern** *v/i.* (h.) jolt *or* rumble (along); stumble.

Holschuld ['ho:l-] *f* debt to be discharged at the domicile of the debtor.

holterdiepolter ['hɔltərdi'pɔltər] *adv.* helter-skelter.

Holunder [hɔ'lundər] *bot. m* (-s; -) elder; *blauer* (*or spanischer*) *~* lilac; **~beere** *f* elderberry; **~strauch** *m* elder bush; **~tee** *m* elder tea; **~wein** *m* elderberry wine.

Holz [hɔlts] *n* (-es; ⁻er) wood; timber, *Am.* lumber; fire-wood; piece of wood; *grünes* (*dürres, gelagertes*) *~* green (dead, seasoned) wood; *flüssiges ~* plastic wood; *aus ~* (made) of wood, wooden; *~ fällen* fell trees, cut timber; *~ hacken* chop wood; *fig. aus demselben ~ geschnitzt* of the same stamp *or* kidney, *wie der Vater:* a chip of the old block; *aus e-m anderen* (*aus härterem*) *~ geschnitzt* of a different stamp (made of sterner stuff).

'**Holz...: ~alkohol** *m* wood alcohol; **~apfel** *m* crab-apple; **~arbeiter** *m* wood-worker; **2arm** *adj.* scantily wooded; **~art** *f* species (*or* kind) of wood; **2artig** *adj.* woodlike, ligneous; **~asche** *f* wood-ashes *pl.*; **~auktion** *f* public sale of timber; **~axt** *f* (felling-)ax(e); **~bau** *m* (-[e]s; -ten) wooden structure, timberwork; **~be-arbeitung** *f* wood-working; **~bearbeitungsmaschine** *f* wood-working machine; **~bestand** *m* stock of wood *or* timber; **~bildhauer** *m* wood-carver; **~bläser** *mus. m/pl.* wood-wind; **~blasinstrument** *mus. n* wood wind instrument; *pl. die ~e in orchestra:* the wood; **~block** *m* (-[e]s; ⁻e) wood-block, log; **~bock** *m* **1.** sawing-jack, saw-horse; **2.** *zo.* tick; **~bohrer** *m* **1.** *tech.* auger; **2.** *zo.* wood-beetle *or* -borer; **~brei** *m* wood pulp; **~bündel** *n* bundle of wood, fag(g)ot; **~druck** *m* (-[e]s; -e) wood-print.

'**holzen I.** *v/i.* (h.) cut (*or* fell) wood *or* timber; *colloq. soccer:* play rough; **II.** *v/t.* (h.) *colloq.* → *verprügeln.*

Holze'rei *colloq. f* (-; -en) fight, brawl; *soccer:* rough play.

hölzern ['hœltsərn] *adj.* wooden, (of) wood; timber...; *fig.* wooden, clumsy.

'**Holz...: ~essig** *m* (-s) wood-vinegar; **~fällen** *n* (-s) wood-cutting; **~fäller** *m* (-s; -) wood-cutter, *Am.*

lumberjack; **~faser** *f* wood fib|re, *Am.* -er; grain; **~faserplatte** *f* wood fibre board; **~faserstoff** *m* cellulose; **~feuerung** *f* firing (*or* heating) with wood; **~fräser** *tech. m* shaper; **2frei** *adj.* wood-free (*paper*); **~frevel** *m* → *Waldfrevel;* **~gas** *n* wood-gas; **~hacken** *n* (-s) wood-cutting; **~hacker** *m* (-s; -) wood-cutter; → *Holzfäller;* **2haltig** *adj.* ligneous (*paper*); **~hammer** *m* (square) mallet; *fig.* **~methode** sledge-hammer tactics; **~handel** *m* timber-trade; **~händler** *m* timber-merchant, *Am.* lumberman; **~hauer** *m* → *Holzhacker;* **~haufen** *m* pile (*or* stack) of wood; **~haus** *n* wooden house; **~hof** *m* wood- (*or* timber-)yard; *Am.* lumberyard; **2ig** *adj.* woody, ligneous; stringy (*radish*); **~käfer** *m* wood beetle; **~klotz** *m* block of wood (*a. fig.*); **~kohle** *f* charcoal; **~konstruktion** *f* wooden construction; **~kopf** *colloq. m* blockhead; **~lager** *n* → *Holzhof;* **~male'rei** *f* painting on wood; **~masse** *tech. f* wood pulp; **~nagel** *m* wooden peg; **~pantoffel** *m/pl.* wooden slippers, clogs; **~papier** *n* wood(-pulp) paper; **~pflaster** *n* wood-block paving; **~pflock** *m* wooden peg, dowel; **~platz** *m* → *Holzhof;* **2reich** *adj.* (well-)wooded, woody; **~säure** *f* pyroligneous acid; **~scheit** *n* piece (*or* log) of wood; **~schlag** *m* wood-cutting; *place:* clearing; **~schliff** *m* mechanical wood pulp; **~schneidekunst** *f* (art of) wood engraving; **~schneider** *m* wood-engraver; **~schnitt** *m* wood-engraving, woodcut; **~schnitzer** *m* wood-carver; **~schnitze'rei** *f* wood-carving; **~schraube** *f* wood screw; **~schuh** *m* wooden shoe, clog; **~schuhtanz** *m* clog dance; **~schwamm** *m* dry-rot; **~span** *m* chip (of wood); *pl. a.* (wood-)shavings; **~spiritus** *m* wood spirit, methyl alcohol; **~splitter** *m* splinter (of wood), sliver; **~stahlkarosserie** *mot. f* composite (*or* metal-wood) body; **~stich** *m* wood-engraving; **~stift** *m* (wooden) peg; **~stoff** *m* lignine, cellulose; **~stoß** *m* stack of wood, wood-pile; stake; **~tafel** *f* board; **~täfelung** *f* wainscot(ing); **~taube** *f* wood-pigeon; **~teer** *m* wood-tar; **~trocknung** *f* seasoning of timber; **~verarbeitung** *f* wood processing; woodworking; **~verschlag** *m* crib; crate, crating; **~ware** *f* wooden ware *or* article(s *pl.*); **~watte** *f* wood wool; **~weg** *m* logging-path; *fig. auf dem ~e sein* be on the wrong tack (*or* track), be barking up the wrong tree; **~werk** *n* woodwork; timber-work; wainscot(ing); **~wolle** *f* wood-wool, fine wood-shavings *pl.*, *Am.* excelsior; **~wurm** *m* wood-worm; **~zapfen** *m* wooden pin *or* plug; **~zellstoff** *m* lignocellulose; wood pulp; **~zucker** *m* wood sugar, xylose.

homerisch [ho'me:riʃ] *adj.* Homeric; *~es Gelächter* Homeric laughter.

Homo ['ho:mo] *colloq. m* (-s; -s) homo(sexual), queer, gay.

homo... [homo-] homo... (→ *gleich-*

...): ~dyn... [-'dy:n] *el.* homodyne; ~gen [-'ge:n] *adj.* homogeneous; ~genisieren [-geni'zi:rən] *v/t.* (h.) homogenize; ♀genität [-geni'tɛ:t] *f* (-) homogeneousness, homogeneity; ~log [-'lo:k] *adj.* homologous; ~nym [-ny:m] *gr. n* (-s; -e) homonym. Homöo|path [homœo'pa:t] *med. m* (-en; -en) hom(o)eopath(ist); ~pathie [-pa'ti:] *f* (-) hom(o)eopathy; ♀pathisch [-'pa:tiʃ] *adj.* hom(o)eopathic(ally *adv.*). Homosexuali'tät [homo-] *f* homosexuality; **homosexu'ell** *adj.* homosexual; **Homosexu'elle(r)** *m* (-[e]n; -[e]n) homosexual. honen ['ho:nən] *tech. v/t.* (h.) hone. Honig ['ho:niç] *m* (-s; -e) honey; *fig. j-m* ~ *um den Mund schmieren* wheedle a p., butter a p. up, *sl.* soft-soap a p.; ~biene *f* honey-bee; ~brot *n* honey-cake; ~drüse *f* nectar gland; ~ertrag *m* yield of honey; ♀farben *adj.* honey-col-o(u)red; ~kuchen *m* → Honigbrot; ~lecken *colloq. n:* kein ~ no bed of roses; ~mond *m* honeymoon; ~säure *chem. f* oxymel; ~scheibe *f* honeycomb; ~schleuder *f* honey extractor; ♀süß *adj.* honey-sweet, honeyed (*a. fig.*); ~wabe *f* honeycomb; ~zelle *f* honey(comb) cell. Honneur [(h)ɔ'nø:r] *n: die* ~*s machen* do the hono(u)rs. Honorar [hono'ra:r] *n* (-s; -e) honorarium, payment; (*doctor's, etc.*) fee, remuneration; (*author's*) royalties *pl.*; gratuity; ~**professor** *m* associate lecturer, professor by title. Honoratioren [honoratsi'o:rən] *pl.* notables, notabilities, local dignitaries. hono'rier|en *v/t.* (h.) fee, pay (a fee to), remunerate (*für* for); *econ.* hono(u)r, meet (*bill of exchange*); *fig.* show o.s. appreciative of; *econ. nicht* ~ dishono(u)r; ♀ung *f* (-; -en) remuneration, payment; *econ.* acceptance, payment. Hopfen ['hɔpfən] *m* (-s) *bot.* hop; *tech.* hops *pl.*; *fig. an ihm ist* ~ *und Malz verloren* he is (a) hopeless (case); ~bau *m* (-[e]s) hop-growing; ~darre *f* hop kiln; ~feld *n* hop-field; ~stange *f* hop-pole; *fig. colloq.* lamp-post, bean-pole. hopp! [hɔp] *int.* hup!; hop to it! hoppla! ['hɔpla] *int.* (wh)oops!; ~ *machen* get a move on. hops [hɔps] *colloq.:* ~ *gehen* a) go to pot, b) (*die*) peg out, *sl.* go west; ~ *nehmen* nab (*criminal*). hopsassa! ['hɔpsasa] *int.* upsadaisy! hopsen ['hɔpsən] *colloq. v/i.* (sn) hop, jump. Hopser ['hɔpsər] *m* (-s; -) hop; hop-waltz. Hör... ['hø:r-] auditory ...; ~apparat *m tech.* receiver; *med.* hearing aid. 'hörbar *adj.* audible; within earshot; *nicht* ~ inaudible; *sich* ~ *machen* make o.s. heard; ♀keit *f* (-) audibility; ♀keitsbereich *m* range of audibility. 'Hör...: ~bericht *m radio:* report, running commentary; ~brille *f* earglasses *pl.*, hearing spectacles *pl.*

---

horchen ['hɔrçən] *v/i.* (h.) listen, hearken (*auf acc.* to); prick up (*or* strain) one's ears; *secretly:* eaves-drop. 'Horcher(in *f*) *m* (-s, -; -, -nen) eavesdropper. 'Horch...: ~gerät *n mil.* sound detector (*or* locator); *mar.* hydrophone (gear); intercept receiver; ~posten *mil. m* listening post. Horde ['hɔrdə] *f* (-; -n) **1.** horde; *contp.* horde, band, gang; **2.** hurdle, shelf; kiln floor; ♀nweise *adv.* in hordes. hören ['hø:rən] *v/t. and v/i.* (h.) hear; *radio:* listen (in) (e-n *Sender* to a station); overhear; hear, give ear to, *jur.* give a hearing to; *beide Parteien* ~ hear both sides; ~ *an* (acc.) hear (*or* recognize, tell) by; ~ *auf* (acc.) listen to, follow the advice of, heed, obey; *auf den Namen* ... ~ answer to the name of ...; *von et. nichts* ~ *wollen* shut one's ears to a th., refuse to listen to a th.; *gut* ~ hear well, have a good (*or* quick) ear; *schwer* ~ be hard of hearing; *Messe* ~ attend (*or* hear) mass; *univ. ein Kolleg* ~ attend *or* hear a course of lectures; *ich habe von ihm gehört* I heard from (*or* of) him; *wie ich höre or ich habe gehört, daß* I hear (*or* understand) (that), I have been told (*or* they tell me) that; *ich habe es von Herrn B. gehört* I have it from Mr. B.; *er ließ nichts von sich* ~ he sent no word (*or* news), we are without his news; *man hörte nie mehr etwas von ihm* he was never heard of again; *lassen Sie (bald) von sich* ~ I hope to hear from you (soon); *ich lasse von mir* ~ I'll let you know; *das läßt sich* ~ that sounds well (*or* all right); *das läßt sich schon eher* ~ that's more like it, *Am. a.* now you are talking; *er hört sich gerne reden* he likes the sound of his voice; *hört, hört!* hear, hear! ~ *Sie mal!* I say!, *Am.* say!; ~ *Sie mal* (zu)! (just) listen!, look here!; *soviel man hört* from all accounts. 'Hören *n* (-s) hearing; *radio:* listening(-in); *es verging ihm* ~ *und Sehen* he was stunned (*or* stupefied), he saw stars; ~sagen *n: vom* ~ by hearsay. 'Hörer *m* (-s; -) **1.** hearer; *radio:* listener(-in); *collect. die* ~ *pl.* the audience *sg.*; *univ.* student; **2.** *teleph.* receiver, earpiece; earphone(s *pl.*), headphone(s *pl.*), headset; ~in *f* (-; -nen) → Hörer 1.; ~schaft *f* (-) audience. 'Hör...: ~fehler *m* error in hearing; *med.* auditory defect, defective hearing; ~folge *f* radio series (*or* serial); ~frequenz *f* audiofrequency; ~funk *m* sound broadcasting; ~gerät *med. n* hearing aid. 'hörig *adj.: j-m* ~ *sein* be (*or* live) in bondage to a p., be a p.'s slave; ♀e(r) ['-gə(r)] *m* (-[e]n; -[e]n) bondman, serf, vassal; *fig.* slave (*j-s:* of *or* to a p.); ♀keit *f* (-) bondage, serfdom. Horizont [hori'tsɔnt] *m* (-[e]s; -e) horizon (*a. geol.*); *am* ~ on the horizon; *fig. s-n* ~ *erweitern* widen one's mental horizon, broaden one's

---

mind; *das geht über m-n* ~ *that is* beyond me. horizontal [-'ta:l] *adj.* horizontal, level; ♀bohrmaschine *tech. f* horizontal boring machine; ♀e *math. f* horizontal (line *or* plane); ♀ebene *f* horizontal plane; ♀flug *m* horizontal flight; ♀schnitt *m* horizontal section; ♀verflechtung *econ. f* horizontal combination. Hormon [hɔr'mo:n] *n* (-s; -e) hormone; ~absonderung *f* hormone secretion; ~behandlung *f* hormone therapy (*or* treatment); ~drüse *f* hormonal gland. 'Hörmuschel *f teleph.* ear-piece (*of receiver*). Horn [hɔrn] *n* (-[e]s; ⁻er) horn; *hunt., mil., mus.* bugle; French horn; *mot.* (electric) horn, hooter; (mountain) peak; *zo.* horn, feeler; *ins* ~ *stoßen* blow one's horn; *fig. mit j-m in dasselbe* ~ *stoßen or blasen* chime in with a p.; *ins eigne* ~ *stoßen* blow one's own trumpet; *mit den Hörnern aufspießen* gore; *fig. sich die Hörner ablaufen or abstoßen* sow one's wild oats; *j-m Hörner aufsetzen* cuckold a p.; *die Hörner einziehen* draw in one's horns; → *Füllhorn; Stier.* 'Horn...: ♀artig *adj.* hornlike, horny; corneous; ~berger ['-ber-gər] *adj.: wie das* ~ *Schießen ausgehen* come to nothing; ~bläser *m* → Hornist; ~blende *min. f* hornblende; ~brille *f* horn(-rimmed) spectacles. Hörnchen ['hœrnçən] *n* (-s; -) small horn; *cul.* crescent. Hörner ['hœrnər] *pl.* of Horn; ~klang *m* sound of horns *or* bugles; ♀n *adj.* (of) horn; horny; ~sicherung *el. f* horn-break fuse. 'Hör-nerv *m* auditory nerve. 'Hornhaut *f* callosity; *anat.* cornea (*of eye*); ~entzündung *med. f* inflammation of the cornea, keratitis; ~geschwür *med. n* corneal ulcer; ~trübung *med. f* corneal opacity. 'hornig *adj.* horny. Hornisse [hɔr'nisə] *f* (-; -n) hornet; ~nnest *n* hornets' nest. Hornist [hɔr'nist] *m* (-en; -en) horn-player; *mil.* bugler. 'Horn...: ~ochse *colloq. m* block-head, oaf; ~signal *n* bugle-call; *mot.* horn signal. Hornung ['hɔrnuŋ] *m* (-s; -e) February. Hornvieh *n* horned cattle. 'Hör...: ~organ *n* auditory organ; ~probe *f radio:* audition(ing). Horoskop [horo'sko:p] *n* (-s; -e) horoscope; *j-m das* ~ *stellen* cast a p.'s horoscope *or* nativity. horrend [hɔ'rɛnt] *adj.* enormous; → *ungeheuer.* horrido(h) [hɔri'do:] *int.*, ♀ *n* (-s; -s) halloo(!). 'Hörrohr *n* ear-trumpet; *med.* stethoscope. Horror ['hɔrɔr] *m: e-n* ~ *haben vor* (*dat.*) have a horror of, dread, abominate. 'Hör...: ~rundfunk *m* sound broadcasting; ~saal *m* lecture-hall; ~schwelle *f* threshold of audibility; ~spiel *n* radio play. Horst [hɔrst] *m* (-es; -e) *orn. and fig.* eyrie; → *Flieger*♀; *bot.* copse; *geol.* horst.

'**horsten** *v/i.* (h.) nest.

Hort [hɔrt] *m* (-[e]s; -e) treasure; hoard (*of the Nibelungs*); safe retreat, refuge, shelter; protection; bulwark, stronghold; protector, refuge; day-home (*for children*); '**♀en** *v/t.* (h.) hoard (up); stockpile.

Hortensie [hɔr'tɛnziə] *bot.* (-; -n) hydrangea.

Hörtrichter ['hø:r-] *m* ear-trumpet.

'**Hortung** *f* (-) hoarding.

'**Hörweite** *f* hearing distance; *außer (in)* ♪ out of (within) hearing *or* earshot.

Hose ['ho:zə] *f* (-; -n) *usu. pl.* ♪n *or ein Paar* ♪n (a pair of) trousers, *Am. a.* pants; slacks *pl.*; breeches *pl.*; shorts; → *Unter*♀, *etc.*; *colloq. fig.* die ♪n *anhaben* wear the breeches (*Am.* pants); *die* ♪n *voll haben* be in a blue funk; *j-m die* ♪n *straffziehen* give a p. a spanking; *sich auf die* ♪n *setzen* buckle down to work, work hard; *das Herz fiel ihm in die* ♪n his heart was in his boots *or* mouth.

'**Hosen...:** ♪**aufschlag** *m* trouser turn-up (*Am.* cuff); ♪**band-orden** *m* Order of the Garter; ♪**bein** *n* trouser-leg; ♪**boden** *m* seat of the trousers; *colloq. sich auf den* ♪ *setzen* buckle down to it; ♪**boje** *mar. f* breeches buoy; ♪**bügel** *m* trouser hanger; ♪**bund**, ♪**gurt** *m* waist-band; ♪**klappe** *f*, ♪**latz** *m* flap, fly; ♪**knopf** *m* trouser button; ♪**naht** *f* trouser seam; *mil. mit den Händen an der* ♪ thumbs on one's trouser seams; ♪**rock** *m* divided skirt; ♪**rolle** *thea. f* breeches part; ♪**schlitz** *m* fly; ♪**stoff** *m* trousering; ♪**strecker** *m* (-s; -) trouser-hanger; ♪**tasche** *f* trouser pocket; ♪**träger** *m* (pair of) braces *pl.*, *Am.* suspenders *pl.*

hosianna [hozi'ana] *int. and* ♀ *n* (-s; -s) hosanna.

Hospital [hɔspi'ta:l] *n* (-s; -e, ⁼er) hospital; → *Krankenhaus.*

Hospitant(in *f*) [-'tant(in)] *m* (-en, -en; -, -nen) *univ.* guest listener *or* auditor.

hospi'tieren *v/i.* (h.) attend lectures as a guest listener, sit in (*bei* at).

Hospiz [hɔs'pi:ts] *n* (-es; -e) hospice, hostel; Christian family hotel.

Hostie ['hɔstiə] *eccl. f* (-; -n) host, consecrated wafer; ♪**nteller** *m* paten.

Hotel [ho'tɛl] *n* (-s; -s) hotel; ♪**besitzer(in** *f*) *m*, (**Hotelier** [hotə-li'ə:] *m*, -s; -s) hotelier; hotel-keeper (*or* -proprietor); ♪**boy** [-bɔɤ] *m* (-s; -s) page, *Am.* bellboy; ♪**führer** *m* (*booklet*) hotel guide; ♪**gewerbe** *n* hotel industry; ♪**halle** *f* (entrance-)hall, lounge, foyer; ♪**page** *m* → *Hotelboy*; ♪**portier** *m* hall porter; ♪**unterkunft** *f* hotel accommodation; ♪**zimmer** *n* hotel room.

hott! [hɔt] *int.* (*go!*) gee ho!, ho!; (*turn right!*) gee!

hu! [hu:] *int.* whew!, ugh!

hü! [hy:] *int.* → *hott*; (*turn left!*) wo hi!, haw!

Hub [hu:p] *m* (-[e]s; ⁼e) heave, lift (-ing); *mot. of piston, tech. machine*

---

tool: stroke, travel; *of valve:* lift; *of eccentric, etc.:* throw; '♪**höhe** *f of crane:* lifting (*or* hoisting) height, lift; *mot.* (length of) stroke; '♪**kraft,** '♪**leistung** *f* lifting capacity; *mot.* output per unit of displacement; '♪**raum** *m* piston displacement, cylinder capacity.

hüben ['hy:bən] *adv.* on this side.

hübsch [hypʃ] *adj.* pretty, nice, fine; good-looking, handsome; lovely; charming; picturesque; *Wetter:* pleasant, pretty (*weather*); considerable; e-e ♪e *Summe* a pretty penny, a tidy sum of money; *ein* ♪es *Vermögen* a tidy fortune; e-e ♪e *Geschichte!* *iro.* a pretty mess (*or* kettle of fish); *es ist noch ein* ♪es *Stück Wegs* it's a good distance yet; kind, nice; *das ist nicht* ♪ *von dir* it is not nice of you; *das werde ich* ♪ *bleibenlassen* catch me doing that; *das wirst du* ♪ *sein lassen* you aren't going to do anything of the sort; *sei* ♪ *artig!* be a good boy (girl)!

'**Hub...:** ♪**schrauber** *m* (-s; -) helicopter; ♪**schrauberlandeplatz** *m* heliport; ♪**stapler** ['-ʃta:plər] *m* (-s; -) fork-lift truck; ♪**volumen** *tech.* n piston displacement; ♪**weg** *mot. m* piston travel; height of valve lift; ♪**werk** *n* hoisting gear; ♪**zahl** *f* number of strokes.

Hucke ['hukə] *f* (-; -n) *agr.* → *Hocke*; *fig.* back; *colloq.* j-m *die* ♪ *vollhauen* give a p. a sound thrashing; ♀**pack** *adv.* pick-a-back; ♪**packflugzeug** *n* pick-a-back airplane; ♪**packverkehr** *rail. m* road-rail service.

Hudelei [hu:də'laɪ] *colloq. f* (-; -en) careless (*or* slipshod) work; scamping.

'**hudeln** *v/i.* (h.) scamp one's work, be sloppy.

Hudler(in *f*) ['hu:dlər(in)] *m* (-s, -; -, -nen) scamper, botcher.

Huf [hu:f] *m* (-[e]s; -e) hoof; '♪**beschlag** *m* (horse-)shoeing.

Hufe ['hu:fə] *agr. f* (-; -n) hide (of land).

'**Huf...:** ♪**eisen** *n* horseshoe; ♀**eisenförmig** ['-fœrmiç] *adj.* horseshoe (-shaped); ♪**eisenmagnet** *m* horseshoe magnet; ♪**lattich** *bot. m* coltsfoot; ♪**nagel** *m* horseshoe nail; ♪**schlag** *m* hoof-beat; (horse's) kick; ♪**schmied** *m* farrier; ♪**schmiede** *f* farriery; ♪**tier** *n* hoofed animal.

Hüft... ['hyft-] *adj.* sciatic ...; ♪**bein** *anat.* n hip-bone; ♪**e** *f* (-; -n) hip; *zo.* haunch; *bis an die* ♪ *reichend* waist-high; ♪**enbruch** *med. m* fractured hip; ♪**entasche** *f* hip-pocket; ♪**gelenk** *n* hip-joint; ♪**gelenkentzündung** *f* inflammation of the hip-joint, coxitis; ♪**gürtel** *m* suspender (*Am.* garter) belt; panty-girdle; ♪**halter** *m* roll-on girdle (*or* belt); ♀**lahm** *adj.* hipshot; ♪**nerv** *m* sciatic nerve; ♪**schmerz** *m*, ♪**weh** *med.* n coxalgia; ♪**schwung** *m gym.* hip swing; *wrestling:* cross buttock.

Hügel ['hy:gəl] *m* (-s; -) hill; hillock; knoll; elevation; height; mound; ♪**abhang** *m* hillside, slope.

'**hüg(e)lig** *adj.* hilly.

'**Hügel...:** ♪**kette** *f* chain (*or* range

---

of hills); ♪**land** *n* hill(y) country *or* tract.

Hugenotte [hugə'nɔtə] *m* (-n; -n) Huguenot.

Huhn [hu:n] *n* (-[e]s; ⁼er) fowl, chicken; hen; *junges* ♪ → *Hühnchen*; *Hühner pl.* hens, *collect.* poultry *sg.*; *gebratenes* ♪ roast chicken; *Hühner halten* keep fowls; *fig. ein krankes* ♪ a lame duck; *verrücktes* ♪ madcap, *Am.* screwball.

Hühnchen ['hy:nçən] *n* (-s; -) chicken; *Brat*♪ roast chicken; *fig. mit j-m ein* ♪ *zu rupfen haben* have a bone to pick with a p., have an axe to grind with a p.

Hühner... ['hy:nər-]: ♪**auge** *med.* n corn; *j-m auf die* ♪ *n treten* (a. *fig.*) tread on a p.'s corns (*or* toes); ♪**augenmittel** *n* corn-cure; ♪**augenoperateur** *m* chiropodist, corn-cutter; ♪**augenpflaster** *n* corn-plaster; ♪**braten** *m* roast chicken; ♪**brühe** *f* chicken-broth; ♪**brust** *f* breast of chicken; *med.* pigeon-chest; ♪**dieb** *m* roost-robber; ♪**ei** *n* hen's egg; ♪**draht** *m* chicken wire; ♪**farm** *f* poultry (*or* chicken-)farm; ♪**futter** *n* chicken-feed; ♪**habicht** *m* goshawk; ♪**hof** *m* poultry-yard, *Am.* chicken-yard; ♪**hund** *m* pointer, setter; ♪**jagd** *f* partridge shooting; ♪**leiter** *f* roost-ladder; *fig.* breakneck stairs *pl.*; ♪**pastete** *f* chicken-pie; ♪**pest** *f* chicken-pest; ♪**ragout** *n* chicken ragout; ♪**schrot** *n* partridge shot; ♪**stall** *m* hen-house, (chicken-)roost; ♪**stange** *f* (hen-)roost; ♪**suppe** *f* chicken broth; ♪**tuberkulose** *f* tuberculosis of the fowl; ♪**vögel** ['-fø:gəl] *m/pl.* gallinaceous birds; ♪**zucht** *f* poultry (*or* chicken) farming; ♪**züchter** *m* chicken farmer.

hui [hui] *int.* whoosh!; ·wow!; quick!; *im* ♀ in a jiffy.

Huld [hult] *f* (-) graciousness, grace; favo(u)r; clemency; affection; benevolence; *in j-s* ♪ *stehen* be in a p.'s favo(u)r (*or* good graces).

huldig|en ['huldigən] *v/i.* (h.) (*dat.*) do (*or* pay) homage to; *sich von j-m* ♪ *lassen* receive a p.'s homage *or* oath of allegiance; fig. pay homage *or* tribute to; *give a p.* an ovation; pay one's addresses (*or* court) to (*a lady*); e-r *Ansicht* ♪ profess (*or* embrace, hold) an opinion; indulge in, be addicted to (*a vice, etc.*); ♀**ung** *f* (-; -en) homage; ovation; ♀**ungs-eid** *m* oath of allegiance.

huld|reich, ♪**voll** *adj.* gracious.

Hülle ['hylə] *f* (-; -n) wrap(per), cover(ing); envelope; jacket (*of book*); case; coat; garment; veil; bandage; *anat.* integument; → *Hülse; phys.* shell (*of atom*); *fig.* mask; cloak; *sterbliche* ♪ mortal frame, (earthly) remains *pl.*; *mir fiel e-e* ♪ *von den Augen* the scales fell from my eyes; *in* ♪ *und Fülle* in abundance; plenty (*or* lots, heaps, oodles) of.

'**hüllen** *v/t.* (h.) wrap (up), cover, envelope; veil; *fig. in Flammen gehüllt* enveloped in flames; *in Dunkel (Nebel) gehüllt* shrouded in darkness (mist); *in Wolken gehüllt* clouded; *sich in Schweigen* ♪ wrap o.s. in silence, *über et.*: be silent about a th.

Hülse ['hylzə] *f* (-; -*n*) hull, husk; shell; pod; capsule; *tech.* case, bush, sleeve; shell; tube; socket; (slip-on) cap; *a. mil.* case; **~n-aus-zieher** *mil. m* (-*s*; -) (cartridge case) extractor; **~nfrucht** *f* legume(n); leguminous plant; *Hülsenfrüchte pl.* pulse; **~nschlüssel** *tech. m* box spanner.

'**hülsig** *adj.* husky, podlike; leguminous.

human [hu'mɑːn] *adj.* humane; affable.

Humanis|mus [huma'nismus] *m* (-) humanism; classical education; **~t** (-*in f*) *m* (-*en*, -*en*; -, -*nen*) humanist; classical scholar *or* student; 2**tisch** *adj.* humanistic(ally *adv.*); **~e** *Bildung* classical education; → *Gymnasium.*

humanitär [-ni'tɛːr] *adj.* humanitarian.

Humani'tät *f* (-) humaneness; humanity; **~sduselei** [-du:zəlaɪ] *f* (-; -*en*) sentimental humanitarianism.

Humbug ['humbuk] *m* (-*s*) humbug; hoax.

Hummel ['huməl] *f* (-; -*n*) bumble-bee; *fig. wilde* **~** tomboy, romp, hoyden.

Hummer ['humər] *m* (-*s*; -) lobster; **~salat** *m* lobster-salad; **~schere** *f* claw of a lobster.

Humor [hu'moːr] *m* (-*s*; [-*e*]) (sense of) humo(u)r; → *Laune*; *er hat keinen* **~** he has no sense of humo(u)r, he can't see a joke.

Humoreske [humo'rɛskə] *f* (-; -*n*) humorous sketch; *mus.* humoresque.

hu'morig *adj.* whimsical, humourous.

Humo'rist *m* (-*en*; -*en*) humorist; humorous writer; entertainer; 2**isch** *adj.* humorous, comical, droll, funny.

hu'morvoll *adj.* humorous.

humpeln ['humpəln] *v/i.* (h.) limp, hobble.

Humpen ['humpən] *m* (-*s*; -) tankard.

Humus|(erde *f*) ['huːmus-] *m* (-) vegetable mo(u)ld, humus; **~bildung** *f* humus formation; **~boden** *m* vegetable soil, top soil; **~decke** *f* mo(u)ld cover; **~säure** *f* humus acid; **~schicht** *f* humus layer; top soil.

Hund [hunt] *m* (-[*e*]*s*; -*e*) dog (*a. mining* = truck); *hunt.* hound; *junger* **~** puppy; *ast. Großer (Kleiner)* **~** Canis major (minor); *fig.* dog, hound, cur, scoundrel; *gemeiner (schlauer)* **~** dirty (sly) dog; *colloq. auf den* **~** *bringen* ruin; *auf den* **~** *kommen* come down in the world, be on the rocks; *vor die* **~e** *gehen* go to the dogs; *wie* **~** *und Katze leben* lead a cat-and-dog life; *da liegt der* **~** *begraben* that's why; *er ist bekannt wie ein bunter* **~** he is known all over the place; *damit kannst du keinen* **~** *hinterm Ofen hervorlocken* that won't get you anywhere; it's no good; *er ist mit seinen Nerven auf dem* **~** he is a nervous wreck; *er ist mit allen* **~en** *gehetzt* he is up to all tricks; *den*

Letzten beißen die **~e** the devil takes the hindmost; **~e**, *die viel bellen, beißen nicht* barking dogs seldom bite.

Hunde... ['hundə-]: **~abteil** *rail. n* dog box; **~arbeit** *colloq. f* fiendish job, drudgery; **~ausstellung** *f* dog show; 2**elend** *colloq. adj.*: *sich* **~** *fühlen* feel rotten *or* like nothing on earth; **~futter** *n* dog-food; **~gebell** *n* barking of dogs; **~hals-band** *n* dog-collar; **~hütte** *f* (dog-)kennel, *Am.* dog-house; **~kälte** *colloq. f*: *es ist eine* **~** it's beastly cold; **~koppel** *hunt. f* brace (*or* leash) of dogs; **~krankheit** *f* canine distemper; **~kuchen** *m* dog biscuit; **~leben** *n* (-*s*): *colloq. ein* **~** *führen* lead a dog's life; **~leine** *f* (dog-)lead, leash; **~liebhaber** *m* dog-fancier; **~marke** *f* dog tag (*a. Am. mil. sl.* = identity disk); 2**müde** *adj.* dog-tired; **~peitsche** *f* dog-whip; **~rennen** *n* dog race (*or* racing).

hundert ['hundərt] *adj.* hundred; **~** *Personen* a (*or* one) hundred persons; **~** *gegen eins wetten* lay a hundred to one.

'**Hundert** *n* (-*s*; -*e*) hundred; *ein halbes* **~** fifty; *fünf vom* **~** (*v. H.*) five percent; **~e** *von Menschen* hundreds of people; *zu* **~en** by (*or* in) hundreds.

'**Hunderter** *m* (-*s*; -) (a) hundred; (*figure* 100) hundred; three-figure number; hundred dollar, *etc.*, note; 2**lei** ['-tərlaɪ] *adv.* of a hundred (different) kinds, a hundred different *things*; of all possible sorts.

'**hundert...**: **~fach** *f* [-*tax*], **~fältig** ['-fɛltiç] *adj.* a hundredfold; **~gra-dig** ['-graːdiç] *phys. adj.* centigrade; 2**jahrfeier** *f* hundredth anniversary, centenary, *Am.* centennial; **~jährig** *adj.* a hundred years old, centenary; 2**jährige(r** *m*) ['-jɛːrigə(r)] *f* (-*n*, -*n*; -*en*, -*en*) centenarian; **~jährlich** *adj.* centennial; **~mal** *adv.* a hundred times; 2-**Meter-Lauf** *m* hundred meters dash; **~prozentig** *adj.* a hundred per cent (*a. adv.*); *fig. a.* unadulterated, out-and-out, thorough; 2**satz** *m* percentage.

'**hundertst** *adj.* hundredth; *fig. vom* 2**en** *ins Tausendste kommen* ramble from one subject to the other, talk on and on; 2**el** *n* hundredth (part); one, *etc.*, per cent.

'**hundert...**: **~tausend** *adj.* a (*or* one) hundred thousand; 2e *von Exemplaren* hundreds of thousands of copies; **~weise** ['-vaɪzə] *adv.* by hundreds; by the hundred.

'**Hunde...**: **~schlitten** *m* dog sled; **~schnauze** *f* dog's nose; *colloq. kalt wie e-e* **~** (as) cool as a cucumber; **~staupe** *f* (canine) distemper; **~steuer** *f* dog's licen|ce, *Am.* -se; **~wetter** *colloq. n* beastly weather; **~zucht** *f* dog-breeding; (breeding) kennel; **~zwinger** *m* dog-kennel.

Hündin ['hyndin] *f* (-; -*nen*) she--dog, bitch.

'**hündisch** *adj.* doggish, canine; *fig.* cringing, toadying; shameless, dirty, vile; **~e** *Angst* cringing fear; **~e** *Ergebenheit* dog-like devotion.

Hunds... ['hunts-]: **~fott** ['-fɔt] *m* (-[*e*]*s*; -*e*) scoundrel, skunk; 2**föt-tisch** ['-fœtiʃ], 2**gemein** *adj.* dirty, mean, low-down; 2**miserabel** *colloq. adj. sl.* lousy; beastly; **~-tired**; **~stern** *ast. m* dog-star, Sirius; **~tage** *m/pl.* dog-days; **~tagshitze** *f* canicular heat; **~wut** *med. f* hydrophobia, rabies.

Hüne ['hyːnə] *m* (-*n*; -*n*) giant; **~n-gestalt** *f* colossal figure, Herculean frame; **~ngrab** *n* dolmen; 2**nhaft** *adj.* gigantic, colossal, Herculean.

Hunger ['huŋər] *m* (-*s*) hunger (*fig. nach* after, for); appetite; *fig. a.* craving, thirst (for); famine, starvation; **~** *bekommen* get hungry; **~** *haben* be hungry; **~** *leiden* suffer from hunger, starve; **~s** (*or vor* **~**) *sterben* die of hunger *or* starvation, starve (to death); *s-n* **~** *stillen* appease one's hunger *or* appetite; *ich habe* **~** *wie ein Wolf* I am hungry as a wolf, I am starving *or* famishing; **~** *ist der beste Koch* hunger is the best sauce; **~blockade** *f* hunger blockade.

'**hung(e)rig** *adj.* hungry; ravenous; starving, famished; *sehr* **~** *sein* be starving (*or* famishing); *fig.* hungry (*nach* for), craving (for).

'**Hunger...**: **~gebiet** *n* hunger--ridden area; **~jahr** *n* year of famine; **~künstler** *m* (professional) starver; **~kur** *med. f* starvation (*or* fasting-) cure; *e-e* **~** *durchmachen* be put (*or* put o.s.) on a starvation diet; **~leben** *n* (-*s*) (slow) starvation; **~leider** *m* (-*s*; -) starveling, poor beggar; **~lohn** *m* starvation wage(s *pl.*); (a mere) pittance; 2**n** *v/i.* (h.): *es hungert mich, mich hungert* I am (*or* feel) hungry; (suffer) hunger, starve, go hungry; starve (*or* pinch) o.s.; fast; diet o.s.; *j-n* **~** *lassen* starve a p.; *fig.* **~** *nach* (*dat.*) hunger (*or* crave, long) for; 2**nd** *adj.* hungry, starving, hunger-stricken; **~-ödem** *med. n* nutritional (o)edema; **~ration** *f* starvation ration (*or* diet); **~snot** *f* famine; *von* **~** *befallen* famine-stricken; **~streik** *m* hunger-strike; *in* **~** *treten* (go on) hunger-strike; **~tod** *m* (death from) starvation; *den* **~** *erleiden* die of hunger (*or* starvation), starve to death; **~tuch** *n*: *am* **~**(*e*) *nagen* be starving *or* famishing; have nothing to bite; **~typhus** *m* typhus; spotted fever.

Hünin ['hyːnin] *f* (-; -*nen*) giantess; huge woman.

hungrig ['huŋriç] → *hungerig.*

Hunn|e ['hunə] *m* (-*n*; -*n*), **~in** *f* (-; -*nen*) Hun.

Hupe ['huːpə] *mot. f* (-; -*n*) (motor) horn, hooter; klaxon; fanfare; 2**n** *v/i.* (h.) hoot, honk; sound one's horn *or* hooter; **~n** *n* (-*s*) honking, hooting; **~nknopf** *m* horn button; **~nsignal**, **~nzeichen** *n* hooting signal, honk; *ein* **~** *geben* → *hupen.*

hupfen ['hupfən] *v/i.* (sn) → *hüpfen*; *colloq. das ist gehupft wie gesprungen* it comes to the same thing.

hüpfen ['hypfən] *v/i.* (sn) hop, skip; leap, jump (*vor Freude* with joy); gambol, frisk (about); bound, bounce; *fig. sein Herz hüpfte ihm im Leibe* his heart leapt for joy.

'**Hüpfspiel** *n* hopscotch.

Hürde ['hyrdə] *f* (-; -n) hurdle (*a. fig.*); *sports:* e-e ~ nehmen take (*or* clear) a hurdle; fold, pen; *for horses:* corral; **~nlauf** *m sports:* hurdle race, hurdles *pl.*; **~nläufer** (**-in** *f*) *m* hurdler; **~nrennen** *n riding:* hurdle race.

Hure ['huːrə] *f* (-; -n) whore, prostitute, strumpet (*a. fig.*), harlot; streetwalker; **2n** *v/i.* (*h.*) whore, fornicate; **~nhaus** *n* whorehouse, brothel, house of ill fame; **~nkind** *n* bastard (child); **~nviertel** *n* red--light district; **~r** *m* (-s; -) whore-monger, lecher; **Hure'rei** *f* (-) whoring, fornication.

hurra! [hu'rɑː] *int. and* 2 *n* (-s; -s) hurra(h)!, hooray!; ~ rufen (give a) cheer, shout hurrah; *mit* ~ begrüßen receive with (loud) cheers; **2patriot(in** *f*) *m* flag-waving patriot, patrioteer; **~patriotisch** *adj.* jingo (-istic), chauvinistic; **2patriotismus** *m* jingoism, chauvinism, *Am.* spread-eagleism; **~ruf** *m* (shout of) hurra(h), cheer(s *pl.*).

hurtig ['hurtiç] *adj.* brisk, swift, quick, alert, lively; nimble, agile; **2keit** *f* (-) briskness, swiftness, quickness; nimbleness, agility.

Husar [hu'zɑːr] *mil. m* (-en; -en) hussar; **~enjacke** *f* dolman; **~enstückchen** *n* coup de main (*Fr.*).

husch! [huʃ] *int.* a) shoo!; b) quick!; c) hush!; *und* ~ *war sie weg* she was gone in a flash; '**~en** *v/i.* (*sn*) scurry, whisk, flit.

hüsteln ['hyːstəln] *v/i.* (*h.*) cough slightly, hem.

'**Hüsteln** *n* (-s) slight cough.

husten ['huːstən] **I.** *v/i.* (*h.*) (have a) cough, give a cough; *colloq. fig.* ~ *auf* (*acc.*) not to care a rap for; **II.** *v/t.* (*h.*) (*aus*~) cough (*or* bring) up; *Blut* ~ spit blood; *colloq. fig. ich werde dir* (et)*was* ~ I'll see you further first!, you may whistle for it!

'**Husten** *m* (-s; [-]) cough; *kurzer, trockener* ~ hacking cough; *e-n* (*schlimmen*) ~ *haben* have a (bad) cough; **~anfall** *m* fit of coughing, coughing-fit; **~bonbon** *m* cough--drop; **~mittel** *n* cough remedy; **~reflex** *m* cough reflex; **~reiz** *m* coughing irritation; **2stillend** *adj.* cough-relieving.

Hut[1] [huːt] *m* (-[e]s; ⸚e) hat; *steifer* ~ bowler (hat), *Am.* derby (hat); *of mushroom:* top; *orn.* pileum; ~ *ab!* hat(s) off!; *fig.* ~ *ab vor solchem Manne!* hats off to such a man!; *vor j-m den* ~ *abnehmen* take off one's hat to a p.; *den* ~ *aufsetzen* put on one's hat, cover o.s.; *fig. unter einen* ~ *bringen* reconcile; *den* (*or mit dem*) ~ *in der Hand hat* in hand; *colloq. da geht einem der* ~ *hoch!* **a)** that beats cock--fighting!, **b)** it makes your blood boil!; *ihm ging der* ~ *hoch* he blew his top (*or* saw red).

Hut[2] *f* (-) care, charge, keeping; protection; *in* (*or unter*) *j-s* ~ *sein* be in a p.'s keeping *or* custody; *auf s-r* (*or der*) ~ *sein* be on one's guard (*vor dat.* against), be careful (*nicht zu inf.* not to *inf.*), look (*Am.* watch)

out (*vor dat.* for); *nicht auf der* ~ *sein* be off one's guard.

'**Hut...: ~ablage** *f* hat rack; **~band** *n* (-[e]s; ⸚er) hat-band; **~besatz** *m* hat-trimming; **~bürste** *f* hat--brush.

hüten ['hyːtən] *v/t.* (*h.*) guard, keep, take care of, look after; protect (*vor dat.* from); watch (over); tend, herd (*cattle*); tend, look after (*children*); *sich* ~ (*vor*) → *auf der Hut*[2] *sein*; *sich* ~ *zu inf.* be careful not to *inf.*, take (good) care not to *inf.*; *hüte dich vor ihm!* beware of him!

'**Hüter** *m* (-s; -) guardian, keeper; custodian; warden; herdsman.

'**Hut...: ~fabrik** *f* hat-manufactory; **~feder** *f* plume; **~form** *f* shape of a hat; *tech.* hatter's block; **~futter** *n* hat-lining; **~geschäft** *n*, **~laden** *m* hatter's shop, hat-shop; milliner's shop; **~händler** *m* hatter; **~kopf** *m* (hat-)crown; **~krempe** *f* (hat-)brim; **~macher** *m* hatter; **~macherin** *f* milliner; **~nadel** *f* hat--pin; **~rand** *m* (hat-)brim; **~schachtel** *f* hat-box; **~schnur** *f* hat-string; *colloq. fig. das geht über die* ~ that's going too far!, that's past a joke!; **~ständer** *m* hat-stand.

Hütte ['hytə] *f* (-; -n) hut; cottage, cabin; *contp.* hovel, shanty, *Am. a.* shack; *mount.* refuge; shed; hunt-ing-box; *metall.* steelworks, iron-works *pl.*, metallurgical plant; smelting plant, house, foundry.

'**Hütten...: ~arbeiter** *m* smelter, foundry worker; **~besitzer** *m* owner of a foundry; **~chemiker** *m* metallurgical chemist; **~glas** *n* pot metal; **~industrie** *f* steel and iron industry; **~ingenieur** *m* metallurgy engineer; **~koks** *m* metallurgical coke; **~kunde** *f* (-) metallurgy; **~meister** *m* overseer of a foundry; **~rauch** *chem. m* flaky arsenic; **~technik** *f* metallurgical engineer-ing; **~werk** *n* → *Hütte*; **~wesen** *n* (-s) metallurgical engineering; **~wirt** *mount. m* hut-keeper; **~zinn** *m* grain tin.

hutz(e)lig ['huts(ə)liç] *adj.* shriv-elled, withered; *esp. person:* wiz-ened.

'**Hutzucker** *m* loaf sugar.

Hyäne [hy'ɛːnə] *zo. f* (-; -n) hyena.

Hyazinth [hya'tsint] *min. m* (-[e]s; -e), **~e** *bot. f* (-; -n) hyacinth.

Hybride [hy'briːdə] *f* (-; -n) hybrid.

Hydra ['hyːdra] *f* (-; -ren) hydra.

Hydrant [hy'drant] *m* (-en; -en) hydrant, fire-plug.

Hydrat *chem.* [hy'drɑːt] *n* (-[e]s; -e) hydrate.

Hydraul|ik [hy'draulik] *phys. f* (-) hydraulics *sg.*; **2isch** *adj.* hydraulic; **~e** *Presse* hydraulic press.

hydrier|en *chem. v/t.* (*h.*) hydro-genate; **2ung** *f* (-) hydrogenation; **2werk** *n* hydrogenation plant.

Hydro... [hydro-] hydro... (→ *Wasser...*); **~chinon** *n* (-[e]s) hydroquinone; **~dy'namik** *phys. f* hydrodynamics *sg.*; **2geni-sieren** [-geni'ziːrən] *v/t.* (*h.*) hydro-genate; **~graphie** [-gra'fiː] *f* (-) hydrography; **~lyse** [-'lyːzə] *f* (-; -n) hydrolysis; **~meter** *n* hydrometer; **~pathie** [-pa'tiː] *med. f* (-) hydrop-athy; **~phon** [-'foːn] *n* (-s) hydro-

phone; **~phonik** [-'foːnik] *f* (-) hydrophonics *sg.*; **~'statik** *f* hydro-statics *sg.*; **2'statisch** *adj.* hydro-static(ally *adv.*); **~thera'pie** *med. f* hydrotherapeutics *sg.*

Hygien|e [hygi'eːnə] *f* (-) hygienics *sg.*, hygiene; sanitation; **2isch** *adj.* hygienic(ally *adv.*), sanitary.

Hygro|meter [hygro'meːtər] *n* (-s; -) hygrometer; **~skop** [-'skoːp] *n* (-s; -e) hygroscope.

Hymen ['hyːmɛn] *anat. n* (-s; -) hymen.

Hymne ['hymnə] *f* (-; -n) hymn, anthem.

Hyper|bel [hy'pɛrbəl] *f* (-; -n) *math.* hyperbola; *rhet.* hyperbole; **2bolisch** [-'boːliʃ] *adj.* hyper-bolic(al).

'**hypermodern** *adj.* ultramodern.

Hypertonie [-to'niː] *med. f* (-; -n) hypertonia.

hypertrophisch [-'troːfiʃ] *med. adj.* hypertrophic.

Hypno|se [hyp'noːzə] *f* (-; -n) hyp-nosis; **2tisch** *adj.* hypnotic(ally *adv.*).

Hypnoti|seur [hypnoti'zøːr] *m* (-s; -e) hypnotizer; **2'sieren** *v/t.* (*h.*) hypnotize; **Hypnotismus** [-'tis-mus] *m* (-) hypnotism.

Hypochon|der [hypo'xɔndər] *m* (-s; -) hypochondriac; **2drisch** *adj.* hypochondriac(al), splenetic.

Hypophyse [-'fyːzə] *anat. f* (-; -n) hypophysis, pituitary gland.

Hypotenuse [-te'nuːzə] *math. f* (-; -n) hypotenuse.

Hypothe|k [-'teːk] *f* (-; -en) mort-gage; *fig.* burden; *erste* (*nachste-hende*) ~ first (junior) mortgage; ~ *auf Grundbesitz* mortgage on real estate; *Belastung mit e-r* ~ hypoth-ecation; *e-e* ~ *aufnehmen* raise a mortgage; *mit e-r* ~ *belasten* en-cumber with a mortgage, mortgage, hypothecate; *e-e* ~ *bestellen* create a mortgage; *e-e* ~ *kündigen* call in (*or* foreclose) a mortgage; *debtor:* give notice of redemption; **2ka-risch** [-'kɑːriʃ] *adj.* by (*or* on, as) a mortgage, hypothecary; **~er** *Kre-dit* credit on mortgage; **~e** *Sicher-heit* hypothecary (*or* mortgage) security; *gegen* ~*e Sicherheit* (*or adv.* ~ *gesichert*) on mortgage se-curity; *adv.:* ~ *belastet* mortgaged.

Hypo'theken...: ~bank *f* (-; -en) mortgage bank; **~brief** *m* mortgage (deed); **~buch** *n* register of mort-gages; **~darlehen** *n* mortgage loan; **~eintrag(ung** *f*) *m* registration of mortgage; **~forderung** *f* hypothe-cary claim; **2frei** *adj.* unencum-bered, unmortgaged; **~geld** *n* mortgage money; **~gläubiger(in** *f*) *m* mortgagee; **~pfandbrief** *m* mortgage bond; **~schuld** *f* debt on mortgage; **~schuldner(in** *f*) *m* mortgager; **~urkunde** *f* mortgage--deed.

Hypothe|se [-'teːzə] *f* (-; -n) hy-pothesis, (mere) supposition; **2-tisch** *adj.* hypothetic(al).

Hypotonie [-to'niː] *med. f* (-; -n) hypotonia.

Hysterie [hyste'riː] *med. f* (-; -n) hysterics, hysteria; **hysterisch** [hys'teːriʃ] *adj.* hysterical; *einen* ~*en Anfall bekommen* go into hysterics.

I

I, i [iː] *n* I, i; *fig.* das Tüpfelchen auf dem *i* the dot on the i; *i wo! int.* what next!, nothing of the kind!
iah! [iːɑː] (*donkey's bray*) hee-haw; **~en** *v/i.* (h.) hee-haw.
ich [iç] *pers. pron.* I; **~** *selbst* I myself; *hier bin* ~! it is I, *colloq.* it's me!; **~** *Narr!* fool that I am!; ♀ *n* (-[s]; -[s]) *the* I; (my)self; *phls. the* ego; *mein anderes (or zweites)* ~ my alter ego; *mein ganzes* ~ my whole being *or* self; *das liebe* ~ one's dear self, "number one"; **'♀bewußtsein** *n* consciousness of self; **~bezogen** ['-bətsoːɡən] *adj.* egocentric, self-centred; **'♀form** *f* (-): *Roman in der* ~ novel in the first person singular; **'♀sucht** *f* (-) egotism, selfishness.
Ichthyosaurus [içtyo'zaurus] *m* (-; -rier) ichthyosaur.
ideal [ide'ɑːl] *adj.* ideal; ♀ *n* (-s; -e) ideal; *das* ~ *e-s Redners* a model speaker; **~i'sieren** *v/t.* (h.) idealize; **Idea'list(in** *f*) *m* (-en, -en; -, -nen) idealist; **Idealismus** [-'lismus] *m* (-) idealism.
Ide'alwert *m* ideal value.
Idee [i'deː] *f* (-; -n) idea; *a.* notion, *Am. sl.* hunch; conception; trace, vestige; → *Gedanke; fixe* ~ fixed idea, obsession; *gute* ~ good idea, brain wave; *colloq.* e-e ~ a little (bit); *keine* ~ *von et. haben* have not the least (*or* faintest) idea of a th.; *keine* ~! by no means!; *contp. was für eine* ~! the very idea!; *ich kam auf die* ~, *zu inf.* I got the idea (into my head) to *inf.*; *es occurred to me to inf.*; *wie kamst du auf die* ~, *dies zu tun?* what made you do that?
ideell [ide'ɛl] *adj.* ideal.
Ideen... [i'deːən-]: **♀arm** *adj.* without imagination, lacking in ideas; resourceless; **~folge** *f* order (*or* sequence) of ideas; **~lehre** *f* doctrine of ideas; **~reichtum** *m* wealth of ideas (*or* invention); resourcefulness; **~verbindung** *f* association of ideas.
Iden ['iːdən] *pl.* Ides.
identifizier|en [identifi'tsiːrən] *v/t. and sich* (h.) identify (o.s.) (*mit* with); **♀ung** *f* (-; -en) identification.
i'dentisch *adj.* identical (*mit* with).
Identi'tät *f* (-) identity; **~snachweis** *m* proof of identity; *customs:* certificate of origin.
Ideologe [ideo'loːɡə] *m* (-n; -n) ideologist; **Ideologie** [-lo'ɡiː] *f* (-; -n) ideology; **ideo'logisch** *adj.* ideological.
Idiom [idi'oːm] *n* (-s; -e) idiom; speech habits *pl.*; dialect, vernacular; language; **idiomatisch** [-o'mɑːtiʃ] *adj.* idiomatic.
Idiosynkrasie [idiozynkra'ziː] *f* (-; -n) idiosyncrasy.
Idiot(in *f*) [idi'oːt-] *m* (-en, -en; (-, -nen) idiot, imbecile; **Idio'tie** *f* (-, -n) idiocy; **idi'otisch** *adj.* idiotic, imbecile (*both a. contp.*).
Idol [i'doːl] *n* (-s; -e) idol.
Idyll [i'dyl] *n* (-s; -e), **~e** *f* (-; -n)

idyl (*a. paint., etc.*); **♀isch** *adj.* idyllic.
Igel ['iːɡəl] *m* (-s; -) *zo.* hedgehog; *mil.* all-round defen|ce, *Am.* -se; **~stellung** *mil. f* hedgehog position.
Ignoran|t [igno'rant] *m* (-en; -en) ignorant person, ignoramus; **~z** *f* (-) ignorance.
igno'rieren *v/t.* (h.) ignore, take no notice of, disregard; cut *a p.* (dead).
ihm [iːm] (*dat. of er and es*) **1.** (to) him; (to) it; *ich habe es* ~ *gegeben* I have given it (to) him; *sag es* ~ *nicht!* do not tell him!; **2.** *after prp.*: him, *e.g. von* ~ of *or* from him; *ich drückte* ~ *die Hand* I pressed his hand.
ihn [iːn] (*acc. of er*) him; it; *wir sahen* ~ *selbst* we saw him himself.
'ihnen (*dat. pl. of er, sie, es*) **1.** (to) them; *ich habe es* ~ *gesagt* I have told them; **2.** *after prp.*: them; *mit or bei* ~ with them, at their house; **3.** ♀ (*dat. of Sie*) (to) you.
ihr [iːr] **I.** *pers. pron.* **1.** (*dat. of sie sg.*) (to) her; (to) it; **2.** (*nom. pl. of du*); *in letters:* ♀ you; ~ *selbst* yourselves; *after rel. pron.*: ~, *die das sagt* you who say that; **II.** *poss. pron.* **a)** *sg.* her; its; *einer* ~er *Brüder* a brother of hers; *mein und* ~ *Bruder* my brother and hers; **b)** *pl.* their; *sie haben* ~ *Haus verkauft* they have sold their house; *einer* ~er *Freunde* a friend of theirs; **c)** *address:* ♀ your; **d)** *su. der (die, das)* '~(ig)e hers (*pl.* theirs, *address:* ♀ yours); *sie und die* ♀(ig)en *the* (they) and hers (theirs); *Sie und die* ♀(ig)en you and yours; *in letters:* ganz der ♀(ig)e yours very truly.
'ihrer: a) (*gen. sg. of sie sg.*) of her; **b)** (*gen. pl. of sie pl.*) of them; *es waren* ~ *zehn* there were ten of them; **c)** ♀ (*gen. of Sie*) of you; **~seits** ['-zaits] *adv.* on her (*pl.* their, ♀ your) part; in her (*pl.* their, ♀ your) turn.
ihresgleichen ['-əs'glaiçən] *pron.* the like(s) of her (them, ♀ you); her (their, ♀ your) kind *or* equals *pl.*
ihret|halben ['iːrət-], **~wegen**, **~willen** *adv.* on her (*pl.* their, ♀ your) account; because of her (*pl.* them, ♀ you); for her (♀ your) sake, *pl.* for their sakes.
'ihrig → *ihr* II d.
Ilias ['iːlias] *f* (-) Iliad.
illegal ['ilegɑːl] *adj.* illegal; *pol.* ~ *werden* go underground.
illegitim ['ilegi'tiːm] *adj.* illegitimate.
Illumination [iluminatsi'oːn] *f* (-; -en) illumination.
illumi'nieren *v/t.* (h.) illuminate (*a. manuscript*), light up.
Illusion [iluzi'oːn] *f* (-; -en) illusion; *sich* (*keine*) ~en *machen* have *or* cherish (no) illusions (*über acc.* about); **illusorisch** [-'zoːriʃ] *adj.* illusory, delusive.
Illustration [ilustratsi'oːn] *f* (-; -en) illustration.
illu'strier|en *v/t.* (h.) illustrate (*a.*

fig.); **~te** [-tə] (**Zeitung**) *f* illustrated paper; (illustrated) magazine.
Iltis ['iltis] *zo. m* (-ses; -se) polecat, fitchew.
im [im] = **in dem** → *in.*
imaginär [imagi'nɛːr] *adj.* imaginary.
Imbiß ['imbis] *m* (-sses; -sse) light meal (*or* repast), snack; **~halle**, **~stube** *f* snack bar.
Imitation [imitatsi'oːn] *f* (-; -en) imitation; copy; counterfeit, fake.
imi'tieren *v/t.* (h.) imitate; → *nachahmen.*
Imker ['imkər] *m* (-s; -) bee-keeper, apiarist; → *Bienenzucht, etc.*
immanent [ima'nɛnt] *adj.* immanent, inherent.
Immatrikulation [imatrikulatsi'oːn] *f* (-; -en) matriculation, enrol(l)ment; **immatriku'lieren** *v/t.* (h.) (*and sich* ~ *lassen*) matriculate, enrol(l) (*an e-r Hochschule* in a university).
Imme ['imə] *f* (-; -n) bee.
immens [i'mɛns] *adj.* immense.
immer ['imər] *adv.* **1.** always, ever, *Am. a.* at all time; continually, constantly, incessantly, for ever, all the time; all day (long); ~ *und ewig* for ever and ever; *auf or für* ~ for ever, for good, permanently; *noch* ~ still, even now; *noch* ~ *nicht* not yet, not even now; ~ *wenn* whenever, every time; ~ (*und* ~) *wieder* again and again, over and over again, time and again; *et.* ~ *wieder tun* keep doing a th.; ~ *weiter reden* keep (on) talking, talk on and on; (*nur*) ~ *zu!* go on!, carry on!; **2.** *before comp.*: ~ *besser* better and better; ~ *schlimmer* worse and worse, (*going*) from bad to worse; ~ *größer* bigger and bigger, ever bigger; ~ *größer werdend* ever increasing; **3.** under any circumstances, at all events, in any case; **4.** → *je²*: ~ *vier und vier* (always) four at a time; ~ *den dritten Tag* every third day; **5.** *wann auch* ~ whenever; *was auch* ~ what(so)ever; *wer auch* ~ who(so)ever; *wie auch* ~ in whatever manner, however; *wo auch* ~ wherever; **~dar** ['-dɑːr] *adv.* forever (and ever), evermore; **~fort** *adv.* continually, incessantly, all the time; **♀grün** *bot. n* (-s; -e) evergreen, periwinkle; **~grün(end)** *adj.* evergreen; **~'hin** *adv.* for all that, after all, still; though; at least; **~'während** *adj.* everlasting, perpetual, eternal; **~'zu** *adv.* → *immerfort.*
Immigrant(in *f*) [imi'grant-] *m* (-en, -en; -, -nen) immigrant.
Immobiliar|kredit [imobili'ɑːr-] *m* loan(s *pl.*) on real estate; **~vermögen** *n* → *Immobilien.*
Immo'bilien [-'biːliən] *pl.* immovables, real estate *sg.*; **~gesellschaft** *f* real estate company; **~handel** *m* real estate business.
immobili'sieren *v/t.* (h.) immobilize.

Immortelle [imɔr'tɛlə] *bot. f* (-; *-n*) everlasting (flower), immortelle.

immun [i'muːn] *adj.* immune (gegen from); ~ *machen* → ~**i'sieren** *v/t.* (h.) render immune, immunize; **℃i'tät** *f* (-) *med., parl. and fig.* immunity (gegen from); **℃körper** *med. m* antibody.

Impedanz [impe'dants] *el. f* (-; *-en*) impedance; ~**spule** *f* reactance coil.

Imperativ ['imperatiːf] *gr. m* (-s; *-e*) imperative (mood); **impera'tivisch** *adj.* imperative.

Imperfekt(um) ['impɛrfekt(um)] *gr. n* (-s, -e; -s, -a) imperfect (tense), past tense.

Imperialis|mus [imperia'lismus] *m* (-) imperialism; ~**t** *m* (-en; -en) imperialist; **℃tisch** *adj.* imperialistic.

Imperium [im'peːrium] *n* (-s; *-ien*) empire.

impertinen|t [imperti'nɛnt] *adj.* impertinent, insolent; **℃z** *f* (-) impertinence.

Impf|arzt ['impf-] *m* vaccinator, inoculator; ~**en** *v/t.* (h.) *med.* inoculate; *against smallpox:* vaccinate; *agr.* inoculate (*a. fig.*);~**gegner** *m* antivaccinationist; ~**ling** ['-liŋ] *m* (-s; -e) child (*or* person) liable to vaccination; vaccinated person; **℃pflichtig** *adj.* liable to vaccination; ~**schein** *m* vaccination certificate; ~**schutz** *m* protection by vaccination; ~**stoff** *m* serum; vaccine; ~**ung** *f* (-; -en) inoculation (*a. agr.*); *against smallpox:* vaccination; ~**zwang** *m* (-[e]s) compulsory vaccination.

Imponderabilien [impɔndera'biːlian] *n/pl.* imponderables.

imponieren [impo'niːrən] *v/i.* (h.) be imposing (*or* impressive), command respect; *j-m:* impress, strike, awe *a p.*; ~**d** *adj.* imposing, impressive, awe-inspiring.

Import [im'pɔrt] *econ. m* (-[e]s; -e) import(ation); (*goods*) (~**en** *pl.*) imports; → *Einfuhr;* ~**e** [-ə] *f* (-; -n) *usu. pl.* imported Havana cigar.

Importeur [impɔr'tøːr] *m* (-s; -e) importer.

Im'port...: ~**firma** *f* importing firm, importers *pl.*; ~**geschäft** *n* import business.

impor'tieren *v/t.* (h.) import.

imposant [impo'zant] *adj.* imposing, impressive, majestic.

impoten|t ['impotent] *adj.* impotent; **℃z** *f* (-) impotence.

imprägnier|en [imprɛ'gniːrən] *v/t.* (h.) impregnate; proof; **℃mittel** *n* impregnating agent; **℃ung** *f* (-; -en) impregnation; proofing.

Impresario [impre'zaːrio] *m* (-; -s) impresario.

Impressionis|mus [impresio'nismus] *m* (-) impressionism; ~**t** *m* (-en; -en) impressionist; **℃tisch** *adj.* impressionist(ic).

Impressum [im'presum] *typ. n* (-s; -ssen) imprint.

Imprimatur [impri'maːtur] *n* (-s) imprimature; approval.

Improvisation [improvizatsi'oːn] *f* (-; -en) improvisation, extemporization; **improvi'sieren** *v/t. and v/i.* (h.) improvise (*a. fig.*), extemporize, *Am. sl.* ad-lib.

Impul|s [im'puls] *m* (-es; -e) im-

pulse; *el a.* pulse; ~**sgeber** *el. m.* pulse generator; **℃siv** [-'ziːf] *adj.* impulsive; ~ *handeln* act on impulse *or* on the spur of the moment; ~**s-satz** *phys. m* theorem of impulse.

imstande [im'ʃtandə] *pred. adj.:* ~ *sein zu inf.* be able to *inf.*; be capable of *ger.*; be in a position to *inf.*; *nicht* ~ *zu inf.* unable to *inf.*, incapable of *ger.*; *er ist nicht* ~ *aufzustehen* he cannot get up.

in [in] *prp.* **1.** *as to space:* (*with dat.*) in, at; within; (*with acc.*) into, in; *im Hause* in(side) the house, indoors; *im ersten Stock* on the first floor; ~ *der (die) Kirche (Schule)* at (to) church (school); *im (ins) Theater* at (to) the theatre; ~ *England* in England; *waren Sie schon* ~ *England?* have you ever been to England?; *before names of small towns, etc.:* at, *of important towns:* in (*jur.* at, of); *Herr Professor N.* ~ *Bonn* Professor N. of Bonn; **2.** *as to time:* (*with dat.*) in, at, during; within; *duration:* ~ *drei Tagen* (*with*)in three days; ~ *diesem (im letzten, nächsten) Jahre* this (last, next) year; ~ *dieser Stunde* in this hour; → *Kürze;* ~ *acht Tagen* in a week('s time) *or* within a week; *heute* ~ *vierzehn Tagen* today fortnight; *im Jahre 1939* in (the year of) 1939; *im (Monat) Februar* in (the month of) February; *im Frühling (Herbst)* in (the) spring (autumn); ~ *der Nacht* at night; ~ *letzter Zeit* lately, of late, recently; **3.** *mode* (*with dat.*): ~ *großer Eile* in great haste; ~ *Fahrt* under way; *im Frieden leben* at peace; *im Kreise* in a circle; ~ *Reichweite* within reach; **4.** *condition* (*with dat.*): *im Alter von* at the age of; ~ *Behandlung* under treatment; ~ *Vorbereitung* being prepared; ~ *Geschäften* on business; *Kassierer* ~ *e-r Bank* cashier in (*or* at) a bank.

'in-aktiv *adj.* inactive (*a. mil.*); *chem.* inert; **In-aktivi'tät** *f* (-) inactivity.

In'angriffnahme [-naːmə] *f* (-) (*gen.*) start (*or* beginning) made with *a th.*; setting about *a th.*; taking in hand, tackling *of a th.*; *w.s.* preliminary operations *pl.*

In'anspruchnahme [-naːmə] *f* (-) laying claim to; *mil.* utilization, requisition; use, utilization, employment; reliance on, resort to; *econ.* ~ *von Kredit* availment of credit; strain (*gen.* on *capital, material, strength, etc.*); drain (on *one's purse, etc.*); demands (*gen.* on); *geistige:* preoccupation, engrossment, absorption; *zeitliche:* encroachment (*or* claim) on one's time; *econ.* starke ~ pressure of business.

'in-artikuliert *adj.* inarticulate.

In'augenscheinnahme [-naːmə] *f* (-) inspection.

'Inbegriff *m* (-[e]s) substance, (quint)essence; *the* be-all and end-all; aggregate, totality; embodiment, incarnation; paragon.

'inbegriffen *pred. adj. and adv.* included, inclusive(ly), inclusive of.

Inbe'sitznahme *f* occupation, taking possession (*gen.* of).

Inbe'trieb|nahme [-naːmə] *f* (-; -n), ~**setzung** [-sɛtsuŋ] *f* (-; -en) opening of (*or* putting into) operation *or* service, starting.

'Inbrunst *f* (-) ardo(u)r, fervo(u)r.

'inbrünstig *adj.* ardent, fervent.

Inbusschraube ['inbus-] *tech. f* Allen(-type) screw.

Indanthren [indan'treːn] *n* (-s; -e) indanthrene.

in'dem I. *cj.* **1.** as, while, whilst; ~ *er mich ansah, sagte er* looking at me he said; ~ *er dies sagte, zog er sich zurück* saying so he retired; **2.** by *ger.:* ~ *er gewann,* ~ *er einen kühnen Zug tat* he won by making a bold move; **II.** *adv.* → *indes I.*

Indemnität [indɛmni'tɛːt] *f* (-) indemnity.

Inder(in *f*) ['indər-] *m* (-s, -; -, -nen) Indian.

indes [-'dɛs], **in'dessen I.** *adv.* during that time; meanwhile, in the meantime; **II.** *cj.* while; nevertheless, for all that; yet, still, however.

Index ['indeks] *m* (-[es]; -e) *math., tech., statistics* (*and register*) index; *eccl.* auf den ~ setzen put *books* on the Index; ~**strich** *m* index (line); ~**währung** *econ. f* isometric standard; managed currency; ~**zahl,** ~**ziffer** *f* index (number).

Indianer [indi'aːnər] *m* (-s; -), ~**in** *f* (-; -nen) (Red) Indian; ~**häuptling** *m* (Red) Indian chief; ~**stamm** *m* (Red) Indian tribe.

indi'anisch *adj.* (Red) Indian.

Indienststellung [in'diːnst-] *mar., mil. f* commissioning; → *Einberufung.* [*Inder.*]

'Indier(in *f*) *m* (-s, -; -, -nen) →⌡

indifferen|t ['-difərənt] *adj.* indifferent (gegenüber *dat.* to); *phys. a.* neutral; inert (*gas*); **℃z** *f* indifference.

indigniert [-di'gniːrt] *adj.* indignant.

Indigo ['indigo] *m* (-s; -s) indigo; ~**blau** *chem. n* indigo blue; ~**farbstoff** *m* indigotin; ~**rot** *n* indigo red; *chem.* indirubin.

Indikation [indikatsi'oːn] *med. f* (-; -en) indication; *jur. ethische* ~ abortion on ethical grounds.

Indika|tiv ['indikatiːf] *gr. m* (-s; -e) indicative (mood); **℃tivisch** [-'tiːvif] *adj.* indicative.

Indikatrix [indi'kaːtriks] *math. f* indicatrix.

'indirekt *adj.* indirect.

'indisch *adj.* Indian; *der* **℃e** *Ozean* the Indian Ocean.

'indiskret *adj.* indiscreet; **Indiskreti'on** *f* (-; -en) indiscretion.

'indiskutabel *adj.* out of the question, out of court.

'indisponiert *adj.* indisposed.

individualisieren [individuali'ziːrən] *v/t.* (h.) individualize.

Individua'list *m* (-en; -en) individualist; **℃isch** *adj.* individualist(ic).

Individuali'tät *f* (-) individuality.

individuell [-'ɛl] **I.** *adj.* individual; personal; **II.** *adv.:* ~ *gestalten* individualize, personalize; *das Gerät läßt sich* ~ *einstellen* the appliance can be adjusted to your likes.

Individuum [-'viːduum] *n* (-s; -duen) individual; person.

Indiz(ienbeweis *m*) [in'di:ts(iən-)] *n* (-es; -ien) circumstantial evidence.
indi'zieren *v/t.* (*h.*) indicate; index.
Indo|'china [indo-] *n* Indo-China; ℒ**chi'nesisch** *adj.* Indo-Chinese; ℒ**ger'manisch** *adj.* Indo-Germanic.
indolent ['indolɛnt] *adj.* indolent, idle.
Indones|ien [-'ne:ziən] *n* (-s) Indonesia; ℒ**ier(in** *f*) *m* (-s, -; -, -nen), ℒ**isch** *adj.* Indonesian.
Indos|sament [indɔsa'mɛnt] *econ. n* (-s; -e) indorsement, endorsement; ℒ**sant** [-'sant] *m* (en; -en) indorser, endorser; ℒ**sat** [-'sa:t] *m* (-en; -en) indorsee, endorsee; ℒ**sierbar** [-'si:rba:r] *adj.* indorsable, endorsable; ℒ**'sieren** *v/t.* (*h.*) indorse, endorse.
Induktanz [induk'tants] *el. f* (-) inductance; ℒ**spule** *f* retardation coil.
Induktion [-tsi'o:n] *phls.* and *el. f* (-; -en) induction; ℒ**s...** inductive; ℒ**s-apparat** *m* induction coil; ℒ**s-elektrizität** *f* inductive electricity; ℒ**frei** *adj.* non-inductive; ℒ**shärtung** *f* induction hardening; ℒ**s-motor** *m* induction motor; ℒ**s-spule** *f* induction-coil; ℒ**s-strom** *m* induced current.
induktiv [induk'ti:f] *adj.* inductive;
Induktivität [-tivi'tɛ:t] *f* (-) inductance.
Induktor [in'dukto:r] *el. m* (-s; -'toren) inductor.
industria|lisieren [industriali'zi:rən] *v/t.* (*h.*) industrialize; ℒ**li'sierung** *f* (-; -en) industrialization; ℒ**lismus** [-'lismus] *m* (-) industrialism.
Indu'strie *f* (-; -n) industry; *collect.* the industries *pl.*; ℒ**aktien** *econ. f/pl.* industrial shares (*Am.* stocks), industrials; ℒ**anlage** *f* (manufacturing) plant, works *pl.* (*often sg.*); ℒ**arbeiter(in** *f*) *m* industrial worker; ℒ**ausstellung** *f* industrial exhibition; ℒ**bank** *f* (-; -en) industrial bank; ℒ**berater** *m* management consultant; ℒ**betrieb** *m* industrial (*or* manufacturing) plant *or* establishment; ℒ**bezirk** *m* → *Industriegebiet*; ℒ**erzeugnisse** *n/pl.* industrial products; manufactured goods, manufactures; ℒ**firma** *f* industrial firm; ℒ**führer**, ℒ**kapitän**, ℒ**könig** *m* captain of industry, tycoon; ℒ**gebiet** *n* industrial area; manufacturing district; ℒ**gelände** *n* industrial sites *pl.*; ℒ**gewerkschaft** *f*: ℒ Bergbau Mining Industry Trade Union; ℒ Metall Engineering Union.
industriell [-'ɛl] *adj.* industrial; ℒ**e(r)** *m* (-[e]n; -[e]n) industrialist, manufacturer.
Indu'strie...: ℒ**kapitän**, ℒ**magnat** *m* → *Industrieführer*; ℒ**messe** *f* industrial fair; ℒ**obligationen** *f/pl.* industrial bonds; ℒ**papiere** *n/pl.* industrials; ℒ**potential** *n* industrial potential; ℒ**ritter** *m* high-class swindler; ℒ**staat** *m* (ℒ**stadt** *f*) industrial country (town); ℒ- **und Handelskammer** *f* Chamber of Industry and Commerce; ℒ**verband** *m* federation of industries; ℒ**werk** *n* industrial (*or* manufacturing) plant, engineering works *pl.*; ℒ**werte** *econ. m/pl.* industrials;

ℒ**wirtschaft** *f* (-) industrial sector *or* activity; industry; ℒ**zentrum** *n* industrial cent|re, *Am.* -er; ℒ**zweig** *m* (branch of) industry.
induzieren [indu'tsi:rən] *v/t.* (*h.*) induce (*a. phys.*).
in-ein'ander *adv.* into one another, *two:* into each other; *in compounds a.* inter...; ℒ**fassen** *v/i.* (*h.*) → *ineinandergreifen*; ℒ**flechten** *v/t.* (*irr., h.*) interlace, intertwine; ℒ**fließen** *v/i.* (*irr., sn*) flow (*or* merge) into each other; *paints:* run into one another; ℒ**fügen** *v/t.* (*h.*) fit into each other, join; ℒ**greifen** *v/i.* (*irr., h.*) *tech.* gear together (*or* into each other), mesh, interlock; *fig.* work (harmoniously) together, cooperate; ℒ**greifen** *n* (-s) concatenation, chain (*of events*); interplay; ℒ**passen**, ℒ**stecken** *v/t.* (*h.*) fit together *or* into each other; ℒ**passend** *adj.* nested (*set of pots, etc.*); ℒ**schieben** *v/t.* and sich (*irr., h.*) telescope; ℒ**schlingen** *v/t.* (*h.*) intertwist; ℒ**weben** *v/t.* (*h.*) interweave.
In-emp'fangnahme [-na:mə] *f* (-) reception.
infam [in'fa:m] *adj.* infamous; disgraceful, shameless, dirty.
Infamie [-fa'mi:] *f* (-; -n) infamy; disgrace.
Infant [in'fant] *m* (-en; -en) infante; ℒ**in** *f* (-; -nen) infanta.
infantil [-'ti:l] *adj.* infantile.
Infantilismus [-ti'lismus] *m* (-) infantilism.
Infanterie ['infantə'ri:] *f* (-; -n) infantry; ℒ**angriff** *m* infantry attack; ℒ**ausbildung** *f* infantry training; ℒ**geschoß** *n* small arms projectile; ℒ**geschütz** *n* infantry (*or* close support) gun; ℒ**spitze** *f* infantry point; **Infante'rist** *m* (-en; -en) infantryman, rifleman.
Infarkt [in'farkt] *med. m* (-[e]s; -e) infarct.
Infektion [infɛktsi'o:n] *med. f* (-; -en) infection; ℒ**sgefahr** *f* danger of infection; ℒ**sherd** *m* focus (of infection); ℒ**skrankheit** *f* infectious disease.
Inferiorität [inferiori'tɛ:t] *f* (-) inferiority; ℒ**skomplex** *psych. m* inferiority complex.
infernalisch [infɛr'na:liʃ] *adj.* infernal.
infil'trieren *v/t.* and *v/i.* (*h.*) infiltrate.
Infinitesimalrechnung [infinitezi-'ma:l-] *f* infinitesimal calculus.
Infini|tiv ['infiniti:f] *gr. m* (-s; -e) infinitive (mood); ℒ**tivisch** [-'ti:viʃ] *adj.* infinitive.
infizieren [infi'tsi:rən] *v/t.* (*h.*) infect; *sich* ℒ be (*or* get) infected.
in flagranti [fla'granti] *adv.* red-handed, in the act.
Inflation [inflatsi'o:n] *f* (-; -en) inflation; **inflationistisch** [-tsio-'nistiʃ] *adj.* inflationary.
Inflati'ons...: ℒ**erscheinung** *f* inflationary symptom; ℒ**gefahr** *f* danger of inflation; ℒ**politik** *f* inflationism; ℒ**zeit** *f* inflation(ary period).
Influenz [influ'ɛnts] *el. f* (-; -en) electrostatic induction, influence.
Influ'enza *med. f* (-) influenza, flu.

infolge [-'fɔlgə] *prp.* (*gen.*) in consequence of, as a result of, owing (*or* due) to; ℒ'**dessen** *adv.* as a result, consequently, accordingly; owing to this *or* which.
Infor|mation [infɔrmatsi'o:n] *f* (-; -en) *a. biol., computer:* information (*über acc.* on, about); e-e ℒ a piece of information; ℒ**en** *pl.* information *sg.*; → *Auskunft*; ℒ**mati'onsbüro** *n* information bureau, inquiry office; ℒ**matorisch** [-ma'to:riʃ] *adj.* informatory; ℒ'**mieren** *v/t.* (*h.*) inform (*über acc.* of, on, about), notify, advise (of); acquaint (with); instruct; *esp. mil.* brief; *falsch* ℒ misinform; *sich* ℒ inform o.s., gather information, make inquiries.
Infragestellung [in'fra:gə-] *f* calling into question, casting doubts upon.
infra|akustisch ['infra-] *adj.* infra-acoustic, sub-audio (*frequency*); ℒ**rot** *phys. adj.* infra-red; ℒ**rotstrahler** *m* infra-red radiant heater; ℒ**schall...** infra-sonic; ℒ**struktur** *mil. f* infrastructure.
Infusion [infuzi'o:n] *f* (-; -en) infusion; ℒ**s-tierchen** *n/pl.*, **Infusorien** [-'zo:riən] *n/pl.* infusoria.
In'gangsetzung [-setsuŋ] *tech. f* (-) setting in action, starting.
Inge'brauchnahme [-na:mə] *f* (-) putting into use (*or* into operation); → *Gebrauch*.
Ingenieur [inʒeni'ø:r] *m* (-s; -e) engineer; *beratender* (*leitender*) ℒ consulting (chief) engineer; ℒ**büro** *n* engineering (consultant's) office; ℒ**schule** *f* school of engineering; ℒ**wesen** *n* (-s) engineering.
Ingrediens [in'gre:diɛns] *n* (-; -'enzien), **Ingredienz** [-gredi'ɛnts] *f* (-; -en) ingredient, component.
'**Ingrimm** *m* rage, (inward) wrath; ℒ**ig** *adj.* wrathful, fierce, furious.
Ingwer ['iŋvər] *bot. m* (-s) ginger; ℒ**bier** *n* ginger-beer.
Inhaber ['inha:bər] *m* (-s; -), ℒ**in** *f* (-; -nen) possessor, (de facto *or* present) holder, occupant (*of house, etc.*); owner, proprietor; holder (*of document, office, title, etc.*); holder (*of patent*), patentee; holder, bearer (*of bill of exchange, bond, etc.*); *econ. auf den* ℒ *ausstellen* make out to bearer; *auf den* ℒ *lautend* (payable) to bearer; ℒ**aktie** *f* bearer share; ℒ**papier** *n* bearer instrument; ℒ**scheck** *m* cheque (*Am.* check) to bearer; ℒ**schuldverschreibung** *f* bearer bond; ℒ**wechsel** *m* bearer-bill.
inhaf|tieren [inhaf'ti:rən] *v/t.* (*h.*) arrest, take in custody, place under detention; ℒ'**tierung** *f* (-; -en), **In-'haftnahme** [-na:mə] *f* (-; -n) arrest, detention, imprisonment.
Inhalation [inhalatsi'o:n] *f* (-; -en) inhalation; ℒ**s-apparat** *m* inhaler; **inha'lieren** *v/t.* (*h.*) inhale.
Inhalt ['inhalt] *m* (-[e]s; -e) contents *pl.*; capacity; volume; tenor, subject-matter (*of speech, writing, etc.*); *wesentlicher* ℒ substance, essence, gist; content; *letter, etc.* *des* ℒ**s**, *daß* to the effect that, saying that; *des folgenden* ℒ**s** running as follows, to the following effect;

⌀lich adv. as (or with regard) to the contents, in substance (or its contents).

'Inhalts...: ⌂angabe f statement of contents; summary, synopsis, epitome (of work); → Inhaltsverzeichnis; e-e ⌂ machen summarize, epitomize; ⌂bestimmung f determination of volume, cubature; ⌂leer, ⌂los adj. empty, devoid of substance, trivial; ⌂reich, ⌂schwer adj. full of meaning (or substance), meaty; pregnant; weighty, momentous; ⌂verzeichnis n list (of books: table) of contents; index; synopsis; ⌂voll adj. → inhaltsreich; comprehensive, exhaustive.

Initiale [initsi'a:lə] typ. f (-; -n) initial (letter).

Initiativ-antrag [initsia'ti:f-] parl. m private bill.

Initiative [-'ti:və] f (-) initiative; enterprise; die ⌂ ergreifen take the initiative (or lead); auf seine ⌂ hin on his initiative; aus eigener ⌂ of one's own initiative (or accord).

Injektion [injektsi'o:n] f (-; -en) injection, med. a. shot; ⌂snadel f hypodermic needle; ⌂s-spritze f injection syringe.

injizieren [inji'tsi:rən] v/t. (h.) inject.

Injurie [in'ju:riə] f (-; -n) insult.

Inkasso [in'kaso] econ. n (-s; -s) collection; zum ⌂ for collection; ⌂abteilung f collection department; ⌂auftrag m collection order; ⌂büro n collection agency; ⌂geschäft n collection business; ⌂vollmacht f collecting power; ⌂wechsel m bill for collection.

In'kaufnahme [-na:mə] f (-) acceptance (gen. of), putting up (with); jur. reckless disregard of the consequences.

inklusive [inklu'zi:və] adv. (inkl.) inclusive(ly), including; econ. ⌂ Verpackung packing included.

inkognito [in'kɔgnito] adv. and ⌂ n (-s; -s) incognito.

'inkongruen|t adj. incongruous; ⌂z f incongruity.

'inkonsequen|t adj. inconsequential, inconsistent; ⌂z f inconsistency.

'inkorrekt adj. incorrect.

In'krafttreten n (-s) coming into force, taking effect; Tag des ⌂s effective date.

inkriminieren [inkrimi'ni:rən] v/t. (h.) incriminate.

Inkubationszeit [inkubatsi'o:ns-] f incubation period.

In'kurssetzung [-sɛtsuŋ] f (-) (putting into) circulation.

'Inland n (-[e]s) home (or native) country; interior of the country, inland; im In- und Auslande at home and abroad; im ⌂ hergestellt home--made; in compounds usu. home ...; native ...; inland ...; internal ...; domestic ...; ⌂absatz m (-es) sales pl. in the home-market; ⌂anleihe f internal loan; ⌂aufträge [-aʊftrɛ:-gə] m/pl. orders from domestic customers; ⌂bedarf m domestic requirements.

Inländ|er(in f) ['inlɛndər-] m (-s, -; -, -nen) inlander; native; ⌂isch adj. native, home-bred, indigenous;

national, domestic; home-made, domestic (product); home, inland (trade); internal (traffic).

'Inlands...: ⌂handel m home trade; ⌂markt m home (Am. domestic) market; ⌂post f inland (Am. domestic) mail; ⌂wechsel econ. m inland bill.

'Inlaut gr. m medial (sound).

Inlett ['inlɛt] n (-[e]s; -e) bedtick; ⌂stoff m ticking.

'inliegend adj. enclosed, inclosed; adv. a. as (an) enclosure.

in'mitten prp. (gen.) in the midst (or cent|re, Am. -er) of; amidst, Am. usu. amid.

inne ['inə] adv. within; ⌂haben v/t. (h.) hold, posses; hold, fill (office, etc.); hold (record, title); occupy (town, etc.); ⌂halten I. v/t. (irr., h.) observe, keep to; II. v/i. (irr., h.) stop, pause; mit der Arbeit ⌂ cease (or leave off) work(ing).

innen ['inən] adv. within, (on the) inside; within doors, indoors; ⌂ und außen within and without, inside and out(side); nach ⌂ (zu) inwards, towards the interior; von ⌂ from within, from the inside.

'Innen...: ⌂abmessungen f/pl. inside dimensions; ⌂ansicht f interior view; ⌂antenne f indoor aerial, Am. inside antenna; ⌂architekt m interior decorator; ⌂architektur f interior decoration; ⌂aufnahme phot. f indoor set or shot, interior; ⌂ausstattung f interior decoration (or equipment); ⌂bahn f sports: inside lane; ⌂beleuchtung f interior lighting; ⌂dienst m internal service; mil. barracks duty; ⌂einrichtung f → Innenausstattung; ⌂fläche f inner (or inside) surface; of hand: palm; ⌂gewinde tech. n internal (or female) thread; ⌂leben n (-s) inner life; ⌂minister m Minister of the Interior; Brit. Home Secretary; Am. Secretary of the Interior; ⌂ministerium n Ministry of the Interior; Brit. Home Office, Am. Department of the Interior; ⌂politik f home politics; domestic policy; ⌂politisch adj. (concerning) home affairs; domestic, internal; ⌂raum m interior (space); ⌂seite f inner side (or surface), inside; ⌂stadt f city (cent|re, Am. -er), Am. a. downtown; ⌂steuerung mot. f inside drive; ⌂tasche f inside pocket; ⌂welt f world within us, inner life; ⌂winkel math. m interior angle.

inner ['inər] adj. interior (a. pol.); inner, central; inward, internal (a. med.); from within; ⌂e Angelegenheit internal affair; ⌂es Auge mind's eye; ⌂er Durchmesser inside diameter; ⌂er Halt moral backbone, morale; ⌂er Mangel inherent vice; ⌂e Mission Home Mission; gr. ⌂es Objekt cognate object; ⌂e Stimme inner voice; ⌂er Wert intrinsic value; el. ⌂er Widerstand dynamic anode resistance; ⌂betrieblich adj. internal, intramural, Am. in-plant; ⌂e Kontaktpflege human relations; ⌂e(s) [-ə(s)] n (-[e]n) interior, inside; mind; heart, soul; midst, cent|re, Am. -er, heart; im ⌂n

within, inside, internal, fig. at heart, secretly; Minister des ⌂n → Innenminister.

Innereien [-'raɪən] f/pl. innards, offals.

'inner...: ⌂halb I. adv. within, inside; II. prp. (gen.) within, Am. inside of; ⌂lich I. adj. → inner; mental, spiritual; psychical; introspective; contemplative; heartfelt, sincere; profound; II. adv. inwardly, internally; mentally; secretly; pharm. ⌂ anzuwenden for internal use; ⌂lichkeit f (-) inwardness; contemplative nature; profoundness; warmth; ⌂parteilich adj. intra-party, internal; ⌂politisch adj. → innenpolitisch.

'innerst adj. in(ner)most; die ⌂en Gedanken the most intimate (or secret) thoughts; ⌂e(s) [-stə(s)] n (-[e]n) the innermost (or most central) part; cent|re, Am. -er, heart, midst; fig. sein ⌂s his inmost soul; bis ins ⌂ to the (very) core or heart, to the foundations.

'inne...: ⌂werden v/i. (irr., sn) (gen.) perceive, see; become aware (or conscious) of; awake to; learn; ⌂wohnen v/i. (h.) (dat.) be inherent in; be proper to, be characteristic of.

innig ['iniç] I. adj. hearty, heartfelt, warm; tender, affectionate; ardent, fervent; sincere; intimate, close; chem. intimate (mixture); II. adv. tenderly, heartily, etc.; ⌂ lieben love dearly (or devoutly); chem. ⌂ gemischt intimately mixed; ⌂keit f (-) heartiness, warmth; tenderness; fervo(u)r; sincerity; intimacy, closeness; ⌂lich ['iniklç] adv. → innig II.

'Innung f (-; -en) guild, corporation.

'in-offiziell adj. unofficial, informal; pred. a. off the record.

in-oku'lieren v/t. (h.) inoculate.

'in-opportun adj. inopportune, untimely, out of place.

Inquisi|tion [inkvizitsi'o:n] eccl. f (-; -en) inquisition; ⌂torisch [-'to:riʃ] adj. inquisitorial.

ins [ins] = **in das** into the.

Insass|e ['inzasə] m (-n; -n), ⌂in f (-; -nen) inmate (a. of institution, prison, etc.); occupant, dweller; inhabitant; of vehicle: occupant, passenger.

insbe'sondere adv. in particular, particularly, (e)specially, above all.

'Inschrift f inscription, legend.

inseitig ['-zaitiç] adj. internal, inside.

Insekt [in'zɛkt] n (-[e]s; -en) insect.

In'sekten...: ⌂blütler [-bly:tlər] m/pl. entomophilae; ⌂fraß m insect ravage; ⌂fressend adj. insectivorous; ⌂fresser m insectivore, insect-eater; ⌂kunde, ⌂lehre f (-) entomology; ⌂plage f insect pest; ⌂pulver, ⌂vertilgungsmittel n insect-powder; insecticide.

Insel ['inzəl] f (-; -n) island; isle; die ⌂ Wight the Isle of Wight; die britischen ⌂n the British isles; Verkehrs⌂ (street-, Am. traffic) island; ⌂bewohner(in f) m islander; ⌂chen [-çən] n (-s; -) islet; ⌂gruppe f group of islands; ⌂reich adj. studded with islands; ⌂reich n island kingdom, a. →

~staat *m* insular country *or* state; **~volk** *n* island race *or* nation; **~welt** *f* island world.
Inserat [inzəˈrɑːt] *n* (-[e]s; -e) advertisement, ad; notice; **~enbüro** *n* advertising agency.
Inserent [-ˈrɛnt] *m* (-en; -en) ad-[vertiser.]
inseˈrieren I. *v/t.* (*h.*) advertise; **II.** *v/i.* (*h.*): ~ *in* advertise (*or* put an ad) in.
Insertionsgebühren [inzɛrtsiˈoːns-] *f/pl.* advertising charges (*or* rates).
ins|geˈheim *adv.* in secret, secretly; **~geˈmein** *adv.* in general, generally; **~geˈsamt** *adv.* altogether, in a body, in all, all told; *er erhielt ~ 500 Briefe* he received the total of 500 letters; ~ *betragen or sich belaufen auf* total *a th.*
Insignien [inˈzigniən] *pl.* insignia.
inˈsofern[1] *adv.* so far; as far as that goes, in this respect; *das ist ~ unrichtig, als* this is incorrect in that.
insoˈfern[2] *cj.*: ~ *als* (in) so far as, inasmuch as, in that.
ˈinsolven|t *econ. adj.* insolvent; **≗z** *f* insolvency; → *Bankrott.*
insonderheit [inˈzɔndərhaɪt] *adv.* → *insbesondere.*
insoˈweit *adv.* → *insofern*[2].
Inspektion [inspɛktsiˈoːn] *f* (-; -en) inspection; (*office*) inspectorate; **~sreise** *f* tour of inspection.
Inˈspektor [-toːr] *m* (-s; -ˈtoren), **Inspekteur** [-ˈtøːr] *m* (-s; -e) inspector; supervisor, overseer; *mil.* Chief of Staff *of the Army, etc.*
Inspiration [inspiratsiˈoːn] *f* (-; -en) inspiration; **inspiˈrieren** *v/t.* (*h.*) inspire.
Inspizient [inspitsiˈɛnt] *m* (-en; -en) inspector; *thea.* house manager.
inspiˈzieren *v/t.* (*h.*) inspect; examine; superintend.
Installa|teur [instalaˈtøːr] *m* (-s; -e) plumber; steam fitter; gas-fitter; *el.* installer, electrician; **~tion** [-tsiˈoːn] *f* (-; -en) installation; mounting.
instalˈlieren *v/t.* (*h.*) install (*a. fig.*).
instand [inˈʃtant] **halten** *v/t.* (*h.*) keep in good repair *or* order; keep up; *tech.* maintain, service.
Inˈstandhaltung *f* upkeep; maintenance; servicing.
ˈinständig I. *adj.* urgent, instant, earnest; **II.** *adv.*: *j-n ~ bitten* implore, beseech *a p.*
inˈstand setzen *v/t.* (*h.*) *j-n*: enable *a p.*; *et.*: repair, mend, restore, *Am. a.* fix *a th.*; recondition, overhaul.
Inˈstandsetzung [-zetsuŋ] *f* (-; -en) repair(ing), restoration; reconditioning; **~s-arbeit** *f* repair work, repairs *pl.* (*an dat.* to); **~swerkstatt** *f* repairshop.
Instanz [inˈstants] *f* (-; -en) authority; *esp. jur.* instance; *höhere ~en* higher authorities, *jur.* appellate court; *jur. in erster ~* at first instance; *Gericht erster ~* court of first instance, *a.* trial court; *in erster ~ zuständig sein (für)* have original jurisdiction (over); *letzte ~* last resort; *in letzter ~ zuständig sein* have final appellate jurisdiction; **~enweg** *m*: *auf dem ~* through official (*or* the prescribed) channels; *jur.* stages of **appeal.**
Instinkt [inˈstiŋkt] *m* (-[e]s; -e) instinct; *fig. ~ für* instinctive sense of; flair for; *aus ~* by instinct, instinctively; **≗artig** [ˈ-ɑːrtiç], **≗mäßig, instinktiv** [-ˈtiːf] *adj.* instinctive, by instinct.
Institut [instiˈtuːt] *n* (-[e]s; -e) institution; institute; establishment; boarding-school.
Institution [institutsiˈoːn] *f* (-; -en) institution; **institutionell** [-oˈnɛl] *adj.* institutional(ly *adv.*); **institutionaliˈsieren** *v/t.* (*h.*) institutionalize.
instruieren [instruˈiːrən] *v/t.* (*h.*) instruct; *sich ~ (über acc.)* inform o.s. (about).
Instruktion [-ktsiˈoːn] *f* (-; -en) instruction; orders, directions, regulations *pl.*; *mil. a.* brief(ing).
instruktiv [-ˈtiːf] *adj.* instructive.
Instrument [instruˈmɛnt] *n* (-[e]s; -e) instrument (*a. mus.*), tool, implement; → *Gerät, Vorrichtung*; *jur.* legal instrument, deed.
instrumental [-ˈtɑːl] *mus. adj.* instrumental; **≗begleitung** *f* instrumental accompaniment; **≗musik** *f* instrumental music.
Instruˈmenten|brett *n* instrument panel, dashboard, control panel; **~flug** *aer. m* instrument flying; **~macher** *mus. m* instrument maker.
instrumenˈtier|en *mus. v/t.* (*h.*) instrument, orchestrate; **≗ung** *f* (-; -en) instrumentation, orchestration.
Insub-ordinatiˈon [inzup-] *f* insubordination.
Insulaner(in *f*) [inzuˈlɑːnər-] *m* (-s, -; -, -nen) islander.
Insulin [inzuˈliːn] *med. n* (-s) insulin.
Insurgent(in *f*) [inzurˈgɛnt-] *m* (-en, -en; -, -nen) insurgent.
inszenier|en [instseˈniːrən] *v/t.* (*h.*) *thea.* (put on the) stage, produce; *film*: direct; *fig.* stage; **≗ung** *f* (-; -en) production, staging, mise en scène (*Fr.*).
intakt [inˈtakt] *adj.* intact; unhurt.
Intarsia [inˈtarzia] *f* (-; -ien) marquetry (work), inlay.
integral [inteˈgrɑːl] *adj.* integral, whole; **≗** *math. n* (-s; -e) integral (value); **≗rechnung** *f* integral calculus.
inteˈgrieren *v/t.* (*h.*) integrate; **~d** integrant; *~er Bestandteil* integral part.
Integriˈtät *f* (-) integrity.
Intellekt [inteˈlɛkt] *m* (-[e]s) intellect.
intellektuell [-uˈɛl] *adj.* intellectual; **≗e(r** *m*) *f* (-n, -n; -en, -en) intellectual, highbrow.
intelligent [-liˈgɛnt] *adj.* intelligent.
Intelliˈgenz *f* (-) intelligence, brains *pl.*; *collect.* die ~ the intelligentsia (*of country*); **~ler** [-lər] *m* (-s; -) *sl.* egghead; **~prüfung** *f* intelligence test.
Intendant [intenˈdant] *m* (-en; -en) superintendent; *thea.* director.
Intendantur [-ˈtuːr] *f* (-; -en) board of management; *mil.* commissariat.
Intensität [intɛnziˈtɛːt] *f* (-) intensity, intenseness; **intensiv** [-ˈziːf] *adj.* intensive, intense.
intensivier|en [-ziˈviːrən] *v/t., a. sich* (*h.*) intensify; **≗ung** *f* (-; -en) intensification.
Intensivum [-ˈziːvum] *gr. n* (-s; -va) intensive (verb).
Interdikt [intərˈdikt] *n* (-[e]s; -e) *eccl.* interdict.
interessant [intərɛˈsant] *adj.* interesting, of interest (*für* to); attractive.
Interesse [-ˈrɛsə] *n* (-s; -n) interest (*an dat., für acc.* in); concern; *~ haben an or für* → *sich interessieren*; *in j-s ~ liegen* be to a p.'s interest; *im öffentlichen ~ liegen* benefit the public interest; *in deinem ~* in your interest, for your sake; *es ist in deinem ~* it is in your interest; *im ~ (gen.)* in the interest of (*justice, etc.*); *j-s ~n vertreten (wahrnehmen)* safeguard (*or* protect) a p.'s interests, act in a p.'s behalf; **≗los** *adj.* uninterested, indifferent; **~ngebiet** *n* field of interest; **~ngemeinschaft** *f* community of interests; pooling agreement; combination; combine, pool; **~ngruppe** *parl. f* pressure group; **~nsphäre** *f* sphere of influence.
Interessent(in *f*) [-ˈsɛnt-] *m* (-en, -en; -, -nen) interest(ed party); *econ.* prospective customer *or* buyer; applicant.
Interˈessenvertretung *f* representation of interests.
interesˈsieren *v/t.* (*h.*) interest (*für* in); arouse the interest of; *der Vorschlag interessiert mich nicht* the proposal does not interest me *or* has no interest for me, I don't care for the proposition; *das interessiert mich nicht!* I don't care!; *es interessiert dich* it concerns you; *sich ~ für* interest o.s. (*or* take an interest) in, be in the market for; *interessiert sein an (dat.)* be interested in, be concerned in.
Interferenz [intərfeˈrɛnts] *phys. f* (-; -en) interference.
interimistisch [interiˈmistiʃ] *adj.* interim; provisional, temporary.
ˈInterims...: temporary ..., interim ..., provisional ...; **~aktie** *f*, **~schein** *econ. m* interim certificate, scrip; **~regierung** *f* provisional government.
Interjektion [intərjɛktsiˈoːn] *gr. f* (-; -en) interjection.
ˈinterkonfessionell *adj.* interdenominational.
interkontinenˈtal *adj.* intercontinental; **≗geschoß** *n*, **≗rakete** *f* intercontinental ballistic missile.
Intermezzo [intərˈmɛtso] *mus., thea. n* (-s; -s) intermezzo, interlude.
intermittierend [-miˈtiːrənt] *adj.* intermittent.
intern [inˈtɛrn] *adj.* internal; **≗e(r** *m*) *f* (-n, -n; -en, -en) boarder; **Internat** [intərˈnɑːt] *n* (-[e]s; -e) boarding-school.
internatioˈnal *adj.* international; **≗e** *pol. f* (-; -n) International (Working Men's Association); (*hymn*) international(e); **≗e(r** *m*) *f* (-n, -n; -en, -en) *sports* international, star-athlete.
internationaliˈsier|en *v/t.* (*h.*) internationalize; **≗ung** *f* internationalization.

Internationa'lismus *m* internationalism.

Internationali'tät *f* (-) internationality.

Inter'natsschüler(in *f*) *m* boarder.

internier|en [intər'niːrən] *v/t.* (*h.*) intern; **ℒte(r** *m*) *f* (-n, -n; -en, -en) internee; **ℒung** *f* (-; -en) internment; **ℒungslager** *n* internment camp.

Inter'nist *med. m* (-en; -en) internal specialist, *Am.* internist.

Interpellation [intərpelatsi'oːn]*parl.* *f* (-; -en) interpellation; **interpel-'lieren** *v/t.* (*h.*) interrogate; interpellate.

interplane'tarisch *adj.* interplanetary.

Interpret [intər'preːt] *m* (-en; -en) interpreter; expounder; **Interpretation** [-pretatsi'oːn] *f* (-; -en) interpretation; **interpre'tieren** *v/t.* (*h.*) interpret (*a. art*), expound.

Interpunktion [-puŋktsi'oːn] *gr. f* (-; -en) punctuation; **ℒszeichen** *n* punctuation mark.

Intervall [intər'val] *n* (-s; -e) interval.

intervalutarisch [-valu'taːriʃ] *adj.* as between (*or* among) different currencies; **ℒer** *Kurs* foreign exchange rate.

intervenieren [intərve'niːrən] *v/i.* (*h.*) intervene, interfere; **Intervention** [-vɛntsi'oːn] *f* (-; -en) intervention.

Interview [intər'vjuː] *n* (-s; -s) interview; **ℒen** *v/t.* (*h.*) interview.

Interzonen|handel [intər'tsoːnən-] *m* interzonal trade; **ℒpaß** *m* (inter)zonal pass *or* permit; **ℒverkehr** *m* interzonal traffic.

Inthronisation [intronizatsi'oːn] *f* (-; -en) enthronement.

intim [in'tiːm] *adj.* intimate (*mit* with); *room, etc.*: *a.* comfortable, cosy; **ℒer** *Freund* intimate; **Intimität** *f* (-) intimacy; *b.s.* **ℒen** *pl.* familiarities; **In'timsphäre** *f* privacy; **Intimus** ['intimus] *m* (-; -mi) crony.

'intoleran|t *adj.* intolerant; **ℒz** *f* intolerance.

intonieren [into'niːrən] *v/t.* (*h.*) inton(at)e.

'intransitiv *gr. adj.* intransitive; **ℒes** *Verb(um)* → **ℒ(um)** *n* (-s, -e; -s, -va) intransitive verb.

intravenös [intrave'nøːs] *med. adj.* intravenous.

intrigant [intri'gant]*adj.* intriguing; scheming, plotting; **ℒ(in** *f*) *m* (-en, -en; -, -nen) intriguer, schemer, plotter; *thea.* villain.

Intrige [-'triːgə] *f* (-; -n) intrigue, scheme, plot.

intri'gieren *v/i.* (*h.*) intrigue, (plot and) scheme, hatch plots.

introvertiert [introver'tiːrt] *psych. adj.* introverted.

intuitiv [intui'tiːf] *adj.* intuitive.

intus ['intus] *adj.*: et. ~ haben have a th. in one's head *or* stomach.

In'umlaufsetzen *econ. n* (-s) emission, circulation, issue.

invalid|(e) [inva'liːt; -də] *adj.* invalid, disabled; **ℒe(r)** [-də(r)] *m* (-[e]n; -[e]n) invalid; *n.s.* disabled worker *or* soldier *or* sailor; **ℒenhaus, ℒenheim** *n* home (*or* hospi-

tal) for disabled soldiers; **ℒenrente** *f* disability pension (*Am.* benefit); **ℒenversicherung** *f* disablement insurance.

Invalidi'tät *f* (-) invalidity; disablement, disability.

Invasion [invazi'oːn] *f* (-; -en) invasion.

Inventar [inven'taːr] *n* (-s; -e) inventory; (inventory) stock; (accountable, *Am.* nonexpendable) stores *pl.*; *lebendes* (*totes*) ~ live (dead) stock; *unbewegliches* ~ installed property; office furniture and equipment; ~ *aufnehmen* → **inventari'sieren I.** *v/i.* (*h.*) make an inventory, *econ. a.* take stock; **II.** *v/t.* (*h.*) inventory, catalogue; **Inven'tarverzeichnis** *n* stock book.

Inventur [inven'tuːr] *econ. f* (-; -en) inventory; (*die*) ~ *aufnehmen* take an inventory, take stock; **ℒaufnahme** *f* making (*or* taking) an inventory, stock-taking; **ℒausverkauf** *m* stock-taking sale.

Inversi'on *f* inversion.

investier|en [invɛs'tiːrən] *v/t.* (*h.*) invest; **ℒung** *f* (-; -en) investment.

Investition [-titsi'oːn] *econ. f* (-; -en) investment; capital expenditure; **ℒs-anleihe** *f* investment loan; **ℒsbank** *f* (-; -en) investment bank; **ℒsgüter** *n/pl.* capital goods; **ℒs-hilfe** *f* investment assistance; **ℒs-konjunktur** *f* boom in capital investment; **ℒskredit** *m* capital development credit.

Investitur [-ti'tuːr] *f* (-; -en) investiture.

inwendig ['invɛndiç] *adv.* inward, internal, interior; inside (*a. adv.*).

inwie|'fern, ~'weit *adv.* (in how far, to what extent; in what way (*or* respect).

In'zahlungnahme [-naːmə] *f* (-; -en) trade-in.

'Inzucht *f* (-) inbreeding, endogamy.

in'zwischen *adv.* in the meantime, meanwhile, since.

Ion [i'ʔoːn] *phys. n* (-s; -en) ion; **ℒengeschwindigkeit** *f* ionic velocity; **ℒenreihe** *f* ionic series; **ℒenwanderung** *f* ionic migration.

ionisch [i'ʔoːniʃ] *adj.* Ionian; **ℒe** *Säulenordnung* Ionic order.

ionisier|en [i'ʔoni'ziːrən] *phys. v/t.* (*h.*) ionize; **ℒung** *f* (-; -en) ionization.

Ionosphäre [i'ʔono-] *f* (-) ionosphere.

Iota ['joːta] *n* (-[s]; -s) → *Jota.*

irden ['irdən] *adj.* earthen(ware); **ℒgeschirr** *n* earthenware, crockery.

'irdisch *adj.* earthly, terrestrial; temporal; wordly; mortal; **ℒe(s)** *n* (-[e]n) earthly (*or* worldly) things *or* concerns *pl.*, temporal affairs.

Ire ['iːrə] *m* (-n; -n) → *Irländer.*

irgend ['irgənt] *adv.* **1.** *combined with indef. art. and pron. or with adv. usu.* **a)** *affirmative:* some..., **b)** *interrogative, negative, general:* any...; **2.** *following rel. pron. and cj.:* wann (wo) *es* ~ *geht* whenever (wherever) it may be possible; *was man* ~ *tun kann* whatever can be done; *wenn ich* ~ *kann* if I possibly can; *wer nur* ~ *geeignet ist* any qualified person; *so rasch wie* ~ *möglich* as

soon as ever possible; **~ein(e)**, **~eins** some(one); any(one); *irgendein anderer* someone else, anyone else; *besteht irgendeine Hoffnung?* is there any hope at all ?; **~einer, ~jemand, ~wer** somebody, someone; anybody, anyone; **~einmal** → *irgendwann;* **~ etwas, ~was** something; anything (at all); **~wann** some time (*or* other), sometime; **~welcher** somebody; *ohne irgendwelche Kosten* without any expense (whatever); *hat er irgendwelche Absichten?* has he any intentions at all ?; **~wie** somehow, in some way (*or* other); **~wo** somewhere, in some place (*or* other); anywhere; ~ *anders* somewhere else; **~woher** from some place (*or* other); from anywhere; **~wohin** to some place (*or* other); to any place (whatever).

Irin ['iːrin] *f* (-; -nen) → *Irländerin.*

Iris ['iːris] *anat., bot. f* (-; -) iris; **~blende** *f* microphone: iris diaphragm.

'irisch *adj.* Irish; **ℒer** *Freistaat* Eire, Irish Free State.

irisieren [iri'ziːrən] *v/i.* (*h.*) iridesce; **~d** *adj.* irridescent.

Irländer ['irlɛndər] *m* (-s; -) Irishman; *die* ~ *pl.* the Irish; **~in** *f* (-; -nen) Irishwoman.

Ironie [iro'niː] *f* (-) irony; ~ *des Schicksals* irony of fate; **ironisch** [i'roːniʃ] *adj.* ironic(al); **ironi'sieren** *v/t.* (*h.*) treat with irony, deride.

irr(e) ['irə] *adj. and adv.* (a)stray, off the right way, on the wrong track (*a. fig.*), lost; *fig.* wavering, confused, perplexed; *med.* insane, mentally deranged, out of one's mind; ~ *sein* **a)** → (*sich*) *irren,* **b)** be crazy, be delirious; **'Irre** *f* (-) erring (*a. fig.*); *in die* ~ *führen* → *irreführen; in die* ~ *gehen* → *irregehen;* **'Irre(r** *m*) *f* (-n, -n; -en, -en) insane person, lunatic, madman.

'irreal *adj.* unreal.

'irre...: ~führen *v/t.* (*h.*) mislead, lead astray (*both a. fig.*); misguide, misdirect; *fig. a.* put on the wrong scent; deceive, mystify, hoodwink; *sich* ~ *lassen* be misled *or* taken in; **~führend** *adj.* misleading; **~gehen** *v/i.* (*irr., sn*) go astray, stray; lose (*or* miss) one's way.

'irregulär *adj.* irregular; **~e** *Truppen* irregulars.

'irre...: ~leiten *v/t.* (*h.*) → *irreführen;* **~machen** *v/t.* (*h.*) puzzle, bewilder; confuse, perplex; → *beirren.*

'irren I. *v/i.* (*sn*) err, go astray, lose one's way, wander; *fig.* (*h.*) err, make a mistake, make (*or* commit) an error; be mistaken *or* wrong; (*sin*) stray from the right path, err; **II.** *sich* ~ (*h.*) make a mistake; *in j-m* be mistaken in *a p.*

'Irren *n* (-s) → *Irrtum;* ~ *ist menschlich* to err is human.

'Irren...: ~anstalt *f* lunatic asylum, mental home, madhouse; **~arzt** *m* mental specialist, alienist; **~haus** *n* → *Irrenanstalt; contp.* madhouse; **~häusler** *m* lunatic, madman.

'irre...: ~reden *v/i.* (*h.*) rave, wander; talk incoherently (*or* wildly); **ℒsein** *n* insanity; *jugend-*

liches ~ dementia praecox; *zirkuläres* ~ cyclic insanity; ~ **werden** *v/i.* (*irr.*, *sn*): ~ *an* (*dat.*) not to know what to make of; begin to doubt, have one's doubts about, lose faith in.
'**Irr...:** **~fahrt** *f* wandering, *pl. a.* vagaries *pl.*; **~gang** *m* **1.** erratic *or* round-about journey; **2.** → **~garten** *m* labyrinth, maze; **~glaube** *m* erroneous belief; false doctrine, heterodoxy; heresy; **2gläubig** *adj.* heterodox; heretical; **~gläubige(r** *m) f* heretic.
irrigerweise ['irigər'vaizə] *adv.* → *irrtümlicherweise.*
Irrigator [iri'gɑ:tər] *med. m* (*-s;* -'*toren*) irrigator, douche.
irri'tieren *v/t.* (*h.*) irritate; exasperate, annoy; puzzle, intrigue.
'**Irr...:** **~lehre** *f* false doctrine, heterodoxy; heresy; **~licht** *n* (-[e]s, -er) will-o'-the-wisp, Jack-o'-lantern; **~pfad** *m* wrong path; **~sal** *n* (-[e]s; -e) erring; maze; **~sinn** *m* (-[e]s) mental derangement, insanity, alienation; madness; **2sinnig** *adj.* insane; crazy, mad; **~sinnige(r** *m) f* ['-zinigə(r)] *f* (-n, -n; -en, -en) → *Irre(r).*
'**Irrtum** *m* (-s; ⁻er) error, mistake; oversight, slip; misunderstanding; *im* ~ *sein* be mistaken *or* wrong; *in e-m* ~ *befangen sein* be labo(u)r-

ing under a mistake; *Irrtümer vorbehalten* errors excepted.
irrtümlich ['-ty:mliç] *adj.* erroneous; mistaken, false; *adv.* → **~erweise** ['-ər'vaizə] *adv.* by mistake, mistakenly, erroneously.
'**Irrung** *f* (-; -en) → Irrtum, Irrsal; difference, dispute.
'**Irr...:** **~wahn** *m* delusion; **~weg** *m* wrong way; *auf* ~*e geraten* lose *or* miss one's way, *a. fig.* go astray; **~wisch** *m* → Irrlicht; *person:* flibbertigibbet.
isabellfarben [iza'bɛlfarbən] *adj.* isabella.
Ischias ['iʃias] *med. f* (-) sciatica; **~nerv** *m* sciatic nerve.
Islam [is'lɑ:m] *m* (-s) Islam(ism).
Isländ|er(in *f*) ['i:slɛndər-] *m* (-s, -; -, -nen) Icelander; **2isch** *adj.* Icelandic.
Isobare [izo'bɑ:rə] *f* (-; -n) isobar; **~n...** isobaric.
isochron [izo'kro:n] *adj.* isochronic, isochronous.
Isolation [izolatsi'o:n] *f* (-; -en) isolation; *el.* insulation; **Isolationismus** [-o'nismus] *pol. m* (-) isolationism.
Isolator [-'lɑ:tər] *m* (-s; -'*toren*) insulator.
Isolier... [izo'li:r-]: *el. usu.* insulating; **~band** *n* (-[e]s; ⁻er) insulating tape; **2bar** *chem. adj.*

isolable; **~baracke** *med. f* isolation ward; **2en** *v/t.* (*h.*) isolate (*a. chem. and fig.*); *med. a.* quarantine; *el.* insulate, **~haft** *f* solitary confinement; **~lack** *m* insulating varnish (*or* lacquer); **~masse** *f* insulating compound; **~schicht** *f* insulating layer; **~schutz** *m* insulation; **~station** *med. f* isolation ward; **~ung** *f* (-; -en) isolation (*a. med.*); *el.* insulation; **~zelle** *f* cell for solitary confinement.
isomer [izo'me:r] *adj.* isomeric.
Isotop [-'to:p] *n* (-s; -e) isotope; **~enindikator** [-ənʔindikɑ:tər] *m* (-s; -'toren) (isotope) tracer.
isotrop [-'tro:p] *adj.* isotropic.
Israel ['israe:l] *n* (-s) *Staat:* Israel; **Isra'eli** *m* Israeli.
Israelit|(in *f*) [-e'li:t-] *m* (-en, -en; -, -nen) Israelite, Jew, *a.* Hebrew; **2isch** *adj.* Israelite, Jewish.
Ist-... ['ist-]: **~Bestand** *m* actual amount, balance actually on hand; actual inventory *or* stock; **~Einnahme** *f* net receipts *pl.*; **~Stärke** *mil. f* effective strength.
Italien [i'tɑ:liən] *n* (-s) Italy; **Italiener(in** *f*) [itali'e:nər-] *m* (-s, -; -, -nen) Italian; **itali'enisch** *adj.* Italian; *die* ~*e Sprache* (*a.* 2 *n*, -en) the Italian language, Italian.
'**I-Tüpfelchen** *fig. n:* *bis aufs* ~ to a T.

J

J, j [jɔt] *n* J, j.
ja [jɑ:] *adv.* **1.** yes, *mar.*, *parl.* aye, *bibl.*, *colloq.*, *Am. parl.*: yea; ~ *doch,* ~ *freilich* yes, indeed; to be sure, by all means; *wenn* ~ if so, in that case; ~ *sagen zu et.* say yes to, (give one's) consent to; *wird er kommen? ich glaube* ~ *will he come?* I think so (*or* he will); *hast du es nicht gehört?* ~, *gewiß! didn't you hear?* of course, I did!; **2.** after all; *er ist* ~ *mein Freund* why, he is my friend; *er ist* ~ *ein alter Mann* he is an old man, after all; *es ist* ~ *nicht so schlimm* it really is not so bad; **3.** *introduction:* ~, *wissen Sie* why (*or* well), you know; **4.** *assertion:* *Sie wissen* ~, *daß* you know very well that; *da bist du* ~*!* there you are (at last)!; *da haben wir* (*or hast du*) *es* ~*!* there you are!; *ich sagte es Ihnen* ~*!* I told you so!, didn't I tell you (so)?; **5.** *admonition:* schreiben Sie ~ *recht bald* be sure to write soon, do write soon; *kaufe es* ~ *nicht* do not buy it on any account; **6.** *surprise:* ~, *weißt du denn nicht, daß* why, don't you know that; **7.** (~ *sogar*) nay; or, what is more; ~ *sogar noch mehr* and even more than that; *er ist bekannt,* ~ *sogar berühmt he is well known,* in fact (*or* one might even say) a celebrity.
Ja *n* (-s) yes; *parl.* aye; *mit* ~ (*be-*) *antworten* answer in the affirmative, say yes (to).
'**Jabruder** *m* yes-man.

Jabo ['jɑ:bo:] *m* (-s; -s) → Jagdbomber.
Jacht [jaxt] *f* (-; -en) yacht; '**~klub** *m* yachting club.
Jacke ['jakə] *f* (-; -n) jacket, (short) coat; cardigan; jersey, guernsey; vest; *fig. das ist* ~ *wie Hose* that's much of a muchness, it's all the same; *colloq.* j-m *die* ~ *vollhauen* give a p. a sound thrashing; **~nkleid** *n* lady's suit.
Jacketkrone ['dʒɛkit-] *med. f* jacket crown.
Jackett [ʒa'kɛt] *n* (-s; -e) jacket; **~anzug** *m* lounge suit.
Jagd [jɑ:kt] *f* (-; -en) hunt(ing), shooting; chase, pursuit; *collect.* the field (*or* hunt, hunting-party); *myth. wilde* ~ wild chase; (*area*) preserve, shooting; *fig.* hunt (*nach* for); rush; ~ *nach dem Glück* pursuit of happiness; *auf* (*die*) ~ *gehen* go hunting *or* shooting; *die* ~ *aufnehmen* give chase; ~ *machen auf* hunt for *or* after, chase after.
'**Jagd...:** **~abwehr** *aer. f* fighter defen|ce, *Am.* -se; **~anzug** *m* hunting dress; **~aufseher** *m* gamekeeper; **2bar** *adj.* that can be hunted; fair (*game*); **~berechtigung** *f* shooting right(s *pl.*), *n.s.* shooting-licen|ce, *Am.* -se; **~beute** *f* booty, quarry, bag; **~bezirk** *m* hunting-ground, shoot, preserve; **~bomber** *m* fighter-bomber; **~büchse** *f* sporting rifle; **~einsitzer** *aer. m* single-seat(ed) fighter;

~flieger *aer. m* fighter pilot; ace; **~flinte** *f* sporting gun; fowling-piece; **~flugzeug** *aer. n* fighter; **~frevel** *m* poaching; **2gerecht** *adj.* huntsmanlike; **~geschwader** *aer. n* fighter group (*Am.* wing); **~gesellschaft** *f* hunting (*or* shooting) party; **~gesetz** *n* game-law; **~gewehr** *n* sporting gun; **~gründe** *m/pl.* hunting-grounds; *in die ewigen* ~ *eingehen* go to the happy hunting-grounds; **~gruppe** *aer. f* fighter group (*Brit.* wing); **~haus** *n* shooting lodge; **~horn** *n* hunting-horn, bugle; **~hund** *m* hound; pointer; **~hütte** *f* shooting-box; **~messer** *n* hunting knife; **~pächter** *m* game-tenant; **~patrone** *f* shotgun cartridge; **~recht** *n* shooting right(s *pl.*); **~rennen** *n* steeplechase; **~revier** *n* → Jagdbezirk; **~schein** *m* shooting licen|ce, *Am.* -se; **~schloß** *n* hunting seat; **~schutz** *aer. m* fighter escort; **~springen** *n* jumping test; **~staffel** *aer. f* fighter squadron; **~tasche** *f* game-bag; **~zeit** *f* hunting (*or* shooting) season.
jagen ['jɑ:gən] **I.** *v/t.* (*h.*) hunt; drive; chase, give chase to; pursue; hound (*a. fig.*); stalk; shoot; j-n *aus dem Amt* ~ oust a p.; j-n *aus dem Dienste* ~ send a p. away, sack (*Am. a.* fire) a p.; *aus dem Hause* ~ turn out (of doors); *aus dem Lande* ~ drive out of the country; *in die Flucht* ~ put to flight, rout; *colloq. zum Teufel* ~ send to the

devil; *fig.* j-m ein Messer in den Leib ~ run (or drive) a knife into a p.; j-m (sich) e-e Kugel durch den Kopf ~ blow a p.'s (one's) brains out; *soccer:* den Ball ins Netz ~ send (or drive) the ball home; sein Pferd ~ race one's horse; **II.** *v/i.* (h.) go (out) hunting or shooting, hunt; race, rush, dash, sweep; *fig.* ~ nach (*dat.*) hunt (or run) after, pursue; die Ereignisse ~ sich one event follows hot on the heels of the other, things are happening fast.

'**Jagen** *n* (-s) hunt(ing), shooting; chase, pursuit; rush; forest section.

Jäger ['jɛːgər] *m* (-s; -) hunter, huntsman, sportsman; ranger; gamekeeper; *mil.* rifleman; → Jagd- flieger, Jagdflugzeug; **~bataillon** *n* rifle battalion.

Jäge|'**rei** *f* (-) hunt(ing), shooting; **'~rin** *f* (-; -nen) huntress.

'**Jäger...: ~latein** *n* sportsman's slang; huntsman's tall stories; **~- meister** *m* master of the hunt; **~smann** *m* (-[e]s; -leute) → Jäger; **~sprache** *f* hunter's jargon, hunt- ing terms *pl.*

Jaguar ['jɑːguɑːr] *zo. m* (-s; -e) jaguar.

jäh(e) ['jɛː(ə)] *adj.* sudden, ab- rupt; rapid; startling; impetuous; hot-tempered, irascible; abrupt; rash; steep, precipitous; ~e Flucht headlong flight; ~er Tod sudden death; ~er Abhang precipice.

jählings ['jɛːliŋs] *adv.* (all) of a sudden; abruptly; precipitously; headlong.

Jahr [jɑːr] *n* (-[e]s; -e) year; ein halbes ~ half a year, six months; anderthalb ~e eighteen months, a year and a half; dreiviertel ~ nine months; ~ des Heils (des Herrn) year of grace (or our Lord); im ~e 1938 in (the year) 1938; bis zum 31. Dezember d. J. (= dieses Jahres) until 31st December of this year; zu Anfang der dreißiger ~e in the early thirties; alle ~e every year; bei ~en advanced in years; bei sei- nen hohen ~en at his age; im Lauf der ~e through (or over) the years; in die ~e kommen be getting on in years; in diesem (im nächsten, vo- rigen) ~e this (next, last) year; mit den ~en with (the) years; mit or im Alter von 20 ~en at the age of twenty; nach ~en after (many) years; nach ~ und Tag a full year later; seit ~ und Tag for many years; for a long time; (heute) übers ~ a year hence; ein ~ ums andere year after year; (heute) vor einem ~ a year ago today; von ~ zu ~ from year to year; in den besten ~en sein be in one's best years (or the prime of life); **2'aus, 2'ein** year after year, year in and year out; all the year round; '**~buch** *n* year-book, al- manac, annual; '**2elang** *adj.* for years; ~e Erfahrung (many) years of experience.

jähren ['jɛːrən]: es jährt sich heute, daß it is a year today since or that.

Jahres... ** ['jɑːrəs-]: annual ..., yearly ...; **~abonnement *n* annual sub- scription; **~abschluß** *econ.* *m* an- nual (or yearly) balancing or ac-

counting; annual statement of accounts; **~anfang** *m* beginning or commencement of the year; **~aus- weis** *econ. m* annual return (*Am.* statement); **~bericht** *m* annual re- port; **~bilanz** *econ. f* annual bal- ance(-sheet); **~einkommen** *n* yearly income; **~ende** *n* end of the year; **~erste(r)** *m* the first of the year; **~feier** *f* anniversary; **~frist** *f:* binnen ~ within a year; nach ~ after a year's time; **~gehalt** *n* annual salary; **~hälfte** *f* half-year; **~lauf** *m* course of the year; **~rente** *f* annuity; **~ring** *bot. m* annual ring; **~schluß** *m* close of the year; **~- schrift** *f* annual; **~tag** *m* anniver- sary; **~versammlung** *f* annual meeting; **~wechsel** *m*, **~wende** *f* turn of the year; New Year; mit den besten Wünschen zum (zur) ~ with the compliments of the season; **~zahl** *f* date of the year, year; **~zeit** *f* season, time of the year; **2zeitlich** *adj.* seasonal.

Jahrgang *m* of wine: vintage (*a. fig.*); of newspapers, etc.: annual set, volume; of persons: age-group; *ped. and mar.* class.

Jahr'hundert *n* century; **2ealt** centuries-old; **2elang** for centuries; **~feier** *f* centenary, *Am.* centennial; hundredth anniversary; **~wende** *f* turn of the century.

'**jährig** *adj.* **1.** a year old; drei~ three-year-old; **2.** lasting a year, of one year, one-year.

'**jährlich I.** *adj.* yearly, annual; **II.** *adv.* every year, *econ.* per an- num; yearly, once a year; ~e Rente annuity.

Jährling ['jɛːrliŋ] *m* (-s; -e) *zo.* yearling.

'**Jahr...: ~markt** *m* fair; **~'tausend** *n* millenium; **~'tausendfeier** *f* millenary; **~zehnt** [-'tseːnt] *n* (-[e]s; -e) space of ten years, decade; **2'zehntelang I.** *adj.* lasting for dec- ades; ~e Forschungsarbeit decades of research-work; **II.** *adv.* for (many) decades.

'**Jähzorn** *m* sudden anger or wrath, violent (fit of) passion; hot temper, irascibility; **2ig** *adj.* hot-tempered, irascible; furious, fierce.

Jakob ['jɑːkɔp] *m* (-s) *esp. bibl.* Ja- cob; James; *colloq.* der wahre ~ the real McCoy.

Jakobiner [jako'biːnər] *m* (-s; -) Jacobin; *eccl.* → **~mönch** *m* Dominican friar; **~mütze** *f* Phryg- ian cap.

'**Jakobsleiter** *f* Jacob's ladder.

Jalousie [ʒalu'ziː] *f* (-; -n) Venetian blind.

Jamaika [ja'maɪka] *n* (-s) Jamaica.

Jamb|**e** ['jambə] *f* (-; -n) iambus, iambic foot; **2isch** *adj.:* ~er Vers iambic verse.

Jammer ['jamər] *m* (-s) (extreme) misery or distress, calamity; afflic- tion, woe, sorrow; despair; lamen- tation, wailing; es ist ein ~ it is at pity or a crying shame; **~bild** *n*, **~gestalt** *f* picture of misery, piteous sight; **~geschrei** *n* lamen- tation, wails *pl.*; **~lappen** *contp. m* gutless creature, sissy.

jämmerlich ['jɛmərliç] **I.** *adj.* lamentable, deplorable, piteous;

(*a. contp.*) pitiable; miserable, wretched; ~ aussehen look wretched or a picture of misery; **II.** *adv.:* ~ weinen cry piteously.

'**jammern I.** *v/i.* (h.) lament (um for; über acc. over); bewail; moan, groan; wail, whine; **II.** *v/t.* (h.): j-n ~ arouse (or move) a p.'s pity; er jammert mich I pity (or feel sorry for) him.

Jammern *n* (-s) lamentation(s *pl.*), wailing; moaning.

'**Jammer...: 2schade:** es ist ~ it's a great pity, it's just too bad; **~tal** *n* (-[e]s) vale of tears; **2voll** *adj.* wretched; heart-rending; piteous, woebegone.

Janhagel [jan'hɑːgəl] *m* (-s) mob, rabble, riff-raff.

Janitscharenmusik [jani'tʃɑːrən-] *f* janissary music.

Jänner ['jɛnər] *m* (-[s]; -), **Januar** ['januɑːr] *m* (-[s]; -e) January.

Japan ['jɑːpan] *n* (-s) Japan; **Japa- ner(in** *f*) [ja'pɑːnər-] *m* (-s, -; -, -nen) Japanese; **ja'panisch** *adj.* of Japan, Japanese; ~e Sprache, das **2(e)** the Japanese language, Japan- ese; '**Japanlack** *m* japan; mit ~ überzogen japanned; '**Japanpapier** *n* Japanese paper.

jappen ['japən], **japsen** ['japsən] *v/i.* (h.) gasp, pant (nach Luft for air).

Jargon [ʒar'gɔ̃ː] *m* (-s; -s) jargon, slang, *contp.* lingo.

Jasager ['-zaːgər] *m* (-s; -) yes-man.

Jasmin [jas'miːn] *m* (-s; -e) jas- min(e).

Jaspis ['jaspis] *m* (-; -se) jasper.

'**Ja-Stimme** *parl. f* aye, *Am.* yea.

jäten ['jɛːtən] *v/t.* (h.) weed.

Jauche ['jauxə] *f* (-; -n) *agr.* liquid manure, dung water; *fig.* swill; *med.* sanies, ichor; **~grube** *f* cesspit; liquid manure pit.

jauchzen ['jauxtsən] **I.** *v/i.* (h.) jubilate, exult, rejoice, cheer, shout with joy; **II.** *v/t.* (h.) shout forth; **2** *n* (-s) jubilation, exultation, re- joicing; cheers *pl.*; **~d** *adj.* jubilant, exultant; cheering.

jaulen ['jaulən] *v/i.* (h.) howl.

Java ['jɑːva] *n* (-s) Java.

Javan|**er(in** *f*) [ja'vɑːnər-] *m* (-s, -; -, -nen), **2isch** *adj.* Javanese.

ja'wohl *adv.* yes, indeed; to be sure; quite so, exactly, *Am. a.* that's right; *mil.*, *etc.*: yes, Sir!

'**Jawort** *n* (-[e]s; -e) yes; (word of) consent; e-m Freier das ~ geben accept a suitor.

Jazz [dʒɛz] *m* (-) jazz; '**~freund** *m* jazz-fan; '**~kapelle** *f* jazzband; '**~sänger** *m* jazz-singer.

je[1] [jeː] *int.:* ach ~! good heavens!, dear me!; ~ nun well now.

je[2] *adv. and cj.* **1.** seit ~ and von ~her at all times, from time immemorial; ~ und ~ on and on, always; **2.** ever; ohne ihn ~ gesehen zu haben without ever (or once) having seen him; hast du ~ so etwas gehört? did you ever hear (of) such a thing?; **3.** respectively; **4.** *distributive:* ~ zwei und zwei two at a time, two by (or and) two, by twos; sie kosten ~ einen Dollar they cost a dollar each; er gab den drei Knaben ~ einen Apfel he gave each of the three boys an apple; *für ~ zehn Wörter* for every ten words; *in Schachteln mit ~ 10 Stück verpackt* packed in boxes of ten; **5.** ~ *nach* according to; ~ *nachdem* **a)** as the case may be, **b)** it (all) depends, **c)** *cj.* according as, in proportion as; ~ *nach Gutdünken des Vertreters* as the agent may deem fit; **6.** *with comp.*: ~ ... ~ ... *desto the* ... *the*; ~ *mehr man hat, desto mehr man will* the more we have, the more we want; ~ *länger,* ~ *lieber* the longer, the better.

jede ['je:də], **~r,** **~s** *indef. pron.* **1.** *adjectively*: each; every; any; *of two*: either; *mit* ~*m Tage* every day, from day to day; *ohne* ~*n Zweifel* without any(or the slightest) doubt; *(zu)* ~*r Zeit* (at) any time; *unter* ~*r Bedingung* on any terms; *zu* ~*r Stunde* at any (given) hour; *fern* ~*r Zivilisation* far from any semblance of civilization; **2.** *substantively*: each (or every) one; each thing, everything; → *jedermann;* ~*r von den beiden* either of them; *all und* ~*r* each and all, all and sundry; ~*r hat seine Fehler* we all have our faults; ~*r ist sich selbst der nächste* charity begins at home.

'jedenfalls *adv.* in any case, at any rate, at all events; however it is.

'jeder...: **~mann** *indef. pron.* everybody, each (or every) one; anyone, anybody; **~zeit** *adv.* at any time, always.

'jedesmal *adv.* each (or every) time; ~ *wenn* whenever, as often as; **~ig** *adj.* in (or for) each case; respective; → *jeweilig.*

je'doch *adv.* however, still, yet; nevertheless, for all that.

jedwede ['je:tve:də], **jegliche** ['je:kliçə], **~r,** **~s** *indef. pron.* → *jede(r,s).*

jeher ['je:'he:r] *adv.: von* ~ at all times, from time immemorial; all along.

Je'längerje'lieber *bot. n and m* (-s; -) honeysuckle; lilac; heart's--ease.

jemals ['je:ma:ls] *adv.* ever; at any time.

jemand ['je:mant] *indef. pron.* somebody, someone; anybody, anyone; *es kommt* ~ there is somebody coming; *ist* ~ *hier?* is anybody there?; *es ist* ~ *bei ihm* he has company; *irgend* ~ anybody; ~ *anders* some (or any) other person; *sonst* ~? any one (or somebody) else?; **♀** *m: ich kenne einen (gewissen)* ~, *der* I know a (certain) person who, I know somebody who.

jene ['je:nə], **~r,** **~s** *dem. pron.* **1.** *adjectively*: that, *pl.* those; (*ant. dieser*) the former; *in* ~*m Leben* in the life to come (or hereafter); *in* ~*n Tagen* in those days; **2.** *substantively*: that one, *pl.* those ones; *bald dieser, bald* ~*r* now (this) one, now the other; *von diesem und* ~*m sprechen* speak of one thing and another *or* of this and that.

jenseitig ['jɛnzaitiç] *adj.* (situated) on the other side; lying beyond, further; *das* ~*e Ufer* the opposite bank; *fig.* otherworldly.

jenseits ['je:nzaits] **1.** *prp.* (*gen.*) on the other side of, beyond, across;

von ~ from beyond; ~ *des Grabes* beyond the grave, hereafter; **2.** *adv.* on the other side, beyond.

'Jenseits *n* (-) the Beyond *or* hereafter, *the* other world, *the* life to come; *besseres* ~ brighter world; *colloq. ins* ~ *befördern* send to glory *or* to kingdom come.

Jeremiade [jeremi'a:də] *f* (-; -n) jeremiad, lamentation.

Jesuit [jezu'i:t] *m* (-en; -en) Jesuit; **~en-orden** *m* Society of Jesus, Jesuit Order; **~enschule** *f* Jesuit college; **♀isch** *adj.* Jesuitic(al).

Jesus ['je:zus] *m* (-) Jesus; *der Herr* ~ the (*or* our) Lord Jesus (Christ); **~kind(lein)** [-lain] *n* (-[e]s) the Infant Jesus.

jetzig ['jɛtsiç] *adj.* of the present time, present-time; present, actual, existing; prevailing; current (*a. econ. prices, etc.*); *in der* ~*en Zeit* in our days *or* times, nowadays.

jetzt [jɛtst] *adv.* **1.** now, at present, in our days *or* times; actually; *eben* ~ just now; *erst* ~ only now; *gleich* ~ at once, instantly, right away; *noch* ~ even now, to this day; **2.** *emphatic*: ~ *erhob er sich* then (or with that) he rose; **3.** *after prp.*: *bis* ~ until now; so far; (*not*) as yet; *für* ~ for the present; *von* ~ *an* from now on, henceforth; **♀zeit** *f* the present (time); modern times *pl.*

jeweilig ['je:vailiç] **I.** *adj.* respective; *der* ~*e Präsident, etc.* the president, *etc.*, of the day; *den* ~*en Umständen nach* as the circumstances may require; **II.** *adv.* → ~*s adv.* in each case, respectively; at times; *esp. jur.* from time to time; *die* ~ *gültigen Bestimmungen* such provisions as may from time to time be established (*or* as now are *or* hereafter may be in force).

Jiddisch ['jidiʃ] *n* (-[s]) Yiddish.

Jiu-Jitsu ['dʒiu'dʒitsu] *n* (-[s]) j(i)u--jitsu, **~griff** *m* j(i)u-jitsu hold.

Joch [jɔx] *n* (-[e]s; -e) **1.** yoke (*a. of magnet*); *ins* ~ *spannen* (put to the) yoke; *fig. das* ~ *abschütteln or abwerfen* shake off one's yoke; *unter das* ~ *bringen* bring under one's yoke *or* sway, subjugate; *sich unter das* ~ *beugen* submit to the yoke; **2.** *ein* ~ *Ochsen* a yoke (*or* pair) of oxen; **3.** mountain-ridge, pass; **4.** *arch.* (*a.* '~**balken** *m*) cross--beam, tie-beam, girder; transom; *of bridge*: bay; '~**bein** *anat.* *n* cheek--bone; '~**brücke** *f* pile-bridge.

Jockei ['dʒɔki] *m* (-s; -s) jockey.

Jod [jo:t] *chem. n* (-[e]s) iodine; *mit* ~ *behandeln or jodieren;* '~**dampf** *m* iodine vapo(u)r.

jodeln ['jo:dəln] *v/i. and v/t.* (h.) yodel.

'jodhaltig *adj.* iodiferous; **jodieren** [jo'di:rən] *v/t.* (h.) *chem.* iodate, *med. and phot.* iodize.

Jodler¹ ['jo:dlər] *m* (-s; -) yodel.

'Jodler² *m* (-s; -), **~in** *f* (-; -nen) yod(el)ler.

'Jod...: **~lösung** *f* iodine solution; **~natrium** *n* sodium iodide.

Jodoform [jodo'fɔrm] *n* (-s) iodoform.

'Jod...: **~salbe** *f* iodine ointment; **~silber** *n* silver iodide; **~tinktur** *f*

tincture of iodine; **~vergiftung** *f* iodine poisoning.

Joghurt ['jo:gurt] *m and n* (-s) yog(ho)urt.

Johanni(s) [jo'hani(s)] *n* (-) Midsummer (Day).

Jo'hannis...: **~beere** *f* (red) currant; **~beersaft** *m* currant juice; **~beerwein** *m* currant wine; **~brot** *bot. n* St. John's bread, carob (-bean); **~fest** *n* → *Johanni(s);* **~feuer** *n* St. John's fire; **~käfer** *m* glow-worm; **~kraut** *bot. n* (-[e]s) St. John's wort; **~nacht** *f* Midsummer Night; **~tag** *m* → *Johanni(s);* **~trieb** *m* belated stirrings of love.

johlen ['jo:lən] *v/i.* (h.) hoot, bawl, yell.

Jolle ['jɔlə] *mar. f* (-; -n) jolly(-boat), dinghy.

Jon|gleur [ʒɔŋ'glø:r] *m* (-s; -e) juggler; **♀glieren** *v/t. and v/i.* (h.) juggle (with).

Joppe ['jɔpə] *f* (-; -n) jacket.

Jot [jɔt] *n* (-; -) (*the letter J, j*) jot.

Jota ['jo:ta] *n* (-[s]; -s) jot; *kein* ~ not a jot.

Journal [ʒur'na:l] *n* (-s; -e) journal (*econ.* = day-book, diary); *mar.* logbook.

Journalis|mus [-na'lismus] *m* (-) journalism; **~t(in** *f*) *m* (-en, -en; -, -nen) journalist; reporter; **~tenstil** [-tən-] *m* journalese; **~tik** [-tik] *f* (-) journalism; **♀tisch** *adj.* journalistic.

jovial [jovi'a:l] *adj.* jovial; affable.

Jubel ['ju:bəl] *m* (-s) jubilation, exultation, shouts *pl.* of joy, merry--making, rejoicing(s *pl.*); **~feier** *f,* **~fest** *n* jubilee; **~geschrei** *n* loud acclamation, exultant shouts *pl.,* vociferous cheers *pl.;* **~greis** *m* → *Jubilar; colloq.* gay old spark; **~jahr** *n* jubilee year; *colloq. alle* ~*e einmal* once in a blue moon.

'jubeln *v/i.* (h.) jubilate, shout with joy, exult, rejoice (*über acc.* at).

Jubilar(in *f*) [jubi'la:r-] *m* (-s, -e; -, -nen) person celebrating his (her *f*) jubilee.

Jubiläum [-'lɛːum] *n* (-s; -äen) (*fiftieth, etc.*) anniversary; *goldenes or 50jähriges* ~ (golden) jubilee; *silbernes or 25jähriges* ~ silver jubilee; **~s-ausgabe** *f* jubilee edition.

jubi'lieren *v/i.* (h.) → *jubeln.*

juch|he [jux'he:], **~hei(ssa)** [-'hai(-sa)] *int.* hurray!

Juchten ['juxtən] *m and n* (-s), **~leder** *n* Russia (leather).

jucken ['jukən] **I.** *v/i.* (h.) itch; prickle, tickle; *ihm* ~ *die Finger danach* his fingers itch to take (*or* to do) it; *ihn juckt das Fell* he is itching for a fight; *mich (or mir) juckt's am ganzen Leibe* I itch all over my body; **II.** *v/t. and sich* (h.) scratch (o.s.); **♀** *n* (-s) itch(ing); **~d** *adj.* itching, itchy.

Judas ['ju:das] *m* (-): ~ *Ischariot* [i'ʃa:riɔt] Judas Iscariot; **~kuß** *m* Judas kiss.

Jude ['ju:də] *m* (-n; -n) Jew; *der Ewige* ~ the Wandering Jew.

'Juden...: **~deutsch** *n* Yiddish; **~feind(in** *f*) *m* anti-Semite; **♀feindlich** *adj.* anti-Semitic; **~frage**

f Jewish question; ⁓**hetze** *f* Jew-baiting; ⁓**hetzer** *m* Jew-baiter; ⁓**kirsche** *bot.* *f* winter-cherry, alkekengi; ⁓**schule** *f* Jewish school; synagogue; *colloq. fig.* ein Lärm wie in einer ⁓ a terrific racket; ⁓**tum** *n* (-s) Judaism; *collect.* jewry; ⁓**verfolgung** *f* persecution of Jews; pogrom.

Jüdin ['jy:din] *f* (-; -nen) Jewess.
'**jüdisch** *adj.* Jewish; *colloq. nur* keine ⁓e Hast! take it easy!

Jugend ['ju:gənt] *f* (-) youth, early years *pl.*; infancy, childhood; adolescence, teens *pl.*; *collect.* die ⁓ the youth, young people *pl.*; the rising generation; *von* ⁓ *auf* from one's youth, from a child; *die deutsche* ⁓ German youth, young Germany; ⁓ *hat keine Tugend* you cannot put old heads on young shoulders; *boys will be boys*; ⁓**alter** *n* youth, young age; ⁓**amt** *n* youth welfare office; ⁓**arrest** *m* juvenile detention; ⁓**bewegung** *f* youth movement; ⁓**blüte** (⁓) flower (*or* flush) of youth; ⁓**buch** *n* book for the young; ⁓**erinnerung** *f* memory from (one's) youth *or* childhood, *pl. a.* early reminiscences; ⁓**freund(in** *f*) *m*: **a**) friend of the young; **b**) early friend, (old) schoolfellow *or* playmate; ⁓**frische** *f* freshness of youth, bloom; ⁓**fürsorge** *f* youth welfare; ⁓**fürsorger** *m*, ⁓**in** *f* youth welfare officer; ♀**gefährdend** *adj.* harmful (*publication, etc.*); ⁓**gefährte**, ⁓**genosse**, ⁓**gespiele** *m* companion of one's youth *or* childhood, (old) playmate; ⁓**gefängnis** *n* juvenile detention home; ⁓**gericht** *n* juvenile court; ⁓**heim** *n* youth cent/re, *Am.* -er; ⁓**herberge** *f* youth hostel; ⁓**jahre** *n/pl.* early years, youthful days; ⁓**kraft** *f* youthful strength *or* vigo(u)r; ⁓**kriminalität** *f* juvenile delinquency; ⁓**lager** *n* youth camp.

'**jugendlich** *adj.* youthful; juvenile; boyish, girlish; ⁓er Verbrecher youthful offender, juvenile delinquent; ⁓es Kleid youthful dress; → *aussehen* look young; ♀**e(r** *m*) *f* (-n, -n; -en, -en) juvenile, *jur. a.* young person; youth; adolescent, teen-ager; ♀**keit** *f* (-) youthfulness.

'**Jugend...:** ⁓**liebe** *f* early *or* first love, calf-love; (*person*) old sweetheart, love of one's youth; ⁓**pflege** *f* youth welfare work; ⁓**pfleger(in** *f*) *m* youth welfare officer; ⁓**psychiatrie** *f* child psychiatry; ⁓**schriften** *f/pl.* (⁓**schriftsteller** *m* writer of) books for the young; ⁓**schutz** *m* protection of young people; ⁓**stil** *m* (-[e]s) art nouveau (*Fr.*); ⁓**strafe** *jur. f* detention in a remand home (*Am.* reform school); ⁓**streich** *m* youthful (*or* boyish) trick *or* prank; ⁓**sünde** *f* sin (*or* folly) of one's youth; ⁓**torheit** *f* youthful folly *or* escapade; er hat s-e ⁓en hinter sich he has sown his wild oats; ⁓**traum** *m* youthful dream, dream of (one's) youth; ⁓**werk** *n* early work; ⁓**wohlfahrt** *f* youth welfare; ⁓**zeit** *f* (-) (time *or* days *pl.*) of youth; *in m-r* ⁓ in my young days.

Jugo'slaw|e [ju:go-] *m*, ⁓**in** *f* Yugoslav; ⁓**ien** [-iən] *n* (-s) Yugoslavia; ♀**isch** *adj.* Yugoslav(ic).
Juli ['ju:li] *m* (-[s]; -s) July.
Jumper ['dʒampər] *m* (-s; -) jumper.
jung [juŋ] *adj.* young; youthful; *fig.* new, fresh; green (*peas, goose*); ⁓e Aktien new shares (*Am.* stocks); ⁓es Bier new beer; ⁓e Eheleute young couple *sg.*; ⁓es Gemüse **a**) young (*or* fresh) vegetables *pl.*, **b**) *colloq. fig.* young fry; ⁓er Hund pup(py); ⁓es Unternehmen young company; ⁓er Wein new wine; *von* ⁓ *auf* from childhood; ⁓ *und alt* young and old; ⁓ *bleiben* stay young; ⁓ *heiraten* marry young; ⁓ *gewohnt, alt getan* once a use, and ever a custom; er ist ein paar Jahre zu ⁓ he is a few years under age; *in s-n* ⁓en Jahren in his early youth *or* days; → *jünger, jüngst*.
'**Jung...:** ⁓**arbeiter** *m* young worker; ⁓**brunnen** *m* fountain of youth.
'**Junge** *m* (-n; -n) boy, youngster; lad, youth, young fellow *or* man; adolescent, teenager; *cards* knave; alter ⁓! old man!; dummer ⁓ stupid fellow; grüner ⁓ unlicked cub, whipper-snapper; schwerer ⁓ professional criminal, thug, tough; ⁓(s) *n* (-[e]n; -[e]n) *zo.* young one; (*dog*) pup(py); (*lion, etc.*) cub; (*elephant*) calf, baby elephant; ⁓ werfen → ♀n *v/i.* (h.) have (*or* bring forth) young (ones); *of dog:* pup, whelp; *of cat:* kitten; *of cow:* calve.
'**jungenhaft** *adj.* boyish.
jünger ['jyŋər] *adj.* younger, junior; *fig.* newer; ⁓en Datums of a later date; der ♀e (d. J.) junior (*abbr.* jun.), the younger (one); *econ.* ⁓er Teilhaber junior partner; er ist drei Jahre ⁓ als ich he is my junior by three years; sie sieht ⁓ aus, als sie ist she does not look her age.
'**Jünger** *m* (-s; -) disciple (*a. bibl.*), follower, adherent; ⁓ der Wissenschaft votary (*or* man) of science.
Jungfer ['-fər] *f* (-; -n) virgin; maid; spinster; lady's maid; alte ⁓ old maid; e-e alte ⁓ bleiben remain an old maid.
jüngferlich ['jyŋfərliç] *adj.* virginal, maiden(ly); spinster-like; coy, demure, prim.
'**Jungfern...:** ⁓**fahrt** *mar. f* (⁓**flug** *aer. m*) maiden voyage (flight); ⁓**häutchen** *anat. n* hymen; ⁓**honig** *m* virgin honey; ⁓**kranz** *m* bridal wreath; ⁓**rede** *f* maiden speech; ⁓**reise** *mar. f* maiden trip; ⁓**schaft** *f* (-) virginity, maidenhood; ⁓**stand** *m* (-[e]s) spinsterhood, maidenhood.
'**Jung...:** ⁓**frau** *f* maid(en); virgin (*a. fig.*); die ⁓ von Orleans the Maid of Orleans; die Heilige ⁓ the Holy Virgin; *ast.* Virgo; ♀**fräulich** ['-frɔyliç] *adj.* maiden(ly); chaste; virginal, immaculate; *fig.* virgin; ⁓**fräulichkeit** *f* (-) virginity, maidenhood; maidenly modesty, demureness; ⁓**gesell(e)** *m* bachelor, single man; alter ⁓ (regular) old bachelor; eingefleischter ⁓ confirmed bachelor; young journey-

man; ⁓**gesellenleben** *n* (-s), ⁓**gesellenstand** *m* (-[e]s) bachelor's life, bachelorhood; ⁓**gesellin** *f* bachelor girl; ⁓**lehrer(in** *f*) *m* assistant (*or* apprentice) teacher.
Jüngling ['jyŋliŋ] *m* (-s; -e) youth, young man, lad; *contp.* stripling; ⁓**s-alter** *n* (-s) youth, early manhood, adolescence, teens *pl.*
jüngst [jyŋst] **I.** *adj.* youngest; last, latest, recent (*time*); ♀er Tag, ♀es Gericht Doomsday, Last Judg(e)ment; die ⁓en Ereignisse the latest events; Vorgänge der ⁓en Vergangenheit events of the recent past; sein ⁓es Werk his latest work; sie ist nicht mehr die ♀e she is no chicken; **II.** *adv.* (quite) recently, lately, of late, the other day; newly.
'**Jung...:** ⁓**steinzeit** *f* Neolithic age; ♀**verheiratet**, ♀**vermählt** *adj.* newly-wed (*or* married); ⁓**vieh** *n* young cattle.
Juni ['ju:ni] *m* (-[s]; -s) June; ⁓**käfer** *m* June-bug.
junior ['ju:niɔr] *adj.* (jun., jr.) junior.
'**Junior** *m* (-s; -'oren) *sports:* junior; ⁓**chef** *m* junior director.
Juniorenklasse [juni'o:rən-] *f* junior class.
Junker ['juŋkər] *m* (-s; -) (young) nobleman, aristocrat; squire; preußischer ⁓ Prussian junker; ⁓**herrschaft** *f*, ⁓**tum** *n* (-s) squir(e)archy; in Prussia: junkerdom.
Junktim ['juŋktim] *pol. n* (-s; -s) linking, package deal.
Juno ['ju:no] *f* (-) Juno (*a. ast. and fig.*); **junonisch** [ju'no:niʃ] *adj.* junoesque.
Junta ['junta] *pol. f* (-; -ten) junta.
Jupiter ['ju:pitər] *m* (-s) Jupiter (*a. ast.*), Jove; ⁓**lampe** *f* film: Jupiter lamp, klieg light.
Jura[1] ['ju:ra] *n/pl.*: ⁓ studieren study (the) law.
'**Jura**[2]: der ⁓, das ⁓**gebirge** the Jura Mountains *pl.*; ⁓**bildung**, ⁓**formation** *geol. f* Jurassic formation; ⁓**kalk** *m* Jurassic limestone; ⁓**zeit** *f* (-) Jurassic period.
Jurisprudenz [jurispru'dɛnts] *f* (-) jurisprudence.
Ju'rist *m* (-en; -en) lawyer, jurist; law-student; ♀**isch** *adj.* legal, juridic(al), of (the) law; ⁓e Fakultät faculty of law, *Am.* School of Law; ⁓e Person legal entity, juristic person, body corporate, corporation; Verbindlichkeiten ⁓er Personen corporate obligations.
Jury [ʒy'ri:] *f* (-; -s) jury.
Jus [ju:s] *n* (-; Jura) law; → Jura[1].
just [just] *adv.* just, exactly; just (now).
justier|en [jus'ti:rən] *v/t.* (h.) *tech.* adjust, set; *typ.* justify; weight (*coins*); ♀**schraube** *f* adjusting *or* set screw; ♀**ung** *f* (-) adjusting, setting; justification.
Justiz [ju'sti:ts] *f* (-) (administration of) justice; ⁓**be-amte(r)** *m* judicial officer; ⁓**behörde** *f* judicial authority; ⁓**gebäude** *n* law-courts *pl.*, courthouse; ⁓**gewalt** *f* judiciary (power); ⁓**inspektor** *m* judicial inspector, court officer; ⁓**irrtum** *m*

error of justice; **~minister** *m* minister of justice, *Brit.* Lord Chancellor, *Am.* Attorney General; **~ministerium** *n* Ministry of Justice; *Am.* Department of Justice; **~mord** *m* judicial murder; **~palast** *m* the Law Courts *pl.*; **~pflege**, **~verwaltung** *f* administration of justice; legal administrative body; **~rat** *m*

(-[e]s; ~e) *Brit.* Queen's Counsel (*abbr.* Q.C.); **~wesen** *n* (-s) judicial affairs *pl.*, judicature.
Jute ['ju:tə] *f* (-), **~hanf** *m* jute.
Jütländer(in *f*) ['jy:lɛndər-] *m* (-s, -; -, -nen) Jutlander.
Juwel [ju've:l] *n* (s; -en) jewel, gem (*both a. fig.*); **~en** *pl.* jewel(le)ry; precious stones.

Ju'welen...: **~kästchen** *n* jewel-case, casket; **~laden** *m* jeweller's business *or* shop.
Juwelier [juve'li:r] *m* (-s; -e) jeweller; **~waren** *f/pl.* jewel(le)ry *sg.*
Jux [juks] *colloq. m* (-es; -e) (practical) joke, (great) fun, spree, lark; *sich e-n ~ machen* have a lark *or* some (good) fun.

K

K, k [ka:], *n* K, k.
Kabale [ka'ba:lə] *f* (-; -n) cabal, intrigue.
Kabarett [kaba'rɛt] *n* (-s; -e) (satirical) revue.
Kabarettist(in *f*) [-'tist] *m* (-en, -en; -, -nen) cabaret (*or* revue) artiste.
Kabbala ['kabala] *f* (-) cabbala; **kabbalistisch** [-'listiʃ] *adj.* cabbalistic.
kabbeln ['kabəln] *v/i.* (h.) squabble, quarrel; *mar. die See kabbelt* (*or* *ist* '**kabbelig** *adj.*) the sea is choppy.
Kabel ['ka:bəl] *n* (-s; -) cable; cable(gram); *ein ~ abrollen* pay out a cable; *ein ~ auslegen* lay a cable; *bewehrtes ~* armo(u)red cable; *unterseeisches ~* submarine cable; **~ader** *f* cable core; **~auftrag** *econ. m* cable order; **~bericht** *m* cable-report, cable-message; **~dampfer** *m* cable steamer; **~depesche** *f* cable(gram).
Kabeljau ['ka:bəljau] *m* (-s; -e) cod(fish).
'**Kabel...:** **~legung** *f* laying of cable(s *pl.*); **~mantel** *m* cable sheathing; **Ωn** *v/t. and v/i.* (h.) cable; send a cablegram; **~rohr** *n* cable conduit; **~schacht** *m* manhole; **~schnur** *f* flex; **~trommel** *f* cable-reel; **~überweisung** *f* cable transfer.
Kabine [ka'bi:nə] *f* (-; -n) cabin; *at hair-dresser's, etc.:* cubicle; compartment; (lift-)cage; *film:* projecting room; → *Badekabine*; **~nklasse** *f* cabin class; **~nkoffer** *m* cabin trunk; **~npredigt** *colloq. sport f* pep talk; **~nroller** *mot. m* cabin-scooter.
Kabinett [kabi'nɛt] *n* (-s; -e) cabinet, closet; *pol.* cabinet; **~format** *phot. n* cabinet size; **~sfrage** *f* vital question; **~skrise** *f* cabinet crisis; **~sliste** *f* list of cabinet members; **~sstück(chen)** *n* *fig.* brilliant show, clever move.
Kabriolett [kabrio'lɛt] *n* (-s; -e) cabriolet, *esp. Am.* convertible.
Kachel ['kaxəl] *f* (-; -n) (Dutch *or* glazed) tile; **~ofen** *m* tiled stove.
Kacke ['kakə] *f* (-), '**kacken** *vulg. v/i.* (h.) shit.
Kadaver [ka'da:vər] *m* (-s; -) cadaver, corpse, carcass; **~gehorsam** *m* slavish obedience.
Kadenz [ka'dɛnts] *mus. f* (-; -en) cadence.
Kader ['ka:dər] *mil., pol. m* (-s; -) cadre; **~einheiten** *f/pl.* cadre units.
Kadett [ka'dɛt] *m* (-en; -en) *mil.,*

mar. cadet; **~en-anstalt** *f* cadets school; **~enkorps** *n* cadet corps; **~enschiff** *n* cadet ship.
Kadi ['kadi] *m* (-s; -s) cadi; *j-n vor den ~ schleppen* go to law with a p.
Kadmium ['katmium] *chem. n* (-s) cadmium; **~gelb** *n* (-s) cadmium sulphide.
kaduzier|en [kadu'tsi:rən] *jur. v/t.* (h.) declare forfeited; **Ωung** *f* (-; -en) forfeiture (*of shares*).
Käfer ['kɛ:fər] *m* (-s; -) beetle, chafer, *Am. a.* bug; *colloq. netter ~* sweet girl; **Ωartig** *adj.* coleopterous.
Kaff *colloq.* [kaf] *n* (-s; -s) god-forsaken place, awful hole, *Am. a.* hick-town.
Kaffee ['kafe] *m* (-s) coffee; *gemahlener (gebrannter) ~* ground (roasted) coffee; *e-e Tasse ~ a cup of coffee; ~ mit (ohne) Milch* white (black) coffee; *~ verkehrt* milk with a dash; **~baum** *m* coffee-tree; '**~bohne** *f* coffee-bean; '**~brenner** *m* coffee-roaster; '**~büchse** *f* (coffee-)caddy; '**~ersatz** *m* coffee substitute; *~gebäck n* (fancy) cakes *pl.* to serve with coffee; '**~geschirr** *n* coffee-service, coffee things *pl.*; '**~haus** *n* café; '**~kanne** *f* coffee-pot; '**~klatsch** *colloq. m* (gossip at a) coffee-party; '**~kränzchen** *n* coffee-party (*or* -circle); '**~löffel** *m usu.* tea-spoon; '**~maschine** *f* coffee percolator; '**~mühle** *f* coffee- mill *or* -grinder; '**~pflanzung** *f* coffee plantation; '**~röster** *m* coffee-roaster; '**~rei** *f* coffee roasters *pl.*; '**~satz** *m* (-es) coffee-grounds *pl.*; '**~tasse** *f* coffee-cup; '**~wärmer** *m* (-s; -) (coffee-pot) cosy.
Kaffein [kafe'i:n] *chem.* (-s) caffeine.
Kaffer ['kafər] *m* (-n; -n) Kaffir; *colloq. sap,* duffer.
Käfig ['kɛ:fiç] *m* (-s; -e) cage (*a. el., tech.*); *fig. im goldenen ~ in a gilded cage;* **~antenne** *f* cage aerial (*Am.* antenna); **~motor** *el. m* squirrel-cage motor.
Kaftan ['kaftan] *m* (-s; -e) caftan.
kahl [ka:l] *adj.* bald; shorn (*head*); *fig.* bare, naked; bare, leafless (*tree*); barren, bleak (*area*); blank (*wall*); plain; poor, paltry; empty.
'**Kahl...:** **~fläche** *f* area devoid of vegetation; → *Kahlschlag*; **~fraß** *m* complete defoliation; **Ωgeschoren** *adj.* close-cropped; **~heit** *f* (-) baldness; *fig.* bareness; barrenness; bleakness; **~kopf** *m* bald head; bald(-headed) person; **Ωköpfig**]'-kœpfiç] *adj.* bald-headed; **~köp-**

figkeit *f* (-) bald-headedness, baldness; **~schlag** *m* complete deforestation; clear-cutting; clear-cut area; clearing.
Kahm [ka:m] *m* (-[e]s; -e) mo(u)ld; **Ωig** *adj.* mo(u)ldy, musty.
Kahn [ka:n] *m* (-[e]s; ~e) (small) boat, skiff; barge; *~ fahren* go boating; *colloq. im ~ sitzen* be in (the) clink; '**~fahrt** *f* boat trip; **~fracht** *econ. f* lighterage.
Kai [kaɪ] *m* (-s; -s) quay, wharf; '**~anlage** *f* wharfage; '**~arbeiter** *m* docker, longshoreman; '**~gebühren** *f/pl.*, '**~geld** *n* wharfage *sg.*
Kaiman ['kaɪman] *zo. m* (-s; -e) cayman.
'**Kai...:** **~mauer** *f* quay-wall; **~meister** *m* wharfinger.
Kain [kain] *m* Cain; '**~smal** *n* (-[e]s, -e), '**~szeichen** *n* mark of Cain.
Kairo ['kaɪro:] *n* Cairo.
Kaiser ['kaizər] *m* (-s; -) emperor; *fig. sich um des ~s Bart streiten* quarrel about nothing; split hairs; *bibl. gebt dem ~, was des ~s ist* render unto Caesar the things which are Caesar's; '**~adler** *orn. m* imperial eagle; '**~haus** *n* imperial family; '**~in** *f* (-; -nen) empress; '**~krone** *f* imperial crown; **Ωlich** *adj.* imperial; *die '~lichen m/pl.* the imperialists; *mil.* the Imperial troops; **~reich** *n* empire; '**~schnitt** *med. m* Caesarean operation *or* section; '**~tum** *n* (-[e]s) empire; '**~wahl** *f* election of an emperor; '**~würde** *f* imperial dignity.
Kajak ['ka:jak] *mar. m and n* (-s; -s) kayak; **~-Einer** (-Zweier, -Vierer) one- (two-, four-)seater kayak.
Kajüte [ka'jy:tə] *mar.* (-; -n) cabin; *erste ~ saloon; große ~* state-room; **~npassagier** *m* cabin (*or* saloon) passenger; **~ntreppe** *f* companion-way. [cockatoo.}
Kakadu ['kakadu] *orn. m* (-s; -s)}
Kakao [ka'ka:o] *m* (-s) cocoa; (*seed, tree*) cacao; *colloq. j-n durch den ~ ziehen* a) pull a p.'s leg, b) run a p. down, roast a p.; **~baum** *m* cocoa-tree, cacao; **~bohne** *f* cocoa-bean; *bot.* cacao-bean; **~butter** *f* cocoa butter; **~pulver** *n* cocoa powder.
Kaktus ['kaktus] *bot. m* (-; -'teen) cactus; *pl.* cacti, cactuses.
Kalamität [kalami'tɛ:t] *f* (-; -en) calamity.
Kalander [ka'landər] *tech. m* (-s; -) calender, glazing rollers *pl.*; **Ωn** *v/t.* (h.) calender.

Kalauer ['kɑːlaʊər] m (-s; -) stale joke, pun.
Kalb [kalp] n (-[e]s; ⁼er) calf; fig. ninny; das Goldene ~ the golden calf; '♀en ['-bən] v/i. (h.) calve.
kälbern ['kɛlbərn] v/i. (h.) calve; fig. frolic, romp.
'**Kalb...:** ~fell n calf(-skin); mil. drum; ~fleisch n veal; ~leder n calf(-leather); in ~ gebunden calf-bound; ♀ledern adj. of calf (leather).
'**Kalbs...:** ~braten m roast veal; ~brust f (gefüllte ~) (stuffed) breast of veal; ~frikassee n fricassee of veal; ~fuß m calf's foot; ~hachse, ~haxe, ~keule f leg of veal; ~kopf m calf's head; ~kotelett n veal cutlet; ~leber f calf's liver; ~lende f fillet of veal; ~nierenbraten m loin of veal; ~schlegel m → Kalbshachse; ~schnitzel n veal cutlet.
Kaldaunen [kal'daʊnən] f/pl. cul. tripe sg.
Kaleidoskop [kalaido'skɔp] n (-s; -e) kaleidoscope.
Kalender [ka'lɛndər] m (-s; -) calendar; almanac; hundertjähriger ~ perpetual almanac; ~jahr n calendar year; ~uhr f calendar watch.
Kalesche [ka'lɛʃə] f (-; -n) calash; chaise.
Kalfakt|er [kal'faktər], ~or m (-s; -'toren) boilerman; caretaker; in prison: trusty.
kalfatern [kal'fɑːtərn] mar. v/t. (h.) caulk, calk.
Kali ['kɑːli] n (-s; -s) potash; ätzendes ~ caustic potash; essigsaures ~ acetate of potash; kohlensaures ~ carbonate of potash; salpetersaures ~ potassium nitrate.
Kaliber [ka'liːbər] n (-s; -) of gun: calib|re, Am. -er (a. fig.); bore; tech. gauge; ~maß n calibre-ga(u)ge.
kalibrieren [-li'briːrən] tech. v/t. (h.) calibrate, ga(u)ge; standardize.
Kalif [ka'liːf] m (-en; -en) caliph; **Kalifat** [-'fɑːt] n (-[e]s; -e) caliphate.
Kaliforn|ien [kali'fɔrniən] n California; ~ier(in f) m (-s, -; -, -nen), ♀isch adj. Californian.
'**Kali...:** ~dünger m fertilizer, potash manure; ♀haltig adj. potassic; ~hydrat n potassium hydrate.
Kaliko ['kaliko] m (-s; -s) calico.
'**Kali...:** ~lauge f potash lye; ~salpeter m (common) nitre, nitrate of potash; ~salz n potassium salt.
Kalium ['kɑːlium] n (-s) potassium; ~chlorat n potassium chlorate.
'**Kaliwerk** n potash works pl.
Kalk [kalk] m (-[e]s; -e) lime, chalk; limestone; gebrannter ~ quicklime; gelöschter ~ slaked lime; mit ~ tünchen lime-wash; '♀arm adj. deficient in lime (or med. in calcium); '♀artig adj. limy, calcareous; '~brenner m limeburner; '~brenne'rei f lime-kiln; '~ei n waterglass egg; '♀en v/t. (h.) agr. lime; tech. whitewash; '~erde f calcareous earth; '~gebirge n limestone mountain; '~grube f lime-pit; '♀haltig adj. calcareous, calciferous; '~hütte f → Kalkbrennerei; '♀ig adj. limy, calcareous;

'**~mangel** m deficiency in lime, med. calcium deficiency; '~mörtel m lime mortar; '~ofen m lime-kiln; '~stickstoff m calcium cyanamide.
Kalkül [kal'kyːl] m (-s; -e) calculation.
Kalkulation [kalkulatsi'oːn] f (-; -en) calculation; ~sfehler m miscalculation.
Kalkulator [-'lɑːtɔr] m (-s; -en) calculator, cost accountant; **kalkulatorisch** [-'toːriʃ] adj. calculable, from the calculation point of view; **kalkulieren** [-'liːrən] v/t. and v/i. (h.) calculate, compute, reckon.
Kalligraphie [kaligra'fiː] f (-) calligraphy.
Kalmengürtel ['kalmən-] m, ~zone f calm-belt; der äquatoriale ~ the doldrums.
Kalorie [kalo'riː] f (-; -n) caloric (or thermal) unit, calorie; ~gehalt m calorie content; **Kalori'meter** n (-s; -) calorimeter.
kalt [kalt] adj. cold; frigid (zone, etc.); chilly (air, etc.); eisig ~ icy, glacial; mir ist ~ I am (or feel) cold; mir wird ~ I am getting cold; ~ werden grow cold, cool down; → kaltstellen; ~e Küche cold meat (or lunch or dishes pl.); fig. cold (a. colour), frosty; frigid (a. sexually); indifferent; ~en Blutes in cold blood, callously; ~ bleiben keep cool, keep one's temper; j-m die ~e Schulter zeigen give a p. the cold shoulder; das läßt mich ~ that leaves me cold, I don't care a rap; → kaltmachen; pol. ~er Krieg cold war; '♀be-arbeiten n (-s) cold working; '♀biegen tech. n (-s) cold-bending; '♀blüter ['-blyːtər] m/pl. cold-blooded animals; '~blütig I. adj. cold-blooded; fig. a. cold, cool, cool-headed; II. adv. in cold blood, callously; cooly; '♀blütigkeit f (-) cold-bloodedness; fig. a. sang-froid (Fr.), coolness; '♀blütler ['-blyːtlər] m (-s; -) cold-blooded animal; '~brüchig metall. adj. cold-short.
Kälte ['kɛltə] f (-) cold; chill; frostiness; frigidity; fig. coldness; indifference; vor ~ zittern shiver with cold; fünf Grad ~ five degrees below zero; ~anlage f refrigerating plant; ♀beständig adj. cold-resistant, non-freezable; '~beständigkeit f anti-freezing quality; ~chemie f cryochemistry; ~einbruch m cold snap; ♀empfindlich adj. sensitive to cold; ♀erzeugend adj. refrigerant; ~erzeugungsmaschine f refrigerator, freezer; ~gefühl n sensation of cold; ~grad m degree of cold or (by centigrades) below zero; ~industrie f refrigeration industry; ~leistung f refrigerating capacity; ~maschine f refrigerating machine; ~mittel n cooling agent, coolant; ♀n v/t. (h.) chill, refrigerate; ~regler m cryostat; ~schutzmittel n cold protective; mot. antifreeze mixture; ~technik f refrigeration (engineering); ~welle f cold wave (or spell).
'**kalt...:** ~gezogen tech. adj. cold-drawn; ~hämmerbar adj. malleable; ~hämmern v/t. (h.) cold-

-hammer; ~härten v/t. (h.) strain-harden; ~der Lack cold-setting lacquer; ~herzig adj. cold-hearted, unfeeling; ~lächelnd adv. with a cold smile, without turning a hair; ♀lagerung f cold storage; ♀leim m cold glue; ♀luft f cold air; polar air; ♀luftfront f cold front; ~machen colloq. v/t. (h.) j-n: kill, make cold meat of a p.; bump a p. off; ♀reckung metall. f cold straining; ♀schale f cold fruit (or beer-, wine-)soup; ~schnäuzig ['-ʃnɔytsiç] colloq. I. adj. cool; II. adv. coolly, as cool as you please; ♀start mot. m cold start(ing); ~stellen v/t. (h.) put in a cool place (or into cold storage, on ice), keep cool; fig. shelve, leave out in the cold, side-track, isolate; ♀verformung f cold working or shaping; ♀wasserheilkunde f cold-water therapy; ♀wasserkur f cold-water cure; ♀welle f hairdressing: cold wave; ~ziehen tech. v/t. (irr., h.) cold-draw.
Kalvarienberg [kal'vɑːriənberk] m (-[e]s) (Mount) Calvary.
Kalvinist(in f) [kalvi'nist] m (-en, -en; -, -en) Calvinist.   [calcine.)
kalzinieren [kaltsi'niːrən] v/t. (h.)ʃ
Kalzium ['kaltsium] chem. n (-s) calcium; ~karbid n calcium carbide.
kam [kɑːm] pret. of kommen.
Kamarilla [kama'rilja] f (-; -llen) camarilla.
Kamee [ka'meː(ə)] f cameo (-; -n).
Kamel [ka'meːl] n (-[e]s; -e) camel; colloq. fig. blockhead, idiot; ~füllen n young camel; ~garn n mohair; ~haar n camel's hair; in compounds a. camel hair ...
Kamelie [ka'meːliə] bot. f (-; -n) camellia.
Ka'melkuh f → Kamelstute.
Kamelott [kamə'lɔt] m (-s; -e) camlet.
Ka'mel...: ~stute f female (or she-)camel; ~treiber m camel-driver; ~ziege f Angora goat.
Kamera ['kaməra] f (-; -s) camera; ~assistent m film: camera operator.
Kamerad [kamə'rɑːt] m (-en; -en), ~in f (-; -nen) comrade, companion, fellow, mate, pal, chum, Am. a. bud(dy); → Schul♀, Spiel♀; ~schaft f (-; -en) comradeship, (good) fellowship; ♀schaftlich adj. like a comrade, companionable, friendly, chummy, matey; ~schaftsabend m social (or companionable) evening; ~schafts-ehe f companionate marriage; ~schaftsgeist m (-[e]s) team spirit, matey spirit, camaraderie.
'**Kamera|führung** f camera work; ~mann m (head) cameraman.
Kamille [ka'milə] bot. f (-; -n) camomile; ~ntee m camomile tea.
Kamin [ka'miːn] m (-s; -e) chimney; flue; fireplace, fireside; mount. chimney, crevasse; fig. Plauderei am ~ fireside chat; in den ~ schreiben consider (as) lost; dein Geld kannst du in den ~ schreiben you can whistle for your money; ~feger m (-s; -) chimney-sweep; ~feuer n log-fire; ~sims n mantelpiece; ~teppich m hearth-rug.

Kamm [kam] *m* (-[e]s; ⸚e) comb; *of mountains*: crest, ridge; crest (*of bird, horse, wave, etc.*); *tech.* cog, cam (*of gear*); *weaving*: reed; *cul.* scrag, chuck, neck(-piece); *fig. alle(s) über e-n ~ scheren* treat all alike, tar all with the same brush; *fig. ihm schwoll der ~* **a)** he bristled (*or* saw red), **b)** he was getting cocky.

kämmen ['kɛmən] *v/t. and v/i.* (h.) comb; *sich ~* comb one's hair *or* o.s.; *tech.* card (*wool*); *gears*: mate (*mit* with).

Kammer ['kamər] *f* (-; -n) chamber (*a. anat., zo. and tech.*); (small) room, cabinet, closet; cubicle, cubby-hole; compartment; *adm.* board, chamber (*a. parl.*); *jur.* panel; *mil.* unit stores *pl.*; chamber (*of gun*); *anat.* ventricle; '**~diener** *m* valet.

Kämmerei [kɛmə'raɪ] *f* (-; -en) finance department.

'**Kämmerer** *m* (-s; -) *hist.* chamberlain; treasurer; city accountant.

'**Kammer...**: **~frau** *f* lady's maid; **~fräulein** *n* lady-in-waiting; **~gericht** *n* Supreme Court; **~herr** *m* gentleman-in-waiting; **~jäger** *m* vermin-killer; **~junker** *m* → **~herr**; **~kätzchen** *colloq. n*, **~mädchen** *n* chambermaid; **~konzert** *n* chamber concert; **~musik** *f* chamber music; **~orchester** *n* chamber orchestra; **~sänger(in** *f*) *m* first-rate concert-singer; **~ton(höhe** *f*) *m* concert pitch; **~tuch** *n* cambric; **~unteroffizier** *m Brit.* NCO storekeeper, *Am.* supply sergeant; **~warze** *f on rifle*: bolt lug; **~zofe** *f* lady's maid.

'**Kammgarn** *n* worsted (yarn); **~gewebe** *n* worsted (fabric); **~spinne'rei** *f* worsted-spinning mill; **~stoff** *m* worsted.

'**Kamm...**: **~rad** *tech. n* cog-wheel; **~stück** *n* scrag (end), chuck (*of beef, etc.*); **~wolle** *f* carded wool; worsted.

Kam'pagne *f* campaign.

Kämpe ['kɛmpə] *m* (-n; -n) *hist.* champion, warrior; *alter ~* seasoned soldier, *w.s.* old hand.

Kampf [kampf] *m* (-[e]s; ⸚e) fight, combat; action, engagement; battle; encounter; struggle (*um* for); conflict *of opinion, etc.* (*a. pol.*); strife; feud; *sports, etc.*: contest; match; *boxing*: bout, fight; *~ ums Dasein* struggle for existence *or* life; *~ auf Leben und Tod* life and death struggle; *~ Mann gegen Mann* man-to-man fight; *j-m den ~ ansagen* challenge a p., fling down the gauntlet to a p.; → *antreten*; *mil. den ~ eröffnen* open hostilities; *den ~ einstellen* cease fighting.

'**Kampf...**: **~abschnitt** *m* combat sector; **~ansage** *f* challenge (*an* to); **~aufstellung** *f* battle-array; **~auftrag** *m* combat mission (*or* task); **~bahn** *f sports* stadium, arena; **~begier(de)** *f* pugnacity, lust for battle; **2begierig** *adj.* eager to fight, combative, pugnacious; **2bereit** *adj.* ready to fight; combat-ready, *mar.* cleared for action; **~einheit** *mil. f* combat unit; **~einsatz** *m* combat; commitment *of* troops.

kämpfen ['kɛmpfən] *v/i.* (h.) fight (*für, um* for), combat; (engage in) battle; struggle, wrestle; *fig. ~ mit a.* contend *or* grapple with; *gut ~* put up a good fight; *~de Truppe* fighting forces; *2 n* (-s) fight(ing), combat, struggle, battle.

Kampfer ['kampfər] *m* (-s) camphor.

Kämpfer ['kɛmpfər] *m* (-s; -) **1.** fighter; battler, campaigner; *mil.* combatant, warrior; *sports* contestant; boxer, fighter; wrestler; **2.** *arch.* impost; abutment; **2isch** *adj.* fighting, militant, combative; aggressive.

'**Kampf...**: **~erfahrung** *f* combat (*sports*: competition) experience; *boxing*: ring routine; **2erprobt** *adj.* battle-tried, seasoned; veteran (*troops*); **2fähig** *adj.* fit to fight; fit for action; **~flieger** *m* combat pilot; bomber pilot; **~flugzeug** *n* tactical aircraft; **~gas** *mil. n* war (*or* poison) gas; **~gebiet** *n* combat area; **~geist** *m* fighting spirit; *~ zeigen* show fight; **~gericht** *n* jury; **~geschwader** *aer. n* bomber group (*Am.* wing); **~gewühl** *n* turmoil of battle, mêlée (*Fr.*); *im ~ in* the thick of the battle; **~gruppe** *mil. f* combat team; *Brit.* brigade group, *Am.* (combat) group; task force; **~hahn** *m* fighting cock (*a. fig.*); **~handlung** *mil. f* engagement, operation; (*a. ~en pl.*) action; **~kraft** *f* fighting strength; **~linie** *mil. f* fighting (*or* firing) line; **2los** *adv.* without a fight; **~lust** *f* love of fighting, pugnacity, bellicosity; **2lustig** *adj.* belligerent, pugnacious, aggressive; **2müde** *adj.* battle-weary; **~platz** *m* scene of action (*sports*: of events), battlefield; → *Kampfbahn*; *fig. den ~ betreten* enter the lists; **~preis** *m* prize; **~richter** *m* judge, umpire, referee; *pl. a.* the jury; **~ruf** *m* battle-cry; **~schwimmer** *m* frogman; **~sport** *m* combative sports; **~stärke** *f* fighting strength; **~stoff** *mil. m* chemical warfare agent; war (*or* poison) gas; **~tätigkeit** *f* combat activity, action; **~truppe** *f* line (*or* combat) troops *pl.*; **2unfähig** *adj.* disabled; out of action; *boxing*: unable to continue boxing; *~ machen* disable (*a. sports*), put out of action; **~verband** *mil. m* combat team; task force; *aer.* **a)** fighter formation, **b)** bomber formation; **~wagen** *m* combat vehicle; arm-o(u)red car; tank; **~ziel** *n* objective; **~zone** *f* combat area.

kampieren [kam'piːrən] *v/i.* camp.

Kanad|ier[1] [ka'naːdiər] *m* (-s; -), **~ierin** *f* (-; -nen), **2isch** *adj.* Canadian.

Ka'nadier[2] *m* (-s; -) (*boat*) Canadian canoe; **~Einer** (-Zweier) Canadian-single (-double).

Kanake [ka'naːkə] *m* (-n; -n) Kanaka.

Kanal [ka'naːl] *m* (-s; ⸚e) **1.** channel (*a. tech., TV, and fig.*); canal; ditch, drain, sewer; conduit, duct; gutter; **2.** *geogr.* (*Ärmel2*) *the* (British) Channel; **~arbeiter** *m* navvy, excavator; flusher, sewerman; **~bau** *m* (-[e]s; -ten) canal-building,

canalization; drainage; **~dampfer** *m* cross-Channel boat; **~inseln** *f/pl.* Channel Islands.

Kanalisation [kanalizatsi'oːn] *f* (-; -en) canalization; drainage; sewerage; *in house*: drains *pl.*; **~s-anlage** *f* sewage system (*of town*); **~srohr** *n* sewer pipe; drain pipe.

kanalisier|en [-'ziːrən] *v/t.* (h.) canalize (*river*); sewer (*town*); **2ung** *f* (-; -en) canalization, drainage.

Ka'nal...: **~schwimmer(in** *f*) *m* (-s, -; -, -nen) cross-Channel swimmer; **~strahlen** *phys. m/pl.* canal rays; **~wähler** *TV m* channel selector.

Kanapee ['kanape:] *n* (-s; -s) sofa, settee.

Kanarienvogel [ka'naːriən-] *m* canary (bird).

kanarisch [ka'naːriʃ] *adj.* Canarian; *die 2en Inseln f/pl.* the Canary Islands, the Canaries.

Kandare [kan'daːrə] *f* (-; -n) curb (-bit), (bridle-)bit; *fig. j-n an die ~ nehmen* put the curb on a p., take a p. in hand; **~zügel** *m* curb rein.

Kandelaber [kande'laːbər] *m* (-s; -) candelabrum, chandelier.

Kandidat [kandi'daːt] *m* (-en; -en), **~in** *f* (-; -nen) candidate, applicant; aspirant; *aufgestellter ~* nominee (*in elections*); **~enliste** *f* list of candidates.

Kandidatur [-da'tuːr] *f* (-; -en) candidature, candidacy (*für* for).

kandidieren [-'diːrən] *v/i.* (h.) be (*or* come forward as, put up as) a candidate (*für* for); stand (*Am.* run) (*for election*); *parl.* contest (a seat).

kandieren [kan'diːrən] *v/t.* (h.) candy.

Kandiszucker ['kandis-] *m* (sugar-)candy.

Kaneel [ka'neːl] *m* (-s; -e) cinnamon.

Kanevas ['kanəvas] *m* (-; -) canvas.

Känguruh ['kɛŋguru:] *zo. n* (-s; -s) kangaroo.

Kaninchen [ka'niːnçən] *zo. n* (-s; -) rabbit; **~bau** *m* (-[e]s; -e) burrow; **~fell** *n* rabbit-skin; **~gehege** *n* rabbit warren; **~stall** *m* rabbit-hutch.

Kanister [ka'nistər] *m* (-s; -) canister; (metal) container, can.

Kännchen ['kɛnçən] *n* (-s; -) small can *or* jug *or* pot, *Am.* dipper.

Kanne ['kanə] *f* pot; can; jug; tankard; **~gießer** *colloq. m fig.*: (*politischer*) ~ pothouse politician; **~gieße'rei** *colloq. f* pothouse politics, political twaddle.

kannelieren [kanə'liːrən] *tech. v/t.* (h.) channel, flute.

'**Kannengießer** *m* (-s; -) pewterer.

Kanniba|le [kani'baːlə] *m* (-n; -n), **~lin** *f* (-; -nen) cannibal; **2lisch** *adj.* (like a) cannibal, cannibalistic; *fig.* cruel, ferocious, savage; *colloq.* beastly, awful, terrific; **~lismus** [-'lismus] *m* (-) cannibalism.

kannte ['kantə] *pret. of kennen.*

'**Kannvorschrift** *jur. f* discretionary clause, permissive provision.

Kanon ['kaːnɔn] *mus. eccl., typ. m* (-s; -s) canon.

Kanonade [kano'naːdə] *mil. f* (-; -n) cannonade, bombardment.

Kanone [ka'noːnə] *f* (-; -n) **1.** *mil.*

cannon, piece (of ordnance), gun; → *Spatz*; **2.** *colloq. fig.* **a)** master--mind, wizard, **b)** big gun *or* bug, **c)** *esp. sports* crack, ace, star; **3.** *colloq. fig. unter aller* ~ beneath contempt, lousy.
Ka'nonen...: ~**boot** *n* gunboat; ~**donner** *m* roar (*or* boom) of cannon(s); ~**feuer** *n* gunfire, cannonade; ~**futter** *fig. n* cannon-fodder; ~**kugel** *f* cannonball; ~**ofen** *m* round iron stove; ~**rohr** *n* cannon barrel; ~**schlag** *m* thunder-flash; ~**schuß(weite** *f*) *m* cannon-shot (range); ~**stiefel** *m/pl.* jackboots.
Kanonier [kano'niːr] *mil. m* gunner, *Am.* recruit, cannoneer.
Kanon|ikus [ka'noːnikus] *m* (-;-ker) canon; **2isch** *adj.* canonical; ~*es Recht* canon law; *phys.* ~*e Feldtheorie* canonical field theory.
kanonisier|en [-'ziːrən] *v/t.* (h.) canonize; **2ung** *f* (-; -en) canonization.
Kantate [kan'taːtə] *mus. f* (-; -n) cantata.
Kant|e ['kantə] *f* (-; -n) edge; brim; corner; face (*of wood*); ledge; *of cloth*: list, selvage; lace; *fig. et. auf die hohe* ~ *legen* put by (for a rainy day); ~**el** *m* (-s; -) square section ruler; ~**en** *m* (-s; -) crust (*of bread*); **2en** *v/t.* (h.) cant, set on edge; tilt; border, edge; square (*stone*); *die Schier* ~ edge (*or* cant) the ski; *econ. nicht* ~! this side up!; ~**haken** *m mar.* cant-hook; *fig. j-n beim* ~ *fassen* collar a p., take a p. by the scruff of the neck; ~**holz** *tech. n* square(d) timber; **2ig** *adj.* angular, edged; square(d).
Kantine [kan'tiːnə] *f* (-; -n) canteen, *mil. a.* mess (hall); ~**nwirt** *m* canteen manager.
Kanton [-'toːn] *m* (-s; -e) canton. **kanton|al** [-to'naːl] *adj.* cantonal; ~**ieren** *mil. v/t.* (h.) canton; **2ist** *m* (-en; -en): *colloq. fig. unsicherer* ~ unrealiable fellow.
Kantor ['kantɔr] *m* (-s; -'toren) precentor; choir-master; parish schoolmaster and organist.
Kanu ['kaːnu] *n* (-s; -s) canoe; '~**fahren** *n* (-s), '~**sport** *n* canoeing; '~**fahrer, Kanute** [-'nuːtə] *m* (-n; -n) canoeist.
Kanüle [-'nyːlə] *med. f* (-; -n) tubule, cannula.
Kanzel ['kantsəl] *f* (-; -n) pulpit; *aer.* cockpit; (gun-)turret; *auf der* ~ *in the pulpit; die* ~ *besteigen* mount the pulpit; '~**rede** *f* sermon; '~**redner** *m* pulpit-orator.
Kanzlei [kants'lai] *f* (-; -en) chancellery; office; (government *or* lawyer's) office; ~**diener** *m* messenger; usher; ~**gericht** *n* (court of) chancery; ~**papier** *n* foolscap (paper); ~**sprache** *f* (-), ~**stil** *m* (-) official *or* legal language (*or* style), officialese.
'**Kanzler** *m* (-s; -) chancellor; ~**amt** *n* chancellorship.
Kaolin [kao'liːn] *n* (-s; -e) kaolin, porcelain clay.
Kap [kap] *n* (-s; -s) cape; headland.
Kapaun [ka'paun] *m* (-s; -e) capon.
Kapazität [kapatsi'tɛːt] *f* (-; -en) capacity (*a. el.*); *el. of condenser*: capacitance; *fig.* (leading) authority

(*auf dem Gebiete der* on, in the field of); *geistige* ~ mental capacity; ~**s-ausnutzung** *f industry*: (full) utilization of capacity; **2sfrei** *el. adj.* non-capacitive.
kapazitiv [-'tiːf] *el. adj.* capacitive.
Kapell|e [ka'pɛlə] *f* (-; -n) *eccl.* chapel; *mus.* band, orchestra; ~**meister** *m* bandmaster, conductor.
Kaper[1] ['kaːpər] *bot. f* (-; -n) caper.
'**Kaper**[2] *mar. m* (-s; -) privateer; ~**brief** *m* letters *pl.* of marque.
Kaperei [-'rai] *f* (-) privateering.
'**kaper|n** *mar. v/t.* (h.) capture, seize; *gekapertes Schiff* prize; *fig.* seize, collar, bag, commandeer; **2schiff** *n* privateer, corsair.
kapieren [ka'piːrən] *colloq. v/t.* (h.) grasp, get (it), catch on to; *kapiert?* got it?; *ich kapiere das nicht* I don't get it.
Kapillar|gefäß [kapi'laːr-] *anat. n* capillary (vessel); ~**kraft** *f* capillary force.
Kapital [kapi'taːl] *n* (-s; -ien) capital, funds *pl.*; stock; asset; ~ *und Zinsen* principal and interest; *arbeitendes* (*totes*) ~ working (dead) capital; *eingezahltes* ~ paid-up capital; *flüssiges* ~ available funds; ~ *aus et. schlagen* profit by a th., *fig. a.* make capital out of a th., turn a th. to account, cash in on a th.; → *aufnehmen, kündigen, etc.*; **2** *adj.* capital, excellent, first-rate; *hunt.* royal (*stag*); capital (*crime*); ~**abfindung** *f* monetary compensation; ~**abgabe** *f* capital levy; ~**abschöpfung** *f* depletion of capital; ~**abwanderung** *f* exodus of capital; ~**anlage** *f* investment; *lohnende* ~ paying investment; (*un*)*produktive* ~ (un)productive investment; ~**anlagegesellschaft** *f* investment trust; ~**anteil** *m* capital share; ~**bedarf** *m* capital requirements *pl.*; ~**beschaffung** *f* raising of capital; ~**betrag** *m* principal; ~**bilanz** *f* balance of capital transactions; net capital movement; ~**bildung** (*or* accumulation) of capital; ~**einkommen** *n* unearned income; ~**einlage** *f* invested capital, paid-in share; ~**erhöhung** *f* increase of capital; ~**ertrag** *m* capital yield; ~**ertragssteuer** *f* capital gains tax; ~**flucht** *f* (-) flight of capital; ~**geber** *m* financer, investor; ~**gesellschaft** *f* capital (*or* joint-stock) company; ~**güter** *n/pl.* capital goods.
Kapitalien [-'taːliən] *pl.* capital *sg.*, funds.
kapi'tal-intensiv *adj.* requiring (*or* employing) a considerable amount of capital.
kapitalisier|en [-tali'ziːrən] *v/t.* (h.) capitalize; finance, fund; realize, convert into capital; **2ung** *f* (-) capitalization; realization; **2ungsanleihe** *f* funding loan.
Kapitalismus [-'lismus] *m* capitalism.
Kapitalist [-'list] *m* (-en; -en) capitalist; **2isch** *adj.* capitalistic(ally *adv.*).
Kapi'tal...: ~**knappheit** *f* shortage of capital, stringency of money; ~**kraft** *f* (-) financial capacity;

2kräftig *adj.* well funded, (financially) powerful; ~**mangel** *m* (-s) lack of capital; ~**markt** *m* money market; ~**steuer** *f* tax on capital; ~**verbrechen** *n* capital crime; ~**vermögen** *n* capital assets *pl.*; ~**wertzuwachs** *m* capital increment value; ~**zins** *m* interest on capital; ~**zufluß** *m* influx of capital.
Kapitän [kapi'tɛːn] *mar. m* (-s; -e) captain; skipper; *sports* (team) captain, skipper; *mil.* ~ *zur See* captain (in the navy), *Brit.* captain R.N. (= of the Royal Navy); ~**leutnant** *m* (senior) lieutenant.
Kapitel [ka'pitəl] *n* (-s; -) chapter; *fig.* topic; matter; *ein trauriges* ~ a sad story; *das ist ein* ~ *für sich* that is another story.
Kapitell [-'tɛl] *arch. n* (-s; -e) capital.
Kapitulation [-tulatsi'oːn] *mil. f* (-; -en) **1.** capitulation, surrender; *bedingungslose* ~ unconditional surrender; **2.** re-enlistment; **kapitulieren** *v/i.* **1.** (h.) capitulate, surrender; **2.** re-enlist.
'**Kap|kolonie** *f*, ~**land** *n* Cape Colony, *the* Cape. [lain.]
Kaplan [ka'plaːn] *m* (-s; ʉe) chap-
Kapo ['kapoː] *colloq. m* (-s; -s) *mil.* sergeant; *w.s.* overseer, gang boss.
Kappe ['kapə] *f* (-; -n) cap; hood; *tech.* cap, top, hood; top-piece; toe-cap (*of shoe*); heel-piece (*on stocking*); coping (*of wall*); dome; crown (*of tooth*); *fig. et. auf s-e* ~ *nehmen* take the responsibility for a th.
'**kappen** *v/t.* (h.) **1.** cut (*rope*); lop, top (*tree*); capon (*cock*); **2.** cap; heel (*stocking*); tip (*shoe*).
'**Kapphahn** *m* capon.
Käppi ['kɛpi] *n* (-s; -s) kepi, (military) cap.
'**Kappnaht** *f* lap-seam.
Kapriole [kapri'oːlə] *f* (-; -n) *riding*: capriole; *fig. a.* trick, escapade; caper; ~*n machen* cut capers, *fig.* play tricks.
kaprizieren [-'tsiːrən]: *sich* ~ *auf* (*acc.*) set one's heart on, take *a th.* into one's head.
kapriziös [-tsi'øs] *adj.* capricious.
Kapsel ['kapsəl] *f* (-; -n) case, box; *anat., bot., pharm.* capsule; *tech. casting*: chill; *ceramics*: sagger; detonator; *on bottle*: cap; (space) capsule; module (*of spaceship*); **2förmig** *adj.* capsular; '~**guß** *m* casting in chills; '~**mikrophon** *n* inset transmitter; '~**mutter** *tech. f* (-; -n) capped nut.
Kapstadt ['kapʃtat] *n* Cape Town.
kaputt [ka'put] *adj.* broken, in pieces, smashed; ruined (*a. fig.*); spoiled; *fig.* **a)** dead, gone, *sl.* done for, **b)** fagged out, all in, dead-beat; ~*gehen* get broken, go to pieces; spoil; die, go west; ~ *machen* ruin, bust *or* smash (up); *das macht einen* ~ that takes the life out of a man.
Kapuze [ka'puːtsə] *f* (-; -n) hood; cowl.
Kapuziner|(mönch) [-pu'tsiːnər] *m* (-s; -) Capuchin (monk); ~**kresse** *bot. f* nasturtium.
Karabiner [kara'biːnər] *m* (-s; -) car(a)bine; ~**haken** *tech. m* spring (*or* snap) hook.

Karaffe [ka'rafə] f (-; -n) carafe; decanter.

Karambol|age [karambo'lɑ:ʒə] f (-; -n) billiards: cannon, Am. carom; fig. collision, crash; **ieren** v/i. (h.) (make a) cannon; colloq. fig. crash (mit into), collide (with).

Karamel [kara'mɛl] m (-s), **le** f (-; -n) caramel.

Karat [ka'rɑ:t] n (-[e]s; -) carat.

Karate n (-s) karate.

...karätig [-'rɛ:tiç] adj. in compounds: achtzehnes Gold 18-carat gold.

Karawan|e [kara'vɑ:nə] f (-; -n) caravan, **enstraße** f caravan route; **serei** [-vanzə'raɪ] f (-; -en) caravanserai.

Karbid [kar'bi:t] n (-[e]s; -e) carbide, **lampe** f carbide lamp.

Karbol [-'bo:l] n (-s), **säure** f (-) carbolic acid; **seife** f carbolic soap.

Karbonade [-bo'nɑ:də] f (-; -n) cul. fried (or grilled) meat chop.

Karbonat [-'nɑ:t] chem. n (-[e]s; -e) carbonate.

karbonisieren [-ni'zi:rən] v/t. (h.) carbonize.

Karborund [-'runt] tech. n (-[e]s) carborundum.   [carbuncle.]

Karbunkel [kar'buŋkəl] n (-s; -)

karburieren [-'ri:rən] v/t. (h.) metall. carburize; chem. carburet.

Kardan|gelenk [-'dɑ:n-] tech. n cardan (or universal) joint; **ge-triebe** n cardan gear; **welle** f cardan (or flexible drive) shaft.

Kardätsche [-'dɛ:tʃə] f (-; -n) 1. tech. card; 2. curry-comb, horse-brush; **2n** v/t. (h.) tech. card (wool); curry, brush (horses).

Karde ['kardə] bot., tech. f (-; -n) teasel.

Kardinal [kardi'nɑ:l] m (-s; ⁼e) cardinal (a. orn. = cardinal-bird); **fehler** m cardinal error; **punkt** m cardinal point; **skollegium** n college of cardinals; **tugend** f cardinal virtue; **zahl** f cardinal number.

Kardiogramm [kardio'gram] n (-s; -e) cardiogram.

Karenzzeit [ka'rɛntstsaɪt] f waiting-period; econ. **a)** period of non-availability, **b)** period of restriction (for employee).

karessieren [karɛ'si:rən] v/t. (h.) caress, fondle.

Kar'freitag [kɑ:r-] m Good Friday.

Karfunkel [kar'fuŋkəl] med., min. m (-s; -) carbuncle.

karg [kark] adj. sparing, parsimonious; mean, niggardly, stingy; scanty, meag|re, Am. -er, poor, paltry; poor, sterile (soil); **en** ['-gən] v/i. (h.): mit (dat.) be sparing of, be stingy with; nicht mit a. be lavish with; **'2heit** f (-) parsimony; stinginess; poorness, poverty, scantiness.

kärglich ['kɛ:rkliç] adj. sparing(ly meted out); scanty, meag|re, Am. -er; poor, paltry; **'2keit** f (-) scantiness.

karibisch [ka'ri:biʃ] adj.: das Karibische Meer the Caribbean (Sea).

kariert [ka'ri:rt] adj. check(ed), chequered, Am. checkered.

Karies ['kɑ:riɛs] med. f (-) caries.

Karikatur [karika'tu:r] f (-; -en)

caricature, cartoon; **Karikaturist** (-in f) [-tu'rist] m (-en, -en; -, -nen) caricaturist, cartoonist; **karikieren** [-'ki:-] v/t. (h.) caricature, cartoon.

kariös [kari'ø:s] med. adj. carious, decayed.

karitativ [-ta'ti:f] adj. charitable.

Karl [karl] m Charles; der Dicke (Kühne) Charles the Fat (Bold); der Große Charlemagne.

karmesin(rot) [karme'zi:n] adj. crimson.

Karmin [-'mi:n] n (-s) carmine; **2blau** adj. indigo carmine; **2rot** adj. carmine.

Karneval ['karnəval] m (-s; -e) (Shrovetide) carnival; **s...** → Fastnachts...

Karnickel [kar'nikəl] colloq. n (-s; -) rabbit, bunny; fig. scapegoat.

Kärnt|en ['kɛrntən] n Carinthia; **'ner(in** f) m (-s, -; -, -nen), **'2ne-risch** adj. Carinthian.

Karo ['kɑ:ro] n (-s; -s) square; in cloth: check; cards: diamonds pl.; **könig** m king of diamonds.

Karoling|er ['-liŋər] m (-s; -), **2isch** adj. Carolingian.

'Karomuster n check design, chequer, Am. checker.

Karosse [ka'rɔsə] f (-; -n) state-coach.

Karosserie [-'ri:] f (car-)body, coachwork, **bau** m (-[e]s) body-making; **bauer** m (-s; -) body-maker, Am. a. stylist; **blech** n body sheet.

Karotin [karo'ti:n] n (-s) carotene.

Karotte [ka'rɔtə] f (-; -n) carrot.

Karpfen ['karpfən] m (s; -) carp; **'teich** m carp pond; → Teich.

Karre ['karə] f (-; -n) → Karren; colloq. mot. alte rattle-trap, Am. a. jalopy.

Karree [ka're:] n (-s; -s) square.

Karren ['karən] m (-s; -) wheelbarrow; cart; ein voll a cartload; fig. den in den Dreck fahren make a mess of it, get stuck; den aus dem Dreck ziehen clear up the mess; den einfach laufen lassen let things slide; **2** v/t. and v/i. (h.) cart, wheel; **gaul** m cart-horse.

Karriere [kari'ɛ:rə] f (-; -n) gallop; fig. career; machen work one's way up, get on (in the world), be quickly promoted; in voller at full gallop, at a rattling pace.

Kärrner ['kɛrnər] m (-s; -) carter.

Kar'samstag m Holy Saturday.

Karst [karst] **1.** m (-es; -e) agr. mattock; prong-hoe; **2.** m (-es) (mountain) bare Alpine tract, karst.

Kartätsche [kar'tɛ:tʃə] mil. f (-; -n) case- (or grape-, canister-)shot; **2n** v/t. and v/i. (h.) shoot with case-shot, etc.

Kartäuser|(in f) [-'tɔyzər] m (-s, -; -, -nen) Carthusian; **likör** m Chartreuse.

Karte ['kartə] f (-; -n) card; map, mar. chart; (bus, theatre, etc.) ticket; bill of fare, menu(-card); (wine) list; nach der speisen dine à la carte; mil. nach der mar-schieren march by map; → Spiel; n spielen play cards; gute (schlechte) n haben have a good (bad) hand; n geben deal (cards); n legen tell fortunes (from the cards);

fig. alles auf e-e setzen stake everything on one card, put all one's eggs in one basket; auf die falsche setzen bet on the wrong horse; j-m in die n sehen see through a p.'s game; mit offenen n spielen put one's cards on the table, a. → s-e n aufdecken show one's hand.

Kartei [kar'taɪ] f (-; -en) card-index, filing cabinet; führen über (acc.) keep files on; **karte** f filing (or record) card; **reiter** m tab; **schrank** m filing cabinet.

Kartell [-'tɛl] n (-s; -e) challenge: cartel; econ. cartel, ring, combine, Am. trust; **abkommen** n cartel agreement; **entflechtung** f de-cartellization; **träger** m second; **wesen** n cartelism.

'Karten...: **ausgabe** f booking-office, Am. ticket-window; **blatt** n (single) card; map sheet; **brief** m letter-card; **gitter** n (map) grid; **haus** n mar. chart-house; fig. house of cards; **kunststück** n card-trick; **leger(in** f) m (-s, -; -, -nen) fortune-teller; **lesen** n map reading; **spiel** n card-playing, game of cards; pack (Am. a. deck) of cards; **spieler(in** f) m card-player; **tasche** f map-case; **tisch** m card-table; **verkauf** m sale of tickets; ticket-office; **vor-verkauf** thea. m advance booking; **winkelmesser** m (map) pro-tractor; **zeichen** n map symbol, conventional sign; **zeichner** m cartographer.

Kartoffel [kar'tɔfəl] f (-; -n) potato; n in der Schale potatoes in the(ir) skins or jackets; n schälen peel potatoes; colloq. (sich) die n von unten ansehen be pushing up daisies; **bau** m (-[e]s) potato growing; **bauch** m pot-belly; **branntwein** m potato spirits pl.; **brei** m, **püree** n mashed potatoes pl.; **ernte** f potato crop; **ernte-maschine** f potato digger; **käfer** m Colorado beetle; **kloß**, **knödel** m potato-dumpling; **puffer** m potato pancake; **salat** m potato salad; **schalen** f/pl. potato peelings.

Kartograph [karto'grɑ:f] m (-en; -en) cartographer, map-maker; **Kartographie** [-grɑ'fi:] f (-) car-tography; **karto'graphisch** adj. cartographic(al); erfaßt mapped.

Karton [kar'tɔn] m (-s; -s) card-board; pasteboard; cardboard box, carton; paint. cartoon; bookbinding: boards pl.

Kartonage [-to'nɑ:ʒə] f (-; -n) pasteboard work; **nfabrik** f card-board (or carton) factory.

kartonieren [-to'ni:rən] v/t. (h.). bind book in paper boards.

Kar'tonpapier n fine cardboard.

Kartothek [-to'te:k] f (-; -en) → Kartei.

Kartusche [kar'tuʃə] f (-; -n) car-tridge; **nhülse** f cartridge-case.

Karussell [karu'sɛl] n (-s; -s) round-about, merry-go-round; **dreh-bank** tech. f vertical turret boring machine.

'Karwoche f Passion (or Holy) Week.

Karzer ['kartsər] *univ. m* (-s; -) detention (room).

karzinogen [kartsino'ge:n] *med. adj.* carcinogenic.

Karzinom [-'no:m] *med. n* (-s; -e) carcinoma.

Kaschemme [ka'ʃemə] *f* (-; -n) low dive.

kaschieren [-'ʃi:rən] *tech. v/t.* (h.) line; conceal (*a. fig.*).

Kaschmir ['kaʃmi:r] *n* (-s) *geogr.* Kashmir; *econ. m* (-s; -e) cashmere.

Käse ['kɛːzə] *m* (-s; -) cheese; *colloq.* rubbish, rot; **blatt,** **blätt-chen** *colloq. n* (local) rag; **glocke** *f* cheese(-plate) cover; **kuchen** *m* cheese-cake.

Kasematte [kazə'matə] *f* (-; -n) casemate.

'Käsemilbe *f* cheese-mite.

käsen *v/i.* (h.) curd(le).

'Käsequark *m* cheese-curds *pl.*

'Käseplatte *f* assorted cheeses *pl.*

Käse'rei *f* (-; -en) cheese-dairy.

Kaserne [ka'zɛrnə] *mil. f* (-; -n) barracks *pl.*; **narrest** *m* confinement to barracks, **nhof** *m* barrack--yard *or* -square.

kasernieren [-'ni:rən] *mil. v/t.* (h.) quarter in barracks, barrack.

'Käse...: stange *f* cheese straw; **stoff** *chem. m* casein.

käsig ['kɛːziç] *adj.* cheesy, caseous; *fig.* pale, sallow, pasty (*face*).

Kasino [ka'zi:no] *n* (-s; -s) club (-house), casino; *mil.* mess, officer's club.

Kaskade [kas'ka:də] *f* (-; -n) cascade; **nmotor** *el. m* cascade motor.

Kaskoversicherung ['kasko-] *f mar.* insurance on hull and appurtenances; *mot.* full comprehensive insurance.

Kasperle ['kaspərlə] *n and m* (-s; -) Punch; **theater** *n* Punch and Judy show.

Kassa ['kasa] *econ. f* (-): per ~ in cash; **geschäft** *n* cash business *or* sale, spot transaction; **kurs** *m* spot price; **lieferung** *f* spot delivery; **skonto** *n* cash discount.

Kassation [-tsi'o:n] *f* (-; -en) *jur.* quashing (*of judgment*); dismissal, discharge, *mil.* cashiering (*of officer*). **shof** *jur. m* court of cassation; supreme court of appeal.

Kasse ['kasə] *f* (-; -n) cash-box, money-chest; till, cash register; pay-office; cash-desk, *of bank:* teller's window; *thea., etc.* ticket--office, booking-office, *a. film:* box-office; relief fund; → *Kran-ken*♀; (*money*) cash; an der ~ *thea., etc.* at the booking- (*or* ticket-, box-) office; *in shops:* at the desk; *in banks:* over the counter; (*gut*) *bei* ~ *sein* be in funds, be flush *or* in the chips; *nicht bei* ~ out of cash, hard up; *gemeinschaftliche* ~ common purse, joint account; *gemeinschaft-liche* ~ *machen* pool expenses; *die* ~ *führen* keep the cash, act as cashier; *econ.* ~ *machen* make up the (cash-) accounts; ~ *bei Lieferung* cash on delivery (*abbr.* C.O.D.); ~ *gegen Dokumente* cash against documents; *gegen* (*or* per) ~ *verkaufen* sell for cash; *gegen sofortige* ~ for prompt (*or* spot) cash; *netto* ~ net cash.

'Kassen...: abschluß *econ. m*

closing (*or* balancing) of (cash-) accounts; cash-balance; **abstim-mung** *f* cash reconciliation; **an-weisung** *f* cash-order; treasury bond; **arzt** *m* panel doctor; *als* ~ *zugelassen* on the panel; **aus-gänge** *m/pl.* cash disbursements; **beamte(r)** *m* cashier, *of bank:* teller; **beleg** *m* pay voucher; **bericht** *m* cash report; **bestand** *m* cash in hand, cash balance; **block** *m* cash pad; **bote** *m* bank messenger; **buch** *n* cash-book; **defizit** *n* cash deficit, *Am.* adverse cash balance; **diebstahl** *m* embezzlement; **eingänge** *m/pl.* cash receipts; **erfolg** *thea. m* box-office success; **führer(in** *f*) *m* cashier, treasurer; **patient** *m* panel patient; **preis** *m* cash-price; **rabatt** *m* cash-discount; **raub** *m* pay-roll robbery; **raum,** **schalter** *m* cash-office, teller's counter; **rekord** *m film:* box-office record; **revision** *f* cash audit; **revisor** *m* cash auditor; **scheck** *m* bank cheque, *Am.* cashier's check; open (*or* uncrossed) cheque, *Am.* check; **schein** *m* cash voucher; treasury note; **schlager** *m* box-office magnet (*or* draw, *Am.* hit); **schrank** *m* safe; **stunden** *f/pl.* business (*or* cash-office) hours; **sturz** *m* cash-audit; ~ *machen* audit the accounts; *w.s.* count one's cash; **verwaltung** *f* financial administration; **wart** *m* treasurer; **zettel** *m* sales slip, *Am.* (sales) check.

Kasserolle [kasə'rɔlə] *f* (-; -n) stewpan, casserole.

Kassette [ka'setə] *f* (-; -n) (cash-) box; case; (jewel) casket; coffer (*a. arch.*); box, slip case (*for books*); *phot., TV* cassette, dark slide.

Kassier [ka'si:r] *m* (-s; -e) → ~er; ♀en *v/t.* (h.) cash, collect; annul, cancel; *jur.* quash, set aside (*judgment*); cashier (*officer*); *colloq.* nab, arrest (*a p.*); bag, grab (*a th.*); **er(in** *f*) *m* (-s, -; -s, -nen) cashier, (*für Auszahlungen* paying, *für Einzahlungen* receiving) teller; *of club:* treasurer; collector; *mar.* purser.

Kastagnette [kastan'jetə] *f* (-; -n) castanet.

Kastanie [kas'ta:niə] *f* (-; -n) chestnut; ~ *edible or* sweet chestnut; *fig. für j-n die* ~*n aus dem Feuer holen* be made a cat's-paw of (by a p.), do a p.'s dirty work; **nbaum** *m* chestnut(-tree); ♀n-**braun** *adj.* chestnut, maroon; ♀n-**holz** *n* chestnut.

Kästchen ['kɛstçən] *n* (-s; -) small box *or* case, casket; *in formulars:* square; *in newspaper:* box.

Kaste ['kastə] *f* (-; -n) caste.

kastei|en [kas'taiən] *v/t.* (h.) (*and sich*) castigate (o.s.), chastise *or* mortify (the flesh); ♀ung *f* (-; -en) (self-)castigation, mortification (of the flesh).

Kastell [kas'tɛl] *n* (-s; -e) (small) fort.

Kastellan [-'la:n] *m* (-s; -e) castellan; steward.

Kasten ['kastən] *m* (-s; ⁼) box; chest; case (*a. mus., typ.*); trunk; cupboard, wardrobe, closet; locker;

drawer; bin; *el.* cell; *tech.* flask; *in newspaper, etc.:* box; *colloq.* a) jail, jug, b) (*person, body*) hulk; *soccer:* goal; (*airplane, car*) bus; *a.* → *Klavier, Schiff;* alter ~ hovel, barrack; *colloq.* er hat was auf dem ~ he's a brainy fellow, he's on the ball; '**drachen** *m* box-kite; '♀-**förmig** [-fœrmiç] *adj.* box-type; '**geist** *m* (-es) caste-spirit, clannishness; '**guß** *m* flask casting; '**kipper,** '**kippwagen** *m* box tipping car; '**lautsprecher** *m* cabinet loudspeaker; '**rahmen** *mot. m* box-type frame; '**wagen** *m* box cart; *rail.* box car, *Am.* lorry wagon; *mot.* box-type delivery van.

Kastrat [kas'tra:t] *m* (-en; -en) eunuch; **enstimme** *f* castrato voice.

kastrieren [kas'tri:rən] *v/t.* (h.) castrate; geld (*horse, etc.*); neuter (*cat*).

Kasuistik [kazu'istik] *f* (-) casuistry.

Kasus ['ka:zus] *m* (-; -) case; **en-dung** *f* case ending.

Katafalk [kata'falk] *m* (-s; -e) catafalque. [catacomb.⟩

Katakombe [-'kɔmbə] *f* (-; -n)⟩

Katalog [-'lo:k] *m* (-[e]s; -e) catalogue, *Am. a.* catalog; list.

katalogisieren [-lo:gi'zi:rən] *v/t.* (h.) catalogue.

Kata'logpreis *m* list price.

Katalys|ator [-ly'za:tor] *m* (-s; -'toren) catalyst; ♀ieren *v/t.* (h.) catalyse; **katalytisch** [-'ly:tiʃ] *adj.* catalytic(ally *adv.*).

Katapult [-'pult] *m* (-[e]s; -e) catapult (*a. aer.*); **flugzeug** *n* catapult aircraft.

katapul'tieren *v/t.* (h.) catapult.

Kata'pultstart *m* catapult take-off.

Katarakt [-'rakt] *m* (-[e]s; -e) cataract.

Katarrh [ka'tar] (-s; -e) *m* catarrh, cold; **katarrhalisch** [-'ra:liʃ] *adj.* catarrhal.

Kataster [ka'tastər] *m and n* (-s; -) land-register; **amt** *n* land registry (office).

katastrophal [katastro'fa:l] *adj.* catastrophic(ally *adv.*), disastrous; *colloq. fig.* appalling, awful.

Katastrophe [katas'tro:fə] *f* (-; -n) catastrophe, disaster; **nbekämp-fung** *f* disaster control; **ngebiet** *n* disaster area.

Katechese [kate'çe:zə] *f* (-; -n) catechesis; **katechisieren** [-çi-'zi:rən] *v/t.* (h.) catechize; **Kate-chismus** [-'çismus] *m* (-; -men) catechism.

Kategorie [katego'ri:] *f* (-; -n) category.

kategorisch [-'go:riʃ] *adj.* categorical.

Kategorisierung [-gori'zi:ruŋ] *f* (-; -en) classification in categories.

Kater ['ka:tər] *m* (-s; -) male cat, tom-cat; *der Gestiefelte* ~ Puss in Boots; *colloq. fig.* hangover.

Katheder [ka'te:dər] *m* (-s;-) lecturing-desk; *fig. univ.* chair; **blüte** *f* howler; **weisheit** *f* arm-chair philosophy, unpractical views *pl.*

Kathedrale [kate'dra:lə] *f* (-; -n) cathedral.

Kathete [ka'te:tə] *math. f* (-; -n) short side of a rectangular triangle.

Kathode [ka'to:də] *el. f* (-; -n) cathode; **~nröhre** *f radio*: thermionic valve; **~nstrahlen** *m/pl.* cathode rays; **~nstrahlenbündel** *n* (cathode) ray bundle; **~nstrahlung** *f* cathode radiation; **~nverstärker** *m* cathode follower.

Katholik [kato'li:k] *m* (-en; -en), **~in** *f* (-; -nen), **katholisch** [-'to:liʃ] *adj.* (Roman) Catholic; **Katholizismus** [katoli'tsismus] *m* (-) Catholicism.

Kattun [ka'tu:n] *m* (-s; -e) calico, *w.s.* cotton (fabric *or* goods *pl.*); chintz; *bedruckter* ~ print; **~druck**(e'**rei** *f*) *m* calico-printing (works *pl. or sg.*); **~kleid** *n* print (-dress), *w.s.* cotton dress.

katzbalgen ['katsbalgən]: *sich* ~ scuffle, wrangle; romp; **Katzbalge'rei** *f* (-; -en) scuffle, tussle.

katzbuckeln ['-bukəln] *v/i.* (h.) crouch, cringe (*vor dat.* to), bow and scrape.

Kätzchen ['kɛtsçən] *n* (-s; -) kitten; *bot.* catkin; **~blütler** ['-bly:tlər] *bot. m* (-s; -) amentaceous plant.

Katze ['katsə] *f* (-; -n) cat, puss(y); *männliche* ~ → *Kater*; *weibliche* ~ she-cat, tibby(-cat); *getigerte* ~ tabby-cat; *fig. falsche* ~ (nasty) cat; *neunschwänzige* ~ cat-o'-nine tails; → *Lauf♀*; *Schmeichel♀*; *die* ~ *aus dem Sack lassen* let the cat out of the bag; *die* ~ *im Sack kaufen* buy a pig in a poke; *wie die* ~ *um den heißen Brei gehen* beat about the bush, make roundabout remarks; *bei Nacht sind alle* ~*n grau* when the candles are out, all cats are grey; *colloq. das ist für die Katz* that's of no (earthly) use, that's a waste.

'Katzen...: **♀artig** *adj.* cat-like, feline; **~auge** *n min.* cat's-eye; *on vehicles, etc.*: (rear *or* cat's-eye) reflector; **~buckel** *m* cat's (arched) back; *e-n* ~ *machen* put up (*or* arch) one's back; *fig.* → *katzbuckeln*; **~darm** *m* catgut; **~fell** *n* cat's skin; **♀freundlich** *adj.* beguiling, honeyed; **~geschrei** *n* caterwauling; **~gold** *min. n* cat gold, yellow mica; **~jammer** *colloq. m* hangover (*a. fig.*), morning-after feeling; *moralischer* ~ the dumps, the blues; **♀jämmerlich** *colloq. adj.* hangoverish, morning-afterish; **~musik** *f* charivari; **~mutter** *f* mother cat; **~pfötchen** *n* cat's paw; *bot.* cat's-foot; **~sprung** *fig. m* a stone's throw; **~tisch** *m* (small) separate table; **~wäsche** *f* cat's lick.

Kau|apparat ['kau-] *anat. m* masticating apparatus; **♀bar** *adj.* masticable; **~bewegung** *f* masticatory movement.

Kauderwelsch ['kaudərvɛlʃ] *n* (-[s]) gibberish, double Dutch; lingo, jargon; **♀en** *v/i. and v/t.* (h.) gibber, talk double Dutch.

kauen ['kauən] *v/t. and v/i.* (h.) chew, masticate, munch; bite; *an den Nägeln* ~ bite one's nails; *fig.* ~ *an* (*dat.*) plod (away) at, pore (*or* rack one's brains) over; *j-m et. zu* ~ *geben* give a p. a hard nut to crack.

'Kauen *n* (-s) chewing, mastication.

kauern ['kauərn] *v/i.* (h.) (*and sich*) cower, squat (down); crouch.

Kauf [kauf] *m* (-[e]s; ⁺e) purchase; *günstiger* ~ bargain, good buy; acquisition; purchasing, buying; *e-n* ~ *abschließen* complete a purchase, close a bargain; *zum* ~*e anbieten* offer for sale; *fig. et. mit in* ~ *nehmen* (have to) put up with; *leichten* ~*es davonkommen* get off cheaply; **~abschluß** *m* (completion of a) purchase; **~anlaß** *m* buying motive; **~auftrag** *m* buying-order; **~bedingungen** *f/pl.* conditions of purchase; **~brief** *m* bill of sale.

'kaufen *v/t. and v/i.* (h.): *et. von* (*or bei*) *j-m* ~ buy (*or* purchase) a th. of *or* from a p.; *viel* ~ make large purchases; → *ab~, an~, ein~; fig.* bribe, buy (*a p.*); *colloq. was ich mir dafür kaufe!* a fat lot it helps!; *colloq. den werde ich mir* ~ I'll let him have it!; *Karten* ~ buy (*or* take in) cards.

Käufer ['kɔyfər] *m* (-s; -), **~in** (-; -nen) buyer, purchaser; customer; bidder; *ohne* ~ no buyers, not sal(e)able; **~markt** *m* buyer market; **~streik** *m* buyer's strike.

'Kauf...: **~fahrer** *m*, **~fahr'teischiff** *n* merchant vessel, merchantman; **~geld** *n* purchase-money; **~gelegenheit** *f* opportunity (to buy); **~halle** *f* baza(a)r; market-hall; **~haus** *n* commercial house; department store; **~kraft** *f* (-) purchasing power (*of money*); spending power (*of consumers*); **♀kräftig** *adj.* able to buy, moneyed, well-funded; **~kraftlenkung** *f* control of purchasing power; **~kraftüberhang** *m* surplus spending power; **~kraftwert** *m* (-[e]s) purchasing value; **~laden** *m* shop, *esp. Am.* store; **~leute** *pl.* merchants; tradesmen; tradespeople.

käuflich ['kɔyfliç] **I.** *adj.* purchasable; for (*or* on) sale, to be sold; marketable, sal(e)able; *fig. b.s.* venal, corruptible; **II.** *adv.* by purchase; ~ *erwerben* (acquire by) purchase; ~ *überlassen* sell, transfer by sale; **♀keit** *f* (-) venality.

'Kauf...: **~lust** *f* inclination to buy; *rege* ~ brisk demand; **♀lustig** *adj.* inclined (*or* eager) to buy; interested; **~lustige**(**r** *m*) *f* (-n, -n; -n, -n) intending purchaser, willing buyer, interest; **~mann** *m* (-[e]s; -leute) businessman; merchant; trader, tradesman; (retail) dealer, shopkeeper, *Am.* storekeeper; grocer; shop-assistant, salesman; wholesale dealer, merchant; ~ *werden* go into business; **♀männisch** ['-mɛniʃ] **I.** *adj.* commercial, mercantile; business-like; business qualities, etc.; **~er** *Angestellter* (commercial) clerk; **~er** *Direktor* business manager; **~es** *Personal* office staff; **II.** *adv.* commercially, from the business point of view; ~ *geschult* commercially trained; **~mannsgehilfe** *m* commercial (*or* shop-)assistant; **~mannskreise** *m/pl.* commercial circles (*or* world *sg.*); **~mannslehrling** *m* commercial apprentice; **~motiv** *n* buying motive; **~preis** *m* purchase- (*or* contract-)price; **~straße** *f* shopping street; **~summe** *f* purchase-money; **~unlust** *f* sales resistance; **~vertrag** *m* contract of sale, bill of sale; **~wert** *m* purchasing value; **~wut** *f* buying craze; **~zwang** *m* obligation to buy; *kein* ~ free inspection invited.

'Kaugummi *m* (-s; -[s]) chewing-gum.

Kaukas|ier [kau'ka:ziər] *m* (-s; -), **~ierin** *f* (-; -nen), **♀isch** *adj.* Caucasian.

Kaukasus ['kaukazus] *m*: *der* ~ the Caucasus.

Kaulquappe ['kaulkvapə] *f* (-; -n) tadpole.

kaum [kaum] *adv.* scarcely; hardly; barely; with difficulty; ~ *je* hardly ever; ~ *glaublich* hard to believe; ~ *hatte er ...*, *als* no sooner had he ... than; hardly had he ..., when.

'Kaumuskel *anat. m* masseter.

kausal [kau'za:l] *adj.* causal; causative; **♀gesetz** *n* law of causation; **♀satz** *gr. m* causal clause; **♀zusammenhang** *m* causal relationship, *a. jur.* nexus.

kaustisch ['kaustiʃ] *adj.* caustic (*a. fig.*).

'Kautabak *m* chewing-tobacco.

Kautel [kau'te:l] *jur. f* (-; -en) precaution, safeguard; reservation, saving clause; ~*en einlegen* put in reservation.

Kaution [kautsi'o:n] *jur. f* (-; -en) security, surety, bond; bail; ~ *stellen* give (*or* stand) security *or* bail; *gegen* ~ *entlassen* release on bail; *gegen* ~ *freigelassen werden* be granted bail; *gegen* ~ *freibekommen* bail out; **♀sfähig** (**♀spflichtig**) *adj.* able (liable) to give security *or* bail.

Kautschuk ['kautʃuk] *m* (-s; -e) caoutchouc, unvulcanized (*or* India) rubber; **~waren** *f/pl.* (India) rubber goods.

'Kauwerkzeuge *n/pl.* masticators *pl.*

Kauz [kauts] *m* (-es; ⁺e) screech-owl; *fig.* (*sonderbarer*) ~ queer fellow, crank, odd fish, *Am. a.* screwball.

Kavalier [kava'li:r] *m* (-s; -e) gentleman; nobleman, cavalier; ladies' man; beau, admirer, squire; **♀mäßig** *adj.* like a cavalier *or* gentleman, gallant; **~sdelikt** *n* (mere) peccadillo.

Kavalkade [kaval'ka:də] *f* (-; -n) calvalcade.

Kavalle|rie [kavalə'ri:] *mil. f* (-; -n) cavalry; **~'riepferd** *n* troop-horse; **~'rist** *m* (-en; -en) trooper, cavalry-man.

Kaviar ['ka:viar] *m* (-s; -e) caviar(e); ~ *fürs Volk* caviar(e) to the general.

Kebsweib ['kɛ:ps-] *n* concubine.

keck [kɛk] *adj.* bold, audacious; plucky; daring; dashing, pert, forward; brazen, saucy; *fig.* ~*es Näschen* (*Hütchen, etc.*) pert little nose (hat, *etc.*); **♀heit** *f* (-; -en) boldness, audacity; pluck; daring; pertness; impudence, cheek.

Kegel ['ke:gəl] *m* (-s; -) skittle, ninepin; *esp. math., tech.* cone; taper; inside taper; brake cone; *abgestumpfter* ~ truncated cone; → *Kind*; **~bahn** *f* skittle-alley; **♀för-**

mig ['-fœrmiç], 'ℒig *adj.* conical, coniform; taper(ed); **getriebe** *n* bevel gear; **'kugel** *f* skittle-ball; **'kupplung** *tech. f* cone friction clutch; 'ℒn *v/i.* and *v/t.* (h.) play at skittles *or* ninepins; **'n** *n* (-s) playing skittles; **'rad** *n* bevel wheel (*or* gear); **'rad-antrieb** *m* bevel drive; **'radfräser** *m* bevel gear cutter; **'rollenlager** *tech. n* tapered roller bearing; **'scheibe** *tech. f* cone pulley; **'ℒschieben** *w/i.* (*irr.*, *h.*) → kegeln; **'schnitt** *math. m* conic section; **'spiel** *n* skittles, ninepins, *Am. a.* tenpins; **'sport** *m* bowling; **'stumpf** *m* frustrum of (*or* truncated) cone; **'ventil** *n* cone valve.

Kegler ['ke:glər] *m* (-s; -) skittle--player, *Am.* bowler.

'Kehl|ader *anat. f* jugular vein; **deckel** *m* epiglottis.

Kehle ['ke:lə] *f* (-; -n) *anat.* throat; gullet; larynx; *arch.* chamfer; *tech.* flute, channel; neck (*of axe*); an der packen seize by the throat; aus voller lachen laugh heartily, shout with laughter; durch die jagen spend in drink; in die unrechte kommen go down the wrong way; j-m an der sitzen have a stranglehold on a p.; j-m das Messer an die setzen hold a knife to a p.'s throat; ihm geht's an die he is in for it now.

'kehlen *tech. v/t.* (h.) channel, flute.

'Kehlkopf *anat. m* larynx; **ent-zündung** *f* laryngitis; **krebs** *m* cancer in the throat; **mikrophon** *n* throat microphone; **schnitt** *med. m* laryngotomy; **spiegel** *med. m* laryngoscope; **verschluß(laut)** *m* glottal stop.

'Kehl...: **laut** *m* guttural (sound); **leiste** *arch. f* mo(u)lding.

Kehr|aus ['ke:raus] *m* (-) last dance; *fig.* clean-out; **besen** *m* broom.

'Kehre *f* (-; -n) sharp turn, (hairpin) bend; *rail.* loop; *gym.* **a)** rear--vault, **b)** back dismount; *skiing*: turn; *aer.* **a)** turn, **b)** wing over.

'kehren[1] *v/i.* and *v/t.* (h.) sweep; brush; dust; kehre vor deiner eigenen Tür! mind your own business!

'kehren[2] *v/t.*, *v/i.* and sich (h.) turn (over); → Rücken; *mil.* kehrt! about, turn (*Am.* face)!; *fig.* nach außen show up, expose; → oberst; sich an (*acc.*) heed, mind; sich an nichts pay no regard to anything, not to give a damn for anything; in sich gekehrt sein be wrapt (*or* lost) in thought *or* meditation; kehre in dich! repent!; alles zum besten turn everything to account *or* advantage.

Kehricht ['ke:riçt] *m and n* (-[e]s) sweepings *pl.*, *w.s.* dust, dirt, rubbish; **'eimer** *m* refuse-pail, *w.s.* (= 'kasten *m*) dust-bin, *Am.* ash--can; **'haufe(n)** *m* dust-heap, heap of rubbish; **'schaufel** *f* dust-pan.

'Kehr...: **maschine** *f* sweeping machine, street-sweeper; **reim** *m* refrain, burden, chorus; **seite** *f* other (*or* wrong) side, reverse, back; *fig. a.* seamy side (*of life*); die der Medaille the reverse of the medal.

'kehrtmachen *v/i.* (h.) face about

(a. lassen); wheel round; turn back, turn on one's heels.

'Kehrtwendung *f* about turn, *Am.* about-face (a. fig.).

'Kehr...: **wert** *m* reciprocal value; **wisch** *m* whisk, mop.

keif|en ['kaıfən] *v/i.* (h.) scold, nag; squabble; **ℒerin** *f* (-; -nen) scold, nagging wife.

Keil [kaıl] *m* (-[e]s; -e) wedge; *tech.* key; cotter (pin); *typ.* quoin; *arch.* keystone; gore, gusset; *mil.* wedge, arrowhead; ein treibt den anderen one nail drives the other; **'absatz** *m* wedge heel; **'e** *colloq. f* (-) a thrashing *or* beating; **'ℒen** *v/t.* (h.) wedge; fasten with wedges; *typ.* quoin; *colloq.* canvass a p. (für for), rope in; sich fight, scuffle.

Keiler *zo. m* (-s; -) wild boar.

Keile'rei *f* (-; -en) row, brawl, fight.

'Keil...: **form** *aer. f* V-formation; **ℒförmig** ['fœrmiç] *adj.* wedge--shaped, cuneiform; **hacke,** **haue** *f* pick(axe); **kissen** *n* padded wedge; **nut** *tech. f* key-seat; **riemen** *tech. m* V-belt; **riemen-scheibe** *f* V-belt pulley; **schrift** *f* cuneiform characters *pl.*; **stück** *n* wedge-shaped piece; gore, gusset.

Keim [kaım] *m* (-[e]s; -e) *zo.* germ; *bot.* seed-bud; shoot; sprout; embryo; (*of crystal*): nucleus; *fig.* germ, seed; **e** treiben germinate; im vorhanden (in) seminal (state), *fig.* in the bud, in embryo; im er-sticken nip in the bud; **'bett** *n* germinating bed; **'bildung** *f* germ formation; **'blatt** *bot. n* cotyledon, seed-leaf; **'ℒboden** *biol. m* substratum; **'drüse** *anat. f* gonad; **'drüsenhormon** *n* sex hormone.

'keimen *v/i.* (h., sn) germinate; shoot (up), spring up, sprout; bud (a. fig.); arise, spring up; develop; stir; **d** *adj.* germinating, nascent; growing, rising (*passion*); budding (*love*).

'Keim...: **faden** *m* germ tube; **ℒfähig** *adj.* capable of germination; **fähigkeit** *f* germinative faculty; **ℒfrei** *adj.* sterilized, germ-free; germ-proofed; aseptic, sterile, safe; machen sterilize; **ling** *m* (-s; -e) seedling, germ-bud; embryo; **ℒtö-tend** *adj.* germicidal; **es Mittel** germicide; **träger** *med. m* (germ) carrier; **zelle** *f* germ-cell.

kein [kaın] *indef. pron.* **1.** *as adj.* (e) no, not any; hast du welche gesehen? — nein, e! did you see any? — no, I did not see any, I saw none; and(e)rer als none other but; sie ist Kind mehr she is no longer a child; **2.** *as su.* 'er, 'e, '(e)s none, no one, nobody; nothing, not anything; er (e, s) von beiden neither (of the two), neither the one nor the other; er von uns **a)** neither of us, **b)** none of us.

keinerlei ['ərlaı] *adj.* not of any (*or* of no) sort; Schmerzen no pains whatever; auf Weise in no manner *or* way; es macht Mühe it is no trouble at all.

'keines|falls *adv.* in no case, on no account, on no conditions; by no

---

means; **wegs** ['ve:ks] *adv.* in no way, by no means, not in the least, not at all, nowise; anything but.

'keinmal *adv.* not once, never; → einmal.

Keks [ke:ks] *m and n* (-es; -e) biscuit; *Am.* cracker; cookie; *colloq.* (*head*) nut.

Kelch [kɛlç] *m* (-[e]s; -e) cup, goblet; *eccl.* chalice, communion--cup; *bot.* calyx; der (bittere) des Leidens the (bitter) cup of sorrow; → Hefe; **'blatt** *n* sepal; **'blüte** *f* calycinal flower; **blüter** ['bly:tər] *bot. m/pl.* Calyciflorae; **ℒförmig** ['fœrmiç] *adj.* cup-shaped, calciform; **glas** *n* (crystal) goblet.

Kelle ['kɛlə] *f* (-; -n) scoop; *for* soup, etc., a. tech.: ladle; (fish) slice; trowel; (*signal*) disk.

Keller ['kɛlər] *m* (-s; -) cellar; **assel** *zo. f* wood-louse, sow-bug.

Kellerei ['raı] *f* (-; -en) cellarage; (wine-)cellars *pl.*; brewery.

'Keller...: **geschoß** *n* basement; **gewölbe** *n* (underground) vault, cellar; **meister** *m* (wine-)butler; cellar manager; in monastery: cellarer; **wechsel** *econ. m* accommodation bill, kite; **wirtschaft** *f* underground bar *or* restaurant; **wohnung** *f* basement (dwelling).

Kellner ['kɛlnər] *m* (-s; -) waiter; **'in** *f* (-; -nen) waitress.

Kelt|e ['kɛltə] *m* (-n; -n), **in** *f* (-; -nen) Celt.

Kelter ['kɛltər] *f* (-; -n) winepress; **Kelterei** ['raı] *f* (-; -en) press--house; **'keltern** *v/t.* (h.) press.

'keltisch *adj.* Celtic.

Kemenate [keme'nɑ:tə] *f* (-; -n) ladies' bower.

kenn|bar ['kɛnbɑ:r] *adj.* recognizable; **ℒbuchstabe** *m* identification letter; **ℒdaten** *tech. n/pl.* data.

kennen ['kɛnən] *v/t.* (*irr.*, h.) know, be acquainted with; understand; be aware of; et. gründlich be (fully) conversant with, be (well-)versed in, be at home in; das wir! we know (all about) that!; er kannte sich nicht mehr vor Wut he was quite beside himself with rage; **'lernen** *v/t.* (h.) become acquainted with, get (*or* come) to know, j-n: a. make a p.'s acquaintance, meet; als ich ihn kennenlernte when I first knew (*or* met) him; du sollst mich ! I'll give you what for!

'Kenner *m* (-s; -), **in** *f* (-; -nen) connoisseur, (good) judge; expert, specialist (*gen.* in); authority (on); **blick** *m* expert's eye; **ℒhaft** *adj.* knowledgeable, with the air of a connoisseur; **miene** *f* air of a connoisseur.

'Kenn...: **karte** *f* identity card; **linie** *tech. f* characteristic (line), curve; **marke** *f* tag; **melodie** *f* radio: signature tune; **nummer** *f* reference number.

'kenntlich *adj.* recognizable, distinguishable; conspicuous; marked; machen mark; label; sich machen make o.s. known.

'Kenntnis *f* (-; -se) knowledge (*gen.* or von of); acquaintance (with); awareness (of); haben von have knowledge of, be aware of; et. zu j-s bringen, j-n von et. in setzen inform (or notify, advise, apprise) a p. of a th., make a th. known to a p., bring a th. to a p.'s notice; von et. ~ nehmen take not(ic)e or cognizance of a th., note a th.; es ist uns zur ~ gelangt, daß it has come to our knowledge (or attention) that; *Kenntnisse pl.* knowledge, information *sg.*; attainments, accomplishments, skills; know-how *sg.*; oberflächliche ~se smattering *sg.*; gute ~se haben in (dat.) be well acquainted with, be well up (or at home) in; **~nahme** ['~naːmə] *f* (-) notice, cognizance; zu Ihrer ~ for your information; 2reich *adj.* well-informed, very learned, experienced.

'**Kenn...:** ~**wort** *n* (-[e]s; ⁓er) motto; *mil.* password; *econ., etc.* code word; *for ads:* box; ~**zahl** *f* → Kennziffer; ~**zeichen** *n* mark, sign; badge; emblem; earmark, brand; *mot.* a) index-mark, b) polizeiliches ~ number plate; *aer.* aircraft marking; *passport:* besondere ~ *pl.* distinguishing marks; *fig.* characteristic, criterion; hallmark, mark of distinction; *med. and fig.* symptom; 2**zeichnen** *v/t.* (h.) mark, characterize; identify; label; 2**zeichnend** *adj.* characteristic(ally *adv.*); ~**ziffer** *f* reference number, (code) number, index, *tech.* a. coefficient; *math.* index of a logarithm.

kentern ['kɛntərn] *v/i.* (sn) capsize, keel over; ~ lassen upset, overturn.

Keram|ik [keˈraːmik] *f* (-) ceramics *sg.*, pottery; (goods) pottery, ceramics *pl.*; 2**isch** *adj.* ceramic.

Kerbe ['kɛrbə] *f* (-; -n) notch, (in)dent, score, mark, nick; *fig.* in dieselbe ~ hauen do the same thing, follow suit.

Kerbel ['kɛrbəl] *bot.* *m* (-s) chervil.

kerben ['kɛrbən] *tech.* *v/t.* (h.) notch, (in)dent, channel; gnarl, mill.

Kerb...: ~**holz** *n* ['kɛrp-] tally, score; *fig.* einiges auf dem ~ haben have a lot to answer for, have quite a (police) record; '2**schlagfest** *tech. adj.* impact-resistant; '~**schlagversuch** *n* notched-bar impact test; '~**schnitzer** *m* chip-carver; '~**tier** *zo.* *n* insect.

Kerker ['kɛrkər] *m* (-s; -) jail, prison; dungeon; ~**haft** ,**strafe** *f* (term of) imprisonment; ~**meister** *m* jailer, turnkey.

Kerl [kɛrl] *m* (-s; -e) fellow, chap, bloke, *Am.* guy; ganzer ~ splendid (or fine) fellow, brick; guter (schlechter) ~ a good (bad) sort (or egg); sie ist ein lieber ~ she is a dear; '~**chen** *n* (-s; -) little man or fellow, manikin; chappie; *contp.* whippersnapper.

Kern [kɛrn] *m* (-[e]s; -e) kernel; nucleus (a. of atom); of fruit: pip, stone; kernel; of cereal, etc.: grain; of wood: pith; of salad: heart; of gun: bore; el., tech., a. of bullet, etc.: core; fig. core, pith; pivotal point, main issue; essence; ~ der Sache heart (or core, gist) of the matter; nucleus; bis zum ~ e-r Sache dringen get to the core (or bottom) of a th.

'**Kern...:** ~**abstand** *phys.* *m* internuclear distance; ~**achse** *f* nuclear axis; ~**aufbau** *m* nuclear synthesis; ~**brennstoff** *m* nuclear fuel; ~**chemie** *f* nuclear chemistry; 2**deutsch** *adj.* German to the core; ~**eisen** *metal.* *n* core iron; ~**elektron** *phys.* *n* nuclear electron; ~**energie** *f* nuclear energy; ~**fächer** *n/pl. ped.* basic subjects, *Am.* core curriculum; 2**faul** *bot. adj.* rotten at the core; 2**fern** *phys. adj.* planetary (electron); 2**fest** *adj.* very solid; ~**forscher** *m* nuclear scientist; ~**forschung** *phys. f* nuclear research; ~**frage** *f* pivotal question, central issue; ~**frucht** *f* malaceous fruit; pome; ~**gedanke** *m* central thought; ~**gehäuse** *n* (apple) core; 2**gesund** *adj.* thoroughly healthy, (as) sound as a bell; ~**haus** *bot.* *n* core; ~**holz** *n* heartwood; 2**ig** *adj.* full of pips; *fig.* pithy; vigorous; solid, stout, robust, earthy; full (leather); ~**igkeit** *fig. f* (-) pithiness; vigo(u)r; ~**ladung** *f phys.* nuclear charge; *mil.* main charge; ~**ladungszahl** *phys. f* atomic number; ~**leder** *n* bend leather; ~**lehre** *f* nucleonics *sg.*; 2**los** *bot. adj.* seedless; ~**munition** *mil. f* armo(u)r-piercing ammunition; ~**obst** *n* → Kernfrucht; ~**physik** *f* nuclear physics *sg.*; ~**physiker** *m* nuclear physicist; ~**punkt** *m* essential (or central) point; ~**reaktion** *phys. f* nuclear reaction; ~**reaktor** *m* (nuclear) reactor; 2**rissig** *adj.* shaky (wood); ~**schatten** *m* deep shadow, umbra; ~**schuß** *m* point-blank shot; *soccer:* cannon-ball; ~**seife** *f* curd soap; ~**spaltung** *phys. f* nuclear fission; ~**spruch** *m* pithy saying; ~**stück** *n* essential (or main) piece; principal item; ~**teilchen** *phys. n* nuclear particle; ~**truppen** *mil. f/pl.* picked (or crack, élite) troops; ~**umwandlung** *phys. f* nuclear transformation; ~**waffe** *f* nuclear weapon; ~**wolle** *econ. f* prime wool; ~**zerfall** *phys. m* nuclear disintegration.

Kerze ['kɛrtsə] *f* (-; -n) candle; *mot.* sparking-plug, *Am.* spark plug; *gym.* neck balance; *soccer:* skyer.

'**Kerzen...:** 2**gerade I.** *adj.* (as) straight as a dart, bolt upright; **II.** *adv.:* ~ auf et. zugehen make a bee-line for a th.; ~**halter,** ~**leuchter** *m* candle-stick; ~**licht** *n* candle-light; ~**stärke** *f* candle-power.

keß [kɛs] *colloq. adj.* pert, saucy, jaunty; smart, saucy (hat, etc.).

Kessel ['kɛsəl] *m* (-s; -) kettle; ca(u)ldron, tank, vat; boiler; (deep) hollow; basin; basin-shaped valley, gorge; *mil.* pocket; '~**anlage** *f* boiler plant; '~**druck** *m* boiler pressure; '~**flicker** *m* (-s; -) tinker; '~**haken** *m* pot-hook; '~**haus** *n* boiler-house; '~**jagd** *f* → Kesseltreiben; '~**pauke** *f* kettle drum; '~**schlacht** *mil. f* battle of encirclement; '~**schmied** *m* brazier; boiler-maker; '~**stein** *m* scale, fur; ~**stein(lösungs)mittel** *n* disincrustant; '~**treiben** *hunt. n* battue-beating or -shooting; *fig.* dragnet hunt; *pol.* witch hunt; ~**wagen** *m*

rail. tank car; *mot.* tank (or fuel) truck.

Kette ['kɛtə] *f* (-; -n) chain (a. ornament and chem.); of vehicle: track; weaving: warp; ~ und Schuß warp and woof; mountain chain, range; mil., police: cordon, chain of posts; hunt. covey (of birds); aer. flight; fig. chain; series, train; chains, fetters pl.; bondage; an die ~ legen chain up (dog); j-n in ~n legen put in(to) chains or irons; von der ~ losmachen unchain; fig. e-e ~ bilden (persons) form a line.

ketten ['kɛtən] *v/t.* (h.) fasten (or join, connect) with a chain; a. fig. chain (an acc. to).

'**Ketten...:** ~**antrieb** *tech. m* chain-drive; caterpillar (or track) drive; ~**brief** *m* chain-letter; ~**bruch** *math. m* continued fraction; ~**brücke** *f* suspension bridge; ~**fahrzeug** *mot. n* track(-laying) or crawler-type vehicle; 2**förmig** ['~fœrmiç] *chem. adj.* aliphatic; ~**gebirge** *n* mountain chain; ~**gelenk,** ~**glied** *n* chain-link; ~**geschäft** *n* multiple shop, chain store; ~**hund** *m* watch-dog; ~**karussell** *n* chairoplane; ~**laden** *m* → Kettengeschäft; 2**los** *adj.* chainless; ~**panzer** *m* coat of mail; ~**rad** *tech. n* sprocket-wheel; ~**raucher** *m* chain-smoker; ~**reaktion** *phys.* (a. fig.) chain reaction; ~**rechnung,** ~**regel** *math. f* chain rule; ~**schluß** *phls. m* chain-syllogism, sorites; ~**seide** *econ. f* organzine; ~**stich** *m* sewing: chain-stitch; ~**sträfling** *m* chained convict; Gruppe von ~en chain-gang; ~**zusammenstoß** *mot. m* pile-up.

Ketzer ['kɛtsər] *m* (-s; -), '~**in** *f* (-; -nen) heretic; **Ketzerei** [~'raɪ] *f* (-; -en) heresy.

'**Ketzer...:** ~**gericht** *n* (court of) inquisition; 2**isch** *adj.* heretical; ~**verbrennung** *f* burning of heretics, auto-da-fé.

keuchen ['kɔʏçən] *v/i.* (h.) pant, gasp.

'**Keuchhusten** *med. m* whooping cough, pertussis.

Keule ['kɔʏlə] *f* (-; -n) club; cudgel; *tech.* pestle (of mortar); *zo.* hind leg, thigh; (meat) leg, joint, drumstick (of poultry); *gym.* Indian club; 2**nförmig** ['~fœrmiç] *adj.* club-shaped, clubbed; '~**nhieb,** '~**nschlag** *m* blow with a club; *fig.* crushing blow; '~**nschwingen** *n* (-s) (Indian) club swinging.

Keuper ['kɔʏpər] *geol. m* (-s) keuper, red marl.

keusch [kɔʏʃ] *adj.* chaste; virgin(al); pure; innocent; modest; 2**heit** *f* (-) chastity; purity, innocence; modesty; 2**heitsgelübde** *n* vow of chastity.

Khaki ['kaːki] **1.** *n* (-) (colour) khaki; **2.** *m* (-) (cloth) khaki.

Kicher-erbse ['kiçər-] *f* chick-pea.

kichern ['kiçərn] *v/i.* (h.) giggle, titter, snigger, snicker.

'**Kichern** *n* (-s) giggle, tittering, snigger.

kicken ['kikən] *v/t.* (h.) kick.

Kicks [kiks] *m* (-es; -e) billiards: miss; e-n ~ machen → kicksen *v/i.* (h.) miss (the ball).

'**Kickstarter** *mot. m* kick-starter.
Kiebitz ['ki:bits] *m* (-es; -e) pe(e)wit, lapwing; *colloq. fig.* kibitzer; ♀en *fig. v/i.* (h.) kibitz.
Kiefer[1]]'ki:fər] *m* (-s; -) *anat.* jaw(-bone), maxilla; *of insects:* mandible.
'**Kiefer**[2] *bot. f* (-; -n) pine; *gemeine* ~ Scotch pine.
'**Kiefer...:** ~**bruch** *med. m* fracture of the (lower) jaw; ~**höhle** *anat. f* maxillary sinus; ~(n)**holz** *n* pine (-wood); ~**knochen** *anat. m* jaw-bone; ~(n)**nadel** *f* pine-needle; ~(n)**wald** *m* pinewood; ~(n)**zapfen** *m* pinecone.
kiek|en ['ki:kən] *colloq. v/i.* (h.) peep, have a look; '♀er *colloq. m* (-s; -): *j-n auf dem* ~ *haben* have a down on a p.
Kiel[1] [ki:l] *mar. m* (-[e]s; -e) keel.
Kiel[2] *m* (-[e]s; -e) quill; = '~**feder** *f* quill-pen.
'**Kiel...** *mar.:* ♀**holen** *v/t.* (h.) careen, heave down (*ship*); keelhaul (*sailor*); ~**holen** *n* (-s) careening, careenage; keelhauling; ~**linie** *f* line ahead, *Am.* column; ♀**oben** *adv.* bottom up; ~**raum** *m* bilge; ~**wasser** *n* wake; *im* ~ *folgen* follow in the wake (*a. fig.*).
Kieme ['ki:mə] *f* (-; -n): ~*n pl.* gills, branchia; '~**n-atmung** *f* gill-breathing.
Kien [ki:n] *m* (-[e]s) resinous (pine-) wood; '~**apfel** *m* pine-cone; '~**holz** *n* → *Kien*; '♀**ig** *adj.* resinous; '~**ruß** *m* (pine-)soot; '~**span** *m* burning chip of pinewood; pine-torch.
Kiepe ['ki:pə] *f* (-; -n) back-basket, dosser.
Kies [ki:s] *m* (-es) 1. gravel; *mit* ~ *bestreuen* gravel; 2. *min.* pyrites; 3. *sl.* (*money*) dough; '~**boden** *m* gravelly soil.
Kiesel ['ki:zəl] *m* (-s; -) pebble, flint; *in compounds usu.* pebbly ..., siliceous ...; '♀**artig**, '♀**ig** *adj.* pebbly, flinty, siliceous; '~**erde** *f* silica; infusorial earth; '~**fluor-säure** *f* (-) silicofluoric acid; '~**gur** *f* infusorial earth; '~**säure** *f* (-) silicic acid; '~**stein** *m* pebble (-stone), flint.
'**Kies...:** ~**grube** *f* gravelpit; ♀**haltig**, ♀**ig** *adj.* gravelly; ~**schicht** *f* layer (*or* bed) of gravel; ~**weg** *m* gravel walk or path.
kikeriki [kikəri'ki:] *int.* cock-a--doodle-doo!
Kilo ['ki:lo] *n* (-s; -[s]), ~'**gramm** *n* (kg) kilogram(me); ~'**grammkalorie** *f* kilogram(me) calorie; ~'**hertz** *n* (kHz) kilo-cycle per second; ~'**meter** *n and m* (km) kilomet|re, *Am.* -er; ~'**meterfresser** *colloq. m* speed merchant, scorcher; ~'**metergeld** *n* mileage allowance; ♀'**meterlang** *adj.* miles long; for miles and miles; ~'**meterstand** *m* mileage reading; ~'**meterstein** *m* mile-stone; ~'**meterzahl** *mot. f* mileage; ~'**meterzähler** *m* mileage indicator, (h)odometer; ~'**voltampere** *el. n* kilovolt-Ampere; ~'**watt** *n* (kW) kilowatt; ~'**wattstunde** *f* (kWh) kilowatt hour.
Kimm [kim] *mar. f* (-) 1. visual horizon; 2. bilge; '~**e** *f* (-; -n) notch; *of gun:* (notch *or* V of the)

back-sight, notch; ~ *und Korn* notch and bead sights *pl.*; '~**ung** *mar. f* (-; -en) → *Kimm*; mirage.
Kimono [ki'mo:no] *m* (-s; -s) kimono.
Kind *n* (-[e]s; -er) child; *kleines* ~ baby; *jur.* infant; ~**er** *pl.* children; offspring, family, *jur.* issue *sg.*; ~ *des Todes* dead man, goner; *ein Berliner* ~ a native of Berlin; *mit* ~ *und Kegel* (with) bag and baggage; *von* ~ *auf* from a child, from infancy; *das* ~ *beim rechten Namen nennen* call a spade a spade; *das* ~ *mit dem Bade ausschütten* throw out the baby with the bath-water; *ein* ~ *bekommen* have a child; *ein* ~ *erwarten* be with child, be expecting (*or* in the family way); *kein* ~ *mehr sein* be no longer a child; *sich lieb* ~ *machen bei j-m* ingratiate o.s. with a p.; *colloq. wie sag ich's meinem* ~*e*? how can I best put this?; ~**er**, ~**er**! dear, dear!
'**Kindbett** *n* (-[e]s) childbed; ~**fieber** *n* childbed fever, puerperal fever; ~**psychose** *f* puerperal psychosis.
'**Kindchen** *n* (-s; -) little child, baby.
'**Kinder...:** ~**arbeit** ['~dər-] *f* child labo(u)r; ~**arzt** *m*, ~**ärztin** *f* p(a)ediatrician; ~**beihilfe** *f* children's allowance; ~**bekleidung** *f* children's wear; ~**bett** *n* cot, crib; ~**bewahranstalt** *f* day-nursery; ~**brei** *f* spoon-food, pap; ~**buch** *n* book for children, children's book; ~**dorf** *n* children's village.
Kinderei [~'rai] *f* (-; -en) childishness, nonsense; child's trick; trivial matter; ~*en pl.* nonsense.
'**Kinder...:** ~**ermäßigung** *f* reduction for children; ~**fest** *n* children's fête (*or* party); ~**frau** *f* nurse; ~**fräulein** *n* governess, nanny; ~**freund(in** *f*) *m* friend of children, child-lover; *ein* ~ *sein usu.* be fond of children; ~**funk** *m* children's program(me); ~**fürsorge** *f* child welfare; ~**garten** *m* kindergarten; infant-school; nursery-school; ~**gärtnerin** *f* kindergarten teacher; ~**geld** *n* family allowance; ~**geschrei** *n* crying (*or* screaming, squalling) of children; ~**glaube** *m* childish (*or* simple) faith; ~**gottesdienst** *m* children's service; ~**heilkunde** *med. f* p(a)ediatrics *pl.*; ~**hort** *m* day-nursery; ~**jahre** *n/pl.* (years of) childhood, infancy *sg.*; ~**kleidung** *f* children's wear; ~**krankheit** *f* disease of children *or* childhood; ~*en pl. fig.* growing pains, teething troubles; ~**krippe** *f* → *Kinderhort*; ~**lähmung** *med. f* infantile paralysis; *spinale* ~ polio (-myelitis); ~**landverschickung** *f* evacuation of children into the country; ♀**leicht** *adj.* very (*or* dead) easy; *es ist* ~ it's mere child's play; ♀**lieb** *adj.* fond of children; ~**liebe** *f* 1. filial love; 2. parental love; 3. love for children; ♀**los** *adj.* childless; *jur.* without issue; ~**mädchen** *n* nurse (-maid); ~**märchen** *n* fairy-tale; ~**mehl** *n* infant cereal; ~**mord** *m* child murder; *jur. after birth:* infanticide; *bibl. der bethlehemitische* ~ the massacre of the innocents;

~**mörder(in** *f*) *m* child-murderer; ~**nahrung** *f* infant food; ~**narr** *m*, ~**närrin** *f*: *er ist ein* ~ he dotes on children; ~**pech** *n* meconium; ~**pflege** *f* child care; ~**pistole** *f* toy pistol; ~**psychologie** *f* child psychology; ~**raub** *m* kidnapping; ~**räuber** *m* kidnapper; ♀**reich** *adj.* blessed with a large offspring; ~**e Familien** large families; ~**reichtum** *m* (-s) large number of children; ~**schreck** *m* (-s) bog(e)yman; bug-bear; ~**schuhe** *m/pl.* children's shoes; *fig. die* ~ *ausgetreten haben* be no longer a child; *das Unternehmen steckt noch in den* ~*n* the company is still in its infancy; ~**schule** *f* → *Kindergarten*; ~**schwester** *f* children's nurse; ~**speck** *m* puppy-fat; ~**spiel** *n* children's game; *fig. das ist ein* ~ *für ihn!* it's mere child's play to him! → *kinderleicht*; ~**spielzeug** *n* (children's) toys, playthings *pl.*; ~**sprache** *f* child(ren's) language *or* prattle; ~**sterblichkeit** *f* infant mortality; ~**stube** *f* nursery; *fig.* manners *pl.*, up-bringing; ~**wagen** *m* perambulator, pram, *Am.* baby carriage; ~**wäsche** *f* baby-linen; ~**zeit** *f* (-) childhood; ~**zimmer** *n* nursery, play-room; ~**zulage** *f* children's allowance.
'**Kindes...:** ~**alter** ['~dəs-] *n* infancy, childhood; ~**beine** *n/pl.*: *von* ~ *an* from infancy or childhood, from a child; ~**entführung** *f* kidnapping, child abduction; ~**kind** *n* grandchild; ~**er** *pl.* children's children; ~**liebe** *f* filial love; ~**mord** *m* → *Kindermord*; ~**nöte** [~'nø:tə] *f/pl.* labo(u)r; *in* ~*n sein* be in labo(u)r; ~**pflicht** *f* filial duty; ~**tötung** *jur. f* infanticide.
Kindheit ['kint-] *f* (-) childhood; infancy; *von* ~ *an* from childhood or infancy; *von* ~, from a child.
kindisch ['~diʃ] *adj.* childish, puerile; *sei nicht* ~! don't be silly!, be your age!
kindlich ['kint-] **I.** *adj.* childlike, like a child; filial (*love, etc.*); innocent; naive; simple(-minded); **II.** *adv.*: *sich* ~ *freuen* be as pleased as a child (*or* as punch); '♀**keit** *f* (-) childlike nature; innocence, naivety.
'**Kinds...** *in compounds* → *Kind*(es)...; ~**kopf** *colloq. m* silly ass; ~**mutter** *jur. f* mother (of an illegitimate child); natural mother.
'**Kindtaufe** *f* christening (of a child).
Kinematograph [kinemato'graːf] *m* (-en; -en) cinematograph; **Kinematographie** [-gra'fi:] *f* (-) cinematography; **kinematographisch** *adj.* cinematographic(ally *adv.*).
Kinet|ik [ki'ne:tik] *phys. f* (-) kinetics *pl.*; ♀**isch** *adj.* kinetic.
Kinkerlitzchen ['kiŋkərlitsçən] *pl.* gewgaws, knicknacks; *fig.* trifles, frills; *mach mir keine* ~! none of your tricks!
Kinn [kin] *n* (-[e]s; -e) chin; *energisches (fliehendes)* ~ energetic (receding) chin; '~**backe(n** *m*) *f* jaw(-bone), mandible; '~**bart** *m* chin-beard; '~**haken** *m boxing:* hook to the chin; uppercut; '~**lade** *f* jaw(-bone); '~**riemen** *m* chin-strap.

Kino ['kiːno] *colloq. n* (-s; -s) cinema, *Am.* motion picture theater, *the* pictures, *Am. the* movies *pl.*; *ins* ~ gehen go to the pictures; '~**besucher(in** *f*) *m* cinema- (*or Am.* movie-)goer; '~**kasse** *f* box office; '~**leinwand** *f* screen; '~**reklame** *f* screen advertising; '~**vorstellung** *f* cinema (*Am.* movie) show(ing).

Kintopp ['kiːntɔp] *colloq. m* (-s; -s) → *Kino.*

Kiosk [ki'ɔsk] *m* (-[e]s; -e) kiosk; bookstall, *Am.* newsstand.

Kipfel ['kipfəl] *n* (-s; -) *cul.* crescent.

Kipp ['kip] *el. m* (-s) sweep; '~**amplitude** *el. f* sweep amplitude; '~**anlage** *f* tipping plant; '~**bar** *adj.* tilting; '~**bewegung** *f* tipping movement; '~**bühne** *f* tipping platform.

Kippe ['kipə] *f* (-; -n) seesaw; *gym.* upstart; *colloq.* fag-end, stub, *esp. Am.* butt (*of cigarette*); *auf der* ~ *stehen* be atilt, *fig.* be on the verge, hang in the balance; *es stand auf der* ~ it was touch and go; '~**lig** *adj.* unstable, tottery, wobbly.

'**kippen I.** *v/i.* (sn) lose one's balance; tip (*or* topple) over; tilt; **II.** *v/t.* (h.) tilt, tip over *or* up; upset; lob, clip.

'**Kipper** *tech. m* (-s; -) tipper, *Am.* dumper; → *Kippwagen.*

'**Kipp...: ~fenster** *n* balance window; ~**frequenz** *el. f* sweep frequency; ~**hebel** *m* rocking lever; ~**karren** *m* tip-cart; ~**lager** *tech. n* rocker bearing; ~**laufgewehr** *n* break-joint gun; ~**lore** *f* tipping wagon; ~**schalter** *m* tumbler (*or* toggle) switch; ~**schwingung** *el. f* saw-tooth wave; relaxation oscillation; ℚ**sicher** *adj.* stable; ~**spannung** *el. f* sweep voltage; ~**strom** *el. m* saw-tooth current; ~**vorrichtung** *f* tipping device, tipper; ~**wagen** *m* rail. tip-car, tipping-wag(g)on; *mot.* tipping lorry, *Am.* dump truck.

Kirche ['kirçə] *f* (-; -n) church; (divine) service; *anglikanische* ~ Anglican Church, Church of England; *in der* ~ at church; *nach der* ~ after church; *in die* ~ *gehen* go to (*or* attend) church; *fig. die* ~ *im Dorf lassen* draw the line somewhere.

'**Kirchen...: ~älteste(r)** *m* church-warden, elder; ~**amt** *n* ecclesiastical office; ~**bann** *m* excommunication; *in den* ~ *tun* excommunicate; ~**besuch** *m* attendance at church; ~**besucher(in** *f*) *m* church-goer; ~**buch** *n* parish register; ~**chor** *m* (church) choir; ~**diener** *m* sexton, sacristan; ℚ**feindlich** *adj.* anti-clerical; ~**fenster** *n* church-window; ~**fürst** *m* prince of the church; high dignitary of the church; ~**gemeinde** *f* parish; congregation; ~**gesang** *m* chant, hymn; congregational singing; ~**geschichte** *f* ecclesiastical history; ~**gestühl** *n* pews *pl.*; ~**glocke** *f* church-bell; ~**jahr** *n* ecclesiastical year; ~**kalender** *m* ecclesiastical calendar; ~**konzert** *n* church concert; ~**licht** *n*: *fig. er ist kein* ~ he is no shining light, he is not very bright; ~**lied** *n* hymn; ~**maus** *f*: *fig. so*

arm wie e-e ~ (as) poor as a church-mouse; ~**musik** *f* sacred music; ~**politik** *f* ecclesiastical policy; ~**rat** *m* (-[e]s; ⁼e) (*person:* member of a) church council; ~**raub** *m* church-robbing; ~**räuber** *m* church-robber; ~**recht** *n* ecclesiastical law; ~**schändung** *f* profanation of a church, sacrilege; ~**schiff** *n* nave; ~**spaltung** *f* schism; ~**sprengel** *m* diocese; ~**staat** *m* (-[e]s) Pontifical State; ~**steuer** *f* church rate; ~**streit** *m* ecclesiastical controversy; ~**stuhl** *m* pew; ~**uhr** *f* church clock; ~**vater** *m* Father of the Church; ~**väter** *m/pl.* *the* Early Fathers; ~**vorstand** *m* parish council; ~**vorsteher** *m* church-warden, elder.

'**Kirch...: ~gang** *m* church-going; ~**gänger(in** *f*) ['~gɛnər] *m* (-s, -; -, -nen) church-goer; ~**hof** *m* churchyard, graveyard.

'**kirchlich** *adj.* (of the) church, ecclesiastical; sacred; ritual; spiritual; canonical; clerical; religious, devout; *ohne* ~*e Bindung* unaffiliated.

'**Kirch...: ~spiel** *n* parish; *zum* ~ *gehörig* parochial; ~**sprengel** *m* diocese; ~**turm** *m* steeple, church-tower, spire; ~**turmpolitiker** *m* parish-pump politician; ~**turmspitze** *f* church-spire; ~**weih(e)** *f* consecration of a church; → ~**weihfest** *n* parish fair, kermis.

Kirmes ['kirməs] *f* (-; -sen) parish fair, kermis.

kirnen ['kirnən] *v/t.* (h.) churn.

kirre ['kirə] *adj.* tame(d down); docile; ~ *machen* bring *a p.* to heel, make *a p.* eat humble pie; ~*n v/t.* (h.) bait, decoy; tame (down).

Kirsch [kirʃ] *m* (-es; -) (*a.* ~**branntwein** *m*) kirsch; '~**baum** *m* cherry-tree; cherry-wood; '~**blüte** *f* cherry-blossom (time).

'**Kirsche** *f* (-; -n) cherry; *fig. mit ihm ist nicht gut* ~*n essen* it's best not to tangle with him.

'**Kirsch...: ~kern** *m* cherry-stone; ~**kuchen** *m* cherry cake; ℚ**rot** *adj.* cherry-red; ~**saft** *m* cherry juice; ~**stein** *m* cherry-stone; ~**stiel** *m* cherry stalk; ~**wasser** *n* (-s; -) kirsch.

Kissen ['kisən] *n* (-s; -) cushion; pillow; bolster, pad; ~**bezug** *m* pillow-case; cushion cover.

Kiste ['kistə] *f* (-; -n) box, chest; *econ.* (packing) case; crate; trunk; *colloq. aer.*, *mot.* bus; *alte* ~ rattle-trap; *soccer:* goal; *fig.* difficult, *etc.*, business, job.

Kitsch [kitʃ] *m* (-es) trash, rubbish, junk; *thea., etc.* hokum, slush; sirupy (*or* sugarcoated) stuff; → *Quatsch;* 'ℚ**ig** *adj.* shoddy, trashy, tawdry, gaudy; slushy, sloppy; sirupy, mawkish.

Kitt [kit] *m* (-[e]s; -e) *tech.* putty; mastic, cement (*a. fig.*); *esp. chem.* lute.

Kittchen ['kitçən] *colloq. n* (-s; -) jail, sl. clink, jug.

Kittel ['kitəl] *m* (-s; -) smock, (loose) frock; overall; ~**kleid** *n* house frock; tunic; ~**schürze** *f* apron dress.

kitt|en ['kitən] *v/t.* (h.) cement, lute,

putty; *w.s.* glue (*or* stick) together; 'ℚ**messer** *n* putty knife.

Kitz [kits] *n* (-es; -e), ~**e** *f* (-; -n) kid; fawn.

Kitzel ['kitsəl] *m* (-s) tickle, tickling; ~ *im Hals* throat tickle; itch(ing); *fig.* pleasant sensation, thrill; desire, appetite; 'ℚ**ig** ticklish (*a. fig.*).

'**kitzeln** *v/t.* (h.) tickle (*a. fig.*); *es kitzelt mich* something tickles me; *es kitzelt mich am Fuß* my foot tickles; *j-s Gaumen* ~ tickle a p.'s palate.

'**Kitzler** *anat. m* (-s; -) clitoris.

'**kitzlig** *adj.* → *kitzelig.*

Klabautermann [kla'bautərman] *mar. m* (-[e]s; ⁼er) Davy Jones.

Kladde ['kladə] *f* (-; -n) first (*or* rough) draft *or* copy; rough note-book; *econ.* daybook.

kladderadatsch [kladərə'datʃ] *colloq. int.* (slap-)bang!

Kladde'radatsch *m* (-es; -e) crash (*a. fig.*) = muddle, mix-up, debâcle; *da haben wir den* ~*!* what a mess!

klaffen ['klafən] *v/i.* (h.) gape, yawn; stand apart; fit loosely; *fig. hier klafft ein Widerspruch* this is highly contradictory.

kläffen ['klɛfən] *v/i.* (h.) yap, yelp, bark.

Kläffer (-s; -) *m* yelping dog; *fig.* squabbler.

Klafter ['klaftər] *f* (-; -n) fathom (*a. mar. and wood measure*); ~**holz** *n* (-es) cord-wood; ℚ*n v/t. and v/i.* (h.) fathom; cord (*wood*).

Klag|abweisung ['klaːk-] *jur. f* dismissal of an action; non-suit; '~**anspruch** *m* claim; 'ℚ**bar** *adj.* actionable, suable, enforceable; ~ *werden gegen j-n* bring suit (*or* proceed) against a p.

Klage ['klaːgə] *f* (-; -n) complaint; lament; grievance, (matter of) complaint; charge, accusation; *jur.* suit, action; plaint; *in divorce cases:* petition; ~ *wegen Schadenersatz* action for *damages*; ~ *aus e-m Vertrag* action under (*or* on the ground of) a contract; ~ *führen über (acc.)* complain of; *jur.* ~ *erheben gegen (acc.)* bring (*or* enter, institute) an action against, institute proceedings against, bring (*or* file) a suit against, sue (*j-n* a p.; *wegen* for); *mit s-r* ~ *abgewiesen werden* be non-suited; ~**be-antwortung** *f* answer, responsive pleading; ~**begehren** *n the* relief sought; ~**begründung** *f* statement of claim; ~**grund** *m* cause of action; ~**laut** *m* plaintive sound; moan, groan, whimper; ~**lied** *n* dirge; elegy; *fig. ein* ~ *anstimmen* raise a lamentation; ~**mauer** *f* (-) *the* Wailing Wall.

klagen ['klaːgən] **I.** *v/i.* (h.) complain (*über acc.* of; *bei* to); utter complaints; lament; wail, moan; ~ *über* complain of; *jur.* bring an action (*gegen against; auf, wegen* for), go to law (*wegen* about), → *Klage (erheben);* **II.** *v/t.* (h.): *j-m et.* ~ complain to a p. of a th.; → *Leid;* ~*d adj.* plaintive; *jur. der* ~*e Teil* the plaintiff(s *pl.*).

Kläger ['klɛːgər] *jur. m* (-s; -), ~**in** *f* (-; -nen) *in civil cases:* plaintiff; complainant; *in divorce cases:* petitioner;

in criminal cases: Öffentlicher ~ (public) prosecutor; ♀isch *adj.* of the plaintiff, plaintiff's; ~er *Anwalt* counsel for the plaintiff; ~e *Partei* complaining party, plaintiff(s *pl.*).

'**Klage...**: ~sache *jur. f* action, lawsuit, civil case; ~schrift *jur. f* plaint, statement of claim; ~ton *m* plaintive tone *or* sound; ~weg *jur. m: auf dem* ~ by bringing an action; ~weib *n* (hired) mourner.

kläglich ['klɛːkliç] *adj.* lamentable, deplorable; distressing, piteous; *a. fig. contp.* miserable, wretched, pitiable, sorry, poor; ♀keit *f* (-) deplorableness; wretchedness.

Klamauk [kla'mauk] *colloq. m* (-s) hullabaloo, row, racket; ballyhoo; fuss, to-do.

klamm [klam] *adj.* clammy; numb (-ed); short, scarce; *colloq.* ~ *sein* be hard up.

Klamm *f* (-; -en) gorge, glen, canyon.

Klammer ['klamər] *f* (-; -n) *tech.* cramp, clamp, bracket; clasp; *a. med.* clip; (dental) brace; paper clip; staple; (clothes-)peg, *Am.* pin; *arch.* brace; *gr., typ.* parenthesis, bracket (*a. math.*), brace, accolade; *eckige* ~ (square) bracket; ~ *auf* (*zu*)! open (close) brackets!; *in* ~*n setzen* put in parentheses *or* brackets; bracket; '♀n I. *v/t.* (*h.*) *tech.* clamp, cramp, brace; fasten (*an to*); II. *v/i.* (*h.*) *boxing*: hold, clinch; *sich* ~ *an* (*acc.*) cling to (*a. fig.*).

Klamotten [kla'mɔtən] *colloq. f/pl.* stuff, things; rags, duds; ~kiste *f: aus der* ~ out of the rag-bag.

Klampe ['klampə] *f* (-; -n) clamp, hasp, cleat.

Klampfe ['klampfə] *colloq. f* (-; -n) guitar.

klang [klaŋ] *pret. of* klingen.

Klang [klaŋ] *m* (-[e]s; ⁻e) sound, tone; ringing, peal (*of bells*); ring, chink (*of coins*); clink(ing) (*of glasses*); resonance; timbre; (*music*) *usu. Klänge pl.* strains, notes *pl.*; → *Sang; fig.* ring; e-n *guten* ~ *haben* be in good repute.

'**Klang...**: ~bild *n* sound pattern; ~blende *f* tone control; ~farbe *f* timbre, tone colo(u)r; ~farbenregelung *f* tone control; ~fülle *f* sonority, resonance; ~lehre *f* (-) acoustics *sg.*; ♀lich *adj.* tonal, tone...; ♀los *adj.* toneless; hollow; mute; unaccented; *fig.* → *Sang;* ~losigkeit *f* (-) tonelessness; ~regler *m,* ~regelung *f radio:* tone control; ♀rein *adj.* pure, fine-tuned; ~treue *f* fidelity; *von höchster* ~ high-fidelity; ♀voll *adj.* sonorous; ~wirkung *f* sound effect.

Klapp|bett ['klap-] *n* folding (*or* camp-)bed; '~boden *m* hinged bottom; '~brücke *f* bascule bridge; '~deckel *m* spring cover, snap (lid).

Klappe ['klapə] *f* (-; -n) flap (*a. on envelope, pocket, table,* etc.); *tech.* shutter; (hinged) lid; trap-door; *on truck:* tailboard; damper; leaf (*of table, gun-sights*); *tech.* valve (*a. bot., zo.*); *mus.* key; *film:* clapper-board(s), slate; *colloq.* (*mouth*) (potato-)trap; *halt die* ~*!* shut up!; *bed: in die* ~ *gehen* turn in, hit the hay.

'**klappen I.** *v/t.* (*h.*): *in die Höhe* ~ tip up; *der Sitz läßt sich nach vorne* ~ the seat folds forward; **II.** *v/i.* (*h.*) clap, flap (*mit et.* a *th.*); *colloq. fig.* work (well), go smoothly (*or* without a hitch), come off well, click; *das klappt* that works; *bis jetzt klappt alles* all plain sailing so far; *es klappt nicht* it doesn't work, all goes wrong, there is a hitch somewhere.

'**Klappen** *n* (-s) clapping; *fig. zum* ~ *kommen* (*bringen*) come (bring) to a head.

'**Klappen...**: ♀artig, ♀förmig ['-fœrmiç] *adj.* valvular, valviform; ~schrank *teleph. m* drop-type switchboard; ~text *m* blurb (*on book jacket*); ~ventil *tech. n* clack (*or* flap)valve; ~verschluß *m* hinged cover.

'**Klapper** *f* (-; -n) rattle; clapper; ♀dürr *adj.* (as) lean as a rake, spindly.

'**klapperig** *colloq. adj.* shaky, rickety; spindly.

'**Klapper...**: ~kasten *colloq. m* (*piano*) tin-kettle; (*vehicle*) rattletrap; ~mühle *f* (water-, wind)mill.

klappern ['klapərn] *v/i.* (*h.*) rattle, clack; clatter; *mit den Zähnen* ~ chatter (one's teeth); '**Klappern** *n* (-s) rattling (noise) clatter(ing); ~ *gehört zum Handwerk* puff is part of the trade.

'**Klapper...**: ~schlange *zo. f* rattlesnake, *Am. a.* rattler; ~storch *m* stork.

'**Klapp...**: ~etui *n* snap-lid case; ~fenster *n* top-hung window; ~flügel *aer. m* folding wing; ~horn *mus. n* (-[e]s; ⁻er) key-bugle; ~hornvers *m* limerick; ~hut *m* opera- (*or* crush-)hat; ~kamera *f* folding camera; ~messer *n* clasp- (*or* jack-)knife; ~(p)ult *m* folding desk; ♀rig *adj.* → klapperig; ~sitz *m thea.* tip-up (*or* flap) seat; *mot.* → *Notsitz;* ~stuhl *m* folding-chair, camp-stool; ~tisch *m* folding-table; drop-leaf table; ~tür *f* spring-action door; ~ventil *n* flap-valve; ~verdeck *n* collapsible hood, *Am.* folding top.

Klaps [klaps] *m* (-es; -e) slap, smack; *colloq.* e-n ~ *haben* be cracked (*or* nuts), have a screw loose; ~mühle *colloq. f* booby hatch, loony bin.

'**klapsen** *v/t.* (*h.*) slap, smack.

klar [klaːr] **I.** *adj.* clear; bright; transparent, limpid; pure; *fig.* clear, distinct, intelligible; plain; evident, obvious, manifest; ~e *Entscheidung* clear-cut decision; ~er *Fehler* clear mistake; *mar.* ready; ~ *Schiff!* clear the deck for action!; ~ *achteraus* (*voraus*) clear astern (ahead); ~ *zum Gefecht* clear for action; *es ist ja* ~, *daß* it stands to reason that; *es ist dir doch* ~, *daß* you realize (*or* are aware) that; → *Kloßbrühe; colloq. na,* ~! sure (thing)!, *Am.* you bet!; → ~machen, ~werden, etc.; **II.** *adv.*: ~ *und deutlich* clearly, distinctly, unmistakably; ~ *zutage treten* be evident (*or* obvious), meet the eye; *er brachte es* ~ *zum Ausdruck, daß* he made it clear (*or* plain) that;

n (-n) *the* white of the egg; *fig. ins* ♀ *bringen* clear up, settle; *sich im* ♀*n sein über* (*acc.*) be (fully) aware of, be alive to, realize; *see* one's way about *a th.; ins* ♀ *kommen see* clearly, become clear (*über acc.* about).

Klär|anlage ['klɛːr-] *f* purification plant; sewage treatment plant; '~becken *n* settling-basin, filterbed.

'**klarblickend** *adj.* clear-sighted.

'**Klärbottich** *m* settling vat.

klären ['klɛːrən] *v/t.* (*h.*) clear, clarify; purify; percolate; *fig.* clear up, clarify, settle; *sports:* clear; *sich* ~ become clear, clarify.

'**Klarheit** *f* (-) clearness; brightness; transparency; *fig.* clearness, clarity; distinctness; lucidity; ~ *in eine Sache bringen* clear up (*or* shed light on) a matter.

klarier|en [kla'riːrən] *mar. v/t.* (*h.*) clear (at the custom-house); ♀ung *f* (-) clearance.

Klarinette [klari'nɛtə] *f* (-; -n) clarinet; ~nbläser, **Klarinettist** [-'tist] *m* (-en; -en) clarinet-player.

'**klarkommen** *v/i.* (*irr., sn*) get by, manage.

'**Klarlack** *m* clear varnish.

'**klar...**: ~legen *v/t.* (*h.*) set (*or* make) clear, clear up; point out; ~machen *v/t.* (*h.*): *j-m et.* ~ make a th. clear (*or* plain) to a p., explain (*or* point a th. out) to a p., bring a th. home to a p.; → *Standpunkt; sich et.* ~ realize a th.; *mar., etc.* (*a. v/i.*) make *or* get ready (*zu* for).

'**Klar|scheiben** *f/pl.* anti-dim disks; ~sichtpackung *f* transparent (*or* see-through) package.

'**klar...**: ~sehen *v/i.* (*irr., h.*) see one's way clear, see day-light; ~stellen *v/t.* (*h.*) clear up, get *the* facts clear, settle; ♀text *m* text in clear; *im* ~ in clear (text); ~werden **I.** *v/i.* (*irr., sn*) become clear; *es wurde mir klar* I realized, I became aware of, it dawned on me (that *daß*); **II.** *sich* ~ *über* (*acc.*) realize, grasp, understand; make up one's mind about.

Klärung ['klɛːruŋ] *f* (-) clarification, *fig. a.* clearing up, settling, elucidation.

Klasse ['klasə] *f* (-; -n) class (*a. bot., zo.*); division; order; type; *mar.* rating; *mot. racing:* category; class; *ped.* form, *esp. Am.* class, grade; *rail. Abteil* (*Fahrkarte*) *erster* ~ first-class compartment (ticket); *social class; die arbeitenden* (*besitzenden*) ~*n pl.* the working (propertied) classes; *lottery:* class; *fig. erster* ~ of the first order *or* water, first-class; *colloq.* (*ganz*) *große* ~ terrific, marvellous; *er ist e-e* ~ *für sich* he is in a class all by himself; *in* ~ *einteilen* classify.

'**Klassen...**: ~arbeit *f* (written) class test; ♀bewußt *adj.* class-conscious; ~bewußtsein *n* class-consciousness; ~buch *n* class-register; ~dünkel *m* class-conceit; ~einteilung *f* classification; ~feind *m* enemy of the working class; ~haß *m* class-hatred; ~justiz *f* class-justice; ~kamerad(in *f*) *m* class-mate; ~kampf *pol. m* class-warfare *or* -struggle; ~leh-

rer(in *f*) *m* class-teacher, form master, *Am.* home-room teacher; 2**los** *adj.* classless; **~lotterie** *f* class lottery; **~schranke** *f* class barrier; **~sprecher(in** *f*) *m* class prefect; **~ziel** *n*: *das* ~ (*nicht*) *erreichen* (fail to) go up into a higher class; **~unterschiede** *m/pl.* class distinctions; **~zimmer** *n* classroom, schoolroom.

klassieren [kla'si:rən] *v/t.* (*h.*) size (*coal, ore*).

klassifizier|en [klasifi'tsi:rən] *v/t.* (*h.*) classify; 2**ung** *f* (-; -en) classification.

...klassig *in compounds with* ... classes; *fig.* ...-class, ...-rate.

Klassik ['klasik] *f* (-) classical period; **~er** *m* (-s; -) classic, standard author.

'**klassisch** *adj.* classical, *fig.* classic; traditional, conventional; ~*es Beispiel* classic example; ~*es Werk* classic; *phys.* ~*er Radius* classical radius; *fig. das ist* ~! it's terrific!

klatsch [klatʃ] *int.* splash!, smack!, slap!

'**Klatsch** *m* (-es; -e) clap, smack, slap; *fig.* gossip; scandal; **~base** *f* gossip, chatterbox, *b.s.* scandal-monger.

'**Klatsche** *f* (-; -n) fly-swat(ter); *colloq.* gossip; *ped.* crib, pony.

'**klatschen** *v/i. and v/t.* (*h.*) smack, slap; *whip*: crack; *rain, etc.*: splash; *in die Hände* ~ clap one's hands; *j-m* (*Beifall*) ~ applaud (*or* clap) a p.; *colloq. fig.* gossip, wag one's tongue (*über acc.* about); talk scandal.

'**Klatschen** *n* (-s) smacking, slapping, clapping, applause; gossip; scandal.

'**Klatscher(in** *f*) *m* (-s, -; -, -nen) 1. clapper, applauder; 2. → *Klatschbase.*

Klatsche'rei *f* (-; -en) (idle) gossip, gabble, prattle; *b.s.* gossiping, scandal(-mongering), tittle-tattle.

'**Klatsch...**: **~geschichte** *f* gossip; 2**haft** *adj.* gossiping, gossipy; **~haftigkeit** *f* (-) gossiping disposition, slanderous tongue; talkativeness; **~maul** *n* → *Klatschbase*; **~mohn** *m*, **~rose** *f* (corn) poppy; 2**naß** *adj.* dripping (wet), drenched, soaked (to the skin); **~sucht** *f* (-) → *Klatschhaftigkeit*; **~weib** *n* → *Klatschbase.*

'**klauben** ['klaubən] *v/t. and v/i.* (*h.*) pick, cull; sort; gather; *fig. Worte* ~ quibble, split hairs.

Klaue ['klauə] *f* (-; -n) claw (*a. tech.* = dog, jaw); *orn., zo. a.* fang, talon; paw (*a. contp. hand*); *of fox, wolf, etc.*: foot; clovenhoof; *mit den* ~*n packen* claw; *fig. in s-e* ~*n bekommen* get one's clutches on, *j-n*: get a p. into one's (butcher's) grip *or* clutches; *in den* ~*n des Todes* in the grip of death; *colloq.* e-e *böse* ~ an ugly fist, an awful scrawl.

'**klauen** *colloq. v/t.* (*h.*) filch, swipe, *Am. a.* snitch; *writer*: crib (*von* from).

'**Klauen...**: **~fett** *n* neatsfoot oil; **~kupplung** *tech. f* dog (*or* clutch) coupling; **~seuche** *f* (-) footrot.

Klause ['klauzə] *f* (-; -n) hermitage; cell; *colloq.* den, dig(ging)s *pl.*; (mountain) defile.

Klausel ['-zəl] *jur. f* (-; -n) clause; proviso; stipulation.

Klausner ['klausnər] *m* (-s; -), **~in** *f* (-; -nen) hermit, recluse.

Klausur [klau'zu:r] *f* (-; -en) seclusion; *univ.* written examination; *in der* ~, *unter* ~ under supervision; **~arbeit** *f* examination-paper, unseen (translation, *etc.*).

Klaviatur [klavia'tu:r] *f* (-; -en) keyboard, keys *pl.*; manual (*of organ*).

Klavier [kla'vi:r] *n* (-s; -e) piano (-forte), upright piano; *elektrisches* ~ player piano; *am* (*auf dem*) ~ at (on) the piano; ~ *spielen* (*können*) play the piano; **~auszug** *m* piano score; **~begleitung** *f* piano accompaniment; **~konzert** *n* piano-(forte) recital; **~lehrer(in** *f*) *m* piano-teacher; **~schule** *f* manual for exercises on the piano; **~sessel** *m* piano stool; **~spiel** *n* piano playing; **~spieler(in** *f*) *m* pianist; **~stimmer** *m* piano-tuner; **~stück** *n* piece of piano-music; **~stuhl** *m* → *Klaviersessel*; **~stunde** *f*, **~unterricht** *m* piano-lesson(s); **~vortrag** *m* piano(forte) recital.

'**Klebe|ecke** ['kle:bə-] *phot. f* corner (mount); **~kraft** *f* (-) adhesive power; **~mittel** *n* adhesive, agglutinant; 2**n** I. *v/i.* (*h.*) (*a.* 2**nbleiben**) adhere *or* stick *or* cling (*an dat.* to); *fig. an j-m* ~ be glued to a p.; *Blut klebt an seinen Händen* his hands are stained with blood; *am Buchstaben* ~ stick to the letter; II. *v/t.* (*h.*) glue, paste, stick (fast); *colloq. j-m e-e* ~ paste a p. one; 2**nd** *adj.* adhesive; **~pflaster** *n* adhesive (*or* sticking) plaster. [Kleb(e)stoff.)

'**Kleber** *m* (-; -) 1. *bot.* gluten; 2. → ∫

kleb(e)rig ['klep-, '-bə-] *adj.* adhesive, sticky, tacky; glutinous; viscid, ropy; clammy.

'**Kleb(e)...**: **~stoff** *m* adhesive; gum; glue; cement; paste; **~streifen** *m* adhesive tape; Scotch tape.

'**Klebe...**: **~tisch** *m film*: splicing table; **~zettel** *m* gummed (*or* sticky) label, *Am.* sticker.

kleckern ['klɛkərn] *colloq.* I. *v/i.* (*h.*) slobber, dribble; II. *v/t.* (*h.*) spill, drop.

Klecks [klɛks] *m* (-es; -e) (ink-)blot; blotch, splotch.

'**klecksen** *v/t. and v/i.* (*h.*) blot (with ink), make (ink-)blots; blotch, smudge; blur; daub; scrawl, scribble.

'**Kleckser(in** *f*) *m* (-s, -; -, -nen) scrawler, scribbler; (*painter*) dauber.

Kleckserei [-'raɪ] *f* (-; -en) (constant) blotting, ink-spilling; scrawl (-ing); daub(ing).

Klee [kle:] *bot. m* (-s) clover, trefoil; *über den grünen* ~ *loben* praise to the skies; '**~blatt** *n* trefoil (*a. arch.*), clover-leaf; *Irish national emblem*: shamrock; *vierblättriges* ~ four-leaved clover; *fig.* threesome, trio; *traffic*: cloverleaf crossing; '2**blattförmig** ['-fœrmiç] *adj.* trifoliate.

Kleid [klaɪt] *n* (-[e]s; -er) garment, dress, ~*er pl.* clothes, → *Kleidung*; gown; robe; costume; garb, apparel; attire; *poet.* raiment; *fig. festliches* ~ festive garb (*of town*); ~*er machen Leute* fine feathers make fine birds.

---

kleiden ['-dən] I. *v/t.* (*h.*) *and sich* ~ clothe (o.s.), dress; attire (o.s.); *sich gut* (*schlecht, in Weiß*) ~ dress well (badly, in white); → *an~*, *be~*; *fig. in Worte* ~ clothe (*or* couch) in words; *leicht gekleidet* lightly dressed *or* clad; II. *v/t. and v/i.* (*h.*): *j-n* ~ a) clothe (*or* dress) a p., b) suit (*or* become) a p., look well on a p.

'**Kleider...**: **~ablage** ['-dər-] *f* cloak-room, *Am.* checkroom; hall-stand; **~bestand** *m* wardrobe; **~bügel** *m* (coat-)hanger; **~bürste** *f* clothes-brush; **~haken** *m* clothes-peg, coat-hook; **~laus** *f* body louse; **~mode** *f* fashion in clothes; **~motte** *f* clothes moth; **~pflegeanstalt** *f* valet service, *Am.* valeteria; clothing and pressing establishment; **~puppe** *f* (clothes) dummy; **~schrank** *m* wardrobe; **~schürze** *f* house frock; **~schwimmen** *n* (-s) swimming fully dressed; **~ständer** *m* (hat and) coat stand, hall-stand; **~stoff** *m* dress material.

kleidsam ['klaɪt-] *adj.* becoming.

'**Kleidung** *f* (-) clothes *pl.*, garments, (wearing-)apparel; dress, costume, garb; attire; *poet.* raiment; → *Be*2, *Kleid*; **~s-stück** *n* article of clothing; garment; ~*e pl.* → *Kleidung*.

Klei|e ['klaɪə] *f* (-; -n) bran; **~enmehl** *n* pollard; 2**ig** *adj.* branny.

klein [klaɪn] I. *adj.* little, small; minute, diminutive, tiny, wee; short; dwarfish; trifling, petty, insignificant; small-scale; minor; paltry; ~*es Alphabet* (~*er Buchstabe*) small alphabet (letter); ~*er Bruder* younger (*Am. a.* kid) brother; ~*e Fahrt mar.* dead slow; ~*er Fehler* trifling error; ~*er Finger* little finger; ~*er Geist* small mind; ~*es Geld* small coin, (small) change; ~*e Leute* small people; ~*er Geschäftsmann* small businessman; ~*e Stimme* small voice; *mus.* ~*e Terz* minor third; *das* ~*ere Übel* the lesser evil; ~*ere Vergehen* minor offences; *ein* ~ *wenig* (a) very little, a little (*or* wee) bit; ~, *aber fein* small but select; *groß und* ~ great and small, high and low, young and old; *von* ~ *auf* from (one's) infancy, from a child, from an early age; *fig.* ~ *werden* come down, be subdued; ~*er werden* grow less, lessen, decrease, shrink; II. *adv.*: ~ *anfangen* begin in a small way; → ~ *beigeben*; ~ *denken* have narrow views, *von j-m*: think little of; → *kurz*; 2**e(r)** *m* (-n; -n), 2**e** *f* (-n; -n), 2**e(s)** *n* (-n; -n): *der* (*die*) ~ the little boy (girl), the little man; *contp.* shorty, half-pint; *die* ~*n pl.* the little ones; *im* 2**n** on a small scale, in a small way, in miniature; *im* 2**n** *verkaufen* (sell by, *Am.* at) retail; *bis ins Kleinste* down to the last (*or* minutest) details; *über ein* 2**s** in a short time, after a little while; *um ein* 2**s** very nearly, by a hair's breadth.

'**Klein...**: **~anzeigen** *f/pl.* small (*or* classified) advertisements; **~arbeit** *f* painstaking (detailed) work, spade-work; **~asien** *n* Asia Minor; **~auto** *n* → *Kleinwagen*; **~bahn** *f* narrow-gauge (*or* light) railway, branch-line; **~bauer** *m* small farmer, small-holder; **~betrieb** *m* small enter-

prise; *landwirtschaftlicher* ~ small-
-holding; ~bildkamera *f* miniature
camera; ~bürger *m* petty bourgeois,
small man; ⚥bürgerlich *adj.* petty-
-bourgeois; narrow-minded; ~-
bürgertum *n* petty bourgeoisie; ~-
bus *mot. m* minibus; ~format *n*
smaller version, small size; *colloq.*
im ~ small-scale; ~garten *m* allotment (garden); ~gärtner *m* allotment gardener; ~geld *n* (-[e]s)
(small) change, small coin; ~ge-
werbe *n* small(-scale) trade, small
business; ⚥gläubig *adj.* of little
faith, fainthearted; ~gläubigkeit *f*
weakness of faith; ~handel *m* retail trade *or* busines; *im* ~ by (*Am.*
at) retail; ~handels-preis *m* retail
price; ~händler *m* retail dealer,
retailer; ~heit *f* (-) littleness,
smallness; minuteness; ~hirn *anat.*
n cerebellum; ~holz *n* matchwood,
kindling; *colloq. aer.* ~ machen
crash; *aus j-m* ~ *machen* make mincemeat of a p.
'Kleinigkeit *f* (-; -en) little (*or*
small) thing; petty matter, bagatelle,
trifle; (*meal*) bite; *für eine* ~ *kaufen*
buy for a mere song; *iro.* es kostet
die ~ *von zwei Millionen Dollar* it
costs the trifling sum of two million
Dollars; *das ist eine* ~ *für ihn* that's
easy for him, it is nothing at all to
him; *das ist keine* ~ that's no small
thing; ~skrämer(in *f*) *m* pedant(ic
person), pettifogger, stickler.
'Klein...: ~kalibergewehr *n* sub-
calibre (*or* small-bore) rifle; ⚥ka-
librig ['-kali:briç] *adj.* sub-calibre,
small-bore; ⚥kariert *adj.* small-
-checked; *colloq. fig.* small, narrow
(-minded); ~kind *n* infant; ~kin-
derbewahranstalt *f* day nursery,
crèche (*Fr.*); ⚥körnig *adj.* small-
-grained; ~kraftwagen *m* → *Kleinwagen*; ~kram *m* trifles *pl.*; ~krieg
m guer[r]illa war(fare); ~kriegen
v/t. (h.) smash; get through, blue
(*money*); *j-n* ~ make a p. sing small
(*or* eat humble pie), take the starch
out of a p.; ~küche *f* kitchenette;
~kunstbühne *f* → *Kabarett*; ~-
künstler(in *f*) *m* → *Kabarettist*(in);
⚥laut *adj.* subdued, meek, downcast; ~ *werden* assume a (more)
modest tone, sing small; ~lebe-
wesen *n* microorganism; ⚥lich *adj.*
petty, paltry; pedantic, punctilious,
fussy; ~ *gesinnt* small-minded,
narrow(-minded); ~lichkeit *f* (-;
-en) pettiness, paltriness; pedantic
nature; ~lieferwagen *m* pickup
(car); ~luftschiff *n* baby airship,
blimp; ⚥machen *v/t.* (h.) (*and sich*)
make (o.s.) small; ~male'rei *f*
miniature painting; ~motor *m*
small-type (*or* fractional) motor;
~mut *m* (-[e]s) pusillanimity, faint-
-heartedness; despondency; ⚥mü-
tig ['-my:tiç] *adj.* pusillanimous,
faint-hearted; despondent; ~od
['-o:t] *n* (-[e]s; -e) jewel, gem,
fig. a. treasure; ~oktav *n* (-s) small
octavo; ~omnibus *m* minibus;
~rentner(in *f*) *m* small pensioner;
~russe *m*, ~russin *f* Little Russian;
~schlepper *m* tractorette; ⚥-
schneiden *v/t.* (*irr., h.*) chop;
~siedler *m* small-holder; ~sparer
m small depositor; ~staat *m* small

state; ~staate'rei *f* (-) particularism; ~stadt *f* small town; ~städter
(-in *f*) *m* provincial, *Am. a.* small-
-towner; ⚥städtisch *adj.* provincial;
~stadtzeitung *f* small-town newspaper; ~stbetrieb *m* enterprise of
the smallest category; ~stkind *n*
baby; ~stmotor *el. m* pilot motor;
~stwagen *m* midget car, minicar;
~verdiener *m* low-income worker;
~verkauf *m* retail (trade); ~vieh *n*
small livestock; ~wagen *m* small
car, runabout (car); ~wild *n* small
game; ~wohnung *f* small flat,
flatlet.
Kleister ['klaɪstər] *m* (-s; -) paste;
bookbinding: size; ⚥ig *adj.* pasty,
sticky; doughy; ⚥n *v/t.* (h.) paste,
size (with paste); ~pinsel *m* paste-
-brush.
Klemme ['klɛmə] *f* (-; -n) holdfast,
clamp; *el.* terminal; clip; (screw-)
vice, *Am.* vise; tongs, nippers *pl.*;
fig. tight corner, pinch; shortage;
dilemma, quandary, scrape; *in der*
~ *sein a.* be in great straits, be in
a fix.
klemmen ['klɛmən] I. *v/t.* (h.)
clamp, squeeze, pinch; *sich* (*fest*)~
→ II. *sich den Finger* ~ jam one's
finger; *colloq. sich hinter et.* ~ get
down to s.th.; *colloq.* (*steal*) pinch,
filch; II. *v/i.* jam, get jammed *or*
stuck, stick.
'Klemmen...: ~brett *n* terminal
board; ~dose *f*, ~kasten *el. m*
terminal box; ~spannung *f* terminal voltage.
'Klemmer *m* (-s; -) pince-nez
(*Fr.*).
'Klemm...: ~schraube *f* clamp(ing)
screw; ~zange *f* clamp (forceps).
Klempner ['klɛmpnər] *m* (-s; -)
tinsmith, sheet-metal worker;
plumber; ~arbeit *f* plumbing.
Klempne'rei [-'raɪ] *f* (-; -en) tinsmith's trade; plumbery; tinsmith's
(*or* plumber's) workshop.
'Klempnermeister *m* master tinsmith (*or* plumber).
Klepper ['klɛpər] *m* (-s; -) nag,
hack, jade.
Kleptomane [klɛpto'mɑ:nə] *m* (-n;
-n) kleptomaniac.
Kleptomanie [-ma'ni:] *f* (-) kleptomania.
klerikal [kleri'kɑ:l] *adj.* clerical;
Kleriker ['kle:-] *m* (-s; -) clergyman, cleric; Klerisei [kleri'zaɪ] *f*
(-) clergy; *fig.* clique; Klerus
['kle:rus] *m* (-) clergy.
Klette ['klɛtə] *f* (-; -n) bur(r),
burdock; *fig. kleben wie e-e* ~ stick
like a bur(r) *or* a leech; *sich wie e-e*
~ *an j-n hängen* stick to a p. like
a leech; ~ndistel *f* bur(r) thistle;
~nwurzelöl *n* burdock-oil.
Kletterei [klɛtə'raɪ] *f* (-; -en)
climbing.
'Kletter|eisen *n/pl.* climbing-irons,
climbers; ~er(in *f*) *m* (-s, -; -, -nen)
climber.
'klettern *v/i.* (sn) climb (*auf e-n*
Baum up a tree); scale (*auf acc. a*
wall, etc.); (*schnell* (*hoch*) ~ swarm up;
clamber (*or* scramble) up; ⚥ *n* (-s)
climbing; ~d *adj.* climbing; *esp.*
bot. creeping; *orn.* scansorial.
'Kletter...: ~pflanze *f* climber,
creeper; ~rose *f* rambler; ~schuhe

m/pl. climbing boots; ~seil *n*
climbing-rope; ~stange *f* climbing
pole; ~vogel *m* scansorial bird.
Klient [kli'ɛnt] *m* (-en; -en), ~in *f*
(-; -nen) client.
Klima ['kli:ma] *n* (-s; -s) climate;
fig. a. atmosphere, conditions *pl.*;
in Ländern mit hartem ~ in vigorous
climates; (*sich*) *an das* ~ *gewöhnen*
acclimatize, *Am.* acclimate; ~an-
lage *f* air-conditioning plant *or*
system; *mit* ~ *ausstatten* air-con-
dition.
klimakter|isch [kli:mak'te:riʃ] *med.*
adj. climacteric; ⚥ium *n* (-s) menopause, change of life.
klimatisch [-'mɑ:-] *adj.* climatic;
→ *Luft*...
Klimbim [klim'bim] *colloq. m* (-s)
fuss; to-do, noise; pomp; *der ganze*
~ the whole bag of tricks.
klimmen ['klimən] *v/i.* (*irr., sn*)
climb.
'Klimmzug *m gym.* pull-up.
klimpern ['klimpərn] *v/i. and v/t.*
(h.) (*mit*) jingle, tinkle; chink;
strum (*on auf dat.*).
'Klimpern *n* (-s) jingling; strumming.
Klinge ['kliŋə] *f* (-; -n) blade;
sword; *die* ~*n kreuzen mit* cross
swords with (*a. fig.*); *e-e gute* ~
schlagen be a good swordsman, *fig.*
play a good knife and fork; *fig. über*
die ~ *springen lassen* put to the
sword.
Klingel ['kliŋəl] *f* (-; -n) bell;
~beutel *m* collection-bag; ~draht
m bell-wire; ~knopf *m* bell-push.
'klingeln I. *v/i.* (h.) ring (the bell);
j-m ~ ring for a p.; *bell*: tinkle,
jingle; *motor*: pink; *es klingelt* the
bell is ringing; II. *v/t.* (h.): *j-n*
aus dem Schlaf ~ ring a p. up.
'Klingeln *n* (-s) ring(ing); jingle.
'Klingel...: ~schnur *f* bell-rope;
~zeichen *n* ring, bell-signal; ~zug
m bell-pull.
klingen ['kliŋən] *v/i.* (*irr.*, h.) sound;
bell, glass, metal: (*a.* ~ *lassen*)
tinkle, jingle, ring, clink; *schön* ~*de*
Worte words of a pleasant sound;
fig. fame, etc.: resound, spread;
~*de Münze* hard cash; *mit* ~*dem*
Spiel (with) drums beating, with
fifes and drums; *fig. das klingt gut*
(*sonderbar*) that sounds good
(strange); *das klingt wahr* it rings
true; *mir* ~ *die Ohren* my ears are
tingling; *fig. haben dir nicht die*
Ohren geklungen? didn't your ears
burn?; *es klingt mir noch in den*
Ohren it still rings in my ears.
Klingklang ['kliŋklaŋ] *m* (-[e]s)
jingling, jangle; ding-dong; 'kling,
klang! *int.* ding-dong!
Klinik ['kli:nik] *f* (-; -en) clinic(al
hospital), nursing home; private
hospital; ~er *m* (-s; -) clinician.
'klinisch *adj.* clinical.
Klinke ['kliŋkə] *f* (-; -n) (door-)
handle, latch; *tech.* pawl, catch;
el. jack; ⚥n *v/i.* (h.) press the latch.
'Klinker *m* (-s; -) (Dutch) clinker,
hard brick; ~boot *n* clinker boat.
klipp [klip] *adj. pred. and adv.*: ~
und klar clear as daylight, quite
obvious; frankly; plainly, point-
-blank, straight from the shoulder.
Klippe ['klipə] *f* (-; -n) cliff; reef;

crag; rock; *fig.* rock, hurdle, stumbling-block; **~nküste** *f* craggy coast; **Ǫnreich** *adj.* full of cliffs, craggy, rocky.

'**Klippfisch** *m* dry cod, klipfish.

'**klippig** *adj.* craggy, rocky.

klipp, klapp! *int.* click-clack!, flip-flap!

klirren ['klirən] *v/i.* (*h.*) *glass:* clink, jingle; *dishes, etc.*: clatter; *chains:* clank; *arms:* clash; *window:* rattle; *(all a. ~ mit).*

'**Klirren** *n* (-s) clinking, jingling; clatter(ing); clanking; clash(ing); rattling.

'**Klirrfaktor** *m* distortion factor.

Klischee [kli'ʃeː] *tech. n* (-s; -s) (printing) block, stereo(type plate), cut, (*a. fig.*) cliché; **~abzug** *m* block pull, *Am.* engraver's proof; **~anstalt** *f* engraving establishment; **~vorstellung** *fig. f* stereotyped idea.

kli'schieren *v/t.* (*h.*) stereotype, dab.

Klistier [klis'tiːr] *med. n* (-s; -e) enema, clyster; **Ǫen** *v/t.* apply (*or* give) an enema to; **~spritze** *f* enema, syringe.

Klitoris ['kliːtoris] *anat. f* (-; -) clitoris.

klitsch(e)naß ['klitʃ(ə)-] *adj.* drenched, soaked (to the skin).

'**klitschig** *adj. bread:* slack-baked, doughy; sodden.

Klo [kloː] *colloq. n* (-s; -s) W.C., lavatory, loo, *Am.* john.

Kloake [klo'aːkə] *f* (-; -n) sewer, drain, (*a. fig.*) cesspool, sink; *zo.* cloaca.

Klob|en ['kloːbən] *m* (-s; -) log; *hunt.* trap; *tech.* **a)** pulley, block, **b)** vice, *Am.* vise, **c)** pincers *pl.*; *fig.* boor, lout, clumsy fellow; **~ig** *adj.* bulky, massy, clumsy, plump; *fig.* clumsy; boorish, rude, coarse.

klomm ['klɔm] *pret. of* klimmen.

klopfen ['klɔpfən] **I.** *v/i.* (*h.*) knock (*a. mot.*), rap; tap (*an, auf acc.* at, on); *heart:* beat, throb (*vor dat.* with); → *Busch, Finger; j-m auf die Schultern ~* pat a p.'s shoulders, slap a p.'s back; *es klopft* there is a knock at the door; **II.** *v/t.* (*h.*) beat (*carpet, clothes, meat*); break (*stones*); *einen Nagel in die Wand ~* knock *or* drive a nail into the wall.

'**Klopfen** *n* (-s) knock(ing); rap; tap(ping); *of heart:* throbbing, palpitation; *of pulse:* pulsation; *mot.* knocking.

'**Klopfer** *m* (-s; -) knocker, rapper; beetle, mallet; *tel.* sounder; *radio:* decoherer; *for meat:* bat.

'**Klopf...**: **Ǫfest** *mot. adj.* knock-proof, anti-knock; **~festigkeit** *f* antiknocking properties *pl.*; **~wert** *m* antiknock value, octane rating.

Klöppel ['klœpəl] *m* (-s; -) beetle, mallet; clapper (*of bell*), *el.* bell-striker; (lace-)bobbin; '**~arbeit** *f* bobbin-work; '**~garn** *n* lace-yarn; '**Ǫn** *v/i.* (*h.*) make (bone-)lace; '**~spitzen** *f/pl.* bone-lace *sg.*

Klops [klɔps] *m* (-es; -e) meat ball.

Klosett [klo'zɛt] *n* (-s; -s) (water-)closet (*abbr.* W.C.); → *Abort;* **~becken** *n* closet-bowl, flush(ing) pan; **~bürste** *f* W.C. brush; **~papier** *n* toilet paper.

Kloß [kloːs] *m* (-es; ⁈e) lump, clump; clod; *cul.* dumpling, meat ball, rissole; *fig. einen ~ im Hals haben* have a lump in one's throat; '**~brühe** *f*: *colloq. klar wie ~* (as) clear as mud, plain as the nose in your face.

Klößchen ['kløːsçən] *n* (-s; -) small dumpling; → *Kloß.*

Kloster ['kloːstər] *n* (-s; ⁈) cloister; monastery; convent, nunnery; *ins ~ gehen* enter a monastery *or* convent, turn monk, take the veil; *ins ~ stecken* shut up in a monastery *or* convent; '**~bruder** *m* friar, monk; '**~frau** *f* nun; '**~gelübde** *n* monastic vow.

klösterlich ['kløːstərliç] *adj.* conventual; monastic; *fig.* cloistered, secluded.

'**Kloster...**: **~regel** *f* monastic rule; **~schule** *f* monastic (*for nuns:* convent) school; **~zucht** *f* monastic discipline.

Klotz [klɔts] *m* (-es; ⁈e) block, log; stump; *fig.* boor, lout; clumsy fellow, blockhead; **~ am Bein** handicap (*dat.* to), drag (on); *auf einen groben ~ gehört ein grober Keil!* tit for tat!, pay him back in his own coin!; '**Ǫig I.** *adj.* bulky, massy, heavy, clumsy; *colloq.* mighty, enormous; **II.** *adv.*: *colloq. ~ viel* an awful lot (of); *er hat ~ viel Geld* he is lousy with money.

Klub [klup] *m* (-s; -s) club; '**~haus,** '**~lokal** *n* clubhouse; '**~hütte** *f* Alpine Club chalet; '**~jacke** *f* blazer; '**~kamerad** *m* fellow club-member; '**~sessel** *m* leather arm-chair, club chair.

Kluft¹ [kluft] *f* (-; ⁈e) gap (*a. fig.*), crevice, fissure, crack; cleft; ravine, gorge; chasm, gulf, abyss (*all a. fig.*); *fig.* rift.

Kluft² *colloq. f* (-; -en) dress, outfit, togs *pl.*

klug [kluːk] *adj.* clever, intelligent; wise; sensible, judicious; prudent; clear-sighted; bright, alert; able; gifted, talented; ingenuous; shrewd, sagacious, keen; discerning; smart, clever; cunning, astute; *so ~ wie zuvor* none the wiser (for it); *~ werden* grow wise; *er wird nie ~ werden* he will never learn; *ich kann nicht daraus ~ werden* I cannot make head or tail of it; *aus ihm werde ich nicht ~* I cannot make him out; → *Schaden; der Klügere gibt nach* the wiser head gives in; *es wäre das klügste, zu inf.* it would be best to *inf.*

Klügelei [klyːgə'laɪ] *f* (-; -en) sophistry.

'**klügeln** *v/i.* (*h.*) subtilize.

Klugheit [kluːkhaɪt] *f* (-) cleverness, intelligence, brains *pl.*; good sense, wisdom; prudence; ingenuousness; shrewdness, sagacity; smartness, cunning; astuteness; good policy.

klüglich ['klyːkliç] *adv.* wisely, prudently.

'**klug...**: **~reden, ~schnacken** *v/i.* (*h.*) be overwise, *Am. sl.* wise-crack; **Ǫscheißer, Ǫschnacker, Ǫtuer** *m* (-s; -), **Ǫtuerin** *f* (-; -nen) wiseacre, smart aleck, know-all, *Am. a.* wise guy.

Klumpen ['klumpən] *m* (-s; -)

lump; ~ *Blut* clot of blood; ~ *Erde* clod of earth; ~ *Gold* nugget (of gold); heap, bulk; cluster; *in ~ hauen* smash up.

'**Klump-fuß** *m* clubfoot.

'**klumpig** *adj.* lumpy; cloddy; clotted.

Klüngel ['klyŋəl] *m* (-s; -) clique, coterie.

Klunker ['klunkər] *f* (-; -n) *and m* (-s; -) tassel, bob; *w.s.* appendage.

Kluppe ['klupə] *tech. f* (-; -n) *on lathe:* die-stock, *Am.* screwplate; slide cal(l)iper.

Klüse ['klyːzə] *mar. f* (-; -n) hawse.

Klüver ['klyːvər] *mar. m* (-s; -) jib; **~baum** *m* jibboom.

knabbern ['knabərn] *v/i. and v/t.* (*h.*) gnaw, nibble (*an dat.* at).

Knabe ['knaːbə] *m* (-n; -n) boy, lad; youngster; *colloq. alter ~* old chap; '**~nalter** *n* boyhood; *im ~ when a boy;* '**~nbekleidung** *f* boys' (*Am. a.* junior's) wear; '**~nchor** *m* boys' choir; '**Ǫnhaft** *adj.* boyish; '**~nkraut** *bot. n* orchis; '**~nliebe** *f* p(a)ederasty; '**~nschule** *f* boys' school; '**~nstreich** *m* boyish prank.

knack! [knak] *int.* crack!, snap!, click!

Knäckebrot ['knɛkə-] *n* (-[e]s) crispbread.

knacken ['knakən] **I.** *v/i.* (*h.*) crack; *fire:* crackle; *metal:* click; **II.** *v/t.* (*h.*) crack (open) (*nuts, safe, etc.*); *mil.* bust (*tank*); → *Nuß.*

'**Knacken** *n* (-s) crack(ing); crackling; click.

'**Knacker** *m* (-s; -) cracker; *fig. alter ~* old fogey, doddering old fool.

'**Knack...**: **~laut** *gr. m* glottal stop; **~mandel** *f* crack-almond.

knacks! [knaks] *int.* → *knack!*

Knacks *m* (-es; -e) crack; *colloq. fig.* defect; *e-n ~ kriegen* crack up; *er hat e-n ~ weg* **a)** his health is shaken, **b)** he's badly hit, his nerves are all shot.

'**Knackwurst** *f* saveloy.

Knagge ['knagə] *f* (-; -n) *tech.* cam; *mot.* tappet.

Knall [knal] *m* (-[e]s; -e) clap; *of whip:* crack; *of gun:* (sharp) report; *of door, etc.*: bang; thud; detonation, explosion; *fig. ~ und Fall* (all) of a sudden, on the spot, without warning (*or* notice); *colloq. du hast wohl 'nen ~* you must be crazy!, are you nuts?; '**~bonbon** *n* cracker; '**~büchse** *f* pop-gun; '**~dämpfer** *m* silencer, muffler; '**~effekt** *fig. m* stage effect, coup de théâtre (*Fr.*); sensation; '**Ǫen I.** *v/i.* (*h.*) clap, crack, pop; detonate, explode; bang; *mit dem Gewehr ~* fire, shoot off one's gun; *mit der Peitsche ~* crack one's whip; *e-n Pfropfen lassen* let off a cork; *es knallte zweimal* there were two loud reports, two shots rang out; **II.** *v/t.* (*h.*) slam, crash; *soccer:* *den Ball ins Tor ~* crash the ball home; *colloq. j-m e-e ~ paste a p. one;* '**~erbse** *f* (toy-)torpedo; '**~frosch** *m* jumping cracker; '**~gas** *n* oxyhydrogen (gas), detonating gas; '**~gasgebläse** *n* oxyhydrogen blowpipe; '**~gold** *n* fulminating gold; '**Ǫig** *colloq. adj.* gaudy, glaring, flashy; '**~körper** *m* detonator; banger; **~quecksilber** n fulminating mercury, mercuric fulminate; '**♀rot** adj. glaring red; '**~satz** m detonating composition; '**~säure** f fulminic acid; '**~silber** n fulminating silver.

knapp [knap] **I.** adj. tight, close-fitting (clothes); concise, terse (style); brief; scant(y), scarce (usu. pred.), tight; spare, meag|re, Am. -er, barely sufficient; stringent; limited; ~ (an Geld, bei Kasse) short (of money or cash), hard up; ~e fünf Jahre a scant five years; e-e ~e Meile a bare mile; ~e Mehrheit bare majority; ~e Waren critical items; ~ sein be in short supply; ~ werden fall into short supply, run short; sein ~es Auskommen haben make a bare living; mit ~er Not barely, just; mit ~er Not ent- or davonkommen have a narrow escape; colloq. und nicht zu ~! and how!; **II.** adv. barely, just; just under, a little less than; ~ bemessen give short measure; ~ berechnen cut it fine; ~ gewinnen (verlieren) win (lose) by a narrow margin; meine Zeit ist ~ bemessen my time is limited.

Knappe ['knapə] m (-; -n) hist. page; shield-bearer, squire; miner.

'**knapphalten** v/t. (irr., h.): j-n ~ keep a p. short, stint a p.

'**Knappheit** f (-) tightness; scantiness; conciseness, terseness; scarcity, deficiency; shortage; stringency.

'**Knappschaft** f (-; -en) body (or society) of miners; **~skasse** f miners' provident fund; **~sverband** m miners' union.

Knarre ['knarə] f (-; -n) rattle; tech. ratchet; colloq. gun.

'**knarren** v/i. (h.) creak, grate; squeak; groan; ~de Stimme grating (or rasping) voice.

Knast [knast] m **1.** (-[e]s; -e) knot (in wood); **2.** (-[e]s) colloq. clink, jug; ~ schieben do time.

'**Knaster** m (-s; -) canaster, (bad or ill-smelling) tobacco; **~(bart)** m (old) grumbler.

knattern ['knatərn] v/i. (h.) crackle, rattle.

Knattern n (-s) crackling, crackle, rattling; rattle (of gun-fire).

Knäuel ['knɔyəl] m (-s; -) and n ball, clue; skein, hank; coil; fig. tangle, snarl; cluster, throng; zu e-m ~ wickeln wind into a ball.

Knauf [knauf] m (-[e]s; ⁼e) knob, stud; pommel; arch. capital.

Knauser ['knauzər] m (-s; -), **~in** f (-; -nen) niggard, miser.

Knauserei [-'raɪ] f (-; -en) stinginess, meanness.

'**knauser|ig** adj. stingy, miserly; **~n** v/i. (h.) stint, be stingy or mean.

knautschen ['knautʃən] colloq. v/t. (h.) crumple, crease.

Knebel ['kne:bəl] m (-s; -) tech. crossbar; toggle; gag; '**~bart** m (twisted) moustache; '**♀n** v/t. (h.): j-n ~ gag a p.; fig. die Presse ~ muzzle the press; '**~verband** m tourniquet.

Knecht [knɛçt] m (-[e]s; -e) farm-labo(u)rer or -hand; plough-boy; servant; boots; stableman; slave;

serf, bondsman; tech. trestle, jack; '**♀en** v/t. (h.) make a slave of, enslave; tyrannize, oppress, trample under foot; subjugate; '**♀isch** adj. slavish, servile, submissive; '**~schaft** f (-) slavery, servitude, bondage; serfdom; '**~ung** f (-; -en) enslavement; oppression; subjugation.

kneifen ['knaɪfən] **I.** v/t. (irr., h.) pinch, nip, gripe; **II.** v/i. (irr., h.) colloq. back (or wriggle, chicken) out, funk it; ~ vor dodge a th.

'**Kneifer** m (-s; -) pince-nez (Fr.).

'**Kneifzange** f (e-e ~ a pair of) pincers or nippers or pliers pl.; tweezers pl.

Kneipe ['knaɪpə] f (-; -n) public house, pub, tavern, Am. saloon; univ. **a)** beer party, **b)** students' club; '**♀n** v/i. (h.) drink (beer), carouse, tipple, booze; gripe; '**~n** n (-s), (**Kneipe'rei** f) drinking, tippling, boozing; carousal, drinking-bout.

kneipp|en ['knaɪpən] v/i. (h.) take a Kneipp('s) cure; **♀kur** f Kneipp('s) cure, hydropathic treatment.

knet|bar ['kne:tba:r] adj. kneadable, plastic; '**~en** v/t. (h.) knead (dough, etc.); mo(u)ld (wax); med. massage, knead; '**♀maschine** f kneading machine; '**♀masse** f plasticine.

Knick [knik] m (-[e]s; -e) crack; flaw, bruise; in paper: fold, bend, dog's-ear; in wire, etc.: kink; in metal: buckle; angle (a. arch.); road: sharp bend; quickset hedge; **♀beinig** adj. knock-kneed; '**♀en I.** v/i. (sn) crack; break; burst, split; knee, metal: give way; **II.** v/t. (h.) crack, break; burst, split; snap (off) (twig); fold (paper); fig. → geknickt.

'**Knicker** m (-s; -) (etc.) → Knauser (etc.).

Knickerbocker ['nikɔrbɔkər] pl. knickerbockers, plus-fours pl.

'**Knick...: ~festigkeit** tech. f bending strength, metal. buckling strength; **~flügel** aer. m gull wing; **~fuß** med. m pes valgus.

Knicks [kniks] m (-es; -e) curtsy, bob; eccl. genuflection; e-n ~ machen → '**knicksen** v/i. (h.) drop a curtsy, curtsy (vor dat. to).

Knie [kni:] n (-s; - ['kni:ə]) knee; bend (of road, etc.); tech. elbow, knee (of pipe); joint; angle; crank; mil. salient; auf den ~n bitten beseech, (a. iro.) beg a p. on one's bended knees; auf den ~n liegen be on one's knees; auf die ~ fallen fall on (or drop to) one's knees; j-n auf die ~ zwingen force a p. to his (f her) knees; übers ~ legen give a (sound) spanking; fig. et. übers ~ brechen hurry a th. through, rush a th.; wir dürfen die Sache nicht übers ~ brechen we must not be rash.

'**Knie...: ~aufschwung** m gym. knee mount; **~band** anat. n knee-joint ligament; **~beuge** f **1.** gym. knee-bend; **2.** → Kniekehle; **♀en** v/i. → knien; **~fall** m genuflection, prostration; **♀fällig** adv. (up)on one's bended knees; ~ bitten supplicate; **♀frei** adj. above-the-knee; **~gelenk** anat. n knee-joint; **~hebel** tech. m

toggle lever; **♀hoch** adj. up to the knees, knee-deep; **~holz** n mar. knee-timber; bot. knee pine; **~hose(n** pl.) f (e-e ~ a pair of) breeches; knickerbockers, plus-fours; shorts; **~kehle** anat. f hollow of the knee.

knien [kni:n] v/i. (h.) kneel, be on one's knees; kneel down, go (down) on one's knees; eccl. genuflect; mil. ~der Anschlag knealing position.

'**Knie...: ~rohr** tech. n elbow(-pipe); **~scheibe** anat. f knee-cap, patella; **~scheibenreflex** med. m knee-jerk, patellar reflex; **~schützer** m knee pad (or guard); **~strumpf** m knee-length stocking (or for men: sock); **~stück** tech. n elbow, knee; phot., paint. three-quarter length portrait; **♀tief** adj. knee-deep; **♀weich** adj. weak-kneed (a. fig.); **~welle** f gym. knee circle.

kniff [knif] pret. of kneifen.

'**Kniff** m (-[e]s; -e) pinch; fold, crease; dent (in hat); fig. trick, knack, short-cut; trick, dodge, artifice, ruse; den ~ heraushaben have the knack of it; '**♀(e)lig** adj. tricky; puzzling, intricate; '**♀en** v/t. (h.) fold (down), crease.

Knigge ['knigə] m: er hat ~ nie gelesen he has never read Emily Post.

knipsen ['knipsən] **I.** v/i. (h.): mit den Fingern ~ snap one's fingers; with scissors: snip; **II.** v/t. (h.) clip, punch (ticket); flick, flip (switch); colloq. phot. snap, take a snapshot of.

'**Knipszange** f (ticket-)punch.

Knirps [knirps] m (-es; -e) little man or fellow; whipper-snapper, hop-o'-my-thumb; pygmy, midget; urchin.

knirschen ['knirʃən] v/i. (h.) creak, grate; crunch, grind; mit den Zähnen ~ gnash (or grind) one's teeth.

knistern ['knistərn] v/i. (h.) crackle; rustle; crepitate.

Knitter ['knitər] m (-s; -) crease; **♀frei** adj. non-creasing, wrinkle-resistant; **♀n** v/i. (h.) crumple, crease.

Knobel|becher ['kno:bəl-] m dice-box; colloq. mil. ammos pl.; **♀n** v/i. (h.) throw dice, toss (um for); fig. puzzle (an dat. over).

Knoblauch ['kno:p-] m (-[e]s) garlic; **~zehe** f clove of garlic.

Knöchel ['knœçəl] anat. m (-s; -) knuckle; ankle; bis an die ~ ankle-deep; '**~bandagen** f/pl. ankle bands or straps; '**~gelenk** n ankle joint; '**~zerrung** med. f turned ankle.

Knochen ['knɔxən] m (-s; -) bone; naß bis auf die ~ wet to the skin; j-m in die ~ fahren shake a p. to the core; colloq. (person) bloke, Am. guy; '**~asche** f bone-ash; '**~bau** m (-[e]s) bone structure; '**♀bildend** adj. bone-forming; '**~bruch** med. m fracture (of a bone); '**~fett** m bone grease; '**~fraß** med. m (-es) caries; **~fuge** f synarthrosis; '**~gerüst** n skeleton; '**~gewebe** n bony tissue; '**~haut** f periosteum; '**~hautzündung** f periostitis; '**~lehre** f osteology; '**~leim** m bone glue; '**~mark** n marrow; '**~marksentzündung** f osteomyelitis; '**~mehl** n bone-dust; '∼naht *med. f* bone suture; '∼öl *n* bone oil; '∼säge *med. f* bone saw; '∼splitter *m* bone fragment; '∼tuberkulose *f* tuberculosis of the bone.

knöchern ['knœçərn] *adj.* (made) of bone, bony, osseus.

knochig ['knɔxiç] *adj.* bony, osseous.

Knockout [nɔk'aʊt] *m* (-[s]; -s) (K.o.) *and* 2 *adj.* (k.o.) *boxing*: (technischer ∼ technical) knock-out; *k.o. schlagen* knock out; *stehend k.o.* out on one's feet.

Knödel ['knø:dəl] *m* (-s; -) dumpling.

Knolle ['knɔlə] *bot. f* (-; -n) tuber, bulb.

'**Knollen** *m* (-s; -) lump, clod, knob; → *Knolle*; ∼**blätterpilz** *m* amanita; grüner ∼ death-cup; ∼**frucht** *f* tuberous root; ∼**gewächs** *bot. n* tuberous (*or* bulbous) plant; ∼**nase** *f* bulbous nose; ∼**wurzel** *f* tuberous root; ∼**zwiebel** *f* corm.

'**knollig** *adj.* lumpy, cloddy, knobby; *bot.* bulbous, tuberous.

Knopf [knɔpf] *m* (-[e]s; ∸e) button; stud, sleeve-link; pommel; → *Druck*2; *bot.* bud; *colloq. fig.* chap, *Am.* guy; *alter ∼* old fogey; → *Knirps; auf den ∼ drücken* press the button. [small button.]

Knöpfchen ['knœpfçən] *n* (-s; -)⏋

knöpfen ['knœpfən] *v/t.* (h.) button.

'**Knopf...**: ∼**fabrik** *f* button-factory; ∼**loch** *n* buttonhole; *im Knopfloch in one's lapel;* ∼**steuerung** *tech. f* push-button control.

'**Knöpf|schuhe**, ∼**stiefel** *m/pl.* buttoned boots *or* shoes.

Knorpel ['knɔrpəl] *m* (-s; -) cartilage; gristle; '2**artig**, '2**ig** *adj.* cartilaginous, gristly; '∼**haut** *f* perichondrium.

Knorr|en ['knɔrən] *m* (-s; -) knot, knag, gnarl, knob; snag; (knotty) excrescence; protuberance; '2**ig** *adj.* gnarled, knobby, knotty; *fig.* coarse, rough.

Knospe ['knɔspə] *bot. f* (-; -n) bud; flowerbud; leaf-bud; eye; *fig.* tender shoot; ∼*n treiben* → '2*n v/i.* (h.) bud, *w.s.* sprout, shoot; *fig.* bud, rise; '∼**nbildung** *f* gemmation.

Knote(n[1]) ['kno:tə(n)] *colloq. m* (-[s]; -n) boor, lout, *Am.* roughneck.

'**Knoten**[2] *m* (-s; -) knot (*a. in hair*); *mar.* a) hitch, b) (*speed*) knot; *bot.* joint, *a. phys.,* *ast.* node; *med.* tubercle, node; burl (*in cloth, wool*); knag, *Am. a.* burl (*in wood*); *fig.* rub, hitch, catch; *of drama, etc.*: plot, intrigue; e-n ∼ *binden* (*lösen*) tie (undo) a knot; *thea. Lösung des* ∼*s* unravelling of the plot, denouement (*Fr.*) → *schürzen*; 2 *v/t. and v/i.* knot, tie in knots, make knots (*in a rope, etc.*); '∼**punkt** *m math.* point of junction; *phys.* nodal point; *rail.* junction; '∼**stock** *m* knotty stick.

Knöterich ['knø:təriç] *bot. m* (-[e]s; -e) knotgrass.

knotig ['kno:tiç] *adj.* → *knorrig; med.* tubercular; *bot.* nodulated; *fig.* boorish, rude, rough.

Knuff [knuf] *m* (-[e]s; ∸e), '2**en** *v/t.* (h.) cuff, thump; nudge.

Knülch [knylç] *colloq. m* (-s; -e) bird, pill, *Am.* guy.

knüllen ['knylən] *v/t.* (h.) crumple, crease.

Knüller *colloq. m* (-s; -) scoop; hit.

Knüpf-arbeit ['knypf-] *f* knotwork.

knüpfen ['knypfən] *v/t.* (h.) tie; knot; braid; weave; attach, fasten (*acc.* to); join, unite, knit (together); *fig. ein Bündnis* (e-e *Freundschaft*) ∼ form an alliance (friendship); *die Bande der Freundschaft enger* ∼ tighten the bonds of friendship; ∼ *an* (*acc.*) connect (*or* tie up) with, make subject to; *Bedingungen* ∼ *an* attach conditions to; *sich* ∼ *an* be connected (*or* tied up) with.

Knüppel ['knypəl] *m* (-s; -) cudgel, club; *of police:* truncheon, *Am.* club; stick, log; *aer.* control stick; *metall.* billet; *colloq.* French roll; *Politik des großen* ∼*s* big stick policy; *j-m e-n* ∼ *zwischen die Beine werfen* put a spoke in a p.'s wheels; '∼**damm** *m* log bridge, *Am.* corduroy road; '2**dick** *colloq. adv.*: *er hat es* ∼ (*satt*) he is sick and tired of it; *es kommt immer gleich* ∼ it never rains but it pours; '∼**schaltung** *mot. f* floorshift.

knurren ['knurən] *v/i. and v/t.* (h.) growl, snarl; *fig. a.* grunt; grumble (*all über acc.* at); *stomach:* rumble.

'**Knurren** *n* (-s) growl(ing), snarl (-ing); grumbling; rumbling (noise).

'**knurrig** *adj.* growling, snarling, grumbling.

knuspern ['knuspərn] *v/t.* (h.) nibble.

'**knusp(e)rig** *adj.* crisp, crackling, crunchy; *colloq.* appetizing (*girl*).

Knust [knu:st] *m* (-es; -e) → *Ranft*.

Knute ['knu:tə] *f* (-; -n) knout; '2**n** *v/t.* (h.) (lash with a) knout.

knutschen ['knu:tʃən] *colloq. v/t.* (h.) hug, cuddle; neck, pet.

Knüttel ['knytəl] *m* (-s; -) cudgel, club, stick, ∼**reim**, ∼**vers** *m* doggerel.

K.o. [ka:'o:], **k.o.** → *Knockout*; ∼**-System** *sports:* knock-out system.

koagulieren [koagu'li:rən] *v/i.* (h.) coagulate.

Koalition [koalitsi'o:n] *pol. f* (-; -en) coalition; ∼**srecht** *n* freedom of association; ∼**sregierung** *f* coalition government.

Kobalt ['ko:balt] *n* (-[e]s) cobalt; '∼**blau** *n* (-s) cobalt blue, *chem.* smalt; '∼**bombe** *mil. f* cobalt bomb; '∼**glanz** *m* cobaltite.

Koben ['ko:bən] *m* (-s; -) (pig)sty.

Kobold ['ko:bɔlt] *m* (-[e]s; -e) imp, (hob)goblin, sprite; gremlin.

Kobolz [ko'bɔlts] *m*: ∼ *schießen* turn a somersault.

Koch [kɔx] *m* (-[e]s; ∸e) (man) cook; chef; *viele Köche verderben den Brei* too many cooks spoil the broth.

'**Koch...**: ∼**apfel** *m* cooking apple; 2**beständig** *adj.* fast to boiling; ∼**buch** *n* cookery-book, *Am.* cookbook; 2**en I.** *v/i.* (h.) *meal:* be cooking, *gently:* simmer, *strongly:* wallop, *liquid:* boil, be boiling; seethe; bubble up; *person:* cook, do the cooking; *sie kocht gut* she is a good cook; *fig. town, etc.* be sweltering; *er kocht vor Wut* he is

boiling (*or* seething) with rage; **II.** *v/t.* (h.) cook, boil; make (*tea, etc.*); stew (*fruit*); ∼*d heiß* boiling (*or* piping) hot, scalding; '**Kochen** *n* (-s) cooking, cookery; boiling; *zum* ∼ *bringen* bring to the boil (-ing-point).

'**Kocher** *m* (-s; -) cooker.

Köcher ['kœçər] *m* (-s; -) quiver.

'**Koch...**: 2**fertig** *adj.* ready to cook; *instant food*; 2**fest** *adj.* fast to boiling; ∼**fett** *n* shortening; ∼**gefäß** *n* cooking vessel; ∼**gelegenheit** *f* cooking convenience; ∼**gerät**, ∼**geschirr** *n* cooking- (*or* kitchen-) utensils *or* things *pl.*; *mil.* mess-tin (*Am.* kit); ∼**herd** *m* (kitchen-)range, cooking-stove, *Am.* cookstove; *elektrischer* ∼ electric cooker (*Am.* range).

Köchin ['kœçin] *f* (-; -nen) (female) cook.

'**Koch...**: ∼**kessel** *m* kettle; ∼**kiste** *f* haybox; ∼**kunst** *f* culinary art; ∼**löffel** *m* (wooden) spoon; ∼**nische** *f* kitchenette; ∼**platte** *f* hot-plate, *Am. a.* cooktop; ∼**salz** *n* kitchen (*or* common) salt; ∼**salzlösung** *f* sodium chloride solution; ∼**schule** *f* cookery school; ∼**topf** *m* (cooking) pot, *w.s.* saucepan.

Kode ['ko:də] *m* (-s; -s) code.

Köder ['kø:dər] *m* (-s; -), 2**n** *v/t.* (h.) bait (*a. fig.*).

Kodex ['ko:dɛks] *m* (-es; -e) old manuscript; *jur.* code.

kodifizier|en [kodifi'tsi:rən] *v/t.* (h.) codify; 2**ung** *f* (-; -en) codification.

Kodizill [kodi'tsil] *jur. n* (-s; -e) codicil.

Ko-edukation [koedukatsi'o:n] *f* (-) co-education.

Ko-effizient [koɛfitsi'ɛnt] *m* (-en; -en) coefficient.

Ko-exi'stenz *f esp. pol.* coexistence; **ko-exi'stieren** *v/i.* (h.) coexist.

Koffein [kɔfe'i:n] *n* (-s) caffeine; 2**frei** *adj.* decaffeinated.

Koffer ['kɔfər] *m* (-s; -) case; suitcase; *Brit. a.* portmanteau, *Am. a.* grip; trunk; *colloq. mil.* heavy bomb *or* shell; *seine* ∼ *packen* pack (up) one's things; ∼**apparat** *m* portable set; ∼**fernseher** *m* portable television receiver; ∼**gerät** *n* → *Kofferapparat*; '∼**grammophon** *n* portable gramophone (*Am.* phonograph); '∼**radio** *n* portable radio set; '∼**raum** *mot. m* (luggage-)boot, trunk compartment, *Am.* baggage compartment (*or* locker); luggage space; '∼**schließfach** *n* (automatic) luggage locker, *Am:* self-service baggage locker.

Kognak ['kɔnjak] *m* (-s; -s) (French) brandy, cognac; '∼**bohne** *f* brandyball; '∼**schwenker** *m* (-s; -) brandy balloon, *Am.* (brandy) snifter.

Kohärenz [kohɛ'rɛnts] *phys. f* (-) coherence.

Kohäsion [kohɛzi'o:n] *phys. f* (-) cohesion; ∼**skraft** *f* (-), ∼**svermögen** *n* (-s) cohesive force, cohesiveness.

Kohl [ko:l] *m* (-[e]s; -e) cabbage; *colloq.* bosh, rubbish, rot, *Am. sl.* hooey; *fig. aufgewärmter* ∼ raked-up story; *das macht den* ∼ *nicht* fett that won't help much; '**~blatt** n cabbage-leaf; '**~dampf** colloq. m (-[e]s) ravenous hunger, missmeal cramps; ~ schieben be (or go) hungry, be starving.

Kohle ['ko:lə] f (-; -n) coal; chem., el. carbon; fette (minderwertige) ~ fat (poor) coal; ausgeglühte ~n cinders; glimmende ~ ember; glühende ~ live coal; fig. glühende ~n auf j-s Haupt sammeln heap coals of fire upon a p.'s head; (wie) auf glühenden ~n sitzen be on pins and needles, be on tenterhooks; mar., rail. ~n einnehmen, mit ~n versorgen coal; **♀artig** adj. coaly, carbonaceous; '**~bürste** el. f carbon brush; '**~hydrat** n carbohydrate; '**~mikrophon** n carbon microphone.

'**kohlen** v/t. and v/i. (h.) char; carbonize; coal.

'**Kohlen...:** **~abbau** m coal mining; working of a field or mine; **~arbeiter** m coal miner, collier; **♀artig** adj. coaly, carbon-like; **~aufbereitung** f coal-dressing; **~becken** n coalpan, brazier; mining: coal-field; **~behälter** m coal-bin; **♀beheizt** adj. coal-fired; **~bergbau** m coal-mining (industry); **~bergwerk** n coal-mine, colliery; **~bezirk** m coal-district; **~blende** min. f anthracite; **~brenner** m charcoal burner; **~bunker** mar. m (coal-)bunker; **~dioxyd** n carbon dioxide; **~eimer** m coal-scuttle; **~fadenlampe** el. f carbon filament lamp; **~feuerung** f tech. coal-firing; tech. combustion of coal; **~filter** m charcoal filter; **~flöz** n coal seam; **~förderung** f output (or extraction) of coal; **~gas** n coal gas; **~gebiet** n coal-field; **~grieß**, **~grus** m coal slack; **~grube** f coal pit; **~halde** f coal dump; **~händler** m coal merchant; **~handlung** f coal-merchant's business; **~hauer** m face man; **~kasten** m coal-box or -scuttle; **~lager** n econ. coal-depot or -stores pl.; geol. coal bed or seam; **~meiler** m charcoal pile; **~oxyd** n carbon monoxide; **~revier** n coal-district; **♀sauer** adj. carbonic; **~es Salz** carbonate; **~es Kali** potassium carbonate; **~es Wasser** carbonic water; **~säure** f (-) carbonic acid; carbon dioxide; **♀säurehaltig** adj. carbonated; **~schaufel**, **~schippe** f coal-shovel; **~schicht** f coal-bed; **~schiff** n collier, coalbarge; **~staub(feuerung** f) m coal dust (firing); **~stickstoff** m cyanogen; **~stoff** chem. m (-[e]s) carbon; **~stoffstahl** m carbon steel; **~wagen** m coal wag(g)on or truck; rail. tender; **~wasserstoff(gas** n) m hydrocarbon; **~werkstoffindustrie** f high-grade coal derivations industry; **~zeche** f coal-pit, colliery.

'**Kohlepapier** n carbon paper.

Köhler ['ko:lər] m (-s; -) charcoal-burner.

Köhle'rei f (-; -en) charcoal works pl.

'**Köhlerglaube** m simple faith.

'**Kohle...:** **~stift** m paint. charcoal pencil; el. carbon; **~zeichnung** f charcoal drawing.

'**Kohl...:** **~kopf** m (head of) cabbage; colloq. blockhead, duffer; **~meise** orn. f great titmouse; **♀(raben)-schwarz** adj. coal- (or jet-)black; **~rabi** [-'ra:bi] bot. m (-[s]; -[s]) kohlrabi; **~rübe** f Swedish turnip, swede, Am. a. rutabaga; **~weißling** ['-vaislin] m (-s; -e) cabbage butterfly.

Kohorte [ko'hɔrtə] hist. f (-; -n) cohort.

koitieren [koi'ti:rən] v/i. (h.) have (sexual) intercourse.

Koitus ['ko:itus] m (-; -) coition, coitus.

Koje ['ko:jə] mar. f (-; -n) bunk, berth.

Kokain [koka'9i:n] n (-s) cocaine; **~schnupfer** m snowbird.

Kokarde [ko'kardə] f (-; -n) cockade.

Kokerei [ko:kə'rai] tech. f (-; -en) coking plant.

kokett [ko'kɛt] adj. coquettish; **♀e** f (-; -n) coquette, flirt.

Koketterie [-tə'ri:] f (-; -n) coquetry.

kokettieren [-'ti:rən] v/i. (h.) coquet, flirt (mit with; a. fig.).

Kokille [ko'kilə] tech. f (-; -n) die, (ingot) mo(u)ld; **~nguß** m gravity die-casting.

Kokken ['kɔkən] biol. f/pl. cocci.

Kokon [ko'kɔŋ] m (-s; -s) cocoon.

Kokos|baum ['ko:kɔs-] m coconut tree, coco (palm); '**~faser** f coco fib|re, Am. -er, coir; '**~fett** (-[e]s), '**~öl** n (-[e]s) coco(a)-nut oil; '**~läufer** m (strip of) coconut matting; '**~nuß** f coconut; '**~palme** f → Kokosbaum.

Koks [ko:ks] m (-es; -e) coke; sl. (cocaine) coke, snow; **~ofen** m coke-oven.

Kölbchen ['kœlpçən] n (-s; -) little flask.

Kolben ['kɔlbən] m (-s; -) club, mace; of rifle: butt(-end); bulb, demijohn; chem. flask, alembic; bot. spike, spadix; cob; tech. piston; soldering iron; '**~antrieb** m piston drive; '**~druck** m piston pressure; '**~fressen** n seizing of pistons; '**♀gesteuert** adj. piston-controlled; '**~hals** m of bottle: neck; of rifle: small of the stock; '**~hub** m piston stroke; '**~kopf** m piston head; '**~lager** n piston bearing; '**~motor** m piston engine, reciprocator; mit ~ piston-engined; '**~ring** m piston ring; '**~schlag**, '**~stoß** mil. m butt stroke; '**~stange** f piston-rod; '**~verdichter** m reciprocating compressor.

Kolchose [kɔl'ço:zə] f (-; -n) kolkhoze, collective farm.

Kolibri ['ko:libri] m (-s; -s) humming-bird.

Kolik [ko'lik] med. f (-; -en) colic, gripes pl.

Kolk-rabe ['kɔlk-] m (common) raven.

Kollaborateur [kɔlabora'tø:r] pol. m (-s; -e) collaborator.

Kollaps [kɔ'laps] m (-es; -e) (a. e-n ~ erleiden) collapse.

kollateral [kɔlate'ra:l] adj. collateral.

kollationieren [kɔlatsio'ni:rən] v/t. (h.) collate, compare; check (off).

Kolleg [kɔ'le:k] n (-s; -s) course of lectures; ein ~ belegen enter one's name for a course of lectures; ein ~ halten (give a) lecture (über acc. on); **~e** [-le:gə] m (-n; -n) colleague; fellow teacher; fellow-waiter; colloq. chum, pal, mate; opposite number; **~gelder** n/pl. lecture-fees; **~heft** n (student's) notebook; lecture-notes pl.

kollegial [-legi'a:l] adj. as (or like) a (good) colleague; loyal, helpful; **♀gericht** jur. n court composed of several judges.

Kollegiali'tät f (-) fellowship between (or loyalty to one's) colleagues.

Kol'legin [-gin] f (-; -nen) (lady) colleague; w.s. friend, pal.

Kollegium [kɔ'le:gium] n (-s; -ien) council, board, committee, assembly; ped. teaching staff, Am. faculty.

Kollekte [kɔ'lɛktə] f (-; -n) collection; collect.

Kollektion [-tsi'o:n] econ. f (-; -en) collection, range.

kollektiv [-'ti:f] adj. collective (a. **♀** n [-s; -e]); joint; **~e Sicherheit** pol. collective security; **♀begriff** gr. m collective.

kollekti|vieren [-ti'vi:rən] v/t. (h.) collectivize; **♀vismus** [-'vismus] m (-) collectivism.

Kollek'tiv...: **~prokura** f joint power of attorney; **~schuld** pol. f collective guilt; **~verhandlungen** f/pl. collective bargaining; **~versicherung** f blanket insurance; **~vertrag** m collective agreement; **~wirtschaft** f collective economy.

Kollektor [kɔ'lɛktɔr] el. m (-s; -'toren) commutator; collector.

Koller¹ ['kɔlər] n (-s; -) collar; cape.

'**Koller²** m (-s; -) vet. staggers pl., w.s. vertigo, giddiness; colloq. fig. rage, frenzy, tantrum(s pl.); den ~ bekommen fly into a rage.

'**Kollergang** tech. m edge mill.

'**kollern** v/i. (sn) roll; turkey: gobble; pigeon: coo; stomach: rumble; vet. have the staggers; fig. rave, foam, storm.

kollidieren [kɔli'di:rən] v/i. (sn) collide (mit with); fig. a. conflict, clash.

Kollier [kɔli'e:] n (-s; -s) necklace.

Kollision [kɔlizi'o:n] f (-; -en) collision; clash(ing), conflict (of laws jur.).

Kollo econ. n (-s; -s) parcel, packet; bale of goods.

Kollodium [kɔ'lo:dium] chem. n (-s) collodion.

kolloid [-lo'i:t] adj. colloid(al).

Kolloquium [kɔ'lo:kvium] n (-s; -ien) colloquy.

kölnisch ['kœlniʃ] adj. (of) Cologne; **♀(es)** Wasser eau-de-Cologne.

Kolon ['ko:lɔn] gr. and anat. n (-s; -s) colon.

Kolonel [-'nɛl] typ. f (-) minion.

Kolonial|handel [koloni'a:l-] m colonial trade; **~minister** m colonial minister, Brit. Secretary of State for the Colonies, Colonial Secretary; **~politik** f colonial policy; **~waren** f/pl. colonial goods or produce sg., n.s. groceries pl.; **~warenhändler** m grocer; **~warenhandlung** f grocer's (shop), Am. grocery.

Kolonie [kolo'ni:] *f* (-; -n) colony.
Kolonisation [-zatsi'o:n] *f* (-) colonization.
Kolonisator [-ni'za:tɔr] *m* (-s; -'toren) colonizer.
kolonisieren [-'zi:rən] *v/t.* (h.) colonize.
Kolonist [-'nist] *m* (-en; -en) colonist, settler.
Kolonnade [kolɔ'na:də] *f* (-; -n) colonnade.
Kolonne [ko'lɔnə] *f* (-; -n) column; *of workmen*: gang, crew; *pol.* Fünfte ~ Fifth Column; **~nsteller** *m* typewriter: tabulator; **2nweise** *adv.* in columns.
Kolophonium [kolo'fo:nium] *n* (-s) colophony, rosin.
Koloratur [kolora'tu:r] *mus. f* (-; -en) coloratur|a, -e; grace(-note); **~sängerin** *f* coloratura singer; **~sopran** *m* coloratura soprano.
kolorier|en [-'ri:rən] *v/t.* (h.) colo(u)r, illuminate; **2ung** *f* (-) colo(u)ring.
Kolorit [-'rit] *n* (-[e]s; -e) colo(u)r (-ing), hue.
Koloß [ko'lɔs] *m* (-sses; -sse) colossus; ~ *auf tönernen Füßen* colossus with feet of clay.
kolossal [-'sɑːl] **I.** *adj.* colossal, gigantic, huge, enormous, whopping, thumping, awful, terrific; **II.** *adv.* extremely, awfully.
Kolpor|tage [kɔlpɔr'ta:ʒə] *f* (-; -n) hawking of books; **~'tageroman** *m* penny-dreadful, *Am.* dime-novel; **~teur** [-'tø:r] *m* (-s; -e) book-hawker, *Am.* book agent; **2tieren** [-'ti:rən] *v/t.* (h.) hawk (about), sell in the streets; *fig.* retail, spread.
Kolumne [ko'lumnə] *typ. f* (-; -n) column; page; **~ntitel** *m* running title *or* headline; **~nziffer** *f* folio.
Kolumnist [-'nist] *m* (-en; -en) columnist.
Koma ['ko:ma] *n* (-s; -s) ast., opt., med. coma.
Kombination [kɔmbinatsi'o:n] *f* (-; -en) combination (*a. phls., chem., soccer, etc.*; *a. underwear*); *aer. a.* flying-suit; overall; *skiing*: Alpine (Nordische) ~ Alpine (Nordic) combination); **~sgabe** *f* gift of combination; **~sschloß** *n* combination (*or* puzzle) lock; **~sspiel** *n* combined play, teamwork; **~ssprunglauf** *m* jumping event (of Nordic combination); **~szange** *f* combination pliers *pl.*
kombinieren [-'ni:rən] *v/t. and v/i.* (h.) combine; deduce, infer, conclude.
'Kombiwagen *mot. m* estate (*or* utility) car, *esp. Am.* station wagon.
Kombüse [kɔm'by:zə] *mar. f* (-; -n) galley.
Komet [ko'me:t] *m* (-en; -en) comet; **2en-artig** *adj.* comet-like; **~enbahn** *f* orbit (*or* path) of a comet; **~enschweif** *m* tail of a comet.
Komfort [kɔm'fo:r] *m* (-s) comfort, ease, luxury; *mit allem* ~ with all the conveniences; **komfortabel** [-fɔr'ta:bəl] *adj.* comfortable, luxurious; cosy, snug.
Komik ['ko:mik] *f* (-) comedy, comic element, humo(u)r; **~er** *m* (-s; -) comic actor, comedian; **~erin** *f* (-; -nen) comedienne.

'komisch *adj.* comic(al), funny, strange, funny, queer, odd; pathetic; **~e** *Oper* comic opera.
Komitee [komi'te:] *n* (-s; -s) committee.
Komma ['kɔma] *n* (-s; -s) comma; *math.* decimal point; *sechs* ~ *vier* six point four; *null* ~ *fünf* point five.
Komman|dant [kɔman'dant] *m* (-en; -en), **~deur** [-'dø:r] *m* (-s; -e) commander, commanding officer (*abbr.* C.O.); **~dantur** [-'tu:r] *f* (-; -en) commander's office, local headquarters *pl.*; **2dieren** [-'di:rən] *v/t. and v/i.* (h.) command, be in command of; give (the) orders; ~ *zu* (*dat.*) attach (*or* appoint) to; → *ab-, herumkommandieren.*
Kommandit|är [-di'tɛ:r] *m* (-s; -e), **~ist** [-'tist] *econ. m* (-en; -en) limited partner.
Kommandit|e [-'di:tə] *f* (-; -n) partly-owned subsidiary, branch; *a.* → **~gesellschaft** *f* limited partnership; ~ *auf Aktien* company on shares.
Kommando [-'mando] *mil. n* (-s; -s) command, order; command, headquarters; detachment, detail, party; commando, raiding-party; *das* ~ *führen* (be in) command; *das* ~ *übergeben* hand over the command; *das* ~ *übernehmen* assume (*or* take over the) command; ~ *zurück!* as you were!; *wie auf* ~ with one accord, in one voice; **~brücke** *mar. f* (conning-)bridge; **~flagge** *f* command post (*Am.* organization) flag; **~gerät** *aer. n* predictor; *radio*: command set; **~stab** *m* staff of command; **~stand** *m* control station; *of submarine*: tower; **~stelle** *f* command post, headquarters *pl.*; **~trupp** *m* task force, commando; **~truppe** *f* Commandos *pl.*, *Am.* Rangers *pl.*; **~turm** *mar. m* conning (*aer.* control) tower; **~wagen** *m* command car.
kommen ['kɔmən] *v/i.* (*irr., sn*) **a)** come; arrive; approach, draw near; come to pass, happen; arise; *wieder* ~ come back, return; *oft wohin* ~ frequent a place; *er wird bald* ~ he will soon be here, he won't be long; *ich komme (schon)!* (I'm) coming!; *wer zuerst kommt, mahlt zuerst* first come first served; **b)** *impersonal*: *es* ~ *viele Leute* (*her*) there are many people coming (this way); *es kommt ein Gewitter* there is a storm brewing; *es mag* ~, *was* (*da*) *will* come what may; *woher* (*or wie*) *kommt es, daß?* how is it that?; *wie kommt es, daß die Tür offen ist?* how does the door come to be open?; **c)** *mit p.p.*: (an)geritten (gefahren, gelaufen) ~ come riding (driving, running) along; **d)** *j-n* ~ *lassen* have a p. come, send for (*or* call) a p.; *et.* ~ *lassen* order a th.; *dahin dürfen Sie es nicht* ~ *lassen* you must not let things get (*or* go) so far; *menacingly*: *laß ihn nur* ~! (just) let him come!; *et.* ~ *sehen* foresee a th.; **e)** *so weit* ~, *daß* get so far as to; *es wird noch so weit* ~, *daß er betteln muß* we shall see him begging yet; **f)** *with personal dat.*: *das kommt mir gerade recht* that suits me admirably, that comes

in handy; *j-m grob* ~ be rude to a p.; *wenn Sie mir so* ~ if you talk to me like that; **g)** *with adv.*: *es wird noch ganz anders* ~ there is worse to come; *das kommt bloß daher, daß* that is entirely due to; *hierzu kommt noch, daß* add to this that; *spät* ~ be late; *weit* ~ *mit* get far with; *wie weit sind Sie ge~* how far did you get?; *weiter* ~ advance, get on, (make) progress; *es ist weit ge~* things have come to a fine pass; *wie es gerade kommt* as the case may be; *with prp.*: → (*an den*) *Unrechten*, (*an die*) *Reihe*; (*auf s-e*) *Kosten*; (*auf den*) *Geschmack*; (*außer*) *Atem*; (*in*) *Betracht*; (*zu*) *Ohren*; ~ *an* (*acc.*) come *or* get to, arrive at; *an j-s Stelle* ~ succeed a p., take a p.'s place; ~ *auf* (*acc.*) (come to) think of, hit upon, touch; remember; *auf* $ *100* ~ amount (*or* come) to, total $ 100; *auf die Rechnung* ~ go (*or* be put) on; *auf et. zu sprechen* ~ come to speak of a th.; *wie kommst du darauf?* what put the idea into your head?; *darauf wäre ich nie ge~* it would never have occurred to me; *auf jeden Jungen* ~ *zwei Äpfel* there are two apples to one boy; each boy gets two apples; *auf j-n nichts* ~ *lassen* take a p.'s part in everything, defend a p. staunchly; *durch eine Stadt* ~ pass through a town; *hinter et.* ~ find out a th., discover a th.; ~ *in* (*acc.*) come (*or* get, go) into, enter; *in andere Hände* ~ pass into other hands; ~ *mit der Bahn, etc.*: come by; *gut nach Hause* ~ get home safely; *wie komme ich nach?* how can I get to?; ~ *Sie mir nicht mit Ihren Ausreden* none of your excuses; ~ *über* (*acc.*) befall, fall upon; crowd in upon; *über seine Lippen* ~ escape (*or* come from) his lips; *über j-s Schwelle* ~ cross a p.'s threshold; *um et.* ~ lose, be done out of, be deprived of; be disappointed of, be cheated out of; *ums Leben* ~ lose one's life, perish; ~ *von* be due (*or* owing) to, be caused by, come from; *der Wind kommt von Westen* the wind is in the west; *er soll mir nicht wieder vor die Augen* ~ I never want to see him again; *zu et.* ~ come by a th.; *zur Ansicht* ~ decide (*that*), come to the conclusion (*that*); *zur Beratung* ~ come up for discussion; (*wieder*) *zu sich* ~ recover one's senses, come round (*or* to); *ich bin noch nicht zum Essen ge~* I have not found time for (my) dinner yet; *sollte es zum Geschäft* ~ should business result; *wieder zu Kräften* ~ recover one's strength; *zu nichts* ~ come (*or* lead) to nothing; *zur Sache* ~ come *or* go (straight) to the point; *zu Schaden* ~ come to grief, suffer harm; *zum Ziele* ~ attain one's object *or* end; *wie kam er nur dazu?* what made him do that?; *wie* ~ *Sie dazu!* how dare you!

'Kommen *n* (-s) coming; arrival; advent; *das* ~ *und Gehen* the coming and going.

'kommend *adj.* coming; approaching; future; **~es** *Jahr* next year; in (den) ∼en Jahren in (the) years to come; die ∼e Generation the oncoming (or rising) generation.

Komment|ar [kɔmɛn'taːr] m (-s; -e) commentary, comment; ∼ überflüssig! no comment!; ∼ator [-'taːtɔr] m (-s; -'toren) commentator; ♀ieren v/t. (h.) comment (up)on; annotate.

Kommers [kɔ'mɛrs] m (-es; -e) students' drinking-bout or social gathering; ∼buch n students' song-book. [merce.)

Kommerz [kɔ'mɛrts] m (-es) com-∫

kommerzialisier|en [-mɛrtsiali-'ziːrən] v/t. (h.) commercialize; convert debt into a negotiable loan; ♀ung f (-) commercialization.

kommerziell [-mɛrtsi'ɛl] adj. commercial.

Kom'merzienrat m (-[e]s; ⁼e) councillor of commerce.

Kommilitone [kɔmili'toːnə] m (-n; -n) fellow-student.

Kommis [kɔ'miː] m (-; -) clerk; salesman, Am. salesclerk.

Kommiß [-'mis] mil. m (-sses) military service, (life in the) army; sl. pipeclay, in compounds Army ..., Am. G.I. ...

Kommissar [kɔmi'saːr] m (-s; -e) commissioner; in Russia: commissar; (Polizei♀)(police-)inspector; (detective) superintendent; **Kommissariat** [-ri'aːt] n (-[e]s; -e) commissionership; mil. commissariat; **kommissarisch** adj. provisional(ly adv.); jur. ∼ verhören examine on commission.

Kom'mißbrot n army (or ration) bread, Am. G.I. bread.

Kommission [kɔmisi'oːn] f (-; -en) commission (a. econ. order or percentage); e-e ∼ berufen set up a commission; econ. in ∼ on commission, in consignment.

Kommissionär [-sio'nɛːr] m (-s; -e) commissioner; econ. (commission) agent, factor; commissionaire.

Kommissi'ons...: ∼basis f: auf ∼ on commission; ∼gebühr f commission, percentage; ∼geschäft n commission business; ∼lager n consignment stock; ∼verkauf m sale on commission; ♀weise econ. adv. on commission.

Kommode [kɔ'moːdə] f (-; -n) (chest of) drawers, Am. bureau; ∼schrank m tallboy, Am. highboy.

Kommodore [kɔmo'doːrə] m (-s; -n) commodore.

kommunal [kɔmu'naːl] adj. municipal, communal, local; ♀bank f (-; -en) municipal bank; ♀be-amte(r) m municipal officer; ♀betrieb m municipalism; municipal works pl. (or sg.); ∼isieren [-li'ziːrən] v/t. (h.) communalize; ♀steuer f local rate (Am. tax); ♀verwaltung f municipal administration, Am. local government.

Kommune [kɔ'muːnə] f (-; -n) community, municipality; pol. commune; colloq. the Reds.

Kommunikant [-muni'kant] m (-en; -en), ∼in f (-; -nen) communicant.

Kommunikation [-katsi'oːn] f (-; -en) communication.

Kommunion [-ni'oːn] eccl. f (-; -en) (Holy) Communion.

Kommuniqué [kɔmyni'keː] n (-s; -s) communiqué.

Kommunis|mus [kɔmu'nismus] m (-) communism; ∼t(in f) m (-en, -en; -, -nen) Communist; ♀tisch adj. communist(ic); ∼e Partei Communist Party; ∼ werden turn Communist.

kommunizieren [-'tsiːrən] v/i. (h.) communicate, receive the Holy Communion.

Kommut|ator [kɔmu'taːtɔr] el. m (-s; -'toren) commutator; switch; ♀ieren v/t. (h.) commute.

Komödiant [kɔmødi'ant] m (-en; -en) actor, comedian; contp., a. fig. play-actor; hypocrite; ∼in f (-; -nen) actress, comedienne.

Komödie [kɔ'møːdiə] f (-; -n) comedy; fig. a. farce; ∼ spielen play-act, sham, (put on an) act; ∼schreiber m comedywriter, comic playwright.

Kompagnon ['kɔmpanjɔŋ] m (-s -s) partner, associate.

kompakt [kɔm'pakt] adj. compact; solid; ♀heit f (-) compactness.

Kompanie [kɔmpa'niː] f (-; -n) company; ∼chef, ∼führer m company commander; ∼feldwebel m first sergeant; ∼geschäft f partnership.

Komparativ ['kɔmparatiːf] gr. m (-s; -e) comparative.

Komparse [-'parzə] m (-n; -n) thea. supernumerary, super, film: extra; **Komparserie** [-'riː] f (-; -n) supers pl.; extras pl.

Kompaß ['kɔmpas] m (-sses; -sse) compass; nach ∼ march, etc., by compass; ∼häus-chen mar. n binnacle; ∼nadel f compass (or magnetic) needle; ∼peilung f compass bearing; ∼rose f compass card; ∼strich m point of the compass.

Kompendium [-'pɛndium] n (-s; -dien) compendium; abstract; manual.

Kompensation f (-; -en) compensation (a. psych.); ∼geschäft n barter (transaction).

Kompensator [-'zaːtɔr] el. m (-s; -'toren) compensator, potentiometer.

kompen'sieren v/t. (h.) compensate (a. psych.), offset, counter-balance.

kompetent [-pe'tɛnt] adj. competent, authoritative; responsible.

Kompetenz [-'tɛnts] f (-; -en) competen|ce, -cy, jur. usu. jurisdiction; ∼streit m conflict of competence or jurisdiction.

kompilieren [kɔmpi'liːrən] v/t. (h.) compile.

Komplement [kɔmple'mɛnt] n (-[e]s; -e) complement.

Komplementär [-'tɛːr] econ. m (-s; -e) general partner; ∼farbe f complementary colo(u)r.

komplett [kɔm'plɛt] adj. complete (mit with), entire; **komplet'tieren** v/t. (h.) (make) complete.

Komplex [-'plɛks] m (-es; -e) whole, aggregate; system; plot of land; psych. complex; complex of ques-

tions; industrial complex; block of houses; ♀ adj. complex.

Komplice [-'pliːtsə] m (-n; -n) accomplice.

Kompliment [-pli'mɛnt] n (-[e]s; -e) compliment; → haschen; ∼e machen → komplimen'tieren v/t. (h.) compliment (wegen on), pay (compliments to.

komplizieren [-'tsiːrən] v/t. (h.) complicate.

kompli'ziert adj. complicated, intricate; complex character, problem; med. ∼er Bruch compound fracture; ♀heit f (-) complexity.

Komplott [-'plɔt] n (-[e]s; -e) plot, conspiracy; ein ∼ schmieden (lay a) plot, conspire (together).

Komponente [-po'nɛntə] f (-; -n) component.

kompo'nieren v/t. and v/t. (h.) compose.

Komponist [-'nist] m (-en; -en) composer.

Komposition [-zitsi'oːn] f (-; -en) composition (a. fig.); (translation) version; typ. page makeup, Am. layout.

Kompositum [kɔm'poːzitum] gr. n (-s; -ta) compound (word).

Kompost [-'pɔst] m (-es; -e) compost, mulch; ∼haufen m compost heap.

Kompott [-'pɔt] n (-[e]s; -e) stewed fruit, compote, Am. sauce; ∼schale, ∼schüssel f compote (or fruit-) dish.

Kompresse [-'prɛsə] med. f (-; -n) compress.

Kom'pressor [-ɔr] m (-s; -'ssoren) tech. compressor; mot. supercharger; ∼motor m supercharged engine.

komprimieren [-pri'miːrən] v/t. (h.) phys. compress; condense (book, etc.).

Kompromiß [-pro'mis] m and n (-sses; -sse) compromise; ein(en) ∼ schließen (make a) compromise; ♀los adj. uncompromising; ∼lösung f compromise solution.

kompromittieren [-'tiːrən] v/t. (h.) compromise (sich o.s.).

Komtesse [kɔm'tɛsə] f (-; -n) daughter of a count, countess.

Komtur [kɔm'tuːr] m (-s; -e) Commander of an order.

Kondens|at [kɔndɛn'zaːt] n (-[e]s; -e) condensate; ∼ator [-tɔr] m el. (-s; -'toren) capacitor, (a. chem.) condenser; ♀ieren v/t. (h.) condense; ∼ierung f (-) condensation.

Kondens...: ∼milch [-'dɛns-] f evaporated milk; ∼streifen aer. m condensation (or vapo[u]r) trail, contrail; ∼wasser n water of condensation.

Kondition [kɔnditsi'oːn] f (-; -en) condition.

Konditional [-'naːl] gr. m (-s; -e) conditional (mood); ∼satz m conditional clause.

Konditi'ons...: ∼schwäche f sports lack of stamina; ♀stark adj. of great stamina; ∼training n fitness training, Am. conditioning.

Konditor [kɔn'diːtɔr] m (-s; -'toren) confectioner, pastry-cook.

Konditorei [-to'raɪ] f (-; -en) confectionery, café.

Kon'ditorwaren *f/pl.* confectionery, pastry.
Kondolenz [-do'lɛnts] *f* (-; -en) condolence; **~besuch** *m* (**~brief** *m*) visit (letter) of condolence; **kondo-'lieren** *v/i.* (h.) condole (*j-m* with a p.), express one's sympathy (with).
Kondom [-'do:m] *n* (-s; -e) condom, contraceptive sheath.
Kondor ['kɔndɔr] *m* (-s; -e) condor.
Kondukteur [-duk'tø:r] *m* (-s; -e) → *Schaffner.*
Konfekt [-'fɛkt] *n* (-[e]s; -e) confectionery, sweets *pl.*, chocolates *pl.*, *Am.* soft candy.
Konfektion [-tsi'o:n] *f* (-; -en) (manufacture of) ready-made articles of dress.
Konfektionär [-tsio'nɛːr] *m* (-s; -e) outfitter.
Konfekti'ons...: ~abteilung *f* ready-made (clothes) department; **~anzug** *m* ready-made (suit), reach-me-down; *Am.* ready-to--wear (suit), hand-me-down; **~geschäft** *n* ready-made (clothes) shop; **~waren** *f/pl.* ready-made (*Am.* ready-to-wear) clothes.
Konferenz [-fe'rɛnts] *f* (-; -en) conference, meeting; talks *pl.*; **~dolmetscher** *m* conference interpreter; **~gespräch** *teleph.* *n* conference call; **~schaltung** *el.* conference circuit; **~tisch** *m* conference table.
konfe'rieren *v/i.* (h.) confer, deliberate (*über acc.* on); consult together.
Konfession [-fɛsi'o:n] *f* (-; -en) confession, (religious) creed; denomination.
konfessionell [-sio'nɛl] *adj.* confessional, denominational.
Konfessi'ons...: Əlos *adj.* undenominational; unaffiliated; **~-schule** *f* denominational school.
Konfetti [kɔn'feti] *pl.* confetti.
Konfirmand [-fir'mant] *m* (-en; -en), **~in** [-din] *f* (-; -nen) confirmand, confirmee; **~enunterricht** *m* confirmation classes *pl.*
Konfirmation [-matsi'o:n] *eccl.* *f* (-; -en) confirmation.
konfir'mieren *v/t.* (h.) confirm.
konfiszier|en [-fis'tsi:rən] *v/t.* (h.) confiscate, seize; **Əung** *f* (-; -en) confiscation.
Konfitüre [-fi'ty:rə] *f* (-; -n) candied fruit; choice-quality jam, preserves *pl.*; *w.s.* → *Konfekt.*
Konflikt [-'flikt] *m* (-[e]s; -e) conflict; *in* ~ *geraten* enter (*or* come) into conflict (*mit* with).
Konföderation [-føderatsi'o:n] *f* (-; -en) confederacy.
kon'form [-'fɔrm] *adj.*: ~ *mit or dat.* conformable to, in conformity with; ~ *gehen* be in agreement (*mit* with).
konfrontieren [-frɔn'ti:rən] *v/t.* (h.) confront *or* face (*mit* with).
konfus [-'fu:s] *adj.* confused, in confusion; puzzle-headed, muddled.
Konfusion [-fuzi'o:n] *f* (-; -en) confusion, muddle.
kongenial [-geni'a:l] *adj.* congenial, like-minded, sympathetic(ally *adv.*).
Konglomerat [-glome'ra:t] *n* (-[e]s; -e) conglomerate.
Kongreß [-'grɛs] *m* (-sses; -sse)

congress; *Am.* (party, *etc.*) convention; *der Amerikanische* ~ the Congress of the U.S.A.; **~mitglied** *n* member of a congress, *Am. pol.* congress(wo)man.
kongru|ent [-gru'ɛnt] *adj.* congruent, perfectly equal; **Əenz** [-'ɛnts] *f* (-) congruity; **~'ieren** *v/i.* (h.) coincide, be congruent.
König ['kø:niç] *m* (-s; -e) king (a. in games); *fig.* ~ *des Jazz* King of Jazz; *eccl. die Heiligen Drei* ~e *pl.* the (three) Magi; *zum* ~e *machen* make (a) king, raise to the throne; **~in** ['-gin] *f* (-; -nen) queen (a. in games and zo.); **~in'mutter** *f* queen mother; **'~in-suppe** *f* chicken soup; **~in'witwe** *f* queen dowager; **Əlich** ['-nikliç] **I.** *adj.* royal; kingly; regal (*insignia, privileges*); *von* ~em *Blute* of royal blood; **II.** *adv.*: *sich* ~ *freuen* be as pleased as Punch; *sich* ~ *amüsieren* enjoy o.s. immensely; *die* ~*lichen pl.* the Royalists; **'~reich** *n* kingdom, *rhet.* realm.
'Königs...: ~adler [-niçs] *m* imperial eagle; **Əblau** *adj.* royal blue; **Əgelb** *adj.* chrome yellow; **~kerze** *bot.* *f* mullein; **~krone** *f* king's (*or* royal) crown; **~schloß** *n* royal castle; **~tiger** *zo.* *m* Bengal tiger; **~treue(r** *m)* *f* (-n, -n; -n, -n) royalist; **~was-ser** *chem.* *n* aqua regia; **~würde** *f* royal dignity, kingship.
Königtum ['-niçtu:m] *n* (-[e]s; ⁻er) royalty, kingship.
konisch ['ko:niʃ] *adj.* conic(al); *tech. a.* taper(ed); ~e *Bohrung* taper bore.
Konju|gation [kɔnjugatsi'o:n] *gr.* *f* (-; -en) conjugation; **Ə'gieren** *v/t.* (h.) conjugate.
Konjunktion [kɔnjuŋkti'o:n] *f* (-; -en) conjunction.
Konjunk|tiv ['-juŋkti:f] *gr.* *m* (-s; -e) subjunctive (mood); **Ə'tivisch** *adj.* in the (*or* as) subjunctive.
Konjunktur [-'tu:r] *econ.* *f* (-; -en) economic condition *or* trend, business outlook; business cycle; boom, peak prosperity; depression, slump; *sinkende* (*steigende*) ~ business recession (revival); **~abschwä-chung** *f* economic recession; **~-ausgleich** *m* compensation for cyclical fluctuations; **~barometer** *n* business barometer; **~bericht** *m* report on business conditions; **~-bewegung** *f* trade cycle; trend; **Ədämpfend** *adj.* countercyclical; **~dynamik** *f* forces of economic expansion; **Əell** [-'rɛl] *adj.* cyclical; **~forschung** *f* business cycle research; **~gewinn** *m* boom profits *pl.*; **~phase** *f* business cycle; **Ə-politisch I.** *adj.* economic, cyclical; **II.** *adv.* from the point of view of trade cycle policy *or* the economic trend; **~prognose** *f* business forecast(ing); **~ritter** *m* opportunist, profiteer; **~schwankungen** *f/pl.* cyclical fluctuations; **~spritze** *f* shot in the arm; **~überhitzung** *f* overheating of the economic climate; **~verlauf** *m* business cycle; economic trend.
konkav [kɔn'ka:f] *adj.* concave; **~konvex** *adj.* concavo-convex.
Konkordat [kɔnkɔr'da:t] *n* (-[e]s; -e) concordat.
konkret [kɔn'kre:t] *adj.* concrete;

tangible, actual, practical; ~e *Form annehmen* assume concrete form; ~ *gesprochen* in terms of fact.
konkretisieren [-ti'zi:rən] *v/t.* (h.) put in concrete form (*or* terms); concretise.
Konkubinat [kɔnkubi'na:t] *n* (-[e]s; -e) concubinage; **Konkubine** [-'bi:-nə] *f* (-; -n) concubine.
Konkurrent [-ku'rɛnt] *m* (-en; -en), **~in** *f* (-; -nen) (business) rival, competitor; *sports* competitor, contestant.
Konkurrenz [-'rɛnts] *f* (-; -en) competition; *sports a.* event, meet, contest; competitors *pl.*, rivals *pl.*; *econ. starke or scharfe* ~ keen (*or* stiff) competition; *unlautere* (*mör-derische*) ~ unfair (cut-throat) competition; *außer* ~ not competing, hors concours (*Fr.*); *j-m* ~ *machen* enter into competition (*or* compete) with a p.; **Əfähig** *adj.* able to compete; marketable (*goods*); competitive (*prices*); **~fähigkeit** *f* (-) competitive position; marketableness; **~geschäft** *n* rival business *or* firm, competition; **~kampf** *m* competition, trade rivalry; *harter* (*mörderischer*) ~ stiff (cut-throat) competition; **~klausel** *f* restraint clause; **Əlos** *adj.* without competition; matchless, unrivalled, unchallenged; **~neid** *m* professional jealousy; **~preis** *m* competitive price.
konkur'rieren *v/i.* (h.) compete (*mit* with; *um* for), rival (*a th., a p.*); **~d** competitive; *jur.* conflicting (*law*); *jur.* ~*des Verschulden* contributory negligence.
Konkurs [kɔn'kurs] *econ.* *m* (-es; -e) bankruptcy, insolvency, failure; ~ *anmelden or erklären* file a petition in bankruptcy, declare o.s. a bankrupt; *in* ~ *geraten* become insolvent, go bankrupt; → *bank(e)rott*; **~-antrag** *m* petition in bankruptcy; **~delikt** *n* bankruptcy offen|ce, *Am.* -se; **~erklärung** *f* declaration of insolvency; **~eröffnung** *f* adjudication in bankruptcy; **~for-derung** *f* claim against a bankrupt's estate; **~gläubiger(in** *f)* *m* creditor of a bankrupt's estate; **~-masse** *f* bankrupt's estate, assets *pl.* (of a bankrupt); **~verfahren** *n*: *das* ~ *einleiten* institute bankruptcy proceedings *pl.*; **~verwalter** *m* trustee in bankruptcy.
können ['kœnən] **I.** *v/i.* (*irr.*, h.) **a)** be able (to *inf.*), be capable (of *ger. or a th.*); be in a position (to *inf.*); *ich kann* I can; *nicht* ~ be unable, be at a loss (to *inf.*); *ich kann nicht* I cannot, I can't; *er hätte es tun* ~ he could have done it; *ich weiß, was du kannst* I know what you can do; *ich kann nicht mehr* I can't go on, I am at the end of my tether; *er schrie, was er konnte* he screamed with all his might; *er tut, was er kann* he does his best; *man kann nie wissen* you never can tell, there is no telling; **b)** be allowed *or* permitted (to *inf.*); *er kann gehen* he may (*or* can) go; *du kannst nicht hingehen* you may not (*or* cannot) go there; *Sie* ~ *es glauben* you may believe me;

c) *possibility, likelihood*: *das kann sein* that may be (so), that's possible; *es kann nicht sein* it is impossible; *ich kann mich auch täuschen* I may be mistaken; *du könntest recht haben* you might be right; **II.** *v/t.* (*irr., h.*) know, understand, be proficient in; *eine Sprache* ~ know (or have command of) a language; *er kann schwimmen* he can (or knows how to) swim; *er kann das* he knows how to do that; *er kann etwas* he is a capable fellow, he knows the ropes; *er kann nichts* he can do nothing, he doesn't know a thing; *ich kann nichts dafür* it isn't my fault, I can't help it; *er kann nichts dafür, daß er* he can't help *ger.*

'**Können** *n* (-s) ability, faculty, power; skill, efficiency; knowledge.

'**Könner** *m* (-s; -) very able man (or actor, player, *etc.*); master (hand), expert, proficient; crack, ace.

Konnex [kɔ'nɛks] *m* (-es; -e) connection, relation; nexus.

Konnossement [kɔnɔsə'mɛnt] *econ.* *n* (-[e]s; -e) bill of lading (*abbr.* B/L).

konnte ['kɔntə] *pret. of* **können**.

konsequen|t [kɔnze'kvɛnt] *adj.* consistent; persistent; thorough-going; **2z** [-ts] *f* (-; -en) consistency; consequence; *die* ~*en tragen* take the consequences; *die* ~*en ziehen* draw one's conclusions, act accordingly.

Konserva|tismus [kɔnzerva'tismus] *m* (-) conservatism; **2tiv** [-'ti:f] *adj.*, ~'**tive(r** *m*) *f* (-n, -n; -n, -n) conservative.

Konservator [-'va:tɔr] *m* (-s; -'toren) curator, keeper.

Konservatorium [-va'to:rium] *n* (-s; -ien) academy of music, conservatoire, *Am.* conservatory.

Konserve [-'zɛrvə] *f* (-; -n) preserve(d food); ~*n pl.* tinned (*Am.* canned) foods or goods; *Fleisch*2*n* preserved meat; *Gemüse- (Obst)*2*n* tinned greens (fruit); ~**nbüchse**, ~**ndose** *f* tin, *Am.* can; ~**nfabrik** *f* tinning factory, *esp. Am.* cannery; ~**nglas** *n* preserving jar; ~**nmusik** *colloq.* *f* canned music.

konservier|en [-zer'vi:rən] *v/t.* (*h.*) conserve; (*a. sich*) preserve, keep; tin, *Am.* can; **2ung** *f* (-; -en) preservation; **2ungsmittel** *n* preservative.

Konsi|gnant [-zi'gnant] *econ.m* (-en; -en) consignor; ~**gnatär** [-'tɛ:r] *m* (-s; -e) consignee; ~**gnation** [-gnatsi'o:n] *f* (-; -en): (*in* ~ *on*) consignment; ~**gnati'onslager** *n* consignment stocks *pl.*; *w.s.* commission agency; **2'gnieren** *v/t.* (*h.*) consign.

konsisten|t [-zis'tɛnt] *adj.* consistent, solid; **2z** [-ts] *f* (-) consistency; solidity.

Konsistorium [-'to:rium] *n* (-s; -ien) consistory.

Konsole [-'zo:lə] *f* (-; -n) console; bracket; support.

konsolidier|en [-zoli'di:rən] *econ.* *v/t.* (*h.*) *and sich* ~ consolidate; *konsolidierte Staatspapiere* → **Konsols**; *konsolidierte Schuld* funded debt; **2ung** *f* (-; -en) consolidation.

Konsols [kɔn'zo:ls] *econ. pl.* consols,

Am. consolidated government bonds.

Konsonant [kɔnzo'nant] *gr.* *m* (-en; -en) consonant; **2isch** *adj.* consonantal.

Konsorten [-'zɔrtən] *m/pl.* *econ.* members of an underwriting syndicate, *Am.* participants; *jur.* *Braun u.* ~ Brown ənd associates, Brown et al.

Konsortialgeschäft [-tsi'a:l-] *econ.* *n* syndicate transaction.

Konsortium [-'zɔrtsium] *n* (-s; -ien) association; *econ.* syndicate, group.

konspirieren [-spi'ri:rən] *v/i.* (*h.*) conspire, plot.

konstant [-'stant] *adj.* constant; steady; ~ *halten* keep constant, maintain; **2e** *f* (-; -n) constant (value).

konstatieren [-sta'ti:rən] *v/t.* (*h.*) state, establish, find; *med. a.* diagnose.

Konstellation [-stɛlatsi'o:n] *ast.* *f* (-; -en) constellation (*a. fig.*).

konsterniert [-stɛr'ni:rt] *adj. and adv.* taken aback, dismayed, stupefied.

konstituieren [-stitu'i:rən] *v/t.* (*h.*) (*and sich*) constitute (o.s.), organize (o.s.); *parl. das Haus konstituiert sich (als Ausschuß)* the House resolves itself into a committee; ~*de Versammlung* constituent assembly.

Konstitution [-tsi'o:n] *pol., med.* *f* (-; -en) constitution; *med.* *geschwächte* ~ weakened organism; **konstitutionell** [-tsio'nɛl] *adj.* constitutional.

konstruieren [-stru'i:rən] *v/t.* (*h.*) *gr.* construe, parse; *tech.* construct; design; *fig. konstruierter Fall* fictitious (or hypothetical) case.

Konstrukteur [-struk'tø:r] *m* (-s; -e) (technical) designer, designing engineer.

Konstruktion [-tsi'o:n] *f* (-; -en) construction; design.

Konstrukti'ons...: ~**büro** *n* engineering department, drawing office; ~**fehler** *m* constructional flaw or defect; faulty design; ~**leiter** *m* chief engineer; ~**merkmal** *n* constructional feature; **2technisch** *adj.* constructional; ~**teil** *n* machine element; ~**zeichner** *m* draughtsman, *Am.* draftsman; designer; ~**zeichnung** *f* production drawing.

konstruktiv [-'ti:f] *adj.* constructive.

Konsul ['kɔnzul] *m* (-s; -n) consul.

Konsu|'lar...: *in compounds,* **2'larisch** [-'la:riʃ] *adj.* consular (...).

Konsulat [-'la:t] *n* (-[e]s; -e) consulate; ~**sfaktur**, ~**srechnung** *f* consular invoice.

Konsulent [-'lɛnt] *m* (-en; -en) legal adviser.

konsultieren [-'ti:rən] *v/t.* (*h.*) consult.

Konsum [kɔn'zu:m] *m* (-s) consumption; *colloq.* (*usu.* '**Konsum**) → ~**geschäft**, ~**verein**.

Konsument [-zu'mɛnt] *m* (-en; -en), ~**in** *f* (-; -nen) consumer.

Kon'sum...: ~**geschäft** *n* co-operative store, co-op; ~**güter** *n/pl.* consumer goods.

konsumieren [-zu'mi:rən] *v/t.* (*h.*) consume.

Kon'sumverein *m* (Consumers') Co-operative Society, co-op.

Kontakt [kɔn'takt] *m* (-[e]s; -e) contact; *el. den* ~ *herstellen (unterbrechen)* make (break) the contact; *fig. mit j-m* ~ *aufnehmen* contact (or get into touch with) a p.; ~**abzug** *phot. m* contact print; **2arm** *adj.*: *er ist* ~ he does not make friends easily, he is a bad mixer; ~**fläche** *f* surface of contact; **2freudig** *adj.*: *er ist* ~ he is a good mixer; ~**pflege** *f* (maintenance of) human relations *pl.*; ~**gift** *n* contact poison; ~**schalter** *el. m* contact switch; ~**schiene** *el. f* contact bar; ~**schnur** *el. f* flex; ~**stecker** *el. m* contact plug.

Konten ['kɔntən] *pl. of* **Konto**.

'**Konter|admiral** *m* ['kɔntər-] Rear Admiral; '~**bande** *f* (-) contraband; ~**fei** ['-fai] *n* (-s; -s) portrait, image, likeness.

'**kontern** *v/t. and v/i.* (*h.*) counter.

Kontext ['kɔntɛkst] *m* (-es; -e) context.

Kontinent ['kɔntinɛnt] *m* (-[e]s; -e) continent.

kontinental [-'ta:l] *adj.* continental; **2sperre** *hist.* *f* (-) Continental System.

Kontingent [-tiŋ'gɛnt] *n* (-[e]s; -e) *esp. mil.* contingent; *econ. a.* quota, share, allotment; delivery percentage, commitments *pl.*

kontingentier|en *v/t.* (*h.*) fix the quota for; make subject to a quota, limit; ration; (*nicht*) *kontingentierte Einfuhren* (non-)quota imports; **2ung** *f* (-; -en) fixing of quotas, *etc.*, allotment; restriction, limitation.

kontinuierlich [kɔntinu'i:rliç] *adj.* continuous; uninterrupted; steady.

Kontinuität [-i'tɛ:t] *f* (-) continuity.

Konto ['kɔnto] *econ.* *n* (-s; -ten) account; bank account; *laufendes (überzogenes)* ~ current (overdrawn) account; *ein* ~ *ausgleichen* settle (or balance) an account; *ein* ~ *belasten* charge (or debit) an account; *ein* ~ *eröffnen* open an account (*bei* with; *zugunsten von* in favo[u]r of); *ein* ~ *führen* keep an account; *fig. das geht auf dein* ~ that's your fault (or doing); ~**auszug** *m* statement of account; ~**buch** *n* **1.** account book; **2.** *of depositor:* → ~**gegenbuch** *n* pass (*Am.* deposit) book; ~**inhaber(in** *f*) *m* account-holder; ~**korrent** [-kɔ'rɛnt] *n* (-[e]s; -e) current account, *Am.* account current; ~**korrentgeschäft** *n*, ~**korrentverkehr** *m* deposit banking; current account business.

Kontor [kɔn'to:r] *n* (-s; -e) office; *fig. Schlag ins* ~ unpleasant surprise, blow.

Kontorist [-to'rist] *m* (-en; -en), ~**in** *f* (-; -nen) (female *f*) clerk.

kontra ['kɔntra] *prp.* (*acc.*) against; *jur., sports, etc.* versus (vs.); ~ *geben* **a)** *cards:* double, **b)** *colloq. fig.* talk back, tell a *p.* where he gets off; **2alt** *mus. m* contralto; **2baß** *mus. m* contrabass, double-bass.

Kontra|hent [-'hɛnt] *m* (-en; -en) contracting party, contractor; *w.s.* opponent; **2'hieren** *v/t. and v/i.* (*h.*) contract.

Kontrakt [-trakt] *m* (-[e]s; -e) con-

tract, agreement; einen ~ (ab-)
schließen make (or enter into) a
contract; **~bruch** m breach of
contract; **2brüchig** adj.: ~ werden
break a contract; **2lich I.** adj. contractual, stipulated; **II.** adv. by
contract; **2widrig** adj. contrary to
(the) contract.
'Kontrapunkt mus. m (-[e]s) coun-
terpoint; **2isch** adj. contrapuntal.
konträr [kɔn'trɛːr] adj. contrary,
antithetical, opposite; colloq. disagreeable.
Kontrast [-'trast] m (-es; -e) contrast; einen ~ bilden zu (dat.) →
kontra'stieren v/i. (h.) contrast
(mit with).
Kontroll|abschnitt [kɔn'trɔl-] m,
~blatt n counterfoil, stub; **~be-
amte(r)** m → Kontrolleur; **~e** f (-;
-n) control; supervision; check;
unter ~ haben control, be in control
of, have the situation (well) in hand;
unter ~ halten keep under control;
die ~ verlieren über (acc.) lose
control of; er verlor die ~ über
seinen Wagen (seine Leute) a. his
car (his men) got out of hand; die
Lage ist unter ~ the situation is
(safely) in hand.
Kontrolleur [-'løːr] m (-s; -e) controller; supervisor; auditor; rail. inspector; guard; timekeeper.
Kon'troll...: ~gang m round, beat;
~gerät n checking device, monitor.
kontrollier|bar [-'liːrbaːr] adj.
controllable, verifiable; **~en** v/t.
(h.) supervise, check, control (a.
= be in control of); keep track of,
a. keep tabs on; verify; audit.
Kon'troll...: ~karte f time-sheet;
~kasse f cash register; **~(l)ampe**
tech. f pilot lamp; **~maßnahmen**
f/pl. controlling measures; **~mu-
ster** n check sample; **~organ** n
governing (or controlling) body;
~posten m control post, checker;
~punkt m control (or check) point;
~schein m counterfoil; receipt;
~stempel m inspection stamp;
time-stamp; **~turm** aer. m control
tower; **~uhr** f control (or tell-tale)
clock; **~vermerk** m → Kontroll-
stempel; **~versuch** m control (test).
Kontroverse [kɔntro'vɛrzə] f (-;
-n) controversy.
Kontur [kɔn'tuːr] f (-; -en) contour,
outline; skyline; **~karte** f contour
map.
Konus ['koːnus] math., tech. m (-;
-se) cone; in compounds conical ...
Konvektion [kɔnvɛktsi'oːn] phys. f
(-; -en) convection.
Konvent [kɔn'vɛnt] m (-[e]s; -e)
convention.
Konvention [-tsi'oːn] f (-; -en) convention, agreement; pol. a. treaty;
~en pl. conventional proprieties pl.
Konventionalstrafe [-tsio'naːl-]
econ. f penalty (for non-performance).
konventionell [-'nɛl] adj. conventional.
konvergieren [-vɛr'giːrən] v/i. (h.)
converge, run to a point; **~d** adj.
convergent.
Konversation [-vɛrzatsi'oːn] f (-;
-en) conversation, talk; **~slexikon**
n encyclop(a)edia; **~sstück** thea. n
comedy of manners.

konvertier|bar [-'tiːrbaːr] econ. adj.
convertible; **~en** v/t. (h.) 1. convert; **II.** v/i. R.C. be converted,
turn Roman Catholic; **2ung** f conversion.
Konvertit [-'tiːt] eccl. m (-en; -en)
convert.
konvex [-'vɛks] adj. convex.
Konvikt [-'vikt] n (-[e]s; -e) theological seminary.
Konvoi ['-vɔy] m (-s; -s) convoy.
konvulsiv [-vul'ziːf] adj. convulsive.
konzedieren [kɔntse'diːrən] v/t.
(h.) concede.
Konzentrat [kɔntsen'traːt] chem. n
(-[e]s; -e) concentrate.
Konzentration [-tratsi'oːn] f (-;
-en) concentration; **~sfähigkeit** f
power of concentration; **~slager** n
concentration camp.
konzentrieren [-'triːrən] v/t. (h.)
and sich ~ concentrate or cent|re,
Am. -er (auf acc. upon); focus (on);
mass (troops).
kon'zentrisch adj. concentric.
Konzept [kɔn'tsɛpt] n (-[e]s; -e)
(first) draft, rough copy; fig. aus
dem ~ kommen lose the thread,
break down; j-n aus dem ~ bringen
disconcert a p., put a p. off, rattle
a p.; das paßt ihm nicht ins ~ that
does not suit his plans.
Konzeption [-tsi'oːn] f (-; -en) conception.
Kon'zeptpapier n scribbling-paper.
Konzern [-'tsɛrn] econ. m (-s; -e)
combine, group; **~entflechtung** f
de-concentration of combines; **~-
verflechtung** f interlocking combine; business concentration.
Konzert [-'tsɛrt] n (-[e]s; -e) concert; recital; concerto; im ~ at the
concert; ins ~ gehen go to a concert; **~arie** f concert aria; **~be-
sucher(in** f) m concert-goer;
~flügel m concert grand.
konzer'tieren v/i. (h.) give a concert.
Kon'zert...: ~meister m leader,
first violinist; **~saal** m concert-hall.
Konzession [kɔntsesi'oːn] f (-; -en)
concession; privilege, patent, charter; licence, Am. franchise; j-m
keine ~en machen make no concessions to a p.; **~s-inhaber(in** f) m
concessionaire; licensee, Am. fran-
chised dealer.
Konzil [kɔn'tsiːl] eccl. n (-s; -e)
council; Vatikanisches ~ Vatican
Council.
konziliant [-tsili'ant] adj. conciliatory.
konzipieren [kɔntsi'piːrən] v/t. (h.)
conceive, draft, outline; formulate.
Ko-opera|tion [koːoperatsi'oːn] f
(-; -en) co-operation; **2tiv** [-'tiːf]
adj. co-operative.
ko-optieren [koːɔp'tiːrən] v/t. (h.)
co-opt.
Ko-ordinate [koːɔrdi'naːtə] math. f
(-; -en) co-ordinate; **~npapier** n
co-ordinate (or graph) paper; **~n-
system** n co-ordinate system; **~n-
zahl** f index of co-ordination.
ko-ordinier|en v/t. (h.) co-ordinate;
2ung f (-) co-ordination.
Kopal [ko'paːl] m (-s; -e) copal;
~firnis, **~lack** m copal varnish.
Kopeke [ko'peːkə] f (-; -n) copeck.

Kopenhagen [kopən'haːgən] n (-s)
Copenhagen.
Köper ['køːpər] tech. m (-s; -), **2n**
v/t. (h.) twill.
Kopf [kɔpf] m (-[e]s; ⸚e) 1. head (a.
of things, a. tech.); skull; in documents: heading; letterhead; mil.
warhead; of page, etc.: top; nose (of
airplane); crown (of hat); face side
(of coin); bowl (of pipe); ~ an ~
crowded together, closely packed,
racing: neck and neck; ~ hoch! chin
up!, fig. a. bear up!, keep smiling!;
~ oder Wappen head(s) or tail(s); ~
voraus head first; auf dem ~ stehend
inverted, upside-down; fig. hier
steht alles auf dem ~ everything is
topsy-turvy, the place is at sixes and
sevens; von ~ bis Fuß from head
to foot, from top to toe; j-m den ~
abschlagen, j-n e-n ~ kürzer machen
behead a p., chop a p.'s head off;
j-m den ~ waschen wash a p.'s head,
fig. take a p. to task; den ~ hängen
lassen hang one's head, fig. a. be
despondent (or down in the
mouth); nur nicht den ~ hängen
lassen! never say die!; den ~ in den
Sand stecken hide one's head in the
sand; den ~ oben behalten keep up
one's spirits; er weiß nicht, wo ihm
der ~ steht he doesn't know which
way to turn; es geht um ~ und Kragen it's either do or die; j-m den ~
zurechtsetzen comb a p's hair for
him; 2. sense, understanding,
judg(e)ment, brain(s pl.); memory;
will; 3. fig. (person) (good or fine)
head, (able) thinker; great mind,
genius; head, leader; fähiger (hoh-
ler) ~ capable (empty-headed)
fellow; aus dem ~ hersagen say
from memory or by heart or offhand; j-m den ~ verdrehen turn a
p.'s head; s-n ~ durchsetzen have
it one's way, carry one's point; s-m
eigenen ~e folgen follow one's own
bent, suit o.s.; mir steht nicht der
~ danach I don't feel like it; verlieren Sie nicht den ~ keep your
head; 4. (single person) head; pro ~
a head, per capita, each; es kamen
100 Mark auf den ~ each received
(or had to pay) 100 marks; viel(e)
Köpfe, viel(e) Sinne many heads,
many minds; 5. with prp.: er ist
nicht auf den ~ gefallen he is no
fool; j-m et. auf den ~ zusagen tell
a p. a th. to his face; auf den ~
stellen turn upside down; Tatsachen auf den ~ stellen stand facts
on their heads; die Stadt auf den ~
stellen paint the town red; sich et.
aus dem ~e schlagen banish a th.
from one's mind; das will mir nicht
aus dem ~e I cannot get it out of my
head or mind; sich et. durch den
~ gehen lassen think a th. over,
turn a th. over in one's mind; sich
et. in den ~ setzen take a th. into
one's head; in den ~ (or zu ~e)
steigen go to a p.'s head; mit dem
~ gegen die Wand rennen run one's
head against the wall (a. fig.); bis
über den ~ in Schulden stecken be
up to one's ears in debt; j-m über
den ~ wachsen outgrow a p., fig. be
too much for (or get beyond) a p.;
über s-n ~ hinweg promoted over his
head; j-n vor den ~ stoßen shock (or

offend, antagonize) a p.; *wie vor den ~ geschlagen* thunderstruck, speechless.

'**Kopf**...: **~arbeit** *f* mental (*or* brain-)work; **~arbeiter** *m* brain--worker; **~bahnhof** *m* terminus, terminal; railhead; **~balken** *tech. m* head beam; **~ball** *m soccer*: header; **~bedeckung** *f* headgear; **~bogen** *m* letterhead sheet.

Köpfchen ['kœpfçən] *n* (-s; -) small head; *bot.* capitulum; *colloq. fig.* er *hat ~* he has brains; *~, ~!* clever boy!

'**Kopfdüngung** *agr. f* top-dressing.

köpfen ['kœpfən] **I.** *v/t.* (*h.*) behead, decapitate; poll, lop (*tree*); *soccer*: head; **II.** *v/i.* (*h.*) salad, *etc.*: put on heart, head up.

'**Kopf**...: **~ende** *n* head; **~geld** *n* head-money; poll-tax; **2gesteuert** *adj.* overhead camshaft (*engine*); **~haar** *n* hair of the head; **2hängerisch** ['-henəriʃ] *adj.* gloomy, dejected; **~haut** *f* skin of the head; scalp; **~hörer** *tech. m* head-set, headphone; **~kissen** *n* pillow; **~kissenbezug** *m* pillow case (*or* slip); **~länge** *f*: *um e-e ~* by a head; **2lastig** ['-lastiç] *adj.* top- (*aer.* nose-)heavy; **~laus** *f* head louse; **~lehne** *f* head-rest; **2los** *adj.* headless, acephalous; *fig.* panic-stricken, panicky; *~e Flucht* headlong flight, stampede; **~losigkeit** *f* (-; -en) *fig.* panic; **~naht** *f* cranial suture; **~nicken** *n* nod; **~nuß** *colloq. f* clout; **~putz** *m* (-es) head-dress; **~rechnen** *n* mental arithmetic; **~salat** *m* cabbage-lettuce; **~scheibe** *mil. f* silhouette target; **2scheu** *adj.* restive, skittish (*horse*); *fig.* timid, apprehensive; *j-n ~ machen* intimidate (*or* alarm) a p.; **~schmerzen** *m/pl.* headache *sg.*; (*heftige*) *~ haben* have a (splitting) headache; **~schuppen** *f/pl.* dandruff *sg.*; **~schuß** *m* shot in the head; **~schütteln** *n* (-s) shaking (*or* shake) of the head; **~schützer** *m* (-s; -) head-protector *or* -guard; *mil.* woollen cap; **~spiel** *n soccer*: heading, header; *tech.* crest clearance; **~sprung** *m* header; *einen ~ machen* take a header, dive; **~stand** *m* headstand; *aer.* nose-over; *e-n ~ machen* → **2stehen** *v/i.* (*irr.*, *h.*) stand on one's head; *colloq. fig.* was be staggered (*or* electrified); *ganz Paris stand kopf* all Paris was in a whirl; **~steinpflaster** *n* cobbled pavement; **~steuer** *f* poll tax; **~stimme** *f* head-voice; falsetto; **~stoß** *m billiards*: massé (*Fr.*); *boxing*: butt; *soccer*: header; **~stütze** *f* head-rest; **~tuch** *n* (-[e]s; ᵘer) (head)kerchief, scarf; **2über** *adv.*: *~* (, kopfunter) head first (*or* foremost), head over heels; **~verletzung** *f* head injury; **~wäsche** *f*, **~waschen** *n* (-s) shampoo(ing); **~wassersucht** *med. f* (-) hydrocephalus; **~weh** *n* (-s) headache; **~wunde** *f* wound in the head; **~zahl** *f* number of persons; **~zeile** *f* headline; topline; **~zerbrechen** *n* (-s): *j-m ~ machen* puzzle (*or* nonplus) a p.; *ohne viel ~* without much pondering.

Kopie [ko'pi:] *f* (-; -n) copy; imita-

tion, facsimile; carbon(-copy); duplicate; *phot.*, *film*: print.

Ko'pier...: **~anstalt** *f* printing shop; **~apparat** *m* copying apparatus; **~buch** *econ. n* copying-book; **2en** *v/t.* (*h.*) copy (*a. fig. =* imitate); *phot.* print; *tech.* form, profile; **~farbe** *f → Kopiertinte*; **~maschine** *f* copying machine; *tech. a.* forming lathe; **~papier** *phot. n* printing paper; **~presse** *f* copying press; **~rahmen** *phot. m* printing frame; **~stift** *m* indelible (pencil); **~tinte** *f* copying ink.

Kopist(in *f*) [ko'pist] *m* (-en, -en; -, -nen) copyist.

Koppel[1] ['kopəl] *mil. n* (-s; -) (waist-)belt.

'**Koppel**[2] *f* (-; -n) coupling, *hunt.* leash; couple, pack (*of dogs*); string (*of horses*); paddock, pen; enclosure.

'**Koppel**...: **~geschäft** *econ. n* tie-in sale; **2n** *v/t.* (*h.*) leash, couple (*dogs*); string together (*horses*); enclose, fence in; *radio*: couple; *el.* connect; *fig.*: *~ mit* couple with, tie in with; **~schloß** *n* (belt) buckle; **~ung** *f* (-; -en) linkage, coupling.

'**Koppler** *m* (-s; -) *radio*: coupler.

'**Kopplungsspule** *f* coupling coil, coupler.

Kopra ['ko:pra] *f* (-) copra.

kopulier|en [kopu'li:rən] *v/t.* (*h.*) unite, pair; marry; *agr.* graft; **2reis** *agr. n* grafting-twig.

Koralle [ko'ralə] *f* (-; -n) coral.

Korallen...: **~bank** *f* (-; ᵘe) coral--reef; **~fang** *m*, **~fische'rei** *f* coral fishing; **~fischer** *m* coral-fisher; **~halsband** *n* coral necklace; **~tier** *n* coral animal.

Koran [ko'ra:n] *m* (-s; -e) Koran.

Korb [korb] *m* (-[e]s; ᵘe) basket; hamper, luncheon-basket; crate; *mining*: cage; basket-hilt (*of sword*); *sports* basket (*a. =* goal); *fig.* refusal, rebuff; *e-n ~ bekommen* be turned down (flat), get the mitten.

'**Korb**...: **~arbeit** *f* basket-making; wickerwork; **~ball** *m* netball; **~blütler** ['-bly:tlər] *bot. m/pl.* composite flowers; **~flasche** *f* wicker--bottle; demijohn; **~geflecht** *n* wickerwork; **~macher** *m* basket--maker; **~möbel** *n/pl.* wicker furniture; **~sessel**, **~stuhl** *m* wicker chair; **~wagen** *m for babies*: bassinet(te); **~weide** *f* osier.

Kord(samt) ['kort] *m* (-[e]s; -e) corduroy.

Kordel ['kordəl] *f* (-; -n) string, cord, twine; **2n** *tech. v/t.* knurl.

Kordon [kor'dõ] *m* (-s; -s) cordon.

Korea [ko're:a] *n* (-s) Corea; **Koreaner(in** *f*) *m* (-s, -; -, -nen), **kore'anisch** *adj.* Corean.

Korinthe [ko'rintə] *f* (-; -n) currant.

Ko'rinth|er *m* (-s; -), **2isch** Corinthian.

Kork [kork] *m* (-[e]s; -e[n]) *bot.* cork; (cork) stopper, cork; **~eiche** *f* cork-oak; **2en I.** *v/t.* (*h.*) cork; **II.** *adj.* (of) cork; **~enzieher** *m* (-s; -) corkscrew; **~locke** cork-screw (curl), ringlet; '**2ig** *adj.* corky; **~jacke** *f → Korkweste*; '**~mundstück** *n* cork tip; *mit ~* cork-tipped; **~platte** *f* cork sheet;

flooring: cork board; '**~stöpsel** *m* cork stopper; '**~weste** *f* cork jacket.

Korn [korn] *n* (-[e]s; ᵘer) *of cereal*, sand, stone, *etc.*, *a. phot.*: grain; (grain of) seed; corn, cereals *pl.*; wheat; rye; harvest; *of coin*: standard, alloy, (sterling) value; *on rifle*: front sight, bead; rye whisky; *aufs ~ nehmen* (take) aim at, *Am.* draw a bead on, *fig.* mark *or* attack a p.; → Schrot.

'**Korn**...: **~ähre** *f* ear of corn, spike; **~blume** *f* cornflower; **2-blumenblau** *adj.* cornflower blue, cyaneous; **~brand** *m* (-[e]s) smut; **~branntwein** *m* rye whisky.

Körnchen ['kœrnçən] *n* (-s; -) (little) grain, granule; *fig.* atom, trace; *~ Wahrheit* grain of truth.

körnen ['kœrnən] **I.** *v/i.* (*h.*) cereals: run to seed, corn; *salt*, *sugar*, *etc.*: (*a. sich*): granulate; **II.** *v/t.* (*h.*) *tech.* granulate; grain (*leather*, *gunpowder*).

'**Körner** *pl.* of **Korn**; **~fresser** *m* granivorous bird; **~mikrophon** *n* granular microphone; **~spitze** *tech. f* lathe cent|re, *Am.* -er.

Kornett[1] [kor'net] *mil. m* (-[e]s; -e) cornet.

Kor'nett[2] *mus. n* (-[e]s; -e) cornet.

'**Korn**...: **~feld** *n* grainfield; **~früchte** *f/pl.* cereals, grain *sg.*; **~garbe** *f* sheaf; **~größe** *f* grain size; **~handel** *m* corn-trade.

körnig ['kœrniç] *adj.* granular, grainy; gritty; *in compounds*: fein~ (grob~) fine-(coarse-)grained.

'**Korn**...: **~käfer** *m* grain weevil; **~kammer** *f* granary (*a. fig.*); **~markt** *m* grain-market.

'**Körnmaschine** *f* granulating machine.

'**Korn**...: **~rade** *bot. f* (-; -n) corn--cockle; **~schwinge** *f* winnowing--sieve; **~speicher** *m* granary.

'**Körnung** *f* (-; -en) granulation; grain(ing).

Korona [ko'ro:na] *f* (-; -nen) *ast.*, *el.* corona; *colloq. fig.* bunch, crowd; **~entladung** *el. f* corona discharge.

Körper ['kœrpər] *m* (-s; -) body (*a. math.*); *phys.* body, substance; *a. math.* (*fester*) *~* solid; *tech.* element; body (*of colour*, *wine*); *am ganzen ~ zittern* tremble all over; '**~bau** *m* (-[e]s) structure of the body, anatomy; build, frame, physique; '**~beherrschung** *f* body control; '**2behindert** *adj.* (physically) disabled, handicapped; '**~beschaffenheit** *f* constitution, physique; '**~chen** *n* (-s; -) small body, particle, corpuscle; '**~ertüchtigung** *f* physical training; '**~fett** *n* body--fat; '**~fülle** *f* corpulence; '**~geruch** *m* body odo(u)r; '**~gewicht** *n* weight; '**~haken** *m boxing*: hook to the body; '**~haltung** *f* (body) carriage, bearing; poise, posture; '**~inhalt** *m* volume; '**~kraft** *f* physical strength; '**~lehre** *f* (-) somatology; *math.* solid geometry, stereometry; '**2lich** *adj.* bodily, physical; corporeal, substantial; material; *math.* solid; of the body, corporal; physical; somatic; *~e Betätigung* physical exercise; **~e Züchtigung** corporal punishment; '**2los**

adj. bodiless, incorporeal; '~**maß** *n* cubic measure; *pl.* (body) measurements; '~**messung** *f* (-) stereometry; '~**öffnung** *f* body orifice; '~**pflege** *f* care of the body, (personal) hygiene; '~**pflegemittel** *n* cosmetic; '~**puder** *m* talcum (*Am. a.* body) powder; '~**schaft** *f* (-; -en) body (corporate), corporation, corporate entity; ~ *des öffentlichen Rechts* public law corporation, statutory corporation; *gesetzgebende* ~ legislative body; '~**schaftssteuer** *f* corporation profits tax; '~**schulung** *f* physical training *or* culture, body-building exercises *pl.*; '~**schwäche** *f* bodily weakness; '~**schwung** *m* *sports* body swing; '~**strafe** *f* corporal punishment; '~**teil** *m* part (*or* member) of the body; '~**teilchen** *n* (-s; -) particle; '~**temperatur** *f* body temperature; '~**treffer** *m* *boxing*: body punch; '~**verletzung** *f* bodily injury; *jur. schwere* ~ grievous bodily harm; '~**wärme** *f* body heat; '~**wuchs** *m* build, physique.

Korporal [kɔrpo'raːl] *mil. m* (-s; -e) corporal; ~**schaft** *f* (-; -en) squad.

Korporation [kɔrporatsi'oːn] *f* (-; -en) corporation; *univ.* student society, *Am.* fraternity.

Korps [koːr] *n* (-; -) corps; '~**geist** *m* (-es) esprit de corps (*Fr.*).

korpulen|t [kɔrpu'lɛnt] *adj.* corpulent, stout, fat; ~**z** [-ts] *f* (-) corpulence, stoutness.

Korpus ['kɔrpus] *colloq. m* (-; -se) body; ~ **delikti** [de'likti] *jur. n* (- -; -*pora* -) (tangible proof for the) evidence; convicting object; ~ **juris** ['juːris] *n* (- -) law code; ~**schrift** *typ. f* long primer.

korrekt [kɔ'rɛkt] *adj.* correct; ~**heit** *f* (-) correctness.

Korrektion [-tsi'oːn] *f* (-; -en) correction; ~**s-spule** *el. f* correcting coil.

Korrektor [-'rɛktɔr] *typ. m* (-s; -'toren) (proof-)reader.

Korrektur [-'tuːr] *f* (-; -en) correction; adjustment; *typ.* **a)** correction, **b)** proof(-sheet); *zweite* ~ revise; *letzte* ~ press proof; ~(*en*) *lesen* read (*or* correct) proofs; ~**abzug**, ~**bogen** *m* proof (sheet); ~**fahne** *f* galley proof; ~**zeichen** *n* (proof-)reader's correction mark.

Korrelat [kɔre'laːt] *n* (-[e]s; -e) correlate; **Korrelation** [-latsi'oːn] *f* (-; -en) correlation.

Korrespond|ent [kɔrɛspɔn'dɛnt] *m* (-en; -en), ~**in** *f* (-; -nen) correspondent; ~**enz** [-'dɛnts] *f* (-; -en) correspondence; *e-e* ~ *unterhalten* carry on a correspondence; ~**enz-büro** *n* news-agency; **9ieren** *v/i.* (h.) correspond, be in correspondence (*mit* with); exchange letters; *mit et.* ~ correspond to a th.; ~*des Mitglied* corresponding member.

Korridor ['kɔridoːr] *m* (-s; -e) corridor (*a. geogr., pol.*); *rail. Am. a.* aisle; passage.

korrigieren [kɔri'giːrən] *v/t.* (h.) correct; rectify; alter; adjust.

korrodieren [kɔro'diːrən] *v/t.* (h.) corrode.

Korrosion [-zi'oːn] *f* (-; -en) corrosion; **9sbeständig** *adj.* corrosion-

-resistant; **9sfrei** *adj.* non-corroding; ~**smittel** *n* corrosive; **9sverhütend** *adj.* anti-corrosive.

korrumpieren [kɔrum'piːrən] *v/t.* (h.) corrupt.

korrupt [-'rupt] *adj.* corrupt; **Korruption** [-tsi'oːn] *f* (-; -en) corruption, *Am. pol. a.* graft.

Korsar [kɔr'zaːr] *mar. m* (-en; -en) corsair, privateer (*both a.* = ~**enschiff** *n*).

Kors|e ['kɔrzə] *m* (-n; -n), **9isch** *adj.* Corsican.

Korsett [kɔr'zɛt] *n* (-[e]s; -e) corset, stays *pl.*

Korund [ko'runt] *min., tech. m* (-[e]s; -e) corundum.

Korvette [kɔr'vɛtə] *mar. f* (-; -n) corvette, beautician; ~**nkapitän** *m* lieutenant commander.

Koryphäe [kori'fɛːə] *f* (-; -n) *fig.* master-mind, (great) authority (*für* on), great brain, big gun.

Kosak [ko'zak] *m* (-en; -en) Cossack.

koscher ['koːʃər] *adj.* kosher, pure; *colloq. fig. da ist et. nicht ganz* ~ *sl.* there is something fishy about it.

Koseform ['koːzə-] *f* pet-form.

Kosekans ['koːzəkans] *m* (-; -), **Kose'kante** *f math.* cosecant.

kosen ['koːzən] *v/i.* and *v/t.* (h.) fondle, caress.

'**Kose...:** ~**name(n)** *m* pet name; ~**wort** *n* (-[e]s; ⁼er) term of endearment.

Kosinus ['koːzinus] *math. m* (-; -) cosine; ~**satz** *m* cosine formula.

Kosmet|ik [kɔs'meːtik] *f* (-) cosmetics *pl.*; ~**iker(in** *f)* *m* (-s, -; -, -nen) cosmetician, beautician; **9isch** *adj.* cosmetic; ~*es Mittel* cosmetic, beauty aid.

kosmisch ['kɔsmiʃ] *adj.* cosmic(al).

Kosmonaut [kɔsmo'naut] *m* (-en; -en) cosmonaut.

Kosmopolit [-po'liːt] *m* (-en; -en), **9isch** *adj.* cosmopolitan.

Kosmos ['kɔsmɔs] *m* (-) cosmos, universe.

Kost [kɔst] *f* (-) food, fare; board; diet, formula; *deutsche* ~ German cooking; *magere* (*or schmale*) ~ slender fare, meagre diet; *kräftige* ~ rich (*or* substantial) diet; *fig. geistige* ~ spiritual nourishment; (mental) pabulum; *leichte* ~ slight fare; *freie* ~ *u. Wohnung* free board and lodging; *j-m* ~ *u. Logis geben* board and lodge a p.; *in* (*die*) ~ *geben* board out; *in* ~ *nehmen* take as a boarder, board; *in* ~ *sein bei* (*dat.*) board with.

'**kostbar** *adj.* precious, valuable; costly, expensive; splendid, sumptuous, luxurious; *fig.* capital, priceless; **9keit** *f* (-; -en) preciousness, valuableness; costliness; precious object, treasure; ~*en pl.* valuables.

'**kosten¹** *v/t.* (h.) taste (of); sip; try, sample; *fig.* taste, try, enjoy, *b.s.* get a taste of.

'**kosten²** *v/t.* (h.) cost; *fig.* take, require (*time, trouble, etc.*); *was kostet dies?* how much is it?; *es koste, was es wolle!* cost what it may!; *das kostet ihn viel* it costs him a great deal; *es kostete ihn sein Leben* (*den Kopf*) it cost him his life; *er ließ es sich viel* ~ he spend a great deal of money on it;

es kostete uns e-e volle Stunde, zu (*inf.*) it took us a full hour to (*inf.*); *es kostete mich e-n harten Kampf* it cost me a hard struggle.

'**Kosten** *pl.* cost(s *pl.*); expense(s *pl.*), charges; fees, charges, *jur.* costs; outlay; *econ.* ~, *Fracht und Versicherung* cost, insurance and freight (*abbr.* c.i.f.); *laufende* ~ standing charges; *auf* ~ *von* at the cost (*or* expense) of; *auf* ~ *der Allgemeinheit* at the public expense; *das geht auf* ~ *der Gesundheit* that's bad for your health; *mit geringen* ~ at a slight cost; *ohne* ~ at no cost (*für* to); *die* ~ *tragen* bear the costs; *keine* ~ *scheuen* spare no expense; *auf s-e* ~ *kommen* cover one's expenses, *fig.* get one's money's worth, *w.s.* enjoy o.s. (immensely); *sich in* ~ *stürzen* go to (*or* incur) great expense; *jur. zu den* ~ *verurteilt* condemned in the (*or* to pay all) costs; ~**anschlag** *m* estimate, tender; ~**aufstellung** *f* statement of cost, cost account; ~**aufwand** *m* expenditure; *mit e-m* ~ *von* at a cost of; ~**berechnung** *f* calculation of cost, costing; ~**ersatz** *m*, ~**erstattung** *f* compensation for expenses (*or* outlay) incurred, indemnification; *gegen* ~ for cost; ~**ersparnis** *f* saving in cost(s); ~**faktor** *m* cost factor; ~**folge** *jur. f* order as to costs; ~**frage** *f* question of the costs (*or* price); **9frei** *adj.* free of cost, *econ.* clear of (all) charges; **9los** *adj. and adv.* free (of charge), gratuitous(ly); **9pflichtig** *adj.* with costs, liable to pay costs; *jur.* ~ *abweisen* dismiss *an action* with costs; ~**preis** *econ. m* cost-price, prime cost; *unter dem* ~ below cost, at a loss (*or* sacrifice); ~-**Preis-Schere** *f* cost-and-price scissors *pl.*; ~**punkt** *m* matter of expense, expenses *pl.*; ~**rechnung** *f* bill of costs; ~**voranschlag** *m* estimate; ~**vorschuß** *m* advance (on costs).

'**Kost...:** ~**gänger** ['-gɛŋər] *m* (-s; -), ~**in** *f* (-; -nen) boarder; ~**geld** *n* (payment for) board; board-wages *pl.*; *stock exchange*: continuation-rate, contango; ~**geschäft** *econ. n* contango business.

köstlich ['kœstliç] **I.** *adj.* delicious, dainty, savo(u)ry, tasty; exquisite, choice; charming, delightful, wonderful; capital, great; **II.** *adv.*: *sich* ~ *amüsieren* enjoy o.s. immensely, have a wonderful time.

'**Kostprobe** *f* sample, taste.

kostspielig ['-spiːliç] *adj.* expensive, costly; sumptuous; **9keit** *f* (-) expensiveness, costliness; sumptuousness.

Kostüm [kɔs'tyːm] *n* (-s; -e) costume, dress; (lady's) suit; fancy-dress; ~**ball** *m*, ~**fest** *n* fancy-dress ball; ~**berater** *m film:* costume adviser; ~**film** *m* period picture.

kostü'mieren *v/t.* (h.) (*and sich*) dress (o.s.) up.

Ko'stüm...: ~**probe** *thea. f* dress rehearsal; ~**zeichner(in** *f)* *m* dress designer.

'**Kostverächter(in** *f)* *m*: *er ist kein* ~ he is not particular *or* fastidious.

Kot [ko:t] *m* (-[e]s) mud, muck, mire; dirt, filth; *physiol.* excrements, f(a)eces *pl.*, stool; *zo.* dung, droppings *pl.*; *fig.* in den ~ ziehen drag in the mud.

Kotangens ['ko:taŋɛns] *m* (-; -), **'Kotangente** *f math.* cotangent.

Kotau [ko'tau] *m* (-s; -s) ko(w)tow.

Kotelett [kɔtə'lɛt] *n* (-[e]s; -s) cutlet; chop; **~en** *pl.* side whiskers, *Am.* sideburns.

Köter ['kø:tər] *contp. m* (-s; -) cur.

'Kot...: **~fliege** *f* dung-fly; **~flügel** *mot. m* mudguard, *Am.* fender.

Kothurn [ko'turn] *thea. m* (-s; -e) buskin, cothurnus *fig. auf hohem* ~ in a tragic (*or* majestic, *iro.* pompous) style.

kotig ['ko:tiç] *adj.* muddy, dirty; bedraggled; f(a)ecal.

kotzen ['kɔtsən] *vulg. v/i.* (h.) vomit, retch, puke, spew; *mot.* sp(l)utter; *es ist zum* ♀ it's enough to make you sick.

Krabbe ['krabə] *zo. f* (-; -n) shrimp; prawn; crab; *colloq. fig.* little pet, brat; **♀ln I.** *v/i.* (sn) crawl; wriggle; scramble; itch, tickle; **II.** *v/t.* (h.) tickle.

krach! [krax] *int.* bang!, whang!, crash!

'Krach *m* (-[e]s; -e) crash, crack; (loud) noise, din, row, racket; *econ.* crash, collapse, smash; quarrel, row; ~ *machen* make a noise (*or* row, racket); ~ *schlagen* raise hell, kick up a row; **♀en** *v/i.* crash, crack; *fire:* crackle; burst; detonate; *thunder:* roar, peal; *door:* bang, slam; *econ.* crash, collapse; **~en** *n* (-s) crash(ing), crack(ing); peals *pl.*, roar; **~er** *colloq. m* (-s; -) (alter) ~ old dodderer; **~mandel** *bot. f* (soft-)shelled almond.

krächzen ['krɛçtsən] *v/i.* (h.) caw, croak (a. fig.); **~d** *sagen* rasp; **~de** *Stimme* rasping voice.

krack|en ['krakən] *tech. v/t.* (h.) crack (*oil*); **♀verfahren** *n* cracking process.

Krad [kra:t] *mil. n* (-[e]s; ⁼er) motor-cycle (*abbr.* M.C.); **~melder** *m* motor-cycle dispatch rider.

Kraft [kraft] *f* (-; ⁼e) strength; force; power (*a. el., tech.*); might; efficacy; vigo(u)r; energy (*a. phys.*); worker, hand, *thea.* performer; *Kräfte pl. mil.* forces; *econ.* labo(ur); *of writer, etc.*: force, power, punch; *treibende* ~ motive power, prime mover; *rohe* ~ brute force; *am Ende meiner* ~ at the end of my tether; *bei Kräften* on one's feet; *aus eigener* ~ *mar.* under one's own steam, *fig. a.* by o.s., on one's own resources; *aus eigener* ~ *hoch-zukommen suchen* pull o.s. up by one's bootstraps; *mit aller* ~ *with all one's might*; *mit frischen Kräften* with renewed strength; *nach besten Kräften* to the best of one's ability; *das geht über m-e Kräfte* that is beyond me, that's more than I could handle; *was (nur) in meinen Kräften steht* my utmost; *Kräfte sammeln* gather strength; *wieder zu Kräften kommen* regain one's strength; *jur.* bindende (rückwirkende) ~ binding (retrospective) force; *in* ~ *sein* be in force (*or* opera-

tion), be effective; *in* ~ *setzen* enact, put into force (*or* operation), *wieder*: re-enact, restore, *patent, etc.*: reinstate; *in* ~ *treten* come into effect (*or* force, operation), become effective; *außer* ~ *setzen* annul; repeal (*law*); cancel, rescind, invalidate (*contract, etc.*); suspend; *außer* ~ *treten* cease to be effective, expire, lapse.

kraft *prp.* (*gen.*) by (*or* in) virtue of; on the strength of; ~ *des Gesetzes a.* by operation of law.

'Kraft...: **~aggregat** *tech. n* power set (*or* unit); **~akt** *m* strong-man act; **~anlage** *el. f* power plant; **~anstrengung** *f* effort; **~antrieb** *m* power drive; *mit* ~ power-driven; **~aufwand** *m* expenditure of energy; effort; **~ausdruck** *m* → *Kraftwort*; **~bedarf** *el. m* power requirement; **~brot** *n* fortified bread; **~brühe** *f* beef-tea; **~droschke** *f* taxi-cab; **~einheit** *phys. f* unit of force; **~ersparnis** *f* energy (*or* power) saving.

'Kräfte...: **~dreieck** ['krɛftə-] *n* triangle of forces; **~parallelogramm** *n* parallelogram of forces; **~verfall** *m* loss of strength; **~verhältnis** *n* proportion of forces; **~verteilung** *mil. f* distribution of forces; **~zersplitterung** *mil. f* scattering of forces.

'Kraft...: **~fahrer(in** *f*) *m* driver, motorist; **~fahrpark** *m* fleet (of motor vehicles); **♀fahrtechnisch** *adj.* automotive; **~fahrtruppe** *mil. f* motor transport troops *pl.*; **~fahrwesen** *n* (-s) motoring, automobilism; **~fahrzeug** *n* motor vehicle; **~fahrzeugbau** *m* automotive engineering; **~fahrzeugbrief** *m* motor-vehicle registration card; **~feld** *phys. n* field (of force); **~futter** *n* concentrate(d feed); **♀geladen** *adj.* dynamic, power-packed.

kräftig ['krɛftiç] **I.** *adj.* strong, robust, sturdy (*all a. tech.*); stalwart, brawny, hefty, *Am. a.* husky; strapping; energetic, vigorous; powerful; healthy; nourishing, substantial, rich; deep, bright (*colour*); severe, sharp (*rebuke*); *paint., phot.* high; **II.** *adv.* strongly, *etc.*; lustily, heartily; soundly; **~en** ['-tigən] *v/t.* (h.) strengthen, invigorate, harden, steel, fortify; refresh, restore, revive, brace up; *sich* ~ gain strength; **~end** ['-gənt] *adj.* invigorative, *med.* tonic; bracing (*air*); refreshing, reviving; **♀keit** ['-tiçkaɪt] *f* (-) strength, vigo(u)r, energy; **♀ung** ['-tiguŋ] *f* strengthening; invigoration; restoration; **♀ungsmittel** *n* restorative.

'Kraft...: **~lastwagen** *m* (motor) lorry, *Am.* truck; **~lehre** *f* (-) dynamics *sg.*; **~linie** *el. f* line of force; **♀los** *adj.* without strength *or* vigo(u)r; powerless, faint, feeble, weak; limp, languid, exhausted; wishy-washy, weak (*style*); *jur.* invalid, (null and) void; **~losigkeit** *f* (-) lack of strength *or* vigo(u)r, feebleness, *med.* debility; weakness (*of style*); **~maschine** *f* power unit, engine, prime mover, *el.* motor; **~mehl** *n* cornflour, *Am.* cornstarch;

~meier *m* (-s; -) (swaggering) muscle-man; **~mensch** *m* muscle-man, strong man; **~messer** *m* dynamometer; **~nahrungsmittel** *n/pl.* concentrated foods; **~post** *f* postal bus service, *n.s.* motorbus; **~probe** *f* trial of strength; **~protz** *m* → *~meier*; **~quelle** *f* source of power; **~rad** *n* motor-cycle; **~reserve(n** *pl.*) *f* power reserve; *person:* reserve strength, reserve force; **~station** *el. f* power station; **~stoff** *mot. m* (power) fuel; → *Benzin*; ~ *auffüllen* refuel; **~stoffanzeiger** *m* fuel ga(u)ge; **~stoffbehälter** *m* fuel tank; **~stoffgemisch** *n* fuel mixture; **~stoff-Luft-Gemisch** *n* fuel--air mixture; **~stoffverbrauch** *m* fuel consumption; **~strom** *el. m* power current; **♀strotzend** *adj.* full of (*or* bursting with) strength, (as) strong as an ox; **~stück** *n* stunt; **~übertragung** *f* power transmission; **~verkehr** *m* motor traffic; **~verschwendung** *f* waste of energy; **♀voll** *adj.* strong, vigorous, powerful, athletic, energetic; powerful, pithy (*style*); **~wagen** *m* (motor-)car, *Am. a.* automobile; motor vehicle; **~wagenführer** *m* driver; **~wagenkolonne** *f* motor transport column; **~wagenpark** *m* fleet (of motor vehicles); **~werk** *el. n* power station *or* plant; **~wort** *n* (-[e]s; ⁼er) pithy expression, swear--word, four-letter word; **~e** *pl.* strong language; **~zug** *m* power traction.

Kragen ['kra:gən] *m* (-s; -) collar (*a. tech.*); cape; tippet; *fig. j-n beim* ~ *nehmen* collar a p.; *colloq. da platzte mir der* ~ that was the last straw, there I lost my temper; **~abzeichen** *mil. n/pl.* collar insignia; **~knopf** *m* collar-button; **~nummer, ~weite** *f* collar size; *colloq. genau m-e Kragenweite* just my cup of tea; **~spiegel** *mil. m* collar patch.

Kragstein ['kra:k-] *arch. m* console.

Krähe ['krɛ:ə] *f* (-; -n) crow; rook; *e-e* ~ *hackt der andern nicht die Augen aus* dog won't eat dog; **♀n** *v/i.* (h.) crow; → *Hahn*; **~nfüße** *m/pl.* scrawl *sg.*; *colloq.* crow's-feet (*round the eyes*); **~nnest** *n* crow's nest (*a. mar.*).

krählen ['krɛ:lən] *tech. v/t.* rabble.

'Krähwinkel *n* (-s) Podunk.

Krake ['kra:kə] *zo. m* (-n; -n) octopus.

Krakeel [kra'ke:l] *colloq. m* (-s; -) quarrel, brawl; row, racket; **♀en** *v/i.* (h.) brawl; make (*or* kick up) a row; **~er** *m* (-s; -) brawler, rowdy.

Kral [kra:l] *m* (-s; -e) kraal.

Kralle ['kralə] *f* (-) claw (*a. fig.*); *orn. a.* talon, clutch; *fig. die* **~n** *zeigen* show one's teeth; *j-n in den* ~ *haben* have a p. in one's clutches; **♀n** *v/t.* (h.) claw, clutch; *sich an et.* ~ cling to, clutch.

Kram [kra:m] *m* (-[e]s) *econ.* retail (trade); **~laden** *m* retail goods, small wares *pl.*; *contp.* stuff, lumber, odds and ends *pl.*; *elender* ~ rubbish, trash; *der ganze* ~ the whole stuff, *fig.* the whole bag of tricks (*or* *Am. sl.* caboodle); *das paßt* gerade in m-n ~ that suits me to a T, that comes in handy; es paßte ihm nicht in s-n ~ it did not suit his plans; '2en v/i. (h.) rummage (in dat., unter dat. in; nach for); fig. in s-n Erinnerungen ~ turn over one's memories.

Krämer ['krɛːmər] m (-s; -), **~in** f (-; -nen) (small) shopkeeper, retailer; grocer; '~geist m (-es) mercenary spirit; mean character; '2haft adj. like a shopkeeper, mean; '~seele f sordid mind; petty--minded person; '~volk n nation of shopkeepers.

'**Kramladen** m small shop, general store(s pl.); grocer's shop.

Krammetsvogel ['kramətsfoːgəl] m fieldfare.

Krampe ['krampə] tech. f (-; -n) cramp, staple.

Krampf [krampf] m (-[e]s; ⁼e) med. cramp, spasm, convulsion; paroxysm, convulsive fit; epileptische Krämpfe epileptic fits; colloq. contp. stuff (and nonsense), rubbish, rot; Krämpfe bekommen go (off) into convulsions; '~ader med. f varicose vein; '2artig adj. spasmodic, convulsive, paroxysmal; '2en v/t. (h.) and sich ~ contract convulsively, clench; '2haft adj. med. spasmodic, convulsive; fig. desperate, feverish, frantic; forced (smile); '~husten m convulsive cough; whooping cough; '2stillend adj. antispasmodic, sedative.

'**Kramwaren** f/pl. small wares, commodities, groceries.

Kran [kraːn] tech. m (-[e]s; ⁼e) crane; stop cock; mit dem ~ heben crane up, hoist; '~arm, '~ausleger m jib; '~brücke f gantry; '~führer m crane driver (or operator).

Kranich ['kraːniç] orn. m (-s; -e) crane.

krank [kraŋk] adj. ill (an dat. with, of), sick; afflicted (with), suffering or ailing (from); in bad or ill health; diseased (organ, etc.); mentally ill; bad, sore (tooth); ~ werden fall (or be taken) ill; sich ~ fühlen feel ill or poorly; sich ~ melden report sick; sich ~ stellen sham illness, pretend to be ill, mil. malinger; ~ schreiben certify as ill; fig. sich ~ lachen split one's sides with laughter; das macht mich noch ~ that's enough to drive one mad; '2e(r m) f (-n, -n; -n, -n) sick person, invalid, patient; case, subject; die ~n the ill (or sick).

kränkeln ['krɛŋkəln] v/i. (h.) be sickly (or ailing, poorly), be in poor health; '**Kränkeln** n (-s) sickliness, poor health.

kranken ['kraŋkən] v/i. (h.) suffer (an dat. from).

kränken ['krɛŋkən] v/t. (h.) aggrieve; offend, injure; wound (or hurt) a p.'s feelings; mortify; das kränkt that hurts; es kränkt mich, daß it annoys (or mortifies, hurts) me that; sich ~ feel hurt (or grieved). '**Kränken** n (-s) → Kränkung.

'**Kranken**...: **~anstalt** f hospital, clinic; **~auto** n ambulance (car); **~bahre** f stretcher, litter; **~bericht** m medical report; bulletin; **~be-such** m visit to (or call on) a patient;

~bett n sick-bed; am (zum) ~ at (to) the bedside; ans ~ gefesselt confined to bed, bedridden; **~blatt** n clinical record; **~fürsorge** f care of the sick; **~geld** n sick benefit; **~geschichte** f case history; **~gymnastik** f remedial exercises pl.; physiotherapy; **~haus** n hospital; in e-m ~ unterbringen hospitalize; im ~ liegen lie in hospital, be hospitalized; ins ~ aufnehmen admit to a hospital; **~hausbehandlung**, **~hausunterbringung** f hospitalization, hospital care; **~kasse** f sick-fund, health insurance (body); **~kassenarzt** m panel doctor; **~kost** f (invalid) diet; **~lager** n → Krankenbett; **~liste** mil. f sick-list; **~pflege** f nursing; **~pfleger(in** f) m → Krankenwärter(in); **~revier** mil. n infirmary, dispensary; **~saal** m sick-room, ward; **~schein** ' medical certificate, medical (card); **~schwester** f (female) nurse; **~stube** f sick-room; **~stuhl** m invalid-chair; **~träger** mil. m ambulance-man, stretcher-bearer; **~urlaub** m sick-leave; **~versicherung** f health insurance; **~wagen** m ambulance (car); **~wärter(in** f) m male (female) nurse; **~zimmer** n sick-room.

'**krankhaft** adj. pathological, morbid, abnormal; diseased; psychopathical; das ist ~ bei ihm that's a complaint of his; 2igkeit f (-) morbidity, abnormality; pathological state.

'**Krankheit** f (-; -en) illness, sickness; disease; complaint, affection, trouble; ailment; vet. distemper; e-e ~ feststellen diagnose or state a disease; sich e-e ~ zuziehen contract (or catch) a disease; fall or be taken ill.

'**Krankheits**...: **~bericht** m medical report, bulletin; **~beschreibung** f pathography; **~bild** n clinical picture; 2erregend adj. pathogenic; **~erreger** m pathogenic agent; virus; **~erscheinung** f symptom; **~fall** m case (of illness); 2halber adv. through (or owing to, on account of) illness; **~herd** m focus of a disease, nidus; **~keim** m germ of a disease; **~lehre** f (-) pathology; **~stoff** m contagious (or morbid) matter; **~träger** m carrier; **~übertragung** f transmission of disease; infection; contagion; **~urlaub** m sick-leave; **~verlauf** m course of an illness; **~zeichen** n symptom; **~zustand** m condition.

kränklich ['krɛŋkliç] adj. sickly, ailing, infirm, valetudinarian, poorly; 2keit f (-) sickliness, infirmity.

'**Kränkung** f (-; -en) insult, offen|ce, Am. -se, mortification, wrong; j-m e-e ~ zufügen → kränken.

'**Kranwagen** mot. m crane truck; → Abschleppwagen.

Kranz [krants] m (-es; ⁼e) wreath, garland; arch. festoon; cornice; tech. rim (of wheel); face (of disk); mil. revolving gun mount; fig. circle; '~arterie anat. f coronary artery.

Kränzchen ['krɛntsçən] n (-s; -) small wreath or garland; fig. private

party or circle, Am. a. bee; tea-party, hen party.

kränzen ['krɛntsən] v/t. (h.) wreathe; crown (with wreaths), adorn (with garlands).

Kranz...: **~gesims** arch. n cornice, corona; **~jungfer** f bridesmaid; **~niederlegung** f (ceremonial) laying of a wreath; **~spende** f funeral wreath.

Krapfen ['krapfən] m (-s; -) doughnut.

Krapp [krap] tech. m (-[e]s) (dyer's) madder.

kraß [kras] adj. rank, gross; striking, pronounced; drastic; gross, blatant (lie); flagrant (contradiction); krasser Außenseiter rank outsider; **~er Materialist** crass materialist.

Krater ['kraːtər] m (-s; -) crater; **~bildung** f crater formation.

'**Kratz**|**bürste** f scrubbing-brush; colloq. fig. cross-patch; 2bürstig adj. cross, gruff, waspish.

Kratze ['kratsə] tech. f (-; -n) scraper; metall. rake, paddle; for wool: card.

Krätze ['krɛtsə] f med. (-) itch, scabies, scab; tech. (-; -n) (metal) scrapings pl.

kratzen ['kratsən] v/t. and v/i. (h.) (sich) scratch (o.s.); scrape; metall. rabble; sound: grate, rasp; sich den Kopf ~ scratch one's head; sich hinter dem Ohr ~ scratch one's ear; colloq. auf der Geige ~ scrape on the fiddle; der Wein kratzt the wine has a tart (or harsh) taste; es kratzt mir im Halse I have a tickle in my throat; **~des Geräusch** scratchy (or grating) noise.

'**Kratzer** m (-s; -) scratcher; scraper; scraping-iron; (wound) scratch.

Krätzer ['krɛtsər] m (-s; -) rough wine.

'**kratzfest** adj. mar-resistant.

'**Kratzfuß** m scrape, obeisance; Kratzfüße machen bow and scrape.

krätzig ['krɛtsiç] med. adj. scabious, itchy.

krau(l)n ['krauə(l)n] v/t. (h.) scratch gently; tickle; stroke.

Kraul [kraul] n (-[s]) swimming: crawl(-stroke); 2en v/i. (sn) crawl; **~en**, **~schwimmen** n (-s) crawling; **~schwimmer(in** f) m crawl swimmer.

kraus [kraus] adj. curly, curled, crisp; frizz(l)y; nappy, ruffled (cloth); tangled, fig. a. intricate; confused (thoughts); die Stirn ~ ziehen pucker (or knit) one's brow.

Krause ['-zə] f (-; -n) ruff(le), frill.

Kräusel|**krepp** m ['krɔyzəl-] a) crêpe nylon, b) seersucker; '**~lack** m crinkle-finish enamel

'**kräuseln** v/t. (h.) and sich ~ curl, frizzle, crimp; crisp; phot. frill; goffer; mill (coin); sich ~ water: ripple, ruffle, smoke: wreathe, curl up, cloth: pucker.

'**Kräuselstoff** m ripple-cloth.

krausen ['krauzən] v/t. (h.) curl, frizzle; knit (one's brow); wrinkle (one's nose).

'**Kraus**...: **~haar** n curly hair; 2haarig adj. curly-haired; **~kopf** m curly head; **~tabak** m shag.

Kraut [kraut] n (-[e]s; ⁼er) herb;

plant, vegetable; cabbage; weed; top(s *pl.*) (*of beet, etc.*); (medicinal) herb; *ins* ~ *schießen* run to leaf, *fig.* run wild; *colloq. fig. das macht das* ~ *auch nicht fett* that won't help matters any; *wie* ~ *und Rüben* (*durcheinander*) higgledy-piggledy, in a jumble; '~**acker** *m* cabbage field; '2**artig** *adj.* herbaceous.

Kräuter ['krɔytər] *pl. of Kraut;* ~**bad** *med. n* herb-bath; ~**buch** *n* herbal (book); ~**essig** *m* herb vinegar; ~**käse** *m* green cheese; ~**kunde** *f* herbal lore; ~**kur** *f* herb-cure; ~**saft** *m* herb juice; ~**salbe** *f* herbal salve; ~**sammler(in** *f*) *m* herbalist; ~**sammlung** *f* herbarium; ~**suppe** *f* julienne (*Fr.*); ~**tee** *m* herb tea.

'**Kraut...:** ~**garten** *m* kitchen garden; ~**hacke** *f* hoe; ~**junker** *colloq. m* country-squire; ~**kopf** *m* cabbage (head); ~**salat** *m* cabbage salad.

Krawall [kra'val] *m* (-s; -e) uproar, riot; row, brawl; *sl.* rumpus, shindy; → *Krach* (*machen, schlagen*); ~**macher** *m* (-s; -) rioter, rowdy, brawler.

Krawatte [kra'vatə] *f* (-; -n) (neck-)tie; cravat (*a. wrestling*); ~**nhalter** *m* (-s; -) tie-clip; ~**nnadel** *f* tie pin.

kraxeln ['kraksəln] *colloq. v/i.* (sn) climb, scramble.

Kreatur [krea'tu:r] *f* (-; -en) creature; *alle* ~ all nature; *fig. contp.* creature, tool, minion.

Krebs [kre:ps] *m* (-es; -e) *zo.* crayfish, *Am.* crawfish; crab; *ast.* Cancer; *med.* cancer; *bot.* canker; *book trade:* ~*e pl.* returns.

'**Krebs...:** 2**artig** *adj.* crablike, crustaceous; *med.* cancerous, cancroid; ~**bildung** *med. f* canceration; ~**erreger** *med. m* carcinogen; ~**forschung** *med. f* cancer research; ~**gang** *m* (-[e]s) crab's walk; *fig.* backward movement, retrogradation, decline; *den* ~ *gehen* go backwards; ~**geschwür** *med. n* cancerous ulcer, carcinoma; 2**krank** *adj.* cancerous, ~**kranke(r** *m*) *f* person suffering from cancer, cancer patient; 2**rot** *adj.* (as) red as a lobster; ~**schaden** *m* cancerous affection; *fig.* canker; ~**schere** *f* claw of a crayfish; ~**suppe** *f* crayfish soup; ~**tiere** *n/pl.* crustacea.

Kredenz [kre'dɛnts] *f* (-; -en) sideboard; 2**en** *v/t.* (h.) present, hand, offer.

Kredit[1] ['kre:dit] *econ. n* (-s; -s) *book-keeping:* credit; *im* ~ *stehen* be on the credit-side.

Kredit[2] [kre'di:t] *econ. m* (-[e]s; -e) credit; loan; *fig.* (moral) credit, standing; *auf* ~ on credit; *laufender* ~ open credit; (*un*)*widerruflicher* ~ (ir)revocable (letter of) credit; *e-n* ~ *aufnehmen* raise a loan; *e-n* ~ *einräumen* allow (*or* grant) a credit; *e-n* ~ *eröffnen* open (*or* lodge) a credit (*bei with, zu j-s Gunsten* to a p.'s favo[u]r); *der* ~ *ist gültig bis* the credit is available up to; ~**abteilung** *f* credit department; ~**anspannung** *f* credit strain; ~**anstalt** *f* loan (*or* credit) bank; ~**aufnahme** *f* borrowing; ~**bank** *f* (-; -en) → *Kreditanstalt;* ~**beanspruchung** *f* borrowings *pl.*;

~**brief** *m* letter of credit; → *Akkreditiv;* ~**entziehung** *f* withdrawal of credit(s *pl.*); ~**eröffnung** *f* opening a credit (*bei with*); 2**fähig** *adj.* trustworthy; sound, solvent, safe; *j-n bis zur Höhe von ... für* ~ *halten* consider a p. trustworthy to the extent of ...; ~**fähigkeit** *f* (-) trustworthiness, soundness; borrowing power; credit standing (*Am.* rating); ~**geber** *m* (-s; -) credit grantor; ~**genossenschaft** *f* mutual loan society, *Am.* co-operative credit association; ~**geschäft** *n* credit business *or* operation.

kreditier|en [kredi'ti:rən] *econ.* **I.** *v/i.* (h.) give *or* grant credit; **II.** *v/t.* (h.): *j-n mit e-m Betrag* ~, *j-m e-n Betrag* ~ pass (*or* place) an amount to the credit of a p.; *ein Konto* ~ credit an account; → *gutschreiben;* 2**ung** *f* (-; -en) crediting; credit advice; credit note.

Kre'dit...: ~**institut** *n* credit bank; ~**knappheit** *f* credit stringency; ~**markt** *m* credit market; ~**mittel** *n/pl.* loan funds; ~**nehmer** *m* (-s; -) borrower, beneficiary; ~**posten** *m* entry (*or* item) on the credit side, credit item; ~**schraube** *f* credit squeeze; ~**seite** *f* credit side; ~**sperre** *f* ban on lending, credit squeeze; ~**spritze** *f* credit injection; ~**system** *n* credit system; instalment plan; 2**würdig** *adj.* → *kreditfähig.*

Kreide ['kraidə] *f* (-; -n) chalk; *paint.* crayon; *mit* ~ *zeichnen* chalk, crayon; *bei j-m in der* ~ *stehen* owe a p. money, *Am.* be in the red with a p.; *tief in der* ~ *sitzen* be up to one's ears in debt; 2**bleich** *adj.* → *kreideweiß;* ~**boden** *m* chalky soil; ~**fels(en)** *m* chalk-cliff; '2**haltig** *adj.* chalky, cretaceous; '~**papier** *n* coated (*or* enamel) paper; '~**stift** *m* chalk (pencil), crayon; '~**strich** *m* chalk line; '2**weiß** *adj.* (as) white as a sheet, deathly pale, ashen; '~**zeichnung** *f* chalk (*or* crayon) drawing; '~**zeit** *f* (-) cretaceous period.

'**kreidig** *adj.* chalky, cretaceous.

kreieren [kre'9i:rən] *v/t.* (h.) create, produce.

Kreis [krais] *m* (-es; -e) circle; ring; *ast.* orbit; *el.* circuit; cycle; *fig.* district, *jur.* circuit; group, range; sphere (*of activity*); range (*of ideas*); circle (*of friends, etc.*); walk of life, social stratum, class; *im* ~**e** (*herum*) (moving) in a circle; round about; *in kleinem* ~**e** in a small circle; *im engsten* ~**e** with one's intimates; *im* ~**e** *s-r Familie* in (the bosom *or* midst of) one's family; *in weiten* ~**en** widely; *in den besten* ~**en** in the best society; *parlamentarische, etc.,* ~**e** parliamentary, *etc.,* quarters; *weite* ~**e** *der Bevölkerung* wide circles (*or* large groups) of the population; *wohlunterrichtete* ~**e** informed opinion (*or* quarters); *e-n* ~ *beschreiben* describe a circle; *e-n* ~ *bilden persons:* form a circle *or* ring; *e-n* ~ *schließen um* encircle; → *schließen; sich im* ~ *bewegen or drehen* move in a circle (*a. fig.*), (revolve in a) circle, spin (*or* whirl)

round, rotate; *störe m-e* ~**e** *nicht!* mind my circles!, don't bother me!

'**Kreis...:** ~**abschnitt** *math. m* segment; ~**antenne** *f* circular aerial, *Am.* antenna; ~**arzt** *m* district medical officer; ~**ausschnitt** *math. m* sector; ~**bahn** *f* circular path, *ast.* orbit; ~**behörde** *f* district authority; ~**bewegung** *f* circular motion, rotation; ~**bogen** *math. m* arc of a circle.

kreischen ['kraiʃən] *v/i.* (h.) scream, shriek, screech; grate (on the ear); *door, etc.:* creak; ~*de Stimme* shrill (*or* shrieking) voice.

'**Kreischen** *n* (-s) scream(ing), screams *pl., etc.*

Kreisel ['kraizəl] *m* (-s; -) (whipping) top; *den* ~ *schlagen* spin the top; *tech.* gyroscope; *gekapselter* ~ gyrostat; *aer., mar.* gyro stabilizer; ~**bewegung** *f* gyration; 2**gesteuert** *adj.* gyro-controlled; ~**kompaß** *m* gyro-compass; 2**n** *v/i.* (h.) spin the top; spin, whirl round; ~**pumpe** *f* centrifugal pump; ~**rad** *n* turbine, impeller.

kreisen ['kraizən] **I.** *v/i.* (sn) (move in a) circle, spin round; revolve, rotate, gyrate; ~ *um ... herum* circle round; *blood, money, etc.:* circulate; *bird:* circle, hover; ~ *lassen* pass round (*bottle, etc.*). **II.** *v/t.* (h.) *gym. die Arme* ~ swing one's arms round.

'**Kreisen** *n* (-s) circular movement, rotation; revolution; spinning.

'**Kreis...:** ~**fläche** *f* circular surface, *math.* area of the circle; 2**förmig** ['-fœrmiç] *adj.* circular; ~**förmigkeit** *f* (-) circular form, circularity; ~**frequenz** *f* angular (*Am.* radian) frequency; ~**gericht** *jur. n* district court; ~**kegel** *math. m* circular cone; ~**korn** *n* (front) ring sight; ~**lauf** *m* circular course, revolution; *of the blood, liquid, etc.:* circulation; succession (*of the seasons*); (*business, etc.*) cycle; ~**kollaps** *med.* circulatory collapse; ~**laufschmierung** *tech. f* circulating lubrication; ~**laufstörung** *f* circulatory disturbance; ~**linie** *f* circular line, *math.* circumference; 2**rund** *adj.* circular; ~**säge** *f* circular (*Am. a.* buzz-)saw; *colloq.* (*straw hat*) boater.

kreiß|en ['kraisən] *v/i.* (h.) be in labo(u)r; '2**saal** *med.* delivery room.

'**Kreis...:** ~**stadt** *f* district (*Brit.* county) town; ~**tag** *m* district assembly; ~**umfang** *math. m* circumference of a circle; ~**verkehr** *m* roundabout (traffic *or* junction).

Krem [kre:m] *f and colloq. m* (-s; -s) → *Creme.*

Krematorium [krema'to:rium] *n* (-s; -rien) crematorium, *Am.* crematory.   [cremate.]

kremieren [kre'mi:rən] *v/t.* (h.)ʃ

Krempe ['krɛmpə] *f* (-; -n) edge, border; brim (*of hat*); (trouser) turn-ups *pl.; tech.* flange; *mit breiter* (*schmaler*) ~ broad- (narrow-)brimmed (*hat*).

Krempel[1] ['krɛmpəl] *tech. f* (-; -n) card.

'**Krempel**[2] *colloq. m* (-s) rubbish, stuff, things *pl.; der ganze* ~ the whole business *or* lot.

'**Krempelmaschine** *tech. f* carding machine.

Kreol|e [kre'o:lə] *m* (-n; -n), **~in** *f* (-; -nen), **Qisch** *adj.* Creole.

Kreosot [kreo'zo:t] *chem. n* (-[e]s) creosote.

krepieren [kre'pi:rən] *v/i.* (sn) *animal*: die, perish; *colloq. person*: peg out, kick the bucket, die wretchedly; *bomb, etc.*: burst, explode.

Krepp [krɛp] *m* (-s; -s) crêpe, crape; '**~flor** *m* crisped crêpe; mourning crape; '**~gummi** *n* crêpe rubber; '**~papier** *n* crêpe paper; '**~seide** *f* crêpe de Chine (*Fr.*); '**~sohle** *f* crêpe sole.

Kresse ['krɛsə] *bot. f* (-; -n) cress.

Kret|a ['kre:ta] *n* (-s) Crete; **~er(in** *f*) *m* (-s, -; -, -nen), **Qisch** *adj.* Cretan.

Krethi ['kre:ti] **und Plethi** ['ple:ti] *pl.* Dick, Tom and Harry; *contp.* tag, rag and bobtail; riffraff.

Kretin [kre'tɛ̃] *m* (-s; -s) cretin, half-wit.

Kreuz [krɔyts] *n* (-es; -e) cross; crucifix; *anat.* (small of the) back, loins *pl.*; *med.* sacral region; *of horse*: croup(e), crupper; *of cattle*: chine; *cards*: club(s *pl.*); → Süden; *mus.* sharp; *durch ein* ~ *erhöhen* sharp; *typ.* (†) dagger, obelisk; *über* ~ crosswise; *fig.* cross, affliction; *ans* ~ *schlagen* → kreuzigen; *das* ~ *schlagen* make the sign of the cross, cross o.s. (*a. fig.*); *sein* ~ *auf sich nehmen* take up one's cross; *sein* ~ (*geduldig*) *tragen* bear one's cross (patiently); *zu* ~*e kriechen* submit, knuckle under (*vor dat.* to), truckle (to), eat humble pie (*Am. a.* crow); *es ist ein* ~ *mit ihm* he is a real problem(-child), one has no end of trouble with him.

kreuz *adv.*: ~ *und quer* in all directions, this way and that; criss-cross; *ein Land* ~ *und quer durchreisen* travel the length and breadth of a country.

'**Kreuz...**: **~abnahme** *f* Descent from the Cross; **~band** *n* (-[e]s; ⸚er) *tech.* cross-bar; *mail.* (postal) wrapper; *unter* ~ by book-post; **~bein** *anat. n* sacrum; **~blüt(l)er** ['-bly:-t(l)ər] *bot. m* (-s; -) crucifer; **~bogen** *arch. m* groined arch, ogive; **Qbrav** *adj.* thoroughly honest; as good as gold.

kreuzen ['krɔytsən] *v/t.* (h.), *v/i.* (sn) *and sich* ~ cross; fold (*arms, legs*); cross-connect (*lines*); *road, etc.*: cross, traverse, intersect; *two lines*: cut each other, intercross, intersect; *mar.* cruise; tack (*gegen den Wind* against the wind); *zo.* cross, hybridize, *a. sich* ~ interbreed; *gekreuzter Scheck* crossed cheque (*Am.* check).

'**Kreuzen** *n* (-s) crossing; intersection; *mar.* cruising, cruise; → Kreuzung.

'**Kreuzer** *mar. m* (-s; -) cruiser.

'**Kreuz...**: **~erhöhung** *eccl. f* (-) Exaltation of the Cross; **~es-tod** *m* death on the cross, crucifixion; **~fahrer** *m* crusader; **~fahrt** *f* cruise; **~feuer** *mil. n* cross-fire; *ins* ~ *nehmen* take under cross-fire, *fig. a.* fire questions (*or* level criticism) at a p. from all sides; **Qfi'del** *colloq. adj.*

(as) merry as a cricket; **Qförmig** ['-fœrmiç] *adj.* cross-shaped, cruciform; **~gang** *m* cloister; **~gegend** *anat. f* sacral region; **~gelenk** *tech. n* universal joint; **~gewölbe** *arch. n* cross-vault(ing); **~hacke** *f* pick--ax(e).

kreuzig|en ['-tsigən] *v/t.* (h.) crucify; **Qung** *f* (-; -en) crucifixion.

'**Kreuz...**: **Qlahm** *adj.* broken--backed; **~otter** *zo. f* common viper *or* adder; **~punkt** *m math.* point of intersection; *rail.* crossing; **~ritter** *m* Knight of the Cross, crusader; knight of the Teutonic Order; **~schiff** *arch. n* transept; **~schmerz** *m* lumbago; **~schnabel** *orn. m* crossbill; **~schnitt** *med. m* crucial incision; **~spinne** *f* cross (*or* garden) spider; **~stich** *m* cross--stitch; **~support** ['-zuport] *tech. m* (-[e]s; -e) cross-slide rest.

'**Kreuzung** *f* (-; -en) (road, *etc.*) crossing, intersection, crosswalk; *bot., zo.* **a)** cross-breeding, hybridization, **b)** cross-breed, mongrel, hybrid; **~s-punkt** *m*, **~sstelle** *f* rail. (level-)crossing; junction.

'**Kreuz...**: **Qunglücklich** *adj.* very miserable, wretched; **~verhör** *jur. n* cross-examination; *ins* ~ *nehmen* cross-examine; **~verweis** *m* cross--reference; **~weg** *m fig.* crossroads (*of life, etc.*); *eccl.* way of the Cross; **Qweise** *adj.* crosswise, crossways, across; **~worträtsel** *n* crossword puzzle; **~zuchtwolle** *f* crossbred wool; **~zug** *m* crusade (*a. fig.*).

kribb(e)lig ['krib(e)liç] *adj.* nervous, fidgety, jumpy, edgy; on pins and needles; irritable.

'**kribbeln I.** *v/i.* (h.) crawl, creep; swarm; **II.** *v/t.* (h.) *and v/i.* prickle, tingle, tickle; itch; *mir kribbelt's in den Fingern* I have pins and needles in my fingers, *fig.* I am itching (*zu tun* to do).

Kricket ['krikət] *n* (-s), **~spiel** *n* cricket; game of cricket; **~spieler** *m* cricket-player, cricketer; **~tor** *n* wicket.

kriechen ['kri:çən] *v/i.* (irr., sn) creep, crawl; drag o.s. along; *aus dem Ei* ~ come out (of the egg), be hatched; *el.* leak; *fig. vor j-m* ~ cringe (*or* grovel) before a p., crawl on all fours before a p.

'**Kriechen** *n* (-s) creeping, crawling; *fig.* → Kriecherei.

'**Kriecher** *m* (-s; -), **~in** *f* (-; -nen) cringer, toady, sycophant.

Kriecherei [-'raı] *f* (-; -en) cringing, grovelling, toadyism.

'**kriecherisch** *adj.* cringing, grovelling, servile, sneaking.

'**Kriech...**: **~pflanze** *f* creeper; **~spur** *f* slow lane; **~strecke** *f*, **~weg** *m el.* leakage path; **~strom** *el. m* (-[e]s) (surface) leakage; **~tier** *zo. n* reptile.

Krieg [kri:k] *m* (-[e]s; -e) war, armed conflict; warfare; feud; strife, quarrel; hostilities; *kalter* ~ cold war; *totaler* ~ total warfare; *im* ~ at war; *in* ~ *und Frieden* in peace and war; *vom* ~ *verwüstet* war-torn; ~ *führen gegen* (*acc.*) *or mit* (*dat.*) wage (*or* carry on) war against *or* with, make war upon; *be at war with; den* ~ *erklären*

declare war (*dat.* on); *e-n* ~ *anfangen* start a war; *in den* ~ *ziehen* (*gegen*) go to war (against), take the field; go to the front; *in e-n* ~ *treiben* drift into a war; *im* ~ *und in der Liebe ist alles erlaubt* all is fair in love and war.

kriegen ['kri:gən] *v/t.* (h.) catch, seize, catch hold of; get; catch (*a disease*); *colloq. gleich kriegst du* (*Schläge*)! you'll get it pretty soon now!; *das werden wir schon* ~! we'll manage that all right!

Krieger ['-gər] *m* (-s; -) warrior; fighter, combatant; *humor. alter* ~ old campaigner; '**~bund** *m* → Kriegerverein; '**~denkmal** *n* war--memorial; '**Qisch** *adj.* warlike, bellicose, martial; militant; '**~kaste** *f* warrior-caste; '**~verein** *m* ex-servicemen's association; '**~witwe** *f* war-widow.

Krieg...: **Qführend** ['kri:k-] *adj.* belligerent; **~führung** *f* conduct of war; warfare; strategy.

'**Kriegs...**: **~akademie** *f* military academy, staff college; **~anleihe** *f* war loan; war-bond; **~artikel** *m/pl.* articles of war; **~ausbruch** *m* outbreak of war; **~ausrüstung** *f* war equipment, matériel; **~auszeichnung** *f* war decoration; **~bedarf** *m* military stores *pl.*; **~beil** *n*: *das* ~ *begraben* (*ausgraben*) (un-)bury the hatchet; **~bemalung** *f* war-paint (*a. fig.*); **Qbereit** *adj.* ready for war; **~bereitschaft** *f* readiness of war, state of mobilization; **~bericht** *m* war report *or* communiqué; **~berichter(statter)** *m* war--correspondent; **Qbeschädigt** *adj.* → kriegsversehrt, *etc.*; **~beute** *f* (war-)booty, spoils *pl.* of war; **~blinde(r)** *m* war-blinded veteran; *die* ~*n pl.* the war-blind; **~braut** *f* war-bride; **~dienst** *m* war service; **~dienstverweigerer** *m* (-s; -) conscientious objector; **~drohung** *f* threat of war; **~einwirkung** *f* enemy action; **~eintritt** *m* entry into the war; **~ende** *n* end of war; **~entschädigung** *f* war-indemnity; reparation(s *pl.*); **~erfahrung** *f* war experience; **~erklärung** *f* declaration of war; **~fackel** *f* torch of war; **~fall** *m* case of war; **~flagge** *mil. f* war-flag, *Brit. mar.* ensign; **~flotte** *f* naval force, fleet; **~flugzeug** *n* war-plane; **~freiwillige(r)** *m* (war-time) volunteer; **~führung** *f* warfare; **~fuß** *m*: *auf* ~ on a war--footing, *fig.* at war, at loggerheads (*mit* with); **~gebiet** *n* war-zone; **~gebrauch** *m* custom of war; **~gefahr** *f* danger of war; **Qgefangen** *adj.* captive; **~gefangene(r)** *m* prisoner of war (*abbr.* P.O.W.); **~gefangenschaft** *f* (war) captivity; **~gerät** *n* (war) matériel; **~gericht** *n* (general) court martial; *vor ein* ~ *stellen* court-martial; **Qgerichtlich** *adv.* by court martial; **~gerichtsrat** *m* Judge Advocate; **~geschrei** *n* war-cry; **~gesetz** *n* martial law; **~gewinner** ['-gəvinlər] *m* (-s; -) war profiteer; **~glück** *n* fortune of war; military success; *das* ~ *wendet sich zu j-s Gunsten* the tide of war turns in a p.'s favo(u)r; **~gott** *m* god of war, Mars; **~gräberfür-**

sorge *f* War Graves Commission; ~greuel *m/pl.* atrocities; ~hafen *m* naval port; ~handwerk *n* trade of war; ~heer *n* army; ~held *m* war-hero; great warrior; ~herr *m*: *oberster* ~ commander-in-chief, supreme commander; *w.s.* war lord; ~hetze *f* war-mongering; ~hetzer *m* war-monger; ~hinterbliebene *pl.* war widows and orphans; ~industrie *f* war industry; ~jahr *n* year of war; ~kamerad *m* fellow-soldier; wartime comrade; ~kasse *f* war-chest; ~kunst *f* art of war (-fare); tactics and strategy; generalship; ~lärm *m* din of war; ~lasten *f/pl.* burdens of war; ~lazarett *n* field *or* base hospital; ~lieferung *f* military supplies; ~list *f* stratagem; Ωlustig *adj.* bellicose; ~macht *f* military force(s *pl.*); *pol.* belligerent power; ~marine *f* navy; ~material *n* war material *or* matériel; ~minister *m hist.* minister of war; *Brit.* Secretary of State for War, *Am.* Secretary of War; ~ministerium *n* ministry of war; → *Verteidigungsministerium*; Ωmüde *adj.* war-weary; ~neurose *med. f* battle fatigue, shell shock; ~opfer *n* war victim; ~pfad *m*: *auf* ~ *on* the war-path; ~plan *m* strategic plan; ~potential *n* military resources *pl.*; ~rat *m* (-[e]s) war council; ~ *halten* (*a. fig.*) hold a council of war; ~recht *n* martial law; usage of war; ~rente *f* war pension; ~risiko(versicherung *f*) *n* war risk (insurance); ~ruf *m* war-cry; ~ruhm *m* military glory; ~rüstung *f* armament; ~schaden *m* war-damages *pl.*; ~schadenrente *f* war damage pension; ~schauplatz *m* theat|re (*Am.* -er) of war *or* operations; ~schiff *n* man-of-war, warship; ~schuld *f* (-) war guilt; ~schulden *pl.* war-debts; ~schuldlüge *f* war-guilt lie; ~schuldverschreibung *f* war bond; ~schule *f* military academy; ~spiel *n mil.* map manœuvre, *Am.* maneuver, kriegspiel; war game; ~stand *m* (-[e]s), ~stärke *f* (-) war strength, *Brit.* war establishment; ~steuer *f* war tax; contribution; ~tanz *m* war dance; ~teilnehmer *m* combatant; *ehemaliger* ~ ex-serviceman, *Am.* (war) veteran; ~trauung *f* wartime wedding; ~treiber *m* warmonger; ~verbrechen *n* war crime; ~verbrecher *m* war criminal; ~verbrecherprozeß *m* war crimes trial; Ωversehrt *adj.* disabled on active duty, (war-)disabled; ~versehrte(r) *m* war-disabled ex-serviceman, invalid; Ωverwendungsfähig *adj.* fit for active service; ~vorrat *m* war reserves *pl.*; Ωwichtig *adj.* of military importance; strategic, essential; ~e *Ziele* military targets; ~wirtschaft *f* war(time) economy; ~wissenschaft *f* military science; ~zeit *f* wartime; *in* ~*en* in times of war; ~ziel *n* war objective; ~zug *m* (military) expedition, campaign; ~zustand *m* state of war; ~zwecke *m/pl.*: *für* ~ for purposes of war.
Kriek-ente ['kri:k-] *f* teal.
Krimi'nal|beamte(r) [krimi'nɑ:l-]

m criminal investigator, detective, plainclothes man; ~film *m* detective (*or* crime) film; thriller.
Kriminalist [-na'list] *m* (-en; -en) detective; criminologist; ~ik *f* (-) criminology, criminalistics.
Kriminalität [-nali'tɛ:t] *f* (-) criminality, delinquency.
Krimi'nal...: ~kommissar *m* detective superintendent; ~polizei *f* detective force, criminal investigation department; ~prozeß *m* criminal case; ~psychologie *f* psychology of crime; ~rat *m* (-[e]s; ~e) detective superintendent; ~roman *m* crime (*or* detective, mystery) novel; ~romanschreiber *m* crime novelist; ~soziologie *f* sociology of crime; ~stück *n* (crime) thriller.
kriminell [-'nel] *adj.* criminal.
Krimkrieg ['krim-] *m* Crimean war.
Krimskrams ['krimskrams] *m* (-[es]) trash, odds and ends *pl.*, junk.
Kringel ['kriŋəl] *m* (-s; -) ring curl; cracknel.
Krinoline [krino'li:nə] *f* (-; -n) crinoline, hoop skirt.
Krippe ['kripə] *f* (-; -n) crib, manger; (Christmas) crib; crèche; *fig. an der* ~ *sitzen* be in clover; ~nspiel *n* Nativity play.
Krise ['kri:zə] *f* (-; -n), **Krisis** ['-zis] *f* (-; *Krisen*) crisis, *econ. a.* depression; Ωln *v/impers.* (h.): *es kriselt* trouble is brewing; *es kriselt wieder in* ... there is a crisis looming again in ...; ~n-anfälligkeit *f* proneness to crises; Ωnfest *adj.* stable; ~nfestigkeit *f* stability; ~nherd *m* (political) storm-cent|re, *Am.* -er, trouble spot; ~nzeit *f* time of crisis.
Kristall [kris'tal] **1.** *m* (-s; -e) crystal; ~e *bilden* form crystals, crystallize; **2.** *n* (-s) *econ.* crystal ware (*or* glass); Ωartig *adj.* crystalline; ~bildung *f* crystallization; ~detektor *m radio*: crystal detector; ~eis *n* crystal ice; ~flasche *f* (crystal) decanter; ~glas *n* (-es; ~er) crystal glass.
kristallinisch [-li:niʃ] *adj.* crystalline.
kristallisier|bar [-'zi:rbɑ:r] *adj.* crystallizable; ~en *v/i.* (h.) *and* sich ~ crystallize; Ωung *f* (-; -en) crystallization.
Kri'stall...: ~kern *m* nucleus of crystal; Ωklar *adj.* crystal-clear; ~mikrophon *n* crystal microphone; ~waren *f/pl.* crystal goods; ~zucker *m* refined sugar in crystals.
Kriterium [kri'te:rium] *n* (-s; -rien) criterion; test.
Kritik [kri'ti:k] *f* (-; -en) criticism (*über acc.*, an of), censure; critique, review; *colloq. unter aller* ~ beneath contempt; ~ *üben* → *kritisieren*; *gute* ~*en haben* have a good press.
Kritiker ['kri:tikər] *m* (-s; -) critic; reviewer.
kritiklos [kri'ti:k-] *adj.* undiscriminating, uncritical.
kritisch ['kri:tiʃ] *adj.* critical (*gegenüber* of); discriminating, discerning; critical, precarious; ~es *Alter* the critical years; ~er *Augenblick* critical moment; ~e *Geschwindigkeit* critical speed.

kritisieren [kriti'zi:rən] *v/t.* (h.) criticize, censure; comment upon; criticize severely, run down; review (*book*).
Krittelei [kritə'lai] *f* (-; -en) fault-finding, cavil(ling).
'**Kritt(e)ler(in** *f*) *m* faultfinder.
'**kritteln** *v/i.* (h.): ~ *an* (*dat.*) find fault with, cavil at.
Kritzelei [kritsə'lai] *f* (-; -en) scrawl(ing), scribble.
kritzeln *v/i.* (h.) scribble, scrawl; scratch.
Kroat|e [kro'ɑ:tə] *m* (-n; -n), ~in *f* (-; -nen) Croat; ~ien [-tsiən] *n* (-s) Croatia; Ωisch *adj.* Croatian.
kroch [krɔx] *pret. of* kriechen.
Krocket ['krɔkət] *n* (-s) croquet.
Krokodil [kroko'di:l] *n* (-s; -e) crocodile; ~leder *n* (tanned) crocodile (skin); ~s-tränen *fig. f/pl.* crocodile (*or* false) tears.
Krokus ['kro:kus] *bot. m* (-; -[se]) crocus.
Krone ['kro:nə] *f* (-; -n) crown; (Pope's) tiara; coronet; *fig.* acme, (pink of) perfection; paragon; *anat.*, *arch.*, *bot.* corona; (floral) wreath, garland; *bot.* corolla, umbel; top, crown (*of tree*); (artificial) crown (*of tooth*); *coin:* crown; *fig.* die ~ *der Schöpfung* the pride of creation; *das setzt allem die* ~ *auf* that's the last straw; that beats all; *was ist ihm in die* ~ *gefahren?* what's the matter with him?; *colloq.* er hat *einen in der* ~ he's had a drop too much, he is drunk.
krönen ['krø:nən] *v/t.* (h.) (*and sich*) crown (o.s.); *j-n zum Könige* ~ crown a p. king; *gekrönter Dichter* poet-laureate; *fig.* crown, finish, cap, top; *von Erfolg gekrönt* crowned with success.
'**Kron...:** ~erbe *m* (~erbin *f*) heir(ess *f*) to the throne; ~juwelen *n/pl.* crown jewels; ~kolonie *f* crown colony; ~leuchter *m* chandelier; ~prinz *m* crown prince; *Brit.* Prince of Wales; ~prinzessin *f* crown princess; ~schatz *m* crown treasure.
'**Krönung** *f* (-; -en) coronation, crowning; *fig.* culmination, climax; highlight.
'**Krönungs...:** ~eid *m* coronation oath; ~feier(lichkeit) *f* coronation ceremony; ~tag *m* Coronation Day.
'**Kronzeuge** *m* chief witness; *Brit.* Queen's evidence, *Am.* State's evidence.
Kropf [krɔpf] *m* (-[e]s; ~e) *orn.* crop, maw; *med.* wen, goit|re, *Am.* -er; *vet.* glanders *pl.*, swelling; *bot.* excrescence; '~eisen *tech. n* sling, devil's claw.
kröpfen ['kroepfən] *v/t.* (h.) cram, stuff (*geese*); *tech.* offset, crank; bend at right angles.
'**kropfig**, '**kröpfig** *adj.* goitrous.
'**Kropf...:** ~stein *arch. m* joggled voussoir; ~taube *orn. f* pouter (-pigeon).
'**Kröpfung** *f* (-; -en) cramming (*of geese*); *arch.* joggle, return; *tech.* bend, shoulder; throw (*of camshaft*).
Kroppzeug ['krɔptsɔʏk] *colloq. n* (-[e]s) young fry, brats *pl.*

Krösus ['krø:zus] m (-; -se) Croesus, fig. a. nabob.

Kröte ['krø:tə] f (-; -n) toad; fig. giftige ~ nasty creature; colloq. ~n pl. pennies, money.

Krück|e ['krykə] f (-; -n) crutch; fig. prop; an ~n gehen go (or walk) on crutches (a. fig.); of croupiers, a. tech.: rake; ~stock m crutch (-stick).

Krug [kru:k] m (-[e]s; ⁼e) jug, pitcher; jar; mug; vase; tankard; der ~ geht so lange zum Brunnen, bis er bricht the pitcher that goes too often to the well gets broken, you'll do that once too often.

Kruke ['kru:kə] f (-; -n) stone jug or jar; fig. colloq. contp. crank, queer fish.

Krüllschnitt(-Tabak) ['kryl-] m shag (cut).

Krümchen ['kry:mçən] n (-s; -) small crumb; fig. a wee bit.

Krume ['kru:mə] f (-; -n) crumb; agr. top soil, mo(u)ld.

Krümel ['kry:məl] m (-s; -) small crumb; 'Ɂig adj. crumbly, crummy; in crumbs; 'Ɂn v/i. (h.) and sich ~ crumble; ~schaufel f crumb tray.

krumm [krum] adj. and adv. crooked (a. fig.); fig. ~e Wege crooked ways; bent; curved; sinuous; hooked; arched; winding, tortuous; twisted, (a)wry, out of shape; ~e Haltung stoop; mit ~en Beinen → ~beinig; ~ biegen bend, curve, twist; ~ gehen, sich ~ halten stoop; → ~nehmen; ~ werden bend, curve, wood: warp, person: be bowed down (with age); '~beinig ['-baıniç] adj. bandy- (or bow-)legged; knock-kneed; 'Ɂdarm anat. m ileum.

krümmen ['krymən] v/t. (h.) and sich ~ crook, bend, curve, twist; sich ~ form a bend or curve, river: wind, meander, wood: warp, worm: turn; person: grow crooked, fig. cringe; sich ~ vor Schmerzen: writhe with pain, vor Lachen: be doubled up (or convulsed) with laughter, vor Verlegenheit: squirm with embarrassment.

Krümmer tech. m (-s; -) bend, elbow.

'krumm...: Ɂholz n curved piece of timber; ~linig ['-li:niç] math. adj. curvilinear; ~nasig ['-na:ziç] adj. hook-nosed; ~nehmen v/t. (irr., h.): (j-m) et. ~ take a th. amiss, take offen|ce (Am. -se) at a th.; Ɂsäbel m scimitar, Ɂstab m crook; eccl. crosier.

'Krümmung f (-; -en) 1. crooking, bending, etc., → krümmen; 2. curve, crook(edness); bend, curve, curvature, tech. a. vertical: camber, lateral: sweep; math. flexure (of curve); turn, winding, twist; med. krampfhafte ~ contortion; ~shalbmesser m radius of curvature.

krumpfen ['krumpfən] tech. v/i. (sn) preshrink.

Kruppe ['krupə] f (-; -n) croup (of horse).

Krüppel ['krypəl] m (-s; -) cripple; stunted person; deformity; zum ~ machen cripple, maim; zum ~ werden be crippled; 'Ɂhaft, 'Ɂig adj. crippled, deformed.

Kruste ['krustə] f (-; -n) crust; med. a. scab; (sich) mit e-r ~ überziehen (en)crust; ~nbildung f incrustation; ~ntier n crustacean.

'krustig adj. crusty, crustaceous.

Kruzifix [kru:tsi'fiks] n (-es; -e) crucifix.

Krypt|a ['krypta] f (-; -ten), '~e f (-; -n) crypt.

Krypto'game bot. f cryptogam.

Kuba ['ku:ba] n (-s) Cuba; **Kuban|er** [-'ba:nər] m (-s; -), ~in f (-; -nen), Ɂisch adj. Cuban.

Kübel ['ky:bəl] m (-s; -) tub; vat; pail, bucket; es gießt wie mit ~n it's raining cats and dogs; ~wagen m rail. bucket car; mil. jeep.

kubier|en [ku'bi:rən] math. v/t. (h.) cube, raise to the third power; Ɂung f (-; -en) cubation.

Kubik|fuß [ku'bi:k-] m (-es) cubic foot; ~inhalt m cubic (or solid) contents pl., cubage; ~maß n cubic measure; ~meter n and m cubic met|re, Am. -er; ~wurzel f cube root; ~zahl f cube number.

kubisch ['ku:biʃ] adj. cubic(al).

Kubis|mus [ku'bismus] m (-) cubism; ~t m (-en; -en) cubist; Ɂtisch adj. cubistic(ally adv.).

Kubus ['ku:bus] math. m (-; -) cube.

Küche ['kyçə] f (-; -n) kitchen; mar. galley; bürgerliche ~ plain cooking; feine ~ cuisine; kalte ~ cold meat or dinner or lunch(eon); die ~ besorgen do the cooking; eine gute ~ führen keep a good table; → Teufel.

Kuchen ['ku:xən] m (-s; -) cake; pastry; colloq. iro. ja, ~! nothing doing!, my foot!

'Kuchen|abfalle m/pl. kitchen waste or refuse; garbage; ~artikel m/pl. kitchenware.

'Kuchenblech n baking-tin, griddle.

'Küchen...: ~benützung f: mit ~ with kitchen privileges; ~bulle mil. sl. m mess sergeant, cook; ~chef m chef (Fr.); ~dienst mil. m kitchen police (abbr. K.P.).

'Kuchen...: Ɂfertig adj.: ~es Mehl self-raising flour; ~form f cake tin or mo(u)ld.

'Küchen...: ~gerät, ~geschirr n kitchen utensils or things pl.; hollow ware; ~herd m (kitchen-) range; elektrischer ~ electric range or stove; ~hilfe f (-; -n) kitchen help; ~junge m kitchen-boy; ~kräuter n/pl. pot-herbs; ~latein n dog-Latin; ~mädchen n, ~magd f kitchen-maid; ~meister m head cook, chef (Fr.); → Schmalhans; ~messer n kitchen-knife; ~personal n kitchen personnel; ~salz n kitchen (or common) salt; ~schabe f cockroach; ~schelle bot. f (-; -n) pasque-flower; ~schrank m cupboard, (kitchen-)sideboard; larder, pantry.

'Kuchenteig m dough (for cakes).

'Küchen...: ~tisch m kitchen-table; dresser; ~unteroffizier m cook (Am. mess) sergeant; ~zettel m menu, bill of fare.

Küchlein ['ky:çlain] n (-s; -) chick(en).

Kücken ['ky:kən] n (-s; -) chick(en); tech. plug; ~hahn tech. m stop cock.

Kuckuck ['kukuk] m (-s; -e) cuckoo; der ~ ruft the cuckoo calls; colloq. zum ~! hang it!, Am. doggone!; geh zum ~! go to blazes!; das weiß der ~! heaven only knows!; wie, zum ~, ...? how in the world ...?; ~s-ei n cuckoo's egg; ~s-uhr f cuckoo--clock.

Kuddelmuddel ['kudəlmudəl] m and n confusion, hotchpotch, mess.

Kufe ['ku:fə] f (-; -n) 1. tub, vat; 2. runner (of sledge), (a. aer.) skid; rocker.

Küfer ['ky:fər] m (-s; -) cooper; cellarman.

Küferei [-'rai] f (-; -en) coopage; cooper's shop.

Kugel ['ku:gəl] f (-; -n) ball, globe; math. sphere; ball (for games); election: ballot; sports weight, Am. shot; anat. head (of bone); mil., etc. bullet; (cannon-)ball, shot; sports: die ~ stoßen put (or toss) the weight (Am. shot); von e-r ~ getroffen werden stop (or be hit by) a bullet; von ~n durchlöchert riddled with bullets; ~abschnitt math. m spherical segment; ~antenne f isotropic aerial, Am. unipole; ~bakterien f/pl. spherical bacteria, cocci; ~baum m round-topped tree; ~blitz m ball-lightning.

Kügelchen ['ky:gəlçən] n (-s; -) small ball, globule; pellet.

'Kugel...: ~durchmesser m diameter of a sphere; ~fang m butt; Ɂfest adj. bullet-proof; ~fläche f spherical surface; Ɂförmig ['-fœrmiç], Ɂig adj. ball-shaped, spherical, globular; ~gelenk n anat. socket-joint; tech. ball-and-socket (joint); ~lager tech. n ball bearing.

'kugeln I. v/t. (h.) roll; (sich) ~ form into a ball; sich vor Lachen ~ double up with laughter; **II.** v/i. (sn) roll.

'Kugeln n (-s) rolling; colloq. es war zum ~ it was a (perfect) scream.

'Kugel...: ~regen m shower (or hail) of bullets; Ɂrund adj. (as) round as a ball, globular; ~schnitt math. m spherical section; ~schreiber m ball (point) pen; Ɂsicher adj. bullet-proof; ~stoßen n (-s) sports putting the weight, shot-put(ting); ~stoßer(in f) m (-s, -; -, -nen) weight (or shot) putter; ~ventil tech. n ball valve; ~wechsel m exchange of shots, gun battle.

Kuh [ku:] f (-; ⁼e) cow (a. fig. contp.); junge ~ heifer; dumme ~ silly goose; blinde ~ blindman's-buff.

'Kuh...: ~blume f marsh-marigold; ~euter n cow's udder; ~fladen m cow-pat; ~glocke f cow-bell; ~handel m fig. pol. horse-trading; ~haut f cow-hide; fig. das geht auf keine ~ that's really staggering; ~hirt(e) m cowherd, Am. cowboy.

kühl [ky:l] adj. cool, chilly (both a. fig.); fresh; etwas ~ coolish; ~ werden cool (down); j-n ~ behandeln give a p. the cold shoulder; j-n ~ empfangen give a p. a cool reception.

'Kühl... in compounds usu. cooling, refrigerating; → Gefrier..., Kälte...; ~anlage f cooling system; cold--storage plant; ~apparat m cooling apparatus, refrigerator; ~behälter m cooling tank.

'Kühle f (-) coolness (a. fig.).

'**Kühleimer** m cooler; ice-pail.
kühlen ['ky:lən] v/t. (h.) and sich ~
→ abkühlen; cool; freshen; refresh;
chill, refrigerate, hold food in cold
store; quench (one's thirst); tech.
anneal (glass); fig. s-n Zorn ~ cool
one's anger; → Mütchen.
'**Kühler** m (-s; -) cooler; mot. radiator; ~**figur** f radiator mascot;
~**haube** f mot. bonnet, Am. hood;
radiator cover; ~**mantel** m cooler
jacket; ~**maske**, ~**verkleidung** f
radiator shell or grille; ~**stutzen** m
radiator filler cap.
'**Kühl...:** ~**fleisch** n chilled meat;
~**flüssigkeit** f coolant; ~**gut** n
goods pl. to be cooled; ~**halle(n**
pl.) f cold-storage warehouse; ~-
haus n cold-storage house; ~**mantel** m cooling jacket; ~**mittel** n
coolant, refrigerant (a. med.); ~-
ofen m annealing oven; ~**raum** m
cold-storage chamber; ~**rippe** mot.
f radiator fin, gill; ~**rohr** n, ~-
schlange f cooling pipe (coil);
~**schiff** n refrigerator ship, cooler;
~**schrank** m refrigerator; ~**stoff** m
coolant; ~**truhe** f deep freezer
(cabinet); ~**ung** f (-) cooling; refrigeration; coolness; ~**wagen** m
mot. refrigerator truck; rail. refrigerator van (Am. car); ~**wasser**
n (-s) cooling water; ~**wirkung** f
cooling effect.
'**Kuh...:** ~**magd** f dairymaid; ~-
milch f cow's milk; ~**mist** m
cow-dung.
kühn [ky:n] adj. bold (a. fig. design,
etc.); daring, audacious; hardy,
courageous; fearless, intrepid; resolute; dashing; risky, hazardous;
~ machen embolden; j-s ~ste Träume
übertreffen go beyond a p.'s fondest
dreams; 2**heit** f (-; -en) boldness;
daring, audacity.
'**Kuh...:** ~**pocken** f/pl. cow-pox;
~**pocken-impfung** f vaccination;
~**stall** m cow-shed; ~**weide** f cattle
pasture.
Küken ['ky:kən] n (-s; -) → Kücken.
kulan|t [ku'lant] econ. adj. accom-
modating, obliging; liberal; fair,
easy (price, terms); 2**z** [-'lants] f (-)
fair dealing.
Kuli ['ku:li] m (-s; -s) coolie; colloq.
stylo; ball pen.
kulinarisch [kuli'nɑ:riʃ] adj. culinary.
Kulisse [ku'lisə] f (-; -n) thea. wing,
side-scene; back-drop; fig. background; contp. outward show, front;
~n pl. a. scenery; stock exchange:
unofficial market; el. connecting
link; hinter den ~n (a. fig.) behind
the scenes, Am. a. back-stage; ~n-
fieber n stage-fright; ~n**maler** m
scene-painter; ~n**schaltung** mot. f
gatetype gear shifting; ~n**schieber**
m scene-shifter.
Kulleraugen ['kulər-] colloq. n/pl.
saucer(-eye)s.
'**kullern** v/i. (sn) roll.
Kulm [kulm] m (-[e]s; -e) mountain-
-top.
Kulmination [kulminatsi'o:n] f (-;
-en) culmination; ~**spunkt** ast. m
culmination point, fig. acme; **kul-
mi'nieren** v/i. (h.) culminate.
Kult [kult] m (-[e]s; -e) cult, worship; → Kultus; e-n ~ treiben mit

idol(atr)ize, make a cult out of;
'2**isch** adj. cultic; ritual.
Kultivator [-'vɑ:tər] agr. m (-s;
-'toren) cultivator.
kultivier|en [-'vi:rən] v/t. (h.) culti-
vate (a. fig.), → anbauen; ~**t** adj.
cultured, refined, civilized; 2**ung** f
(-) cultivation.
'**Kultstätte** f place of worship.
Kultur [kul'tu:r] f (-; -en) **1.** cultivation; breeding, farming; grow-
ing; concrete: (bacterial, etc.) culture; plantation; **2.** civilization;
culture; standards pl.; ~**abkommen** n cultural convention; ~**arbeit** f cultural work; ~**austausch**
m cultural exchange; ~**beilage** f
arts supplement; ~**beutel** m toilet
bag.
kulturell [-tu'rɛl] adj. cultural.
Kul'tur...: ~**erbe** n cultural heritage; 2**fähig** adj. agr. arable, tillable;
fig. civilizable; 2**feindlich** adj.
hostile to civilization; ~**film** m
documentary, educational film; ~-
geschichte f (-) history of civilization; cultural history; 2**geschichtlich** adj. relating to the history of
civilization; cultural-historical; ~-
gut n cultural asset; ~**kampf** m
struggle between State and Church,
kulturkampf; ~**land** n agr. cultivated (or arable) land; → Kultur-
volk; ~**mensch** m civilized man;
~**pflanzen** f/pl. cultivated plants;
2**politisch** adj. politico-cultural;
~**schande** f crime against civilization; insult to good taste, outrage;
~**sprache** f civilized language; ~-
stätte f → Kulturzentrum; 2**stufe** f
stage of civilization; ~**träger** m up-
holder of civilization; ~**volk** n
civilized race; ~**zentrum** n cultural
cent|re, Am. -er.
Kultus ['kultus] m (-; Kulte) cult;
~**minister** m (~**ministerium** n)
Minister (Ministry) of Education.
Kümmel ['kyməl] m (-s; -) caraway
(seed); (liqueur) kümmel; echter ~
bot. cumin.
Kummer ['kumər] m (-s) grief,
sorrow, affliction; trouble; worry;
j-m ~ machen grieve (or trouble)
a p.; sich ~ machen über (acc.)
grieve (or worry) about or over;
das macht mir wenig ~ that doesn't
trouble me much.
kümmerlich ['kymərliç] **I.** adj.
miserable, wretched, pitiful; poor,
paltry, measly; meag|re, Am. -er;
stunted; **II.** adv.: sich ~ durchschlagen eke out a scanty living,
scrape through.
'**Kümmerling** [-liŋ] m (-s; -e)
stunted plant; dying tree; under-
sized animal; contp. miserable
creature, shrimp.
'**kümmern I.** v/t. (h.) grieve, afflict,
trouble, worry; → bekümmern;
concern, regard; das kümmert mich
nicht that doesn't trouble me, I
don't mind that; was kümmert ihn
das? what is that to him?; **II.** v/refl.:
sich ~ um (acc.) attend to, mind,
look after, take care of; see to;
care (or trouble, bother) about;
meddle with; sich nicht ~ um pay
no attention to, not to bother
about, ignore, disregard; neglect;
kümmere dich um deine eigenen

Angelegenheiten mind your own
business.
'**Kümmernis** f (-; -se) → Kummer.
'**kummervoll** adj. sorrowful, grievous, woebegone, sad.
Kum(me)t ['kum(ə)t] n (-s; -e)
(horse-)collar.
Kumpan [kum'pɑ:n] m (-s; -e)
companion, fellow, mate, pal,
buddy.
Kumpel ['kumpəl] m (-s; -) collier,
pitman; colloq. mate, pal, chum,
buddy.
kumulativ [kumula'ti:f] adj. cumulative; **kumulieren** [-'li:-] v/t.
(h.) accumulate, cumulate (a. votes).
Kumulus(wolke f) ['ku:mulus] m
(-; -li) cumulus (cloud).
kund [kunt] adj. known; ~ und zu
wissen sei be it known that, know all
men by these presents.
kündbar ['kyntbɑ:r] adj. termi-
nable; subject to notice; capital:
at call, subject to call, callable;
redeemable (bond, mortgage, etc.).
Kunde[1] ['kundə] f (-; -n) knowledge, information, intelligence;
news, tidings sg. and pl.; science;
j-m von et. ~ geben inform a p. of
a th., send a p. word of a th.
'**Kunde**[2] m (-n; -n) customer; client;
patron; voraussichtlicher ~ pro-
spect(ive customer); contp. schlauer
~ sly customer; übler ~ nasty (Am.
ugly) customer; ~ sein bei (dat.)
patronize (a shop); ~n werben canvass customers.
künden ['kyndən] v/t. (h.) announce,
make known; tell the story (von
of); bear witness (to).
'**Kunden...:** ~**beratung** f advisory
service; ~**besuche** m/pl. calls on
customers or clients; ~**dienst** m
(-es) (after-sales or customers) service; im ~ betreuen service; ~**fang** m
touting; ~**kreis** m custom(ers pl.),
clients pl., clientele; ~**wechsel** m
customer's acceptance, trade-bill;
~**werber(in** f) m canvasser of
customers, tout; ~**werbung** f canvassing of customers.
'**kundgeb|en** v/t. (irr., h.) make
known, notify, give notice of,
publish; proclaim; declare; 2**ung** f
(-; -en) manifestation; declaration;
pol. demonstration, rally, parade;
meeting.
'**kundig** adj. knowing, skil(l)ful;
(gen.) acquainted or familiar with;
experienced (or skilled, versed) in,
expert at or in; des Weges ~ sein
know the way; 2**e(r** m) f (-n, -n; -n,
-n) experienced or initiated person;
expert; die ~n pl. the initiated,
those in the know.
kündigen ['kyndigən] **I.** v/i. (h.)
j-m: give a p. notice (to quit); **II.** v/t.
(h.) econ. recall, call in (capital);
give notice of withdrawal of (loan,
etc.); give notice of redemption of,
foreclose (mortgage); cancel, revoke,
terminate (contract), give notice of
termination of; denounce (a treaty).
'**Kündigung** f (-; -en) notice (to
quit or leave), warning; by employee:
resignation; econ. calling-in (of
capital); notice of withdrawal (or
redemption) (of loan, etc.); notice
of redemption, foreclosure (of mortgage); (notice of) termination or

cancellation (*of contract*); *mit monatlicher* ~ *at* (*or subject to*) a month's notice; *mit vierwöchiger* ~ *angestellt* employed on a month(ly) basis; *Geld auf tägliche* ~ call--money, day-to-day money; **~s-frist** *f* period of notice, time for (giving) notice; *mit vierteljährlicher* ~ with quarterly notice; *mit Ablauf der* ~ on the notice expiring; **~srecht** *n* right of (giving) notice, (*for loan, mortgage*) redemption; **~sschutz** *m* protection against unlawful dismissal; **~s-termin** *m* (last) day for giving notice.

kundmach|en ['kunt-] *v/t.* (*h.*) → *kundgeben*; '**₂ung** *f* (-; -en) publication; notification; proclamation.

'**Kundschaft** *f* **1.** (-) customers, clients *pl.*; custom, clientele; custom, patronage; **2.** (-; -en) intelligence; *mil. auf* ~ *gehen* go (out) reconnoitring *or* scouting; **₂en** *v/i.* (*h.*) *mil.* reconnoitre, scout; spy out; **~er(in** *f*) *m* (-s, -; -, -nen) scout, spy; emissary.

'**kund...~tun** *v/t.* (*irr.*, *h.*) → *kundgeben*; **~werden** *v/i.* (*irr.*, *sn*) become (generally) known *or* public, come to light.

künftig ['kynftɪç] **I.** *adj.* future; next (*week, year*); *in* ~*en Tagen or Zeiten* in times to come, in the days ahead; prospective, potential; ~*er Konstrukteur* would-be designer, designer-to-be; **II.** **~(hin)** *adv.* from now on, henceforth, for the (*or* in) future.

Kunst [kunst] *f* (-; *=*e) **1.** art; *die schönen* (*or freien*) *Künste pl.* the fine (*or* liberal) arts; → *bildend*, *schwarz*; *die edle* ~ *der Selbstverteidigung* th: noble art of self-defen|ce, *Am.* -se; *die* ~ *zu lesen* (*schreiben*) the art of reading (writing); *das ist e-e brotlose* ~ there is no money in that; it's a thankless task; ~ *geht nach Brot* art follows the public; **2.** skill, cleverness, ingenuity, art; trick; *das ist keine* ~ that's easy (*or* nothing); *mit seiner* ~ *zu Ende sein* be at one's wits' end.

'**Kunst...:** **~akademie** *f* academy of arts; **~anstalt** *f* art printing works *pl.* (*or sg.*); **~ausdruck** *m* technical term; **~ausstellung** *f* art exhibition; **~beflissene(r** *m*) *f* art student; **~beilage** *f* art supplement; **~blatt** *n* art print; art journal; **~butter** *f* artifical butter, (oleo)margarine; **~darm** *m* artificial sausage casing; **~druck** *m* (-[e]s; -e) art print(ing); **~druckpapier** *n* art paper; **~dünger** *m* artificial manure, fertilizer; **~eis** *n* artificial ice.

Künstelei ['kynstə'laɪ] *f* (-; -en) artificiality, over-refinement; elaboration; affectation, mannerism.

'**künsteln** *v/i.* (*h.*) feign, affect; → *gekünstelt*.

'**Kunst...:** **~fahrer** *m* trick cyclist; **~faser** *f* artificial (*or* synthetic) fib|re, *Am.* -er; **~fehler** *jur. med. m* malpractice, professional blunder; **₂fertig** *adj.* skilled (in an art), skil(l)ful; workmanlike; **~fertigkeit** *f* artistic (*or* technical) skill; craftsmanship; **~flieger** *m* stunt--flyer; **~flug** *m* stunt-flying, aerobatics *pl.*; stunt (flight); **~freun-**

d(in *f*) *m* art lover; **~gärtner(in** *f*) *m* horticulturist; landscape gardener; **~gärtne'rei** *f* horticulture; **~gegenstand** *m* objet d'art (*Fr.*); **₂gemäß**, **₂gerecht I.** *adj.* artistically *or* technically correct; expert, workmanlike; skil(l)ful; **II.** *adv. a.* expertly; **~genuß** *m* artistic treat; **~geschichte** *f* (-) history of art; **₂geschichtlich** *adj.* art-historical; **~gewerbe** *n* (-s) arts and crafts *pl.*; applied arts *pl.*; **~gewerbeschule** *f* arts-and-crafts school; **~gewerbler(in** *f*) *m* (-s, -; -, -nen) artist craftsman; **~glied** *n* artificial limb; **~griff** *m* artifice, knack, device; trick, dodge; **~halle** *f* art gallery; **~handel** *m* trade in works of art; **~händler** *m* art dealer; **~handlung** *f* art dealer's shop; **~handwerk** *n* → *gewerbe*; **~harz** *n* synthetic resin; **~harzpreßstoff** *m* plastic mo(u)lding compound, plastic (material); **~historiker** *m* art historian; **~hochschule** *f* art academy; **~holz** *n* plastic (*or* man-made) wood; **~honig** *m* artificial honey; **~kenner(in** *f*) *m* art connoisseur; **~kritik** *f* art criticism; **~kritiker** *m* art critic; **~lauf** *m* figure skating; **~läufer(in** *f*) *m* figure skater; **~leder** *n* imitation leather.

Künstler ['kynstlər] *m* (-s; -), **~in** *f* (-; -nen) artist; *fig.* genius, wizard; **₂isch** *adj.* artistic(ally *adv.*); **~leben** *n* artistic (*w.s.* Bohemian) life; **~name** *m* stage-name; pen name; **~pech** *colloq.* *n* bad luck; **~tum** *n* (-s) artistry, artistic genius; *the* artistic world; **~werkstatt** *f* studio.

'**künstlich I.** *adj.* artificial (*a.* eye, flower, gaiety, insemination, light, respiration, teeth, *etc.*); imitated; false (*a. hair, teeth*); spurious, faked; paste (*diamond*); ~ (*hergestellt*) synthetic; man-made (*moon, structure, etc.*); ~*es Aroma* imitation flavo(u)r; ~*es Lachen* false (*or* forced) laughter; **II.** *adv.* artificially; ~ *herstellen* synthetize; ~ *gehaltener Preis* pegged price; *colloq. sich* ~ *aufregen* get all excited; **₂keit** *f* (-) artificiality.

'**Kunst...:** **~liebhaber(in** *f*) *m* art lover; **₂los** *adj.* simple, crude; **~maler(in** *f*) *m* (artist) painter; **~mappe** *f* folder of art reproductions; **~pause** *f* dramatic pause; *iro.* awkward pause; *er machte e-e* ~ he paused for effect; **₂reich** *adj.* ingenious (*of* consummate) artistic skill; **~reiter(in** *f*) *m* trick rider; circus rider; **~richtung** *f* artistic school (*or* trend); **~sammlung** *f* art collection; **~schätze** *m/pl.* art treasures; **~schreiner** *m* cabinet--maker; **~schule** *f* school of arts; **~seide** (**₂seiden** *adj.*) (of) artificial silk, rayon; **~sinn** *m* (-[e]s) artistic sense; **₂sinnig** *adj.* art-loving; having artistic taste; **~springen** *n* (-s) *sports:* (fancy) diving; **~springer(in** *f*) *m* (fancy) diver; **~stein** *m* artificial stone; **~sticke'rei** *f* art needlework; plastic (material); **~stoff** *m* synthetic material; plastic (material); **~e** *pl.* plastics; *aus* ~ *bestehend* plastic; **₂stoffverarbeitend** *adj.* plastics--processing (*industry*); **~stopfen** *n* (-s) invisible mending; **~stück** *n*

(clever) feat, trick, stunt; *das ist kein* ~ that's nothing wonderful; **~tischler** *m* cabinet-maker; **~turnen** *n* → *Geräteturnen*; **~verein** *m* art society; **~verlag** *m* art publishers *pl.*; **~verständige(r** *m*) *f* (-n, -n; -n, -n) expert; connoisseur; **~verständnis** *n* expert knowledge of art, artistic sense; **₂voll** *adj.* (highly) artistic, ingenious, elaborate; skil(l)ful; **~werk** *n* work of art; **~wissenschaft** *f* science of art; **~wolle** *f* artificial wool; **~zweig** *m* branch of art.

kunterbunt ['kuntərbunt] *adj. and adv.* higgledy-piggledy.

Küpe ['ky:pə] *f* (-; -n) large tub, vat.

Kupfer ['kupfər] *n* (-s) copper, → **~geld**, **~stich**; **~bergwerk** *n* copper--mine; **₂blau** *adj.* azurite; **~blech** *n* sheet copper; **~blei** *n* copper-lead alloy; **~draht** *m* copper-wire; **~(tief)druck** *typ.* *m* (-[e]s; -e) copperplate(-printing), *Am. a.* rotogravure; **~erz** *n* copper-ore; **₂farben**, **₂farbig** *adj.* copper-colo(u)red, cupreous; **~geld** *n* (-[e]s) copper coin(s *pl.*), coppers *pl.*; **~grün** *n* verdigris; **₂haltig** *adj.* containing copper, cupriferous; **~legierung** *f* copper alloy; **~münze** *f* copper coin; **₂n** *adj.* (of) copper; **~platte** *f* copper plate; *radierte* ~ etched plate; **~rot** *n* red (oxide of) copper; **₂rot** *adj.* copper-colo(u)red; **~schmied** *m* coppersmith; **~stecher** *m* (-s; -) copperplate engraver; **~stich** *m* copperplate (etching), (copper) engraving; **~sulphat** *n* 1. cupric sulphate; **2.** → **~vitriol** *n* blue vitriol; **~ware** *f* copper ware; **~werk** *n* copper--works *pl.*

Kupido [ku'pi:do] *m* (-s) Cupid.

kupieren [ku'pi:rən] *v/t.* (*h.*) dock (*horse, etc.*).

Kupol-ofen [ku'po:l-] *metall. m* cupola (furnace).

Kupon [ku'pɔ̃] *m* (-s; -s) → *Coupon*.

Kuppe ['kupə] *f* (-; -n) knoll; round(ed) hilltop; summit; (finger-)-tip.

Kuppel ['kupəl] *f* (-; -n) cupola, dome; '**₂artig**, '**₂förmig** ['-fœrmiç] *adj.* dome-shaped.

Kuppelei [-'laɪ] *f* (-; -en) match--making; *jur.* procuring.

'**kuppeln I.** *v/t.* (*h.*) → *koppeln*; **II.** *v/i.* (*h.*) *mot.* operate the clutch; match-make, *b.s.* pimp, *jur.* procure.

'**Kupp(e)lung** *tech. f* (-; -en) coupling (*a. radio*); *mot.* clutch; *die* ~ *einrücken* let in the clutch; *die* ~ *ausrücken* disengage the clutch; *die* ~ *schleifen lassen* let the clutch slip; **~sbelag** *m* clutch lining; **~s-bremse** *f* clutch brake; **~shebel** *m* clutch (control) lever; → **~s-pedal** *f* clutch-pedal; **~sscheibe** *f* clutch disc; **~s-stecker** *m* adapter (plug); **~swelle** *f* clutch shaft.

'**Kuppler** *m* (-s; -), **~in** *f* (-; -nen) matchmaker; *b.s.* pimp, procurer (*f* procuress); **₂isch** *adj.* match-making; pimping, procuring.

Kur[1] [ku:r] *f* (-; -en) cure, (course of) treatment; *e-e* ~ *machen* take a cure, follow a course of treatment, try a cure, take the waters; *fig. j-n in die ~ nehmen* put a p. through his paces.

Kur² *f* (-; -en): *e-r Dame die ~ schneiden* make advances to, court a lady.

Kür... [ky:r] *in compounds* free (-style) ..., optional ..., voluntary ...; → *Kürlauf, Kürübung, etc.*

'Kur|anstalt *f* sanatorium; **~arzt** *m* doctor at a spa *or* health resort.

Küraß ['ky:ras] *m* (-sses; -sse) cuirass.

Kürassier [kyra'si:r] *m* (-s; -e) cuirassier.

Kuratel [kura'tɛl] *f* (-; -en) trusteeship, guardianship; *j-n unter ~ stellen* appoint a trustee (*or* guardian) for a p.

Kurator [-'rɑ:tɔr] *m* (-s; -'toren) *jur.* trustee, guardian; *univ., of museum, etc.*: curator.

Kuratorium [-ra'to:rium] *n* (-s; -rien) board of trustees; controlling board.

Kurbad ['ku:r-] *n* watering-place, spa.

Kurbel ['kurbəl] *tech. f* (-; -n) crank; **~anlasser** *mot. m* crank starter; **~antrieb** *m* crank drive; **~arm** *m* crank lever; **~fenster** *n* wind-down window; **~gehäuse** *n* crankcase; **~gelenk** *n* toggle joint; **~gestänge** *n* crank assembly; **~kasten** *m* crankcase; *colloq.* film--camera; **2n** *v/i.* (h.) *and v/t.* (h.) crank; shoot (*film*), **~stange** *f* connecting rod; **~welle** *f* crankshaft.

Kürbis ['kyrbis] *m* (-ses; -se) pumpkin, gourd, *Am.* squash; **~flasche** *f* gourd; **~kern** *m* pumpkin (*or* gourd) seed.

küren ['ky:rən] *v/t.* (h.) choose, elect.

Kurfürst ['ku:r-] *m* elector; **~entum** *n* electorate; **~in** *f* electoress; **2lich** *adj.* electoral.

'Kur...: ~gast *m* visitor; **~haus,** **~hotel** *n* spa house, kurhaus.

Kurie ['ku:riə] *f* (-; -n) Curia.

Kurier [ku'ri:r] *m* (-s; -e) courier, express (messenger); **~flugzeug** *n* courier airplane.

ku'rieren *v/t.* (h.) cure (*a. fig.*).

kurios [kuri'o:s] *adj.* curious, odd, funny.

Kuriosität [-ozi'tɛ:t] *f* (-; -en) curiosity, oddness; (*object*) curio(sity); **~enhändler** *m* dealer in curios.

Kuriosum [-'o:zum] *n* (-s; -sa) curious (*or* odd) thing *or* fact, freak; curiosity.

Kürlauf ['ky:r-] *m* free skating.

'Kur...: ~ort *m* health resort, spa; **~park** *m* park of a spa; **~pfalz** *f* (-) *the* Palatinate; **~pfuscher(in** *f*) *m* (-s, -; -, -nen) quack; **~pfusche-'rei** *f* quackery.

Kurrentschrift [ku'rɛnt-] *f* running hand.

Kurs [kurs] *m* (-es; -e) **1.** *econ.* price; currency, circulation; quotation; official rate of exchange, exchange; *künstlich gehaltener ~* pegged price; *zum ~e von* at the rate of; *die ~e sind gefallen* (*gestiegen*) prices have dropped (risen); *hoch im ~ stehen* be at a premium, *fig. a.* rate high; *niedrig im ~ stehen* be at a discount, *fig. a.* rate low; *außer ~* out of

circulation; *außer ~ setzen* withdraw from circulation, call in; *in ~ setzen* set in circulation, circulate; **2.** *mar.* course; route; *~ halten* stand on the course; *~ nehmen auf* set course for; head for (*a. fig.*); *e-n falschen* (*neuen*) *~ einschlagen* take the wrong (a new) tack (*a. fig.*); **3.** *pol.* course, drift; **4.** *ped.* → *Kursus.*

Kur-saal ['ku:r-] *m* kursaal, casino.

'Kurs...: ~abschlag *m* drop (*or* fall) in price(s); *stock exchange:* backwardation; **~abschwächung** *f* price weakness, weak market; **~änderung** *f* change of course; **~bericht** *m* market-report; *a.* → **~blatt** *n* list of quotations; **~buch** *n* railway (*Am.* railroad) guide, time-table.

Kürschner ['kyrʃnər] *m* (-s; -) furrier.

Kürschnerei [-'raı] *f* (-; -en) furrier's trade *or* (work)shop.

'Kürschnerware *f* furs and skins *pl.*

'Kurs...: ~einbuße *f* loss in price; **~entwicklung** *f* trend of prices; **2fähig** *adj.* current, in circulation; **~geld** *n* fees *pl.*; **~gewinn** *m* exchange profit(s *pl.*).

kursieren [kur'zi:rən] *v/i.* (h.) *money:* circulate; *rumo(u)rs:* be afloat.

kursiv [kur'zi:f] *adj. and adv.* in italics.

Kursiv|e [-'zi:və] *f* (-; -n), **~schrift** *typ. f* italics *pl.*; *in ~ setzen* italicize.

'Kurs...: ~makler *m* official (*or* inside) broker; **~niveau** *n* price level; **~notierung** *f* market--quotation.

'Kurs...: ~rückgang *m* decline in prices; **~schwankung** *f* price fluctuation; **~steuerung** *aer. f* directional control; autopilot; **~sturz** *m* sudden decline (*or* fall) in prices, slump; **~teilnehmer(in** *f*) *m* participant in a course; **~treibe'rei** *f* market rigging, *Am.* bull campaign; **~unterschied** *m* difference in prices (*or* rates).

Kursus ['kurzus] *m* (-; *Kurse*) course (of instruction); class.

'Kurs...: ~verlust *m* loss by exchange; **~wagen** *rail. m* through coach; **~wechsel** *m* change of course; *fig. pol.* turnabout; **~wert** *m* market value; **~zettel** *m* stock exchange list.

Kurtaxe ['ku:r-] *f* visitors' tax.

Kurtisane [kurti'za:nə] *f* (-; -n) courtesan.

Kür|turnen ['ky:r-] *n* free exercises *pl.*; **~übung** *f* voluntary exercise.

Kurve ['kurfə] *f* (-; -n) curve; bend, turn; *ballistische ~* (curve of) trajectory; *scharfe ~* sharp turn, hairpin bend; *die ~* (*aus*)*fahren* round the curve; *die ~n schneiden* cut one's curves; *aer. in die ~ gehen* bank; *e-e ~ fliegen* do a banking turn; **2n** *v/i.* (sn) swerve; *aer.* turn, jink; **~nbild** *n*, **~nblatt** *n*, **~ndarstellung** *f* graph; **~nfestigkeit** *mot. f* lateral sway stability; **~ngetriebe** *n* cam gear; **~nkampf** *aer. m* dogfight; **~nlage** *mot. f* cornering characteristics *pl.*; **~nlineal** *n* curve templet; **~nradius** *m* radius of turn; **2nreich** *adj.* winding, twist-

ing; *humor.* curvaceous (*girl*); **~rolle** *tech. f* (cam) follower; **~nscheibe** *f* cam (disc); **~nvorgabe** *f* *sports* stagger.

kurz [kurts] *adj. and adv.* **1.** *as to space:* short; *person:* ~ *und dick* dumpy, thick-set; ~ *und stämmig* stocky, squat, stumpy; **~e** *Hose* shorts *pl.*; *mar.* **~e** See chopping sea; ~ *vor London* short of London; *hundert Ellen zu ~* a hundred yards short; *kürzer machen* shorten; *mil. zu ~ schießen* fire (too) short; ~ *und klein schlagen* smash to bits; *fig. den kürzeren ziehen* come off second-best, get the worst of it, be worsted; *zu ~ kommen* get the shorter end, come off a loser *or* badly (bei in); **2.** *as to time:* short; (*formulation*) short(ly), brief(ly); concise(ly); (*treffend*) laconic(ally), succinct(ly); sharp, abrupt, curt; *~er Besuch* flying visit; *~e Darstellung, Zusammenfassung* summary; *econ. ~er Wechsel* short-dated bill; *fig. ~es Gedächtnis* short memory; *in short; ~ und bündig* brief(ly), blunt(ly), pointblank; *refuse* flatly; ~ *und gut* in short, in a word; ~ *ausgedrückt* to put it briefly, (to put it) in a nutshell; *um es ~ zu sagen* to cut a long story short; ~ *darauf* shortly after(wards); *binnen* (*or in*) ~*em* before long, shortly, in a short time (*or* near future); *seit ~em* for some little time (now); *lately, of late; vor ~em* a short time ago, recently, the other day; *über ~ oder lang* sooner or later; ~ *abweisen* be short with a p.; *j-n ~ halten* put a p. on short allowance, keep a p. short (*mit* with); ~ *treten* mark time (*a. fig.*); *fasse dich ~* please be brief; → *Prozeß.*

'kurz...: 2arbeit *f* short-time (work); **~arbeiten** *v/i.* (h.) work short-time; **2arbeiter** *m* short--time worker; **~ärmelig** *adj.* short--sleeved; **~atmig** ['-ˀa:tmiç] *adj.* short-winded, asthmatic, *vet.* broken--winded; **2ausgabe** *f* abridged edition; **~beinig** *adj.* short-legged.

Kürze ['kyrtsə] *f* (-) shortness; *of time:* shortness, short duration; brevity; *gr.* short (syllable); *in ~* shortly, in the near future, before long; *in aller ~* briefly, quickly, promptly; *der ~ halber* for short; *sich der ~ befleißigen* express o.s. briefly, be brief; *in der ~ liegt die Würze* brevity is the soul of wit.

Kürzel ['kyrtsəl] *n* (-s; -) grammalogue.

'kürzen *v/t.* (h.) shorten (*um* by); abridge, condense (*book*); reduce; curtail, cut (down); slash (*expenditure, salary*); *math.* simplify.

kurzerhand ['kurtsər'hant] *adv.* without hesitation, offhand, on the spot; abruptly.

'kurz...: 2fassung *f* abridged version; **2film** *m* short (film); **2form** *f* shortened form; **~fristig I.** *adj.* of short duration, short-term; at short notice, immediate; *econ.* short-term (*credit, etc.*); short--dated (*bill of exchange*); **II.** *adv.* at short notice; ~ *lieferbar* available for prompt delivery; **~gefaßt** *adj.* brief(ly worded), concise; **2-**

geschichte f short story; **~geschoren** adj. closely shorn, close-cropped; **~haarig** adj. short-haired (dog, etc.); **~lebig** adj. short-lived (a. phys. and fig.); ephemeral; perishable (consumer goods).

kürzlich ['kyrtsliç] adv. lately, recently, not long ago, the other day; erst ~ quite recently.

'**Kurz...:** **~meldung** f news flash; **~en** pl. → **~nachrichten** f/pl. news in brief, summary of the news; **Qschließen** el. v/i. (irr., h.) short-circuit; **~schluß** el. m short-circuit; **~ haben** be short-circuited; **~schlußhandlung** f panic action; **~schlußkontakt** el. m arcing contact; **~schlußläufer** el. m short-circuited rotor; **~schlußläufermotor** el. m squirrel-cage (induction) motor; **~schrift** f shorthand, stenography; **Qsichtig** adj. short- (or near-)sighted, myopic; fig. short-sighted (a. **~sichtigkeit** f (-) short-sightedness (a. fig.); myopia; **~streckenlauf** m sprint, dash; **~streckenläufer(in** f) m sprinter; **~streckenradar** n short-range radar.

kurz'um adv. in short, in a word, to cut a long story short.

Kürzung ['kyrtsuŋ] f (-; -en) shortening; abridg(e)ment, condensation; thea. cut, clipping; reduction, curtailment (gen. of salaries, etc.), cut (in); starke ~ Am. slash; of expenditures: a. retrenchment; math. reduction; typ. abbreviation.

'**Kurz...:** **~urlaub** mil. m short leave, Am. pass; **~waren** f/pl. haberdashery sg., Am. dry goods, notions; **~warenhändler(in** f) m haberdasher; **~warenhandlung** f

haberdashery, Am. dry-goods store; **Qweg** ['-vɛk] adv. abruptly, offhand, curtly; simply, for short; **~weil** ['-vaıl] f (-) pastime, amusement, entertainment, fun; **Qweilig** adj. amusing, diverting, entertaining, funny; **~welle** f: auf ~ in the short-wave meter band; **~wellenbereich** m short-wave range; **~wellensender** m short-wave transmitter; **~wort** n (-[e]s; ⁺er) contraction; acronym; **Qzeitig** adj. short-time.

kusch! [kuʃ] int. (lie) down!, be quiet!

kuscheln ['kuʃəln]: sich ~ an (acc.) snuggle up to or against; sich aneinander ~ nestle against each other.

kuschen ['kuʃən] v/i. (h.) and sich ~ dog: lie down; fig. obey, knuckle under.

Kusine [ku'zi:nə] f (-; -n) cousin.

Kuß [kus] m (-sses; ⁼sse) kiss.

'**kußecht** adj. → kußfest.

küssen ['kysən] v/t. (h.) kiss; sie küßten sich they kissed (each other); j-n zum Abschied ~ kiss a p. good-bye.

'**Kuß...:** **Qfest** adj. kiss-proof; **~hand** f: j-m e-e ~ zuwerfen blow a p. a kiss; fig. mit ~ with the greatest pleasure; er nahm den Vorschlag mit ~ an he jumped at the proposal.

Küste ['kystə] f (-; -n) (sea-) coast; beach; shore; an der ~ entlangfahren (sail along the) coast.

'**Küsten...:** **~artillerie** f coast artillery; **~batterie** f shore battery; **~befestigungen** f/pl. coast fortifications; **~bewohner(in** f) m coast-dweller; biol. pl. shore forms; **~dampfer** m coasting steamer;

~feuer n coastal light; **~fische'rei** f inshore fishing; **~gebiet** n coastal area, seaboard; **~geschwader** n home squadron; **~geschütz** n shore gun; **~gewässer** n/pl. coastal waters; **~handel** m coasting trade; **~land** n maritime country, littoral; **~radar** n shore-based radar; **~schiffahrt** f coastwise shipping; **~streifen** m coastal strip; beach; **~strich** m coast-line, → Küstenland; **~verkehr** m coasting traffic; **~verteidigung** f coast defen|ce, Am. -se; **~wache** f coast-guard (station); **~wachschiff** n coastal patrol vessel.

Küster ['kystər] m (-s; -) sexton, sacristan, verger; **Küsterei** [-'raı] f (-; -en) sexton's office, sacristy.

Kustos ['kustɔs] m (-; -'toden) custodian, curator; typ. catchword; mus. custos.

Kutschbock ['kutʃ-] m (coach-)box.

Kutsche ['kutʃə] f (-; -n) carriage, coach, cab; in e-r ~ fahren ride in a coach; **~nschlag** m carriage-door.

'**Kutscher** m (-s; -) coachman, driver.

kutschieren v/t. and v/i. (sn) drive (or ride) in a coach; drive (a coach); colloq. drive, cruise.

Kutte ['kutə] f (-; -n) cowl.

Kutteln ['kutəln] f/pl. tripe sg.

Kutter ['kutər] mar. m (-s; -) cutter.

Kuvert [ku'vɛrt] n (-[e]s; -e) **1.** envelope, cover, wrapper; **2.** cover (at table).

kuvertieren [-'ti:rən] v/t. (h.) (put in an) envelope.

Kux [kuks] m (-es; -e) mining share (of no par value).

Ky... [ky] → Zy...

Kybernetik [kybər'ne:tik] f (-) cybernetics sg.

L

L, l [ɛl] n L, l.

Lab [la:p] zo. n (-[e]s; -e) rennet; rennin.

'**Labdrüse** anat. f fundic gland.

labb(e)rig ['lab(ə)riç] colloq. adj. sloppy, wishy-washy; ~e Brühe swill.

Labe ['la:bə] f (-) → Labsal; **Qn** v/t. (h.) (and sich ~) refresh or restore (o.s.); revive; fig. sich ~ an (dat.) **a)** comfort o.s. with, **b)** feast one's eyes on (a sight); **Qnd** adj. refreshing, reviving; **~trunk** m refreshing draught or cup.

labial [labi'a:l] adj. labial; **Qlaut** m labial (sound).

labil [la'bi:l] adj. unstable (a. med., tech.), changeable, unsettled (chem., phys. labile.

Labili'tät f (-) instability; lability.

labiodental [labioden'ta:l] adj. labiodental (sound).

Labkraut ['la:p-] bot. n bedstraw.

Labor [la'bo:r] colloq. n (-s; -s) lab.

Laborant(in f) [labo'rant-] m (-en, -en; -, -nen) assistant chemist, laboratory technician; **Laboratorium** [labora'to:rium] n (-s; -'torien) laboratory, lab.

labo'rieren v/i. (h.) colloq.: ~ an (dat.) labo(u)r under, suffer from.

'**Lab|sal** n (-[e]s; -e), **~ung** f (-; -en) refreshment, restorative; fig. comfort; treat.

Labyrinth [laby'rint] n (-[e]s; -e) labyrinth, maze (a. fig.).

'**Lachanfall** [lax-] m fit of laughter.

'**Lache**[1] f (-) laugh(ter); e-e gellende ~ anschlagen give a wild laugh.

'**Lache**[2] f (-; -n) puddle, pool.

lächeln ['lɛçəln] v/i. (h.) smile, grin (über acc. at); fig. das Glück lächelt ihm (zu) fortune smiles upon him.

'**Lächeln** n (-s) smile, grin.

'**lachen** v/i. (h.) laugh (über acc. at); fig. fortune, sun, etc.: smile; laut ~ laugh out loud, guffaw; brüllend ~ roar (or bellow) with laughter; häßlich ~ laugh an ugly laugh; leise vor sich hin ~ chuckle (under one's breath); sich krank (or schief or e-n Ast) ~ split one's sides with laughter; ~ Fäustchen; das Herz lacht ihm im Leibe his heart leaps for joy; er hat nichts zu ~ his life is no bed of roses; colloq. du hast gut ~ it's all very well for you to laugh; daß ich nicht lache! don't

make me laugh!, my eye (or foot)!; lach (du) nur! laugh away!; es wäre doch gelacht, wenn it would be ridiculous if we couldn't do it; wer zuletzt lacht, lacht am besten he laughs best who laughs last; **Q** n (-s) laugh(ing), laughter; chuckle, chortle; j-n zum ~ bringen make a p. laugh; ein ~ hervorrufen raise (or draw) a laugh; in lautes ~ ausbrechen burst out laughing; sich vor ~ biegen double up (or howl) with laughing; das ist (nicht) zum ~ it is ridiculous (no laughing matter or no joke); ich werde dir das ~ abgewöhnen I'll make you laugh out of the wrong side of your mouth; → verbeißen; **~d** adj. laughing; bright, smiling (sky, etc.); **~e Erben** joyful heirs; adv.: ~ über et. hinweggehen laugh a th. off.

'**Lacher** m (-s; -) laugher; die ~ auf seiner Seite haben have the laugh on one's side.

lächerlich ['lɛçərliç] adj. laughable, ridiculous; ludicrous, comical; funny; absurd; derisory; ~ machen **a)** et.: (turn to) ridicule, **b)** j-n: (hold up to) ridicule, **c)** sich: make a fool (or an ass) of o.s.; → zumute; 2e(s) n (-n): das ~ the ridiculous; ins ~ ziehen (turn to) ridicule, make fun of; 2keit f (-; -en) ridiculousness; trivial matter, (a mere) farce; der ~ preisgeben expose to ridicule, make a p. the laughing-stock.

'lächern v/t. (h.): es lächert mich it makes me laugh, I find it ridiculous.

'Lach...: ~gas n laughing gas; 2haft adj. laughable, ridiculous; ~krampf m paroxysm (or fit) of laughter; e-n ~ bekommen be convulsed with laughter; ~lust f (-) merriness; 2lustig adj. merry, hilarious; ~muskel anat. m risible muscle.

Lachs [laks] m (-es; -e) salmon.

'Lach-salve f peal of laughter.

'Lachs...: ~fang m salmon fishing; 2farben adj. salmon(-pink); ~forelle f salmon trout; ~schinken m fillet of smoked ham.

'Lachtaube f ring-dove.

Lack [lak] m (-[e]s; -e) (gum-)lac; varnish (a. fig.); coloured: lacquer, enamel; lake; enamel varnish; paint; colloq. fertig ist der ~! there you are!; '~anstrich m coat of lacquer, finish; '~arbeiten (pl.) f lacquered work; '~draht m enamelled wire.

Lackel ['lakəl] colloq. m (-s; -) boor, rube, yokel.

'Lack...: ~farbe f varnish (colo[u]r); paint; ~firnis m lac varnish; ~harz m gum-lac.

la'ckier|en v/t. (h.) → Lack; lacquer; varnish; enamel; paint; colloq. fig. dupe, take in; der Lackierte sein be the dupe (or sucker); 2er m (-s; -) varnisher; lacquerer; 2erei [-ki:-rə'rai] f (-; -en) paint-shop; 2ung f (-; -en) varnish or enamel or lacquer coat(ing), lacquer finish; paint.

'Lack...: ~lasurfarbe f transparent varnish colo(u)r; ~leder n patent leather; ~mus ['lakmus] chem. n (-) litmus; ~muspapier n litmus paper; ~schuhe, (~stiefel) m/pl. patent leather shoes (boots); ~waren f/pl. lacquered goods.

Lade ['la:də] f (-; -n) case, chest, box; drawer; ~aggregat tech. n charging set; ~batterie el. f storage battery; ~baum m derrick; ~brücke f loading bridge; ~bühne f loading platform; ~druck mot. m (-[e]s; ~e) boost pressure; ~fähigkeit f loading capacity; mar. storage tonnage; el. storage capacity; ~fläche f loading area; ~gebühr f, ~geld n lading charges pl.; ~gewicht n weight of load; weight loaded; ~gleis n loading track; ~hemmung mil. f jam, stoppage; ~höhe f loading height; ~kanonier mil. m gun loader; ~kapazität f → Ladefähigkeit; ~klappe mot. f tail board (Am. gate); ~kran m loading crane; ~linie mar. f loadline; ~liste f cargo list; aer., mar. manifest; ~luke f hatch(-way).

'laden[1] v/t. (irr., h.) load, econ. a. lade; freight, ship; el. charge (battery), energize (wire); supercharge (engine); load, charge (rifle, etc.); blind (scharf) ~ load with blank cartridges (with ball or shot); fig. et. auf sich ~ burden (or saddle)

o.s. with, incur; colloq. er hat schwer geladen he is half-seas over, Am. he's got a load on; colloq. geladen sein be fuming, be hot under the collar, auf j-n: have it in for a p.

'laden[2] v/t. (irr., h.) invite, ask (zu Tische to dinner); jur. vor Gericht ~ cite (or summon) before a court, subpoena.

'Laden m (-s; ~) econ. shop (a. fig.), store; stall; (window) shutter; econ. e-n ~ aufmachen set up shop, hang out one's shingle; fig. den ~ zumachen shut up shop; colloq. den ~ schmeißen run the (whole) show; ~besitzer(in f) m shopkeeper, Am. storekeeper; ~dieb(in f) m shop-lifter; ~diebstahl m shop-lifting; ~fenster n shop window; ~front f shop (or store) front; ~geschäft n shop, store; ~hüter m dead stock, drug in (Am. on) the market, Am. a. plug, sticker; ~inhaber(in f) m shopkeeper, Am. storekeeper; ~kasse f till; ~mädchen n shop-girl; ~preis m selling-price, retail price; publishing price; ~schild n shop sign; ~schluß m (-sses) closing time; nach ~ after hours; ~schwengel contp. m counter-jumper; ~straße f shopping street; ~tisch m counter; ~verkauf m retail (sale).

'Lade...: ~platz m loading-place; mar. wharf; rail. goods-platform; ~rampe f loading platform or ramp; ~raum m loading or cargo space; mar. a) tonnage, b) (ship's) hold; mil. stowage compartment; ~schein mar. m bill of lading; ~schütze mil. m loader; ~spannung el. f (-) charging voltage; ~station f (battery-)charging station; ~stelle f (battery-)charging station; ~stock m ramrod; ~streifen mil. m charger strip; cartridge clip; ~strom el. m charging current; ~trommel mil. f cartridge drum; ~vorrichtung f mil. feeding (or loading) device; el. charger.

lädieren [lɛ'di:rən] v/t. (h.) damage, injure.

'Ladung[1] f (-; -en) loading, lading, load, freight, mar. cargo, shipment; wagonful, truckload; mil. (explosive) charge; shot; el., phys. charge; tech. (furnace-)charge; ~ einnehmen load, take in cargo, ship; mil. geballte (gestreckte) ~ concentrated (distributed) charge.

'Ladung[2] jur. f (-; -en) summons, citation, subpoena; durch öffentliche Bekanntmachung: public citation.

'Ladungs...: ~aufseher mar. m supercargo; ~dichte phys. f density of charge; ~empfänger m consignee; ~verzeichnis n ship's manifest.

Lafette [la'fɛtə] mil. f (-; -n) (gun-)carriage, mount; ~nkasten m trail-box; ~nschwanz m trail; ~nsporn m trail spade.

Laffe ['lafə] m (-n; -n) fop, dandy.

lag [la:k] pret. of liegen.

Lage ['la:gə] f (-; -n) situation (a. mil.), position; fig. a. state of affairs, outlook; circumstances pl.; of building: site, esp. Am. a. location; condition, state; attitude, posture; med. presentation (of foetus); tech. set; layer, geol. a. bed, stratum,

deposit; tier; of wood, etc.: ply; paint. coat; (paper) quire; mus. position, die höheren ~n pl. the higher notes; artillery: group, tier, volley, mar. volle ~ broadside; mot. → Straßen2; round (of beer); rechtliche ~ legal status (or position); wirtschaftliche ~ economic status (or position, outlook), n.s. pecuniary circumstances; mißliche or unangenehme ~ awkward position, predicament, plight; ungeschützte ~ exposure; nach ~ der Dinge as matters stand, under the circumstances; (nicht) in der ~ sein zu inf. be (un)able to inf., (not to) be in a position to inf.; j-n in die ~ versetzen zu inf. enable a p. to inf., make it possible for a p. to inf.; e-e ~ Bier spendieren stand a round of beer; versetzen Sie sich in meine ~ put yourself in my place; ~bericht mil. m situation report; ~besprechung mil. f briefing; 2nweise ['-vaizə] adv. in layers; ~plan m site plan; layout plan.

Lager ['la:gər] n (-s; -) couch; bed(stead); → Kranken2, Nacht2; of beasts: den, lair; mil., etc. camp, encampment; (prisoners') camp, enclosure, stockade; of arms, etc.: cache (Fr.); fig. camp, party; in unserem ~ on our side; im feindlichen ~ in the hostile camp; (pl. ~) econ. warehouse, storehouse; depot; dump; stock(s pl.), store, supply; auf ~ in stock or store, on hand, fig. up one's sleeve; nicht auf ~ out of stock; ab ~ ex warehouse, from stock; auf ~ nehmen warehouse, store; ein ~ halten von (dat.) keep a stock of; tech. bearing; (bedding) support; geol. bed, layer, deposit, stratum; ~auffüllung f (-; -en) replenishment of stock; ~aufnahme f stock-taking, inventory; ~auftrag m stock order; ~bestand m stock (on hand), inventory; ~bier n lager (beer); ~bock tech. m bearing stand, pedestal; ~buch n stock-book; ~buchse tech. f bearing bush(ing); 2fähig adj. storable; ~fähigkeit f storing stability; shelf life; ~feuer n camp-fire; ~gebühr f, ~geld n warehouse-charges pl., storage; ~halter m store-clerk, stocker; distributor; ~haltung f stock-keeping; ~haus n warehouse, storehouse; customs: bonded warehouse; ~hof m dock(-warehouse).

Lage'rist m (-en; -en) store-clerk.

'Lager...: ~keller m storage cellar; ~kosten pl. warehousing (expenses), storage sg.; ~leben n (-s) camp-life; ~meister m storeman; ~metall n bearing metal.

'lagern I. v/i. (h.) lie down, rest (a. sich ~); hunt. animal: couch; mil. camp, be encamped; geol. be deposited; econ. be warehoused or stored; fig. cloud: hang, brood (über dat. over); → gelagert; II. v/t. (h.) lay down; (en)camp (troops); store, warehouse, dump; season (cigars, wine, wood); tech. mount in bearings, pivot; bed, seat, support (machine).

'Lager...: ~ort m (-[e]s; -e), ~platz m resting-place; camp-site; depot; mil. dump; ~raum m store-room, mar. stowage(-room); ~schale tech.

f bearing-box; ~schein *m* warehouse receipt *or* warrant; ~schuppen *m* storage shed; ~stätte, ~stelle *f* resting-place; bed, couch; camp-site; *geol.* deposit; ~ung *f* (-; -en) storage, warehousing; seasoning; *tech.* bearing application; *w.s.* mounting, bedding, seating, support; *geol.* stratification; ~verwalter *m* warehouseman, storekeeper; ~vorrat *m* stock, supply; ~zapfen *tech. m* journal; pivot pin; trunnion; ~zeit *f* time of storing.

Lagune [la'guːnə] *f* (-; -n) lagoon.

lahm [laːm] *adj.* lame, paralysed; limping; crippled; *fig.* feeble, weak; languid; dull; slow, sluggish; lame (*story, excuse, etc.*); 2e(r *m*) *f* (-n, -n; -n, -n) lame person, paralytic; cripple; '~en *v/i.* (h.) be lame, limp.

lähmen ['lɛːmən] *v/t.* (h.) (make) lame; paraly|se, *Am.* -ze; *fig. a.* immobilize, cripple, hamstring; gelähmt paralysed (*fig. vor Furcht* with fear); stagnant, lifeless (*business, etc.*); ~d *adj.* paralysing.

'**lahmlegen** *v/t.* (h.) paraly|se, *Am.* -ze, cripple, → *lähmen*; *mil. a.* neutralize.

'**Lähmung** *med. f* (-; -en) paralysis, *fig. a.* paralyzation; *einseitige* ~ hemiplegia.

Laib [laɪp] *m* (-[e]s; -e) loaf; *zwei* ~ *Brot* two loaves of bread.

Laich [laɪç] *m* (-[e]s; -e) spawn, *of oysters*: spat; '2en *v/i.* (h.) spawn; *oysters*: spat; '~platz *m* spawning-place; '~zeit *f* spawning-time.

Laie ['laɪə] *m* (-n; -n) layman; ~n *pl.* laymen, *collect.* laity; *fig.* layman, novice; amateur; *blutiger* ~ greenhorn; ~nbruder *m* lay brother; 2nhaft *adj.* amateurish, lay...; ~npriester *m* lay-priest; ~nrichter *m* lay-judge; ~nschwester *f* lay-sister; ~nspiel *n* amateur theatricals *pl.* (*or* play); ~nsprache *f* layman's language; ~nverstand *m* understanding of a layman.

Lakai [la'kaɪ] *m* (-en; -en) lackey, footman; 2enhaft *contp. adj.* flunkey-like; *adv.* like a flunkey; ~enseele *contp. f* flunkey.

Lake ['laːkə] *f* (-; -n) brine, pickle.

'**Laken** *n* (-s; -) linen; sheet; shroud.

lakonisch [la'koːnɪʃ] *adj.* laconic(ally *adv.*).

Lakritze [la'krɪtsə] *f* (-; -n) liquorice, licorice; ~nsaft *m* (-[e]s) liquorice extract; ~nstange *f* liquorice-stick.   [(-s) riboflavin.]

Laktoflavin [laktofla'viːn] *chem. n*]

lallen ['lalən] *v/i. and v/t.* (h.) stammer, mumble; babble; *drunk person*: speak thickly.

Lama[1] ['laːma] *zo. n* (-s; -s) llama, *a.* llama; *econ.* llama(-wool).

'**Lama**[2] *eccl. m* (-[s]; -s) lama.

Lamelle [la'mɛlə] *f* (-; -n) lamella; *el.* lamina, bar; *bot., a. mot.* gill; *phot.* blade, leaf; *mot.* ~n *pl.* clutch discs; 2nförmig [-fœrmɪç] *adj.* lamellar, laminated; ~nkupplung *mot. f* (multiple-)disc clutch; la-mel'lieren *tech. v/t.* (h.) laminate.

lamentieren [lamɛn'tiːrən] *v/i.* (h.) lament (*um for; über acc.* over).

Lamento [la'mɛnto] *n* (-s; -s) lamentations *pl.*, hue and cry.

Lametta [la'mɛta] *n* (-s) silver tinsel, angel's hair; *colloq.* (*medals*) fruit salad.

laminieren [lami'niːrən] *tech. v/t.* (h.) laminate.

Lamm [lam] *n* (-[e]s; ⁻er) lamb; '~braten *m* roast lamb.

Lämmchen ['lɛmçən] *n* (-s; -) little lamb, lambkin.

'**Lämmer** *pl. of Lamm*; ~geier *m* bearded vulture, lammergeyer; ~wolke *f* cirrus, cirro-cumulus.

'**Lamm...**: ~(e)sgeduld *f* Job's patience; ~fell *n* lambskin; ~fleisch *n* lamb; 2fromm *adj.* (as) gentle *or* meek as a lamb, lamblike; ~wolle *f* lamb's wool.   [small lamp.]

Lämpchen ['lɛmpçən] *n* (-s; -)]

Lampe ['lampə] *f* (-; -n) lamp; light; bulb; *thea.* ~n *pl.* footlights; *ewige* ~ everburning lamp.

'**Lampen...**: ~docht *m* (lamp-)wick; ~faden *m* lighting filament; ~fassung *f* (-; -en) lamp socket; ~fieber *n* (-s) *thea.* stage-fright; ~licht *n* (-[e]s) lamp light; ~schirm *m* lamp shade; ~zylinder *m* (lamp) chimney.

Lampion [lam'pjõ] *m and n* (-s; -s) Chinese lantern.

Lamprete [lam'preːtə] *ichth. f* (-; -n) lamprey.

lancier|en [lã'siːrən] *v/t.* (h.) launch (*a. fig.*); *econ.* float; 2rohr *n* torpedo-tube.

Land [lant] *n* (-[e]s; ⁻er) (*ant. water*) land; soil, ground; arable land; land(ed property), piece of land; (*ant. town*) country; countryside; land, country, territory, region; *pol.* country, state, nation; *in Germany*: Land, Federal State; *fig.* realm, land (*of dreams*); *das Gelobte* ~ the Land of Promise; *das Heilige* ~ the Holy Land; *aus aller Herren Länder* from all parts of the globe; *an* ~ *gehen, ans* ~ *steigen* land, go ashore; disembark; *auf dem* ~e in the country; *aufs* ~ *gehen* go into the country; *außer* ~es *gehen* go abroad; *fig. ins* ~ *gehen* time: pass, elapse; *mar.* ~ (*in Sicht*)! land ho!; *zu* ~e by land.

'**Land...**: ~adel *m* (landed) gentry; ~arbeit *f* agricultural work, farming; ~arbeiter *m* agricultural labo(u)rer, farm hand; ~arzt *m* country doctor.

Landauer ['landauər] *m* (-s; -) landau.

'**Land...**: ~aufenthalt *m* stay in the country; 2aus *adv.*: ~, *landein* far and wide; ~bau *m* (-[e]s) agriculture, farming; ~besitz *m* landed property, real estate; ~besitzer *m* land-owner, landed proprietor; ~bevölkerung *f* rural population; ~bewohner *m* countryman, country dweller; ~bezirk *m* rural district; ~brücke *geol. f* land-bridge; ~butter *f* farm butter.

Lande... ['landə-]: ~bahn *aer. f* (landing) runway, landing strip; ~bahnfeuer *aer. n* runway lights *pl.*; ~brücke *f* landing stage, pier, jetty; ~deck *aer. n* landing (*or* flight) deck.

'**Lande...**: ~eigentümer(in *f*) *m* → Landbesitzer; 2einwärts *adv.* up country, (further) inland.

'**Lande...**: ~klappe *aer. f* landing flap; ~kopf *mil. m* beachhead; ~licht *n* landing light.

'**landen** *v/i.* (sn) *and v/t.* (h.) land; *mar. a.* dock; disembark, go ashore; *aer.* make a landing; land, alight; touch down; → *wassern*; *fig.* land (*on one's feet, etc.*), alight; strike the ground; land (*a blow*), get home; land, end (*or* wind) up (*in jail, etc.*); *sports auf dem 3. Platz* ~ be placed third; *colloq. bei ihm kannst du nicht* ~ you won't get anywhere with him; you are no match for him; *damit können Sie bei mir nicht* ~ that cuts no ice with me.

'**Landen** *n* (-s) landing; *beim* ~ on landing; *aer. Ansetzen zum* ~ landing approach.

länden ['lɛndən] *v/t.* (h.) bring ashore.

'**Land-enge** *f* neck of land, isthmus.

'**Lande...**: ~piste *f* → Landebahn; ~platz *m mar.* quay, wharf, pier; *aer.* landing ground *or* field.

'**Länder** *pl. of Land.*

Lände'rei(en *pl.*) [lɛndə'raɪ(ən)] *f* (-; -en) landed property, land(s *pl.*), estate(s *pl.*).

'**Länder...**: ~kampf *m sports* international meeting (*or* competition *or* match); ~kunde *f* (-) geography; ~mannschaft *f* national team; ~spiel *n* international match.

'**Land-erziehungsheim** *n* country boarding-school.

'**Landes...**: ~arbeitsamt *n* Regional Labo(u)r Office; ~aufnahme *f* topographical survey; ~beschreibung *f* topography; 2eigen *adj.* state-owned; ~erzeugnis *n* agricultural product; home produce (*a. pl.*); ~farben *f/pl.* national colo(u)rs; ~flagge *f* national flag; ~fürst(in *f*) *m*, ~herr *m* sovereign; ~gebiet *n* national territory; ~gesetz *n* law of the land; ~grenze *f* frontier, (national) boundary; ~hoheit *f* (-) sovereignty; ~kind *n* native (of a country); ~kirche *f* national (*or* regional) church; ~mutter *f* (-; ⁻) sovereign (lady); ~polizei *f* state police; ~produkt *n* → Landeserzeugnis; ~regierung *f* (central) government; *in Germany*: Land government; ~schuld *f* national debt; ~sitte *f* national custom; ~sprache *f* language of a country, native language, vernacular.

'**Lande...**: ~steg *m* landing ramp; ~stelle *f* landing point.

'**Landes...**: ~tracht *f* national costume; ~trauer *f* public mourning.

'**Landestreifen** *m* landing strip.

'**Landes...**: 2üblich *adj.* customary, being the practice in a country; ~vater *m* sovereign; ~vermessung *f* ordnance survey; ~verrat *m* treason; ~verräter *m* traitor to his country; 2verräterisch *adj.* treasonable; ~verteidigung *f* national (*or* home) defen|ce, *Am.* -se; ~verweisung *f* expatriation, exile; *of foreigner*: deportation; ~verweser *m* governor; ~währung *f* national (*or* legal) currency.

'**Lande...**: ~trupp *mil. m* landing party; ~tuch *aer. n* ground panel; ~verbot *n* landing prohibition;

~zeichen *n* landing signal; ~zone *f* landing area; *for paratroops*: dropping zone.

'**Land...**: ~fahrzeug *n* land vehicle; ~flucht *f* (-) migration from the country (*to the towns*), rural exodus; ⚥flüchtig *adj.* fugitive; ~flugzeug *n* landplane; ~fracht *econ. f* carriage, land-freight; ~frau *f* country-woman; ~friede(nsbruch) *m* (breach of the) public peace; ~geistliche(r) *m* country clergyman; ~gemeinde *f* rural community; ~gericht *n* Regional Court (Landgericht); ~gerichts-präsident *m* President of the Regional Court; ~gerichtsrat *m* (-[e]s; ⚥e) Regional Court judge; ~gewinnung *f* reclamation of land; ~graf *m* landgrave; ~gräfin *f* landgravine; ~gut *n* country-seat, estate; ~haus *n* country-house, villa; cottage; ~heer *mil. n* land-force(s *pl.*), army; ~innere(s) *n* inland, interior, up-country; ~jäger *m* country constable; (*kind of*) flat hard sausage; ~junker *m* (country) squire; ~karte *f* map; ~kreis *m* (rural) district; ~krieg *m* land warfare; ~kriegsordnung *f*: *Haager* ~ Hague Convention respecting the laws and customs of war on land; ⚥kundig *adj.* knowing the country well; ⚥läufig *adj.* customary, current, common, generally accepted; ~leben *n* (-s) country life; ~leute *pl.* country people, peasantry *sg.*

Ländler ['lɛntlər] *mus. m* (-s; -) country waltz.

'**ländlich** *adj.* rural; rustic, country-like; bucolic; countrified; ⚥keit *f* (-) rural character; rusticity, rustic simplicity.

'**Land...**: ~luft *f* (-) country air; ~macht *f* land power; land-force(s *pl.*); ~mädchen *n* country girl; ~makler *m* real estate agent, *Am.* realtor; ~mann *m* (-[e]s; -leute) countryman, farmer; ~marke *f* landmark; ~maschinen *f/pl.* agricultural machinery, farming equipment; ~messer *m* (-s; -) (land)surveyor; ~mine *f* land mine; ~nahme *f* ['-nɑːmə] *f* taking possession of (*or* settling in) a country; land rush; ~partie *f* outing, picnic; ~peilung *mar. f* shore bearing; ~pfarre(i) *f* country parsonage; ~pfarrer *m* country parson; ~plage *fig. f* public nuisance (*a. iro.*), public calamity, scourge; ~pomeranze *humor. f* country-miss, *Am.* jay, hick girl; ~post *f* rural post; ~rat(s-amt *n) m* (-[e]s; ⚥e) (Office of the) District President; ~ratte *mar. f* landlubber; ~regen *m* general (and persistent) rain; ~reise *f* (overland) journey; ~rücken *m* ridge of land; ~sasse ['-zasə] *hist. m* (-n; -n) freeholder.

'**Landschaft** *f* (-; -en) landscape (*a. paint.*), scenery; province, district, region; country(side); *fig.* scene; *in die* ~ *einbetten* landscape (*road, etc.*); ⚥lich *adj.* provincial, rural; scenic (*beauty, etc.*); ~e Beschaffenheit topography.

'**Landschafts...**: ~bild *n* landscape (-painting); ~gärtner *m* landscape gardener (*Am.* architect); ~maler

m landscape painter; ~male'rei *f* landscape painting.

'**Land...**: ~schule *f* country (*or* village)school; ~see *m* lake; ~ser *colloq. m* (-s; -) (common) soldier; *Brit.* Tommy (Atkins), *Am.* G.I. (Joe); infantryman, *Am. sl.* doughboy; ~sitz *m* country seat.

'**Lands...**: ~knecht *m hist.* lansquenet; mercenary; *fluchen wie ein* ~ swear like a trooper; ~mann *m* (-[e]s; -leute) (fellow-)countryman, compatriot; *was sind Sie für ein* ~? what's your native country?; where do you come from?; ~männin ['-mɛnɪn] *f* (-; -nen) (fellow-)countrywoman; ~mannschaft *f* organization of German expellees.

'**Land...**: ~spitze *f* cape, promontory, headland; ~stadt *f* country town; ~stände ['-ʃtɛndə] *hist. pl.* representative body, provincial diet; ~straße *f* highway, highroad; ~streicher(in *f) m* (-s, -; -, -nen) vagabond, vagrant, tramp, *Am. a.* hobo; ~streiche'rei *f* (-; -en) vagrancy; ~streitkräfte *f/pl.* land forces; ground forces; ~strich *m* tract of land, region, district; ~sturm *m* (-[e]s) veteran reserve; *Brit.* Territorial Reserve; ~tag *m* (regional) diet; ~tagsabge-ordnete(r *m) f* member of a regional diet; ~tiere *n/pl.* terrestrial animals; ~transport *m* overland transport; ~truppen *f/pl.* land-forces; ground troops.

Landung ['landuŋ] *aer., mar. f* (-; -en) landing; alighting; debarkation; disembarkation; arrival; → *Zwischen⚥*; *zur* ~ *ansetzen* come in to land; *zur* ~ *zwingen* force down, ground; ~sabteilung *mil. f* beach party; ~sboot *n* landing craft (*abbr.* LC), assault craft; ~sbrücke *f* landing-stage; jetty, pier; ~sgestell *aer. n* landing gear; ~skorps *mil. n* landing detachment; ~splatz *m*, ~sstelle *f* landing-place; jetty, pier; *aer.* landing ground; ~ssteg *m* gangway, gang-plank; ~s-truppen *f/pl.* landing force; beach assault troops; ~s-unternehmung *mil. f* landing operation; ~sversuch *m* attempt to land.

'**Land...**: ~urlaub *mar. m* shore leave; ~vermessung *f* land surveying; ~vogt *hist. m* governor, high bailiff; ~volk *n* (-[e]s) → *Landleute*; ⚥wärts ['-verts] *adv.* landward(s), inshore; ~-Wasserflugzeug *n* amphibious (air)plane; ~weg *m* (secondary) country-road; *w.s.* overland route; *auf dem* ~ by land; ~wehr *mil. f* militia; *Brit.* Territorial Reserve; ~wein *m* home-grown wine; ~wind *m* off-shore wind; ~wirt *m* farmer, agriculturist; ~wirtschaft *f* agriculture, farming; farm, country-estate; ⚥wirtschaftlich *adj.* agricultural; ~e *Maschinen* agricultural machinery, farm equipment; ~e *Hochschule* agricultural college; ~wirtschafts... *in compounds*: agricultural; ~wirtschaftslehre, ~wirtschaftswissenschaft *f* agricultural science; ~wirtschaftsministerium *n* Ministry of Agriculture; *Brit.* Board (*Am.* Department) of

Agriculture; ~zunge *f* spit (of land).

lang [laŋ] *adj. and adv.* **1.** *as to space*: long; tall; *vier Fuß* ~ four feet long *or* in length; *zehn Fuß* ~ *und vier Fuß breit* ten feet by four; *gleich* ~ equally long, of equal length; *viele Meilen* ~ extending (*or* for) many miles; *e-n* ~*en Hals machen* crane one's neck; *er machte ein* ~*es Gesicht* he pulled a long face, his face fell; *fig.* → *Bank, Hand, Nase, etc.*; *sich des* ~*en und breiten über et. auslassen* enlarge on a th.; *colloq.* along; *die Straße* ~ along (*or* down) the street; **2.** *as to time*: long, (for) a long time; ~*e Jahre* for years; *in nicht zu* ~*er Zeit* in a not too distant future, before long; *seit* ~*em* for a long time past; *vor nicht* ~*er Zeit* not so long ago; *über kurz oder* ~ sooner or later; *ihm wird die Zeit* ~ time hangs heavy on his hands; *econ. Wechsel auf* ~*e Sicht* long (-sighted) bill, *pl. a.* longs; ~ *werden days*: lengthen; → *dauern*; *drei Jahre* ~ for three years; *die ganze Woche* ~ all the week long, all week; ~ *anhaltend* long, continuous; ~ *ersehnt* long-desired, long hoped-for; ~ *entbehrt or vermißt* long missed; *nicht* ~*e darauf* a short time after (-wards); ~*e bevor er kam* long before he arrived; *das ist schon* ~*e her* that was a long time ago; *es ist schon* ~*e her, daß* it has been a long time since *or* that; *ich kenne ihn schon viele Jahre* ~ I have known him for many years; *wie* ~*e lernen Sie schon Englisch?* how long have you been learning English?; *noch* ~*e nicht* not for a long time yet; *far from* (it); not by a long way; *es ist noch* ~*e nicht fertig* it is not nearly ready; *so* ~*e wie* as long as; *so* ~*e bis* till, until (such time as); *da kannst du* ~*e warten* you can wait till you are black in the face; you may whistle for it; *du brauchst nicht* ~*e zu fragen* you need not (trouble to) ask first; *er ist* ~*e nicht so geschickt* he is not nearly (*or* far from being) as clever; *er macht* ~*e!* he takes his (own) time about it; *das ist* ~*e genug für ihn* that's plenty and enough for him; → *länger, längst*.

'**lang...**: ~atmig ['-ʔɑːtmɪç] *adj.* long-winded; ⚥baum *m* perch (*of cart*); ~beinig *adj.* long-legged, leggy; ⚥drehschlitten *tech. m* turning carriage.

'**lange** *adv.* → **lang.**

Länge ['lɛŋə] *f* (-; -n) length; tallness, size; *geogr., ast., math.* longitude; *metrics*: quantity; long (syllable); *tech.* ~ *über alles* overall length; ~ *in Fuß* (Meilen) footage (mileage); *fig. thea., etc.* tedious (*or* dragging) passage; *der* ~ *nach* lengthwise; *der* ~ *nach hinfallen* fall (at) full length; *sports*: *mit zwei* ~*n siegen* win by two lengths; *auf die* ~ in the long run; *in die* ~ *ziehen* draw (*or* drag) out, protract; spin out (*story*); *sich in die* ~ *ziehen* drag on (and on), *road*: lengthen out.

'**längelang** *adv.* (at) full length; ~ *hinfallen* fall (at) full length, go sprawling.

'**langen I.** v/i. (h.) suffice, be sufficient or enough (für for); langt das? will that do?; damit lange ich e-e Woche this will last me a week; ~ nach reach for; ~ in reach in; in die Tasche ~ put one's hand in(to) one's pocket; **II.** v/t. (h.) grasp, seize; j-m et. ~ reach (or hand) a p. a th.; colloq. j-m e-e (Ohrfeige) ~ fetch (or paste) a p. one.

'**längen** tech. v/t. (h.) lengthen, extend, elongate.

'**Längen...:** ~ausdehnung f linear expansion; ~bruch med., tech. m longitudinal fracture; ~(durch)-schnitt m longitudinal section; ~einheit f unit of length; ~grad m degree of longitude; ~kreis m meridian; ~maß n long or linear measure.

'**lang-entbehrt** adj. long missed.

'**länger** adj. and adv. (comp. of lang) longer; rather long, prolonged; ~e Zeit (for) some time, (for) a prolonged period; ich kann es ~ nicht ertragen I cannot bear it any longer; je ~, je lieber the longer, the better.

'**lang-ersehnt** adj. long wished-for, long-desired.

Langette [laŋ'gɛtə] tech. f (-; -n), **langet'tieren** v/t. (h.) scallop.

Lange'weile f boredom, tediousness, tedium; aus (or vor) Lange(r)-weile from (sheer) boredom, to kill time; ~ haben → sich langweilen; sich die ~ vertreiben while away the (or kill) time.

'**lang...:** ♀finger colloq. m pickpocket, thief, pilferer; ♀format n oblong size; ~fristig adj. long-term, long-range; econ. ~e Anleihe long-term (or long-sighted) loan; ~es Geld time money, long-term funds; ~er Wechsel long(-dated) draft or bill; ~gestreckt adj. long, extended; ~haarig adj. long-haired; cotton: long-staple(d); ~halsig adj. long-necked; ♀hobel tech. m trying plane; parallel planing machine; ♀holz n long(-cut) timber; ♀holzwagen rail. m timber wagon, Am. bogie (or lumber) car; ~hubig ['-hu:biç] tech. adj. long-stroke; ~jährig adj. of many years' standing or duration; ~e Freundschaft friendship of long (or old) standing; ~e Erfahrung (many) years of experience; ♀lauf m (long-)distance run(ning) or race; ~lebig ['-le:biç] adj. long-lived; econ. durable; ♀lebigkeit f (-) longevity.

'**länglich** adj. longish; elongated, oblong; ~rund adj. oval, elliptical.

'**lang...:** ♀loch tech. n oblong hole, slot; ♀lochfräsmaschine f slot milling machine; ♀mut f (-), ♀-mütigkeit ['-my:tiçkaɪt] f (-) patience, forbearance; ~ üben gegen show indulgence to(wards); ~mütig I. adj. forbearing, patient, long-suffering; II. adv. with forbearance, patiently; ~nasig adj. long-nosed; ♀ohr colloq. n long-ear, jackass; ~ohrig adj. long-eared; ♀pferd n gym. vaulting- (or long) horse; ♀rohrgeschütz mil. n long-barrelled gun.

'**längs** [lɛŋs] adv. and prp. (dat. or gen.) along, alongside of; → entlang; mar. ~ der Küste fahren (hug

the) coast, sail alongshore; '♀achse f longitudinal axis.

'**langsam** adj. slow; tech. slow speed; leisurely, unhurried; tardy, dawdling; sluggish; heavy, plodding; slow (of comprehension or in the uptake); ~er Kerl slowpoke; ~er werden slow down, slacken; ~, aber sicher! slow but sure; immer ~! take it easy!, not so fast!; ♀keit f (-) slowness; leisureliness; tardiness; sluggishness; slackness; ♀-treten n (-s) (strike) ca'canny, go-slow strike.

'**lang...:** ~schädelig adj. long-headed, delichocephalic; ♀schäfter ['-ʃɛftər] m/pl. highboots, Wellingtons; ♀schiff arch. n nave; ♀-schläfer(in f) m late riser, slug-abed; ~schurig adj. long-staple(d) (wool); ~sichtig econ. adj. long-sighted; ♀spielplatte f long playing record, long-play(er).

'**längs...:** ♀richtung f longitudinal direction or sense; ♀schnitt m longitudinal section; arch. sectional elevation; ~seits ['lɛŋszaɪts] adv. alongside.

längst [lɛŋst] adv. long ago or since; ich weiß es ~ I have known it for a long time; ~ fällig overdue; er sollte ~ dasein he should have been here long (or hours) ago; ~ vergangene Tage times long past (and gone); fig. ~ nicht not by a long way; das ist ~ nicht so gut that's not nearly (or far from being) as good; ~ens ['lɛŋstəns] adv. at the longest; at the latest; at the most.

'**langstielig** adj. long-handled; bot. long-stemmed; fig. → langweilig.

'**Längs-träger** m arch. longitudinal girder; mot. frame side member.

'**Langstrecken...** in compounds: long-distance, long-range; ~bomber m, ~flugzeug n long-range or long-distance bomber (airplane); ~lauf m (long-)distance run or race; ~läufer m (long-)distance runner; ~radar n long-range radar.

'**längs...:** ♀vorschub tech. m longitudinal feed; ♀zug tech. m longitudinal traverse.

Languste [laŋ'gʊstə] zo. f (-; -n) spring- (or spiny) lobster.

'**lang...:** ♀weile f → Langeweile; ~weilen v/t. (h.) weary, tire, bore (zu Tode to death or stiff); sich ~ feel bored; ♀weiler colloq. m (-s; -) slowpoke; ~weilig adj. boring, tedious, tiresome, wearisome, dull; humdrum (life); ~er Mensch bore; ♀weiligkeit f (-) tediousness, dullness; ♀welle f radio: long wave; ♀wellenbereich m long-wave band; ♀wellenempfänger m long-wave receiver; ~wellig el. adj. long-waved; ~wierig ['-vi:riç] adj. protracted, lengthy, long-drawn-out; unending, wearisome; med. lingering, chronic; ♀wierig-keit f (-) long duration, lengthiness; tediousness.

Lanolin [lano'li:n] n (-s) lanolin.

Lanze ['lantsə] f (-; -n) spear, mil. lance; fig. für j-n e-e ~ brechen break a lance for, stand up for a p.; ~nbrechen, ~nstechen n (-s) tilt (-ing), joust, tournament; ~nför-mig ['-fœrmiç] adj. spear-shaped,

lanciform, bot. lanceolate; ~nreiter mil. m lancer.

Lanzette [lan'tsɛtə] med. f (-; -n) lancet.

lapidar [lapi'da:r] adj. lapidary, pithy.

Lapisdruck ['la:pis-] typ. m (-[e]s; -e) lapis style.

Lapislazuli [la:pis'la:tsuli] m (-) lapis lazuli.

Lappalie [la'pa:liə] f (-; -n) trifle, bagatelle.

Lapp|e ['lapə] m (-n; -n), ~in f (-; -nen) → Lappländer(in).

Lappen ['lapən] m (-s; -) rag; cloth; duster; patch; hunt. toil(s pl.); flap-ears; anat., bot., radio: lobe, of fowl: wattle, gill; colloq. bank-note, bill; fig. j-m durch die ~ gehen give a p. the slip.

läppen ['lɛpən] tech. v/t. (h.) lap.

läppern ['lɛpərn] v/t. and v/i. (h.) lap, sip; colloq. sich (zusammen) ~ run up, accumulate.

'**lappig** adj. ragged; flabby, flaccid; anat., bot. lobate.

'**läppisch** adj. silly, foolish.

'**Lapp...:** ~land n (-s) Lapland; ~-länder(in f) ['laplɛndər(in)] m (-s, -; -, -nen) Laplander, Lapp; ♀ländisch adj. Lap(pish).

Lapsus ['lapsus] m (-; -) slip.

Lärche ['lɛrçə] f (-; -n) larch(-tree); amerikanische ~ tamerack.

larifari! [lari'fa:ri] int. stuff and nonsense!

Lari'fari n (-s; -s) nonsense.

Lärm [lɛrm] m (-s) noise; din; row, racket; clamo(u)r; hubbub, hulla-balloo; broil; bustle; uproar, tumult, riot; blinder ~ false alarm; ~ schlagen raise (or sound) the alarm, fig. cry blue murder; blinden ~ schlagen cry wolf; ~ machen → lärmen; großen ~ um et. machen make a great noise (or fuss) about a th.; viel ~ um nichts much ado about nothing; '~bekämpfung f noise abatement (campaign); '♀en v/i. (h.) be noisy, make much noise, make a racket, kick up a row; brawl; yell; shout; romp; ♀end adj. noisy; uproarious, tumultuous, riotous; unruly; '~(mach)er m (-s; -) noisy person; brawler, rioter.

Larve ['larfə] f (-; -n) mask; face; zo. larva, grub.

las [la:s] pret. of lesen.

lasch [laʃ] colloq. adj. lax; limp, flabby; stale, insipid; sloppy.

Lasche ['laʃə] f (-; -n) on rails: fish-plate; (ropes) lashing; tech. strap joint; splice strap; boiler, steel construction: butt strap; mot. shackle, clip; joinery: groove; arch. strip; dressmaking: gusset; (pocket-)flap; on laced shoes: tongue; ~nnietung f butt-joint (riveting).

Laser ['le:zər] phys. m (-s; -) laser.

lasier|en [la'zi:rən] v/t. (h.) glaze; ♀farbe f glazing colo(u)r.

Läsion [lɛzi'o:n] med. f (-; -en) lesion.

lassen ['lasən] irr. I. v/aux. a) (h.) let, allow to (inf.), permit; not to prevent from (doing a th.); suffer (a th. or a th. to be done), tolerate; die Lampe brennen ~ leave (or keep) the lamp burning; et. sehen ~ show a th.; et. fallen ~ drop a th.; j-n gehen ⁓ let a p. go; *j-n warten* ⁓ keep a p. waiting; *laß ihn nur kommen!* just let him come!; **b)** make, cause to (*inf.*); (*sich*) et. *machen* ⁓ get (*or* have) a th. made *or* done; order a th. *to be done*; *a p. to do a th.*; *ich ließ ihn e-e Liste anfertigen* I got (*or* ordered) him to make a list, I had him make a list; *ich ließ den Hund springen* I made the dog jump; *man ließ den Arzt kommen* the doctor was sent for; *ich habe mir sagen* ⁓ I have been told; *ich lasse (ihn) bitten!* please, show him in!; *sich schicken* ⁓ have sent; *sich e-n Zahn ziehen* ⁓ have a tooth drawn; **c)** *v/refl.* (*h.*): *es läßt sich nicht beschreiben* it defies description, it is indescribable; *das läßt sich denken* I can imagine; *das läßt sich (schon) machen* it can be done, it can be arranged; *es läßt sich nicht leugnen, daß* it cannot be denied that; *there is no denying the fact that*; *das läßt sich hören* that sounds well; *er läßt sich nichts sagen* he won't take advice; *er läßt sich nicht herumkommandieren* he won't be ordered about; *das Material läßt sich vielfach verwenden* the material can be used for various purposes; *das Wort läßt sich nicht übersetzen* the word is untranslatable; *der Wein läßt sich trinken* the wine is drinkable; *von sich hören* ⁓ send news (*or* word); *sich et. einfallen* ⁓ **a)** get an idea into one's head, **b)** think a th. up; *laß dir das gesagt sein!* mark my words!; **II.** *v/t.* (*h.*) leave (*undone, off, open, shut, behind*); leave, part with, abandon; put, place, deposit; abstain (*or* refrain, desist) from (*doing a th.*); *laß (das)!* don't!, stop it!, lay off!; *laß den Lärm!* stop that noise!; *laß das Weinen!* stop crying!; *ich kann es nicht* ⁓ I cannot help (doing) it; *er kann das Witzeln nicht* ⁓ he will have his little joke; ⁓ *Sie ihn (zufrieden)!* leave him alone!; *wo hat er nur all sein Geld gelassen?* what has he done with all his money?; *j-m et.* ⁓ let a p. have a th.; *das muß man ihm* ⁓ you have to grant (*or* hand) it to him; *das Leben* ⁓ lose one's life, perish, *für et.:* give *or* sacrifice one's life for a th.; *j-m Zeit* ⁓ give (*or* allow) a p. (sufficient) time; *laß dir Zeit!* take your time!; **III.** *v/i.* (*h.*): ⁓ *von et.* renounce (*or* give up) a th., desist from a th.

lässig ['lɛsiç] *adj.* indolent, lazy, idle; sluggish, slack; negligent, remiss; careless; nonchalant; ⁓er *Arbeiter* slacker; ♀**keit** *f* (-) indolence, laziness; sluggishness; negligence; carelessness; nonchalance.

läßlich ['lɛsliç] *eccl. adj.:* ⁓e *Sünde* venial sin; *w.s.* pardonable.

Lasso ['laso] *m and n* (-s; -s) lasso.

Last [last] *f* (-; -en) load (*a. aer., mar.* = cargo, freight); burden; weight, charge; tonnage; *bewegliche (ruhende)* ⁓ live (dead) load; *fig.* weight, burden, charge; trouble; nuisance; *econ.* encumbrance; *jur.* ⁓ *der Beweise* weight of evidence, onus of proof; ⁓en *pl.* taxes, im-

posts, social burdens; *öffentliche* ⁓en public charges; *econ. zu j-s* ⁓en to the debit of a p.; *wir buchen es zu Ihren* ⁓en we debit (*or* charge) it to your account; *j-m zur* ⁓ *fallen* be a burden to (*or* drag on) a p., trouble (*or* bother) a p.; *der Öffentlichkeit zur* ⁓ *fallen* be(come) a public charge; *j-m et. zur* ⁓ *legen* charge a p. with a th. (*a. jur.*); blame a th. on a p., lay a th. at a p.'s door; '⁓**anhänger** *m* trailer; '⁓**auto** *n* → Lastkraftwagen; '⁓**dampfer** *m* cargo-steamer, freighter.

'**lasten** *v/i.* (*h.*): ⁓ *auf* (*dat.*) weight or press (up)on, responsibility: a. rest with a p. (*or* on a p.'s shoulders); *clouds:* brood over.

'**Lasten...:** ⁓**aufzug** *m* goods lift, *Am.* (freight) elevator; ⁓**ausgleich** *m* equalization of burdens; ⁓**fallschirm** *m* cargo parachute; ♀**frei** *adj.* unencumbered; ⁓**segler** *m* transport glider; troop-carrying glider.

'**Laster**[1] *m* (-s; -) → Lastkraftwagen.

Laster[2] ['lastər] *n* (-s; -) vice; depravity; *e-m* ⁓ *frönen* indulge in a vice; *colloq. fig.* (*person*) *langes* ⁓ tall streak.

Lästerer ['lɛstərər] *m* (-s; -) calumniator, slanderer, backbiter; blasphemer.

'**lasterhaft** *adj.* vicious, wicked; depraved, corrupt; ♀**igkeit** *f* (-) viciousness, wickedness; depravity.

'**Laster...:** ⁓**höhle** *f* den of vice; ⁓**leben** *n* vicious life.

'**läster|lich** *adj.* slanderous, calumnious, abusive; blasphemous; disgraceful; *colloq.* awful; ♀**maul** *colloq. n* scandalmonger, slanderer, backbiter.

'**lästern** *v/t.* (*h.*) slander, calumniate, defame; abuse, revile, run down; (*a. v/i.*) blaspheme.

'**Läster...:** ⁓**schrift** *f* libel(lous pamphlet, lampoon; ⁓**ung** *f* (-; -en) calumny, slander, abuse; blasphemy; ⁓**zunge** *f* slanderous tongue; → Lästermaul.

'**Last...:** ⁓**esel** *m* sumpter-mule; *fig.* drudge; ⁓**fahrzeug** *n*, ⁓**fuhre** *f* heavy goods vehicle; ⁓**flugzeug** *n* cargo (air)plane, freight carrier; ⁓**geld** *n* tonnage.

lästig ['lɛstiç] *adj.* burdensome, cumbersome, onerous; troublesome, tiresome; irksome, bothersome, annoying; uncomfortable, inconvenient; ⁓er *Ausländer* undesirable alien; ⁓e *Person (Sache)* nuisance, bore; *j-m* ⁓ *fallen or werden* be(come) a burden (*or* trouble) to a p., bore (*or* bother, molest) a p.; ♀**keit** *f* (-) burdensomeness; troublesomeness; irksomeness.

'**Last...:** ⁓**kahn** *m* barge, lighter; ⁓**kraftwagen** *m* (LKW) (motor) lorry, *Am.* truck; *mit Anhänger:* tractor-trailer unit; *leichter (schwerer)* ⁓ light (heavy-duty) lorry or truck; ⁓**kraftwagenanhänger** *m* lorry (*Am.* truck) trailer; ⁓**magnet** *m* lifting magnet; ⁓**pferd** *n* pack horse; ⁓**schiff** *mar. n* transport-ship, freighter; ⁓**schrift** *econ. n* debit advice (*or* note); debit item

(*or* entry); ⁓**tier** *n* pack animal; ⁓**wagen** *m* wag(g)on, van; *mot.* → Lastkraftwagen; ⁓**wagenfahrer** *m* lorry (*Am.* truck) driver; ⁓**wagenladung** *f* truckload; ⁓**zug** *mot.* m road-train of lorries, *Am.* motor freight car train; tractor-trailer unit, *Am. a.* trailer truck, power unit.

Lasur[1] [la'zu:r] *min. m* (-s) azure; → ⁓stein.

La'sur[2] *f* (-; -en) glaze.

La'sur...: ⁓**blau** *n*, ⁓**farbe** *f* colo(u)ring blue; ultramarine; ♀**blau**, ♀**farben** *adj.* azure, (deep) sky-blue; ⁓**fähigkeit** *f* opacity; ⁓**lack** *m* transparent varnish; ⁓**stein** *min. and paint. m* lapis lazuli, azurite.

lasziv [las'tsi:f] *adj.* lascivious.

Latein [la'taɪn] *n* (-s) Latin; *fig. mit seinem* ⁓ *am Ende sein* be at one's wits' end; ⁓**amerika** *n* Latin America; ⁓**er** *m* (-s; -) Latinist; ♀**isch** *adj.* Latin; *auf* ⁓ in Latin; ⁓ *Buchstaben or Schrift* Latin characters; *typ.* Roman (type *or* letters); ⁓**schule** *f* grammar-school.

laten|t [la'tɛnt] *adj.* latent; potential, dormant; *phys.* ⁓e *Kraft* dynamism, *fig.* latent power, potentiality; ⁓e *Wärme* latent heat; ♀**z** [la'tɛnts] *f* (-) latency; ♀**zstadium** *med. n* latency (*or* incubation) period; ♀**zzeit** *f* latent period.

Laterna magica [la'tɛrna 'mɑ:gika] *f* (-) magic lantern.

Laterne [la'tɛrnə] *f* (-; -n) lantern; street-lamp; dark lantern; → Lampion; ⁓**npfahl** *m* lamp-post; *fig. Wink mit dem* ⁓ broad hint.

latinisieren [latini'zi:rən] *v/t.* (*h.*) latinize.

Latinum [la'ti:num] *n* (-s): *Großes* ⁓ Matriculation Latin; *Kleines* ⁓ Intermediate Latin.

Latrine [la'tri:nə] *mil. f* (-; -n) latrine; ⁓**ngerücht** *n*, ⁓**nparole** *mil. sl. f* latrine rumo(u)r.

Latsche[1] ['lɑ:tʃə] *bot. f* (-; -n) dwarf-pine.

'**Latsche**[2] *f* (-; -n), ⁓**n** *m* (-s; -) (old) slipper.

'**latschen** *colloq. v/i.* (sn) shuffle (*or* slouch) along; (*h.*) twaddle, babble; *j-m e-e* ⁓ paste a p. one.

'**latschig** *adj.* shuffling, slouching; *fig.* slovenly, slipshod; sluggish, slack.

Latte ['latə] *f* (-; -n) lath, batten, strip board; slat; *surv.* stadia rod; *sl. aer.* prop(ellor); high-jump, soccer: (cross-)bar; *die* ⁓ *reißen* dislodge (*or* knock off) the bar; *die* ⁓ *überqueren* clear the bar; ⁓**nkiste** *f* crate; ⁓**nrost** *m* lath floor, duck-board; ⁓**nverschlag** *m* latticed partition; ⁓**nwerk** *n* lath-work, lattice; ⁓**nzaun** *m* lath fence, (wooden) paling.

Lattich ['latiç] *bot. m* (-[e]s; -e) lettuce.

Latwerge [lat'vɛrgə] *f* (-; -n) electuary.

Latz [lats] *m* (-es; ⁓e) bib; pinafore; (*Hosen*♀) flap.

lau [lau] *adj.* lukewarm (*a. fig.*), tepid; mild (*air, weather*); *fig.* half-hearted; indifferent.

Laub [laup] *n* (-[e]s) foliage, leafage;

leaves *pl.*; *sich mit* ~ *bedecken* tree: put on leaves; ~**baum** *m* deciduous tree; ~**dach** *n* canopy of leaves.

Laube ['laubə] *f* (-; -n) arbo(u)r, bower; summerhouse; *arch.* porch; portico; arcade; *colloq.* fertig ist die ~*!* there you are*!*; ~**ngang** *m* arbo(u)red walk, pergola; *arch.* arcade, loggia; ~**nkolonie** *f* allotment gardens *pl.*

'**Laub**...: ~**fall** *m* (-[e]s) fall of the leaf; ~**frosch** *m* tree-frog; ~**grün** *n* leaf green, pigment; ~**holz** *n* foliage trees *pl.*, leaf-wood; ~**hüttenfest** *n* Feast of (the) Tabernacles.

laubig ['laubiç] *adj.* leafy, leaved, foliate.

'**Laub**...: 2**los** *adj.* leafless; 2**reich** *adj.* leafy; ~**säge** *f* fretsaw; ~**sägearbeit** *f* fretwork; ~**wald** *m* leafy (*or* deciduous) wood; ~**werk** *n* foliage (*a. paint.*, *etc.*); *arch. a.* crocket, foil.

Lauch [laux] *bot. m* (-[e]s; -e) leek.

Lauer ['lauər] *f* (-): *auf der* ~ (*liegen*) (lie) in wait *or* ambush, (be) on the look-out; *sich auf die* ~ *legen* lay an ambush; go on a watch; 2**n** *v/i.* (h.) lurk (*auf acc.* for), (lie in) wait (for), *a. auf e-e Gelegenheit:* be on the look-out for, watch for *a chance*; 2**nd** *adj.* lurking (*danger*); wary (*look*).

Lauf [lauf] *m* (-[e]s; =e) run(ning); *sports: a.* run, heat; race; movement, motion, travel; current, flow (*of water*); course (*a. ast., mar., of river*), path, track, *ast. a.* orbit; *mus.* run, roulade; *hunt.* foot, leg; (gun-, *etc.*) barrel; *mit zwei Läufen* double-barrelled; *gezogener* ~ rifled barrel; *tech.* motion; operation, action; *of piston, etc.:* travel; *ruhiger* ~ smooth running (*of engine*); *sports: kurzer, schneller* ~ sprint, dash; *100-Meter-*~ one hundred metres dash; *1500-Meter-*~ metric (*or* Olympic) mile race; *in vollem* ~e in full career, at full (*or* top) speed; *im* ~ *des Monats* in the course of (*the month*), over the period of; *im* ~e *der Zeit* in course of time; *freien* ~ *lassen* a) *e-r Sache:* let a *th.* take its course, b) *den Gefühlen, etc.:* give free vent (*or* full play) to *one's feelings*; *den Dingen ihren* ~ *lassen* let things slide; *das ist der* ~ *der Welt* that's the way of the world, such is life; ~**achse** *tech. f* running axle; ~**bahn** *f sports:* lane; (*race-*)course; *aer.* runway; *ast.* orbit, course; *fig.* career; *e-e* ~ *einschlagen* enter on a career; ~**brett** *n* running-board; ~**brücke** *f* foot-bridge; *mar.* gangway; ~**buchse** *tech. f* bush(ing), liner; ~**bursche** *m* errand- (*or* office-)boy, messenger; ~**decke** *mot. f* tyre cover, *Am.* tire casing; ~**disziplin** *f sports:* running event.

'**laufen** *v/i. and v/t.* (irr., sn) run (*a. rail., mot.*); *schnell* ~ run swiftly, rush, dash; *schneller* ~ *als* outrun, outstrip (in running); *gelaufen kommen* come running (along); go on foot, walk; *tech. machine, etc.:* go, work, function; *piston, etc.:* travel, move, pass; cover, do (*a distance*); *der Weg läuft durch Äcker* the lane runs through fields;

run, flow, *tears: a.* roll (down); *vessel:* leak, (*a. nose*) run; *candle:* gutter; *blood: durch die Adern* ~ circulate; *ein Schauer lief mir über den Rücken* a cold shiver ran down my back; run, stretch, extend (*von ... bis* from ... to); *as to time:* pass, go by, elapse; (*be valid*) run; *film:* run, be on; → *Gefahr, Schi, Sturm, etc.; mar. auf Grund* ~ aground; *auf e-e Mine* ~ hit a mine; *in den Hafen* ~ put into port; *in das Verderben* ~ rush (*headlong*) into destruction; *j-m in die Arme* ~ bump into a p.; ~ *um* revolve (*or move*) round; *um die Wette* ~ race; *unter dem Namen ...* ~ go under the name of ...; *sich müde* (*tot*) ~ tire (kill) o.s. with running; *es läuft sich hier schlecht* it is bad running (*or* walking, skating, skiing) here; ~ *lassen let a p.* go (*or* off); give up; send away; run (*horse, etc.*); *die Dinge* ~ *lassen* let matters slide (*or* take care of themselves); *das Schiff* (*Auto*) *läuft 12 Knoten* (60 Meilen) *die Stunde* the ship (car) does *or* makes 12 knots (60 miles per hour); *die Sache läuft* the matter is in progress *or* under way, → *klappen; das läuft ins Geld* that runs away with a lot of money, it is (very) expensive; → *hinauslaufen.*

'**Laufen** *n* (-s) running; walking.

'**laufend I.** *adj.* running; *fig.* steady; continuous; current (*account, expense, price, production, year, etc.*); regular (*customers, service, etc.*); day-to-day, routine (*work, business*); consecutive, serial (*number*); running (*bill of exchange*), in circulation; *econ.* ~**en** *Monats* instant (*abbr.* inst.); *tech.* → *Band; stock exchange:* ~e Notierung consecutive quotation; ~e Rechnung current account; ~es Meter *cloth:* running metre; ~e Wartung (*Prüfung*) routine maintenance (check); *auf dem* ~**en** *sein* be up to date, *n.s.* be conversant with the facts, be fully informed; *j-n* (*sich*) *auf dem* ~**en** *halten* keep a p. (o.s.) (currently) informed *or* posted, keep abreast of developments; **II.** *adv.* currently; regularly, *etc.*; increasingly.

Läufer ['lɔyfər] *m* (-s; -) runner (*a.* ~**in** *f*); *soccer:* half-back; skater; skier; *zo.* young pig, porker; *bot.* runner, tendril; *mus.* run, glissando; *chess:* bishop; strip of carpet, runner; stair-carpet; *tech.* slider; *of scales:* sliding weight; *el.* armature, (*a. of turbine*) rotor; *arch.* stretcher, binder; *typ.* brayer; *weaving:* whirl.

Lauferei [laufə'raɪ] *f* (-; -en) running about; *w.s.* trouble, bother.

'**Läufer**...: ~**reihe** *f soccer:* centre line; ~**stoff** *m* material for stair-carpets, carpeting; ~**wicklung** *el. f* rotor winding.

'**Lauf**...: ~**feuer** *n* running fire; *fig. sich wie ein* ~ *verbreiten* spread like wildfire; ~**fläche** *f mot.* tread; *tech.* bearing surface, journal; *of ski:* flat, sole; ~**gewicht** *n* sliding weight; ~**graben** *mil. m* communication (*or* approach) trench.

'**läufig**, '**läufisch** *zo. adj.* in heat, ruttish.

'**Lauf**...: ~**junge** *m* → *Laufbursche;*

~**katze** *tech. f* travel(l)ing crab, trolley; ~ *mit Hebezug* travel(l)ing hoist; ~**kette** *f* track; ~**kippe** *f gym.* running upstart; ~**kran** *tech. m* travel(l)ing crane; ~**kunde** *econ. m* chance customer; ~**kundschaft** *f* passing trade; ~**masche** *f* ladder, *Am. a.* run; 2**maschenfrei** *adj. Am.* run-proof; ~**nummer** *f* consecutive (*or* serial) number; ~**paß** *iro. m: j-m den* ~ *geben* give a p. the sack *or* his walking papers; *sie gab ihm den* ~ *sl.* she gave him the go-by; ~**planke** *f* gangboard; ~**rad** *n aer.* landing-wheel; *tech.* impeller; runner (*of turbine*); *a.* ~**rädchen** *n on chairs, etc.:* caster (-wheel); ~**riemen** *tech. m* driving-belt; ~**ring** *tech. m* (ball) race; ~**rolle** *f* trolley; *mil.* bogie wheel (*of tank*); ~**schiene** *f* guide rail; ~**schritt** *m* run(ning step), jogtrot; *mil.* double-(quick) step; *im* ~ running, at the double; *command:* ~*!* at the double!, *Am.* double time, march!; ~**sitz** *tech. m* clearance fit; ~**sohle** *f* outsole; ~**ställchen** *n* playpen; ~**steg** *m* footbridge; *mar.* gangway; ~**stil** *m sports:* running style; ~**werk** *n* running gear, mechanism; *of tank:* tracks and suspensions *pl.*; ~**zeit** *f zo.* rut(ting season); *econ.* currency (*of bill of exchange*); term (*of contract*); run (*of film*); *mail:* transmission time; *radio:* transit time; *radar:* pulse timing; *tech.* hours of operation; (*service-*)life; ~**zettel** *m* circular (letter); interoffice slip, control tag.

Lauge ['laugə] *f* (-; -n) lye; leach. *usu.* caustic solution, liquor, steep; brine; *chem.* lixivium; lixiviant; electrolyte solution; (*soap*) suds *pl.*; buck.

'**laugen** *v/t.* (h.) lye, leach; steep (in lye); *chem.* lixiviate; buck (*laundry*); ~**artig** *adj.* alkaline; 2**asche** *f* alkaline ashes *pl.*; 2**bad** *n* alkaline bath *or* liquor; ~**beständig** *adj.* alkaliproof; 2**faß** *n* lye-vat, leaching-vat; ~**messer** *m* alkalimeter; 2**salz** *n* alkaline salt; 2**wasser** *n* (-s; -wässer) alkaline (*or* caustic) solution, liquor.

'**Lauheit**, '**Lauigkeit** *f* (-) lukewarmness, tepidity; *fig. a.* half-heartedness.

Laune ['launə] *f* (-; -n) **1.** humo(u)r, temper, mood, frame of mind; (*in*) *guter* (*schlechter*) ~ in a good (bad) humo(u)r *or* temper *or* mood; *bester* ~ in the best of humo(u)r, in high spirits, chipper; (*nicht*) *in der* ~ *sein für et.* (not to) be in the mood *or* humo(u)r for a th.; → *Stimmung;* **2.** fancy, whim, caprice; changeableness, vagaries (*of weather*); *des Glücks* (*der Natur*) freak of fortune (nature); *seine* ~ *haben* be cross, be ill-tempered; *er hat seine* ~*n* he has his (little) moods.

'**launenhaft** *adj.* capricious, whimsical; erratic, unaccountable; *person: a.* fickle, wayward; 2**igkeit** *f* (-) capriciousness, whimsicality, fickleness; moodiness.

'**launig** *adj.* humo(u)rous, jocose; whimsical, witty; droll, playful; 2**keit** *f* (-) humo(u)rousness, jocoseness.

'**launisch** *adj.* **1.** out of humo(u)r, ill-tempered, peevish, moody; **2.** → *launenhaft.*

Laus [laυs] *f* (-; ˗e) louse (*pl.* lice); *fig.* j-m eine ˷ in den Pelz setzen give a p. trouble; *was für eine* ˷ *ist dir über die Leber gekrochen?* what's wrong with you?, *Am. a.* what's eating you?; ˷**bub(e)** *m* young scamp *or* devil; ˷**buben-streich** *m* boy's trick (*or* prank); *fig.* mischievous act.

lausch|en ['laυʃən] *v/i.* (*h.*) listen (*dat. or auf* to); strain one's ears; prick one's ears; hang on *a p.'s* words; eavesdrop; 2**er(in** *f*) *m* (-s, -; -, -nen) listener, *b.s.* eaves-dropper; ˷**ig** *adj.* snug, cosy; idyllic, tranquil, peaceful; hidden, tucked-away.

Lause... ['laυzə-]: ˷**junge,** ˷**kerl** *m* blackguard, lout, rascal; → *Laus-bube.*

'**lausen** *v/t.* (*h.*): j-n (sich) ˷ pick a p.'s (one's) lice, louse a p. (o.s.); *colloq.* ich denke, mich laust der Affe I thought I was seeing (*or* hearing) things.

Läusepulver ['lɔyzə-] *n* insecticide.

lausig ['laυziç] *colloq. adj.* lousy (*a. fig.* = miserable, awful); filthy.

laut[1] [laυt] **I.** *adj.* loud; *person: a.* loud-voiced; noisy, boisterous; audible; clear, distinct, sonorous; ringing, booming; *mus.* forte; ˷ *werden* become audible, make itself (*pl.* themselves) heard, *fig.* leak out, become public, get abroad; ˷ *werden lassen* betray, let on; **II.** *adv.* loud(ly), aloud; *speak, etc.,* in a loud voice, loud; openly; (*sprechen Sie*) ˷**er!** speak up!, *Am.* louder!; *er schrie, so* ˷ *er konnte* he yelled at the top of his voice.

laut[2] *prp.* (*usu. gen.*) in accord-ance (*or* conformity) with; in pursuance of; according to; on the strength (*or* by virtue) of, under; *econ.* as per; ˷ *Befehl* as ordered, by order; ˷ *Verfügung* as directed.

'**Laut** *m* (-[e]s; -e) sound (*a. gr.*); *a.* tone; *keinen* ˷ *von sich geben* not to utter a sound; *dog:* ˷ *geben* give tongue; *in compounds gr.* phonetic ...; ˷**angleichung** *gr. f* assimilation (of sounds).

'**lautbar** *adj.:* ˷ *werden* become known *or* public, be noised abroad.

'**Laut...:** ˷**bezeichnung** *gr. f* sound notation; ˷**bildung** *f* articulation.

Laute ['laυtə] *f* (-; -n) lute (*a. fig.*); *die* ˷ *schlagen* play (on) the lute.

'**lauten** *v/i.* (*h.*) sound; *contents, words:* run; read; *die Antwort lautet günstig* the answer is favo(u)r-able; *wie lautet der Brief?* what does the letter say?; *wie lautet sein Name?* what is his name?; ˷ *auf* (*acc.*) *passport, etc.:* be issued to; *econ. auf den Inhaber (Namen)* ˷ be payable to bearer (order); *jur. das Urteil lautet auf Tod (ein Jahr Ge-fängnis)* the sentence is death (for one year's imprisonment).

läuten ['lɔytən] *v/i. and v/t.* (*h.*) ring (*j-m, nach et.* for); *church bells: a.* peal, toll; *small bell:* tinkle, jingle; *es läutet* the bell is ringing; *fig. er hat (et)was* ˷ *hören* he has an inkling of it; *ich habe etwas*

davon ˷ *hören* I have heard some-thing to that effect.

'**Läuten** *n* (-s) ringing; → *Ge-läut(e).*

'**Lautenspieler(in** *f*) *m* lute-player, lutist.

lauter ['laυtər] *adj.* **1.** pure, un-alloyed; clear (*liquid*); transparent; flawless (*gem*); genuine; candid, sincere, singlehearted; honest, dis-interested (*intentions*); *das ist die* ˷e *Wahrheit* that is the real *or* plain *or* unvarnished truth; **2.** nothing but, mere, only; *aus* ˷ *Bosheit* from sheer spite; *das sind* ˷ *Lügen* that's nothing but lies; 2**keit** *f* (-) pure-ness, clearness; transparency; *fig.* purity, integrity; cando(u)r, sin-cerity.

läutern ['lɔytərn] *v/t.* (*h.*) purify; *tech. a.* purge, cleanse; clarify (*fluids*), *by distilling:* rectify; refine (*glass, metal, sugar*); clear (*brandy*); *fig.* purify, chasten; ennoble.

'**Läuterung** *f* (-; -en) purification; clarification, rectification; refining; *fig.* chastening, purging; ˷**smittel** *n* purifying agent; ˷**svorgang** *m* re-fining process.

'**Läute...:** ˷**werk** *n* alarum; (electro-magnetic) ringing device; ˷**zeichen** *n* ring, acoustic signal.

'**Laut...:** ˷**gesetz** *n* phonetic law; 2**getreu** *adj.* high-fidelity; ortho-phonic; ˷**heit** *f* (-) loudness.

lau'tier|en *v/t. and v/i.* (*h.*) spell (and read) phonetically; 2**methode** *f* phonetic spelling (and reading).

'**Laut...:** ˷**lehre** *f* (-) phonetics *pl.*; phonology; 2**lich** *adj.* phonetic; 2**los** *adj.* soundless; noiseless; silent; mute; ˷e *Stille* hushed (*or* deep, breathless) silence; ˷**losig-keit** *f* (-) soundlessness; (deep) silence, hush; 2**malend,** 2**nach-ahmend** *adj.* onomatopoeic, echoic; ˷**male'rei** *f* onomatopoeia; ˷**schrift** *f* phonetic transcription; ˷**sprecher** *m* loudspeaker; mega-phone; ˷**sprecheranlage** *f:* öf-fentliche ˷ public address system; ˷**sprecherwagen** *m* loudspeaker van (*Am.* truck), public-address car; ˷**stärke** *f* sound intensity, loud-ness; *radio:* (sound-)volume; *mit voller* ˷ at the top of one's voice; ˷**stärkemesser** *m* sound level me-ter; ˷**stärkeregler** *m radio:* volume control; ˷**system** *n* phonetic system; ˷**verschiebung** *f* shifting of consonants; (*Gesetz der* ˷) Grimm's law; ˷**verstärker** *m* (sound-)amplifier; ˷**zeichen** *n* phonetic symbol, phonotype.

'**lauwarm** *adj.* → *lau.*

Lava ['lɑːva] *geol. f* (-; -ven) lava; ˷**strom** *m* stream of lava.

Lavendel [la'vɛndəl] *bot. m* (-s; -) lavender; ˷**öl** *n* (-[e]s) spike-oil.

lavieren [la'viːrən] *mar. v/i.* (*h.*) tack (about); *fig. a.* wangle.

Lawine [la'viːnə] *f* (-; -n) avalanche, snow-slip (*Am.* -slide); 2**n-artig** *adj. and adv.* like an avalanche; ˷ *anwachsen* snowball; 2**ngefähr-lich** *adj.* exposed to avalanches.

lax [laks] *adj.* lax, loose; 2**heit** *f* (-) laxity; licentiousness.

la'xier|end *adj.* laxative, aperient; 2**mittel** *n* laxative.

Layout ['leːˀaυt] *print. m* (-s; -s) layout; ˷**er** *m* (-s; -) layout man.

Lazarett [latsa'rɛt] *n* (-[e]s; -e) (military) hospital *or* infirmary; ˷**fieber** *n* hospital-fever; ˷**gehilfe** *m* dresser; ˷**schiff** *n* hospital ship; ˷**wagen** *m* ambulance; ˷**zug** *m* hospital train.

Lebe|dame ['leːbə-] *f* society lady; demi-mondaine, demirep; ˷'**hoch** *n* cheers *pl.*; ˷**mann** *m* man about town, fast liver, bon-vivant (*Fr.*), playboy.

'**Leben** *n* (-s; -) life, existence; being; living creature *or* being; (way of) living; vitality, vital power, vigo(u)r; liveliness, animation; stir, activity, (hustle and) bustle, to-do; biography, life; *das* ˷ *in Australien* life in Australia; *das einfache* ˷ the simple life; *das nackte* ˷ the naked life; *Kampf auf* ˷ *und Tod* mortal combat, life-and--death struggle; *es geht um* ˷ *u. Tod* it is a matter of life and death; *am* ˷ *sein* be alive; *am* ˷ *bleiben* remain alive, survive, escape; *am* ˷ *erhalten* keep alive; *ein ruhiges* ˷ *führen* lead *or* live a quiet life; *ein neues* ˷ *beginnen* turn over a new leaf; ˷ *in eine Sache bringen* bring life into a th., make things hum; → *Bude;* *et. für sein* ˷ *gern tun* be very (*or* passionately) fond of a th. (*or* doing a th.), be crazy about a th.; *ich würde für mein* ˷ *gern* I would give anything to *inf.*, I would love to *inf.*; *ins* ˷ *rufen* call into being (*or* existence), start, launch; *econ.* float, set on foot; *ins* ˷ *treten* go into the world, start; *j-m das* ˷ *schenken* **a)** spare a p.'s life, *mil.* give quarter to a p., (→ *lassen*), **b)** give birth to *a child*; *mein ganzes* ˷ (*lang*) all my life; *nach dem* ˷ *zeichnen* draw from (real) life *or* from nature; *nur einmal im* ˷ only once in a lifetime; *sich das* ˷ *nehmen* take one's (own) life, com-mit suicide; *ums* ˷ *kommen* lose one's life, perish, be killed; *ums liebe* ˷ *rennen* run for dear life; *nicht ums* ˷ not for the life of me; *voll(er)* ˷ lively, all alive, full of go (*or* beans); ˷ *zeigen* show (signs of) life, become animated.

'**leben I.** *v/i.* (*h.*) live, be alive, exist; live, reside, dwell; stay; live on; live well; lead a gay (*or* fast) life; *die Statue lebt* the statue seems alive (*or* animated *or* to breathe); *für et.,* e-r *Sache* ˷ live for (*or* devote o.s. to) a th.; ˷ *nach e-m Grundsatz* live by (*or* up to) a principle; ˷ *von* (*Nahrung*) live *or* feed *or* subsist (up)on (food), (*e-m Einkommen*) live on (an income), (*e-m Beruf*) earn (*or* make) a living by (a profession); *von der Luft* ˷ live on air; *friedlich* ˷ lead *or* live a peaceful life, live peacefully; ˷ *und* ˷ *lassen* live and let live; *er wird nicht mehr lange* ˷ his days are numbered, his sands are running out; *wie lange* ˷ *Sie schon in England?* how long have you been living in England?; *so wahr ich lebe!* as sure as I live!, upon my life!; *er ist mein Vater wie er leibt und lebt* he is the very image (*or* the spit and image) of my father;

es lebe ...! here's to ...!; *es lebe die Königin!* long live the Queen!; *die Damen sollen* ~! three cheers for the ladies!; ~ *Sie wohl* good-bye, farewell; **II.** *v/t.* (*h.*) *sein Leben noch einmal* ~ live one's life over again; **III.** *v/refl. and impers.* (*h.*) *hier lebt es sich gut* it is pleasant living here.

'**lebend** *adj.* living (*a. language* = modern); *biol.* live; ~e *Bilder* tableaux vivants (*Fr.*); ~e *Fische* live fish; ~e *Hecke* quickset (hedge); ~es *Inventar* live-stock; *kein* ~es *Wesen* not a living soul; *mil.* ~e *Ziele* live targets; *as pr.p. ein hier* ~er *Freund* a friend living here; ~e (r *m*) ['-ən-də(r)] *f* (-n, -n; -n, -n) living person; *die (noch)* ~n *pl.* the people still alive, the survivors; *die* ~n *und die Toten* the living and the dead; ~**gebärend** *zo. adj.* viviparous; **2-gewicht** *n* live weight.

lebendig [le'bendiç] *adj.* living; *pred.* alive; quick; full of life, astir, bustling, *econ.* brisk, animated (*market, etc.*); lively, vivacious; vivid (*account*); active (*mind*); lively (*imagination*); full of vigo(u)r or vitality; *der* ~e *Gott* the living God; *bei* ~em *Leibe verbrannt* burnt alive; *mehr tot als* ~ more dead than alive; *wieder* ~ *machen* revive, bring back to life; ~ *werden* come to life; *im Haus wurde es* ~ people began to stir in the house; ~e *Junge gebären* bring forth young alive, be viviparous; **2keit** *f* (-) → *Lebhaftigkeit.*

'**Lebens...:** ~**abend** *m* evening of life, old age; ~**abriß** *m* biographical notes *pl.*; ~**abschnitt** *m* period of life; ~**ader** *f* life-line; ~**alter** *n* age, period of life; ~**anschauung** *f* way of looking at life, outlook on life; ~**art** *f* manner (*or* way, mode) of living; *feine* ~ excellent manners, good breeding, savoir vivre (*Fr.*); *er hat keine* ~ he has no manners; ~**auffassung** *f* conception (*or* philosophy) of life; ~**aufgabe** *f* life-task; life work; ~**äußerung** *f* manifestation of life; ~**bahn** *f* (course of) life; ~**baum** *m* tree of life; *bot.* arbor vitae; ~**bedingungen** *f/pl.* living conditions; ~**bedürfnisse** *n/pl.* necessaries of life; ~**bejahung** *f* acceptance of life; ~**beschreibung** *f* life, biography; ~**dauer** *f* duration, life, life-span; *lange* ~ longevity; *tech.* (service) life, durability; *auf* ~ → *Lebenszeit*; ~**elixier** *n* elixir of life; ~**ende** *n* (-s) end of life; *bis an mein* ~ to the end of my days; ~**erfahrung** *f* experience of life; ~**erwartung** *f* life expectancy; ~**faden** *m* thread of life, life-strings *pl.*; **2fähig** *adj. a. fig.* viable; ~**fähigkeit** *f* (-) viability, vitality; ~**form** *f* form of life; ~**frage** *f* vital question; **2-fremd** *adj.* → *weltfremd*; ~**freude** *f* joy of living, zest; ~**frist** *f* lease of life; ~**führung** *f* (conduct of) life, style (of living); *gesundheitliche* ~ *regimen*; ~**funke** *m* vital spark; ~**funktion** *f* vital function; ~**gefahr** *f* (-) danger of life, mortal danger; ~! danger of death!; *unter* ~ at the risk of one's life; **2gefährlich** *adj.* dangerous (to life), perilous; *jur.* involving danger

to life and limb; dangerous, very grave *or* serious (*disease, injury*); ~**gefährte** *m*, ~**gefährtin** *f* life companion, mate; ~**geister** *pl.* animal spirits; *j-s* ~ *wecken* put life into a p.; ~**gemeinschaft** *f* community of life; ~**geschichte** *f* life history, biography; ~**gewohnheit** *f* way (*or* habit) of living; ~**glück** *n* happiness of one's life; **2groß** *adj.* (as) large as life; life-size(d) (*picture*); ~**größe** *f* life-size, real size; *in* ~ at full length, *colloq. fig.* in the flesh; *Bild in* ~ full-length picture; ~**haltung** *f* standard of life; ~**haltungskosten** *pl.* cost *sg.* of living, living expenses; ~**hunger** *m* zest (*or* lust) for life; ~**interessen** *n/pl.* vital interests; ~**jahr** *n* year of one's life; *im 50.* ~ at the age of fifty; ~**keim** *m* vital germ; **2klug** *adj.* worldly-wise; ~**klugheit** *f* worldly wisdom; ~**kraft** *f* vital power, vigo(u)r, vitality; **2kräftig** *adj.* vigorous, full of vitality; ~**kunde** *f* biology; ~**kunst** *f* (-) art of living; ~**künstler** *m* philosopher; *er ist ein* ~ he always makes the best of things; ~**lage** *f* position (of life); *in jeder* ~ in every emergency; **2lang, 2länglich** *adj.* for life, lifelong; *office:* held during life (*or* good behavio[u]r); ~e *Rente* life annuity; *jur.* ~e *Zuchthausstrafe* penal servitude for life, *Am.* confinement in a penitentiary for life; life sentence; ~**lauf** *m* course of life, career; *in writing*: personal record, curriculum vitae, autobiographical statement; ~**licht** *n* (-[e]s) lamp of life; *j-m das* ~ *ausblasen* kill (*or* do for) a p.; ~**linie** *f* life-line (*of hand*); ~**lust** *f* (-) love of life; high spirits *pl.*; zest; **2lustig** *adj.* gay, jovial, merry; sensuous; ~**mark** *fig.* n vitals *pl.*; ~**mittel** *pl.* foodstuffs, food *sg.*, provisions, victuals; ~**mittelgeschäft** *n* food shop (*Am.* store); ~**mittelhändler**(in *f*) *m* provision-dealer, grocer; ~**mittelkarte** *f* food ration card; ~**mittelknappheit** *f* food shortage; ~**mittellieferant** *m* caterer; ~**mittelversorgung** *f* food-supply; **2müde** *adj.* weary (*or* tired) of life; ~**mut** *m* courage to face life, optimism; **2nah** *adj.*, (~**nähe** *f*) close(ness) to life; ~**nerv** *fig.* m main-spring, vitals *pl.*; **2notwendig** *adj.* vital, essential; ~er *Bedarf* bare necessaries of life, essentials *pl.*; ~**odem** *m* breath of life; ~**praxis** *f* (-) experience; ~**prozeß** *m* vital function; ~**raum** *m* living space, lebensraum; ~**regel** *f* rule of life, maxim; ~**rente** *f* life annuity; ~**retter** *m* life-saver, rescuer; ~**rettungsgerät** *n* life-saving (*or* survival) equipment; ~**rettungsmedaille** *f* life-saving medal; **2sprühend** *adj.* exuberant, brimming with life; ~**standard** *m* standard of living, living standard; ~**stellung** *f* position (in life), social status; permanent position, lifetime job; ~**stil** *m* style of life; **2treu** *adj.* true to life; ~**trieb** *m* vital instinct; ~**überdruß** *m* satiety of life; **2überdrüssig** *adj.* sick (*or* tired) of life; ~**unterhalt** *m* (means

pl. of) subsistence, maintenance, livelihood; *sich s-n* ~ *verdienen* earn one's living; ~**versicherung** *f* life--assurance, *esp. Am.* life-insurance; *abgekürzte* ~ endowment insurance; ~**versicherungspolice** *f* life policy; **2voll** *adj.* full of life; **2-wahr** *adj.* true to life; ~**wandel** *m* life, (moral) conduct; *e-n schlechten* ~ *führen* lead a disorderly life; ~**weg** *m* course of life; ~**weise** *f* mode (*or* way) of life; habits *pl.*; *gesundheitliche* ~ *regimen*; ~**weisheit** *f* wordly wisdom, practical philosophy; ~**werk** *n* life-work; **2wert** *adj.* worth living; **2wichtig** *adj.* essential (to life); vital; ~e *Arbeiter* (*Ausrüstung*) key workers (equipment); → *Gut*; ~e *Organe* vitals; ~e *Verbindungslinie* life-line; ~**wille** *m* vital energy, will to live; ~**zeichen** *n* sign of life; *kein* ~ *von sich geben* not to stir; not to write; remain silent; ~**zeit** *f* lifetime, term of *a p.'s* life; *auf* ~ for life, *office:* during life (*or* good behavio[u]r); *Mitglied auf* ~ life member; ~**ziel** *n*, ~**zweck** *m* goal in life.

Leber ['le:bər] *anat. f* (-; -n) liver; *fig. frei* (*or frisch*) *von der* ~ *weg reden* speak one's mind (frankly), speak out bluntly; *in compounds* liver(-)..., hepatic ...; ~(**an**)**schwellung** *med. f* enlargement of the liver; ~**blümchen** *bot.* n liverwort; ~**entzündung** *med. f* hepatitis; ~**fleck** *m* liver-spot; mole; ~**gegend** *f* hepatic region; ~**haken** *m boxing:* hook to the liver; ~**käs** ['-kɛːs] *m* (-) *cul.* brawn; ~**knödel** *m cul.* faggot; **2krank, 2leidend** *adj.* suffering from a liver disease; ~**krankheit** *f*, ~**leiden** *n* liver disease; ~**krebs** *med. m* (-[e]s) cancer of the liver; ~**tran** *m* cod-liver oil; ~**wurst** *f* liver--sausage, *Am.* liverwurst; ~**zirrhose** *med. f* cirrhosis of the liver.

'**Lebe...:** ~**welt** *f* (-) fast set, gay world; ~**wesen** *n* living (*or* animate) being, creature; *kleinstes* ~ micro-organism; ~**wohl** *n* farewell; *j-m* ~ *sagen* say good-by(e) to a p.

lebhaft ['le:haft] **I.** *adj.* lively, vivacious; full of life; ardent, fervent; animated, brisk, active (*all a. stock exchange*); sprightly, cheerful, buoyant; bright, gay (*colour*); brisk (*walk*); ruddy (*complexion*); lively, keen (*interest*); vivid (*recollection*); brisk, strong (*demand*); busy, (much) frequented (*street, etc.*); heated (*debate*); **II.** *adv.* animatedly; ~ *bedauern* regret sincerely; ~ *begrüßen* welcome warmly; ~ *empfinden* be alive to; *das kann ich mir* ~ *vorstellen* I can imagine; **2igkeit** *f* (-) liveliness, vivacity, fire, animation, briskness; sprightliness.

'**Lebkuchen** *m* gingerbread.

'**leb...:** ~**los** *adj.* lifeless, inanimate, dull (*a. econ.* = inactive, flat); **2losigkeit** *f* (-) lifelessness; *econ.* dullness, stagnation; **2tag** *m*: *mein* ~ (*nicht*) all (never in) my life, (never) in all my born days; **2zeit** *f*: *bei or zu meinen* ~en in my lifetime.

lechzen ['lɛçtsən] *v/i.* (*h.*) be parched

with thirst, *plants*: languish; ~ *nach
Blut* ~ thirst for blood; *danach* ~ *zu
tun* ache to do.

leck [lɛk] *adj.* leaking, leaky; ~ *sein*
→ lecken[1]; *esp. mar.* ~ *werden*
spring a leak.

Leck *n* (-[e]s; -s) leak(age); *ein* ~
bekommen (*stopfen*) spring (stop) a
leak.

Leckage [lɛˈkɑːʒə] *f* (-; -n) leakage.

'lecken[1] *v/i.* (h.) leak, be leaky, run,
esp. mar. have (sprung) a leak; ⧠
n (-s) leakage.

lecken[2] [ˈlɛkən] *v/t. and v/i.* (h.)
lick; lap up; *fig. sich die Finger nach*
et. ~ be greedy for, hanker after;
sie leckt sich alle Finger danach she
would give her eye-teeth for it;
wie geleckt neatly finished, slick.

'lecker *adj.* dainty, delicate; delicious, tasty, savo(u)ry; appetizing;
⧠bissen *m*, *a.* ⧠ei [-ˈraɪ] *f* (-; -en)
dainty (bit), titbit, (culinary) delicacy, choice morsel; appetizer;
~**haft** *adj.* dainty, lickerish; ⧠**haftigkeit** *f* (-) daintiness; ⧠**maul**,
⧠**mäulchen** *n* sweet-tooth; *ein* ~
sein have a sweet tooth.

'leck...: ~**sicher** *adj.* self-sealing;
⧠**strom** *el. m* leakage current; ⧠-
sucher *m* leak detector.

Leder [ˈleːdər] *n* (-s; -) leather (*a.
colloq. soccer ball*) abgenarbtes (gepreßtes, gestrichenes) ~ smooth
(embossed, scraped) leather; *weiches* ~ (soft) skin; *in* ~ *gebunden*
calf-bound; *vom* ~ *ziehen* draw
one's sword, *fig.* open up, give it
straight from the shoulder, not to
pull one's punches; *colloq. j-m das*
~ *gerben* tan a p.'s hide; ~**apfel** *m*
leather-coat; ~**band** *m* (*book*) calf
(or leather) binding; ⧠**braun** *adj.*
tawny; ~**dichtung** *tech. f* leather
packing, leather washer; ~**farbe** *f*
leather-colo(u)r, buff; ~**fett** *n* dubbin; ~**gamaschen** *f/pl.* leather
gaiters, leggings; ~**handel** *m* leather
trade; ~**händler** *m* leather merchant, dealer in leather; ~**handschuh** *m* leather glove; ~**haut** *anat.*
f true skin; *of eye*: sclera; ~**hose** *f*
leather breeches *or* shorts *pl.*;
~**kappe** *f* leather helmet (*of cyclist,
etc.*); ~**lack** *m* leather varnish.

'ledern *adj.* (of) leather; leathern,
leathery, tough; *fig.* dull, pedestrian.

'Leder...: ~**öl** *n* leather-oil; ~-
riemen *m* leather strap (or belt);
(razor) strop; ~**rücken** *m* leather
back (*of book*); ~**sessel** *m* leather
arm-chair; ~**waren** *f/pl.* leather
goods; ~**zeug** *mil. n* leathers,
straps and belts *pl.*; ~**zurichter** *m*
leather-dresser, currier.

ledig [ˈleːdiç] *adj.* single, unmarried;
illegitimate (*child*); empty, vacant;
e-r Sache ~ free (*or* exempt) from,
rid of a *th.*; ~**lich** [ˈleːdikliç] *adv.*
solely, merely, exclusively; purely
(and simply).

Lee [leː] *mar. f* (-) lee(-side); ~**brassen** *f/pl.* lee-braces.

leer [leːr] *adj.* empty (*a. fig.*); unoccupied, vacant; evacuated; blank,
clean (*sheet*); vacant, blank (*look*);
void; vain; unfounded; ~*e Batterie*
run-down battery; ~*es Gerede* idle
talk; ~*e Worte machen* beat the air;

~*e Drohung* (~*es Versprechen*)
empty threat (promise); *mit* ~*en
Händen* empty-handed; → *ausgehen.*

'Leere[1] *n* (-n) vacant (*or* blank)
space; *ins* ~ *gehen blow*: miss; *ins* ~
starren stare into space.

'Leere[2] *f* (-) emptiness, void (*a.
fig.*); vacancy, vacuity, blankness;
vacuum; empty space; *fig.* idleness,
hollowness.

'leeren *v/t.* (h.) (*a. sich*) empty,
drain; void; pour out; clear out,
evacuate; clear (*bowl, letterbox*).

'Leer...: ~**fracht** *f* dead freight;
~**gang** *tech. m* lost motion; neutral
(gear); *of screw*: backlash; → *Leerlauf*; ~**gewicht** *econ. n* weight
(when) empty, deadweight, tare;
~**gut** *econ. n* (-[e]s) empties *pl.*;
~**hub** *mot. m* idle stroke; ~**lauf** *tech.*
m idling, idle motion; *el.* no-load
operation; neutral (gear); *im* ~ *fahren* coast; (*a.* ~**laufarbeit** *f*) no-
-load work; *fig.* **a)** waste of energy,
b) marking time; ⧠**laufen** *v/i.* (*irr.,
sn*) *vessel*: drain dry; *tech.* (run)
idle, be idling; *mar.* travel in ballast; ~**laufspannung** *el. f* no-load
voltage; ~**laufzeit** *f* lost time; ~-
packung *econ. f* dummy; ⧠**pumpen** *v/t.* (h.) pump dry; ⧠**stehend**
adj. empty, vacant, unoccupied
(*dwelling, etc.*); ~**takt** *mot. m* idle
stroke; ~**taste** *f* space-bar; ~**ung** *f*
(-; -en) emptying, evacuation;
clearing, *a.* collection; ~**verkauf**
econ. m short sale; ~**zug** *m* empty
train.

'Lee...: ~**segel** *n* studding-sail; ~-
seite *f* lee(-side); ⧠**wärts** [ˈ-vɛrts]
adv. leeward.

Lefzen [ˈlɛftsən] *f/pl.* flews (*of dog,
etc.*).

legal [leˈgɑːl] *adj.* legal, lawful;
legalisieren [legaliˈziːrən] *v/t.* (h.)
legalize; **Legali'tät** *f* (-) legality.

Legat[1] [leˈgɑːt] *m* (-en; -en) legate.

Le'gat[2] *jur. n* (-[e]s; -e) legacy.

Legatar [legaˈtɑːr] *jur. m* (-s; -e)
legatee.

Legation [legatsiˈoːn] *f* (-; -en)
legation, embassy; ~**srat** *m* legation
council(l)or.

Legehenne [ˈleːgə-] *f* layer (hen).

'legen I. *v/t.* (h.) *and* (*sich* ~) lay
(o.s.), put (o.s.), place (o.s.); lay
down (flat); *wrestling*: defeat by
fall, pin to the floor; lay (*carpet,
floor*); lay, run (*line, wire*); *sich
(nieder*~) **a)** lie down, **b)** lie down
to sleep, go to bed; *fig. sich* ~
calm, go (*or* settle) down, abate,
subside, ebb; slacken down, cease;
Eier ~ lay eggs; ~ *an* (*acc.*) put to *or*
near, join to; → *Hand, Herz, Kette*;
den Kopf ~ *an* rest one's head
against; ~ *auf* (*acc.*) lay *or* put *or*
place (up)on; → *Nachdruck, Wert*;
sich ~ *auf* lie down (up)on; *fig.*
apply (*or* devote) o.s. to, go in for,
take up; specialize in; have recourse
to; *disease*: settle on; *die Sache
legte sich ihm aufs Gemüt* it began
to prey on his mind; *in den Mund* ~
suggest (to), prompt; *e-e Decke
über den Tisch* ~ spread a cloth
over the table; *um die Schultern* ~
wrap *or* draw round one's shoulders; → *Asche, Handwerk, Karten*,

Mittel, Mund, Ohr, etc.; *von sich* ~ lay
aside; → *bereit*~, *beiseite* ~, *bloß*~,
fest~, *etc.*; **II.** *v/i.* lay (eggs).

legendar [legenˈdɑːr], **legendär**
[-ˈdɛːr] *adj.* legendary; epic.

Legende [leˈgɛndə] *f* (-; -n) legend.

leger [leˈʒeːr] *adj.* easy, informal.

'Legezeit *orn. f* laying-time.

legieren [leˈgiːrən] *tech. v/t.* (h.)
alloy; *petrol, gasoline*: blend, compound; *cul.* thicken (*mit* with).

Le'gierung *f* (-; -en) alloy(ing); ~
auf Bleibasis lead-base alloy; *legierter Stahl* alloy steel; ~**sbestand-
teil** *m* alloying constituent; ~**szusatz** *m* alloying addition (*or* metal).

Legi|on [legiˈoːn] *f* (-; -en) legion;
fig. ihre Zahl war ~ their number
was legion. ~**onär** [legioˈnɛːr] *m*
(-s; -e) legionary.

Legislatur [leːgislaˈtuːr] *f* (-; -en)
legislature; legislative body; ~**periode** *f* legislative period, session.

legitim [legiˈtiːm] *adj.* legitimate,
lawful.

Legitimation [-timatsiˈoːn] *f* (-;
-en) legitimation; proof of identity;
credentials *pl.*; authority; ~**skarte**
f identity-card; ~**snachweis** *m*
proof of identity; ~**s-papier** *n*
paper of identification.

legitimier|en [legitiˈmiːrən] *v/t.*
(h.) legitimate; authorize; *sich* ~
prove one's identity; ⧠**ung** *f* (-; -en)
legitimation.

Legitimi'tät *f* (-; -en) legitimacy.

Leh|en [ˈleːɡoː)n] *n* (-s; -) fief, fee,
feudal tenure; *j-m et. zu* ~ *geben*
invest a p. with land, enfeoff a p.

'Leh(e)ns...: ~**dienst** *m* feudal
service; ~**eid** [ˈ-ʔaɪt] *m* oath of
fealty (*or* allegiance); ~**gut** *n* estate
in fee, copyhold; ~**herr** *m* feudal
lord; ⧠**herrlich** *adj.* seignorial;
~**mann** *m* vassal, liege(-man); ~-
pflicht *f* feudal duty; ⧠**pflichtig**
adj. feudatory; ~**recht** *n* feudal
law; right of investiture; ~**verhältnis** *n* feudality, vassalage;
~**wesen** *n* feudalism.

Lehm [leːm] *m* (-[e]s; -e) loam;
(lean) clay; mud; ⧠**artig** *adj.* loamy;
~**boden** *m* loamy soil; loam (*or*
earthen) floor; ~**(form)guß** *m* loam
casting; ~**grube** *f* loam pit; ~-
hütte *f* mud cottage; ⧠**ig** *adj.*
loamy; muddy; ~**kalk** *m* argillaceous limestone; ~**mergel** *m* loamy
marl.

Lehne [ˈleːnə] *f* (-; -n) support, rest,
prop; arm(-rest), back(-rest) (*of
chair*); *geogr.* slope; ⧠**n I.** *v/i. and
sich* ~ (h.) lean; (*sich*) ~ *an* (*acc.*)
lean (*or* recline) against; *sich* ~ *auf*
(*acc.*) rest (*or* support) o.s. (up)on;
sich aus dem Fenster ~ lean out of
the window; **II.** *v/t.* (h.) lean, prop,
rest (*gegen* against).

Lehns...: → *Lehens...*

'Lehn...: ~**sessel**, ~**stuhl** *m* easy-
or arm-chair; ~**wort** *gr. n* borrowed word, loan-word.

Lehr|amt [ˈleːr-] *n* (-[e]s) teacher-
ship, mastership, *univ.* professorship; → *Lehrberuf*; ~**anstalt** *f*
educational establishment; school,
college, academy; ~**auftrag** *m*
teaching assignment; lectureship;
⧠**bar** *adj.* teachable; ~**beruf** *m*
teaching profession; ~**betrieb** *tech.*

m instructional shop; ⁓**brief** *m* (apprentice's) indenture; ⁓**buch** *n* textbook; (education) manual; primer; compendium; ⁓**bursche** *n* apprentice.

'**Lehre** *f* (-; -n) **1.** rule, precept; hint, lesson, warning; instruction, tuition; *of fable*: moral; *lasse dir dies zur* ⁓ *dienen* let this be a lesson *or* warning to you; *e-e* ⁓ *ziehen aus* take warning from; **2.** teaching, doctrine; tenets *pl.*; system; science; theory; **3.** apprenticeship; *bei j-m in die* ⁓ *geben* apprentice (*or* article) to (*or* with) a p.; *in der* ⁓ *sein* serve an apprenticeship; *s-e* ⁓ *absolvieren* serve one's articles; **4.** *tech.* ga(u)ge, pattern; calib|re, *Am.* -er; size; (drilling) jig; mo(u)ld; *arch.* centering.

'**lehren** *v/t.* (*h.*) teach, instruct; show; *j-n et.* ⁓ teach a p. a th., instruct a p. in a th., show a p. how to do a th.; *j-n lesen* ⁓ teach a p. to read; *die Zeit wird es* ⁓ time will show.

'**Lehrer** *m* (-s; -) teacher; instructor; tutor; (*Grundschul*⁰) primary teacher, schoolmaster; *e-r höheren Schule*: secondary teacher, master; *univ.* professor, lecturer; ⁓**beruf** *m* teaching profession; ⁓**bildungsanstalt** *f* teachers' training college; ⁓**in** *f* (-; -nen) (lady) teacher; mistress; governess; ⁓**kollegium** *n* staff of teachers, *Am.* faculty; → *Lehrkörper*; ⁓**konferenz** *f* meeting of the teaching staff; ⁓**schaft** *f* (-) body of teachers; ⁓**seminar** *n* → *Lehrerbildungsanstalt*; ⁓**stelle** *f* teaching position; mastership.

'**Lehr...**: ⁓**fach** *n* subject, branch of study; teaching profession; ⁓**film** *m* instructional (*or* educational, school) film; training (*or* demonstration) film; ⁓**freiheit** *f* (-) freedom of instruction; ⁓**gang** *m* course (of instruction); ⁓**gangsleiter** *m* chief instructor; ⁓**gedicht** *n* didactic poem; ⁓**geld** *n* premium; *fig.* ⁓ *bezahlen* pay dearly for one's wisdom, learn it the hard way; ⁰**haft** *adj.* instructive; didactic; ⁓**herr** *m* master, boss; ⁓**jahre** *n/pl.* (years of) apprenticeship; ⁓**junge** *m* apprentice; ⁓**körper** *m* (teaching) staff, (body of) teachers *pl.*; *univ.* professorate, *Am.* faculty; ⁓**kraft** *f* (qualified) teacher; professor; *pl.* → *Lehrkörper*; ⁓**ling** ['-lɪŋ] *m* (-[e]s; -e) apprentice; novice, beginner; ⁓**mädchen** *n* girl apprentice; ⁓**meister** *m* master; ⁓**methode** *f* method of instruction; ⁓**mittel** *n/pl.* educational aids *or* appliances *or* material; ⁓**personal** *n* teaching staff; ⁓**plan** *m* course of instruction, curriculum, syllabus; ⁓**probe** *f* trial lesson; ⁰**reich** *adj.* instructive, informative; containing a wealth of information; ⁓**saal** *m* lecture-room, class-room; ⁓**satz** *m* proposition, *math.* theorem; *w.s.* doctrine, *eccl.* dogma; ⁓**spruch** *m* sentence, maxim; ⁓**stelle** *f* apprenticeship; ⁓**stoff** *m* subject-matter, subject(s *pl.*); ⁓**stück** *thea. n* didactic play; ⁓**stuhl** *m* (professorial) chair, professorship; ⁓**stunde** *f* lesson, lecture; ⁓**tätigkeit** *f*

instruction(al work), teaching; ⁓**vertrag** *m* articles *pl.* of apprenticeship, indenture(s *pl.*); ⁓**weise** *f* method of teaching; ⁓**zeit** *f* (term of) apprenticeship; *s-e* ⁓ *durchmachen* serve one's apprenticeship; ⁓**zeugnis** *n* apprentice's certificate.

Leib [laip] *m* (-[e]s; -er) body; belly, *anat.* abdomen; bowels *pl.*; trunk; waist; womb; *eccl.* ⁓ *des Herrn* Body of Christ, the Bread; ⁓ *und Leben* life and limb; ⁓ *und Seele* body and soul; *mit* ⁓ *und Seele* (with) heart and soul; *lebendigen* ⁓*es* alive; *med.* *offener* ⁓ regular motions, open bowels; *harten* ⁓ *haben* be constipated; *am ganzen* ⁓*e zittern* tremble all over; *auf dem bloßen* ⁓*e* next to one's skin; *kein Hemd auf dem* ⁓*e haben* have not a shirt to one's back; *j-m (hart) auf den* ⁓ *rücken* press a p. hard; *thea. die Rolle ist ihm auf den* ⁓ *geschrieben* the part is expressly written for him; *sich j-n vom* ⁓*e halten* keep a p. at arm's length; *zu* ⁓*e gehen* (*dat.*) attack a p.; tackle (*or* grapple with) *a th. or p.*; *bleib mir damit vom* ⁓*e* don't bother me with that.

'**Leib...**: ⁓**arzt** *m* physician in ordinary; ⁓**binde** *f* waistband; sash; *med.* abdominal bandage, support; ⁓**chen** *n* (-s; -) bodice; waist; vest; ⁓**diener** *m* body-servant, valet; ⁰**eigen** *adj.* in bondage; ⁓**eigene(r)** *m* (-n; -n) bondman, serf; ⁓**eigenschaft** *f* (-) bondage, serfdom.

leiben ['laɪbən] *v/i.* (*h.*): *wie er leibt und lebt* the very image of him, his very self.

Leibes... ['laɪbəs-]: ⁓**beschaffenheit** *f* constitution; physique; ⁓**erbe** *m* legitimate heir; *ohne* ⁓ *sterben* die without issue; ⁓**erziehung** *f* physical training; ⁓**frucht** *f* foetus, fetus; *jur. Tötung der* ⁓ procuring abortion, prolicide; ⁓**höhle** *anat. f* abdominal cavity; ⁓**kraft** *f* bodily (*or* physical) strength; *aus Leibeskräften* with all one's might, *yell* at the top of one's voice; ⁓**strafe** *f* corporal punishment; ⁓**übung(en** *pl.*) *f* bodily exercise(s *pl.*); physical training; gymnastics *pl.*; ⁓**umfang** *m* corpulence; ⁓**visitation** *f* bodily search.

'**Leib...**: ⁓**garde** *f* bodyguard; life-guards *pl.*; ⁓**gardist** *m* life-guardsman; ⁓**gericht** *n* favo(u)rite dish; ⁓**gurt**, ⁓**gürtel** *m* (waist-)belt.

'**leibhaft, leib'haftig I.** *adj.* corporeal; personified; embodied; living, very (*image*); *der* ⁓*e Teufel* the devil incarnate; real, true; **II.** *adv.* bodily, personally; in person, in the flesh.

'**Leibjäger** *m* huntsman in ordinary.

'**leiblich** *adj.* bodily (*a. adv.*), of the body; corporal; ⁓*es Wohl* physical well-being; earthly, worldly; corporeal; somatic; → *leibhaft(ig)*; ⁓*er Bruder* full (*or* own) brother; ⁓*er Vetter* first cousin, cousin german; *ihr* ⁓*er Sohn* her own son; *mit seinen* ⁓*en Augen* with one's own eyes; → *Erbe*.

'**Leib...**: ⁓**regiment** *n* Sovereign's own regiment; ⁓**rente** *f* life-an-

nuity; ⁓**schmerzen** *m/pl.*, ⁓**schneiden** *n* (-s) stomach-ache, gripes, colic; ⁓**speise** *f* favo(u)rite dish; ⁓**wache** *f*, ⁓**wächter** *m* bodyguard; ⁓**wäsche** *f* body-linen, underwear; lingerie; ⁓**weh** *n* → *Leibschmerzen*.

Leichdorn ['laɪç-] *m* corn.

Leiche ['laɪçə] *f* (-; -n) (dead) body; corpse; (mortal) remains *pl.*; carcass, cadaver; *typ.* omission, out; *fig. wandelnde* ⁓ walking corpse; *über* ⁓*n gehen* stick at nothing; *colloq. nur über meine* ⁓*!* over my dead body!

'**Leichen...**: ⁰**artig** *adj.* cadaverous; ⁓**ausgrabung** *f* exhumation; ⁓**begängnis** *n* burial, funeral; obsequies *pl.*, *Am.* funeral service; ⁓**beschauer** *m* coroner; ⁓**besorger**, ⁓**bestatter** *m* undertaker, *Am. a.* mortician, funeral director; ⁓**bittermiene** *f* woebegone (*or* hang-dog) look; ⁰**blaß** *adj.* deadly pale, ashen; ⁓**blässe** *f* deathlike pallor; ⁓**feier** *f* → *Leichenbegängnis*; ⁓**fledderer** *m* body-stripper; ⁓**frau** *f* layer-out; ⁓**geruch** *m* cadaverous smell; ⁓**gift** *n* cadaveric poison, ptomaine; ⁓**halle** *f*, ⁓**haus** *m* mortuary; ⁓**hemd** *n* shroud; ⁓**öffnung** *f* post-mortem (examination), autopsy; ⁓**predigt** (⁓**rede**) *f* funeral sermon (oration); ⁓**raub** *m* body-snatching; ⁓**räuber** *m* body-snatcher; ⁓**schändung** *f* desecration of dead bodies; ⁓**schau** *jur. f* (coroner's) inquest, post-mortem (examination); ⁓**schauhaus** *n* morgue; ⁓**schmaus** *m* funeral repast; ⁓**starre** *f* rigor mortis; ⁓**stein** *m* tombstone; ⁓**träger** *m* (pall) bearer; ⁓**tuch** *n* shroud (*a. fig.*); pall; ⁓**verbrennung** *f* cremation; ⁓**wagen** *m* hearse; mortuary van; ⁓**zug** *m* funeral procession.

Leichnam ['-nɑːm] *m* (-[e]s; -e) → *Leiche*.

leicht [laɪçt] **I.** *adj.* light (*a. fig. dress, food, hand, music, wine, etc.*); *tech. a.* light-weight, light-duty; *mil.* ⁓*er Panzer* (*Bomber, etc.*) light tank (bomber, *etc.*); *fig.* easy; light (*task*); effortless; gentle (*breeze, touch, etc.*); slight, trifling, petty, minor; *jur.* summarily punishable (offen|ce, *Am.* -se); ⁓*er Diebstahl* petty larceny; light-minded, easy-going, frivolous, fast (*girl*); mild (*tobacco, etc.*); ⁓*e Erkältung* slight cold; ⁓*en Fußes* light-footed, nimble; ⁓*en Herzens* with a light heart; ⁓*e Kost fig.* slight fare; ⁓*es Spiel*, ⁓*er Sieg* walkover; ⁓*en Kaufes davonkommen* get off cheaply; *econ.* ⁓*en Absatz finden* meet with a ready sale; *das ist ihm ein* ⁓*es* it's mere child's play to him, he takes that in his stride; *das war nicht* ⁓ that was no easy job (*or* no picnic); **II.** *adv.* lightly; easily; without effort; slightly; ⁓*er gesagt als getan* more easily said than done; ⁓(*er*) *machen* lighten; *fig.* render easy, facilitate; *gewogen und zu* ⁓ *befunden* weighed and found wanting; ⁓ *gewinnen* win hands down; *es* ⁓ *nehmen, es sich* ⁓ *machen* take it easy; *et. auf die* ⁓ *Schulter nehmen* make light of a th., pooh-pooh a th.; *es ist* ⁓ *möglich* it is well possible, it may well be; easily, soon; er erkältet sich ~ he is liable (or prone) to colds; so et. passiert ~ such things are apt to happen; das wird nicht so ~ wieder passieren it is not likely to happen again; sie ist ~ gekränkt she is easily offended; ~ entzündlich highly inflammable; ~ löslich readily soluble; ~ verdaulich easy to digest; ~ zugänglich easy of access.

'Leicht...: ♀athlet(in f) m athlete; ♀athletik f (track and field) athletics sg. and pl., track and field events pl.; ~athletisch adj. athletic; ~e Veranstaltung track meeting, track and field competition; ♀bauweise f lightweight construction; ~bedeckt adj. lightly covered; ~beschädigt adj. slightly damaged; ~beschwingt adj. light-winged; fig. jaunty; ♀beton m light concrete; ~bewaffnet adj. light-armed; ~beweglich adj. easily movable, very mobile; ~blütig ['-bly:tiç] adj. sanguine, light-hearted; ~entzündlich adj. highly inflammable.

'Leichter mar. m (-s; -) lighter, barge.

'leicht...: ~faßlich adj. easy to understand, plain; popular; ~fertig I. adj. light(-minded); careless, thoughtless; irresponsible; wanton; frivolous; ~es Gerede loose talk, flippant words; loose, giddy; fickle; II. adv.: et. ~ behandeln treat a th. lightly, make light of a th.; ♀fertigkeit f levity; carelessness, thoughtlessness; wantonness; frivolity, looseness, flippancy; ~flüchtig adj. highly volatile; ♀flugzeug n light (air)plane; ~flüssig adj. easily fusible, mobile, thin; ♀fuß m happy-go-lucky fellow, gay spark; ~füßig ['-fy:siç] adj. light-footed, nimble; ~gepanzert mil. adj. lightly armo(u)red; ~geschürzt adj.: ~e Muse lightly draped Muse; ♀gewicht(ler ['-lər] m -s; -) n sports: light-weight; ~gläubig adj. credulous, contp. gullible; ♀gläubigkeit f credulity; gullibility; ~herzig adj. light-hearted; ~hin adv. lightly, casually.

Leichtigkeit ['-içkaıt] f (-) lightness; fig. a. easiness, ease, facility; mit (größter) ~ with (effortless) ease; mit ~ gewinnen win hands down; ~ der Wartung ease of maintenance.

'leicht...: ♀kranke(r m) f ambulatory (or mild) case; ~lebig ['-le:biç] adj. easy-going; ~löslich adj. easily soluble; ♀matrose m ordinary seaman; ♀metall n light metal; ♀metallbau m (-[e]s; -ten) light-metal (or light) construction; ♀motorrad n light motorcycle; ♀öl n light oil; ~schmelzlich adj. easily fusible; ~siedend adj. low-boiling; ♀sinn m (-[e]s) levity; carelessness; recklessness, imprudence; → Leichtfertigkeit; ~sinnig adj. light-minded; careless, reckless, irresponsible, devil-may-care; thoughtless; frivolous; ~sinnigerweise adv. thoughtlessly; ~verdaulich adj. thoughtlessly; ~verderblich(e Waren f/pl.) adj. perishable(s pl.); ~verständlich adj.

easy to understand, easily understood; ♀verwundete(r) m minor casualty, ambulant case; pl. walking wounded.

leid [laıt] adj.: es ist (or tut) mir ~ a) I am sorry (um for), b) I regret, c) I cannot help it; es wird dir ~ tun you will regret it, you will be sorry for it; er tut mir ~ I am sorry (for him); ich bin es ~ I am (sick and) tired of it.

Leid n (-[e]s; -en) injury, harm; wrong; misfortune; sorrow, grief, pain; ein ~(s) antun a) j-m: hurt (or harm) a p., b) sich: lay hands upon o.s.; → zuleide; j-m sein ~ klagen pour out one's troubles to a p.; ~ tragen mourn, be in mourning (um for); geteiltes ~ ist halbes ~ misery loves company.

Leideform ['laıdə-] gr. f passive (voice).

'leiden v/i. and v/t. (irr., h.) suffer (an dat. unter dat. from); be afflicted (with), be subject (to), med. complain (of); be in pain; suffer, tolerate, allow, permit; bear, stand, endure; like, care for; → erleiden; er leidet an der Leber his liver is out of order; s-e Gesundheit litt (stark) darunter it (seriously) affected (or told on) his health; der Motor hat stark gelitten the engine suffered severely; ich kann ihn nicht ~ I don't like him, I can't stand him; er litt es nicht he would not have it; es litt mich nicht länger dort I could not bear to stay there any longer; die Sache leidet keinen Aufschub admits of (or brooks) no delay.

'Leiden n (-s; -) suffering; affliction, tribulation, trouble; complaint (a. fig. and iro.), ailment, malady, disease; das ~ Christi the Passion; „Werthers ~“ the Sorrows of Werther; ♀d adj. suffering; ailing, sickly, ill; gr. passive.

'Leidenschaft f (-; -en) passion (für for), (powerful) emotion; in ~ geraten fly into a passion; Angeln ist s-e ~ fishing is a passion with him, he is a passionate angler; ♀lich adj. passionate; impassioned (speech); ardent, burning (desire); enthusiastic; glowing, fervent; violent, vehement, hot-tempered; impulsive, hot-headed; ~lichkeit f passionateness; ardo(u)r; vehemence; impulsiveness; ♀slos adj. dispassionate; impassive, cool, detached, matter-of-fact(ly adv.).

'Leidens...: ~gefährte m, ~gefährtin f fellow-sufferer; ~geschichte f tale of woe; Christ's Passion; ~weg eccl. m way of the cross, road to calvary; fig. life of suffering, thorny road; ~zeit f ordeal.

leider ['laıdər] adv. unfortunately; int. ~! alas!; ~ ist er noch krank I am sorry to say he is still ill; ~ können wir Ihnen nichts berichten (much) to our regret we are not in a position to; ~ muß ich gehen I am afraid I have to go; ~ Gottes most unfortunately, it's too bad that.

leiderfüllt ['laıt⁹ɛrfylt] adj. sorrowful, grief-stricken, woebegone.

leidig ['laıdiç] adj. tiresome, un-

pleasant, disagreeable; confounded, accursed.

leidlich ['laıtliç] adj. bearable, tolerable; passable, middling (a. adv. = fairly well, so-so).

Leid... ['laıt-]: ~tragende(r m) f (-n, -n; -n, -n) mourner; fig. er ist der ~ dabei he is the one who suffers for it; ♀voll adj. sorrowful, full of grief; ~wesen n (-s): zu meinem (großen) ~ to my (great) regret or sorrow or distress, unfortunately.

Leier ['laıər] f (-; -n) mus. lyre; tech. crank; (-) ast. lyra; fig. die alte ~ always the same old story; ♀bohrer tech. m brace drill; ~kasten m barrel-organ; ~(kasten)mann m organ-grinder; ♀n v/i. and v/t. (h.) grind (on) a barrel-organ; crank; fig. drawl on; → herunterleiern.

Leih|amt ['laı-] n, ~anstalt f loan-office; pawnshop; ~bibliothek, ~büche'rei f lending (or circulating) library, Am. a. rental library; ♀en v/t. (irr., h.) lend (out, auf Zinsen at interest), loan, esp. Am. advance (money); et. von j-m ~ a) borrow a th. of a p., b) hire a th. from a p.; borrow books from a library; j-m sein Ohr ~ lend a p. one's ear, listen to a p.; geliehenes Geld borrowed money; ~er m (-s; -) 1. lender; 2. borrower; ~gebinde econ. n returnable container; ~gebühr f lending-fee(s pl.), rental fee; ~geld econ. n loans pl.; long-term: time money; short-term: short (Am. demand) loans pl.; ~geschäft econ. n lending (or loan) business; ~haus n pawnshop, Am. a. loan-office; ins ~ tragen pawn, Am. sl. hock; ~schein m pawn-ticket; ~- und Pachtgesetz n Lend and Lease Act; ~vertrag m contract of loan for use; ♀weise adv. as (or by way of) a loan; on hire; ~ überlassen lend.

Leim [laım] m (-[e]s; -e) glue; size; bird-lime; aus dem ~(e) gehen (a. fig.) get out of joint, fall to pieces, come apart; fig. auf den ~ führen hoodwink, trap; auf den ~ gehen fall for it (or into the trap), take the bait.

'leimen v/t. (h.) glue (together), cement; size (cloth, paper); hunt. lime; colloq. fig. geleimt werden be cheated, be taken in.

'Leim...: ~farbe f glue-water colo(u)r; size colo(u)r; paint. distemper; ♀ig adj. gluey, glutinous; ~kitt m joiner's cement; ~ring agr. m grease-band; ~rute f lime-twig; ~sieder m glue boiler; ~stoff m gluten; sizing material; ~topf m glue-pot; ~ung f (-) glueing; sizing; ~wasser paint. n (-s) glue-water.

Lein [laın] bot. m (-[e]s; -e) flax; linseed.

Leine ['laınə] f (-; -n) line, cord, (thin) rope; clothes-line; (dog-) lead, leash; an der ~ führen keep on the lead, fig. keep a p. in leading-strings; sl. ~ ziehen beat it.

'leinen adj. (of) linen.

'Leinen n (-s; -) linen, linen goods pl.; in ~ gebunden cloth-bound (book); ~band 1. n tape; 2. m book:

cloth binding; ~garn *n* linen yarn *or* thread; ~papier *n* linen (finish) paper; ~schuh *m* canvas shoe; ~zeug *n* linen.
'Lein...: ~firnis *m* linseed varnish; ~kuchen *m* oilcake; ~öl *n* (-[e]s) linseed oil; ~farbe linseed oil paint; ~pfad *m* tow-path; ~saat *f*, ~samen *m* linseed; ~tuch *n* linen (cloth); (bed) sheet.
'Leinwand *f* (-) linen (cloth); *paint.* canvas; *film:* screen; *auf die ~ bringen* produce, picturize (*novel, etc.*); *über die ~ gehen film:* be presented; *book: in ~ gebunden* bound in cloth; ~händler *m* linen draper.
'Leinweber *m* linen-weaver.
leise ['laɪzə] I. *adj.* low, soft, faint; *person:* low-voiced; *mit ~r Stimme* in a low voice, in an undertone; *fig.* soft, gentle; delicate; slight, light, imperceptible; ~r *Schlaf* light (*or* cat's) sleep; *e-n ~n Schlaf haben* be a light sleeper; *ein ~s Gehör haben* have a delicate (*or* quick) ear; ~st faintest, slightest, least (*idea, suspicion, etc.*); *seien Sie bitte ~!* please keep quiet; II. *adv.:* ~ *auftreten* tread softly *or* noiselessly; ~ *berühren* touch lightly; ~ *erwähnen* suggest; ~r *sprechen* lower one's voice; ~stellen *v/t.* (h.) tune down (*radio*); 2treter(in *f*) *m* (-s, -; -, -nen) sneak, pussyfoot(er).
Leiste ['laɪstə] *f* (-; -n) *tech.* ledge, border, strip; slat; *arch.* fillet, reglet; *of machine, etc.:* (guide) rail; *dressmaking:* ~ *mit Knöpfen* button tape; *of book:* border, edge; *typ.* head (*or* tail) piece, flourish; *weaving:* selvage, list; *anat.* groin.
'leisten *v/t.* (h.) do; perform; carry out, execute; fulfil, *jur. a.* perform, *n.s.* pay; achieve, accomplish; supply, provide; take (*an oath*); render (*a service*); make, effect (*payment, etc.*); offer; *Großes ~* achieve great things; → *Folge, Genugtuung 1, Gesellschaft, Gewähr, Hilfe, Vorschuß, Widerstand, etc.*; *Tüchtiges ~* do a splendid job, be very efficient; render good service; *sich et. ~* treat o.s. to a th.; *colloq. sich ~* make (*a mistake, etc.*); *ich kann mir das* (nicht) ~ (*a. fig.*) I can(not) afford it; *was hast du dir da wieder geleistet?* what (mischief) have you been up to again?
'Leisten *tech. m* (-s; -) last; boot-tree, block; *fig. alles über e-n ~ schlagen* treat all things alike; → *Schuster.*
'Leisten...: ~bruch *med. m* inguinal hernia; ~drüse *anat. f* inguinal gland; ~gegend *f* groin, inguinal region; ~werk *arch. n* mo(u)lding, bordering.
'Leistung *f* (-; -en) performance; achievement, feat, stunt; accomplishment, attainment; work (done); *erreichte ~* result(s *pl.* obtained); *tech.* performance, efficiency; power; output, production capacity; *el.* a) power, b) wattage, c) output, d) input; *of engine:* a) performance, b) brake horsepower; serviceableness (*of oil, etc.*); (service) life; *of worker:* a) workmanship, b) output; *höchste ~ record;* peak performance; *nach ~ bezahlen* pay by results;

econ. contribution; service(s *pl.* rendered); performance (*of contract*); payment; delivery; obligation; ~en *pl. of insured:* benefits; *of student:* achievements *pl.*, proficiency *sg.*; *e-e feine ~!* good work!
'Leistungs...: ~abgabe *el. f* power output; ~angaben *tech. f/pl.* performance data; ~anreiz *m* incentive; ~aufnahme *el. f* power input; ~ausgleich *econ. m* compensation for services; ~berechnung *f* capacity rating; ~bereich *tech. m* range of capacity; ~einheit *phys. f* unit of power; 2fähig *adj.* productive; *econ.* solvent, solid; efficient, *tech. a.* powerful, *of oil, etc.:* serviceable; ~fähigkeit *f* (-) efficiency, *tech. a.* productive power, capacity performance, output, serviceableness; ~faktor *tech. m* power factor; ~grenze *tech. f* (-) limit of capacity; ~kurve *f* performance graph; ~lohn *m* efficiency (*or* incentive) wage(s *pl.*), *progressiver ~* progressive piece wages *pl.*; ~messer *el. m* wattmeter; ~norm *tech. f* standard of performance; ~pflicht *econ. f* obligation of performance; 2pflichtig *adj.* liable for payment *or* services; ~prämie *f* merit bonus; ~prinzip *n* ability principle; ~prüfung *f* performance (*or* efficiency) test; ~schau *f* progress show; ~schild *tech. n* rating plate; 2schwach *adj.* inefficient; ~soll *n* target; ~sport *m* competitive sport(s *pl.*) *or* athletics; ~sportler (-in *f*) *m* competitive athlete; ~stand *m* standard of results *or* performance; 2stark *adj.* efficient; 2steigernd *adj.* efficiency increasing; ~steigerung *f* increase in efficiency; *tech. a.* increased output; ~system *n* merit rating system; ~turnen *n* skill gymnastics *pl.*; ~vermögen *n* → *Leistungsfähigkeit*; ~verzug *econ. m* delay of obligation; ~wettbewerb *m* efficiency contest, proficiency drive; ~wille *m* will to work and to produce; ~zulage *f* efficiency bonus.
Leit|artikel ['laɪt-] *m* leading article, leader, *Am.* editorial; ~artikelschreiber *m* leader (*Am.* editorial) writer; ~bild *n* image; guiding star, model, example, hero; ~bündel *biol. n* vascular bundle.
'leiten *v/t.* (h.) lead, guide, (*a. el., mus., phys.*) conduct; steer, pilot, *tech.* convey, pass; route (*über acc.* over); *adm.* channel; *mil. das Feuer ~* control *or* direct the fire; head (*organization, etc.*), govern, rule (*state*); manage, run, be in charge of (*enterprise, etc.*); control; *e-e Versammlung ~* preside over a meeting, be in the chair; *sports: das Spiel ~* referee; *fig. sich ~ lassen von* be guided by (*principle, etc.*); ~d *adj.* leading; *phys.* (*nicht*) ~ (non-)conductive; *econ.* managerial, key (*position*); ~er *Angestellter* officer (of a firm), *Am. a.* executive; ~er *Ingenieur* chief engineer.
'Leiter[1] *m* (-s; -), ~in *f* (-; -nen) leader, (*a. phys., mus.*) conductor (*f* conductress); *adm., econ.* head, chief, *Am. a.* executive; manager (-ess *f*), *Am. a.* president; director

(*f* directrix); (works) manager, *Am.* superintendent; *technischer ~* technical director; *of assembly:* chairman, president; *ped.* headmaster (*f* -mistress), *Am.* principal; ~ *sein von* be in charge of; *el.* conductor, *of cable:* core.
'Leiter[2] *f* (-; -n) ladder (*a. fig.*); (pair of) steps *pl.*; *gym.* schwedische ~ Swedish ladder, rib stalls; *mus.* scale; 2förmig ['-fœrmiç] *adj.* ladder-shaped; ~sprosse *f* rung (*or* step) of a ladder; ~wagen *m* rack-wag(g)on.
'Leit...: ~faden *m* clue; (*book*) manual, textbook, guide; 2fähig *adj.* conductive; ~fähigkeit *f* (-) conductance, conductivity; ~feuer *n mil.* cord fuse; *mar.* leading light; ~fossil *geol. n* leading fossil; ~gedanke *m* leading (*or* basic) idea; ~hammel *m* bell-wether (*a. fig.*); ~hund *m* leader(-dog); ~karte *f* guide(-card); ~motiv *mus. n* leitmotiv; *fig.* key-note; ~satz *m* guiding principle; ~schiene *f* guide-rail; *rail.* live rail; ~spindel *tech. f* leadscrew; ~spindelbank *f* engine lathe; ~spruch *m* motto; ~stand *m* control post; *mil.* fire control centre; ~stange *tech. f* conducting rod; *of tram:* trolley(-pole); ~stelle *f* head office; *radio:* net control station; ~stern *m* lode-star (*a. fig.*), pole-star; ~strahl *m* (localizer) beam; *math.* radius vector; ~tier *n* leader.
'Leitung *f* (-; -en) lead(ing), conducting, guidance; control, management, direction, administration, *Am. a.* operation; chairmanship, presidency; (*institution*) management, principal office, *of conferences, etc.:* management (*or* steering) committee; *tech.* guiding-bar; transmission; *phys.* conduction; *el.* lead; circuit; *tel.* line, wire, wiring; cable; pipeline, piping, tubing; (*gas, water, electricity*) mains; (water-) tap; conduit, duct; *die ~ haben von* be in control of, head; *unter s-r ~* under his direction (*or* control, auspices); *mus. unter der ~ von X* Mr. X conducting; *teleph. in der ~ bleiben* hold the line; *die ~ ist besetzt* the line is engaged (*Am.* busy); *colloq. fig. e-e lange (kurze) ~ haben* be slow (quick) in the uptake.
'Leitungs...: ~bau *m* (-[e]s) line construction; ~draht *m* (lead *or* conducting) wire, conductor; 2fähig *adj.* conductive; ~fähigkeit *f* (-) conductivity; ~hahn *m* water-tap, *Am. a.* faucet; ~mast *m* pole, mast; pylon; ~netz *n* (supply) network, line-system; circuit; main system; ~plan *m* wiring diagram; ~rohr *n*, ~röhre *f* conduit(-pipe); gas- (water-)pipe, main; ~schnur *f* cord, flex; ~störung *f* line fault; ~vermögen *n* conductivity; ~wasser *n* (-s; -wässer) company's (*or* tap) water.
'Leit...: ~werk *aer. n* tail unit, control surfaces *pl.*; ~wert *el. m* conductance; ~zahl *f* index *or* code number; control word.
Lekti|on [lɛktsi'o:n] *f* (-; -en) lesson (*a. fig.*); *fig. j-m e-e ~ erteilen* a) lecture a p., b) teach a p. a lesson.

Lektor ['lɛktɔr] m (-s; -'toren) lecturer; *of publishers:* reader.
Lek|türe [lɛk'ty:rə] f (-) reading; gute (langweilige) ~ good (dull) reading; (pl. -n) books pl., reading (matter).
Lende ['lɛndə] anat. f (-; -n) loin, lumbar region; hip, haunch; thigh.
'**Lenden...:** ~**braten** m roast loin; sirloin; ~**gegend** f lumbar region; ℒ**lahm** adj. hipshot, fig. lame, weak-kneed; ~**schnitte** f rumpsteak; ~**schurz** m loin-cloth; ~**stück** n cul. loin(-steak), undercut, Am. tenderloin; sirloin.
Lenk|achse ['lɛŋk-] f steering axle; ~**ballon** m steerable balloon; ℒ**bar** adj. guidable, manageable, tractable; tech. steerable, controllable, man(o)euvrable; ~(es Luftschiff) dirigible; ~**barkeit** f (-) manageableness, tractability; docility; tech. dirigibility, controllability, man(o)euvrability; ℒ**en** v/t. and v/i. (h.) direct, conduct, guide; turn, bend; drive, mot. a. steer; aer. steer; pilot (a. aer. = control); govern, rule; ~ auf (acc.) draw (or call) a p.'s attention to, auf sich: attract; s-n Blick ~ auf turn one's eyes to; das Gespräch ~ auf steer the conversation (round) to; s-e Schritte ~ nach turn one's steps to(wards); gelenkte Wirtschaft planned economy; ~**er(in** f) m (-s, -; -, -nen) driver; pilot; ruler, governor; ~**rad** n 1. mot. steering wheel; 2. → ~**rolle** f caster (wheel); ℒ**sam** adj. → lenkbar; ~**säule** mot. f steering column; ~**schloß** mot. n steering-column lock; ~**schnecke** mot. f steering worm; ~**seil** n guide-rope; ~**stange** f handle bar (of bicycle); tech. connecting rod, link; ~**ung** f (-; -en) guidance, management, control; planning; mot. a) steering assembly, b) steering, driving; ~**ungs-ausschlag** mot. m steering lock; ~**ungs-ausschuß** m steering committee.
Lenz [lɛnts] m (-es; -e) spring; fig. bloom, prime (of life); er zählte 20 ~e he was twenty (years old).
'**lenz|en** mar. v/t. and v/i. a) (h.) pump (the bilges), b) (sn) scud; ℒ**pumpe** f bilge pump.
Leopard [leo'part] zo. m (-en; -en) leopard; ~**enweibchen** [leo'pardən-] n leopardess.
Lepra ['le:pra] med. f (-) leprosy; ~**kranke(r** m) f leper.
leptosom [lɛpto'zo:m] physiol. adj. leptosome.
Lerche ['lɛrçə] f (-; -n) lark; ~**nstrich** m (-[e]s) flight of larks.
Lern|begier(de) ['lɛrn-] f (-) desire of learning, studiousness; ℒ**begierig** adj. eager to learn, studious; ~**eifer** m zest for learning, zeal; ℒ**en** v/t. and v/i. (h.) learn; study; practise; vulg. (lehren) teach, learn; pick up; acquire, master; lesen ~ learn reading or to read; → auswendig; serve one's apprenticeship (bei j-m with); be apprenticed (to); j-n schätzen ~ come to esteem a p.; → kennen; er lernt gut he is an apt scholar; man lernt nie aus we live and learn; gelernt (adj.) by trade; gelernter Arbeiter skilled worker; ~**en**

n (-s) learning, studying; das ~ wird ihm schwer he is slow in learning; ~**maschine** f teaching machine; ~**mittel** n/pl. learning material; ~**mittelfreiheit** f (-) free means pl. of study; ~**schwester** f student nurse, probationer.
Les|art ['le:sʔɑːrt] f reading, version; verschiedene ~ variant; ℒ**bar** adj. legible; decipherable; readable, worth reading; ~**barkeit** f (-) legibility.
Lesbierin ['lɛsbiərin] f (-; -nen), '**lesbisch** adj. Lesbian.
Lese ['le:zə] f (-; -n) gathering; gleaning; vintage.
'**Lese...:** ~**brille** f (e-e ~ a pair of) reading glasses pl.; ~**buch** n reading book, reader; ~**drama** n closet drama; ~**fibel** f first reader, primer; ~**früchte** f/pl. selections; ~**glas** n reading-glass; ~**halle** f public reading-room; ℒ**hungrig** adj. being an avid reader; starved for books; ~**kränzchen** n, ~**kreis** m reading-circle; ~**lampe** f reading-lamp; ~**lupe** f → Leseglas.
'**lesen** v/t. and v/i. (irr., h.) read; decipher; univ. give lectures; ~ über (acc.) lecture on; Messe ~ say Mass; book, etc.: sich gut (or leicht) read well, be readable; sich großartig ~ make fascinating reading; be legible; wie ~ Sie diesen Satz? how do you read this sentence?; sort; pick, clean (peas); → Ähre.
'**Lesen** n (-s) reading; lecturing; gathering; ℒ**swert** adj. worth reading.
'**Lese...:** ~**probe** f thea. reading rehearsal; from book: specimen; ~**pult** n reading-desk.
'**Leser(in** f) m (-s, -; -, -nen) reader; of newspaper: a. subscriber (gen. to); agr. gatherer, gleaner; vintager.
'**Lese-ratte** fig. f bookworm.
'**Leser...:** ~**karte** f reader's card; ~**kreis** m (circle of) readers pl.; e-n weiten ~ haben be widely read; ℒ**lich** adj. legible, easy to read; ~**lichkeit** f (-) legibility; ~**schaft** f (-) readers pl.; ~**stamm** m stock of readers; ~**zuschrift** f letter to the editor.
'**Lese...:** ~**saal** m reading-room; ~**stoff** m reading (matter); ~**übung** f reading exercise; ~**zeichen** n book-mark; ~**zimmer** n reading-room; ~**zirkel** m reading-circle; book-club.
'**Lesung** f (-; -en) reading; parl. in zweiter ~ on second reading; zur dritten ~ kommen come up for the third reading.
lethal [le'taːl] med. adj. lethal, fatal; ~er Ausgang fatal issue, death.
Lethargie [letar'giː] med. f (-) lethargy (a. fig.); le'**thargisch** adj. lethargic(al).
Lett|e ['lɛtə] m (-n; -n), ~**in** f (-; -nen) Latvian, Lett.
'**Letten** m (-s; -) loam, potter's clay.
Letter ['lɛtər] f (-; -n) letter, character, typ. type; ~**nkasten** m lower case; ~**nmetall** n type metal; ~**nsetzmaschine** f monotype.
'**lettisch** adj. Latvian, Lettish.
letzt [lɛtst] I. adj. last; final, ulti-

mate; extreme; lowest, bottom; ~er Ausweg last resort; ~e Nachrichten late(st) or stop-press news; ~er Schliff master touch; ℒe Ölung extreme unction; ~es Wort last word; (am) ~en Sonntag last Sunday; im ~en Sommer past summer; in den ~en Jahren in recent years; in ~er Zeit of late, lately; econ. ~en Monats ultimo (usu. abbr. ult.); die ~en Stunden the closing hours (of conference, year, etc.); Umstellungen im ~en Augenblick last-minute (or eleventh hour) shift; bis auf den ~en Mann (down) to the last man, to a man; bis auf den ~en Platz gefüllt packed to capacity; bis ins ~e prüfen check to the last detail; bis zum ~en in the last, to the utmost; ~en Endes in the last analysis, ultimately, after all; → Ehre, Hand, Loch, Schrei; comp. der, die, das ~ere, ~erer (the) latter; II. (der, die, das) ℒe (-n; -n) the last (one); das ~ the last thing; der ~ (des Monats) the last (day of the month); the last extremity; zu guter Letzt last but not least; finally, in the end; sein ~s hergeben do one's utmost, make an all-out effort; ~**ens** ['-əns], ~**hin** adv. latterly, lately, of late; the other day, recently; ~**genannt** adj. last-named; ~**jährig** adj. last year's, of last year; ~**lich** adv. 1. → letztens; 2. in the last analysis; ~**willig** I. adj. testamentary; II. adv. by will.
Leu [lɔy] poet. m (-en; -en) lion.
Leucht|bake ['lɔyçt-], ~**boje** mar. f lightbuoy; ~**bombe** aer. f flare (bomb); ~**draht** el. m filament; ~**e** f (-; -n) light, (a. fig.) lamp, (a. fig. esp. person) luminary; fig. er ist keine ~ he is no shining light; aer., mar. beacon; aer. wing-tip flare; ℒ**en** v/i. (h.) (give or emit) light, shine (forth); gleam, sparkle; ~ auf (acc.) shine (up)on, illuminate; j-m ~ light a p.; sein Licht ~ lassen let one's light shine (vor dat. before); ~**en** n (-s) shining; of eyes: a. light, sparkle; phys. luminosity; ℒ**end** adj. shining, bright; luminous; lustrous, brilliant; shining, brilliant (example); mit ~en Augen with shining eyes; ~**er** m (-s; -) candlestick; chandelier, lustre; sconce; ~**fackel** f flare; ~**faden** el. m filament; ~**fallschirm** aer. m parachute flare; ~**farbe** f luminous paint; ~**feuer** n mar. beacon (light), aer. flare; ~**gas** n illuminating (or city) gas, chem. carburetted hydrogen; ~**geschoß** mil. n star shell; ~**käfer** m glow-worm, fire-fly; ~**kompaß** m luminous(-dial) compass; ~**körper** m lamp, light; ~**kraft** f (-) illuminating (of colours: luminous) power; ~**kugel** mil. f Very light; flare; ~**masse** f luminescent substance; ~**mittel** n illuminant; ~**patrone** f Very light, flare (or signal) cartridge; ~**petroleum** n kerosene; ~**pistole** f Very pistol, signal pistol; ~**quarz** m luminous quartz; ~**rakete** f signal rocket; ~**reklame** f luminous advertising, neon signs pl.; sky signs pl.; ~**röhre** f luminous lamp, neon tube; ~**schiff** mar. n lightship;

~schirm *m* fluorescent screen (*a. med.*); ~schrift *f* illuminated letters; ~signal *n* flare signal; ~skala *f* luminous dial; ~spur *mil. f* tracer path; ~spurgeschoß *mil. n* tracer bullet; ~spurmunition *mil. f* tracer ammunition; ~stab *el. m* fluorescent rod; (electric) torch, flash-light; ~stoff *m* illuminant; ~stofflampe *f* fluorescent lamp; ~stoffröhre *f* fluorescent tube; ~turm *mar. m* lighthouse; ~uhr *f* luminous clock *or* watch; ~zifferblatt *n* (~ziffern *f/pl.*) luminous dial (figures).

leugnen ['lɔygnən] *v/t.* (h.) deny; disavow; contest; *nicht zu ~* not to be denied, undeniable.

'**Leugnen** *n* (-s) denying, denial; disavowal.

Leukämie [lɔykɛ'mi:] *med. f* (-; -n) leuk(a)emia.

Leukoplast [lɔyko'plast] *n* [-[e]s) adhesive tape.

Leukozyten [-'tsy:tən] *pl.* leukocytes.

Leumund ['lɔymunt] *m* (-[e]s) reputation, repute, name; ~zeuge *m* character witness; ~zeugnis *n* certificate of good character; character reference.

Leute ['lɔytə] *pl.* people; persons; folks; *mil., pol.* men; domestics, servants; hands; *nicht genug ~ haben* be short-handed; *collect.* die ~ people, the world, the (general) public; *meine ~ (family)* my people, my folks; *iro.* er kennt *se ~* he knows his customers; *vor allen ~n* publicly, before all the world; *unter die ~ bringen* spread abroad; *unter die ~ gehen* mix with people; ~schinder *m* slave-driver, martinet.

Leutnant ['lɔytnant] *m* (-s; -s) *mil.* second lieutenant; *aer.* pilot officer; *~ zur See Brit.* acting sub-lieutenant, *Am.* ensign.

'**leutselig** *adj.* affable; condescending; 2keit *f* (-) affability; condescension.

Levantin|er(in *f)* [levan'ti:nər-] *m* (-s, -; -, -nen), 2isch *adj.* Levantine.

Levit [le'vi:t] *m* (-en; -en) *pl.*: j-m die ~ lesen lecture a p., give a p. a dressing-down.

Levkoje [lɛf'ko:jə] *bot. f* (-; -n) stock, gillyflower.

lexikalisch ['lɛksi'ka:liʃ] *adj.* lexical.

Lexikograph [-ko'gra:f] *m* (-en; -en) lexicographer.

Lexikographie [-gra'fi:] *f* (-) lexicography.

lexikographisch [-'gra:fiʃ] *adj.* lexicographic(al).

Lexikon ['lɛksikɔn] *n* (-s; -ka) dictionary; encyclop(a)edia.

Lezithin [letsi'ti:n] *n* (-s) lecithin.

Liaison [liɛ'zɔ̃:] *f* (-; -s) liaison, love-affair.

Liane [li'a:nə] *f* (-; -n) liana.

Lias ['li:as] *geol. m* (-) lias; ~formation *f* liassic formation.

Libelle [li'bɛlə] *f* (-; -n) dragon-fly; *tech.* bubble (of spirit level).

liberal [libe'ra:l] *adj.* liberal.

liberalisier|en [-rali'zi:rən] *v/t.* (h.) liberalize; ~ung *f* (-) liberalization.

Liberalismus [-ra'lismus] *m* (-) liberalism.

Liberali'tät *f* (-) liberality.

Librettist [librɛ'tist] *mus. m* (-en; -en) librettist.

Libretto [-'brɛto] *mus. n* (-s; -s) word-book, words *pl.*

Licht [liçt] *n* (-[e]s; -er) light; brightness; illumination, lighting; luminous body; luminary (*a. fig. genius*); lamp; candle; daylight; paint. ~er und Schatten *pl.* lights and shadows; *hunt.* ~er *pl.* eyes; ~ machen strike a light, *el.* switch on the light(s *pl.*); bei ~ arbeiten, *etc.* work, *etc.*, by lamp-light; gegen das ~ halten hold (up) to the light; geh mir aus dem ~e! stand out of my light!; *fig.* ~ bringen in (*acc.*) throw (*or* shed) light upon; ans ~ bringen (kommen) bring (come) to light; das ~ der Welt erblicken see the light, be born; das ~ scheuen shun the light; ein schlechtes ~ werfen auf (*acc.*) reflect (*or* cast a reflection) on; ein ungünstiges ~ werfen auf j-n put a p. in an unfavo(u)rable light; → schief; et. bei ~ besehen examine a th. closely; bei ~e besehen a) on closer inspection, b) strictly speaking; im besten ~e zeigen show up to the best advantage; ins rechte ~ setzen put in the right light; in ein falsches ~ rücken misrepresent; j-m ein ~ aufstecken open a p.'s eyes (über *acc.* to); j-n hinters ~ führen deceive (*or* dupe, hoodwink) a p.; → leuchten; sich im wahren ~e zeigen show one's (true) colo(u)rs; sich in e-m neuen ~e zeigen present o.s. in a new aspect; es ging mir ein ~ auf it began to dawn on me, I began to see daylight; jetzt geht mir ein ~ auf! now I see!; er ist kein großes ~ he is no shining light; → grün.

licht *adj.* light (*a. colour*); bright, luminous; transparent; thin (*a. hair*); open, clear (*woods*); ~ werden → lichten; *er Augenblick* lucid interval; bei *em Tage* in broad daylight; *tech. ~e Breite (Höhe)* clear breadth (height); ~er Durchmesser inside diameter; ~er Raum space in the clear, clearance; ~e Weite inside width (*or* diameter), lumen; ~e Zukunft bright future.

'**Licht...: ~aggregat** *el. n* lighting set; ~anlage *f* lighting system; light(ing) plant; ~anlasser *mot. m* starter-dynamo; ~antenne *f* mains aerial; ~bad *med. n* light bath, insolation; ~behandlung *med. f* phototherapy; 2beständig *adj.* fast to light; non-fading (*fabric*); ~bild *n* photo(graph); slide, transparency; ~bildervortrag *m* lantern(-slide) lecture; ~bildner (-in *f) m* photographer; 2blau *adj.* light (*or* pale) blue; ~blende *phot. f* light stop; ~blick *fig. m* bright spot; ray of hope; ~bogen *el. m* arc; ~bogenschweißung *tech. f* arc welding; 2brechend *opt. adj.* refractive; ~brechung *f* refraction of light; ~bündel *n* light beam, pencil of rays; 2dicht *adj.* light-proof; ~druck *typ. m* (-[e]s; -e) heliography; phototype; 2durchlässig *adj.* permeable to light, translucent; 2echt *adj.* fast (to light) (*colour*); nonfading (*fabric*);

2elektrisch *adj.* photoelectric(ally *adv.*); 2empfindlich *adj.* sensitive to light, *phot.* sensitive, sensitized (*paper*); *phys.* light-reactive (*cell*); ~ machen sensitize; ~empfindlichkeit *f* sensitivity, *phot.* speed.

'**lichten** *v/t.* (h.) clear (*wood*); (*a. sich ~*) thin (*hair, ranks*); *mar.* den Anker ~ weigh anchor; sich ~ clear up.

'**Lichter 1.** *pl.* of Licht; **2.** *mar. m* (-s; -) lighter, barge; 2loh ['-'lo:] *adv.* blazing, in full blaze; ~ brennen be in a blaze, be all ablaze; ~meer *n* sea of lights.

'**Licht...: ~erscheinung** *f* luminous appearance, optical phenomenon; ~farbendruck *m* (-[e]s; -e) photomechanical colo(u)r print(ing); ~filter *m* ray filter; ~geschwindigkeit *f* (-) speed of light; 2grün *adj.* chartreuse; ~heilverfahren *med. n* light treatment, phototherapy; ~hof *m* glassroofed court; *phot.* halo; ~hofbildung *phot. f* halation; 2hoffrei *phot. adj.* anti-halo; ~hupe *mot. f* headlamp flasher; ~jahr *n* light year; ~kasten *med. m* electrothermal bath; ~kegel *m phys.* cone of rays; searchlight beam; ~kreis *m* halo; ~lehre *phys. f* (-) photology; optics *pl.*; ~leitung *f* lighting circuit (*or* mains); ~maschine *mot. f* (lighting) dynamo, generator; ~meß ['-mɛs] *eccl. f* (-) Candlemas; ~meßdienst *mil. m* flash-ranging service; ~messer *phys. m* photometer; ~messung *f phys.* photometry; *mil.* flash-ranging; ~netz *n* lighting circuit, mains; ~pause *f* photoprint; ~pausverfahren ['-paus-] *n* photoprinting; ~quant *n* light quantum, photon; ~quelle *f* source of light; ~reklame *f* luminous advertising; electric signs; sky signs *pl.*; ~rufanlage *f* light-signal call system; ~schacht *m* light-well; ~schalter *m* light switch; ~schein *m* gleam of light, shine; 2scheu *adj.* shunning the light (*a. fig.* = shady); *med.* photophobic; ~schirm *m* (lamp-)shade, screen; ~seite *fig. f* bright side; ~signal *n* light signal, *mot.* traffic light; ~spielhaus, ~spieltheater *n* cinema, *Am.* motion picture theater; → Kino; 2stark *adj.* of high intensity, high-power; *phot.* high-speed; ~stärke *f* intensity of light; candle-power; *phot.* speed; ~steindruck *m* (-[e]s; -e) photolithography; ~strahl *m* ray (*or* beam) of light (*a. fig.*); ~strom *m* mains current; luminous flux; ~technik *f* (-) light current engineering; ~tonaufnahme *f* photographic sound-film recording; ~ton-Verfahren *n* sound-on-film process; 2undurchlässig *adj.* opaque.

'**Lichtung** *f* (-; -en) clearing, opening; glade.

'**Licht...: 2voll** *fig. adj.* illuminating; ~welle *f* light wave; ~zeichen *n* light-signal; ~zelle *f* photo(electric) cell.

Lid [li:t] *n* (-[e]s; -er) eyelid.

lidern ['li:dərn] *tech. v/t.* (h.) pack (with leather).

Lidschatten ['li:t-] *m* eye shadow.

lieb [li:p] I. *adj.* **1.** dear; (dearly) beloved; kind; good (*a. child* = well-behaved); sweet; *pred.* agreeable, pleasant; charming; nice; *der ~e Gott* the good God; *ein ~er Kerl* a good fellow; *ein ~es Ding* a dear *or* darling; *in letters: ~er Herr N.* my dear Mr. N.; *iro.* (*mein*) *~er Freund* my dear fellow; *~er Himmel!* good Heavens!, dear me!; *ums ~e Leben rennen* run for dear life; *um des ~en Friedens willen* for the sake of peace and quiet; *den ~en langen Tag* the livelong day; → *Kind, Not*; *es ist mir ~, daß* I am glad that; *es wäre mir ~, wenn* I should be glad if, I should appreciate it if; *seien Sie so ~ und geben Sie mir das Buch* will you be so kind as to give me the book; **2.** *~er* ['li:bər] *comp.* dearer; more agreeable; *adv.* more willingly; rather, sooner; *~ haben, ~ mögen* like better, prefer; *ich möchte ~ nicht* I had (*or* would) rather not; *ich bleibe ~ zu Hause* I prefer to stay at home; *du solltest ~ fortgehen* you had better leave; **3.** *~st* [li:pst] *sup.* dearest; *meine ~e Beschäftigung* my favo(u)rite occupation; *am ~en* preferably; *das habe ich am ~en* I like that best of all; *am ~en ginge ich heim* I should like best to go home; → *Liebste(r)*; **II.** (*der, die, das*) *~e* (*-n; -n*): *mein ~r!* my dear fellow, old man; *meine ~!* my dear (girl) *or* dear lady; *meine ~n* my dear ones, *as form of address*: (my) dear friends, my dears; *j-m viel ~s erweisen* be very kind to a p.; **~äugeln** ['li:pˀɔygəln] *v/i.* (h.) ogle (*mit j-m or* et. a p., a th.); *fig.* flirt *or* toy *with an idea*; **2chen** *n* (-s; -) love, sweetheart.

Liebe ['li:bə] *f* (-) love (*zu, für* of, for); affection (for), tender passion; attachment (to); fondness, liking (for); *christliche ~* charity; *abgöttische ~* idolatry; *vernarrte ~* infatuation; (*pl. -n*) love-affair, romance; *fig.* e-e *alte ~* an old sweetheart *or* flame; *aus ~* for love; *aus ~ zu* for the love of; *Heirat aus ~* love-match; *Kind der ~* love-child; *tu mir die ~* do me the favo(u)r; *eine ~ ist der anderen wert* one good turn deserves another; *die ~ geht durch den Magen* the way to a man's heart is through his stomach; **2bedürftig** *adj.* starved for love; **~diener** *m* time-server; **~diene'rei** *f* (-; -en) obsequiousness, fawning, toadyism; **2dienerisch** *adj.* obsequious, fawning, cringing; **~lei** [-'laɪ] *f* (-; -en) flirtation, amour, dalliance; **2ln** ['li:bəln] *v/i.* (h.) flirt *or* dally (*mit* with), make love (to), philander.

'**lieben** *v/t. and v/i.* (h.) love, be in love (with); show affection for, be attached to, cherish; like, be fond of; idolize, adore; dote on; **~d I.** *adj.* loving, affectionate; *die ~den 2en* the two lovers; **II.** *adv.:* ~ *gern* with the greatest pleasure, gladly; *ich würde ~ gern* I should love to; **~swert** *adj.* lovable, amiable; charming; **~swürdig** *adj.* **1.** → *liebenswert*; kind, obliging; affable; **~swürdigerweise** *adv.* kindly; **~swürdigkeit** *f* (-) amiability;

kindness; kind words, friendly remark; compliment.

'**lieber** *adj.* → *lieb.*

'**Liebes...:** **~abenteuer** *n*, **~affaire** *f* love-adventure, love-affair, romance; **~bedürfnis** *n* desire for love; **~beweis** *m* proof of love; **~brief** *m* love-letter; **~dienst** *m* kind service, (act of) kindness, favo(u)r; *j-m e-n ~ erweisen a.* do a p. a good turn; **~erklärung** *f* declaration of love; *e-e ~ machen* declare one's love; **~erlebnis** *n* romance; sexual experience; **~gabe** *f* gift of love, (charitable) gift; soldiers' comforts; **~gabenpaket** *n* gift parcel; **~gedicht** *n* love-poem; **~genuß** *m* enjoyment of love; sexual enjoyment; **~geschichte** *f* love-story, romance; **~geständnis** *n* confession of love; **~glut** *f* fire of love, ardo(u)r; **~gott** *m* (god of) Love, Cupid, Eros; **~handel** *m* love-affair; **~heirat** *f* love-match; 2-**krank** *adj.* love-sick; **~kummer** *m* lover's grief; **~künste** *f/pl.* artifices of love, (love-making) technique *sg.*; **~leben** *n* (-s) love-life, sex(ual) life; **~lied** *n* love-song; **~mahl** *n* love-feast; brotherly repast; *mil.* regimental dinner; **~mühe** *f:* *verlorene ~* Love's Labo(u)rs lost; *es war verlorene ~* it was useless *or* in vain; **~paar** *n* (courting) couple, loving pair, lovers *pl.*; **~pfand** *n* love-token; *fig.* (*child*) pledge of love; **~qualen** *f/pl.* pangs of love; **~rausch** *m* transport of love; passion; **~roman** *m* love-story, romance; **~schwur** *m* lover's oath; **~szene** *thea.* *f* love-scene; 2**toll** *adj.* mad with love; **~trank** *m* love-potion, philt|re, *Am.* -er; 2-**trunken** *adj.* intoxicated with love, rapturous; **~verhältnis** *n* love-affair; **~werben** *n* wooing, courtship; **~werk** *n* work of charity; **~zeichen** *n* love-token.

'**liebevoll** *adj.* loving(ly *adv. a., w.s.*), affectionate, kind(-hearted), tender.

lieb... ['li:p-]: 2**frauenkirche** *f* St. Mary's (Church); **~gewinnen** *v/t.* (*irr., h.*) get (*or* grow) fond of, come to like, take a fancy to; **~haben** *v/t.* (*irr., h.*) be fond of, like, love.

'**Liebhaber** *m* (-s; -) **1.** lover, sweetheart, admirer, beau; **2.** ~(**in** *f*) *m* (-s, -; -, -nen) lover, admirer; amateur; fancier; fan; hobbyist; *thea.* erster ~ leading gentleman, *thea.* jugendlicher ~ juvenile lead; ~ *finden* find buyers; **~ausgabe** *f* edition de luxe.

Liebhabe'rei *f* (-; -en) fancy, taste, passion (*all für* for); hobby.

'**Liebhaber...:** **~preis** *m* fancy price; **~rolle** *thea.* *f* lover's part; → *Liebhaber(in)*; **~theater** *n* amateur theat|re, *Am.* -er *or* theatricals *pl.*; **~wert** *m* sentimental value.

'**liebkos|en** *v/t. and v/i.* (h.) caress, fondle, cuddle; 2**ung** *f* (-; -en) caress, fondling.

'**lieblich** *adj.* lovely, charming, sweet; winsome; delightful; smooth (*wine*); 2**keit** *f* (-) loveliness, sweetness; delightfulness; deliciousness.

Liebling ['li:lɪŋ] *m* (-[e]s -e) darling, pet; favo(u)rite; **~beschäfti-**

gung *f* favo(u)rite occupation, hobby; **~gedanke** *m* pet idea.

'**lieb...:** **~los** *adj.* unloving, unkind, cold; *w.s.* careless; 2**losigkeit** *f* (-) unkindness, coldness; **~reich** *adj.* loving, affectionate, tender; kind, amiable, benevolent; 2**reiz** *m* (-es) charm, attractiveness; winsomeness, sweetness, grace; **~reizend** *adj.* charming, graceful, sweet, winsome; 2**schaft** *f* (-; -en) love-affair, amour, liaison.

'**liebst** *adj.*, 2**e(r** *m*) *f* (-n, -n; -n, -n) darling, sweetheart; *m a.* lover, *f a.* love.

Lied [li:t] *n* (-[e]s; -er) song; tune, air, melody; lied; *kirchliches ~* hymn; poem, romance; ballad; *fig.* *es ist das alte ~* it's always the same old story; *er weiß ein ~ davon zu singen* he can tell you all about it; *das Ende vom ~* the end of the matter, the upshot; → *hoch*.

Lieder... ['li:dər]: **~abend** *m* lieder recital; **~buch** *n* song-book; **~dichter** *m* song-writer; lyric poet; **~kranz** *m* singing society.

liederlich ['li:dərlɪç] *adj.* careless, negligent; slovenly; dissipated, loose, debauched, dissolute; fast, gay; 2**keit** *f* (-) carelessness, slovenliness; dissipation, debauchery, dissoluteness.

'**Lieder...:** **~sammlung** *f* collection of songs; **~sänger(in** *f*) *m* lieder singer; **~tafel** *f* choral society; **~zyklus** *m* song-cycle.

lief [li:f] *pret. of laufen.*

Lieferant(in *f*) [li:fə'rant] *m* (-en, -en; -, -nen) supplier, purveyor; contractor; caterer; distributor.

Liefer... ['li:fər-]: **~auto** *n* → *Lieferwagen*; 2**bar** *adj.* to be delivered, deliverable; available; marketable, sal(e)able; (*un*)beschränkt ~ (un-) restricted in supply; *sofort ~e Waren* spot goods; **~barkeit** *f* (-) availability; **~bedingungen** *f/pl.* terms of delivery; 2**bereit** *adj.* ready for delivery; **~firma** *f* supplier(s *pl.*), contractor(s *pl.*); manufacturers *pl.*; **~frist** *f* time of delivery; **~gebühr** *f* carrying charge; **~gewicht** *n* net weight; **~hafen** *m* delivery port; **~menge** *f* quantity delivered, lot.

'**liefer|n** *v/t. and v/i.* (h.) deliver (*et. an j-n, j-m et. a th. to a p., nach* to); *a. fig.* supply, furnish (*j-m et. a p. with a th.*); afford; yield; *e-e Schlacht ~* give battle; *er lieferte e-n harten Kampf* he put up a stiff fight; *colloq. fig. j-n ~ do* for a p.; *colloq. ich bin geliefert* I am done for, *sl.* I am sunk; → *Messer*; 2**ung** *f* (-; -en) delivery, *Am. a.* shipment; supply; consignment; parcel, lot; carload; cargo; *zahlbar bei ~* payable (*or* cash) on delivery; *book trade: in ~en erscheinen* appear in numbers *or* (serial) parts; *stock exchange: auf ~ (ver-)kaufen* (sell) buy forward.

'**Liefer(ungs)...:** **~angebot** *n* tender; **~auftrag** *m* contract-order; **~bedingungen** *f/pl.* terms of delivery; **~geschäft** *n* stock exchange: timebargain, *Am.* futures; option deal, *Am.* trading in puts and calls; **~preis** *m* contracted price; **~schein** *m* delivery-note; **~soll** *n* quota, commitments *pl.*; **~tag** *m* date of delivery; *stock exchange*: settling-day; **~termin** *m* → *Lieferzeit*; **~umfang** *m* extent (*Am.* scope) of supply; **~- und Leistungsverbindlichkeiten** *f/pl.* trade creditors; **~vertrag** *m* supply (*or* forward) contract; **~wagen** *m* delivery van; pickup (car); station wag-(g)on; ℒ**weise** *adv.* in (serial) parts; **~werk** *n* supplying works, suppliers *pl.*; *book trade*: serial (work); **~zeit** *f* time of delivery, delivery-date; **~zustand** *m* condition as received; **~zwang** *m* compulsory delivery.

Liege ['li:gə] *f* (-; -n) couch; chaise lounge; **~deck** *mar.* *n* lounge deck; **~geld** *mar.* *n* demurrage; **~hafen** *mar.* *m* base; **~kur** *med.* *f* rest-cure.

'**Liegen** *n* (-s) lying; recumbent position.

'**liegen** *v/i.* (*irr.*, *h.*) lie, be lying; repose, rest; *w.s.* be (placed *or* situated), *Am. a.* be located; *mil.* be stationed; *die Stadt liegt nördlich von Berlin* the town lies *or* is (situated) north of Berlin; *wie die Sache jetzt liegt* as matters stand at present; *Sie sehen jetzt, wie die Dinge* ~ you now see how things are; *das liegt mir nicht* that's not in my line; *nichts liegt mir ferner* nothing is further from my mind; *with prp.*: ~ *an* (*dat.*) lie at *or* near *or* on (*a river*), *closely*: touch, adjoin; *fig.* be due to; *wir wissen, woran es liegt* we know the cause of it; *es liegt daran, daß the reason is that*; *an wem liegt es?* whose fault is it?; *es liegt mir daran zu inf.*, *mir ist daran gelegen zu inf.* I am anxious to, I am concerned to (*or* that); *es liegt mir sehr viel daran* it matters (*or* means) a great deal to me; *es liegt (mir) nichts daran* it does not matter, it is of no consequence (to me); *soviel an mir liegt* as far as it lies in my power, as far as I am concerned; *es liegt an (or bei) ihm zu inf.* it is for him to *inf.*, it rests with him to *inf.*; *mot. der Wagen liegt gut auf der Straße* the car sticks to the road, holds *or* hugs the road well; *es liegt auf der Hand* it is obvious *or* plain; *der Gewinn liegt bei 5 Millionen* the profit is of the order of 5 millions; *im (or zu) Bett* ~ lie *or* be in bed, *patient*: be confined to bed, be bedridden, be laid up (*mit* with); *das liegt im Blut (in der Familie)* it runs in the blood (in the family); ~ *nach house*: face *north*, etc., *room*: *a.* overlook, look out (*up*)on; *fig. richtig* ~ be on the right lines; **~d** *adj.* lying; situated, placed; recumbent, reclining; prone; prostrate; horizontal; *mil.* **~er** *Anschlag* prone position; **~er** *Motor* horizontal engine; **~bleiben** *v/i.* (*irr.*, *sn*) keep lying; keep (*or* stay) in bed; *car*, *etc.*: break down; *boxing*: remain down; *econ. goods*: remain on hand; be discontinued, stand over; *work*: *a.* fall behind; *letter*, *etc.*: be left unattended to; be neglected; **~lassen** *v/t.* (*irr.*, *h.*) let lie *or* rest; leave behind; let *or* leave alone; abandon, give up; leave off (*work*); *fig.* → *links*; ℒ-

schaften *f/pl.* immovables, real estate (*or* property).

'**Liege...**: **~platz** *m* *mar.* berth; **~stuhl** *m* deck-chair; **~stütz** *m* (-es; -e) *gym.* push-up, *on apparatus*: front leaning (rest); **~wiese** *f* rest-cure lawn; picnic ground; **~zeit** *mar. f* lay-days *pl.*

lieh [li:] *pret. of leihen.*

ließ [li:s] *pret. of lassen.*

Lift [lift] *m* (-[e]s; -e) lift, *Am.* elevator; **~boy** ['-bɔy] *m* (-s; -s) lift-boy, *Am.* elevator operator.

Liga ['li:ga] *f* (-; -gen) league (*a. sports*).

Ligatur [liga'tu:r] *anat.*, *typ. f* (-; -en) ligature.

Lignin [li'gni:n] *n* (-s; -e) lignin.

Liguster [li'gustər] *bot. m* (-s; -) privet.

liieren [li'i:rən] (*h.*): *sich* ~ *mit* ally with; *econ.* become a partner of; *lover*: go with.

Likör [li'kø:r] *m* (-s; -e) liqueur.

Lila ['li:la] *n* (-s; -), ℒ**farben** *adj.* lilac.

Lilie ['li:liə] *f* (-; -n) *bot.* lily; *herald.* fleur-de-lis; *tech.* plug; ℒ**nweiß** *adj.* lily-white.

Limit ['limit] *n* (-s; -s), **Limite** [-'mi:tə] *f* (-; -n), **limi'tieren** *v/t.* (*h.*) limit.   [railway.〕

Liliputbahn ['li:liput-] *f* midget〕
Liliputaner(in *f*) [lilipu'ta:nər-] *m* [-s, -; -, -nen) Lilliputian, midget.

Limonade [limo'na:də] *f* (-; -n) fruit-juice, *w.s.* soft drink; lemonade.

Limone [li'mo:nə] *bot. f* (-; -n) lime; *w.s.* citron.

Limousine [limu'zi:nə] *mot. f* (-; -n) limousine, saloon car, *Am.* sedan.

lind [lint] *adj.* gentle, soft, mild.

Linde ['lində] *f* (-; -n), **~nbaum** *m* lime(-tree), linden(-tree); **~nblütentee** *m* lime-blossom tea.

lindern ['lindərn] *v/t.* (*h.*) (*and sich*) soften; soothe; moderate; appease; relieve (*poverty*); allay, ease, assuage (*pain*); mitigate (*evil*, *punishment*); ℒ**ung** *f* (-; -en) softening; easing, alleviation; relief; mitigation; ~ *verschaffen* (*dat.*) (bring) relieve, soothe; ℒ**ungsmittel** *n* lenitive, palliative, anodyne.

Lindwurm ['lint-] *m* dragon.

Lineal [line'a:l] *n* (-s; -e) ruler, straight-edge.

linear [-'a:r] *adj.* and ℒ*...* *in compounds* linear.

Linguist [liŋgu'ist] *m* (-en; -en) linguist; **~ik** *f* (-) linguistics *pl.*; ℒ**isch** *adj.* linguistic.

Linie ['li:niə] *f* (-; -n) **1.** (*a. fig.*, *aer.*, *mar.*, *mil.*) line; *geogr. a.* equator; *typ.* (composing) rule; route; trend; *pol.* course; party-line; *newspaper*: editorial policy; **~n ziehen** draw lines; *auf der ganzen* ~ all along (*or* down) the line; *auf gleicher* ~ *mit* on a level with; *e-e mittlere* ~ *einschlagen* follow a middle course; *in erster* ~ in the first place, first of all, above all, primarily; *in e-e* ~ *bringen mit* align with; **2.** lineage, descent; *in aufsteigender (absteigender, gerader)* ~ in the ascending, (descending, direct) line.

'**Linien...**: **~blatt** *n* (sheet with) ink lines *or* guide lines *pl.*; ℒ**förmig** ['-fœrmiç] *adj.* linear; **~führung** *f* lineation, tracing (of lines); *arch.*, *tech.* design, shape, form; *glatte* ~ streamlining; **~papier** *n* ruled paper; **~richter** *m* *sports*: linesman; **~schiff** *n* ship of the line, liner; *mil.* battleship; **~schreiber** *m* curve tracer; ℒ**treu** *pol. adj.* (following the) party-line; ℒ**er** *Am.* party liner; **~truppen** *mil. f/pl.* (troops of) the line, regulars.

lin(i)ier|en [li'ni:rən, lini'i:rən] *v/t.* (*h.*) rule, line; ℒ**farbe** *f* ruling ink; ℒ**ung** *f* (-) ruling.

link [liŋk] *adj.* left; *herald.* sinister; **~e** *Seite* left(-hand) side, left, *of cloth*: under (*or* wrong, reverse) side, *of horse*: near side, *of ship*: port; *mit dem* **~en** *Fuß zuerst aufgestanden sein* have got out of bed on the wrong side; *colloq. fig.* double-dealing.

'**Linke** *f* (-n; -n) *the* left (side *or* hand); *zu s-r* **~n** on his left (side); *pol. the* Left; *boxing*: ~ **(r)** *m* (-n; -n) *the* left; ℒ**r** *Gerader* straight left, jab.

'**linkisch** *adj.* awkward, clumsy, gauche (*Fr.*); **~es** *Wesen* awkwardness.

links *adv.* on the left([-hand) side); to the left; on the wrong (*or* reverse) side, inside out; ~ *von* to the left of; ~ *von ihm* on his left; *on picture*: *von* ~ *nach rechts* from left to right; ~ *oben (unten)* top (bottom) left; left-handed; *weder* ~ *noch rechts sehen* look neither left nor right; ~ *fahren (gehen)* keep to the left; ~ *liegenlassen* by-pass, *j-n*: ignore, cut, give *a p.* the cold shoulder; *pol.* ~ *stehen* be a leftist; ~ *schwenkt, marsch!* change direction left-turn!, *Am.* column left, march!; ~ *um!* left turn!, *Am.* left, face!; *pol. in compounds* left-wing ..., leftist ...

'**links...**: ℒ**abbiegen** *mot. n* (-s) left turning; ℒ**außen(stürmer)** *m* (-s; -) *sports*: outside left, left-wing(er); ℒ**drall** *m* left-hand twist; **~drehend** *adj.* counterclockwise, *phys.* l(a)evorotatory; ℒ**drehung** *f* anticlockwise rotation; l(a)evorotation; ℒ**galopp** *m* left gallop; **~gängig** *tech. adj.* left-handed (*screw*), counterclockwise; **~gerichtet** *pol. adj.* leftist; ℒ**gewinde** *tech. n* left-hand thread; ℒ**händer(in** *f*) ['-hendər] *m* (-s, -; -, -nen) left-hander, *Am. a.* southpaw; **~händig** *adj.* left-handed; **~herum** *adv.* over the left, counterclockwise; (to the) left; ℒ**kurve** *f* left turn (*aer.* bank); **~läufig** *tech. adj.* counterclockwise; left-hand (*engine*); ℒ**partei** *f* left-wing (party, the Left); **~radikal** *adj.*, ℒ**radikale(r)** *m* leftist, red; **~seitig** *adj.* left-side(d); ℒ**steuerung** *mot. f* left-hand drive; ℒ**stricken** *n* purl; ℒ**verkehr** *mot. m* left-hand traffic.

Linnen ['linən] *n* (-s; -) linen.

Linol|eum [li'no:leum] *n* (-s) linoleum; **~schnitt** *m* lino-cut.

Linotype ['lainotaip] *typ. f* (-; -s) linotype.

Linse ['linzə] *f* (-; -n) *bot.* lentil;

opt. lens; *anat. in eye:* crystalline lens.

'**Linsen...:** ⸰**artig,** ⸰**förmig** ['-fœrmiç] *adj.* lens-shaped, lenticular; **gericht** *n* dish (*bibl.* pottage) of lentils; ⸰**groß** *adj.* lentil-sized; **raster** *typ.* *m* lenticular screen; **suppe** *f* lentil-soup; **weite** *f:* *lichte* ⸰ clear aperture of a lens.

Lippe ['lipə] *f* (-; -n) lip; *anat.* labium; *bot.* label(lum); *den Finger auf die* **n** *legen* lay the finger to one's lips; *sich auf die* **n** *beißen* bite one's lips; → *bringen; von den* **n** *lesen* lip-read; *fig. an j-s* **n** *hängen* hang upon a p.'s lips; *e-e* ⸰ *riskieren* talk out of turn; *das soll nicht über meine* **n** *kommen* it shall not pass my lips, I won't breathe a word.

'**Lippen...:** **bekenntnis** *n,* **dienst** *m* lip-service; **blütler** ['-bly:tlər] *bot. m* (-s; -) labiate (flower); **laut** *gr. m* labial; **pomade** *f* lip-salve; **stift** *m* lip-stick.

liquid [li'kvi:t] *econ. adj.* **1.** unsettled, unpaid; **2.** liquid (*funds*); **3.** solvent.

Liquidation [likvidatsi'o:n] *econ. f* (-; -en) liquidation; winding-up; *stock exchange:* settlement; charge, fee; *in* ⸰ in liquidation; *in* ⸰ *treten* go into liquidation; **sbeschluß** *jur. m* winding-up order; **sgut-haben** *n* clearing balance; **skasse** *f* clearing house; **skurs, spreis** *m* liquidating (*Am.* making-up) price; **sverfahren** *n* winding-up; **swert** *m* realization value.

Liquidator [-'da:tər] *m* (-s; -'toren] liquidator, receiver.

liquidier|en [-'di:rən] *v/t.* (h.) *and v/i.* (sn) liquidate (*a. pol.*); settle (*time-bargain*); wind up (*business*); charge (*fee*); ⸰**ung** *f* (-) → *Liquidation; pol.* liquidation.

Liquidi'tät *f* (-) liquidity; liquid resources *pl.*; solvency.

lispeln ['lispəln] *v/i. and v/t.* (h.) (have a) lisp; whisper. [(-ing).⟩
'**Lispeln** *n* (-s) lisp(ing); whisper⟩

List [list] *f* (-; -en) cunning, craft (-iness), artfulness; artifice, ruse, (underhand) trick; stratagem; *e-e* ⸰ *anwenden* resort to a ruse.

Liste ['listə] *f* (-; -n) list; register; (*tax*) roll; catalog(ue); schedule; inventory; specification; (election) ticket; panel (*of jurors, doctors*); *mil.* roll, roster; *e-e* ⸰ *aufstellen* (*führen*) draw up (keep) a list; (*sich*) *in e-e* ⸰ *eintragen* (en)list, enrol(l *Am.*), register; *auf die schwarze* ⸰ *setzen* blacklist; *von der* ⸰ *streichen* strike off the list.

'**Listen...:** ⸰**mäßig** *adv.:* ⸰ *erfassen* list; **preis** *econ. m* list price, catalog(ue) price; **wahl** *f* election by ticket.

'**listig** *adj.* cunning, crafty, wily; artful, tricky; sly; **erweise** *adv.* cunningly.

Litanei [lita'naı] *eccl. f* (-; -en) litany; *fig.* (long) rigmarole; *die alte* ⸰ the same old story.

Litau|en ['litauən] *n* (-s) Lithuania; **er(in** *f*) *m* (-s, -; -, -nen), ⸰**isch** *adj.* Lithuanian.

Liter ['li:tər] *n* (*m*) (-s; -) lit|re, *Am.* -er; ⸰**weise** *adv.* by the litre.

literarisch [litə'ra:riʃ] *adj.* literary (*a.* = ⸰ *gebildet*); **er** *Diebstahl* plagiarism, (literary) piracy; **es** *Eigentum* literary property, copyright.

Literat [-'ra:t] *m* (-en; -en) man of letters, literary man; writer; *pl. a.* literati.

Literatur [-ra'tu:r] *f* (-; -en) literature; (*einschlägige*) ⸰ references, bibliography; → *schön;* **angaben** *f/pl.* bibliographical data; **beilage** *f e-r Zeitung:* literary supplement; **geschichte** *f* history of literature; **nachweis** *m,* **verzeichnis** *n* bibliography, references *pl.*; **wissenschaft** *f* literary criticism.

Litfaßsäule ['litfas-] *f* advertising pillar.

Lithograph [lito'gra:f] *m* (-en; -en) lithographer; **Lithographie** [-gra'fi:] *f* (-; -n) lithography, *picture:* lithograph; **lithogra'phieren** *v/t.* lithograph; **lithographisch**[-'gra:fiʃ] *adj.* lithographic(ally *adv.*).

litt [lit] *pret. of leiden.*

Liturgie [litur'gi:] *eccl. f* (-; -n) liturgy; **li'turgisch** *adj.* liturgic(al).

Litze ['litsə] *f* (-; -n) lace, cord, braid; braid(ing), galoon; *mit goldenen* **n** goldbraided; *el.* (*a.* **n-draht** *m*) litz (wire), strand(ed wire).

Livland ['li:flant] *n* (-s) Livonia.

Livländ|er(in *f*) ['li:lendər-] *m* (-s, -; -, -nen), ⸰**isch** *adj.* Livonian.

Livree [li'vre:] *f* (-; -n) livery; **diener** *m* livery-servant, buttons.

Lizentiat [litsɛntsi'a:t] *m* (-en; -en) licentiate.

Lizenz [li'tsɛnts] *f* (-; -en) licen|ce, *Am.* -se; *in* ⸰ *under licence; e-e* ⸰ *erteilen* grant a licence (*für for*); **bau** *m* (-[e]s) manufacture under licence, licensed construction; **geber** *m* licenser; **gebühr** *f* licence-fee, royalty; **inhaber(in** *f*) *m,* **nehmer(in** *f*) *m* (-s, -; -, -nen) licensee; **vertrag** *m* licence contract.

Lob [lo:p] *n* (-[e]s) praise; commendation; fame; eulogy, laudation; applause, approval; *ped.* good mark; *des* **es** *voll* having nothing but praise; complimentary (*über acc.* of); *über alles* ⸰ *erhaben* above all praise; *zu seinem* **e** in his praise, to his credit; *es gereicht ihm zum* **e,** *daß it does him credit that; → gebührt Herrn X für praise X for;* ⸰**en** ['lo:bən] *v/t.* (h.) praise, commend, speak highly of; laud, eulogize, extol; *gute Ware lobt sich selbst* quality speaks for itself; *colloq. da lobe ich mir ...* commend me to ..., there is nothing like ...; ⸰**enswert** *adj.* praiseworthy, laudable; **es·erhebung** ['lo:bəs-]*f* high praise, eulogy; *sich in* **en** *ergehen über* (*acc.*) praise to the skies; **gesang** ['lo:p-] *m* hymn, song of praise; **hude'lei** *f* adulation, base flattery; ⸰**hudeln** *v/t.* (h.) give a p. fulsome praise, overpraise.

löblich ['lø:pliç] *adj.* laudable, commendable; ⸰**keit** *f* (-) laudableness.

Lob... ['lo:p-]: **lied** *n* hymn, song of praise; *ein* ⸰ *auf j-n anstimmen* praise a p. (to the skies); ⸰**preisen** *v/t.* (*irr.,* h.) extol, glorify, sing the

praises of; **preisung** *f* (-) praise, glorification; **rede** *f* eulogy; panegyric; **redner** *m* eulogist, panegyrist; **spruch** *m* eulogy.

Loch [lɔx] *n* (-[e]s; *er*) hole; opening, aperture; gap; breach; cavity (*a. in tooth*); pit; (tyre) puncture; eye (*in cheese, etc.*); *billiards:* pocket; *colloq. fig.* jail, jug, clink; (*dwelling, town*) (miserable) hole; *auf dem letzten* ⸰ *pfeifen* be on one's last legs; *ein* ⸰ *stopfen* stop a gap; *ein* ⸰ *mit einem anderen stopfen* rob Peter to pay Paul; *ein* ⸰ *in die Luft schlagen* (make a bad) miss; *ein* ⸰ *reißen in* make a hole in (*a. fig.*); *j-m ein* ⸰ *in den Bauch buttonhole* a p., talk the hindleg off a donkey; *er trinkt wie ein* ⸰ he drinks like a fish; **blende** *phot. f* diaphragm; **bohrer** *tech. m* auger; **eisen** *tech. n* (hollow) punch; ⸰**en** *v/t.* (h.) perforate, pierce (holes into), punch; **er** *m* (-s; -) punch; key punch machine.

löch(e)rig ['lœç(ə)riç] *adj.* full of holes (*a. fig.* = shaky *argument*); perforated; porous; pitted.

'**Locherin** *f* (-; -nen) card-punch girl.

'**Loch...:** **fraß** *metall. m* pitting; **karte** *f* punch(ed) card; **maschine** *f* punching machine; **säge** *f* keyhole saw; **streifen** *m* punched tape; **ung** *f* (-; -en) perforation; boring; punching; **zange** *f* punch pliers *pl.*; rail., etc. ticket punch; **ziegel** *m* air-brick.

Lock-artikel ['lɔk-] *econ. m* loss leader.

Locke ['lɔkə] *f* (-; -n) curl, ringlet, lock; ⸰**n**¹ *v/t.* (h.) *and sich* ⸰ curl; *gelockt* curly.

'**locken²** *v/t. and v/i.* (h.) *hunt.* bait, decoy; whistle to (*dog*); *fig.* attract, allure, entice; beckon; tempt.

'**Locken...:** **kopf** *m* curly head (*a. person*); **nadel** *f* curling pin; **wickel** *m* curl-paper; curler.

locker ['lɔkər] *adj.* loose; limber; *agr.* light (*soil*); slack; not compact (enough); porous; spongy; ⸰ *machen* loosen; *fig.* lax, loose; *ein* **er** *Zeisig* a loose fish; ⸰**heit** *f* (-) looseness; slackness; sponginess; *fig.* laxity, looseness; ⸰**lassen** *v/t. and v/i.* (*irr.,* h.) give in, yield; *nicht* ⸰ not to relent, insist, stick to one's guns; **machen** *colloq. v/t.* (h.) come across with (*money*); **n** *v/t.* (h.) loosen (*fetters, screw, etc.*); slacken (*rope, etc.*); relax (*grip, a. fig. rule, etc.*); break up, hoe (*ground*); *sich* ⸰ loosen, (be)come or work loose; give way; ⸰**ung** *f* (-; -en) relaxation, slackening; ⸰**ungslauf** *m sports:* limbering-up run.

'**lockig** *adj.* curly, curled, *pred.* in curls.

'**Lock...:** **mittel** *n* bait, lure; **pfeife** *hunt. f* bird-call; **ruf** *zo. m* mating call; **speise** *f* → *Lockmittel;* **spitzel** *m* agent provocateur (*Fr.*), stool pigeon; **ung** *f* (-; -en) bait(ing); lure, attraction, enticement; temptation; **vogel** *m* decoy-bird; *fig.* decoy.

Loden ['lo:dən] *m* (-s; -) (*a.* **stoff** *m,* **zeug** *n*) coarse wool(l)en cloth, shag; **~mantel**, **~rock** m waterproof wool(l)en coat.

lodern ['loːdərn] v/i. (h.) blaze, flare, flame (up), fig. a. burn, glow; **~d** adj. flaming (eyes, rage, etc.); burning, glowing (enthusiasm).

Löffel ['lœfəl] m (-s; -) spoon; ladle; tech. scoop; of dredger: bucket; hunt. ear; fig. über den ~ barbieren cheat, do (in the eye), Am. sl. take for a ride; **~bagger** tech. m shovel excavator, power-shovel; **~bohrer** m shell auger; **~gans** f spoon-bill; **~kraut** bot. n scurvy-grass; 2n v/t. (h.) (eat with a) spoon; ladle out; **~reiher** m → Löffelgans; **~stiel** m spoon-handle; **~voll** m (-s) spoonful; 2weise adv. by spoonfuls or ladlefuls.

log [loːk] pret. of lügen.

Log [lɔk] mar. n (-s; -e) log.

Logarith|mentafel [logaˈritmən-] math. f logarithm table; 2misch adj. logarithmic(al); **~mus** ['-mus] m (-; -men) logarithm.

'Logbuch mar. n log(-book).

Loge ['loːʒə] f (-; -en) 1. thea. box; 2. (freemasons') lodge.

'Logen...: **~bruder** m brother mason; w.s. freemason; **~meister** m master of a lodge; **~schließer** thea. m box-keeper.

Loggia ['lɔdʒa] f (-; -ien) loggia.

Logier|besuch [loˈʒiːr-] m staying guest(s pl.); 2en v/i. (h.) lodge or stay (bei with, at), Am. a. room; **~zimmer** n spare (or guest) room.

Logik ['loːgik] f (-) logic; **~er** m (-s; -) logician.

Logis [loˈʒiː] n (-) lodging(s pl.), apartments pl.; **~ Kost**; **~herr** m lodger, Am. a. roomer.

logisch ['loːgiʃ] adj. logical; **~erweise** adv. logically.

Logistik [loˈgistik] mil. f (-) logistics pl.

Loh|beize ['loː-] f tanning; **~brühe** f ooze; **~e1** f (-; -n) tan(ner's bark).

Lohe2 ['loːə] f (-; -n) blaze, flame.

'lohen1 tech. v/t. (h.) tan, steep (in tanliquor).

'lohen2 v/i. (h.) blaze (a. fig. eyes), flare up, be in flames.

'Loh...: 2farben adj. tawny; **~gerber** m tanner; **~gerbe'rei** f tannery; **~grube** f tan-pit.

Lohn [loːn] m (-[e]s; ⸚e) wage(s pl.); pay(ment); hire; fee; remuneration; compensation, consideration; reward, deserts pl.; zum ~ für as a reward for, in return for; iro. er hat s-n ~ empfangen he has got his due.

'Lohn...: → Gehalts...: **~abbau** m (-[e]s) wage cut(s pl.); **~abkommen** n wage agreement; **~abrechnung** f earnings statement, pay slip; payroll work; **~abzug** m deduction from wages; **~angleichung** f (cost-of-living) wage adjustment; **~anteil** m wages pl.; **~arbeiter(in** f) m paid workman, Am. wage worker; jobber, journeyman; **~auftrag** m job order; Lohnaufträge vergeben farm out work to subcontractors; **~aufwand** m expenditure for wages; **~auszahlung** f payment of wages; **~buch** n wages-book; **~buchhalter** m timekeeper; **~büro** n pay-office; **~-**

diener m hired servant; **~empfänger(in** f) m wage-earner; Lohn- und Gehaltsempfänger salaried and wage earning employees.

'lohnen v/t. and v/i. (h.): j-m et. ~ reward (or compensate, recompense) a p. for a th.; j-m mit Undank ~ repay a p. with ingratitude; pay (worker); (sich) ~ be profitable; → lohnend; es lohnt sich (zu inf.) it is worth while (ger.), it pays (to inf.); es lohnt sich kaum there is not much in it, it is no use; **~d** adj. paying, profitable, remunerative; advantageous, worthwhile, pred. worth while; lucrative, esp. fig. rewarding.   [to, pay.)

löhnen ['løːnən] v/t. (h.) pay wages)

'Lohn...: **~erhöhung** f wage increase (or rise, Am. raise); **~forderung** f wage claim; **~gefälle** n wage-differential; **~herr** m employer; 2intensiv adj. involving a high labo(u)r cost; **~kampf** m dispute over wages, labo(u)r conflict; **~kellner** m day-waiter; **~klasse** f wage group; **~kosten** pl. labo(u)r cost sg.; rate for the job; **~kostenfaktor** m wage factor in cost; **~kürzung** f cut in wages; **~liste** f pay-roll; wage(s)-sheet; **~politik** f wage policy; **~-Preis-spirale** f wages-prices spiral; **~satz** m rate of pay; **~schreiber** m literary hack; **~skala** f scale of wages; **~steuer** f tax on wages (or on salary); **~stopp** m wage stop (or freeze); **~stunde** f wage hour; **~summe** f wage total; **~tag** m pay-day; **~tarif** m wage rate; **~tüte** f pay-envelope.

Löhnung f (-; -en) payment (of wages); mil. pay; **~s-tag** m pay-day.

'Lohn...: **~veredelung** tech. f job processing; **~verhandlungen** f/pl. collective bargaining; **~wesen** n wage-costing; **~zahlung** f payment of wages; **~zettel** m wage slip.

lokal [loˈkaːl] adj. local; 2e(s) n (-n) in newspaper: local news pl.

Lo'kal n (-[e]s; -e) locality, place; restaurant, public-house, pub, Am. saloon; → Gasthaus; business-premises pl., office; shop; room; dance-hall; **~anästhesie** med. f local an(a)esthesia; **~bahn** f local (or suburban) railway; **~blatt** n local paper.

lokalisier|en [lokaliˈziːrən] v/t. (h.) (a. sich ~ lassen) localize; 2ung f (-; -en) localization.

Lokali'tät f (-; -en) locality, Am. a. neighborhood.

Lokal... [loˈkaːl-]: **~kolorit** n local colo(u)r; **~nachrichten** f/pl. local news; **~patriotismus** m local patriotism, parochialism; **~termin** jur. m on-the-spot investigation; **~verhältnisse** pl. local conditions; **~verkehr** m local traffic; **~zug** m local train.

Lok [lɔk] rail. f (-; -s) loco, engine.

loko ['loːko] econ. adv.: ~ Berlin free Berlin; 2geschäft n spot business; 2preis m spot price; 2waren f/pl. spot goods, spots.

Lokomobile [lokomoˈbiːlə] f (-; -n) traction-engine, locomobile.

Lokomotiv|e [-ˈtiːvə] f (-; -n) (locomotive) engine; **~führer** m engine-driver, Am. engineer.

Lokus ['loːkus] colloq. m (-; -se) loo, Am. john.

Lombard|bank [lɔmˈbart-] f (-; -en) loan bank; **~darlehen** n loan upon collateral security, Am. collateral loan; 2fähig adj. acceptable as collateral (security); **~geschäft** n collateral loan business.

lombardieren [-barˈdiːrən] v/t. (h.) advance (or lend) money on securities, goods, etc.; ~ (lassen) lodge as security, pledge (Am. hypothecate) securities.

'Lombardsatz m bank rate for loans, Am. lending rate.

Londoner ['lɔndənər] I. su. m (-s; -), **~in** f (-; -nen) Londoner; II. adj. (of) London.

Lorbeer ['lɔrbeːr] m (-s; -en), **~baum** m laurel(-tree), bay(-tree); fig. auf s-n Lorbeeren ausruhen rest on one's laurels or oars; Lorbeeren ernten win laurels; **~blatt** n bay-leaf; **~kranz** m wreath of laurel; **~kraut** n spurge-laurel.

Lore ['loːrə] f (-; -n) lorry, truck.

Lorgnette [lɔrnˈjɛtə] f (-; -n) (eine ~ a pair of) eye-glasses, lorgnette.

Los [loːs] n (-es; -e) lot; lottery ticket; lot, share, portion; fig. fate, destiny, lot; das ~ werfen (ziehen) cast (draw) lots; das Große ~ ziehen win the first prize, draw the winner, Am. sl. hit the jackpot; durchs ~ entscheiden decide by lot; → fallen.

los pred. adj. (→ lose) and adv. 1. loose, slack; loose, free; detached, off; 2. colloq. fig.: et. ~ haben be good (at a th.), know one's stuff, Am. sl. have something on the ball; was ist ~? what is the matter?, what is going on?, what's up?; es ist et. ~ there is something in the wind; was ist ~ mit ihm? what's the matter with him?; dort ist immer was ~ there is always something doing there; was ist ~ in Berlin? what's on in Berlin?; mit ihm ist nicht viel ~ he isn't up to much, sl. he is no great shakes; → Teufel; losgehen; 3. ~ sein be rid of; mein Geld bin ich ~ I have lost (or have been done out of) my money; den sind wir ~! good riddance!; ihn wären wir besser ~ he is a good riddance; 4. int. ~! a) go on (or ahead)!, (talk!) a. fire away!, Am. sl. shoot!, b) let's go!, go it!; also, ~! well, here goes!; sports: (Achtung, fertig,) ~! (on your marks, ready), go!

'losarbeiten I. v/t. (h.) work off; sich ~ extricate o.s., get loose; **II.** v/i. (h.) (darauf ~) work away (auf acc. at).

lösbar ['løːs-] adj. soluble, math. a. (re)solvable.

'los...: **~ballern** v/i. (h.) blast away; **~binden** v/t. (irr., h.) untie, unfasten, loosen; **~brechen I.** v/t. (irr., h.) break off; **II.** v/i. (irr., sn) fig. break (or burst) out or forth; in a rage: explode; **~bröckeln** v/t. (h.) and v/i. (sn) crumble off.

Lösch|blatt ['lœʃ-] n blotting paper; **~e** tech. f (-) (char)coal dust, slack; clinker-quenching troug! **~eimer** m fire-bucket.

'löschen v/t. (h.) put out, extinguish (fire, light); quench (coal, spark, *thirst*); slake (*lime*); efface, blot out (*writing*), erase (*a. tape recording*); delete, strike off, cancel; cancel, liquidate (*claim*); satisfy, *Am.* release (*mortgage*); *mar.* unload, discharge (*ship*), land (*cargo*).

'**Löscher** *m* (-s; -) (fire-)extinguisher; blotter; *mar.* unloader, discharger; docker, stevedore.

'**Lösch...**: ~**funke** *m radio*: quenched spark; ~**geld** *mar. n* wharfage; ~**gerät** *n* fire-fighting equipment; fire-extinguisher; ~**hafen** *m* port of discharge; ~**kalk** *m* quicklime; ~**kopf** *m* erase head (*of tape recorder*); ~**mannschaft** *f* fire-brigade; fire-party; ~**papier** *n* blotting paper; ~**platz** *mar. m* (discharging-)wharf; port of discharge; ~**trupp** *mil. m* fire-fighting detail.

'**Löschung** *f* (-; -en) extinction (*of fire*), cancellation, deletion; *econ.* cancellation (*of claim*); discharge, *Am.* release (*of mortgage*); dissolution, extinction (*of business*); *mar.* unloading, discharging (*of ships*), landing (*of cargo*).

'**Lösch...**: ~**zeit** *mar. f* running days for discharging; ~**zug** *m* fire-brigade.

'**los...**: ~**drehen** *v/t.* (h.) twist off; ~**drücken** *v/i.* (h.) pull the trigger.

lose ['lo:zə] *adj.* loose, ~ *los*, locker; movable, shifting; *tech.* unassembled; *econ.* unpackaged; loosely packed; ~ *Waren* bulk goods; ~ *Aufbewahrung* bulk storage; incoherent, loose; *fig.* loose, dissipated, fast; loose, informal; ~s *Maul*, ~ *Zunge* loose tongue; ~r *Vogel* rogue, wag; 2**blattbuch** *n* loose-leaf book.

Löse|geld ['lø:zə-] *n* ransom; ~**mittel** *n med.* expectorant; *tech.* solvent.

'**los-eisen** *colloq. v/t.* (h.) wangle (*von* out of).

losen ['lo:zən] *v/i.* (h.) draw (*or* cast) lots (*um* for); toss (up) a coin.

'**Losen** *n* (-s) draw, ballot; toss; *beim* ~ *gewinnen* (*verlieren*) win (lose) the toss.

'**lösen** *v/t.* (h.) loosen (*a. med.*); untie, undo; detach, sever; release (*brake, grip*); *med.* loosen (*phlegm*); *sich* ~ loosen, get *or* come loose; come undone, open; *chem.* dissolve; *muscles*: relax; *shot*: ring out; free o.s., disengage o.s. (*a. mil. from the enemy*), *a. sports*: break away; *fig.* absolve (*a p.*); dissolve (*marriage*); break off (*engagement*); sever (*relations*); cancel, set aside (*obligation*); rescind, terminate (*contract*); solve (*problem, riddle, etc.*); answer, guess (*question*); redeem; keep, fulfill (*promise*); take, buy, book (*ticket*); *j-s Zunge* ~ loose(n) a p.'s tongue; *den Knoten* (*im Drama*) ~ unravel the plot; *gelöste Stimmung* relaxed mood; '**Lösen** *n* (-s) → *Lösung*.

'**los...**: ~**fahren** *v/i.* (irr., sn) depart, drive off; ~ *auf* (*acc.*) *esp. mar.* make (straight) for; *fig. auf j-n*: rush upon, fly at *a p.*; ~**gehen** *v/i.* (irr., sn) go *or* be off; ~ *auf j-n* **a)** go straight up to, **b)** attack, go for, fly at *a p.*; begin, start; *jetzt geht es los* there it goes, now the fun begins; *gun*: go off, *nicht* ~ miss fire; explode; *fig. nach hinten* ~

backfire; come off *or* undone, get loose; ~**gelassen** *adj.*: *wie* ~ like mad; ~**gelöst** *adj.* detached, freed; ~**gondeln** *colloq. v/i.* (sn) push off; ~**haken** *v/t.* (h.) unhook; ~**kaufen** *v/t.* (h.) buy (off), redeem; ransom (*prisoner*); *sich* ~ buy o.s. out, purchase one's liberty; ~**ketten** *v/t.* (h.) unchain; ~**knüpfen** *v/t.* (h.) untie; ~**kommen** *v/i.* (irr., sn) get (*or* come) off *or* loose; get free *or* away; *von et.* ~ get rid of; *ich komme nicht davon los* I can't get over it; ~**koppeln** *v/t.* (h.) unleash, uncouple; ~**kriegen** *v/t.* (h.) get loose; ~**lachen** *v/i.* (h.) laugh out; ~**lassen** *v/t.* (irr., h.) let go *or* loose; release; set (*or* sick) *dog* (*auf acc.* on); *laß mich los!* let me go!; *nicht* ~! hold fast!; *fig.* launch (*gegen* against); deliver, uncork (*blow*); ~**legen** *colloq. v/i.* (h.) start, set to (work); whip up an enormous speed, *Am. sl.* step on the gas; *fig.* let go *or* fly; go it; open up, give it straight from the shoulder; *leg los!* fire away, *Am. sl.* shoot!; ~ *gegen* → *losziehen*.

löslich ['lø:slıç] *chem. adj.* soluble; 2**es** soluble matter; 2**keit** *chem. f* (-) solubility.

'**los...**: ~**lösen** *v/t.* (h.) loosen, detach; sever; *sich* ~ come off; peel off; *fig.* sever (*or* free) o.s. (*von* from), break away (from); ~**löten** *tech. v/t.* (h.) unsolder; ~**machen** *v/t.* (h.) undo, untie, unfasten, *mar. a.* unmoor; *sich* ~ disengage (o.s.) (*von* from), cut loose; free; ~**marschieren** *v/i.* (sn) march off; ~ *auf* (*acc.*) march straight towards (*or* against); ~**platzen** *v/i.* (sn): *mit et.* ~ blurt out with a th.; burst out laughing; ~**rasen** *v/i.* (sn) dart (*or* whizz) off; ~**reden** *v/i.* (h.) (*darauf* ~) talk at random; ~**reißen** *v/t.* (irr., h.) tear away; tear (*or* rip) off, pull off; *sich* ~ break loose *or* away, *esp. fig.* tear o.s. away (*von* from); ~**sagen** (h.): *sich* ~ *von* disassociate o.s. from, secede from, break with; renounce, give up; 2**sagung** *f* (-; -en) renunciation; ~**schießen** *v/t. and v/i.* (irr., h.) fire (off); discharge; *fig.* (sn) *auf j-n* ~ rush at; *colloq. schieß los!* fire away, *Am.* shoot!; ~**schlagen** *irr.* **I.** *v/t.* (h.) knock off; *econ.* dispose of, sell off (*goods*); *at auction*: knock down; **II.** *v/i.* (h.) strike, open the attack; ~ *auf j-n* attack, let fly at; ~**schnallen** *v/t.* (h.) unbuckle, unstrap; *aer. sich* ~ undo one's belt; ~**schrauben** *v/t.* (h.) unscrew, screw off; ~**sprechen** *v/t.* (irr., h.) absolve (*a. eccl.*); ~ *von* acquit of; release (from); (set) free; 2**sprechung** *f* (-; -en) absolution; acquittal, release; ~**sprengen** *v/t.* (h.) blast off; ~**springen** *v/i.* (irr., sn) jump off; *thing*: snap *or* burst off; *auf j-n* ~ rush at, pounce upon; ~**steuern** *v/i.* (sn): ~ *auf* (*acc.*) head *or* make (straight) for; *fig.* be driving at, go right to; ~**stürmen** *v/i.* (sn) rush forth; ~ *auf* (*acc.*) rush at, pounce upon; ~**trennen** *v/t.* (h.) sever, separate; unstitch, unsew; 2**trennung** *f* separation.

Losung ['lo:zuŋ] *f* (-; -en) **1.** *mil.*

watchword, password; battle-cry (*a. fig.* = catchword, slogan); **2.** (-) *hunt.* droppings *pl.*, dung.

'**Lösung** *f* (-; -en) loosening, detachment; severance; *fig.* solution (*a. chem., math.*), answer (*gen.* to); unravelling, dénouement (*Fr.*) (*of drama, etc.*); *s-e* ~ *finden* be solved; ~**sfähigkeit** *chem. f* dissolving capacity; ~**smittel** *n* solvent; thinner.

'**los...**: ~**werden** *v/i.* (irr., sn) get rid of, *econ. a.* dispose of; ~**wickeln** *v/t.* (h.) unwind, unwrap; *fig. sich* ~ disentangle o.s.; ~**winden** *v/t.* (irr., h.) unwind, untwist; *fig. sich* extricate; ~**ziehen** *v/i.* (irr., sn) set out, take off, march away; *et.* (h.): pull (*or* wrench) *a th.* off *or* away; *fig.* ~ *gegen, über* (*acc.*) inveigh against, rail at, lash, run down; ~ *auf* (*acc.*) march towards *or* against.

Lot [lo:t] *n* (-[e]s; -e) small weight; *tech.* plumb(-bob *or* -line), plummet, (*mar.* sounding) lead; solder; *math.* perpendicular (line); *aus dem* ~ out of plumb, *fig.* out of order; *im* ~ perpendicular, *fig.* in good (*or* apple-pie) order; *ins* ~ *bringen* set to rights; *das* ~ *errichten* (*fällen*) raise (drop) a perpendicular (line).

löt|bar ['lø:t-] *adj.* solderable; 2**blei** *n* lead solder; 2**brenner** *m* gas blowpipe; 2**eisen** *n* soldering iron.

'**loten** *v/t.* (h.) plumb; *mar.* sound.

'**löten** *v/t.* (h.) solder; *hart* ~ braze.

'**Löt...**: ~**kolben** *m* soldering iron; ~**lampe** *f* soldering lamp, *Am.* blowtorch.

'**Lotleine** *mar. f* sounding (*or* plumb-)line.

'**Lötnaht** *tech. f* soldered seam.

Lotos ['lo:tɔs] *m* (-) → *Lotus*.

'**lotrecht** *adj.* perpendicular, vertical, plumb; 2**e** *f* vertical line, plumb.

'**Lötrohr** *n* blowpipe.

Lotse ['lo:tsə] *mar. m* (-n; -n) pilot.

'**lotsen** *mar. v/t.* (h.) pilot (*a. fig.*); 2**boot** *n* pilot-boat; 2**dienst** *m* pilotage service; 2**gebühr** *f*, 2**geld** *n* pilot charges *pl.*, pilotage.

'**Lötstelle** *f* soldered joint.

Lotterie [lɔtə'ri:] *f* (-; -n) lottery; ~**einnehmer** *m* lottery-collector; ~**geschäft** *n*, ~**kollekte** *f* lottery office; ~**los** *n* lottery-ticket; ~**ziehung** *f* lottery drawing.

lotterig ['lɔtərıç] *adj.* slovenly, sluttish, sloppy; *fig.* loose, dissolute.

'**Lotter...**: ~**leben** *n* dissolute life; ~**wirtschaft** *f* (-) slovenliness, mismanagement, hugger-mugger.

Lotto ['lɔto] *n* (-s; -s) numbers pool, lotto.

'**Lotung** *f* (-; -en) plumbing, *mar.* sounding.

'**Lötung** *f* (-; -en) soldering.

Lotus ['lo:tus] *bot. m* (-), ~**blume** *f* lotus.

'**Löt...**: ~**wasser** *n* (-s) soldering solution; ~**zinn** *n* plumber's solder.

Löwe ['lø:və] *m* (-n; -n) *zo.* lion (*a. fig.* = hero); *ast.* Leo, Lion; → *Höhle*.

'**Löwen...**: ~**anteil** *m* lion's share; ~**bändiger** *m* lion-tamer; ~**grube** *f* lion's den; ~**haupt** *fig. n* leonine head; ~**haut** *f* lion's skin; ~**jagd** *f* lion hunting; ~**junge(s)** *n* lion's cub; **~maul** *bot.* *n* (-[e]s) snap-dragon; **~mut** *m* lion-hearted courage; **~zahn** *bot.* *m* (-[e]s) dandelion.

'**Löwin** *zo.* *f* (-; -nen) lioness.

loyal [loa'jaːl] *adj.* loyal; **Loyalität** [-jali'tɛːt] *f* (-) loyality.

Luch [luːx] *geogr.* *f* (-; ⁼e) *or* *n* (-[e]s; -e) bog.

Luchs [luks] *m* (-es; -e), '**Luchsin** *zo.* *f* (-; -nen) lynx; *fig.* sly fox; *aufpassen wie ein* ~ → **luchsen**; **Qäugig** ['-ʔɔygiç] *adj.* lynx-eyed; **Qen** *v/i.* (h.) watch like a hawk, peer.

Lücke ['lykə] *f* (-; -n) gap, lacuna; breach, opening; blank, void; interval; break; omission; deficiency; *fig. Raketen*Q rocket gap; ~ *im Gesetz* loophole; *tech. auf* ~ *stehend* staggered; *e-e* ~ *füllen* fill *or* stop a gap, *fig. a.* supply a want, *person:* step into the breach; *e-e* ~ *reißen* make (*or* leave) a gap.

'**Lücken...:** **~büßer** *m* stopgap; **Qhaft** *adj.* full of gaps, gappy; *fig. a.* incomplete, defective, fragmentary; **~haftigkeit** *f* (-) incompleteness, defectiveness; **Qlos** *adj.* uninterrupted; complete; *~er Beweis* close argument, airtight case.

lud [luːt] *pret. of* **laden**.

Luder ['luːdər] *n* (-s; -) carrion; *vulg.* beast; hussy; *armes* ~ poor wretch; **~leben** *n* dissolute life.

Lues ['luːes] *med.* *f* (-) lues, syphilis.

Luft [luft] *f* (-; ⁼e) air; atmosphere; breeze; breath; *tech.* slackness, *with fitting parts:* amount of looseness; *falsche* ~ air leak; *in freier* ~ in the open air; *frische* ~ *schöpfen* get a breath of fresh air, take the air; *an die* ~ *gehen* take an airing; *tief* ~ *holen* draw a deep breath, *fig. surprised:* swallow hard; *keine* ~ *haben* be out of breath, be winded; *nach* ~ *schnappen* gasp for breath, pant; *wieder* ~ *bekommen* (*a. fig.*) breathe again; *wieder* ~ *schöpfen* recover one's breath; *sports:* den *Ball aus der* ~ *nehmen* volley; *in der* ~ in mid-air; *in die* ~ *fliegen* be blown up, explode; *in die* ~ *sprengen* blow up; *j-n an die* ~ *setzen* turn a p. out, give a p. the air; *j-n wie* ~ *behandeln* cut a p. dead; *s-m Zorn* ~ *machen* give vent to one's rage, let off steam; *sich* (*or s-n Gefühlen, s-m Herzen*) ~ *machen* give vent to one's feelings, unbosom o.s., *feelings:* find vent; *aus der* ~ *greifen* pull out of thin air; *aus der* ~ *gegriffen* (totally) unfounded, fantastic, *pred. a.* pure invention; *in die* ~ *gehen* explode, blow one's top; *sich* ~ *schaffen* get breathing space, free o.s.; *das hängt alles* (*noch*) *in der* ~ that is all in the air; *es liegt et. in der* ~ there is something in the wind; *es ist dicke* ~ there is trouble brewing; *die* ~ *ist rein* the coast is clear; *er ist* ~ *für mich* he just doesn't exist for me, I'm through with him.

'**Luft...:** **~abschirmung** *f* air umbrella; **~abwehr** *f* air defen|ce, *Am.* -se; anti-aircraft; → *Flieger...*; **~abzug** *tech.* *m* air-exhaust; **~akrobat(in** *f)* *m* circus aerialist; **~akrobatik** *f* air acrobatics *pl.*;

~alarm *m* air-raid alarm; **~angriff** *m* air-raid, aerial attack; **~ansaughutze** ['-hutsə] *tech.* *f* (-; -n) air intake; **~ansicht** *f* aerial view; **Qartig** *adj.* aeriform, gaseous; **~attaché** *m* air attaché; **~aufklärung** *f* air reconnaissance; **~aufnahme** *f* aerial photo(graph); **~aufsicht** *f* air-traffic control; **~bad** *n* air bath; **~ballon** *m* air-balloon; **~basis** *f* air base; **~be-obachtung** *f* air observation; **~bereifung** *f* pneumatic tyres (*Am.* tires) *pl.*; **~bild** *n* aerial (*or* air) photo(graph), aerial view; *fig.* vision, phantasm; **~bildaufklärung** *f* photographic reconnaissance; **~bildgerät** *n* aerial camera; **~bläs-chen** *anat.* *n/pl.* pulmonary vesicles; **~blase** *f* (air-) bubble; *ichth.* air-bladder; **~bremse** *tech.* *f* air brake; **~brücke** *f* air--bridge; air-lift.

Lüftchen ['lyftçən] *n* (-s; -) gentle breeze, breath of air.

'**Luft...:** **Qdicht I.** *adj.* airtight, airproof, hermetical; **II.** *adv.:* ~ *verschließen* seal hermetically; ~ *machen* pressurize; ~ *verpackt* vacuum-packed; **~dichte** *phys.* *f* atmospheric density; **~druck** *m* (-[e]s) *phys.* atmospheric pressure; *of explosion:* blast; *tech.* pneumatic pressure; **~druckbremse** *f* air brake; **~druckmesser** *m* barometer; **~druckprüfer** *m* air-pressure gauge; **~druckregler** *m* air--reducing valve; **Qdurchlässig** *adj.* permeable to air; porous; **~durchlässigkeit** *f* permeability to air, venting property; **~düse** *f* air nozzle, air jet; **~einlaß** *tech.* *m* air intake.

'**lüften** *v/t.* (h.) air, ventilate; aerate; *mot.* bleed *battery, brake* (of air); (*a. sich*) lift; raise (*hat*); *fig.* unveil, reveal (*secret*).

'**Lüfter** *m* (-s; -) ventilator, (electric) fan.

'**Luft...:** **~fahrt** *f* (-) aviation, aeronautics *pl.*, air-navigation; **Q-fahrtbegeistert** *adj.* air-minded; **~fahrtgesellschaft** *f* airways (company); **~fahrtminister** *m* air minister; **~fahrtministerium** *n* Ministry of Civil Aviation, *Am.* Civil Aeronautics Administration; **~fahrzeug** *n* aircraft; **~feuchtigkeit** *f* atmospheric humidity (*or* moisture); **~feuchtigkeitsmesser** *m* hygrometer; **~filter** *m* air filter; **~flotte** *f* air-fleet, air-force; **Qförmig** ['-fœrmiç] *adj.* aeriform, gaseous; **~fracht** *f* air freight; **~frachtdienst** *m* air freight service; **~frachter** *m* air-freighter; **Qgekühlt** *adj.* air-cooled; **~gewehr** *n* air-gun; **~hafen** *m* airport; **~hauch** *m* breath of air; **~heizung** *f* hot-air heating; **~herrschaft** *f* air supremacy, control of the air; **~hoheit** *f* air sovereignty; **~hülle** *f* (-) atmosphere.

'**luftig** *adj.* airy, aerial; breezy; flimsy; vaporous, hazy; *fig. person:* flighty.

Luftikus ['-ikus] *colloq.* *m* (-; -se) harum-scarum; windbag.

'**Luft...:** **~inspektion** *f* aerial inspection; **~kammer** *tech.* *f* air chamber; **~kampf** *m* aerial combat;

~kanal *m* air duct, vent; **~kissen** *n* air-cushion; **~kissenfahrzeug** *n* hovercraft; **~klappe** *f* air-valve; **~korridor** *m* air corridor; **Qkrank** *adj.* air-sick; **~krankheit** *f* (-) air--sickness; **~krieg** *m* aerial warfare; **~kühlung** *f* air-cooling; **~kurort** *m* (-[e]s; -e) climatic *or* air resort; **~lande-einheit** *mil. f* air-landed unit; airborne unit; **~landekopf** *mil.* *m* air-head; **~landetruppen** *f/pl.* airborne troops; **~lande-unternehmen** *n* airborne (*Am.* air-landed) operation; **Qleer** *adj.* void of air, vacuous; evacuated; *~er Raum* vacuum; **~leiter** *m radio:* aerial (wire), antenna; **~linie** *f* air line, bee-line; *in der* ~ as the crow flies; air-line (*or* linear) distance; → *Luftverkehrslinie;* **~loch** *n* air-hole, vent; *aer.* air-pocket; **~macht** *f* air power; **~mangel** *m* (-s) want of air; **~mantel** *m* air jacket; **~matratze** *f* air mattress; **~messer** *m* aerometer; **~mine** *f* aerial mine, *sl.* blockbuster; **~nachrichtentruppe** *f* air-force signal corps; **~not** *f: Flugzeug in* ~ aircarft in distress; **~offensive** *f* air offensive; **~parade** *f* aerial review, fly-past; **~pistole** *f* air-pistol; **~polster** *n* air-cushion; **~post** *f* air mail; *durch* ~ by air mail; *mit* ~ *senden* airmail; **~postbrief** *m* air-mail letter; **~postleichtbrief** *m* aerogramme; **~pumpe** *f* air pump; tyre (*Am.* tire) pump; **~raum** *m* atmosphere; *aer.* aerial region, air space; **~raumüberwachung** *f* air traffic control; **~reifen** *m* (pneumatic) tyre, *Am.* tire; **~reiniger** *m* air cleaner, air filter; **~reise** *f* air travel, flight; **~reisende(r** *m)* *f* air passenger; **~reklame** *f* sky-line advertising, sky writing; **~rennen** *n* air race; **~rettungsdienst** *m* air rescue service; **~röhre** *f* *tech.* air--tube; *anat.* windpipe, trachea; **~röhrenkatarrh** *med. m* tracheitis; **~sack** *aer.* *m* wind sleeve; **~schacht** *m* air-shaft; **~schaukel** *f* swing--boat; **~schicht** *f* air stratum; air layer; **~schiff** *n* airship, dirigible; blimp; **~schiffahrt** *f* aerial (*or* air) navigation; aviation; aeronautics *pl.*; **~schiffhafen** *m* airship port; **~schlacht** *f* air battle; **~schlange** *f* paper streamer; **~schlauch** *m* air-tube; *mot.* inner tube; **~schleuse** *tech.* *f* air lock; **~schlitz** *tech.* *m* louver; **~schlösser** ['-ʃlœsər] *n/pl.*: ~ *bauen* build castles in the air; **~schraube** *f* airscrew, propeller; **~schutz** *m* air-raid protection (*abbr.* ARP); civil air defen|ce, *Am.* -se; **~schutzbunker (-keller)** *m* air--raid shelter; **~schutzmaßnahmen** *f/pl.* air-raid precautions; **~schutzraum** *m* air-raid shelter; **~schutzübung** *f* air-raid drill; **~schutzwart** *m* air-raid warden; **~sieg** *m* victory (in the air); **~sog** *m* air suction, wake; vacuum; **~spediteur** *m* air carrier; **~sperre** *f* air barrage; **~spiegelung** *f* mirage, fata morgana; **~sport** *m* aerial sport; **~sprünge** ['-ʃprynə] *m/pl.*: ~ *machen* cut capers; gambol, dance; **~störungen** *f/pl.* atmospheric disturbances, atmospherics, statics; ~stoß *m* gust of air, *esp. after explosion*: blast; ~strahl *m* (-[e]s) air jet; ~strahltriebwerk *n* jet-propulsion unit; ~strategie *f* aerial strategy; ~strecke *f* air-route; ~streitkräfte *f|pl.*, ~streitmacht *f* air-force(s *pl.*); ~strom *m*, ~strömung *f* air stream (or current, flow); ~stützpunkt *m* air base; ♀tanken *v/t. and v/i.* (h.) refuel during flight; ~taxi *n* taxiplane, aerocab; ~torpedo *n* aerial torpedo; ~transport *m* air transport(ation *Am.*); ♀trokken *tech. adj.* air-dried; ♀trocknen *v/t.* (h.) season (wood); ♀trocknend *adj.* air-drying; ♀tüchtig *aer. adj.* airworthy; ~tüchtigkeit *f* airworthiness; ~überfall *m* air-raid; ~überlegenheit *f* air superiority.

'**Lüftung** *f* (-; -en) airing; ventilation; aeration; *mot.* bleeding of air (*of battery, brake*); ~s-anlage *f* ventilating system; ~srohr *n* vent pipe; ~sschacht *m* air shaft; ~sventil *n* vent valve.

'**Luft**...: ~veränderung *f* change of air; ~verdichter *m* (air) compressor; ~verkehr *m* air traffic; ~verkehrsgesellschaft *f* air-transport company, airways (company); ~verkehrslinie *f* airway, air-line, air-route; ~vermessung *f* aerial survey; ~verseuchung *f* airborne contamination; ~verteidigung *f* air defen|ce, *Am.* -se; ~verunreinigung *f* air pollution; ~waffe *f* Air Force; ~warndienst *m* air-warning service; ~warnung *f* air-raid warning or alert; ~wechsel *m* change of air; ~weg *m aer.* air--route, air-line; *auf dem* ~e by air; *anat.* respiratory tract; ~widerstand *m* (-[e]s) air resistance; *aer. a.* drag; *mil.* air opposition; ~wirbel *m* (air) eddy, vortex; turbulence; ~wurzel *bot. f* aerial root; ~ziegel *m* air-dried brick, bar; ~zufuhr *f* (-) air supply; ~zug *m* (-[e]s) draught (*Am.* draft), current of air; *tech.* air duct, flue; ~zutritt *m* air inlet, air supply.

Lug [lu:k] *m* (-[e]s): ~ *und Trug* falsehood and deceit.

Lüge ['ly:gə] *f* (-; -n) lie, falsehood, untruth; → *schamlos*; *j-n* (*et.*) ~n *strafen* give the lie *to a p. or th.*, *Am.* belie *a p.'s* words; ~n *haben kurze Beine* lies have short wings.

lugen ['lu:gən] *v/i.* (h.) look out (*nach* for); peep, peer (*aus, von* from).

'**lügen** *irr.* **I.** *v/i.* (h.) lie, tell a lie (or lies *pl.*) or a falsehood; (tell a) fib; *er lügt wie gedruckt* he lies like a book; *du lügst!* you are a liar!; **II.** *v/t.* (h.) invent, fabricate; ♀ *n* (-s) lying, telling lies; ♀detektor *m* lie detector; ♀geschichte *f* yarn, cock-and-bull story; ♀gewebe *n* tissue of lies; ~haft *adj. person:* lying, deceitful, mendacious; *matter:* untrue, invented, fabricated, false; ♀haftigkeit *f* (-) deceitfulness, mendacity; falsehood; ♀maul *n* impudent liar.

Lügner ['ly:gnər] *m* (-s; -), ~in *f* (-; -nen) liar; ♀isch *adj.* lying, deceitful, mendacious.

Luke ['lu:kə] *f* (-; -n) dormer-window; *aer., mar.* hatch; *of tank:* door.

lukrativ [lukra'ti:f] *adj.* lucrative.

lukullisch [lu'kuliʃ] *adj.* sumptuous.

Lulatsch ['lu:latʃ] *colloq. m* (-[e]s; -e): *langer* ~ tall streak.

lullen ['lulən] *v/t.* (h.): *in* (*den*) *Schlaf* ~ lull to sleep.

Lumen ['lu:mɛn] *phys. n* (-s; -) lumen.

Lümmel ['lyməl] *m* (-s; -) lout, boor; ruffian, hooligan; saucy fellow.

Lümme'lei *f* (-; -en) rudeness.

'**lümmel|haft** *adj.* loutish, boorish; saucy; ~n *v/i.* (h.) *and sich* ~ lounge, loll.

Lump [lump] *m* (-en; -en) ragamuffin, beggar; cad, heel, rat; scoundrel, blackguard.

Lumpen *m* (-s; -) rag; *pl.* rags and tatters; *fig.* rubbish, trash; ♀ *v/refl.*: *sich nicht* ~ *lassen* come down handsomely; ~geld *n* paltry sum; *für ein* ~ dirt-cheap; ~gesindel *n* rabble, riff-raff; scoundrels *pl.*; ~händler(in *f*) *m* dealer in rags; ragman, *Am.* junkman; ~hund, ~kerl *m* → *Lump*; ~pack *n* → *Lumpengesindel*; ~papier *n* rag paper; ~sammler(in *f*) *m* rag-picker; ~wolf *tech. m* rag-tearing machine; ~wolle *f* shoddy.

Lumperei [-'raɪ] *f* (-; -en) shabby trick; trifle.

'**lumpig** *adj.* ragged, tattered; *fig.* shabby, paltry; mean; *für* ~e *fünf Dollar* for a paltry five dollars.

Lunge ['luŋə] *anat. f* (-; -n) lung; *usu.* lungs *pl.*; *of slaughter cattle:* lights; *med.* eiserne ~ iron lungs *pl.*; *e-e starke* ~ *haben* have good lungs; *aus voller* ~ *yell* at the top of one's voice.

'**Lungen**...: ~arterie *f* pulmonary artery; ~bläs-chen *n|pl.* lung vesicles; ~entzündung *f* inflammation of the lungs, pneumonia; ~flügel *m* lobe of the lungs; ~heilanstalt *f* (tuberculosis) sanatorium (*Am.* sanitarium); ♀krank *adj.* suffering from the lungs; tuberculous; ~kranke(r *m*) *f* pulmonic (patient), consumptive, *Am. sl.* lunger; ~krankheit *f* pulmonary (or lung) disease; ~krebs *m* (-es) lung cancer; ♀leidend *adj.* suffering from the lungs; ~reizstoff *mil. m* lung irritant; ♀schädigend *adj.* harmful to the lungs; ~schwindsucht *f* pulmonary tuberculosis, phthisis; ~spitze *f* apex of the lung; ~tuberkulose *f* pulmonary tuberculosis.

lungern ['luŋərn] *v/i.* (h.) loiter (or lounge, loll) about.

Lunker ['luŋkər] *metall. m* (-s; -) shrinkhole.

Lunte ['luntə] *f* (-; -n) (slow-)match; *colloq. fig.* ~ *riechen* smell a rat; get wind of it; *hunt.* brush.

Lupe ['lu:pə] *f* (-; -n) magnifying-glass, magnifier; pocket-lens; *fig. unter die* ~ *nehmen* scrutinize (closely), take a good look at.

lupfen ['lupfən] *v/t.* (h.) lift.

Lupine [lu'pi:nə] *bot. f* (-; -n) lupine.

Lurch [lurç] *zo.*, (-[e]s; -e) batrachian.

Lust [lust] *f* (-; ¨e) pleasure, delight; enjoyment; mirth, gaiety; joy; lust, sexual pleasure, carnal desire *or* appetite; disposition, inclination; *mit* ~ *und Liebe* with heart and soul, with a will; (*große*) ~ *haben zu inf.* have a (great) mind to *inf.*, feel (very much) like *ger.*, be (rather) in the mood for *ger. or a th.*; *beinahe* ~ *haben zu inf.* have half a mind to *inf.*; *keine* ~ *haben zu inf.* not to feel like *ger.*, not to be in the mood for *ger.*, not to care for *a th.*; *alle* ~ *an et. verlieren* lose all liking for (or interest in) a th.; *j-m* ~ *machen zu et.* give a p. a desire for a th.; *seine* ~ *an et. haben* take a delight in a th.; *seinen Lüsten frönen* gratify one's passions, indulge in one's vices; *haben Sie* ~ *auszugehen?* would you like to go out?; *es ist eine* ~, *ihm zuzusehen* it is a real pleasure to see him work; *er zeigte wenig* ~ he showed little liking; → *anwandeln*; ~barkeit *f* (-; -en) diversion, amusement; entertainment; festivity, fête; ~en *pl. a.* revels; ~barkeitssteuer *f* entertainment tax.

lüsten ['lystən] *v/i.* (h.) → *gelüsten*.

Lüster ['lystər] *m* (-s; -) 1. lustre; 2. lustre, chandelier.

lüstern ['lystərn] *adj.* (*nach*) desirous (of), greedy (of, for); lewd, lascivious, lecherous, lustful; ♀heit *f* (-) greediness; lasciviousness, lewdness, concupiscence.

'**Lust**...: ~empfindung *f* pleasant sensation; ♀erregend *adj.* appetizing; erogenous; ~fahrt *f* pleasure-trip, *Am. mot.* joy-ride; ~garten *m* pleasure garden (or -ground); ~gefühl *n* → *Lustempfindung*; ~haus, ~häus-chen *n* summer-house.

'**lustig** *adj.* merry, gay, rollicking; jolly, cheerful; amusing, funny, hilarious; droll, comical; ludicrous; ~ *sein* make merry; *sich* ~ *machen über* (*acc.*) make fun of, poke fun at, *b.s.* scoff at; *nun aber* ~! look sharp!, *sl.* step on it!; *iro. das kann ja* ~ *werden!* nice prospects!; ♀keit *f* (-) gaiety, merriment, mirth; jollity, cheerfulness; fun, hilarity; drollness, comicality.

'**Lustjacht** *f* pleasure yacht.

'**Lustknabe** *m* catamite.

Lüstling ['lystlɪŋ] *m* (-[e]s; -e) voluptuary, debauchee, libertine, lecher, rake.

'**Lust**...: ♀los *adj.* listless, spiritless, unenthusiastic(al); *stock exchange*: lifeless, inactive; dull, flat (*tendency*); ~losigkeit *f* (-) listlessness; *econ.* dullness, slackness; ~molch *colloq. m* lecher; ~mord *m* sex murder; ~mörder *m* rapist-killer; ~prinzip *psych. n* pleasure principle; ~schloß *n* pleasure seat; ~seuche *med. f* venereal disease, syphilis; ~spiel *n* comedy; ~spieldichter *m* comedy writer; ♀wandeln *v/t.* (h.) stroll leisurely along, stroll about, promenade.

Lutheraner [luta'rɑ:nər] *m* (-s; -), '**lutherisch** *adj.* Lutheran.

lutsch|en ['lutʃən] *v/i. and v/t.* (h.) suck; ♀er *m* (-s; -) 1. lollipop; 2. comforter, dummy.

Luv [lu:f] *mar. f* (-) luff, weather-

-side; **2en** v/i. (h.) luff; **~seite** f weather-side.
Lux [luks] phys. n (-) lux.
luxuriös [luksuri'ø:s] adj. luxurious, Am. sl. swank.
Luxus ['luksus] m (-) luxury (a. fig.), sumptuousness, extravagance; fig. sich den ~ gestatten, zu inf. permit o.s. the luxury of ger.; **~artikel** m luxury article; pl. luxuries, fancy goods; **~ausführung** f de luxe model; **~ausgabe** f édition de luxe

(Fr.); **~dampfer** m luxury liner; **~kabine**, **~kajüte** mar. f state-room; **~restaurant** n luxury restaurant; **~steuer** f luxury tax; **~wagen** mot. m de luxe model; **~ware** f luxury articles, fancy goods pl.; **~zug** m saloon-train.
Luzerne [lu'tsɛrnə] bot. f (-; -n) lucerne, alfalfa.
Lymph|drüse ['lymf-] f lymph (-atic) gland; **~e** f (-; -n) lymph; med. vaccine; **~gefäß** n lymphatic

vessel; **~knoten** m lymphatic ganglion.
lynchen ['lynçən] v/t. (h.) lynch; **2gesetz** n, **2justiz** f lynch law, mob law.   [(-) ast. **Lyra.**]
Lyra ['ly:ra] f (-; -ren) mus. lyre;}
'Lyrik f (-) lyric poetry or verse; **~er** m (-s; -) lyric poet.
'lyrisch adj. lyric(al).
Lysol [ly'zo:l] n (-s) lysol.
Lyzeum [ly'tse:um] n (-s; -zeen) secondary school for girls.

M

M, m [ɛm] n M, m.
Maar [ma:r] geol. n (-[e]s; -e) (volcanic) lake.
Maat [ma:t] mar. m (-[e]s; -e) (ship's) mate.
Maatjeshering ['matjəs-] m → Matjeshering.
Mach·art ['max-] f make, style, type (of construction); design.
'Mache f (-) make; colloq. fig. make-believe, window-dressing, show, eyewash; et. in der ~ haben have a th. in hand; j-n in die ~ nehmen belabo(u)r a p., work a p. over.
'machen I. v/t. (h.) make; do; make, produce, manufacture; prepare, make; create; form; erect, construct; effect, produce; cause; thea. impersonate, do; deal with, attend to, handle; give (appetite, pleasure, trouble, etc.); undergo, go in for, pass (examination); → Anspruch, Ausflug, Besuch, Ende, etc.; Geschäfte ~ do business; j-m (sich) das Haar ~ do a p.'s (one's) hair; ein Komma ~ put a comma; gesund ~ restore to health, cure; es j-m recht ~ please (or satisfy) a p.; ~ schaffen; ~ zu et. change (or turn, convert) into a th.; render; j-n glücklich ~ make or render a p. happy; j-n zum General ~ make (or appoint) a p. general; j-n (sich) zum Herrn e-s Landes ~ make a p. (o.s.) (the) master of a country; 4 mal 5 macht 20 four times five is twenty; was macht die Rechnung? how much does the bill come to?; wieviel macht es? how much is it?; das macht drei Mark that amounts (or comes) to three marks; das macht man so that's how it is done; so et. macht man nicht! it isn't done!; was macht das (aus)? what does it matter?, so what?; das macht nichts! never mind!; es macht mir nichts (aus) I don't mind, I don't care; nichts zu ~! nothing doing!; dagegen kann man nichts ~ it cannot be helped, you can't do a thing about it; **II.** v/refl. (h.): sich ~ happen, come about; progress, advance; er macht sich (jetzt) he is getting on (now); die Sache macht sich (jetzt) the business is shaping well, it's all plain sailing (now); es wird sich schon ~ it will come right; wie gehts? colloq. es macht sich! how are things? pretty well!, so-so!; das macht sich gut that

looks well; das läßt sich (schon) ~ that can be done, it can be arranged; ich mache mir nichts daraus a) I don't mind (or care about) it, **b)** I am not keen on it; mach dir nichts draus! don't take it to heart!, don't lose any sleep over it!; sich et. ~ lassen have a th. made, order a th.; → lassen; sich ~ an (acc.) go (or set) about, apply o.s. to, tackle a th.; proceed to inf.; sich an j-n ~ approach a p.; sich auf den Weg ~ set out, depart; **III.** v/i. (h.) do; macht, daß ihr bald zurück seid! see that you are back soon!; mach, daß du da fortkommst off with you!, get the hell out here!, beat it!; mach doch (zu)! go on!, hurry up!; mach's gut! cheerio!, Am. take care of yourself!; econ. ~ in (dat.) deal in, sell; colloq. in Politik ~ dabble in (or talk) politics; j-n ~ lassen let a p. do as he pleases; laß mich nur ~ leave it to me; **IV.** p.p. and adj. gemacht made (aus of); artificial, false; ein gemachter Mann a made man; das ist wie gemacht für mich it fits me like a glove (or to a T); gut gemacht! well done!, good work!; gemacht! agreed!, OK!, okay!
'Machenschaften f/pl. machinations, man(o)euvres, intrigues, doings.
'Macher m (-s; -), **~in** f (-; -nen) maker; manager, boss; fixer; **~lohn** m cost of making, make-up charge.
Macht [maxt] f (-; ⁴e) power (a. state); might; authority; control (über acc. of), sway (over), grip (on); force, strength, power; military force(s pl.); die ~ der Gewohnheit the force of habit; pol. an der ~ in power; die ~ übernehmen take over; an die ~ kommen come into (or rise to) power; ~ geht vor Recht might before right; aus eigener ~ by one's own authority, on one's own responsibility; mit aller ~ with all one's might, with might and main; er tut alles, was in seiner ~ steht everything within his power, his utmost; **'~befugnis** f authority, power; **'~bereich** m orbit (of power), sphere of influence; in s-n ~ einbeziehen achieve control of; **'~ergreifung** f → Machtübernahme; **'~fülle** f (full[l]ness of) power; **'~gier** f greed of power;

~haber ['-ha:bər] m (-s; -) ruler, lord, dictator; **'2haberisch** adj. despotic, dictatorial; **'2hungrig** adj. power-hungry.
mächtig ['mɛçtiç] **I.** adj. powerful (a. fig. argument, blow, body, voice, etc.); mighty; considerable, immense, huge, enormous; emphatic; mining: thick, rich; die 2en pl. the powerful or mighty; e-r Sache ~ sein be master of; have authority (or sway) over, control a th.; have command of (a language); ich war meiner nicht mehr ~ I had lost control over myself; **II.** colloq. adv. mighty, awfully; ~ arbeiten work hard (or like a horse).
'Macht...: ~kampf m struggle for power; **2los** adj. powerless, impotent, helpless; **~losigkeit** f (-) impotence, weakness; **~mittel** n resource of power; **~politik** f power politics; policy of the strong hand; **~probe** f trial of strength; **~spruch** m authoritative decision; **~stellung** f power(ful position), predominance; **~übernahme** f seizure (or assumption) of power, coming into power; **2voll** adj. powerful (a. fig.); **~vollkommenheit** f absolute power, authority; aus eigener ~ on one's own authority; **~wort** n (-[e]s; -e) word of command, peremptory order; ein ~ sprechen put one's foot down.
'Machwerk n concoction; elendes ~ bungling work, miserable botch.
Machzahl ['max-] tech. f mach (number).
Mädchen ['mɛːtçən] n (-s; -) girl (a. w.s. = sweetheart); maid(en), lass; maid(-servant), servant(-girl); ~ für alles maid-of-all-work (a. fig.); **2haft** adj. girlish; maidenly (a. fig.); **~haftigkeit** f (-) girlishness; bashfulness; **~handel** m white slavery; **~händler** m white-slave agent; **~name** m girl's name; maiden name; **~pensionat** n young ladies' boarding school; **~schule** f girls' school.
Made ['ma:də] f (-; -n) maggot, mite; worm; fig. wie die ~ im Speck sitzen be in clover.
Mädel ['mɛːdəl] colloq. n (-s; -) girl(ie), lass(ie).
'Madenwurm m pin worm.
'madig adj. maggoty, full of mites; worm-eaten; colloq. fig. j-n ~ machen run down a p.

Madonn|a [ma'dɔna] f (-; -nnen) the Holy Virgin, the Madonna; ~enbild n image of the Virgin Mary, Madonna; 2enhaft adj. Madonna-like.

Magazin [maga'tsi:n] n (-s; -e) warehouse, storehouse, depot; mil. stores pl., storage depot; of gun: magazine; (journal) magazine; ~verwalter m warehouse superintendent, storekeeper.

Magd [ma:kt] f (-; ⁿe) maid (servant); poet. maiden; fig. handmaid.

Mägdlein ['me:ktlaɪn] n (-s; -) (little) maiden or girl, lassie.

Magen ['ma:gən] m (-s; ⁿ) stomach, zo. a. maw, orn. gizzard; mit leerem (auf den leeren) ~ on an empty stomach; e-n guten ~ haben have a good (or cast-iron) digestion; sich den ~ verderben put one's stomach out of order; fig. im ~ haben be sick and tired of; schwer im ~ liegen sit heavy on one's stomach, fig. prey on one's mind; ~arznei f stomachic; ~ausgang anat. m pylorus; ~beschwerden f/pl. stomach (or gastric) trouble; ~bitter m (-s; -) bitter cordial, bitters pl.; ~brennen n heart-burn, pyrosis; ~drücken n (-s) pressure on the stomach; ~drüse anat. f gastric gland; ~eingang anat. m cardia; ~erweiterung f stomachic dilatation; ~gegend f epigastric region; ~geschwür n gastric ulcer; ~grube f pit of the stomach; ~knurren n rumbling of the stomach; ~krampf m spasm of the stomach; 2krank adj. dyspeptic; ~krebs m (-es) cancer of the stomach; ~leiden n gastric complaint or disease, stomach-complaint; 2leidend adj. → magenkrank; ~saft m gastric juice; ~säure f gastric acid; acidity; ~schmerz m pain in the stomach, stomach-ache; ~stärkend(es Mittel n) adj. stomachic, (digestive) tonic; ~übersäuerung f excess acid in the stomach; ~verstimmung f indigestion; ~wand f stomach wall; ~weh n → Magenschmerz.

mager ['ma:gər] adj. meag|re, Am. -er (a. fig. = poor); lean (a. meat, fuel), thin, skinny, Am. a. scrawny; slender, slim; spare, gaunt; typ. lean-faced; slender (fare); meagre, poor (soil); ~(er) werden grow thin, slim, fall away; die sieben ~en Jahre the seven lean years; 2beton m lean concrete; 2e(s) n (-n; -n) the lean (part); 2fleisch n lean; 2käse m lean cheese, wey cheese; 2keit f (-) meagreness, leanness; slenderness; spareness, gauntness; fig. poorness; 2kohle f non-coking coal; 2milch f skim milk; ~vieh n store-cattle.

Magie [ma'gi:] f (-) magic (art); **Magier** ['ma:giər] m (-s; -) magician.

magisch ['ma:gɪʃ] adj. magic(ally adv.); radio: ~es Auge magic eye, visual tuning indicator; TV: ~er Rahmen luminous edge.

Magister [ma'gɪstər] m (-s; -) (school-)master; ~ der Freien Künste Master of Arts (abbr. M.A.).

Magistrat [-'stra:t] m (-[e]s; -e)

municipal council; ~sbeamter m municipal officer; ~smitglied n town council(l)or.

Magma ['magma] geol. n (-s; -men) magma.

Magnat [ma'gna:t] m (-en; -en) magnate, Am. a. tycoon.

Magnesia [ma'gne:zia] chem. f (-) magnesia.

Magnesium [-'gne:zium] chem. n (-s) magnesium; ~pulver n (-s) magnesium powder.

Magnet [ma'gne:t] m (-en; -e[n]) magnet (a. fig.); ~anker el. m (pole) armature; ~eisenstein min. m magnetite; ~feld n magnetic field; 2isch adj. magnetic; frei von ~en Störungen antimagnetic.

Magne|tiseur [magneti'zø:r] m (-s; -e) magnetizer; mesmerist; 2ti'sierbar adj. magnetizable; 2ti'sieren v/t. (h.) magnetize; mesmerize (a p.); ~tismus [-'tɪsmus] m (-) magnetism; mesmerism.

Magnet... [ma'gne:t]: ~kompaß m magnetic compass; ~kupplung f electro-magnetic clutch; ~nadel f magnetic (or compass) needle; ~oinduktion [magneto-] f magnetic induction; ~ophon [-'fo:n] n (-s; -e) (magnetic) tape recorder; ~ophonband n (-[e]s; ⁿer) recording tape; ~regler m field regulator, rheostat; ~schalter mot. m ignition switch; ~spule f → Magnetwicklung; ~stahl m magnet steel; ~wicklung f (magnet) coil, field winding; ~zünder mot. m magneto; ~zündung f magneto(-electric) ignition.

Magnolie [ma'gno:liə] bot. f (-; -n) magnolia.

mäh! [mɛ:] int. of sheep: bah!

Mahagoni [maha'go:ni] (a. ~holz) n (-s) mahogany (wood).

Maharadscha [maha'ra:dʒa] m (-s; -s) maharajah.

Mähbinder ['mɛ:-] agr. m harvester binder.

Mahd [ma:t] agr. f (-) mowing; swath; hay-harvest, hay crop.

Mäh(d)er ['mɛ:(d)ər] m (-s; -), ~in f (-; -nen) mower, haymaker.

Mähdrescher m combine harvester, Am. (harvester) combine.

mähen ['mɛ:ən] v/t. and v/i. (h.) mow, cut, reap; (v/i.) sheep: bleat.

Mahl [ma:l] n (-[e]s; ⁿer) meal, repast; feast, banquet.

mahlen ['ma:lən] v/t. and v/i. (irr., h.) grind, mill; pulverize; crush, bruise; beat (paper); mot. wheels in mud: spin; gemahlener Kaffee ground coffee.

Mahl...: ~gang m set of millstones; ~geld n miller's fee; ~gut n (-[e]s); ~korn n (-[e]s; -e) grist; ~zahn m molar; ~zeit f meal, repast; colloq. prost ~! a) no idea of it!, you may whistle for it!, b) there we are!, good night!

Mähmaschine f mowing-machine, reaper; (lawn) mower.

Mahnbrief ['ma:n-] m request for payment, reminder, dunning letter.

Mähne ['mɛ:nə] f (-; -n) mane.

mahn|en v/t. and v/i. (h.) remind, warn, admonish (all: an acc. of); urge; j-n wegen e-r Schuld ~ press a p. for payment, dun a p.; ~end

adj. admonishing, admonitory, warning; 2er(in f) m (-s, -; -, -nen) admonisher, monitor, warning voice; dun(ner); 2mal n memorial; 2ruf m warning cry; 2schreiben n → Mahnbrief; 2ung f (-; -en) admonition, warning; econ. reminder, dunning; 2verfahren jur. n hortatory proceedings; im Wege des ~s by judgment-note; 2wort n (-[e]s; -e) word of exhortation, warning; 2zeichen n memento; the hand on the wall; 2zettel m reminder, demand-note.

Mähre ['mɛ:rə] f (-; -n) mare; contp. jade, old crock.

Mähren ['mɛ:rən] n (-s) Moravia; 'mährisch adj. Moravian.

Mai [maɪ] m (-[e]s; -e) (Monat month of) May; der Erste ~ the first of May, May Day; '~baum m maypole; '~blume f lily of the valley.

Maid [maɪt] f (-; -en) maid(en).

'Mai...: ~feier f, ~fest n (celebration of) May Day, May-Day demonstration or parade; ~glöckchen n lily of the valley; ~käfer m cockchafer; humor. grinsen wie ein ~ grin like a Cheshire cat; ~königin f Queen of May.

Mailänd|er(in f) ['-lɛndər-] m (-s, -; -, -nen) Milanese; 2isch adj. Milanese, (of) Milan.

'Mailüftchen n vernal breeze.

Mais [maɪs] m (-es; -e) maize, Indian corn, Am. corn; ~birne f boxing: platform ball, pear-shaped punch(ing) ball.

Maisch|bottich ['maɪʃ-] m mash-tub; ~e f (-; -n) mash; 2en v/t. (h.) mash.

'Mais...: ~flocken f/pl. Am. corn-flakes; ~kolben m (corn-)cob; ~mehl n Indian meal, Am. corn meal.

Majestät [majɛ'stɛ:t] f (-; -en) majesty; 2isch adj. majestic; ~sbeleidigung f lèse-majesté (Fr.).

Majolika [ma'jo:lika] f (-; -ken) majolica.

Major [ma'jo:r] mil. m (-s; -e) major; aer. squadron leader.

Majoran [majo'ra:n] bot. m (-s; -e) marjoram.

Majorat [majo'ra:t] n (-[e]s; -e) (right of) primogeniture; a. → ~sgut n entail; ~sherr m owner of an entail (or estate).

majorenn [-'rɛn] adj. of (full) age.

Majori'tät f (-; -en) majority; ~sbeschluß m resolution carried by a majority; majority vote.

Majuskel [ma'juskəl] f (-; -n) capital letter; typ. upper case letter.

makaber [ma'ka:bər] adj. macabre.

makadamisier|en [makadami'zi:rən] v/t. (h.) macadamize; 2ung f (-) macadamization.

Makel ['ma:kəl] m (-s; -) stain, spot, blot, flaw (all a. fig.); fig. blemish, taint; ohne ~ immaculate, unmarred.

Mäkelei [mɛ:kə'laɪ] f (-; -en) fault-finding, carping (criticism); w.s. fastidiousness.

'mäkelig adj. carping, finicky, fussy; fastidious.

'makellos adj. stainless, spotless, unblemished (all a. fig., character, *etc.*); immaculate (*a. beauty*); *fig. a.* impeccable; ♀igkeit *f* (-) spotlessness, immaculateness.

'**mäkeln** *v/i.* (*h.*): ~ *an* (*dat.*) find fault with, carp (*or* cavil) at, *Am. a.* pick at; ♀ *n* (-*s*) → *Mäkelei*.

Makkaroni [maka'ro:ni] *pl.* macaroni.

Makler ['mɑ:klər] *econ. m* (-*s*; -) broker; *stock exchange*: stock broker, jobber; *amtlich zugelassener* ~ inside broker; (commission-) agent, factor; middleman; **~firma** *f* brokerage concern; **~gebühr** *f* broker's commission, brokerage (charges *pl.*); **~geschäft** *n* broker's business.

Mako ['mako] *econ. m* (-[s]; -*s*) *and f* (-; -*s*) maco.

Makrele [ma'kre:lə] *ichth. f* (-; -*n*) mackerel.

Makro'kosmos [makro-] *m* macrocosm.

Makrone [ma'kro:nə] *f* (-; -*n*) macaroon.

Makulatur [makula'tu:r] *f* (-; -*en*) waste-paper; *fig.* worthless book; **~bogen** *m* waste sheet.

Mal[1] *n* (-[e]s; -*e*) mark, sign; boundary; monument; *in games*: a) start(ing point), home, b) goal, base; spot, stain, *fig. a.* stigma; mole, birthmark; *blaues* ~ bruise.

Mal[2] *n* (-[e]s; -*e*) (*usu.* ♀ *and in compounds* ...♀, *e.g.* alle♀, dies♀, drei♀, *etc.*) time; *multiplication*: times, multiplied by; *für dieses* ~ this time, for once; *dieses eine* ~ this once; *ein paar* ~*e* a few times; *das nächste* ~ next time; *beim ersten* ~*e* the first time, at the first go(-off); *mit einem* ~*e* all at once, all of a sudden; *zum ersten* ~*e* for the first time; *zum letzten* ~*e* for the last time; *zu wiederholten* ~*en* repeatedly, time after time, again and again.

mal *colloq. adv.* → *einmal*.

Malai|e [ma'laɪə] *m* (-*n*; -*n*), **~in** *f* (-; -*nen*), ♀isch *adj.* Malay(an).

Malaria [ma'lɑ:ria] *med. f* (-) malaria; **~anfall** *m* attack of malaria.

Malbuch ['mɑ:l-] *n for children*: colo(u)ring book.

'**malen** *v/t. and v/i.* (*h.*) paint, do; portray; draw; sketch, delineate; represent, depict; *fig.* paint, picture; *in Öl* ~ paint in oils; *sich* ~ *lassen* sit for one's portrait; have one's likeness taken; *fig. auf s-m Gesicht malte sich Erstaunen* he looked dazed, he could not have looked more surprised; *man soll den Teufel nicht an die Wand* ~ talk of the devil and he will appear; *colloq. mal dir was!* you may whistle for it!

'**Maler** *m* (-*s*; -) painter; artist; **~arbeit** *f* painting (job); **~atelier** *n* painter's (*or* artist's) studio.

Male'rei *f* (-; -*en*) painting.

'**Maler**...: **~farbe** *f* painter's colo(u)r; **~in** *f* (-; -*nen*) lady-painter, paintress; ♀isch *adj.* pictorial, painting; *fig.* picturesque; *das* ♀e the picturesque; **~leinwand** *f* canvas; **~meister** *m* master (house-) painter; **~pinsel** *tech. m* painter's (*or* paint-)brush; **~schule** *f*

1. school for painters; 2. (*flemish, etc.*) school of painters; **~stock** *m* maulstick.

Malheur [ma'lø:r] *n* (-*s*; -*e*) misfortune, mishap.

maliziös [malitsi'ø:s] *adj.* malicious.

'**Malkasten** *m* paint-box.

'**malnehmen** *v/t.* (*irr.*, *h.*) multiply.

Malteserkreuz [mal'te:zər-] *n* Maltese cross.

Maltose [mal'to:zə] *f* (-) maltose, malt sugar.

Malve ['malvə] *bot. f* (-; -*n*) mallow; ♀nfarbig *adj.* mauve.

Malz [malts] *n* (-*es*) malt; '**~bier** *n* malt-beer; '**~bonbon** *n* cough lozenge; '**~darre** *f* malt-kiln.

'**Malzeichen** *n* multiplication mark.

Mälzer ['mɛltsər] *m* (-*s*; -) maltster; **Mälze'rei** *f* (-; -*en*) a) malting; b) malting-house.

'**Malz**...: **~extrakt** *m* extract of malt; **~kaffee** *m* malt-coffee; **~schrot** *n* bruised malt; **~tenne** *f* malt-floor; **~zucker** *m* malt sugar, maltose.

Mama [ma'ma] *f* (-; -*s*) mamma, ma, mummy.

Mammon ['mamɔn] *m* (-*s*) mammon, pelf; *schnöder* ~ filthy lucre.

Mammut ['mamu:t] *zo. n* (-*s*; -*e*) mammoth; **~baum** *m* mammoth tree.

Mamsell [mam'zɛl] *f* (-; -*en*) miss, damsel; housekeeper.

man[1] [man] *indef. pron.* (*m dat. and acc.* replaced by ei*ner*): a) *including oneself*: one, you, we; b) *other people*: they, people; c) *often rendered by passive*: ~ *hat mir gesagt* I have been told; ~ *muß es tun it must be done*; ~ *holte ihn* (*riet ihm*) he was fetched (advised); ~ *kann nie wissen* you never can tell; *man kann nicht wissen* (*or sagen*), *ob* there is no knowing (*or* telling) whether; *wenn* ~ *ihn hört, sollte* ~ *glauben* to hear him one would think; *in instructions, e.g.* ~ *nehme* take; ~ *dreht die Schraube nach rechts* turn screw clockwise.

man[2] *colloq.* (*expletive*) = *nur*; ~ *sachte!* take it easy!; *denn* ~ *los!* let's go (then)!, well, here goes!

managen ['mɛnɪdʒən] *colloq. v/t.* (*h.*) manage, handle, wangle.

'**Managerkrankheit** *f* stress disease.

manch|(**er**, -**e**, -**es**) ['manç] *adj. and indef. pron.* many a; ~ *eine*(*r*), ~ *ein Mensch* many a one (*or* man); *manch liebes* (*or* ~*es liebe*) *Mal* many a time; *in* ~*em har es recht* in many things he is right; *so or gar* ~*er* (~*es*) a good many people (things); ~*e pl.* some, several, many; **~erlei** ['-ərlaɪ] *adj.* diverse, different, many; all sorts of, of several sorts; *auf* ~ *Art* in various (*or* sundry) ways; *substantively*: many (*or* various) things; ~**mal** *adv.* sometimes, at times.

Manchester(**samt**) [man'ʃɛstər-] (-*s*) velveteen; corduroy.

Mandant(**in** *f*) [man'dant-] *m* (-*en*, -*en*; -, -*nen*) *jur.* client.

Mandarin [manda'ri:n] *m* (-*s*; -*e*) mandarin.

Mandarine [-'ri:nə] *f* (-; -*n*) tangerine.

Mandat [man'dɑ:t] *n* (-[e]s; -*e*)

authorization, power; *of lawyer*: brief; decree; *pol.* mandate; *parl. sein* ~ *niederlegen* resign (*or* vacate) one's seat.

Mandatar [-da'tɑ:r] *m* (-*s*; -*e*) authorized person *or* agent, mandatary; **~staat** *m* mandatary (state).

Man'dats...: **~gebiet** *n* mandate(d territory); **~macht** *f* mandatory power.

Mandel ['mandəl] *f* (-; -*n*) *bot.* almond; *anat.* tonsil; *med. die* ~*n herausnehmen* cut the tonsils; (*measure*) (set of) fifteen; **~baum** *m* almond(-tree); **~entfernung** *f* (-) tonsilectomy; **~entzündung** *f* tonsilitis; ♀förmig ['-fœrmiç] *adj.* almond-shaped; **~geschwür** *n* ulcerated sore throat; **~kern** *m* almond; **~kleie** *f* almond-powder; **~seife** *f* almond-soap.

Mandoline [mando'li:nə] *mus. f* (-; -*n*) mandolin.

Mandrill [man'dril] *zo. m* (-*s*; -*e*) mandrill.

Manege [ma'ne:ʒə] *f* (-; -*n*) (circus) ring. [*zwischen.*]

mang [maŋ] *colloq.* → *unter, da-*]

Mangan [maŋ'gɑ:n] *n* (-*s*) manganese; **~eisen** *n* ferromanganese; **~erz** *n* manganese ore; ♀haltig *adj.* manganiferous; **~oxyd** *chem. n* manganic oxide; ♀sauer *chem. adj.* manganic; manganite of ...; **~säure** *chem. f* manganic acid; **~stahl** *m* manganese steel.

Mange ['maŋə], '**Mangel**[1] *tech. f* (-; -*n*) mangle, calender.

Mangel[2] ['maŋəl] *m* (-*s*; ") defect, fault, imperfection, flaw, shortcoming; (-*s*) lack, want, absence, shortage, scarcity, (*a. med.*) deficiency (*all: an dat.* of); penury; privation; drawback; ~ *an Takt* want of tact, tactlessness; *jur.* ~ *im Recht* defect in title; *aus* ~ *an* → *mangels*; ~ *an allem haben* be short (*or* in want) of everything; ~ *leiden* be destitute, live in poverty; suffer privations.

'**Mangel**...: **~artikel** *m* critical item; **~beruf** *m* critical occupation; **~erscheinung** *med. f* deficiency symptom; **~güter** *n/pl.* critical supplies; ♀haft *adj.* defective (*a. gr.*), faulty, deficient, imperfect, unsatisfactory, inferior, poor (*a. ped.*); incomplete; inadequate; **~haftigkeit** *f* (-) defectiveness, faultiness; imperfection; inadequacy; incompleteness; **~holz** *n* calender-roller; **~krankheit** *f* deficiency disease; malnutritional disease; avitaminosis.

'**mangeln**[1] *v/t.* (*h.*) mangle (*laundry*); *tech.* calender (*cloth*).

'**mangeln**[2] *v/i.* (*impers.*, *h.*) want, be wanting; lack, be lacking (*an dat.* in); *es mangelt an* there is a lack (*or* shortage) of; *es mangelt mir an et.* I am in need of, I am short of, I want *a th.*; *es mangelt ihm an Mut* what he lacks (*or* wants) is courage; *sich an nichts* ~ *lassen* deny o.s. nothing; *wegen* ~*der Nachfrage* in absence of demand.

'**mangels** *prp.* (*gen.*) for lack (*or* want) of, in the absence of; *esp. jur.* in default of; *econ.* ~ *Zahlung* zurück returned for non-payment.

Mängelrüge ['mɛŋəl-] *econ. f* complaint (about quality), deficiency claim.

'Mangelware *f* scarce (basic) commodity, critical item *or* material; ~ werden fall in short supply.

Mangold ['maŋgɔlt] *bot. m* (-[e]s; -e) silver (*or* stock) beet; *cul.* chard.

Manie [ma'ni:] *f* (-; -n) mania; craze; **manisch** ['mɑ:niʃ] *adj.* manic; ~-depressiv manic-depressive.

Manier [ma'ni:r] *f* (-; -en) manner, fashion, mode; *esp. art:* style; *in* glänzender ~ in superior style, brilliantly; *mit guter* ~ with a good grace; *er hat keine* ~*en* he has bad (*or* no) manners; ~*en lernen* learn (how) to behave; *das ist keine* ~ that's not the way to do it.

manieriert [-ni'ri:rt] *adj.* affected, mannered; stilted; **2heit** *f* (-; -en) affectation; mannerism.

ma'nierlich I. *adj.* well-behaved, well-bred; civil, polite, mannerly; **II.** *adv.: sich* ~ *betragen* behave o.s.

Manifest [mani'fɛst] *n* (-es; -e) manifesto; **Manifestation** [-festatsi'o:n] *f* (-; -en) manifestation, demonstration; **manife'stieren** *v/t.* (h.) manifest.

Maniküre [mani'ky:rə] *f* (-) **1.** manicure; **2.** (*pl.* -n) manicurist; **2n** *v/t. and v/i.* (h.) manicure.

Manila|hanf [ma'ni:la-] *m* Manila hemp; ~**zigarre** *f* Manila cigar, manila.

Manipulation [manipulatsi'o:n] *f* (-; -en) manipulation.

manipu'lieren *v/t.* (h.) manipulate.

Manko ['maŋko] *econ. n* (-s; -s) deficiency, shortage; shortweight; deficit; *fig.* drawback, want.

Mann [man] *m* (-[e]s; -er) man (*pl.* men), *mil. a.* soldier, *esp. Am.* enlisted man; husband; *feiner* ~ (perfect) gentleman; *ganzer* ~ quite (*or* every inch) a man, he-man; *der* rechte ~ the right sort (of man); *der* ~ *auf der Straße* the man in the street; *fig. ein* ~ *des Todes* a dead man, *sl.* a goner; ~ *für* ~ man for man; ~ *gegen* ~ hand to hand; *wie* ein ~ as one man, in a body; *drei* ~ hoch three men deep; *Manns genug sein für et.* be man enough for it; *an den* ~ *bringen* **a)** dispose (*or* get rid) of, place (*goods*), find a husband for (*daughter*); *seinen* ~ *finden* find (*or* meet) one's match; *seinen* ~ *stehen* stand one's ground, stand the test; *sie stand ihren* ~ she did a man's job; *seinen* ~ *stellen* do one's share, pull one's weight; *mit* ~ *und Maus untergehen* go down with every soul (*or* all hands) on board; *cards:* den vierten ~ machen take the fourth hand; *mar. alle* ~ *an Deck!* all hands on deck; *da* (*bei mir*) *sind Sie an den rechten* ~ *gekommen* you have come to the right man, I am your man; *er ist* nicht der ~ *dafür* he is not the man to do it; *wenn Not am* ~ *ist* if the worst comes to the worst, in case of need; *seinen* ~, *ein Wort an* honest man's word is as good as his bond; *hono(u)r bright!; colloq.* mach schnell, ~! hurry up, man!; ~ Gottes! man alive!

Manna ['mana] *f* (-) *and n* (-[s]) manna.

'mannbar *adj.* marriageable; **2keit** *f* (-) (wo)manhood, puberty; marriageable age.

Männchen ['mɛnçən] *n* (-s; -) little man, manikin; *humor.* (*husband* = *colloq.* **Männe** *m*) hubby; *zo.* male, bull; *orn.* cock; ~ *machen* sit up (and beg), stand on its hind-legs.

Mannequin ['manəkɛ̃] *n* (-s; -s) mannequin.

Männer ['mɛnər] *pl. von Mann; in* compounds men's ..., → Herren...; *lavatory:* (Für) ~ (For) Gentlemen; ~**chor** *mus. m* men's choir, *thea.* chorus of men; ~**gesangverein** *m* men's choral society, men's singing club; ~**welt** *f* (-) male sex, men.

'Mannes|alter *n* (-s) manhood, virile age; *im besten* ~ in the prime of life; ~**kraft** *f* manly vigo(u)r; virility; ~**stolz** *m* manly pride; ~**wort** *n* (-[e]s; -e) man's word; ~**würde** *f* (-) manly dignity; → Manns...

'mannhaft *adj.* manly; brave, stout, valiant; resolute; **2igkeit** *f* (-) manliness, stoutness, courage.

'Mannheit *f* (-) masculinity, manhood; virility.

mannig|fach ['maniçfax], ~**faltig** ['-faltiç] *adj.* manifold, various, varied, diverse; **2faltigkeit** *f* (-) manifoldness, variety, diversity.

männlich ['mɛnliç] *adj.* male (*a. bot., zo., tech.*); *gr.* masculine; man's (*courage, etc.*); *fig.* manly, masculine, virile; **2keit** *f* (-) manliness, virility.

'Mannsbild *colloq. n* man, male.

'Mannschaft *f* (-; -en) (body of) men, personnel; gang, team (*of workers*); *aer., mar., mil.* crew; team, detail, party; troops *pl.*; *sports:* team, *rowing:* crew; *mil.* ~*en pl.* rank and file, the ranks; *mar.* the lower deck.

'Mannschafts...: ~**dienstgrade** *mil. m/pl.* rank and file, ratings; ~**führer** *m sports:* (team) captain; ~**geist** *m* (-es) team-spirit; ~**kampf** *m* team event; ~**lauf** *m* team race; ~**leiter** *m* team manager; ~**meisterschaft** *f* team championship; ~**raum** *mil. m* troop room; ~**rennen** *n* → Mannschaftslauf; ~**sport** *m* team sport; ~**wagen** *mil. m* troop carrying vehicle, *Am.* personnel carrier.

'Manns...: **2hoch** *adj. and adv.* (as) tall as a man; ~**leute** *pl.* men(folk), *the* male sex *sg.*; ~**person** *f* male person, man; **2toll** *adj.* man-mad, nymphomaniac; ~**tollheit** *f* nymphomania; ~**volk** *n* (-[e]s) menfolk, men; ~**zucht** *f* discipline.

'Mannweib *n* amazon, virago.

Manometer [mano'me:tər] *n* (-s; -) manometer, pressure-gauge.

Manöver [ma'nø:vər] *n* (-s; -) manoeuvre, *Am.* maneuver (*a. fig.* = trick, stratagem); *mil. a.* exercise; *mar. Flotten*2 naval manoeuvres *pl.*; ~**gelände** *n* manoeuvre area.

manövrier|en [-nø'vri:rən] *v/i. and v/t.* (h.) manoeuvre, *Am.* maneuver (*a. mot.*), *mar. a.* practise (tactical evolutions); ~**fähig** *adj.* manoeuvrable; **2fähigkeit** *f* (-) manoeu-

vrability; ~**unfähig** *adj.* disabled, out of control.

Mansarde [man'zardə] *f* (-; -n) garret, attic.

Man'sarden...: ~**dach** *n* curb roof; ~**fenster** *n* dormer-window; ~**zimmer** *n* garret-room, attic.

Mansch [manʃ] *colloq. m* (-es) hodge-podge, squash, slush, mess; **2en** *v/i. and v/t.* (h.) mix, work; splash (about); dabble (*in dat.* in); **Mansche'rei** *f* (-; -en) mixing, mess; dabbling.

Manchester [man'ʃestər] *m* (-s) → Manchester.

Manschette [man'ʃetə] *f* (-; -n) cuff; *tech.* sleeve, collar; packing ring; *colloq. fig.* ~*n haben vor* (*dat.*) be afraid of; ~*n bekommen* get cold feet; ~**nknopf** *m* stud; sleeve-link, cuff-link.

Mantel ['mantəl] *m* (-s; ") overcoat; coat; cloak; mantle (*a. arch., med., zo.*); → Bade2, Frisier2, *etc.*; *math.* convex surface; *tech.* case (*a. mil.*), casing, jacket; sleeve; *casting:* cope; *mot., bicycle:* (outer) cover, casing; *cable:* sheath(ing); *stock exchange:* scrip (*or* share) without the coupon-sheet; *fig.* ~ *der Liebe* cloak of charity; *den* ~ *nach dem Wind* hängen trim one's sails to the wind.

Mäntelchen ['mɛntəlçən] *n* (-s; -) short cloak, cape; *fig. ein* ~ *um-hängen* palliate, gloss over *a th.*

'Mantel...: ~**elektrode** *f* covered electrode; ~**geschoß** *mil. n* jacketed bullet; ~**gesetz** *n* skeleton law; ~**kleid** *n* dress with cape; frock coat; ~**tarif** *m* skeleton agreement.

Mantille [man'til(j)ə] *f* (-; -n) mantilla.

Manual [manu'a:l] *n* (-s; -e) memorandum-book; *mus.* key-board, manual.

manuell [-'ɛl] *adj.* manual.

Manufaktur [-fak'tu:r] *f* (-; -en) manufacture; (manu)factory; ~**waren** *pl.* manufactures, piece goods; *n.s.* textiles, *Am.* dry goods.

Manuskript [-'skript] *n* (-[e]s; -e) manuscript (*abbr.* MS); *film:* scenario, script; *typ.* copy; *als* ~ *gedruckt* privately printed, *thea.* acting rights reserved.

Mappe ['mapə] *f* (-; -en) portfolio, briefcase; satchel; file; folder.

Mär(e) ['mɛ:r(ə)] *f* (-; -en) tale; tidings *pl.*

Marabu ['mɑ:rabu] *orn. m* (-s; -s) marabou.

Marathon|lauf ['mɑ:ratɔn-] *m* marathon (race); ~**läufer** *m* marathon runner.

Marbel ['marbəl] *f* (-; -n) marble.

'Märchen *n* (-s; -) fairy-tale; *fig.* (cock-and-bull) story; fib; rumo(u)r; ~**buch** *n* book of fairy-tales; **2haft** *adj.* fabulous, legendary; *fig.* fictitious; fabulous, magical; ~**haftigkeit** *f* (-) fabulousness; fictitiousness; ~**welt** *f* (-) world of romance, wonderland.

Marder ['mardər] *zo. m* (-s; -) marten; ~**fell** *n*, ~**pelz** *m* marten(-skin).

Margarine [marga'ri:nə] *f* (-) margarine.

Marge ['marʒə] *econ. f* (-; -n) margin.

Marginalien [margi'nɑ:liən] f/pl. marginal notes.
Marien|bild [ma'ri:ən-] n image of the Virgin Mary, Madonna; **~fäden** ['-fe:dən] m/pl. gossamer; **~fest** n Lady Day; **~glas** n (-es) mica; **~käfer** m lady-bird, Am. ladybug; **~kult** m Mariolatry.
Marine [ma'ri:nə] f (-; -n) econ. marine; mil. navy, naval forces pl.; **~akademie** f naval academy; Brit. Royal Naval College; **~artillerie** f coast(al) artillery; **~attaché** m naval attaché; **~blau** n, ⊆blau adj. navy-blue; **~flieger** m naval aviator; **~flugzeug** n seaplane, naval aircraft; **~infanterie** f marines pl.; **~ingenieur** m naval engineer; **~minister** m minister of naval affairs; Brit. First Lord of the Admiralty, Am. Secretary of the Navy; **~ministerium** n ministry of naval affairs; Brit. the Admiralty, Am. Department of the Navy; **~offizier** m naval officer; **~schule** f naval college; **~stützpunkt** m naval base; **~soldat** m marine; **~truppen** f/pl. marines, **~werft** f naval dockyard.
marinieren [mari'ni:rən] v/t. (h.) pickle, marinade.
Marionette [mario'nɛtə] f (-; -n) marionette, puppet; **~nregierung** f puppet government; **~ntheater** n puppet-show.
maritim [mari'ti:m] adj. maritime.
Mark[1] [mark] n (-[e]s) marrow, medulla; of wood: pith, of fruit: pulp; fig. core; bis ins ~ to the core; j-m durch ~ und Bein gehen set a p.'s teeth on edge; er hat ~ in den Knochen he has guts.
Mark[2] f (-; -en) boundary, border-land; **~en** pl. marches; die ~ Brandenburg the March of Brandenburg.
Mark[3] f (-) coin: mark; zehn ~ ten marks.
markant [mar'kant] adj. marked; striking; characteristic; salient, prominent; strong-featured (face); **~e** Gesichtszüge chiselled features; mil. **~er** Geländepunkt prominent landmark; **~e** Persönlichkeit man of mark, outstanding personality.
Marke ['markə] f (-; -n) mark, sign; pass, check; stamp; for games: counter, chip; of police: badge, shield; (ration) coupon; auf ~n couponed, rationed; ohne ~n → ⊆nfrei; tech. index mark; econ. a) trade-mark, brand, b) make, type, brand, c) sort, grade, quality; esp. of wine: growth, vintage; colloq. er ist eine ~ he's a character.
Marken...: **~artikel** m proprietary (or patent, branded) article; **~butter** f standard butter; ⊆frei I. adj. non-rationed, coupon-free, off-ration; II. adv. off the ration; **~name** m brand name; ⊆pflichtig adj. rationed; **~sammler** m stamp collector; **~schutz** m protection of trade-marks, **~ware** f trade-marked product.
mark-erschütternd adj. blood-curdling.
Marketender [markə'tɛndər] m (-s; -), **~in** f (-; -nen) canteen-(wo)man; sutler; **Marketende'rei** f (-; -en) canteen; army stores pl.; Brit. Navy

Army Air Force Institute (abbr. NAAFI), Am. post exchange (usu. PX); **Marke'tenderware** f Brit. goods pl. bought on NAAFI license, Am. sales article.   [marketing.]
Marketing ['mɑ:kitiŋ] econ. n (-s)∫
'**Mark...:** **~graf** m margrave; **~gräfin** f margravine.
mar'kier|en v/t. (h.) mark; brand (goods, cattle); indicate (a. mil.); designate, earmark; sports: mark (opponent); die Bahn ~ flag the course, mark the track; accentuate; sham, simulate, put on (all a. v/t.); **~ung** f (-; -en) designation, marking(s pl.); ⊆ungsfähnchen n sports: (course) marker.
'**markig** adj. marrowy; fig. vigorous, pithy (a. language).
Markise [mar'ki:zə] f (-; -n) blind, (window) awning.
'**Markknochen** m marrow-bone.
'**Mark...:** **~scheider** ['-ʃaidər] m (-s; -) surveyor of mines; **~stein** m boundary-stone; fig. landmark, milestone; ein ~ sein a. mark an epoch.
Markt [markt] econ. m (-[e]s; ⁺e) market; fair; mart, emporium, trading-cent|re, Am. -er; market-place; trade, business; freier (heimischer, schwarzer) ~ free (home, black) market; am ~, auf dem ~ in (or on) the market; auf den ~ bringen (put on the) market.
'**Markt...:** **~abrede** f marketing arrangement; **~analyse** f market analysis; **~bericht** m market report; ⊆en v/i. (h.) bargain (um for), haggle (over); **~entwicklung** f trend of the market, market tendency; ⊆fähig adj. marketable; **~fähigkeit** f (-) salability; **~flecken** m market-town, borough; **~forscher** m market research man; **~forschung** f market research; ⊆gängig adj. customary in the market; marketable, salable; current (price); **~gebiet** n territorial market; ⊆gerecht adj. in line with real market conditions, real market...; **~halle** f market-hall, covered market; **~korb** m market-basket; **~kurs** m market quotation; **~lage** f market conditions pl.; **~netz** n string bag; **~ordnung** f: Europäische ~ European Market Organization; **~platz** m market-place; **~preis** m market price; current or ruling price; **~recht** n privilege of holding a market; **~schreier** m quack; puffer, booster; **~schreierei** ['-ʃraɪəraɪ] f (-; -en) quackery; puffing, ballyhoo; ⊆schreierisch adj. quackish, charlatan; puffing; fig. ostentatious, loud; **~schwankungen** f/pl. fluctuations of the market; **~tag** m market-day; **~tasche** f marketing bag; **~untersuchung** f market investigation; **~verband** m marketing association; **~weib** n market woman; **~wert** m market-value, current value; **~wirtschaft** f (-) marketing; (freie) ~ market economy, free enterprise; gebundene ~ controlled economy.
'**Markung** f (-; -en) → Mark[2].
Marmelade [marmə'lɑ:də] f (-; -n) jam; marmalade.

Marmor ['marmɔr] m (-s; -e) marble; **~bild** n marble statue; **~bruch** m marble quarry.
marmo'rieren [-mo'ri:rən] v/t. (h.) marble; grain; marmoriert book: marble-edged; soap: mottled.
'**marmorn** adj. (of) marble (a. fig.).
'**Marmor...:** **~platte** f marble slab; **~säule** f marble column; **~stein** m marble-stone; **~tafel** f marble slab.
marode [ma'rod:ə] adj. tired out, dead-beat; ill.
Maro|d|eur [-ro'dø:r] m (-s; -e) marauder; ⊆ieren v/i. (h.) maraud, pillage.
Marokkan|er(in f) [marə'kɑ:nər-] m (-s, -; -, -nen) Moroccan; ⊆isch adj. (of) Morocco, Moroccan.
Marone [ma'ro:nə] bot. f (-; -n) edible (or sweet) chestnut.
Maroquin [marə'kɛ̃] m (-s) morocco.
Marotte [ma'rɔtə] f (-; -n) caprice, whim, crotchet; hobby, fad.
Marqui|s [mar'ki:] m (-) marquis, marquess; **~se** [-'ki:zə] f (-; -n) marchioness.
Mars[1] [mars] ast., myth. m (-) Mars.
Mars[2] mar. m (-; -e) top.
marsch [marʃ] int.: mil. vorwärts, ~! forward, march!; ~, ~! double march!, Am. on the double; ~! colloq. hurry up!, let's go!, beat it!; ~ hinaus! out you go!
Marsch[1] m (-es; ⁺e) march (a. mus.); sich in ~ setzen set out, march off; colloq. j-m den ~ blasen give a p. a dressing-down (or a piece of one's mind).
Marsch[2] [marʃ] f (-; -en) marsh(y land), fen.
Marschall ['marʃal] m (-s; ⁺e) marshal; **~stab** m (marshal's) baton.
'**Marsch...:** **~befehl** mil. marching-order(s pl.); for single soldier: movement order, Am. travel orders pl.; ~ haben be under marching-orders; ⊆bereit, ⊆fertig adj. ready to move or march; **~gepäck** n field pack; **~geschwindigkeit** f rate of marching; aer., mar., mot. cruising-speed; **~gliederung** f march formation.
mar'schieren v/i. (sn) march (a. ~ lassen); stride.
'**marschig** adj. marshy.
'**Marsch...:** **~kolonne** f route column; **~kompanie** f trained replacement company; **~kompaß** m prismatic compass; ⊆krank adj. footsore; **~land** n marshy land, fenland; **~lied** n marching-song; **~ordnung** f order of march; **~pause** f halt, rest on the march; **~richtung** f direction of march, route; **~tempo** n rate of marching; schnelles ~ quick time; langsames ~ slow time; **~verpflegung** f haversack ration, Am. travel ration; **~ziel** n march objective.
'**Mars...:** mar. **~rahe** f topsail yard; **~segel** n topsail.
Marstall ['marʃtal] m (-[e]s; ⁺e) (royal) stables pl.
Marter ['martər] f (-; -n) torment, torture, agony; fig. a. ordeal; → Folter; **~l** ['-tərl] n (-s; -[n]) memorial tablet or cross; ⊆n v/t. (h.) torment, torture, (put to the) rack; fig. sein Gehirn ~ rack one's

brains; ~pfahl *m* stake; ~tod *m* (-[e]s) death by torture, martyr's death; ~werkzeug *n* instrument of torture.

martialisch [martsi'a:liʃ] *adj.* martial, warlike.

Martin-ofen ['marti:n-] *metall. m* open-hearth furnace.

'**Martins|fest** *n*, ~tag *m* Martinmas; ~gans *f* Martinmas goose.

Märtyrer ['mɛrtyrər] *m* (-s; -), ~in *f* (-; -nen) martyr; *j-n zum ~ machen* make a martyr of a p.; ~tod *m* (-[e]s) martyr's death; ~tum *n* (-s) martyrdom.

Marxis|mus [mar'ksismus] *m* (-) Marxism; ~t(in *f*) *m* (-en, -en; -, -nen), ℒtisch *adj.* Marxian, Marxist.

März [mɛrts] *m* (-[es], -e): (*Monat*) ~ (month of) March.

Marzipan [martsi'pa:n] *n* (-s; -e) marzipan, marchpane.

Masche ['maʃə] *f* (-; -n) mesh; stitch; bow; *colloq. fig.* trick, line, racket; soft thing; *das ist s-e neueste* ~ that's his latest; *das ist nicht die* ~ it's no good; ~ndraht *m* (-[e]s) wire netting *or* mesh; screen wire; ℒnfest *adj.* ladder-proof, *Am.* runproof, non-run.

'**maschig** *adj.* meshy, meshed.

Maschine [ma'ʃi:nə] *f* (-; -n) machine (*w.s. a.* = airplane, car); engine; appliance; *collect.* ~n *pl.* machinery equipment; *mit der* ~ *geschriebener Text* typewritten text, typescript.

maschinell [-ʃi'nɛl] *adj.* mechanical. ~e *Bearbeitung* machining.

Ma'schinen...: ~anlage *f* plant, machine unit; ~antrieb *m* machine drive; *mit* ~ machine-driven; ~bau *m* (-[e]s) machine (*or* engine) building; mechanical engineering; ~bauer *m* machine-maker; engine builder; mechanical engineer; ~bauschule *f* engineering school; ~diktat *n* machine dictation; ~element *n* machine element; ~fabrik *f* machine factory, engine works *pl.* (*usu. sg.*); ~garn *n* machine-spun yarn, twist; ~gewehr *n* machine-gun; *mit* ~ *beschießen* machine-gun, *aer.* strafe; ~gewehrgurt *m* (machine-gun) belt; ~gewehrnest *n* machine-gun nest; ~gewehrschütze *m* (machine) gunner; ~gewehrstand *m* machine-gun emplacement; *aer.* gunner's station; ~haus *n* power house; ~kunde *f* (-), ~lehre *f* (-) engineering; mechanics; ~leistung *f* mechanical power; output, capacity; ℒmäßig *adj.* mechanical, *w.s.* automatic; ~meister *m* machinist; *thea.* stage mechanic(ian); *typ.* pressman; ~mensch *m* robot; ~öl *n* lubricating oil; ~park *m* (-[e]s) mechanical equipment; machinery; ~pistole *f* submachine gun, tommy gun; ~raum *m*, ~saal *m* engine-room (*a. mar.*), *typ.* pressroom; ~satz *m* (-es) *tech.* machine unit; *el.* generator set; *typ.* machine composition; ~schaden *m* engine trouble *or* failure, breakdown; ~schlosser *m* engine *or* machine fitter; ℒschreiben *v/i.* (*irr., h.*) type(write); ~schreiben *n* (-s) typewriting, typing; ~schreiber(in *f*) *m* typist's

~schrift *f* typescript; *in* ~ typewritten; ~setzer *m* machine compositor; ~teil *m* machine member; ~wärter *m* machine attendant; *Am.* (engine) operator; ~werkstatt *f* machine shop; ~wesen *n* (-s) (mechanical) engineering; ~zeitalter *n* Machine Age.

Maschinerie [maʃinə'ri:] *f* (-; -n) machinery.

Maschinist [maʃi'nist] *m* (-en; -en) machinist, engine-man, *Am.* operator; *rail.* engine-driver, *Am.* engineer; *thea.* stage mechanic(ian).

Maser ['ma:zər] *f* (-; -n) spot, speck(le); *in wood:* vein, streak, grain; ~holz *n* veined wood; ℒig *adj.* veined, speckled, streaked; ℒn *tech. v/t.* (*h.*) vein, grain; *gemasert →* maserig.

'**Masern** *med. pl.* measles.

'**Maserung** *f* (-; -en) *in wood:* veining, graining.

Maske ['maskə] *f* (-; -n) mask (*a. fenc., tech., TV*; *a. person* = masker); *thea.* make-up; *mil.* camouflage, screen; *fig.* mask, guise; *in der* ~ (*gen.*) under the guise of; *die* ~ *fallen lassen* throw off the mask; *j-m die* ~ *vom Gesicht reißen* unmask a p.

'**Masken...:** ~ball *m* fancy-dress ball, masked ball; ~bildner *m* film: make-up man; ~kleid, ~kostüm *n* fancy-dress; ~verleiher(in *f*) *m* costumier, costume rental shop.

Maskerade [maskə'ra:də] *f* (-; -n) masquerade, mummery.

mas'kier|en *v/t.* (*h.*) mask, disguise; *tech.* conceal; *mil.* camouflage, screen; *sich* ~ put on a mask, disguise o.s., dress o.s. up (*als* as); ℒung *f* (-; -en) masking, masquerade; *mil.* camouflage. [mascot.⟩

Maskotte [mas'kɔtə] *f* (-; -n)⟩

Maskulinum ['maskuli:num] *gr. n* (-s; -na) masculine (word *or* form).

maß [ma:s] *pret. of* messen.

Maß[1] [ma:s] *n* (-es; -e) measure; measurement; proportion, rate; extent, dimension; size; quantity; volume; gauge, standard; dose; degree; ~e *und Gewichte* weights and measures; *fig.* moderation; *zweierlei* ~ two standards; *ein hohes* ~ *von* (*dat.*) a high measure of; *in großem* ~e on a large scale; *in hohem* ~e in a high degree, highly; *in nicht geringem* ~ in no small measure; *in vollem* ~e in full measure, fully; *in dem* ~e, *daß* to such a degree (*or* so far) as to, so that; *in dem* ~e *wie* in the same measure (*or* proportion) as, (according) as; *mit* ~ *und Ziel in* reason; *über alle* ~en exceedingly, enormously, excessively, beyond all measure; *nach* ~ *machen* make to order; *nach* ~ *angefertigt* made to measure, bespoke, *Am.* custom-made; (*j-m*) ~ *nehmen* take (a p.'s) measure (*or* measurements) (for); *das* ~ *vollmachen* fill the cup to the brim; *das* ~ *überschreiten* overshoot the mark, go too far; *weder* ~ *noch Ziel kennen* know no bounds; *das* ~ *ist voll!* that's the limit (*or* last straw)! *der Mensch ist das Maß aller Dinge* man is the measure of all things; → ℒhalten.

Maß[2] *f* (-; -[e]) quart (*of beer*).

Massage [ma'sa:ʒə] *f* (-; -n) massage.

massa|krieren [masa'kri:rən] *v/t.* (*h.*) massacre.

'**Maß...:** ~analyse *chem. f* volumetric analysis; ~anzug *m* tailor-made suit, *Am.* custom(-made) suit; ~arbeit *f* a th. made to measure, bespoke work, fine tailoring.

Masse ['masə] *f* (-; -n) mass; bulk; substance; *breiige* ~ pulp (*a. Papier*ℒ); paste; lump; batter; *chem.* compound; *el.* earth, *Am.* ground; *an* ~ *legen* ~ *erden*; *tech. processing:* stock; quantity, volume; *jur.* estate, assets *pl.*; multitude; mob, horde; *die breiten* ~n the masses; the rank and file (*of a party, etc.*); *in* ~n → ℒnweise; *colloq.* e-e ~ a lot (*or colloq.* lots, heaps) of; *in* ~n *herstellen* mass-produce.

'**Maß-einheit** *f* measuring unit.

Massel-eisen ['masəl-] *n* pig iron.

'**Massen...:** ~absatz *econ. m* (-es) wholesale (*or* bulk) selling; ~abwurf *aer. m* salvo bombing; ~andrang *m* rush, throng(ing crowds); ~angriff *m* mass(ed) attack; ~anziehung *phys. f* (-) gravitation; ~arbeitseinstellung *f* general strike; ~arbeitslosigkeit *f* mass unemployment; ~artikel *econ. m* bulk (*or* wholesale) article; ~aufgebot *n* general levy; ~auflage *f* mass circulation; ~aussperrung *f* general lock-out; ~be-einflussung *f* propaganda; ~beförderung *f* (-) transport in bulk; ~demonstration *f* mass demonstration; ~einsatz *mil. m* commitment of major forces; ~entlassung *f* mass dismissals; ~erhebung *f* mass rising, levé-en-masse (*Fr.*); ~erzeugung, ~fabrikation *f* → *Massenproduktion*; ~flucht *f* (-) stampede; ~grab *n* common grave; ~güter *n/pl.* bulk goods *pl.*; ℒhaft *adj.* numerous, an abundance of, large quantities of, in coarse numbers; ~herstellung *f* → *Massenproduktion*; ~kundgebung *f* mass meeting, mass (*or* monster) demonstration; ~medium *n* mass medium; ~mensch *m* mass man; ~mord *m* mass murder; ~produktion *f* (-) mass production, quantity (*or* duplicate) production; ~psychologie *f* mass psychology; ~psychose *f* mass psychosis; ~speisung *f* mass feeding; ~sterben *n* (-s) widespread dying-off; ~streik *m* general strike; ~suggestion *f* mass suggestion; ~trägheit *phys. f* mass moment of inertia; ~verhaftungen *f/pl.* wholesale arrests; ~vernichtung *f* mass destruction; ~versammlung *f* mass meeting, *Am.* rally; ~verwalter *jur. m* official receiver; ℒweise *adv.* in masses, in large numbers; in shoals; wholesale; ~zusammenstoß *m* pile-up.

Masseu|r [ma'sø:r] *m* (-s; -e) masseur; ~se [-'sø:zə] *f* (-; -n) masseuse.

'**Maß...:** ~gabe *f* measure, proportion; *nach* ~ (*gen.*) according to, *esp. jur.* under (the terms of), as provided in; *mit der* ~, *daß* provided, however, that; on the understanding that; *mit den folgenden* ~*n* subject to the following conditions (*or* modifications); ♀gebend, ♀geblich ['-gɛ:pliç] *adj.* standard (*work, etc.*); authoritative, decisive; competent; relevant, governing (*rule*); influential, leading (*circles*); authentic (*text*); applicable (*für* to); substantial; important; *econ.* ~e Beteiligung controlling interest; *der englische Text ist* ~ the English text shall prevail; *das ist nicht* ~ *für uns* that is no criterion for us; ~genauigkeit *tech. f* dimensional accuracy; ♀gerecht *adj.* true to size; ~es Modell accurate-scale model; ♀halten *v/i.* (*irr., h.*) keep within bounds, observe moderation, be moderate; ~haltigkeit *tech. f* (-) dimensional stability.

mas'sieren *v/t.* (*h.*) massage, knead; *mil.* mass (*troops*, (*a. sich* ~) concentrate.

'massig *adj.* massy, bulky, voluminous; solid.

mäßig ['mɛ:siç] *adj.* moderate (*in dat.* in); frugal; temperate, sober; moderate, reasonable (*price*); mediocre; middling, so-so; poor (*health, performance, etc.*); ~en ['-gən] *v/t.* (*h.*) moderate; soften (down); mitigate, temper; lessen, abate (*a. econ.*); slacken (*speed*); tone down (*language*); *sich* ~ moderate (o.s.), restrain (*or* control, check) o.s.; → gemäßigt; ♀keit *f* (-) moderation, frugality; temperance, sobriety; *econ.* reasonableness (*im Preis of* price); mitigation; restraint, self-control.

massiv [ma'si:f] *adj.* solid, massive; *fig.* heavy, powerful; *colloq.* ~ *werden* cut up rough; ♀ *geol. n* (-s; -e) massif; ♀gold *n* solid gold.

'Maß...: ~krug *m* beer mug, *Am.* stein; ~liebchen *bot. n* ox-eye daisy; ♀los I. *adj.* boundless; immoderate (*character*); excessive; extravagant; II. *adv.* beyond all bounds; immoderately; exceedingly; terribly, awfully; ~losigkeit *f* (-; -en) boundlessness; immoderateness; excess; extravagance; ~nahme ['-nɑ:mə] *f* (-; -n), ~regel *f* measure, step, action, arrangement, move; provision; ~n ergreifen *or* treffen take measures *or* steps *or* action (*gegen* against); ♀regeln *v/t.* (*h.*) reprimand, take to task; discipline; *sports:* penalize; ~regelung *f* reprimand; disciplinary punishment; *sports:* penalty; ~schneider *m* bespoke tailor, *Am.* custom tailor; ~schneide'rei *f* bespoke tailoring, *Am.* custom by tailor; fine tailoring shop; ~schuhe *m/pl.* shoes made to measure, *Am.* custom-made shoes; ~stab *m* measure, rule(r); *fig.* yardstick, standard, gauge; *of maps, etc.:* scale; *fig. in kleinem* (*großem, großartigem*) ~ on a small (large, grand) scale; *verkleinerter* ~ reduced scale; *e-n* ~ *abgeben für* (*acc.*) set the standard for; *e-n* (*anderen*) ~ *anlegen an* (*acc.*) apply a (different) standard to; ♀stabgerecht *adj.* true to scale; ♀voll *adj.* moderate, temperate; discreet; ~werk *arch. n*

(-[e]s) tracery; ~zeichnung *f* dimensional drawing.

Mast[1] .[mast] *m* (-es; -en) *mar.* (*a.* ~baum *m*) mast; pole; mast, pylon.

Mast[2] [mast] *agr. f* (-; -en) fattening; mast, feed.

'Mastdarm *anat. m* rectum.

mästen ['mɛstən] *v/t.* (*h.*) fatten, feed; stuff (*goose*); flush (*sheep*); *sich* ~ grow fat, batten (*an dat.* on), overfeed.

'Mast...: ~futter *n* food for fattening, mast; ~hühnchen *n* fattened chicken.

Mastix ['mastiks] *m* (-[es]) mastic.

'Mastkorb *mar. m* crow's nest.

'Mast...: ~ochse *m* fattened ox; ~schwein *n* fattened pig.

'Mästung *f* (-; -en) fattening.

'Mastvieh *n* fattened cattle.

Masurka [ma'zurka] *f* (-; -s) mazurka.

Matador [mata'do:r] *m* (-s; -e) matador.

Matchball ['mɛtʃ-] *m tennis:* match point.

Mater ['mɑ:tɛr] *typ. f* (-; -n) matrix.

Material [materi'ɑ:l] *n* (-s; -ien) material; substance, stuff; stock-in-trade; *mil.* matériel; *tech. processing:* stock; equipment; stock, stores *pl.*; *rollendes* ~ rolling-stock; *fig.* material, information, data; evidence; ~ermüdung *f* material fatigue; ~fehler *m* defect of material; fault (*or* flaw) in the material; ~ien *pl.* materials.

materia li'sieren *v/t.* (*h.*) materialize; ♀lismus [-ria'lismus] *m* (-) materialism; ♀list *m* (-en; -en) materialist; ~listisch *adj.* materialistic(ally *adv.*).

Materi'al...: ~kosten *pl.* cost(s) of material; ~prüfung *f* testing of materials; ~sammelstelle *f* salvage dump; ~schaden *m* damage in material; ~schlacht *mil. f* battle of material; ~waren *f/pl.* groceries, *Am.* drugs; ~warenhändler *m* grocer; dry-salter.

Materie [ma'te:riə] *f* (-; -n) matter (*a. med.* = pus; *a. fig.* = subject), stuff.

materiell [-teri'ɛl] I. *adj.* material; *phls.* intrinsic; pecuniary, financial; *jur.* ~es Recht substantive law; ~er Mensch materialist; II. *adv.* in fact.

Mathematik [matema'ti:k] *f* (-) mathematics *sg.*, math; *reine* (*angewandte*) ~ pure (applied) mathematics.

Matinee [mati'ne:] *f* (-; -n) 1. peignoir (*Fr.*); 2. *thea.* matinée.

Matjeshering ['matjəs-] *m* white herring, matie.

Matratze [ma'tratsə] *f* (-; -n) mattress; ~schoner *m* spring cover.

Mätresse [mɛ'trɛsə] *f* (-; -n) mistress, kept woman.

Matrikel [ma'tri:kəl] *f* (-; -n) register, roll.

Matrize [ma'tri:tsə] *tech. f* (-; -n) matrix, (lower) die; mo(u)ld; stencil; *auf* ~ *schreiben* stencil.

Matrone [ma'tro:nə] *f* (-; -n) matron; ♀nhaft *adj.* matronly.

Matrose [ma'tro:zə] *m* (-n; -n) sailor, seaman; *mil.* ordinary rating, *Am.* seaman recruit.

Ma'trosen...: ~anzug *m* sailor suit; ~jacke *f* pea-jacket; ~kragen *m* sailor-collar; ~lied *n* sailor's song.

Matsch[1] [matʃ] *m* (-es) pulp, squash; mud, slush, sludge.

Matsch[2] *m* (-es; -e), ♀ *adj. game:* capot; ~ *machen* capot, sweep the board.

'matschig *adj.* squashy, pulpy; slushy, muddy.

'Matsch- und 'Schneereifen *mot. m* mud and snow tyre (*Am.* tire).

matt [mat] *adj.* lustreless, (*a. phot.*) mat(t); dull; dim, dull (*eyes*); dim, subdued (*light*); tarnished (*metal*); dead, dull (*gold*); frosted (*silver*); ~ *geschliffenes Glas* ground (*or* frosted) glass; *el.* non-glare (*bulb*); faint, feeble, weak; exhausted, jaded; limp, flabby; faint (*voice*); spent (*bullet*); *econ.* dull, lifeless, slack (*market, etc.*); *chess:* mate; *j-n* ~ *setzen* checkmate a p.; flat, dull; pointless, stale (*joke*); ~blau *adj.* pale-blue.

Matte ['matə] *f* (-; -n) 1. meadow; pasture; 2. mat; door-mat; *wrestling:* zur ~! on the mat!

'Matt...: ~eisen *n* white pig iron; ~farbe *f* mat(t) (*or* deadening) colo(u)r; ♀geschliffen *adj.* ground, frosted; ~glanz *m* dull finish; ~glas *n* ground (*or* frosted) glass; ~gold *n* dead gold.

Matthäus [ma'tɛ:us] *m* (-thäi) Matthew; *colloq. mit ihm ist's Matthäi am letzten* it's all over with him; ~evangelium *n* (-s) Gospel according to St. Matthew.

'Mattheit *f* (-) dimness, dul(l)ness; tiredness, lassitude; faintness; *econ.* lifelessness, dul(l)ness.

mat'tieren *tech. v/t.* (*h.*) dull, deaden, give a mat finish to; frost (*glass*); tarnish (*metal*).

'Mattigkeit *f* (-) exhaustion, feebleness, lassitude; faintness.

'Matt...: ~scheibe *phot. f* focus-(s)ing screen, ground glass screen; *fig.* haze, fuddle; *colloq.* blackout; ♀schleifen *tech. v/t.* (*irr., h.*) grind, frost; ~setzen *v/t.* (-s) *chess:* check-mating; ~vergoldung *f* dead-gilding; *in* ~ dead-gilt.

Maturitäts... [maturi'tɛ:ts-]: *in compounds* → Abiturienten..., Reife...

Matz [mats] *m* (-es; -e) → Piepmatz.

Mätzchen ['mɛtsçən] *colloq. n* (-s; -) tricks, antics, pranks *pl.*; frills, gadgets *pl.*; ~ *machen* play tricks, make trouble; *keine* ~! none of your tricks!

Mauer ['mauər] *f* (-; -n) wall; ~absatz *m* (-es; ⁼e) offset; ~anschlag *m* poster; ~blümchen *n* wallflower (*a. fig.*); ~brüstung *f* cornice; ~kalk *m* mortar; ~kranz *m*, ~krone *f* mural crown; ♀n I. *v/i.* (*h.*) make a wall, lay bricks; *sports:* stone-wall; *cards:* risk nothing; II. *v/t.* (*h.*) build (in stone *or* brick); ~pfeffer *m* stone-crop; ~schwalbe *f* black martin, swift; ~stein *m* (building) brick; ~werk *n* masonry, brickwork.

Mauke ['maukə] *f* (-) *vet.* malanders *pl.*, scurf.

Maul [maul] *n* (-[e]s; ⁼er) mouth, → Mund; jaws *pl.*; muzzle, snout; *vulg. of persons:* snout, *sl.* potato-

-trap; ~ und Nase aufsperren stand gaping, be flabbergasted; ein böses (or loses) ~ haben have a malicious (or loose) tongue; das ~ halten hold one's tongue; keep mum (über acc. about); halt's ~! shut up!; nicht aufs ~ gefallen sein always have a ready answer, have the gift of the gab; j-m übers ~ fahren cut a p. short; **~affe** colloq. m jackanapes sg., booby; **~n** feilhalten stand gaping (about), lounge about; **~beerbaum** m mulberry-tree.

Mäulchen ['mɔɪlçən] n (-s; -) little mouth; colloq. kiss; ein ~ machen pout; sulk.

'**maulen** v/i. (h.) pout (one's lips); be sulky; grumble.

'**Maul...:** **~esel(in** f) m (f she-)mule, hinny; **~eseltreiber** m mule-driver, muleteer; **2faul** adj. too lazy to talk, taciturn; **~e** Person sl. oyster, Am. clam; er ist wirklich ~ he hasn't a word to throw at a dog; **~fäule** vet. f flaps pl.; **~held** m braggart; **~korb** m muzzle; **~schelle** f slap in the face; **~schlüssel** tech. m open-ended spanner; **~sperre** f lockjaw; **~tier** n mule; **~trommel** f Jew's harp; **~- und Klauenseuche** f foot-and-mouth disease; **~werk** colloq. n (-[e]s) (gutes ~ gift of the) gab; **~wurf** m (-[e]s; **~e**) mole; **~wurfsgrille** f mole cricket; **~wurfshügel** m mole-hill.

Maure ['maurə] m (-n; -n) Moor.

Maurer ['maurər] m (-s; -) bricklayer, mason; **~arbeit** f bricklaying; brickwork; **~geselle** m journeyman mason; **~handwerk** n (-[e]s) masonry, bricklaying; **~kelle** f trowel; **~meister** m master mason; **~polier** m foreman bricklayer.

'**maurisch** adj. Moorish.

Maus [maus] f (-; **~e**) mouse; anat. thenar.

mauscheln ['mauʃəln] v/i. (h.) talk Yiddish; w.s. jabber.

Mäus·chen ['mɔysçən] n (-s; -) little mouse, mousie; fig. darling, pet, Am. honey; anat. funny-bone; **2still** adj. (as) quiet as a mouse, stockstill.

Mäuse ['mɔyzə] pl. of Maus: mice; **~bussard** m common buzzard; **~falle** f mouse-trap; fig. death-trap; **~gift** n ratsbane; **~loch** n mouse-hole.

mausen ['mauzən] I. v/i. (h.) catch mice; II. v/t. (h.) filch, swipe.

Mauser ['mauzər] f (-) moult(ing); in der ~ sein be moulting; **2n** v/i. (h.) and sich ~ moult.

'**mausetot** adj. stone-dead, quite dead; (as) dead as mutton.

'**mausgrau** adj. mouse-grey.

'**mausig** adj.: sich ~ machen give o.s. airs, be uppish (or Am. snooty).

'**Mausloch** n mouse-hole.

Maximal... [maksi'mɑ:l] in compounds maximum, maximal, → höchst...; **~betrag** m maximum (amount), econ. limit.

Maxime [-'ksi:mə] f (-; -n) maxim.

Maximum ['-ksimum] n (-s; -ma) maximum; of curve: peak; **~thermometer** n maximum thermometer.

Mazedon|ien [matse'do:niən] n (-s)

Macedonia; **~ier(in** f) m (-s, -; -, -nen), **2isch** adj. Macedonian.

Mayonnaise [majɔ'nɛ:zə] f (-; -n) mayonnaise; patron.

Mäzen [mɛ'tse:n] m (-s; -e) Maecenas; patron.

Mechan|ik [me'çɑ:nik] f (-) phys. mechanics sg.; tech. (pl. -en) mechanism; **~iker** m (-s; -) mechanic(ian); **2isch** adj. mechanical, automatic (both a. fig.); tech. **~e** Bewegung mechanically operated movement; **~er** Webstuhl power loom; **~e** Werkstatt engineering workshop.

mechani'sier|en v/t. (h.) mechanize; **2ung** f (-; -en) mechanization.

Mechanismus [-ça'nismus] m (-; -men) mechanism, esp. of watch: a. works pl.

mecha'nistisch adj. mechanistic; **~e** Weltanschauung mechanism.

Mecker|er ['mɛkərər] m (-s; -) grumbler, grouser, Am. griper; **2n** v/i. (h.) bleat; fig. grumble, carp (über acc. at), grouse, Am. gripe, crab.

Medaille [me'daljə] f (-; -n) medal; → Kehrseite; **~nträger(in** f) m sports: medallist, medal-winner.

Medaillon [medal'jõ] n (-s; -s) medaillon; locket.

Medikament [medika'mɛnt] n (-[e]s; -e) medicament, medicine; drug.

Medikus ['me:dikus] m (-; -dizi) medical man.

mediterran [medite'rɑ:n] adj. mediterranean.

Medium ['me:dium] n (-s; -ien) medium.

Medizin [medi'tsi:n] f (-) medicine; Doktor der ~ doctor of medicine (abbr. M.D.).

Medizinal|behörde [meditsi'nɑ:l-] f Board of Health; **~rat** m (-[e]s; **~e**) public health officer; **~waren** f/pl. (medicinal) drugs.

Medi'zin...: **~ball** m medicine ball; **~er** m (-s; -) medical student; medical man, physician; **~flasche** f medicine-bottle; phial.

mediziniert [-tsi'ni:rt] pharm. adj. medicated.

medi'zinisch adj. medical; medicinal; medicated (soap, etc.).

Medi'zinmann m (-[e]s; **~er**) medicine-man.

Meer [me:r] n (-[e]s; -e) sea, ocean; fig. ein ~ von a sea of; das offene ~ the main, the high seas pl.; am **~(e)** on the seashore, at the seaside, maritime; auf dem **~(e)** at sea, on the high seas; jenseits des **~es** oversea, transmarine; **~busen** m gulf, bay; **~enge** f strait(s pl.), channel.

'**Meeres...:** **~arm** m arm (or branch, inlet) of the sea; **~boden** m sea-bottom; **~brandung** f surf, breakers pl.; **~grund** m sea-bottom; **~höhe** f (height above) sea-level; umgerechnet auf ~ corrected to sea-level; **~kunde** f (-) oceanography; **~küste** f sea-coast; shore; **~leuchten** n phosphorescence of the sea; **~spiegel** m (-s) (über dem ~ above) sea-level; **~stille** f calm (at sea); **~strand** m sea-shore, beach; **~strömung** f ocean-current, mar. drift; **~ufer** n sea-shore, beach.

'**Meer...:** **~gott** m sea-god, Neptune; **2grün** adj. sea-green; **~jungfer** f mermaid; **~katze** zo. f long-tailed (or green) monkey; **~rettich** bot. m horse-radish; **~salz** n sea salt; **~schaum** m (-[e]s) sea froth; min. meerschaum; **~schaumpfeife** f meerschaum (pipe); **~schwein** zo. n porpoise, sea-hog; **~schweinchen** ['-ʃvaɪnçən] zo. n (-s; -) guinea-pig; **2umschlungen** ['-umʃluŋən] adj. sea-girt; **~ungeheuer** n sea-monster; **2wärts** ['-verts] adj. seawards; **~wasser** n (-s) sea-water; **~weib** n mermaid.

Megahertz ['mega-] n megacycles per second (abbr. Mc/s).

Megalozephalie [megalotsefa'li:] f (-) megalocephalia.

Megaphon [-'fo:n] n (-s; -e) megaphone.

Megäre [me'gɛ:rə] f (-; -n) myth. Megaera, Fury; fig. fury, vixen, termagant.

'**Megatonne** f megaton.

'**Megavolt** el. n megavolt.

Mehl [me:l] n (-[e]s; -e) flour; meal; dust, powder; '**~brei** m (meal-)pap; '**2ig** adj. floury, mealy, farinaceous; '**~käfer** m meal-beetle; '**~kleister** tech. m paste; '**~kloß** m (plain) dumpling; '**~sack** m flour-bag; '**~sieb** n bolter; '**~speise** f farinaceous food; süße ~ sweet dish, pudding; '**~suppe** f gruel; '**~wurm** m mildew, blight; '**~zucker** m ground sugar.

mehr [me:r] adv. more (als than), with figures a. over, upwards of, → über; ~ als a) in excess of, exceeding, b) rather than; ~ als genug more than enough, enough to spare; Jugendliche im Alter von 14 Jahren und ~ adolescents of the age of 14 plus; nicht ~ no more, as to time usu. no (or not any) longer; nicht ~ lange not much longer; und dergleichen ~ and the like; und andere ~ and some others; ~ und ~ more and more, increasingly; immer noch ~ still more and more; ~ oder weniger more or less; nicht ~, nicht minder neither more nor less; um so ~ so much the more; um so ~ als all the more than; ~ denn je more than ever; ich habe niemand (nichts) ~ I have no one (nothing) left; du bist kein Kind ~ you are no longer a child; er ist ~ ein Techniker he is more of an engineer; ich kann nicht ~ I am all in, w.s. I am at the end of my tether; kein Wort ~ (davon) I won't hear another word about it; was will er ~? what more does he want?, what else did he expect?; **Mehr** n (-[s]) majority; increase, surplus, excess.

'**Mehr...:** **~achsantrieb** m multiple-axle drive; **~arbeit** f added (or extra) work; in plant: surplus work, overtime; **~aufwand** m, **~ausgaben** f/pl. additional expenditure; **2bändig** ['-bendiç] adj. in several volumes; **2basisch** chem. adj. polybasic; **~bedarf** m excess demand, additional requirements pl.; **~belastung** f increased (or extra) load; overload; **~bestand** m surplus stock; **~betrag** m surplus; extra charge; **2deutig** ['-dɔytiç] adj. ambiguous; **~deutigkeit** f (-; -en) ambiguity; **~einkommen** n excess of income; **~einnahme(n** pl.) f additional receipts pl.

'**mehren** v/t. (h.) and sich ~ increase, multiply, augment; sich ~ a. propagate, grow.

'**mehrere** adj. and indef. pron. several, some, a few; divers, sundry; **~s** n various things or matters, sundries pl.

mehrerlei ['-ərlaɪ] adj. various kinds of, various, divers, sundry.

'**Mehr**...: **~erlös** m over-proceeds pl.; **~ertrag** m increment, surplus; **~ertragssteuer** f increased profits tax; **2fach** ['-fax] I. adj. manifold, repeated; (a. tech.) multiple, el. multiplex; II. adv. repeatedly, several times; **~fache(s)** n (-n) multiple; **~fachkabel** n multi-conductor cable; **~fachkondensator** el. m multiple unit capacitor; **~fachschalter** el. m gang(ed) switch; **~fachschaltung** el. f multiple connection; **~fachstecker** m multiple plug; **~farbendruck** m (-[e]s; -e) multicolo(u)r print(ing); **2farbig** adj. polychromatic; **~ganggetriebe** mot. n multiple-speed gear; **2gängig** tech. adj.: **~es** Gewinde multiple thread; **~e** Schraube multiple thread screw; el. **~e** Wellenwicklung multiplex winding; **~gebot** n higher bid; **~gepäck** n excess luggage; **~gewicht** n overweight; **~gitterröhre** el. f multigrid valve; **2gleisig** adj. multiple-tracked; **~heit** f (-; -en) plurality, majority; parl. mit einfacher (knapper, großer) ~ by a simple (bare, vast) majority; mit zehn Stimmen ~ by a majority of ten; **~heitsbeschluß** m, **~heitsentscheidung** f majority vote; durch ~ by a majority of votes, Am. by a plurality; **~heitswahlrecht** n majority voting; **2jährig** adj. several years old; of several years, esp. bot. perennial; **~kampf** m sports: all-round competition; **~kosten** pl. additional expense sg., added costs; extra charges; **~kreisempfänger** m radio: multi-circuit receiver; **~ladegewehr** n, **~lader** ['-lɑːdər] m (-s; -) repeater gun, magazine rifle; **~leistung** f increased performance, tech. a. increased efficiency or output; insurance: extended benefits pl.; **~leiterkabel** el. n multiple-core cable; **~lieferung** econ. f delivery of a higher quantity; **2malig** ['-maːlɪç] adj. repeated; **2mals** ['-maːls] adv. several times, repeatedly; **2motorig** adj. multi-engined; **~parteiensystem** n multi-party system; **~phasenstrom** m polyphase current; **2polig** el. adj. multipolar; **~porto** n additional postage; **~preis** m surplus price; extra charge; **2seitig** adj. polygonal; pol. multilateral, multipartite (treaty); **2silbig** adj. polysyllabic; **~sitzer** m (-s; -) multiseater; **2sprachig** adj. polyglot; in two or more languages; **2stellig** adj. number: with more than one digit; **2stimmig** adj. (arranged) for several voices, concerted; **~er** Gesang part-song; **2stöckig** adj. multi-story; **2stufig** adj. multi-

-stage; **2stündig** ['-ʃtyndɪç], (2-tägig) adj. of several hours' (days') duration; **2teilig** adj. consisting of several parts, tech. a. multisectional; **~ung** f (-; -en) increase, multiplication; propagation; **~verbrauch** m excess consumption; **~wert** m (-[e]s) surplus value; increment value; **~wertsteuer** f added value tax; **2wertig** chem. adj. polyvalent; **~zahl** f gr. plural (number); greater part, majority; die überwiegende ~ von the great majority of; the bulk of, most of; **~zweck...** in compounds general-purpose ..., multipurpose ..., general-utility ...

meiden ['maɪdən] v/t. (irr., h.) avoid, shun, keep clear of.

Meierei [maɪə'raɪ] f (-; -en) (dairy-)farm.

Meile ['maɪlə] f (-; -n) mile; englische ~ British (or statute) mile; → See2; (zurückgelegte) **~n** mileage; **~nstein** m milestone; **2nweit** adj. and adv. (extending) for miles, miles and miles of, very far (away); ~ auseinander miles apart; fig. j-m ~ überlegen heads and shoulders above a p.; **~nzahl** f mileage.

Meiler ['maɪlər] m (-s; -) charcoal--kiln or -pile; → Atom2; **~kohle** f charcoal.

mein [maɪn] I. poet. — **~er** (gen. of ich): gedenke ~ remember me; II. adj. and pron. poss. my; **~e** Damen und Herren! Ladies and Gentlemen!; es ist ~ it is mine (or belongs to me); **~er** m, **~e** f, **~es** n with art. der (die, das) **~(ig)e** mine; die 2(ig)en pl. my family, my people; seine Arbeit und (die) **~e** his works and mine; ich habe das **~e** getan I have done all I can (or my bit, my best); 2 n (-en; -en): das ~ und Dein mine and thine.

Meineid ['maɪnʔaɪt] m (-[e]s; -e) perjury; 2ig ['-ʔaɪdɪç] adj. perjured; ~ werden perjure (or forswear) o.s., jur. commit perjury; **~ige(r** m) ['-ʔaɪdɪgə(r)] f (-n, -n; -n, -n) perjurer.

meinen ['maɪnən] v/t. and v/i. (h.) think, believe, be of (the) opinion, Am. a. reckon, guess; suppose; say; assert; suggest; mean (to say); mean, intend, have in view; ~ Sie? do you think so?; wie ~ Sie das? what do you mean by that?; das will ich ~! I should think so!; wie ~ Sie? I beg your pardon?; was ~ Sie dazu? what do you say to (or think of) that?; ~ Sie das ernst? do you (really) mean it?; wie du meinst! if you say so!, as you like!; damit sind wir gemeint that's meant for us; er meinte ihn he was speaking of him; man sollte ~ one would think; er meint es gut he means well; er hat's nicht böse gemeint he meant no harm; so war es nicht gemeint I didn't mean it that way.

'**meiner** → mein; **~seits** ['-zaɪts] adv. for (or on) my part, as far as I am concerned; ich ~ I for one.

meines|gleichen ['-əs'glaɪçən] pron. people like me, the like(s) of me, my equals, such as I; **~teils** adv. on my part.

meinet|halben ['-ət'halbən], **~we-**

gen, (um) **~'willen** adv. for my sake; on my behalf; because of me, on my account; for all I care; I don't mind (or care)!, as you like!

meinige ['-igə] → mein.

'**Meinung** f (-; -en) opinion (über acc., von about, of), view, idea (of); judg(e)ment; belief; meaning; die öffentliche ~ (the) public opinion, Brit. a. Mrs. Grundy; vorgefaßte ~ prejudice, preconceived idea; meiner ~ nach in my opinion, to my mind, as I see it; der ~ sein, daß be of opinion that, hold that; anderer ~ sein als j-d disagree with a p. (über acc. about); ich bin leider anderer ~! I beg to differ!; derselben ~ sein wie j-d agree (or see eye to eye) with a p., share a p.'s opinion; geteilter ~ sein be in two minds (über acc. as to, on); eine gute (or hohe) ~ haben von (dat.) have a high opinion of, think highly of; seine ~ ändern revise one's opinion (über acc. of), change one's mind (about); j-m (gehörig) die ~ sagen give a p. a piece of one's mind, tell a p. a thing or two.

'**Meinungs**...: **~äußerung** f expression of (one's) opinion, statement; **~austausch** m exchange of views (über acc. on); **~befragung**, **~forschung** f opinion-poll(ing), opinion research (poll), demoscopy; **~forscher** m interrogator, Am. pollster; **~forschungsinstitut** n polling institute; **~umfrage** f opinion research poll; **~verschiedenheit** f difference (of opinion), disparity of views; disagreement, argument (über acc. about).

Meise ['maɪzə] orn. f (-; -n) titmouse (pl. titmice).

Meißel ['maɪsəl] m (-s; -) chisel; 2n v/t. and v/i. (h.) chisel; carve.

meist [maɪst] I. adj. most (of); greatest; die **~en** Leute most (or the majority of) people; s-e **~e** Zeit most of his time; die **~en** pl. most people, the greater number, the (great) majority; die **~en** von uns most of us; das **~e** the greater (or best) part, most (or the bulk) of it; II. adv.: am **~en** most (of all); am **~en** bekannt best known; **~(ens)**, **~enteils** mostly, in most cases, for the most part, usually, generally, as a rule.

'**Meist**...: **2begünstigt** adj. most--favo(u)red; **~begünstigung** f customs: preference; most-favo(u)red nation treatment; **~begünstigungs...** preferential; most-favo(u)red nation clause, etc.; **2bietend** I. adj. bidding highest, offering most; II. adv.: ~ (or an den 2en) verkaufen sell to the highest bidder; sell by auction.

meisten|s, **~teils** adv. → meist II.

Meister ['maɪstər] m (-s; -) master; (craftsman) registered master (usu. in compounds, e.g. Bäcker2 master baker), boss; in plant: foreman; sports: champion; ein wahrer ~ a past-master (in dat. in); ein ~ im Schachspiel a first-class chess--player; freemasonry: ~ vom Stuhl Master of the Lodge; fig. ~ werden (gen.) master a th.; s-n ~ finden meet one's match; Übung macht den ~ practice makes perfect; → Himmel; ~fahrer *mot. m* crack driver; 2haft I. *adj.* masterly, accomplished; II. *adv.* in a masterly manner, in perfect style, brilliantly; ~hand *f* master-hand; ~in *f* (-; -nen) mistress, master's wife; *sports:* woman champion, championess; 2lich *adj.* → meisterhaft; 2n *v/t.* (h.) master (*a. fig. language, rage, etc.*); *j-n a.* get the better of *a p.*; surpass, outdo; control, meet (*difficult situation*); ~prüfung *f* examination for the title of master; ~schaft *f* (-; -en) mastery, mastership; masterly skill; *sports:* championship, title, crown; ~en *pl.* championships, championship competition; e-e ~ erringen win a championship, gain a title, become a champion; ~schafts-anwärter *m* aspirant to the title; ~schaftsspiel *n* championship match; ~schuß *m* best (*or* excellent) shot; ~schütze *m* crack shot; champion shot; ~schwimmer *m* top-flight swimmer; ~singer *m* (-s; -) master-singer; ~stück, ~werk *n* master-piece; ~titel *m*, ~würde *f* mastership; *sports:* → Meisterschaft.

'Meist...: ~gebot *n* highest bid, best offer; 2gekauft, 2verkauft *econ. adj.* best-selling; 2gelesen *adj.* most read; most widely circulated. Melancholie [melaŋko'li:] *f* (-; -n) melancholy; Melancholiker(in *f*) [-'ko:likər-] *m* (-s, -; -, -nen) hypochondriac, melancholy person; melan'cholisch *adj.* melancholy, gloomy.

Melange [me'lã:ʒə] *f* (-; -n) mixture, blend.

Melasse [me'lasə] *f* (-; -n) molasses *pl.*, treacle.

Melde|amt ['mɛldə-], ~büro *n* registration office; *teleph.* record section; ~dienst *aer. m* warning service; ~fahrer *mil. m* dispatch rider; ~gänger ['-gɛŋər] *mil. m* (-s; -) (dispatch) runner, messenger; ~hund *mil. m* messenger dog; ~kopf *mil. m* (advance) message cent|re, *Am.* -er; ~liste *f sports:* list of entries.

'melden *v/t. and v/i.* (h.): *j-m et.* ~ inform (*or* advise) a p. of a th.; *adm.* notify (*or* report) a th. to a p.; announce (*dat.* to); report (to *the police, etc.*); tell, state; *newspaper:* report; *cards:* call; *sports:* (*v/i. and sich* ~) enter (*zu* for); *tech.* signal; *er ließ ihm* ~, *daß* he sent him word that; *sich* ~ announce o.s. (*bei* to), present o.s. (at), *adm.* report (to; *zur Arbeit:* for work); register (*bei* with *the police, etc.*); *am Telephon:* answer *the telephone*; *econ. creditor:* come forward; *fig.* make itself felt; *age:* be telling (*bei j-m* on); *winter, etc.:* set in; *stomach:* demand food, be rattling; *sich auf ein Inserat* ~ answer an ad(vertisement); *mil. sich krank* ~ report sick, go on sick-call; *sich zu or für et.* ~ apply for, volunteer for, *mil.* enlist with; *zum Examen:* enter (one's name) for *an examination*; *sich zum Wort* ~ ask leave to speak, *ped., etc.:* put one's hand up; *sich* ~ *lassen* send in one's name; *er wird*

sich schon ~ he will make himself heard.

'Melde...: ~pflicht *f* (-) duty of reporting (o.s.); duty of registration; 2pflichtig *adj.* notifiable, subject to registration; ~quadrat *n map:* reference square; ~r *mil. m* (-s; -) → Meldefahrer, -gänger, -reiter; ~reiter *mil. m* mounted messenger; ~schluß *m* (-sses) *sports:* closing date for entries; ~stelle *f* registration office, control office; *mil.* local reporting office; ~tasche *f* dispatch case; ~zettel *m* registration-form.

'Meldung *f* (-; -en) information, advice; announcement, notification, notice; (*telegraphic, etc.*) message; report; return; (*newspaper, etc.*) report, news *sg.*; *adm.* registration; application; *sports:* entry; ~ *machen* (*von*) → melden.

melier|en [me'li:rən] *v/t.* (h.) mix, mottle, blend; 2papier *n* mottled paper.

Melioration [melioratsi'o:n] *f* (-; -en) (a)melioration; (*agr.* soil) improvement.

Melisse [me'lisə] *bot. f* (-; -n) balm (-mint); ~ngeist *m* (-es) balm spirit, carmelite water.

Meliszucker ['me:lis-] *m* (coarse) loaf-sugar.

melk [mɛlk] *adj.* giving milk, milch; '2eimer *m* milking-pail; '~en *v/t. and v/i.* (irr., h.) milk; ~de Kuh → Milchkuh; *colloq. fig.* fleece, bleed; 2en *n* (-s) milking; 2er(in *f*) *m* (-s, -; -, -nen) milker; 2faß *n*, 2kübel *m* → Melkeimer; 2schemel *m* milking-stool.

Melodie [melo'di:] *f* (-; -n) melody; tune, air; melodiös [-di'ø:s], melodisch [-'lo:diʃ] *adj.* melodious, tuneful.

Melo'drama *n* melodrama; melodra'matisch *adj.* melodramatic.

Melone [me'lo:nə] *f* (-; -n) *bot.* melon; *colloq.* bowler(-hat), *Am.* derby.

Meltau ['me:ltau] *agr. m* (-s) mildew, blight; *von* ~ *befallen* mildewy, blighted.

Membran|(e) [mɛm'bra:n(ə)] *f* (-; -n) *anat.* membrane; *tech.* diaphragm; ~schwingung *f* diaphragm oscillation.

Memme ['mɛmə] *f* (-; -n) coward, poltroon.

Memoiren [memo'a:rən] *n/pl.* memoirs.

Memorandum [-'randum] *n* (-s; -den) memorandum (*as note a. abbr.* memo).

memo'rieren *v/t.* (h.) commit to memory, memorize; learn by heart.

Menagerie [menaʒə'ri:] *f* (-; -n) menagerie.

Menge ['mɛŋə] *f* (-; -n) quantity; amount; volume; *math.* aggregate, set; multitude; host, sea; heap, pile; *tech.* batch; swarm, *of people:* a. crowd, throng; mob, horde; → Masse; *große* ~ great *or* large quantity (*or* number); *in großer* ~ **a)** in abundance, **b)** in crowds; *in rauh, eine ganze* ~ quite a lot; *e-e* ~ *Geld* plenty (*or* lots, heaps) of money; *e-e* ~ *Bücher* a great many (*or* a lot of) books; *e-e* ~ *Schwierigkeiten* a

great deal of trouble; *e-e* ~ *Lügen* a pack of lies.

'mengen *v/t.* (h.) mix, blend; *sich* ~ mix, mingle (*unter acc.* with); *fig. sich* ~ *in* (*acc.*) meddle (*or* interfere) with, poke one's nose in, butt in.

'Mengen...: → Massen...; ~anteil *m* constituent amount; ~bestimmung *f* quantitive determination; ~einheit *f* unit of quantity; ~leistung *tech. f* productive capacity, output; 2mäßig *adj.* quantitative; ~er Umsatz quantity turnover; ~nachlaß, ~rabatt *m* quantity rebate; ~verhältnis *n* relative proportions *pl.*

'Meng...: ~futter *agr. n* mixed feed; ~gestein *geol. n* conglomerate; ~sel ['-zəl] *n* (-s; -) medley, hodge-podge, mess.

Meniskus [me'niskus] *m* (-; -ken) meniscus.

Mennig ['mɛniç] *m* (-[e]s), ~e ['-igə] *f* (-) minium, red lead.

Mensch [mɛnʃ] **1.** *m* (-en; -en) human being; (*collect.* der ~) man; person, individual, *colloq.* fellow, *Am.* guy; mortal; *die* ~en *pl.* people, the world, → ~heit; *jeder* ~ everybody, all the world; *kein* ~ nobody, not a (living) soul; *unter die* ~en *kommen* mix with people, go into society; *ich bin auch nur ein* ~ I am only human; *colloq.* ~! man alive!, *Am.* brother!, oh boy!; → denken; **2.** *vulg. n* (-es; -er) hussy, slut, baggage; 2 *ärgere dich nicht n* (-) (*game*) ludo.

'Menschen...: ~affe *m* anthropoid ape; 2ähnlich *adj.* manlike, anthropoid; ~alter *n* age; generation; lifetime; ~art *f* race (of men); ~blut *n* human blood; ~feind(in *f*) *m* misanthropist; 2feindlich *adj.* misanthropic(ally *adv.*); ~fleisch *n* human flesh; ~fresser(in *f*) *m* man-eater, cannibal; ~fresse'rei *f* (-) cannibalism; ~freund(in *f*) *m* philanthropist, humanitarian; 2freundlich *adj.* philanthropic(ally *adv.*), humanitarian; ~freundlichkeit *f* (-) philanthropy; benevolence, kindness; ~führung *f* (-) guidance of men; personnel management; ~gedenken *n*: *seit* ~ within the memory of man, in living memory; from time immemorial; ~geschlecht *n* (-[e]s) human race, mankind; ~gestalt *f*: *in* ~ in human shape; incarnate; ~gewühl *n* throng, milling crowd; ~hand *f* hand of man; ~handel *m* slave-trade; ~haß *m* misanthropy; ~hasser(in *f*) *m* misanthrope; ~herz *n* human heart; ~jagd *f* manhunt; ~kenner (-in *f*) *m* judge of men (*or* human nature); ~kenntnis *f* (-) knowledge of human nature; ~kind *n* human being; *armes* ~ poor creature (*or* dear); ~kunde *f* (-) anthropology; ~leben *n* human life, life of man; lifetime; *verlorene* ~ *pl.* casualties, fatalities; *Verlust an* ~ vermeiden prevent loss of life; 2leer *adj.* deserted; ~liebe *f* (-) human kindness, philanthropy; ~masse, ~menge *f* crowd (of people), throng; mob; ~material *n* (-s) human stock; (*verfügbares*) ~ manpower; 2möglich *adj.* within human power, humanly possible; *das* ~e all that is humanly possible, every mortal thing; ~opfer *n* human sacrifice; ~potential *n* human resources *pl.*, manpower (reserves *pl.*); ~raub *m* kidnapping, *jur.* abduction; ~räuber *m* kidnapper; ~rechte *n/pl.* human rights; ~reservoir *n* → *potential*; ~scheu *f* shyness, unsociableness; ♀scheu *adj.* shy, unsociable; ~schinder *m* oppressor, slave-driver; ~schinde'rei *f* (-) slave-driving; ~schlag *m* (-[e]s) race (of men); ~seele *f* human soul; *keine* ~ not a living soul; ~s-kind *colloq.* n: ~! *man alive!*, oh boy!; ~sohn *eccl. m* (-[e]s) Son of Man; ~stimme *f* human voice; ♀unwürdig *adj.* degrading; ~verächter *m* despiser of mankind, cynic; ~verstand *m* human understanding; *gesunder* ~ common sense; ~werk *n* work of man; ~würde *f* (-) dignity of man; ♀würdig *adj.* worthy of human being.

'**Menschheit** *f* (-) mankind, humanity, human race.

'**menschlich** *adj.* human; *fig. a.* humane; tolerable; *nach* ~*er Voraussicht* as far as we can foresee, by all known odds; *sollte mir et.* ♀*es zustoßen* if anything should happen to me; *das ist alles* ~ it's all human nature; ♀**keit** *f* (-) human nature; humaneness, humanity; *Verbrechen gegen die* ~ crime against humanity.

Menschwerdung ['-veːrduŋ] *f* (-) anthropogenesis; *eccl.* incarnation.

Menstru|ation [mɛnstruatsi'oːn] *f* (-; -en) menstruation, menses; period; ~**ations...** *in compounds* menstrual; ♀'**ieren** *v/i.* (h.) menstruate.

Mensur [mɛn'zuːr] *f* (-; -en) measure, diapason; *chem.* measuring glass; *fenc.* distance; student's duel; duelling-ground; *auf die* ~ *gehen* fight a (students') duel.

Mentalität [mɛntali'tɛːt] *f* (-; -en) mentality.

Menthol [mɛn'toːl] *n* (-s) menthol.

Menü [me'nyː] *n* (-s; -s) menu.

Menuett [menu'ɛt] *n* (-[e]s; -e) minuet.

Me'nükarte *f* menu(-card).

mephistophelisch [mefisto'feːliʃ] *adj.* Mephistophelian, diabolical.

Mergel ['mɛrgəl] *geol. m* (-s; -) marl; ~**boden** *m* marly soil; ~**grube** *f* marl-pit; ♀n *agr. v/t.* (h.) (manure with) marl.

Meridian [meridi'aːn] *ast. m* (-s; -e) meridian; *durch den* ~ *gehen* culminate; ~**bogen** *m* arc of the meridian.

meridional [-dio'naːl] *adj.* meridional.

Merino [me'riːno] *m* (-s; -s) **1.** *zo.* ~(**schaf** *n*) merino(-sheep); **2.** ~ (-**wolle** *f*) merino(-wool).

merk|bar ['mɛrk-] *adj.* perceptible, noticeable; retainable; → *merklich*; ♀**blatt** *n* leaflet, memorandum, instructional pamphlet; supplement; ♀**buch** *n* note-book, memo(randum) book.

'**merken I.** *v/i.* (h.): ~ *auf* (acc.) pay attention to, listen to; **II.** *v/t.* (h.) mark; note down; notice, perceive; feel, sense; suspect; realize; be

aware of, know; find out, discover; *sich et.* ~ remember (*or* retain) a th.; make a mental note of a th.; ~ *Sie sich das!* remember (*or* mind) that!; *das werde ich mir* ~ **a**) I will bear that in mind, **b**) that shall be a lesson to me; *merke wohl!, wohl zu* ~*!* mark my words!, mind you!; *es war zu* ~, *daß* it was noticeable (*or* plain) that; *er hat et. gemerkt* he smelled a rat; ~ *lassen* show, betray, let on; *sich nichts* ~ *lassen* not to show (*or* betray) one's feelings, *etc.*, look unconcerned, act as if nothing had happened.

'**merklich I.** *adj.* perceptible, noticeable; considerable, appreciable; distinct, evident, visible; marked; *keine* ~*e Besserung* no appreciable improvement; **II.** *adv.*: ~ *schwanken* vary markedly; *die Produktion* ~ *herabsetzen* cut production measurably.

Merkmal ['-maːl] *n* (-[e]s; -e) mark, sign; characteristic, *a.* patent *law*: feature; distinctive mark, *biol.* character; symptom; attribute, property; criterion; sign, badge; ~**träger** *biol. m* gene.

Merkur [mɛr'kuːr] *m* (-s) Mercury.

'**Merk...:** ~**wort** *n* (-[e]s; ⁗er) catch-word; *thea.* cue; ♀**würdig** *adj.* noteworthy, remarkable; strange, odd, curious, funny; ♀**würdiger-weise** ['-vyrdigər'vaɪzə] *adv.* strange to say, strangely (*or* oddly) enough; ♀**würdigkeit** ['-vyrdiçkaɪt] *f* (-; -en) remarkableness, remarkable thing; curiosity; sight; peculiarity; strangeness, oddness; ~**zeichen** *n* mark; → *Merkmal*.

merzerisieren [mɛrtseri'ziːrən] *tech. v/i.* (h.) mercerize.

meschugge [me'ʃugə] *colloq. adj.* crazy, nuts.

Mesner ['mɛsnər] *eccl. m* (-s; -) sexton; *R.C.* sacrist(an).

Mesotron [me'zoːtrən] *phys. n* (-s; -'tronen) mesotron.

Meß|amt ['mɛs-] *n eccl.* (service of the) mass; ~**analyse** *chem. f* volumetric analysis; ~**apparat** *m* measuring instrument; ~**band** *n* (-[e]s; ⁗er) (measuring) tape, tape-measure; ♀**bar** *adj.* measurable; ~**becher** *m* beaker; ~**bereich** *m* measuring range; ~**bild** *n* photogram; ~**bildverfahren** *n* photogrammetry; ~**blatt** *tech. n* measuring-value sheet; ~**brücke** *el. f* measuring bridge; ~**buch** *eccl. n* missal; ~**diener** *eccl. m* acolyte.

Messe ['mɛsə] *f* (-; -n) *eccl.* mass; fair; *Frankfurter* ~ Frankfurt Fair; *mil.* mess(-room); ~ *lesen* say mass; ~**amt** *econ. n* office of the fair; ~**besucher(in** *f*) *m* visitor at a fair, fairgoer; ~**gelände** *n* fair ground.

messen ['mɛsən] **I.** *v/t.* (*irr.*, h.) measure, take the measurement of; *tech.* measure; meter; ga(u)ge, caliper; *mar.* sound; time, sport: *a.* clock; *fig.* measure, eye, size a *p.* up; *sich mit j-m* ~ compete (*or* cope, grapple) with a *p.*; match wits with a *p.*; race a *p.*; *sich nicht* ~ *können mit j-m:* be no match for a *p.*, e-r *Sache*: not to stand comparison with a *th.*; *gemessen an* measured with, compared with,

considering; **II.** *v/i.* (*irr.*, h.) measure, be ... long *or* high, stand (*six feet*); contain.

Messer ['mɛsər] *n* (-s; -) knife; razor; dagger; blade; *med.* scalpel; *of machine tool:* cutter; *fig. Krieg bis aufs* ~ war to the knife; *auf des* ~*s Schneide* on the razor's edge; → *Kehle*; *mit dem* ~ *stechen* (stab with a) knife; *j-n ans* ~ *liefern* give a p. up (to); ~**bänkchen** ['-bɛŋkçən] *n* (-s; -) knife-rest; ~**flug** *aer. m* vertical side-slip; ~**griff** *m*, ~**heft** *n* knife-handle; ~**held** *m* cutthroat; ~**klinge** *f* knife-blade; ~**kontakt** *el. m* blade contact; ~**kopf** *tech. m* cutter head, *Am.* milling cutter; ~**rücken** *m* back of a knife; ~**schalter** *el. m* knife-switch; ♀**scharf** *adj.* razor-edged; *fig.* razor-sharp, keen-edged; ~**scheibe** *tech. f* cutter (*or* knife) disk; ~**schmied** *m* cutler; ~**schmiedewaren** *f/pl.* cutlery; ~**schneide** *f* knife-edge; ~**spitze** *f* point of a knife; ~**stecher** *m* cutthroat; ~**stecherei** [-ʃtɛçə'raɪ] *f* (-; -en) knife-battle, knifing; ~**stich** *m* thrust (*or* stab) with a knife.

'**Messestand** *m* booth *or* stall (at a fair).

'**Meß...:** ~**fahne** *f* surveyor's flag; ~**fehler** *m* error in measurement; ~**funkenstrecke** *el. f* comparison spark gap; ~**gefäß** *n* graduated measuring vessel; ~**gerät** *n* measuring instrument; ga(u)ge; meter; ~**gewand** *eccl. n* chasuble; ~**glas** *n* graduate(d measuring glass), burette; ~**hemd** *n* alb.

Messing ['mɛsiŋ] *n* (-s) brass; ~**blech** *n* sheet-brass, brass plate; ~**draht** *m* brass wire; ♀**en** *adj.* (of) brass, brazen; ~**gießer** *m* brass founder; ~**gieße'rei** *f* brass-foundry; ~**guß(stück** *n*) *m* brass casting; ~**ware** *f* brass ware.

'**Meß...:** ~**instrument** *n* measuring instrument; ~**kelch** *eccl. m* chalice; ~**kette** *f* surveyor's chain; ~**kolben** *m* measuring flask; ~**kunde** *f* (-) surveying; ~**latte** *f* surveyor's (*or* stadia) rod; ~**leine** *f* measuring line; ~**opfer** *eccl. n* (sacrifice of the) mass; ~**schnur** *f* (-; ⁗e) measuring cord; ~**stab** *mot. m* dipstick; ~**technik** *f* science *or* technique of measurement; ~**tisch** *m* surveyor's (*or* plane) table; ~**tischblatt** *n* ordnance (survey) map, plane table map; ~**trupp** *m* survey section; *mil.* spotting team; ~**tuch** *eccl. n* Communion-cloth; ~**uhr** *f* meter.

'**Messung** *f* (-; -en) measurement; ga(u)ging; surveying; mensuration; test(ing); reading; *mar.* sounding.

'**Meß...:** ~**wert** *m* measured value, test result, datum (*usu. pl.* data); reading; ~**ziffer** *f* index number; ~**zirkel** *m* bow spacer.

Mestiz|e [mɛ'stiːtsə] *m* (-n; -n), ~**in** *f* (-; -nen) mestizo.

Met [meːt] *m* (-[e]s) mead.

Metall [me'tal] *n* (-s; -e) metal; (*un*)*edles* ~ precious (base) metal; *of voice:* timbre; ~**arbeiter** *m* metal worker; ~**baukasten** *m* metal architectural box, *Am.* erector set; ~**be-arbeitung** *f* metal working; ~**beschläge** ['-bəʃlɛːgə] *m/pl.* metal fittings; ~**bestand** *m* bullion (*or* specie) in hand; **~blech** *n* sheet--metal, metal plate; **2en** *adj.* (of) metal, metallic; **~folie** *f* metal foil; *mil. anti-radar*: chaff; **~geld** *n* (-[e]s) specie, coins *pl.*; **~gewebe** *n* wire cloth (*or* gauze); **~gieße'rei** *f* metal foundry; **2haltig** *adj.* metalliferous; **~hütte** *f* nonferrous smelter; **~industrie** *f* metal industry; **2isch** *adj.* metallic; **2isieren** *v/t.* (*h.*) metallize; **~karbid** *n* metal (*or* cemented) carbide; **~keramik** *f* powder metallurgy; **~kunde** *f* (-) metallography; **~oxyd** *n* metallic oxide; **~platte** *f* metal plate *or* sheet; **~putzmittel** *n* metal-buffing compound; **~säge** *f* hacksaw; **~schlauch** *m* flexible metal tube; **~spritzen** *n* (-s), **~spritzverfahren** *n* metal spraying; **~überzug** *m* metal coat; metal plate.

Metallurgie [-ur'gi:] *f* (-) metallurgy; **metal'lurgisch** *adj.* metallurgic(al).

Me'tall...: **2verarbeitend** *adj.*, **~verarbeitung** *f* metal working; **~verbindung** *f* metallic compound; **~vergiftung** *f* metallic poisoning; **~vorrat** *m* bullion reserve; **~währung** *f* metallic standard; **~waren** *f/pl.* metal wares, hardware *sg.*

Metamorphose [metamɔr'fo:zə] *f* (-; -n) metamorphosis, transformation.

Metapher [me'tafər] *f* (-; -n) metaphor.

Metaphy'sik [meta-] *f* metaphysics *pl.*, *usu. sg.*; **meta'physisch** *adj.* metaphysical.

'Meta...: **~säure** *f* meta acid; **~stase** [-'sta:zə] *f* (-; -n) metastasis; **~verbindung** *f* meta compound.

Meteor [mete'ʔo:r] *n* and *m* (-s; -e) meteor; **~eisen** *n* meteoric iron.

Meteorit [-ʔo'ri:t] *m* (-s; -e) meteorite.

Meteorologe [-ʔoro'lo:gə] *m* (-n; -n) meteorologist; **Meteorologie** [-lo'gi:] *f* (-) meteorology; **meteorologisch** [-'lo:giʃ] *adj.* meteorological; **~e Station** weather-bureau.

Mete'or...: **~schwarm** *m* meteoric shower; **~stein** *m* meteorite.

Meter ['me:tər] *n* and *m* (-s; -) met|re, *Am.* -er (*abbr.* m = 39.37 inches); **~maß** *n* metric measure (-ment); pocket rule, tape-measure; **~sekunde** *f* metre per second; **~ware** *f* goods *pl.* sold by the metre; yard(ed) goods *pl.*; **2weise** *adv.* by the metre; **~welle** *f* very high frequency wave.

Methan [me'ta:n] *n* (-s) methane.

Method|e [me'to:də] *f* (-; -n) method; system, policy; way (of doing things); *tech.* method, process, technique; **~ik** *f* (-; -en) methodics; **2isch** *adj.* methodical.

Methodist(in *f*) [-to'dist-] *m* (-en, -en; -, -nen) Methodist.

Methodologie [-todolo'gi:] *f* (-; -n) methodology.

Methylalkohol [me'ty:l-] *m* methyl alcohol.

Methylen [mety'le:n] *n* (-s) methylene.

Metr|ik ['me:trik] *f* (-) metrics *pl.*, prosody; **2isch** *adj.* metric(al).

Metronom [metro'no:m] *mus.* *n* (-s; -e) metronome.

Metropole [-'po:lə] *f* (-; -n) metropolis.

Metrum ['me:trum] *n* (-s; -tren) metre.

Mette ['metə] *eccl.* *f* (-; -n) matins *pl.*

Metteur [mɛ'tø:r] *typ.* *m* (-s; -e) maker-up, clicker.

Mettwurst ['mɛt-] *f* Bologna sausage.

Metze ['mɛtsə] *f* (-; -n) harlot, strumpet, bitch.

Metzelei [mɛtsə'laɪ] *f* (-; -en) slaughter, massacre; **'metzeln** *v/t.* (*h.*) butcher, slaughter.

'Metzelsuppe *f* pudding broth.

Metzger ['mɛtsgər] *m* (-s; -) butcher; **Metzge'rei** *f* (-; -en) butcher's shop; **'Metzgergang** *m* useless errand.

Meuchel|mord ['mɔʏçəl-] *m* (foul) assassination; **~mörder(in** *f*) *m* assassin; **2n** *v/t. and v/i.* (*h.*) assassinate.

meuch|lerisch ['-ləriʃ] *adj.* murderous; treacherous; **~lings** ['-liŋs] *adv.* treacherously, foully.

Meute ['mɔʏtə] *f* (-; -n) pack (of hounds); *fig.* gang.

Meuterei [mɔʏtə'raɪ] *f* (-; -en) mutiny, *w.s.* sedition.

'Meuter|er *m* (-s; -) mutineer; **2n** *v/i.* (*h.*) mutiny, mutineer; **2nd** *adj.* mutinous.

Mexikan|er(in *f*) [mɛksi'ka:nər-] *m* (-s, -; -, -nen), **2isch** *adj.* Mexican.

Mezzosopran ['mɛtso-] *m* mezzo--soprano.

miauen [mi'aʊən] *v/i.* (*h.*) mew, caterwaul.

mich [miç] (*acc. of* ich) me; **~** (*selbst*) myself; *ich blickte hinter* **~** I looked behind me.

Michaeli(s) [miça'ʔe:li(s)] *n* (-) Michaelmas.

Michel ['miçəl] *m* (-s; -): *der deutsche* **~** Fritz.

mick(e)rig ['mik(ə)riç] *colloq.* *adj.* puny, scrawny; feeble; paltry.

mied [mi:t] *pret. of* meiden.

Mieder ['mi:dər] *n* (-s; -) bodice; corset; **~waren** *f/pl.* foundation garments, corsetry *sg.*

Mief [mi:f] *colloq.* *m* (-[e]s) fug.

Miene ['mi:nə] *f* (-; -n) air, countenance, mien; feature; look; *überlegene* (*unschuldsvolle*) **~** air of superiority (innocence); *eine ernste* **~** *aufsetzen* look stern; *eine finstere* **~** *machen* look black, frown, scowl; *gute* **~** *zum bösen Spiel machen* put a good face upon it; **~** *machen et. zu tun* offer (*or* threaten) to do a th.; be about to do a th.; *ohne die* **~** *zu verziehen* without flinching, without turning a hair; **~nspiel** *n* (-[e]s), **~nsprache** *f* (-) play of the features; mimicry, pantomime.

mies [mi:s] *colloq. adj.* seedy, out of sorts; miserable, poor; awkward, bad, awful; **2epeter** ['mi:zəpe:tər] *colloq.* *m* (-s; -) cross-patch, sourpuss; **2macher** *m* alarmist, croaker, *Am.* calamity howler; **2muschel** *zo.* *f* (eatable) mussel.

Miet|ausfall ['mi:t-] *m* loss of rent; **~auto** *n* hired car; **~besitz** *m* tenancy; **~dauer** *f* period of lease; tenancy.

'Miete[1] *f* (-; -n) lease; hire; (house-) rent; tenancy; *in* **~** *geben* give on lease; *in* **~** *wohnen* live in lodgings, be a tenant.

Miete[2] ['mi:tə] *f* (-; -n) *agr.* stack, rick, shock; clamp; pit; *zo.* mite.

'mietefrei *adj.* rent-free.

'Miet-einnahme *f* rent.

'mieten *v/t.* (*h.*) (take on) lease, rent; hire; charter.

'Miet-entschädigung *f* house rent allowance.

'Mieter(in *f*) *m* (-s, -; -, -nen) tenant; lodger, *Am.* roomer; *jur.* lessee; hirer; charterer.

Miet-erhöhung *f* increase in rent.

'Mieter...: **~schaft** *f* (-) tenantry; **~schutz** *m* tenants' protection.

'Miet-ertrag *m* rental.

'Mietervereinigung *f* tenants' association.

'Miet...: **~flugzeug** *n* charter-plane; **2frei** *adj.* rent-free; **~haus** *n* house to let, tenement house, block of flats, *Am.* apartment house; **~kaserne** *f* tenement house, rookery; **~kontrakt** *m* → Mietvertrag; **~kutsche** *f* hackney-coach; **~ling** ['-liŋ] *m* (-[e]s; -e) *contp.* hireling, mercenary; **~preis** *m* rent; **~recht** *n* tenant-right; **~truppen** *f/pl.* mercenary troops; **~verhältnis** *n* tenancy; **~verlust** *m* loss of rent; **~vertrag** *m* tenancy agreement; lease; *mar.* charter party; **~wagen** *mot.* *m* hired car; **~wagenverleih** car-hire service; **2weise** *adv.* on lease; on hire; **~wert** *m* rental value; **~wohnung** *f* lodgings *pl.*, *a.* flat, *Am.* apartment; **~zins** *m* (house-)rent; **~zinssteuer** *f* rent tax.

Miez(e) ['mi:ts(ə)] *f* (-; -[e]n) puss, pussy(-cat).

Migräne [mi'grɛ:nə] *f* (-; -n) migraine, sick headache.

Mikroanalyse ['mikro-] *chem.* *f* microanalysis.

Mikrob|e [mi'kro:bə] *f* (-; -n) microbe; **~entätigkeit** *f* (-) bacterial activity.

'Mikrobiologie *f* microbiology.

mi'krobisch *adj.* microbial.

'Mikro...: **~chemie** *f* microchemistry; **~film** *m* microfilm; **~kokkus** [-'kokus] *m* (-; -'kokken) micrococcus; **~'kosmos** *m* microcosm; **~'meter** *m* (-s; -) micrometer; **~'meterschraube** *tech.* *f* micrometric screw, fine adjustment; **~n** *n* (-s; -) micron; **~organismus** *m* micro-organism; **~phon** [-'fo:n] *n* (-s; -e) microphone; **~photographie** *f* microphotography; **~sekunde** *f* micro-second; **~skop** [-'sko:p] *n* (-s; -e) microscope; **2sko'pieren** *v/t.* (*h.*) (examine by the) microscope; **2'skopisch** *adj.* microscopic(al); **~waage** *f* microbalance; **~wellen** *f/pl.* microwaves.

Milb|e ['milbə] *f* (-; -n) mite; **2ig** *adj.* mity.

Milch [milç] *f* (-) milk; *dicke* (*or saure*) **~** curdled (*or* sour) milk; *geronnene* **~** curds *pl.*; *of fish:* milt, soft roe; *chem.* emulsion; *fig. wie* **~** *und Blut* like lilies and roses; **~bar** *f* milk bar; **~bart** *m* *fig.* milksop; **~brei** *m* milk-pap; **~brot** *n*, **~brötchen** *n* (French) roll; **~bruder** *m* foster-brother; **~drüse** *f* mammary gland; **2en** *v/i.* (*h.*)

give milk; '~er *ichth. m* (-s; -) milter; '~erzeugnisse *n/pl.* dairy products; '~fieber *vet. n* milk fever; '~flasche *f* milk bottle; '~gebiß *n* milk dentition; '~gefäße *anat. n/pl.* lacteal vessels; '~geschäft *n* dairy, creamery; '~glas *n* milk--glass; opal(escent) *or* frosted glass; '~halle *f* milk bar; ℒhaltig *adj.* lactiferous; '~händler *m* dairyman, milkman; '~händlerin *f* milkwoman; '~handlung *f* dairy, creamery; ℒig *adj.* of milk, milky; lacteal; '~kaffee *m* (-s) coffee with milk, white coffee; '~kanne *f* milk--can; '~kuh *f* milk cow; '~kur *f* milk-cure; '~laden *m* dairy, creamery; '~mädchen *n* milkmaid; '~mädchenrechnung *colloq. fig. f* naive assessment; '~mann *m* (-[e]s; ᵘer) milkman, dairyman; '~messer *m* (-s; -) milk-gauge, lactometer; '~pan(t)scher *m* adulterator of milk; '~pulver *n* powdered (*or* evaporated) milk; '~reis *m* rice-pudding; '~saft *m bot.* milky juice; *physiol.* chyle; '~säure *f* lactic acid; '~schleuder(maschine) *f* (cream) separator; '~schorf *med. m* milk crust; '~speise *f* milk-food; '~straße *ast. f* Milky Way, Galaxy; '~suppe *f* milk-soup; *colloq.* (fog) pea-soup; '~vieh *n* dairy cattle; '~wagen *m* milk-float; '~wirtschaft *f* (-) dairy; dairy--farm(ing); '~zahn *m* milk-tooth; '~zucker *chem. m* milk-sugar, lactose.

mild [milt], ~e ['mildə] I. *adj.* mild; soft; mellow, smooth (*wine*); gentle; indulgent; lenient; charitable; → Gabe; mild, lenient (*punishment*); II. *adv.*: ~ *gesagt* to put it mildly; *et.* ~ *beurteilen* take a lenient view of a th.

'**Milde** *f* (-) → *mild*; mildness; softness; smoothness; gentleness; indulgence; leniency; charitableness, kindness; ~ *walten lassen* be lenient *or* merciful.

'**milder|n** *v/t.* (h.) soften, mitigate; soothe, alleviate (*pain*); temper, qualify; relieve, relax; moderate; mitigate, commute (*penalty*); *chem.* correct; *sich* ~ grow mild(er), soften; *jur.* ~de Umstände extenuating *or* mitigating circumstances; *w.s.* ~de Umstände zubilligen make allowances (*wegen* for); ℒung (-) *f* mitigation; softening; alleviation; qualification; relaxation; *chem.* correction; *jur. für* ~ *der Strafe plädieren* plead in mitigation; ℒungsgrund *m* extenuating cause.

'**mild**...: ~**herzig** *adj.* charitable; ℒherzigkeit *f* (-) charitableness; ~**tätig** *adj.* charitable; ~e Zwecke charities; ℒtätigkeit *f* (-) charity.

Milieu [mil'jø:] *n* (-s; -s) environment (*a. chem.*), (social) surroundings *pl.*, (atmo)sphere; class, circles *pl.*; company; local colo(u)r; ℒbedingt *adj.* environmental; ~**schilderung** *f* background description; ~**theorie** *f* environmental theory.

Militär [mili'tɛ:r] **1.** *n* (-s) military, armed forces *pl.*; army; military personnel, (*a. contp.*) soldiery; (military) service; *zum* ~ *gehen* enter the service, join the army (*or*

up); **2.** *m* (-s; -s) military man, soldier; ℒähnlich *adj.* para-military; ~**anwärter** *m* soldier entitled to civil employment; ~**arzt** *m* medical officer; army surgeon; ~**attaché** *m* military attaché; ~**behörden** *f/pl.* military authorities; ~**bündnis** *n* military alliance; ~**diktatur** *f* military dictatorship; ~**dienst** *m* (military) service; → Wehr...; ~**gefängnis** *n* military prison; ~**geistliche(r)** *m* (army) chaplain; ~**gericht** *n* military court; *Internationales* ~ International Military Tribunal; ~**gerichtsbarkeit** *f* military jurisdiction; ~**gesetzbuch** *n* code of military law; ~**gouverneur** *m* military governor; ~**hilfe** *f* military assistance; ~**intendantur** *f* commissariat; ℒisch *adj.* military; soldierly, martial.

militarisier|en [militari'zi:rən] *v/t.* (h.) militarize; ℒung *f* (-) militarization.

Militaris|mus [-'rismus] *m* (-) militarism; ~t *m* (-en; -en) militarist; ℒtisch *adj.* militaristic.

Mili'tär...: ~**kapelle** *f* military band; ~**macht** *f* military power; ~**marsch** *mus. m* military march; ~**mission** *f* military mission; ~**musik** *f* military music; military band; ~**person** *f* military person, member of the armed forces; ~**personal** *n* military personnel; ~**pflicht** *f* (-) → Wehrpflicht; ~**polizei** *f* military police (*abbr.* M.P.); ~**putsch** *m* military coup; ~**regierung** *f* military government; ~**seelsorge** *f* (military) religious welfare; ~**strafanstalt** *f* detention (*Am.* disciplinary) barracks; ~**strafgesetzbuch** *n* military penal code; ~**zeit** *f* (-) time of (military) service.

Miliz [mi'li:ts] *f* (-; -en) militia; ~**soldat** *m* militia man.

Millennium [mi'lɛnium] *n* (-s; -ien) millenary.

Milliampere ['mili-] *el. n* milli-ampere.

Milliardär(in *f*) [miliar'dɛ:r-] *m* (-s, -e; -, -nen) multi-millionaire; **Milli'arde** *f* (-; -n) a thousand millions, milliard, *Am.* billion.

Milli'meter *n and m* (mm) millimet|re, *Am.* -er; ~**papier** *n* graph paper; ~**welle** *f* millimetric wave; extremely high frequency (*abbr.* EHF).

Million [mili'o:n] *f* (-; -en) million; *5* ~en *Dollar* five million dollars; *zwei* ~en *Besucher* two million(s of) visitors; *in die* ~en *gehen* run into millions; **Millionär(in** *f*) [-o'nɛ:r-] *m* (-s, -e; -, -nen) millionaire(ss *f*); **milli'onste** *adj.*, ℒl ['-stəl] *n* (-s; -) millionth.

Milz [milts] *anat. f* (-; -en) spleen, milt; *in compounds usu.* splen(et)ic; ~**brand** *vet. m* (-[e]s) anthrax; ℒkrank *adj.* splenetic; ~**krankheit** *f*, ~**sucht** *f* (-) splenopathy; ℒsüchtig *adj.*, ~**süchtig(r** *m* *f*) *f* splenetic, hypochondriac.

Mim|e ['mi:mə] *thea. m* (-n; -n) actor, tragedian; ℒen *v/t.* (h.) *thea.* act, personate; mimic; pose as, assume the air of; ~**ik** *f* (-) mimic art, mimicry; ~**iker** *m* (-s; -) mimic; ℒisch *adj.* mimic.

Mimose [mi'mo:zə] *bot. f* (-; -n) mimosa; ℒnhaft *adj. fig.* (over-) sensitive, delicate.

Minarett [mina'rɛt] *n* (-s; -e) minaret.

minder ['mindər] **I.** *adv.* less; *nicht* ~ no less, likewise; → *mehr*; **II.** *adj.* less(er); smaller; minor; inferior; ℒausgabe *f* reduced expenditure; *econ.* reduced issue; ℒbedarf *m* reduced demand; ~**begabt** *adj.* less gifted, subnormal; ~**bemittelt** *adj.* of moderate means; ℒbetrag *m* deficit, short(age); ℒbewertung *f* depreciation, undervaluation; ℒeinnahme *f* shortfall in receipts; ℒertrag *m* decrease of yield, falling--off in output; ℒgebot *n* lower bid; ℒgewicht *n* underweight, short weight; ℒheit *f* (-; -en) minority; ℒheitenfrage *f* minorities question; ℒheitenkabinett *n* minority party cabinet; ℒjährig *adj.* under age, minor; ℒjährige(r *m*) ['-je:rigə-] *f* (-n, -n; -, -n) minor, infant; ℒjährigkeit ['-je:riçkait] *f* (-) minority; ℒlieferung *f* short delivery; ~**n** *v/t.* (h.) *and sich* ~ diminish, lessen, decrease; reduce, lower, abate; slacken (*speed*); impair (*rights*); depreciate (*value*); ℒumsatz *m* decrease in turnover, falling-off in sales; ℒung *f* (-; -en) decrease, diminution; reduction, abatement; depreciation (*of value*); *jur.* voidance; impairment (*of rights*); ℒwert *m* undervalue; inferiority; ~**wertig** *adj.* inferior, of inferior value °(*or* quality); low--grade, substandard; cheap; *chem.* of lower valence; ℒwertigkeit *f* inferior value, inferiority; inferior quality; *chem.* lower valence; ℒwertigkeitsgefühl *n* inferiority feeling; ℒwertigkeitskomplex *m* inferiority complex; ℒzahl *f* (-) minority; *in der* ~ *sein* be in the minority.

mindest ['mindəst] **I.** *adv.* least, smallest, lowest; **II.** *adj. and su.* (the) least; slightest; minimum; → *gering*; *nicht die* ~e Aussicht not the slightest chance; *nicht im* ~en not in the least, not at all, by no means; *zum* ~en at least, at the (very) least; ℒalter *n* (-s) minimum age; ℒanforderungen *f/pl.* minimum requirements; ℒarbeitszeit *f* minimum working hours *pl.*; ℒauflage *f* minimum circulation; ℒeinkommen *n* minimum income; ~**ens** ['-əns] *adv.* at least, at the (very) least; no less than, not under; ℒgebot *n* lowest bid; ℒgehalt *m* minimum salary; ℒlohn *m* minimum wage; ℒmaß *n* minimum; *auf ein* ~ *herabsetzen* minimize; ℒpreis *m* minimum price, floor (price); ℒtarif *m* minimum scale; ℒwert *m* minimum value; ℒzahl *f* minimum; *parl., etc.* quorum.

Mine ['mi:nə] *f* (-; -n) mining, *a. mil.*: mine; *of pencil*: lead; *of ball pen*: cartridge; refill; *mil.* scharfe ~ armed mine; *auf eine* ~ *laufen* hit a mine; ~**n** *legen* lay mines, mine; ~**n** *suchen* locate (*mar.* sweep for) mines.

'**Minen**...: ~**bombe** *f* high explosive bomb, blockbuster; ~**falle** *f* booby--trap; ~**feld** *n* mine field; ~**flug-**

zeug n mine-laying aircraft; **~gasse** f minefield lane; **~leger** ['-le:gər] mar. m (-s; -) minelayer; **~räumboot** n motor minesweeper; **~räumen** n minesweeping; **~sperre** f mine barrier; mine road block; **~suchboot** n mine-sweeper; **~suchgerät** n mine detector; **~suchstab** m mine probing rod; **⁂verseucht** adj. mine-infested; **~werfer** m (trench-)mortar, mine-thrower.

Mineral [minə'ra:l] n (-s; -ien) mineral; **~bad** n mineral bath; **~bestandteil** m mineral constituent; **~brunnen** m mineral (or thermal) spring; **~ien** pl. minerals; **~ienkunde** f (-) mineralogy; **⁂isch** adj. mineral.

Minera|log(e) [-ra'lo:k, -gə] m (-[e]n; -[e]n) mineralogist; **~logie** [-lo'gi:] f (-) mineralogy; **⁂logisch** [-lo:giʃ] adj. mineralogical.

Mine'ral...: **~öl** n mineral oil; **~quelle** f → Mineralbrunnen; **~reich** n (-[e]s) mineral kingdom; **~wasser** n (-s; ·) mineral water, minerals.

Miniatur [minia'tu:r] f (-; -en) miniature; **~ausgabe** f miniature edition; **~elektronik** f miniature electronics; **~gemälde** n → Miniatur; **~male'rei** f miniature painting.

Minier|arbeit [mi'ni:r-] f sapping; fig. intriguing; **⁂en** v/t. (h.) sap, (under)mine.

minimal [mini'ma:l] adj. minimal, minimum; fig. insignificant, trifling; **⁂betrag** m lowest amount, minimum; **⁂gehalt** m minimum content; **⁂strom** el. m minimum current.

Minimum ['mi:nimum] n (-s; -ma) minimum.

'Mini|rock m mini-skirt; **~spion** m bug.

Minister [mi'nistər] m (-s; -) minister, Brit. Secretary of State; Am. Secretary.

Ministerial|ausschuß [ministeri'a:l-] m ministerial committee; **~be·amte(r)** m official of a ministerial department; **~direktor** m ministerial director; **~dirigent** m assistant director in a ministry; **~erlaß** m ministerial order; **~rat** m (-[e]s; ·e) superior counsellor in a ministerial department.

ministeriell [-i'ɛl] adj. ministerial.

Ministerium [-'te:rium] n (-s; -ien) ministry, Brit. Office, Am. Department.

Mi'nister...: **~präsident** m Prime Minister, Premier; **~rat** m (-[e]s; ·e) Cabinet Council.

Ministrant [mini'strant] eccl. m (-en; -en) ministrant.

Minne ['minə] poet. f (-) love; **~sang** m (-[e]s) minnesong; **~sänger** m minnesinger. [minority.)

Minorität [minori'tɛ:t] f (-; -en))

minus ['mi:nus] adj. minus, less, deducting; 6 ~ 4 (6 - 4) six minus four; ⁂n (-), **⁂betrag** m deficiency; econ. deficit, short(age); **⁂bürste** f negative brush; **⁂gläser** opt. n/pl. concave lenses.

Minuskel [mi'nuskəl] f (-; -n) minuscule, small letter.

'Minus...: **~pol** el. m negative element, minus plate; **~zeichen** n minus sign.

Minute [mi'nu:tə] f (-; -n) minute; moment; auf die ~ to the (very) minute; es klappte auf die ~ it was perfectly timed; **⁂nlang I.** adj. lasting a minute or (for) several minutes; minutes of ...; **II.** adv. for (several) minutes; **⁂nweise** adv. by the minute, from minute to minute; **~nzeiger** m minute-hand.

minuziös [minutsi'ø:s] adj. minute, w.s. detailed.

Minze ['mintsə] bot. f (-; -n) mint.

mir [mi:r] (dat. of ich) me, to me; refl. (to) myself; er gab es ~ he gave it (to) me; ~ ist kalt I feel cold; ich wusch ~ die Hände I washed my hands; ein Freund von ~ a friend of mine; du bist ~ ein schöner Freund a fine friend you are; von ~ aus → meinetwegen; ~ nichts, dir nichts without ado or ceremony, as cool as you please; wie du ~, so ich dir tit for tat.

Mirabelle [mira'bɛlə] f (-; -n) yellow plum.

Mirakel [mi'ra:kəl] n (-s; -) miracle.

mirakulös [miraku'lø:s] adj. miraculous.

Misanthrop [mizan'tro:p] m (-en; -en) misanthropist.

'Misch|apparat ['miʃ-] m mixer; **~art** f cross-breed; **⁂bar** adj. miscible, mixable; **~barkeit** f (-) miscibility; **~becher** m shaker; **~behälter** m mixing tank; **~ehe** f mixed marriage.

'mischen v/t. (h.) and sich ~ mix, mingle; blend; metall. alloy; chem. combine; compound; cross (races); adulterate; shuffle (cards); film, radio, TV: mix; sich ~ unter (acc.) mix (or mingle) with the crowd; sich ~ in (acc.) interfere in, meddle with, ins Gespräch: join in, butt in, cut in; → gemischt.

'Misch...: **~er** m (-s; -) mixer (a. TV); **~farbe** f mixed colo(u)r; **~futter** n mixed provender; **~gefäß** n mixing vessel; shaker; **~getränk** n shake; **~ling** ['-liŋ] m (-[e]s; -e) hybrid (a. bot.), mongrel, cross-breed; (person) half-caste, half-breed; **~masch** ['-maʃ] m (-es; -e) hodgepodge, medley; jumble; **~maschine** f mixing machine, mixer; **~pult** n radio, TV: mixer unit; **~rasse** f cross-breed, mongrel race; **~röhre** el. f mixer valve (Am. tube); **~sprache** f mixed (or hybrid) language.

'Mischung f (-; -en) mixture; blend; chem. combination, composition; alloy; adulteration; fig. mit einer ~ aus Liebe und Furcht with mingled love and fear; **~sverhältnis** n mixing ratio.

'Misch...: **~volk** n mixed race; **~wald** m mixed forest; **~wolle** f mixed wool; **~wort** n (-[e]s; ·er) blend-word.

miserabel [mizə'ra:bəl] adj. miserable, lousy.

Misere [mi'ze:rə] f (-; -n) misery, miseries pl.; calamity.

Mispel ['mispəl] bot. f (-; -n) medlar(-tree).

miß|'achten [mis-] v/t. (h.) disregard, ignore; neglect; slight; despise; **⁂achtung** f disregard, neglect; disdain; jur. ~ des Gerichts

contempt of court; **~behagen** v/i. (h.): j-m ~ displease a p.; **⁂behagen** n uncomfortable feeling, uneasiness, dislike; displeasure; **~bilden** v/t. (h.) misshape; **⁂bildung** f (-; -en) malformation, deformity, disfigurement; **~'billigen** v/t. (h.) disapprove (of), frown (at, upon); **~'billigend** adj. (adv.) disapproving(ly); **⁂billigung** f disapproval, disapprobation; rejection; **⁂brauch** m abuse; misuse, improper use; **~'brauchen** v/t. (h.) abuse (a. = violate, rape), take (unfair) advantage of; misuse, misapply; **~bräuchlich** ['-brɔyçliç] adj. improper; **~'deuten** v/t. (h.) misinterpret, misconstrue; → mißverstehen; **⁂deutung** f misinterpretation, false construction.

missen ['misən] v/t. (h.) miss; do without, dispense with, spare.

'Miß...: **~erfolg** m failure, fiasco, flop; **~ernte** f bad harvest, crop failure.

Misse|tat ['misə-] f misdeed; crime; **~täter(in)** f m malefactor, evildoer; offender, delinquent.

'Miß...: **⁂'fallen** v/i. (irr., h.): j-m ~ displease a p., disgust a p.; **~fallen** n (-s) displeasure, dislike, disgust; ~ erregen displease a p., meet with a p.'s disapproval; **⁂fällig I.** adj. displeasing, disagreeable; shocking; disparaging, deprecatory; **II.** adv.: sich ~ äußern über (acc.) speak ill of, disparage; **⁂farbig** adj. discolo(u)red; **~geburt** f monster, deformity, freak; fig. monstrosity; **⁂gelaunt** adj. ill-humo(u)red, cross; **~geschick** n bad luck, misfortune; misadventure, mishap; **~gestalt** f deformity; monster, freak; **⁂gestalt(et)** adj. misshapen, deformed; **⁂gestimmt** adj. ill--humo(u)red, in a bad humo(u)r; **⁂'glücken** v/i. (sn) fail, not to succeed, miscarry; **⁂glückt** adj. unsuccessful, abortive; **⁂'gönnen** v/t. (h.): j-m et. ~ envy (or grudge) a p. a th.; **~griff** m mistake, blunder; **~gunst** f ill-will; envy, jealousy; **⁂günstig** adj. envious, jealous (auf acc. of); unfriendly, spiteful; **⁂'handeln** v/i. (h.) ill-treat, maltreat, abuse, brutalize; maul, manhandle, rough up; **~'handlung** f ill-treatment, maltreatment, cruelty; jur. assault and battery; **~heirat** f ill--assorted match, misalliance; **⁂hellig** ['-hɛliç] adj. dissonant, dissentient; **~helligkeit** f (-; -en) discord, dissension, unpleasantness.

Mission [misi'o:n] f (-; -en) mission (a. pol. and fig.); Innere (Äußere) ~ home (foreign) mission; **Missionar** [-o'na:r] m (-s; -e) missionary.

Missi'ons...: **~gesellschaft** f missionary society; **~prediger** m evangelist; **~wesen** n (-s) missionary work.

'Miß...: **~jahr** n bad year, bad harvest; **~klang** m (a. fig.) dissonance, discord(ant note); **~kredit** m (-[e]s) discredit; in ~ bringen discredit, bring discredit upon; **⁂lang** ['-laŋ] pret. of mißlingen; **⁂lich** adj. awkward, inconvenient; unpleasant; dangerous; critical, precarious; delicate, ticklish; difficult, tough;

~e *Lage* critical position, predicament, fix; **~lichkeit** *f* (-) awkwardness, inconvenience; precariousness; difficulty; **2liebig** ['-li:biç] *adj.* unpopular, not in favo(u)r, odious; *sich ~ machen bei* (*dat.*) fall out of favo(u)r with, become unpopular with (*or* among); **2lingen** [-'liŋən] *v/i.* (*irr., sn*) fail, miscarry, not to succeed, be unsuccessful (*or* abortive); **~'lingen** *n* (-s) failure; **2lungen** [-'luŋən] *p.p. of* mißlingen; **~mut** *m* ill-humo(u)r; discontent; **2mutig** *adj.* ill-humo(u)red; cross, waspish; discontented; morose, sullen; **2'raten I.** *v/i.* (*irr., sn*) fail; turn out badly; **II.** *adj.* wayward, ill-bred (*child*); ~*er Mensch* misfit; **~stand** *m* grievance, nuisance; abuse; defect; deplorable state of affairs; *Mißstände abschaffen* remedy abuses *or* grievances; **2stimmen** *v/t.* (*h.*) put out (of humo[u]r), irritate; **~stimmung** *f* discord(ance), dissonance; → *Mißmut*; **~ton** *m* (-[e]s, ⸚e) discordant (*or* jarring) note, dissonance; **2tönend, 2tönig** ['-tø:niç] *adj.* discordant, dissonant, jarring; **2'trauen** *v/i.* (*h.*): *j-m, e-r Sache*: distrust, mistrust, doubt; have no confidence in *a p. or th.*; **~trauen** *n* (-s) distrust (*gegen* of), mistrust, suspicion (of); doubt (in); **~trauensantrag** *parl. m* motion of censure; **~trauensvotum** *n* vote of no confidence *or* of censure; **2trauisch** ['-trauiʃ] *adj.* distrustful; suspicious, wary, doubtful, diffident; **~vergnügen** *n* (-s) displeasure; dissatisfaction, discontent; **2vergnügt** *adj.* displeased, discontented (*mit, über acc.* with); *pol.* malcontent; **~verhältnis** *n* disproportion, incongruity; *in e-m ~ stehen* be out of proportion; **2verständlich** *adj.* misleading; erroneous; **~verständnis** *n* misunderstanding; dissension, difference, tiff; **2verstehen** *v/t.* (*irr., h.*) misunderstand, misapprehend; *du hast mich mißverstanden* Am. you have got me (all) wrong; *j-s Absichten*: mistake, misconstrue (*a p.'s intentions*); **~weisung** *f* magnetic declination (*of compass*); *radar*: indication error; **~wirtschaft** *f* maladministration, mismanagement.

Mist [mist] *m* (-es; -e) dung, manure; droppings *pl.*; dirt, muck; *colloq.* rubbish, rot.

'Mistbeet *n* hotbed; **~kasten** *m* forcing frame.

Mistel ['mistəl] *bot. f* (-; -n) mistletoe; **~zweig** *m* mistletoe (bough).

'misten I. *v/i.* (*h.*) *animal*: dung; **II.** *v/t.* (*h.*) dung, manure (*field*); clean (*stable*).

'Mist...: **~fink** *colloq. m* pig, mudlark, *w.s.* filthy fellow; **~gabel** *f* dung-fork, pitch-fork; **~grube** *f* dung-pit; **~haufen** *m* dung-hill, manure heap; **~käfer** *zo. m* dung-beetle; **~wagen** *m* dung-cart.

mit [mit] **I.** *prp.* (*dat.*) with; in the company of; (full) of; with, by means of; by (*mail, train, etc.*); ~ *Bleistift write* in pencil; ~ *dem Hut* (*Schwert*) *in der Hand* hat (sword) in hand; ~ *Gewalt* by force;

~ *Gold pay* in gold; ~ *Lebensgefahr* at the risk of one's life; ~ *Muße* at leisure; *j-n* ~ *Namen nennen* call a p. by (his) name; ~ *lauter Stimme* in a loud voice; ~ *Verlust* at a loss; *mit e-m Schlage* at a blow; ~ *einem Wort* in a word; ~ *8 zu 11 Stimmen* by 8 votes to 11; ~ *einer Mehrheit von* by a majority of; *was ist ~ ihm?* what is the matter with him?; *as to time: usu.* at; ~ *20 Jahren* at (the age of) twenty; ~ *dem 3. September* by (*or* as of) September 3rd; ~ *dem Glockenschlage* on the stroke; → *Zeit*; **II.** *adv.* also, too; ~ *dabeisein* be there too *or* as well, be (one) of the party, participate; *das gehört ~ dazu* that belongs to it too; *er war ~ der beste* he was one of the best; → *~gehen, ~kommen, etc.*

'mit...: **2angeklagte(r** *m*) *f* co-defendant; **~'ansehen** *v/t.* (*irr., h.*) witness, watch; *fig.* tolerate, suffer, stand; **2arbeit** *f* co-operation, collaboration, assistance (*bei* in); **~arbeiten** *v/i.* (*h.*) collaborate, co-operate; ~ *an* (*dat.*) assist (*or* aid) in; take part in; contribute to (*newspaper, etc.*); **2arbeiter(in** *f*) *m* co-worker; colleague; work-fellow; staff member; contributor (*an dat.* to *a newspaper*); *pl.* staff (of); employees; ~ *sein bei* be on the staff of; **2arbeiterstab** *m* staff; **2beklagte(r** *m*) *f* co-defendant; **~bekommen** *v/t.* (*irr., h.*) get *or* receive when leaving; *bride*: get as dowry; *colloq.* catch, get; **~benutzen** *v/t.* (*h.*) use *a th.* jointly with others; **2benutzer** *m* joint user; **2benutzungsrecht** *n* right of joint use; **2besitz** *m* joint possession (*or* property); **2besitzer(in** *f*) *m* joint owner; **~bestimmen** *v/i.* (*h.*) be a contributory determinant; *person*: share in a decision, have a say (*or* voice) in a matter; *worker*: participate in the management; **2bestimmungsrecht** *n* (right of) co-determination, co-rule; **~beteiligt** *adj.* (*an dat.*) participating *or* interested (in); **2beteiligte(r** *m*) *f jur.* party interested *or* concerned; *econ.* partner, associate; **~bewerben** *v/refl.* (*irr., h.*): *sich um et.* ~ compete for a th.; **2bewerber(in** *f*) *m* competitor; **2bewohner(in** *f*) *m* co-inhabitant; fellow-lodger; **~bringen** *v/t.* (*irr., h.*) bring along (with *me, etc.*); *bride*: bring as dowry; produce (*documents, witnesses*); *fig.* have, be endowed with (*talents*); **2bringsel** ['-briŋzəl] *n* (-s; -) little present; **2bruder** *m* brother (*pl.* brethren), fellow, comrade; **2bürge** *m* joint security, Am. co-surety; **2bürger(in** *f*) *m* fellow-citizen; **2eigentümer(in** *f*) *m* joint owner, co-owner; **~einander** *adv.* with each other; together, jointly; at the same time, simultaneously; *alle* ~ one and all; **~einbegriffen** ['-ainbəgrifən] *adj.* included, inclusive; **~empfinden** *v/t.* (*irr., h.*) feel *or* sympathize (*j-s Schmerz, etc.* with a p. in his sorrow, *etc.*); **2empfinden** *n* (-s) sympathy; **2erbe** *m*, **2erbin** *f* coheir(ess *f*), joint heir(ess *f*); **~erleben** *v/t.* (*h.*) → *erleben*; **~essen**

v/i. (*irr., h.*) eat (*or* dine) with a p.; partake of a p.'s meal; **2esser** *med. m* blackhead, comedo; **~fahren** *v/i.* (*irr., sn*): *mit* ride (*or* drive) with a p.; *j-n* ~ *lassen* give a p. a lift; ~ *dürfen* get a lift; **2fahrer(in** *f*) *m* (fellow-)passenger; *mot.* → *Beifahrer*; **~freuen** *v/refl.* (*h.*): *sich* ~ *mit* share (in) the joy of, rejoice with; **~fühlen** *v/i.* (*h.*) → *mitempfinden*; **~fühlend** *adj.* sympathetic(ally *adv.*), feeling (*heart*); **~führen** *v/t.* (*h.*) carry along (with *me, etc.*); **~geben** *v/t.* (*irr., h.*) give along (*dat.* with); give as a dowry; send *an escort, etc.*, along with; *fig.* impart *knowledge, etc.*, to; bestow upon; **~gefangen** *adj.*: ~, *mitgehangen* caught together, hanged together; **2gefangene(r)** *m* fellow-prisoner; **2gefühl** *n* sympathy; *ohne* ~ unsympathetic; *j-m sein* ~ *ausdrücken* condole with a p.; **~gehen** *v/i.* (*irr., sn*) go *or* come along (*mit j-m* with a p.), accompany (a p.); *fig. audience*: respond (to), be carried away (by); *colloq.* et. ~ *heißen* pocket a th., help o.s. to a th.; **~genießen** *v/t.* (*irr., h.*) enjoy with others; **~genommen** *adj.* → *mitnehmen*; **2gift** *f* (-; -en) marriage portion, dowry; **2giftjäger** *m* fortune-hunter.

'Mitglied *n* member; ~ *auf Lebenszeit* life member; *ordentliches* (*zahlendes, förderndes*) ~ full (subscribing, supporting) member; ~ *sein von* be a member of, belong to; *sit on a committee*; **~erversammlung** *f* general meeting; **~erzahl** *f* membership; **~sbeitrag** *m* (membership) subscription, Am. dues *pl.*; **~schaft** *f* (-) membership; **~skarte** *f* membership card, (member's) ticket; **~snummer** *f* membership serial; **~staat** *m* (-[e]s, -en) member state (*or* nation).

'mit...: **2haftung** *f* joint liability; **~halten** *v/i.* (*irr., h.*) be one of the party; *ich halte mit* I'll join you, I am on; *wacker* ~ hold one's own; → *mitlesen*; **~helfen** *v/i.* (*irr., h.*) → *helfen*; **2helfer(in** *f*) *m* helper, assistant, aid; **2herausgeber** *m* co-editor; **2hilfe** *f* (-) aid, assistance, co-operation; **~'hin** *adv.* consequently, therefore; (*also*) thus, so, then; **2hördienst** *mil. m* monitoring service; interception service; **~hören** *v/t.* (*h.*) listen in to *or* on; overhear; *teleph.* monitor, tap the wire; *mil.* intercept (*radio message*); **2inhaber(in** *f*) *m* co-owner; **~kämpfen** *v/i.* (*h.*) take part (*or* join) in the combat *or* struggle; **2kämpfer** *m* (fellow-)combatant, comrade-in-arms; **2kläger(in** *f*) *m* co-plaintiff; **~klingen** *v/i.* (*irr., h.*) resonate; **~kommen** *v/i.* (*irr., sn*) come along (*mit j-m* with a p.); *fig.* be able to follow; keep up (*or* pace) with; ~ *mit dem Zug, etc.* catch a train, *etc.*; **~können** *v/i.* (*irr., h.*) be able to come along *or* go (*mit j-m* with a p.); *fig. da kann ich nicht mit!* that's beyond me!, that beats me!; **~kriegen** *colloq. v/t.* (*h.*) → *mitbekommen*; **~lachen** *v/i.* (*h.*) join in the laugh; **~laufen** *v/i.* (*irr., sn*) run (*mit* with); participate *in a race*; *colloq.* ~ lassen pocket, lift; 2**läufer** *pol. m* nominal member, follower; *contp.* hanger-on, trimmer, fellow-travel(l)er; 2**laut** *m* consonant.

'**Mitleid** *n* (-[e]s) compassion, pity; sympathy; *aus* ~ *für* out of pity for; *mit j-m* ~ *haben* have (*or* take) compassion *or* pity on a p., pity a p., be sorry for a p.; ~**enschaft** *f* (-): *in* ~ *ziehen* affect; implicate, involve; damage, impair; 2**erregend** *adj.* piteous, deplorable; 2**ig** *adj.* compassionate (*zu* to), pitiful; sympathetic; ~**sbezeichnung** *f* condolence, expression of one's sympathy; ~(**s**)**los** *adj.* pitiless, merciless; ~(**s**)**voll** *adj.* full of pity, compassionate.

'**mit...**: ~**lesen** *v/t.* (*irr.*, *h.*) read (*mit* with); be a joint subscriber to, take *a newspaper* in with others; *tech.* control; ~**machen I.** *v/i.* (*h.*) make one of the party, go along (*bei* with), *a.* chip in; *audience*: join in the spirit, respond; follow suit; keep pace (with); *ich mache mit!* I am on!, count me in!; **II.** *v/t.* (*h.*) take part in, participate in, join in, be a party to *a th.*; go to (*a meeting, etc.*); follow, go with (*the fashion*); go through (*an experience*); 2**mensch** *m* fellow-man *or* -being *or* -creature; ~**müssen** *v/i.* (*irr.*, *h.*) have (*or* be obliged) to go along (*mit* with); ~**nehmen** *v/t.* (*irr.*, *h.*) take along (with one); pick up (*passengers, etc.*); *j-n* (*im Fahrzeug*) ~ give a p. a lift; *mitgenommen werden* get a lift; *e-n Ort* ~ call at a place; take in (*a town, sights, etc.*) (*tourist*); *fig. et.* ~ avail o.s. of a th.; partake of *a lesson, etc.*; affect, impair, be rough on; exhaust, wear (out), punish; *j-n arg* ~ treat harshly, let *a p.* have it; *mitgenommen sein* be worn(-out), be (*or* look) the worse for wear, *person a.*: be exhausted *or* ravaged (*von* by); *das hat ihn sehr mitgenommen* that has hit him hard, it has taken its toll of him; 2**nehmer** *tech. m* driver, dog, cam; 2**nehmerbolzen** *tech. m* driving pin, carrier bolt; 2**nehmerscheibe** *tech. f* driver disc; ~'**nichten** [-'niçtən] *adv.* by no means, not at all, in no way.

Mitra ['mi:tra] *eccl. f* (-; -tren) mitre.

'**mit...**: ~**rechnen I.** *v/t.* (*h.*) include (in the account); *nicht* ~ leave out of account; *nicht mitgerechnet* not counting; **II.** *v/i.* (*h.*) count; ~**reden I.** *v/i.* (*h.*) join in the conversation *or* discussion; put in a word *or* two; **II.** *v/t.* (*h.*): *et.* (*or ein Wort, Wörtchen*) *mitzureden haben* have a say (*bei* in); *da hast du nichts mitzureden* you have no say in this matter, this is no concern of yours; 2**regent**(**in** *f*) *m* co-regent; ~**reisen** *v/i.* (*sn*) travel along (*mit* with); 2**reisende**(**r** *m*) *f* fellow-travel(l)er *or* passenger; ~**reißen** *v/t.* (*irr.*, *h.*) drag *or* carry *or* sweep along; *fig. a.* carry along *or* away, sweep along with one, electrify; ~**reißend** *adj.* thrilling, spirit--stirring, breath-taking; ~'**samt** *prp.* (*dat.*) together with; ~**schicken** *v/t.* (*h.*) send (along) (*mit* with); en-

close (*in letter*); ~**schleppen** *v/t.* (*h.*) drag along (with one); ~**schreiben** *v/t. and v/i.* (*irr.*, *h.*) write (*or* take, note) down, take notes; 2**schuld** *f* (-) complicity (*an dat.* in); *a. divorce*: joint guilt; ~**schuldig** *adj.* accessory (to the crime), implicated (*an dat.* in); 2**schuldige**(**r** *m*) *f* accessory (*an dat.* to), accomplice; 2**schuldner**(**in** *f*) *m* joint debtor; 2**schüler**(**in** *f*) *m* schoolfellow, class-mate; ~**schwingen** *v/i.* (*irr.*, *h.*) resonate (*a. fig.*), co-vibrate; 2**schwingen** *n* (-s) resonance; co-vibration; ~**singen** *v/i.* (*irr.*, *h.*) join in the song; ~**spielen** *v/i. and v/t.* (*h.*) join (*or* take a hand) in a game; play (*mit* with); *sports*: play (*or* participate) in a game, be on the team; *thea.* appear, take a part (*in dat.* in *a play*); *fig. matter*: be involved, play a part; *nicht mehr* ~ give up (playing), *fig.* withdraw, resign; *j-m arg* (*or übel*) ~ play a p. a nasty trick, use a p. ill, do a p. the dirty; 2**spieler**(**in** *f*) *m* partner; *thea.* supporting player; ~**spracherecht** *n* (right of) co--determination; *a* say (*in a matter*); ~**sprechen** *v/i.* (*irr.*, *h.*) → mitreden.

Mittag ['mita:k] *m* (-[e]s; -e) midday, noon; south; *des* ~*s*, 2*s* at noon; *heute* 2 at noon today; *es ist* ~ it is twelve o'clock; *zu* ~ *essen* (have) lunch, dine; ~**essen** *n* lunch, midday meal.

'**mittäglich** *adj.* midday, noonday; *geogr.* meridian, southern.

'**mittags** *adv.* at noon; at lunch (-time).

'**Mittag**(**s**)**...**: ~**ausgabe** *f* midday edition; ~**blatt** *n* noon paper; ~**glut**, ~**hitze** *f* midday heat; ~**kreis** *m*, ~**linie** *f* meridian; ~**mahl** (**zeit** *f*) *n* midday meal; ~**pause** *f* lunch hour; *a.* → ~**ruhe** *f* midday rest; ~**schlaf** *m*, ~**schläfchen** *n* after--dinner nap, siesta; ~**sonne** *f* (-) midday-sun; ~**stunde** *f* noon; lunch hour; ~**tisch** *m* dinner (-table); ~**zeit** *f* noon(tide); lunch--hour, (early) dinner-time; *um die* ~ about noon.

'**mit...**: ~**tanzen** *v/i.* (*h.*) join in the dance; 2**tänzer**(**in** *f*) *m* partner; 2**täter** *jur. m* accomplice, accessory (to the crime), co-principal; 2**täterschaft** *f* complicity.

Mitte ['mitə] *f* (-) middle; cent|re, *Am.* -er; midst; *fig.* die goldene ~ the golden (*or* happy) mean; *pol.* die ~ the cent|re, *Am.* -er; *aus unserer* ~ from among us, from our midst; *in unserer* ~ among us, in our midst; *in der* ~ zwischen half-way between; ~ *Juli* in the middle of July, in mid-July; *in der* ~ *des lahres* in midyear; *in der* ~ *des 18. lahrhunderts* in the mid 18th century; ~ *Dreißig* (*or der Dreißiger*) in one's middle thirties; *in die* ~ *nehmen* take between (us, them), *soccer*: sandwich in; *in der* ~ *durchhauen* cut across.

'**mitteil|bar** *adj.* communicable; ~**en** *v/t.* (*h.*) communicate (*j-m* to a p.); intimate (to a p.); impart *knowledge* (to a p.); *j-m et.* ~ inform a p. of a th.; make a th.

known to a p., tell a p. about a th.; *schonend:* break a th. (gently) to a p.; *adm.* notify a p. of a th.; *econ.* advise a p. of a th.; *j-m seine Ansicht* ~ give a p. one's opinion; *sich* ~ *excitement, heat, etc.*: communicate (*dat.* to), spread (to); *die Bewegung teilt sich den Rädern mit* the motion is imparted to the wheels; *person: sich j-m* ~ open one's heart to a p.; ~**sam** *adj.* communicative; 2**samkeit** *f* (-) communicativeness; 2**ung** *f* (-; -en) communication, information; *econ.* advice; *adm.* notification, notice; *to the public*: communiqué, (official) bulletin; message; report; *vertrauliche* ~ confidential communication; *jur.* ~*en pl.* service *sg.* (of legal process); ~ *machen* → mitteilen.

mittel ['mitəl] *adj.* middle, central; intermediate; average, medium; *math., phys., tech.* mean; middling; *mittlerer Beamter* subordinate officer; *Mittlerer Osten* Middle East; *mittlere Qualität* medium quality; *mittlere Entfernung* medium range, midrange; *von mittlerem Alter* middle-aged; *von mittlerer Größe* medium-sized.

Mittel ['mitəl] *n* (-s; -) means *sg. and pl.*; medium (*pl.* media), agent, instrument(ality), tool; device; method; expedient; measure; average; *im* ~ on an average; *math.* mean; *phys.* medium; *typ.* English; *med.* remedy (*gegen* for), medicine, drug; *pl.* resources; supply *sg.*; (*money*) means, funds; capital *sg.*; *künstlerische* ~ artistic means; *von öffentlichen* ~*n* from the public purse; *mit öffentlichen* ~*n unterstützen or finanzieren* subsidize; *meine* ~ *erlauben es* (*mir*) *nicht* I cannot afford it; ~ *und Wege finden* (*zu*) find ways and means (to *do a th.*), manage (*or* contrive) *a th.*; *die* ~ *besitzen, um et. auszuführen* be in a position to carry out a th.; *als* ~ *zum Zweck verwenden* use as a means to an end (*or* as a stepping--stone); *sich ins* ~ *legen or schlagen* interpose, intervene, interfere, mediate, step in; *als letztes* ~ as a last resort; *ihm ist jedes* ~ *recht* he sticks at nothing.

'**Mittel...**: ~**alter** *n* (-s) Middle Ages *pl.*; 2**alterlich** *adj.* medi(a)eval; ~**amerika** *n* Central America; ~**asien** *n* Central Asia; 2**bar** *adj.* mediate, indirect; ~*er Schaden* consequential damage; ~**betrieb** *m* medium-size enterprise; ~**decker** *aer. m* (-s; -) mid-wing monoplane; ~**deutschland** *n* Central Germany; ~**ding** *n* (something) intermediate, something between; cross (*zwischen* between); ~**europa** *n* Central Europe; 2**europäisch** *adj.*: ~*e Zeit* (**MEZ**) Central European time; 2**fein** *econ. adj.* middling (fine), good medium; ~**feld** *n* centre--field; *soccer*: midfield; ~**finger** *m* middle finger; ~**frequenz** *f* mean frequency; 2**fristig** *adj.* medium--term (*credit*); ~**fuß** *anat. m* metatarsus; ~**fußknochen** *anat. m* metatarsal bone; ~**gang** *m* central walk; *rail.* corridor, gangway (*a. aer.*), *Am.* aisle; ~**gebirge** *n* secondary chain of mountains; highlands *pl.*; **⁀gewicht(ler** *m*) *n* (-[e]s; -s, -) *boxing:* middle-weight; **⁀glied** *n* middle joint; intermediate member; *anat.* middle phalanx; **⁀groß** *adj.* medium-sized; **⁀größe** *f* medium size; **⁀hand** *anat. f* (-) metacarpus; **⁀hochdeutsch** *adj.*, **⁀hochdeutsch** (-e) *n* (-[s]; -n) Middle High German; **⁀kurs** *econ. m* middle price, average rate; **⁀lage** *f* central position, mid-position; *mus.* middle voice; **⁀ländisch** ['-lendiʃ] *adj.:* das **⁀e** *Meer* the Mediterranean (Sea); **⁀läufer** *m* *sports:* cent|re (*Am.* -er) half; **⁀linie** *f* median line, axis; *math.* bisector; *soccer:* centre line; *tennis:* centre service line; **⁀los** *adj.* without means, impecunious, destitute; **⁀losigkeit** *f* (-) lack of means, destitution; **⁀mächte** *pl.* Central Powers; **⁀maß** *n* medium size; average; **⁀mäßig** *adj.* middling, indifferent; *b.s.* mediocre, moderate (*talent*); average; *econ.* medium, middling; **⁀mäßigkeit** *f* mediocrity; **⁀meer** *n* (-[e]s) Mediterranean (Sea); **⁀ohr** *n* (-[e]s) middle ear, tympanum; **⁀ohr-eiterung** *med. f* suppurative otitis; **⁀ohr-entzündung** *med. f* inflammation of the middle ear, otitis media; **⁀partei** *pol. f* central party; **⁀parteiler** ['-partailər] *m* (-s; -) centrist; **⁀preis** *m* average price; **⁀punkt** *m* cent|re, *Am.* -er, central point; *fig.* centre (of attraction); focus; heart (*of town*); hub (*of the world*); **⁀s** *prep.* (*gen.*) by (means of), through, with (the help of); **⁀schiff** *arch. n* middle aisle; **⁀schlag** *m*, **⁀sorte** *f* middling sort, *econ.* middlings *pl.*; **⁀schule** *f* intermediate school, *Am.* high school; **⁀smann** *m* (-[e]s; -leute), **⁀s-person** *f* mediator, go-between, *a. econ.* middleman; **⁀stadt** *f* middle-sized town, *Am.* middletown; **⁀stand** *m* middle classes *pl.*; **⁀stands...** middle-class ...; **⁀stellung** *f* mid-position; **⁀stimmen** *mus. f/pl.* middle parts; **⁀straße** *f* middle road; → *Mittelweg*; **⁀strecke** *f* *sports:* medium distance; **⁀streckenlauf** *m* medium-distance race; **⁀streckenrakete** *mil. f* medium-range missile; **⁀streifen** *m* cent|re (*Am.* -er) strip (*of motorway*); **⁀stück** *n* central portion, mid-portion; *cul.* middle cut; **⁀stufe** *f* intermediate stage; *esp. ped.* intermediate grade(s *pl.*); **⁀stürmer** *m* *sports:* cent|re (*Am.* -er) forward; **⁀teil** *m* mid-portion; central part; **⁀ton** *m* (-[e]s; ⁀e) *mus.* mediant; *paint.* medium tone, half--tint; **⁀wand** *f* partition wall; **⁀weg** *m fig.* middle course; *der goldene* ⁀ the golden (*or* happy) mean; *e-n* ⁀ *einschlagen* steer a middle course, walk down the middle of the road; **⁀welle** *f radio:* medium wave; **⁀wellenbereich** *m* medium wave band; **⁀wert** *m* mean (value), average (value); **⁀wort** *n* (-[e]s; ⁀er) participle.

mitten ['mitən] *adv.:* ⁀ *in* (*an, auf, unter*) in the midst (*or* middle, cent|re, *Am.* -er) of; in the thick of; ⁀ *unter uns* in our midst; ⁀ *am Tage* (*auf der Straße*) in broad daylight

(the open street); ⁀ *aus* from the midst of, from amidst, from among; ⁀ *entzwei* right in two, clean through; ⁀ *hinein* into the midst of it, right into it; ⁀ *im Atlantik* in mid-Atlantic; ⁀ *im Winter* in the depth of winter; ⁀ *in der Luft* in mid-air; ⁀ *in der Nacht* in the middle (*or* dead) of night; ⁀ *ins Herz* right into the heart; **⁀dar'in**, **⁀dar'unter** *adv.* right in the midst *or* cent|re (*Am.* -er); **⁀(hin)'durch** *adv.* through the midst; right through *or* across; ⁀ *schneiden* cut clean through.

'**Mitter|nacht** *f* midnight; North; **⁀nächtig** ['-neçtiç], **⁀nächtlich** *adj.* midnight; *w.s.* nocturnal; **⁀nachts...** midnight ...; **⁀nachtssonne** *f* (-) midnight sun.

'**mittig** *tech. adj.* concentric.

mittler ['mitlər] *adj.* → *mittel*.

'**Mittler** *m* (-s; -), **⁀in** *f* (-; -nen) mediator (*f* -tress), intercessor, peacemaker; **⁀amt** *n* mediatorship; **⁀weile** *adv.* meanwhile, (in the) meantime.

'**mit...:** **⁀tragen** *v/t.* (*irr.*, *h.*) carry (with others); share (*losses*); **⁀trinken** *v/t. and v/i.* (*irr.*, *h.*) drink (with others).

'**mittschiffs** *mar. adv.* (a)midships.

'**Mittsommer** *m* midsummer.

'**mittun** *v/i.* (*irr.*, *h.*) → *mitmachen*.

Mittwoch ['-vɔx] *m* (-[e]s; -e) Wednesday(s *pl.*); **⁀s** *adv.* on Wednesday(s *pl.*).

'**mit...:** **⁀'unter** *adv.* now and then, sometimes, occasionally; **⁀unterschreiben** *v/t. and v/i.* (*irr.*, *h.*), **⁀unterzeichnen** *v/t. and v/i.* (*h.*) add one's signature (to); countersign; **⁀unterschrift** *f* joint signature; **⁀unterzeichner(in** *f*) *m* co--signatory; **⁀ursache** *f* concurring (*or* secondary) cause; **⁀verantwortlich** *adj.* jointly responsible; **⁀verantwortung** *f* joint responsibility; **⁀verfasser(in** *f*) *m* co--author; **⁀verschulden** *jur. n:* *fahrlässiges* ⁀ contributory negligence; **⁀verschworene(r)** ['-fervo:rənə(r)] *m* (-n; -n) fellow-conspirator; **⁀welt** *f* (-): *die* ⁀ the present generation; our, *etc.*, contemporaries.

'**mitwirk|en** *v/i.* (*h.*) co-operate (*bei in*), contribute (to), assist (in), be instrumental (in), *matter:* a. concur (with); take part (in); *thea.* take (a) part (in), (co-)star (in); **⁀end** *adj.* co-operating, co-operative, concurrent; contributory; **⁀ende(r** *m*) ['-virkəndə(r)] *f* (-n, -n; -n, -n) *thea.* performer, actor, player (*a. mus.*); *pl.* cast; ⁀ *sind die* cast includes; → *Mitarbeiter*; **⁀ung** *f* (-) co-operation, participation, assistance; concurrence; *unter* ⁀ *von* assisted by.

'**Mitwiss|en** *n* joint knowledge, *b.s.* privity, connivance; *ohne mein* ⁀ without my knowledge, unknown to me; **⁀er(in** *f*) *m* (-s, -; -; -nen) person who is in the secret, confidant; *jur.* accessory.

'**mit...:** **⁀zählen** *v/t. and v/i.* (*h.*) → *mitrechnen;* **⁀ziehen** I. *v/t.* (*irr.*, *h.*) drag *or* pull along (with one); II. *v/i.*

(*irr.*, *sn*) go *or* march along (with others).

Mix|becher ['miks-] *m* (cocktail-) shaker; *kitchen machine:* liquidizer goblet; **⁀en** *v/t.* (*h.*) mix; **⁀er** *m* (-s; -) bartender, mixer; *kitchen machine:* liquidizer.

Mixtur [-'tu:r] *f* (-; -en) mixture.

Möbel ['mø:bəl] *n* (-s; -) piece of furniture, *pl.* furniture; *humor.* altes ⁀ fixture; **⁀geschäft** *n* furnishing house, furniture-shop; **⁀händler(in** *f*) *m* furniture-dealer; **⁀lack** *m* furniture varnish; **⁀laden** *m* → **⁀geschäft**; **⁀politur** *f* furniture polish; **⁀spediteur** *m* furniture remover; **⁀speicher** *m* furniture repository, *Am.* storage warehouse; **⁀stoff** *m* furniture fabric; **⁀stück** *n* → *Möbel;* **⁀tischler** *m* cabinet-maker; **⁀transportgeschäft** *n* (firm of) furniture removers, removal contractors; **⁀wagen** *m* furniture(-removal) van, *Am.* furniture truck.

mobil [mo'bi:l] *adj. a. mil.* mobile; movable; active, quick; ⁀ *machen* mobilize, *fig. a.* rouse.

Mobiliar [mobili'a:r] *n* (-s; -e) furniture; **⁀vermögen** *n* personal property, personalty.

Mobilien [-'bi:liən] *pl.* movables, effects, goods and chattels *pl.*

mobili'sier|en *v/t. and v/i.* (*h.*) mobilize; *econ.* realize (*real estate*); **⁀ung** *f* (-; -en) mobilization; *econ.* realization.

Mo'bilmachung [-maxuŋ] *mil. f* (-) mobilization; **⁀sbefehl** *m* mobilization order; **⁀s-tag** *m* mobilization day (*abbr.* M-day).

mobmäßig ['mɔp-] *mil. adj.* according to war establishment.

möblieren [mø'bli:rən] *v/t.* (*h.*) furnish; *neu* ⁀ refurnish; *möblierter Herr* lodger, *Am.* roomer; *möbliertes Zimmer* furnished room, bed--sitter; *möbliert wohnen* live in lodgings.

mochte ['mɔxtə] *pret. of mögen.*

Möchte-gern... ['mϙçtə-] *in compounds* would-be (*writer, etc.*).

modal [mo'dɑ:l] *adj.* modal; **Modali'tät** *f* (-; -en) modality; proviso; arrangement.

Mode ['mo:də] *f* (-; -n) fashion; vogue; style; mode; *Königin* ⁀ *Dame* Fashion; *die neueste* ⁀ the latest fashion (*or iro.* craze); *the new look; contp. neue* ⁀*n* new--fangled ideas; *in* ⁀ in fashion, in vogue, fashionable; *die große* ⁀ *sein* be (all) the rage, be the (latest) craze *or* fad; *aus der* ⁀ *kommen* go out (of fashion), grow out of fashion; *in* ⁀ *bringen* (*kommen*) bring (come) into fashion *or* vogue; *in* ⁀ *bleiben* continue in fashion; *mit der* ⁀ *gehen* go with (*or* follow) the fashion; **⁀artikel** *m* fashionable (*or* fancy-)article; *pl. a.* novelties; **⁀bade-ort** *m* (-[e]s; -e) fashionable spa, Lido; **⁀dame** *f* lady of fashion; **⁀dichter** *m* poet of the day; **⁀farbe** *f* fashionable colo(u)r; **⁀geschäft**, **⁀haus** *n* fashion house; **⁀krankheit** *f* fashionable complaint; **⁀künstler** (-in *f*) *m* couturier (*f* couturière) (*Fr.*).

Modell [mo'del] *n* (-s; -e) model (*a.*

paint., person); fashion model, *person: a.* mannequin; *tech.* model, type; design; prototype (*a. fig.*); mo(u)ld; pattern; mock-up; *j-m* ~ stehen pose for, *a. fig.* (serve as a) model *for a p.*; ~**bau** *m* (-[e]s) pattern making; ~**baukasten** *m* model construction kit; ~**druckmaschine** *typ. f* block-printing machine; ~**eisenbahn** *f* model railway; ~**flugzeug** *n* model airplane.
Modellier|bogen [mode'li:r-] *m* modelling cardboard; ℒ**en** *v/t.* (h.) model, mo(u)ld, shape, fashion; ~**en** *n* (-s) model(l)ing; mo(u)lding; ~**ton** *m* (-s) model(l)ing clay.
Mo'dell...: ~**kleid** *n* model (dress); ~**macher** *tech. m* pattern-maker; ~**schuh** *m* special-design shoe; ~**tischler** *m* pattern-maker; ~**tischle'rei** *f* (wood) pattern-shop.
modeln ['mo:dəln] *v/t.* (h.) mo(u)ld; → modellieren.
'Moden...: ~**bild**, ~**blatt** *n* fashion-plate; ~**schau** *f* fashion (*or* dress-)show; mannequin parade; ~**zeichner(in** *f*) *m* fashion designer; ~**zeitung** *f* fashion magazine.
Moder ['mo:dər] *m* (-s) mo(u)ld; putrefaction, decay; mud; ~**erde** *agr. f* mo(u)ld; ~**geruch** *m* (-[e]s) musty smell; ℒ**fleckig** *adj.* foxed (*paper*); ℒ**ig** *adj.* mo(u)ldy, musty; decaying, putrid; ℒ**n¹** *v/i.* (h.) mo(u)lder, rot, putrefy, decay.
modern² [mo'dɛrn] *adj.* modern; progressive; *contp.* new-fangled; up-to-date, *pred.* up to date; fashionable; *a. w.s.* stylish, elegant (*dress design*), *Am. a.* streamlined; ~**er** Geschmack, ~**e** Zeitrichtung modernism; ~**er** Roman current novel; *das ist* ~ that's quite the go; ℒ**e** *f* (-) modernity; *the* modern trend.
moderni'sier|en *v/t.* (h.) modernize, bring up to date, *Am. a.* streamline; ℒ**ung** *f* (-; -en) modernization, *Am.* streamlining.
'Mode...: ~**salon** *m* fashion house; ~**schmuck** *m* style jewelry; ~**schöpfer** *m* couturier, stylist, dress designer; ~**schöpfung** *f* latest creation; ~**schriftsteller(in** *f*) *m* fashionable writer; ~**stil** *m* fashion style, (new) look; ~**torheit** *f* fashionable craze; ~**waren** *f/pl.* fancy goods; millinery *sg.*; ~**warengeschäft** *n* fancy-goods shop; millinery; ladies' outfitting (shop); ~**welt** *f* (-) fashionable world; ~**wort** *n* (-[e]s; ~er) vogue word; ~**zeichner(in** *f*) *m* dress designer; ~**zeitschrift** *f* fashion magazine.
modifizier|en [modifi'tsi:rən] *v/t.* (h.) modify; qualify; ℒ**ung** *f* (-; -en) modification; qualification.
'modisch *adj.* fashionable, stylish; fashion ...; ~**e** Neuheiten novelties.
Modistin [mo'distin] *f* (-; -nen) milliner.
Modul ['mo:dul] *m* (-s; -n) *tech.* module; *math.* modulus.
Modulation [modulatsi'o:n] *f* (-; -en) modulation, control; inflection (*of voice*); ~**frequenz** *f* modulating frequency.
Modulator [modu'la:tor] *m* (-s; -'toren) modulator.
modu'lieren *v/t.* (h.) modulate.

Modus ['mo:dus] *m* (-; -di) mode; method, manner; *gr.* mood.
Mogelei [mo:gə'laɪ] *colloq. f* (-; -en) cheating, trickery; **'mogeln** *v/i.* (h.) cheat.
mögen ['mø:gən] **I.** *v/i.* (irr., h.) be willing; *ich mag nicht* I won't, I don't like to; **II.** *v/t.* (irr., h.) want, desire, wish; *was möchten Sie?* what do you want?, what can I do for you?; like, be fond of, be partial to; *nicht* ~ dislike; not be keen on, not to care for; *lieber* ~ like better, prefer; *er mag mich nicht* he doesn't like me; **III.** *v/aux.* (irr., h.) may, might; *er mag gehen* let him go; *er möchte sofort kommen!* ask (*or* tell) him to come at once!; *ich möchte wissen* I should like to know, I wonder; *möge es ihm gelingen* may he succeed, let us hope that he will succeed; *ich möchte lieber gehen* I had (*or* would) rather go; *das möchte ich doch einmal sehen!* well, I should like to see that!; *er mag nicht nach Hause gehen* he doesn't care to go home; *mag er sagen, was er will* let him say what he wants; *das mag (wohl) sein* that's (well) possible, that may be (true *or* so); *was ich auch tun mag* whatever I may do, no matter what I do; *wo er auch sein mag* wherever he may be; *wo mag sie das gehört haben?* where can (*or* may) she have heard that?; *was mag er dazu sagen?* I wonder what he will say to that; *sie mochte 30 Jahre alt sein* she would be (*or* looked) thirty years old; *man möchte verrückt werden!* it's enough to drive you mad!
'Mogler *colloq. m* (-s; -) cheat.
möglich ['mø:kliç] **I.** *adj.* possible (*für j-n* for a p.); practicable, feasible; likely; eventual; potential (*market, criminal, etc.*); *alle* ~**en** all sorts of; *alles* ~**e** all sorts of things; *alles* ~**e** tun try everything, use all possible means; *sein* ~**stes** tun do one's best *or* utmost, do everything in one's power; *es möglich machen, zu inf.* make it possible to *inf.*, manage to *inf.*; → ermöglichen; *nicht* ~! you don't say (so)!, impossible!; *das ist (wohl)* ~ that may (well) be, that's (quite) possible; *das ist eher* ~ that's more likely; *es ist* ~, *daß er kommt* he may (possibly) come; *es war mir nicht* ~ I was unable *to do it*, I could not (see my way to) *do it*; **II.** *adv.: so bald, etc., wie* ~, ~**st bald,** *etc.* as soon, *etc.*, as (ever) possible; *econ.* at your earliest convenience *or* opportunity; ~**st klein** as small as possible, *attr.* the smallest possible, a minimum of (*losses, etc.*); ~**st wenig** the least possible, as little as can be; *mit* ~**st geringer Verzögerung** with the least possible (*or* a minimum of) delay; ~**enfalls,** ~**erweise** *adv.* if possible, possibly; perhaps; it is possible that; ℒ**keit** *f* (-; -en) possibility; eventuality; practicability, feasibility; chance, *gute* ~ opportunity; *andere (zweite)* ~ alternative; potentiality; ~**en** *pl.* facilities; *nach* ~ as far as possible; *ich sehe keine* ~, *zu inf.* I cannot

see any chance of *ger.*; *es besteht die* ~, *daß* it is possible that, there is a chance of; ~**st** → **möglich I** *and* **II.**
Mohammedan|er(in *f*) [mohame-'da:nər-] *m* (-s, -; -, -nen), ℒ**isch** *adj.* Mohammedan, Moslem.
Mohär [mo'hɛ:r] *m* (-s; -e) mohair.
Mohn [mo:n] *m* (-[e]s; -e) poppy; ~**kapsel** *f* poppy-head; ~**öl** *n* (-[e]s) poppy-seed oil.
Mohr [mo:r] *m* (-en; -en) Moor, blackamoor, negro; ~**enwäsche** *fig. f* (-) whitewashing; ~**in** *f* (-; -nen) negress.
Möhre ['mø:rə] *f* (-; -n), **'Mohrrübe** *f* carrot.
Moiré [moa're:] *m and n* (-s; -s) moiré, watered silk.
moi'rieren *v/t.* (h.) water, cloud.
mokant [mo'kant] *adj.* sarcastic, sardonic. [moccassin.]
Mokassin ['mokasin] *m* (-s; -s)
mo'kieren (h.): *sich* ~ *über* (*acc.*) sneer (*or* laugh) at.
Mokka ['moka] *m* (-s; -s) Mocha coffee, mocha.
Molch [molç] *zo. m* (-[e]s; -e) salamander; newt.
Mole ['mo:lə] *f* (-; -n) mole, jetty, pier; harbo(u)r dam; ~**nkopf** *m* pierhead.
Molekül [mole'ky:l] *n* (-s; -e) molecule; **molekular** [-ku'la:r] *adj. and* ℒ**...** (*in compounds*) molecular (*weight, etc.*).
molk [molk] *pret. of* melken.
Molke ['molkə] *f* (-; -n) whey.
Molke'rei *f* (-; -en) dairy; ~**butter** *f* dairy-butter.
'molkig *adj.* wheyish.
Moll [mol] *mus. n* (-) minor (key); ~**akkord** *m* minor chord.
'mollig *colloq. adj.* comfortable, snug, cosy; nice and warm; soft; *person:* (well-)rounded, buxom, roly-poly.
'Mollton(art *f*, **-stufe** *f*) *mus. m* (-[e]s; ᵘe) minor key.
Molluske [mo'luskə] *zo. f* (-; -n) mollusc.
Molybdän [molyp'dɛ:n] *chem. n* (-s) molybdenum; ~**säure** *chem. f* molybdic acid.
Moment [mo'mɛnt] **1.** *m* (-[e]s; -e) moment, instant; → Augenblick; **2.** *n* (-[e]s; -e) motive; factor; fact, element; *phys.* momentum; impulse, impetus (*a. fig.*); main point *or* factor.
momentan [-'ta:n] **I.** *adj.* momentary; instantaneous; present, actual; **II.** *adv.* at the moment, for the present, for the time being; ℒ**wert** *tech. m* instantaneous value.
Mo'ment...: ~**aufnahme** *f*, ~**bild** *phot. n* snapshot, instantaneous photograph; action shot; e-e ~ *machen* take a snapshot (*von* of); ~**schalter** *el. m* quick-action switch; ~**um** [-um] *phys. n* (-s) momentum; ~**verschluß** *phot. m* instantaneous shutter.
Monade [mo'na:də] *f* (-; -n) monad.
Monarch [mo'narç] *m* (-en; -en), ~**in** *f* (-; -nen) monarch, sovereign; **Monar'chie** *f* (-; -n) monarchy; **mon'archisch** *adj.* monarchic(al); **Monar'chist(in** *f*) *m* (-en, -en; -, -nen) monarchist.

Monat ['mo:nat] *m* (-[e]s; -e) month; ~ *Januar* month of January; *im ~ earn, etc.,* a (*or* per) month, monthly; **2elang I.** *adj.* lasting for months; months of; **II.** *adv.* for months; **2lich I.** *adj.* monthly; *employment, etc.,* on a month-by--month basis; **II.** *adv.* monthly, a month; *300 Dollar ~* a (*or* per) month.

'Monats...: **~abschluß** *econ. m* monthly balance; **~ausweis** *m* monthly return; **~bericht** *m* monthly report; **~binde** *f* sanitary towel, *Am.* napkin; **~fluß** *physiol. m* (-sses) menstruation, (monthly) period, menses *pl.*; **~frist** *f* term of a month, one month's time; *binnen ~* within a month; **~gehalt** *n* monthly salary *or* pay; **~geld** *n* loans *pl.* for one month; **~heft** *n* monthly number; → *Monatsschrift*; **~karte** *f* monthly season-ticket, *Am.* commutation(-ticket); **~lohn** *m* monthly wage(s *pl.*) *or* pay; **~name** *m* name of month; **~rate** *f* monthly instal(l)ment; **~schrift** *f* monthly (magazine); **~tampon** *m* sanitary tampon.

'monatweise *adv. and adj.* by the month, monthly; month by month.

Mönch [mœnç] *m* (-[e]s; -e) monk, friar; **'2isch** *adj.* monkish, monastic.

'Mönchs...: **~kloster** *n* monastery; **~kutte** *f* monk's frock; **~leben** *n* (-s) monastic life; **~orden** *m* monastic (*or* religious) order; **~schrift** *typ. f* black letter; **~tum** *m* (-s) monachism; **~wesen** *n* (-s) monasticism; **2elle** *f* monk's cell.

Mond [mo:nt] *m* (-[e]s; -e) moon (*poet. a. month*); *ast. a.* satellite; *künstlicher ~* man-made (*or* baby) moon; *skating:* spread-eagle; *der ~ scheint* the moon is shining, it is moonlight; *vom ~ beschienen* moonlit; *fig. hinter dem ~ leben* be behind the times; *du lebst wohl hinter dem ~?* where do you live?; *colloq. da kann er in den ~ gucken* he can whistle for it; **~aufgang** *m* moonrise; **~bahn** *f* moon's (*or* lunar) orbit; **2beglänzt** *adj.* moonlit; **~fähre** *f* lunar module; **~finsternis** *f* lunar eclipse; **2förmig** ['-fœrmiç] *adj.* moonshaped, lunate; **~gebirge** *n/pl.* lunar mountains; **2hell** *adj.* moonlit; **~jahr** *n* lunar year; **~kalb** *n* moon-calf, mole; **~licht** *n* (-[e]s) moonlight; **~nacht** *f* moonlit night; **~phase** *f* lunar phase; **~scheibe** *f* disk of the moon; **~schein** *m* (-[e]s) moonlight; **~sichel** *f* crescent; **~stein** *m* moonstone; **~sucht** *f* (-) moon-madness, somnambulism; **2süchtig** *adj.* moonstruck, somnambulous; **~süchtige(r** *m)* *f* sleepwalker, somnambulist; **~wechsel** *m* change of the moon.

Moneten [mo'ne:tən] *colloq. pl.* brass, tin, *Am.* dough *sg.*

Mongo|le [mɔŋ'go:lə] *m* (-n; -n), **~lin** *f* (-; -nen) Mongol(ian); **~lei** *f* (-) Mongolia; **2lisch** *adj.* Mongol(ic); **mongoloid** [-golo'i:t] *adj.* Mongoloid.

monieren [mo'ni:rən] *v/t. and v/i.* (h.) censure, criticize; *econ.* send a reminder, dun.

Monitor ['mo:nitɔr] *phys., TV m* (-s; -'toren) monitor.

mono|gam [mono'ga:m] *adj.* monogamous; **2ga'mie** *f* (-) monogamy; **2gramm** [-'gram] *n* (-s; -e) monogram; **2graphie** [-gra'fi:] *f* (-; -n) monograph.

Monokel [mo'nɔkəl] *n* (-s; -) monocle.

'Monokultur *agr. f* single-crop farming.

Monolith [-'li:t] *m* (-s; -e[n]) monolith.

Monolog [-'lo:k] *m* (-[e]s; -e) (*innerer ~* interior) monologue.

Monomanie [-ma'ni:] *f* (-; -n) monomania.

Monopol [-'po:l] *n* (-s; -e), **~stellung** *f* monopoly (*auf* of, *Am.* on), exclusive control (of); **~erzeugnis** *n* proprietory article; **monopoli'sieren** *v/i.* (h.) monopolize.

Monotheis|mus [-te'ismus] *m* (-) monotheism; **~t(in** *f) m* (-en; -, -nen) monotheist; **2tisch** *adj.* monotheistic.

monoton [-'to:n] *adj.* monotonous; → *eintönig*; **Monoto'nie** *f* (-; -n) monotony.

Monstranz [mɔn'strants] *f* (-; -en) monstrance.

monströs [mɔn'strø:s] *adj.* monstrous.

Monstrum ['mɔnstrum] *n* (-s; -ren) monster.

Monsun [mɔn'zu:n] *m* (-s; -e) monsoon.

Montag ['mo:nta:k] *m* (-[e]s; -e) Monday; **2s** *adv.* on Monday(s *pl.*), every Monday.

Montage [mɔn'ta:ʒə] *tech. f* (-; -n) mounting, fitting; installation; setting up, *Am.* setup; assembling; assembly; *phot.* montage; *TV:* mounting, *Am.* montage; **~bahn** *f*, **~band** *n* assembly line; **~bock** *m*, **~gestell** *n* assembly stand, jig; dolly; **~gruppe** *f* assembly; **~halle** *f* assembly-room *or* -shop; **~hebel** *mot. m* tyre (*Am.* tire) lever; **~werk** *n* assembly plant.

Montan|industrie [mɔn'ta:n-] *f* coal, iron, and steel industries *pl.*; **~union** *f* (-) (European) Coal and Steel Community.

Monteur [mɔn'tø:r] *m* (-s; -e) *tech.* fitter, assembly man, assembler; *esp. aer., mot.* mechanic; *el.* electrician; **~anzug** *m* overall.

mon'tier|en *tech. v/t.* (h.) mount, fit; set up; assemble; instal(l); adjust; **2ung** *f* (-; -en) mounting, fitting; setting up; assembling; adjusting; *mil. a.* **Montur** [-'tu:r] *f* (-; -en) equipment, regimentals *pl.*; uniform.

monumental [monumen'ta:l] *adj.* monumental; **2film** *m* super-film.

Moor [mo:r] *n* (-[e]s; -e) fen, bog, swamp; moor(-land); **~bad** *n* mud--bath; **~boden** *m* (-s) marshy soil; **~huhn** *n* moor-hen; **2ig** *adj.* boggy, marshy; **~land** *n* (-[e]s) moorland; marshy district; **~packung** *f* mud pack.

Moos [mo:s] *n* (-es; -e) moss; *sl.* (*money*) → *Moneten*; **2bewachsen** *adj.* moss-grown; **2grün** *adj.* mossy green; **2ig** *adj.* mossy; **~rose** *f* moss rose.

Mop [mɔp] *m* (-s; -s) mop.

Moped ['mo:pɛt] *n* (-s; -s) moped, autobike.

Mops [mɔps] *m* (-es; ⁼e) pug.

mopsen ['mɔpsən] *colloq. v/t.* (h.) steal, pinch, swipe; madden, get a *p.'s* goat; *sich ~* be bored (stiff).

Moral [mo'ra:l] *f* (-) morality; morals *pl.*; (*lesson*) moral; *mil., etc.* morale; **~ predigen** moralize, sermonize; **2isch** *adj.* moral; *mil.* **~e** *Wirkung* moral effect.

moralisieren [morali'zi:rən] *v/i.* (h.) moralize.

Mora'list(in *f) m* (-en, -en; -, -nen) moralist; **~li'tät** *f* (-) morality.

Mo'ral...: **~philosophie** *f* moral philosophy; **~prediger(in** *f) m* moralizer; **~predigt** *f* (moral) lecture.   [raine.]

Moräne [mo'rɛ:nə] *f* (-; -n) moraine.

Morast [mo'rast] *m* (-es; -e) slough, morass; → *Moor*; mire, mud; *fig. im ~ waten* wallow in the mire; **2ig** *adj.* marshy; muddy, miry; **~loch** *n* slough.

Moratorium [mora'to:rium] *n* (-s; -ien) *econ.* (letter of) respite; *pol.* moratorium.

morbid [mɔr'bi:t] *adj.* morbid.

Morchel ['mɔrçəl] *bot. f* (-; -n) morel.

Mord [mɔrt] *m* (-[e]s; -e) murder (*an dat.* of); *jur.* first-degree murder; → *Tötung, Totschlag*; *~ und Totschlag* bloodshed; *e-n ~ begehen* commit murder; *colloq. fig. es war der reinste ~!* it was murder!; **'~anklage** *f:* *unter ~ stehen* be under a murder charge; **'~anschlag** *m* murderous assault, attempt at murder; **'~brenner** *m* incendiary; **'~brenne'rei** *f* incendiarism; **'~bube** *m* assassin, cut--throat; **2en** ['mɔrdən] **I.** *v/i.* (h.) commit murder(s) *or* a murder, kill; **II.** *v/t.* (h.) murder, kill, slay; **~en** *n* (-s) murder, killing; massacre, slaughter.

Mörder ['mœrdər] *m* (-s; -), **~in** *f* (-; -nen) murderer (*f* murderess); slayer, killer; assassin; **~grube** *f* (-): *er machte aus seinem Herzen keine ~* he was very outspoken, he made no bones about it; **2isch** *adj.* murderous, homicidal; *fig.* deadly (*climate, etc.*); grilling, cruel (*heat*); breakneck (*speed*); **~e Steigung** killing grade; cut-throat (*competition, prices*); **2lich** *adj.* terrible, awful, cruel; *fig. a.* enormous, fearful, terrific.

'Mord...: **~gier**, **~lust** *f* (-) lust of murder, bloodthirstiness; **~io** ['mɔrdio:]: (*Zeter und*) *~ schreien* cry (blue) murder; **~kommission** *f* murder (*Am.* homicide) squad; **2lustig** *adj.* bloodthirsty, murderous; **~sache** *f* murder case.

'Mords...: **~angst** *f:* *e-e ~ haben* be in mortal fear (*or* in a blue funk), be scared stiff; **~ding** *n* humdinger; **~glück** *n* stupendous luck; **~kerl** *m* devil of a fellow, crackajack; **~lärm** *m* fearful din, terrific noise, awful racket, hullaballoo; **2mäßig** *adj.* terrible, enormous, awful, terrific; **~spaß** *m* great fun; → *Hauptspaß*; **~spektakel** *m* → *Mordslärm*.

'**Mord**...: ~**tat** f murder(ous deed), slaying; ~**verdacht** m suspicion of murder; ~**versuch** m attempt at murder; ~**waffe** f, ~**werkzeug** n murderous weapon.

Mores ['moːreːs] pl.: j-n ~ lehren teach a p. manners, tell a p. what's what.

morganatisch [mɔrga'naːtiʃ] adj. morganatic.

Morgen ['mɔrgən] 1. m (-s; -) morning; forenoon; fig. dawn; East; surv. acre; heute ⚥ this morning; guten ~! good morning!; j-m einen guten ~ wünschen wish (or bid) a p. good morning; es wird ~ it's getting light, the day is breaking; 2. n (-) the morrow, the future.

'**morgen** adv. tomorrow; ~ früh (abend) tomorrow morning (evening or night); ~ über acht (vierzehn) Tage tomorrow week (fortnight).

'**Morgen**...: ~**andacht** f morning-prayers pl.; ~**ausgabe** f morning edition; ~**blatt** n morning paper; ~**dämmerung** f dawn, daybreak; ⚥**dlich** adj. matitudinal, morning ...; ~**frost** m early frost; ~**gebet** n morning-prayer(s pl.); ~**grauen** n (-s): beim ~ at dawn, at daybreak; ~**gymnastik** f morning exercises, daily dozen; ~**kleid** n morning gown; ~**land** n (-[e]s) Orient, East, Levante; ~**länder(in** f) m (-s, -; -, -nen) Oriental; ⚥**ländisch** ['-lendiʃ] adj. Oriental, Eastern; ~**luft** f morning air; fig. ~ wittern become hopeful, raise one's head; ~**post** f first mail; ~**rock** m peignoir (Fr.), dressing-gown, wrapper; ~**rot** n, ~**röte** f (rosy) dawn, poet. aurora; fig. dawn.

'**morgens** adv. in the morning; every morning; um ein Uhr ~ at one o'clock in the morning.

'**Morgen**...: ~**seite** f (-) eastern side; ~**sonne** f (-) morning sun; ~**stern** m morning star, Venus; ~**stunde** f morning hour; → früh; ~ hat Gold im Munde the early bird catches the worm; ~**wind** m morning breeze; ~**zeitung** f morning paper.

'**morgig** adj. of tomorrow, tomorrow's; der ~e Tag tomorrow.

Mormon|e [mɔr'moːnə] m (-n; -n), ~**in** f (-; -nen) Mormon.

Morphem [mɔr'feːm] gr. n (-s; -e) morpheme.

Morphi|nismus [mɔrfi'nismus] m (-) morphiomania; ~'**nist(in** f) m (-en, -en; -, -nen) morphia-addict, morphinist.

Morphium ['mɔrfium] n (-s) morphia, morphine; ~**einspritzung** f morphia injection; ~**sucht** f (-) morphia habit, morphiomania.

Morpho|loge [mɔrfo'loːgə] m (-n; -n) morphologist; ~**lo'gie** f (-) morphology; ⚥'**logisch** adj. morphological.

morsch [mɔrʃ] adj. rotten, decayed; frail, fragile; brittle; ~ werden decay, rot.

Morse|alphabet ['mɔrzə-] n (-[e]s), ~**schrift** f (-) Morse alphabet or code; ⚥**n** v/i. and v/t. (h.) morse, signal by Morse code; ~**kegel** tech. m Morse taper.

Mörser ['mœrzər] m (-s; -) mortar,

mil. a. heavy howitzer; ~**batterie** f mortar battery; ~**keule** f pestle.

'**Morse**...: ~**schreiber** m morse printer, inker; ~**zeichen** n Morse signal.

Mortali'tät f mortality, death-rate.

Mörtel ['mœrtəl] m (-s; -) mortar; (stucco) plaster; mit ~ bewerfen plaster, rough-cast; ~**kelle** f trowel; ~**maschine** f mixer, pugging-mill; ~**trog** m hod.

Mosaik [moza'iːk] n (-s; -en), ~**arbeit** f mosaic; tesselated (or inlaid) work; ~**fußboden** m tesselated pavement; ~**schirm** m TV: mosaic (of iconoscope); ~**spiel** n jig-saw puzzle.

mosaisch [mo'zaːiʃ] adj. Mosaic.

Moschee [mɔ'ʃeː] f (-; -n) mosque.

Moschus ['mɔʃus] m (-) musk; ~**ochse** m musk-ox; ~**tier** n musk-deer.

Mosel(wein) ['moːzəl-] m (-s) Moselle.

Moskito [mɔs'kiːto] m (-s; -s) (tropical) mosquito; ~**netz** n mosquito net.

Moslem ['mɔslem] m (-s; -s) Moslem, Muslim.

Most [mɔst] m (-es; -e) must, grape-juice, new wine; (Apfel⚥) cider, (Birnen⚥) perry.

Mostrich ['mɔstriç] m (-[e]s) mustard; → Senf.

Motel [mo'tel] n (-s; -s) motel.

Motette [mo'tetə] f (-; -n) motet.

Motion [motsi'oːn] f (-; -en) motion.

Motiv [mo'tiːf] n (-s; -e) motive; reason; → Antrieb; mus., paint. motif, film, etc., a. mus. theme; ~**forschung** f motivation research.

motivier|en [moti'viːrən] v/t. (h.) motive, motivate; → begründen, rechtfertigen; ⚥**ung** f (-; -en) motivation; plea.

Motor ['moːtɔr] m (-s; -'toren) engine, esp. el. motor (a. fig.); mit abgestelltem (arbeitendem) ~ power off (on); ~**anlaßschalter** m motor-starting switch; ~**anlasser** m starter; ~**aufhängung** f engine suspension; ~**ausfall** m engine failure, breakdown; ~**barkasse** f motor launch; ~**block** m engine block; ~**boot** n motor-boat; ~**bremse** f engine brake; ~**defekt** m engine (el. motor) failure or defect; ~**drehzahl** f engine (el. motor) speed; ~**enlärm** m noise (or roar) of engines; ~**enschlosser** m mechanic; ~**fahrzeug** n motor vehicle; ~**gehäuse** n crankshaft housing; el. motor casing; ~**geräusch** n engine noise; ~**haube** f bonnet, Am. hood; aer. (engine) cowl.

mo'torisch adj. motor-operated; anat. ~er Nerv motor (nerve).

motorisier|en [motori'ziːrən] v/t. (h.) motorize, mil. mechanize; ⚥t adj. motorized, mobile; ⚥**ung** f (-) motorization; mechanization.

'**Motor**...: ~**leistung** f engine (or motor) output (or performance, power); ⚥**los** adj. motorless; ~**öl** n motor oil; ~**pflug** m motor plough, Am. plow; ~**pumpe** f power pump; ~**rad** n motor-cycle, motor-bike; ~ mit Beiwagen motor-cycle with sidecar; ~**radfahrer** m motor-

cyclist; ~**raum** m engine compartment; ~**roller** m motor scooter; ~**säge** f power saw; ~**schaden** m engine trouble or failure; breakdown; ~**schiff** n motor ship; ~**sport** m motoring; ~**spritze** f motor fire engine; ~**störung** f engine trouble; ~**triebwagen** m rail motor car; ~**wagen** m motor car; ~**wechsel** m engine replacement; ~**welle** f motor (or main) shaft.

Motte ['mɔtə] f (-; -n) moth; colloq. fig. funny bird, character.

'**Motten**...: ~**fraß** m damage done by moths; ~**kiste** f: e-e alte Geschichte aus der ~ holen dust off an old legend; ~**schaden** m → Mottenfraß; ⚥**sicher** adj. mothproof; ~**pulver** n insect-powder, insecticide; ⚥**zerfressen** adj. moth-eaten.

Motto ['mɔto] n (-s; -s) motto.

moussieren [mu'siːrən] v/i. (h.) effervesce, sparkle, fizz.

Möwe ['møːvə] f (-; -n) (sea-)gull.

Mucke ['mukə] f (-; -n) whim, caprice; fig. die Sache hat ihre ~n there is a hitch to it, the matter has its snags; er hat so s-e ~n he has his little moods; der Motor hat ~n Am. sl. the engine's got the bugs.

Mücke ['mykə] f (-; -n) gnat, midge, mosquito; aus e-r ~ einen Elefanten machen make a mountain out of a molehill.

'**mucken** v/i. (h.) fig. grumble, rebel; nicht gemuckt! not another word!; ohne zu ~ without a murmur.

'**Mücken**...: ~**netz** n, ~**schleier** m mosquito net; ~**schwarm** m swarm of gnats; ~**stich** m gnat-bite.

'**Mucker** m (-s; -), ~**in** f (-; -nen) bigot, hypocrite; sneak; ⚥**haft** adj. sanctimonious, canting; ⚥**tum** n (-s) cant, hypocrisy, bigotry.

Mucks [muks] m (-es; -e): keinen ~ tun not to budge (or move), be as silent as a mouse.

'**mucksen** v/i. (h.) and sich ~ stir, move, budge; → Mucks.

müde ['myːdə] adj. weary, tired, fatigued, exhausted; weak and weary; zum Umfallen ~ fit to drop, deadbeat; ~ machen tire out, fatigue, weary; (bei) e-r Sache ~ werden grow weary (or get tired) of a th.; ich bin es jetzt ~ I have had enough of it.

'**Müdigkeit** f (-) weariness, fatigue, exhaustion; lassitude.

Muff [muf] m (-[e]s) muff; '~**e** tech. f (-; -n) sleeve, socket; coupling-box; el. sealing-box.

Muffel ['mufəl] 1. chem., tech. f (-; -n) muffle; 2. colloq. m (-s; -) sourpuss.

'**muffeln** v/t. and v/i. (h.) munch; mumble; be cross, sulk; smell (bad).

'**Muffen**...: ~**kupplung** tech. f socket joint; ~**rohr** n socket pipe; ~**ventil** n sleeve-and-socket valve.

'**muffig** adj. musty, fusty; fig. sulky, sullen, huffy.

muh! [muː] of cow: moo!; '~**en** v/i. (h.) low.

Mühe ['myːə] f (-; -n) trouble, pains pl.; labo(u)r, toil; exertion, effort; difficulty; verlorene ~ waste of time (or energy); mit ~ und Not barely, with (great) difficulty;

(nicht) der ~ wert (not) worth while, (not) worth the trouble; *j-m ~ machen give (or cause)* a p. trouble; *sich mit et. ~ geben* take pains over or with a th.; *sich große ~ machen zu inf.* go to much trouble to *inf.*; *sich die ~ machen zu inf.* bother to *inf.*, take it upon o.s. to *inf.*; *keine ~ scheuen* spare no effort or pains; *geben Sie sich keine ~! don't bother!; iro. you are wasting your time!*; ♀los I. *adj.* effortless, easy, without trouble; II. *adv.* easily, with (effortless) ease; ~losigkeit *f* (-) ease, easiness, facility; ♀n (-): *sich ~ take pains*; work hard, toil (and moil), exert o.s.; ♀voll *adj.* troublesome, hard; laborious; ~waltung ['-valtuŋ] *f* (-; -en) trouble, efforts *pl.*; care; *besten Dank für Ihre ~* thanks for all the trouble you have taken or for your friendly co-operation.

Mühl|bach ['my:l-] *m* mill-brook; ~e *f* (-; -n) mill; *w.s. a.* crusher, grinder; → *Wasser*; ~enfabrikat *n* milling product; ~gang *m* run of (mill-)stones; ~graben *m* mill race; ~rad *n* mill-wheel; ~stein *m* millstone; ~teich *m* mill-pond.

Muhme ['mu:mə] *f* (-; -n) 1. aunt; 2. (female) cousin.

Mühsal ['my:zɑ:l] *f* (-; -e) toil, trouble; drudgery; hardship; strain.

'**müh|sam, ~selig I.** *adj.* toilsome, troublesome; laborious; tiresome, irksome; difficult, hard, tough; II. *adv.* laboriously; with difficulty; *sich ~ erheben* struggle to one's feet; ♀seligkeit *f* troublesomeness, (great) difficulty; toil; hardship.

Mulatt|e [mu'latə] *m* (-n; -n), ~in *f* (-; -nen) mulatto.

Mulde ['muldə] *f* (-; -n) trough, tray; depression, hollow; *(valley)* trough, basin; ~nblei *n* pig lead; ♀nförmig ['-nfœrmiç] *adj.* trough-shaped; ~nkipper *mot. m* trough-tipping car, *Am.* dump-truck.

Mull [mul] *m and n* (-[e]s; -e) mull.

Müll [myl] *m* (-[e]s) dust, rubbish, refuse, *Am.* garbage; ~abfuhr *f* refuse (*Am.* garbage) disposal; ~abfuhrwagen *m* dust-cart, refuse waggon, *Am.* garbage (disposal) truck.

'**Mullbinde** *f* mull (or gauze) bandage.   [bage pail.}

'**Müll-eimer** *m* dustbin, *Am.* gar-}

Müller ['mylər] *m* (-s; -) miller.

'**Müll...: ~fahrer** *m* dustman, *Am.* garbageman; ~grube *f* dust-hole, ash-pit; ~haufen *m* rubbish heap; ~kasten *m* dustbin, *Am.* garbage can; ~kutscher *m* → *Müllfahrer*; ~platz *m* refuse pit, *Am.* (garbage) dump; ~schaufel *f* dustpan, *Am.* garbage pan; ~schlucker *m* waste-disposer; ~verbrennungsofen *m* incinerator; ~wagen *m* → *Müllabfuhrwagen*.

mulmig ['mulmiç] *adj.* dusty, mo(u)ldy, rotten; *fig.* precarious, ticklish; uneasy.

Multiplikation [multiplikatsi'o:n] *f* (-; -en) multiplication; **Multiplikator** [-'ka:tɔr] *m* (-s; -'toren) multiplier; **multipli'zieren** *v/t.* (h.) multiply (*mit* by).

Multimillionär(in *f)* *m* multi-millionaire.

Mumie ['mu:miə] *f* (-; -n) mummy; ♀nhaft *adj.* mummified.

mumifizieren [mumifi'tsi:rən] *v/t.* (h.) mummify.

Mumm [mum] *colloq. m* (-s): ~ (*in den Knochen*) spunk, *sl.* guts.

Mummelgreis ['muməl-] *colloq. m* old fogey.

Mummenschanz ['mumənʃants] *m* (-es), **Mumme'rei** *f* (-; -en) mummery, masquerade.

Mumpitz ['mumpits] *colloq. m* (-es) (stuff and) nonsense, rubbish, bosh, balderdash.   [mumps.}

Mumps [mumps] *med. m* (-)}

Mund [munt] *m* (-[e]s; ⁼er) mouth; *tech. a.* muzzle; opening, orifice; *anat.* stoma; *offenen ~es* open-mouthed, agape; *wie aus e-m ~e* as one man, in a body; *~ und Nase aufsperren* stand gaping, be dumbfounded *or* flabbergasted; *aus dem ~e riechen* have a bad breath; *den ~ halten* hold one's tongue; shut up; *reinen ~ halten über et.* keep a th. a secret (*or* under one's hat), keep mum (*or* one's peace) about a th.; *den ~ vollnehmen* talk big; *et. ständig im ~e führen* talk constantly about a th.; *j-m et. in den ~ legen* suggest a th. to a p., give a p. the cue; *j-m nach dem ~e reden* chime in with a p., *w.s.* fawn upon (*or* butter up) a p.; *j-m über den ~ fahren* cut a p. short; *in aller ~e sein* be on all tongues; *nicht auf den ~ gefallen sein* have a ready (*or* glib) tongue, → *schlagfertig; fig. sich den ~ verbrennen* put one's foot in it; *Sie nehmen mir das Wort aus dem ~e!* that's just what I was going to say!, → *Blatt, Maul, wässerig, etc.*; ~art *f* dialect; ♀artlich *adj.* dialectical; ~er Ausdruck dialectism; ~atmung *f* mouth-breathing.

Mündel ['myndəl] *m, n* (-s, -), *f* (-; -n) ward; ~gelder ['-gɛldər] *n/pl.* trust money *sg.*; ♀sicher *adj.* absolutely safe; ~e *Anlage* trustee (*Am.* eligible) investment; ~e *Papiere* gilt-edged securities, *Am.* trust (fund) investments.

munden ['mundən] *v/i.* (h.) taste good, be delicious, tickle the palate; *es mundet mir* I like it.

münden ['myndən] *v/i.* (h.): *in (acc.)* lead to, end in; *river:* fall (*or* flow, empty) into; *road:* run into.

'**Mund...: ♀faul** *adj.* too lazy to speak, taciturn; ~fäule *med. f* ulcerative stomatitis; ♀gerecht *adj.* palatable; *fig. j-m et. ~ machen* make a th. patalable for a p.; ~geruch *m* (-[e]s) breath-odo(u)r; *übler ~* bad breath, halitosis; ~harmonika *f* mouth-organ; ~höhle *f* oral cavity.

mündig ['myndiç] *jur. adj.*: ~ sein be of age (*or* a major); ~ werden become of age, attain majority; ♀keit *f* (-) full age, majority; ~sprechen *v/t.* (*irr.*, h.) declare *a p.* of age.

mündlich ['myntliç] I. *adj.* oral, verbal; personal; *jur.* ~e *Verhandlung* oral hearing; ~e *Vernehmung or* ~e *Vertrag* verbal (*or viva voce*) agreement; II. *adv.* orally, *etc.*; by word of mouth.

'**Mund...: ~pflege** *f* dental care, oral hygiene; ~raub *m* theft of food (for immediate consumption); ~schenk *m* cupbearer; ~sperre *med. f* lockjaw; ~stück *n* mouthpiece; nozzle; (cigarette) tip; *mit Gold♀* gold-tipped; ♀tot *adj.*: *j-n ~ machen* (reduce to) silence; *pol.* gag, muzzle; ~tuch *n* (table) napkin.

Mündung ['mynduŋ] *f* (-; -en) mouth (*a.* = opening); estuary; *anat., tech.* orifice; muzzle (*of gun*).

'**Mündungs...: ~bremse** *mil. f* muzzle brake; ~feuer *n* muzzle flash; ~geschwindigkeit *f* muzzle velocity.

'**Mund...: ~voll** *m* (-) mouthful; ~vorrat *m* provisions, victuals *pl.*; ~wasser *n* (-s; ⁼) mouth-wash, gargle; ~werbung *f* word-of-mouth advertising; ~werk *n* (-[e]s) mouth; *ein gutes ~ haben* have the gift of the gab; ~winkel *m* corner of the mouth; ~-zu-Mund-Wiederbelebung *f* mouth-to-mouth resuscitation.

Munition [munitsi'o:n] *f* (-; -en) ammunition (*a. fig.*).

Muniti'ons...: ~aufzug *m* ammunition hoist; ~bestand *m* ammunition on hand; ~bunker *m* ammunition bunker; ~fabrik *f* ammunition factory; ~kasten *m* ammunition box; ~kolonne *f* ammunition column; ~lager *n* (-s; -) ammunition depot (*or* dump); ~träger *m* ammunition bearer; ~wagen *m* ammunition car *or* wag(g)on.

munkeln ['muŋkəln] *v/i. and v/t.* whisper, rumo(u)r; *man munkelt* it is rumo(u)red, there are whispers.

Münster ['mynstər] *n and m* (-s; -) cathedral.

munter ['muntər] *adj.* awake; up (and doing), astir; *fig.* lively, sprightly, brisk, frisky; merry, gay, jolly, chipper; vigorous; *gesund und ~* hale and hearty, (as) fit as a fiddle; ~*!* look alive!; ♀keit *f* (-) liveliness, sprightliness, briskness; gaiety, (high) spirits; vigo(u)r.

Münz|e ['myntsə] *f* (-; -n) coin; change; medal; mint; *gangbare ~* current coin; *klingende ~* hard cash; *fig. et. für bare ~ nehmen* take a th. at its face-value (*or* for gospel truth); *j-m mit gleicher ~ heimzahlen* pay a p. back in his own coin; ~einheit *f* unit, standard of currency; ~einwurf *m* coin slot.

'**münz|en** *v/i.* (h.) coin, mint; *fig. das ist auf ihn gemünzt* that is meant for him; ♀en *n* (-s) coinage, mintage; ♀er *m* (-s; -) coiner; ♀fernsprecher *m* coin(-box) telephone, pay phone; ♀fuß *m* standard (of coinage); ♀gehalt *m* standard of alloy; ♀gesetz *n* Coinage Act; ♀kunde *f* (-) numismatics *pl.*; ~kundige(r *m) f* numismatist; ♀meister *m* mint-master; ♀recht *n* right of coinage; ♀sammlung *f* numismatic collection; ♀sorte(n *pl.) f* species of money; ♀stempel *f* die, minting stamp; ♀system, ♀wesen *n* (-s) monetary system; ♀verbrechen *n* counterfeiting; ♀zeichen *n* coiner's mark; ♀zusatz *m* alloy.

mürb [myrp], ~e ['myrbə] *adj.* tender; mellow; well-cooked; crisp, short, friable; brittle; *fig.* worn-out, weary, *mil.* softened-up, demoralized; ~ *machen* curb, wear down, break *a p.'s* resistance, *mil.* soften up; ~ *werden* give in; ⸰gebäck *n* short pastry; ⸰kuchen *m* shortcake; '⸰heit *f* (-) mellowness, *etc.*, → *mürb.*

Murks [murks] *colloq. m* (-es), '⸰en *v/i.* (h.) bungle, botch.

Murmel ['murməl] *f* (-; -n) marble; ~laut *m* neutral vowel; ⸰n *v/i. and v/t.* (h.) murmur, mutter; ~n *n* (-s) murmur; ~tier *n* marmot, *Am.* wood chuck; *fig. schlafen wie ein* ~ sleep like a top.

murren ['murən] *v/i.* (h.) grumble (*über acc.* at), *Am. a.* grouch; ⸰ *n* (-s) grumbling.

mürrisch ['myriʃ] *adj.* sullen, surly, morose; grumpy, *Am. a.* grouchy.

Mus [mu:s] *n* (-es; -e) pap; stewed fruit, fruit sauce; jam; marmalade; *colloq. fig. zu* ~ *schlagen* beat to a pulp.

Muschel ['muʃəl] *f* (-; -n) *zo.* **a)** mussel, **b)** shell-fish, **c)** shell, conch; → *Ohrmuschel; teleph.* earpiece; ~bank *f* shell-bank; ~bein *anat. n* (-[e]s) turbinate bone; ⸰förmig ['-fœrmiç] *adj.* mussel-shaped; ~kalk *m* shell-lime (stone); ~schale *f* shell, conch; ~tier *n* shell-fish, mollusc.

Muse ['mu:zə] *f* (-; -n) Muse; *fig. leichte* ~ light entertainment, lightly draped Muse.

Muselmann ['mu:zəl-] *m* (-[e]s ⸰er) Mussulman.

'**Musensohn** *m* son of the Muses; poet; student.

Museum [mu'ze:um] *n* (-s; -een) museum.

Musik [mu'zi:k] *f* (-) music; band (of musicians); ~ *machen* make music, play; *in* ~ *setzen* set to music; *die* ~ *schreiben zu (dat.)* compose the music to.

Musikalien [muzi'ka:liən] *pl.* (pieces of) music; ~handlung *f* music-shop.

musi'kalisch *adj.* musical; ~*er Hintergrund* incidental music.

Musikant [muzi'kant] *m* (-en; -en) musician; ~enknochen *colloq. m* funny bone.

Mu'sik...: ~automat *m* record--machine, music (*or* juke-)box; ~begleitung *f* (musical) accompaniment; ~direktor *m* chief conductor; ~drama *n* music drama.

Musiker ['mu:zikər] *m* (-s; -) musician.

Mu'sik...: ~freund(in *f*) *m* music lover; ~(hoch)schule *f* conservatoire, *Am.* conservatory; ~instrument *n* musical instrument; ~kapelle *f*, ~korps *n* band; ~lehrer(in *f*) *m* music-teacher; ~pavillon *m* bandstand; ~schrank *m* music cabinet, *Am.* radio-phonograph (cabinet); ~stück *n* piece of music; ~stunde *f* music-lesson; ~truhe *f* → *Musikschrank*; ~unterricht *m* instruction in music; ~veranstaltung *f* musical performance; ~verleger *m* music-publisher; ~werk *n* (musical) composition; ~wissenschaft *f* (-) musicology; ~zug *m* band.

Musikus ['mu:zikus] *m* (-; -sizi) musician.

musisch ['mu:ziʃ] *adj. person:* fond of the fine arts; *matter:* concerned with the fine arts.

musizieren [muzi'tsi:rən] *v/i.* (h.) make music, play (the piano, *etc.*).

Muskat [mus'ka:t] *m* (-[e]s; -e) nutmeg; ~blüte *f* mace.

Muskateller [muska'tɛlər] *m* (-s; -) muscatel (wine); ~birne *f* musk--pear; ~traube *f* muscatel grape.

Mus'katnuß *f* nutmeg.

Muskel ['muskəl] *m* (-s; -n) muscle; ~anstrengung *f* muscular exertion; ~faser *f* muscular fib|re, *Am.* -er; ~kater *m* (-s) sore muscles *pl.*, myalgia; ~kraft *f* muscular strength; ~mensch *m*, ~protz *m* muscle man, muscles; ~riß *m* ruptured muscle; ~schwund *m* muscular atrophy; ~zerrung *f* pulled muscle; *sich e-e* ~ *zuziehen* pull a muscle.

Muskete [mus'ke:tə] *mil. f* (-; -n) musket; **Musketier** [-ke'ti:r] *m* (-s; -e) musketeer.

Musku|latur [muskula'tu:r] *f* (-; -en) muscular system, muscles *pl.*; ⸰lös [-'løːs] *adj.* muscular.

Muß [mus] *n* (-): *es ist ein* ~ *it is a must*; '~bestimmung *jur. f* mandatory clause.

Muße ['mu:sə] *f* (-) leisure; spare time; *mit* ~ *at* (one's) leisure; *in compounds* ~... spare *hours, etc.*

Musselin [musə'li:n] *m* (-s; -e) muslin.

müssen ['mysən] *v/i. and v/aux.* (*irr.*, h.) have to; be obliged (*or* compelled, forced) to; be bound to; *ich muß* I must; *ich mußte* I had to; *ich werde* ~ I shall have to; *ich müßte (eigentlich)* I ought to; *ich muß nicht hingehen* I need not (*or* I don't have to) go; *ich muß Sie bitten* I must ask you; *er muß verrückt sein* he must be mad; *er muß es gewesen sein* it must have been he *or* him; *warum mußten Sie das sagen?* what made you say that?; *das müßte sogleich geschehen* that ought to be done at once; *sie* ~ *bald kommen* they are bound to come soon; *der Zug müßte längst hier sein* the train is overdue; *ich mußte (einfach) lachen* I could not help laughing; *er hätte hier sein* ~ he ought to have been here; *da muß ich ausgerechnet ein Bein brechen* what must I do but break a leg?; *da muß er mich mit seinen Sorgen belästigen* he must come worrying; *muß das (wirklich) sein?* is that really necessary?; *wenn es (unbedingt) sein muß* if it can't be helped; *eine Frau, wie sie sein muß* **a)** a pattern of a woman, **b)** a model wife.

'**Mußstunde** *f* leisure-hour, spare hour.

müßig ['my:siç] *adj.* idle; superfluous; useless, futile, vain; ~*e Gedanken* idle thoughts; ~*es Gerede* idle (*or* useless) talk; *er war nicht* ~ he let no grass grow under his feet; ⸰gang *m* (-[e]s) idleness, laziness; ~ *ist aller Laster Anfang* idleness is the parent of vice; ~gänger(in *f*) ['-gɛŋər-] *m* (-s, -; -, -nen) idler, loafer; lazybones.

mußte ['mustə] *pret. of müssen.*

Muster ['mustər] *n* (-s; -) model; *tech. a.* type; pattern (*a. psych.*); *of wallpaper, etc.*: pattern, design; specimen, pattern, sample; standard; example, model, paragon; ~ *ohne Wert* sample of no value; *fig. ein* ~ *von* a model (*or* pattern) of (*a housewife, etc.*); *nach dem* ~ *von* after the pattern of, on the line(s) of, patterned after; *nach e-m* ~ *arbeiten* work from a pattern; ~beispiel *n* (typical) example (*für* of); ~betrieb *m* model plant; ~bild *n* paragon, ideal; ~buch *econ. n* book of patterns; ~exemplar *n* sample (*or* specimen) copy; ~gatte *m* model husband; ⸰gültig, ⸰haft **I.** *adj.* exemplary, model, standard; a model (*or* pattern) of; ideal, perfect, excellent; **II.** *adv.*: *sich* ~ *benehmen* behave perfectly, be on one's best behavio(u)r; ~haftigkeit *f* (-) exemplariness, exemplary *or* model behavio(u)r, *etc.*; ~karte *econ. f* show-card; ~klammer *f* paper-fastener; ~knabe *m* model boy, paragon, *contp.* prig; ~koffer *m* sample-bag; ~kollektion *econ. f* range of samples; → ~sammlung; ~lager *n econ.* stock of samples; showroom; *mil., etc.* model camp; ⸰n *v/t.* (h.) examine (critically); inspect, (pass in) review; *j-n* ~ eye a p., size a p. up; *mil.* **a)** muster (recruits), **b)** inspect, review (troops); *tech.* figure, pattern (cloth, *etc.*); → *gemustert*; ~prozeß *jur. m* test case; ~sammlung *f* collection of samples; specimen collection; ~schüler(in *f*) *m* model pupil, *contp.* swot; ~schutz *m* trade--mark· protection; registration of designs; ~schutzrecht *n* copyright in (a) design; ~stück *n* model, pattern, specimen.

'**Musterung** *f* (-; -en) examination, inspection; scrutiny; *mil.* muster(ing) (*of recruits*), review (*of troops*); ~sbescheid *m* order to report at recruiting station; ~s-kommission *f* examination (*Am.* draft-)board.

'**Muster...:** ~wirtschaft *f* model farm; ~zeichner(in *f*) *m* pattern--drawer, designer; ~zeichnung *f* pattern, design.

Mut [mu:t] *m* (-[e]s) courage; spirit, heart; pluck; daring; gallantry, prowess, valo(u)r; resoluteness; fortitude; *angetrunkener* ~ Dutch courage; ~ *fassen* summon (*or* pluck) up courage, take heart, nerve o.s.; *j-m* ~ *machen* fill (*or* inspire) a p. with courage, encourage a p.; *j-m neuen* ~ *einflößen* reassure a p.; lift up a p.'s head; *j-m den* ~ *nehmen* discourage (*or* dishearten) a p.; *den* ~ *sinken lassen* lose courage *or* heart, be discouraged, despair; *den* ~ *nicht verlieren* bear up, keep up one's courage; *ihn verließ der* ~ his heart failed him; *guten* ~*es sein* be of good cheer; *nur* ~! cheer up!; *pluck up!*, never say die!; → *zumute*.

Mutation [mutatsi'oːn] *biol. f* (-; -en) mutation; **mu'tieren** *v/i.* (h.) mutate; *voice:* break.

Mütchen ['my:tçən] *n* (-s): *sein* ~

kühlen an (dat.) vent one's anger (or spite) on.

'**mutig** adj. courageous, plucky, game; daring; gallant.

'**Mut...:** ⌃los adj. discouraged, disheartened; despondent; ⌃losigkeit f (-) discouragement; despondency, dejection; despair; ⌃maßen ['-maː-sən] v/t. (h.) guess, suppose, presume, surmise, speculate, conjecture; ⌃maßlich ['-maːsliç] adj. probable, presumable; supposed, esp. jur. putative; apparent; → Erbe; ⌃maßung ['-maːsuŋ] f (-; -en) conjecture (über acc. about), supposition, surmise, speculation; suspicion; bloße ⌃en mere speculation, mere guesswork sg.

Mutter ['mutər] f (-; ⸚) mother; progenitress; zo. dam; tech. nut; eccl. die ⌃ Gottes the Holy Virgin, the Madonna; fig. ⌃ Erde mother earth; bei ⌃ Grün schlafen sleep in the open (air); wie eine ⌃ motherly; sich ⌃ fühlen feel o.s. with child; werdende ⌃ expectant mother.

Mütterberatungsstelle ['mytər-] f child welfare centre, Am. maternity center.

'**Mutter...:** ⌃boden m native soil; physiol. parent tissue, matrix; ⌃brust f mother's breast.

'**Mütterchen** n (-s; -) little mother, mummy; w.s. good old woman.

'**Mutter...:** ⌃erde f (-) garden mo(u)ld; fig. native soil; ⌃freuden f/pl. maternal joy sg.; ⌃fürsorge f maternity welfare; ⌃gesellschaft econ. f parent company; ⌃gestein n parent rock, matrix; ⌃gewinde tech. n female thread; ⌃gottesbild n image of the Holy Virgin, Madonna.

'**Mütterheim** n maternity home.

'**Mutter...:** ⌃herz n mother's heart; ⌃instinkt m maternal instinct; ⌃kalb n heifer calf; ⌃kind n spoilt child; contp. sissy, softy; ⌃kirche f (-) mother-church; ⌃korn bot. n (-[e]s; -e) ergot; ⌃kraut bot. n feverfew; ⌃kuchen anat. m placenta; ⌃lamm n ewe-lamb; ⌃land n mother-country; ⌃lauge f mother-liquor; ⌃leib m womb; vom ⌃e an from one's birth.

mütterlich ['mytərliç] adj. motherly; maternal; ⌃erseits ['-ərzaits] adv. on (or from) the mother's side; maternal (uncle); ⌃keit f (-) motherliness.

'**Mutter...:** ⌃liebe f motherly love; ⌃los adj. motherless; ⌃mal n birth-mark, mole; ⌃milch f mother's milk; mit ⌃ genährt breast-fed; fig. mit der ⌃ einsaugen imbibe from one's (earliest) infancy; ⌃mord, ⌃mörder(in f) m matricide; ⌃mund anat. m (-[e]s) orifice of uterus, os uteri; ⌃pferd n mare; ⌃pflicht f maternal (or mother's) duty; ⌃schaf n ewe; ⌃schaft f (-) maternity, motherhood; ⌃schiff n mother ship; tender; ⌃schlüssel tech. m (nut) spanner, Am. nut wrench; ⌃schmerz med. m hysteralgia; ⌃schoß m (-es) mother's lap; ⌃schraube f female screw, nut; ⌃schutz m protection of motherhood; ⌃schwein n sow; ⌃seelenallein adj. all (or utterly) alone; ⌃söhnchen n mother's darling, molly(-coddle), Am. a. mama boy; ⌃spiegel med. m uterine speculum; ⌃sprache f mother tongue, native language; ⌃stelle f (-): ⌃ vertreten bei j-m be like a (or a second) mother to a p.; ⌃tag m Mother's Day; ⌃tier n zo. dam;

biol. → Mutterzelle; ⌃trompete anat. f Fallopian tube; ⌃uhr f master clock; ⌃witz m (-es) mother-wit, gumption; ⌃zelle f mother (or parent) cell.

Mutti ['muti] colloq. mummy.

Mutung ['muːtuŋ] f (-; -en) mining: claim.

'**Mut...:** ⌃wille m (-ns) frolicsomeness, playfulness; devilry; waggishness; mischievousness; b.s. wantonness; malice; ⌃willig I. adj. frolicsome, rollicking, playful, kittenish; mischievous; waggish, roguish; b.s. wanton; malicious; wilful; II. adv. playfully, etc.; ⌃ ins Verderben rennen rush blindly (or headlong) into destruction.

Mütze ['mytsə] f (-; -n) cap; ⌃n-schirm m peak.

Myriade [myri'aːdə] f (-; -n) myriad.

Myrrhe ['myrə] f (-; -n) myrrh.

Myrte ['myrtə] f (-; -n) myrtle.

mysteriös [mysteri'øːs] adj. mysterious.

Mysterium [my'steːrium] n (-s; -ien) mystery.

Mystifi|kation [mystifikatsi'oːn] f (-; -en) mystification; ⌃zieren v/t. (h.) mystify, hoax.

'**Mystik** f (-) mysticism; ⌃er(in f) m (-s, -; -, -nen) mystic; '**mystisch** adj. mystical; person: mystic.

Mystizismus [-'tsismus] m (-) mysticism.

Myth|e ['myːtə] f (-; -n) myth, fable; ⌃isch adj. mythical; ⌃e Gestalt myth.

Mytho|log [myto'loːk] m (-en; -en) mythologist; ⌃logie [-lo'giː] f (-; -n) mythology; ⌃logisch [-'loːgiʃ] adj. mythological.

Mythus ['myːtus] m (-; -then) myth.

N

N, n [ɛn] n N, n.

na! [na] int. now!, then!, well!, Am. a. hey!; ⌃, ⌃! come, come!; gently!, (take it) easy!; ⌃ also! there you are!; ⌃ nu! well, I never!, I say!, what the hell?; ⌃, so (et)was! think of that!, dear, dear! Am. a. what do you know!; ⌃ und? what of it?, so what?; ⌃ warte! you just wait!

Nabe ['naːbə] f (-; -n) hub; of air- or ship-screw: boss.

Nabel (-s; -) m ['naːbəl] anat. navel, umbilicus; bot. hilum; ⌃binde f umbilical bandage; ⌃bruch med. m umbilical hernia; ⌃orange f navel-orange; ⌃schnur f, ⌃strang m umbilical cord.

'**Naben...:** ⌃bremse f hub brake; ⌃haube, ⌃kappe f mot. hub cap; aer. dome; ⌃sitz m wheel fit.

Nabob ['naːbɔp] m (-s; -s) nabob (a. fig.).

nach [naːx] I. prp. (dat.) **1.** direction, trend: after; (a. ⌃ ... hin cr zu) to (-wards); (bestimmt ⌃) for, bound for; ⌃ rechts to the right; ⌃ unten downwards (or downstairs); ⌃ oben upwards (or upstairs); ⌃ England

reisen go to England; ⌃ England abreisen leave for England; der Zug ⌃ London the train for London; das Schiff fährt ⌃ Australien the ship is bound for Australia; ⌃ Hause home; ⌃ jeder Richtung in every direction; room: ⌃ hinten (vorn) hinaus back (front), ⌃ der Straße hin facing the street; ⌃ Süden (Westen) to the South (West), southward (westward); ⌃ dem Arzte schicken send for the doctor; **2.** sequence, time: after, subsequent to, following; next to; past; at the end of; fünf Minuten ⌃ eins five minutes past one; genau ⌃ 10 Minuten exactly ten minutes later; ⌃ Ankunft (Erhalt) on arrival (receipt); econ. ⌃ Sicht at sight; from now on: ⌃ 20 Minuten in twenty minutes; ⌃ 20 Jahren twenty years from now; ⌃ e-m halben Jahr within six months; einer ⌃ dem anderen one by one; du kamst ⌃ mir you were behind me; der erste Mann ⌃ dem Präsidenten the first man next to the President; **3.** mode, measure, model: according to, in accordance (or conformity)

with; → gemäß; ⌃ s-m Aussehen to judge from his looks; ⌃ Bedarf as required; ⌃ dem Englischen from the English; ⌃ deutschem Geld in German money; ⌃ m-m Geschmack (to) my taste; ⌃ den bestehenden Gesetzen under existing laws; ⌃ dem Gewichte by the weight; meiner Meinung ⌃ in my opinion; ⌃ Musik dance to music; dem Namen ⌃ by name; ⌃ der Natur from nature; ⌃ Noten from music; der Reihe ⌃ in turn, by turns; riechen (schmecken) ⌃ smell (taste) of; ⌃ seiner Weise in his usual way; ⌃ bestem Wissen to the best of one's knowledge; **II.** adv. after, behind; mir ⌃! after me!; ⌃ und ⌃ gradually, by degrees, little by little; ⌃ wie vor now as before or ever, as usual, still.

'**Nach-achtung** f: zu Ihrer ⌃ for your guidance.

'**nach-äffen** v/t. and v/i. (h.) ape, mimic; → nachahmen; **Nach-äffe'rei** f (-; -en) aping, mimicry.

'**nach-ahm|en** ['-aːmən] v/t. and v/i. (h.) imitate, copy; simulate; → nachäffen, → nacheifern; counterfeit; ~enswert *adj.* worthy of imitation, exemplary; 2er(in *f*) *m* (-s, -; -, -nen) imitator, copyist, *contp.* aper; copy-cat; 2ung *f* (-; -en) imitation, copy(ing); → *Nachbildung*; counterfeit, fake; emulation; 2ungs-trieb *m* imitative instinct.

'**Nach-arbeit** *f* afterwork; *tech.* retouching, refinishing, subsequent machinery; repair, maintenance; 2en *v/t.* (h.) copy; work from a pattern; touch up, refinish, recondition; make up for (*lost time*).

'**nach-arten** *v/i.* (sn): j-m ~ take after a p.

Nachbar ['naxbɑːr] *m* (-n; -n), ~in *f* (-; -nen) neighbo(u)r (*a. fig.*); next-door neighbo(u)r; ~dorf *n* neighbo(u)ring village; ~einheit *mil. f* adjacent unit; ~haus *n* neighbo(u)ring (*or* adjoining) house; im ~ next door; ~kanal *m* TV adjacent channel; ~land *n* neighbo(u)ring country; 2lich I. *adj.* neighbo(u)rly (*spirit*, *etc.*); neighbo(u)ring (*garden*, *etc.*); II. *adv.*: ~ verkehren mit (*dat.*) be *or* live on neighbo(u)rly terms with; ~schaft *f* (-; -en) neighbo(u)rhood (*a. fig. and collect.* = neighbo(u)rs *pl.*); vicinity, proximity; gute ~ halten be on friendly terms with one's neighbo(u)rs; ~zimmer *n* adjoining room.

'**Nachbau** *tech. m* (-[e]s; -ten) copying, reproduction, duplication; construction under licen|se, *Am.* -ce.

'**Nach-be-arbeitung** *f* dressing.

'**Nachbehandlung** *f* med. after--treatment; *tech.* subsequent treatment.

'**nachbessern** *v/t.* (h.) improve (upon), mend; touch up.

'**nachbestell|en** *v/t.* (h.) repeat one's order (et. for a th.); order some more of (*or* a fresh supply of) a th.; 2ung *f* repeat(-order), second order (*gen.* for a th.).

'**nachbet|en** *v/i. and v/t.* (h.) *fig.* repeat mechanically, echo, parrot; 2er(in *f*) *m* (-s, -; -, -nen) thoughtless repeater, parrot.

'**nachbewilligen** *v/t.* (h.) grant (*or* vote) subsequently *or* additionally.

'**nachbezahl|en** *v/t. and v/i.* (h.) pay afterwards; pay the rest (of); 2ung *f* subsequent payment.

'**Nachbild** *n* copy; after-image; 2en *v/t.* (h.) copy, imitate, duplicate, reproduce; counterfeit; ~ung *f* copy, imitation, reproduction; genaue ~ facsimile, replica; *tech.* mock-up; dummy *tank*, *etc.*

'**nachbleiben** *v/i.* (irr., sn) remain (*or* lag) behind; *ped.* be kept in.

'**nachblicken** *v/i.* (h.) (*dat.*) look after, follow with one's eyes.

'**Nachblutung** *med. f* secondary h(a)emorrhage, after-bleeding.

'**nachbrennen** *v/i.* (irr., h.) smolder, burn again; 2 *n* (-s) *rocketry*: afterburning; *of ammunition*: hang-fire.

'**nachbringen** *v/t.* (irr., h.) supply (subsequently), supplement.

'**Nachbürge** *m* collateral surety.

'**nachdatieren** *v/t.* (h.) postdate.

nach'dem I. *adv.* afterwards, after that, subsequently; II. *cj.* 1. after, when; ~ sie das gesagt hatte, ging sie after she had (*or* having) said

that, she left; 2. (je) ~ according as, depending on, that depends on how *he will act*; je ~ (*es sich trifft*) as the case may be, according to (the) circumstances; as it turns out, it (all) depends.

'**nachdenk|en** *v/i.* (irr., h.) think (*über acc.* over, about); reflect, muse, meditate (on); ponder, *Am.* mull (over); *scharf* ~ do some hard thinking; *denk mal nach!* think it over!, try and think back!; 2en *n* (-s) reflection, meditation; (deep) thought; musing, contemplation; ponderation; ~lich *adj.* meditative, reflective, contemplative (*a. book*, *etc.* = thought-provoking); pensive, thoughtful; lost in thought; j-n ~ machen *or* stimmen set a p. thinking, bemuse a p.

'**Nachdichtung** *f* adaptation, free version *or* rendering.

'**nachdrängen** *v/i.* (h.) (*dat.*) press (*or* crowd, push) after; pursue closely, *mil.* follow up.

'**Nachdruck** *m* 1. (-[e]s) stress, emphasis; energy, vigo(u)r, force; *mit* ~ emphatically; energetically; ~ legen auf (*acc.*) lay stress on, stress, emphasize; 2. (-[e]s; -e) *typ.* reprint, reproduction; *b.s.* piracy; pirated edition; ~ verboten all rights reserved; 2en *v/t.* (h.) reprint; *b.s.* pirate.

nachdrücklich ['-dryklɪç] I. *adj.* emphatic(ally *adv.*), energetic(ally *adv.*); forcible; positive, affirmative; II. *adv.*: et. ~ empfehlen urge a th.; et. ~ verlangen insist on a th., make a point of a th.; er riet ~ davon ab he strongly advised against it.

'**Nachdrucksrecht** *n* copyright.

'**nachdrucksvoll** *adj. and adv.* → *nachdrücklich*.

'**nachdunkeln** *v/i.* (sn) *colours*: darken, deepen.

'**Nach-eifer|er** *m* emulator; 2n *v/i.* (h.) (*dat.*) emulate; vie (*or* compete) with; ~ung *f* (-) emulation.

'**nach-eilen** *v/i.* (sn) (*dat.*) hasten (*or* run) after; *el.* lag.

'**nach-einander** *adv.* one after another, successively; by (*or* in) turns; *drei Tage* ~ for three days running.

'**nach-empfinden** *v/t.* (h.) have (a) feeling for; interpret with a sensitive artistic understanding.

Nachen ['naxən] *m* (-s; -) boat, skiff, barge.

'**Nach-erbe** *m* reversionary heir; j-m als ~n zufallen revert to a p.; ~nrecht *n* (right of) reversion.

'**Nach-ernte** *f* aftercrop; aftermath.

'**nach-erzähl|en** *v/t.* (h.) repeat; retell; *dem Englischen nacherzählt* adapted from the English; 2ung *f* repetition; adaptation; reproduction.

'**nach-exerzieren** *v/i.* (h.) do extra drill (*or* P.E. work).

Nachfahr ['-fɑːr] *m* (-s; -en) descendant.

'**nachfahren** *v/i.* (irr., sn) (*dat.*) drive after; go after, follow (in a car, by train, *etc.*).

'**nachfärben** *v/t.* (h.) re-dye, colo(u)r again, redip.

'**nachfassen** I. *v/t.* (h.) *mil.* get a

second helping of; II. *v/i. econ.* follow up.

Nachfaßschreiben ['-fas-] *econ. n* follow-up letter.

'**Nachfeier** *f* after-celebration.

'**nachfeilen** *v/t.* (h.) *tech.* file over; *fig.* retouch, polish.

'**Nachfolge** *f* succession; *fig.* emulation; ~ *Christi* Imitation of Christ; 2n *v/i.* (sn) (*dat.*) follow; succeed (j-m im Amt a p. in his office); *fig.* emulate, follow the example (*or* in the steps) of; 2nd *adj.* following; named below; im ~en in the following, *jur. a.* hereinafter; ~organisation *f* successor organization; ~r(in *f*) *m* (-s, -; -, -nen) follower; successor (in office); → *Rechts*2.

'**nachforder|n** *v/t.* (h.) demand (*or* charge) extra; claim subsequently, enter a subsequent claim on; 2ung *f* extra charge; afterclaim.

'**nachforsch|en** *v/i.* (h.) investigate, inquire (*dat.* into); make inquiries, conduct an investigation; 2ung *f* investigation, inquiry, search; ~en *anstellen* → *nachforschen*.

'**Nachfrage** *f* inquiry; *econ.* demand, call, market (*nach* for); *starke* ~ *a.* rush (for); *die* ~ *nach ... ist gering ...* is little in demand; 2n *v/i.* (h.) (*nach*) inquire *or* ask (after).

Nachfrist *f* extension (of time), respite.

'**nachfühlen** *v/t.* (h.): j-m et. ~ feel (*or* sympathize) with a p.; understand (*or* enter into) a p.'s feelings.

'**nachfüllen** *v/t.* (h.) fill up, refill, replenish.

'**Nachgang** *econ. m*: im ~ zu unserem *Schreiben vom* referring to our letter of.

'**nach...:** ~geben *v/i.* (irr., h.) (*dat.*) give way (to), *thing*: give; relax, slacken; *fig.* give in, yield (to), comply (with), come round, cave in; indulge *or* humo(u)r a p.; j-m nichts ~ → *nachstehen*; *econ. prices*: give way, decline, slacken; ~geboren *adj.* posthumous; 2gebühr *f* surcharge, excess postage; ~geburt *med. f* afterbirth, placenta; ~gehen *v/i.* (irr., sn): j-m ~ follow (*or* go after) a p.; *e-m Beruf*: pursue (a *trade*); attend to (*business*); indulge in (*one's hobbies*, *etc.*); seek, pursue (*pleasure*); investigate, look into, trace, check, follow *a matter* up; *watch*: be slow, lose; *die Sache geht ihm nach* he can't get over it, it preys on his mind; ~gelassen *adj.* posthumous (*works*); ~gemacht *adj.* counterfeit; false, fake, bogus, *Am. sl.* phon(e)y; artificial, *before su.*: imitation; ~genannt *adj.* undermentioned; ~ge-ordnet *adj.* subordinate(d); ~gerade *adv.* by this time, by now; gradually; really; ~geschaltet ['-gəʃaltət] *tech. adj.*: ~es Steuergerät rear-position control valve; 2geschmack *m* (-[e]s) after-taste; ~gewiesenermaßen *adv.* as has been proved *or* shown. **nachgiebig** ['-giːbɪç] *adj.* elastic, flexible, pliable (*all a. fig.*); yielding, compliant, complaisant; forbearing, indulgent (*gegen* to [-wards]); *econ. prices*, *etc.*: soft, declining; 2keit *f* (-) flexibility;

yieldingness, complaisance; indulgence.

'nach...: ~gießen I. v/t. (irr., h.) fill up, refill; add; II. v/i. add more; ~glühen I. v/i. (sn) smolder, glow again; II. v/t. (h.) tech. temper, reanneal; ~graben v/i. (irr., h.) dig up; ~grübeln v/i. (h.) (dat., über acc.) ponder or brood (over), muse (on); ℒhall m echo; resonance, reverberation; ~hallen v/i. (h.) echo, resound, a. tech. reverberate; ~haltig adj. lasting, enduring; effective, vigorous, strong; persistent, sustained (efforts); ~hängen v/i. (irr., h.) (dat.) give o.s. up to a th., indulge in; s-n Gedanken ~ give free play to one's thoughts, muse, be lost in thought; (be slow) hang back, lag behind; ℒhausegehen [-'hauzə-] n (-s): beim ~ on the way home; ~helfen v/i. (irr., h.) (dat.) help (on), assist, give a p. a lift or leg up; push a matter on.

nach'her adv. after that, afterwards; then, subsequently; later (on); bis ~! so long!, see you later!; ~ig adj. subsequent; following, ensuing; posterior.

'Nachhilfe f help, assistance, aid; ~lehrer m coach, private tutor; ~unterricht m (-[e]s) repetitional or private lesson(s pl.), coaching.

'nachhinken v/i. (sn) (dat.) limp (or hobble) after; fig. lag behind.

'Nachhol|bedarf ['-ho:l-] m (-[e]s) backlog (Am. pent-up) demand; ℒen v/t. (h.) fetch afterwards, bring up; make good, make up for.

'Nachhut f (-; -en) rear-guard; die ~ bilden bring up the rear (a. fig.); ~gefecht n rear-guard action.

'nach-impf|en med. v/t. (h.) reinoculate; revaccinate; ℒung f reinoculation; revaccination.

'nachjagen I. v/i. (sn) (dat.) chase, pursue; II. v/t. (h.) j-m e-e Kugel, ein Telegramm, etc.: send a bullet, wire, etc., after.

'Nachklang m resonance; fig. reminiscence; after-effect.

'nachklingen v/i. (irr., h.) (re-)echo, resound, linger in the ear.

Nachkomme ['-kɔmə] m (-n; -n) descendant; ~n pl. a. offspring, esp. jur. issue; ohne ~n without issue; ℒn v/i. (irr., sn) (dat.) follow; come up with, overtake; come (or join a p.) later; keep up (or pace) with; comply with, follow, obey (a demand); grant, comply with, accede to (a wish); meet (obligations); keep (promise); observe, adhere to (rules); ~nschaft f descendants pl., esp. jur. issue; posterity.

Nachkömmling ['-kœmliŋ] m (-s; -e) descendant; w.s. later child, Benjamin.

'Nachkriegs... postwar...; ~zeit f postwar period.

'Nachkur med. f after-treatment.

'nachladen v/t. (irr., h.) recharge.

Nachlaß ['-las] m (-sses; -lasse) remission (of claim, penalty); estate (of a deceased), assets pl., inheritance; literary bequest, posthumous works pl.; econ. reduction, abatement, allowance; rebate, discount; unter ~ von allowing, deducting; 'nachlassen I. v/t. (irr., h.) leave behind; devise, bequeath; loosen; relax, slacken; let go; et. im (or vom) Preise ~ make a reduction in the price; 10 Dollar ~ allow (a discount of) $10; II. v/i. (h.) diminish, decrease; soften, relent; weaken; deteriorate; cease; activity, tension: slacken, relax; speed: slacken, slow down; fever, pain, rain, etc.: abate, subside, storm, wind a. calm (or settle) down; health: fail, give way; strength: wane, ebb, fail; interest: wane, flag; prices: give way, drop; sales, attendance: fall off; distress: ease off; er hat sehr nachgelassen he has gone off considerably; nicht ~! don't give up!, keep it up! ℒ n (-s) relaxation; reduction; diminution, decrease; abatement, subsidence; cessation; let-up.

'Nachlaßgericht n probate court.

'nachlässig adj. negligent, neglectful (in dat. of); careless, slack, lax; slovenly, sloppy, slipshod; ℒkeit f negligence, neglect; carelessness, laxity, indolence; slovenliness, irregularity.

'Nachlaß...: ~pfleger m, ~verwalter m administrator (of an estate); ~steuer f death duty, Am. inheritance tax.

'nach...: ℒlauf mot. m castor (Am. caster) action; ~laufen v/i. (irr., sn) (dat.) run after (a. a girl), follow; ~leben v/i. (h.) (dat.) live up to, observe, conform to; ~legen v/t. (h.) put on more coal, etc.

'Nachlese f agr. gleaning; gleanings pl.; fig. second selection; ℒn v/t. and v/i. (irr., h.) agr. glean; read, look up (in a book).

'nachliefer|n econ. v/t. (h.) deliver (or supply) subsequently or in addition; ℒung f subsequent delivery; repeat delivery.

'nachlösen v/i. (and v/t. [h.]: eine Fahrkarte ~) take a supplementary ticket; buy a ticket en route.

'nachmachen v/t. (h.) imitate (j-m et. a p. in a th.), copy; mimic; counterfeit, forge; das mach (mir) einer mal nach! I'd like to see anyone do better.

'nachmalen v/t. (h.) copy.

nach|malig ['-ma:liç] adj. subsequent; ~mals ['-ma:ls] adv. afterwards; later on.

'nachmessen v/t. (irr., h.) measure again, remeasure, check.

'Nachmittag m afternoon; später ~ late afternoon, evening; heute ℒ this afternoon; ℒs adv. in the afternoon, p.m.; ~skleid n afternoon dress, tea-gown, casual; ~svorstellung thea. f matinée.

Nachnahme ['-na:mə] f (-; -n) cash (Am. collect) on delivery (abbr. C.O.D.); reimbursement; gegen (per) ~ C.O.D.; to be paid for on delivery; per ~ schicken send C.O.D.; unter ~ Ihrer Spesen carrying your charges forward; ~gebühr f collection-fee, C.O.D. fees pl.; ~sendung f C.O.D. parcel.

'Nachname m surname, last name.

'nachnehmen econ. v/t. (irr., h.) reimburse o.s. for; charge forward, collect on delivery.

'nachplappern v/t. and v/i. (h.) repeat mechanically, parrot.

'Nachporto n surcharge, additional charge.

'nachprüf|bar adj. verifiable; ~en v/t. (h.) verify, make sure; check; investigate; inspect; jur. review (sentence); ℒung f verification; check (gen. on); inspection; jur. review(al); ped. re-examination.

'nachrechnen v/t. (h.) examine, check; reckon over again.

'Nachrede f epilog(ue); üble ~ vile gossip, jur. defamation (of character), slander, libel; ℒn v/t. and v/i. (h.) repeat; j-m Übles ~ calumniate (or slander) a p.

'nach...: ~reichen v/t. (h.) serve second helpings of (food); file (or supply) documents subsequently; ~reifen v/i. (sn) fruit: ripen in storage; ~reisen v/i. (sn) (dat.) travel after, follow; ~rennen v/i. (irr., sn) (dat.) run after.

Nachricht ['-riçt] f (-; -en) (e-e ~ a piece of) news sg.; tidings sg.; message; information, communication, notice; mil. intelligence; report, account; ~en pl. radio: newscast; letzte ~en stop-press; vermischte ~en miscellanies; ~ bekommen von (dat.) receive word or news from, hear from; ~ bringen bring word or news (von from); j-m ~ geben send a p. word, let a p. know, inform (or advise) a p. (von über acc. of).

'nachrichten tech. v/t. (h.) readjust, reset.

'Nachrichten...: ~abteilung mil. f signal battalion (or section); ~agentur f news agency; ~blatt n news magazine; information gazette, bulletin; ~büro n → Nachrichtenagentur; ~dienst m (-es) 1. news service; 2. mil. intelligence service; ~kommentator m news analyst; ~material n (-s) information; mil. intelligence; ~mittel n means of communication; ~netz n communications network; ~offizier m 1. communications officer; 2. intelligence officer; ~satellit m communications satellite; ~sendung f newscast; ~sperre f news black-out; ~sprecher m newscaster; ~stelle f information (or message) cent|re, Am. -er; ~technik f telecommunication engineering; ~truppe f (Corps of) Signals, Am. Signal Corps; ~übermittlung f transmission of news; ~übersicht f summary of the news; ~verbreitung f diffusion of news; ~wesen n (-s) communications pl.; ~zeitschrift f news magazine; ~zentrale f communications cent|re, Am. -er.

'nachrücken v/i. (sn) (dat.) move after, follow; mil. march after, follow up; in rank: move up.

'Nachruf m obituary (notice); ℒen v/i. (irr., h.) (dat.) call (or shout) after.

'Nach|ruhm m posthumous fame; ℒrühmen v/t. (h.): j-m et.: say in praise of a p., say a th. to a p.'s credit.

'nachsagen v/t. (h.) repeat (mechanically); j-m et. a) → nachreden, b) credit a p. with; man sagt ihm nach, daß he is said to *inf.*, he has a reputation for (*a th. or ger.*); *das darfst du dir nicht ~ lassen* don't let that be said about you.

'**Nachsaison** *f* after-season.

'**Nachsatz** *m gr.* concluding sentence, final clause; *logics:* minor proposition; → *Nachschrift.*

'**nachschauen** *v/i.* (*h.*) (go and) see, have a look; *j-m:* look after, follow *a p.* with one's eyes.

'**nachschicken** (*h.*) → *nachsenden.*

'**nachschießen I.** *v/i.* (*irr., h.*) shoot after; **II.** *v/t.* (*irr., h.*): *Gelder ~* pay an additional sum, add.

'**Nachschlag** *m boxing:* counter (-blow); *mus.* grace-note; *mil.* second helping; **~ebibliothek** *f* reference library; **~ebuch, ~ewerk** *n* reference-book, work of reference; **2en** *v/t. and v/i.* (*irr., h.*) *ein Buch, in e-m Buch:* consult, refer to *a book; e-e Stelle, ein Wort:* look up *a passage, word* (in a book); *boxing:* (*v/i.*) counter; *j-m ~* (*sn*) take after *a p.*

'**nachschleichen** *v/i.* (*irr., sn*) (*dat.*) sneak (*or* steal) after; shadow, *Am. a.* tail.

'**nachschleifen** *tech. v/t.* (*irr., h.*) reface, regrind, reseat.

'**nachschleppen** *v/t.* (*h.*) drag (*or* trail) after; (take in) tow.

'**Nachschlüssel** *m* master-key; skeleton-key, picklock; false key.

'**nachschmieren** *v/t.* (*h.*) relubricate.

'**Nachschmerzen** *med. m/pl.* after-pains.

'**nachschreiben** *v/t. and v/i.* (*irr., h.*) take down, write from dictation; copy.

'**Nachschrift** *f* postcript (*abbr.* P.S.).

'**Nachschub** *mil. m* supply; reinforcements *pl.; ~ auf dem Luftweg* airborne supply, *Am.* air landed resupply; **~basis** *f* supply base; **~kolonne** *f* supply column *or* train; **~lager** *n* supply depot; **~linie** *f*, **~weg** *m* line of communication, line of supply.

'**Nachschuß** *m* **1.** *soccer:* return; **2.** *a.* → **~zahlung** *f* fresh (*or* additional) payment; *for loans, securities:* additional margin *or* cover; **2pflichtig** *adj.* contributory.

'**nachsehen** *v/i. and v/t.* (*irr., h.*) look (*or* gaze) after; *fig.* look after; examine, inspect, look over; check; correct (*exercise books*); *econ.* revise, audit (*books*); overhaul (*machine*); *words, etc.:* → *nachschlagen; j-m et. ~* indulge *a p.* in *a th.*; overlook (*or* excuse, close one's eyes to) a p.'s mistakes; *~ ob* (go and) see whether, make sure if; **2** *n: das ~ haben* have one's trouble for nothing, be the loser, be left out in the cold; *j-m das ~ geben* give *a p.* the slip; *sports: dem Gegner das ~ geben* dismiss one's opponent.

'**Nachsende|anschrift** *f* forwarding address; **2n** *v/t.* (*h.*) send after; send on to, forward (*letter, etc.*), redirect; *bitte ~!* please forward.

'**nachsetzen I.** *v/t.* (*h.*) put (*or* place) behind; *games:* increase one's stake; *fig.* think less of, consider inferior; **II.** *v/i.* (*h.*) (*dat.*) run

---

(*or* make) after, give chase (to), pursue.

'**Nachsicht** *f* (-) indulgence, forbearance; patience; leniency; *~ üben* bear and forbear, stretch a point; *mit j-m:* be indulgent towards a p., have patience (*or* be lenient) with a p.; → *Vorsicht;* **2ig, 2svoll** *adj.* indulgent, forbearing; lenient; patient; **~wechsel** *econ. m* after sight bill.

'**nach...: 2silbe** *gr. f* suffix; **~sinnen** *v/i.* (*irr., h.*) muse, meditate, reflect (*dat. or über acc.* [up]on); *in* 2 *versunken sein* be in a brown study, be lost in thought; **~sitzen** *v/i.* (*irr., h.*) *ped.* be kept in; *~ lassen* keep in, detain; **2sommer** *m* late (*or* St. Martin's) summer, *esp. Am.* Indian summer; **~spähen** *v/i.* (*h.*) (*dat.*) spy after; *fig.* → *nachspüren;* **2speise** *f* → *Nachtisch;* **2spiel** *n thea.* after-piece; *mus.* postlude; *fig.* sequel; *das geht nicht ohne ~ ab* we haven't heard the last of it; **~spionieren** *v/i.* (*h.*) (*dat.*) spy on; **~sprechen** *v/i. and v/t.* repeat (*j-m* a p.'s words); **~spülen** *v/t.* (*h.*) rinse, flush again; *tech.* reflush; **~spüren** *v/i.* (*h.*) (*dat.*) trace, track; *fig. j-m ~* spy on a p.; *e-r Sache ~* investigate, spy (*or* inquire) into a th.

nächst [nɛːçst] **I.** *adj.* next, following; nearest, shortest; *~en Sonntag* Sunday next; *~en Monat(s)* (of) next month; *am ~en Tage* the next *or* following day; *aus ~er Entfernung* at close range; *bei ~er Gelegenheit* at the first opportunity; *im ~en Augenblick* the next moment; *im ~en Haus* next door; *in den ~en Tagen* in the next few days, one of these days; *in unserem ~en Schreiben or Heft* in our next; *in ~er Zeit* in the near future; *das ~e Mal* (the) next time; *das ~e Mal* (*als ich ihn wiedersah*) when I next saw him; *die ~en Verwandten* the nearest relatives, *jur.* the next of kin; *er setzte sich auf den ~en Stuhl* (*neben ihr*) he sat down on the chair next (*to hers*); **II. 2e(r)** *m* (-n, -n) the next; fellow-man *or* -creature, neighbo(u)r; *jeder ist sich selbst der ~* charity begins at home; *das ~e* the next (*or* first) thing; **III.** *adv. am ~en* nearest, next (*dat.* to); *fürs ~e* for the present, for the time being; (*dat.*) *am ~en kommen* come nearest (*or* closest) (to); *j-m am ~en stehen* be nearest to a p.(s' heart); **IV.** *prp.* (*dat.*) next to, close to; next after; **~beste** *adj.* second-best; next in quality; **~dem** *adv.* next to (*or* after) that; thereupon.

'**nachstehen** *v/i.* (*irr., h.*) (*dat.*) stand after, follow; come after; *fig. j-m:* be second to, be inferior to a p.; *j-m in nichts ~* be in no way inferior to a p., be a p.'s equal; *keinem ~* be second to none; **~d I.** *adj.* following, *~* (*verzeichnet*) *a.* mentioned (*or* specified, listed) below; undermentioned; as hereinafter set forth; *im ~en* → **II.** *adv.* in the following, in what follows, hereinafter.

'**nachsteigen** *colloq. v/i.* (*irr., sn*) (*dat.*) go after, be after (*a girl*).

'**nachstell|bar** *tech. adj.* adjustable; **~en I.** *v/t.* (*h.*) place behind *or* after; put back (*watch*); *tech.* adjust; **II.** *v/t.* (*h.*): *j-m ~* be after a p.; waylay a p.; lay snares (*or* set traps) for a p.; persecute (*or* hound) a p.; **2schraube** *tech. f* adjusting screw; **2ung** *f tech.* adjustment; *fig.* snare, trap; persecution.

'**Nächstenliebe** *f* (-) charity.

nächstens ['nɛːçstəns] *adv.* shortly, (very) soon, before long, in a (very) near future; one of these days.

nächste(r) → *nächst* II.

'**Nachsteuer** *f* additional tax.

'**nächst...: ~folgend** *adj.* next (in order), (next) following; **~liegend** *adj.* nearest (at hand).

'**nach...: 2stoß** *fenc. m* riposte, return; **~stoßen** *v/i.* (*irr., h., sn*) thrust (*or* kick) again; *fenc.* riposte, return; *mil.* follow up, pursue; **~streben** *v/i.* (*h.*) (*dat.*) strive after, aspire to; *j-m:* emulate a p.; **~strömen** *v/i.* (*sn*) (*dat.*) *fig.* crowd after, follow in masses; **~stürmen, ~stürzen** *v/i.* (*sn*) (*dat.*) rush after; **~suchen** *v/t. and v/i.* (*h.*) search (*or* look) for; *um et. ~* apply (*or* petition) for, seek; **2suchung** *f* (-; -en) search; inquiry; application, petition; request; **~synchronisieren** *v/t.* (*h.*) *film:* post-synchronize; **~tanken** *v/i. and v/t.* (*h.*) refuel.

Nacht [naxt] *f* (-; ¨e) (*a. fig.*); *bei ~, des ~s* at night; *bei ~ und Nebel, im Schutze der ~* under cover of the night, *w.s.* → heimlich; *bis in die sinkende ~* to the last of daylight, till nightfall; *bis in die ~ arbeiten* work till late in the night, burn the midnight oil; *die ganze ~* (*hindurch*) all night (long); *heute* 2 tonight; *vergangene ~* last night; *in e-r dunklen ~* on a dark night; *in tief(st)er ~* at dead of night; *mit einbrechender ~* at nightfall; *über ~* overnight; → übernachten; *die ~ zum Tage machen* turn night into day; *häßlich wie die ~* ugly as sin; *schwarz wie die ~* black as coal; *e-e gute* (*schlechte*) *~ haben* have a good (bad) night; *gute ~!* (*a. iro.*) good night!; *j-m gute ~ wünschen* wish *or* bid a p. good night; *sich die ~ um die Ohren schlagen* make a night of it; *zu ~ essen* have supper, sup; *es wird ~* it is growing (*or* getting) dark, night is coming on; *bei ~ sind alle Katzen grau* when candles are out, all cats are grey.

'**Nacht...: ~angriff** *mil. m* night attack; **~arbeit** *f* night-work; **~asyl** *n* night-shelter; **~ausgabe** *f* extra special; **~bekleidung** *f* night wear; **2blind** *adj.* night-blind; **~bomber** *m* night bomber; **~dienst** *m* night-duty; night service.

Nachteil ['naːxtaɪl] *m* disadvantage, drawback, shortcoming; *sports* (*a. fig.*): handicap; detriment, prejudice; loss; *im ~ sein* be at a disadvantage, be handicapped; *ohne ~ für* without prejudice to; *zum ~ von* to a p.'s disadvantage, to the prejudice of; *zum ~ gereichen* (*dat.*) be detrimental to, prove a disadvantage *or* handicap to; *econ. mit ~ verkaufen* sell at a disadvantage; **2ig I.** *adj.* disadvantageous, detrimental, prejudicial (*für* to); adverse, unfavo(u)rable; derogatory; *über ihn ist nichts ⱂes bekannt* nothing is known to his detriment; **II.** *adv.*: ~ *behandeln* → *benachteiligen*; ~ *beeinflussen* affect adversely, prejudice.

'**Nacht-einsatz** *aer. m* night mission *or* operation.

nächtelang ['nɛçtəlaŋ] *adv.* for nights (together), night after night.

'**Nacht...:** ~**essen** *n* supper; ~**eule** *f* night-owl; ~**falter** *m* moth; ~**flugausbildung** *aer. f* night flight training; ~**frost** *m* night-frost; ~**gebet** *n* evening-prayer; ~**gebühr** *f* night rate; ~**gefecht** *n* night combat; ~**geschirr** *n* chamber-pot; ~**gewand** *n* night-dress; ~**hemd** *n* night-shirt; *of children, women*: night-dress, night-gown.

Nachtigall ['naxtigal] *f* (-; -en) nightingale.

nächtigen ['nɛçtigən] *v/i.* (*h.*) pass (*or* spend) the night; → *übernachten.*   [dessert.]

Nachtisch *m* (-es) sweet, *Am.*

'**Nacht...:** ~**jagd** *aer. f* night fighting (*or* interception); ~**jäger** *m* night fighter (*or* interceptor); ~**klub** *m* night club; ~**lager** *n* night's lodging; bed; ~**leben** *n* (-s) night life.

nächtlich ['nɛçtliç] *adj.* nightly, nocturnal; ~**erweile** *adv.* at night-time.

'**Nacht...:** ~**lokal** *n* night club, night-spot; ~**luft** *f* (-) night-air; ~**mahl** *n* supper; ~**marsch** *m* night march; ~**mette** *eccl. f* nocturn; ~**musik** *f* serenade; ~**portier** *m* night-porter; ~**quartier** *n* night-quarters *pl.*, overnight accommodation; ~**ruf** *teleph. m* night call.

'**nachtönen** *v/i.* (*h.*) resound, echo, linger (in the ear).

Nach...: ~**trag** ['-traːk] *m* supplement, addendum; appendix; *of last will:* codicil; *Nachträge pl. in book:* addenda; ⱂ**tragen** *v/t.* (*irr.*, *h.*) carry after; *in writing*: add, append; post up (*books*); book (*omitted items*); *fig. j-m et.* ~ bear a p. a grudge; resent a th.; *nicht* ~ bear no ranco(u)r; *ich will es dir nicht* ~*!* no hard feelings!, I won't hold it against you!; ⱂ**tragend**, ⱂ**trägerisch** ['-trɛːgəriʃ] *adj.* unforgiving, rancorous, resentful; ⱂ**träglich** ['-trɛːkliç] **I.** *adj.* additional, supplementary; subsequent; belated; **II.** *adv.* subsequently, later; by way of addition, further; with hindsight; ~**trags** ... additional ..., supplementary ..., subsequent ...

'**Nacht...:** ~**ruhe** *f* night's rest; ⱂs *adv.* at (*or* by, during the) night; ~**schatten** *bot. m* night-shade; ~**schattengewächse** *n/pl.* Solanaceae; ~**schicht** *f* night-shift; ⱂ**schlafend** *adj.*: *zu* ~*er Zeit* in the middle of the night; ~**schwärmer** (**-in** *f*) *m fig.* night-reveller, fly-by-night; ~**schweiß** *m* night-sweat; ~**schwester** *f* night-nurse; ~**sicht** *f* vision by night; ~**sitzung** *f* all-night sitting; ~**strom** *el. m* (-[e]s) night current; ~**stuhl** *m* night stool; ~**tisch**(**chen** *n*) *m* bedside table; ~**topf** *m* chamber-pot.

'**nachtun** *v/t.* (*irr.*, *h.*): *es j-m* ~ imitate a p.; → *nachmachen.*

'**Nacht...:** ~**vorstellung** *f* night performance, midnight matinée; ~**wache** *f* night-watch; ~ *halten bei* keep vigil over; ~**wächter** *m* (night-)watchman; *contp.* slowpoke; ⱂ**wandeln** *v/i.* (*sn*) walk in one's sleep; ~**wandeln** *n* sleep-walking, somnambulism; ~**wandler**(**in** *f*) *m* (-s, -; -, -nen) sleep-walker, somnambulist; ⱂ**wandlerisch** *adj.* somnambulistic; *mit* ~*er Sicherheit* with uncanny sureness, unerring (-ly); ~**zeug** *n* night-things *pl.*; ~**zug** *m* night-train.

nach...: ⱂ**untersuchung** *f* check-up, follow-up examination; ⱂ**urlaub** *m* additional (*or* extended) leave; ⱂ**verbrennung** *tech. f* after-burning; ~**verlangen** *v/t.* (*h.*) demand subsequently *or* in addition; ~**versichern** *v/t.* (*h.*) effect an additional insurance; increase the sum insured; ⱂ**versicherung** *f* additional insurance; ~**wachsen** *v/i.* (*irr.*, *sn*) grow again; grow up; ⱂ**wahl** *f parl.* by-election, *Am.* special election; ⱂ**wehen** *f/pl.* afterpains; *fig.* painful consequences, aftermath; ~**weinen** *v/i.* and *v/t.* (*h.*): *j-m (Tränen)* ~ mourn over the loss of, bewail the death of; *ich werde ihm keine Träne* ~ I shan't be sorry to see him go.

Nachweis ['-vaɪs] *m* (-es; -e) proof, evidence; voucher; record; certificate; list, inventory; → *Arbeitsⱂ*; ~ *der Echtheit* proof of authenticity; *den* ~ *führen or erbringen* (*gen. or daß*) prove, show, furnish proof (of *or* that); ⱂ**bar I.** *adj.* provable, demonstrable, ascertainable; traceable, *chem.* detectable; evident; **II.** *adv.* as can be shown *or* proved; ⱂ**en** *v/t.* (*irr.*, *h.*) point out, show; prove; refer to; establish, *chem.* detect; *j-m et.* ~ prove a th. against a p., sheet a th. home to a p.; *j-m Irrtümer* ~ demonstrate (*or* show) a p.'s mistakes; *j-m et.* ~ inform a p. about a th. (*desired*); ⱂ**lich** *adj.* → *nachweisbar*; ~**pflicht** *f* accountability; ~**ung** *f* (-; -en) proof, demonstration; information.

'**nach...:** ⱂ**welt** *f* (-) posterity; future generations *pl.*; ~**wiegen** *v/t.* (*irr.*, *h.*) weigh (over) again, check; ⱂ**winter** *m* late winter; second winter; ~**wirken** *v/i.* (*h.*) act (*or* operate) afterwards; produce an after-effect; be felt afterwards; ⱂ**wirkung** *f* after-effect; consequences *pl.*, hangover; ~*en pl. des Krieges* aftermath of war; ⱂ**wuchs** *m* (-es) after-growth; *fig. the* rising generation; young talent, new blood, recruits *pl.*; *econ.* junior staff, trainees; *in compounds usu.* junior ...; ~**zahlen** *v/t.* and *v/i.* (*h.*) pay in addition (*or* extra *or* later); *econ. auf Aktien* ~ pay a further call on shares; ~**zählen** *v/t.* (*h.*) count over (again), check; ⱂ**zahlung** *f* additional (*or* extra) payment; *econ.* fresh call; ~**zeichnen** *v/t.* (*h.*) draw from a model, (*a. v/i.*) copy; trace; ~**ziehen I.** *v/t.* (*irr.*, *h.*) draw *or* pull after, pull along; drag (*one's leg*); trace (*line*); tighten (up) (*screw*); pencil (*eyebrow*); *fig. nach sich ziehen* entail, involve, bring in

its wake; **II.** *v/i.* (*irr.*, *sn*) (*dat.*) follow (after), march after; *chess:* (*h.*) move next; ~**zotteln** *colloq. v/i.* (*sn*) lag behind; (*dat.*) trot after; ⱂ**zügler**(**in** *f*) ['-tsyːklər] *m* (-s, -; -, -nen) straggler; late comer; *humor.* (*child*) Benjamin; ⱂ**zugsaktie** *econ. f* deferred share; ⱂ**zündung** *mot. f* retarded ignition.

Nackedei ['nakədaɪ] *m* (-[e]s; -s) naked child (*or* girl).

Nacken ['nakən] *m* (-s; -) nape (of the neck), neck; cervix; *zum* ~ *gehörig* cervical; *den Kopf in den* ~ *werfen* throw back one's head; *fig. j-m den* ~ *steifen* stiffen a p.'s back; *j-n im* ~ *haben* have a p. hard on one's heels, *w.s.* be beset (*or* plagued) by a p.

nackend ['nakənt] *adj.* → *nackt.*

'**Nacken...:** ~**haar** *n* back-hair; ~**hebel** *m wrestling*: Nelson; ~**muskel** *m* splenius; ~**schlag** *m* blow behind the neck, rabbit-punch; *fig.* blow, adversity, setback; ~**wirbel** *anat. m* cervical vertebra.

'**nackt** [nakt] **I.** *adj.* naked, (*a. paint.*) nude; bare (*a. fig. and tech.*); *orn.* unfledged; *fig.* naked, plain (*truth*); ~*e Tatsachen* hard (*or* blunt) facts; *das* ~*e Leben* bare life; **II.** *adv.* naked, bare, (in the) nude, *Am. a.* in the raw; *sich* ~ *ausziehen* strip (to one's skin); ~ *baden* (*malen*) swim (paint) in the nude; ⱂ**heit** *f* (-) nakedness, bareness, nudity; ⱂ**kultur** *f* nudism; *Anhänger der* ~ nudist.

Nadel ['naːdəl] *f* (-; -n) needle (*a. tech.* = pointer); pin; brooch; button; (*engraver's, etc.*) style; *bot.* needle leaf; *mit* ~ *n befestigen* pin (fast); *fig. wie auf* ~*n sitzen* be on pins and needles, be on tenterhooks; ~**abweichung** *f* magnetic declination; ~**arbeit** *f* needlework; ~**baum** *m* conifer(ous tree); ⱂ**förmig** ['-fœrmiç] *adj.* needle-shaped; ~**geld** *n* pin-money; ~**hölzer** *n/pl.* conifers; ~**kissen** *n* pin-cushion; ~**kopf** *m* pin-head; ~**lager** *mot. n* needle bearings *pl.*; ~**öhr** *n* eye of a needle; ~**stich** *m* prick of a pin; *sewing*: stitch; *fig.* pinprick; ~**wald** *m* fir-pine wood, coniferous forest.

Nagel ['naːgəl] *m* (-s; ⁻) *anat. and tech.* nail; peg; spike; tack; stud; *an den Nägeln kauen* bite one's (finger-)nails; *sich die Nägel schneiden* (*reinigen*) cut (clean) one's nails; *fig. et. an den* ~ *hängen* give (*or* chuck) a th. up; *den* ~ *auf den Kopf treffen* hit the nail on the head; *die Arbeit brennt mir auf den Nägeln* the work is very pressing; *it's a rush job*; ~**bohrer** *m* gimlet; ~**bürste** *f* nail-brush; ~**feile** *f* nail-file; ⱂ**fest** *adj.* nailed; immovable; ~**geschwür** *n* whitlow; ~**haut** *f* cuticle; ~**lack** *m* nail enamel; ⱂ**n** *v/t.* and *v/i.* (*h.*) nail (*an, auf acc.* to); spike; tack; *mot.* (*v/i.*) knock; ⱂ**neu** *adj.* brand-new; ~**pflege** *f* care of the nails, manicure; ~**probe** *f*: *die* ~ *machen* thumb one's glass; ~**schere** *f* (-e -e) a pair of) nail-scissors *pl.*; ~**schuhe** *m/pl.* (*a. sports*) spiked shoes; ~**wurzel** *anat. f* root of a nail; ~**zieher** *tech. m* nail puller.

nagen ['nɑ:gən] v/t. and v/i. (h.) gnaw; ~ an (dat.) nibble at, w.s. eat into, corrode; an e-m Knochen ~ pick a bone; fig. j-m am Herzen ~ prey upon (or rankle in) a p.'s mind; ~d ['-gənt] adj. gnawing (a. fig.).

'**Nager** m (-s; -), '**Nagetier** zo. n rodent, gnawer.

nah(e) ['nɑ:(ə)] adj. near, close (bei to); nearby; impending, forthcoming; imminent (danger); → näher, nächst; near (relative); ~ verwandt closely related; ~ an (acc. or dat.) close (up)on; ~ daran sein, et. zu tun be near doing a th., be on the point of doing a th.; es war ~ daran, daß it was touch and go that; j-m zu nahe treten offend a p., hurt a p.'s feelings; von nah und fern from far and near; → ~kommen, ~liegen, etc.

'**Nah-angriff** mil. m close-range attack.

'**Näh-arbeit** f needle work, sewing.

'**Nah...:** ~aufklärung mil. f close reconnaissance; ~aufnahme f film: close-up.

nahe ['nɑ:ə] adj. → nah.

Nähe ['nɛ:ə] f (-) nearness, proximity; vicinity, surroundings pl.; neighbo(u)rhood (a. fig.); aus der ~ from close up, at close range; (ganz) in der ~ near at hand, close by; aus der ~ betrachten examine a th. closely; in seiner ~ near him; in der ~ der Stadt near the town.

'**nahebei** adv. nearby, close by.

'**nahegehen** v/i. (irr., sn) (dat.) affect, grieve.

'**nahegelegen** adj. nearby, neighbo(u)ring.

'**Nah-einstellung** phot. f short-range focus; film: close-up.

'**nahekommen** v/i. (irr., sn) (dat.) come near, approach (to); get at (the truth).

'**nahelegen** v/t. (h.): j-m et. ~ suggest a th. to a p., urge a th. (up)on a p.; give a p. to understand that.

'**naheliegen** v/i. (irr., h.) fig. suggest itself, be obvious; ~d adj. near at hand, nearby; fig. obvious; eine ~e Annahme a reasonable assumption.

'**Nah-empfang** m radio: short-distance reception.

nahen ['nɑ:ən] v/i. (sn) and sich ~ (dat.) approach; time, event: draw near.

nähen ['nɛ:ən] v/t. and v/i. (h.) sew, stitch; med. a. suture up; v/i. do sewing or needlework.

näher ['nɛ:ər] adj. nearer, closer; shorter (way); (more) specific, more detailed or precise, further; ~e Angabe → ~e(s); j-n ~ kennen know a p. fairly well, be closely acquainted with a p.; fig. j-m ~ kommen get closer with a p.; e-r Sache ~ kommen come to the point, get to the bottom of a th.; et. ~ ausführen go into detail, explain upon or amplify a th.; j-m et. ~ bringen interpret a th. to a p., give a p. an understanding of a th.; bei ~er Betrachtung on further consideration; bitte, treten Sie ~! this way, please!, please, come in!; ~e(s) n (further) particulars, details, the circumstances pl.

Näherei [nɛ:ə'raɪ] f (-; -en) sewing; needlework.

'**Näherin** f seamstress.

näher|n ['nɛ:ərn] v/t. (h.) (dat.) near, approach to; sich ~ approach (j-m a p.), near; come nearer, draw nearer; close in; ~treten v/i. (irr., sn) (dat.) fig. approach a p., a th.

'**Näherung** f (-; -en) approach; math., etc., approximation; ~sformel f approximation formula; ~swert m approximate value.

'**nahestehend** adj. closely connected (dat. with); associated with.

'**nahezu** adv. nearly, almost, next to impossible, etc.

'**Nähgarn** n sewing-cotton.

'**Nahgespräch** teleph. n toll call.

'**Nahkampf** m mil. close combat, hand-to-hand fight(ing); aer. dogfight(ing); boxing, fenc.: infight (-ing); ~artillerie f close-support artillery; ~geschütz n, (~waffe f) close-range gun (weapon).

'**Näh...:** ~kästchen n (lady's) workbox; ~kissen n sewing-cushion; ~korb m work-basket.

nahm [nɑ:m] pret. of nehmen.

'**Näh...:** ~maschine f sewing-machine; ~nadel f (sewing-)needle.

Nähr|boden ['nɛ:r-] m fertile soil, (nutrient) substratum; for bacteria: culture medium; fig. favo(u)rable soil (für for), hotbed (of crime, etc.); ~brühe f nutrient broth.

nähren ['nɛ:rən] I. v/t. (h.) nourish, feed; nurse, (breast-)feed (baby); fig. nourish, foster, harbo(u)r, entertain (suspicion, etc.); nurture (thoughts); sich ~ von live (or feed) on; w.s. earn one's (or make a) living by; II. v/i. (h.) be nourishing.

'**Nährflüssigkeit** f nutrient fluid.

nahrhaft ['nɑ:rhaft] adj. nutritious, nourishing, nutritive; substantial; productive (soil); fig. lucrative; ²igkeit ['-içkaɪt] f (-) nutritiousness.

'**Nähr...:** ~hefe f nutrient yeast; ~krem f skin-feeding cream; ~kraft f nutritive power; ~mittel n/pl. processed foodstuff; w.s. pl. wheat-base food, cereals pl.; ~mittelchemie f food chemistry; ~mittelfabrik f food-processing plant; ~präparat n food preparation, patent food; ~salze n/pl. nutrient salt; ~sorgen f/pl. difficulty in making both ends meet; ~ haben a. struggle for a living; ~stoff m nutritive substance.

Nahrung ['nɑ:run] f (-) food, nourishment, nutriment; diet; feed; livelihood, subsistence; fig. geistige ~ mental food ; ~ geben (dat.) nurture.

'**Nahrungs...:** ~aufnahme f (-) food intake; ~mangel m want of nourishment; food shortage; ~mittel n food (product), foodstuff; pl. a. victuals, provision, eatables; ~mittelchemiker m food chemist; ~mittelfälschung f adulteration of food; ~mittelvergiftung f food poisoning; ~sorgen f/pl. cares of subsistence.

'**Nährwert** m nutritive value.

'**Nähseide** f sewing silk.

Nahselektion ['nɑ:zelɛktsio:n] f TV adjacent channel selectivity.

'**Nahsender** m short-distance transmitter.

Naht [nɑ:t] f (-; ⁼e) seam (a. tech. = joint, weld); anat., bot., med. suture.

Näh...: ~täschchen ['nɛ:təʃçən] n (-s; -) needle-case; ~tisch(chen n) m sewing-table.

'**Naht...:** ²los adj. seamless; ~schweißung tech. f seam welding; ~stelle mil. f boundary position.

'**Nahverkehr** m rail. local (or suburban) traffic; mot. short-haul traffic; teleph. toll service.

'**Nähzeug** n sewing-kit.

'**Nahziel** n immediate objective.

naiv [na'ʔi:f] adj. naive, ingenuous, simple; ²e [-'ʔi:və] thea. f ingénue (Fr.).

Naivität [-ʔivi'tɛ:t] f (-) naivety, naïveté (Fr.), ingenuousness, simplicity.

Name [nɑ:mə] m (-ns; -n), ~n m (-s; -) name; econ. title (of firm, security); designation; name, reputation; voller ~ full name; des ~ns, mit ~n, im ~n (gen.) → namens; (nur) dem ~n nach nominal(ly adv. = in name only); dem ~n nach kennen know by name; das Kind beim rechten ~ nennen call a spade a spade; sich einen ~n machen gain a name for o.s.; darf ich um Ihren ~n bitten? may I ask your name?; den ~n ... tragen be known as, go by the name of; s-n ~ hergeben für lend one's name to (a th.).

'**Namen...:** ~(s)aktie f registered share; ~gebung f (-; -en) christening, naming; nomenclature; ~gedächtnis n memory for names; ~liste f list of names, roll; pol. poll, Am. slate; panel (of doctors, jurors, etc.); ²los I. adj. nameless, anonymous; fig. unspeakable, unutterable; ~e Furcht nameless fear; II. adv. fig. utterly, terribly; ~(s)papier n registered stock.

namens I. adv. named, by the name of, called; II. prp. (gen.) in the name of, on behalf of; jur. ~ und auftrags (gen.) in the name and on behalf of.

'**Namens...:** ~aufruf m roll-call; ~tag m fête-day, name-day; ~unterschrift f signature; ~vetter m namesake; ~zug m signature; monogram; flourish.

namentlich ['nɑ:məntliç] adj. and adv. nominal(ly), by (his, her) name, individually; especially, particularly, in particular; parl. ~e Abstimmung roll-call vote.

'**Namenverzeichnis** n register of names, name index.

namhaft ['nɑ:mhaft] adj. notable, noted, renowned; considerable, substantial; ~ machen (mention by) name; w.s. identify.

nämlich ['nɛ:mliç] I. adj.: der (die) ~e the same person; das ~e the same thing; II. adv. namely, that is (to say) (abbr. i.e. or viz.); esp. jur. and iro. to wit; er war ~ krank he was ill, you (must) know.

nannte ['nantə] pret. of nennen.

nanu [na'nu:] colloq. int. → na.

Napf [napf] m (-[e]s; ⁼e) bowl, a. basin, cup; ~kuchen m tube cake.

Naphtha ['nafta] min. n (-s)

naphtha; **Naphthalin** [-'li:n] *n* (-s) naphthalene.

Narbe ['narbə] *f* (-; -n) scar, cicatrice; pockmark, pit; *bot.* stigma; *agr.* top-soil; *of leather:* grain; ℒn *v/t.* (*h.*) grain (*leather*); sich ~ (form a) scar; ℒnlos *adj.* unscarred; ~nseite *f* grain side (*of leather*).

Narkose [nar'ko:zə] *med. f* (-; -n) narcosis; ~facharzt *m* an(a)esthesist; **Narkotikum** [-'ko:tikum] *n* (-s; -ka) narcotic, drug; **narkotisch** [-'ko:tiʃ] *adj.* narcotic; **narkotisieren** [-koti'zi:rən] *v/t.* (*h.*) narcotize.

Narr [nar] *m* (-en; -en) fool; jester, buffoon; e-n ~en gefressen haben an (*dat.*) have taken a great fancy to, be infatuated with, dote (up)on; j-n zum ~en haben *or* halten → ℒen *v/t.* (*h.*) make a fool of, dupe, fool; mystify, hoax.

'**Narren...:** ~freiheit *f* carnival licence (*Am.* -se); ~haus *n* madhouse; ~kappe *f* fool's cap; ~(s)possen *f/pl.* (tom)foolery, buffoonery *sg.,* clowning; ~seil *n* (-[e]s): j-n am ~ führen make a fool of a p., lead a p. by the nose; ℒsicher *tech. adj.* foolproof; ~streich *m* foolish trick; stupid thing (to do).

Narretei [-rə'taɪ] *f* (-; -en) folly, tomfoolery.

'**Narrheit** *f* (-; -en) folly.

Närrin ['nɛrin] *f* (-; -nen) fool, foolish woman.

'**närrisch** *adj.* foolish, silly; mad, crazy.

Narzisse [nar'tsisə] *bot. f* (-; -n) narcissus; gelbe ~ daffodil.

Narzißmus [nar'tsismus] *m* (-) narcism.

nasal [na'za:l] *adj.* nasal; ~er Ton, ~e Sprechweise twang; ℒ(laut) *m* nasal (sound).

naschen ['naʃən] *v/i. and v/t.* (*h.*) nibble (*an dat.* at); eat *sweets* on the sly; gern ~ have a sweet tooth.

Näscher(in *f*) ['nɛʃər(in)] *m* (-s, -; -, -nen) lover of dainties, sweet tooth.

Näscherei [-'raɪ] *f* (-; -en) eating (dainties) on the sly; → *Naschwerk*.

'**naschhaft** *adj.* fond of dainties, sweet-toothed; ℒigkeit *f* fondness for dainties.

'**Nasch...:** ~katze *f,* ~maul *n* → *Näscher*; ~werk *n* (-[e]s) dainties, sweets, delicacies *pl.*

Nase ['na:zə] *f* (-; -n) nose; snout; *of pipe, jug:* spout; *tech.* lug, nose; (*sense*) nose, *esp. of dog:* scent; *fig.* rebuke; *durch die* ~ *sprechen* → näseln; *die* ~ *hochtragen* carry one's nose in the air, be stuck-up; j-m e-e *lange* ~ *machen* thumb one's nose at a p.; j-m *die Tür vor der* ~ *zuwerfen* slam a door in a p.'s face; j-n an der ~ herumführen have a p. on, fool a p. e-e *feine* ~ haben have a sharp nose (*or* a keen sense of smell), *fig. für et.*: have a flair for a th.; ~ bohren; → *hoch*; *fig. auf der* ~ *liegen* be ill; j-m e-e ~ *drehen* dupe a p.; → *rümpfen*; s-e ~ *in alles stecken* poke one's nose into everything; j-m *auf der* ~ *herumtanzen* play old Harry (*or* fast and

loose) with a p.; j-m et. *auf die* ~ *binden* tell (*or* reveal) a th. to a p.; j-n mit der ~ *auf et.* stoßen shove a th. under a p.'s nose; j-m et. *unter die* ~ *reiben* bring a th. home to a p., rub it in; *die* ~ *voll haben* be fed up (to the teeth) (*von* with); *immer wieder* ~ *nach!* just follow your nose!; es liegt vor deiner ~ it lies under your nose; der Zug fuhr uns vor der ~ weg we missed the train by an inch; man kann es ihm an der ~ ansehen it's written all over his face.

näseln ['nɛ:zəln] *v/i.* (*h.*) speak through the nose, nasalize; snuffle; ℒ n (-s) nasal twang; ~d *adj.* nasal.

'**Nasen...:** ~bein *n* nasal bone; ~bluten *n* (-s) nose-bleeding; ~flügel *m* side (*or* wing) of the nose; ~höhle *f* nasal cavity; ~länge *f*: um e-e ~ gewinnen win by a whisker; j-n um e-e ~ schlagen nose a p. out; ~laut *m* nasal (sound); ~loch *n* nostril; ~rachengang *m* nasopharyngeal canal; ~rücken *m* bridge of the nose; ~scheidewand *f* nasal septum; ~schleim *m* nasal mucus; ~schleimhaut *f* mucous membrane of the nose; ~spezialist *m* rhinologist; ~spitze *f* tip of the nose; ~stüber ['-ʃty:bər] *m* (-s; -) fillip; ~wurzel *f* root of the nose.

naseweis ['-vaɪs] *adj.* pert, saucy; inquisitive, nosy; ℒheit *f* (-) sauciness, pertness.

nasführen ['na:sfy:rən] *v/t.* (*h.*) lead on, fool, dupe.

Nashorn ['na:shorn] *zo. n* (-[e]s; ⁔er) rhinoceros.

naß [nas] *adj.* wet; damp, moist; humid; dripping (wet), soaked, drenched; (sich) ~ machen wet (o.s.); ~ werden become (*or* get) wet; ℒ n (-sses) liquid.

Nassauer ['nasauər] *colloq. m* (-s; -) sponger, scrounger; ℒn *v/i.* (*h.*) sponge (*bei* j-m on), scrounge.

'**Naßbatterie** *el. f* wet storage battery.

Nässe ['nɛsə] *f* (-) wet(ness); damp(ness), moisture; humidity; *vor* ~ *schützen!* keep dry!; ℒn **I.** *v/t.* (*h.*) wet; moisten; **II.** *v/i. wound:* discharge, ooze.

'**naß...:** ℒfäule *agr. f* wet rot; ~forsch *colloq.* brash, snotty; ~kalt *adj.* raw, damp and cold; clammy; ℒschnee *m* damp (*or* cloggy) snow; ℒwäsche *f* wet (*or* rough-dry) wash.

Nation [natsi'o:n] *f* (-; -en) nation.

national [-tsio'na:l] *adj.* national; ℒbewußtsein *n* national consciousness; ℒcharakter *m* national character; ~chinesisch *adj.* Chinese-Nationalist; ℒfarben *f/pl.* national colours; ℒflagge *f* national flag; ℒheld *m* national hero; ℒhymne *f* national anthem.

nationalisier|en [-nali'si:rən] *v/t.* (*h.*) nationalize; ℒung *f* (-; -en) nationalization.

Nationa|lismus [-'lismus] *m* (-; -men) nationalism; ~list [-'list] *m* (-en; -en) nationalist; ℒlistisch [-'listiʃ] *adj.* nationalistic; ~lität [-li'tɛ:t] *f* (-; -en) nationality.

Natio'nal...: ~mannschaft *f sports*: national team; ~öko'nom *m* (political) economist; ~ökonomie *f* po-

litical economy; ~sozia'lismus *m* National Socialism; ~sozia'list *m* National Socialist, *contp.* Nazi; ℒsozialistisch *adj.* National Socialist(ic); ~staat *m* nation state; ~stolz *m* national pride.

Nativität [nativi'tɛ:t] *f* (-; -en) nativity.

Natrium ['na:trium] *n* (-s) sodium; ~superoxyd *n* sodium peroxide.

Natron ['na:trɔn] *n* (-s) sodium hydroxide, soda, natron; (*doppelt*) kohlensaures ~ sodium (bi)carbonate; ℒhaltig ['-haltiç] *adj.* containing soda; ~hydrat *n* sodium hydroxide; ~lauge *f* soda lye; ~seife *f* soda soap.

Natter ['natər] *zo. f* (-; -n) adder, viper; *fig.* serpent.

Natur [na'tu:r] *f* (-; -en) nature; *physiol.* constitution; *psych.* temper(ament), disposition, nature; character; *freie* ~ open country; e-e *starke* ~ *haben* have a strong constitution; die Sache ist ernster ~ the matter is of a grave nature; es liegt in der ~ der Sache it is in the nature of things, it is quite natural; nach der ~ zeichnen draw from nature *or* life; von ~ (*aus*) constitutionally; by nature, congenitally; j-m zur zweiten ~ werden become second nature with a p.; es geht mir wider die ~ it goes against the grain; in ~ → ℒa: in ~ in kind.

Naturalbezüge [natu'ra:l-] *pl.* remuneration in kind.

Naturalien [natu'ra:liən] *pl.* natural produce *sg.*; value in kind; *biol.* natural history specimens; ~kabinett *n,* ~sammlung *f* natural-history collection.

naturalisier|en [naturali'si:rən] *v/t.* (*h.*) naturalize; sich ~ lassen become naturalized; ℒung *f* (-; -en) naturalization.

Naturalis|mus [-'lismus] *m* (-) naturalism; ~t [-ra'list] *m* (-en; -en) naturalist; ℒtisch [-'listiʃ] *adj.* naturalistic.

Natural... [natu'ra:l-]: ~leistung *f* payment in kind; ~lohn *m* wage(s *pl.*) in kind; ~wert *m* value in kind.

Natur... [na'tu:r-]: ~anlage *f* (natural) disposition; nature; ~beschreibung *f* description of nature; ~bursche *m* child of nature, nature-boy; ~butter *f* genuine butter; ~ei *n* shell egg.

Naturell [natu'rɛl] *n* (-s; -e) natural disposition, nature, temper(ament).

Na'tur...: ~ereignis *n,* ~erscheinung *f* (natural) phenomenon; ℒfarben *adj.* natural-colo(u)red; ~ lackiert naturally varnished; ~film *m* nature film, scenic; ~forscher *m* naturalist, scientist; physicist; ~forschung *f* scientific research, science; ~freund *m* nature-lover; ~gas *n* natural gas; ℒgemäß *adj. and adv.* natural(ly), according to nature; ~geschichte *f* natural history; ℒgeschichtlich *adj.* of (*or* relating to) natural history; ~gesetz *n* law of nature, natural law; ℒgetreu *adj.* true to nature; life-like; full-scale; ~gummi *m* natural rubber; ~heilkunde *f* treatment by natural remedies; ~heilkundige(r) *m* nature-cure practitioner; ℒheilkundlich *adj.* naturopathic; ~kind *n* child of nature; ~katastrophe *f* natural disaster; ~kraft *f* natural power *or* force; brute force; ~kunde, ~lehre *f* (-) natural philosophy, (natural) science; ~landschaft *f* virgin country.

natürlich [na'ty:rliç] **I.** *adj.* natural; normal; genuine; native, innate; unaffected, artless; unsophisticated ~er Maßstab plain scale; simple; ~e Größe real (*or* actual, full) size; ~es Hindernis natural (*or* topographical) obstacle; *jur.* ~e Person natural person; ~es Kind natural (*or* illegitimate) child; e-s ~en Todes sterben die a natural death; es ist ganz ~, daß it is quite natural that, it stands to reason that; das geht nicht mit ~en Dingen zu there is something fishy about it; **II.** *adv.* naturally, of course, to be sure; 2~keit *f* (-; -en) naturalness; unaffectedness, artlessness; simplicity. Na'tur...: ~mensch *m* man of nature; nature-boy; primitive man; ~notwendigkeit *f* physical necessity; ~produkte *n/pl.* natural products *or* produce *sg.*; ~recht *n* natural right; ~reich *n* kingdom of nature; 2rein *adj.*: ~er Wein vintage wine; ~schätze [-ʃɛtsə] *m/pl.* natural resources; ~schutz *m* preservation of natural beauty; *Am.* nature (*or* wild-life) conservation; ~schutzgebiet *n* national park, nature (*or* wild-life) (p)reserve; ~stein *m* stone; ~stoff *m* natural substance; ~theater *n* open-air theat|re, *Am.* -er; ~treue *f* truth to nature, fidelity; ~trieb *m* instinct; ~volk *n* primitive race; 2widrig *adj.* contrary to nature, unnatural; abnormal; ~wissenschaft *f* natural science; ~wissenschaftler *m* (natural) scientist; 2wissenschaftlich *adj.* scientific; 2wüchsig [-vy:ksiç] *adj.* natural, original; ~wunder *n* prodigy; ~zustand *m* natural state.

Nautik ['nautik] *f* (-) nautical science, nautics, navigation; 'nautisch *adj.* nautical.

Navigations|anlage [navigatsi-'o:ns-] *f* navigation system; ~karte *f* navigation chart; ~radar *n* navigational radar; ~raum *m* chartroom; ~schule *f* school of navigation, naval school.

Nazi [na:tsi] *contp. m* Nazi; Nazismus [na'tsismus] *m* (-) Nazism, Nazidom; nazistisch [-'tsistiʃ] *adj.* Nazi.

Neapel [ne'a:pəl] *n* Naples; Neapolitan|er(in *f*) [neapoli'ta:nər] *m* (-s, -; -, -nen), 2isch *adj.* Neapolitan.

Nebel ['ne:bəl] *m* (-s; -) mist, fog; haze, *ast.* nebula; *mil.* smoke; fig. mist, veil, cloud; in dichten ~ gehüllt, vom ~ behindert fog-bound; *humor.* es fällt aus wegen ~ it's off; ~bank *f* fog bank; ~bombe *f* smoke bomb; ~fleck *ast. m* nebula; ~granate *f* smoke shell; 2haft *adj.* foggy, *fig. a.* nebulous, hazy, dim; ~horn *n* fog horn; 2ig *adj.* misty, foggy, hazy; ~kammer *phys. f* cloud chamber; ~kerze *f* smoke candle; ~krähe *f* hooded crow;

~lampe, ~leuchte *mot. f* fog lamp; 2n *v/i.* (h.) be foggy; *mil.* lay down smoke; ~regen *m* drizzle; ~schleier *m* misty veil; ~signal *n* fog-signal; ~topf *mil. m* smoke generator; ~vorhang *mil. m*, ~wand *f* smoke-screen; ~werfer *m* a) smoke-shell mortar, b) (multiple) rocket launcher; ~wetter *n* foggy weather.

neben ['ne:bən] *prp.* (where? dat., where to? acc.) by, by the side of, beside; alongside of, side by side with; next to; close by, near to; → gleichzeitig; against, compared with; apart (*Am. a.* aside) from, besides; in addition to; ~ anderen Dingen amongst other things.

'Neben...: ~abrede *f* collateral agreement; ~abschnitt *mil. m* adjacent sector; ~absicht *f* secondary object; ~amt *n* subsidiary office; *teleph.* branch exchange; 2amtlich *adj.* part-time; 2'an *adv.* next door, in the next room; close by; ~anschluß *teleph. m* extension (line *or* telephone); ~arbeit *f* extra work; → Nebenberuf; ~ausgaben *f/pl.* incidental expenses, extras; ~ausgang *m* side-exit *or* -door; ~bahn *rail. f* branch (*or* local) line; ~bedeutung *f* secondary meaning, connotation; ~begriff *m* accessory notion; 2'bei *adv.* → nebenan; by the way, incidentally; besides, moreover; ~beruf *m*, ~beschäftigung *f* additional occupation, avocation, side-line; part-time job; im ~ → 2beruflich **I.** *adj.* avocational; *attr.* spare-time, side-line; **II.** *adv.* as an extra occupation, as a side-line; in one's spare-time; ~bestandteil *m* secondary ingredient; ~buhler(in *f*) *m* rival; ~buhlerschaft *f* rivalry; ~bürge *m* co-surety; ~bürgschaft *f* collateral surety; ~ding *n* secondary matter. nebenein'ander *adv.* side by side, abreast; neck and neck; simultaneously, concurrently; ~ bestehen co-exist; 2 *n* (-s) co-existence; ~schalten *el. v/t.* (h.) connect in parallel; 2schaltung *el. f* parallel connection; ~stellen *v/t.* (h.) put (*or* place) side by side; arrange parallel (to each other); compare; 2stellung *f fig.* comparison, juxtaposition.

'Neben...: ~eingang *m* side-entrance; ~einkünfte *pl.*, ~einnahmen *f/pl.* casual emoluments, perquisites, extra income; ~erzeugnis *n* by-product; ~fach *n* subsidiary subject; *Am.* minor; als ~ studieren take as a subsidiary subject, *Am.* minor in; ~fluß *m* tributary (river), affluent; ~frage *f* side-issue; ~frau *f* concubine; ~gasse *f* by-lane; ~gebäude *n* adjoining building; outbuilding, annex(e); ~gebühren *f/pl.* incidental charges; ~gedanke *m* simultaneous thought; ~geräusche *n/pl. radio:* ambient noise *sg.*; atmospherics, strays; *teleph.* crackling; ~gericht *n* side-dish, entremets (*Fr.*); ~geschmack *m* aftertaste, smack; ~gewinn *m* incidental profit; ~gleis *n* siding; *Am.* sidetrack (*a. v/t., fig. auf ein ~ schieben*); ~handlung *thea. f* underplot, episode; ~haus *n* ad-

joining (*or* next-door) house; → Nebengebäude; 2'her, 2'hin *adv.* by his (her) side; → nebenbei; 2'hergehend *adj.* accessory, secondary, additional, extra, minor; ~interesse *n* private interest; ~klage *jur. f* incidental action; ~kläger(in *f*) *m* accessory prosecutor; ~kosten *pl.* extra (*or* petty) costs *or* expenses; extras, incidentals; ~kriegsschauplatz *m* secondary theat|re (*Am.* -er) of war; ~leistung *econ. f* supplement(ary payment *or* delivery); ~linie *f* parallel line; descent: collateral line; *rail.* branch line; ~mann *m* (-[e]s; ~er) next man (*a. mil.*); ~mensch *m* fellow-creature; ~niere *f* suprarenal gland; ~post-amt *n* branch post-office; ~produkt *n* by-product; ~programm *n film:* supporting program(me); ~punkt *m* accessory point; ~raum *m* offices, service-rooms; ~rolle *f* subordinate (*or* minor) part (*a. thea.*); ~sache *f* minor (*or* accessory) matter; secondary consideration; das ist ~! that's a minor detail!, that's quite unimportant here!; 2sächlich *adj.* subordinate, incidental, unimportant; *pred.* not essential; of no consequence; irrelevant, immaterial; e-e ~e Rolle spielen be of secondary importance; ~sächlichkeit *f* (-; -en) triviality; ~satz *gr. m* subordinate clause; ~schluß *el. m* shunt; ~schlußmotor *m* shunt (-wound) motor; ~sender *m radio:* relay station; regional station; ~sicherheit *f* collateral security; ~sonne *ast. f* parhelion; ~sprechen *teleph. n* (-s) crosstalk; 2stehend *adj.* standing by; *fig.* marginal, in the margin; ~ (*abgebildet*) opposite; ~stehende(r) *m* by-stander; ~stelle *f* branch-office, sub-office, agency; *teleph.* extension; ~strafe *f* secondary punishment; ~straße *f* by-street, side-street; by-road; ~strecke *rail. f* branch line; ~tisch *m* next table; ~ton *m* neighbo(u)ring tone; *gr.* secondary accent; ~tür *f* side-door; ~umstand *m* accessory circumstance; ~ursache *f* secondary cause; ~verbraucher *m* secondary consumer; ~verdienst *m* incidental (*or* extra) earnings *pl.*; ~vertrag *m* collateral agreement; ~weg *m* by-road; ~winkel *math. m* adjacent angle; ~wirkung *f* secondary effect (*chem.* action), side-effect; ~zimmer *n* adjoining room; ~zweck *m* secondary object, subordinate purpose.

neblig ['ne:bliç] *adj.* → nebelig.

nebst [ne:pst] *prp.* (dat.) together (*or* along) with, besides; including; in addition to.

necken ['nɛkən] *v/t.* (h.) tease, banter, chaff; quiz, kid.

Neckerei [-kə'raɪ] *f* (-; -en) teasing, chaff, banter; quiz(zing).

neckisch *adj.* (fond of) teasing, quizzical; playful; roguish, arch; droll, funny.

ne(e) [ne:] *colloq. adv.* no, *Am. sl.* nope.

Neffe ['nɛfə] *m* (-n; -n) nephew.

Negation [negatsi'o:n] *f* (-; -en) negation.

negativ ['ne:gati:f, -'ti:f] *adj.*, ⚲ *n* (-s; -e) negative.

Negatron [nega'tro:n] *phys. n* (-s; -en) negat(r)on.

Neger ['ne:gər] *m* (-s; -) negro; **⁓in** *f* (-; -nen) negress.

negieren [ne'gi:rən] *v/t.* (*h.*) deny, answer in the negative; negate.

Negligé [negli'ʒe:] *n* (-s; -s) négligé, dishabille; morning-gown.

nehmen ['ne:mən] *v/t.* (*irr., h.*) take (*j-m et.* from a p.); take, seize, grasp; accept; receive; *mil.* take (*im Sturm* by storm), capture; take, clear (*obstacle*); take, negotiate (*curve*); *at table*: help o.s. to; (*nochmals ⁓*) take a second helping of; *zu sich ⁓* take, partake of (*food*), have (*a cup of tea, some pudding*); use; take (*train, etc.*); *cul.* man *nehme* take; buy; charge (*für* for); take, engage, hire (*employees*); retain (*lawyer*); take away, remove, free *a p.* from (*pains, inhibitions*); deprive of (*hope, beauty, rights, etc.*) → Angriff, Anspruch, Augenschein, Beispiel, Ende, ernst, Herz, Mund, Partei, Wort, *etc.*; *et. an sich ⁓* take a th., *unlawfully*: *a.* misappropriate (*or* purloin) a th.; *et. auf sich ⁓* undertake a th., take it upon o.s. to *inf.*, assume (*burden, task*), accept, shoulder (*responsibility*); *die Folgen auf sich ⁓* bear the consequences, face the music; *⁓ wir den Fall* let us assume *or* suppose, suppose; *ich lasse es mir nicht ⁓* I insist (upon it), I won't be talked out of it; *er läßt es sich nicht ⁓ zu, inf.* he insists (up)on *ger.*; *sich nichts von-n Rechten ⁓ lassen* suffer no encroachments on one's rights; *er versteht es, die Kunden richtig zu ⁓* he has a way with the customers, he knows how to take (*or* handle) them; *wie man's nimmt* that depends; *strenggenommen* strictly speaking.

'Nehmen *n* (-s) *boxing*: *er ist gut im ⁓* he can take a lot (of punishment); → Geben.

Nehmer(in *f*) ['⁓mər] *m* (-s, -; -, -nen) taker; buyer, purchaser.

Nehrung ['ne:ruŋ] *f* (-; -en) spit (of land).

Neid [naɪt] *m* (-[e]s;) envy; jealousy; *blasser* (*or gelber*) ⁓ (mere) jaundice; *humor. der ⁓ der Besitzlosen* the envy of the have-nots; *aus* (*purem*) ⁓ out of (sheer) envy; *aus ⁓ gegen* from envy of; *bei j-m ⁓ erregen* excite a p.'s envy; *grün vor ⁓* green with envy; *vor ⁓ vergehen* be eaten up with envy; *das muß ihm der ⁓ lassen* you have to hand it to him; ⚲**en** *v/t.*: *j-m et. ⁓* envy (*or* grudge) a p. a th.; **⁓er(in** *f*) ['naɪdər] *m* (-s, -; -, -nen) envier, grudger, envious person; **⁓hammel** *colloq. m* dog in the manger; ⚲**isch** *adj.* envious, jealous (*auf acc.* of); jaundiced (*eyes*); ⚲**los** *adj.* free from envy, ungrudging.

Neige ['naɪgə] *f* (-; -en) slope; decline; *in barrel*: dregs *pl.*; *in glass*: heel-tap; *auf der ⁓* on the slope, aslant; atilt; *bis zur ⁓ leeren* drain to the dregs; *zur ⁓ gehen* (be on the) decline, wane, *supplies*: run low, *a. econ.* run short; *time*: draw to an end; ⚲**n I.** *v/t.* (*h.*) bend, incline; bow (down); tilt; *sich ⁓* bend, incline, *terrain*: slope, slant; dip (*a. compass needle*); bow; *day, etc.*: draw to a close; **II.** *v/i.* (*h.*) *fig.*: *⁓ zu* lean to, incline to, tend to; have a propensity for; be prone (*or* liable, subject) to (*diseases, accidents, etc.*); *er neigt zu Übertreibungen* he is given to exaggeration; → geneigt.

'Neigung *f* (-; -en) inclination; slope, incline; *rail., road*: gradient; *math.* dip (*a. of compass needle, road, ship*); tilt(ing); *fig.* inclination, propensity (*zu* to, for); bent, preference, liking (for); leaning (towards); taste (for); *a. econ., pol.* tendency, trend (towards); disposition (to); *b.s.* proclivity (to), *a. med.* liability, proneness (to); affection (*für* for); *⁓ fassen für j-n* take (a fancy) to a p., set one's affections on a p.; *s-n ⁓en nachgeben* follow (*or* indulge in) one's inclinations.

'Neigungs...: ⁓ebene *f* incline(d plane), slope; **⁓ehe** *f* love-match; **⁓linie** *f* gradient; **⁓messer** *m* clinometer; **⁓verhältnis** *n* gradient; **⁓winkel** *m* angle of inclination.

nein [naɪn] *adv.* no; *⁓, so was!* well, I never!, I say!, what a thing to do (*or* say)!; *⁓ und abermals ⁓!* no! a thousand times no!; *⁓, I should say not!; geht er? — ⁓! is he going? — no, he is not!; haben Sie gerufen? — ⁓! did you call? — no, I did not!*

'Nein *n* (-s) no; denial; refusal; *mit e-m ⁓ antworten* answer in the negative, say no; refuse; **⁓stimme** *parl. f* no (*pl.* noes), *Am.* nay.

Nekrolog [nekro'lo:k] *m* (-[e]s; -e) obituary notice, necrology.

Nektar ['nɛktar] *m* (-s) nectar.

Nelke ['nɛlkə] *f* (-; -n) pink, carnation; clove; **⁓n-öl** *n* clove oil; **⁓n-wurz** ['-vurts] *f* (-) avens, pink-root.

Nenn... [nɛn] *in compounds* nominal ..., *tech. usu.* rated ...

'nennbar *adj.* mentionable.

'Nenn...: ⁓belastung *tech. f* nominal load; **⁓betrag** *m* nominal amount; **⁓drehzahl** *f* rated speed.

nennen ['nɛnən] *v/t.* (*irr., h.*) name; call, dub; term, designate; mention; quote; style; nickname, dub; nominate (*candidate*); *sich ⁓ be* named *or* called, go by the name of; *sports*: enter (*für* for); *er nennt sich Doktor* he calls (*or* styles) himself a doctor; *das nenne ich Erfolg* that's what I call success; → genannt; **⁓swert** *adj.* worth mentioning, considerable; *nicht ⁓* negligible; *keine ⁓en Fortschritte* no appreciable progress.

'Nenner *math. m* (-s; -) denominator; *auf e-n gemeinsamen ⁓ bringen* reduce to a common denominator (*a. fig.*).

'Nenn...: ⁓fall *gr. m* nominative; **⁓form** *gr. f* infinitive; **⁓frequenz** *f* rated frequency; **⁓geld** *n sports*: entry-fee; **⁓kurs** *econ. m* par value; **⁓leistung** *tech. f* rated power *or* output; **⁓spannung** *el. f* rated voltage.

Nennung ['nɛnuŋ] *f* (-; -en) naming; mention(ing); designation; *sports*:

entry; *pol.* nomination; **⁓sliste** *f sports*: (list of) entries.

'Nenn...: ⁓wert *m* nominal (*or* face) value; *econ. zum* (*über, unter*) ⁓ at (above, below) par; ⚲**wertlos** *econ. adj.*: *⁓e Aktien* no-par shares (*Am.* stock *sg.*); **⁓wort** *gr. n* noun.

Neologismus [neolo'gismus] *m* (-; -men) neologism.

Neon ['ne:ɔn] *chem. n* (-s) neon; **⁓röhre** *f* neon tube; → Leuchtröhre.

Neoplasma [neo'plasma] *n* (-s; -men) neoplasm.

nepp|en ['nɛpən] *v/t.* (*h.*) diddle, fleece, gyp; ⚲**lokal** *n* gyp-joint.

Nerv [nɛrf] *m* (-s; -en) *anat.* nerve; *bot. a.* vein, rib; *j-m den ⁓ rauben or nehmen* bluff a p.; *j-m auf die ⁓en fallen or gehen* get on a p.'s nerves; *er geht einem auf die ⁓en a.* he is a pain in the neck (*or a* nuisance); *die ⁓en verlieren* **a**) lose one's nerve *or* head, **b**) lose one's temper; *er ist mit den ⁓en herunter* his nerves are all shot; *er hat eiserne ⁓en* he has iron nerves; *colloq. der hat vielleicht ⁓en* he's got a nerve.

'Nerven...: ⁓anfall *m* nervous fit; **⁓arzt** *m* neurologist; ⚲**aufreibend** *adj.* nerve-racking, trying; **⁓belastung** *f* nervous strain; **⁓bündel** *n* nerve-fascicle; *fig.* bundle of nerves; **⁓entzündung** *f* neuritis; **⁓faser** *f* nerve fib|re, *Am.* -er; **⁓fieber** *n* nervous fever; **⁓heilanstalt** *f* mental hospital; **⁓kitzel** *m* thrill, sensation; ⚲**krank** *adj.* neurotic; **⁓kranke(r** *m*) *f* mental patient, neurotic; **⁓krankheit** *f* nervous disease; **⁓krieg** *m* war of nerves; ⚲**leidend** *adj.* neuropathic; ⚲**mittel** *n* **a**) sedative, **b**) (nerve) tonic; **⁓probe** *f* nerve trial, trying affair, ordeal; **⁓reiz** *m* nervous irritation; **⁓säge** *colloq. f* nuisance; *er* (*es*) *ist e-e ⁓* he (it) puts you on edge; **⁓schmerz** *m* neuralgia; **⁓schock** *m* nervous shock; ⚲**schwach** *adj.* nervous, neurasthenic; **⁓schwäche** *f* nervous debility, neurasthenia; **⁓stamm** *anat. m* nerve trunk; ⚲**stärkend** *adj.*: *⁓(es Mittel)* tonic; **⁓störung** *f* nervous disturbance; **⁓strang** *m* nerve cord; **⁓system** *n* nervous system; **⁓zentrum** *n* nerve centre, *Am.* -er; ⚲**zerrüttend** *adj.* nerve-racking; **⁓zerrüttung** *f* shattered nerves; **⁓zusammenbruch** *m* nervous breakdown.

nervig ['nɛrfiç] *adj.* sinewy; strong; pithy, vigorous; *bot.* veined, ribbed.

nervös [nɛr'vø:s] *adj.* nervous (*a. fig.*); nervy, jittery, jumpy; *pred.* keyed-up, on edge; fidgety; *⁓ machen* make nervous *or* irritable, enervate, get on *a. p.'s* nerves; *⁓ werden* become (*or* get) nervous.

Nervosität [nɛrvozi'tɛ:t] *f* (-) nervousness.

Nerz [nɛrts] *zo. m* (-es; -e) mink; *a.* **⁓mantel** *m* mink-coat.

Nessel ['nɛsəl] *f* (-; -n) nettle; *fig. sich in die ⁓n setzen* get o.s. into trouble (*or* hot water); **⁓ausschlag** *m*, **⁓fieber** *n*, **⁓sucht** *f* nettle-rash; **⁓tuch** *n* nettle-cloth, muslin, *Am.* cheese-cloth.

Nest [nɛst] *n* (-es; -er) nest; eyrie, aerie; chignon; *colloq. fig.* hole-

-and-corner town, awful hole; bed; *ins ⁓ gehen* turn in, hit the hay; *das ⁓ leer finden* find the bird flown; *sein eigenes ⁓ beschmutzen* foul one's own nest; ⁓**ei** *n* nest egg.

Nestel ['nɛstəl] *f* (-; -n) lace; ⁓n I. *v/t.* (h.) lace; II. *v/i.* (h.) ⁓ *an* (*dat.*) fiddle with.

'**Nest...:** ⁓**häkchen** *n* nestling; *fig.* pet, youngest child; ⁓**hocker** *m* insessorial bird; ⁓**ling** ['nɛstlin] *m* (-s; -e) nestling; ⁓**vogel** *m* autophagous bird; ⁓**wärme** *fig. f* love and security.

nett [nɛt] *adj.* nice; neat, *Am. a.* cute; pleasant; pretty; kind; *das war nicht ⁓ von dir* that was not nice of you; *iro. das kann ja ⁓ werden!* that's going to be just nice!

netto [nɛto] *econ. adv.* net, clear; *rein ⁓* pure net; *⁓ Kasse* net cash; ⁓**einnahmen** *f/pl.*, ⁓**ertrag** *m* net receipts, net proceeds, flat yield; ⁓**gewicht** *n* net weight; ⁓**gewinn** *m* clear profit; ⁓**inhalt** *m* net contents *pl.*; ⁓**lohn** *m* take-home pay; ⁓**preis** *m* net price.

Netz [nɛts] *n* (-es; -e) net; netting; mesh; gauze; *tech.* retic(u)le; rack; *rail., etc.*: network, system; *el.* mains; *radio*: grid; network; *anat.* plexus, *intestines*: omentum; *of map*: grid; *soccer, tennis*: *ins ⁓ schlagen* (send *the ball* into the) net; *tennis*: *am ⁓ spielen* play at the net; *ins ⁓ gehen* go into the net, *fig.* walk into the trap.

'**Netz...:** ⁓**anode** *f radio*: grid terminal; ⁓**anschluß** *el. m* mains connection, power-supply line; ⁓**anschlußgerät** *n* all-mains set; ⁓**antenne** *f* mains aerial, *Am.* lightline antenna; ⁓**artig** *adj.* netlike, reticular; ⁓**ätzung** *f* autotypy; ⁓**aufschlag** *m → Netzball*; ⁓**augen** *n/pl.* compound eyes; ⁓**ball** *m tennis*: net ball; ⁓**empfänger** *m radio*: all-mains receiver.

netzen ['nɛtsən] *v/t.* (h.) wet, moisten; sprinkle.

'**Netz...:** ⁓**gespeist** ['-gəʃpaɪst] *adj.* mains-fed; ⁓**haut** *anat. f* retina; ⁓**haut-entzündung** *f* retinitis; ⁓**hemd** *n* cellular shirt; ⁓**karte** *rail. f* area season ticket; ⁓**spannung** *el. f* line voltage; ⁓**spiel** *n tennis*: netplay; ⁓**stoff** *m* cellular cloth; netting; ⁓**strom** *el. m* (-[e]s) line current; ⁓**werk** *n* network, netting.

neu [nɔy] I. *adj.* new; fresh; novel; original; recent; modern; rising; renewed; *ganz ⁓* brand-new; ⁓*er Anfang* fresh start; ⁓*e Beweise* fresh evidence; ⁓*e Schwierigkeiten* more difficulties; *thea.* ⁓*es Stück* fresh play; ⁓*eren Datums* of recent date; ⁓*ere Sprachen* modern languages; *in* ⁓*erer Zeit* of late years; ⁓*este Nachrichten* latest news; ⁓*este Mode* latest fashion; ⁓*e Kräfte gewinnen* recover one's strength; *ein* ⁓*es Leben beginnen* turn over a new leaf; *mir ist die Sache* ⁓ I am new (*or* unused) to it; *das ist mir* ⁓! I've never heard of such a thing!, that's a new one to me; II. *adv.* newly; afresh, anew; ⁓ *beleben* bring to life again, revive, revitalize; ⁓ *erbauen* rebuild, reconstruct; *thea.* ⁓ *besetzen* re-cast; ⁓ *füllen*

refill; ⁓ *ordnen* reorganize; ⁓ *verteilen* redistribute; ⁓**e(s)** *n* (-n): *das* ⁓*este* the latest; the last word (*in fashion, etc.*); *das ⁓ an der Maschine* the novel feature in the machine; *et. ganz* ⁓*es* the latest novelty; *das ist (mir) nichts* ⁓*es* that is nothing new to me; *was gibt es* ⁓*es?* what is the news ?, *Am.* what's new ?; *adv. aufs* ⁓e, *von* ⁓em afresh, anew; *von* ⁓*em anfangen* start afresh (*or* from scratch); ⁓**e(r)** *m* (-n; -n) new man; new-comer, new arrival; novice.

'**Neu...:** ⁓**ankömmling** *m* newcomer, new arrival; ⁓**anlage** *f* new installation; *econ.* reinvestment; ⁓**anschaffung** *f* new purchase *or* acquisition; ⁓**artig** *adj.* novel, a novel type of; modern; ⁓**aufgelegt** *adj.* republished, reprinted (*book*); ⁓**auflage**, ⁓**ausgabe** *f* new edition, republication; reprint; ⁓**bau** *m* (-[e]s; -ten) reconstruction, rebuilding; new building; ⁓**bauwohnung** *f* new flat; ⁓**be-arbeiten** *v/t.* (h.) revise; ⁓**be-arbeitung** *f* revised edition, revision; ⁓**bekehrte(r** *m*) neophyte, (new) convert; ⁓**belebung** *f* revival; ⁓**besetzung** *f* filling (*of post*); *thea.* recast; ⁓**bildung** *f* new formation; *anat.* **a)** regeneration, **b)** neoplasm; *gr.* neologism; ⁓**druck** *m* (-[e]s; -e) reprint; ⁓**einstellung** *f* replacement; ⁓**einstudierung** *thea. f* restudy; ⁓**england** *n* (-s) New England; ⁓**entdeckt** *adj.* recently discovered; ⁓**erbaut** *adj.* newly built.

neuerdings ['nɔyərdins] *adv.* of late, lately, recently.

'**Neu(e)rer** *m* innovator.

'**neuerlich** I. *adv.* lately, recently, of late; II. *adj.* renewed, fresh.

'**Neuerung** *f* (-; -en) innovation; change; reform; ⁓**ssucht** *f* mania for innovation, modernism; ⁓**süchtig** *adj.* bent on innovations.

'**Neu...:** ⁓**erscheinung** *f* new book (*or* publication), *pl. a.* latest arrivals; ⁓**erschienen** *adj.* recent(ly published); ⁓**erwerbung** *f* new acquisition; *library*: ⁓*en pl.* recent accessions.

neuestens ['nɔyəstəns] *adv.* quite recently, lately, of late.

'**Neu...:** ⁓**fassung** *f* revised form or text, revision; *jur., pol.* amendment; ⁓**fundland** ['funtlant] *n* (-[e]s) Newfoundland; ⁓**fundländer** [-'funtlɛndər] *m* (-s; -) Newfoundlander; *zo.* Newfoundland dog; ⁓**gebacken** *adj.* new(ly baked), fresh; *fig.* newly-fledged; brand-new; ⁓**geboren** *adj.* new-born; *sich wie* ⁓ *fühlen* feel like a new man; ⁓**gestalten** *v/t.* (h.) reorganize, *Am. a.* revamp; modify; *tech.* redesign, redevelop; ⁓**gestaltung** *f* reorganization; modification; *film*: remake; ⁓**gier(de)** ['-gi:r(də)] *f* (-) curiosity, inquisitiveness; ⁓**gierig** *adj.* curious (*auf acc.* about) or inquisitive, prying, nos(e)y; expectant; *j-n* ⁓ *machen* arouse a p.'s curiosity; ⁓ *sein auf* be curious (*or* eager) to know; *ich bin* ⁓, *ob* I wonder whether *or* if; ⁓**gierige(r** *m*) ['-gi:rigə(r)] *f* curious person; ⁓**gotik** *f* Gothic revival; ⁓**grie-**

chisch *n*, ⁓**griechisch** *adj.* modern Greek; ⁓**gruppierung** *f* regrouping, *Am. a.* reshuffling; ⁓**gründung** *f* reestablishment; ⁓**guinea** [-gi'ne:a] *n* (-s) New Guinea; ⁓**heide** *m* neo-pagan.

'**Neuheit** *f* (-; -en) newness, freshness; novelty; originality; *die* ⁓ *verliert rasch an Reiz* the novelty will soon wear off.

'**neuhochdeutsch** *adj.*, ⁓**(e)** *n* Modern High German.

Neuigkeit ['nɔyiçkaɪt] *f* (-; -en) (*e-e* ⁓ a piece of) news; novelty; ⁓**skrämer(in** *f*) *m* newsmonger.

neuinsze'nier|en *v/t.* (h.) re-enact, revive; ⁓**ung** *f* new staging, new mise en scène (*Fr.*).

'**Neujahr** *n* New Year('s Day); *j-m ein gutes* ⁓ *wünschen* wish a p. a happy New Year; ⁓**s-abend** *m* New Year's Eve; ⁓**swunsch** *m* New Year's congratulation, good wishes *pl.* for the New Year.

'**Neu...:** ⁓**konstruktion** *f* novel design; reconstruction; ⁓**land** *n* virgin soil, fresh country; *fig.* new territory; ⁓ *erschließen* break new ground (*a. fig.*), reclaim soil; *fig. das ist* ⁓ *für mich* that's new ground for me; ⁓**landgewinnung** *f* reclamation (of land).

'**neulich** *adv.* the other day, recently, lately; ⁓ *abends* the other evening.

Neuling ['nɔylin] *m* (-s; -e) novice, beginner, new hand, tiro; *contp.* greenhorn. [*contp.* new-fangled.)

'**neumodisch** *adj.* fashionable;)

'**Neumond** *m* new moon.

neun [nɔyn] *adj.* nine; *skittles: alle* ⁓**(e)** *werfen* throw all the ninepins; → *acht*; ⁓ *f* (-; -en) (number) nine; '⁓**auge** *ichth. n* (river) lamprey; ⁓**eck** *n* (-s; -e) nonagon.

neunerlei ['-ərlaɪ] *adj.* of nine (different) sorts, nine (different) kinds of.

'**neun...:** ⁓**fach**, ⁓**fältig** ['-fɛltiç] *adj.* ninefold; ⁓**hundert** *adj.* nine hundred; ⁓**jährig** *adj.* nine years old; *attr.* nine-year-old; ⁓**mal** *adv.* nine times; ⁓**malklug** *iro. adj.* oversmart; ⁓**malkluge(r)** *m* know-all, wiseacre, smart aleck, *Am. sl.* wisenheimer; ⁓**schwänzig** [-ʃvɛntsiç] *adj.:* ⁓*e Katze* cat-o'-nine-tails; ⁓**tägig** *adj.* nine days old; of nine days, nine-day; ⁓**tausend** *adj.* nine thousand; ⁓**te** *adj.* ninth (9th); → *achte*; ⁓**tel** *n* (-s; -), ⁓**tel** *adj.* ninth (part); ⁓**tens** *adv.* ninth(ly), in the ninth place.

'**neunwertig** *adj.* nonavalent.

'**neunzehn** *adj.* nineteen; ⁓ *f* (-; -en) (number) nineteen; ⁓**te** *adj.* nineteenth; ⁓**tel** *n* (s; -), ⁓**tel** *adj.* nineteenth (part).

'**neunzig** ['-tsiç] *adj.* ninety; *in den* ⁓*er Jahren* in the nineties; ⁓ *f* (-; -en) (number) ninety; ⁓**er(in** *f*) ['-tsigər(in)] *m* (-s, -; -, -nen) nonagenarian; ⁓**jährig** *adj.* ninety years old; of ninety years; ⁓**ste** *adj.* ninetieth.

'**Neu...:** ⁓**ordnung** *f* reorganization, readjustment; new arrangement; reform; ⁓**orientierung** *f* reorientation, new course; *econ.* readjustment; ⁓**philolog(in** *f*) *m* student (*or* teacher) of modern languages.

Neuralgie [nɔyral'gi:] *med. f* (-; -n) neuralgia; **neuralgisch** [-'ralgiʃ] *adj.* neuralgic; *fig.* ~er Punkt danger point, seat of trouble.

Neurasthenie [-raste'ni:] *med. f* (-; -n) neurasthenia.

Neurasthen|iker(in *f)* [-ras'te:nikər(in)] *m* (-s, -; -, -nen), **Ջisch** *adj.* neurasthenic.

'**Neu...:** ~**regelung** *f* reorganization, rearrangement, readjustment; ~**reiche(r** *m) f* parvenu, (wealthy) upstart; **die** ~**n** *pl.* the new rich, the nouveaux riches (*Fr.*).

Neuro|se [nɔy'ro:zə] *f* (-; -n) neurosis; ~**tiker** [-'ro:tikər] *m* (-s; -), **Ջtisch** *adj.* neurotic.

'**Neu...:** ~**schätzung** *f* revaluation; ~**schöpfung** *f* new creation; ~**schottland** [-'ʃɔt-] *n* Nova Scotia; ~**schnee** *m* new(-fallen) snow; ~**seeland** [-'ze:lant] *n* (-s) New Zealand; ~**silber** *n* German silver, argentan; ~**sprachler** ['-ʃpra:xlər] *m* (-s; -) → Neuphilolog; **Ջsprachlich** *adj.* relating to modern languages; modern language grammar school, *etc.*; **Ջsteinzeitlich** *adj.* neolithic; ~**südwales** *n* (-) New South Wales; **Ջtestamentlich** *adj.* of the New Testament.

neutral [nɔy'tra:l] *adj.* neutral; ~ **bleiben** remain neutral; **Ջe(r** *m) pol. f* neutral.   [(h.) neutralize.⟩ **neutralisieren** [-trali'si:rən] *v/t.*⟩ **Neutralität** [-trali'tɛ:t] *f* (-) neutrality; ~**s-erklärung** *f* declaration of neutrality; ~**sverletzung** *f* violation of neutrality.   [neuter.⟩ **Neutrum** ['nɔytrum] *gr. n* (-s; -tra)⟩ '**neu...:** ~**Ջveranlagung** *f* reassessment; ~**vermählt** *adj.* newly married; **die Ջen** *pl.* the newly-weds; **Ջwahl** *f* new election; re-election; **Ջwert** *m* new value (when *or* as) new; ~**wertig** *adj.* as good as (*or* practically) new; **Ջzeit** *f* (-) modern times *pl.*; ~**zeitlich** *adj.* of (*or* in) modern times; modern(-style), up-to-date.

nicht [niçt] *adv.* not; *with v/aux.*: *er darf nicht* he may not; *with do*: *er geht* ~ he does not (*or* doesn't) go; *gingst du* ~? did you not (*or* didn't you) go?, *nein, ich ging* ~ no, I did not (*or* didn't); *er kam* ~ *a.* he failed to appear; *ich verstehe* ~, *warum* I fail to see why; *der Apparat wollte* ~ *funktionieren* the apparatus refused to work; *with comp.*: no, *e.g.*, ~ *besser* no better; ~ *mehr,* ~ *länger* no more, no longer; *often a.* in..., *e.g.*, ~ *einlösbar* inconvertible; *non...*, *e.g.*, ~ *abtrennbar* non-detachable; *un...*, *e.g.*, ~ *anziehend* unattractive; *a. miß...*, *e.g.*, ~ *glücken* = *mißglücken* fail, be unsuccessful; *gar* ~ not at all; *ganz und gar* ~, *durchaus* ~ not in the least, by no means; ~ *doch!* **a)** don't, **b)** don't say that!; ~ *wenige* not a few; ~ *einmal* not even, not so much as; *nur* ~ *das!* anything but that; ~ *daß ich wüßte* not that I know of; ~ *daß es mich überrascht hätte* not that it surprised me; *ich kenne ihn auch* ~ I do not know him either; *sie sah es* ~, *und ich auch* ~ she did not see it, nor (*or* neither *or* no more) did I; *du kennst ihn* ~? *Ich auch* ~!

you don't know him? Nor do I!; ~ *wahr?* isn't that so?; *er ist krank,* ~ *wahr?* he is ill, isn't he?; *Sie tun es,* ~ *wahr?* you will do it, won't you?; *du kennst ihn* ~, ~ *wahr?* you don't know him, do you.

'**Nicht...:** **Ջabsorbierend** *adj.* non-absorbing; ~**achtung** *f* disregard, disrespect, slight; *des Gerichts*: contempt (of court); **Ջamtlich** *adj.* unofficial; ~**anerkennung** *f* non--acknowledgement; *of a debt*: repudiation; **Ջangreifend** *chem. adj.* non-corroding; ~**angriffs-pakt** *m* non-aggression pact; ~**annahme** *f* non-acceptance; ~**arier(in** *f) m*, **Ջarisch** *adj.* non-Aryan; ~**ausführung** *f* non-performance; ~**be-achtung** *f*, ~**befolgung** *f* non--observance (*gen.* of), failure to comply (with); ~**berechtigte(r** *m) f* unauthorized person, person having no title; **Ջbezahlung** *f* non--payment; **Ջdeutsch** *adj.* non--German; *in e-r* ~**en** *Währung* in a currency other than German.

Nichte ['niçtə] *f* (-; -n) niece.

'**Nicht...:** ~**einhaltung** *f* non-compliance (*gen. or von* with), failure to comply (with); ~**einlösung** *f* dishono(u)ring (*of bill of exchange*); ~**einmischung** *f* non-intervention; ~**-Eisenmetalle** *n/pl.* non-ferrous metals; ~**erfüllung** *f* non-performance, default; ~**erscheinen** *n* non-appearance, absence, failure to attend; *jur. a.*: default; ~**fachmann** *m* (-[e]s; -leute) non-professional, layman, amateur; ~**gebrauch** *tech. m*: *bei* ~ when not in use.

nichtig ['niçtiç] *adj.* vain, idle, empty; futile; transitory; flimsy (*pretext*); invalid; *null und* ~ null and void; *für* ~ *erklären* declare null and void, annul, invalidate; **Ջkeit** *f* (-; -en) vanity, futility; nothingness; *jur.* nullity, voidness; **Ջkeitsbeschwerde** *f* plea of nullity; **Ջkeits-erklärung** *f* annulment, nullification; **Ջkeitsklage** *f* nullity action; **Ջkeitsklausel** *f* cancelling clause.

'**Nicht...:** ~**kämpfer** *m* non-combatant, protected person; ~**kaufmann** *m* (-[e]s; -leute) non-merchant; ~**kombatant** ['kɔmbatant] *m* → Nichtkämpfer; ~**Konvertierbarkeit** ['-kɔnver'ti:rba:rkaıt] *f* (-) inconvertibility; **Ջleitend** *el. adj.* non-conducting, insulating; ~**leiter** *el. m* non-conductor; **Ջleuchtend** *adj.* non-luminous; ~**lieferung** *f* non-delivery; **Ջmetallisch** *adj.* non-metallic; ~**mitglied** *n* non-member; **Ջöffentlich** closed, private; *jur. in* ~**er** *Sitzung* in closed session; **Ջoxydierend** *adj.* non--oxidizing; ~**raucher** *m* non--smoker; ~**raucherabteil** *n* compartment for non-smokers; **Ջrostend** *adj.* rust-proof, non-corroding; stainless (*steel*).

nichts [niçts] *indef. pron.* nothing, naught, not ... anything; ~ *Neues* nothing new; ~ *als* nothing but; ~ *anderes* nothing else (*als* but); ~ *dergleichen* no such thing, nothing of the kind; ~ *mehr* no(thing) more, not any more; *fast gar* ~ hardly

anything; *für* ~ *und wieder* ~ for no reason at all; *gar* ~ nothing at all, nothing whatever; *mir* ~, *dir* ~ without much ado, quite coolly, as cool as you please; *soviel wie* ~ next to nothing; *um* ~ for nothing; *um* ~ *spielen* play for love; *weiter* ~? is that all?; *colloq.* *wie* ~ like nobody's business; ~ *da!* nothing of the kind; ~ *davon!* don't talk about it!; *das ist* ~ *für mich* that's of no use to me, that's not in my line; *not for me!*; *es ist* ~ *damit!* it's no go!; *es macht* ~! it does not matter!, never mind!; ~ *zu machen!* there is nothing to be done about it!, nothing doing!; *zu* ~ *werden* come to nothing *or* naught, fail; **Ջ** *n* (-) nothing(ness), *phls.* non-entity (*a. fig. person*); void; trifle, (a mere) nothing; *aus dem* ~ from nowhere; *vor dem* ~ *stehen* be face to face with ruin; ~**ahnend** *adj.* unsuspecting.   [-swimmer.⟩ '**Nichtschwimmer(in** *f) m* non-⟩ **nichtsdestoweniger** [-dɛsto've:nigər] *adv.* nevertheless, none the less, just the same.

'**Nichtsein** *n* non-existence; → Sein.

'**Nichts...:** ~**könner** *m* incapable *or* incompetent person, ignoramus, wash-out; ~**nutz** ['-nuts] *m* (-es; -e) good-for-nothing (person), ne'er--do-well, rotter; ~**nutzig** *adj.* good--for-nothing, worthless, naughty; ~**nutzigkeit** *f* (-) wickedness, naughtiness, worthlessness; **Ջsagend** *adj.* insignificant, meaningless; empty (*a. face*); non-commital, vague (*answer*); trite, trivial (*saying*); vain (*pleasures*); colo(u)r-less, flat; insipid; ~**tuer(in** *f)* ['-tu:ər] *m* (-s, -; -, -nen) do-nothing, idler, loafer; lazybones; ~**tun** *n* (-s) idleness, inaction; *zum* ~ *verurteilt sein* be idled; *mit* ~ *verbringen* idle away; ~**wisser** ['-visər] *m* (-s; -) ignoramus; **Ջwürdig** *adj.* infamous, base; contemptible; ~**würdigkeit** *f* worthlessness, infamy, villainy.

'**Nicht...:** **Ջtropfend** *tech. adj.* anti--drip (*nozzle*); **Ջversichert** *adj.* uninsured; ~**vorbestrafte(r** *m) f* first offender; ~**vorhandensein** *n* absence, (utter) lack; *phls.* non-existence; ~**wissen** *n* ignorance; ~**wollen** *n* unwillingness; ~**zahlung** *f* non-payment; *bei* ~ in default of payment; ~**zulassung** *f* non-admission; ~**zutreffende(s)** *n*: ~*s streichen!* delete which is inapplicable.

Nickel ['nikəl] **1.** *n* (-) nickel; **2.** *m* (-s; -) small coin, copper, *Am.* dime; ~**chromstahl** *m* chrome--nickel steel; ~**überzug** *m* nickel--plating.

nicken ['nikən] *v/i.* (h.) nod (one's head); *zustimmend* ~ nod one's agreement; *as a greeting*: bow; beckon; nap; **Ջ** *n* nod(ding), *etc.*

Nickerchen ['nikərçən] *colloq. n* (-s; -): *ein* ~ *machen* take a nap, have one's forty winks.

nie [ni:] *adv.* never, at no time; *fast* ~ hardly ever; ~ *und nimmer* never (in my life); ~ *wieder* never again, no more; *jetzt oder* ~ now or never.

nieder ['ni:dər] **I.** *adj.* low; inferior

(*rank, value*); lower (*agency, official, etc.*); common, vulgar; low, base, **mean**; *der ~e Adel* the gentry; *von ~er Geburt* of low birth, of humble origin, lowborn; **II.** *adv.* low; down; *auf und ~* up and down; *~ mit den Verrätern!* down with the traitors!; ~**beugen** *v/t.* (h.) (*a. sich*) bend down, bow; *fig.* depress, weigh down; ~**brechen** *v/t.* (*irr., h.*) *and v/i.* (*irr., sn*) break down; ~**brennen** *v/t.* (*irr., h.*) *and v/i.* (*irr., sn*) burn down (*or* to the ground); ~**brüllen** *v/t.* (h.) shout down; boo; ~**deutsch** *adj.*, **&deutsche(r** *m*) *f* Low German; **&deutschland** *n* Lower Germany; ~**donnern** *v/i.* (*sn*) come down with a crash; **&druck** *tech. m* (-[e]s; ~e) low pressure; ~**drücken** *v/t.* (h.) press *or* weigh down (*a. fig.*); depress (*lever*); *fig.* depress, prey on a *p.'s* mind; oppress; ~**fahren** *v/i.* (*irr., sn*) descend; ~**fallen** *v/i.* (*irr., sn*) fall (*or* drop) down; *vor j-m ~* throw o.s. at a *p.'s* feet; **&frequenz** *el. f* low frequency; *radio a.*: audio frequency; *in compounds*: low-frequency ...; **&gang** *m* going down, descent; *tech.* down-stroke; setting (*of stars*); *fig.* decline, decay; (down)fall; ~**gedrückt** *adj.* depressed, dejected, downcast; ~**gehen** *v/i.* (*irr., sn*) go down, drop; *aer.* descend, alight, touch down; *storm*: burst, break; ~**geschlagen** ['-gəʃlɑːgən] *adj.* downcast (*eyes*), *fig.* downhearted, crestfallen; → niedergedrückt; **&geschlagenheit** *f* (-) dejection; despondency, low spirits *pl.*; ~**gestreckt** ['-gəʃtrɛkt] *adj.* prostrate; ~**halten** *v/t.* (*irr., h.*) hold (*or* keep) down; *fig.* suppress; *mil.* pin down (*the enemy*); ~**hauen** *v/t.* (h.) cut down, fell (*a. mil.*); ~**holen** *v/t.* (h.) haul down, lower (*flag*); **&holz** *n* (-es) underwood; ~**kämpfen** *v/t.* (h.) subdue, overcome (*a. fig.*); *mil.* overpower, put out of action, silence; ~**knallen** *v/t.* (h.) shoot (down), bump off; ~**knien** *v/i.* (*sn*) kneel down; ~**knüppeln** *v/t.* (h.) bludgeon; ~**kommen** *v/i.* (*irr., sn*) be confined; be delivered (*mit of*); **&kunft** ['-kunft] *f* (-; ~e) confinement, delivery, childbirth; **&lage** *f* **1.** defeat; rout; beating, licking; *e-e ~ beibringen* (*dat.*) inflict a defeat (up)on, defeat; *e-e erleiden* suffer a defeat, take a beating; **2.** *econ.* warehouse, depot; branch office, supply depot; branch; *die* **&lande** ['-landə] *pl.* the Netherlands, the Low Countries; ~**ländisch** ['-lɛndiʃ] *adj.* Dutch; ~**lassen** *v/t.* (*irr., h.*) let down, lower, drop; *sich ~* settle (down) (*a. fig.*), *bird*: perch, alight; sit down, take a seat; establish o.s. (*als* as), set up in business; take up one's domicile, settle (*in dat.* at); **&lassung** ['-lasuŋ] *f* (-; -en) establishment; settlement, colony; branch, agency (*of bank, etc.*); **&lassungsfreiheit** *f* freedom of movement; **&lassungsrecht** *n* right of domicile; ~**legen** *v/t.* (h.) lay (*or* put) down; deposit (*a. w.s. documents, etc.*); resign (*office*); retire from, give up (*business*);

abdicate (*crown*); lay down (*weapons, a. rules*); die Arbeit ~ (go on) strike, down tools, *Am. a.* walk out; *et. schriftlich ~* put down in (*or* reduce to) writing; *in e-m Bericht niedergelegt sein* be embodied in, be set forth in a report; *sich ~* lie down, go to bed; **&legung** ['-leːguŋ] *f* (-; -en) laying down, depositing; resignation; abdication; ~**machen**, ~**metzeln** *v/t.* (h.) cut down, kill; massacre, butcher; ~**mähen** *mil. v/t.* (h.) mow down; ~**reißen** *v/t.* (*irr., h.*) tear down; pull down, demolish (*buildings, etc.*); ~**rheinisch** *adj.* of the Lower Rhine; ~**ringen** *v/t.* (*irr., h.*) overpower, get down; wear down; ~**schießen I.** *v/t.* (*irr., h.*) shoot down; **II.** *v/i.* (*irr., sn*) shoot (*or* swoop) down (*from the sky*); **&schlag** *m chem.* precipitate; deposit, sediment; *atmosphärischer*: precipitation, rain(fall); *radioaktiver*: fall-out; *boxing*: knock-down, knock-out; *fig. s-n ~ finden in* (*dat.*) find expression in, be embodied (*or* reflected) in; ~**schlagen** *v/t.* (*irr., h.*) fell, knock down a *p.*, *boxing a.*: floor, knock out, drop for the count; *die Augen*: cast down one's eyes; *sich ~ chem.* precipitate, deposit, *fig.* be reflected (*in dat.* in); suppress; put down (*a revolt*); *jur.* quash (*proceedings*); waive (*claim*); cast down, depress (*a p.*); ~**schlagsreich** *adj.* of heavy precipitation, wet, rainy; **&schlagung** ['-ʃlaːguŋ] *f* (-; -en) suppression; squashing; ~**schmettern** *v/t.* (h.) dash to the ground, floor; *fig.* crush; ~**schmetternd** *adj.* dismal, appalling, crushing; ~**schreiben** *v/t.* (*irr., h.*) write down, record; ~**schreien** *v/t.* (*irr., h.*) shout down; **&schrift** *f* writing down; writing, notes *pl.*, record; minutes *pl.*; *jur. mündlich zur ~* orally ad protocollum; ~**setzen** *v/t.* (h.) put (*or* set) down; *sich ~* (h.) sit down, *bird*: perch, alight; ~**sinken** *v/i.* (*irr., sn*) sink (down), go down; drop down, collapse; **&spannung** *el. f* low tension *or* voltage; **&spannungs...** *in compounds* low-voltage ...; ~**stechen** *v/t.* (*irr., h.*) stab (down); ~**steigen** *v/i.* (*irr., sn*) step down; descend; ~**stimmen** *v/t.* (*irr., h.*) vote down, outvote; ~**stoßen I.** *v/t.* (*irr., h.*) knock (*or* push) down; **II.** *v/i.* (*irr., sn*): *~ auf* (*acc.*) pounce down upon; ~**strecken** *v/t.* (h.) stretch (*or* strike) on the ground, fell, floor; ~**stürzen** *v/i.* (*sn*) tumble down; **&tracht** ['-traxt] *f* (-) → Niederträchtigkeit; ~**trächtig** *adj.* base, mean, low, vile; insidious; **&trächtigkeit** *f* baseness, meanness, vileness; base act, dirty trick; ~**treten** *v/t.* (*irr., h.*) trample down.

'**Niederung** *f* (-; -en) lowland, depression, low ground, valley.

'**nieder...**: ~**wärts** ['-vɛrts] *adv.* downward(s), down; ~**werfen** *v/t.* (*irr., h.*) throw (*or* fling, cast) down; *fig.* overwhelm; put down, crush (*rebellion*); *von e-r Krankheit niedergeworfen werden* be prostrated by an illness, be laid by the heels; *sich*

vor j-m ~ throw (*or* hurl) o.s. at a *p.'s* feet; **&werfung** ['-verfuŋ] *f* (-; -en) overthrow; suppression (*of rebellion*); **&wild** *hunt. n* small *or* ground game.

niedlich ['niːtliç] *adj.* neat, nice; dainty; droll; pretty, sweet, *Am. a.* cute; **&keit** *f* (-) neatness, daintiness; prettiness. [nail.]

Niednagel ['niːt-] *m* agnail, hang-}

niedrig ['niːdriç] *adj.* low (*a. adv.*); lowly, humble; *b.s.* low, mean, base; inferior, low (*quality*); low, keen (*price*); moderate; ~ *halten* keep down; *mot.* ~*es Fahrgestell* low-built chassis; ~*er Gang* low gear; ~*er* ['niːdrigər] *comp.* lower; inferior; ~*er machen* lower; *zu* ~*erem Preise* at a lower (*or* reduced) price; ~*er hängen fig.* remove from its pedestal, debunk; *zu ~ angeben* understate; ~*st* ['niːdrigst] lowest, bottom, minimum; **&keit** *f* (-; -en) lowness; humbleness; baseness; low level (*of prices*); ~**stehend** *adj.* low-standing, low-class; **&wasser** *n* (-s; -) low water.

niemals ['niːmɑːls] *adv.* never, at no time, → nie.

niemand ['niːmant] *indef. pron.*, **&** *m* (-[e]s) nobody, no one, none, no man, not ... anybody, not a soul; ~ *als* none (*or* no one) but; ~ *anders* nobody (*or* no one) else; ~ *anders als* none other but; **&sland** *n* (-[e]s) no man's land.

Niere ['niːrə] *f* (-; -n) kidney; *min.* nodule; *die ~n betreffend* renal; *colloq. fig. das geht ihm an die ~n* that cuts him to the quick *or* hits him hard; → Herz.

'**Nieren...**: ~**becken** *n* renal pelvis; ~**beckenentzündung** *f* pyelitis; ~**braten** *m* roast loin; ~**entzündung** *f* nephritis; **&förmig** ['-fœrmiç] *adj.* kidney-shaped; reniform; ~**gegend** *f* renal region; ~**krankheit** *f*, ~**leiden** *n* disease of the kidneys, renal disorder; ~**schlag** *m* kidney-punch; ~**schwund** *m* renal atrophy; ~**stein** *m* renal calculus; ~**stück** *n* → Nierenbraten.

niesel|n ['niːzəln] *v/i.* (*impers., h.*), **&regen** *m* drizzle.

niesen ['niːzən] *v/i.* (h.) sneeze.

Nies-pulver ['niːs-] *n* sneezing-powder.

Nieß|brauch [niːs-] *m* (-[e]s) usufruct; *lebenslänglicher ~* life-interest; ~**nutzer(in** *f*) ['-nutsər] *m* (-s, -; -, -nen) usufructuary, beneficial owner; ~**nutzung** *f* → Nießbrauch. [hellebore.}

'**Nieswurz** ['-vurts] *bot. f* (-; -en)}

Niet [niːt] *tech. m* (-[e]s; -e) rivet; '~**bolzen** *m* rivet punch.

'**Niete** ['niːtə] *f* (-; -n) *lottery*: blank; *fig. person or thing*: failure, flop, wash-out; *e-e ~ ziehen* draw a blank (*a. fig.*).

'**Niet...**: ~**eisen** *n* rivet steel; **&en** *v/t.* (h.) rivet; ~**er** *m* (-s; -) riveter; ~**maschine** *f* riveter; ~**verbindung** *f* rivet joint; **&- und nagelfest** *adj.* clinched and riveted, nailed down.

Nihilis|mus [nihi'lismus] *m* (-) nihilism; ~**t(in** *f*) *m* (-en, -en; -, -nen) nihilist; **&tisch** *adj.* nihilist(ic).

Nikotin [niko'ti:n] *n* (-s) nicotine; *e-m Tabak das ~ entziehen* denicotinize a tobacco; **2frei** *adj.* nicotine-free, non-nicotine; **~gehalt** *m* nicotine content; **2haltig** *adj.* containing nicotine; **~säure** *f* nicotinic acid; **~vergiftung** *f* nicotine poisoning.
Nil [ni:l]: *der ~* the Nile; **~delta** *n* delta of the Nile; **~pferd** *n* hippopotamus.
Nimbus ['nimbus] *m* (-; -se) nimbus, halo, aureole; *fig.* halo; aura; *s-n ~ einbüßen* lose one's halo; *s-s ~ entkleiden* debunk *a p. or th.*; *~ der Unbesiegbarkeit* aura of invincibility.
nimmer ['nimər] *adv.* never, → *nie*; **2leins-tag** ['-laɪns-] *colloq. m* doomsday; **~mehr** *adv.* nevermore, never (again); by no means, on no account, never; **~müde** *adj.* untiring, indefatigable; **~satt** *adj.* insatiable; **2satt** *m* (-[e]s; -e) glutton; *w.s.* Am. grab-all; **2wiedersehen** *n*: *auf ~* never to meet again; *er verschwand auf ~* he left for good.
Nippel ['nipəl] *tech. m* (-s; -) nipple.
nippen ['nipən] *v/i. and v/t.* (h.) (take a) sip; sip (*an dat.* at).
'Nipp-sachen *f/pl.* (k)nick-(k)nacks.
nirgend(s) ['nirgənt(s)], **'nirgendwo**('hin) *adv.* nowhere, not ... anywhere.
Nische ['ni:ʃə] *f* (-; -n) niche, recess.
nisten ['nistən] *v/i.* (h.) (build a) nest; *fig.* nestle.
'Nist...: **~kasten** *m* nest-box; **~platz** *m* breeding-place. [nitrate.]
Nitrat [ni'tra:t] *chem. n* (-[e]s; -e)⟩
Nitrier|anlage [ni'tri:r-] *f* nitrating equipment; **2en** *v/t.* (h.) nitrate, nitrify; **~ung** *f* (-) nitration; *metall.* nitridation.
Nitro|ben'zol ['ni:tro-] *n* nitrobenzene; **~glyze'rin** *n* nitroglycerine; **~lack** *m* nitro-enamel; **~lampe** *f* nitrogen-filled lamp; **~sprengstoff** *m* nitro-explosive; **~toluol** ['-tɔlu'o:l] *n* (-s) nitrotoluene; **~zellu'lose** *f* nitrocellulose.
Niveau [ni'vo:] *n* (-s; -s) level; *fig. a.* standard; *unter dem ~* not up to standard; *~ haben* have class, be of a high order (*or grade*) line; **~übergang** *rail. m* level (*Am.* grade) crossing.
nivellier|en [nive'li:rən] *v/t.* (h.) level, grade; **2latte** *f* stadia rod; **2ung** *f* (-; -en) level(l)ing; **2waage** *f* spirit-level.
Nix [niks] *m* (-es; -e) ,'**~e** *f* (-; -n) water-sprite; *m a.* nix, merman; *f a.* water-nymph, mermaid.
Nizza ['nitsa] *n* (-s) Nice.
nobel ['no:bəl] *adj.* noble; elegant, stylish; generous, free-handed; *sich ~ zeigen* come down handsomely.
Nobelpreis [no'bɛl-] *m* Nobel Prize; **~träger** *m* Nobel Prize winner.
noch [nɔx] **I.** *adv.* **1.** still, yet; *~ immer* still; *~ nicht* not yet; *~ nie* never (before); *~ besser* (*mehr*) even (*or* still) better (more); *noch an demselben Tage* on the very same day; *~ gestern* only yesterday; *~ heute* this very day; *heute ~* (*immer*) even today; *~ jetzt* even now; *~ im 11. Jahrhundert* as late as the 11th

century; *er kommt ~* he will come yet (*or* later); *~ nicht zehn* less than ten; *er hat nur ~ 10 Dollar* he has only 10 dollars left; *~ lange nicht* not by a long way; *das ist ~ zu regeln* (*abzuwarten*) it remains to be settled (seen); *wir haben ~ keine Nachricht erhalten* we have not received word as yet; *colloq.* *er hat ~ und ~ Geld* he has got money to burn; → *fehlen, gerade*; **2.** besides, in addition (to that), further; *~ dazu* over and above that, (and) what is more; *~ einer* one more, (still) another; *~ einmal* once more *or* again; *~ einmal so alt wie* er double his age; *~ einmal so viel* as much again, twice as much; *~ eins, etwas* one more thing; *~ etwas?* anything else; *was wollen Sie ~?* what more do you want; *wer kommt ~?* who else is coming?; *nur ~ verdächtiger* even (*or* all the) more suspicious; (*nur*) *~ fünf Minuten* (only) five minutes more (*or* to go); **3.** *~ so ever so*; *sei es ~ so klein* be it ever so small, no matter how small it is; **II.** *cj.* → *weder*.
'noch...: **2geschäft** *n stock exchange*: put (*or* call) of more; **~mal** *adv.* → *noch* (*einmal*); **~malig** ['-ma:lic] *adj.* repeated, reiterated, renewed; *~e Durchsicht* revision; *~e Prüfung* re-examination; *~e Verhandlung* re-hearing, new trial; *bei ~er Überlegung* on second thought; **~mals** ['-ma:ls] *adv.* once more (*or* again), again, a second time; (*wieder ...*) re(-)..., *e.g.*, *~ anfangen* recommence. [-arm.⟩
Nock [nɔk] *mar. n* (-[e]s; -e) yard-⟩
Nöck [nœk] *m* (-en; -en) → *Nix*.
Nocke(rl *n*) ['nɔkə(rl)] *f* (-, -n; -s, -[n]) dumpling.
Nocken ['nɔkən] *tech. m* (-s; -) cam, lifter; **~antrieb** *m* cam drive; **~scheibe** *f* cam plate *or* disc; **~steuerung** *f* cam control; **~welle** *f* camshaft.
nolens-volens ['no:lens 'vo:lens] *adv.* like it or not, willy-nilly; having no alternative but to *inf.*
Nomad|e [no'ma:də] *m* (-n; -n) nomad; **~enleben** *n* (-s) nomadic life; **~entum** *n* (-s) nomadism; **2isch** *adj.* nomadic.
Nomenklatur [nomɛnkla'tu:r] *f* (-; -en) nomenclature.
nominal [nomi'na:l] *adj.* nominal; **2wert** *m* nominal (*or* face) value.
Nominativ ['no:minati:f] *gr. m* (-s; -e) nominative (case).
nominell [nomi'nɛl] *adj.* nominal.
nomi'nieren *v/t.* (h.) nominate.
Nonius ['no:nius] *m* (-; -ien) vernier; **~teilung** *f* vernier scale.
Nonne ['nɔnə] *f* (-; -n) nun; *zo.* night-moth; *~ werden* take the veil; **~nkloster** *n* nunnery, convent.
Noppe ['nɔpə] *f* (-; -n) nap, burl; **2n** *v/t.* (h.) nap; **~nmuster** *n* nap pattern.
Nord [nɔrt] *m* (-[e]s; -e) north; north wind; '**~amerika** *n* North America; **~at'lantikpakt** *pol. m* (-[e]s) North Atlantic Treaty; '**2deutsch** *adj.* North German.
norden ['nɔrdən] *v/t.* (h.) orient (map).
'**Norden** *m* (-s) north; *gegen or nach*

~ to(wards) the north, in a northerly direction; *im ~ von or gen.* (in *or* to the)north of.
nordisch ['nɔrdiʃ] *adj.* northern; Nordic (*race*); (Scandinavian) Norse; Teutonic (*language*); *sports:* **~e Kombination** Nordic combination.
'**Nord...:** **~kap** *n* (-s) North Cape; **~länder(in** *f*) ['-lɛndər] *m* (-s, -; -, -nen) northerner.
nördlich ['nœrtliç] **I.** *adj.* northern, northerly; arctic; **2es Eismeer** Arctic Ocean; **II.** *adv.:* *~ liegen von lie* (to the) north of.
'**Nord...:** **~licht** *n* (-[e]s; -er) northern lights *pl.*, aurora borealis; **~'ost(en)** *m* (NO) north-east (*abbr.* N.E.); **2östlich** *adj.* north-east (-ern); **~pol** *m* (-s) North Pole; **~polarkreis** *m* Arctic Circle; **~polfahrt** *f* arctic expedition; **~see** *f* (-) North Sea; **~seite** *f* north side; **~staaten** *m/pl.* Northern States; **~stern** *m* pole-star; **2wärts** ['-vɛrts] *adv.* northward(s), north; **~'west(en)** *m* (NW) north-west (*abbr.* N.W.); **2'westlich** *adj.* northwest(erly); **~wind** *m* north wind.
Nörgelei [nœrgə'laɪ] *f* (-; -en), '**nörgelig** *adj.* nagging, grumbling, faultfinding, carping.
'**nörg|eln** *v/i.* (h.) grumble, nag, carp (*an dat.* at), find fault (with); grouse, *Am.* gripe *or* crab (about); **2ler(in** *f*) ['-glər] *m* (-s, -; -, -nen) faultfinder, grumbler, malcontent.
Norm [nɔrm] *f* (-; -en) standard; rule; measure, yard-stick; norm, rate, quota; *typ.* signature; *als ~ gelten* serve as a standard.
normal [nɔr'ma:l] *adj.* normal; standard (*measurements, etc.*); regular; *unter ~en Verhältnissen* normally; **2arbeits-tag** *m* ordinary working day; **2ausrüstung** *f* standard equipment; **2belastung** *f* normal *or* standard load; **2e** *f* (-; -n) perpendicular, normal; **2fall** *m* normal case; *im ~* normally; **2film** *m* standard film; **2geschwindigkeit** *f* normal (*or* proper) speed; **2gewicht** *n* standard weight; **2größe** *f* normal *or* standard size; **~isieren** [nɔrmali'zi:rən] *v/t.* (h.) normalize; *sich ~* (h.) return to normal(cy); **2lehre** *f* standard ga(u)ge; **2maß** *n* standard (measure); **2null** *f* sea-level; **~sichtig** ['-ziçtiç] *adj.* normal sighted; **2spur...**, **~spurig** *adj.* standard-gauge; **2uhr** *f* standard clock; **2verbraucher** *m* average consumer; *colloq.* (geistiger) *~* middlebrow; **2wert** *m* standard value; **2zeit** *f* mean time, standard time; **2zustand** *m* normal condition, normality, normalcy.
'**Norm...:** **~blatt** *n* standard sheet (*or* specifications *pl.*); **2en** *v/t.* standardize; **~en-ausschuß** *m* standards committee; **2entsprechend** *adj.* standard; **~envorschrift** *f* standard specifications *pl.*; **2gerecht** *adj.* complying with standards.
nor'mieren *v/t.* (h.) → *normen*; lay down, establish (*rule*); **Nor'mierung** *f*, '**Normung** *f* (-; -en) standardization.
'**Norm...:** **~teil** *n* standard part;

~verbrauch *mot. m* level road fuel consumption.

Norweg|en ['nɔrveːgən] *n* (-s) Norway; ~er(in *f*) *m* (-s, -; -, -nen), 2isch *adj.* Norwegian.

Not [noːt] *f* (-; ⁼e) *usu.* need; want; emergency; predicament, plight; indigence, destitution, extremity; misery; distress, trouble; afflication, distress; anguish, agony; necessity; urgency, exigency; sorrow, care; danger, emergency, (*n.s. mar.*) distress; *im Falle der* ~ in case of need *or* of an emergency; *wenn* ~ *am Mann ist* if need be, if the worst comes to the worst, in the last resort; *zur* ~ if need be, at a pinch; *für Zeiten der* ~ for a rainy day; *mit* ~ barely, with difficulty, → *knapp*; ~ *leiden* suffer want *or* (great) privation; *in* ~ *bringen* reduce to want; *in* ~ (*or* Nöten) *sein* be in trouble; *in* ~ *geraten* become destitute, get into trouble; *die* ~ *fernhalten* keep the wolf from the door; *s-e liebe* ~ *haben mit* (*dat.*) have a hard time with, have no end of trouble with; *mir ist or tut* ~ I want; *es tut* ~, *daß* it is necessary (*or* imperative) that; *aus der* ~ *eine Tugend machen* make a virtue of necessity; ~ *macht erfinderisch* necessity is the mother of invention; ~ *kennt kein Gebot* necessity knows no law; *ein Freund in der* ~ a friend in need; *in der* ~ *frißt der Teufel Fliegen* beggars can't be choosers.

Nota ['noːta] *econ. f* (-; -s) memorandum; note (of charges); invoice, bill.

'**Not...:** ~**abwurf** *aer. m* → Notwurf; ~**adresse** *f* address in case of need, emergency address; ~**anker** *m* sheet-anchor; ~**antenne** *f* emergency aerial (*Am.* antenna).

Notar [noˈtaːr] *m* (-s; -e) notary; conveyancer; *öffentlicher* ~ notary public.

Notariat [notariˈaːt] *n* (-[e]s; -e) notary's office; ~**sgebühren** *f/pl.* notarial fees.

notariell [-iˈɛl] *adj.* (*a. adv.* ~ *beglaubigt*) notarial, certified (*or* attested) by a notary, *Am. a.* notarized; ~*e Urkunde or Verhandlung* notarial act.

'**Not...:** ~**ausgang** *m* emergency exit; ~**ausstieg** *m* escape hatch; ~**behelf** *m* makeshift, stopgap; expedient; ~**beleuchtung** *f* emergency lighting; ~**bremse** *f* emergency brake; ~**brücke** *f* temporary bridge; ~**durft** ['-durft] *f* (-) necessity, pressing need; *seine* ~ *verrichten* ease o.s., relieve nature; 2**dürftig** *adj.* scanty; needy, poor; makeshift, temporary; rough-and-ready (*repair*); ~ *herstellen* (*aus*) improvise (from); ~**dürftigkeit** *f* scantiness; need(iness), indigence.

Note ['noːtə] *f* (-; -n) note; annotation; banknote, *Am. a.* bill; *econ.* → Nota; *pol.* (diplomatic) note, memorandum; *ped.* mark (*a. sports*), report; *mus.* note; *ganze* ~ semibreve, *halbe* ~ minim; *in* ~*n setzen* set to music; *nach* ~*n singen* sing at sight (*or* from music); *colloq. fig. nach* ~*n* properly, thoroughly, awfully; *fig.* tone; character, stamp,

feature; *die persönliche* ~ the personal touch, the distinctive style; *dies verlieh dem Fest eine besondere* ~ this lent to the celebration its special flavo(u)r.

'**Noten...:** ~**ausgabe** *f* issue of (bank-)notes; ~**austausch** *pol. m* exchange of notes; ~**bank** *f* (-; -en) bank of issue, issuing bank; ~**blatt** *n* (sheet of) music; ~**buch**, ~**heft** *n* music-book; ~**linie** *mus. f* line of the staff; ~**mappe** *f* music-carrier; ~**papier** *n* (-s) music paper; ~**pult** *n* music-stand, music desk; ~**schlüssel** *mus. m* clef; ~**schrank** *m* music cabinet; ~**ständer** *m* → Notenpult; ~**system** *mus. n* staff; ~**umlauf** *m* circulation of (bank-) notes; ~**wechsel** *pol. m* exchange of notes.

'**Not...:** ~**fall** *m* case of need *or* necessity, emergency; *im* ~ → 2falls *adv.* → nötigenfalls; ~**flagge** *mar. f* flag of distress; 2**gedrungen I.** *adj.* compulsory, forced; driven by necessity; **II.** *adv.* of neccessity, needs; ~ *mußte er* he had no choice but, he found himself compelled to; ~**geld** *n* emergency money, token money; ~**gemeinschaft** *f* cooperative aid council; emergency association; ~**gesetz** *n* emergency law; ~**groschen** *m* → Notpfennig; ~**hafen** *mar. m* harbo(u)r of refuge; ~**helfer**(**in** *f*) *m* helper in need; ~**hilfe** *f* (-) help in need; *Technische* ~ Organization for the Maintenance of Supplies (*abbr.* O.M.S.), Emergency Men.

notier|en [noˈtiːrən] **I.** *v/t.* (*h.*) note (down), make a note of, put (*or* take) down, jot down; *econ.* make a memorandum of, book (*order*); quote *prices* (*zu* at); *notierte Aktien* shares quoted on stock exchange, *Am.* listed stocks; *mit etwa* 4¹/₂% *notiert* ruling about 4¹/₂ percent; **II.** *v/i.* (*h.*) *econ.* be quoted (at); 2**ung** *f* (-; -en) noting; *econ.* booking, entry; *stock exchange:* quotation.

nötig ['nøːtiç] *adj.* necessary, needed, required, requisite, indicated; ~ *haben* want, need, stand in need of, require; *es ist nicht* ~, *daß du kommst* there is no need for you to come; *fig. das habe ich nicht* ~! I don't have to stand for that!; *das hast du* ~ *gehabt!* why did you have to do that?; (*das*) 2e *what* (*or* all that) *is required;* the wherewithal; ~**en** ['nøːtigən] *v/t.* (*h.*): *j-n zu et.* ~ oblige (*or* compel, force) a p. to do a th.; urge, press; invite, ask (*herein* in); *sich* ~ *lassen* stand upon ceremony; *lassen Sie sich nicht* ~! don't wait to be asked!, help yourself!; *er läßt sich nicht lange* ~ he needs no pressing (*or* little coaxing); *sich genötigt sehen zu inf.* feel (*or* find o.s.) compelled to *inf.*; ~**enfalls** *adv.* in case of need, in an emergency; if necessary, if need be; in the last resort; 2**ung** *f* (-; -en) compulsion, constraint; pressing, urgent request; *jur.* intimidation; 2**ungsnotstand** *jur. m* necessity arising from intimidation.

Notiz [noˈtiːts] *f* (-; -en) note, memo; *stock exchange:* quotation;

(news) item, notice; *sich* ~*en machen* take (*or* jot down) notes; ~ *nehmen von* note, take notice of; *pay attention to; keine* ~ *nehmen von ignore;* ~**block** *m* (-[e]s; -s) (note-)pad, *Am.* scratchpad; ~**buch** *n* notebook, memo-book.

'**Not...:** ~**klausel** *f* escape clause; ~**lage** *f* distress, calamity; emergency, predicament, plight; *geldliche* ~ embarassment; ~**lager** *n* makeshift bed, shakedown; 2**landen** *v/i.* (*sn*) make a forced landing, *a.* ~ *müssen* be forced down; ~**landung** *f* forced (*or* emergency) landing; 2**leidend** *adj.* needy, indigent, destitute; distressed; *econ.* dishono(u)red (*bill of exchange*); ~*e Obligationen* overdue stock, *Am.* defaulted bonds; ~*e Gesellschaften* companies in default; ~**leidende**(**r** *m*) ['-laidəndə(r)] *f* (-n, -n; -en, -en) needy person, sufferer; *die* ~*n* the needy, the distressed; ~**leine** *f* communication cord; ~**lösung** *f* expedient; ~**lüge** *f* white lie; ~**maßnahme** *f* emergency measure, last resort; ~**opfer** *n* relief tax.

notorisch [noˈtoːriʃ] *adj.* notorious.

'**Not...:** ~**pfennig** *m* savings *pl.*, nest-egg; *einen* ~ *aufsparen* put money by for a rainy day; ~**ruf** *m* distress call; *teleph.* emergency call; ~**schlachtung** *f* forced slaughter; ~**schrei** *m* cry of distress; ~**signal** *n* distress signal; *mar.* **a)** distress gun, **b)** S.O.S.; ~**sitz** *m* emergency seat, *mot. a.* dickey (-seat), *Am.* rumble seat; ~**stand** *m* state of distress, emergency; indigence; *jur.* (privilege of) necessity; *nationaler* ~ (state of) national emergency; ~**stands-arbeiten** *f/pl.* (unemployment) relief works; ~**standsgebiet** *n* distressed (*or* black) area; ~**standsgesetze** *n/pl.* emergency laws; ~**standsmaßnahme** *f* emergency measure; ~**taufe** *f* private baptism; ~**treppe** *f* fire escape; ~**unterkunft** *f* shelter billets *pl.*; ~**verband** *m* emergency (*or* first-aid) dressing; ~**verordnung** *f* emergency decree; ~**wehr** *f* (-): (*aus*) ~ (*in*) self-defen|ce, *Am.* -se; 2**wendig** *adj.* necessary, requisite; needful; urgent; essential; indispensable; *unbedingt* ~ imperative; ~ *machen* necessitate, call for; *es ist* ~, *daß er* it is necessary for him to *inf.*; 2**wendigerweise** ['-vɛndigərvaizə] *adv.* necessarily, of necessity; ~**wendigkeit** *f* necessity; must; urgency; requirement; ~**wurf** *aer. m* emergency (salvo) release; *im* ~ *abwerfen* jettison (*bombs*); ~**zeichen** *n* distress signal; ~**zucht** *f* rape; ~ *begehen an* (*dat.*) commit rape (on); 2**züchtigen** *v/t.* (*h.*) rape, violate, assault.

Novelle [noˈvɛlə] *f* (-; -n) short story, short novel, novella; *parl.* supplementary (*or* amending) law; **Novel'list** (**in** *f*) *m* (-en, -en; -, -nen) novelist, short-story writer.

November [noˈvɛmbər] *m* (-[s]) November.

Novität [noviˈtɛːt] *f* (-; -en) novelty; *thea.* new play; (*book*) new publication.

Novum ['noːvum] *n* (-s; -va) novelty,

something quite new, unheard-of fact.

nu [nu:] *int.* well!, now!, *Am. a.* hey!; **Nu** *m* (-): *im ~* in no time, in the twinkling of an eye, in a trice (*or* flash), in a jiffy.

Nuance [ny'āsə] *f* (-; -n), **nuan'cieren** *v/t.* (h.) shade.

nüchtern ['nyçtərn] *adj.* empty, fasting; *~, auf ~en Magen* on an empty stomach; sober; temperate; *fig.* sober (*discussion, mind, fact, etc.*); matter-of-fact(ly *adv.*); level--headed, sensible; dispassionate; calm, cool, unemotional; hard--headed; prosaic, pedestrian; plain; jejune, dull, dry (-as-dust); *völlig ~* cold-sober; *~ machen, werden* sober (down); *~ betrachtet* in sober fact; **2heit** *f* (-) emptiness; sobriety, temperance; *fig.* soberness (of mind); common sense; jejuneness, dryness; prosiness; plainness.

Nudel ['nu:dəl] *f* (-; -n) noodle; **~brett** *n* pastry-board; **~holz** *n* rolling pin; **2n** *v/t.* (h.) stuff, fatten; *fig.* cram with food; **~suppe** *f* vermicelli soup.

Nugat ['nu:gat] *m* (-s; -s) nougat.

Nukleon ['nu:kleɔn] *phys. n* (-s; -'onen) nucleon. [nucleus.)

Nukleus ['nu:kleus] *m* (-; -ei))

null [nul] *adj.* null; zero; nil; *tennis:* love; *~ und nichtig* null and void; *für ~ und nichtig erklären* declare null and void, annul; **2** *f* (-; -en) nought, cipher, zero; *auf (über, unter) ~ stehen* stand at (above, below) zero; *fig.* (a mere) cipher, nonentity, → *Niete; gleich ~* next to nothing, nil; *colloq. in ~ Komma nix* → *im Nu;* **2achse** *f* neutral axis; **2(l)eiter** *el. m* neutral conductor; **2punkt** *m* zero, freezing-point; *el.* neutral point; *auf dem ~* (*a. fig.*) at zero; **2spannung** *f* zero potential; **2stellung** *f* zero (*or* neutral) position; **2strich** *m* zero mark; **2stunde**, **2zeit** *aer.* *f* zero-hour.

numerier|en [numə'ri:rən] *v/t.* (h.) number; *econ.* ticket; *thea.* numerierter Platz reserved seat; **2ung** *f* (-; -en) numbering.

numerisch [nu'me:riʃ] *adj.* numerical. [numismatics *pl.*)

Numismatik [numis'ma:tik] *f* (-))

Nummer ['numər] *f* (-; -n) number (*abbr.* No., *pl.* Nos.); *of journal, etc.:* number, copy, issue; *econ.* size; *sports:* event; *circus:* number; *colloq. fig. er ist eine ~* he is a card *or* quite a character; *bei j-m e-e gute ~ haben* be in a p.'s good books; **~nfolge** *f* numerical order; **~nscheibe** *teleph. f* dial; **~nschild** *mot. n* number plate.

nun [nu:n] **I.** *adv.* now, at present; *von ~ an* **a**) from now on, henceforth, **b**) from that time (onwards); then, as things now stand; well, well yes (*or* now), why; *~ ja (doch)!* yes, indeed; *~ gut!* all right!; *~ erst erkannte er sie* it was only then that he recognized her; *er mag ~ kommen oder nicht* whether he comes or not; *wenn er ~ käme?* what if he came?; *~?* well?, well, how is it?; well, how are things?; *was ~?* what next?; *int. ~!* now then!; *~ los!*

now, go it!; *~, ~!* gently!, come, come!; **II.** *cj.:* *~ (da)* now that, since; *'~mehr adv. and cj.* now, by this time; at this stage; *'~mehrig adj.* present. [nuncio.)

Nuntius ['nuntsius] *m* (-; -ien))

nur [nu:r] *adv.* only; alone, exclusively; solely; nothing but; merely, just; except, but; simply; *~ ich* I alone, no one but me; *alle, ~ nicht er* all except him; *~ einmal* just once, (never) but once; *fast ~ (noch)* hardly anything but; *nicht ~, sondern auch* not only, but also; *wenn ~* if only, provided (that); *~ daß* except (that); *er ist ~ klein* he is but small; *sie hat ~ eine Tochter* she has but one daughter; *in ~ zwei Jahren* in as little as two years; *mit ~ zwei Stunden Schlaf* with a bare two hours' sleep; *~ aus Anhänglichkeit (Bosheit, etc.)* out of sheer loyalty (spite, *etc.*); *ohne auch ~ zu lächeln* without so much as a smile; *~ zu!* go on!, go ahead!, at it!; *geh (du) ~!* go, by all means!; *na, warte ~!* you just wait; *verkaufe es ~ ja nicht* don't sell it on any account; *wie kam er ~ hierher?* how on earth did he get here? *was er ~ damit sagen will?* I wonder what he is driving at; *das weißt du ~ zu gut* you know that well enough; *warum ~ why ... ever; was ~ what ... ever; wer ~ who ... ever; wie ~ how ... ever; soviel ich ~ kann* as much as I ever (*or* possibly) can; *so schwierig es ~ sein konnte* as difficult as could (possibly) be.

'Nurflügelflugzeug *n* tailless (*or* all-wing) airplane; flying wing.

Nürnberg ['nyrnbɛrk] *n* (-s) Nuremberg; *~er Trichter* royal road to learning. [mumble.)

nuscheln ['nuʃəln] *v/i.* (h.) slur,)

Nuß [nus] *f* (-; "sse) nut, walnut; *fig. harte ~* hard nut (to crack), tough job; *j-m e-e (harte) ~ zu knacken geben* give a hard nut to crack; **'~baum** *m* (wal)nut-tree; **'~baumholz** *n* walnut; **2braun** *adj.* nutbrown, hazel; **'~kern** *m* kernel (of a nut); **'~knacker** *m* nutcracker; *fig. alter ~* old fogey; **'~kohle** *f* nut coal, nuts *pl.*; **'~schale** *f* nutshell (*a. fig.* = small boat).

Nüster ['ny:stər] *f* (-; -n) *usu.* **~n** *pl.* nostril(s).

Nut [nu:t] *f* (-; -en), **'~e** *tech. f* (-; -n) groove; notch; slot; flute; T-slot; keyway; *~ und Feder* **a**) *in wood:* tongue and groove, **b**) *in metal:* slot and key; **2en** *v/t.* (h.) groove; slot; flute; keyway; **~enfräser** *m* slot cutter. [suction filter.)

Nutsche ['nutʃə] *tech. f* (-; -n))

Nutte ['nutə] *colloq. f* (-; -n) tart.

nutz [nuts] *adj.* (*pred.*) useful, profitable; *zu nichts ~ sein* be of no use, (*a. person*) be good for nothing, be useless (*or* worthless); → *zunutze;* **2** *m* (-en; -en) utility; *zu j-s ~ und Frommen* for the good of a p., for a p.'s benefit; **2anwendung** *f* practical application; utilization; *aus et. e-e ~ ziehen* draw a moral from a th.

'nutzbar *adj.* useful; utilizable, *esp. tech.* effective; profitable, productive; available; *sich et. ~ machen*

utilize, turn to account; *take advantage of;* harness (*natural forces, etc.*); **2keit** *f* (-) usefulness; profitableness; **2machung** ['-maxuŋ] *f* (-) utilization; harnessing.

'nutzbringend *adj.* profitable; *~ anwenden* turn to good account.

'nutze, nütze ['nytsə] *adj.* → *nutz.*

'Nutz-effekt *m* net efficiency, effective power.

'Nutzen *m* (-s; -) use, utility; profit, gain; advantage, *a. jur.* benefit; yield, returns *pl.*; *zum ~ von* for the benefit of; *~ bringen* yield (*or* show) a profit, bring grist to the mill; *von ~ sein* be of advantage (*or* benefit) (*für* to); be of service; *~ ziehen aus* derive profit (*or* benefit) from, *fig. a.* make capital out of, cash in on.

'nutzen, 'nützen I. *v/i.* (h.) be of use *or* useful (*zu* for; *j-m* to a p.); serve (*j-m* a p.); be of advantage (*or* benefit) (*j-m* to a p.); benefit (a p.); *nichts ~* be of no avail, be useless (*or* wasted); *wenig ~* avail little, help not much, do little good; *was nützt es, daß?* what is the use (*or* good) of it; *es nützt nichts!* it's no use; **II.** *v/t.* (h.) use, make use of, utilize; put to account; exploit; avail o.s. of, seize (*opportunity*).

'Nutz...: **~fahrzeug** *n* utility (*or* commercial) vehicle; **~faktor** *m* utilization factor; **~fläche** *f* useful (*or* effective) area; agricultural acreage; **~garten** *m* kitchen-garden; **~holz** *n* (commercial) timber; **~inhalt** *m* working contents, useful capacity; **~last** *f* payload, service load; **~leistung** *f* effective capacity (*or* power), (useful) output; *mot.* brake horsepower (*abbr.* BHP).

nützlich ['nytsliç] *adj.* useful, of use; serviceable, helpful; advantageous, of advantage, profitable; beneficial, conducive (*dat.* to); *sich ~ machen* make o.s. useful; **2keit** *f* (-) use(fulness); utility; serviceableness; advantage; profitableness; **2keits...** *in compounds* utilitarian...

'Nutz...: **2los** *adj.* useless, (of) no use; unavailing, unprofitable; needless; wasted (*bei* on); **~losigkeit** *f* (-) uselessness; futility; **~nießer(in** *f*) ['-ni:sər] *m* (-s, -; -, -nen) usufructuary, *b.s.* profiteer; *lebenslänglicher ~* life beneficiary; **~nießung** *f* (-) usufruct; **~pflanze** *f* useful plant; **~strom** *el. m* useful current.

'Nutzung *f* using; utilization; → *Nutzbarmachung, Nutznießung;* yield, produce; revenue; **~sdauer** *tech. f* service life; **~s-entgelt** *n* compensation for use; rental; **~s-ertrag** *m* revenue; **~sgüter** *econ. n/pl.* durable consumer goods; **~s-recht** *n* right of usufruct (*or* explication), beneficial interest.

'Nutz...: **~vieh** *n* domestic cattle; **~wert** *m* economic value.

Nylon|strümpfe ['naɪlɔn-] *m/pl.* nylon stockings, nylons; **'2verstärkt** *adj.* nylon fortified.

Nymphe ['nymfə] *f* (-; -n) nymph.

Nympho|ma'nie *f* nymphomania; **~'manin** *f* (-; -nen), **2'manisch** *adj.* nymphomaniac.

O

O, o¹ [o:] n O, o; → A.
o² [o:] int. oh!, ah!; ~ ja! oh yes!, yes, indeed!; ~ nein! oh no!, not at all!, far from it!; ~ weh! alas!, oh dear (me); ~ daß er doch käme (how) I wish that he came.
Oase [o'ɑ:zə] f (-; -n) oasis.
ob¹ [ɔp] cj. whether, if; als ~ as if, as though; nicht als ~ not that; ~ ... oder nicht whether ... or not; ~ auch although; (na) und ~! of course!, certainly!; rather!, and how!, Am. a. you bet!; ~ er wohl kommt? I wonder if he will come?; ~ ich krank war? you mean whether I was ill?; er tat, als ~ er mich nicht sähe he pretended not to see me.
ob² [ɔp] prp. 1. gen. on account of; about; 2. dat. above.
Obacht ['o:baxt] f (-) attention; ~ geben auf (acc.) pay attention to, take care of, heed, watch; ~! look (Am. watch) out!, careful!
Obdach ['ɔp-] n (-[e]s) shelter; lodging; ♀los adj. unsheltered, homeless; ~lose(r m) f casual (pauper), homeless person; Asyl für ~ casual ward; ~losigkeit f (-) homelessness.
Obduktion [ɔpduk'tsio:n] med., jur. (-; -en) post-mortem examination, autopsy; **obduzieren** [ɔpdu'tsi:rən] v/t. (h.) perform an autopsy on.
'**O-Beine** pl. bandy legs, bow-legs;
'**O-beinig** adj. bow-legged.
Obelisk [obe'lɪsk] m (-en; -en) obelisk.
oben ['o:bən] adv. above, overhead; at the top; up; aloft, on high; upstairs; on the surface; instruction: ~! this side up!; on photo: ~: above:, top:; ~ links at upper left; Paragraph 24 ~ Section 24 above; ~ auf on (the) top of (the mountain, etc.), at the top of (the list, etc.); ~ am Tisch at the top of the table; da ~ up there; nach ~ a) up(wards), b) upstairs; econ. Tendenz nach ~ upward tendency; von ~ from above; fig. von ~ herab haughtily, condescendingly; von ~ bis unten from top to bottom, person: from top to toe, from head to foot; wie ~ (angegeben) same as above; colloq. fig. mir steht es bis hier ~ I am sick and tired of it; ~an ['o:bən'an] adv. at the top or head; in the first place; ~anstehen v/i. (h.) top the list; fig. hold the first place; ~auf ['o:bən'aʊf] adv. on the top, atop, uppermost; on the surface; fig. ~ sein be going strong; be in high spirits or in good form; ~drein ['o:bən'draɪn] adv. over and above, besides; into the bargain, at that; ~erwähnt, ~genannt adj. above-mentioned, aforesaid; ~gesteuert adj.: ~er Motor valve-in-head engine; ~e Ventile overhead valves; ~hin ['o:bən'hɪn] adv. superficially, perfunctorily; ~ bemerken say casually (or lightly); ~hinaus adv. out above; fig. ~

wollen have high notions; ~stehend adj. → obenerwähnt.
ober ['o:bər] adj. upper; higher; fig. a. superior, senior, chief; → oberst.
'**Ober** m (-s; -) (head) waiter; ~arm m upper arm; ~arzt m assistant medical director; ~aufseher m superintendent; ~aufsicht f (-) superintendence; ~bau m (-[e]s; -ten) building above ground; superstructure (a. of bridge); rail. permanent way; (road) surface; el. overhead structure; ~bauch anat. m epigastrium; ~befehl m supreme command; high command; ~befehlshaber m supreme commander, commander-in-chief; ~begriff m generic term; als ~ generically; patent specification: preamble; ~bekleidung f outer garments pl., outer wear; ~bett n coverlet; ~bewußtsein n conscious self; ~buchhalter m head bookkeeper, accountant; ~bürgermeister m chief burgomaster; Brit. Lord Mayor; ~deck mar. n upper deck; ♀e adj. → ober; ~e(r) m superior; eccl. (Father) Superior; ~e(s) n (-n) top; ♀faul colloq. adj. very queer, fishy; ~feldwebel mil. m staff sergeant; aer. flight (Am. technical) sergeant.
'**Oberfläche** f surface, tech. a. face; area, math. a. superficies; tech. glatte ~n pl. smooth finishes; an (unter) der ~ on (below) the surface (a. fig.); an die ~ kommen rise to the surface, submarine: a. surface.
'**Oberflächen...:** ♀aktiv adj. surface-active; ~be-arbeitung f finish; ~behandlung f surface treatment; ~beschaffenheit f surface conditions pl.; ~härtung f (sur-)face hardening; ~spannung f surface tension; ~veredelung f surface refinement.
oberflächlich ['o:bərflɛçlɪç] adj. superficial; shallow; perfunctory, cursory; rough (estimate); ~e Bekanntschaft casual or nodding acquaintance; ~e Kenntnisse haben von have a smattering of; j-n ~ kennen be on speaking terms with; ♀keit f superficiality; shallowness.
'**Ober...: ~förster** m head forester; ♀gärig ['o:bərgɛ:rɪç] adj. top(-fermenting); ~gefreite(r) mil. m Brit. lance corporal, Am. private 1st cl. (= class); aer. Brit. leading aircraftman, Am. airman 2nd cl. (= class); mar. able rating, Am. seaman; ~geschoß n upper stor(e)y; ~gesenk tech. n upper die; ~gewalt f supremacy, supreme authority; ♀halb prp. (gen.) above; ~hand f (-) back of the hand; fig. die ~ gewinnen get the upper hand, carry the day, über j-n: get the better (Am. best) of a p.; die ~ haben predominate, have the whip hand, be top dog; ~haupt n chief, head; (party) leader; ~haus parl. n Brit. Upper House, the House of Lords; ~haut f epidermis; ~häut-

chen n cuticle; ~hemd n (day-)shirt; ~herrschaft f supremacy; ~hoheit f sovereignty; → Obergewalt; ~in ['o:bərin] f (-; -nen) eccl. Mother Superior; at hospital: matron; ~ingenieur m chief engineer; ♀irdisch adj. overground, above ground; surface; el. ~e Leitung overhead line; ~italien n North Italy; ~kante f upper edge; ~kellner m head waiter; ~kiefer m upper jaw; ~kirchenrat m (person: member of the) High Consistory; ~klasse f upper class(es pl.); ped. senior class; ~kleid n upper garment; ~kleidung f → Oberbekleidung; ~kommandierende(r) m commander-in-chief; ~kommando n supreme (or high) command; ~körper m upper part of the body; ~land n upland; ~landesgericht n Higher Regional Court; ♀lastig [-lastɪç] adj. top-heavy; ~lauf m upper course (of river); ~leder n uppers pl.; ~leitung f supervision; el. overhead lead; ~leitungsbus m trolley bus; ~leutnant m mil. (Am. first) lieutenant; mar. sublieutenant, Am. lieutenant (junior grade); aer. flying officer, Am. first lieutenant; ~licht n (-s) skylight; above door: fanlight; film: head light; ~lippe f upper lip; ~postamt n General Post Office; ~postdirektion f Post Office Divisional Administration; ~priester m high-priest; ~prima f (-; -men) top form; ~rechnungskammer f audit-office; ~regierungsrat m senior government councillor; ~rhein m Upper Rhine; ~schenkel m (upper) thigh; ~schicht f top layer; upper class(es pl.); ~schlächtig ['-ʃlɛçtɪç] adj. overshot; ~schlesien n Upper Silesia; ~schule f secondary school; ~schwester f head nurse; ~schwingung phys. f harmonic (vibration); ~seite f top (or upper) side.
oberst ['o:bərst] adj. uppermost, topmost, top; highest (a. fig.); fig. chief, principal, first; supreme; mil. ♀e Heeresleitung General Headquarters; ~er Grundsatz leading principle; das ♀e zuunterst kehren turn everything upside down.
'**Oberst** mil. m (-en; -en) colonel.
'**Ober...: ~staatsanwalt** m senior public prosecutor; ~stabsarzt m major (medical); ~stabsfeldwebel mil. m Brit. warrant officer class I, Am. sergeant major, aer. warrant officer, Am. chief master sergeant; ~steiger m foreman of a mine; ~steuermann m first mate; ~stimme f treble, soprano.
Oberst'leutnant mil. m lieutenant colonel; aer. Brit. Wing Commander.
'**Ober...: ~stübchen** n garret, attic, toproom; colloq. fig. er ist nicht ganz richtig im ~ he is not quite right in the upper stor(e)y; ~studiendirektor m headmaster, Am. principal; ~studienrat m senior

assistant master; ~stufe *f* higher grade, senior class(es *pl.*); ~tasse *f* cup; ~teil *n* upper part, top (*a. garment*); ~töne *mus. m/pl.* overtones; ~wasser *n* upper water (*of sluice*); overshot water (*of mill*); *fig.* ~ haben have the upper hand, be top dog; ~welle *phys. f* harmonic vibration; ~welt *f* (-) upper world; ~zahn *m* upper tooth; ~zollamt *n* general custom house.

obgleich [ɔp'glaiç] *cj.* (al)though.

Obhut ['ɔphu:t] *f* (-) care, guard; protection; keeping, custody; *in* (*seine*) ~ *nehmen* take care (*or* charge) of, *j-n: a.* take *a p.* under one's wings.

Objekt [ɔp'jɛkt] *n* (-[e]s; -e) object (*a. gr.*); project; *econ. a.* transaction; property.

objektiv [-'ti:f] *adj.* objective; impartial; unbiassed; actual, practical; → Tatbestand.

Objek'tiv *n* (-s; -e) *opt.* object glass (*or lens*), objective; *phot.* lens.

objekti'vieren *v/t.* (h.) objectify; substantiate; *phls.* objectivise.

Objektivi'tät *f* (-) objectivity, objectiveness; impartiality.

Objek'tiv...: ~linse *f* objective lens; ~verschluß *phot. m* instantaneous shutter.

Ob'jekt...: ~sucher *m* object finder; ~träger *m* (object) slide (*of microscope*).

Oblate [o'bla:tə] *f* (-; -n) (*eccl.* consecrated) wafer.

obliegen ['ɔpli:gən] *v/i.* (irr., h.) (*dat.*) apply o.s. to, attend to (*a task, etc.*); *j-m* ~ be incumbent on a p., devolve on a p., be a p.'s duty; ♀heit *f* obligation, duty, incumbency.

obligat [obli'ga:t] *adj.* obligatory; indispensable; inevitable; *mus.* obligato.

Obligation [obliga'tsio:n] *econ. f* bond, debenture (bond); ~gläubiger *m* bond creditor; ~sschuld *f* bond(ed) debt.

obligatorisch [-'to:riʃ] *adj.* obligatory (*für* on), compulsory, mandatory.

Obligo ['o:bligo, 'ɔbligo] *econ. n* (-s; -s) obligation to pay, liability; commitment; *ohne* ~ without guaranty (*or* engagement), *bill of exchange*: without recourse.

Obmann ['ɔpman] *m* (-[e]s; -männer *or* -leute) chairman; steward, shop steward, spokesman; → Schiedsgericht.

Oboe [o'bo:ə] *mus. f* (-; -n) hautboy, oboe.

Obrigkeit ['o:briçkait] *f* (-; -en) *the* authorities *pl.*, government, magistracy; ♀lich I. *adj.* magisterial, official; II. *adv.* by authority; ~sstaat *m* authoritarian state.

Obolus ['o:bolus] *m* (-; - *or* -se) obol; mite.

obschon [ɔp'ʃo:n] *cj.* (al)though.

Observatorium [ɔpzɛrva'to:rium] *ast. n* (-; -ien) observatory.

obsiegen ['ɔpzi:gən] *v/i.* (h.) be victorious, carry the day; *j-m:* triumph over *a p.*; *jur.* ~de Partei successful party.

obskur [ɔp'sku:r] *adj.* obscure (*a. fig.*).

Obst [o:pst] *n* (-es) fruit; *colloq. fig.* *ich danke für* ~ I am not taking any.

'Obst...: ~bau *m* fruit-culture, fruit-growing; ~baum *m* fruit-tree; ~branntwein *m* fruit brandy; ~darre *f* fruit-kiln; ~ernte *f* fruit-gathering; fruit crop; ~garten *m* orchard; ~handel *m* fruit trade; ~händler(in *f*) *m* fruiterer, *Am.* fruitseller; ~handlung *f* fruiterer's (shop), *Am.* fruit store.

obstinat [ɔpsti'na:t] *adj.* obstinate.

'Obst...: ~kelter *f* fruit-press; ~kern *m* kernel, stone, pip; ~konserven *f/pl.* tinned (*Am.* canned) fruit; ~markt *m* fruit market; ~messer *n* fruit-knife; ~pflücker *m* fruit picker; ♀reich *adj.* abounding in fruit.

Obstruktion [ɔpstruk'tsio:n] *parl. f* (-; -en) (~s-taktik *f*) obstruction (-ism), *Am. a.* filibuster.

'Obst...: ~torte *f* (fruit) tart, *Am.* fruit pie; ~verwertungsbetrieb *m* fruit-processing plant; ~wein *m* fruit-wine; cider; ~züchter *m* fruit-farmer, fruit-grower.

obszön [ɔps'tsø:n] *adj.* obscene.

Obus ['o:bus] *m* (-ses; -se) trolley bus.

obwalten ['ɔpvaltən] *v/i.* (h.) exist; prevail; *unter den* ~den Umständen under the (prevailing) circumstances, things being as they are.

obwohl [ɔp'vo:l] *cj.* (al)though.

Ochs [ɔks], **Ochse** ['ɔksə] *m* (-n; -n) ox (*pl.* oxen); bullock; *junger* ~ steer; *colloq. fig.* oaf, duffer, lummox; *er stand da wie der* ~ *vorm Berg* he stood there like a bull at the gate.

ochsen ['ɔksən] *colloq. v/i. and v/t.* (h.) cram, swot, *Am.* bone (up on).

'Ochsen...: ~auge *n cul.* fried egg; ~fleisch *n* beef; ~frosch *m* bullfrog; ~gespann *n* team of oxen; ~haut *f* ox-hide; ~maulsalat *m* ox-muzzle salad; ~schwanzsuppe *f* (-) oxtail soup; ~ziemer *m* cowhide, horsewhip; ~zunge *f* neat's tongue; → Rinder...

Ocker ['ɔkər] *m* (-s; -) och|re, *Am.* -er; ♀gelb *adj.* ochre (yellow).

Ode ['o:də] *f* (-; -n) ode.

öde ['ø:də] *adj.* (*pred. a.* öd) deserted, desolate, dreary; waste; dull, tedious, pedestrian; bleak, dreary.

'Öde *f* (-; -n) wasteland, solitude; *fig.* dreariness, bleakness; tedium.

Ödem ['o:dəm] *poet. m* (-s) breath.

Ödem [ø'de:m] *med. n* (-s; -e) (o)edema; ♀atös [-'tø:s] *adj.* (o)edematous.

oder ['o:dər] *cj.* or; → entweder; ~ (*aber*) otherwise, (*or*) else, *menacingly:* or else!; ~ *auch* or rather.

Ödland ['ø:tlant] *n* (-[e]s; -lände-'reien) barren (*or* waste) land; fallow land.

Odyssee [ody'se:] *f* (-; -n) Odyssey.

Oedipuskomplex ['ø:dipuskɔm-plɛks] *m* Oedipus complex.

Ofen ['o:fən] *m* (-s; ⁀) stove; oven; kiln; furnace; heater; cooking stove, cooker; ~bank *f* bench by the stove; ~einsatz *tech. m* charge; ~gang *tech. m* heat; ~heizung *f* heating by stove; ~hocker *fig. m* stay-at-home; ~kachel *f*

Dutch tile; ~lack *m* stove enamel; ~rohr *n* stove pipe; *sl. mil.* bazooka; ~röhre *f* heating-oven; ~ruß *m* furnace soot; ~sau *tech. f* (-) furnace sow; ~schirm *m* fire-screen; ~schwärze *f* black-lead, stove-polish; ~setzer *m* stove-fitter; ♀trocken *tech. adj.* kiln-dried; ~vorsetzer *m* (-s; -) (stove-)fender; ~zug *m* draught, *Am.* draft; flue.

offen ['ɔfən] **I.** *adj.* open (*a. lette ', Tbc; a. gr.*); public; vacant (*position*); frank, candid, sincere, outspoken; exposed; overt (*hostility*); clear (*head*); *econ.* unlimited; *mil.* ~e Flanke exposed flank; ~er Funkspruch message in clear; ~es Geheimnis public (*or* everybody's) secret; ~er Leib open bowels *pl.*; *mil.* ~es Nachrichtenmaterial unclassified information; ~e See high sea; *auf* ~er See on the open sea; ~e Stadt open (*or* unfortified) town; *econ.* ~es Giro blank indorsement; ~e Handelsgesellschaft general partnership; ~er Kredit blank credit; ~e Police floating policy; ~e Rechnung a) outstanding (*or* unsettled) account, b) current account; ~es Zahlungsziel open terms; *auf* ~er Straße in the open street, in public; *auf* ~er Strecke on the open road, *rail.* between stations; *bei* ~em Fenster with the window open; *zu j-m* ~ *sein* be open with a p.; ~ *sein für et.* be open to (*proposals, etc.*);. **II.** *adv.:* ~ gestanden frankly speaking; → offenlassen, offenlegen.

'offenbar *adj.* manifest, obvious, evident; clear; apparent(ly *adv.* — it seems that); public; ~ werden become known (*or* public).

offen'bar|en *v/t.* (h.) manifest; reveal (*secret, etc., a. eccl.*), disclose, unveil; show; *sich j-m* ~ open one's heart to a p.; ♀ung *f* (-; -en) manifestation, revelation; *eccl.* ~ Johannis Revelation of St. John; ♀ungseid *jur. m* oath of manifestation; affidavit of means.

'offenhalten *fig. v/t.* (irr., h.) leave open, reserve.

'Offenheit *f* (-; -en) openness, frankness, cando(u)r.

'offen...: ~herzig *adj.* open-hearted, frank, outspoken; candid, sincere; *zu* ~ *sein* wear one's heart upon one's sleeve; ♀herzigkeit *f* (-) open-heartedness, frankness; cando(u)r; ~kundig *adj.* well-known, manifest, public; *b.s.* overt (*act, hostility, etc.*); patent, blatant, flagrant (*error, lie, etc.*), notorious (*swindler, mismanagement, etc.*); ♀kundigkeit *f* (-) overtness, notoriety, publicity; ~lassen *v/t.* (irr., h.) leave open, *fig. a.* leave undecided (*or* in abeyance); *die Möglichkeit* ~ not to discount the possibility (*gen.* of); ~legen *v/t.* (irr., h.) *fig.* disclose, expose; ♀marktpolitik *econ. f* open market policy; ~sichtlich ['ɔfənˌziçtliç] *adj.* manifest, evident, obvious.

offensiv [ɔfɛn'zi:f] *adj.* offensive; ♀e [-'zi:və] *f* (-; -n) offensive; *die* ~ *ergreifen* take the offensive.

'offenstehen *v/i.* (irr., h.) stand open; *fig. j-m:* be open to *a p.*; *es steht ihm offen, zu inf.* he is free (or at liberty) to inf.; ～d adj. open (a. fig.); econ. open, unsettled, outstanding (accounts).

'**öffentlich I.** adj. public; ～e Bekanntmachung public announcement; ～e Betriebe pl. public utilities; ～er Dienst civil or public service; → Hand, Ordnung; ～es Haus brothel; ～es Recht public law; ～e Schule state school; in ～er Sitzung in open court; auf ～er Straße in the open street; **II.** adv. publicly, in public; ～ bekanntmachen make public, publicize; ～ beglaubigt certified by public notarial act; ～ gefördert supported by the public authorities; ♀keit f (-) publicity, the general public; public opinion; Groll der ～ public resentment; im Lichte der ～ in the public eye, in the limelight; in aller ～ in public; an die ～ treten appear before the public, make a public appearance; appear publicly; sich in die ～ flüchten resort to publicity, rush into print; vor die ～ bringen bring before the public, publicize, give a th. public utterance; jur. die ～ ausschließen exclude the public; → Ausschluß; ～rechtlich adj. under public law; ～e Körperschaft public company, Am. corporation.

offerieren [ɔfəˈriːrən] v/t. (h.) offer; tender. [tender, bid.]
Offerte [ɔˈfɛrtə] f (-; -n) offer;}
Offizialverteidiger [ɔfiˈtsiaː-l-] jur. m assigned counsel.
offiziell [ɔfiˈtsjɛl] adj. official(ly adv.).
Offizier [ɔfiˈtsiːr] m (-s; -e) (commissioned) officer; erster ～ mar. a) second-in-command, b) merchant marine: first mate or officer; aktiver ～ regular officer; hoher ～ high-ranking officer; zum ～ ernannt werden be commissioned, receive one's commission; ～anwärter m officer candidate (or cadet); ～ausbildung f officers' training; ～bursche m orderly, batman; ～schule f officer candidate school (abbr. OCS); ～skasino n officers' mess; ～skorps n body of officers, the officers (of the Army, etc.); ～slaufbahn f officers' career; ～smesse f officers' mess; ～snachwuchs m potential officers pl.; ～spatent n commission; ～srang m rank of officer.
Offizin [ɔfiˈtsiːn] f (-; -en) laboratory; chemist's shop; printing-office.
offizinell [-ˈnɛl] pharm. adj. officinal.
offiziös [-ˈtsiøːs] adj. semi-official.
öffnen [ˈœfnən] v/t. (h.) (a. sich) open; uncork; unlock; dissect, autopsy (body); '**Öffnen** n (-s) opening, etc.
'**Öffner** m (-s; -) opener.
'**Öffnung** f (-; -en) opening, aperture; hole; gap; slot; mouth, a. anat. orifice; inlet; outlet; passage; vent; ～szeiten f/pl. business hours.
Offsetdruck [ˈɔfsɛtdruk] m (-[e]s; -e) offset (printing).
oft [ɔft] adv. often, frequently, many times; repeatedly, time and again; ziemlich ～ more often than not, not infrequently.

öfter [ˈœftər] adv. more frequently, oftener; je ～ ich ihn sehe, desto mehr the more I see of him, the more; ～s, des ～en → oft.
oftmal|ig [ˈ-maːliç] adj. frequent, repeated, reiterated; ～s [ˈ-maːls] adv. → oft.
oh! [oː] int. oh!, o!; → o².
Oheim, Ohm[1] [ˈoː(haɪm)] m (-s; -e) uncle.
Ohm[2] [oːm] el. n (-[s]; -) ohm; **ohmsch** adj. ohmic, resistive.
ohne [ˈoːnə] **I.** prp. (acc.) without, minus; not counting, excluding; devoid of, innocent of, lacking; ～ Frage doubtless; ～ mein Wissen without my knowledge, unknown to me; ～ mich! count me out!, not me!; mil. ～ Tritt, marsch! route step, march!; ～ weiteres a) without further ado, at once, b) easily, readily, (say) off hand or off the cuff; was hätte ich ～ ihn nur getan? what should I have done but for him?; ～ seine Verletzung hätte er gewonnen had it not been for his injury he would have won; colloq. das ist nicht ～ that's not half bad, there is a great deal to be said for it; (gar) nicht ～, dieser Redner! some speaker, isn't he he!; **II.** cj. ～ daß, ～ zu inf. without ger., but that, unless; ～ ein Wort zu sagen without saying a word; ～ auch nur zu lächeln without so much as a smile; ～dem [-ˈdeːm], ～dies [-ˈdiːs], ～hin [-ˈhin] adv. anyhow, anyway; besides; ～gleichen [-ˈglaɪçən] adj. unequal(l)ed, matchless, peerless; ♀haltfahrt f non-stop trip.
Ohnmacht [ˈoːnmaxt] f (-; -en) powerlessness; impotence, weakness; med. a) unconsciousness, faint, swoon, b) syncope; in ～ fallen → ohnmächtig werden; ～s-anfall m fainting fit, swoon.
ohnmächtig [ˈoːnmɛçtiç] adj. powerless, helpless (gegen against); med. unconscious, faint(ing), pred. in a swoon; ～ werden faint, (fall into a) swoon, pass out, black out.
Ohr [oːr] n (-[e]s; -en) ear (a. fig. = Gehör hearing); äußeres ～ external ear, auricle; inneres ～ internal ear; ein ～ haben für have an ear for; ein williges ～ finden find a willing ear; → leihen; j-m in den ～en liegen pester a p., keep dinning a th. into a p.'s ears; j-n hinter die ～en hauen box a p.'s ear; fig. j-n übers ～ hauen cheat a p., do a p. (in the eye); die ～en hängenlassen be downcast, look crestfallen; die ～en spitzen (a. fig.) prick one's ears; ganz ～ sein be all ears; sich aufs ～ legen have a nap; sich hinter dem ～ kratzen scratch one's ear; colloq. sich et. hinter die ～en schreiben make a special note of a th., take a th. to heart; schreib dir das hinter die ～en! put that in your pipe and smoke it!; tauben ～en predigen preach to deaf ears; bis über die ～en up to the ears (in debt, in love), up to the eyes; von einem ～ zum andern from ear to ear; mir klingen die ～en my ears are tingling; colloq. halte die ～en steif! keep a stiff upper lip!; er hat es dick hinter den ～en he is a deep

one; → trocken; es ist mir zu ～en gekommen it has come to my ears (or attention); vor unseren ～en in our hearing or presence; zum einen ～ hinein, zum andern hinaus in at one ear, out at the other.
Öhr [øːr] n (-[e]s; -e) eye; eyelet.
Ohren... [ˈoːrən]: ～arzt m ear-specialist; ～beichte f auricular confession; ♀betäubend adj. deafening; ～entzündung med. f inflammation of the ear, otitis; ～klappe f ear-flap; ～klingen n (-s) ringing in the ears, tinnitus; ～krankheit f, ～leiden n ear complaint; ～reißen n ear-ache; ～sausen n buzzing in the ear(s); ～schmalz n ear-wax, cerumen; ～schmaus m treat for the ears, musical treat; ～schmerzen(pl.) m ear-ache, otalgia; ～schützer m ear-flap, ear-muff; ～sessel m wing chair; ～spezialist m ear-specialist; ～spiegel med. n otoscope; ～spritze med. f ear-syringe; ♀zerreißend adj. ear-splitting; ～zeuge m ear-witness.
'**Ohr...:** ～feige f (-; -n) slap in the face (a. fig.), box on the ear; ♀feigen v/t. (h.): j-n ～ box a p.'s ears, slap a p.'s face; ich hätte mich ～ können I felt like kicking myself; ♀förmig adj. ear-shaped, auriform; ～gehänge n ear-drops, pendants pl.; ～kanal m auditory canal; ～läppchen [ˈ-lɛpçən] n (-s; -) ear-lobe; ～loch n ear-hole; ～löffel m ear-pick(er); ～muschel anat. f external ear, auricle; ～ring m ear-ring; ～speicheldrüse anat. f parotid gland; ～trompete anat. f Eustachian tube; ～wurm m earwig.
Okkultis|mus [ɔkulˈtismus] m (-) occultism; ～t(in f) m (-en, -en; -, -nen) occultist.
Ökologie [økoloˈgiː] biol. f (-) ecology, bionomics.
Ökonom [økoˈnoːm] m (-en; -en) economist; farmer, agriculturist.
Ökono'mie f economy; agriculture; **ökonomisch** [-ˈnoːmiʃ] adj. economical.
Oktaeder [ɔktaˈeːdər] math. n (-s; -) octahedron.
Oktant [ɔkˈtant] m (-en; -en) octant.
Oktanzahl [ɔkˈtaːn-] mot. f octane number (or rating), (anti)knock value.
Oktav [ɔkˈtaːf] n (-s; -e), ～format typ. n octavo; ～band m (-[e]s; ≈e) octavo (volume); ～e [-və] mus. f (-; -n) octave.
Oktober [ɔkˈtoːbər] m (-[s]; -) October.
Okular [okuˈlaːr] n (-s; -e), ～glas opt. n eye-piece, ocular.
okulier|en [-ˈliːrən] agr. v/t. (h.) inoculate, graft; ♀messer n grafting-knife; ♀ung f (-; -en) inoculation.
Ökumen|e [økuˈmeːnə] eccl. f (-) (o)ecumenicity; ♀isch adj. (o)ecumenical.
Okzident [ˈɔktsidɛnt] m (-s) occident.
Öl [øːl] n (-[e]s; -e) oil; tierisches ～ animal oil; (nicht)trocknende ～e (non)drying oils; auf ～ stoßen strike oil; in ～ malen paint in oils; fig. ～ ins Feuer gießen pour oil in the

flames, add fuel to the fire; ~ *auf die Wogen gießen* pour oil on the (troubled) waters.

'**Öl...**: ~**abdichtung** f oil seal; ~**ablaß** m oil drain; ~**abscheider** m oil separator; ~**bad** n oil bath; ~**baum** m olive-tree; ~**behälter** m oil container (*or* reservoir), *mot.* oil tank.

'**Öldruck** m (-[e]s; -e) oleograph, chromo(lithograph); (-[e]s) (*process*) → *Ölfarbendruck*; *tech.* oil pressure; ~**anzeiger** m oil-pressure gauge; ~**bremse** f hydraulic brake; ~**leitung** f oil pressure lead; ~**pumpe** f pressure-feed.

Oleander [ole'andər] *bot.* m (-s; -) oleander.

Olein [ole'i:n] *chem.* n (-s; -e) olein; ~**säure** f oleic acid.

ölen ['ø:lən] v/t. (h.) oil, *tech. a.* lubricate; anoint (with oil); *fig. wie geölt* smooth(ly), without a hitch; → *Blitz.*

Öler ['ø:lər] *tech.* m (-s; -) oiler, oil-can, lubricator.

'**Öl...**: ~**farbe** f oil-colo(u)r, paint; *mit* ~*n malen* paint in oils; ~**farbendruck** m (-[e]s) oleography, chromolithography; (*picture*) → *Öldruck*; ~**feld** n oil field; ~**feuerung** f oil-burning; ~**fläschchen** n oil-cruet; ~**fund** m oil-find; ~**gas** n oil gas; ~**gemälde** n oil-painting; ~**gewinnung** f oil production; ~**götze** *colloq.* m: *wie ein* ~ *like a stuffed dummy*; 2**haltig** *adj.* containing oil; oleiferous; ~**handel** m oil trade; ~**heizung** f oil heating.

ölig ['ø:liç] *adj.* oily, oleaginous; *fig.* oily, unctuous.

Oligarchie [oligar'çi:] f (-; -n) oligarchy.

Olive [o'li:və] f (-; -n) olive; ~**nbaum** m olive-tree; ~**nbraun** n (-s); ~**nfarbe** f (-) olive-colo(u)r; 2**nfarbig**, 2**ngrün** *adj.* olive(-green), olive-drab; ~**n-öl** n olive-oil.

'**Öl...**: ~**kanister** m, ~**kännchen** n, ~**kanne** f oil-can, oiler; ~**kuchen** m oil-cake; ~**lack** m oil varnish; ~**lampe** f oil-lamp; ~**leder** n *tech.* chamois; ~**leitung** f oil-feed, oil-lead; pipeline; ~**male'rei** f oil painting; ~**papier** n oil paper; ~**presse** f oil-press; ~**quelle** f oil-spring, *Am.* gusher; *drilled*: oil-well; ~**raffine'rie** f oil refinery; ~**sardinen** f/pl. sardines in oil; ~**schalter** *el.* m oil-switch; ~**schiefer** *geol.* m oil shale; ~**schläger** *tech.* m oil-presser; ~**schmierung** f oil lubrication; ~**sieb** n oil strainer; ~**stand** *mot.* m (-[e]s) oil level; ~**stand-anzeiger** m oil ga(u)ge; ~**stoßdämpfer** m oil shock absorber; ~**tankschiff** n oil tanker; ~**tuch** n (-[e]s; -e) oilcloth.

'**Ölung** f (-; -en) oiling, *tech. a.* lubrication; anointment; *eccl. Letzte* ~ extreme unction.

'**Öl...**: ~**verbrauch** m oil consumption; ~**vorkommen** n oil pool; *w.s.* oil resources pl.; ~**wanne** *mot.* f (oil) sump; ~**wechsel** *mot.* m oil changing.

Olymp [o'lymp] m (-s) Olympus; *thea.* the Gods pl., *Am.* nigger heaven; **Olympiade** [-pi'a:də] f (-; -n) Olympiad; *sports:* Olympic

Games pl.; **o'lympisch** *adj.* Olympian; *sports:* Olympic; ~es *Dorf* Olympic village; ~er *Dreikampf* Olympic total.

'**Öl...**: ~**zeug** n oilcloth; ~**zuführung** f oil feed; ~**zweig** m olive-branch.

Oma ['o:ma] *colloq.* f (-; -s) grandma, granny.

Omelett [ɔm(ə)'lɛt] n (-[e]s; -e), ~e f (-; -n) omelet.

Omen ['o:mən] n (-s; -) omen, foreboding.

ominös [omi'nø:s] *adj.* ominous.

Omnibus ['ɔmnibus] m (-ses; -se) (omni)bus, motor coach; *mit dem* ~ *fahren* go (*or* take a) bus; ~**fahrer** m bus driver; ~**haltestelle** f bus stop; ~**linie** f bus line; ~**schaffner** m bus conductor.

Onanie [ona'ni:] f (-) masturbation; 2**ren** v/i. (h.) masturbate.

ondu'lieren [ɔndu-] v/t. (h.) wave, marcel.

Onkel ['ɔnkəl] m (-s; -) uncle; 2**haft** *adj.* avuncular.

Opa ['o:pa] *colloq.* m (-s; -s) grandpa.

opak [o'pa:k] *adj.* opaque.

Opal [o'pa:l] m (-s; -e) opal; **opali'sieren** [opali-] v/i. (h.) opalesce; ~**d** opalescent.

Oper ['o:pər] f (-; -n) opera; opera-house.

Opera|teur [opera'tø:r] m (-s; -e) operator; *med.* operating surgeon. **Operation** [-'tsio:n] f (-; -en) operation (*a. mil.*); *econ.* transaction; *med.* nach der ~ post-operative; *sich e-r* ~ *unterziehen* undergo an operation.

Operati'ons...: ~**basis** *mil.* f base of operations; 2**fähig** *med. adj.*: (*nicht*) ~ (in)operable; ~**gebiet** *mil.* n theat|re (*Am.* -er) of operations; ~**maske** f operating mask; ~**narbe** f post-operative scar; ~**plan** m plan of operations; ~**radius** *mil.* m operating radius, range; ~**saal** *med.* m operating theat|re, *Am.* -er; ~**schwester** f theat|re (*Am.* -er) nurse; ~**stuhl** m operating chair; ~**tisch** m operating table; ~**ziel** *mil.* n (tactical) objective.

operativ [-'ti:f] *adj.* operative, surgical; *mil.* operational, *a.* strategic.

Operette [opə'rɛtə] f (-; -n) comic opera; musical comedy; 2**n...** *in compounds* comic opera (*singer, get-up, etc.*).

operieren [-'ri:rən] v/i. and v/t. (h.) operate (*med. j-n* on a p.), *med.* perform an operation (on a person); *sich* ~ *lassen* undergo (*or* submit to) an operation; *fig. vorsichtig* ~ proceed carefully.

'**Opern...**: ~**dichter** m libretto writer; ~**glas** n, ~**gucker** m (-s; -) (opera-)glass; 2**haft** *adj.* opera-like, operatic; ~**haus** n opera-house; ~**musik** f operatic music; ~**sänger(in** f) m opera-singer, operatic singer; ~**text** m libretto, book (of an opera).

Opfer ['ɔpfər] n (-s; -) sacrifice; offering; victim (*a. fig.*); *ein* ~ *bringen* make a sacrifice; *zum* ~ *fallen* (*dat.*) fall a victim to; be victimized by; ~**altar** m sacrificial altar; 2**bereit** *adj.* → *opferwillig*; ~**büchse** f offering box; ~**flamme** f sacri-

ficial flame; 2**freudig** *adj.* → *opferwillig*; ~**gabe** f offering; ~**geld** n money-offering; ~**kasten** m poor-box; ~**lamm** n sacrificial lamb; *eccl.* the Lamb; *fig.* innocent victim; ~**messer** n sacrificial knife; ~**mut** m spirit of sacrifice.

'**opfern** v/t. and v/i. (h.) sacrifice; immolate (*animals*); *sich für et.* ~ sacrifice o.s. for a th.; *sein Leben* ~ *für* give one's life for, *for one's country:* make the supreme sacrifice.

'**Opfer...**: ~**priester** m sacrificer; ~**schale** f offering-cup; ~**stätte** f place of sacrifice; ~**tag** m flag-day; ~**tier** n victim; ~**tod** m (-[e]s) sacrifice of one's life, supreme sacrifice.

'**Opferung** f (-; -en) sacrificing, sacrifice; immolation.

'**opferwillig** *adj.* willing to make sacrifices, self-sacrificing, devoted; 2**keit** f (-) spirit of sacrifice, self-sacrificing devotion.

Ophthalmie [ɔftal'mi:] *med.* f (-; -n) ophthalmia.

Opium ['o:pium] n (-s) opium; ~ *fürs Volk* opiate for the people; 2**haltig** [-haltiç] *adj.* containing opium, opiated; ~**handel** m opium-trade; ~**höhle** f opium-den.

Opponent [ɔpo'nɛnt] m (-en; -en) opponent.

oppo'nieren v/i. (h.): (~ *gegen*) offer opposition (to), resist (*a p., a th.*).

opportun [ɔpɔr'tu:n] *adj.* opportune.

Opportunis|mus [-tu'nis-] m (-) opportunism; ~**t** m (-en; -en) opportunist, time-server.

Opposition [ɔpozi'tsio:n] f (-; -en) opposition; *in* ~ *stehen* (*treten*) be in (go into) opposition; ~**führer** m opposition leader; ~**s-partei** f opposition (party).

optieren [ɔp'ti:rən] v/i. (h.) opt (*für* for).

Optik ['ɔptik] f (-; -en) optics; optical (*phot.* lens) system; *fig.* aspect; ~**er** m (-s; -) optician.

optimal [-'ma:l] *adj.* optimal, optimum.

Optimis|mus [-'mis-] m (-) optimism; ~**t(in** f) m (-en; -en; -, -nen) optimist; 2**tisch** *adj.* optimistic(ally *adv.*).

Optimum ['ɔptimum] n (-s; -ima) optimum, best.

Option [ɔp'tsio:n] f (-; -en) option; ~**sberechtigte(r** m) f owner of an option; ~**sklausel** f optional clause; ~**srecht** n right of option.

optisch ['ɔptiʃ] *adj.* optic(al); ~es *Signalmittel* visual means of communication; ~e *Täuschung* optical illusion.

opulent [opu'lɛnt] *adj.* opulent, wealthy; sumptuous.

Opus ['o:pus] n (-; *Opera*) work, production; *mus.* ~ *12* opus 12 (*abbr.* op. 12).

Orakel [o'ra:kəl] n (-s; -), ~**spruch** m oracle; 2**haft** *adj.* oracular; 2**n** v/i. and v/t. (h.) speak (*or* say) oracularly, oracle.

Orange [o'raŋʒə] f (-; -n) orange; 2**(farben)** *adj.* orange(-colo[u]red).

Orangeade [-'ʒa:də] f (-; -n) orangeade.

O'rangen...: ~**baum** m orange-tree;

~schale *f* orange-peel; ~schalen-effekt *tech. m* orange-peel effect.
Orangerie [oraŋʒə'ri:] *f* (-; -n) orangery.
Orang-Utan ['o:raŋ'u:tan] *m* (-s; -s) orang-outan(g).
oratorisch [ora'to:-] *adj.* oratorical.
Ora'torium *mus. n* (-s; -rien) oratorio.
Orchester [ɔr'kɛstər] *n* (-s; -) orchestra; band; ~begleitung *f* orchestral accompaniment, orchestration; ~pauke *f* timpani; ~sessel *thea. m* stall, *Am.* orchestra (seat).
orchestrieren [-'stri:rən] *mus. v/t.* (h.) orchestrate, score.
Orchidee [ɔrçi'de:ə] *f* (-; -n) orchid.
Orden ['ɔrdən] *m* (-s; -) *eccl., etc.*: order; order, decoration, medal.
'**Ordens...**: ~**band** *n* (-[e]s; ~er) ribbon (of an order); ~**bruder** *m* member of an order, *eccl. a.* friar; ~**burg** *f* castle of an order; ~**geistliche(r)** *m* regular; ~**geistlichkeit** *f* regular clergy; ~**gelübde** *n* monastic vow *or* profession; ~**geschmückt** *adj.* bemedalled; ~**kleid** *n* monastic garb; ~**ritter** *m* chevalier; ~**schleife** *f* → Ordensband; ~**schmuck** *m* decorations, medals *pl.*; ~**schnalle**, ~**spange** *f* bar, clasp; ~**schwester** *eccl. f* sister, nun; ~**verleihung** *f* conferring (of) an order; ~**zeichen** *n* badge (of an order).
ordentlich ['ɔrdəntliç] **I.** *adj.* tidy, neat, *thing: pred. a.* in good order, well kept; orderly; proper; regular; respectable, steady, of orderly habits; decent (*a. w.s.* meal, job, *etc.*); good, sound; real; → *Gericht*; ~**er** *Professor* professor in ordinary; e-e ~e *Tracht Prügel* a sound thrashing; *in* ~em *Zustand* in fair repair, in good order and condition; e-e ~e *Leistung* a fine (*or* pretty decent) job; **II.** *adv.* properly; in good order; in an orderly manner; duly; soundly; really; fairly; downright, awfully; *colloq.* ich hab's ihm ~ *gegeben!* I really let him have it!; ~**keit** *f* (-) orderliness; good (*or* proper) order; respectability, steadiness.
Order ['ɔrdər] *f* (-; -n) order; *econ.* für mich an die ~ von pay to the order of; *an X. oder* (*dessen*) ~ to X *or* order (*or* his assigns); *an eigene* ~ to my own order; *an* ~ *lauten* be made out to order; *an* ~ *stellen* issue to order; ~**papiere** *n/pl.* order instruments; ~**scheck** *m* order cheque (*Am.* check); ~**schuldverschreibung** *f* registered bond.
ordinär [ɔrdi'nɛːr] *adj.* ordinary, common, *b.s. a.* vulgar, low.
Ordinariat [-na'ria:t] *univ. n* (-[e]s; -e) (full) professorship.
Ordinarius [-'na:rius] *univ. m* (-; -rien) professor in ordinary, *Am.* full professor; → *Klassenlehrer.*
Ordinate [-'na:tə] *math. f* (-; -n) ordinate.
Ordination [-na'tsio:n] *f* (-; -en) *eccl.* ordination; *med.* prescription; ~**sstunde** *med. f* consultation hour; ~**szimmer** *n* doctor's surgery.
ordi|nieren [-'ni:rən] *eccl. v/t.* (h.) ordain; *sich* ~ *lassen* take holy orders; *ordiniert* in (holy) orders.

ordnen ['ɔrdnən] *v/t.* (h.) put (*or* set) in order, put straight; tidy, straighten up; regulate, arrange, *Am. a .*fix (up); organize; settle (*a. econ.* obligations); disentangle; sort; file (*letters, etc.*); *mil.* marshal (*troops*); *alphabetisch* ~ arrange alphabetically *or* in alphabetical order; *sachlich* (*zeitlich*) ~ arrange as to material (date); *systematisch* ~ systematize; *nach Klassen* ~ class(ify); → *geordnet.*
Ordner(in *f*) ['ɔrdnər(in)] *m* (-s, -; -, -nen) organizer, supervisor, regulator; *at meetings, etc.*: steward; *ped.* monitor; file(r); letter file, sorter.
'**Ordnung** *f* (-; -en) putting in order; order (*a. math.*); arrangement; classification; system, regime; pattern, *Am. a.* set-up; rules, regulations *pl.*; order, succession; class, rank; göttliche ~ divine order; öffentliche ~ public order, *w.s.* public policy; *mil.* geöffnete (geschlossene) ~ extended (close) order; *Straße erster* ~ primary road; *aus der* ~ *bringen* derange, disturb, upset; *aus der* ~ *kommen* get out of order, be upset; *in* ~ *bringen* **a)** put in order, put *or* set right, → *ordnen*, **b)** repair, *Am. a.* fix up, *w.s. a.* straighten out (*matters*), square *or* patch (*things*) up; *in* ~ *halten* keep in order; *in* ~ *sein* be in order, be all right; *colloq.* er ist *in* ~ he is all right (*or* a decent sort, a good egg); (*das ist*) *in* ~! (that's) all right! (*or* O.K.)!; *in bester* ~ in apple-pie order; *nicht in* ~ *sein* be out of order, *w.s.* be wrong *or* amiss, *person* (*in health*): be out of sorts, be not up to the mark; *parl.* zur ~ *rufen* call to order.
'**Ordnungs...**: ~**gemäß I.** *adj.* → ordnungsmäßig; **II.** *adv.* duly; ~**halber** *adv.* for the sake of order, *econ. a.* for your information; ~**liebe** *f* (-) love of order, orderliness, tidiness; ~**liebend** *adj.* orderly, tidy; ~**mäßig I.** *adj.* orderly, regular, *pred.* in due order; lawful; **II.** *adv.* duly; ~**polizei** *f* security police, constabulary; ~**ruf** *parl. m* call to order; ~**sinn** *m* (-[e]s) sense of order, orderliness; ~**strafe** *f* disciplinary penalty; fine; ~**widrig** *adj.* contrary to order, irregular; illegal; ~**zahl** *f* ordinal number; atomic number.
Ordonnanz [ɔrdɔ'nants] *f* (-; -en) order, ordinance; *mil.* orderly; ~**offi'zier** *m* orderly officer.
Organ [ɔr'ga:n] *n* (-s; -e) organ (*w.s. a.* voice, journal, *body corporate*); agency, authority; *ausführendes* ~ executive body; *tech.* agent, element; *fig.* sie hat kein ~ *für Musik* she has no ear for music.
Organisation [ɔrganiza'tsio:n] *f* (-; -en) organization; ~**sfehler** *m* faulty organization; ~**stalent** *n* organizing ability.
Organisator [-'za:tor] *m* (-s; -'toren) organizer; **organisato'risch** [-za'to:riʃ] *adj.* organizational, organizing.
organisch [ɔr'ga:-] **I.** *adj.* organic(ally *adv.*); structural (*tissue*); ~e *Chemie* organic chemistry; **II.**

adv.: ~ gewachsen naturally developed.
organi'sieren [ɔrgani-] *v/t.* (h.) organize, set on foot, arrange; *sich gewerkschaftlich* ~ unionize; *mil. sl.* commandeer, scrounge; (*nicht*) *organisiert(er Arbeiter*) (non)unionist; *organisierte Arbeiterschaft* organized labo(u)r.
Organismus [-'nis-] *m* (-; -men) organism, system.
Orgas|mus [ɔr'gas-] *physiol. m* (-; -men) orgasm, climax; ~**tisch** *adj.* orgastic.
Orgel ['ɔrgəl] *mus. f* (-; -n) organ; ~**bauer** *m* (-s; -) organ-builder; ~**chor** *m* organ-loft; ~**konzert** *n* organ recital; ~**n** *v/i.* (h.) play (on) the organ; turn *or* grind a barrel-organ; *w.s.* roar, roll; ~**pfeife** *f* organ-pipe; ~**spieler(in** *f*) *m* (-s, -; -, -nen) organ-player, organist; ~**stimme** *f* organ-stop, register.
Orgie ['ɔrgiə] *f* (-; -n) orgy; ~**n** *feiern* indulge in orgies, carouse.
Oriental|e [orien'ta:lə] *m* (-n, -n), ~**in** *f* (-; -nen) Oriental; ~**isch** *adj.* Oriental, Eastern.
Orientalist [orienta'list] *m* (-en; -en) orientalist.
'**Orientexpreß** *rail. m* oriental express.
orien'tieren *v/t.* (h.) orient(ate), locate; *fig.* inform, instruct, *esp. mil.* brief; guide (*nach along*); *sich* ~ (*a. fig.*) orient o.s., take one's bearings (*über acc.* about), find one's bearings (*über acc.* about), find one's way; inform o.s. (of); make inquiries (about); gather information (about); be guided (*nach* by); *sich nicht mehr* ~ *können* have lost one's bearings, be all at sea; *gut orientiert sein über* (*acc.*) be well informed about, be familiar with.
Orien'tierung *f* (-) orientation; information, instruction; *sports:* orienteering; *zu Ihrer* ~ for your guidance; *die* ~ *verlieren* lose one's bearings; ~**slauf** *m* orienteering competition; ~**slinie** *f* orienting line; datum line; ~**s-punkt** *m* landmark; reference point; ~**ssinn** *m* sense of direction; *orn., etc.* homing instinct.
Original [origi'na:l] *n* (-s; -e) original (*a. person*); autograph; ~**ausgabe** *f* first edition; ~**fassung** *f* original version; ~**getreu** *adj.* in accordance with the original.
Originali'tät *f* (-) originality.
Origi'nal...: ~**kopie** *f film:* master copy; ~**packung** *f* original packing; *in* ~ factory-packed; ~**sendung** *f radio, TV:* live program(me); ~**treue** *f:* größte ~ high fidelty (*abbr.* hi-fi); ~**zeugnis** *n* original testimonial.
originell [origi'nɛl] *adj.* original; funny, amusing; ingenious (*design*).
Orkan [ɔr'ka:n] *m* (-[e]s; -e) hurricane; typhoon; ~**artig** *adj.* violent; thunderous, frenzied (*applause*).
Ornament [ɔrna'mɛnt] *n* (-[e]s; -e) ornament; ~**ik** *f* (-) ornamentation; decorating art.
Ornat [ɔr'na:t] *m* (-[e]s; -e) robes,

vestments *pl.*; *colloq.* in vollem ~ in full array.

Ornitholog|(e) [ɔrnito'loːk, -'loːgə] *m* (-n; -n) ornithologist; ⎓isch [-'loː-] *adj.* ornithological.

Ort [ɔrt] *m* (-[e]s; -e) place; site; spot, point; locality; place, village, town; *math.* (-er) locus; *mining*: head of a gate, termination; *vor* ~ at the face; ~ *der Handlung* scene (of action); ~ *und Stelle* position; *an* ~ *und Stelle* on the spot; *in situ*; *an* ~ *und Stelle bringen* put into position; put *a th.* where *it* belongs; *an* ~ *und Stelle gelangen* reach one's destination; *Untersuchung an* ~ *und Stelle* on-the--spot investigation; ~ *und Zeit* place and time; *am* ~ *wohnend* resident; *fig. am* ~ *sein* be appropriate *or* fitting; *an allen* ~*en* everywhere; *höheren* ~(e)s at high quarters, at higher level; *von* ~ *zu* ~ from place to place; → *Platz*.

Örtchen ['œrtçən] *colloq. n* (-s; -) loo, *Am.* john.

orten ['ɔrtən] **I.** *v/i.* (h.) orient o.s., take one's bearings, *aer.* navigate; **II.** *v/t.* (h.) locate; radiolocate.

'**Orter** *m* (-s; -) *aer.* navigator, radiolocator; *radar*: observer.

orthochromatisch [ɔrtokro'maː-] *adj.* orthochromatic.

orthodox [ɔrto'dɔks] *adj.* orthodox. **Orthodoxie** [-do'ksiː] *f* (-) orthodoxy.

Orthographie [-gra'fiː] *f* (-; -n) orthography, correct spelling.

orthographisch [-'graː-] **I.** *adj.* orthographic(al); **II.** *adv.*: ~ *richtig schreiben* spell correctly.

Orthopäde [ɔrto'pɛːdə] *m* (-n; -n) orthop(a)edist; **Orthopädie** [-pɛ-'diː] *f* orthop(a)edy; **ortho'pädisch** *adj.* orthop(a)edic.

örtlich ['œrtliç] *adj.* local, *med. a.* topical; endemic (*disease, plant*); → *Betäubung, Zuständigkeit;* ⎓**keit** *f* (-; -en) locality, place; locale.

'**Orts**...: ~**amt** *teleph. n* local exchange; ~**angabe** *f* statement of place; *on letter*: address; map reference; ⎓**ansässig** *adj.* resident, local; ~**ansässige(r** *m*) *f*, ~**bewohner(in** *f*) *m* resident; ~**behörde** *f* local authorities *pl.*; ~**beschaffenheit** *f* nature of a place; ~**beschreibung** *f* topography; ~**besichtigung** *f* local inspection; ~**bestimmung** *f* localization; orientation; position finding; ⎓**beweglich** *adj.* mobile, portable; ~**bezirk** *m* local area.

'**Ortschaft** *f* place, locality; village.

Ortscheit ['ɔrtʃait] *tech. n* swingle--tree.

'**Orts**...: ~**empfang** *m* local (*or* short-distance) reception; ~**fernsprechnetz** *n* local exchange network; ⎓**fest** *adj.* stationary, fixed; permanent; static; ⎓**fremd** *adj.*

non-resident; ~ *sein* be a stranger (to a locality); ~**gebrauch** *m* local custom; ⎓**gebunden** *adj.* stationary, permanent; resources-bound (*industry*); ~**gefecht** *mil. n* combat in towns; ~**gespräch** *teleph. n* local call; ~**gruppe** *f* local branch; lodge (*of trade-union*); local chapter (*of club*); ~**kenntnis** *f* local knowledge, knowledge of a place; ~*se haben* know a place; ~**kommandant** *m* local commander; town major; ~**kommandantur** *f* local headquarters *pl.*, army post; ~**krankenkasse** *f* local sick-fund; ⎓**kundig** *adj.* familiar with the locality; ~**name** *m* place-name; ~**netz** *teleph. n* local exchange network; ~**polizei** *f* local police; ~**sender** *m radio*: local transmitter; ~**sinn** *m* sense (*or* bump) of a locality; ~**statut** *n* by(e)-law, *Am.* city ordinance; ~**teilnehmer** *teleph. m* local subscriber; ⎓**üblich** *adj.* customary in a place; ~**unterkunft** *f* billets *pl.*, cantonment; ~**veränderung** *f* change of place (*or* scenery); ~**verkehr** *m* local traffic *or* (*teleph.*) calls *pl.*; ~**vorsteher** *m* chief magistrate of a place; ~**zeit** *f* local time; ~**zustellung** *f* local delivery.

'**Ortung** *f* (-) orientation, location, position finding; *aer.* navigation, radiolocation; ~**sgerät** *n* localizer, position finder; ~**s-punkt** *m* reference point.'

Öse ['øːzə] *f* (-; -n) eye, loop, ring, lug; eyelet; *Haken und* ~ hook and eye.

Oskar ['ɔskar] *m*: *colloq. frech wie* ~ (as) bold as brass, (as) cool as a cucumber.

osmanisch [ɔs'maː-] *adj.* Turkish, Ottoman.

Osmose [ɔs'moːzə] *f* (-) osmosis.

Ost [ɔst] *m* east wind.

'**Ost**...: ~**afrika** *n* East Africa; ~**asien** *n* Eastern Asia; ~**block** *m* Eastern Bloc.

Osten ['ɔstən] *m* (-s) east; *geogr.* East (*a. pol.*), Orient; *der Nahe* (*Mittlere, Ferne*) ~ the Near (Middle, Far) East; *der* ~ *e-r Stadt* the East End (*Am.* Side) of a town.

ostentativ [ɔstɛnta'tiːf] *adj.* ostentatious, explicit.

Oster|ei ['ɔːstərʔai] *n* Easter egg; ~**fest** *n* Easter; ~**glocke** *f* easter lily; ~**hase** *m* Easter bunny; ~**lamm** *n* paschal lamb.

österlich ['øːstərliç] *adj.* (of) Easter, paschal.

'**Ostermonat** *m* Easter-month, April.

Oster'montag *m* Easter Monday.

Ostern ['oːstərn] *n* (-) Easter.

Österreich ['øːstəraiç] *n* (-s) Austria; ~**er(in** *f*) *m* (-s, -; -, -nen), ⎓**isch** *adj.* Austrian.

Oster...: ~**woche** *f* Easter Week; ~**zeit** *f* Eastertide.

'**Ost**...: ~**europa** *n* Eastern Europe; ~**feldzug** *m* eastern campaign; ~**flüchtling** *m* eastern refugee; ~**front** *mil. f* eastern front; ~**gote** *m* Ostrogoth; ~**indien** *n* the East Indies *pl.*, India; ⎓**indisch** *adj.* East Indian.

östlich ['œstliç] *adj.* eastern, easterly; oriental; ~ *von* (to the) east of.

'**Ost**...: ~**mark** *f* **1.** (-) Austria; **2.** (*currency*) Eastern German mark; ~**preußen** *n* East Prussia; ⎓**römisch** *adj.*: ⎓*es Reich* Byzantine Empire; ~**see** *f* (-) *the* Baltic (Sea); ~**vertriebene(r** *m*) *f* eastern expellee; ~**währung** *f* Soviet-zone currency; ⎓**wärts** ['-vɛrts] *adv.* eastward; ~**wind** *m* east wind; ~**zone** *f* Eastern Zone.

Oszillation [ɔstsila'tsioːn] *f* (-; -en) oscillation; **Oszillator** [-'laːtoːr] *m* (-s; -'toren) oscillator; **oszillieren** [-'liː-] *v/i.* (h.) oscillate; **Oszillograph** [ɔstsilo'graːf] *m* (-en; -en) oscillograph.

Otter ['ɔtər] **1.** *f* (-; -n) adder; **2.** *m* (-s; -), *a. f* otter; ~**ngezücht** *n* generation of vipers.

Ottomane [ɔto'maːnə] *f* (-; -n) ottoman.

Ottomotor ['ɔto-] *m* spark-ignition engine; Otto-cycle engine.

Ouvertüre [uver'tyːrə] *f* (-; -n) overture (*a. fig.*).

oval [o'vaːl] *adj.* oval.

Ovarium [o'vaːrium] *anat. n* (-s; -ien) ovary.

Ovation [ova'tsioːn] *f* (-; -en) ovation; *j-m e-e* ~ *bereiten* give a p. an ovation (*or Am.* the big hand), cheer a p.

Ovulationshemmer [ovula'tsioːns-hemər] *med. m* (-s; -) ovulation inhibitor.

Oxalsäure [ɔk'saːl-] *f* (-) oxalic acid.

Oxhoft ['ɔkshɔft] *n* (-[e]s; -e) hogshead.

Oxyd [ɔ'ksyːt] *n* oxide.

Oxydation [-da'tsioːn] *f* (-) oxidation; ⎓**sfest** *adj.* non-oxidizing; ⎓**s-hemmend** *adj.*: ~*es Mittel* anti--oxidant.

oxydier|bar [-'diːr-] *adj.* oxidizable; ~**en** *v/t.* (h.) *and v/i.* (sn) oxidize; ⎓**mittel** *n* oxidant; ⎓**ung** *f* oxidization.

Oxy'gengas *n* (-es) oxygen gas.

Ozean ['oːtseaːn] *m* (-s; -e) ocean; *der Atlantische* ~ the Atlantic; *der Große* (*or Stille*) ~ the Pacific; ~**dampfer** *m* ocean-going (*or* transatlantic) steamer, (ocean) liner; ~**flug** *m* transatlantic flight; ⎓**isch** [otse'aː-] *adj.* oceanic; ⎓*es Klima* marine climate; ~**ogra'phie** *f* oceanography; ~**riese** *m* huge ocean liner.

Ozon [o'tsoːn] *n* (-s) ozone; ⎓**erzeugend** *adj.* ozoniferous; ⎓**haltig** *adj.* ozonic, ozoniferous; ⎓**reich** *adj.* rich in ozone; ~**schicht** *f* ozone layer.

P

P, p [peː] n P, p.

Paar [paːr] n (-[e]s; -e) pair; couple; iro. twosome; brace (of partridges, pistols, etc.); ein ~ bilden mit (dat.) pair off with; ein ~ werden become man and wife, make a couple; zu ~en treiben rout, put to flight.

paar adj. 1. ein ~ a few, some, a couple of; ein ~ hundert some hundred; ein ~ Zeilen schreiben drop a line; auf ein ~ Tage for a day or two; vor ein ~ Tagen the other day; 2. even; ~ oder un~ odd or even.

'paaren v/t. (h.) pair (sports: a. match), couple, esp. orn. mate; sich ~ pair, form a couple; mate, copulate, a. chem., math. conjugate; fig. join, unite, marry (mit with).

'paarig adj. in pairs, paired.

'Paar...: ~laufen n pair-skating; ~läufer(in f) m pair-skater; ♀mal adv.: ein ~ several (or a few) times.

'Paarung f (-; -en) pairing (a. TV), sports: a. matching; coupling; mating, copulation; fig. union; ~s-trieb m (-[e]s) mating urge; ~szeit f mating season.

'paarweise adv. in pairs or couples, by twos; ~ ordnen pair (off); ~ weggehen pair off.

'Paarzeher ['-tseːər] zo. m (-s; -) artiodactyl.

Pacht [paxt] f lease; tenure (of land), tenancy; rent; in ~ geben (nehmen) let out (take) on lease; in ~ haben hold under a lease; '~bedingungen f/pl. leasehold conditions; '~besitz m leasehold (property); '~brief m lease; '~dauer f term of lease; tenancy; ♀en v/t. (h.) (take on) lease; farm, rent; fig. monopolize; er tut, als hätte er die Weisheit gepachtet he pretends to be the only big mind in the world.

Pächter ['pɛçtər] m (-s; -) lessee, leaseholder; agr. tenant, farmer.

'Pacht...: ~ertrag m rental; ♀frei adj. rent-free; ~geld n (farm-) rent; ~grundstück n leasehold property; holding (of land); ~schein m lease; ~ und Leihgesetz n Lend-Lease Act; ~ung f (-; -en) taking on lease; farming; leasehold, tenement; ~verhältnis n tenancy; ~vertrag m (contract of) lease; ♀weise adv. on lease; ~wert m rental value; ~zeit f term of lease; ~zins m rent.

Pack [pak] 1. m and n (-[e]s; -e) pack; package, parcel; bundle; bale; → Sack; 2. n (-[e]s) contp. rabble, pack.

Päckchen ['pɛkçən] n (-s; -) small parcel, Am. package; ~ Zigaretten packet of cigarettes; fig. burden, worries pl.

'Pack-eis n pack-ice.

Packen ['pakən] m (-s; -) large packet or parcel or bundle; pile; bale.

'packen I. v/t. (h.) pack (up), do up (in parcels), wrap up, Am. package; pile up; stow away; seize (roughly), lay hold of, grip, grasp, clutch; collar; fig. grip, thrill, hold (spellbound); colloq. sich ~ decamp, hook it; pack dich! out you go!, clear out!, beat it!, scram!; es hat ihn tüchtig gepackt he caught it badly; II. v/i. (h.) pack up; ~d fig. adj. breath-taking, thrilling, gripping; → rührend.

'Packer m (-s; -), ~in f (-; -nen) packer; removalman; mar. stevedore.

Packe'rei f (-; -en) packing-room.

'Packerlohn m packer's wages pl.

Pack...: ~esel m sumpter-mule; fig. drudge, fag; ~film m pack film; ~hof m packing yard; ~lage f sub-base (of road); ~leinen n packing-cloth; ~leinwand f pack-cloth, sacking; ~liste f packing list; ~maschine f packing machine; ~material n packing (materials pl.), wrappage; ~nadel f packing-needle; ~papier n packing (or wrapping) paper; brown paper, kraft; ~pferd n pack-horse; ~presse f bundle press; ~raum m packing room; mar. stowage(-room); ~sattel m pack-sattle; ~schnur f cord, twine; ~tier n pack-animal.

'Packung f (-; -en) packing, stowage; pack(age); packet; ~ Zigaretten packet of cigarettes; tech. packing, gasket; stone pitching; med. (hot, etc.) pack, fomentation; colloq. fig. e-e ~ bekommen take an awful beating.

'Pack...: ~wagen m luggage-van, Am. baggage-car; ~zettel m packing label, docket.

Pädagoge [pɛda'goːgə] m (-en; -en), ~in f (-; -nen) education(al)-ist, esp. contp. pedagogue; ~ik [-'goːgik] f pedagogics sg.; ♀isch adj. pedagogic(al), educational; ~e Hochschule teachers' college.

Paddel ['padəl] n (-s; -) paddle; ~boot n paddling boat, canoe; ~bootfahrer(in f) m canoeist; ♀n v/i. (h.) paddle, canoe.

paff! [paf] int. bang!, pop!; → baff; ~en v/i. and v/t. (h.) puff away (die Pfeife, etc. at one's pipe, etc.).

Page ['paːʒə] m (-n; -n) page; buttons, Am. bellboy; ~nfrisur f, ~nkopf m page-boy coiffure, bobbed hair.

paginieren [pagi'niː-] v/t. (h.) page, paginate.

Pagode [pa'goːdə] f (-; -n) pagode.

pah! [paː] int. pooh!, pah!, pshaw!

Pair [pɛːr] m (-s; -s) peer; ~sschub m batch of peers; ~swürde f peerage.

Pak [pak] f (-; -[s]) (= Panzerabwehrkanone) anti-tank gun, Am. tank destroyer.

Paket [pa'keːt] n (-[e]s; -e) parcel; package; packet; ~ Nadeln paper of needles; econ. ~ Wertpapiere block (of securities); ~adresse f parcel's direction; ~annahme f parcels receiving office; ~ausgabe f parcel delivery; ~beförderung f parcel conveyance; ~boot n mail-boat; ~karte f parcel form; ~post f parcel-post.

Pakistan ['paːkistaːn] n (-s) Pakistan.

Pakt [pakt] m (-[e]s; -e) pact; agreement; e-n ~ schließen → paktieren [-'tiː-] v/t. and v/i. (h.) make an agreement or a deal (mit with), come to terms (with).

paläolithisch [palɛo'liːtiʃ] adj. pal(a)eolithic.

Palä-ontologie [-ɔntolo'giː] f (-) pal(a)eontology.

Palais [pa'lɛː] n (-[-'lɛːs]; -[-'lɛːs]), **Palast** [-'last] m (-es; ⁀e) palace; ♀artig adj. palatial; Pa'lastrevolution f fig. palace revolution.

Palaver [pa'laːvər] n (-s; -), ♀n v/i. (h.) palaver.

Paletot ['palǝto] m (-s; -s [-tos]) overcoat, greatcoat.

Palette [pa'lɛtə] f (-; -n) palette.

Palisade [pali'zaːdə] f (-; -n) palisade, stockade; ~nzaun m stockade.

Palisander [pali'zandər] m (-s; -), ~holz n rosewood.

Pallasch ['palaʃ] mil. m (-es; -e) broadsword.

Palliativ [palia'tiːf] n (-s; -e) palliative.

'Palmbaum m palm-tree.

Palm|e ['palmə] f (-; -n) palm; fig. die ~ des Sieges erringen carry off the palm; colloq. j-n auf die ~ bringen make a p. see red; ~fett n palm butter; ~öl n palm oil; ~'sonntag m Palm Sunday; ~wedel m palm branch.

Pampelmuse [pampəl'muːzə] f (-; -n) grapefruit.

Pamphlet [pam'fleːt] n (-[e]s; -e) pamphlet; lampoon; ~schreiber, **Pamphletist** [-fle'tist] m (-en; -en) pamphleteer; lampoonist.

pampig ['pampiç] colloq. adj.: ~ werden get fresh.

pan... [pan-] in compounds pan...; e.g., Pan-American, panchromatic.

Panama ['panama] n (-s) Panama; ~hut m Panama (hat); ~kanal m Panama Canal.

panaschieren [pana'ʃiːrən] I. v/t. (h.) variegate, mottle; II. v/i. (h.) election: split the ticket; ♀ n (-s) preferential (Am. split) voting.

Pandekten [pan'dɛktən] pl. pandects.

Paneel [pa'neːl] n (-s; -e) panel(l)ing, wainscot(ing). [standard.⟩

Panier [pa'niːr] n (-s; -e) banner.⟨

pa'nieren v/t. (h.) cul. coat with egg and breadcrumb, (bread-) crumb.

Panik ['paːnik] f (-) panic, scare; stampede; in ~ versetzen stampede, strike with terror; von ~ ergriffen werden (be seized with a) panic; ~mache colloq. f panicmongering.

'panisch adj. panic, panicky; ~er Schrecken panic (fear); von ~em Schrecken erfaßt panic-stricken.

Panne ['panə] f (-; -n) breakdown, mot. a. engine trouble (or failure); puncture, blowout, flat tyre (Am. tire); fig. mishap; slip-up, blunder.

Panoptikum [pa'nɔptikum] *n* (-s; -ken) waxworks *pl.*

Panorama [pano'rɑːma] *n* (-s; -men) panorama; ~**bild** *n* panoramic picture *or* view; ~**empfänger** *m* panoramic receiver; ~**weg** *m* scenic road.

panschen ['panʃən] *v/i. and v/t.* (h.) → pantschen.

Pansen ['panzən] *zo. m* (-s; -) rumen; *fig.* paunch.

Panslawismus [-sla'vizmus] *m* (-) Pan-Slavism.

Panthe|'ismus [pante-] *m* (-) pantheism; ~**'ist(in** *f)* *m* (-en, -en; -, -nen) pantheist; ℚ**'istisch** *adj.* pantheistic.

Panther ['pantər] *zo. m* (-s; -) panther.

Pantine [pan'tiːnə] *f* (-; -n) patten, clog.

Pantoffel [-'tɔfəl] *m* (-s; -n) slipper; *fig. unter dem* ~ *stehen* be henpecked; ~**held** *m* henpecked husband; ~**tierchen** *biol. n* (-s; -) slipper animalcule.

Pantomim|e [panto'miːmə] *f* (-; -n) pantomime, dumb show; ℚ**isch I.** *adj.* pantomimic; **II.** *adv.:* ~ *darstellen* act in dumb show.

pantschen ['pantʃən] **I.** *v/i.* (h.) splash, puddle, mess about; **II.** *v/t.* (h.) adulterate, water (*wine*).

'**Pantscher** *m* (-s; -) adulterator.

Panzer ['pantsər] *m* (-s; -) armo(u)r, coat of mail; cuirass; *mar.* armo(u)r-plating; *mil.* tank; *zo.* shell, shield; ~**abwehr** *f* antitank defen[ce, *Am.* -se; ~**abwehrkanone** *f* antitank gun, *Am.* tank destroyer; ~**besatzung** *f* tank crew; ℚ**brechend** *adj.* armo(u)r-piercing, tank-busting; ~**brigade** *f* armo(u)red brigade; ~**büchse** *f* antitank rifle, bazooka; → *Panzerfaust*; ~**deckungsloch** *n* slit hole; ~**division** *f* armo(u)red division; ~**fahrzeug** *n* armo(u)red vehicle; ~**falle** *f* tank trap; ~**faust** *f* antitank grenade launcher; ~**flotte** *mar. f* fleet of ironclads; ~**führer** *m* tank commander; ~**gefecht** *n* tank battle; ~**geschoß** *n* armo(u)r-piercing projectile; ~**gewölbe** *n* strong-room; ~**glas** *n* bullet-proof glass; ~**graben** *m* antitank ditch; ~**granate** *f* armo(u)r-piercing shell; ~**grenadier** *m* armo(u)red infantry rifleman; ~**handschuh** *m* gauntlet; ~**hemd** *n* coat of mail; ~**hindernis** *n* antitank obstacle; ~**jäger** *m* antitank gunner; *pl.* tank destroyer troops; ~**kabel** *n* armo(u)red cable; ~**kampfwagen** *m* tank, armo(u)red fighting vehicle; ~**knacker** *m* tank buster; ~**korps** *n* armo(u)red corps; ~**kreuzer** *mar. m* armo(u)red cruiser; ~**kuppel** *f* armo(u)red cupola; ~**mine** *f* antitank-mine; ~**munition** *f* armo(u)r-piercing ammunition.

'**panzern** *v/t.* (h.) arm with (a coat of) mail, *sich* ~ put on mail; *fig.* arm o.s.; *mar., mil.* armo(u)r, plate; *gepanzert* mail-clad, *mil.* armo(u)red; *mit gepanzerter Faust* with the mailed fist.

'**Panzer...:** ~**platte** *f* armo(u)r plate; ~**regiment** *n* armo(u)red regiment; ~**schiff** *n* armo(u)r-plated vessel, ironclad; ~**schlacht**

f tank battle; ~**schrank** *m* safe; ~**schütze** *m* tank gunner; ~**spähwagen** *m* armo(u)red scout car; ~**sperre** *f* antitank obstacle; ~**spitze** *f* armo(u)red spearhead; ~**truppen** *f/pl.* armo(u)red troops, tank corps; ~**turm** *m* armo(u)red turret; tank turret.

'**Panzerung** *f* (-; -en) (coat of) mail; *mar., mil.* armo(u)r(-plating); armo(u)red protection.

'**Panzer...:** ~**waffe** *f* tank force(s *pl.*), armo(u)r; ~**wagen** *m* armo(u)red car, tank; ~**weste** *f* bullet-proof jacket; ~**zug** *rail. m* armo(u)red train.

Papa [pa'pɑː, 'papa] *m* (-s; -s) papa, pa, dad(dy), *Am. a.* pop.

Papagei [papa'gaɪ] *m* (-[e]s; -e[n]) parrot; ℚ**enhaft** *adj.* parrot-like; ~**enkrankheit** *f* (-) psittacosis.

Papier [pa'piːr] *n* (-s; -e) paper; stationery; ~**e** *pl.* papers, documents, instruments *pl.*; *econ.* papers, securities, stocks; identity papers; ~ *mit Wasserzeichen* filigreed paper; *geschöpftes* ~ handmade paper; *glattes* ~ glazed paper; *holzfreies* ~ wood-free paper; *holzhaltiges* ~ wood-containing paper; *liniiertes* ~ ruled paper; *maschinenglattes* ~ mill-finished paper; *satiniertes* ~ glazed paper; *zu* ~ *bringen* commit to paper, write down; ~ *ist geduldig* paper does not blush; *nur auf dem* ~ *stehen* exist on paper only; *nur auf dem* ~ *stehend* nominal; ~**abfälle** *m/pl.* waste-paper; ~**bahn** *f* paper web; ~**band** *n* (-es; ⁔er) paper-tape; ~**beutel** *m* paper-bag; ~**bindfaden** *m* paper-string; ~**blatt** *n, bogen m* sheet of paper; ~**blume** *f* artificial (paper) flower; ~**brei** *m* (-[e]s) paper-pulp; ℚ**en** *adj.* (of) paper; *fig.* dull; *er Stil* prosy (*or* bookish) style; ~**fabrik** *f* papermill; ~**fetzen** *m* scrap of paper; ~**filter** *m* paper-filter; ~**format** *n* paper size; ~**geld** *n* (-[e]s) paper-money; bank-notes, *Am.* bills *pl.*; ~**geldtasche** *f* note-book, billfold, pocketbook; ~**händler** *m* stationer; ~**handlung** *f* stationer's shop, *Am.* stationery (store); ~**holz** *n* paper-pulp; ~**klammer** *f* paper clip; ~**korb** *m* waste-paper basket, *Am.* waste-basket; ~**krieg** *m* (-[e]s) red tape, paper warefare; ~**maché** [papje-ma'ʃe] *n* (-s; -s) papiermâché; ~**manschette** *f* paper-frill; ~**masse** *f* paper pulp; ~**mühle** *f* pulp mill; paper mill; ~**rolle** *f* paper reel; ~**schere** *f* paper-shears *pl.*; ~**schlange** *f* paper streamer; ~**schnitzel** *m/pl.* paper shavings; ~**serviette** *f* paper napkin; ~**streifen** *m* paper strip; ~**taschentuch** *n* tissue handkerchief; ~**tüte** *f* paper-bag; ~**währung** *f* (-) paper currency; ~**waren** *f/pl.* stationery *sg.*; ~**wisch** *m* scrap of paper.

Papist [pa'pist] *m* (-en; -en), ~**in** *f* (-; -nen) papist; ℚ**isch** *adj.* papistic(al), popish.

Papp [pap] *m* (-[e]s; -e) pap; paste; → *Pappe*; ~**arbeit** *f* pasteboard work; ~**band** *m* (-[e]s; ⁔e) pasteboard binding, (book in) boards *pl.*; ~**deckel** *m* pasteboard.

Pappe ['papə] (-; -n) pap; pasteboard, cardboard; *colloq. fig. das ist nicht von* ~! that's not to be sneezed at!

'**Papp-einband** *m* (-[e]s; ⁔e) pasteboard cover; *Buch im* ~ paperback (book).

Pappel ['papəl] *f* (-; -n) poplar (-tree); ~**allee** *f* avenue of poplars; ~**weide** *f* black poplar.

päppeln ['pɛpəln] *v/t.* (h.) feed (with pap); *fig.* coddle, pamper.

pappen ['papən] **I.** *v/t.* (h.) paste; **II.** *v/i.* (h.) stick, clog.

'**Pappenfabrik** *f* board mill.

'**Pappenheimer** *colloq. m/pl.: ich kenne meine* ~ I know my men.

'**Pappenstiel** *colloq. m* (-[e]s) trifle; *für (or um) einen* ~ for a mere song, dirt-cheap.

papperlapapp! [papərla'pap] *int.* nonsense! fiddlesticks!, bosh!

'**pappig** *adj.* pasty, sticky.

'**Papp...:** ~**kamerad** *mil. m* silhouette target; ~**karton** *m*, ~**schachtel** *f* cardboard box, carton; ~**schnee** *m* sticky snow; ~**teller** *m* paper-plate; ~**waren** *f/pl.* pasteboard wares.

Paprika ['paprika] *m* (-s; -s) paprika, red pepper; ~**schoten** *f/pl.* peppers.

Papst [paːpst] *m* (-es; ⁔e) pope; ~**krone** *f* tiara.

päpstlich ['pɛːpstliç] *adj.* papal, pontifical, *contp.* popish; ℚ*er Stuhl* Holy See; ℚ*es Amt* papacy, pontificate; ~*er als der Papst sein* be more royal than the king.

'**Papst...:** ~**tum** *n* (-s) papacy, pontificate, *contp.* popery; ~**würde** *f* papal dignity, pontificate.

Papyrus [pa'pyːrus] *m* (-; -ri) papyrus; ~**rolle** *f* papyrus.

Parabel [pa'rɑːbəl] *f* (-; -n) parable, simile; *math.* parabola; ~**kurve** *f* parabolic curve.

parabolisch [-ra'boː-] *adj.* parabolic(ally *adv.*), figurative; ~*er Spiegel* parabolic reflector.

Parade [pa'rɑːdə] *f* (-; -n) *mil.* review; *aer.* fly-past, *mot.* drive-past; *fig.* parade, display; *fenc.* parry; *riding:* pull-up; *soccer:* full-length save; *die* ~ *abnehmen* hold a review, take the salute (at a drive-past, *etc.*); *fig. j-m in die* ~ *fahren* upset a p.'s plans, *at debate:* counter a p.; ~**anzug** *m* dress uniform; ~**bett** *n* bed of state; ~**flug** *m* fly-past; ~**marsch** *m* march in review.

Paradentose [paraden'toːzə] *f* (-; -n) paradentosis.

Pa'rade...: ~**pferd** *fig. n* show-horse; ~**platz** *m* parade ground; ~**schritt** *m* drill-step, slow pace, goose-step; ~**stückchen** *fig. n* show-piece; ~**uniform** *f* → *Paradeanzug*.

paradieren [-'diːrə] *v/i.* (h.) parade; ~ *mit a.* make a parade of, show off.

Paradies [para'diːs] *n* (-es; -e) paradise; *das Verlorene* ~ Paradise Lost; ~**apfel** *m* tomato; ℚ**isch** [-'diːziʃ] *adj.* paradisiac(al); *fig.* heavenly, delightful; ~**vogel** *m* bird of paradise.

Paradigma [-'digma] *gr. n* (-s; -men) paradigm.

paradox [para'dɔks] *adj.* paradoxical; ~**erweise** *adj.* paradoxically.

Paradoxon [-'rɑːdɔksɔn] *n* (-s; -xa) paradox.

Paraffin [para'fiːn] *n* paraffin; *mit* ~ *behandeln* → **paraffinieren** [-fi'niː-] *v/t.* (h.) (coat with) paraffin.

Paragraph [-'grɑːf] *m* (-en; -en) section, article; paragraph; ~**enreiter** *m* pedant, stickler, pettifogger; ~**zeichen** *n* section mark.

paral|lel [para'leːl] I. *adj.* parallel (*mit* to, with); II. *adv.:* ~ *laufen zu* run parallel with; *el.* ~ *geschaltet* connected in parallel; ♀'**lele** *f* (-; -n) parallel (line); *fig.* parallel; *e-e* ~ *ziehen* establish a parallel (*mit* with); ♀'**lelfall** *m* parallel case; ♀'**lelismus** [-le'lis-] *m* (-; -men) parallelism; ♀'**lelkreis** *ast. m* parallel; ♀**lelogramm** [-lelo'gram] *n* (-s; -e) parallelogram; ♀'**lelschaltung** *el. f* parallel connection; ♀'**lelstraße** *f* parallel street; ♀-'**lelwährung** *f* dual currency.

Paraly|se [para'lyːzə] *f* (-; -n) (general) paralysis; ♀**sieren** [-ly-'ziː-] *v/t.* (h.) paralyse; ♀**tisch** [-'lyː-] *adj.* paralytic, paralysed.

Para'meter *math. m* (-s; -) parameter.

Parano|iker [para'nɔi-] *m* (-s; -), ♀**isch** *adj.* paranoid.

Paranuß ['pɑːranus] *f* Brazil-nut.

paraphieren [para'fiː-] *v/t.* (h.) sign provisionally, sign (with a flourish).

Para'phrase *f*, **paraphra'sieren** *v/t.* (h.) paraphrase.

'**Parapsychologie** *f* parapsychology.

Parasit [para'ziːt] *m* (-en; -en) parasite; ♀**isch** *adj.* parasitic(al).

parat [pa'rɑːt] *adj.* ready, prepared; *er hatte die Antwort* ~ he had his answer pat; *Kenntnisse* (*stets*) ~ *haben* have information at one's finger-ends.

Paratyphus ['pɑːra-] *m* paratyphoid (fever).

Pärchen ['pɛrçən] *n* (-s; -) (loving *or* courting) couple, twosome.

Pardon [par'dɔn, -dõ] *m* (-s; -) pardon; *mil. keinen* ~ *geben* give no quarter.

Parenthese [parɛn'teːzə] *f* parenthesis; *in* ~ by way of parenthesis.

Parforce|jagd [par'fɔrs-] *f* hunting (on horseback), coursing; ~**ritt** *m* forced ride.

Parfüm [par'fyːm] *n* (-s; -e) perfume, scent.

Parfüme'rie [-fymə-] *f* (-; -n) perfumes, scents *pl.*; scent-shop, perfumery.

Par'füm...: ~**fläschchen** *n* (small) scent-bottle; ~**handlung** *f* scent- -shop, perfumery.

parfümieren [-fy'miː-] *v/t.* (h.) perfume, scent.

Par'fümzerstäuber *m* perfume- -spray, *Am.* atomizer.

pari ['pɑːri] *econ. adv. and* ♀ *n* par (value); *auf* (*or al*) ~ *at* par; *über* ~ above par, at a premium; *unter* ~ below par, at a discount.

Paria ['pɑːria] *m* (-s; -s) pariah.

parieren [pa'riːrən] I. *v/t. and v/i.* (h.) *fenc.* parry (*a. fig.*), ward off; pull up, rein in (*horse*); II. *v/i.* (h.) obey, knuckle under, toe the mark.

'**Parikurs** *econ. m* par(ity).

Pariser [pa'riːzər] I. *m* (-s; -), ~**in** *f* (-; -nen) Parisian; II. *adj.* Parisian, (of) Paris; ~ *Mode* Paris(ian) fashions *pl.*; *typ.* ~ *Schrift* ruby, *Am.* agate.

Parität [pari'tɛːt] *f* (-; -en) parity, equality; ♀**isch** *adj.* on a par; proportional, pro rata; *with religious* equality.

Pariwert ['pɑːri-] *econ. m* par value.

Park [park] *m* (-s; -s) park; *mil.* (base) depot; → *Maschinen*♀, *Wagen*♀; '~**anlage** *f* park, pleasure- -grounds *pl.*; '~**bremse** *f* parking brake; '♀**en** *v/t. and v/i.* (h.) park; ♀ *verboten!* no parking!

Parkerisierung [parkəri'ziː-] *tech. f* (-) parkerizing.

Parkett [par'ket] *n* (-[e]s; -e) parquet, inlaid floor; *thea.* stalls *pl.*, *Am.* parquet; *mit* ~ *auslegen* → **parket'tieren** *v/t.* (h.) parquet.

'**Park...:** ~**gebühren** *f/pl.* parking rates; ~**licht** *mot. n* (-[e]s; -er) parking light; ~**platz** *m* parking place, car park, *Am.* parking lot; ~**uhr** *f* parking meter; ~**wache** *f* park guard. [parliament.]

Parlament [parla'ment] *n* (-s; -e)∫

Parlamen'tär *m* (-s; -e) bearer of the flag of truce, parlementaire (*Fr.*).

Parlamentar|ier(in *f*) [-'tɑːriər (-in)] *m* (-s, -; -, -nen) parliamentarian; ♀**isch** *adj.* parliamentary.

Parlamentarismus [-ta'riːs-] *m* (-) parliamentary system.

parlamentieren [-'tiː-] *mil. v/i.* (h.) parley.

Parla'ments...: ~**akte** *f* act of parliament; ~**beschluß** *m* vote of parliament; ~**dauer** *f* session; ~**ferien** *pl.* recess; *in die* ~ *gehen* rise for the recess; ~**gebäude** *n* parliament (building); ~**gesetz** *n* → *Parlamentsakte*; ~**mitglied** *n* member of parliament (*abbr.* M.P.), *Am.* Congressman; ~**rede** *f* speech in parliament; ~**sitzung** *f* sitting of parliament; ~**verhandlung** *f* proceedings *pl.* of parliament, parliamentary debate.

parlieren [par'liːrən] *v/i. and v/t.* (h.) parley.

Parmesankäse [parme'zɑːn-] *m* Parmesan cheese.

Parodie [paro'diː] *f* (-; -n) parody (*auf acc.* on); ♀**ren** *v/t.* (h.) parody, burlesque.

paro'distisch *adj.* burlesque.

Parole [pa'roːlə] *f* (-; -n) *mil.* watchword, password; challenge; *fig.* catchword, slogan; ~**buch** *n* order-book.

Paroli [pa'roːli] *fig. n: j-m* ~ *bieten* defy (*or* stick up to) a p.

Part [part] *m* (-s; -e) part, share.

Partei [-'tai] *f* (-; -en) party (*a. pol.*); faction; *jur.* party, side; *sports:* side; tenant(s *pl.*); *gegnerische* ~ opponent(s *pl.*), *sports: a.* opposite side; ~ *aus einem Vertrag* party to a contract; *vertragschließende* ~ contracting parties; *jur. Antrag einer* ~ *ex parte* application; *j-s* ~ *ergreifen*, ~ *nehmen für j-n* take a p.'s part, side with a p.; *gegen j-n* ~ *ergreifen* take sides

---

against a p.; es mit keiner ~ *halten* remain neutral, sit on the fence; ~ *sein* be an interested party, be biassed.

Par'tei...: ~**abzeichen** *n* party badge; ~**apparat** *m* party machine; ~**bonze** *m* party boss; ~**buch** *n* membership book; ~**disziplin** *f* party discipline; *sich der* ~ *beugen* follow the party-line, toe the mark; ~**führer** *m* party leader; ~**gänger** (-**in** *f*) *m* (-s, -; -, -nen) partisan; ~**geist** *m* (-es) factionalism; ~**genosse** *m* party member; ♀**isch** *adj.* partial (*für* to); biassed, prejudiced (*gegen* against); one-sided, unfair; ~**leitung** *f* party headquarters *pl.*; party-leaders *pl.*; ~**lichkeit** *f* (-) partiality, bias; ♀**los** *adj.* impartial, neutral; *pol.* independent, non-party; ~**lose(r** *m*) *f* non-party member; ~**losigkeit** *f* (-) neutrality; independence; ~**mitglied** *n* party-member; ~**nahme** *f* partisanship (*für* for), support (of), siding (with); ~**organ** *n* party organ; ~**organisation** *f* party organization *or* machine; ~**politik** *f* (-) party politics *pl.*; ♀**politisch** *adj.* party-political; ~**programm** *n* (party) platform; ~**sucht** *f* → *Parteigeist*; ~**tag** *m* party rally, party congress *or* convention; ~**versammlung** *f* party meeting; ~**vorbringen** *jur. n* (-s) pleadings *pl.*; ~**vorstand** *m* executive committee; ~**wesen** *n* party system; *contp.* → ~**wirtschaft** *f* cliquishness, partisanry; ~**zugehörigkeit** *f* party affiliation(s *pl.*).

Parterre [par'ter] *n* (-s; -s) ground floor, *Am.* first floor; *thea.* pit, *Am.* orchestra (circle); flower-bed; ~ *wohnen* live on the ground floor (*Am.* first floor); ~**wohnung** *f* ground floor flat.

Partialschaden [par'tsiɑːl-] *m* partial loss, particular average.

Partie [par'tiː] *f* (-; -n) party, company; outing, excursion; game (*Schach, etc.*) of chess, *etc.*), *sports:* match, *tennis:* set, *thea.* match, rôle; *anat.* region; passage (*in book, etc.*); *econ.* parcel, lot; batch; *in* ~**n** *von* in lots of; (*marriage*) match; *eine gute* ~ a fine matrimonial catch; *er machte e-e gute* ~ *a.* he married a fortune; *mit von der* ~ *sein* make one of the party, be in on it; *ich bin mit von der* ~! count me in!, I am on!

partiell [par'tsjel] I. *adj.* partial; II. *adv.* part(ial)ly, not entirely.

partienweise [-'tiːən-] *econ. adv.* in lots or parcels.

Par'tieware(n *pl.*) *f* off-standard goods, job-goods *pl.*

Partikel [-'tiːkəl] *gr. f* (-; -n) particle; ~**chen** *n* (-s; -) small particle, atom.

Partikularismus [-tikula'riːs-] *m* (-) particularism, separatism.

Partikula'rist *m* (-en; -en), ♀**isch** *adj.* particularist, separatist.

Partisan [parti'zɑːn] *m* (-s; -en) partisan, guerilla; ~**enkrieg** *m* partisan warfare.

partitiv ['partitiːf] *gr. adj.* partitive.

Partitur [-'tuːr] *mus. f* (-; -en) score.

Partizip [-'tsi:p] *gr. n* (-s; -ien) participle.

Partizipati'onsgeschäft *econ. n* business on joint account.

Partner ['partnər] *m* (-s; -), **~in** *f* (-; -nen) partner; *als ~ mit j-m spielen* be partnered with; **~schaft** *f* (-; -en) partnership.

Parvenü [parvə'ny:] *m* (-s; -s) upstart, parvenu.

Parze [partsə] *f* (-; -n) Fatal Sister; *die ~n pl.* the Fates.

Parzelle [par'tsɛlə] *f* (-; -n) plot, allotment, *esp. Am.* lot.

parzellieren [-'li:-] *v/t.* (h.) divide into lots, parcel out.

Pasch [paʃ] *m* (-es; -e) doublets *pl.*

Pascha ['paʃa] *m* (-s; -s) pasha.

pasch|en ['paʃən] *v/t. and v/i.* (h.) smuggle; **2er** *m* smuggler.

Paspel ['paspəl] *f* (-; -n) piping, edging, braid; **paspelieren** [-'li:-] *v/t.* (h.) pipe, braid.

Paß [pas] *m* (*Passes; Pässe*) passage, pass, defile; *riding:* amble; passport, papers *pl.*; *e-n ~ ausstellen* make out a passport; *2 adv.: zu ~ kommen* come in handy, *j-m:* serve a p.'s turn, suit a p.'s book.

passabel [pa'saːbəl] *adj.* passable, tolerable; fair(ly *adv.*).

Passage [-'saːʒə] *f* passage (*a. fig. in book*); *mus.* run.

Passagier [pasa'ʒiːr] *m* (-s; -e) passenger; *fare; blinder ~* dead-head, *mar.* stowaway; **~dampfer** *m* passenger-steamer, liner; **~flugzeug** *n* passenger plane, air liner; **~gut** *n* luggage, *Am.* baggage; **~liste** *f* list of passengers.

Passah ['pasa] *n* (-s), *usu.* **~fest** *n* passover.

'Paß-amt *n* passport office.

Passant(in *f)* [pa'sant(in)] *m* (-en, -en; -, -nen) passer-by, *pl.* passers--by.

Passat [pa'saːt] *m* (-[e]s; -e), **~wind** *m* trade-wind; **~strömung** *f* equatorial current.

'Paßbild *n* passport photo(graph).

passen ['pasən] **I.** *v/i.* (h.) fit (*j-m* a p.; *auf acc., für, zu* et. a th.), *w.s. a.* fit in; become (*j-m* a p.); suit (*j-m* a p.), be suitable *or* convenient; tally, harmonize, agree (together), *zu e-m Kleid, etc.* go with, match (*a dress, etc.*); *cards, sports:* pass; *ich passe!* a) *cards:* no bid!, b) *fig.* not for me!; *~ auf* (*acc.*) watch (*or* wait) for; *das Kleid paßt nicht* the dress is a bad fit; *das paßt mir großartig* that suits me to a T; *er paßt nicht für diese Arbeit* he is not suited (*or* cut out *or* the man) for this job; *sie ~ zueinander* they are well matched; *wenn es dir nicht paßt* if you don't like it; *nur wenn es ihnen (in den Kram) paßte* only when they felt like it; *das würde dir so ~!* what next?, my eye!; **II.** *sich ~* be fit *or* proper *or* seemly; *es paßt sich nicht* it is not done, it is not good form; it is out of place; *es paßt sich nicht für einen Staatsmann* it ill becomes (*or* befits) a statesman; **~d** *adj.* fit, suitable, suited; convenient (*für* to, for); *gut ~* well-fitting, form-fitting, becoming (*dress*); *dazu ~ gloves, etc.,* to match; apt, timely (*remark*);

right, fitting (*word*); seasonable, opportune (*time*); corresponding; becoming, seemly; *für ~ halten* think fit *or* proper.

Passepartout [paspar'tu:] *m* (-s; -s) masterkey; free admission ticket; mount (*for pictures*).

'Paß...: ~form *f* fit; **~gang** *m* riding: amble; **~gänger** *m* (-s; -) ambler.

passierbar [pa'si:rbaːr] *adj.* passable, practicable.

pas'sieren *v/t.* (h.) pass (over, through), go through; clear; *cul.* pass, strain; *v/i.* (sn) *fig.* happen, occur, take place, come to pass; *ist es dir schon passiert, daß?* has it ever happened to you that?, did you ever happen to *inf.*?; *colloq. jetzt ist es passiert!* the fat is in the fire!

Pas'sierschein *m* pass, permit.

Passion [pa'sio:n] *f* (-; -en) passion, *fig. a.* craze; hobby; (-) *eccl.* Passion (of Christ).

passioniert [-sio'ni:rt] *adj.* impassioned, passionate, ardent, enthusiastic; **~er** *Radiobastler, etc.* radio, *etc.,* -fan.

Passi'ons...: ~spiel *n* Passion play; **~woche** *f* Passion Week.

passiv ['pasi:f] *adj.* passive; *econ.* on the liabilities side; → *Bestechung; ~e Bilanz* debit balance; *~er Widerstand* passive resistance; *~es Wahlrecht* eligibility; *~er Wortschatz* recognition vocabulary; **'Passiv** *gr. n* (-s; -e), **Passivum** [-'si:vum] *n* (-s; -va) passive (voice).

Pas'siv|a, ~en *econ. pl.* liabilities; **~handel** *m* passive trade.

passi|vieren [-si'vi:-] *econ. v/t.* (h.) enter on the liability side; *sich ~* balance of trade: become adverse; **2vi'tät** [-sivi-] *f* (-) passivity, inaction.

Pas'siv...: ~posten *econ. m* debit item; **~saldo** *m* debit balance; **~seite** *f* liability side.

'Paß...: ~kontrolle *f* passport inspection; **~sitz** *tech.* m snug fit; **~stelle** *f* passport office; **~stück, ~teil** *tech. n* fitting (part); adapter.

'Passung *tech. f* (-; -en) fit.

Passus ['pasus] *m* (-; -) passage.

'Paßzwang *m* obligation to carry passports.

Paste ['pastə] *f* (-; -n) paste.

Pastell [pa'stɛl] *n* (-[e]s; -e) colo(u)r, painting, picture: pastel; crayon; **~maler(in** *f) m* pastel(l)ist.

Pastete [pa'ste:tə] *f* (-; -n) pie; **~nkruste** *f* pie-crust.

pasteurisier|en [pastøri'zi:r-] *v/t.* (h.) pasteurize; **2apparat** *m* pasteurizer.

Pastille [pa'stilə] *f* (-; -n) lozenge, pastil(l)e.

Pastor ['pastɔr] *m* (-s; -'toren) vicar; minister.

Pastorale [pasto'raːlə] *f* (-; -n) *eccl.* pastoral (letter); *mus.* pastorale.

Pate ['paːtə] *m* (-n; -n) **1.** sponsor (= *m* godfather, *f* godmother); *stehen* stand godfather (*f* godmother) (*bei* to), *a. fig.*; stand sponsor (to); **2.** godchild; **~ngeschenk** *n* christening present; **~nkind** *n* godchild; **~nstelle** *f* spon-

sorship; *~ vertreten bei* → Pate *stehen.*

Patent [pa'tɛnt] *n* (-[e]s; -e) *econ., jur.* patent (*auf* for); *mil.* (officer's) commission; *ein ~ anmelden* apply for a patent; *~ angemeldet* Patent pending, Patent Applied For; *ein ~ erteilen* grant (*or* issue) a patent (*dat.* to); *ein ~ verwerten* exploit a patent; *2 colloq. adj.* clever, ingenious; *~er Kerl* fine (*or* splendid) fellow; **~amt** *n* Patent Office; **~anmelder** *m* (-s; -) applicant for a patent; **~anmeldung** *f* (patent) application; **~anspruch** *m* (patent) claim; **~anwalt** *m* patent attorney; **~beschreibung** *f* patent specification; **~einspruch** *m* opposition; **~erteilung** *f* issue of letters patent; **2fähig** *adj.* patentable; **~geber** *m* patentor; **~gebühr** *f* (patent-)fee; **~gegenstand** *m* object of a patent; **~gesetz** *n* Patent Act.

paten|tierbar [-'ti:r-] *adj.* patentable; **~tieren** *v/t.* (h.) (protect by) patent; (*sich*) et. *~ lassen* take out a patent for a th.; *patentiert* patented.

Pa'tent...: ~inhaber(in *f) m* patent-holder, patentee; **~lösung** *f* pat solution; **~recht** *n* patent law; patent right(s *pl.*); **2rechtlich** *adv.: ~ geschützt* patented, protected (by patent); **~schrift** *f* patent specification; **~schutz** *m* protection by patent; **~streit** *m* patent litigation; **~urkunde** *f* letters patent; **~verletzung** *f* patent infringement; **~verschluß** *m* patent stopper.

Pater ['paːtər] *eccl. m* (-s; *Patres* [-tre:s]) father.

Paternoster [patər'nɔstər] *n* (-s; -) paternoster, the Lord's Prayer; rosary, beads *pl.*; **~aufzug** *m* paternoster lift; **~werk** *n* chain-pump.

pathetisch [pa'teːtiʃ] *adj.* pathetic (-ally *adv.*).

Patho|log [pato'loːk] *m* (-en; -en), **~loge** [-'loːgə] *m* (-n; -n) pathologist; **~lo'gie** [-lo-] *f* pathology; **2logisch** *adj.* pathological.

Pathos ['paːtɔs] *n* (-) pathos.

Patience [pa'sjãs] *f* (-; -n) cards: patience, solitaire.

Patient [patsi'ent] *m* (-en; -en), **~in** *f* (-; -nen) patient; *ambulanter ~* out-patient; *stationärer ~* in-patient.

Patin ['paːtin] *f* (-; -nen) → Pate.

Patina ['paːtina] *f* (-) patina, verd--antique; **patinieren** [pati'ni:-] *v/t.* (h.) patinate.

Patriarch [patri'arç] *m* (-en; -en) patriarch; **patriarchalisch** [-'çaːliʃ] *adj.* patriarchal.

Patrimonium [patri'mo:nium] *n* (-s; -ien) patrimony.

Patriot [-'o:t] *m* (-en; -en), **~in** *f* (-; -nen) patriot; **2isch** *adj.* patriotic(ally *adv.*).

Patriotismus [-o'tismus] *m* (-) patriotism.

Patrize [pa'tri:tsə] *tech. f* (-; -n) counter-die, punch.

Patriz|ier [-'tri:tsiər] *m* (-s; -), **~ierin** *f* (-; -nen) patrician; **2isch** *adj.* patrician.

Patron [pa'tro:n] *m* (-s; -), **~in** *f* (-; -nen) patron(ess *f*), protector (*f* protectress); *colloq.* fellow, bloke, *Am.* customer.

Patronat [-tro'naːt] n (-[e]s; -e) patronage.

Patrone [pa'troːnə] f (-; -n) tech. model, pattern; stencil; mandrel; mil. cartridge, Am. a. shell; ~auswerfer m ejector; ~ngürtel m cartridge belt; ~nhülse f cartridge case; ~ntasche f ammunition pocket, pouch; ~nzuführung f catridge feed.

Patrouille [pa'truljə] f (-; -n) patrol; ~nboot n patrol-boat; **patrouillieren** [-'ljiːrən] v/i. (h.) patrol.

patsch! [patʃ] int. slap!, smack!

'**Patsche** colloq. f (-; -n) paw; puddle, pool, slush; fig. in der ~ sitzen be in a scrape or jam; in die ~ geraten get into a scrape, get into hot water; j-m aus der ~ helfen get a p. out of a scrape; j-n in der ~ lassen leave a p. in the lurch; ℒn v/i. and v/t. (h., sn) splash; smack, slap.

'**Patsch...:** ~hand f, ~händchen n (little) paw; ℒnaß adj. soaked to the skin, dripping (wet), drenched.

Patschuli ['patʃuli] n (-s; -s) patchouli.

Patt [pat] n (-s; -s), ℒ adj. chess: stalemate; ℒ setzen stalemate.

patzen ['patsən] colloq. v/i. (h.) thea. sl. fluff; w.s. bungle, botch; muff (it).

patzig ['patsiç] colloq. adj. rude, snappish; insolent, snotty.

Pauke ['paukə] f (-; -n) mus. a) bass drum, b) kettle-drum, timpani; anat. tympanium; mit ~n und Trompeten with drums beating and trumpets sounding, colloq. fig. utterly, awfully; colloq. (tüchtig) auf die ~ hauen paint the town red, make whoopee.

pauken ['paukən] v/i. and v/t. (h.) mus. beat the (kettle-)drums; ~ auf thump (the piano); univ. (sich) mit j-m ~ (fight a) duel with a p.; ped. cram, swot, Am. bone (up on a th.); ℒschlag m beat of the (kettle-)drum; fig. mit e-m ~ with a bang; ℒschläger m (kettle-)drummer.

Pauker ['paukər] m (-s; -) mus. (kettle-)drummer; sl. ped. (teacher) crammer.

Pauke'rei f (-) univ. duel(ling); w.s. row, brawl; ped. cramming.

Paus|backen ['paus-] f/pl. chubby cheeks; ~backengesicht n chubby--face; ℒbackig, ℒbäckig [-bakiç, -bekiç] adj. chubby(-faced).

pauschal [pauʃaːl] I. adj. lump--sum, global, overall; II. adv. globally; hotel, etc.: all (cost) included, all-in(clusive); fig. in the lump; ℒe f (-; -n) lump sum, global amount; hotel, etc.: all-inclusive price, Am. American plan; ℒgebühr f flat rate; ℒkauf m purchase in bulk; ℒpolice f open (Am. unvalued) policy; ℒreise f tour all (or terms) included, package-deal tour; ℒsatz m → Pauschalgebühr; ℒsteuer f comprehensive tax; ℒsumme f lump sum, flat sum; ℒversicherung f blanket insurance; ℒzahlung f composition payment.

Pausch... → Pauschal...

Pause ['pauzə] f (-; -n) pause, stop,

interval; ped. break, Am. recess; thea. interval, Am. intermission; mus. rest; lull; tech. tracing, traced design, blueprint; e-e ~ einlegen or machen (make a) pause; ℒn v/t. (h.) trace; ℒnlos I. adj. uninterrupted, incessant, ceaseless, non--stop; unrelenting; II. adv. incessantly, etc.; ℒnzeichen n radio: station (identification) signal.

pausieren [-'ziː-] v/i. (h.) (make a) pause, (take a) rest.

'**Paus-papier** n tracing-paper.

Pavian ['paːviaːn] m (-s; -e) baboon.

Pavillon ['paviljɔn, -'ljõ] m (-s; -s) pavilion.

pazifisch [pa'tsiːfiʃ] adj.: der ℒe Ozean the Pacific.

Pazifismus [-tsi'fis-] m (-) pacifism.

Pazi'fist m (-en; -en), ~in f (-; -nen) pacifist; ℒisch adj. pacifistic(ally adv.).

Pech [peç] n (-s; -e) pitch; colloq. fig. (-s) bad luck, ill-luck, Am. a. tough break, hard luck (or lines); mishap; ~ haben have no luck, be down on one's luck, strike a bad patch; fig. wie ~ und Schwefel zusammenhalten stick together, be inseparable; '~blende min. f pitchblende; '~draht m pitch-thread; '~fackel f torch; '~faden m pitched thread; '~harz m pitch resin; ℒig adj. pitchy; '~kiefer f pitch pine; '~kohle f bituminous coal; 'ℒschwarz adj. (as) black as pitch, jet-black; pitch-dark (night); '~strähne f run of bad luck, Am. a. streak of hard luck; '~vogel m fig. unlucky fellow.

Pedal [pe'daːl] n (-s; -e) pedal; in die ~e treten work the pedals, pedal away; colloq. ~e pl. (feet) trotters.

Pedant [pe'dant] m (-en; -en), ~in f (-; -nen) pedant, stickler; ~erie [-tə'riː] f (-; -n) pedantry; ℒisch [-'dan-] adj. pedantic(ally adv.).

Pedell [pe'dɛl] m (-s; -e) beadle, univ. proctor's man; ped. janitor.

Pediküre [pedi'kyːrə] f (-; -n) pedicure.

Pegel ['peːgəl] m (-s; -) water--ga(u)ge; tech. level; ~stand m water level.

Peil|anlage ['paɪl-] f direction finder installation, mar. sounding device; ~antenne f direction finder (abbr. D.F.) aerial, Am. antenna; ~empfänger m D.F. receiver; ℒen mar. v/t. (h.) sound, ga(u)ge; take the bearings of (land); ~funkgerät n wireless (Am. radio) direction finder; ~kompaß m radio compass; ~lot n plummet, sounding-lead; ~station f direction finding station; ~tisch m plotting board; ~ung f (-; -en) mar. sounding; of land: (taking the) bearings pl.; bearings, aer., radio: direction finding, radio bearing.

Pein [paɪn] f (-) pain; torment, torture, agony, anguish; suffering(s pl.); 'ℒigen v/t. (h.) torment, torture, rack, fig. a. harass, tantalize, pester; '~iger(in f) m (-s, -; -, -nen) tormentor; '~igung f (-; -en) torment, torture.

peinlich ['paɪnliç] I. adj. painful

(dat. for), embarrassing, awkward, distressing; particular, scrupulous, meticulous, painstaking; jur. capital, penal; II. adv.: ~ sauber scrupulously clean; j-n ~ berühren distress a p.; ~ berührt a. pained; ℒ-keit f (-; -en) painfulness, awkwardness; scrupulousness.

Peitsche ['paɪtʃə] f (-; -n) whip, lash; ℒn v/t. and v/i. (h.) whip, lash, scourge; apply the whip (to); parl. → durchpeitschen; ~antenne f whip aerial or antenna; ~hieb m cut (or lash) with a whip; ~knall m crack of a whip; ~schnur f thong, lash; ~stiel m whip-stick.

Pekinese [peki'neːzə] m (-n; -n) (dog) pekin(g)ese.

pekuniär [peku'niɛːr] adj. pecuniary.

Pelerine [pelə'riːnə] f (-; -n) pelerine; tippet, cape.

Pelikan ['peːlikaːn] m (-s; -e) pelican.

Pellagra ['pɛlagra] med. n (-s) pellagra.

Pelle ['pɛlə] f, ℒn v/t. (h.) peel, skin; → Ei.

'**Pellkartoffeln** f/pl. potatoes in their jackets or skins.

Pelz [pɛlts] m (-es; -e) fur; w.s. skin, hide; mit ~ besetzen (füttern) trim (line) with fur; colloq. j-m auf den ~ rücken press a p. hard; '~besatz m fur trimming; 'ℒbesetzt adj. trimmed with fur, furred; '~futter n fur lining; 'ℒgefüttert adj. fur--lined; '~geschäft n fur shop; '~handel m fur trade; '~händler m furrier; '~handschuh m furred glove; 'ℒig adj. furry; med. furred (tongue); numb (legs, etc.); stringy (radish); '~jacke f fur jacket; '~jäger m trapper; '~kragen m fur collar; for ladies: fur tippet or cape; '~mantel m fur coat; '~mütze f fur cap; '~stiefel m fur-lined boot; '~tiere n/pl. fur-bearing animals, furs; '~tierjäger m trapper; '~tierzucht f fur farming; '~verbrämung f → Pelzbesatz; '~ware f, '~werk n (-[e]s) furriery, furs pl.

Pendel ['pɛndəl] n (-s; -) pendulum; ~achse f swinging half-axle; ~kugellager n self-aligning ball bearing; ℒn v/i. (h., sn) oscillate, swing; with body: sway, boxing: (bob and) weave; rail. shuttle, Am. commute; ~säge f pendulum saw; ~schlag m, ~schwingung f swing of the pendulum; phys. oscillation; ~staffel f sports: shuttle relay; ~tür f swinging door; ~uhr f pendulum clock; ~verkehr m shuttle service; ~zug rail. m shuttle (Am. commuter) train.

Pendler ['pɛndlər] rail. m (-s; -) season-ticket holder, esp. Am. commuter.

penetrant [pene'trant] adj. penetrating.

penibel [pe'niːbəl] adj. particular, fussy, difficult, pernickety.

Penis ['peːnis] anat. m (-; -se) penis.

Penizillin [penitsi'liːn] n (-s; -e) penicillin.

Pennal [pɛ'naːl] n (-s; -e) school; **Pennäler** [-'nɛːlər] m (-s; -) (grammar-)schoolboy.

Pennbruder ['pɛn-] *colloq. m* tramp, *Am.* hobo, bum.

Penne ['pɛnə] *colloq. f* (-; -n) doss-house, *Am.* flophouse; *ped.* school; 2n *colloq. v/i.* (h.) snooze, sleep.

Pension [pan'zio:n, pā'sio:n] *f* (-; -en) (old-age) pension; *mil.* retired pay; board; boarding-house, private hotel; boarding-school; *mit* ~ verabschiedet pensioned off; *in* ~ gehen retire; *in* ~ sein be retired, live in retirement.

Pension|är(in *f*) [-o'nɛ:r(in)] *m* (-s, -e; -, -nen) pensionary; boarder; ~at [-o'nɑ:t] *n* (-[e]s; -e) boarding-school; 2ieren [-o'ni:-] *v/t.* (h.) pension (off), superannuate; *mil.* put on the retired list *or* on half-pay; *sich* ~ lassen retire; 2iert *adj.* retired, in retirement; ~ierung *f* (-; -en) pensioning off; retirement.

Pensi'ons...: ~alter *n* retiring age; 2berechtigt *adj.* pensionable; ~berechtigung *f* right to a pension; ~fonds *m* pension fund; ~gast *m* boarder; ~kasse *f* → Pensionsfonds; ~preis *m* board; 2reif *adj.* due for retirement.

Pensura ['pɛnzum] *n* (-s; -sen) task, lesson; → *Lehrplan; w.s.* großes ~ a great deal of work.

Penta'gramm [pɛnta-] *n* (-s; -e) pentacle.   [tode.\

Pentode [-'to:də] *el. f* (-; -n) pen-/

Pepsin [pɛp'si:n] *n* (-s; -e) pepsin.

per [pɛr] *prp.* per, by; ~ Adresse care of (*abbr.* c/o); ~ Bahn by train, by rail; ~ Kasse for cash; ~ pedes on foot; ~ Saldo by balance.

perennierend [pere'ni:rənt] *bot. adj.* perennial.

perfekt [pɛr'fɛkt] *adj.* perfect, accomplished; *contract, etc.:* settled, concluded; *e-e Sache* ~ machen clinch a deal; **Perfekt** ['pɛr-] *n* (-[e]s; -e), **Per'fektum** *gr. n* (-s; -ta) perfect (tense).

perfid [pɛr'fi:t] *adj.* perfidious; **Perfidie** [-fi'di:] *f* (-; -n) perfidy.

perforier|en [-fo'ri:r-] *v/t.* (h.) perforate; 2maschine *f* perforating machine; 2ung *f* (-; -en) perforation.

Pergament [pɛrga'mɛnt] *n* (-[e]s; -e) parchment (*a.* ~urkunde); ~band *m* (-es; ~e) parchment (*or* vellum) binding *or* volume; 2en *adj.* (of) parchment; parchment-like.

pergamen'tieren *v/t.* (h.) parchmentize.

Perga'ment...: ~papier *n* parchment paper, thick vellum; greaseproof paper; ~rolle *f* scroll of parchment.

Pergamin [-'mi:n] *n* (-s) pergamyn, imitation parchment.

Period|e [pe'rio:də] *f* (-; -n) period; cycle; *math., mus.* repetend; *meteor.* spell; *el.* (complete) cycle; ~n *pl. je Sekunde* cycles per second (*abbr.* cps), *usu.* cycles; *physiol.* period, menses *pl.;* ~enumformer *el. m* frequency changer; ~enzahl *el. f* frequency, number of cycles; 2isch *adj.* periodic(al); *math.* ~er Dezimalbruch recurring decimal; ~ erscheinende Zeitschrift periodical; *phys.* ~es System der Elemente periodic table.

Periodizität [periodi tsi'tɛ:t] *f* (-) periodicity.

peripher [-'fe:r] *adj.* peripheral; *mil.* ~e Verteidigung perimeter defen|ce, *Am.* -se.

Peripherie [-fe'ri:] *f* (-; -n) circumference, periphery; outskirts *pl.* (*of town*).

peri'pherisch *adj.* peripheric(al).

Periskop [peri'sko:p] *n* (-s; -e) periscope.

Perkussion [pɛrku'sio:n] *f* (-) percussion; ~szylinder *m* percussion fuse.

perkutan [-'tɑ:n] *adj.* percutaneous.

Perl-asche [pɛrl-] *f* (-) pearl-ash.

'Perle *f* (-; -n) pearl; bead; *fig.* gem, jewel; ~n vor die Säue werfen cast (one's) pearls before swine.

'perlen *v/i.* (h.) *drink:* rise in pearls, sparkle, effervesce; *sweat:* bead (*j-m von der Stirne* a p.'s forehead); glisten; *tones:* pearl; *laughter:* ripple.

'Perlen...: ~fischer *m* (~fische'rei *f*) pearl fisher(y); ~kette, ~schnur *f* string of pearls *or* beads; pearl necklace; ~sticke'rei *f* embroidery in pearls, beading.

'Perl...: 2grau *adj.* pearl-grey; ~graupen *f/pl.* pearl-barley; ~huhn *n* guinea-fowl *or* -hen; ~korn *n rifle:* bead sight; ~muschel *f* pearl-oyster; ~mutt *n* (-s), ~mutter *f* (-) mother-of-pearl, nacre; ~mutterglanz *m* nacreous lustre, *Am.* -er; ~schrift *typ. f* pearl; ~zwiebel *f* pearl-onion.

permanen|t [pɛrma'nɛnt] *adj.* permanent; 2z *f* (-) permanence.

Permanganatlösung [pɛrmanga-'nɑ:t-] *chem. f* permanganate solution.

perniziös [pɛrni'tsiø:s] *med. adj.* pernicious.

peroral [pɛrʔo'rɑ:l] *med. adv.* per os, perorally.

Perpendikel [pɛrpɛn'di:kəl] *m and n* (-s; -) pendulum; *math.* perpendicular.

perplex [pɛr'plɛks] *adj.* perplexed, bewildered, dum(b)founded.

Persenning [pɛr'zɛniŋ] *mar. f* (-; -e[n]) tarpauling.

Perser(in *f*) ['pɛrzər(in)] *m* (-s, -; -, -nen) Persian.

'Perserteppich *m* Persian carpet.

Persianer [-'zia:nər] *econ. m* Persian lamb(skin).

Persiflage [pɛrsi'flɑ:ʒə] *f* (-; -n) persiflage.

persiflieren [-'fli:-] *v/t.* (h.) satirize, burlesque.

'persisch *adj.* Persian; (of) Iran.

Person [pɛr'zo:n] *f* (-; -en) person; individual; *w.s.* personage; *thea.* character, part, rôle; ~en *pl. der Handlung* dramatis personae; *jur.* dritte ~ third party; → *juristisch;* alle(s) in einer ~ all rolled in one; die eigene ~ one's self; *10 Mark pro* ~ a head; *ich für meine* ~ I for one (*or* my part), as for me; *in (eigener)* ~ in person, personally, himself, herself; *jur. von* ~ bekannt of known identity.

Personal [-zo'nɑ:l] *n* (-s) personnel, staff, employees *pl.;* attendants, servants *pl.; aer.* fliegendes ~ flying personnel, air crews *pl.; ständiges* ~ permanent staff; *mit* ~ versehen staff; *unser* ~ reicht nicht aus we are understaffed *or* short-handed; ~abbau *m* reduction of staff; ~abteilung *f* staff department, *Am.* personnel division; ~akte *f* personnel file; ~amt *n* personnel office; *Brit.* Records Office, *Am.* Personnel Division; ~angaben *f/pl.* personal data; ~aufwendungen *f/pl.* salaries and wages; ~ausweis *m* identity card; ~bestand *m* (number of) personnel; ~büro *n* personnel office; ~chef *m* personnel manager; ~gesellschaft *f* company with unlimited liability, personal partnership; ~ien [-'nɑ:liən] *pl.* particulars, personal data; *j-s* ~ aufnehmen obtain the particulars of a p.; ~kredit *m* personal credit; ~pronomen *gr. n* personal pronoun; ~union *f* personal union; ~wechsel *m* (-s) personal changes *pl.,* relief (*of* a p.).

Per'sonen...: ~aufzug *m* (passenger) lift, *Am.* elevator; ~beförderung *f* conveyance of passengers, passenger service; ~beschreibung *f* physical description; ~dampfer *m* passenger-boat; ~kraftwagen *m* passenger car, motorcar, *Am. a.* automobile; ~kreis *m* circle; *adm.* category of persons; ~kult *m* personality cult; ~schaden *m* personal injury; ~stand *m* (-es) (personal) status; ~standsregister *n* register of births, deaths and marriages; ~vereinigung *f* association; ~verkehr *m* passenger traffic; ~verzeichnis *n* list of persons; *thea.* dramatis personae; ~wagen *m* rail. passenger carriage, coach; *mot.* → Personenkraftwagen; ~zug rail. *n* a) passenger-train, b) omnibus (*Am.* accomodation *or* way) train.

Personifi|kation [pɛrzonifika-'tsio:n] *f* (-) personification; embodiment; 2zieren [-fi'tsi:-] *v/t.* (h.) personify, impersonate, embody.

persönlich [-'zø:nliç] **I.** *adj.* personal; private (*opinion, etc.*); *a. on letters*); ~e Auslagen out-of-pocket expenses; ~e Beleidigung personal abuse; → *Habe;* ~ werden make personal remarks, take to personalities; **II.** *adv.* personally, in person; himself (*or* herself); ~ haften be personally liable; et. ~ nehmen take a th. personally; 2keit *f* (-; -en) personality; personage; 2keitsrecht *n jur.* right of privacy; 2keitsspaltung *f* dual (*or* split) personality.

Perspektiv [pɛrspɛk'ti:f] *opt. n* (-s; -e) telescope, field-glass; ~e [-və] *f* (-; -n) perspective, *fig. a.* prospect, view; 2isch *adj.* perspective; *fig.* prospective.

Peru [pe'ru:, -ru] *n* (-s) Peru; **Peru'an|er(in** *f*) *m* (-s, -; -, -nen), 2isch *adj.* Peruvian.

Perücke [pe'rykə] *f* (-; -n) wig; toupee.   [chona.\

'Perurinde *f* Peruvian bark, cin-/

pervers [pɛr'vɛrs] *adj.* perverse; ~er Mensch pervert; **Perversität** [-zi'tɛ:t] *f* (-; -en) perverseness, perversity.

Pessar [pɛ'sɑ:r] *med. n* (-s; -e) pessary.

Pessimismus [pɛsi'mis-] *m* (-) pessimism.

Pessi'mist *m* (-en; -en), ~**in** *f* (-; -nen) pessimist; ℒ**isch** *adj.* pessimistic(ally *adv.*).

Pest [pɛst] *f* (-) plague, pestilence; epidemic; *fig.* pest, nuisance; *ich hasse es wie die* ~ I hate it like poison; *er haßt ihn wie die* ~ *Am. a.* he hates his guts; ℒ**artig** *adj.* pestilential; '~**beule** *f med.* plague-boil, bubo; *fig.* → '~**flecken** *m* plague-spot; '~**geruch** *m* pestilential smell; '~**hauch** *m* miasma; ~**i-lenz** [-'lɛnts] *f* (-; -en) pestilence; ℒ**krank** *adj.* plague-infected; '~**luft** *f* pestilential (*or* foul) air.

Petent [pe'tɛnt] *m* (-en; -en) petitioner.

Petersilie [petər'zi:ljə] *f* (-; -n) parsley.

'**Peterskirche** *f* St. Peter's (Church).

Petit [pə'ti:] *typ. f* (-) brevier.

Petition [peti'tsio:n] *f* (-; -en) petition.

Petiti'onsweg *m*: *auf dem* ~*e* by way of petition.

Petroleum [pe'tro:leum] *n* (-s) petroleum, crude (*or* rock) oil, *Am. a.* (mineral) oil; paraffin, *esp. Am.* kerosene; ~**gesellschaft** *f* petroleum (*Am.* oil) company; ℒ**haltig** *adj.* containing petroleum; ~**kocher** *m* petroleum stove; ~**lampe** *f* oil lamp, *Am.* kerosene lamp; ~**ofen** *m* oil burner; ~**quelle** *f* oil-well.

Petschaft ['pɛtʃaft] *n* (-s; -e) seal, signet.   [petunia.)

Petunie [pe'tu:niə] *bot. f* (-; -n)}

Petz [pɛts] *m* (-es; -e): *Meister* ~ (Master) Bruin; '~**e** *f* (-; -n) bitch; she-bear; → *Petzer(in)*.

'**petzen** *colloq. v/t. and v/i.* (h.) tell tales (*et.* of a th.); *gegen j-n:* peach on, *ped.* sneak against.

'**Petzer(in** *f)* *m* (-s, -; -, -nen) telltale, sneak.

Pfad [pfa:t] *m* path, track.

'**Pfadfinder** *m* (-s; -) boy scout; *aer.* pathfinder; *fig.* pioneer; ~**bewegung** *f* (-) Boy Scout Movement; ~**in** *f* (-; -nen) girl guide, *Am.* girl scout.

'**pfadlos** *adj.* pathless.

Pfaffe ['pfafə] *contp. m* (-n; -n) cleric, priest, parson; ~**nstück** *n cul.* parson's (*or* Pope's) nose; ~**ntum** *n* (-s) priesthood, clericalism; *collect.* parsons, priests *pl.*

pfäffisch ['pfɛfiʃ] *adj.* priest-like, clerical.

Pfahl [pfa:l] *m* (-[e]s; *u*e) stake, pale, pile; post; prop; pole; *surv.* picket; *hist.* pillory; *fig.* ~ *im Fleisch* thorn in one's flesh; *in meinen vier Pfählen* within my four walls; '~**bau** *m* (-[e]s; -ten) pilework; *hist.* ~**ten** *pl.* lake-dwellings; '~**bauer** *m* (-s; -) lake-dweller; '~**brücke** *f* pile bridge.

pfählen ['pfɛ:lən] *v/t.* (h.) enclose with a paling; prop; *hist. jur.* impale.

'**Pfahl...**: ~**ramme** *f* pile driver; ~**rost** *m* (-es; -e) pile grating; ~**werk** *n* paling, pile-work; *mil.* palisade; ~**wurzel** *f* tap-root; ~**zaun** *m* paling, stockade.

Pfalz [pfalts] *f* (-): *die* ~ the Palatinate; '~**graf** *m* Count Palatine.

pfälzisch ['pfɛltsiʃ] *adj.* of the Palatinate, Palatine.

Pfand [pfant] *n* (-[e]s; *u*er) pledge, gage; *econ.* deposit, security; mortgage; *games:* forfeit; *als* ~ *für in pledge of; als* ~ *halten* hold in pledge; *als (or in)* ~ *nehmen* accept as pledge, take as security; take in pawn; *ein* ~ *einlösen* redeem a pledge, take a th. out of pledge; *zum* ~*e setzen* (put in) pawn; mortgage; pledge (*one's honour*), stake (*one's life*).

pfändbar ['pfɛntbar] *adj. jur.* seizable, attachable, distrainable.

'**Pfandbrief** *econ. m* mortgage-deed; *stock exchange:* mortgage debenture (*Am.* bond); ~**bank** *f* (-; -en) mortgage bank.

pfänden ['pfɛndən] *v/t.* (h.) seize (as a pledge *or* security); *jur.* distrain upon (*a p. or th.*); attach (*claim*); impound (*cattle*).

'**Pfänderspiel** *n* (game of) forfeits.

'**Pfand...**: ~**geber(in** *f)* *m* → *Pfandschuldner*; ~**(leih)haus** *n* pawnshop, *Am.* loan office; ~**leiher** *m* pawnbroker; ~**nehmer(in** *f)* *m* pledgee; mortgagee; ~**recht** *n* (-[e]s) law of distraint and mortgage; *subjective:* lien, *contractual:* pledge; ~**schein** *m* pawn-ticket; *econ.* certificate of pledge; ~**schuld** *f* mortgage debt; ~**schuldner(in** *f)* *m* pledger; mortgager.

'**Pfändung** *f* (-; -en) seizure; distraint, attachment; garnishment; ~**sbefehl** *jur. m* warrant of distress; ~**sbeschluß** *m* order of attachment; ~**sverfahren** *n* attachment proceedings.

Pfanne ['pfanə] *f* (-; -n) pan; *tech.* ladle; *anat.* socket; *e-e* ~*voll* a panful; *fig. et. auf der* ~ *haben* have a th. on (the) fire; ~**knorpel** *anat. m* acetabular cartilage; ~**nstiel** *m* pan-handle.

'**Pfannkuchen** *m* pancake; *Berliner* ~ doughnut.

Pfarr|amt ['pfar⁹amt] *n* a) incumbency, b) rectory, c) pastorate; ~**bezirk** *m* parish.

'**Pfarre, Pfarrei** [-'raɪ] *f* (-; -n) → *Pfarramt, Pfarrbezirk, Pfarrgemeinde, Pfarrhaus, Pfarrstelle.*

'**Pfarrer** *m* (-s; -) parson; rector, vicar; minister.

'**Pfarr...**: ~**gemeinde** *f* parish; ~**haus** *n* parsonage; rectory, vicarage; ~**kind** *n* parishioner; ~**kirche** *f* parish church; ~**sprengel** *m* parish; ~**stelle** *f* benefice, (church) living.

Pfau [pfaʊ] *m* (-[e]s; -en) peacock.

'**Pfauen...**: ~**auge** *n* peacock-butterfly; ~**feder** *f* peacock's feather; ~**henne** *f* peahen.

Pfeffer ['pfɛfər] *m* (-s; -) pepper; *spanischer* ~ cayenne(-pepper); *fig.* ~ *und Salz* (pattern) pepper and salt; *colloq. das ist starker* ~ that's a bit too thick; *dorthin gehen, wo der* ~ *wächst* go to Jericho; → *Hase*; ~**büchse** *f* pepper-box; ~**gurke** *f* gherkin; ℒ**ig** *adj.* peppery; ~**korn** *n* peppercorn; ~**kraut** *n* savory; ~**kuchen** *m* gingerbread; ~**minze** *f* peppermint; ~**minzplätzchen** *n* peppermint (drop); ℒ**n** *v/t.* (h.) pepper, season; *colloq. fig.* chuck, fling; ~ *auf (acc.)* pepper (*or* pelt)

at; *gepfeffert fig.* sharp; exorbitant, steep (*price, etc.*); spicy (*joke, etc.*); ~**nuß** *f* ginger(bread)-nut; ~**strauch** *m* pepper-shrub.

Pfeife ['pfaɪfə] *f* (-; -n) whistle; pipe; *mil.* fife; *mus.* (organ-)pipe; *hunt.* bird-call; (tobacco) pipe; *fig.* → *tanzen*.

'**pfeifen I.** *v/i.* (h.) whistle (*dat.* to, for), blow a whistle; *bullet, wind:* whistle, whiz; *thea.* hiss; *radio:* howl; *fig.* ~ *auf (acc.)* not to care a rap for; **II.** *v/t.* (h.) whistle (a tune); *fig. ich pfeife ihm was* he may whistle for it; → *Loch*.

'**Pfeifen...**: ~**deckel** *m* pipe-lid; *colloq. fig. ja* ~! nothing doing!; ~**halter** *m* pipe rack; ~**kopf** *m* pipe-bowl; ~**reiniger** *m* pipe cleaner; ~**rohr** *n*, ~**stiel** *m* pipe-stem; ~**spitze** *f* mouthpiece of a pipe; ~**stopfer** *m* (-s; -) pipe-stopper; ~**ton** *m* (-[e]s; *u*e) pipe-clay.

'**Pfeifer** *m* (-s; -) whistler; fife-player, piper.

'**Pfeif|kessel** *m* whistling kettle; ~**konzert** *n* cat-calls *pl.*; ~**patrone** *mil. f* whistling cartridge; ~**signal** *n* whistle signal.

Pfeil [pfaɪl] *m* (-[e]s; -e) arrow (*a.* sign), bolt; dart; *arch.* camber (*of an arch*); → *Pfeilhöhe*.

'**Pfeiler** *m* (-s; -) pillar (*a. fig.*); column; pier (*of bridge*); post; prop; standard (*of machine*); ~**bogen** *m* pier-arch.

'**Pfeil...**: ~**flügel** *aer. m* swept(-back) wing; ~**form** *f mil.* arrow (*or* wedge) formation; *aer.* sweep (-back); ℒ**förmig** *adj.* arrow-shaped; ℒ**gerade I.** *adj.* (as) straight as an arrow; **II.** *adv.*: *er kam* ~ *auf uns zu* he made a beeline for us; ~**gift** *n* arrow poison, curare; ~**höhe** *f arch.* height of crown, rise; *tech.* ratio of deflection to width between supports; sag; ~**motor** *m* V-type engine; ℒ**schnell** *adj.* (as) swift as an arrow; ~**schuß** *m* arrow-shot; ~**schütze** *m* archer; ~**spitze** *f* arrow-head; ~**wurfspiel** *n* (game of) darts; ~**wurz(el)** *f* arrow-root; ~**zeichnung** *tech. f* functional diagram.

Pfennig ['pfɛniç] *m* (-[e]s; -e) *fig.* penny, farthing, *Am.* cent; *er hat keinen* ~ he hasn't a penny to his name; ~**fuchser(in** *f)* *m* (-s, -; -, -nen) pinch-penny.

Pferch [pfɛrç] *m* (-[e]s; -e) fold, pen; ℒ**en** *v/t.* (h.) pen, fold; *fig.* cram.

Pferd [pfert] *n* (-[e]s; -e) horse; *chess:* knight; *gym.* vaulting-horse; *ein* ~ *besteigen* mount a horse, climb into saddle; *vom* ~*e steigen* dismount; *zu* ~*e* a) on horseback, b) mounted (*troops, etc.*); *fig. aufs falsche* ~ *setzen* back the wrong horse; *das* ~ *beim Schwanz aufzäumen* put the cart before the horse; *sich aufs hohe* ~ *setzen* ride the high horse; *er arbeitet wie ein* ~ he works like a horse; *keine zehn* ~*e bringen mich dahin* wild horses won't drag me there; *mit ihr kann man* ~*e stehlen* she is a good sport; → *Gaul, Roß*.

'**Pferde...** [-də-]: ~**bahn** *f* horse-tram; ℒ**bespannt** *adj.* horse-

-drawn; ～bremse f horse-fly; ～decke f horse blanket; ～dieb m horse-thief; ～fleisch n horse-flesh, horse-meat; ～fliege f → Pferdebremse; ～fuhrwerk n horse-drawn vehicle; ～fuß m club-foot; fig. cloven hoof; ～futter n fodder, provender; ～geschirr n harness; ～haar n horse hair; ～handel m trade in horses, horse-dealing; ～händler m horse dealer (Am. trader); ～huf m horse's hoof; ～knecht m groom; ostler; ～koppel f paddock, Am. a. corral; ～kraft f → Pferdestärke; ～länge f sports: um zwei ～en by two lengths; ～liebhaber m horse-fancier; ～markt m horse fair; ～mist m horse-dung; ～natur f: er hat e-e ～ he is as strong as a horse; ～rennbahn f race-course, Am. race track; ～rennen n horse race; ～schwanz m horse's tail; of girl: pony tail; ～schwemme f horse-pond; ～stall m stable; ～stärke tech. f (PS) horse power (abbr. h.p. or H.P.); ～verstand fig. m horse sense; ～wagen m horse carriage; ～wechsel m change of horses, relay; ～zucht f horse breeding; ～züchter m breeder of horses.

pfiff [pfif] pret. of pfeifen.

Pfiff m whistle; thea. catcall; fig. trick; ginger; e-r Sache den richtigen ～ geben ginger (or jazz) up a th., give it the right twist.

Pfifferling ['pfifərliŋ] m (-[e]s; -e) bot. chanterelle; fig. trifle, straw; keinen ～ wert not worth a rush.

'pfiffig adj. cunning, sly; knowing (look, smile); 2keit f (-) cunning, artfulness, craftiness.

'Pfiffikus colloq. m (-[ses]; -[se]) sly dog, artful dodger.

Pfingst|en ['pfiŋst-] n (-), ～fest n Whitsun(tide); ～'montag m Whit-Monday; ～ochse colloq. m: geputzt wie ein ～ dressed up to the nines; ～rose bot. f peony; ～'sonntag m Whitsunday; ～woche f Whit-week; ～zeit f Whitsuntide.

Pfirsich ['pfirziç] m (-[e]s; -e) peach; ～baum m peach(-tree); ～blüte f peach-blossom; ～kern m peach-stone.

Pflanze ['pflantsə] f (-; -n) plant; 2n v/t. (h.) plant (a. fig.), set; pot; → an-, ein-, aufpflanzen.

'Pflanzen...: ～anatomie f phytotomy; ～beschreibung f phytography; ～butter f vegetable butter; ～chemie f phytochemistry; ～eiweiß n (-es) vegetable albumin; ～faser f vegetable fib|re, Am. -er; ～fett n vegetable fat (or cul.: shortening); 2fressend adj. herbivorous; ～fresser m herbivore; ～kenner(in f) m botanist; ～kost f vegetable diet; ～krankheit f plant disease; ～kunde, ～lehre f (-) botany; ～leben n (-s) plant life; ～öl n vegetable oil; ～reich n ([e]s) → Pflanzenwelt; ～saft m sap; juice of plants; ～sammlung f herbarium; ～schleim m mucilage; ～schutz m plant protection; ～schutzdienst m phytopathological service; ～schutzmittel n plant-protective agent; ～tier n zoophyte; ～welt f (-) flora, vegetable kingdom; ～zucht f plant breeding.

'Pflanzer(in f) m (-s, -; -, -nen) planter; settler, colonist.

'Pflanzkartoffel f seed potato.

'pflanzlich adj. vegetable.

Pflänzling ['pflɛntsliŋ] m (-[e]s; -e) seedling.

'Pflanz...: ～schule f nursery; fig. → ～stätte f fig. nursery, seminary, esp. b.s. hotbed.

'Pflanzung f (-; -en) plantation; settlement, colony.

Pflaster ['pflastər] n (-s; -) med. plaster; fig. salve, sop; englisches ～ court-plaster; adhesive (plaster); (road) pavement; med. ein ～ auflegen apply a plaster, fig. salve; fig. ein teures ～ an expensive place (to live in); ～arbeit f paving; ～bohrer m road drill; ～er m (-s; -) paviour, esp. Am. paver; 2n v/t. (h.) med. plaster (up); patch (shoe, etc.); pave (road); ～stein m paving-stone; cobble; ～straße f paved street; ～treter colloq. m (-s; -) loafer, idler.

Pflaume ['pflaumə] f (-; -n) plum; prune.

'Pflaumen...: ～baum m plum-tree; ～kern m plum-stone; ～kuchen m plum-tart; ～mus n plum-jam; ～schlehe f bullace; 2weich adj. (as) soft as a plum; fig. weak-kneed.

Pflege ['pfle:gə] f (-; -n) care; grooming; nursing; (child-)care, rearing; cultivation (of garden, arts, relations); tech. maintenance; ～ und Wartung preventive maintenance; in ～ at nurse; Kind in ～ geben put a child out to nurse (or to board); in ～ nehmen take charge of; gute ～ angedeihen lassen take good care of, look well after; 2bedürftig adj. needing care; ～befohlene(r m) f charge, ward; ～dienst mot. m service; ～eltern pl. foster-parents; ～heim n charity; nursing home; ～kind n foster-child, nurs(e)ling; ～mittel n dressing, polish; ～mutter f foster-mother.

'pflegen I. v/t. (h.) attend to; nurse; tend; cultivate (garden, arts, friendship, etc.); groom; conserve, preserve; e-r Sache: apply o.s. to, carry on, keep up (a th.); → Rat, Umgang; der Ruhe ～ take one's ease, rest; sich ～ a) take care of o.s., b) take it easy, pamper o.s.; → gepflegt; II. v/i. (h.): zu tun ～ be accustomed (or used, wont) to, be in the habit of (ger.); sie pflegte zu sagen she used to say, she would say; so pflegt es zu gehen that's the way it goes; das pflegt so zu sein that it usually the case; solche Streiche ～ schlecht auszugehen such tricks will turn out badly.

'Pfleger m (-s; -), ～in f (-; -nen) fosterer; med. (m male) nurse; guardian, curator; curator, trustee; conservator; fig. promoter.

'Pflege...: ～schwester med. f attending nurse; ～sohn m foster-son; ～tochter f foster-daughter; ～vater m foster-father.

pfleglich ['pfle:kliç] I. adj. careful; II. adv.: ～ behandeln take good care of, be easy on; conserve, husband, nurse.

'Pflegling [-kliŋ] m (-[e]s; -e) foster child; charge, ward.

'Pflegschaft f (-; -en) guardianship; curatorship; trust(eeship).

Pflicht [pfliçt] f (-; -en) duty (gegen to); obligation, liability; responsibility; office; verdammte ～ und Schuldigkeit bounden duty; sports: compulsory exercise; → Pflichtspiel, etc.; s-e ～ tun fulfil(l) one's duty, do one's bit; j-m et. zur ～ machen urge a th. on a p., make a p. responsible for (doing) a th.; sich et. zur ～ machen make it one's duty to inf.

'Pflicht...: ～aktie f qualifying share; ～beitrag m quota; 2bewußt adj. conscious of one's duty, responsible; ～bewußtsein n sense of duty; ～eifer m zeal; 2eifrig adj. zealous (in one's duty); ～enkreis m duties, responsibilities pl.; ～erfüllung f performance of one's duty; ～exemplar n deposit copy; ～fach n compulsory subject; ～figur f skating: compulsory (or school) figure; ～gefühl n (-s) sense of duty; 2gemäß I. adj. in conformity with one's duty, due, incumbent; dutiful; II. adv. duly, dutifully, as in duty bound; 2getreu adj. dutiful, conscientious, loyal, faithful; 2ig → pflichtschuldig; ～lektüre f required reading, set books pl.; 2schuldig I. adj. in duty bound, obligatory, liable; II. adv. duty; ～spiel n soccer: league match; ～teil jur. m or n legal (or compulsory) portion; 2treu adj. dutiful, faithful; ～treue f dutifulness, loyalty, devotion; ～turnen n set work; ～übung f sports: set exercise; 2vergessen adj. undutiful; disloyal; ～vergessenheit f dereliction (of duty); ～verletzung f violation of (one's duty); ～versäumnis f (-) neglect of duty, shortcoming; ～versicherung f compulsory insurance; ～verteidiger jur. m assigned counsel, ex-officio defence counsel; 2widrig adj. contrary to (one's) duty, undutiful, disloyal.

Pflock [pflɔk] m (-[e]s; ꞉e) peg, plug; pin.

pflöcken ['pflœkən] v/t. (h.) peg, plug; picket.

pflug [pflo:k] pret. of pflegen.

pflück|en ['pflyk-] v/t. (h.) pick, gather; 2maschine f picker; 2salat m leaf lettuce.

Pflug ['pflu:k] m (-[e]s; ꞉e) plough, Am. plow; unter den ～ nehmen put to the plough, bring into cultivation; ～balken m plough-beam; ～eisen n co(u)lter.

pflügbar ['pfly:k-] adj. arable.

'pflügen v/t. and v/i. (h.) plough, Am. plow.

'Pflüger m (-s; -) ploughman.

'Pflug...: ～messer n co(u)lter; ～schar f plough-share; ～stellung f skiing: double stem position; ～sterz f plough-handle, stilt.

Pfort-ader ['pfɔrt-] anat. f portal vein.

Pförtchen ['pfœrt-] n (-s; -) small door or gate.

'Pforte f (-; -n) gate, door; mar. port.

'Pförtner m (-s; -) gate-keeper; porter, door-keeper, Am. doorman;

janitor; *anat.* pylorus; **~haus** *n*, **~wohnung** *f* keeper's lodge; **~in** *f* (-; -nen) portress, porter's wife; janitress.

Pfosten ['pfɔstən] *m* (-s; -) post, upright; (door, *etc.*) jamb; *tech.* standard; stake; *soccer:* (goal) post.

Pfote ['pfo:tə] *f* (-; -n) paw (*a. humor.* = hand); *colloq. fig.* fist, scrawl.

Pfriem [pfri:m] *tech. m* (-[e]s; -e) awl; punch; *typ.* bodkin.

Pfropf [pfrɔpf] *m* (-[e]s; -e), **~en** *m* (-s; -) stopper; cork; plug; wad; *pharm.* tampon, plug; *med.* **a)** embolus, plug, **b)** thrombus, **c)** core (*of boil*), **d)** plug (*of ear-wax*).

'**pfropfen** *v/t.* (h.) stopper, cock; cram (*in acc.* into), stuff (full of); *gepfropft voll* crammed (full); *agr.* graft.

'**Pfropfenzieher** *m* corkscrew.

'**Pfropf...: ~messer** *n* grafting knife; **~reis** *n* graft, scion.

Pfründe ['pfryndə] *eccl. f* (-; -n) prebend; benefice, living; *fig.* sinecure.

Pfuhl [pfu:l] *m* (-[e]s; -e) pool, puddle; *fig.* sink, slough.

Pfühl [pfy:l] *m or n* (-[e]s; -e) pillow; cushion; couch.

pfui! ['pfui] *int.* fie!, phew!, (for) shame!; boo!; **~** *über ihn!* fie upon him!; **~ruf** *m* cry of shame; boo.

Pfund [pfunt] *n* (-[e]s; -e) **1.** pound (*abbr.* lb., *pl.* lbs.); *4 ~ Butter* four pounds of butter; **2.** **~** (*Sterling*) pound (sterling) (*abbr.* £); *Zahlung erfolgt in ~* payment is in sterling; *fig. mit s-m ~e wuchern* use one's talent, make the most of one's opportunities.

'**pfundig** [-diç] *colloq. adj.* great, ripping, *Am.* swell, solid.

'**Pfund...: ~kurs** *m* sterling exchange; **~leder** *n* sole-leather; **~kerl** *colloq. m* topper, brick, *Am.* great guy; **~ssache** *colloq. f* great thing, knockout.

Pfuscharbeit ['pfuʃ-] *f* → *Pfuscherei.*

'**pfuschen** *v/i. and v/t.* (h.) bungle, botch, scamp; → *Handwerk.*

'**Pfuscher(in** *f*) *m* (-s, -; -, -nen) bungler, botcher; quack.

Pfusche'rei *f* (-; -n) bungling, botching; bad job, scamped work.

Pfütze ['pfytsə] *f* (-; -n) puddle, pool.

Phalanx ['fɑ:laŋks] *f* (-; -'langen) phalanx, (*a. fig.*) array.

phallisch ['faliʃ] *adj.* phallic.

Phänomen [fɛnoˈme:n] *n* (-s; -e) phenomenon; **phänomenal** [-meˈnɑ:l] *adj.* phenomenal.

'**Phänotyp** *biol. m* phenotype.

Phantasie [fantaˈzi:] *f* (-; -n) imagination, fancy; inventiveness, invention; (fantastic) vision, fantasy; day-dream; *mus.* fantasia, reverie; *s-e ~ hat ihm e-n Streich gespielt* his imagination has got the better of him (*or* run wild); **~bild**, **~gebilde** *n* vision; **Qlos** *adj.* unimaginative; dull; pedestrian; **~losigkeit** *f* (-) lack of imagination, dullness; **~preis** *m* fancy price; **Qreich** *adj.* imaginative; **Qren** *v/i. and v/t.* (h.) dream, indulge in fancies *or* day-dreams; ramble, rave (*von* about);

med. be delirious *or* raving; er *phantasiert a.* his mind is wandering; *mus.* improvise; **Qvoll** *adj.* imaginative.

Phantast(in *f*) [-'tast(in)] *m* (-en, -en; -, -nen) visionary, dreamer.

Phantaste'rei *f* (-; -en) fantasy, fantastic ideas *pl.*, imagination run wild.

phan'tastisch *adj.* fantastic (*a. fig.* = incredible), visionary, fanciful; wild (*ideas*); great, first-rate, terrific.

Phantom [fanˈto:m] *n* (-s; -e) phantom; *fenc.* dummy; *med.* manikin, anatomical model.

Pharisä|er [fariˈzɛ:ər] *m* (-s; -) Pharisee; **Qisch** *adj.* pharisaic(al), self-righteous.

Pharma|kologe [farmakoˈlo:gə] *m* (-n; -n) pharmacologist; **~kolo'gie** *f* pharmacology; **~zeut** [-ˈtsɔyt] *m* (-en; -en) pharmacist; pharmaceutical chemist, *Am.* druggist; **Q'zeutik** *f* (-) pharmaceutics *pl.*; **Q'zeutisch** *adj.* pharmaceutical; **~'zie** *f* (-) pharmacy.

Phase ['fɑ:zə] *f* (-; -n) phase (*a. el.*), stage.

'**Phasen...: ~anzeiger** *m* phase indicator; **~diagramm** *n* phase pattern; **Qfrei** *adj.*: *~er Widerstand* nonreactive resistor; **Qgleich** *adj.* in phase; **~messer** *m* phase meter; **~schieber** *m* phase converter; **~spannung** *f* phase voltage; **~umkehr** *f* phase reversal; **~verschiebung** *f* phase displacement; **~verzögerung** *f* phase lagging; **~zahl** *f* number of phases.

Phenol [feˈno:l] *chem. n* (-s) phenol; **~kunststoff** *m* phenolic.

Phenyl [-ˈny:l] *chem. n* (-s) phenyl.

Philanthrop [filanˈtro:p] *m* (-en; -en), **~in** *f* (-; -nen) philanthropist; **Qisch** *adj.* philanthropic(ally *adv.*).

Philatel|ie [filateˈli:] *f* (-) philately; **~ist** *m* (-en; -en) philatelist.

philharmonisch [filharˈmo:niʃ] *adj.* philharmonic.

Philister [fiˈlistər] *m* (-s; -) Philistine, *fig. a.* sobersides, square; **Qhaft** *adj.* philistine, narrow-minded.

Philo|log [filoˈlo:k] *m* (-en; -en), **~loge** [-ˈlo:gə] *m* (-n; -n), **~'login** *f* (-; -nen) philologist; **~lo'gie** *f* (-; -n) philology; **Q'logisch** *adj.* philological.

Philo|soph [-ˈzo:f] *m* (-en; -en), **~'sophin** *f* (-; -nen) philosopher; **~sophie** [-zoˈfi:] *f* (-; -n) philosophy; **Qso'phieren** *v/i.* (h.) philosophize (*über acc.* on); **Q'sophisch** *adj.* philosophical.

Phiole [fiˈo:lə] *f* (-; -n) phial, vial.

Phlegma ['flegma] *n* (-s) phlegm; **Phlegmatiker(in** *f*) [-ˈmɑ:-] *m* (-s, -; -, -nen) phlegmatic person; **phleg'matisch** *adj.* phlegmatic.

Phobie [foˈbi:] *f* (-; -n) phobia.

Phonet|ik [foˈne:tik] *f* (-) phonetics *pl.* (*usu. sg.*); **~iker(in** *f*) *m* (-s, -; -, -nen) phonetician; **Qisch I.** *adj.* phonetic; **~e** *Schrift* phonetic transcription; **II.** *adv.* phonetically; *~ darstellen* phoneticize, *Am. a.* transcribe.

Phönix ['fø:niks] *m* (-[e]s; -e) ph(o)enix.

Phöniz|ier(in *f*) [føˈni:tsiər(in)] *m*

(-s, -; -, -nen), **Qisch** *adj.* Phoenician.

Phono|'graph [fono-] *m* (-en; -en) phonograph; **'~super** *m* radiogram.

Phosgen [fɔsˈge:n] *chem. n* (-s) phosgene.

Phosphat [-ˈfɑ:t] *chem. n* (-[e]s; -e) phosphate; **Qisch** *adj.* phosphatic.

Phosphor ['fɔsfor] *chem. m* (-s) phosphorus; **~(brand)bombe** *f* phosphorous (incendiary) bomb; **~eisen** *n* ferrophosphorus.

Phosphores|zenz [-resˈtsents] *f* (-) phosphorescence; **~zieren** [-ˈtsi:-] *v/i.* (h.) phosphoresce; **~d** phosphorescent.

'**Phosphor...: ~geschoß** *mil. n* phosphorous bullet *or* shell; **Qhaltig** *adj.* phosphorated; **Qig** *adj.* phosphorous; **Qisch** *adj.* phosphoric; **~metall** *n* phosphide; **Qsauer** *adj.* phosphate of; **~säure** *f* (-) phosphoric acid.

Photo ['fo:to] *n* (-s; -s) photo; **~album** *n* photo-album; **~apparat** *m* camera; **~chemie** *f* photochemistry; **Qelektrisch** *adj.* photo-electric; **Qgen** [fotoˈge:n] *adj. biol.* photogenic (*a. phot.*); **~grammetrie** *f* (-) photogrammetry; **~graph(in** *f*) [-ˈgra:f(in)] *m* (-en, -en; -, -nen) photographer.

Photographie [-graˈfi:] *f* (-; -n) (*picture*) photograph, photo, picture; (-) (*art*) photography; **Qren** *v/t. and v/i.* (h.) photograph; take a picture of; *sich ~ lassen* have one's photo(graph) taken; *er läßt sich gut ~ he* photographs well.

photo'graphisch *adj.* photographic; *~e Kartenaufnahme* photographic mapping.

Photo...: ~gra'vüre *typ. f* photo-engraving; **~ko'pie** *f* photostat(ic copy); **~ko'pierapparat** *m* photostat(ic machine); **Qko'pieren** *v/t.* photostat; **~'meter** *phys. n* photometer; **~me'trie** *f* (-) photometry; **~mon'tage** *f* photo montage.

Photon [foˈto:n] *phys. n* (-s; -en) photon.

'**Photozelle** *f* photocell.

Phrase ['frɑ:zə] *f* phrase; cliché; *Am. a.* bromide; *esp. pol.* catchphrase; *leere ~n* empty words, claptrap; *~n dreschen* indulge in windy rhetoric; **~ndrescher, ~nmacher** *m* phrasemonger; gas-bag; **Qnhaft** *adj.* empty, windy, bombastic, rhetorical.

Phraseologie [-zeoloˈgi:] *f* (-; -n) phraseology.

phra'sieren *mus. v/t.* (h.) phrase.

phrenetisch [freˈne:-] → *frenetisch.*

Phreno|loge [-noˈlo:k, -ˈlo:gə] *m* (-[e]n; -[e]n) phrenologist; **~logie** [-loˈgi:] *f* (-) phrenology; **Q'logisch** *adj.* phrenologic(al).

pH-Wert [pe:ˈhɑ:-] *phys. m* pH value.

Physik [fyˈzi:k] *f* (-) physics *sg.*

physikalisch [-ˈkɑ:-] *adj.* physical; **~-chemisch** physico-chemical.

Physiker(in *f*) ['fy:zi-] *m* (-s, -; -, -nen) physicist.

'**Physikum** *med. n* (-s) preliminary medical examination.

Phy'sikunterricht *m* instruction in physics; physics lesson.

'Physikus *m* (-; -se) district medical officer.

Physiognomie [fyziogno'mi:] *f* (-; -n) physiognomy.

Physio|loge [-'lo:gə] *m* (-n; -n) physiologist; **~logie** [-lo'gi:] *f* (-) physiology; **♀'logisch** *adj.* physiologic(al).

'physisch *adj.* physical.

Pianino [pia'ni:no] *n* (-s; -s) upright piano.

Pia'nist(in *f*) *m* (-en, -en; -, -nen) pianist.

Piano('forte) [pi'a:no] *n* (-s; -s) piano(-forte).

picheln ['piçəln] *colloq. v/i.* (h.) tipple, booze.

pichen ['piçən] *v/t.* (h.) pitch; wax (*shoes*).

Picke ['pikə] *f* (-; -n) pick(axe).

Pickel ['pikəl] *m* (-s; -) *med.* pimple; *tech.* pick(axe); ice-pick; **~haube** *f* spiked helmet; **~hering** *m* bloater, pickled herring.   [pimply.]

pick(e)lig ['pik(ə)liç] *adj.* pimpled,]

picken ['pikən] *v/t.* (h.) pick, peck.

Picknick ['piknik] *n* picnic.

pieken ['pi:kən] *v/t. and v/i.* (h.) prick; sting.

piepe ['pi:pə] *colloq. adj.*: *das ist mir* ~ I don't care a damn.

piep(s)en ['pi:p(s)ən] *v/i.* (h.) cheep, chirp, pipe; *radio:* bleep; *mice:* squeak; *colloq. fig. bei dir piept's wohl?* are you dotty (*or* nuts)?; *es (er) war zum Piepen* it (he) was a (perfect) scream.

'Piepmatz [-mats] *m* (-es; -e) dick(e)y-bird.

Pier [pi:r] *mar. m* (-s; -e) pier.

piesacken ['pi:zakən] *colloq. v/t.* (h.) torment, harass, badger, plague.

Pietät [pie'tɛ:t] *f* (-) reverence; deference; piety; filial love; **♀los** *adj.* irreverent; **~losigkeit** *f* irreverence; outrage; **♀voll** *adj.* reverent.

Pietismus [-'tis-] *m* (-) pietism.

Pie'tist *m* (-en; -en), **~in** *f* (-; -nen) pietist, *b.s.* bigot; **♀isch** *adj.* pietistical; *b.s.* bigoted.

piezo-elektrisch [pi'e:tso-] *adj.* piezoelectric(al).

Pigment [pig'mɛnt] *n* (-[e]s; -e) pigment; **~bildung** *f* pigment formation, chromogenesis; **~farbe** *f* pigment colo(u)r.

pigmentieren [-'ti:-] *v/t.* (h.) pigment; *sich* ~ become pigmented.

Pig'mentpapier *n* pigment paper.

Pik [pik] **1.** *m* (-s; -e) (mountain) peak; *fig.* grudge, ranco(u)r; *e-n* ~ *auf j-n haben* have it in for a p.; **2.** *n* (-s; -s) *cards:* spade(s *pl.*).

pikant [pi'kant] *adj.* piquant, spicy, *fig. a.* suggestive, risqué (*joke, etc.*); *cul. a.* highly seasoned, pungent; *das* **♀e** *n* (the) piquancy.

Pikante'rie *f* (-; -n) piquant (*or* spicy) story, risqué remark.

'Pik...: ~as *n* (**~dame** *f*) ace (queen) of spades.

Pike ['pi:kə] *f* (-; -n) pike; *fig. von der* ~ *auf dienen* rise from the ranks.

Pikee [pi'ke:] *m* (-s; -s) piqué.

pikfein *colloq. adj.* smart, tiptop, posh, slap-up, *Am.* snazzy.

pikier|en [-'ki:-] *v/t.* (h.) pique, nettle; **~t** *adj.* piqued (*über acc.* about).

Pikkolo ['pikolo] *m* (-s; -s) boy waiter; *mus.* piccolo.

Pikrinsäure [pi'kri:n-] *chem. f* (-) picric acid.

Pilatus [pi'la:tus] *m* (-): *Pontius* ~ Pontius Pilate; *fig.* → *Pontius.*

Pilger ['pilgər] *m* (-s; -), **~in** *f* (-; -nen) pilgrim; **♀n** *v/i.* (sn) go on (*or* make) a pilgrimage; *w.s.* wander, flock, troop; **~fahrt, ~schaft** *f* (-; -en) pilgrimage; **~stab** *m* pilgrim's staff.

Pille ['pilə] *f* pill; *fig. e-e bittere* ~ a bitter pill (to swallow); *verzuckerte* ~ sugar-coated pill (*a. fig.*); **~ndreher** *humor. m* pill-driver; **~nschachtel** *f* pill-box.

Pilot [pi'lo:t] *m* (-en; -en), **~in** *f* (-; -nen) pilot.

Pilz [pilts] *m* (-es; -e) fungus; mushroom; toadstool; *fig. wie* **~e** *aus der Erde schießen* mushroom (up); **'♀förmig** *adj.* fungiform; **'~gattung** *f* fungus family; **'♀ig** *adj.* fungous, mushroom-like; **'~isolator** *el. m* mushroom insulator; **'~krankheit** *f* mycosis; **'~kunde** *f* mycology; **'♀tötend** *adj.* fungicidal; **'~vergiftung** *f* mushroom poisoning.

pimpelig ['pimpəliç] *colloq. adj.* sickly; sissy, effeminate.

Pinakothek [pinako'te:k] *f* (-; -en) picture-gallery.

Pinasse [pi'nasə] *mar. f* (-; -n) pinnace.

pingelig ['piŋəliç] *colloq. adj.* finicky, over-pedantic.

Pingpong ['piŋpɔŋ] *n* (-s; -s) ping-pong.

Pinguin ['piŋguin] *m* (-s; -e) penguin.

Pinie ['pi:niə] *f* (-; -n) stone-pine.

Pinke ['piŋkə] *colloq. f* (-) cash, dough.

'Pinkel *m* (-s; -): *feiner* ~ swell.

'pinkeln *colloq. v/i.* (h.) pee, piss.

Pinne ['pinə] *f* (-; -n) peg; tack; tenon, pivot; centre-pin (*of compass*); tiller (*for oars*).

Pinscher ['pinʃər] *m* (-s; -) terrier.

Pinsel ['pinzəl] *m* (-s; -) (paint-) brush; *feiner* ~ pencil; *fig.* fathead.

Pinse'lei *f* (-; -n) doub(ing).

'Pinsel...: ~führung *f* touch, brushwork; **♀n** *v/i.* (h.) handle the brush; *v/t. and v/i.* (h.) paint; daub; **~stiel** *m* brush-handle; **~strich** *m* stroke of the brush; brush-mark.

Pinzette [pin'tsetə] *f* (-; -n) (e-e ~ a pair of) tweezers; *med.* forceps.

Pionier [pio'ni:r] *m* (-s; -e) pioneer, *Am. a.* trail-blazer; *mil.* engineer (soldier); sapper; **~arbeit** *f* spade-work, pioneer work; **~bataillon** *mil. n* engineer battalion; *leichtes* ~ field engineer battalion; *schweres* ~ engineer construction battalion; **~depot** *n* engineer depot; **~korps** *n* Corps of Engineers; **~truppe** *f* engineers *pl.*

Pips [pips] *m* (-es) pip.

Pipette [pi'pɛtə] *f* (-; -n), **pipettieren** [-'ti:-] *v/t.* (h.) pipette.

Pirat [pi'ra:t] *m* (-en; -en) pirate; **Piraterie** [-ratə'ri:] *f* (-; -n) piracy.

Pirol [pi'ro:l] *orn. m* (-s; -e) oriole.

Pirouette [piru'ɛtə] *f* (-; -n) pirouette.

Pirsch [pirʃ] *hunt. f* (-) still-hunt-

---

ing, deer-stalking; *auf die* ~ *gehen* → **'♀en** *v/i.* (h.) go deer-stalking, hunt, stalk (the deer); **~jagd** *f* → *Pirsch;* **~jäger** *m* still-hunter, deer-stalker.

Pisang ['pi:zaŋ] *bot. m* (-s; -e) plaintain.

Pisse ['pisə] *vulg. f* (-; -n) piss; **♀n** *v/i.* (h.) piss.

Pissoir [pi'soa:r] *n* (-s; -e) lavatory, urinal.

Pistazie [pi'sta:tsiə] *bot. f* (-; -n) pistachio(-nut).

Piste ['pistə] *f* (-; -n) beaten track; *sports:* course; *aer.* runway.

Pistole [pi'sto:lə] *f* (-; -n) pistol, *Am. a.* gun; *mit vorgehaltener* ~ *at* pistol-point; *fig. j-m die* ~ *auf die Brust setzen* hold a pistol to a p.'s head; *wie aus der* ~ *geschossen* like a shot.

Pi'stolen...: ~duell *n* duel (fought) with pistols; **~griff** *m* pistol-grip; **~schuß, ~schütze** *m* pistol-shot; **~tasche** *f* holster.

pittoresk [pito'rɛsk] *adj.* picturesque.

Pivotlager [pi'vo:la:gər] *tech. n* pivot bearing.

placier|en [pla'tsi:-] *v/t.* (h.) place; *econ. e-e Emission* ~ place an issue; negotiate (*bill of exchange*); realize (*security*); *sports:* *den Ball* ~ place the ball; *sich* ~ be placed (second, *etc.*); **~t** *adj.* well-placed (*shot*).

placken ['plakən]: *sich* ~ (h.) drudge, slave.

Placke'rei *f* (-; -n) harassing; drudgery, grind.

plädieren [plɛ'di:rən] *v/i.* (h.) plead (*für* for).

Plädoyer [plɛdoa'je:] *n* (-s; -s) pleading.

Plage ['pla:gə] *f* (-; -n) trouble, vexation, bother, nuisance; torment; *usu. bibl.* plague; *jeder Tag hat s-e* ~ sufficient for the day is the evil thereof; **~geist** *m* tormentor, gadfly, bore.

'plagen *v/t.* (h.) torment, vex, bother, harass, plague; pester; worry, haunt, prey on *a p.'s* mind; *sich* ~ toil, drudge, slave; take trouble *or* pains (*mit* about); *ihn plagt der Teufel* the devil rides him; *von der Gicht geplagt* troubled (*or* afflicted) with.

Plagiat [pla'gia:t] *n* (-[e]s; -e) plagiarism; *ein* ~ *begehen* plagiarize; **~or** *m* (-s; -'toren) plagiarist.

Plaid [plɛ:t] *m and n* (-s; -s) plaid; travelling-rug.

Plakat [pla'ka:t] *n* (-[e]s; -e) poster, placard, bill; **~ankleber** *m* (-s; -) bill-sticker; **~anschlag** *m* (-s; ⁻e) (displayed) poster; **~farbe** *f* poster colo(u)r.

plakatieren [-ka'ti:-] **I.** *v/t.* (h.) placard(ize); **II.** *v/i.* (h.) stick bills.

Pla'kat...: ~maler *m* poster artist; **~male'rei** *f* poster-painting; **~säule** *f* advertisement pillar, *Am.* advertising pillar; pillar post; **~schild** *econ. n* show-card; **~träger** *m* sandwich-man; **~werbung** *f* poster publicity; **~zeichner** *m* → *Plakatmaler.*

Plakette [pla'kɛtə] *f* (-; -n) plaquette, tablet; plaque, badge; medal.

Plan [pla:n] *m* (-[e]s; ⁎e) **1.** plan; design, intention; project, scheme; *b.s.* plot, scheme; *concrete:* plan; map; diagram; blueprint; draft; chart; layout; schedule; *Pläne schmieden* make (*or* hatch) plans, scheme; **2.** plain, level ground; arena; battlefield; *fig. auf den ⁎ rufen* call up; *auf den ⁎ treten* enter the lists, *w.s.* make an appearance.

plan *adj.* plane, level, horizontal.

'**Plan**...: **⁎drehbank** *f* facing lathe; ⚲**drehen** *tech. v/t.* (h.) face (down).

Plane ['pla:nə] *f* (-; -n) awning, tilt, canvas hood; tarpaulin.

'**Pläne|macher**, **⁎schmied** *m* schemer, projector.

'**planen** *v/t. and v/i.* (h.) plan; project, *tech. a.* blueprint; map out; schedule, time; phase; *b.s.* plot, scheme; propose; envisage.

'**Planer** *m* (-s; -) planner; designer.

Planet [pla'ne:t] *m* (-en; -en) planet.

plane|tarisch [-ne'ta:-] *adj.* planetary; ⚲**tarium** *n* (-s; -ien) planetarium.

Pla'neten...: **⁎bahn** *f* orbit of a planet; **⁎getriebe** *tech. n* planetary gear(ing).

'**Plan**...: **⁎film** *phot. m* sheet film; **⁎fräsen** *tech. n* face milling; **⁎fräsmaschine** *f* horizontal milling machine.

planier|en [-a'ni:r-] *v/t.* (h.) level, plane, grade; *metall.* planish; *bookbinding:* size; ⚲**maschine** *f*, ⚲**raupe** *f* grader; bulldozer; angledozer.

Planimetrie [-nime'tri:] *f* (-) plane geometry, planimetry; **planimetrisch** [-'me:-] *adj.* planimetric(al).

Planke ['plaŋkə] *f* (-; -n) plank, (thick)board.

Plänke|lei [plɛŋkə-] *mil. f* (-; -n) skirmish²ing; **plänkeln** *v/i.* (h.) skirmish (*a. fig.*); '**Plänkler** *m* (-s; -) skirmisher.

Plankton ['plaŋktɔn] *n* (-s) plankton.

'**Plan**...: ⚲**los I.** *adj.* planless, aimless, haphazard; unsystematic; **II.** *adv.* without a fixed plan; at random; **⁎losigkeit** *f* (-) aimlessness, desultoriness; ⚲**mäßig I.** *adj.* systematic, (well) planned; scheduled (*train, etc.*); methodical; regular (*post*); **II.** *adv.* according to plan *or* schedule; as planned; **⁎mäßigkeit** *f* (-) method(icalness); systematical arrangement; **⁎pause** *f* traced map; blueprint; **⁎quadrat** *n* grid square.

Plansch|becken ['planʃ-] *n* paddle-pond; ⚲**en** *v/i. and v/t.* (h.) splash, paddle.

'**Plan**...: **⁎scheibe** *tech. f* faceplate; **⁎schießen** *mil. n* map firing; **⁎schleifen** *tech. n* face grinding; **⁎schlitten** *tech. m* facing slide; **⁎soll** *n* target, quota; **⁎spiegel** *m* plane mirror; **⁎spiel** *mil. n* map manoeuvre (*Am.* maneuver); **⁎stärke** *mil. f* authorized strength; **⁎stelle** *f* place authorized in the budget; *freie ⁎* vacancy.

Plantage [plan'ta:ʒə] *f* (-; -n) plantation.

'**Plan**...: **⁎ung** *f* (-; -en) planning, plan; *tech. a.* blueprint(ing); layout; *zeitliche:* timing, phasing,

---

scheduling; budget(ing); *in der ⁎ sein* be in the planning (*or* blueprint) stage; **⁎ungs-amt** *n* planning board; **⁎ungsforschung** *f* operations research; **⁎ungs-ingenieur** *m* production planning engineer; ⚲**voll** *adj.* methodical, systematic(ally *adv.*); **⁎vorschub** *tech. m* transverse feed; **⁎wagen** *m* covered (*or* tilt) wag(g)on; **⁎wirtschaft** *f* (-) planned economy; **⁎zeichnen** *n* plotting; **⁎ziel** *n* target, planned output; *das ⁎ nicht erreichen* remain below plan.

Plapperei [plapə'raɪ] *f* (-; -en) chatter(ing), babble, prattle.

'**Plapper|maul** *n* chatterbox; ⚲**n** *v/i. and v/t.* (h.) chatter, babble, prattle.

plärren ['plɛrən] *colloq. v/i. and v/t.* (h.) blubber, snivel, cry; bawl; *radio, etc.:* blare.

Plasma ['plasma] *n* (-s; -men) plasm; *nuclear physics:* plasma.

Plastik ['plastik] *f* (-; -en) plastic art; sculpture; *med., tech.* plastic; *fig.* graphic power, plasticity (*of style, etc.*).

Plastilin [-ti'li:n] *n* (-s) plasticine.

'**plastisch** *adj.* plastic; three-dimensional; *fig.* graphic, full of plasticity; **⁎e** *Chirurgie* plastic surgery.

Platane [pla'ta:nə] *f* (-; -n) plane (-tree). [table-land.]

Plateau [pla'to:] *n* (-s; -s) plateau,∫

Platin ['pla:ti:n] *n* (-s) platinum; **⁎blech** *n* platinum sheet; **⁎blonde** *f* platinum blonde; **⁎cyanür** *chem. n* (-s; -) platinocyanide; **⁎draht** *m* platinum wire; **⁎e** *f* (-; -n) plate, mill bar; ⚲**haltig** *adj.* platiniferous.

platinieren [-ti'ni:-] *v/t.* (h.) platinize.

platonisch [pla'to:niʃ] *adj.* Platonic(ally *adv.*).

platsch! [platʃ] *int.* dash!, splash!; ⚲**en** *v/i.* (sn) splash.

plätschern ['plɛtʃərn] *v/i.* (h.) *water:* ripple, murmur, babble; *im Wasser ⁎* paddle (*or* splash about) in the water; *colloq. fig.* trifle.

platt [plat] *adj.* flat; level, even; flattened (out); low; *⁎ auf der Erde* flat on the ground; *⁎ drücken* flatten; *fig.* trivial, commonplace, trite; flat, insipid, stale; *colloq. ⁎* (*vor Staunen*) dum(b)founded, taken aback, flabbergasted; *ich war einfach ⁎* you could have knocked me down with a feather; *language:* (*a.* ⚲ *n*) → **⁎deutsch.**

Plätt... ['plɛt-]: **⁎anstalt** *f* → *Plätterei;* **⁎brett** *n* ironing-board; **⁎chen** *n* (-s; -) small plate; *a. anat.* lamina; *bot.* lamella.

'**plattdeutsch** *adj. and* ⚲(e) *n* (-[e]n) Low German.

'**plattdrücken** *v/t.* flatten.

Platte ['platə] *f* (-; -n) plate; dish; tray, salver; platter; *kalte ⁎* cold meats *pl.; tech.* panel; plate (*a. phot., typ.*); sheet; lamina; (stone) slab, flag; tile; (table) top, leaf; plaque; (rock) ledge, slab; plateau, tableland; (gramophone) disk, record; *colloq. fig.* line; *die pathetische ⁎ auflegen* pull the pathetic stop; patch; bare spot; bald head *or* pate, bald patch; dental plate; *colloq. die ⁎ putzen* beat it, scram.

'**Plätt-eisen** *n* flat-iron.

plätten ['plɛtən] *v/t.* (h.) flatten; iron (*laundry*); flag (*floor*); *tech., metall.* laminate, plate.

'**Platten**...: **⁎abzug** *typ. m* stereotyped proof; **⁎druck** *typ. m* stereotype (printing); **⁎kassette** *phot. f* plate holder; **⁎kondensator** *m* plate condenser; **⁎leger** *m* floor tiler, paver; **⁎spieler** *m* record-player; *radio:* turntable, pickup; *Radio mit eingebautem ⁎* radiogram, *Am.* radiophonograph; **⁎wechsler**, **⁎wender** *m* (-s; -) automatic record changer.

'**platterdings** *adv.* absolutely, utterly; downright.

Plätterei [-tə'raɪ] *f* (-; -en) ironing (*or* pressing) shop.

'**Plätterin** *f* (-; -nen) ironer.

'**Platt**...: **⁎form** *f* platform; **⁎formwagen** *m* platform car, *Am.* flatcar; **⁎fuß** *m* flat-foot; *colloq. mot.* flat; **⁎fußeinlage** *f* arch-support, instep-raiser; ⚲**füßig** *adj.* flat-footed.

Plattheit ['plathaɪt] *f* (-; -en) flatness; *fig.* staleness, insipidity; triviality, commonplace, banality, *Am. a.* bromide.

plattieren [-'ti:-] *tech. v/t.* (h.) plate.

'**Platt**...: **⁎nase** *f* flat nose; ⚲**nasig** *adj.* flat-nosed; **⁎sticke'rei** *f* flat (*or* plain) embroidery.

'**Plättwäsche** *f* linen to be ironed.

Platz [plats] *m* (-es; ⁎e) place; spot; *Am. a.* point; room, space; locality; site; seat; position; *öffentlicher ⁎* public place, square, circus; *mil.* training area, ground; (sports) field; pitch; (tennis) court; *mil. fester ⁎* fortress, stronghold; *⁎ behalten* keep one's place, stay seated; *⁎ machen* (*dat.*) make way *or* room (for); *⁎ nehmen* take (*Am.* have) a seat, sit down; *fig. am ⁎e sein* be in place *or* order; *nicht am ⁎e sein* be out of place, be uncalled for; *s-n ⁎ behaupten* hold one's own, stand one's ground; *⁎ greifen* gain ground, spread, take place, arise; *mil. auf dem ⁎ bleiben* be killed; *⁎ da!* make way!, move on!; *to dog: ⁎!* down!; *ist hier noch ⁎?* is there any room (*or* a seat free) here?; *es ist kein ⁎ mehr* there is no room left; *bis auf den letzten ⁎ gefüllt* packed to capacity; *sports: auf eigenem* (*gegnerischem*) *⁎* at home (out-of-town); *den dritten ⁎ belegen* be placed third, come in third; *auf die Plätze!* get to your marks!; *econ. auf ausländischen Plätzen* on places abroad; *am dortigen* (*hiesigen*) *⁎* in your (this) town; **⁎angst** *f* agoraphobia; '**⁎anweiser(in** *f*) *m* (-s, -; -, -nen) usher(ette); '**⁎bedarf** *m econ.* local requirements *pl.; tech.* floor space required.

Plätzchen ['plɛtsçən] **1.** snug (little) place; spot; patch *of shade;* **2.** pastil, lozenge; biscuit, *Am.* cookie, cracker.

platzen ['platsən] *v/i.* (sn) burst, bomb, *etc.: a.* explode; crack, split, *med.* rupture; *tyre:* blow out; *fig. ins Zimmer ⁎* burst into the room; *vor Ungeduld, Neugier, etc., ⁎ burst* with impatience, curiosity, *etc.; project:* come to nothing, collapse, *a. theory*: explode; *colloq. meeting*: be dissolved; *fig.* ~ lassen, zum ♀ bringen explode; zum ♀ voll chockful, bursting; *econ.* der Wechsel ist geplatzt the bill was dishonoured, *Am. a.* bounced; *ihm ist e-e Ader geplatzt* he burst a blood vessel; *uns ist ein Reifen geplatzt* we had a puncture *or* blowout; → *Kragen*.

'Platz...: ~feuer *aer. n* airfield light; ~flug *aer. m* local flight; ~geschäft *econ. n* local business; ~händler *m* local dealer; ~herren *m/pl. sports*: home team; ~karte *rail. f* ticket for a reserved seat; ~kommandant *mil. m* commandant; ~major *m* town major; ~mangel *m (-s)* lack of space *or* room; ~meister *m sports*: groundsman; ~patrone *f* blank cartridge; *mit* ~n *schießen* fire blank; ♀raubend *adj.* taking up too much room, bulky; ~regen *m* cloudburst, downpour; ~reisende(r) *econ. m* town-traveller; ~runde *aer. f* aerodrome traffic circuit; *e-e* ~ *fliegen* fly a circle over the aerodrome; ~vertreter *econ. m* local agent; ~wart *m sports*: groundsman; ~wechsel *m* 1. change of place (*sports*: ends); 2. *econ.* local (*or* town) bill; ~ziffer *f sports*: place number.

Plauderei [plaudə'raɪ] *f (-; -en)* chat; *radio*: talk; small talk; tittle-tattle.

'**Plauder|er** *m (-s; -)*, ~in *f (-; -nen)* conversationalist, talker, prattler; '~haft *adj.* talkative, chatty; '~n *v/i. (h.)* (have a) chat, (*mit* with), talk (to); chatter, prattle, gossip; *fig. aus der Schule* ~ tell tales (out of school), blab.

'**Plauder...**: ~stündchen *n* cozy chat; ~tasche *colloq. f* chatterbox; ~ton *m (-[e]s)* conversational tone.

plausibel [plau'zi:bəl] *adj.* plausible; ~ *machen* make plausible.

Plazenta [pla'tsɛnta] *anat., bot. f (-; -s)* placenta. [*placieren.*]

plazieren [pla'tsi:rən] *v/t. (h.)* →ʃ

Plebej|er(in *f)* [ple'be:jər(in)] *m (-s, -; -, -nen)* plebeian; *fig.* bounder, cad; ♀isch *adj.* plebeian, vulgar.

Plebiszit [plebis'tsi:t] *n (-[e]s; -e)* plebiscite.

Plebs [plɛps] *f (-)* rabble, mob, populace.

Pleite ['plaɪtə] *colloq. f (-; -n) econ.* bankruptcy, smash; *fig.* failure, flop, washout; ~ *machen* go bankrupt, go broke *or* smash, *Am. sl.* go bust; ♀ *adj.* (dead) broke, *Am. a.* bust; ~geier *m* the wolves *pl.*

plemplem [plɛm'plɛm] *colloq. adj.* gaga, nuts.

Plenarsitzung [ple'nɑ:r-] *f* plenary meeting.

Plenum ['ple:num] *n (-s; Plena) parl.* plenum.

Pleonas|mus [pleo'nasmus] *m (-; -men)* pleonasm; ♀tisch *adj.* pleonastic(ally *adv.*).

Pleuelstange ['plɔyəl-] *tech. f* connecting rod.

Pleuritis [plɔy'ri:tis] *med. f (-)* pleurisy.

Plinse ['plinzə] *f (-; -n)* pancake.

Plissee [pli'se:] *n (-s; -s)* pleating; ~rock *m* pleated skirt.

plissieren [-'si:-] *v/t. (h.)* pleat, kilt.

Plombe ['plɔmbə] *f (-; -n)* seal, lead, lead seal; *mot.* governor seal; *med.* stopping, filling, plug.

plombieren [-'bi:-] *v/t. (h.)* seal, lead; *med.* stop, fill, plug (*a tooth*).

Plötze ['plœtsə] *ichth. f (-; -n)* roach.

plötzlich ['plœtsliç] **I.** *adj.* sudden; abrupt, sharp; unexpected; **II.** *adv.* suddenly, *etc.*; all of a sudden; *colloq. aber etwas* ~! make it snappy!; ♀keit *f (-)* suddenness.

Pluderhosen ['plu:dər-] *f/pl.* wide breeches; plus fours.

Plumeau [ply'mo:] *n (-s; -s)* eiderdown (quilt), *Am.* comforter.

plump [plump] *adj.* plump, podgy; clumsy, awkward, heavy; coarse, crude; tactless, blunt; gross (*flattery, lie*); ponderous (*style*); ~vertraulich chummy; ♀heit *f (-; -en)* clumsiness, *etc.*

Plumps [plumps] *m (-es, -e)*, ♀ *int.* plump, plop, thud; ♀en *v/i. (h., sn)* plump, plop, flop.

Plunder ['plundər] *m (-s)* lumber, stuff, *Am.* junk; rags *pl.*; trash, rubbish; *colloq.* der ganze ~ the whole lot (*or* bag of tricks).

Plünderer ['plyndər-] *m (-s; -)* plunderer, pillager.

'**plünder|n** *v/t. and v/i. (h.)* plunder; pillage, sack, loot; rob, strip (*person*), *w.s.* strip, despoil (*tree*); rifle; ♀ung *f (-; -en)* plundering, pillage, sacking, looting.

Plural ['plu:ra:l] *m (-s; -e)*, **Pluralis** [plu'ra:lis] *m (-; -le)* plural (number); **plu'ralisch** *adj.* plural; **plura'listisch** *adj.* pluralistic.

Plus [plus] *n (-; -)* plus mark; surplus; increase; *fig.* plus, asset; **plus** *adv.* plus.

Plüsch [ply:ʃ] *m (-es; -e)* plush; ♀artig *adj.* plush-like, plushy.

'**Plus...**: ~leitung *el. f* plus wire; ~pol *el. m* positive pole; positive element; ~punkt *m* credit point; *fig.* plus; ~quamperfekt(um) [-kvamperfɛkt(um)] *gr. n* pluperfect (tense), past perfect; ~zeichen *n* plus mark *or* sign.

Plutokratie [plutokra'ti:] *f (-; -n)* plutocracy.

Plutonium [-'to:nium] *phys. n (-s)* plutonium.

Pneumat|ik [pnɔy'ma:tik] **1.** *phys. f (-)* pneumatics; **2.** *m (-s; -s)* pneumatic tyre (*Am.* tire); ♀isch *adj.* pneumatic(ally *adv.*).

Pöbel ['pø:bəl] *m (-s)* mob, rabble; ♀haft *adj.* vulgar, low, plebeian; ~haufe *m* mob; ~herrschaft *f* mob rule.

pochen ['pɔxən] *v/t. and v/i. (h.)* knock, rap, tap; *heart*: beat, throb; *tech.* pound, batter; *mining*: stamp; *fig.* ~ *auf (acc.)* boast of, presume (up)on; insist (up)on; *auf sein gutes Recht* ~ stand on one's rights; '**Pochen** *n (-s)* knocking, knocks *pl.*; rapping, *etc.*

'**Poch...**: ~erz *n* ore (as mined); ~gestein *n* stamp rock; ~hammer *m* ore-hammer; ~mühle *f* stamp mill; ~spiel *n cards*: poker; ~stempel *m* stamp die; ~werk *n* → *Pochmühle*.

Pocke ['pɔkə] *med. f (-; -n)* pock (-mark); ~n *pl.* smallpox; ~n-erre-

---

ger *m*, ~ngift *n* smallpox virus; ~n-impfung *f* vaccination; ~n-narbe *f* pockmark; ♀nnarbig, 'pockig *adj.* pockmarked, pitted (with smallpox).

Podagra ['po:dagra] *med. n (-s)* podagra, gout.

Podest [po'dɛst] *m and n (-es; -e)* pedestal (*a. fig.*); (*of stairs*: landing; *fig. von s-m* ~ *stoßen* debunk; → **Podium** ['po:dium] *n (-s; -ien)* podium, platform, stage; ~gespräch *n* panel discussion.

Poesie [poe'zi:] *f (-; -n)* poetry; ♀los *fig. adj.* prosaic, prosy, pedestrian.

Poet [po'e:t] *m (-en; -en)* poet; ~ik *f (-; -en)* poetics *pl.*; ~in *f (-; -nen)* poetess; ♀isch *adj.* poetic(al).

Pogrom [po'gro:m] *m (-s; -e)* pogrom.

Pointe ['poɛ̃tə] *f (-; -n)* point; punch line; ♀los *adj.* blind; **pointiert** [-'ti:-] *adj.* pointed, captious.

Pokal [po'ka:l] *m (-s; -e)* goblet; *sports*: cup; ~endspiel *n* Cup Final; ~spiel *n* cup tie.

Pökel ['pø:kəl] *m (-s; -)* pickle, brine; ~faß *n* pickling tub; ~fleisch *n* salt (*or* cured) meat; ~hering *m* pickled (*or* red) herring; ♀n *v/t. (h.)* pickle, salt, cure.

pokulieren [poku'li:rən] *v/i. (h.)* drink, carouse, booze.

Pol [po:l] *m (-s; -e)* pole, *el. a.* terminal; *el. positiver (negativer)* ~ positive (negative) pole *or* element, anode (cathode); *fig. der ruhende* ~ the one constant factor.

polar [po'lɑ:r-] *adj.* polar (*a. el.*); *in* ~em *Gegensatz zu* in direct opposition to; ♀eis *n* polar ice; ♀expedition *f* polar expedition; ♀forscher *m* polar explorer; ♀front *f meteor.* polar front; ♀fuchs *m* arctic fox; ♀hund *m* Eskimo dog, husky.

Polarisation [-lariza'tsio:n] *f (-)* polarization.

polarisieren [-ri'zi:-] *v/t. (h.)* polarize.

Polari'tät *f (-)* polarity.

Po'lar...: ~kreis *m* polar (arctic *or* antarctic) circle; ~licht → *Nordlicht*; ~stern *m (-[e]s)* pole-star; ~zone *f* frigid zone.

Pole ['po:lə] *m (-en; -en)* Pole.

Polemik [po'le:mik] *f (-; -en)* polemics *pl.*; polemic, controversy; ~er *m (-s; -)* polemic(ist), controversialist; **po'lemisch** *adj.* polemic(al); **polemisieren** [-mi'zi:-] *v/i. (h.)* polemize (*gegen* against).

'**polen** [po:lən] *el. v/t. (h.)* polarize.

Police [po'li:sə] *f (-; -n)* (insurance) policy; *offene* ~ open (*Am.* unvalued) policy; *e-e* ~ *ausstellen* (*nehmen*) issue (take out) a policy.

Polier [po'li:r] *tech. m (-s; -e)* foreman; ♀en *v/t. (h.)* polish, burnish; planish (*sheet-iron*); furbish; buff; ~er(in *f)* *m (-s, -; -, -nen)* polisher, burnisher; ♀leder *n* chamois leather; ~mittel *n* polishing material *or* paste, abrasive; ~rot *n* rouge; ~scheibe *f* polishing wheel.

Poliklinik ['po:li-] *f* policlinic, outpatients' department.

Polin ['po:lin] *f (-; -nen)* Pole.

Politbüro [po'li:t-] *n* politburo.

Politik [poli'ti:k] *f* (-; -en) policy; politics *pl.*; ~ *der starken Hand* get-tough policy; *sich der* ~ *widmen* go into politics; *über* ~ *sprechen* talk politics; → *machen III.*

Politiker(in *f*) [-'li:ti-] *m* (-s, -; -, -nen) politician; statesman, policy-maker.

Po'litikum *n* (-s; -ka) political issue.

po'litisch *adj.* political; *fig.* politic.

politisieren [-ti'zi:-] **I.** *v/i.* (h.) talk politics; **II.** *v/t.* (h.) politicize, make politically conscious.

Politologe [-to'lo:gə] *m* (-n; -n) political analyst (*or* scientist).

Politur [poli'tu:r] *f* (-; -en) polish, lust|re, *Am.* -er, finish; varnish; *fig.* polish, refinement; *contp.* veneer.

Polizei [poli'tsai] *f* (-; -en) police; ~aufgebot *n* posse (of constables); ~aufsicht *f* (*unter* under) police supervision, (under) surveillance; ~be-amte(r) *m* police officer; → *Polizist;* ~behörde *f* police (authorities *pl.*); ~dienst *m* police service; ~gefängnis, ~gewahrsam *n* police jail, lock-up; ~gericht *n* police court; ~gewalt *f* power of police; ~hund *m* police-dog; ~knüppel *m* truncheon, *Am.* club; ~kommissar *m* (police) inspector; ♀lich *adj.* (of *or* by the) police; ~e Anmeldung (*Abmeldung*) report of (change of) address to the police; *unter* ~er *Aufsicht* under police supervision, under surveillance; ~macht *f* police force; ~posten *m* police picket; ~präsident *m* Chief Constable, *Am.* Chief of the Police, Police Chief; ~präsidium *n* police headquarters *pl.*; ~revier *n* police station; precinct; ~richter *m* police magistrate; ~schutz *m*: *unter* ~ under police guard; ~spion, ~spitzel *m* police spy, stool pigeon; ~staat *m* police state; ~streife *f* police patrol; police squad; police patrolman; (police) raid; ~streifenwagen *m* → *Streifenwagen;* ~stunde *f* closing-hour; curfew; ~truppe *f* military police force; ~wache *f* → *Polizeirevier;* ♀widrig *adj.* contrary to police regulations; *adv. humor. fig.* infernally *stupid.*

Polizist [-'tsist] *m* (-en; -en) policeman, constable; detective; ~in *f* (-; -nen) policewoman.

Polka ['polka] *f* (-; -s) polka.

'Polklemme *el. f* (pole) terminal.

Pollen ['polən] *bot. m* (-s; -) pollen; ~schlauch *m* pollen tube.

polnisch ['polniʃ] *adj.* Polish; *fig.* ~e Wirtschaft topsy-turvydom, awful mess.

Polo ['po:lo] *n* (-s; -s) polo; ~feld *n* polo ground; ~hemd *n* polo shirt, *Am.* T-shirt; ~spiel *n* → *Polo.*

'Polschuh *el. m* pole shoe.

Polster ['polstər] *n* (-s; -) cushion; bolster; stuffed seat; *tech.* pad (-ding), bolster; stuffing; padding; ~er *m* (-s; -) upholsterer; ~möbel *n/pl.* upholstery; ♀n *v/t.* (h.) upholster, stuff; pad, wad; *gepolstert a.* cushioned; ~sessel, ~stuhl *m* cushioned seat; easy chair; ~tür *f* padded door; ~ung *f* (-; -en) stuffing, padding; upholstery.

Polter|abend ['poltər-] *m* eve-of--the-wedding party; ~er *m* (-s; -) noisy fellow; blusterer; ~geist *m* poltergeist, (hob)goblin.

'poltern *v/i.* (h.) make a racket; rumble, lumber, rattle; bluster, bark.

'Polwechsler *el. m* pole changer.

Poly|äthy'len [poly-] *n* polyethylene; ~eder [-'e:dər] *n* (-s; -) polyhedron; ~'ester *chem. m* polyester; ~gamie [-ga'mi:] *f* (-) polygamy; ♀'gamisch *adj.* polygamous; ~gon [-'go:n] *math. n* (-s; -e) polygon; ♀mer [-'me:r] *adj.* polymeric; ~merisation [-merizatsi'o:n] *f* (-) polymerization; ♀meri'sieren *v/t.* polymerize; ~nesien [-'ne:ziən] *n* (-s) Polynesia.

Polyp [po'ly:p] *m* (-en; -en) *zo.* polyp; *med.* polypus; adenoids *pl.*; *colloq. fig.* cop, bull.

Poly'technikum *n* polytechnic (school).

Pomad|e [po'mɑ:də] *f* (-; -n) pomade; ♀ig *fig. adj.* phlegmatic, slow, lazy.

Pomeranze [pomə'rantsə] *f* (-; -n) bitter orange.

Pommes frites [pom'frit] (*Fr.*) *pl.* chips, *Am.* French fried potatoes.

Pomp [pomp] *m* (-[e]s) pomp, splendo(u)r. [ular, showy.⟩

'pomphaft *adj.* pompous, spectac-⟩

pompös [pom'pø:s] *adj.* pompous, splendid, gorgeous.

Pontifikat [pontifi'ka:t] *n* (-[e]s; -e) pontificate.

Pontius ['pontsius] *m* (-): *colloq. von* ~ *zu Pilatus geschickt werden* be driven from pillar to post, get the grand runaround.

Ponton [pon'tɔn, pɔ̃'tõ] *m* (-s; -s) pontoon; ~brücke *f* pontoon bridge; ~wagen *m* pontoon carrier.

Pony ['poni] *n* (-s; -s) pony; ~frisur *f* fringe, bang.

Popanz ['po:pants] *m* (-es; -e) bugbear, bog(e)y.

Popelin [popə'li:n] *m* (-s; -e) popelin, *Am.* broadcloth.

Popo [po'po:] *colloq. m* (-s; -s) bottom, bum, *Am. a.* fanny.

populär [popu'lɛ:r] *adj.* popular; ~ *machen* make popular; popularize, spread; ~wissenschaftlich popularized, popular-science (*journal, etc.*).

popularisieren [-lari'zi:rən] *v/t.* (h.) popularize.

Popularität [-lari'tɛ:t] *f* (-) popularity.

Pore ['po:rə] *f* (-; -n) pore.

pornographisch [porno'grɑ:fiʃ] *adj.* pornographic.

porös [po'rø:s] *adj.* porous; permeable.

Porosität [porozi'tɛ:t] *f* (-) porosity.

Porphyr ['porfyr] *m* (-s; -e) porphyry; ~gestein *n* porphyritic rock.

Porree ['pore] *bot. m* (-s; -s) leek.

Portal [por'tɑ:l] *n* (-s; -e) portal, front gate; ~kran *tech. m* portal crane.

Porte|feuille [port(ə)'fœj] *n* (-s; -s) portfolio (*a. parl.*); ~monnaie [portmɔ'nɛ:, -'ne:] *n* (-s; -s) purse, note-case, *Am.* billfold, pocketbook; ~pee [portə'pe:] *mil. n* (-s; -s) sword-knot.

Portier [por'tje:] *m* (-s; -s) porter, doorkeeper, *Am.* doorman; janitor.

Portiere [por'tie:rə] *f* (-; -n) (door-) curtain, portière.

Portion [portsi'o:n] *f* (-; -en) portion, share, allowance; *cul.* a) dish, b) helping, serving, plate; pot (*of tea, etc.*); *zwei* ~*en Kaffee* coffee for two; *mil.* ration; *fig. contp. halbe* ~ shrimp, punk, half pint; *eine gehörige* ~ *Frechheit* a good dose of impudence.

Porto ['porto] *n* (-s; -s) postage, *for parcels:* carriage; ~auslagen *f/pl.* postal expenses; ♀frei *adj.* post--free; prepaid, *esp. Am.* postpaid, *on parcels:* carriage paid; ~gebühr *f* postage; postal rate; ~kasse *f* petty cash; ♀pflichtig *adj.* subject to postage; ~satz *m* rate of postage; ~zuschlag *m* surcharge.

Portrait [por'trɛ:] *n* (-s; -s) portrait, likeness; **portraitieren** [-trɛ'ti:-] *v/t.* (h.) portray.

Por'trait...: ~maler *m* portrait--painter, portraitist; ~photogra'phie *f* portraiture.

Portugies|e [portu'gi:zə] *m* (-n; -n), ~in *f* (-; -nen), ♀isch *adj.* Portu-⟩

'Portwein *m* port. [guese.⟩

Porzellan [portsə'lɑ:n] *n* (-s; -e) porcelain, china; *w.s.* earthenware, common china; *fig. unnötig* ~ *zerschlagen* do a lot of unnecessary damage; ♀artig *adj.* vitreous; ~emaille *f* porcelain enamel; ~erde *f* china clay, kaolin; ~geschirr *n* china-ware, crockery; ~kiste *f* → *Vorsicht;* ~laden *m* china-shop; *fig. wie der Elefant im* ~ like a bull in a china-shop; ~male'rei *f* china--painting; ~masse *f* porcelain body; ~service *n* set of china; ~teller *m* china plate; ~ware *f* china-ware.

Posamenten [poza'mɛntən] *n/pl.,* **Posamentierware** [-'ti:r-] *f* (-; -n) lace-work, trimmings; haberdashery *sg., Am.* notions *pl.*; **Posamen'tier** *m* (-s; -e) lacemaker; haberdasher.

Posaune [po'zaunə] *f* (-; -n) trombone; *fig.* trumpet; *die* ~ *des jüngsten Gerichts* the trump of doom; ♀n **I.** *v/i.* (h.) play (on) the trombone; **II.** *v/t.* (h.) *fig.* trumpet (forth), → *ausposaunen;* ~nbläser *m* trombone-player.

Pose[1] ['po:zə] *f* (-; -n) quill.

'Pose[2] *f* (-; -n) pose, attitude, act.

posieren [po'zi:rən] *v/i.* (h.) pose (*als* as), set up (as); strike an attitude, attitudinize; put on airs.

Position [pozitsi'o:n] *f* (-; -en) position (*a. aer.*); social standing; *mar.* station; *econ.* item; *time-bargain:* position; ~ *beziehen* take one's stand; ~s-anzeiger *m* position indicator; ~slampe *mot. f* side lamp; ~slichter *n/pl. aer.* recognition (*mar.* navigation) lights; ~smeldung *f* position message.

positiv ['po:ziti:f, pozi'ti:f] *adj.* positive (*a. el., phot.*); affirmative; ~e *Einstellung* good will; ~es *Recht* statute law; ~es *Wissen* solid knowledge; *phys.* ~ (*geladen*) positive(ly charged); ♀ **1.** *gr. m* (-s; -e) positive (degree); **2.** *phot. n* (-s; -e)

positive (picture); ~elektrisch *adj.* positively electric(al).
Positron ['po:zitron, pozi'tro:n] *phys. n* (-s; -'onen) positron.
Positur [pozi'tu:r] *f* (-; -en) posture; *sich in* ~ *setzen* strike an attitude, attitudinize; *fenc.* take one's guard; *boxing*: square up.
Posse ['posǝ] *f* (-; -n) buffoonery, tomfoolery, drollery; fun, antic, lark; *thea.* farce, burlesque; ~*n reißen* cut capers, clown about.
Possen ['posǝn] *m* (-s; -) trick, prank; practical joke; *j-m e-n* ~ *spielen* play a p. a trick; *j-m et. zum* ~ *tun* do a th. to spite a p.; ℒ**haft** *adj.* farcical, clownish, comical; ~**macher**, ~**reißer** *m* buffoon, clown; ~**reiße'rei** *f* (-; -en) buffoonery; antics *pl.*; ~**spiel** *thea. n* farce, burlesque.
possessiv ['posǝ'si:f] *gr. adj.* possessive; ℒ *n* (-s; -e), ℒ**um** *n* (-s; -va) possessive adjective or pronoun.
possierlich [po'si:rliç] *adj.* droll, funny.
Post [post] *f* (-; -en) post, *Am.* mail; mail, letters *pl.*; postal service, *Am. a. the* mails *pl.*; post-office; news *sg.*; *mit der ersten* ~ by the first delivery; *mit gewöhnlicher* ~ by surface mail; *mit gleicher* ~ under separate cover; *mit umgehender* ~ by return (of post), *Am.* by return mail; *zur* (*or auf die*) ~ *geben, mit der* ~ *schicken* post, *Am.* mail.
'Post...: ~**abfertigung** *f* mail dispatch; ~**ablage** *f* letter-rack; ~-**abonnement** *n* postal subscription.
postalisch [po'sta:liʃ] *adj.* postal.
Postament [posta'mɛnt] *n* (-[e]s; -e) pedestal, base.
'Post...: ~**amt** *n* post office; ~**annahmestempel** *m* date stamp; ~**anschrift** *f* mailing address; ~**antwortschein** *m* reply coupon; ~**anweisung** *f* postal order; ~**auftrag** *m* postal collection order; ~**auto** *n* post van, *Am.* mail car; post-office (*Am.* mail) bus; ~**beamte(r)** *m* post-office clerk; ~**bezirk** *m* postal district; ~**bezug** *m* postal subscription; *econ.* mail ordering; ~**bote** *m* postman, *Am.* mailman; ~**buch** *n* postal guide; ~**dampfer** *m* mail-boat; ~**dienst** *m* postal service; ~**direktion** *f* general post-office; ~**direktor** *m* postmaster; ~**einlieferungsschein** *m* post-office receipt.
Posten ['postǝn] *m* (-s; -) post, place, station; post, situation, job; *colloq. schlauer* ~ soft job; *mil.* sentry, sentinel; outpost; *strike:* picket; *econ.* **a)** lot, parcel, batch, **b)** amount, sum, **c)** item, **d)** entry; *mil.* ~ *stehen* stand sentry, be on guard; *auf* ~ *ziehen* go on (*or* mount) guard; *fig. verlorener* ~ forlorn hope; *auf verlorenem* ~ *kämpfen* fight a losing battle, fight for a lost cause; *auf dem* ~ *sein* be on the alert *or* on one's toes, *physically:* be in good form, feel well; *nicht recht auf dem* ~ *sein* be not quite up to the mark; ~**dienst** *m*, ~**stehen** *n* (-s) sentry duty; ~**jäger** *m* office-hunter, place-hunter; ~-**kette**, ~**linie** *f* line of sentries;

cordon; ℒ**weise** *adv.* in parcels *or* lots; by items; ~ *aufführen* itemize.
'Post...: ~**fach** *n* post-office box (*abbr.* P.O.B.); ~**fachnummer** *f* box-number; ℒ**frei** *adj.* prepaid; ~**gebühr** *f* postage; ~*en pl.* postal rates *or* charges; ~**geheimnis** *n* (-es) secrecy of the mails; ~**halter** *m* postmaster; ~**horn** *n* post-horn.
posthum [post'(h)um] *adj.* → *postum.*
postieren [pos'ti:rǝn] *v/t.* (h.) (*and sich*) station (o.s.), place (o.s.); *sich* ~ *a.* (take one's) stand.
Postillion ['postiljo:n] *m* (-s; -e) postilion.
'Post...: ~**karte** *f* postcard, *Am. a.* postal card; picture postcard; reply postcard; ~**kraftwagen** *m* → *Postauto;* ~**kutsche** *f* stage-coach, mail--coach; ℒ**lagernd** *ad.* to be called for, poste restante (*Fr.*), *Am.* (in care of) general delivery; ~**laufkredit** *m* mail credit; ~**leitzahl** *f* postal zone number; *Am.* zip code; ~**minister** *m* Postmaster General; ~**nachnahme** *f:* *gegen* ~ *cash* (*Am.* collection) on delivery (*abbr.* C.O.D.).
postnumerando [-nume'rando] *adv.:* ~ *bezahlen* pay on receipt; settle at the end of month.
'Post...: ~**paket** *n* postal parcel; ~**reisescheck** *m* postal traveller's cheque (*Am.* check); ~**sache** *f* postal matter, mail; ~**sack** *m* mail (-bag); ~**schalter** *m* post-office window; ~**scheck** *m* postal cheque (*Am.* check); ~**scheckamt** *n* postal cheque (*Am.* check) office; ~**scheckkonto** *n* postal cheque (*Am.* check) account; ~**schiff** *n* mail--boat; ~**schließfach** *n* post-office box (*abbr.* P.O.B.); ~**sekretär** *m* post-office clerk; ~**sparbuch** *n* post-office savings book; ~**sparguthaben** *n* postal savings *pl.*; ~**sparkasse** *f* postal savings bank; ~**station** *f* post-station; ~**stempel** *m* dated postmark, *Am.* mail stamp; *Datum des* ~*s* date as per postmark; ~**tarif** *m* postal rates *pl.*
Postul|at [postu'la:t] *phls. n* (-[e]s; -e), ℒ**ieren** [-'li:-] *v/t.* (h.) postulate.
postum [po'stum] *adj.* posthumous.
'Post...: ~**verkehr** *m* postal service; ~**versandhaus** *econ. n* mail-order house; ~**verwaltung** *f* postal administration; ~**wagen** *m* rail. mail-van, *Am.* postal car; ℒ**wendend** *adv.* by return (of post), *Am.* by return mail; ~**wertzeichen** *n* (postage) stamp; ~**wurfsendung** *f* direct mail(ing as printed matter and mixed consignment); mail circular; ~**zahlschein** *m* postal order; ~**zug** *m* mail-train.
potent [po'tɛnt] *adj.* potent.
Potentat [poten'ta:t] *m* (-en; -en) potentate.
Potential [-'tsia:l] *n* (-s; -e) potential; ~**abfall** *el. m* potential drop; ~**differenz** *f* potential equation.
potentiell [-'tsiel] *adj.* potential.
Potenz [po'tɛnts] *f* (-) (*n.s.* sexual) potency; *math.* (-; -en) power; *zweite* ~ square; *dritte* ~ cube; *vierte* ~ fourth power.
potenzieren [-'tsi:rǝn] *v/t.* (h.) raise to a higher power; *fig.* magnify.

Potpourri ['potpuri] *mus. n* (-s; -s) potpourri, (musical) selection, medley.
Pott|asche ['pot-] *f* (-) potash; ~**fisch**, ~**wal** *m* sperm-whale.
poussieren [pu'si:rǝn] *v/i.* (h.) flirt, spoon (*mit* with); *colloq. fig.* (*v/t.*, h.) butter up, soft-soap.
Präambel [prɛ'ambǝl] *f* (-; -n) preamble.
Pracht [praxt] *f* (-; -en) splendo(u)r, magnificence; luxury; pomp, state; display, rich array; glitter; ~ *entfalten* display splendo(u)r; *fig. colloq. es war e-e wahre* ~ it was just great; '~**aufwand** *m* gorgeous display, sumptuousness; '~**ausgabe** *f* édition de luxe (*Fr.*); '~**bau** *m* (-[e]s; -ten) magnificent (*or* palatial) building; '~**exemplar** *n* splendid specimen (*a. person*).
prächtig ['prɛçtiç] *adj.* splendid, magnificent; gorgeous, sumptuous; pompous; grand, great, dazzling; charming, fine; glorious (*weather*).
'Pracht...: ~**kerl** *m* splendid fellow, brick, topper, trump, *Am. a.* great guy; ~**liebe** *f* (-) love of splendo(u)r; ℒ**liebend** *adj.* fond of show, ostentatious; ~**mädel** *n* splendid girl; ~**straße** *f* boulevard; ~**stück** *n* fine specimen, beauty; ℒ**voll** *adj.* → *prächtig;* ~**zimmer** *n* state-room.
Prädikat [predi'ka:t] *n* (-[e]s; -e) *gr.* predicate; title; attribute; *ped.* mark; ~**snomen** [-no:mǝn] *gr. n* (-s; -mina) complement.
prädispo'nieren *v/t.* (h.) predispose (*für* to).
Präg|anstalt ['prɛːgǝ-] *f* mint; ~**druck** *typ. m* (-[e]s; -e) relief print(ing); ~**form** *f* matrix; ℒ**n** *v/t.* (h.) stamp (*a. fig.* = form); coin (*a. word*); emboss; *fig. in das Gedächtnis:* impress *or* engrave on *one's* memory; ~**ort** *m* place of coinage; ~**stanze** *tech.* f (stamping) die; ~-**stempel** *m* stamping *or* embossing *or* coining die; *adm.* raised seal; ~**stock** *m* coining stamp.
pragmatisch [prag'ma:tiʃ] *adj.* pragmatic(al).
prägnant [prɛg'nant] *adj.* pithy, terse, to the point; exact, precise.
Prägung ['prɛːguŋ] *f* (-; -en) stamping, coinage (*a. of word*); *fig.* stamp, character.
prähistorisch ['prɛ-] *adj.* prehistoric.
prahlen ['pra:lǝn] *v/i.* (h.) boast, brag (*mit* of); talk big, bluster; swagger; show off.
'Prahler *m* (-s; -), ~**in** *f* (-; -nen) blusterer, boaster, braggart, swaggerer; **Prahle'rei** *f* (-; -en) boasting, bragging, swaggering; boast, brag; '**prahlerisch** *adj.* boastful, boasting, bragging; ostentatious, showy.
'Prahl...: ~**hans** *m* (-es; ᵘe) braggart, show-off; ~**sucht** *f* (-) boastfulness.
Prahm [pra:m] *mar. m* (-[e]s; -e) barge.
Präjudiz [preju'di:ts] *jur. n* (-es; -e) precedent; ~**recht** *n* case law.
Praktik ['praktik] *f* (-; -en) practice; *b.s.* ~*en pl.* (sharp) practices, tricks, dodges.

Praktikant(in f) [-'ant(in)] m (-en, -en; -, -nen) probationer, pupil; trainee, student, assistant.
'**Praktiker** m (-s; -) practical man, expert.
'**Praktikum** n (-s; -ka) practical course, laboratory sessions pl.
'**Praktikus** m (-; -se): alter ~ old stager or hand or campaigner.
'**praktisch I.** adj. practical; practical-minded; practised; clever, handy; useful, serviceable; handy, easy-to-use (tool); virtual; ~er Arzt general practitioner; ~e Ausbildung practical training, Am. on-the-job training; ~es Beispiel working example; ~er Sinn practical-mindedness; tech. ~e Gebrauchseigenschaften behavio(u)r under practical service conditions; ~er Unterricht applicatory system, object lessons pl.; ~er Versuch tech. field test; **II.** adv. practically, virtually, to all practical purposes; as good as; ~ durchführbar practicable.
praktizieren [prakti'tsi:rən] v/i. (h.) practise (als Arzt: medicine, als Rechtsanwalt: at the bar).
Prälat [prɛ'la:t] eccl. m (-en; -en) prelate.
Präliminarien [-limi'na:riən] pl. preliminaries.
Praline [pra'li:nə] f (-; -n), **Praliné** ['praline] n (-s; -s) chocolate-cream; Pralinen pl. chocolates.
prall [pral] adj. tight; taut (rope); well-rounded, bursting; chubby (cheeks); plump (pillow); blazing (sun); ♀ m (-[e]s; -e) shock, impact; bounce; rebound; '~en v/i. (sn) bounce or bound (auf acc. against); sun: beat down (auf acc. on); '♀heit f (-) tightness; roundness; plumpness.
Präludium [prɛ'lu:dium] n (-s; -ien) prelude.
Prämie ['prɛ:miə] f (-; -n) award; ped. prize; reward; econ. a) premium, b) bonus, c) stock exchange: option money; bonus, d) (export, etc.) bounty; ~n-erklärung econ. f declaration of option money; ~n-geschäfte n/pl. optional bargains; ~nsatz m (rate of) premium; ~nschein m premium bond; ~nsystem n bonus system, incentive pay system.
prämiieren [prɛ'mi:rən] v/t. (h.) award a prize to; place a premium on.
Prämisse [-'misə] f (-; -n) premise.
prangen ['praŋən] v/i. (h.) thing: make a show; glitter, shine, be resplendent; person: look fine; shine forth.
'**Pranger** m (-s; -) pillory; an den ~ stellen (put in the) pillory, fig. a. expose (publicly).
Pranke ['praŋkə] f (-; -n) claw, clutch, paw.
pränumerando [prɛnume'rando] adv. in advance.
Präparat [prɛpa'ra:t] n (-[e]s; -e) preparation, compound; anat. specimen; microscope: slide preparation.
präparieren [-'ri:rən] v/t. (h.) (and sich) prepare (auf acc. for); dissect; phot. präpariertes Papier sensitized paper.
Präposition [prɛpozitsi'o:n] gr. f

(-; -en) preposition; **präpositional** [-tsio'na:l] adj. prepositional.
Prärie [prɛ'ri:] f (-; -n) prairie.
Präsens ['prɛ:zəns] gr. n (-; -sentia [-'zɛntsia]) present (tense).
Präsent [prɛ'zɛnt] n (-s; -e) present.
präsentier|en [-'ti:rən] v/t. (h.) present; mil. Präsentiert das Gewehr! present arms!; ♀teller m tray, salver; fig. wie auf dem ~ in full view.
Präsenz [prɛ'zɛnts] f (-) presence; ~liste f list of persons present; ~stärke mil. f effectives pl.
Präservativ [-zɛrva'ti:f] n (-s; -e), ~mittel n preservative.
Präsident [-zi'dɛnt] m (-en; -en) president; chairman; parl. Speaker; ~enstuhl m presidential chair; den ~ besteigen take the chair; ~enwahl f presidential election; ~schaft f (-) presidency; ~schaftskandidat m presidential candidate.
präsidieren [-zi'di:-] v/i. (h.) preside (über acc. over); be in the chair.
Präsidium [prɛ'zi:dium] n (-s; -ien) presidency, chair(-manship); ~ Polizeipräsidium, etc.; das ~ übernehmen take the chair.
prasseln ['prasəln] v/i. (h.) fire; crackle; rain: patter; hail: rattle; missiles: hail, rain; ~der Beifall thunderous applause.
prassen ['prasən] v/i. (h.) feast, carouse, splurge; w.s. live in luxury or debauchery.
'**Prasser(in** f) m (-s, -; -, -nen) reveller, spendthrift; glutton.
Prasserei [-sə'raɪ] f (-) gluttony, debauchery, luxury; feasting, revelry.
Prätendent(in f) [preten'dɛnt(in)] m (-en, -en; -, -nen) claimant (auf acc. to); pretender (to crown).
Präteritum [prɛ'te:ritum] gr. n (-s; -ta) preterite, past tense.
Pratze ['pratsə] f (-; -n) paw.
Präventiv|behandlung [preven'ti:f-] med. f prophylactic treatment; ~krieg m preventive war; ~maßnahme f, ~mittel n preventive measure.
Praxis ['praksis] f (-) practice; exercise; experience; usage; (-; -xen) of doctor: practice, patients pl., of lawyer: clients pl.; consultation room, office; in der ~ in practice; tech. in action, in practical operation; in der ~ bestehen können stand the test; in die ~ umsetzen put into practice.
Präzedenzfall [prɛtse'dɛnts-] m precedent; leading case; e-n ~ schaffen set a precedent.
präzis [prɛ'tsis] adj. precise, exact; **präzisieren** [-tsi'zi:-] v/t. (h.) define, specify.
Präzision [-tsi'zio:n] f (-) precision, accuracy; ~s-arbeit f precision work; ~sschießen mil. n precision fire; ~swaage f precision balance.
predig|en ['pre:digən] v/i. and v/t. (h.) preach; fig. sermonize, rant; ♀er(in f) m (-s, -; -, -nen) preacher; ♀t f (-; -en) sermon (a. colloq. fig.); e-e ~ halten preach (a sermon); fig. j-m e-e ~ halten give a p. a lecture.
Preis [praɪs] m (-es; -e) price; cost; fare; rate; fee, charge; prize; award, trophy; reward; praise,

glory; econ. abgemachter (angebotener, gegenwärtiger) ~ agreed (offered, ruling) price; äußerster ~ lowest possible (or keenest) price; sports: ~ der Nationen jumping test, Prix des Nations (Fr.); mot. großer ~ Grand Prix (Fr.); um jeden ~ at any price or cost; um keinen ~ not at any price, not for all in the world; zum ~e von at the price of, priced at, selling for; im ~e steigen (fallen) rise (fall) in price, go up (drop); den ~ davontragen carry off (or take) the prize; film, book, etc.: e-n ~ erzielen fetch a prize.
'**Preis...**: ~abbau m (-[e]s) reduction of prices, cutback; ~amt n price control board; ~änderung f change in price(s pl.); ~en vorbehalten subject to change; ~angabe f quotation (of prices); ohne ~ not priced or marked; ~anstieg m rise in prices; ~aufgabe f (subject set for a) competition; prize-question; ~aufschlag m rise in prices, price mark-up; extra charge; ~auftrieb m upward trend of prices; ~ausschreiben n (-s; -) (prize-)competition; ~auszeichnung f shop mark; ♀bestimmend adj. price-determining; ~bewegung f movement of prices; ~bildung f price fixing; ~bindung f price protection, administered prices pl.; ~ der zweiten Hand resale price maintenance; ~boxer m prize-fighter; ~druck m downward pressure of prices; ~drücker m price-cutter; ~drücke'rei f price-cutting; ~einbruch m → Preissturz.
Preiselbeere ['praɪzəlbe:rə] bot. f red whortleberry, cranberry.
preisen ['praɪzən] v/t. (irr., h.) praise; glorify, extol; laud, eulogize; j-n (sich) glücklich ~ call a p. (o.s.) happy.
'**Preis...**: ~entwicklung f trend of prices; ~erhöhung f → Preisaufschlag; ~ermäßigung f price cut, abatement; discount; ~festsetzung f price fixing, pricing; ~frage f → Preisaufgabe; fig. Am. 64-dollar question; ~gabe f (-), ~gebung f (-) abandonment; surrender; revelation, give-away (of secret); ♀geben v/t. (irr., h.) abandon, give up; surrender, relinquish; sacrifice; reveal, give away (secret); (sich) dem Gelächter, etc. ~ expose (o.s.) to laughter; preisgegeben (dat.) at the mercy of; a prey for; exposed to; ~gefüge n price structure; ♀gekrönt adj. prize-winning, prize (novel, etc.); ~gericht n jury; ~gestaltung f pricing policy; price structure; ~gleitklausel f sliding-price (Am. escalator) clause; ~grenze f price limit; obere ~ a. ceiling; untere ~ minimum (price); ♀günstig adj. → preiswert; ~herabsetzung f price reduction, (price) cut; ~höhe f level of prices; ~index m (price) index number; ~klemme f squeeze in prices; ~lage f (-) price range or level; in jeder ~ at all prices; in mittlerer ~ medium-priced; ~liste f price-list; ~nachlaß m reduction in price, abatement; discount; ~niveau n price level; ~notierung f quota-

tion; ~politik f price policy; ~-
rätsel n competition puzzle; ~-
richter m judge; ~rückgang m
fall (or decline) in prices, drop;
~schere f price scissors pl.; ~-
schießen n rifle competition; ~-
schild n price tag; ~schleude'rei
f undercutting (of prices), price
slashing; ~schraube f price spiral;
~schwankungen f/pl. fluctuations
in prices; ~senkung f → Preisherabsetzung; ~skala f: gleitende ~
sliding scale; ~spanne f price margin, spread; ~stand m (-[e]s) level
(or range) of prices; ~steigerung f
rise (or advance) in prices; ~stel-
lung f quotation; ~stopp m price
stop, price freeze; e-n ~ durchführen freeze prices; ~sturz m sudden
fall of prices, slump, Am. a. break;
~stützung f price supports pl.; ~-
träger(in f) m prize-winner; ~-
treibe'rei f forcing up the prices
(or market), bulling; ~überhöhung
f excessive prices pl.; ~überwa-
chung f price control; ~unterbie-
tung f underselling; dumping; ~-
unterschied m difference in price;
~veränderung f change in price;
~verband m price combine; ~ver-
teilung f distribution of prizes;
~verzeichnis n price-list; 2wert,
2würdig adj. worth the money; ~
sein be good value; low-priced; ~es
Angebot bargain; ~würdigkeit f (-)
good value; moderate price, cheapness; ~zettel n ticketing label; ~-
zuschlag m additional charge.
prekär [pre'kɛːr] adj. precarious.
Prellbock ['prɛl-] rail. m buffer-
-stop; fig. buffer.
prellen ['prɛlən] v/t. (h.) make rebound; toss (in a blanket); med.
contuse, bruise (sich das Knie, etc.
one's knee, etc.); fig. cheat, swindle;
j-n um et. ~ swindle (or trick) a p.
out of a th.
'Prell...: ~platte f baffle-plate;
~schuß m ricochet; ~stein m kerbstone, Am. curbstone; ~ung med. f
(-; -en) contusion, bruise.
Premiere [prəmi'ɛːrə] f first night,
première; ~nbesucher(in f) m
first-nighter; ~nkino n first-run
cinema.
Premierminister [prəmi'eːmini-
stər] m prime minister, premier.
Presse ['prɛsə] f (-; -n) tech., typ.
press; fig. the Press, journalism;
ped. cramming-class(es pl.); (or-
ange, etc.) squeezer, juicer; lust|re,
Am. -er, gloss; Vertreter der ~ reporter, pressman; eben aus der ~
fresh from the press; unter der ~
in the press, printing; in die ~ gehen
go to press; fig. eine gute ~ haben
have a good press; ~agentur f
press agency; ~amt n public relations office; ~bericht m press report; ~chef m press chief; ~dienst
m news service; ~feldzug m press
campaign; ~freiheit f (-) freedom
of the press; ~gesetz n press law;
~konferenz f press conference;
~meldung f news item.
'pressen v/t. (h.) press, squeeze;
compress; force; strain; tech. extrude; block (hat); emboss (leather);
heiß ~ hot-press (cloth); fig. urge,
press; oppress; (im)press, shanghai

(soldiers, etc.); gepreßt voll crammed
(full), jammed; gepreßtes Lachen
forced laugh; mit gepreßter Stimme
in a choked voice.
'Presse...: ~photograph m press
photographer; ~stelle f public relations office; ~stimmen f/pl. com-
mentaries of the press; ~tribüne f
press gallery; ~vergehen n offen|ce
(Am. -se) against the press laws;
~verlautbarung f press release;
~vertreter m reporter, pressman;
public relations officer.
Preß... ['prɛs-]: ~form tech. f
matrix; ~futter agr. n compressed
forage; ~gas n pressure gas; ~glas
n mo(u)lded glass; ~guß(teil n) m
press-casting; ~holz n compreg-
nated (or laminar) wood.
pressieren [prɛ'siːrən] v/i. (h.) be
urgent; es pressiert mir (ihm, etc.) I
am (he is, etc.) in a hurry; → eilen;
es pressiert nicht there is no
hurry.
Pression [-si'oːn] pol. f (-; -en)
pressure, coercive measure.
'Preß...: ~kohle f briquette, compressed (or patent) fuel; ~ling
[-liŋ] m (-s; -e) pressed piece,
mo(u)lding; ~luft f (-) compressed
air; 2luftbetätigt adj. air-oper-
ated; ~luftbohrer m pneumatic (or
air) drill; ~luftflasche f compressed air cylinder; ~lufthammer
m pneumatic hammer; ~luft-
stampfer m compressed-air rammer; ~masse f mo(u)lding compound; → Preßstoff; ~ölschmie-
rung f forced-feed lubrication; ~-
stange f extruded bar; ~stoff m
plastic material, plastic mo(u)lding
compound; ~stroh n baled straw;
~teil n mo(u)lded part.
'Pressung f (-; -en) pressing, pressure, squeeze, compression.
'Preß...: ~verfahren n mo(u)lding
(technique); ~walze f press roll.
Prestige [prɛ'stiːʒ(ə)] n (-s) prestige; ~ verlieren a. lose face; ~den-
ken n status thinking; ~frage f
matter of prestige.
Preuß|e ['prɔysə] m (-n; -n), ~in f
(-, -nen), 2isch adj. Prussian.
prickeln ['prikəln] v/i. and v/t. (h.)
prick(le), tickle (the palate); itch;
limbs: tingle; 2 n prickling; tingling
sensation, pins and needles; hot
taste; pungency; ~d adj. prickly;
pungent, sharp; fig. thrilling; →
pikant.
Priem [priːm] m (-[e]s; -e) quid (of
tobacco), plug; 2en v/i. (h.) chew
tobacco.
pries [priːs] pret. of preisen.
Priese ['priːzə] f (-; -n) neckband
(of shirt).
Priester ['priːstər] m (-s; -) priest;
~amt n priestly office, priesthood;
~herrschaft f (-) hierarchy; ~in f
(-; -nen) priestess; 2lich adj.
priestly, sacerdotal, w.s. clerical;
~rock m cassock; ~schaft f (-)
priests pl., clergy; ~tum n (-s)
priesthood; ~weihe f ordination
(of a priest); die ~ empfangen take
orders.
prima ['priːma] adj. first rate, A 1,
econ. a. prime; colloq. swell, topping, Am. a. solid; → Pfunds...;
2 f top form, highest class; 2balle-

'rina f ballerina; 2'donna f prima-
donna.
Primaner(in f) [pri'maːnər] m (-s,
-; -, -nen) top-form boy (girl).
primär [pri'mɛːr] adj. primary;
geol. protogenic; 2herd med. m
primary focus; 2spannung el. f
primary voltage; 2strom el. m
primary current.
Primas ['priːmas] m (-; -se) pri-
mate.
Primat [pri'maːt] m and n (-[e]s; -e)
primacy.
Pri'maten biol. m/pl. primates.
prima vista ['priːma 'vista] adv.
at sight.
'Primawechsel econ. m first of exchange, prime bill.
Primel ['priːməl] f primrose.
primitiv [primi'tiːf] adj. primitive,
fig. a. crude; Primitivität [-tivi-
'tɛːt] f (-) primitivity; crudity;
Primi'tivling colloq. m primitive
fellow, lowbrow.
Primus ['priːmus] m (-; -mi) head
boy, top boy, top of the class.
'Primzahl f prime number.
Prinz [prints] m (-en; -en) prince;
Prin'zessin [-'tsɛsin] f (-; -nen)
princess; 'Prinzgemahl m prince
consort.
Prinzip [prin'tsiːp] n (-s; -pien)
principle; aus ~ on principle; im ~
in principle, basically; im ~ einig
sein agree in principle; → Grundsatz.
Prinzipal [-tsi'paːl] m (-s; -e)
principal, chief, jur. master; employer, boss.
prinzipiell [-tsi'pjɛl] adj. and adv.
on principle; → grundsätzlich.
Prin'zipien...: ~frage f question of
principle; ~reiter m stickler (for
principles), dogmatist; ~streit m
dispute about principles.
prinzlich ['printsliç] adj. princely.
Prior ['priːoːr] eccl. m (-s; -'oren)
prior; Pri'orin f (-; -nen) prioress.
Priorität [priori'tɛːt] f (-; -en)
priority (a. patent); precedence; ~s-
aktien f preference (Am. preferred)
share; ~s-anleihe f mortgage-loan;
~s-anspruch m priority claim; ~s-
gläubiger(in f) m privileged creditor.
Prise ['priːzə] f (-; -n) 1. mar.
prize; 2. e-e ~ Salz (Tabak) a pinch
of salt (snuff); ~ngelder mar. n/pl.
prize money sg.; ~ngericht n prize
court; ~nkommando n prize crew;
~nrecht n prizage.
Prisma ['prisma] n (-s; -men)
prism; prismatisch [-'maː-] adj.
prismatic(ally adv.).
'Prismen tech. n/pl., ~führungen
f/pl. V-ways.
'Prismenglas opt. n prism glass.
Pritsche ['pritʃə] f (-; -n) slapstick (of harlequin); bat; plank-
-bed; ~n v/t. (h.) beat, bat, lash;
~nwagen m platform truck.
privat [pri'vaːt] adj. private; confidential; personal; ~es Leben, ~e
Sphäre privacy; econ. ~e Einfuhr
imports on private account; 2-
adresse f home address; 2ange-
legenheit f private affair; 2arzt m
physician in private practice; 2-
bank f (-; -en) private (or commercial) bank; 2besitz m, 2eigentum

n private (*or* personal) property; *in* ~ privately owned; ℒdozent *m* (unsalaried) university lecturer, *Am.* instructor; ℒeinkommen *n* personal income; ℒfahrer *m* racing: private entrant; ℒgebrauch *m* (-[e]s) private use; ~gelehrte(r) *m* independent scholar; ℒgespräch *n* private conversation, *teleph.* private call.

Privatier [priva'tie:] *m* (-s; -s) private gentleman.

pri'vatim *adv.* privately, confidentially.

Pri'vat...: ~initiative *f* private venture; ~interesse *n* private interest; ~*n verfolgen pol. esp. Am.* have an ax(e) to grind; ℒisieren [-ti'zi:-] **I.** *v/i.* (h.) live on one's means; **II.** *v/t.* (h.) put into private ownership; ~klage *jur. f* private complaint; ~kläger(in *f*) *m* complainant; ~klinik *f* private clinic, nursing home; ~korrespondenz *f* personal correspondence; ~leben *n* private life; ~lehrer(in *f*) *m* private tutor; ~mann *m* private gentleman; ~patient *med. m* paying patient; ~person *f* private person; ~recht *n* private law; ℒrechtlich *adj.* under private law, private-law; ~sache *f* private matter; ~schule *f* private school; ~sekretär *m* private secretary; ~stunde *f* private lesson; ~unternehmen *n* private enterprise; ~unterricht *m* (-[e]s) private tuition (*or* lessons *pl.*); ~versicherer *m* private underwriter; ~weg *m* private road; ~wirtschaft *f* (-) private industry, free economy; ~wohnung *f* private residence.

Privileg [privi'le:k] *n* (-[e]s; -gien [-giən]) privilege; licence.

privilegier|en [-'gi:rən] *v/t.* (h.) privilege; ~t *adj.* privileged; chartered (*bank*).

pro [pro:] *prp.* (*acc.*) per; ~ *Jahr* pro annum; ~ *Kopf* per head; *Einkommen* ~ *Kopf* per capita income; ~ *Stück* a piece; *5 Personen* ~ *Quadratmeile* 5 persons to the square mile; **Pro** *n* (-): ~ *und Kontra* pro and con.

probat [pro'ba:t] *adj.* proved, tried, tested.

Probe ['pro:bə] *f* (-; -n) experiment; trial, test, tryout; *metall.* assay; sample, pattern; specimen; *a. math.* proof; probation; check; *thea.* rehearsal (*a. w.s.* = practice); audition; *iro.* taste; trade-mark; *auf* ~ on probation, on trial, *consignment:* on approval; *Beamter auf* ~ probationary officer; *auf die* ~ *stellen* (put to the) test; *auf e-e harte* ~ *stellen* put to a severe test, tax, try (*nerves, patience, etc.*); *die* ~ *bestehen* stand (*or* pass) the test; *die* ~ *aufs Exempel machen* put the matter to the acid-test; ~*n von Mut ablegen* give proof of one's courage; ~*n* (*ab*)*halten* have a rehearsal, rehearse; *tech.* ~*n nehmen* take samples; ~abdruck, ~abzug *m typ.* proof; *phot.* test print; ~alarm *m* practice alarm; ~aufnahme *f film:* screen test; *von j-m* ~*n machen* screen-test a p.; ~auftrag *m*, ~bestellung *f* trial order; ~bild *n phot.*

proof; *TV:* test chart, *Am.* resolution pattern; ~bogen *typ. m* proof-sheet; ~entnahme *tech. f* sampling; ~exemplar *n* specimen copy, sample (copy); ~fahrt *f* trial trip; *mot.* trial run, road test; ~fall *m* test case; ~flug *m* test flight; ~jahr *n* year of probation; ~lauf *m* test run (*a. mot.*); ~muster *tech. n* experimental model; ℒn *v/t.* (h.) → *probieren; thea.* (*a. w.s.*) rehearse; ~nahme *f* sampling; ~nummer *f* specimen number; ~schuß *m* trial shot; sighting shot; ~seite *typ. f* specimen page; ~sendung *f* sample sent on approval, *Am.* trial shipment; ~stück *n* specimen, sample, pattern; *tech.* (test) specimen; ℒweise *adv.* by way of trial, *person a.* on probation; on approval; ~zeit *f* time of probation, qualifying period, trial (*Am. a.* tryout) period; *nach einer* ~ *von 3 Monaten* at the end of a three months' probation.

probieren [pro'bi:rən] *v/t.* (h.) try (*a. es* ~ *mit*); (put to the) test; taste (*food*); sample (*wine, etc.*); *metall.* assay; *probier's noch mal* try again; → *anprobieren;* **Pro'bieren** *n* (-s) trying; trial and error method; ~ *geht über Studieren* the proof of the pudding is in the eating.

Pro'bier...: ~glas *chem. n* test-tube; ~nadel *f* touch-needle; ~stein *m* touchstone; ~waage *f* assay-balance.

Problem [pro'ble:m] *n* (-s; -e) problem.

Problema|tik [-ble'ma:-] *f* (-) problematic nature, dubiousness; (set of) problems *pl.*; ℒtisch *adj.* problematic(al).

Pro'blemstück *thea. n* thesis-play.

Produkt [pro'dukt] *n* (-[e]s; -e) product (*a. math.*); *agr.* produce; result, outcome; ~enbörse *f* produce exchange; ~enhandel (~enhändler) *m* trade (dealer) in agricultural produce; ~enmarkt *m* produce market.

Produktion [-ti'o:n] *f* (-; -en) production; output; yield.

Produkti'ons...: → *Herstellungs...;* ~anlage *f* production facilities, plants *pl.*; ~anstieg *m* increase in production; ~assistent *m film:* assistant executive producer; ~ausfall *m* loss of production; ~beschränkung *f* output restriction; ~betrieb *m* producing firm; ~gang *m* course of manufacture; ~güter *n/pl.* producer goods; ~kosten *pl.* cost(s) of production; ~kraft *f* productive power; ~leistung *f* output capacity; ~leiter *m* production manager; *film:* executive producer; ~leitung *f* plant management; *film:* production; ℒmäßig *adj.* (in terms of) production; ~menge *f* output; ~mittel *n/pl.* means of production, production equipment; ~rückgang *m* falling off in production, production drop; ~stand *m* (-es) level of production; ~stätte *f* (manufacturing) plant; ~umfang *m* (-[e]s) volume of production; ~wirtschaft *f* (-) producing industries *pl.*; ~ziffer *f* production rate (*or* figure).

produktiv [-'ti:f] *adj.* productive.

Produktivität [-tivi'tɛ:t] *f* (-) productivity.

Produzent [-'tsent] *m* (-en; -en) producer (*a. film*), manufacturer, maker; *agr.* grower.

produzieren [-'tsi:rən] *v/t.* (h.) produce; *agr.* grow; yield; *Beweismaterial* ~ furnish evidence; *sich* ~ show o.s., perform, *contp.* show off, make an exhibition of o.s.

profan [pro'fa:n] *adj.* profane.

profanier|en [-fa'ni:-] *v/t.* (h.) profane; ℒung *f* (-) profanation.

Profession [profe'sio:n] *f* (-; -en) trade, vocation; profession.

professionell [-sio'nɛl] *adj.* professional, by trade.

Professor [pro'fɛsor] *m* (-s; -'oren) professor.

profes'sorenhaft *adj.* professorial.

Professur [-'su:r] *f* (-; -en) professorship; chair.

Profi ['pro:fi] *m* (-s; -s) *sports:* pro.

Profil [pro'fi:l] *n* (-s; -e) profile (*a. tech.* = section); *aer.* wing section; *mot.* (tyre) tread; *im* ~ in profile; ~draht *m* profiled wire; ~eisen *n* structural iron; *pl.* sections; ~form *f* form of profile, section; ~fräser *m* profile cutter.

profilier|en [-fi'li:-] *v/t. and v/i.* (h.) (draw in) profile; *tech.* shape; *w.s.* streamline; *fig.* present in clear outline; ~t *adj.* profiled; non-skid; *fig.* clearly defined; salient; prominent (*person*); ℒung *f* (-; -en) profiling; *aer.* fairing; *mot.* tread.

Pro'fil...: ~stahl *m* section(al) steel; ~träger *m* H-beam.

Pro|fit [pro'fi:t] *m* (-[e]s; -e) profit; → *Gewinn;* ℒfitabel [-fi'ta:-] *adj.* profitable, lucrative; ℒ'fitgierig, ℒ'fitlich *adj.* profit-seeking, predatory; ℒfitieren [-fi'ti:-] *v/i.* (h.) profit (*von* by), capitalize (on); *er kann dabei nur* ~ he only stands to gain; ~'fitjäger, ~'fitmacher *m* profiteer; ~'fitmache'rei *f* (-) profiteering.

pro forma [pro: 'forma:] *adv.* pro forma, as a matter of form; ~ *mittrinken* have a token drink of wine.

Pro'forma|rechnung *econ. f* pro forma invoice; ~wechsel *m* accommodation bill.

Prognose [pro'gno:zə] *f* (-; -n) forecast, *esp. med.* prognosis.

Programm [-'gram] *n* (-s; -e) program(me), *thea. a.* playbill; *pol.* (political) programme, *Am.* platform; schedule; *ped.* prospectus; *racing, etc.:* card; *als* ~ *vorsehen* program(me); *im* ~ *ankündigen* bill.

programmier|en [-'mi:-] *v/t.* (h.) program(me) (*a. tech.*); ℒer *tech. m* (-s; -) programmer.

Pro'gramm...: ℒgemäß *adv.* according to plan (*or* schedule); without a hitch; ~gestaltung *f* (-) programming; ~gesteuert *tech. adj.:* ~er Rechner program(me)-controlled (*or* digital) computer; ~musik *f* (-) program(me) music; ~punkt *m* item; ~vorschau *f film:* trailor (*pl.*); ~wähler *m* program(me) selector; ~wechsel *m* change of program(me).

progressiv [progre'si:f] *adj.* progressive.

Prohibition [-hibitsi'o:n] *n* prohibition.
prohibitiv [-bi'ti:f] *adj.* prohibitive; **ℒsystem** *n* prohibitionism; **ℒzoll** *m* prohibitory duty.
Projekt [pro'jɛkt] *n* (-[e]s; -e), **projektieren** [-'ti:-] *v/t.* (h.) project.
Projektil [-'ti:l] *n* (-s; -e) projectile.
Projektion [-tsi'o:n] *f* (-; -en) projection; projected image; **ℒs-apparat** *m* projector; **ℒsbild** *n* projected image; lantern slide; **ℒsfläche** *f* screen; **ℒslampe** *f* projection (filament) lamp; **ℒsraum** *m* visual aids room; **ℒsröhre** *TV* *f* projection tube; **ℒsschirm** *m* screen.
projizieren [-ji'tsi:rən] *v/t.* (h.) project.
Proklamation [proklamatsi'o:n] *f* (-; -en) proclamation; **proklamieren** [-'mi:rən] *v/t.* (h.) proclaim.
Prokrustesbett [pro'krustes-] *n* Procrustean bed.
Prokura [pro'ku:ra] *econ.* *f* (-; -ren) procuration, proxy; *per* ~ by procuration; ~ *erteilen* give procuration.
Prokurist [-ku'rist] *m* (-en; -en) managing (*or* confidential, signing) clerk; officer authorized to sign on behalf of the firm; secretary.
Prolet [-'le:t] *contp.* *m* (-en; -en) cad; **Proletariat** [-leta'ria:t] *n* (-[e]s; -e) proletariat; *geistiges* ~ white-collar proletariat.
Proletar|ier(in *f*) [-'ta:riər] *m* (-s, -; -, -nen) **ℒisch** *adj.* proletarian; **ℒiertum** *n* (-s) proletarianism; **ℒisieren** [-tari'zi:-] *v/t.* (h.) proletarianize.
Prolog [pro'lo:k] *m* (-[e]s; -e) prologue; *den* ~ *sprechen* prologize.
Prolongation *econ.* [prolɔŋgatsi'o:n] *f* (-) renewal, extension (*of credit, etc.*); *stock exchange*: carry(ing)-over; *film*: hold-over; **ℒsgebühr** *f* continuation-rate, contango; **ℒsgeschäft** *n* carrying-over (business), contango business.
prolongieren [-'gi:rən] *v/t.* (h.) renew, extend, prolong; *stock exchange*: carry over; *film*: hold over.
Promenade [-mə'na:də] *f* (-; -n) a) promenade, *Am.* avenue, b) promenade, walk, stroll; **ℒndeck** *mar.* *n* promenade deck; **ℒnkonzert** *n* promenade concert; **ℒnmischung** *colloq.* *f* mongrel.
promenieren [-'ni:rən] *v/i.* (sn) promenade, (take a) walk, stroll about.
Promesse [-'mɛsə] *f* (-; -n) promissory note.
Promille [-'milə] *n* (-[s]; -) pars pro mille; concentration of blood alcohol.
prominent [-mi'nɛnt] *adj.* prominent; **ℒe(r** *m*) *f* prominent person, leading figure, notable, celebrity; socialite; **Promi'nenz** *f* (-) prominence; notables, civic heads *pl.*; high society.
Promotion [promotsi'o:n] *univ.* *f* (-; -en) graduation; degree day, *Am.* graduation exercises *pl.*, commencement (day).
promovieren [-'vi:rən] **I.** *v/t.* (h.) confer a (doctor's) degree (up)on; **II.** *v/i.* (h.) graduate (*an dat.* at, *Am.* from), take one's (doctor's) degree.
prompt [prɔmpt] *adj.* prompt,

quick, ready; **ℒheit** *f* (-) promptness, promptitude.
Pronomen [-'no:mən] *gr.* *n* (-s; -) pronoun; **pronomi'nal** *adj.* pronominal.
Propaganda [propa'ganda] *f* (-) propaganda; publicity, advertising; ~ *machen für* (*acc.*) make propaganda for, propagate; **ℒfeldzug** *m* propaganda campaign; **ℒministerium** *n* ministry of information; **ℒrummel** *m* propaganda binge, ballyhoo.
Propagandist [-'dist] *m* (-en; -en) propagandist.
propagieren [-'gi:rən] *v/t.* (h.) propagate, propagandize, spread.
Propan [pro'pa:n] *chem.* *n* (-s) propane.
Propeller [pro'pɛlər] *m* (-s; -) airscrew, *esp. Am.* propeller; **ℒblatt** *n*, **ℒflügel** *m* airscrew (*or* propeller) blade; **ℒnabe** *f* airscrew boss; **ℒschub** *m* propeller thrust; **ℒturbine** *f*, **ℒturbinenwerk** *n* propeller turbine, turbo-prop; **ℒwind** *m* (-[e]s) slipstream.
proper ['prɔpər] *adj.* neat, clean.
Prophet [pro'fe:t] *m* (-en; -en) prophet; **ℒisch** *adj.* prophetic(ally *adv.*).
prophezei|en [-fe'tsaɪən] *v/t.* (h.) prophesy; *w.s.* predict, foretell; **ℒung** *f* (-; -en) prophecy; prediction.
prophylaktisch [profy'laktiʃ] *adj.* prophylactic, preventive.
Proportion [proˈpɔrtsi'o:n] *f* (-; -en) proportion; **proportional** [-tsio-'na:l] *adj.* proportional; *umgekehrt* ~ inversely proportional (*zu* to); **proportioniert** [-'ni:rt] *adj.* proportionate; *wohl* ~ well proportioned; **Proporti'onsrechnung** *math.* *f* (rule of) proportion.
Propst [pro:pst] *eccl.* *m* (-es; ⸚e) provost.
'Prorektor *univ.* *m* vice-chancellor.
Prosa ['pro:za] *f* (-) prose; **ℒdichtung** *f* (-) fiction.
Prosaiker [pro'za:ikər] *m* (-s; -), **Prosaist** [-za'i:st] *m* (-en; -en) prose-writer; **pro'saisch** *adj.* prosaic, prosy.
Proselyt [proze'ly:t] *m* (-en; -en) proselyte.
prosit! ['pro:zit] *int.* your health!, cheers!, *Am.* mud in your eye!; ~ *Neujahr!* a happy New Year (to you); *iro.* *ja* ~ (*Mahlzeit*)! what next!, my eye!
Prospekt [pro'spɛkt] *m* (-[e]s; -e) prospect; prospectus; brochure, leaflet, *esp. Am.* folder, pamphlet; **ℒmaterial** *n* advertising literature.
prost [pro:st] → *prosit*.
prostituier|en [prostitu'i:rən] *v/t.* (h.) (*sich*) prostitute (o.s.); **ℒte** *f* (-n; -n) prostitute.
Prostitution [-tutsi'o:n] *f* prostitution.
Proszenium [pro'stse:nium] *thea.* *n* (-s; -ien) proscenium; **ℒsloge** *f* stage-box.
Protegé [prote'ʒe:] *m* (-s; -s) protégé(e *f*).
protegieren [-te'ʒi:-] *v/t.* (h.) patronize, take *a p.* under one's wings.
Protein [prote⁹'i:n] *chem.* *n* (-s; -e) protein.

Protektion [-tɛktsi'o:n] *f* (-; -en) protection, patronage; **ℒswirtschaft** *f* (-) protectionism.
Protektor [-'tɛktor] *m* (-s; -'toren) protector; → *Gönner*; **Protekto'rat** *n* (-[e]s; -e) protectorate, protected territory; patronage; *unter dem* ~ *von* (*dat.*) under the auspices of.
Protest [-'tɛst] *m* (-es; -e) protest; *econ.* ~ *mangels Annahme* protest for non-acceptance; *unter* ~ under protest; ~ *gegen et. einlegen or erheben* (enter a) protest against a th., → *protestieren*; *Wechsel zu* ~ *gehen lassen* have a bill protested; **ℒanzeige** *econ.* *f* notice of dishono(u)r.
Protestant [-'tant] *m* (-en; -en), **ℒin** *eccl.* *f* (-; -nen), **ℒisch** *adj.* Protestant; **Protestantismus** [-'tismus] *m* (-) Protestantism.
protestieren [-'ti:rən] **I.** *v/i.* (h.): *gegen et.* ~ protest (*Brit.* against), object to; **II.** *v/t.* (h.) *econ.* protest (*a bill of exchange*).
Pro'test...: **ℒsturm** *m* storm of protest, outcry; **ℒurkunde** *econ.* *f* protest certificate; **ℒversammlung** *f* indignation meeting.
Prothese [pro'te:zə] *f* (-; -n) artificial limb, prosthesis; denture.
Protokoll [proto'kɔl] *n* (-s; -e) record (*a. jur.*), proceedings *pl.*, transcript; minutes *pl.*; *diplomacy*: protocol; *das* ~ *aufnehmen* draw up the minutes; *das* ~ *führen* keep the minutes; *jur.* *zu* ~ *geben* depose, place on record, state in evidence; *zu* ~ *nehmen* take down, record; **protokollarisch** [-'lɑ:riʃ] **I.** *adj.* recorded, entered in the minutes; **II.** *adv.* by the minutes.
Proto'koll...: **ℒaufnahme** *f* recording, drafting of the minutes; **ℒbuch** *econ.* *n* minute-book; **ℒchef** *m* chef de protocol (*Fr.*); **ℒführer** *m* secretary; *jur.* clerk of the court.
protokol'lieren *v/t. and v/i.* (h.) (enter in the) record, enter in (*or* keep) the minutes (of); take down (on record).
Proton ['pro:tɔn] *phys.* *n* (-s; -'tonen) proton.
Proto'plasma [proto-] *n* (-s) protoplasm.
Prototyp ['pro:to-] *m* (-[e]s; -e) prototype.
Protozoen [proto'tso:ən] *biol.* *n/pl.* protozoa.
Protuberanz [protube'rants] *f* (-; -en) protuberance.
Protz [prɔts] *m* (-en *or* -es; -e[n]) ostentatious fellow, swell, snob, *Am.* high-stepper.
'Protze *mil.* *f* (-; -n) limber.
'protzen *v/i.* (h.) (*mit dat.*) show off (with), make a show (of), flaunt (*a th.*), parade (*a th.*); → *prahlen*; **ℒhaft** *adj.* purse-proud; → *protzig*; **ℒtum** *n* (-s) snobbism, snobbishness.
'protzig *adj.* ostentatious, showy, shoddy; *Am.* swank; *person*: purse-proud; snobbish, stuck-up.
Provenienz [proveni'ents] *f* (-; -en) origin, provenance.
Proviant [provi'ant] *m* (-s) provisions, victuals, *mil.* rations, supplies *pl.*; *mit* ~ *versehen* provision, victual; **ℒamt** *mil.* *n* ration (*or* supply) depot; **ℒkolonne** *f* supply column;

~lager n supply depot; ~zug m supply train.

Provinz [pro'vints] f (-; -en) province; *the* country.

Pro'vinz...: ~ausgabe f regional edition; ~bank f (-; -en) provincial bank; ~blatt n provincial paper.

provinzial [-tsi'a:l], **provinziell** [-tsi'ɛl] adj. provincial.

Provinzialismus [-tsia'lismus] m (-; -men) provincialism.

Pro'vinzler(in f) m (-s, -; -, -nen) provincial.

Provision [-vizi'o:n] econ. f (-; -en) commission; brokerage; mit e-r ~ von 20% on a 20 per cent commission; ♀sfrei adj. free of commission; ♀s-pflichtig adj. subject to a commission; ~sreisende(r m) f travel(l)er on commission; ~ssatz m rate of commission; ♀sweise adv. on a commission.

Provisor [-'vi:zɔr] m (-s; -'soren) chemist's assistant.

provisor|isch [-vi'zo:riʃ] adj. provisional, temporary; make-shift; ~e *Regierung* caretaker government; ♀ium n (-s; -ien) provisional (or temporary) arrangement; make-shift.

Provo|kation [provokatsi'o:n] f (-; -en) provocation; ♀zieren [-'tsi:rən] v/t. (h.) provoke; ~d provocative.

Prozedur [protse'du:r] f (-; -en) procedure, jur. proceedings pl.; umständliche ~ ritual.

Prozent [-'tsɛnt] n (-[e]s; -e) (%) per cent; ~e pl. percentage sg.; zu 5 ~ at five per cent; zu hohen ~en at a high rate of interest; ...♀ig ... per cent; ~rechnung f interest account; ~satz m percentage, w.s. a. part, proportion; rate of interest.

prozentual [-tsɛntu'a:l] adj. per cent, percental; proportional; ~er *Anteil* percentage.

Prozeß [pro'tsɛs] m (-sses; -sse) process; jur. action, lawsuit, litigation; trial; (legal) proceedings pl.; e-n ~ gewinnen (verlieren) win (lose) a judgement (or one's case); gegen j-n e-n ~ anstrengen institute legal proceedings against a p., bring an action against a p., sue a p.; in e-n ~ mit j-m verwickelt sein be involved in a lawsuit with a p.; j-m den ~ machen try a p., put a p. on trial; fig. kurzen ~ machen (mit dat.) make short work of it (of a th.); ~akten f/pl. minutes or record (of a case), files; brief; ~bevollmächtigte(r) m (klägerischer ~) agent or attorney (for the plaintiff); ♀fähig adj. actionable; ~führer m litigant, plaintiff's counsel; ~führung f conduct of a case; ~gegenstand m matter in dispute; ~gegner(in f) m opposing party; ♀hindernd adj.: ~e Einrede plea in bar of trial.

prozessieren [-tsɛ'si:rən] v/i. (h.) carry on a lawsuit (mit with), go to law (with), litigate.

Prozession [protse'sio:n] f (-; -en) procession.

Pro'zeß...: ~kosten pl. (law) costs, legal charges; ~ordnung f rules pl. of the court, legal procedure; ~partei f party to the action;

~recht n (-[e]s) adjective law; ~vollmacht f power of attorney.

prüde ['pry:də] adj. prudish; **Prüderie** [prydə'ri:] f (-) prudishness, prudery.

Prüf|attest ['pry:f-] tech. n test certificate; ~befund m test result.

'prüfen v/t. (h.) examine, test; examine, scrutinize; scan, inspect (a. tech.); investigate, look into, analyse; assay (ore); taste (wine); check, tech. a. control; econ. audit; jur. review (decision); tech. overhaul; screen (a p.); auf Richtigkeit ~ verify; prove (last will); try, (put to the) test; consider, study, weigh; afflict, try; sich ~ examine o.s., search one's heart; der Antrag wird geprüft the application is under consideration; geprüfter Lehrer certificated teacher; schwer geprüfter Vater sorely afflicted father; ~d adj. searching, speculative (glance).

'Prüfer(in f) m (-s, -; -, -nen) examiner (a. patent); tester, checker; tech. inspector; metall. assayer; econ. auditor; of tea, etc.: taster.

'Prüf...: ~feld n testing room, test bay; ~gerät n testing apparatus or equipment; ~ingenieur m testing engineer; ~lampe f test lamp; ~lehre f master ga(u)ge; ~ling m (-s; -e) examinee; tech. (test) specimen; ~stand m test stand or bench; ~standversuch mot. m bench test, Am. block test; ~stein m touchstone; ~strom el. m test current; ~stück tech. n (test) specimen.

'Prüfung f (-; -en) (mündliche oral, schriftliche written) examination, exam; test (a. tech.); scrutiny; examination; investigation; analysis; consideration; studies pl.; verification, check(ing), Am. a. checkup, tech. a. control; inspection; service test; econ. audit; jur. review; trial, test; visitation, affliction, ordeal; sports: event; e-e ~ machen go in for an examination.

'Prüfungs...: ~anstalt f testing laboratory; ~arbeit, ~aufgabe f examination paper; ~ausschuß m, board of examiners; review board; ~bericht m test report; econ. auditing report; ~ergebnis n examination results pl.; ~kandidat m examinee; ~kommission f → Prüfungsausschuß; ~ordnung f regulations pl. for the conduct of an examination; ~zeugnis n certificate, diploma.

'Prüf...: ~verfahren tech. n testing method; ~zeichen n test mark.

Prügel ['pry:gəl] m (-s; -) stick, cudgel; fig. pl. (a. Tracht ~) (awful) beating or hiding, (sound) thrashing; j-m e-e Tracht ~ verabreichen a. beat the daylights out of a p.

Prügelei [-'laɪ] f (-; -en) fight, brawl, scrap.

'Prügelknabe m whipping-boy; scapegoat.

'prügeln v/t. (h.) cudgel, flog; beat (up), thrash, give a thrashing; sich ~ (have a) fight.

'Prügelstrafe f corporal punishment, flogging.

Prünelle [pry'nɛlə] f (-; -n) prune.

Prunk [pruŋk] m (-[e]s) splendo(u)r, magnificence; luxury; pomp, gorgeous display, show; ♀en v/i. (h.) be resplendent; ~ mit (dat.) make a show of, parade, flaunt, show off; boast of; ~d → prunkhaft; ~gemach n state room; ♀haft adj. ostentatious, showy; ♀los adj. unostentatious, unadorned, plain; '~stück n show-piece; '~sucht f (-) love of splendo(u)r, ostentatiousness, pomposity; '♀süchtig adj. ostentatious, pompous; '♀voll adj. splendid, gorgeous.

prusten ['pru:stən] v/i. (h.) snort, burst out (vor Lachen laughing).

Psalm [psalm] m (-s; -en) psalm.

Psalmist [-'mist] m (-en; -en) psalmist.

'Psalter m psalter.

Pseudo... ['psɔydo-] pseudo...

Pseudonym [-'ny:m] n (-s; -e) pseudonym, assumed name; of writer: pen name, nom de plume (Fr.); **pseudo'nym** adj. pseudonymous.

PS-Leistung [pe:'ʔɛs-] f horse-power output.

pst! [pst] int. hush!, stop!; pst!

Psyche ['psy:çə] f (-; -n) psyche, soul.

psychedelisch [psyçə'de:liʃ] adj. psychedelic.

Psychiater [psyçi'a:tər] m (-s; -) psychiatrist, alienist; **Psychiatrie** [-a'tri:] f (-) psychiatry; as subject: psychiatrics pl.

'psychisch adj. psychic(al).

Psychoanaly|se [psyço?ana'ly:zə] f (-) psychoanalysis; ~tiker m psychoanalyst; ♀tisch adj. psychoanalytic(ally adv.).

Psycho|log [-'lo:k] m (-en; -en), ~loge [-'lo:gə] m (-n; -n), ~'login f (-; -nen) psychologist; ~logie [-lo-'gi:] f (-) psychology; ♀'logisch adj. psychological.

Psychopath [psyço'pa:t] m (-en; -en) psychopath; ♀isch adj. psychopathic.

Psychose [-'ço:zə] f (-n; -n) psychosis; w.s. a. panic.

psychosomatisch [-zo'ma:tiʃ] adj. psychosomatic.

Psychothera'pie f (-) (science) psychotherapy; (method) psychotherapeutics.

psychotisch [-'ço-] adj. psychotic.

Pubertät [puber'tɛ:t] f (-) puberty.

publik [pu'bli:k] adj. public; ~ machen make public, publicize.

Publikation [publikatsi'o:n] f (-; -en) publication.

Publikum ['pu:blikum] n (-s) the public; audience; spectators pl., crowd; readers pl.; univ. open lecture; ♀swirksam adj. → zugkräftig.

publizieren [publi'tsi:rən] v/t. (h.) publish.

Publizist [-'tsist] m (-en; -en) publicist, journalist; ~ik f (-) journalism; ♀isch adj. journalistic(ally adv.).

Puddel|eisen ['pudəl-] n puddling iron; ♀n v/t. (h.) puddle; ~ofen m puddling furnace; ~roh-eisen n forge pig; ~stahl m → Puddeleisen.

Pudding ['pudiŋ] m (-s; -e) pudding.

Pudel ['puːdəl] *m* (-s; -) poodle; *fig.* blunder; *des* ～*s Kern* the gist of the matter, *b.s.* the rub; *wie ein begossener* ～ *dastehen* stand aghast, look crestfallen; 2**nackt** *adj.* mother-naked; 2**naß** *adj.* dripping wet, drenched; 2**wohl** *adj.*: *sich* ～ *fühlen* feel great, *Am.* feel like a million dollars.

Puder ['puːdər] *m* (-s; -) (toilet) powder; ～**dose** *f* powder-box; vanity-case, flapjack, *Am.* compact; 2**n** *v/t.* (h.) (*sich*) ～ powder (o.s. or one's face); ～**quaste** *f* powder-puff; ～**zucker** *m* icing (*Am.* confectioner's) sugar.

puff! [puf] *int.* puff!, bang!

Puff *m* (-s; ⁓e) cuff, thump; poke, dig (in the ribs); nudge; bang, pop, report; (*wad*) puff; (-s; -s) backgammon; *colloq.* brothel, whorehouse; *er kann e-n* ～ *vertragen* he can take a lot, he is thick-skinned; '～**ärmel** *m* puffed sleeve; '2**en** **I.** *v/t.* (h.) cuff, thump, jostle; pummel; poke in the ribs, nudge; **II.** *v/i.* (h.) train: puff, chug; pop, bang away.

Puffer ['pufər] *m* (-s; -) rail. buffer, *Am. a.* bumper; *on door, etc.*: bumper, cushion; *cul.* potato-cake; ～**lösung** *chem. f* buffer solution; ～**staat** *m* buffer state; ～**ung** *f* (-) cushioning; *chem.* buffering; ～**wirkung** *chem. f* (-) buffer action.

'**Puffmais** *m* popcorn.

'**Puffspiel** *n* backgammon.

Pulk [pulk] *aer. m* (-[e]s; -s) formation, group.

Pulle ['pulə] *colloq. f* (-; -n) bottle.

'**pullen** *v/i.* (h.) pull, row.

Pullover [pu'loːvər] *m* (-s; -) pull-over, sweater.   [nary...}

Pulmonal... [pulmoˈnɑːl] pulmo-}

Puls [puls] *anat. m* (-es; -e) pulse; *j-m den* ～ *fühlen* feel a p.'s pulse (*a. fig.*); '～**ader** *f* artery.

pulsen, pulsieren ['pulzən, -'ziːrən] *v/i.* (h.) pulsate, throb; *fig. a.* pulse, be vibrant (*von* with).

'**Puls...:** ～**schlag** *m* pulsation, pulse beat; ～**wärmer** *m* (-s; -) wristlet; ～**zahl** *f* pulse rate.

Pult [pult] *n* (-[e]s; -e) desk (*a. tech.*).

Pulver ['pulfər] *n* (-s; -) powder; gunpowder; *colloq. fig.* cash, dough; *in* ～ *verwandeln* pulverize; *fig. er ist keinen Schuß* ～ *wert* he is not worth powder and shot; *das ist keinen Schuß* ～ *wert* it isn't worth a rap, it's no good; *er hat das* ～ *nicht erfunden* he is no great light, he will not set the Thames on fire; *sein* ～ *verschossen haben* have shot one's bolt; 2**artig**, 2**förmig** *adj.* powdery, pulverous; ～**dampf** *m* powder-smoke; ～**fabrik** *f* powder-mill; ～**faß** *n* powder-keg; *fig.* volcano; (*wie*) *auf e-m* ～ *sitzen* sit on the top of a volcano.

pulverisier|bar [pulvəriˈziːr-] *adj.* pulverizable; ～**en** *v/t.* (h.) (reduce to) powder, pulverize.

'**Pulver...:** ～**ladung** *f* powder charge; ～**magazin** *n* powder magazine; ～**schnee** *n* powdery snow.

pummelig ['puməliç] *colloq. adj.* plump, roly-poly, chubby.

Pump [pump] *colloq. m* (-[e]s; -e) credit, tick; *auf* ～ *kaufen* buy on tick.

Pumpe ['pumpə] *f* (-; -n) pump; 2**n** *v/t. and v/i.* (h.) pump; *colloq.* lend, *esp. Am.* loan, give on tick; *sich et. von j-m* ～ borrow a th. from a p., touch a p. for *a sum*; ～**hub** *m* pump lift; ～**nkolben** *m* pump piston; ～**nschwengel** *m* pump-handle.

Pumpernickel ['pumpərnikəl] *m* (-s; -) Westphalian ryebread, pumpernickel.

'**Pump...:** ～**hose(n** *pl.*) *f* pantaloons; knickerbockers, plus fours *pl.*; ～**station** *f* water-station; ～**werk** *n* pumping plant.

Punkt [puŋkt] *m* (-[e]s; -e) point (*a. fig.*); dot; *typ., gr.* full stop, *Am.* period; spot, place, *Am. a.* point; *agenda, etc.*: item; subject, topic, point; *rationing*: coupon, point; *on indictment*: count, charge; *contract*: article, clause; *TV*: spot; *sports, etc.*: point, mark; *boxing*: (*chin*) button; *fig. dunkler* ～ **a)** shady point, **b)** skeleton in the cupboard, blot on the family scutcheon; *höchster* ～ highest pitch, climax; *springender* ～ the point; *strittiger* ～ (point at) issue; → *tot*; *wunder* ～ sore spot; ～ *für* ～ point by point, in detail; ～ *zehn Uhr* on the stroke of ten; (*bis*) *auf den* ～ exactly, to a T; *bis zu e-m gewissen* ～ up to a point; *in vielen* ～*en* on many points, in many respects; *sports*: *nach* ～*en siegen* win on points, win a decision; *nach* ～*en verlieren* lose by points, be outpointed; *nach* ～*en führen* lead by points; ～*e sammeln* pile up points, score; *colloq. nun mach aber e-n* ～! now, that will do!; '～**feuer** *mil.* converging fire; precision fire; single rounds *pl.* (*of machine gun*); '2**förmig** *adj.* punctate, punctiform; '～**gleichheit** *f sports*: tie (on points), draw.

punktier|en [puŋkˈtiːrən] *v/t.* (h.) dot, *a.* point; *gr.* punctuate; *paint.* stipple; *med.* puncture, *abdomen*: tap; *punktierte Linie* dotted line; 2**nadel** *med. f* puncture needle; 2**ung** *f* (-; -en) dotting, *etc.*; *gr.* punctuation.

pünktlich ['pyŋktliç] *adj.* punctual, prompt, sharp; accurate, exact, precise, conscientious; ～ (*da*) *sein* be on time; 2**keit** *f* (-) punctuality, diligence, conscientiousness; precision.

'**Punkt...:** ～**linie** *f* dotted line; ～**muster** *n* polka dot; ～**niederlage** *f* defeat on points; ～**richter** *m sports*: judge; 2**schweißen** *tech. v/t.* (h.) spot-weld; ～**sieg** *m* winning on points, (points) decision; ～**sieger** *m* winner on points; ～**streik** *m* strike at selected sites; ～**system** *n* point system.

'**Punktum** *n* (-s) full stop, *Am.* period; *fig. und damit* ～! and that's that!

Punktur [puŋkˈtuːr] *med. f* (-; -en) puncture.

'**Punkt...:** ～**wertung** *f* classification by points; ～**zahl** *f sports*: score; ～**ziel** *mil. n* (pin-)point target.

Punsch [punʃ] *m* (-es; -e) punch;

～**bowle** *f* bowl of punch, negus; punch-bowl; ～**löffel** *m* punch-ladle.

Punze ['puntsə] *tech. f* (-; -n), 2**n** *v/t.* (h.) punch.

pupen ['puːpən] *colloq. v/i.* (h.) fart.

Pupille [pu'pilə] *f* (-; -n) pupil; ～**n-abstand** *m* distance between the pupils; ～**n-erweiterung**, (～**n-verengung**) *f* dilatation (contraction) of the pupil.

Püppchen ['pypçən] *n* (-s; -) little doll; (*girl*) doll; popsy(-wopsy), pet.

Puppe ['pupə] *f* (-; -n) doll (*a. colloq. fig.* = girl); puppet, marionette; dummy; *zo.* pupa, chrysalis; cocoon; ～**ngesicht** *n* doll's face; ～**nhaus** *n*, ～**nstube** *f* doll's house; ～**nspiel**, ～**ntheater** *n* puppet-show; ～**nwagen** *m* doll's pram, *Am.* doll buggy.

pur [puːr] *adj.* pure; sheer; ～*er Unsinn* pure nonsense; *aus* ～*er Neugierde* from sheer curiosity; *s-n Whisky* ～ *trinken* drink one's whisk(e)y neat (*Am.* straight).

Püree [py'reː] *n* (-s; -s) purée (*Fr.*), mash; cream potatoes.

purgier|en [pur'giːr-] *med. v/t. and v/i.* (h.) purge; 2**mittel** *n* purgative; → *Abführ...*

Puritan|er(in *f*) [puriˈtɑːnər(in)] *m* (-s, -; -, -nen) Puritan; 2**isch** *adj.* Puritan; *contp.* puritanical.

Puritanismus [-taˈniːsmus] *m* (-) Puritanism.

Purpur ['purpur] *m* (-s) **1.** purple; **2.** (*a.* ～**gewand** *n*) purple (gown or robe); ～**mantel** *m* purple cloak; 2**n**, 2**rot** *adj.* purple; crimson; scarlet.

Purzel|baum ['purtsəl-] *m* roll; (*e-n* ～ *schlagen* turn a) somersault, flip-flap; 2**n** *v/i.* (sn) tumble; ～ *über* (*acc.*) trip over.

pusselig ['pusəliç] *colloq. adj.* finicky, fussy.

Puste ['puːstə] *colloq. f* (-) breath; *ihm ging die* ～ *aus* he got out of breath.

Pustel ['pustəl] *med. f* (-; -n) pustule; pimple.

pust|en ['puːstən] *colloq. v/i.* (h.) puff, pant; blow; 2**erohr** *n* blow-pipe, pea-shooter.

Pute ['puːtə] *f* (-; -n) turkey-hen; *fig. dumme* ～ silly goose.

'**Puter** *m* (-s; -), '**Puthahn** *m* turkey(-cock); ～**braten** *m* roast turkey; 2**rot** *adj.* (as) red as a lobster, scarlet.

Putsch [putʃ] *m* (-es; -e) putsch, insurrection, coup de main (*Fr.*); '2**en** *v/i.* (h.) (raise a) revolt; → *aufputschen*.

Put'schist *m* (-en; -en) insurgent.

Putz [puts] *m* (-es; -e) dressing, toilet; millinery, articles of dress, apparel; finery, elegant attire; ornaments *pl.*; trimming; *arch.* rough-casting, plaster(ing); *el. unter* ～ (*verlegt*) concealed; '～**artikel** *m/pl.* millinery *sg.*

'**putzen** *v/t.* (h.) clean, cleanse; scour, scrub; polish; furbish up; wipe; adorn, decorate; attire; lop, prune (*tree*); pick (*vegetables*); snuff (*candle*); trim (*lamp*); groom, curry (*horse*); polish, *Am.* shine

(shoes); sich ~ smarten (or dress) o.s. up; sich die Nase ~ blow (or wipe) one's nose; sich die Zähne ~ brush one's teeth.
'Putzer(in f) m (-s, -; -, -nen) cleaner; mil. batman.
'Putz...: ~frau f charwoman, cleaner; ♀ig colloq. adj. droll, funny; ~lappen m cleaning rag; ~leder n chamois (leather); ~macherin f milliner; ~mittel n cleanser, detergent; polish(ing material); abrasive; ~sucht f (-) love of finery, dressiness; ♀süchtig adj.

fond of finery, dressy; house-proud; ~teufel colloq. m house-proud woman; ~tuch n polishing cloth; ~waren f/pl. millinery, articles of dress; ~wolle f cotton waste; ~zeug n (-[e]s) cleaning utensils pl.
Pygmäe [pyg'mɛːə] m (-n; -n) pygmy; ♀nhaft adj. pygmean.
Pyjama [py'jaːma, pi'dʒaːma] m (-s; -s) (ein ~ a suit of) pyjamas, Am. pajamas.
Pyramide [pyra'miːdə] f (-; -n) pyramid (a. math.); stack (of rifles);

Gewehre in ~n setzen pile arms; ♀nförmig adj. pyramidal.
Pyrenä|en [pyrɛ'nɛːən] pl.: die ~ the Pyrenees; ♀isch adj. Pyrenean; ♀e Halbinsel Iberian Peninsula.
Pyrotechnik [pyro'tɛçnik] f (-) pyrotechnics pl.; ~er m pyrotechnist; pyro'technisch adj. pyrotechnic(al); ~e Waren fireworks pl.
Pyrrhussieg ['pyrus-] m Pyrrhic victory.
pythagoreisch [pytago'reːiʃ] adj. Pythagorean; ~er Lehrsatz Pythagorean proposition.

Q

Q, q [kuː] n Q, q.
Q-Antenne f Q aerial, stub-matched aerial or antenna.
quabb(e)lig ['kvabəliç] adj. flabby, wobbling.
'quabbeln v/i. (h.) wobble, quiver; shake; be flabby.
Quackelei [kvakə'laɪ] colloq. f (-; -en) blabbing.
Quack|salber ['kvakzalbər] m (-s; -) quack (doctor); ~salbe'rei f (-) quackery; ~salbermittel n quack medicine; ♀salbern v/i. (h.) quack, doctor.
Quader ['kvaːdər] m (-s; -), ~stein m square stone, freestone, ashlar.
Quadrant [kva'drant] m (-en; -en) quadrant; clinometer.
Quadrat [kva'draːt] n (-[e]s; -e) square; mus. natural; typ. (-[e]s; -e[n]) quad(rat); 2 Fuß im ~ 2 feet square; ins ~ erheben square; ~fuß m (-es) square foot; ♀isch adj. square; quadratic; ~meile f square mile; ~meter m square met|re, Am. -er; ~netz n square grid.
Quadratur [kvadra'tuːr] f (-; -en) quadrature, squaring (des Kreises the circle).
Qua'drat...: ~wurzel f square root; ~zahl f square number; ~zentimeter m square centimet|re, Am. -er.
qua'drieren math. v/t. (h.) square.
Quadrille [ka'driljə] mus. f (-; -n) quadrille.
quak! [kvaːk] int. croak!; '~en v/i. (h.) frog: croak; duck: quack.
quäken ['kvɛːkən] v/i. and v/t. (h.) squeak.
'Quäker(in f) m (-s, -; -, -nen) Quaker(ess f); ~bund m Society of Friends; Quakers pl.; ~tum n (-s) Quakerism.
Qual [kvaːl] f (-; -en) (excruciating) pain; torment, torture; agony; anguish, agony, mental suffering, martyrdom; ordeal; tribulation; worry; cross; drudgery.
quälen ['kvɛːlən] v/t. (h.) torment (a. fig.); torture, rack; agonize; mentally: harrow, distress, agonize; haunt, prey on the mind; afflict; fig. harass, tantalize; pester, plague; tease; sich mit e-r Arbeit ~ drudge, struggle, sweat and strain; sich umsonst ~ labo(u)r in vain; gequält fig. tormented; forced, wry (smile); ~d

adj. excruciating, racking (pain); fig. tormenting, harrowing, agonizing.
'Quäler(in f) m (-s, -; -, -nen) tormentor (f tormentress); → Quälgeist.
Quäle'rei f (-; -en) torment(ing), torture; fig. vexation, worrying; pestering, molestation; teasing; drudgery.
'Quälgeist m (-es; -er) tormentor, pest, gadfly; bore.
Qualifikation [kvalifikatsi'oːn] f (-; -en) qualification; capacity, fitness, eligibility; ~ zum Richteramt qualification to hold judicial office; ~sfreilos n sports: bye; ~skampf m sports: qualifying contest, tie.
qualifizieren [kvalifi'tsiːrən] v/t. (h.) (a. sich) qualify (zu for); describe (als as); qualifiziert qualified, eligible; (highly-)trained (worker).
Qualität f (-; -en) quality; grade; sort, type; kind; erster ~ of prime quality, first-rate, high-grade; mittlere ~en medium grades; schlechte ~ poor quality (or workmanship).
qualitativ [kvalita'tiːf] I. adj. qualitative; II. adv. in quality.
Quali'täts...: ~arbeit f work of high quality, superior workmanship; ~erzeugnis n high-quality product; ~fehler m defect of quality, flaw; ~muster n representative sample; ~stahl m high-grade steel; ~ware f article of quality, high-quality product(s pl.); good value.
Qualle ['kvalə] f (-; -n) jelly-fish.
Qualm [kvalm] m (-[e]s) (dense) smoke; fumes pl.; smother, smog; ♀en v/i. and v/t. (h.) smoke, emit vapo(u)r or fumes; puff (away, at one's pipe, etc.); ~er colloq. m (-s; -) inveterate smoker; ♀ig adj. smoky.
'qualvoll adj. very painful; excruciating, racking (pain); agonizing, harrowing.
quanteln ['kvantəln] phys. v/t. (h.) quantize.
Quanten ['kvantən] phys. n/pl. quanta; ~mechanik f quantum mechanics pl.; ~theorie f (-) quantum theory; ~zahl f quantum number.
Quantität f (-; -en) quantity, amount.

quantitativ [kvantita'tiːf] I. adj. quantitative; II. adv. as to (or in) quantity.
Quanti'tätsbestimmung f quantitative determination.
Quantum ['kvantum] n (-s; -ten) quantum (a. phys.); quantity, amount; share, portion.
Quappe ['kvapə] f (-; -n) eel-pout; tadpole.
Quarantäne [karan'tɛːnə] f (-; -en) quarantine; in ~ legen (put in) quarantine; ~flagge f yellow flag; ~station f quarantine ward.
Quark [kvark] m (-s) curd(s pl.); colloq. fig. → Quatsch; ~käse m cottage cheese.
Quart [kvart] 1. n (-s; -e) quart; (book) (-s) quarto (volume); 2. f (-; -en) fenc. quart, carte; mus. fourth.
Quarta ['kvarta] ped. f (-; -ten) third form.
Quartal [kvar'taːl] n (-s; -e) quarter (of a year); ped. term; for payments: quarter-day; ~s... quarterly; ~sdividende f quarterly divided; ~s-säufer m periodic alcoholic; ~(s)tag m quarter-day; ♀(s)weise adv. quarterly; ~zahlung f quarterly payment; quarterly disbursement (of dividends, interest).
Quartaner(in f) [kvar'taːnər] m (-s, -; -, -nen) third-form boy (girl).
Quartär [kvar'tɛːr] geol. n (-s) Quaternary (Period).
'Quart...: ~band m quarto volume; ~blatt n quarter of a sheet.
Quarte ['kvartə] f (-; -n) fenc. quart, carte; mus. fourth.
Quartett [kvar'tɛt] n (-[e]s; -e) mus. quartet(te); cards: four; fig. foursome.
'Quartformat typ. n quarto.
Quartier [kvar'tiːr] n (-s; -e) quarter, district (of town); accommodation, quarters pl.; mil. quarters, billets pl.; mar. watch; ~ beziehen take up quarters; ~ machen prepare quarters; in ~ legen bei billet (up)on; in ~ liegen bei be quartered or billeted (up)on or with; ~amt n billeting office; ~arrest m confinement to quarters; ~macher m billeting officer; ~meister m quartermaster (abbr. QM); ~schein, ~zettel m billeting slip.
Quarz [kvaːrts] m (-es; -e) quartz;

radio: crystal; ⸰**gesteuert** ['-gə-
ʃtɔʏərt] *adj.* crystal-control(l)ed;
'**glas** *n* (-es; ⁻er) quartz glass; '⸰**ig**
adj. quartzy; '⸰**lampe** *med. f*
quartz lamp; '⸰**rohr** *n* quartz tube.
quasi ['kvɑːzi] *adv.* as it were, quasi.
quasseln ['kvasəln] *colloq. v/i.* (h.)
→ *quatschen.*
Quast [kvast] *m* (-es; -e), '⸰**e** *f* (-;
-n) tuft, knot; tassel; *paint.* brush;
(powder) puff.
Quatsch [kvatʃ] *colloq. m* (-es) nonsense, balderdash, gibberish; bosh,
rot, tripe, bilge, *Am. a.* baloney
int. ⸰! rubbish!, rot!, *Am.* nuts!;
⸰ *reden* → '⸰**en** *v/i.* (h.) twaddle
(*a. v/t.*), blether, talk rot; (have a)
chat; *shoes, water*: squelch, slosh;
'⸰**kopf** *m* twaddler, blatherskite.
Quecke ['kvɛkə] *bot. f* (-; -n) couch-
-grass.
Quecksilber ['kvɛkzilbər] *n* mercury, quicksilver; *fig. person*: live-
-wire, *contp.* flibbertygibbet; *wie* ⸰
→ *quecksilberig*; ⸰**barometer** *n*
mercury barometer; ⸰**dampf** *m*
mercury vapo(u)r; ⸰**gleichrichter**
m mercury converter; ⸰**haltig** *adj.*
mercurial; ⸰**ig** *fig. adj.* mercurial,
restless, fidgety, flibbertygibbety;
⸰**jodid** ['-jodiːt] *n* (-[e]s; -e) mercuric iodide; ⸰**n** *adj.* mercurial;
⸰**salbe** *f* mercurial ointment; ⸰-
säule *f* mercury column; ⸰**vergiftung** *f* mercurial poisoning.
'**quecksilbrig** *adj.* → *quecksilberig.*
Quell [kvɛl] *poet. m* (-[e]s; -e), '⸰**e** *f*
(-; -n) spring; source (*a. of light,
etc.*); well (*a. of oil*); fountain
(-head); *fig.* fount, source, origin;
literary: authority; informant; ⸰
des Lebens, etc. fountain of life, *etc.*;
aus guter (sicherer) ⸰ on good
authority, from a reliable source;
fig. an der ⸰ *sitzen* be on the inside;
'⸰**bach** *m* river source; '⸰**bottich**
m steeping vat.
'**quellen I.** *v/i.* (*irr., sn*) gush (forth),
well; *river*: arise, spring; flow;
swell; *eyes*: bulge (*aus den Höhlen*
from their sockets); *fig.* arise, originate, emanate (*aus dat.* from); **II.**
v/t. (*irr., sn*) (cause to) swell; soak;
steep (*barley, etc.*).
'**Quellen...:** ⸰**angaben** *f/pl.* (list of)
references *pl.*; acknowledgements,
publications consulted; ⸰**forschung** *f* original research; ⸰-
mäßig ['-mɛːsiç] *adj.* according to
the (best) sources *or* authorities,
w.s. authentic; ⸰**material** *n* source
material; ⸰**nachweis** *m* → *Quellen-
angaben*; ⸰**studium** *n* original
research.
'**Quell...:** ⸰**fähigkeit** *f* water absorption capacity; ⸰**fluß** *m* source;
⸰**gebiet** *n of river*: headwaters *pl.*;
⸰**salz** *n* spring salt; ⸰**ung** *f* (-)
swelling; soaking; ⸰**wasser** *n* (-s;
-) spring water; ⸰**widerstand** *el.*
m source impedance. [wild thyme.]
Quendel ['kvɛndəl] *bot. m* (-s; -)∫
Quengelei [kvɛŋə'lai] *colloq. f* (-;
-en) grumbling, whining, grousing;
fault-finding, carping, nagging.
'**quengeln** *colloq. v/i.* (h.) grumble,
whine; grouse, *Am.* crab; nag; *er
quengelte so lange, bis ich nachgab*
he pestered me until I finally gave
in.

'**Quengler(in** *f*) *m* (-s, -; -, -nen)
grumbler; nagger.
Quentchen ['kvɛntçən] *n* (-s; -)
dram; *fig.* grain.
quer [kveːr] **I.** *adj.* cross, transverse,
diagonal; lateral; horizontal; slant-
ing, oblique; **II.** *adv.* crossways,
crosswise, athwart; diagonally; ⸰
über (acc.) across; ⸰ *über die Straße
gehen* go across the street, cross the
street; ⸰ *übereinander legen* put
crossways, cross; → *kreuz*; ⸰ *zu*
at right angles to; *fig.* perversely;
⸰ *gehen* go wrong.
'**Quer...:** ⸰**achse** *f* lateral axis;
⸰**arm** *tech. m* crossarm; ⸰**balken** *m*
crossbeam; *of door*: transom; *her.*
bar; ⸰**bewegung** *f* transverse motion; ⸰**durch** *adv.* right across.
'**Quere** *f* (-) transverse (*or* cross)
direction; breadth; *in die* ⸰, *der* ⸰
nach crossways, across; *j-m in die*
⸰ *kommen* cross a p.'s path; *fig.*
cross *or* thwart a p.'s plans, get in
a p.'s way, queer a p.'s pitch; *es
ist ihm et. in die* ⸰ *gekommen* something has gone wrong with him.
'**queren** *mount. v/t. and v/i.* (h.)
traverse.
'**Quer...:** ⸰**faser** *f* transverse fib|re,
Am. -er; ⸰**feldein** ['-fɛlt'ʔain] *adv.*
across country; ⸰**feld'einlauf** *m*
cross-country run; ⸰**flöte** *mus. f*
German flute; ⸰**format** *typ. n* oblong format; ⸰**frage** *f* cross-ques-
tion; ⸰**gang** *m* cross-way; *mil.,
mining, mount.* traverse; ⸰**gasse** *f*
cross lane; ⸰**gefälle** *n* crossfall (*of
road*); ⸰**gestreift** *adj.* cross-
-striped; ⸰**kopf** *m* wrong-headed
fellow, crank; ⸰**köpfig** ['-kœpfiç]
adj. wrong-headed, pig-headed,
cranky; ⸰**lage** *f med.* transverse
presentation; *aer.* bank; ⸰**lager**
tech. n radial bearing; ⸰**latte** *f
soccer*: cross-bar; ⸰**laufend** *adj.*
transversal; ⸰**leiste** *f* cross-piece;
⸰**linie** *f* cross (*or* diagonal) line;
⸰**paß** *m soccer*: square pass; ⸰
pfeife *f* fife; ⸰**profil** *tech. n* cross-
-section; ⸰**reihe** *f* cross-row; ⸰
richtung *f* cross direction; ⸰**ruder**
aer. n aileron; ⸰**sattel** *m* side-saddle; ⸰**schaltung** *el. f* cross connection; ⸰**schiff** *arch. n* transept; ⸰-
schläger *mil. m* ricochet; ⸰**schnitt**
m cross-section (*a. fig.*), cross-cut
(*durch* through); sectional view;
sectional area; ⸰**schnittansicht**
tech. f sectional view; ⸰**schnitts-
lähmung** *med. f* transverse lesion
of the cord with paraplegia; ⸰-
schnittzeichnung *f* sectional
drawing; ⸰**steuerung** *aer. f* lateral
controls *pl.*; ⸰**straße** *f* cross-road;
zweite ⸰ *rechts* second turning to
the right; *zwei* ⸰*n von hier (entfernt)*
two blocks from here; ⸰**streifen** *m*
cross stripe; ⸰**strich** *m* cross-line,
bar; dash; *fig.* e-n ⸰ *durch et.
machen* thwart a th.; ⸰**summe** *f*
total of the digit of a number; ⸰-
support *tech. m* cross slide rest;
⸰**träger** *arch. m* transverse (girder);
⸰**treiber(in** *f*) *m* intriguer; ob-
structionist; ⸰**treibe'rei** *f* intriguing; obstruction(ism); ⸰**über**
adv. right across; diagonally.
Querul|ant(in *f*) [kveru'lant] *m*
(-en, -en; -, -nen) querulous per-

son; grumbler, *Am. a.* grouch;
⸰**ieren** *v/i.* (h.) be querulous,
grumble, *Am. a.* gripe.
'**Quer...:** ⸰**verbindung** *f* cross connection; *mil.* lateral communication; ⸰**verbindungsstraße** *f* belt
road; ⸰**versteifung** *tech. f* (-; -en)
transverse bracing; crossbar; ⸰**verstrebung** *f* cross bracing; ⸰**verweis** *m* cross reference; ⸰**wand** *f*
transverse wall; ⸰**weg** *m* cross-road.
Quetsche ['kvɛtʃə] *f* (-; -n) presser;
mining: crusher; *bot.* wild plum, →
Zwetschge; *colloq.* small shop.
'**quetschen** *v/t.* (h.) squeeze; pinch;
crush, mash, squash; *med.* bruise
(*a. fruit*), contuse; *sich* ⸰ get a
bruise; *sich den Finger* ⸰ jam one's
finger.
'**Quetsch...:** ⸰**falte** *f* knife pleat;
⸰**kartoffel** *f/pl.* mashed potatoes;
⸰**kommode** *colloq. f* accordion,
squeeze-box; ⸰**kondensator** *el. m*
compression capacitor; ⸰**laut** *gr. m*
affricate; ⸰**ung** *f* (-; -en), ⸰**wunde**
med. f bruise, contusion.
quick [kvik] *adj.* lively, brisk, alert;
'⸰**born** *m* fountain of youth; '⸰**en**
tech. v/t. (h.) amalgamate; '⸰**lebendig** *adj.* vivacious, spirited; sparkling; '⸰**sand** *m* quicksand.
quieken ['kviːkən] *v/i.* (h.) squeak.
quietsch|en ['kviːtʃən] *v/i.* (h.)
squeak, squeal; *brakes*: screech;
sie quietschte vor Vergnügen she
squealed with delight; ⸰**vergnügt**
adj. and adv. cheerful(ly); as
pleased as Punch.
Quint [kvint] *f* (-; -en), '⸰**e** *f* (-; -n)
mus. fifth; *fenc.* quinte.
Quintaner(in *f*) [kvin'taːnər] *m*
(-s, -; -, -nen) second-form boy
(girl).
'**Quint-essenz** *f* quintessence, pith,
gist.   [quintet(te).]
Quintett [kvin'tet] *n* (-[e]s; -e)∫
Quirl [kvirl] *m* (-[e]s; -e) twirling-
-stick; *cul.* whisk, beater; *bot.*
whorl, verticil; '⸰**en** *v/t.* (h.) twirl
(round); whisk (*eggs*).
quitt [kvit] *pred. adj.* ⸰ *sein mit
j-m* be quits (*or* even) with *a p.*;
et.: be rid of; *jetzt sind wir* ⸰
that leaves us even.
Quitte ['kvitə] *bot. f* (-; -n) quince;
'⸰**nbaum** *m* quince-tree; '⸰**ngelb**
adj. (as) yellow as a quince.
quit'tieren *v/t.* (h.) receipt, give a
receipt for, discharge; *doppelt für
einfach* ⸰ receipt in duplicate;
quittierte Rechnung receipted bill;
quit, abandon; sign away (*property*); *den Dienst* ⸰ leave service,
retire; *fig.* repay (*insult, etc.*), take
(*mit e-m Lächeln* with a smile), meet.
'**Quittung** *f* (-; -en) receipt, acquit-
tance, discharge; voucher; *fig.*
answer, revenge; *e-e* ⸰ *ausstellen*
give a receipt; *gegen* ⸰ against receipt; ⸰**sbuch** *n* receipt-book; ⸰**s-
formular** *n* receipt form; ⸰**smarke**
f, ⸰**sstempel** *m* receipt stamp.
quoll [kvɔl] *pret. of quellen.*
Quote ['kvoːtə] *f* (-; -n) quota;
share, (pro)portion; ratio; rate; *in
bankruptcy, football pools, etc.*: dividend; ⸰**naktie** *f* no-par share.
Quotient [kvo'tsjent] *math. m* (-en;
-en) quotient.
quo'tieren *econ. v/t.* (h.) quote.

R

R, r [ɛr] *n* R, r.

Rabatt [ra'bat] *econ. m* (-[e]s; -e) (trade-)discount, rebate (*auf acc.* on), abatement, rebate, allowance; *10 %* ~ *bei Barzahlung geben* allow a 10 per cent discount for cash; *mit 4 %* ~ at a reduction of 4 per cent.

Rabatte [ra'batə] *agr. f* (-; -n) border, bed.

rabat'tieren *v/t.* (*h.*) discount, abate, deduct.

Ra'battmarke *econ. f* discount ticket.

Rabatz [ra'bats] *colloq.* row, racket; ~ *machen* raise hell, kick up a row.

Rabauke [ra'baukə] *colloq. m* (-n; -n) tough, *Am. a.* bruiser.

Rabbi ['rabi] *m* (-[s]; -'inen), **Rabbiner** [ra'bi:nər] *m* (-s; -) rabbi; **rab'binisch** *adj.* rabbinical.

Rabe ['rɑːbə] *m* (-n; -n) raven; *fig.* *weißer* ~ white crow, rare bird; *stehlen wie ein* ~ steal like a magpie; **~n-aas** *n fig.* rascal, beast; **~n-eltern** *pl.* unnatural parents; **2n-schwarz** *adj.* raven, jet-black, pitch-dark.

rabiat [rabi'ɑːt] *adj.* rabid, raving, furious; *~er Bursche* desperate fellow, dangerous customer.

Rabulist [rabu'list] *m* (-en; -en) pettifogger.

Rache ['raxə] *f* (-) revenge; vengeance; retaliation; *des Schicksals:* nemesis; *Tag der* ~ day of reckoning; ~ *brüten* brood vengeance; ~ *nehmen or (aus)üben* take revenge (*an dat.* [up]on), take (*or* visit) vengeance ([up]on), have one's revenge; ~ *schnauben, noch* ~ *dürsten* breathe revenge; **~akt** *m* act of revenge; **~durst** *m* → *Rachgier*; **~engel** *m* avenging angel; **~göttin** *f* Fury.

Rachen ['raxən] *m* (-s; -) *anat.* throat, pharynx; cavity of the mouth; *zo.* mouth, jaws *pl.*; (yawning) abyss; ~ *der Hölle* (*des Todes*) jaws of hell (death); *j-m et. in den* ~ *werfen* cast a th. into the hungry maw of; *j-m den* ~ *stopfen* stop a p.'s mouth.

rächen ['rɛçən] *v/t.* (*h.*) avenge, revenge (*j-n a p.*); take revenge for *a th.*; *sich (wegen et.) an j-m* ~ take vengeance (*or* revenge o.s., be revenged) on a p. (for a th.), get quits with a p., get one's own back, *Am. a.* get back at a p.; *es rächte sich an ihm* he suffered for it, he had to pay (the penalty) for it; *es wird sich bitter* ~, *daß* we, *etc.*, shall pay dearly for *ger.*

'Rachen...: ~abstrich *med. m* throat swab; **~blütler** ['-blyːtlər] *bot. m* (-s; -) labiate; **~bräune** *med. f* quinsy, **~höhle** *f* pharynx; **~katarrh** *med. m* cold in the throat, pharyngitis; **~pinsel** *med. m* throat brush; **~reizstoff** *mil. m* throat irritant.

'Rächer(in *f*) *m* (-s, -; -, -nen) avenger.

'racheschnaubend *adj. and adv.* breathing revenge.

Rach... ['rax-]: **~gier, ~sucht** *f* thirst for revenge, revengefulness, vindictiveness; **2gierig, 2süchtig** *adj.* revengeful, vindictive.

Rachit|is [ra'xiːtis] *med. f* (-) rickets *pl.*, rachitis; **2isch** *adj.* rickety, rachitic.

Racker ['rakər] *m* (-s; -) (little) rascal, young scamp; (*girl*) brat, minx.

Rad [rɑːt] *n* (-[e]s; ⁺er) wheel (*a. fig.*); gear; trundle; impeller; bicycle, bike; (*ein*) ~ *schlagen* a) *peacock:* spread the tail, b) *gym.* turn cartwheels (*Am.* handsprings); *fig. das fünfte* ~ *am Wagen sein* be quite superfluous; *unter die Räder kommen* go to the dogs; '**~abstand** *mot. m* wheel base; '**~achse** *f* axle-tree; '**~antrieb** *m* wheel drive.

Radar [ra'dɑːr] *n* (-s) radar (*abbr.* = radio detection and ranging); → *Radargerät*; *mit* ~ *ausgerüstet* radar-equipped; **~anlage** *f* radar unit; **~flugzeugwarnnetz** *n* radar aircraft warning network; **~gerät** *n* radar set (*or* equipment); **2gesteuert** ['-gəʃtɔʏərt] *adj.* radar-guided; **~höhenmesser** *m* height finding radar; *aer.* radar altimeter; **~küstenstation** *f* shore-based radar station; **~navigationsgerät** *n* plan position indicator (*abbr.* P.P.I.); **~schirm** *m* radar screen; **2sicher** *adj.* radarproof; **~station** *f* radar station; **~steuerung** *f* radar control; **~störgerät** *n* radar jamming equipment; **~suchgerät** *n* search radar; **~visier** *n* radar (gun)sight; **~warnnetz** *n* radar warning network; **~zeichnung** *f* radar plotting.

Radau [ra'dau] *colloq. m* (-s) row, racket; ~ *machen* kick up a row; **~bruder, ~macher** *m* rowdy; **~komödie** *thea. f* slapstick comedy; **~presse** *f* (-) gutter press.

'Rad...: ~aufhängung *f* wheel suspension; **~ball** *n* (-[e]s), **~ballspiel** *n* cycle-ball; **~bremse** *f* wheel brake.

Rädchen ['rɛːtçən] *n* (-s; -) small wheel; castor, *Am.* caster; *on spurs:* rowel; *dress-making:* dot-wheel; *fig.* cog.

'Raddampfer *m* paddle-steamer, *Am.* side-wheeler.

Rade ['rɑːdə] *bot. f* (-; -n) (corn-) cockle.

radebrechen ['rɑːdə-] *v/t.* (*h.*): *e-e Sprache* ~ speak a language badly; *englisch* ~ speak broken English, fumble around in English.

radeln ['rɑːdəln] *v/i.* (*sn*) cycle, pedal, bike.　　　　[leader.]

Rädelsführer ['rɛːdəls-] *m* ring-

Räder... ['rɛːdər-]: **~fahrzeug** *n* wheeled vehicle; **~getriebe** *n* gearing; **~kasten** *m* gear-box; *machine-tool:* apron; **~kettenfahrzeug** *n* half-track vehicle.

rädern ['rɛːdərn] *v/t.* (*h.*) break on the wheel; *fig. wie gerädert sein* be quite done up.

'Räder...: ~untersetzung *f* gear reduction; **~vorgelege** *n* back gears *pl.*; **~werk** *n* wheelwork; gearing; clockwork.

'radfahr|en *v/i.* cycle, ride a bicycle, pedal, bike; **2er(in** *f*) *m* cyclist, bicycle rider, *Am.* cycler; *fig. contp.* toady; **2weg** *m* cycle path.

'Rad...: ~felge *f* wheel rim; **~flansch** *m* wheel flange; **2förmig** ['-fœrmiç] *adj.* wheel-shaped; radial; **~gabel** *f* wheel fork; **~gestell** *n* wheelframe; *rail.* bogie, *Am.* truck.

radial [radi'ɑːl] *adj.* radial; **2bohrmaschine** *f* radial drill(ing machine); **2fräser** *m* radial-milling cutter; **2spannung** *el. f* radial potential.

radier|en [ra'diːrən] *v/t.* (*h.*) rub out, erase; *art.:* etch; **2er** *m* (-s; -) etcher; *a.* = **2gummi** *m* (india-) rubber, eraser; **2kunst** *f* (art of) etching; **2messer** *n* eraser, pen-knife; **2nadel** *f* etching-needle.

Ra'dierung *f* (-; -en) erasure; *art:* etching.

Radies-chen [ra'diːsçən] (red) radish; *mil. sl. sich die* ~ *von unten ansehen* be pushing up daisies.

radikal [radi'kɑːl] *adj.*, **2e(r** *m*) (-n, -n; -er, -en) radical, *pol. a.* extremist.

radikalisieren [radikali'ziːrən] *v/t.* (*h.*) promote radicalism in.

Radikalismus [-'lismus] *m* (-; -men) radicalism.

Radio ['rɑːdio] *n* (-s; -s) radio, *Br. a.* wireless; broadcasting; ~ *Moskau* the Moscow Radio; ~ *hören* listen to the radio, listen in (on a broadcast); *im* ~ on the radio, on the air; *im* ~ *sprechen* speak over the radio, go on the air; → *Rundfunk(...)*; **2ak'tiv** *phys. adj.* radioactive; **~er Niederschlag** fall-out; **~e Strahlung** radioactive radiation; **~e Verseuchung** radioactive contamination; **~e Zerfallsreihe** radioactive series; ~ *machen* (radio)activate; **~aktivi'tät** *f* radioactivity; **~apparat** *m* radio (set), wireless set; **~bastler** *m* radio amateur (*or* fan); **2biologisch** *adj.* radiobiological; **2chemisch** *adj.* radiochemical; **~durchsage** *f* spot announcement; **~empfänger** *m* radio receiver; **~frequenz** *f* radio-frequency; **~geschäft** *n* radio shop; **~gramm** [-'gram] *n* (-s; -e) radiogram; **~grammophon** *n* radiogram, *Am.* radio phonograph (combination); **~händler** *m* radio dealer; **~kanal** *m* radio channel; **~kompaß** *aer. m*: *automatischer* ~ automatic direction finder; **~loge** [-'loːgə] *m* (-n; -n) radiologist; **2logie** [-lo'giː] *f* (-) radiology; **2logisch** [-'loːgiʃ] *adj.* radiological; **~mechaniker** *m* radio mechanic; **~peilgerät** *n* radio-direction finder; **~peilung** *f* radio-bearing, beam approach; **~reklame** *f* radio advertising; **~röhre** *f* radio valve (*Am.* tube); **~sender** *m* radio transmitter; broadcasting station; ~sendung *f* radio transmission; broadcast; ~skop [-'sko:p] *n* (-s; -e) radioscope; ~sonde *f* radiosonde, radiometeorograph; ~station *f* radio-transmitting station, broadcasting station; ~technik *f* radio engineering; ~techniker *m* radio engineer *or* technician; radioman; ~telegramm *n* radiogram; ~telegraphie *f* wireless telegraphy, radiotelegraphy; ~telephon *n* radio telephone; ~telepho'nie *f* radio(tele)phony; ~truhe *f* radio console; ~übertragung *f* → Radiosendung; ~welle *f* radio wave; ~zeitung *f* radio journal.

Radium ['rɑ:dium] *n* (-s) radium; ~behälter *m* radiode; ~behandlung *f*, ~heilverfahren *n* radiumtherapy; ~strahlen *m/pl.* radium rays *pl.*, radium radiation *sg.*

Radius ['rɑ:dius] *m* (-; -ien) radius.

'**Rad...: ~kappe** *f* hub cap; ~kasten *m* wheel case; *mar.* paddle-box; ~körper *m* wheel body; ~kranz *m* rim.

Radler(in *f*) ['rɑ:dlər] *m* (-s, -; -, -nen) → Radfahrer.

'**Rad...: ~mutter** *f* (-; -n) wheel nut; ~nabe *f* hub, (wheel) nave; ~reifen *m* tyre, *esp. Am.* tire; ~rennbahn *f* cycling track; ~rennen *n* cycle race; ~schalter *m* rotary switch; ~schaufel *f* paddle-board; 2-schlagen *v/i.* (*irr.*, *h.*) → Rad; ~schuh *m* brake; skid; ~speiche *f* spoke; ~sport *m* (-[e]s) cycling; ~spur *f* rut, *mot.* wheel track; ~stand *mot. m* wheel base; ~sturz *mot.* camber; ~welle *f* wheel shaft; ~zahn *m* cog.

raffen ['rafən] *v/t.* (*h.*) snatch (*or* pick) up; gather up (*skirt*); *sewing:* take up, let in.

'**Raffgier** *f* greed, rapacity; 2ig *adj.* greedy, grasping, rapacious.

Raffinade [rafi'nɑ:də] *f* (-; -n), ~zucker *m* refined sugar.

Raffinerie [-nə'ri:] *tech. f* (-; -n) refinery.

Raffinesse [rafi'nɛsə] *f* (-; -n) cleverness; subtlety, finesse; sophistication; exquisiteness; exquisite taste *or* style, *etc.*

raffi'nieren *v/t.* (*h.*) refine.

raffi'niert *adj.* refined; *fig.* clever, ingenious; (*schlau*) subtle, artful; sophisticated, subtle; exquisite; 2heit *f* (-) → Raffinesse.

ragen ['rɑ:gən] *v/i.* (*h.*) tower, loom; project.

Ragout [ra'gu:] *n* (-s; -s) stew, hash, ragout, hotchpotch (*a. fig.*).

Rahe ['rɑ:ə] *f* (-; -n) yard; große ~ mainyard.

Rahm [rɑ:m] *m* (-s) cream; den ~ abschöpfen (*a. fig.*) skim the cream; ~bonbon *m* toffee, *Am.* toffy; ~butter *f* creamery butter.

Rahmen ['rɑ:mən] *m* (-s; -) frame (*a. tech., mot.*); *of shoes:* welt; edge, border; *fig.* frame, background, setting; *of novel:* setting; framework, structure; limit; scope (*of a law, etc.*); in engem ~ within a close compass; im ~ von (*or gen.*) within the scope (*or framework*) of, within the limits of, under (*a contract*); for the purposes of; im ~ des

Festes in the course of the festival; im ~ der Ausstellung finden ... *statt* the exhibition will include ...; im ~ des üblichen Geschäftsverkehrs in the ordinary course of business; in bescheidenem ~ on a modest scale; aus dem ~ fallen be out of place; den ~ e-r Sache sprengen be beyond the scope of a th.; 2 *v/t.* (*h.*) skim (*milk*); frame, mount (*picture*); ~abkommen *n* skeleton agreement; ~antenne *f* frame aerial (*Am.* antenna); loop (aerial), *Am.* loop antenna; ~empfänger *m* radio: loop receiver; ~erzählung *f* stories *pl.* within a story, 'link and frame' story; ~gesetz *n* skeleton law; ~kampf *m* sports: additional number, *boxing:* supporting bout; 2los *mot. adj.* chassis-less (*construction*); ~personal *mil. n* cadre personnel; ~sticke'rei *f* frame-embroidery; ~sucher *phot. m* frame finder; ~vertrag *m* skeleton agreement.

'**rahmig** *adj.* creamy.

'**Rahmkäse** *m* cream-cheese.

Rahsegel ['rɑ:-] *mar. n* square-sail.

Rain [rain] *m* (-[e]s; -e) ridge; balk; limit, border.

Rakel ['rɑ:kəl] *typ. f* (-; -n) doctor.

räkeln ['rɛ:kəln] *v/refl.* (*h.*) → rekeln.

Rakete [ra'ke:tə] *f* (-; -n) rocket; ~ für Erdzielbeschuß air-to-ground rocket; ~ für Luftkampf air-to-air rocket; e-e ~ abfeuern *or* starten launch a rocket; zweistufige ~ two-stage rocket; mit ~n beschießen rocket.

Ra'keten...: ~abschußbasis *f* rocket launching site; ~abschußvorrichtung *f* rocket launcher; rocket launching platform; ~abwehrrakete *f* anti-missile missile; ~antrieb *m* rocket propulsion; mit ~ rocket-propelled (*or* -powered); ~bombe *f* rocket bomb, guided missile; ~flugzeug *n* rocket-(propelled) plane; ~forschung *f* (-) rocket research, rocketry; ~geschoß *n* rocket projectile (*abbr.* R.P.); ~kopf *m* rocket head; ~ladung *f* rocket charge; ~satz *m* rocket composition; ~start *aer. m* rocket-assisted take-off; ~triebwerk *n* rocket power plant, rocket jet; ~werfer *m* rocket launcher; ~ *Panzerbüchse f;* ~wagen *m* rocket car; ~wesen *n* (-s) rocketry.

Rakett [ra'kɛt] *n* (-[e]s; -e) racket; battledore.

Ramm|bär ['ram-], ~block *m* rammer, ram(-block); 2dösig ['-dø:ziç] *colloq. adj.* woozy; ~e *tech. f* (-; -n) ram(mer); pile-driver; 2eln ['ra-məln] *v/i.* (*h.*) buck, rut; *a.* → 2en *v/t.* (*h.*) ram; *tech.* ram, drive in; tamp (*concrete*); beatdown(*ground*); ~ler ['ramlər] *m* (-s; -) buck; male hare *or* rabbit.

Rampe ['rampə] *f* (-; -n) ramp, ascent; *mil.* slope; *rail.* a) platform, b) loading ramp; *thea.* apron, *a.* → ~nlicht *n* (-[e]s) footlights *pl.*; *fig.* der Öffentlichkeit: limelight.

ramponiert [rampo'ni:rt] I. *adj.* damaged, battered; marred, spoilt; crumpled; *humor. person:* slightly damaged in transit; II. *adv.:* ~ aus-

sehen (*a. humor. person*) be (*or look*) the worse for wear.

Ramsch [ramʃ] *m* (-[e]s) junk, trash; *econ.* job goods *pl.*; im ~ kaufen buy in the bulk *or* lump; '~händler(in *f*) *m* junk-dealer; '~laden *m* junk-shop; '~verkauf *m* jumble-sale; '~ware *f* job goods *pl.*, cheap stuff.

ran! [ran] *colloq. int.* go it!; let him have it!; let's go!; in compounds → heran...; → rangehen.

Rand [rant] *m* (-[e]s; ⁼er) edge, brink; rim (*of plate, spectacles, etc.*); brim (*of hat*); margin; lip (*of wound*); border; periphery, fringe; *mil.* perimeter; Ränder *pl.* (under the *eye*): (dark) rings, circles; am ~e der Stadt on the outskirts of a town; voll bis zum ~ full to the brim, brimfull; *fig.* am ~e des Verderbens (der Verzweiflung, etc.) on the verge *or* brink of ruin (despair, etc.); am ~ bemerken remark in passing; am ~e bemerkt by the way; das versteht sich am ~e that goes without saying, that is understood; außer ~ und Band out of all bounds, completely out of hand; außer ~ und Band geraten be beside o.s. (vor Freude with joy), go wild (über acc. over); er kommt nicht damit zu ~e he can't manage (*or* make a go of) it.

randalieren [randa'li:rən] *v/i.* (*h.*) riot, kick up a row.

'**Rand...: ~auslösung** *f* marginal release (*of typewriter*); ~bemerkung *f* marginal note *or* data *pl.*; *fig.* gloss, comment; ~bevölkerung *f* fringe population; ~einsteller *m* (-s; -) margin stop.

rändeln ['rɛndəln] *v/t.* (*h.*) rim, border; *tech.* knurl; mill (*coins*).

'**Rändelrad** *tech. n* knurl.

rändern ['rɛndərn] *v/t.* (*h.*) → rändeln.

'**Rand...: ~gebiet** *n* borderland (*of state*); outskirts *pl.* (*of town*); 2genäht ['-gəne:t] *adj.* welted (*shoe*); ~glosse *f* marginal gloss *or* note; *fig.* ~n machen comment (up-) on; 2los *adj.* rimless (*spectacles*); ~meer *n* marginal sea; ~problem *n* side-issue; ~schärfe *phot. f* marginal sharpness; ~siedlung *f* housing estate on the outskirts of a town, garden-city, *Am.* suburban settlement; ~staat *m* border state; ~stein *m* kerbstone, *Am.* curbstone; ~steller ['-ʃtelər] *m* (-s; -) margin stop; ~stellung *mil. f* perimeter position; ~verzierung *f* marginal adornment.

Ranft [ranft] *m* (-[e]s; ⁼e) crust (of bread).

Rang [raŋ] *m* (-[e]s; ⁼e) rank, order; *mil.* rank, *Am. a.* grade, rating (*a. mar.*); status; position, station, dignity; quality, rate, class; *football pools:* dividend; *thea.* tier; erster ~ dress-circle, *Am.* first balcony; zweiter ~ upper circle, *Am.* second balcony; *sports:* die Ränge *pl.* the terraces; *fig.* ersten ~es *or* the first order, (*a. econ.*) first-class, first-rate; j-m den ~ ablaufen get the start (*or* better) of a p., steal a march on a p.; j-m *or* e-r Sache den ~ streitig machen compete with *a. p.*

or th.; *j-m unmittelbar im* ~ *folgen* rank next to a p.; '**~abzeichen** *n* badge of rank; *pl.* insignia of rank; '**~älteste(r)** *m* senior officer.

Range ['ranə] *f* (-; -n) young scamp; urchin; (*girl*) tomboy, romp.

'**rangehen** *colloq. v/i.* go it.

'**Rangfolge** *f* order, sequence.

Rangier|bahnhof [raŋ'ʒiːr-] *rail. m* shunting yard, *Am.* switching yard; **⎓en I.** *v/t.* (*h.*) arrange, classify; *rail.* shunt, *Am.* switch; *mot. etc.* man(o)euvre; **II.** *v/i.* (*h.*) rank (*vor dat.* before); ~ *mit* (*dat.*) rank *or* be classed with; **~er** *rail. m* (-s; -) shunter, *Am.* switchman; **~gleis** *n* siding, *Am.* switching track; **~maschine** *f* shunting-engine, shunter, *Am.* switcher (engine).

'**Rang...: ~liste** *f sports, etc.*: ranking list; *mil.* Army (*or* Navy, *or* Air Force) List; **~ordnung** *f* order of precedence; **~stufe** *f* order, degree, grade, rank.

rank [raŋk] *adj.* slim, slender.

Ranke ['raŋkə] *bot. f* (-; -n) tendril; (*plant*) runner, climber; shoot.

Ränke ['rɛŋkə] *m/pl.* intrigues, machinations; tricks; ~ *schmieden* intrigue, plot and scheme; hatch (sinister) plots.

'**ranken** *v/i.* (*sn*) *and v/refl.* (*h.*) creep, climb, run; **⎓gewächs** *n* runner, climber, creeper; **⎓werk** *arch. n* scroll, (interlaced) ornament.

'**Ränke...: ~schmied** *m* intriguer, schemer, plotter; **~spiel** *n* intrigue(s *pl.*); **⎓süchtig, ⎓voll** *adj.* scheming, intriguing, designing.

'**rankig** *adj.* creeping; with tendrils.

rann [ran] *pret. of rinnen.*

'**rannte** ['rantə] *pret. of rennen.*

Ranunkel [ra'nuŋkəl] *bot. f* (-; -n) ranunculus.

Ränzel ['rɛntsəl] *n* (-s; -), **Ranzen** ['rantsən] *m* (-s; -) knapsack; *ped.* satchel; *colloq.* → *Wanst; sein Ränzel schnüren* pack up (*or* one's things), go off. [cidity.⎞

Ranzidität [rantsidi'tɛːt] *f* (-) ran-⎠

ranzig ['rantsiç] *adj.* rancid, rank.

rapid(e) [ra'piːt, -də] *adj.* rapid.

Rapier [ra'piːr] *n* (-s; -e) rapier, foil.

Rappe ['rapə] *m* (-n; -n) black horse; *fig. auf Schusters ~n reiten* go on Shanks's mare, foot it.

Rappel ['rapəl] *colloq. m* (-s; -) (fit of) madness; *den* ~ *haben* be off one's head (*or* nut); *seinen* ~ *haben* be in one's tantrums; **⎓köpfisch** ['-kœpfiʃ] *adj.* hotheaded; crazy, crackbrained.

'**rappeln** *v/i.* (*h.*) rattle; *colloq. fig. bei ihm rappelt's* he's off his onion, he is nuts.

Rapport [ra'pɔrt] *mil. m* (-[e]s; -e) (formal) report.

Raps [raps] *m* (-es), **~saat** *f* rape (-seed); **~öl** *n* (-[e]s) rape-oil.

Rapunzel [ra'puntsəl] *bot. f* (-; -n) lamb's lettuce.

rar [raːr] *adj.* rare, scarce; rare; *sich* ~ *machen* make o.s. scarce.

Rarität [rari'tɛːt] *f* (-; -en) rarity, rare bird; curiosity, curio; **~en-händler** *m* dealer in curios; **~en-kabinett** *n* cabinet of curiosities, rare-show.

rasan|t [ra'zant] **I.** *adj. ballistics:* flat, rasant; **~e** *Waffe* flat trajectory weapon; *fig.* fast, rapid; **II.** *adv.* on a flat trajectory; **⎓z** *f* (-) flatness (of trajectory).

rasch [raʃ] *adj.* quick, swift, brisk; speedy; prompt; rash; hasty; ready (*sale*); ~ *machen* be quick (*mit et.* about a th.); *int.* ~*!* hurry up!

rascheln ['raʃəln] *v/i.* (*h.*) rustle.

'**Raschheit** *f* (-) quickness, swiftness; speed, promptness; haste.

rasen ['raːzən] *v/i.* (*h.*) rage, storm, foam (with rage); *madman:* rave, be frantic; *fig.* (*sn*) race (madly), speed, tear, dash; *vor Begeisterung* ~ roar with enthusiasm; be frantic (*wegen* over); **~d** *adj.* raving, frantic; **~e Wut** towering rage; scorching, tearing, breakneck (*speed*); ravenous (*hunger*); agonizing (*pain*); splitting (*headache*); *j-n* ~ *machen* drive a p. mad *or* to frenzy; ~ *werden* **a)** go mad, **b)** see red.

Rasen ['raːzən] *m* (-s; -) grass; turf, sod; lawn, grass-plot; *fig. unter dem (grünen)* ~ under the sod; **~bank** *f* (-; ⁓e) turf-seat; **~hockey** *n* field hockey; **~mähmaschine** *f* lawn-mower; **~platz** *m* lawn, grass-plot; **~spiele** *n/pl.* field games; **~sport** *m* field games and athletics; **~sprenger** *m* lawn-sprinkler; **~stecher** *m* turf-cutter; **~stück** *n* sod, turf; **~walze** *f* lawn-roller.

Rase'rei *f* (-) towering rage, fury; frenzy, madness; *mot.* scorching, reckless driving; *in* ~ *geraten* **a)** fly into a rage, see red, **b)** be frantic; *zur* ~ *bringen* drive a p. mad.

Rasier|apparat [ra'ziːr-] *m* safety-razor; *elektrischer* ~ electric (*or* dry)shaver; **⎓en** *v/t.* (*h.*) shave, *Am. a.* barb; *sich* ~ *lassen* get shaved, get a shave; **~klinge** *f* razor-blade; **~krem** *f* shaving-cream; **~messer** *n* (straight) razor; **~pinsel** *m* shaving brush; **~seife** *f* shaving soap; **~wasser** *n* (-s; -) after-shave lotion; **~zeug** *n* shaving things *pl.*

Räson [rɛ'zɔn] *f* (-) reason; → *Einsicht, Vernunft;* **räsonieren** [rezo-'niːrən] *v/i.* (*h.*) reason, argue; quarrel, argue, wrangle (*über acc.* about).

Raspel ['raspəl] *f* (-; -n) rasp; grater; **⎓n** *v/t.* (*h.*) rasp; grate; → *Süßholz.*

Rasse ['rasə] *f* (-; -n) race; breed, stock; blood; **~bewußtsein** *n* racialism, racism; **⎓echt** *adj.* true-bred; **~hund** *m* pedigree dog.

Rassel ['rasəl] *f* (-; -n) rattle; **~geräusche** *med. n/pl.* rattling sounds; **⎓n** *v/i.* (*h.*) rattle; *colloq. ped.* (*sn*) be ploughed, flunk; ~ *lassen* plough, flunk.

'**Rassen...: ~forschung** *f* racial research; **~frage** *f* race question; **~haß** *m* race hatred; **~hygiene** *f* eugenics *pl.*; **⎓hygienisch** *adj.* eugenic(ally *adv.*); **~kampf** *m* racial conflict; **~kreuzung** *f* cross-breeding; **~merkmal** *n* characteristic of the race; **~mischung** *f* racial mixture, miscegenation; **~schande** *f* racial disgrace; **~schranke** *f Am.* color bar; **~stolz** *m* racialism, racism; **~trennung** *f*

racial segregation; **~theorie** *f* racial theory, racialism.

'**Rasse...: ~pferd** *n* thoroughbred (horse); **⎓rein** *adj.* thoroughbred, pure-bred; **~vieh** *n* pedigree cattle.

'**rassig** *adj.* thoroughbred; *fig.* racy, streamlined, thoroughbred (*car, etc.*).

'**rassisch** *adj.* racial.

Rast [rast] *f* (-; -en) rest, repose; recreation, relaxation; break, pause; *a. mil.* halt; *tech.* stop, notch, groove; *furnace:* boshes *pl.*; ~ *machen* take a rest, *mil.* make a halt; halting-place (*a. mil.*), station, stage; *ohne* ~ *und Ruh* restlessly, never at rest; '**~e** *tech. f* (-; -n) stop, detention point; foot rest; '**⎓en** *v/i.* (*h.*) (*a. sich*) (take) rest, repose; *mil.* (make a) halt; *tennis:* be a bye.

Raster ['rastər] *m* (-s; -) *phot., typ.* screen; *TV* (*a.* **~bild** *n*) frame, raster; **~druck** *typ. m* (-[e]s; -e) autotypy; **⎓n** *v/t.* (*h.*) *phot.* print by screen-process; *TV* scan; **~schirm** *TV m* mosaic screen; **~ung** *TV f* (-) scanning, definition.

'**Rast...: ~haus** *n* road house; **⎓los** *adj.* restless; indefatigable; fidgety; **~losigkeit** *f* (-) restlessness; indefatigable industry (*or* work); fidgetiness; **~ort** *m* (-[e]s; -e) halting-place (*a. mil.*), station, stage; **~platz** *m* resting place; **~stätte** *f* road house; **~tag** *m* day of rest.

Rasur [ra'zuːr] *f* (-; -en) shave.

Rat [raːt] *m* (-[e]s) advice, counsel; suggestion; recommendation; consultation, deliberation; means, way (out), expedient; *schlechter* ~ bad (piece of) advice; (-[e]s; ⁓e) council, board; council(l)or, alderman; → *Berater;* ~ *halten or pflegen* take counsel, deliberate, go into a huddle (*mit* with); ~ *schaffen* find ways and means; ~ *wissen* know what to do; *keinen* ~ *mehr wissen* be at a loss (what to do), be at one's wits' end; *j-m e-n* ~ *erteilen* give a p. a piece of advice; *j-s* ~ *befolgen* take a p.'s advice; *mit sich zu ~e gehen* think things over, debate with o. s., *Am. sl.* go into a huddle with o. s.; *zu ~e halten* economize; *sich ~ zieher* consult (*doctor, lawyer, etc.*), call in; *j-n um ~ fragen* ask a p.'s advice, consult a p.; *mit ~ und Tat* by word and deed; *da ist guter ~ teuer* what are we to do now?

Rate ['raːtə] *f* (-; -n) instal(l)ment (*a. econ.*); ratio, proportion; rate (*of growth, etc.*); ~ *auf Aktien* call on shares; *in* ~*n* by instal(l)ments.

'**raten** *v/i. and v/t.* (*irr., h.*) give advice; advise, counsel (*j-m zu et. a p. to do a th.*); guess, divine; *sich* ~ *lassen* take advice, listen to reason; *man hat ihm geraten, zu inf.* he was advised to *inf.*; *wozu* ~ *Sie mir?* what do you advise me to do?; *colloq.* ~ *Sie mal!* have a guess!; *hör auf, das rate ich dir!* stop it, if you know what's good for you!; *das ist alles nur geraten* it's all guesswork.

'**Raten...: ~kauf** *m* hire-purchase; **⎓weise** *adj.* by instalments; **~zahlung** *f* payment by instalments;

auf ~ on the hire-purchase (*Am.* installment) plan.
Räteregierung ['rɛːtə-] *pol. f* Soviet government.
'**Ratespiel** *n* guessing game.
'**Rat...:** ~**geber(in** *f*) *m* adviser; ~**haus** *n* town hall.
Ratifi|kation [ratifikatsi'oːn] *f* (-; -en), ~**zierung** [-'tsiːruŋ] *f* (-; -en) ratification; **zieren** *v/t.* (h.) ratify.
Ration [ratsi'oːn] *f* (-; -en) ration; portion, allowance, share; *mil.* *eiserne* ~ emergency (*or* iron) ration.
rational [ratsio'naːl] *adj.* rational.
rationalisier|en [-nali'ziːrən] *v/t.* *and v/i.* (h.) rationalize; **ung** *f* (-) rationalization; **ungsfachmann** *m* efficiency expert, methods study man.
Rationalis|mus [-'lismus] *m* (-) rationalism; ~**t** *m* (-en; -en) rationalist.
rationell [-'nɛl] *adj.* rational, reasonable; efficient; thrifty, economical.
ratio'nier|en *v/t.* (h.) ration; allot; **ung** [-'niːruŋ] *f* (-; -en) rationing; **ungssystem** *n* ration (*or* distribution) system; points scheme.
rätlich ['rɛːtlɪç] *adj.* advisable; expedient; → *ratsam*.
'**Rat...:** **los** *adj.* helpless, perplexed, *pred.* at a loss; ~**losigkeit** *f* (-) helplessness, perplexity.
'**ratsam** *adj.* advisable; wise, prudent, *pred.* good policy; commendable; expedient; indicated; *für* ~ *halten* think advisable (*or* fit); **keit** *f* (-) advisability.
'**Rat...:** ~**schlag** *m* (-[e]s; ¨e) (piece of) advice, counsel; **schlagen** *v/i.* (h.) deliberate, take counsel; ~**schluß** *m* resolution, decision; decree; *Gottes* ~ decree of God.
'**Ratsdiener** *m* beadle.
Rätsel ['rɛːtsəl] *n* (-s; -) riddle, puzzle, enigma, mystery; problem; conundrum; *er ist ein* ~ he is an enigma; *er ist mir ein* ~ he puzzles me, I can't make him out; *es ist mir ein* ~ it puzzles (*or* beats) me; *in* ~*n sprechen* speak in riddles; ~**aufgabe** *f* problem, *Am.* quiz; **haft** *adj.* puzzling; enigmatic(al), mysterious; cryptic; *es ist mir völlig* ~, *weshalb* it is a complete mystery to me why; ~**raten** *n* (-s) solving riddles; *fig.* guesswork; (wild) speculation.
'**Rats...:** ~**herr** *m* (town-)council(l)or, alderman, senator; ~**keller** *m* townhall-cellar restaurant, *Am.* rathskeller; ~**schreiber** *m* town-clerk; ~**sitzung** *f* council meeting; ~**versammlung** *f* council, assembly; → *Ratssitzung*.
Ratte ['ratə] *f* (-; -n) rat; *fig. wie e-e* ~ *schlafen* sleep like a top; ~**nfalle** *f* rat-trap; ~**nfänger** *m* rat catcher; (dog) ratter, *der* ~ *von Hameln* the Pied Piper of Hamelin; ~**ngift** *n* rat-poison; ~**nkönig** *m* pack-rat; *fig.* tangle; ~**nschwanz** *m* rat's tail; *fig.* pigtail; rattailed file; *ein ganzer* ~ *von* a whole string of, no end of.
rattern ['ratərn] *v/i.* (sn) rattle, clatter; *engine:* (h.) roar.
ratzekahl ['ratsə-] *colloq. adv.:* ~

aufessen eat up completely, polish off.
Raub [raʊp] *m* (-[e]s) robbery, robbing; pillaging; kidnap(ping), abduction; piracy; booty, loot, spoils *pl.*; *zo. and fig.* prey; *auf* ~ *ausgehen* go on the prowl; *ein* ~ *der Flammen werden* be destroyed by fire; '~**bau** *m* (-[e]s) wasteful (*or* ruinous) exploitation; *agr.* robber-farming; robbing a mine; destructive lumbering; ~ *treiben* cause havoc by ruthless exploitation; *agr.* exhaust the land; *rob a mine*; *mit s-r Gesundheit* ~ *treiben* undermine one's health, burn the candle at both ends.
rauben ['raʊbən] **I.** *v/i.* (h.) rob, commit robberies; go pillaging, plunder; **II.** *v/t.* (h.) rob, take by force, carry off; steal; kidnap; (a. *fig.*) *j-m et.* ~ rob (*or* deprive) a p. of a th.
Räuber ['rɔybər] *m* (-s; -) robber, *Am. a.* holdup man; highwayman, brigand, *Am. a.* hijacker; *geistigen Eigentums:* pirate; ~ *und Gendarm spielen* play cop-and-robber; ~**bande** *f* gang of robbers *or* brigands, *Am.* holdup gang.
Räube'rei *f* (-; -en) robbery; pillage.
'**Räuber...:** ~**geschichte** *f* tale of robbers; *colloq. fig.* cock-and-bull story; penny dreadful; ~**hauptmann** *m* captain of brigands, robber-chief; ~**höhle** *f* den of robbers; **isch** *adj.* rapacious, predatory; → *Diebstahl*.
'**Raub...:** ~**fisch** *m* predatory fish; ~**gier** *f* rapacity; **gierig** *adj.* rapacious; ~**krieg** *m* predatory war; ~**mord** *m* murder and robbery, robbery slaying, *Am. a.* holdup murder; ~**mörder** *m* murderer and robber; ~**ritter** *m* robber-knight; ~**schiff** *n* pirate (-ship), corsair; ~**staat** *m* piratical state; ~**tier** *n* beast of prey; ~**überfall** *m* robbery, *Am.* holdup; armed attack; ~**vogel** *m* bird of prey; ~**zeug** *hunt.* (*Brit.*) *n* vermin; ~**zug** *m* raid.
Rauch [raʊx] *m* (-[e]s) smoke; steam, vapo(u)r; fume; soot; → *Qualm*; *in* ~ *aufgehen* go up in smoke, *fig.* end in smoke; '~**abzugskanal** *m* flue; '~**bekämpfung** *f* smog abatement; '~**bombe** *f* smoke-bomb; '**dicht** *adj.* smoke-proof.
'**rauchen** *v/i. and v/t.* (h.) smoke; fume; *person:* (have a) smoke; smoke (a cigarette, etc.); *colloq. fig. wir arbeiteten, daß es nur so rauchte* we worked with a vengeance *or Am.* to beat the band; *mir rauchte der Kopf* my head nearly split; '**Rauchen** *n* (-s) smoking; ~ *verboten!* No smoking!
'**Rauch...:** **entwickelnd** *adj.* smoke-generating; ~**entwicklung** *f* (-) formation of smoke.
'**Raucher** *m* (-s; -) smoker; *rail.* smoking compartment, smoker.
Räucher... ['rɔyçər-]: ~**aal** *m* smoked eel; ~**essenz** *f* aromatic essence; ~**hering** *m* red (*or* smoked) herring, kipper; ~**kammer** *f* smoking-chamber, *Am.* smoke-

-house; ~**kerze** *f* fumigating candle; ~**mittel** *n* fumigant; **n I.** *v/t.* (h.) smoke (*meat*); cure (*fish*); fumigate; perfume; *tech.* fume (*oak*); *geräucherter Hering* = *Räucherhering*; **II.** *v/i.* (h.) burn incense (*a. fig.*); ~**n** *n* (-s), ~**ung** *f* (-) smoking; fumigation; ~**pulver** *n* fumigating powder.
'**Raucher(wagen)** *m* smoking-carriage, *Am.* smoking-car, smoker.
'**Räucher|waren** *f/pl.* smoked meat *or* fish *sg.*; ~**werk** *n* perfumes, scents *pl.*, perfumery.
'**Rauch...:** ~**fahne** *f* trail of smoke; ~**fang** *m* chimney(-hood), flue; ~**faß** *n* censer; ~**fleisch** *n* smoked meat; **frei** *adj.* smokeless; ~**gas** *n* fumes *pl.*, flue gas; **geschwärzt** ['-gəʃvɛrtst] *adj.* smoke-stained; ~**glas** *n* smoked glass; ~**helm** *m* smoke-helmet; **ig** *adj.* smoky; **los** *adj.* smokeless; ~**meldepatrone** *mil. f* smoke--cartridge message container; ~**opfer** *n* incense offering; ~**pilz** *m* cloud mushroom; ~**plage** *f* smoke nuisance; ~**säule** *f* column of smoke; ~**schrift** *f* sky-writing; **schwach** *adj.* smokeless (*powder*); ~**spurgeschoß** *n* smoke tracer; ~**ständer** *m* smoking-stand; ~**tabak** *m* tobacco; ~**tisch** *m* smoking-table; ~**verbot** *n* (-[e]s) ban on smoking; ~**vergiftung** *f* smoke inhalation; ~**verzehrer** *m* (-s; -) smoke-consumer; ~**vorhang** *mil. m* (-[e]s) smoke screen; ~**waren** *f/pl.* **1.** tobacco products; **2.** *a.* ~**werk** *n* (-[e]s) furs *pl.*, peltry; ~**wolke** *f* cloud of smoke; ~**zeichen** *n* smoke signal; ~**zimmer** *n* smoking-room.
Räud|e ['rɔydə] *f* (-; -n) mange, scab (*of dogs*); rubbers (*of sheep*); **ig** *adj.* mangy, scabby; *fig.* ~*es Schaf* black sheep.
rauf [raʊf] *colloq. adv.* → *herauf(...)*.
Raufbold ['raʊfbɔlt] *m* (-[e]s; -e) brawler, rowdy, ruffian, bully, *Am. a.* tough.
Raufe ['raʊfə] *f* (-; -n) rack.
'**raufen I.** *v/t.* (h.) pluck, pull; *sich die Haare* ~ tear one's hair; **II.** *v/i.* (h.) (*and sich*) *mit j-m* ~ fight *or* scuffle with a p., (have a) romp; *sich um et.* ~ fight *or* scramble for a th.
Raufe'rei *f* (-; -en) fight, brawl, scuffle, *Am. a.* free-for-all.
'**Rauf...:** ~**handel** *m* (*jur.* participation in a) brawl; ~**lust** *f* (-) pugnacity, rowdiness; **lustig** *adj.* pugnacious, spoiling for a fight.
rauh [raʊ] *adj.* rough; rugged; inclement, raw (*weather*); biting, bitter; severe (*winter*); sore, hoarse (*throat*); *fig.* harsh; coarse, rude; ~*e Behandlung* rough handling, harsh treatment; ~*es Leben* rough (*or* rugged) life; ~*e Tatsachen* hard facts; ~*er Ton* rough tone; ~*e Wirklichkeit* harsh reality; *in* ~*en Mengen* in coarse numbers, in enormous quantities, galore; '~**bein** *n fig.* rough diamond, hedgehog, *Am. a.* roughneck; **beinig** ['-baɪnɪç] *adj.* rough, gruff.
Rauheit ['raʊhaɪt] *f* (-; -en) → *rauh*; roughness; ruggedness; in-

clemency; severity; soreness; harshness; coarseness; rudeness.

'rauh...: ~en ['rauən] v/t. (h.) roughen; tease, nap (cloth); ℒfutter n roughage, coarse fodder; ℒgewicht n full weight; ~haarig adj. roughhaired, shaggy; wire-haired (dog); ℒreif m hoar-frost, rime.

Raum [raum] m (-[e]s, ⸚e) room; space (a. astr.); → Platz; volume, capacity; expanse; area, district, zone; width; locality, premises; room; hall; chamber; compartment; accommodation; tech. play, clearance; fig. (-[e]s) scope, opportunity; scene; ~ und Zeit space and time; ~ bieten (dat. or für) admit, accommodate, hold; ~ geben or gewähren (dat.) a) give way to (an idea), b) indulge in (hope), c) grant (a request); '~akustik f acoustic properties pl. (of a room); '~analyse f volumetric analysis; '~an-ordnung f layout of rooms, floor plan; '~bedarf m space requirement; '~begriff m conception of space; '~bild n space diagram; opt. stereoscopic picture; '~dichte f volumetric density; '~einheit f, '~element n spatial unit.

Räumboot ['rɔym-] n mine sweeper.

'räumen v/t. (h.) remove, clear away; dredge; clean (up); vacate, clear (dwelling, etc.); mil. evacuate; leave, give up; sweep (von of mines); econ. clear (off), sell off (stocks); tech. broach; fig. das Feld ~ quit the field; j-n aus dem Wege ~ dispose of or remove a p.; 'Räumen n (-s) → Räumung; tech. broaching.

'Raum...: ~ersparnis f saving in space; der ~ wegen in order to save space; ~flug m space-flight; ~forschung f (aero)space research; ~gehalt m volumetric content; ~geometrie f solid geometry; ~gestalter m interior decorator; ~gestaltung f interior decoration; ~gewicht n volumetric weight; ~inhalt m volume, capacity, cubic content; ~kapsel f (space) capsule; ~kunst f (-) → Raumgestaltung; ~ladegitter n space-charge grid; ~lehre f (-) geometry.

'räumlich adj. (of) space, relating to space; three-dimensional; (ant. zeitlich) spatial; opt. stereoscopic; chem. volumetric; ℒkeit f (-; -en) spatiality; locality, room; ~en pl. a. premises, accommodation sg.

'Raum...: ℒlos adj. spaceless; ~mangel m lack of room or space; restricted space; ~maß n measure of capacity, dimensions pl.; stacked measure; ~messung f stereometry; ~meter m cubic met|re, Am. -er.

'Räum...: ~otter mar. f paravane; ~pflug m bulldozer.

'Raum...: ~pflegerin f cleaner; ~schiff n space-ship; ~schiffahrt f astronautics sg.; space-travel; ~sonde f space probe; ~teil m part by volume; ~temperatur f room (or ambient) temperature; ~tonne f freight ton; ~ton m radio: dimensional sound; ~tonwirkung f stereophonic effect.

'Räumtrupp m demolition party.
'Räumung f (-) clearing, removal, esp. econ. clearance; vacating, quitting (of dwelling), eviction; mil. evacuation.

'Räumungs...: ~ausverkauf econ. m clearance-sale; ~befehl jur. m eviction notice; ~gebiet mil. n evacuated territory, territory to be evacuated; ~klage f action of ejectment.

'Raum...: ~verhältnis n proportion by volume; ~verteilung f disposition of space; layout (of rooms); typ. spacing; ~welle f radio: space wave.

raunen ['raunən] v/i. and v/t. (h.) whisper, murmur; fig. man raunt, daß rumo(u)r has it that.

raunzen ['rauntsən] colloq. v/i. and v/t. (h.) grumble.

Raupe ['raupə] f (-; -n) caterpillar; tech. crawler; → Planierraupe; fig. ~n im Kopf haben have maggots in one's head.

'Raupen...: ~antrieb mot. m track-laying drive; ~bahn f crawler track; ~fahrzeug n track(-laying) vehicle; ~fraß m damage done by caterpillars; ~kette f crawler track; ~schlepper m crawler tractor.

raus [raus] colloq. → heraus(...); int. ~! get out!, beat it!, scram!

Rausch m (-es; ⸚e) intoxication, drunkenness; sich e-n ~ antrinken go and get drunk; e-n ~ haben be drunk; s-n ~ ausschlafen sleep it off; im ~e in one's cups; fig. transport, ecstasy, intoxication; inebriation.

'rauschen v/i. (h.) water, wind: rush; surf, storm: roar; leaves, radio, silk: rustle; applause: ring, thunder; fig. (sn) sweep, sail; ℒ n (-s) rush (-ing); roar; rustle; radio, etc.: noise; microphone: hissing; ~d adj. rustling, etc.; thundering, ringing (applause); gay, gorgeous; swelling (music).

'Rauschfaktor m radio: noise ratio.

'Rauschgift n narcotic (drug); dope; mit ~ betäuben drug, dope; ~handel m drug trafficking; ~händler, ~schmuggler m dope pedlar (or smuggler, trafficker); ~sucht f (-) drug addiction; ℒsüchtig adj. drug-addicted; ~süchtige(r m) f drug-addict.

'Rauschgold n tinsel.

'rausschmeiß|en colloq. v/t. (irr., h.) kick a p. out, Am. a. give a p. the bounce or bum's rush; fire a p.; ℒer colloq. m (-s; -) chucker-out, Am. bouncer; last dance.

räuspern ['rɔyspərn] v/i. and sich ~ (h.) clear one's throat, harumph.

Raute ['rautə] f (-; -n) bot. rue; math. rhomb(us); her. lozenge; ~n-antenne f rhombic aerial or antenna; ~nfläche f facet; ℒnförmig ['-fœrmiç] adj. rhombic, lozenge-shaped.

Razzia ['ratsia] f (-; -ien) (police) raid; e-e ~ machen (auf acc.) make a raid (on), raid.

Reagenz [reʔa'gɛnts] chem. n (-es; -ien) reagent; ~glas n (-es; ⸚er) test tube; ~kelch m test glass; ~-

lösung f test solution; ~papier n (-[e]s) test paper.

reagibel [reʔa'gi:bəl] adj. sensitive.
reagieren [reʔa'gi:rən] v/i. (h.) (auf acc.) react (on); fig. (and tech.) a. respond (to).

Reaktanz [reʔak'tants] el. f (-; -en) reactance.

Reaktion [reʔaktsi'o:n] f (-; -en) reaction (a. pol.); fig. a. response (auf acc. to).

reaktionär [reʔaktsio'nɛ:r] adj. reactionary; Reaktio'när(in f) m (-s, -e; -, -nen) reactionary, reactionist.

Reakti'ons...: ~fähigkeit f (-) reaction ability, responsiveness; chem. reactivity; ~geschwindigkeit f reaction velocity; ~kette f series of reactions; ~mittel n reagent; ℒschnell adj. quick as a lightning, fast; ~verlauf m course of a reaction; ~wärme f heat of reaction; ~zeit f reaction time.

reaktivieren [reʔakti'vi:rən] v/t. (h.) reactivate (a. mil.).

Reaktor [reʔak'to:r] m (-s; -'toren) (nuclear) reactor.

real [reʔa:l] adj. real, actual; concrete; substantial, material, corporeal; ~e Vermögensgüter tangible assets; ℒgymnasium n secondary school with scientific bias; ℒien ['-liən] pl. real facts, realities; exact sciences.

realisier|bar [reʔali'zi:rba:r] adj. realizable; sofort (nicht) ~e Aktiven liquid (frozen) assets; ~en v/t. (h.) realize; convert into money; dispose of (securities); ℒung f (-) realisation.

Realis|mus [reʔa'lismus] m (-) realism; ~t(in f) m (-en, -en; -, -nen) realist; ℒtisch adj. realistic(ally adv.); et. ~ gestalten lend realism to a th.

Reali'tät f (-; -en) reality.

Real... [reʔa:l-]: ~konkurrenz jur. f cumulation; in ~ cumulative; ~kredit m credit on real estate; ~last f recurrent charge on landed property; ~lexikon n encyclop(a)edia; ~lohn m real (or commodity) wages pl.; ~politik f realist politics, real-politik; ~schule f non-classical secondary school; ~wert m real value; ~wörterbuch n → Reallexikon.

Rebe ['re:bə] f (-; -n) vine; tendril, shoot.

Rebell(in f) [re'bɛl] m (-en, -en; -, -nen) rebel; rebel'lieren v/i. (h.) rebel, revolt, rise; mutiny; Rebellion [rebɛl'io:n] f (-; -en) rebellion; → Aufstand; re'bellisch adj. rebellious.

'Reben...: ~blatt n vine-leaf; ~blut n, ~saft m (-[e]s) grape-juice, wine; ~geländer n vine-trellis.

Reb... ['rep-]: ~huhn n partridge; ~land n land planted with vines; ~laus f vine-louse, phylloxera; ~stock m vine.

Rebus ['re:bus] m (-; -se) rebus.

Rechen ['rɛçən] m (-s; -), 'rechen v/t. (h.) rake.

Rechen... ['rɛçən-]: ~aufgabe f, ~exempel n (arithmetical) problem, sum; ~buch n arithmetic-book; ~fehler m arithmetical error, miscalculation, mistake; ~-

kunst f arithmetic; ~**künstler(in** f) m arithmetician; ~**lehrer(in** f) m arithmetic teacher; ~**maschine** f calculating machine, calculator; computer; ~**pfennig** m counter.

'**Rechenschaft** f (-) account; ~ ablegen give or render (an) account (über acc. of), account (or answer) (for); j-m ~ schuldig sein be accountable to; zur ~ ziehen call to account (wegen for); ~**sbericht** m statement (of accounts); report (of activities); econ. report; 2s-**pflichtig** adj. liable to account, accountable.

'**Rechen**...: ~**schieber** m slide rule, slipstick; ~**stunde** f arithmetic lesson; ~**tabelle** f ready reckoner; ~**tafel** f slate; ~**zentrum** n computing cent|re, Am. -er.

Recherchen [re'ʃɛrʃən] f/pl. investigation sg., inquiries.

rechnen ['rɛçnən] v/t. and v/i. (h.) reckon (im Kopf mentally); calculate, work out; falsch ~ miscalculate; reckon (or sum) up; estimate, value; charge; zuviel ~ overcharge; (v/i.) do sums or figure-work, count; ~ auf (acc.) reckon (or count, depend, rely) on, expect to inf., trust to inf.; ~ mit reckon with; mit et. (Unangenehmem) ~ müssen face a th., be in for (unpleasantness); wir müssen damit ~, daß it may be (or happen) that; ~ unter (acc.) or zu (dat.) reckon (or rank, class) with; v/i.: ~ zu rank with or among(st); alles in allem gerechnet taking all in all, on the whole; hoch gerechnet at the most; er kann gut ~ he is good at figures; w.s. er kann nicht ~ he doesn't know how to economize.

'**Rechnen** n (-s) reckoning, etc.; calculation, figure-work; arithmetic.

'**Rechner(in** f) m (-s, -; -, -nen) calculator, computer (a. apparatus); arithmetician; econ. accountant; kühler ~ cool reckoner, calculating mind; er ist ein guter ~ he is quick at figures; 2isch adj. and adv. mathematical(ly), arithmetical(ly), by way of calculation.

'**Rechnung** f (-; -en) calculation, sum, reckoning; account, bill; invoice; at restaurant: bill, Am. check; score; auf ~ on account; auf Ihre ~ und Gefahr for your account and risk; für gemeinschaftliche ~ for (or on) joint account; laufende ~ current account; laut ~ as per invoice; e-e ~ ausgleichen balance or settle an account; ~ führen keep accounts; auf ~ kaufen buy on credit; ~ legen render (an) account (über acc. of); e-r Sache ~ tragen make allowance for a th., take a th. into account; accommodate o.s. to circumstances; auf s-e ~ kommen find one's account (bei in); econ. in ~ bringen place to account; j-m in ~ stellen pass (or place) to a p.'s account; fig. in ~ ziehen take into account, consider; fig. die ~ ging nicht auf it did not work out; es geht auf m-e ~ it is my treat, Am. a. this is on me.

Rechnungs... ['rɛçnuŋs-]: ~**abgrenzung** f demarcation of sepa-

rate accounts; a. → ~**abgrenzungs-posten** m deferred item; ~**ablegung** f rendering of accounts; ~**abschluß** m closing of accounts; → Jahresabschluß; ~**art** f method of calculation; die vier ~en the four rules; ~**ausschuß** m board of audit; ~**auszug** m statement of account; abstract of account; ~**beleg** m voucher; ~**betrag** m amount of invoice; ~**buch** n account-book; ~**führer** m accountant, book-keeper; mil. pay sergeant; ~**führung** f accountancy, Am. usu. accounting; ~**hof** m audit office; ~**jahr** n financial (or fiscal) year; ~**kammer** f accounting office; ~**legung** ['-le:guŋ] f (-; -en) rendering of the account; ~**prüfer**, ~**revisor** m auditor; ~**prüfung** f audit; bei der ~ when examining the accounts; ~**stelle** → Rechnungskammer; ~**wesen** n (-s) accounting, accountancy.

recht [rɛçt] **I.** adj. (ant. left) right; fig. (according to rule, desire) right; right, correct; just; due; lawful, legitimate; proper, fitting; (wirklich) true, real; thorough, sound; ~e Hand right hand (a. fig. = right-hand man); der ~e Mann the right man, am ~en Ort in the right place; ~er Narr regular fool; ~er Winkel right angle; zur ~en Zeit in due time, at the right moment, in the nick of time; das ist ~ that is right or good; so ist's ~ all right, okay, that's the stuff; mir ist's ~ I don't mind, that's all right with me, (it) suits me; mir ist alles ~ I am pleased with everything; I don't care; es geht nicht mit ~en Dingen zu there is something queer (or fishy) about it; ihm ist jedes Mittel ~ he sticks at nothing; das ist nur ~ und billig it is only fair; was dem einen ~ ist, ist dem andern billig what is sauce for the goose is sauce for the gander; → Recht, Rechte; **II.** adv. right(ly), well; very; rather; really, quite, downright; correctly, the right way; properly, thoroughly, soundly; ~ haben be right; ~ behalten be right in the end; j-m ~ geben agree with a p.; die Resultate gaben mir ~ I was borne out by the results; ~ daran tun, zu inf. do right to inf.; ~ gern gladly, with pleasure; ~ gut quite good or well; not (at all) bad; ganz ~! quite (so)!, exactly!, right you are!; schon ~! never mind!; erst ~ all the more (so); jetzt erst ~ now more than ever, now with a vengeance; ~ schade a great pity; es geschieht ihr ~ it serves her right; das kommt mir gerade ~ that comes in handy; ich weiß nicht ~ I wonder, I am not so sure; ich kann es ihr nicht ~ machen I can't do anything right for her; man kann es nicht allen ~ machen you cannot please everybody; wenn ich es ~ bedenke now that I think of it; wenn ich Sie ~ verstehe if I understand you rightly; → gescheit.

Recht [rɛçt] n (-[e]s; -e) right; privilege; title (auf acc. to), claim (on), interest (in); power, authority; law; justice; due process of law;

formelles ~ adjective law; materielles ~ substantive law; → bürgerlich, öffentlich; angestammte ~ birthright; unabdingbares ~ vested interest; Doktor der ~e Doctor of Laws (abbr. LL.D. = doctor legum); ~e und Pflichten aus e-m Vertrag rights and obligations arising under a contract; alle ~e vorbehalten all rights reserved; nach geltendem ~ under law in force; mit ~ justly, with good reasons; von ~s wegen by rights, jur. by operation of law, de jure; ~ sprechen administer (or dispense) justice; das ~ haben, zu inf. have the right (or be entitled) to inf., agent: have power to inf.; die ~e studieren study law; ein ~ ausüben exercise a power; für ~ befinden find, hold; das Gericht erkennt für ~ the Court orders, adjudges, decrees and determines; im ~ sein, das ~ auf seiner Seite haben be within one's rights, have justice on one's side; sich selbst ~ verschaffen take the law into one's own hands; zu ~ bestehen be valid or justified; (wieder) zu seinem ~e kommen come into one's own (again).

Rechte ['rɛçtə] **1.** f (-n; -n) right hand, boxing: right; pol. the Right; zur ~n on the right hand; **2.** ~(r m) f (-n, -n; -en, -en) right person, right or very (wo)man; an den ~n kommen meet one's match; iro. du bist mir der ~! a fine fellow you are!; **3.** ~(s) n (-n; -n) das ~ the right thing; contp. das ist was ~s! it's nothing to be proud of!, it's not so wonderful!; er dünkt sich was ~s (zu sein) he thinks he is somebody; nach dem ~n sehen look after things.

Rechteck ['rɛçt'ɛk] n (-[e]s; -e) rectangle; 2ig adj. rectangular.

'**rechten** v/i. (h.) dispute, argue; ~s adv. lawfully, legally, by law.

'**Rechter** m (-en; -en) boxing right; 2 Hand on the right (hand).

'**recht**...: ~**fertigen** v/t. justify, warrant; defend, vindicate; sich ~ clear o.s., exculpate o.s.; give an account of o.s.; zu ~ justifiable, warrantable; 2**fertigung** f justification; vindication, defen|ce, Am. -se; exoneration; zu meiner ~ in my defence, in justice to myself; 2**fertigungsgrund** m excuse; jur. (legal) justification, defen|ce, Am. -se; ~**gläubig** adj. orthodox; 2**gläubigkeit** f orthodoxy; 2**haber(in** f) ['-ha:bər] m (-s, -; -, -nen) disputatious person, dogmatist, know-all; 2**habe'rei** f (-) dogmatism; ~**haberisch** adj. dogmatic(ally adv.), disputatious, know-all; pigheaded.

'**rechtlich I.** adj. legal, lawful, legitimate; juridical; valid; ~es Gehör due process of law; honest, righteous; im ~en Sinne in the legal sense; **II.** adv. legally, etc.; ~ (un)erheblich (ir)relevant to the issue; ~ verpflichtet bound by law; 2**keit** f (-) legality, lawfulness; validity; honesty, probity.

'**recht**...: ~**linig** ['-li:niç] adj. rectilinear; ~**los** adj. without rights; outlawed; unlawful, illegal; 2**losigkeit** f (-) (total) absence of rights; outlawry; unlawfulness, illegality; **~mäßig** adj. lawful, legal; rightful (claim, heir, owner), legitimate; fair (and just); für ~ erklären legitimate; 2**mäßigkeit** f (-) lawfulness, legality, legitimacy; validity.

rechts [reçts] adv. on the right (hand); to the right; ~ von ihm on his right; erste Querstraße ~ first turning to the right; → ~um; sich ~ halten keep to the right; pol. ~ stehen be a conservative or rightist.

'**Rechts...:** ~**abteilung** f legal branch; ~**anspruch** m (auf acc.) legal claim (on or to), title (to); ~**anwalt** m lawyer, solicitor; Brit. a. barrister-at-law, Am. attorney--at-law; ~ für den Kläger (Beklagten) counsel for the plaintiff (defendant); ~**anwaltschaft** f bar; in die ~ aufnehmen call to the bar; ~**anwaltskammer** f Bar Association; ~**auffassung** f legal conception; ~**ausdruck** m legal term; ~**ausführungen** f/pl. legal arguments, pleadings; ~**außen(stürmer)** m (-; -) soccer: outside right; ~**befugnis** f competence; ~**begehren** n (-s) relief sought; statement of claim, petition; ~**behelf** m (legal) remedy; ~**beistand** m legal adviser; counsel; (next) friend; assistant ad litem; ~**belehrung** jur. f legal information or instruction; directions pl. (to jury); ~**berater** m legal adviser; ~**beratungsstelle** f legal advisory board; legal aid office; ~**beugung** f perversion of justice; ~**bruch** m breach of law, infringement.

rechtschaffen ['reçtʃafən] **I.** adj. honest, righteous, upright; **II.** adv. righteously, etc.; thoroughly, downright, awfully, mighty; ~ leben live straight; 2**heit** f (-) honesty, probity, uprightness.

'**Rechtschreibung** f orthography, spelling.

'**Rechts...:** ~**drall** m right-hand twist; ~**drehung** f clockwise rotation; ~**einwand** m objection, demurrer.

'**Rechts...:** 2**fähig** adj. having legal capacity; ~er Verein incorporated society; ~**fähigkeit** f (-) legal capacity; ~**fall** m (law) case, cause; analoger ~ case in precedent; ~**folge** f legal effect; operation (of a law, contract); ~**form** f legal form; ~**frage** f question of law; streitige ~ issue of law; ~**gang** m course of law, legal procedure; tech. right--handed action (of screw); 2**gängig** tech. adj. right-handed; ~**gefühl** n (-s) sense of justice; ~**gelehrsamkeit** f jurisprudence; ~**gelehrte(r)** m jurist, lawyer; ~**geschäft** n legal transaction or act; ~**gewinde** tech. n right-hand thread; ~**grund** m legal argument; title; ~**grundlage** f legal basis; ~**grundsatz** m maxim of law; 2**gültig** **I.** adj. good (or valid) in law, entitled to full faith and credit; → rechtskräftig; **II.** adv.: ausfertigen execute (a deed), ~ machen validate; ~**gültigkeit** f (-) legality, validity; ~**gut** jur. n protected interest; ~**gutachten** n (legal) opinion, counsel's opinion; ~**handel** m lawsuit, action, litiga-

tion; ~**händer** ['-hendər] m (-s; -) right-hander; 2**hängig** ['-heŋiç] adj. pending, sub judice; ~**hängigkeit** f (-) litispendence; ~**hilfe** f legal assistance; legal aid; relief; ~**irrtum** m mistake in law; ~**kraft** f (-) legal force, validity; ~ erlangen become effective or final, enter into effect; ~ haben für (acc.) be conclusive for; 2**kräftig** adj. legal(ly binding), valid; final (judgment); ~es Scheidungsurteil decree final; ~**kurve** f right-hand bend; ~**lage** f legal position or status; ~**mangel** m defect of title; ~**mittel** n legal remedy, relief; (right of) appeal; ~ einlegen lodge an appeal; ~**mittelbelehrung** f instructions pl. on (defendant's) right of appeal; ~**nachfolger(in** f) m successor in interest, assign; ~**parteiler** ['-partailər] pol. m (-s; -) rightist; ~**person,** ~**persönlichkeit** f legal personality (or entity), body corporate; ~**pflege** f administration of justice, judicature; ~**pfleger** m registrar, judicial administrator.

'**Rechtsprechung** ['-ʃpreçuŋ] f (-; -en) jurisdiction, administration of justice.

'**Rechts...:** 2**radikal** pol. adj., ~**radikale(r)** m rightist; ~**schutz** m legal protection; ~**seitig** ['-zaitiç] adj. right-sided; ~**sprache** f (-) legal terminology; ~**spruch** m legal decision; in civil cases: judg(e)ment, in criminal cases: sentence; of jury: verdict; ~**staat** m (-[e]s; -en) constitutional state; 2**staatlich** adj. constitutional; ~**staatlichkeit** f (-) rule of law; ~**stellung** f legal status; ~**steuerung** mot. f right--hand drive; ~**streit** m lawsuit, action, litigation; ~**titel** m legal title; ~**träger** m legal entity; 2**um!** mil. int. right face!, on march: by the right flank, march!; 2**unfähig** adj. legally disabled; ~**unfähigkeit** f (-) legal disability; 2**ungültig** adj. illegal, invalid; 2**unwirksam** adj. ineffective, without legal force; ~**unwirksamkeit** f ineffectiveness; 2**verbindlich** adj. binding (für [up]on); ~**verdreher** ['-ferdre:ər] m (-s; -) pettifogging lawyer; ~**verfahren** n legal procedure; (legal) action or proceedings pl.; ~**verfassung** f judicial system, judiciary; ~**verhältnis** n legal relationship; ~**se** pl. legal position sg.; ~**verkehr** mot. m right--hand traffic; ~**verletzung** f injury of rights, infringement; ~**vertreter** m **a)** → Rechtsbeistand; **b)** (authorized) agent, attorney-in-fact; ~**weg** m course of law; den ~ beschreiten take legal action, go to law; s-n Anspruch auf dem ordentlichen ~e verfolgen prosecute one's claim before the ordinary civil courts; unter Ausschluß des ~es eliminating legal proceedings; 2**widrig** adj. illegal, unlawful, illicit; ~**widrigkeit** f illegality; 2**wirksam** adj. → rechtskräftig; ~**wissenschaft** f jurisprudence; ~**wohltat** f benefit of the law.

'**recht...:** ~**wink(e)lig** adj. right--angled, rectangular; ~**zeitig** **I.** adj. timely, well-timed, seasonable, op-

portune; **II.** adv. in time, punctually; in the nick of time; 2**zeitigkeit** ['-tsaitikait] f (-) opportuneness; punctuality.

Reck [rɛk] gym. n (-[e]s; -e) horizontal bar.

Recke ['rɛkə] m (-n; -n) hero, warrior.

'**recken** v/t. (h.) stretch, draw out, extend; rack; sich ~ (h.) stretch o.s.; den Hals nach et. ~ crane one's neck to see a th.

'**reckenhaft** adj. valiant; powerful, doughty (figure).

Redakteur [redak'tø:r] m (-s; -e), ~**in** f (-; -nen) editor, f editress; sub-editor; ~ des lokalen Teils e-r Zeitung local (news) editor, Am. city editor; ~ des Handelsblatts e-r Zeitung city (Am. financial) editor; TV producer.

Redaktion [redaktsi'o:n] f (-; -en) editorship; editing, wording, drafting; editorial staff, editors pl.; editor's office; **redaktionell** [-tsio'nɛl] adj. editorial; ~ bearbeiten edit.

Redakti'ons...: ~**leitung** f editorial management; ~**mitglied** n staff member, sub-editor; ~**schluß** m (-es) copy dead-line; nach ~ eingegangen stop-press (news).

Rede ['re:də] f (-; -n) speech; address; oration; language; gr. direkte ~ direct speech; utterance; talk, conversation, discourse; e-e ~ halten make a speech, deliver an address; große ~n halten talk big; in ~ stehen be under discussion; die in ~ stehende Person the person in question; ~ (und Antwort) stehen give an account (über acc. for), (have to) answer (for); j-m in die ~ fallen interrupt a p., cut a p. short; zur ~ stellen call to account (wegen for), take to task; der langen ~ kurzer Sinn the long and the short of it; davon kann keine ~ sein that's out of the question; davon ist nicht die ~ that is not the point; es geht die ~, daß it is rumo(u)red that; they say that; es ist nicht der ~ wert **a)** it is not worth speaking of, **b)** never mind(!), that's all right(!); die ~ kam auf (acc.) the conversation turned upon; wenn die ~ darauf kommen sollte if the subject should be mentioned; nach seinen ~n according to what he says; colloq. (aber) keine ~! by no means!, nothing of the kind!; wovon ist die ~? what are you (or are they) talking a'bout?; → bringen; ~**figur** f figure of speech; ~**fluß** m (-es) flow of speech, volubility; ~**freiheit** f (-) liberty of speech; ~**gabe** f (-) gift of speech (or of the gab), eloquence; 2**gewandt** adj. eloquent, fluent, glib; ~**kunst** f (-) rhetoric.

'**reden** v/i. and v/t. (h.) speak (mit to); talk (to), converse or chat (with); discourse (über acc. [up]on); discuss; → Gewissen; mit sich ~ lassen be open to reason; sie läßt nicht mit sich ~ she won't listen to reason; über Politik ~ talk politics; du hast gut ~ it is easy for you to talk; viel von sich ~ machen cause a

stir, give rise to much comment; *darüber läßt sich ~ that sounds reasonable, that could be done; ich habe mit dir zu ~* I have something to say to you; → *Wort;* ℒ *n* (*-s*) speaking, *etc.;* ~ *ist Silber, Schweigen ist Gold* speech is silver, silence is golden; **~d** *adj.* speaking; expressive; ~*e Beweise* speaking proofs; ℒs-**art** *f* phrase, expression; idiom; compliment; *allgemeine ~* common saying; *bloße ~en* empty phrases, mere words; *sprichwörtliche ~* saying, proverb; *feste ~* stock phrase; → *stehend.*
Rede'rei *f* (*-; -en*) (idle) talk, prattle; → *Gerede.*
'Rede...: ~**schwall,** ~**strom** *m* (*-[e]s*) flood of words, verbosity; ~**schwulst** *m* bombast; ~**teil** *gr. m* part of speech; ~**weise** *f* manner of speech, mode of expression; language; ~**wendung** *f* figure of speech, expression; phrase; idiom.
redigieren [redi'giːrən] *v/t.* (*h.*) edit; revise.
rediskontier|en [redɪskɔn'tiːrən] *econ. v/t. and v/i.* (*h.*) rediscount; ~**fähig** *adj.* eligible for rediscount.
redlich ['reːtlɪç] **I.** *adj.* upright, honest, square; sincere, candid; **II.** *adv.: sich ~ bemühen* take great pains, give one's best; ℒ**keit** *f* (*-*) uprightness; honesty, probity, integrity; sincerity.
Redner ['reːdnər] *m* (*-s, -*), ~**in** *f* (*-; -nen*) speaker; orator; preacher; *pol.* platform speaker; *faszinierender ~ Am.* spell-binder; ~**bühne** *f* platform, speaker's stand, rostrum; *die ~ besteigen* take the floor; ~**gabe** *f* (*-*) oratorical gift; → *Redegabe;* ℒ**isch** *adj.* oratorical, rhetorical; ~**liste** *f: auf der ~ stehen* be inscribed as speaker(s); ~**pult** *n* speaker's desk.
Redoute [re'duːtə] *f* (*-; -n*) **1.** *mil.* redoubt; **2.** fancy-dress ball.
redselig ['reːtzeːlɪç] *adj.* talkative, garrulous, loquacious, chatty; ℒ-**keit** *f* (*-*) talkativeness, loquacity, volubility.
Reduktion [redʊktsi'oːn] *f* (*-; -en*) reduction; ~**sgetriebe** *n* reduction gear, ~**skraft** *chem. f* reducing power; ~**smittel** *chem. n* reducing agent.
reduzier|bar [redu'tsiːrbaːr] *adj.* reducible; ~**en** *v/t.* (*h.*) reduce (*auf acc.* to), diminish; lower; cut (*personnel*); *sich ~* be reduced, decrease; ℒ**ung** *f* (*-*) reduction.
Reede ['reːdə] *mar. f* (*-; -n*) roadstead, roads *pl.;* ~**r** (*-s; -*) shipowner.
Reede'rei *f* (*-; -en*) shipping firm *or* company; fitting-out; *a.* → ~**betrieb** *m* shipping trade.
reell [re'ʔɛl] **I.** *adj.* respectable, reliable, honest; *company:* solid, sound; solid (*profit*); fair (*price, service*); good (*merchandise*); real (*offer*); *colloq. das ist doch et.* ℒes that's the genuine article; **II.** *adv.: ~ bedient werden* get good value for one's money.
Reep [reːp] *mar. n* (*-[e]s; -e*) rope.
REFA-Mann ['reːfa-] *m* time-and--methods study man.

Refektorium [refɛk'toːrium] *n* (*-s; -ien*) refectory.
Referat [refe'raːt] *n* (*-[e]s; -e*) report; lecture; review; (departmental) section; *univ., etc.: ein ~ halten* read a paper.
Referendar [referɛn'daːr] *m* (*-s; -e*) *jur.* junior barrister, law-clerk; *ped.* junior teacher; ~**examen** *n* first State Examination.
Referent [refe'rɛnt] *m* (*-en; -en*) reporter, speaker; *parl., etc.:* referee; expert, consultant, official adviser; departmental chief; reviewer.
Referenz [refe'rɛnts] *f* (*-; -en*) reference; information.
refe'rieren *v/i.* (*h.*) report (*über acc.* on); (give a) lecture (on); *esp. univ.* read a paper (on).
Reff [rɛf] *mar. n* (*-[e]s; -e*), '**ℒen** *v/t.* (*h.*) reef.
refinanzieren [refinan'tsiːrən] *econ. v/t.* (*h.*) refinance; *w.s.* obtain (*or* provide) finance to cover *financing*; rediscount.
Reflektant(in *f*) [reflɛk'tant] *m* (*-en, -en; -, -nen*) intending purchaser, willing (*or* prospective) buyer.
reflek'tieren I. *v/t.* (*h.*) *phys.* reflect; **II.** *v/i.* (*h.*) reflect (*über acc.* [up]on); *econ. ~ auf* (*acc.*) think of buying, be interested in, have one's eye on.
Reflektor [re'flɛktɔr] *tech. m* (*-s; -'toren*) reflector.
Reflex [re'flɛks] *m* (*-es; -e*) *phys.* reflection; *fig.* result; *physiol.* reflex; ~**bewegung** *f* reflex action.
Reflexion [reflɛksi'oːn] *f* (*-; -en*) reflex; reflection; *radar:* reradiation, echo; ~**swinkel** *m* angle of reflection.
reflexiv [reflɛ'ksiːf] *adj.* reflexive.
Refle'xiv|pronomen, ~**um** ['-um] *n* (*-s; -va*) reflexive pronoun.
Re'flexkamera *phot. f* reflex camera.
Reform [re'fɔrm] *f* (*-; -en*) reform.
Reformation [refɔrmatsi'oːn] *f* (*-*) reformation.
Reformator [-'maːtɔr] *m* (*-s; -'toren*) reformer; **reformatorisch** [-ma'toːriʃ] *adj.* reformatory.
Re'form...: ~**bestrebungen** *f/pl.* reformatory efforts; ~**haus** *n* health food shop.
refor'mier|en *v/t.* reform; ℒ**te(r** *m*) *f* (*-n; -n*) member of the Reformed Church, Calvinist.
Refrain [rə'frɛ̃ː] *m* (*-s; -s*) refrain, burden; *den ~ mitsingen* join in the chorus.
Refraktor [re'fraktɔr] *ast. m* (*-s; -'toren*) refractor, refracting telescope.
Regal [re'gaːl] *n* (*-s; -e*) shelf, stack; shelf, shelves *pl.; typ.* (case-)stand.
Regatta [re'gata] *f* (*-; -tten*) regatta, boat-race.
rege ['reːgə] *adj.* brisk, lively, animated; busy, bustling, active; industrious; active; alert, astir; nimble; active (*mind*); lively (*imagination*); ~ *machen* stir up, rouse; ~ *werden* be stirred up, make itself felt, *doubts:* arise.
Regel ['reːgəl] *f* (*-; -n*) rule; stan-

dard; *biol.* period, menstruation, menses *pl.; praktische ~* rule of thumb; *allen ~n widersprechend* unorthodox; *in der ~* as a rule, ordinarily; *nach allen ~n der Kunst* besiegen defeat on every point *or* in superior style; ~**anlasser** *el. m* rheostat starter; ~**ausführung** *tech. f* standard design; ℒ**bar** *adj.* controllable, adjustable; *el.* adjustable, variable (*speed*); ~**belastung** *f* normal load; ~**detri** [-de'triː] *math. f* (*-*) rule of three; ~**fall** *m* normal case; ~**getriebe** *tech. n:* (*stufenloses ~* infinitely) variable speed transmission; ~**gerät** *tech. n* controller; ℒ**los** *adj.* irregular; disorderly; ~**e Flucht** rout; ~**losigkeit** ['-loːzɪçkaɪt] *f* (*-*) irregularity; disorderliness; ℒ**mäßig I.** *adj.* regular (*a. features*); normal; periodical; regulated, orderly; ~**es Muster** geometrical pattern; **II.** *adv.* regularly; always, every time; ~**mäßigkeit** *f* regularity; ℒ**n** *v/t.* (*h.*) regulate, adjust, *tech. a.* control, govern; arrange, settle, direct; put in order; *law:* provide; *sich ~ nach* (*dat.*) be regulated (*or* governed) by; *das wird sich schon ~ it* will come right; ℒ**recht** *adj.* regular, correct, proper; nothing short of, downright; ~**schalter** *el. m* regulating switch; ~**spannung** *el. f* avc (= automatic volume control) voltage; ~**ung** *f* (*-*) regulation, adjustment; *tech. a.* control; arrangement, settlement; provision; (*of contract, law*); ruling; ~**ungstechnik** *f* control engineering; ~**ventil** *n* control valve; ~**vorrichtung** *f* governing (*or* adjusting, control) device; ℒ**widrig** *adj.* irregular, abnormal; *sports:* foul; ~**widrigkeit** *f* irregularity, *sports:* foul; abnormality.
regen ['reːgən] *v/t.* (*h.*) stir, move; *sich ~ a.* bestir o.s., be active *or* alive; *fig.* make itself felt, arise, *feeling: a.* spring up, be roused; → *rühren.*
Regen ['reːgən] *m* (*-s*) rain; *feiner ~* drizzle; *starker ~* heavy rain, downpour; *fig.* rain, hail; *auf ~ folgt Sonnenschein* every cloud has a silver lining; *vom ~ in die Traufe kommen* fall out of the frying-pan into the fire; ℒ**arm** *adj.* rainless, dry; ~**bogen** *m* rainbow; ~**bogenfarben** *f/pl.* colo(u)rs of the rainbow; ℒ**bogenfarbig** *adj.* rainbow--colo(u)red, iridescent; ~**bogenhaut** *anat. f* iris; ~**dach** *n* penthouse; ℒ**dicht** *adj.* rain-proof, waterproof.
regenerier|en [regenə'riːrən] *v/t.* (*h.*) regenerate, *tech. a.* reclaim; ℒ**ung** *f* (*-*) regeneration.
'Regen...: ~**fall** *m* rainfall, precipitations, rains *pl.;* ~**guß** *m* heavy shower, downpour; ~**haut** *f* plastic coat cover, oilskin coat, pocket mac; ~**jahr** *n* rainy year; ~**kleidung** *f* rainwear; ℒ**los** *adj.* rainless; ~**mantel** *m* waterproof, mackintosh, trenchcoat, *Am.* raincoat; ~**menge** *f* rainfall; ~**messer** *m* rain-ga(u)ge, pluviometer; ~**periode** *f* rainy spell; ~**pfeifer** *orn. m* golden plover; ℒ**reich** *adj.* rainy,

wet; **~schauer** *m* shower (of rain); **~schirm** *m* umbrella; *colloq.* gespannt wie ein ~ all agog; **~schirmständer** *m* umbrella-stand; **~sturm** *m* rainstorm.
Regent(in *f)* [re'gɛnt] *m* (-en, -en; -, -nen) sovereign, ruler; regent.
'Regen...: ~tag *m* rainy day; **~tropfen** *m* raindrop.
Re'gentschaft *f* (-; -en) regency.
'Regen...: ~versicherung *f* rain insurance; **~wasser** *n* (-s) rainwater; **~wetter** *m* (-s) rainy weather; **~wolke** *f* rain-cloud; **~wurm** *m* earthworm, *Am. a.* angleworm; **~zeit** *f* rainy *or* wet season, *the* rains *pl.*
Regie [re'ʒi:] *f* (-) management, administration; state monopoly; *thea.* stage-direction; *film:* direction; ~ führen (bei) direct; *unter der ~ von* directed by; *TV* master control; **~assistent** *m film:* assistant director; **~fehler** *m* mistake in the arrangements, bad management; **~kosten** *econ. pl.* overhead (expenses); **~pult** *n TV* control desk.
regieren [re'gi:rən] I. *v/t.* (h.) govern (*a. gr.*); reign (*or* rule) over; direct, conduct, control; manage (*horse*); II. *v/i.* (h.) reign, rule; govern, be at the helm; schlecht ~ misgovern; *fig.* prevail, reign.
Re'gierung *f* (-; -en) government; administration; reign; *unter der ~ von* in the reign of, under; *an der ~* in power, at the helm; *e-e ~ bilden* form a government; *zur ~ gelangen* come into power, *monarch:* come to the throne.
Re'gierungs...: ~anleihe *f* government loan; **~antritt** *m* accession (to the throne); **~be-amte(r)** *m* government official, Civil Servant; **~bezirk** *m* administrative district; **~blatt** *n* government paper, official gazette; **2feindlich** *adj.* oppositional; **~form** *f* form of government, regime; **2freundlich** *adj.* governmental; **~gebäude** *n* government offices *pl.*; **~gewalt** *f* governmental power; **~kreise** *m/pl.* governmental circles *pl.*; **~partei** *f* party in power, *the* ins *pl.*; **~präsident** *m* district president; **~rat** *m* (-[e]s; ⁼e) government councillor; **~sitz** *m* seat of government; **~stelle** *f* government agency; **~umbildung** *f* cabinet reshuffle; **~vorlage** *f* government bill; **~wechsel** *m* change of government; **~zeit** *f* reign.
Regime [re'ʒi:m] *n* (-[s]; -) regime; political system.
Regiment [regi'mɛnt] *n* (-[e]s; -e) government, rule; *fig.* reign; *mil.* (-[e]s; -er) regiment, brigade; *das ~ haben or führen* rule, command, *wife:* wear the breeches (*Am.* pants).
Regi'ments...: ~abschnitt *m* regimental sector; **~arzt** *m* regimental medical officer; **~kapelle** *f* regimental band; **~kommandeur** *m* regimental commander; **~stab** *m* regimental headquarters *pl.*; **~unkosten** *pl.*: *colloq.* auf ~ at other people's expense.
Region [regi'o:n] *f* (-; -en) region;

fig. in höheren ~en schweben live in the clouds.
regional [regio'na:l] *adj.* regional.
Regisseur [reʒi'sø:r] *m* (-s; -e) *thea.* stage-manager *or* -director; *radio, TV:* producer; *film:* director.
Register [re'gistər] *n* (-s; -) record, register; list; catalog(ue); *in books:* index, table of contents; *mus.* register, (organ-)stop; *ein ~ ziehen* pull a stop; *fig. alle ~ ziehen* pull all the stops, go it strong; **~tonne** *mar. f* register ton.
Registrator [regis'tra:tor] *m* (-s; -'toren) registrar, recorder.
Registratur [registra'tu:r] *f* (-; -en) registrar's office, registry; record-office; records and files *pl.*
Registrier|apparat [regis'tri:r-] *m* recording instrument; **~ballon** *m* sounding balloon; **2en** *v/t. and v/i.* (h.) register (*a. fig.*); record (*a. instrument*); enter; index; **~kasse** *f* cash-register; **~kurve** *f* recording curve; **~papier** *n* recording chart; **~trommel** *f* recording drum; **~ung** *f* (-; -en) registration; entry; recording, (instrument) reading(s *pl.*).
Reglement [reglə'mã:] *n* (-s; -s) regulations *pl.*
reglementier|en [reglemen'ti:rən] *v/t.* (h.) regiment; **2ung** *f* (-; -en) regimentation.
Regler ['re:glər] *m* (-s; -) *tech.* governor, regulator; *el.* control(l)er, rheostat; speed regulator; field regulator, rheostat; tone control; centrifugal governor; voltage regulator.
reglos ['re:klo:s] *adj.* motionless.
Reglung ['re:gluŋ] *f* (-; -en) → Regelung.
regnen ['re:gnən] *v/i.* (impers., h.) rain; *es regnet stark* it is pouring (with rain); *fig. (v/t.)* rain.
'regnerisch *adj.* rainy.
Regreß [re'grɛs] *jur. m* (-gresses; -gresse) recourse, (legal) remedy; recovery (of damages); *gegen j-n ~ nehmen* have recourse to a p.; *für mich ohne ~* without recourse to me; **~nehmer(in** *f)* *m* recoverer, person seeking redress; **2pflichtig** *adj.* liable to recourse; *j-n ~ machen* have recourse to a p.; **~recht** *n* right of recourse.
regsam ['re:kza:m] *adj.* active (*a. mind*), live, quick; **2keit** *f* (-) activity, alertness.
regulär [regu'lɛ:r] *adj.* regular.
Regulator [regu'la:tor] *m* (-s; -'toren) regulator; → Regler.
regulier|bar [regu'li:rba:r] *adj.* controllable, adjustable; **~en** *v/t.* (h.) regulate; adjust, set; control, govern; *econ.* settle (*claims, etc.*); **2schraube** *tech. f* adjusting screw; **2ung** *f* (-; -en) regulation, adjustment; *econ.* settlement; **2ventil** *n* regulating valve; flood control; **2widerstand** *el. m* regulating resistance.
Regung ['re:guŋ] *f* (-; -en) movement, motion, stirring; emotion; feeling; impulse; agitation; **2slos** *adj.* motionless, still.
Reh [re:] *n* (-[e]s; -e) deer, roe; roebuck; doe; fawn.
rehabilitier|en [rehabili'ti:rən] *v/t.*

(h.) rehabilitate; discharge (*bankrupt*); **2ung** *f* (-; -en) rehabilitation; discharge.
'Reh...: ~bock *m* roebuck; **~braten** *m* roast venison; **2braun, 2farben** *adj.* fawn-colo(u)red; **~geiß** *f* doe; **~kalb, ~kitz** *n* roe-calf, fawn; **~keule** *f* leg of venison; **~lendenbraten** *m* loin of venison; **~posten** *m* buckshot; **~rücken, ~ziemer** *m cul.* saddle of venison.
Reib|ahle ['raip-] *f* reamer, broach; **~e** ['raibə] *f* (-; -n), **~eisen** ['raip-] *n* rasp, grater; *fig. wie ein ~ voice* like a woodrasp; **2echt** *adj.* fast to rubbing; **~elaut** ['raibə-] *gr. m* fricative; **~emühle** *f* grinding mill; **2en** *v/t. and v/i.* (irr., h.) rub, give a rub; massage; wipe; grate; grind (*colours*); *zu Pulver ~* pulverize; *sich wund ~* chafe (*or* gall) o.s.; *fig. sich an j-m ~* quarrel with (*or* provoke) a p.; *sich vergnügt die Hände ~* rub one's hands in glee; *j-m et. unter die Nase ~* bring a th. home to a p., rub it in; → gerieben; **~e'rei** *f* (-; -en) (constant) friction, tiff, squabbling; **~festigkeit** ['raip-] *f* chafing resistance; **~fläche** *f* rubbing surface; **~löten** *tech. n* tinning.
Reibung ['raibuŋ] *f* (-; -en) rubbing, friction; *fig.* friction, clash, tiff.
'Reibungs...: ~elektrizität *f* frictional electricity; **~fläche** *f* friction surface; *fig.* → Reibungspunkt; **~ko-effizient** *m* frictional index; **~kupplung** *f* friction clutch; **2los** I. *adj.* frictionless; *fig.* smooth; II. *adv. fig.* smoothly, without a hitch; **~punkt** *fig. m* point of friction; **~wärme** *f* frictional heat.
Reibzünder ['raip-] *m* friction fuse.
reich [raiç] I. *adj.* rich (*a. colour, harvest, resources, etc.*); wealthy, opulent, moneyed, well-to-do; sumptuous (*meal*); ample, copious, abundant; *~ an* (*dat.*) rich (*or* abounding) in; *~e Auswahl* wide selection; *~es Gemisch mot.* rich mixture; *in ~em Maße* amply, copiously; *~ an interessanten Einzelheiten* containing a wealth of information; *um e-e Erfahrung ~er* having learned something new; II. *adv.* richly; amply, copiously; *~ beschenkt* loaded with gifts.
Reich [raiç] *n* (-[e]s; -e) empire; realm (*a. fig.*); *a. bot., zo.* kingdom; *das Deutsche ~* the (German) Reich; *das Dritte ~* the Third Reich; *das ~ Gottes* the Kingdom of Heaven; *das ~ der Musik* the realm of music.
'reich...: ~bebildert *adj.* richly illustrated; **2begütert** *adj.* propertied, (very) wealthy, affluent.
'Reiche(r) *m* (-[e]n; -[e]n) rich man; *die ~n pl.* the rich.
reichen ['raiçən] I. *v/i.* (h.): *~ bis* a) reach, extend to, b) go *or* come up to, c) go down to, d) touch; *fig.* → heranreichen, herankommen; suffice, do, last (out), hold out; *das reicht!* that will do!, that's enough of that!; *jetzt reicht's mir aber!* that's the last straw!; *soweit das Auge reicht* as far as the eye can reach, within sight; II. *v/t.* (h.): *j-m et. ~* hand *or* pass a th. to a p.;

offer, present; give *one's* hand, hold out (*dat.* to); serve (*meal*); *fig.* → *Wasser*.

'**reich...**: **~haltig** *adj.* rich; copious, abundant, plentiful; *book*: full of matter, containing a wealth of information; **2haltigkeit** ['-haltiç-kaɪt] *f* (-) richness; abundance, copiousness; (great) variety; **~illustriert** *adj.* richly illustrated; **~lich I.** *adj.* ample, copious, plentiful; plenty of (*time, etc.*); substantial, square (*meal*); *in consumption*: liberal; *pred.* enough and to spare; **II.** *adv.* amply, *etc.*; rather, fairly, awfully, plenty; ~ *die Hälfte davon* a good half of it; ~ *versehen sein mit* be amply supplied with, have plenty of, *Am. a.* be long on.

Reichs... ['raɪçs-]: **~adel** *m* nobility of the Empire; **~adler** *m* imperial eagle; **~angehörige(r** *m) f*: *Deutsche(r)* ~ German national; **~angehörigkeit** *f* (-) German nationality; **~apfel** *m* (-s) mound, orb; **~kanzlei** *f* (**~kanzler** *m*) Chancellery (Chancellor) of the Reich; **~klein-odien** ['-klaɪn⁹oːdiən] *n/pl.* Imperial crown-jewels; **~mark** *f* reichsmark; **~präsident** *m* President of the Reich; **~stadt** *f* free town, imperial city; **~tag** *m* Reichstag, *hist.* Imperial Diet; **2unmittelbar** *adj.* subject to the Emperor alone, immediate; **~verfassung** *f* constitution of the Reich.

'**Reichtum** (-s; ⁻er) riches *pl.*; wealth (*a. fig.*), opulence, affluence; fortune; abundance (*an dat.* of); (great) variety.

'**Reichweite** *f* reach; *mil., etc.*: range; radius (of action); *mittlere* ~ medium range; *in* ~ within reach, near at hand; *außer* ~ out of reach (*mil.* range); *an* ~ *übertreffen* outrange.

reif [raɪf] *adj.* ripe (*a. fig.* age, experience, beauty, judgement, plan, *etc.*); mature (*a. fig.*); mellow; fully developed; ~ *werden* → *reifen*; ~ *sein für* be ripe (*or* fit) for; *die Zeit ist* ~ the time is ripe; *die ~eren Jahre* the years of discretion; *Mann von ~eren Jahren* middle-aged man.

Reif¹ [raɪf] *m* (-[e]s) → *Reifen*.

Reif² [raɪf] *m* (-[e]s) white (*or* hoar-) frost, rime.

'**Reife** *f* (-) ripeness, maturity; *zur* ~ *bringen (kommen)* ripen, mature; **~grad** *m* degree of ripeness (*or* maturity); **~merkmal** *n* indicator of ripeness.

'**reifen I.** *v/i.* (*sn*) **1.** ripen, mature, grow ripe; *abscess*: come to a head; *boy*: reach manhood; *in ihm reifte der Plan, zu inf.* the plan matured within him to *inf.*; **2.** *to* Reif²: *es reift there* is a white (*or* hoar-)frost; **II.** *v/t.* (h.) ripen, mature, bring to maturity (*a. fig.*); ~ *lassen* mature (*a. plan, etc.*).

'**Reifen** *m* (-s; -) ring; hoop; tyre, *esp. Am.* tire; circlet; *mot.* ~ *wechseln* change tyres; **~decke** *f* (tyre) cover *or* casing; **~defekt** *m* tyre trouble, puncture, blowout, flat (tyre); *e-n* ~ *haben* have a puncture, *etc.*; **~druck** *m* (-[e]s) tyre pressure; **~druckmesser** *mot. m*

tyre ga(u)ge; **~heber** *mot. m* tyre lever; **~mantel** *m* → *Reifendecke*; **~profil** *n* tread; **~schaden** *m* → *Reifendefekt*; **~spiel** *n* trundling a hoop; **~wechsel** *m* change of a (flat) tyre; **~wulst** *mot. m* bead (of a tyre).

'**Reife...**: **~prüfung** *f* matriculation (examination); **~zeugnis** *n* (school) leaving certificate, *Brit.* "A" level G.E.C. (= General Certificate of Education).

'**reiflich I.** *adj.* mature, careful; *nach* ~*er Überlegung* upon mature reflection, after careful consideration; **II.** *adv.*: *das würde ich mir* ~ *überlegen* I'd give that careful consideration.

'**Reifrock** *m* crinoline.

'**Reifung** *f* (-) curing (*of cheese*).

Reigen ['raɪgən] *m* (-s; -) round dance; *den* ~ *eröffnen* open the ball, lead off (*both a. fig.*); **~schwimmen** *n* water ballet.

Reihe ['raɪə] *f* (-; -n) row; file; rank; line; row (*of seats*), tier; series; succession; set; train; range (*of hills*); suite (*of rooms*); queue, *Am.* line (*of people*); *math.* progression; → *bunt*; e-e ~ *von Häusern* a row of houses; e-e ~ *von Tagen* a round of days; *colloq.* e-e *ganze* ~ (*von*) a great number of, a long line of; *der* ~ *nach* in (*or* by) turns, alternately; one after the other; *außer der* ~ out of (one's) turn; *aus den* ~*en* (*gen.*) from among (*the delegates, etc.*); *in Reih und Glied* in rank and file; *in der vordersten* ~ in the first row, in the forefront; *fig. aus der* ~ *tanzen* have it one's own way; *an die* ~ *kommen* have one's turn; *warten, bis man an die* ~ *kommt* wait one's turn; *wer ist an der* ~? whose turn is it?; *in die* ~ *bringen* put (*or* set) right; *el. in* ~ *schalten* connect in series.

'**reihen** *v/t.* (h.) put in a row *or* line, range, *tech.* arrange in series; *auf e-e Schnur* ~ string (*pearls*); stitch, baste; *sich* ~ (h.) form a row; rank, file; *eins reiht sich ans andere* one thing follows the other.

'**Reihen...**: **~(ab)wurf** *aer. m* stick (*or* salvo) bombing; **~anordnung** *tech. f* tandem arrangement; **~arbeit** *tech. f* repetition work; **~bau** (-weise *f) m* ribbon-building; **~bild** *n* serial photographs *pl.*; **~fertigung**, **~herstellung** *f* series production; **~folge** *f* succession, sequence; *alphabetische* (*zeitliche*) ~ alphabetical (chronological) order; *der* ~ *nach* in succession; **~häuser** *n/pl.* terrace houses; **~häuserbau** *m* (-[e]s) ribbon building; **~schalter** *el. m* series parallel switch; **~schaltung** *el. f* series connection; **~schlußmotor** *el. m* series-wound motor; **~untersuchung** *med. f* mass examination, screening program(me); **2weise** *adv.* in rows; in series.

Reiher ['raɪər] *orn. m* (-s; -) heron; **~feder** *f* heron's feather; **~horst** *m* heronry.

Reim [raɪm] *m* (-[e]s; -e) rhyme; ~*e schmieden* rhyme, write poetry; *ich kann keinen* ~ *darauf finden* it doesn't make sense (to me); '**2en**

v/t., v/i. and sich ~ (h.) rhyme (*auf acc.* to, with); *fig. sich* ~ (*auf*) agree *or* tally (with); *wie reimt sich das?* how would you reconcile that?; '**~er(in** *f) m* (-s, -; -, -nen), '**~schmied** *m* rhymester, poetaster; '**2los** *adj.* blank, rhymeless; '**~wörterbuch** *n* dictionary of rhymes.

rein¹ [raɪn] **I.** *adj.* pure (*a. chem., silk, tone, wine, and fig.*); neat, tidy; clear (*a. conscience*); pure, absolute (*alcohol*); *metall.* unalloyed; undiluted; unadulterated (*a. fig.*); net, clear (*profit*); clear(*complexion*); ~*e Wahrheit* plain *or* unvarnished truth, *jur.* the truth, the whole truth, and nothing but the truth; pure, mere (*formality*), sheer (*nonsense, etc.*); *aus* ~*em Mitleid* out of sheer pity; ~*es Deutsch* pure (*or* correct) German; ~*e Freude* unadulterated pleasure; *der* ~*e Hohn* pure mockery; ~*e Lüge* downright lie; ~*e Mathematik* pure mathematics; *der* ~*ste Zauberer* a regular magician; ~*er Zufall* sheer luck; *fig.* → *Luft, Tisch, Wasser, Wein*; **II.** *adv.* purely; quite, downright; ~ *gar nichts* nothing at all, a mere nothing; ~ *unmöglich* utterly (quite) impossible; *et.* ~ *abschlagen* refuse flatly; *colloq. er war* ~ *weg* he was flabbergasted; ~ *pflanzlich* all vegetable; **III.** *substantively*: *ins* ~*e bringen* clear up, settle; *mit j-m ins* ~*e kommen* come to terms with a p.; *mit sich ins* ~*e kommen* (*über acc.*) made up one's mind (about); *ins* ~*e schreiben* make a fair copy of.

rein² [raɪn] *colloq.* → *herein(...)*.

'**Reindruck** *m* (-[e]s; -e) fair proof.

Reineclaude [rɛnə'klɔːdə] *bot. f* (-; -n) greengage.

'**Rein...**: **~ertrag** *m* net proceeds *pl.*, net yield, net (*or* clear) profit; **~fall** *colloq. m* let-down, frost, sell, flop, washout; **~gewicht** *n* net weight; **~gewinn** *m* net (*or* clear) profit.

'**Reinemachen** *n* (-s) → *Reinmachen*.

'**Reinheit** *f* (-) → *rein*; purity, pureness; cleanness, cleanliness; clearness; neatness, tidiness; innocence; *radio*: fidelity; **~sgrad** *m* degree of fineness *or* purity.

reinig|en ['raɪnɪgən] *v/t.* (h.) clean, cleanse; *chemisch* ~ dry-clean; tidy up; wash; rinse; disinfect; *chem.* purify; rectify (*alcohol*); clarify (*liquid*); purify (*air, blood; a. fig.*); purge (*bowels, fig. party, soul*); scrub, scour (*a. wool*); *metall.* refine; **~end** *adj.* cleansing, detergent; *med.* abluent; purging; **2ung** *f* (-; -en) clean(s)ing, *etc.* → *reinigen*; purification, purge; *chemische* ~ dry-cleaning; *metall.* refining; *chem.* rectification; *physiol. monatliche* ~ menses *pl.*; ~ *und Färberei* cleaners and dyers *pl.*; *in der* ~ *clothes*: at the cleaners.

'**Reinigungs...**: **~anstalt** *f* (dry) cleaners *pl.*; **~benzin** *n* dry-cleaning spirit; **~krem** *f* cleansing cream; **~lappen** *m* cleaning rag; **~mittel** *n* detergent, *Am. a.* cleansing agent; stain remover; *med.* purg(ativ)e, aperient.

'**Reinkultur** f pure culture; *fig.* Kitsch *in* ~ unadulterated trash.
'**reinlegen** *colloq. v/t. (h.)* → hereinlegen.
'**reinlich** *adj.* clean; cleanly; neat, tidy; ♀**keit** f (-) cleanliness; neatness, tidiness.
'**Rein...**: ~**machefrau** f charwoman, cleaning woman; ~**machen** n (-s) (house-)cleaning; scouring; ♀**rassig** *adj.* pure-blood, pedigree(d), *esp. Am.* pure-bred; thoroughbred (*horse*); ~**schrift** f fair copy; ♀**seiden** *adj.* all-silk; ♀**waschen** *fig. v/t.* (*irr., h.*) whitewash; clear; ♀**weg** ['-vεk] *adv.* absolutely, altogether; flatly; ♀**wollen** *adj.* pure wool.
Reis[1] [raɪs] m (-es) rice.
Reis[2] [raɪs] n (-es; -er) twig, sprig; bough; scion.
'**Reis...**: ~**auflauf** m rice pudding; ~**brei** m rice-milk; ~**bündel** n fag(g)ot.
Reise ['raɪzə] f (-; -n) journey; *aer., mar.* voyage; travel; tour (*in* of); trip; expedition; passage; glückliche ~! a pleasant journey!, bon voyage!; e-e ~ machen go on a journey, take a trip; *auf* ~n *sein* be travel(l)ing; *fig. auf die* ~ *schicken* start; *auf der* ~ on one's journey (*nach* to); *wohin geht die* ~? where are you going (or bound for, off to)?
'**Reise...**: ~**andenken** n souvenir; ~**apotheke** f tourist's (or portable) medicine-case; ~**(auto)bus** m tourist (motor) coach; ~**bedarf** m travel(l)ing necessaries *pl.*; ~**begleiter(in** f) m travel-companion; ~**bekanntschaft** f travel(l)ing acquaintance; ~**beschreibung** f book of travels; travelogue; ~**büro** n tourist office, travel agency, *Am.* tourist bureau; ~**decke** f travel(l)ing-rug; ~**eindrücke** ['-aɪndrykə] m/pl., ~**erinnerungen** f/pl. travel(l)ing impressions or reminiscences; ♀**fertig** *adj.* ready to start; ~**fieber** n travel fever; ~**flug** *aer.* m cruise; ~**führer** m guide; (travel[l]er's) guide-book; ~**gefährte** m, ~**gefährtin** f fellow-travel(l)er, travel-companion; fellow-passenger; ~**genehmigung** f travel permit; ~**gepäck** n luggage, *Am.* baggage; ~**geschwindigkeit** f cruising speed; ~**gesellschaft** f tourist party; ~**handbuch** n guide-book; ~**koffer** m trunk, *smaller:* → Handkoffer; ~**korb** m trunk-hamper; ~**kosten** *pl.* travel(l)ing expenses; ~**kostenvergütung** f travel allowances *pl.*; ~**leiter** m courier; ♀**lustig** *adj.* fond of travel(l)ing; ~**lustige(r** m) f (-n, -n; -en, -en) would-be travel(l)er.
'**reisen** *v/i.* (sn) travel, (make a) journey; be (or go) touring; ~ *nach* go to, make a journey (or voyage) to; be bound for; ~ *über* go by (way of) or via; start, depart, leave (*nach* for); *ins Ausland* ~ go abroad; *geschäftlich* ~ travel on business; *econ.* ~ *in* (*dat.*) travel in; *colloq. fig. auf et.* ~ trade (or coast) on; ♀ n (-s) travel(l)ing; ~**d** *adj.* travel(l)ing; itinerant (*dealer, etc.*); ♀**de(r)** (-[e]n; -[e]n) travel(l)er, *mar.* voyager; tourist; passenger; → Handelsreisende(r).

'**Reise...**: ~**necessaire** ['-nesɛ'sɛːr] n (-s; -s) dressingcase; ~**paß** m passport; ~**prospekt** m (travel) folder; ~**route** f route, itinerary; ~**scheck** m traveller's cheque, *Am.* traveler's check; ~**schreibmaschine** f portable typewriter; ~**spesen** *pl.* travel(l)ing expenses; ~**tasche** f travelling bag, *Am.* grip(sack); ~**unterbrechung** f break of journey; ~**verkehr** m travel; tourist traffic, tourism; ~**wecker** m travel alarm; ~**zeit** f tourist season; ~**ziel** n destination.
Reisig ['raɪzɪç] n (-s) brushwood; ~**besen** m birch-broom; ~**bündel** n fag(g)ot.
Reisige(r) ['raɪzɪɡə(r)] m (-[e]n; -[e]n) horseman, horse-soldier; knight on horseback.
'**Reis-puder** m rice powder.
Reiß|aus ['raɪs'ʔaus] m (-): ~ *nehmen* take to one's heels, bolt; ~**blei** n blacklead; ~**brett** n drawing-board.
'**reißen I.** *v/t.* (*irr., h.*) tear, *med.* rupture; tug; pull, jerk, *Am. a.* yank; snatch (*a. weight-lifting*); tear off, drag (along), *flood, etc.*: sweep off; *an sich* ~ seize (upon), lay hold of, clasp; seize, usurp (*power*); *econ.* monopolize (*a. fig. the conversation*); ~ *aus* (*dat.*) tear out of (*a mood, etc.*), bring out of *one's thoughts* with a shock; *die Führung an sich* ~ take the lead; *entzwei*~ tear (or rend) in two, rip up; *zu Boden* ~ pull down, floor; *sports: die Latte* ~ knock down the crossbar; → Strang, Witz, Zote; *sich* ~ scratch o.s. (*an dat.* with); *sich* ~ *um* (*acc.*) scramble for; *colloq. ich reiße mich nicht darum* I am not so keen on it; **II.** *v/i.* (*irr., sn*) break, snap; burst, *med.* rupture: split, crack; *cloth:* tear, get torn; ~ *an* (*dat.*) tear (or tug) at; *ins Geld* ~ run into money; *die Geduld riß mir* I lost (all) patience; *es reißt mich in allen Gliedern* I have racking pains in all limbs; → *gerissen*; ♀ n (-s) bursting, rending; *med.* racking pains, rheumatic pains *pl.*; *sports beidarmiges* ~ two-hands snatch; ~**d** *adj.* rapid (*a. progress, sale*); impetuous; torrential (*river*); acute, racking (*pain*); rapacious (*animal*); → Absatz.
'**Reißer** m (-s; -) draw, box-office success; thriller; ♀**isch** *adj.* loud, sensationalistic.
'**Reiß...**: ~**feder** f drawing-pen; ~**festigkeit** *tech.* f tensile strength; ~**kohle** f charcoal crayon; ~**leine** *aer.* f rip-cord; ~**nagel** m drawing-pin, *Am.* thumbtack; ~**schiene** f T-square; ~**verschluß** m zip-fastener, zipper; *mit* ~ *versehen* zippered; *den* ~ (*gen.*) *öffnen* (*schließen*) zip (*a th.*) open (up or closed); ~**zahn** *zo.* m fang, canine tooth; ~**zeug** n drafting set; ~**zirkel** m drawing-compass(es *pl.*); ~**zwecke** f → Reißnagel.
Reit|anzug m [raɪt-] riding-habit; ~**bahn** f riding-school, manège (*Fr.*); ♀**en I.** *v/i.* (*irr., sn*) ride, go on horseback; *gut* (*schlecht*) ~ *be a good* (bad) rider; *im Schritt* ~ pace, amble; *im Trott* ~ trot; *spa-*

zieren~ go for (or take) a ride; *geritten kommen* come (along) on horseback; **II.** *v/t.* (*irr., h.*) mount, ride (*horse*); *j-n über den Haufen* ~ ride a p. down; *econ. Wechsel* ~ fly a kite; ~**en** n (-s) riding, equitation; ♀**end** *adj.* on horseback; mounted (*police, etc.*); ~**e** *Artillerie* horse artillery; ~**er** m rider, horseman; *mil., police:* trooper; *card index:* tab; ~**e'rei** *mil.* f (-) cavalry, horse(men), mounted troops *pl.*; ~**erin** f (-; -nen) horsewoman; ~**erregiment** n cavalry regiment; ~**ersmann** m (-[e]s; "er) horseman; ~**erspiele** f mounted games *pl.*; ~**erstandbild** n equestrian statue; ~**gerte** f riding-whip; ~**hose** f (riding-)breeches *pl.*; ~**kleid** n riding-habit; ~**knecht** m groom; ~**kunst** f horsemanship; ~**peitsche** f horse-whip; ~**pferd** n saddle-horse; ~**schule** f riding-school; ~**sport** m (-[e]s) equestrian sport, riding; ~**stall** m riding-stable; ~**stiefel** m riding-boot; ~**stock** *tech.* m tailstock; ~**turnier** n riding competition; ~**unterricht** m instruction in riding; riding lesson; ~**verein** m riding club; ~**wechsel** *econ.* m accommodation-bill, kite; ~**weg** m bridle-path; ~**zeug** n riding equipment, riding-things *pl.*
Reiz [raɪts] m (-es; -e) charm; attraction, fascination, appeal; lure; temptation; tickle, thrill; irritation; stimulation; impulse (*a. phys.*); incentive; grace; *weibliche* ~**e** *pl.* female charms; ~ *der Neuheit* charm of novelty; *den* ~ *verlieren* pall (*für j-n* on); *colloq. das hat wenig* ~ it's not worth while; '♀**bar** *adj.* irritable, excitable; irascible; sensitive, touchy; short-tempered; nervous, testy; *med.* inflammable; '~**barkeit** f (-) irritability; irascibility; sensitiveness, touchiness; '♀**en** *v/t. and v/i.* (h.) irritate (*med.*); excite; provoke; nettle, needle; stimulate, rouse; whet (*the appetite*); tickle (*the palate*); entice, (al)lure; tempt; charm; attract, fascinate; *cards:* bid; *die Aufgabe reizte ihn* the task was a challenge to him, he was itching to do the job; *es reizt mich, ihn kennenzulernen* I am eager to meet him; → *gereizt*; '♀**end** *adj.* charming, enchanting, delightful; fetching, lovely, sweet, *Am. a.* cute; *med.* irritating; *iro.* (*das*) *ist ja* ~! isn't it just dandy?; '~**gas** n irritant gas; '~**husten** m dry cough; '~**kampfstoff** m irritant agent; '~**klima** *med.* n irritating or stimulating climate; '~**körper** m stimulator; '♀**los** *adj.* unattractive; insipid; not worth (one's) while; '~**mittel** n stimulus, incentive; *med.* stimulant; '~**schwelle** f stimulus threshold; '~**stoff** m adjuvant, stimulating substance; irritant; '~**überflutung** f constant exposure to stimuli; '~**ung** f (-; -en) irritation; provocation; stimulation; incitement; enticement; '♀**voll** *adj.* charming, attractive; fascinating; graceful; seductive; tempting; '~**wäsche** f flimsies *pl.*; frillies *pl.*
rekapitulieren [rekapitu'liːrən] *v/t.* (h.) recapitulate.

rekeln ['re:kəln] v/t., usu. sich (a. s-e Glieder) ~ (h.) stretch one's limbs; loll about, lounge, sprawl.
Reklamation [reklamatsi'o:n] f (-; -en) reclamation, claim; complaint; protest, objection.
Reklame [re'kla:mə] f (-; -n) advertising; advertisement, ad; propaganda; publicity; (sales) promotion; contp. puff, ballyhoo; ~ machen advertise (für a th., for a p., a firm); das ist keine gute ~ für ihn that's bad publicity for him; → Werbe...; ~artikel m advertising article; ~bild n advertising picture; ~büro n advertising agency; ~chef m advertising manager; ~fachmann m advertising man, publicity expert; ~feldzug m advertising campaign or drive; ~film m advertising film; ~fläche f advertising space; boarding(s pl.), Am. billboard; ~mittel n advertising medium; ~rummel m ballyhoo; ~schild n advertising board or sign, signboard; show card; ~sendung f radio, TV: commercial; ~stück n showpiece; ~tafel f signboard, Am. a. billboard; ~trick m advertising stunt; ~zeichner(in f) m advertising designer; ~zettel m handbill, throwaway.
reklamier|en [rekla'mi:rən] I. v/t. (h.) (re)claim; II. v/i. (h.) complain (wegen about); protest (gegen against), object (to); 2te(r) mil. m (-[e]n; -[e]n) indispensable person.
rekognoszier|en [rekɔgnos'tsi:rən] v/t. (h.) reconnoitre; 2ung f (-; -en) reconnoitring, reconnaissance.
rekonstruieren [rekɔnstru'i:rən] v/t. (h.) reconstruct; jur. a. re-enact (a crime).
Rekonstruktion [-struktsi'o:n] f (-; -en) reconstruction; jur. a. re-enactment (of a crime).
Rekonvaleszen|t(in f) [rekɔnvales-'tsɛnt] m (-en, -en; -, -nen) convalescent; ~z f (-) convalescence.
Rekord [re'kɔrt] m (-[e]s; -e) record; w.s. Am. a. all-time high; e-n ~ auf-stellen establish (or set up) a record; e-n ~ brechen break (or beat, smash) a record; e-n ~ einstellen equal or tie a record; e-n ~ halten hold a record; e-n ~ verbessern improve (or better) a record; auf ~ laufen attack a record; ~besuch m record attendance; ~brecher m record breaker or smasher; ~ernte f bumper crop; ~halter m, ~inhaber(in f) m record holder; ~lauf m record run; ~ler(in f) m (-s,-; -, -nen) record holder; ~versuch m attempt on a record; ~zeit f record time.
Rekrut [re'kru:t] mil. m (-en; -en) recruit; ~en-ausbildung f initial (Am. basic) training.
rekrutier|en [rekru'ti:rən] v/t. (h.) recruit; fig. sich ~ von be recruited from; 2ung f (-; -en) recruitment; 2ungsstelle f recruiting centre, Am. draft board.
Rekta|indossament ['rekta?indɔsament] econ. n (-s; -e) restrictive en- or indorsement; ~klausel f restrictive clause.

Rektalnarkose [rɛk'ta:l-] f rectal narcosis.
'Rekta...: ~papiere econ. n/pl. not negotiable instruments; registered securities; ~wechsel m not negotiable bill of exchange.
Rektifikations|apparat [rɛktifi-katsi'o:ns-] chem. m rectifier; ~kolonne f rectifying column.
rektifi'zieren v/t. (h.) rectify.
Rektion [rɛktsi'o:n] gr. f (-; -en) regimen, government.
Rektor ['rɛktɔr] m (-s; -'toren) headmaster, Am. principal; univ. rector, vice-chancellor, Am. president;
Rektorat [rɛkto'ra:t] n (-[e]s; -e) headmastership; univ. rectorship; office of headmaster, etc.
Rekurs [re'kurs] m (-es; -e) appeal; → Berufung, Regreß.
Relais [rə'lɛ:] el. n (-; -) relay; ~sender m relay transmitter; repeater station; ~steuerung f relay control; ~wähler m relay selector.
relativ [rela'ti:f] adj. relative; adv. a. relatively.
Rela'tiv n (-s; -e), ~pronomen, ~um gr. n (-s; -tiva) relative pronoun.
Relativis|mus [relati'vismus] phls. m (-) relativism; 2tisch adj. relativistic (a. phys.).
Relativi'tät f (-; -en) relativity; ~s-theorie phys. f (-) theory of relativity.
Rela'tivsatz gr. m relative clause.
Relegation [relegatsi'o:n] f (-; -en) expulsion from a school; univ. temporary: rustication.
rele'gieren v/t. (h.) expel, send down from a school; univ. temporarily: rusticate.
Relief [reli'ɛf] n (-s; -s) relief; ~druck typ. m (-[e]s; -e) (printing in) relievo; ~karte f relief map; ~schrift f embossed writing.
Religion [religi'o:n] f (-; -en) religion; confession, creed; faith.
Religi'ons...: ~eifer m religious zeal; ~freiheit f (-) religious liberty; ~gemeinschaft f religious community; ~geschichte f (-) history of religion; ~gesellschaft f religious society; ~lehre f (-) religious instruction; eccl. doctrine; 2los adj. irreligious, ~losigkeit f (-) irreligion; ~streit m religious controversy; ~stunde f scripture (lesson); ~wissenschaft f (-) divinity, theology.
religiös [religi'ø:s] adj. religious; pious, devout; ~er Eiferer fanatic; ~er Wahnsinn religious mania.
Religiosität [religiozi'tɛ:t] f (-) religiousness; piety.
Reling ['re:liŋ] mar. f (-; -s) rail.
Reliquie [re'li:kviə] f (-; -n) relic; ~nschrein m reliquary.
Remanenz [rema'nɛnts] metall., el. f (-) remanence; ~spannung el. f residual voltage.
Rembours [rã'bu:r] econ. m (-; -) remittance; acceptance credit.
remilitarisier|en [remilitari'zi:-rən] v/t. (h.) remilitarize, rearm; 2ung f (-) remilitarization.
Reminiszenz [reminis'tsɛnts] f (-; -en) reminiscence.
Remis [rə'mi:] n (-; -) chess: drawn game, a. draw.

Remise [re'mi:zə] f (-; -n) coach-house.
Remittenden [remi'tɛndən] pl. return-books, returns.
Remittent [remi'tɛnt] econ. m (-en; -en) payee.
remit'tieren econ. v/t. (h.) return, send back (goods); remit (money).
Remonte [re'mɔntə] mil. f (-; -n) remount.
Remontoir-uhr [remõ'toa:r-] f keyless watch.
Remouladensoße [remu'la:dən-] f remoulade sauce, salad cream.
rempeln ['rɛmpəln] v/t. (h.) jostle, bump (into), barge into.
Ren [re:n] zo. n (-s; -e) reindeer.
Renaissance [rənɛ'sã:s] f (-; -n) renaissance, revival; hist. Renaissance.
renal [re'na:l] anat. adj. renal.
Rendement [rãdə'mã:] econ. n (-s; -s) yield.
Rendezvous [rãde'vu:] n (-; -) rendezvous (a. aer., mil., mar.), tryst, date; appointment; ein ~ verabreden (mit) arrange a rendezvous (with), make an appointment or date (with), date a girl; ein ~ haben mit (dat.) have an appointment (or date) with.
Rendite [rɛn'di:tə] econ. f (-; -n) yield.
Renegat(in f) [rene'ga:t] m (-en, -en; -, -nen) renegade.
Renette [re'nɛtə] bot. f (-; -n) rennet.
reniten|t [reni'tɛnt] adj. refractory; 2z f (-) refractoriness.
Renkontre [rã'kõtr] n (-s; -s) encounter.
Renn|arbeit ['rɛn-] metall. f direct-process (of iron extraction); ~bahn f race-course, Am. race track; turf; mot. speedway; (cinder-)track; ~boot n racing-boat, racer, speed-boat; ~einer m single, skiff.
'rennen I. v/i. (irr., sn) run; (make a) race; race, dash, rush, tear; ~ gegen (acc.) dash against, bump against (or into a p.); crash into, collide with; in e-n Schlag ~ run into a blow; mit dem Kopf gegen die Wand ~ run one's head against the wall; in sein Verderben ~ rush headlong into destruction; II. v/t. (irr., h.): zu Boden ~ run down, overturn; sich außer Atem ~ run o.s. out of breath; j-m s-n Degen durch den Leib ~ run one's sword through a p.'s body; metall. extract, smelt (iron).
'Rennen n (-s; -) run(ning); race; heat; totes ~ dead heat; ~ laufen, ~ fahren race; aus dem ~ fallen be out of the running; das ~ machen win the race, come in first, fig. make the running; das ~ aufgeben give up the race (a. fig.).
'Renn...: ~fahrer m mot. racing driver, racer; racing cyclist; ski racer; ~flugzeug n racing plane; ~formel f racing formula; ~jacht f racing yacht; ~mannschaft f race-crew; ~maschine f racing machine, racer; ~pferd n race-horse, racer; ~platz m race-course, the turf; ~platzbesucher m race-goer; ~rad n racer; ~saison f racing season; ~schi m race ski;

~schuhe *m/pl.* spiked shoes; ~sport *m* (-[e]s) racing; *the* turf; ~stahl *metall. m* direct-process steel; ~stall *m* stable (for race-horses); *mot.* équipe (*Fr.*); ~strecke *f* course, *Am.* race-track, speedway; distance (to be run); ~tier *n* → Ren; ~wagen *m* racing-car, racer.

Renomm|ee [renɔ'me:] *n* (-s; -s) reputation; fame, renown; er hat ein gutes ~ he has a good name; ℓieren *v/i.* (*h.*) brag, boast (*mit* of), show off (with); ℓiert *adj.* famous, noted (*wegen* for); ~ist(in *f*) *m* (-en, -en; -, -nen) boaster, braggart, show-off.

renovier|en [reno'vi:rən] *v/t.* (*h.*) renovate, repair, do up; redecorate; ℓung *f* (-; -en) renovation; redecoration.

rentabel [rɛn'ta:bəl] *adj.* profitable, paying, productive, remunerative, lucrative; ~ machen make *a th.* pay.

Rentabilität [rɛntabili'tɛ:t] *f* (-) profitability, productiveness; ~s-grenze *f* break-even point; ~s-rechnung *f* calculation of profit.

Rent-amt ['rɛnt-] *n* revenue-office.

Rente ['rɛntə] *f* (-; -n) income, revenue; (old-age *or* retirement) pension; social insurance pension; annuity; lebenslängliche ~ life annuity; war pension; rent; interest; ~n *pl.* government stocks (*Am.* bonds).

'**Renten...:** ~anleihe *f* perpetual government loan; perpetual bonds *pl.*; ~bank *f* (-; -en) annuity bank; ~brief *m* annuity bond; ~emp-fänger(in *f*) *m* → Rentner; ~markt *m* (-[e]s) bond market; ~papiere *n/pl.* fixed interest bearing bonds; ~versicherung *f* annuity insurance, pension insurance fund; ~versicherungsanstalt *f* annuity (insurance) office; ~zahlung *f* social security payment.

Rentier [rɛn'tje:] *m* (-s; -s) man of private means.

rentieren [rɛn'ti:rən]: sich ~ (*h.*) pay (its way), be profitable, yield a profit; das rentiert sich nicht it doesn't pay, it isn't worth while.

Rentner(in *f*) ['rɛntnər] *m* (-s, -; -, -nen) pensioner, recipient of a pension; annuitant; person of private means.

re-organisier|en [re?ɔrgani'zi:rən] *v/t.* (*h.*) reorganize; ℓung *f* (-) reorganization.

Reparation [reparatsi'o:n] *f* (-; -en) reparation; ~en leisten make reparations; ~sforderung *f* reparation claim; ~szahlung *f* reparation payment.

Reparatur [repara'tu:r] *f* (-; -en) repair(s *pl.*); overhaul, recondition(ing); in ~ under repair; in ~ geben have *a th.* repaired; ℓbe-dürftig *adj.* in need of repair, out of repair; defective; ℓfähig *adj.* repairable; ~kasten *m* repair kit, tool box; ~kosten *pl.* (cost of) repairs; ~werkstatt *f* repair-shop, *mot. a.* service station.

repa'rieren *v/t.* (*h.*) repair, mend, *Am. a.* fix.

repatriier|en [repatri'?i:rən] *v/t.* (*h.*) repatriate; ℓte(r *m*) *f* (-n, -n;

-en, -en) repatriate; ℓung *f* (-; -en) repatriation.

Repertoire [reperto'a:r] *thea. n* (-s; -s) repertoire, repertoty; ~stück *n* stock play; ~theater *n* repertory theat|re, *Am.* -er.

repetier|en [repe'ti:rən] *v/t.* (*h.*) repeat; ℓgewehr *n* magazine rifle, repeater; ℓuhr *f* repeater.

Repetitor [repe'ti:to:r] *univ. m* (-s; -'toren) coach.

Replik [re'pli:k] *jur. f* (-; -en) reply.

Report [re'pɔrt] *econ. m* (-[e]s; -e) contango, continuation(-business).

Reportage [repɔr'ta:ʒə] *f* (-; -n) reporting, (running) commentary, *Am. a.* coverage; on-the-spot account; eye-witness account; → Berichterstattung.

Re'porter(in *f*) *m* (-s, -; -, -nen) reporter.

Repräsentant [reprezen'tant] *m* (-en; -en) *m*, ~in *f* (-; -nen) representative; exponent; ~enhaus *Am. parl. n* House of Representatives.

Repräsentation [-tatsi'o:n] *f* (-; -en) representation; ℓfähig *adj.* (re)presentable; ~sfigur *f* figure-head; ~skosten *pl.* cost *sg.* of representation.

repräsentativ [-ta'ti:f] *adj.* representative (*für* of); imposing, stately; zu ~en Zwecken for purposes of display.

repräsen'tieren I. *v/t.* (*h.*) represent; **II.** *v/i.* (*h.*) represent; cut a fine figure, make a show.

Repressalie [reprɛ'sa:liə] *f* (-; -n) reprisal; retaliation; ~n ergreifen gegen (*acc.*) make reprisals on, retaliate on.

Reprise [re'pri:zə] *f* (-; -n) *mus.* repeat; *thea.* repeat performance; *film:* re-issue.

Reproduktion [reproduktsi'o:n] *f* (-; -en) reproduction; ~skamera *phot. f* process (work) camera, copying camera.

reproduzier|bar [-'tsi:rba:r] *adj.* reproducible; ~en *v/t.* (*h.*) reproduce.

Reptil [rɛp'ti:l] *zo. n* (-s; -ien) reptile.

Republik [repu'bli:k] *f* (-; -en) republic.

Republikan|er(in *f*) [republi'ka:-nər] *m* (-s, -; -, -nen), ℓisch *adj.* republican.

Repulsionsmotor [repulzi'o:ns-] *el. m* repulsion motor.

Requiem ['re:kviɛm] *n* (-s; -s) requiem.

requirieren [rekvi'ri:rən] *mil. v/t.* (*h.*) requisition, seize, commandeer.

Requisit [rekvi'zi:t] *n* (-[e]s; -e) requisite; *thea.* ~en *pl.* properties, props.

Requisition [rekvizitsi'o:n] *mil. f* (-; -en) requisition.

resch [rɛʃ] *adj.* crisp.

Reseda [re'ze:da] *bot. f* (-; -s) mignonette.

Reservat [rezɛr'va:t] *n* (-[e]s; -e) reservation; *a.* → ~srecht *n* prerogative.

Reserve [re'zɛrvə] *f* (-; -n) reserve, *mil.* reserves *pl.*; reserve capacity; *econ.* stille ~n *pl.* hidden reserves; auf die ~n zurückgreifen fall back on

one's reserves; *fig. et. in* ~ haben have a th. in reserve (*or* up one's sleeve); ~anlage *tech. f* stand-by plant; ~batterie *el. f* spare battery; ~fonds *econ. m* reserve-fund; ~kapital *n* revenue (*or* guaranteed) fund; ~offizier *mil. m* reserve officer; ~ sein *a.* hold a commission as a *lieutenant*, *etc.*; ~offiziers-anwärter *m* reserve officer applicant; ~rad *n* spare wheel; ~tank *m* reserve tank; ~teile *n/pl.* spare parts, spares; ~truppen *f/pl.* reserves; replacements.

reser'vier|en *v/t.* (*h.*) reserve; book (in advance); secure; → vorbehalten; ~t *adj.* reserved; *fig.* reserved, exclusive, aloof; ℓung *f* (-; -en) reservation.

Reser'vist *mil. m* (-en; -en) reservist.

Reservoir [rezɛrvo'a:r] *n* (-s; -e) reservoir, tank; *fig.* resources *pl.*

Residenz [rezi'dɛnts] *f* (-; -en) residence; *a.* → ~stadt *f* capital, seat of a court.

resi'dieren *v/i.* (*h.*) reside.

Residuum [re'zi:duum] *chem. n* (-s; -'duen) residue.

Resignation [rezignatsi'o:n] *f* (-; -en) resignation.

resi'gnieren *v/i.* (*h.*) resign.

resolut [rezo'lu:t] *adj.* resolute, determined.

Resolution [rezolutsi'o:n] *f* (-; -en) resolution; → Beschluß.

Resonanz [rezo'nants] *f* (-; -en) resonance, echo (*both a. fig.*); ~boden *m* sounding-board; ~feld *n* resonant field; ~frequenz *f* resonance frequency.

resorbieren [rezɔr'bi:rən] *v/t.* (*h.*) reabsorb, resorb.

Resorption [rezɔrptsi'o:n] *f* (-; -en) reabsorption.

Respekt [re'spɛkt] *m* (-[e]s) respect, awe; regard; ~ haben vor (*dat.*) have respect for, stand in awe of; *j-m* ~ einflößen (inspire with) awe; sich ~ verschaffen make o.s. respected; mit ~ zu sagen if I may say so; with all due respect.

respektabel [-'ta:bəl] *adj.* respectable; *colloq.* big.

respek'tieren *v/t.* (*h.*) respect (*a p.*, the law, *etc.*); have respect for (*a p.*).

Re'spekt...: ℓlos *adj.* irreverent, without respect; ~losigkeit *f* (-; -en) irreverence; ~s-person *f* person held in (*or* commanding) respect; *w.s.* notability; ~tage *econ. m/pl.* days of grace; ℓvoll *adj.* respectful; ℓwidrig *adj.* disrespectful.

Ressentiment [resã:ti'mã:] *n* (-s; -s) resentment.

Ressort [rɛ'so:r] *n* (-s; -s) department; purview; responsibility; das fällt nicht in mein ~ that is not in my province; ℓmäßig *adj.* departmental.

Rest [rɛst] *m* (-es; -e) rest, remainder; *chem., jur.* residue; balance; *esp. econ.* (*usu. pl.* ~er) remnants; dregs *pl.*; vestige; sterbliche ~e *pl.* (mortal) remains; leftover (*from meal*); surplus, balance; *fig.* das gab ihm den ~ that finished him (off), that did it for him.

Restant [rɛs'tant] *m* (-en; -en)

1. defaulter; **2.** *usu. pl.* ⁀en *book-keeping*: suspense items; bonds drawn (for redemption) but not yet presented.
'Restauflage *f* remainder.
Restaurant [rɛsto'raŋ] *n* (-s; -s) restaurant; → *Gasthaus.*
Restaurateur [rɛstora'tøːr] *m* (-s; -e) restaurant-keeper.
Restauration 1. [rɛstoratsi'oːn] *f* (-; -en) restaurant, refreshment-room; **2.** [rɛstauratsi'oːn] *f* (-; -en) restoration.
restaurieren [rɛstau'riːrən] *v/t.* (h.) restore; *sich* ⁀ take some refreshment.
'Rest...: ⁀bestand, ⁀betrag *m* remainder, balance; **⁀er** *m/pl.* odds and ends; *econ.* remnants (*of cloth*); **⁀forderung** *f* residual claim.   [restore.⟩
restituieren [rɛstitu'iːrən] *v/t.* (h.)⟩
Restitution [-tsi'oːn] *f* (-; -en) restitution; **⁀sklage** *f* action for restitution.
'Rest...: ⁀kaufgeld *n* balance of purchase-price; **⁀lager** *n* stock of remnants; **Ϙlich** *adj.* remaining, left over, *a. chem.* residual; *der* ⁀e *Betrag* the balance; *jur.* **⁀er** *Nachlaß* residue; **Ϙlos I.** *adj.* complete, total, radical; **II.** *adv.* completely, *etc.*; entirely, thoroughly, altogether; ⁀ *glücklich* perfectly happy; *colloq.* ⁀ *erledigt* all in; **⁀summe** *f* balance, remainder; **⁀zahlung** *f* payment of balance; final payment.
Resultat [rezul'taːt] *n* (-[e]s; -e) result, outcome; effect; *sports*: score; **Ϙlos** *adj.* without result, fruitless.
resul'tieren *v/i.* (h.) result (*aus* from); **⁀d** *adj.* resulting, resultant.
Resümee [rezy'meː] *n* (-s; -s) summary, resumé; **resü'mieren** *v/t. and v/i.* (h.) sum up; recapitulate.
retardieren [retar'diːrən] *v/t.* (h.) retard, check.
Retentionsrecht [retɛntsi'oːns-] *jur. n* right of retention, lien.
retirieren [reti'riːrən] *v/i. and sich* ⁀ (h.) (make a) retreat, retire.
Retorte [re'tɔrtə] *f* (-; -n) retort.
Retourkutsche [re'tuːr-] *fig. f* (cheap) return in kind.
rett|en ['rɛtən] *v/t.* (h.) save, rescue (*aus, vor dat.* from); rescue, deliver, (set) free; recover, retrieve, *mar.* salvage; *s-e Ehre* ⁀ vindicate one's hono(u)r; *j-m das Leben* ⁀ save a p.'s life; *sich* ⁀ save o.s.; escape; *sich vor Arbeit nicht mehr* ⁀ *können* be swamped with work; *rette sich, wer kann!* every man for himself!; → *Engel;* **Ϙer(in** *f) m* (-s, -; -, -nen) rescuer, deliverer; *eccl.* Savio(u)r.
Rettich ['rɛtiç] *m* (-s; -e) radish.
'Rettung *f* (-; -en) rescue; deliverance; escape; *mar.* salvage; recovery (*of goods, etc.*); *eccl.* salvation; help, succo(u)r; *das war seine* ⁀ that saved him; *er ist meine einzige* ⁀ he is my only resource; *es gab keine* ⁀ *für ihn* he was lost (*or* past help).
'Rettungs...: ⁀anker *m* sheet-anchor (*a. fig.*); **⁀arbeiten** *f/pl.* rescue operation(s *pl.*); **⁀boje** *f* life-buoy; **⁀boot** *n* life-boat; **⁀dienst** *m* life-saving service; **⁀floß**

---

n life-raft; **⁀gerät(e** *pl.*) *n* life-saving equipment; **⁀gürtel** *m* life-belt; **⁀leine** *f* life-line; **Ϙlos** *adj.* (*and adv.:* ⁀ *verloren*) irrecoverable, irretrievably lost, past help (*or* hope), beyond recovery; **⁀mannschaft** *f* rescue party; **⁀medaille** *f* life-saving medal; **⁀ring** *m* life-belt, life-preserver; **⁀schiff** *n* rescue ship; **⁀schwimmen** *n* life-saving swimming; **⁀station** *f* life-saving station; **⁀trupp** *m* rescue party; **⁀versuch** *m* attempted rescue; **⁀werk** *n* rescue work.
retuschieren [retu'ʃiːrən] *v/t.* (h.) retouch, touch up.
Reue ['rɔyə] *f* (-) repentance (*über acc.* of), remorse (at); compunction; contrition; regret (at); penitence; *jur. tätige* ⁀ voluntarily averting the effect of one's own wrongful act; **⁀gefühl** *n* remorse; **Ϙlos** *adj.* impenitent, remorseless; **Ϙn** *v/t.* (*impers., h.*): *es reut mich* I am sorry about it, I regret it; → *bereuen;* **Ϙvoll** *adj.* → *reuig.*
'Reu...: ⁀geld *n* forfeit, smart-money; *stock exchange*: option-money; **Ϙig, Ϙmütig** ['-myːtiç] *adj.* repentant, penitent; remorseful, contrite.
Reuse ['rɔyzə] *f* (-; -n) weir-basket, eel-buck; **⁀nantenne** *f radio:* prism aerial.
Revanche [re'vaŋʃə] *f* (-; -n) revenge; **⁀kampf** *m*, **⁀spiel** *n* return-match.
revan'chieren: *sich* ⁀ (h.) take (*or* have) one's revenge (*an dat.* [up]on); get one's own back; *für e-n Dienst, etc.*: return a service, *etc.*; reciprocate.
Reverenz [reve'rɛnts] *f* (-; -en) reverence; obeisance.
Revers [re'vɛrs] *m* (-es; -) reverse (*of coin*); lapel, revers (*Fr.*); (*pl.* -e) declaration; *econ.* (reciprocal) bond; *insurance:* counterindemnity.
revidieren [revi'diːrən] *v/t.* (h.) revise; (re-)examine, check; *econ.* audit; review; *fig. s-e Meinung* ⁀ revise one's opinion *or* form a fresh view (*über acc.* of).
Revier [re'viːr] *n* (-s; -e) district, quarter; (police) precinct, beat; round (*of postman*); → *Jagd*Ϙ; *mil.* dispensary, → *Revierstube;* **⁀dienst** *mil. m* light duty; **⁀förster** *m* quarter-ranger; **⁀stube** *f* sick-room.
Revision [revi'zjoːn] *f* (-; -en) revision (*a. typ.*); *econ.* audit; *jur.* a) appeal (on a question of law), b) rehearing, c) writ of error; ⁀ *einlegen* lodge an appeal *or* put in a question on a question of law; **⁀sbeklagte(r** *m) f* respondent; **⁀sbogen** *typ. m* revise.
Revisor [re'viːzɔr] *m* (-s; -'soren) reviser; *econ.* auditor, (chartered) accountant, *Am.* (certified) public accountant.
Revolte [re'vɔltə] *f* (-; -n) revolt; **revol'tieren** *v/i.* (h.) revolt, rise (in revolt).
Revolution [revolutsi'oːn] *f* (-; -en) revolution; **revolutionär** [-tsio'nɛːr] *adj.*, Ϙ(**in** *f) m* (-s, -e; -, -nen) revolutionary; **revolutio'nieren** *v/t.* (h.) revolutionize; **⁀d** revolutionary.

Revoluzzer [revo'lutsər] *contp. m* (-s; -) revolutionary.
Revolver [re'vɔlvər] *m* (-s; -) revolver, gun; **⁀blatt** *n* rag, scandal-sheet; **⁀drehbank** *tech. f* turret (*or* capstan) lathe; **⁀held** *m* (trigger-happy) gunman; **⁀kopf(schlitten** *tech. m* turret slide.
revozieren [revo'tsiːrən] *v/t.* (h.) recall, revoke; retract (one's words *v/i.*).
Revue [rə'vyː] *f* (-; -n) review; *thea.* revue, musical show; ⁀ *passieren lassen* pass in review; **⁀film** *m* revue (*or* musical) film.
Rezen|sent [retsen'zɛnt] *m* (-en; -en) reviewer, critic; Ϙ'**sieren** *v/t.* (h.) review; **⁀sion** [-'zjoːn] *f* (-; -en) review; **⁀si'onsexemplar** *n* reviewer's copy.
Rezept [re'tsɛpt] *n* (-[e]s; -e) *med.* prescription; *cul.* recipe (*a. fig.*); formula; **rezep'tieren** *v/t. and v/i.* (h.) prescribe.
reziprok [retsi'proːk] *adj.* reciprocal; Ϙ**wert** *m* reciprocal value.
Rezitativ [retsita'tiːf] *mus. n* (-s; -e) recitative.
rezi'tieren *v/t.* (h.) recite.
R-Gespräch ['ɛr-] *teleph. n* collect-call.
Rhabarber [ra'barbər] *m* (-s) rhubarb.
Rhapsodie [rapso'diː] *f* (-; -n) rhapsody.
Rhein [raɪn] *m* (-[e]s) Rhine; '**⁀franken** *n* Rhenish Franconia; Ϙ'**fränkisch** *adj.* Rheno-Franconian; 'Ϙ**isch**, Ϙ**ländisch** ['-lɛndiʃ] *adj.* Rhenish, of the Rhineland; **⁀länder** ['-lɛndər] *m* (-s; -) Rhinelander; '**⁀pfalz** *f the* Palatinate; '**⁀wein** *m* Rhine wine, hock.
Rheostat [reo'staːt] *el. n* (-[e]s; -e) rheostat.
Rhetorik [re'toːrik] *f* (-) rhetoric; **⁀er** *m* (-s; -) rhetorician; **rhe'torisch** *adj.* rhetorical.
Rheuma ['rɔyma] *n* (-s) → *Rheumatismus;* **Rheu'matiker(in** *f) m* (-s, -; -, -nen) rheumatic (person); **rheu'matisch** *adj.* rheumatic(ally *adv.*); **Rheuma'tismus** *m* (-; -men) rheumatism.
Rhinozeros [ri'noːtsərɔs] *zo. n* (-; -se) rhinoceros.
rhombisch ['rɔmbiʃ] *adj.* rhombic.
Rhomboid [rɔmbo'iːt] *math. n* (-[e]s; -e) rhomboid.
Rhombus ['rɔmbus] *m* (-; -ben) rhomb(us).
Rhönrad ['røːn-] *gym. n* gyro-wheel, medicine wheel.
rhythmisch ['rytmiʃ] *adj.* rhythmic(al); ⁀e *Übungen* rhythmics.
'Rhythmus *m* (-; -men) rhythm; *fig. a.* cycle.
Richt|antenne ['riçt-] *f* directional aerial (*Am.* antenna); **⁀aufsatz** *mil. m* gun-sight; **⁀bake** *f* radio direction beacon; **⁀beil** *n* executioner's axe; **⁀blei** *n* plummet, plumb-line; **⁀block** *m* (-[e]s; ⁺e) executioner's block.
'richten *v/t.* (h.) set right, arrange, adjust, *Am. a.* fix; make (*bed*); put in order, tidy (*room*); trim (*sails*); set (*watch*); prepare; repair, *Am. a.* fix; align; dress (*a. mil.*); straighten (*a. metall.*); direct (*gegen* at), turn

(on); *jur. and fig.* judge (*a. v/i.* = sit in judgment), pass *or* pronounce sentence on, sentence *or* try *a p.*; (*a. fig.*) condemn; execute; → zugrunde richten; ~ *auf* (*acc.*) level (*or* point, aim) *gun, telescope* at, train *cannon* on; fix *one's* eyes on; direct *one's attention, efforts* to, concentrate (*or* focus) on; ~ *an* (*acc.*) address (*sich o.s.*) to; put *a question* to; *in die Höhe* ~ raise, lift up; *sich* ~ *nach* (*dat.*) **a)** conform to, act according to *or* in harmony with, **b)** depend on, be conditional on, **c)** be determined by, be governed by *a law, etc.*, **d)** take one's bearings from, *gr.* agree with; ~ *gegen* (*acc.*) level *charges, criticism* at; *die Ansprache richtete sich gegen* the speech was level(l)ed at; *ich richte mich nach Ihnen* I leave it to you; anything you say; *das war an dich gerichtet* that was meant for you; *mil. Richt euch!* right dress!, *Am.* dress right, dress!

'**Richter** *m* (-s; -), ~**in** *f* (-; -nen) judge (*über acc.* of); *hoher* ~ *a.* justice; magistrate; *Herr* ~! Your Lordship!, *Am.* Your Honor!; *zum* ~ *ernannt werden* be called to the Bench; *vor den* ~ *bringen* bring to justice; ~**amt** *n* judgeship; judicial office; → *Befähigung*; ~**kollegium** *n* body of judges, *the* Bench; ℒ**lich** *adj.* judicial; judiciary; ~*e Entscheidung* judicial decision (*or* finding, ruling); ~*e Gewalt ausüben* exercise judicial powers; ~**spruch** *m in civil cases:* judg(e)ment, (judicial) decision; *in criminal cases:* sentence; ~**stand** *m* (-[e]s) judicature, *the* judges *pl.*, *the* Bench, *esp. Am.* judiciary; ~**stuhl** *m* (-[e]s) judge's seat, tribunal.

'**Richt...:** ~**fernrohr** *n* telescopic sight; tracking telescope; ~**fest** *n* treat given to builders (*after setting up the roof of a house*); ~**funk** *m* radio relay (system); ~**funkbake** *f* directional radio beacon.

'**richtig I.** *adj.* right, correct; accurate, exact; due, proper; suitable; adequate, appropriate; just, fair; ~*e Abschrift* true copy; ~*e Adresse* (*Zeit*) proper address (time); ~*e Entfernung* just distance; genuine, real; faithful (*reproduction*); true; ~*er Engländer* true-born Englishman; ~*er Londoner* regular cockney; ~*er Verbrecher* nothing short of a (*or* an out-and-out) criminal; ~*er Kerl* regular fellow; *colloq. mit der Sache ist et. nicht* ~ there is something queer (*or* fishy) about it; *colloq. er ist nicht ganz* ~ (*im Kopfe*) he isn't quite right in his head; *int.* ~! right (you are)!, quite (so)!, exactly!; *und* ~, *da kam er auch schon herein!* and sure enough, he came right in!; → *recht*; **II.** *adv.* right(ly), *etc.*; the right way; duly, properly; thoroughly, soundly; ~ *gehen watch:* go right, keep good time; ~ *rechnen* calculate correctly; *für* ~ *halten* think (*or* see) fit; ~*er gesagt* rather; **III.** *substantively:* *er ist der* ~*e* he is the right man; *colloq. du bist mir der* ~*e!* a nice fellow you are!; *das* ~*e treffen* hit upon the

right thing; *das ist das* ~*e!* that's the real thing, that's the stuff (*or* the real McCoy)!; *das ist nicht ganz das* ~*e* that's not quite the ticket; *das ist das* ~*e für dich* this is your mark; ℒ**befund** *m* verification; *econ. nach* ~ if found correct; ~**gehend** *adj. watch:* keeping good time; *colloq. fig.* regular, real, *Am. a.* honest-to-goodness; ℒ**keit** *f* (-) rightness, correctness; exactness, accuracy; justness, fairness; soundness; *die* ~ *e-r Sache nachweisen* verify a th.; *damit hat es s-e* ~ it is quite true, that's a fact; ~**stellen** *v/t.* (h.) put (*or* set) right; rectify; correct; ℒ**stellung** *f* rectification.

'**Richt...:** ~**kanonier** *mil. m* gun pointer, (gun) layer, (gun) trainer; ~**kreis** *mil. m* aiming circle; ~**linien** *f/pl.* guiding rules *or* principles, (general) directions, instructions; ~**maß** *n* standard, ga(u)ge; ~**platz** *m* place of execution; ~**preis** *m* standard (*or* guiding) price; ~**satz** *m* guiding (*or* standard) rate; ~**scheit** *tech. n* level, rule(r), straight-edge; ~**schnur** *f* (-; -en) plumb-line; *fig.* rule (of conduct), guiding principle; *zur* ~ *nehmen* be guided by, follow; ~**schütze** *mil. m* (first) gunner; ~**schwert** *n* executioner's sword; ~**sendung** *f radio:* directional transmission; ~**statt, ~stätte** *f* place of execution; ~**strahlantenne** *f*, ~**strahler** *m* beam aerial, directional aerial (*Am.* antenna); beam transmitter.

'**Richtung** *f* (-; -en) direction; way, route; *mar.* bearing, tack, *fig.* course, line, drift; trend, tendency; orientation, (*political, extreme, etc.*) views *pl.*; policy; *neue(re)* ~ new school, modern method *or* lines *pl.* (of thought); *mil.* alignment, dressing; *in* ~ *auf* in the direction of; *in dieser* ~ this way, (*a. fig.*) in this direction; *in gerader* ~ in a straight line, straight on (*or* ahead); *nach allen* ~*en* in all directions; *in derselben* ~ *weitergehen* pursue the same course.

'**Richtungs...:** ~**änderung** *f* change in direction; ~**anzeige** *f* (-) indication of direction; ~**anzeiger** *mot. m* direction-indicator, trafficator; ~**empfang** *m* (-[e]s) *radio:* directional reception; ~**körper** *physiol. m* polar globule; ~**pfeil** *m* directional marker, arrow; ~**sucher** *m radio:* direction-finder.

'**richtungsweisend** *adj.* directive, leading; guiding; showing the way.

'**Richt...:** ~**waage** *tech. f* level; ~**wert** *m* approximate (*or* standard) value; ~**zahl** *f* coefficient.

Ricke ['rikə] *hunt. f* (-; -n) doe.

rieb [ri:p] *pret. of reiben.*

riechen ['ri:çən] **I.** *v/i.* (*irr.*, h.) smell (*nach* of [*a. fig.*]; *an dat.* at); *gut* ~ smell good, have a pleasant smell; *übel* ~ (have an unpleasant) smell; *zu* ~ *beginnen food:* get high; **II.** *v/t.* (*irr.*, h.) smell; sniff; scent; *fig.* → *Braten, Lunte; colloq. ich kann ihn nicht* ~ I can't stand him; *colloq. das konnte ich doch nicht* ~! how was I to know?; ~**d** *adj.* smelling, odorous, redolent; → *duftend.*

'**Riecher** *colloq. m* (-s; -) nose; e-n

guten ~ *haben für* have a good nose for.

'**Riech...:** ~**fläschchen** *n* smelling-bottle; ~**kissen** *n* scent-bag; ~**nerv** *anat. m* olfactory nerve; ~**salz** *n* smelling-salts *pl.*; ~**werkzeug** *anat. n* olfactory organ; nose.

Ried [ri:t] *n* (-[e]s; -e) reed; marsh(land).

rief [ri:f] *pret. of rufen.*

Riege ['ri:gə] *gym. f* (-; -n) section, squad.

Riegel ['ri:gəl] *m* (-s; -) bar, bolt; key-bolt; (cross-)bar; *arch.* tie-beam; bar, cake (*of soap*); (*chocolate*) bar, *Am.* strip; (*clothes*) rack; *tailoring:* false belt, latch; *den* ~ *vorschieben* shoot the bolt; *fig. e-r Sache e-n* ~ *vorschieben* put a stop to a th.; → *Schloß*; ℒ**n** *v/t.* (h.) bar, bolt; ~**stellung** *mil. f* switch line, blocking position.

Riemen ['ri:mən] *m* (-s; -) strap; belt; (*rifle*) sling; *Schuh*ℒ lace; (*razor*) strop; oar; *fig. den* ~ *enger schnallen* tighten one's belt; ~**antrieb** *tech. m* belt-drive; ~**scheibe** *f* (belt) pulley; sheave; ~**zeug** *n* leather straps *pl.*; harness(ing).

Ries [ri:s] *n* (-es; -e) ~ *Papier* ream of paper.

Riese ['ri:zə] **1.** *m* (-n; -n) giant; ogre; *w.s.* colossus, monster; **2.** *f* (-; -n) (timber-)slide.

'**Riesel|feld** ['ri:zəl-] *agr. n* irrigated field; ~**gut** *n* sewage-farm; ℒ**n** *v/i.* (h.) ripple, purl; trickle, sweat, tears: *a.* run, roll; *rain:* drizzle.

'**Riesen...** *in compounds* gigantic ..., giant ..., mammoth ..., colossal ..., monstrous ..., oversize ...; ~**arbeit** *f* gigantic (*or* Herculean) task; ~**erfolg** *m* enormous success, *thea.* smash (hit); ~**fehler** *m* colossal mistake; ~**flugzeug** *n* giant plane; ℒ**groß**, ℒ**haft** *adj.* → *riesig*; ~**haftigkeit** *f* (-) gigantic size *or* proportions *pl.*; ~**konzern** *m* mammoth concern; ~**kraft** *f* gigantic (*or* Herculean) strength; ~**rad** *n* Ferris wheel; ~**schlange** *f* boa constrictor; python; ~**schritt** *m* giant stride; *mit* ~*en* at a tremendous pace; ~**slalom** *m* grand slalom; ~**stärke** *f* (-) = *Riesenkraft*; ~**wuchs** *med. m* (-es) gigantism.

'**riesig** *adj.* gigantic(ally *adv.*), colossal, enormous, huge; *colloq.* (*usu. adv.*) *fig.* immense(ly), *colloq.* awful(ly), tremendous(ly); *das amüsierte ihn* ~ he was hugely amused.

'**Riesin** *f* (-; -nen) giantess.

Riester ['ri:stər] *tech. m* (-s; -) patch.

riet [ri:t] *pret. of raten.*

Riff [rif] *n* (-[e]s; -e) reef; sandbank.

rigolen [ri'go:lən] *agr. v/t.* (h.) trench(-plough).

rigoros [rigo'ro:s] *adj.* rigorous, strict, rigid, drastic (*measures*); ℒ**um** *univ. n* (-s; -sa) viva voce (examination).

Rille ['rilə] *f* (-; -n) groove; *tech. a.* flute, chamfer; *agr.* (small) furrow; drill; ℒ**n** *v/t.* (h.) *tech.* groove, flute; *agr.* drill; ~**npflug** *agr. m* drill plough (*Am.* plow).

Rimessa [ri'mɛsa] *fenc. f* (-; -en) remise.

Rimesse [ri'mɛsə] *econ. f* (-; -n) remittance; drawn bill of exchange.

Rind [rint] *n* (-[e]s; -er) neat; ox, bullock; cow; *~er pl.* (horned) cattle, bovine race; *(ten, etc.)* head of cattle.

Rinde ['rində] *f* (-; -n) *bot.* bark; (bread) crust; rind *(of cheese, fruit); anat.* cortex.

Rinder... ['rindər-]: **~braten** *m* roast beef; **~brust** *f* (-) *cul.* brisket of beef; **~herde** *f* herd of cattle; **~hirt** *m* cowherd, *Am.* cowboy; **~pest, ~seuche** *f* cattle-plague; **~tuberkulose** *f* bovine tuberculosis, **~zucht** *f* cattle breeding; **~zunge** *f* neat's tongue.

'Rind...: **~fleisch** *n* beef; **~fleischbrühe** *f* beef-tea; **~skeule** *f* round of beef; **~(s)leder** *n* neat's leather, cow-hide; **Q(s)ledern** *adj.* cow-hide; **~s-talg** *m* beef tallow; **~vieh** *n* (horned) cattle, neat; *colloq. fig.* blockhead, idiot, oaf.

Ring [riŋ] *m* (-[e]s; -e) ring (a. chem., gym., boxing); circle; (dark) ring(s *pl.*) *round the eyes; ast.* halo, *of Saturn:* ring; *orn.* ruff; *arch.* collar; hoop, loop; *tech.* washer; link; ferrule; arena; *fig.* circle, *b.s.* clique; *econ.* ring, pool, trust, *Am.* combine; *zu e-m ~ vereinigen* pool; *boxing: ~ frei!* clear the ring!; **'~bahn** *f* circular railway; **'~buch** *n* ring binder.

Ringel ['riŋəl] *m* (-s; -), **~chen** *n* (-s; -) ringlet *(a.* = curl), circlet; **~blume** *f* marigold; **~haar** *n* curled hair; **~locke** *f* ringlet, (corkscrew) curl; **Qn I.** *v/t.* (h.) ring; curl; **II.** *v/i.* and *sich ~* (h.) curl, coil; *sich ~* **a)** wind, meander, **b)** wriggle; **~natter** *f* ring-snake, *Br.* grass-snake; **~reihen** ['-raiən] *m* (-s; -), **~tanz** *m* round dance; **~taube** *f* ring-dove.

ringen ['riŋən] **I.** *v/t.* (irr., h.) twist; wring *(laundry); die Hände ~* wring one's hands; **II.** *v/i.* (irr., h.) wrestle *(mit* with); *fig. a.* struggle, grapple (with); *~ um (acc.)* strive (after, for), struggle *or* fight (for); *mit sich ~* wrestle with o.s. (*or* with one's decision); *mit e-m Problem (e-r Versuchung) ~* wrestle with a problem (temptation); *mit dem Tode ~* be in the throes of death; *nach Atem ~* gasp for breath, be panting.

'Ringen *n* (-s; -) wrestling(-match); *fig.* (hard) struggle, wrestle.

'Ringer *m* (-s; -) wrestler.

'Ring...: **~erfahrung** *f boxing:* ring routine; **~feder** *f* annular spring; **~finger** *m* ring-finger; **Qförmig** ['-fœrmiç] *adj.* annular, ring-shaped; **~kampf** *m* wrestling (-match); **~kämpfer** *m* wrestler; **~mauer** *f* circular wall, town-wall; **~richter** *m boxing:* referee.

rings [riŋs] *adv.* around.

'Ring...: **~scheibe** *f* rifle (ring) target; **~sendung** *f radio:* hook-up.

'rings...: **~(her)um, ~umher** *adv.* round about, all (a)round; everywhere, on all sides.

'Ring...: **~straße** *f* circular road; **~tausch** *m* ring barter; **~tennis** *n* deck-tennis; **~wall** *m* rampart.

Rinne ['rinə] *f* (-; -n) groove, channel; *arch.* flute *(of column)*; gutter, eaves *pl.*; gully, sewer; conduit, duct; chute; canal; furrow; *anat.*,

bot. groove, vallecula; **Qn** *v/i.* (irr., sn) run, flow; drip, trickle; leak; gush.

'Rinnsal *n* (-[e]s; -e) watercourse, channel; streamlet, rill, *Am.* run.

'Rinnstein *m* gutter; (kitchen) sink.

Ripp [rip] *colloq. n* (-[e]s; -e): *altes ~* old hag, hellcat.

Rippchen ['ripçən] *n* (-s; -) cutlet.

'Rippe *f* (-; -n) rib; *wahre (falsche) ~* true (false *or* floating) rib; *bot.* rib, nerve; *arch.* groin; *(chocolate)* bar, *Am.* strip; *of mountain:* buttress; *aer. of wing:* rib; *mot., etc.* fin; *mar. ~n pl.* frame-work; **Qn** *v/t.* (h.) rib; *arch.* groin; *→ gerippt.*

'Rippen...: **~bogen** *m* costal arch; **~bruch** *m* fracture of a rib; **~fell** *n* pleura; **~fellentzündung** *med. f* pleurisy; **~fellgegend** *f* pleural region; **~kühler** *m* gilled radiator; **~stoß** *m* dig in the ribs, nudge; *j-m e-n ~ versetzen* dig a p. in the ribs, nudge a p.; **~stück** *n cul.* piece of the ribs; **~zwischenraum** *m* intercostal space.

'Rippespeer *m* (-[e]s) *cul.* sparerib.

Rips [rips] *econ. m* (-es; -e) *(cloth)* rep.

Risiko ['riːziko] *n* (-s; -ken) risk; *auf eigenes ~* at one's own risk; *ein ~ eingehen* take *or* run a risk; *econ. das ~ übernehmen* undertake the risk; **~verteilung** *f* distribution of risk.

riskant [ris'kant] *adj.* risky, precarious.

ris'kieren *v/t.* (h.) risk.

Rispe ['rispə] *bot. f* (-; -n) panicle.

riß [ris] *pret. of* reißen.

Riß *m* (-sses; -sse) rent, tear; crevice, fissure; cleft, chink; crack; scratch; laceration; gap; *Risse pl. in der Haut:* chaps; draft, drawing, plan, design; *fig.* rift, rupture; split, schism; *colloq. das gab ihm e-n ~* it shocked *(or* jarred) him.

Rissebildung ['risə-] *tech. f:* *(netzartige) ~* (alligator) cracking.

'rissig *adj.* full of rents, *etc.*; cracked, fissured; chappy *(skin, soil); ~ werden* tear; crack, get brittle, *skin:* chap.

'Rißwunde *med. f* laceration.

Rist [rist] *m* (-es; -e) instep; back of the hand; wrist.

ristornieren [ristɔr'niːrən] *econ. v/t.* (h.) reverse *a contra entry*; cancel *an insurance* and return the premium.

ritt [rit] *pret. of* reiten.

Ritt *m* (-[e]s; -e) ride; *e-n ~ machen* take (*or* go for) a ride.

'Ritter *m* (-s; -) knight; cavalier; champion; *fahrender ~* knight-errant; *j-n zum ~ schlagen* knight a p.; *cul. arme ~ pl.* fritters; **~burg** *f* knight's castle; **~gut** *n* manor; **~gutsbesitzer** *m* owner of a manorial estate, lord of the manor; **~kreuz** *mil. n* Knight's Cross; **~kreuzträger** *mil. m* knight of the Iron Cross; **Qlich** *adj.* knightly, *fig.* chivalrous, gentlemanly, gallant; **~lichkeit** *f* (-) chivalry, gallantry; **~orden** *m* order of knighthood; **~roman** *m* romance of chivalry; **~schaft** *f* (-) *the* knights *pl.*; knighthood; **~schlag** *m* (-[e]s) knighting, dubbing; *den ~ empfan-*

gen be knighted; **~sporn** *bot. m* larkspur; **~stand** *m* (-[e]s) knighthood; *collect. the* knights *pl.*; **~tum** *n* (-s) knighthood, chivalry; **~zeit** *f* (-) age of chivalry.

rittlings ['ritliŋs] *adv.* astride *(auf dat.* of), astraddle.

'Rittmeister *mil. m* (cavalry) captain.

Ritual [ritu'aːl] *n* (-s; -e), **rituell** [-'ɛl] *adj.* ritual.

Ritus ['riːtus] *m* (-; -ten) rite.

Ritz [rits] *m* (-es; -e) scratch *(a. tech.)*; crack; fissure, crevice; chink, rift; **'~el** *tech. n* (-s; -) pinion; **Qen** *v/t.* (h.) scratch; graze; cut *(a. glass)*; carve, etch; **'Qig** *tech. adj.* crannied, flawed.

Rival|e [ri'vaːlə] *m* (-n; -n), **~in** *f* (-; -nen) rival; **rivalisieren** [rivali-'ziːrən] *v/i.* (h.) rival *(mit j-m* a p.); compete, vie (with); **Rivali'tät** *f* (-; -en) rivalry.

Rizinus-öl ['riːtsinus⁹øːl] *n* (-[e]s) castor oil.

Robbe ['rɔbə] *zo. f* (-; -n) seal; **Qn** *mil. v/i.* (sn) crawl, creep; **~nfang** *m* sealing.

Robe ['roːbə] *f* (-; -n) gown, robe.

Robinsonade [robinzo'naːdə] *f* (-; -n) *soccer:* full-length save.

Roboter ['roːbotər] *m* (-s; -) robot.

robust [ro'bust] *adj.* robust, sturdy, rugged; **Qheit** *f* (-) robustness, ruggedness.

roch [rɔx] *pret. of* riechen.

röcheln ['rœçəln] **I.** *v/i.* (h.) rattle (in one's throat); **II.** *v/t.* (h.) gasp (out).

'Röcheln *n* (-s) rattling, rattle; *Todes~* death-rattle.

Rochen ['rɔxən] *zo. m* (-s; -) ray.

ro'chieren [rɔ'ʃiːrən] *v/i. and v/t.* (h.) castle.

Rock [rɔk] *m* (-[e]s; ⸚e) coat, jacket; robe, gown; skirt; dressing-gown; *children: kleiner ~ →* **Röckchen** ['rœkçən] *n* (-s; -) frock; kilt.

'Rock...: **~aufschlag** *m* lapel; **~falte** *f* pleat, fold; **~schoß** *m* coat-tail; **~stoff** *m* coating; **~zipfel** *m* lappet; *fig.* apron-strings.

Rocken ['rɔkən] *m* (-s; -) distaff.

Rodehacke ['roːdə-] *agr. f* mattock.

Rodel ['roːdəl] *m* (-s; -) toboggan; luge; **~bahn** *f* toboggan-run; **Qn** *v/i.* (sn) toboggan, *Am. a.* coast; **~n** *n* (-s) tobogganing, *Am. a.* coasting; **~schlitten** *m →* Rodel.

Rode|land *n* (-[e]s) clearing; virgin soil; **~maschine** *f* stump grubber; **Qn** *v/t. and v/i.* (h.) clear; root out, stub; **~pflug** *m* breaker plough *(Am.* plow).

'Rodung *f* (-; -en) cleared woodland; clearing.

Rogen ['roːgən] *m* (-s; -) (hard) roe, spawn.

'Rog(e)ner *m* (-s; -) spawner.

Roggen ['rɔgən] *m* (-s) rye; **~brot** *n* rye-bread; **~mehl** *n* rye flour.

roh [roː] *adj.* raw, in native state; *book:* in sheets; rough *(diamond, draft)*; undressed *(fur)*; raw *(hide)*; native *(lime)*; unwrought *(copper)*; unbleached *(linen)*; unbroken *(horse)*; unhewn *(stone); fig.* crude, raw; *person:* rough, uncultured; coarse, uncouth, rude; cruel; brutal; barbarous; **~er Kerl** brute;

mit ~*er Gewalt* with brute force; *j-n wie ein* ~*es Ei behandeln* treat a p. with kid-gloves; *econ.* gross; ♀**bau** *arch. m* (-[e]s; -ten) carcass, outside finish; *fig. im* ~ in the rough; ♀**baumwolle** *f* raw cotton; ♀**bilanz** *econ. f* trial balance; ♀**block** *metall. m* ingot; ♀**einnahme** *econ. f* gross receipts *pl.*; ♀**eisen** *n* pig-iron.

Roheit ['roːhaɪt] *f* (-) raw (*or* crude) state, rawness, crudeness; *fig.* roughness, rudeness; brutality; brutal act, brutality.

'**Roh...**: ~**ertrag** *m* gross yield, gross proceeds *pl.*; ~**erz** *n* raw ore; ~**erzeugnis** *n* raw product; ~**faser** *f* crude fib|re, *Am.* -er; ~**film** *m* raw (*or* blank) film; ~**formel** *f* empirical formula; ~**gewicht** *n* gross weight; ~**gewinn** *m* gross profit; ♀**gezimmert** ['-gəˈtsɪmərt] *adj.* roughly hewn (*table*); ~**gummi** *m* crude rubber; ~**guß** *m* pig-iron casting; ~**haut** *f* rawhide; ~**kost** *f* uncooked (vegetarian) food; ~**köstler** ['-kœstlər] *m* (-s; -) vegetarian, fruitarian; ~**kostplatte** *f* vegetarian salad; ~**leder** *n* untanned leather, rawhide; ~**ling** ['lɪŋ] *m* (-s; -e) brutal fellow, brute, ruffian; *metall.* slug; *casting:* blank; ~**material** *n* raw material; ~**metall** *n* crude metal; ~**öl** *n* crude oil; ~**ölmotor** *m* crude oil engine; ~**produkte** *n/pl.* raw products.

Rohr [roːr] *n* (-[e]s; -e) *bot.* reed; cane; bamboo; *tech.* tube, pipe; *collect.* tubing, piping; flue; duct, canal; *mil.* (gun-)barrel, (torpedo) tube; *gezogenes* (*glattes*) ~ rifled (smooth) bore (of barrel); *fig. schwankendes* ~ trembling reed; '~**abzweigstück** *n* pipe branch; '~**anschluß** *m* pipe-connection, pipe joint; '~**bogen** *m* tube turn, ell; '~**bruch** *m* pipe-burst; '~**brunnen** artesian well.

Röhrchen ['røːrçən] *n* (-s; -) small tube, tubule; capillary tube; *chem.* test tube.

'**Rohr...**: ~**dach** *n* reed-thatch; ~**dommel** ['-dɔməl] *orn. f* (-; -n) bittern.

Röhre *f* (-; -n) tube; pipe; duct, conduit; spout; (*gas, water, etc.*) mains; shaft; tunnel; *anat.* duct, pipe; *chem.* test tube; *radio:* valve, *esp. Am.* tube; *Braunsche* ~ cathode ray tube; *Leucht*♀ vacuum tube lamp, neon tube; *kitchen:* oven.

röhren ['røːrən] *v/i.* (h.) *stag:* bell.

'**Röhren...**: ~**detektor** *m radio:* thermionic valve detector; ~**elektrode** *f* electrode of an electron tube; ~**empfänger** *m* valve (*Am.* tube) receiver; ~**fassung** *f* valve (*Am.* tube) socket; ♀**förmig** ['-fœrmiç] *adj.* tubular; ~**gleichrichter** *m* valve rectifier, *Am.* vacuum tube rectifier; ~**knochen** *m* hollow (*or* tubular) bone; ~**lampe** *f* tubular lamp, tube lamp; ~**leitung** *f* → Rohrleitung; ~**pilz** *bot. m* boletus; ~**rauschen** *n radio:* valve (*Am.* tube) noise; ~**sender** *m* (thermionic) valve transmitter; ~**sockel** *m* valve (*Am.* tube) base; ~**verstärker** *m* valve (*Am.* vacuum

tube) amplifier; ~**walzwerk** *n* tube rolling mill.

'**Rohr...**: ~**flöte** *f* reed-pipe; ♀**förmig** ['-fœrmiç] *adj.* tubular; ~**formstück** *n* pipe fitting.

Röhricht ['røːriçt] *n* (-[e]s; -e) reed-bank, reeds *pl.*

'**Rohr...**: ~**krepierer** ['-kreˈpiːrər] *mil. m* (-s; -) barrel burst; ~**krümmer** *m* pipe bend, elbow; ~**leger** ['-leːgər] *m* (-s; -) pipe fitter, plumber; ~**leitung** *f* tubing, piping, conduit; pipe-line; mains; ~**mantel** *mil. m* jacket; ~**mast** *m* tubular mast; ~**muffe** *f* pipe bell; ~**netz** *n* piping (*gas, water, etc.*) mains *pl.*; ~**post** *f* pneumatic post; ~**postkarte** *f* pneumatic-tube (*or* tubular) postcard; ~**rücklaufbremse** *f* recoil brake; ~**schelle** *f* pipe clamp; ~**schilf** *n* reed; ~**schlange** *f* coil, spiral tube; ~**schlosser** *m* pipe fitter; ~**spatz**, ~**sperling** *m* reed-bunting; *fig. schimpfen wie ein Rohrspatz* scold like a fishwife; ~**stiefel** *m* high-boot, Wellington; ~**stock** *m* cane, bamboo (stick); ~**stuhl** *m* cane(-bottomed) chair; ~**verbindungsstück** *n* pipe-connection, pipe joint; ~**walzwerk** *n* tube rolling mill; ~**zange** *f* pipe-wrench; ~**zucker** *m* cane-sugar.

'**Roh...**: ~**seide** *f* raw silk; ~**stahl** *m* crude steel; ~**stoff** *m* raw material; ~**stoffmangel** *m* raw material shortage; ~**zucker** *m* raw (*or* unrefined) sugar.

Rokoko ['rɔkoko] *n* (-s), ♀ *adj.* rococo.

Rolladen (*divided:* Roll-laden) ['rɔl-laːdən] *m* (-s; ♯) roll shutter.

Roll|bahn ['rɔl-] *f aer.* taxiway, taxi strip; runway; landing-track; *mil.* track; ~**bahre** *f* wheeled stretcher; ~**bandmaß** *n* flexible steel rule; ~**dach** *mot. n* folding roof (*or* top).

'**Rolle** *f* (-; -n) roll (*a. of money, paper; a. aer., gym.*); *tech.* roller, cylinder; coil; reel, spool; ~ *Garn* reel of cotton, *Am.* spool of thread; ~ *Stoff* bolt of cloth; *for furniture:* castor, caster; pulley; calender; mangle; register, list, roll; *thea.* rôle, part; *führende* ~ (*a. actor*) lead; *die* ~*n besetzen* cast the parts (*mit* with); *e-e* ~ *spielen* play a part, impersonate, *fig.* play a part *or* rôle (*bei, in dat.* in), (figure (in), be a factor (in), be instrumental (in), be of importance (in); *person a.:* e-e *große* (*jämmerliche*) ~ *spielen* cut a great (poor) figure, *matter:* e-e *große* ~ *spielen* figure large; *er spielt e-e große* ~ *in der Firma* he is one of the top men of that firm; *das spielt keine* ~ that doesn't matter, it makes no difference; *es hat auch e-e* ~ *gespielt, daß* another reason was that; *Geld spielt keine* ~ money is no object; *er fiel aus der* ~ he misbehaved (*or* showed his real face *or* dropped a brick).

'**rollen I.** *v/i.* (h.) roll; *thunder: a.* roar, rumble; *aer.* taxi; *sea:* roll; *ship: a.* lurch; **II.** *v/t.* (h.) roll; wheel; calender (*cloth*); *die Augen* ~ roll one's eyes; *das R* ~ roll one's r; *sich* ~ roll, *paper, etc.:* roll up, curl; *mil.* ~*der Angriff* relay attack,

attack in waves; *in* ~*dem Einsatz* in waves; *rail.* ~*des Material* rolling stock; ♀ *n* rolling; heavy swell (*of sea*); roll, lurch (*of ship*); *fig. et. ins* ~ *bringen* start a th. under way; *die Sache ins* ~ *bringen* set the ball rolling; *ins* ~ *kommen* get under way; ♀**besetzung** *thea. f* casting of the parts; *the* cast; ♀**fach** *thea. n* kind of character; ~**förmig** ['fœrmiç] *adj.* cylindrical; ~**gelagert** *tech. adj.* mounted on roller bearings; ♀**lager** *tech. n* roller bearing; ♀**papier** *n* (-s) continuous paper; ~**sicher** *thea. adj.* word-perfect; ♀**verteilung** *f* → Rollenbesetzung; ♀**zug** *tech. m* block and tackle.

'**Roller** *m* (-s; -) scooter; *mot.* (motor-)scooter; *orn.* roller; *soccer:* daisy cutter; *high jump:* barrel roll; *tech.* calenderer.

'**Roll...**: ~**feld** *n* → Rollbahn; ~**film** *m* roll film; ~**fuhrmann** *m* carter, carrier, *Am.* teamster; ~**fuhrunternehmen** *n* carrier's business, carters *pl.*; ~**geld** *n* cartage, carriage; ~**gut** *n* carted goods *pl.*; ~**handtuch** *n* roller-towel; ~**holz** *n* rolling-pin; ~**jalousie** *f* roller blind; ~**kommando** *n* raiding squad; ~**kragen** *m* turtle-neck collar; ~(**l**)**aden** *m* → Rolladen; ~**mops** *m* rollmops, collared herring; ~**schinken** *m* rolled ham; ~**schrank** *m* roll-fronted cabinet; ~**schuh** *m* roller-skate; ~ *laufen* roller-skate; ~**schuhbahn** *f* roller-skating rink; ~**schuhläufer(in** *f*) *m* roller-skater; ~**sitz** *m in boat:* sliding seat; ~**splitt** *m* loose chippings *pl.*; ~**straße** *aer. f* taxiway; ~**stuhl** *m* wheel chair, Bath chair; ~**treppe** *f* moving staircase, escalator; ~**verschluß** *m* roll shutter; *Schreibtisch mit* ~ roll-top desk; ~**wagen** *m* truck, lorry; trolley.

Roman [roˈmaːn] *m* (-s; -e) novel, (work of) fiction; *on knights, a. fig.:* romance.

Romanen [roˈmaːnən] *pl.: die* ~ *the* Romance nations, the Neo-Latin peoples.

ro'manhaft *adj.* romantic(ally *adv.*), fictitious.

Ro'manheld *m* hero of a novel.

ro'manisch *adj.* Romanic, Romance, neo-Latin; *arch.* Romanesque.

Romanist [romaˈnist] *m* (-en; -en) Romance scholar or student.

Ro'man...: ~**literatur** *f* fiction; ~**schreiber(in** *f*) *m*, ~**schriftsteller(in** *f*) *m* novel-writer, novelist.

Romantik [roˈmantik] *f* (-) romantic poetry *or* style; romantic period; romanticism; *fig.* romance; ~**er(in** *f*) *m* (-s, -; -, -nen) romanticist, *hist. art:* Romanticist.

ro'mantisch *adj.* romantic(ally *adv.*). [romance (*a. fig.*).)

Romanze [roˈmantsə] *f* (-; -n)]

Römer ['røːmər] *m* (-s; -) **1.** (~**in** *f* [-; -nen]) Roman; **2.** rummer.

'**römisch** *adj.* Roman, of Rome; ~*e Ziffer* Roman numeral; ~**-ka'tholisch** *adj.* Roman Catholic.

Rommé [rɔˈmeː] *n* (-s; -s) *cards:* rummy.

Ronde ['rɔndə] f (-; -n) round; tech. circular shape.

röntgen ['rœntgən] v/t. (h.) treat with X-rays, X-ray; (take an) X-ray (of), radio(-graph); ♀ n (-s) roentgen; ♀**apparat** m X-ray apparatus; ♀**assistent(in** f) m X-ray assistant; ♀**aufnahme** f X-ray photograph, radiograph; ♀**behandlung** f, ♀**bestrahlung** f X-ray-treatment, radiotherapy; ♀**bild** n → Röntgenaufnahme; ♀**diagnose** f radiodiagnosis; ♀**durchleuchtung** f radioscopy, X-ray examination; ♀**film** m radiographic film; ♀**ologe** [rœntgənoˈloːgə] m (-n; -n) radiologist; ♀**ologie** [-loˈgiː] f (-) radiology; ♀o'**logisch** adj. radiological; ♀**photogra'phie** f radio photography, radiography; ♀**strahlen** m/pl. X-rays; mit ∼ durchleuchten, behandeln X-ray; ♀**therapie** f → Röntgenbehandlung; ♀**untersuchung** f X-ray examination, X-ray test.

rören ['røːrən] v/i. (h.) → röhren.

Rosa ['roːza] n (-s; -) pink; ♀**farben** adj. pink; (a. fig.) rose-colo[u]r(ed); roseate; fig. die Welt durch e-e ∼e Brille sehen see things through rose-colo(u)red spectacles.

rösch [rœʃ] adj. brittle, coarse; crisp.

Rose ['roːzə] f (-; -n) rose; wilde ∼ briar, dog rose; arch. rose(-window); med. erysipelas; compass card or rose; fig. (beauty) die ∼ von ... the rose of; er ist auch nicht auf ∼n gebettet his life is no bed of roses either.

'**Rosen**...: ∼**beet** n bed of roses; ∼**busch** m rose-bush; ∼**duft** m fragrance of roses; ∼**essig** m rose-vinegar; ♀**farben**, ♀**farbig** adj. rose-colo(u)red, rosy; ∼**garten** m rosary; ∼**hecke** f rose-hedge; ∼**holz** n rosewood; ∼**kohl** m (-[e]s) Brussels sprouts pl.; ∼**kranz** m garland (or wreath) of roses; eccl. rosary; den ∼ beten tell one's beads; ∼**monat** m month of roses, June; ∼**montag** m monday before Lent; ∼**öl** n attar of roses; ♀**rot** adj. (as) red as a rose, rose-colo(u)red, rosy; ∼**stock** m rose-tree; ∼**strauß** m bunch of roses; ∼**wasser** n (-s) rose-water; ∼**zucht** f growing of roses; ∼**züchter** m rose-grower.

Rosette [roˈzɛtə] f (-; -n) rosette (a. arch.); a. rose-window.

'**rosig** adj. rosy, roseate, rose-colo(u)red; fig. ∼e Aussichten rosy prospects; in ∼er Laune in a happy mood; alles in ∼em Lichte sehen see things through rose-colo(u)red spectacles.

Rosine [roˈziːnə] f (-; -n) raisin; plum; sultana, currant; fig. große ∼n im Kopf haben have big (or high-flown) ideas.

Röslein ['røːslaɪn] n (-s; -) little rose.

Rosmarin [rosmaˈriːn] bot. m (-s) rosemary.

Roß [rɔs] n (-sses; -sse) horse, rhet. steed; hoch zu ∼ mounted on horseback; fig. sich aufs hohe ∼ setzen mount the high horse; '∼**arzt** m veterinary surgeon, horse-doctor.

'**Rossebändiger** m horse-tamer.

Rösselsprung ['rœsəl-] m chess: knight's move; (puzzle) problem on the knight's moves.

'**Roß**...: ∼**haar** n horsehair; ∼**haarmatratze** f hair-mattress; ∼**händler** m horse-dealer; ∼**kastanie** f horse-chestnut; ∼**kur** f drastic treatment; ∼**schweif** m horse's tail.

Rost [rɔst] m (-es) rust (a. fig.); bot. rust, smut, mildew; arch. (pl. -e) grating; grate; cul. grid(iron), grill, roaster; auf dem ∼ braten grill, roast; ∼ ansetzen (put on) rust, get rusty (a. fig.); von ∼ zerfressen rust-eaten; ♀**beständig** adj. rust-proof, rustless, non-corroding; '∼**bildung** f rust formation; '∼**braten** m roast joint; '♀**braun** adj. rusty brown.

Röstbrot ['røːst-] n toast.

'**Röste** tech. f (-; -n) steeping, retting; rettery.

'**Rosteinsatz** m grate inset.

'**rosten** v/i. (sn) rust, get rusty, chem. oxidize; nicht ∼d → rostfrei;

'**Rosten** n (-s) rusting.

'**rösten** v/t. (h.) roast, grill (meat); roast, burn (coffee); toast (bread); fry (potatoes); metall. roast; torrefy (a. pharm.); steep, ret (flax).

'**Röster** m (-s; -) roaster; toaster.

'**Rost**...: ♀**farben** adj. rust-colo(u)red; ∼**fleck** m rust-stain; in laundry: iron-mo(u)ld; ♀**fleckig** adj. rust-stained; laundry: iron-mo(u)ldy; ∼**fraß** m rust attack, corrosion; ♀**frei** adj. rustless, rustproof; stainless (steel); ♀**ig** adj. rusty (a. fig.), corroded.

'**Röst**...: ∼**kartoffeln** f/pl. fried potatoes; ∼**ofen** metall. m roasting furnace; ∼**pfanne** f frying-pan.

'**Rostschutz** m anti-rust; ∼**farbe** f rustproof coating, anti-corrosive paint; ∼**mittel** n rust preventive or inhibitor.

'**rostsicher** adj. rustproof, rust-resistant.

rot [roːt] adj. red (a. pol.); ruddy (complexion); blowzy; coppery; purple, crimson, scarlet; ♀e Armee the Red Army; ♀es Kreuz the Red Cross; ∼e Haare (or ∼es Haar) haben be red-haired; ∼ vor Zorn red with anger; ∼ werden turn red, redden, flush, blush; fig. sich et. ∼ anstreichen make a special note of a th.; e-n Tag ∼ im Kalender anstreichen mark a day in red on the calendar; ∼ sehen see red; → Tuch; sich wie ein ∼er Faden durch et. ziehen run like a red thread through a th.; ♀ n (-s; -) red (colo[u]r); rouge; traffic light: red, magenta; ∼ auflegen rouge; cards: red suit.

Rotarier [roˈtaːriər] m (-s; -) Rotarian.

Rotation [rotatsiˈoːn] f (-; -en) rotation, revolution; ∼**sachse** f axis of rotation; ∼**sdruck** m (-[e]s, -e) rotary press printing; ∼**smaschine** typ. f rotary printing press.

'**rot**...: ♀**auge** ichth. n roach; ∼**bäckig** ['-bɛkɪç] adj. red-cheeked, rosy-cheeked, ruddy; ♀**bart** m red beard; Kaiser ∼ Barbarossa; ∼**blond** adj. auburn, sandy; ∼**braun** adj. reddish brown, sorrel, bay (horse); ∼**brüchig** metall. adj. red-short; ♀**buche** f copper-beech; ♀**china** n

pol. n Red China; ♀**dorn** bot. m (-[e]s; -e) pink hawthorn; ♀**e(r)** pol. m (-[e]n; -[e]n) Red.

Röte ['røːtə] f (-) redness, red (colo[u]r); blush; die ∼ stieg ihr ins Gesicht she colo(u)red up.

Rote-'Kreuz... Red Cross...

Rötel ['røːtəl] m (-s; -) red chalk, ruddle; ∼**n** med. pl. German measles, rubella.

'**röten** v/t. (h.) redden; paint (or dye) in red, colo(u)r red; sich ∼ (h.) turn red, redden.

'**rot**...: ♀**fäule** f red rot; ♀**fink** m bullfinch; ♀**fuchs** m bay (or sorrel) horse, chestnut; ∼**gelb** adj. reddish yellow, orange(-colo[u]red); ∼**gerändert** ['-gəˈrɛndərt] adj. red-rimmed; ♀**gerber** m tanner; ∼**glühend** adj. red-hot; ♀**glut** f (-) red heat; ♀**guß** metall. m red brass; ∼**haarig** adj. red-haired, sandy; ♀**haut** f redskin; ♀**hirsch** m red deer, stag.

rotieren [roˈtiːrən] v/i. (h.) rotate, revolve; ∼**d** adj. rota(to)ry, revolving.

'**rot**...: ♀**käppchen** ['-kɛpçən] n (-s; -) (Little) Red Riding Hood; ♀**kehlchen** ['-keːlçən] n (-s; -) robin(-redbreast); ♀**kohl** m (-[e]s) red cabbage; ♀'**kreuz**... Red Cross...; ♀**lauf** m (-[e]s) med. erysipelas; vet. red murrain.

'**rötlich** adj. reddish; ruddy (face); colloq. pol. pink.

rotnasig ['-naːzɪç] adj. red-nosed.

Rotor ['roːtoːr] m (-s; -'toren) rotor; ∼**flugzeug** n rotor plane; ∼**schiff** n rotor ship.

'**rot**...: ♀**schimmel** m roan; ♀**schwänzchen** ['-ʃvɛntsçən] orn. n (-s; -) redstart; ♀**stift** m red crayon; ♀**tanne** f red fir, spruce.

Rotte ['rɔtə] f (-; -n) troop, band; gang (of workmen); b.s. gang, horde, lot; mob; eccl. die ∼ Korah the company of Korah; mil. a) file, b) squad; aer. two-ship formation; hunt. pack.

'**rotten**: sich ∼ (h.) band together, flock together, gang (up); ♀**feuer** n volley; ♀**führer** m corporal; of labo(u)rers: foreman; ∼**weise** adv. in gangs; mil. in files.

Rotunde [roˈtundə] f (-; -n) rotunda.

'**Rötung** f (-; -en) reddening.

'**rot**...: ∼**wangig** adj. → rotbäckig; ♀**wein** m red wine, claret; ♀**welsch** n (-[es]) thieves' cant; ♀**wild** n red deer.

Rotz [rɔts] m (-es; -e) mucous discharge, snot; vet. (a. '∼**krankheit**) glanders; colloq. ∼ und Wasser heulen weep barrels; '♀**ig** vulg. adj. snot-nosed; snotty; vet. glandered; '∼**nase** f snot-nose; ♀**näsig** ['-nɛːzɪç] vulg. adj. snotty.

Roulade [ruˈlaːdə] f (-; -n) cul., mus. roulade.

Rouleau [ruˈloː] n (-s; -s) roller-blind, Am. shade.

Roulett(e f) [ruˈlɛt(ə)] n (-[e]s, -e; -, -n) roulette.

Route ['ruːtə] f (-; -n) route.

Routine [ruˈtiːnə] f (-) routine, practice; ♀**mäßig** adj.: ∼e Überprüfung routine check.

routiniert [rutiˈniːrt] adj. ex-

perienced, clever, sure-footed, *pred. a.* well up; *er ist ein ~er Boxer, etc.* he is an old hand at *boxing, etc.*
Rowdy ['raudi] *m* (-s; -s) rowdy, hooligan.
Rübe ['ry:bə] *f* (-; -n) rape; turnip; white beet; *rote* ~ red beet, beet (-root); *gelbe* ~ carrot; *colloq. fig.* (*head*) pate.
Rubel ['ru:bəl] *m* (-s; -) rouble.
'**Rüben...**: *~acker m* turnip field; *~heber m* root digger; *~kraut n* (-[e]s) turnip-tops *pl.*; *~zucker m* beetsugar.
rüber ['ry:bər] *colloq.* → herüber(...).
Rubin [ru'bi:n] *m* (-s; -e) ruby; 2*rot adj.* ruby.
'**Rüb-öl** *n* rape-oil.
Rubrik [ru'bri:k] *f* (-; -en) rubric; heading; column; class, category; **rubrizieren** [rubri'tsi:rən] *v/t.* (h.) rubricate.
'**Rübsaat** *f*, *~samen m* rape-seed.
ruch|bar ['ru:xba:r] *adj.* notorious; *~ werden* become known, get about *or* abroad; *~los adj.* wicked, foul, infamous, profligate; 2*losigkeit f* (-) wickedness, infamy, profligacy.
Ruck [ruk] *m* (-[e]s, -e) jerk, *Am. a.* yank; shock; jolt (*both a fig.*); *auf e-n ~* at one go; *fig. sich e-n ~ geben* pull o.s. together; '2*artig I. adj.* jerky; abrupt; **II.** *adv.* of a sudden, abruptly.
Rück|ansicht ['ryk-] *f* back (*or* rear) view; *~anspruch m* counter-claim; *~antwort*, *~äußerung f* reply; *Postkarte mit ~* reply postcard; *Telegramm mit bezahlter ~* reply-paid telegram(me); *~berufung f* recall; 2*bezüglich gr. adj.* reflexive; *~bildung f* involution, retrogressive metamorphosis, degeneration; *gr.* back-formation; 2*blenden v/t. and v/i.* (h.) cut back; *~blendung f film:* flash-back; *~blick m* retrospect(ive view); glance backward (*auf acc.* at); reminiscences *pl.*; survey; *e-n ~ werfen auf (acc.)* cast a retrospective glance at, pass *a th.* in review; *~blickspiegel m* rear-view mirror; *~buchung f* reverse transfer of accounts; *~bürge m* counter-security; 2*datieren v/t.* (h.) antedate.
'**rücken I.** *v/t.* (h.) move (*a. tech.*); shift; push (away); *her(an)~* bring nearer, draw *or* pull towards one; **II.** *v/i.* (sn) move; move over; *an or mit et. ~* (re)move a th.; *mil.* move, march; *näher~* draw near, approach (*a. time*); *an j-s Stelle ~* take a p.'s place; *höher ~* rise (in rank); *mil. ins Feld ~* take the field; *nicht von der Stelle ~* not to budge (an inch); *j-m zu Leibe ~* press a p. hard, get at a p.
'**Rücken** *m* (-s; -) back (*a. of book, hand, knife, etc.*); *anat.* dorsum; *cul.* chine, *of mutton:* saddle; (*mountain*) ridge; bridge (*of nose*); *mil.* rear; *~ gegen ~* back to back; *den ~ beugen* bow (down), stoop, *fig.* cringe; *den ~ kehren (dat.)* turn one's back on; *auf den ~ fallen* fall on one's back, *fig.* be taken aback *or* dumfounded; *j-m in den ~ fallen* attack a p. from (*or* in) the rear, *fig.* stab a p. in the back; *fig. sich den ~*

freihalten secure one's (line of) retreat, play it safe; *hinter j-s ~* behind a p.'s back; *er hat e-n breiten ~* he can stand a lot, he can take it; *es lief ihr kalt über den ~* a shiver ran down her spine; *~deckung f* (-) *mil.* rear cover; *fig.* backing, support; *~feuer mil. n* enemy fire from the rear; *~flosse f* dorsal fin; *~flug aer. m* inverted flight; 2*frei adj.* with low neckline in back; *sunback dress;* *~kraul n* back crawl; *~lage f* supine position; *~lehne f* back (-rest) *Sitz mit verstellbarer ~* lean-back seat; *~mark anat. n* spinal cord; *~marksnerv m* spinal nerve; *~marksschwindsucht med. f* (-) tabes (dorsalis); *~marksverletzung med. f* spinal cord injury; *~muskel m* muscle of the back, dorsal muscle; *~schmerzen m/pl.* back-ache; *~schwimmen n* back-stroke (swimming); *~stoß m* blow from behind; *~stück n* chine: *of mutton:* saddle; *~wende f* swimming: backstroke turn; *~wind m* tail wind; *~wirbel anat. m* dorsal vertebra.
'**Rück...**: *~erinnerung f* reminiscence; *~erstattung f* restitution, refund (*of money*); reimbursement (*of expenses*); *~fahrkarte f*, *~fahrschein m* return-ticket, *Am.* round-trip ticket; *~fahrt f* return journey *or* trip; *auf der ~* on the way back; *~fall m jur.* a) reversion (*of property*), b) *of criminal:* recidivism, (*a. med. and fig.*) relapse; *Diebstahl im zweiten ~* third conviction for larceny; 2*fällig adj. jur.* revertible; *criminal:* recidivous; *patient:* relapsing; *~ werden* (have a) relapse; *~fällige(r m) f* (-n, -n; -en, -en) backslider, *jur.* recidivist, second and subsequent offender; *~fenster mot. n* rear window; *~flug m* return flight; *~fluß m* (-sses) backward flow, *Am.* backflow; reflux (*a. econ.*); *~forderung f* counter-demand; reclamation; *~fracht f* return (*or* inward) freight; *~frage f* further inquiry, check-back; *bei j-m ~ halten* → 2*fragen v/i.* (h.) *bei j-m:* inquire of a p., check with a p.; *~führung f* repatriation; *~gabe f* return, restitution, restoration; *sports:* pass back; *~gang m* return; retrogression (*a. fig.*); *econ.* recession, downward movement; decline; falling-off, decrease (*of production*); 2*gängig adj.* retrograde, retrogressive; *econ.* downward; declining; *~ machen* undo; cancel (*order, etc.*); annul, rescind (*contract*); break off; 2*gebildet adj.* degenerate; *~gewinnung f* recovery; *~gliederung f* re-incorporation; *~grat* ['-gra:t] *anat. n* (-[e]s -e) spine, vertebral column, (*a. fig.*) backbone; 2*gratlos adj.* spineless; *~grat(ver)krümmung f* curvature (*med.* deformity) of the spine; *~griff m* recourse (*gegen* against), *~ auf (acc.)* resort to; *~griffs-anspruch m* claim for indemnification; *~griffsrecht n* right of recourse; *~halt m mil.* reserve (-force); *fig.* backing, support, stay; *an j-m e-n ~ haben* be backed (up) by a p.; *ohne ~* → 2*haltlos adj.*

and adv. without reserve *or* restraint; frank(ly), plain(ly), point-blank; *~hand(schlag m) f* (-) *tennis:* backhand (stroke); *~kampf m sports:* return match; *~kauf m* repurchase; redemption; 2*käuflich econ. adj.* redeemable; *~kaufsrecht n* right of repurchase (*or of securities:* redemption; *~kaufswert m* repurchase (*or of securities:* redemption, *of policy:* surrender) value; *~kehr f* (-) return (*a. fig.*; *zu* to), *fig.* come-back; *bei meiner ~* on my return, on returning home; 2*koppeln v/t.* (h.) *radio:* couple (*or* feed) back; *~kopp(e)lung f radio:* feedback; *~kunft* ['-kunft] *f* (-) → *Rückkehr;* *~ladung f* return cargo; *~lage f* reserve(s *pl.*), reserve-fund; gesetzliche ~ legal reserve; savings *pl.*; *~lauf m tech.* return stroke *or* motion; reverse action; *mil.* recoil; *TV* retrace, *Am.* kickback; 2*läufig fig. adj.* retrograde; *econ. ~e Tendenz* downward movement; *~leiter el. m* return wire; *~leitung f el.* return(-line); *water:* return piping; *~licht n* (-[e]s; -er) rear light, tail lamp, rear reflector; *~lieferung f* redelivery; 2*lings* ['-liŋs] *adv.* backwards; from behind; *~marsch m* march back (*or* home); retreat; *~nahme* ['-na:mə] *f* (-) taking back; *jur.* withdrawal; *~porto n* return-postage; *~prall* ['-pral] *m* (-[e]s) rebound, recoil; *~prämie econ. f* put, seller's option; *~reise f* return (journey), journey back *or* home; *~ruf teleph. m* recall.
Rucksack ['rukzak] *m* (loose) knapsack, rucksack.
'**Rück...**: *~schau f* → *Rückblick;* *~schlag m* back-stroke, rebound, *of gun:* recoil, kick; *mot.* back-kick; *el.* back-fire; *fig.* reverse, setback, reaction; *biol.* atavism; *~schlagventil tech. n* check valve; *~schluß m* conclusion, inference; *Rückschlüsse ziehen von* draw conclusions from, infer from, gather from; *~schreiben n* reply (letter), answer; *~schritt m* step back; *fig.* re(tro)-gression, setback; *pol.* reaction; 2*schrittlich adj.* reactionary; *~seite f* back, reverse, *of coin:* a. tail; *siehe ~!* please turn over! (*abbr.* p.t.o.), see over-leaf!; 2*senden v/t.* (*irr., h.*) send back, return; *~sendung f* redelivery, return; *~sicht f* (-; -en) regard, consideration; respect; *aus (or mit) ~ auf (acc.)* a) out of regard for, b) with regard to, in consideration of, considering; with an eye to; *ohne ~ auf* irrespective *or* regardless of, notwithstanding; *~ nehmen auf* a) have regard for, show consideration for, consider the feelings of *a p.*, b) make allowance for, allow for; *keine ~ nehmen auf* pay no heed to, be regardless of; *darauf kann ich keine ~ nehmen* I can give no consideration to that; *~sichtnahme* ['-ziçtna:mə] *f* (-) considerateness (*auf acc.* for), consideration (for); *~ im Verkehr* road courtesy; 2*sichtslos I. adj.* inconsiderate (*gegen* of), without consideration (for), regardless (of), thoughtless; reckless;

unfeeling, callous; ruthless; grim; high-handed; ~es Fahren mot. reckless driving; **II.** adv.: ~ einschreiten a. resort to drastic measures; ~sichtslosigkeit f (-; -en) lack of consideration, inconsiderateness, thoughtlessness; recklessness; ruthlessness; Ωsichtsvoll adj. regardful (gegen d, for); considerate, thoughtful; kind; gentle; ~es Verhalten thoughtfulness; ~sitz m back-seat; mot. **a)** reserve seat, **b)** pillion; ~spiegel mot. m rear-view mirror; ~spiel n sports: return-match; ~sprache f (-) consultation; nach ~ mit on consultation with; mit j-m ~ nehmen confer (or consult) with a p. (wegen, über acc. about), talk a th. over with a p.; ~stand m remainder; chem. residue, sediment; econ. arrears pl.; Rückstände pl. outstanding debts; backlog (of work, etc.); im ~ sein mit be behind with, be in arrears with; sports: mit e-m Tor im ~ sein be down one goal; Ωständig adj. mit Zahlung: in arrears or behind with (payment); outstanding, (over)due (money); ~e Miete arrears pl. of rent; chem. residual; fig. old-fashioned, antiquated, behind the time, backward, backward, underdeveloped (country); ~ständigkeit f (-) backwardness; Ωstellen v/t. (h.) reset; ~steuerung el. f revertive control; ~stoß m repulsion; recoil (of gun); kick; ~stoßantrieb m jet propulsion, reaction drive; ~stoßdämpfer mil. m muzzle brake; ~strahler m rear reflector; cat's eye; ~strahlung f reflection; ~strom el. m reverse current; ~taste f of typewriter: back-spacer; ~tritt m resignation, retirement (from office); withdrawal, rescission (of contract); jur. ~ vom Versuch desisting from the attempt; s-n ~ erklären tender one's resignation; ~trittbremse f back pedal brake, Am. coaster brake; ~trittsgesuch n resignation; ~trittsrecht n right of cancel(l)ation; ~übersetzung f retranslation; Ωvergüten v/t. (h.) refund, reimburse, repay; ~vergütung f refund, reimbursement, repayment; Ωversichern v/t. (h.) reinsure; ~versicherung f reinsurance; ~wand f back (or rear) wall; ~wanderer m returning emigrant; Ωwärtig ['-vertiç] adj. rear(ward), at the back; mil. behind the lines; ~es Gebiet rear (or service) area; ~e Verbindungen lines of communications; Ωwärts ['-verts] adv. back, backward(s); mot. ~ fahren back (up), reverse; ~ aus der Garage fahren back (the car) out of the garage; ~wärtsbewegung f backward (or retrograde) movement; ~wärtsgang mot. m reverse (gear); Ωwärtsgehen v/i. (irr., sn) fig. fall off, go down, deteriorate; ~wechsel econ. m redraft, re-exchange; ~weg m way back or home, return (route); den ~ antreten set out for (or return) home.
'ruckweise adv. by jerks; by fits and starts.
'Rück...: Ωwirkend adj. reacting; retroacting (law, etc.); having re-

troactive effect; mit ~er Kraft retroactively; ~wirkung f re(tro)action; retrospectiveness (of law); repercussion; Ωzahlbar adj. repayable; redeemable (loan); ~zahlung f repayment; redemption (of loan, securities); amortization; ~zieher ['-tsi:ər] m (-s; -) anat. retractor muscle; soccer: overhead kick; fig. backdown; e-n ~ machen draw in one's horns, climb down; ~zoll m drawback; ~zollgüter n/pl. debenture goods; ~zug m retreat, withdrawal; rail. return-train; (eilig) den ~ antreten beat a (hasty) retreat; zum ~ blasen sound the retreat; ~zugsgefecht mil. n running fight; ~zugslinie mil. f line of retreat.
Rüde ['ry:də] m (-n; -n) large hound; male dog or fox or wolf.
rüde ['ry:də] adj. rude, coarse, brutal.
Rudel ['ru:dəl] n (-s; -) troop, bunch, swarm; herd (of stags); pack (of wolves, submarines).
Ruder ['ru:dər] n (-s; -) oar; rudder, helm; aer. rudder, control surface; fig. pol. am ~ sein be at the helm; ans ~ kommen get at the head of affairs, come into power; ~bank f (-; ⁼e) rower's seat; thwart; ~blatt n oar blade; ~boot n rowing-boat, sculler; dinghy; ~er m (-s; -) rower, oarsman; ~fahrt f row; ~flosse f fin for steering; ~gänger ['-genər] m (-s; -) helmsman; ~klub m rowing-club; Ωn v/t. (h.) and v/i. (sn) row; (only v/i.) go for a row; ~n n (-s) rowing; ~pinne f tiller; ~regatta f boat race, regatta; ~schlag m stroke of the oar; ~sport m (-[e]s) rowing; ~stange f oar.
rudimentär [rudimen'te:r] adj. rudimentary; Ωorgan biol. n vestigial organ.
'**Rud(r)erin** f (-; -nen) rower, oarswoman.
Ruf [ru:f] m (-[e]s, -e) call (a. orn., teleph., fig.); cry, shout; summons; call; reputation, repute, name; econ. standing, credit; fame, renown; dem ~e nach by repute; von ~ of high repute (or standing), noted (artist, etc.); von schlechtem ~e of ill repute; e-n ~ nach ... erhalten receive a call to, be offered an appointment at; im ~ (gen.) stehen be reputed to be ..., enjoy the reputation of ..., have a reputation for being ...; in gutem ~ stehen be in high repute, have a good name; sich e-n ~ erwerben acquire fame, make o.s. a name.
'**rufen I.** v/i. (irr., h.) call; cry (out), shout; um Hilfe ~ cry (or call) for help; ~ lassen send for; **II.** v/t. (irr., h.) call a p. (a. thea.); call to, hail; ins Gedächtnis ~ call to mind; ins Leben ~ call into being; call (in), summon (doctor); es kommt wie gerufen it comes in the nick of time; das kommt mir wie gerufen that comes in handy.
'**Rufen** n (-s) shouting, call(ing), shouts pl.
Rüffel ['ryfəl] colloq. m (-s; -) reprimand, dressing-down; Ωn v/t. (h.) reprimand, upbraid, blow up.
'**Ruf...:** ~mord m character assassi-

nation; ~name m name by which (a p. is) called, Christian name; ~nummer teleph. f call-number; ~weite f (-): in ~ within call or earshot; ~zeichen n call-sign(al).
Rüge ['ry:gə] f (-; -n) reproof; reproach, blame; admonition, sports: caution; censure; Ωn v/t. (h.) reprimand, reprove, blame (wegen for); find fault with; censure, denounce, Am. a. rap.
Ruhe ['ru:ə] f (-) rest, repose; sleep; recreation; quiet, silence, stillness; peace, tranquillity; peace of mind, tranquil mind; calm, lull; calm, composure, imperturbability, coolness; patience; leisureliness; ~ vor dem Sturm lull before the storm; ewige ~ eternal rest; in aller ~ very calmly, quietly; überlege es dir in aller ~ take your time about it; ~ haben vor (dat.) be unmolested by, be no longer bothered by; j-m keine ~ gönnen give a p. no rest, keep a p. on the go; j-n zur letzten ~ betten lay a p. to rest; sich zur ~ begeben retire to rest, go to bed; sich zur ~ setzen retire (from business); zur ~ bringen calm, still, silence, hush; → pflegen; ~! silence!, be quiet!, order!; er war die ~ selbst he was calm as could be, he was as cool as a cucumber; laß mich in ~! let (or leave) me alone!; laß mich damit in ~! don't bother me with that!; es ließ ihm keine ~ it haunted him, it was preying on his mind; colloq. immer mit der ~! take it easy!, easy does it!, keep your shirt on!; Ωbedürftig adj. in need of rest; Ωbett n couch, lounge; ~energie phys. f rest energy; ~gehalt n (retiring-)pension, retirement pay; ~gehaltsempfänger(in f) m pensioner; ~kissen n pillow; ~lage f → Ruhestellung; Ωlos adj. restless, fidgety; disquieted; ~losigkeit f (-) restlessness.
'**ruhen** v/i. (h.) rest, repose; fig. sleep, be dormant; (rest) idle; be at a standstill, have ceased; jur. be suspended or in abeyance; ~ auf (dat.) rest on, be supported by, fig. rest on (a. glance), be based or founded on; ~ lassen leave unfinished, drop, suspend; hier ruht here lies; er ruhe in Frieden may he rest in peace; (ich) wünsche wohl zu ~ I wish you a good night('s rest); laß das Vergangene ~! let by-gones be by-gones!; er ruhte nicht, bis he could not rest till; tech. ~de Reibung static friction; ~der Anker el. stationary armature.
'**Ruhen** n (-s) rest(ing), repose; recreation; jur. suspension of proceedings, abeyance.
'**Ruhe...:** ~pause f pause, breather; sports: time out; lull; ~platz m resting-place; ~posten m sinecure; ~punkt m resting-point, esp. mus. pause; tech. cent|re (Am. -er) of gravity, fulcrum; ~sessel m lounge-chair; ~stand m (-[e]s) state of repose; retirement; im ~ (i.R.) retired; in den ~ treten retire; in den ~ versetzen superannuate, pension off, retire; ~stätte f place of rest, resting-place; retreat; fig. letzte ~ last resting-place; ~stellung f

normal position, *tech. a.* inoperative (or idle, neutral) position; *mil.* at ease position; *in die* ~ *zurückkehren* return to normal; ~**stifter(in** *f*) *m* peace-maker, *Am.* trouble-shooter; ~**störer(in** *f*) *m* disturber of the peace, peacebreaker, rioter; ~**störung** *f* breach of the peace, disorderly conduct; disturbance; ~**strombetrieb** *el. m* closed circuit working; ~**tag** *m* day of rest, off day; 2**voll** *adj.* peaceful, quiet; ~**zeit** *f* time of rest, off days; off season; ~**zustand** *m* (-[e]s) state of rest, dormancy.

ruhig ['ru:iç] **I.** *adj.* at rest; quiet (*a. colour, econ. market*); still; silent; calm, smooth (*sea*); *tech.* ~*er Gang* smooth running; calm, even-tempered; peaceful, tranquil; nerveless, imperturbable; steady (*nerves*); unruffled; cool(-headed), composed, placid; reassured; serene; leisurely (*a. adv.*); *colloq.* ~*e Sache* soft job; ~ *werden* calm down; *seien Sie deshalb* ~*!* don't let it worry you!; ~*!* quiet!, silence!, hush!; **II.** *adv.* quietly, *etc.*; ~ *bleiben* keep one's temper; ~ *schlafen* sleep soundly; *sich* ~ *verhalten* keep quiet, hold one's peace; ~ *verlaufen* be uneventful; easily; *man kann* ~ *behaupten, daß* it is safe to say that; *du kannst* ~ *dableiben* it's all right for you to stay; *das können Sie* ~ *tun!* you are perfectly free to do that!, go right ahead!; *du könntest dir* ~ *mal die Haare schneiden lassen* you could do worse than get a haircut.

Ruhm [ru:m] *m* (-[e]s) glory; fame, *rhet.* renown; praise; → *bedecken*; '2**bedeckt** *adj.* covered with glory; '~**begier(de)** *f* thirst of glory, love of fame.

rühmen ['ry:mən] *v/t.* (h.) praise, laud, commend; extol, glorify, sing the praises of; *sich* ~ (*gen.*) boast of, pride o.s. on; *sich e-r Sache* ~ *können* boast a th., have a th. to one's credit; ~*d erwähnen* make hono(u)rable mention of; *ohne mich zu* ~ without boasting; 2 *n* (-s) praise(s *pl.*); *viel* ~*s machen von* sing the praises of; *er macht nicht viel* ~*s davon* he doesn't make much fuss about it; ~**swert** *adj.* praiseworthy, laudable.

Ruhmes... ['ru:məs-]: ~**blatt** *n* page of glory; *es ist kein* ~ *für ihn* it does not do him credit; ~**halle** *f* pantheon, *Am.* hall of fame.

'**rühmlich** *adj.* glorious, hono(u)rable; laudable, creditable.

'**Ruhm...:** 2**los** *adj.* inglorious; obscure; ~**losigkeit** *f* (-) ingloriousness; 2**redig** ['-re:diç] *adj.* vainglorious, boastful; 2**reich** *adj.* glorious; ~**sucht** *f* (-) thirst of glory.

Ruhr [ru:r] *med. f* (-) dysentery.

Rühr|apparat ['ry:r-] *m* stirring apparatus, agitator; ~**ei** ['ry:r⁹aɪ] *n* scrambled eggs *pl.*

'**rühren I.** *v/i.* (h.) stir, move; ~ *an* (*acc.*) touch; *fig.* ~ *von originate from*, be due to; **II.** *v/t.* (*a. sich*) (h.) stir, move; *cul., etc.*: stir; beat (*eggs*); *sich* ~ *fig.* be active, hustle, bustle, be up and doing; *sich nicht*

(*vom Flecke*) ~ not to budge (an inch); *fig.* make no move, sit tight; fail to write, *etc.*; → *Finger, Trommel*; *fig.* touch; move (*zu Tränen to tears*), affect; *das rührte ihn wenig* it left him cold; *der Schlag hat ihn gerührt* he has had a(n apoplectic) stroke; *vom Schlag gerührt* struck with apoplexy; → *Donner*; *fig. nicht daran* ~*l* let sleeping dogs lie!; *mil. Rührt euch!* (*Brit.* stand) at ease!; 2 *n* (-s): *ein menschliches* ~ **a**) a touch of human sympathy, **b**) *colloq.* a physical urge; ~**d** *adj.* touching, moving; pathetic; heartstirring.

'**rührig** *adj.* active, busy; brisk, energetic, bustling, alert; enterprising, go-ahead; nimble; 2**keit** *f* (-) activity; enterprise; alertness; nimbleness.

'**Ruhrkranke(r** *m*) *f* dysenteric patient.

'**Rühr...:** ~**löffel** *m* (pot-)ladle; 2**selig** *adj.* sentimental, lachrymose; ~**e Geschichte**, ~**es Lied** tearjerker, sob-stuff; ~**stück** *thea.* n melodrama, tearjerker; ~**ung** *f* (-) emotion; *vor* ~ *nicht sprechen können* be choked with emotion.

Ruin [ru'⁹i:n] *m* (-s) ruin; decay; (down)fall; *das ist noch sein* ~ that will be his undoing yet; ~**e** *f* (-; -n) ruin(s *pl.*); *fig.* (*person*) wreck; 2**enhaft** *adj.* in ruins, decayed.

ruinier|en [rui'ni:rən] *v/t.* (*and sich*) (h.) ruin (o.s.); destroy, wreck; spoil (*clothes*); ~**t** *adj.* lost, broken, smashed up.

Rülps [rylps] *colloq. m* (-es; -e), 2**en** *v/i.* (h.) belch.

rum [rum] *colloq.* → *herum*(...).

Rum [rum] *m* (-s; -s) rum.

Rumän|e [ru'mɛ:nə] *m* (-n; -n), ~**in** *f* (-; -nen), 2**isch** *adj.* Ro(u)manian.

Rummel ['ruməl] *m* (-s) hurly-burly, racket, row; (hustle and) bustle, revel; ballyhoo; stir, to-do; *der ganze* ~ the whole bag of tricks, the whole business; *econ. im* ~ in the lump; *colloq. den* (*ganzen*) ~ *kennen* know what's what, know the ropes; ~**platz** *m* amusement park.

rumoren [ru'mo:rən] *v/i.* (h.) make a noise, kick up a row; *fig.* rumble; *es rumorte im Volke* there was a growing unrest among the people.

Rumpel|kammer ['rumpəl-] *f* lumber-room; ~**kasten** *fig. m* rattletrap; 2**n** *v/i.* (h.) rumble.

Rumpf [rumpf] *m* (-[e]s; =e) trunk, body; torso; *of slaughter cattle:* carcass; *mar.* hull; *aer.* fuselage, body.

rümpfen ['rympfən] *v/t.* (h.): *die Nase* ~ (*über acc.*) turn up one's nose (at), sniff (at).

rund [runt] **I.** *adj.* round (*a. fig.* figure, sum); circular; spherical; cylindrical; rotund(ate) (*a. arch.*); plump, podgy; plain, flat (*refusal, etc.*); *Besprechungen am* ~*en Tisch* round table conference; **II.** *adv.*: ~ *machen* round (off); ~ *um die Welt* round the world; *about* ..., ... *or so*; in round figures; *refuse flatly*; *say plainly* (and bluntly); → *rundheraus*; 2**antenne** *f* omni-

directional aerial (*Am.* antenna), ~**bäckig** ['-bɛkiç] *adj.* chubby (-cheeked); '2**bau** *m* (-[e]s; -ten) circular building, rotunda; '2**bleche** *tech. n/pl.* circles; '2**blick** *m* panorama, view all (a)round; '2**blickfernrohr** *n* panoramic telescope; '2**bogen** *arch. m* round (or Norman) arch; '2**brenner** *m* round (or ring) burner.

Runde ['rundə] *f* (-; -n) round; circle; round, patrol; *policeman's* beat; party, company; *sports:* lap; *boxing:* round; *in der* (*or die*) ~ (a)round; *die* ~ *machen* do the (or go one's) round, *cup, etc.:* be passed round, circle, *news, etc.* go the round; *colloq. e-e* ~ *spendieren or ausgeben* stand a round of drinks; *boxing:* über die ~*n kommen* remain on one's feet, go the distance (*a. fig.*).

'**Rund-eisen** *tech. n* round iron, rod.

'**runden** *v/t.* (h.) round; *fig.* round off; *sich* ~ (h.) grow round; *fig. das Bild rundet sich* the picture is beginning to take shape.

'**Rund...:** ~**erlaß** *m* circular (notice); 2**erneuern** *mot. v/t.* (h.) retread (*tyres*); ~**fahrt** *f* drive round a town, *etc.:* → *Rundreise*; ~**fahrtwagen** *m* sight-seeing car; ~**flug** *m* round flight; ~**frage** *f* inquiry (by circular), poll.

'**Rundfunk** *m* (-[e]s) broadcast(ing), wireless, *esp. Am.* radio; broadcasting system, radio network; *im or durch* ~ over the wireless, *esp. Am.* on the radio, on *or* over the air; *im* ~ *auftreten, sprechen* speak over the radio, *Am. a.* be *or* go on the air; *durch* ~ *übertragen* broadcast; → *Funk..., Radio...*; ~**ansager** *m* (radio) announcer; ~**ansprache** *f* radio address; ~**empfänger** *m* radio (*Br. a.* wireless) receiver; ~**entstörungsdienst** *m* interference suppression service; ~**gebühr** *f* radio receiver fee; ~**gerät** *n* radio (set), *Br. a.* wireless (set); ~**gesellschaft** *f* broadcasting company; ~**hörer** *m* (radio) listener, *pl. a.* (radio) audience; ~**netz** *n* radio network; ~**programm** *n* radio program(me); ~**sender** *m* broadcast transmitter; radio station; ~**sendung** *f* radio transmission, broadcasting; broadcast, radio presentation; program(me); ~**sprecher** *m* broadcaster, (radio) announcer; ~**station** *f* broadcasting (*or* radio) station; ~**technik** *f* (-) radio engineering; ~**teilnehmer** *m* (radio) listener, subscriber; ~**übertragung** *f* → *Rundfunksendung*; ~**welle** *f* broadcast wave; ~**werbung** *f* radio advertising.

'**Rund...:** ~**gang** *m allg.* tour, *esp. mil.* round; circuit; ~**gesang** *m* glee, roundelay; catch; ~**heit** *f* (-) roundness; 2**heraus** *adv.* in plain terms, plainly (and bluntly), flatly, point-blank; 2**herum** *adv.* round about, all (a)round, round and round; ~**holz** *n* round timber; ~**kopfschraube** *tech. f* round-head(ed) screw; ~**lauf** *m gym.* giant-stride; *tech.* concentric running; 2**lich** *adj.* round(ish); rotund;

plump, podgy; roly-poly; **~reise** f circular tour, *Am.* round trip; **~reisebillet** n, **~reisekarte** f circular (tour) ticket, *Am.* round-trip ticket; ♀**schädelig** *adj.* round-headed; **~schau** f panorama; review; **~schleifen** *tech.* n (-s) cylindrical (*or* plain) grinding; **~schreiben** n circular letter; *durch ~ benachrichtigen or mitteilen* circularize; **~schrift** f roundhand; **~stab** *tech.* m rod, post; **~stahl** *tech.* m round iron; **~strahlantenne** f omnidirectional aerial, *Am.* nondirective antenna; **~strecke** f circuit; **~strickmaschine** f circular knit frame; **~tanz** m round dance; ♀**um** *adv.* round about, all (a)round; on all sides; **~ung** f (-; -en) roundness; swelling; curve (*a. humor. of women*); **~verkehr** m roundabout traffic; ♀**weg** ['-vɛk] *adv.* plainly, flatly, pointblank; **~wirkstuhl** m circular spring needle machine; **~zange** f (e-e ~ a pair of) round-nosed pliers *pl.*

Rune ['ruːnə] f (-; -n) rune, runic letter; **~nschrift** f runic characters *or* writing, runes *pl.*; **~nstab** m runic wand; **~nstein** m rune-stone.

Runge ['ruŋə] f (-; -n) stake, stanchion; **~nwagen** *rail.* m plattform car, *Am.* flat-car.

Runkel ['ruŋkəl] f (-; -n), **~rübe** f beet(root).

runter ['runtər] *colloq.* → *herunter(...).*

Runzel ['runtsəl] f (-; -n) wrinkle, pucker; **~n bekommen** wrinkle, get wrinkles.

'**runz(e)lig** *adj.* wrinkled, puckered, shrivelled (up).

'**runzeln** *v/t. (and sich)* (h.) wrinkle, form wrinkles, crease; shrivel; *die Stirne ~* knit one's brows, frown.

Rüpel ['ryːpəl] m (-s; -) boor, lout; ♀**haft** *adj.* coarse, loutish, boorish, rude.

---

rupfen ['rupfən] *v/t.* (h.) pull up *or* out, pick; pluck (*chicken, etc.*); *fig. j-n ~* fleece a p.; → *Hühnchen.*

Rupie ['ruːpiə] f (-; -n) rupee.

ruppig ['rupiç] *adj.* unkempt, ragged; shabby; gruff, rough, rude.

Rüsche ['ryːʃə] f (-; -n) ruche, frill, ruffle.

Ruß [ruːs] m (-es) soot; *tech.* lamp-black; *bot.* smut.

Russe ['rusə] m (-n; -n) Russian.

Rüssel ['rysəl] m (-s; -) (elephant's) trunk, proboscis; *of swine:* snout; *of insect:* sucking tube, proboscis; **~käfer** m weevil; **~tier** n proboscidian.

'**rußen I.** *v/i.* (h.) *lamp:* smoke; **II.** *v/t.* (h.) soot, blacken.

'**Ruß...: ~fleck** m smut; **~flocke** f soot flake; ♀**ig** *adj.* sooty; *bot.* smutty.

'**Russin** f (-; -nen) Russian.

'**russisch** *adj.* Russian, of Russia; *auf or in ~* in Russian; **~deutsch** *adj.* Russo-German.

rüsten ['rystən] **I.** *v/t.* (h.) prepare (*auf acc., zu* for); → *ausrüsten;* **II.** *v/i. (a. sich)* (h.) prepare, get ready (*zu* for); *mil.* arm, prepare for war; mobilize; *arch.* raise a scaffolding; *gerüstet fig.* armed, prepared, ready.

'**Rüsten** n (-s) → *Rüstung.*

Rüster ['rystər] *bot.* f (-; -n) elm.

'**Rüstgewicht** *aer.* n structural weight.

'**rüstig** *adj.* vigorous, robust, strong; well-preserved, hale (and hearty); active; alert, spry; *er ist (für sein Alter) noch ~* he bears his years well; brisk, nimble; ♀**keit** f (-) vigo(u)r; activity; unimpaired strength.

'**Rüst...: ~material** *arch.* n scaffolding; **~stange** f scaffolding-pole.

'**Rüstung** f (-; -en) preparations *pl.*;

---

mil. arming, armament; mobilization; *tech.* utensils, implements *pl.*; → *Ausrüstung; hist.* armo(u)r; *arch.* scaffold(ing).

'**Rüstungs...: ~auftrag** m defence contract; **~beschränkung** f armament restriction; **~betrieb** m armament (*or* war) plant; **~fabrik** f armaments factory; **~industrie** f armaments (*or* war) industry; **~hausse** f armaments boom; **~material** n war material; **~produktion** f defence (*or* war) production; **~werk** n → *Rüstungsbetrieb;* **~wettlauf** m armament race; **~zentrum** n war production cent-t|re, *Am.* -er.

'**Rüstzeug** n (-[e]s) armo(u)r; (set of) tools, implements *pl.*; *fig.* (*geistiges* mental) equipment.

Rute ['ruːtə] f (-; -n) rod; switch; *anat.* penis; *hunt.* tail, *esp. of fox:* brush; *ancient measure:* perch, pole; *j-m die ~ geben* whip (*or* switch) a p.; **~nbündel** n bundle of rods, fag(g)ot; *pl. hist.* fasces *pl.* (*of lictors*); **~ngänger** ['-ngɛŋər] m (-s; -) dowser, (water-)diviner.

Rutsch [rutʃ] m (-es; -e) slide, glide; landslip, *Am.* landslide; *colloq.* short trip; '**~bahn** f slide, shoot, chute; *amusement park:* chute, *Am.* chute-the-chutes; '**~e** *tech.* f (-; -n) chute, shoot; '**~en** *v/i.* (sn) slide, glide; *a. mot. clutch:* slip; *vehicle:* skid; *aer.* sideslip; *soil:* roll down, crumble; *colloq. fig.* make headway; '**~partie** f (downhill) slide; trip, jaunt; ♀**sicher** *adj.* nonskid.

rütteln ['rytəln] *v/t. and v/i.* (h.) shake, jog; *car:* jolt; *tech.* vibrate; *an der Tür ~* rattle at the door; *aus dem Schlafe ~* shake a p. up; *fig. ~ an* assail, shake, undermine; *ein gerüttelt(es) Maß* a full (*or* good) measure; *daran ist nicht zu ~* that's a fact.

'**Rüttler** *tech.* m (-s; -) vibrator.

S

S [ɛs], s n S, s.

Saal [zɑːl] m (-[e]s; *Säle*) hall; assembly-room.

Saat *agr.* [zɑːt] f sowing; seed (*a. fig.*); standing (*or* growing) crops *pl.*; *in ~ schießen* run to seed; '**~beet** n seedbed; '**~beizmittel** n seed disinfectant; '**~bestellung** f sowing; '**~feld** n cornfield; '**~fläche** f seeded land; '**~getreide** n cereal seed; '**~gut** n (-[e]s) seeds *pl.*; seed(lings *pl.*); '**~kartoffel** f seed-potato; '**~korn** n seed(-corn); '**~krähe** f rook; '**~krankheit** f seed-borne disease; '**~schulpflanze** f nursery-grown plant; '**~zeit** f sowing-time.

Sabbat ['zabat] m (-s; -e) Sabbath; '**~jahr** n Sabbatical year; '**~schänder(in** f) m Sabbath-breaker; **~schändung** f Sabbath-breaking.

sabbern ['zabərn] *v/i.* (h.) dribble, slaver, *Am.* drool; twaddle.

Säbel ['zɛːbəl] m (-s; -) sab|re, *Am.*

-er, sword; *fig. pol. mit dem ~ rasseln* rattle the sabre; **~beine** n/pl. bandy-legs, bow-legs; ♀**beinig** *adj.* bandy-legged, bow-legged; **~fechten** n sabre fencing; **~hieb** m sabre-cut, sword-cut; ♀**n** *v/t.* (h.) (cut with a) sabre; *fig.* cut, hack; **~rasseln** n sabre-rattling; **~raßler** ['-raslər] m (-s; -) sabre-rattler; **~scheide** f scabbard, sheath.

Sabo|tage [zabo'taːʒə] f (-; -n) sabotage (*a. v/i. ~ treiben*); **~'tageabwehr** f counter-sabotage; **~teur** [-'tøːr] m (-s; -e) saboteur; ♀**tieren** *v/t.* (h.) sabotage, *fig. a.* torpedo.

Sacharin [zaxa'riːn] n (-s) saccharin(e).

Sach|anlagevermögen ['zax-] *econ.* n tangible fixed assets *pl.*; **~bearbeiter** m referee, official in charge; case worker; **~beschädigung** f damage to property; wilful destruction; **~bezüge** m/pl. receipts in kind; **~darstellung** *jur.* f statement of

---

facts, stated case; ♀**dienlich** *adj.* relevant, appropriate, pertinent; useful, helpful.

Sache ['zaxə] f (-; -n) thing, object; affair, matter, business, concern; circumstance; fact; point; issue; case; *jur.* case, (*a. w.s.*) cause; event; *beschlossene ~* foregone conclusion; *e-e ~ für sich* a matter apart; *e-e große ~* a big affair; *jur. in ~n A. gegen B.* in the matter of (*or* in re) A. versus B.; *parl. zur ~!* question!, to the subject!; (*nicht*) *zur ~ (gehörig)* (ir)relevant, *pred. a.* to (off) the point; *bei der ~ bleiben* stick to the point; *bei der ~ sein* be attentive (*or* intent), *w.s.* be heart and soul in a th., be on the job; *für e-e gute ~ kämpfen* fight for a good cause; *gemeinsame ~ machen mit* make common cause with; *s-e ~ gut (schlecht) machen* acquit o.s. well (ill), do one's job well (badly); *s-r ~ sicher sein* be sure of one's ground; s-e ~ vorbringen state one's case; jur. sich zur ~ äußern refer to the merits (of the case); zur ~ kommen come to the point, get down to business; das ist nicht jedermanns ~ that's not in everybody's line; das tut nichts zur ~ that makes no difference; colloq. das ist ~l that's a hot stuff!; es ist s-e ~ it is his business (zu to inf.), it is his look-out; das ist nicht deine ~ that's no business of yours; es ist ~ des Gerichts, zu entscheiden, ob it is for the court to decide whether; er war nicht bei der ~ he was absent-minded or inattentive, his mind was not on his work; so steht die ~ that's how matters stand; colloq. mach keine ~n! you don't say so! → Mätzchen; mot. mit 100 ~n with 60 miles per hour; ~n pl. a) things, effects, belongings, chattels, b) luggage, Am. baggage, c) clothes, things, d) furniture sg.

'Sach...: ~einlage econ. f contribution in kind; ~enrecht jur. n (-[e]s) law of things; ~entscheidung jur. f decision on the merits; ~gebiet n subject, field; ♀gemäß adj. pertinent, appropriate; proper(ly adv.); ~katalog m subject catalog(ue); ~kenner m, ~kundige(r m) ['-kundigǝ(r)] f expert; connoisseur; ~kenntnis, ~kunde f (-) expert (or special) knowledge, experience; ♀kundig adj. (and adv.) expert(ly), competent(ly); experienced, versed (in a th.); skilled; ~lage f state of affairs or things, position, facts pl.; bei dieser ~ under these circumstances, as matters stand; ~leistung f performance (or payment) in kind.

'sachlich I. adj. real; relevant, pertinent, material; pred. to the point; matter-of-fact, businesslike, realistic; essential; factual, technical; unbiassed, impartial; detached (view); objective; tech. functional (design); arch. practical (style); us ~en Gründen for technical reasons; on material grounds; → Zuständigkeit; II. adv. to the point; matter-of-factly, etc.; ~ einwandfrei or richtig factually correct, correct in essentials.

sächlich ['zεçlic] gr. adj. neuter.

'Sachlichkeit f (-) reality; relevance; matter-of-factness, realism; impartiality; objectivity; functionalism; arch. die Neue ~ the new practicality.

'Sach...: ~register n (subject) index; ~schaden m damage to property, material damage.

Sachse ['zaksǝ] m (-n; -n) Saxon.

Sächs|in f ['zεksin], ♀isch adj. Saxon.

Sachspende ['zaxʃpεndǝ] f gift in kind.

'sacht, ~e ['zaxt(ǝ)] adv. softly, gently, gingerly, cautiously; gradually; slowly; ~e! gently!, easy does it!; immer ~e! come, come!, take it easy!, draw it mild!

Sach...: ~verhalt ['-fεrhalt] m (-[e]s; -e) facts pl. (of the case); circumstances pl.; den ~ darlegen state the facts; '~vermögen n

material assets pl., tangible property; '♀verständig adj. (and adv.) expert(ly), competent(ly); '~verständige(r) m expert, specialist, authority (in dat., für on); jur. expert witness; '~verständigengutachten n expert opinion; '~walter ['-valtǝr] m (-s; -) legal adviser; solicitor, counsel; administrator; trustee; agent, attorney; '~wert m real value; ~e pl. material assets pl.; '~wörterbuch n encyclop(a)edia.

Sack [zak] m (-[e]s; ⁺e) sack; bag; purse; (anat., zo. a. ink) sac; fig. → Katze; mit ~ und Pack with bag and baggage; in ~ und Asche gehen repent in sackcloth and ashes; j-n in den ~ stecken outwit (or get the better of) a p., be heads and shoulders above a p.

Säckel ['zεkǝl] m (-s; -) purse, money-bag.

sacken ['zakǝn] I. v/t. (h.) put into sacks, sack; II. v/i. (sn) (a. sich ~) sink, give way, sag; sich ~ clothes, etc.).

'Sack...: ♀förmig ['-fœrmiç] adj. baggy; ~garn n sack-thread; ~gasse f blind alley, cul-de-sac (Fr.), Am. a. dead end (road); fig. deadlock, impasse; in e-e ~ gelangen reach a deadlock; ♀grob adj. very rude; ~hüpfen n sack-race; ~leinen n, ~leinwand f sacking, sack-cloth, burlap; ~pfeife f bagpipe; ~tuch n (-[e]s; ⁺er) sacking; pocket-handkerchief; ~voll m (-s) sackful; fig. bagful; ~zwirn m sack-twine.

Sadis|mus [za'dismus] m (-) sadism; ~t m (-en; -en), ~tin f (-; -nen) sadist; ♀tisch adj. sadistic.

säen ['zε:ǝn] v/t. and v/i. (h.) sow; fig. dünn gesät sparse, scarce.

'Säen n (-s) sowing, seeding (the land).

Safe [zε:f] m (-s; -s) safe(-deposit box); strongroom.

Saffian ['zafian] m (-s) morocco (leather); ~einband m morocco-binding.

Safran ['zafra:n] m (-s; -e) saffron; ♀gelb adj. saffron (yellow).

Saft [zaft] m (-es; ⁺e) of trees, etc.: sap; of fruit, meat: juice; gravy; physiol. gastric juice; Säfte pl. Körpers humo(u)rs of the body; fig. ohne ~ und Kraft pithless, wishy-washy; '~grün n sap-green; '♀ig adj. sappy, juicy, succulent; lush; fig. sappy; juicy, spicy (joke); ~e Niederlage crushing defeat; e-e Ohrfeige resounding slap; '♀los adj. sapless; juiceless; fig. pithless, wishy-washy.

Sage ['za:gǝ] f (-; -n) legend, myth, fable; tradition; fig. die ~ geht the story goes.

Säge ['zε:gǝ] f (-; -n) saw; ♀artig adj. sawlike, serrate(d); ~blatt n saw-blade; ~bock m saw-horse, Am. a. sawbuck; ~fisch m sawfish; ♀förmig ['-fœrmiç] adj. → sägeartig; ~mehl n sawdust; ~mühle f sawmill.

sagen ['za:gǝn] v/t. and v/i. (h.) say; j-m et. ~ tell a p. a th.; → Dank, Meinung, etc.; j-m et. ~ lassen send a p. word; sich ~, daß tell o.s. that; et. (nichts) zu ~ haben

bei have a (have no) say in; du hast mir nichts zu ~ I won't be ordered about by you; ~ Sie ihm, er soll kommen tell him to come; er sagt nur so he doesn't mean it; was willst du damit ~? what do you mean by that?; sagt dir das etwas? does that mean anything to you?; wie sagt man ... auf englisch? what is the English for ...?; das hat nichts zu ~ it doesn't matter, it makes no difference, never mind; das will (nicht) ~ that is (not) to say; das will viel ~ that is saying a lot; das sagt man nicht that's not the proper thing to say; das kann man wohl ~ you may well say so, Am. you can say that again; ich habe mir ~ lassen I have been told that; er läßt sich nichts ~ he won't listen to reason; laß dir das gesagt sein let it be a warning to you, put that in your pipe and smoke it; laß dir von mir ~ take it from me; man sagt, er sei tot they say he is dead, he is said to be dead; was Sie nicht ~! you don't say!; wenn ich so ~ darf if I may say so; ich muß schon ~ I daresay; wem ~ Sie das? you are telling me!; es ist nicht zu ~ it is incredible, it is fantastic; wie man so sagt as the saying (or phrase) goes; ~ wir zehn Stück (let's) say ten pieces; sage und schreibe no less than, as much as, to the tune of; sage und schreibe e-e Stunde lang for a solid hour; es ist nicht gesagt, daß that does not (necessarily) mean that; unter uns gesagt between you and me (and the bedpost); wie gesagt as I said; gesagt, getan no sooner said than done.

sägen ['zε:gǝn] v/t. and v/i. (h.) saw.

'Sagen...: ♀haft adj. legendary, mythical, fabulous; colloq. fig. incredible; (adv.) ~ (schön) marvellous; ~kreis m legendary cycle; ~schatz m legends pl., folklore; ♀umwoben adj. legendary, epic, storied.

Säger ['zε:gǝr] m (-s; -) sawyer.

'Säge...: ~späne pl. sawdust sg.; ~werk n sawmill; ~zahn m sawtooth; ~zahnstrom el. m (-[e]s) sawtooth current.

Sago ['za:go] m (-s) sago.

sah [za:] pret. of sehen.

Sahne ['za:nǝ] f (-) cream; ~bonbon m, n (cream) toffee, Am. taffy; ~butter f creamery butter; ~eis n icecream; ~käse m cream cheese.

'sahnig adj. creamy.

Saison [zε'zɔŋ] f (-; -s) season; stille ~ dead season, off-season; ~arbeit(er m) f seasonal work(er); ~ausverkauf m end-of-season sale; ♀bedingt, ♀mäßig adj. seasonal; ~schwankungen f/pl. seasonal fluctuations.

Saite ['zaitǝ] f (-; -n) string, chord (a. fig.); mit ~n beziehen string; fig. → aufziehen; ~n-instrument n stringed (or string-)instrument; ~nspiel n string-music; lyre.

Sakko ['zako] m (-s; -s) lounge jacket, sack coat; ~anzug m lounge suit, Am. business suit.

sa'kral [za'kra:l] adj. sacral.

Sa'kralgegend anat. f sacral region.

Sakrament [zakra'mɛnt] *n* (-[e]s; -e) sacrament; → *Abendmahl.*

Sakri|stan [zakris'taːn] *m* (-s; -e) sexton, sacristan; **~stei** [-kris'taɪ] *f* (-; -en) vestry.

säkular [zɛːku'laːr] *adj.* secular; **Ɋfeier** *f* centenary (celebration).

säkularisieren [-lari'ziːrən] *v/t.* (h.) secularize.

Salamander [zala'mandər] *m* (-s; -) salamander.

Salami [za'laːmi] *f* (-; -) salami; **~taktik** *fig. f* salami (*or* piecemeal) tactics *pl.*

Salat [za'lat] *m* (-[e]s; -e) salad; lettuce; *colloq. fig. da haben wir den ~l* there we are!; **~besteck** *n* salad--servers *pl.*; **~kopf** *m* head of lettuce; **~öl** *n* salad-oil; **~schüssel** *f* salad-bowl.

salbadern [zal'baːdərn] *v/i.* (h.) twaddle, prate.

Salband [za'lbant] *arch. n* (-[e]s; **ᵘer**) list, selvedge, selvage; *geol.* wall (of a lode).

Salbe ['zalbə] *f* (-; -n) ointment, *usu. fig. or in compounds* salve; liniment; pomade.

Salbei [zal'baɪ] *m* (-s) *and f* (-) sage.

salben ['zalbən] *v/t.* (h.) rub with ointment, apply salve to, grease; *j-n zum Könige ~* anoint a p. king.

Salb-öl ['zalpʔøːl] *eccl. n* consecrated oil.

'Salbung *f* (-; -en) anointing, (*a. fig.*) unction; **Ɋsvoll** *adj.* unctuous.

saldier|en [zal'diːrən] *econ. v/t.* (h.) balance, settle; clear; **~ mit** set off *a. th.* against; **Ɋung** *f* (-; -en) balancing, settlement; clearance.

Saldo ['zaldo] *econ. m* (-s; -den) balance; *den ~ ziehen* strike the balance; *e-n ~ ausweisen* show a balance; **~vortrag** *m* balance carried forward; **~wechsel** *m* draft for the balance.

Saline [za'liːnə] *f* (-; -n) salt-pit, salt-works *pl.*

Salizyl [zali'tsyːl] *chem. n* (-s; -e) salicyl; **~säure** *f* (-) salicylic acid.

Salm [zalm] *m* (-[e]s; -e) *ichth.* salmon; *fig. langer ~* long rigmarole (*or* yarn).

Salmiak [zalmi'ak] *m* (-s) sal ammoniac, ammonium chloride; **~geist** *m* (-es) liquid ammonia.

Salomo(n) ['zaːlomo, -mɔn] *m* (-s) Solomon; *Hohe Lied ~nis* Song of Solomon; **salo'monisch** *adj.* Solomonic.

Salon [za'lɔŋ] *m* (-s; -s) drawing-room, *Am.* parlor; *mar., a. of hairdressers:* saloon; *~ für Schönheitspflege* beauty-parlo(u)r; **~bolschewist** *m* drawing-room Bolshevist, *Am.* parlor Red, pink; **Ɋfähig** *adj.* presentable, fit for good society; *nicht ~* blue, *Am.* off-color (*joke, etc.*); **~held**, **~löwe** *m* lady's man, *Am.* lounge-lizard; **~wagen** *m* saloon-carriage *or* -car; *Am.* Pullman (*or* parlor) car.

salopp [za'lɔp] *adj.* careless, slovenly, sloppy; *w.s.* nonchalant, casual.

Salpeter [zal'peːtər] *chem. m* (-s) saltpetre, nitre, *Am.* saltpeter, niter; **Ɋartig** *adj.* nitrous; **~bildung** *f* nitrification; **~erde** *f* nitrous earth; **~grube** *f* saltpetre mine; **Ɋhaltig** *adj.* nitrous, nitric, **Ɋig** (*usu.* sal-

petrig) *adj.* nitrous; **Ɋsauer** *adj.* nitric, nitrate of; **~säure** *f* (-) nitric acid.

Salto ['zalto] *m* (-s; -s) somersault, airspring, salto; *~ mortale* breakneck leap.

Salut [za'luːt] *m* (-[e]s; -e) salute; *~ schießen* fire salutes.

salutieren [zalu'tiːrən] *v/t. and v/i.* (h.) salute.

Salve ['zalvə] *f* (-; -n) volley; round (*a. fig. of applause*), *a. mar.* salvo; *mar.* broadside; *in honour of s.o.:* salute; *e-e ~ abgeben* fire a volley, *etc.*; **~nfeuer** *n* volley fire, *mar.* salvo fire.

Salweide ['zaːl-] *bot. f* (great) sallow.

Salz [zalts] *n* (-es; -e) salt; *in ~ legen* salt away (*or* down); *fig.* salt, seasoning; *das ~ der Erde* the salt of the earth; **'Ɋartig** *adj.* saline; **'~bad** *n* salt bath; **'~bergwerk** *n* salt mine; **~brühe** *f* brine, pickle; **'Ɋen** *v/t.* (h.) salt, season *or* pickle (with salt); *gesalzen* salt, pickled; *fig.* season, spice; *gesalzen* piquant, spicy; exorbitant, steep (*prices*); **'~faß**, **'~fäßchen** *n* salt-cellar; **'~fleisch** *n* salt meat; **'~gehalt** *m* (-[e]s) proportion of salt; **'~geschmack** *m* (-[e]s) salty taste; **'~grube** *f* salt-pit *or* -mine; **'~gurke** *f* pickled gherkin (*or* cucumber); **'Ɋhaltig** *adj.* saline, saliferous; **'~hering** *m* salt(ed) *or* pickled herring; **'Ɋig** *adj.* salty, briny, brackish; → *salzhaltig;* **~igkeit** *f* (-) saltness, salty taste; **'~korn** *n* grain of salt; **'~lake**, **'~lauge** *f* brine, pickle; **'Ɋlos** *adj.* salt-free (*diet*); **'~napf** *m* salt-cellar; **'~säule** *f bibl.* pillar of salt; **'~säure** *chem. f* (-) hydrochloric (*or* muriatic) acid; **'~see** *m* salt-lake; **'~sieder** *m* salt-maker; **'~siede'rei** *f* salt-works *pl.*; **'~sole** *f* brine; **'~steuer** *f* salt-tax; **'~streuer** *m* salt shaker; **'~wasser** *n* (-s; **ᵘ**) salt-water, brine; **'~werk** *n* salt-works *pl.*, saltern.

Sämann ['zɛː-] *m* (-[e]s; **ᵘer**) sower.

Samariter [zama'riːtər] *m* (-s; -) (*barmherziger good*) Samaritan.

'Sämaschine *f* sowing-machine, seeder, corn-drill.

Same(n) ['zaː.mə(n)] *m* (-ns; -n) seed; *zo.* sperm; *of man:* semen; *fig.* seed, germ, source; seed, offspring.

'Samen...: **~behälter** *m* seed--vessel, pericarp; **~bildung** *f* seed formation; *physiol.* spermatogenesis; **~drüse** *anat. f* testicle, testis; **~erguß** *m* seminal discharge *or* emission; **~faden** *m* spermatozoon; **~flüssigkeit** *f* seminal fluid; **~gang** *m* spermatic duct; **~gehäuse** *n bot.* pericarp; → *Samenbehälter;* **~händler** *m* seedsman; **~handlung** *f* seed-shop; **~kapsel** *bot. f* (seminal) capsule; **~korn** *n* grain of seed; **~leiter** *m* → *Samengang;* **~pflanze** *f* seedling; **~strang** *anat. m* spermatic cord; **~staub** *bot. m* pollen; **~tierchen** *n* spermatozoon; **Ɋtragend** *adj.* seed-bearing; **~zelle** *f* sperm cell.

Sämereien [zɛːmə'raɪən] *f/pl.* seeds.

sämig ['zɛːmiç] *adj.* thick, viscid, creamy.

sämisch ['-iʃ] *adj.* chamois-dressed; **Ɋgerber** *m* chamois-dresser; **Ɋleder** *n* chamois *or* shammy(-leather).

Sammel|aktion ['zamǝl-] *f* fund--raising drive; salvage campaign; **'~album** *n* file, scrapbook; **'~anschluß** *teleph. m* collective numbers *pl.*; **'~band** *m* omnibus volume; **'~becken** *n* reservoir, (collecting *or* storage) tank; *geogr.* catchment basin; **'~behälter** *m*, **'~büchse** *f* collecting-box; **'~bezeichnung** *f* collective name; **'~depot** *econ. n* collective deposit (of securities); **'~elektrode** *el. f* collector; **'~fahrschein** *m* group ticket; **'~gebiet** *n* catchment area; **'~gespräch** *teleph. n* conference call; **'~girokonto** *n* collective security deposit account; **'~güter** *econ. n/pl.* miscellaneous goods, mixed consignment(s *pl.*); **'~konto** *n* general account; **'~ladung** *f* collective consignment, joint-cargo system; **'~lager** *n* collecting point; assembly camp; **'~leitung** *f* distributing main; **'~linse** *opt. f* collecting (*or* convex) lens; **'~liste** *f* collecting list; **'~mappe** *f* file; loose-leaf booklet, folder.

'sammeln I. *v/t.* (h.) gather; pick (*flowers*), glean (*corn ears*); collect (*stamps, money, etc.*; *a. tech.*); heap (*or* pile, treasure) up, accumulate, amass; hoard up; harvest, concentrate (*a. mil.* = mass); *opt.* focus; compile; canvass (*orders, votes*); assemble, rally; *sich ~* gather, collect, accumulate; assemble, meet, rally, flock together; *fig.* collect one's thoughts, concentrate; compose o.s., recover o.s.; **II.** *v/i.* (h.) collect money (*für* for), raise a subscription (for), send round the hat (for); *mil. ~l* assemble!

'Sammel...: **~name** *m* collective name; **~nummer** *teleph. f* collective number; **~paß** *m* collective passport; **~platz**, **~punkt** *m* meeting--place, place of assembly; *mar., mil.* rendezvous; collecting point, depot, dump; **~posten** *econ. m* aggregate item; **~rohr** *tech. n* header; **~schiene** *el. f* collecting bar, bus bar; **~sendung** *f* collective consignment; **~stelle** *f* collecting point, (central) depot; **~surium** [-'zuːrium] *n* (-s; -rien) omnium-gatherum; medley, jumble; **~tag** *m* flag day; **~teller** *m* collection plate; **~transport** *m* collective transport; **~werk** *n* compilation; **~wort** *gr. n* (-[e]s; **ᵘer**) collective noun; **~wut** *f* collector's mania.

Sammet ['zamǝt] *m* (-[e]s; -e) → *Samt.*

Sammler ['zamlər] *m* (-s; -), **~in** *f* (-; -nen) collector; gatherer; *tech.* (*pipe*) header; *el.* accumulator, storage battery; → '**~batterie**, '**~ladeeinrichtung** *el. f* battery charger equipment; **~stück** *n* collector's item; '**~zelle** *el. f* storage-cell.

'Sammlung *f* (-; -en) gathering, collecting, *etc.*; *~ zu wohltätigen Zwecken* collection for charity; (*things*) collection; compilation; selection; anthology; digest; *fig.*

collectedness, composure; concentration.

Sams·tag ['zams?tɑːk] *m* (-[e]s; -e) Saturday; *des* ~s, ~s on Saturdays.

samt [zamt] **I.** *adv.*: ~ *und sonders* each and all, all of them (*or* you), the whole lot; **II.** *prp.* (*dat.*) together with, along with, including.

'Samt *m* (-[e]s; -e) velvet; *baumwollener* ~ velveteen; *in* ~ *und Seide* in silk(s) and satin(s); **♀artig** *adj.* velvety; **~band** *n* (-[e]s; ⁺er) velvet ribbon; **♀en** *adj.* velvety; **~handschuh** *m* velvet-glove; *fig. j-n mit* ~*en anfassen* handle a p. with kid-gloves; **~kleid** *n* velvet dress.

sämtlich ['zemtliç] **I.** *adj.* all (together); complete; whole; entire; ~*e Werke* the complete works; **II.** *adv.* all (together *or* of them), in a body, to a man.

'Samt...: **~pfötchen** ['-pføːtçən] *fig. n* velvet paw; ~ *machen* draw in the claws; **♀schwarz** *adj.* ivory-black; **~stoffe** *m/pl.* pile fabric, velvet; **♀weich** *adj.* (soft as) velvet, velvety.

Samum ['zamum] *m* (-s; -s) simoom.

Sanatorium [zanaˈtoːrium] *n* (-s; -torien) sanatorium, *Am.* sanitarium.

Sand [zant] *m* (-[e]s; -e) sand; grit; *a. med.* gravel; *mit* ~ *bestreuen* (strew with) sand; *mar. auf* ~ *laufen* strike the sands; *fig. auf* ~ *bauen* build on sand; *j-m* ~ *in die Augen streuen* throw dust in a p.'s eyes, hoodwink a p.; *im* ~*e verlaufen* come to nothing, peter (*or* fizzle) out; *zahllos wie* ~ *am Meer* numberless as the sand(s).

Sandale [zanˈdɑːlə] *f* (-; -n) sandal.

'Sand...: **~bahn** *f* *racing*: dirt--track; **~bank** *f* (-; ⁺e) sand-bank, sands *pl.*; **~blatt** *n* (lower) shrub--leaf (*of cigar*); **~boden** *m* sandy soil; **~büchse** *f*, **~faß** *n* sand-box; **~dorn** *m* (-[e]s) sea buckthorn.

Sandelholz ['zandəlhɔlts] *n* (-es) sandalwood.

'Sand...: **♀farben** *adj.* sand-colo(u)red, sandy; **~fliege** *f* sand-fly; **~floh** *m* sand-flea; **~form** *f* sand--mo(u)ld; **~gras** *n* sand grass; **~grieß** *m* coarse sand, grit; **~grube** *f* sand pit; **~guß** *tech. m* sandcasting process; **~haufen** *m* heap of sand; **~hose** *f* sand spout; **~huhn** *n* sand-grouse; **♀ig** *adj.* full of sand, sandy, gritty; **~kasten** *m* sand box; *mil.* sand table; **~kastenspiel** *mil. n* sand table exercise; **~korn** *n* grain of sand; **~mann** *fig. m* (-[e]s) sandman; **~meer** *n* sea of sand; **~papier** *n* sandpaper; **~sack** *m* sandbag; *boxing*: body bag, punch-sack; **~stein** *m* sandstone, free-stone, *Am. arch.* brownstone; **~strahlgebläse** *tech. n* sandblast unit; **~sturm** *m* sandstorm, duststorm.

sandte ['zantə] *pret. of senden.*

'Sand...: **~torte** *f* Madeira cake; **~uhr** *f* sand-glass, hour-glass; **~wüste** *f* sandy desert, sands *pl.*

sanforisieren [zanforiˈziːrən] *v/t.* (h.) sanforize.

sanft [zanft] *adj.* soft; gentle; mild, gentle; meek, good-natured; calm, placid; lovely; sweet (*character*); smooth (*death, slope*); gentle (*pres-*

sure); **~er** *Zwang* nonviolent coercion; *mit* ~*er Stimme* softly, gently; *ruhe* ~ rest in peace.

Sänfte ['zɛnftə] *f* sedan(-chair), litter; **~nträger** *m* sedan-bearer.

'Sanft...: **~heit** *f* (-) softness; gentleness; mildness; sweetness; smoothness; **~mut** *f* (-) gentleness, sweetness, sweet temper; meekness; **♀mütig** ['-myːtiç] *adj.* gentle, mild, sweet; meek.

sang [zaŋ] *pret. of singen.*

Sang *m* (-[e]s; ⁺e) singing, chant, song; *mit* ~ *und Klang* with singing and bands playing; *sang- und klanglos* unhono(u)red (*or* unheralded) and unsung, unceremoniously.

Sänger ['zɛŋər] *m* (-s; -), **~in** *f* (-; -nen) singer, vocalist; *orn.* songster, warbler; *fig.* bard, poet; **~bund** *m* choral society; **~fest** *n* choral (*or* singing) festival.

Sanguin|iker [zaŋguˈinikər] *m* (-s; -) sanguine person; **♀isch** *adj.* sanguine.

sanier|en [zaˈniːrən] *v/t.* (h.) cure; give prophylactic treatment; sanitate, clear (*slums, etc.*); *econ.* reorganize, reconstruct; stabilize; readjust; **♀ung** *f* (-; -en) sanitation; *econ.* reorganization, reconstruction; stabilization; readjustment; **♀ungsmaßnahmen** *f/pl.* reconstruction measures; **♀ungsmittel** *med. n* prophylactic; **♀ungsviertel** *n* improvement area.

sanitär [zaniˈtɛːr] *adj.* sanitary; hygienic; ~*e Anlagen* sanitation, plumbing.

Sanitäter [zaniˈtɛːtər] *m* (-s; -) ambulance man, first-aider, *mil. a.* hospital orderly, stretcher-bearer.

Sani'täts|artikel *m/pl.*, **~bedarf** *m* medical supplies *pl.*; **~behörde** *f* Board of Health; **~dienst** *m* medical service; **~flugzeug** *n* air ambulance; **~hund** *m* ambulance dog; **~kasten** *m* medicine chest; first-aid kit; **~kolonne** *f* ambulance column; **~korps** *n* → *Sanitätstruppe*; **~offizier** *m* medical officer; **~rat** *m* senior public health officer; **~tasche** *f* surgical bag, *Am.* pouch kit; **~truppe** *f* Army Medical Corps; **~wache** *f* ambulance station, first-aid post; **~wagen** *m* ambulance (car); **~wesen** *n* sanitary (*or* hygienic) matters; medical service; **~zug** *m* hospital train.

sank [zaŋk] *pret. of sinken.*

Sankt [zaŋkt] (*St.*) Saint (*abbr. St.*), *e.g.* ~ *Bernhard* St. Bernhard.

Sanktion [zaŋktsiˈoːn] *f* (-; -en) sanction (*a. pol.*).

sanktionieren [zaŋktsioˈniːrən] *v/t.* (h.) sanction.

sann [zan] *pret. of sinnen.*

Sanskrit ['zanskrit] *n* Sanskrit.

Saphir ['zaːfiːr] *m* (-s; -e) sapphire.

Sappe ['zapə] *mil. f* (-; -n) sap.

sapperlot! [zapərˈloːt], **sapperment!** [-ˈmɛnt] *colloq. int.* the deuce!, the dickens!, *Am.* doggone!, gee whiz! [Saracen.)

Sarazene [zaraˈtseːnə] *m* (-n; -n)ʃ

Sardelle [zarˈdɛlə] *f* (-; -n) anchovy; **~npaste** *f* anchovy paste.

Sardine [zarˈdiːnə] *f* (-; -n) sardine.

Sardinien [zarˈdiːniən] *n* (-s) Sardinia.

sardonisch [zarˈdoːniʃ] *adj.* sardonic(ally *adv.*).

Sarg [zark] *m* (-[e]s; ⁺e) coffin, *Am. a.* casket; **'~deckel** *m* coffin-lid; **'~tuch** *n* pall.

Sarkas|mus [zarˈkasmus] *m* (-; -men) sarcasm; **♀tisch** *adj.* sarcastic(ally *adv.*).

Sarkophag [zarkoˈfɑːk] *m* (-s; -e) sarcophagus.

saß [zɑːs] *pret. of sitzen.*

Satan ['zɑːtan] *m* (-s; -e) Satan, the Fiend *or* Foe; *fig.* devil; hellcat.

satanisch [zaˈtɑːniʃ] *adj.* satanic, diabolic(al).

'Satansbraten *m* limb (of Satan).

Satellit [zateˈliːt] *ast. and pol. m* (-en; -en) satellite; **~enstaat** *m* satellite state.

Satin [zaˈtɛŋ] *m* (-s; -s) satin, sateen.

satinieren [zatiˈniːrən] *tech. v/t.* (h.) satin, glaze (*fabric*); glaze, calender (*paper*).

Sa'tinpapier *n* glazed paper.

Sati|re [zaˈtiːrə] *f* (-; -n) satire; **~riker(in** *f*) [-rikər] *m* (-s, -; -, -nen) satirist; **♀risch** *adj.* satiric(al).

Satisfaktion [zatisfaktsiˈoːn] *f* (-; -en) satisfaction; → *Genugtuung*; **♀sfähig** *adj.* qualified to give satisfaction.

satt [zat] *adj.* satisfied (*a. fig.*); satiate(d), full; *chem.* saturated; deep, rich (*colour*); *j-n* ~ *machen* give a p. enough to eat *or* as much as he can eat; *sich* ~ *essen* eat one's fill; *ich bin* ~ I have had enough; *fig. et.* ~ *bekommen* grow (*or* get) tired *or* sick of a th., get fed up with a th.; *et.* ~ *haben* be (sick and) tired of a th., be fed up with a th.; *er konnte sich nicht* ~ *daran sehen* he could not take his eyes off it; **'♀dampf** *tech. m* saturated steam.

Sattel ['zatəl] *m* (-s; ⁺) saddle (*a. geol.*); bridge (*of nose*); *arch., tech.* cross-beam; *typ.* gallows *pl.*; *mus.* nut (*of a violin*); *dressmaking*: yoke; *j-n aus dem* ~ *heben* unhorse (*a. fig. j-n aus dem* ~ = unseat, oust) a p.; *fest im* ~ *sitzen* have a firm seat, *fig.* be firmly established, have the situation well in hand; *er ist in allen Sätteln gerecht* he can turn his hand to anything, he is an all-round man; **~baum** *m* saddle-tree; **~dach** *n* saddle-roof; **~decke** *f* saddle--cloth; **♀fest** *adj.* firm in the saddle, saddle-fast; ~ *sein a.* sit one's horse well, have a good seat, *fig. in et.*: be quite firm *or* well up in, have *a th.* at one's fingertips; **~gurt** *m* (saddle-)girth; **~kissen** *n* saddle--pad, pillion; **~knopf** *m* pommel; **♀n** *v/t.* (h.) saddle; *fig. sich* ~ *für* get ready for; **~nase** *f* saddle nose; **~pferd** *n* saddle-horse, nearsider; **~platz** *m* paddock; **~schlepper** *mot. m* articulated lorry, tractor trailer, *Am.* truck-tractor, semi--trailer (unit); **~schlepperanhänger** *m* semi-trailer; **~tasche** *f* saddle-bag; **~zeug** *n* saddle and harness, saddlery.

'Sattheit *f* (-) satiety, fullness; richness, intensity (*of colours*).

sättig|en ['zɛtigən] *v/t. and v/i.* (h.) satisfy, satiate, sate; *food:* be substantial; *chem. phys.* saturate; j-n (sich) ~ appease a p.'s (one's) hunger; ~**end** *adj.* satisfying, nourishing; Ձ**ung** *f* (-; -en) satiation, appeasing *a p.'s* hunger; *chem., a. fig.* saturation; Ձ**ungspunkt** *chem. m* saturation-point (*a. econ.*).

Sattler ['zatlər] *m* (-s; -) saddler; harness-maker; upholsterer; **Sattle'rei** *f* (-; -en) saddlery.

'**Sattler...:** ~**meister** *m* master harnessmaker; ~**waren** *f/pl.* saddlery *sg.*

'**sattsam** *adv.* sufficiently, enough.

saturieren [zatu'ri:rən] *v/t.* (h.) saturate.

Saturn [za'turn] *ast. m* (-s) Saturn.

Satyr ['za:tyr] *m* (-s; -n) satyr.

Satz [zats] *m* (-es; ~e) *a gr.* sentence, phrase; *gr. a.* period; *math., logics:* proposition, theorem, thesis, tenet; maxim; principle; *tech.* batch; set (*of stamps, documents, tools, etc.*); nest (*of pots, etc.*); assortment, lot (*of goods*); *tennis:* set; *hunt.* nest (*of rabbits*); fry (*of fish*); *typ.* **a)** setting, **b)** composition, copy; *mus.* **a)** composition, **b)** movement; *of liquid:* sediment, dregs *pl.*, (*coffee*) grounds; rate (*of fees, etc.*); stake; leap, bound, jump; e-n ~ **machen** (take a) leap, bound, jump; ~'**aussage** *gr. f* predicate; '~**ball** *m tennis:* set point; '~**bau** *gr. m* (-[e]s) construction, formation of sentences; '~**fehler** *typ. m* misprint; '~**gefüge** *gr. n* complex sentence, period; '~**gegenstand** *gr. m* subject; '~**kosten** *typ. pl.* cost of composition; '~**lehre** *gr. f* syntax; '~**spiegel** *typ. m* type-area; '~**teil** *gr. m* part of a sentence.

'**Satzung** *f* (-; -en) statute, by-law; standing rule; ~**en** *of club, etc.:* articles of association, statutes and articles, *of corporations:* by-laws; *stock exchange:* rules.

'**Satzungs...:** ~**änderung** *f* alteration of the statutes, *etc.*; Ձ**mäßig** *adj.* statutory, (*a. adv.*) in accordance with the statutes; Ձ**widrig** *adj.* unconstitutional, ultra vires.

'**Satz...:** Ձ**weise** *adv. gr.* sentence by sentence; by leaps (and bounds); ~**zeichen** *gr. n* punctuation-mark.

Sau [zau] *f* (-; ~e) sow (*a. metall.*); *hunt.* wild sow; *fig. contp.* swine, (dirty) pig; slut; blot (*of ink*); *colloq. unter aller* ~ lousy; *sl. mil. zur* ~ **machen** blast, squash, smash (to bits), *j-n:* let a p. have it, give a p. the works; '~**arbeit** *colloq. f* hellish (*or* tough) job.

sauber ['zaubər] *adj.* clean(ly); neat (*a. fig.*); clean(-minded); tidy; pretty; *iro. a.* fine, nice, dandy; *atom bomb:* clean; *colloq.* slick; *sports:* ~*er Schlag* clean hit; Ձ**keit** *f* (-) clean(li)ness, tidiness; neatness; *fig.* pureness, integrity.

säuberlich ['zɔybərliç] *adj.* → *sauber; fig.* proper, decent; careful.

'**saubermachen** *v/t. and v/i.* (h.) clean up, tidy.

'**säubern** *v/t.* (h.) clean, cleanse; tidy, clean up (*room*); clear (*von* of); *mil.* mop up; *fig. a. pol.* purge; Ձ**ung** *f* (-; -en) clean(s)ing; clearing; *pol.* purge; Ձ**ungsaktion** *f* purge; *mil.* mopping-up operation.

'**Saubohne** *f* broad (*or* horse-)bean.

Sauce ['zo:sə] *f* (-; -n) → Soße.

Sauciere [zosi'ɛ:rə] *f* (-; -n) sauce-boat.

'**saudumm** *colloq. adj.* awfully stupid.

sauer ['zauər] **I.** *adj.* sour, acid (*a. chem.*); tart, acrid; acidulous; *saure Gurke* pickled cucumber; *fig.* troublesome, harassing; hard, painful, tough, hellish (*job*); sour, morose, cross; ~ *werden* turn sour *or* acid, *milk:* turn (sour), curdle; *fig. ein saures Gesicht machen* put on a sour face, look cross, *zu et.:* pull a long face over *a th.*; *in den sauren Apfel beißen* swallow the bitter pill; *sich et.* ~ *werden lassen* take great pains about a th.; ~ *machen* (make) sour, *chem.* acidify; turn *milk* sour; *fig. j-m das Leben* ~ *machen* make life miserable for a p.; **II.** *adv.:* ~ *reagieren auf et.* take a th. in bad part, react sharply to a th.; *es kam ihn* ~ *an* he found it trying, *w.s.* it went hard with him (*or* against his grain); *das wird ihm noch* ~ *aufstoßen* he will pay for this yet.

'**Sauer...:** ~**ampfer** *bot. m* sorrel; ~**braten** *m* stewed pickled beef; *Am.* sauerbraten; ~**brunnen** *m* acidulous mineral water.

Saue'rei *colloq. f* (-; -en) → Schweinerei.

'**Sauer...:** ~**futter** *agr. n* ensilage; ~**kirsche** *f* morello cherry; ~**klee** *m* wood-sorrel; ~**kohl** *m* (-[e]s), ~**kraut** *n* (-[e]s) pickled cabbage, sauerkraut.

säuer|lich ['zɔyərliç] *adj.* sourish; *chem.* acidulous, sub-acid; *fig.* wintry, sour (*smile*); Ձ**ling** ['-liŋ] *m* (-s; -e) acidulous spring water; sour wine.

'**Sauermilch** *f* curdled milk.

'**säuern** *v/t.* (h.) (make) sour, *chem.* acidify, acidulate; oxidize; leaven (*bread, dough*).

'**Sauerstoff** *chem. m* (-[e]s) oxygen; *mit* ~ *verbinden* oxygenize; oxidize; ~**apparat** *m* oxygen apparatus; Ձ**arm** *adj.* poor in oxygen; ~**aufnahme** *f* oxygen absorption; ~**behälter** *m* oxygen container (*or* tank); ~**flasche** *f* oxygen bottle; ~**gas** *n* oxygen gas; ~**gerät** *n* oxygen apparatus; Ձ**haltig** *adj.* oxygenated; ~**mangel** *m* (-s) oxygen deficiency, *med. a.* anox(a)emia; ~**maske** *f* oxygen mask; ~**träger** *phys. m* oxygen carrier; ~**verbindung** *f* oxide; ~**zelt** *med. n* oxygen tent.

'**sauer...:** ~**süß** *adj.* sour-sweet; Ձ**teig** *m* leaven; Ձ**topf** *colloq. m* grumpy fellow, *Am.* sourpuss; ~**töpfisch** ['-tœpfiʃ] *adj.* surly, peevish, morose.

'**Säuerung** *f* (-; -en) leavening (*of bread, dough*); *chem.* acidification, acidulation; ~**sgrad** *m* degree of acidity.

'**Sauerwasser** *n* (-s; ~) acidulous (mineral) water, chalybeate spring.

Sauf|bruder ['zauf-] *m* boon-companion, crony; → *Säufer;* Ձ**en** *v/t. and v/i.* (*irr., h.*) *animal:* drink; *vulg. person:* booze, guzzle, tipple, drink, be a drunkard; ~ *wie ein Loch* drink like a fish; *dem Pferd zu* ~ *geben* water the horse.

Säufer(in *f*) ['zɔyfər] *m* (-s, -; -, -nen) drunkard, alcoholic; dipsomaniac, boozer.

Saufe'rei *vulg. f* (-; -en) boozing; → *Saufgelage.*

'**Säufer...:** ~**leber** *med. f* hobnail liver; ~**nase** *f* copper-nose; ~**wahnsinn** *m* delirium tremens; *the* horrors.

'**Saufgelage** *n* drinking-bout, carousal, booze, binge, soak.

Säug-amme ['zɔyk-] *f* wet-nurse.

Saug|apparat ['zauk-] *m* suction apparatus; ~**bagger** *m* suction dredge; Ձ**en** ['zaugən] *v/t. and v/i.* (h.) suck (*an dat. a th.*); suck up, absorb; *in sich* ~ suck in, imbibe; *mit dem Staubsauger* ~ vacuum; *mit der Pipette* ~ syphon; *fig. sich et. aus den Fingern* ~ make up a th., invent a th.; ~**en** *n* (-s) sucking, *usu. tech.* suction; absorption.

säugen ['zɔygən] *v/t.* (h.) suckle, nurse, give the breast (to), breast-feed.

'**Säugen** *n* (-s) suckling, nursing.

'**Sauger** *m* (-s; -) sucker; *for babies:* (dummy) teat; *tech.* suction apparatus *or* cup.

'**Säuge...:** ~**tier** *n* mammal; ~**zeit** *f* lactation-period.

'**Saug...:** Ձ**fähig** *adj.* absorbent; ~**fähigkeit** *f* (-) absorptive capacity; ~**flasche** *f* feeding-bottle; ~**heber** *m* syphon; ~**hub** *mot. m* suction (*or* intake) stroke; ~**leistung** *f* suction (capacity); ~**leitung** *f* suction pipe; *mot.* intake duct.

Säugling ['zɔyklɪŋ] *m* (-s; -e) baby, infant.

'**Säuglings...:** ~**ausstattung** *f* layette; ~**fürsorge** *f* infant welfare; ~**heim** *n* baby nursery, crèche; ~**pflege** *f* baby care; ~**schwester** *f* baby nurse; ~**sterblichkeit** *f* infantile mortality.

'**Saug...:** ~**luft** *f* (-) vacuum, indraft; *aer.* inflow; ~**massel** ['-masəl] *metall. f* (-; -n) (feeder) head; ~**napf** *zo. m* suctorial disk; ~**näpfchen** ['-nɛpfçən] *n* (-s; -) suction cup; ~**papier** *n*, ~**post** *f* absorbent paper; ~**pumpe** *f* suction pump; ~**rohr** *n* vacuum pipe, suction pipe; syphon; ~**rüssel** *m of insect:* proboscis; ~**ventil** *n* suction valve; ~**wirkung** *f* suction (effect).

'**Sau|hatz** *hunt. f* boar-hunt; ~**hirt** *f* swine-herd.

sau-igeln ['zau'i:gəln] *colloq. v/i.* (h.) talk smut.

säuisch ['zɔyiʃ] *adj.* swinish, filthy.

'**Saukerl** *vulg. m* swine, skunk.

Säule ['zɔylə] *f* (-; -n) column (*a. fig. of mercury, smoke, etc.; a. mil.*); pillar, support (*both a. fig.*); post; *el.* pile; *Atom*Ձ atomic pile; *galvanische* ~ voltaic pile.

'**Säulen...:** Ձ**artig** ['-a:rtiç], Ձ**förmig** ['-fœrmiç] *adj.* columnar; ~**bohrmaschine** *tech. f* column-type drilling machine, upright drill; ~**fuß** *m* column base, pedestal; ~**gang** *m* colonnade, arcade; ~**halle** *f* pillared hall; portico; ~**heilige(r)** *m* stylite; ~**k(n)opf** *m* capital; ~**ordnung** *f* order (of columns); **~platte** *f* plinth, abacus; **~reihe** *f* row of columns; peristyle; **~schaft** *m* shaft (of a column); **~ständer** *tech. m* upright, post.

Saum [zaum] *m* (-[e]s; ~e) hem; seam; *weaving*: selvage; border, edge, margin; outskirts *pl.*, fringe (*of town*).

'sau-mäßig *colloq. adj.* beastly, filthy; awful, *Am.* lousy.

säumen[1] ['zɔʏmən] *v/t.* (h.) hem; edge, border, skirt; fringe; *die Straßen ~* line (*or* skirt) the streets.

'säumen[2] *v/i.* (h.) tarry, linger; hesitate; dawdle, dally.

'Säumen *n* (-s) tarrying; delay; hesitation; dawdling.

'Saum-esel *m* sumpter mule.

'säumig *adj.* → saumselig; belated (*guests, etc.*); slow, dilatory (*payer*); *pred.* behind-handed.

'Säumnis *f* (-; -se) dilatoriness; delay; default.

'Saum...: ~pfad *m* mule-track, *Am. a.* mountain-trail; **~pferd** *n* pack-horse; **~sattel** *m* pack-saddle.

'saumselig *adj.* tardy, slow, sluggish; dawdling; dilatory; negligent; slack, lazy; **♀keit** *f* tardiness; dilatoriness; negligence; slackness.

'Saum...: ~stich *m* hemming stitch; **~tier** *n* sumpter mule (*or* horse).

Sauna ['zauna] *f* (-; -s) sauna.

Säure ['zɔʏrə] *f* (-; -n) sourness; *med.* acidity; *chem.* acid; *fig.* sourness, acrimony; **~bad** *n* acid bath; **~ballon** *m* carboy; **~batterie** *f* lead-acid battery; **♀beständig** *adj.* acid-proof, acid-resistant; **♀bildend** *adj.* acidific; **~bildung** *f* acidification; **♀empfindlich** *adj.* sensitive to acids; **♀fest** *adj.* → säurebeständig; **♀frei** *adj.* non-acid.

Saure'gurkenzeit *f* silly season.

'Säure...: ♀haltig *adj.* acidiferous; **♀löslich** *adj.* acid-soluble; **~messer** *m* (-s; -) acidimeter; **~rest** *m* acid radical.

Saures ['zaurəs] *n* (-en): *colloq.* gib *ihm ~!* let him have it!

'Säure...: ~schutzfett *n* acid-proof grease; **♀widrig** *adj.* ant(i-)acid.

Saurier ['zauriər] *m* (-s; -) saurian.

Saus [zaus] *m* (-es): *in ~ und Braus leben* live on the fat of the land, revel and riot.

säuseln ['zɔʏzəln] **I.** *v/i.* (h.) *leaves, wind*: rustle, whisper, lisp; **II.** *v/t.* (h.) *person*: say airily, purr; ♀ *n* (-s) whispering; gentle waft.

sausen ['zauzən] *v/i.* (sn) *water, etc.*: rush; *wind*: whistle, sough; *bullet, etc.*: whiz, whistle, buzz; (*move fast*) rush, whiz, flit, dash; ♀ *n* (-s) rush(ing); sough(ing); buzz(ing); singing (in the ears).

'Sau...: ~stall *m* pigsty; *fig. a. colloq.* awful mess; **~wetter** *colloq. n* filthy weather; **~wirtschaft** *colloq. f* complete chaos, topsyturvydom, awful mess; **♀wohl** *adj.: colloq. mir ist ~* I am in the pink, *Am.* I feel like a million dollars.

Savanne [za'vanə] *f* (-; -n) savanna(h).

Saxophon [zakso'fo:n] *mus. n* (-s; -e) saxophone.

Schabe ['ʃɑ:bə] *f* (-; -n) **1.** cockroach; moth; **2.** → Schabeisen.

Schabeisen ['ʃɑ:p-] *n* scraper, shaving-tool.

'Schabemesser *n* scraping-knife.

'schaben *v/t.* (h.) scrape; grate, rasp; scratch; abrade, rub; shave (*furs*).

'Schaber *m* (-s; -) scraper.

Schabernack ['ʃɑ:bərnak] *m* (-[e]s; -e) practical joke, hoax, trick; prank(s *pl.*), lark(s *pl.*); *j-m e-n ~ spielen* play a prank (*or* practical joke) on a p., play a p. a (nasty) trick.

schäbig ['ʃɛ:biç] *adj.* shabby, threadbare, seedy; *fig.* shabby, mean; **♀keit** *f* (-) shabbiness, *fig. a.* meanness.

Schablone [ʃa'blo:nə] *f* (-; -n) model, pattern; stencil; *for drilling*: jig; *for casting, cutting*: template; *fig.* routine; cliché; *nach der ~* by the routine, according to pattern.

Scha'blonen...: ~denken *fig. n* stereotype thinking; **~drehbank** *tech. f* copying-lathe; **♀haft, ♀mäßig** *adj.* according to pattern, stereotyped; mechanical; routine; **~zeichnung** *f* stencil drawing.

schablo'nieren *v/t.* (h.) stencil.

'Schabmesser *n* → Schabemesser.

Schabrake [ʃa'brakə] *f* (-; -n) caparison, saddle-cloth.

Schabsel ['ʃɑ:psəl] *n* (-s; -) scrapings, shavings *pl.*

Schach [ʃax] *n* (-s; -s) chess; *~! check!; ~ und matt!* checkmate!; *~ bieten* (give) check (to the king), *fig. j-m*: defy (*or* make head against) a p.; *in* (*or* im) *~ halten* hold in check (*a. fig.*), *with pistol, etc.*: a. cover; *~ spielen* play (at) chess; **'~aufgabe** *f* chess problem; **'~brett** *n* chessboard; **♀brettartig** ['-brɛt'ʔɑ:rtiç] *adj.* checkered, tesselated; *tech.* staggered; *~e Anordnung* chessboard layout.

Schacher ['ʃaxər] *m* (-s), **Schache'rei** *f* (-) low trade, haggling, huckstering; *esp. pol.* jobbery; → Kuhhandel.

Schächer ['ʃɛçər] *m* (-s; -) *bibl.* thief; murderer, bloodhound; *fig. armer ~* poor wretch.

'Schacherer *m* (-s; -) haggler.

'schachern *v/i.* (h.) haggle, barter (*um* about, over); dicker; *esp. pol.* job.

'Schach...: ~feld *n* square; **~figur** *f* chessman, piece; *fig.* pawn; **♀'matt** *adj.* (check)mate; *fig.* tired out, dead-beat; *~ setzen* checkmate; **~meisterschaft** *f* chess-championship; **~partie** *f*, **~spiel** *n* game of chess; chessboard and men; **~spieler** *m* chess-player.

Schacht [ʃaxt] *m* (-[e]s; ~e) shaft, *mining: a.* pit; *arch.* well; manhole; gorge, ravine; hollow; depression; dip; **'~arbeiter** *m* pitman; **'~einfahrt** *f* pit-mouth.

Schachtel ['ʃaxtəl] *f* (-; -n) box, case; *colloq. fig. alte ~* old frump; **~halm** *bot. m* horse-tail; **~satz** *gr. m* involved period.

schächten ['ʃɛçtən] *v/t.* (h.) slaughter *cattle* according to Jewish rites.

'Schacht...: ~förderung *f* (-) *mining*: shaft hauling; **~ofen** *m* cupola (*furnace*); **~stoß** *m* face of a shaft; **~turm** *m* shaft derrick.

'Schach...: ~turnier *n* chess tournament; **~zug** *m* move (at chess); *geschickter ~* clever move (*a. fig.*).

schade ['ʃɑ:də] *pred. adj.: (es ist sehr) ~* it is a (great) pity (*daß* that), (it's) too bad *he couldn't come*; *wie ~ what* a pity, how unfortunate (*that*); *es ist ewig ~, daß* it is a thousand pities that; *es ist ~ um ihn* it is a great pity for him; *dafür ist es* (*er*) *zu ~* it (he) is too good for that; *um das* (*den*) *ist's nicht ~* it (he) isn't much of a loss.

'Schade *m* (-ns; ~n) → Schaden.

Schädel ['ʃɛ:dəl] *m* (-s; -) skull, cranium; *j-m den ~ einschlagen* bash a p.'s skull in; **~basis**(**bruch** *m*) *f* (fracture of the) base of the skull; **~bohrer** *m* trepan; **~bruch** *m* fracture of the skull; *e-n ~ erleiden* suffer a fractured skull; **~dach** *n*, **~decke** *f* skullcap; **~haut** *f* pericranium; **~knochen** *m* cranial bone; **~lehre** *f* craniology; phrenology; **~messung** *f* craniometry; **~naht** *f* cranial suture.

'schaden *v/i.* (h.) damage, injure, harm, hurt (*j-m* a p.); be injurious (*to* a p.); prejudice (a p.), be prejudicial *or* detrimental (*to* a p.); *das schadet nichts* it does not matter, never mind; there is no harm in doing that; *was schadet es?* what does it matter?; *was schadet es* (*schon*), *wenn* what if; *e-e Aussprache kann nicht ~* a discussion might not be amiss; *iro. das schadet ihm nichts* that serves him right, that's good for him.

'Schaden *m* (-s; ~) damage (*an dat.* to); injury, harm; infirmity; defect (*a. tech.*); ravages *pl.*, havoc; detriment, prejudice (*für* to); loss; wrong; harm, mischief; *~ erleiden or nehmen, zu ~ kommen* suffer *or* sustain injury, come to harm, be damaged *or* injured; *~ zufügen* (*dat.*) do *a p.* harm *or* injury, cause damage to, inflict losses on; *mit ~ verkaufen* sell at a loss; *zu meinem ~* to my damage *or* cost; *es soll dein ~ nicht sein* you won't regret it; *durch ~ wird man klug* once bitten twice shy; *wer den ~ hat, braucht für den Spott nicht zu sorgen* the laugh is always on the losers.

'Schadenersatz *m* indemnification, indemnity, compensation; damages *pl.*; *~ verlangen* claim damages; *~ leisten* pay damages, make amends (*für* for); *auf ~* (*ver*)*klagen* sue for damages; **~anspruch** *m*, **~forderung** *f* claim for damages; **~klage** *f* action for damages; **♀pflichtig** *adj.* liable for damages.

'Schaden...: ~feststellung *f* damage assessment; **~freude** *f* malicious joy *or* glee, gloating; *voller ~* gloatingly; *voll ~ betrachten, etc.* gloat over; **♀froh** *adj.* malicious, gloating(ly *adv.*); **~rechnung** *f* statement of damages; **~regler** *m* (claim-)adjuster; **~regulierung** *f* adjustment of damages; **~sfall** *m* case of loss; **~versicherung** *f* indemnity insurance.

schadhaft ['ʃɑ:thaft] *adj.* damaged; defective, faulty; dilapidated (*building*), out of repair; leaking (*pipes*);

decayed, carious (*teeth*); **~igkeit** *f* (-) damaged state, defectiveness.

schädig|en ['ʃɛːdigən] *v/t.* (*h.*) damage, impair, affect; wrong, harm; hurt, injure; prejudice; **~ung** *f* (-; -en) damage (*gen.* to), impairment (of), injury; prejudice, detriment (to).

schädlich ['ʃɛːtliç] *adj.* harmful, injurious; noxious, unwholesome; poisonous; pernicious; detrimental, prejudicial; bad; *das ist mir nicht ~* that does me no harm; **~keit** *f* (-) harmfulness, injuriousness; noxiousness, unwholesomeness; perniciousness.

Schädling ['ʃɛːtliŋ] *m* (-s; -e) noxious person, parasite; *zo.* pest, parasite; *agr. a.* vermin; *bot.* destructive weed; **~sbekämpfung** *f* pest control; **~sbekämpfungsmittel** *n* pesticide, insecticide.

schadlos ['ʃɑːtloːs] *adj.* indemnified; *j-n ~ halten* indemnify a p. (*für* for), *jur. a.* hold a p. harmless; *sich ~ halten* recoup (*or* indemnify) o.s. (for), recover one's loss; **~haltung** *f* (-) indemnification, compensation, recoupment.

Schaf [ʃɑːf] *n* (-[e]s; -e) sheep (*a. pl.*); ewe; *fig.* simpleton, ninny; *fig. schwarzes ~* black sheep; '**~bock** *m* ram; wether.

Schäfchen ['ʃɛːfçən] *n* (-s; -) little sheep, lamb(kin); *pl.* fleecy clouds, mackerel sky, cirro-cumulus clouds; *fig. sein ~ scheren, sein ~ ins trockene bringen* feather one's nest.

'**Schäfer** *m* (-s; -) shepherd.
Schäfe'rei *f* (-; -en) sheep-farm.
'**Schäfer...:** **~gedicht** *n* pastoral, idyl(l), eclogue; **~hund** *m* shepherd('s) dog, sheep dog; *deutscher ~* Alsatian; *schottischer ~* collie; **~in** *f* (-; -nen) shepherdess; **~spiel** *n* pastoral play; **~stündchen** ['-ʃtyntçən] *n* (-s; -) hour of love.

'**Schaf-fell** *n* sheepskin; fleece.
schaffen ['ʃafən] *v/t. and v/i.* (*irr.,* *h.*) create, produce; call into being, organize; set up; (*h.*) do, work; procure, provide, find, get; *Linderung ~* bring relief, soothe; *Ordnung ~* establish order; *Rat ~* find a way out, know what to do; *Vergnügen ~* afford pleasure; convey, carry, move, put; take, bring; *auf die Seite ~ a)* put aside, hide, *b)* embezzle; *aus dem Wege ~* (*a. fig.: j-n*) get out of the way, remove; manage; reach, make (it); succeed; *colloq. es ~* succeed, get there, make it; *er schaffte e-e Meile in Rekordzeit* he did a mile in record time; *das hätten wir geschafft* well, that's that!, we did it!; *er hat es geschafft (im Leben)* he has arrived; *viel ~* get a great deal done; *nichts zu ~ haben mit* have nothing to do with; *ich habe nichts damit zu ~ a.* that's no business of mine, I wash my hands of it; *j-m (viel) zu ~ machen* give *or* cause (a great deal of) trouble; *sich unbefugt zu ~ machen an* (*dat.*) tamper with; *sich eifrig zu ~ machen mit et. busy o.s. or* be busy with a th.; *er ist für den Posten wie geschaffen* he is the very man (*or* he is cut out) for the post; **2** *n* (-s) creation, production; activ-

ity, work(ing); **~d** *adj.* creative; productive; working; **2sdrang** *m* (-[e]s) creative urge; **2skraft** *f* creative power.

'**Schaf-fleisch** *n* mutton.
Schaffner ['ʃafnər] *m* (-s; -) steward, manager; *rail., etc.:* guard, conductor; **~in** *f* (-; -nen) stewardess, housekeeper; conductress.

'**Schaffung** *f* (-) creation; production; provision; organization, establishment, setting-up (*of a commission, etc.*).

'**Schaf...:** **~garbe** *bot. f* yarrow; **~herde** *f* flock of sheep; **~hirt** *m* shepherd; **~hürde** *f* sheepfold, pen; **~leder** *n* sheepskin; **2ledern** *adj.* (of) sheepskin.

Schäflein ['ʃɛːflain] *n* (-s; -) → *Schäfchen.*

'**Schafmilch** *f* ewe's milk.
Schafott [ʃa'fɔt] *n* (-[e]s; -e) scaffold.

'**Schaf...:** **~pelz** *m* sheepskin fur *or* coat, fleece; *fig. Wolf im ~* wolf in sheep's clothing; **~pocken** *f/pl.* sheep-pox *sg.*; **~schere** *f* (e-e ~ a pair of) sheep-shears *pl.*; **~schur** *f* sheep-shearing; **~seuche** *vet. f* sheep-rot; **~skopf** *colloq. fig. m* blockhead, numskull, duffer; **~stall** *m* (sheep-)fold.

Schaft [ʃaft] *m* (-[e]s; ⸗e) shaft (*of lance, column, etc.*); (*flag*) stick; stock (*of rifle*); shank (*of anchor, key, tool*); leg (*of boot*); stalk, peduncle (*of flower*); stem (*of feather*); handle (*of axe, etc.*).

schäften ['ʃɛftən] *v/t.* (*h.*) provide with a handle; stock, mount (*rifle*); leg (*boot*); splice.

'**Schaf-trift** *f* → *Schafweide.*
'**Schaftstiefel** *m* top-boot, high-boot; *pl. a.* wellingtons.
'**Schaf...:** **~weide** *f* sheep-run, sheep-walk; **~wolle** *f* sheep's wool; **~zucht** *f* sheep-breeding *or* -farming; **~züchter** *m* sheep-breeder *or* -farmer, wool grower.

Schah [ʃɑː] *m* (-s; -s) shah.
Schakal [ʃa'kɑːl] *m* (-s; -e) jackal.
Schäker ['ʃɛːkər] *m* (-s; -), **~in** *f* (-; -nen) joker; rogue, wag; flirt.
Schäke'rei *f* (-; -en) joking, badinage; flirtation, dalliance.
'**schäkern** *v/i.* (*h.*) joke, make fun; dally; flirt, philander.

schal [ʃɑːl] *adj.* insipid; stale; *fig. a.* flat.

Schal [ʃɑːl] *m* (-s; -e) scarf; comforter, muffler; shawl.
'**Schalbrett** *n* slab.
Schale ['ʃɑːlə] *f* (-; -n) **1.** shell (*of eggs, nuts, etc.*); peel, skin; husk, hull; pod; paring, peeling; bark, rind; *zo.* shell, crust, carapace; *fig.* shell; outside, covering; surface; *of knife:* scale, plate; *aer.* shell, stressed skin; *colloq. sich in ~ werfen* spruce o.s. up; **2.** bowl, basin, vessel; (*fruit, etc.*) dish; tray, pan; cup, saucer; *of weigher:* scale, pan; *tech. of bearing:* bush(ing); *fig. die ~ des Zorns ausgießen* pour out the vials of wrath; → *Kaltschale.*

schälen ['ʃɛːlən] *v/t.* (*h.*) remove the shell (*or* skin) from; shell, husk; peel, pare; bark; *sich ~* (*h.*) cast one's shell (*or* skin), *tree:* shed the bark, exfoliate, *skin, lacquer, etc.:*

peel (*or* scale, come) off; *sich aus den Kleidern, etc., ~* slip out of, strip.

'**Schalen...:** **~bau(weise** *f*) *m* (-[e]s) monocoque (*or* shell) construction; **~bretter** *n/pl.* form boards; **~eisen** *metall. n* sow-iron; **~guß** *tech. m* chill casting; **~gußform** *f* chill.

'**Schalheit** *fig. f* (-) staleness, flatness; shallowness, insipidity, vapidity.

'**Schälhengst** *m* stallion.
'**Schalholz** *n* pit timber.
Schalk [ʃalk] *m* (-[e]s; -e) (little) rogue, scamp, rascal; wag; *fig. er hat den ~ im Nacken* he is a sly-boots; '**2haft** *adj.* roguish, arch; waggish; '**~haftigkeit,** '**~heit** *f* (-) roguishness, archness; waggishness; **~s-narr** *m* buffoon.

Schall [ʃal] *m* (-[e]s; -e) sound; ring, peal; resonance; noise; echo, reverberation; *fig. ~ und Rauch* sound and fury; *schneller als ~* supersonic; **~ dämpfen** silence, muffle; '**~boden** *m* sound(ing)-board; '**~brechung** *f* refraction of sound; '**~brett** *n* baffle; '**2dämpfend** *adj.* sound-absorbing, sound deadening; '**~dämpfer** *m* sound absorber; *mot. etc.,* silencer, *Am.* muffler; *teleph.* deadener; '**~dämpfung** *f* sound (proofing) insulation; sound absorption (*or* attenuation); *mot.* silencing, *Am.* muffling; *mit ~* soundproofed; '**~deckel** *m* sounding top (*or* board); '**2dicht** *adj.* soundproof; **~ machen** soundproof; '**~dichte** *f* sound (energy) density; '**~dose** *f* pickup.

'**schallen** *v/i.* (*h.*) sound; resound; ring, peal, boom; **~d** *adj.* resounding, resonant; **~es Gelächter** peal of laughter, guffaw; **~er Beifall** ringing applause; *mit ~er Stimme* on the top of one's voice.

'**Schall...:** **~fortpflanzung** *f* propagation of sound; **~geschwindigkeit** *f* speed of sound, sonic velocity; **~gewölbe** *n* acoustic vault; **~grenze** *f* → *Schallmauer;* **~ingenieur** *m* sound engineer, acoustician; **~(l)ehre** *f* (-) acoustics *pl.*; **~(l)eiter** *m* sound conductor; **~(l)och** *n* sound hole; **~mauer** *f* sound barrier; **~messen** *n* (-s) sound ranging; **~messer** *m* (-s; -) sonometer; **~meßgerät** *n* sound locator; **~meßortung** *f* sound-ranging location; **~meßtrupp** *mil. m* sound-ranging party.

'**Schallplatte** *f* (gramophone, *Am.* phonograph) record, disk, disc.
'**Schallplatten...:** **~aufnahme** *f* disk recording, transcription; **~musik** *f* recorded (*contp.* canned) music; **~sendung** *f* broadcast of records, *Am.* transcription; **~verstärker** *m* pickup amplifier.

'**Schall...:** **~quelle** *f* sound source; **~raum** *m* sound box *or* chamber; **2schluckend** *adj.* sound-absorbing; **~stärke** *f* sound intensity; **~stärkenmesser** *m* (-s; -) phonometer; **~technik** *f* (-) acoustics *pl.*; **~trichter** *m* sound projector; bell-mouth; *of loudspeaker:* horn, trumpet; **~wand** *f* acoustic baffle; **~welle** *f* sound wave; **~zeichen** *n* sound signal.

'**Schälmaschine** *f* decorticator.

Schalmei [ʃal'maɪ] *mus. f* (-; -en) shawm; **~wecker** *m* gong bell.
Schalotte [ʃa'lɔtə] *bot. f* (-; -n) shallot.
schalt [ʃalt] *pret. of* schelten.
Schalt|ader ['ʃalt-] *el. f* jumper wire; **~anlage** *f* switchgear (installation); **~bild** *n el.* wiring (*or* circuit) diagram; *mot.* gear-changing diagram; **~brett** *n el.* switchboard, (electrical) control panel; *aer., mot.* instrument panel, dashboard; **~dose** *f* switch box.
'schalten I. *v/i.* (h.) direct, rule; **~ und walten a**) manage, command, **b**) potter about; *j-n ~ und walten lassen* let a p. do as (s)he likes, give a person plenty of rope; **~ mit** (*dat.*) deal with; *el.* switch; *mot.* change (*or* shift) gears; *in den ersten Gang ~* shift *or* change into bottom gear; *hart ~* clash gears; *colloq. fig.* do some quick thinking; **II.** *v/t.* (h.) *tech.* actuate; operate; control; *mot.* change, shift; start; throw in, engage (*clutch*); insert (*valve*); index (*turret slide*); feed (*support*); *el.* **a**) switch, **b**) wire, **c**) connect; **→** ausschalten, einschalten.
'Schalter *m* (-s; -) sliding window *or* shutter; *rail., etc.*: booking (*or* ticket) office; *bank, post office*: counter, window, desk; *tech., mot.* control(l)er; *el.* **a**) switch, **b**) circuit-breaker, cut-out; *mehrstufiger ~* multiple-point switch; *selbsttätiger ~* snap switch; **~beamte(r)** *m* counter-clerk; *rail., etc.*: booking-clerk; **~dienst** *m* (-es) counter service; **~stellung** *f* switch position; **~stunden** *f/pl.* counter hours.
'Schalt...: **~getriebe** *n* control gear; *mot.* change-speed gear; **~hebel** *m mot.* gear-shift lever; *tech.* control lever; *el.* switch (*or* contact) lever.
Schaltier ['ʃal-] *zo. n* crustacean.
'Schalt...: **~jahr** *n* leap-year; **~kasten** *m* switchbox; **~klinke** *f* pawl; **~knopf** *m* control button; **~kulisse** *f* gear-shifting gate; **~kupplung** *f* clutch coupling; *2los adj.* gearless; *~es Getriebe* no-shift drive; **~nocke** *f* trip cam; **~plan** *el. m* wiring diagram; **~pult** *n* control desk; **~rad** *n* indexing gear; **~raum** *m* switch room; **~schema** *n* **→** Schaltplan; **~schrank** *el. m* switch cabinet; **~stellung** *f* switch (*or* indexing) position; **~tafel** *f* **→** Schaltbrett; **~tag** *m* intercalary day.
'Schaltung *f* (-; -en) *tech.* control; *mot.* gear-change, gearshift, shifting; *el.* **a**) circuit (arrangement), **b**) connection(s *pl.*), **c**) wiring, **d**) switching.
'Schalt...: **~ventil** *n* pilot valve; **~werk** *n* control mechanism; *mot.* gear mechanism; *el.* switch gear.
'Schalung *arch. f* (-; -en) (verlorene *~* lost) form.
Schaluppe [ʃa'lupə] *f* (-; -n) sloop, jolly-boat.
Scham [ʃaːm] *f* (-) shame; bashfulness, modesty; *anat.* privy (*or* private) parts, genitals *pl.*; *weibliche ~* pudenda *pl.*; *bibl.* nakedness; *vor ~ erröten (vergehen)* blush for (die with) shame; **~bein** *anat. n* pubic bone; **'~berg** *m* mons pubis; **'~bogen** *m* pubic arch.

schämen ['ʃɛːmən]: *sich ~* (h.) be *or* feel ashamed (*gen., wegen, über acc.* of [o.s.]); *du solltest dich ~!* you ought to be ashamed of yourself; *ich würde mich zu Tode ~* I should die for shame; *schäme dich! schämt euch!* for shame!, shame on you!
'Scham...: **~gefühl** *n* (-[e]s) sense of shame; modesty; **~haare** *n/pl.* pubic hair *sg.*; *2haft adj.* bashful, modest; shamefaced, blushing; coy, prim; prudish; chaste; **~haftigkeit** *f* (-) bashfulness, modesty; coyness; chasteness; **~lippe** *anat. f* labium (*pl.* labia) of the vulva; **~los adj.** shameless; impudent; *fig. ~e Lüge* shameless (*or* barefaced) lie; **~losigkeit** *f* (-; -en) shamelessness; impudence.
Schamotte [ʃa'mɔtə] *f* (-) fire-clay; **~stein** *m* fire-brick.
Schampun [ʃam'puːn] *n* (-s), **schampu'nieren** *v/t.* (h.) shampoo.
Schampus ['ʃampus] *colloq. m* (-) fizz, *Am.* gigglewater.
'Scham...: *2rot adj.* red with shame, blushing; *~ machen* put to the blush; *~ werden* blush (with shame), colo(u)r up; **~röte** *f* blush; **~teile** *m/pl.* genitals, private parts.
schand|bar ['ʃantbaːr] *adj.* **→** schändlich; *2bube m* scoundrel, villain.
Schande ['ʃandə] *f* (-) shame; dishono(u)r, disgrace, discredit; ignominy, infamy; *~ bedecken; j-m ~ machen* bring discredit (*or* shame) upon a p., be a disgrace to a p.; *es ist e-e ~, daß* it is a shame *or* disgrace that; *zu m-r ~ muß ich gestehen* I am ashamed to admit; *~ über dich!* shame on you!; *zu ~n* **→** zuschanden.
schänden ['ʃɛndən] *v/t.* (h.) dishono(u)r, disgrace; soil, sully; desecrate, profane; rape, violate, ravish, abuse (*a woman*); disfigure.
'Schänder *m* (-s; -) desecrater, profaner; violator, ravisher.
'Schand...: **~fleck** *m* blemish, stain, blot; disgrace; eyesore; **~geld** *n* scandalous price; *für ein ~* for a mere song.
schändlich ['ʃɛntliç] **I.** *adj.* shameful, infamous, disgraceful; ignominious; foul, vile, base, abominable (*crime, etc.*); scandalous (*lie, etc.*); **II.** *colloq. adv.* extremely, infernally, awfully; *2keit f* (-; -en) shamefulnes, disgrace(fulness); infamy, baseness.
'Schand...: **~mal** *n* stigma, brand (of infamy); **~maul** *n* scandalous tongue; (*person*) slanderer, backbiter, scandalmonger; **~pfahl** *m* pillory; **~preis** *m* scandalous price; **~tat** *f* infamous act(ion), foul deed; *colloq. er ist zu jeder ~ bereit* he is ready for anything, he is a good sport.
'Schändung *f* (-; -en) **→** schänden; profanation, desecration; rape, violation; disfigurement.
Schank [ʃaŋk] *m* (-[e]s; ⁻e) retail trade of alcoholic liquors; *a.* **→** **'~gerechtigkeit** *f* licence (*Am.* -se) for selling beer, *etc.*
Schanker ['ʃaŋkər] *med. m* (-s; -) chancre.

'Schank...: **~gesetz** *n* licensing act; **~mädchen** *n* barmaid; **~stätte** *f* licensed premises *pl.*; **~tisch** *m* bar; **~wirt** *m* licensed victualler; publican, *Am.* saloonkeeper; **~wirtschaft** *f* public house, pub, *Am.* saloon; **~zimmer** *n* tap-room.
Schanz|arbeiten ['ʃants-] *f/pl.*, **~bau** *mil. m* (-[e]s; -ten) construction of field-works, entrenchments; **~arbeiter** *m* sapper, pioneer; **~e** *f* (-; -n) *mil.* entrenchment, field-work; *mar.* quarter-deck; ski-jumping hill; *fig. in die ~ schlagen* risk, hazard; *2en v/t. and v/i.* (h.) throw up entrenchments, entrench, dig (at a trench); *colloq. fig.* work hard, drudge; **~enrekord** *m* (jumping-)hill record; **~entisch** *m* ski-jumping platform; **~pfahl** *m* palisade; **~werk** *n* entrenchment; **~zeug** *n* (-[e]s) entrenching tools *pl.* *or* equipment.
Schar [ʃaːr] *f* (-; -en) **1.** troop, band; group, bunch, party, *a. b.s.* gang; posse, *b.s.* horde; crowd; flock (*of geese*); flight (*of birds*); covey (*of partridges*); bevy (*of larks, roes, ladies*); **2.** *agr.* ploughshare, *Am.* plowshare.
Scharade [ʃa'raːdə] *f* (-; -n) charade.
Scharbock ['ʃaːrbɔk] *med. m* (-[e]s) scurvy.
'scharen *v/t. and sich ~* (h.) assemble, collect; flock together; *um sich ~* rally; *sich ~ um* (*acc.*) rally (a)round; **~weise** *adv.* in troops, in crowds.
scharf [ʃarf] **I.** *adj.* sharp (*a. fig.*); sharp-edged, cutting, keen; pointed, acute; sharp, peaked (*curve*); *fig.* sharp, harsh; sharp, acrid, pungent (*smell, taste*); peppered, hot; caustic, corrosive, mordant; biting, caustic (*remark, etc.*); trenchant, slashing (*criticism*); piercing, shrill (*sound*); *mit ~er Stimme* sharply, in strident tones; *~e Zunge* sharp tongue; abrupt, sharp; exact, precise; *opt., phot.* well-focus(s)ed; sharply defined (*outlines*); salient (*feature*); pronounced; *colloq.* hot (*girl, etc.*), juicy (*joke*); *~er Gegensatz* sharp contrast; *~er Gegner* declared enemy; severe, rigorous, strict, drastic; rigid, iron (*discipline*); *~e Zucht halten* rule with an iron hand; *~er Beobachter* keen observer; *~er Blick* keen eye; *~es Gehör* acute hearing, sharp *or* quick ear; *~es Tempo* hard (*or* sharp) pace; *~er Verstand* sharp intelligence, keen (*or* penetrating) mind; *~er Wind* sharp (*or* biting, cutting) wind; *~e Konkurrenz* stiff competition; *~e Züge* sharp(-cut) features; *mil.* live (*ammunition*), armed (*mine, etc.*); *colloq. ~ sein auf* be very keen on; **II.** *adv.* sharply, *etc.*; *fig. ~ aufpassen* give close attention, prick one's ears; watch out, be on the alert; *~ ansehen* look sharply *or* keenly at; *~ reiten* ride hard; *~ schießen* shoot with ball (*or* live ammunition); *~ im Auge behalten* keep a close watch on; *j-n ~ anfassen* be sharp (*or* strict) with a p.; *~ ins Zeug gehen* not to pull one's punches, go it strong; *j-m ~ zu*

Leibe gehen press a p. hard, corner a p.; *sich ~ wenden gegen* attack vigorously, take strong issue with; → *scharfmachen;* 2**abstimmung** *f* (-) *radio:* sharp tuning; *selbsttätige:* automatic tuning control; 2**blick** *m* (-[e]s) penetrating glance, quick eye; *fig.* penetration, perspicacity; ~**blickend** → *scharfsichtig.*

Schärfe ['ʃɛrfə] *f* (-; -n) sharpness; *fig.* keenness, acuteness; pungency; severity, rigo(u)r, harshness; exactness; *opt.* sharp definition; abruptness; *of microscope:* resolving power; edge; acrimony; stringency; ~ *verleihen* put an edge to; *e-r Rede, etc., die ~ nehmen* take the edge off *a speech, etc.*

'**scharf...:** ~**eckig** *adj.* sharp-cornered; 2**einstellung** *f* focus(s)ing; focus control.

'**schärfen** *v/t.* (h.) sharpen, put an edge to (*a. fig.*); whet; grind; point, cut (*pencil*); arm (*mine, etc.*); *fig.* aggravate, intensify, heighten; sharpen (*ear, eye, mind*); strengthen (*memory*).

'**scharf...:** ~**gängig** *tech. adj.* V-threaded (*screw*), angular (*thread*); ~**kantig** *adj.* sharp-edged, edgy; *phot., etc.* sharply defined; ~**machen** *v/t.* (h.) arm (*mine, bomb, etc.*); activate (*fuse*); *fig.* instigate; ~ *gegen* (*acc.*) set *a p.* against; 2**macher** *pol. m* firebrand, agitator; 2**mache'rei** *f* (-) agitation; 2**richter** *m* executioner, hangman; 2**schießen** *mil. n* live shooting; 2**schütze** *m* marksman, crack shot, sharpshooter; *mil.* sniper; 2**sicht** *f* quickness (*or* keenness) of sight; *fig.* perspicacity, penetration; ~**sichtig** ['-ziçtiç] *adj.* sharp-sighted, quick-sighted; *fig.* perspicaceous, penetrating, clear-sighted; 2**sinn** *m* (-[e]s) sagacity, acumen, penetration, penetrating mind; discernment; ~**sinnig** *adj.* sharp-witted, penetrating, shrewd; sagacious, discerning; subtle; 2**sinnigkeit** *f* (-) → *Scharfsinn;* ~**umrissen** ['-um'rɪsən] *adj.* clear-cut; ~**winkelig** *adj.* acute-angled.

Scharlach ['ʃarlax] *m* (-s; -e) (*a.* ~**farbe** *f*) scarlet; *med.* (*a.* ~**fieber** *n*) scarlet fever; 2**rot** *adj.* scarlet (-red).

Scharlatan ['ʃarlatan] *m* (-s; -e) charlatan; quack (doctor), mountebank; ~e'**rie** *f* (-; -n) charlatinism, quackery.

Scharm [ʃarm] *m* (-s) → *Charme.*

Scharmützel [ʃar'mytsəl] *n* (-s; -), 2**n** *v/i.* (h.) skirmish.

Scharnier [ʃar'niːr] *n* (-s; -e) hinge, joint; *mit* ~(*en*) *versehen* hinged; ~**deckel** *m* hinged lid; ~**stift** *m* hinge-bolt.

Schärpe ['ʃɛrpə] *f* (-; -n) scarf, sash; sling.

Scharpie [ʃar'piː] *f* (-) lint.

Scharre ['ʃarə] *tech. f* (-; -n) scraper.

'**scharren** *v/t. and v/i.* (h.) scrape (*mit den Füßen* one's feet); scratch (*a. chicken*); *horse:* paw.

Scharte ['ʃartə] *f* (-; -n) notch, nick, dent; crack, fissure; gap; *mil.* loophole, embrasure, *of tank:* port; *e-e ~ auswetzen* wipe out a disgrace; repair a fault.

Scharteke [ʃar'teːkə] *f* (-; -n) old volume, trashy book; trash, junk; *colloq. (woman)* old frump.

'**schartig** *adj.* jagged, dented.

scharwenzeln [ʃar'vɛntsəln] *v/i.* (sn) bow and scrape; *um j-n:* fawn (*or* dance attendance) (up)on a p.

Schatten ['ʃatən] *m* (-s; -) shadow (*a. TV, med.; fig. companion, ghost*); shade (*a. paint.*); *Licht und ~* light and shade; *der ~ des Todes* the shadow of death; *e-n ~ werfen* cast a shadow (*auf acc.* upon; *a. fig.*); *kommende Ereignisse werfen ihre ~ voraus* coming events cast their shadows before; *in den ~ stellen* put in the shade, *fig. a.* throw in the shade, eclipse, exceed (*expectations*); *j-m wie ein ~ folgen* follow a p. like a shadow; *er ist nur noch ein ~ (seiner selbst)* he is but a shadow (of his former self); ~**bild** *n* silhouette; *fig.* phantom; ~**boxen** *n* shadow-boxing; ~**dasein** *n* shadowy existence; *ein ~ führen* live in the shadow; 2**haft** *adj.* shadowy, shadow-like; ghostly; ~**könig** *m* mock king; 2**los** *adj.* shadowless, shadeless; 2**reich** *adj.* shady, umbrageous; ~**reich** *n* realm of shades, Hades; ~**riß** *m* silhouette; ~**seite** *f* shady side; *fig. a.* dark (*or* seamy) side; drawback; 2**spendend** *adj.* throwing a shade; shady; ~**spiel** *n* shadow-play, Chinese shades *pl.*; *fig.* phantasmagoria.

schat'tier|en *v/t.* (h.) shade (off), tint; hatch; 2**ung** *f* (-; -en) shading; shade, tint, hue; *fig. aller ~en* of all shades.

'**schattig** *adj.* shady, shadowy, shaded.

Schatulle [ʃa'tulə] *f* (-; -n) casket; cash box; *of prince:* privy purse.

Schatz [ʃats] *m* (-es; ⁺e) treasure; *fig. a.* rich store, wealth (*an dat.* of); find; rich source, bonanza; *colloq.* sweetheart, love, my treasure, darling, *Am. a.* honey; '~**amt** *n Brit.* Exchequer, *Am.* Treasury (Department); ~**anweisung** *f* Treasury bond, *Am.* Treasury certificate.

schätzbar ['ʃɛtsbaːr] *adj.* estimable; 2**keit** *f* (-) estimableness, valuability.

'**schätzen** *v/t.* (h.) estimate; value (*auf acc.* at), compute (at); *for taxation:* assess; appraise, assess (*damage*); value, price, rate (at); forecast; appreciate; esteem, think highly of; treasure, set great store by *a th.; zu hoch ~* overestimate, overrate; → *unterschätzen; sich ... ~ consider o.s. ...; sich glücklich ~, zu inf.* be happy (*or* delighted) to *inf.; ich schätze, es wird nicht lange dauern* I reckon *it won't last long; er schätzt das gar nicht* he doesn't like that at all; ~**swert** *adj.* estimable, valuable.

'**Schätzer** *m* (-s; -) (expert) valuer; *insurance:* appraiser.

'**Schatz...:** ~**gräber** *m* treasure-seeker; ~**kammer** *f* treasure-vault; → *Schatzamt;* ~**kanzler** *m* Treasurer; *Brit.* Chancellor of the Exchequer; ~**kästlein** ['-kɛstlaɪn] *fig. n* (-s; -) treasury, collection of gems; ~**meister** *m* treasurer (*of club, etc.*); ~**schein** *m* Treasury bill.

'**Schatzung** *f* (-; -en) taxation.

'**Schätzung** *f* (-; -en) estimate, valuation; computation; rating; *for taxation:* assessment, *Am.* assessed valuation; *insurance:* appraisal; appreciation, estimation; esteem, high opinion.

'**Schätzungs...:** ~**fehler** *m* error in estimating; 2**weise** *adv.* approximately, roughly; *er hat ~ 200 Abnehmer* he is estimated to have 200 customers; *~ 7 Millionen Amerikaner* an estimated seven million Americans; ~**wert** *m* estimated (*taxation:* assessed, *insurance:* appraised) value.

'**Schatzwechsel** *m* → *Schatzschein.*

Schau [ʃau] *f* (-; -en) view; inspection; show, exhibition; spectacle, show; *mil.* review; vision; *nur zur ~ only* for show; *zur ~ stehen* be on display; *zur ~ stellen* (put on) display, exhibit; *zur ~ tragen* display, parade, sport, flaunt; wear (*look, smile*), *w.s.* assume (*an air*); *colloq. e-e ~ abziehen* make a show (of o.s.); '~**bild** *tech. n* chart, graph; diagram; curve; '~**bude** *f* showbooth; '~**bühne** *f* stage.

Schauder ['ʃaudər] *m* (-s; -) shudder(ing), shiver, tremor; *fig.* horror, terror; 2**erregend**, 2**haft** *adj.* horrible, dreadful, *fig. a.* awful; atrocious, heinous; 2**n** *v/i.* shudder, shiver (*vor dat.* at); *es schaudert mich, mir* (*or* mich) *schaudert* I shudder, my flesh creeps; *es macht mich ~* it makes me shudder, it gives me the creeps; *mich schaudert bei dem Gedanken* I shudder at the thought.

'**schauen** I. *v/t.* (h.) see, perceive; view, behold; II. *v/i.* (h.) look; ~ *auf* (*acc.*) look (*or* gaze) at, *fig.* look upon, take as a model; *colloq.* schau, *daß du fertig wirst* see to it that, take care that *you get it finished; schau, schau!* well, well!, what do you know!

'**Schauer 1.** *m* (-s; -) shower (*of hail, rain, gifts, etc.*); shudder(ing), shiver; attack, fit, paroxysm; thrill; **2.** *m or n* (-s; -) shed, shelter; 2**lich** *adj.* horrible, ghastly, gruesome, hair-raising; ~**mann** *mar. m* (-[e]s; -**leute**) stevedore, docker, *Am.* longshoreman; 2**n** *v/i.* (h.) → *schaudern; hageln;* ~**roman** *m* penny-dreadful, shocker.

Schaufel ['ʃaufəl] *f* (-; -n) shovel; scoop; paddle; palm (*of anchor, antlers*); *tech.* blade, bucket (*of turbine*); *zwei ~n Kohlen* two shovelfuls of coal; ~**bagger** *m* shovel dredger, *Am.* dredging shovel; ~**geweih** *hunt. n* palmed antlers *pl.*; ~**hirsch** *m* stag with palmed antlers; 2**n** *v/t. and v/i.* (h.) shovel; dig; ~**rad** *n* paddle-wheel; *of turbine:* bladed wheel; ~**zahn** *m* (broad) incisor.

'**Schaufenster** *n* shop-window, *Am.* show window, store window; *~ ansehen (gehen)* go window-shopping; ~**auslage** *f* window display; ~**dekorateur** *m* window-dresser; ~**dekoration, ~gestaltung** *f* window-dressing; ~**einbruch** *m* smash-and-grab raid; ~**reklame** *f* window-display advertising.

Schaufler *hunt.* *m* (-s; -) buck with palmed antlers.

'**Schau...**: **~fliegen** *n* (-s), **~flug** *aer.* *m* stunt flying, air display; **~gerüst** *n* stage, plateform, stand; **~glas** *tech.* *n* sight glass; **~haus** *n* mortuary, morgue (*Fr.*); **~kampf** *m* boxing: exhibition (bout); **~kasten** *m* show-case.

Schaukel ['ʃaukǝl] *f* (-; -n) swing; → **~brett** *n* seesaw; ♀n I. *v/i.* (and sich) (h.) swing; rock; seesaw; wobble; sway; II. *v/t.* (h.) swing; rock; *colloq. fig.* swing, wangle a th.; **~pferd** *n* rocking-horse; **~politik** *f* seesaw policy; **~reck** *n* gym. trapeze; **~ringe** *m/pl. gym.* flying rings; **~stuhl** *m* rocking-chair, rocker.

'**Schau...**: **~loch** *n* peephole; *tech.* inspection hole; **~lust** *f* (-) curiosity; ♀**lustig** *adj.* curious; **~lustige(r** *m*) *f* (-n, -n; -en, -en) onlooker, curious bystander; sightseer.

Schaum [ʃaum] *m* (-[e]s, ⁓e) foam; spray; *on beer, etc.*: froth, head; bubbles *pl.*; lather; scum; *fig.* bubble; *zu ~ schlagen* whip, beat up (*egg*); *fig. zu ~ werden* vanish, come to nothing, fizzle out; *ihm stand der ~ vor dem Munde* he foamed at the mouth; '**~bad** *n* bubble bath; ♀**bedeckt** *adj.* covered with foam, foamy; '**~blase** *f* bubble (*a. fig.*).

schäumen ['ʃɔymǝn] *v/i.* (h.) foam, froth; *beverage*: fizz, effervesce; *beer*: foam; *wine*: sparkle; *soap suds*: lather; *fig. vor Wut ~* foam, boil (with rage); **~d** *adj.* foaming, frothy; effervescent (*drink*), sparkling (*wine*).

'**Schaum...**: **~feuerlöscher** *m* foam extinguisher; **~gebäck** *n* meringue(s *pl.*); **~gold** *n* Dutch gold; tinsel; **~gummi** *m* foam rubber; ♀**ig** *adj.* foaming, frothy; **~kelle** *f*, **~löffel** *m* skimming-ladle; ♀**los** *adj.* foamless; *beer*: flat; **~schläger** *m* whisk, egg-beater; *fig.* gas-bag; bluff, humbug; **~schläge'rei** *fig.* *f* empty talk, humbug; ♀**schlägerisch** *adj.* frothy.

'**Schau-münze** *f* medal.
'**Schaumwein** *m* sparkling wine.
'**Schau...**: **~packung** *f* dummy; **~platz** *m* scene (of action), theat|re, *Am.* -er (of war, *etc.*); **~prozeß** *jur.* *m* show trial.

schaurig ['ʃauriç] *adj.* horrible, horrid; weird, hair-raising.

'**Schauspiel** *n* spectacle, sight; *thea.* (stage-)play; drama; *fig. es war ein trauriges ~* it was a sorry sight; **~dichter(in** *f*) *m* playwright, dramatist; **~dichtung** *f* drama(tic poetry); **~er** *m* actor, player; comedian; tragedian; *pl. the* cast; *fig. contp.* play-actor; **~e'rei** *fig. f* play-acting, affectation; **~erin** *f* actress; comedienne; tragedienne; ♀**erisch** *adj.* theatrical, histrionic; acting (*talent, etc.*); ♀**ern** *v/i. and* *v/t.* (h.) *fig.* play-act, sham, feign, put it on; **~haus** *n* playhouse; theat|re, *Am.* -er; **~kunst** *f* (-) dramatic art, *the* drama.

'**Schau...**: **~steller** [-'ʃtɛlǝr] *m* (-s; -) exhibitor; showman; **~stellung** *f* exhibition, show; **~stück** *n* show-

-piece, exhibit; specimen; *thea.* lavish stage spectacle; **~tafel** *f* → *Schaubild*; **~turnen** *n* gymnastic display.

Schawatte [ʃa'vatǝ] *tech. f* (-; -n) anvil block; bedplate.

Scheck [ʃɛk] *econ. m* (-s; -s) cheque, *Am.* check (*über acc.* for); *e-n ~ ausstellen* draw a cheque; '**~abrechnung** *f* clearing of cheques; '**~buch** *n* cheque- (*Am.* check-) book.

Schecke ['ʃɛkǝ] *f* (-; -n) piebald (*or* dappled) horse.

'**Scheck...**: **~fähigkeit** *f* (-) capacity to draw (*or* to be the drawee of) cheques; **~fälscher** *m* cheque (*Am.* check) forger; **~fälschung** *f* forgery of cheque; forged cheque; **~formular** *n* cheque form, *Am.* blank check; **~heft** *n* → *Scheckbuch*.

'**scheckig** *adj.* spotted, speckled; *esp. horse*: piebald, dappled.

'**Scheck...**: **~inhaber(in** *f*) *m* bearer (of a cheque); **~konto** *n* cheque (*or* drawing) account, *Am.* checking account; **~verkehr** *m* cheque (*Am.* check) transactions *pl.*

scheel [ʃe:l] I. *adj.* (*a.* '**~äugig**) cross-eyed; *fig.* (*a.* '**~süchtig**) jealous, envious; II. *adv.*: *j-n ~ ansehen* look askance at.

Scheffel ['ʃɛfǝl] *m* (-s; -) bushel; *fig. sein Licht unter den ~ stellen* hide one's light under a bushel; ♀n I. *v/t.* (h.): *Geld ~* rake in (*or* amass) money; II. *v/i.* (h.) yield abundantly; ♀**weise** *adv.* by the bushel; in large quantities.

Scheibe ['ʃaibǝ] *f* (-; -n) disk (*a.* *anat.*), *esp. tech.* disc; slice (*of bread, etc.*); cake (*of wax*); honeycomb; (*window*) pane; *shooting*: target; *hockey*: puck; *teleph., etc.*: dial; *tech.* disk, disc, plate; lamella; (*grinding, potter's*) wheel; gasket, washer; circular plate; pulley; sheave; *colloq. fig. da (bei ihm) kannst du dir noch eine ~ abschneiden* you can learn a lot from him, you can take a leaf out of his book; *ja, ~!* my foot!

'**Scheiben...**: **~antenne** *f* disc aerial (*Am.* antenna); **~bremse** *f* disc brake; **~dichtung** *f* sheet gasket; **~egge** *agr. f* disc harrow; ♀**förmig** ['-fœrmiç] *adj.* disk-shaped; **~gardinen** *f/pl.* casement curtains; **~glas** *n* plate-glass; **~honig** *m* honey in the comb; **~kupplung** *f* disc clutch; **~pflug** *m* disc plough (*Am.* plow); **~pistole** *f* target pistol; **~rad** *mot. n* disc wheel; **~schießen** *n* target practice; **~stand** *m* butts *pl.*; shooting-range; ♀**weise** *adv.* in slices; **~wischer** *m mot.* wind-screen wiper, *Am.* (and *aer.*) windshield wiper.

Scheich ['ʃaiç] *m* (-s; -e) sheik(h).

Scheide ['ʃaidǝ] *f* (-; -n) line of separation, borderline, parting; sheath (*a. bot.*); scabbard; *anat.* vagina; *aus der ~ ziehen* unsheathe *or* draw (*one's sword*); **~anstalt** *tech.* *f* refinery; **~bad** *chem. n* separating bath; **~brief** *m* farewell letter; **~erz** *metall. n* picked ore; **~flüssigkeit** *f* separating liquid; **~gold** *n* parting gold; **~kunst** *f* (-) analytical chemistry; **~linie** *f* separating line; **~-**

~mauer *f* partition(-wall); **~mittel** *chem. n* parting agent; **~münze** *f* small coin.

'**scheiden I.** *v/i.* (*irr., sn*) *and sich* (*irr., h.*) separate; depart, leave; part, take leave of one another; *aus dem Dienst ~* retire from service, resign; *aus dem Leben ~* depart this life; *aus e-r Firma ~* leave a firm; *fig. hier ~ sich die Wege* here the roads part; II. *v/t.* (*irr., h.*) separate, part (*both a. tech.*); sever; divide; analyse, refine; decompose; pick (*ore*); clarify (*sugar*); *jur.* divorce (*spouses*), dissolve (*marriage*); *sich ~ lassen* seek a divorce; divorce one's wife *or* husband; *geschieden werden* obtain a divorce; → *geschieden;* ♀ *n* (-s) parting (*a. tech.*); *vor s-m ~* previous to his departure; **~d** *adj.* parting, farewell; closing (*year*); ♀**spekulum** ['-ʃpekulum] *n* (-s; -la), ♀**spiegel** *med. m* vaginal speculum.

'**Scheide...**: **~wand** *f* partition (-wall); *anat., bot.* septum; *fig.* barrier; **~wasser** *chem. n* (-s; ⁓) aqua fortis, nitric acid; **~weg** *m* forked way, crossroad; *fig.* dilemma; *am ~e* at the crossroads.

'**Scheidung** *f* (-; -en) separation, parting; *chem.* analysis; *metall.* refining; picking (*of ore*); *jur.* **a)** divorce (*von* from), **b)** dissolution *of a marriage; auf ~ klagen* sue for divorce; *die ~ einreichen* file a petition for divorce.

'**Scheidungs...**: **~begehren** *n* (-s) petition for divorce; **~grund** *m* ground for a divorce; **~klage** *f* divorce suit; *die ~ einreichen* file a petition for divorce; **~prozeß** *m* divorce suit; **~urteil** *n* judicial decree of divorce.

Schein [ʃain] *m* (-[e]s) **1.** shine; light; gleam; → *Glanz;* flash; blaze; **2.** (*pl.* -e) certificate; form; paper; bill; (bank-)note, *Am. a.* bill; receipt; slip; **3.** *fig.* appearance, semblance; → *Anschein;* air, look; outside, (mere) show; sham, make--believe, blind; *unter dem ~e* (*gen.*) under the cloak (*or* disguise) of; *zum ~e* pro forma; *den ~ wahren* keep up appearances, save one's face; *nach dem ~ urteilen* judge by appearance(s); *dem ~ nach zu urteilen* on the face of it; *sich den ~ geben, als ob* feign (*or* pretend, make) as if; *der ~ spricht gegen ihn* appearances are against him; *der ~ trügt* appearances are deceptive.

'**Schein...** *in compounds usu.* apparent ...; mock ...; sham ...; dummy ...; fictitious ...; pseudo ...; *Am. sl.* phon(e)y ...; **~angriff** *m* feint attack, feint; **~anlage** *mil. f* dummy installation, decoy; **~argument** *n* specious argument; ♀**bar** I. *adj.* seeming, apparent; false, fictitious; II. *adv.* seemingly, *etc.*; on the face of it, on its face; **~bild** *n* delusion, illusion; phantom; **~blüte** *econ. f* specious prosperity, sham boom; **~ehe** *f* fictitious marriage.

'**scheinen** *v/i.* (h.) shine, give light; shine, gleam; *der Mond scheint* the moon is shining; *fig.* seem, appear, look; *es scheint mir* it seems (*or* appears) to me; *sie ~ reich zu sein* they seem to be rich; *wie es scheint* as it seems.

'**Schein...: ~flugplatz** *mil. m* dummy airfield; **~friede** *m* hollow peace; **~gefecht** *n* sham fight; **~geschäft** *n* fictitious transaction; **~gewinn** *m* apparent book profit; **~grund** *m* apparent reason; pretext; **2heilig** *adj.* sanctimonious, canting; hypocritical; false (*smile*, etc.); **~heilige(r** *m*) *f* hypocrite, saint; **~heiligkeit** *f* sanctimoniousness; hypocrisy; falseness; **~kauf** *m* sham purchase; **~könig** *m* mock king; **~stellung** *mil. f* dummy position; **~strom** *el. m* apparent current; **~tod** *med. m* suspended animation, apparent death; **2tot** *adj.* in a state of suspended animation, seemingly dead, (lying) in a trance; **~vertrag** *m* fictitious (*or* sham) contract.

'**Scheinwerfer** *m* reflector, projector; searchlight; floodlight; *mot.* headlight, headlamp; *thea.* (*a.* **~licht** *n*) spotlight; *film:* reflector, *Am.* klieg light; **~kegel** *m* searchlight beam, flare; **~lampe** *f* projector lamp.

'**Scheinwiderstand** *el. m* impedance.

Scheiße ['ʃaɪsə] *f* (-), **2n** *vulg. v/i.* (*irr.*, *h.*) shit.

'**Scheißkerl** *m* cad, skunk, bastard, *Am.* heel, louse.

Scheit [ʃaɪt] *n* (-[e]s; -e): *~ Holz* log, (split) billet; piece of wood.

Scheitel ['ʃaɪtl] *m* (-s; -) crown (*or* top) of the head; parting (*of hair*); *~ scheiteln:* summit, peak, apex; *esp. math.* vertex; *vom ~ bis zur Sohle* from top to toe, *every inch a gentleman;* **~bein** *anat. m* parietal bone; **~faktor** *tech. m* amplitude (*or* crest) factor; **~kreis** *m* vertical circle; **2n** *v/t.* (*h.*): *das Haar ~* part the hair, make a parting; **~naht** *anat. f* parietal suture; **~punkt** *m math.* vertex; *ast.* zenith; *ballistics:* (*a. fig.*): summit (*of trajectory*), apex; **~spannung** *el. f* peak voltage; **~wert** *m* peak (value); **~winkel** *math. m* (vertical) opposite angle.

'**Scheiterhaufen** *m* funeral pile, pyre; *execution:* (*auf dem ~* at the) stake.

scheitern ['ʃaɪtərn] *v/i.* (*sn*) *mar.* run aground, be wrecked, founder, be lost; *fig.* fail, miscarry; be frustrated (*an dat.* by); *negotiations: a.* break down; *daran ist er gescheitert* that was his undoing.

'**Scheitern** *n* (-s) shipwreck; foundering; *fig.* failure, miscarriage; *zum ~ bringen a. fig.* wreck, *fig. a.* frustrate; *zum ~ verurteilt* doomed to failure.

Schellack ['ʃɛlak] *m* (-[e]s; -e) shellac.

Schelle ['ʃɛlə] *f* (-; -n) little bell; handbell; manacle, handcuff; *tech.* clamp, clip; *colloq.* slap (in the face); **~n** *pl. cards:* diamonds.

'**schellen** *v/i.* (*h.*) ring (the bell).

'**Schellen...: ~baum** *mil. m* crescent; **~bube** *m cards:* knave of diamonds; **~geläut(e)** *n* jingle of bells; bells *pl., of horse:* bell-harness; sleigh-bells *pl.*; **~kappe** *f* (fool's) cap with bells; **~könig** *m cards:* king of diamonds; *fig. über den ~ loben* praise to the skies.

Schellfisch ['ʃɛl-] *m* haddock:

Schelm [ʃɛlm] *m* (-[e]s; -e) rogue, knave, rogue, wag; *armer ~* poor wretch; '**~engesicht** *n* roguish face; '**~enroman** *m* picaresque novel; '**~enstreich** *m*, '**~enstück** *n*, '**~erei** *f* (-; -en) roguish trick; knavery, villainy; '**2isch** *adj.* roguish, arch, waggish; impish.

Schelt|e ['ʃɛltə] *f* (-; -n) scolding; *~ bekommen* get a scolding; **2en** *v/t.* (*irr.*, *h.*) scold, chide (*wegen* for); upbraid, blow up; *j-n e-n Dummkopf ~* call a p. a blockhead; **~wort** *n* abusive word, invective.

Schema ['ʃeːma] *n* (-s; -s) scheme, schedule, *tech. a.* diagram; pattern, model; pattern, arrangement, system; *nach ~ colloq.* according to rule; by rote; without discrimination; **schematisch** [ʃeˈmaːtiʃ] *adj.* schematic(ally *adv.*), systematic, *tech.* diagrammatic; *~e Darstellung* schematic representation; skeleton diagram; diagrammatic plan; **schematisieren** [ʃematiˈziːrən] *v/t.* (*h.*) schematize, standardize; **Schematismus** [ʃemaˈtismus] *m* (-; -men) schematism.

Schemel ['ʃeːməl] *m* (-s; -) (foot-) stool.

Schemen ['ʃeːmən] *m* (-s; -) phantom, shadow; **2haft** *adj.* unreal, shadowy; ghostly.

Schenk [ʃɛŋk] *m* (-en; -en) cupbearer; publican, inn-keeper; *in compounds →* **Schank...**

'**Schenke** *f* (-; -n) public house, pub; ale-house; inn, tavern; roadhouse.

Schenkel ['ʃɛŋkəl] *m* (-s; -) thigh, femur; shank; leg (*a. of pipe, triangle, etc.*); foot (*of compasses*); *math.* side (*of angle*); **~bruch** *med. m* fracture of the thigh(-bone), fractured thigh; femoral hernia; **~druck** *m* (-[e]s) *riding:* pressure of the leg; **~hals** *anat. m* neck of the femur; **~hilfe** *f riding:* leg aid; **~knochen** *anat. m* thigh-bone; **~rohr** *tech. m* elbow pipe, V tube.

'**schenken** *v/t.* (*h.*) give; grant; endow (*j-m et.* a p. with); *j-m et. ~ give a p. a th.*, present a p. with a th., make a p. a present of a th.; *fig.* remit (*penalty, debt*); excuse from (*task*); *fig. sich et. ~* omit, drop, cut; *das kannst du dir ~* you can skip that; *es ist (fast) geschenkt* it is given away, *colloq.* it's dirt cheap; *ich möchte es nicht (einmal) geschenkt haben* I would not have it as a gift; *j-m die Freiheit ~* set a p. at liberty; *j-m sein Herz ~* give one's heart to a p.; *→ Aufmerksamkeit, Glauben, Leben, Vertrauen, etc.*

'**Schenker(in** *f*) *m* (-s, -; -, -nen) giver, donor.

'**Schenkung** *f* (-; -en) gift, donation; **~sbrief** *m*, **~s-urkunde** *f* deed of gift; **2sweise** *adv.* by way of donation; as a gift.

scheppern ['ʃɛpərn] *colloq. v/i.* (*h.*) rattle, clatter.

Scherbe ['ʃɛrbə] *f* (-; -n) fragment; potsherd; flowerpot; monocle; **~n** *pl.* broken pieces *or* bits (of china *or* glass); débris; *in ~n gehen* go to pieces.

'**Scher-beanspruchung** *tech. f* shear(ing) stress.

'**Scherbengericht** *n* (-[e]s) ostracism.

Schere ['ʃeːrə] *f* (-; -n) (*eine a pair of*) scissors *pl.*; shears *pl.*; wire-cutters; plate-shears; *zo.* claw; *wrestling, a. econ. fig.* scissors *pl.*; *gym.* back straddle (hands on neck).

'**scheren** *v/t.* (*irr.*, *h.*) shear (*a. sheep*), clip; shave, trim (*beard*); cut (*hair*); clip, prune (*hedge*); *tech.* warp (*ropes, threads*); cut (*velvet*); *fig.* vex, plague; *sich (weg)~* (*h.*) clear off, beat it; *colloq. er soll sich zum Teufel ~* he can go to hell; *sich um et. ~* trouble about a th.; *das schert mich nicht I don't care; was sch(i)ert mich das?* what's that to me?, so what?; *→ Kamm;* **2bewegung** *f econ.* scissor-movement; **2fernrohr** *mil. n* scissor telescope, periscope; **2gitter** *n* folding steel trellis; **2schlag** *m soccer:* scissors kick; **2schleifer** *m* knife-grinder; **2schnitt** *m* silhouette; **2zange** *f* wire cutter, cutter forceps.

Schererei [ʃeːrəˈraɪ] *f* (-; -en) trouble; *j-m viel ~en machen* give a p. no end of trouble.

'**Scherfestigkeit** *tech. f* shearing strength.

Scherflein ['ʃɛrflaɪn] *n* (-s; -) mite; *sein ~ beisteuern* give one's mite, do one's bit.

Scherge ['ʃɛrgə] *m* (-n; -n) beadle, catchpole; hangman('s assistant); *w.s.* myrmidon, bloodhound.

'**Scher...: ~maschine** *f* shearing machine; **~messer** *n* shearing-knife; razor; **~versuch** *tech. m* shear(ing) test.

scherwenzeln [ʃɛrˈvɛntsəln] *colloq. v/i.* (*sn*) *→* **scharwenzeln.**

'**Scherwolle** *f* shearings *pl.*

Scherz [ʃɛrts] *m* (-es; -e) joke, jest; pleasantry, banter; sport, fun, lark; badinage; witticism, *Am. a.* wisecrack; *~ beiseite* joking apart; *im ~, zum ~* in jest, in (*or* for) fun; *(s-n) ~ treiben mit (dat.)* make fun of, make merry with; *er versteht keinen ~* he doesn't see a joke; '**~artikel** *m* novelty, trick; '**2en** *v/i.* (*h.*) jest, joke (*über acc.* at), make fun (of), make merry (with); sport, crack jokes, quip; *mit j-m ~* have fun with *a p.*; banter with; *Sie ~!* you are only joking!, you don't mean it!; *mit ihm ist nicht zu ~* he is not to be trifled with; '**~frage** *f* jocular question, quiz; '**~gedicht** *n* comic poem; '**2haft** *adj.* joking, facetious, playful; comical, funny, droll; humorous, jocular; waggish; pleasant; '**~haftigkeit** *f* (-) facetiousness, jocularity, waggishness; '**~name** *m* nickname; '**2weise** *adv.* in jest, in (*or* for) fun, jestingly; '**~wort** *n* (-[e]s; -e) jesting (*or* facetious) word, witticism.

scheu [ʃɔy] *adj.* shy; bashful; timid, nervous; unsociable; reserved; *horse:* skittish; *~ machen* startle, frighten; *~ werden game:* take fright, *horse:* shy (*durch* at).

Scheu f (-) shyness; timidity, nervousness; reserve; aversion (vor dat. to); awe (vor dat. of); ohne jede ~ without the least fear; e-e heilige ~ haben vor have a wholesome dread of, stand in awe of a p.

Scheuche ['ʃɔʏçə] f (-; -n) scarecrow (a. fig.); ℒn v/t. (h.) scare, frighten (away); chase away, shoo away.

scheuen ['ʃɔʏən] I. v/i. (h.) shy (vor dat. at), take fright (at), balk (at); sich ~ be shy (vor dat. of, with), zu inf.: be afraid (or reluctant) to inf., be shy of ger., shrink from ger.; sich nicht ~ zu inf. be not afraid to inf., b.s. dare (to) inf., have the nerve to inf.; II. v/t. (h.) shun, avoid, fight shy of; dread, be afraid of, fear; keine Kosten (Mühe) ~ spare no expense (pains).

Scheuer ['ʃɔʏər] f (-; -n) → Scheune.

Scheuer...: ~bürste f scrubbing brush; **~festigkeit** tech. f abrasion resistance; **~frau** f charwoman, Am. scrubwoman; **~lappen** m → Scheuertuch; **~leiste** arch. f skirting(-board); **~mittel** n scouring agent; ℒn v/t. and v/i. (h.) scour, scrub; (sich) ~ chafe, rub; **~pulver** n scouring powder; **~tuch** n (-[e]s; ⁻er) scouring cloth, floor-cloth; dish-cloth.

'Scheu...: ~klappe f, **~leder** n blinker, Am. blinder (a. fig.).

Scheune ['ʃɔʏnə] f (-; -n) barn, shed; granary.

'Scheunen...: ~drescher fig. m: essen wie ein ~ eat like a wolf; **~tor** n barn-door (a. fig.); **~viertel** n slums pl.

Scheusal ['ʃɔʏzaːl] n (-[e]s; -e) monster; (person) beast, holy terror, pest; fright.

scheußlich ['ʃɔʏsliç] I. adj. dreadful, horrid, horrible, frightful; vile; hideous; revolting, loathsome; heinous, foul, atrocious (crime); colloq. abominable, awful, beastly (weather, etc.); II. adv.: awfully, frightfully (cold, etc.); ℒkeit f (-; -en) dreadfulness, hideousness; abomination, horror; atrocity, heinous deed.

Schi [ʃiː] m (-s; -er) ski; → Ski(...).

Schicht [ʃiçt] f (-; -en) layer, bed (a. mining); geol., min. stratum (pl. strata); coat(ing); film; pile, stack (of wood); arch. course (of stones); tier; tech. batch, furnace: charge; sediment; phot. emulsion; fig. class, layer, pl. a. social strata; shift, spell (of work), (workers) shift, gang; break, rest; breite ~en der Bevölkerung wide sections of the population; aus allen ~en from all walks of life; ~ machen knock off (work); in ~en arbeiten work in shifts; **'~arbeit** f shift(-work); **'~arbeiter** m shift-worker, day-worker; 'ℒen I. v/t. (h.) arrange (or put) in layers, pile up; stack; mar. stow; metall. charge (the furnace); geol. stratify; classify; II. colloq. v/i. (h.) work in shifts, be on shifts; '~gestein n stratified rock; '~glas n laminated glass; '~holz n stacked wood; laminated wood, ply-wood; 'ℒig adj. lamellar; (drei~ three-)ply (wood); **'~leistung** f output per

shift; '~linie f map: contour line; '~meister m overseer; '~seite phot. f emulsion side; '~stoff m laminated synthetic plastic; '~ung f (-; -en) (arrangement in) layers pl.; geol. (a. fig.) stratification; classification; soziale ~ social strata pl.; '~wechsel m change of shift; 'ℒweise adv. in layers, etc.; at work: in shifts; '~wolke f stratus.

Schick [ʃik] m (-[e]s) chic, elegance, style.

schick adj. chic, stylish, smart, posh.

schicken ['ʃikən] v/t. (h.) send (nach, zu to); dispatch, forward; communicate, transmit; remit (money); nach j-m send for a p.; → April; sich ~ (h.) a) happen, come to pass, chance, b) be fitting or proper; sich ~ für j-n be becoming in, befit, behove (Am. behoove) a p.; sich in et. ~ put up with, resign o.s. to, reconcile o.s. to a th.; sich in die Zeit ~ go with the times; das schickt sich nicht that's not the proper thing to do, it isn't done (or good form); es schickte sich, daß luck would have it that.

'schicklich adj. becoming, proper, seemly; decent; suitable, convenient; ℒkeit f (-) propriety, decorum; decency; ℒkeitsgefühl n (-[e]s) sense of propriety, tact.

Schicksal ['ʃikzaːl] n (-[e]s; -e) fate, destiny; lot, fortune; j-n s-m ~ überlassen leave a p. to his fate; das ~ herausfordern tempt providence, court disaster; das gleiche ~ erfahren fare alike; sein ~ ist besiegelt his fate is sealed; es war sein ~ zu inf. he was fated to inf.; das ist eben ~! that's Fate!; → Geschick; ℒhaft adj. fateful.

'Schicksals...: ~frage f vital (or fateful) question; **~fügung** f divine ordinance; **~gefährte** m, **~genosse** m companion in misfortune, fellow-sufferer; **~gemeinschaft** f community of fate; **~glaube** m fatalism; **~göttinnen** f/pl. Fatal Sisters, the Fates; **~linie** f palmistry: line of fate; **~prüfung** f (sore) trial, ordeal, visitation; **~schlag** m heavy blow, reverse, buffet of fate; **~tag** m fateful day; ℒverbunden adj. united by a common fate; **~weg** m march of destiny.

'Schickung f (-; -en) Providence; (divine) dispensation, divine decree; affliction.

Schiebe|blende ['ʃiːbə-] phot. f sliding diaphragm; **~bühne** rail. f travel(l)ing platform, traverser; **~dach** mot. n sliding roof; **~fenster** n sash-window.

'schieben v/t. and v/i. (irr., h.) push, shove; move; aer., etc.: thrust; slide, slip; wheel; et. in den Mund (in die Tasche) ~ slip (or put) a th. into one's mouth (pocket); sich ineinander ~ (lassen) telescope; colloq. fig. shift, manipulate; profiteer; ~ mit carry on an illicit trade with, sell on the black market; smuggle; → Bank 1, Kegel, Schuld; alle neune ~ throw all nine.

'Schieber m (-s; -er) tech. pusher; slide; slide valve (of steam engine); (slide) damper (of stove); bolt, bar; fig. wangler, profiteer, Am. a.

grafter, 5-percenter, racketeer; blackmarketeer; **~geschäft** n profiteering (job), Am. graft, racket; ~e machen profiteer, Am. graft.

'Schiebe-ring m sliding ring.

'Schieber...: ~tum n (-s) profiteering, Am. graft; **~ventil** n slide-valve, gate valve.

'Schiebe...: ~schalter m slide switch; **~sitz** m sliding seat; **~tür** f sliding door.

Schieb|karren ['ʃiːp-] m wheelbarrow, Am. usu. pushcart; **~lehre** tech. f caliper square.

Schiebung ['ʃiːbuŋ] fig. f (-; -en) sharp practice, swindle, wangling; underhand dealings pl., a. sports: put-up job; rigged game; profiteering (job), Am. graft, racket, deal.

schied [ʃiːt] pret. of scheiden.

Schieds|gericht ['ʃiːts-] n court of arbitration, arbitration committee; sports, etc.: jury, the judges pl.; Obmann e-s ~es umpire; e-e Sache dem ~ unterbreiten refer a matter to arbitration; sich e-m ~ unterwerfen submit to arbitration; **~gerichtsbarkeit** f arbitral jurisdiction; **~gerichtshof** m: Ständiger Internationaler ~ Permanent Court of International Justice; **~gerichtsklausel** f arbitration clause; **~parteien** f/pl. parties to arbitration; **~richter** m arbitrator; sports, etc.: judge, pl. a. jury; tennis: umpire; boxing, soccer: referee; **~richterball** m throwdown; ℒrichterlich I. adj. arbitral; arbitrator's; of the umpire, etc.; II. adv. by arbitration; ℒrichtern v/i. arbitrate; sports: umpire, referee; **~spruch** m (arbitral) award, arbitration; e-n ~ fällen make an award; sich e-m ~ unterwerfen submit to an award; **~verfahren** n arbitration; **~vertrag** m reference to arbitration; international law: treaty of submission to arbitration; e-n ~ schließen agree to submit to arbitration.

schief [ʃiːf] I. adj. oblique (a. math.), slanting; sloping, inclined; lop-sided, cock-eyed; crooked; wry (mouth, face); fig. false, wrong, erroneous; bad; distorted, sl. (all) cock-eyed; warped (judgement); ~es Bild false picture; ~e Ebene math. inclined plane, gradient; fig. auf die ~e Ebene geraten go off the straight and narrow path, start on the downward path; fig. ~e Lage false (or awkward) position; j-n in ein ~es Licht setzen place a p. in a bad light; II. adv. obliquely; aslant; awry; j-n ~ ansehen look askance at; den Hut ~ aufsetzen tilt, cock, wear one's hat at an angle; colloq. ~ gewickelt very much mistaken, on the wrong track; → schiefgehen.

'Schiefe f (-) obliqueness, obliquity; slant; slope, incline(d plane); crookedness, wryness; fig. falseness, perversity.

Schiefer ['ʃiːfər] m (-s; -) slate; geol. schist; splinter; ℒblau adj. slate-blue; **~boden** m slaty soil; **~bruch** m slate-quarry; **~dach** n slate(d) roof; **~decker** ['dɛkər] m (-s; -) slater; ℒfarben, ℒfarbig, ℒgrau *adj.* slate-colo(u)red, slate-grey; ℒ**haltig** *adj.* containing slate, schistous; ℒ**ig** *adj.* slaty; ℒ**n** *v/i.* (*h.*) scale off, exfoliate; ⁓**öl** *n* schist oil; ⁓**platte** *f* slab (*or* leaf) of slate; ⁓**stein** *m* slate-stone, lithographic stone; ⁓**tafel** *f* slate; ⁓**ung** *f* (-) scaling off, exfoliation.

'**schief**...: ⁓**gehen** *v/i.* (*irr.*, *sn*) go wrong (*or* awry), miscarry, turn out badly; *humor.* es wird schon ⁓! cheer up, there's worse to come!; ℒ**heit** *f* (-) → *Schiefe*; ⁓**liegen** *v/i.* (*irr.*, *h.*) be on the wrong side; ⁓**liegend** *adj.* inclined, aslant; ⁓**mäulig** ['-mɔʏliç] *adj.* wry-mouthed; ⁓**treten** *v/t.* (*irr.*, *h.*) tread down *shoes* at the heels; ⁓**wink(e)lig** *adj.* oblique(-angled), tilted.

Schiel-auge ['ʃi:l-] *n* squint-eye.
'**schielen** *v/i.* (*h.*) squint (*auf e-m* Auge in one eye), be cross-eyed; *fig.* ⁓ *auf, nach* squint at, *b.s.* leer at; steal a (sidelong) glance at; *fig.* have an eye to, ogle with; ℒ *n* (-s) squint(ing), cast in the eye, *med.* strabismus; ⁓**d** *adj.* squinting, cross-eyed.

schien [ʃi:n] *pret. of* scheinen.
Schienbein ['ʃi:n-] *n* shin(-bone), tibia; ⁓**schützer** ['-ʃʏtsər] *m* (-s; -) *sports*: shin-guard.
'**Schiene** *f* (-; -n) iron hoop *or* band (*on wheel*); *med.* splint; *tech.* bar, guide rail; *esp. rail.* rail, *pl. a.* the metals; track; bus bar; slat; *aus den* ⁓ *springen* run off (*Am.* jump) the rails, be derailed.
'**schienen** *v/t.* (*h.*) *med.* splint, put in(to) splints; *tech.* shoe, tire (*wheel*); *metall.* draw out and flatten (*steel*).
'**Schienen**...: ⁓**bahn** *f* track; → *Eisenbahn*; ⁓**bus** *m* rail bus, rail diesel car; ⁓**eisen** *n* iron in bars; ⁓**fahrzeug** *n* rail(ed) vehicle; *pl.* (*collect.*) rolling stock; ℒ**gleich** *adj.*: ⁓*er Übergang* level (*Am.* grade) crossing; ⁓**gleis** *n* track; ⁓**netz** *n* railway (*Am.* railroad) system; ⁓**räumer** ['rɔʏmər] *m* (-s; -) *rail.* obstruction-guard, *Am.* cowcatcher; ⁓**strang** *m* track, railway-line; ⁓**verkehr** *m* rail traffic; ⁓**walzwerk** *n* rail rolling mill.
schier¹ [ʃi:r] *adv.* nearly, almost.
schier² *adj.* sheer, pure.
Schierling ['ʃi:rliŋ] *bot. m* (-s; -e) hemlock; ⁓**sbecher** *m* cup of poison.
Schieß|ausbildung ['ʃi:s-] *mil. f* rifle training; gunnery drill; ⁓**auszeichnung** *f* shooting badge; ⁓**bahn** *f* rifle-range; firing lane; ⁓**baumwolle** *f* gun-cotton; ⁓**becher** *mil. m* (rifle) grenade launcher; ⁓**befehl** *m* firing order; ⁓**bude** *f* shooting gallery; ⁓**budenfigur** *humor. f* clown, comedian.
'**schießen I.** *v/t.* (*irr.*, *h.*) shoot; → *scharf* II.; *mining*: blast; *tot* ⁓ shoot dead, kill (with a shot), bump off; *sich mit j-m* ⁓ fight a pistol duel with; *Brot in den Ofen* ⁓ shove a batch of bread into the oven; *sports*: *ein Tor* ⁓ score (a goal); *fig.* → *Bock*; ⁓ *lassen* let fly *or* go; → *Zügel*; **II.** *v/i.* (*irr.*, *h.*) shoot (*a. dam*), discharge a gun, *etc.*; open fire; *auf j-n* ⁓ shoot (*or* fire) at, take a shot

at; *fig.* shoot, dart, dash, rush; *water*, *blood*: gush; *plant*: spring up, sprout; *gut* ⁓ be a good shot; *weit* ⁓ carry far; → *Same*, *Kraut*, *Pilz*; *in die Höhe* ⁓ shoot up; *das Blut schoß ihr ins Gesicht* blood rushed to her face; *der Gedanke schoß mir durch den Kopf* the thought (*or* it) flashed through my mind; *colloq.* ⁓ *Sie los!* fire away!, *Am.* shoot!
'**Schießen** *n* (-s) shooting, firing; shots *pl.*, gun-fire; shooting match; *mil.* gefechtsmäßiges ⁓ combat practice firing; ⁓ *nach der Karte* map firing; ⁓ *nach Radar* radar fire; *colloq.* es (er *etc.*) ist zum ⁓ it (he, *etc.*) is a (perfect) scream.
Schieße'rei *f* (-; -en) gunfight; *contp.* (incessant) shooting.
'**Schieß**...: ⁓**ergebnis** *n* result (*or* effect) of firing; ⁓**fertigkeit** *f* marksmanship; ⁓**gewehr** *n* gun, fire-arm; ⁓**hund** *m* pointer; *fig.* aufpassen wie ein ⁓ watch like a lynx; ⁓**krieg** *m* shooting war; ⁓**kunst** *f* marksmanship; ⁓**lehre** *f* ballistics *pl.*; ⁓**platz** *mil. m* shooting ground(s *pl.*), (rifle-)range; ⁓**prügel** *colloq. m* gun; ⁓**pulver** *n* gunpowder; ⁓**scharte** *f* loophole, embrasure; port (*of tank*); ⁓**scheibe** *f* target; ⁓**sport** *m* shooting; ⁓**stand** *m* shooting-stand; → *Schießbahn*; ⁓**technik** *f* firing technique; ⁓**übung** *f* shooting (*or* target) practice; ⁓**vorschrift** *f* shooting regulations *pl.*
Schiff [ʃif] *n* (-[e]s; -e) ship, vessel, boat, (*a. pl. and collect.*) craft; steamship, steamer; *arch.* nave (*of church*); *weaving*: shuttle; *typ.* galley; *mar.* auf dem ⁓ on board (of the) ship; *das* ⁓ *verlassen* abandon ship; *zu* ⁓ *gehen* go on board, embark.
'**Schiffahrt** *f* (*divided*: Schiff-fahrt) navigation; shipping; ⁓**sagent** *m* shipping agent; ⁓**s-aktien** *f/pl.* shipping shares (*Am.* stocks); ⁓**sgesellschaft** *f* shipping company; ⁓**skanal** *m* ship-canal; ⁓**skunde** *f* (-) navigation, nautics *pl.*; ⁓**slinie** *f* steamship line; ⁓**straße** *f* navigable waterway, sea-route; shipping route *or* lane; ℒ**treibend** *adj.* seafaring.
'**schiffbar** *adj.* navigable; ⁓ *machen* canalize; ℒ**keit** *f* (-) navigability; ℒ**machung** *f* (-) canalization.
'**Schiff**...: ⁓**bau** *m* (-[e]s; -ten) ship-building; ⁓**bauer** *m* (-s; -) shipbuilder; naval architect (*or* engineer) ⁓**bauprogramm** *n* shipbuilding program(me); ⁓**bruch** *m* shipwreck (*a. fig.*); ⁓ *erleiden* be shipwrecked; *fig.* founder, be wrecked, fail; ℒ**brüchig** *adj.* shipwrecked, *person: a.* castaway; ⁓**brüchige(r** *m*) ['-bryçigə(r)] *f* (-n, -n; -en, -en) shipwrecked person, castaway; ⁓**brücke** *f* pontoon-bridge; → *Schiffsbrücke*.
'**Schiffchen** *n* (-s; -) small ship *or* boat; *bot.* carina; *anat.* scapha; *tech.* shuttle; *typ.* galley; *mil.* forage cap.
'**schiffen I.** *v/i.* (*sn*) navigate, sail; *vulg.* (*h.*) piss, take a leak; **II.** *v/t.* (*h.*) (convey by) ship.
'**Schiffer** *m* (-s; -) mariner, sailor;

navigator; *merchant marine*: skipper, master; boatman; ⁓**klavier** *n* accordeon; ⁓**patent** *n* master's certificate; mate's certificate; ⁓**sprache** *f* nautical language.
'**Schiffs**...: ⁓**anlegeplatz** *m* landing place; ⁓**arrest** *m* embargo, seizure of a ship; ⁓**artillerie** *f* naval artillery; ⁓**arzt** *m* ship's doctor *or* surgeon; ⁓**bau** *m* (-[e]s; -ten) → *Schiffbau*; ⁓**bedarf** *m* ship's stores; ⁓**befrachter** *m* freighter, shipper; ⁓**befrachtung** *f* ship's freight; ⁓**besatzung** *f* (ship's) crew; ⁓**boden** *m* ship's bottom *or* hold; ⁓**brücke** *f* bridge; ⁓**eigentümer**, ⁓**eigner** *m* shipowner; ⁓**fracht** *f* ship's freight; ⁓**frachtbrief** *m* bill of lading; ⁓**geschütz** *n* ship's gun, *pl. a.* armament *sg.*; ⁓**haken** *m* grappling-iron; ⁓**hebewerk** *n* (ship-)canal lift; ⁓**hinterteil** *n* stern, poop; ⁓**journal** *n* log-book; ⁓**junge** *m* cabin-boy; ⁓**kapitän** *m* (sea-)captain; ⁓**karte** *f* (steamer-)ticket; ⁓**klasse** *f* (ship's) rating; ⁓**koch** *m* ship's cook; ⁓**kompaß** *m* ship's compass; ⁓**körper** *m* hull; ⁓**kran** *m* ship's crane; ⁓**kreisel** *m* (gyro-)stabilizer; ⁓**küche** *f* caboose, galley; ⁓**ladung** *f* shipload; cargo, freight; ⁓**lazarett** *n* sick-bay; ⁓**leim** *m* marine glue; ⁓**liegeplatz** *m* loading berth; ⁓**makler** *m* ship-broker; ⁓**mannschaft** *f* (ship's) crew; ⁓**maschine** *f*, ⁓**motor** *m* marine engine; ⁓**papiere** *n/pl.* ship's papers; ⁓**raum** *m* hold; shipping space; tonnage; ⁓**reeder** *m* shipowner; ⁓**route** *f* sea route, sea lane; ⁓**rumpf** *m* hull; ⁓**schaukel** *f* swing-boat; ⁓**schnabel** *m* prow; ⁓**schraube** *f* propeller, screw; ⁓**spediteur** *m* shipping agent; ⁓**tagebuch** *n* log-book; ⁓**taufe** *f* christening of a ship; ⁓**teer** *m* pitch and tar; ⁓**treppe** *f* ship's ladder; ⁓**verband** *m* formation (of ships); ⁓**verkehr** *m* shipping traffic; ⁓**vermieter** *m* charterer; ⁓**vorderteil** *n* prow; forecastle; ⁓**wache** *f* (ship's) watch; ⁓**werft** *f* shipbuilding yard, shipyard; *mil.* dock-yard, *Am.* navy yard; ⁓**zimmermann** *m* ship's carpenter; ⁓**zwieback** *m* ship-biscuit.
'**Schigelände** *n* skiing ground.
Schikane [ʃi'ka:nə] *f* (-; -n) chicane(ry); nasty trick; *pl. a.* unfair treatment, persecution, bullying; *colloq. fig.* mit allen ⁓n with all the trimmings; **schikanieren** [ʃika-'ni:rən] *v/t.* (*h.*) chicane; persecute, ride, torment; **schikanös** [-'nø:s] *adj.* vexatious, spiteful.
'**Schilaufen** *n* skiing; ⁓**läufer(in** *f*) *m* skier.
Schild [ʃilt] **1.** *m* (-[e]s; -e) *mil.* shield (*a. tech.*, *bot.*); *her.* (e)scutcheon, coat-of-arms; *zo.* carapace; *fig. et. im* ⁓*e führen* be up to a th., have something up one's sleeve; *j-n auf den* ⁓ *erheben* raise a p. on the shield; **2.** *n* (-[e]s; -er) signboard, facia; name-plate; badge; sign-post; label; peak, shade (*of cap*); ⁓**bürger** *m* duffer, *n.s.* Gothamite; ⁓**bürgerstreich** *m* silly action, foolishness, imbecility;

'**~drüse** *anat. f* thyroid gland; '**~drüsenüberfunktion** *med. f* (hyper)thyroidism; **~erblau** ['ʃildər-] *n* pencil blue; **~erhaus** *mil. n* sentry-box; **~ermaler** *m* sign-painter.

schilder|n ['ʃildərn] *v/t.* (*h.*) describe; delineate (*character*); depict, portray; outline, sketch; recite, give an account of; **♀ung** *f* (-; -en) description, delineation; sketch, picture, portrayal; recital (*of facts*), account.

'**Schild...: ♀förmig** ['-fœrmiç] *adj.* shield-shaped; *bot.* scutiform; *zo.* clypteate; **~knappe** *m* shield-bearer, squire; **~kröte** *f* tortoise; turtle; **~krötensuppe** *f* (real) turtle soup; **~laus** *f* shield-louse; **~patt** ['-pat] *n* (-[e]s) tortoise-shell; **~pattknopf** *m* shell-button; **~wache** *f* 1. sentinel, sentry; 2. → **~wacht** *f* sentry-go; **~ stehen** stand sentry.

Schilf [ʃilf] *bot. n* (-[e]s; -e) reed, rush; '**~gras** *n* sedge; **♀ig** *adj.* reedy, sedgy; '**~matte** *f* rush-mat; '**~rohr** *n* reed.

schillern ['ʃilərn] *v/i.* (*h.*) play in colo(u)rs, opalesce; iridesce; *fig.* scintillate; **♀** *n* (-s) play of colo(u)rs, iridescence, opalescence; iridescent lust|re, *Am.* -er; **~d** *adj.* iridescent, opalescent; *of fabric:* shot; *in tausend Farben* **~** playing in a thousand colo(u)rs; *fig.* dazzling (but dubious) (*person*).

'**Schilift** *m* ski-lift.

Schilling ['ʃiliŋ] *m* (-s; -e) shilling. **Schimär|e** [ʃi'mɛːrə] *f* (-; -n) chimera; **♀isch** *adj.* chimerical.

Schimmel ['ʃiməl] *m* (-s) 1. (*pl.* -) white horse; 2. *bot.* mo(u)ld, mildew, mustiness; **♀ig** *adj.* mo(u)ldy, musty, mildewy; **♀n** *v/i.* (*h.*) mo(u)ld, go (*or* get) mo(u)ldy *or* musty; **~pilz** *m* mo(u)ld (fungus); mildew.

Schimmer ['ʃimər] *m* (-s) glimmer, gleam, glitter; glint; *fig. ein ~ Hoffnung* gleam (*or* flicker) of hope; *keinen ~* → *Ahnung*; **♀n** *v/i.* (*h.*) gleam, glimmer, glisten, shine; glint.

Schimpanse [ʃim'panzə] *m* (-n; -n) chimpanzee.

Schimpf [ʃimpf] *m* (-[e]s) insult, affront, outrage; disgrace; *j-m e-n ~ antun* insult a p.; *mit ~ und Schande ignominiously*; '**♀en I.** *v/i.* (*h.*) scold; grumble; *über, auf* (*acc.*): rail *or* swear at; **II.** *v/t.* (*h.*) scold; abuse, revile, call *a p.* names; *er schimpfte ihn e-n Lügner* he called him a liar; '**~en** *n* (-s), *a.* **~e'rei** *f* (-; -en) reviling, name-calling; scolding; grumbling; '**♀lich** *adj.* insulting, abusive; disgraceful (*für* to), dishono(u)rable; ignominious, outrageous; '**~name** *m* abusive name; nickname; '**~wort** *n* abusive word, invective; swear-word, *Am. a.* cuss-word.

Schind|aas ['ʃintʸaːs] *n* carrion; **~anger** *m* knacker's yard. **Schindel** ['ʃindəl] *f* (-; -n) shingle; **~dach** *n* shingle roof.

schinden ['ʃindən] *v/t.* (*irr., h.*) flay, skin; *fig.* oppress, grind; ill-treat; sweat (*labourer*); *sich ~* (*und plagen*) drudge, slave, sweat and

---

strain; *colloq. et.* (*heraus*)**~** wangle a th; → *Eindruck, Zeit.*

'**Schinder** (-s; -) knacker; *fig.* oppressor, grinder; sweater, slave-driver; → *Schleifer*; **Schinde'rei** *f* (-; -en) oppression; sweating; drudgery, grind, hell of a job; '**Schinderkarren** *m* knacker's cart. '**Schind...: ~luder** *fig. n: ~ treiben mit* play old Harry with, play fast and loose with; **~mähre** *f* jade.

Schinken ['ʃiŋkən] *m* (-s; -) ham; *humor.* **a)** (*painting*) outsized daub, **b)** old *or* fat book, **c)** fat leg, **d)** fat buttocks *pl.*; **~** *mit Ei* ham and eggs; **~brötchen** *n* ham-roll; **~klopfen** *colloq. n* hot cockles; **~wurst** *f* ham-sausage.

Schinne ['ʃinə] *f* (-; -n) scurf, dandruff.

Schippe ['ʃipə] *f* (-; -n) shovel; spade; *cards:* spades *pl.*; **♀n** *v/t.* (*h.*) shovel; *colloq. fig.* rib, razz.

'**Schipper** *m* (-s; -) shovel(l)er; digger.

Schirm [ʃirm] *m* (-[e]s; -e) umbrella; parasol, sunshade; (lamp) shade; (cap) peak, visor; screen (*a. film, TV, etc.*); *tech.* (*protective*) shield, screen; *fig.* (-[e]s) protection, shelter, shield; '**~antenne** *f* umbrella aerial (*Am.* antenna); '**~bild** *n* image on screen; med. photofluorogram; '**~dach** *n* penthouse, (open) shed; '**♀en** *v/t.* (*h.*) (*a. fig.*) shield, guard, protect (*vor dat.* from, against); shade; **♀förmig** ['-fœrmiç] *adj.* umbrella-shaped; '**~futteral** *n* umbrella-case; '**~gitter** *n radio:* screen-grid; '**~gitterspannung** *f* screen-grid voltage; '**~herr(in** *f*) *m* protector, *f* protectress, patron(ess); '**~herrschaft** *f* protectorate, patronage; *unter der ~ von* under the auspices of; '**~macher** *m* umbrella-maker; '**~mütze** *f* peaked cap; '**~ständer** *m* umbrella-stand; '**~wand** *f* screen(ing wall).

Schirokko [ʃi'rɔko] *m* (-s; -s) sirocco.

schirr|en ['ʃirən] *v/t.* (*h.*) → *ab-, anschirren*; **♀meister** *m* head ostler, foreman; *mil.* motor transport (*abbr.* M. T.) sergeant, *Am.* motor sergeant.

Schisma ['ʃisma] *n* (-s; -men) schism.

Schisma|tiker [ʃis'maːtikər] *m* (-s; -) schismatic; **♀tisch** *adj.* schismatic(al).

'**Schispringen** *n* ski-jumping.

schiß [ʃis] *pret. of* scheißen.

Schiß [ʃis] *vulg. m* (-sses) shit(ting); *fig.* (blue) funk; *~ haben* be in a blue funk (*vor dat.* of), be scared stiff; *~ bekommen* get cold feet.

schizophren [ʃitso'freːn] *adj.* schizophrenic; **Schizophre'nie** *f* (-; -n) schizophrenia.

schlabber|n ['ʃlabərn] *v/i. and v/t.* (*h.*) slobber; lap (up); jabber; babble; *tech.* overflow; **♀rohr** *n* overflow pipe.

Schlacht [ʃlaxt] *f* (-; -en) battle (*bei* of, *at sea*: off); → *Gefecht*; *e-e ~ liefern or schlagen* fight a battle, give battle (*dat.* to); (*a. fig.*) *die ~ gewinnen* carry the day; *in die ~ ziehen* go into action; *es kam zur*

~ a battle was fought; '**~bank** *f* (ᵘe) shambles *pl.*, *usu. sg.*; *fig. zur ~ führen* lead like lambs to the slaughter; '**~beil** *n* butcher's axe; *hist.* pole-axe.

'**schlachten** *v/t. and v/i.* (*h.*) kill, slaughter; *fig.* butcher, massacre, slaughter; **♀** *n* killing, slaughtering; *fig.* massacre, slaughter; **♀bummler** *m* camp-follower; *sports:* fan; **♀glück** *n* fortune of war; **♀lenker** *m* God of Hosts; *mil.* strategist, general; **♀maler** *m* battle-painter.

Schlächter ['ʃlɛçtər] *m* (-s; -) butcher (*a. fig.*); **Schlächte'rei** *f* (-; -en) butcher's shop (*or* trade); *fig.* butchery, slaughter, massacre.

'**Schlacht...: ~feld** *n* battle-field; *fig. der Platz glich e-m ~* the place was a shambles; **~fest** *n* killing-day; **~fleisch** *n* butcher's meat; **~flieger** *m*, **~flugzeug** *n* battle-plane, fighter-bomber; **~flotte** *f* battle-fleet; **~geschrei** *n* battle cry; **~geschwader** *mar. n* battle squadron; **~getümmel**, **~gewühl** *n* mêlée (*Fr.*); *mitten im ~* in the thick of the fight; **~gewicht** *n* dead weight; **~haus** *n*, **~hof** *m* slaughter-house, abattoir, *Am. a.* (meat-)packing plant; **~kreuzer** *m* battle-cruiser; **~linie** *f* line of battle; **~messer** *n* butcher's knife; **~opfer** *n* victim; **~ordnung** *f* order of battle, battle-array; *in ~ aufstellen* draw up in battle-array, array for battle; **~plan** *m* plan of action (*a. fig.*), campaign plan; **♀reif** *adj.* ready for killing, in (prime of) grease; **~reihe** *f* line of battle; **~roß** *n* war-horse, charger; **~ruf** *m* war-cry, battle cry; *a. humor.* war-whoop; **~schiff** *n* battleship; **~ung** *f* (-; -en) kill(ing); **~vieh** *n* slaughter cattle, killers *pl.*; *w.s.* meat animals *pl.*, fat stock.

Schlacke ['ʃlakə] *f* (-; -n) *metall.* dross (*a. fig.*), slag, clinker, scoria; cinders *pl.*; *med.* **a)** waste matter, **b)** *for diet:* bulkage.

'**schlacken** *v/i.* (*h.*) (form) slag, be drossy, give off scoria; **~artig** ['-aːrtiç] *adj.* slaggy, drossy; **♀bahn** *f sports:* cinder track; **♀bildung** *f* slag formation, scorification; **♀eisen** *n* cinder iron; **~frei** *adj.* slagless, drossless; **♀stein**, **♀ziegel** *m* slag brick; **♀wolle** *f* mineral wool.

'**schlackig** *adj.* drossy, slaggy; *weather:* slushy.

'**Schlackwurst** *f* kind of German sausage.

Schlaf [ʃlaːf] *m* (-[e]s) sleep (*a. fig.*); *fester ~* sound (*or* heavy) sleep; *~ vor Mitternacht* beauty sleep; *der ~ des Gerechten* the sleep of the just; *e-n leichten* (*festen*) *~ haben* be a light (sound) sleeper; *in tiefem ~e liegen* be fast asleep; *in ~ sinken* fall asleep, drop off; *in ~ versetzen* put to sleep; *in ~ singen* (*wiegen*) lull (rock) to sleep; *im ~* in one's sleep, while asleep; *fig. et. im ~e tun können* be able to do a th. blindfold *or* on one's head; *vom ~e übermannt* overcome by sleep; *den Seinen gibt's der Herr im ~* fortune favo(u)rs fools; '**~abteil** *n* sleeping-compartment, *Am.* sleeper section; '**♀ähnlich** *adj.* sleep-like;

'~anzug *m* sleeping-suit, pyjamas, *Am.* pajamas *pl.*; **'~couch** *f* bed-couch, daybed.

Schläfchen ['ʃlɛːfçən] *n* (-s; -) doze, nap, snooze; catnap; *ein ~ machen* (take a) nap, have forty winks, snooze, *Am. a.* have some shut-eye.

'Schlafdecke *f* blanket.

Schläfe ['ʃlɛːfə] *f* (-; -n) temple.

'schlafen *v/i.* (*irr.*, *h.*) sleep; slumber, doze; *fig.* sleep; *matter, a.* lie dormant; *iro.* be napping *or* careless; *fest ~* be fast asleep, sleep like a top *or* log; *gut* (*schlecht*) *~* sleep well (badly); be a sound (poor) sleeper; *länger ~* sleep late; *zu lange ~* oversleep; *~ gehen* go to bed, retire to rest, turn in; *fig.* e-e *Sache ~ lassen* let a matter rest; *~ Sie wohl!* good night!, sleep well!; *~ Sie darüber!* sleep on it!; *das ließ ihn nicht ~* it gave him no rest, it was preying on his mind; **~d** *adj.* sleeping, *pred.* asleep; *fig.* dormant.

'Schlafen... *in compounds* temporal...

'Schlafen|gehen *n*: *vor dem ~* before going to bed; **~szeit** *f* bedtime; *es ist ~* it is time to go to bed.

'Schläfer(in *f*) *m* (-s, -; -, -nen) sleeper.

'schlafern *v/i.* (*impers.*, *h.*) *es schläfert mich* I am (*or* feel) sleepy *or* drowsy.

'schlaferzeugend *adj.* inducing sleep, soporific.

schlaff [ʃlaf] *adj.* slack, loose; flabby, flaccid (*skin, flesh, etc.*); limp; *fig.* lax, loose (*morals, etc.*); limp, flabby (*a. style*); slack (*a. stock exchange*); sluggish; *~ machen or werden* slacken, relax; **Ωheit** *f* (-) slackness; flabbiness; limpness; *fig. a.* laxity.

'Schlaf...: ~gänger ['-gɛŋər] *m* (-s; -), **~gast** *m* night-lodger; overnight guest; **~gefährte, ~genosse** *m* bed-fellow; **~geld** *n* lodging-money; **~gelegenheit** *f* sleeping accommodation; *room, etc.*: *~ bieten* (*dat.*) accommodate *or* sleep *three persons*; **~gemach** *n* bedroom.

Schlafittchen [ʃla'fitçən] *colloq. n* (-s): *j-n beim ~ nehmen* (seize *a p.* by the) collar; *fig.* take *a p.* to task.

'Schlaf...: ~kabine *f* sleeping cabin; **~kamerad** *m* → *Schlafgefährte*; **~kammer** *f* bedroom; **~koje** *f* (sleeping) berth (*a. aer., rail.*); *for sailors:* bunk; **~krankheit** *f* (-) sleeping-sickness; **~lied** *n* lullaby; **Ωlos** *adj.* sleepless; **~losigkeit** *f* (-) sleeplessness, insomnia; **~mittel** *n* soporific, sleeping pill (*or* tablet); **~mütze** *f* night-cap; *fig.* slowcoach, sleepyhead; **Ωmützig** ['-mytsiç] *adj.* sleepy, sleepyheaded; slow, dull; **~pille** *f* sleeping pill.

schlafrig ['ʃlɛːfriç] *adj.* sleepy, drowsy; *fig.* → *schlafmützig*; indolent; somnolent; **Ωkeit** *f* (-) sleepiness, drowsiness; *fig.* dullness, indolence.

'Schlaf...: ~rock *m* dressing-gown, morning-gown, robe; → *Apfel*; **~saal** *m* dormitory; **~sack** *m* sleeping bag; **~sofa** *n* sofa-bed; **~stätte** *f*, **~stelle** *f* sleeping-place; (over-night) accommodation; night's lodging; *mar.* berth; **~störung** *f* troubled sleep, somnipathy; **~stube** *f* → *Schlafzimmer*; **~sucht** *f* (-) somnolence, *med. a.* lethargy; **Ωsüchtig** *adj.* drowsy, somnolent; **~tablette** *f* sleeping tablet (*or* pill); **~trunk** *m* sleeping-draught; *colloq.* night-cap; **Ωtrunken** *adj.* (very) drowsy, drugged with sleep; **~wagen** *rail. m* sleeping-car(riage), *Am.* sleeper; **Ωwandeln, ~nachtwandeln**, *etc.* → **~zimmer** *n* bedroom, *Am. a.* sleeping-room.

Schlag [ʃlɑːk] *m* (-[e]s; ⸚e) blow (*a. fig.*), knock; stroke (*a. tech.*; *a. of oar*); impact (*a. phys.*); hit; slap; blow, punch, sock, cuff, jab; cut, lash (*of whip*); whack; kick; bang; smack; thump, thud; crash; *fürchterlicher ~ boxing:* punishing blow, lethal punch, *fig.* crushing blow; *verbotener ~* foul (blow); → *hart*; *elektrischer ~* electric shock; *soccer:* kick, shot; *tennis:* shot, stroke; *med.* stroke, apoplexy; → *rühren*; (*drum, heart, pulse*) beat; clap (*of thunder*); oscillation, swing (*of pendulum*); *tech.* out of round, (*of record, etc.*): wobble; carriage-door; *of bird:* warbling, carol(l)ing, song; (*pigeon*) cote; *of wood:* cut; *mar.* coil, turn (*of rope*); *mil.* (*food*) helping; *fig.* race, kind, type, *esp. zo.* breed, stock; *Leute seines ~es* men of his stamp; *vom gleichen ~e* of the same stamp, *contp.* birds of a feather; *vom alten ~e* of the old school; *~ ins Gesicht* slap in the face (*a. fig.*); → *Kontor*; *~ ins Wasser* flop; *~ auf ~* blow upon blow, in rapid succession; *auf e-n* (*or mit e-m*) *~ a*) at one blow (*or go*), *b*) → *schlagartig*; *mit e-m ~* with a crash *or* bang; *~ sechs Uhr* on the stroke of six, at six o'clock sharp; *e-n ~ anbringen* get in (*or home*) a blow; *e-n ~ erhalten* receive a blow (*or el. shock*); *j-m e-n ~ versetzen* deal *a p.* a blow, land (*or* blow) on *a p.*; *Schläge bekommen* get a beating (*a. fig.*); *boxing:* *er hat keinen ~* he has no punch; **'~abtausch** *m* → *~wechsel*; **'~ader** *anat. f* artery; **'~anfall** *m* stroke (*of apoplexy*), apoplectic fit; *e-n ~ bekommen* have a stroke; **Ωartig** ['-ɑːrtiç] **I.** *adj.* sudden, abrupt, prompt; *~er Angriff* surprise attack; **II.** *adv.* all of a sudden, abruptly, from one day (*or* minute) to the other, like a blow, with a bang; **'~austausch** *m* → *~wechsel*; **'~ball(spiel** *n*) *m* rounders *sg.*; **'~baum** *m* turnpike, toll-bar; **'~biegefestigkeit** *tech. f* impact bending strength; **'~bolzen** *m* *of rifle:* firing-pin, striker; *of mine:* firing bolt; **'~bolzenfeder** *f* striker spring; **'~bohrer** *m* percussion drill.

schlagen ['ʃlɑːgən] **I.** *v/t.* (*irr.*, *h.*) strike, beat, hit; punch, sock, knock, slog, *Am.* slug; pommel; slap; smack; kick; spank; whip, lash; cane; whack, thwack; tap, pat; *~ auf* (*acc.*) *a*) hit on, *b*) *econ.* charge (*or clap*) on *the price, etc.*; *zu Boden ~* knock down, floor; *die Augen zu Boden ~* cast down one's eyes; *fig.* beat, defeat, lick; beat, excel; *sports:* überlegen *~* whip, trounce; punish; *God:* smite; → *Alarm, Blindheit, Brücke, Kreuz, etc.*; whip, whisk, beat *the whites of egg*; coin (*money*); fell, cut (*wood*); fight (*battle*); play on (*the lute, etc.*); touch, strike (*strings*); *~ in* drive *a nail* into; *in Papier ~* wrap up in paper; *durch ein Sieb ~* pass through a sieve; *den Kopf ~ an* knock one's head against; *e-n Schal um die Schultern ~* throw a shawl about one's shoulders; *sich ~ a*) have o.s., *b*) (have a) fight, come to blows, *c*) fight a duel, *d*) fence; *sich gut ~* stand one's ground, hold one's own, be game; *sich geschlagen geben* admit one's defeat, give up, throw in the sponge, *j-m:* bow to a p.; *sich an die Brust ~* beat one's breast; *sich an die Stirn ~* smite (*or clutch*) one's brow; *sich et. aus dem Kopfe ~* put a th. out of one's mind; *sich ~ zu* (*dat.*) take sides with, side with, join, go over to *a party, etc.*; *die Erkältung schlug sich auf den Magen* the cold settled on the stomach; *ein geschlagener Mann* a broken man; *e-e geschlagene Stunde* a full (*or* solid) hour; *zwei geschlagene Stunden* (*lang*) for two mortal hours; *fig. ich war völlig geschlagen a*) I was all in, *b*) you could have knocked me down with a feather, *c*) I was down in the mouth; **II.** *v/i.* (*irr.*, *sn*) strike, beat; thump, thud; crash; (*irr.*, *h.*) *heart, pulse:* beat, throb; *clock:* strike; *horse:* kick, lash out; *bird:* warble, sing, trill, carol; *tech.* wobble; → *Art, Gewissen, Stündlein*; *~ an* (*acc.*) *or gegen* strike against, *rain:* beat (*or patter*) against, *waves:* beat (*or* dash) against; *der Blitz schlägt in e-n Baum* the lightning strikes a tree; *mit den Flügeln ~* flap one's wings; *nach j-m ~* strike (*or* swing) at a p.; *fig.* take after *the mother*; *j-m auf die Finger ~* rap a p.'s knuckles; *um sich ~* lay about one; **Ω** *n* (-s) beating, *etc.*; construction (*of bridge*); beat(ing), pulsation (*of pulse, etc.*), *of heart a.* palpitation; **~d** *adj. fig.* striking; impressive; convincing; conclusive (*evidence*), devastating (*proof*); cogent, irrefutable (*grounds*); *~e Antwort* effective retort, repartee, *Am. a.* squelch(er); *~er Beweis* clinching proof; *univ. ~e Verbindung* duelling club; *mining: ~e Wetter* firedamp.

'Schlager *m* (-s; -) *mus.* hit *or* pop song, hit(-tune); *thea.* draw, smash hit, box-office success; drawcard, *Am.* (*sales*) hit; best-seller; *fig.* hit, hot stuff.

Schläger ['ʃlɛːgər] *m* (-s; -) brawler, rowdy, *Am.* tough, bruiser; *boxing:* puncher, *Am.* slugger; batsman; (*horse*) kicker; (*bird*) warbler; (*device*) beater; *cul.* whisk, (egg-) beater; *sports:* bat; (tennis, *etc.*) racket; battledore; (golf) club; (hockey) stick; *fenc.* rapier, sword.

Schläge'rei *f* (-; -en) fight(ing), scuffle, brawl, free fight, *Am.* free-for-all.

'Schlager...: ~komponist *m* song writer; ~melodie *f* hit-tune, song-hit, hit *or* pop song; ~musik *f* pop music; ~parade *f* hit parade; ~preis *m* record (*or* rock-bottom) price; ~sänger(in *f*) *m* pop singer. 'Schlag...: ℒfertig *fig. adj.* ready-witted, quick at repartee, *Am. a.* quick on the trigger; ~e Antwort repartee, *Am. a.* snappy come-back; ~fertigkeit *f* (-) readiness for battle, preparedness; *fig.* ready wit, quickness of repartee; quick repartee(s); ~festigkeit *tech. f* impact strength; ~flügler ['-fly:glər] *aer. m* (-s; -) ornithopter; ~fluß *med. m* apoplexy; ~härte *f tech.* impact hardness; *boxing:* punch; ~holz *n* wood for felling, regular fellings *pl.*; *sports:* bat; ~instrument *mus. n* percussion instrument; ~kraft *f tech.* impact *or* striking force; *boxing and fig.:* punch, drive; *mil.* combat effectiveness, fighting power; ℒkräftig *adj.* striking, efficient, powerful; conclusive (*evidence*); ~licht *n* (-[e]s; -er) *paint.* strong light; *fig. a.* glaring light, glare; ~loch *n* road hole, pot-hole; ~lot *tech. n* hard solder; ~mann *m* (-[e]s; ⁼er) batsman; *rowing:* stroke; ~matrize *f* stamping die; ~mühle *f* crushing mill; ~nietmaschine *f* percussion riveting machine; ~rahm *m* whipped cream; ~ring *m* brass knuckles *pl.*, knuckleduster; *mus.* plectrum; ~sahne *f* whipped cream; ~schatten *m* cast shadow; ~schraube *f* drive screw; ~seite *f mar. f* list; ~ haben list, *colloq. fig.* be half-seas over; ~ bekommen heel over; ~serie *f boxing:* series of blows; ~sieb *tech. n* vibrating screen; ℒstark *adj. boxing:* hard-punching; ~uhr *f* striking clock; ~wechsel *m boxing:* exchange of blows; ~welle *mar. f* breaker; ~werk *n tech.* breaking machine; ram; *of clock:* striking mechanism; ~wetter *mining:* n firedamp; ℒ-wettergeschützt *adj.* flameproof; ~wort *n* (-[e]s; ⁼er) slogan, catch-phrase; *w.s.* catchword; *pl. contp. a.* claptrap; ~wortkatalog *m* subject catalog(ue); ~zeile *f* (banner) head-line; ~zeug *mus. n* percussion in-struments, drums *pl.*; ~zeuger ['-tsɔʏgər] *mus. m* (-s; -) drummer; ~zünder *m* percussion fuse.
Schlaks [ʃlɑ:ks] *colloq. m* (-es; -e) gangling fellow; 'ℒig *adj.* gangling, lanky.
Schlamassel [ʃla'masəl] *colloq. m* (-s; -) mess.
Schlamm [ʃlam] *m* (-[e]s; -e) mud, mire; slime, sludge, ooze; silt; *ceramics:* slip; sediment; *mot.* sludge; *fig.* mire; ℒartig ['-ɑ:rtiç] *adj.* muddy, slimy; '~bad *n* mud-bath; '~boden *m* muddy soil.
schlämmen ['ʃlemən] *v/t.* (h.) dredge (*harbour, lake*); clear (of mud); buddle (*ore*); wash (*chalk, ore*); *chem.* elutriate.
'schlammig *adj.* muddy, miry; slimy, oozy; slushy.
'Schlämm...: ~kohle *f* washed coal; ~kreide *f* whit(en)ing.
'Schlammloch *n* mud-hole; ~packung *med. f* mud pack.

Schlampe ['ʃlampə] *f* (-; -n) slut, slattern; ℒn *v/i.* do a sloppy job.
'Schlamper *m* (-s; -) sloven; slouch; *colloq. fig.* lout, oaf, heel.
Schlampe'rei *f* (-; -en) sluttishness, slovenliness; slackness, sloppiness; mess, muddle; sloppy job.
'schlampig *adj.* slovenly; slipshod, sloppy (*job*); untidy, unkempt; slaternly, frowzy (*woman*).
schlang [ʃlaŋ] *pret. of* schlingen.
Schlange ['ʃlaŋə] *f* (-; -n) snake, *rhet.* serpent; *ast.* Serpent; *tech.* coil; *fig.* viper, snake in the grass; *fig.* queue, *Am.* line; ~ stehen stand in queue (*nach* for), queue up, *Am.* stand in line, line up (for).
schlängeln ['ʃleŋəln]: sich ~ (h.) twist, wind; worm o.s. (*durch eine Menge, etc.* through a crowd, *etc.*); wriggle; *path, river:* meander, wind; → durchschlängeln; *fig.* sneak; worm one's way (*in acc.* into), wriggle (*aus* out of); ~d *adj.* winding, serpentine, sinuous.
'Schlangen...: ℒähnlich, ℒartig ['-ɑ:rtiç] *adj.* snake-like, snaky, serpentine; ~beschwörer(in *f*) ['-bəʃvø:rər] *m* (-s, -; -, -nen) snake-charmer; ~biß *m* snake-bite; ~bohrer *tech. m* auger bit; ~brut *f fig.* generation of vipers; ~gift *n* snake-poison; ~haut *f* snake skin; ~kühler *tech. m* spiral condenser; ~leder *n* snake leather; ~leder-schuh *m* reptile shoe; ~linie *f* serpentine (*or* sinuous) line, *typ.* waved rule; ~mensch *m* contor-tionist; ~rohr *n*, ~röhre *f* spiral pipe *or* tube, coil, worm; ~stab *m* caduceus; ~weg *m* winding path (*or* road).
schlank [ʃlaŋk] *adj.* slender, slim, svelte, von ~er Figur slender-waisted; *die moderne* ~e Linie the waist-line; ~ wie e-e Tanne slim as a young sapling; ~ machen slim, slenderize, *dress:* make a. p. look slim; ~ werden slim; *fig. in* ~em Trabe at a fast trot; 'ℒheit *f* (-) slenderness, slimness, slender fig-ure; 'ℒheitskur *f* slimming cure; '~machend *adj.* slimming; '~weg *adv.* → rundweg.
schlapp [ʃlap] *adj.* → schlaff; *fig.* weak-kneed, soft; *colloq.* ~ machen break down, wilt.
'Schlappe *f* (-; -n) blow, set-back, reverse; defeat, beating; loss.
'Schlappen *colloq. m* (-s; -) slipper.
'schlappen *v/t.* and *v/i.* (h.) flap; → schlürfen, schlurfen.
'schlappern *v/t.* and *v/i.* (h.) lap (up), sip (noisily); babble, jabber.
'Schlapp...: ~hut *m* slouch-hat; ~macher *colloq. m* slacker, sissy, *Am. a.* softy, quitter; ~ohr *n* flap-ear; *en pl.* lob ears; ~schuh *m* (old) slipper; ~schwanz *colloq. m* → Schlappmacher.
Schlaraffen|land [ʃla'rafən-] *n* (-[e]s) (Land of) Cockaigne, fool's paradise; land of milk and honey; ~leben *n* (-s) life of idleness and luxury.
schlau [ʃlau] *adj.* sly, cunning, smart; wily, foxy; crafty, clever, artful; slick; *colloq.* ~er Posten soft job; *ich werde nicht* ~ *daraus* I can't make head or tail of it; *er wird nie* ~

he will never learn; *contp.* ein ganz ℒer → ℒberger ['-bɛrgər] *colloq. m* (-s; -) sly-boots *sg.*, smart aleck, *Am. a.* smartie.
Schlauch [ʃlaux] *m* (-[e]s; ⁼e) tube, pipe; flexible pipe; hose; (wine, oil) skin, (leather) bag; *of tyre:* inner tube; *fig.* guzzler; *colloq.* strain, rack, fag, tough job; *sl. ped.* crib, *Am.* pony; '~anschluß *m* hose coupling; '~boot *n* air (*aer.* life) raft; rubber dinghy; *Am.* pneumatic boat; 'ℒen *v/t. and v/i.* (h.) hose, fill by means of a hose; *colloq. fig.* fag, tell on *a p.*, be a strain (on); *mentally:* go hard with *a p.*; *mil.* give *a p.* hell (*Am.* chicken); ℒförmig ['-fœrmiç] *adj.* hose-shaped; '~leitung *f* hose line; 'ℒlos *mot. adj.* tubeless; '~trommel *f* hose reel; '~ventil *mot. n* tyre valve; '~verbindung *f* hose cou-pling, union joint.
Schläue ['ʃlɔʏə] *f* (-) → Schlauheit.
'schlauerweise *adv.* cunningly; prudently, wisely; *iro.* ingeniously.
Schlaufe ['ʃlaufə] *f* (-; -n) loop, runner, noose.
'Schlau...: ~heit *f* (-) slyness, cun-ning; craftiness, artfulness; clever-ness, smartness; ~kopf, ~meier *colloq. m* → Schlauberger.
schlecht [ʃleçt] **I.** *adj.* bad (*comp.* ~er worse, *sup.* ~est worst); wicked; evil; base, vile, low; poor; wretched; bad (*eyes*); poor, ill (*health*); bad, foul (*air*); bad, poor (*excuse*); *econ.* poor, inferior (*qual-ity, goods*); spoiled; base, bad (*money*); ~er Absatz poor sale; ~e Papiere dubious (*or* worthless) stocks; ~e Schuld bad debt; ~er Tag off day; ~e Aussichten poor pros-pects; ~e Behandlung ill-treat-ment; ~e Führung misconduct; ~e Laune ill humo(u)r, bad temper *or* mood; ~er Ruf bad reputation, ill fame; ~e Regierung misgovernment; ~e Verwaltung mismanagement; ~e Zeiten hard times; ~ sein in et. be poor at a th.; ~ werden go bad; ~er werden get worse, worsen, deteriorate; ~ daran sein be badly off; *j-m e-n* ~en Dienst erweisen do an ill turn to a *p.*; *im* ~en Sinne in a bad sense; *mir ist* ~ I am sick; *es kann e-m* ~ *dabei werden* it's sickening; *nicht* ~ not (at all) bad; **II.** *adv.* bad(ly), ill; ~ *und recht* after a fashion, somehow; ~ *aus-sehen* a) look bad, b) look ill; ~ *beraten sein* be ill-advised; ~ *ma-chen* do (*or* make) badly, bungle, → schlechtmachen; ~ *verwalten* mismanage; ~ *zu sprechen sein auf j-n* have it in for a *p.*; *immer* ~er from bad to worse; *es geht ihm* ~, *es steht* ~ *um ihn* he is badly off, he is in a bad way; *es geht ihr heute* ~ she is bad today; *es bekam ihm* ~ it did him no good (*a. fig.*); *das soll ihm* ~ *bekommen!* he'll pay for this!; *er kann es sich* ~ *leisten, zu inf.* he can ill afford to *inf.*; *es steht e-m Beamten* ~ *an, zu inf.* it ill becomes a civil servant to *inf.*; *er staunte nicht* ~ he was greatly (*or* not half) surprised; 'ℒe(s) *n* (-[e]s) bad thing(s *pl.*), something bad; evil (things); *das* ~ *daran* the bad side

of it; '**~erdings** ['-ər'diŋs] *adv.* absolutely, positively, downright, by all means; '**≈er-stellung** *f* discrimination; '**~gelaunt** *adj.* ill--humo(u)red, in a bad temper *or* mood, cross; '**≈heit** *f* (-; -*en*) badness, poorness, inferior quality, worthlessness; *fig.* badness, wickedness; '**~hin** *adv.* plainly, simply, downright; pure and simple; in general; '**≈igkeit** *f* (-; -*en*) badness; wickedness; depravity; baseness; base act, mean trick; '**~machen** *v/t.* (*h.*) run down; backbite, malign; '**~sitzend** *adj.* badly fitting (*suit, etc.*); '**~weg** *adv.* → *schlechthin*; '**≈wetterflugbetrieb** *m* (-[e]*s*) all--weather operation; '**≈wetterfront** *f* bad weather front; '**≈wetterperiode** *f* spell of bad weather.

schlecken ['ʃlɛkən], *etc.* → *lecken*[2].

Schlegel ['ʃle:gəl] *m* (-*s*; -) drumstick; *tech.* beater; mallet, wooden hammer, beetle; *mining*: (cat's--head) sledge; *cul.* leg; **≈n** *v/i.* (*h.*) wield *the mallet, etc.*; kick (*with legs*).

Schlehdorn ['ʃle:dɔrn] *bot. m* (-[e]*s*; -*e*) sloe(-tree), blackthorn.

Schlehe ['ʃle:ə] *bot. f* (-; -*n*) sloe, wild plum.

Schlei [ʃlaɪ] *ichth. m* (-[e]*s*; -*e*) tench.

schleichen ['ʃlaɪçən] *v/i.* (*irr., sn*) creep, crawl; slink, sneak; *im Dunkeln ~* prowl in the dark; *sich in das Haus ~* sneak (*or* steal, slip) into the house; *sich davon~* steal away *or* off; **~d** *adj.* creeping, sneaking; furtive; slow, lingering (*fever, poison*); lingering, insidious, chronic (*disease*).

'**Schleicher(in** *f*) *m* (-*s*, -; -, -*nen*) creeper; prowler; *fig.* sneak, intriguer; pussyfoot(er).

Schleiche'rei *f* (-) sneaking, intrigues *pl.*

'**Schleich...: ~handel** *m* illicit (*or* clandestine) trade; smuggling; black market; **~händler** *m* smuggler, contrabandist; black-marketeer; **~weg** *m* hidden (*or* secret) path; *fig.* secret way (*or* means), dodge; *auf ~en* surreptitiously.

'**Schleie** *ichth. f* (-; -*n*) tench.

Schleier ['ʃlaɪər] *m* (-*s*; -) veil; haze, mist; film; *phot.* fog; *mil.* screen; *eccl. den ~ nehmen* take the veil; *fig. ~ der Vergessenheit* veil of oblivion; *unter dem ~ der Nächstenliebe* under the veil of charity; *e-n ~ über et. ziehen* draw a veil over a th.; **~eule** *f* barn-owl; **~flor** *m* crape; **≈haft** *adj.* hazy; mysterious; incomprehensible; *das ist mir einfach ~* that's a (complete) mystery to me, that beats me; **~tanz** *m* veil-dance; **~tuch** *n weaving*: lawn; *econ.* veiling, voile (*Fr.*).

Schleif|arbeit ['ʃlaɪf-] *f* grinding operation; **~automat** *m* automatic grinder; **~bahn** *f* slide; **~bank** *f* (-; ¨*e*) grinding-lathe; **~druck** *tech. m* (-[e]*s*) feeding pressure.

'**Schleife** *f* (-; -*n*) loop (*a. el.*); slip--knot; noose; bow; kink; *on wreath*: streamer; *of road*: loop, horse-shoe bend; *aer.* loop(ing); sledge; slide.

'**schleifen**[1] *v/t.* (*irr., h.*) grind, sharpen; whet; *tech.* grind, abrade; smooth, polish (*a. fig.*); rub (down), sand (*varnish, wood*); cut (*gem, glass*); set (*razor*); *sl. mil.* drill hard, give *a p.* hell (*Am.* chicken); *geschliffen* polished (*manners, speech*).

'**schleifen**[2] *v/t. and v/i.* (*h.*) drag (along); trail; draggle; slide, skid; demolish, *mil.* raze, dismantle; *gr., mus.* slur; *el.* loop; *mot. die Kupplung ~ lassen* let the clutch slip.

'**Schleifen...: ~fahrt** *f* looping the loop; **~flug** *aer. m* loop, U turn; **≈förmig** ['-fœrmiç] *adj.* loop--shaped; **~kurve** *f* loop (curve), horse-shoe-bend; **~schaltung** *el. f* loop connection; **~wicklung** *el. f* lap winding.

'**Schleifer** *m* (-*s*; -) *tech.* grinder, polisher; *of gems*: cutter; *sl. mil.* martinet; *tech.* slip ring; *mus.* slurred note.

Schleife'rei *f* (-; -*en*) grindery; pulp manufacture.

'**Schleif...: ~güte** *tech. f* abrasive temper; **~knoten** *m* slip-knot, *mar.* running knot; **~kontakt** *el. m* sliding contact; **~lack** *m* polishing varnish, body varnish; **~lackausführung** *f* egg-shell finish; **~maschine** *f* grinding-machine, grinder; **~mittel** *n* abrasive; **~papier** *n* abrasive(-coated) paper, sand (*or* emery) paper; **~paste** *f* rubbing paste; **~pulver** *n* grinding (*or* polishing) powder; **~rad** *n* grinding (*or* polishing) wheel; **~ring** *el. m* slip ring; **~ringläufermotor** *el. m* slip-ring (induction) motor; **~sand** *m* cutting sand; **~scheibe** *f* abrasive wheel, polishing disk; **~schritt** *m dancing*: sliding step; **~stein** *m* whetstone, hone; grindstone, grinder; **~stoff** *m* paper pulp; **~ung** *f* (-; -*en*) demolition; *mil.* dismantling, razing; **~werkzeug** *n* grinding tool; **~wirkung** *f* grinding action *or* power.

Schleim [ʃlaɪm] *m* (-[e]*s*; -*e*) slime; *physiol., med.* mucus, phlegm; *bot.* mucilage; *cul.* gruel; '**≈absondernd** *adj.* mucigenous; '**~absonderung** *f* mucous secretion; '**~auswurf** *med. m* expectoration; '**~beutel** *anat. m* bursa; '**~beutelentzündung** *med. f* bursitis; '**≈bildend** *adj.* slime--forming, muciparous; '**~drüse** *anat. f* mucous gland; '**≈en I.** *v/i.* (*h.*) form a mucilage, grow slimy; *med.* cause phlegm; **II.** *v/t.* (*h.*) clean (*fish*); scum (*sugar*); **~fieber** *med. n* mucous fever; **~fluß** *med. m* blennorrh(o)ea; **~gewebe** *n* mucous tissue; **~haut** *anat. f* mucous membrane; **≈ig** *adj.* slimy (*a. fig.*), mucous; viscous; **≈lösend** *adj.* expectorant; **~suppe** *f* (thick) gruel; **~tiere** *zo. n/pl.* molluscs, mollusca.

Schleiße ['ʃlaɪsə] *f* (-; -*n*) splint(er).

'**schleißen I.** *v/t.* (*irr., h.*) slit, split; wear out; *feathers*: strip; **II.** *v/i.* (*irr., sn*) *and sich* (*irr., h.*) wear (o.s.) out.

Schlemmboden ['ʃlɛm-] *geol. m* diluvial soil.

schlemmen ['ʃlɛmən] *v/i.* (*h.*) revel; feast, gormandize, gorge; carouse, guzzle; live high.

'**Schlemmer** *m* (-*s*; -), **~in** *f* (-; -*nen*) reveller, high liver; gourmet; gormandizer, glutton; **Schlemme'rei** *f* (-; -*en*) revelry, free living; gormandizing, gluttony; carousal.

schlendern ['ʃlɛndərn] *v/i.* (*h.*) stroll (about), saunter, amble; lounge (about).

Schlendrian ['ʃlɛndria:n] *m* (-[e]*s*) routine, jog-trot, beaten track, old humdrum way; dawdling, muddling on; *s-n ~ gehen* jog along in the same old way.

schlenkern ['ʃlɛŋkərn] *v/t.* (*h.*) dangle, shamble; swing (*a. v/i.*: *mit den Armen, etc.* one's arms, *etc.*); fling, jerk (off).

schlenzen ['ʃlɛntsən] *v/t.* (*h.*) *sports*: scoop.

Schlepp|antenne ['ʃlɛp-] *f* trailing aerial, *Am.* drag antenna; **~dampfer** *m* (steam-)tug, tugboat.

'**Schleppe** *f* (-; -*n*) train (*of dress*); trail; *tech.* stove truck.

'**schleppen** *v/t. and v/i.* (*h.*) drag, lug, haul; trail; draggle; carry, *Am. a.* tote; *aer., mar., mot.* tow, haul, *mar.* tug (*barge*), drag (*anchor*); *econ.* tout; *sich ~* drag o.s. along; trudge, plod along; *sich mit et. ~* be burdened with, struggle with; **~d** *adj.* dragging, sluggish; slow (*a. econ.*); drawling (*speech*); shuffling (*gait*); heavy (*style*); wearisome, tedious; **≈kleid** *n* dress with train; **≈träger(in** *f*) *m* train-bearer.

'**Schlepper** *m* (-*s*; -) *mot.* tractor; *mar.* tug(boat); lighter; (*person*) *mining*: hauler; *econ.* tout; **~pflug** *m* tractor plough (*Am.* plow).

'**Schlepp...: ~flug** *aer. m* glider towing; **~flugzeug** *n* towing airplane, tow plane, glider tug; **~kahn** *m* towed boat, (canal) barge, lighter; **~leine** *f* drag line; **~lift** *m* ski tow; **~lohn** *m* towage; **~netz** *m* drag-net, trawl(-net); **~netzfischer(boot** *n*) *m* dragger, trawler; **~säbel** *mil. m* cavalry sab|re, *Am.* -er; **~scheibe** *aer. f* towed target; **~schiff** *n* tug (-boat); **~schiffahrt** *f* tug-service, towing; **~seil** *n* tow-rope, towing cable; **~tau** *n* → *Schleppseil*; *ins ~ nehmen* take in tow (*a. fig.*); *sich ins ~ nehmen lassen* be taken in tow (*a. fig.*); **~wagen** *m* tow car, truck; **~ziel** *aer. n* towed target; **~zug** *m mar.* train of barges; *mot.* tractor--trailer train, truck train; *aer.* air train.

Schles|ien ['ʃle:ziən] *n* (-*s*) Silesia; **~ier(in** *f*) ['-ziər] *m* (-*s*, -; -, -*nen*), **≈isch** *adj.* Silesian.

Schleuder ['ʃlɔydər] *f* (-; -*n*) sling, (*a. aer.*) catapult; *Am.* slingshot; *tech.* → *Schleudermaschine*; **~artikel** *m* catchpenny article; **~ausfuhr** *f* dumping; **~ball** *m* sling ball.

'**Schleud(e)rer** *m* (-*s*; -) slinger; *econ.* undercutter, underseller.

'**Schleuder...: ~flug** *aer. m* catapult flight; **~flugzeug** *n* catapult airplane; **~guß** *tech. m* centrifugal casting; **~honig** *m* strained (*or* extracted) honey; **~kraft** *f* centrifugal force; **~maschine** *f* centrifugal machine, centrifuge; hydro-extractor; (cream) separator.

'**schleudern I.** *v/t.* (*h.*) fling, hurl, throw; sling; *aer.* catapult; *tech.* centrifuge; strain, extract (*honey*); spin-dry (*laundry*); cure (*sugar*);

II. *v/i.* (h.) swing; *mot.* skid, side-slip.

'**Schleuder...:** ~**preis** *m* ruinous price, underprice, give-away price; *zu* ~*en verkaufen* sell dirt-cheap *or* at a sacrifice; ~**pumpe** *f* centrifugal pump; ~**sitz** *aer.* *m* ejector seat; ~**spur** *mot.* *f* skid marks *pl.*; ~**start** *aer.* *m* catapult take-off; ~**verkauf** *econ.* *m* underselling; *abroad:* dumping; ~**waffe** *f* missile; ~**ware** *econ.* *f* catchpenny article(s *pl.*).

schleunig ['ʃlɔynɪç] **I.** *adj.* prompt, speedy, quick; **II.** *adv.* in all haste; posthaste, precipitately, helter-skelter; immediately, forthwith, right away; ~**st,** *aufs* ~**ste** with the utmost speed *or* dispatch *or* expedition.

Schleuse ['ʃlɔyzə] *f* (-; -n) sluice (*a. fig.*); lock; floodgate; drain, sewer; 2**n** *v/t.* (h.) lock; *fig.* channel; ~**geld** *n* lock-dues *pl.*; ~**nkammer** *f* lock chamber; ~**nmeister** *m* lock-keeper; ~**ntor** *n* floodgate; ~**ntreppe** *f* flight of locks; ~**nwerke** *n/pl.* sluice-works *pl.*, lockage *sg.*

schlich [ʃlɪç] *pret. of* schleichen.

Schlich [ʃlɪç] *m* (-[e]s; -e) secret way; *alle* ~**e** all the ins and outs; *fig.* trick, dodge, ruse; *j-m auf die* ~**e** *kommen* find a p. out; *ich kenne deine* ~**e** I am up to your tricks.

schlicht [ʃlɪçt] *adj.* plain, simple, homely, modest, unpretentious; straightforward, unceremonious (*farewell*); smooth, sleek, frugal (*meal*); *die* ~**e** *Wahrheit* the plain truth.

'**Schlichte** *f* (-; -n) *weaving:* size, dressing; *casting:* facing.

'**schlichten** *v/t.* (h.) arrange, adjust, put straight *or* right; *fig.* settle, adjust, arrange (*dispute*); settle by arbitration; *tech.* level, plane; smooth, sleek, finish; *metall.* black-wash; dress (*cloth, leather*).

'**Schlichter(in** *f*) *fig. m* (-s, -; -, -nen) peacemaker, mediator, *Am. a.* troubleshooter; arbitrator.

'**Schlicht...:** ~**feile** *f* smooth-cut file; ~**hammer** *m* square flatter.

'**Schlichtheit** *f* (-) plainness, simplicity; modesty, unpretentiousness.

'**Schlicht...:** ~**hobel** *m* smoothing plane; ~**leim** *m* sizing; ~**maschine** *f* finishing machine; ~**messer** *n* plane knife.

'**Schlichtung** *f* (-; -en) settlement; mediation; arbitration; ~**s-ausschuß** *m* arbitration committee; ~**sversuch** *m* mediation attempt.

'**Schlichtwalze** *f* finishing roll.

Schlick [ʃlɪk] *m* (-[e]s; -e) mud, slime.

schlief [ʃliːf] *pret. of* schlafen.

schließbar ['ʃliːs-] *adj.* lockable.

'**Schließe** *f* (-; -n) fastening; catch, latch; clasp.

'**schließen I.** *v/t.* (*irr.*, h.) shut, close; lock; bolt; shut (*or* close) down (*enterprise*); *den Laden* ~ shut up shop; *mil. die Reihen* ~ close (*or* serry) the ranks; close (*account, brackets*); *fig.* form (*alliance, circle*); contract (*friendship, marriage*); make, conclude (*peace*); strike (*a bargain*), make (*a deal*); conclude;

el. close (*circuit*); reach, come to (*settlement*); conclude, enter into (*contract*); end, finish, terminate; close, closure (*debate*); conclude (*letter, speech*); close (*a case, the court*); break up (*meeting*); *an die Brust* ~ press to one's heart; *in die Arme* ~ embrace; *in sein Herz* ~ take a great liking (*or* fancy) to; *in sich* ~ comprise, include, imply; *mit* wind up (*a speech*) with *the words*, conclude by *saying*; *sich* ~ (*irr.*, h.) shut, close, *wound:* close, heal up; *sich* ~ *um* hand, circle, *etc.:* close upon; *fig. der Kreis schließt sich* it comes full circle; *daran schloß er die Bemerkung, daß* to this he added the remark that; *daran schloß sich ein Dokumentarfilm* this was followed by a documentary; → geschlossen²; **II.** *v/i.* (*irr.*, h.) shut, close; *der Schlüssel schließt nicht* the key does not fit (the lock); *school:* break up; *speaker, writer:* close (*mit* → *l.*); *stock exchange:* ~ *mit close at*; *aus et.* ~ *auf* (*acc.*) infer (*or* conclude, deduct, gather) from a th.; *von sich auf andere* ~ judge others by o.s.; *auf et.* ~ *lassen* suggest (*or* point to) a th.

'**Schließer** *m* (-s; -) doorkeeper; jailer, turnkey; latch.

'**Schließ...:** ~**fach** *n* post-office box (*abbr.* P.O.Box); *bank:* safe deposit box; → Kofferschließfach; ~**feder** *mil. f* breech-closing spring; ~**korb** *m* hamper.

'**schließlich I.** *adj.* final, last, eventual, ultimate; conclusive; **II.** *adv.* finally, eventually, ultimately; in the end; at last; after all; in the long run; ~ *und endlich* after all, when all is said and done.

'**Schließmuskel** *ánat. m* sphincter, constrictor; *legs:* adductor.

'**Schließung** *f* (-) closing, shutting; *fig.* → Schluß; closure, shut-down (*of works, etc.*); closing-time; *parl.* closure (*of debate; a. el.* of contact), *Am.* cloture; *el.* closing (*of circuit*); breaking-up (*of meeting*).

schliff [ʃlɪf] *pret. of* schleifen¹.

Schliff [ʃlɪf] *m* (-[e]s; -e) *tech.* grinding, sharpening; ground surface (*or* section); cut (*of gem, glass, etc.*); polish, smoothness, smooth surface; wood pulp; *fig.* (-[e]s) polish; *der letzte* ~ the master touch; *e-r Sache den letzten* ~ *geben* put the finishing touch(es) to a th.; *sl. mil.* hard drill, *Am.* chicken.

schlimm [ʃlɪm] *adj. and adv.* bad; *pred.* ill; → schlecht; evil; wicked; naughty; nasty; sore; serious, grave; unpleasant; bad, severe (*cold, etc.*); ugly, nasty (*wound*); *e-e* ~**e** *Sache* (*or* Geschichte) a bad job; ~**e** *Zeit* hard times; ~ *daran sein* be badly off; be in a bad way; *ein* ~**es** *Ende nehmen* come to a bad end; *das ist* ~ that's bad; *es sieht* ~ *aus* it looks bad; *das ist nicht so* ~! that doesn't matter!, never mind!; *das war* ~ *für ihn* it was hard on him; ~**er** worse; ~**er machen**, *werden* → verschlimmern; → hinter; *es wird immer* ~**er** things are going from bad to worse; *um so* ~**er** all the worse; *es hätte ihm noch* ~**er** *ergehen können* he might have fared

worse; *am* ~**sten** the worst, worst of all; *auf das* 2**ste gefaßt sein* be prepared for the worst; *im* ~**sten** *Falle* → ~**stenfalls** *adv.* at the worst, if the worst comes to the worst.

Schlinge ['ʃlɪŋə] *f* (-; -n) sling (*a. med.*), loop; noose, slip-knot; coil (*of rope, wire*); *hunt.* snare; fig. snare, trap; ~**n** *legen* set snares; *den Arm in der* ~ *tragen* wear one's arm in a sling; *fig. den Kopf in die* ~ *stecken* run one's head into the noose; *sich aus der* ~ *ziehen* get out of a scrape, wriggle out of it; *j-m in die* ~ *gehen* walk into a p.'s trap.

Schlingel ['ʃlɪŋəl] *m* (-s; -) rascal; imp, brat.

schlingen¹ ['ʃlɪŋən] *v/t.* (*irr.*, h.) sling, wind, twist; plait; tie; *die Arme* ~ *um* (*acc.*) fling one's arms round; *sich um et.* ~ wind (*or* twine, coil) round, *bot. a.* creep (*or* climb) round.

'**schlingen²** *v/i.* (*irr.*, h.) swallow greedily, gulp; gobble, bolt one's food; → hinunter-, verschlingen.

'**Schlingerbewegung** *f* rolling (motion).

schlinger|n ['ʃlɪŋərn] *v/t.* (h.) roll, lurch; 2**tank** *m* stabilizing tank; 2**wand** *f* baffle (plate).

'**Schling|gewächs** *n*, ~**pflanze** *bot. f* climbing (*or* twining) plant, creeper, *esp. Am.* climber.

Schlips [ʃlɪps] *m* (-es; -e) (neck-)tie; *colloq. fig. j-m auf den* ~ *treten* tread on a p.'s toes; *sich auf den* ~ *getreten fühlen* feel insulted, be huffed.

schliß [ʃlɪs] *pret. of* schleißen.

Schlitten ['ʃlɪtən] *m* (-s; -) sledge, *Am.* sled; sleigh; toboggan; *tech.* sliding carriage, saddle; cradle (*a. mar.*); *typewriter:* carriage; *saw:* chariot; ~ *fahren* sledge, sleigh, *Am.* sled, → rodeln; *fig. mit j-m* ~ *fahren* ride roughshod over a p., mop the floor with a p., *Am.* take a p. for a ride; *unter den* ~ *kommen* go to the bad; ~**bahn** *f* sledge-run; ~**fahrt** *f* sledge-drive, sleigh-ride, sledging; ~**kufe** *f* runner, *aer.* skid; ~**partie** *f* sleighing-party.

schlittern ['ʃlɪtərn] *v/i.* (sn) slide (*fig. in acc.* into); skid; *fig. in e-n Krieg* ~ stumble into a war.

'**Schlittschuh** *m* (ice-)skate; ~ *laufen* skate; ~**bahn** *f* ice-rink; ~**laufen** *n* skating; ~**läufer(in** *f*) *m* skater; ~**segeln** *n* skate-sailing.

Schlitz [ʃlɪts] *m* (-es; -e) slit; slash; rift, cleft; crack, fissure; aperture; slot; *tech.* slotted hole; *mot.* port, louver; '~**auge** *n* slit eye; '2**äugig** *adj.* slit-eyed; '~**blende** *phot. f* slit diaphragm; '2**en** *v/t. and v/i.* (h.) slit, slash; *tech.* slot; → aufschlitzen; '~**flügel** *aer. m* slotted wing; '~**fräser** *tech. m* slotting cutter; '~**messer** *n* slitting knife; '~**verschluß** *phot. m* focal-plane shutter.

schlohweiß ['ʃloː'vaɪs] *adj.* snow-white.

schloß [ʃlɔs] *pret. of* schließen.

'**Schloß** *n* (-sses; -ßser) lock (*a. of rifle*); clasp; snap; (belt) buckle; castle, palace; manor-house, château (*Fr.*); *ins* ~ *fallen* slam shut; *fig. hinter* ~ *und Riegel* behind bars; *Schlösser im Mond* castles in the air (*or in Spain*); *er hat ein ~ vor dem Mund* his lips are sealed; **~aufseher** *m* castellan.

Schlößchen ['ʃlœsçən] *n* (-s; -) small castle; château (*Fr.*); *small arms*: bolt sleeve, cocking piece.

Schloße ['ʃloːsə] *f* (-; -n) sleet, hailstone; **2n** *v/i.* (h.) hail, sleet.

Schlosser ['ʃlɔsər] *m* (-s; -) locksmith; motor (*Am.* car-)mechanic; mechanic, fitter; **Schlosse'rei** *f* (-; -en) locksmith's (work-)shop; *a.* '**Schlosserhandwerk** *n* locksmith's, *etc.*, trade.

'**Schlosser...: ~meister** *m* master locksmith; **2n** *v/i.* (h.) tinker, work (*an dat.* at); **~werkstatt** *f* → *Schlosserei*.

'**Schloß...: ~garten** *m* palace garden; **~halter** *m rifle*: bolt support; **~herr** *m* (**~herrin** *f*) lord (lady) of the castle; **~hof** *m* castleyard; **~hund** *m fig.*: *heulen wie ein ~* wail and blubber; **~kapelle** *f* chapel in a castle; **~platz** *m* castle (*or* palace) yard; **~turm** *m* castle tower; **~vogt** *m* castellan; **~wache** *f* palace guard.

Schlot [ʃloːt] *m* (-[e]s; -e) chimney; flue; *mar., rail.* funnel, smoke-stack; *fig.* lout, bounder; *colloq. rauchen wie ein ~* smoke like a chimney; '**~baron** *m* business baron, magnate, *Am.* tycoon; **~feger** ['-feːgər] *m* (-s; -) chimney-sweep.

schlot(e)rig ['ʃlɔt(ə)riç] *adj.* shaky, wobbling; tottery (*step*); doddering; flabby; loose; dangling; slovenly, sloppy.

'**schlottern** *v/i.* (h.) hang loose(ly), flap, dangle; wobble, totter; shake, tremble; shiver (*vor dat.* with *cold*); *vor Angst ~* tremble with fear, shake in every limb; *mit ~den Knien* with shaking knees, fearfully.

Schlucht [ʃluxt] *f* (-; -en) glen, mountain-cleft, gorge, gully, *Am.* canyon; ravine, *Am. a.* gulch; chasm, abyss.

schluchzen *v/i. and v/t.* (h.) sob, blubber; **2** *n* (-s) sobbing, sobs *pl.*

Schluck [ʃluk] *m* (-[e]s; -e) draught, gulp, swallow; mouthful, sip; swig; *kleiner ~* → *Schlückchen*; **~auf** ['-ʔauf] *m* (-s) hiccup(s *pl.*); '**~beschwerden** *f/pl.* difficulty in swallowing, dysphagia.

Schlückchen ['ʃlykçən] *n* (-s; -) sip, drop (of).

'**schlucken** *v/t. and v/i.* (h.) swallow; gulp (down), bolt; *fig.* swallow, absorb; swallow, pocket (*reprimand, etc.*).

'**Schlucken** *m* (-s) hiccup(s *pl.*); *den ~ haben* (have a) hiccup.

'**Schlucker** *m* (-s; -): *armer ~* poor wretch *or* fellow; starveling.

'**Schluckimpfung** *med. f* oral vaccine (*or* vaccination).

schlud|ern ['ʃluːdərn] *v/i.* (h.) scamp; **~(e)rig** *adj.* sloppy, botched.

schlug [ʃluːk] *pret. of schlagen.*

Schlummer ['ʃlumər] *m* (-s) slumber; → *Schläfchen*; **~lied** *n* lullaby; **2n** *v/i.* (h.) slumber, doze, snooze, (take a) nap; *fig.* lie dormant; **2nd** *adj. fig.* dormant, latent;

~e Kräfte *a.* potentialities; **~rolle** *f* round pillow, sofa-roll.

Schlump|e ['ʃlumpə] *colloq. f* (-; -n) slut, slattern; **2en** *v/i.* (h.) hang loosely, flap, dangle; work slovenly, bungle; **2ig** *adj.* slovenly, sluttish.

Schlund [ʃlunt] *m* (-[e]s; ⁼e) *anat.* throat, gorge, gullet, pharynx; esophagus; *fig.* mouth (*of a cannon, etc.*), jaws *pl.* (*of hell*); chasm, gulf; '**~höhle** *anat. f* pharyngeal cavity; '**~röhre** *anat. f* esophagus.

Schlupf [ʃlupf] *m* (-[e]s; ⁼e) *tech.* backlash; *el., mar.* slip; cover, shelter.

schlüpfen ['ʃlypfən] *v/i.* (sn) slip; slide, glide; *~ in* (*acc.*) slip into *one's coat etc.*, slip on *a garment*; slip into *the room, etc.*

'**Schlüpfer** *m* (-s; -) raglan (coat); (*ein ~* a pair of) *for ladies*: knickers *pl.*, *Am.* panties, step-ins, briefs *pl.*

'**schlüpf(e)rig** *adj.* slippery (*a. fig.*); *fig.* risqué (*joke, etc.*); blue, *Am.* off-color; **2keit** *f* (-) slipperiness, *fig.* looseness, obscenity.

'**Schlupf...: ~jacke** *f* sweater; **~loch** *n* loop-hole; hiding-place, hideout; **~motor** *el. m* cumulative compound motor; **~wespe** *f* ichneumon (fly); **~winkel** *m* hiding-place, haunt; secret nook, recess.

schlürfen ['ʃlyrfən] *v/t.* (h.) *and v/i.* (sn) drink (*or* eat) noisily, sip; lap; → **schlurfen** ['ʃlurfən] *v/i.* (sn) shuffle, drag one's feet.

Schluß [ʃlus] *m* (-sses; ⁼sse) close, end; conclusion; *stock exchange*: unit of trade, *Am.* board lot; *dressmaking*: closing; (snug) fit; *el.* short circuit; result, upshot, issue; conclusion, inference, deduction; *logics*: syllogism; *parl.* closing, *upon motion*: closure, *Am.* cloture (*of debate*); *~ folgt* to be concluded; *~! finished!, done!, that's all!*; *parl. time!*; *~ damit!* stop it!, that will do!; *colloq. ~ machen* **a)** knock off, call it a day, **b)** put an end to o.s.; *~ machen mit* put an end to *a th.*, finish (*or* have done) with *a p.*; *den ~ (der Marschkolonne, etc.) bilden* bring up the rear; *e-n ~ ziehen* draw a conclusion, conclude; *zu dem ~ kommen or gelangen, daß* decide that, arrive at the conclusion that; *zum ~* in conclusion, in the end, finally; → *Ende*; '**~akkord** *m* final chord; '**~akt** *m thea.* last act; *of event*: closing ceremony; '**~ansprache** *f* closing address; '**~antrag** *parl. m* motion for closure; '**~bemerkung** *f* final observation; '**~bestimmung** *f* concluding clause; '**~bilanz** *f* annual balance (-sheet); '**~effekt** *m* upshot.

Schlüssel ['ʃlysəl] *m* (-s; -) key (*zu* of; *fig.* to); *falscher ~* skeleton-key, picklock; *mus.* clef; cipher, code; ratio formula; *tech.* spanner, wrench; **~bart** *m* key bit; **~bein** *anat. n* collar-bone, clavicle; **~blume** *f* cowslip; primrose; **~bund** *m, n* (-[e]s; -e) bunch of keys; **2fertig** *adj. new-built house*: ready for (immediate) occupancy; **~gerät** *n* crypto-equipment; **~gewalt** *f* power of the keys; **~industrie** *f* key industry; **~kind** *n* door-key child; **~loch** *n* keyhole; **~maschine**

---

f code converter, cipher machine; **~ring** *m* key-ring; **~roman** *m* roman à clef (*Fr.*); **~stellung** *f* key position (*a. mil.*); **~tasche** *f* key-case; **~text** *m* cryptotext, code text; **~wort** *n* (-[e]s; ⁼er) code word; **~zahl** *f* index(-number); code figure.

'**Schluß...: ~ergebnis** *n* final result (*or* outcome), upshot; **~feier** *ped. f* speechday, *Am.* commencement; **~folge(rung)** *f* (line of) reasoning, argument(ation); conclusion, inference; **~formel** *f* close; *in letters*: complimentary close.

schlüssig ['ʃlysiç] *adj.* resolved, determined; logical; *~er Beweis* conclusive evidence; *sich ~ werden* make up one's mind (*über acc.* about).

'**Schluß...: ~kurs** *m stock exchange*: closing price; **~läufer(in** *f*) *m*, **~mann** *m relay race*: anchor; *als ~ laufen* run the last leg; **~licht** *n* (-[e]s; -er) tail-light, tail lamp; *fig. sports*: tailender; *colloq. das ~ bilden* bring up the rear; **~note** *econ. f* contract-note; **~notierung** *f stock exchange*: closing quotation; **~pfiff** *m sports*: final whistle; **~prüfung** *f* final examination; **~punkt** *m* last point (*or* item); *gr.* full stop, *Am.* period; **~rechnung** *f econ.* final account; *math.* rule-of-three; **~rede** *f* closing speech; epilogue; **~reim** *m* end-rhyme; **~runde** *f* final; *boxing*: final round; **~rundenteilnehmer(in** *f*) *m* finalist; **~satz** *m* concluding (*or* closing) sentence; *phls.* consequent; *mus.* finale; *tennis*: final set; **~schein** *econ. m* contract-note; **~sitzung** *f* final meeting, last sitting; **~stand** *m* (-[e]s) *sports*: final score; **~stein** *arch. m* keystone (*a. fig.*); **~strich** *m* final stroke; *fig. e-n ~ ziehen* draw the line, put an end to it; **~szene** *thea. f* drop-scene; **~verkauf** *m* seasonal sale; **~wort** *n* (-[e]s; -e) last word; summary; → *Schlußrede*; **~zeichen** *n* final signal; *gr.* full stop; *mus.* double bar; *teleph.* clear signal.

Schmach [ʃmaːx] *f* (-) disgrace, shame; blemish; insult, affront, outrage; humiliation.

schmachten ['ʃmaxtən] *v/i.* (h.) languish (*vor dat.* with); *vor Durst ~* be parched with thirst; *im Kerker ~* be languishing in the dungeon; languish (*or* pine, yearn) (*nach* for); *~ lassen* tantalize; **~d** *adj.* languishing (*a. look*).

'**Schmachtfetzen** *colloq. m* sentimental song, *Am.* tear-jerker.

schmächtig ['ʃmɛçtiç] *adj.* slim, slender, slight; thin, weedy; *ein ~er Junge* (*~es Mädchen*) a slip of a boy (girl).

'**Schmacht...: ~locke** *f* lovelock; **~riemen** *colloq. m*: *den ~ anziehen* tighten one's belt.

'**schmachvoll** *adj.* disgraceful, ignominious, shameful.

schmackhaft ['ʃmakhaft] *adj.* savo(u)ry, palatable, tasty; appetizing; *~ machen* flavo(u)r; *fig. j-m et. ~ machen* make a th. palatable to a p.; **2igkeit** *f* (-) savo(u)riness, fine taste, delicious flavo(u)r.

Schmähbrief ['ʃmɛ:-] *m* insulting letter.

'**schmäh|en** *v/t. and v/i.* (h.) abuse, revile; decry, disparage, run down; defame, calumniate; blaspheme; **~end** *adj.* abusive, vituperative; disparaging; defamatory; **~lich** **I.** *adj.* → *schmachvoll*; **II.** *adv. fig.* outrageously, awfully; ₂**rede** *f* abuse, invective, diatribe; ₂**schrift** *f* libel(lous pamphlet), lampoon; **~süchtig** *adj.* abusive, foul-mouthed, calumnious; slanderous; ₂**ung** *f* (-; -en) abuse, invective, vituperation; blasphemy; calumny; ₂**wort** *n* (-[e]s; -e) invective, abusive word.

schmal [ʃmɑːl] *adj.* narrow; thin, slender, slim; thin, sharp, fine (*face*); *fig.* small, scant(y), meag|re (*Am.* -er); poor; **~e Kost** slender fare; *j-n auf ~e Kost setzen* put a p. on short commons; *schmaler (or schmäler) werden* narrow; '**~brüstig** *adj.* narrow-chested.

schmälen ['ʃmɛːlən] *v/t. and v/i.* (h.) scold, chide; declaim against; nag; *hunt. roe:* bleat.

'**schmäler|n** *v/t.* (h.) narrow; curtail; impair, detract from; belittle; ₂**ung** *f* (-; -en) curtailment; impairment; detraction.

'**Schmal...: ~film** *phot. m* narrow-ga(u)ge film, substandard cine-film; **~filmkamera** *f* cine-camera; **~hans** *m: bei uns ist ~ Küchenmeister* we are on short commons; ₂**lippig** ['-lipiç] *adj.* thin-lipped; **~seite** *f* narrow side; **~spur** *f* (-) narrow ga(u)ge; **~spurbahn** *f* narrow-ga(u)ge railway; ₂**spurig** ['-ʃpuːriç] *adj.* narrow-ga(u)ge(d); *skiing:* narrow-track; **~tier** *zo. n* one (*or* two)-year-old hind; **~vieh** *n* small cattle; ₂**wangig** *adj.* hollow-cheeked.

Schmalz [ʃmalts] *n* (-es; -e) grease, fat; lard; dripping; *colloq. fig.* sentimental (*or* sloppy) stuff, hokum; unction; '**~birne** *f* butter-pear; ₂**en, schmälzen** ['ʃmɛltsən] *v/t.* (h.) butter, lard, put dripping into (*or* over); cook with fat; '₂**ig** *adj.* greasy, lardy; *colloq. fig.* sentimental, maudlin, sloppy; unctuous.

schmarotzen [ʃmaˈrɔtsən] *v/i.* (h.) sponge (*bei* on); sponge on others. **Schmaˈrotzer** *m* (-s; -) *bot., zo.* parasite, *person: a.* sponger, ₂**haft,** ₂**isch** *adj.* parasitic(al), sponging; **~pflanze** *f* parasitic plant; **~tier** *n* animal parasite; **~tum** *n* (-s) parasitism.

Schmarre ['ʃmarə] *f* (-; -n) slash, gash, cut; scar; **~n** *m* (-s; -) scrambled pancake; *colloq. fig.* trash, hokum.

Schmatz [ʃmats] *colloq. m* (-es; -e) smack, hearty kiss; '₂**en** *v/i.* (h.) smack (*mit den Lippen* one's lips); eat noisily; *colloq.* kiss heartily (*or* noisily).

schmauchen ['ʃmauxən] *v/t. and v/i.* (h.) smoke (leisurely); puff away (*e-e Pfeife, etc.* at a pipe, *etc.*).

Schmaus [ʃmaus] *m* (-es; -ᵉe) feast, banquet; sumptuous meal; *fig.* treat; ₂**en** ['ʃmauzən] *v/i.* (h.) feast (*von* upon), banquet; eat heartily.

schmecken ['ʃmɛkən] **I.** *v/t.* (h.)

taste, sample; **II.** *v/i.* (h.): ~ *nach* (*dat.*) taste of, smack of, savo(u)r of (*all a. fig.*); *bitter ~* taste bitter, have a bitter taste; *gut ~* taste good; *sich et. ~ lassen, es sich ~ lassen* eat with a good appetite, (eat with) relish, enjoy *one's meal*; *schmeckt es (dir)?* do you like it?; *es schmeckt nach nichts* it has no taste; *humor. es schmeckt nach mehr* it tastes like more; *es schmeckt ihm nicht(s)* he has no appetite, he does not like his food.

'**Schmecker** *m* (-s; -) taster.

Schmeichelei [ʃmaiçəˈlai] *f* (-; -en) flattery, (flattering) compliment; *contp.* adulation, fawning, wheedling, soft soap; coaxing, cajoling.

'**schmeichel|haft** *adj.* flattering, complimentary; adulatory; ₂**kätzchen** *n,* ₂**katze** *f* coaxer, cajoler; **~n** *v/i.* (h.): *j-m ~ (mit)* flatter a p. (with); compliment a p. (upon); coax *or* cajole a p.; *contp.* adulate (*or* fawn upon) a p.; play up to a p.; caress; *sich geschmeichelt fühlen* feel flattered (*durch* by); *ich schmeichle mir, zu inf.* I flatter myself to *inf.,* I trust to *inf.; das Bild ist sehr geschmeichelt* the picture is very flattering; ₂**rede** *f* flattering speech, soft soap; ₂**wort** *n* (-[e]s; -e) flattering *or* honeyed word.

'**Schmeichler** *m* (-s; -), **~in** *f* (-; -nen) flatterer; *contp.* adulator, toady, sycophant; ₂**isch** *adj.* flattering; fawning, wheedling, adulatory; coaxing, cajoling.

schmeißen ['ʃmaisən] *v/t.* (*irr.,* h.) throw, fling, hurl, dash, chuck; slam, bang; *mit dem Gelde um sich ~* squander (*or* lavish) one's money; *colloq. e-e Runde ~* stand a round of drinks; *den Laden ~* run the show; *die Sache ~* put it across, pull it off, *Am.* swing it.

'**Schmeißfliege** *f* blowfly, bluebottle, meatfly.

Schmelz [ʃmɛlts] *m* (-es; -e) enamel (*a. of tooth*); glaze; *fig.* bloom, flush, glow (*of youth*); *mus.* (melting) sweetness, *of voice: a.* mellowness; '**~arbeit** *tech. f* enamel(l)ing; *metall.* smelting(-process); '₂**bar** *adj.* fusible, meltable; '**~barkeit** *f* (-) fusibility; '**~draht** *m* fuse wire.

'**Schmelze** *f* (-; -n) melting (*of snow*); *tech.* smelting, fusion; charge; → *Schmelzhütte.*

'**schmelzen** **I.** *v/i.* (*irr.,* sn) melt; dissolve; liquefy; *fig.* melt, soften; melt away, dwindle; **II.** *v/t.* (*irr.,* h.) melt; smelt, fuse (*metal*); liquefy; ₂**d** *adj.* melting; *fig.* languishing; soul-stirring; melodious, sweet; (*a. iro.*) dulcet.

'**Schmelzer** *m* (-s; -) (s)melter, founder; **Schmelze'rei** *f* (-; -en) → *Schmelzhütte.*

'**Schmelz...: ~farbe** *f* enamel colo(u)r; ₂**flüssig** *adj.* molten; **~hütte** *f* (s)melting-works *pl.,* smeltery; foundry; **~käse** *m* soft cheese; **~koks** *m* foundry coke; **~mittel** *n* flux; **~ofen** *m* (s)melting furnace; **~punkt** *m* (s)melting *or* fusing point; **~schweißung** *f* fusion welding; **~sicherung** *el. f* (safety) fuse, fusible cut-out; **~stahl** *m*

German steel; **~temperatur** *f* melting temperature; **~tiegel** *m* melting-pot, melting crucible; **~wasser** *n* (-s; -) melted snow and ice; **~werk** *n* → *Schmelzhütte.*

Schmer [ʃmeːr] *m* (-s) fat, grease; suet; '**~bauch** *m* paunch, pot-belly.

Schmerle ['ʃmɛrlə] *ichth. f* (-; -n) loach.

Schmerz [ʃmɛrts] *m* (-es; -en) (*physical*) pain, ache; gripe(s *pl.*); shooting pain, twinge; *a. pl.* **~en** agony, anguish; (*mental*) suffering, pain; grief, sorrow; woe; agony, anguish; pangs *pl.* of love; (*beträchtliche*) **~en haben** be in (considerable) pain; (*j-m*) **~ verursachen** cause *or* give pain (to a p.); *von* **~en** *gepeinigt* racked with pain; *fig. mit* **~en** anxiously, impatiently; *iro. haben Sie sonst noch* **~en**? anything else?; '**~ausstrahlung** *f* radiation of pain; '₂**betäubend** *adj.* pain-deadening, analgesic; '₂**empfindlich** *adj.* sensitive to pain.

'**schmerzen** *v/i. and v/t.* (h.) pain, hurt, smart; ache; grieve, afflict; *das schmerzt* that hurts (*a. fig.*); *mir ~ alle Glieder* all my limbs ache; **~d** *adj.* aching, smarting, sore.

'**Schmerzens...: ~geld** *n* compensation for personal suffering; **~kind** *n* child of sorrow; **~lager** *n* bed of suffering; **~schrei** *m* cry (*or* wail) of pain.

'**Schmerz...:** ₂**erfüllt** *adj.* grieved, deeply afflicted; ₂**erregend** *adj.* causing pain; ₂**frei** *adj.* free from pain; painless; ₂**haft** *adj.* painful; → *schmerzend; fig.* grievous, distressing, agonizing; **~e Stelle** sore place, sensitive (*or* tender) spot; **~haftigkeit** *f* (-) painfulness, *fig. a.* grievousness; ₂**lich** **I.** *adj.* aching, smarting; painful, grievous; sad (*smile*); **II.** *adv.* sadly, badly; ₂**lindernd** *adj.* soothing, lenitive, (*a.* **~es Mittel** anodyne, analgesic; **~linderung** *f* relief (from pain), alleviation; ₂**los** *adj.* painless; **~losigkeit** *f* (-) painlessness; ₂**stillend** *adj.* pain-deadening, analgesic; **~es Mittel** anodyne, pain-killer; ₂**verzerrt** *adj.* distorted by pain, tormented (*face*); ₂**voll** *adj.* painful; grievous, *rhet.* dolorous.

Schmetterball ['ʃmɛtər-] *m tennis:* smash.

Schmetterling ['ʃmɛtərliŋ] *m* (-s; -e) butterfly; **~blütler** ['-blyːtlər] *bot. m* (-s; -) papilionaceous plant; **~stil** *m* (-[e]s) *swimming:* butterfly style.

'**schmettern** **I.** *v/t.* (h.) dash (*zu Boden* to the ground; *in Stücke* to pieces); smash, slam; *colloq. fig.* sing lustily, let go with (*a song*); *e-n ~* (*drink*) raise the elbow, hoist one; **II.** *v/i.* (h.) crash; resound; *voice:* ring (out); *lark:* warble; *trumpet:* blare (out).

'**Schmetterschlag** *m tennis:* smash.

Schmied [ʃmiːt] *m* (-[e]s; -e) smith; blacksmith; *fig.* author, founder; → *Glück;* '₂**bar** *tech. adj.* malleable, forgeable; '**~barkeit** *f* (-) malleability, forgeability.

Schmiede ['ʃmiːdə] *f* (-; -n) smithy, forge; (black)smith's shop; *fig. vor* *die rechte* ~ *kommen* get hold of the right person; **~arbeit** *f* forging (operation), metal work; **~eisen** *n* wrought (*or* malleable) iron, forging steel; **2eisern** *adj.* wrought-iron; **~esse** *f* forge; **~gesenk** *n* forging die, swage; **~hammer** *m* forge (*or* sledge) hammer; **~kohle** *f* forge coal; **~meister** *m* master (black)smith.

schmieden *v/t.* (*h.*) forge; *in Ketten* ~ put *prisoner* in chains; *fig.* → *Eisen*; frame, *contp.* concoct; make, devise, *b.s.* hatch (*plans*); → *Ränke*.

'Schmiede...: **~presse** *f* forging press; **~stahl** *m* forged steel; **~stück** *n* forging; **~technik** *f* forging practice; **~ware** *f* hardware (*a. pl.*); **~werkstatt** *f* → *Schmiede*.

schmiegen ['ʃmiːgən] *v/t.* (*h.*) *tech.* bevel; *sich* ~ (*h.*) bend, yield; *sich* ~ *an* (*acc.*) press o.s. close to, *tenderly*: nestle, to snuggle up to; *sich* ~ *in* (*acc.*) cuddle in (*a p.'s arms*), *a. thing*: nestle in, *tech.* fit snugly in(to).

schmiegsam ['ʃmiːkzaːm] *adj.* pliant, flexible; supple, lithe; *fig.* supple; **~keit** *f* (-) pliancy, flexibility; (*a. fig.*) suppleness.

Schmier|anlage ['ʃmiːr-] *tech. f* lubricating system; **~behälter** *m*, **~büchse** *f* grease-box; oil-cup; oil-can; **~buch** *n* waste-book.

'Schmiere *f* (-; -n) smear; grease, lubricant; ointment, salve; ooze; squish; *thea.* troop of strolling players, *esp. Am.* barnstormers *pl.*, *contp.* penny gaff; *colloq.* (-) ~ *stehen* keep cave.

'schmieren (*h.*) *v/t.* smear; *tech.* grease, oil, lubricate; spread (*butter*, *etc.*); (*a. v/i.*) scribble, scrawl; daub; *colloq. fig. j-n* ~ grease a p.'s palm; *colloq. j-m e-e* ~ paste a p. one; *sich die Kehle* ~ wet one's whistle; *wie geschmiert* smoothly, without a hitch, like clock-work.

'Schmierenschauspieler(in *f)* *m* strolling player, *esp. Am.* barnstormer; *contp.* ham.

'Schmierer(in *f)* (-s, -; -, -nen) *tech.* greaser; *contp.* scribbler, scrawler; dauber.

Schmiere'rei *f* (-; -en) smearing; scrawl; daub.

'Schmieresteher *m* look-out man.

'Schmier...: **~fähigkeit** *f* (-) lubricity; **~fett** *n* (lubricating) grease; **~fink** *m* scrawler; daub(st)er; dirty fellow, pig; **~geld(er** *pl.)* *n* palm-oil, bribe-money; *Am. pol.* slush fund.

'schmierig *adj.* greasy; oily; sticky, grimy; smudgy, dirty, messy; *fig.* sordid, mean; filthy, smutty; smarmy.

'Schmier...: **~kanne** *f* oil can, oiler; **~käse** *m* soft (*or* spread) cheese; **~loch** *n* oil hole (*or* run); **~masse** *f* lubricating paste; **~maxe** ['-maksə] *m* (-n; -n) *sl. aer.* grease monkey; **~mittel** *n* lubricant; **~nippel** *m* grease nipple; **~öl** *n* lubricating oil; **~pistole**, **~presse** *f* grease gun; **~plan** *m* lubrication chart; **~pumpe** *f* grease gun; **~salbe** *f* liniment, salve; **~seife** *f* soft soap; **~stelle** *tech. f* lubrication

---

point; **~stoff** *m* *tech.* lubricant; *pharm.* liniment; **~stoffbehälter** *m* grease sump, oil tank; **~ung** *f* (-; -en) lubrication, oiling; **~vorrichtung** *f* lubricator.

Schminke ['ʃmiŋkə] *f* (-; -n) (grease-)paint; rouge, *white*: ceruse; *w.s.* (*a. thea.*) make-up.

'schminken *v/t.* (*and sich*) (*h.*) paint (one's face), make up; rouge (o.s.); put on lipstick; *fig.* colo(u)r a *report*.

'Schmink...: **~mittel** *n* → *Schminke*; *w.s.* cosmetic; **~pflästerchen** ['-pflɛstərçən] *n* (-s; -) (beauty-) patch; **~stift** *m* paint-stick; lipstick; **~tisch** *m* make-up table; **~topf** *m* rouge-pot.

Schmirgel ['ʃmirgəl] *m* (-s; -) emery; **~apparat** *m* sander; **~leinwand** *f* emery cloth; **2n** *v/t.* (*h.*) rub (*or* grind, polish) with emery; sand; **~papier** *n* emery paper; **~paste** *f* emery paste; **~scheibe** *f* emery wheel; **~tuch** *n* emery cloth.

schmiß [ʃmis] *pret. of* schmeißen.

Schmiß [ʃmis] *m* (-sses; -sse) gash, cut; (duelling) scar; *colloq. fig.* verve, go, ginger, pep, zip; **'schmissig** *adj.* dashing, racy, full of go, peppy.

Schmöker ['ʃmøːkər] *m* (-s; -) old book (*or* volume); trashy novel, yellowback; **2n** *v/i.* (*h.*) browse, be absorbed in a book.

schmoll|en ['ʃmɔlən] *v/i.* (*h.*) pout (one's lips); sulk (*mit* with), be sulky; **2winkel** *m* sulking-corner.

schmolz [ʃmɔlts] *pret. of* schmelzen.

Schmor|braten ['ʃmoːr-] *m* braised beef; **2en** *v/i.* (*h.*) stew; braise; char; *fig.* roast, swelter; frizzle (*in hell*); **~pfanne** *f* stew-pan; **~stellen** *el. f/pl.* spots of arcing; **~topf** *m* stew-pot.

Schmu [ʃmuː] *colloq. m* (-s) unfair gain; swindle, cheat; ~ *machen* cheat.

schmuck [ʃmuk] *adj.* neat, trim, *person*: *a.* spruce, smart, natty; pretty; spick and span.

'Schmuck *m* (-[e]s; -e) ornament; decoration, adornment; trimmings, trappings *pl.*; finery, adornment, get-up; jewel(le)ry, jewels *pl.*; *unechter* ~ imitation jewel(le)ry, trinkets *pl.*; *fig.* flowers *pl.* (*of speech, etc.*); **~arbeit** *f* jewel(le)ry.

schmücken ['ʃmykən] *v/t.* (*h.*) adorn, decorate; ornament, trick (*or* deck) out; embellish; *sich* ~ (*kleiden*) smarten (*or* spruce) o.s. up, dress up.

'Schmuck...: **~feder** *f* plume; **~händler(in** *f)* *m* jewel(l)er; **~kästchen** *n* jewel-case, casket; *fig.* gem, jewel of a house; **2los** *adj.* unadorned, plain; austere; **~losigkeit** *f* (-) plainness; austerity; **~nadel** *f* breast-pin; **~sachen** *f/pl.* jewel(le)ry, jewels *pl.*; trinkets *pl.*; **~stein** *m* gem; **~steinindustrie** *f* lapidary trade; **~stück** *n* ornament, *n.s.* piece of jewel(le)ry; *fig.* gem; **~ware(n** *pl.)* *f* jewel(le)ry.

schmuddelig ['ʃmudəliç] *adj.* dingy, grimy, smudgy.

Schmuggel ['ʃmugəl] *m* (-s), **Schmugge'lei** *f* (-; -en) smuggling; ~ *treiben* → **2n** *v/t. and v/i.*

(*h.*) smuggle; **~ware** *f* smuggled goods, contraband.

Schmuggler ['ʃmuglər] *m* (-s; -), **~in** *f* (-; -nen) smuggler; **~bande** *f* gang (*or* ring) of smugglers; **~schiff** *n* smuggling-boat, smuggler.

schmunzeln ['ʃmuntsəln] *v/i.* (*h.*) smile contentedly *or* amusedly; smirk, grin.

'Schmunzeln *n* (-s) (broad) smile, grin.

Schmus [ʃmuːs] *colloq. m* (-es) soft soap; **2en** ['-zən] *colloq. v/i.* (*h.*) prattle, babble; fawn (*mit* upon), soft-soap, butter (up); spoon, pet, neck; **'~er** *colloq. m* (-s; -) babbler; wheedler, toady; flirt, masher.

Schmutz [ʃmuts] *m* (-es) dirt, filth (*a. fig.*); *esp. fig.* smut; mud, muck; *fig. in den* ~ *ziehen* drag through the mud; *j-n mit* ~ *bewerfen* sling mud at a p.; **'~blech** *n* mudguard; **'~bogen** *typ. m* set-off sheet; **'~bürste** *f* scrubbing brush; **2en** *v/i.* (*h.*) soil, give off dirt; soil easily, get dirty; **~e'rei** *fig. f* (-; -en) filth, smut; **'~farbe** *f* drab colo(u)r; **'~fink** *m* dirty fellow, pig, mudlark; **'~fleck** *m* smudge, stain, blotch; *fig.* blemish.

'schmutzig *adj.* dirty; filthy; muddy; soiled; grimy; slushy (*weather*); *fig.* dirty, filthy, smutty; dirty, sordid, low; mean, stingy; shabby; **~e** *Bombe* radiological (*or* dirty) bomb; **2keit** *f* (-; -en) dirtiness, *etc.*

'Schmutz...: **~kittel** *m* overall; **~konkurrenz** *econ. f* unfair competition, underselling; **~literatur** *f* pornography, smut; **~presse** *f* (-) gutter press; **~titel** *typ. m* bastard title; **~- und Schundgesetz** *n* Harmful Publications Act; **~zulage** *f* extra payment for dirty work.

Schnabel ['ʃnaːbəl] *m* (-s; *-*) *orn.* bill, beak; *colloq. fig.* mouth, potato-trap; *tech.* snout, nozzle; spout (*of pot, etc.*); *mar.* prow; *colloq. halt den* ~! hold your tongue!, shut up!; *sie spricht, wie ihr der* ~ *gewachsen ist* she doesn't mince her words, she calls a spade a spade; **2förmig** ['-fœrmiç] *adj.* beak-shaped, beaked.

schnäbeln ['ʃnɛːbəln] *v/i.* (*h.*) bill; *fig.* bill and coo.

'Schnabel...: **~schuh** *m* pointed shoe; **~tasse** *f* feeding cup; **~tier** *zo. n* duckbill, platypus; **~zange** *f* (*eine* ~ a pair of) jaw pliers *pl.*

schnacken ['ʃnakən] *v/i. and v/t.* (*h.*) (have a) chat; prattle, babble.

Schnake ['ʃnaːkə] *f* (-; -n) cranefly, mosquito.

Schnalle ['ʃnalə] *f* (-; -n) buckle, clasp; latch; **2n** *v/t.* (*h.*) buckle; strap; *enger* ~ tighten, shorten; *weiter* ~ lengthen; **~ndorn** *m* tongue (of a buckle); **~nschuh** *m* buckled shoe.

schnalzen ['ʃnaltsən] *v/i.* (*h.*): *mit den Fingern* ~ snap one's fingers; *mit der Zunge* ~ click one's tongue; *mit der Peitsche* ~ crack one's whip.

'Schnalzlaut *m* *phonetics*: click.

schnapp! [ʃnap] *int.* snap!

'schnappen I. *v/t.* (*h.*) catch, grab; **II.** *v/i.* (*h.*) snap; *lock*: catch; engage, click; *in die Höhe* ~ tip up;

nach et. ~ snap (*or* snatch) at, *dog*: snap at; *nach Luft* ~ gasp for breath, pant.

Schnäpper ['ʃnɛpər] *m* (-s; -) *tech.* catch, snap; (door) latch; *med.* blood lancet.

'**Schnapp...**: ~**feder** *f* catch-spring; ~**messer** *n* clasp-knife; jack-knife; ~**ring** *tech. m* snap ring; ~**sack** *m* knapsack; ~**schalter** *m* quick--action switch; ~**schloß** *n* spring--lock; *on necklace, etc.*: spring--catch; ~**schuß** *phot. m* snapshot, snap; e-n ~ *machen* take a snapshot, snap(-shoot).

Schnaps [ʃnaps] *m* (-es; ⁼e) strong (*Am.* hard) liquor; booze; brandy, spirits *pl.*, schnap(p)s; dram; '~-**brenner(ei** *f) m* distiller(y); '~-**bruder** *m* tippler; **⊋eln** *v/i.* (h.) tipple; '~**flasche** *f* bottle of brandy, *etc.*; '~**glas** *n* (-es; ⁼er) gin-glas; '~**idee** *colloq. f* crazy idea; '~**laden** *m* gin-shop; '~**nase** *f* copper-nose.

schnarchen ['ʃnarçən] *v/i.* (h.) snore.

'**Schnarchen** *n* (-s) snoring, snore(s *pl.*).

'**Schnarcher(in** *f) (-s, -; -, -nen)* snorer.

Schnarr|e ['ʃnarə] *f* (-; -n) rattle; *orn.* missel thrush; **⊋en** *v/i.* (h.) rattle; jar; (speak with a) twang; (*v/t.*) *das* ‚r'~ roll (*or* burr) the r; ~**wecker** *m* buzzer (alarm); ~**werk** *n* organ: reed-stops *pl.*

Schnattergans ['ʃnatər-] *colloq. f* chatterbox.

'**schnattern** *v/i.* (h.) cackle, *a. fig.* chatter; *fig.* gabble; *vor Kälte* ~ chatter with cold; **⊋** *n* (-s) cackle, cackling; chatter(ing).

schnauben ['ʃnaubən] *v/i.* (*irr.*, h.) *and v/t.* (h.) snort; pant, puff (*and* blow); *sich die Nase* ~ blow one's nose; *vor Wut* ~ foam with rage; → *Rache.*

schnauf|en ['ʃnaufən] *v/i.* (h.) breathe hard, wheeze; pant, blow; **⊋er** *colloq. m* (-s; -) breath; *ihm ist der* ~ *ausgegangen* he has lost his wind.

Schnauzbart ['ʃnauts-] *m* walrus moustache.

'**Schnauze** *f* (-; -n) snout; *of dog*: muzzle, nose; *tech.* nozzle; spout, snout; *colloq.* mouth, potato-trap; *die* ~ *voll haben von* be fed up with; *halt die* ~*!* shut up!; *frei nach* ~ off the cuff; **⊋n** *colloq. v/i.* (h.) snap, bark.

'**Schnauzer** *m* (-s; -) (*dog*) schnauzer.

Schnecke ['ʃnɛkəl] *f* (-; -n) snail; slug; *eßbare* ~ edible snail; *anat.* cochlea; (*hairdo*) ~n *pl.* earphones *pl.*; *mus.* scroll (*of violin*); *arch.* volute, helix, scroll (*of column*); *tech.* worm; screw conveyer; *watch*: fusee; spiral.

'**Schnecken...**: ~**antrieb** *m* worm drive; ~**bohrer** *m* (screw) auger; ~**feder** *f* coiled spring; ~**förderer** *m* screw conveyer; **⊋förmig** ['-fœrmiç] *adj.* helical, spiral, winding; ~**gang** *m* (-[e]s) winding alley, spiral walk; *tech.* auger; *fig.* (*im* ~ at a) snail's pace; ~**getriebe** *n* worm-gear (*or* drive); ~**gewinde** *n* worm thread, helix; ~**haus** *n* snail-

-shell; ~**linie** *f* spiral, helix; ~**post** *f: mit der* ~ at a snail's pace; ~**rad** *n* worm gear (*or* wheel); ~**tempo** *n*: *im* ~ at a snail's pace, at a crawl; ~**zahnrad** *n* cutting worm gear.

Schnee [ʃne:] *m* (-s) snow; *im* ~ *begraben* snowed up; *vom* ~ *eingeschlossen* (*or* *lahmgelegt*) snow--bound; *cul.* whipped whites *pl.* of eggs, froth; *sl.* (*cocaine*) snow; '~**ball** *m* snowball (*a. bot.* = guelder-rose); '⊋**ballen**: *sich* ~ (h.) snowball (one another); '~**ball-schlacht** *f* snowball fight; '~**ball-system** *n* snowball system; '⊋**bedeckt** *adj.* snow-covered; snow--capped (*peak*); '~**besen** *m cul.* whisk, egg-beater; '⊋**blind** *adj.* snow-blind; '~**brille** *f* (*eine* ~ a pair of) snow-goggles *pl.*; '~**decke** *f* snow cover, blanket of snow; '~**fall** *m* snow-fall; '~**feld** *n* snow-field; '~**flocke** *f* snow flake; '~**gestöber** *n* snow storm, snow flurry; '~**glöckchen** *bot. n* snow-drop; '~**grenze** *f* snow-line; '~**hemd** *n* parka; '~**höhe** *f* depth of snow; '~**huhn** *n* white grouse; '~**hütte** *f* igloo; '⊋**ig** *adj.* snowy; → schneebedeckt; '~**kette** *f* snow chain, non-skid chain; '~**könig** *fig. m: sich freuen wie ein* ~ be as pleased as Punch; '~**kuppe** *f* snowy peak; '~**lawine** *f* avalanche; '~**luft** *f* (-) snowy air; '~**mann** *m* snow man; '~**matsch** *m* slush; '~**pflug** *m* snow-plough, *Am.* snowplow; '~**regen** *m* sleety rain; '~**region** *f* snow region; '~**schaufel** *f* snow-shovel; '~**schläger** *m* → Schneebesen; '~**schleuder** *f* rotary snow-plough (*Am.* snowplow); '~**schmelze** *f* melting of snow, snow-break; '~**schuh** *m* snow-shoe; → *Ski*(...); '~**schuhlauf** *m* skiing; '~**sturm** *m* snow-storm, blizzard; '~**treiben** *n* → Schneegestöber; '~**verhältnisse** *pl.* snow conditions; '~**verwehung** *f* snow--drift; '~**wächte** *f* snow-cornice; '~**wasser** *n* snow-water; '~**wehe** *f* → Schneeverwehung; '⊋**weiß** *adj.* snow-white, (as) white as snow; '~**wetter** *n* snowy weather; '~**witt-chen** [-'vitçən] *n* (-s) Snow-white; '~**wolke** *f* snow-cloud.

Schneid [ʃnait] *m* (-[e]s) dash, go; pluck, guts *pl.*; *j-m den* ~ *abkaufen* cow; bluff.

'**Schneidbrenner** *tech. m* cutting torch, blowpipe.

Schneide ['ʃnaidə] *f* (-; -n) edge; *tech.* cutting edge, cutter; cutting blade; (drill) bit; *fig. auf des Messers* ~ *stehen* be on the razor's edge, be touch and go; ~**bank** *f* (-; ⁼e) chopping bench; ~**brett** *n* carving board; ~**maschine** *f* cutting machine, cutter; ~**mühle** *f* sawmill.

'**schneiden** *v/t. and v/i.* (*irr.*, h.) cut; *in Stücke* ~ cut up; chop; *cul.* carve; mince; shred; snip; pare, clip (*fingernails*); → Gesicht, Grimasse, Haar; *tennis*: (under-)cut (*the ball*); cut (*a corner*); adulterate (*wine*); mow; cut; cleave, split; ~ *in* (*acc.*) carve (*or* engrave) in (*wood, stone, etc.*); *fig. j-n* cut a p. (*völlig dead*); *sich* ~ *lines*: intersect, cut each other; *fig. da schneidet er sich*

aber (*gewaltig*) he is jolly much mistaken there, *Am.* that's where he makes his big mistake; *das schnitt ihm ins Herz* it cut him to the quick; → *Fleisch*; ~**d** *adj.* cutting, sharp; cutting, slashing, sarcastic, biting (*remark*); biting; sharp, strident (*voice*).

'**Schneider** *m* (-s; -) tailor; ladies' tailor, dressmaker; *vom* ~ *gefertigt* tailor-made; *tech.* cutter (*a. person*); *zo.* daddy-longlegs; *frieren wie ein* ~ shiver with cold; *colloq. wir sind aus dem* ~ we are out of the wood.

Schneide'rei *f* (-; -en) tailoring, tailor's business; dressmaking.

'**Schneider...**: ~**geselle** *m* journeyman tailor; ~**handwerk** *n* (-[e]s) tailor's trade, tailoring; ~**in** *f* (-; -nen) ladies' tailor, dressmaker; ~**kleid** *n* tailor-made dress; ~**kostüm** *n* tailor-made (suit); ~**meister** *m* master tailor; **⊋n I.** *v/i.* (h.) tailor (*für j-n* a p.); do tailoring *or* dressmaking; **II.** *v/t.* (h.) tailor (*a. fig.*); ~**puppe** *f* dress form, dummy; ~**sitz** *m* (-es) tailor's seat; ~**werkstatt** *f* tailor's (*Am.* tailor) shop.

'**Schneide...**: ~**stahl** *m*, ~**werkzeug** *n* cutting tool; ~**zahn** *m* incisor.

'**schneidig** *fig. adj.* plucky, spirited; dashing, keen, alert; resolute, energetic; snappy; smart, dashing, sharplooking; terse; **⊋keit** *f* (-) → Schneid; smartness, dash; terseness.

schneien ['ʃnaiən] *v/i.* (*impers.*, h.) snow; *es schneit* it snows, it is snowing; *fig.* (*sn*) *ins Haus* ~ drop in unexpectedly, blow in.

Schneise ['ʃnaizə] *f* (-; -n) (forest-) aisle, vista; fire-break; *aer.* flying lane.

schnell [ʃnel] **I.** *adj.* quick; fast; rapid; swift; fleet; speedy, expeditious; prompt (*action, reply, etc.*); brisk (*sale*); sudden, abrupt; hasty; ~e *Auffassung* quick apprehension; ~e *Bedienung* quick (*or* prompt) service; ~e *Fortschritte* rapid progress; ~e *Rennbahn* fast course; ~e *Truppe* mobile troops *pl.*; ~er *Wagen* fast car; ~er *als der Schall* faster than sound; *in* ~er *Folge* in rapid succession; (*mach*) ~*!* (be) quick!; hurry up!; *nicht so* ~*!* gently!, easy!, *Am.* hold your horses!; **II.** *adv.* quickly; fast; rapidly; speedily, *etc.*; *mus.* presto; ~ *fahren* drive fast; ~ *denken* do some quick thinking; ~ *gehen* go fast, walk at a brisk pace; ~ *handeln* act promptly *or* without delay; *das ist* ~ *gegangen!* that was quick!; ~ *leben* live fast; ~er *ging es nicht* I (we) could not do it any faster; *so* ~ *wie möglich* (*schnellstens*) as quickly as possible, ~ *bald*; *er mußte* ~ *noch et. erledigen* he had to attend to some small matter first.

'**Schnell...**: ~**amt** *teleph. n* toll exchange, *Am.* multi-office exchange; ~**bahn** *f* high-speed railway; ~**betrieb** *m* speed service; ~**bleiche** *f* chemical bleaching; *fig.* crash course; ~**boot** *n* speedboat; *mil.* high-speed launch, motor torpedo boat; ~**dampfer** *m* fast steamer; ~**dienst** *m* → Schnellbetrieb; ~

drehstahl *tech. m* high-speed (tool) steel.

'schnellen I. *v/t.* (h.) jerk, toss, let fly; flick; II. *v/i.* (h.) jerk, spring; bound (up), bounce; snap; → hochschnellen.

Schnellfeuer *mil. n* rapid (or quick) fire; ~geschütz *n* automatic gun; ~pistole *f* rapid-fire pistol; ~waffe *f* automatic weapon.

'Schnell...: ~flugzeug *n* high-speed aircraft; 2flüssig *adj.* easily fusible; 2füßig ['-fy:siç] *adj.* swift(-footed); ~gang *m mot.* superhigh gear, overdrive; *tech.* rapid power traverse; ~gaststätte *f* quick service (or help yourself) restaurant, *Am. a.* cafeteria; ~gericht *jur. n* summary court; ~hefter *m* letter (or document) file, ring binder, folder.

'Schnelligkeit *f* (-) quickness; fastness; swiftness, rapidity; promptness, dispatch; suddenness; speed, rate, pace; velocity; → Geschwindigkeit; ~srekord *m* speed record.

'Schnell...: ~imbiß *m* snack; ~imbißstube *f* snack bar; ~kampfflugzeug *n* pursuit plane; ~kocher *m* pressure-cooker; ~kraft *f* (-) springiness, resilience; take-off power; ~(l)auf *m* run, (foot-)race; speed skating; *im* ~ at full speed; 2(l)aufend *tech. adj.* high-speed; ~(l)äufer(in *f*) *m* runner, sprinter; speed skater; 2(l)ebig ['-le:biç] *adj.* giddy-paced (*time*); ~photographie *f* instantaneous photography; snapshot; ~presse *typ. f* high-speed printing machine, cylinder machine; ~reinigung *f* express dry-cleaning; ~richter *jur. m* magistrate; ~schrift *f* shorthand, stenography; ~schritt *mil. m* (-[e]s) quick march; ~segler *m* fast sailer, clipper; ~stahl *m* high-speed (tool) steel; 2steigend *adj.* runaway (*cost*); ~straße *f* → verkehrsstraße; ~telegraphie *f* high-speed telegraphy; ~triebwagen *m* high--speed (railway) car or coach; 2trocknend *adj.* quick-drying; ~verband *med. m* first-aid bandage; ~verfahren *n jur.* summary procedure (or proceedings *pl.*); *tech.* rapid method, short cut; ~verkehr *m* express traffic; *teleph.* no-delay service; ~verkehrsflugzeug *n* express air liner; ~verkehrsstraße *f* express roadway (or street), *Am.* speedway; ~waage *f* steelyard; high-speed weigher; ~zug *rail. m* fast train, express (train); 2züngig ['-tsyniç] *adj.* glib, voluble.

Schnepfe ['ʃnɛpfə] *f* (-; -n) *orn.* snipe, woodcock; *colloq. fig.* tart, hussy.

Schneppe ['ʃnɛpə] *f* (-; -n) spout, snout; peak; ~r *m* (-s; -) snap.

schneuzen ['ʃnɔytsən]: sich ~ (h.) blow one's nose.

Schnickschnack ['ʃnikʃnak] *m* (-[e]s) chit-chat, tittle-tattle.

schniegeln ['ʃni:gəln] *v/t.* and sich (h.) dress or smarten or spruce (o.s.) up; geschniegelt und gebügelt all dressed up, spick and span.

Schnipfel ['ʃnipfəl], *etc.* → Schnipsel.

Schnippchen ['ʃnipçən] *n* (-s; -):

---

j-m ein ~ schlagen outwit, outfox, overreach, fool *a p.*

Schnippel ['ʃnipəl], *etc.*→ Schnipsel.

'schnippisch *adj.* pert, flippant, snappish.

Schnipsel ['ʃnipsəl] *m, n* (-s; -) bit, chip, shred, scrap; 2n *v/t. and v/i.* (h.) snip.

'schnipsen *v/i.* (h.) snip; mit den Fingern ~ snap one's fingers; flick.

schnitt [ʃnit] *pret. of* schneiden.

'Schnitt *m* (-[e]s; -e) cutting; *film:* cutting and editing; *agr.* reaping, crop; cut; notch; slice; (*wound*) cut, slash, gash; *med.* operation, incision; cut, make, style, fashion (*of dress*); (dress) pattern; *typ.* cut; *book:* edge; small beer; *math.* (inter)section; cut, longitudinal section, profile; cross-section; average; *im* ~ on an average; section(al view), sectional drawing; *math., paint.* goldener ~ golden section; *mikroskopischer* ~ microscopic section; *tech.* blanking tool; cut; *colloq.* profit; *s-n* ~ machen get one's cut, make a packet (*or* one's pile); ~ansicht *tech. f* sectional view; ~blumen *f/pl.* cut flowers; ~bohnen *f/pl.* sliced French beans; ~breite *tech. f* cutting width; (*of saw:* (width of) kerf.

'Schnitte *f* (-; -n) cut, slice; chop; rasher; *belegte* ~ sandwich.

'Schnitter(in *f*) *m* (-s, -; -, -nen) reaper, harvester, mower.

'Schnitt...: ~fläche *f* surface of cut; section(al plane); 2haltig *tech. adj.* true to dimensions; ~holz *n* sawed timber; 2ig *adj.* racy, stylish, of elegant design, streamlined; ~kante *f* cutting edge; ~kurve *math. f* intersecting curve; ~lauch *bot. m* chive; ~linie *f math.* intersecting line, *on circle:* secant; *of tool:* line of cut; ~messer *n* drawknife; *med.* scalpel; ~modell *tech. n* cut-away model; ~muster *n* (dress or paper) pattern; ~musterbogen *m* paper--pattern chart; ~punkt *m* (point of) intersection; *of angle:* vertex; ~waren *f/pl.* drapery, mercery *sg.*, *Am.* dry goods; sawed timber; ~warengeschäft *n* mercer's (shop), *Am.* dry goods store; ~warenhändler *m* draper, mercer; ~winkel *m math.* angle of intersection; *tech.* cutting angle; ~wunde *f* cut, gash; ~zeichnung *tech. f* sectional drawing.

Schnitz [ʃnits[*m* (-es; -e) cut, slice; snip; ~arbeit *f* (wood-)carving; '~bank *f* (-; ⁻e) carver's bench; chopping-bench.

Schnitzel ['ʃnitsəl] *n* (-s; -) chip, slice; *pl. tech.* parings, shavings; scrap (of paper), clippings *pl.*; *cul.* (Wiener ~ breaded) veal cutlet, *Am. a.* (Wiener) schnitzel; ~jagd *f* paper-chase; ~maschine *f* shredding machine, shredder; 2n *v/t. and v/i.* (h.) chip, shred (*a. cul.*); whittle.

'schnitzen *v/t. and v/i.* (h.) carve, cut (in wood); whittle; → Holz.

'Schnitzer *m* (-s; -) cutter, (wood-)carver; *colloq. fig.* blunder, slip; grober ~ howler, *Am.* boner; Schnitze'rei *f* (-; -en) (wood-)carving, carved work.

'Schnitz...: ~kunst *f* (art of) carving, sculpture; ~messer *n* carving knife; ~werk *n* → Schnitzerei.

schnob [ʃno:p] *pret. of* schnauben.

schnodd(e)rig ['ʃnɔd(ə)riç] *adj.* pert, saucy; snotty; insolent; flippant; 2keit *f* (-) pertness, cheek; insolence; flippancy.

schnöde ['ʃnø:də] I. *adj.* contemptuous, disdainful; inconsiderate; disgraceful, shameless; base, vile; shabby; ~r Gewinn vile profit; ~r Mammon, ~s Geld filthy lucre; ~r Undank black ingratitude; II. *adv.*: *j-n* ~ behandeln use a p. badly, snub *a p.*

Schnorchel ['ʃnɔrçəl] *mar. m* (-s; -) snort, *esp. Am.* s(ch)norkel; ~unterseeboot *n* snorkel(-equipped) submarine.

Schnörkel ['ʃnœrkəl] *m* (-s; -) *arch.* scroll, spiral ornament; *writing, a. fig.*: flourish; squiggle; *fig.* frills *pl.*; 2haft, 2ig *adj.* flourishy, full of flourishes; 2n I. *v/i.* (h.) make flourishes; II. *v/t.* (h.) *arch.* adorn with scrolls.

schnorr|en ['ʃnɔrən] *colloq. v/i. and v/t.* (h.) cadge, sponge, *Am. a.* bum; 2er *m* (-s; -) cadger, sponger.

Schnösel ['ʃnø:zəl] *colloq. m* (-s; -) snot-nose.

schnuckelig ['ʃnukəliç] *colloq. adj.* cuddly.

schnüffeln ['ʃnyfəln] *v/i.* (h.) sniff (*an dat.* at), snuffle, nose; *fig.* snoop around.

'Schnüffler(in *f*) *m* (-s, -; -, -nen) snuffler; *fig.* spy, *Am.* snoop(er); sleuth.   [(*an dat.* at).)

schnullen ['ʃnulən] *v/i.* (h.) suck)

'Schnuller *m* (-s; -) comforter, dummy, *Am.* pacifier.

Schnulze ['ʃnultsə] *colloq. f* (-; -n) sentimental song, *Am.* tear-jerker.

Schnupfen[1] ['ʃnupfən] *m* (-s; -) cold (in the head), catarrh, *Am. a.* the sniffles; den ~ haben have a cold; den ~ bekommen, *colloq.* sich e-n ~ holen catch (a) cold.

'Schnupfen[2] *n* (-s) taking snuff.

'schnupfen I. *v/i.* (h.) take snuff; II. *v/t.* (h.) snuff.

'Schnupfer(in *f*) *m* (-s, -; -, -nen) snuff-taker.

'Schnupf...: ~tabak *m* snuff; ~tabak(s)dose *f* snuff-box; ~tuch *n* (-[e]s; ⁻er) (pocket-)handkerchief, hanky.

Schnuppe ['ʃnupə] *f* (-; -n) *candle:* snuff; *ast.* shooting (or falling) star. 'schnuppe: das ist mir ~ I don't care (a damn).

schnuppern ['ʃnupərn] *v/i.* (h.) → schnüffeln.

Schnur [ʃnu:r] *f* (-; ⁻e) cord; string; twine; line; lace; tape; braid, piping; *el.* (flexible) cord, flex; nach der ~ by the line; *fig.* über die ~ hauen overshoot the mark, kick over the traces.

Schnürband ['ʃny:r-] *n* lace.

'Schnurbesatz *m* braid(ing), piping.

'Schnür...: ~boden *m mar.* loft; *thea.* gridiron; ~brust *f* → Schnürleib; ~chen *n* (-s; -) little string; *fig. et. wie am* ~ können have a th. at one's finger-ends; es geht wie am ~ it goes like clock-work, there is no hitch to it.

'**schnüren** v/t. (h.) lace; (tie with) cord, tie up, strap; *sich* ~ (h.) wear stays; *fig. sein Bündel* ~ pack one's things, pack up.

'**schnurgerade** adj. and adv. dead--straight; in a straight line, as the crow flies.

'**Schnür...**: ~**leib(chen** n) m (ein ~ a pair of) stays pl., corset; ~**loch** n eyelet; ~**nadel** f bodkin.

Schnurr|bart ['ʃnur-] m moustache; ⁲**bärtig** adj. moustached.

Schnurre ['ʃnurə] f (-; -n) rattle; *fig.* funny tale, droll story; joke; farce.

'**schnurren** v/i. (h.) buzz, hum; *wheels*: whir(r); *cat, engine, voice*: purr.

'**Schnurren** n (-s) buzz(ing), hum (-ming); purr(ing).

Schnurrhaare n/pl. whiskers.

Schnürriemen ['ʃny:r-] m → *Schnürsenkel*; strap.

'**schnurrig** adj. droll, funny; queer, odd.

'**Schnurschalter** el. m pendant switch.

'**Schnür...**: ~**schuh** m lace(d) shoe; ~**senkel** m shoe-lace, esp. Am. a. shoestring; ~**stiefel** m lace(d) boot.

'**schnurstracks** adv. direct, straight; on the spot, immediately, straight (*esp. Am.* right) away; ~ *zugehen auf* make a beeline for; ~ *zuwider* diametrically opposed.

schnurz [ʃnurts] → *schnuppe*.

Schnute ['ʃnu:tə] f (-; -n) mouth; moue (*Fr.*); *e-e* ~ *ziehen* pout.

schob [ʃo:p] pret. of *schieben*.

Schober ['ʃo:bər] m (-s; -) stack, rick; shed; barn; → *Heuschober*.

Schock¹ [ʃɔk] n (-[e]s; -e) three-score.

'**Schock²** m (-[e]s; -s) med. and fig. shock; shell-shock.

'**Schock...**: ~**behandlung**, ~**therapie** f (electro-)shock treatment (or therapy); ~**truppen** mil. f/pl. shock troops; ⁲**weise** adv. by threescores (*or* sixties); ~**welle** mil. f shock wave.

scho'ckieren v/t. (h.) shock, scandalize.

schofel ['ʃo:fəl] colloq. adj. shabby, mean; paltry.

Schöffe ['ʃœfə] jur. m (-n; -n) lay assessor; ~**ngericht** n court of lay assessors.

Schokolade [ʃoko'la:də] f (-; -n) chocolate.

schoko'laden adj. (of) chocolate; ⁲**automat** m chocolate slot machine; ⁲**fabrik** f chocolate-works sg.; ~**farben** adj. chocolate (brown); ⁲**pulver** n chocolate-powder; ⁲**riegel** m chocolate bar; ⁲**tafel** f chocolate bar; *in process of manufacture*: cake (*or* slab) of chocolate.

Scholar [ʃo'la:r] m (-en; -en) scholar, student.

Scholast|ik [ʃo'lastik] phls. f (-) scholasticism; ~**iker** m (-s; -), ⁲**isch** adj. scholastic.

scholl [ʃɔl] pret. of *schallen*.

Scholle¹ ['ʃɔlə] f (-; -n) clod, lump; sod; lump of ice, floe; *fig.* soil; *an der* ~ *hängen* cling to one's native soil.

'**Scholle²** ichth. f (-; -n) plaice (*a. pl.*).

'**Schollenbrecher** m clod crusher.

schon [ʃo:n] adv. **1.** already; before; by this time, so far; *in questions*: yet, ever; even; ~ *damals (jetzt)* even then (now); ~ *früher* before (this); ~ *ganz* quite; ~ *immer* always, all along; ~ *längst* all along, long (ago); ~ *oft* often (enough); ~ *wieder* again; ~ *von Anfang an* from the very beginning; *es ist* ~ *12 Uhr* it is already twelve; *es ist* ~ *zu spät* it is already too late; *ich habe* ~ *e-n* I have one already; ~ *zweimal* already twice; ~ *zehnmal* as often as ten times; ~ *am nächsten Tage* the very next day; ~ *um 4 Uhr* as early as 4 o'clock; ~ *im 11. Jahrhundert* as early (*or* as far back) as the 11th century; ~ *seit 5 Jahren* as long as five years, these five years; *wie lange sind Sie* ~ *hier?* how long have you been here; *hast du* ~ (*einmal*)? have you ever?; *ich habe ihn* ~ (*einmal*) *gesehen* I have seen him before; *sind Sie* ~ (*einmal*) *in England gewesen?* have you ever been to England?; *hast du* ~ *mit ihm gesprochen?* have you talked to him yet?; *hast du das Buch* ~ *ausgelesen?* have you finished the book yet?; *ist er* ~ *da?* has he come yet?; *was, (du bist)* ~ *zurück?* what, back already?; *da sind wir (ja)* ~*!* here we are!; *was gibt es denn* ~ *wieder!* what is it now!; *er wollte* ~ *gehen* he was about (*or* all ready) to go; **2.** no doubt, surely, sure enough, I dare say; *er wird* ~ *kommen* he is sure to come; don't you worry, he will come; *ich werde ihn* ~ *bezahlen* I'll pay him, sure enough (*Am. a.* sure thing); *er wird es* ~ *machen* he'll do it all right, leave it to him; *es wird* ~ *gehen* it will be all right, I, *etc.*, shall manage (somehow); *das ist* ~ *möglich* that's quite possible; *wir können* ~ *hier bleiben* we don't mind staying here; *das ist* ~ *eine große Frechheit!* some cheek!; *es ist* ~ *so* that's how it is (and there is nothing you can do about it); ~ *gut!* that's all right!, never mind!, that will do!; **3.** *concessive: ich gebe* ~ *zu*, daß I cannot but admit that; *sie müßte sich* ~ *etwas mehr anstrengen* of course, she would have to work harder; *das ist* ~ *wahr*, aber that's true enough (*or* all very well) but; *das kennen wir* ~*!* that's an old story!; *ich verstehe* ~*!* it's all right, I see!; **4.** *restrictive:* ~ *der Name* (*Anblick*) the bare name (sight); ~ *der Gedanke* the very idea, the mere thought; ~ *der Höflichkeit wegen* out of mere courtesy; ~ *deswegen* for that reason alone, if only for that reason; ~ *wegen* if only because of; ~ *weil* if only because; *wenn* ~ *although*; *na, wenn* ~*!* what of it! so what!; *wenn* ~, *denn* ~*!* **a)** I, *etc.*, may as well be hanged for a sheep as for a lamb, **b)** while we are at it, we might as well do it properly.

schön [ʃø:n] **I.** adj. beautiful; fair; pretty, nice; handsome, good--looking; lovely; splendid; good, fine; excellent; exquisite, choice; pleasant; noble; handsome, generous; ~*e Gelegenheit* splendid opportunity; *das* ~*e Geschlecht* the fair sex; *die* ~*en Künste* the polite arts; ~*e Literatur* polite literature, belles-letters pl.; ~*er Tod* easy death; ~*es Wetter* fine (*or* fair) weather; ~*e Worte* fair words; *in* ~*ster Ordnung* in apple-pie order; *e-s* ~*en Morgens* one fine morning; *e-s* ~*en Tages* **a)** one day, **b)** one of these days; ~*en Dank!* many thanks!; *das ist* ~ *von ihm* that's (very) kind or nice of him; *das ist nicht* ~ *von dir* that's not nice of you; *das ist alles recht* ~, *aber* that's all very fine (*or* very well), but; *es war sehr* ~ we had a good time, it was very nice (*at the party*); *iro. e-e* ~*e Bescherung* a nice mess, a fine business; *das sind mir* ~*e Sachen* pretty doings, indeed; *du bist mir ein* ~*er Freund* a fine friend you are; *das wäre ja noch* ~*er* that would be the limit!, certainly not!; *colloq.* ~*!* all right!, okay!; **II.** adv. beautifully, *etc.*; *aufs* ~*ste* most beautifully; → *schönmachen, schöntun*; ~ *schreiben* write a nice hand; *iro. er ließ es* ~ *bleiben* he did nothing of the kind; *das werde ich* ~ *bleibenlassen* catch me doing that; *bleibe du* ~ *sitzen* don't you budge from your seat; *du hast mich* ~ *erschreckt* you gave me quite a start; *er hat sich* ~ *gewundert* he had the surprise of his life; *sei* ~ *brav!* be a good boy (*or* girl)!; ⁲**e(s)** n (-[e]n): *das* ~*e* the beautiful; *Sie werden et.* ~*es von mir denken!* you will have a nice opinion of me!; *da hast du (et)was* ~*s angerichtet!* a nice mess that!; *das Schönste dabei war* the beauty of it was; ⁲**e** f (-n; -n) beautiful woman, beauty, belle (*Fr.*).

Schonbezug ['ʃo:n-] m seat cover; cover(ing).

'**Schöndruck** typ. m (-[e]s; -e) primer.

'**schonen** v/t. (h.) spare (*j-n* a p.; *j-s Leben* a p.'s life); take care of; preserve; save (*eyes*); save, husband (*strength, supply*); treat *a p.* with indulgence; *j-s Gefühle* ~ spare a p.'s feelings; respect (*property, rights, etc.*); *sich* ~ (h.) **a)** take care of o.s., look after o.s. (*or* one's health), **b)** take a rest, take it easy, **c)** spare energy, save one's strength; *sich nicht* ~ exert o.s., burn the candle at both ends; *econ., tech. die Maschine, etc., schont die Finger* the machine is kind to fingers, *schont die Möbel, etc.*, is easy on the furniture; → *schonend*.

'**schönen** tech. v/t. (h.) brighten, gloss; fine (*wine, etc.*); colo(u)r.

'**schonend I.** adj. careful, gentle; considerate; indulgent; **II.** adv.: *j-m et.* ~ *beibringen* break a th. gently to a p.; ~ *umgehen mit* **a)** go easy on, **b)** use sparingly.

'**Schoner¹** m (-s; -) protector; antimacassar; covering; → *Ärmel-, Wandschoner*.

Schoner² ['ʃo:nər] mar. m (-s; -) schooner.

'**schönfärb|en** fig. v/t. (h.) gloss over; ⁲**er** fig. m optimist; ⁲**e'rei** fig. f optimism; palliation.

'**Schongang** mot. m overdrive.

'**schön...**: ~**gebaut** ['-gəbaut] adj.

well-made; ⊆**geist** *m* (-es; -er) (a)esthete; ⊆**geiste'rei** *f* (-; -en) (a)estheticism; **⁓geistig** *adj.* (a)esthetic(al), literary; belletristic.

'**Schönheit** *f* (-; -en) beauty; *fig. a.* fineness; nobleness; beautiful woman, beauty, belle (*Fr.*); **⁓en** *pl. der Natur*: beauty-spots, beauties *of nature*.

'**Schönheits...: ⁓fehler** *m* corporal defect, disfigurement; *of thing*: flaw, (minor) blemish (*a. fig.*); eyesore; **⁓ideal** *n* reigning beauty, beau ideal (*Fr.*); **⁓königin** *f* beauty queen; Miss *America, etc.*; **⁓konkurrenz** *f* beauty contest; **⁓mittel** *n* cosmetic; **⁓operation** *f* cosmetic plastic surgery (*or* operation); **⁓pflästerchen** ['-pflɛstərçən] *n* (-s; -) beauty-spot, patch; **⁓pflege** *f* beauty culture; **⁓pflegerin** *f* beautician; **⁓salon** *m* beauty parlo(u)r; **⁓sinn** *m* (-[e]s) sense of beauty, taste; **⁓wasser** *n* beauty lotion.

'**Schon|klima** *n* relaxing climate; **⁓kost** *med. f* mild diet.

'**schön...: ⁓machen I.** *v/i.* (h.) *dog*: sit up, beg; **II.** *sich* ⁓ (h.) smarten o.s. up, get (o.s.) up; ⊆**redner(in** *f*) *m* rhetorician, *contp.* speechifier; flatterer; **⁓rednerisch** *adj.* rhetorical; ⊆**schreibekunst**, ⊆**schrift** *f* (-) calligraphy; ⊆**schreiber(in** *f*) *m* calligraphist; ⊆**tuer(in** *f*) ['-tu:ər] *m* (-s, -; -, -nen) flatterer; flirt; ⊆**tue'rei** *f* (-; -en) coquettishness, flirtation; flattery, cajolery; **⁓tun** *v/i.* (*irr.*, h.) coax, cajole (*j-m* a p.); *j-m* ⁓ play up to a p.; flirt with a p.

'**Schonung** *f* (-) mercy; indulgence, forbearance; careful treatment, good care; protection, preservation; (*pl.* -en) tree-nursery; preserve; *sich* ⁓ *auferlegen* take a rest, relax, take it easy; *zur* ⁓ *des Fußbodenbelages* (in order) to preserve the floor-covering; ⊆**sbedürftig** *adj.* convalescent; in want of rest; ⊆**slos** *adj.* unsparing (*gegen* to, of), merciless, pitiless, relentless, *w.s. a.* brutal, blunt.

'**Schonungsmittel** *tech. n* gloss; *for drinks*: fining agent.

'**schonungsvoll** *adj.* → schonend.

'**Schonzeit** *f* close(d *Am.*) season.

Schopf [ʃɔpf] *m* (-[e]s; ⁎e) crown, top (of the head); tuft, bob; shock, mop (of hair); *orn.* tuft, crest; *fig. die Gelegenheit beim* ⁓e *nehmen* take occasion by the forelock, jump at the chance.

Schöpf|becherwerk ['ʃœpf-] *n* bucket elevator; **⁓brunnen** *m* draw-well; **⁓bütte** *f paper manufacture*: pulp vat; **⁓eimer** *m* pail, (well-)bucket.

'**schöpfen** *v/t. and v/i.* (h.) scoop, ladle; draw (*aus* from *a well*); bail; *Atem* ⁓ draw (*or* take breath); *tief Atem* ⁓ take a deep breath; *wieder Atem* ⁓ recover one's breath; *fig.* derive, obtain (*experience, etc.*); *neue Hoffnung* ⁓ gather fresh hope; *Mut* ⁓ take courage; → *Luft, Verdacht*.

'**Schöpfer** *m* (-s; -) creator, maker, originator, author, framer; (*God*) *the* Creator, *the* (*your, etc.*) Maker; *tech.* → Schöpfgefäß; **⁓geist** *m* (-es) creative genius; **⁓hand** *f* hand of

the creator, creative touch; **⁓in** *f* (-; -nen) creatress; authoress; ⊆**isch** *adj.* creative; productive; original; *e-e* ⁓*e Pause einlegen* pause for inspiration; **⁓kraft** *f* creative power, genius.

'**Schöpf...: ⁓gefäß** *n*, **⁓kelle** *f* scoop, dipper; ladle; bucket; **⁓löffel** *m* ladle; **⁓papier** *n* hand-made paper; **⁓rad** *n* bucket-wheel.

'**Schöpfung** *f* (-; -en) *bibl.* creation; *the* universe, creation; creation, production, work; brain-child; *iro. die Herren der* ⁓ the lords of creation; **⁓sgeschichte** *f* history of creation; Genesis; **⁓s-tag** *m* day of creation.

'**Schöpfwerk** *n* bucket elevator.

Schoppen ['ʃɔpən] *m* (-s; -) half a pint.

Schöps [ʃœps] *m* (-es; -e) wether; (*meat*) mutton.

schor [ʃo:r] *pret. of scheren.*

Schorf [ʃɔrf] *med. m* (-[e]s; -e) scurf; scab, crust; ⊆**ig** *adj.* scurfy; scabby.

Schornstein ['ʃɔrn-] *m* chimney; *mar., rail.* funnel; *mar. a.* smoke-stack; flue; *fig.* → *Kamin*; **⁓aufsatz** *m*, **⁓kappe** *f* chimney-pot; **⁓feger** *m* chimney-sweep; **⁓rohr** *n* chimney flue; **⁓zug** *m* draught, *Am.* draft.

schoß [ʃɔs] *pret. of schießen.*

Schoß[1] *bot. m* (-sses; -sse) shoot, spring, sprout.

Schoß[2] [ʃo:s] *m* (-es; ⁎e) lap; womb; (coat)tail, flap, skirt; *auf j-s* ⁓ *sitzen* sit on a p.'s lap; *fig.* (-es) *die Hände in den* ⁓ *legen* rest on one's oars, twiddle one's thumbs; (*sicher wie*) *in Abrahams* ⁓ *sein* be in the bosom of Abraham, be perfectly safe; *im* ⁓*e der Erde* in the bowels of the earth; *im* ⁓*e der Familie* in the bosom (*or* midst) of the family; *im* ⁓*e des Glücks* in Fortune's lap; *im* ⁓*e der Kirche* within the pale of the church; *im* ⁓*e der Zukunft* in the womb of time; *das liegt noch im* ⁓*e der Zukunft* only time will tell; *es ist ihm in den* ⁓ *gefallen* it fell right into his lap; **⁓hund** *m* lap-dog, pet; **⁓kind** *n* pet, darling.

Schößling ['ʃœslɪŋ] *bot. m* (-s; -e) (off)shoot, sprout, scion; ⁓*e aussenden* flush.

Schote[1] *bot.* cod, pod, husk, shell; *cul.* ⁓*n pl.* green peas.

'**Schote**[2] *mar. f* (-; -n) sheet.

'**Schoten...: ⊆förmig** ['-fœrmiç] *adj.* pod-shaped; **⁓gewächs** *n* leguminous plant; **⁓pfeffer** *m* red pepper, capsicum.

Schott [ʃɔt] *mar. n* (-[e]s; -e), '**⁓e**[1] *f* (-; -n) bulkhead; ⁓*en dicht!* close the bulkheads!

Schotte[2] ['ʃɔtə] *m* (-n; -n) Scot, Scotsman, Scotchman; *die* ⁓*n pl.* the Scotch, *esp. hist.* the Scots.

Schotter ['ʃɔtər] *tech. m* (-s; -) broken stone, gravel; (road-)metal, macadam; *rail.* ballast; rubble; **⁓bank** *f* (-; ⁎e) gravel bank; **⁓decke** *f* road-metal surface; ⊆**n** *v/t.* (h.) gravel; metal, macadamize; ballast; **⁓straße** *f* metal(l)ed *or* macadam(ized) road.

'**Schott|in** *f* (-; -nen) Scotchwoman; ⊆**isch** *adj.* Scotch, Scottish; *die* ⁓*e*

Sprache, das ⊆*e* (-n) the Scottish language, Scotch.

schraffier|en [ʃra'fi:rən] *v/t.* (h.) (*kreuzweise* cross-)hatch; ⊆**ung** *f* (-; -en) hatching; *on maps*: hachure.

schräg [ʃrɛ:k] *adj.* oblique, slanting, sloping, inclined; diagonal; transversal; *tech.* bevel, chamfered; ⁓ *gegenüber* diagonally across (*von from*), nearly opposite (*a th.*); *sl.* ⁓*e Musik* hot music; '⊆**ansicht** *f* oblique view; ⊆**e** ['ʃrɛ:gə] *f* (-; -n) obliquity, slant; slope, incline; *tech.* bevel; **⁓en** ['-gən] *tech. v/t.* (h.) bevel; '⊆**fläche** *f* slope, incline; '⊆**heit** *f* (-) → Schräge; '⊆**kante** *tech. f* chamfer; '⊆**lage** *f* sloping position; *aer.* bank(ing); *med.* oblique presentation (*of foetus*); **⁓laufend** *adj.* oblique; diagonal; '⊆**paß** *m soccer*: cross-field pass; '⊆**schrift** *f* sloping hand(writing); *typ.* italics *pl.*; '⊆**schuß** *m soccer*: cross shot; **⁓stellen** *v/t.* (h.) incline, tilt; '⊆**strich** *m* diagonal stroke; **⁓über** *adv.* (diagonally) across.

schrak [ʃra:k] *pret. of schrecken.*

Schramme ['ʃramə] *f* (-; -n) scratch; abrasion; scar.

Schrammelmusik ['ʃraməl-] *f* popular music of violins, guitars, and concertina.

'**schramm|en** *v/t.* (h.) *and v/i.* (sn) scratch; graze, skin, abrade; scar, mar; ⊆**ig** *adj.* full of scratches, scarred; marred.

Schrank [ʃraŋk] *m* (-[e]s; ⁎e) cupboard, *esp. Am.* closet; book-case; wardrobe; locker; (linen-)press; cabinet; safe.

Schranke ['ʃraŋkə] *f* (-; -n) barrier; (railway-)gate; turnpike, toll-gate; rail(ing), grating; *jur.* bar; *fig.* (social, trade, *etc.*) barrier; bounds, limits *pl.*; *hist.* ⁓*n pl.* lists *pl.*; *fig. in die* ⁓*n treten* enter the lists; *in die* ⁓*n fordern* challenge, throw down the gauntlet to; ⁓*n setzen* (*dat.*) set bounds to, put a check on; (*sich*) *in* ⁓*n halten* keep within bounds, restrain (o.s.); *j-n in s-e* ⁓*n weisen* put a p. in his place.

schränken ['ʃrɛŋkən] *v/t.* (h.) put crosswise; cross (*a. legs*); fold (*arms*); *tech.* set (*saw*); → geschränkt.

'**Schranken...: ⊆los** *adj.* boundless, unlimited; *b.s.* unbounded, unbridled; licentious; **⁓losigkeit** *f* (-; -en) boundlessness; *fig. a.* licentiousness; **⁓wärter** *rail. m* gateman.

'**Schrank...: ⁓fach** *n* compartment, partition; *bank*: safe deposit box; pigeon-hole; ⊆**fertig** *adj.* ready for the drawer, fluffy-dry; **⁓koffer** *m* wardrobe-trunk.

Schranze ['ʃrantsə] *f* (-n; -n) toady, sycophant; → Hofschranze.

Schrapnell [ʃrap'nɛl] *mil. n* (-s; -e) shrapnel; **⁓kugel** *f* shrapnel ball.

Schrapper ['ʃrapər] *tech. m* (-s; -) scraper.

Schraubdeckel ['ʃraup-] *m* screw cap.

Schraube ['ʃraubə] *f* (-; -n) screw; bolt; ⁓ *und Mutter* bolt and nut; wood screw; *mar.* screw (propeller); *aer.* air-screw, *Am.* propeller; *colloq. fig. alte* ⁓ old frump; *sports*: twist;

twist (or spiral) dive; tech. eingängige ~ single-thread screw; eingelassene ~ countersunk screw; ~ ohne Ende endless screw, fig. vicious circle; e-e ~ anziehen tighten a screw; fig. die ~ anziehen put on the screw; colloq. fig. bei ihm ist e-e ~ los he has a screw loose.

'schrauben v/t. and v/i. (h.) screw; fester (loser) ~ tighten (loosen) the screw(s) of; ~ twist, wind, spiral; in die Höhe ~ turn up, fig. raise, push up; force (or send) up prices; fig. niedriger ~ lower, scale down; → geschraubt.

'Schrauben...: ~antenne f helical aerial, Am. corkscrew antenna; ~bakterie f spirillum; ~bohrer m twist drill, auger; ~bolzen m (screw) bolt; ~dampfer m screw steamer; ~drehbank f screw-cutting lathe; ~eisen n screw steel, Am. bolt stock; ~förderer m screw conveyer; 2förmig ['-fœrmiç] adj. screw-shaped, spiral, helical; ~gang m screw thread; ~getriebe n worm gear; ~gewinde n screw thread, worm; ~kopf m screwhead, bolthead; ~lehre f micrometer; ~material n → Schraubeneisen; ~mutter f (-; -n) (bolt) nut, female screw; ~schlüssel m wrench, spanner; adjustable spanner; monkey-wrench; ~schneidemaschine f screw-cutting machine, bolt cutter; ~spindel f male screw, spindle; ~verbindung f screw joint; ~welle f propeller-shaft; ~winde f jack-screw (winds); ~windung f turn of a screw; spiral turn; ~zieher m screwdriver.

'Schraub...: ~lehre f micrometer; ~stock m vice, Am. vise; w.s. am ~ at the workman's bench; fig. wie ein ~ like a vice; ~verschluß m screw cap.   [ment (garden).)
Schrebergarten ['ʃre:bər-] m allot-)
Schreck [ʃrek] m (-[e]s; -e) fright, shock, terror; alarm; panic; consternation; dismay; fear; horror; die ~en pl. the horrors (of war, etc.); von ~ ergriffen terrified, terror-stricken; ~en verbreiten über bring terror to, terrorize; in ~en (ver)setzen frighten, alarm, scare, terrify, dismay; mit dem ~en davonkommen get off with the fright; colloq. ach, du ~! good heavens!; '~bild n fright, bugbear; bog(e)y (man).

'schrecken v/t. (h.) frighten, scare, terrify; dismay; alarm, startle; deter; tech. chill.
'Schrecken m (-s; -) → Schreck.
'Schreckens...: 2bleich adj. pale with fear; ~botschaft f alarming (or terrible) news, scare news pl.; ~herrschaft f reign of terror; ~kammer f Chamber of Horrors; ~nachricht f → Schreckensbotschaft; ~nacht f night of horrors, dreadful night; ~schrei m cry of dismay, shriek of terror; ~tat f atrocious deed.

'Schreck...: 2erregend adj. horrible, formidable; → schrecklich; alarming, dire (news, etc.); ~gespenst fig. n terrible vision, bugbear, bugaboo, nightmare; bog(e)y (man); 2haft adj. easily frightened, fearful, timid, nervous.

'schrecklich I. adj. terrible, frightful, fearful, dreadful (all a. colloq. fig.); horrible, horrid, awful; ghastly, atrocious; dire, grim; disastrous; II. adv. colloq. fig. terribly etc., awfully; 2keit f (-; -en) terribleness, frightfulness, etc.; horror, atrocity.
'Schreck...: ~mittel n scarecrow; ~nis n (-ses; -se) horror; ~pistole f booby pistol; ~schuß m shot fired in the air; fig. false alarm; ~sekunde mot. f reaction time; panic-breaking distance.
Schrei [ʃrai] m (-[e]s; -e) cry; shout; yell; wail; scream, shriek; roar; fig. ~ der Entrüstung outcry; der letzte ~ the latest rage, the dernier cri (Fr.).
Schreib... ['ʃraip-]: ~arbeit f clerical (or desk) work, paperwork; ~art f manner of writing, style; spelling; ~bedarf m writing materials pl., stationery; ~block m (-[e]s; -s) writing-pad; ~(e)buch n writing-book, copy-book.
schreiben ['ʃraibən] v/t. and v/i. (irr., h.) write (über acc. on; für for a paper); tech. instrument: record; j-m ~ write (to) a p.; j-m et. ~ inform a p. of a th., write to a p. about a th.; → Zeile; sich (or einander) ~ correspond, be in correspondence; noch einmal ~ rewrite; gut ~ a) write a good hand, b) be a good writer (Bücher) ~ be a writer; write out (bill); (richtig) ~ spell (correctly); falsch ~ misspell; an et. ~ be writing a th., be working on a th.; ins reine ~ make a fair copy of, write out fair; mit Bleistift ~ write in pencil; mit der Maschine ~ type; man schreibt uns aus N. we hear from N.; wie unser Gewährsmann, die Zeitung, etc., schreibt according to our informant, the newspaper, etc.; er kann nicht richtig ~ he is bad speller; wie schreibt er sich? how does he spell his name?; damals schrieb man das Jahr 1840 it was in (the year of) 1840; die Feder schreibt gut the pen writes well (or is good); ~ Sie! take the dictation!; → Ohr; 2 n (-s) writing; letter, note; Ihr ~ vom your letter of, Your Ref. (= reference).
'Schreiber (m (-s; -), ~in f (-; -nen) writer; clerk; secretary; copyist; der ~ (author = ich) the writer, of newspaper: this correspondent; der ~ dieses Briefes the undersigned; tech. only m: recorder; Schreibe'rei f (-; -en) (endless) writing; paperwork; scribbling.
'Schreiber...: ~ling ['-liŋ] m (-s; -e), ~seele f scribe, quill-driver, pen-pusher; ~stelle f clerk's post.
'Schreib...: 2faul adj. lazy about writing; being a bad correspondent; ~feder f pen; quill; ~fehler m mistake in writing or spelling, slip of the pen; clerical mistake; ~fertigkeit f (-) penmanship; ~gebühr f copying fee; ~gerät n writing utensil; tech. recording instrument, recorder; ~heft n copy-book, exercise-book; ~hilfe f secretarial help; ~kraft f clerk; ~kräfte f/pl. clerical staff (or force); ~krampf m writer's cramp; ~kunst f (-) art of writing; ~mappe f writing-case, blotting-case; portfolio; ~ma-

schine f type-writer; (mit der) ~ schreiben type; mit der ~ geschrieben in typescript, (attr.) typewritten, typed; ~maschinenpapier n typewriting paper; ~maschinenschreiber(in f) m typist; ~maschinenschrift f typescript; ~material(ien pl.) n writing materials, stationery; ~papier n writing paper; ~pult n (writing-)desk; ~schrift f handwriting; typ. script; 2selig adj. fond of writing; ~stift m stylus, style; pencil; ~stube f office; mil. orderly-room; ~tafel f (writing-)tablet; slate; ~tinte f writing ink; ~tisch m writing-table, desk; ~tischlampe f desk lamp; ~tischsessel m desk arm-chair; ~trommel tech. f recording drum; ~ung f (-; -en) spelling; falsche ~ misspelling; 2unkundig adj. ignorant of writing; ~unterlage f blotting pad; ~vorlage f copy; ~waren f/pl. writing materials, stationery sg.; ~warenhändler(in f) m stationer; ~warenhandlung f stationer's shop; ~weise f → Schreibart; ~zeug n (-[e]s) inkstand; writing case; ~zimmer n writing room.
'schreien v/i. and v/t. (irr., h.) cry (out), shout (vor Schmerz with pain); yell; scream, shriek, screech; squeal; wail; roar (vor Lachen with laughter), bawl, vociferate; only v/i. child: squall; owl: hoot, screech; cock: crow; donkey: bray; stag: bell; ~ nach (dat.) cry for, crowd, the people: clamo(u)r for; j-m in die Ohren ~ din into a p.'s ears; → Hilfe, Himmel; 2 n crying, cries pl., etc.; colloq. es (er) ist zum ~! it (he) is a scream!; ~d adj. crying, etc.; clamorous; fig. shrill; glaring, gaudy, loud (colours); crying (shame); ~es Unrecht flagrant injustice; ~er Gegensatz glaring contradiction.
'Schreier(in f) m (-s, -; -, -nen), colloq. 'Schreihals m bawler; brawler; kleiner ~ cry-baby, squaller.
Schrein [ʃrain] m (-[e]s; -e) chest; shrine; coffin, casket; → Schrank.
'Schreiner m (-s; -) joiner; cabinet-maker; Schreine'rei f (-; -en) joiner's workshop; → 'Schreinerhandwerk n joinery; 'Schreinergeselle m journeyman joiner; ~meister m master joiner; 2n I. v/i. (h.) work as a joiner; II. v/t. (h.) make.
schreiten ['ʃraitən] v/i. (irr., sn) step, stride (über acc. across); stalk, strut; im Zimmer auf und ab ~ pace the room or floor; fig. zu et. ~ proceed to (do) a th.; zur Abstimmung ~ (come to the) vote, parl. divide; zum Äußersten ~ take extreme measures; zu Werke ~ set to work.
schrie [ʃri:] pret. of schreien.
schrieb [ʃri:p] pret. of schreiben.
Schrift [ʃrift] f (-; -en) writing; handwriting, hand; script; character, letter; typ. type, fount; face; document; paper; publication; → Broschüre; work; petition; text, legend (a. of coin); die Heilige ~ the Holy Scriptures, the Gospel; in lateinischer ~ in Roman character(s); sämtliche ~en Kants the

complete edition *sg.* of Kant('s works); '~art *f* type, fount; '~auslegung *eccl. f* interpretation of the Scriptures, exegesis; '~bild *n* face; '2deutsch *adj.* literary German; '~führer(in *f*) *m* secretary; '~gelehrte(r) *m bibl.* scribe; '~gießer *tech. m* type-founder; '~gieße-'rei *f* type-foundry; '~guß *m* type--casting; '~leiter(in *f*) *m* editor (*f* editress); '~leitung *f* editorship; editorial staff; newspaper-office, editorial department; '2lich I. *adj.* written, in writing; by letter; ~e *Prüfung* written examination; ~e *Prüfungsarbeit* examination paper, script; II. *adv.* in writing; in black and white; ~ *niederlegen* reduce to writing, (put *a. th.* on) record; *jetzt haben wir es* ~ now we have it in black and white; '~metall *n* type metal; '~probe *f* specimen of handwriting; *typ.* specimen of type; '~rolle *f* scroll; '~sachverständige(r) *m* handwriting expert; '~satz *m typ.* composition; *jur.* memorandum, letter, (written) statement; '~setzer *typ. m* typesetter, compositor; '~sprache *f* literary (*or* written) language; ~steller ['~ʃtɛlər] *m* (-s; -) author, writer; ~stelle'rei *f* (-) writing, literary career; authorship; '~stellerin *f* (-; -nen) author(ess), writer; 2stellerisch I. *adj.* literary; II. *adv.* as an author; 2stellern *v/i.* (h.) write, do literary work; '~stellername *m* pen-name, nom de plume (*Fr.*); '~stück *n* writing, paper, document, deed; '~tum *n* (-s) literature; '~verkehr *m* (-s) correspondence; *pol.* exchange of notes; '~wart *m* secretary; '~wechsel *m* exchange of letters, correspondence; '~zeichen *n* character, letter; '~zug *m* character; flourish.

schrill [ʃril] *adj.* piercing, shrill; '~en *v/i.* (h.) shrill, sound shrilly.
Schrippe ['ʃripə] *colloq. f* (-; -n) (French) roll.
schritt [ʃrit] *pret. of* schreiten.
'Schritt *m* (-[e]s; -e) step, (*a. measure:* 5 ~) pace; stride; footstep, footfall; *riding:* walk; *trousers:* crotch; *fig.* step (*a.* = measure); *diplomatischer* ~ démarche (*Fr.*); ~ *für* ~ step by step (*a. fig.*); *auf* ~ *und Tritt* at every turn, constantly, at every turn, everywhere; → *folgen*; ~ *halten mit* (*dat.*) keep pace (*or* up) with, *fig. a.* keep abreast of; ~ *wechseln* change step; *aus dem* ~ *kommen* get out of step; *mot.* (im) ~ *fahren(!)* drive at a walking speed(!); *im* ~ *reiten* go at a walk, walk the horse; *mit schnellen* ~en at a brisk pace, with vigorous strides; *fig. mit großen* ~en with long strides; *s-e* ~e *wenden nach or zu* turn one's steps towards; *fig. ein großer* (*erster*) ~ a long (first) step (*zu* towards); ~e *tun or unternehmen* take steps; *den ersten* ~ *tun* take the initiative; *den entscheidenden* ~ *tun* take the (final) plunge; *drei* ~ *vom Leibe!* keep your distance!, don't come near me!; *es sind nur ein paar* ~e it is but a step (*to my house*); ~macher *m* pace-maker,

pacer; *fig.* ~ *sein* blaze a trail (*für* for); ~macherdienste *m/pl.* pace-setting; ~schaltwähler *m* step-by-step selector; ~wechsel *m* change of step; 2weise I. *adj. fig.* gradual, progressive, step-by-step; II. *adv.* step by step, by steps, (*fig. a.*) progressively; ~weite *f* (length of) stride; ~zähler *m* pedometer.
schroff [ʃrɔf] *adj.* rugged, jagged (*mountain*); steep, precipitous; *fig.* rough, gruff, harsh; abrupt, curt, brusque; flat (*refusal*); abrupt; ~er *Widerspruch* glaring contradiction; '2heit *f* (-; -en) ruggedness; steepness, precipitousness; *fig.* roughness, *etc.*
schröpf|en ['ʃrœpfən] *v/t.* (h.) *med.* cup, bleed, scarify; *fig.* fleece, milk *a p.*; 2kopf *med. m* cup(ping glass).
Schrot [ʃroːt] *m* (-[e]s; -e) bruised grain, grist; *hunt.* small shot; buckshot; *tech.* log (*or* block) of wood; due weight (*of coin*); *fig. von altem* ~ *und Korn* of the old stamp, of the good old type; '~brot *n* whole-meal bread; '2en *v/t.* (h.) rough-grind, crush (*corn*), bruise (*a. malt*); roll (along) (*loads*), shoot, lower (*barrels*); *mar.* parbuckle; '~effekt *m* TV shot effect; '~flinte *f* shotgun; '~korn *n* (grain of) shot; '~leiter *f* dray ladder; '~mehl *n* coarse meal, groats *pl.*; '~meißel *m* scrap chisel; '~mühle *f* bruising mill; '~säge *f* crosscut saw.
Schrott [ʃrɔt] *m* (-[e]s) scrap (iron), scrap material; '~entfall *m* manufacturing loss, scrap; '~händler *m* scrap dealer; '~platz *m* junkyard; '~wert *m* scrap value.
schrubb|en ['ʃrubən] *v/t.* (h.) scrub, scour; swab (*ship*); 2er *m* (-s; -) scrubbing brush, scrubber; *mar.* swab.
Schrull|e ['ʃrulə] *f* (-; -n) whim, crotchet, fad, spleen; old crone; ~n *haben a.* have a kink; 2enhaft, 2ig *adj.* whimsical, crotchety, cranky.
schrump(e)lig ['ʃrump(ə)liç] *adj.* crumpled, creased; wrinkled; shrivelled.
schrumpf|en ['ʃrumpfən] *v/i.* (sn) shrink; contract; shrivel; 2niere *med. f* cirrhosis of the kidney; 2sitz *tech. m* shrink fit; 2ung *f* (-; -en) shrinking; (*a. med., tech.*) shrinkage; contraction; *med.* atrophy; *biol.* involution.
Schrund [ʃrunt] *m* (-[e]s; ⁀e), ~e ['ʃrundə] *f* (-; -n) crack, crevice; *med.* ~n *pl.* chaps; 2ig ['-diç] *adj.* cracked; chapped.
schruppen ['ʃrupən] *tech. v/t.* (h.) rough.
Schub [ʃuːp] *m* (-[e]s; ⁀e) push, shove; *phys., tech.* thrust; shear(ing force); batch (*of bread, etc.*; *fig. of letters, people, etc.*); *jur.* compulsory conveyance (of tramps, *etc.*); *skittles:* throw; '~düse *f* thrust nozzle; '~fach *n* drawer; '~fenster *n* sash window; '~festigkeit *f* shearing strength; '~karre(n *m*) *f* wheelbarrow, *Am. usu.* push cart; '~kasten *m*, '~lade *f* drawer; '~kraft *f* thrust, shear(ing force);

'~lehre *f* slide ga(u)ge; '~leistung *f* thrust (performance); *aer.* thrust (horse)power; '~riegel *m* sliding bolt; ~s [ʃups] *m* (-es; -e), '~ser *colloq. m* (-s; -), '2sen *v/t.* (h.) push, shove; → *Rippenstoß*; '~stange *f* push rod; '2weise *adv.* in batches; by degrees.
schüchtern ['ʃyçtərn] *adj.* shy; bashful, blushing; timid; diffident; ~er *Versuch* feeble attempt; 2heit *f* (-) shyness, bashfulness; timidity.
schuf [ʃuːf] *pret. of* schaffen.
Schuft [ʃuft] *m* (-[e]s; -e) scoundrel, rascal, blackguard, low dog, bastard.
'schuften *v/i.* (h.) drudge, slave, plod, work like a nigger.
Schufte'rei *f* (-) drudgery, slavery, grind; → *Schuftigkeit*.
'schuftig *adj.* rascally, mean, low, treacherous; 2keit *f* (-) knavery, lowness, meanness, treachery.
Schuh [ʃuː] *m* (-[e]s; -e) shoe; *fig. j-m et. in die* ~e *schieben* put the blame for a th. on a p., lay a th. at a p.'s door; *ich möchte nicht in seinen* ~en *stecken* I should not like to be in his shoes; *wo drückt* (*dich*) *der* ~? what's the trouble?, where does the shoe pinch?; '~absatz *m* heel; '~anzieher *m* shoehorn; '~band *n* (-[e]s; ⁀e) shoe-lace, *Am. a.* shoestring; '~bürste *f* shoe brush; '~fabrik *f* shoe factory; '~größe *f* size; '~krem *f* shoe-cream, shoe-polish, *Am. a.* shoeshine; '~laden *m* shoe shop, boot shop (*Am.* store); '~leder *n* shoe-leather; '~löffel *m* shoehorn; '~macher *m* shoemaker, bootmaker; '~machermeister *m* master shoemaker; '~nagel *m* hobnail; '~plattler ['-platlər] *m* (-s; -) Bavarian folk dance; '~putzer *m* shoeblack, *Am.* shoeshine boy; *fig. wie e-n* ~ *behandeln* treat like dirt; '~putzmittel *n* → *Schuhkrem*; '~riemen *m* → *Schuhband*; *fig. er ist nicht wert, ihr die* ~ *zu lösen* he is not fit to wipe her shoes; '~schnalle *f* shoe--buckle; '~schrank *m* shoe cabinet; '~sohle *f* sole (of a shoe); '~spanner *m* shoe-tree; '~waren *f/pl.*, '~werk *n* (-[e]s) footwear, footgear; boots and shoes; '~weiter *m* (-s; -) shoe stretcher, block; '~wichse *f* → *Schuhkrem*; '~zeug *n* → *Schuhwaren*.
Schukostecker ['ʃuːko-] *el. m* earthing-contact plug.
Schul|amt ['ʃuːl-] *n* teacher's post; school board; Board of Education; ~anstalt *f* educational establishment; ~arbeit, ~aufgabe *f* school-work, home-work; lesson, task; → *Klassenarbeit*; ~arrest *m* detention (at school); ~arzt *m* school medical officer; ~ausflug *m* school outing; ~ausgabe *f* school edition; ~bank *f* (-; ⁀e) form, school-bench; *die* ~ *drücken* go to school; ~behörde *f* educational authority; ~beispiel *n* test-case, typical example; ~besuch *m* attendance at school; ~bildung *f* (-) education; *höhere* ~ secondary education; ~buch *n* school-book, class-book; textbook, manual.
Schuld [ʃult] *f* (-) guilt; fault; wrong; sin; cause; *jur.* guilt; *civil*

case: usu. fault, responsibility; (pl. ~en) debt; liability; obligation; ~en pl. debts, indebtedness, ~en haben, in ~en stecken be in debt, Am. a. be in the red; ~en machen contract (or incur) debts, run into debt, run up bills; in ~en geraten run into debt; in j-s ~ sein be indebted (or under an obligation) to a p.; jur. ℒ haben be guilty, be responsible; an et. ℒ sein be responsible for a th., be to blame for a th.; er hat ℒ daran (, daß) it is his fault (that); wer ist ℒ daran? whose fault is it?; die schlechten Zeiten sind ℒ the bad times are to blame for it; ihn trifft kaum ~, wenn small blame to him if; ohne meine ~ through no fault of mine; die ~ auf sich nehmen take the blame; e-e ~ auf sich laden make o.s. guilty (of a wrong); j-m or e-r Sache die ~ geben blame a p. or a th.; j-m die ~ an et. zuschieben, die ~ auf j-n schieben lay or put the blame for a th. on a p.; → beimessen; '~anerkenntnis f recognizance; → Schuldschein; '~bekenntnis n admission of one's guilt; 'ℒbeladen adj. laden with guilt (or crime); '~beweis m proof of guilt; 'ℒbewußt adj. conscious of one's guilt; Miene, etc.: guilty; '~bewußtsein n consciousness of guilt; guilty conscience; '~brief m → Schuldschein; '~buch n account book, ledger; fig. old scores pl.; '~buchforderung econ. f book-entry securities.

schulden ['ʃuldən] v/t. (h.): j-m et. ~ owe a p. a th., (a. fig. respect, an explanation, etc.), usu. fig. (a. j-m Dank ~ für et.) be indebted to a p. for a th.

'Schulden...: ℒfrei adj. free from debt; unencumbered; ℒhalber adv. owing to debts; ~last f burden of debt, liabilities pl.; encumbrance; ~macher(in f) m contractor of debts; ~masse econ. f (aggregate) liabilities pl.; ~tilgung f liquidation of debts; ~tilgungsfonds m sinking fund.

'Schuld...: ~erlaß m remission of debt; ~forderung f (active) debt, claim; ~frage f question of guilt; ~gefängnis n debtor's prison; ~gefühl(e pl.) n guilt feelings, guilty conscience; ~haft f imprisonment for debt; ℒhaft adj. culpable.

schuldig ['ʃuldiç] adj. guilty (e-r Sache a th.), culpable; responsible; owing, due (money); fig. due (respect, etc.); j-m et. ~ sein owe a p. a th. or a sum, fig. be indebted to a p. for a th.; j-m Achtung ~ sein owe a p. respect; j-m e-e Erklärung ~ sein owe a p. an explanation; das bist du ihm ~ you owe it to him; das ist man ihm ~ that is due to him; das bist du dir ~ you owe that to yourself; jur. für ~ befinden find (or rule) guilty, convict (e-s Verbrechens of a crime); e-r Anklage on a charge); j-n ~ sprechen pronounce a p. guilty, in civil cases: a. pronounce judgment against a p.; sich ~ bekennen plead guilty; der ~e Teil the guilty party; ~ geschieden divorced as the guilty party; fig. j-m

die Antwort ~ bleiben make no reply; j-m die Antwort nicht ~ bleiben reply smartly, hit back; sie blieb ihm nichts ~ she gave him tit for tat; was bin ich (Ihnen) ~? how much do I owe you?; ℒe(r m) ['ʃuldigə(r)] f (-n, -n; -en, -en) guilty person or party; culprit; ℒer m (-s; -): wie wir vergeben unseren ~n as we forgive them that trespass against us; ℒkeit f (-) duty, obligation; → Pflicht; ℒsprechung ['-ʃpreçuŋ] f (-; -en) conviction, condemnation; verdict of guilty.

'Schuldirektor(in f) m headmaster (f headmistress); Am. principal.

'Schuld...: ~klage f action for debt; ℒlos adj. guiltless, innocent; (a. adv.) without guilt; ~losigkeit f (-) innocence, guiltlessness.

Schuldner ['ʃuldnər] m (-s; -), ~in f (-; -nen) debtor; ~land pol. n debtor country.

'Schuld...: ~posten econ. m debt-item; ~recht (-[e]s) jur. n law of obligations; ~schein m promissory note, IOU (= I owe you); bond; mortgage bond, Brit. debenture stock; ~spruch jur. m verdict of guilty; ~titel m instrument of indebtedness; ~übernahme f assumption of debt; ~verhältnis n obligation; ~verschreibung f → Schuldschein.

Schule ['ʃu:lə] f (-; -n) school (a. w.s. of painters, etc.); school (-house); höhere ~ secondary (Am. a. high) school; lessons pl.; riding: Hohe ~ manege, haute école (Fr.); Hohe ~ reiten put a horse through its paces; auf (or in) der ~ at school; e-e ~ besuchen go to (or attend) a school; in die (or zur) ~ gehen go to school; ~ schwänzen fig. e-e gute ~ für Lebensart, etc. a good school of manners, etc.; ein Kavalier der alten ~ a gentleman of the old school; ~ plaudern; durch e-e harte ~ gehen pass through a severe school (or test), learn it the hard way; ~ machen find adherents, be imitated, set a precedent; heute ist keine ~ there will be no school to-day.

'schulen v/t. (h.) train (a. eye, memory); school, discipline, teach, instruct; pol. indoctrinate; train, break in (horse); sich ~ (h.) undergo (a course of) training; geschulte Stimme well-trained voice.

'Schul...: ℒentlassen adj. discharged from school; ~entlassungsfeier f speechday, Am. commencement; ~entlassungszeugnis n leaving certificate; ℒentwachsen adj. too old for school.

Schüler ['ʃy:lər] m (-s; -), ~in f (-; -nen) schoolboy (f schoolgirl), pupil; student; disciple (a. phls., etc.); fig. novice, tyro; ~ausschuß m student council; ~austausch m exchange of pupils; ℒhaft adj. schoolboy-like, boyish; fig. unripe, green; ~schaft f (-) the pupils pl., Am. student body; ~zeitung f school magazine.

'Schul...: ~erziehung f school education; ~fach n subject; ~fall m test-case; ~feier f school festival; ~ferien pl. holidays, vacation(s

pl.); ~fernsehen n school television; ~film m educational film; ~flugzeug n training airplane, trainer; ℒfrei adj.: ~ haben have a holiday; ~er Nachmittag half-holiday; ~freund(in f) m school-fellow, school-mate; ~fuchs m pedant; ~funk m schools' broadcasts pl.; ~gebäude n school(house), school building; ~gefechtsschießen mil. n transition firing, Am. known-distance firing; ~gelände n school-grounds pl., Am. campus; ~geld n school-fee(s pl.), tuition, schooling; ~gelehrsamkeit f book learning; ℒgerecht adj. according to rule, in due style; methodical; ~haus n school(-house), school-premises pl.; ~heft n exercise-book; ~hof m school yard; ~inspektor m school inspector; ℒisch adj. scholastic, school...; ~jahr n scholastic year; ~e pl. school-days; ~jugend f school-children; ~junge m schoolboy; ~kamerad m → Schulfreund; ~kenntnisse pl. school knowledge sg.; ~kind n school-age child; ~klasse f form, Am. class, grade; ~lehrer m schoolmaster, teacher; ~lehrerin f schoolmistress, (lady) teacher; ~mädchen n schoolgirl; ~mann m education(al)ist; ~mappe f school-bag, satchel; ℒmäßig adj. orthodox; ~meister contp. m schoolmaster, pedagogue; ℒmeisterlich adj. like a schoolmaster, pedantic; ℒmeistern v/i. and v/t. (h.) teach; only v/t. (fig.) censure; ~ordnung f school regulations pl.; ~pferd n trained horse; ~pflicht f (-) compulsory education or school attendance; ℒpflichtig adj. of school age, school-age; ~ranzen m satchel; ~rat m (-[e]s; ~e) supervisor, Am. school superintendent; ~reiten n schooling; ~reiter(in f) m manege rider; ~schießen mil. n classification firing, Am. target or practice fire; artillery: service practice; ~schiff n school-ship; ~schluß m break-up; ~schwänzer f-[ʃventsər] m (-s; -) truant; ~sparkasse f school savings bank; ~speisung f school relief meal, school lunch; ~stube f school-room, class room; ~stunde f school-hour, lesson, period; ~tafel f blackboard; ~tag m school-day; ~tasche f school-bag, satchel.

Schulter ['ʃultər] f (-; -n) shoulder; ~ an ~ shoulder to shoulder (a. fig.), racing: neck and neck; breite ~n haben be broad-shouldered; fig. j-n über die ~ ansehen look down one's nose at a p.; → kalt, leicht, klopfen, Wasser; ~blatt n shoulder-blade; ~breite f width of shoulders; ℒfrei adj. off-the-shoulder, strapless (dress); ~gegend anat. f scapular region; ~gelenk n shoulder joint; ~gurt m shoulder strap; ~klappe mil. f shoulder strap; ~muskel m humeral muscle; ℒn v/t. (h.) shoulder; ~riemen m shoulder strap; ~sieg m wrestling: win by fall; ~stand m gym. shoulder balance; ~stück mil. n on uniform: shoulder strap; on machine-gun: shoulder piece; ~wehr mil. f traverse.

Schultheiß ['ʃulthaɪs] *m* (-en; -en) (village) mayor.

'**Schulung** *f* (-; -en) training, schooling, instruction; practice; education; *pol.* indoctrination;~**skurs(us)** *m* training course, refresher course; ~**slager** *n* training camp.

'**Schul...:** ~**unterricht** *m* school (-ing), school instruction, lessons *pl.*; ~**versäumnis** *f* absence from school, non-attendance; ~**verwaltung** *f* school administration; ~**vorstand** *m* school committee; *a.* → ~**vorsteher(in** *f*) *m* headmaster, (*f* headmistress), *Am.* principal; ~**wanderung** *f* school excursion; ~**weg** *m* way to school; ~**weisheit** *f* book learning; ~**wesen** *n* (-s) education(al system); ~**wörterbuch** *n* school (*or* collegiate) dictionary; ~**zeit** *f* school-time; (old) school--days *pl.*; ~**zeugnis** *n* school-report, school record; ~**zimmer** *n* → Schulstube; ~**zucht** *f* (-) school discipline; ~**zwang** *m* (-[e]s) compulsory education.

schummeln ['ʃuməln] *colloq. v/i.* (h.) cheat.

Schummer ['ʃumər] *m* (-s) dusk, twilight; **2ig** *adj.* dusky, dim; **2n** I. *v/i.* (h.) grow dusky *or* dim; II. *v/t.* (h.) hatch (*map*).

schund [ʃunt] *pret. of* schinden.

Schund [ʃunt] *m* (-[e]s) trash, rubbish (*both a. fig.*); '~**blatt** *n* rag; '~**literatur** *f* trashy literature; '~**roman** *m* penny dreadful, shilling shocker, *Am.* dime novel; **~ - und Schmutzgesetz** *n* → Schmutz...; '~**waren** *f/pl.* shoddy goods.

schunkeln ['ʃuŋkəln] *v/i.* (h.) seesaw, sway; *to music:* rock (arms linked).

Schupo ['ʃu:po] **1.** *f* (-) → Schutzpolizei; **2.** *m* (-s; -s) police officer, constable, *Brit. a.* Bobby, *esp. Am.* cop.

Schuppe ['ʃupə] *f* (-; -n) scale (*of skin*); squama (*of bone*); *a. pl.* dandruff *sg.*; *fig.* es fiel mir wie ~n von den Augen the scales fell from my eyes.

Schuppen ['ʃupən] *m* (-s; -) shed, *Am. a.* shack; barn; *rail.* engine--house; *mot.* garage; *aer.* hangar.

'**schuppen** *v/t.* (h.) (un)scale; rub, scratch; sich ~ (h.) scale off.

'**Schuppen...:** ~**eidechse** *f* scaly lizard; ~**fisch** *m* scaly fish; ~**flechte** *med. f* psoriasis; **2förmig** ['-fœrmiç] *adj.* scaly; ~**panzer** *m* coat of mail; ~**tier** *n* scaly animal.

'**schuppig** *adj.* scaly, squamous; flaky.

Schur [ʃu:r] *f* (-; -en) shearing; clipping; fleece; ~**aufkommen** *n* clip (of wool).

Schür-eisen ['ʃy:r-] *n* poker.

'**schüren** *v/t.* (h.) stir, poke, rake; add fuel to (*a. fig.*); *fig.* stir up, fan, foment.

schürfen ['ʃyrfən] I. *v/i.* (h.) prospect (*nach* for), explore, search, dig (*all nach* for); *fig.* tief ~ (*in dat. et.*) go to the bottom (of a th.), tiefer ~ dig below the surface; II. *v/t.* (h.) scratch, skin, graze.

'**Schürfer** *m* (-s; -) prospector.

'**Schürfgrube** *f* test-pit.

'**Schürfstelle** *f* prospect.

'**Schürfung** *f* (-; -en) prospecting, exploration, digging; *med.* (*a.* '**Schürfwunde** *f*) abrasion.

'**Schürhaken** *m* poker; (furnace-) rake.

schurigeln ['ʃu:ri:gəln] *colloq. v/t.* (h.) torment, harass, bully, plague.

Schurk|e ['ʃurkə] *m* (-n; -n) rascal, scoundrel, villain, knave, blackguard; ~**enstreich** *m*, ~**e'rei** *f* (-; -en) rascality, knavery, villainous (*or* low) trick; **2isch** *adj.* rascally, knavish, villainous.

'**Schürloch** *n* stoke-hole.

Schurz [ʃurts] *m* (-es; -e) apron.

Schürze ['ʃyrtsə] *f* (-; -n) apron; pinafore; *hinter jeder* ~ *her sein* run after every skirt.

'**schürzen** *v/t.* (h.) tie up; tuck (*or* pin) up (*skirt*); tie (*knot*); *fig.* der Knoten schürzt sich the plot thickens; den Knoten ~ entangle the plot; *die Lippen* ~ purse one's lips; sich ~ tuck up one's dress; **2band** *n* (-[e]s; ⸚er) apron-string; **2jäger** *m* ladies' man, masher, *Am. a.* (girl-) chaser, wolf; **2kleid** *n* overall, tunic.

'**Schurzfell** *n* leather apron.

Schuß [ʃus] *m* (-sses; ⸚sse) shot; (*ammunition*: 5 ~) round; report; (*mining*: blasting) charge; → Schußwunde; → Blau; batch (*of bread*); *weaving*: weft, woof; rapid movement, rush, dash; *skiing*: schuss; shooting; *bot.* shoot; ein ~ Wein, etc., (*a. fig.*) a dash of wine, etc.; e-n ~ abgeben fire (a shot), *soccer:* deliver a shot; *fig.* in ~ bringen **a)** get into working order, *Am. a.* fix, **b)** get *a th.* going; in ~ kommen get under way, get into one's stride; gut in ~ sein be in good order, be running smoothly; vor den ~ kommen come within shot; zum ~ kommen get a shooting chance; weit vom ~ well out of harm's way; → Pulver; '~**bahn** *f* line of fire; trajectory; '~**bereich** *m* (effective) range; zone of fire; im ~ within range; **2bereit** *adj.* ready to fire; '~**bruch** *m* gunshot fracture.

Schussel ['ʃusəl] *colloq. m* (-s; -) clumsy person.

Schüssel ['ʃysəl] *f* (-; -n) bowl, basin; dish; (earthenware) pan; tureen; sauce-boat; ~**brett** *n* plate--drainer; ~**gestell** *n* dresser; plate--rack; ~**wärmer** ['-vɛrmər] *m* (-s; -) plate-heater.

'**Schuß...:** ~**entfernung** *f* (firing) range; ~**faden** *m weaving:* weft, woof; ~**fahrt** *f skiing:* schuss; in ~ fahren shoot; ~**feld** *n* field of fire; (im within) range; **2fertig** *adj.* ready to fire (*or* for action); cocked; **2fest** *adj.* shot-proof; bullet-proof; shell-proof; ~**folge** *f* rate of fire; ~**garbe** *f* sheaf (*or* cone) of fire; **2gerecht** *adj. hunt.* within shot; *mil. horse:* steady under fire; ~**kanal** *m mil.* track of bullet; ~**leistung** *f* firing efficiency; ~**linie** *f* line of fire; ~**loch** *n* bullet hole; ~**richtung** *f* (firing) direction; ~**schweißung** *tech. f* shot welding; **2sicher** *adj.* → schußfest; ~**tafel** *f* firing table; ~**waffe** *f* fire-arm; *pl. a.* small arms; ~**weite** *f* (effective) range; außer (in) ~ out of (within) range *or* shot; ~**werte** *m/pl.* firing data; ~**wunde** *f* gunshot wound, bullet wound; ~**zahl** *f* number of rounds.

Schuster ['ʃu:stər] *m* (-s; -) shoemaker; cobbler; → Rappen; ~, bleib bei deinen Leisten! cobbler, stick to your last!; ~**ahle** *f* awl; ~**draht** *m* twine; **2n** I. *v/i.* (h.) make shoes, cobble; II. *v/t.* (h.) *fig.* botch; ~**pech** *n* cobbler's wax.

Schute ['ʃu:tə] *mar. f* (-; -n) barge, lighter.

Schutt [ʃut] *m* (-[e]s) rubbish, refuse, trash; rubble, debris, ruins *pl.*; in ~ und Asche legen lay in ruins, raze (to the ground); '~**abladeplatz** *m* refuse dump; '~**ablagerung** *geol. f* detritus.

Schütt|beton ['ʃyt-] *m* poured concrete; ~**boden** *agr. m* corn-loft, granary; ~**damm** *m* earth bank.

Schüttel|frost ['ʃytəl-] *m* (-es) shivering (*or* cold) fit, *the* shivers *pl.*, chill; ~**lähmung** *f* shaking palsy, Parkinson's disease.

'**schütteln** *v/t.* (h.) shake; *tech. a.* agitate, vibrate; *car:* jolt; den Kopf ~ shake one's head; j-m die Hand ~ shake a p.'s hand, shake hands with a p.; → Ärmel; es schüttelte ihn vor Ekel he shuddered with disgust, vor Lachen he shook with laughter.

'**Schüttel...:** ~**reim** *m* spoonerism; ~**rinne** *tech. f* shaking trough; ~**rost** *m* (-es; -e) rocker-grating; ~**sieb** *n* vibrating screen.

'**schütten** *v/t. and v/i.* (h.) pour (*a. tech.*); shoot (*wheat, etc.*); spill (*auf acc.* on), empty; *auf e-n Haufen* ~ heap up; es schüttet it is pouring (with rain).

schütter ['ʃytər] *adj.* thin, sparse (*hair*).

schüttern ['ʃytərn] I. *v/i.* (*impers.*, h.) shake, quake, tremble; II. *v/t.* (h.) shake.

'**Schüttgut** *n* bulk goods *pl.*

'**Schutt...:** ~**halde** *f* dump; *geol., mount.* scree (slope), talus; ~**haufen** *m* dust-heap, dump; rubble heap; *fig.* in e-n ~ verwandeln turn into a heap of rubble, raze (to the ground), lay in ruins.

'**Schüttwurf** *aer. m* salvo bombing.

Schutz [ʃuts] *m* (-es) protection, defen|ce, *Am.* -se (gegen, vor *dat.* against, from); safeguard, escort; shelter, refuge; care; custody; screen, shield; cover; insulation; safeguard; rechtlicher ~ legal protection; ~ suchen seek or take shelter (vor *dat.* from), take refuge (bei with); in ~ nehmen take under one's protection *or* wings, defend, come to a p.'s defence, second, back a p. up; im ~e der Nacht under cover of night; → begeben.

Schütz [ʃyts] *m* (-en; -en) (*tech. n*, -es; -e) → Schütze 1., (2.).

'**Schutz...:** ~**anstrich** *m tech.* protective coat(ing); *mil.* camouflage paint(ing); *mar.* dazzle-paint; ~**anzug** *m* protective clothes *pl.*, overall; ~**ärmel** *m* sleeve-protector; **2bedürftig** *adj.* needing protection; in distress; ~**befohlene(r** *m*) ['-bəfo:lənə(r)] *f* (-n, -n; -en, -en) charge, protégé(e f); ward; ~be-hauptung jur. f evasion; ~belag m protective covering; ~blattern pl. cowpox; ~blech n guard (plate); mot. mudguard, Am. fender; ~brief m safe-conduct; ~brille f (safety) goggles pl.; ~bund m, ~bündnis n defensive alliance; ~dach n protective roof, shelter; penthouse; ~decke f cover(ing).

'Schütze 1. m (-n; -n) shot, marks-man; huntsman; mil. rifleman, private; gunner; sports: shooter; ast. Sagittarius, the Archer; 2. f (-; -n) sluice gate; weaving: shuttle; el. contactor.

'schützen v/t. (h.) protect, guard; defend (gegen against, vor dat. from); secure, guard (against); keep (from); shelter (from weather), garments: protect (from rain, etc.); cover, w.s. shield; screen, shield; escort; preserve; watch over; econ. hono(u)r, protect (draft); sich ~ (h.) protect o.s.; guard (gegen against; rechtlich ~ protect (legally); patent-rechtlich ~ patent; urheberrechtlich ~ copyright; vor Nässe ~! keep dry!; Gott schütze dich! God keep you!

'Schützen...: ~abzeichen n marks-manship badge; ~bataillon n rifle battalion.

'schützend adj. protective(ly adv.).

'Schützen...: ~fest n riflemen's meeting, a. fig. shooting-match; ~feuer mil. n rifle fire; independent fire.

'Schutz-engel m guardian angel.

'Schützen...: ~gilde f rifle club; ~graben mil. m trench; ~graben-krieg m trench warfare; ~gruppe f rifle section, Am. rifle squad; ~-hilfe fig. f (-): j-m ~ leisten back a p. up, Am. a. run interference for a p.; ~kette f riflemen extended, skirmish line; ~könig m champion shot; ~linie mil. f a) firing line, b) → Schützenkette; ~loch n rifle--pit, foxhole; ~mine f (anti-)per-sonnel mine; ~nest n nest of rifle-men; ~panzerwagen m armo(u)red personnel carrier; ~reihe f file of riflemen; ~schleier m infantry screen; ~stand m firing position; aer. turret; ~steuerung el. f con-tactor control(l)er; ~zug mil. m rifle platoon.

'Schutz...: ~erdung el. f protector ground; ♀fähig adj. book: ca-pable of being copyrighted; ~-farbe f protective paint; mil. → Schutzanstrich; ~färbung zo. f protective coloration; ~gebiet n protectorate; → Naturschutzgebiet; ~geist m (-es; -er) (tutelary) genius; ~geländer n guard rail(ing); ~-geleit n safe-conduct, (a. aer.) escort; mar. convoy; ~gitter n (barrier-)guard; radio: screen grid; mot. radiator grille; ~gott m (~göttin f) tutelary god(dess f); ~gürtel m safety belt; mil. defen|ce (Am. -se) belt; ~hafen m harbo(u)r of refuge; ~haft f protective (or preventive) custody or arrest; ~-haube tech. f cover, hood; ~hei-lige(r m) f patron saint; ~helm m protective helmet; ~herr(in f) m patron(ess f), protector (f protec-tress); ~herrschaft f protectorate;

~hülle f protective covering; sheath; dust cover (or jacket) (of book); ~hütte f (shelter) hut, ref-uge; ~impfung f protective in-oculation, immunization; vaccina-tion; ~insel f traffic: island, refuge; ~kappe f protecting cap, cover; ~leiste f guard strip.

'Schützling ['ʃytslin] m (-s; -e) pro-tégé(e f), charge.

'Schutz...: ♀los adj. unprotected, defenceless; ~macht pol. f protect-ing power; ~mann m policeman, constable, officer; Brit. a. Bobby, esp. Am. cop; ~marke f (eingetra-gene registered) trade-mark, brand; mit ~ versehene Waren branded goods; ~maske f (protective) mask; ~maßnahme f protective (or safety) measure; precaution; ~-mauer f protecting (or screen) wall; mil. rampart, bulwark (a. fig.); ~mittel n preservative (gegen against, from), preventive (of); prophylactic; ~patron(in f) m patron saint; ~pocken med. f/pl. cowpox; ~pockenimpfung f vac-cination; ~polizei f (municipal) police, constabulary; ~polizist m → Schutzmann; ~raum m (air-raid) shelter; ~rechte pl. patent rights; trade-mark rights; ~salbe f protective ointment; ~scheibe mot. f windscreen, Am. windshield; ~schicht f protective layer, safety coating; ~schild m (mil. = gun-)shield; ~schirm m (protective) screen; ~sicherung el. f protected fuse; ~staat m protectorate; ~stoff med. m a) antibody, b) immunising substance; ~truppe f colonial force; ~überzug m protective cover(ing); protective coating; ~umschlag m dust cover, (dust) jacket, wrapper; ~-und-Trutzbündnis n defensive and offensive alliance; ~verband m, ~vereinigung f protective as-sociation; ~vorrichtung f safety device, guard; ~wache f (safe-)guard, escort; ~waffen f/pl. de-fensive arms; ~wand f (protective) screen; ~wehr f defen|ce, Am. -se; dike; mil. rampart, bulwark (a. fig.); ~zoll m protective duty; ~zöllner, ~zollpolitiker m, ♀zöllnerisch adj. protectionist; ~zollsystem n pro-tective system, protectionism.

schwabbel|ig ['ʃvabəliç] adj. wob-bly, flabby; ~n v/i. and v/t. (h.) wobble; water, etc.: swash, slop, spill; colloq. twaddle, babble; tech. buff; ♀scheibe tech. f buff(ing wheel).

Schwabe[1] ['ʃvaːbə] zo. f (-; -n) cockroach.

Schwabe[2] ['ʃvaːbə] m (-n; -n) Swabian; ~nstreich m tomfoolery.

Schwäb|in ['ʃvɛːbin] f (-; -nen), ♀isch adj. Swabian.

schwach [ʃvax] adj. weak (a. argu-ment, character, eyes, nerves, stom-ach, team, voice, etc.; a. econ. market; chem. solution; beverage; gr. verb); feeble, frail; delicate; thin, light, flimsy; gentle; limp, flabby; faint; powerless, impotent; moderate; poor; meag|re, Am. -er; remote (resemblance); poor (attendance, performance); sparse (population); dim (recollection); faint (hope);

faint, feeble (smile); tech. low-pow-ered (engine); low (battery, pulse); faint, dim (light, sound); ~es Ge-schlecht the weaker (or soft) sex; ~e Seite → Schwäche: e-e ~e Stunde a scant hour, fig. a moment of weakness; ~er Versuch feeble at-tempt; ~e Vorstellung faint idea; mit ~er Stimme faintly, feebly; econ. ~ liegen rule low; sich ~ zeigen betray weakness, yield; schwächer werden grow weak, lose in strength (or intensity), fall off, lessen, patient: sink, eyes: fail, light, sound: fade; → abflauen, nachlassen; mir wird ~ I am feeling faint; colloq. das macht mich noch ~! that's enough to drive you mad!

Schwäche ['ʃvɛçə] f (-; -n) weak-ness (a. fig.); feebleness; frailty; faintness; infirmity, med. debility; powerlessness, (a. med.) impotence; weak point or side, of character: a. weakness, foible, failing; short-coming; menschliche ~ a. frailty of human nature; e-e ~ haben für (acc.) have a weakness (or soft spot) for; ~anfall m attack of fatigue, faintness; ~gefühl n (-[e]s) sinking feeling, faintness.

'schwächen v/t. (h.) weaken (a. fig.); enfeeble, debilitate; qualify (ex-pression); lessen, diminish; tone down (colours); undermine, sap (health).

'Schwächezustand m feeble con-dition, debility, asthenia.

'Schwachheit f (-; -en) weakness; fig. a. frailty; colloq. fig. bilde dir nur keine ~en ein! don't fool yourself!

'schwach...: ~herzig adj. faint-hearted; ♀kopf m imbecile, idiot, sap(head); ~köpfig ['-kœpfiç] adj. weakheaded, brainless.

'schwächlich adj. weakly; delicate, frail; sickly, infirm; fig. weak--kneed; ♀keit f (-) weakly con-dition; delicacy, frailty; sickliness, infirmity.

'Schwächling ['-lin] m (-s; -e) weakling, softy.

'schwach...: ~sichtig ['-ziçtiç] adj. weak- (or dim-)sighted; ♀sichtig-keit f (-) weak-sightedness; ♀sinn m (-[e]s) feeble-mindedness; ~sin-nig adj. feeble-minded, halfwitted; ♀sinnige(r m) ['-ziniɡə(r)] f (-n, -n; -en, -en) feeble-minded person, half-wit, moron; ♀strom el. m (-[e]s) weak (or low-voltage) current; ♀stromkabel n cable for com-munication circuits; ♀stromtech-nik f (-) light current (Am. signal) engineering.

'Schwächung f (-; -en) weakening; → Abschwächung.

Schwaden ['ʃvaːdən] m (-s; -) agr. swath; vapo(u)r; gas cloud; mining: fire-damp.

Schwadron [ʃvaˈdroːn] f (-; -en) squadron.

Schwadron|eur [ʃvadroˈnøːr] m (-s; -e) swaggerer, blusterer, gas-bag; ♀ieren v/i. (h.) swagger, brag, gas.

schwafeln ['ʃvaːfəln] colloq. v/i. and v/t. (h.) twaddle, babble, drivel.

Schwager ['ʃvaːɡər] m (-s; ") brother-in-law.

Schwäger|in ['ʃvɛːɡərin] f (-; -nen)

sister-in-law; ~schaft f (-) affinity by marriage; (persons) relations by marriage, in-laws pl.

Schwalbe ['ʃvalbə] f (-; -n) swallow; fig. e-e ~ macht noch keinen Sommer one swallow does not make a summer; ~nnest n swallow's nest; mus. (bandman's) epaulette; ~nschwanz m swallow-tail (a. colloq. dress-coat); tech. dovetail; ℒnschwanzförmig ['-nʃvantsfœrmiç] adj. dovetailed.

Schwall [ʃval] m (-[e]s; -e) swell, surge, flood; fig. throng; deluge (of questions); flood (or torrent) of words; '~blech n baffle; '~wasserschutz tech. m hose-proof enclosure.

schwamm [ʃvam] pret. of schwimmen.

'Schwamm m (-[e]s; ¨e) sponge; bot. fungus (a. med.); German tinder; dry rot; mit e-m ~ abwaschen sponge; fig. ~ d(a)rüber! let bygones be bygones!, (let's) forget it!; ~fische'rei f sponge-fishery; ~gummi m sponge rubber, foamed latex; ℒig adj. spongy (a. fig.), fungous; porous; bloated; ~igkeit f (-) sponginess.

Schwan [ʃvaːn] m (-[e]s; ¨e) swan.

schwand [ʃvant] pret. of schwinden.

'schwanen v/i. (h.): es schwant mir I have a presentiment or feeling (daß that); ihm schwante nichts Gutes he had dark forebodings or misgivings.

'Schwanen...: ~gesang m swan song (a. fig.); ~hals m swan-neck; tech. a. goose-neck; ~teich m swannery.

schwang [ʃvaŋ] pret. of schwingen.

Schwang m: im ~(e) sein be customary (or a tradition), be in vogue, be the fashion; in ~ kommen become the fashion.

schwanger ['ʃvaŋər] adj. pregnant, with child; expectant; fig. ~ gehen mit labo(u)r with, be full of (plan, etc.); ℒe f (-n; -n) pregnant woman, expectant mother; ℒenfürsorge f maternity care.

schwängern ['ʃvɛŋərn] v/t. (h.) get with child, a. fig. impregnate; chem. saturate.

'Schwangerschaft f pregnancy.

'Schwangerschafts...: ~narbe f stria; ~psychose f gestational psychosis; ~unterbrechung f interruption of pregnancy, induced abortion; ℒverhütend adj. contraceptive.

'Schwängerung f (-; -en) getting with child, a. fig. impregnation; conception; chem. saturation.

schwank [ʃvaŋk] adj. pliable, flexible; thin, slender; shaky, unsteady; faltering; loose (rope); → Rohr.

Schwank m (-[e]s; ¨e) merry tale, droll story; prank; thea. farce, burlesque.

'schwanken v/i. (h.) wave (or swing) to and fro, rock; sway; stagger, totter; reel; shake, rock; wobble; oscillate, usu. fig. vacillate; fig. falter, waver, shilly-shally, Am. back and fill; vary, alternate; econ. prices: fluctuate, vary; der Käufer schwankte zwischen the buyer wavered between a saloon car and a convertible; die Temperatur schwank-

te zwischen 20 und 40 Grad the temperature varied (or ranged) from 20 to 40 degrees; ℒ n (-s) waving, rocking; staggering, etc.; oscillation; fig. vacillation, wavering, shilly-shally; variation; econ. fluctuation; ~d adj. waving; staggering, etc.; fig. vacillating, wavering, faltering, undecided; unsteady, unsettled, unstable; fickle, unreliable; precarious (health).

'Schwankung f (-; -en) → Schwanken; deviation; nutation (of earth axis); seelische ~en ups and downs; ~sbereich m range.

Schwanz [ʃvants] m (-es; ¨e) zo. tail (a. aer., ast.); hunt. brush (of fox); mil. trail (of gun-carriage); (persons) train; flourish; vulg. prick, penis; fig. den ~ zwischen die Beine nehmen slink away, make tracks; colloq. den ~ einziehen quail, show the white feather; colloq. j-n auf den ~ treten tread on a p.'s toes; sl. univ. e-n ~ machen fail in one subject; colloq. kein ~ nobody, not a living soul.

schwänzeln ['ʃvɛntsəln] v/i. (h.) wag one's tail; person: wriggle (in walking); fig. um j-n ~ (sn) fawn upon, dance attendance upon, wheedle.

schwänzen ['ʃvɛntsən] v/t. and v/i. (h.): (die Schule) ~ play truant (Am. a. hooky); miss, shirk (lesson); cut (lecture); geschwänzt tailed, caudate.

'Schwanz...: ~ende n tip of the tail; fig. (a. aer.) tail end; ~feder f tail-feather; ~fläche aer. f tail surface; ~flosse f tail fin; ℒlastig aer. adj. tail-heavy; ~rad aer. n tail wheel; ~riemen m crupper; ~säge f whip-saw; ~sporn m aer. tail-skid; mil. trail spade; ~steuer aer. n tail rudder; ~stück n tail piece (a. of fish); rump (of ox); ~wirbel m caudal vertebra.

schwapp [ʃvap] int. slap!, smack!; '~(e)lig adj. wobbly; flabby; '~eln v/i. (h.) wobble; a. → '~en v/i. (sn) liquid: swash, splash; slop, spill; flop, snap.

Schwäre ['ʃvɛːrə] med. f (-; -n) abscess, boil, ulcer; festering wound; ℒn v/i. (h.) fester, suppurate, ulcerate; fig. fester, rankle.

Schwarm [ʃvarm] m (-[e]s; ¨e) 1. swarm (of bees, etc.); flight (of birds); covey (of partridges); shoal, school (of fish); flock, herd; pack; persons: throng, crowd, troop, bunch; bevy (of girls); aer. flight; Schwärme von swarms of (stars, people, children, etc.); 2. colloq. ideal, fancy, craze; (person) idol, hero; flame; sie ist sein ~ he adores (or worships) her, he is gone on her; → schwärmen.

schwärmen ['ʃvɛrmən] v/i. (sn) bees, etc.: swarm; people: a. rove, wander, stray; mil. skirmish, (a. ~ lassen) extend; es schwärmte von Menschen auf der Straße the street was swarming (or thronged) with people; (h.) revel (and riot); be enthusiastic, enthuse (für, von about), rave, gush (about); dream (of); für et. ~ a. be wild (or crazy) about; für j-n ~ adore (or worship) a. p., be smitten with (or gone on)

a p., be crazy about a p., have a crush on a p.; für die Bühne ~ be stage-struck.

'Schwärmen n (-s) swarming; mil. skirmishing; revelry; enthusiasm; daydreaming.

'Schwärmer m (-s; -) 1. (~in f, -; -nen) revel(l)er; enthusiast; esp. eccl. fanatic; visionary, (day)dreamer; gusher; 2. zo. hawkmoth; 3. (fire-)cracker, squib.

Schwärme'rei f (-; -en) revel(l)ing, revelry; enthusiasm (für for); idolization, worship; ecstasy; gush(ing); daydream(ing); esp. eccl. fanaticism, zeal.

'schwärmerisch adj. enthusiastic (-ally adv.); gushing, raving; adoring; entranced, enraptured; fanciful, eccentric; eccl. fanatic(al).

'Schwärmzeit f swarming-time.

Schwart|e ['ʃvartə] f (-; -n) rind, (a. zo.) skin; rind of bacon; crackling; tech. slab, plank; (book) alte ~ old volume; fig. daß die ~ knackt like blazes; ~enmagen m collared pork; ℒig adj. thick-skinned.

schwarz [ʃvarts] adj. black (a. fig.); blackened, sooty, smutty; inky; swarthy; deeply tanned; fig. dark, gloomy; dismal; illicit, surreptitious; ~es Brot brown bread; ℒes Brett notice-board, Am. bulletin board; ℒer Erdteil Black Continent; ~e Gedanken dark thoughts; ~er Humor sick humo(u)r, Black Comedy; ~er Kaffee (Tee) black coffee (tea); ℒe Kunst a) (art of) printing, b) Black Art; ~e Liste black list; j-n auf die ~e Liste setzen black-list; ~er Mann bog(e)y; ~er Markt black market; ℒes Meer Black Sea; ~e Seele black soul; med. ~er Star amaurausis; ~er Tag black day; ℒer Tod Black Death; ~e Ware smuggled goods; ~e Wäsche dirty linen (a. fig.); ~ machen blacken; et. ~ ausmalen fig. paint a gloomy picture of a th.; sich ~ ärgern fret and fume; sich ~ kleiden dress in (or wear) black; ~ auf weiß in black and white, in cold print; mir wurde ~ vor den Augen everything went black, I blacked out; da kann er warten, bis er ~ wird he can wait till he is blue in the face.

Schwarz n (-[es]) black; in ~ gekleidet (dressed) in black, in mourning; ins ~e treffen (hit the) bull's-eye (a. fig.).

'Schwarz...: ~amsel f blackbird; ~arbeit f illicit work; ℒäugig adj. black- (or dark-)eyed; ~beere f elderberry; ~beize tech. f black liquor; ~birke f river birch; ℒblau adj. bluish black, very dark blue; ~blech n black sheet-iron, black plate; ~blei n blacklead; ℒbraun adj. brownish black, very dark brown; swarthy, tawny; ~brenner m illicit distiller; ~brot n brown bread; (black) rye-bread; ~dorn m (-[e]s; -e) blackthorn; ~drossel f blackbird; ~druck typ. m (-[e]s; -e) black print(ing).

Schwärze ['ʃvɛrtsə] f (-; -n) blackness (a. fig.); swarthiness; tech. black(en)ing; casting: black wash; typ. printer's ink; (-) darkness.

'Schwarze(r m) f (-n, -n; -en, -en)

black, negro (*f* negress); *colloq.* parson.

'**schwärzen** *v/t. and v/i.* (h.) (make) black, *a. fig.* blacken; *typ.* ink; *casting*: blackwash; *econ.* smuggle (in).

'**schwarz...: ~fahren** *v/i.* (sn) (take a) joy-ride; **♀fahrer** *m mot.* joy-rider; fare dodger; **♀fahrt** *f* joy--ride; **♀fäule** *f* black rot; **♀fichte** *f* black spruce; **~gelb** *adj.* blackish yellow; **~gestreift** *adj.* with black stripes; **~grau** *adj.* greyish black, dark grey; **♀guß** *tech. m* all-black malleable cast iron; **~haarig** *adj.* black-haired; **♀handel** *m* black-market(eering), illicit trade; *im* ~ on the black market; ~ treiben (be a) black market operator; **♀hörer**(in *f*) *m* radio (*or* wireless) pirate; **♀kittel** *hunt. m* wild boar; **♀kunst** *f* (-) black art, necromancy; **♀künstler** *m* necromancer, magician.

'**schwärzlich** *adj.* blackish, darkish; swarthy (*skin*).

'**schwarz...: ~markt** *m* black market; **~markthändler** *m* black marketeer; **~meise** *f* black tit-mouse; **~pulver** *n* black (*or* gun-) powder; **~rock** *m* parson; **♀rot** *adj.* reddish black; **♀rotgold** *adj.* black, red, and gold; **♀schlachten** *v/t. and v/i.* (h.) kill (*or* slaughter) illicitly; **~schlachtung** *f* illicit butchering; **♀sehen** *v/i.* (h.) be pessimistic, take a dim view of things, always see the dark side of things; *ich sehe schwarz (für dich)* things look black (for you); **~seher**(in *f*) *m* pessimist, alarmist; **~sender** *m radio*: pirate transmitter; secret radio station; **~specht** *m* black woodpecker; **~wald** *m* (-[e]s) Black Forest; **~wasserfieber** *n* blackwater fever; **♀weiß** *adj.* black and white; **~weißfilm** *m* black-and-white film; **~weißzeichnung** *f* black-and-white drawing; **~wild** *n* wild boars *pl.*; **~wurz(el)** *f* comfrey.

Schwatz [ʃvats] *m* (-es; -e) chat; '**~base** *colloq. f* chatterbox; gossip; '**♀en, schwätzen** ['ʃvɛtsən] *v/i. and v/t.* (h.) talk, chat, *Am. a.* chin; chatter, tattle; twaddle, blather; prattle; blab.

'**Schwätzer(in** *f*) *m* (-s, -; -, -nen) chatterbox, prattler, babbler; gossip; blatherskite; ranter, gas-bag.

Schwätze'rei *f* (-; -en) babbling, prattle, gabble; gossip, tittle-tattle, wagging of tongues.

'**schwatzhaft** *adj.* talkative, garrulous, chatty.

'**Schwatzmaul** *colloq. n* → Schwatzbase.

Schwebe ['ʃve:bə] *f* (-): *in der* ~ *sein* be in suspense, be undecided *or* unsettled, tremble in the balance; *jur.* be pending; be in abeyance; *in der* ~ *lassen* leave *a th.* unsettled; **~bahn** *f* suspension railway; → Drahtseilbahn; **~balken, ~baum** *gym. m* balance beam; **~flug** *aer. m* helicopter: hovering (flight); *glider*: soaring (flight); **~hang** *m gym.* half lever hang; **~kippe** *f gym.* long upstart.

'**schweben** *v/i.* (h.) be suspended (*or* poised), hang *in the air*; float (*a. in liquid*); hover; *hoch* ~ soar; *fig.* (sn)

glide, swim (*ins Zimmer* into the room); (h.) be undecided, → Schwebe; *der Mond schwebt am Himmel* the moon swims in the sky; *fig. j-m vor Augen* ~ be before a p.'s eye (*or* mind); → vorschweben; *in Gefahr* ~ be in danger; *in Ungewißheit* ~ be (kept) in suspense; *zwischen Furcht und Hoffnung (Leben und Tod)* ~ hover between fear and hope (life and death); *fig. über den Wolken* ~ live in the clouds; *es schwebt mir auf der Zunge* it is on the tip of my tongue; **~d** *adj.* suspended (*a. chem. in liquid*), in suspension; floating; hovering; *esp. jur.* pending; *Schritt*: floating, swinging (*steps*); *phonetics*: **~e** Betonung level stress; **~e** Schuld floating debt.

'**Schwebe...: ~reck** *gym. n* trapeze; **~teilchen** *n* suspended particle.

Schwebfliege ['ʃve:p-] *f* hovering fly.

'**Schwebung** *f* (-; -en) vibration; *radio*: beat, surge; **~s-empfang** *m* (-[e]s) beat reception.

Schwed|e ['ʃve:də] *m* (-n; -n), **~in** *f* (-; -nen) Swede; *humor. alter Schwede!* old man!; **♀isch** *adj.* Swedish (*a. ~e Sprache*); of Sweden; *humor. hinter ~en Gardinen* behind (prison) bars.

Schwefel ['ʃve:fəl] *m* (-s) sulphur, *Am. a.* sulfur; brimstone; **♀artig** ['-a:rtiç] *adj.* sulphur(e)ous; **~äther** *m* sulphuric ether; **~bad** *n chem.* sulphurated bath; *med.* sulphur bath; **~bande** *colloq. f* gang, bad lot; **~blumen** *f/pl.*, **~blüte** *f* (-) flowers *pl.* of sulphur; **~dampf** *m* sulphur vapo(u)r; **~eisen** *n* ferrous sulphide; **~erz** *n* sulphur ore.

'**schwef(e)lig** *adj.* sulphurated, of sulphur; sulphur(e)ous (*acid*); **~sauer** *adj.* sulphite of.

'**Schwefel...: ♀haltig** *adj.* sulphur(e)ous; **~hölzchen** ['-hœltsçən] *n* (-s; -) (lucifer) match; **~kies** *m* pyrites *pl.*; **~kohlenstoff** *m* carbon disulphide; **♀n** (*v/t.*) *chem.* sulphurate; *tech.* sulphurize; vulcanize; sulphur, fumigate; **~quelle** *f* sulphur spring; **♀sauer** *adj.* sulphuric, sulphate of; **~er** Ammoniak ammonium sulphate; **~säure** *f* (-) sulphuric acid; **~verbindung** *f* sulphur compound; **~wasserstoff** *m* hydrogen sulphide; **~weiß** *n* (-[es]) zincolith; **~zinn** *n* tin sulphide.

Schweif [ʃvaif] *m* (-[e]s; -e) tail (*a. ast.*); *fig.* train; '**♀en I.** *v/i.* (sn) ramble, stray, stroll; roam, rove; *fig. den Blick* ~ *lassen* let the eye wander; *sein Blick schweifte durchs Zimmer* his eye ranged the room; *seine Gedanken schweiften in die Vergangenheit* his thoughts ranged the past; **II.** *v/t.* (h.) *tech.* curve; scallop; rinse; '**~haar** *n* tail hair(s *pl.*); '**♀säge** *f* fretsaw; '**~stern** *m* comet; '**~ung** *f* (-; -en) curve, bend(ing), sweep(ing); '**♀wedeln** *v/i.* (h.) ~ schwänzeln.

Schweige|geld ['ʃvaigə-] *n* hush--money; **~kegel** *m radio, radar*: cone of silence; **~marsch** *m* silent protest march.

'**schweigen** *v/i.* (*irr.*, h.) be silent

(*a. fig. über on*); **keep silence** *or* mum; say nothing, hold one's tongue *or* peace; *noise, etc.*: cease; *zu et.* ~ make (*or* offer) no comment on a th., pass a th. over (in silence); *ganz zu* ~ *von* to say nothing of, let alone; ~ *Sie!* be quiet!, silence!; **♀** *n* (-s) silence; ~ *bewahren* (*auferlegen*) keep (impose) silence; ~ *gebieten* command silence; → *hüllen*; *zum* ~ *bringen* reduce to silence, (*a. mil.*) silence; hush (*children*); ~ *ist Gold* silence is golden; **~d** *adj.* silent; *adv.*: ~ *zuhören* listen in silence; *sich* ~ *verhalten* keep silent, hold one's peace; *er ging* ~ *darüber hinweg* he passed it over in silence.

'**Schweigepflicht** *f* (pledge of) secrecy; professional discretion.

Schweiger *m* (-s; -) taciturn person, man of few words.

schweigsam ['ʃvaikza:m] *adj.* silent, quiet; taciturn; discreet, close (-mouthed); **♀keit** *f* (-)taciturnity; discretion.

Schwein [ʃvain] *n* (-[e]s; -e) pig, *esp. Am.* hog, *pl. usu.* swine (*all a. contp. fig.*); sow; *hunt.* wild boar; *cul.* pork; *colloq.* (-[e]s) good luck, stroke of luck, fluke; ~ *haben* be lucky (*or* in luck), be a lucky dog; *colloq. kein* ~ nobody.

'**Schweine...: ~braten** *m* roast pork; **~fett** *n* lard, pork dripping; **~fleisch** *n* pork; **~fraß** *m*, **~futter** *n* food for pigs (*a. fig.*); **~hirt** *m* swineherd; **~hund** *colloq. m* swine, dirty dog, skunk, *Am. sl.* louse; *innerer* ~ **a**) one's baser instincts, **b**) cowardice; **~pest** *f* swine-fever; **~pökelfleisch** *n* salt pork; **~'rei** *f* (-; -en) piggishness, piggery; (awful) mess; dirt(iness); dirty trick; smut(ty joke); crying shame; **~rotlauf** *vet. m* (-[e]s) swine erysipelas; **~schlächter** *m* pork-butcher; **~schmalz** *n* lard; **~stall** *m* pigsty (*a. fig.*), pigpen, *Am.* hogpen; **~zucht** *f* pig-breeding, *Am.* hog--raising; **~züchter** *m* pig-breeder, *Am.* hog-raiser.

Schwein|igel ['ʃvain'i:gəl] *colloq. m* dirty pig, filthy fellow; obscence talker; **~ige'lei** *f* (-; -en) smutty joke, obscenity; **♀igeln** *v/i.* (h.) talk smut.

'**schweinisch** *adj.* swinish, piggish; smutty.

'**Schweins...: ~blase** *f* pig's bladder; **~füße** *m/pl.* (pig's) trotters; **~galopp** *m*: *im* ~ at a lope, posthaste; **~keule** *f* leg of pork; **~kopf** *m* hog's head; **~kotelett** *n* pork chop; **~leder** *n* pigskin; **♀ledern** *adj.* (of) pigskin; **~rippchen** *n* (salt) pork chop.

Schweiß [ʃvais] *m* (-es; -e) sweat, perspiration; *on windows, etc.*: moisture, steam; exudation; *in wool*: yolk, suint; *im* ~ *wool*: in the greasy state; *hunt.* blood; *in* ~ *geraten* break into perspiration, sweat; *das hat viel* ~ *gekostet* that was hard work; *im* ~*e deines Angesichts* in the sweat of your (*bibl.* thy) brow; '**~apparat** *tech. m* welding apparatus (*or* unit); '**~ausbruch** *m* profuse perspiration, sweats *pl.*; '**~band** *n in hat*: sweatband; '**♀bar**

tech. adj. weldable; 'Ꝺbedeckt adj. covered with sweat; → schweißgebadet; '⁓blatt n in dress: dress-shield; '⁓bogen tech. m welding arc; '⁓brenner m welding torch, blowpipe; '⁓drüse f perspiration gland; 'Ꝺecht adj. fast to perspiration; '⁓eisen n wrought iron; '⁓elektrode f welding electrode.

'schweißen I. v/t. (h.) tech. weld (together); elektrisch ⁓ electroweld; stumpf ⁓ butt-weld; II. v/i. (h.) hunt. bleed; metall. (begin to) weld; vessel: leak.

'Schweißer m (-s; -) welder; Schweiße'rei f (-) welding shop.

'Schweiß...: ⁓fuchs m sorrel horse; ⁓füße ['-fy:sə] m/pl. sweaty feet; Ꝺgebadet adj. bathed in perspiration, dripping with sweat; ⁓geruch m (-[e]s) smell of perspiration, body odo(u)r; ⁓hund m bloodhound; Ꝺig adj. sweaty, wet (or damp) with perspiration; hunt. bloody; ⁓leder n in hat: interior leather band; ⁓mittel n med. sudorific; tech. welding flux; ⁓naht f weld(ed joint), (welding) seam; ⁓perle f bead of perspiration; ⁓stahl m weld(ed) steel; wrought iron; ⁓stelle tech. f weld(ed joint), point of weld; ⁓technik f welding practice; Ꝺtreibend med. adj. sudorific; Ꝺtriefend adj. → schweißgebadet; ⁓tropfen m drop of sweat, bead of perspiration; ⁓ung f (-; -en) welding; weld; ⁓wolle f unscoured wool.

'Schweizer¹ m (-s; -) Swiss; die ⁓ pl. the Swiss; agr. dairyman.

'Schweizer² adj. Swiss; ⁓deutsch adj. Swiss German.

Schweize'rei f (-; -en) dairy.

'Schweizer...: ⁓haus n Swiss cottage, chalet; ⁓in f (-; -nen) Swiss (woman or girl); Ꝺisch adj. Swiss, of Switzerland; ⁓ Käse m Swiss cheese.

Schwel|anlage ['ʃveːl-] tech. f (low-temperature) carbonizing plant; Ꝺen I. v/i. (h.) smoulder (a. fig.); II. v/t. (h.) burn slowly or by a slow fire; carbonize lignite at low temperature; distil(l) (tar).

schwelg|en ['ʃvɛlgən] v/i. (h.) lead a luxurious life, live on the fat of the land; revel, feast, carouse; fig. ⁓ in (dat.) revel in, luxuriate in, wallow in; Ꝺer(in f) m (-s, -; -, -nen) revel(l)er; epicure; glutton; Ꝺe'rei f (-; -en) revelry, revel, rout; gluttony, feasting; debauch (-ery); ⁓erisch adj. luxurious; revel(l)ing, gluttonous; debauched; voluptuous.

Schwelle ['ʃvɛlə] f (-; -n) threshold (a. fig.); sill, doorstep; beam, (ground-)joist; rail. sleeper, esp. Am. tie; fig. ⁓ des Bewußtseins threshold of consciousness; an der ⁓ e-r neuen Zeit on the threshold of a new time; an der ⁓ des Grabes on the brink of the grave.

'schwellen I. v/i. (irr., sn) swell; water: rise; → anschwellen; fig. increase, expand, swell; → geschwollen; II. v/t. (h.) swell; sails: a. fill, belly out; fig. fill (the breast); ⁓d adj. swelling.

'Schwellen...: ⁓energie phys. f

---

threshold energy; ⁓wert m threshold value.

'Schweller mus. m (-s; -) swell.

'Schwell...: ⁓gewebe anat. · n cavernous (or erectile) tissue; ⁓körper m erectile organ, cavernous body; ⁓ton mus. m crescendo.

'Schwellung f (-; -en) swelling; med. a. tumefaction; of the ground: swell.

'Schwel...: ⁓teer m low-temperature tar; ⁓ung f (-; -en) low-temperature carbonization.

Schwemm|e ['ʃvɛmə] f (-; -n) watering-place, horse-pond; colloq. tavern, taproom; econ. glut (an dat. of); Ꝺen v/t. (h.) water (cattle); wash (off); float (timber); soak (hides); ⁓land n (-[e]s) (⁓sand m) alluvial land (sand).

Schwengel ['ʃvɛŋəl] m (-s; -) swing-bar; of bell: clapper; (pump) handle.

Schwenk [ʃvɛŋk] m (-[e]s; -e) film: pan shot; '⁓achse tech. f swivel axis; '⁓arm tech. m swivel arm; '⁓aufnahme phot. f oscillating exposure; 'Ꝺbar adj. swivel(ling), revolving, rotatable; slewing (crane, etc.); mil. traversable (gun), swivel-mounted (machine-gun).

'schwenken I. v/t. (h.) swing; shake (about), toss (about); wave (hat, flag, etc.); brandish, flourish (stick, etc.); film: pan; tech. swing, swivel, pivot; rinse; sich ⁓ turn (a)round, swivel; II. v/i. (sn) turn (about); mil. wheel (about); gun, a. tech.: traverse; swivel, rotate, slew (or sluc) round; mil. rechts schwenkt, marsch!; right wheel — march! Am. column right — march!

'Schwenk...: ⁓kran m slewing crane; ⁓rad n swivel wheel; ⁓ung f (-; -en) turn(ing movement), swivel-(l)ing, rotation; of crane: slewing; mil. wheeling, tactical: wheeling manoeuvre (Am. maneuver); of gun: traversing motion; fig. change of mind; pol. change of front (or sides); about-face; ⁓vorrichtung f swivel(l)ing mechanism; of crane: slewing gear.

schwer [ʃveːr] I. adj. heavy (a. mil. cruiser, fire, weapon, etc.); weighty; ponderous, heavy(-handed), clumsy (all a. fig.); burdensome, oppressive; onerous (duty); hard, difficult, tough, → schwierig; bad, grievous, → schlimm; hard (decision, fight); serious (accident, illness, wound); bad, gross (mistake); heavy (sea, storm); grave (crime); jur. ⁓er Diebstahl aggravated larceny; rich, heavy, stodgy (food); strong (cigar, wine); ⁓er Atem short breath; ⁓er Boden heavy soil; colloq. ⁓er Junge criminal, gangster; ⁓er Kopf heavy head; colloq. ⁓e Menge a lot, a heap; ⁓es Schicksal hard lot; ⁓e Stunde grave hour; chem. ⁓es Wasser heavy water (or hydrogen); ⁓e Zeit hard times; ⁓e Zunge heavy tongue; ⁓en Herzens with a heavy heart, reluctantly; ⁓ von Begriff slow (-witted), slow in the uptake; 2 Pfund ⁓ weighing two pounds, two pounds in weight; ein ⁓es Geld kosten cost a lot of money (or a tidy penny); ⁓es Geld verdienen make big money;

II. adv. heavily, etc.; very much, awfully, badly; ⁓ arbeiten work hard; ⁓ beleidigen offend deeply, outrage; ⁓ hören be hard of hearing; ⁓ im Magen liegen lie heavily in the stomach, fig. j-m: prey on a p.'s mind, oppress; ⁓ zu erlangen hard to get; ⁓ zu sagen hard to say; ⁓ zu verstehen hard to grasp; ⁓ betrunken helplessly (or dead) drunk; ⁓ enttäuscht cruelly disappointed; ⁓ verwundet dangerously wounded; da hat er sich aber ⁓ getäuscht he is very much mistaken there, Am. that's where he makes his big mistake; → schwerfallen, etc.

'schwer...: Ꝺarbeit f heavy labo(u)r; Ꝺarbeiter m heavy worker; Ꝺathlet m heavy athlete; Ꝺathletik f heavy athletics pl.; ⁓atmig ['-aːtmiç] adj. asthmatic; ⁓beladen adj. heavily laden; Ꝺbenzin n heavy petrol (Am. gasoline); ⁓beschädigt adj. heavily damaged; Ꝺbeschädigte(r m) ['-bəʃɛːdiçtə(r)] f (-n, -n; -en, -en) → Schwerkriegsbeschädigter; ⁓bewaffnet adj. heavily armed; ⁓blütig ['-blyːtiç] adj. thickblooded, heavy, grave.

'Schwere f (-) heaviness, weight; phys. gravity; med. pregnancy; fig. seriousness, gravity, severity (of punishment); (full) weight, import (of word); ponderousness (of style); Ꝺlos adj. ethereal, floating; ⁓messer m (-s; -) gravimeter; ⁓nöter ['-nøːtər] m (-s; -) lady-killer, gay Lothario.

'schwer...: ⁓errungen ['-ɛrruŋən] adj. hard-won; ⁓erziehbar ['-ɛr-'tsiːbaːr] adj. difficult to educate; recalcitrant; ⁓es Kind problem child; ⁓fallen v/i. (irr., sn) be difficult (dat. to); es fällt ihm schwer he finds it hard, w.s. it is hard on him, it is painful for him; ⁓fällig adj. heavy, ponderous (both a. person, style, etc.); awkward, clumsy; sluggish; unwieldy, cumbersome; person: dull, slow(-witted); heavy-handed (humour); Ꝺfälligkeit f (-) heaviness, ponderousness, etc.; ⁓flüssig adj. viscous, viscid; Ꝺgewicht n boxing, etc.: heavy-weight; fig. chief stress, emphasis, chief importance; Ꝺgewichtler ['-gəviçtlər] m (-s; -) boxing: heavy-weight (boxer); Ꝺgewichtsmeister m heavy-weight champion; ⁓halten v/i. (irr., h.): es wird ⁓ it will be difficult; ⁓hörig adj. hard of hearing; Ꝺhörigkeit f hardness of hearing, deafness; Ꝺindustrie f heavy industry; Ꝺkraft phys. f (-) (force of) gravity, gravitation; Ꝺkraftsbeschleunigung f gravity acceleration; Ꝺkraftverlagerung f displacement of the center of gravity; ⁓krank adj. seriously (or dangerously) ill; Ꝺkriegsbeschädigte(r) ['-kriːgsbəʃɛːdiçtə(r)] m (-[e]n; -[e]n) seriously disabled soldier (or ex-serviceman); disabled man; Ꝺlastwagen m heavy-duty truck; ⁓lich adv. hardly, scarcely; Ꝺmetall n heavy metal; Ꝺmut f (-) melancholia, sadness; ⁓mütig ['-myːtiç] adj. melancholy; heavy-hearted, heartsick; sad, mournful; **~nehmen** *v/t.* (*irr.*, *h.*): et. ~ take a th. to heart; **2öl** *n* heavy oil, Diesel oil; **2ölmotor** *m* Diesel(-type) engine; **2punkt** *m* cent|re (*Am.* -er) of gravity; *fig.* crucial (*or* focal) point; emphasis, (chief) stress; *a. mil.* point of main effort; **2punktbildung** *f mil.* massed concentration; *fig.* concentration, emphasis; **2punktverlagerung** *f* displacement of the cent|re (*Am.* -er) of gravity; *sports, etc.*: weight transfer; **2spat** *min. m* heavy spar, barite.

Schwert [[ʃveːrt] *n* (-[e]s; -er) sword; *of sail-boat*: cent|re- (*Am.* -er-) board, fin, drop-keel; *mit Feuer und* ~ with fire and sword; **'~ertanz** *m* sword dance; **'~fisch** *m* sword-fish; **2förmig** ['-fœrmiç] *adj.* sword-shaped; **'~lilie** *bot. f* iris, *yellow*: sword-flag; **'~streich** *m* sword-stroke; *ohne* ~ without striking a blow.

'schwer...: 2verbrecher *m* dangerous criminal, *jur.* felon; gangster; **~verdaulich** *adj.* indigestible, heavy, stodgy (*all a. fig.*); **~verdient** *adj.* hard-earned; **2verletzte(r** *m*) *f* seriously injured person, stretcher case; **~verständlich** *adj.* difficult (*or* hard) to understand; **~verwundet** *adj.* seriously wounded; **2verwundete(r)** *m* major casualty; **~wiegend** *adj. fig.* weighty, grave, momentous.

Schwester ['ʃvɛstər] *f* (-; -*n*) sister; *med.* (hospital) nurse; *barmherzige* ~ Sister of Charity; nun; **~chen** *n* (-s; -) little sister; **~firma** *f* affiliated firm, sister; **~kind** *n* sister's child; **2lich** *adj.* sisterly; **~liebe** *f* sisterly love; **~ndiplom** *n* Diploma of Nursing; **~npaar** *n* two sisters *pl.*; **~(n)schaft** *f* (-; -*en*) sisterhood; **~ntracht** *f* (nurse's) uniform; **~schiff** *n* sister ship; **~unternehmen** *n* associated company.

Schwibbogen ['ʃvip-] *arch. m* archway, arched buttress.

schwieg [ʃviːk] *pret. of schweigen.*

Schwieger|eltern ['ʃviːgər-] *pl.* parents-in-law; **~mutter** *f* (-; ⸚) mother-in-law; **~sohn** *m* son-in-law; **~tochter** *f* daughter-in-law; **~vater** *m* father-in-law.

Schwiel|e ['ʃviːlə] *f* (-; -*n*) horny skin, callus, callosity; welt, weal, wale; **2ig** *adj.* callous, horny; full of welts *or* wales.

schwierig ['ʃviːriç] *adj.* difficult, hard; tough; complicated, intricate; delicate, ticklish; precarious, trying; critical; troublesome, irksome, onerous; awkward; *person*: difficult, particular, fastidious, exacting; *~e Aufgabe a.* arduous task, uphill work; *~e Frage* puzzling (*or* vexed) question, poser; *~es Kind* intractable (*or* difficult) child, problem child; *~e Lage* critical (*or* awkward) position, predicament, fix; *~er Punkt*, *~e Sache* knotty (*or* thorny) point, hard nut to crack; *~e Verhältnisse* trying circumstances; *~ machen* make (*or* render) difficult, complicate, impede; *das 2ste haben wir hinter uns* the worst is over, we have broken the back of it, we are out of the wood; **2keit** *f* (-; -*en*) difficulty; intricacy; awkwardness; precariousness; crisis; obstacle, snag, hitch; stumbling-block; problem, crux; facer; predicament, dilemma, fix; **~en** *pl.* difficulties, trouble *sg.*; *finanzielle ~en* financial difficulties; *~en machen* **a)** *matter*: raise (*or* present) difficulties, **b)** *person*: raise objections, argue, **c)** *j-m*: give a p. trouble, put obstacles in a p.'s way; *das bereitete ihm keinerlei ~en* he found it quite easy, he took it in his stride; *auf ~en stoßen* encounter (*or* meet with) difficulties, run into a snag; *in ~en geraten* get into trouble; *nicht ohne ~en* not without some difficulty; **2keitsgrad** *m* degree of difficulty.

Schwimm|anstalt ['ʃvim-] *f* swimming-baths *pl.*; **~bad** *n* swimming-bath, *Am.* swimming pool; **~bahn** *f* (swimmer's) lane; **~becken** *n* (swimming-)pool; **~blase** *f ichth.* air-bladder, sound; *for non-swimmers*: water-wings *pl.*, float; **~brücke** *f* floating bridge; **~dock** *mar. n* floating dock.

'schwimmen *v/i.* (*irr.*, *h.*, *sn*) (have a) swim; *objects*: float, drift; *floor, etc.*: swim, be flooded; *fig.* flounder, be at sea; *in s-m Blute ~* swim (*or* welter) in one's blood; *im Gelde ~* be rolling in money; *im Glück ~* swim in delight, be riding on air; *in Tränen ~* be bathed in tears; → *Strom*; *über den Kanal ~* swim the Channel; *alles schwamm vor seinen Augen* everything swam before his eyes; **2** *n* (-s) swimming; *fig. ins ~ kommen* flounder; **~d** *adj.* swimming; (*a. mar.*, *tech.*) floating.

'Schwimmer *m* (-s; -) **1.** (*a.* **~in** *f*, -; -*nen*) swimmer; **2.** *fishing, a. aer., mot., tech.* float; **~nadel** *mot. f* carburet(t)or needle; **~schalter** *el. m* float switch.

'Schwimm...: 2fähig *adj.* buoyant, floatable; **~fest** *n* swimming gala, aqua show; **~flosse** *f* fin; **~fuß** *zo. m* web-foot; **~füßer** ['-fyːsər] *orn. m* (-s; -) palmiped; **~gürtel** *m* swimming-belt; life-belt; **~haut** *f* web; **~hose** *f* (e-e ~ a pair of) (bathing-)trunks *pl.*; **~kampfwagen** *mil. m* amphibious tank; **~körper** *m* float; **~kraft** *f* (-) buoyancy; **~kran** *m* floating crane; **~lehrer** *m* swimming-master (*or* instructor); **~sport** *m* (-[e]s) swimming; **~stadion** *n* swimming stadium; **~stoß** *m* stroke; **~verein** *m* swimming club; **~vermögen** *n* floating power; **~vogel** *m* web-footed (*or* swimming-)bird; **~werk** *aer. n* water landing gear; **~weste** *f* life-jacket, air-jacket, *Am.* life preserver (vest); **~wettkampf** *m* swimming competition.

Schwindel ['ʃvindəl] *m* (-s) *med.* vertigo; giddiness, dizziness; *vet.* staggers *pl.*; *fig.* swindle, humbug, bunkum, eyewash; cheat, fraud, take-in; *den ~ kenne ich* I know that trick *or* dodge; *colloq. der ganze ~* the whole lot (*or* bag of tricks); **~anfall** *med. m* fit of dizziness, vertigo.

Schwinde'lei *f* (-; -*en*) → *Schwindel*; white lie, fib; (constant) lying; swindling, cheat.

'Schwindel...: 2erregend *adj.* causing giddiness, *a. fig.* dizzy, vertiginous; **~firma** *f* → *Schwindelgesellschaft*; **2frei** *adj.* free from giddiness; *nicht ~* high-shy; **~gefühl** *n* (feeling of) giddiness, vertigo; **~gesellschaft** *f* bogus (*or* bubble) company, *Am.* wildcat company; **2haft** *adj.* swindling, fraudulent, bogus; *a.* → **~ig** *adj.* giddy, dizzy, vertiginous (*all a. fig.*); staggering (*cost, prices, etc.*); *ihr wurde ~* she felt giddy, her head swam, everything swam before her eyes; *das macht mich ~* it makes me giddy.

'schwindeln *v/i.* (*impers.*, *h.*): *es schwindelt mir* I feel giddy *or* dizzy, my head swims; *fig. ~ machen* stagger; *ihm schwindelte bei dem Gedanken* his mind reeled at the thought; *in ~der Höhe* at a giddy (*or* dizzy) height; (*h.*) fib, tell fibs (*or* a white lie), white-lie; cheat, swindle.

'Schwindel...: ~preis *m* fraudulent (*or* scandalous) price; **~unternehmen** *n* → *Schwindelgesellschaft*.

schwinden ['ʃvindən] *v/i.* (*irr.*, *sn*) dwindle, wane, ebb; grow less, fall off; shrink, *metall. a.* contract; wilt, wither; *colour, light, sound*: fade (away); disappear, vanish; *~de Hoffnung* dwindling hope; *ihm schwand der Mut* he lost courage, his heart sank; *ihr schwanden die Sinne* she fainted (*or* swooned) away.

'Schwinden *n* (-s) dwindling; shrinkage; disappearance; *radio*: fading.

Schwindler ['ʃvindlər] *m* (-s; -), **~in** *f* (-; -*nen*) swindler, cheat, humbug; shark, sharper, crook; liar; impostor, confidence-man, con man; **2isch** *adj.* swindling, fraudulent, bogus.

'schwindlig *adj.* → *schwindelig.*

Schwind... ['ʃvint-]: **~sucht** *med. f* (-) consumption, phthisis; **2süchtig** *adj.*, **~süchtige(r** *m*) *f* consumptive.

Schwing-achse ['ʃviŋ-] *mot. f* independant (*or* oscillating) axle.

'Schwinge *f* (-; -*n*) wing, *poet.* pinion; *agr.* winnow, fan; *for flax*: swingle; *tech.* rocker arm.

'schwingen I. *v/t.* (*irr.*, *h.*) swing; wave; brandish, flourish; wield (*the brush, pen, scalpel*); *tech.* centrifuge; *agr.* winnow (*wheat, etc.*), swingle (*flax*); *sich ~* (*irr.*, *h.*) swing o.s. (*hinauf* up); *sich in die Luft ~* soar (*a. tower, etc.*); *sich in den Sattel* (*über die Mauer*) *~* vault into saddle (over the wall); → *Tanzbein*; *sich auf den Thron ~* usurp the throne; *die Küste schwingt sich nach Norden* the coast sweeps northward; *die Brücke schwingt sich über den Fluß* the bridge spans the river; *colloq.* e-e *Rede ~* make a speech, hold forth; **II.** *v/i.* (*irr.*, *h.*) swing; *tech.* oscillate; vibrate; sway; *geschwungen* curved, sweeping.

'Schwinger *m* (-s; -) *boxing*: swing, *Am. a.* haymaker.

'Schwing|hebel *m* rocker (arm);

~kondensator *m* vibrating capacitor; **~kreis** *m radio*: tuned (*or* resonant) circuit; **~röhre** *f* oscillator valve (*Am.* tube); **~spule** *f* moving coil.

'**Schwingung** *f* (-; -en) swing(ing); oscillation; vibration; pulsation; cycle; (*sub*)*harmonische* **~en** *pl.* (sub)harmonics; *in* **~** *setzen* set swinging *or* going, cause to vibrate.

'**Schwingungs...: ~achse** *f* axis of oscillation; **~dämpfer** *m* vibration damper; **~dauer** *f* period (of oscillation); **~festigkeit** *f* vibratory fatigue limit; **2frei** *adj.* non-oscillating; vibration-free; **~knoten** *m* nodal point of vibration; **~kreis** *m* → *Schwingkreis*; **~weite** *f* amplitude; **~zahl** *f* frequency of oscillations; vibration rate.

Schwippschwager [' ʃvip-] *m* brother of the brother-in-law.

Schwips [ʃvips] *colloq. m* (-es; -e) tipsiness; *e-n* **~** *haben* be tipsy, be a little on.

schwirren ['ʃvirən] *v/i.* (h., sn) whir(r); whiz(z); *insects*: buzz, hum; *fig. rumours*: run, be rife; 2 *n* (-s) whirr; whizzing (sound); buzz.

Schwitzbad ['ʃvits-] *n* sweat (*or* Turkish) bath, steam-bath.

'**schwitzen I.** *v/i.* (h.) sweat, perspire; *walls*: be sweaty *or* damp; *tech. Häute* **~** *lassen* sweat; *am ganzen Leibe* **~** be in a bath of perspiration, be all of a sweat; **II.** *v/t.* (h.) *fig. Blut* **~** a) sweat blood, b) be in agonies, agonize.

Schwitzen *n* (-s) sweating, perspiration.

'**Schwitz...: ~kasten** *m* sweating box; *wrestling*: headlock; **~kur** *f* sweating cure; **~mittel** *n* sudorific.

Schwof [ʃvoːf] *colloq. m* (-[e]s; -e) (public) dance, hop, *Am. a.* shindig; 2en *v/i.* (h.) (have a) dance, shake a leg, hop.

schwoll [ʃvɔl] *pret. of schwellen.*

schwor [ʃvoːr] *pret. of schwören.*

schwören ['ʃvøːrən] *v/i. and v/t.* (irr., h.) swear (*bei Gott* by God), take an oath (*auf acc.* upon); *vor Gericht* **~** take the oath; *j-m Rache* **~** vow vengeance against a p.; **~** *auf* have absolute confidence in, swear by, *Am. a.* be sold on; *ewige Treue* **~** swear eternal fidelity; *ich hätte geschworen, daß* I could have sworn that; → *geschworen.*

schwul [ʃvuːl] *vulg. adj.* queer, gay; '2e(r) *m* (-[e]n; -[e]n) homo, pansy.

schwül [ʃvyːl] *adj.* sultry, close, muggy, stifling, oppressive; sweltering; damp; *fig.* sultry, languorous, uneasy; *ihm wurde* **~** *zumute* he began to sweat (*or* feel ill at ease); '2e *f* (-) sultriness, closeness, stifling heat, muggy weather; *fig.* languor.

Schwuli'tät *colloq. f* (-; -en) fix, scrape; *in* **~en** *kommen* get into trouble.

Schwulst [ʃvulst] *m* (-es; **⁺**e) bombast.

schwülstig ['ʃvylstiç] *adj.* bombastic(ally *adv.*), pompous, inflated; 2keit *f* (-; -en) bombastic style, grandiloquence.

schwummerig ['ʃvumərɪç] *colloq. adj.* → *schwind(e)lig.*

Schwund [ʃvunt] *m* (-[e]s) dwindling; loss; shrinkage; leakage; *radio*: fading (*a. mot. of brake, clutch*); *med.* atrophy; falling off (*of hair*); **~ausgleich** *m*, '**~regelung** *f radio*: automatic volume control; '**~zone** *f radio*: wipe-out area.

Schwung [ʃvuŋ] *m* (-[e]s; **⁺**e) swing (*a. gym.*); *skiing*: turn; speed, headway; *phys.* momentum; *fig.* rise; impetus; buoyancy; energy, vitality, drive, vim, punch; verve, dash, snap, go, pep, zip; life, vivacity, animation; batch (*of things or persons*); wave *of immigrants, etc.*; **~** *der Phantasie* flight of imagination; *edler* **~** *der Sprache* lofty strain; *in* **~** *bringen* set going; **~** *bekommen* gather speed (*or* momentum, *a. fig.*); (*richtig*) *in* **~** *kommen* get into one's stride, *matter*: a. click into gear; *im* **~** *sein* be in full swing; *j-n auf* **~** *bringen* make a p. find his legs, goad a p. to activity; '**~feder** *orn. f* pinion; '2haft *adj.* brisk, roaring, flourishing (*trade*); → *schwungvoll*; '**~kippe** *f gym.* long upstart; '**~kraft** *phys. f* (-) momentum (*a. fig.*), centrifugal force; *fig.* buoyancy, vivacity; → *Schwung*; '**~kraftanlasser** *mot. m* inertia starter; '2los *adj.* without life *or* go, spiritless, slow, flat; '**~rad** *tech. n* flywheel; *of watch*: balance-wheel; **~stemme** ['-ʃtemə] *f* (-; -n) *gym.* uprise; '2voll *adj.* full of energy *or* verve *or* go; spirited (*a. attack, translation, performance*), bold (*design*), racy (*melodies*), snappy; enterprising; sparkling.

schwur [ʃvuːr] *pret. of schwören.*

'**Schwur** *m* (-[e]s; **⁺**e) oath; vow; *e-n* **~** *leisten* take an oath, make a vow; → *Eid*; **~gericht** *n* (court of) assizes *pl.*; jury court; **~gerichtsverfahren** *n* trial by jury.

sechs [zɛks] *adj.* six; → *acht*; 2 *f* (-; -en) (number) six; 2'achteltakt *mus. m* six-eight time; '**~atomisch** *adj.* hexatomic; 2eck ['-ɛk] *n* (-[e]s; -e) hexagon; '**~eckig** *adj.* hexagonal; 2ender ['-ɛndər] *hunt. m* (-s; -) stag with six points; '2er *m* (-s; -) (the) number six; '**~erlei** *adv.* of six (different) kinds *or* sorts, six kinds of; '**~fach** *adj.* six-fold, sextuple; *das* 2e six times the amount; '**~jährig** *adj.* six-year-old; sexennial; '**~mal** *adv.* six times; **~malig** ['-maːlɪç] *adj.* six times repeated; **~monatig** ['-'moːnatɪç] *adj.* lasting (*or* of) six months, six-month ...; '**~'monatlich I.** *adj.* six-monthly, half-yearly, semi-annual; **II.** *adv.* every six months, every sixth month; '**~motorig** *aer. adj.* six-engined; 2'phasenstrom *el. m* six-phase current; '2polröhre *f* six-electrode valve, hexode; **~schüssig** ['-ʃysɪç] *adj.* six-chamber; **~er** *Revolver Am.* six-shooter; '**~seitig** *adj.* hexagonal; **~spännig** ['-ʃpenɪç] *adj.* with six horses; '**~stellig** *adj. number* with six digits; **~stöckig** ['-ʃtœkɪç] *adj.* six-storied; **~stündig** ['-ʃtyndɪç] *adj.* lasting (*or* of) six hours, six-hour ...; 2'tage-

rennen *n* six-day (bicycle) race; '**~tägig** *adj.* lasting (*or* of) six days, six-day ...

'**sechste, ~r** *adj.* (the) sixth; → *achte*; 2l *n* (-s; -) *and* **~l** *adj.* sixth (part); **~ns** *adv.* sixthly, in the sixth place.

'**sechsundsechzig** *adj. and* 2 *n* (-) *cards*: sixty-six.

'**sechs...: ~wöchentlich I.** *adj.* six-weekly; **II.** *adv.* every six weeks, every sixth week; 2'**zylindermotor** *m* six-cylinder engine.

sechzehn ['zɛçtseːn] *adj.* sixteen; 2ender ['-ɛndər] *hunt. m* (-s; -) stag with sixteen points; **~te** *adj.* sixteenth; 2tel *n* (-s; -) sixteenth part; 2telnote *mus. f* semiquaver; **~tens** *adv.* (in the) sixteenth (place).

sechzig ['zɛçtsɪç] *adj.* sixty; → *achtzig*; 2er(in *f*) ['-gər] *m* (-s, -; -, -nen) sexagenarian; **~jährig** *adj.* sixty years old, sexagenarian; **~ste** *adj.* sixtieth; 2stel *n* (-s; -) sixtieth (part).

Sedezformat [ze'deːts-] *typ. n* sedecimo, 16mo.

Sediment [zedi'mɛnt] *n* (-[e]s; -e) sediment; **sedimentär** [-'tɛːr] *adj.* sedimentary; **Sedi'mentgestein** *geol. n* sedimentary rocks *pl.*; **sedimen'tieren** *v/i.* (sn) sediment.

See [zeː] 1. *f* (-; -n) sea, ocean; wave, sea; *die offene* **~** the open sea, the offing; *an der* **~** by the sea (-side); *an die* **~** *gehen* go to the seaside (*Am.* to the seashore *or* beach); *auf* **~** at sea; *auf hoher* **~** on the main, on the high seas; *in* **~** *gehen or stechen* put to sea, set sail; *zur* **~** *gehen* go to sea; **2.** *m* (-s; -n) lake; pond; pool, puddle.

'**See...: ~aal** *m* sea-eel; conger; **~adler** *m* sea-eagle; **~alpen** *pl.* Maritime Alps; **~amt** *n* Admiralty Court; **~bad** *n* sea-bath; seaside resort; **~bär** *m fig.*: *alter* **~** old salt; **~beben** *n* (-s; -) seaquake; **~dienst** *m* (-es) naval service; **~Elefant** *m* sea-elephant; 2fahrend *adj.* sea-faring, maritime; **~fahrer** *m* mariner, sailor; navigator, seafarer; **~fahrt** *f* navigation (at sea), seafaring; voyage, cruise; passage; **~fahrtbuch** *n* seaman's registration book; **~fahrtschule** *f* merchant marine school; 2fest *adj.* seaworthy; *person*: not subject to sea-sickness; (*nicht*) **~** *sein* be a good (bad) sailor; **~** *werden* find (*or* get) one's sea-legs; **~fisch** *m* salt-water fish; **~fische'rei** *f* deep-sea fishing; **~flieger** *m* naval aviator; **~flughafen** *m* sea-plane base; seadrome; **~flugzeug** *n* seaplane; naval airplane; **~fracht** *econ. f* sea-freight, *Am.* ocean freight; **~frachtbrief** *econ. m* (ocean) bill of lading (*abbr.* B/L); **~funkdienst** *m* marine radio service; **~gang** *m* (-[e]s) (motion of the) sea; *hoher* **~** rough sea, high waves; *schwerer* **~** heavy sea; **~gebiet** *n* waters *pl.*; **~gefahr** *econ.* sea-risk; *Versicherung gegen* **~** marine insurance; **~gefecht** *n* naval action; **~geltung** *pol. f* naval prestige; **~gesetz** *n* maritime law; **~gras** *n* seaweed; **~hafen** *m* seaport; **~handel** *m* maritime (*or* seaborne) trade; **~held** *m* naval hero;

~**herrschaft** f (-) naval supremacy, command (or control) of the sea; ~**hund** zo. m seal; ~**hundsfell** n sealskin; ~**igel** zo. m sea-urchin; ~**jungfer** f mermaid; zo. dugong; ~**kabel** n submarine cable; ~**kadett** m naval cadet; ~**kalb** n sea-calf; ~**karte** f (sea-)chart; ♀**klar** adj. ready for sea, ready to sail; ♀**krank** adj. seasick; leicht ~ werden be a bad sailor; ~**krankheit** f (-) sea-sickness; ~**krebs** m lobster; ~**krieg(führung** f) m naval war (-fare); ~**kriegsrecht** n law of naval warfare; ~**kuh** zo. f sea-cow; ~**küste** f sea-coast, seashore, sea-board; ~**lachs** m sea salmon.

Seele ['ze:lə] f (-; -n) soul (a. fig. vitality; core; human being; in-habitant); mind; heart; bladder (of herring); bore (of gun); core (of cable); sounding-post (of violin); e-e gute (schöne) ~ a good (beauti-ful) soul; e-e ~ von e-m Menschen a love of a man, a good soul; keine ~ not a (living) soul; zwei ~n und ein Gedanke two minds and but a single thought; mit Leib und ~ with body and soul; mit or von ganzer ~ with all one's heart, thanking from the bottom of one's heart; er ist mit ganzer ~ bei der Arbeit he is heart and soul in his work; er ist die ~ des Ganzen he is the life and soul of it all; j-m et. auf die ~ binden enjoin a th. on a p.; sich die ~ aus dem Leib reden talk o.s. hoarse; es tat ihm in der ~ weh it cut him to the quick; du sprichst mir aus der ~ you express my sentiments exactly.

'Seelen...: ~**achse** f axis of the bore; ~**adel** m nobleness of mind; ~**amt** n office for the dead, requiem; ~**arzt** m psychiatrist; ~**freund(in** f) m soul-mate; ~**friede(n)** m peace of mind; ♀**froh** adj. heartily glad, very happy; ~**größe** f (-) greatness of soul or mind; magnanimity; ♀**gut** adj. (very) kind-hearted, pred. a good soul; ~**heil** n salvation, spiritual welfare; ~**heilkunde** f psychiatry; psychotherapy; ~**hirt** m pastor; ~**kunde** f (-) psychology; ~**leben** n inner (or psychic, spiritual) life; ~**leiden** n mental suffering; ♀**los** adj. soulless; inanimate, lifeless; ~**messe** f mass for the dead, re-quiem; ~**not**, ~**pein**, ~**qual** f an-guish of mind, (mental) agony; ~**ruhe** f peace of mind; placidity, coolness; ♀**ruhig** adv. placidly, cheerfully, as cool as you please; ~**stärke** f (-) strength of mind, fortitude; ♀**tötend** adj. soul-destroy-ing; ♀**vergnügt** adj. very cheerful, blithe; ~**verkäufer** m (bad ship) cockle-shell; ~**tröster** colloq. m pick-me-up; ♀**verwandt** adj. con-genial (in mind); ~ sein be kindred souls; ~**verwandtschaft** f con-geniality (of souls), mental affinity; ♀**voll** adj. soulful; ~**wanderung** f transmigration of souls, metem-psychosis; ~**wärmer** ['-vɛ:rmər] m (-s; -) comforter, woolly; ~**zustand** m frame of mind, psychic con-dition.

'Seeleute pl. seamen, mariners, sailors.

'seelisch adj. psychic(al), mental; spiritual; emotional; → Gleichge-wicht.

'Seelöwe zo. m sea-lion.

'Seelsorge f (-) cure of souls, reli-gious welfare; ministerial office, spiritual charge; ~**r** ['-zɔrgər] m (-s; -) pastor, minister, spiritual adviser; ♀**risch** adj. pastoral; ~**e** Betreuung relgious welfare.

'See...: ~**luft** f sea-air; ~**luftstreit-kräfte** f/pl. navy air-force sg.; ~**macht** pol. f naval power; ~**mann** m (-[e]s; -leute) seaman, sailor, mariner; ~ pro Stunde knot; ~**mine** f sea-mine; ~**möwe** f sea-gull; ~**muschel** f sea-shell; ~**not** f distress (at sea); ~**notdienst** m sea rescue service; ~**offizier** m naval officer; ~**pferdchen** zo. n (-s; -) sea-horse; ~**pflanze** f sub-marine plant; ~**räuber** m pirate; hist. a. corsair, buccaneer; ~**räu-be'rei** f piracy; ♀**räuberisch** adj. piratic(al); ~**räuberschiff** n pirate, corsair; ~**recht** n (-[e]s) maritime law; ~**reise** f voyage, cruise; sea--trip; ~**rose** f waterlily; ~**route** f sea-route; ~**sack** m sea-bag; ~**schaden** m loss suffered at sea, sea-damage, average; ~**schiff** n sea-going vessel; ~**schiffahrt** f sea--navigation, merchant shipping; ~**schlacht** f naval battle; ~**schlange** f sea-serpent; ~**schwalbe** f sea--swallow, tern; ~**sieg** m naval vic-tory; ~**soldat** m marine; ~**sprache** f nautical language; ~**stadt** f sea-side town, seaport; ~**stern** zo. m starfish; ~**strand** m seaside, sea-shore, beach; ~**streitkräfte** f/pl. naval forces; ~**stück** paint. n sea--piece; ~**stützpunkt** m naval base; ~**sturm** m storm at sea; ~**tang** m seaweed; ~**tier** n marine animal; ~**transport** m sea-transport, econ. shipment by sea, oversea shipment; ♀**tüchtig** adj. seaworthy (ship); ~**tüchtigkeit** f seaworthiness; ~**ungeheuer** n sea-monster; ♀**un-tüchtig** adj. unseaworthy (ship); ~**verbindung** f sea-route, shipping line; ~**verkehr** m maritime (or ocean-)traffic; ~**versicherung** f marine insurance; ~**vogel** m sea--bird; ~**volk** n maritime nation, sea-faring people; ~**warte** f naval ob-servatory; ♀**wärts** ['-vɛrts] adv. seaward(s); ~**wasser** n sea-water, salt-water; ~**weg** m sea-route; auf dem ~ by sea; ~**wesen** n maritime (or naval) affairs pl.; ~**wind** m sea--breeze; ~**wissenschaft** f nautical science; ~**zeichen** n sea-mark; ~**zunge** ichth. f sole.

Segel ['ze:gəl] n (-s; -) sail; anat., bot., zo. velum; mit vollen ~n fahren carry a full press of sails; fig. mit vollen ~n full sail (or tilt); ~ heißen or hissen make sail; unter ~ gehen set sail; die ~ streichen strike sail, fig. give in, throw up the sponge; → Wind; ~**baum** m mast; ~**boot** n sailing-boat, Am. sailboat; yacht; ♀**fertig** adj. ready to sail, ready for sea; sich ~ machen get under sail;

~**fliegen** n (-s) gliding, glider flying (or flight), soaring; glide; ~**flie-ger(in** f) m glider, glider pilot; ~**fliegerschein** m soaring certifi-cate; ~**flug** → Segelfliegen; ~**flugdauerrekord** m gliding dura-tion record; ~**fluggelände** n glid-ing field; ♀**flugzeug** n glider, sailplane; ♀**klar** adj. → segel-fertig; ~**klasse** f rating; ~**klub** m yachting club; ~**macher** m sail--maker.

'segeln v/i. (sn) and v/t. (h.) sail (a. fig. birds, clouds, etc.); yacht; aer. soar; colloq. dash, whiz, in den Grund ~ run down, sink; um ein Kap ~ double a cape.

'Segeln n (-s) sailing; yachting.

'Segel...: ~**regatta** f yacht-race, regatta; ~**schiff** n sailing-ship, sailing-vessel; ~**schlitten** m ice--yacht; ~**sport** m yachting; ~**stan-ge** f yard; ~**tau** n cable; ~**tuch** n (-[e]s; -e) canvas, sail-cloth, duck; ~**tuchhose** f ducks pl.; ~**tuchplane** f canvas; tarpaulin; ~**tuchschuhe** m/pl. canvas shoes; ~**werk** n (-[e]s) sails pl.; ~**wind** m fair wind (for sailing).

Segen ['ze:gən] m (-s; -) blessing, esp. eccl. benediction; prayer(s pl.); grace (at table); sign of the cross; fig. blessing, boon; prosperity; (rich) yield; abundance; luck; colloq. der ganze ~ the whole lot (or load); j-m s-n ~ geben give a p. one's blessing; ein wahrer ~ a perfect godsend, a great boon; es war ein wahrer ~, daß sie nicht kam it was quite a mercy that she did not come; im Grunde war es ein ~ it was a blessing in disguise; das bringt kei-nen ~ that brings no luck, no good will come of it; zum ~ der Mensch-heit for the benefit of mankind; m-n ~ hast du you have my blessing; ~**erteilung** eccl. f benediction; ♀**sreich** adj. beneficial, pred. a blessing; ~**s-spruch**, ~**swunsch** m blessing, benediction; pl. good wishes.

Segler(in f) ['ze:glər] m (-s, -; -, -nen) yachts(wo)man; sailing-vessel; guter (schlechter) ~ good or fast (bad or slow) sailor; → Segelflug-zeug.

Segment [zɛg'mɛnt] n (-[e]s; -e) segment.

segn|en ['ze:gnən] v/t. (h.) bless; cross; eccl. consecrate; fig. → zeitlich; Gott segne dich God bless you; gesegnet blessed; gesegnet mit (dat.) blessed (or blest) with, endow-ed with; in gesegneten Umständen, gesegneten Leibes pregnant, ex-pectant; mit vielen Kindern gesegnet blessed with a large offspring; ♀**ung** f (-; -en) blessing, esp. eccl. benedic-tion; fig. ~en der Zivilisation bles-sings of civilization.

Seh-achse ['ze:-] f axis of vision.

sehen ['ze:ən] I. v/i. (irr., h.) see; look; gut (schlecht) ~ have good (bad, weak) eyes; → Sicht; wieder ~d werden regain one's sight; ~ auf (acc.) look at; das Fenster sieht auf den Park the window looks out on (or opens on, faces) the park; fig. ~ auf (acc.) be particular about, set great store by; darauf ~, daß mind (*or* take care) that; *daraus ist zu* ~, *daß* this shows that, hence it appears that; ~ *nach* (*dat.*) look for; look (*or* see) after; *nach dem Rechten* ~ see (*or* make sure) that everything is in order, put things right; *nach der Uhr* ~ look at one's watch *or* at the clock; *sieh nur!* just look!; ~ *Sie mal* look here; *siehe oben* (*unten*) see above (below); *siehe Seite 15* see page 15; *sieh(e) da!* behold!, lo!; *colloq. sieh mal e-r an!* I say!, *Am.* what do you know!; *colloq. haste nicht gesehn* like a shot (*or* streak), in a jiffy; *colloq. na, siehst du!* there you are!, didn't I tell you!; *wie ich sehe, ist er nicht hier* I see he is not here; *wie Sie* ~, *habe ich recht behalten* you see I am right; ~ *Sie, die Sache war so* you see, the matter was as follows; *ich will* ~, *daß ich es dir verschaffe* I will try to get it for you; *sieh* (*zu*), *daß es erledigt wird* see (to it) that it is done; *wir werden* (*schon*) ~ we shall see, we'll see about it, wait and see; *lassen Sie mich* ~ (*a. fig.*) let me see; → *ähnlich*; **II.** *v/t.* (*irr.*, *h.*) see (*a. fig. experience*); *usu. poet.* behold; look at; notice; watch, observe; spy, spot; discern, distinguish; *flüchtig* ~ glimpse, catch a glimpse of; *gern* ~ like; *er sieht es gern, wenn man ihn bedient* he likes being waited on; *zu* ~ *sein* **a)** be visible, to be seen, show o.s., **b)** show, peep out, **c)** be on show *or* exhibition; *gern gesehen sein bei* (*dat.*) be welcome at *a p.'s* house, be well liked by; be popular with; *niemand war zu* ~ nobody was in sight; *die Sonne aufgehen* ~ see the sun rise; *ich sah ihn fallen* I saw him fall (*or* falling); *ich habe es kommen* ~ I knew it would happen; ~ *lassen* show, display, exhibit; *sich* ~ *lassen* show o.s., appear, put in an appearance; turn up; *du hast dich lange nicht* ~ *lassen* you are quite a stranger; *laß dich nie mehr hier* ~! don't you dare to show your face again!; *sie kann sich* ~ *lassen* she is a good-looking girl; *damit kannst du dich* ~ *lassen* that's not bad at all; *sich e-m Problem gegenüber* ~ be faced with a problem; *sich gezwungen* ~, *zu inf.* find o.s. compelled to *inf.*; *ich sehe die Sache anders* I see it differently; *wie ich die Dinge sehe* as I see it; *ich sehe keine Möglichkeit zu inf.* I see no way to *inf.*; *hat man so etwas schon gesehen!* did you ever see the like of it!, well, I never!, *Am.* can you beat it!; *fig. sie kann ihn nicht* ~ she can't bear the sight of him.

'**Sehen** *n* (-s) seeing; vision; eyesight; (*nur*) *vom* ~ (only) by sight; ~ *heißt glauben* seeing is believing.

'**sehens|wert**, ~**würdig** *adj.* worth seeing, remarkable; worthwhile; ◌**würdigkeit** *f* (-; -en) object of interest, curiosity, place *or* thing worth seeing; ~*en pl.* sights (*of a town*); *die* ~*en besichtigen* go sightseeing, see the sights, do the town, *etc.*

'**Seher** *m* (-s; -), ~**in** *f* (-; -nen) seer, prophet(ess *f*); ~**blick** *m*, ~**gabe** *f*

(-) prophetic eye *or* gift; ◌**isch** *adj.* prophetic.

'**Seh...:** ~**fehler** *m* visual defect; ~**feld** *n* field of vision; ~**hügel** *anat. m* optic thalamus; ~**kraft** *f* visual faculty, vision, (eye)sight; *eingeschränkte* ~ defective vision; ~**kreis** *m* circle of vision; ~**linie** *f* line of vision.

Sehne ['ze:nə] *f* (-; -n) *anat.* sinew, tendon; string (of bow); *mus.* chord.

sehnen ['ze:nən]: *sich* ~ (*h.*) *nach* (*dat.*) long for, yearn for, hanker after; crave for; grieve after; pine for; *er sehnte sich danach, zu inf.* he was longing to *inf.*

'**Sehnen** *n* (-s) longing, yearning, *etc.*; (ardent) desire; dream; nostalgia.

'**Sehnen...:** ~**band** *anat. n* (tendinous) ligament; ~**entzündung** *med. f* tenositis; ~**faser** *anat. f* tendinous fib|re, *Am.* -er; ~**scheide** *anat. f* tendon sheath; ~**scheidenentzündung** *med. f* tenosynovitis; ~**verkürzung** *f* shortening of tendon; ~**zerrung** *f* pulled tendon.

'**Sehnerv** *anat. m* optic nerve.

'**sehnig** *adj.* sinewy, stringy (*meat*); *person:* wiry, brawny.

'**sehnlich I.** *adj.* longing; ardent; passionate; keen; *sein* ~*ster Wunsch* his fondest wish; **II.** *adv.* ardently, longingly, *etc.*; ~ *erwarten* await anxiously.

'**Sehnsucht** *f* longing, yearning; ardent desire; nostalgia; *mit* ~ *erwarten* long (*or* yearn) for; ◌**svoll**, **sehnsüchtig** *adj.* longing, yearning; pining; wistful; → *sehnlich*.

'**Seh...:** ~**organ** *n* organ of sight; ~**probe**, ~**prüfung** *f* vision test; ~**purpur** *anat. m* visual purple.

sehr [ze:r] *adv.* **1.** *preceding adj. and adv.* very, most; ~ *gern* most willingly; *ich würde es* ~ *gern tun* I should be happy to do so; ~ *oft* very often, more often than not; ~ *viel* much, a lot (*better, worse, etc.*); *with su.:* a good (*or* great) deal of, plenty of, a lot of; ~ *viele* a great many; **2.** *with vb.:* (very) much, greatly, highly, mighty, awfully; ~ *vermissen* miss badly; *vermissen lassen* be sadly lacking in; *so* ~, *daß* so much (*or* to such a degree) that; *wie* ~ *auch* however much, much as.

'**Seh...:** ~**rohr** *n* telescope; *of submarine:* periscope; ~**schärfe** *f* (keenness of) vision, visual power *or* acuity, (eye)sight; *auf* ~ *einstellen* (bring into) focus; ~**schlitz** *mil. m* observation slit; ~**schwäche** *med. f* weakness of vision, amblyopia; ~**störung** *f* visual disturbance; ~**strang** *m* optic tract; ~**tafel** *f* vision test board; ~**vermögen** *n* visual faculty, sight; ~**weite** *f* visual range, range of sight; *in* (*außer*) ~ (with)in (out of) sight *or* eyeshot; ~**werkzeug** *n* organ of sight; ~**winkel** *m* visual angle; ~**zentrum** *n* visual cent|re, *Am.* -er.

seicht [zaɪçt] *adj.* shallow, low; *fig.* shallow, superficial, trivial; insipid; ~*e Redensarten* banalities, platitudes; ◌**igkeit** *f* (-) shallowness; *fig. a.* superficiality, insipidity.

Seide ['zaɪdə] *f* (-; -n) silk; *künstliche* ~ artificial silk, rayon.

Seidel ['zaɪdəl] *n* (-s; -) **1.** pint (= $^1/_2$ *Liter*); **2.** mug; *Am.* stein (*of beer*); ~**bast** *bot. m* spurge-laurel.

'**seiden** *adj.* silk, silken.

'**Seiden...:** ~**abfall** *m* waste silk; ~**affe** *zo. m* marmoset; ◌**artig** [-ɑːrtɪç] *adj.* silky, silk-like; ~**asbest** *m* silky asbestos; ~**atlas** *m* (-; -se) silk-satin; ~**band** *n* (-[e]s) silk ribbon; ~**bau** *m* (-[e]s) silk culture; rearing of silkworms, sericulture; ~**draht** *m* silk-covered wire; ~**ernte** *f* yield of cocoons; ~**fabrik** *f* silk mill (*or* factory); ~**faden** *m* silk thread; ~**flor** *m* silk gauze; ~**garn** *n* silk yarn, spun silk; ~**gespinst** *n* cocoon (of a silkworm); ~**gewebe** *n* silk fabric (*or* tissue); ~**glanz** *m* silky lust|re (*Am.* -er), silky sheen; *econ. mit* ~ silk-finished; ~**haar** *n* silken (*or* silky) hair; ◌**haarig** *adj.* silken-haired; ~**handel** *m* silk trade, (silk-)mercery; ~**händler** *m* silk-merchant, (silk-)mercer; ~**holz** *n* satinwood; ~**papier** *n* tissue paper; ~**raupe** *f* silkworm; ~**raupenzucht** *f* sericulture; ~**spinner** *m* silk-spinner; *zo.* silk-moth; ~**spinnerei** *f* silk(-spinning) mill; ~**spule** *f* silk reel; ~**sticke'rei** *f* silk-embroidery; ~**stoff** *m* silk cloth (*or* fabric); ~**strumpf** *m* silk stocking; ◌**umsponnen** ['-umʃpɔnən] *adj.* silk-covered; ~**ware** *f* silk goods, silks *pl.*; ~**weber** *m* silk-weaver; ◌**weich** *adj.* (as) soft as silk, silky; ~**wurm** *m* silkworm; ~**zucht** *f* → *Seidenbau*; ~**züchter** *m* sericulturist; ~**zwirn** *m* silk thread.

'**seidig** *adj.* silky, silken.

Seife ['zaɪfə] *f* (-; -n) soap; *geol.* placer; *Stück* ~ cake of soap; ◌**n** *v/t.* (rub with) soap, lather; *mining:* wash.

'**Seifen...:** ◌**artig** ['-ɑːrtɪç] *adj.* → *seifig*; ~**bad** *n* soap-bath; ~**behälter** *m* soap dish; ~**blase** *f* soap-bubble; ~*n machen* blow bubbles; *fig. die* ~ *platzte* the bubble burst; ~**brühe** *f* soap suds *pl.*; ~**büchse** *f* soap box; ~**fabrik** *f* soap works *pl.*; ~**flocken** *f/pl.* soap flakes; ~**kistenrennen** *n* soapbox derby; ~**lauge** *f* soap suds *pl.*; ~**napf** *m* soap dish; *for shaving:* shaving mug; ~**pulver** *n* soap powder; ~**schale** *f* soap dish; ~**schaum** *m* lather; ~**sieder** *m* soap-boiler; *fig. ihm ging ein* ~ *auf* it dawned on him, the scales fell from his eyes; ~**siede'rei** *f* soap works *pl.*; ~**wasser** *n* (-s) soap suds *pl.*, soapy water; ~**zäpfchen** *med. n* soap suppository.

'**seifig** *adj.* soapy, saponaceous.

seiger|n ['zaɪgərn] *v/t.* (*h.*) *metall.* liquate, refine; segregate (*steel*); ◌**n** *n* (-s) liquation, segregation; ◌**schacht** *m mining:* perpendicular shaft.

Seih|e ['zaɪə] *f* (-; -n) **1.** strainer, colander, filter; **2.** dregs *pl.*; ◌**en** *v/t.* (*h.*) strain, filter; *er* ~ *m* (-s; -) → *Seihe 1*; ~**sack** *m* straining bag; ~**tuch** *n* (-[e]s), ~*er* straining cloth, cloth filter.

Seil [zaɪl] *n* (-[e]s; -e) rope; cable; ~ *springen* skip; *auf dem* ~ *tanzen* dance on the tightrope; '~**bahn** *f* cable railway, funicular, *Am. a.* ropeway; → *Drahtseilbahn*; '~bohrung *f* cable drilling; '~bremse *f* cable brake.

'Seiler *m* (-s; -) ropemaker; ~bahn *f* ropewalk; Seile'rei *f* (-; -en) ropery; 'Seilerware *f* cordage.

'Seil...: ~fähre *f* cable ferry; ~hüpfen *n* (-s) (rope-)skipping; ~schaft *mount. f* roped party; ~scheibe *tech. f* cable pulley, sheave; ~schwebebahn *f* suspension railway, (aerial) cableway; ~springen *n* → *Seilhüpfen*; ~start *aer. m* towed take-off; ~tanzen *n* tightrope walking; ~tänzer(in *f*) *m* tightrope walker, rope-dancer; ~trieb *m* cable drive; ~trommel *f* cable drum; ~winde *f* cable winch; ~ziehen *n* sports: tug-of-war (*a. fig.*).

Seim [zaɪm] *m* (-[e]s; -e) mucilage; liquid honey; 'Qig *adj.* glutinous, viscous, mucilaginous.

sein[1] [zaɪn] *v/i.* (*irr.*, bin — war — gewesen) be; exist, be there; live; take place, occur, happen; prove (to be); feel; *as v/aux.*: have; *sind Sie es? is it you?; ich bin's it is I, usu.* it's me; *sei(d) nicht dumm!* don't be silly!; *ich bin ihm begegnet* I have met him; *die Sonne ist untergegangen* the sun is set; *er ist nicht zu sprechen* he cannot be seen, he is engaged; *die Waren sind zu senden an* (*acc.*) the goods are to be sent to; *es ist ein Jahr* (*her*), *seit* it is now a year since; *ich bin für e-e Reform* I am for a reform; *was ist Ihnen?* what is the matter with you?; *mir ist kalt* I am (*or* feel) cold; *mir ist, als höre ich ihn* I think I hear him now; *wenn er nicht gewesen wäre* if it had not been for him, but for him; *wenn dem so ist* if that be (*or* is) so, if that be (*or* is) the case, in that case; *er ist aus Mexiko* he comes from Mexico; *er ist nach Berlin* (*gegangen*) he has gone to Berlin; *ich bin meinem Anwalt gewesen* I have seen my lawyer; *et. ~ lassen* leave (*or* let) a th. alone; *laß das ~!* stop that!; *es ist nun an dir, zu inf.* it is now for you to *inf.*; *was soll das sein?* what does that mean?; (*das*) *mag* (*or* kann) *sein* that may be, that's possible; *es sei!* be it so!; *sei dem, wie ihm wolle* be that as it may; *es sei denn, daß* unless; *sei es, daß ... oder daß ...* whether ... or ...; *nun, wie ist's?* well, what about it?; *und. das wäre?* and what might that be?; *wie wäre es mit?* how about a *game of tennis?; math.* 5 und 2 ist *sieben* five and two are (*or* is) seven; *3 mal 7 ist 21* three times seven is (*or* equals) twenty-one; *x sei* let *x* be; *Q n* (-s) being; existence; entity; *~ oder Nichtsein* to be or not to be, life or death.

sein[2] [zaɪn] 1. *gen.* of *er* and *es*: *er war ~er nicht mehr mächtig* he had completely lost control of himself; 2. *pron.* ~(e)his; *of girl:* her; *of thing:* its; *of country, ship, etc.:* her; one's; *mein und ~ Vater* my father and his; *~ Glück machen* make one's fortune; *all ~* (*bißchen*) *Geld* what (little) money he had,

his little all; *zu ~er Zeit* a) in his (*or* its) time, b) in due time (*or* course); *es ist ~* it is his, it belongs to him; *Qe Majestät* His Majesty; *es kostet ~e hundert Dollar* it will cost (at least) a hundred dollars; *~er m* (-en; -en), *~e f* (-n; -n), *~es n* (-en; -en), *der* (*die, das*) *~(ig)e* (-n; -n) his (own); his property; *er und die Q(ig)en* he and his family; (*gebt*) *jedem das Q(ig)e* give everyone his due; *das Qige tun do* one's duty (*or* part, share, best, bit).

seiner|seits ['zaɪnɐzaɪts] *adv.* on (*or* for) his part, as far as he is concerned; *er ~* he for one; '~zeit *adv.* then, at that time; in his (*or* its) time; at one time; in those days; '~zeitig *adj.* → *damalig.*

seinesgleichen ['-əs'glaɪçən] *pron.* his equals *pl.*, his like, the like(s) of him; people like him; *j-n wie ~ behandeln* treat a p. as one's equal; *nicht ~ haben* have no equal *or* parallel, stand alone; *er* (*es*) *hat nicht ~* there is no one (nothing) like him (it).

seinet|halben ['-əthalbən], ~wegen, ~willen *adv.* 1. for his sake, on his account (*or* behalf); 2. because of him; 3. for all he cares.

seinige ['zaɪnɪgə] → sein[2].

seismisch ['zaɪsmɪʃ] *adj.* seismic.

Seismograph [-mo'grɑːf] *m* (-en; -en) seismograph.

seit [zaɪt] I. *prp.* (*dat.*) since; for; ~ *1945* since 1945; ~ *drei Wochen* for (the last) three weeks; ~ *einigen Tagen* for some days (past); ~ *damals,* ~ *jener Zeit* → *seitdem*; ~ *langem* for a long time; ~ *wann?* since when?; ~ *wann sind Sie hier?* how long have you been here?; *zum ersten Mal ~ Jahren* for the first time for (*Am.* in) years; II. *cj.* since; *es ist ein Jahr her, seit it is* a year now since.

seit'dem I. *adv.* since, since then, since (*or* from) that time, ever since; II. *cj.* (ever) since.

Seite ['zaɪtə] *f* (-; -n) side; (*a. arch. and mil.*) flank; face (*a. tech.*); page (*of book*); *math.* member (*of equation*); side, party, camp; *fig.* side, aspect (*of a matter*); side, feature, facet (*of character, person*); *schwache* (*starke*) ~ → *Schwäche* (*Stärke*); *vordere* ~ front, face; *vorderste* ~ front-page (*of newspaper*); *hintere* ~ back; *rechte* (*linke*) ~ right (wrong) side (*of cloth*); *an j-s* ~ at (*or* by) a p.'s side, *sitting* next to a p.; ~ *an* ~ side by side; *fig.* e-r *Sache et. an die* ~ *stellen* compare a th. with a th.; *an* *or* *auf die* ~ *gehen* step aside; *auf der e-n* ~ on the one side (*fig. usu.* hand); *auf j-s* ~ *sein* side with a p.; *j-n auf seine* ~ *bringen* bring a p. over to one's side; *auf die* ~ *bringen* or *schaffen* get a th. out of the way, remove, make away with, *j-n:* (*kill*) remove (*or* do away with) a p.; *j-n auf die* ~ *nehmen* take a p. aside; *die Arme in die* ~ *gestemmt* arms akimbo; *nach allen* ~*n* in all directions; *von allen* ~*n* on all sides or hands, from every quarter (*a. fig.*); *von j-s* ~ at a p.'s hands, on the part of a p.; *von gutunterrichteter* ~

from well-informed quarters, from a reliable source; *Blick von der* ~ sidelong glance; *fig. von der* ~ *ansehen* look askance at; *von der* ~ *angreifen* attack in the flank; *j-m nicht von der* ~ *gehen* not to leave a p.'s side, stick to a p.; *von dieser* ~ *betrachtet* from this point of view, seen from that angle (*or* in that light); *sich von der besten* ~ *zeigen* put one's best foot forward; *sich vor Lachen die* ~*n halten* shake one's sides; *zur* ~ apart, (*a. thea.*) aside; *zur* ~ *legen* a) put aside, b) put by, save (for a rainy day); *j-m zur* ~ *stehen* stand by a p.; *zur* ~ *treten* step aside, make room; *j-m zur* ~ *treten help* (*or* assist) a p., come to a p.'s aid; *alle* ~*n e-r Frage erwägen* study all sides of a question; *sein Charakter hat viele* ~*n* he has many sides to his character; *man sollte beide* ~*n anhören* we ought to hear both sides.

'seiten: *auf* ~ (*gen.*) on the side (*or* part) of; *von* ~ → *seitens.*

'Seiten...: ~abstand *m* interval; ~ansicht *f* side-view, profile, *tech. a.* side elevation; ~band(frequenz *f*) *n* side band (frequency); ~begrenzer ['-bəgrɛntsɐr] *m* (-s; -) traversing stop; ~blick *m* side-glance, leer; ~deckung *mil. f* flank guard; ~druck *m* (-[e]s) lateral pressure; ~eingang *m* side-entrance; ~erbe *m*, ~erbin *f* collateral heir(ess); ~fenster *n* side window; ~fläche *f* side-face, lateral (sur-)face; ~flosse *aer. f* tail fin; ~flügel *m* (side-)wing; ~gasse *f* by-street; ~gebäude *n* wing (of a building); Qgesteuert *adj.*: ~er *Motor* side-valve engine; ~gewehr *n* bayonet, *pl. a.* side-arms; ~gleis *rail. n* siding, sidetrack; ~hieb *m* side-cut; *fig.* passing shot (*gegen* at); ~kante *f* lateral edge; ~kette *chem. f* lateral chain; ~kipper *mot. m* side tipper; ~kulisse *thea. f* (side-)wing; ~lähmung *med. f* hemiplegia; Qlang *adj.* filling (whole) pages; pages (and pages) of; ~länge *f* lateral length; ~lehne *f* arm; ~leitwerk *aer. n* rudder(-assembly); ~linie *f rail.* branch-line; *of family:* collateral line; *tennis:* side-line; *soccer:* touch(-line); ~loge *thea. f* side-box; ~pfad *m* bypath; ~rand *m* margin; ~riß *tech. m* profile view, side elevation; ~ruder *aer. n* side rudder; ~rutsch *aer. m* sideslip.

'seitens *prp.* (*gen.*) on *or* from the side of, on the part of; by.

'Seiten...: ~schiff *arch. n* (side-)aisle; ~schritt *m* side-step; ~schwimmen *n* side-stroke; ~sicherung *mil. f* flank protection; ~sprung *m* side-leap; *fig.* escapade, extramarital adventure; ~stechen *n* (-s) stitches *pl.* in the side; pleuralgia; ~steuer *aer. n* rudder control; ~ *geben* put on rudder; ~straße *f* side-street; ~streuung *mil. f* lateral dispersion; ~stück *n* side-piece; → *Gegenstück*; ~tasche *f* side-pocket; ~teil *m* side-part, lateral portion; ~tür *f* side-door; ~verbindung *mil. f* lateral communication; ~verwandte(r *m*) *f* collateral relation; ~vorhalt *mil. m* lateral lead; **~wagen** *mot. m* side-car; **~wahl** *f sports*: choice of ends; **~wand** *f* side-wall; **~wechsel** *m sports*: change of ends; **~weg** *m* byway; **~wind** *m* side-wind, cross wind; **~winkel** *m* lateral angle; *topographically*: horizontal angle; **~zahl** *f* number of the page, page number; number of pages; *mit* **~en** *versehen* paginate.

'**seither** *adv.* since (then *or* that time); till (*or* up to) now; *ich habe ihn* **~** *nicht gesehen* I have not seen him since; **~ig** *adj.* subsequent; former; present, current.

'**seitlich I.** *adj.* lateral, side(-)...; **II.** *adv.* at the side; **~** *abrutschen* (*a. aer.*) sideslip.

seitwärts ['-vɛrts] *adv.* sideways, sideward(s), aside; **~** *befindlich* lateral.

Sekante [ze'kantə] *math. f* (-; -n) secant.

Sekret [ze'kreːt] *physiol. n* (-[e]s; -e) secretion.

Sekretär [zekre'tɛːr] *m* (-s; -e) **1.** (**~in** *f*, -; -nen) secretary, clerk; **2.** bureau.

Sekretariat [-tari'aːt] *n* (-[e]s; -e) secretary's office, secretariat(e).

Sekretion [zekretsi'oːn] *physiol. f* (-; -en) secretion; **~sstoff** *m* secretal substance.

Sekt [zɛkt] *m* (-[e]s; -e) champagne, fizz.

Sekte ['zɛktə] *f* (-; -n) sect; **~n-wesen** *n* (-s) sectarianism.

Sektierer(in *f*) [zɛk'tiːrər] *m* (-s, -; -, -nen) sectarian.

Sektion [zɛktsi'oːn] *f* (-; -en) section; *med.* **a)** dissection, **b)** autopsy, postmortem examination; **~sbe-fund** *m* post-mortem findings *pl.*; **~s-chef** *m* department head; **~ssaal** *m* dissection (*or* autopsy) room.

'**Sektkübel** *m* champagne cooler.

Sektor ['zɛktɔr] *m* (-s; -'toren) *math.* sector (*a. mil., pol.*); *fig.* field, branch.

Sekunda [ze'kunda] *f* (-; -den) second (highest) form; *in Britain*: fifth form.

Sekundant [-'dant] *m* (-en; -en) second.

sekundär [-'dɛːr] *adj.* secondary, subordinate; **2bahn** *f* branch-line; **2element** *el. n* secondary cell; **2infektion** *med. f* secondary infection.

Se'kundawechsel *econ. m* second of exchange.

Se'kunde *f* (-; -n) second; *auf die* **~** on the stroke of time; **~nbruchteil** *m* split second; **2nlang** *adj. and adv.* for seconds; **~nzeiger** *m* second-hand.

sekun'dieren *v/i.* (h.) second (*j-m* a p.).

selb [zɛlp] *adj.* same; *zur* **~en** *Stunde a.* at that very hour; **~er** ['zɛlbər] *adv.* → *selbst*; '**~ig** *adj.* the same, selfsame.

selbst [zɛlpst] **I.** *pron.* self; in person, personally; *ich* **~** I myself; *er* **~** he himself; *sie* **~** she herself, *pl.* they themselves; by oneself, alone, unaided, without assistance; *er möchte* **~** *sprechen* he wants to do his own talking; *mit sich* **~** *sprechen* talk to o.s.; *von* **~** **a)** of one's own

accord, voluntarily, **b)** *thing*: of itself, automatically, spontaneously; *das versteht sich von* **~** that goes without saying; *er war die Höflichkeit* **~** he was politeness itself; *er ist die Gesundheit* **~** he is the picture of health; **~** *ist der Mann!* do it yourself!; **II.** *adv.* even; **~** *er even* he; **~** *wenn even* if, even though; **III.** **2** *n* (-) (one's own) self; ego; *sein ganzes* **~** his whole being; *sie ist wieder ihr altes, ruhiges* **~** she is her own, poised self again.

'**selbst...:** **~abdichtend** *tech. adj.* self-sealing; **2achtung** *f* self-esteem, self-respect.

selbständig ['zɛlpʃtɛndiç] **I.** *adj.* self-reliant; independent; self-supporting, separate; self-contained (*unit*); independent, established (*merchant*), self-employed; autonomous (*state*); unaided, without assistance; responsible; *an* **~es** *Arbeiten gewöhnt* used to responsible work; *sich* **~** *machen* **a)** set up for o.s., **b)** go it alone; *Fahrzeug, das sich* **~** *gemacht hat* runaway vehicle; **II.** *adv.* ind~pendently; **~** *handeln* act independently (*or* on one's own initiative); **2keit** *f* (-) independence, *pol. a.* sovereignty; autonomy; self-reliance.

'**Selbst...:** **~anklage** *f* self-accusation, self-incrimination; **~anlasser** *mot. m* self-starter; **~anschluß** *teleph. m* automatic telephone; **~anschlußamt** *n* automatic telephone exchange; **~anschlußanlage** *f* dial system; **~ansteckung** *med. f* self-infection; **~antrieb** *m* self-propulsion, automatic drive; **2anzeigend** *tech. adj.* self-registering; **~auslöser** *phot. m* automatic release, self-timer; **~ausschaltung** *el. f* automatic cut-out; **~bedarf** *m* personal requirement; **~bedienung** *f*: *Restaurant mit* **~** self-service restaurant, *Am.* cafeteria; *mit* **~** self-operated (*lift, etc.*); **~bedienungsladen** *m* self-service shop, *Am. a.* supermarket; **~befleckung** *f*, **~befriedigung** *f* self-abuse, masturbation; **~beherrschung** *f* self-control, self-command; *die* **~** *verlieren* lose one's temper; **~beköstigung** *f* boarding oneself; **~bemitleidung** *f* self-pity; **~beobachtung** *f* self-observation, introspection; **~besinnung** *f* stocktaking to o.s.; **~bespiegelung** *f* (-; -en) egotism; **~bestäubung** *bot. f* self-pollination; **~bestimmung** *f* self-determination; **~bestimmungsrecht** *n* (-[e]s) (right of) self-determination; **~betrug** *m* self-deception; **2bewußt** *adj.* self-confident; self-assertive; proud; conceited; **~bewußtsein** *n* self-confidence; self-assertion; **~bezichtigung** *f* → *Selbstanklage*; **~binder** *m* open-end tie; *agr.* reaper-binder; **~biographie** *f* autobiography; **2dichtend** *tech. adj.* self-sealing; **~einschätzung** *f* self-assessment; **~entzündung** *f* spontaneous ignition; **~erhaltung** *f* (-) self-preservation; **~erhaltungstrieb** *m* instinct of self-preservation; **~erkenntnis** *f* self-knowledge; knowledge of one's limitations;

~erniedrigung *f* self-abasement; **~erregung** *el. f* self-excitation; **~fahrer** *m* self-propelling chair; *mot.* owner-driver; **~fahrerdienst** *m* drive-yourself service; **~fahrlafette** *mil. f* self-propelled mount; *Geschütz auf* **~** self-propelled gun; **~fertigung** *tech. f* automation; **~finanzierung** *f* self-financing; **~füller** *m* self-filling pen; **2gebacken** *adj.* home-made; **2gefällig** *adj.* (self-)complacent, smug; **~gefälligkeit** *f* (-) (self-)complacency, smugness; **~gefühl** *n* (-[e]s) self-confidence, self-esteem; ego; *amour-propre* (*Fr.*); **2gekühlt** *adj.* self-cooled; **2gemacht** *adj.* self--made, home-made; **~genügsamkeit** *f* self-sufficiency; **2gerecht** *adj.* self-righteous; **~gespräch** *n* monologue, soliloquy; **~e** *führen* soliloquize; **2gezogen** *bot. adj.* of one's own growth, home-grown; **~haftend** *adj. and adv.* on one's own responsibility; *tech.* → *selbstklebend*; **2heilend** *med., tech. adj.* self-healing; **2herrlich** *adj.* high-handed, arbitrary; **~herrschaft** *f* autocracy; **~herrscher** *m* autocrat; **~hilfe** *f* self-help; self-defen|ce, *Am.* -se; **~hilfevereinigung** *f* self-help association; **~induktion** *el. f* self-induction; **2isch** *adj.* selfish, egotistic(al); **2klebend** *adj.* adhesive, gummed; **~kosten(preis** *m*) *pl.* prime cost, cost-price; **~kritik** *f* self-criticism; **~ladegewehr** *mil. n* (semi-)automatic rifle; **~ladepistole** *f* automatic (pistol); **~lader** ['-laːdər] *m* (-s; -) *mil.* automatic weapon; *tech. a.* **~ladevorrichtung** *f* automatic loader; **~laut(er)** *gr. m* vowel; **2los** *adj.* unselfish, disinterested; self-sacrificing; **~losigkeit** *f* (-) unselfishness, disinterestedness; self-sacrifice; **~mord** *m* suicide; **~** *begehen* commit suicide; **~mörder** (**-in** *f*) *m* suicide; **2mörderisch** *adj.* suicidal; *w.s.* breakneck (*speed, etc.*); **~e** *Absichten haben* contemplate suicide, be suicidal; **~mordversuch** *m* suicidal attempt; **~portrait** *n* self-portrait; **2quälerisch** ['-kveːləriʃ] *adj.* self-tormenting; **2redend** *adj.* → *selbstverständlich*; **~regierung** *f* self-government, autonomy; **~regler** *el. m* automatic regulator; **~schließer** *m* automatic door closer; **2schmierend** *tech. adj.* self-lubricating; **~schreiber** *tech. m* self-recording instrument; **~schuldner** *m* debtor on one's own account; **~schuß** *m* spring-gun; **~schutz** *m* self-defen|ce, *Am.* -se, self-protection; **2sicher** *adj.* self--confident, sure of o.s.; **~sicherheit** *f* (-) self-confidence, aplomb; **~steuerung** *f* automatic control; **~studium** *n* (-s) private study; **~sucht** *f* (-) selfishness, ego(t)ism; **2süchtig** *adj.* selfish, self-seeking, ego(t)istic(al); **2tätig** *adj.* spontaneous; *tech.* self-acting, automatic(ally *adv.*); **~er** *Schalter* snap switch; **~täuschung** *f* self-deception; **~überhebung** *f* conceit, presumption; **~überwindung** *f* self-conquest; **~unterbrecher** *el. m* automatic interrupter; **~unterricht** *m* self-instruction; **~verachtung** *f*

self-contempt; **2vergessen** *adj.* self-forgetting; **~verlag** *m*: im ~ published by the author, author's edition; **~verleugnung** *f* self--denial; **~vernichtung** *f* self--destruction; **~verschluß** *m*: mit ~ self-locking; **2verschuldet** *adj.*: ~er *Verlust* loss arising through one's own fault; **~versorger** *m* self-supporter, self-supplier; **~versorgung** *f* self-supply, self-suf-ficiency; **2verständlich I.** *adj.* self-evident, obvious, *pred.* a matter of course; **II.** *adv.* of course, naturally; ~! *a.* by all means!; es ist ~, daß it stands to reason that; *das ist* ~ that goes without saying; et. für ~ halten take a th. for granted; → hinnehmen; **~verständlichkeit** *f* (-; -en) matter of course, foregone conclusion; truism; matter-of-fact-ness; **~verstümmelung** *f* self--mutilation, self-inflicted wound(s *pl.*); *Am.* maiming (o.s.); **~versuch** *med. m* experiment on one's own body; **~verteidigung** *f* self--defen|ce, *Am.* -se; → *Kunst*; **~vertrauen** *n* self-confidence, self--reliance; **~verwaltung** *f* self--government, autonomy; **~verwaltungskörper** *m* self-governing body; **~verwirklichung** *f* self--realization; **~wählbetrieb** *teleph.* *m* (-[e]s) dial system; **~wähler** *teleph. m* dial; *w.s.* automatic (dial-ling) telephone; **~wählerfernver-kehr** *teleph. m* (-s) long-distance dial(l)ing; **~zucht** *f* (-) self-disci-pline; **2zufrieden** *adj.* self-satis-fied, complacent, smug; **~zufrie-denheit** *f* self-satisfaction, self--content; **2zündend** *adj.* self--igniting; **~zünder** *m* self-igniter; **~zweck** *m* (-[e]s) end in itself; als ~ (*success, etc.*) for its own sake.
Selchfleisch ['zɛlç-] *n* smoked meat.
Selektivität [zelɛktivi'tɛ:t] *f* (-) *radio*: selectivity.
Selen [ze'le:n] *chem. n* (-s) selenium; **2haltig** *adj.* seleniferous; **Selenit** [zele'nit] *min. n* (-s; -e) selenite; **Se'lensäure** *f* selenic acid.
selig ['ze:liç] *adj.* blessed; *fig. a.* happy, overjoyed, blissful, *pred.* in ecstasies, in the seventh heaven of delight; *colloq.* tipsy, fuddled; *die* **2en** the blessed, the departed; ~en *Angedenkens* of blessed memory; *mein* ~er *Vater* or *mein Vater* ~ my late father; ~ *werden* go to Heaven, *esp. humor.* find salvation; **2keit** *f* (-) supreme happiness, bliss, ec-stasy; *eccl.* ewige ~ salvation; **~ma-chend** *adj.* beatific; **2preisung** ['-praɪzuŋ] *f* (-; -en) glorification; *bibl.* Beatitude; **~sprechen** *v/t.* (*irr., h.*) canonize, beatify; **2spre-chung** ['-ʃprɛçuŋ] *f* (-; -en) beati-fication.
Sellerie ['zɛləri:] *bot. m* (-s; -[s]) celery; celeriac.
selten ['zɛltən] **I.** *adj.* rare; scarce; *w.s.* rare, exceptional; singular; *von* ~er *Schönheit* of rare beauty; **II.** *adv.* rarely, seldom; *nicht eben* ~ not infrequently, pretty often; *höchst* ~ hardly often, once in a blue moon; *es kommt* ~ *vor,* daß er it is rare for him to *inf.*, it is rarely that he; **2heit** *f* (-) rareness, scarcity; (-; -en)

rarity (*a. thing*), rare (*or* curious) thing, curiosity; **2heitswert** *m* (-[e]s) rarity value.
Selterswasser ['zɛltərs-] *n* (-s; ⁼) seltzer(-water), soda-water.
'seltsam *adj.* strange, odd, curious, queer, peculiar, singular; **~er-weise** *adv.* strange to say, oddly enough, paradoxically; **2keit** *f* (-; -en) strangeness, oddness, peculi-arity; oddity, curiosity.
Semantik [ze'mantik] *f* (-) seman-tics *pl. or sg.*; **~er** *m* (-s; -) seman-ticist.
Semaphor [zema'fo:r] *n* (-s; -e) semaphore.
Semester [ze'mɛstər] *n* (-s; -) half--year; *univ.* term; **~schluß** *m* close of term.
Semikolon [zemi'ko:lɔn] *n* (-s; -s) semicolon.
Seminar [zemi'na:r] *n* (-s; -e) *univ.* seminar; *for teachers*: training college; *eccl.* seminary; **Semina-'rist(in** *f*) *m* (-en, -en; -, -nen) pupil of a training-college; *eccl.* seminarist.
Semit [ze'mi:t] *m* (-en; -en), **~in** *f* (-; -nen) Semite; **2isch** *adj.* Semitic.
Semmel ['zɛməl] *f* (-; -n) roll; ge-riebene ~ bread crumbs *pl.*; *fig.* wie warme ~n weggehen go off like hot cakes; **2blond** *adj.* flaxen-haired, sandy.
Senat [ze'na:t] *m* (-[e]s; -e) senate; *jur.* panel; **~or** [-tɔr] *m* (-s; -'toren) senator; **sena'torisch** *adj.* sena-torial; **Se'nats-ausschuß** *m* senate committee.
Send|bote ['zɛnt-] *m* emissary; **~brief** *m* epistle, circular letter.
Sende|anlage ['zɛndə-] *f* transmit-ter (unit *or* installation); **~antenne** *f* transmitting aerial (*Am.* antenna); **~bereich** *m* transmission range; *radio*: service area; **2bereit** *adj.*: ~ sein stand by; **~bühne** *f* transmit-ting stage; **~folge** *f* program(me); **~leistung** *f* power output, (*TV* visual) transmitting power; **~leiter** *m* production director.
senden ['zɛndən] *v/t.* (*irr., h.*) send (*nach j-m* for a p.); forward, com-municate; (*h.*) *el.* transmit, send; *radio*: a. broadcast, go on the air with, *TV a.* telecast.
'Sende|plan *m*, **~programm** *n* broadcasting program(me).
'Sender *m* (-s; -) **1.** (~in *f*, -; -nen) sender; **2.** *radio*: transmitter; (broadcasting) station; *angeschlos-sener* ~ repeater station.
'Senderaum *m* (broadcasting) studio.
'Sender...: **~empfänger** *m* (wire-less) transmitting and receiving set, transceiver; **~gruppe** *f* network.
'Sende...: **~röhre** *f* transmitter valve *or* tube; **~spiel** *n* radio play; **~stärke** *f* transmitting power; **~sta-tion** *f*, **~stelle** *f* transmitting sta-tion, *Am. a.* outlet (station); **~turm** *m* radio tower; **~zeichen** *n* call sign; **~zeit** *f* station time.
Sendling ['zɛntliŋ] *m* (-s; -e) emissary.
'Sendschreiben *n* → *Sendbrief.*
'Sendung *f* (-; -en) sending; *econ.* consignment, *Am.* shipment; par-cel; *radio*: transmission; broadcast,

program(me), *TV a.* telecast; *fig.* (*göttlicher Auftrag*) mission.
Senf [zɛnf] *m* (-[e]s; -e) mustard (*a. bot.*); *colloq.* s-n ~ dazu geben have one's say; **'~gas** *n* mustard gas; **'~gurke** *f* gherkin in piccalilli; **'~korn** *n* (-[e]s; ⁼er) grain of mus-tard seed; **'~packung** *med. f* mustard fomentation; **'~pflaster** *med. n* mustard-plaster; **'~topf** *m* mustard-pot.
Senge ['zɛŋə] *colloq. pl.*: ~ bekom-men get a (sound) thrashing *or* beating.
sengen ['zɛŋən] **I.** *v/t.* (*h.*) singe, scorch; scald (*pig*); **II.** *v/i.* (*h.*) parch, scorch; **~de** *Hitze* parching heat; ~ *und brennen* burn and fire; lay waste (*in dat. a country*).
'seng(e)rig *adj.* → *brenzlig.*
senil [ze'ni:l] *adj.* senile; **2i'tät** *f* (-) senility.
senior ['ze:niɔr] *adj.* (sen.) senior.
'Senior *m* (-s; -'oren) senior; chair-man.
Senkblei ['zɛŋk-] *n* plummet.
'Senkbrunnen *m* sunk well.
'Senke *f* (-; -n) depression, hollow; valley.
Senkel ['zɛŋkəl] *m* (-s; -) lace.
'senken *v/t.* (*h.*) sink; let down, lower; dip; *agr.* lay; cast down, lower (*one's eyes*); bow (*one's head*); lower, drop (*one's voice*); lower, reduce, cut (*prices*); *tech.* → *ver-senken; sich* ~ (*h.*) sink, drop, go down; *building, ground*: give way, subside; *foundations*: settle; *ceiling, wall*: sag; *road*: dip, fall; slope; *night*: descend (*über, auf* over).
'Senker *m* (-s; -) *mining*: sinker; *agr.* layer; *tech.* counterbore; core drill; spot facer.
'Senk...: **~fuß** *m* flat foot, fallen arches *pl.*; **~fußeinlage** *f* arch sup-port, instep raiser; **~grube** *f* sink--hole, cesspool; **~kasten** *m* caisson; **~leine** *f* fathom-line; **~niet** *tech. m* countersunk head rivet; **2recht** *adj.* vertical, *math.* perpendicular (*both a.* ~*rechte f*); **~rechtstarter** *aer. m* vertical take-off plane; **~reis** *n* layer; **2rückig** ['-rykiç] *adj.* saddle--backed; **~schnur** *f* plumb-line; **~schraube** *tech. f* countersunk screw.
'Senkung *f* (-; -en) sinking; sub-sidence (*of ground*); lowering, re-duction, cut (*of prices*); depression, hollow; incline, slope, dip; *arch.* set (*of foundations, etc.*); sag (*of ceiling, wall*); *med.* descent, drop-ping (*of organ*), sedimentation (*of blood corpuscles*); *metrics*: thesis; **~sgeschwindigkeit** *med. f* sedi-mentation rate.
'Senkwaage *f* aerometer.
Senn [zɛn] *m* (-[e]s; -e) Alpine herdsman; **~e** ['zɛnə] *f* (-; -n) moun-tain pasture; **~e'rei** *f* (-; -en), **~hütte** *f* Alpine dairy, chalet; **~erin** *f* (-; -nen) dairymaid.
Sennesblätter ['zɛnəs-] *n/pl.* senna--leaves.
Sensation [zɛnzatsi'o:n] *f* (-; -en) sensation; thrill; stunt; ~ *machen,* e-e ~ *verursachen* create a sensation, make a splash; *zur* ~ *machen* sen-sationalize.
sensationell [-tsio'nɛl] **I.** *adj.* sen-

sational; thrilling; spectacular; II. adv.: ~ aufgemacht sensationally displayed (news).
Sensati'ons...: ~blatt n sensational newspaper, rag; ~hascherei [-haʃə-'raɪ] f (-; -en), ~lust f (-) sensationalism, sensation-mongering; ℒ-lustig adj. sensation-seeking, sensationalist, sensation-happy; ~meldung f sensational report, scoop; ~presse f (-) sensational (Am. yellow) press; ~prozeß m sensational trial; ~sucht f (-) → Sensationslust.
Sense ['zɛnzə] f (-; -n) scythe; ~nmann fig. m (-[e]s) Death, the Great Reaper.
sensibel [zɛn'ziːbəl] adj. sensitive.
sensibilisieren [zɛnzibili'ziːrən] v/t. (h.) sensitize.
Sensibili'tät f (-) sensibility; sensitiveness.
sensorisch [zɛn'zoːriʃ] adj. sensory (nerve).
Sentenz [zɛn'tɛnts] f (-; -en) sentence, maxim, aphorism.
sentenziös [-tsi'øːs] adj. sententious.
sentimental [zɛntimɛn'taːl] adj. sentimental, contp. mawkish, soppy; **Sentimentali'tät** f (-; -en) sentimentality, contp. slush.
separat [zepa'raːt] adj. separate; special; ~ausgabe f separate edition; → Sonder...
Separatismus [zepara'tismus] m (-) separatism.
Separa'tist m (-en; -en), ~in f (-; -nen), ℒisch adj. separatist.
sepa'rieren v/t. (h.) separate.
Sepia ['zeːpia] f (-; -ien) 1. zo. cuttle-fish; 2. paint. (-) sepia; ~zeichnung f sepia drawing.
Sepsis ['zɛpsis] med. f (-; -sen) sepsis.
September [zɛp'tɛmbər] m (-[s]; -) September.
Septett [zɛp'tɛt] mus. n (-[e]s; -e) septet(te).
Septime [zɛp'tiːmə] mus. f (-; -n) seventh.
'septisch med. adj. septic(ally adv.); ~e Station septic ward.
Sequester [ze'kvɛstər] jur. n (-s; -) sequestration; **seque'strieren** v/t. (h.) sequestrate.
Serail [ze'raɪl] n (-s; -s) seraglio.
Serb|e ['zɛrbə] m (-n; -n), ~in f (-; -nen), ℒisch adj. Serbian.
Serenade [zere'naːdə] mus. f (-; -n) serenade.
Serge ['zɛrʒə] econ. f (-; -n) serge.
Sergeant [zɛr'ʒant] m (-en; -en) sergeant.
Serie ['zeːriə] f (-; -n) series; econ. issue; e-e ~ von Waren a range or line of goods; tech. in ~ herstellen produce in quantity.
'Serien...: ~arbeit f serial work; ~artikel m mass produced article; ~fertigung, ~herstellung f series (or multiple) production, duplicate production; ~haus n prefabricated house, prefab; ℒmäßig I. adj. standard(-type), production-line; II. adv. in series; ~ herstellen produce in quantity; ~ hergestellt werden be in production; ~reife f production stage; ~schalter el. m multi-circuit switch; ~-

schaltung el. f series connection; ~wagen mot. m production-line car, Am. stock car; ℒweise adv. in series; → Reihen...
seriös [zer'jøːs] adj. serious; respectable; econ. reliable, sound.
Sermon [zer'moːn] m (-s; -e) sermon, diatribe.
Sero|loge [zero'loːgə] m (-n; -n) serologist; ~logie [-lo'giː] f (-) serology; ℒ'logisch adj. serologic(al).
Serpentin [zɛrpɛn'tiːn] min. m (-s; -e) serpentine.
Serpentine [zɛrpɛn'tiːnə] f (-; -n) serpentine (line); serpentine (road), winding road; double bend.
Serum ['zeːrum] n (-s; -ren) serum.
Service [zer'viːs] n (-s; -) service, set; ['sœrvis] m (-; -s) at hotel, etc.: attendance, service.
Servier|brett [zer'viːr-] n tray; ℒen I. v/t. (h.) serve; es ist serviert! dinner is served!; II. v/i. (h.) serve; lay the table; wait (at table); ~erin f (-; -nen), ~mädchen n waitress; ~tisch m sideboard, dumb waiter; ~wagen m dinner-wag(g)on.
Serviette [zervi'ɛtə] f (-; -n) (table-) napkin; ~nring m napkin-ring.
servil [zer'viːl] adj. servile, obsequious.
Servitut [zervi'tuːt] jur. n (-[e]s; -e) easement, servitude.
Servo|anlage ['zɛrvo-] tech. f servo system; ~bremse f power brake; ~lenkung mot. f power steering; ~motor m servo-motor.
Servus! ['zɛrvus] colloq. int. a) hello!, b) so long!, cheerio!
Sesam ['zeːzam] bot. m (-s; -s) sesame; ~knochen anat. m sesamoid bone; ~, öffne dich fig. open sesame.
Sessel ['zɛsəl] m (-s; -) easy-chair, arm-chair; seat; ~lift m chair-lift; ~rolle f caster.
seßhaft ['zɛshaft] adj. settled, established, stationary; sedentary; resident; mil. persistent (gas, etc.); ~ werden settle (down); ℒigkeit f (-) settledness; stationariness.
Setz|angel ['zɛts-] f trimmer; ~art typ. f composition; ~brett typ. n composing board; ~ei n fried egg.
'setzen I. v/t. (h.) set, place, put; typ. set (up in type), compose; mus. set (to music), compose; stack; plant, set; apply leeches (an acc. to); erect, raise monument (j-m to a p.); put in, fix (stove); set (sail); stake (auf acc. on), lay (upon); den Fall ~ suppose; e-e Frist ~ fix a term (j-m to a p.), set a deadline; zo. Junge ~ bring forth young, fish: spawn; ~ an (acc.) place near (or against); an Land ~ put ashore, disembark, land; an die Lippen ~ raise (or set) to one's lips; an die Stelle ~ von (dat.) substitute for; j-n an die Luft ~ turn a p. out; sein Leben an et. ~ set one's life on a th., risk one's life for a th.; alles daran ~ do one's utmost, move heaven and earth, leave no stone unturned; auf j-s Rechnung ~ charge to a p.'s account; den Fuß über die Schwelle ~ cross the threshold; den Punkt über das ,i' ~ dot the 'i'; j-n ~ über (andere) set a p. over; unter Wasser ~ flood, submerge; s-e Unterschrift ~ unter (acc.) put (or affix) one's

signature to, set one's hand (and seal) to; zum Richter ~ appoint (or make) a p. judge; → Druck, Freiheit, Gang, Gebrauch, Gefecht, Hoffnung, Karte, Welt, Zeitung, etc.; sich ~ sit down, take a seat; ~ Sie sich! sit down!, take (Am. have) a seat!; bird: perch; sink, subside; sag; house: settle; chem. settle, precipitate; clarify, settle; Staub setzt sich in die Kleider dust settles in (or clings to) the clothes; sich zu j-m ~ sit down beside a p., sit near a p.; sich zu Tisch ~ sit down to dinner; sich aufs Pferd ~ mount a horse; es sich in den Kopf ~, daß get it into one's head that; sich gegen et. ~ set o.s. (or one's face) against a th.; es wird Schläge ~ we are in for a fight (or beating); II. v/i. (sn): ~ über (acc.) leap over, clear (a hurdle), take (a ditch); → übersetzen; (h.) place the bet; ~ auf (acc.) bet on, back; → gesetzt.
'Setzer typ. m (-s; -) compositor, typesetter.
Setze'rei f (-; -en), **'Setzersaal** m composing room, case-department.
'Setzerjunge m printer's devil.
'Setz...: ~fehler m printer's (or typographical) error, misprint; ~kasten m typ. letter-case; agr. hutch; ~ling m (-s; -e) agr. slip, layer, young plant; ~e (fish) fry; ~linie typ. f composing-rule; ~maschine f typesetting machine; ~rebe bot. f layer of vine; ~reis bot. n slip, layer; ~schiff typ. n galley; ~tisch typ. m composing table; ~waage f (mason's) level.
Seuche ['zɔyçə] f (-; -n) epidemic.
'Seuchen...: ℒartig ['-aːrtiç] adj. epidemic; ~bekämpfung f control of epidemics; ~gebiet n infested area; ~herd m cent|re (Am. -er) of an epidemic; ~krankenhaus, ~lazarett n isolation hospital.
seufzen ['zɔyftsən] v/i. and v/t. (h.) sigh (über acc. at; vor dat. with); groan, moan; ~d adv. with a sigh.
'Seufzer m (-s; -) sigh; groan, moan; e-n ~ (der Erleichterung) ausstoßen heave a sigh (of relief); ~brücke f (-) Bridge of Sighs.
Sex-Appeal ['sɛksə'piːl] m (-s) sex appeal.
Sexta ['zɛksta] f (-; -ten) sixth class; in Britain: first form.
Sextant [zɛks'tant] m (-en; -en) sextant.
Sextett [zɛks'tɛt] mus. n (-[e]s; -e) sextet(te).
sexual [zɛksu'aːl] adj. sexual, sex...; ℒhormon n sex hormone.
Sexualität [-ali'tɛːt] f (-) sexuality.
Sexu'al...: ~leben n (-s) sex(ual) life; ~pädagogik f sex education; ~verbrechen n sex crime; ~wissenschaft f sexology.
sexuell [zɛksu'ɛl] adj. sexual; ~e Aufklärung (Erziehung) sex instruction (education).
Sexus ['zɛksus] m (-; -) sex.
Sezession [zetsesi'oːn] f (-; -en) secession; ~skrieg m war of secession.
Sezier|besteck [ze'tsiːr-] med. n dissecting case; ℒen v/t. (h.) dissect (a. fig.); ~messer n scalpel; ~saal

m dissecting room; ~ung *f* (-; -en) dissection.

shakespearisch ['ʃeːkspiːriʃ] *adj.* Shak(e)spe(a)rian.

Siames|e [ziaˈmeːzə] *m* (-n; -n), ~in *f* (-; -nen), 2isch *adj.* Siamese; ~e *Zwillinge* Siamese twins.

Sibir|ien [ziˈbiːrian] *n* (-s) Siberia; ~er(in *f*) *m* (-s, -; -, -nen), 2isch *adj.* Siberian.

sich [ziç] *pron.* oneself; *3. p. sg.* himself, herself, itself; *pl.* themselves; *after prp.* him, her, it; *pl.* them; *(for: einander)* each other, one another; *an (und für)* ~ in itself, potentially; *das Ding an* ~ the thing in itself; *es hat nichts auf* ~ it is of no consequence, it does not matter; *sie haben kein Geld bei* ~ they have no money with them; *er kämpfte* ~ *durch die Menge* he fought his way through the crowd; *für* ~ by itself, independently; *das ist e-e Sache für* ~ that is something else (*or* another story); *sie blickte um* ~ she looked about her; *sie kennen* ~ *gut genug* they know each other well enough; *er lud sie zu* ~ he invited them to his house; ~ *et. zum Muster nehmen* take a th. for one's model; ~ *die Hände waschen* wash one's hands.

Sichel ['ziçəl] *f* (-; -n) sickle; *fig. a.* crescent; 2förmig ['-fœrmiç] *adj.* sickle-shaped; 2n *v/t.* (h.) cut with a sickle.

sicher ['ziçər] **I.** *adj.* secure, safe (*both: vor dat.* from); immune (from), proof (against); firm; steady (*hand*); certain, sure; definite, positive; positive, confident; reliable, good; → *Quelle*; *econ.* gilt-edged (*securities*); ~es *Anlagepapier* prime investment (security); ~es *Auftreten* (selfassured) presence, aplomb, poise; ~er *Beweis* sure (*or* positive) proof; ~e *Existenz* secure existence; ~es *Geleit* safe conduct; ~e *Grundlage* secure foundation; ~er *Griff or Halt* secure grasp *or* foothold; ~e *Methode* safe method; ~er *Ort* safe place; ~e *Sache* sure thing, *Am. a.* cinch; ~er *Schütze* sure (*or* dead) shot; ~er *Tod* certain death; *e-r Sache* ~ *sein* be sure of a th., be positive; *s-r Sache* ~ *sein* be sure of one's ground (*or* one's facts); *sind Sie* ~? are you sure?; **II.** *adv.* → *sicherlich*; *um* ~ *zu gehen* to be on the safe side, to make sure; ~ *ist* ~! let's keep on the safe side!, *Am.* let's play this safe!

'Sicherheit *f* (-; -en) → *sicher*; security (*a. econ. paper, deposit*); safety; (-) surety, certainty; reliability, trustworthiness; efficiency; confidence, assurance; positiveness; *econ.* cover; *soziale* ~ social security; ~ *des Verkehrs* safety of traffic; ~ *im Flugverkehr* safety in flying; *als* ~ *gegen* as a security (*or* safeguard) against; *econ. als* ~ *für* in security for; *in* ~ *bringen* place in safety, secure, get out of harm's way; *sich in* ~ *bringen* save one's bacon; *in* ~ *sein* be safe; (*sich*) *in* ~ *wiegen* lull (o.s.) in(to) security; *mit* ~ safely; *mit einiger* ~ with a degree of certainty; *man kann mit* ~ *behaupten (annehmen)* it is safe to

say (suppose); *econ.* ~ *leisten* act as surety, stand surety; furnish security; secure (*für, bei a loan, etc.*); *jur.* ~ *stellen* give *or* offer bail, *Am. a.* post bond.

'Sicherheits...: ~ausschuß *m* committee of public safety; ~beamte(r) *m* security agent; ~behörde *f* security board; ~bestimmungen *f/pl.* safety regulations; ~dienst *m* secret service; ~faktor *m* factor of safety; ~fonds *econ. m* guarantee fund; ~glas *n* (-es; ⸚er) safety glass; ~gurt *m* safety belt; 2halber *adv.* for safety; to be on the safe side; ~kette *f* safety-chain; ~klausel *f* safeguard; ~ko-effizient *m* coefficient of safety; ~lampe *f* safety lamp; ~leistung *econ., jur. f* security; bail, *Am. a.* bond; ~maßnahme, ~maßregel *f* safety measure, (safety) precaution; safeguard; ~nadel *f* safety-pin; ~pakt *pol. m* security pact; ~polizei *f* security police; ~programm *n* defen|ce (*Am.* -se) program(me); ~rat *pol. m* (-[e]s) (*United Nations*) Security Council; ~schloß *n* safety-lock; ~system *pol. n*: kollektives ~ collective security system; ~ventil *n* safety valve; ~vorrichtung *f* safety device; ~wechsel *econ. m* bill (of exchange) deposited as collateral security; ~zone *f* safe zone; ~zündholz *n* safety match.

'sicherlich *adv.* surely, certainly, *Am. a.* sure; for certain, assuredly; undoubtedly, no doubt, doubtless; ~ *hat er recht* I am sure he is right; *er wird* ~ *kommen* he is sure to come; *er wird* ~ *gewinnen a.* he is safe to win; ~! to be sure!, rather!, *Am.* sure (thing)!, you bet!

'sichern I. *v/t.* (h.) secure (*a. mil. and tech.*), safeguard; make safe, *tech. a.* lock, block; *mount.* belay; put *gun* at 'safe'; *mil.* cover, protect; guarantee, *econ. a.* give security for, secure *a loan*, cover; *w.s.* ensure; *hypothekarisch gesichert* on mortgage security; *sich* ~ *vor (dat.) or gegen* secure o.s. against, protect o.s. from, guard *or* provide against; *sich et.* ~ secure a *prize, seat, etc.*; **II.** *v/i.* (h.) *hunt.* scent.

'sicherstell|en *v/t.* (h.) secure, *fig.* put on ice; put in safe keeping; make safe, guarantee; 2ung *f* (-; -en) securing; guarantee, *econ.* guaranty, cover.

'Sicherung *f* (-; -en) securing; safeguard(ing); *econ.* security, guaranty; *mil.* protection; *mount.* belay; *tech.* safety device; slide bolt (*or* stop); *el.* fuse, cut-out; *of gun:* safety-catch.

'Sicherungs...: ~bolzen *m* locking bolt; ~draht *el. m* fuse wire; ~flügel *m* safety catch; ~fonds *m* guarantee fund; ~hypothek *f* cautionary mortgage; ~kasten *el. m* fuse box; ~patrone *el. f* fuse cartridge; ~schalter *m* safety switch; ~stöpsel *m* fuse plug; ~tafel *el. f* fuse panel; ~truppen *mil. f/pl.* security forces; ~übereignung *jur. f* protective conveyance; ~verwahrung *jur. f* preventive detention.

Sicht [ziçt] *f* (-) sight; view (*a. fig.*

= vision); visibility; *in* ~ (*kommen*) (come) in sight *or* within view; *die* ~ *nehmen* obstruct the view; *fig. auf weite* ~ on a long-term basis, in the long run; *Programm auf längere* ~ long-term *or* long-range program(me); *econ. auf (or bei)* ~ at sight; *auf kurze (lange)* ~ at short (long) sight, short- (long-)dated (*bill*); *60 Tage nach* ~ 60 days after sight, at sixty days' sight; *fig. aus seiner* ~ as he sees it, from his point of view.

'sichtbar *adj.* visible; perceptible; noticeable; marked; conspicuous; evident, obvious; *ohne* ~en *Erfolg* without any appreciable success; ~ *werden a.* appear, show, *fig. a.* become manifest; *mar.* heave into sight; ~ *machen a. fig.* show, visualize; 2keit *f* (-) visibleness, visibility; obviousness; ~lich *adv.* visibly, evidently, obviously; 2machung ['-maxuŋ] *f* (-) showing, visualization; 2werden *n* appearance, coming in sight.

'Sicht|beton *m* fair-faced concrete; ~einlage *econ. f* sight deposit.

'sichten *v/t.* (h.) sight; *tech.* sift; winnow (*wheat, etc.*); bolt (*flour*); *fig.* examine; sift, screen; sort over.

'Sicht...: ~feld *n* (-[e]s) field of vision; ~flug *aer. m* visual flight; ~geschäft *econ. n* forward transaction; ~e *pl.* futures; ~igkeit *f* (-) visibility; 2lich *adj.* visible; ~ sichtbar(lich); ~tage *econ. m/pl.* days of grace *or* respite; ~tratte *econ. f* sight-draft; ~ung *f* (-) sighting; *fig.* examination; sifting, screening; ~verhältnisse *pl.* visibility *sg.*; ~vermerk *m* endorsement, indorsement; *passport:* visé, visa; *econ. mit* ~ *versehen* sight, accept (*bill*); ~wechsel *m* bill payable at sight, sight-bill, sight-draft; ~weite *f* range of sight, *mar.* sighting, distance; *in (außer)* ~ (with)in (out of) sight.

Sicker|grube ['zikər-] *f*, ~loch *n* drainage pit; 2n *v/i.* (sn) trickle, drip, drop, ooze (out), seep; *barrel:* leak; ~ung *f* (-) leakage, seepage; ~wasser *n* water leakage; ground-water.

siderisch [ziˈdeːriʃ] *ast. adj.* sidereal.

sie [ziː] *pron. 3. p. f/sg.* she, acc. her; it; *pl.* they; *acc.* them; 2 *2. p. pl. address:* you (*a. acc.*); *int.* 2 *da!* hello, there!; *kommen* 2! come!; 2 *f* (-; -) she, female.

Sieb [ziːp] *n* (-[e]s; -e) sieve; riddle; screen; strainer, filter; *for flour:* bolter; *el.* eliminator; *tel.* filter; ~bein *anat. n* ethmoid bone; ~druckverfahren *typ. n* silk-screen process.

sieben[1] ['ziːbən] *v/t.* (h.) (pass through a) sieve, sift; riddle, screen (*sand, etc.*); bolt (*flour*); *radio:* filter; *fig.* sift, screen; pick (out); weed out.

sieben[2] ['ziːbən] *adj.* seven; → *acht*; 2 *f* (-; -) (number) seven; *colloq. böse* ~ shrew, vixen, termagant, *Am.* battle-ax, hell-cat; 2bürgen ['-'byrgən] *n* (-s) Transylvania; 2eck ['-ek] *math. n* (-s; -e) heptagon; ~eckig *adj.* heptagonal; ~erlei ['-ərlaɪ] *adj.* of seven (different)

kinds, seven sorts of; **~fach, ~fältig** ['-feltiç] *adj.* sevenfold; 2**gebirge** *n* (-s) Seven Mountains *pl.*; **~gescheit** *colloq. adj.* too clever by half, smart-aleck; 2**gestirn** *ast. n* (-[e]s) Pleiades *pl.*; 2**hügelstadt** *f* (*Rome*) City of the Seven Hills; **~hundert** *adj.* seven hundred; **~jährig** *adj.* 1. seven-years-old; 2. of (*or* lasting) seven years, septimal, seven-year...; *der* 2e *Krieg* the Seven Years' War; **~mal** *adv.* seven times; **~malig** ['-maːliç] *adj.* seven times repeated; 2**meilenstiefel** *pl.* seven-league boots; 2**monatskind** *n* seven-months' child; 2**sachen** *pl.* things, goods and chattels; belongings; *s-e* ~ *packen* pack up (one's traps); 2**schläfer** *m* 1. die ~ *pl.* the Seven Sleepers; 2. *sg. fig.* lie-abed; *zo.* dormouse; **~tägig** *adj.* of (*or* lasting) seven days, sevenday ...; **~tausend** *adj.* seven thousand.
sieb(en)te *adj.* seventh; → *achte*; **~l** *adj.*, 2**l** *n* (-s; -) seventh (part); **~ns** *adv.* seventh(ly).
'siebenwertig *chem. adj.* heptavalent.
'Sieb...: 2**förmig** ['-fœrmiç] *adj.* sieve-shaped; **~maschine** *f* sifting (*or* screening) machine; **~mehl** *n* coarse flour, siftings *pl.*; **~trichter** *m* filter-funnel; **~tuch** *n* (-[e]s; ᵘer) bolting cloth; **~walze** *f paper manufacture*: dandy roll.
siebzehn ['ziːptseːn] *adj.* seventeen; **~te** ['-tə] *adj.* seventeenth; **~tel** ['-təl] *adj.*, 2**tel** *n* (-s; -) seventeenth (part); **~tens** *adv.* (in the) seventeenth (place).
siebzig ['ziːptsiç] *adj.* seventy; 2**er(in** *f*) ['-gər] *m* (-s, -; -, -nen) septuagenarian; **~jährig** *adj.* 1. seventy-years-old; 2. of (*or* lasting) seventy years; **~ste** *adj.* seventieth; **~stel** *adj.*, 2**stel** *n* (-s; -) seventieth (part).
siech [ziːç] *adj.* sickly, infirm, invalid; '**~en** *v/i.* (h.) be ailing, be afflicted with a wasting disease, waste away; '2**enhaus** *n* hospital for incurables; '2**tum** *n* (-s) sickliness, lingering illness; *a. fig.* languishing (state).
Siede|grad ['ziːdə-] *m* boiling-point; **~grenze** *f* boiling range; distillation end point; 2**heiß** *adj.* boiling hot; **~hitze** *f* boiling heat; **~kessel** *m* boiler; **~kolben** *m* boiling flask.
siedeln ['ziːdəln] *v/i.* (h.) settle, colonize.
'Sied(e)lung(s...) → *Siedlung(s...)*.
'sieden I. *v/i.* (h.) boil (*a. fig.*); simmer; *fig.* seethe; **II.** *v/t.* (h.) boil, allow to simmer; refine (*sugar*); **~d** *adj.* boiling, *fig.* seething; **~dheiß** *adj.* boiling (*or* piping) hot; *fig. da fiel mir* ~ *ein* I remembered with a shock.
'Siedepunkt *m* boiling-point.
'Sieder *m* (-s; -) boiler.
Siede'rei *f* (-; -en) boiling-house, refinery.
Siedler ['ziːdlər] *m* (-s; -), **~in** *f* (-; -nen) settler, colonist; homecrofter, *Am.* homesteader; **~stelle** *f* settler's holding; homecroft, *Am.* homestead.

'Siedlung *f* (-; -en) settlement; colony; housing-estate, suburban colony; **~sbau** *m* (-[e]s; -ten) housing development; **~sgelände** *n* development area; **~sgesellschaft** *f* land-settlement society; **~shaus** *n* development house; **~skredit** *m* land settlement loan.
Sieg [ziːk] *m* (-[e]s; -e) victory, triumph (*über acc.* over); conquest (of); *sports*: win; *glatter* ~ straight win, (clean) sweep; *leichter* ~ walkover; *den* ~ *davontragen or erringen* gain the victory (*über acc.* over), carry (*or* win) the day; → *siegen*.
Siegel ['ziːgəl] *n* (-s; -) seal (*a. fig.*); signet; *Brief und* ~ *geben* promise by writ (*or* solemnly); *fig.* → *Buch*; *unter dem* ~ *der Verschwiegenheit* under the seal of secrecy; **~bewahrer** *m* keeper of the Seal; **~lack** *m and n* sealing-wax; **~lackstange** *f* stick of sealing-wax; 2**n** *v/t.* (h.) seal, affix a seal to; **~ring** *m* signet-ring.
siegen ['ziːgən] *v/i.* (h.) be victorious (*über acc.* over), conquer (*a p.*; *a. fig.* one's passion, etc.); gain the victory (over), carry (*or* win) the day; *sports*: win, take the~hono(u)rs; ~ *oder sterben* do or die.
'Sieger *m* (-s; -), **~in** *f* (-; -nen) conqueror, *rhet.* victor; *sports*: winner; *zweiter* ~ runner-up; ~ *bleiben* remain triumphant, hold the field; **~ehrung** *f sports*: prize-distribution; **~kranz** *m* (conqueror's) crown; *sports*: winner's laurel; **~staat** *m* victor nation.
Sieges... ['ziːgəs-]: 2**bewußt**, 2**gewiß** *adj.* sure of victory; 2**bogen** *m* triumphal arch; **~denkmal** *n* victory monument; **~göttin** *f* Victory; **~lauf** *m* (-[e]s) *fig.* triumphant advance; **~palme** *f* palm (of victory); **~pokal** *m sports*: challenge-cup; **~preis** *m* prize (of victory); **~säule** *f* triumphal column; **~taumel** *m* flush of victory; 2**trunken** *adj.* flushed with victory, drunk with success; **~wagen** *m* triumphal car; **~wille(n)** *m* will to win; **~zeichen** *n* trophy; **~zug** *m* triumphal march *or* procession; *fig.* triumphant advance; *sports*: winning streak.
'Sieg...: 2**gekrönt** ['-gəkrøːnt] *adj.* crowned with victory, triumphant; 2**gewohnt** *adj.* accustomed to victory; 2**haft** *adj.* triumphant; 2**reich** *adj.* victorious (*über acc.* over), conquering, triumphant; successful.   [culvert, sewer.]
Siel [ziːl] *n* (-[e]s; -e) sluice(way);)
Siele ['ziːlə] *f* (-; -n) belt; *of horse*: breast-piece; *fig. in den* ~*n sterben* die in harness.
Siemens-Martin-|Ofen [ziːməns'martiːn-] *metall. m* open-hearth furnace; **~Stahl** *m* open-hearth steel.
Sigel ['ziːgəl] *n* (-s; -) grammologue.
Signal [zigˈnaːl] *n* (-s; -e) signal; sign; *mil.* bugle-call; *akustisches* ~ audible signal; *ein* ~ *geben (dat.)* (give a) signal; *mot.* ~ *geben* sound (*or* honk) one's horn; **~anlage** *f* (electrical) signal(l)ing system; **~buch** *n* code book.
Signalement [zignaləˈmãŋ] *n* (-s; -s) personal description.

Si'gnal...: **~feuer** *n* signal light, beacon; **~flagge** *f* signal flag; **~gast** *mar. m* (-es; -en) signalman; wig-wagger; **~horn** *n* (-[e]s; ᵘer) bugle.
signali'sieren *v/t.* (h.) signal; *mar. a.* wigwag; semaphore.
Si'gnal...: **~lampe** *f* signal lamp, blinker; **~leine** *rail. f* communication-cord, bell-rope; **~mast** *m* signal-mast, semaphore; **~pfeife** *f* signal whistle; **~rakete** *f* signal rocket; **~scheibe** *rail. f* signal-disk; **~stange** *rail. f* semaphore; **~tuch** *aer. n* (-[e]s; ᵘer) signal panel; **~wärter** *rail. m* signalman.
Signatarmächte [zignaˈtaːrmɛçtə] *f/pl.* signatory powers (e-s *Vertrages* to a treaty).
Signatur [zignaˈtuːr] *f* (-; -en) signature; *econ.* mark, stamp, brand; label; *library*: call number; *map*: conventional sign.
Signet [sinˈjeː] *n* (-s; -s) signet; printer's mark; publisher's mark.
si'gnieren *v/t.* (h.) sign; *econ.* mark, designate.
Silbe ['zilbə] *f* (-; -n) syllable; *fig. keine* ~ not a word, nothing; *er versteht keine* ~ *davon* it's all Greek to him.
'Silben...: **~maß** *n* (syllabic) quantity, metre; 2**mäßig** *adj.* syllabic; **~messung** *f* prosody; **~rätsel** *n* charade; **~stecher** *m* hairsplitter, quibbler; **~trennung** *f* syllabification; 2**weise** *adv.* by syllables.
Silber ['zilbər] *n* (-s) silver; *aus* ~ (of) silver; → *Silbergeschirr*; **~amalgam** *n* silver amalgam; **~arbeit** *f* silver-work; **~arbeiter** *m* silversmith; 2**artig** ['-aːrtiç] *adj.* silvery, silver-like; **~barren** *m* bar (*or* ingot) of silver; 2**beschlagen** *adj.* silver-mounted; **~blatt** *n* silver foil; **~buche** *f* white beech; **~chlorid** *n* silver chloride; **~distel** *bot. f* carline thistle; **~draht** *m* silver wire; **~erz** *n* silver ore; 2**farben**, 2**farbig** *adj.* silver-colo(u)red; **~folie** *f* silver foil; **~fuchs** *m* silver-fox; **~gehalt** *m* silver content; **~geld** *n* (-[e]s) silver coins *pl.*, silver money; **~geschirr** *n* silver (plate), plate, *Am.* silverware; 2**glanz** *m* lust|re (*Am.* -er) of silver; *min.* silver-glance, argentite; 2**grau** *adj.* silver-grey; 2**haltig** *adj.* containing silver, argentiferous; 2**hell** *adj.* silvery; **~hochzeit** *f* silver wedding; **~klang** *m* silvery sound; **~ling** ['-liŋ] *m* (-s; -e) piece of silver, silverling; **~medaille** *m sports* silver medal; **~medaillenträger(in** *f*) *m* silver-medallist; 2**n** *adj.* (of) silver; silvery (*voice, etc.*); **~e** *Hochzeit* silver wedding; **~papier** *n* silver paper, tin-foil; **~pappel** *bot. f* white poplar; 2**plattiert** *adj.* silver-plated; 2**reich** *adj.* rich in silver, silver-bearing; **~schmied** *m* silversmith; **~schrank** *m* plate-cupboard; **~stahl** *m* silver steel, *Am.* Stub's steel; **~sticke'rei** *f* embroidery in silver; **~stoff** *m* silver-cloth *or* brocade; **~streifen** *m fig. am Horizont*: silver lining; **~tanne** *f* silver-fir; **~währung** *f* silver standard; **~waren** *f/pl.* silver goods, *Am.* silverware; 2**weiß** *adj.* silvery white; **~zeug** *n* → *Silbergeschirr*.

silbrig adj. silvery.

Silhouette [zilu'etə] f (-; -n) silhouette; of town: a. skyline.

Silikat [zili'ka:t] chem. n (-[e]s; -e) silicate.

Silikose [zili'ko:zə] med. f (-; -n) silicosis.

Silizium [zi'li:tsium] chem. n (-s) silicon.

Silo ['zi:lo] m (-s; -s) silo, storage bin; grain elevator; in e-m ~ einlagern ensilage; ~futter agr. n silage.

Silvester(abend m) [zil'vestər-] n (-s; -) New Year's Eve.

Simili(stein) ['zi:mili-] m (-s; -s) paste stone.

Simmerring ['zimər-] tech. m oil seal.

simpel ['zimpəl] adj. simple, plain.

'Simpel m (-s; -) simpleton, ninny; ~fransen f/pl. fringe sg.

Simplex|leitung ['zimpleks-], ~schaltung f simplex circuit.

Sims [zims] m and n (-es; -e) ledge; arch. mo(u)lding cornice; (window) sill; mantelpiece; shelf; '~hobel m mo(u)lding plane.

Simu|lant(in f) [zimu'lant] m (-en, -en; -, -nen) malingerer; 2'**lieren** v/i. and v/t. (h.) sham, feign (illness), malinger; only v/t.: simulate (a. mil., tech.).

simultan [zimul'ta:n] adj. simultaneous; 2**betrieb** m simultaneous working; 2**dolmetschen** n (-s) simultaneous interpreting; 2**schaltung** el. f bunched circuit; 2**schule** f undenominational school.

Sinekure [zine'ku:rə] f (-; -n) sinecure, soft job.

Sinfonie [zinfo'ni:] mus. f (-; -n) symphony.

Sing|akademie [ziŋ-] f singing academy; 2**bar** adj. singable; vocal; '~**drossel** f song-thrush.

'singen v/i. and v/t. (irr., h.) sing, carol; chant; croon; vocalise; vom Blatt ~ sing at sight; nach Noten ~ sing from music; falsch ~ sing out of tune; mehrstimmig ~ sing in parts; in Schlaf ~ lull to sleep; fig. → Lied.

'Singen n (-s) singing, chant(ing); → Gesang.

'Sing...: ~**sang** m (-[e]s) singsong; ~**spiel** n musical comedy or play, musical; ~**stimme** f singing-voice; mus. vocal part; ~**stunde** f singing-lesson.

Singular ['ziŋgula:r] gr. m (-s; -e) singular (number).

'Sing...: ~**vogel** m singing bird, song-bird, songster; ~**weise** f air, tune, melody.

sinken ['ziŋkən] v/i. (irr., sn) sink; ship: a. go down, founder; ground: subside, give way; sag; sun: sink, set; darkness: sink, descend; prices: fall, drop, go down; decrease, abate, diminish; decay, decline; j-m in die Arme ~ fall into a p.'s arms; ins Grab ~ sink into the grave; auf die Knie ~ drop to one's knees; in e-n Stuhl ~ sink into a chair; ~ fallen; Wert; seine Kräfte ~ his strength is failing; fig. er ist tief gesunken he has sunk very low; ~ lassen let down, drop; den Kopf ~ lassen hang one's head; → Mut;

die Stimme ~ lassen drop (or lower) one's voice; bis in die ~de Nacht till nightfall; mit ~dem Herzen with a sinking heart.

'Sinken n (-s) sinking; subsidence (of ground); fall, drop (of prices, etc.); decrease, abatement; decline, decay; lowering (of standards).

Sinn [zin] m (-[e]s; -e) sense; mind; faculty; taste, liking (für for); inclination, disposition, tendency; flair, instinct; soul, heart; sense, meaning; interpretation, construction; (basic) idea; gist; sense, direction; ~ und Zweck essence and purpose; ~ haben für (acc.) have a taste for; ~ für Musik ear for music; ~ für das Schöne eye for beauty; ~ für höhere Dinge appreciation of higher things; er hat ~ für Humor he has a sense of humo(u)r, he can see a joke; sein wacher ~ für das Schöne, etc. his keen sense of beauty, etc.; bei (von) ~en sein be in (out of) one's senses; → ändern, schwinden, Kopf; im ~e haben have in mind, intend; im wahrsten ~e des Wortes in the true sense of the word; im engeren (weiteren) ~e in a narrow (broad) sense; im ~e des Gesetzes, etc. within the meaning of, for the purposes of, as defined by the law, etc.; in gewissem ~e in a sense; er äußerte sich im gleichen ~e he spoke to the same effect; ganz in meinem ~e just to my liking; ganz in seinem ~e a. just as he would have done; es kam mir in den ~ it occurred to me (zu to inf.); ganz wie es ihm in den ~ kam as the fancy took him; es will mir nicht aus dem ~ I cannot get it out of my head; das will mir nicht in den ~ I just cannot understand it; mit j-m e-s ~es sein be of a mind with a p., see eye to eye with a p.; ohne ~ und Verstand without rhyme or reason; s-e fünf ~e beisammenhaben have one's wits about one; nimm deine fünf ~e zusammen! pull yourself together!; das hat keinen ~ a) that makes no sense, b) there is no point to it, it is (of) no use; was hat es für e-n ~, zu inf. what is the sense (or point) of ger.; das ist der ~ der Sache that is the point; er führte den Befehl dem ~e nach (und nicht dem Buchstaben nach) aus he carried out the spirit rather than the letter of the order; wenn es nach m-m ~e ginge if I had my way.

'Sinnbild n symbol, emblem; allegory; 2**lich** adj. symbolic(ally adv.), emblematic(ally adv.); allegoric(al); ~ darstellen symbolize; allegorize.

'sinnen v/t. and v/i. (irr., h.) meditate, reflect (both: über acc. [up]on), think (about); muse (upon); ponder (a th.), brood (over); ~ auf (acc.) meditate, contemplate, plan, b.s. plot, scheme; auf Mittel und Wege ~ devise ways and means; Böses ~ harbo(u)r ill designs; auf Rache ~ meditate revenge; → gesinnt, gesonnen; 2 n (-s) thinking, meditations pl.; brooding; planning; in ~ versunken lost in thought; all sein ~ und Trachten his every thought and

wish, all his aspirations; ~**d** adj. musing, pensive, thoughtful.

'Sinnen...: ~**freude** f sensual enjoyment (or pleasure), sensuality; 2**freudig** adj. sensuous; ~**genuß** m, ~**lust** f → Sinnenfreude; ~**mensch** m sensualist; ~**rausch** m intoxication of the senses, sensual orgy; ~**reiz** m sensual charm; ~**taumel** m → Sinnenrausch.

'sinn-entstellend adj. distorting (the meaning), garbling.

'Sinnenwelt f (-) material world.

Sinnes... ['zinəs-]: ~**änderung** f change of mind, ~**art** f disposition, mentality; way of thinking; ~**eindruck** m sense impression, sensation; ~**nerv** m sensory nerve; ~**organ** n sense-organ; ~**täuschung** f illusion, hallucination, trick of the senses; ~**wahrnehmung** f sensorial perception; ~**werkzeug** n organ of sense.

'Sinn...: 2**fällig** adj. obvious, striking; ~**gebung** ['-ge:buŋ] f (-; -en) interpretation; ~**gedicht** n epigram; 2**gemäß** I. adj. analogous, corresponding, equivalent; II. adv. analogously, accordingly; § 107 findet ~ Anwendung Section 107 shall apply analogously (or mutatis mutandis); 2**getreu** adj. faithful.

sin'nieren v/i. (h.) ponder, brood, ruminate.

'sinnig adj. ingenious, clever; thoughtful, nice; apt, appropriate; 2**keit** f (-) ingenuity; thoughtfulness.

'sinnlich adj. phls. sensuous; (ant. geistig) material; perceptible; sensual; voluptuous; sensuous; carnal; ~e Liebe sensual love; ~er Mensch sensualist; → Wahrnehmung; 2**keit** f (-) sensuousness; sensuality, voluptuousness.

'Sinn...: 2**los** adj. senseless; meaningless; absurd, foolish; crazy; pointless, futile; ~ betrunken dead (or blind) drunk; das ist völlig ~ a) it makes no sense at all, b) it is quite pointless; 2**losigkeit** f (-) senselessness; unmeaningness, absence of meaning; absurdity, foolishness; futility; 2**reich** adj. ingenious, clever; witty; 2**spruch** m device, motto, maxim; 2**verwandt** adj. synonymous; ~es Wort synonym; 2**verwirrend** adj. bewildering, brain-staggering; 2**voll** adj. fraught with meaning; meaningful; wise, pred. good policy; sensible; ingenious; efficient; 2**widrig** adj. absurd, preposterous.

Sinologe [zino'lo:gə] m (-n; -n) sinologist.

sintemal ['zintə'ma:l] cj. (especially) since, whereas.

Sinter ['zintər] m (-s; -) sinter; metall. dross of iron; ~**anlage** f sintering plant; ~**kohle** f sinter(ing) coal; ~**metallurgie** f powder metallurgy; 2**n** v/t. (h.) sinter; ~**ofen** m sintering furnace; ~**ung** f (-; -en) sintering.

Sintflut ['zintflu:t] f (-) flood, deluge; bibl. the Flood, the Deluge.

Sinus ['zi:nus] m (-; -) math. sine; anat. sinus; 2**förmig** ['-fœrmiç] adj. sinusoidal; ~**klappe** anat. f sinus valve; ~**kurve** math. f sine

curve; **~satz** *math. m* sine theorem; **~strom** *el. m* sinusoidal current.
Siphon ['ziːfɔn] *m* (-s; -s) siphon.
Sipp|e ['zipə] *f* (-; -n), **~schaft** *f* (-; -en) kinship, consanguinity; family; relations *pl.*; tribe (*a. bot., zo.*); *fig. iro.* clan, clique, gang; *die ganze ~* the whole lot *or* crew; **~enforschung** *f* genealogical research.
Sirene [ziˈreːnə] *f* (-; -n) siren (*a. myth.*).
'Sirenen...: ~geheul *n* hooting (*or* wail) of sirens; **~gesang** *m* siren-song (*a. fig.*); **2haft** *adj.* siren-like, seductive, bewitching.
Sirup ['ziːrup] *m* (-s; -e) treacle, molasses *sg.*; syrup, *Am.* sirup.
Sisalhanf ['ziːzal-] *m* sisal.
sistier|en [zisˈtiːrən] *v/t.* (*h.*) inhibit, stop; *jur.* **a)** stay, suspend (*proceedings*), **b)** arrest, take into custody; **2ung** *f* (-; -en) inhibition; stay (of proceedings), nolle prosequi; arrest, detention.
Sitte ['zitə] *f* (-; -n) custom; habit; tradition; usage, practice, way; fashion; *usu. pl.* **~n** morals, manners *pl.*; *lockere* **~n** loose morals; **~n und Gebräuche** manners and customs; *das ist bei uns nicht ~* that's not the custom with us; *es ist ~, zu* it is customary to *inf.*; *gegen die guten* **~n** → *sittenwidrig.*
'Sitten...: ~bild, ~gemälde *n* genre-picture; **~gesetz** *n* moral law; **~kodex** *m* moral code; **~lehre** *f* ethics *pl.*, moral philosophy; **~los** *adj.* immoral, licentious; **~losigkeit** *f* (-; -en) immorality, profligacy, licence; **~polizei** *f* vice squad; **~prediger** *m* moralizer; **~reinheit** *f* purity of morals, chastity; **~richter** *m* censor, moralizer; **2streng** *adj.* austere, puritanical; **~strenge** *f* austerity; **~verderbnis** *f*, **~verfall** *m* corruption of morals, demoralization; **2widrig** *jur. adj.* immoral, conflicting with national policy and public morals, contra bonos mores.
Sittich ['zitiç] *orn. m* (-s; -e) parakeet.
'sittig *adj.* well-mannered, wellbred; virtuous; chaste, modest.
'sittlich *adj.* moral, ethical; decent, respectable.
'Sittlichkeit *f* (-) morality, morals *pl.*; **~sgefühl** *n* moral sense; **~sverbrechen** *n* sex crime.
'sittsam *adj.* modest, demure; chaste, virtuous; well-behaved; decent; **2keit** *f* (-) modesty; chastity; good manners *pl.*; decency.
Situation [zituatsiˈoːn] *f* (-; -en) situation, position; → *Lage; die ~ retten* save the situation; *sich der ~ gewachsen zeigen* rise to (*or* be equal to) the occasion; **~skomik** *f* comedy of situation; slapstick; **~splan** *m* site plan.
situiert [zituˈiːrt] *adj.*: *gut ~* well off, well-to-do.
Sitz [zits] *m* (-es; -e) seat (*a. fig. and med.*); chair; place; (place of) residence, domicile; *econ.* registered seat (*or* place of business), headquarters *pl.*; (-es) of dress, *etc.*, a. *tech.*: fit; seat (of valve); *~ und Stimme haben* have seat and vote; *e-n guten ~ haben* **a)** *dress*: fit well,

sit well *on a p.*, **b)** *riding*: sit well; *auf e-n ~* at one sitting (*or* go); **'~arbeit** *f* sedentary work; **'~bad** *n* hip (*or* sitz) bath; **'~bank** *f* (-; ⸚e) bench; settee; **'~bein** *anat. n* ischium.
'sitzen *v/i.* (*irr., h.*) sit, be seated; squat; *bird and fig.* be perched; *fig.* live, stay, be; *business, etc.*: be, have its seat (*or* place of business); *colloq. criminal*: do time, *Am. a.* do a stretch; *committee, etc.*: sit (*a. jur.*), hold a meeting; *dress, etc.*: fit; *blow, remark*: tell, hit home; *das hat gesessen!* that hit home!; *med. disease*: be seated, have its seat; *bei Tisch ~* sit at table; *bei j-m ~* sit beside (*or* next to) a p.; *e-m Maler ~* sit for one's portrait, *a. phot.*: pose; *im Parlament ~* sit (*or* have a seat) in Parliament, be an M.P. (= *Member of Parliament*); *im Gefängnis ~* be imprisoned, be in jail; *in e-m Ausschuß ~* sit on a committee; *sehr viel ~* lead a sedentary life; *über e-r Arbeit ~* be sitting over a task; *über den Büchern ~* be poring over one's books; *colloq. e-n ~ haben* be drunk; *es sitzt sich hier gut* we have good seats here, *w.s.* we are comfortable (*or* snug) here; **~bleiben** *v/i.* (*irr., sn*) remain seated; *at a dance*: be left without partners; remain unmarried, be left on the shelf; *at school*: have to repeat the year; *bleiben Sie sitzen!* keep your seat!; **~d** *adj.* sitting, seat; **~e Lebensweise** sedentary life; **~lassen** *v/t.* (*irr., h.*) *fig.* leave, desert, abandon; throw *a p.* over, *Am.* walk out on *a p.*; *let a p. down*, leave *a p.* in the lurch; *jilt a lover*, leave *a girl* high and dry; *e-n Schimpf auf sich ~* pocket (*or* put up with) an affront. **...sitzer** [-zitsər] *m* (-s; -) in compounds **...-seater.**
'Sitz...: ~fleisch *n* perseverance, steadiness; *er hat kein ~* he has got the fidgets, *w.s.* he cannot stick to a job; **~gelegenheit** *f* seating accommodation, seat(s *pl.*); *~ bieten für* (*acc.*) seat; **~höcker** *anat. m* tuberosity (of ischium); **~kissen** *n* (seat-)cushion; **~ordnung** *f* seating arrangement(s *pl.*); **~platz** *m* seat; **~polster** *n* seat pad; **~reihe** *f* row (of seats) *thea.* tier; **~stange** *f* for *birds*: perch; **~streik** *m* sit-down strike, stay-in strike.
'Sitzung *f* (-; -en) meeting, conference; sitting (*a. parl., paint.*); session; *spiritism*: séance; *jur.* sitting, hearing; *öffentliche ~* hearing in public; *in öffentlicher ~* in open court; *e-e ~ abhalten* sit, hold a meeting (*or jur.* hearing).
'Sitzungs...: ~bericht *m* report (*or* minutes *pl.*) of proceedings; **~periode** *f* session, *jur.* term; **~saal** *m*, **~zimmer** *n* council-hall; conference-room; *parl.* chamber, *Am. a.* floor.
'Sitz...: ~versteller ['-fɛrʃtɛlər] *m* (-s; -) seat adjuster; **~welle** *f gym.* double knee circle.
Sizili'an|er (-s; -), **2isch** *adj.* Sicilian.
Skala ['skaːla] *f* (-; -len) scale (*a. mus.*); dial (plate); disk; gleitende ~

sliding scale; *fig. die ganze ~ der Gefühle* the whole gamut of emotions.
'Skalen|ablesung *f* scale (*or* direct) reading, **~einteilung** *f* graduation; **~meßgerät** *n* direct-reading instrument; **~scheibe** *f* dial (plate), graduated scale disk.
Skalde ['skaldə] *m* (-n; -n) scald.
Skalp [skalp] *m* (-s; -e) scalp.
Skalpell [skalˈpɛl] *med. n* (-s; -e) scalpel.
skal'pieren *v/t.* (*h.*) scalp.
Skandal [skanˈdaːl] *m* (-s; -e) scandal; disgrace, shame; row, riot, racket; *~ machen or schlagen* kick up a row; **~blatt** *n* scandal-sheet, rag; **~chronik** *f* scandal, society gossip; **~geschichte** *f* (piece of) scandal; **~macher** *m* rioter, rowdy.
skandalös [-daˈløːs] *adj.* scandalous.
Skan'dal...: ~presse *f* gutter press; **2süchtig** *adj.* fond of scandal, scandalmongering.
skandieren [skanˈdiːrən] *v/t.* (*h.*) scan (*verse*).
Skandinav|ien [skandiːnɑːviən] *n* (-s) Scandinavia; **~ier(in** *f*) *m* (-s, -; -, -nen), **2isch** *adj.* Scandinavian.
Skat [skaːt] *m* (-[e]s; -e) skat.
Skelett [skeˈlɛt] *n* (-[e]s; -e) skeleton (*a. arch.*).
Skepsis ['skepsis] *f* (-) scepticism, *Am.* skepticism; doubt.
Skeptiker(in *f*) ['skeptikər] *m* (-s, -; -, -nen) sceptic, *Am.* skeptic.
Skeptizismus [-'tsismus] *m* (-) (philosophic) scepticism, *Am.* skepticism.
Sketch [skɛtʃ] *thea. m* (-[es]; -e) sketch.
Ski [ʃiː] *m* (-s; -er) ski; *~ laufen* ski; **~anzug** *m* ski(ing) suit, ski-dress; **'~ausrüstung** *f* ski outfit; **'~bindung** *f* ski-binding; **'~bluse** *f* ski-blouse, anorak; **'~fahrer(in** *f*) *m* skier, ski-runner; **'~fliegen** *n* ski-flying; **'~führung** *f* ski position; **'~gelände** *n* skiing grounds *pl.*; **~hose** *f* (e-e *~* a pair of) skiing trousers; **'~hütte** *f* skiing hut; **~(k)jöring** ['-jøːriŋ] *n* (-s; -s) ski-(k)joring; **'~klub** *m* skiing club; **~lack** *m* ski-lacquer; **'~lauf** *m* skiing; **'~lehrer** *m* ski-instructor; **'~lift** *m* ski-lift, chairlift; **'~spitze** *f* ski point; **'~sport** *m* (-[e]s) → *Skilauf*; **'~springen** *n* ski-jumping; **'~springer** *m* ski-jumper; **'~sprung** *m* ski-jump(ing); **'~spur** *f* ski-track; **'~stadion** *n* skiing stadium; **'~stiefel** *m* ski-boot; **'~stock** *m* ski-stick, ski-pole; **'~wachs** *n* ski-wax; **'~wettkampf** *m* skiing competition (*or* event), ski-race.
Skizze ['skitsə] *f* (-; -n) sketch; rough draft *or* drawing; **~nbuch** *n* sketchbook; **2nhaft** *adj.* sketchy, in rough outlines.
skiz'zieren *v/t.* (*h.*) sketch, outline (*both a. fig.*); dash off.
Sklav|e ['sklaːvə] *m* (-n; -n), **~in** *f* (-; -nen) slave (*a. fig.*); *fig. ein ~ sein* (*gen.*) be a slave to (*one's passions*); *wie ein ~ arbeiten* slave, drudge; *zum ~n machen* enslave.
'Sklaven...: ~arbeit *f* slave-work; *fig.* drudgery; **~aufseher** *m* slave-driver; **~befreiung** *f* emancipation

of slaves; **~dienst** *m* slavery; **~handel** *m* slave-trade; **~händler** *m* slave-trader, slaver; **~schiff** *n* slave-ship; slaver; **~seele** *f* slavish (*or* servile) mind *or* person.

Sklave'rei *f* (-) slavery; *fig.* servitude, thraldom.

'**sklavisch** *adj.* slavish; servile, abject; **~e** *Nachahmung* slavish imitation.

Sklerose [skle'ro:zə] *med. f* (-; -n) sclerosis.

ε**kontieren** [skɔn'ti:rən] *econ. v/t.* (h.) allow discount.

Skonto ['skɔnto] *econ. n and m* (-s; -s) discount.

skon'trieren *econ. v/t.* (h.) clear.

Skorbut [skɔr'bu:t] *econ. m* (-[e]s) scurvy; *in compounds* scorbutic...

Skorpion [skɔrpi'oːn] *m* (-s; -e) *zo.* scorpion; *ast.* Scorpio.

Skribent [skri'bɛnt] *contp. m* (-en; -en) scribbler, quilldriver, pen-pusher.

Skrofeln ['skro:fəln] *med. f/pl.*, **Skrofulose** [-fu'lo:zə] *f* (-; -n) scrofula.

skrofulös [-'lø:s] *med. adj.* scrofulous.

Skrupel ['skru:pəl] *m* (-s; -) scruple; *sich ~ machen* scruple (*über acc.* about); **Ωlos** *adj.* unscrupulous; **~losigkeit** *f* (-) unscrupulousness.

skrupulös [-pu'lø:s] *adj.* scrupulous.

Skulptur [skulp'tu:r] *f* (-; -en) sculpture.

skurril [sku'ri:l] *adj.* ludicrous.

Slalom(lauf) ['sla:lɔm-] *m* (-s; -s) slalom.

S-Kurve ['ɛs-] *f* S-bend; double hairpin bend.

Slaw|e ['sla:və] *m* (-n; -n), **~in** *f* (-; -nen) Slav; **Ωisch** *adj.* Slav, Slavonian, Slavic.

Slowak|e [slo'va:kə] *m* (-n; -n), **~in** *f* (-; -nen), **Ωisch** *adj.* Slovakian.

Slowen|e [slo've:nə] *m* (-n; -n), **~in** *f* (-; -nen), **Ωisch** *adj.* Slovene.

Smaragd [sma'rakt] *m* (-[e]s; -e), **Ωen** *adj.* emerald; **Ωgrün** *adj.* emerald (green).

Smoking ['smo:kiŋ] *m* (-s; -s) dinner-jacket, *Am.* tuxedo; **~anzug** *m* dinner-jacket suit.

so [zo:] **I.** *adv.* so, thus; in this way, (in) that way; in this (*or* that) manner; like this *or* that; *in comparisons:* as; **~!** *final:* that's that!; **~?** indeed?, is that so?, do you really think so?; **~, ~!** really!, you don't say so!, well, well!; *er ist gekommen! — ~! he is come! —* is he?; *er braucht Geld! — ~! he needs money! —* does he?; **~** *ein such a;* **~** *ein Dummkopf!* what a fool!; **~** *etwas such a thing; colloq.* nein, **~** (et)was! well, I never!, the (very) idea!; **~** *... auch* however; **~** *... denn* so; **~** *... wie or als* as ... as; *nicht* **~** *... wie* not so ... as; **~** *viele* so (*or* that) many; **~** *weit* so (*or* that) far; *noch einmal* **~** *viel* twice as much; *um* **~** *besser* all (*or* so much) the better; *um* **~** *mehr* all the more; *ach* **~!** oh, I see!; **~** *manche(r)* many a; **~** *ist es it is so,* that's how it is; **~** *ist das Leben* such is life; **~** *oder* **~** one way or another; **~** *geht das nicht* that won't do; **~** *alle acht Tage* every week or

so; **~** *und* **~** *oft* every so often, time and again; **~** *gut wie nichts* next to nothing; *er ist* **~** *klug!* he is so (very) clever!; **~** *geht's* there you are!, that's what will happen (*wenn if*)!; *ich habe* **~** *das Gefühl, daß* I have a feeling that; *er hat* **~** *seine Stimmungen* he has his little moods; *mag er auch noch* **~** *reich sein* may he be ever so rich, however rich he may be; **II.** *cj.* if; so, therefore, consequently; **~,** *daß* so that, so as *to inf.;* **~** *sehr, daß* so much (so) that, to such a degree that; *not to be translated in final clauses,* e.g. *wenn du Zeit hast,* **~** *schreibe mir* if you have time, write to me.

sobald [zo'balt] *cj.:* **~** (*als*) as soon as, the moment; **~** *es Ihnen möglich ist* as soon as possible, *a. econ.* at your earliest convenience.

Söckchen ['zœkçən] *n* (-s; -) anklet.

Socke ['zɔkə] *f* (-; -n) sock; *econ.* **~n** *pl. a.* half hose; *colloq. fig. sich auf die* **~n** *machen* get going, make off; *von den* **~n** *sein* beflabbergasted.

Sockel ['zɔkəl] *m* (-s; -) *arch.* socle, base, pedestal; *el.* socket; base, cap (*of valve or tube*).

'**Sockenhalter** *m/pl.* (sock-)suspenders, *esp. Am.* garters.

Soda ['zo:da] *f* (-) *and n* (-s) soda; *chem.* carbonate of soda.

sodann [zo'dan] *adv.* then, after that.

so 'daß *cj.* so that, so as to (*inf.*).

Sodawasser *n* (-s; ⸗) soda-water.

Sodbrennen ['zo:t-] *med. n* heartburn. [sodomy, buggery.]

Sodomie [zodo'mi:] *f* (-; -n)⟩

Sodomit [-'mi:t] *m* (-en; -en) sodomite.

soeben [zo'⁹e:bən] *adv.* just (now); a minute ago; *book:* **~** *erschienen* just published, just out.

Sofa ['zo:fa] *n* (-s; -s) sofa; settee; **~ecke** *f* sofa corner; **~kissen** *n* sofa cushion; **~schoner** *m* anti-macassar, tidy.

so'fern *cj.* (in) so far as, inasmuch as, if; provided that; **~** *nicht* unless.

soff [zɔf] *pret. of saufen.*

Soffitten [zɔ'fitən] *el. f/pl.* tubular lamps; *a. arch.* soffits; **~lampe** *f* tubular lamp, *pl. a.* strip lighting.

so'fort *adv.* at once, immediately, directly, instantly, forthwith; on the spot; straight away, *esp. Am.* right away; **~wirkend** instantaneous; **~!** coming!; *er war* **~** *tot* death was instantaneous; **~** *lieferbar or zahlbar* spot; **~ig** *adj.* immediate, prompt; instantaneous; **~e** *Kasse* ready cash, spot(-cash); **Ωmaßnahme** *f* prompt (*or* urgent) measure.

sog [zo:k] *pret. of saugen.*

Sog *m* (-[e]s; -e) suction; *aer., mar.* wake; *fig. a.* drain, pressure.

so'gar *adv.* even; *ja,* **~** nay; and what is more.

'**sogenannt** *adj.* so-called; *contp. a.* would-be, self-styled, pretended.

so'gleich *adv. → sofort.*

Sohle ['zo:lə] *f* (-; -n) sole; bottom (*of ditch, river, valley, etc.*); *mining:* floor; **Ωn** *v/t.* (h.) sole; **~ngänger** ['-ŋgɛŋər] *zo. m* (-s; -) plantigrade.

'**Sohl-leder** *n* sole-leather.

Sohn [zo:n] *m* (-[e]s; ⸗e) son; *der verlorene* **~** the prodigal son; *in compounds* filial (*duty, etc.*).

Söhnchen ['zø:nçən] *n* (-s; -) little son; sonnie.

Soiree [soa're:] *f* (-; -n) evening party, soirée.

Soja|bohne ['zo:ja-] *f* soy(a) bean; **~mehl** *n* soya-meal.

so'lang(e) *cj.:* **~** (*als*) as long as; while, whilst.

Solawechsel ['zo:la-] *econ. m* sole bill (of exchange), promissory note.

Solbad ['zo:l-] *n* saltwater bath, brine bath; (*resort*) saltwater springs *pl.*

solch [zɔlç] *pron. and adj.* such; **~** *einer* such a one, a man like that; *als* **~er** as such, in that capacity; **~e** *Leute* such people, people such as these; **~erart** ['-ər⁹a:rt] *adv.* of such a kind, of this sort; along these lines; **~ergestalt** *adv.* in such a manner, to such a degree; **~erlei** ['-ər'laɪ] *adj.* of such a kind, such, suchlike; **~ermaßen** ['-'ma:sən], **~er'weise** *adv.* in such a way *or* manner.

Sold [zɔlt] *mil. m* (-[e]s; -e) pay; *fig.* wages *pl.;* im **~** *e j-s stehen* be in a p.'s pay, *contp.* be one of a p.'s hirelings.

Soldat [zɔl'da:t] *m* (-en; -en) soldier, serviceman; *gedienter* **~** exserviceman, *Am.* veteran; *einfacher* **~** recruit; *aktiver* **~** regular (soldier); *der Unbekannte* **~** the Unknown Warrior; **→** *Landser, Mannschaften;* **~** *werden* enter the army, enlist, join up; **~en** *spielen* play at soldiers.

Sol'daten...: ~bund *m* servicemen's (*Am.* veterans') organization; **~eid** *m* military oath; **~friedhof** *m* war cemetery; **~grab** *n* war grave; **~heim** *n Brit.* leave centre, *Am.* recreation center; **~leben** *n* (-s) military life; **~lied** *n* soldier's song; **~rock** *m* soldier's coat, uniform; **~sprache** *f* soldier's slang; **~tum** *n* (-s) soldiership; military tradition.

Soldateska [zɔlda'tɛska] *f* (-; -ken) soldiery. [itary.]

sol'datisch *adj.* soldier-like, mil-⟩

'**Soldbuch** *n* pay-book.

Söldling ['zœltliŋ] *m* (-s; -e) → *Söldner.*

Söldner ['zœldnər] *m* (-s; -) mercenary, hireling; **~heer** *n* army of mercenaries; **~truppen** *f/pl.* mercenary troops.

Sol|e ['zo:lə] *f* (-; -n) saltwater, brine; **~ei** ['-⁹aɪ] *n* egg boiled in brine.

solid [zo'li:t] *adj.* solid (*a. fig.*); robust, rugged (*material*); durable, wear-resistant; sound (*basis*); *econ.* sound, solvent, reliable, safe (*firm*); reasonable, fair (*price*); *fig.* respectable, staid, steady.

Solidar|bürgschaft [zoli'da:r-] *jur. f* joint surety; **Ωisch I.** *adj.* solidary; *jur.* joint (and several), jointly and severally liable; **II.** *adv.* in a body, solidly; *jur.* jointly and severally; *sich* **~** *erklären mit* (*dat.*) declare one's solidarity with.

Solidarität [zolidari'tɛ:t] *f* (-) solidarity.

Soli'darschuldner *m* joint debtor.

solide [zo'li:də] → *solid.*

Solidi'tät *f* (-) solidity; *econ.* soundness, trustworthiness; respectability, steadiness.

Solist(in f) [zo'list] m (-en, -en; -, -nen) soloist, solo singer, solo player.

Solitär [zoli'tɛːr] m (-s; -e) solitaire.

Soll [zɔl] n (-s; -s) econ. debit, debit-side; (fixed) quota, delivery percentage; production quota; target; ~ und Haben debit and credit, assets and liabilities pl.; '~ausgaben f/pl. estimated expenditure; '~bestand m econ. calculated assets pl.; mil. a) required strength, b) authorized allowance of supplies; '~durchmesser tech. m nominal diameter; '~einnahme f estimated receipts pl. or revenue.

'**sollen** v/i. (h.) shall; ought to; be to; have to, be obliged to, must; should; would; be said to, be supposed (or believed) to; be to, be destined (or fated) to; bibl. du sollst nicht töten thou shalt not kill; du sollst recht haben have it your way; er soll kommen tell him to come; der soll nur kommen! just let him come!; er hätte hingehen ~ he ought to have gone; wo soll ich hingehen? where am I to go?; was soll ich tun? what am I to do?; niemand soll sagen, daß let it never be said that; es soll nicht wieder vorkommen it won't happen again; du sollst sehen! you shall (or will) see!; das soll uns nicht stören that won't bother us; er soll reich sein he is said to be rich, they say he is rich; er soll morgen eintreffen he is expected to arrive tomorrow; ich weiß nicht, ob ich sollte I don't know if I should; weshalb sollte ich (auch)? why should I?; man sollte annehmen one should think; falls er kommen sollte in case he should come; er sollte lieber heimgehen he had better go home; soll das wahr sein? can that be true?; sollte er es gewesen sein? could it have been him; er wußte nicht, ob er lachen oder weinen sollte he did not know whether to laugh or to cry; es sollte ein Scherz sein it was meant for a joke; es hat nicht ~ sein it was not to be; ein Jahr sollte verstreichen, bis one year was to pass before; was soll das? a) what's the meaning of this?, what's the idea?, b) what use is that!, what's the good of that?; ~d adj.: sein ~ would-be; witzig sein ~e Bemerkung would-be witty remark.

Söller ['zœlər] m (-s; -) balcony; loft, garret.

'**Soll...: ~frequenz** f nominal frequency; ~(l)eistung f nominal (Am. rated) output; ~maß tech. n real (or theoretical) size; ~posten m debit item (or entry); ~seite f debit-side; ~stärke f authorized strength, Brit. establishment; über ~ overstrength; ~wert m desired value, nominal (or rated) value; set point.

solo ['zoːlo] adv. mus. solo, fig. a. alone.

'**Solo** n (-s; -s, -li) solo; ~geiger m solo violinist; ~maschine mot. f solo; ~partie mus. f solo; ~sänger(in) f) m solo singer; ~spieler (-in f) m soloist; cards: solo player; ~stimme f solo part; ~stück m solo

(a. mus.); ~tanz m solo (dance); ~tänzer(in f) m (dance) soloist.

solven|t [zɔl'vɛnt] adj. solvent; (financially) sound; 2z f (-; -en) solvency.

'**Solquelle** f salt-well or -spring.

somatisch [zo'maːtiʃ] adj. somatic.

so'mit adv. so, thus, consequently.

Sommer ['zɔmər] m (-s; -) summer; im ~, des ~s in (the) summer; during the summer; in der Mitte des ~s in midsummer; → Schwalbe; ~abend m summer evening; ~aufenthalt m summer stay; ~fäden ['-fɛːdən] pl. gossamer; ~fahrplan m summer timetable; ~ferien pl. summer vacation; ~frische f (-; -n) summer resort; in die ~ gehen Am. go vacationing; ~frischler(in f) ['-friʃlər] m (-s, -; -, -nen) holiday-maker, summer visitor, Am. vacationer; ~gast m summer visitor; ~gerste f spring barley; ~getreide n spring corn; ~haus n summer-house; bungalow, Am. cottage; ~kleidung f summer-dress, econ. summer-wear; 2lich adj. summer-like, summer(l)y; 2n I. v/i. (impers., h.): es sommert summer is coming; II. v/t. (a. sömmern ['zœmərn]) (h.) sun, air; agr. turn out, summer (cattle); prune (trees); sow fields with spring corn; ~nachtstraum m (-[e]s) Midsummer Night's Dream; ~olympiade f → Sommerspiele; ~sachen pl. summer clothes; ~schlaf zo. m (a)estivation; ~seite f sunny side; ~semester n summer term; ~sitz m summer residence; ~sonnenwende f summer solstice; ~spiele pl.: Olympische ~ Olympic Games; ~sprosse f freckle; 2sprossig ['-ʃprɔsiç] adj. freckled; ~stoff m material for summer-wear; ~theater n open-air theat|re, Am. -er; ~tracht f (of bees) summer flow of honey; ~weg m summer road; soft shoulder (of road); ~weizen m spring-(sown) wheat; ~wohnung f → Sommerhaus; ~zeit f summer time, esp. Am. daylight saving time, ~zeug n → Sommerstoff.

somnambul [zɔmnam'buːl] adj., 2e(r m) f (-n, -n; -en, -en) somnambulist.

sonach [zo'naːx] adv. consequently, accordingly, thus, so.

Sonate [zo'naːtə] mus. f (-; -n) sonata.

Sonde ['zɔndə] f (-; -n) med. probe, sound (a. fig.); mar. plummet; radio, radar: sonde; (space) probe; meteor. weather-forecasting equipment, sounding balloon; ~nröhre TV image dissector.

sonder ['zɔndər] prp. (acc.) without.

'**Sonder...** in compounds special ..., separate ..., extraordinary ..., extra ...; ~abdruck typ. m (-[e]s; -e) separate print, off-print; ~anfertigung f special design (or version); ~angebot n special offer or bargain; ~auftrag m special mission; ~ausbildung f special training; ~ausführung f → Sonderanfertigung; ~ausgabe f special edition; special expenditure; ~ausstattung tech. f extra equipment; ~ausschuß m select committee; 2bar adj. strange,

odd, queer, funny; singular, extraordinary; peculiar; 2barerweise adv. strange to say, oddly enough; ~barkeit f (-) strangeness, oddity; singularity; peculiarity; ~be-auftragte(r) m special representative (or commissioner); ~beilage f (special) supplement, inset; ~berechnung f: gegen ~ at extra cost; ~bericht m special report; ~bericht-erstatter(in f) m special correspondent; ~bestimmungen f/pl. exceptional provisions; ~bestrebung f separatism, particularism; ~bevollmächtigte(r) m plenipotentiary; ~botschafter m ambassador extraordinary, ambassador-at-large, ~bündler ['-byntlər] m (-s; -) separatist; ~druck m (-[e]s; -e) → Sonderabdruck; ~einnahmen f/pl. extraordinary receipts; national budget: special revenue sg.; ~ermäßigung f special price reduction; ~fach n special subject or line, esp. Am. specialty; ~fahrzeug n special-purpose vehicle; ~fall m special case, exception(al case); ~flug m extra flight; ~friede m separate peace; ~gericht jur. n special court; ~gesetz n special law; 2gleichen adv. (in English as adj.) unequalled, matchless, peerless, unprecedented; e-e Frechheit ~ the height of impudence; ~interesse n private (or special) interest; ~klasse f special class; yachting: sonderclass; ~konto n separate account; ~leistung f extra service; 2lich I. adj. special, peculiar, remarkable; kein ~es Vergnügen not much of an amusement; II. adv. particularly; nicht ~ not particularly, not much (or very); ~ling ['-liŋ] m (-s; -e) queer (or eccentric) fellow, crank; ~meldung f special announcement.

sondern[1] ['zɔndərn] cj. but; nicht nur, ~ auch not only, but (also).

'**sondern**[2] v/t. (h.) separate, sever, segregate; set asunder; → aussondern.

'**Sonder...: ~nummer** f special edition; ~preis m special (or preferential) price; ~rabatt m special (or extra) discount; ~recht n privilege; ~referat n special branch; ~regelung f separate treatment or settlement.

sonders ['zɔndərs] adv. → samt.

'**Sonder...: ~sitzung** f special session; ~stahl m special steel; ~stellung f exceptional position; fig. e-e ~ einnehmen occupy a special position; ~typ m special type; ~ung f (-; -en) separation; ~urlaub m special leave, mil. a. emergency (Brit. compassionate) leave; ~verband mil. m special unit; task force; ~zug m special (or extra) train; ~zulage f special bonus.

Sondier|ballon [zɔn'diːr-] m meteor. sounding balloon; 2en v/t. and v/i. (h.) med. probe. a. mar. sound (both a. fig.); fig. (v/i.) explore the ground.

Sonett [zo'nɛt] poet. n (-[e]s; -e) sonnet.

Sonnabend ['zɔnʔaːbənt] m (-s; -e) Saturday; 2s on Saturdays, on a Saturday.

Sonne ['zɔnə] *f* (-; -n) sun; *zur* ~ *gehörig* solar; *an der* ~ in the sun; *an der* ~ *getrocknet* sun-dried; *von der* ~ *beschienen* sunlit; *fig. Platz an der* ~ place in the sun; *unter der* ~ under the sun, on earth.

'**sonnen** *v/t.* (*h.*) (expose to the) sun, air; *sich* ~ (*h.*) bask (in the sun), sun o.s.; *fig. sich* ~ *an or in* bask (*or* revel) in.

'**Sonnen...**: ~**anbeter** *m* sun-worshipper; ~**aufgang** *m*: (*bei* at) sunrise, *Am. a.* sunup; ~**bad** *n* sun-bath; *ein* ~ *nehmen* sun--bathe, bask; ~**bahn** *f* orbit of the sun; ecliptic; 2**beschienen** ['-bə'ʃiːnən] *adj.* sunlit; ~**bestrahlung** *f* solar radiation, insolation; ~**blende** *phot. f* lens shade; ~**blendscheibe** *mot. f* sun-screen, *Am.* sun vizor; ~**blume** *f* sunflower; ~**brand** *m* sunburn, *Am. a.* sunscald; ~**bräune** *f* sun-tan; ~**brille** *f* (e-e ~ a pair of) sun-glasses, dark glasses *pl.*; ~**dach** *n* sun-blind, (*a. mar.*) awning; *mot.* sunshine roof; ~**deck** *mar. n* awning; ~**energie** *f* solar energy, ~**ferne** *ast. f* aphelion; ~**finsternis** *f* solar eclipse; ~**fleck** *m* sun-spot; 2**gebräunt** *adj.* sun-tanned; ~**glut**, ~**hitze** *f* blazing sun, *phys.* solar heat; 2**haft** *adj.* sunlike; ~**höhe** *f* sun's altitude; ~**jahr** *n* solar year; ~**käfer** *m* ladybird; 2**klar** *fig. adj.* (as) clear as daylight, (quite) obvious; ~**licht** *n* (-[e]s) sunlight; ~**messer** *ast. m* heliometer; ~**monat** *m* solar month; ~**nähe** *ast. f* perihelion; ~**scheibe** *f* disk of the sun, solar disk; ~**schein** *m* (-[e]s) sunshine; ~**schirm** *m* sunshade, parasol; ~**segel** *n* awning; ~**seite** *f* sunny side; ~**spektrum** *n* solar spectrum; ~**stich** *m* sunstroke; ~**strahl** *m* ray of sunshine, sun-beam; ~**strahlung** *f* solar radiation; ~**system** *n* solar system; ~**tag** *m* sunny day; *ast.* solar day; 2**überflutet** *adj.* sun-splashed; ~**uhr** *f* sundial; ~**untergang** *m* sunset, *Am. a.* sundown; 2**verbrannt** *adj.* sunburnt, (sun-)tanned; ~**wende** *f* solstice; ~**zeit** *ast. f* solar time; ~**zelt** *n* awning.

'**sonnig** *adj.* sunny (*a. fig.*).

'**Sonntag** *m* Sunday; 2**s** on Sundays, on a Sunday.

'**sonntäglich I.** *adj.* Sunday; **II.** *adv.* as on a Sunday; every Sunday; ~ *gekleidet* dressed in one's Sunday best.

'**Sonntags...**: ~**anzug** *m* Sunday suit *or* best, one's best bib and tucker; ~**arbeit** *f* Sunday work; ~**ausflügler(in** *f*) *m* week-ender; ~**ausgabe** *f*, ~**beilage** *f* Sunday supplement; ~**fahrer** *mot. contp. m* Sunday driver; ~**fahrkarte** *f* week--end ticket; ~**jäger** *m* would-be sportsman; ~**kind** *n* Sunday-child, person born on a Sunday; *fig. ein* ~ *sein* be born under a lucky star; ~**kleid** *n* Sunday-dress; → *Sonntagsanzug*; ~**maler** *m* Sunday painter; ~**ruhe** *f* Sunday rest; ~**schule** *f* Sunday school; ~**staat** *m* (-[e]s) → *Sonntagsanzug*.

'**Sonn...**: 2**verbrannt** *adj.* sunburnt, (sun-)tanned; ~**wende** *f* solstice; midsummer festival; ~**wendfeuer** *n* St. John's fire.

sonor [zo'noːr] *adj.* sonorous.

sonst [zɔnst] *adv.* otherwise, *with pron.* else; otherwise, or else; besides; in other respect; as a rule, usually, normally; (at) any other time; formerly ~ *etwas* something else; *wer* ~? who else?; ~ *wer*? anybody else?; *wie* ~ as usual; *wie* ~? how else?; ~ *einmal* some other day; *wenn es* ~ *nichts ist* if that's all; (*wünschen Sie*) ~ *noch etwas*? anything else?, what else can I do for you?; '~**ig** *adj.* other; former; '~**wie** *adv.* in some other way; '~**wo** *adv.* elsewhere, somewhere else.

so'oft *cj.* whenever; ~ *Sie wollen* as often as you like.

Sophist [zo'fist] *m* (-en; -en), ~**in** *f* (-; -nen) sophist; ~**e'rei** *f* (-; -en) sophistry; 2**isch** *adj.* sophistic(al).

Sopran [zo'praːn] *mus. m* (-s; -e) soprano, treble; **Sopra'nist(in** *f*) *m* (-en, -en; -, -nen) soprano (singer), sopranist.

Sorge ['zɔrgə] *f* (-; -n) care; sorrow; uneasines, anxiety, concern; apprehension; alarm, fear; trouble, vexation; ~*n pl. a.* worries, trouble(s *pl.*), tribulation *sg.*; care; solicitude; *jur.* care (and custody) (*für of*); responsibility; ~ *tragen für* (*acc.*) take care of, attend to, see to, ensure; *dafür* ~ *tragen, daß* see to it that, take care that, see *a th. done*; *dafür haben die Zweigstellen* ~ *zu tragen* this shall be the responsibility of the branch offices; *außer* ~ *sein* be at ease; *j-m* ~*n machen* cause (*or* give) a p. trouble, worry a p.; *sich* ~*n machen um* (*acc.*) be worried (*or* concerned) about; *sich* ~*n machen, daß* be concerned that; *das ist s-e* ~ that's his problem (*or* look-out *or* headache); *laß das m-e* ~ *sein* leave that to me; *seien Sie ohne* ~ don't worry (*or* be alarmed); *iro. keine* ~! don't you worry!, never fear!; *ich habe andere* ~*n* I have other fish to fry; ~**berechtigte(r** *m*) *jur. f* competent tutor.

'**sorgen** *v/i.* (*h.*) **a)** *usu. sich* ~ be anxious (*or* worried *or* concerned) (*um, wegen* about); be apprehensive, be alarmed (at); worry; **b)** ~ *für* (*acc.*) care for, provide for; provide, cater for (*food, entertainment, etc.*); take care of, attend (*or* see) to, ensure; care for, look after (*a p. or th.*); *dafür* ~, *daß* take care that, see to it that, make sure that; *für ihn ist gesorgt* he is provided for; *dafür werde ich* ~ I'll see to that; *für sich selbst* ~ provide for o.s., fend for o.s.

'**Sorgen...**: ~**brecher** *m* care--expeller; ~**falten** *f/pl.* worried lines; 2**frei**, 2**los** *adj.* free from care(s), care-free; light-hearted; ~**kind** *n* problem child; ~**stuhl** *m* easy chair; 2**voll** *adj.* full of cares *or* trouble(s); careworn; uneasy, anxious; worried, troubled.

'**Sorgerecht** *jur. n* right to the custody (*für* of *a p.*).

Sorg|falt ['zɔrkfalt] *f* (-) care(fulness); solicitude; attention; exact-ness, accuracy; conscientiousness, scrupulousness; circumspection; *jur. mit der* ~ *e-s ordentlichen Kaufmanns* exercising the due diligence of a businessman; *große* ~ *verwenden auf* (*acc.*) bestow great care (up)on, take great pains with; 2**fältig** ['-fɛltiç] **I.** *adj.* careful; attentive; exact, accurate; conscientious, scrupulous, painstaking; cautious; **II.** *adv.* carefully, *etc.*; with care.

'**sorglich** *adj.* careful, solicitous.

'**sorglos** *adj.* carefree; thoughtless; unconcerned, careless; negligent; easy; lighthearted, happy-go-lucky, devil-may-care; 2**igkeit** *f* (-) unconcern; carelessness; negligence; lightheartedness.

'**sorgsam** *adj.* careful, painstaking, particular; cautious; 2**keit** *f* (-) care(fulness), caution.

Sorte ['zɔrtə] *f* (-; -n) sort, kind, species, description; variety; type (*a. econ.*); *econ.* quality, grade; brand; ~*n pl.* foreign notes and coins; *beste* (*or* *erste*) ~ prime quality; *ein Schwindler übelster* ~ a crook of the worst type; → *Art.*

'**Sorten...**: ~**abteilung** *econ. f* foreign-money department; ~**geschäft** *n stock exchange:* transactions *pl.* in foreign notes and coins; ~**zettel** *m* bill of specie.

sor'tier|en *v/t.* (*h.*) (as)sort; sort out; sift; arrange; size; grade; classify; break (*wool*); 2**er(in** *f*) *m* (-s, -; -, -nen) sorter; 2**maschine** *f* sorting machine; 2**ung** *f* (-; -en) sorting, assortment; sizing; grading; classification.

Sortiment [zɔrti'ment] *n* (-[e]s; -e) assortment, collection; set; ~**er** *m* (-s; -), ~**buchhändler** *m* retail bookseller.

so'sehr *cj.*: ~ (*auch*) however much, no matter how much (*or* strongly, deeply, *etc.*).

so'so *adv. colloq.* middling, so-so.

Soße ['zoːsə] *f* (-; -n) sauce; gravy; *colloq. fig.* juice.

sott [zɔt] *pret. of* sieden.

Soubrette [zu'brɛtə] *thea. f* (-; -n) soubrette.

Soufflé [zu'fleː] *n* (-s; -s) soufflé (*Fr.*).

Souffl|eur [su'fløːr] *m* (-s; -e), ~**euse** [-'fløːzə] *f* (-; -n) prompter; ~**eurkasten** *m* prompter's box, prompt-box; 2**ieren** *v/i. and v/t.* (*h.*) prompt (*j-m* a p.).

'**so-und'so I.** *adv.*: ~ *viel* so much, a certain amount; ~ *viele* umpteen; ~ *oft* over and over again; **II.** *su. Herr* 2 Mr. What's his name *or* So-and-so; 2**vielte** *adj.* such and such, odd, umptieth.

Soutane [zu'taːnə] *eccl. f* (-; -n) cassock, soutane.

Souterrain [zute'rɛ̃ː] *n* (-s; -s) basement.

souverän [suvə'rɛːn] *adj.* sovereign; *fig.* superior, (*a. adv.*) in superior style; 2 *m* (-s; -e) sovereign.

Souveräni'tät *f* (-) sovereignty.

so...: '~**viel I.** *cj.* as (*or* so) far as; ~ *ich weiß* as far as I know; ~ *ich gehört habe* from what I have heard, I understand; **II.** *adj. and adv.* so much; *doppelt* ~(e) twice as much (many); *fünfmal* ~ *a.* five times the number; ~'weit I. *cj.* as (*or* so) far as; ~ *nicht* unless; ~ *ich unterrichtet bin* for aught I know; II. *adv.* so far; ~ *ganz gut* not bad (for a start), quite good as far as it goes; ~'wenig *adv.* just as little (*wie* as), no more than; ~'wie *cj.* as soon as, just as, the moment; as well as; ~'wie'so *adv.* in any case, anyhow, anyway; as it is.

Sowjet [sɔv'jɛt] *m* (-s; -s) Soviet; *Oberster* ~ Supreme Soviet; so'wjetisch *adj.* soviet; sowjeti'sieren *v/t.* (h.) sovietize.

So'wjet|rußland *n* (-s) Soviet Russia; ~union *f* (-) Soviet Union, *officially*: Union of Soviet Socialist Republics (*abbr.* U.S.S.R.).

so'wohl *cj.*: ~ ... *als auch* both ... and; as well ... as; not only ... but also.

sozial [zotsi'aːl] *adj.* social(ly *adv.*); ~e *Wohlfahrt* social welfare; ~e *Fürsorge* social welfare work; ~er *Wohnungsbau* publicly assisted house-building; 2abgaben *f/pl.* social contributions; 2amt *n* social welfare office; 2beamte(r) *m* welfare worker; 2beitrag *m* social insurance contribution; 2demokrat *m* social democrat; 2demokra'tie *f* (-) social democracy; ~demokratisch *adj.* social democratic; ~denkend *adj.* public-spirited, charitable; 2einrichtungen *f/pl.* social services; 2fürsorge *f* social welfare work.

soziali'sier|en *v/t.* (h.) socialize; nationalise; 2ung *f* (-) socialization; nationalisation.

Sozialismus [-'lismus] *m* (-) socialism.

Sozia'list *m* (-en; -en), ~in *f* (-; -nen) socialist; 2isch *adj.* socialist(ic).

Sozi'al...: ~lasten *f/pl.* social charges; ~leistung *f* social contribution, social security benefit; ~lohn *m* social wages *pl.*; ~ökonomie *f* social economy; ~partner *m/pl.* employers and employed; ~politik *f* social policy; ~politiker *m* social thinker; ~politisch *adj.* socio-political, social; ~prestige *n* (social) status; ~produkt *n* (gross) national product, total product; ~rentner(in *f*) *m* social insurance pensioner, annuitant; ~unterstützung *f* public relief; ~versicherung *f* social insurance; ~wissenschaft *f* social science, sociology; ~wissenschaftler(in *f*) *m* social scientist, sociologist; ~zulage *f* social allowance, family bonus.

Sozietät [zotsie'tɛːt] *econ. f* (-; -en) society, company.

Soziolog|e [zotsio'loːgə] *m* (-n; -n) sociologist; 2isch *adj.* sociological.

Soziologie [-lo'giː] *f* (-) sociology.

Sozius ['zoːtsius] *m* (-; -se) *econ.* partner; *mot. a.* ~fahrer(in *f*) *m* pillion-rider; ~sitz *m* pillion seat; *auf dem* ~ *mitfahren* ride pillion.

'sozu'sagen *adv.* so to speak, as it were.

Spachtel ['ʃpaxtəl] *m* (-s; -) spatula; *paint.* scraper; smoother; (*a.* ~masse *f*) surfacer, knifing glaze; filler; primer; (*a.* ~messer *n*) putty

---

knife; 2n I. *v/t.* (h.) *tech.* make smooth, scrape; surface (*varnish coat*); II. *v/i.* (h.) *colloq.* eat heartily, tuck in.

Spagat [ʃpa'gaːt] *m and n* (-[e]s; -e) splits *pl.*; ~ *machen* do the splits.

Spaghetti [ʃpa'gɛti] *pl.* spaghetti.

spähen ['ʃpɛːən] *v/i.* look out (*nach* for); watch (*nach* for); peer; spy; *mil.* scout.

'Späher *m* (-s; -) spy; *mil.* scout; look-out; *fig.* prying glance.

'Spähtrupp *mil. m* (reconnaissance) patrol, scouting party *or* patrol; ~führer *m* patrol leader; ~tätigkeit *f* patrol activity.

'Spähwagen *m* reconnaissance car, scout car.

Spalier [ʃpa'liːr] *n* (-s; -e) *agr.* trellis, espalier; *fig.* lane; cordon; ~ *bilden* form a lane; form a cordon; line the street; ~baum *m* espalier (tree); *n.s.* wall tree; ~obst *n* espalier fruit; *n.s.* wall fruit.

Spalt [ʃpalt] *m* (-[e]s; -e), '~e *f* (-; -n) crack, cleft, rift, split; *esp. tech.* fissure, crevice; aperture; gap; chink; slit, *tech. a.* slot; crevasse (*of glacier*); *only* ~e: *typ.* column; *fig.* rift; 2bar *adj.* cleavable; *nuclear physics*: fissionable (*material*).

'Spalte *f* → *Spalt*.

'spalten *v/t.* (h.) split (*a. atom*); cleave, chop (*wood*); rend, rift; slit; divide; *chem.* decompose; skive (*leather*); *fig. Haare* ~ split hairs; *sich* ~ split, cleave; crack, skin *a.* chap; *fig.* split up, break up.

'spalten...: ~lang *adj.* covering several columns; 2steller ['-ʃtɛlər] *m* (-s; -) *typewriter*: tabulator; ~weise *adv.* in columns.

'Spalt...: ~flügel *aer. m* slotted wing; ~glimmer *m* muscovite; ~hufer ['-huːfər] *zo. m* (-s; -) ruminant; ~keil *m* wedge; ~leder *n* skiver; ~pilz *m* fission fungus, schizomycete; ~produkt *n* nuclear physics: fission product.

'Spaltung *f* (-; -en) splitting, cleavage; *chem.* separation, decomposition; *biol.* cleavage; fission; splitting, fission (*of atom*); *fig.* split, rift, rupture; division; split(ting-up) (*of party*); *eccl.* schism; ~ *der Persönlichkeit* split(ting of)personality; ~s-produkt *n* nuclear physics: fission product.

Span [ʃpaːn] *m* (-[e]s; ⁓e) chip; splinter; *tech. pl. Späne* chippings, shavings; (metal) cuttings; facings; borings; *fig. wo gehobelt wird, fallen Späne* you cannot make an omelette without breaking eggs; '2abhebend *tech. adj.* (metal-) cutting.

spänen ['ʃpɛːnən] *v/t.* (h.) **1.** scour floor (with steel wool); **2.** wean (*child*).

'Span|ferkel *n* sucking pig, porkling; ~holzplatte *f* chipboard.

Spange ['ʃpaŋə] *f* (-; -n) clasp; buckle; clip; bracelet; bar (*of medals*); (hair) slide; (shoe) strap; ~nschuh *m* strap shoe.

Span|ien ['ʃpaːniən] *n* (-s) Spain; ~ier(in *f*) ['-iər] *m* (-s, -; -, -nen) Spaniard; 2isch *adj.* Spanish; *die* ~e *Sprache* the Spanish language, Spanish; ~er *Pfeffer* red pepper,

---

cayenne; *mil.* ~er *Reiter* cheval-de--frise (*Fr.*), knife rest; ~e *Wand* folding screen; *fig. das kommt mir* ~ *vor* a) that's all Greek to me, b) there is something fishy about it.

'Span...: ~korb *m* chip basket; 2los *tech. adj.* non-cutting.

spann [ʃpan] *pret. of* spinnen.

'Spann *m* (-[e]s; -e) instep.

'Spann|arbeit *tech. f* chucking work; ~backen *f/pl.* gripping jaws; ~beton *m* pre-stressed concrete; ~draht *m* tension (*or* guy) wire.

'Spanne *f* (-; -n) span; short distance; short space of time; ~ *des Lebens* span of life; *fig.* margin.

'spannen I. *v/t.* (h.) stretch; bend (*bow, etc.*); tighten; flex (*muscles*); *Pferde vor den Wagen* ~ put horses to the carriage; *tech.* grip, clamp, chuck; stress; tighten, tension (*spring*); tighten (*belt, screw, violin string*); stretch (*rope*); put in the (ski-)press; *fig.* strain (*nerves*); excite (*curiosity*); → *Folter*; *Erwartungen hoch* ~ raise expectations to a high pitch; *s-e Forderungen zu hoch* ~ be exorbitant in one's demands; *sich* ~ stretch; *sich* ~ *über e-n Fluß* span a river; → *gespannt*; II. *v/i.* (h.) *garments*: be (too) tight; *shoes: a.* pinch; ~d *adj. fig.* exciting, thrilling, gripping, breath--taking, full of suspense.

'Spanner *m* (-s; -) *tech.* stretcher, tenter; boot-tree; (trousers, racket, *etc.*) press; *zo.* (moth) looper.

'Spann...: ~feder *tech. f* tension spring; ~futter *tech. n* chuck; ~haken *tech. m* tenter-hook; ~kloben *tech. m* jaw; ~kraft *f* (-) elasticity (*a. fig.*); *machine-tool*: clamping power; *phys.* tension; *fig.* energy, buoyancy; *med.* tonicity; 2kräftig *adj.* elastic; ~muskel *anat. m* tensor (muscle); ~patrone *tech. f* collet; ~rahmen *tech. m* tenter(-frame); ~riegel *tech. m* strutting-piece; ~säge *f* frame-saw; ~schieber *m* machine-gun: cocking slide; ~schloß *tech. n* turnbuckle; ~seil *n* guy rope, tether; ~stoß *m* soccer: instep-kick.

'Spannung *f* (-; -en) tension; *tech. a.* stress; strain; (gas) pressure; *arch.* span, *in material*: stress; *el.* voltage, (electric) tension, (difference in) potential; *effektive* ~ root mean square voltage (*abbr.* R.M.S. voltage); *generator*: *innere* ~ electromotive force (*abbr.* e.m.f.); *unter* ~ (*stehend*) live, energized; *fig.* close attention; (*nervous*) tenseness; suspense; eager (*or* anxious) expectation; tension (*a. pol.*), strained relations *pl.*; discrepancy; *mit* (*or voll*) ~ all agog, with bated breath, intently; *in* ~ *versetzen* thrill, excite; *in* ~ *halten* keep in suspense.

'Spannungs...: ~abfall *el. m* voltage drop; ~ausgleich *el. m* compensation of voltage; ~feld *el. n* electric field; 2führend *el. adj.* (a)live; 2geladen *adj.* thrill-packed, suspense-filled; 2los *el. adj.* dead; ~messer *m* voltmeter; ~regler *el. m* voltage regulator; ~wandler *el. m* voltage transformer.

'Spann...: ~vorrichtung *tech. f* stretching device; clamping device;

~**weite** f spread; aer. wing span; arch., math. span; fig. range; ~**werkzeug** tech. n clamping tool; ~**wirbel** tech. m turnbuckle.

Spanplatte tech. f chipboard.

Spant [ʃpant] aer. m (-[e]s; -en), usu. ~en pl. rib(s pl.); arch. vertical frame.

Spar|anleihe ['ʃpaːr-] f savings bonds pl.; ~**bank** f (-; -en) savings bank; ~**beton** m lean concrete; ~**brenner** m pilot burner, gas economizer; ~**buch** n (savings bank) pass book, savings booklet; ~**büchse** f money-box; ~**einlagen** f/pl. savings deposits.

'**sparen** v/t. and v/i. (h.) save (money, time, strength, trouble); put money by (for a rainy day); cut down expenses, economize; be sparing of, fig. a. be chary of; contp. stinge, skimp (mit on); spare (cost, trouble); ~ Sie sich solche Bemerkungen you had better keep such remarks to yourself.

'**Sparen** n (-s) saving; economizing, economy.

'**Sparer(in** f) m (-s, -; -, -nen) saver; depositor; die kleinen ~ the small investors.

'**Sparflamme** f pilot light.

Spargel ['ʃpargəl] m (-s; -) asparagus; ~ stechen cut asparagus; ~**kopf** m, ~**spitze** f asparagus tip; ~**stecher** m asparagus knife.

'**Spar...:** ~**gelder** ['-gɛldər] n/pl. savings (deposits); ~**gemisch** mot. n lean mixture; ~**groschen** m → Sparpfennig; ~**guthaben** n savings balance; savings account; ~**herd** m economical stove, kitchener; ~**kasse** f savings-bank; ~**kassenbuch** n → Sparbuch; ~**kocher** m thrift cooker; ~**konto** n savings account.

spärlich ['ʃpɛːrliç] I. adj. scant(y) (a. dress); scarce; sparse; poor; meag|re, Am. -er; econ. slack (demand); thin (hair); II. adv.: ~ bekleidet scantily dressed; ~ bevölkert sparsely (or thinly) populated; 2**keit** f (-) scantiness; scarcity; sparseness; poorness.

Spar... ['ʃpaːr-]: '~**marke** f savings stamp; '~**maßnahme** f economy measure; ~n pl. economies; ~**pfennig** m savings pl., nest-egg, money put by for a rainy day; '~**prämienlos** n premium bond.

Sparren ['ʃparən] m (-s; -) rafter, spar; colloq. fig. e-n ~ (zuviel) haben have a kink, have a screw loose; 2 v/i. boxing: spar; ~**werk** n rafters pl.

Sparring(partner m) ['ʃpariŋ] n (-s; -s) boxing: sparring (partner).

'**sparsam** I. adj. saving, thrifty, economical (mit of); parsimonious; art: mit ~en Mitteln with economy; II. adv.: ~ leben lead a frugal life, economize; ~ umgehen mit use sparingly; 2**keit** f (-) economy, thrift(iness); parsimony; frugality, austerity.

'**Sparsinn** m (-[e]s) thrift.

spartanisch [ʃparˈtaːniʃ] adj. Spartan; fig. a. austere, rugged.

Sparte ['ʃpartə] f (-; -n) branch, field, line; subject.

'**Spar...:** ~**trieb** m saving instinct; ~- **und Darlehenskasse** f savings

and loan bank; ~**verein** m savings club; ~**verkehr** m savings system; savings activity; ~**vertrag** m savings agreement; ~**woche** f thrift week.

spasmodisch [spasˈmoːdiʃ] adj. spasmodic.

Spaß [ʃpaːs] m (-es; ᵘe) joke, jest; fun, lark; amusement, pastime, sport; pl. Späße a. pranks, antics; handgreiflicher ~ practical joke; rauher ~ rough horseplay; ~ machen → spaßen; er hat nur ~ gemacht he was only joking; es macht ihm (großen) ~ it amuses him (hugely), he likes it (a lot), Am. a. he gets a (big) kick out of it; es macht keinen ~ it's no fun, it's a dreary business; seinen ~ treiben mit j-m make fun (or sport) of, play tricks on a p.; er versteht keinen ~ a) he cannot see (or take) a joke, b) he is not to be trifled with; ~ beiseite joking apart!; viel ~! have a good time! aus or im or zum ~ for (or in) fun, in jest; nur zum ~ just for the fun of it.

'**spaßen** v/i. (h.) joke, jest, make fun; damit ist nicht zu ~ that is no joking matter, it's no joke; er läßt nicht mit sich ~ he is not to be trifled with.

'**spaß|haft**, ~**ig** adj. facetious, waggish, jocose; funny, comical, droll; ludicrous.

'**Spaß...:** ~**macher(in** f) m, ~**vogel** m wag, (a. iro.) joker; → Hanswurst; ~**verderber(in** f) ['-fɛrdərbər] m (-s, -; -, -nen) spoilsport, kill-joy, wet blanket.

Spat [ʃpaːt] m (-[e]s; -e) min. spar; vet. spavin.

spät [ʃpɛːt] I. adj. late; belated, tardy; advanced; remote; ~e Badegäste belated bathers; colloq. ~es Mädchen old maid; am ~en Nachmittag late in the afternoon; bis in die ~en Nachtstunden till late at night; es ist (wird) ~ it is (getting) late; → später; II. adv. late; zu ~ too late; zu ~ kommen be late (Am. a. tardy) (zu for); er kam 5 Minuten zu ~ he was five minutes late; ~ in der Nacht late at night; von früh bis ~ from morning till night; wie ~ ist es? how late is it?; ~ aufstehen get up late, generally: be a late riser.

'**Spat-eisenstein** m siderite.

Spatel ['ʃpaːtəl] m (-s; -) → Spachtel.

Spaten ['ʃpaːtən] m (-s; -) spade; ~**stich** m cut with a spade; den ersten ~ tun dig the first spade; fig. break the ground.

'**später** I. adj. later; posterior (als to); subsequent; ~e Geschlechter later (or future) generations; II. adv. (a. ~**hin**) later on; at a later date; subsequently, after(wards); früher oder ~ sooner or later; ~ als later than; → danach.

spätestens ['ʃpɛːtəstəns] adv. at the latest; not later than.

'**Spät...:** ~**geburt** f retarded birth; ~**gotik** arch. f late Gothic (style), in Britain: perpendicular style; ~**heimkehrer** m late-returning prisoner of war; ~**herbst** m late autumn or esp. Am. fall; ~**jahr** n autumn, esp. Am. fall; ~**lese** f wine made

from late-gathered grapes; ~**ling** ['-liŋ] m (-s; -e) calf (or lamb) born late in the year; late fruit; ~**nachmittag** m (am in the) late afternoon; ~**obst** n late fruit; 2**reif** adj. late, tardy; ~**sommer** m late (or Indian) summer.

Spatz [ʃpats] m (-en; -en) sparrow; fig. das pfeifen die ~en von den Dächern it is all over the town, it is everybody's secret; ein ~ in der Hand ist besser als eine Taube auf dem Dach a bird in hand is worth two in the bush; mit Kanonen nach ~en schießen break a butterfly on the wheel; '~**enhirn** colloq. n chicken-brain.

'**Spätzündung** mot. f retarded ignition.

spazieren [ʃpaˈtsiːrən] v/i. (sn) walk (about), stroll; amble, saunter; ~**fahren** I. v/i. (irr., sn) take a drive, go for a drive (or spin); go (out) in a boat; II. v/t. (irr., h.) drive out; ~**führen** v/t. (h.) take out for a walk; walk the dog; ~**gehen** v/i. (irr., sn) take (or go for) a walk, (take a) stroll, promenade; ~**reiten** v/i. (irr., sn) take (or go for) a ride.

Spa'zier...: ~**fahrt** f drive, ride; sail, row; ~**gang** m walk, stroll, promenade; constitutional; fig. walkover; ~**gänger(in** f) [-gɛŋər] m (-s, -; -, -nen) walker, stroller, promenader; ~**ritt** m ride; ~**stock** m walking-stick, cane; ~**weg** m walk, promenade.

Specht [ʃpɛçt] m (-[e]s; -e) woodpecker.

Speck [ʃpɛk] m (-[e]s) bacon; of whale: blubber; w.s. fat; mit ~ fängt man Mäuse good bait catches fine fish; colloq. ran an den ~! let's go!, go it!; 2**ig** adj. fatty; greasy; '~**scheibe**, '~**schnitte** f rasher (of bacon); '~**schwarte** f bacon-rind, sward; '~**seite** f flitch of bacon; fig. mit der Wurst nach der ~ werfen throw a sprat to catch a herring; '~**stein** geol. m soapstone, steatite.

spedieren [ʃpeˈdiːrən] econ. v/t. (h.) forward, dispatch, send (off); haul; mar. and Am. ship.

Spediteur [-diˈtøːr] m (-s; -e) forwarding (mar. shipping) agent, carrier, Am. a. haulage contractor; (furniture) remover.

Spedition [-ditsiˈoːn] f (-; -en) forwarding, mar. and Am. shipping; carrying, haulage; forwarding (or shipping) agency.

Spediti'ons...: ~**auftrag** m dispatch order; ~**gebühren** f/pl. forwarding (Am. shipping) charges; ~**geschäft** n forwarding trade; forwarding agency, carriers pl.

Speer [ʃpeːr] m (-[e]s; -e) spear; a. sports: javelin; '~**werfen** n (-s) javelin throw(ing); '~**werfer(in** f) m javelin thrower.

Speiche ['ʃpaiçə] f (-; -n) spoke; anat. radius.

Speichel ['ʃpaiçəl] m (-s) spittle, saliva; slaver; spit; ~**bildung** f salivation; ~**drüse** f salivary gland; ~**fluß** m salivation; 2**fördernd** adj. promoting flow of saliva; ~**lecker** (-in f) ['-lɛkər] m (-s, -; -, -nen) fig. toady, lickspittle, sycophant; ~**lecke'rei** f toadyism.

'**Speichenrad** n spoke-wheel.

Speicher ['ʃpaɪçər] m (-s; -) granary; (corn-)loft; silo, esp. Am. (grain) elevator; warehouse, store-room, storage-place; (water) reservoir; loft, garret, attic; computer: store; **∼batterie** el. f storage battery; **∼becken** n storage basin; **∼kraftwerk** n storage power station; ♀n v/t. (h.) store (up); econ. a. warehouse; accumulate; hoard (up); computer: store; **∼röhre** f computer: storage tube; TV storage camera tube; **∼ung** f (-; -en) storing (up), storage (a. computer, etc.), accumulation.

speien ['ʃpaɪən] v/i. and v/t. (irr., h.) spit; expectorate, throw up; vomit, be sick; Feuer ∼ belch fire; → ausspeien.

'**Speigatt** mar. n scupper.

Speis [ʃpaɪs] arch. m (-es) mortar.

Speise ['ʃpaɪzə] f (-; -en) food, nourishment; fare; victuals, eatables pl.; dish; → Süßspeise; ∼ und Trank meat and drink; arch. mortar; metall. speiss, (bell) metal; **∼aufzug** m dinner-lift, Am. dumbwaiter; **∼brei** m chyme; **∼eis** n ice-cream; **∼fett** n edible (or cooking) fat; **∼haus** n eating-house; **∼kammer** f larder, pantry; **∼karte** f bill of fare, menu; **∼kessel** tech. m feed boiler; **∼leitung** f feeder (line), el. a. power line, mains (supply); feed pipe.

'**speisen** I. v/i. (h.) eat, have a meal; take one's meals; auswärts ∼ dine out; zu Mittag ∼ dine, lunch, have dinner or lunch; zu Abend ∼ have supper or (late) dinner, dine, sup; (ich) wünsche wohl zu ∼ I hope you will enjoy your dinner; II. v/t. (h.) feed, board; keep; entertain; el., tech. feed, supply; ♀folge f menu.

'**Speise...: ∼öl** n edible (or salad)oil; **∼pumpe** tech. f feed pump; **∼reste** m/pl. leftovers pl.; med. food particles; **∼rohr** tech. n feed pipe; **∼röhre** anat. f gullet, (o)esophagus; **∼saal** m dining-hall (or mar. saloon); banqueting-hall; in monastery: refectory; mil. for officers: mess-room; **∼saft** physiol. m chyle; **∼schrank** m (meat-)safe, pantry, larder; **∼strom** el. m feed current; **∼tisch** m dining-table; **∼wagen** rail. m dining-car, esp. Am. diner; **∼wärmer** ['-vɛrmər] m (-s; -) meat-warmer; **∼wasser** tech. n (-s; ») feed water; **∼zettel** m → Speisekarte; **∼zimmer** n dining-room.

'**Speisung** f (-; -en) feeding (a. bibl. der fünftausend of the five thousand); boarding, maintenance; el. supply, feed.

Spektakel [ʃpɛk'tɑ:kəl] m (-s; -) noise, racket; uproar, row; → Lärm; ♀n v/i. (h.) kick up a row.

Spektral|analyse [ʃpɛk'trɑ:l-] f spectrum analysis; **∼farbe** f spectral colo(u)r.

Spektroskop [ʃpɛktro'sko:p] n (-s; -e) spectroscope.

Spektrum ['ʃpɛktrum] n (-s; -tren) spectrum.

Spekulant(in f) [ʃpeku'lant] m (-en, -en; -, -nen) speculator; stock exchange: a. operator.

Spekulation [-latsi'o:n] f (-; -en) phls., econ. speculation; econ. a. venture, gamble.

Spekulati'ons...: ∼geschäft n speculative operation or transaction; ∼ auf Baisse (Hausse) bear (bull) operation; **∼gewinn** m speculative profit; **∼lust** f speculative spirit; **∼papier** n speculative investment (or stock), Am. fancy stock.

spekulativ [-la'ti:f] adj. speculative.

speku'lieren v/i. (h.) speculate (über acc. on); econ. speculate, gamble (in dat. in); ∼ auf (acc.) reckon on, econ. speculate on, operate for; → Baisse, Hausse.

Spelt [ʃpɛlt] bot. m (-[e]s; -e) spelt.

Spelunke [ʃpe'luŋkə] f (-; -n) den; low gin-shop, dive, joint.

Spelz [ʃpɛlts] bot. m (-es; -e) spelt; '**∼e** bot. f (-; -n) beard, awn.

spendabel [ʃpɛn'dɑ:bəl] colloq. adj. → freigebig.

Spende ['ʃpɛndə] f (-; -n) gift; present; alms pl., charity; contribution; donation; charitable distribution; a. to museum, etc.: benefaction.

'**spenden** v/t. (h.) give (reichlich freely or generously); donate (blood, etc.); distribute, dispense, deal out; eccl. administer (sacraments); bestow (alms, praise) (dat. on); ∼ zu or für contribute to; → Beifall.

'**Spender(in** f) m (-s, -; -, -nen) giver; contributor; donor (a. med.); distributor, (a. machine) dispenser; benefactor (f benefactress).

spen'dier|en I. v/t. (h.) give (or spend) lavishly, give freely; j-m et. ∼ treat a p. to a th., stand a p. a th.; II. v/i. (h.) stand treat; ♀hosen pl.: die ∼ anhaben be in a generous mood.

'**Spendung** f (-; -en) → Spende; administration (of sacraments).

Spengler ['ʃpɛŋlər] m (-s; -) → Klempner.

Sperber ['ʃpɛrbər] m (-s; -) sparrow-hawk.

Sperenzchen [ʃpe'rɛntsçən] colloq. pl.: mach keine ∼! don't make a fuss.

Sperling ['ʃpɛrliŋ] m (-s; -e) sparrow.

Sperma ['ʃpɛrma] biol. n (-s; -men) sperm; **∼tozoon** [-to'tso:on] n (-s; -'zoen) spermatozoon.

sperr-angelweit ['ʃpɛr-] adv.: ∼ offen wide open, gaping.

'**Sperr|ballon** mil. m barrage balloon; **∼baum** m bar(rier); turnpike; of harbour: boom; **∼depot** econ. n blocked deposits pl.; **∼druck** typ. m (-[e]s; -e) spaced type.

'**Sperre** f (-; -n) closing, closure, shutting, block(ing), obstruction; stoppage; bar(ring) (of road, river); barrier; rail. barrier, Am. gate; toll-bar; tech. lock(ing device), stop, detent; obstacle; mil. barrage; aer. fighter patrol; barricade, road block; in harbour: boom; econ., mar. embargo; blockade; med. quarantine; el. power interruption; prohibition, ban; sports: suspension; aer. ∼ fliegen fly on defensive patrol; e-e ∼ verhängen über impose a ban on, ban; → Sperrung.

'**sperren** I. v/t. (h.) spread open or out; straddle (legs); typ. space

(out); bar, stop; block, obstruct, barricade, officially: close (road); cordon off; mil., mar. lock, blockade; embargo; cut off (gas, light); stop, freeze (account, payment, wages); e-n Scheck ∼ stop (payment on) a cheque (Am. check); sports: a) block, unfairly: obstruct, b) disqualify, suspend; shut, close (a. border, etc.); lock; bolt tech. a. stop, arrest; ins Gefängnis ∼ put in prison, lock up; aus dem Haus ∼ lock out; prohibit, stop, ban; sich (gegen et.) ∼ balk (at a th.), oppose or. resist (a th.), struggle (against a th.); gesperrt gedruckt set in spaced type, spaced out; Straße gesperrt! road closed!; gesperrt für Militärpersonen! out of bounds!, Am. off limits!; II. v/i. (h.) jam, be stuck, not to shut.

'**Sperr...: ∼feder** tech. f click spring; **∼feuer** mil. n barrage, curtain-fire; ∼ legen lay down a barrage; **∼flug** aer. m interception flight; **∼fort** mil. n outer fort; **∼frist** f restrictive period; **∼gebiet** n prohibited area, barred zone; neutral zone; blockaded zone; **∼getriebe** tech. n trip gear; **∼gürtel** m fortified lines pl.; barrage; **∼gut** n, **∼güter** n/pl. bulky goods pl., Am. bulk freight; **∼guthaben** n blocked account; **∼hahn** tech. m stopcock; **∼haken** m (safety-)catch, click; skeleton-key; **∼hebel** m arresting lever; **∼holz** n plywood; ♀ig adj. bulky, unwieldy, cumbersome; **∼e Güter** → Sperrgut; **∼kette** f drag-chain; (police) cordon; **∼klinke** f (stop) pawl, ratchet; **∼konto** n blocked account; **∼kreis** m radio: rejector circuit, wave trap; **∼mark** f blocked mark; **∼(r)ad** n ratched wheel; **∼(r)aste** tech. f stop notch; **∼(r)iegel** m safety-bolt; mil. barrage; **∼sitz** thea. m stall, reserved seat, Am. orchestra (seat); **∼stange** f locking bar; **∼stellung** mil. f barrier position.

'**Sperrung** f (-; -en) barring, stoppage, obstruction; blocking (a. of account, radar, traffic); closing (of road); mar. blockade; econ. embargo; Auftrag zur ∼ stop (payment) order; prohibition, ban; tech. locking device, trip gear; → Sperre.

'**Sperr...: ∼ventil** n check valve; **∼vermerk** econ. m non-negotiability notice; **∼vorrichtung** tech. f locking device, catch, stop; **∼zeit** f restriction hours pl.; **∼zoll** m prohibitive duty; **∼zone** f → Sperrgebiet.

Spesen ['ʃpe:zən] econ. pl. charges, (petty) expenses; costs; → Gebühr; ♀frei adj. free of charge(s); **∼konto** n expense account; **∼rechnung** f bill of expenses (incurred); **∼vergütung** f reimbursement of charges.

Spezerei [ʃpe:tsə'raɪ] f (-; -en) spice; **∼waren** f/pl. groceries.

Spezi ['ʃpe:tsi] colloq. m (-s; -[e]s) bosom-friend, crony, Am. a. buddy.

spezial [ʃpetsi'a:l] adj. special.

Spezi'al...: ∼arzt m specialist; **∼ausbildung** f special training; **∼ausführung** f special design; **∼bericht** m special report, particulars pl.; **∼erfahrung** f specialized experience; **~fach** n speciality, special line; als ~ betreiben specialize in; **~fahrzeug** n special purpose vehicle; **~fall** m special case; **~gebiet** n special subject (or branch); **~geschäft** econ. n one-line shop, Am. specialty store; **~güter-messe** f specialized trade fair.

speziali'sier|en v/t. (h.) specialize; sich auf acc. et. ~ specialize in a th.; **2ung** f (-) specialization.

Spezia'list(in f) m (-en, -en; -, -nen) specialist; ~ sein für specialize in.

Speziali'tät f (-; -en) speciality, special line; esp. Am. specialty.

Spezi'al...: ~kräfte f/pl. highly trained workers, specialists; **~sprunglauf** m ski-jumping proper; **~stahl** m special steel.

speziell [ʃpetsi'ɛl] **I.** adj. specific, special, particular; **~e** Aufgabe specification; **II.** adv. specifically, etc.; ~ anführen → spezifizieren.

Spezies ['ʃpe:tsiɛs] f (-; -) species; math. die vier ~ the four first rules of arithmetic.

spezifisch [ʃpe'tsi:fiʃ] adj. specific (-ally adv.); **~es** Gewicht specific gravity, specific weight.

spezifizier|en [ʃpetsifi'tsi:rən] v/t. (h.) specify, particularize, Am. itemize; **2ung** f (-; -en) specification.

Sphär|e ['sfɛ:rə] f (-; -n) sphere (a. fig.); **~enmusik** f music of the spheres; **2isch** adj. spherical; celestial.

Sphinx [sfiŋks] f (-) sphinx (a. fig.).

Spick|aal ['ʃpik-] m smoked eel; **2en I.** v/t. (h.) cul. lard; smoke; fig. interlard speech. etc. (mit with); cram, fill (purse); gut gespickte Börse well-lined purse; von Pfeilen gespickt bristling with arrows; colloq. j-n ~ grease a p.; **II.** v/i. (h.) colloq. ped. crib; **~gans** f smoked goose(breast); **~nadel** f larding-pin.

spie [ʃpi:] pret. of speien.

Spiegel ['ʃpi:gəl] m (-s; -) (looking-) glass, mirror; pier-glass; phys., med. speculum; tech. reflector; fig. stern (of ship); (water) surface; (sea) level; top-layer; hunt. escutcheon; lapel; mil. tab; bull's-eye; typ. type area; (door, etc.) panel; fig. im ~ (gen.) as reflected in; j-m e-n ~ vorhalten hold up a mirror to a p.; das wird er sich nicht hinter den ~ stecken he won't boast of that; **~belag** m mirror foil; **~bild** n reflected image; fig. reflection; mirage; **2blank** adj. mirror-like; fig. spick and span; **~ei** n fried egg; **~fechterei** ['-fɛç-tərai] f (-; -en) sham fight; fig. dissimulation, jugglery; humbug, eyewash; **~fernrohr** n reflector telescope; **~frequenz** f image frequency; **~glas** n (-es; ⸗er) plate-glass; **2glatt** adj. (as) smooth as a mirror, mirror-like; **2gleich**, **2ig** math. adj. symmetrical; **~gleich-heit** math. f mirror symmetry.

'spiegeln I. v/i. (h.) shine, glitter, sparkle; **II.** v/t. (h.) mirror, reflect (both a. fig.); sich ~ (h.) be reflected (or mirrored), reflect; look at o.s. in a glass.

'Spiegel...: ~pfeiler arch. m pier; **~reflexkamera** f reflex camera; **~saal** m hall of mirrors; **~scheibe** f (pane of) plate-glass; **~schrank** m

wardrobe with a mirror; **~schrift** f mirror-writing; typ. reflected face; **~teleskop** n reflector telescope; **~tisch** m pier-table, dressing-table; **~ung** f (-; -en) reflection; mirage; **~zimmer** n mirror room.

Spiel [ʃpi:l] n (-[e]s; -e) play(ing) (a. mus.); game (a. fig. b.s. = scheme, low trick); match; sport; gambling; fig. child's play; mus. **a)** touch, **b)** execution, **c)** style; thea. **a)** play, **b)** acting, playing, performance; ~ Karten pack (Am. deck) of cards; ~ Kegel, etc. set of ninepins, etc.; tech. play, clearance; allowance; free space; backlash (of gears); slackness (of bearing); amount of looseness (of fitted parts); cycle (of work); ~ der Finger (Muskeln) play of a p.'s fingers (muscles); ~ der Natur freak of nature; ~ der Phantasie play of fancy; tennis: (Sieg) ohne ~ walkover; soccer: gefährliches ~ dangerous play, fig. (a. gewagtes ~) gamble; aufs ~ setzen risk, stake, hazard; auf dem ~e stehen be at stake; j-n aus dem ~ lassen leave a p. out of it; das ~ machen have the game in one's hands; fig. das ~ ist aus the game is up; die Hand dabei im ~e haben have a finger in the pie; ein falsches ~ treiben mit j-m practise upon a p.; sein ~ mit j-m treiben make sport (or game) of a p.; ein hohes ~ spielen take a great gamble; j-m freies ~ lassen give a p. full play (or free hand); gewonnenes ~ haben have the game in one's hands, have gained one's point; sports: der Ball ist im ~ the ball is in play; fig. im ~ sein bei et. be involved, be at the bottom of a th.; fig. ins ~ kommen (bringen) come (bring) into play; leichtes ~ haben win hands down, fig. have an easy task (or little trouble); mit klingendem ~ drums beating (and trumpets sounding); fig. das ~ verloren geben throw up one's cards (or the sponge); wie steht das ~? what is the score?

'Spiel...: ~anzug m jumpers, rompers pl., playsuit; **~art** f style (of play); bot., zo. and fig. variety; **~automat** m slot machine; **~ball** m billards: ball in play; tennis: game ball; fig. plaything, sport; ein ~ der Wellen sein be at the mercy of the waves; **~bank** f (-; -en) gaming-table; gambling casino; **2berech-tigt** adj. sports: eligible; **~brett** n (playing-)board; **~dauer** f time of play; film: run; **~dose** f musical box.

'spielen v/i. and v/t. (h.) play (a. w.s. muscles, smile, etc.); gamble; Karten, Schach, etc.: play (at) cards, chess, etc.; mus. ein Instrument ~ **a)** play on an instrument, **b)** play an instrument; thea. play, act, perform; take the part of, impersonate, do; film: in der Hauptrolle ~ feature, star; mit j-m ~ be partnered with; das Stück spielt in the scene is laid in; gespielt werden be on; sports: A spielte gegen B A played B; feign, pretend, simulate; den Höflichen ~ do the polite; ~ mit toy with a thing; trifle with a p.'s feelings; mit dem Gedanken ~, zu inf. flirt (or trifle)

with the idea of ger.; colours: glitter, sparkle; ins Blaue ~ have a bluish tint, incline to blue; j-m et. in die Hände ~ smuggle (fig. play) a th. into a p.'s hands; falsch ~ cheat, play false, mus. play wrong notes; hoch (niedrig) ~ play for high (low) stakes; mit dem Feuer ~ play with fire; ~ lassen fig. bring into play; s-e Beziehungen ~ lassen pull one's strings; s-n Witz ~ lassen display one's wit, sparkle; ich möchte wissen, was da gespielt wird I wonder what's going on (or behind all this); what's your game?; er läßt nicht mit sich ~ he is not to be trifled with; mit gespielter Gleichgültigkeit with studied (or feigned) unconcern; **~d** fig. adv.; ~ (leicht) easily, with effortless ease, just like that; ~ gewinnen win hands down; es ist ~ leicht it's mere child's play.

'Spieler(in f) m (-s, -; -, -nen) player; gambler.

Spiele'rei f (-; -en) play(ing), pastime; fig. trifle; dalliance; child's play; gadget(s pl.).

'Spiel...: ~ergebnis n sports: score; **2erisch** adj. sports: playing, as a player; fig. playful; **~feld** n sports: field, (sports) ground; tennis: court; **~film** m feature (film); **~folge** f program(me); **~freiheit** tech. f absence of play; **~führer** m (team) captain; **~gefährt|e** m, **~in** f playfellow, playmate; **~geld** n play-money; stake, pool; **~geschehen** n course (or trend) of the play; **~gewinn** m winnings pl.; **~hahn** orn. m heath-cock; **~hälfte** f sports: half; **~hölle** f gambling den, Am. a. clip-joint; **~kamerad(in** f) m playfellow, playmate; **~karte** f playing-card; **~kasino** n gambling casino; **~klub** m card-club; **~leidenschaft** f passion for gambling; **~leiter** m thea. stage-manager; film: director; sports: referee; **~leitung** f direction, production; **~mann** m (-[e]s; -leute) musician, street-player; hist. minstrel; mil. bandsman; pl. (Spielleute) mil. bandsmen, drums and fifes; **~mannszug** m band; **~marke** f counter, chip; **~oper** f comic opera; **~plan** m thea., etc. program (-me); repertory; **~platz** m play-ground; sports: → Spielfeld; **~ratte** colloq. f gambler; **~raum** m room to move (about); fig. (free) play; latitude; margin; elbow-room; tech. play, clearance, → Spiel freien ~ haben have full scope, have elbow-room; **~regel** f rule (of the game); fig. ~n pl. rules; fig. sich an die ~n halten play the game; **~sachen** f/pl. toys, playthings; **~schuld** f gambling debt; **~schule** f infant school, kindergarten; **~sitz** tech. m clearance fit; **~stunde** f playtime; **~sucht** f (-) passion for gambling; **~teufel** m gambling demon; passionate gambler; **~tisch** m card-table, gambling table; **~trieb** m play instinct; **~uhr** f musical clock; **~verbot** n sports: suspension; **~verderber(in** f) ['-ferderbər] m (-s, -; -, -nen) spoilsport, kill-joy, wet blanket; **~ver-**

einigung f ball club; ~verlänge-
rung f extra time; ~verlauf m →
Spielgeschehen; ~waren f/pl. toys,
playthings; ~warenhändler(in f)
m toy-merchant, toy-man; ~wa-
renhandlung f toy shop; ~werk n
action; of clock: chime; ~wut f
passion for gambling; ~zeit f play-
time; thea., sports: season; of a
match: time of play; film: run;
~zeug n toy(s pl.), plaything(s pl.);
contp. gew-gaw; ~zeugeisenbahn f
model railway; ~zimmer m card-
-room, gambling room; (children's)
play-room, (day-)nursery.

Spiere ['ʃpiːrə] mar. f (-; -n) spar,
boom.

Spieß [ʃpiːs] m (-es; -e) spear, pike;
javelin; cul. spit; typ. work-up;
mil. sl. Brit. RSM (= regimental
sergeant major), Am. top sergeant,
topkick; fig. den ~ umkehren turn
the tables (gegen on); schreien wie
am ~ scream piercingly, yell blue
murder; → braten.

'**Spießbürger** m bourgois, Philistine, sobersides, Am. Babbitt,
square; 2lich adj. Philistine,
narrow-minded, humdrum, stodgy,
bourgeois; ~tum n (-s) Philistin-
ism, narrow-mindedness, Am. bab-
bittry.

'**spießen** v/t. (h.) spear; spit; auf die
Gabel ~ stick on the fork; pierce,
transfix, run through; → aufspießen.

'**Spießer** m (-s; -) → Spießbürger;
hunt. a) brocket, b) pricket.

'**Spieß...**: ~gesell(e) m accomplice,
companion; ~glanz min. m antimony.

'**spießig** adj. → spießbürgerlich.

'**Spießruten** f/pl.: ~ laufen run the
gauntlet (a. fig.).

Spill [ʃpil] mar. n (-[e]s; -e) capstan; windlass.

spinal [ʃpiˈnaːl] anat. adj. spinal;
~e Kinderlähmung infantile spinal
paralysis, polio(myelitis).

Spinat [ʃpiˈnaːt] m (-[e]s) spinach.

Spind [ʃpint] m and n (-[e]s; -e)
press, wardrobe, cupboard; mil.,
sports: locker.

Spindel ['ʃpindəl] f (-; -n) spindle;
distaff (a. fig.); tech. a) spindle,
b) screw, c) arbor, d) mandril,
e) lead screw; of stairs: newel; of
watch: verge; bobbin; chem. hydrometer; ~baum m spindle-tree;
~beine n/pl. spindle-legs; 2beinig
adj. spindle-legged; ~drehbank f
chuck lathe; 2dürr adj. lean as a
rake, spindly; 2förmig ['-fœrmiç]
adj. spindle-shaped, fusiform; ~-
kasten tech. m headstock; ~presse
tech. f screw press.

Spinett [ʃpiˈnɛt] n (-[e]s; -e) spinet.

Spinne ['ʃpinə] f (-; -n) spider;
fig. spiteful person; traffic: multiple
road junction; 2feind adj.: j-m ~
sein hate a p. like poison.

'**spinnen I.** v/t. (h.) spin; fig.
hatch (plots, etc.); II. v/i. (irr., h.)
spin (round); cat: purr; colloq. rave;
be crazy; du spinnst wohl? you must
be mad!, are you nuts? 2gewebe n
cobweb, spider's web.

'**Spinner** m (-s; -), ~in f (-; -nen)
spinner; zo. bombyx; colloq. crank,
Am. a. screwball.

Spinne'rei f (-; -en) spinning;
spinning-mill.

'**Spinn...**: ~faden m spider thread;
~faser tech. f spinning fib|re, Am.
-er; ~gewebe n cobweb; ~ma-
schine f spinning-frame or -ma-
chine; ~rad n spinning-wheel;
~rocken m distaff; ~stoff m spin-
ning material; textile fib|re, Am.
-er; ~stoffwaren f/pl. textile fab-
rics, textiles; ~webe ['-veːbə] f
(-; -n) cobweb.

spintisieren [ʃpintiˈziːrən] v/i. (h.)
muse (über acc. on); ruminate.

Spion [ʃpiˈoːn] m (-s; -e), ~in f (-;
-nen) spy; window-mirror.

Spionage [ʃpioˈnaːʒə] f (-) espionage, spying; mil. intelligence; ~
treiben engage in espionage, spy;
~abwehr f counter-espionage,
counter-intelligence; ~abwehr-
dienst m counter-espionage service,
Am. counterintelligence corps (abbr.
C.I.C.); ~dienst m intelligence
service; ~ring m spy ring.

spio'nieren v/i. (h.) spy, play the
spy; → ausspionieren, schnüffeln.

Spiral|bohrer [ʃpiˈraːl-] tech. m
twist drill; ~e f (-; -n) spiral (line),
helix; arch. volute; tech. worm,
helix; (Draht2) coil; econ. (price,
etc.) spiral; ~feder f spiral (or
helical) spring; of watch: main-
spring; 2förmig [-fœrmiç] adj.
spiral, helical; ~linie f spiral line;
~nebel ast. m spiral nebula; ~welle
f spirally wound shaft.

Spiritis|mus [ʃpiriˈtismus] m (-)
spiritualism, spiritism; ~t(in f) m
(-en, -en; -, -nen) spiritist; 2tisch
adj. spiritist, spiritualistic.

Spirituosen [ʃpirituˈoːzən] pl. (ardent) spirits, spirituous (or alcoholic) liquors.

Spiritus ['ʃpiːritus] m (-; -se) spirit(s
pl.), alcohol; denaturierter ~ methyl-
ated spirit; gr. breathing; ~bren-
ne'rei f distillery; ~kocher m
spirit stove; ~lack m spirit varnish;
~lampe f spirit lamp.

Spirochäte [ʃpiroˈçɛːtə] biol. f (-;
-n) spiroch(a)ete.

Spital [ʃpiˈtaːl] n (-s; ⁺er) hospital,
infirmary; → Armenhaus, Alters-
heim; ~schiff n hospital ship.

spitz [ʃpits] adj. pointed, peaked;
math. acute (angle); thin, peaked
(face); fig. pointed, poignant, biting; ~e Zunge sharp tongue; ~ zulaufen taper off; colloq. et. ~ kriegen
find (or make) a th. out, catch on
to a th.

Spitz m (-es; -e) Pomeranian (dog);
colloq. → Schwips.

'**Spitz...**: ~bart m pointed beard;
goatee; ~bauch m paunch; ~blat-
tern med. f/pl. chicken-pox sg.;
~bogen arch. m pointed (or Gothic)
arch, ogive; ~bogenfenster n lancet window; ~bube m, ~bübin f
thief, pickpocket; w.s. (a. humor.)
rogue, rascal; ~bubengesicht n
roguish face; ~bubenstreich m,
~büberei ['-byːbəˈraɪ] f (-; -en)
roguish trick, roguery, rascality;
2bübisch adj. knavish, rascally,
a. humor. roguish; impish.

'**Spitze** f (-; -n) point; peak (a. fig.
maximum), summit, top (a. fig.);
(tree) top; spike, prong; tip; spire;
math. vertex (of triangle), apex (of
pyramid; a. of heart, etc.); lace;
(cigarette-)holder; mouthpiece (of
pipe); tech. machine tool: tote (mit-
laufende) ~ dead (live) cent|re, Am.
-er; crest (of gear wheel); head (of
column, organization, etc.); mil.
(spear)head; sports: a) leading
group, b) lead; fig. pointed remark,
cut, sarcasm; surplus; die ~n der
Gesellschaft the cream (or leaders)
of society; sports: an der ~ liegen
be in the lead; an der ~ e-r Sache
stehen be at the head of a th.; auf
die ~ treiben carry to extremes, carry
(things) too far; e-r Sache die ~
nehmen or abbrechen take the edge
off a th.; j-m die ~ bieten make head
against, defy, brave a p.; mot. ~
fahren drive at top speed.

'**Spitzel** m (-s; -) police spy, informer, nark, Am. stool pigeon; a.
company spy; snooper; 2n v/i. (h.)
spy, snoop about; play the informer.

'**spitzen** v/t. (h.) point; sharp-
en; den Mund ~ purse up one's lips;
die Ohren ~ prick up one's ears,
w.s. sit up and take notice; colloq.
fig. sich ~ auf look forward to, be
eager about.

'**Spitzen...** in compounds lace ...; fig.
peak ..., maximum ..., top ...; ~ab-
stand tech. m distance between
cent|res, Am. -ers; ~arbeit f lace-
-work; ~belastung el. f peak load;
~besatz m lace-trimming; ~bluse
f lace blouse; ~drehbank tech. f
cent|re (Am. -er) lathe; engine
lathe; ~einsatz m lace insertion;
~erzeugnis n first-class product;
~film m top-ranking film; ~ge-
schwindigkeit f top speed, peak
velocity; ~gruppe f sports: leading
group; ~kandidat m top candidate,
front runner; ~klasse f top class;
~kleid n dress trimmed with lace;
~klöppler(in f) ['-klœplər] m (-s,
-; -, -nen) lace-maker; ~kragen m
lace collar; ~leistung f masterly
performance, master-piece; sports:
record; tech. peak output, maximum capacity; el. peak power;
generally: peak performance (or
efficiency); ~lohn m peak wage(s
pl.); 2los tech. adj. centreless, Am.
centerless; ~organisation f top (or
central) organization; ~reiter m
sports: leader; ~spiel tech. n crest
clearance; ~spieler m sports: top-
-ranking player, Am. top-notcher;
~stoff m lace fabric; ~strom el. m
peak current; ~tänzer(in f) m toe-
dancer; ~verband m top (or central) organization; mil. advance
element, point squad; ~wein m
first-class wine; ~wert m peak
value.

'**Spitzer** m (-s; -) 1. pencil-sharp-
ener; 2. zo. Pomeranian (dog).

'**spitz...**: ~findig adj. subtle, sharp;
captious, cavilling, hairsplitting;
sophistical; nice; ~ sein subtilize;
2findigkeit f subtlety, subtleness;
captiousness; sophistry, (piece of)
hairsplitting; 2geschoß mil. n
pointed bullet; 2hacke f pick-ax(e),
pick; ~ig adj. → spitz; 2kehre f
mot. hairpin turn; skiing: kick-
-turn; 2kopf m pointed head; 2-

kühler *m mot.* V-shape radiator; *colloq. fig.* potbelly; ♀**licht** *n film*: back and tangential lighting; *pl. in picture*: high lights; ♀**marke** *typ. f* head(ing); ♀**maus** *f* shrew(-mouse); *colloq. (person)* weaselface; ♀**name** *m* nickname; ♀**nase** *f* pointed nose; **~nasig** *adj.* sharpnosed; ♀**säule** *f* obelisk; ♀**turm** *m* spire; ♀**wegerich** *bot. m* ribwort; **~wink(e)lig** *math. adj.* acute-angled.

Spleen [spliːn] *m* (-s; -e) craze, crotchet, fad; '♀**ig** *adj.* crazy, crotchety.

spleißen ['splaɪsən] **I.** *v/i.* (irr., h.) split, crack; **II.** *v/t.* (irr., h.) split, cleave; splice (*cable, rope*); *metall.* refine.

splendid(e) [splen'diːt, -də] *colloq. adj.* freehanded, generous; splendid, magnificent; *typ.* wide(ly spaced).

Splint [splint] *m* (-[e]s; -e) *bot.* sapwood; *tech.* split pin, cotter; '**~bolzen** *m* eyebolt; '**~e** *tech. f* (-; -n) split pin; ♀**en** *v/t.* (h.) cotter.

Splitt [split] *m* (-[e]s; -e) crushed stone; *on roads*: loose gravel, chippings *pl.*

'**Splitter** *m* (-s; -) splinter, shiver; fragment; chip; *bibl.* mote (*in another's eye*); **~bombe** *mil. f* fragmentation bomb; **~bruch** *m,* **~fraktur** *med. f* chip fracture; ♀**frei** *adj.* splinterproof, non-splintering, shatterproof; **~graben** *mil. m* slit trench; **~gruppe** *pol. f* splinter group; ♀**ig** *adj.* splintered, splintery; ♀**n** *v/t.* (h.) *and v/i.* (sn) splinter, shiver (to pieces); split; ♀**nackt** *adj.* stark naked, *Am. a.* mother-naked; **~partei** *pol. f* splinter party; ♀**sicher** *adj.* → splitterfrei; **~es** *Glas a.* safety glass; **~wirkung** *mil. f* fragmentation effect.

spontan [spɔn'taːn] *adj.* spontaneous.

sporadisch [spo'raːdɪʃ] *adj.* sporadic(ally *adv.*).

Spore ['spoːrə] *bot. f* (-; -n) spore.

Sporen ['spoːrən] *pl. of* **Sporn**.

Sporn [spɔrn] *m* (-[e]s; *Sporen*) spur (*a. zo. and fig.*); *mar.* ram; *aer.* tail skid; *of gun*: trail spade; *fig.* goad, incentive, stimulus; *die Sporen geben* → *spornen*; *fig. sich die Sporen verdienen* win one's spurs; ♀**en** *v/t.* (h.) spur, set (*or* put) spurs to; **~rad** *aer. n* tail wheel; **~rädchen** *n* rowel; ♀**streichs** ['-ʃtraɪçs] *adv.* posthaste, directly, straight away.

Sport [spɔrt] *m* (-[e]s) sport(s *pl.*); athletics *pl.*; *fig.* hobby; **~** *treiben* go in for sports; **~abzeichen** *n* sports badge; **~anlage** *f* athletic ground(s *pl.*), sports facilities *pl.*; → *Sportfeld*; **~anzug** *m* sports suit; **~art** *f* form of sport, branch of athletics; **~artikel** *m/pl.* sports goods; **~arzt** *m* sport physician; **~ausrüstung** *f* sports equipment; ♀**begeistert** *adj.* sports-minded; **~bericht** *m* sporting report (*or* news); **~bericht-erstatter** *m* sports reporter.

Sporteln ['-təln] *f/pl.* perquisites, fees.

'**sporteln** *colloq. v/i.* (h.) go in for sports.

'**Sport...: ~ereignis** *n* (sporting)

event; **~feld** *n* sports field, athletic ground(s *pl.*); stadium; **~fest** *n* sports-day, sports meeting; **~flieger** *m* sports pilot; **~flugzeug** *n* sporting (air)plane; **~freund(in** *f*) *m* sports enthusiast (*or* fan); sports-goer; **~geist** *m* (-es) sportsmanship; **~gelände** *n* sports grounds *pl.*; **~gerät** *n* athletic implement(s *pl.*), sports kit; **~geschäft** *n* sporting-goods shop; **~halle** *f* gymnasium; **~hemd** *n* sports shirt; (running) vest; **~herz** *med. n* athlete's heart; **~hochschule** *f* sports college; **~hose** *f* (-e-e **~** a pair of) shorts *pl.*; **~jacke** *f* sports jacket; **~kabriolett** *n* convertible coupé; sport roadster; **~kleidung** *f* sports wear; **~klub** *m* sports club; **~lehrer(in** *f*) *m* sports instructor; trainer, coach; **~ler(in** *f*) *m* (-s, -; -, -nen) sports(wo)man, (woman) athlete; ♀**lich** *adj.* sporting, athletic; athletic-looking; sportsmanlike; **~e** *Veranstaltung* sporting event; **~e** *Tüchtigkeit* sporting prowess; **~lichkeit** *f* (-) sportsmanship; **~mantel** *m* sports coat; **~mütze** *f* sporting cap; **~nachrichten** *f/pl.* sporting news; **~platz** *m* → *Sportfeld*; **~redakteur** *m* sports writer; **~schuh** *m* athletic shoe; **~schule** *f* sports college; **~skanone** *colloq. f* star-athlete, top-ranking athlete; ace, crack, *Am. a.* top-notcher; **~smann** *m* (-[e]s; -*leute*) sportsman; ♀**smäßig** ['-mɛːsɪç] *adj.* sportsmanlike; ♀**treibend** *adj.* sporting; **~veranstaltung** *f* sport (-ing) event, sports meeting; **~verband** *m* sport association; **~verein** *m* athletic club, sports club; **~wagen** *m mot.* sports car; *for babies*: folding pram, go-cart; **~warenhändler** *m* sports outfitter; **~welt** *f* (-) world of sports; sporting world; **~zeitung** *f* sports magazine, sporting paper.

Spott [spɔt] *m* (-[e]s) mockery, scoff(ing); derision, ridicule; irony; banter, raillery; sarcasm; scorn; laughing-stock; *s-n* **~** *mit et. treiben* make fun of, mock at, scoff at, turn *a th.* to ridicule; → *Zielscheibe*; '**~bild** *n* caricature; ♀'**billig I.** *adj.* dirt-cheap; **~e** *Ware* dead bargain; **II.** *adv. a.* for a song; '**~drossel** *orn. f* mocking-bird.

Spöttelei [spœtə'laɪ] *f* (-; -en) raillery, sarcasm; chaff, gibe(s *pl.*), jibe(s *pl.*); irony.

'**spötteln** *v/i.* (h.) scoff, sneer, jeer, gibe (*über acc.* at).

'**spotten** *v/i.* (h.) mock, scoff, laugh (*über acc.* at); **~** *über acc.* ridicule, deride (*a p.*); sneer *or* jeer at; snap one's fingers at; chaff; make game (*or* fun) of; *fig. j-m* **~** defy a p.; *jeder Beschreibung* **~** defy (*or* beggar) description.

'**Spötter** *m* (-s; -), **~in** *f* (-; -nen) mocker, scoffer, sarcastic person; cynic; *eccl.* blasphemer.

Spötte'rei *f* (-; -en) scoffing, mockery; → *Spott*.

'**Spott...: ~gebot** *econ. n* ridiculous offer; **~geburt** *f* monstrosity; **~gedicht** *n* satirical poem, squib; **~gelächter** *n* derisive laugh(ter); **~geld** *n* (-[e]s) ridiculously small

sum, trifling sum; *für ein* **~** for a mere song, dirt-cheap.

'**spöttisch** *adj.* mocking; scoffing, sneering; taunting; derisive, scornful; sarcastic; ironical, quizzical; satirical.

'**Spott...: ~lied** *n* satirical song; **~lust** *f* (love of) sarcasm; ♀**lustig** *adj.* fond of chaff; sarcastic; **~name** *m* nickname; **~preis** *m* ridiculous price, trifling sum; *für e-n* **~** for a mere song, dirt-cheap; **~schrift** *f* satire, lampoon; **~vogel** *m orn.* mocking-bird; *fig.* mocker, wag.

sprach [spraːx] *pret. of* sprechen.

'**Sprache** *f* (-; -n) speech; language, tongue; vernacular; language, parlance; words *pl.*; voice; articulation; diction, style; elocution, delivery; dialect, idiom; slang; lingo; *alte* **~***n* ancient languages; *die* **~** *der Vernunft* the language of common sense; *et. zur* **~** *bringen* bring a th. up, broach a subject; *zur* **~** *kommen* come up (for discussion), be mentioned; *e-e derbe* **~** *führen* use strong language; *die* **~** *wiedergewinnen* recover one's speech; *das redet e-e deutliche* **~** that speaks for itself; *heraus mit der* **~** *!* out with it!, speak out (*or* up)!; → *beherrschen, etc.*

'**Sprach...: ~eigenheit, ~eigentümlichkeit** *f* idiom(atic expression); *deutsche* **~** Germanism; *englische (amerikanische, französische)* **~** Anglicism (Americanism, Gallicism); **~en-atlas** *m* language map; **~en-gewirr** *n* confusion of languages; **~fähigkeit** *f* faculty of speech; **~fehler** *m med.* defect of speech, speech impediment; *gr.* grammatical mistake, solecism; **~fertigkeit** *f* (-) fluency of speech, gift of the gab; proficiency in a foreign language; **~forscher(in** *f*) *m* philologist, linguist; **~forschung** *f* philology, linguistics *pl.*; **~führer** *m* colloquial guide (to a language), phrase-book; **~gebiet** *n* speech area; *deutsches* **~** (all) German-speaking countries; *englisches* **~** English-speaking world; **~gebrauch** *m* (linguistic) usage; *im gewöhnlichen* **~** in colloquial (*or* everyday) usage; **~gefühl** *n* (-[e]s) feeling for a language, linguistic instinct; **~gelehrte(r** *m*) *f* philologist; **~genie** *n* linguistic genius; ♀**gewaltig** *adj.* of powerful expression; ♀**gewandt** *adj.* proficient in languages; fluent, glib; **~insel** *f* isolated dialect, linguistic enclave, *Am. a.* speech island; **~kenner** *m* linguist; **~kenntnisse** *n/pl.* knowledge of languages, proficiency in a foreign language; ♀**kundig** *adj.* versed (*or* proficient) in languages; polyglot; **~labor** *n* language laboratory; **~lehre** *f* grammar; language primer; **~lehrer(in** *f*) *m* teacher of languages; language master; ♀**lich I.** *adj.* of languages, linguistic; grammatical; **II.** *adv.* linguistically, *etc.*; as to style; ♀**los** *adj.* speechless; *da war er* **~** that left him speechless, he was dumbfounded (*or* struck dumb); *ich bin einfach* **~** well I never!, I'll be damned!; **~losigkeit** *f* (-) speechlessness; **~mittler**

m interpreter; linguist; ⒉**moduliert** *tel. adj.* voice-modulated; ⊾**neuerer** *m* language reformer; ⊾**organ** *n* organ of speech; ⊾**raum** *m* speech area; ⊾**regel** *f* rule of grammar; ⊾**regelung** *f* prescribed phraseology; ⊾**reinheit** *f* purity of language; ⊾**reiniger** ['-raɪnɪgər] *m* (-s; -) purifier of a language, *contp.* purist; ⒉**richtig** *adj.* correct, grammatical; ⊾**rohr** *n* speaking-tube, megaphone; *fig.* mouthpiece; organ (*of public opinion*); ⊾**schatz** *m* (-es) vocabulary; ⊾**schnitzer** *colloq. m* grammatical blunder, howler; ⒉**schöpferisch** *adj.* creative in the use of language, coining new words or phrases; ⊾**schule** *f* school of languages; ⊾**störung** *f* speech disorder (*or* impediment); ⊾**studium** *n* study of languages; ⊾**sünde** *f* solecism; ⊾**talent** *n* linguistic talent; ⊾**unterricht** *m* instruction in a language; *englischer* ⊾ English lessons *pl.*; ⊾**verbesserer** *m* reformer of a language; ⊾**verderber** ['-fɛrdərbər] *m* (-s; -) corrupter of a language; ⊾**verein** *m* linguistic society; ⊾**vergleichung** *f* comparative philology; ⊾**vermögen** *n* (-s) faculty of speech; ⊾**verstärker** *m* speech-amplifier; ⊾**werkzeug** *n* organ of speech; ⒉**widrig** *adj.* incorrect, ungrammatical; ⊾**wissenschaft** *f* philology; linguistics *pl.*; ⊾**wissenschaftler(in** *f*) *m* philologist, linguist; ⒉**wissenschaftlich** *adj.* philological, linguistic(ally *adv.*); ⊾**zentrum** *anat. n* speech cent|re, *Am.* -er.
sprang [ʃpraŋ] *pret.* of **springen.**
Sprech|art ['ʃprɛç²ɑ:rt] *f* manner of speaking, diction; ⊾**band** *n* (-[e]s; ⁺er) *film:* dialogue track; ⊾**chor** *m* speaking chorus; *im* ⊾ *rufen* chorus.
'**sprechen** *v/t. and v/i.* (irr., h.) speak, talk (*mit* to; *über acc.,* von of, about); say, utter; ⊾ *mit* (*consult*) see (*one's doctor, etc.*); ⊾ *für* **a)** speak for (*or* in behalf of), **b)** put in a good word for, **c)** plead for, argue in favo(u)r of, advocate; *das spricht für ihn* that tells in his favo(u)r *or* speaks well for him; *das spricht für s-e Nerven* that speaks well for his nerves; *alle Anzeichen* ⊾ *dafür, daß* there is every reason to believe that; *das spricht für sich selbst* that tells its own tale; *vieles spricht dafür* there is much to be said for it; *dagegen* ⊾ argue against it, *reasons: a.* tell against it; *j-n zu* ⊾ *wünschen* wish to see a p.; *ich muß erst mit m-m Anwalt* ⊾ I must see my lawyer first; *kann ich Sie kurz (geschäftlich)* ⊾ can I see you for a moment (on business); *er ist nicht zu* ⊾ he is engaged (*or* busy), he cannot see you now; (*nicht*) *mit sich* ⊾ *lassen* (not) to listen to reason; *nicht gut zu* ⊾ *sein auf* be ill-disposed towards, have it in for a p.; *das Urteil* ⊾ pronounce judgment; *über Politik (Geschäfte)* ⊾ talk politics (business); *von et. anderem* ⊾ change the subject; *zu* ⊾ *kommen auf* come to speak of, bring up, touch (up)on; *man spricht viel von ihm* he is much spoken of *or* talked

about; *wir* ⊾ *uns noch!* I'll be seeing you!; ⊾ *wir nicht davon* don't talk about it, the less said about it the better; *sie* ⊾ *nicht mehr miteinander* they are no longer on speaking terms; *es spricht ihr aus dem Gesicht* it is written on her face; *aus s-n Worten spricht Begeisterung* his words express enthusiasm; *unter uns gesprochen* between ourselves; *allgemein gesprochen* generally speaking; *sprich!* speak out (*or* up)!; → *Blume, schuldig, Tischgebet, etc.*; ⒉ *n* speaking, talking; ⊾**d** *adj. fig.* life-like; speaking (*likeness*), striking (*resemblance*); eloquent (*eyes*); convincing, telling.
'**Sprecher(in** *f*) *m* (-s, -; -, -nen) speaker, talker; *radio:* broadcaster, announcer; spokesman; *parl.* Speaker.
'**Sprech...: ⊾fehler** *m* slip of the tongue; ⊾**film** *m* talking film, talkie; ⊾**frequenz** *f* voice frequency; ⊾**funk** *m* radiotelephony (R/T), voice radio; ⊾**funkgerät** *n* radiotelephone, radiophone set; walkie--talkie; handie-talkie; ⊾**gebühr** *teleph. f* message fee; ⊾**gerät** *n* inter-office communicator; ⊾**gesang** *mus. m* recitative; ⊾**muschel** *teleph. f* mouthpiece; ⊾**platte** *f* speech record; ⊾**probe** *f* auditioning; voice test; ⊾**rolle** *thea. f* speaking part; ⊾**stelle** *teleph. f* public telephone, call station; ⊾**stimme** *f* speaking voice; ⊾**strom** *el. m* speaking current; ⊾**stunde** *f* office hour, calling hour; consultation-hour (*of doctor*); ⊾**stundenhilfe** *f* receptionist; (doctor's) assistant; ⊾**taste** *f* speaking key; ⊾**übung** *f* exercise in speaking; ⊾**verkehr** *m* telephone traffic; ⊾**weise** *f* manner of speaking, speech, diction; ⊾**zimmer** *n* parlo(u)r, office; *of doctor:* consulting room, surgery.
Spreiz|e ['ʃpraɪtsə] *f* (-; -n) *tech.* prop, stay, strut; *gym.* straddle; ⒉**en** *v/t.* (h.) spread (out *or* asunder), open out; straddle (*legs*); *sich* ⊾ (h.) sprawl; *fig.* swagger, strut, bluster, *gegen:* struggle (*or* strive) against, *mit:* boast of, plume o.s. on; → *gespreizt;* ⊾**fuß** *med. m* splayfoot; ⊾**ring** *tech. m* expander (ring); ⊾**schritt** *mount. m* straddle.
Spreng... [ʃprɛŋ-]: '⊾arbeit *f* blasting (operation); '⊾**bombe** *mil. f* high-explosive (*abbr.* H.E.) bomb, demolition bomb; ⊾**el** ['-əl] *m* (-s; -) district; *eccl.* diocese; parish; '⒉**en** **I.** *v/t.* (h.) sprinkle, spray; water (*plants, etc.*); burst (*or* force) open, force (*door*); break (*hold, fetters*); blow up, blast; spring (*mine*); break up (*meeting*), disperse, scatter (*crowd*); *gambling:* break (*the bank*); *fig.* → *Rahmen;* **II.** *v/i.* (sn) gallop, ride fast (*or* hard); '⊾**er** *m* (-s; -) blaster; sprinkler; '⊾**flüssigkeit** *f* explosive liquid; '⊾**geschoß** *n* explosive projectile; '⊾**granate** *f* high--explosive (*abbr.* H.E.) shell; '⊾**kammer** *f* demolition chamber; bridge chamber; '⊾**kapsel** *f* detonator; blasting fuse; '⊾**kommando** *n* demolition party; bomb disposal unit; '⊾**kopf** *m* warhead; '⊾**körper** *m* explosive; '⊾**kraft** *f* (-) explosive

force; '⊾**ladung** *f* explosive (*or* demolition) charge; '⊾**loch** *n* blasthole; '⊾**mittel** *n* blasting agent; explosive; '⊾**öl** *n* nitro-glycerine; '⊾**patrone** *f* blasting cartridge; '⊾**pulver** *n* blasting powder; '⊾**punkt** *m* blasting point; air burst; '⊾**ring** *tech. m* snap ring; '⊾**satz** *m* blasting composition; '⊾**schuß** *m* blast; '⊾**stoff** *m* blasting agent, explosive; '⊾**stück** *n* splinter, fragment; '⊾**trichter** *m* crater; '⊾**trupp** *m* → *Sprengkommando;* '⊾**ung** *f* (-; -en) explosion, blowing up, blasting; breaking, dispersion (*of meeting*); '⊾**wagen** *m* water(ing)-cart, street sprinkler; '⊾**wedel** *eccl. m* sprinkler; '⊾**werk** *arch. n* strut frame; '⊾**wirkung** *f* explosive effect; '⊾**wolke** *f* burst cloud; '⊾**zünder** *m* (explosive) fuse, detonator.
Sprenkel ['ʃprɛŋkəl] *m* (-s; -) **1.** snare, noose; **2.** speck(le), spot; ⒉**n** *v/t.* (h.) speckle, spot, mottle; marble; → *gesprenkelt.*
sprenzen ['ʃprɛntsən] *v/t.* (h.) spray, sprinkle.
Spreu [ʃprɔʏ] *f* (-) chaff; (*a. fig.*) *die* ⊾ *vom Weizen sondern* sift the chaff from the wheat.
Sprich|wort ['ʃprɪç-] *n* (-[e]s, ⁺er) proverb, adage, (proverbial) saying; *wie es im* ⊾ *heißt* as the saying is; ⒉**wörtlich** *adj.* proverbial (*a. fig.*).
sprießen ['ʃpri:sən] *v/i.* (sn) sprout, shoot (up).
Spriet [ʃpri:t] *mar. n* (-[e]s; -e) sprit.
Spring|bein ['ʃprɪŋ-] *zo. n* saltatorial leg; ⊾**brett** *n* → *Sprungbrett;* ⊾**brunnen** *m* fountain.
'**springen** *v/i.* (irr., sn) jump; leap; vault; hop, skip; *lit., a. things, esp. water, blood:* spring; *ball, etc.:* bound, bounce; *ins Wasser* ⊾ jump into the water, (take a) plunge; dive; burst, crack, break; *in die Augen* ⊾ strike (*or fig.* leap to) the eye, be obvious; ⊾ *über* jump, leap, clear, take; *colloq. fig.* ⊾ *lassen* stand; *et.* ⊾ *lassen* spend money freely, stand treat; *e-e Mine* ⊾ *lassen* spring a mine (*a. fig.*); *der* ⊾**de** *Punkt* the (essential *or* crucial) point.
'**Springen** *n* (-s) jumping, vaulting; diving.
'**Springer** *m* (-s; -) **1.** (⊾**in** *f,* -; -nen) jumper; diver; **2.** *chess:* knight.
'**Spring...: ⊾feder** *f* elastic spring; ⊾**flut** *f* spring-tide; ⊾**hengst** *m* stallion; ⊾**insfeld** ['-ʔɪnsfɛlt] *m* (-[e]s; -e) harum-scarum, (young) whipper-snapper; (*girl*) romp, mad-cap; ⊾**kraft** *f* (-) elasticity, springiness; ⊾**konkurrenz** *f riding:* jumping test; ⒉**lebendig** *adj.* full of beans; ⊾**maus** *f* jerboa; ⊾**pferd** *n* jumping horse; ⊾**quell(e** *f*) *m* spring, fountain, well; ⊾**seil** *n* skipping-rope; ⊾**wettkampf** *m* diving competition.
Sprint [ʃprɪnt] *m* (-s; -s), '⒉**en** *v/i.* (sn) sprint.
Sprit [ʃprɪt] *m* (-[e]s; -e) spirit(s *pl.*), alcohol; *colloq. mot.* fuel, juice, *Am. a.* gas.
Spritz|apparat ['ʃprɪts-] *m* spray (-er); ⊾**arbeit** *f* bookbinding: marbled work; ⊾**bad** *n* shower--bath, douche; ⊾**blech** *mot. n*

splash-guard; **~brett** n splash--board; **~düse** f spray nozzle; mot. injection nozzle; for plastics: injection mo(u)lding nozzle.

'**Spritze** f (-; -n) a. med. syringe, squirt; med. injection, shot; colloq. econ. shot-in-the-arm; tech. spray (-er); (fire-)engine; sl. mil. (machine-)gun; colloq. fig. an der ~ sein be at (or stick to) one's post; → Spritzfahrt.

'**spritzen I.** v/t. (h.) squirt; syringe; splash; sprinkle; spray; thermoplastics: injection-mo(u)ld; med. a) inject, b) syringe; mix drink with soda-water; play the hose on; **II.** v/i. (h.) throw water, splash; spurt, spout; water-hose, etc.: play; pen: splutter; colloq. dash, flit; **♀haus** n (fire-)engine house, fire--station; **♀mann** m fireman.

'**Spritzer** m (-s; -) splash.

'**Spritz...: ~fahrt** colloq. f (pleasure-)trip, (short) excursion, mot. spin; **~farbe** f paint spray; **~flakon** m spray flacon; **~flasche** f spray bottle; chem. wash bottle; **~gebäck** n fritters pl.; **~guß** m metall. die--casting; plastics: injection mo(u)lding, **~gußform, gußmatrize** f die-casting die; plastics: injection mo(u)ld die; **~gußmasse** f injection mo(u)lding compound; **♀ig** adj. agile, quick, sparkling, fizzy (wine); colloq. fig. lively, spirited, racy; sparkling, witty; **~lack** m spraying varnish; **♀lackieren** v/t. (h.) (paint-)spray; **~leder** n splash leather; **~mittel** agr. n spray, insecticide; **~pistole** f spray gun; **~tour** colloq. f → Spritzfahrt; **~vergaser** mot. m atomizing carburettor; **♀wassergeschützt** tech. adj. hose-proof, splash-proof.

spröd|e ['ʃprøːdə] adj. brittle (a. voice), metall. a. short; friable; unyielding, inflexible; hard; rough (hair, skin); fig. reserved; coy, prim, prudish (girl); ~ tun play the prude; **♀igkeit** f (-) brittleness, metall. a. shortness; unyieldingness; fig. reserve; coyness, prudishness.

sproß [ʃprɔs] pret. of sprießen.

Sproß m (-sses; -sse) bot. shoot, sprout, spring; germ; fig. scion, offspring, descendant.

Sprosse ['ʃprɔsə] f (-; -n) rung, round, step (of ladder); stave (of wheel); tine, point (of antlers).

'**sprossen** v/i. (sn) → sprießen.

'**Sprossenwand** f gym. wall bars pl.

Sprößling ['ʃprœslɪŋ] m (-s; -e) → Sproß; humor. son, junior.

Sprotte ['ʃprɔtə] ichth. f (-; -n) sprat.

Spruch [ʃprux] m (-[e]s; ⁻e) saying; aphorism, maxim; dictum; bibl. (scripture-)text, passage; radio: message; decision; award; jur. judgment, ruling; sentence, verdict; die Sprüche pl. Salomonis the Proverbs (of Solomon); colloq. große Sprüche machen talk big, brag; colloq. alte Sprüche old gags; '**~band** n (-[e]s; ⁻er) banner; arch. banderole, scroll; '**~dichtung** f epigrammatic poetry; '**~kammer** f board of appeal; pol. (denazification) trial tribunal; '**~kammerent-**

scheid pol. m trial tribunal decision; '**♀reif** adj. ripe for decision; die Sache ist noch nicht ~ the matter is not yet ripe for decision.

Sprudel ['ʃpruːdəl] m (-s; -) mineral water; **~getränk** n carbonated beverage; **♀n** v/i. (sn, h.) gush (or bubble) forth; bubble (up); beverage: effervesce; fig. sputter; ~ vor bubble (or brim) over with; in ~der Laune sparkling with humo(u)r.

sprüh|en ['ʃpryːən] **I.** v/t. (h.) send forth, shower; emit (sparks); spit (fire); spray (water, varnish, etc.); sprinkle; ihre Augen sprühten Feuer her eyes flashed fire; **II.** v/i. (h.) fizzle; rain: drizzle; sparks: scintillate, fly; fig. eyes: flash (vor dat. with); sparkle with wit; **♀entladung** el. f corona; **♀nebel** m (mist) spray; **♀regen** m drizzling rain, drizzle.

Sprung [ʃpruŋ] m (-[e]s; ⁻e) leap, bound, jump; gym. vault; dive; mil. dash; zo. copulation; herd of deer; crack, fissure, flaw; fig. ~ ins Ungewisse leap in the dark; auf dem ~e sein be on the alert; → sprungbereit, ansetzen; auf dem ~e sein, zu inf. be on the point of ger.; auf e-n ~ vorbeikommen drop in (for a minute; bei on); im ~e leaping, in mid-air; es ist nur ein ~ bis dorthin it is only a stone's throw from here; j-m auf die Sprünge kommen find a p. out, be up to a p.'s tricks; j-m auf die Sprünge helfen set a p. right, help a p. out; er kann keine großen Sprünge machen he can't go far, he has no money to waste.

'**Sprung...: ~balken** m sports: take--off board; **~bein** n anat. ankle bone; sports: take-off leg; **♀bereit** adj. and adv. ready to leap and strike; **~brett** n spring board; diving-board; fig. stepping-stone, jumping-off place; **~feder** f elastic spring; **~federmatratze** f spring mattress; **~gelenk** n ankle joint; of horse, etc.: hock; **~grube** f (landing) pit; **♀haft I.** adj. fig. desultory, erratic, flighty; econ. jerky, spasmodic; **II.** adv.: ~ steigen rise by leaps and bounds; → sprungweise; **~hügel** m (ski-)jumping hill; **~kraft** f (-) sports: take-off power; **~latte** f sports: cross-bar, lath; **~lauf** m ski-jumping; **~netz** n life net; **~revision** jur. f direct appeal to the Supreme Court; **~riemen** m martingale; **~schalter** el. m quick-break switch; **~schanze** f ski-jump; ski-jumping platform; **~tuch** n (-[e]s; ⁻er) jumping sheet (of fire brigade); **~turm** m high--diving board; **♀weise** ['-vaɪzə] adv. by bounds; fig. by leaps and bounds; by fits and starts; **~weite** f leaping range.

Spuck|e ['ʃpukə] f (-) spittle, saliva; colloq. da blieb mir die ~ weg I was simply flabbergasted; **♀en** v/i. and v/t. (h.) spit (out), expectorate; engine: splutter; **~napf** m spittoon; Am. a cuspidor.

Spuk [ʃpuːk] m (-[e]s; -e) apparition, spectre, ghost, spook; noise, hubbub, uproar; fig. nightmare; **♀en** v/i. (h.) an e-m Ort: haunt a place; es spukt (in dem Hause) the house

is haunted; fig. die Idee spukt bei ihm im Kopfe the idea is haunting him, he is obsessed with the idea; der Gedanke spukt noch immer in den Köpfen the thought still haunts people's minds; **~geist** m hobgoblin; **~geschichte** f ghost-story; **♀haft** adj. ghostly, weird.

Spülbecken ['ʃpyːl-] n rinsing bowl; of W.C.: flushing pan.

Spule ['ʃpuːlə] f (-; -n) quill (of feather); tech. spool, a. weaving: reel; drum; bobbin; el. coil; **♀n** v/t. (h.) reel, spool.

'**Spül-eimer** m slop-pail.

'**spülen** v/i. (h.) wash (an acc., gegen against); rinse; flush; **II.** v/t. (h.) wash, swill; rinse; flush; mot. scavenge (cylinders); an Land ~ wash ashore.

'**Spulen...: ~antenne** f helical aerial, Am. corkscrew antenna; **~kern** el. m core of a coil; **~wicklung** el. f coil winding.

'**Spül...: ~faß** n rinsing tub; **~frau** f scullery-maid; washer-up; **~icht** ['-içt] n (-[e]s; -e) dishwater, slops, swill; **~klosett** n water-closet, W.C., flush toilet; **~küche** f scullery; **~lappen** m dish-cloth; **~luftkolben** mot. m scavenging air piston; **~pumpe** mot. f scavenger pump; **~stein** m sink; **~sumpf** mot. m scavenge sump; **~ung** f (-; -en) rinsing; med. wash, irrigation; douche; water flush; mot. scavenging; **~wasser** n (-s; ⁻) water for rinsing; dishwater, slops, fig. a. hog-wash.

'**Spulwurm** m mawworm.

Spund [ʃpunt] m (-[e]s; ⁻e) bung, plug, spigot; joinery: feather, tongue; '**~bohrer** m bung-hole borer; '**♀en** v/i. (h.) bung; tongue and groove; '**~loch** n bung-hole.

Spur [ʃpuːr] f (-; -en) trace (a. chem., mil., radar, and fig.); a. fig. trail, track, hunt. a. scent; mark; (a. ski, sound, etc.) track; print; footprint, footstep; mar. wake; rail. ga(u)ge, groove; vestige; e-e ~ Salz a touch of salt; fig. keine ~ von not a trace (or sign, vestige) of; colloq. keine ~! not a bit!, not in the least!, by no means!; auf die richtige ~ bringen or helfen put on the scent, fig. a. give a p. a clue; auf die ~ kommen (dat.) get on the track of, trace, find out; (scharf) auf der ~ sein (dat.) be (hot) on the trail of; auf der falschen ~ sein be on a wrong track, Am. a. be barking up the wrong tree; von der ~ abbringen put off the scent; s-e ~en verwischen cover one's tracks.

spürbar ['ʃpyːrbaːr] adj. sensible; distinct, marked; considerable; ~ sein be felt, be much in evidence.

'**spuren** v/i. (h.) keep on the track; skiing: lay the course; colloq. pol. and w.s. toe the line; er spurt nicht he is a slacker.

'**spüren I.** v/t. (h.) feel; sense, be conscious of; perceive, notice; scent (a. fig.); detect (gas); **II.** v/i. (h.) trace or track game, follow a track; fig. ~ nach go in quest of, search for; hunt. track.

'**Spuren|chemie** f trace chemistry; **~element** n trace element.

Spurhaltigkeit ['-haltiçkaıt] *mot. f* (-) steering stability.

'**Spürhund** *m* tracker dog, bloodhound (*a. fig.*), pointer; *fig.* sleuth, ferret.

'**spurlos I.** *adj.* trackless, traceless; **II.** *adv.* without leaving a trace; ⁓ *verschwinden* vanish (into thin air); *fig. nicht* ⁓ *an j-m vorübergehen* leave its mark on a p., tell on a p., take its toll of a p.

'**Spür...:** ⁓**nase** *f* good nose, scent (*both a. fig.*); *fig.* (*person*) snooper; ⁓**sinn** *m* (-[e]s) scent, flair (*für* for).

Spurt [ʃpurt] *m* (-[e]s; -s), '⁓**en** *v/i.* (*sn*) spurt.

'**Spurweite** *f rail.* ga(u)ge; *of vehicle:* wheel track; *mot.* tread (*of tyre*).

sputen ['ʃpuːtən]: *sich* ⁓ (*h.*) make haste, hurry up.

Sputnik ['sputnik] *m* (-s; -s) sputnick.

Sputum ['spuːtum] *med. n* (-s; -ta) sputum.

st! *int.* hist!; hush!

Staat [ʃtaːt] *m* (-[e]s; -en) state; country, nation; Government; *zo.* colony; *fig.* (-[e]s) state, pomp, splendo(u)r, show; finery, rig-out; *in vollem* ⁓ in full dress; *von* ⁓*s wegen* for reason of state; *großen* ⁓ *machen* make a (grand) display, cut a dash; *mit et.* ⁓ *machen* make a show of a th., parade a th.; *damit kannst du keinen* ⁓ *machen* that's nothing to write home about.

'**Staaten|bund** *m* confederacy, confederation (of states), *Brit.* commonwealth; ♀**los** *adj.* stateless; ⁓**lose(r** *m*) ['-loːzə(r)] *f* (-n, -n; -en, -en) stateless person.

'**staatlich I.** *adj.* state(-)...; Government; national, public; political; ⁓*e Beihilfe* state grant; ⁓*e Einnahmen pl.* public revenue; ⁓*e Preisüberwachung* Government control of prices; **II.** *adv.:* ⁓ *gelenkt* state-controlled; ⁓ *anerkannt* state-recognized, certified.

'**Staats...:** ⁓**akt** *m* act of state; state ceremony; ⁓**aktion** *fig. f* great fuss; ⁓**amt** *n* public office; ⁓**angehörige(r** *m*) *f national, esp. Brit.* subject, *Am.* citizen; ⁓**angehörigkeit** ['-angəhəːriçkaıt] *f* (-) nationality, national status, *Am.* citizenship; ⁓ *erwerben* become naturalized; ⁓**angelegenheit** *f* state affair, public concern; ⁓**angestellte(r** *m*) *f* state employee; ⁓**anleihe** *f* government loan; *pl. a.* government stocks (*Am.* bonds); ⁓**anstellung** *f* public appointment, government job; ⁓**anwalt** *jur. m* public prosecutor, *Am.* district attorney (*abbr.* D.A.); ⁓**anwaltschaft** *f* public prosecutor's office, *Brit.* Director of Public Prosecutions (*abbr.* D.P.P.), *Am.* Office of the District Attorney; ⁓**anzeiger** *m* official gazette; ⁓**apparat** *m* state apparatus; ⁓**archiv** *n* Public Record Office; ⁓**aufsicht** *f* Government (*or* state) control; ⁓**auftrag** *m* Government contract; ⁓**ausgaben** *f/pl.* public expenditures; Government spending *sg.*; ⁓**bank** *f* (-; -en) national bank; ⁓**bankrott** *m* national bankruptcy; ⁓**be·amte(r)** *m*

civil servant; Government (*or* State) official, *Am. a.* office-holder; ⁓**begräbnis** *n* national funeral; ⁓**behörde** *f* public authorities *pl.*, Government; ⁓**besitz** *m* state property; *in* ⁓ state-owned; ⁓**besuch** *m* state visit; ⁓**betrieb** *m* Government(-owned) plant; ⁓**bürger(in** *f*) *m* citizen; ⁓**bürgerkunde** *f* (-) civics *pl.*; ♀**bürgerlich** *adj.* civic(ally *adv.*); ⁓**bürgerrecht** *n* citizenship; ⁓**chef** *m* head (*or* chief) of state; ⁓**dienst** *m* civil service, *Am.* public service; ♀**eigen** *adj.* state-owned; ⁓**eigentum** *n* national (*or* state) property; public ownership; ⁓**einkünfte** *pl.* public revenue *sg.*; ⁓**examen** *univ. n* State examination; ⁓**feind** *m* public enemy; ♀**feindlich** *adj.* subversive; ⁓**form** *f* form of government, polity; ⁓**gebäude** *n* public building; ♀**gefährlich** *adj.* dangerous to the state; ⁓**gefangene(r** *m*) *f* prisoner of State, state prisoner; ⁓**gefängnis** *n* state prison; ⁓**geheimnis** *n* state secret; ⁓**gelder** *n/pl.* public funds; ⁓**geschäft** *n* state-affair; ⁓**gewalt** *f* (-) supreme (*or* executive) power; ⁓**haushalt** *m* national budget (*or* finances *pl.*); → *Haushalt*; ⁓**hoheit** *f* (-) sovereignty; ⁓**interesse** *n* public interest; ⁓**kasse** *f* (public) treasury, *Brit.* exchequer; ⁓**kirche** *f* (-) state church; *Englische* ⁓ Established Church, Church of England; ♀**klug** *adj.* politic(ally *adv.*), diplomatic (-ally *adv.*); ⁓**klugheit** *f* political wisdom, statesmanship; ⁓**kommissar** *m* state commissioner; ⁓**körper** *m* body politic; ⁓**kosten** *pl.: auf* ⁓ at (the) public expense; ⁓**kunde** *f* (-) civics *pl.*; ⁓**kunst** *f* (-) statesmanship, statecraft; ⁓**mann** *m* statesman; ♀**männisch** ['-mɛniʃ] *adj.* statesmanlike; ⁓**minister** *m* Secretary of State; ⁓**ministerium** *n* Ministry of State; ⁓**mittel** *n/pl.* public funds; ⁓**monopol** *n* state monopoly; ⁓**oberhaupt** *n* head of the state, *Am.* Chief Executive; sovereign; ⁓**papiere** *n/pl.* government stocks (*Am.* bonds), government securities *or* papers; ⁓**polizei** *f* (*Geheime* ⁓ *secret*) state police; ♀**politisch** *adj.* relating to national policy, national; ⁓**präsident** *m* President of the State; ⁓**prozeß** *m* state trial; ⁓**prüfung** *f univ.* State examination; ⁓**raison** ['-rɛzɔː] *f* (-) reason of state; ⁓**rat** *m* (-[e]s; ⁓e) Privy Council; (*person*) Privy Council(l)or; ⁓**recht** *n* constitutional (*or* public) law; ♀**rechtlich** *adj.* under (*or* relating to) constitutional law; ⁓**regierung** *f* government; ⁓**rente** *f* government annuity; ⁓**schatz** *m* → *Staatskasse*; ⁓**schiff** *fig.* ⁓ ship of state; ⁓**schuld** *f* national debt; *econ.* consols *pl.*; ⁓**schuldschein** *m* national bond; ⁓**sekretär** *m* Under-Secretary of State, *Brit.* Permanent Secretary; ⁓**sicherheitsdienst** *m* state security service; ⁓**siegel** *n* Great Seal; ⁓**sozialismus** *m* state socialism; ⁓**streich** *m* coup d'état (*Fr.*); ⁓**umwälzung** *f* (political) revolution, upheaval; ⁓**unterstützung** *f* Government grant, state

subsidy; ⁓**verbrechen** *n* political crime; ⁓**verbrecher** *m* political offender, state criminal; ⁓**verfassung** *f* political constitution; ⁓**vertrag** *m* (international) treaty, convention; ⁓**verwaltung** *f* public administration; ⁓**wesen** *n* (-s) political system, polity; state, commonwealth; state affairs *pl.*; ⁓**wirtschaft** *f* political economy; ⁓**wissenschaft(en** *pl.*) *f* political science; ⁓**wohl** *n* public weal; ⁓**zimmer** *n* state-room; ⁓**zuschuß** *m* → *Staatsunterstützung*; *durch* ⁓ *unterstützt* subsidized, state-aided.

Stab [ʃtaːp] *m* (-[e]s; ⁓e) staff; stick; rod; bar; post; rib (*of umbrella*); slat (*of blind*); fillet; (bishop's) crosier; (magic) wand; *sports:* **a)** baton (*for relay race*), **b)** (vaulting) pole; (*mus.* conductor's, *mil.* field-marshal's) baton; *fig., a. mil.* staff; *mil.* headquarters *pl.*, staff-officers *pl.*; *fig. den* ⁓ *über j-n brechen* condemn a p.; '⁓**antenne** *f* rod aerial, *Am.* rod (*or* whip) antenna; '⁓**batterie** *el. f* torch battery; '⁓**brandbombe** *mil. f* stick-type incendiary bomb.

Stäbchen ['ʃtɛːpçən] *n* (-s; -) small rod, etc.; *anat.* rod; *colloq.* (*cigarette*) fag; ⁓**bakterie** *f* bacillus; ♀**förmig** ['-fœrmiç] *adj.* rod-shaped; ⁓**zelle** *f* rod cell.

'**Stab...:** ⁓**eisen** *metall. n* bar iron; ⁓**führung** *mus. f* conducting; *unter der* ⁓ *von* conducted by; ⁓**hochspringer** *sports m* pole-jumper, *esp. Am.* pole-vaulter; ⁓**hochsprung** *m* pole-vault(ing).

stabil [ʃtaˈbiːl] *adj.* stable (*a. econ.*); steady; solid, sturdy, *tech. a.* rugged (*design*).

Stabilis|ator [ʃtabiliˈzaːtɔr] *tech. m* (-s; -'toren) stabilizer; ♀**ieren** *v/t.* (*h.*) stabilize; *sich* ⁓ (*h.*) become stabilized; become steadier; ⁓**ierung** *f* (-) stabilization; ⁓**ierungsfläche** *aer. f* stabilizer.

Stabili'tät *f* (-) stability.

'**Stab...:** ⁓**magnet** *m* bar magnet; ⁓**reim** *m* stave rhyme, *w.s.* alliteration; ⁓**s-arzt** *mil. m* surgeon-major, *Am.* captain (Medical Corps); *mar.* staff-surgeon; ⁓**s-chef** *mil. m* chief of staff, ⁓**sfeldwebel** *mil. m Brit.* Warrant Officer Class II; *Am.* master sergeant; *aer. Am.* Senior Master Sergeant; ⁓**sgefreiter** *m* lance-corporal; ⁓**skompanie** *f* headquarters company; ⁓**s-offizier** *m* field-officer; staff-officer; ⁓**sprung** *m* → *Stabhochsprung*; ⁓**s-unteroffizier** *mil. m Brit.* lance sergeant; *Am.* corporal; *aer. Am.* airman 1st class; ⁓**wechsel** *m sports:* baton (ex)change.

stach [ʃtaːx] *pret.* of *stechen*.

Stachel ['ʃtaxəl] *m* (-s; -n) prick; *of insects:* sting; *bot.* prick(le), spine (*a. of hedgehog*); thorn; spike; tongue (*of buckle*); prong; goad; *fig.* sting; goad, spur, prodding; ⁓ *des Fleisches* lusts of the flesh; *wider den* ⁓ *löcken* kick against the pricks; ⁓**beere** *f* gooseberry; ⁓**beerstrauch** *m* gooseberry-bush; ⁓**draht** *m* barbed wire; ⁓**drahthindernis** *mil. n* barbed wire obstacle, wire entanglement; ~**flosse** f spinous dorsal fin; ~**halsband** n (-[e]s; ⁼er) spiked collar; ~**häuter** ['-hɔytər] zo. m (-s; -) echinoderm.

'**stach(e)lig** adj. prickly, (a. fig.) thorny; zo., etc. spinous; bristly; fig. stinging, caustic, biting.

'**stacheln** v/t. and v/i. (h.) sting, prick; esp. fig. goad, prod; spur on.

'**Stachel...**: ~**rochen** ichth. m thornback; ~**schwein** zo. n porcupine.

Stadel ['ʃtɑːdəl] m (-s; -) barn, shed.

Stadion ['ʃtɑːdiɔn] n (-s; -dien) stadium.

Stadium ['ʃtɑːdium] n (-s; -dien) stage, phase.

Stadt [ʃtat] f (-; ⁼e) town; city; in der ~ aufgewachsen town-bred; in die ~ gehen go to town; in der ~ sein be in town; '~**amt** n municipal office; '~**anleihe** f municipal (Brit. corporation) loan; '~**bahn** f city--railway, metropolitan (railway); '~**bank** f (-; -en) municipal bank; '~**baumeister** m municipal architect; '~**behörde** f municipal authorities pl.; '2**bekannt** adj. (known) all over the town, notorious; '2**bewohner** m → Städter; '~**bezirk** m urban district; '~**bild** n townscape.

Städtchen ['ʃtɛːtçən] n (-s; -) small town.

'**Stadtdirektor** m town clerk, Am. city manager.

Städte|bau ['ʃtɛtə-] m (-[e]s) town (Am. city) planning; ~**ordnung** f municipal statutes, Brit. Municipal Corporation Act; ~**planung** f town planning; ~**r(in** f) m (-s, -; -, -nen) towns(wo)man, city-dweller; pl. a. townspeople; ~**tag** m meeting of city delegates, towns' conference; ~**zug** rail. m interurban express train.

'**Stadt...**: ~**gas** n city gas; ~**gebiet** n urban area; ~**gemeinde** f township, municipality, Am. city borough; ~**gespräch** n teleph. local call; fig. zum ~ werden become the talk of the town; ~**graben** m town-moat; ~**grenze** f city boundary; → Stadtrand.

'**städtisch** adj. town(-)..., municipal; urban; metropolitan; ~e Beamte municipal officers; ~e Bevölkerung urban population; ~e Werke municipal public works.

'**Stadt...**: ~**kämmerer** m city treasurer; ~**kasse** f city treasury; ~**kind** n townsman, confirmed city--dweller; ~**kommandant** mil. m town-major; ~**kreis** m (urban) district; 2**kundig** adj. knowing the town well; → stadtbekannt; ~**leben** n (-s) town life, city life; ~**leute** pl. townspeople, city-dwellers; ~**mauer** f town-wall, city-wall; ~**mitte** f town cent|re, Am. -er; mid-town; ~**musikant** m town-musician; ~**park** m town (or city) park; ~**parlament** n city parliament; ~**plan** m town plan, city map; ~**planung** f town planning; ~**rand** m outskirts pl. (or fringe) of the town or city; ~**randsiedlung** f suburban housing estate or settlement; ~**rat** m (-[e]s; ⁼e) town (or municipal) council; (person) town-coun-

cil(l)or, alderman; ~**recht** n freedom of the city; munucipal law(s pl.); ~**schreiber** m town-clerk; ~**schule** f municipal school; ~**staat** m city-state; ~**teil** m quarter, district, ward; ~**theater** n municipal theat|re, Am. -er; ~**tor** n town--gate, city-gate; ~**väter** ['-fɛːtər] pl. city fathers; ~**verordnete(r** ['-fɛrˀɔrdnətə(r)] m (-[e]n; -[e]n) town (or city) council(l)or; ~**verordnetenversammlung** f town council; ~**verwaltung** f municipality; ~**viertel** n → Stadtteil; ~**wappen** n city arms pl.

Stafette [ʃta'fɛtə] f (-; -n) courier, express; sports: relay; ~**nlauf** m relay race.

Staffage [ʃta'fɑːʒə] f (-) accessories pl., figures pl.; decoration; fig. mere show.

Staffel ['ʃtafəl] f (-; -n) step, of ladder: a. rung; fig. degree; stage; sports: relay; aer. mil. squadron; a. → ~**aufstellung** f echelon (formation); ~**betrieb** el. m echelon working.

Staffe'lei paint. f (-; -en) easel.

'**Staffel...**: ~**kapitän** aer. m squadron commander; ~**lauf** m sports: relay race; 2**n** v/t. (h.) raise in steps; graduate, differentiate (taxes, wages, etc.); aer., tech., sports, etc.: stagger; mil. echelon; ~**rechnung** f banking: equated interest-account; ~**schwimmen** n relay swimming; ~**stab** m sports: (relay) baton; ~**tarif** m progressive rate, sliding scale; ~**ung** f (-; -en) graduation, progressive rates pl.; mil. echelon formation; aer., sports, etc.: staggering; ~**zinsrechnung** econ. f equated calculation of interest.

staf'fieren v/t. (h.) → ausstaffieren.

Stag [ʃtɑːk] mar. n (-[e]s; -e[n]) stay; großes ~ mainstay.

Sta|gnation [stagnatsi'oːn] f (-; -en) stagnation; 2'**gnieren** v/i. (h.) stagnate; 2'**gnierend** adj. stagnant.

stahl [ʃtɑːl] pret. of stehlen.

Stahl [ʃtɑːl] m (-[e]s; ⁼e) steel (a. fig. rhet. = sword); dagger; tech. tool; legierter ~ alloy steel; 2**artig** adj. steely; '2**bad** n chalybeate bath (or spa); '~**band** n (-[e]s; ⁼er) strip steel; '~**bandmaß** n flexible steel rule; '~**bau** m (-[e]s; -ten) steel (-girder) construction; '~**beton** m ferro-concrete; '2**blau** adj. steel--blue; '~**blech** n sheet steel; '~**bürste** f steel-wire brush; '~**eisen** n open hearth pig iron.

stählen ['ʃtɛːlən] v/t. (h.) harden, temper (iron); fig. steel, harden; sich ~ steel o.s.

'**stählern** adj. (of) steel, steely; fig. steely, of steel.

'**Stahl...**: ~**fach** n safe deposit box, strongbox; ~**feder** f steel spring; of pen: steel nib; ~**gerüst** n girder construction; 2**grau** adj. steel--grey; ~**guß** m a) cast steel, b) cast steel product, steel casting(s pl.); 2**haltig** adj. chalybeate (water); 2**hart** adj. (as) hard as steel; ~**helm** m steel helmet; ~**kammer** f of bank: strong room, Am. steel vault; ~**kerngeschoß** mil. n steel-core projectile; ~**konstruktion** f → Stahlbau; ~**mantelgeschoß** mil. n

steel jacket bullet; ~**möbel** n/pl. steel furniture; ~**platte** f steel plate; ~**quelle** f chalybeate spring; ~**rohr** n steel tube; ~**rohrmast** m tubular steel mast; ~**rohrmöbel** n/pl. tubular (steel) furniture; ~**roß** humor. n a) (engine) iron horse, b) bike; ~**sorte** f steel grade; ~**späne** ['-ʃpɛːnə] m/pl. steel chips; steel wool; ~**stich** m steel engraving; ~**träger** m steel girder; ~**waren** f/pl. steel goods, Am. hardware sg.; ~**welle** f shaft; ~**werk** n steel--works pl., steel mill; ~**wolle** f steel wool.

stak [ʃtɑːk] pret. of stecken II.

Staken ['ʃtɑːkən] m (-s; -) stake; pole; boat-hook; 2 v/i. (sn) and v/t. (h.) pole, punt; colloq. strut, stalk.

Staket [ʃta'keːt] n (-[e]s; -e) palisade, paling, fence; stockade; ~**enzaun** m picket fence.

Stalagmit [stalag'miːt] geol. m (-en; -e[n]) stalagmite.

Stalaktit [stalak'tiːt] geol. m (-en; -e[n]) stalactite.

Stalinis|mus [stali'nismus] m (-) Stalinism; ~**t(in** f) m (-en, -; -, -nen), 2**tisch** adj. Stalinist.

'**Stalin-orgel** mil. f multiple rocket launcher.

Stall [ʃtal] m (-[e]s; ⁼e) stable (a. fig. mot., etc.); stall; cowshed; pigsty, pigpen; sheep-pen; chicken house or run; (dog) kennel; shed, Am. a. barn; '~**dienst** m stable--work, mil. stable-duty; '~**dünger** m stable manure or dung; 2**en** I. v/t. (h.) stall, stable; II. v/i. (h.) stale; '~**fütterung** f stall-feeding; '~**gefährte** m sports: stable mate; '~**geld** n stable money, stallage; '~**hase** m domestic rabbit; '~**knecht** m groom, ostler, esp. Am. hostler; '~(l)**aterne** f stable lantern; '~**meister** m equerry, master of the horse; '~**mist** m → Stalldünger; '~**ung** f (-; -en) stabling; pl. stables; '~**wache** f stable guard.

Stamm [ʃtam] m (-[e]s; ⁼e) bot. stem; stalk; trunk (a. anat. of nerve, vessel); econ. Holz auf dem ~ standing timber; race; tribe; stock; family, house; clan; biol. phylum; breed (of cattle); gr. root, stem; männlicher (weiblicher) ~ male (female) line; jur. Erbfolge nach Stämmen succession by stirpes; econ. ~ der Kunden (Gäste) (stock of) regular customers (visitors), regulars pl.; core, nucleus, backbone; mil. skeleton (or permanent) personnel; cadre (personnel); ~**aktie** econ. f original (or ordinary) share, Am. common stock; '~**baum** m genealogical (or family) tree; zo. pedigree; biol. phylogenetic tree; tech. for material: flowsheet; '~**bedeutung** f lexical meaning (of a word); '~**buch** n album; zo. herdbook; '~**burg** f ancestral castle, family seat; '~**einheit** mil. f parent unit; cadre unit; '~**einlage** econ. f original investment, partner's capital share.

stammeln ['ʃtaməln] v/i. and v/t. (h.) stammer, stutter; splutter forth.

'**Stamm-eltern** pl. progenitors.

'**stammen** v/i. (h.): ~ von or aus be descended from; originate (Am. a.

stem) from; spring (*or* proceed) from; come (*or* hail) from (*a town*); date from; *gr.* be derived from; *der Ausspruch stammt von* the word was coined by; *er stammt aus gutem Hause* he is of (*or* comes from) a good family.

'**Stammes**...: **~bewußtsein** *n* clannishness, clan spirit; **~genosse** *m* clansman, tribesman; **~geschichte** *f* racial history; *biol.* phylogeny; **~häuptling** *m* chieftain.

'**Stamm**...: **~form** *gr. f* cardinal (*or* principal) form; **~gast** *m* regular guest, habitué; **~gut** *n* family estate; **~halter** *m* son and heir, first--born male descendant; **~haus** *econ. n* parent firm (*or* house); **~holz** *n* trunk wood, log(s *pl.*).

stämmig ['ʃtɛmiç] *adj.* sturdy, burly, brawny, stalwart; *Am. a.* husky, hefty; stocky; **2keit** *f* (-) sturdiness, etc.

'**Stamm**...: **~kapital** *econ. n* original capital; share capital, *Am.* capital stock; ordinary share capital, *Am.* common capital stock; **~kneipe** *f* one's favo(u)rite pub, habitual haunt; **~kunde** *econ. m* regular customer, patron; *pl. a.* regulars; **~lokal** *n* habitual haunt; **~(m)utter** *f* (-; ⁼) ancestress; **~personal** *n* permanent staff; skeleton staff; cadre personnel; **~rolle** *mil. f* muster-roll, personnel roster; **~schloß** *n* ancestral castle; **~silbe** *gr. f* radical (*or* root) syllable; **~sitz** *m* ancestral seat; **~tafel** *f* genealogical table; *tech.* flowsheet; *chem.* volumetric table; **~tisch** *m* table reserved for regular guests; drinking company; **~tischstratege** *iro. m* arm-chair strategist; **~vater** *m* ancestor; progenitor; **2verwandt** *adj.* kindred, cognate; *pred.* of the same race; **~volk** *n* aborigines *pl.*; primitive people; **~werk** *tech. n* parent stem; **~wort** *gr. n* root--word, stem.

Stampf|beton ['ʃtampf-] *m* compressed concrete; **~e** *f* (-; -*n*) *tech.* tamper, ram(mer); beater, beetle; pestle; punch; **2en I.** *v/i.* (h.) tramp(le), stamp; *mit dem Fuß* ~ stamp one's foot; *horse:* paw (the ground); *mar.* pitch, heave and set, **II.** *v/t.* (h.) *tech.* tamp, ram; crush, stamp (*ore, etc.*); bruise (*wheat, etc.*); mash (*potatoes*); crush (*grapes*); *klein* ~ crush, pulverize; *fig. aus dem Boden* ~ conjure up; **~er** *tech. m* (-s; -) → *Stampfe*.

stand [ʃtant] *pret. of* stehen.

Stand *m* (-[e]s) stand(ing), upright (*or* standing) position; stand, (*a. mar., ast.*) position; footing, foothold; (barometer, *etc.*) reading; (-[e]s; ⁼e) (fair) stand, booth, stall; *fig.* state; condition; situation, position; level, standard; (water, *etc.*) level, height; *econ.* level, rate; *of contest:* score; social position *or* standing, station, rank, status; class; caste; profession; trade; *pol.* estate of the realm; *pol. hist.* die *Stände* the Diet *sg.*; die höheren *Stände* the upper classes; *aus allen Ständen* from all walks of life; *Mann von* ~ man of rank; ~ *der Dinge* state of affairs; (neuester) ~

der Technik (latest) state of engineering, *patent law:* prior art; *Sprung aus dem* ~ standing jump; *auf den neuesten* ~ *bringen* bring up to date; *den höchsten* ~ *erreichen* reach the peak (level); *mit j-m e-n harten* ~ *haben* have a great deal of trouble with a p.; *e-n schweren* ~ *haben* have a hard time of it; *gut im* ~ *sein* be in good condition; *j-n in den* ~ *setzen et. zu tun* enable a p. to do a th.; → *außerstande, imstande, instand, zustande.*

Standard ['ʃtandart] *m* (-s; -s) standard.

standardisier|en [-di'ziːrən] *v/t.* (h.) standardize; **2ung** *f* (-; -en) standardization.

'**Standard**...: **~lösung** *chem. f* standard solution; **~modell** *n*, **~typ** *m* standard type *or* design; **~werk** *n* standard work; **~wert** *m* standard value.

Standarte [ʃtan'dartə] *f* (-; -n) standard, banner; guidon; **~nträger** *m* standard bearer.

'**Stand**...: **~bein** *n* standing leg; **~bild** *n* statue; *phot.* still.

Ständchen ['ʃtɛntçən] *n* (-s; -) serenade; *j-m ein* ~ *bringen* serenade a p.

Stander ['ʃtandər] *mar. m* (-s; -) pennant.

Ständer ['ʃtɛndər] *m* (-s; -) stand; rack; post, pillar; *tech.* support, mount; *el.* stator; **~lampe** *f* standard (lamp), floor lamp.

Standes... ['ʃtandəs-]: **~amt** *n* registry office, *Am.* marriage license bureau, *w.s.* Bureau of Vital Statistics; **2amtlich** *adj.*: **~e Trauung** civil marriage; **~beamte(r)** *m* registrar; **~bewußtsein** *n* caste--feeling, class-consciousness, pride of rank; **~dünkel** *m* pride of place; **~ehe** *f* marriage of rank; **~ehre** *f* professional hono(u)r; **2gemäß**, **2mäßig** *adj. and adv.* in accordance with one's rank, suitable to one's station, in a style befitting one's state; **~genosse** *m* one's equal, compeer; **~person** *f* person of rank *or* quality; **~rücksichten** *f/pl.* considerations of rank; **~unterschied** *m* social difference, class distinction; **~vorurteil** *n* class prejudice; **2widrig** *adj.* unprofessional, unethical.

'**Stand**...: **2fest** *adj.* stable, steady; resistant; rigid; **~festigkeit** *f* (-) stability; resistance; rigidity; **~geld** *n* stall rent; *mar.* demurrage; **~gericht** *mil. n* drumhead court martial; **~glas** *n* glass (cylinder); level ga(u)ge.

'**standhaft I.** *adj.* steadfast, steady; firm; unyielding; resolute; sta(u)nch; persevering, constant; ~ *bleiben* stand pat, resist temptation; **II.** *adv.*: ~ *ablehnen* refuse stoutly; **2igkeit** *f* (-) steadfastness, *etc.*; perseverance, constancy.

'**standhalten** *v/i.* (*irr.*, h.) hold one's ground *or* own; stand firm, hold out; stand, withstand; *j-m or e-r Sache* ~ resist a p. *or* a th.; *der Prüfung* ~ stand the test; *es wird e-r näheren Prüfung nicht* ~ it will not bear closer examination.

ständig ['ʃtɛndiç] **I.** *adj.* permanent

(*address, office, personnel, etc.*); constant; continuous; fixed, regular (*income*); established (*practice, rule*); **~er Ausschuß** standing committee; **~er Korrespondent** resident correspondent; **II.** *adv.* permanently; constantly, forever; *et.* ~ *sagen* keep saying a th.

'**Stand**...: **~licht** *mot. n* parking light; **~motor** *m* stationary engine.

'**Stand-ort** *m* (-[e]s; -e) stand, station, *Am.* location; *mar., a. fig.* position; *mil.* garrison, *Am.* post; **~bereich** *mil. m* garrison (*Am.* post) command; **~bestimmung** *f* position finding; **~kommandant** *m* garrison (*Am.* post) commander; **~lazarett** *n* station hospital.

'**Stand**...: **~platz** *m* stand(ing-place), station; **~pauke** *colloq. f* severe reprimand *or* sermon; *j-m e-e* ~ *halten* lecture a p. severely; **~punkt** *m fig.* point of view, standpoint, viewpoint; *überwundener* ~ discarded idea; *den* ~ *vertreten, daß* take the view that; *j-m den* ~ *klarmachen* give a p. a piece of one's mind; → *ändern*; **~quartier** *mil. n* fixed quarters *pl.*; cantonment; **~recht** *mil. n* martial law; *das* ~ *verhängen* impose martial law; **2rechtlich** *adj. and adv.* according to martial law; by order of a court--martial; **~rede** *f* harangue; **2sicher** *adj.* stable, free from wobble; **~spiegel** *m* full-length mirror; **~uhr** *f* grandfather's clock; **~visier** *mil. n* fixed sight; **~wild** *hunt. n* sedentary game.

Stange ['ʃtaŋə] *f* (-; -n) pole; stake; (metal) rod, bar; post; (flag) staff; *orn.* perch, *for chickens:* a. roost; *of antlers:* branch; stick (*of shaving soap, sealing wax*); *colloq.* (*person*) tall streak, beanpole; *Anzug von der* ~ reach- (*Am.* hand-)me-down; *colloq. e-e* ~ *Geld* a tidy penny, quite a packet; *fig. bei der* ~ *bleiben* stick to business (*or* to the point), *w.s.* stick to one's guns; *j-m die* ~ *halten* **a)** back (*or* stand by) a p., stick up for a p., **b)** be a match for a p.; *j-n bei der* ~ *halten* bring a p. up to scratch.

'**Stangen**...: **~bohne** *f* climbing bean; **~eisen** *n* bar-iron; **~gebiß** *n* bar-bit; **~gold** *n* ingot gold, ingots *pl.*; **~pferd** *n* wheeler; **~spargel** *m* asparagus served whole.

stank [ʃtaŋk] *pret. of* stinken.

Stänker ['ʃtɛŋkər] *m* (-s; -), **~in** *f* (-; -nen) *colloq.* cantankerous person, squabbler, trouble-maker; **Stänke'rei** *fig. f* (-; -en) squabble, bicker; **~stänkern** *v/i.* (h.) smell, stink; *fig.* squabble, bicker.

Stanniol [ʃtani'oːl] *n* (-s; -e) tinfoil; **~papier** *n* tinfoil paper; **~streifen** *m radar:* chaff, window.

Stanz|e ['ʃtantsə] *f* (-; -n) stanza; *tech.* punch(ing tool), punching machine; **2en** *tech. v/t.* (h.) stamp, punch; **~maschine** *f* punching machine; **~matrize** *f* punching die; **~presse** *f* stamping press; **~stahl** *m* punching tool steel.

Stapel ['ʃtaːpəl] *m* (-s; -) pile, stack; *mar.* stocks, slips *pl.*; stock(pile); fibre, *wool:* staple; *econ.* emporium; *mar. auf* ~ *legen* lay down; *vom* ~

lassen launch (*a. fig.*), *fig.* deliver (*speech, etc.*), release, uncork (*blow*); publish (*books*); vom ~ *laufen* be launched (*a. fig.*); ~**faser** f short-fibred rayon, staple fib|re, *Am.* -er; ~**lauf** m launch(ing); 2n v/t. (*h.*) stack, (*a. sich*) pile up; store, warehouse; ~**platz** m stockyard, *a. mil.* dump; *econ.* emporium, mart; ~**waren** f/pl. staple commodities. **Stapfe** ['ʃtapfə] f (-; -n) footstep; 2n v/i. (sn) plod, stump, trudge. **Star** [ʃtaːr] m (-[e]s; -e) **1.** *orn.* starling; **2.** *thea.* (-s; -s) star; *als* ~ *auftreten (or vorstellen)* star; **3.** *med.* (*grauer* ~) cataract; *schwarzer* ~ amaurosis; *grüner* ~ glaucoma; *j-m den* ~ *stechen* couch a p. (for cataract), *fig.* open a p.'s eyes; ~**allüren** ['-aly:rən] pl. primadonnaish airs; ~**besetzung** *thea.* f star cast; 2**blind** adj. blind from cataract. **starb** [ʃtarp] pret. of sterben. **stark** [ʃtark] **I.** adj. strong (*a. drink, etc.; gr. and fig.*); robust, sturdy; stout, corpulent; thick; powerful; intense; violent; bad; loud; large; ~e *Auflage* large edition; ~er *Band* big volume; ~e *Erkältung* bad cold; ~er *Esser* hearty eater; ~e *Familie* numerous (*or* big) family; ~es *Fieber* high temperature; ~er *Frost* hard frost; ~er *Mann* pol. strong man; ~e *Meile (Stunde)* good mile (hour); *med.* ~es *Mittel* potent (*or* powerful) remedy; ~er *Motor* high-powered engine; ~e *Nachfrage* great (*or* keen) demand; ~er *Regen* heavy shower; ~e *Seite* fig. strong point, forte; ~er *Trinker* heavy (*or* hard) drinker; ~er *Verkehr* heavy traffic; e-e *200 Mann* ~e *Kompanie* a company 200 strong *or* numbering 200; *das Buch ist 400 Seiten* ~ the book comprises (*or* has) 400 pages; *colloq. das ist (doch) zu* ~!, *das ist ein* ~es *Stück!* that's a bit thick; **II.** adv. very much, greatly, strongly; hard; ~ *benachteiligt* badly handicapped; ~ *erkältet sein* have a bad cold; ~ *gefragt* in great demand; ~ *vermissen* miss badly; ~ *übertrieben* grossly exaggerated. **Stärke** ['ʃtɛrkə] f (-; -n) **1.** → stark; strength, force; power (*a. tech.*); stoutness, corpulence; *tech.* thickness, diameter; (*wire*) ga(u)ge; *chem.* concentration; intensity; violence; *pharm.* potency, vigo(u)r, energy; strength (*of army, etc.*); *fig.* strong point, forte; **2.** *chem.* starch; ~**grad** m degree of strength, intensity; 2**haltig** adj. containing starch, starchy; ~**mehl** n starch-flour; ~**meldung** *mil.* f strength return. 'stärken v/t. (*h.*) strengthen (*a. fig.*); invigorate, brace; fortify; brace (up); starch (*laundry*); sich ~ (*h.*) *fig.* take some refreshment; ~d adj. strengthening, restorative; bracing (*air*); *pharm.* (*a.* ~es *Mittel*) tonic. 'Stärkezucker m starch-sugar. stark|gliedrig ['-gliːdriç], 'knochig adj. strong-limbed, big-boned. 'Starkstrom el. m power (*or* high-voltage, heavy) current; ~anlage f power plant; ~kabel n power cable; ~leitung f power line (*or*

circuit); ~**technik** f heavy current engineering. 'Stärkung f (-; -en) strengthening; invigoration; comfort; refreshment; pick-me-up; ~**smittel** n restorative, tonic. 'stark...: ~**wandig** ['-vandiç] adj. thick-walled; ~**wirkend** *pharm.* adj. efficacious, powerful, potent, drastic. **starr** [ʃtar] **I.** adj. rigid (*a. fig.*); stiff; staring, fixed (*look*); ~er *Blick* a. stare, glassy stare; motionless; *tech.* rigid (*a. airship*); fixed (*machine-gun*); *fig.* inflexible; ~ vor *Entsetzen* paralyzed with terror, transfixed; ~ vor *Staunen* thunderstruck, dum(b)founded; ~ vor *Kälte* numb (with cold); **II.** adv. rigidly, *etc.*; *j-n* ~ *ansehen* stare at a p., look at a p. fixedly. 'starren v/i. (*h.*) stare (*auf acc.* at); → *Leere*; ~ von *Waffen, etc.* bristle with weapons, *etc.*; vor *Kälte* ~ numb with cold; vor *Schmutz* ~ be covered with dirt. 'Starr...: ~**heit** f (-) → starr; rigidity; stiffness; fixedness; numbness; inflexibility, stubborness; ~**kopf** m stubborn fellow, head-strong person; 2**köpfig** ['-kœpfiç] adj. stubborn, obstinate, head-strong, bull-headed; mulish; ~**köpfigkeit** f (-) stubborness, obstinacy; ~**krampf** *med.* m (-[e]s) tetanus; ~**krampfserum** n antitetanic serum; ~**sinn** m (-[e]s) → *Starrköpfigkeit*; ~**sucht** *med.* f (-) catalepsy. **Start** [ʃtart] m (-[e]s; -s) start (*a. fig.*); *aer.* take-off; launch(ing); *sports:* fliegender (stehender) ~ flying (standing) start; erneuter ~ restart; *mot.* ~ und Ziel start and finish; gut vom ~ wegkommen produce a perfect getaway; *aer. den* ~ freigeben clear for take-off. 'Start...: ~**bahn** *aer.* f runway; 2**berechtigt** adj. *sports:* eligible; nicht ~ disqualified; 2**bereit** adj. ready to start (*or* take off); ~**block** m (-[e]s; ⁺e) *sports:* starting-block; 2**en I.** v/i. (sn) start; *sports: a.* take part (in a competition), participate; zu früh ~ break, jump the gun; *aer.* take off, take the air; **II.** v/t. (*h.*) start; *fig. a.* launch (*enterprise, etc.*); ~**er** m (-s; -) *mot. sports:* starter; ~**erklappe** *mot.* f choke; ~**erlaubnis** f *aer.* clearance for take-off; *sports:* permit (to take part), licence; ~**geld** n *sports:* entry fee; ~**hilfe** *aer.* f assisted take-off; durch *Raketen* rocket-assisted take-off; *fig. econ.* initial impulse; 2**klar** adj. *aer.* ready for take-off; in flying condition; ~**knopf** *mot.* m starter button; ~**kommando** n *sports:* start command; *aer.* take-off signal; ~**linie** f starting line; ~**loch** n starting hole; ~**nummer** f starting number; ~**pistole** f starter's pistol; ~**platz** m start(ing-place); *aer.* take-off point, airfield; ~**rakete** f launching rocket; ~**schleuder** f catapult; ~**schuß** m *sports:* starting shot; da ist der ~ the gun goes off; ~**signal** n starting (*aer.* take-off) signal; ~**strecke** *aer.* f take-off run *or* distance; ~**verbot** n *sports:* sus-

pension; *aer.* take-off restriction; mit ~ belegen ground. **Statik** ['ʃtaːtik] f (-) statics *sg. and pl.*; ~er *arch.* m (-s; -) stress analyst. **Station** [ʃtatsiˈoːn] f (-; -en) *eccl., mar., rail., radio:* station; halting-place, stop; (hospital) ward; stage; (*gegen*) freie ~ board and lodging (found); ~ machen make a halt, break one's journey. **stationär** [ʃtatsioˈnɛːr] adj. *a tech.* stationary; steady, constant; 2**behandlung** *med.* f in-patient treatment. **statio'nier|en** v/t. (*h.*) station; 2**ung** f (-; -en) stationing; 2**ungskosten** pl. stationing costs; 2**ungsstreitkräfte** *mil.* f/pl. stationed forces. **Stati'ons...:** ~**arzt** m house-physician; ~**schwester** f floor nurse; ~**skala** f *radio:* station dial; ~**vorsteher** *rail.* m station-master, *Am.* station agent. 'statisch adj. static(al). **stätisch** ['ʃtɛːtiʃ] adj. restive (*horse*). **Statist** [ʃtaˈtist] m (-en; -en), ~**in** f (-; -nen) *thea.* super(numerary), mute; *film:* extra; ~**ik** f (-; -en) statistics pl.; ~**iker** m (-s; -) statistician; 2**isch** adj. statistical. **Stativ** [ʃtaˈtiːf] n (-s; -e) stand, support; *phot., etc.* tripod. **Statt** [ʃtat] f (-) place, stead; *jur.* an meiner ~ in my place and stead; an *Kindes* ~ annehmen adopt; ~ von-, zustatten, anstatt. **statt** prp. (*gen.; zu with inf.*) instead of, in lieu of; ~ seiner in his place; ~ zu arbeiten instead of working. **Stätte** ['ʃtɛtə] f (-; -n) place, spot; scene; abode; keine bleibende ~ haben have no fixed abode. 'statt...: ~**finden** v/i. (*irr., h.*), ~**haben** v/i. (*h.*) take place, happen; come off; be held, be staged; ~**geben** v/i. (*irr., h.*) (*dat.*) grant, allow, give way to; ~**haft** adj. admissible, allowable; legal. 'Statthalter m governor, *rhet. b.s.* satrap; viceroy; ~**schaft** f (-; -en) governorship; government. 'stattlich adj. stately; handsome; portly, imposing, impressive, commanding; splendid, magnificent; considerable, important (*sum*); 2**keit** f (-) stateliness, portliness, *etc.* **Statue** ['ʃtaːtuə] f (-; -n) statue; 2**nhaft** adj. statuelike, statuesque; **Statuette** [ʃtatuˈɛtə] f (-; -n) statuette. **statuieren** [ʃtatuˈiːrən] v/t. (*h.*) establish, ordain; → *Exempel*. **Statur** [ʃtaˈtuːr] f (-; -en) figure; stature (*a. fig.*), height, size. **Status** ['ʃtaːtus] m (-; -) state, (*a. jur.*) status; *econ.* **a)** statement (of condition), **b)** financial condition; der ~ quo the status quo; ~**symbol** n status symbol. **Statut** [ʃtaˈtuːt] n (-[e]s; -en) statute, regulation; ~en pl. articles of association, by-laws; 2**enmäßig** [-ənmɛːsiç] adj. statutory, (*a. adv.*) according to (the) statutes. **Stau** [ʃtau] m (-[e]s; -e) → *Stauung*; '~**anlage** f barrage, dam, reservoir. **Staub** [ʃtaup] m (-[e]s) dust; powder; *bot.* pollen; in ~ zerfallen

crumble into dust; *fig.* → *aufwir-*
beln; sich aus dem ~e machen
decamp, make off, make tracks; *in*
den ~ ziehen drag through the
mud; '2bedeckt *adj.* covered with
dust; '~besen *m* dust(ing)-brush,
duster; '~beutel *bot. m* anther;
'~blüte *f* male flower; '~brille *f*
(e-e ~ a pair of) dust goggles *pl.*
Stäubchen ['ʃtɔʏpçən] *n* (-s; -)
particle of dust, mote, atom.
'**staubdicht** *adj.* dustproof.
'**Stau·becken** *n* catchment (basin),
reservoir; static-water tank.
stauben ['ʃtaubən] *v/i.* (h.) give off
dust, raise (clouds of) dust; *es*
staubt it is dusty.
stäuben ['ʃtɔʏbən] **I.** *v/t.* (h.) dust
(*a. agr.*); spray; **II.** *v/i.* (h.) → *stau-*
ben; bird: take a dust-bath, dust.
'**Staub...:** ~fach *bot. n* pollen sac;
~faden *m* filament; ~fänger *m*
dust-catcher; *tech.* dust arrester;
~feuerung *f* coal-dust firing; ~
filter *tech. m* dust filter; ~flocke *f*
fluff; 2frei *adj.* dust-free; ~gefäß
bot. n stamen; 2haltig *adj.* dust-
-laden; 2ig *adj.* dusty; ~korn *n*
(-[e]s; ⁼er) dust particle; ~lappen
m duster; ~luft *f* (-) dust-laden air;
~lunge *med. f* pneumoconiosis;
~mantel *m* dust cloak, dust coat,
duster; ~plage *f* (-) dust nuisance;
~regen *m* drizzling rain; ~sack,
~sammler *m* dust collector; ~
sauger *m* vacuum cleaner; *mit*
dem ~ reinigen vacuum; ~schicht *f*
coat (or layer) of dust; 2trocken
adj. bone-dry; ~tuch *n* (-[e]s; ⁼er)
duster; ~wedel *m* feather-duster,
whisk; ~wolke *f* dust-cloud, cloud
of dust; ~zucker *m* powdered (or
icing) sugar.
stauchen ['ʃtauxən] *v/t.* (h.) toss,
jolt; kick; *tech.* compress, upset;
head; *colloq.* (*steal*) swipe.
'**Staudamm** *m* coffer-dam.
Staude ['ʃtaudə] *bot. f* (-; -n) shrub,
bush; perennial (plant).
'**Stau...:** ~druck *m* (-[e]s) *phys.*
impact (or dynamic) pressure; *med.*
back-pressure; ~druckmesser *m*
pressure-head indicator; ~düsen-
antrieb *aer. m* ram-jet propulsion.
'**stauen** *v/t.* (h.) stow (away); dam
(or bank) up (*water*); *sich ~* **a)** *water:*
rise, be dammed up, **b)** *w.s.* pile
up; accumulate, **c)** be blocked or
jammed or congested; *vor dem Ein-*
gang stauten sich die Menschen
a growing mass of people blocked
the entrance.
'**Stauer** *mar. m* (-s; -) stevedore.
Stauffer|büchse ['ʃtaufər-] *tech. f*
grease cup; ~fett *f* (-[e]s) cup
grease.
'**Stau...:** ~kurve, ~linie *f* backwater
curve; ~luft *f* (-) ram air; ~mauer
f (masonry) dam.
staunen ['ʃtaunən] *v/i.* (h.) be
astonished (or surprised) (*über acc.*
at), be amazed (at); marvel (at);
gape, make big eyes; 2 *n* (-s)
astonishment, amazement; stupefaction; admiration, awe; *voll ~* lost
in amazement (or wonder), open-
-mouthed, agape; *in ~ versetzen*
amaze, astound, dazzle, take away
one's breath; ~swert *adj.* amazing,

astounding, marvellous, stupendous.
Staupe ['ʃtaupə] *f* (-; -n) **1.** (public)
flogging; **2.** *vet.* distemper.
stäupen ['ʃtɔʏpən] *v/t.* (h.) flog (in
public).
'**Stau...:** ~see *m* reservoir, storage
lake; ~strahltriebwerk *aer. n*
ram-jet engine; ~stufe *f* (river)
dam; ~ung *f* (-; -en) *mar.* stowage;
damming up (*of water*); accumulation, piling up; stoppage, obstruction, blocking; *med., traffic:* congestion; jam; ~wasser *n* (-s; -)
backwater; dammed up water;
~wehr *n* dam, weir; ~werk *n*
barrage.
Stearin [ʃteaˈriːn] *n* (-s; -e) stea-
rin(e); ~kerze *f* stearin-candle;
~säure *chem. f* stearic acid.
Stech|apfel ['ʃteç-] *m* thorn-apple;
~bahn *f* tilt-yard; ~becken *n* bed-
-pan; ~eisen *n* chisel; punch.
'**stechen** *v/t. and v/i.* (irr., h.) prick;
insect: sting; *flea, mosquito:* bite;
pierce, *esp. med.* puncture; stab
(*a. fig. ray of light, etc.*); cut
(*asparagus, lawn, peat*); stick (*pig*);
tap (*barrel*); *cards:* trump, take a
card; *tech.* cut, engrave; punch
(*clock*); *sun:* burn *sports:* jump (or
throw, *etc.*) off (the tie); *sich in*
den Finger ~ prick one's finger;
j-m in die Augen ~ fig. strike a p.'s
eye, take a p.'s fancy; *es sticht*
mich in der Seite I have stitches
(or a shooting pain) in my side;
ins Rote ~ incline to red; *wie ge-*
stochen schreiben write like copperplate; → *Hafer, See, Star, etc.*; 2 *n*
(-s) shooting (or stabbing) pain,
stitches *pl.*; *sports:* jumping, *etc.*,
off; ~d *adj.* piercing (*eye*); stinging,
pungent (*smell*); shooting, stabbing
(*pain*).
'**Stecher** *m* (-s; -) engraver, pricker;
hair-trigger (*of gun*); (cheese, *etc.*)
scoop.
'**Stech...:** ~fliege *f* stable fly;
gadfly; ~ginster *bot. m* furze,
gorse; ~heber *m* siphon, pipette;
~mücke *f* gnat, mosquito; ~palme
f holly; ~rüssel *zo. m* proboscis;
~schloß *n* hair-trigger lock; ~
schritt *m* goose-step; ~uhr *f* control clock; ~zirkel *m* dividers *pl.*
Steck|brief ['ʃtɛk-] *m* warrant of
apprehension, "wanted" circular;
2brieflich *adv.*: *j-n ~ verfolgen*
take out a warrant against a p.; *~*
verfolgt werden be under a warrant
of arrest; ~dose *el. f* (plug or wall)
socket, wall plug.
'**stecken I.** *v/t.* (h.) stick; *agr.* set,
plant; put *somewhere*; *esp. tech.*
insert (*in acc.* into); plug (into);
→ *hineinstecken*; fix, pin; *den Kopf*
aus dem Fenster ~ put (or pop) one's
head out of the window; *Geld in*
ein Geschäft ~ put *money* into, invest in; *Grenzen ~* set bounds (*dat.*
to); → *Tasche*; *j-m ein Ziel ~* set
a p. a task; *sich hinter j-n ~* make
a tool of a p., *a.* work on a p.; *colloq.*
wer hat ihm das gesteckt? who told
him (or tipped him off)?; *colloq.* er
hat es ihm ordentlich gesteckt he
ticked him off properly; **II.** *v/i.* (h.)
be *somewhere*; be hidden (away);
stick (fast), be stuck; be involved in

(*debt, etc.*); *tief in Schulden ~*
be over the ears in debt; *da*
steckt er! there he is!; *wo steckst*
du denn (solange)? where have
you been (all the time)?; *dahinter*
steckt etwas there is something
in the back of it, there is more
to it than meets the eye; *da steckt*
er dahinter he is at the bottom of
it; *in ihm steckt etwas* he has something, he will go a long way yet;
es steckt mir in allen Gliedern I am
aching all over; *gesteckt voll*
crammed, jammed; → *Brand,*
Decke, etc.; ~bleiben *v/i.* (*irr., sn*)
stick fast, get (or be) stuck, *mot. a.*
bog down (*a. fig. negotiations, etc.*);
a. fig. come to a standstill (or dead
stop); *im Halse ~* stick in a p.'s
throat; *speaker:* break down, get
stuck; ~lassen *v/t.* (*irr., h.*) leave;
den Schlüssel ~ leave the key in the
lock); *fig. j-n ~* leave a p. in the
lurch; 2pferd *n* hobby-horse; *fig.*
hobby, fad; *sein ~ reiten* ride one's
hobby-horse (*a. fig.*).
'**Stecker** *el. m* (-s; -) plug; *~ mit*
Schalter switch plug; *zweipoliger ~*
two-pin plug; ~anschluß *el. m* plug
connection; ~buchse *f* plug;
adapter; ~schnur *f* cord (and plug).
'**Steck...:** ~kartoffeln *f/pl.* seed potatoes; ~kissen *n* baby's pillow;
~kontakt *el. m* plug (contact);
~ling ['-lɪŋ] *bot. m* (-s; -e) layer,
slip, cutting; ~nadel *f* pin; *fig. j-n*
wie e-e ~ suchen hunt for a p. high
and low; *e-e ~ fallen hören* hear a
pin drop; ~nadelkissen *n* pin-
-cushion; ~patrone *f* plug cartridge; ~reis *bot. n* → *Steckling;*
~rübe *f* turnip, swede, *esp. Am.*
rutabaga; ~schlüssel *tech. m* box-
-spanner, socket wrench; ~schuß
med. m retained missile; ~zirkel *m*
compasses *pl.* with shifting points,
drawing compasses *pl.*; ~zwiebel
bot. f bulb for planting.
Steg [ʃteːk] *m* (-[e]s; -e) (foot)path;
footbridge; *on machines:* catwalk;
mar. landing-stage; bridge (*of*
spectacles, violin); (trousers) strap;
typ. stick, *pl.* furniture *sg.*; *tech.*
cross-piece, bar; flange; side bar
(*of chain*); *arch.* fillet; *el.* cell connector (*in battery*), bridge.
'**Stegreif** *m*: *aus dem ~* off-hand,
extempore, impromptu, *Am. a.* ad-
lib (*all a. attr.*); *aus dem ~ sprechen*
extemporize, *Am. a.* adlib; ~dich-
ter *m* improvisator; ~gedicht *n*
impromptu.
Steh|auf ['ʃteːˀauf] *m* (-s; -), ~auf-
männchen *n* skip-jack, (cork-)
tumbler; ~bierhalle *f* bar, pub;
~bild *phot. n* still (picture).
stehen ['ʃteːən] *v/i.* (irr., h.) stand;
be *somewhere*; be written; *gr.* be
used; *garment:* suit, become (*j-m a*
p.); stand still, have stopped; stand
one's ground, not to budge; *auf-*
recht ~ stand upright; *fig. ~ für*
(*acc.*) stand (or answer) for; *gut*
(*schlecht*) *mit j-m ~* be on good
(bad) terms with a p.; *auf e-r*
Liste ~ figure (or appear) in a list;
auf j-s Seite ~ be on a p.'s side,
side with a p.; *bei j-m in Arbeit ~*
be in a p.'s employ; *im Rang vor*
(*hinter*) *j-m ~* rank before (after)

a p.; *in e-m Gesetz* ~ be embodied (or laid down) in a law; *Geld bei j-m* ~ *haben* have money standing with a p.; *über (unter) j-m* ~ be above (below) a p.; *unter j-s Leitung* ~ be under the direction of, be directed by; *vor et. Unangenehmem* ~ be faced with, be in for *something unpleasant*; *zu j-m* ~ stand by a p.; *zu e-m Versprechen, etc.,* ~ stand (or stick) to *a promise, etc.*; *zur Debatte* ~ be at issue; *sich im Einkommen* ~ *auf* have an income of, make, earn; → *Mann, Modell, Posten, teuer, etc.*; *auf dem Hügel standen einige Bäume (Häuser)* on the hill there stood (or were) a few trees (houses); *die Aktien* ~ *auf 75* the stock is at 75; *das Barometer steht auf* the barometer points to; *das Thermometer steht auf* the thermometer stands at; *gr. auf ... steht der Akkusativ ...* answers (or is followed by) the accusative; *auf dem Scheck steht kein Datum (keine Unterschrift)* the cheque bears no date (no signature); *es steht nicht bei mir* it is not in my power (or for me) *to decide (or to do it)*; *es steht schlecht um ihn* he is in a bad way; *es steht zu erwarten, daß* it is to be expected that; *es ~ schwere Strafen darauf* it is severely punished; *die Sache steht so* the matter stands thus; *die Sache steht gut* matters are in a fair way; *so steht es also!* so that's how it is!; *sie ~ sich nicht schlecht dabei* they are no losers by it, they don't do so badly at it; *was in meinen Kräften steht* everything within my power, all I can, my utmost; *was steht in dem Brief?* what does it say in the letter?; *was steht in den Zeitungen?* what do the papers say?; *(und) wie steht es mit dir?* how about you?; *wie steht das Spiel?* what is the score?

'**Stehen** *n* (-s) standing; *Mahlzeit im* ~ stand-up meal; *zum* ~ *bringen* bring to a stop (or standstill), *fig. a.* stay, halt; sta(u)nch *blood*; *zum* ~ *kommen* come to a stop (or halt).

'**stehen...:** ~**bleiben** *v/i.* (*irr., sn*) remain standing (or on one's feet); stand (still), stop (*a. clock*), come to a standstill; stop short; *engine*: stall, die, conk out; *econ. prices*: remain stationary; *mistake, etc.*: remain, be left (or overlooked); *der Passus muß* ~ the passage must stand; *wo sind wir stehengeblieben (beim Lesen, etc.)?* where did we leave off?; *nicht* ~! move on!; ~**d** *adj.* standing, *water*: *a.* stagnant; upright, erect; vertical (*a. engine*); permanent; ~*es Heer* standing (or regular) army; ~*er Ausdruck*, ~*e Redensart* standing phrase, stock-phrase; ~*e Regel* standing rule; stationary, fixed; ~*en Fußes* on the spot, straight (*esp. Am.* right) away; *boxing*: ~ *k.o.* out on one's feet; ~**lassen** *v/t.* (*irr., h.*) keep standing; leave alone; turn one's back on; ignore, leave unnoticed; *chem., cul.* allow to stand (or settle, cool); leave *food* untouched; leave *mistake, etc.* (uncorrected), over-

look; leave, forget; *alles stehen- und liegenlassen* drop everything; *sich e-n Bart* ~ grow a beard; *sports*: (*glatt*) ~ run away from *opponent*, give the slip.

'**Steher** *m* (-s; -) *sports*: stayer.

'**Steh...:** ~**imbiß** *m* stand-up lunch; ~**kragen** *m* stand-up collar; ~**lampe** *f* standard (lamp); floor lamp; ~**leiter** *f* step-ladder.

stehlen ['ʃteːlən] **I.** *v/i.* (*irr., h.*) steal, thieve, *jur.* commit larceny (or a theft); **II.** *v/t.* (*irr., h.*) steal (*j-m Geld* a p.'s money; *fig. j-s Herz* a p.'s heart); purloin, misappropriate, take away; kidnap (*child, etc.*); embezzle; pilfer; *fig. j-m die Zeit* ~ waste a p.'s time; *sich in das (aus dem) Haus* ~ steal into (out of) the house; *gestohlenes Gut* stolen goods *pl.*; *colloq. er kann mir gestohlen bleiben!* he can go and be hanged!; *das kann mir gestohlen werden!* to hell with it!

'**Stehlen** *n* (-s) stealing; thieving; theft.

'**Stehler** *m* (-s; -) thief.

'**Stehlsucht** *f* (-) kleptomania.

'**Steh...:** ~**platz** *m* standing-room; ~**platzinhaber** *m* standee; *rail., etc.* straphanger; ~**pult** *n* standing-desk, high desk; ~**satz** *typ. m* (-es) standing (or live) matter; ~**umlegekragen** *m* turn-down collar; ~**vermögen** *n* (-s) staying power, stamina.

Steier|mark ['ʃtaɪɐ-] *f* (-): *die* ~ Styria; ~**märker(in** *f*) ['-mɛrkɐr] *m* (-s, -; -, -nen) Styrian.

steif [ʃtaɪf] **I.** *adj.* stiff (*vor dat.* with); *esp. phys.* rigid; inflexible; fixed, firm; thick (*liquid*); numb (*vor Kälte* with cold); muscle-bound (*athlete*); (stiffly) starched, stiff (*laundry*); *fig.* stiff, wooden, formal, starchy, strait-laced; awkward, clumsy; ~*e Brise* stiff breeze; ~*er Grog* stiff (glass of) grog; ~*er Hals* stiff neck; ~*er Hut* bowler hat, *Am.* derby (hat); ~ *wie ein Stock* stiff as a poker; ~ *werden* grow stiff or rigid, *muscles*: stiffen; **II.** *adv.* stiffly, *etc.*; *et.* ~ *und fest behaupten* maintain stubbornly, be positive *on a th.*, insist, swear; → *Ohr*; 2*e f* (-) → *Steifheit*; dressing, starch; *tech.* (-; -n) strut; prop, stay; ~**en** *v/t.* (*h.*) stiffen; starch, dress (*laundry*); *tech.* prop, stay; *fig.* → *versteifen*; → *Nacken*; 2**heit** *f* (-) stiffness, rigidity; *tech.* stability; *of cement*: workability; *fig.* stiffness; formality; starchiness; awkwardness; 2**igkeit** *tech. f* (-; -en) rigidity; 2**leinen** *n* buckram; ~**leinen** *adj. fig.* dull, stodgy; strait-laced, starchy; 2**leinwand** *f* buckram.

Steig [ʃtaɪk] *m* (-[e]s; -e) (narrow) path, footpath; '~**bö** *aer. f* bump; '~**bügel** *m* stirrup (*a. anat.*); ~**e** ['ʃtaɪɡə] *f* (-; -n) ladder; steep stairs *pl.*; stile; ascent; '~**eisen** *n* climbing iron; *mount.* crampon.

steigen ['ʃtaɪɡən] *v/i.* (*irr., sn*) go up, ascend, mount, climb (up); rise, soar; → *aufsteigen; aer.* climb, zoom; *fog*: lift; *horse*: rise on its hindlegs, prance; *fig.* increase, (*a. dough, number, road, thermometer, water, etc.*) rise; *event*:

come off, be held (or staged); *econ. prices*: rise (*bis zu* to), go up, advance, move upward, improve, *discount rate*: be advanced; *an Land* ~ go ashore, land; *auf e-n Baum* ~ climb (up) a tree; → *Dach; auf ein Pferd* ~ mount a horse; *auf den Thron* ~ ascend the throne; ~ *aus* (*dat.*) → *aussteigen; aus dem Bett* ~ get out of bed; ~ *in* (*acc.*) → *einsteigen; ins Examen* ~ go in (or sit) for an examination; *in den Kopf* ~ go (*blood a.* rush) to a p.'s head; *Tränen stiegen ihr in die Augen* tears rose to her eyes; *zu (vom) Pferde* ~ (dis)mount; 2*n* rise, ascent; *a. aer.* climb(ing); *fig.* rise, increase; *econ.* ~ *der Preise* rise (or advance) in prices; *stock exchange*: upward movement; *auf das* ~ *der Kurse spekulieren* buy for a rise; 2**d** *adj. fig.* rising, increasing, advancing; growing; *stock exchange*: ~*e Tendenz* upward tendency.

'**Steiger** *m* (-s; -) climber; *mining*: pit-foreman, *Am. a.* overman; *metall.* riser gate.

steiger|n ['ʃtaɪɡɐrn] *v/t.* (*h.*) raise; increase, augment; aggravate; strengthen, enhance, intensify, heighten; improve, better; *er kann sich noch* ~ he is not yet at his peak; step up *production; das Tempo* ~ increase the pace; drive (or force) up; *gr.* compare; *auction*: bid up, outbid; *sich* ~ (*h.*) increase, rise, intensify, *person*: improve; *sich in e-e Wut* ~ work o.s. into a rage; 2**ung** *f* (-; -en) raising, rise, increase; aggravation; enhancement, intensification, heightening; augmentation, boost; *gr.* comparison; *rhet.* gradation, climax; *econ.* → *Steigen*; 2**ungsgrad** *gr. m* degree of comparison.

'**Steig...:** ~**fähigkeit** *f* (-) *aer.* climbing power; *mot.* hill-climbing ability; ~**flug** *aer. m* climb (to altitude), ascent; zoom; ~**geschwindigkeit** *aer. f* rate of climb; ~**höhe** *f aer.* ceiling; altitude range (*of missile*); *tech.* pitch (*of thread*); ~**leitung** *f el.* rising main; *tech.* → ~**rohr** *n* standpipe, ascending tube; ~**ung** *f* (-; -en) rise; *rail., road*: gradient, *Am.* (up)grade; slope; ascent; *thread*: **a)** pitch (*a. of air screw*), **b)** lead; ~**ungswinkel** *math. m* gradient angle; *aer.* angle of climb.

steil [ʃtaɪl] **I.** *adj.* steep; precipitous; **II.** *adv.*: ~ *nach unten (in die Höhe) schießen* swoop down (zoom up); 2**abfall** *m* precipice, drop; 2**e** *f* (-; -n) → *Steilheit*; 2**feuer** *mil. n* high-angle fire; 2**feuergeschütz** *mil. n* high-trajectory gun; 2**flug** *aer. m* vertical flight; 2**hang** *m* steep slope, precipice; 2**heit** *f* (-) steepness, precipitousness; *el.* mutual conductance; *phot.* contrast; 2**kurve** *aer. f* steep turn; 2**küste** *f* steep coast, bluff; 2**paß** *m soccer*: up-field pass; 2**schrift** *f* vertical writing.

Stein [ʃtaɪn] *m* (-[e]s; -e) stone, *Am. a.* rock; *geol.* rock; *kleiner* ~ small stone, pebble; (precious) stone, gem; *of watch*: jewel; *for cigarette lighter*: flint; *on grave, memorial*:

stone; *draughts, checkers*: man, piece; *bot.* stone, kernel; *med.* stone, calculus; (beer) mug, *Am.* stein; zu ~ *machen or werden* petrify; *fig.* ~ *des Anstoßes* stumbling-block; ~ *der Weisen* philosopher's stone; ~ *und Bein frieren* freeze hard; ~ *und Bein schwören* swear by all that's holy; ~*e geben statt Brot* give a stone for bread; *den ~ ins Rollen bringen* set the ball rolling; *den ersten ~ werfen* cast the first stone (*nach at*); *e-n ~ im Brett haben bei j-m* be in a p.'s good books, be in good with a p.; *j-m ~e in den Weg legen* put obstacles in a p.'s way; *ein ~ fällt mir vom Herzen* that takes a load off my heart.

'**Stein...:** ~**adler** *m* golden eagle; 2**alt** *adj.* (as) old as the hills (*or* as Methuselah); 2**artig** ['-aːrtiç] *adj.* stone-like, stony; ~**axt** *hist. f* stone-axe; ~**bank** *f* (-; -*e*) stone-bench; ~**bau** (-[e]s; -*ten*) stone structure; ~**baukasten** *m* box of bricks; ~**bild** *n* statue; ~**block** *m* (-[e]s; "*e*) block of stone; *geol.* boulder; ~**bock** *m zo.* ibex; *ast.* Capricorn; ~**boden** *m* stony soil *or* ground; *arch.* stone-floor; ~**bohrer** *m* rock drill; *arch.* masonry drill, wall chisel; ~**brech** ['-brɛç] *bot. m* (-[e]s; -*e*) saxifrage; ~**brecher** *m* quarryman; (*machine*)stone crusher; ~**bruch** *m* quarry; ~**brucharbeiter** *m* quarryman; ~**butt** *ichth. m* turbot; ~**damm** *m mar.* pier, mole; paved road; ~**druck** *typ. m* (-[e]s; -*e*) lithography; (*picture*) lithograph; ~**drucker** *m* lithographer; ~**druckfarbe** *f* lithographic ink; ~**eiche** *f* evergreen oak; 2**ern** ['-ərn] *adj.* (of) stone, stone...; *fig.* stony; ~*es Herz* heart of stone; ~**erweichen** *fig. n* (-s): *zum* ~ to melt a heart of stone; ~**fliese** *f* → *Steinplatte*; ~**frucht** *bot. f* stone-fruit; ~**garten** *m* rock garden; ~**geröll** *n* rubble, shingle; ~**gut** *n* (-[e]s; -*e*) earthenware, stoneware; ~**hagel** *m* shower of stones; 2**hart** *adj.* (as) hard as stone, stony; ~**hauer** *m* stone-cutter; ~**haufe(n)** *m* heap of stones; ~**holz** *n* xylolith; ~**huhn** *n* rock partridge; 2**ig** *adj.* stony, full of stones; rocky; 2**igen** ['-igən] *v/t.* (*h.*) stone; ~**igung** *f* (-; -*en*) stoning; ~**kitt** *m* mastic cement; ~**klopfer** *m* stone-breaker; ~**kohle** *f* hard (*or* mineral) coal, pit-coal, bituminous coal; ~**kohlenbergwerk** *n* (bituminous) coal-mine, colliery; → *Kohlen...*; ~**kohlenteer** *m* coal-tar; 2**krank** *med. adj.* suffering from stone, calculous; ~**krankheit** *f* lithiasis, calculosis; ~**krug** *m* stone jug; ~**kunde** *f* (-) lithology, mineralogy; ~**mann** *mount. m* cairn; ~**marder** *zo. m* beech marten; ~**meißel** *m* stone chisel; rock bit; ~**metz** ['-mɛts] *m* (-en; -en) stone-mason; ~**obst** *n* stone fruit; ~**öl** *n* (-[e]s) petroleum; ~**pflaster** *n* (stone) pavement; ~**pilz** *m* yellow boletus; ~**platte** *f* stone slab; flagstone; ~**reich** *n* (-[e]s) mineral kingdom; 2**reich** *colloq. adj.* immensely rich, *pred.* rolling in riches; ~**salz** *n* (-es) rock salt; ~**schicht** *f* layer of stone(s); ~**schlag** *m* falling

stones *pl.*; rockfall, *Am.* rock slide; broken stone, metal; ~**schleifer** *m* stone polisher; ~**schleuder** *f* slingshot; ~**schloß** *n* flint-lock; ~**schneiden** *n* (-s) cutting stones; gem carving; ~**schneider** *m* lapidary, cutter of gems; ~**schnitt** *med. m* (-[e]s) lithotomy; ~**schotter** *m* macadam; *mit* ~ *belegen* macadamize; ~**schrift** *typ. f* grotesque; ~**setzer** *m* stone-layer; pavio(u)r; ~**stoßen** *n* (-s) *sports:* putting the stone; ~**werkzeug** *hist. n* eolith; ~**wurf** *m* stone's throw; ~**zeichnung** *f* lithographic design; ~**zeit** *f* (-) Stone Age; *ältere (jüngere)* ~ pal(a)eolithic (neolithic) period; 2**zeitlich** *adj.* (of the) Stone Age, eolithic.

Steiß [ʃtaɪs] *m* (-es; -e) buttocks *pl.*, rump; '~**bein** *anat. n* coccyx; '~(**bein**)**wirbel** *m* coccygeal vertebra; '~**geburt,** '~**lage** *med. f* breech delivery, pelvic presentation.

Stellage [ʃtɛˈlaːʒə] *f* (-; -*n*) frame, rack; *stock exchange:* put and call (*abbr.* pac), dealing in futures, *Am.* spread.

stellbar ['ʃtɛlbaːr] *adj.* adjustable.
Stelldichein ['ʃtɛldɪçʔaɪn] *n* (-[s]; -[s]) meeting, appointment; rendezvous, tryst, date; *sports:* meet; *j-m ein* ~ *geben* arrange to meet a p., make a date with a p.; *sich ein* ~ *geben* meet, (have a) rendezvous, have a date.

Stelle ['ʃtɛlə] *f* (-; -*n*) place; spot; point; stand, position; site; employment, position, job, place, post; *freie* ~ vacancy; *offene* ~ opening; agency, office, authority; *in book:* passage; *math.* figure, digit; (decimal) place; *schadhafte* ~ flaw, defect; *fig. schwache* ~ weak spot; *an erster* ~ in the first place; *an erster* ~ *stehen* come first, take precedence (*vor dat.* of); *an* ~ *von or gen.* in place of, instead of, *esp. jur.* in lieu of; *an deiner* ~ in your place, if I were you; *an die* ~ *treten von (dat.), an j-s* ~ *treten* take the place of a p., supersede, replace, stand in for; *auf der* ~ on the spot, immediately, then and there, forthwith; *auf der* ~ *treten mil. and fig.* mark time; *nicht von der* ~ *kommen* make no progress, not to get ahead, *negotiations:* a. be deadlocked; dawdle along; *sich nicht von der* ~ *rühren* not to stir *or* budge; *zur* ~ *schaffen* produce; *zur* ~ *sein* be present *or* at hand *or* on call; *sich zur* ~ *melden* report o.s. present, report (*bei j-m* to a p.).

'**stellen** *v/t.* (*h.*) put, place, set, stand; (ar)range; regulate, adjust; set (*watch*); time (*fuse, etc.*); stop, block (*or* bar) a p.'s way; intercept, buttonhole; challenge; *mil.* engage (*the enemy*); corner, bring to (*or* hold at) bay, hunt down (*game, criminal*); furnish (*a. mil. troops*), supply, make available, provide; contribute; assign; *jur.* produce (*witness*); *sich* ~ (*h.*) (take one's) stand, place *or* position o.s.; ~ *Sie sich hierher!* stand here!; *mil.* join up, enlist; present o.s., appear; turn to (*or* stand at) bay (*a. fig.*),

e-m Gegner: face up to *an opponent; sich der Polizei* ~ give o.s. up to the police; *sich dem Gericht* ~ surrender to the court; *sich gut mit j-m* ~ get on good terms with a p., get in good with a p.; *fig. sich krank, etc.,* ~ feign *or* pretend to be (*or* sham) ill, *etc.; sich* ~ *als ob* feign (*or* pretend) *to do,* make as if *or* as though, sham; *sich dumm* ~ play the fool; *sich gegen* (*acc.*) ~ oppose, set one's face against *a th. or* p., take up a hostile attitude to(wards) *a p.; sich zum Kampfe* ~ accept battle, enter the lists; *sich* (*im Preis*) ~ *auf* be priced at, amount (*or* come) to, work out at, cost; *der Preis stellt sich auf* the price is; *sich vor Augen* ~ imagine; *die Probleme, die sich uns* ~ the problems confronting us (*or* we are up against); *wie stellt er sich dazu?* what does he say (to it)?; → *bereit-, gleich-, richtigstellen, etc.; Bedingungen* ~ make conditions; *econ. zahlbar* ~ make payable, bill of exchange: domicile; → *Antrag, Bein, Dienst, Falle, Frage, Rechnung, Verfügung, Wand, etc.;* gestellt *phot., etc.* posed; *gut (schlecht) gestellt sein* be well (badly) off *or* paid, be in a good (bad) position; *auf sich selbst gestellt sein* be on one's own.

'**Stellen...:** ~**angebot** *n* position offered, vacancy; ~*e pl.* wanteds, *Am.* want ads; ~**bewerber(in** *f*) *m* applicant; ~**gesuch** *n* application for a post; ~*e pl. in newspaper:* situations wanted; ~**inhaber(in** *f*) *m* incumbent; ~**jäger** *m* place-hunter, *Am.* office-seeker, job-hunter; 2**los** *adj.* out of work, unemployed, *Am. a.* jobless; ~**markt** *m* employment market; *newspaper:* wanteds *pl., Am.* want ads *pl.*; ~**nachweis** *m* employment agency (*Am.* bureau); ~**suche** *f* looking for a job, job-hunting; ~**vermittlung** *f* placement; *a.* → ~**vermittlungsbüro** *n* employment agency (*Am.* bureau); 2**weise** ['-vaɪzə] *adv.* here and there, in places (*or* spots); sporadically; ~**wert** *math. m* place value.

'**Stell...:** ~**geld** *econ. n* premium for a put and call (*Am.* spread); ~**geschäft** *n* → *Stellage.*
...**stellig** ['ʃtɛliç] *in compounds* ...-digit; *einstellige Zahl* one-digit number.
Stelling ['ʃtɛliŋ] *mar. m* (-s; -e) gangway.
'**Stell...:** ~**macher** *m* wheelwright; ~**marke** *tech. f* index; ~**motor** *m* servomotor; ~**mutter** *tech. f* (-; -*n*) adjusting nut; ~**ring** *m* adjusting ring, set collar; ~**schraube** *tech. f* adjusting screw, set screw.

'**Stellung** *f* (-; -*en*) position (*a. fig.*); (*professional*) position (*als of*), situation, employment, job, place, post; (social) position, status, rank; standing; capacity (*als of*); (legal) status, legal position; (body) position, posture; arrangement (*a. gr.*); *ast.* constellation; furnishing, supply; production (*of witnesses*); *mil.* position; line(s *pl.*), field fortifications *pl.*; emplacement (*of gun*); *ausgebaute, befestigte* ~ organized position; *taktisch günstige* ~ point of vantage; ~ beziehen *mil.* move into a position, *fig.* take position, declare o.s.; die ~ halten *mil.* hold the position, *fig.* hold the fort, *employee: Am.* hold down a job; *in* ~ *bringen* bring into position, emplace (*gun*); *fig.* ~ nehmen zu *et.* comment (up)on, give one's opinion on, answer, explain *a th.*; *colloq.* die ~ verraten give the show away; ~nahme *f* attitude (zu to [-wards]), position; opinion (on); comment (on), statement; endorsement; report; answer; decision; *sich e-e* ~ vorbehalten not to commit o.s., be noncommittal.

'**Stellungs...:** ~bau *mil. m* (-[e]s; -ten) construction of field fortifications; ~befehl *mil. m* induction order, calling-up; ~krieg *m* stabilized (*or* static, position) warfare; trench warfare; ♀los *adj.* → stellenlos; ♀pflichtig *mil. adj.* liable to enlistment; ~suchende(r *m*) ['su-xəndə(r)] *f* (-n, -n; -en, -en) person looking for a post, applicant; ~spiel *n sports*: positional play; ~wechsel *m* change of position.

'**Stell...:** ♀vertretend *adj.* vicarious; *adm.* acting, deputy; ~er Geschäftsführer assistant general manager; ~er Vorsitzender vice-chairman; ~vertreter(in *f*) *m* representative, delegate; deputy; substitute; proxy; *mil. Brit.* second-in-command (*abbr.* 2 i/c), *Am.* executive (officer), chief of staff; ~vertretung *f* representation, deputyship; substitution; agency; *in* ~ by deputy; *econ., jur.* by proxy; ~vorrichtung *tech. f* adjusting device, regulator; ~wagen *m* coach, (motor) bus; ~werk *rail. n* signal box.

Stelz|bein ['ftɛlts-] *n* wooden leg; ♀beinig ['-baıniç] *adj.* stiff, affected; ~e *f* (-; -n) stilt; *auf* ~n *gehen* walk on stilts, *fig.* be stilted *or* affected; ♀en *v/i.* (sn) stalk.

Stemm|bogen ['ftɛm-] *m skiing*: stem turn; ~eisen *tech. n* crowbar; chisel; ♀en *v/t.* (h.) prop, support; lever up; lift; *gegen et.* ~ plant (*or* press) against; *sich gegen et.* ~ press against, *fig.* resist *or* oppose (*a th.*), make head against; *die Füße gegen et.* ~ plant one's feet against a th.; *die Arme in die Seiten gestemmt* arms akimbo; fell, cut down (*a tree*); chisel (out), *in wood*: mortise; ~en *n* (-s) *sports*: weight-lifting; ~fahren *n skiing*: stem(ming); ~kristiania ['-kristia:nia] *m* (-s; -s) stem christiania.

Stempel ['ftɛmpəl] *m* (-s; -) (rubber)stamp; seal, stamp; postmark; die; punch; piston, plunger; pestle, pounder; *arch.* prop, *mining*: a. stemple; *bot.* pistil; *metall.* hallmark; *econ.* brand, trade-mark; (*sign, a. fig.*) stamp, mark; *fig. den* ~ *e-r Sache tragen* bear the stamp of *genius, etc.*; ~abgabe *f* stamp duty; ~amt *n* stamp office; ~bogen *m* stamped sheet of paper; ~druck *m* stamp printing; ~farbe *f* stamping ink; ♀frei *adj.* free from stamp duty; ~gebühr *f*, ~geld *n* stamp duty; ~kissen *n* ink-pad; ~marke *f* (duty-)stamp; ♀n *v/t.* (h.) mark; stamp (*document*); hallmark (*silver,*

etc.); *colloq.* ~ gehen be on the dole; *fig.* zu *et.* ~ stamp (*or* label) as; brand; ~papier *n* stamped paper; ♀pflichtig *adj.* liable to stamp duty; ~presse *tech. f* hand press; ~schneider *m* stamp-cutter; *tech.* die-sinker, punch cutter; ~steuer *f* stamp duty; ~uhr *f* check-clock; ~zeichen *n* → Stempel.

Stengel ['ftɛnəl] *bot. m* (-s; -) stalk, stem; ~knollen *m* tuber.

Stenogramm [fteno'gram] *n* (-s; -e) shorthand report *or* notes *pl.*, stenograph; ~block *m* (-[e]s; -s), ~heft *n* shorthand block.

Stenograph(in *f*) [-'gra:f] *m* (-en, -en; -, -nen) stenographer, shorthand writer.

Stenogra'phie *f* (-; -n) stenography, shorthand; ♀ren *v/t. and v/i.* (h.) write (in) shorthand, take down in shorthand, steno; ~rmaschine *f* stenograph, stenotype.

steno'graphisch I. *adj.* shorthand, stenographic; **II.** *adv.* in shorthand, stenographically.

Stenotypist(in *f*) [-ty'pist] *m* (-en, -en; -, -nen) shorthand typist, stenotypist.

Stentorstimme ['ftɛntɔr-] *f* stentorian voice.

Stepp|decke ['ftɛp-] *f* quilt, *Am. a.* comforter; ♀en **I.** *v/t.* (h.) quilt, stitch; **II.** *v/i.* (h.) tap(-dance); ~e *f* (-; -n) steppe, prairie; ~enwolf *zo. m* prairie-wolf, coyote; ~nadel *f* quilting-needle; ~naht *f* quilting seam; ~stich *m* backstitch, lock-stitch.

Step|tanz ['ftɛp-] *m* tap-dancing; ~tänzer(in *f*) *m* tap-dancer.

Sterbe|alter ['ftɛrbə-] *n* age of death; ~bett *n* death-bed; ~fall *m* (case of) death, decease; ~fallversicherung *f* death insurance; ~geld *n* death benefit, burial allowance; ~glocke *f* funeral bell; ~hilfe *f* 1. → Sterbegeld; 2. euthanasia, mercy killing; ~kasse *f* burial fund; ~lager *n* death-bed; ~liste *f* register of deaths.

'**sterben** *v/i.* (*irr.,* sn) die (*a. fig.*); *esp. jur.* decease; pass away, expire, depart (this life), breathe one's last; lose one's life, be killed *in an accident, etc.*; *e-s natürlichen Todes* ~ die a natural death; *als Christ* ~ die a Christian; *jung* ~ die young; *schwer* ~ die hard; ~ *an* (*dat.*) die of *an illness*, from *a wound, etc.*; ~ *durch* (*acc.*) die by *the sword*, through *neglect, etc.*; ~ *für* (*acc.*) die for, give one's life for, *für das Vaterland a.* make the great (*or* supreme) sacrifice; ~ *vor* (*dat.*) die with *grief, laughter, etc.*, *vor Langeweile* ~ be bored to death; *gestorben* dead, *esp. jur.* deceased; ♀n *n* (-s) dying, death; mortality; plague, epidemic; *im* ~ *liegen* be dying; *fig. es war zum* ~ *langweilig* I was bored stiff; *zum* ~ *zuviel, zum Leben zuwenig* just enough to keep the wolf from the door; ~d *adj. and adv.* dying, moribund, in the throes of death; on one's death-bed.

'**Sterbens...:** ~angst *f* mortal fear, terror; ♀krank *adj.* dangerously ill, sick to death; ♀müde *adj.* tired to death, dead-beat; ~wort, ~wört-

chen ['-'vœrtçən] *n*: kein ~ not a single word, not a syllable; kein ~ sagen not to breathe a word.

'**Sterbe...:** ~sakramente *n/pl.* last sacraments; ~stunde *f* dying-hour; ~tag *m* day of death; ~urkunde *f* death certificate; ~zimmer *n* death-room.

sterblich ['ftɛrpliç] **I.** *adj.* mortal; *gewöhnliche* ♀e ordinary mortals; **II.** *adv.*: ~ verliebt sein be desperately in love (*in acc.* with); ♀keit *f* (-) mortality; ♀keitsziffer *f* death-rate, mortality.

Stereo|aufnahme ['ste:reo-] *phot. f* stereoscopic photo(graph), stereo exposure; ~chemie *f* stereochemistry; ~graphie [-gra'fi:] *f* (-) descriptive geometry; ~kamera *phot. f* stereoscopic camera; ~metrie [-me'tri:] *f* (-) stereometry, solid geometry; ~phonie [-fo'ni:] *f* (-) stereophony; ~schallplatte *f* stereo record; ~skop [-'sko:p] *n* (-s; -e) stereoscope; ♀'skopisch *adj.* stereoscopic(ally *adv.*); ♀typ [-'ty:p] *adj. typ.* stereotype; *fig.* stereotyped, hackneyed; inevitable; ~e Redensart cliché (*Fr.*); ~typie [-ty'pi:] *f* (-; -n) stereotype printing, stereotyping; ♀typieren [-ty'pi:rən] *v/t.* (h.) stereotype.

steril [ste'ri:l] *adj.* sterile (*a. fig.*); → unfruchtbar.

Sterili|sator [sterili'za:tɔr] *m* (-s; -'toren) sterilizer; ♀'sieren *v/t.* (h.) sterilize; ~'tät *f* (-) sterility.

Stern [ftɛrn] *m* (-[e]s; -e) star (*a. fig.*); *typ.* asterisk; *mar.* (-s; -e) stern; *fig. thea., etc.*, star; gleam (*of hope*); *mit* ~en geschmückt bestarred, star-spangled, starry (*sky*); Kognak mit drei ~en three-star brandy; *fig. aufgehender* ~ (*person*) rising star; *sein* ~ *ist im Aufgehen* his star is in the ascendant; *nach den* ~en greifen reach for the stars; *unter e-m* (*un*)*glücklichen* ~ *geboren sein* be born under a(n) (un)lucky star; *colloq.* ~e sehen see stars.

'**Stern...:** ♀artig [-a:rtiç] *adj.* star-like, astral; ♀besät ['-bəsɛ:t] *adj.* star-spangled, starry; ~bild *ast. n* constellation; sign of the zodiac; ~blume *bot. f* stellate flower; ~chen *n* (-s; -) little star, (*a. film*) starlet; *typ.* asterisk; ~deuter ['-dɔytər] *m* (-s; -) astrologer; ~deutung *f* astrology; ~dreieckanlasser *tech. m* star-delta starter.

'**Sternen...:** ~banner *n USA*: star-spangled banner, stars and stripes *pl.*, Old Glory; ~himmel *m* (-s) starry sky; ♀klar *adj.* starlit, starry; ~system *n* stellar system; ~zelt *n* (-[e]s) firmament, starry sky.

'**Stern...:** ~fahrt *mot. f* motor rally; ♀förmig [-fœrmiç] *adj.* star-shaped, stellar, *bot.* stellate; *tech.* radial; ♀geschaltet ['-gə'ʃaltət] *el. adj.* star-connected, Y-connected; ~gucker ['-gukər] *humor. m* (-s; -) stargazer; ♀hagelvoll *colloq. adj.* dead (*or* rolling) drunk; ~haufen *m* cluster of stars; ♀hell *adj.* starlit, starry; ~himmel *m* firmament, starry sky; ~jahr *n* sidereal year; ~karte *f* celestial chart, star map; ♀klar *adj.* → sternhell; ~kreuzung *f* multiple crossing;

~kunde *f* (-) astronomy; ~licht *n* (-[e]s) starlight; ℒlos *adj.* starless; ~motor *m* radial engine; ~physik *f* astrophysics *sg.*; ~rad *tech. n* star wheel; ~schaltung *el. f* Y-connection; ~schanze *mil. f* star-redoubt; ~schnuppe *f* shooting star; ~schreiber *m radar*: plan position indicator; ~stunde *f* sidereal hour; *fig.* fateful hour; ~tag *m* sidereal day; ~warte *f* observatory; ~zeit *f* sidereal time.

Sterz [ʃtɛrts] *m* (-es; -e) tail; plough- (*Am.* plow-)tail.

stet [ʃteːt] *adj.* → stetig; *fig.* ~er *Tropfen höhlt den Stein* little strikes fell big oaks.

Stethoskop [steto'skoːp] *med. n* (-s; -e) stethoscope.

'**stetig** *adj.* continual, constant; steady; ℒkeit *f* (-) constancy, continuity; steadiness.

stets ['ʃteːts] *adv.* always, at all times, (for) ever; constantly, continually.

Steuer[1] ['ʃtɔyər] *n* (-s; -) *mar.* helm, rudder; *mot.* (steering-)wheel; *aer.* control surface; rudder; *am* ~ at the helm, *mot.* at the wheel; *a. fig. das* ~ *führen* be at the helm; *das* ~ *übernehmen* take the helm.

Steuer[2] ['ʃtɔyər] *f* (-; -n) tax (*auf dat.* on); (communal) rate, *Am.* local tax; duty; assessment; → *erheben, etc.*

'**Steuer...:** ~abzug *m* deduction of (income) tax; ~amnestie *f* tax amnesty; ~amt *n* inland-revenue office; ~anlage *tech. f* steering mechanism, control gear; ~anschlag *m* assessment (of taxes); ~aufkommen *n* tax yield; inland (*Am.* internal) revenue; ~aufschlag *m* additional tax, surtax; ~ausfall *m* shortfall in tax revenue; ~ausgleich *m* equation of taxes; ℒbar *adj.* **1.** steerable, (*a. el.*) control(l)able; manœuvrable, *Am.* maneuverable, *airship*: dirigible; **2.** taxable, assessable, ratable; dutiable; ~be-amte(r) *m* revenue officer; ~befreiung *f* tax exemption, exemption from taxes; ℒbegünstigt *adj.* enjoying (or carrying) tax privileges; ~behörde *f* board of assessment; ~belastung *f* incidence of taxation; → Steuerdruck; ~berater *m* tax adviser (or expert); ~bescheid *m* notice of assessment; ~betrag *m* amount of taxation; ~bilanz *f* balance-sheet for taxation purposes; tax balance; ~bord *mar. n* (-[e]s; -e) starboard; ~delikt *n* tax offen|ce, *Am.* -se; ~druck *m* pressure (or burden) of taxation; ~einnahmen *f/pl.* tax collections; → Steueraufkommen; ~einnehmer *m* tax-collector; ~erhebung *f* levy (or imposition) of taxes; tax collection; ~erhöhung *f* increase in taxation; ~erklärung *f* (income-) tax return; e-e ~ *abgeben* make (or file) a return; ~erlaß *m* remission of taxes; tax-exemption; ~erleichterung, ~ermäßigung *f* tax abatement (or relief); tax allowance; ~ersparnis *f* saving of taxes; ~ertrag *m* → Steueraufkommen; ~fläche *aer. f* control surface; ~flosse *aer. f* fin; ~flucht *f* (-) flight

from taxation; ℒfrei *adj.* tax-free, tax-exempt; duty-free (*goods*); ~freibetrag *m* tax-free allowance; ~freiheit *f* exemption from taxation (or taxes); ~gerät *tech. n* control gear, control(l)er; ~gesetzgebung *f* tax laws *pl.*, tax legislation; ~gitter *n radio*: control grid; ~gruppe *f* tax group; ~hebel *m* control lever; ~hinterzieher ['-hintərtsiːər] *m* (-s; -) tax dodger; ~hinterziehung *f* tax evasion; ~jahr *n* fiscal year; ~karte *f* (Lohnℒ wage) tax card; ~kasse *f* tax-collector's office; ~klasse *f* tax group; ~knüppel *aer. m* (control) stick, control lever, joystick; ~kraft *f* taxable capacity; ~kurs *m* compass course, heading; ~kurve *tech. f* cam; ~last *f* burden of taxation, tax load; ℒlich I. *adj.* fiscal; of taxation, tax...; II. *adv.*: ~ *begünstigt* carrying tax privileges; ~ *günstig* with low tax liability; ~ *veranlagen* assess for taxation; ~mann *mar. m* helmsman, steersman; coxswain; mate; *ohne* ~ *sports*: coxswainless; ~mannsmaat *m* second mate; ~mannsquittung *econ. f* mate's receipt; ~marke *f* revenue stamp; duty-stamp; ~meßzahl *f* percentage yielding unit for tax rate application; ~mittel *pl.* tax money *sg.*; ~moral *f* tax morale.

'**steuern** *v/t. and v/i.* (h.) *mar.* steer, navigate; pilot (*a. aer.*); *mot.* drive, be at the wheel; *only v/i.* (sn) *ship*: stand, head (*nach Süden* southward); ~ *nach* be bound for; *tech.* control; *fig.* direct, control; e-r *Sache* ~ check, curb, obviate, ward off, remedy *a th.*

'**Steuer...:** ~nachlaß *m* → Steuerermäßigung; ~nocken *tech. m* cam; ~organ *tech. n* control element; ℒpflichtig *adj.* liable to taxation or duty, taxable; dutiable; ~pflichtige(r *m*) ['-pflictigə(r)] *f* (-n, -n; -en, -en) contributable, → Steuerzahler; ~politik *f* fiscal policy; ~pult *m* control desk; ~rad *n mar., mot.* (steering-)wheel; *aer.* control wheel; ~recht *n* fiscal law; ℒrechtlich *adj.* fiscal; ~reform *f* taxation reform; ~röhre *f radio*: modulating valve (*Am.* tube); ~ruder *n mar.* helm, *below surface*: rudder; *aer.* control surface; ~sachen *f/pl.*: Helfer in ~ tax consultant; ~satz *m* rate of assessment, tax rate; ~säule *f mot.* steering column; *aer.* control column; ~schalter *el. m* control switch; ~schätzung *f* rating; ~schein *m* tax-collector's receipt; ~schraube *f* oppressive taxation; *die* ~ *anziehen* increase taxation; ~schuld *f* tax(es *pl.*) due; ℒschwach *adj.* with low revenue; ~senkung *f* lowering of taxation, tax abatement; ~tabelle *f* tax table. '**Steuerung** *f* (-; -en) steering, *aer.* piloting; *el., tech.* control; *mot.* steering mechanism; valve-gear; *aer.* controls *pl.*; *el., tech.* (automatische ~ automatic) control; *fig.* direction; control; prevention; redress; *der Not*: relief.

'**Steuer...:** ~ventil *n* control valve; ~veranlagung *f* assessment (of taxes); ~vergünstigung *f* tax con-

cession (or allowance); ~verwaltung *f* administration of taxes; revenue department; ~welle *tech. f* control shaft, camshaft; ~wert *m* rateable value; ~wesen *n* (-s) fiscal matters *pl.*, taxation; ~zahler(in *f*) *m* taxpayer; *Brit. communal*: rate-payer; ~zuschlag *m* additional tax, supertax, surtax.

Steven ['ʃteːvən] *mar. m* (-s; -) stem; stern(post).

Steward ['stjuːət] *m* (-s; -s) steward; **Stewardeß** [stjuːər'dɛs] *f* (-; -ssen) stewardess, *aer.* (air-)hostess.

stibitzen [ʃti'bitsən] *v/t.* (h.) pilfer, filch.

Stich [ʃtiç] *m* (-[e]s; -e) prick; stitch; sting (*of insect*); (flea-)bite; stab; thrust; cut; engraving; *rolling mill*: pass; *mar.* knot; *med.* shooting pain, twinge, stitch(es *pl. in the side*); *fig.* thrust, gibe, sarcasm; passing shot; *ein* ~ *ins Blaue* a tinge of blue; *ein* ~ *ins Geniale* a streak of genius; ~ *halten* hold good, hold water; *im* ~ *lassen* abandon, desert, forsake, let down, leave in the lurch, fail, *Am. a.* walk out on, go back on; e-n ~ *haben* milk, *etc.*: be turning sour, *meat*: be (a bit) high, *colloq. person*: be touched; *cards*: e-n ~ *machen* make a trick; *es gab ihm* e-n ~ it cut him to the quick, it jarred him; ~bahn *rail. f* switch-line; ~blatt *n* (*of épée*) guard; *cards*: trump; *fig.* butt.

Stichel ['ʃtiçəl] *m* (-s; -) style; *tech.* cutter; graver, burin.

Stiche'lei *fig. f* (-; -en) taunt, sneer, gibe; needling; teasing.

'**stichel|n** *v/t. and v/i.* (h.) stich, prick; *med.* scarify; *fig.* taunt, sneer, gibe, needle; tease; ℒrede *f*, ℒwort *n* → Stichelei.

'**Stich...:** ~entscheid *m* casting vote; ℒfest *adj.* proof; ~flamme *f* darting flame, flash, blast flame; *tech.* (fine) jet; ℒhaltig *adj.* valid, sound, solid; ~ *sein* hold good; *seine Theorie ist nicht* ~ his theory doesn't hold water; ~haltigkeit *f* (-) soundness, validity; ~kampf *m sports*: play-off, run-off, jump-off, shoot-off; ~ler(in *f*) *m* (-s, -; -, -nen) taunter, mocker; teaser; ~ling ['-liŋ] *ichth. m* (-s; -e) stickleback; ~loch *tech. n* tap hole; ~maß *tech. n* ga(u)ge; ~ofen *metall. m* blast-furnace; ~probe *f* random test (or sample), spot check; ~säge *f* compass saw; ~tag *m* fixed day, key-day; key-date, target date; ~waffe *f* thrust (or stabbing) weapon; ~wahl *f* second ballot; ~wort *n* (-[e]s; ⁻er) (*in dictionary*) entry (word); *esp. thea.* (*pl.* -e) cue; key-word; ~wortverzeichnis *n* index; ~wunde *f* stab (wound), puncture; ~zahl *f* test number.

Stick|arbeit ['ʃtik-] *f* embroidery; ℒen *v/t. and v/i.* (h.) embroider; ~en *n* (-s) embroidery; ℒend *adj.* → stickig; ~er(in *f*) *m* (-s, -; -, -nen) embroiderer; ~e'rei *f* (-; -en) embroidery; ~garn *n* embroidery cotton; ~gas *chem. n* suffocating gas, carbon dioxide; ~gaze *f* canvas; ~husten *med. m* (w)hooping-cough; ℒig *adj.* suffocating, stifling, stuffy, close (*air, room*); ~muster *n*

embroidery pattern; ⁓nadel f embroidery needle; ⁓oxyd n nitric oxide; ⁓rahmen m embroidery frame, tambour; ⁓seide f embroidery silk.
Stickstoff ['ʃtik-] *chem.* m (-[e]s) nitrogen; *mit* ⁓ *verbinden* nitrogenize; 2**arm** *adj.* poor in nitrogen; ⁓**dioxyd** n nitrogen dioxide; ⁓**dünger** m nitrogenous fertilizer; 2**frei** *adj.* nitrogen-free, non-nitrogenous (*sugar, starch, etc.*); 2**haltig** *adj.* nitrogenous; ⁓**oxydul** ['ɔksy'du:l] n (-s) nitrous oxide; ⁓**wasserstoff** m hydrogen nitride.
'**Stickwolle** f Berlin wool.
stieben ['ʃti:bən] *v/i.* (*irr., sn*) fly about (*a. sparks*); *liquid:* spray; *crowd:* scatter.
Stiefbruder ['ʃti:f-] m stepbrother.
Stiefel ['ʃti:fəl] m (-s; -) boot, *Am. a.* shoe; *hohe* ⁓ *pl.* high (*or* top) boots; *of pump:* barrel; *italienischer* ⁓ "boot of Italy"; *colloq.* e-n ⁓ *zusammenreden* talk through one's hat, blather; *er kann* e-n ⁓ *vertragen* he holds his liquor well; ⁓**absatz** m boot-heel; ⁓**bürste** f blacking brush; ⁓**hose** f (e-e ⁓ a pair of) breeches *pl.*; ⁓**knecht** m boot-jack; 2n *colloq. v/i.* (*sn*) march, foot it; → *gestiefelt;* ⁓**putzer** m shoeblack; *at hotel:* boots *sg.*; ⁓**schaft** m leg of a boot; ⁓**spanner** m boot stretcher; ⁓**strippe** f boot strap.
'**Stief-eltern** *pl.* step-parents.
'**Stiefelwichse** f (shoe-)blacking, boot-polish.
'**Stief...:** ⁓**geschwister** *pl.* stepbrother(s) and stepsister(s); ⁓**kind** n stepchild; *fig.* cinderella; ⁓**mutter** f (-; ⁓) stepmother, *b.s.* cruel mother; ⁓**mütterchen** *bot.* n pansy; 2**mütterlich I.** *adj.* stepmotherly, like a stepmother; **II.** *adv.:* ⁓ *behandeln* neglect (badly), treat cruelly *or* shabbily; ⁓**schwester** f stepsister; ⁓**sohn** m stepson; ⁓**tochter** f stepdaughter; ⁓**vater** m stepfather.
stieg [ʃti:k] *pret. of steigen.*
Stiege ['ʃti:gə] f (-; -n) staircase, stairs *pl.*; stile; (*20 pieces*) score; crate.
Stieglitz ['ʃti:glits] m (-es; -e) *orn.* goldfinch.
Stiel [ʃti:l] m (-[e]s; -e) handle; helve (*of axe, etc.*); haft (*of dagger, etc.*); (broom-)stick; *arch.* strut; *bot.* stalk, peduncle; (pipe-)stem; *fig. den* ⁓ *umkehren* turn the tables (*on a p.*); → *Stumpf;* '⁓**augen** n/pl. stalked eyes; *fig. Am.* pop-eyes; *fig.* ⁓ *machen* **a)** stare hungrily, **b)** make big eyes, *Am. a.* be pop-eyed; '2**äugig** *adj.* stalk-eyed, *Am.* pop-eyed; '2**en** *v/t.* (*h.*) furnish with a handle; → *gestielt;* ⁓**handgranate** f stick-grenade.
stier [ʃti:r] *adj.* staring, fixed, glassy; vacant; ⁓*er Blick* (wild) stare, vacant gaze.
Stier m (-[e]s; -e) *zo.* bull; *ast.* Taurus; *fig. den* ⁓ *bei den Hörnern packen* take the bull by the horns.
stieren *v/i.* (*h.*) stare, gaze (*auf acc.* at); goggle (at); glare (at).
'**Stier...:** ⁓**fechter,** ⁓**kämpfer** m bull-fighter; ⁓**gefecht** n, ⁓**kampf**

m bull-fight; ⁓**nacken** m bull-neck; 2**nackig** ['-nakiç] *adj.* bull-necked.
stieß [ʃti:s] *pret. of stoßen.*
Stift[1] [ʃtift] m (-[e]s; -e) pin; peg; stud; bolt; tack; pivot; pencil, crayon; dowel (*for tooth*); *colloq.* apprentice, youngster; → *Knirps.*
Stift[2] [ʃtift] n (-[e]s; -e) charitable foundation *or* institution; *eccl.* **a)** convent, **b)** bishopric, **c)** chapter, **d)** seminary; home for aged ladies.
'**Stiftdraht** m nail-wire.
'**stiften** *v/t.* (*h.*) found; establish, institute; endow, give, *Am.* donate; *fig.* cause, produce; *Frieden* ⁓ make peace; *Unfrieden* ⁓ sow discord, make trouble; *Unheil* ⁓ cause mischief; → *anstiften; colloq.* ⁓ *gehen* run away, bolt.
'**Stifter(in** f) m (-s, -; -, -nen) founder, originator; donor, *Am. a.* sponsor; author.
'**Stifts...:** ⁓**dame** f, ⁓**fräulein** n canoness; ⁓**herr** m canon, prebendary; ⁓**hütte** f *bibl.* tabernacle; ⁓**kirche** f collegiate church; cathedral; ⁓**schule** f foundation school.
'**Stiftung** f (-; -en) foundation (*a. institution*); (charitable) endowment, donation, grant; *milde* ⁓ charitable institution, charity, pious bequest; *a. to museum, etc.*: benefaction; ⁓**sfeier** f, ⁓**sfest** n foundation festival, commemoration (*or* founder's) day; ⁓**s-urkunde** f deed of foundation.
'**Stiftzahn** m pivot tooth.
Stigma ['stigma] n (-s; -men) stigma; **stigmatisieren** [-ti'zi:rən] *v/t.* (*h.*) stigmatize.
Stil [ʃti:l] m (-[e]s; -e) style (*a.* ⁓**art** f); *fig. a.* manner; *fig. a.* even-running style; *im großen* ⁓ on a large scale; *Betrügereien im großen* ⁓ large-scale (*or* wholesale) frauds; '⁓**blüte** f howler; '2**echt** *adj.* in proper style, true to style.
Stilett [sti'lεt] n (-s; -e) stiletto.
'**Stil...:** ⁓**fehler** m weak point in style; ⁓**gefühl** n (-[e]s) stylistic sense; 2**gerecht I.** *adj.* stylish; **II.** *adv.* in style.
stilisieren [-li'zi:rən] *v/t.* (*h.*) compose, word, pen; *ornamentally:* stylize; *gut stilisiert* written in good style.
Sti'list m (-en; -en), ⁓**in** f (-; -nen) elegant writer, stylist; ⁓**ik** f (-; -en) theory of style; → *Stilkunst;* 2**isch** *adj.* stylistic; *in* ⁓*er Hinsicht* stylistically.
'**Stil...:** ⁓**kleid** n period costume; ⁓**kunde** f composition, style; ⁓**kunst** f stylistic art, (art of) composition.
still [ʃtil] *adj.* still, quiet; silent; hushed; peaceful, tranquil; calm (*air, sea, feelings*); motionless; lifeless, inanimate; soft; secret; *econ.* dull, slack; *eccl.* low (*mass*); '2*er Freitag* Good Friday; '⁓*es Gebet* silent prayer; *econ.* '⁓*er Gesellschafter or Teilhaber* sleeping (*Am.* silent) partner; '⁓*es Glück* quiet bliss; '⁓*e Hoffnung* secret hope; *econ.* '⁓*e Jahreszeit* dull (*or* dead) season; '⁓*e Liebe* secret (*or* unavowed) love; '⁓*e Nacht* silent night; '2*er Ozean* Pacific (Ocean); *econ.*

'⁓*e Reserven* secret (*or* hidden) reserves; '⁓*e Übereinkunft* tacit understanding; '⁓*er Vorbehalt* mental reservation; '⁓*e Wasser sind tief* still waters run deep; *colloq. er ist ein* '⁓*es Wasser* he is a deep one; ⁓ *sein* be quiet; ⁓! silence!, quiet!, hush!; *sich* ⁓ *verhalten* keep still *or* quiet, not to stir, *fig. a.* bide one's time, lie low (*for a time*); ⁓ *davon!* no more of that!, don't say anything (about it)!; *im* '⁓*en* silently, quietly, secretly, privately, inwardly, at heart; ⁓ *werden* grow silent, *wind, etc.*: calm down, subside; '2**bleiben** *v/i.* be still, remain quiet; *n.s.* keep silence.
'**Stille** f (-) stillness, quiet(ness), silence; peace, tranquillity, calm; hush; lull; *fig. vor dem Sturm* before the storm; *econ.* dullness, slackness; *tiefe* ⁓ profound (*or* dead) silence; *in der* ⁓, *in aller* ⁓ quietly, silently, secretly, privately, *b.s. a.* underhand, on the quiet.
'**stille** *adj. colloq.* → *still.*
Stilleben ['ʃtil-] (*when divided:* Still-leben) *paint.* n still life.
'**stille** | **gen** (*when divided:* still-legen) *v/t.* (*h.*) shut down (*enterprise*); lay up (*vehicle*); put *ship* out of commission; stop (*traffic*); neutralize, freeze (*money*); *med.* **a)** immobilize (*limb*), **b)** put *organ* out of action; *by war, strike, etc.*: paralyze; *still-gelegte Anlage* inactive installation; 2**ung** [-le:guŋ] f (-) shut-down, stoppage.
'**Stil-lehre** f (art of) composition.
'**stillen** *v/t.* (*h.*) quiet, calm, silence; stop, sta(u)nch (*blood*); quench (*thirst*); appease, stay (*hunger*); still, soothe (*pain*); still, satisfy (*longing*); gratify (*desire*); nurse, suckle (*baby*); ⁓**d** *adj. pharm.* sedative, lenitive; ⁓*e Mütter* nursing mothers.
'**Still...:** ⁓**geld** n nursing benefit; ⁓**halte-abkommen** n standstill agreement, moratorium; 2**halten** *v/i.* (*irr., h.*) keep still (*or* quiet), stop, pause.
'**stilliegen** (*when divided:* still-liegen) *v/i.* (*irr., h.*) be quiet; keep quiet *or* still; *fig.* lie dormant; *business, etc.*: be at a standstill; *works:* be shut down, lie idle; *traffic:* be suspended. [(bad) style *or* taste.]
stillos ['ʃti:lo:s] *adj.* without (*or* in)
'**still...:** ⁓**schweigen** *v/i.* (*h.*) be silent, keep silence; hold one's peace; *zu et.* ⁓ ignore a th., close one's eyes to a th.; 2**schweigen** n silence (*a. jur.*); secrecy; ⁓ *bewahren* observe secrecy; *das* ⁓ *brechen* break silence; *j-m* ⁓ *auferlegen* enjoin secrecy on a p.; *mit* ⁓ *übergehen* pass a th. over in silence; ⁓**schweigend I.** *adj.* silent; *fig.* tacit, implied, implicit (*agreement*); *mit der* ⁓*en Voraussetzung* on the tacit understanding; **II.** *adv.* silently, in silence; *fig.* tacitly, by implication; ⁓**sitzen** *v/i.* (*irr., h.*) sit still (*or* quietly), *fig.* remain inactive, *iro.* twiddle one's thumbs; 2**stand** m (-[e]s) standstill, stop (-page); *fig.* stagnation (*a. econ.*); deadlock (*of negotiations, etc.*); suspension; inaction; *zum* ⁓ *bringen*

bring to a standstill, stop, halt, arrest; shut down (*works*); zum ~ kommen come to a standstill, *fig. a.* reach a deadlock; **~stehen** *v/i.* (*irr., h.*) stand still; *mil.* stand at attention; *stillgestanden!* attention!; stop; *fig.* be at a standstill, *trade: a.* be stagnant; *works, machines:* be idle; *der Verstand stand ihm still* his mind reeled (*bei at*), he was staggered; **~stehend** *adj.* at a standstill; motionless; stationary; stagnant; idle; **2ung** *f* (-) → *stillen:* sta(u)nching; quenching; appeasing; stilling; gratification; nursing, breast-feeding, lactation; **~vergnügt** *adj.* (quietly) happy, placid, serene; **2wein** *m* still wine; **2zeit** *med. f* lactation period.

'Stil...: **~möbel** *n/pl.* period furniture; **~übung** *f* exercise in composition; **2voll** *adj.* stylish.

Stimm|abgabe ['ʃtim-] *f* (-) voting, vote, polling; **~aufwand** *m* vocal effort; **~band** *anat. n* (-[e]s; ⁻er) vocal chord; **2berechtigt** *adj.* entitled to vote, enfranchised; *nicht* ~ non-voting; **~berechtigung** *f* right to vote; → *Stimmrecht;* **~bruch** *m* (-[e]s) breaking of the voice, change of voice.

'Stimme *f* (-; -n) voice (*a. mus.* and *fig.*); *pol.* vote; *newspaper:* comment; *mus.* part; *erste* ~ soprano; *zweite* ~ alto; *die* ~ *des Gewissens* the voice of conscience, the still small voice; *abgegebene* ~n votes polled; *entscheidende* ~ casting vote; (*nicht*) *bei* ~ (not) in voice; *s-e* ~ *abgeben* vote, poll; *j-m s-e* ~ *geben* give a p. one's vote, vote for a p.; *mit lauter* ~ in a loud voice; ~n *werben* canvass (votes), electioneer; *s-n Gefühlen* ~ *verleihen* voice one's feelings; *er hat dabei keine* ~ he has no voice (*or* say) in this matter; → *Sitz.*

'stimmen I. *v/t.* (*h.*) tune *instrument* (*nach dat.* to); *höher* (*niedriger*) ~ raise (lower) the pitch; *fig. j-n für et.* ~ dispose a p. to (*or* to do) a th.; *j-n günstig* ~ put a p. in a favo(u)rable mood; *j-n gegen et.* ~ prejudice a p. against a th.; *glücklich* ~ make (feel) happy; *traurig* ~ make sad, sadden, depress; *schlecht gestimmt* ill-humo(u)red, in a bad mood; **II.** *v/i. mus., colours:* be in tune, harmonize; *fig.* be true (*or* right); be in order; *sum, etc.:* be correct; agree, tally; ~ *für* (*acc.*) vote (*or* poll) for; *das stimmt!* that's (all) right! that's true!, that's correct!; *da stimmt et. nicht* there is something wrong here.

'Stimmen...: **~einheit** *f* unanimity; *mit* ~ unanimously; **~fang** *m* vote-getting; **~gewirr** *n* babel (*or* din) of voices, babble; **~gleichheit** *f* equality (*or* parity) of votes; *parl.* tie; **~mehrheit** *f* majority of votes; *einfache* ~ bare (*or* simple) majority; **~minderheit** *f* minority of votes; **~prüfung** *f* scrutiny of votes; **~teilung** *f* split ing of votes, division.

'Stimm-enthaltung *f* abstention (from voting).

'Stimmen...: **~werber** *m* canvasser; **~zählung** *f* counting of votes.

'Stimm...: **~er** *mus. m* (-s; -) tuner; **2fähig** *adj.* entitled to vote; **~falte** *anat. f* fold of vocal chord; **~führer** *m* spokesman; **~gabel** *mus. f* tuning fork; **2gewaltig** *adj.* loud--voiced; **2haft** *gr. adj.* voiced, vocal; **~hammer** *mus. m* tuning hammer; **~lage** *f* pitch (of the voice), register; **2lich** *adj.* vocal; **~liste** *f* voting list; **2los** *adj.* voiceless (*a. gr.* = unvoiced, breathed); **~pfeife** *mus. f* pitch pipe; **~recht** *n* right to vote, vote, *only pol.* franchise; *allgemeines* ~ universal suffrage; *das* ~ *ausüben* exercise one's right to vote, vote; **~rechtlerin** ['-rɛçtlərin] *f* (-; -nen) suffragist, *contp.* suffragette; **~ritze** *anat. f* glottis; **~ritzendeckel** *m* epiglottis; **~schein** *m* voting certificate.

'Stimmung *f* (-; -en) *mus.* **a)** tuning, **b)** pitch, key; *fig.* atmosphere; mood (*a. paint., etc.*); frame of mind, humo(u)r, disposition, spirit; *mil.* morale; *of the public:* general feeling (*or* sentiment); *deutschfeindliche* ~ anti-German sentiment; *stock exchange:* tone, *tendency;* high spirits *pl.; feindselige* ~ animosity, resentment; *guter* ~ in good humo(u)r, in high spirits; *in gedrückter* ~ in low spirits, low--spirited, depressed; (*nicht*) *in der* ~ *sein zu* in the (in no) mood for *a th. or* to *inf.,* (not to) feel like doing *a th.;* ~ *machen für* (*acc.*) make propaganda for, boom, plug; *für* ~ *sorgen* liven (*or* pep) up the party, *etc.; die* ~ *war glänzend* spirits were high.

'Stimmungs...: **~barometer** *m* barometer of opinion; **~bild** *paint. n* mood; **~kanone** *humor. f* great joker, life of the party; **~kapelle** *f* cheery band; **~mache** *f* boom(ing); **~mensch** *m* moody creature; **~musik** *f* mood music; **~umschwung** *m* change of mood; *stock exchange:* change of tone; **2voll** *adj.* full of genuine feeling; impressive; sentimental; idyllic.

'Stimm...: **~vieh** *contp. n* herd of voters; **~wechsel** *m* → *Stimmbruch;* **~werkzeug** *n* vocal organ; **~zettel** *m* voting-paper, ballot; *durch* ~ by ballot.

Stimulans ['ʃti:mulans] *med. n* (-; -'lantia) stimulant; *fig. a.* tonic; **stimu'lieren** *v/t.* (*h.*) stimulate; **'Stimulus** *m* (-; -li) stimulus.

Stink|bombe ['ʃtiŋk-] *f* stink--bomb; **2en** *v/i.* (*irr., h.*) stink (*nach* of), smell bad (*or* foul), have a bad smell, be fetid; *colloq. fig.* stink, be fishy; *das stinkt zum Himmel* it stinks to high heaven, it's a crying shame; *colloq. vor Geld* ~ be lousy with money; **2end, 2ig** *adj.* stinking, ill-smelling, fetid; putrid; **2faul** *adj.* bone-lazy; **~tier** *zo. n* skunk; **~wut** *colloq. f:* e-e ~ *haben* foam (with rage), *Am. a.* be sore like hell.

Stint [ʃtint] *ichth. m* (-[e]s; -e) smelt.

Stipendiat [ʃtipɛndi'ɑːt] *univ. m* (-en; -en) scholar(ship holder).

Stipendium [ʃti'pɛndium] *n* (-s; -dien) scholarship.

stipp|en ['ʃtipən] *v/t.* (*h.*) dip, steep; **2visite** *colloq. f* flying visit, pop--visit.

stipulieren [ʃtipu'liːrən] *v/t.* (*h.*) stipulate.

Stirn [ʃtirn] *f* (-; -en) forehead, brow; *fig.* impudence, face; *die* ~ *haben zu inf. a.* have the cheek to *inf.;* → *eisern, runzeln; sich verzweifelt an die* ~ *greifen* clutch one's brow; *fig.* (*dat.*) *die* ~ *bieten* make head against, face (squarely), defy; *es steht ihm auf der* ~ *geschrieben* it is written on his face; **'~ader** *anat. f* frontal vein; **'~ansicht** *f* front view; **'~band** *n* (-[e]s; ⁻er) headband, frontlet; *on gas masks, etc.:* forehead strap; **'~bein** *anat. n* frontal bone; **'~binde** *f* → *Stirnband;* **'~falte** *f* wrinkle (on the forehead), furrow; **'~fläche** *f* face; **'~höhle** *anat. f* frontal cavity; **'~höhlenentzündung** *f,* **'~höhlenkatarrh** *m* frontal sinusitis; **'~höhlenvereiterung** *f* chronic suppurative catarrh of the frontal sinus; **'~holz** *n* end--grained wood; **'~kipper** *mot. m* end-tipping lorry, *Am.* end-dump truck; **'~lage** *f* brow presentation (*of foetus*); **'~locke** *f* forelock; **'~rad** *tech. n* spur gear; **'~riemen** *m* frontlet; **'~runzeln** *n* (-s) frown (-ing); **'~seite** *f* face, front (side); **'~wand** *f* front (*or* end) wall, front plate; **'~wunde** *f* frontal wound.

stob [ʃtoːp] *pret. of* stieben.

stöber|n ['ʃtøːbərn] *v/i.* (*h.*) **1.** hunt, rummage (about); **2.:** *es stöbert* a fine snow is falling; **3.** clean up, tidy (*a. v/t.*); **2wetter** *n* sleety weather.

stochern ['ʃtɔxərn] *v/t. and v/i.* (*h.*) (~ *in dat.*) poke; stir (up), rake (*fire*); *sich in den Zähnen* ~ pick one's teeth; *in s-m Essen* ~ pick at one's food.

Stock [ʃtɔk] *m* (-[e]s; ⁻e) stick; cane; *billiards:* cue; *mus.* baton; *for hats:* block; beehive; (mountain) massif; (*pl.* -) *of house:* store(y), floor; *bot.* stock; (flower) pot; vine; (tree-)stump; *jur. hist.* stocks *pl.; am* ~ *gehen* walk with (the help of) a stick, *colloq. fig.* be broke, *w.s.* be down on one's luck; *im ersten* ~ *wohnen* live on the first (*Am.* second) floor; *über* ~ *und Stein* over hedge and ditch.

'Stock...: **~amerikaner** *m* thorough American, regular Yankee; **2blind** *adj.* stone-blind; **~degen** *m* sword-cane; **2dumm** *adj.* utterly stupid, blockheaded; **2dunkel** *adj.* pitch-dark.

Stöckelschuhe ['ʃtœkəl-] *m/pl.* high-heeled shoes.

'stocken *v/i.* (*h.*) stop (short), come to (*or* be at) a standstill; slacken; *fig. a.* make no progress, hang fire; *water and fig.:* stagnate; *blood:* cease to circulate; *heart:* cease to act; *mot.* stall; *paint:* cake; *fig. ihm stockte der Herzschlag* his heart stood still *or* missed a beat (*bei dem Anblick* at the sight); *conversation:* flag; *econ. business:* be slack (*or* stagnant); *negotiations, etc.* reach a deadlock; *traffic:* be blocked (*or* held up); hesitate, halt; *voice:* falter; *im Reden* ~ break down, get stuck; ~*d sprechen* speak haltingly; curdle, thicken; turn mo(u)ldy, *teeth*: decay, rot.

'**Stocken** *n* (-s) → *Stockung*; *ins* ~ *geraten* come to a standstill, → *stocken*.

'**Stock...**: ~**engländer** *m* thorough (*or* true-born) Englishman, Englishman to the core; 2**finster** *adj.* pitch-dark; ~**fisch** *m* stockfish, dried cod; *fig.* bore; ~**fleck** *m* damp stain; ~*e pl.* (*a. bot.*) mildew *sg.*; 2**fleckig** *adj.* foxed, foxy, *a. bot.* mildewy; ~**flinte** *f* cane-gun.

'**stockig** *adj.* mo(u)ldy, fusty; mildewy; *tooth*: decayed.

...**stöckig** [-ʃtœkiç] *in compounds*: ...-storied, ...-floor.

'**Stock...**: ~**laterne** *f* cresset; ~**makler** *econ. m* stockbroker; ~**presse** *f bookbinding*: large press; ~**prügel** *m/pl.* caning, flogging; ~**punkt** *m* solidifying point (*of oil*); ~**rose** *f* hollyhock; ~**schirm** *m* walking-stick umbrella; ~**schläge** ['-ʃlɛːgə] *m/pl.* caning, flogging, thrashing; ~**schnupfen** *med. m* chronic cold in the head, thick cold; 2**steif** *adj.* (as) stiff as a poker; 2**still** *adj.* stock-still; 2**taub** *adj.* (as) deaf as a post, stone-deaf.

'**Stockung** *f* (-; -en) standstill, stop(page); hitch; cessation; *fig.* deadlock; interruption; slowing down, hold-up; loss of time, delay; pause; hesitation; stagnation; *of traffic*: jam, congestion, *Am. a.* traffic snarl; *med.* stagnation, stasis, congestion.

'**Stock...**: ~**werk** *n* stor(e)y, floor; *geol.* section; *im ersten* ~ on the first floor; *im oberen* ~ upstairs; ~**werksgarage** *mot. f* multi-story garage; ~**zahn** *m* molar, grinder; ~**zwinge** *f* ferrule.

Stoff [ʃtɔf] *m* (-[e]s; -e) material, fabric, textile; cloth, *econ. collect.* yard goods *pl.*; stuff; *phys.* matter; material, stuff (*a. colloq. drink*); substance; element; agent; compound; fuel; pulp; *fig.* subject (-matter); *zu e-m Roman, etc.*: material (*for a novel, etc.*), story (*for a film*); food (for *conversation*), topic; ~ *zum Nachdenken* food for thought, something to think about; ~ *liefern für* furnish matter for; '~**bahn** *f* web of cloth; '~**ballen** *m* bale of cloth; '2**bespannt** *adj.* fabric-covered.

Stoffel ['ʃtɔfəl] *colloq. m* (-s; -) booby, yokel; boor; 2**ig** *adj.* uncouth, boorish.

'**Stoffhandschuh** *m* fabric glove.

'**stofflich** *adj.* material(ly *adv.*); with regard to the subject-matter.

'**Stoff...**: ~**male'rei** *f* painting on cloth; ~**muster** *n* (cloth) pattern; ~**patent** *n* product patent; ~**puppe** *f* stuffed doll.

'**Stofffülle** (*when divided*: Stoff-fülle) *f* (-) wealth of material (*or* information).

'**Stoff...**: ~**verwandtschaft** *f* chemical affinity; ~**wahl** *f* (-) selection of a subject; ~**wechsel** *m* metabolism; *in compounds*: metabolic...; ~**wechselgrundumsatz** *m* basal metabolic rate.

stöhnen ['ʃtøːnən] *v/i.* (h.) groan, moan (*über acc.* at, *vor dat.* with).

'**Stöhnen** *n* (-s) groaning, groans *pl.*

Sto|iker ['ʃtoːʔikər] *m* (-s; -) Stoic; 2**isch** *adj.* stoic(al).

Stola ['ʃtoːla] *f* (-; -len) *eccl.*, *a. fashion*: stole.

Stolle ['ʃtɔlə] *f* (-; -n) loaf-shaped cake, fruit cake.

Stollen ['ʃtɔlən] *m* post, support; *mining*: tunnel, adit, (*a. mil.*) gallery; *mil.* dug-out; *on horseshoe*: calk(in); (*cake*) fruit loaf.

Stolper|draht [ʃtɔlpər-] *mil. m* trip wire; 2**ig** *adj.* stumbling; halting; → *holperig*; 2**n** ['ʃtɔlpərn] *v/i.* (sn) stumble, trip (*über acc.* over; *both a. fig.*).

stolz [ʃtɔlts] *adj.* proud (*auf acc.* of); conceited; haughty; arrogant; *fig.* proud (*day, sight, ship, etc.*); noble, stately, majestic; ~ *sein auf* (*acc.*) be proud of, take pride in.

Stolz *m* (-es) pride (*auf acc.* in); *b.s. a.* haughtiness; arrogance; conceit; *falscher* ~ false pride; *s-n* ~ *dareinsetzen zu inf.* do one's utmost to *inf.*; make a point of *ger.*; *er ist der* ~ *seiner Mutter* he is his mother's pride.

stolzieren [ʃtɔl'tsiːrən] *v/i.* (sn) strut, parade, swagger; *horse*: prance.

Stopf|büchse ['ʃtɔpf-] *tech. f* stuffing box; '~**ei** *n* darning-ball, darner.

stopfen ['ʃtɔpfən] **I.** *v/t.* (h.) stuff, cram; plug; stuff (*fowl, upholstery*); fill (*hole, pipe*); stop (*leak*); patch up; darn, mend (*stockings*); *physiol.* constipate; *mus.* mute; *mil.* (*das Feuer*) ~ cease firing; *fig. j-m den Mund* ~ stop a p.'s mouth; *gestopft voll* crammed full; *mus. gestopfte Trompete* muted trumpet; **II.** *v/i.* (h.) *food*: satisfy, be filling; *med.* cause constipation.

'**Stopfen**[1] *n* (-s) stuffing, *etc.*

'**Stopfen**[2] *m* (-s; -) stopper, plug.

'**Stopf...**: ~**garn** *n* darning cotton; ~**mittel** *pharm. n* emplastic; ~**nadel** *f* darning-needle; ~**naht** *f* darn; ~**nudel** *f* flour ball; ~**pilz** *m* darning mushroom; ~**twist** *m* darning cotton.

Stopp [ʃtɔp] *m* (-s; -s) stop; prohibition, (*import*) ban, (*price*) freeze.

Stoppel ['ʃtɔpəl] *f* (-; -n) *agr.* stubble (*a. of hair, beard*); ~**bart** *m* stubbly beard; ~**feld** *n* stubble-field; ~**gans** *f* stubble-goose; 2**ig** *adj.* stubbly; 2**n** *v/t. and v/i.* (h.) glean; *fig.* patch (together); ~**werk** *n* (literary) patchwork.

'**stoppen** *v/t. and v/i.* (h.) **1.** stop; **2.** *sports*: time, clock.

'**Stopper** *m* (-s; -) *mar.* stopper; *soccer*: defensive centre-half.

'**Stopp...**: ~**licht** *mot. n* stoplight; ~**lohn** *m* stopped (*or* ceiling) wage; ~**preis** *m* ceiling price; ~**schild** *mot. m* HALT sign; ~**signal** *n* stop signal; ~**uhr** *f* stop watch; ~**verordnung** *f* limitation order.

Stöpsel ['ʃtœpsəl] *m* (-s; -) stopper, cork; *a. el.* plug; peg; *colloq. fig.* manikin, little runt, *Am. a.* shortie; '2**n** *v/t. and v/i.* (h.) stopper, cork; *esp. el.* plug; '~**schnur** *el. f* plug-ended cord.

Stör [ʃtøːr] *ichth. m* (-[e]s; -e) sturgeon.

'**Stör|angriff** *mil. m* harassing (*or* nuisance) raid; ~**befreiung** *f radio*: elimination of interference.

Storch ['ʃtɔrç] *m* (-es; ⁺e) stork; *colloq. da brat mir e-r 'nen* ~*!* well, I'll be hanged!, *Am.* can you beat it?; 2**beinig** *adj.* spindle-legged; ~**ennest** *n* stork's nest; ~**schnabel** *m* stork's bill; *tech.* pantograph; *med.* cranesbill; *bot., pharm.* dove's-foot.

Störchin ['ʃtœrçin] *f* (-; -nen) female stork.

Store [ʃtoːr] *m* (-s; -s) (window-) curtain.

'**Stör...**: 2**anfällig** *tech. adj.* susceptible to trouble; ~**anzeigelampe** *f* trouble light; ~**einsatz** *mil. m* nuisance operation.

stören ['ʃtøːrən] **I.** *v/t.* (h.) *usu.* disturb (*a. jur.* = interfere with); trouble; bother, annoy; irritate, vex; upset, disarrange; interrupt; interfere with; jam (*radio transmitter*); *mil.* harass; *lassen Sie sich nicht* ~*!* don't let me disturb you!; *darf ich Sie kurz* ~*?* may I trouble you for a minute?; *stört es Sie, wenn ich rauche?* do you mind my smoking?; *das stört mich nicht* I don't mind (that); *er stört mich nicht I* don't mind him; *was stört dich das?* why should that bother you?; *teleph. gestörte Leitung* faulty line; *gestörter Schlaf* broken sleep; *geistig gestört* mentally deranged; **II.** *v/i.* (h.) be intruding; meddle; be in the way; mar the picture, spoil the effect, be an eyesore; be inconvenient (*or* awkward); '~**d** *adj.* disturbing, *etc.*; troublesome, inconvenient; awkward; intrusive; '2**fried** ['-friːt] *m* (-[e]s; -e) marplot, mischief-maker, troublemaker; intruder.

'**Störer(in** *f*) *m* (-s, -; -, -nen) disturber; intruder; → *Störsender*.

'**Stör...**: ~**feuer** *mil. n* harassing fire; ~**fleck(e** *pl.*) *n radar*: clutter; ~**flug** *aer. m* nuisance raid; 2**frei** *adj. radio*: undisurbed; ~**frequenz** *f* interference frequency; ~**funk** *m* jamming; ~**geräusch** *n radio*: background noise; statics *pl.*; interference; jamming.

stornier|en [ʃtɔr'niːrən] *econ. v/t.* (h.) reverse (*an entry*); cancel (*order*); 2**ung** *f* (-; -en), **Storno** ['ʃtɔrno] *n* (-s; -ni) reversal, contra-entry; cancellation.

störrig ['ʃtœriç], **störrisch** ['-iʃ] *adj.* stubborn, headstrong, obstinate; mulish, pigheaded; unmanageable, refractory; restive (*horse*).

'**Störrigkeit** *f* (-) stubbornness, obstinacy; pigheadedness; refractoriness; restiveness.

'**Stör...**: ~**schutz** *m* (*radio*) noise suppressor, interference elimination; ~**sender** *m* jamming station, interfering transmitter; ~**sendung** *f* jamming.

'**Störung** *f* (-; -en) disturbing, *etc.*, → *stören*; disturbance, trouble (*both a. med.*); inconvenience, upset; annoyance, irritation; intrusion; interference; interruption;

hitch; obstruction; disarrangement, disorder; dislocation (of traffic); radio: a) atmosphärische ~ statics, atmospherics pl., b) jamming, interference; tech. fault, trouble; failure, breakdown; geistige ~ mental disorder; verzeihen Sie die ~! pardon the intrusion!

'**Störungs...**: ~**dienst** m fault-clearing service; ~**feuer** mil. n harassing fire; 2**frei** adj. undisturbed; radio: a. interference-free; tech. trouble-free; ~**stelle** f trouble spot; → Störungsdienst; ~**sucher** teleph. m lineman, faultsman; ~**trupp** teleph. m repair gang.

Stoß [ʃtoːs] m (-es; ⁓e) push, shove; (a. fenc., mil., phys.) thrust; blow, knock; → Schlag; kick; butt; poke; dig (in the ribs), nudge; stroke; sports: put; billiards: stroke; jerk; bump, phys. and w.s. impact; blast (of explosion, trumpet, wind); burst; shock, concussion; collision, crash; jolt; recoil, kick (of gun); tech. butt joint; el. surge; rail. junction; mining: stope, face of work; pile, stack (of wood, etc.), bundle, file (of paper, etc.), sheaf, Am. a. wad (of bank-notes), batch (of letters); → Schub; dressmaking: seam, hem; e-n ~ versetzen give a p. a push, fig. be (or come as) a blow to, j-s Gesundheit: affect, injure, take its toll of a p.'s strength, j-s Glauben: shake a p.'s faith; gib deinem Herzen e-n ~! be a sport!, have a heart!; '~**arbeiter** m shock worker; '2**artig** adj. intermittent, sporadic (-ally adv.); abrupt; '~**bedarf** econ. m emergency needs; '~**borte** f tail braid; '~**brigade** f shock brigade; '~**dämpfer** tech. m anti-shock pad; mot., etc.: shock-absorber; '~**degen** m rapier, foil; '~**druck** m (-[e]s; ⁓e) impact pressure.

Stößel ['ʃtøːsəl] m (-s; -) pestle; tamping or ramming tool; (piston) plunger; mot. (valve) tappet.

'**stoßempfindlich** adj. sensitive to shock.

stoßen ['ʃtoːsən] I. v/t. (irr., h.) push, shove; thrust; kick; punch, cuff, jab; knock, strike; nudge, jostle; poke; ram; drive; sports: put (the shot); pound; zu Pulver ~ powder, pulverize; tech. slot; ~ aus dem Haus, e-m Verein, etc.: expel from, turn out of house, club, etc.; j-n in die Rippen ~ nudge a p., prod a p.'s ribs; j-m das Messer in die Brust ~ plunge a knife into a p.'s breast; von sich ~ push away, reject; → Kopf, Nase; sich ~ an (dat.) strike (or knock or run or bump or hit) against; fig. take offence (Am. -se) at, take exception to, be shocked by, stick at; object to, disapprove; s-e Zehen ~ an stub one's toes at; II. v/i. a) (irr., h.) thrust, kick, butt (nach at); buck: butt; gun: recoil; vehicle: jolt, bump; ~ an (acc.) run (or bump) against; jostle against; fig. border (or abut) on, adjoin; touch; tech. butt against; ins Horn ~ blow the horn; in die Trompete ~ sound the trumpet; vom Lande ~ put to sea; b) (irr., sn) ~ auf (acc.) bird, etc.: pounce on, swoop down on; fig. (happen to)

meet, come across, run (or bump) into; come across, stumble on, discover; meet with, encounter (obstacle, resistance, etc.); zu j-m ~ join (up with) a p.; c) ~ gegen or an (acc.) knock (or strike) against.

'**Stoß...**: ~**fänger** m bumper, buffer; → Stoßdämpfer; ~**feder** f buffer spring; 2**fest** adj. shock-proof, shock-resistant; ~**festigkeit** f resistance to shock; 2**frei** adj. smooth, joltless; ~**gebet** n fast and fervent prayer; 2**gesichert** adj. shock-protected; ~**hobel** tech. m jointer; ~**kante** f hem, edge, lining; ~**keil** mil. m spearhead; ~**kraft** f (-) tech. impact (force), percussive power; w.s. impetus, drive, force; ~**kreis** m sports: weight (Am. shot) circle; ~**kugel** f sports: weight, esp. Am. shot; ~**maschine** f slotting machine; ~**seufzer** m deep heartfelt sigh, groan; 2**sicher** adj. shock-proof; ~**stange** f mot. bumper; for valves: push-rod; rail. buffer-bar; ~**trupp** mil. m raiding patrol, assault-party; ~**truppen** f/pl. shock troops; ~**truppunternehmen** n raid; ~**verbindung** tech. f butt joint; ~**verkehr** m rush-hour traffic; ~**waffe** mil. f thrust-weapon; 2**weise** adv. intermittently, sporadically, by jerks, by fits and starts; in waves; ~**wind** m squall, gust (of wind); ~**zahn** m tusk.

Stott|erer ['ʃtɔtərər] m (-s; -), ~**rerin** f (-; -nen) stutterer, stammerer.

'**stottern** v/i. and v/t. (h.) stutter, stammer; mot. splutter.

'**Stottern** n (-s) stuttering; colloq. auf ~ kaufen buy on the instalment plan (or on the never-never).

stracks [ʃtraks] adv. direct, straight; directly, on the spot, right away.

Straf|änderung ['ʃtraːf-] jur. f commutation of sentence; ~**androhung** f sanction (of an offence), penalty provided by law; unter ~ under a penalty; → Vorladung; ~**anstalt** f penal institution; prison; mil. detention (Am. disciplinary) barracks pl.; ~**antrag** m a) private application (by the injured party), b) sentence demanded (by the public prosecutor); ~**antritt** m commencement of imprisonment; ~**anzeige** f: ~ erstatten gegen bring a criminal charge against; ~**arbeit** ped. f imposition, Am. extra-work; ~**aufschub** m reprieve; j-m ~ gewähren reprieve a p.; ~ gegen Bewährungsfrist gewähren grant suspension of sentence on probation; ~**ausschließungsgrund** m ground for exemption from punishment; ~**aussetzung** f suspension of (or suspended) sentence; 2**bar** adj. person: liable to prosecution, act: punishable, criminal, triable; culpable; ~e Handlung (criminal) offence (Am. -se); ~ sein be an offen|ce (Am. -se), be punishable (nach under); sich ~ machen incur a penalty, be liable to prosecution; ~**barkeit** f (-) punishability, criminal nature; culpability; ~**bataillon** mil. n delinquent battalion; ~**befehl** m order (of summary

punishment); ~**befugnis** f penal authority; power of sentence; ~**bescheid** m order (inflicting punishment); ~**bestimmung** f penal clause or provision; ~en pl. a. penal laws, penalties; ~**dienst** m extra duty, fatigue duty.

Strafe ['ʃtraːfə] f (-; -n) punishment (für for); econ., jur., sports, and fig.: penalty; fine; chastisement, correction; retribution; jur. sentence; bei ~ von on pain of, on penalty of; zur ~ as a punishment; → abbüßen, etc.; ~ zahlen pay a fine; er hat seine ~ he has got his deserts; das ist die ~ dafür, daß du mir nicht folgtest that's for disobeying me; 2n v/t. (h.) punish (mit with); esp. sports, a. fig.: penalize; chastise, correct; um Geld ~ fine; → Lüge; censure, reprove; mit Verachtung ~ turn one's back on, ignore; 2nd ['-fənt] adj. punishing, punitive, corrective; jur. penal; avenging; reproachful, withering (look).

'**Straf...**: ~**entlassene(r** m) f (-n, -n; -en, -en) ex-convict; ~**entlassung** f: bedingte ~ Brit. ticket of leave, Am. parole; ~**erkenntnis** n sentence (passed on a p.); ~**erlaß** m remission of punishment; bedingter ~ conditional sentence; teilweiser ~ remission of part of the sentence; allgemeiner ~ amnesty; ~**exerzieren** mil. n (-s) punishment drill; ~**expedition** f punitive expedition.

straff [ʃtraf] I. adj. stretched; tight; taut (muscle, sinew, rope); firm (bust); straight, erect (bearing); fig. tense (articulation); concise (style); strict, rigid, austere; II. adv.: ~ anliegen fit tightly, sit close; ~ anziehen tighten, pull tight (screw, etc.); tauten, stretch (rope, etc.).

'**Straf-fall** m criminal case, punishable offen|ce (Am. -se).

'**straf-fällig** adj. → strafbar.

straffen ['ʃtrafən] v/t. (h.) and sich ~ tighten; rope, etc.: a. tauten, stretch; fig. render a plot, etc., concise (or compact); s-e Haltung straffte sich he drew himself up.

'**Straffheit** f (-) tightness; tautness; tenseness; fig. conciseness (of style); strictness, severity, rigidity (of discipline, etc.).

'**straffrei** adj. exempt from punishment; (a. adv.) with impunity; ~ ausgehen go unpunished (or scot-free); 2**heit** f (-) impunity; immunity (from criminal prosecution).

'**Straf...**: ~**gebühr** f surcharge; fine; ~**gefangene(r** m) f prisoner, convict; ~**geld** n fine, penalty; ~**gericht** n criminal court, tribunal; fig. punishment, chastisement; vengeance; judgment (of God); ~**gerichtsbarkeit** f criminal jurisdiction; ~**gesetz** n penal law; ~**gesetzbuch** n penal code; ~**gesetzgebung** f penal legislation; ~**gewalt** f disciplinary power; jur. power of sentence; die ~ haben über (acc.) have corrective control over; ~**justiz** f criminal justice; ~**kammer** f criminal division; ~**kolonie** f convict settlement, penal colony; ~**lager** n (-s; -) concentration camp.

sträflich ['ʃtrɛːflɪç] I. adj. punishable, criminal (*a. fig.*); culpable; reprehensible; inexcusable, unpardonable; **II.** *adv.* criminally, incredibly, awfully.

Sträfling ['ʃtrɛːflɪŋ] *m* (-s; -e) prisoner, convict; **~jacke, ~skleidung** *f* convict's garb, prison clothes *pl.*

'**Straf...: 2los** *adj.* → straffrei; **~mandat** *n* penalty, *Am.* ticket; **~maß** *n* degree of punishment, sentence; höchstes ~ maximum penalty; **~maßnahme** *f* sanction; 2**mildernd** *adj.* mitigating, extenuating (*circumstance*); ~ wirken be considered in mitigation; **~milderung** *f* commutation of punishment; 2**mündig** *adj.* of a responsible age, liable for crime; **~mündigkeit** *f* age of discretion; **~pflege** *f* criminal justice; **~porto** *mail. n* additional (*or* excess) postage, postage-due, surcharge; **~predigt** *f* severe lecture; j-m e-e ~ halten lecture a p., take a p. to task; **~prozeß** *m* trial, criminal case; **~prozeßordnung** *f* code of criminal procedure; **~punkt** *m sports:* bad point, penalty; **~raum** *m sports:* penalty area; **~recht** *n* (-[e]s) criminal law; 2**rechtlich** *adj.* penal, criminal, under criminal law; ~ verfolgen prosecute; **~register** *n* penal register, criminal records *pl.*; **~richter** *m* criminal judge; **~sache** *f* criminal case; Zuständigkeit in ~n criminal jurisdiction; **~senat** *m* criminal panel; **~stoß** *m soccer:* penalty kick; **~tat** *f* punishable act, (criminal) offence (*Am.* -se); **~umwandlung** *f* commutation of punishment; **~verfahren** *n* criminal procedure (*or* proceedings *pl.*); **~verfolgung** *f* criminal prosecution; 2**verschärfend** *adj.* aggravating; **~verschärfung** *f* increase of penalty; 2**versetzen** *v/t.* (h.) transfer for disciplinary reasons; **~versetzung** *f* transfer for disciplinary reasons; **~verteidiger** *m* trial lawyer; **~vollstreckung** *f*, **~vollzug** *m* execution of a sentence; sich der ~ (dem ~) entziehen evade justice; **~vollzugsanstalt** *f* penal institution; 2**würdig** *adj.* → sträflich; **~zeit** *f* term of confinement; **~zumessung** *f* award of punishment; 2**zuschlag** *m* surcharge.

Strahl [ʃtraːl] *m* (-[e]s; -en) ray (*a. fig. of hope*); beam; flash; stream (*of air, gas, water*), jet; *math.* radius, straight line; *vet.* frog; kosmische ~en cosmic rays; einfallender ~ incident ray; '**~antrieb** *aer. m* jet propulsion; '**~düse** *f* blast nozzle; '**~einspritzung** *mot. f* solid injection; '**~empfänger** *m radio:* unidirectional (*or* beam) receiver.

'**strahlen I.** *v/i.* (h.) emit rays, radiate; shine, flash, sparkle; *fig. face, person:* be radiant (vor *dat.* with), beam (with), shine (with); **~d** radiating, *a. fig.* radiant, beaming, shining; vor Gesundheit ~ radiate health; **II.** *v/t.* (h.) radiate (forth); *radio:* beam (nach at).

'**Strahlen...: ~behandlung** *f* radiotherapy, ray treatment; **~biologie** *f* radiobiology; 2**brechend** *phys. adj.*

refractive; **~brechung** *f* refraction (of rays); **~bündel, ~büschel** *n* pencil of rays, beam (*or* brush); **~dermatitis** ['-derma'tiːtis] *med. f* (-) radiodermatitis; **~dosis** *f* radiation dose; **~einfall** *m* incidence of rays; 2**förmig** *adj.* radiate(d), radial; **~forscher(in** *f*) *m* radiologist; **~forschung** *f* radiology; **~geschädigte(r** *m*) *f* radiation victim; **~heilkunde** *f* radiotherapeutics *pl.*; **~kegel** *m* cone of rays; **~krone** *f* halo, nimbus, *fig.* glory; **~messer** *m* actinometer; **~pilz** *m* ray fungus; **~schädigung** *f* radiation injury; **~schutz** *m* radiological protection, anti-radiation precautions *pl.*; 2**sicher** *adj.* radiation-proof.

'**Strahler** *m* (-s; -) *phys.* emitter; radiator; (cathode) heater.

'**Strahlflugzeug** *n* jet-propelled aircraft, jet plane.

'**strahlig** *adj.* radiating, radiate(d).

'**Strahl...: ~motor** *m* jet-propulsion engine; **~ofen** *m* radiator; **~rohr** *n* jet pipe; **~sender** *m* unidirectional (*or* beam) transmitter; **~triebwerk** *n* jet power plant, jet unit; **~turbine** *f* turbo-jet.

'**Strahlung** *f* radiation, rays *pl.*

'**Strahlungs...: ~energie** *f* radiant energy; **~menge** *f* quantity of radiation; **~messer** *m* actinometer; **~ofen** *m* radiation furnace; **~quant** ['-kvant] *n* (-s; -en) light quantum, photon; **~schäden** *med. m/pl.* radiation damage *sg.*; **~vermögen** *n* radiating power; **~wärme** *f* radiant heat.

'**Strahlvortrieb** *aer. m* jet propulsion.

Strähn|e ['ʃtrɛːnə] *f* (-; -n) strand; *of yarn:* skein, hank; 2**ig** *adj.* wispy, stringy; in strands.

Stramin [ʃtra'miːn] *m* (-s; -e) canvas (for needlework).

stramm [ʃtram] **I.** *adj.* tight, taut; smart, snappy (*salute, etc.*); erect, rigid (*bearing*); **~e** Haltung annehmen snap to attention; robust, sturdy, stalwart; **~er** Bursche strapping fellow; **~es** Mädchen bouncing girl; stiff, severe; **~e** Disziplin strict discipline; j-m die Hosen **~ziehen** give a p. a spanking; **II.** *colloq. adv.* smartly, briskly; ~ arbeiten put one's back into it, work hard; **~stehen** *mil. v/i.* (irr., sn) stand at attention.

strampel|n ['ʃtrampəln] *v/i.* (h.) kick, fidget, struggle; sich bloß kick the bed-clothes off; *colloq. cyclist:* pedal (away); 2**hös-chen** ['-høːsçən] *n* (-s; -) rompers *pl.*

Strand [ʃtrant] *m* (-[e]s; ~e) (sea-)shore; beach; *mar.* auf den ~ laufen run ashore, be stranded; '**~anzug** *m* beach suit; '**~bad** *n* seaside (*or* beach) resort, lido; open-air swimming bath (*Am.* pool); '**~batterie** *mil. f* shore battery; 2**en** ['-dən] *v/i.* (sn) (be) strand(ed), be beached *or* wrecked; *only mar.* run ashore, *fig. a.* fail, founder; *girl:* go to the bad; '**~fische'rei** *f* shore-fishing; '**~gut** *n* (-[e]s; ~er) stranded goods *pl.*; flotsam; jetsam; *fig.* ~ des Lebens derelict(s *pl.*); '**~hotel** *n* seaside hotel; '**~kleidung** *f* beach-wear; '**~korb** *m* (canopied) beach-

-chair; '**~läufer** *orn. m* sandpiper; '**~promenade** *f* promenade, *Am.* boardwalk; '**~raub** *m* wrecking; '**~räuber** *m* wrecker; '**~recht** *n* right of salvage; '**~schuhe** *m/pl.* sand-shoes; '**~ung** *f* (-; -en) stranding, shipwreck; '**~vögel** *m/pl.* beach-birds; '**~wache** *f*, '**~wächter** *m* lifeguard; '**~weg** *m* promenade.

Strang [ʃtraŋ] *m* (-[e]s; ~e) cord (*a. anat.*); rope; halter; trace; *of yarn:* skein, hank; *rail.* track; wir ziehen alle am selben ~ we are all in the same boat; über die Stränge schlagen kick over the traces; wenn alle Stränge reißen as a last resort, in an extremity, if all else fails; *jur.* zum Tode durch den ~ verurteilen sentence to be hanged; '2**gepreßt** *tech. adj.* extruded; '2**presse** *f* extrusion press.

strangulier|en [ʃtraŋgu'liːrən] *v/t.* (h.) strangle; 2**ung** *f* (-; -en) strangulation.

Strapaze [ʃtra'paːtsə] *f* (-; -n) exertion, strain, fatigue; hardship; drudgery, fag.

strapazier|en [-pa'tsiːrən] *v/t.* (h.) strain (*a. fig.*), fatigue, exhaust; sich ~ exert o.s., rough it; wear hard, punish (*material, etc.*); 2**fähig** *adj.* (for) hard wear, hard-wearing, rugged.

strapaziös [-tsi'øːs] *adj.* exhausting, fatiguing, trying, rough.

Straße ['ʃtraːsə] *f* (-; -n) road, street; lane; boulevard, avenue; highway, highroad, *Am. a.* route; zollpflichtige ~ toll road; thoroughfare; *contp.* gutter; *geogr.* strait(s *pl.*); ~ von Messina the Strait of Messina; *tech.* **a)** rolling train, **b)** assembly (*or* production) line; an der ~ by the wayside *or* roadside; auf der ~ on the road, in the (*Am.* on the) street, *prostitutes:* on the streets; auf offener ~ in a public thoroughfare, *w.s.* in broad daylight; auf die ~ setzen turn out, (give the) sack; in e-r ~ wohnen live in a street; sein Geld auf die ~ werfen throw one's money out of the window; der Mann auf der ~ the man in the street; *Filmstoffe, etc.*, liegen auf der ~ film stories, etc., are there and all arounds us.

'**Straßen...: ~anzug** *m* lounge suit, *Am.* business suit; **~arbeit** *f* road work; **~en!** road under repair!; **~arbeiter** *m* navvy, *Am.* road laborer; **~aufseher** *m* road surveyor.

'**Straßenbahn** *f* tram(way), tramline, *Am.* trolley line; tram(-car); *Am.* streetcar, trolley(-car); **~depot** *n* tramway depot; **~er** *m* tramway man; **~führer** *m* tram driver, *Am.* motorman; **~haltestelle** *f* tram stop, *Am.* streetcar stop; **~linie** *f* → Straßenbahn; **~schaffner** *m* (tram)conductor; **~verkehr** *m* tramway traffic; **~wagen** *m* → Straßenbahn.

'**Straßen...: ~bau** *m* (-[e]s; -ten) road building (*or* construction); **~ten** *pl.* road-building projects; **~befestigung** *f*, **~belag** *m* road surface; **~beleuchtung** *f* street lighting; **~benutzungsgebühr** *f* road toll; **~beschaffenheit** *f* road conditions *pl.*; **~betonierung** road reinforcement; ~biegung f road bend; ~bild n streetscape; ~brücke f highway bridge; ~damm m roadway; ~decke f highway surface, paving coat; ~dirne f streetwalker; ~dreieck n triangular road junction; ~ecke f street-corner; ~einmündung f road junction; ~feger m street cleaner, Am. scavenger; ~front f street front; ~glätte f slippery roads pl.; ~graben m (road) ditch; ~handel m street-hawking, (trade of) street-vendors pl.; ~händler(in f) m street-vendor, street-hawker; ~instandsetzung f road repair (or maintenance); ~junge m street arab, street-urchin, guttersnipe; ~hobel m (road) grader; ~kampf mil. m street-fighting; ~karte f road map; ~kehrer m → Straßenfeger; ~kehricht m street-sweepings pl.; ~kehrmaschine f motor sweeper, rotary road brush; ~kleid n out-door dress; ~kot m mud (in the road); ~kreuzer colloq. m road cruiser, Am. a. heap; ~kreuzung f cross-roads sg., (street) crossing, intersection; ~lage mot. f road holding (qualities); der Wagen hat e-e gute ~ a. the car sticks to the road; ~laterne f street-lamp; ~mädchen n streetwalker; ~musikant m strolling musician, pl. a. street-band; ~netz n road net (-work); ~ordnung f rules pl. of the road; ~pflaster n pavement; ~planum n (-s) street level; ~raub m highway robbery; ~räuber m highwayman; ~reinigung f street-cleaning; scavenging; ~rennen n road race; ~rinne f drain, sewer; ~sammlung f street collection; ~schild n street or road sign; ~schotter m road metal; ~schuh m (street) shoe, Oxford (shoe); ~schwein colloq. n road hog, speed demon; ~sperre f road block; ~spinne f multiple road junction; ~transport m road haulage; ~tunnel m vehicular tunnel; ~überführung f overpass; ~übergang m street-crossing; ~umleitung f detour; ~unfall m street (or road) accident; ~unterführung f subway, underpass; ~verengung f defile; ~verhältnisse pl. road condition; ~verkauf m street sale; ~verkäufer(in f) m street-vendor; ~verkehr m road traffic, in town: street traffic; Vorsicht im ~ road care; ~verkehrsordnung f (-) road traffic regulations pl., Highway Code; ~verstopfung f traffic jam (or congestion); ~walze f road roller; ~zug m series of streets, street block; ~zustand m road condition(s pl.).

Stratege [ʃtra'te:gə] m (-n; -n) strategist.

Strategie [ʃtrate'gi:] f (-) strategy, generalship.

strategisch [-'te:giʃ] adj. strategic (-al); ~es Material strategic material.

Stratosphäre [strato'sfɛ:rə] f (-) stratosphere; ~nflugzeug n stratospheric aircraft, high-altitude airplane, Am. stratoplane; ~nkreuzer m stratocruiser, stratoliner.

strato'sphärisch adj. stratospheric(al).

sträuben ['ʃtrɔʏbən] v/t. (h.) ruffle up (feathers, hair, etc.); sich ~ a) hair: stand on end, bristle (up), b) fig. struggle, refuse, balk, argue; sich ~ gegen et. strive (or struggle) against a th., resist a th., ~ refuse to do a th.; die Feder sträubt sich bei dieser Schilderung the pen boggles at this description.

'**Sträuben** n (-s) fig. struggling, resistance, opposition, reluctance.

Strauch [ʃtraux] m (-[e]s; ⸚er) shrub, bush; '⸚artig adj. shrublike, shrubby; '~dieb m footpad, highwayman; '⸚eln v/i. (sn) (a. fig.) stumble, trip (über acc. over); make (fig. take) a false step; stagger; fig. daran strauchelte er this was his undoing; '⸚ig adj. shrubby; '~ritter m → Strauchdieb; '~werk n (-[e]s) shrubbery, copse; brushwood.

Strauß [ʃtraus] m 1. (-es; -e) (Vogel ~) ostrich; 2. (-es; ⸚e) strife, struggle, combat; duel; feud; harter ~ hot fight; e-n ~ ausfechten mit tussle (or do battle) with, fig. a. lock horns with; 3. (-es; ⸚e) nosegay, bunch (of flowers); bouquet.

Sträußchen ['ʃtrɔʏsçən] n (-s; -) small bunch, small bouquet.

'**Straußen|ei** n ostrich-egg; ~feder f ostrich-feather.

Strazze ['ʃtratsə] econ. f (-; -n) scrap-book, Am. blotter.

Strebe ['ʃtre:bə] f (-; -n) arch., tech. prop, stay, support; crossbeam, traverse; brace; aer., tech., etc.(arch. a. ~balken m) strut; ~bogen m (flying) buttress; ~mauer f retaining wall.

streben ['ʃtre:bən] v/i. (h.): ~ nach strife after, struggle for; aspire to, aim to, pursue, seek; zu ... hin~, nach e-r Richtung ~ tend to(wards), make for; in die Höhe ~ push aloft; colloq. ped. (be a) swot.

'**Streben** n (-s) striving (nach for, after); aspiration (to); endeavo(u)r, effort; ambition.

'**Strebepfeiler** m buttress.

'**Streber** m (-s; -) pusher, careerist, Am. a. climber; eager beaver; place-hunter; tuft-hunter; ped. swot; ~tum n (-s) pushing, ambition; place-hunting; tuft-hunting; ped. swotting.

'**strebsam** adj. assiduous, active; zealous, pushing; eager; aspiring; ambitious; 2keit f (-) assiduity, zeal, push; ambition.

Streck|apparat ['ʃtrɛk-] med. m extension apparatus; '2bar adj. extensible; ductile; malleable; '~barkeit f (-) extensibility, etc.; '~bett n orthop(a)edic bed.

'**Strecke** f (-; -n) stretch; route; stage, Am. leg; distance; span; space; reach (of river); sports: a) distance, b) course; math. straight line; aer., mar., teleph. line (a. rail.), section; mining: roadway; hunt. bag; durchlaufene (or zurückgelegte) ~ distance covered; auf freier ~ a) rail. on the open track, b) on the road; auf der ~ bleiben break down, collapse, succumb, fig. a. fail, come to grief, (die) perish,

lick the dust; zur ~ bringen hunt. kill, shoot down, bag; fig. hunt down (criminal, etc.), w.s. defeat, do for (opponent).

'**strecken** v/t. (h.) stretch, extend; spread; dilute; eke out, (make) spin out (supply, soup, etc.); extend, fill (paint); metall. roll, laminate; draw; straighten; s-e Beine (Glieder) ~ stretch one's legs (limbs); sich ~ stretch (o.s.); sich ins Gras ~ lie down on the grass; → Decke, vier; die Waffen ~ lay down arms, surrender, fig. a. give in; j-n zu Boden ~ stretch on the ground, fell, floor a p.; die Arme zum Himmel ~ raise one's arms (toward heaven); mil. gestreckte Ladung elongated (or pole) charge; in gestrecktem Galopp in full career, (at) full tilt.

'**Strecken...**: ~arbeiter m plate-layer, navvy, Am. section-hand; ~bau m (-[e]s; -ten) railway construction; ~feuer aer. n airway beacon; ~flug aer. m long-distance flight; ~führung f routing; ~karte f route map; ~posten m sports: course judge; ~rekord m sports: track record; ~signal n block signal; ~tauchen n underwater swimming; ~wärter m linesman, Am. trackman; 2weise adv. in parts, here and there.

'**Streck...**: ~hang m (-[e]s) gym. straight-cross hang; ~mittel n extender, thinner, b.s. adulterant; for oil paints: filler; ~muskel anat. m extensor (muscle); ~stahl m rolled steel; ~ung f (-) stretching, extension; lengthening (of supplies); metall. rolling; ~verband med. m traction or extension bandage; ein Bein im ~ one leg in high traction.

Strehler ['ʃtre:lər] tech. m (-s; -) chaser.

Streich [ʃtraɪç] m (-[e]s; -e) stroke; blow; (whip-)lash; fig. stroke (of business); (lustiger) ~ prank, trick, joke; escapade; (dummer) ~ stupid thing to do, (piece of) folly; (schlechter) ~ mean (or shabby) trick; auf e-n ~ at a blow; j-m e-n ~ versetzen deal a p. a blow; j-m e-n (bösen) ~ spielen play a p. a (nasty) trick; er arbeitete keinen ~ he did not do a stroke of work.

streicheln ['ʃtraɪçəln] v/t. (h.) stroke; caress, fondle; pat.

'**streichen** I. v/t. (irr., h.) stroke, rub gently, touch gently; a. tech. sleek, smooth; spread (butter, etc.); es läßt sich wie Butter ~ it spreads like butter; mus. play, bow; whet (knife), strop (razor); strike (match) (an dat. against); paint, coat (a. tech. paper); → frisch; strike (or cross) out or off, esp. fig. cancel; delete, obliterate; von der Liste ~ strike off the roll; strike, haul down (flag, sail); sports: scratch (entry); tech. card (wool); make (brick); (sich) das Haar aus der Stirn ~ push one's hair back; → gestrichen; II. v/i. a) (irr., sn) extend, sweep (über acc. over; nach Süden southward); run or stretch (von ... nach from ... to); ~ an (acc.) graze, touch; pass (vorbei an j-m a p.), brush, rush (past a p.); run, fly, sweep (über acc. over); ~ über das Wasser, etc.;

skim (over) *the water, etc.*; *bird*: sweep; stroll, ramble, roam; *beast, criminal*: prowl; **b)** (*h.*) *mit der Hand über et.* ~ pass one's hand over a th.

'**Streicher** *mus. m/pl. the* strings.

'**Streich...**: ~**fähigkeit** *f* (-) *of lacquer*: ease of brushing; ~**fläche** *f* striking surface; ~**garn** *n* worsted yarn; ~**garnspinne'rei** *f* carded--wool spinning mill; ~**holz** *n* match, *Am. a.* matchstick; ~**holzschachtel** *f* match-box; ~**instrument** *mus. n* string(ed) instrument; ~**e** *pl. the* strings; ~**käse** *m* spread cheese; ~**lack** *m* brushing lacquer; ~**masse** *f* coating (compound); ~**musik** *f* string-music; ~**orchester** *n* string-orchestra; ~**papier** *n* coated paper; ~**quartett** *mus. n* string quartet; ~**riemen** *m* (razor-)-strop.

'**Streichung** *f* (-; -en) cancellation (*a. fig.*); *typ.* deletion; suppressed (*typ.* deleted) passage; cut.

'**Streichwolle** *f* carding wool.

Streif [ʃtraɪf] *m* (-[e]s; -e) stripe, streak; → **Streifen**; '~**band** *n* (-[e]s; ᵘer) (postal) wrapper, cover; *unter* ~ *by* book-post, *econ. securities*: (held) in safe custody deposit; '~**blick** *m* (short) glance.

'**Streife** *f* (-; -n) patrol; patrolman; raid; (policeman's) beat.

'**Streifen** *m* (-s) stripe (*a. mil.*), streak, *anat., bot., geol., zo.* stria; vein; strip (*a. el.*), tract (*of land*), *a. mil.* sector; strip (*of paper*); *tel., etc.*: tape; (film) strip, *w.s.* film, *Am. a.* picture; braid, list; *arch.* fillet; shred; *in* ~ *schneiden* shred.

'**streifen**[1] *v/t.* (*h.*) (*a. sich*) stripe, streak, *bot.* striate; *arch.* channel, flute.

'**streifen**[2] (*h.*) **I.** *v/t. and v/i.* touch; ~ (*an acc.*) graze (*a. mil. bullet*), skim; brush (against); *über et.* ~ glide (*or* skim) *over a th.*; strip off; *den Ring vom Finger* ~ take (*or* slip) off *the ring*; *fig.* touch (upon), skirt (*topic*); verge (*or* border) on; **II.** *v/i.* stroll, ramble; roam, range (*a. animal, glance*); prowl; *mil.* reconnoitre, patrol; make inroads; ℭ-**drucker**, ℭ**schreiber** *m* tape printer; ℭ**polizist** *m esp. Am.* patrolman; ℭ**wagen** *m* (police) patrol car, *Am.* squad (*or* prowl) car.

'**streifig** *adj.* striped, streaky, *scient.* striate.

'**Streif...**: ~**jagd** *f* coursing; ~**korps** *mil. n* flying column, raiding force; ~**licht** *paint. n* accidental light(s *pl.*); *fig.* side-light; ~**schuß** *mil. m* grazing shot; *e-n* ~ *bekommen* be grazed (by a bullet); ~**ung** *f* (-) striping, striation; ~**wunde** *f* skin wound, (mere) scratch; ~**zug** *m* (roving) expedition; *mil.* raid, incursion.

Streik [ʃtraɪk] *m* (-[e]s; -s) strike, *Am. a.* walkout; *wilder* ~ unauthorized (*or* wildcat) strike; *e-n* ~ *ausrufen* call a strike; *in den* ~ *treten* go on strike, *Am. a.* walk out; *sich im* ~ *befinden* be on strike; '~**arbeit** *f* scab work; '~**aufruf** *m* strike call; '~**ausschuß** *m* strike committee; '~**brecher** *m* (-s; -) strike-breaker, blackleg, scab; 'ℭ**en**

v/i. (*h.*) strike, go (*or* be on) strike, *Am. a.* walk out; *colloq. fig.* rebel, refuse (to go along, *etc.*), *engine, etc.*: refuse to work; '~**ender** ['-kəndər] *m* (-en; -en) striker; '~**kasse** *f* strike fund; '~**lohn** *m* strike pay; '~**posten** *m* picket; picketer; ~ *stehen* picket; '~**recht** *n* freedom of strike; '~**welle** *f* chain (*or* series) of strikes.

Streit [ʃtraɪt] *m* (-[e]s; -e) quarrel (*über acc.* about); difference, *leichter*: tiff; dispute, argument; controversy; altercation; squabble; wrangling; brawl, row; conflict, strife, struggle; battle, combat; feud; clash; rupture; *jur.* litigation, lawsuit; contest; *in* ~ *geraten mit* have a quarrel (*or* words) with, fall out with, clash with; *mit j-m in* ~ *liegen* be at variance (*or* loggerheads) with; '~**axt** *f* battle-ax(e); *fig. die* ~ *begraben* bury the hatchet; 'ℭ**bar** *adj.* warlike, martial; valiant; combative, fighting; militant; pugnacious, belligerent.

'**streiten** *v/i.* (*irr., h.*) contend (*um* for); fight, struggle (for); combat; (*a. sich* ~) quarrel, be at loggerheads, *contp.* squabble, bicker, wrangle; dispute, argue, altercate, be at high words together; have a fight (*mit* with); clash (with); *jur.* litigate; *things*: be at variance (*mit* with), clash (with), be contrary (*gegen* to); *sie* ~ *sich fortwährend* they live like cat and dog; *darüber läßt sich* ~ that's open to question, that's a moot point; ~**d** *adj. jur.* litigant (*parties*); *die* ~**e** *Kirche* the Church Militant.

'**Streiter(in** *f*) (-s, -; -, -nen) *m* fighter, warrior, combatant; disputant; champion.

'**Streit...**: ~**fall** *m*, ~**frage** *f* (question at) issue, (point of) controversy; dispute, difference, conflict; *jur.* case (at law); ~**gegenstand** *jur. m* matter in dispute; ~**gehilfe** *jur. m* intervener; ~**hahn** *m*, ~**hammel** *colloq. m* squabbler; ~**handel** *m* quarrel, dispute.

'**streitig** *adj.* contestable, debatable, disputable, controversial; *jur.* sub judice; ~**er** *Punkt* (point at) issue; contested, *pred.* in dispute, at issue; *j-m et.* ~ *machen* dispute a p.'s right to a th., contend with a p. for a th.; *j-m or e-r Sache den Rang* ~ *machen* compete (*or* vie) with, rival a p. *or* th.; ℭ**keit** *f* (-; -en) → *Streit*.

'**Streit...**: ~**kräfte** *f/pl.* (military *or* armed) forces; services; troops; ~**lust** *f* (-) quarrelsomeness, pugnacity, aggressiveness; ℭ**lustig** *adj.* pugnacious, belligerent, aggressive; *pred.* spoiling for a fight; ~**macht** *f* (-) → *Streitkräfte*; ~**objekt** *n jur.* matter in dispute; bone of contention; ~**punkt** *m* (point at) issue, point of controversy; moot point; ~**roß** *n* war-horse, charger; ~**sache** *f* controversial matter; *jur.* litigation, law-suit; ~**satz** *m* thesis; ~**schrift** *f* polemic (pamphlet *or* treatise); ~**sucht** *f* (-) quarrelsomeness; ℭ**süchtig** *adj.* quarrelsome, cantankerous; → *streitlustig*; ~**wagen** *hist. m* war-chariot; ~**wert** *jur.*

m value in dispute, matter in controversy.

streng [ʃtrɛŋ] **I.** *adj.* severe, rigorous (*a. cold*), stern (*a. expression, glance*); inclement (*climate, weather*); harsh; rigid; austere (*character, life, style*); strict (*order, discipline, etc.*); stringent (*measure, rule*), sharp, tart (*taste*); *mil.* ~**er** *Arrest* close confinement; ~**e** *Kritik* severe criticism; ~**e** *Prüfung* stiff examination; ~**e** *Sitten* strict morals; ~ *sein gegen j-n* be strict with a p.; *ein* ~**es** *Regiment führen* rule with a heavy hand; **II.** *adv.* severely, *etc.*; ~ *geheim* most (*Am.* top) secret; ~ *vertraulich* in strict confidence, *esp. adm.* strictly confidential; ~ *befolgen, sich* ~ *an* (*acc.*) *halten* adhere strictly to; ~ *verboten* strictly forbidden; *Parken* ~**stens** *verboten* positively no parking; ~ *nach Vorschrift* in strict accordance with regulations.

'**Strenge** *f* (-) → *streng*; severity, rigo(u)r, sternness, inclemency; harshness; strictness; stringency; sharpness.

'**streng...**: ~**genommen** *adv.* strictly speaking, in the strict sense; ~**gläubig** *adj.* orthodox; ℭ**gläubigkeit** *f* (-) orthodoxy.

Strepto|kokkus [strɛpto'kɔkus] *m* (-; -kokken) streptococcus; ~**mycin** [-my'tsi:n] *n* (-s) streptomycine.

Streß [ʃtrɛs] *med. m* (-sses; -sse) stress.

Streu [ʃtrɔʏ] *f* (-; -en) *agr.* litter; *for persons*: bed of straw, shakedown; '~**büchse** *f* castor; dredger; (*pepper, etc.*) box, sprinkler; ℭ**en** *v/t. and v/i.* (*h.*) strew, scatter; sow; *fig.* disseminate; → *Sand*; *Pfeffer* (*Zucker*) *auf et.* ~ pepper (sugar) a th.; *agr. dem Vieh*: litter *the cattle*; spread (*manure*); *el.* stray; *gun*: spread (the shot), *mil.* scatter, *intentionally*: sweep, *lengthwise*: search; '~**er** *m* (-s; -) → *Streubüchse*; '~**feuer** *mil. n* scattered fire; area fire; sweeping fire; '~**gold** *n* gold dust.

'**streunen** ['ʃtrɔʏnən] *v/i.* (*sn*) roam about, stray; *der Hund* stray dog.

'**Streu...**: ~**neutron** *phys. n* stray neutron; ~**pulver** *n* sprinkling powder; ~**sand** *m* dry sand, grit; writing-sand; ~**strahlung** *f* nuclear physics: stray radiation; ~**ung** *f* (-; -en) strewing, *etc.*; deviation; *mil., a.* statistics, *etc.*: dispersion; spread; *nuclear physics*: stray, scattering; ~**zucker** *m* powdered sugar, castor-sugar.

strich [ʃtrɪç] *pret. of* streichen.

Strich [ʃtrɪç] *m* (-[e]s; -e) stroke; line; dash; stripe, streak; stroke (of the brush), touch, *varnishing, spraying*: pass; *mus.* bar; touch (of bow); point (*of compass*); migration, passage (*of birds*), flight; covey (*of partridges*); region, tract, district; grain (*of wood, etc.*); *gegen den* ~ *rasieren* shave up; *paint. mit wenigen* ~ *en* with a few strokes; *e-n* ~ *durch et. machen* cross a th. out, run one's pen through a th.; *e-n* ~ *unter et. machen* underline a th.; *fig. e-n* (*dicken*) ~ *unter et. machen* make a clean break with a th.;

e-n ~ unter seine Vergangenheit machen turn over a new leaf; *colloq. fig.* j-n auf dem ~ haben have it in for a p.; *colloq.* auf den ~ gehen walk the streets (*prostitute*); *colloq.* das ging mir gegen den ~ it rubbed me the wrong way; *nach* ~ *und Faden* thoroughly; *nach* ~ *und Faden besiegen* inflict a crushing defeat on, mop the floor with *an opponent*; ~ *darunter!* forget it!

'**Strich...:** ~ätzung *f* line etching; line-plate; ~**einteilung** *f* graduation; 2**eln** *v/t.* (h.) mark with little lines; dot; hatch, shade; *gestrichelte Linie* dotted line; ~**mädchen** *n* streetwalker; ~**platte** *f* graduated dial, graticule; ~**punkt** *m* semicolon; ~**regen** *m* local shower; ~**vogel** *m* migratory bird, visitant; 2**weise** *adv.* by strokes (*or* lines); in parts, here and there; ~ *Regen* scattered rain showers; ~**zeit** *orn. f* time of migration.

Strick [ʃtrik] *m* (-[e]s; -e) cord, line; rope; → *Strang*; *colloq. fig.* scamp, young rascal, good-for--nothing; *fig.* j-m aus e. e-n ~ drehen (try to) trip a p. up with a th.; *wenn alle* ~e *reißen* if all else fails, as a last resort.

'**Strick...:** ~**arbeit** *f* knitting; ~**beutel** *m* knitting-bag; 2**en** *v/t.* (h.) *and v/i.* knit; *netzartig* ~ net; ~**en** *n* knitting; ~**er(in** *f*) *m* (-s, -; -, -nen) knitter; ~**e'rei** *f* (-; -en) knitting; ~**garn** *n* knitting yarn; ~**hand-schuhe** *m/pl.* knitted gloves; ~**jacke** *f* cardigan (jacket), jersey; ~**kleidung** *f* knit(ted) wear; ~**leiter** *f* rope-ladder; ~**maschine** *f* knitting machine; ~**muster** *n* knitting pattern; ~**nadel** *f* knitting needle; ~**strumpf** *m* stocking which is being knitted, knitting; ~**waren** *f/pl.* knit(ted) goods; ~**weste** *f* → *Strickjacke*; ~**wolle** *f* knitting wool; ~**zeug** *n* knitting (things *pl.*).

Striegel ['ʃtriːɡəl] *m* (-s; -) curry--comb; 2**n** *v/t.* (h.) curry (*horse*); brush; *fig.* take to task, blow up; *gestriegelt und gebügelt* spick and span.

Striem|e ['ʃtriːmə] *f* (-; -n), ~**en** *m* (-s; -) stripe, streak; band; *on skin*: wale, weal; 2**ig** *adj.* striped, streaky; *skin*: covered with wales.

striezen ['ʃtriːtsən] *colloq. v/t.* (h.) 1. pilfer, filch; 2. harass, plague.

strikt [ʃtrikt] *adj.* strict; ~**e** *adv.* strictly.

Strippe ['ʃtripə] *f* (-; -n) strap; string; *colloq.* an der ~ hängen be on the phone (all day long).

stritt [ʃtrit] *pret. of streiten.*

strittig ['ʃtritiç] *adj.* → *streitig*; ~**er** *Punkt* point at issue, moot point.

Stroh [ʃtroː] *n* (-[e]s) straw; *on roof*: thatch; *fig.* leeres ~ dreschen platitudinize, talk hot air, *politician*: churn out the old catch-cries; ~ *im Kopfe haben* be empty-headed.

'**Stroh...:** 2**blond** *adj.* flaxen-haired; ~**blume** *f* immortelle; ~**bund** *n* truss of straw; ~**dach** *n* thatch(ed roof); 2**ern** ['-ərn] *adj.* (of) straw; *fig.* dry (as dust), jejune; 2**farben** *adj.* straw-colo(u)red; ~**feuer** *n* straw fire; *fig.* short-lived passion (*or* enthusiasm); ~**geflecht** *n* straw-

-plaiting, straw-work; 2**gelb** *adj.* → *strohfarben*; ~**halm** *m* (blade of) straw; *fig.* nach e-m ~ greifen catch at a straw; ~**hut** *m* straw hat; ~**hütte** *f* thatched hut; ~**kartoffeln** *f/pl.* potato chips *pl.*; ~**kopf** *colloq. m* blockhead, numskull; ~**lager** *n* layer of straw; shakedown; ~**mann** *m* (-[e]s; ⸚er) man of straw (*a. fig.*), scarecrow; *fig.* dummy (*a. cards*); ~**matratze** *f* straw-mattress; ~**matte** *f* straw mat; ~**puppe** *f agr.* scarecrow; *mil.* dummy; ~**sack** *m* straw mattress, paliasse; ~**wisch** *m* wisp (*or* whisk) of straw; ~**witwe(r** *m*) *f* grass widow(er).

Strolch [ʃtrɔlç] *m* (-[e]s; -e) tramp, *Am. a.* bum; *contp. or humor. a.* scamp, scalawag; blackguard; '2**en** *v/i.* (sn) roam, ramble, tramp about, loaf about.

Strom [ʃtroːm] *m* (-[e]s; ⸚e) stream, (large) river; torrent; flood; current (*a. fig.*); (electric) current; power; *el.* unter ~ live; *fig.* stream (*or* flood) of people, throng; flow of traffic; ~ *von Tränen* flood of tears ~ *von Worten* torrent (*or* flood) of words; *Ströme pl. Blutes* streams of blood; *der in Strömen fließende Wodka* the flowing wodka; *gegen den* ~ *schwimmen* swim against the current (*fig. a.* against the tide); *fig.* mit dem ~ schwimmen go with the tide; *es gießt in Strömen* it is pouring with rain.

'**Strom...:** ~**abnehmer** *el. m* a) current collector, b) user of electric power; 2**ab(wärts)** *adv.* downstream, down the river; ~**aggregat** *n* generating set *or* plant; ~**anzeiger** *m* current indicator; ~**art** *f* type of current; 2'**auf(wärts)** *adv.* upstream, up the river; ~**bett** *n* river--bed; ~**dichte** *el. f* current density; 2**durchflossen** *el. adj.* (a)live.

strömen ['ʃtrøːmən] *v/i.* (h., sn) stream; flow, run; gush; *blood: a.* rush (*in den Kopf* to a p.'s head); *rain*: pour; *persons*: stream, throng, pour (*aus* out of; *in acc.* into).

'**Strom...:** ~**enge** *f* narrows *pl.* of a river; ~**entnahme** *el. f* consumption of current; ~**er** *colloq. m* (-s; -) → *Strolch*; ~**erzeuger** *m* generator; ~**erzeugung** *f* generation of current; 2**führend** *el. adj.* current--carrying, live; ~**gebiet** *n* (river-) basin; ~**kreis** *el. m* circuit; service circuit; *dreiphasiger* ~ threephase circuit; ~**leiter** *m* (current) conductor; ~**leitung** *f* circuit line; ~**lieferung** *f* supply of power; ~**linie(nform** [-]) *f* streamline(d design); 2**linienförmig** ['-fœrmiç] *adj.* streamline(d); ~ *gestalten* streamline; 2**los** *el. adj.* dead, at earth potential; ~**messer** *el. m* ammeter; ~**netz** *n* power supply system; → *Stromkreis*; ~**polizei** *f* river-police; ~**quelle** *el. f* source of power (supply), power source; ~**richter** *el. m* (current) converter; ~**sammler** *el. m* accumulator, storage battery; ~**schiene** *el. f* live (*or* contact) rail; bus bar; ~**schnelle** ['-ʃnɛlə] *f* rapid, *Am. a.* riffle; ~**schwankungen** *el. f/pl.* current variations; ~**sicherung** *el. f* fusible cut-out; ~**spannung** *el. f* voltage;

~**sperre** *el. f* stoppage of current, power interruption (*or* cut); ~**stärke** *el. f* intensity of current; amperage; ~**stärkemesser** *m* galvanometer; ~**stoß** *el. m* current impulse; current surge.

'**Strömung** *f* (-; -en) current; flow, flux; *aerodynamische* ~ flow; *fig.* current, drift, trend, movement; ~**sbild** *n* flow characteristics *pl.*; ~**sgeschwindigkeit** *tech. f* velocity of flow; ~**sgetriebe** *tech. n* hydraulic gear, fluid drive; ~**slehre** *f* (-) hydrodynamics; aerodynamics *pl.*

'**Strom...:** ~**unterbrecher** *el. m* circuit-breaker, interrupter; ~**verbrauch** *m* current (*or* power) consumption; ~**verbraucher** *m* consumer of electric current; *esp. machine*: power consumer; ~**verlust** *m* loss of current, leakage; ~**versorgung** *f* power supply; ~**wandler** *m* current transformer; ~**wender** ['-vɛndər] *m* (-s; -) commutator; ~**zähler** *m* electric meter.

Strontium ['ʃtrɔntsium] *chem. n* (-s) strontium.

'**Strophe** ['ʃtroːfə] *f* (-; -n) stanza, verse; strophe.

strotzen ['ʃtrɔtsən] *v/i.* (h.) exuberate; ~ *von or vor* (*dat.*) abound in; be teeming with (*people, lice, mistakes, etc.*), be lousy with; be full of, be brimming with; bristle with (*arms, errors, etc.*); be covered with (*dirt*); burst with (*health, strength, pride*); ~**d** *adj.* abundant (*von, vor dat. in*); exuberant; *vor Gesundheit* ~ exuberant with health.

strubbel|ig ['ʃtrubəliç] *adj.* dishevel(l)ed, tousled; shock(-headed); 2**kopf** *m* shock head; tousled hair.

Strudel ['ʃtruːdəl] *m* (-s; -) swirl, whirlpool, eddy, *großer*: maelstrom; *esp. phys.* vortex, turbulence; rapids *pl.*; *fig.* whirl, maelstrom; ~ *der Gesellschaft* vortex of society; *cul.* strudel; 2**n** *v/i.* (h.) whirl, swirl, eddy, boil.

Struktur [ʃtruk'tuːr] *f* (-; -en) structure (*a. metall.*); texture; *in compounds and* **strukturell** [-tu'rɛl] *adj.* structural.

Strumpf [ʃtrumpf] *m* (-[e]s; ⸚e) stocking; *pl. econ.* (*lange Strümpfe*) hose *sg.*; (*halblanger*) kurzer (*Herren*)~ (midlength) sock, half hose; *el.* mantle; *colloq. fig.* sich auf die *Strümpfe machen* make off, beat it.

'**Strumpf...:** ~**band** *n* (-[e]s; ⸚er) garter; ~**fabrik** *f* stocking *or* hosiery factory; ~**fabrikant** *m* stocking manufacturer; ~**form** *f* stocking leg; ~**garn** *n* hosiery yarn; knitting cotton; ~**gewebe** *n* hosiery fabric; ~**halter** *m* (stocking) suspender, *Am.* garter; ~**haltergürtel** *m* suspender belt, *Am.* garter belt, girdle; ~**stricker(in** *f*) *m* stocking-knitter; ~**waren** *f/pl.* hosiery *sg.*; ~**warenhändler(in** *f*) *m* hosier, haberdasher; ~**weber**, ~**wirker** *m* stocking weaver; ~**wirke'rei** *f* manufacture of stockings.

Strunk [ʃtruŋk] *m* (-[e]s; ⸚e) stalk; (tree) trunk, stump.

struppig ['ʃtrupiç] *adj.* rough, dishevel(l)ed, unkempt (*hair*); shaggy (*dog*); bristly (*beard*).

Struwwel|kopf ['ʃtruvəl-] *m* shock-head; **~peter** ['-peːtər] *m* (-s; -) shock-headed Peter.

Strychnin [ʃtryç'niːn] *n* (-s) strychnine.

Stübchen ['ʃtyːpçən] *n* (-s; -) little room, cubby-hole.

Stube ['ʃtuːbə] *f* (-; -n) room, apartment; *gute* ~ parlo(u)r.

'Stuben...: **~älteste(r)** *mil. m* (squad-)room leader; **~appell** *mil. m* bunk inspection; **~arbeit** *f* indoor work; **~arrest** *m* confinement to one's room (*mil.* to quarters); ~ *haben* be confined to one's room (*mil.* to quarters); **~fliege** *f* (common) house-fly; **~gelehrsamkeit** *f* book-learning, bookishness; **~gelehrte(r)** *m* bookworm, bookman; **~hocker** *m* stay-at-home; **~kamerad** *m* fellow-lodger, room-mate; **~mädchen** *n* parlo(u)r maid, house-maid; **~maler** *m* decorator; **₂rein** *adj.* house-trained, *Am.* house-broke(n).

Stuck [ʃtuk] *m* (-[e]s) stucco.

Stück [ʃtyk] *n* (-[e]s; -e) piece (*a. measure after figures; coin, gun, work of art*); bit; morsel; cut, hunk; part, portion; fragment; specimen; shred; slice; (~ *Seife*) cake (*of soap*); (~ *Zucker*) lump (*of sugar*); *tech.* unit; ~ *Land* piece of land, plot, lot, patch; (~ *Weg*) stretch, distance; *mus.* piece of music; *thea.* piece, play; copy; (~ *Vieh or Wild*) head (*of cattle or game*); extract, passage (*in book, etc.*); act, deed; *econ.* ~*e pl.* stocks, securities; *e-r Anleihe:* individual bonds; *in e-n zu 100 Dollar* (issued) in denominations of $100; *ein hübsches ~ Geld* a nice little sum, a tidy penny; *ein schweres ~ Arbeit* a tough job; *colloq. freches ~* (*person*) saucy one; *das ist doch ein starkes ~!* that's a bit thick!; *50 Cent das ~* 50 cent apiece (*or each*); *colloq. ~er 10* about ten; *aus e-m ~* all of a piece, (made) in one piece; *fig. aus freiem ~* of one's own free will, voluntarily; *in allen ~en* in every respect; *in vielen ~en* in many points (*or ways*); ~ *für* ~ piece by piece, bit by bit; *econ. dem ~ nach verkaufen* sell by the piece, retail; *in ~e gehen* go (*or break*) to pieces; *in ~e schlagen* knock to pieces, smash (to bits); *fig. große ~e halten auf* (*acc.*) think highly (*or* the world) of, make much of; *wir* (*die Verhandlungen*) *sind ein* (*gutes*) ~ *weitergekommen* we (the negotiations) have made some (considerable) headway.

'Stuckarbeit *f* stuccowork.

'Stück...: **~arbeit** *f* piecework; jobbing; **~arbeiter(in** *f*) *m* piece-worker.

'Stückchen *n* (-s; -) small piece *or* morsel *or* bit; chip; scrap (*of paper*); shred; *mus.* air, tune, snatch; *fig.* trick; stunt; anecdote.

'Stückekonto *econ. n* stock-account.

'stückel|n *v/t.* (h.) cut in(to) pieces *or* bits; *stock exchange:* divide into shares; (*a.* **'stücken**) piece (together), patch up; **₂ung** *f* (-; -en) denomination (*of shares*).

'Stück...: **~faß** *n* butt, large cask; **~fracht** *f*, **~gut** *n* mixed cargo;

---

piece-goods *pl.*; parcel(s *pl.*); **~gutladung** *f* mixed cargo, *Am. a.* less-than-carload; **~kohle** *f* lump coal; **~leistung** *tech. f* capacity; **~liste** *f* parts list; inventory; specification; **~lohn** *m* piece-wage(s *pl.*); **~metall** *n* gun metal; **~preis** *m* price by the piece, price per unit; **₂weise** ['-vaɪzə] *adv.* piece by piece, piecemeal; *econ.* by the piece, (by) retail; **~werk** *contp. n* patchwork; *unser Wissen ist* ~ *our* knowledge is scrappy; **~zahl** *f* number of pieces; **~zeit** *f* piece rate (*or* time), individual production time; machining time; **~zinsen** *econ. pl.* accrued interest (on shares); additional interest *sg.*; **~zoll** *m* specific duty.

Student [ʃtu'dent] *m* (-en; -en), **~in** *f* (-; -nen) (*f* woman) student, (*f* girl) undergraduate; *graduierter ~* graduate; ~ *der Medizin* medical student; ~ *der Philosophie* student of philosophy; ~ *der Rechte* law student.

Stu'denten...: **~austausch** *m* exchange of students; **~heim** *n* students' hostel, *esp. Am.* dormitory; **~jahre** *n/pl.* → *Studienzeit;* **~leben** *n* (-s) student life, college life; **~schaft** *f* (-; -en) (body of) students; **~verbindung** *f* students' club, *Am.* fraternity; **~wohnhaus** *n* → *Studentenheim.*

stu'dentisch *adj.* student-like, academic, *Am.* collegiate.

Studie ['ʃtuːdiə] *f* (-; -n) study (*a. paint., etc.*); sketch, essay; *univ. ~n pl.* → *Studium.*

'Studien...: **~assessor** *m* assistant master (not yet appointed); **~aufenthalt** *m* educational stay; **~ausschuß** *m* research committee; **~direktor(in** *f*) *m* headmaster (*f* headmistress) of a secondary school, *Am.* high-school principal; **~fach** *n* branch of study, subject; **~fahrt** *f* study trip; **~gang** *m* course of studies; **~genosse** *m* fellow-student; **₂halber** *adv.* for the purpose of studying; **~jahr** *n* academic year; **~e pl.** → *Studienzeit;* **~kommission** *f* research commission, study group; **~plan** *m* plan of study; curriculum, syllabus; **~rat** *m* (-[e]s; *-e*), **~rätin** ['-reːtin] *f* (-; -nen) assistant master (*f* mistress) of a secondary school; **~referendar** *m* assistant master on probation; **~reise** *f* informative (*or* educational) trip; **~zeit** *f* years of study, college days.

studieren [ʃtu'diːrən] *v/t. and v/i.* (h.) study (*a. w.s. read, consider*); go to the university, go to college; *Philosophie ~* study philosophy; *die Rechte ~* study the law, be a law-student, read for the bar; ~ *lassen* send to the university (*or* to a college); *er hat studiert* he has (had) academic training, he is a university-man; *wo hat er studiert?* which university has he been to?

Stu'dieren *n* (-s) studying, studies *pl.*

stu'diert *adj.* educated; **~er Mann** (*a.* **₂er**) university-man; *fig.* studied, affected.

Stu'dierzimmer *n* study.

Studio ['ʃtuːdio] *n* (-s; -s) studio; **~übertragung** *f* studio broadcast (*or* pick-up).

Studium ['ʃtuːdium] *n* (-s; *-dien*) study; studies *pl.*, reading; research, investigation; *pl.* Studien studies.

Stufe ['ʃtuːfə] *f* (-; -n) step; *of ladder: a.* rung (*a. fig.*); door-step; *on terrain:* terrace; *fig.* interval; shade, hue; *gr.* degree (of comparison); stage (*of development; a. tech., a. of rocket*); phase; degree, grade; level, standard; rank; *auf gleicher ~ mit* (*dat.*) on a level (*or* par) with; *auf e-e ~ stellen* put on a level with; *die höchste ~ des Glücks* the height of happiness.

'Stufen...: **~anordnung** *tech. f* stepped arrangement; **₂artig** ['-aːrtiç] *adj.* like steps, steplike; *fig.* graduated, gradual; **~nbarren** *gym. m* assymetrical bars; **~folge** *f fig.* graduation, succession, sequence of stages; **₂förmig** ['-fœrmiç] *adj.* in the form of steps, by steps; ~ *angeordnet* graded; **~gang** *m fig.* → *Stufenfolge;* **~härtung** *metall. f* hot tempering; **~leiter** *f* step-ladder; *mus.* scale, *a. fig.* gamut (*of emotions*); *fig.* (progressive) scale, graduation; **₂los** *tech. adj.:* ~ (*regelbar*) infinitely variable (*speed transmission*); **~rakete** *f* multi-step rocket; **~schalter** *el. m* tap (*or* stepping) switch; **~transformator** *el.* step-up (*or* step-down) transformer; **₂weise** ['-vaɪzə] *adv.* by steps *or* degrees, gradually; *esp.* stepwise, in stages.

Stuhl [ʃtuːl] *m* (-[e]s; *ᵘe*) chair, seat; stool; (church) pew; *eccl. der Heilige* ~ the Holy See; *jur. elektrischer* ~ electric chair; *auf dem elektrischen* ~ *hinrichten Am.* electrocute; *physiol.* a) → *Stuhlgang,* b) stool; *j-m den* ~ *vor die Tür setzen* show a p. the door; turn a p. out, give a p. the sack; *fig. zwischen zwei Stühle setzen* fall between two stools.

'Stuhl...: **~abgang** *med. m* def(a)ecation; **~bein** *n* leg of a chair; **~drang** *med. m* straining, tenesmus; **~flechter(in** *f*) ['-flɛçtər] *m* (-s, -; -, -nen) chair-bottomer; **₂fördernd** *pharm. adj.* aperient, laxative; **~gang** *physiol. m* (-[e]s) stool, f(a)eces; motion, evacuation of the bowels; ~ *haben* a) go to stool, b) have open bowels, be regular; *keinen* ~ *haben* have no motions; **~lehne** *f* back of a chair; **~sitz** *m* bottom of a chair; **~verhaltung** ['-fɛrhaltuŋ] *f* (-; -en), **~verstopfung** *med. f* constipation; **~verhärtung** *med. f* f(a)ecal impaction; **~zäpfchen** *med. n* anal suppository; **~zwang** *med. m* (-[e]s) tenesmus.

Stuka ['ʃtuːka] *aer. m* (-s; -s) (= *Sturzkampfbomber*) dive bomber, stuka; *mit* ~*s angreifen* divebomb.

Stukkatur [ʃtuka'tuːr] *f* (-; -en) stuccowork.

Stulle ['ʃtulə] *f* (-; -n) slice of bread (and butter); sandwich.

Stulpe ['ʃtulpə] *f* (-; -n) (boot-)top; cuff.

stülpen ['ʃtylpən] *v/t.* (h.) turn (inside out); turn up(side down); put over *or* (up)on; *den Hut auf den*

Kopf ~ stick (*or* clap) on one's hat.

'Stulphandschuh *m* gauntlet glove; *fenc.* fencing-glove.

'Stülpnase *f* turn(ed)-up nose.

'Stulpenstiefel *m* top-boot.

stumm [ʃtum] *adj.* dumb, mute (*both a. fig.*); silent; *gr.* silent, mute; *fig.* ~ vor *Erstaunen, etc.*: struck dumb with, speechless with (*amazement, etc.*); ~es *Flehen* mute appeal; *thea.* ~es Spiel dumb-show; ~er *Zorn* speechless anger, dumb rage; ~ *wie ein Fisch* mute as a fish; '²**abstimmung** *f* radio: silent tuning.

Stummel ['ʃtuməl] *m* (-s; -) stump, of *cigar, etc.*: fag(-end), *Am.* butt, stub; ~**pfeife** *f* short-stemmed pipe.

'Stumme(r *m*) *f* (-n, -n; -en, -en) mute (person).

'Stummfilm *m* silent film; ~**zeit** *f* silent era.

'Stummheit *f* (-) dumbness, muteness; silence.

Stumpen ['ʃtumpən] *m* (-s; -) body (of a felt-hat); (*cut cigar*) cheroot.

Stümper ['ʃtympər] *m* (-s; -), ~**in** *f* (-; -nen) bungler; duffer; **Stümperei** *f* (-; -en) bungling, bad job, incompetence; blunder; '**stümperhaft** *adj.* bungling, clumsy, incompetent; '**stümpern** *v/i. and v/t.* (h.) bungle, botch, *sl.* foozle; *auf dem Klavier*: strum on *the piano*.

stumpf [ʃtumpf] *adj.* blunt, dull; *math.* obtuse (*angle*), truncated (*cone*); ~e *Pyramide* frustrum; ~e *Nase* snub nose; *tech.* ~ aneinanderfügen butt-(joint); *fig.* dull; masculine (*rhyme*); blunt, obtuse, dull (*mind, etc.*); stolid; apathetic, dull; ~ *machen* (*a. fig.*) blunt, dull; ~ *werden fig.* grow shaky (*or* rusty); *j-n* ~ *anblicken* look at a p. dully.

Stumpf (-[e]s; ⁻e) stump, stub; *math.* frustrum; *fig. mit* ~ *und Stiel* root and branch, completely; *mit* ~ *und Stiel ausrotten a.* wipe *village, etc.*, off the map.

'Stumpf...: ~**heit** *f* (-) bluntness, dul(l)ness; *fig. a.* obtuseness; apathy; ²**kantig** *adj.* blunt-edged; ~**kegel** *math. m* truncated cone; ~**nahtschweißung** *tech. f* butt-seam welding; ~**näschen** ['-nɛːsçən] *n* (-s; -), ~**nase** *f* snub-nose; ²**nasig** ['-naːzıç] *adj.* snub-nosed; ²**schweißen** *tech. v/i.* (h.) butt-weld; ~**sinn** *m* (-[e]s) dul(l)ness, stupidity, stupor, apathy; *colloq.* (*boring activity*) dul(l)ness, monotony; ²**sinnig** *adj.* dull(-witted), stupid; dull, apathetic; *colloq.* (*boring*) dull, tedious; ~er *Kerl* dullard, dolt; ²**winkelig** *adj.* obtuse-angled.

Stunde ['ʃtundə] *f* (-; -n) hour (*a. fig.*); *ped.* lesson, *Am.* period; ~n *geben* give lessons; ~ *nehmen bei* (*dat.*) take (*or* have) lessons from; *e-e halbe* ~ half an hour, *Am. a.* a half-hour; *freie* ~ off hour; *fig. in letzter* ~ at the eleventh hour; *mot.* *50 Meilen in der* ~ 50 miles per hour; *von drei* ~n (*Dauer*) of (*or* lasting) three hours, three-hour (*speech, etc.*); *von Stund an* from that (*very*) hour, ever since (then); *von* ~ *zu* from hour to hour; *zur* ~

at this hour; *bis zur* ~ up to this hour, as yet; *seine* ~ *ist gekommen* **a)** his time has come (*to win, etc.*), **b)** his time is up, his sands are running out, **c)** his last hour has come.

'stunden *econ. v/t.* (h.) grant (*or* allow) a respite *or* delay for; *j-m die Zahlung* ~ grant a p. a respite in payment, extend the term of payment.

'Stunden...: ~**durchschnitt** *m*, ~**geschwindigkeit** *f* (average) speed per hour; ~ *von 40 Meilen* an average of 40 miles per hour (*abbr.* m.p.h.); ~**geld** *n* fee for lessons; ~**glas** *n* hour-glass; ~**kilometer** *m/pl.* kilomet|res (*Am.* -ers) per hour; ²**lang I.** *adj.* lasting (for) hours; **II.** *adv.* for hours (and hours); ~**leistung** *f* hourly output; *of machine*: output per hour; ~**lohn** *m* wage(s *pl.*) per hour; ~**plan** *m* time-table, curriculum, *Am.* schedule; ~**satz** *m* hourly rate; ~**schlag** *m* striking of the hour; *mit dem* ~ on the stroke; ²**weise** ['-vaɪzə] **I.** *adj.*: ~ *Beschäftigung* part-time employment; **II.** *adv.* by the hour; ~**zeiger** *m* hour-hand.

Stündlein ['ʃtyntlaın] *n* (-s; -) little (*or* short) hour; *sein letztes* ~ *hat geschlagen* his last hour has come.

'stündlich I. *adj.* hourly; **II.** *adv.* every hour; per hour; hour by hour.

'Stundung *econ. f* (-; -en) respite, delay, extension of time; ~**sfrist** *f* time (*or* grace) allowed for payment; ~**sgesuch** *n* request for (a) respite.

Stunk [ʃtunk] *colloq. m* (-s) row, stink; ~ *machen* kick up a row, raise a stink.

stupfen ['ʃtupfən] *v/t.* (h.) push, nudge.

stupid(e) [ʃtu'piːt, -də] *adj.* stupid, idiotic.

Stups [ʃtups] *colloq. m* (-es; -e), ²**en** *v/t.* (h.) push, nudge; ~**nase** *f* turn(ed)-up nose, snub-nose; ²**nasig** ['-naːzıç] *adj.* snub-nosed.

stur [ʃtuːr] *adj.* staring, fixed (*glance*); pigheaded, mulish; stolid; dull (*job*); ²**heit** *f* (-) stubbornness, pigheadedness.

Sturm [ʃturm] *m* (-[e]s; ⁻e) storm, tempest (*both a. fig.*); *a. mar.* gale; hurricane, tornado, cyclone; gust; *fig.* (-[e]s) *mil.* assault, onset, charge; *soccer:* forward line, forwards *pl.*; *econ.* ~ *auf* (*acc.*) rush for *goods*, run on *a bank*; tumult, turmoil; rage, fury; ~ *der Entrüstung* outcry; ~ *im Wasserglas* storm in a tea-cup; ~ *und Drang* Storm and Stress; ~ *laufen gegen* assault, assail (*both a. fig.*); ~ *läuten* ring the alarm-bell; *im* ~ *erobern or nehmen* take by assault, *a. fig.* take by storm.

'Sturm...: ~**abteilung** *mil. f* storming-party; ~**abzeichen** *mil. n* assault badge; ~**angriff** *mil. m* assault; ~**artillerie** *mil. f* assault artillery; ~**bataillon** *mil. n* assault (*or* shock) battalion; ~**bö** *f* white squall; ~**bock** *hist. m* battering-ram; ~**boot** *mil. n* assault boat.

stürmen ['ʃtyrmən] **I.** *v/t.* (h.) *mil.* storm (*a. w.s.* bank, *etc.*); assault; *mit* ~*der Hand erobern* take by assault; **II.** *v/i.* **a)** (h.) *mil.* make an assault, charge; *a. sports:* attack; *wind:* rage; *fig.* storm, rage; *es stürmt* it is stormy weather; **b)** (sn) rush (along, tear).

'Stürmer *m* (-s; -) hotspur; *sports:* forward; ~**reihe** *f* forward line.

'Sturm...: ²**fest** *adj.* storm-proof; ~**flut** *f* tidal wave; ²**frei** *adj.* sheltered from the storm; *mil.* unassailable; ~**gepäck** *mil. n* combat pack; ²**gepeitscht** ['-gəpaɪtʃt] *adj.* gale-lashed; ~**geschütz** *mil. n* (self-propelled) assault gun; assault tank; ~**gewehr** *mil. n* automatic rifle; ~**glocke** *f* alarm-bell, tocsin; ~**haube** *hist. f* helmet, morison.

'stürmisch *adj.* stormy, tempestuous, squally; storm-swept; rough (*sea, passage*); *fig.* impetuous; tumultuous, uproarious; tempestuous, passionate, violent; stormy (*debate, life*); rapid (*expansion, etc.*); *et.* ~ *verlangen* clamour for; *nicht so* ~*!* gently, gently!, *Am.* take it easy!

'Sturm...: ~**lauf** *mil. m* assault; ~**leiter** *hist. f* scaling-ladder; ²**reif** *adj.* ready to be assaulted; ~ *machen* soften up; ~**riemen** *mil. m* chin-strap; ~**schaden** *m* damage caused by storm; ~**schritt** *mil. m* double-quick step; *im* ~ at the double; ~**schwalbe** *f* petrel; ~**segel** *n* lug-sail; ~**signal** *mar. n* storm signal; ~**spitze** *f* soccer: striker; ~**trupp** *mil. m* assault (*or* storming-)party; ~**vogel** *m* (stormy) petrel; ~**warnung** *f* gale warning; ~**welle** *mil. f* assault wave; ~**wetter** *n* stormy weather; ~**wind** *m* storm(y wind), heavy gale; ~**wolke** *f* storm cloud; ~**zeichen** *n* storm signal (*a. fig.*).

Sturz [ʃturts] *m* (-es; ⁻e) (sudden) fall, tumble; crash, smash; plunge; fall (*von* off *a horse, etc.*), cropper; *aer.* dive; precipice; *mot.* camber; *arch.* (*pl.* -e) lintel; *fig.* drop (*of temperature, etc.*); *econ.* slump, collapse (*of prices*); (down-) fall, ruin; *econ.* crash, smash, collapse; overthrow (*of government*); disgrace; *e-n* (*schweren*) ~ *tun* have a (bad) fall.

'Sturz...: ~**acker** *m* new-ploughed field, *Am.* plowed field; ~**angriff** *aer. m* diving attack; ~**bach** *m* torrent; ²**bad** *n* plunge; ~**bomber** *aer. m* dive bomber.

Stürze ['ʃtyrtsə] *f* (-; -n) (dish-) cover, lid; bell (*of wind instrument*).

'stürzen I. *v/i.* (sn) (have a) fall, tumble; crash (*in acc.* into); *vom Pferd* ~ fall off one's horse, come a cropper; *aer.* dive (*for attack*); *terrain:* fall abruptly; descend precipitously; *econ. prices:* plunge, collapse; *ins Zimmer* ~ rush (*or* plunge, burst) into the room; **II.** *v/t.* (h.) precipitate; throw, hurl (down), plunge; rush; upset, overturn; turn up, tilt, dump; overthrow (*government*); *sich ins Wasser* ~ **a)** plunge into the water, **b)** drown o.s.; *sich* ~ *auf* rush at a *p.*, pounce (up)on *a th.*, plunge into, throw o.s. into *work*; *ins Elend* ~

ruin, plunge into misery; *in e-n Krieg* ~ plunge into a war; → *Verderben; sich in Schulden* ~ plunge into debt; *sich in Unkosten* ~ go to expense, spend a lot of money; *on boxes: Nicht* ~! this side up!

'**Stürzen** *n* (-s) (heavy) fall, tumble; *econ.* collapse, slump.

'**Sturz**...: ~**flug** *aer. m* (nose-)dive; *e-n* ~ *machen* dive; ~**geburt** *med. f* precipitate labo(u)r *or* delivery; ~**güter** *econ. n/pl.* bulk goods *pl.*; ~**helm** *m* crash helmet; ~**kampfbomber** *aer. m* dive bomber; ~**see** *mar. f* heavy sea; *e-e* ~ *bekommen* ship a sea; ~**welle** *f* breaker.

Stuß [ʃtus] *colloq. m* (-sses) → *Quatsch.*

Stute ['ʃtuːtə] *f* (-; -n) mare; ~**nfohlen**, ~**nfüllen** *n* filly; ~'**rei** *f* (-; -en) stud.

Stütz [ʃtyts] *m* (-es; -e) *gym.* (straight-arm) rest, support; '~**balken** *m* supporting beam, brace, joist, shore.

'**Stütze** *f* (-; -n) support, prop, (main-)stay (*all a. fig.*); *arch.* shore, post; pillar (*a. fig.*); standard (*of machine*); staff (*a. fig.*); *fig.* help; support, backing; ~ *der Hausfrau* lady help; *du bist die* ~ *seines Alters* you are the staff of his old age.

stutzen ['ʃtutsən] **I.** *v/t.* (h.) cut (short), curtail (*a. fig.*); trim, crop (*beard, hair*); prune, lop (*tree*); clip (*hedge, wings*); crop (*ears*); dock (*tail*); → *zurechtstutzen;* **II.** *v/i.* (h.) start, be startled; stop short; be puzzled, wonder; become suspicious; boggle (*all bei* at); ~ *bei a.* be taken aback by.

'**Stutzen** *m* (-s; -) short rifle, carbine; *tech.* connecting piece, union; nozzle.

'**stützen** *v/t.* (h.) support; prop, stay; *arch.* shore up; buttress; *fig.* support, uphold, back (up); *econ.* peg (*prices*); ~ *auf* (*acc.*) base (*or* found) on (*a. fig.*); *s-e Ellenbogen* ~ *auf* rest one's elbows on; *auf s-e Ellenbogen gestützt* propped on his elbows; *sich* ~ *auf* rest (*or* lean) (up)on, *fig.* rely on *a th., argument, judgement:* be based on.

'**Stutzer** *m* (-s; -) dandy, fop, swell, *Am. a.* dude; ♀**haft** *adj.* foppish, dandified; ~**tum** *n* (-s) foppishness.

'**Stutz**...: ~**flügel** *mus. m* baby grand (piano); ~**glas** *n* low tumbler.

'**stutzig** *adj.* startled, taken aback; surprised; perplexed, nonplussed; ~ *machen* startle, surprise, perplex; make suspicious; ~ *werden* be startled; be(come) puzzled, become suspicious, begin to wonder.

'**Stütz**...: ~**lager** *tech. n* single--thrust bearing; ~**mauer** *f* retaining wall; ~**pfeiler** *m* supporting pillar, buttress, abutment; ~**pfosten** *m* supporting post; ~**punkt** *m* point of support; fulcrum; *fig.* footing, foothold; *mil.* **a)** base, **b)** strongpoint.

'**Stutz**...: ~**schwanz** *m* bob-tail; ~**uhr** *f* mantelpiece (*or* shelf) clock.

'**Stützung** *econ. f* (-; -en) support, pegging.

'**Stütz**...: ~**waage** *f gym.* support lever; ~**wort** *gr. n* (-[e]s; ⁼er) prop--word.

subaltern [zup'ʔal'tɛrn] *adj.* subordinate; *esp. mil.* subaltern; ♀er *contp.* underling; ♀**be-amte(r)** *m* subordinate (*or* inferior) official.

Subjekt [zup'jɛkt] *n* (-[e]s; -e) *gr.* subject; *contp.* (*person*) fellow, individual; *übles* ~ blackguard, bad egg.

subjektiv [-'tiːf] *adj.* subjective; *jur.* → *Tatbestand;* **Subjektivität** [-tivi'tɛːt] *f* (-) subjectivity.

subkutan [zupku'taːn] *med. adj.* subcutaneous; ~*e Einspritzung* hypodermic injection.

sublim [zub'liːm] *adj.* sublime.

Subli|mat [-li'maːt] *chem. n* (-[e]s; -e) sublimate; ♀'**mieren** *v/t.* (h.) sublimate (*a. fig.*).

Submissi'on *econ. f* call for tenders, invitation to bid; contract by tender; *in* ~ *geben* put out by contract; ~**s-angebot** *n* tender; ~**s-preis** *m* contract price.

subordi'nieren *v/t.* (h.) subordinate.

Subsidien [zup'ziːdiən] *n/pl.* subsidies; *econ.* bounty *sg.*; *durch* ~ *unterstützen* subsidize.

subskribieren [zupskri'biːrən] *v/i.* (h.): ~ *auf* (*acc.*) subscribe for.

Subskription [-skriptsi'oːn] *f* (-; -en) subscription; ~**sanzeige** *econ. f* prospectus; ~**sliste** *f* subscription-list; ~**s-preis** *m* (price of) subscription.

substantiell [zupstantsi'ɛl] *adj.* substantial.

Substantiv [-'tiːf] *gr. n* (-s; -e) noun, substantive; **substantivieren** [-ti'viːrən] *v/t.* (h.) use as a noun; **substantivisch** [-tiːviʃ] **I.** *adj.* substantival; **II.** *adv.* substantively.

Substanz [zup'stants] *f* (-; -en) substance (*a. fig.*); *econ.* (actual) capital; *jur.* (*ant. income, interest*) principal; *von der* ~ *leben* live on one's capital.

substan'zieren *jur. v/t.* (h.) particularize (*claim, etc.*).

Sub'stanzverlust *m* loss of substance; *econ.* loss of real assets.

substituieren [zupstitu'iːrən] *v/t.* (h.) substitute (*et. or j-n durch* for a th. *or* a p.).

subtil [zup'tiːl] *adj.* subtle.

Substrat [zup'straːt] *biol., gr. n* (-[e]s; -e) substratum.

Subtra|hend [zuptra'hɛnt] *math. m* (-en; -en) subtrahend; ♀'**hieren** *v/t.* (h.) subtract.

Subtraktion [-traktsi'oːn] *f* (-; -en) subtraction.

'**subtropisch** *adj.* subtropical.

Subvention [zupvɛntsi'oːn] *f* (-; -en) subvention; subsidy; bounty.

subventio'nier|en *v/t.* (h.) subsidize; ♀**ung** *f* (-; -en) subsidies *pl.*, subvention.

Such|aktion ['zuː-x-] *f* search; ~**anzeige** *f* want ad(vertisement); ~**apparat** *m* detector; ~**dienst** *m* tracing service.

'**Suche** *f* (-) search, hunt (*nach* for); *hunt.* tracking; *auf der* ~ *nach* in search (*or* quest) of; *auf der* ~ *sein nach* be on the look-out for, search (*or* hunt) for; *econ. and fig.* be in the market for.

'**suchen** *v/t. and v/i.* (h.) seek (*esp.*

w.s. advice, happiness, wealth, etc.), search (out); trace (*errors, missing persons*); want, desire; ~ *nach* (*dat.*) search for; look for; hunt for; rummage for; grope for (*a. fig. nach e-m Ausdruck, etc., a term, etc.*); look up (*a word in the dictionary*); ~ *zu inf.* seek to, try (*or* attempt) to, endeavo(u)r to; *Abenteuer* ~ go in quest of adventures; *seinesgleichen* ~ stand alone, be unrivalled; *Streit mit j-m* ~ pick a quarrel with a p.; *das Weite* ~ run away, beat a hasty retreat; *nach Worten* ~ be at a loss for words; *bibl. suchet, so werdet ihr finden* seek and you shall find; *das hätte ich nie in ihm gesucht* I never thought he had it in him; *Sie haben hier nichts zu* ~ you have no business to be here; → *gesucht.*

'**Sucher** *m* (-s; -) seeker (*a. w.s., of God, truth, etc.*), searcher (*a.* ~**in** *f*, -; -nen); *med.* probe; *opt.* (*phot.* view-)finder.

'**Such**...: ~**gerät** *n* detector; search radar; ~**kartei** *f* tracing file; ~**licht** *n* (-[e]s; -er) searchlight; ~**mannschaft** *f* search party.

Sucht [zuxt] *f* (-; ⁼e) sickness, disease; mania, passion, rage (*nach* for); addiction (*to narcotics, etc.*); *fallende* ~ falling sickness.

süchtig ['zyçtiç] *adj.* addicted (*e.g., morphium* ~ addicted to morphia); craving; having a mania (*nach* for), maniac(al); sickly, diseased; ♀e(r *m*) ['-igə(r)] *f* (-n, -n; -en, -en) addict.

suckeln ['zukəln] *v/i.* (h.) suckle (*an dat.* at).

Sud [zuːt] *m* (-[e]s; -e) decoction; brew.

Süd[1] [zyːt] (-) south.

Süd[2] *m* (-[e]s) south(-wind).

Süd...: ~**afrika** *n* South Africa; ~**afri'kaner**(in *f*) *m* South African; ♀**afri'kanisch** *adj.* South African; ♀e *Union* Union of South Africa; ~**a'merika** *n* South America; ~**ameri'kaner**(in *f*) *m*, ♀**ameri'kanisch** *adj.* South American.

Sudanes|e [zuda'neːzə] *m* (-n; -n), ~**in** *f* (-; -nen), ♀**isch** *adj.* Sudanese.

'**Süd**...: ~**breite** *geogr. f* south latitude; ♀**deutsch** *adj.*, ~**deutsche(r** *m*) *f* South German.

Sudelarbeit ['zuːdəl-], **Sude'lei** *f* (-; -en) dirty work; slovenly work, sloppy job; *paint.* daub; obscene (*or* filthy) picture(s *pl.*); scrawl(ing), scribble.

'**sud(e)lig** *adj.* dirty, messy; slovenly; filthy.

'**Sudelkoch** *m* slovenly cook; botcher.

'**sudeln** *v/i. and v/t.* (h.) work (*or* do) in a slovenly way; mess about; botch; *paint.* daub; scribble, scrawl; → *besudeln.*

'**Sudelwetter** *n* wet weather.

Süden ['zyːdən] *m* (-s) south; *im* ~ in the south, *of a town, etc.:* to the south (*gen.* of), south (of); *nach* ~ (towards the) south, southward; *ast. Kreuz des* ~s the Southern Cross.

'**Süd**...: ~**früchte** ['-fryçtə] *f/pl.* citrus and other tropical fruit *sg.*; ~**fruchthandlung** *f* Italian warehouse *or* store; **~küste** f south(ern) coast; **~lage** f southern exposure; **~länder(in** f) ['-lɛndər] m (-s, -; -, -nen) inhabitant of the south, southerner; **2ländisch** ['-lɛndiʃ] adj. southern; *in Europe*: meridional; dark(-complexioned).

Sudler(in f) ['zu:dlər] m (-s, -; -, -nen) botcher; dauber; scribbler.

südlich ['zy:t-] I. adj. south(ern), southerly, South; **~** *von* (to the) south of; **~e** Breite south latitude; **~e** Halbkugel southern hemisphere; *in* **~er** Richtung (towards the) south, southward(s); II. adv. south (*von* of).

'Süd...: **~licht** n (-[e]s) aurora australis; **~'ost(en)** m (SO) south-east (*abbr.* S.E.); southeaster, souther; **2'östlich** adj. south-east(ern); **~pol** m (-s) South Pole, antarctic pole; **~polarland** n antarctic region; **~see** f (-) Pacific (Ocean), *hist.* South Sea; **~seite** f south (*or* sunny) side; **~slawien** ['-sla:viən] n (-s) → Jugoslawien; **~staaten** m/pl. southern states; **2wärts** ['-vɛrts] adv. southward(s), (to the) south; **~wein** m sweet wine; **~west(en)** m (SW) south-west (*abbr.* S.W.); **~wester** ['-vɛstər] m (-s; -) (*hat*) southwester; **2westlich** adj. southwest(ern); **~westwind** m southwester; **~wind** m south (wind), southerly breeze.

Suezkanal ['zu:ɛs-] m Suez Canal.

Suff [zuf] *colloq.* m (-[e]s) boozing, booze; *sich dem* **~** *ergeben* take to drinking, hit the booze.

Süff|el ['zyfəl] *colloq.* m (-s; -) tippler; **2eln** v/i. *and* v/t. (h.) tipple, booze; **2ig** adj. tasty.

süffisant [zyfi'zant] adj. smug, blasé (*Fr.*).

Suffix [zu'fiks] *gr.* n (-es, -e) suffix.

suggerieren [zuge'ri:rən] v/t. (h.) suggest.

Suggestion [zugesti'o:n] f (-; -en) suggestion.

suggestiv [-'ti:f] adj. suggestive; **2frage** f leading question.

Suhle ['zu:lə] f (-; -n), **2n** *hunt.* v/i. *and sich* **~** (h.) wallow.

sühnbar ['zy:nba:r] adj. expiable.

'Sühne f (-; -n) expiation, atonement; **~maßnahme** f sanction; **2n** v/t. (h.) expiate, atone for; **2nd** adj. expiatory; **~termin** *jur.* m conciliation hearing; *a.* → **~versuch** n attempt at reconciliation.

'Sühn-opfer n expiatory sacrifice, sin-offering; *fig.* atonement.

'Sühnung f (-; -en) → Sühne.

Suite ['svi:tə] f (-; -n) suite (*a. mus.*), retinue, train.

sukzessiv [zuktse'si:f] adj. successive; **~e** adv. gradually, little by little, hand over fist.

Sulfat [zul'fa:t] *chem.* n (-[e]s; -e) sulphate.

Sulfid [-'fi:t] *chem.* n (-[e]s; -e) sulphide.

Sulfonamid [-fona'mi:t] *pharm.* n (-[e]s; -e) sulphonamide; *pl. a.* sulphy drugs.

Sultan ['zulta:n] m (-s; -e) sultan; **~in** f (-; -nen) sultana.

Sultanine [-ta'ni:nə] f (-; -n) sultana.

Sülze ['zyltsə] f (-; -n) *cul.* aspic,

jellied meat; brine; **2n** v/t. (h.) jelly.

Summa ['zuma] f (-; -en) → Summe; *in* **2, 2** *summarum* in short, taking all in all, in a nutshell.

Summand [zu'mant] *math.* m (-en; -en) term of a sum; item.

summarisch [-'ma:riʃ] I. adj. summary (*a. jur.*); **~e** Rechtsprechung (**~es** Verfahren) summary jurisdiction (proceedings); II. adv.: **~** zu bestrafendes Delikt offen|ce (*Am.* -se) summarily punishable.

Sümmchen ['zymçən] n (-s; -) small sum; *nettes* **~** nice little sum (of money); nice little pile.

'Summe f (-; -n) sum (*a. fig.* of experience, wishes, etc.); (sum) total; *esp. fig.* totality; amount; fehlende **~** deficit.

summen ['zumən] v/i. *and* v/t. (h.) buzz; hum (*a.* v/t. a tune); drone.

'Summen n (-s) buzz(ing), hum (-ming).

'Summengleichung *math.* f summation equation.

'Summer *el.* m (-s; -) buzzer; **~ton** m, **~zeichen** n buzzer signal, *teleph. a.* dial(l)ing tone.

sum'mier|en v/t. (h.) sum (*or* add) up, cast up, totalize; *sich* **~** sum (*or* total) up, run up; **2ung** f (-; -en) summing up; addition; accumulation.

Sumpf [zumpf] m (-[e]s; **~**e) swamp, bog; marsh(y country), fen; *fig.* morass; *mot.*, *aer.* sump; **~boden** m marshy ground; **~dotterblume** f marsh marigold; **2en** *colloq.* v/i. (h.) go on a binge, be out on the tiles, wallow in the mire; **~fieber** *med.* n marsh-fever, malaria; **~gas** n marsh-gas, methane; **~gegend** f marshy district; **~huhn** *zo.* n moorhen; *colloq. fig.* rake, debauchee; boozer; **2ig** adj. marshy, swampy, boggy; **~land** n marshland, fen; **~loch** n mud hole, slough; **~otter** *zo.* f mink; **~pflanze** f marsh plant; **~vogel** m wader; **~wasser** n bog-water; **~wiese** f swampy meadow.

Sums [zums] *colloq.* m (-es): *e-n großen* **~** *machen* make a great fuss (*mit, um* about).

Sund [zunt] m (-[e]s; -e) sound, strait.

Sünde ['zyndə] f (-; -n) sin; transgression, trespass; offen|ce, *Am.* -se; *kleine* **~** trifling offence, peccadillo; *fig.* **~** *gegen den guten Geschmack* sin against good taste.

'Sünden...: **~babel** ['-ba:bəl] n (-s; -) sink of iniquity, hotbed of vice; **~bekenntnis** n confession of sins; **~bock** m scapegoat, *Am. a.* goat; **~erlaß** m remission of sins, absolution; **~fall** m the Fall of man; **~geld** n illgotten money; enormous sum, mint of money; **~last** f burden of sin; **~lohn** m wages *pl.* of sin; **~maß** n (-es): *sein* **~** *war voll* the measure of his iniquities was full; **~pfuhl** m sink of iniquity; **~register** n (long) list of sins; **~schuld** f (-) (sum of) transgressions; **~vergebung** f forgiveness of sins.

'Sünder m (-s; -), **~in** f (-; -nen) sinner; *alter* **~** old offender; *armer* **~**

criminal under sentence of death; *fig.* poor wretch.

Sündflut ['zynt-] f → Sintflut.

'sündhaft I. adj. sinful, wicked; II. adv.: **~** *teuer* awfully expensive; **2igkeit** f (-) sinfulness, wickedness.

sündig ['zyndiç] adj. sinful, guilty; **~en** ['-digən] v/i. (h.) (commit a) sin, trespass; *humor. fig.* indulge, exceed; *an j-m* **~** wrong a p.

'sündlos adj. sinless; innocent.

Super ['zu:pər] m (-s; -) *radio*: (= **~heterodynempfänger**) superhet; **~dividende** *econ.* f extra-dividend, (cash-)bonus; **~festung** *aer.* f *Am.* Superfortress; **~het(erodynempfänger** [-hɛt(ɛro'dy:n-)] m (-s; -) *radio*: superhet(erodyne receiver); **~intendent** [-ʔintɛn'dɛnt] m (-en; -en) superintendent; **~kargo** ['-kargo] *mar.* m (-s; -s) supercargo; **2klug** *colloq.* adj. overwise, too clever by half; **~kluge(r** m) ['-klu:gə(r)] f (-n, -n; -en, -en) wiseacre, smart alec(k).

Superlativ ['-lati:f] m (-s; -e) superlative (degree *esp. gr.*); **2isch** ['-ti:viʃ] adj. superlative.

'Super|macht *pol.* f superpower; **~markt** *econ.* m supermarket; **~o'xyd** *chem.* n peroxide; **~phosphat** n superphosphate.

Suppe ['zupə] f (-; -n) soup; *klare* **~** clear soup; broth; *fig. die* **~** *auslöffeln müssen* (*, die man sich eingebrockt hat*) face the music; *j-m* (*sich*) *e-e schöne* **~** *einbrocken* get a p. (o.s.) into a nice mess; *j-m die* **~** *versalzen* spoil a p.'s fun, give a p. what for.

'Suppen...: **~fleisch** n meat to make soup of (*or* with); gravy beef; **~grün** n greens *pl.*; **~kelle** f dipper; **~kraut** n pot-herb; **~löffel** m soup-ladle; table spoon; **~schüssel**, **~terrine** f soup tureen; **~teller** m soup plate; **~topf** m stock pot; **~würfel** m soup cube; **~würze** f soup seasoning.

Supplement [zuple'mɛnt] n (-[e]s; -e) supplement; **~band** m supplement(ary volume); **~winkel** *math.* m supplement(ary angle).

Support [zu'pɔrt] m (-[e]s; -e) *tech. of machine tool*: a) rest, b) carriage (*of grinder*), saddle; (*Quer2*) cross slide (rest); (*Kreuz2*) compound slide rest; tool post; tool rest; tool arm; head; *schwenkbarer* **~** swing rest; *drehbarer* **~** full swing rest; *w.s.* base.

Supremat [zupre'ma:t] n (-[e]s; -e) supremacy.

surren ['zurən] v/i. (h., sn) whir(r); buzz, hum; **2** n (-s) whirring, buzz(ing), hum(ming).

Surrogat [zuro'ga:t] n (-[e]s; -e) substitute.

suspekt [zus'pɛkt] adj. suspect.

suspendieren [zuspen'di:rən] v/t. (h.) suspend (*a. chem.*); **Suspension** [-zi'o:n] f (-; -en) suspension.

Suspensorium [-'zo:rium] *med.* n (-s; -ien) suspensory.

süß [zy:s] adj. sweet; sugary, sugared (*a. fig.*); *fig.* sweet; lovely, charming; *b.s.* honeyed (*smile, words*); **~** *machen* sweeten, sugar.

'Süße f (-) sweetness; (-n; -) *colloq.*

(girl) sweet(ie); **⚲n** v/t. (h.) sweeten.

'Süßholz n liquorice; colloq. fig. ~ raspeln spoon, flirt, feed a p. with sweet nothings; **~raspler** ['-rasplər] colloq. m (-s; -) spoon, flirt.

'Süßigkeit f (-) sweetness; fig. a. suavity; ~en pl. sweetmeats, sweets, Am. candy sg.; gern ~en essen have a sweet tooth.

'Süßkirsche f sweet cherry.

'süßlich adj. sweetish; fig. honeyed, sugared (smile, words); mawkish, soppy, treacly; **⚲keit** f (-) sweetishness; fig. mawkishness.

'Süß...: ~rahm m sweet cream; **⚲-sauer** adj. sour-sweet; **~speise** f sweet, Am. dessert; **~stoff** m saccharin(e), sweetener; **~waren** f/pl. sweetmeats, sweets, Am. candy sg.; **~warengeschäft** n sweet-shop, Am. candy-store; **~wasser** n (-s; -) fresh water; **~wasserfisch** m fresh-water fish; **~wein** m sweet (or dessert) wine.

Sylvester [zyl'vɛstər] n (-s; -) → Silvester.

Symbiose [zymbi'oːzə] f (-; -n) symbiosis.

Symbol [zym'boːl] n (-s; -e) symbol; sign; on maps: a. conventional sign; heraldic, etc., emblem; **~ik** f (-) symbolism; **⚲isch** adj. symbolic(al).

symboli'sieren v/t. (h.) symbolize.

Symbolismus [-bo'lismus] m (-) arts: symbolism.

Symmetrie [zyme'triː] f (-; -n) symmetry; **symmetrisch** [-'meːtriʃ] adj. symmetric(al).

sympathetisch [zympa'teːtiʃ] adj. sympathetic.

Sympa'thie f (-; -n) sympathy; **~streik** m sympathetic strike; in ~ treten für (acc.) come out in sympathy with.

sympathisch [-'paːtiʃ] adj. sympathetic(ally adv.); likable, engaging; er ist mir ~ I like him; das ist mir gar nicht ~ I don't like that at all; anat. ~es Nervensystem sympathetic system.

sympathisieren [-pati'ziːrən] v/i. (h.) sympathize (mit with); er sympathisiert mit den Kommunisten he is a Communist-sympathizer.

Symphonie [zymfo'niː] f (-; -n) symphony; **~konzert** n symphony concert; **symphonisch** [-'foːniʃ] adj. symphonic(ally adv.); **~e Dichtung** symphonic poem.

Symptom [zymp'toːm] n (-s; -e) symptom; **symptomatisch** [-to-'maːtiʃ] adj. symptomatic (für acc. of).

Synagoge [zyna'goːgə] f (-; -n) synagogue.

synchron [zyn'kroːn] adj. synchronous; **⚲getriebe** mot. n synchromesh gear.

synchronisier|en [-kroni'ziːrən] v/t. (h.) synchronize; film usu. dub; **⚲ung** f (-; -en) synchronization; dubbing.

Synchronismus [-kro'nismus] m (-; -men) synchronism.

Syn'chronmotor m synchronous motor.

Synchrotron [zynkro'troːn] n (-s; -e) nuclear physics: synchrotron.

Syndikalismus [zyndika'lismus] pol. m (-) syndicalism.

Syndikat [-'kaːt] n (-[e]s; -e) syndicate.

Syndikus ['-kus] m (-; -se) syndic, Am. corporation lawyer.

Synkope [zyn'koːpə] gr. f (-; -n) syncope (a. med., mus.); **synko-'pieren** v/t. syncopate; **syn'kopisch** adj. syncopic(ally adv.).

Synod|e [zy'noːdə] f (-; -n) synod; **⚲isch** adj. synodical.

Synonym [zyno'nyːm] n (-s; -e) synonym(ous word); **⚲** adj. (a. ⚲isch) synonymous; **~ik** f (-) synonymy, study of synonyms.

syn'optisch adj. synoptic(al).

syn'taktisch gr. adj. syntactic(al).

Syntax ['zyntaks] gr. f (-) syntax.

Syn'the|se f synthesis; **⚲tisch** [-'teːtiʃ] adj. synthetic(al); ~ herstellen synthesize.

Syphilis ['zyːfilis] med. f (-) syphilis; **Syphilitiker(in** f) [-'liːtikər] m (-s, -; -, -nen) syphilitic (patient); **syphilitisch** [-'liːtiʃ] adj. syphilitic.

Syrien ['zyːriən] n (-s) Syria; **'Syr(i)er(in** f) m (-s, -; -, -nen), **'syrisch** adj. Syrian.

System [zys'teːm] n (-s; -e) system; plan, scheme; method; doctrine; in ein ~ bringen systematize; da ist ~ drin there is method in that.

Systemat|ik [zyste'maːtik] f (-; -en) systematic manner (or representation); **~iker** m (-s; -) systematizer, w.s. systematic person; **⚲isch** adj. systematic(al), methodical; **systematisieren** [-mati'ziːrən] v/t. (h.) systematize.

sy'stemlos adj. unsystematic(al), unmethodical.

Szenarium [stse'naːrium] thea. n (-s; -ien) scenario.

Szene ['stseːnə] f (-; -n) scene (a. fig.); film: **a)** sequence, **b)** shot, take; thea. and fig. hinter der ~ behind the scenes, Am. backstage; thea. bei offener ~ during the act; in ~ setzen a. fig. stage; fig. sich in ~ setzen put o.s. into the limelight, show off; (j-m) e-e ~ machen make (a p.) a scene; **~n-aufnahme** f film: shot, take; **~nwechsel** m shifting of scenes, fig. change of scene.

Szene'rie f (-; -n) scenery.

'szenisch adj. scenic(ally adv.).

Szepter ['stsɛptər] n (-s; -) scept|re, Am. -er.

T

T, t [teː] n T, t.

Tabak ['taːbak] m (-s; -e) tobacco; leichter (schwerer) ~ mild (strong) tobacco; fig. das ist aber starker ~ that's a bit thick; **~bau** m (-[e]s) cultivation of tobacco; **~beize** f sauce; **~händler(in** f) m tobacconist, (wholesaler) tobacco-merchant; **~laden** m tobacco-shop, tobacconist's (shop), Am. cigar-store; **~pflanze** f tobacco plant; **~pflanzung** f tobacco plantation; **~qualm** m tobacco smoke; **~regie** f government monopoly of the tobacco trade; **~sbeutel** m tobacco pouch; **~sdose** f tobacco (or snuff-) box; **~spfeife** f (tobacco-)pipe; **~steuer** f duty on tobacco; **~waren** f/pl. tobacco products, (shop sign) Tobacconist.

Tabatiere [tabati'ɛːrə] f (-; -n) snuffbox.

tabellarisch [tabe'laːriʃ] **I.** adj. tabular, tabulated; **II.** adv. in tabular form.

tabellari'sieren v/t. (h.) tabulate.

Ta'belle f (-; -n) table (a. sports); index; schedule; chart; tabulation; **⚲nförmig** [-nfœrmiç] adj. → tabellarisch.

Tabernakel [tabɛr'naːkəl] n (-s; -) tabernacle.

Tablett [ta'blɛt] n (-[e]s; -e) tray; salver.

Tablette [ta'blɛtə] pharm. f (-; -n) tablet; lozenge.

tabu [ta'buː] adj. and ⚲ n (-s; -s) taboo; ein ⚲ durchbrechen break a taboo.

tabu'ieren v/t. (h.) (put under) taboo.

Tabulator [tabu'laːtɔr] m (-s; -'toren) tabulator.

Taburett [tabu'rɛt] n (-[e]s; -e) stool, tabouret.

Tachograph [taxo'graːf] mot. m (-en; -en) tachograph.

Tacho'meter n (-s; -) tachometer; mot. a. speedometer.

Tadel ['taːdəl] m (-s; -) blame; censure; reprimand, rebuke, upbraiding; reproof; reproach; admonition; criticism; blemish, fault, flaw; ohne ~ blameless, spotless; über jeden ~ erhaben above reproach; **⚲frei, ⚲los** adj. irreproachable, blameless, above reproach; faultless, flawless; perfect; excellent, splendid, firstclass; colloq. fig. → prima; **⚲losigkeit** f (-) blamelessness, faultlessness; **⚲n** v/t. (h.) blame (wegen for); censure, rebuke, reprove; reprimand, scold; admonish; criticize; find fault with, carp at; disapprove of; an allem et. zu ~ finden find fault with everything; **⚲nswert** adj. blameworthy, blamable, censurable, objectionable, reprehensible; bad, faulty; **~sucht** f (-) censoriousness; **⚲-süchtig** adj. censorious, fault-finding.

'Tadler(in f) m (-s, -; -, -nen) fault-finder, censurer, critic.

Tafel ['taːfəl] f (-; -n) table (a. list);

(*a. memorial*) tablet; board; panel; plate (*a. book illustration*); slab; slate; blackboard; plaque; chart; slab, cake, bar (*of chocolate*); dinner; *große ~* gala dinner; → *Tisch*; *aufheben*; ~**aufsatz** *m* cent|re- (*Am.* -er)piece; cutlery; ~**besteck** *n* knife, fork, and spoon; ~**birne** *f* dessert pear; ~**brötchen** *n* dinner roll; ~**butter** *f* best fresh butter; Ꝺ**fertig** *adj.* ready-to-eat, *Am. a.* instant; Ꝺ**förmig** ['-fœrmiç] *adj.* tabular; ~**freuden** *f/pl.* pleasures of the table; ~**geschirr** *n* dinner service, tableware; ~**glas** *n* (-es; ⁿer) sheet glass; plate-glass; ~**land** *n* table-land, plateau; ~**musik** *f* table-music.

'**tafeln** *v/i.* (h.) dine; feast, banquet.

täfeln ['tɛːfəln] *v/t.* (h.) inlay, floor, board (*floor*); wainscot, panel (*wall*).

'**Tafel...**: ~**obst** *n* (fruit for) dessert; ~**öl** *n* salad-oil; ~**runde** *f* guests *pl.* (at table); (King Arthur's) Round Table; ~**schiefer** *m* slate (in slabs); ~**silber** *n* table-plate, *Am.* silverware; ~**tuch** *n* (-[e]s; ⁿer) table-cloth; ~**waage** *f* platform scales *pl.*; ~**wasser** *n* table-water, mineral water; ~**wein** *m* dinner-wine.

'**Täfelung** *f* (-; -en) (floor) inlaying; wainscot(ing), (wall) panelling.

'**Tafelzeug** *n* table-linen.

Taf(fe)t ['taf(ə)t] *m* (-[e]s; -e) taffeta.

Tag [taːk] *m* (-[e]s; -e) day; date; *denkwürdiger or freudiger ~* red- -letter day; *großer ~* field-day; *am ~e* by day; *am ~e nach* the day after; *bei ~e* by day, in the daytime, during the day, by daylight; *alle ~e* every day; *auf s-e alten ~e* in his old age (*or* days); *dieser ~e* **a)** one of these days, **b)** lately, the other day; *e-s ~es* **a)** one day, **b)** some day (or other); *früh am ~e* early in the day; *den ganzen ~* all day long, (a)round the clock; *den lieben langen ~* the livelong day; *~ für ~* day by day; *~ und Nacht* day and night; *e-n ~ um den andern*, *jeden zweiten ~* every other day, day about; *mining: unter ~e* underground; *über ~e* aboveground; *von ~ zu* from day to day; *vor acht ~en* a week ago; *in acht ~en* this day week; *in vierzehn ~en* in a fortnight, *Am.* in two weeks; *freier ~* day off, off day; *guten ~!* **a)** how do you do!, **b)** good morning!, good afternoon!; **c)** good day!, so long!; *heller ~* broad daylight; *am hell(icht)en ~e* in broad daylight; *es wird ~* it dawns; *fig. nun wird's ~* **a)** what a go!, good night!, **b)** now I see (daylight)!; *an den ~ kommen* come to light; *an den ~ bringen*, *zutage fördern* bring to light, unearth; *zutage liegen* be manifest (*or* patent); *an den ~ legen* exhibit, display, show; *(genau) auf den ~* to a day; *bis auf den heutigen ~* to this day; *in den ~ hinein* (*live, talk*) at random; *sich e-n guten ~ machen* make a day of it; *er hatte e-n guten ~* he was in good form; → *Abend*, *jüngst*, *etc.*

'**Tag...**: ~**arbeit** *f* day-labo(u)r;

Ꝺ'**aus** *adv.*: ~, *tagein* day in day out; ~**bau** *m* (-[e]s; -e) *mining*: opencast working, surface mining; ~**baubergwerk** *n* open-pit mine; ~**blatt** *n* daily (paper); ~**blindheit** *f* day-blindness; ~**blume** *bot.* *f* flower pollinated by butterflies.

Tage... ['taːgə-]: ~**buch** *n* diary, journal; *econ. a.* daybook; *mar.* log-book; ~**dieb(in** *f*) *m* idler, loafer, lazybones; ~**geld(er** *pl.*) *n* daily (*or* per diem) allowance.

tag'ein *adv.* → *tagaus*.

'**Tage...**: Ꝺ**lang I.** *adj.* of (*or* lasting for) days; **II.** *adv.* for days (together), day after day; ~**lohn** *m* day's (*or* daily) wages *pl.* *or* pay; *im ~ arbeiten* work by the day; ~**löhner** [-løːnər] *m* (-s; -) day- -labo(u)rer; ~**marsch** *m* day's march.

'**tagen** *v/i.* **1.** (*impers.*, h.) dawn; *es tagt* it is dawning, the day is breaking; *fig. es tagte bei ihm* he was beginning to see daylight, it dawned on him; **2.** (h.) hold a meeting, meet, sit (in conference); *jur.* be in session; deliberate, confer.

'**Tagereise** *f* day's journey.

'**Tages...**: ~**ablauf** *m*: *gewöhnlicher ~* (daily) routine; ~**anbruch** *m* daybreak; *bei ~* at daybreak (*or* dawn); ~**angriff** *mil. m* daylight attack (*aer.* raid); ~**arbeit** *f* day's work; (daily) routine; ~**ausflug** *m* day trip; ~**befehl** *mil. m* order of the day; ~**bericht** *m* daily report, bulletin; ~**dienst** *m* day-service, day-duty; ~**einnahme** *f* day's takings *pl.*; ~**ereignis** *n* event of the day; *pl. a.* current events; *Gespräch über ~se* topical talk; ~**gebühr** *f* day rate; ~**gespräch** *n* topic (*or* talk) of the day; *das ~ bilden a.* be in the news; ~**grauen** *n* → *Tagesanbruch*; ~**helle** *f* light of day; ~**karte** *f* day-ticket; ~**kasse** *f* *thea.* advance booking-office; *econ.* **a)** petty cash, **b)** receipts (*or* takings) *pl.* of the day; ~**krem** *f* vanishing cream; ~**kurs** *m* *econ.* current rate (*of foreign exchange*); daily quotation, current price (*of securities*); *ped.* day course; ~**leistung** *f* daily output, *of machine*: *a.* capacity per day; ~**leuchtfarbe** *typ. f* daylight- -luminous ink; ~**licht** *n* (-[e]s) day-light; *ans ~ kommen* come to light, become known, *Am. a.* develop; *ans ~ bringen* bring to light, expose, unearth; *das ~ scheuen* shun day-light; ~**lichtaufnahme** *phot. f* daylight shot; ~**mädchen** *n* part- -time maid; daily; ~**marsch** *m* day's march; ~**meldung** *f* daily report (*or* return); ~**nachrichten**, ~**neuigkeiten** *f/pl.* news of the day, (evening) news; ~**ordnung** *f* order of the day (*a. fig.*); agenda; *auf die ~ setzen* put on the agenda; *auf der ~ stehen* be on the agenda; *Punkt der ~* issue, item; *zur ~ übergehen* proceed to the order of the day; *fig. das ist an der ~* that is the order of the day (*or* quite common); ~**preis** *econ. m* (to)day's (*or* current, ruling) price; → *Tageskurs*; ~**presse** *f* daily press; ~**raum** *m* day room; ~**satz** *m* day rate; *stock exchange*: current rate; *mil.*,

etc.: daily ration, one day's supply; ~**schicht** *f* day-turn; ~**stempel** *m* date-stamp; ~**umsatz** *econ. m* daily turnover; ~**verdienst** *m* daily earnings *pl.*; ~**verpflegung** *f* daily ration(s *pl.*); ~**zeit** *f* time (*or* hour) of the day; daytime; *zu jeder ~* at any hour, at any time of the day; ~**zeitung** *f* daily (paper); ~**ziel** *mil. n* day's objective; ~**zinsen** *econ. m/pl.* interest on daily balances.

'**Tage...**: Ꝺ**weise** [-vaɪzə] *adv.* by the day; ~**werk** *n* day's work, daily task.

'**Tag...**: ~**falter** *m* butterfly; Ꝺ**hell** *adj.* (as) light as day; ~**hemd** *n* day-shirt; chemise.

...**tägig** [-tɛːgiç] *adj. in compounds* of ... days, ...-day.

täglich ['tɛːkliç] **I.** *adj.* daily; every-day; *ast.* diurnal; *med.* quotidian; *econ.* ~*es Geld* call-money; *auf ~e Kündigung* at call; **II.** *adv.* every day, daily, *econ. a.* per diem; *zweimal ~* twice a day.

tags [taːks] *adv.*: ~ *darauf* the following day, the day after; ~ *zuvor* (on) the previous day, the day before.

Tagschicht ['taːkʃiçt] *f* (-; -en) day-turn.

'**tags-über** *adv.* during the day, in the daytime.

tag'täglich *adv.* every day, day in day out.

Tag- und 'Nachtgleiche [-glaɪçə] *f* (-; -n) equinox.

Tagung ['taːguŋ] *f* (-; -en) meeting, conference, congress, *Am. a.* convention; *parl.* session.

'**tagweise** *adv.* by the day.

Taifun [tai'fuːn] *m* (-s; -e) typhoon.

Taille ['taljə] *f* (-; -n) waist; bodice; *enge ~* slim (*or* wasp-)waist.

tailliert [tal'jiːrt] *adj.* waist-fitting.

Takel ['taːkəl] *mar. n* (-s; -) tackle; **Takelage** [-'laːʒə] *f* (-; -n) rigging, tackle.

'**takeln** *v/t.* (h.) rig (*ship*).

'**Takel|ung** *f* (-; -en), ~**werk** *n* → *Takelage*.

Takt [takt] *m mus.* **a)** (-[e]s; -e) time, measure, **b)** bar; rhythm, *a. tel.* cadence; *mot.* cycle; *fig.* (-[e]s) tact, delicacy; ³/₄-~ three-four time; *den ~ schlagen* beat time; *den ~ halten* keep time, *rowing*: keep stroke; *den ~ verlieren*, *aus dem ~ kommen* lose the beat, *fig.* be put off one's stroke; *fig. aus dem ~ bringen* put out, disconcert; *im ~ marschieren* march in time; *er spielte die ersten ~e des Liedes* he played the first few bars of the song; ~**art** *f* time, measure; Ꝺ**fest** *adj.* steady in keeping time; *fig.* firm, sound; ~**gefühl** *n* (-[e]s) tact (-fulness), delicacy.

tak'tieren *mus. v/i.* (h.) beat time.

'**Taktik** *f* (-; -en) tactics (*a. fig.*); ~**er** *m* (-s; -) tactician.

'**taktisch** *adj.* tactical; ~ *wichtiges Gelände* tactical (*or* vital) area; ~*er Führer* officer in tactical command; ~*e Luftunterstützung* tactical air support.

'**Takt...**: Ꝺ**los** *adj.* tactless, indiscreet, indelicate; ~**losigkeit** *f* (-; -en) tactlessness, want of tact; indiscretion; *e-e ~ begehen* commi·

an indiscretion, make a faux pas; ♀**mäßig** [-mɛ:siç] *adj.* well-timed, rhythmical; ⁓**note** *mus. f* semibreve; ⁓**stock** *m* baton; ⁓**strich** *m* bar; ♀**voll** *adj.* tactful, discreet; ⁓**vorzeichnung** *mus. f* time-signature.

Tal [tɑ:l] *n* (-[e]s; ⁓er) valley, *poet. and fig.* vale; *phys.* trough; dale; *zu* ⁓(e) → ♀'**abwärts** *adv.* down the valley, downhill; downstream.

Talar [tɑ'lɑ:r] *m* (-s; -e) *jur.* robe; *eccl., univ.* gown.

'**Tal...**: ♀'**aufwärts** *adv.* up the valley, uphill; ⁓**enge** *f* narrow (part of a) valley; → *Schlucht.*

Talent [tɑ'lɛnt] *n* (-[e]s; -e) talent (*für et.* for a th. *or* doing a th.); (natural) gift, aptitude, ability; talented person, *pl.* talent *sg.*; **talen'tiert, ta'lentvoll** *adj.* talented, gifted; **ta'lentlos** *adj.* without talent, not gifted.

'**Talfahrt** *f* descent; *mot.* downhill driving.

Talg [talk] *m* (-[e]s; -e) suet; tallow; ⁓**drüse** *anat. f* sebaceous gland; ⁓**fett** *n* stearine; ♀**ig** ['talgiç] *adj.* suety; tallowy, tallowish; ⁓**licht** *n* (-[e]s; -er) tallow-candle.

Talisman ['tɑ:lisman] *m* (-s; -e) talisman, mascot, good-luck charm.

Talje ['taljə] *mar. f* (-; -n) tackle.

Talk [talk] *m* (-[e]s) talc(um); ⁓**erde** *f* magnesia.

Talkessel ['tɑ:l-] *m* basin (of a valley), hollow.

'**talk|ig** *adj.* talcky, talcose; ♀**puder** *m* talcum powder.

Talmi ['talmi] *n* (-s), ⁓**gold** *n* talmi gold, pinchbeck, *Am.* gold brick.

'**Talmulde** *f* basin (*or* hollow) of a valley.

Talon [tɑ'lõ] *econ. m* (-s; -s) talon.

'**Tal...**: ⁓**schlucht** *f* glen; ⁓**senke** *f* → *Talmulde;* ⁓**sohle** *f* bottom of a valley; ⁓**sperre** *f* barrage, (storage) dam; ⁓**überführung** *f* viaduct; ♀**wärts** *adv.* downhill; downstream; ⁓**weg** *m* road through (*or* along) a valley.

Tamarinde [tama'rində] *bot. f* (-; -n) tamarind.

Tambour ['tambu:r] *m* (-s; -e) drummer; ⁓**major** *m* drum-major; ⁓**majorin** *f* (-; -nen) drum-majorette; ⁓**stock** *m* baton.

Tamburin [tambu'ri:n] *mus. n* (-s; -e) tambourine.

Tampon [tã'põ:] *med. m* (-s; -s) tampon, plug; **tampo'nieren** *v/t.* (h.) plug, tampon.

Tamtam [tam'tam] *n* (-s; -s) *mus.* tomtom; *fig.* noise, fuss, to-do; ballyhoo.

Tand [tant] *m* (-[e]s) trifles, trumpery; (k)nick-(k)nacks *pl.*; tinsel, finery; trinkets *pl.*; bauble, gewgaw, gimcrack.

Tändelei [tɛndə'lai] *f* (-; -en) dallying, trifling, flirtation, philandering, spooning.

'**tändeln** *v/i.* (h.) dally, trifle; philander, flirt, spoon; dawdle.

Tandem ['tandɛm] *n* (-s; -s) tandem; ⁓**anordnung** *tech. f* tandem arrangement; ⁓**flugzeug** *n* tandem aircraft (*or* plane).

Tang [taŋ] *bot. m* (-[e]s; -e) seaweed.

Tangente [taŋ'gɛntə] *math. f* (-; -n) tangent.

Tangential... [-tsi'ɑ:l] tangential...

tan'gieren *v/t.* (h.) touch, be tangent to; *econ.* affect.

Tango ['taŋgo:] *m* (-s; -s) tango.

Tank [taŋk] *m* (-[e]s; -s) tank, container; *mil.* → *Panzer;* ⁓**anhänger** *m* tank trailer; ♀**en** *v/t. and v/i.* (h.) (take in) petrol, (re)fuel, fill (up); ⁓**en** *n* (-s) refuel(l)ing; ⁓**er** *mar. m* (-s; -) tanker; ⁓**flugzeug** *n* tanker airplane; ⁓**säule** *f* petrol pump, *Am.* gasoline dispensing pump; ⁓**schiff** *n* tanker; ⁓**stelle** *f* filling (*or* service) station, petrol station, *Am. a.* gas(oline) station; ⁓**verschluß** *mot. m* tank cap; ⁓**wagen** *m* rail. tank-car; *mot.* tank lorry (*Am.* truck); ⁓**wart** *m* service station attendant.

Tanne ['tanə] *f* (-; -n) fir(-tree); silver fir; spruce; ♀**n** *adj.* (of) fir.

'**Tannen...**: ⁓**baum** *m* fir(-tree); ⁓**harz** *n* fir resin; ⁓**holz** *n* fir-wood, deal; ⁓**nadel** *f* fir-needle; ⁓**wald** *m* fir-wood; ⁓**zapfen** *m* fir-cone.

Tannin [ta'ni:n] *chem. n* (-s) tannin.

Tantalusqualen ['tantalus-] *f/pl.* torments of Tantalus; *j-m* ⁓ *bereiten* tantalize a p.; *er litt* ⁓ he suffered hell.

Tante ['tantə] *f* (-; -n) aunt.

T-Antenne ['te:-] *f* T-aerial, *Am.* T-antenna.

Tantieme [tãti'ɛ:mə] *f* (-; -n) percentage, bonus, share in profits; (author's, *etc.*) royalty; *Aufsichtsrats*♀ directors' fees; *Geschäftsführer*♀ manager's commission.

Tanz [tants] *m* (-es; ⁓e) dance; *fig.* row, shindy; *zum* ⁓ *aufspielen* strike up for a dance; *fig. jetzt geht der* ⁓ *los!* now the fun begins!; ⁓**abend** *m* (evening's) dancing, dancing-party; ⁓**bär** *m* dancing bear; ⁓**bein** *n* (-[e]s): *das* ⁓ *schwingen* dance, do the light fantastic, shake a leg, foot it; ⁓**boden** *m,* ⁓**diele** *f* dance hall; dance floor.

tänzeln ['tɛntsəln] *v/i.* (h., sn) dance, frisk, skip; *horse:* amble.

'**tanzen I.** *v/i.* (h., sn) dance (*a. fig.*); *fig. auf den Wellen* ⁓ rock on the waves; *nach j-s Pfeife* ⁓ be at a p.'s beck and call; do a p.'s bidding; *es wurde getanzt* there was dancing; **II.** *v/t.* (h.) dance (*e-n Walzer* a waltz); *sich müde* ⁓ tire o.s. with dancing.

'**Tanzen** *n* (-s) dancing.

Tänzer(in *f)* ['tɛntsər(in)] *m* (-s, -; -, -nen) dancer; *thea.* ballet-dancer, *f a.* danseuse; partner.

'**Tanz...**: ⁓**fläche** *f* dance floor; ⁓**gesellschaft** *f* dancing-party; ⁓**kapelle** *f* dance band; ⁓**kunst** *f* art of dancing; ⁓**lehrer(in** *f) m* dancing-master; ⁓**lied** *n* dancing-tune; ⁓**lokal** *n* dance hall; ♀**lustig** *adj.* fond of dancing; ⁓**meister** *m* dancing master; ⁓**musik** *f* dance music; ⁓**partner** *m* partner; ⁓**platz** *m* dancing-ground; dance floor; ⁓**saal** *m* dancing-room, dance hall; ⁓**schritt** *m* (dancing-)step; ⁓**schuh** *m* dancing-shoe; ⁓**schule** *f* dancing school; ⁓**stunde** *f* dancing lesson; ⁓**tee** *m* afternoon(-tea) dance; ⁓**turnier** *n* dancing contest; ⁓**un-**

terricht *m* dancing lessons *pl.*; ⁓**vergnügen** *n* dance, ball; ⁓**wut** *f* dancing mania.

Tapet [ta'pe:t] *n:* *aufs* ⁓ *bringen* bring *a subject* on the carpet (*or* up).

Ta'pete *f* (-; -n) wall-paper; ⁓(*n pl.*) paper-hangings *pl.*; tapestry; ⁓**nhändler(in** *f) m* dealer in wall-paper; ⁓**nmuster** *n* (wallpaper) design; ⁓**ntür** *f* jib door, hidden door.

Tapezier|er [tape'tsi:rər] *m* (-s; -) paper-hanger; upholsterer; ⁓**arbeit** *f* upholstery; ♀**en** *v/t.* (h.) (hang with) paper; *neu* ⁓ repaper; ⁓**nagel** *m* tack; ⁓**ware** *f* upholstery.

tapfer ['tapfər] **I.** *adj.* brave; valiant, gallant, heroic(ally *adv.*); courageous, plucky; intrepid, dauntless, fearless; dogged(ly *adv.*); **II.** *adv.* bravely, *etc.*; manfully, vigorously, with gusto, like blazes; ♀**keit** *f* (-) bravery, valo(u)r, gallantry; heroism; courage, pluck; fortitude; ⁓ *vor dem Feind* gallantry in the field; *hervorragende* ⁓ outstanding heroism; ♀**keitsmedaille** *f* medal (awarded) for bravery.

Tapisseriewaren [tapisə'ri:vɑ:rən] *f/pl.* tapestry goods, tapestries.

tappen ['tapən] *v/i.* (h., sn) grope about, fumble; paw; *im dunkeln* ⁓ *a. fig.* grope in the dark; → *tapsen.*

täppisch ['tɛpiʃ] *adj.* clumsy, awkward, gawky, thumb-fingered.

Taps [taps] *colloq. m* (-es; -e) clumsy fellow, hobbledehoy, gawk; '♀**en** *v/i.* (h., sn) walk clumsily, plod; tap, pat.

Tara ['tɑ:ra] *econ. f* (-; -ren) tare.

Tarantel [ta'rantəl] *zo. f* (-; -n) tarantula; *fig. wie von der* ⁓ *gestochen* as if stung by an adder, wildly.

tarieren [ta'ri:rən] *v/t.* (h.) tare.

Tarif [ta'ri:f] *m* (-s; -e) tariff, (table of) rates *pl.*; *rail.* **a)** *for passengers:* (table of) fares, **b)** *for goods:* railway rates *pl.*; postal rates *pl.*; scale (of wages), wage scale; *gleitender* ⁓ sliding scale; ⁓**abkommen** *n* → *Tarifvertrag;* ⁓**bruch** *m* breach of tariff; ♀**lich I.** *adj.* tariff..., in accordance with the tariff; *wages:* standard..., tradeunion...; contractual; ⁓**e** *Arbeitszeit* contractual hours; **II.** *adv.* according to (*or* by) the tariff; *wages:* according to scale; ⁓**lohn** *m* standard wage(s *pl.*); ♀**mäßig** [-mɛ:siç] *adj. and adv.* → *tariflich;* ⁓**ordnung** *f* wage scale, wages regulations *pl.*; ⁓**partner** *m* party to a wage agreement; ⁓**satz** *m* tariff rate; *for wages:* (rate of) scale; ⁓**verhandlungen** *f/pl.* collective bargaining; ⁓**vertrag** *m* wage (*or* industrial) agreement, *Am.* collective agreement.

Tarn|anstrich ['tarn-] *m* camouflage painting, dazzle (*or* pattern) painting; ⁓**anzug** *m* camouflage suit; ⁓**bezeichnung** *f* code word (*or* designation); ⁓**bezug** *m* camouflage cover; ♀**en** *v/t.* (h.) camouflage, mask, screen, *esp. fig. a.* cloak, disguise; ⁓**farbe** *f* camouflage paint; ⁓**kappe** *f* magic hood; ⁓**netz** *n* camouflage net; ⁓**ung** *f* (-; -en) camouflage, screen(ing), cloak(ing).

Tasche ['taʃə] *f* (-; -n) pocket; pouch

(*a. anat., zo.*); bag; purse; → *Ak-ten⌾, etc.*; shoulder bag; *ped.* satchel; case; *in der ~ haben* (*a. colloq. fig.*) have in one's pocket; *in die ~ stecken* (put into one's) pocket; *fig. j-n in die ~* stecken be more than a match for a p., be head and shoulders above a p.; *j-m auf der ~ liegen* live at a p.'s expense, live on a p.; *in die eigene ~ arbeiten* line one's pocket; *tief in die ~ greifen müssen* have to pay through one's nose; *e-e Stadt wie seine ~ kennen* know a town like the back of one's hand; *colloq. ich habe es in der ~* it's in the bag; *colloq. steig mir in die ~* go to blazes.

'**Taschen...**: **~apotheke** *f* pocket medicine-case; **~ausgabe** *f* pocket edition; **~buch** *n* pocketbook; **~dieb(in** *f*) *m* pickpocket; *vor ~en wird gewarnt!* beware of pickpockets; **~diebstahl** *m* pocket-picking; **~feuerzeug** *n* pocket-lighter; **~format** *n* pocket-size; **~geld** *n* pocket-money, (monthly) allowance; **~kalender** *m* pocket almanac; **~krebs** *zo. m* common crab; **~lampe** *f* pocket-lamp; (electric) torch, *esp. Am.* flashlight; **~messer** *n* pocket-knife, clasp-knife, *Am a.* jackknife; penknife; **~sender** *m* pocket transmitter; **~spiegel** *m* pocket-mirror; **~spieler** *m* juggler, conjurer, **~spiele'rei** *f* jugglery, sleight of hand; **~tuch** *n* (-[e]s; ⁼er) (pocket) handkerchief, hanky; **~uhr** *f* (pocket) watch; **~wörterbuch** *n* pocket-dictionary.

Täschner ['tɛʃnər] *m* (-s; -) purse-maker; trunk-maker.

Tasse ['tasə] *f* (-; -n) cup; cup and saucer; *e-e ~ Tee* a cup of tea; *colloq. nicht alle ~n im Schrank haben* be not quite right (in the head).

Tastatur [tasta'tuːr] *f* (-; -en) keyboard, keys *pl.*

tastbar ['tastbaːr] *adj.* palpable.

Taste ['tastə] *f* (-; -n) key; *tech.* press key, (push button) key.

'**tasten I.** *v/i.* (h.) touch, feel; grope (about), fumble (*nach* for); *sich ~* feel (*or* grope) one's way (*a. fig.*); **II.** *v/t.* (h.) (transmit by) key; sense; **~d** *fig.* tentative, groping; **Qbrett** *mus. n* keyboard; **Qgeber** *m* key transmitter; **Qinstrument** *n* keyed instrument.

'**Taster** *m* (-s; -) *zo.* feeler, antenna; *tel.* key, prod; *typ.* keyboard; *tech.* **a)** → *Taste,* **b)** cal(l)iper (compasses), **c)** tracer, **d)** probe; **~lehre** *tech. f* snap ga(u)ge; **~zirkel** *m* cal(l)ipers *pl.*

'**Tast...**: **~haar** *zo. n* tactile hair; **~organ**, **~werkzeug** *n* organ of touch; **~sinn** *m* (-[e]s) sense of touch.

Tat [taːt] *f* (-; -en) act; action; deed; exploit, feat; *jur.* criminal act, crime, offen|ce, *Am.* -se; *Männer der ~* men of action; *auf frischer ~ ertappen* catch red-handed (*or* in the act); *durch die ~ beweisen* make good by one's actions; *zur ~ schreiten* proceed to action; *in der ~* indeed, in (point of) fact; *in Wort und ~* in word and deed; → *umsetzen.*

tat *pret. of* tun.

Tatar [ta'taːr] *m* (-en; -en), **~in** *f* (-; -nen) Ta(r)tar; **~ennachricht** *f* scare news; canard.

'**Tat...**: **~bericht** *jur. mil. m* delinquency report, charge sheet; **~bestand** *m* state of affairs; *jur.* facts *pl.* of the case, constituent facts *pl.*, factual findings; *objektiver* (*subjektiver*) *physical* (*mental*) element of an offen|ce, *Am.* -se; *den ~ e-s Deliktes erfüllen* constitute an offence; **~bestandsaufnahme** *f* factual statement; **~bestandsmerkmal** *n* element of an offen|ce, *Am.* -se; **~einheit** *jur. f: in ~ mit* in coincidence with; **~drang**, **~endurst** *m* thirst (*or* zest) for action; enterprise; **Qendurstig** *adj.* burning for action, *Am. a.* raring to go; enterprising, full of go; **Qenlos** *adj.* inactive, idle; **Qenreich**, **Qenvoll** *adj.* active, full of action.

Täter ['tɛːtər] *m* (-s; -), **~in** *f* (-; -nen) doer, actor; perpetrator (*a. jur.* = delinquent), culprit; author; **~schaft** *f* (-) guilt; *die ~ ableugnen* plead not guilty.

'**tätig** *adj.* active (*a. gr.*); busy, hard at work; restless; (*wirksam*) efficacious; → *Reue; econ.* **~er** *Gesellschafter* active partner; *~ sein als* act as; *als Arzt ~ sein* practise medicine; *bei e-r Firma ~ sein* be in the employ of, be employed with (*a firm*), work at (*an institute, etc.*); *~ sein für* (*acc.*) work for; **~en** ['tɛːtigən] *v/t.* (h.) bring off, carry out; *econ.* effect, transact; undertake (*sales*), do (*a business*); conclude.

Tätigkeit ['tɛːtiçkaɪt] *f* (-; -en) activity; *anat., tech., etc.* action; function; occupation, business, job; profession, vocation; *in ~* in action; *in voller ~* in full swing; *in ~ setzen* put into action (*or* motion, operation), set going, *anat.* activate; *außer ~ setzen* **a)** suspend (*person*), **b)** bring *a th.* to a standstill, stop, *tech.* throw out of gear, put out of operation; **~sbereich** *m* field of activity; **~sbericht** *m* progress report; **~sform** *gr. f* active voice; **~sgebiet** *n* field of activity; **~swort** *gr. n* (-[e]s; ⁼er) verb.

'**Tätigung** ['-guŋ] *econ. f* (-; -en) effecting, transaction, conclusion.

'**Tat...**: **~kraft** *f* (-) energy; enterprise; **Qkräftig** *adj.* energetic(ally *adv.*), active; **~er** *Mensch a.* man of action, live wire.

tätlich ['tɛːtliç] *adj.* violent; *jur. ~e Beleidigung* assault (and battery); *~ beleidigen*, *~ werden gegen* assault a p.; *~ werden* resort to violence, *miteinander:* come to blows; **Qkeit** *f* (-; -en) (act of) violence, *a. pl.* physical violence; *jur.* assault (and battery).

'**Tat-ort** *m* place (*or* scene) of a crime.

tätowier|en [tɛto'viːrən] *v/t.* (h.) tattoo; **Qung** *f* (-; -en) tattoo(ing).

'**Tatsache** *f* (matter of) fact; (established) facts, data; *nackte ~n* hard facts; *verbürgte ~* matter of record; *vollendete ~* fait accompli (*Fr.*); *als ~ hinstellen* aver; *sich auf den Boden der ~n stellen* face the

---

facts, be realistic; *j-n vor vollendete ~n stellen* confront a p. with a fait accompli; *~ ist, daß* the fact (of the matter) is that; *das ändert nichts an der ~, daß* it doesn't alter the fact that; **~nbericht** *m* factual (*or* documentary) report, matter-of-fact account; **~nfilm** *m* documentary; **~n-irrtum** *jur. m* error of fact; **~nsinn** *m* factual sense.

tat'sächlich I. *adj.* actual, real, factual; based on fact; **II.** *adv.* in fact, actually, really, in reality; *adm. de facto; introductory phrase:* believe it or not; the fact is that; *jur. rechtlich und ~* in fact and in law.

tätscheln ['tɛːtʃəln] *v/t.* (h.) pet, pat.

Tatterich ['tatəriç] *colloq. m* (-s): *den ~ haben* be doddering; *from fright:* be all of a dither, have the jitters.

'**Tat...**: **~umstände** *m/pl.* circumstances surrounding the case; **~verdacht** *m* suspicion.

Tatze ['tatsə] *f* (-; -n) paw, claw; **~nhieb** *m* stroke with a paw.

Tau¹ [tau] *m* (-[e]s) dew.

Tau² *n* (-[e]s; -e) rope, cable, *mar. a.* hawser.

taub [taup] *adj.* deaf (*fig. gegen, für* to); hard of hearing; *auf e-m Ohre ~* deaf of (*or* in) one ear; *~ machen* make deaf, deafen; *~ werden* grow deaf; *fig. limbs:* benumbed, numb; sterile, barren; empty (*nut, etc.*); addled (*egg*); dead (*rock*); unfruitful (*seed*); *~ sein gegen or für* be deaf to; *~en Ohren predigen* talk to the winds; *der or die Qe* ['-bə] deaf man *or* woman; *die Qen pl.* the deaf.

Täubchen ['tɔʏpçən] *n* (-s; -) little dove; *mein ~!* my love (*or* duckie)!

Taube ['taubə] *orn. f* (-; -n) pigeon, *rhet.* dove; *sanft wie e-e ~* (as) gentle as a dove; **~nei** *n* pigeon's egg; **Qngrau** *adj.* dove-colo(u)red; **~nhaus** *n* → *Taubenschlag;* **~nschießen** *n* pigeon-shooting; **~nschlag** *m* pigeonry, dovecot; **~nzucht** *f* pigeon-breeding.

'**Tauber, Täuber** ['tɔʏbər] *m* (-s; -), **Täuberich** [-iç] *m* (-s; -e) cock pigeon.

Taubheit ['tauphaɪt] *f* (-) deafness; numbness; barrenness; emptiness.

'**Taubnessel** *bot. f* dead nettle.

'**taubstumm** *adj.* deaf and dumb; **Qe(r** *m) f* deaf-mute, deaf and dumb person; **Qen-alphabet** *n* deaf-and-dumb alphabet; **Qen-anstalt** *f* institute for the deaf and dumb; **Qheit** *f* (-) deaf-mutism.

Tauch|badschmierung ['taux-] *tech. f* splash lubrication; **~batterie** *el.* plunge battery; **~boot** *mar. n* submersible (boat), submarine; **~elektrode** *f* dipped electrode; **Qen I.** *v/i.* (h., sn) dive, plunge; dip (*a. bird, sun*); swim under water; *submarine:* submerge; *boxing:* duck; **II.** *v/t.* (h.) dip (in), duck; *tech.* immerse, dip, steep; *die Hand ~ in* dip one's hand in; *fig. in Licht, etc., getaucht* bathed in light, *etc.*; **~en** *n* (-s) diving, *etc.*

'**Taucher** *m* (-s; -) diver (*a. orn.*); **~anzug** *m* diving suit; **~glocke** *f* diving bell; **~helm** *m* diver's

helmet; ~kolben m plunger; ~-
lunge f aqualung.
'tauch...: ~fähig adj. submersible;
~klar adj. submarine: ready to submerge; 2kolben tech. m plunger
(piston); 2sieder m immersion
heater; 2station f submarine: diving
station; 2verfahren metall. n hot
dipping process.
tauen ['tauən] I. v/i. (h., sn) 1. thaw,
melt; es taut it is thawing; der
Schnee ist von den Dächern getaut
the snow has melted off the roofs;
2. es taut dew is falling; II. v/t. (h.)
melt; mar. tow.
'Tau-ende n rope end.
Tauf|akt ['tauf-] m christening
ceremony; baptism; ~becken n
baptismal font; ~buch n parish
register; ~e f (-; -n) baptism, a. fig.
christening; die ~ empfangen be
baptized or christened; aus der ~
heben stand godfather (or godmother) to, stand sponsor to, fig.
call into being, initiate, inaugurate;
2en v/t. (h.) baptize, christen (a.
fig. = name a ship, etc.); fig. iro.
dub; getaufter Jude converted Jew;
colloq. fig. water, adulterate (wine).
Täufer ['tɔYfər] m (-s): Johannes der
~ John the Baptist.
'tau-feucht adj. bedewed.
Täufling ['tɔYflin] m (-s; -e) child
(or person) to be baptized.
'tau-frisch adj. fresh with dew,
dewy.
'Tauf...: ~name m Christian (Am. a.
given) name; ~pate m godfather,
f godmother; sponsor; ~schein m
certificate of baptism; ~stein m
baptismal font; ~wasser n baptismal water; ~zeuge m sponsor.
taugen ['taugən] v/i. (h.) be good
or fit or of use (all zu for), answer
(well); (zu) nichts ~ be good for
nothing, be no good, be of no use;
taugt es etwas? is it any good?;
sie ~ nicht viel they are not worth
(or up to) much.
'Taugenichts m (-; -e) good-for-
-nothing, scamp, Am. a. deadbeat.
tauglich ['taukliç] adj. good, fit,
useful, suitable (für, zu for, to do);
person: qualified, (cap)able; mil. fit
(for service), a. mar. able-bodied;
ship: seaworthy; 2keit f (-) usefulness; a. mil. fitness; qualification;
2keitsgrad m medical classification.
tauig ['tauiç] adj. dewy, wet with
dew.
Taumel ['taumǝl] m (-s) reeling;
giddiness; fig. whirl; rapture,
ecstasy, delirium, frenzy; 2ig adj.
reeling, staggering, giddy; 2n v/i.
(sn) reel, stagger, totter; be giddy;
~scheibe tech. f wobble plate.
'Taupunkt phys. m dew point.
Tausch [tauʃ] m (-[e]s; -e) exchange,
barter, truck; im ~ gegen (acc.) in
exchange for; in ~ geben give in
exchange, barter (away) (für for);
2en v/t. and v/i. (h.) exchange
(gegen for), barter (for), swap, swop
(for); econ. barter, truck; fig. Blicke
~ exchange glances; ich möchte
nicht mit ihm ~ I should not like
to be in his place or shoes.
täuschen ['tɔYʃən] v/t. and v/i. (h.)
deceive (a. matter = be deceptive);

fool, hoodwink, dupe; mislead, lead
astray, delude; hoax; outwit, trick;
disappoint, deceive (expectations,
etc.); sports: deceive an opponent,
only v/i. (h.) feint, fake a blow, etc.;
sich ~ deceive o.s., be mistaken (in
dat. in), be wrong; sich ~ lassen
let o.s. be deceived; in Hoffnungen,
etc., getäuscht werden be disappointed in one's hope, etc.; da täuscht er
sich aber he is very much mistaken
there; ~d adj. deceptive, delusive;
striking, bewildering (likeness); ~
ähnlich practically identical; ~ nachahmen mimic (or copy) to perfection.
'Tausch...: ~geschäft n barter
(deal), swap transaction; a. → ~-
handel m barter, exchange trade;
~ treiben barter, truck; ~mittel n
medium of exchange, barter-
-medium; ~objekt n bartering
object.
'Täuschung f (-; -en) deception
(gen. practised upon); delusion;
illusion; imposition, imposture;
mystification; trick, sleight of hand;
error; fallacy; jur. fraud; arglistige
~ wilful deceit; optische ~ optical
delusion; sich er ~ hingeben deceive o.s. (über acc. on); sie gaben
sich hinsichtlich ... keiner ~ hin
they were under no illusions
about ...; ~s-absicht jur. f intent
to defraud; ~s-angriff mil. m feint
attack; ~smanöver mil. n feint,
diversion; ~sversuch m attempt
to deceive (or jur. defraud).
'Tausch...: ~verkehr m barter,
exchange (of goods); 2weise
['-vaɪzə] adv. by way of exchange;
~wert m exchangeable value.
tausend ['tauzənt] adj. thousand;
a thousand (and one); ~ und
aber ~ thousands upon thousands;
nicht einer unter ~ not one in a
thousand; 2undeine Nacht Arabian
Nights pl.; ~ Dank! a thousand
thanks!; 2 n (-s) thousand; a
thousand; zu ~en by the thousands;
in die ~e gehen run into thousands;
econ. im ~ per thousand, pro
mille.
'Tausender [-dər] m (-s; -) thousand; figure marking the thousand;
thousand mark note; 2lei adj. (of)
a thousand different kinds, a
thousand (kinds of); a thousand
things.
'Tausend...: 2fach [-fax], 2fältig
[-fɛltiç] I. adj. thousandfold; II. adv.
in a thousand ways; ~fuß, ~füßler
[-fy:slər] zo. m (-s; -) millepede,
centipede, Am. a. wireworm; ~-
güldenkraut [-'gyldənkraut] bot.
n (-[e]s) lesser centaury; 2jährig
adj. a thousand years old; of a
thousand years, millenial; ~es Reich
millenium; ~künstler m wizard,
jack-of-all-trades, Am. a. whiz;
2mal adv. a thousand times; ~sasa
[-zaza] m (-s; -[s]) devil of a fellow;
→ Tausendkünstler; ~schön(chen)
[-ʃø:n(çən)] bot. n (-s, -e; -s, -)
daisy; 2st adj. thousandth; ~stel
[-stəl] n (-s; -), 2stel adj. thousandth (part).
Tau... [tau]: '~tropfen m dew-drop;
'~werk n ropes pl., cordage, mar.
rigging; '~wetter n thaw (a. fig.

pol.); '~ziehen n tug-of-war (a.
fig.).
Taxameter [taksa'me:tər] m (-s; -)
(a. ~uhr f) taximeter, clock; a. →
~droschke f taxicab, cab.
Taxator [ta'ksɑ:tɔr] m (-s; -'toren)
valuer, appraiser.
Taxe ['taksə] f (-; -n) rate; tax; fee;
estimate, appraisal, assessment;
mot. taxi(cab), cab; ~nhaltestelle f
taxi rank, Am. taxi (or cab) stand.
Taxi ['taksi] n (-[s]; -[s]) taxi(cab),
cab.
ta'xier|en v/t. (h.) rate, estimate;
value; appraise; tax, assess (all auf
acc. at); 2er m (-s; -) → Taxator;
2ung f (-; -en) estimate, valuation,
appraisal; assessment.
'Taxifahrer m taxi-driver.
'Tax-uhr f taximeter.
Taxus ['taksus] bot. m (-; -) yew.
'Taxwert m appraised (or assessed)
value.
Technik ['tɛçnik] f (-) engineering;
technology, technical science; (pl.
-en) technique (a. arts, sports, etc.),
practice, skill, workmanship; mus.
execution; tech. Schweiß2 a) welding engineering, b) welding practice; ~er m (-s; -) (technical) engineer; technician; technologist;
sports: technical man; ~um n
(-s; -ka) technical school.
'technisch adj. engineering (department, fair, journal, process, etc.);
technical; mechanical; industrial;
~er Chemiker chemical engineer;
~e Einzelheiten technicalities; ~er
Direktor engineering manager; ~e
Hochschule technical college; ~e
Kaufmann sales engineer; ~er K.o.
technical knock-out; 2e Nothilfe
Technical Emergency Service; ~er
Offizier specialist officer; ~es Personal technical staff; ~e Schwierigkeiten technical difficulties; ~e
Störung breakdown, mechanical
failure; ~e Wunder engineering
marvels.
Techni'sierung f (-; -en) engineering progress; mechanization.
Techno|krat [-'krɑ:t] m (-en; -en)
technocrat; ~loge [-'lo:gə] m (-n;
-n) technologist; ~logie [-lo'gi:] f
(-) technology; 2logisch adj.
technological.
Techtel'mechtel ['tɛçtəl'mɛçtəl] n
(-s; -) love affair, flirtation, entanglement.
Teckel ['tɛkəl] m (-s; -) dachshund.
Teddybär ['tedi-] m Teddy bear.
Tee [te:] m (-s; -s) tea; infusion (of
herbs); tea(-party); ~ trinken have
(or take, drink) tea; fig. abwarten
und ~ trinken! (just) wait and see!
'Tee...: ~blatt n tea-leaf; ~brett n
tea-tray; ~büchse f tea-caddy;
~-Ei n tea-infuser; ~gebäck n tea-
-cake, scone, Am. biscuit, cookies
pl.; ~geschirr n tea-service; ~ge-
sellschaft f tea-party; ~haube f
tea-cosy; ~kanne f teapot; ~kessel
m tea-kettle; ~kräuter n/pl. herbs
(for infusion); ~löffel m tea-spoon;
~löffelvoll m teaspoonful; ~ma-
schine f tea-urn; ~mischung f
blend of tea; ~mütze f tea-cosy.
Teer [te:r] m (-[e]s; -e) tar; ~asphalt
m coal-tar, pitch, tar asphalt; ~-
brenne'rei f tar factory; 2en v/t

(h.) tar; **~farbstoffe** m/pl. coal-tar (or aniline) dyes; **~jacke** f tarred jacket; colloq. (sailor) Jack Tar; **~leinwand** f tarpaulin.

'Tee-rose f tea-rose.

'Teer...: ~pappe f tar-board; **~straße** f tarred street; **~ung** f (-; -en) tarring.

'Tee...: ~service n tea service, tea set; **~sieb** n tea-strainer; **~strauch** m tea-shrub; **~stunde** f tea-time; **~tasse** f teacup; **~wagen** m tea-wagon, tea-cart; **~wärmer** ['-vɛr-mər] m (-s; -) tea-cosy; **~zeug** n tea-things pl.

Teich [taɪç] m (-[e]s; -e) pond, pool; tank; fig. (ocean) der große ~ the Pond.

Teig [taɪk] m (-[e]s; -e) dough; batter, paste; **2ig** ['taɪgɪç] adj. doughy, pasty (a. fig.); mellow (fruit); **~mulde** f kneading-trough; **~rolle** f rolling pin; **~waren** f/pl. farinaceous food (or products), paste articles.

Teil [taɪl] m and n (-[e]s; -e) part (a. tech.); piece; portion, share, cu²; section; element, component; member; jur. party; edle ~e pl. vital parts (of the body); ein ~ davon part of it; ein gut ~ von a good deal of; beide ~e both parties or sides; für beide ~e vorteilhaft of mutual advantage; beide ~e anhören hear both sides; der größte ~ von or gen. the greater part of, the bulk of; der größte ~ der Menschen a. the majority of mankind, most people; aus allen ~en der Welt from all parts (or all over) the world; sein ~ beitragen do one's share (or bit); sich sein ~ denken have one's own thoughts about it; in zwei ~e zerbrechen break in two; er hat sein ~ fig. he has his share (or due); ich für mein ~ I for my part, as for me; zum ~ partly, in part, to some extent; zum großen ~ largely, to a great extent; zum größten ~ for the most part, mostly; zu gleichen ~en at equal shares, jur. a. share and share alike.

'Teil...: ~ansicht f partial view; **2bar** adj. divisible; **~barkeit** ['-baːrkaɪt] f (-) divisibility; **~beschäftigte(r** m) ['-bəʃɛftɪçtə(r)] f (-n, -n; -en, -en) part-time worker; **~beschäftigung** f part-time employment; **~betrag** m partial amount; instal(l)ment; **~bild** n TV frame, Am. field; **~chen** n (-s; -) particle; **~chenbeschleuniger** m nuclear physics: particle accelerator.

'teilen v/t. (h.) divide; split; dismember; distribute, portion out; separate, partition off; share (mit with); fig. share (in), take part in; j-s Ansichten ~ share a p.'s views; j-s Gefühle ~ enter into a p.'s feelings, sympathize with a p.; die Meinungen waren geteilt opinion was divided; geteilter Meinung sein be of a different opinion, differ; sich ~ divide, part, party, etc.: split, road: branch out, fork; sich in et. ~ share (or split) a th.; go halves, number: sich ~ lassen durch be divisible by; er würde sein letztes Stück Brot ~ he would share his last crust.

'Teiler m (-s; -) **1.** a. **~in** f (-; -nen) divider, sharer; **2.** math. divisor.

'Teil...: ~erfolg m partial success; **~gebiet** n section, branch; **2haben** v/i. (h.) share, participate, take part (all: an dat. in), partake (of); **~haber(in** f) ['-haːbər] m (-s, -; -, -nen) participator; econ. partner, associate; joint proprietor; beschränkt haftender ~ limited partner; persönlich haftender ~ responsible partner; stiller ~ sleeping (Am. silent) partner; **~haberschaft** econ. f (-) partnership; **2haft(ig)** adj. (gen.) partaking of, sharing; e-r Sache ~ werden partake of a th., share in a th.; **~haftung** econ. f partial commitment.

...teilig adj. in compounds, e.g.: zwei~ in two parts; two-piece (suit, set, etc.).

'Teil...: ~lieferung f part-delivery, instal(l)ment; **2möbliert** adj. partly furnished; **~montage** tech. f subassembly; **2motorisiert** mil. adj. semimobile; **~nahme** ['-naːmə] f (-) participation (an dat. in); cooperation; jur. participation, complicity; attendance (an dat. at a meeting); fig. interest (in); sympathy (with), compassion (for); condolences pl.; j-m seine ~ ausdrücken condole with, express one's sympathy with a p.; **2nahmslos** adj. indifferent, unconcerned; impassible, unfeeling; passive; apathetic, listless; **~nahmslosigkeit** f (-) indifference; impassibility; passiveness; apathy; **2nahmsvoll** adj. sympathetic(ally adv.), solicitous; **2nehmen** v/i. (irr., h.) participate (an dat. in), take part (in); join (in), share (in); be present (at), attend (a th.); collaborate, cooperate (in), take an active part (in); contribute (to); an e-r Mahlzeit ~ partake of a meal; fig. take an interest (in); sympathize (with); **2nehmend** adj. fig. interested (an dat. in); sympathetic(ally adv.); solicitous; **~nehmer(in** f) m (-s, -; -, -nen) participant, participator; partner, sharer; member; student; competitor, contestant, entrant; jur. accessory (an e-m Verbrechen to a crime); teleph. subscriber; party; pl. those present; sports: ~ an der Schlußrunde finalist; **~nehmeranschluß** teleph. m subscriber's set; **~nehmerverzeichnis** teleph. n telephone directory.

teils adv. partly, in part; ~ ..., ~ ... partly ..., partly ...; some ..., some ...

'Teil...: ~schaden m partial loss; **~schuldverschreibung** econ. f bond of a bond issue; **~sendung** econ. f consignment in part; **~staat** m constituent state; **~strecke** f rail. section, fare stage; w.s. stage, Am. leg; **~strich** m tech. graduation mark; mil. mil.; **~stück** n fragment.

'Teilung f (-; -en) division; distribution; separation, partition; dismemberment; sharing; parcelling out (of land); fork(ing), bifurcation (of road); in degrees: graduation; physiol. segmentation (of a cell); **~s-artikel** gr. m partitive article; **~sbruch** math. m partial fraction;

~svertrag pol. m partition treaty; **~szahl** math. f dividend; **~szeichen** math. n division sign.

'Teil...: 2weise ['-vaɪzə] **I.** adj. partial; **II.** adv. partially, partly, in part(s); to some extent, in some cases; ganz oder ~ in whole or in part; **~zahl** math. f quotient; **~zahlung** f part-payment, (payment by) instal(l)ment; **~en leisten** pay by instal(l)ments; auf ~ kaufen buy on the instal(l)ment plan; **~zahlungskredit** m instal(l)ment sales credit.

Teint [tɛ̃ː] m (-s; -s) complexion.

T-Eisen ['te:-] tech. n T-iron.

tektonisch [tɛk'toːnɪʃ] adj. tectonic (-ally adv.).

Tel-autograph ['tel?autograːf] m (-s; -e[n]) telautograph.

Telefon [tele'foːn] n (-s; -e) → Telephon, etc.

Telegramm [-'gram] n (-s; -e) telegram, wire; cable(gram); **~adresse, ~anschrift** f telegraphic address; cable address; **~formular** n telegraph form (Am. blank); **~schalter** m telegram-office; **~stil** m (-[e]s) telegraphic style, telegraphese (telegraph.)

Telegraph [-'graːf] m (-s; -en)

Tele'graphen...: ~amt n telegraph office; **~arbeiter** m linesman; **~be-amte(r)** m telegraph clerk; **~bote** m telegraph messenger; **~draht** m telegraph wire; **~leitung** f telegraph line; **~mast** m telegraph pole; **~netz** n telegraph system; **~schlüssel** m telegraph code; **~stange** f telegraph pole.

Telegraphie [-gra'fiː] f (-) telegraphy; drahtlose ~ wireless telegraphy, radiotelegraphy; **2ren** v/t. and v/i. (h.) telegraph (a. sl. boxing), wire; from overseas: cable.

tele'graphisch adj. telegraphic(ally adv.); adv. usu. by telegraph, by wire; by cable; ~e Überweisung cable transfer; ~ überweisen (send by) wire or cable.

Telegra'phist(in f) m (-en, -en; -, -nen) telegraph operator, telegrapher.

Tele-objektiv ['te:le-] phot. n telephoto lens.

Tele|pathie [telepa'tiː] f (-) telepathy; **2pathisch** [-'paːtɪʃ] adj. telepathic(ally adv.).

Telephon [-'foːn] n (-s; -e) telephone, phone; am ~ on the (tele-)phone; ans ~ gehen answer the (tele)phone; ~ haben be on the (tele)phone; in compounds → Fernsprech...

Telephonat [-fo'naːt] n (-[e]s; -e) → Telephongespräch.

Tele'phon...: ~anruf m (tele)phone call; **~anschluß** m telephone connection (or extension); ~ haben be on the (tele)phone; **~apparat** m telephone set; **~buch** n telephone directory; **~gespräch** n telephone conversation; (tele)phone call; **~hörer** m (telephone) receiver, handset.

Telephonie [telefo'niː] f (-): (drahtlose ~ wireless or radio) telephony; **2ren** v/i. (h.) telephone, phone; mit j-m ~ ring (or call) a p. up, a. talk to a p. over the (tele)phone.

tele'phonisch *adj.* telephonic(ally *adv.*); *adv. usu.* by (tele)phone, over the (tele)phone; ~e *Mitteilung* telephone message; ~ *(nicht) erreichbar* (not) on the (tele)phone; **Telephonist(in** *f*) [-fo'nist(in)] *m* (-en, -en; -, -nen) (telephone) operator, *mil.* telephonist.

Tele'phon...: ~leitung *f* telephone line; ~nummer *f* telephone (*or* call) number; ~verbindung *f* telephone connection; e-e ~ *herstellen* put through a call; ~zelle *f* telephone (*or* call) box *or* booth; ~zentrale *f* (telephone) exchange; *Am.* telephone central office.

'Telephotographie *f* telephotography; (*picture*) telephoto.

Teleskop [tele'sko:p] *n* (-s; -e) telescope; ~gabel *mot. f* telescopic fork; ²isch *adj.* telescopic(ally *adv.*). [(service).)

Telexdienst ['te:lɛks-] *m* telex)

Teller ['tɛlər] *m* (-s; -) plate; trencher; tray; *tech.* disk, disc; seat (*of valve*); snow ring, disc (*on ski stick*); palm (*of hand*); ~brett *n* plate rack; ²förmig ['-fœrmiç] *adj.* plate-shaped; ~e *Feder* plate spring; ~mine *mil. f* Teller mine; ~mütze *f* flat cap; beret; ~rad *mot. n* (axle--drive) bevel gear; ~schrank *m* cupboard, sideboard; ~tuch *n* (-[e]s; ⁼er) dishcloth; ~ventil *tech. n* disc valve; ~voll *m* (-s) plateful; ~wärmer ['-vɛrmər] *m* (-s; -) plate-warmer; ~wäscher *m Am.* dishwasher.

Tellur [tɛ'lu:r] *chem. n* (-s) tellurium; ~silber *n* silver telluride.

Tempel ['tɛmpəl] *m* (-s; -) temple; sanctuary; ~herr, ~ritter *hist. m* (Knight) Templar; ~raub *m*, ~schändung *f* sacrilege.

Tempera-malerei ['tɛmpəra-] *f* painting in distemper.

Temperament [tɛmpəra'mɛnt] *n* (-[e]s, -e) temper(ament); mettle, spirits *pl.*; vivacity; → *Schwung*; *hitziges* ~ hot temper; *sie hat kein* ~ there is no life in her, she's got no pep; ²los *adj.* spiritless; ²voll *adj.* full of spirits, ebullient, (high-) spirited, mettlesome, vivacious; impetuous; glowing; passionate.

Temperatur [-'tu:r] *f* (-; -en) temperature; *med.* ~ *haben* have a temperature; *j-s* ~ *messen* take a p.'s temperature; ~anstieg *m* rise of temperature; ~ausgleich *m* temperature balance; ~einfluß *m* influence of temperature; temperature factors *pl.*; ~regler *tech. m* thermoregulator, thermostat; ~schwankung *f* variation of temperature; ~sturz *m* drop of temperature; ~unterschied *m* difference in temperature.

Temperenzler [tɛmpə'rɛntslər] *m* (-s; -) abstemious person, teetotal(l)er.

Temperguß ['tɛmpər-] *metall. m* malleable cast iron.

tempe'rieren *v/t.* (h.) temper (*a. mus.*, *metall.*); *temperiertes Wasser* lukewarm water.

'Temper-ofen *metall. m* annealing (*or* tempering) furnace.

Templer ['tɛmplər] *m* (-s; -) (Knight) Templar.

Tempo ['tɛmpo] *n* (-; -s) time, measure, *a. w.s.* tempo; pace; speed; rate; *fig.* tempo, pace (*of drama, etc.*); *in rasendem* ~ at a breakneck speed; *in langsamem* ~ at a slow pace (*or* rate); *das* ~ *angeben* set the pace; *das* ~ *steigern* increase the pace; ~*!* hurry up!, step on it!

temporär [-'rɛ:r] *adj.* temporary.

'Temposchwung *m skiing:* speed swing.

Tempus ['tɛmpus] *gr. n* (-; *Tempora*) tense.

Tendenz [tɛn'dɛnts] *f* (-; -en) tendency; trend; current.

tendenziös [-'tsjø:s] *adj.* tendentious.

Ten'denz...: ~roman *m* novel with a purpose, purpose-novel; ~stück *thea. n* play with a purpose, purpose-play.

Tender ['tɛndər] *mar., rail. m* (-s; -) tender.

ten'dieren *v/i.* (h.) show a tendency, tend (*nach* to), incline (to).

Tenne ['tɛnə] *f* (-; -n) threshing--floor, barn-floor.

Tennis ['tɛnis] *n* (-) (lawn-)tennis; ~ *spielen* play (*or* have a game of) tennis; ~ball *m* tennis ball; ~halle *f* covered court; ~platz *m* tennis court; ~schläger *m* (tennis) racket; ~schuhe *m/pl.* tennis pumps, sand--shoes; ~spiel *n* game of tennis; ~spieler(in *f*) *m* tennis player; ~turnier *n* tennis tournament.

Tenor¹ *esp. jur.* ['te:nɔr] *m* (-s) tenor, substance.

Tenor² [te'no:r] *m* (-s; ⁼e), Teno-'rist *mus. m* (-en; -en) tenor; Te'norstimme *f* tenor (voice).

Teppich ['tɛpiç] *m* (-s; -e) carpet, rug; *on wall:* tapestry; *mit e-m* ~ *belegen* carpet; ~besen *m*, ~bürste *f* carpet brush; ~händler *m* carpet dealer; ~kehrmaschine *f* carpet--sweeper; ~schoner *m* drugget; ~stange *f* carpet rod; ~weber, ~wirker *m* carpet-weaver; ~wirke'rei *f* carpet weaving *or* manufacture.

Termin [tɛr'mi:n] *m* (-[e]s; -e) appointed time *or* day; (fixed) date *or* term, target date; closing date; *äußerster* ~ final date, *Am.* deadline; date of completion; *sports:* fixture; term, time-limit; *jur.* a) hearing, b) summons (to appear in court); *e-n* ~ *anberaumen* appoint a date, fix a date (*für* for); ~einlage *f banking:* time deposit; ²gemäß, ²gerecht *adv.* in due time, on the due date, to schedule; ~geschäft *n*, ~handel *econ. m* time-bargain, forward transaction; *pl. a.* futures; ~kalender *m* date-block, memo-book, *jur.* cause-list, *Am.* calendar; ~lieferung *econ. f* forward (*or* future) delivery; ~liste *jur. f* cause-list, *Am.* calendar; ~markt *m* forward market.

Terminologie [tɛrmino'lo'gi:] *f* (-; -n) terminology; nomenclature.

Ter'min...: ~verkauf *m* forward (*or* future) sale; ~verfolgungsplan *m* (-[e]s; ⁼e) follow-up chart; ~verlängerung *f* extension; ²weise [-vaizə] *adv.* by terms, at fixed times; by instal(l)ments;

~zahlung *f* payment by instal(l)ments; instal(l)ment.

Termite [tɛr'mi:tə] *f* (-; -n) white ant, termite.

Terpentin [tɛrpɛn'ti:n] *n* (-s; -e) turpentine; ~öl *n* oil of turpentine.

Terrain [tɛ'rɛ̃:] *n* (-s; -s) ground; plot of land; building-site; *fig.* ~ *aufholen* make up leeway; ~aufnahme *f* surveying; ~verhältnisse *n/pl.* condition *sg.* of the ground.

Terrakotta [tɛra'kɔta] *f* (-; -tten) terra-cotta.

Terrasse [tɛ'rasə] *f* (-; -n) terrace; ²nförmig [-nfœrmiç] *adj.* terraced, in terraces.

Terrine [tɛ'ri:nə] *f* (-; -n) tureen.

territorial [tɛritori'a:l] *adj.* territorial; ²truppen *f/pl.* territorials.

Territorium [tɛri'to:rium] *n* (-s; -ien) territory.

Terror ['tɛrɔr] *m* (-s) terror; ~angriff *m* terror attack; ~bande *f* terror gang.

terrorisieren [tɛrori'zi:rən] *v/t.* (h.) terrorize.

Terro'rist *m* (-en; -en) terrorist.

Tertia ['tɛrtsia] *f* (-; -ien) *ped.* fourth form; *typ.* great primer.

tertiär [tɛrtsi'ɛ:r] *adj.* tertiary; ²formation *geol. f* tertiary formation.

Terz [tɛrts] *f* (-; -en) *mus.* third; *kleine (große)* ~ minor (major) third; *fenc.* tierce.

Terzerol [tɛrtsə'ro:l] *n* (-s; -e) pocket-pistol.

Terzett [-'tsɛt] *mus. n* (-[e]s; -e) trio.

Tesching [-'tɛʃiŋ] *n* (-s; -e) sub--calibre rifle.

Test [tɛst] *m* (-[e]s; -e) test; *chem.* cupel.

Testament [tɛsta'mɛnt] *n* (-[e]s; -e) (last) will, *jur.* last will and testament; *bibl.* Altes (Neues) ~ Old (New) Testament; *ein* ~ *machen* make a will; *jur.* Anerkennung des ~s probate; *j-n im* ~ *bedenken* remember (*or* include) a p. in one's will; *ohne Hinterlassung e-s* ~s *sterben* die intestate.

testamentarisch [-'ta:riʃ] I. *adj.* testamentary; II. *adv.* by will; ~ *verfügen* dispose by will.

Testa'ments...: ~bestätigung *jur. f* probate; ~er-öffnung *f* opening of the will; ~vollstrecker(in *f*) *m* executor (*f* executrix); administrator; ~zusatz *m* codicil.

Testator [tɛs'ta:tɔr] *jur. m* (-s; -'toren) testator.

'testen *v/t.* (h.) test.

te'stier|en I. *v/i.* (h.) make a will; II. *v/t.* (h.) dispose by will; bequeath; testify to; certify, attest; ~fähig *jur. adj.:* ~ *sein* have testamentary capacity.

'Testpilot *aer. m* test pilot.

Tetanus-serum ['te:tanus-] *med. n* antitetanic serum.

Tetrachlor'kohlenstoff [tetra-'klo:r-] *chem. m* carbon tetrachloride.

Tetraeder [-'e:dər] *chem. n* (-s; -) tetrahedron.

teuer ['tɔyər] I. *adj.* dear, costly, expensive; valuable; *fig.* dear, precious, cherished, beloved; ~*es Geld* dear (*or* close) money; ~*e Preise* high prices; *wie ~ ist es?* how much is it?, what does it cost?; *das Hotel ist sehr ~* the hotel is very expensive; → *Rat;* **II.** *adv.* dearly, *etc.*; *at a high price;* → *erkaufen; ~ verkaufen* sell (*a. fig. one's life*) dearly; *~ zu stehen kommen* cost dearly; *das wird ihn ~ zu stehen kommen* he will have to pay dearly for that.

'Teu(e)rung *f* (-; -en) dearness, high (*or* rising) prices *pl.,* high cost of living; dearth, scarcity; famine; **~swelle** *f* wave of high prices; **~szulage** *f* cost-of-living bonus; **~szuschlag** *m* extra charge due to increased cost; **~szuwachs** *m* price increment.

Teufe ['tɔyfə] *f* (-; -n) *mining:* depth; **2n** *v/t.* (h.) deepen (*shaft*).

Teufel ['tɔyfəl] *m* (-s; -) devil; fiend; *der ~* the Devil, Satan, the Evil One, Old Nick; *fig. armer ~* poor devil (*or* wretch); *der ~ der Habgier* the devil of greed; *pfui ~!* **a)** ugh!, faugh!, how nasty!, **b)** for shame!, disgusting!; *zum ~!* dickens!, hang it!; *wer (wo, was) zum ~?* who (where, what) the devil (*or* deuce *or* hell)?; *wie der ~* like the deuce (*or* devil), like blazes; *bist du des ~s?* are you mad?; *der ~ ist los* the fat is in the fire; *er fragt den ~ danach* he doesn't care a rap about it; *er hat den ~ im Leib* he is a devil of a fellow; *in ~s Küche kommen* get into a devil of a mess; *nur nicht den ~ an die Wand malen!* talk of the devil and he will appear!; *scher dich zum ~!* go to hell!, go to blazes!; *zum ~ gehen* go to the devil (*or* to the dogs), go to pot (*or* phut).

Teufe'lei *f* (-; -en) devilry, *Am.* deviltry; devilish trick.

'Teufels...: ~banner *m* exorcist; **~beschwörung** *f* exorcism; **~brut** *f* hellish crew; **~kerl** *m* devil of a fellow; **~kreis** *fig. m* vicious circle; **~weib** *n* she-devil, devil of a woman; **~werk** *n* piece of devilry.

'teuflisch *adj.* devilish, diabolical, satanic, fiendish.

Text [tɛkst] *m* (-es; -e) text; wording; context; *of song:* words *pl.;* *of opera:* book, libretto; *typ.* **a)** letterpress, **b)** double pica; *redaktioneller ~* editorial matter; *fig. aus dem ~ bringen* fluster, put out; *aus dem ~ kommen* lose the thread, be put out; *j-m den ~ lesen* lecture a p., blow a p. up; *weiter im ~!* go on!; **~buch** *thea. n* (play)book, libretto; **~dichter** *thea. m* librettist; **~er** *m* (-s; -) copywriter.

Textil|arbeiter(in *f)* [tɛks'ti:l-] *m* textile worker; **~fabrik** *f* textile mill; **~industrie** *f* textile industry; **~ien** [-iən] *pl.,* **~waren** *f/pl.* textile goods, textiles.

'textlich I. *adj.* textual; **II.** *adv.* concerning the text.

'Text...: ~kritik *f* textual criticism; **~schreiber** *m* → *Texter;* **~schrift** *typ. f* double pica.

Theater [te'a:tər] *n* (-s; -) theatre, *Am.* (regular) theater; playhouse; stage; performance; (stage-)play; *fig. contp.* farce; fuss, to-do; *am* *or* *im ~ at the theatre; ins ~ gehen* go to the theatre; *zum ~ gehen* go on the

stage; *fig. ~ spielen* play-act, put on an act; *mach kein ~!* don't make a fuss!; *es ist immer das gleiche ~* it's always the same old story; **~agentur** *f* theatrical agency; **~bericht** *m* theatrical news *pl.;* **~besuch** *m* playgoing; **~besucher** (-in *f) m* playgoer; **~dichter(in** *f) m* dramatic author, playwright; **~direktor** *m* manager of theatre; **~effekt** *m* stage-effect; **~gruppe** *f* (theatrical) company; **~karte** *f* theatre ticket; **~kasse** *f* box office; **~kritiker** *m* drama critic; **~leiter** *m* producer; **~maler** *m* scene-painter; **~probe** *f* rehearsal; **~stück** *n* (stage-)play; **~vorstellung** *f* theatrical performance; **~wesen** *n* (-s) theatrical concerns *pl.,* the stage; **~zettel** *m* play-bill.

theatralisch [-a'tra:liʃ] *adj.* theatrical, stagy; *e-e ~e Haltung annehmen* strike a theatrical pose.

Theismus [te'ismus] *m* (-) theism.

Theke ['te:kə] *f* (-; -n) bar, *Am. a.* counter.

Thema ['te:ma] *n* (-s; -men) theme (*a. mus., etc.*), subject; topic; *beim ~ bleiben* stick to the point.

the'matisch *adj.* thematic(ally *adv.*).

Theolog|e [teo'lo:gə] *m* (-n; -n), **~in** *f* (-; -nen) theologian, divine; *univ.* student of divinity.

Theologie [-lo'gi:] *f* (-; -n) theology, divinity; *Doktor der ~* Doctor of Divinity (*abbr.* D.D.); *~ studieren* read for holy orders, *Am.* study for ministry.

theo'logisch *adj.* theological.

Theoret|iker [teo're:tikər] *m* (-s; -) theorist; **2isch** *adj.* theoretical(ly *adv.,* *a.* in theory); *contp.* academic.

theoreti'sieren *v/i.* (h.) theorize.

Theorie [teo'ri:] *f* (-; -n) theory; *e-e ~ aufstellen* evolve a theory.

Theosophie [teozo'fi:] *f* (-; -n) theosophy.

Therapeut [tera'pɔyt] *med. m* (-en; -en) therapist; **~ik** *f* (-) therapeutics *sg.;* **Therapie** [-'pi:] *f* (-; -n) therapy.

Thermal|bad [tɛr'ma:l] *n,* **~quellen** *f/pl.* hot springs *pl.,* thermal spa.

Therm|e ['tɛrmə] *f* (-; -n) thermal (*or* hot) spring; **~ik** *f* (-), **2isch** *adj.* thermal.

thermion|isch [tɛrmi'o:niʃ] *phys. adj.* thermionic; **2ik** *f* (-) thermionics *sg.*

Thermit [tɛr'mi:t] *n* thermite.

thermo|chemisch [tɛrmo-] *adj.* thermochemical; **2dynamik** *f* thermodynamics *sg.;* **~elektrisch** *adj.* thermoelectric; **2element** *n* thermocouple element.

Thermo'meter *n* thermometer; **~kugel** *f* thermometer bulb; **~säule** *f* thermometer column; **~stand** *m* thermometer reading.

thermo'metrisch *adj.* thermometric(al).

'thermonuklear *adj.* thermonuclear.

thermo'plastisch *tech. adj.* thermoplastic(ally *adv.*).

'Thermosflasche *f* vacuum flask, thermos (flask *or* bottle).

Thermostat [tɛrmo'sta:t] *m* (-[e]s; -e[n]) thermostat.

thesaurieren [tezau'ri:rən] *econ. v/t.* (h.) hoard (up).

These ['te:zə] *f* (-; -n) thesis.

Thomas ['to:mas] *m* (-): *fig. ungläubiger ~* doubting Thomas; **~schlacke** *tech. f* Thomas (*or* basic) slag; **~stahl** *m* Thomas steel, basic converter steel.

Thrombose [trɔm'bo:zə] *f* (-; -n) *med. f* thrombosis.

Thron [tro:n] *m* (-[e]s; -e) throne; **'~anwärter** *m* heir apparent; **'~besteigung** *f* accession to the throne; **'~bewerber(in** *f) m* pretender (*or* aspirant) to the throne; **'2en** *v/i.* (h.) be enthroned; *fig.* reign; **'~entsagung** *f* abdication; **'~erbe** *m,* **'~erbin** *f* heir(ess *f*) to the throne, heir apparent; **'~folge** *f* succession to the throne; **'~folger(in** *f)* ['-fɔlgər] *m* (-s, -; -, -nen) successor to the throne; **'~himmel** *m* canopy; **'~räuber** *m* usurper; **'~rede** *f* speech from the throne; *parl.* Queen's Speech; **'~sessel** *m* chair of state.

Thunfisch ['tu:n-] *m* tunny.

Thüring|en ['ty:riŋən] *n* (-s) Thuringia; **~er(in** *f) m* (-s, -; -, -nen), **2isch** *adj.* Thuringian.

Thymian ['ty:mia:n] *bot. m* (-s; -e) thyme.

Tiara [ti'a:ra] *f* (-; -ren) tiara.

Tibetan|er(in *f)* [tibe'ta:nər(in)] *m* (-s, -; -, -nen), **2isch** *adj.* Tibetan.

tick! [tik] *int.* tick; **~tack!** tick-tock.

Tick *m* (-[e]s; -s) crotchet, fad, kink; *colloq. auf j-n e-n ~ haben* have a grudge against a p.

'ticken *v/i.* (h.) tick.

tief [ti:f] **I.** *adj.* deep (*a. fig.*); profound (*knowledge, etc.*); low; deep, bass (*voice*), low-pitched (*tone*); *aus ~stem Herzen* from the bottom of one's heart; *im ~sten Elend* in utter (*or* extreme) misery; *im ~sten Frieden* in the lap of peace; *im ~sten Winter* in the depth (*or* dead) of winter; *in ~ster Nacht* in the dead of night; *bis ~ in die Nacht* far into the night; *in ~er Trauer* deeply afflicted; **II.** *adv.* deep; low; *fig.* deeply, profoundly; *~ atmen* take a deep breath; *~ seufzen* draw a deep sigh; *sich ~ verbeugen* make a low bow; *~ in j-s Schuld* deeply endebted to a p.; *fig. ~ liegen* range (*prices: a.* rule) low; *mus. ~er stimmen* lower the pitch; *zu ~ singen* sing flat; *das läßt ~ blicken* that speaks volumes.

Tief *n* (-s; -s) → *Tiefdruck(gebiet).*

'Tief...: ~angriff *mil. m* low-level attack; strafing; **~aufschlag** *m* *tennis:* underhand service; **~bau** *m* (-[e]s) underground engineering (*or* construction); **2beleidigt** *adj.* stung to the soul; **2betrübt** *adj.* deeply grieved, very sad; **~bettfelge** *tech. f* (-; -n) drop base rim; **2bewegt** *adj.* deeply moved; **2blau** *adj.* deep blue; **~blick** *fig. m* keen insight, penetration; **2blickend** *adj.* penetrating; **~bohrer** *tech. m* auger; **~bunker** *mil. m* deep (*or* underground) shelter; **~decker** [-dɛkər] *aer. m* (-s; -) low-wing monoplane; **~druck** *m* (-[e]s) *meteor.* low pressure, depression; *typ.* (*pl.* -e) intaglio, *Am.* rotogravure; **~druckgebiet** n low pressure (area), low.

'**Tiefe** f (-; -n) depth (a. fig.); deepness (of voice, etc.); fig. profoundness, profundity; deep, abyss; ~ des Gedankens depth of thought; ~n pl. mus. bass notes.

'**Tief-ebene** f low plain, low land.

tiefempfunden ['-ɛmpfundən] adj. heartfelt.

'**Tiefen...**: **~anzeiger** m mar. depth gauge; radio: bass indicator; **~ausdehnung** f extension in depth; **~feuer** mil. n searching fire; **~messung** f measuring of depth, sounding; **~psychologie** f depth psychology; **~ruder** mar. n hydrovane; **~schärfe** phot. f depth of focus; **~staffelung** mil. f echelonment in depth; **~wahrnehmung** f perception of depth; **~wirkung** f depth effect; plastic effect.

'**tief...**: **~ernst** adj. very grave; **♀flieger** aer. m low-flying plane, strafer, hedgehopper; **♀fliegerangriff** m → Tiefangriff; **♀fliegerbeschuß** m strafing; **♀flug** m low--level flight, hedgehopping; **♀gang** mar. m draught; **♀garage** f underground car park; **~gebeugt** [-gə-bɔykt] adj. deeply afflicted, bowed down; **~gefühlt** adj. heartfelt; **~gegliedert** adj. distributed in depth; **~gehend** adj. deep-drawing (ship); fig. profound, intense; far--reaching, thoroughgoing; **~gekühlt** [-gəky:lt] adj. deep-freeze, quick-frozen; **~greifend** adj. far--reaching, thoroughgoing, fundamental, radical; **~gründig** [-gryndiç] adj. deep, profound; **~kühlen** v/t. (h.) deep-freeze, quick-freeze; **♀kühlkost** f frozen food; **♀kühltruhe** f deep-freeze chest; **♀ladeanhänger** mot. m flat-bed trailer; **♀ladewagen** rail. m well wag(g)on; **♀land** n lowland(s pl.); **~liegend** adj. deep-seated; deep-set, sunken (eyes); **♀lot** n deep-sea lead; **♀punkt** fig. m low (mark), bottom; low point (in life); **♀schlag** m boxing: low hit, hit below the belt; **~schürfend** adj. profound; thorough, exhaustive; **~schwarz** adj. deep black, jet-black; **♀see** f deep sea; **♀seeforschung** f deep-sea research; **♀seekabel** n deep-sea cable; **♀seekunde** f (-) oceanology; **♀tauchkugel** [-taux-] f bathysphere; **♀sinn** m (-[e]s) profoundness; melancholy; **~sinnig** adj. profound; thoughtful, meditative; melancholy, pensive; **♀stand** m low level; lowness; fig. low (level), nadir; e-n ~ erreichen hit a new low; **♀start** m sports: crouch start; **♀strahler** m flood light; **~stehend** adj. low-lying; fig. low, inferior; **♀twert** m minimum value; **~wurzelnd** adj. deep--rooted; **~ziehen** tech. v/t. (irr., h.) deep-draw, cup.

Tiegel ['ti:gəl] m (-s; -) cul. saucepan, stewpan; tech. crucible, melting-pot; **~druck** typ. m (-[e]s; -e) platen-printing; **~ofen** metall. m crucible furnace; **~stahl** m crucible steel.

Tiekholz ['ti:khɔlts] n (-es) teak (-wood).

Tier [ti:r] n (-es; -e) animal; creature; beast; wildes ~ wild beast; fig. b.s. beast, brute, animal; colloq. großes (or hohes) ~ bigwig, big bug, big shot, mil. brass-hat; das ~ in j-m wecken rouse the beast in a p.

'**Tier...**: **~art** f species of animal; **~arzt** m veterinary (surgeon), esp. Am. veterinarian, vet; **♀ärztlich** adj. veterinary; **~bändiger(in** f) m tamer of wild beasts; **~beschreibung** f zoography; **~fabel** f animal fable; **~fänger** m animal trapper; **~fett** n animal fat; **~freund** m lover of animals; **~garten** m zoological gardens pl., Zoo; (game) park, deer park; preserve; **~handlung** f pet shop; **~haut** f hide; **~heilkunde** f (-) veterinary science; **♀isch** adj. animal; fig. b.s. bestial, brutish; colloq. fig. ~er Ernst awful seriousness; **~kohle** f (-) animal charcoal; **~kreis** ast. m zodiac; **~kreiszeichen** n sign of the zodiac; **~kunde** f (-) zoology; **~leben** n (-s) animal life; **~maler(in** f) m animal-painter; **~park** m → Tiergarten; **~quäler** m tormentor of animals; **~quäle'rei** f cruelty to animals; **~reich** n (-[e]s) animal kingdom; **♀reich** adj. rich in animals; **~schau** f show of animals, menagerie; **~schutzgebiet** n game preserve; **~schutzverein** m Society for Prevention of Cruelty to Animals; **~versuch** m animal test, experiment on an animal; **~wärter** m keeper (of animals); **~welt** f (-) animal world; **~zucht** f animal husbandry, livestock breeding; **~zuchtschau** f cattle breed show.

Tiger ['ti:gər] m (-s; -) tiger; **~fell** n tiger skin; **~in** f (-; -nen), **~weibchen** n tigress; **~katze** f tiger-cat; **♀n** v/t. (h.) speckle, spot.

Tilde ['tildə] f (-; -n) sign of repetition, swung dash (~), tilde.

tilgbar ['tilgba:r] adj. extinguishable; econ. redeemable (bond, etc.), amortizable.

tilgen ['tilgən] v/t. (h.) extinguish; strike out, expunge, cancel, typ. delete; wipe (or blot) out (a. fig. = eradicate); efface, obliterate; cancel, annul; destroy; econ. discharge, pay (or clear) off (debt); redeem (bond, etc.); amortize; write off; jur. im Strafregister ~ erase in the penal register; fig. expiate, wipe out a disgrace.

'**Tilgung** f (-; -n) extinction; cancel(l)ation; deletion; effacement, obliteration; annulment; destruction; econ. discharge, (re)payment, settlement; redemption; amortization; write-off; jur. erasure; fig. expiation; **~s-anleihe** econ. f amortization loan; **~sbetrag** m amortization instal(l)ment; **~sfonds** m redemption fund; for securities: sinking fund; **~splan** m scheme of redemption; **~szeichen** typ. n delete (δ).

Tingeltangel ['tiŋəltaŋəl] m and n (-s; -) (low) music hall, Am. honky--tonk.

Tinktur [tiŋktu:r] f (-; -en) tincture.

Tinte ['tintə] f (-; -n) ink; paint. tint; fig. in der ~ sitzen be in a

scrape (or in the soup); colloq. das ist klar wie dicke ~ that's as clear as mud.

'**Tinten...**: **~faß** n inkstand; inkwell; **~fisch** m cuttle-fish; **~fleck**, **~klecks** m ink-stain, ink-spot, (ink-)blot; **~gummi** m ink-eraser; **~kleckser** colloq. m scribbler, ink--slinger; **~löscher** m (rocker) blotter; **~stift** m copying(-ink) pencil, indelible (ink) pencil; **~wischer** m pen-wiper.

Tip [tip] m (-s; -s) hint, (a. sports) tip; j-m e-n ~ geben tip a p. off.

Tippel|bruder ['tipəl-] tramp, Am. hobo; **♀n** v/i. (sn) tramp, hike.

tippen ['tipən] v/t. and v/i. (h.) touch with a finger, tip; colloq. type, pound the typewriter; mot. flood, tickle (carburettor); colloq. tip (im Fußball-toto in the football pool; auf j-n a p. to win, a win for a p.).

'**Tipp...**: [tip-]: '**~fehler** m error in typing, type slip; '**~fräulein** n typist.

tipptopp ['tip'tɔp] colloq. adj. tiptop, first class.

Tirol [ti'ro:l] n (-s) the Tyrol; **~er(in** f) m (-s, -; -, -nen), adj. Tyrolese.

Tisch [tiʃ] m (-[e]s; -e) table; board; bei ~ at table, at dinner (or lunch); getrennt von ~ und Bett separated from bed and board; parl. auf den ~ des Hauses legen (lay on the) table; fig. → grün; reinen ~ machen (damit) make a clean sweep (of it); sich zu ~ setzen sit down to dinner or supper; fig. unter den ~ fallen fall flat; unter den ~ fallen lassen (let) drop; unter den ~ trinken drink under the table; zu ~ bitten invite (or ask) to dinner or supper; bitte zu ~! dinner is ready!; eccl. zum ~e des Herrn gehen partake of the Lord's Supper; → decken.

'**Tisch...**: **~apparat** teleph. m desk telephone; **~bein** n leg of a table; **~besen** m crumb-brush; **~blatt** n (table-)top; leaf (of a table); **~dame** f partner at table; **~decke** f table-cover; **~empfänger** m radio, TV: table set; **~ende** n: oberes (unteres) ~ head (foot) of the table; **♀fertig** adj. ready-prepared (food); **~gast** m guest, diner; **~gebet** n grace; das ~ sprechen say grace; **~gerät**, **~geschirr** n table-requisites pl.; **~gesellschaft** f dinner--party; (company at) table; **~gespräch** n table-talk; **~glocke** f dinner-bell; hand-bell; **~herr** m partner at table; **~karte** f menu; place-card; **~kasten** m, **~lade** f table-drawer; **~klopfen** n table--rapping; **~lampe** f portable standard, table lamp; **~läufer** m table--cent|re (Am. -er); **~leindeckdich** ['-laɪn'dɛkdiç] n (-s) magic table.

Tischler ['tiʃlər] m (-s; -) joiner; cabinetmaker; **~arbeit** f joiner's work, joinery.

Tischle'rei f (-; -en) joinery; joiner's workshop.

'**Tischler...**: **~geselle** m journeyman joiner; **~leim** m solid (or bone) glue; **~meister** m master joiner; **♀n** I. v/i. (h.) do joiner's work; II. v/t. (h.) make.

'**Tisch...**: **~messer** n table-knife;

~nachbar(in f) m neighbo(u)r at table; ~platte f table-top; leaf; ~rede f after-dinner speech, toast; ~rücken n (-s) table-turning; ~telephon n desk-telephone; ~tennis n innehaben hold a title; ~bewerber m table tennis bat; ~tuch n (-[e]s; ~er) table cloth; ~tuchklammer f table clamp; ~wäsche f table linen; ~wein m table wine; ~zeit f meal-time.

Titan [ti'tɑ:n] 1. m (-en; -en) Titan; 2. chem. n (-s) titanium; 2isch adj. titanic; 2sauer chem. adj. titanite of.

Titel ['ti:təl] m (-s; -) title; heading; jur. a) title (to), b) title-deed; econ. pl. securities; das Buch trägt den ~ the book is entitled; sports: e-n ~ innehaben hold a title; ~bewerber m sports: aspirant to a title; ~bild n frontispiece; cover (picture); ~blatt n title-page; ~bogen typ. m title-sheet; ~halter m sports: title-holder; ~kampf m sports: title bout; ~rolle thea. f title-rôle, name-part; ~seite f front page; ~sucht f (-) craze for titles; ~verteidiger m defender of championship, title-holder; ~wort n (-[e]s; ~er) dictionary: head-word; ~zeile f headline.

Titrier|analyse [ti'tri:r-] chem. f volumetric analysis; 2en v/t. (h.) titrate; ~flüssigkeit f standard solution.

titular [titu'lɑ:r] adj. titular, nominal.

Titulatur [-la'tu:r] f (-; -en) titles pl., styling.

titu'lieren v/t. (h.) give the title of; call, style, address as.

Toast [to:st] m (-[e]s; -e) toast (a. = toasted bread); e-n ~ ausbringen propose a toast; auf j-n e-n ~ ausbringen (propose a) toast (to) a p.; 2en v/i. (h.) toast (auf j-n a p.); drink toasts; ~röster m toaster.

Tobak ['to:bak] m (-[e]s; -e) → Tabak.

toben ['to:bən] v/i. (h.) rage, rave, storm, bluster, foam; children: romp; wind, sea, etc.: rage, roar; rage (battle); ~d adj. enraged, furious; frantic; tempestuous, boisterous; ~e See See raging sea; ~er Sturm roaring storm; ~er Beifall frantic applause.

'Tob...: ~sucht med. f (-) raving madness, frenzy; 2süchtig adj. raving mad, frantic; seized with frenzy; ~suchts-anfall m fit of raving madness; fig. tantrum; e-n ~ bekommen have (or throw) a tantrum, blow one's top.

Tochter ['tɔxtər] f (-; ~) daughter; ~ des Hauses young lady of the house; econ. → ~gesellschaft; ~geschwulst med. f metastasis; ~gesellschaft econ. f subsidiary (company); ~kind n daughter's child; ~kirche f filial church; ~land n colony.

töchterlich ['tœçtərliç] adj. daughterly, filial.

'Töchterschule f: Höhere ~ girls' high school.

'Tochter...: ~sprache f derivative language; ~staat m colony.

Tod [to:t] m (-[e]s; -[e]) death, a.

jur. decease; personified: der ~ death, the grim reaper; den ~ finden meet one's death, be killed, perish; (ein Kind) des ~es sein be doomed, be a dead man (or a goner); e-s natürlichen ~es sterben die a natural death; für den ~ nicht leiden können hate like poison; sich den ~ holen catch one's death (of cold); sich zu ~e arbeiten slave o.s. to death; → erschrecken; fig. zu ~e hetzen or reiten do a ~ th. to death; zu ~e langweilen bore to death, bore stiff; → tot...; zum ~e verurteilen sentence to death; zu ~e betrübt mortally grieved, heart-broken; des e-n ~ ist des andern Brot one man's meat is another man's poison; das wird noch mein ~ sein it will be the death of me yet; es geht um Leben und ~ it is a matter of life and death; Kampf auf Leben und ~ life-and-death struggle; nach j-s ~ veröffentlichte Werke, etc. posthumous works, etc.; 2bringend adj. deadly, fatal; 2ernst I. adj. deadly serious; II. adv. in dead earnest.

Todes... ['to:dəs]: ~ahnung f presentiment of death; ~angst f agony (of death); fig. mortal fear; Todesängste ausstehen be scared to death, be frightened out of one's wits; ~anzeige f obituary (notice); ~art f manner of death; ~blässe f deadly pallor; ~engel m angel of death; ~erklärung jur. f (official) declaration of death; ~fall m (case of) death; Todesfälle pl. deaths, casualties; ~furcht f fear of death; ~gefahr f peril (or danger) of (one's) life, deadly peril; in ~ schweben be in mortal danger; ~kampf m death-struggle, last agony, throes pl. of death; ~kandidat m doomed man, goner; ~keim m seeds pl. of death; 2mutig adj. defying death, fearless; ~nachricht f news of a p.'s death; ~opfer n death; Zahl der ~ (death) toll; ~qualen f/pl. pangs of death; ~röcheln n death-rattle; ~stoß m death-blow; den ~ versetzen deliver the death-blow (dat. to); ~strafe f capital punishment, death penalty; bei ~ on pain (or penalty) of death; ~strahlen m/pl. death rays; ~stunde f hour of death, last hour; ~sturz m fatal fall, fall to one's death; ~tag m day (or anniversary) of a p.'s death; ~ursache f cause of death; ~urteil n sentence of death; a. fig. death warrant; ~verachtung f defiance of death; mit ~ recklessly; ~wunde f mortal wound; ~wunsch m death wish.

'Tod...: ~feind(in f) m deadly (or mortal) enemy; ~feindschaft f deadly hatred; 2geweiht adj. doomed; 2krank adj. dangerously (or hopelessly) ill.

tödlich ['tø:tliç] I. adj. deadly; lethal (poison, weapon); fatal (blow, etc.), wound: a. mortal; mit ~er Sicherheit with deadly accuracy; II. adv.: ~ treffen (a. fig.) strike a mortal blow to; ~ verunglücken be killed in an accident; fig. sich ~ langweilen be bored to death, be bored stiff.

'tod...: ~müde adj. tired to death,

dead tired, dead-beat; ~schick adj. dashing, gorgeous, groovy; ~sicher I. adj. cock-sure (a. person = self-confident); (as) sure as death (or as fate); Am. a. surefire (method, etc.); judgement: unerring; ~er Schütze dead shot; ~e Sache sure thing, dead certainty, Am. a. cinch; II. adv. undoubtedly; er kommt ~ he is sure to come; 2sünde f deadly (or mortal) sin; ~unglücklich adj. dreadfully unhappy, sick at heart; ~wund adj. mortally wounded.

Tohuwabohu ['to:huva'bo:hu] n (-[s]; -s) confusion, topsy-turvydom; hubbub.

Toilette [toa'lɛtə] f (-; -n) toilet; toilet(-table), Am. dresser; lavatory, gentlemen's (ladies') room, esp. Am. toilet; public convenience; ~ machen make one's toilet, dress; in großer ~ in full dress, in evening dress.

Toi'letten...: ~artikel m toilet article or requisite; pl. Am. a. toiletry; ~garnitur f toilet set; ~papier n (-s) toilet paper; ~seife f toilet soap; ~spiegel m toilet glass; ~tisch m toilet(-table), dressing-table, Am. dresser.

toleran|t [tole'rant] adj. tolerant (gegen of); broad-minded; 2z [-'rants] f (-) toleration, tolerant attitude, etc.; tech. (pl. -en) tolerance, allowance, allowable variation; correct clearance.

tole'rieren v/t. (h.) tolerate.

toll [tɔl] I. adj. raving mad, frantic; mad, crazy, wild (all a. fig.); dare-devil; break-neck; incredible, fantastic; frightful (noise, etc.), infernal; awful; hilarious, rollicking, too funny for words; terrific, great, fabulous, gorgeous, hot; breath-taking; grotesque; bizarre, eccentric; er (es) ist nicht so ~ he (it) is not so hot; ~er Hund mad dog; ~e Gerüchte wild rumo(u)rs; ~er Kerl devil of fellow, Am. a. wow, whiz; e-e ~e Sache a wild affair, Am. a. a wow, a humdinger; a perfect scream; e-e ~e Wirtschaft an awful mess; II. adv.: wie ~ like mad; es kommt noch ~er the worst is yet to come; er treibt es zu ~ he goes too far, he is overdoing it; es ging ~ her or zu it was a wild affair, things were at sixes and sevens.

'Tolle ['tɔlə] colloq. f (-; -n) tuft.

'tollen[1] v/i. (h., sn) romp, rag, fool about, frolic.

'tollen[2] v/t. (h.) crimp.

'Toll...: ~haus n madhouse, lunatic asylum; fig. bedlam; ~häusler (-in f) m mad(wo)man, maniac; ~heit f (-; -en) madness, frenzy, fury; mad trick, piece of folly; ~kirsche bot. f deadly nightshade, belladonna; ~kopf m madcap; 2kühn adj. foolhardy, rash, dare-devil, reckless; ~kühnheit f foolhardiness, rashness; ~wut f hydrophobia, rabies; 2wütig adj. rabid.

Tolpatsch ['tɔlpatʃ] m (-es; -e) → Tölpel, etc.

Tölpel ['tœlpəl] m (-s; -e) awkward (or clumsy) fellow, gawk, butter-fingers; boob(y), oaf, duffer; boor, lout; **Tölpe'lei** f (-; -en), '**Tölpelhaftigkeit** f (-) awkwardness,

clumsiness; boorish manners *pl.*;
'**tölpelhaft** *adj.* awkward, clumsy;
doltish; boorish.
Tomate [to'maːtə] *f* (-; -n) tomato;
~n ziehen raise tomatoes; ~**nmark**
n tomato-pulp.
Tombak ['tɔmbak] *m* (-s) tombac,
pinchbeck.
Tombola ['tɔmbola] *f* (-; -s) tombola, raffle.
Ton[1] [toːn] *min. m* (-[e]s, -e) clay,
potter's earth.
Ton[2] (-[e]s; ⁼e) *mus.* **a)** tone (*a. of
speech*), **b)** note, **c)** key, **d)** timbre;
sound; accent, stress; *fig.* tone;
paint. tone (*a. phot.*), tint, shade;
med. Herztöne heart tones; *guter ~*
good form; *zum guten ~ gehören*
be the fashion; *den ~ angeben*
give the key-note, *fig.* set the
tone (*or* fashion), call the tune;
→ *anschlagen; a. fig. den richtigen
~ treffen* strike the right note; *den
~ legen auf* (*acc.*) put the stress on;
in höchsten Tönen reden von or
schildern praise to the skies, speak
in superlatives about, gush about;
colloq. große Töne reden talk big,
boast (*von* of); *keinen ~ von sich
geben* not to utter a sound; *der ~
macht die Musik* it is the tone that
makes the music; *keinen ~ mehr!*
not another word!; *colloq. hast du
Töne!* well I never!, *Am.* can you
beat that!
'**Ton...:** ~**abnehmer** *m* sound (*or*
phono) pick-up; ²**angebend** *adj.*
setting the tone, leading, predominant; ~**arm** *m* tone (*or* pickup) arm;
~**art** *f* 1. *min.* kind of clay; 2. *mus.*
key, pitch; *fig. in allen ~en* in all
keys, in every possible strain; *e-e
andere ~ anschlagen* change one's
tune; ~**assistent** *m film:* sound
camera operator, *Am.* sound recorder; ~**atelier** *n* sound studio;
~**aufnahme** *f* sound recording;
transcription; ~**ausfall** *TV m* loss
of sound; ~**bad** *phot. n* toning
solution; ~**band** *n* (-[e]s; ⁼er) (recording) tape; *auf ~ aufnehmen*
record on tape; ~**bandaufnahme** *f*
tape recording; ~**band(aufnahme)gerät** *n* tape recorder; ~**bereich** *m* audio range; ~**blende** *f*
tone control; ~**boden** *m* clay(ey)
soil; ~**dichter** *m* (musical) composer, tone poet; ~**dichtung** *f* tone
poem.
tönen ['tøːnən] **I.** *v/i.* (*h.*) sound,
ring; resound; *fig.* orate, hold forth;
II. *v/t.* (*h.*) tone (*a. phot.*), tint,
shade (down).
'**Ton-erde** *f* argillaceous earth; *es-
sigsaure ~* alumina acetate.
tönern ['tøːnərn] *adj.* (of) clay,
earthen, clayey; hollow (*sound*); ~*e
Füße* feet of clay.
'**Ton...:** ~**fall** *m* (-[e]s) *mus.* cadence,
modulation; *speech:* intonation, accent; ~**farbe** *f* timbre; ~**film** *m*
sound film, talking film; ~**fixier-
bad** *phot. n* (tone-)fixing bath;
~**folge** *f* scale; strains *pl.*, melody;
~**frequenz** *f* audio frequency; ~-
fülle *f* sonority; volume (of sound);
~**funk** *m* sound radio; ~**gefäß** *n*
earthen(ware) vessel; ~**geschirr**,
~**gut** *n* (-[e]s) pottery, earthenware;
~**grube** *f* clay-pit; ²**haltig** [-haltiç]

adj. clayey; ~**höhe** *mus. f* pitch (of
a note).
Tonika ['toːnika] *mus. f* (-; -ken)
tonic.
'**Ton-ingenieur** *m* sound engineer.
'**tonisch** *med., mus. adj.* tonic.
'**Ton...:** ~**kalk** *m* argillaceous limestone; ~**kamera** *f* sound camera;
~**kunst** *f* (-) musical art, music;
~**künstler(in** *f*) *m* musician; ~**lage**
mus. f pitch; ~**lager** *min. n* clay-
-bed; ~**leiter** *mus. f* scale, gamut;
²**los** *adj.* soundless; *gr.* unstressed;
fig. toneless; ~**meister** *m* sound
engineer; ~**messung** *f* measurement of sounds, tonometry; ~-
mischpult *n* sound mixer; ²**mo-
duliert** *adj.* tone-modulated.
Tonnage [tɔ'naːʒə] *mar. f* (-; -n)
tonnage.
Tonne ['tɔnə] *f* (-; -n) tun; cask,
barrel; *mar.* buoy; (*weight*) ton.
'**Tonnen...:** ~**brücke** *f* cask bridge;
~**dach** *n* barrel roof; ²**förmig**
[-fœrmiç] *adj.* barrel-shaped; ~**gehalt** *mar. m* tonnage; ~**geld** *n*
tonnage; ~**gewölbe** *arch. n* barrel-
-vault; ²**weise** [-vaɪzə] *adj.* by (*or*
in) tuns *or* barrels.
'**Ton...:** ~**papier** *phot. n* tinted
paper; ~**pfeife** *f* clay pipe; ~**röhre**
f earthenware tube, clay conduit;
~-**Rundfunk** *m* sound radio; ~-
säule *f* public address pillar; ~-
schreiber *m* sound recorder; ~-
schwund *m radio:* fading; ~-
setzer *m* (musical) composer; ~-
silbe *gr. f* accented (*or* tone) syllable; ~**spur** *f film:* sound track;
~**stärke** *f* intensity of tone; ~-
streifen *m film:* sound track;
~**stück** *n* piece of music; ~**stufe**
mus. f pitch.
Tonsur [tɔn'zuːr] *f* (-; -en) tonsure.
'**Ton...:** ~**taube** *f* clay pigeon; ~-
taubenschießen *n* clay pigeon
shooting; ~**techniker** *m* audio
engineer; ~**träger** *m* sound carrier.
Tönung ['tøːnuŋ] *paint. f* (-; -en)
tinge, shading, tint; *phot.* tone.
'**Ton...:** ~**veränderung** *f* change
of tone; ~**verstärker** *m* sound
amplifier; ~**verstärkung** *f* sound
amplification; ~**wagen** *m* sound
van (*Am.* truck); ~**waren** *f/pl.*
pottery, earthenware *sg.*; ~**wiedergabe** *f* sound reproduction; (audio)
fidelity; ~**zeichen** *n mus.* note; *gr.*
accent.
Topas [to'paːs] *m* (-es; -e) topaz.
Topf [tɔpf] *m* (-[e]s; ⁼e) pot; sauce-
-pan; jar (*a. pharm.*); vessel; container; *in Töpfe setzen* pot (*plants*);
fig. in e-n ~ werfen lump together.
Töpfchen ['tœpfçən] *n* (-s; -) small
pot; *pharm.* gallipot; chamber pot;
colloq. aufs ~ gehen go pottie.
'**Töpfer** *m* (-s; -) potter; stove-fitter;
~**arbeit** *f* potter's work, pottery.
Töpfe'rei *f* (-; -en) potter's trade;
ceramic art; potter's workshop.
'**Töpfer...:** ~**erde** *f* potter's earth
(*or* clay); ~**scheibe** *f* potter's wheel;
~**ware** *f* pottery, earthenware,
crockery.
'**Topf...:** ~**hut** *m* cloche (hat); ~**lappen** *m* kettle-holder; ~**pflanze** *f*
potted plant, pot-plant; ~**scherbe** *f*
potsherd.
Topographie [topogra'fiː] *f* (-; -n)

topography; **topographisch**
[-'graːfiʃ] *adj.* topographical.
topp! [tɔp] *int.* done!, agreed!, I'm
on!
'**Topp** *mar. m* (-s; -e) top, (mast-)
head; *über die ~en flaggen* dress
with mast-head flags; ~**mast** *m*
topmast; ~**reep** *n* guy; ~**segel** *n*
topsail.
Tor[1] [toːr] *m* (-en; -en) fool.
Tor[2] [toːr] *n* (-[e]s; -e) gate (*a. of
town and fig.*), door; portal; gateway
(*a. fig.*); soccer goal; *skiing:* gate,
pair of flags; *ein ~ schießen* shoot
a goal, score (a goal); '~**bogen** *m*
archway; '~**chance** *f soccer:* scoring chance; '~**(ein)fahrt** *f* gateway.
Torf [tɔrf] *m* (-[e]s) peat; *~ stechen*
cut peat; ~**boden** *m* peat-soil;
~**erde** *f* peaty mo(u)ld; ~**gewinnung** *f* peat cutting; ~**kohle** *f* peat
charcoal; ~**lager** *n* peat bed *or* bog.
'**Torflügel** *m* wing of a gate.
'**Torf...:** ~**moor** *n* peat bog; ~**mull**
m peat dust; ~**stechen** *n*, ~**stich** *m*
peat cutting; ~**streu** *f* peat litter.
'**Tor...:** ~**halle** *f* porch; ~**heit** *f* (-;
-en) foolishness, folly; silliness;
~**hüter** *m* gate-keeper; *sports:* goal-
-keeper, goalie.
töricht ['tøːriçt] **I.** *adj.* foolish, silly,
unwise; **II.** *adv.:* *sich ~ benehmen*
act like a fool, make a fool of o.s.;
~**erweise** ['-ər'vaɪzə] *adv.* like a
fool, foolishly enough.
Törin ['tøːrin] *f* (-; -nen) fool(ish
woman).
torkeln ['tɔrkəln] *v/i.* (*h., sn*) stagger,
reel, totter.
'**Tor...:** ~**latte** *f sports:* cross-bar;
~**lauf** *m skiing:* slalom; ~**linie** *f*
sports: goal-line; ²**los** *adj.* goalless.
Tornado [tɔr'naːdo] *m* (-s; -s)
tornado, *Am. a.* twister.
Tornister [tɔr'nistər] *m* (-s; -)
knapsack, *mil. a.* (field) pack;
ped. satchel; ~**empfänger** *m* portable receiver; ~**sprechfunkgerät** *n*
walkie-talkie.
torpedieren [tɔrpe'diːrən] *mar. v/t.*
(*h.*) torpedo (*a. fig.*).
Torpedo [tɔr'peːdo] *m* (-s; -s) torpedo; ~**bahn** *f* torpedo wake; ~-
boot *n* torpedo boat; ~**(boot)zer-
störer** *m* torpedo-boat destroyer;
~**flugzeug** *n* torpedo plane (*or*
bomber); ~**rohr** *n* torpedo tube;
~**schutznetz** *n* crinoline; ~**spur** *f*
→ *Torpedobahn*; ~**wulst** *m* torpedo
bulge.
'**Tor...:** ~**pfosten** *m* door-post;
sports: goal-post; ~**raum** *m soccer:*
goal area; ~**schluß** *m* (-sses) closing
of the gates; closing-time; *fig.
kurz vor ~* at the last minute, at
the eleventh hour; ~**schlußpanik**
colloq. f last-minute panic; ~**schuß**,
~**stoß** *m sports:* goal(-kick); ~-
schütze *m sports:* scorer; ~**steher**
m sports: goal-keeper.
Torsion [tɔrzi'oːn] *tech. f* (-; -en)
torsion, twist; ~**sbe-anspruchung**
f torsional stress; ~**sfeder** *f* torsion
spring; ~**sfestigkeit** *f* torsional
strength; ~**s-stab** *m* torsion bar.
Torso ['tɔrzo] *m* (-s; -s) torso.
Tort [tɔrt] *m* (-[e]s) wrong, injury;
j-m zum ~ to spite a p.; *j-m e-n ~
antun* serve a p. a nasty trick.
Torte ['tɔrtə] *f* (-; -n) fancy-cake,

flat cake; tart, *Am.* pie; **~nbäcker** *m* pastry-cook; **~nform** *f* cake mo(u)ld; **~nheber** *m* cake server.

Tortur [tɔr'tu:r] *f* (-; -en) torture; *fig.* ordeal.

'Tor...: ~wächter, ~wart *m sports:* goal-keeper, goalie; **~weg** *m* gateway, archway.

tosen ['to:zən] *v/i.* (*h., sn*) roar, rage; **~der** *Beifall* frantic (*or* thundering) applause.

tot [to:t] *adj.* dead (*a. fig.*); deceased, defunct; lifeless, inanimate (*a. fig.*); dead, desolate; deserted; dead, dull; extinct; *sports:* **~er** *Ball* dead ball; *med.* **~es** *Fleisch* proud flesh; *tech.* **~er** *Gang* **a)** dead travel, **b)** *of transmission:* lost motion, **c)** *of thread:* backlash; *mining:* **~es** *Gebirge* exhausted mines; → *Geleise; jur.* **~e** *Hand* mortmain; **~es** *Kapital* unemployed capital; **~es** *Konto* impersonal account; *das* **~e** *Meer* the Dead Sea; **~er** *Punkt tech.* dead cent|re, *Am.* -er, *fig.* impasse, deadlock, fatigue, *fig. auf dem* **~en** *Punkt ankommen* **a)** reach a deadlock, **b)** be exhausted; *den* **~en** *Punkt überwinden* **a)** break the deadlock, **b)** get one's second wind; *sports:* **~es** *Rennen* dead heat; **~e** *Sprache* dead language; **~er** *Winkel* shielded angle; **~es** *Wissen* useless knowledge; **~e** *Zeit* dead (*or* dull) season; *radio:* **~e** *Zone* blind spot *or* area.

total [to'ta:l] **I.** *adj.* total, complete; all-out; **~er** *Krieg* total (*or* all-out) war(fare); **II.** *adv.* altogether, utterly; clean (*gone, mad, wrong, etc.*); **~** *verrückt* stark staring mad; **~ausfall** *m* total loss; **2ausverkauf** *m* clearance sale; **~e** *f* (-n; -n) *film:* long shot; **2finsternis** *ast. f* total eclipse.

Totalisator [totali'za:tɔr] *m* (-s; -'toren) totalizer, tote.

totalitär [-'tɛ:r] *adj.* totalitarian.

Totali'tät *f* (-) totality.

To'talverlust *m* total loss.

'tot...: ~arbeiten: *sich* **~** (*h.*) kill o.s. with work, slave o.s. to death, *Am. a.* work o.s. to a frazzle; **~ärgern** *v/t.* (*h.*) devil the life out of a p.; *sich* **~** (*h.*) fret and fume.

'Tote(r *m*) *f* (-n, -n; -en, -en) dead (wo)man; (dead) body, corpse; *der* (*die*) **~,** *die* **~n** *pl.* the dead, the deceased *or* departed; *mil. pl.* casualties.

töten ['tø:tən] *v/t.* (*h.*) kill, slay, put to death; destroy; murder; execute; *med.* deaden (*nerve*); *sich* **~** kill o.s., take one's own life, commit suicide.

'Toten...: ~amt *eccl. n* burial service; mass for the dead; **~bahre** *f* bier; **~bett** *n* deathbed; **2blaß, 2bleich** deathly pale, (as) white as a sheet; **~blässe** *f* deadly pallor; **~feier** *f* obsequies *pl.*; **~geläut(e)** *n* knell; **~gerippe** *n* skeleton; **~glocke** *f* knell; **~gräber** *m* grave-digger; *zo.* burying beetle; **~gruft** *f* (funeral) vault; **~hemd** *n* shroud; **~klage** *f* bewailing of the dead; dirge; **~kopf** *m* death's-head (*a. zo.*), skull; (*symbol*) skull and cross-bones; **~kranz** *m* funeral wreath; **~liste** *f* list of casualties, *esp. mil.* death-roll; **~maske** *f* death-mask;

~messe *eccl. f* mass for the dead, requiem; **~reich** *n* realm of the dead, Hades; **~schädel** *m* → *Totenkopf*; **~schau** *jur. f* coroner's inquest; **~schein** *m* death certificate; **~sonntag** *m* Memorial Day; **~starre** *med. f* rigor mortis; **2still** *adj.* (as) silent as the grave, deathly silent; **~stille** *f* dead silence; **~tanz** *paint. m* Dance of Death, *a.* danse macabre (*Fr.*); **~uhr** *zo. f* death-watch (beetle); **~urne** *f* funeral urn; **~wache** *f* wake, death-watch; **~wagen** *m* hearse.

'tot...: ~fahren *v/t.* (*irr., h.*) kill (by running over); **~geboren** *adj.* still-born; *fig.* abortive, predestined to failure; **2geburt** *f* still birth; still-born child; **~lachen:** *sich* **~** (*h.*) nearly die with laughter, split one's sides with laughter; *es ist zum* **2** it's too funny for words, it's a (perfect) scream; *ich könnte mich* **~** I am tickled to death (*a. iro.*); **2last** *f* dead load; **2lauf** *tech. m* dead travel; **~laufen** *fig.: sich* **~** (*irr., h.*) peter out; **~machen** *v/t.* (*h.*) → *töten*.

Toto ['to:to] *m* (-s; -s) *horse racing:* tote; *soccer:* football pool; *im* **~** *spielen* bet on the pools; *im* **~** *gewinnen* win the pools; **~gewinn** *m* football pools win; **~gewinner** *m* pools winner; **~zettel** *m* pool coupon.

'tot...: 2punkt *tech. m* dead cent|re, *Am.* -er; **~schießen** *v/t.* (*irr., h.*) shoot dead, kill, bump off; **2schlag** *jur. m* second-degree murder; **~schlagen** *v/t.* (*irr., h.*) kill, slay; *fig. die Zeit* **~** kill time; *er läßt sich eher* **~,** *als* he would rather cut off his arm than; *colloq. du kannst mich* **~,** *ich weiß nicht* I'll be shot if I know; **2schläger** *m* killer, homicide; (*weapon*) cudgel, *Am.* blackjack; **~schweigen** *v/t.* (*irr., h.*) hush up; pass over in silence; *a. j-n:* ignore; **~sicher** *adj.* → *todsicher*; **~stechen** *v/t.* (*irr., h.*) stab to death; **~stellen:** *sich* **~** (*h.*) feign death, play dead.

Tötung *f* (-; -en) killing, slaying; *jur.* homicide; *fahrlässige* **~** manslaughter; → *Leibesfrucht*.

Tour [tu:r] *f* (-; -en) tour; excursion, trip; hike; *tech.* revolution, turn; *dancing:* figure, set; *knitting:* round; *colloq. fig.* trick, dodge; *auf* **~** on the road; *auf* **~** *gehen* take the road; *tech. auf* **~en** on speed; *auf* **~en** *kommen mot.* pick (*or* rev) up, *fig.* get into one's stride, go into higher gear; *auf vollen* **~en** *laufen fig.* go full blast, be in full swing; *in e-r* **~** **a)** at a stretch, **b)** incessantly.

'Touren...: ~fahrt *mot. f* touring competition; **~rad** *n* roadster; **~ski** *m* touring ski; **~wagen** *mot. m* touring car; **~zahl** *f* speed, revolutions *pl.* per minute (*abbr.* r.p.m.); **~zähler** *m* revolution indicator, tachometer.

Tourist [tu'rist] *m* (-en; -en), **~in** *f* (-; -nen) tourist; **~enklasse** *aer., mar. f* (-) tourist class; **~enverkehr** *m*, **Tou'ristik** *f* (-) tourist traffic, tourism.

Tournee [tur'ne:] *thea. f* (-; -s) tour; *auf* **~** *gehen* go on a tour.

Toxin [tɔ'ksi:n] *med. n* (-s; -e) toxin; **'toxisch** *adj.* toxic.

Trab [tra:p] *m* (-[e]s) trot; *gestreckter* (*verkürzter*) **~** extended (collected) trot; *im* **~** at a trot, *colloq. fig.* on the run; *fig. j-n auf* **~** *bringen* make a p. get a move on; *j-n im* **~** *halten* keep a p. on the trot (all day).

Trabant [tra'bant] *ast. m* (-en; -en) satellite; **~en-staat** *pol. m* satellite (state); **~enstadt** *f* satellite town.

traben ['tra:bən] *v/i.* (*h., sn*) trot.

'Traber *m* (-s; -) trotter; **~wagen** *m* sulky.

'Trabrennen *n* trotting race.

Tracht [traxt] *f* (-; -en) dress, attire; (traditional) costume; (*nurses', etc.*) uniform; fashion, style; load; *of bees:* **a)** swarming-time, **b)** yield; *zo.* litter; *e-e* (*gehörige*) **~** *Prügel* a sound thrashing.

trachten ['traxtən] *v/i.* (*h.*): **~** *nach* (*dat.*) strive for or after, aspire to, seek, endeavo(u)r (after); covet, have an eye on; (*danach*) **~,** *zu inf.* endeavo(u)r (*or* strive *or* try) to *inf.*; *j-m nach dem Leben* **~** seek a p.'s life; **'Trachten** *n* (-s) striving, aspiration; endeavo(u)rs *pl.*; → *Sinnen*.

'Trachtenfest *n* show of national costumes.

trächtig ['trɛçtiç] *adj.* (big) with young, pregnant, gravid; **2keit** *f* (-) pregnancy, gestation, gravidity.

Tradition [traditsi'o:n] *f* (-; -en) tradition; **traditio'nell** [-tsio'nɛl] *adj.* traditional.

traf [tra:f] *pret. of treffen.*

Trafo ['tra:fo] *el. m* (-[s]; -s) transformer.

Trag|bahre ['tra:k-] *f* stretcher, litter; **~(e)balken** *m* (supporting) beam; transom; stringer; girder; **~band** *n* (-[e]s; ⁓er) (carrying) strap; *med.* suspender; *tech.* conveyer belt; *arch.* strap, brace; **2bar** *adj.* portable; wearable; *fig.* bearable, supportable; acceptable; reasonable; *im Rahmen des* **2en** within reason; **~bügel** *m* carrying handle.

Trage ['tra:gə] *f* (-; -n) hand-barrow; → *Tragbahre*.

träge ['trɛ:gə] *adj.* lazy, indolent; idle, slothful; sluggish (*a. stock exchange:* = dull); (*a. phys.*) inert.

tragen ['tra:gən] **I.** *v/t.* (*irr., h.*) carry; take; convey, transport; lift; carry, support, (up)hold; bear, yield, produce; wear (*dress, hat, etc.*), have on; *e-e Brille* (*e-n Bart*) **~** wear glasses (a beard); carry (*sound*); bear (*fruit, fig. consequences, loss, name, respon ibility, etc.*); bear, defray (*cost*); *fig.* bear, endure, suffer; → *Bedenken, Rechnung, Sorge, Verlangen, Zinsen, etc.; bei sich* **~** have about one or on one's person; *fig. schwer* **~** *an* (*dat.*) be weighed down by; *sich* **~** *person:* dress; *sich gut* **~** *cloth:* wear well; *fig. sich mit et.* **~** have one's mind occupied with, brood over *a th.; sich mit der Absicht* **~** *zu inf.* have in mind to *inf.*, intend to *inf.*, toy with the idea of (*ger.*); *econ. sich selbst* **~** pay its way; **II.** *v/i.* (*irr., h.*) carry loads; *tree:* bear fruit; *zo.* be with young; *voice:* carry (*weit* far); *gun:* carry, have a range of; *schwer* zu ~ *haben* be heavily laden; *getragen* **a**) worn, second-hand (*clothes*), **b**) *fig.* solemn, measured, slow; *von e-m Gedanken*, etc., *getragen sein* be governed (*or* inspired) by; be based on *an idea*, etc.

Träger ['trɛːgər] *m* (-s; -) **1**. (*a.* ~**in** *f* (-; -nen) carrier (*a. med. of disease*), bearer; porter; holder, bearer; wearer; *fig.* representative, champion, sustainer (*of idea*); body responsible (*gen.* for *a th.*); supporter; **2**. (shoulder) strap; *tech.* support; *arch.* supporting beam; transom; pillar; girder; *el.* carrier; *chem.* vehicle; ~**frequenz** *el. f* carrier frequency; ~**kleid** *n* dress with shoulder-straps; ~**lohn** *m* porterage; ~**los** *adj.* strapless (*dress*); ~**rakete** *f* carrier rocket; ~**welle** *el. f* carrier wave.

Trag... ['traːk-]: ~**fähig** *adj.* able to support load, strong; *econ.* productive; *fig.* sound; ~**fähigkeit** *f* (-) carrying (*or* load) capacity; *of bridge*: safe load; *of crane, a. aer.*: lifting capacity; *mar.* tonnage; buoyancy; ~**fläche** *f*, ~**flügel** *aer. m* wing, airfoil; ~**gurt** *m* carrying strap; *arch.* suspension band.

Trägheit ['trɛːkhaɪt] *f* (-) laziness, indolence; sluggishness; *phys.* inertia (*a. fig.*); *chem.* inactivity; ~**s-gesetz** *n* (-es) law of inertia; ~**s-moment** *n* moment of inertia.

Tragik ['traːgɪk] *f* (-) tragedy; *fig. a.* tragicalness, tragic nature; ~**er** *m* (-s; -) tragic poet, tragedian.

'**tragikomisch** *adj.* tragicomic(ally *adv.*); *fig. a.* pathetic(ally *adv.*).

Tragiko'mödie *f* tragicomedy.

'**tragisch** **I.** *adj.* tragic(al *fig.*); **II.** *adv.* tragically; *et.* ~ *nehmen* take a th. to heart; *ich nehme es nicht* ~ I don't take it hard.

'**Trag...**: ~**korb** *m* pannier, hamper; back-basket; ~**kraft** *f* (-) → *Tragfähigkeit*; ~**last** *f* load, burden; portable luggage; *tech.* (load) capacity.

Tragöd|e [tra'gøːdə] *m* (-n; -n) tragic actor, tragedian; ~**ie** [-diə] *f* (-; -n) tragedy; ~**in** *f* (-; -nen) tragic actress, tragedienne.

'**Trag...**: ~**pfeiler** *m* pillar; ~**riemen** *m* (carrying) strap; sling (*of rifle*); ~**sattel** *m* pack-saddle; ~**schrauber** *f*-*fraubər*] *aer. m* (-s; -) gyroplane, autogiro; ~**seil** *n* supporting cable; ~**sessel**, ~**stuhl** *m* sedan (-chair); ~**tasche** *f* carrying case; ~**tier** *n* pack animal; ~**tüte** *f* carrier bag; ~**weite** *f* (-) range; *fig.* reach, import(ance), consequences *pl.*, implications *pl.*; *von großer* ~ of great moment; ~**werk** *aer. n* wing unit.

Train [trɛː] *mil. m* (-s; -s) train, *Brit.* Army Service Corps.

Trainer ['trɛːnər] *m* (-s; -) trainer, coach.

trai'nieren *v/t. and v/i.* (h.) train, coach.

Training ['-nɪŋ] *n* (-s; -s) training; ~**s-anzug** *m* training overall, track-suit; ~**sfahrt** *mot. f* practise run; ~**slager** *n* training camp.

Trajekt(schiff) [tra'jɛkt-] *n* (-[e]s; -e) train-ferry.

Trak|tat [trak'taːt] *n* (-[e]s; -e)

treatise, *eccl.* tract; treaty; ~**tieren** *v/t.* (h.) treat (*mit* to); *mit Fußtritten* ~ kick.

Traktor ['traktɔr] *m* (-s; -'toren) tractor.

trällern ['trɛlərn] *v/t. and v/i.* (h.) trill, hum.

Trampel ['trampəl] *colloq. m* (-s; -) clodhopper, lout; ~**n** *v/i.* (h.) trample, stamp; ~**pfad** *m* beaten track, trail; ~**tier** *zo. n* Bactrian camel.

Tran [traːn] *m* (-[e]s; -e) train(-oil), whale-oil; blubber.

Trance [traːns] *f* (-; -n) trance; *in* ~ *fallen* go off into a trance; *in* ~ *versetzen* (en)trance, mediumize.

Tranche ['trãːʃə] *econ. f* (-; -n) slice (*of a loan*).

Tranchier|besteck [trã'ʃiːr-] *n* (ein ~ a pair of) carvers *pl.*; ~**en** *v/t.* (h.) carve, cut up; ~**messer** *n* carving-knife.

Träne ['trɛːnə] *f* (-; -n) tear; *den* ~*n nahe* on the verge of tears; *unter* ~*n* amid tears; *in* ~*n ausbrechen* burst into tears; → *auflösen*.

'**tränen** *v/i.* (h.) run with tears, water; ~**drüse** *f* lachrymal gland; ~**erstickt** *adj.* choked with tears; ~**gas** *n* (-es) tear-gas; ~**leer** *adj.* tearless; ~**reich** *adj.* tearful, lachrymose; ~**sack** *m* lachrymal sac; ~**strom** *m* flood of tears; ~**überströmt** *adj.* bathed in tears.

tranig ['traːnɪç] *adj.* smelling (*or* tasting) of train-oil; *w.s.* oily; *fig.* dull.

Trank [traŋk] *m* (-[e]s; ⁼e) drink, beverage; *pharm.* draught, potion; infusion.

trank *pret. of* **trinken**.

Tränke ['trɛŋkə] *f* (-; -n) watering-place, horse-pond; watering tank; ~**n** *v/t.* (h.) give a p. to drink, still *a p.'s* thirst; water (*cattle, plant*); soak, steep; *tech. a.* impregnate; *chem.* saturate.

'**Trank-opfer** *n* drink-offering.

Trans-akti'on [trans⁹-] *f* transaction.

transat'lantisch *adj.* transatlantic.

Transfer [-'fɛːr] *econ. m* (-s) transfer; ~**agent** *m* transfer agent.

transfe'rier|bar *econ. adj.* transferable; ~**en** *v/t.* (h.) transfer (*an or auf acc.* to *or* on).

Transformati'on *f* transformation.

Transfor'mator [-fɔr'maːtɔr] *el. m* (-s; -'toren) transformer.

transfor'mieren *el. v/t.* (h.) transform; step up (*or* down).

Transfusion [-fuzi'oːn] *med. f* (-; -en) transfusion.

Transistorgerät [tran'zistɔr-] *n* transistor radio.

Transit|güter [tran'ziːt-] *econ. n/pl.* transit goods; ~**handel** *m* transit trade.

transitiv ['-ziti:f] *gr. adj.* transitive.

transitorisch [-'toːriʃ] *adj.* transitory, transient; *econ.* suspense (*account, item, etc.*), transmitted (*loan*).

Tran'sitverkehr *econ. m* transit trade (*or* traffic).

Transjor'danien *n* Trans-Jordan.

Transmissi'on *tech. f* transmission; ~**skette** *f* transmission (*or* driving) chain; ~**swelle** *f* connecting shaft.

transoze'anisch *adj.* transoceanic.

transparent [-pa'rɛnt] *adj.* trans-

parent, diaphanous; ⌀ *n* (-[e]s; -e) transparency; (*demonstrators'*, etc.) banner.

Transpi|ration [-piratsi'oːn] *f* (-) perspiration; ⌀'**rieren** *v/i.* (h.) perspire.

Transplan|tation [-plantatsi'oːn] *f* (-; -en) *med. f* (-; -en) transplantation, grafting; ⌀'**tieren** *v/t.* (h.) transplant, graft.

transponieren [-po'niːrən] *mus. v/t.* (h.) transpose.

Transport [-'pɔrt] *m* (-[e]s; -e) transport(ation *Am.*), conveyance, carriage, *mar. or. Am.* shipment; haulage; *bookkeeping*: → *Übertrag*; *während des* ~*es* in transit; **transpor'tabel** [-'taːbəl] *adj.* transportable; portable; mobile.

Trans'port...: ~**arbeiter** *m* transport worker; ~**band** *n* (-[e]s; ⁼er) conveyor(-belt); ~**er** *m* (-s; -) → *Transportschiff, Transportflugzeug.*

Transporteur [-'tøːr] *m* (-s; -e) transporter, carrier; *math.* protractor.

Trans'port...: ~**fähig** *adj.* transportable; *patient: a.* transferable; ~**firma** *f* → *Transportunternehmen*; ~**flugzeug** *n* transport aircraft *or* plane, cargo (*mil.* troop) carrier aircraft; ~**gelegenheit** *f* transport facility; ~**geschäft** *n* carrying trade, forwarding business.

transpor'tieren *v/t.* (h.) transport, carry, convey; move; haul; *mar. or Am.* ship; *bookkeeping*: carry forward.

Trans'port...: ~**kolonne** *f* motor convoy; ~**kosten** *pl.* transport(ation) charges, carriage *sg.*; *mar.* freight (charges); cartage *sg.*; ~**mittel** *n* means of transport(ation *Am.*) *or* conveyance; ~**schiff** *n* transport, *mil.* troopship, *Brit. a.* trooper; ~**schwimmen** *n* rescuing, carry swimming; ~**schnecke** *tech. f* screw conveyor; ~**unternehmen** *n* carriers *pl.*, haulage contracting firm; ~**unternehmer** *m* carrier, hauler, *Am. a.* teamster; ~**versicherung** *f* insurance against risk of transport; (*See* ⌀) marine insurance; ~**wesen** *n* (-s) transportation (system). [transcendental.]

transzendent [-tsɛn'dɛnt] *adj.*

Trapez [tra'peːts] *n* (-es; -e) *math.* trapezoid; trapezium; *gym.* trapeze; ~**effekt** *TV m* keystone effect; ⌀**förmig** [-fœrmiç] *adj.* trapezoid(al); ~**gewinde** *tech. n* acme thread; ~**künstler(in** *f*) *m* trapezist, aerial acrobat.

Trappe ['trapə] *orn. f* (-; -n) bustard.

trappeln ['trapəln] *v/i.* (h., sn) tramp, clatter; patter.

Trara [tra'raː] *colloq. n* (-s; -s) fuss, noise, hullabaloo.

Tras|sant [tra'sant] *econ. m* (-en; -en) drawer; ~**sat** [-'saːt] *m* (-en; -en) drawee.

Trasse ['trasə] *tech. f* (-; -n) line.

tras'sieren *v/t. and v/i.* (h.) *econ.* ~ *auf* (*acc.*) draw on; *tech.* lay out, trace (out).

trat [traːt] *pret. of* **treten**.

Tratsch [traːtʃ] *colloq. m* (-es) gossip, tittle-tattle; twaddle; ⌀**en** *v/i.* (h.) gossip; twaddle, gabble.

Tratte ['tratə] *econ. f* (-; -n) draft;
~n-avis *n* advice of draft; **~nkredit**
m acceptance credit.
Traualtar ['trau-] *m* marriage-
-altar.
Traube ['traubə] *f* (-; -n) bunch of
grapes; grape; *fig.* cluster.
'Trauben...: ~beere *f* grape; ♀-
förmig [-fœrmic] *adj.* grape-like;
~kur *f* grape-cure; **~lese** *f* vintage;
~presse *f* wine-press; **~saft** *m*
grape juice; **~säure** *f* racemic acid;
~stock *m* vine; **~zucker** *m* grape-
-sugar, glucose.
trauen ['trauən] **I.** *v/t.* (h.) marry,
join in marriage *or* wedlock; *sich ~
lassen* get married, marry, ankle up
the aisle; **II.** *v/i.* (h.) trust (*j-m* a
p.), confide (*dat.* in), have (*or* put
one's) confidence (in); rely (*j-m*
on a p.); → *Weg*; *trau, schau, wem!*
look before you leap; *ich traute
m-n Ohren nicht* I could not believe
my ears; *sich ~* → *getrauen*.
Trauer ['trauər] *f* (-) sorrow, affliction, grief (*um* at, *j-n:* for *a p.*);
(*a. ~kleidung*) mourning; *tiefe ~*
deep mourning; *~ anlegen* (*ablegen*)
go into (out of) mourning; *~ haben*
be in mourning; **~anzeige** *f* obituary (notice); **~binde** *f* (black) crape;
~botschaft *f* sad (*or* mournful)
news *sg.*; **~esche** *bot. f* weeping
ash; **~fahne** *f* black (*or* half-mast)
flag; **~fall** *m* death; **~feier** *f* funeral
service, obsequies *pl.*; **~flor** *m*
mourning crape; **~geleit** *n* funeral
procession; **~gottesdienst** *m* →
Trauerfeier; **~haus** *n* house of
mourning; **~jahr** *n* year of mourning; **~kleid** *n* mourning(-dress),
~kloß *colloq. m* stick-in-the-mud,
wet blanket, *Am. a.* lemon; **~-
marsch** *m* funeral march.
'trauern *v/i.* (h.) mourn (*um* for);
um j-n ~ a. lament a p.'s loss; *w.s.*
grieve (about); be in (*or* wear)
mourning; ♀ *n* (-s) mourning; **~d**
adj. afflicted, grief-stricken; ♀**de(r**
m) *f* (-n, -n; -en, -en) mourner.
'Trauer...: ~nachricht *f* sad (*or*
mournful) news *sg.*; **~rand** *m*
mourning-border, mourning-edge;
Briefpapier mit ~ mourning-paper;
humor. dirty fingernails; **~rede** *f*
funeral oration; **~schleier** *m*
mourning-veil, weeper; **~spiel** *n*
tragedy; ♀**voll** *adj.* mournful, sad;
~weide *f* weeping willow; **~zeit** *f*
time of mourning; **~zug** *m* funeral
procession.
Traufe ['traufə] *f* (-; -n) eaves *pl.*;
gutter; → *Regen*.
'träufeln ['trɔyfəln] **I.** *v/t.* (h.) drop,
drip; **II.** *v/i.* (h.) drop, drip, trickle,
fall in drops.   [gutter-pipe.〉
'Trauf|rinne *f* gutter; **~röhre** *f*〉
traulich ['traulic] *adj.* intimate;
cosy, snug; ♀**keit** *f* (-) intimacy,
cosiness.
Traum ['traum] *m* (-[e]s, ⸗e) dream
(*a. fig.*); reverie, daydream; vision;
böser (*quälender*) *~* nightmare, bad
dream; *das fällt mir nicht im ~ ein*
I would not dream of (doing) it;
all seine Träume erfüllten sich all
his dreams came true.
Trauma ['trauma] *n* (-s; -men)
(*seelisches ~* psychic) trauma.
trau'matisch *adj.* traumatical.

'Traum...: ~bild *n* vision, phantom;
~buch *n* dream-book; **~deuter(in**
f) [-dɔytər(in)] *m* (-s, -; -, -nen)
dream-reader; **~deutung** *f* interpretation of dreams.
träumen ['trɔymən] *v/i. and v/t.*
(h.) dream (*von* of); day-dream, be
in a reverie; *schwer ~* have heavy
dreams; *ich* (*or mir*) *träumte*
I dreamt (*or* dreamed); *fig. das
hätte ich mir nie ~ lassen* I should
never have dreamed of such a
thing; *träume schön!* pleasant
dreams!; **'Träumen** *n* (-s) dreaming; dreams *pl.*
'Träumer *m* (-s; -), **~in** *f* (-; -nen)
dreamer (*a. fig.* visionary); **Träume'rei** *f* (-; -en) dreaming; *fig. a.*
reverie (*a. mus.*), day-dream,
musing; **'träumerisch** *adj.* dreamy;
(sinnend) musing, bemused.
'Traum...: ~gesicht *n* (-[e]s; -e) →
Traumbild; ♀**haft** *adj.* dreamlike;
~land *n* dreamland; ♀**verloren**,
♀**versunken** *adj.* lost in dreams;
~welt *f* world of dreams; **~zustand**
m (*hypnotischer ~*) trance.
'Traurede *f* marriage sermon.
traurig ['trauric] *adj.* sad (*über acc.*
at); grieved, sorrowful; mournful,
brokenhearted; melancholy, unhappy; depressed, crestfallen, *Am.
a.* blue; gloomy; wretched; deplorable, sorry (*sight, state, etc.*);
~ stimmen sadden; ♀**keit** *f* (-) sadness; grief, sorrow; melancholy,
the blues; wretchedness.
'Trau...: ~ring *m* wedding-ring;
~schein *m* marriage certificate.
traut [traut] *adj.* beloved, dear; *a.*
→ *traulich*.
'Trau...: ~ung *f* (-; -en) marriage
ceremony; wedding; **~zeuge** *m*
witness to a marriage.
Traveller-Scheck ['trɛvəlor-] *m*
traveller's cheque, *Am.* traveler's
check.
Travestie [trave'sti:] *f* (-; -n), ♀**ren**
v/t. (h.) travesty.
Treber ['tre:bər] *pl.* husks of grapes;
draff *sg.*, brewer's grains.
Treck [trɛk] *m* (-s; -s) trek; '♀**en** *v/i.*
(h., sn) trek; *mar.* tow, haul; '**~er** *m*
(-s; -) tractor.
Treff [trɛf] **1.** *n* (-s; -s) *cards:* club(s
pl.); **2.** *m* (-[e]s; -e) hit, blow;
colloq. e-n *~ weghaben* be no longer
the same; **3.** rendezvous (*Fr.*).
treffen I. *v/t.* (*irr.,* h.) hit, strike;
nicht ~ miss; *der Schlag traf ihn am
Kinn* the blow caught him on the
chin; befall; *fig.* concern, touch,
affect; hit *it* off (well); meet; find
at home; *sich ~* (*irr.,* h.) meet;
gather, assemble; *sich mit j-m ~
a.* have an appointment *or* rendezvous with a p., have a date with
a p.; *sich ~ happen; es traf sich,
daß* it so happened that; *das trifft
sich gut!* that's lucky!, how fortunate!, *Am. a.* what a break!; *colloq.
es gut ~* come at the right time, *w.s.*
strike gold, strike it rich; *paint.,
phot. du bist gut getroffen* this is a
good likeness of you; *fig.* cut to the
quick, hit hard; *sich getroffen
fühlen* feel hurt; *das Los traf ihn*
the lot fell on him; *wen trifft die
Schuld?* who is to blame?, who is
responsible for this?; *dieser Vor-*

wurf trifft mich nicht this reproach
doesn't apply to me; → *Anstalten,
Blitz, Entscheidung, Maßnahme,
Ton, Vorkehrung, etc.*; **II.** *v/i.* (*irr.,*
h.) hit, find its (*or* their) mark, go
home (*all a. fig.*); *boxing:* a. land,
connect; *nicht ~* miss (the mark);
getroffen! hit!, *fenc.* touché (*Fr.*)!;
~ auf (*acc.*) meet with, light on,
come across, stumble on; *auf den
Feind:* encounter, fall in with (*the
enemy*); ♀ *n* (-s) meeting, assembly,
(*a. w.s.*) rendezvous; *Am. a.* rally;
gathering; *sports:* meet, contest,
bout; *mil.* encounter; *fig.* Gründe
ins ~ führen put forward arguments;
~d *adj.* striking; apt, appropriate,
to the point.
'Treffer *m* (-s; -) hit (*a. fenc.,
boxing*), good shot; (*Voll♀*) direct
hit; *sports:* goal; *fig.* (lucky) hit,
lucky strike; (*lottery*) prize; *thea.*
great hit, draw; (*book*) best-seller;
~ erzielen score (hits *or* goals),
boxing: a. land (punches); **~bild** *n
shooting:* group.
'trefflich *adj.* excellent; exquisite,
choice; ♀**keit** *f* (-) excellence,
choiceness.
'Treff...: ~punkt *m* meeting-place,
rendezvous; *artillery:* point of impact; ♀**sicher** *adj.* sure-hitting,
unerring; *fig.* unerring, sound
(*judgement*); **~sicherheit** *f* (-)
accuracy of aim, unfailing aim.
Treib|anker ['traip⁹-] *mar. m* drag
anchor; **~eis** *n* drift-ice, floating
ice.
treiben ['traibən] **I.** *v/t.* (*irr.,* h.)
drive (*a. ball, cattle, wheel, etc.*);
tech. drive, work, operate; put in
motion, propel; *e-n Nagel in die
Wand ~* drive a nail into the wall;
den Feind aus dem Land ~ drive the
enemy from the country; *river: Eis
~* carry ice; drift (*smoke, snow*); *bot.*
put forth (*leaves*); force (*plants*);
med. produce, promote (*sweat*);
raise (*dough*); (en)chase, emboss,
raise (*metal*); refine, cupel; *fig.*
impel, move; drive (*worker*); *j-n ~
zu inf.* induce (*or* bring *or* prompt)
a p. to *inf.*, urge (*or* press *or* force)
a p. to *inf.*; practise; cultivate (*arts,
science*); pursue, follow (*profession*);
carry on (*business, trade*); *er trieb
e-n schwunghaften Handel mit* he
drove a roaring trade with; *e-e
Politik ~* pursue a policy; → *Sport;
Sprachen ~* study languages; *jur.*
commit, practise; *Aufwand ~* live in
great style; *es toll ~* carry on like
mad, go too far; *wenn er es weiterhin so treibt* if he carries (*or* goes)
on like that; *was treibst du?* what
are you doing there?; *die Dinge ~
lassen* let things drift; *sich ~ lassen*
float, *fig.* let o.s. drift (*or* go); →
*Enge, Spitze, Unfug, Verzweiflung,
etc.*; **II.** *v/i.* (*irr.,* sn) drive; float;
drift (*a. of smoke, snow*); *fig.* in e-n
Krieg ~ into a war); *bot.* shoot forth,
germinate; ferment, work; (*Urin ~*)
be a (*or* act as) a dieretic; *mar. vor
Anker ~* drag the anchor; **~de Kraft**
driving force, moving power, *a.
fig.* prime mover; ♀ *n* (-s) driving,
etc.; doings, activities *pl.*; goings-on
pl.; bustle, stir, activity; *buntes ~*
medley, colo(u)rful scene.

'**Treiber** m (-s; -) driver; drover; *hunt.* beater; oppressor, slave--driver; *tech.* propeller; *on loom*: picker.
Treibe'rei f (-; -en) urging, rushing.
'**Treib...**: ~**fäustel** [-fɔystəl] m (-s; -) sledge hammer; ~**gas** n fuel (*or* propellent) gas; ~**haus** n hot-house; ~**hauspflanze** f hothouse plant; ~**holz** n driftwood; ~**jagd** f battue; *fig.* (witch-)hunt; ~**kraft** f (-) propelling (*or* motive) power, driving power *or* force; ~**ladung** *mil.* f propelling charge; ~**mine** f floating mine; ~**mittel** *tech.* n propellent (*a. fig.*); *med.* purgative, evacuant; *baking, etc.*: raising agent; ~**öl** n fuel oil; ~**rad** n driving-wheel; *mil.* sprocket wheel (*of tank*); ~**riemen** m driving belt; ~**satz** m propelling charge (*of rocket*); ~**stoff** *mot.* m (power) fuel, *esp. of rocket*: propellent; → *Benzin*; ~**stofflager** n fuel dump.
treidel|n ['traidəln] *mar.* v/t. *and* v/i. (h.) tow; ♀**pfad** m tow(ing)--path.
tremulieren [tremu'liːrən] *mus.* v/i. (h.) quaver, shake; sing with a tremolo.
trennbar ['trɛnbaːr] *adj.* separable; detachable; ♀**keit** f (-) separability.
'**trennen** v/t. (h.) separate (*a. chem., tech.*), sever, put asunder; divide; detach; disjoin; isolate, segregate; disunite; separate (*spouses*); dissolve, break up; rip up, undo (*seam*); *teleph.* cut off, disconnect; *sich* ~ (h.) separate (von from); part; *spouses*: separate; *sich in Zwietracht etc.*, ~ *von* (*dat.*) break with, sever o.s. with, sever one's connection with *a p.*; *sich in zwei Lager* ~ split (*into two camps, parties, etc.*); *j-m den Kopf vom Rumpfe* ~ sever a p.'s head (from his body); ~! *boxing*: break!; *getrennt leben* be separated; *econ. mit getrennter Post* under separate cover.
'**Trenn...**: ♀**scharf** *adj. radio*: selective; ~**schärfe** f *radio*: selectivity.
'**Trennung** f (-; -en) separation (*a. chem., tech.*), severance; disconnection; segregation; division (*a. gr.*); *jur. eheliche* ~ judicial separation; *fig.* divorce; ~**slinie** f dividing (*or* parting) line; ~**sschmerz** m wrench, pain of separation; ~**sstrich** m dash; → *Trennungszeichen*; ~**sstunde** f parting hour; ~**swand** f partition (wall); ~**szeichen** n *gr.*, *typ.* hyphen; di(a)eresis; *teleph.* cut-off signal; ~**szulage** f separation allowance.
Trense ['trɛnzə] f (-; -n) snaffle, *mil.* bridoon.
treppauf [trɛpʼʔauf] *adv.*: ~, *treppab* upstairs, downstairs.
Treppe ['trɛpə] f (-; -n) staircase, (*eine* ~ a flight *or* pair of) stairs *pl.*; *Am. a.* stairway; steps *pl.*; *zwei* ~*n hoch* on the second floor; *die* ~ *hinab* (*hinauf*) downstairs (upstairs).
'**Treppen...**: ~**absatz** m landing; ~**flucht** f flight of steps; ♀**förmig** [-fœrmiç] *adj.* stepped, terraced; ~**geländer** n banisters *pl.*; ~**haus** n (well of a) staircase; ~**läufer** m

stair-carpet; ~**stufe** f stair, step; ~**witz** m after-wit; *w.s.* bad joke; ~ *der Weltgeschichte* paradox of history.
Tresor [treˈzoːr] m (-s; -e) treasury; strong-room, *esp. Am.* vault; *n.s.* safe; ~**abteilung** f safe deposit department; ~**fach** n safe deposit box.
Tresse ['trɛsə] f (-; -n) galloon, lace; *mil.* stripe.
Trester ['trɛstər] m pl. → *Treber*.
Tret-anlasser ['treːt-] *mot.* m kick-starter.
'**treten** I. v/i. (*irr.*, sn) tread; step, walk; stride; *cyclist*: treadle, pedal; *ins Haus* ~ enter the house; *fig. in ein Amt* ~ enter upon an office; *j-m in den Weg* ~ block (*or* stand in) a p.'s way; *j-m unter die Augen* ~ appear before (*or* face) a p.; *zu j-m* ~ step (*or* walk) up to a p.; *über das Ufer* ~ overflow its banks; → *nahe, näher,* ~ *Sie näher!* step nearer!; → *Dasein, Kraft, Seite, Stelle*; II. v/t. (*irr.*, h.) tread; treadle, work (*the treadle*); kick; *mit Füßen* ~ trample upon; *sein Glück mit Füßen* ~ spurn one's fortune; (*in*) *die Pedale* ~ pedal (away); *in den Staub* ~ crush under foot; *sich e-n Dorn in den Fuß* ~ run a thorn into one's foot; *swimming*: *Wasser* ~ tread water.
'**Tret...**: ~**hebel** m, ~**kurbel** f treadle; ~**mine** *mil.* f contact mine; ~**mühle** f treadmill (*a. fig.*); ~**schalter** m foot switch; ~**(zwei)-rad** n push-bicycle.
treu [trɔy] *adj.* faithful (*a. fig.* = accurate), true (*dat.* to); loyal (to); devoted (to); sta(u)nch (*adherent, friend*); trusty; faithful (*memory*); *zu* ~*en Händen* in trust; ~ *wie Gold* true as steel; *sich* (*s-n Grundsätzen*) ~ *bleiben* remain true to o.s. (one's principles); *s-m Vorsatz* ~ *bleiben* stick to one's purpose; *das Glück blieb ihm* ~ his luck held; ♀ f (-) → *Treue*; *auf* ~ *und Glauben* in good faith, in trust; *meiner* ~! upon my soul!
'**Treu...**: ~**bruch** m breach of faith (*or* trust); disloyalty; perfidy; ♀**brüchig** *adj.* faithless; perfidious; ~**e** f (-) faithfulness (*a. fig.* accuracy); loyalty; faith; *j-m die* ~ *brechen* break faith with a p., betray a p.; *j-m die* ~ *halten* keep faith with, remain loyal to a p.; ~**eid** m oath of allegiance; ♀**ergeben, ♀gesinnt** *adj.* loyal (*dat.* to); ~**hand** f (-) trust; ~**händer** ['-hɛndər] m (-s; -) trustee, fiduciary, custodian; (official) receiver; ♀**händerisch I.** *adj.* fiduciary; **II.** *adv.* in trust; ~ *verwalten* hold in trust; ~**händerschaft** f (-) trusteeship; ~**hand-gesellschaft** f trust company; ~**handverhältnis** n trust; ~**hand-vermögen** n trust estate, trust property; ~**handvertrag** m trust--deed; ♀**herzig** *adj.* guileless; candid, frank; simple-minded, ingenuous, naive; ~**herzigkeit** f (-) guilelessness; frankness; ingenuousness; ♀**lich** *adv.* faithfully; truly; ♀**los** *adj.* faithless (*gegen* to); disloyal (to); perfidious, treacherous; ~**losigkeit** f (-) faithlessness;

infidelity (*of spouse*); perfidy, treachery; ~**pflicht** f conscientious obligation; *Verletzung der* ~ breach of trust.
Triangel ['triːaŋəl] *math., mus.* m (-s; -) triangle.
Tribun [triˈbuːn] m (-s; -e) tribune.
Tribunal [-buˈnaːl] n (-s; -e) tribunal.
Tribüne [triˈbyːnə] f (-; -n) 1. platform, rostrum; 2. (grand)stand.
Tribut [-ˈbuːt] m (-[e]s; -e) tribute; *fig. j-m s-n* ~ *zollen* pay tribute to; ♀**pflichtig** *adj.* tributary.
Trichine [triˈçiːnə] f (-; -n) trichina; ~**nkrankheit, Trichi'nose** [triçiˈnoːzə] f (-; -n) trichinosis.
Trichter ['triçtər] m (-s; -) funnel; *tech.* feeding hopper; *metall.* (down)gate; *mil.* crater; horn (*of loudspeaker*); megaphone; *anat.* infundibulum; ~**feld** n shell-pitted area; ♀**förmig** [-fœrmiç] *adj.* funnel-shaped; ~**lautsprecher** m horn-loudspeaker; ♀**n** v/t. (h.) pour through a funnel; ~**wagen** rail. m hopper car.
Trick [trik] m (-s; -s) trick (*a. cards*); stunt; gimmick; artifice, dodge, sleight of hand; ~**aufnahme** f *film*: trick shot; '~**film** m trick film, stunt film; cartoon film.
Trieb [triːp] m (-[e]s; -e) *bot.* sprout, young shoot; germinating power; driving force; impulse; instinct; urge; desire; inclination, bent; *sinnlicher* ~ carnal desire, sexual urge.
trieb *pret. of treiben*.
'**Trieb...**: ~**feder** f main-spring; *fig. a.* motive; *die* ~ *e-r Sache sein* be at the bottom of a th.; ♀**haft** *adj.* instinctive; animal-like, being a slave to one's instincts; carnal; ~**knospe** f leaf bud; ~**kraft** f propelling (*a. fig.* motive) power, driving force; ♀**leben** n (-s) sex life; ~**ling** [-liŋ] *tech.* m (-s; -e) (drive) pinion; ~**rad** n driving wheel; ~**sand** m quicksand; ~**stahl** m pinion steel; ~**verbrecher** m sex offender; ~**wagen** m *rail.* rail-car, (rail) Diesel car, autorail, *Brit.* rail--motor; prime mover, motor carriage (*of streetcar*); ~**wagenzug** m motorcoach train; ~**welle** *tech.* f drive shaft; ~**werk** *tech.* n gear (drive), (driving) mechanism, transmission (machinery); engine; power plant (*or* unit).
Trief|auge ['triːf-] n blear-eye; ♀**äugig** *adj.* blear-eyed; ♀**en** v/i. (*irr.*, h.) drip (*von* with); *eye, nose*: run; *candle*: gutter; *fig.* overflow (with); ♀**nasig** ['-naːziç] *adj.* snivel(l)ing; ♀**naß** *adj.* dripping wet.
triezen ['triːtsən] *colloq.* v/t. (h.) vex, plague; tease, rib.
Trift [trift] f (-; -en) pasturage; pasture, *poet. a.* meadow; drove, herd; cattle-track; (timber) floating; *geol.* drift.
'**triftig** *adj.* valid, sound, strong; weighty; cogent; convincing, conclusive; plausible; ~*er Grund a.* good reason; ♀**keit** f (-) validity; weight(iness); cogency; plausibility.
Trigonometrie [trigonomeˈtriː] f (-) trigonometry; **trigonome-**

trisch [-'me:triʃ] *adj.* trigonometrical; ~er *Punkt* triangulation point.

Trikot [tri'ko:] *n* (-s; -s) (*cloth*) stockinet, (*a. garment*) tricot; *circus*: tights *pl.*; fleshings *pl.*; *sports*: vest.

Trikotagen [-ko'ta:ʒən] *pl.* hosiery, knitted goods *pl.*

Tri'kot...: ~jacke *f* jersey; **~wäsche** *f* tricot lingerie.

Triller ['trilər] *m* (-s; -) trill, shake; *mus.* quaver; **2n** *v/i. and v/t.* (h.) trill, shake; *mus.* quaver; *bird*: warble; **~pfeife** *f* alarm-whistle.

Trillion [trili'o:n] *f* (-; -en) trillion, *Am.* quintillion.

Trilogie [trilo'gi:] *f* (-; -n) trilogy.

'trimmen ['trimən] *v/t.* (h.) trim (*a. aer., mar., el.*).

Trinitrotoluol [trinitrotolu'o:l] *n* (-s) trinitrotoluene (*abbr.* T.N.T.).

trink|bar ['triŋkba:r] *adj.* drinkable, potable; **2becher** *m* drinking-cup; **2branntwein** *m* potable spirit(s *pl.*); **~en** *v/t.* (*irr.*, h.) drink (*a. v/i., a. b.s.*); take, have (*tea, etc.*); carouse, tipple; *fig.* imbibe, drink in; ~ *auf j-n or et.* drink to, toast (*a p. or th.*); *gern eins ~* be fond of a drop; *der Wein läßt sich ~* the wine is drinkable; *was ~ Sie?* what do you have (to drink)?, what's your poison?; **2en** *n* (-s) drinking; *sich das ~ angewöhnen* take to drinking (*or* the bottle); **2er(in** *f*) *m* (-s, -; -, -nen) drinker; *b.s.* drunkard, alcoholic; **2erheilanstalt** *f* institution for the cure of alcoholics; **~fest** *adj.* able to stand alcohol; *er ist ~ a.* he holds his liquor well; **2gefäß** *n* drinking-vessel; **2gelage** *n* drinking-bout, carousal; **2geld** *n* gratuity, tip; *j-m (ein) ~ geben* tip a p.; **2glas** *n* drinking-glass; tumbler; **2halle** *f* **1.** *at spa*: pump-room; **2.** coffee-stall; **2halm** *m* drinking-straw; **2kur** *f* course of waters; *e-e ~ machen* drink the waters; **2lied** *n* drinking-song; **2milch** *f* certified milk; **2spruch** *m* toast; **2stube** *f* tap-room; **2wasser** *n* (-s) drinking-water; **2wasseraufbereitungsanlage** *f* water purification unit.

Trio ['tri:o] *n* (-s; -s) trio.

Triode [tri'o:də] *el.* *f* (-; -n) triode, three-electrode tube.

Triole [tri'o:lə] *mus.* *f* (-; -n) triplet.

Triplik [tri'pli:k] *jur.* *f* (-; -en) (plaintiff's) surrejoinder.

trippeln ['tripəln] *v/i.* (sn) trip.

Tripper ['tripər] *med.* *m* (-s; -) gonorrh(o)ea, clap.

Triptik ['triptik] *mot.* *n* (-s; -s) triptique.

Tritt [trit] *m* (-[e]s; -e) tread, step; pace; footprint, footstep; footfall; kick; stepstool; *tech.* treadle; → *Trittbrett, Trittleiter*; *mount.* foothold; *im ~* in step; *in falschem ~* out of step; ~ *fassen* fall in step; *~ halten* keep step; *aus dem ~ geraten* break step; *j-m e-n ~ versetzen* give a p. a kick; *colloq. j-m den ~ geben* give a p. the push; *mil. ohne ~, marsch!* route step, march!; **~brett** *n* footboard, carriage-step; *mot.* running-board; **~fläche** *f* tread (*of ladder*); **~leiter** *f* step-ladder, (*eine ~* a pair of) steps *pl.*

Triumph [tri'umf] *m* (-[e]s; -e) triumph (*a. fig.*: *über acc.* over); *im ~* triumphantly; *fig. große ~e feiern* achieve great triumphs, *fig. iro.* be rampant.

triumphal [-'fa:l] *adj.* triumphant.

Tri'umph|bogen *m* triumphal arch; **~geheul** *n* howl of triumph.

trium'phieren *v/i.* (h.) triumph, exult (*über acc.* over); *b.s.* gloat (over); (*defeat*) triumph (*über acc.* over); score off *a p.*; have the last laugh (*on a p.*); *zu früh ~* count unhatched chickens.

Tri'umphzug *m* triumphal procession (*fig.* march).

trivial [trivi'a:l] *adj.* trivial.

trocken ['trɔkən] **I.** *adj.* dry (*a. w.s. cough, cow, wine*); arid; *~es Brot* dry (*or* plain) bread; *~er Frost* black frost; *fig.* dry (*humour, remark*); jejune, dull, dry-as-dust; *~er Kerl* prosy (fellow), dry stick; *prohibition*: *~es Land* dry country; *econ. ~er Wechsel* promissory note; *im Trockenen* under cover, *fig. im trocknen* in safety, out of the wood; *fig. auf dem trocknen sitzen* be stranded (*or* in low water), be on the rocks; → *Schäfchen*; *noch nicht ~ hinter den Ohren* still wet behind the ears; *~ bleiben* (*halten*) remain (keep) dry; **II.** *adv.*: *fig. ..., sagte er ~* he said drily (*or* dryly).

'Trocken...: ~anlage *f* drier installation; **~apparat** *m* drier; desiccator; **~bagger** *m* excavator; **~batterie** *el.* *f* dry battery; **~boden** *m* drying loft; **~dampf** *m* dry steam; **~darre** *f* drying kiln; **~dock** *mar.* *n* dry dock; **~ei** *n* (-[e]s) dehydrated eggs, dried (whole) eggs *pl.*; **~eis** *n* dry ice; **~element** *el.* *n* dry cell; **~farbe** *f* pigment; **~fäule** *f* dry rot; **~futter** *n* dry feed, provender; **~gehalt** *m* dry content; **~gemüse** *n* dried (*or* dehydrated) vegetables *pl.*; **~gestell** *n* drying-rack; clothes-horse; **~haube** *f* drying hood; **~hefe** *f* dry yeast; **~heit** *f* (-) dryness; aridity; drought; *fig.* dul(l)ness, tediousness; **~kartoffeln** *f/pl.* dehydrated potatoes; **~kost** *med.* *f* dry diet; **2legen** *v/t.* (h.) dry up; drain (*land, pit shaft*); change (*a baby's* napkins); **~legung** *f* ['-le:guŋ] *f* (-) drainage; **~maß** *n* dry measure; **~milch** *f* dried (*or* powdered) milk; **~mittel** *n* drying agent, (de)siccative; **~obst** *n* dried fruit; **~ofen** *m* drying kiln; **~periode** *f* dry spell; **~platz** *m* drying-ground; **~rasierer** [-razi:rər] *m* (-s; -) dry-shaver; **~reinigung** *f* dry cleaning; **~schleuder** *f* centrifugal drier; **~schliff** *tech.* *m* dry grinding; **~skilauf** *m* dry skiing; **~ständer** *m* drying rack; **~stempel** *m* embossed seal; **~substanz** *f* dry substance; **~verfahren** *n* drying process; **~zeit** *f* drying time; *meteor.* drought.

trockn|en ['trɔknən] **I.** *v/t.* (h.) dry (up), wipe dry; *tech.* desiccate; season (*wood*); dehydrate (*fruit*); drain (*land, etc.*); air (*laundry*); hang up to dry; **II.** *v/i.* (sn) dry (up); **2er** *m* (-s; -) drier, desiccator;

2ung *f* (-) drying; desiccating; seasoning; dehydration.

Troddel ['trɔdəl] *f* (-; -n) tassel.

Trödel ['trø:dəl] *m* (-s) second-hand articles *pl.*; lumber, *Am.* junk; rubbish, trash; **~bude** *f* old-clothes shop.

Tröde'lei *f* (-; -en) dawdling, loitering.

'Trödel...: ~fritz [-frits] *colloq. m* (-en; -en) slow-coach; **~kram** *m* → *Trödel*; **~markt** *m* old-clothes market, rag-fair; **2n** *v/i.* (h.) deal in second-hand goods; *fig.* dawdle, loiter.

Trödler ['trø:dlər] *m* (-s; -) secondhand dealer, *Am.* junk-dealer; *fig.* dawdler, slow-coach; loiterer.

troff [trɔf] *pret. of triefen.*

Trog [tro:k] *m* (-[e]s; ~e) trough, vat; *arch.* (mason's) hod.

trog [tro:k] *pret. of trügen.*

T-Rohr [te:-] *tech.* *n* T-pipe (*or* -tube).

Trojan|er [tro'ja:nər] *m* (-s; -), **~erin** *f* (-; -nen), **2isch** *adj.* Trojan.

trollen ['trɔlən] *v/i.* (sn) toddle along; *sich ~* (h.) toddle off.

Trommel ['trɔməl] *f* (-; -n) drum; *tech. a.* cylinder, barrel; *die ~ rühren* play the drum, *fig.* advertise, make propaganda; **~fell** *n* drumskin; *anat.* eardrum, tympanic membrane; **2fell-erschütternd** *adj.* ear-splitting, deafening; **~feuer** *n* *mil.* drumfire, *a. fig.* barrage (*of questions, etc.*); **2n** *v/i.* (h.) drum (*a. v/t.*); *nervös mit den Fingern ~* drum with one's fingers, beat the devil's tattoo; *pommel*; **~revolver** *m* revolver, *Am. a.* six-shooter; **~schlag** *m* beat of the drum; *bei gedämpftem ~* with muffled drums; **~schlegel, ~stock** *m* drumstick; **~wirbel** *m* roll of the drum(s), ruffle.

Trommler ['trɔmlər] *m* (-s; -) drummer.

Trompete [trɔm'pe:tə] *f* (-; -n) trumpet; *anat.* tube; **2n** *v/i. and v/t.* (h.) trumpet; (*only v/i.* [h.]) blow (*or* sound) the trumpet; **~ngeschmetter** *n* blare of trumpets; **~nstoß** *m* trumpet-blast; flourish of trumpets; **~r** *m* (-s; -) trumpeter.

Tropen ['tro:pən] *pl.* tropics; **~ausführung** *tech. f* tropical design; **~ausrüstung** *f* tropical kit; **2beständig, 2fest** *adj.* tropic-proof, withstanding tropical conditions, tropical; ~ *machen* tropicalize; **~fieber** *med.* *n* tropical fever; **~helm** *m* sun helmet, pith-helmet; **~kleidung** *f* tropicals *pl.*; **~koller** *med.* *m* tropical frenzy; **~krankheit** *f* tropical disease.

Tropf [trɔpf] *m* (-[e]s; ~e) **1.** simpleton, dunce; **2.** rogue, rascal; *armer ~* poor wretch; **2bar** *adj.* liquid.

tröpfeln ['trœpfəln] **I.** *v/i.* (h.) drop, drip, trickle, fall in drops; *water tap*: leak; *rain*: *es tröpfelt* a few drops are falling; **II.** *v/t.* (h.) drop, drip.

tropfen ['trɔpfən] *v/t.* (h.) and *v/i.* (h.) → *tröpfeln*; *candle*: gutter.

'Tropfen *m* (-s; -) drop; bead (*of sweat*); *pl. pharm.* drops; *fig. guter*

~ splendid wine; *ein ~ auf den heißen Stein* a drop in the bucket; → *stet;* **~fänger** *m* dripcatcher; **~form** *tech. f* drop shape; **2förmig** [-fœrmiç] *adj.* drop-shaped; **~glas** *n* dropping-glass; **2weise** [-vaɪzə] *adv.* drop by drop, by drops, dropwise.

'**Tropf...: ~flasche** *f* dropping-bottle; **2flüssig** *adj.* liquid; **~leiste** *tech. f* drop ledge; **2naß** *adj.* dripping wet; **~ölung** *mot. f* drip-feed lubrication.

'**Tropfstein** *m* a) stalactite, b) stalagmite; **~höhle** *f* stalactite cavern.

'**tropfwassergeschützt** *adj.:* ~er *Motor* drip-proof engine.

Trophäe [tro'fɛ:ə] *f* (-; -n) trophy.

'**tropisch** *adj.* tropical.

Troposphäre [tropo'sfɛ:rə] *f* (-) troposphere.

'**Troß** [trɔs] *mil. m* (-sses; -sse) baggage(-train); *fig.* train, (camp-) followers, hangers-on *pl.*

Trosse ['trɔsə] *f* (-; -n) cable, *mar.* hawser.

'**Troß...: ~pferd** *n* baggage-horse; **~wagen** *m* baggage-cart.

Trost ['tro:st] *m* (-es) comfort, consolation, solace; *schlechter ~* cold comfort; *~ schöpfen aus (dat.)* take comfort from, find solace in; *~ zu-sprechen* → *trösten; finden; du bist wohl nicht recht bei ~!* you must be out of your mind!; **2bedürftig** *adj.* in need of consolation, desolate; **2bringend** *adj.* comforting.

trösten ['trø:stən] *v/t.* (h.) console, comfort, solace; soothe; cheer (up); *sich ~* (h.) take comfort (*mit* from), find solace (in), console o.s. (with); *~ Sie sich!* take comfort!, cheer up!

'**Tröster(in** *f*) *m* (-s, -; -, -nen) comforter, consoler.

'**tröstlich** *adj.* comforting, consoling; cheering.

'**Trost...: 2los** *adj.* disconsolate, inconsolable (*über acc.* at), desolate; *fig.* cheerless; bleak, dreary, desolate; wretched, miserable; *matters:* a. hopeless, desperate; **~losigkeit** *f* (-) desolation, despair, prostration; *fig.* bleakness, dreariness; wretchedness; hopelessness; **~lauf** *m sports:* consolation contest; **~preis** *m* consolation prize, booby prize; **2reich** *adj.* consolatory; comforting.

'**Tröstung** *f* (-; -en) consolation, comfort; soothing (*or* cheering) words *pl.*

Trott [trɔt] *m* (-[e]s; -e) trot; *fig.* jog-trot, routine; *der alte ~* the old jog-trot.

Trottel ['trɔtəl] *m* (-s; -) idiot, fool, sap.

trotten *v/i.* (sn, h.) trot (along), jog along.

Trottoir [trɔto'a:r] *n* (-s; -e) pavement, footpath, *Am.* sidewalk.

trotz [trɔts] *prp.* (*gen. or dat.*) in spite of, despite, notwithstanding; in the face (*or* teeth) of; *~ alledem* for all that; *~ all s-r Bemühungen* for all his efforts.

Trotz *m* (-es) defiance, obstinacy, pigheadedness; *aus ~* from spite; *j-m zum ~* to spite a p.; *j-m ~ bieten* defy a p.; → *trotzen.*

trotzdem [-'de:m] **I.** *adv.* nevertheless, all the same, still, in spite of it;

though; **II.** *cj.* although, even though, notwithstanding that.

'**trotz|en** *v/i.* (h.) (*dat.*) defy, dare, brave (*danger*); resist; be obstinate; sulk, be sulky; **~ig**, **~köpfig** [-kœpfiç] *adj.* defiant; obstinate, pigheaded; sulky; **2kopf** *m* sulky child; *w.s.* stubborn (*or* pigheaded) person.

trüb(e) [try:p, '-bə] *adj.* cloudy, turbid, muddy, thick (*liquid*); dull, dim (*eyes, window, etc.*); dull, cloudy (*weather*), a *fig.* dreary, gloomy, cheerless, bleak; sad (*experience, thought*); dismal (*times*); *im ~en fischen* fish in troubled waters; *es sieht ~e aus* things are looking black.

Trubel ['tru:bəl] *m* (-s) turbulence, bustle, fuss; milling crowd.

'**trüben** *v/t.* (h.) make *liquid* (*sich* become) thick *or* muddy *or* turbid; (*a. sich ~*) cloud; (*a. sich ~*) dim (*a. light*), dull; *silver, mirror, etc.:* tarnish; (*a. sich ~*) darken; spoil (*mar* (*a p.'s pleasure*), cast a gloom over; blur (*vision, mind*); dull, becloud (*intellect, mind*); cloud, poison, *sich:* become strained; *der Himmel trübt sich* the sky is getting overcast; *fig. sein Urteil ist getrübt* his judgment is clouded; → *Wäs-serchen.*

'**Trüb...: ~heit** *f* (-) → *trüb;* muddiness, turbidness, turbidity; dimness; dul(l)ness; cloudiness; *fig.* gloom, dreariness; **~sal** *f* (-; -e) affliction; misery; distress; grief, sorrow; *~ blasen* mope, be in the dumps; **2selig** *adj.* sad, gloomy, melancholy; wretched, miserable; dejected, woeful, forlorn; dreary, bleak; **~seligkeit** *f* (-) sadness, gloominess; **~sinn** *m* (-[e]s) melancholy, gloom, low spirits *pl.*, blue devils; **2sinnig** *adj.* melancholy, gloomy, dejected, sad; **~ung** *f* (-; -en) → *trüben;* making muddy, rendering turbid; dimming, *etc.;* (*condition*) → *Trübheit;* opacity (*on X-ray picture*); *med.* cloudiness (*of urine*).

trudeln ['tru:dəln] *aer. v/i.* (sn) spin; '**Trudeln** *n* (-s) (tail) spin; *ins ~ kommen* get into a spin.

Trüffel ['tryfəl] *bot. f* (-; -n) truffle.

trug [tru:k] *pret.* of *tragen.*

'**Trug** *m* (-[e]s) deceit, fraud; delusion, illusion, deception; falsehood; **~bild** *n* phantom, vision; illusion, hallucination, mirage.

trüg|en ['try:gən] **I.** *v/t.* (*irr.*, h.) deceive; *wenn m-e Augen mich nicht ~* if my eyes do not deceive me; *wenn mich mein Gedächtnis nicht trügt* if my memory serves me right; **II.** *v/i.* (*irr.*, h.) be deceptive; *der Schein trügt* appearances are deceptive; **2erisch** *adj.* deceitful, guileful; *fig.* deceptive; false; misleading; delusive, illusory; treacherous (*a. ice, weather*); fallacious.

'**Trug|schluß** *m* fallacy, false conclusion; **~werk** *n* deception, delusion.

Truhe ['tru:ə] *f* (-; -n) chest, trunk; *radio, etc.:* cabinet, console.

Trümmer ['trymər] *pl.* ruins; rubble, debris; *mar.* wreckage; fragments; remnants; *in ~ legen* lay in ruins; *in ~ gehen* go to pieces, be

shattered; *in ~ schlagen* wreck, smash to pieces, *fig. a.* go to rack and ruin; **~beseitigung** *f* rubble clearance, rubble (and debris) clearing; **~feld** *n* expanse of ruins; *fig. a.* shambles; **~gestein** *geol. n* breccia; **~grundstück** *n* bombed site; **~haufen** *m* heap of ruins *or* rubble.

Trumpf [trumpf] *m* (-[e]s; -e) (*a. fig.*) trump(-card); *was ist ~?* what are trumps; *alle Trümpfe in der Hand haben* hold all the trumps (*a. fig.*); *e-n ~ ausspielen* (play a) trump (*a. fig.*); *fig. den letzten ~ ausspielen* play one's last trump; *~ sein a. fig.* be trumps (*bei* in); *Höflichkeit ist ~* courtesy is the word; '**2en** *v/i. and v/t.* (h.) trump; '**~karte** *f* trump-card.

Trunk [truŋk] *m* (-[e]s; -e) drink; *pharm.* potion; draught, gulp; drinking; *dem ~ ergeben* given to drink, addicted to the bottle; *im ~* when drunk *or* intoxicated.

'**trunken** *adj.* drunken; *pred.* drunk (*a. fig. von* with); intoxicated, inebriated; **2bold** [-bɔlt] *m* (-[e]s; -e) drunkard, sot; **2heit** *f* (-) drunkenness (*a. fig.*), intoxication; *jur. ~ am Steuer* drunken driving, driving while under the influence of alcohol.

'**Trunksucht** *f* (-) drunkenness, alcoholism, dipsomania.

'**trunksüchtig** *adj.* addicted to drinking, dipsomaniac; **2e(r** *m*) *f* (-n, -n; -en, -en) dipsomaniac, alcoholic.

Trupp [trup] *m* (-s; -s) troop (*a. zo.*), band, gang; *mil.* detachment, detail, party; gang, team, crew (*of workers*).

'**Truppe** *f* (-; -n) *mil.* troop, body; *die ~* the services, the armed forces *pl.*; unit; → *Truppengattung; kämpfende ~* fighting forces *pl.*, combat element; *thea.* company, troupe.

'**Truppen** *f/pl.* troops, forces; **~an-sammlung** *f* concentration of forces; **~arzt** *m* medical officer; **~aushebung** *f* levy (of troops); **~betreuung** *f* Brit. Army Welfare Services *pl.*, *Am.* Special Services *pl.*; **~bewegungen** *f/pl.* troop movements; **~führer** *m* military leader, commander; **~gattung** *f* arm, branch (of the service); **~offizier** *m* line officer; **~schau** *f* military review; **~teil** *m* unit, formation; **~transport** *m* troop transport(ation) *or* movement; **~transporter** *m mar.* transport, troopship, *Brit. a.* trooper; *aer.* troop carrying aircraft, troop-carrier; **~übung** *f* field exercise, manœuvre, *Am.* maneuver; *~* **übungsplatz** *m* (*großer major*) training area; **~verbandplatz** *m* advanced field dressing station; clearing station; **~verschiebung** *f* dislocation of troops.

'**Trupp...: ~führer** *m* squad leader; **2weise** [-vaɪzə] *adv.* in troops.

Trust [trast] *econ. m* (-[e]s; -e) trust, *Am. a.* combine.

Trut|hahn ['tru:t-] *m* turkey(-cock); **~henne** *f* turkey-hen.

Trutz [truts] *m* (-es) *poet.* = *Trotz.*

Tschako ['tʃako] m (-s; -s) shako.
Tschech|e ['tʃɛçə] m (-n; -n), **~in** f (-; -nen), **♀isch** adj. Czech.
Tsetsefliege ['tsetse-] zo. f tsetse--fly.
T-Träger ['te:-] arch. m T-girder.
Tube ['tu:bə] f (-; -n) (collapsible) tube; colloq. mot. auf die ~ drücken step on it, step on the gas.
Tuberkel [tu'bɛrkəl] m (-s; -) tubercle; **~bazillus** m tubercle bacillus.
tuberkul|ös [-ku'lø:s] adj. tuberculous, tubercular; **♀ose** [-ku'lo:zə] f (-; -n) tuberculosis; **~osenverdächtig** adj. suspected of tuberculosis.
Tuch [tu:x] n (-[e]s; -e) cloth; fabric; (-[e]s; ⁺er) kerchief; shawl; scarf, neckerchief, muffler; duster; rag; das wirkt auf ihn wie ein rotes ~ that's a red rag to him; **~ballen** m bale of cloth; **♀en** adj. (of) cloth; **~fabrik** f cloth factory; **~fühlung** mil. f (-) close touch; in ~ shoulder to shoulder; fig. ~ haben mit be in close touch with, rub shoulders with; **~handel** m cloth trade, drapery; **~händler** m (wool[l]en) draper; **~handlung** f, **~laden** m clothier's (or draper's) shop; **~macher** m cloth-maker.
tüchtig ['tʏçtɪç] I. adj. able, fit; (cap)able, competent, qualified; efficient; clever, skil(l)ful; proficient, experienced; excellent; good, considerable; powerful, strong; thorough; ~ in (dat.) good at, proficient (or well versed) in; **~er Esser** hearty eater; II. adv. vigorously, with a vengeance, like blazes; thoroughly, well; colloq. awfully; ~ arbeiten work hard; ~ essen eat heartily; ~ verprügeln give a sound thrashing; **♀keit** f (-) ability, fitness; efficiency; cleverness; proficiency; excellency; sportliche (soldatische) ~ sporting (military) prowess.
'Tuch...: **~waren** f/pl. cloths, drapery sg.; **~zeichen** aer. n ground panel.
Tück|e ['tʏkə] f (-; -n) malice, spite; perfidy, insidiousness; trick (of fate, memory); **♀isch** adj. malicious, spiteful; insidious (a. disease = malignant), vicious (a. animal, blow); treacherous (a. ice, road, etc.).
Tuff [tuf] m (-s; -e), **~stein** m tuff.
tüft|eln ['tʏftəln] v/i. (h.) split hairs, subtilize; ~ an (dat.) fuss over; **♀lei** f (-; -en) hair-splitting; **'♀(e)ler** colloq. m (-s; -) (old) fuss--pot; **'~elig** adj. punctilious, fussy, pernickety, footling.
Tugend ['tu:gənt] f (-; -en) virtue; es sich zur ~ machen, zu inf. make a virtue of doing a th.; → Not; **~bold** [-bɔlt] m (-[e]s; -e), **~held** m paragon of virtue; **♀haft** adj. virtuous; **♀reich** adj. most virtuous; **~richter(in** f) m moralist, censor; **♀sam** adj. virtuous; chaste.
Tüll [tʏl] m (-s; -e) tulle; **~e** ['tʏlə] f (-; -n) socket; spout; **~spitzen** f/pl. net lace.
Tulpe ['tʊlpə] f (-; -n) bot. tulip; **~nzwiebel** f tulipbulb.
tummel|n ['tʊməln] v/t. (h.) put in motion, set going; work (horse); sich ~ a) disport o.s., bustle about,

children: romp, frisk about, b) hurry (up), c) bestir o.s., Am. hustle; tummelt euch! hurry up!; **♀platz** m play ground; fig. arena, scene; hotbed; stamping ground (a. zo.).
Tümmler ['tʏmlər] m (-s; -) orn. tumbler; ichth. porpoise.
Tumor ['tu:mɔr] med. m (-s; -'moren) tumo(u)r.
Tümpel ['tʏmpəl] m (-s; -) pool.
Tumult [tu'mʊlt] m (-[e]s; -e) tumult; riot, turmoil, uproar; racket, row, hubbub.
Tumultu|ant [-tu'ant] m (-en; -en) rioter; **♀arisch** [-tu'ɑ:rɪʃ] adj. tumultuous, riotous.
tun [tu:n] v/t. (irr., h.) do; perform, make; → machen; put (to school, into the bag, etc.); make (remark, request); take (jump, oath); nichts ~ do nothing; so ~, als ob make or act as if, pretend to inf.; würdig, etc., ~ assume an air of (or affect) dignity, etc.; ~ Sie ganz, als ob Sie zu Hause wären make yourself quite at home!; was hat er dir getan? what has he done to you?; das will getan sein that wants doing; damit ist es nicht getan that's not enough; es tut nichts it doesn't matter, never mind; es tut sich (et)was something is going on (or is in the wind or is brewing); es tut nichts zur Sache it is of no significance, that is neither here nor there; das tut man nicht! it is not done!; gut daran ~ act wisely, do well to inf.; du tätest gut daran, zu gehen you had better go; tu doch nicht so! don't make a fuss!, he yourself!; was ist zu ~? what is to be done?; dazu ~ a) add (to it), b) contribute, c) do in the matter; ich kann nichts dazu ~ I cannot help it; es ist mir darum zu ~ I am anxious about (it), it is of great consequence to me; ihm ist nur um das Geld zu ~ he is only interested in the money; das tut gut! that is a comfort!, that does one good!; das tut nicht gut no good can come of it; j-m nicht gut~ (drug, etc.) disagree with a p.; was man zu ~ und zu lassen hat the do's and don'ts; zu ~ haben be busy; zu ~ haben mit have to do with; concern; viel zu ~ haben have one's hands full; (nichts) mit j-m zu ~ haben have (no) business or dealings with a p.; es zu ~ haben mit be dealing with, find o.s. up against; nichts zu ~ haben mit et. have no part in (or concern with) a th.; das hat damit nichts zu ~ that has nothing to do with it; damit (mit ihm) will ich nichts mehr zu ~ haben I wash my hands of it (him), I have done with it (him), Am. I am through with it (him); du wirst es mit ihm zu ~ bekommen you will have trouble with him, you will have him down on you; und was habe ich damit zu ~? and where do I come in?; j-m zu wissen ~ let a p. know; ~ daran, leid, schön, weh, etc.; **Tun** n (-s) doings, activities; proceedings pl.; action; conduct; ~ und Treiben ways and doings, actions.
Tünche ['tʏnçə] f (-; -n) white-

wash; fig. varnish, veneer; **♀n** v/t. (h.) whitewash; **~r** m whitewasher.
Tundra ['tʊndra] f (-) tundra.
Tunichtgut ['tu:nɪçtgu:t] m (-[e]s; -e) ne'er-do-well, good-for-nothing.
Tunke ['tʊŋkə] f (-; -n) sauce; gravy; **♀n** v/t. (h.) dip, steep.
'tunlich adj. practicable, feasible; expedient, **~st** adv. if possible, whenever practicable.
Tunnel ['tʊnəl] m (-s; -) tunnel; tech. a. duct; mining: gallery; subway; **~bau** m (-[e]s; -ten) tunnel(l)ing.
Tüpfel ['tʏpfəl] m and n (-s; -) dot, spot; **~chen** n (-s; -) (small) dot; fig. bis aufs ~ to a T; **♀n** v/t. (h.) dot, spot; stipple.
tupfen ['tʊpfən] v/t. (h.) touch lightly, dab (a. wound); → tüpfeln; **'Tupfen** m (-s; -) dot, spot.
'Tupfer m (-s; -) med. swab, tampon; dot, spot; mot. tickler.
Tür [ty:r] f (-; -en) door; in der ~ in the doorway; fig. e-r Sache ~ und Tor öffnen leave the door open for, open a door to a th.; fig. mit der ~ ins Haus fallen blunder out, blurt out the news; → einrennen; fig. j-n vor die ~ setzen turn a p. out; fig. vor der ~ stehen be near at hand, be forthcoming, be just (a)round the corner; fig. zwischen ~ und Angel on the point of leaving, w.s. off--hand; → kehren; **'~angel** f (door-) hinge.
Turban ['tʊrbɑ:n] m (-s; -e) turban.
Turbine [tʊr'bi:nə] f (-; -n) turbine.
Tur'binen...: **~anlage** f turbine plant; **~dampfer** m turbine steamer; **~flugzeug** n turbo-jet plane; **~motor** m turbine engine; **~schaufel** f turbine blade; **~strahltriebwerk** n jet turbine engine.
Turbo|düsenmotor ['turbo-] m turbo-jet; **~gebläse** n turbo-blower; **~kompressor** m turbosuper--charger.
turbulent [turbu'lɛnt] adj. turbulent, hectic.
'Tür...: **~eingang** m doorway; **~flügel** m leaf (or wing) of a door; **~füllung** f door-panel; **~griff** m door-handle; **~hüter** m door--keeper, porter.
Türk|e ['tʏrkə] m (-n; -n), **~in** f (-; -nen) Turk(ish woman).
Türkis [-'ki:s] min. m (-es; -e) turquoise.
'türkisch adj. Turkish; **~e Bohne** scarlet runner; **~er Honig** Turkish delight; **~er Weizen** Indian corn.
'Tür...: **~klinke** f door-handle; latch; **~klopfer** m knocker.
Turm [turm] m (-[e]s; ⁺e) tower (a. fig.); (church) steeple; dungeon; mil. turret; sports: diving stage; chess: castle, rook; **~bau** m (-[e]s; -ten) building of a tower.
Türmchen ['tʏrmçən] n (-s; -) turret.
'türmen I. v/t. (h.) pile up; sich ~ tower (up), rise high, pile up; II. v/i. (sn) colloq. (flee) bolt, skedaddle, hook it, vamoose.
'Türmer m (-s; -) watchman on the tower, warder.
'Turm...: **~fahne** f vane; **~falke** m kestrel; **~geschütz** mil. n turret-

-gun; ℒhoch I. *adj.* (as) high as a tower, towering; *fig.* towering, lofty; II. *adv.*: *j-m ~ überlegen sein* tower above, be head and shoulders above, be vastly superior to *a p.*; ~schwalbe *f* swift; ~spitze *f* spire; ~springen *n* high diving; ~uhr *f* tower clock, church clock; ~verlies *n* dungeon, keep; ~zinne *f* battlement of a tower.

Turn|anzug ['turn-] *m* gym dress; ℒen *v/i.* (h.) do gymnastics, practise (or go in for) gymnastics; ~en *n* (-s) gymnastics, gymnastic exercise(s); *ped.* physical training (*abbr.* P.T.); callisthenics *pl.*; ~er(in *f*) *m* (-s, -; -, -nen) gymnast; ~e'rei *f* (-) gymnastics *pl.*; ℒerisch *adj.* gymnastic; ~erschaft *f* (-; -en) gymnastic club; ~fest *n* gymnastic display; ~gerät *n* gymnastic apparatus; ~halle *f* gym(nasium); ~hemd *n* singlet; ~hose *f* P.T. (= physical training) shorts *pl.*

Turnier [tur'ni:r] *n* (-s; -e) tournament; *hist. a.* joust(ing); ~bahn, ~platz *hist. m* tilt-yard, *the* lists *pl.*; ~reiter(in *f*) *m* tournament rider; ~schranken *f/pl.* lists.

'**Turn...: ~lehrer(in** *f*) *m* gym (-nastic) instructor; ~platz *m* athletic grounds *pl.*; ~riege *f* gym squad; ~schuh *m* gym(nasium) shoe; ~spiele *n/pl.* athletics; indoor games; ~stunde *f* gym lesson, P.T. (= physical training) lesson; ~übung *f* gymnastic exercise; ~unterricht *m* instruction in gymnastics, P.T. (= physical training) lesson.

Turnus ['turnus] *m* (-; -se) turn, rotation, cycle; *im ~* in rotation,

by turns; ℒmäßig [-mɛ:siç] *adj.* regular(ly recurring), in rotation.

'**Turn...: ~verein** *m* gymnastic (or athletic) club; ~wart *m* superintendent of gymnastics; squad leader.

'**Tür...: ~pfosten** *m* door post; ~rahmen *m* door frame; ~riegel *m* bolt; ~schild *n* door plate; ~schließer *m* 1. door catch; 2. door-keeper; ~schloß *n* (door-)lock; ~schwelle *f* threshold; ~steher *m* door-keeper; *jur.* usher; ~sturz *arch. m* lintel.

Turteltaube ['turtəl-] *f* turtle-dove; *fig. wie die ~n* billing and cooing.

Tusch [tuʃ] *m* (-es; -e) flourish (of trumpets); *e-n ~ blasen* sound a flourish; strike up the band, break into a chord.

Tusche ['tuʃə] *f* (-; -n) → *Tuschfarbe*.

tuscheln ['tuʃəln] *v/i. and v/t.* (h.) whisper.

'**tuschen** *v/t. and v/i.* (h.) (colo[u]r-) wash; paint in watercolo(u)rs; draw in Indian ink.

'**Tusch...: ~farbe** *f* watercolo(u)r; Indian (or Chinese) ink; ~kasten *m* paint-box; ~pinsel *m* ink-brush; ~zeichnung *f* sketch in Indian ink, China-ink drawing.

Tüte ['ty:tə] *f* (-; -n) paper bag; (*icecream-*)cone; *colloq. kommt nicht in die ~!* nothing doing!

tuten ['tu:tən] *v/i. and v/t.* (h.) toot(le); *mot.* honk, blow one's horn; *fig. er hat keine Ahnung von* ℒ *und Blasen* he doesn't know the first thing about it.

Tüttel ['tytəl] *m* (-s; -), ~chen *n* (-s; -) dot; *fig.* jot.

Twen [tvɛn] *m* (-s; -s) man in his twenties.

Twist [tvist] *m* (-[e]s; -e) twist, darning-cotton.   [*a.* model.)

Typ [ty:p] *m* (-s; -en) type; *tech.*∫

Type ['ty:pə] *f* (-; -n) type; *colloq.* (*person*) character, crank; *finstere ~n* ugly customers, hooligans; ~n-bezeichnung *tech. f* model (or type) designation; ~ndruck *typ. m* (-[e]s; -e) type-printing; ~ndrukker *m* type printer; ~nhebel *m* type bar; ~nschild *tech. n* type (or name-)plate.

'**typgerecht** *adj.* true to type.

'**typhös** [ty'fø:s] *med. adj.* typhoid.

Typhus ['ty:fus] *med. m* (-) typhoid (fever); ~bekämpfung *f* anti--typhoid measures *pl.*; ~erreger *m* typhoid bacillus; ~impfung *f* anti-typhoid vaccination; ~kranke(r *m*) *f* typhoid patient (or case).

'**typisch** *adj.* typical (*für* of); ~ sein *für a.* typify; *das* ℒe the typical feature or character; *colloq. das ist ~ Georg* that's George all over.

Typo|graph [ty:po'gra:f] *m* (-en; -en) typographer; ~graphie [-gra-'fi:] *f* (-) typography; ℒ'graphisch *adj.* typographic(al).

typisieren [typi'zi:rən] *v/t.* (h.) typify; *tech.* standardize.

Typus ['ty:pus] *m* (-; -pen) type.

Tyrann [ty'ran] *m* (-en; -en), ~in *f* (-; -nen) tyrant (*a. fig.*), despot; **Tyran'nei** [-'naɪ] *f* (-; -en) tyranny, despotism.

Ty'rann|enmord *m*, ~enmörder(in *f*) *m* tyrannicide; ℒisch *adj.* tyrannical, despotic.

tyrannisieren [-ni'zi:rən] *v/t.* (h.) tyrannize (over), oppress; bully *a p.*

U

U, u [u:] *n* U, u.

'**U-Bahn** *f* → *Untergrundbahn*.

übel ['y:bəl] I. *adj.* evil, bad; → *schlecht*; vile, loathsome, nasty, ugly; disastrous, dire, calamitous; foul (*smell, weather*); *nicht ~* not (half) bad, rather nice, pretty good or well; *kein übler Gedanke* not a bad idea; *ein übler Kerl* a bad lot, an ugly customer; *er ist kein übler Kerl* he is not a bad sort; *ein übler Streich* a nasty trick; *mir ist ~* I feel sick; *mir wird ~* I am feeling sick; *dabei kann einem ~ werden* it is enough to make one sick; *sich in e-r üblen Lage befinden* be in a fix, be in a bad mess *or* pinch; *Übles von j-m reden* talk badly *or* ill of a p., slander (*or* calumniate) a p.; II. *adv.* ill, badly, *comp.* worse; *et. ~ aufnehmen* take a th. in bad part; *~ aufgenommen werden* be ill received; *~ beraten sein* be ill--advised; *~ gelaunt sein* be in a bad mood, be cross; *~ riechen* smell (badly), have an unpleasant (*or* offensive *or* foul) smell; *es gefällt mir nicht ~* I rather like it; *es ist ihm ~ bekommen* a) he had to pay

for it (dearly), b) it did not agree with him; → *mitspielen, wohl.*

'**Übel** *n* (-s; -) evil; mischief, calamity; complaint, malady; harm; grievance, abuse; trial, visitation; nuisance, pest; *notwendiges ~* necessary evil; *das kleinere ~* the lesser evil; *von zwei ~n wähle das kleinere* of two evils choose the less; *vom ~* no good, harmful.

'**Übel...: ~befinden** *n* (-s) indisposition; ℒgelaunt *adj.* ill-hu-mo(u)red, cross; ℒgesinnt *adj.* ill-disposed (*dat.* towards); *j-m ~ sein a.* bear a p. a grudge; ~keit *f* (-) sickness, nausea; *~ erregend* sickening, nauseating; ℒlaunig *adj.* ill-tempered; ℒnehmen *v/t.* (*irr.*, *h.*) take *a th.* ill (*or* amiss *or* in bad part), take offen|ce (*Am. -se*) *or* be offended at, resent *a th.*; *es j-m ~ take it ill* of a p.; ℒnehmend, ℒnehmerisch ['-ne:məriʃ] *adj.* easily offended, touchy, huffy; ℒriechend *adj.* ill-smelling, malodorous, smelly; foul (*breath*); ~stand *m* (-[e]s; ⁼e) inconvenience; grievance, abuse; drawback, defect; ~tat *f* misdeed; ~täter(in *f*) *m* evil-

-doer, wrongdoer, malefactor; ℒwollen *v/i.* (h.) wish ill (*dat.* to), bear *a p.* a grudge; have it in for *a p.*; ~wollen *n* (-s) ill-will, malevolence; ℒwollend *adj.* malevolent, spiteful, hostile.

üben ['y:bən] *v/t. and v/i.* (h.) exercise, (*a. mus.*) practise; *mil.* drill, train; *sports*: train; cultivate (*arts*); *sich im Fechten ~* practise fencing; *fig.* practise; pursue (*trade*); *Geduld ~* have patience; *Gerechtigkeit ~* do justice (*gegen* to); → *Nachsicht, Rache, etc.*; → *geübt.*

über ['y:bər] I. *prp.* (*where? dat.*; *where to? acc.*) over, above; higher than; more than; *adm.* (*nicht*) ~ (not) exceeding; across; on account of, over; during, while; *~ dem Tisch* a) over the table, b) above the table; *~ e-n Graben springen* leap over *or* clear a ditch; *gehen, reisen, etc. ~* go, travel, *etc.*, a) across *a river, the sea*, b) by way of, via *a town*; *~ die Straße gehen* go across the street, cross the street; *~ e-e Dienststelle, etc.* through, by the agency of *an office, etc.*; concerning, relating to, as to; *speech, treatise,* *etc.* on (*a subject*); *talk, etc.,* about, of; *film, etc.,* dealing with, depicting; ~ *Geschäfte* (*den Beruf, Politik*) *reden* talk business (shop, politics); *nachdenken* ~ think about *or* over, reflect (up)on; ~ *hundert* more than (*or over, above*) a hundred; *Fehler* ~ *Fehler* fault upon fault; → *heute*; ~*s Jahr* next year, in a year; ~ (*hinaus*) beyond, past; ~ *meine Kräfte* beyond my strength; ~ *meinen Verstand* beyond me, over my head; ~ *Nacht* over night; *zehn Minuten* ~ *zwölf* 10 minutes past twelve; *er ist* ~ *70 Jahre alt* he is past (*or over*) seventy; *es ist* ~ *e-e Woche her* it is over (*or more than*) a week; *einer* ~ *den andern* one upon the other, one on top of the other; ~ *das Wochenende* over the weekend; ~ *einige Jahre verteilt* spread over a series of years; ~ *kurz oder lang* sooner *or* later; ~ *der Arbeit sein* be at work; ~ *den Büchern sitzen* sit (*or* pore) over one's books; ~ *der Arbeit einschlafen* go to sleep over one's work; ~ *j-m stehen fig.* be superior to a p.; *das geht mir* ~ *alles* I put it above everything else; *e-e Wandlung kam* ~ *ihn* a change came over him; *es geht nichts* ~ ... there is nothing like *or* better than ..., ... beats everything; ~ *den Erfolgen dürfen wir nicht die Nachteile vergessen* the success must not blind us to the drawbacks; **II.** *adv.*: ~ *und* ~ over and over, all over; *mil. Das Gewehr* ~*!* slope arms!; *die ganze Zeit* ~ all along; *j-m in et.* ~ *sein* surpass (*or* outdo) a p. in a th., → *überlegen* II.; *colloq. mir ist die Sache* ~ I am tired (*or* sick) of it; *colloq.* → *übrig, vorüber.*

über'all *adv.* everywhere, *Am. a.* all over; throughout; ~ *wo* wherever; ~'**her** *adv.* from all sides (*or* quarters); ~'**hin** *adv.* everywhere, in all directions.

überalter|t [-'⁹altərt] *adj.* superannuated; **Qung** *f* (-) rise in the ratio of old people to total population.

'**Überangebot** *n* excessive supply.
'**überängstlich** *adj.* over-anxious.
über'anstreng|en *v/t.* (*h.*) overexert, overstrain; **Qung** *f* (-; -en) over-exertion.
über'antworten (*h.*) *v/t.* deliver up, give over, surrender (*dat.* to).
'**Über-anzug** *m* overall(s *pl. Am.*).
über'arbeit|en *v/t.* (*h.*) do over again, retouch, touch up, finish off; revise; *sich* ~ overwork o.s.; ~**et** *adj.* overworked, over-wrought; **Qung** *f* **1.** (-; -en) revision, touching up; **2.** (-) overwork.
'**Über-ärmel** *m* oversleeve.
'**überaus** *adv.* exceedingly, extremely.
'**Überbau** *m* (-[e]s; -ten, -e) superstructure.
über'bauen *v/t.* (*h.*) build over.
'**überbe-anspruchen** *v/t.* (*h.*) *tech.* overload, (*a. arch.*) overstress; *fig.* (*sn*) strain, overtax, overwork.
'**Überbein** *med. n* node, exostosis.
überbelast|en *v/t.* (*h.*), **Qung** *f* (-; -en) overload.
'**überbelegt** *adj.* overcrowded.

'**überbelicht|en** *phot. v/t.* (*h.*) overexpose; **Qung** *f* (-; -en) overexposure.
'**überbesetzt** *adj.* overstaffed.
'**überbeton|en** *v/t.* (*h.*) overemphasize; **Qung** *f* (-; -en) overemphasis.
'**Überbett** *n* coverlet, quilt.
'**überbewerten** *v/t.* (*h.*) overvalue.
über'bieten *v/t.* (*irr., h.*) outbid; *fig.* surpass, outdo, beat; *sich gegenseitig* ~ *in et.* vie with one another in a th.
Überbleibsel ['-blaɪpsəl] *n* (s; -) remainder, remnant, *Am.* holdover; *pl. a.* remains (*a. fig.*); residue; *of meal:* leavings, left-overs *pl.*; *fig.* (*historic*) survival, *Am.* hangover.
über'blend|en *v/t.* (*h.*) *radio, film:* fade over; **Qung** *f* (-; -en) fading.
'**Überblick** *m* survey; *fig. a.* summary, review, synopsis; *e-n* ~ *gewinnen* obtain a general view (*über acc.* of); *es fehlt ihm an* ~ he lacks perspective.
über...: ~'**blicken** *v/t.* (*h.*) glance over; overlook, survey; *fig.* survey, view; assess; ~'**bringen** *v/t.* (*irr., h.*): *j-m et.* ~ deliver (*or* take, bring, present) a th. to a p.; **Q'bringer(in** *f*) *m* (-s, -; -, -nen) bearer; **Q'bringung** *f* (-; -en) delivery; ~'**brücken** *v/t.* (*h.*) bridge, span; *fig.* bridge over *a th.*; **Q'brückungsgelder** *n/pl.* tide-over *sg.*; **Q'brückungshilfe** *f* stopgap relief, readjustment allowance; **Q'brückungskredit** *m* stopgap loan, temporary accommodation; ~'**bürden** *v/t.* (*h.*) overburden; **Q'bürdung** *f* (-) overburdening; overwork; overpressure; ~'**dachen** *v/t.* (*h.*) roof (over *or* in), shelter; ~'**dauern** *v/t.* (*h.*) outlast, outlive; ~'**decken** *v/t.* (*h.*) cover *a th.* over; overlap; conceal (*a. tech.*); *w.s.* veil, shroud; *tech. a.* mask (*a. taste*); ~'**denken** *v/t.* (*irr., h.*) think *a th.* over, reflect (up)on *a th.*, consider; ~'**dies** *adv.* besides, moreover, what is more; '**Qdosis** *f* overdose; ~'**drehen** *v/t.* (*h.*) overwind (*watch*); overspeed (*engine*); strip (*thread*).
'**Überdruck** *m* (-[e]s; -e, -e) transfer; *mail.* surcharge, overprint; *tech.* overpressure; ~**anzug** *m* high-pressure suit; **Qen** [-'drukən] *v/t.* (*h.*) overprint; ~**kabine** *f* pressurized cabin; ~**ventil** *n* (high-pressure) relief valve.
Über|druß ['y:bərdrus] *m* (-sses) weariness, disgust; satiety; *bis zum* ~ *to satiety*; **Q'drüssig** ['-drysɪç] *adj.* (*gen.*) disgusted with, tired (*or* sick *or* weary) of.
'**überdurchschnittlich** *adj.* above average, outstanding.
über'eck *adv.* across, diagonally.
'**Über-eif|er** *m* over-zeal; **Qrig** *adj.* over-zealous.
über'eign|en *v/t.* (*h.*) make *a th.* over (*dat.* to), assign, transfer; convey *real estate* (to); **Qung** *f* (-; -en) assignment, transfer, conveyance.
über'eil|en *v/t.* (*h.*) precipitate *or* rush (*die Sache* matters); scamp (*work*); *sich* ~ hurry too much, act precipitately, overshoot the mark; *übereilt* over-hasty, precipitate, (*a.*

fig.) rash; **Qung** *f* (-; -en) precipitance, rashness, overhaste; *nur keine* ~*!* take your time!
über-ein'ander *adv.* one upon the other; ~**greifen** *v/i.* (*irr., h.*) overlap; ~**schlagen** *v/t.* (*irr., h.*) fold (*arms*); cross (*legs*).
über'ein|kommen *v/i.* (*irr., sn*) agree (*über acc.* about *or* on); reach an agreement, come to terms; *man kam überein, daß* it was agreed that; **Qkommen** *n* (-s), **Qkunft** [-kunft] *f* (-; -e) agreement, arrangement, understanding; settlement, compromise; *eine* ~ *treffen* reach (*or* come to *or* make) an agreement; *laut* ~ as agreed (upon); ~**stimmen** *v/i.* (*h.*) *person:* mit *j-m* ~ (*über* or in) agree with a p. (on), concur with a p. (in), share a p.'s opinion (of); see eye to eye with a p.; *matter:* correspond, harmonize; be in agreement (*or* keeping), tally, coincide, square, *Am. a.* check (*all mit* with); ~**stimmend I.** *adj.* corresponding, conformable; concurring (*opinion*); consistent; unanimous; identical; **II.** *adv.:* ~ *mit* (*dat.*) in accordance (*or* conformity) with; in keeping with; **Qstimmung** *f* (-; -en) agreement; correspondence, conformity, concurrence; harmony, accord; unison; *in* ~ *mit* in agreement (*or* accordance *or* conformity) with, in keeping (*or* harmony, *Am. a.* line) with; *in* ~ *bringen* make agree (*mit* with), reconcile, synchronize (with).
'**über-empfindlich** *adj.* hyper- *or* oversensitive (*gegen acc.* to); **Qkeit** *f* (-; -en) hypersensitiveness.
'**über-entwickelt** *adj.* overdeveloped.
über'essen (*irr., h.*) **I.** *sich* ~ overeat; **II.** '**überessen** *v/t.*: *sich eine Speise* ~ sicken o.s. of a dish.
'**überfahren I.** *v/i.* (*irr., sn, h.*) pass over, cross; **II.** *über'fahren v/t.* (*irr., h.*) run over (*a p., dog, etc.*); overrun (*signal*); cross (*river, etc.*); pass over *a th.*; *fig. j-n:* ride roughshod over, walk all over *a p.*, *sports: a.* trounce, whip.
'**Überfahrt** *f* passage; crossing (*über e-n Fluß, etc.: a river, etc.*).
'**Überfall** *m* sudden attack, surprise (attack); invasion; hold-up; assault; inroad; raid (*a. aer.*).
über'fallen *v/t.* (*irr., h.*) fall upon, attack suddenly, surprise; invade, raid; hold up; assault; *fig. disease, night:* overtake; *sleep:* steal upon; *fright:* seize; *er überfiel mich mit der Frage* he pounced on me with the question; *plötzlich überfiel es ihn* it came to him suddenly.
'**überfällig** *adj.* overdue.
'**Überfall|kommando** *n* flying (*Am.* riot) squad; *das* ~ *anrufen* send in a riot call; ~**wagen** *m* Q-car.
'**überfein** *adj.* superfine; *fig.* over-refined; fastidious (*tastes*).
über'feiner|n [-'faɪnərn] *v/t.* (*h.*) overrefine; **Qung** *f* (-; -en) overrefinement.
über'fliegen *v/t.* (*irr., h.*) fly over *or* across; *fig. mit den Augen:* glance over, run over, skim; *den Ozean* ~ fly the ocean.

U
V

'**überfließen** v/i. (irr., sn) flow over, overflow.

über'flügeln v/t. (h.) mil. outflank; fig. surpass, outstrip.

'**Überfluß** m (-sses) abundance, plenty, profusion; superfluity; excess; redundancy; wealth (all: an dat. of); glut; surplus; ~ haben an (dat.), et. im ~ haben abound in, have plenty of, have oodles of; im ~ vorhanden sein be (super-) abundant or plentiful; zum ~ needlessly, unnecessarily.

'**überflüssig** adj. superfluous, unnecessary, useless; undesired, uncalled-for; surplus, excess; ~ machen render superfluous, etc.; er ist hier ~ we can certainly do without him.

überfluten [-'flu:tən] v/t. (h.) overflow; inundate, flood (a. fig. and of light); den Damm ~ top the dam.

über'forder|n v/t. (h.) overcharge; fig. overtax; 2ung f (-; -en) overcharge; fig. overstrain, overwork.

'**Überfracht** f overfreight, excess freight; excess luggage.

über'fragen v/t. (h.): da bin ich überfragt I am afraid I don't know that, that's one too many for me.

Überfremdung [-'fremduŋ] f (-) foreign infiltration or control.

'**überführen** v/t. (h.) 1. carry a p. over, lead across; transport; 2. über-'führen v/t. (h.) convey; transport deceased (in state); aer. fly in, ferry; transfer (money, etc.); convince (gen. of); jur. convict (gen. of), find guilty (of).

Über'führung f (-; -en) transportation, conveyance; transfer; road-bridge, viaduct, fly-over, Am. over-pass; jur. conviction.

'**Überfülle** f superabundance, profusion.

über'füll|en v/t. (h.) overfill; cram; (a. stomach); overload; overcrowd, jam; econ. overstock, glut (the market); 2ung f (-) overfilling; overloading; cramming; glut, surfeit; econ. overstock(ing); (traffic) congestion.

'**Überfunktion** med. f hyperfunction(ing).

über'füttern v/t. (h.) overfeed.

'**Übergabe** f (-) delivery, handing-over; submittal; mil. surrender (a. jur.); ~verhandlungen f/pl. negotiations for surrender.

'**Übergang** m passage, (a. rail.) crossing; schienengleicher ~ level crossing, Am. grade crossing; fig. transition, change; going over (zum Feind to the enemy); devolution, assignment (of rights).

'**Übergangs...:** ~bestimmungen f/pl. transitional (or provisional) regulations; ~farbe f transition colo(u)r; ~kleidung f interseasonal wear; ~lösung f interim solution, stopgap; ~stadium n transition stage; ~stelle f place of crossing; ~zeit f transition period.

über'geben I. v/t. (irr., h.) deliver up, give up; hand over, present (j-m et. a th. to a p.); mil. surrender (a. sich ~); med. sich ~ vomit, be sick; fig. j-m et. ~ entrust to, place into the hands of; consign to (the flames); e-e Sache dem Gericht ~

take a matter to court, submit a matter to the court; dem Verkehr ~ open for traffic; II. v/i. (irr., h.) hand over (an acc. to).

'**Übergebot** econ. n higher bid.

'**übergehen** I. v/i. (irr., sn) pass over (zu to); ~ auf (acc.) office, etc.: devolve upon (successor); ~ in (acc.) pass into, change (or turn) into, merge (or fade) into another colo(u)r; ineinander ~ blend; → Fäulnis; in j-s Besitz ~ pass to a p.; in andere Hände ~ change hands; zu et. ~ proceed to; start, take up; switch over to; take to a th.; zu e-m anderen Thema ~ go (or pass) on to another subject; zum Angriff ~ take the offensive; zur Gegenpartei ~ change sides, pol. a. rat; die Augen gingen ihm über his eyes filled with tears; II. über'gehen v/t. (irr., h.) pass over (mit Stillschweigen in silence), overlook, ignore; omit, skip; leave out, neglect.

Übergehung [-'ge:uŋ] f (-) passing over; omission; neglect.

'**übergenug** adj. more than enough, ample; ~ haben have enough and to spare.

'**überge-ordnet** [-ɔrdnət] adj. higher, superior.

'**Übergewicht** n (-[e]s) overweight; fig. preponderance, superiority (über acc. over); das ~ bekommen lose one's balance, fig. get the upper hand, prevail; das ~ haben predominate.

übergießen v/t. (irr., h.) 1. pour over; spill; 2. über'gießen pour over; douse (mit with), cover (with); baste (roast); chem. transfuse; fig. suffuse (with); mit Licht ~ bathe in light; mit Schamröte übergossen blushing all over (with shame).

überglasen [-'gla:zən] v/t. (h.) glaze.

überglücklich adj. extremely happy, overjoyed, delirious with joy.

'**übergreifen** v/i. (irr., h.) overlap; mus. on violine: shift; fig. ~ auf or in (acc.) encroach on, epidemic, fire, panic, etc.: spread to, w.s. a. affect.

'**Übergriff** m encroachment, infringement, inroad (auf acc. on).

'**über|groß** adj. outsize(d), oversize(d); immense, huge, colossal; 2größe econ. f oversize.

'**Überguß** m covering, crust; icing.

'**überhaben** v/t. (irr., h.) have coat, etc., on; have left (over); colloq. e-e Sache ~ be (sick and) tired of a th., be fed up with a th.

über'handnehmen v/i. (irr., h.) prevail, increase, spread; 2 n (-s) increase, spread, prevalence.

'**Überhang** m overhang(ing rock, etc.); arch. projection; curtain; fig. econ. surplus, excess; residue; carry-over; backlog; 2en v/i. (irr., h.) hang over, overhang; arch. project, jut forth.

'**überhängen** I. v/i. (irr., h.) → überhangen; II. v/t. (irr., h.) hang a th. over; throw coat round one's shoulders; sling rifle over one's shoulder.

über'hast|en v/t. (h.) hurry (or race through) a th.; ~et I. adj. overhasty, hurried; II. adv. precipitately, overhastily, hurry-skurry.

über'häufen v/t. (h.) overwhelm (mit with); swamp (with) (letters, orders, applications, etc.); econ. overstock, glut (the market); mit Arbeit überhäuft swamped with work.

über'haupt adv. generally (speaking), on the whole; actually; altogether; after all; ~ nicht not at all, not a bit; ~ kein ... no ... whatever; wenn ~ if at all; du hättest es ~ nicht tun sollen you shouldn't have done so in the first place; gibt es ~ eine Möglichkeit? is there any chance (whatever)?; was willst du ~? what are you driving at, anyhow?

über'heb|en v/t. (irr., h.) exempt, excuse (gen. from); e-r Mühe, etc.: spare a p. a trouble, etc.; sich ~ overstrain o.s. (by lifting), fig. be overbearing, presume too much; ~lich [-'he:plɪç] adj. overbearing, presumptuous, arrogant; 2lichkeit f (-; -en) presumption, arrogance, hauteur (Fr.).

über|'heizen, ~hitzen [-'hitsən] v/t. (h.) overheat (a. fig., econ.); tech. superheat.

über'höh|en v/t. (h.) arch. surmount; superelevate, Am. bank (road bend); raise excessively, send up (prices); ~t adj. superelevated, Am. banked (curve); excessive, prohibitive (prices); 2ung f (-; -en) superelevation, bank; increase, excess.

'**überholen**[1] I. v/t. (h.) fetch a p. over, ferry over; hol über! ferryman ahoy!; II. v/i. (h.) mar. heel (ship).

über'hol|en[2] v/t. (irr.) pass (a. mot.), overtake; (out)distance, outrun, outpace, (a. fig.) outstrip; tech. overhaul, recondition, service; 2en n (-s) passing (a. mot.); 2fahrbahn f passing lane; ~t adj. antiquated, out-of-date, outmoded; (~ durch) superseded (by); tech. overhauled, reconditioned; 2ung tech. f (-; -en) overhaul, reconditioning.

über'hören v/t. (h.) not to hear: a) miss, not to catch, b) ignore (words); das will ich überhört haben! don't say that again!

'**Über-Ich** psych. n superego.

'**über-irdisch** adj. supernatural; celestial, heavenly; divine; spiritual; fig. von ~er Schönheit of unearthly (or divine) beauty.

'**Überkapitalisierung** f overcapitalization.

'**überkippen** v/i. and v/t. (sn) till (or tip) over; lose one's balance.

'**überkleben, über'kleben** v/t. (h.) paste over.

'**Überkleid** n upper garment, outer dress; tunic; overall.

über'kleiden v/t. (h.) cover a th. over (mit with).

'**Überkleidung** f outer wear.

'**überklug** adj. overwise, too clever (by half); ein ~er Mensch a wiseacre.

'**überkochen** v/i. (sn) boil over; fig. (vor Wut) ~ boil with rage.

über'kommen v/t. (irr., h.) receive; Furcht, etc. überkam ihn he was overcome by fear, etc.; II. v/i. (irr., sn): diese Sitte ist uns ~ this custom has been handed down (or has come down) to us; **III.** *adj.* traditional, conventional.

'überkompensieren *v/t.* (*h.*) overcompensate.

'überkonfessionell *adj.* interdenominational.

'Überkonjunktur *econ. f* super-boom.

'überkopieren *phot. v/t.* (*h.*) overprint.

'überkritisch *adj.* overcritical.

über'kronen *v/t.* (*h.*) crown (*teeth*).

'Überkultur *f* overrefinement.

über'lad|en I. *v/t.* (*irr., h.*) overload (*a. stomach*); *mar.* overfreight; *tech.* overcharge (*a. gun*; *a. fig. description, picture*); **mit Arbeit ~** overburden with work, overwork *a p.*; *fig.* **sich den Geist ~** stuff o.s. (*mit* with); **II.** *adj. fig.* florid, ornate, too profuse (*all a. style*); **2ung** *f* overload(ing); overcharge.

über'lager|n I. *v/t.* (*h.*) super(im)pose, overlie; overlap; *tech.* overlay; *radio:* heterodyne; jam (*station*); **2ung** *f* super(im)position; heterodyning; jamming; **2ungs-empfänger** *m radio:* superhet(erodyne receiver).

Über'land|bahn *f* interurban railway; **~flug** *m* cross-country flight; **~leitung** *el. f* transmission line; **~omnibus** *m* cross-country bus, motor coach; **~straße** *f* highway; **~transport** *m* overland transport, long-distance haulage; **~verkehr** *m* interurban traffic; **~zentrale** *el. f* long-distance power station.

über'lappen *tech. v/t.* (*h.*) overlap.

über'lass|en *v/t.* (*irr., h.*): *j-m et.* **~** let a p. have a th., leave a th. to a p.('s discretion); cede, leave (to); *käuflich:* sell; *zur Miete:* let (*lodgings*); abandon, relinquish; entrust (to); **sich e-m Gefühl, etc., ~** give o.s. up to, give way to (*feeling, etc.*); *j-n sich selbst* **~** leave a p. to o.s. (*or s-m Schicksal* to one's fate); *sich selbst* **~ sein** be left to one's own resources, be on one's own; **~ Sie das mir** leave it to me; *es bleibt ihm* **~**, *was er tun will* he is at liberty to do as he pleases; **2ung** *f* (-) leaving; abandonment; *jur.* cession.

'Überlast *f* overweight; overload.

über'last|en *v/t.* (*h.*) overload, overcharge; *fig.* overburden, overtax; **2ung** *f* (-; -en) overload, overcharge; *fig.* overstress, overwork, pressure of business.

'überlaufen I. *v/i.* (*irr., sn*) run (*or* flow) over; boil over; *paints:* ineinander **~** run (into one another); *mil.* desert, *w.s. a.* go over (*zu* to); *zum* **2 voll** full to overflowing, brimful; **II.** *über'laufen v/t.* (*irr., h.*) overrun; spread over; pester, annoy; besiege; *ein Beruf* (*e-e Gegend*) *ist* **~** a profession (a region) is overcrowded; *es überlief mich kalt* a cold shudder seized me.

'Überläufer *m* deserter; *pol.* turncoat.

'Überlaufventil *n* overflow trap.

'überlaut *adj.* too loud (*or* noisy), overloud, deafening.

über'leb|en *v/t.* (*h.*) survive, outlive; *die Nacht, etc.,* **~** live the night, etc.,

out; *das überlebe ich nicht* that will be the death of me; *das hat sich überlebt* that has had its day; **2ende(r** *m*) *f* (-*n*, -*n*; -*en*, -*en*) survivor; **2ens-chance** *f* survival chance; **~ensgroß** *adj.* more than life-sized, larger than life; **2enszeit** *f* survival time; **~t** [-'le:pt] *adj.* antiquated, out-of-date, disused.

'überlegen¹ *v/t.* (*h.*) lay over.

über'leg|en² **I.** *v/t. and v/i.* (*h.*) consider, reflect (up)on, think *a th.* over; *ich will es mir* **~** I will think it over; *noch einmal* **~** reconsider; *es sich wieder* (*or anders*) **~** change one's mind; *wenn ich es mir recht überlege* on second thoughts; *das will wohl überlegt sein* that requires careful consideration; *das würde ich mir zweimal* **~** I should think twice before doing it; **II.** *adj.* superior (*dat.* to; *an dat.* in); *j-m* **~** *sein a.* be more than a match for, have the edge on, be head and shoulders above *a p.*; *zahlenmäßig* **~** *sein* outnumber (*dat. opponents*); *mit* **~er Miene** with a superior air; **III.** *adv.* in superior style; by a wide margin; **~ besiegen** outclass, whip, mop the floor with *an opponent*; **2enheit** [-'le:gənhaıt] *f* (-) superiority; preponderance; **~t** [-'le:kt] *adj.* considerate; deliberate; premeditated; prudent; **2theit** *f* (-) deliberation; circumspection; **2ung** [-'le:gun] *f* (-; -en) consideration, reflection, thought; *mit* **~** deliberately; *ohne* **~** inconsiderately, blindly, on the spur of the moment; *bei näherer* **~** on second thoughts; *nach reiflicher* **~** upon mature consideration.

'überleiten I. *v/t.* (*h.*) lead (*or* conduct) over; transfuse (*blood*); **II.** *v/i.* (*h.*) lead over (*zu* to), transfer; form a transition.

'Überleitungsvertrag *m* transition agreement.

über'lesen *v/t.* (*irr., h.*) read (*or* run) *a th.* over, peruse; overlook.

über'liefer|n *v/t.* (*h.*) deliver, hand over (*dat.* to); *der Nachwelt:* hand down, pass on (*to posterity*); *mil.* surrender; **~t** *adj.* traditional; **2ung** *f* (-; -en) delivery; *mil.* surrender; *fig.* tradition.

Über'liege|geld *econ. n* demurrage; **~tage** *m/pl.*, **~zeit** *f* (days of) demurrage.

über'listen *v/t.* (*h.*) outwit, dupe, outsmart.

überm ['y:bərm] *colloq.* = *über dem* → *über.*

über'machen *v/t.* (*h.*) make over (*dat.* to); remit.

'Über|macht *f* (-) superiority; superior strength (*esp. mil.* force); *fig.* predominance; *der* **~ weichen** yield to superior force; **2mächtig** *adj.* superior (in strength), too powerful; predominant, paramount.

'übermalen *v/t.* (*h.*) **1.** paint over; **2.** *über'malen* paint out (*or* over).

überman'gansauer *chem. adj.* permanganic; **~es** *Kali* permanganate of potash.

über'mannen *v/t.* (*h.*) overpower, overwhelm, overcome (*both a. fig.*).

'Über|maß *n* (-es) excess; → *Überfluß; im* **~** in excess, excessively;

bis zum **~ zu excess; 2mäßig I.** *adj.* excessive; immoderate; undue; **II.** *adv.* excessively, overmuch, *Am. a.* overly; **~ arbeiten** work too hard; **~ rauchen** overindulge with tobacco, smoke too much.

'übermechanisiert *adj.* overengined.

'Übermensch *m* superman; **2lich** *adj.* superhuman.

über'mitt|eln *v/t.* (*h.*) transmit, convey (*dat.* to); **2(e)lung** *f* (-; -en) transmission.

'übermodern *adj.* ultra-fashionable.

'übermorgen *adv.* the day after tomorrow.

über'müd|et *adj.* overtired; **2ung** *f* (-) overfatigue.

'Über|mut *m* wantonness; high spirits *pl.*; sportiveness, frolicsomeness; insolence; **2mütig** ['-my:tiç] *adj.* wanton; in high spirits; sportive, frolicsome, rollicking, playful, insolent, cocky; *ein* **~er** *Film, etc.,* a rollicking film, *etc.*

'übernächst *adj. the* next but one; **~e** *Woche* the week after next.

über'nachten *v/i.* (*h.*) pass (*or* spend) the night, stay over night.

übernächtig ['-neçtiç] *adj.* having stayed up all night; fatigued (from lack of sleep), worn (out), haggard, blear-eyed; **~ aussehen** *a.* look seedy.

Über'nachtung *f* (-; -en) passing the night; night's lodging, overnight accommodation; **~sgeld** *n* night-lodging allowance; **~smöglichkeit** *f* lodging for the night, overnight accommodation.

Über'nahme ['-na:mə] *f* (-; -n) → *übernehmen 1;* taking over; acceptance; undertaking; assumption; adoption; taking charge of; taking possession of; entering upon, succession to (*estate, office*); *econ.* takeover; **~bedingungen** *f/pl.* conditions of acceptance; **~preis** *m* taking-over (*or* contract) price.

'übernational *adj.* supranational.

'übernatürlich *adj.* supernatural.

über'nehm|en *v/t.* (*irr., h.*) **1.** take over; receive; undertake, take upon o.s. (*duty, responsibility*); take (*command, lead, risk*); take charge of; accept (*duty, merchandise; a. estate* = enter upon); assume (*debt, responsibility*); take possession of; adopt (*method, etc.*); enter upon, succeed to (*an office*); → *annehmen; sich* **~** undertake too much, overstrain o.s., overextend o.s., in *et.:* overdo *a th.; im Essen:* overeat; *fig.* overreach o.s.; **2.** *'übernehmen* shoulder; *mil. das Gewehr:* slope (*Am.* shoulder) (*arms*); **2er** *m* (-s; -) one who takes (*over or upon o.s.*); receiver; contractor; *of bill of exchange:* **a)** acceptor, drawee; *jur.* assign, transferee.

'über-ordnen *v/t.* (*h.*): *j-n* (*or et.*) *j-m* (*or e-r Sache*) **~** place (*or* set) a p. (*or* a th.) over a p. (*or* a th.).

'überparteilich *adj.* above party lines, non-partisan.

über'pinseln *v/t.* (*h.*) paint *a th.* over.

über'pflanz|en *v/t.* (*h.*) transplant; **2ung** *f* transplantation.

'Überpreis *m* excessive price.

'**Überproduktion** f overproduction.

über'prüf|en v/t. (h.) (re)consider, study; examine, investigate; scrutinize; screen (a p. for security reasons); review; check; verify; test; inspect; Qung f examination, investigation; scrutiny; checking; audit; review; verification; test (-ing); inspection.

über'quer [-'kve:r] adv. across, crossways, diagonally; ~en v/t. (h.) cross, transverse; Qung f (-; -en) crossing.

über'ragen v/t. (h.) rise (or tower) above a th., overtop (or overlook) a th.; fig. tower above, surpass, (a. v/i.) excel (durch by); ~d adj. fig. paramount; outstanding, brilliant.

überrasch|en [-'raʃən] v/t. (h.) (take by) surprise; take unawares, come upon; catch (bei at); surprise; vom Regen überrascht werden be caught in the rain; ~end adj. surprising; amazing, startling; unexpected; ~ kommen come as a surprise (dat. to); Qungs-angriff m surprise (or sneak) attack; Qungsmoment n element of surprise; Qungssieger m surprise winner.

über'rechnen v/t. (h.) count (reckon) a th. over; check.

über'red|en v/t. (h.) persuade (zu [in]to); j-n zu et. ~ talk a p. into (doing) a th.; j-n zu ~ suchen reason with a p.; sich ~ lassen allow o.s. to be persuaded, come round, zu et.: let o.s. be talked into a th.; Qung f (-) persuasion; Qungsgabe (-), Qungskunst f gift (or art) of persuasion; Am. a. salesmanship; Qungskraft f (-) power of persuasion, persuasiveness.

'**überregional** adj. supra-regional.

'**überreich** adj. too (or extremely) rich; ~ an (dat.) abounding in; overflowing with.

über'reichen v/t. (h.) hand a th. over, present a th. (j-m to a p.); submit; enclose, attach.

'**überreichlich I.** adj. superabundant; **II.** adv. in profusion, amply.

Über'reichung f (-; -en) presentation.

'**überreif** adj. overripe.

über'reiz|en v/t. (h.) overexcite; overstrain (nerves); ~t adj. overwrought; on edge; Qtheit (-), Qung f (-; -en) overexcitement, overstrain; overwrought state.

über'rennen v/t. (irr., h.) run over or down; esp. mil. overrun.

'**Überrest** m remainder; remnant (a. fig.); chem., jur. residue; (a. ~e pl.) remains pl.; w.s. ruins, relics pl.; sterbliche ~e mortal remains; → Überbleibsel.

'**Überrock** m overcoat, topcoat.

über'rollen mil. v/t. (h.) overroll, sweep over.

über'rumpel|n v/t. (h.) surprise, take unawares; rush; catch between wind and water; mil. take by surprise; sich ~ lassen be caught napping; Qung f (-; -en) surprise (attack mil.); Qungstaktik f rush tactics.

über'runden v/t. (h.) sports (out)lap.

'**übers** colloq. = über das → über.

über'sät adj. strewn, littered (mit with); fig. dotted, studded; bespangled (mit with stars).

'**übersatt** adj. surfeited (von with).

über'sättig|en v/t. (h.) surfeit (a. fig.); chem. oversaturate; tech. overheat (steam); fig. übersättigt von (dat.) (sick and) tired of, fed up with; Qung f surfeit (a. fig.); chem. supersaturation.

über'säuer|n v/t. (h.) make too sour; overacidify (a. med.); Qung f hyperacidity.

'**Überschall...** phys. supersonic, faster-than-sound; ~geschwindigkeit f supersonic speed.

über'schatten v/t. (h.) overshadow (a. fig. = throw into the shade); events, etc.: cast a cloud over.

über'schätz|en v/t. (h.) overrate, overestimate; Qung f overestimation.

über'schauen v/t. (h.) overlook, survey.

'**überschäumen** v/i. (sn) foam (or froth) over; fig. brim (or bubble) over (vor with); ~d adj. fig. exuberant.

'**Überschicht** f extra shift.

'**überschießen I.** v/i. (irr., sn) fall forward; be in excess; **II.** über-'schießen v/t. (irr., h.) overshoot; ~d adj. shifting (ballast); surplus.

überschlächtig ['-ʃlɛçtiç] tech. adj. overshot.

über'schlafen v/t. (irr., h.) sleep on a th.

'**Überschlag** m somersault, gym. a. handspring, overthrow; aer. loop, on landing: noseover; tailoring: facing; (rough) calculation, estimate; el. flashover.

über'schlagen[1] **I.** v/t. (irr., h.) cross (legs); **II.** v/i. (irr., sn) turn (or tumble) over; spark: flash across; fig. ~ in (acc.) turn abruptly into.

über'schlagen[2] **I.** v/t. (irr., h.) omit, skip, miss a page; calculate roughly, (make an) estimate (of); take the chill off; sich ~ turn a somersault, tumble over, go head over heels; car, etc.: overturn, mar. capsize, aer. loop the loop, on landing: noseover, mil. shell: tumble; (voice), crack, break, fig. events: follow hot on the heels of one another; sich vor Liebenswürdigkeit fast ~ fall over o.s. to be nice; **II.** adj. lukewarm, tepid.

'**überschlau** adj. oversmart, too clever by halves.

'**überschnappen** v/i. (sn) voice: squeak; colloq. go crazy, go mad, crack up, flip; übergeschnappt cracked, nuts.

über'schneid|en v/t. (irr., h.) and sich ~ overlap (a. fig.); lines: intersect; Qung f (-; -en) overlapping; (point of) intersection.

über'schreiben v/t. (irr., h.) superscribe, head, entitle; address (letter); transfer, make a th. over (dat. to), sign over rights (to); econ. carry over; auf ein Konto ~ pass to an account; give, transmit (order); label, mark.

über'schreien v/t. (irr., h.) cry down; sich ~ overstrain one's voice.

über'schreit|bar adj. passable, crossable; ~en v/t. (irr., h.) cross, pass over a th., go across a th.; overstep (boundary); fig. transgress; infringe (law); exceed, overstep, go beyond (measure); exceed, fail to meet (deadline); surpass (credit); overdraw (one's account); sein Einkommen ~ overspend; Qung f (-; -en) crossing; fig. transgression; infringement; exceeding.

'**Überschrift** f heading, title; headline.

'**Überschuh** m overshoe; galosh; ~e pl. Am. rubbers.

über'schuld|et adj. deeply involved in debt; heavily encumbered (property); Qung f (-; -en) heavy indebtedness (or encumbrance).

'**Über|schuß** m surplus, excess; econ. **a)** balance (a. = remainder), **b)** margin, **c)** profit; e-n ~ abwerfen yield a profit; ~schußgebiet n area producing a surplus; Qschüssig ['-ʃysiç] adj. surplus, excess; (a. adv.) in excess; ~e Erzeugnisse excess products, surplus goods; ~e Kaufkraft surplus purchasing power; ~e Kräfte unused strength, spare energy.

über'schütten v/t. (h.) cover; fig. overwhelm (mit with); mit Geschenken: shower with.

'**Überschwang** m (-[e]s) exuberance, excess.

über'schwemm|en v/t. (h.) inundate (a. fig.); flood, overflow; swamp (esp. floor, table, etc.); fig. mit Briefen, Aufträgen, etc.: deluge (or flood or swamp) with letters, orders, etc.; econ. overstock, glut (the market); Qung f (-; -en) inundation, flood(ing); econ. overstocking, glutting; Qungskatastrophe f flood disaster.

'**überschwenglich** ['-ʃvɛnliç] adj. rapturous, effusive, gushing; Qkeit f (-; -en) effusiveness.

'**überschwer** adj. mil.: ~er Panzer superheavy tank.

'**Übersee** f (-) oversea(s pl.); nach ~ gehen go overseas; ~bank f (-; -en) oversea bank; ~dampfer m transoceanic steamer, ocean liner; ~handel m oversea(s) trade; Qisch adj. oversea(s); transoceanic (communication, steamer); transmarine (cable); foreign (market); ~e Route oversea route; ~kabel el. n transoceanic (or transatlantic or submarine) cable; ~streitkräfte mil. f/pl. overseas forces; ~telegramm n cablegram; ~verkehr m oversea (or transoceanic) traffic.

über'segeln v/t. (h.) run foul of a ship.

über'seh|bar adj. surveyable, visible at a glance, in full view; ~en v/t. (irr., h.) → überblicken; survey, run the eye over, take in at a glance; overlook, miss, fail to notice; ~ werden escape a p.'s notice; disregard, ignore, shut one's eyes to, wink at; realize, perceive; er übersieht die Sache fast nicht mehr he can hardly keep track of the business.

'**überselig** adj. overjoyed, delirious with joy.

über'send|en v/t. (irr., h.) send, forward, transmit; econ. consign, Am. ship (goods); remit (money); Qer(in f) m (-s, -; -, -nen) sender;

econ. consigner; remitter; ꝏ**ung** *f* (-) sending; transmission; consignment; remittance.

über'setzbar *adj.* translatable.

'**übersetzen**[1] **I.** *v/i.* (h.) pass over; **II.** *v/t.* (h.) carry (*or* ferry) over.

über'setz|en[2] *v/t.* (h.) translate (*in acc.* into), render (into *English*); *falsch* ꝏ mistranslate; interpret; *tech.* gear; ꝏ**er(in** *f*) *m* (-s, -; -, -nen) translator; ꝏ**ung** *f* (-; -en) translation (*aus from*; *in acc.* into); rendering; version; *tech.* gear(ing), transmission; ꝏ**ungsfehler** *m* error of translation, misrendering; ꝏ**ungsgetriebe** *tech.* *n* transmission gearing; ꝏ**ungsverhältnis** *tech.* *n* gear ratio.

'**Übersicht** *f* (-; -en) survey, view; *fig.* survey, review; summary outline; synopsis; *e-e* ꝏ *bekommen* obtain a general view (*über acc.* of); *die* ꝏ *verlieren* lose control (over); *man verlor jede* ꝏ *a.* the matter got completely out of hand; ꝏ**lich** *adj.* easy to survey; clear(ly arranged); lucid; open (*terrain*); *fig.* predictable; ꝏ**lichkeit** *f* clearness; lucidity; ꝏ**skarte** *f* outline map; ꝏ**s-tabelle** *f* synoptical table.

'**übersiedel|n** *v/i.* (sn) (re)move (*nach* to); emigrate (to); ꝏ**ung** *f* removal; emigration.

'**übersinnlich** *adj.* transcendental; psychic(al) *forces.*

über'spann|en *v/t.* (h.): *mit et.* ꝏ cover *a th.* with a th.; overstretch, overstrain; *fig.* exaggerate (*demands*), push too far; overexcite, overheat (*imagination*); → *Bogen*; ꝏ**t** *adj.* extravagant, fantastic, outré (*Fr.*); high-flown (*idea, plan*); eccentric; ꝏ**theit** *f* extravagance, eccentricity; ꝏ**ung** *f* overstraining; *el.* excess voltage; *fig.* exaggeration.

über'spielen *v/t.* *and v/i.* (h.) *sports*: pass (*opponent*); *fig.* outmanoeuvre, *Am.* outmaneuver; *thea.* overact, *Am. a.* ham it up.

über'spinnen *v/t.* (h.) spin *a th.* over, cover; *übersponnener Draht* covered wire.

über'spitz|en *v/t.* (h.) subtilize; exaggerate, overdo; ꝏ**t** *adj.* oversubtle, sophisticated, footling; exaggerated.

'**überspringen I.** *v/i.* (sn) leap over; *el.* flash across; *fig. in conversation*: ꝏ *von ... zu* flit from ... to; *disease*: shift (*auf acc.* to *other parts*), *epidemic*: ꝏ *auf* spread to, grip; **II.** *über'springen v/t.* (h.) jump, clear; (*a. fig.*) overleap; skip; *j-n im Amt* ꝏ be promoted over the head of a p.

'**übersprudeln** *v/i.* (sn) bubble (*or* gush) over (*fig. vor dat.* with); ꝏ**d** exuberant (*joy*); ꝏ**der Witz** sparkling wit.

'**überstaatlich** *adj.* supranational.

'**überständig** *adj.* stale, flat; *fig.* decrepit, superannuated.

'**überstehen I.** *v/i.* (*irr.*, h.) jut out, project; **II.** *über'stehen v/t.* (*irr.*, h.) overcome, surmount; endure, get over (*a th., an illness*); survive; weather, ride out (*storm, crisis*); *er hat es überstanden* (*is dead*) he is at rest; *er hat es gut überstanden* he has stood it well; *das wäre überstanden!* that's that!

'**übersteigen I.** *v/i.* (*irr.*, sn) step (*or* climb) over, cross; **II.** *über'steigen v/t.* (*irr.*, h.) cross, climb over; *fig.* overcome, surmount; exceed, pass (*all expectations, one's understanding, etc.*); *j-s Kräfte* ꝏ be too much for a p.

über'steiger|n *v/t.* (h.) outbid (*a p.*); force up (*prices, etc.*); *fig.* overdo; ꝏ**t** *adj.* excessive; ꝏ**er Nationalismus** ultranationalism.

über'steuern *v/t.* (h.) overcharge; *radio*: overmodulate.

über'stimmen *v/t.* (h.) outvote, vote down.

über'strahlen *v/t.* (h.) shine upon, irradiate; *fig.* outshine, eclipse.

über'streichen *v/t.* (*irr.*, h.) paint *a th.* out (*a.* over), coat; *mit Firnis* ꝏ varnish.

'**überstreifen** *v/t.* (h.) slip *a th.* over.

'**überströmen I.** *v/i.* (sn) overflow, run over; *fig.* overflow (*vor dat.* with); *vor Freude* ꝏ exult with joy; ꝏ**d** *fig.* gushing; **II.** *über'strömen v/t.* (h.) inundate, flood, deluge.

'**überstülpen** *v/t.* (h.) put on, tilt (*or* slip) over.

'**Überstunde** *f*, ꝏ**n** *pl.* overtime; ꝏ**n machen** work overtime; ꝏ**ngeld(er** *pl.*) *n* overtime pay.

über'stürz|en *v/t.* (h.) hurry, rush, precipitate; *sich* ꝏ act rashly (*or* overhastily), *events, etc.*: press one another, follow in rapid succession; ꝏ**t** *adj.* precipitate, overhasty, rash; ꝏ**ung** *f* (-) precipitancy, hurry, rush; *nur keine* ꝏ there is no hurry!, take your time!

übertäuben [-'tɔybən] *v/t.* (h.) stun, deafen; stifle.

über'teuern *v/t.* (h.) overcharge.

über'tölpeln *v/t.* (h.) dupe, take in.

über'tönen *v/t.* (h.) drown (out).

Übertrag ['-traːk] *econ.* *m* (-[e]s, ꝏe) **a)** carrying over, **b)** sum carried over *or* forward, carry-over, **c)** balance, **d)** transfer.

über'trag|bar *adj.* transferable; *econ.* negotiable; *nicht* ꝏ non-transferable, *econ.* non-negotiable; *med.* communicable, infectious, catching, contagious (*diseases*); → *übersetzbar*; ꝏ**barkeit** *f* (-) transferability; *econ.* negotiability; *med.* infectiousness, contagiousness; ꝏ**en** *v/t.* (h.) *econ. a)* carry over, bring forward, **b)** transfer; make over *property* (*auf j-n* to), transfer (to); assign (*a patent, right, etc.,* to); transfuse (*blood*); convey *real estate* (to); confer *office* ([up]on); delegate *powers* (to), vest (*a p.* with); *et. auf j-s Namen* ꝏ register a th. in a p.'s name; *j-m e-e Aufgabe, etc.,* ꝏ charge (*or* commission) a p. with a task, entrust a th. to a p.; translate, render, do (*in acc.* into *another language*); transcribe (*shorthand notes*); *med., phys., tech., radio*: transmit; *radio a.* broadcast, relay; televise; communicate *disease* (*auf acc.* to); *surgery*: transplant, graft; *sich* ꝏ *disease, fig. mood, panic, etc.*: communicate itself (*auf acc.* to), be infectious *or* catching; *die Krankheit übertrug sich auf mich* I caught the disease; ꝏ**e Bedeutung** figurative (*or* metaphorical) sense;

ꝏ**ung** *f* (-; -en) transfer (*a. econ.*); assignment (*of rights, patents, etc.*), cession; delegation (*of powers*); (*blood*) transfusion; conferring (*of an office*); conveyance (*of real estate*); *med., phys., tech., radio*: transmission; broadcast, program (-me); telecast; *of disease: a.* spreading; infection; translation; transcription (*of shorthand notes*); ꝏ**ungs-urkunde** *f* deed of conveyance; *for securities*: transfer deed.

über'treffen *v/t.* (*irr.*, h.) excel, outdo (*sich selbst* o.s.), outstrip (*a p.*); surpass, exceed, beat (*a. a th.*) (*all: an dat., in dat.* in); *im Laufen* (*Boxen, in der Leistung, etc.*) ꝏ outrun (outbox, outperform, *etc.*); *alle Erwartungen* ꝏ exceed all expectations; *sich selbst* ꝏ eclipse o.s.

über'treib|en *v/t. and v/i.* (*irr.*, h.) overdo; carry *a th.* too far; exaggerate, overstate; (*only v/i.*) draw the long bow, *stark* ꝏ *a.* lay it on thick; *thea.* overact, overdo, *Am. a.* ham it up; → *übertrieben*; ꝏ**ung** *f* (-; -en) overdoing; exaggeration, overstatement; overacting; *zu sagen daß ..., wäre eine* ꝏ to say that ..., would be to exaggerate.

'**übertreten I.** *v/i.* (*irr.*, sn) pass (*or* step) over; ꝏ *zu* go over to, join; *zu e-r andern Partei* (*Religion*) ꝏ change sides (one's religion); *zum Katholizismus* ꝏ turn Roman Catholic; **II.** *über'treten v/t.* (*irr.*, h.) *sports*: overstep; *sich den Fuß* ꝏ sprain one's ankle; *fig.* transgress, trespass against, infract, violate (*ein Gesetz, etc.* a law, *etc.*).

Über'tret|er(in *f*) *m* (-s, -; -, -nen) transgressor, trespasser, offender; ꝏ**ung** *f* (-; -en) transgression, trespass; *jur.* infraction, violation; *n.s.* petty offen|ce, *Am.* -se.

übertrieben [-'triːbən] *adj.* overdone; exaggerated, magnified; excessive (*price, demands, etc.*); extravagant, extreme (*views*); outré (*Fr.*); unreasonable; *leicht* ꝏ slightly (*or* mildly) exaggerated; *in* ꝏ**em Maße** excessively.

'**Übertritt** *m* going over (*zu* to), joining; *eccl.* conversion, change of religion.

über'trumpfen *v/t.* (h.) overtrump; *fig. a.* outdo, go one better than.

über'tünchen *v/t.* (h.) whitewash (*a. fig.*), brush over; *fig.* gloss over, varnish. [insure.]

'**überversichern** *v/t.* (h.) over-}

übervölker|n [-'fœlkərn] *v/t.* (h.) overpopulate; ꝏ**ung** *f* (-) overpopulation.

'**übervoll** *adj.* overfull; brimful, overcrowded; ꝏ *von* (*dat.*) brimming (*or* bursting) with.

über'vorteil|en *v/t.* (h.) overcharge, overreach, do (*down*); cheat; ꝏ**ung** *f* (-) overreaching, *etc.*

über'wach|en *v/t.* (h.) watch over; supervise, superintend; control, inspect; *police*: keep under surveillance, shadow; *radio, etc.*: monitor; ꝏ**ung** *f* (-; -en) watching over; supervision, superintendence; control, inspection; surveillance; monitoring; ꝏ**ungsausschuß** *m* watch committee.

über'wachsen *v/t.* (*irr., h.*) overgrow.

'überwallen *v/i.* (*sn*) boil over (*a. fig.*).

überwältigen [-'vɛltigən] *v/t.* (*h.*) overcome, overpower, overwhelm (*all a. fig.*); subdue; defeat; **~d** *adj.* overwhelming, imposing; ~e *Mehrheit* overwhelming majority; ~e *Schönheit* breathtaking beauty; ~er *Sieg* smashing victory; *iro. nicht ~!* nothing to write home about!, not so hot!

über'weis|en *v/t.* (*irr., h.*) assign, transfer; *for decision:* refer (*dat. or an acc.* to), *parl. a.* devolve (*an acc.* upon *a committee*); remit (*money*); transfer; **2ung** *f* assignment, transfer (*of property, etc.*); *for decision:* reference (*an acc.* to); *parl.* devolution (upon); (*Geld2*) remittance; **2ungs-auftrag** *m* remittance order; **2ungsformular** *n* transfer form; **2ungsscheck** *m* transfer cheque (*Am.* check); **2ungsverkehr** *m* bank transfer business, giro mechanism.

'überweltlich *adj.* ultramundane.

überwendlich [-'vɛntliç] *adj. and adv.:* ~ *nähen* oversew, whip; ~e *Naht* overhand seam.

'überwerfen **I.** *v/t.* (*irr., h.*) throw over; slip (*or* fling) on; **II.** über-'werfen *v/refl.* (*irr., h.*): *sich mit j-m ~* fall out (*or* quarrel) with a p.

über'wiegen **I.** *v/t.* (*irr., h.*) outweigh; **II.** *v/i.* (*irr., h.*) have overweight; *fig.* preponderate, prevail; predominate; **2** *n* (*-s*) preponderance; **~d I.** *adj.* preponderant, prevailing, predominant, vast, overwhelming; ~er *Teil* majority, bulk; **II.** *adv.* predominantly; chiefly, mainly; ~ *schuldig* predominantly guilty.

über'wind|en *v/t.* (*irr., h.*) overpower; overcome (*a. fig. one's inhibitions, etc.*); conquer (*a. fig. passion, etc.*); subdue (*a. fig.*); surmount, overcome, get over (*difficulties*); *sich selbst ~* carry a victory over o.s.; *sich ~ können zu et.* bring o.s. to *do a th.*; *ein überwundener Standpunkt* an antiquated view, an exploded idea; **2er(in** *f*) *m* (*-s, -; -, -nen*) conqueror; **2ung** *f* (*-; -en*) conquest; overcoming; surmounting; → *Selbstüberwindung*; *es kostete mich ~* it cost me an effort; *er tat es nur mit ~* he did it with reluctance.

über'winter|n **I.** *v/i.* (*h.*) (pass the) winter; *esp. zo.* hibernate; **II.** *v/t.* winter; **2ung** *f* (*-*) hibernation.

über'wölben *v/t.* (*h.*) arch (*or* vault) over.

über'wuchern *v/t.* (*h.*) overgrow, overrun; *fig.* stifle.

'Überwurf *m* wrap(per), shawl; *wrestling:* throw-back; **~mutter** *tech. f* (*-; -n*) screw cap.

'Überzahl *f* (*-*) superior number(s) *or* (*only mil.*) forces *pl.*, numerical superiority, odds *pl.*

über'zählen *v/t.* (*h.*) count *money* over.

'überzählig *adj.* supernumerary, odd; left over, surplus, spare.

'Überzahn *m* projecting tooth.

über'zeichn|en *econ. v/t.* (*h.*) oversubscribe; **2ung** *f* oversubscription.

über'zeug|en *v/t.* (*h.*) convince (*von* of), persuade; *esp. jur.* satisfy (*von* as to); *w.s.* be convincing (*a. performance, play, etc.*); *zu ~ suchen* argue (*or* reason) with; *sich ~ von* satisfy o.s. as to, make sure of; ~ *Sie sich selbst!* go and see for yourself!; *Sie dürfen überzeugt sein, daß* you may rest assured that; **~end** *adj.* convincing; compelling (*a. speaker*), conclusive; telling (*argument, etc.*), convincing, brilliant (*performance*); ~ *klingen or wirken* carry conviction; *das ist nicht sehr ~* (there is) not much force in that; **~t** [-'tsɔʏkt] *adj.* positive, assured; ardent, strong (*socialist, etc.*); ~ *sein von Am. a.* be sold on *a th.*; **2ung** *f* (*-; -en*) conviction; persuasion; certainty, assurance; *gegen s-e ~* contrary to one's convictions; *der festen ~ sein* be thoroughly convinced; *zu der ~ gelangen, daß* come to the conclusion that, decide that; **2ungskraft** *f* (*-*) persuasive power, *esp. fig.* logic.

'überziehen[1] **I.** *v/t.* (*irr., h.*) pull (*or* draw *or* slip) *a th.* over; *j-m eins ~* give a p. a cut with a stick; **II.** *v/i.* (*irr., sn*) (re)move (*nach, in acc.* to).

über'ziehen[2] *v/t.* (*irr., h.*) cover; coat; plate; line; *mit Zucker* (*Gips*) ~ ice (plaster); put fresh linen on *bed*; *aer.* stall; *econ.* overdraw (*account*); *ein Land mit Krieg ~* invade a country; *sich ~ sky:* become overcast.

'Überzieh|er *m* (*-s; -*) overcoat, topcoat; **~hose** *f* (*e-e ~ a pair of*) overalls *pl.*, **~socken** *f/pl.* golf socks.

'Überziehung *econ. f* overdraft.

über'zuckern *v/t.* (*h.*) sugar (over); candy.

'Überzug *m* cover; *bed:* case, tick; *pillow:* slip; *tech.* coat(ing), film; plating; (protective) lining.

überzwerch [-'tsverç] *colloq. adv.* across.

üble(r) ['y:blə(r)] → *übel*.

üblich ['y:pliç] *adj.* usual, customary; conventional (*a. tech.*); common, ordinary; normal, *esp. tech.* standard; *nicht mehr ~* (gone) out of use, antiquated, no longer practised; *es ist allgemein ~* it is a common practice; *wie es ~ war* as was the custom.

'U-Boot *n* submarine, U-boat; → *Unterseeboot*.

übrig ['y:briç] *adj.* left over, remaining; *chem., jur.* residual; odd; superfluous; *mein ~es Geld* the rest of my money; *im ~en Deutschland* in the rest of Germany; *die ~en pl.* the others, the rest; *im ~en, ~ens* **a)** (as) for the rest, otherwise, **b)** by the way, **c)** besides, **d)** after all; ~ *behalten or haben* have *a th.* left; *keine Zeit ~ haben* have no time to spare; *et. ~ haben für* care for, have a soft spot for; *nichts* (*or nicht viel*) ~ *haben für* care little for, have no use for, think little of; *ein ~es tun* do more than one's due, go out of one's way (*to do a th.; for a p.*); **~bleiben** *v/i.* (*irr., sn*) be left (*j-m to a p.*), remain (to); *j-m zu tun for*

a p. to do); *fig. es blieb mir nichts anderes ~* (*als*) I had no (other) alternative *or* choice (but); **~ens** *adv.* → *übrig*; '**~lassen** *v/t.* (*irr., h.*) leave, spare; *viel* (*wenig*) *zu wünschen ~* leave much (little) to be desired.

Übung ['y:buŋ] *f* (*-; -en*) exercise (*a. gym., mus.*); *mus. a.* study; practice; use, practice, custom; *mil.* **a)** drill(ing), training, **b)** field exercise; *nicht in* (*or aus der*) ~ *sein* be out of practice; *außer ~ sein* have fallen into disuse; *in ~ bleiben* keep in training, keep one's hand in.

'Übungs...: **~aufgabe** *f* exercise; **~bombe** *f* practice bomb; **~buch** *n* exercise-book; **~flug** *m* practice flight; **~flugzeug** *n* training (air-)plane, trainer; **~gelände** *n* training ground *or* area; **~handgranate** *f* practice grenade; **~hang** *m* (*-[e]s; -e*) *skiing:* practice slope; **~heft** *n* exercise-book; **~lager** *n* training camp; **~marsch** *mil. m* route-march; **~munition** *mil. f* practice ammunition; **~platz** *mil. m* drill-ground; training area; **~schießen** *mil. n* practice firing, target practice.

Ufer ['u:fər] *n* (*-s; -*) shore; beach; lakeside; (*river*) bank; *am* (*or ans*) ~ ashore; *an den ~n der Themse* on the banks of the Thames; *über die ~n treten* overflow (its banks); '**~bewohner(in** *f*) *m* riparian (dweller); '**~damm** *m* embankment, *Am. a.* levee (*of river*); '**~land** *n* shoreland; '**2los** *adj. fig.* boundless; extravagant, wild; *ins ~e führen* lead nowhere; '**~mauer** *f* quay; → *Uferdamm*; '**~staat** *m* riparian state.

Uhr [u:r] *f* (*-; -en*) clock; watch; timepiece, mantle-clock; hour, time (of the day); *wieviel ~ ist es?* what time is it?; *es ist halb drei ~* it is half past two; *nach meiner ~ ist es vier* by my watch it is four o'clock; *um vier ~ at* four o'clock; *um wieviel ~?* at what time?; *fig. wie nach der ~* like clockwork; '**~armband** *n* (wrist)watch band *or* strap, watch bracelet; expansion band; '**~aufzug** *m* clock winding; '**~deckel** *m* outer case of a watch; '**~enfabrik** *f* watch factory, makers *pl.* of clocks and watches; '**~engeschäft** *n* watchmaker's shop; '**~enhandel** *m* trade in clocks and watches; '**~feder** *f* watch (*or* clock) spring; '**~gehäuse** *n* watch (*or* clock) case; '**~getriebe** *n* pinion of a watch; '**~glas** *n* watch glass; '**~kette** *f* watch chain; '**~macher** *m* (*-s; -*) watch maker, clockmaker; '**~stempel** *m* time stamp; '**~werk** *n* clockwork, works *pl.*; '**~zeiger** *m* hand (of a watch *or* clock); '**~zeigersinn** *m: im ~* clockwise; *entgegen dem ~* counterclockwise, anti-clockwise; '**~zeit** *f* (clock) time.

Uhu ['u:hu:] *m* (*-s; -s*) eagle-owl.

Ukas ['u:kas] *m* (*-ses; -se*) ukase, decree.

U'K-Stellung *mil. f* exemption (from military service).

Ukrain|e [ukra'i:nə, -'kraɪnə] *f* (*-*): *die ~* the Ukraine; **2isch** *adj.* Ukrainian.

Ulan [u'la:n] *mil. m* (-en; -en) uhlan, lancer.

Ulk [ulk] *m* (-s; -e) fun, (practical) joke, hoax; spree, lark; ~ *treiben* skylark; ~ *treiben mit* (*dat.*) make fun of; ~**bild** *n* caricature; '2en *v/i.* (*h.*) (sky)lark; joke, quip; '2ig *adj.* funny, droll, comical.

Ulme ['ulmə] *bot. f* (-; -n) elm.

Ultimatum [ulti'ma:tum] *n* (-s; -ten) ultimatum; *j-m ein* ~ *stellen* deliver an ultimatum to a p.

Ultimo ['ultimo] *econ. m* (-s; -s) last day (*or* end) of the month; *per* ~ for the monthly settlement; ~**abrechnung** *f* monthly settlement; ~**effekten** *f/pl.*, ~**papiere** *n/pl. stock exchange*: forward securities; ~**geld** *n* monthly loans *pl.*

Ultra...: ~**dyn-empfänger** [ultra-'dyn-] *m* ultradyne receiver; ~-**kurzwelle** *phys. f* (UKW) ultra--short wave; very high frequency (*abbr.* v.h.f.); ~'**kurzwellensender** *m* ultra-short wave transmitter; ~**ma'rin** *n* (-s) ultramarine; '2**mon-tan** *adj.* ultramontane; '2**rot** *adj.* ultrared, infrared; '~**schall** *phys. m* (-[e]s) ultrasonics *pl.*; ~'**schall-frequenz** *f* supersonic frequency; ~'**schallwelle** *f* ultrasonic wave; '~**strahlen** *m/pl.* cosmic rays; '2**violett** *adj.* ultraviolet.

um [um] **I.** *prp.* (*acc.*) about; → *ungefähr*; *time*: about, near, towards, *precisely*: at; *approximately*: (a-) round, round about; for (*a price, wage*); by (*a measure*); ~ *die Hälfte größer* larger by a half; ~ *die Zeit* (*herum*) about the time; → *Tag*; *einer* ~ *den andern* **a**) one by one, **b**) alternately, by turns; ~ *so besser* all (*or* so much) the better; ~ *so mehr* (*weniger*) all the more (less); (so much) the more (*als* as; *weil* because); ~ *so weniger darf er es tun* all the more reason why he should not do it; *je länger ich darüber nachdenke*, ~ *so weniger gefällt mir die Sache* the longer I think about it the less I like it; ~ *ein bedeutendes* (*Stück*) by a great deal, considerably; ~ *e-r Sache or j-s willen* for the sake (*or* on behalf) of *a th. or p.*; → *drehen, handeln, stehen, etc.*; **II.** *cj.*: ~ *zu inf.* (in order) to *inf.*; ~ *Fehler zu vermeiden* (in order) to avoid errors; **III.** *adv.* about; ~ *und* ~ **a**) round about, **b**) from (*or* on) all sides; ~ *sein* be over, be past, be gone, be up.

'**um-ackern** *v/t.* (*h.*) plough (*Am.* plow) up.

'**um-adressieren** *v/t.* (*h.*) redirect.

'**um-ändern** *v/t.* (*h.*) change, alter, modify; rearrange.

'**um-arbeit|en** *v/t.* (*h.*) work over; remodel, recast; improve, modify; make over, remodel (*dress*); revise (*book*); rewrite; (re)adapt (*for the screen, etc.*); *fig.* ~ *zu* (*dat.*) make (*or* turn) into; 2**ung** *f* (-; -en) working over; remodel(l)ing; modification; revision; (re)adaptation.

umarm|en [-'?armən] *v/t.* (*h.*) embrace (*a. einander, sich*), hug; 2**ung** *f* (-; -en) embrace, hug.

'**Umbau** *m* (-[e]s; -e, -ten) reconstruction; rebuilding; alteration(s *pl.*), remodel(l)ing; **a**) modification,

---

b) conversion (*in acc.* into); *fig.* reorganization, recasting; 2**en** *v/t.* (*h.*) **1.** reconstruct, rebuild; remodel; alter; *tech.* **a**) modify, **b**) convert (*in acc.* into); *thea.* (*v/i.*) change the setting; *fig.* reorganize. **2.** *um'bauen*: enclose; surround with buildings; *umbauter Raum* enclosed area, interior space.

'**umbehalten** *v/t.* (*irr., h.*) keep on.

'**umbenennen** *v/t.* (*irr., h.*) re--designate, rename.

'**umbesetz|en** *v/t.* (*h.*) change; *thea.* recast; *pol.* reshuffle; 2**ung** *f* change(s *pl.*); recast(ing); reshuffle, *Am. a.* shake-up.

'**umbetten** *v/t.* (*h.*) put into another (*or* fresh) bed.

'**umbiegen** *v/t.* (*irr., h.*) bend (over); turn down *or* up.

'**umbild|en** *v/t.* (*h.*) remodel, reconstruct; recast, transform; reorganize; reform; *pol.* reshuffle (*cabinet*); 2**ung** *f* (-; -en) remodel-(l)ing, reconstruction; transformation; reorganization; reform; *pol.* reshuffle.

'**umbinden** *v/t.* (*irr., h.*) tie round; put on (*apron, etc.*).

'**umblasen** *v/t.* (*irr., h.*) blow down *or* over. [over (the page).)]

'**umblättern** *v/t. and v/i.* (*h.*) turn)

'**Umblick** *m* panorama, view round.

'**umbrechen 1.** *v/t.* (*irr., h.*) **1.** break down (*or* up; *a. agr.*); **2.** *um'brechen* *typ.* make up (into pages).

'**umbringen** *v/t.* (*irr., h.*) kill, make away with (*both*: *sich o.s.*); murder, slay; *iro. bring dich bloß nicht um!* don't sprain something!; *sich* (*fast*) ~ *bend over backwards* (*to try, etc.*); *colloq. fig. nicht umzubringen person or thing*: indestructible.

'**Umbruch** *m typ.* **a**) making up into pages, **b**) page-proofs; *fig.* radical change; *esp. pol.* revolution, upheaval; *parl.* landslide.

'**umbuch|en** *econ. v/t.* (*h.*) transfer (to another account); 2**ung** *f* (book) transfer.

'**umdenken I.** *v/t.* (*irr., h.*) rethink; **II.** *v/i.* (*irr., h.*) change one's views (*or* approach).

'**umdeuten** *v/t.* (*h.*) give a new interpretation to.

'**umdichten** *v/t.* (*h.*) recast (*poem*).

'**umdisponieren I.** *v/t.* (*h.*) redispose, rearrange; **II.** *v/i.* (*h.*) make new arrangements, change one's plans.

um'drängen *v/t.* (*h.*) throng (*or* press) round.

'**umdrehen** *v/t.* (*h.*) turn (round), whirl, spin round (*all a. sich*); *fig.* twist; → *Spieß*.

Um'drehung *f* turning round; turn (*a. tech. of the screw, etc.*); *phys.* rotation, revolution; ~**en** *pl. pro Minute* (U/Min.) revolutions per minute (*abbr.* r.p.m.); ~**s-achse** *f* axis of rotation; ~**sbewegung** *f* rotatory motion; ~**szähler** *m* revolution counter, tachometer.

'**Umdruck** *typ. m* (-[e]s; -e) transfer (process), reprint; 2**en** *v/t.* (*h.*) transfer.

um-ein'ander *adv.* round each other.

'**um-erzieh|en** *v/t.* (*irr., h.*) re--educate; 2**ung** *f* re-education.

'**umfahr|en 1.** *v/t.* (*irr., h.*) run down; **2.** *um'fahren* *v/t.* (*irr., h.*) drive (*or* sail) round; double (*cape*); 2**t** *f* (circular) tour, round-trip.

'**Umfall** *m fig.* (sudden) change of mind (*or* opinion); *parl.* defection; 2**en** *v/i.* (*irr., sn*) fall (down *or* over); collapse; *vehicle*: (be) overturn(ed), be upset; *fig.* cave in, capitulate; *parl.* change sides, rat; *zum* 2 *müde sein* feel ready to drop.

'**Umfang** *m* (-[e]s) circumference, circuit; periphery; bulk; girth; *tailoring*: width; extent (*a. fig.*), size; radius, range (*a. fig.* = scope); *phys.* volume (*a. of traffic, sales, etc.*); *zehn Zoll im* ~ ten inches round; *in vollem* ~e in its entirety; *in großem* ~e on a large scale, large-scale, wholesale.

um'fangen *v/t.* (*irr., h.*) encircle; embrace; *fig.* surround.

'**umfangreich** *adj.* extensive; voluminous; big; spacious, wide.

'**umfärben** *v/t.* (*h.*) redye.

um'fass|en *v/t.* (*h.*) grasp, grip; enclose, surround; embrace (*a. fig.*), clasp (round); *mil.* envelop, outflank, encircle; *fig.* comprise, cover, include; ~**end** *adj.* comprehensive, extensive; complete, full, overall; all-out; sweeping, drastic; 2**ung** *f* embracing, encompassing; enclosure; *mil.* envelopment, encirclement, outflanking; 2**ungsbewegung** *mil. f* outflanking movement; 2**ungsmauer** *f* enclosure wall.

um'flattern *v/t.* (*h.*) flutter around.

um'flechten *v/t.* (*irr., h.*) plait round; braid (*wire*).

um'fliegen *v/t.* (*irr., h.*) fly round *a th.*

um'fließen *v/t.* (*irr., h.*) flow round, surround.

umflor|en [-'flo:rən] *v/t.* (*h.*) cover with crape, veil; ~**t** *adj.* muffled (*voice*); dim with tears, sad (*glance*).

um'fluten *v/t.* (*h.*) → *umfließen*.

'**umform|en** *v/t.* (*h.*) remodel, recast, transform; redesign; *el.* transform, convert; 2**er** *el. m* converter, transformer; (phase) inverter.

'**Umfrage** *f* inquiry (all round); *öffentliche*: (opinion) poll; ~ *halten* make general inquiries.

umfried(ig)|en [-'fri:d(ig)ən] *v/t.* (*h.*) enclose, fence in; 2**ung** *f* (-; -en) enclosure, fence.

'**umfüllen** *v/t.* (*h.*) decant, transfuse.

'**umfunktionieren** *v/t.* (*h.*) convert (*in acc.* into).

'**Umgang** *m* (going) round, circuit; rotation, turn; *el.* convolution (*of winding*); *arch.* gallery, ambulatory; procession; social intercourse, relations *pl.* (*mit* with); *colloq.* company, acquaintances *pl.*, (circle of) friends; ~ *mit* way how to deal with, approach to; ~ *haben or pflegen mit* associate (*or* keep company) with, see a great deal of *a p.*; *guten* (*schlechten*) ~ *pflegen* keep good (bad) company; *wenig* ~ *haben* have few acquaintances, not to see many people.

umgänglich ['-gɛnliç] *adj.* sociable, companionable, affable; easy to get along with; ⯑keit f (-) sociability; affability.

'Umgangs...: ⯑formen f/pl. (social) manners pl., deportment; ⯑sprache f colloquial language; die englische ⯑ colloquial English; Wendung der ⯑ colloquialism.

umgarnen [-'garnən] v/t. (h.) fig. ensnare. [flutter) (a)round.)

um'gaukeln v/t. (h.) hover (or)

um'geb|en v/t. (irr., h.) surround (sich o.s.; mit with); mit Mauern (e-m Zaun) ⯑ wall (fence) in; ⯑ung f (-; -en) environs; surroundings pl.; environment; neighbo(u)rhood, vicinity; background; company, set; ⯑ungs-temperatur tech. f ambient temperature.

'Umgegend f environs pl., surroundings pl., vicinity.

'umgehen I. v/i. (irr., sn) go round; make a detour; go the round, circulate; ⯑ lassen pass a th. round, (let) circulate; ghost: walk, an or in e-m Ort haunt a place; mit j-m ⯑ a) associate (or keep company) with, b) deal with, manage, handle; er kann mit den Leuten ⯑ he knows how to deal with (or handle) people; er weiß mit Frauen (Pferden, etc.) umzugehen he has a way with women (horses, etc.); kann er mit der Maschine ⯑? does he know how to use (or handle, operate) the machine?; mit j-m hart ⯑ treat a p. harshly; → schonend, sparsam; mit et. ⯑ a) deal with, b) intend, plan, contemplate, c) be occupied with; mit dem Gedanken (or Plan) ⯑, zu be thinking of, have in mind to; mit ⯑der Post, ⯑d by return of post; ⯑d immediate(ly adv.), econ. at your earliest convenience; II. um'gehen v/t. (irr., h.) go round (about); by-pass (traffic); fig. avoid, evade, circumvent, dodge, elude, by-pass; mil. a) outflank, envelop, b) by-pass.

Umgehung [-'ge:uŋ] f mil. a) outflanking, b) by-passing; traffic: detouring, by-passing; fig. elusion, (a. jur.) evasion; ⯑sstraße f by-pass; perimeter (or ring) road; detour.

umgekehrt ['-gəke:rt] I. adj. reverse, inverted; opposite, contrary; ⯑ proportional zu, im ⯑en Verhältnis zu (dat.) in inverse ratio to; ⯑! just the other way (round), quite the contrary!; das ⯑e the reverse (or opposite or contrary); II. adv. (dasselbe ⯑) vice versa, conversely; by the same token.

'umgestalten v/t. (h.) alter, recast, transform; (a. tech.) remodel, redesign; reorganize; reform.

'umgießen v/t. (irr., h.) decant; metall. refound, recast.

'umgliedern v/t. (h.) reorganize, regroup.

'umgraben v/t. (irr., h.) dig (or turn) up (field); break up (soil).

um'grenzen v/t. (h.) bound, encircle; enclose; fig. circumscribe, limit.

'umgründen econ. v/t. (h.) convert (in acc. into), reorganize.

'umgruppier|en v/t. (h.) regroup; pol., sports: reshuffle; ⯑ung f regrouping; reshuffling.

'umgürten v/t. (h.) 1. gird; buckle on (sword); 2. um'gürten (h.) gird up; fig. ⯑ mit gird (or encircle) with.

'Umguß m transfusion, decanting; metall. recast.

'umhaben v/t. (irr., h.) have on.

'umhacken v/t. (h.) hoe (up); cut down, fell.

umhalsen [-'halzən] v/t. (h.), hug, embrace.

'Umhang m wrap; shawl.

um'hängen v/t. (h.) 1. hang round (mit with); 2. 'umhängen put on, wrap shawl, etc., about one; sling (rifle); take up (knapsack, etc.); rehang (picture).

'Umhänge|tasche f shoulder bag; ⯑tuch n shawl, wrap.

'umhauen v/t. (irr., h.) fell, cut down; colloq. fig. bowl over.

um'her adv. about, round, Am. around; → herum(...); ⯑blicken v/i. (h.) look about (one); ⯑bummeln v/i. (sn) stroll about, have a stroll; ⯑irren, ⯑schweifen v/i. (sn) wander (or roam) about, rove; ⯑schleichen v/i. (irr., sn) sneak about; ⯑streifen v/i. (sn), ⯑ziehen v/i. (irr., sn) rove, gad about.

um'hin adv.: ich kann nicht ⯑, zu sagen I cannot help saying.

um'hüll|en v/t. (h.) wrap up (mit in); cover, envelop (with); veil; tech. cover, sheathe; ⯑ung f (-; -en) wrapping, wrap(per), cover(ing); envelope; tech. casing, sheathing.

Umkehr [-'ke:r] f (-) turning back, return (zu to; a. fig.); fig. change; pol. about-face; conversion; fresh start (in life); tech. reversal; ⯑bar adj. reversible; ⯑en I. v/i. (sn) turn back, return; retrace one's steps; fig. turn over a new leaf, make a fresh start; change one's ways; II. v/t. (h.) (a. sich) turn round (or about); overturn, upset; turn upside down; turn a pocket, etc. (inside) out; gr., math., mus. invert; el., tech. reverse; jur. die Beweislast ⯑ shift the burden of the proof; → umdrehen, umgekehrt; ⯑motor tech. m reversible motor; ⯑ung f (-; -en) overturning; reversal; inversion; fig. a. subversion.

'umkippen I. v/t. (h.) tip over, upset; II. v/i. (sn) tilt over, be upset; vehicle: a. overturn, mar. capsize; a. person: topple over.

um'klammer|n v/t. (h.) clasp, cling to, embrace; wrestling: lock, tie up; boxing: clinch; mil. encircle; ⯑ung f (-; -en) (tödliche deadly) embrace; boxing: clinch; mil. pincer-movement, envelopment.

'umklapp|bar adj. collapsible, folding; ⯑en I. v/t. (h.) turn down, fold (back); II. v/i. (h.) collapse, drop down.

'Umkleidekabine f bathing cabin or cubicle; → Umkleideraum.

'umkleiden v/t. (h.) 1. change a p.'s clothes (or dress); sich ⯑ change (one's clothes or dress); 2. um'kleiden v/t. (h.) clothe, cover.

'Umkleideraum m dressing-room; sports: locker room.

'umknicken I. v/t. (h.) break down, snap off; II. v/i. (sn): mit dem Fuß ⯑ sprain one's foot.

'umkniffen v/t. (h.) fold down.

'umkommen v/i. (sn) perish, die, be killed; spoil, go to waste; zum ⯑ unbearable, awful.

'Umkreis m (-es) circumference, circuit; math. periphery; vicinity; im ⯑ von within a radius of, for three miles round.

um'kreisen v/t. (h.) circle (or turn or revolve) round a th.

'umkrempeln v/t. (h.) turn (or tuck) up; turn a th. inside out; fig. turn a th. upside down, change radically.

'umlad|en v/t. (irr., h.) reload, shift; mar. transship; ⯑ung f reloading, transshipment.

'Umlage f special fee; apportionment; -→ Abgabe.

um'lagern v/t. (h.) 1. mil. surround closely, besiege; fig. beset, beleaguer; 2. 'umlagern restore (goods); fig. re-direct (credits, etc.).

'Umlauf m phys., tech. rotation, revolution; cycle; circulation; currency (of money); circular (letter); in ⯑ bringen or setzen put in circulation, circulate, issue; spread, start (rumour); im ⯑ sein circulate, rumour: a. be abroad; außer ⯑ setzen withdraw from circulation, call in; im ⯑ (befindlich) in circulation; ⯑bahn astr. f orbit.

um'laufen[1] v/t. (irr., h.) run (or move) round.

'umlaufen[2] I. v/t. (irr., h.) run down; II. v/i. (irr., sn) revolve, rotate; blood, money, report, rumour: circulate; ⯑d tech. adj. rotary, rotating.

'Umlauf...: ⯑getriebe tech. n planetary gear; ⯑motor m rotary engine; ⯑schmierung tech. f circulation-system lubrication; ⯑skapital n floating capital; ⯑(s)schreiben n circular (letter); ⯑szeit f period.

'Umlaut gr. m vowel mutation, umlaut; mutated (or modified) vowel; umgelautet mutated.

'Umleg|(e)kragen m turn-down collar; ⯑en v/t. (h.) 1. put on (collar, etc.); apply (bandage); turn down; tuck (seam); tech. throw (lever); lay (down); tilt; lower; place differently, shift; re-lay (rails); divert (traffic); teleph. transfer; fig. apportion (cost, tax); vulg. do in, bump off; sich ⯑ tilt over, ship: carreen (over); wind: veer (round); 2. um'legen v/t. (h.); ⯑ mit lay a th. round with; ⯑ung f (-; -en) shifting; transfer; diversion; apportionment.

'umleit|en v/t. (h.) divert, by-pass, Am. deroute (traffic); ⯑ung f by-pass, diversion, detour.

'umlenken v/t. (h.) turn round or back.

'umlernen I. v/t. (h.) learn anew; II. v/i. (h.) fig.: ⯑ müssen have to change one's views (or relearn one's lesson).

'umliegend adj. surrounding, neighbo(u)ring; ⯑e Gegend a. environs pl.

um'mantel|n tech. v/t. (h.) cover, case, jacket, sheathe; ⯑ung f (-; -en) jacket, casing.

um'mauern v/t. (h.) wall in or round.

ummodeln ['-mo:dəln] v/t. (h.) remodel, change.

'**ummontieren** v/t. (h.) remount.
um'nacht|en v/t. (h.) shroud in darkness; ~et adj. fig. clouded, benighted; demented; 2ung f (-) (geistige ~) mental derangement.
um'nebeln v/t. (h.) fig. (be)fog, obfuscate; befuddle.
'**umnehmen** v/t. (irr., h.) take round one, put on, wrap o.s. up in.
'**um-ordnen** v/t. (h.) rearrange.
'**um-organisieren** v/t. (h.) re-organize.
'**umpacken** v/t. (h.) repack.
'**umpflanzen** v/t. (h.) 1. transplant; 2. um'pflanzen: ~ mit plant a th. round with.
'**umpflügen** v/t. (h.) plough (Am. plow) up.
umpol|en ['-po:lən] el. v/t. (h.) reverse; 2ung f (-; -en) reversion, pole-changing.
'**umprägen** v/t. (h.) recoin.
'**umquartieren** v/t. (h.) remove to other quarters, rebillet; evacuate (population).
um'rahmen v/t. (h.) frame; fig. surround, serve as setting to.
umrand|en ['-randən] v/t. (h.) border, edge, put a border round; 2ung f border, edge, rim.
um'ranken v/t. (h.) twine (itself) round a th., cling to; ~ mit entwine with.
'**umräumen** v/t. (h.) (re)move, rearrange.
'**umrechn|en** v/t. (h.) convert (in acc. into); umgerechnet auf converted into, expressed in terms of; 2ung f conversion; 2ungsfaktor m conversion factor; 2ungskurs m rate of exchange; 2ungstabelle f conversion table; 2ungswert m exchange value.
'**umreißen** v/t. (irr., h.) 1. pull down; knock down; 2. um'reißen outline; scharf umrissen sharply defined, clear-cut, edgy.
'**umreiten** v/t. (irr., h.) 1. ride down (a p.); 2. um'reiten ride round a th.
'**umrennen** v/t. (irr., h.) run (or knock) down.
um'ringen v/t. (h.) ring (or throng) round; surround; fig. beset.
'**Umriß** m outline (a. fig.), contour; in kräftigen Umrissen in bold outlines; in Umrissen schildern outline; ~karte f outline (or skeleton-) map; ~zeichnung f outline drawing, sketch.
'**umrühren** v/t. (h.) stir (up).
ums colloq. = um das → um.
'**umsägen** v/t. (h.) saw down.
'**umsatteln** v/t. and v/i. (h.) re-saddle; fig. change one's profession or studies; ~ auf et. switch to; pol. change sides.
'**Umsatz** m turnover; sales pl.; returns pl.; schneller ~ quick returns; ~kapital n working capital; 2los adj. without turnover; dormant (asset); inactive (account); ~steuer f turnover (or sales) tax; ~ziffer f turnover rate.
um'säumen v/t. (h.) hem (round); fig. surround; line (street, etc.).
'**umschalt|en** v/t. (h.) switch (or change) over; shift; 2er m el. (-s; -) change-over switch, commutator; typewriter: shift-key; 2hebel m el. switch lever; tech. change lever; 2-

stöpsel el. m switch plug; 2ung f commutation.
um'schatten v/t. (h.) shade.
'**Umschau** f (-) look(ing) round; fig. survey, (a. magazine) review; ~ halten look round, nach et.: be on the look-out for a th.; 2en (h.): sich ~ look round; → umsehen; look (or glance) back.
'**umschaufeln** v/t. (h.) turn (over), dig up.
'**umschicht|en** v/t. (h.) pile afresh; fig. shift, regroup, reshuffle; ~ig adv. by (or in) turns, alternately; 2ung f regrouping, shifting; gesellschaftliche ~ social upheaval.
um'schiff|en v/t. (h.) 1. circumnavigate, sail round; double (a cape); 2. 'umschiffen mar. transship (cargo); transfer (passengers); 2ung f (-; -en) circumnavigation; doubling.
'**Umschlag** m (sudden) change, turn; revulsion; envelope; cover, wrapper, of book: jacket; on sleeve: cuff; on trousers: turn-up; med. a) compress, b) poultice, cataplasm; ~bild n cover picture; 2en I. v/i. (irr., sn) turn over, overturn, upset, fall down, topple over; mar. capsize; fig. turn, change (abruptly) (both: in acc. into); wind: shift, veer (round); voice: break; II. v/t. (irr., h.) knock down; turn over (page, etc.); turn up (hem); turn down (collar); tuck up (sleeves); put on, wrap round; ~(e)tuch n (-[e]s; ⁿer) shawl, wrap; ~hafen m port of transshipment; ~platz m emporium.
um'schleichen v/t. (irr., h.) sneak (or creep, prowl) round.
um'schließen v/t. (irr., h.) surround, enclose; clasp (round); mil. invest (fortress); fig. encompass.
um'schling|en v/t. (irr., h.) entangle; embrace, clasp; wrestling: lock, encircle; 2ung f (-; -en) embrace, hug.
'**umschmeißen** colloq. v/t. (irr., h.) → umstoßen.
um'schmeicheln v/t. (h.) → schmeicheln.
'**umschmelzen** v/t. (irr., h.) remelt; recast (a. fig.).
'**umschnallen** v/t. (h.) buckle on, strap.
'**umschreib|en** v/t. (irr., h.) 1. rewrite; transcribe; transfer property (auf acc. to), → übertragen; econ. re-indorse (bill of exchange); 2. um'schreiben esp. math. circumscribe; paraphrase; ~d periphrastic; 2ung f 1. transcription; 2. Um'schreibung math. description; paraphrase.
'**Umschrift** f of coin: (marginal) inscription, legend; (phonetic) transcription.
umschulden v/t. (h.) convert, fund.
'**umschul|en** v/t. (h.) retrain, esp. mil. convert; 2ung f retraining, conversion; auf e-n Zivilberuf: vocational rehabilitation; 2ungskurs m course for retraining; mil. conversion course; Teilnehmer e-s ~es retrainee.
'**umschütt|eln** v/t. (h.) shake (up); ~en v/t. (h.) pour out into another vessel, decant; spill, upset.
um'schwärmen v/t. (h.) swarm

(or buzz) round; fig. → schwärmen (für j-n).
'**Umschweif** m circumlocution; digression; ~e machen beat about the bush, make roundabout remarks; digress; ohne ~e without further ado; point-blank, plainly; er machte keine ~e he wasted no time in beating about the bush; 2ig adj. roundabout.
'**umschwenken** v/i. (sn) wheel round; fig. veer round.
um'schwirren v/t. (h.) buzz (or whizz) round.
'**Umschwung** m revolution; reversal; change, reaction; revulsion; reverse (of luck), turn of the tide; gym. circle.
um'segel|n v/t. (h.) sail round, circumnavigate; double (a cape); 2ung f (-; -en) sailing round; doubling; circumnavigation.
'**umsehen** (irr., h.): sich ~ look round (nach at), look about one; look or glance back; fig. look out (nach for), be on the look-out (for); an, in e-m Ort, etc.: take a view of, have a look around a town, etc.; im 2 in a twinkling or jiffy.
'**umseitig** adv. overleaf, on the reverse (or next page).
'**umsetz|bar** econ. adj. in Geld: realizable; sal(e)able, marketable; negotiable; ~en v/t. (h.) transpose (a. mus.), shift, transfer; agr. transplant; tech. change over; el. transform, convert; typ. reset; weight-lifting: clean; econ. realize; in bares Geld ~ a. turn (or convert) into cash; sell, dispose of (goods); turn over (money); in die Tat, Musik, etc., ~ translate into action, music, etc.; chem. sich ~ in (acc.) change into, be converted into; econ. es wurde wenig umgesetzt there was a small turnover; 2ung f (-; -en) transposition; transformation; conversion; realization; sale.
'**Umsichgreifen** n (-s) spread (-ing).
'**Umsicht** f circumspection; 2ig adj. circumspect.
'**umsied|eln** I. v/t. (h.) resettle; II. v/i. (sn) (re)move to (or settle at) another place; 2ler m resettler; evacuee; 2lung f resettlement; (family) relocation; evacuation.
'**umsinken** v/i. (irr., sn) sink down; fall into a swoon; vor Müdigkeit ~ drop down with fatigue.
um'sonst adv. for nothing, gratis, gratuitously; free (of charge); in vain; to no purpose, useless, a waste of time; nicht ~ not without good reason, not for nothing.
um'spannen v/t. (h.) span, encompass; fig. a. comprise, embrace; clasp.
'**umspann|en** I. v/i. (h.) change horses; II. v/t. el. transform; 2er el. m (-s; -) transformer; 2werk el. n transformer station.
um'spielen v/t. (h.) 1. sports: pass; soccer: a. dribble round; 2. 'umspielen play back (recording).
um'spinnen v/t. (irr., h.) spin (all) round; tech. braid, cover.
um'springen I. v/t. (irr., h.) skip round; II. 'umspringen v/i. (irr., sn) wind: change, veer; skiing: jump-

-turn; *fig.* ~ *mit* manage, handle, treat, deal with.
'**umspulen** *v/t.* (h.) rewind.
um'spülen *v/t.* (h.) wash (a)round.
'**Umstand** *m* (-[e]s; ⁺e) circumstance; fact; detail; *pl. Umstände* (*Lage*) conditions, position, state (of affairs); *günstige Umstände* favo(u)rable factors; *nähere Umstände* (further) particulars; *unter Umständen* a) possibly, it is possible that, perhaps, b) if need be; *unter allen Umständen* a) in any case, at all events, b) by hook or by crook; *unter keinen Umständen* under no circumstances, on no (*or* not on any) account; *unter diesen Umständen* in these circumstances, as matters stand; *colloq. in andern (or gesegneten) Umständen* in the family way, expecting; *der* ~, *daß er nicht daheim war* the circumstance (*or* fact) that he was not in, his being away from home; *Umstände machen* a) *matter*: cause inconvenience *or* trouble, b) *person*: be formal (*or* ceremonious), make a fuss; *machen Sie (sich) meinetwegen keine Umstände!* don't put yourself out on my account!; *ohne viel Umstände* without much ado, without circumstance, (rather) unceremoniously; *nicht viel Umstände machen mit* make short work of.
umständehalber ['-ʃtɛndəhalbər] *adv.* owing to circumstances.
umständlich ['-ʃtɛntliç] **I.** *adj.* circumstantial; longwinded; minute, detailed; ceremonious; fussy; complicated, involved; troublesome; *das ist mir viel zu* ~ that is far too much trouble (for me); **II.** *adv.*: ~ *erzählen* narrate at great detail (*or* length); 2**keit** *f* (-) circumstantiality; formality (a. *pl.*); fussiness; complicatedness; troublesomeness.
'**Umstands...:** ~**kleid** *n* maternity dress; ~**krämer(in** *f*) *m* fussy person, fuss-pot; ~**wort** *gr. n* (-[e]s; ⁺er) adverb; ~ *der Art und Weise* adverb of manner.
'**umstecken** *v/t.* (h.) pin differently; change; rearrange (*dress, etc.*).
um'stehen *v/t.* (*irr.*, h.) stand round.
'**umstehend I.** *adj.* next (*page*); *text*: (stated) overleaf; *die* 2*en pl.* the bystanders; **II.** *adv.* as stated overleaf.
'**Umsteig(e)|billet** *n*, ~**karte** *f* transfer-ticket.
'**umsteigen** *rail. v/i.* (*irr.*, sn) change (*nach* to).
'**umstell|en** *v/t. and v/i.* (h.) **1.** shift, transpose; rearrange; *gr.* invert, transpose (*words*); adapt, readjust; convert, shift (*auf acc.* to), (*a. sich*) change over (to); switch (to); *tech.* reverse; *auf Maschinenbetrieb* ~ mechanize; *sports:* redispose (*one's forces*); *sich* ~ adapt *or* accommodate *or* readjust o.s. (*auf acc.* to), accommodate o.s. to new conditions, change one's attitude; **2.** *um'stellen* surround; 2**hebel** *m* reversing lever; 2**ung** *f* transposition; change of position; conversion, change-over (*auf acc.* to); *fig.* adaptation; switch-over; readjustment; change.

'**umsteuern** *tech. v/t.* (h.) reverse.
'**umstimmen** *v/t.* (h.) *mus.* retune; tune to another pitch; *fig. j-n* ~ change a p.'s mind, bring a p. round, talk a p. over.
'**umstoßen** *v/t.* (*irr.*, h.) knock down *or* over, overthrow; *fig.* annul; overrule; reverse, set aside (*judgment*); upset, change (*plan*); change (*last will*).
um'strahlen *v/t.* (h.) bathe in light, irradiate.
um'stricken *fig. v/t.* (h.) ensnare.
umstritten [-'ʃtritən] *adj.* disputed, contested; controversial.
'**umstülpen** *v/t.* (h.) tilt over, bottoms-up; turn upside down (*or* inside out).
'**Umsturz** *m* overthrow, upheaval (*both a. fig.*), upset, overturn; *fig.* subversion, revolution.
'**umstürz|en I.** *v/t.* (h.) overthrow (*a. fig.*), upset, overturn; *fig.* subvert; **II.** *v/i.* (sn) fall down (*or* over), overturn; 2**ler(in** *f*) *m* (-s, -; -, -nen) revolutionist; ~**lerisch** *adj.* subversive, revolutionary.
'**Umsturzpartei** *f* revolutionary party.
'**umtaufen** *v/t.* (h.) rename, rechristen; *eccl.* rebaptize; *fig. j-n* ~ change a p.'s name.
'**Umtausch** *m* (-es) exchange; barter; conversion (*in acc.* into another currency); 2**bar** *adj.* convertible (*money*); 2**en** *v/t.* (h.) exchange (*gegen* for); convert.
um'toben *v/t.* (h.) rage (*or* roar) round.
'**umtopfen** *v/t.* (h.) repot (*plant*).
'**umtreiben** *fig. v/t.* (*irr.*, h.) worry, be on *a p.'s* mind.
'**Umtrieb** *m forestry*: cycle of cultivation; *colloq.* activity, bustle; ~ *pl.* machinations, intrigues, (subversive) activities.
'**umtun** *v/t.* (*irr.*, h.) put on (*shawl, etc.*); *sich* ~ *bestir* o.s.; *sich* ~ *nach* look out (*or* about) for; make inquiries after.
Um'wallung *f* circumvallation.
'**umwälz|en** *v/t.* (h.) roll round; *fig.* revolutionize; ~**end** *adj.* revolutionary, epoch-making (*invention, etc.*); 2**ung** *f* (-; -en) revolution, upheaval.
'**umwand|elbar** *adj. phys.* transformable; *econ.* convertible; ~**eln** *v/t.* (h.) change, (*a. phys.*) transform (*in acc.* into); *el.* transform, convert; *econ.* convert (*rate of interest*); commute *penalty* (*in acc.* into); *chem. sich* ~ *in* be converted into; *gr.* conjugate, inflect; *er ist wie umgewandelt* he is a changed man; 2**ler** *el. m* (-s; -) transformer, converter; 2**lung** *f* change; transformation; metamorphosis; *econ.* conversion; *physiol.* metabolism; *jur.* commutation; 2**lungstemperatur** *tech. f* equilibrium temperature.
'**umwechseln** *v/t.* (h.) *money:* change.
'**Umweg** *m* roundabout way, detour; *e-n* ~ *machen* go a roundabout way, take a circuitous route; *fig. auf* ~*en* indirectly, in a roundabout way; *b.s.* by devious means, underhand, stealthily; *ohne* ~*e* straight to the point, point-blank, plainly.

'**umwehen** *v/t.* (h.) **1.** blow down; **2.** *um'wehen* blow round, waft round, fan.
'**Umwelt** *f* environment, *the* world around us (*or* a p.); 2**bedingt** *adj.* environmental; ~**einflüsse** *m/pl.* environmental factors.
'**umwenden** *v/t.* (*irr.*, h.) turn over; *sich* ~ turn round.
um'werben *v/t.* (*irr.*, h.) court, woo; *umworben a.* sought after.
'**umwerfen** *v/t.* (*irr.*, h.) overthrow, overturn, upset, knock down; → *umstoßen*; throw *coat* round (one's shoulders.)
'**umwert|en** *v/t.* (h.) revalue, convert; 2**ung** *f* revaluation, conversion; *phls.* ~ *aller Werte* transvaluation of all values.
um'wickeln *v/t.* (h.) wind round (*mit* with), lap (round); tape; *tech.* cover; wrap up (*mit* in).
um'winden *v/t.* (*irr.*, h.) wind round *or* about, entwine (*mit* with).
um'wittern *fig. v/t.* (h.) surround.
'**umwohn|end** *adj.* neighbo(u)ring; 2**er** *m* (-s; -) inhabitant of the neighbo(u)ring district, neighbo(u)r.
umwölken [-'vœlkən] *v/t.* (h.) (*a. sich*) cloud (over), darken (*both a. fig.*).
'**umwühlen** *v/t.* (h.) ransack; *pig:* root (up).
umzäun|en [-'tsɔynən] *v/t.* (h.) fence in, enclose; 2**ung** *f* (-; -en) enclosure, fence.
'**umziehen¹ I.** *v/i.* (*irr.*, sn) (re)move (*nach* to), change one's residence; **II.** *v/t.* (*irr.*, h.): *sich* ~ change (one's clothes).
um'ziehen² *v/t.* (*irr.*, h.) surround; cover all round; draw the outlines of; *der Himmel hat sich umzogen* the sky has become overcast.
umzingel|n [-'tsiŋəln] *v/t.* (h.) surround, encompass, encircle; invest (*fortress*); 2**ung** *f* (-; -en) encirclement.
'**Umzug** *m* procession; pageant; move, removal, change of residence.
umzüngeln [-'tsyŋəln] *v/t.* (h.) *flames:* leap up, lick about.
un-ab|änderlich [-ˀapˈˀɛndərliç] *adj.* unalterable, irrevocable, definite; *sich ins* 2*e fügen* resign o.s. to what cannot be changed, bow to inevitability; ~**dingbar** [-ˀapˈdiŋbaːr] *adj.* unalterable; inalienable (*rights*); ~**hängig** ['-hɛŋiç] *adj.* independent (*von* of); *tech.* self-contained (unit); *gr.* absolute; free-lance (*writer, etc.*); ~ *von* irrespective of; 2**hängige(r)** ['-igə] *pol. m* (-n; -n) independent, *Am. a.* mugwump; 2**hängigkeit** *f* (-) independence; 2**hängigkeitskrieg** *m* war of independence; ~**kömmlich** ['-kœmliç] *adj.* indispensable, irreplaceable; *mil.* in reserved occupation; busy, unable to get away; ~**lässig** *adj.* incessant, unremitting; unrelenting (*efforts*); → *unaufhörlich*; ~**lösbar**, ~**löslich** *adj. fig. and econ.* irredeemable; consolidated (*loan*); perpetual (*annuity*); ~'**sehbar** *adj. fig.* not to be foreseen, incalculable; immense, vast, immeasurable; *in* ~*er Ferne* in a distant future, a far cry off; ~'**setzbar** *adj.* irremovable; '~**sichtlich** *adj.* un-

intentional, undesigned, involuntary; accidental; inadvertent; ~-'weisbar, ~'weislich [-'vaɪs-] adj. not to be refused; imperative, peremptory; inevitable; ~'wendbar [-'vɛntbɑːr] adj. inevitable, inescapable, fated.

'un-achtsam adj. inattentive; absent-minded; careless, negligent; 2keit f carelessness, negligence; inadvertence.

'un-ähnlich adj. unlike, dissimilar (dat. to); 2keit f unlikeness, dissimilarity.

'un-an|fechtbar adj. unimpeachable, unchallengeable, incontestable; non-appealable (judgment); ~gebaut ['-ʔaŋgəbaut] adj. uncultivated; ~gebracht adj. out of place, inappropriate; out of turn; inopportune; ~gefochten ['-gəfɔxtən] adj. undisputed; unchallenged (champion, etc.); unhindered; unmolested; ~gemeldet ['-gəmeldət] I. adj. unannounced; II. adv. without being (previously) announced; unadvised, without previous notice; ~gemessen adj. unsuitable; improper; inadequate; incongruous; ~genehm adj. disagreeable (dat. to), unpleasant; distasteful, hateful; unwelcome; awkward; annoying, troublesome, irksome; das 2e dabei ist the trouble with it is; ~getastet adj. untouched; ~greifbar adj. unassailable, impregnable; ~'nehmbar adj. unacceptable; ~nehmlichkeit f (-; -en) unpleasantness, difficulty; inconvenience, drawback; ~en pl. trouble; → zuziehen; ~sehnlich adj. unsightly, mean-looking; plain; insignificant, trifling; 2sehnlichkeit f (-) unsightliness; plainness; insignificance, paltriness; ~ständig adj. indecent (a. w.s.); obscene, blue; unmannerly; shocking; ~es Wort a. four-letter word; 2ständigkeit f (-; -en) indecency; obscenity; unmannerliness; ~'tastbar adj. unimpeachable; sacrosanct, taboo; inviolable (rights); ~wendbar adj. inapplicable.

'un-appetitlich adj. unsavo(u)ry.

'Un-art 1. f bad habit or trick; rudeness, incivility; illbreeding; naughtiness; 2. m naughty child; 2ig adj. rude, uncivil; ill-bred; naughty.

'un-artikuliert adj. inarticulate, indistinct.

'un-ästhetisch adj. not (a)esthetical; nasty, offensive; ~er Anblick eyesore.

'un-auf|dringlich adj. unobtrusive; ~fällig adj. inconspicuous, unobtrusive; ~findbar [-'fint-] adj. not to be found, undiscoverable, untraceable; ~gefordert ['-gəfordərt] I. adj. unasked, unbidden; II. adv. of one's own accord, spontaneously; ~geklärt adj. unexplained, mysterious; unsolved (crime); unenlightened (person); ~geschlossen adj. narrow(-minded); reserved; ~haltsam adj. irresistible, unchecked; ~hörlich ['-høːr-] I. adj. incessant, continuous; endless, interminable; II. adv. incessantly, etc.; without letup; forever; es

regnete ~ it kept on raining; ~'lösbar, ~'löslich adj. indissoluble; a. chem., math. insoluble; ~merksam adj. inattentive; distracted, absent-minded; careless; thoughtless; 2-merksamkeit f inattention; thoughtlessness; ~richtig adj. insincere; 2richtigkeit f insincerity; ~schiebbar [-'ʃiːpbaːr] adj. not to be delayed; urgent, imperative; die Sache ist ~ the matter brooks no delay.

un-aus|bleiblich ['-ʔausˈblaɪplɪç] adj. inevitable, unfailing; das war ~ that was bound to happen; '~-'denkbar adj. unimaginable, unthinkable; '~'führbar adj. impracticable, not feasible; impossible; '~gebildet adj. not (fully) formed or developed; biol. rudimentary; mil. untrained; ~gefüllt adj. blank (form); '~geglichen adj. unbalanced; '2geglichenheit f unbalance; disequilibrium; '~gesetzt adj. uninterrupted, incessant; '~gesprochen adj. unsaid, unspoken; → still; ~löschlich ['-'lœʃlɪç] I. adj. inextinguishable; indelible; fig. lasting; II. adv.: ~ eingeprägt deeply engraved on one's mind; '~'rottbar adj. not exterminable; ineradicable; ~sprechbar ['-'ʃprɛç-] adj. unpronounceable; ~es Wort jaw-breaker; '~'sprechlich adj. inexpressible, ineffable; unspeakable; indescribable; die 2en (trousers) unmentionables; ~stehlich ['-'ʃteː-] adj. insupportable, insufferable, intolerable; detestable, loathsome; er ist ihr ~ she cannot bear the sight of him; ~weichlich ['-'vaɪç-] adj. inevitable, unavoidable.

unbändig ['unbɛndɪç] adj. unruly, intractable; colloq. fig. tremendous.

'unbarmherzig adj. unmerciful; merciless, pitiless, relentless; 2keit f unmercifulness, etc.

'un|be-absichtigt adj. unintentional, undesigned; inadvertent, unwitting; ~be-achtet adj. unnoticed; ~ lassen leave unnoticed, disregard; not to take into account; ~be-anstandet adj. not objected to, unopposed, uncontested; ~be-antwortet adj. unanswered; ~be-arbeitet adj. crude, raw; tech. unfinished, unmachined; ~be-aufsichtigt adj. uncontrolled, without supervision; not looked after; ~bebaut adj. agr. untilled, idle, undeveloped (terrain); vacant (property); ~bedacht(sam) adj. inconsiderate, thoughtless; imprudent; rash; ~bedeckt adj. uncovered; bare; ~en Hauptes bare-headed; ~bedenklich I. adj. matter: unobjectionable; harmless; person: unhesitating, having no scruples; II. adv. without hesitation; 2bedenklichkeitsbescheinigung f pol., etc. clearance certificate, clean bill of health; econ. import certificate, certificate of non-objection; 2bedenklichkeitsüberprüfung f security clearance; ~bedeutend adj. insignificant; slight, negligible, trifling; minor; ~bedingt I. adj. unconditional; absolute; positive; implicit (faith, obedience); II. adv. absolutely; in any case, under any circumstances; without

fail; by all means; ~be'eidigt adj. unsworn; ~be-einflußt adj. uninfluenced, unbiassed, unaffected (von by); ~be-einträchtigt adj. unimpaired, unprejudiced (durch by); ~befähigt adj. unqualified, incompetent; ~befahrbar adj. impracticable, impassable; ~befangen adj. impartial, (a. jur.) unbiassed; ingenuous, unembarrassed; unaffected, natural, free; 2befangenheit f impartiality; freedom from bias; ease, openness, unaffectedness; ~befestigt adj. mil. unfortified; unsurfaced (road); ~befleckt adj. unsullied, spotless (both a. fig.); fig. undefiled, (a. eccl.) immaculate; ~befriedigend adj. unsatisfactory; ~befriedigt adj. unsatisfied, dissatisfied; disappointed; ~befristet I. adj. unlimited; II. adv. for an unlimited period; ~befugt adj. unauthorized, incompetent; 2befugte(r) m (-n; -n) unauthorized person; trespasser; Unbefugten ist der Eintritt verboten! trespassing prohibited!, no admittance except on business!; ~befugterweise adv. without authority or permission; ~begabt adj. untalented, not gifted; 2begabtheit f lack of talent; ~beglichen ['-bəglɪçən] adj. unsettled, unpaid, outstanding; ~be'greiflich adj. inconceivable, incomprehensible; inexplicable, mysterious; das ist mir völlig ~ that is beyond me; 2be'greiflichkeit f (-) inconceivability; inexplicability; ~begrenzt adj. unlimited, boundless; adv. a. indefinitely; ~begründet adj. unfounded; unbased, groundless; jur. als ~ zurückweisen dismiss a case, a petition, etc., on the merits; ~behaart adj. hairless; bald; bot., zo. smooth; 2behagen n uneasiness, discomfort; ~behaglich adj. uncomfortable; fig. usu. uneasy, pred. a. ill at ease; ~behauen adj. unhewn, uncut; unsquared (timber); ~behelligt adj. unmolested; ~beherrscht adj. fig. lacking self-control, unrestrained; 2beherrschtheit f (-) lack of self-control; ~behindert adj. unhindered, unhampered, unimpeded, free; ~beholfen ['-bəhɔlfən] adj. clumsy, awkward, fumbling; heavy(-handed humour); 2beholfenheit f (-) clumsiness; awkwardness; heaviness; ~beirrbar [-bə-ʔiːrbaːr] adj. imperturbable, unwavering; ~be-irrt [-ʔirt] adj. unperturbed, unswerving, unflustered; sta(u)nch; ~bekannt adj. unknown; unfamiliar; ~ mit unacquainted with, unfamiliar with; obscure; math. die 2e the unknown; (a. fig.) 2e Größe unknown quantity; aer. ~e Flugobjekte unidentified objects; das war mir ~ I did not know that, I was not aware of that; es wird Ihnen nicht ~ sein, daß you are aware, I suppose, that; ich bin hier ~ I am a stranger here; 2bekannt jur. person or persons unknown; ~be'kehrbar adj. inconvertible, callous; ~bekleidet adj. unclothed, undressed, with nothing on; ~bekümmert adj. unconcerned, careless (von of); brisk; reckless; ~be-

lastet *adj. fig.* unencumbered (*real estate*); *person:* carefree, light-hearted; ~ *von* free of; *pol.* with a clean record; *jur.* not incriminated, uncompromised; *el.* unloaded, no-load *condition;* **~belaubt** *adj.* leafless, bare; **~belebt** *adj.* inanimate; unfrequented, quiet (*street*); *stock exchange:* dull, slack, dead; **~beleckt** *adj.: fig. von der Kultur* ~ without a trace of culture, uncivilized; **~be'lehrbar** *adj.* unconvincable; ~ *sein* take no advice, not to listen to reason; **~belesen** *adj.* unlettered; **♀belesenheit** *f* want of reading (*or* learning); **~belichtet** *phot. adj.* unexposed; **~beliebt** *adj.* disliked; unpopular (*bei* with); **♀beliebtheit** *f* unpopularity; **~belohnt** *adj.* unrewarded; **~bemannt** *adj.* unmanned; *aer.* pilotless; **~bemerkbar** *adj.* imperceptible; **~bemerkt** *adj. and adv.* unnoticed, unseen; **~bemittelt** *adj.* without means, impecunious; **~benannt** ['-bənant] *adj.* unnamed; *math.* abstract; **~be'nommen** *adj.:* es ist (*or bleibt*) *Ihnen* ~ *zu* your are at liberty to; **~benutzt** *adj.* unused, unemployed; idle (*money*); unoccupied (*building*); *e-e Gelegenheit nicht* ~ *lassen* (not to fail) to make good use of an opportunity; **~be-obachtet** *adj.* unobserved; **~bequem** *adj.* inconvenient, uncomfortable; unwieldy; troublesome, irksome; *person:* disagreeable; **♀bequemlichkeit** *f* lack of comfort; inconvenience; *j-m* ~*en bereiten* put a p. to trouble; **~be-'rechenbar** *adj.* incalculable (*a. person*); dangerous; unpredictable; ~*e Umstände* imponderables *pl.*; **♀be'rechenbarkeit** *f* (-) unpredictability; **~berechnet** *adj.* free of charge, complimentary; **~berechtigt** *adj.* unauthorized, (*a. adv.*) without authority; unfounded; unfair (*a. reproach*), unreasonable; unqualified, ineligible; **~berechtigterweise** *adv.* without authority; without good (*or* valid) reason; **~berücksichtigt** *adj.* unconsidered, not taken into account; ~ *lassen* leave out of account, make no allowance for; not to consider, neglect; **~berufen** *adj.* uncalled for, unbidden; → *unbefugt;* ~*!* (*usu. unbe'rufen*) touch wood!; **~berühmt** *adj.* obscure; **~berührt** *adj.* untouched; virgin (*forest, soil*); *von e-m Gesetz, etc.,* ~ *bleiben* not to be affected by, not to fall within the scope of *law, etc.;* **~beschadet** ['-bə'ʃɑːdət] *prp.* (*gen.*) without prejudice to; irrespective of, notwithstanding; **~beschädigt** *adj.* uninjured, intact; *econ.* undamaged, in good condition; **~beschäftigt** *adj.* unemployed, non-employed; idled; free, at leisure; **~bescheiden** immodest, presumptuous; unreasonable (*price, etc.*); **♀bescheidenheit** *f* immodesty; presumption; **~beschnitten** ['-bə'ʃnitən] *adj.* deckle-edged (*book*); *med.* uncircumcised; *fig.* uncurtailed; **~bescholten** ['-bə'ʃɔltən] *adj.* blameless, irreproachable, of good reputation, of stainless character; **♀bescholten-**

heit *f* (-) blamelessness, integrity, good name; **~beschränkt** *adj.* unrestricted; absolute (*power, title*); uncontrolled; **~beschreiblich** ['-bə-ʃraɪplɪç] *adj.* indescribable, past all (*or* beggaring) description; unspeakable; **~beschrieben** ['-bə-ʃriːbən] *adj.* blank (*paper*); *fig.* ~*es Blatt* unknown quantity; **~beschwert** *adj. fig.* unencumbered, unburdened, free and easy; light, easy (*conscience*); light-hearted, detached; **♀beschwertheit** *f* (-) carefree nature, light-heartedness, detachment; **~beseelt** *adj.* unanimate; **~besehen** *adv.* unseen, unexamined; without inspection; **~besetzt** *adj.* unoccupied, free, disengaged; vacant (*office, post*); *teleph.* clear; **~besiegbar** ['-bə'ziːkbaːr] *adj.* invincible; **♀besiegbarkeit** *f* (-) invincibility; **~besiegt** *adj.* undefeated; **~besoldet** *adj.* unsalaried, unpaid; honorary; **~besonnen** *adj.* thoughtless, imprudent; rash; reckless; **♀besonnenheit** *f* thoughtlessness; rashness; **~besorgt** *adj.* unconcerned; *seien Sie deswegen* ~ make your mind easy about it!, don't let it worry you!; **♀bestand** *m* (-[e]s) → *Unbeständigkeit;* **~beständig** *adj.* inconstant, unsteady, unstable; unsettled (*weather, econ. market*); changeable; fluctuating; *person:* erratic, fickle, inconstant; **♀beständigkeit** *f* inconstancy, instability; fickleness; **~bestätigt** *adj.* unconfirmed; **~bestechlich** *adj.* incorruptible, unbribable; *fig.* keen, unerring; **♀be'stechlichkeit** *f* incorruptibility, integrity, **~besteigbar** *adj.* inaccessible, unscaleable; **~be'stellbar** *mail. adj.* undeliverable; dead (*letter*); **~besteuert** *adj.* untaxed; **~bestimmbar** *adj.* indeterminable; undefinable; **~bestimmt** *adj.* indeterminate, vague, (*a. gr.*) indefinite; uncertain; undecided; *auf* ~*e Zeit* for an indefinite time, sine die; **♀bestimmtheit** *f* indetermination; indefiniteness; vagueness; uncertainty; **~bestraft** *adj.* unpunished; → *straffrei;* **~be'streitbar** *adj.* incontestable, indisputable, unquestionable; **~bestritten** ['-bə'ʃtritən] **I.** *adj.* uncontested, undisputed; **II.** *adv.* indisputably, without doubt; **~beteiligt** *adj.* not concerned *or* interested; not involved; indifferent; detached; **♀beteiligte(r** *m*) *f* (-n, -n; -en, -en) disinterested party, outsider; **~betont** *adj.* unaccented, unstressed; **~beträchtlich** *adj.* inconsiderable, insignificant, trifling; **~betreten** *adj.* untrodden, unbeaten (*track*); **~beugsam** *fig. adj.* inflexible, unshakable, uncompromising, adamant, *Am. a.* hard-shell; **~bewacht** *adj.* unwatched, (*a. fig.*) unguarded; **~bewaffnet** *adj.* unarmed, defenceless; naked, unaided (*eye*); **~bewaldet** *adj.* unwooded, bare; **~bewandert** *adj.* inexperienced (*in dat.* in), not versed (in), unskilled (in); **~beweglich** *adj.* immovable; motionless; *tech.* fixed; rigid; stationary; ~ *machen* immobilize; *jur.* ~*e Güter* immovables; ~*es Eigentum* im-

movable property, realty; *fig.* rigid; → *unbeugsam;* **♀beweglichkeit** *f* immovableness; **~beweibt** ['-bə-vaɪpt] *adj.* unmarried, bachelor; **~beweint** *adj.* unwept (for), unlamented; **~beweisbar** *adj.* unprovable, undemonstrable; **~bewiesen** ['-bə'viːzən] *adj.* unproven; **~bewirtschaftet** *adj.* not subject to control; non-rationed; **~bewohnbar** *adj.* uninhabitable; **~bewohnt** *adj.* uninhabited; unoccupied, vacant (*building*); deserted; **~bewölkt** *adj.* cloudless; **~bewußt** *adj.* unconscious (*gen.* of); involuntary, instinctive, mechanical; *mir* ~ without my knowledge; **~be'zahlbar** *adj.* beyond price; *fig.* invaluable, priceless; capital (*joke, etc.*); **~bezahlt** *adj.* unpaid, unsettled; outstanding (*claim*); **~be'zähmbar** *adj.* untamable; *fig.* indomitable; **~be'zwingbar** *adj.* invincible; impregnable (*fortress*); **~bezwungen** ['-bɔtsvuŋən] *adj.* unconquered (*a. mountain*).

'un|biegsam *adj.* inflexible; **♀bildung** *f* lack of education, want of culture, illiteracy; **♀bill** ['-bil] *f* (-; -bilden) injury, wrong; *Unbilden pl. der Witterung* inclemency of the weather; **~billig** *adj.* unfair, unreasonable; *jur. a.* inequitable; ~*e Härte* undue hardship; **♀billigkeit** *f* unfairness; inequity; **~blutig** *adj.* bloodless; *adv.* without bloodshed.

'unbotmäßig *adj.* insubordinate; unruly, refractory; **♀keit** *f* insubordination; unruliness.

'unbrauchbar *adj.* useless, of no use; *tech.* unserviceable; waste (*material*); impracticable, unworkable (*plan*); **♀keit** *f* uselessness; **♀machung** (-) rendering *a th.* useless *or* unserviceable; dismounting (*of gun*).

'unbußfertig *adj.* impenitent, unrepenting; **♀keit** *f* impenitence.

'unchristlich *adj.* unchristian.

und [unt] *cj.* and; ~*? and after that?,* what then?; *colloq. na* ~*? what of it?,* so what?; ~ *so fort or weiter* (*usf., usw.*) and so on *or* forth (*abbr. etc., &, a.s.o.*); *iro. er* ~ *Angst haben!* he afraid!; *ich* ~ *Tennisspielen!* playing tennis, my foot!; ~ *wenn* (*auch*) even if; ~ *er auch nicht* nor he either; *er schreibt nicht,* ~ *ich auch nicht* he does not write, neither (*or* nor) do I; *er kam* ~ *strahlte über das ganze Gesicht* he came along beaming.

'Undank *m* ingratitude, ungratefulness; ~ *ernten* get small thanks for it, get more kicks than ha'pence; **♀bar** *adj.* ungrateful (*gegen* to); thankless (*task*); **~barkeit** *f* ingratitude; thanklessness.

'un|datiert *adj.* undated; **~definierbar** *adj.* indefinable; **~dehnbar** *adj.* inextensible, inelastic; **~deklinierbar** *adj.* indeclinable; **~'denkbar** *adj.* unthinkable; inconceivable; **~denklich** *adj.:* seit ~*en Zeiten* from times immemorial; **~deutlich** *adj.* indistinct; vague (*a. fig.* = obscure, hazy); blurred (*impression, picture*); inarticulate (*sound*); illegible (*writing*); **♀deut-**

lichkeit *f* indistinctness; vagueness; obscurity; **~deutsch** *adj.* un--German; **~dicht** *adj.* not tight; leaky, leaking; not waterproof *or* watertight; not airtight; porous; ~ sein *a.* leak; **2ding** *n* absurdity; impossibility; monstrosity; *es wäre ein ~, zu behaupten* it would be absurd to maintain *that;* **~diszipliniert** *adj.* undisciplined; **~dramatisch** *adj.* undramatic.

'**unduldsam** *adj.* intolerant; **2keit** *f* intolerance.

'**undurch'dringlich** *adj.* impenetrable (*für* to); impervious; inscrutable (*face*); **~es** *Gesicht a.* poker face; **2keit** *f* impenetrability; imperviousness.

'**undurchführbar** *adj.* impracticable, *Am.* impractical; unworkable.

'**undurchlässig** *adj.* impervious (*für* to), impermeable; waterproof, watertight.

'**undurchsichtig** *adj.* non-transparent, opaque; *fig.* impenetrable; mysterious; unfathomable; **2keit** *f* opacity.

'**un-eben** *adj.* uneven; rough, rugged, bumpy (*road*); broken (*ground*); *nicht ~* not (so) bad; **~bürtig** *adj.* of inferior birth; *fig.* inferior.

'**un-echt** *adj.* not genuine; spurious, false (*a. fig.*); counterfeit(ed), fake(d), *Am. a.* phon(e)y; imitation (*only attr.*), artificial (*teeth; a. fig.*); fading, not fast (*colour*); *math.* improper; → *falsch.*

'**un-edel** *adj.* ignoble, (*a. metal*) base.

'**un-ehelich** *adj.* illegitimate, born out of wedlock; unmarried (*mother*); **2keit** *f* (-) illegitimacy.

'**Un-ehr|e** *f* dishono(u)r; *j-m ~ machen* discredit (*or* disgrace) a p.; **2enhaft** *adj.* dishono(u)rable; **2erbietig** *adj.* disrespectful, irreverent; **~erbietigkeit** *f* disrespect(fulness), irreverence; **2lich** *adj.* dishonest, insincere; **~lichkeit** *f* dishonesty; insincerity; duplicity.

'**un|eigennützig** *adj.* disinterested, unselfish; **2igkeit** *f* disinterestedness; **~eigentlich** *adj.* not proper (*or* real); **~einbringlich** ['-ʔaın'brıŋlıç] *econ. adj.* irrecoverable, bad (*debt*); **2ein bringlichkeit** *f* (-): *im Falle der ~* in default of payment; **~eingedenk** *adj.* unmindful (*gen.* of); **~eingeladen** ['-ʔaıŋəla:dən] *adj.* uninvited, unasked; **~eingelöst** ['-ʔaıŋəlø:st] *econ. and fig. adj.* unredeemed; **~eingeschränkt** ['-ʔaıŋəʃrɛŋkt] *adj.* unrestricted, unlimited, uncontrolled; full, unqualified; **~eingeweiht** *adj.* uninitiated; **2eingeweihte(r** *m*) *f* outsider; *pl. a. the* uninitiated; **~einheitlich** *adj.* non--uniform; irregular; *stock exchange:* *ein ~es Bild bieten* make a mixed showing; **~einig** *adj.* disagreeing, disunited, discordant, divided; *~ sein* be at variance or issue *or* odds; *~ werden* quarrel, fall out (*mit* with); *ich bin mit mir selbst noch ~* I have not yet made up my mind; **2einigkeit** *f* disagreement; dissension, discord, disharmony; **~ein'nehmbar** *adj.* impregnable; **~elegant** *adj.* inelegant (*a. fig.*); **~eins** *adj.*: *~ sein* → *uneinig;*

~empfänglich *adj.* insusceptible (*für* to), unreceptive, impervious (to); **~empfindlich** *adj.* insensible (*gegen* to); insensitive (to *pressure, light, etc.*); inured (to); *fig.* indifferent (to); **2empfindlichkeit** *f* insensibility, insensitiveness; **~'endlich I.** *adj.* endless; infinite (*a. fig. pleasure, care, etc.*); boundless; *phot. auf ~ einstellen* focus for infinity; *ins ~e ad infinitum; das geht ins 2e* there is no end to it; **II.** *adv.* infinitely (*a. fig.*), *etc.*; *~ klein* infinitesimal; *~ lang* endless; *fig.* hugely, vastly, tremendously; *~ viel Sorgen, etc.* no end of trouble, *etc.;* **~englisch** *adj.* un-English; **~ent'behrlich** *adj.* indispensable; *er (es) ist mir ~* I cannot do without him (it); **2ent'behrlichkeit** *f* indispensableness; **~ent'geltlich** *adj.* gratuitous, (*a. adv.*) free (of charge), gratis.

un-ent'haltsam *adj.* intemperate; *esp. sexually:* incontinent; **2keit** *f* intemperance; incontinence.

un-ent'rinnbar *adj.* inescapable.

'**un-entschieden** *adj. and adv.* undecided (*a. person*); open, unsettled (*question*), pending; *sports:* drawn; *~es Rennen* dead heat, tie; *~ enden* finish as a draw, be a tie; *~ stehen* be even; *~ spielen* draw; 2 *n* (-s; -) *sports:* draw, tie; **2heit** *f* undecidedness; indecision.

'**un-entschlossen** *adj.* irresolute, undecided; *~ sein a.* waver, hesitate, → *schwanken; pol.* sit on the fence, *Am. a.* straddle; **2heit** *f* irresolution.

un-ent'schuld|bar *adj.* inexcusable, unpardonable; *es ist ~* it allows of no excuse; **~igt** *adj.*: *~es Fehlen* absence without valid excuse, absenteeism.

un-entwegt ['-ʔɛnt've:kt] *adj.* unswerving, unflinching, stalwart; **2e(r)** *pol. m* (-n; -n) die-hard, stalwart, *Am.* standpatter; **2heit** *f* (-) steadfastness; *pol.* die-hardism.

'**un-entwickelt** *adj.* undeveloped.

un-ent'wirrbar *adj.* inextricable.

un-ent'zifferbar *adj.* undecipherable.

un-ent'zündbar *adj.* non-inflammable; *inert* (*ammunition*).

'**un|er'bittlich** *adj.* inexorable, pitiless; *die ~en Tatsachen* the stubborn facts; **2er'bittlichkeit** *f* (-) inexorability, pitilessness; **~erfahren** *adj.* inexperienced (*in dat.* in), new (to); callow; green; **~erfindlich** ['-ʔɛr'fintlıç] *adj.* undiscoverable; incomprehensible; *aus ~en Gründen* for obscure reasons; *es ist mir ~* it is a mystery to me; **~er'forschlich** *adj.* impenetrable; inscrutable (*mind, decision*); **~erforscht** *adj.* unexplored, unchartered; *w.s.* unaccounted; **~erfreulich** *adj.* unpleasant; **~er'füllbar** *adj.* unrealizable, unattainable; **~erfüllt** *adj.* unfulfilled; **~ergiebig** *adj.* unproductive; *w.s.* unprofitable; **~ergründlich** ['-ʔɛr'gryntlıç] *adj.* unfathomable, bottomless; *fig. a.* inscrutable; **~erheblich** *adj.* inconsiderable, insignificant, unimportant, trivial; *esp. jur.* irrelevant (*für* to); immaterial; **2er-**

heblichkeit *f* inconsiderableness, insignificance, slightness, irrelevance; '**~erhört** *adj.* **1.** not granted, unheard; **2.** *uner'hört* unheard--of, unprecedented; outrageous, scandalous; *colloq.* tremendous, terrific; *~!* the insolence of it!, shame!; **~erkannt** ['-ʔɛrkant] *adj.* unrecognized, unidentified; **~erkennbar** *adj.* unrecognizable; **~erkenntlich** *adj.* ungrateful; **~er'klärlich** *adj.* inexplicable, unaccountable, mysterious; **~er'läßlich** *adj.* indispensable, essential, imperative; *diese Maßnahme ist völlig ~* this measure is a must; **~erlaubt** *adj.* unauthorized, prohibited; illegal, illicit; *sports:* foul; *jur. ~e Handlung* tort(ious act), civil wrong; *mil. ~e Entfernung von der Truppe* absence without leave (*abbr.* AWOL); **~erledigt** *adj.* unsettled, not disposed of; pending; **~erlöst** *adj.* unredeemed; **~er'meßlich** *adj.* immeasurable, immense, vast; **2er'meßlichkeit** *f* (-) immeasurableness, immensity, vastness; **~ermüdlich** [-ʔɛr'my:tlıç] *adj. person:* indefatigable; untiring, unflagging (*efforts*), unremitting(ly *adv.*); **2er'müdlichkeit** *f* (-) indefatigableness; **~erörtert** *adj.* undiscussed; **~erprobt** *adj.* untried, not tested; **~erquicklich** *adj.* unpleasant, unedifying; **~er'reichbar** *adj.* unattainable; inaccessible; *pred.* out of (*or* beyond) reach; **~er'reicht** *adj. fig.* unequal(l)ed, unrival(l)ed; record (*performance*); *~ sein a.* stand alone; **~ersättlich** [-ʔɛr'zɛtlıç] *adj.* insatiable; **~erschlossen** ['-ʔɛrʃlɔsən] *adj.* undeveloped (*area, market*); untapped (*market, resources*); **~er'schöpflich** *adj.* inexhaustible; **~erschrocken** *adj.* intrepid, undaunted, fearless; **2erschrockenheit** *f* (-) intrepidity, fearlessness; **~er'schütterlich** *adj.* unshakable; imperturbable, stolid; *pred.* (as) firm as a rock; → *unentwegt;* **~er'schwinglich** *adj.* unattainable, *pred.* beyond one's means; exorbitant, prohibitive (*price*); *das ist mir ~* I (simply) cannot afford it; **~er'setzlich** *adj.* irreplaceable; *thing: a.* irreparable, irrecoverable; **~er'sprießlich** *adj.* unprofitable; fruitless (*endeavour*); unpleasant; **~er'träglich** *adj.* intolerable, unbearable, insufferable; *pred.* past endurance; **~erwähnt** *adj.* unmentioned; *~ lassen* fail to mention, make no mention of, pass *a th.* over (in silence); **~erwartet I.** *adj.* unexpected; unforeseen; surprise (*visitors, attack, etc.*); **II.** *adv.* unexpectedly, all of a sudden; **~er'weislich** *adj.* indemonstrable; **~erwidert** *adj.* unanswered (*letter, etc.*); unreturned, unrequited (*love*); **~erwünscht** *adj.* undesirable, unwelcome; **~erzogen** ['-ʔɛrtso:gən] *adj.* uneducated; *b.s.* ill-bred.

'**unfähig** *adj.* incapable (*gen.* of); unable (*zu inf.* to *inf.*); unfit (*für* for); incompetent; inefficient; *jur. für ~ erklären* incapacitate; **2keit** *f* incapacity; inability; incompetence, unfitness; inefficiency.

un'fahrbar adj. impracticable, impassable; mar. not navigable.

unfair ['-fɛːr] adj. unfair; sports: a. foul; pred. below the belt (a. fig.).

'Unfall m accident; disaster; mishap; Tod durch ~ accidental death; e-n ~ haben meet with an accident; ~**flucht** f absconding after an accident; ~**kommando** n emergency car, ambulance; ~**rente** f accident annuity; ~**station** f first-aid station; ~**stelle** f scene of accident; ~**tod** m accidental death; ~**verhütung** f accident prevention; ~**verhütungsvorschrift** f safety rule(s pl.); ~**verluste** m/pl. casualties; ~**versicherung** f accident insurance; ~**wagen** m motor ambulance; aer. crash tender; ~**ziffer** f accident rate; toll of the road.

un'faßbar, ~lich adj. incomprehensible, inconceivable; das ist mir ~ that is beyond me, that beats me.

un'fehlbar I. adj. infallible (a. R.C.); unerring (a. shot); unfailing (remedy, etc.); II. adv. (as) sure as death; without fail; inevitably; 2**keit** f infallibility.

'unfein adj. indelicate; unmannerly, not gentlemanlike (or ladylike); coarse; pred. bad form, not nice.

'unfern I. adv. not far off, near (at hand); II. prp. (gen. or von) not far from, near.

'unfertig adj. not ready, unfinished, incomplete; fig. immature, half-baked.

Un|flat ['unflaːt] m (-[e]s) dirt, filth (a. fig.); 2**flätig** ['-flɛːtiç] adj. dirty, filthy; (adv.) ~ schimpfen swear like a fishwife or trooper.

'unfolgsam adj. disobedient; wayward; 2**keit** f disobedience.

unförm|ig ['-fœrmiç] adj. misshapen, deformed; shapeless; monstrous; unwieldy; bulky; clumsy; disproportionate; 2**igkeit** f (-) shapelessness; deformity; monstrosity; clumsiness, ~**lich** adj. informal, unceremonious.

'unfrankiert adj. not prepaid, carriage-forward; unstamped (letter).

'unfrei adj. unfree, not free; fig. constrained, self-conscious; 2**heit** f bondage, serfdom; fig. constraint; 2**willig** adj. involuntary; compulsory; aer. forced (landing); unconscious (humour).

'unfreundlich adj. unfriendly, unkind (zu, gegen to); disobliging; gruff; inclement (climate, weather); cheerless (room, etc); 2**keit** f unfriendliness; ill-feeling; inclemency.

'Unfriede m discord; dissension; strife; → stiften.

'unfroh adj. cheerless.

'unfruchtbar adj. unfruitful (a. fig.), barren, sterile; fig. auf ~en Boden fallen fall upon stony ground, bei j-m: be lost on a p.; 2**keit** f unfruitfulness; barrenness, sterility.

Unfug ['unfuːk] m (-[e]s) mischief, nuisance; Am. a. monkeyshines, shenanigans pl.; jur. grober ~ gross misdemeano(u)r, public nuisance; ~ treiben be up to mischief, play (mischievous) tricks, monkey (mit with); ~! nonsense!

'unfügsam adj. unmanageable, intractable.

un'fühlbar adj. intangible, impalpable.

'unfundiert econ. adj. unfounded, floating.   [courteous.}
'ungalant adj. ungallant, dis-}
'ungangbar adj. impassable; coin: not current; unsal(e)able (goods).

Ungar ['ungaːr] m (-n; -n), ~**in** f (-; -nen), 2**isch** adj. Hungarian.

'ungastlich adj. inhospitable.

unge|achtet ['ungə'?axtət] I. adj. not esteemed, despised; II. prp. (gen.) regardless of, irrespective of, notwithstanding; despite; ~**ahndet** ['-'?aːndət] adj. unpunished; adv. a. with impunity; ~**ahnt** adj. undreamt-of, unthought-of; unexpected, unhoped-for; ~**bahnt** adj. unbeaten, untrodden; ~**bärdig** ['-bɛːrdiç] adj. unruly, wild; ~**beten** adj. uninvited, unasked; ~**er** Gast intruder, gatecrasher; ~**beugt** adj. unbent, uncurbed; ~**bildet** adj. uneducated, uncultured; ill-bred, uncivilized; unpolished; ~**bleicht** adj. unbleached; ~**boren** adj. unborn; ~**bräuchlich** adj. unusual; obsolete; ~**braucht** adj. unused, quite new.

'Ungebühr f (-) impropriety, indecency, unseemliness; excess, abuse; jur. vor Gericht contempt of court; 2**lich** I. adj. improper, indecent, unseemly, unbecoming; undue, unwarrantable; jur. ~e Beeinflussung undue influence; II. adv. unduly; ~**lichkeit** f (-; -en) → Ungebühr.

'ungebunden adj. unbound; book: in sheets; fig. free, unrestrained; b.s. licentious, loose; ~e Rede prose; 2**heit** f fig. freedom, unrestraint; licence.

'ungedämpft phys. adj. undamped, non-attenuated; continuous (wave).

'ungedeckt adj. uncovered (a. sports = unmarked); unsheltered, unprotected, exposed; uncovered (cheque); unsecured (credit); der Tisch ist ~ the cloth is not laid yet.

'ungedruckt adj. unprinted, w.s. unpublished.

'Ungeduld f impatience; mit ~ impatiently; → brennen; 2**ig** ['-diç] adj. impatient.

'unge-eignet adj. unfit (zu for); person: a. unqualified; inopportune (moment).

'unge-erdet el. adj. unearthed, Am. ungrounded.

ungefähr ['ungəfɛːr] I. adj. approximate, rough; II. adv. about, approximately, in the neighbo(u)rhood (or region) of, Am. a. around; sketchily; ~ hundert a. a hundred or so (or thereabouts); wo ~? whereabouts?; ~ wie much as; von ~ a) by chance, b) out of a clear sky; wenn ich ~ wüßte, was er will if I had some idea of what he wants; 2 n (-s) chance.

'ungefähr|det adj. unendangered, safe(ly adv.); pred. out of danger (or harm's way); ~**lich** adj. harmless, not dangerous.

'ungefällig adj. disobliging (person); unpleasant, disagreeable (matter); 2**keit** f unkindness.

unge|färbt ['ungəfɛrpt] adj. undyed, uncolo(u)red; raw (silk); fig. unvarnished; ungarbled (report); ~**fragt** ['-fraːkt] adj. without being asked; ~**frühstückt** adj. without a breakfast, adv. a. on an empty stomach; ~**füge** adj. clumsy, bulky; hulking; staggering (blow); ~**fügig** adj. unpliant, unwieldy, clumsy; ~**gerbt** ['-gɛrpt] adj. untanned; ~**goren** adj. unfermented; ~**halten** adj. displeased, annoyed, indignant (über acc. at); ~**härtet** tech. adj. unhardened; ~**heilt** adj. uncured; ~**heißen** I. adj. unbidden; II. adv. of one's own accord; ~**heizt** adj. unfired; cold; ~**hemmt** I. adj. unchecked; II. adv. without restraint, freely; ~**heuchelt** adj. unfeigned; sincere.

'ungeheuer I. adj. (a. unge'heuer) vast, huge, enormous, colossal, immense, monstrous; ~e Freude immense joy, huge pleasure; ~er Fehler colossal mistake; fabulous, tremendous, terrific; II. adv. vastly, etc.; awfully, tremendously, mighty.

'Ungeheuer n (-s; -) monster; 2**lich** adj. monstrous, atrocious; ~**lichkeit** f (-; -en) monstrosity; enormity; atrocity.

'ungehindert adj. unhindered; adv. a. without let or hindrance.

'ungehobelt adj. not planed; fig. uncouth, rude, churlish.

'ungehörig adj. undue; improper; impertinent; 2**keit** f (-; -en) impropriety.

'ungehorsam adj. disobedient; mil. insubordinate; '**Ungehorsam** m disobedience; insubordination.

'unge|hört adj. and adv. unheard; ~**kämmt** adj. uncombed; wool: not carded; ~**klärt** adj. unsettled, unclear; pred. open to question; mil. ~e Lage obscure situation; ~**kocht** adj. unboiled, uncooked; ~**künstelt** adj. unaffected, unstudied; ~**kündigt** ['-diçt] adj.: in ~er Stellung fully employed; without notice having been given; ~**kürzt** adj. unabridged (book, right, etc.); ~**laden** adj. uninvited (guest); unloaded (gun); el. uncharged; ~**leckt** adj. fig.; ~er Bär unlicked cub.

'ungelegen adj. inopportune, inconvenient, awkward; untimely, unseasonable; j-m ~ kommen inconvenience (or disturb) a p.; das kommt mir sehr ~! how awkward!; 2**heit** f inconvenience; trouble; j-m ~en machen put a p. to inconvenience, give a p. trouble.

'unge|lehrig adj. indocile, unteachable, slow; ~**lehrt** adj. unlearnt, illiterate; ~**lenk** ['-lɛŋk] adj. stiff; fig. awkward, clumsy; ~**lernt** adj. unskilled (worker, work); ~**logen** adv. honestly, truly; no less than; ~**löscht** adj. unquenched; unslaked (lime); 2**mach** ['-max] n (-[e]s; -e) hardship, trouble, adversity; ~**mein** I. adj. uncommon, extraordinary; II. adv. exceedingly, profoundly, acutely; ~ viel an abundance of; ~**messen** adj. unmeasured; fig. unlimited; ~**mischt** adj. unmixed (a. fig. joy); ~**münzt** adj. uncoined; ~es Gold or Silber bullion; ~**mütlich** adj. uncomfortable; cheerless, dreary; *colloq.* ticklish, *mil. a.* unhealthy; unpleasant, nasty (*person*); **~nannt** *adj.* unnamed; anonymous; **~nau** *adj.* inaccurate, inexact; **2-nauigkeit** *f* inaccuracy.

'**ungeneigt** *adj.* disinclined, unwilling; **2heit** *f* disinclination.

ungeniert ['unʒeni:rt] **I.** *adj.* free and easy, unceremonious; nonchalant; undisturbed; **II.** *adv.* freely; nonchalantly; without let or hindrance; *völlig* ~ with the greatest aplomb; *du darfst das* ~ *sagen* you can say that without the slightest misgivings; **2heit** *f* (-) free and easy ways *pl.*; unceremoniousness; nonchalance.

'**ungenießbar** *adj.* not fit to eat *or* drink; uneatable; undrinkable; unpalatable (*a. fig.*); *colloq. person:* in a bad humo(u)r, unbearable.

'**ungenüg|end** **I.** *adj.* insufficient, inadequate; *a. ped.* poor; **II.** *adv.: mar.* ~ *bemannt* undermanned; ~ *bezahlt* underpaid; **~sam** *adj.* insatiable, greedy; **2samkeit** *f* insatiability, greediness.

'**ungenützt** *adj.* → unbenutzt.

'**unge|ordnet** *adj.* unarranged, unsettled; *b.s.* disorderly; **~e** *Verhältnisse* disorder; **~pflastert** *adj.* unpaved; **~pflegt** *adj.* uncared for, neglected; *a. person:* unkempt; **~rächt** *adj.* unavenged; **~rade** *adj.* uneven, out of line; odd (*number*); **~raten** *adj.* spoilt, undutiful (*child*); **~rechnet I.** *adj.* uncounted; not included; **II.** *adv.* not counting, apart from.

'**ungerecht** *adj.* unjust, unfair; **~fertigt** *adj.* unjustified, unwarrantable; **2igkeit** *f* injustice (*gegen* to).

'**ungeregelt** *adj.* not regulated; irregular; *b.s.* disorderly.

ungereimt ['ungəraɪmt] *adj.* unrhymed; **~e** *Verse* blank verse; *fig.* absurd; **~es** *Zeug reden* talk nonsense (*or* rot); **2heit** *f* (-; -en) absurdity.

'**ungerichtet** *adj.:* **~e** *Antenne* equiradial aerial.

'**ungern** *adv.* unwillingly, grudgingly; reluctantly; ~ *tun a.* hate to do.

'**unge|rührt** *adj. fig.* unmoved, untouched, unaffected; **~rupft** *adj. fig.:* ~ *davonkommen* get off lightly, get away without being fleeced; **~sagt** *adj.* unsaid; **~salzen** *adj.* unsalted; **~sättigt** *adj.* not satisfied, unsatiated; *chem.* unsaturated; **~säuert** *adj.* unleavened; **~säumt I. adj. 1.** seamless (*cloth*); **2.** prompt, immediate; **II.** *adv. a.* without delay, forthwith; **~schehen** *adj.* undone; ~ *machen* undo; *das kann man nicht* ~ *machen* that cannot be undone; **~schichtlich** *adj.* unhistorical.

'**Ungeschick** *n*, **~lichkeit** *f* awkwardness, clumsiness; bungling; fumble; **2t** *adj.* awkward, clumsy, maladroit; bungling, fumbling, thumb-fingered; ~ *sein a.* be all thumbs.

unge|schlacht ['ungəʃlaxt] *adj.* bulky, hulking; uncouth; **~schlagen** *adj.* undefeated, unbeaten; **~schlechtlich** *adj.* asexual, neuter; **~schliffen** *adj.* unpolished (*a. fig.*); uncut, *diamond: a.* rough; *fig.* crude;

rude, rough, uncivil; **~er** *Bengel* unlicked cub; **~schmälert** *adj.* undiminished, unimpaired, uncurtailed, in full; **~schminkt** *adj.* unpainted; *fig.* unvarnished, unadorned, plain (*truth*); **~schoren** *adj.* unshorn; *fig.* unmolested; ~ *lassen* leave (*or* let) alone; **~schrieben** *adj.:* **~es** *Gesetz* unwritten law; **~schult** *adj.* untrained, unschooled; **~schützt** *adj.* unprotected, unsheltered; exposed; **~schwächt** *adj.* unweakened; **~e** *Tatkraft* unimpaired energy; **~sehen** *adj.* unseen, unnoticed; **~sellig** *adj.* unsociable.

'**ungesetzlich** *adj.* illegal, unlawful, illicit; *für* ~ *erklären* outlaw; **2keit** *f* illegality; **2keitserklärung** *f* outlawry (*gen.* of).

'**unge|sichert** *econ. adj.* unsecured; **~sittet** *adj.* uncivilized; unmannerly; **~stalt(et)** *adj.* misshapen; **~stillt** *adj.* unstilled (*pain, desire*); unappeased (*hunger*); unquenched (*thirst*); **~stört** *adj.* undisturbed, uninterrupted, peaceful; **~straft I.** *adj.* unpunished; **II.** *adv.* with impunity; ~ *davonkommen* go scot-free.

ungestüm ['ungəʃty:m] *adj.* impetuous; vehement, violent; tumultuous.

'**Ungestüm** *n* (-[e]s) impetuosity; violence, vehemence.

'**unge|sucht** *fig. adj.* unaffected, unstudied; spontaneous; **~sühnt** *adj.* unpunished, unavenged; **~sund** *adj.* unhealthy; *matter: a.* unhealthful, unwholesome, injurious to health; *fig.* unsound; **~süßt** *adj.* unsweetened; **~tan** *adj.:* et. ~ *lassen* leave a th. undone; **~teilt** *adj.* undivided (*a. fig. attention, etc.*); integral; unanimous; **~trübt** ['ungətry:pt] *adj.* unclouded, clear; *fig.* untroubled, serene; unmixed (*pleasure*); **~übt** *adj.* untrained, unpractised; inexperienced; **~waschen** *adj.* unwashed; *fig.* **~er** *Mund* foul (*or* filthy) tongue.

'**ungewiß** *adj.* uncertain; doubtful; undecided; *j-n im ungewissen lassen* keep a p. in suspense (*or* on tenterhooks); *Sprung ins Ungewisse* leap in the dark; **2heit** *f* uncertainty; suspense; wavering.

'**Ungewitter** *n* thunderstorm.

'**ungewöhnlich** *adj.* unusual, uncommon; abnormal; odd; novel.

'**ungewohnt** *adj.* unaccustomed; *diese Arbeit ist mir* ~ I am unaccustomed to this kind of work; unusual, unwonted; **2heit** *f* (-) unwontedness. [voluntary.\]

'**ungewollt** *adj.* unintentional, in-

'**ungezählt** *adj.* numberless, innumerable, countless, untold.

'**ungezähmt** *adj.* untamed; *fig.* unbridled (*passion*); uncurbed (*mind, etc.*).

Ungeziefer ['ungətsi:fər] *n* (-s; -) vermin; *voll* ~ vermin-infested *or* -ridden; *Mittel gegen* ~ vermin-killer.

'**ungeziemend** *adj.* improper, unseemly.

'**ungeziert** *adj.* unaffected.

'**ungezogen** *adj.* ill-bred, rude, uncivil; naughty; **2heit** *f* (-; -en) rudeness; naughtiness.

'**ungezügelt I.** *adj. fig.* unbridled; **II.** *adv.* without restraint.

'**ungezwungen** *adj.* unconstrained, without constraint; *fig. a.* off-hand; unaffected, easy; **2heit** *f* (-) unconstraint, ease.

'**Unglaube** *m* unbelief.

'**ungläubig** *adj.* incredulous, disbelieving; *eccl.* unbelieving; infidel; **2e(r** *m) f* unbeliever, infidel.

'**unglaub|lich** *adj.* incredible, unbelievable; **~würdig** *adj.* untrustworthy, not worthy of credit; incredible; fantastic; cock-and-bull story.

'**ungleich I.** *adj.* unequal, different; uneven; unlike, dissimilar; varying; odd (*number*); **II.** *adv. preceding comp.:* (by) far, a great deal, much (*better, etc.*); **~artig** *adj.* heterogeneous, different, diverse; **~förmig** *adj.* unequal, not uniform; irregular; **2heit** *f* inequality; irregularity; diversion, variation; **~mäßig** *adj.* uneven, unbalanced; disproportionate; unsymmetrical; erratic; non-uniform.

Unglimpf ['unglimpf] *m* (-[e]s) harshness; insult, affront; wrong; **2lich** *adj.* harsh; (*adv.*) ~ *behandeln* deal harshly with.

'**Unglück** *n* misfortune; *at games:* ill luck; calamity; disaster; accident; misadventure, mishap; distress, misery; *ein* ~ *kommt selten allein* it never rains but it pours; *zum* ~ unfortunately, as (ill) luck would have it; **2lich** *adj.* unfortunate; unhappy; unlucky, hapless; ill-fated; fatal; wretched, miserable; woebegone; *in Liebe* unrequited love, disappointment in love; ~ *enden* turn out badly, end in disaster; **2licherweise** *adv.* unfortunately, unluckily, as (ill) luck would have it; **~sbote** *m* bringer of bad tidings; **~sbringer** *m* voodoo, *Am.* hoodoo, jinx; **2selig** *adj.* unfortunate; miserable, lamentable; calamitous, disastrous; ill-starred.

'**Unglücks...: ~fall** *m* misadventure; accident; **~gefährte** *m* fellow sufferer; **~rabe** *m fig.* **1.** croaker; **2.** unlucky fellow *or* bird; **~stern** *m: unter einem* ~ (*stehend*) ill-starred; **~tag** *m* fatal (*or* black) day; **~wurm** *colloq. m* poor creature.

'**Un|gnade** *f* disgrace, disfavo(u)r; *in* ~ *fallen* fall out of favo(u)r (*or* into disgrace), *bei j-m:* incur the displeasure of a p., get into a p.'s bad books; **2gnädig I.** *adj.* ungracious, unkind; ill-humo(u)red, cross; **II.** *adv.* ungraciously, *etc.*; with disfavo(u)r; **2graziös** *adj.* ungraceful, clumsy.

'**ungültig** *adj.* invalid, void; *ticket:* not available; *law:* inoperative; *coin:* not current; *pol.* ~ *e Stimme* spoilt vote; *sports:* foul *blow, etc.*; *für* ~ *erklären* invalidate, declare null and void, (render) void, annul (*a. marriage*); set aside, quash (*judgment*); repeal, rescind (*law*); *sports:* disallow (*goal*); ~ *machen a.* cancel; **2keit** *f* invalidity; voidness; nullity (*a. of marriage*); **2keits-erklärung** *f* invalidation, nullification; *of documents:* notice of legal extinction.

'Un|gunst f disfavo(u)r, ill-will; inclemency (of weather); zu j-s ~en in a p.'s disfavo(u)r, to a p.'s disadvantage, against a p.; das spricht zu seinen ~en that tells against him; ♀günstig adj. unfavo(u)rable; disadvantageous, adverse, untoward.

'ungut adj.: ~es Gefühl misgivings pl.; nichts für ~! no offen|ce, Am. -se!, no harm meant!, no hard feelings!

'unhaltbar adj. untenable, indefensible; promise: that cannot be kept; sports: overpowering shot; ♀keit f untenability.

'unhandlich adj. unwieldy; clumsy, bulky.

'unharmonisch adj. inharmonious, discordant.

'Unheil n mischief, harm; ruin; disaster, calamity; ~ anrichten or stiften cause mischief, storm, etc.: cause havoc; ♀bar adj. incurable; fig. irreparable; ♀bringend adj. unlucky, fatal, baneful; ♀schwanger adj. portentous, fraught with danger; ~stifter(in f) m mischief-maker; ~verkündend adj. ominous, portentous.

'unheimlich I. adj. uncanny, weird (a. fig.), unearthly; sinister; colloq. fig. tremendous, terrific; II. adv. colloq. fig. dreadfully, awfully; ~ viel heaps of, an awful lot of.

'unhöflich adj. uncivil, impolite; rude; ♀keit f incivility, impoliteness; rudeness.

'unhold adj. ungracious; ill-disposed (dat. to).

'Unhold m (-[e]s; -e) monster, fiend.

'unhörbar adj. inaudible, imperceptible. [sanitary.]

'unhygienisch adj. insanitary, un-⌡

'uni [y'ni:] econ. adj. uni-colo(u)red, plain.

Uniform [uni'fɔrm] f (-; -en) uniform; ♀ adj. uniform; uniformiert [-'mi:rt] adj. uniformed, in uniform; fig. uniform; Uniformi'tät f (-; -en) uniformity.

Unikum ['u:nikum] n (-s; -ka) unique (thing); (person) original, character.

'un-interes|ant adj. uninteresting, unattractive; ~iert adj. uninterested (an dat. in); ♀iertheit f (-) lack of interest, indifference.

Union [uni'o:n] f (-; -en) union; ~s-priorität f patent law: convention agreement.

unisono [uni'zo:no] adv. in unison.

Universal|erbe [univer'za:l-] m sole (or universal) heir; ~genie n universal genius, all-round man; ~küchenmaschine f universal kitchen machine; ~mittel n universal remedy, panacea, cure-all; ~motor el. m universal motor; ~schraubenschlüssel m monkey wrench; ~werkzeug n all-purpose tool.

universell [univer'zɛl] adj. universal, allround, tech. a. all-purpose.

Universität [universi'tɛ:t] f (-; -en) university; auf der ~ sein study at a university; ~s-professor m university professor; ~szeit f college years.

Universum [uni'vɛrzum] n (-s) universe.

Unke ['uŋkə] f (-; -n) toad; colloq. fig. croaker, Jeremiah; grumbler; ♀n v/i. (h.) colloq. fig. croak; grouse.

'unkennt|lich adj. unrecognizable; ~ machen deface, obliterate; disguise; ♀lichkeit f (-) unrecognizable condition; bis zur ~ past recognition; ♀nis f (-) ignorance, unawareness; in ~ sein über be unaware of; j-n in ~ lassen über keep a p. in the dark about; ~ schützt vor Strafe nicht ignorance of the law is no excuse.

'unkeusch adj. unchaste; ♀heit f unchastity.

'unkindlich adj. unchildlike; unfilial; precocious.

'unkirchlich adj. unclerical; secular, worldly.

'unklar adj. not clear; muddy; misty; indistinct; fig. vague, obscure; muddled; woolly, fuzzy (ideas); im ~en sein be in the dark (über acc. about); j-n im ~en lassen über leave a p. guessing at a th.; ♀heit f want of clearness; vagueness, obscurity; open points.

'unkleidsam adj. unbecoming.

'unklug adj. unwise, imprudent, ill-advised; ♀heit f imprudence.

'unkompliziert adj. uncomplicated, simple; straightforward.

'unkontrollierbar adj. uncontrollable.

'unkollegial adj. unlike a colleague, disobliging.

'unkonvertierbar adj. inconvertible.

'unkörperlich adj. incorporeal, immaterial; disembodied, spiritual.

'Unkosten pl. costs, expenses, charges; auf meine ~ at my expense sg.; allgemeine ~ overhead expenses, overhead(s pl.); kleine ~ petty expenses, out-of-pocket expenses; → stürzen; ~berechnung f cost accounting; ~beteiligung f sharing (of) expenses; ~konto n expense account; ~rechnung f account of charges.

'Unkraut n weed(s pl.); fig. ~ vergeht nicht ill weeds grow apace.

'un|kultiviert adj. uncultivated; uncultured (person); ~kündbar adj. irrevocable, binding; irredeemable (bond); perpetual (annuity); permanent (post); non-callable (capital); permanent, funded (debt); ~kundig adj. ignorant (gen. of), unacquainted (with), not knowing (a th. or how to do a th.); des Englischen ~ sein have no (command of) English; ~künstlerisch adj. inartistic(ally adv.); person: unartistic; ~längst adv. lately, recently, not long ago; ~lauter adj. impure; shady; econ. unfair (competition); ~legiert adj. unalloyed; ~leidlich adj. intolerable, insufferable; ~lenksam adj. unmanageable, intractable, unruly; ~leserlich adj. illegible; ♀leserlichkeit f illegibility; ~leugbar ['unlɔykba:r] adj. undeniable; ~lieb adj. disagreeable; es war ihr nicht ~ she was not glad (about it); ~liebenswürdig adj. unfriendly, unkind, surly; ~liebsam adj. disagreeable, unpleasant; ~liniert adj. unruled; ~logisch adj. illogical; ~lösbar adj.

unsolvable (problem); inseparable; a. → ~löslich chem. adj. insoluble.

'Unlust f (-) listlessness; dislike (zu for), aversion (to); ♀ig adj. listless; morose; (widerstrebend) reluctant (zu to).

'unmanierlich adj. unmannerly, ill-behaved.

'unmännlich adj. unmanly, effeminate; ♀keit f unmanliness.

'Unmaß n (-es): im ~ to excess.

'Unmasse colloq. f enormous (or vast) quantity or number; e-e ~ gen. or von a. a host of, heaps (or oodles) of money, etc.

'unmaßgeblich adj. not authoritative; nach m-r ~en Meinung in my humble opinion, speaking under correction.

'unmäßig I. adj. immoderate, excessive, inordinate; intemperate; II. adv. extremely, to excess; ♀keit f immoderateness, excess; intemperance.

'Unmenge f → Unmasse.

'Unmensch m monster, brute; colloq. sei kein ~! have a heart!; ♀lich adj. inhuman, brutal; degrading; superhuman; colloq. fig. tremendous, awful; ~lichkeit f inhumanity, brutality.

'un|merklich adj. imperceptible; ~meßbar adj. immeasurable; ~methodisch adj. unmethodical; ~militärisch adj. unmilitary; ~mißverständlich I. adj. unmistakable, unequivocable; II. adv. unmistakably; plainly, bluntly; ~mittelbar I. adj. immediate, direct; ~e Kenntnis(se) first-hand knowledge; II. adv. immediately; ~ an (acc.) direct to; ~ vor (dat.) right before; ~ bevorstehend imminent; ~ darauf immediately afterwards; ♀mittelbarkeit f (-) immediateness; fig. immediacy, directness; ~möbliert adj. unfurnished; ~modern adj. outmoded, unfashionable; ~ werden go out (of fashion).

'unmöglich I. adj. impossible (a. fig.); es ist ~, mit ihr zu leben there is no living with her; zu e-r ~en Stunde at an ungodly hour; ♀es leisten do the impossible; fig. sich ~ machen compromise o.s., make a nuisance of o.s., be socially disgraced; II. adv. not possibly; ♀keit f impossibility, impracticability; → Ding.

'unmoralisch adj. immoral.

'unmotiviert adj. unmotivated, without a motive.

'unmündig adj. under age, not of age, minor; ♀e(r m) f (-n, -n; -en, -en) minor; ♀keit f minority.

'unmusikalisch adj. unmusical.

'Unmut m ill humo(u)r, displeasure, annoyance (über acc. at); ♀ig adj. annoyed.

'un|nachahmlich adj. inimitable, matchless; ~nachgiebig adj. unyielding, inflexible, uncompromising; pred. adamant; ~nachsichtig adj. strict, severe; ~nahbar [-'na:ba:r] adj. inaccessible, unapproachable, exclusive; ♀'nahbarkeit f (-) inaccessibility, haughty reserve.

'Unnatur f unnaturalness, abnormity.

'**unnatürlich** *adj.* unnatural; affected; forced.

'**un|nennbar** *adj.* inexpressible; unnamable, unutterable; ~**notiert** *adj. stock exchange:* unquoted; ~**nötig** *adj.* unnecessary, needless; superfluous; ~**nötigerweise** ['unnøːtiɡərvaɪz] *adv.* unnecessarily, needlessly; ~**nütz** ['unnyts] *adj.* useless, unprofitable; superfluous; ~*es Gerede* idle talk; *sich* ~ *machen* make a nuisance of o.s.; ~**operierbar** *med. adj.* inoperable; ~**ordentlich** *adj.* disorderly, *person a.* careless; slovenly, slipshod; unkempt; untidy; ²**ordentlichkeit** *f* disorderliness; untidiness; ²**ordnung** *f* disorder, confusion, disarray, mess; *in* ~ in a mess; *in* ~ *bringen* throw into disorder *or* confusion, disarrange, disorganize, mess up; *in* ~ *sein* be out of order; ~**organisch** *adj.* inorganic; ~**paar** *adj.* not even (*number*); odd, without a fellow (*glove, etc.*); ~**pädagogisch** *adj.* unpedagogical; ~**parlamentarisch** *adj.* unparliamentary.

'**unpartei|isch** *adj.* impartial, unbiass(ed); ²**ische(r)** *m* (-n; -n) umpire; ²**lichkeit** *f* impartiality.

'**unpassend** *adj.* unsuitable; inappropriate, *pred.* out of place; improper; unseasonable, untimely.

'**unpassierbar** *adj.* impassable.

unpäßlich ['unpɛslɪç] *adj.* indisposed, unwell; *pred.* poorly, out of sorts; ²**keit** *f* (-; -en) indisposition.

'**un|patriotisch** *adj.* unpatriotic(ally *adv.*); ~**persönlich** *adj.* impersonal (*a. gr.*); ~**pfändbar** *adj.* unseizable, exempt from execution; ~**po·etisch** *adj.* unpoetical, prosy; ~**politisch** *adj.* non-political; *fig.* impolitic; ~**praktisch** *adj.* unpractical, *Am.* impractical; unskil(l)ful; ~**produktiv** *adj.* unproductive; ~**proportioniert** *adj.* unproportionate, disproportionate; *pred.* out of proportion; ~**provoziert** *adj.* unprovoked; ~**pünktlich** *adj.* unpunctual; ²**pünktlichkeit** *f* unpunctuality; ~**qualifizierbar** ['unkvalifitsiːrbaːr] *adj.* unqualifiable; ~**qualifiziert** *adj.* unqualified; ~**quittiert** *adj.* unreceipted; ~**rasiert** *adj.* unshaven; ²**rast** *f* (-) restlessness; ²**rat** *m* (-[e]s) rubbish; filth (*a. fig.*); *fig.* ~ *wittern* smell a rat; ~**rationell** *adj.* inefficient, wasteful; ~**rätlich**, ~**ratsam** *adj.* inadvisable.

'**unrecht** *adj.* wrong; → *falsch*; unjust, unfair; improper; inopportune; *am Platze sein* be misplaced, be out of place; *an den* ²*en kommen* come to the wrong man, catch a Tartar; *in* ~*e Hände fallen* fall into the wrong hands; *zur* ~*en Zeit* at the wrong time; → *Gut.*

'**Unrecht** *n* (-[e]s) wrong; injustice; *j-m* ~ *tun* do a p. injustice, wrong a p.; *im* ~ *sein*, ² *haben* be (in the) wrong, be mistaken; *er hat nicht so ganz* ² there is something in what he says, he is not so far out; *j-m* ² *geben* decide against a p., disagree with a p.; *es ist ihm* ~ *geschehen* he has been wronged; *mit or zu* ~

wrong(ful)ly, unjustly; *j-n ins* ~ *setzen* put a p. in the wrong.

'**unrechtmäßig** *adj.* unlawful, illegal; ²**keit** *f* unlawfulness, illegality.

'**unredlich I.** *adj.* dishonest, underhand, shady; **II.** *adv.* in bad faith; ²**keit** *f* dishonesty.

'**unre·ell** *adj.* dishonest; unfair; unreliable, unsound.

'**unregelmäßig** *adj.* irregular, erratic; ~ *leben* lead an irregular life; ²**keit** *f* irregularity.

'**unreif** *adj.* unripe, *fruit: a.* green; *fig.* immature, callow, raw; ²**e** *f* unripeness; immaturity.

'**unrein** *adj.* impure (*a. fig.*), unclean; polluted (*air, water*); flawy (*gem*); *mus.* **a**) out of tune, **b**) false (*note*); *ins* ~*e schreiben* make a rough copy of; ²**heit** *f* impurity; uncleanness.

'**unreinlich** *adj.* uncleanly; ²**keit** *f* uncleanliness.

'**unrentabel** *adj.* unprofitable, not paying (its way).

'**unrettbar** *adj.* irrecoverable, *pred.* past recovery; ruined (*person*); **II.** *adv.*: ~ *verloren* irretrievably lost, *person:* beyond help, ruined.

'**unrichtig** *adj.* incorrect, wrong; erroneous; ~*e Angabe* misrepresentation, *jur.* false recital of fact; ²**keit** *f* incorrectness; inaccuracy; error.

'**unritterlich** *adj.* unchivalrous.

Unruh ['unruː] *f* (-; -en) *of clock:* balance.

'**Unruh|e** *f* restlessness; unrest (*a. fig. among population*); *fig.* uneasiness; trouble, *Am. a.* worriment; commotion, tumult; alarm, anxiety, agitation; flurry; *tech.* balance (*of clock*); ~*n pl.* disturbances, riots; *in* ~ *versetzen* alarm, disturb, worry; *in großer* ~ *sein* be very anxious; ~**e-herd** *m* storm cen|tre, *Am.* -er, trouble spot; ²**ig** *adj.* unquiet, restless, fidgety, nervous; broken, fitful (*sleep*); restive (*horse*); troubled, unsettled (*times*); rough, choppy (*sea*); *fig.* uneasy (*über acc.* about); alarmed, worried (at); turbulent.

'**unrühmlich** *adj.* inglorious, infamous.

'**Unruhstifter** *m* troublemaker; breaker of the public peace; agitator.

uns [uns] *pers. pron.* us; *only dat.:* to us; *refl.* (to) ourselves, *after prp.:* us; *ein Freund von* ~ a friend of ours; *unter* ~ between ourselves; *wir sehen* ~ (*einander*) *nie* we never see each other.

'**un|sachgemäß** *adj.* improper; inexpertly, faulty; ~**sachlich** *adj.* not objective; personal; irrelevant, not pertinent; *pred. or adv.* off the point; ~**sagbar** ['-'zaːkbaːr] *adj.* unspeakable, unutterable; ~**säglich** ['-'zɛːklɪç] **I.** *adj.* untold; **II.** *adv.* immensely; infernally; beyond words; ~**sanft** *adj.* ungentle, harsh; ~**sauber** *adj.* unclean, dirty; unfair; underhand; *sports:* unfair; ~**schädlich** *adj.* innocuous, harmless; ~ *machen* render harmless, neutralize (*poison*), disarm (*mines*), put *tank, etc.*, out of action, hunt down (*criminal*); ~**scharf** *adj.* blurred,

fuzzy, poorly defined (*picture*); *mil.* unarmed; (*adv.*) ~ *eingestellt* dimly focus(s)ed, *pred.* out of focus; ~**schätzbar** *adj.* inestimable, invaluable; ~**scheinbar** *adj.* insignificant; plain, *esp. Am.* homely, inconspicuous.

'**unschicklich** *adj.* unbecoming, unseemly, improper; indecent; ²**keit** *f* impropriety, unseemliness, indecency.

'**unschlagbar** *adj.* unbeatable.

Unschlitt ['unʃlɪt] *n* (-[e]s; -e) tallow.

'**unschlüssig** *adj.* irresolute; undecided, wavering; ²**keit** *f* (-) irresolution, indecision.

'**unschmackhaft** *adj.* unpalatable (*a. fig.*); tasteless, insipid.

'**unschön** *adj.* unlovely, unsightly; ~*er Anblick* eye-sore; *fig.* unfair, unkind, *pred.* not nice.

'**Unschuld** *f* (-) innocence; purity (of heart *or* mind); virginity; *colloq.* ~ *vom Lande* naive country-girl, country-cousin; *in aller* ~ quite innocently; *ich wasche m-e Hände in* ~ I wash my hands of it; ²**ig** *adj.* innocent (*an dat.* of); chaste; untouched, virgin; harmless; *für* ~ *erklären* declare innocent, acquit; *jur. sich für* ~ *erklären* plead not guilty; *den* ²*en spielen* do the innocent; ~**s-engel** *m* little innocent; ~**s-miene** *f* air of innocence.

'**unschwer I.** *adj.* not difficult, easy; **II.** *adv.* without difficulty.

'**Unsegen** *m* adversity; curse.

'**unselbständig** *adj.* dependent (on others); helpless, resourceless; ~*e Erwerbsperson* employed person, wage *or* salary earner; *Einkommen aus* ~*er Arbeit* wage and salary incomes; ²**keit** *f* (lack of in)dependence, helplessness.

'**unselig** *adj.* unfortunate, wretched; fatal (*event*); accursed (*habit, etc.*).

unser ['unzər] *pron.* **1.** *gen. of wir:* of us; ~ *aller Wunsch* the wish of all of us; *es waren* ~ *vier* there were four of us; **2.** *possessive:* our, *pred.* ours; *der* (*die, das*) ~*e or uns(e)rige* ours; *die Unsrigen pl.* our people *or* men; ~**eins** *indef. pron.* (such as) we; (*a.* ~**esgleichen** ['-rəs'ɡlaɪçən]) the likes of us, our equals; ~**thalben** ['-'thalbən], ~**twegen** *adv.* for our sake; on account (*or* because) of us.

'**unsicher** *adj.* insecure; unsteady; unsafe, precarious; uncertain, doubtful; *e-e Gegend* ~ *machen* haunt *or* infest an area; *j-n mit Fragen* ~ *machen* rattle a p. with questions; ~ *auf den Beinen* shaky, wobbly; ²**heit** *f* insecurity; unsteadiness; precariousness; uncertainty.

'**unsichtbar** *adj.* invisible; *colloq. sich* ~ *machen* vanish, make o.s. scarce; ²**keit** *f* invisibility.

'**Unsinn** *m* (-[e]s) nonsense; → *Quatsch*; ~ *machen* play the fool, clown about, fool about; ~ *reden* talk nonsense (*or* rot); ²**ig I.** *adj.* nonsensical; foolish, unreasonable; absurd; insensate, insane, mad; **II.** *adv.* madly, crazily, insanely, *etc.*

'**Unsitt|e** *f* bad habit; abuse; ²**lich** *adj.* immoral, indecent; ~**lichkeit** *f* immorality.

'**unsoldatisch** *adj.* unsoldierlike.
'**un|solid(e)** *adj.* not solid; fickle, unstable (*character*); loose, dissipated (*life*); *econ.* unreliable; ~**sozial** *adj.* unsocial, anti-social; ~**sportlich** *adj.* unsportsmanlike, unfair.
'**uns(e)rige** ['unz(ə)rigə] → *unser* 2.
'**unständig** *adj. and adv.*: ~ *Beschäftigter* casual worker.
'**unstarr** *aer. adj.* non-rigid.
'**unstatthaft** *adj.* inadmissible; illicit; *sports*: contrary to the rules, foul.
'**unsterblich** I. *adj.* immortal; undying (*love*); ~ *machen* immortalize; II. *adv. colloq. fig.* awfully, dreadfully; *sich* ~ *blamieren* make an ass of o.s.
'**Unstern** *m* (-[e]s) unlucky star; *fig.* misfortune, ill luck.
'**unstet** *adj.* unsteady; inconstant, changeable; restless; vagrant, unsettled, wandering; **2igkeit** *f* unsteadiness; inconstancy; restlessness; vagrancy.
'**unstillbar** *adj.* unappeasable; unquenchable (*thirst*).
Unstimmigkeit ['unʃtimiçkaıt] *f* (-; -en) discrepancy, inconsistency; disagreement, dissension; friction.
'**unsträflich** *adj.* blameless.
'**unstreitig** *adj.* incontestable, indisputable.
'**Unsumme** *f* immense amount, enormous sum.
'**unsymmetrisch** *adj.* unsymmetrical, asymmetrical.
'**unsympathisch** *adj.* unpleasant, disagreeable, unappealing; er (es) ist mir ~ I don't like him (it).
'**untadel|haft, ~ig** *adj.* blameless, irreproachable; flawless (*material, performance*); immaculate (*dress*).
'**Untat** *f* (monstrous) crime, outrage.
'**untätig** *adj.* inactive; idle; **2keit** *f* (-) inaction, inactivity; idleness.
'**untauglich** *adj.* unfit (*a. mil.*); unsuitable, *tech.* unserviceable; unseaworthy (*ship*); useless; *person*: incompetent; ~ *machen* disqualify, (make) unfit, *mil.* disable; *jur.* ~er *Versuch* impossible attempt; **2keit** *f* unfitness; uselessness; disqualification.
'**unteilbar** *adj.* indivisible; **2keit** *f* indivisibility.
unten ['untən] *adv.* below, beneath; down; downstairs; ~ *am Berge* at the foot of the hill; (*dort*) ~ *am See* down by the lake; ~ *im Wasser, Faß* at the bottom of the water, of the cask; ~ *an der Seite* at the bottom (or foot) of the page; *da* ~ down there; *tief* ~ far below; *von* ~ *an* from the bottom, right up from below; *von* ~ *auf dienen* serve (or rise) from the ranks; *von oben bis* ~ from top to bottom; *siehe* ~ see below; ~ *näher bezeichnet* hereinafter mentioned, as (set forth) below; *colloq.* er ist bei ihnen ~ durch he is in their bad books, they are through with him; ~**erwähnt, ~genannt** *adj.* undermentioned; ~**stehend** *adj.* as (mentioned) below.
unter ['untər] I. *prp.* (*where at? dat.; where to? acc.*) under, below; beneath, underneath; among; *as to time* (*dat.*): during; ~ ... *hervor* from

under ...; *mitten* ~ amid(st), in the midst of; ~ *Null* below zero; ~ *Pari* below par; ~ *21* (*Jahren*) under 21 (years of age); ~ *uns* among (or between) ourselves; (*ganz*) ~ *uns* (*gesagt*) between you and me; *nicht einer* ~ *hundert* not one in a hundred; ~ *anderem* (u.a.) among other things, among others, *jur. a.* including but not limited to; ~ *zehn Mark* for less than ten marks; ~ *aller Kritik* beneath contempt; ~ *diesem Gesichtspunkt* from this point of view; ~ *großem Gelächter* amid(st) roars of laughter; ~ *der Regierung von* under (or in) the reign of; ~ *meiner Würde* beneath my dignity; ~ *dem* (*Datum vom*) ... under the date of; ~ *dem heutigen Datum* under today's date; ~ *sich haben* have at one's command, be in charge of; *was versteht man* ~? what is meant by?; II. *adj.* ~(e) low(er), inferior; ~e *Beamtenlaufbahn* minor civil service; ~ste lowest; *das* 2*ste zuoberst kehren* turn everything upside down (or topsy-turvy).
'**Unter** *m* (-s; -) cards: knave.
'**Unter|absatz** *m* sub-paragraph; ~**abschnitt** *m* subsection; *mil.* subsector; ~**abteilung** *f* subdivision; ~**arm** *m* forearm; ~**art** *f* subspecies, subvariety; ~**arzt** *m* junior surgeon, physician assistant; *mil.* medical NCO (= noncommissioned officer); *mar.* surgeon ensign; ~**ausschuß** *m* sub-committee; ~**bau** *m* (-[e]s; -ten) substructure, foundation; *rail.* groundwork; base; ~**bauch** *anat. m* hypogastrium; ~**be-amte(r)** *m* subordinate official; ~**befehlshaber** *m* second in command; **2belichten** *phot. v/t.* (h.) under-expose; ~**belichtung** *f* under-exposure; **2besetzt** *adj.* understaffed, shorthanded; ~**bett** *n* underbedding, under-blankets *pl.*; **2bevölkert** *adj.* underpopulated; ~**bevollmächtigte(r)** *m* subagent; ~**bewußtsein** *n* the subconscious; *im* ~ subconsciously.
unter'bieten *v/t.* (*irr.*, h.) underbid; *econ.* undercut (*price*); undersell (*competitors*); lower (*record*).
'**Unterbilanz** *f* adverse balance, deficit.
'**unterbinden** *v/t.* (*irr.*, h.) **1.** tie underneath; **2.** unter'binden *med.* tie up, ligature; *fig.* stop, call a halt to; cut off; *mil.* neutralize (*attack*); forestall, obviate.
unter'bleiben *v/i.* (*irr.*, sn) remain (or be left) undone; not to take place, not to be forthcoming; be discontinued, cease; *das muß* ~ that must be stopped; 2 *n* (-s) omission.
unter'brech|en *v/t.* (*irr.*, h.) interrupt, break, cut short; *rail.* die *Fahrt or Reise* ~ break one's journey, *Am.* stop over; *el., teleph.* disconnect; *mil.* stop, suspend (*fire*); hold up, suspend (*game*) *jur.* adjourn, stay, stop (*proceedings*); *sich* ~ stop short, pause; 2er *el. m* contact breaker, cut-out; **2ung** *f* interruption, break; suspension; *rail.* ~ *der Fahrt Am.* stopover; *el.* disconnection; *ohne* ~ without a pause, non-

-stop; *mit* ~en intermittently, interruptedly.
unter'breit|en *v/t.* (h.) **1.**: *j-m* ~ lay before a p., submit to a p.; refer *to a higher court, etc.*; **2.** 'unterbreiten lay (or spread) under; **2ung** *f* (-; -en) submission, submittal.
'**unterbring|en** *v/t.* (*irr.*, h.) place (*a p.; econ. orders, loans, etc.*); accommodate, lodge; house; *mil.* quarter, billet; *jur.* commit (*in dat.* to *an institution*); store; *econ.* sell, dispose of (*goods*), invest (*capital*), bill of exchange: (have) discount(ed); place (*securities*); *tech.* instal, fit (*in into*); *fig.* get or fit (*in into*); *colloq. fig.* ich kann ihn nirgends ~ I can't place him; **2ung** *f* (-; -en) lodgings *pl.*, accommodation; housing; placing, placement; *jur.* committal (*in dat.* to *an institution*); storage; disposal; investment; **2ungsmöglichkeit(en** *pl.*) *f* accommodation.
'**Unterdeck** *mar. n* lower deck.
unterderhand [untər'der'hant] *adv.* secretly, on the quiet; *econ.* privately.
unterdes(sen) [-'dɛs(ən)] *adv.* in the meantime, meanwhile; by that time.
'**Unterdruck** *phys. m* (-[e]s; =e) low (or negative) pressure; ~**kammer** *aer. f* low-pressure chamber; ~**messer** *m* (-s; -) suction (*Am.* vacuum) ga(u)ge.
unter'drück|en *v/t.* (h.) suppress; stifle (*laugh, oath, etc.*); repress (*sigh*); oppress; crush, put down, quell (*revolt*); *unterdrücktes Gähnen* suppressed yawn; *unterdrücktes Gelächter* stifled laugh; 2er *m* oppressor; **2ung** *f* (-; -en) suppression; oppression.
'**unterdurchschnittlich** *adj.* sub-average, below normal.
'**unter-einander** *adv.* **1.** one beneath the other; **2.** unterein'ander one (with) another, among one another, mutually; → durcheinander; ~ *heiraten* intermarry; ~ *verbinden* interconnect.
'**Unter-einheit** *f* sub-unit.
'**unter-entwickel|n** *phot. v/t.* (h.) underdevelop; ~**t** *adj.* underdeveloped; *child, country, economy*: *a.* backward; *psych.* subnormal.
'**unter-ernähr|t** *adj.* underfed, undernourished; **2ung** *f* underfeeding, malnutrition.
unter'fangen *v/refl.* (*irr.*, h.): *sich e-r Sache* (*gen.*) ~ attempt (or venture) a th., (dare to) undertake a th.; *sich* ~ *zu inf.* presume to *inf.*
Unter'fangen *n* (-s) (bold) attempt or venture, risky enterprise, undertaking.
'**unterfassen** *v/t.* (h.) take *a p.'s* arm; *sich* ~ link arms with each other.
unter'fertig|en *v/t.* (h.) sign, execute; **2te(r** *m*) *f* (-n, -n; -en, -en) *the* undersigned.
'**Unterführer** *mil. m* non-commissioned officer (*abbr.* NCO).
Unter'führung *f* subway (crossing), *Am.* underpass.
'**Unterfunktion** *f* subnormal functioning, weak function.
'**Unterfutter** *n* (inner) lining.

unter'füttern v/t. (h.) line underneath.

'**Untergang** m ast. setting; fig. (down)fall, ruin; destruction; end (of the world); mar. shipwreck.

'**Untergattung** f subspecies.

unter'geben adj.: j-m ~ sein be under a p.'s authority or control; 2e(r) m (-n; -n) inferior, subordinate; contp. underling.

untergehakt ['-gəha:kt] adv.: ~ gehen go arms linked.

'**untergehen** v/i. (irr., sn) mar. go down (or under), sink, founder; ast. set; fig. perish, be ruined; im Lärm ~ be drowned by or be lost in noise; → Fahne.

unterge-ordnet ['-gə²ɔrdnət] adj. subordinate; fig. ancillary (dat. to); secondary (importance), minor (a. rôle); 2e(r) m (-n; -n) subordinate.

'**Untergeschoß** n ground-floor, Am. first floor.

'**Untergesenk** tech. n lower die.

'**Untergestell** n underframe, trestle; base; on car: undercarriage.

'**Untergewicht** n underweight.

unter'graben v/t. (irr., h.) sap, undermine; fig. a. corrupt.

'**Untergriff** m gym., etc.: reverse grip; wrestling: body lock.

'**Untergrund** m (-[e]s) subsoil; fig. underground; fester ~ bed-rock, Am. a. hardpan; paint. ground (-ing), undercoat; ~bahn f underground (railway), in London a. tube, Am. subway; ~bewegung f underground (movement).

'**Untergruppe** f sub-group.

'**unterhalb** prp. (gen.) below, under(neath).

'**Unterhalt** m (-[e]s) support, maintenance, upkeep; subsistence, livelihood, living; jur. maintenance, alimony; ~-n ~ (selbst) verdienen earn one's (own) living, make a living (durch by); s-n ~ bestreiten aus (dat.) provide for one's maintenance from.

unter'halt|en v/t. (irr., h.) support, maintain, keep up; operate; keep up, maintain (correspondence); keep on, feed (fire); keep, have (account); run (business); keep building in repair; entertain, amuse; sich ~ a) converse, talk (mit j-m uber acc. with a p. on or about a th.), b) amuse (or enjoy) o.s., have a good time; ~end, ~sam adj. entertaining, amusing, pleasant; 2er m conversationalist; thea. entertainer.

'**Unterhalts...:** ~anspruch m right to alimony; ~beihilfe f subsistence allowance; 2berechtigt adj. entitled to maintenance; wife: entitled to alimony; ~berechtigte(r m) f dependent; ~kosten pl. alimony sg. (of wife); ~pflicht f obligation to pay alimony; 2pflichtig adj. liable to pay the cost of maintenance.

Unter'haltung f entertainment; conversation, talk; maintenance, upkeep; ~sbeilage f literary supplement; ~skosten pl. (cost of) upkeep, maintenance (cost), operating cost; ~sfilm m feature film; ~slektüre, ~sliteratur f light reading, fiction; ~smusik f light music; ~s-programm n radio:

light program(me); ~s-ton m conversational tone.

unter'handeln v/i. (h.) negotiate, treat (mit with); mil. (hold a) parley.

'**Unterhändler** m negotiator; econ. agent; mil. parlementaire (Fr.).

Unter'handlung f negotiation; mil. parley; in ~ stehen mit be in treaty with, carry on negotiations with; in ~ treten enter into negotiations (or mil. parley).

'**Unterhaus** n (-es) Brit. House of Commons.   [shirt.)

'**Unterhemd** n vest, Am. under-)

unterhöhlen [-'hø:lən] v/t. (h.) undermine (a. fig.), hollow out (from below).

'**Unterholz** n (-es) underwood, brushwood, copse.

'**Unterhose(n** pl.) f (eine ~ a pair of) drawers pl.; (men's) pants pl., Am. underdrawers; trunk drawers pl.; (ladies') knickers pl., panties pl.

'**unter-irdisch** adj. subterranean, underground.

'**Unteritalien** n Lower Italy.

'**Unterjacke** f (under)vest, Am. undershirt; singlet.

unterjoch|en [-'jɔxən] v/t. (h.) subjugate, subdue; enslave; 2ung f (-; -en) subjugation.

'**Unterkapitalisierung** f undercapitalization.

unter'kellern v/t. (h.) provide with a cellar.

'**Unter|kiefer** m lower jaw; ~klasse f lower class or form; ~kleid n undergarment; slip; ~kleidung f underwear, underclothing; 2kommen v/i. (irr., sn) find accommodation; find employment; be taken on; ~kommen n accommodation, lodgings pl.; room; shelter; place, situation, berth; ~ und Verpflegung board and lodging; mil. quarter, billet; 2kopieren v/t. (h.) phot. underprint; ~körper m lower part of the body; 2kriegen colloq. v/t. (h.) get a p. down, bring a p. to heel, get the better of a p.; sich nicht ~ lassen hold one's ground, not to give in (or knuckle under); laß dich nicht ~! bear up!, never say die!, don't let it get you (down)!; ~kunft ['-kunft] f (-; ⁺e) → Unterkommen, ~kunftshaus n hostel; ~kunftshütte f refuge-hut; chalet; ~lage f tech. base (plate), support, bed, rest; rail. groundwork; geol. substratum; for babies: waterproof sheet; wrestling: underneath position; fig. proof, voucher; ~n pl. (supporting) documents, records, material; data; sources, references, literature sg.; ~land n (-[e]s) lowland, low country; ~laß [-'las] m: ohne ~ without intermission (or let-up), incessantly.

unter'lass|en v/t. (irr., h.) omit; neglect; fail (zu inf. to); abstain (or refrain) from, forbear; leave off doing a th., stop, discontinue; nichts ~ leave nothing undone; 2ung f (-; -en) omission; neglect, failure; jur. a. default; auf ~ klagen apply for an injunction; 2ungsklage f prohibitory action; 2ungssünde f sin of omission, lapse; 2ungsurteil jur. n restraining order.

'**Unterlauf** m (-[e]s) lower course.

unter'laufen I. v/t. (irr., h.) run under a p.('s guard); II. v/i. (irr., sn) error, etc.: slip (or creep) in (a. mit~); mir ist ein Fehler ~ I made a mistake; III. p.p. and adj.: suffused; mit Blut ~ bloodshot.

'**Unterleder** n sole leather.

'**unterlegen**[1] v/t. (h.) lay (or put) under; e-r Sache (dat.) e-n anderen Sinn ~ give another meaning to, put another construction upon a th.

unter'legen[2] I. v/t. (h.) underlay, line (mit with); II. adj. inferior (dat. to); 2e(r m) f (-n, -n; -en, -en) loser, underdog; 2heit f inferiority.

'**Unterlegscheibe** ['-le:k-] tech. f washer.

'**Unterleib** m abdomen, belly; ~s... abdominal...; ~s-typhus m typhoid fever.

'**Unterlieferant** m subcontractor.

unter'liegen v/i. (irr., sn) be overcome (dat. by); be defeated (a. sports = lose to); get worsted; succumb (to); fig. e-r Regel, etc. ~ be subject to or be governed by a rule, etc.; dem Zoll ~ a. be dutiable; underlie, be at the bottom of; Zweifeln ~ be open to doubt; es unterliegt keinem Zweifel there is no doubt about it; jur. ~de Prozeßpartei unsuccessful party.

'**Unterlippe** f lower lip.

'**Unterlizenz** f sublicen|ce, Am. -se.

unter'mal|en v/t. (h.) prime, ground; fig. with music: accompany, supply the background for; 2ung f (-; -en) mus. incidental music.

unter'mauer|n v/t. (h.) underpin; fig. bolster, corroborate; 2ung fig. f (-; -en) ground work.

unter|'mengen, ~'mischen v/t. (h.) intermingle, intermix.

'**Untermensch** m subhuman; brute, gangster.

'**Untermiete** f sublease; in ~ wohnen be a subtenant (Am. a roomer); ~r(in f) m subtenant, lodger, Am. roomer.

untermi'nieren v/t. (h.) undermine, sap.

unter'nehm|en v/t. (irr., h.) undertake; attempt, venture upon; es ~ zu inf. take it upon o.s. to inf.; er unternahm nichts he did nothing, he took no action; → Schritt; 2en n 1. econ. firm, enterprise, business, concern, company; operation; 2. → Unternehmung; 3. mil. operation; ~end adj. enterprising; 2er m entrepreneur (Fr.); contractor; employer, Am. a. operator; industrialist; 2ertum n (-[e]s) the industrialists pl., the employers pl., freies ~ free enterprise; ~ und Arbeiter industry and labo(u)r; 2erverband m employers' association; 2ung f (-; -en) enterprise, undertaking; project; venture; transaction; mil. operation; 2ungsgeist m (-[e]s) (spirit of) enterprise, initiative, Am. go-ahead(ativeness); ~ungslustig adj. enterprising, go-ahead; adventurous; full of go (or pep).

'**unter|normal** adj. subnormal; 2offizier m non-commissioned officer (abbr. NCO); corporal; aer. Am. airman 1st class; ~e und Mann-

schaften Brit. other ranks, *Am.* enlisted personnel; ℒ**offiziersanwärter** *m* aspirant NCO; **⁓ordnen** *v/t.* (*h.*) subordinate; *sich ⁓* (*dat.*) submit (to); → *untergeordnet;* ℒ**ordnung** *f* subordination; *biol.* suborder; ℒ**organisation** *f* subsidiary; ℒ**pacht** *f* sublease; ℒ**pächter** *m* subtenant; ℒ**pfand** *n* pledge; **⁓pflügen** *v/t.* (*h.*) plough (*Am.* plow) under.

Unterputz|leitung ['untər'putslaɪtuŋ] *el. f* (-; -en) concealed wiring; **⁓schalter** *m* flush switch.

unter'red|en: *sich ⁓* (*h.*) converse, confer; ℒ**ung** *f* (-; -en) conversation, conference, talk; *mil.* parley; interview; *j-m e-e ⁓ gewähren* grant a p. an interview.

Unterricht ['untərriçt] *m* (-[e]s; -e) instruction, training; lessons *pl.*; *ped. a.* classes *pl.*; tuition; *⁓ geben* teach, give lessons; hold classes.

unter'richten *v/t.* (*h.*) instruct, teach, train; give lessons (*dat.* to; *über acc.* on); *fig.* inform (*von, über acc.* of); acquaint (with), advise (of); *laufend ⁓* keep *a p.* informed; *falsch ⁓* misinform; *sich ⁓ über* inform o.s. about, obtain information about; acquaint o.s. with; *unterrichtet sein* be (well) informed, be conversant (*über acc.* with); *unterrichtete Kreise* informed quarters.

'**Unterrichts...: ⁓briefe** *m/pl.* correspondence lessons *pl.*; *Lehrgang in ⁓n* correspondence course; **⁓fach** *n,* **⁓gegenstand** *m* subject of instruction; **⁓film** *m* educational film; **⁓ministerium** *n Brit.* Ministry of Education; *Am.* Office of Education; **⁓raum** *m* class (*or* lecture) room; **⁓stoff** *m* subject-matter; **⁓stunde** *f* lesson, *Am. ped.* period; **⁓werk** *n* school-book; **⁓wesen** *n* (-s) public instruction, education(al affairs *pl.*).

Unter'richtung *f* (-; -en) instruction; information.

'**Unterrock** *m* petticoat; slip.

unter'sag|en *v/t.* (*h.*) forbid (et. a th.; *j-m* et. a p. to do a th.); prohibit (a th.; a p. from doing a th.); tell a p. not to do a th.; *jur. a.* restrain (a p. from doing a th.); ℒ**ung** *f* (-; -en) prohibition, interdiction.

'**Untersatz** *m* support; stand; *arch.* socle; saucer; *logics:* minor (proposition).

'**Unterschallgeschwindigkeit** *f* subsonic velocity.

unter'schätz|en *v/t.* (*h.*) undervalue; underestimate, underrate; ℒ**ung** *f* undervaluation, underestimate.

unterscheid|bar [-'ʃaɪtbaːr] *adj.* distinguishable, discernible; **⁓en** [-dən] *v/t. and v/i.* (*irr., h.*) distinguish (*zwischen* between); make a distinction (between); tell (*von* from); discriminate; discern; differentiate; *sich ⁓* differ (*von* from); **⁓end** *adj.* distinctive, characteristic; ℒ**ung** *f* distinction, discrimination; difference; ℒ**ungsfähigkeit** *f* (-) distinctiveness (*of trade-mark*); ℒ**ungsmerkmal** *n* distinctive mark (*or* feature), (*a. tech.*) characteristic; criterion; ℒ**ungsvermögen** *n* (-s) power of distinction.

'**Unterschenkel** *m* shank, lower leg.

'**Unterschicht** *f* lower stratum; *geol.* substratum.

'**unterschieb|en** *v/t.* (*irr., h.*) push under; substitute; *fig.* attribute falsely (*dat.* to), foist (*or* father) (on); (*Worten*) e-n *falschen Sinn ⁓* put a wrong construction on (*words*); *untergeschoben* supposititious (*child, writings, etc.*); ℒ**ung** *f* substitution.

Unterschied ['-ʃiːt] *m* (-[e]s; -e) difference, distinction; *e-n ⁓ machen* make a distinction (*zwischen* between), discriminate; *zum ⁓ von* unlike, as distinguished from, as opposed to; *ohne ⁓* indiscriminately; *ohne ⁓ der Nationalität* irrespective of nationality; *das ist ein großer ⁓!* that makes a great (*or* all the) difference!; ℒ**lich I.** *adj.* different; differing, variable, varied; **II.** *adv.*: *⁓ behandeln* discriminate against; ℒ**slos I.** *adj.* indiscriminate; **II.** *adv.* indiscriminately, without exception.

'**unterschlagen** *v/t.* (*irr., h.*) cross one's arms.

unter'schlag|en *v/t.* (*irr., h.*) embezzle (*money*); intercept (*letter*); suppress (*evidence*); *fig.* hold back, keep silent about; ℒ**ung** *f* (-; -en) embezzlement; interception; suppression.

Unterschleif ['-ʃlaɪf] *m* (-[e]s; -e) embezzlement, defraudation, *jur. a.* peculation.

Unterschlupf ['-ʃlupf] *m* (-[e]s; ⁓e) hiding-place, *Am. a.* hide-out; shelter, refuge.

unter'schreiben *v/t.* (*irr., h.*) sign, subscribe (*fig.* to a *view, etc.*); affix one's signature to, set one's hand (and seal) to, execute; *fig.* subscribe to, endorse.

unter'schreiten *v/t.* (*irr., h.*) fall short of, remain under.

'**Unterschrift** *f* signature; *mit* (*s*)*einer ⁓ versehen* → *unterschreiben;* **⁓enmappe** *f* signature blotting-book; **⁓sbeglaubigung** *f* attestation, confirmation of signature; *jur.* formal witnessing of a signature; ℒ**sberechtigt** *adj.* authorized to sign; **⁓s-probe** *f* specimen of signature.

unterschwellig ['-ʃveliç] *adj. psych.* subliminal.

'**Unterseeboot** *n* submarine (boat), U-boat; **⁓abwehr** *f* anti-submarine defen|ce, *Am.* -se; **⁓bunker** *m* submarine pen; **⁓falle** *f* Q-ship; **⁓jäger** *m* submarine chaser; **⁓krieg** *m* submarine warfare.

untersee|isch ['-zeːiʃ] *adj.* submarine; ℒ**kabel** *n* submarine cable.

'**Unterseite** *f* underside, bottom side.

'**untersetzen** *v/t.* (*h.*) set (*or* place) under.

untersetzt [-'zetst] *adj.* stocky, square-built, thick-set, squat.

Untersetzung [-'zetsuŋ] *tech. f* (-; -en) (gear)reduction; **⁓sgetriebe** *n* reduction gear(ing).

'**untersinken** *v/i.* (*irr., sn*) sink (under), go down.

'**Unterspannung** *el. f* undervoltage.

unter'spülen *v/t.* (*h.*) wash away, hollow (from below).

unterst ['untərst] *adj.* lowest, under-

most, lowermost, bottom(most); last.

Unter'staatssekretär *m* Under-secretary of State.

'**Unterstand** *mil. m* shelter; dug-out.

'**unterstecken** *v/t.* (*h.*) put (*or* stick) under.

'**unterstehen** *v/i.* (*irr., h.*) **1.** take (*or* find) shelter; **2.** *unter'stehen:* *j-m ⁓* be subordinate to; come under, be subject to (*law, jurisdiction*); *j-s Aufsicht* (*or j-m*) *⁓* be under a p.'s control, *Am.* report to a p.; *sich ⁓ zu inf.* dare, venture to *inf.*; have the impudence (*or* cheek) to *inf.*; *⁓ Sie sich!* don't you dare!; *was ⁓ Sie sich?* how dare you?

'**unterstellen** *v/t.* (*h.*) **1.** place (*or* put) under; *mot.* garage, park; *sich ⁓* take shelter (*vor dat.* from); **2.** *unter'stellen* **a)** impute (*dat.* to), **b)** presuppose, assume; *wenn man dies unterstellt* granting this to be so; *mil. j-m ⁓* put *troops* under a p.'s command *or* control; assign to, attach to; **Unter'stellung** *f* imputation, supposition; assignment, attachment.

unter'streichen *v/t.* (*irr., h.*) underline (*a. fig.* = emphasize), underscore; *s-e Worte mit Gesten ⁓* punctuate one's words with gestures.

'**Unterströmung** *f* undercurrent.

'**Unterstufe** *f* lower grade.

unter'stütz|en *v/t.* (*h.*) prop, support; *fig.* support, back up, assist, aid; second; advocate, endorse; relieve (*the poor*); carry, second (*motion*); corroborate (*evidence*); ℒ**ung** *f* support (*a. mil.*); *fig. a.* assistance, aid; relief; subsidy; (*insurance*) benefit; *zur ⁓ e-r Klage, etc.* in support of an action, *etc.*; *zu Ihrer ⁓* for your guidance; *auf staatliche ⁓ angewiesen sein* be a public charge; *von ⁓ leben* live on relief; **⁓ungsberechtigt** *adj.* indigent; entitled to insurance benefit; ℒ**ungs-empfänger(in** *f*) *m* recipient of public relief, reliefer; ℒ**ungsfonds** *m* relief fund; ℒ**ungssumme** *f* allowance; ℒ**ungsleistungen** *f/pl.* benefits.

unter'suchen *v/t.* (*h.*) inquire (*or* look) into; examine (*a. med.*), inspect, scrutinize; test (*auf acc.* for); explore, investigate; analy|se, *Am.* -ze; lab-examine; *tech.* go over, overhaul (*machine*).

Unter'suchung *f* (-; -en) examination (*a. med.*); scrutiny; inquiry, investigation (*a. jur.*); test; *chem. or fig.* analysis; treatise; survey; **⁓s-ausschuß** *m* committee of inquiry, fact-finding committee; **⁓sgefangene(r** *m*) *f* prisoner at the bar *or* on trial *or* on remand; **⁓sgericht** *n* court of inquiry; **⁓shaft** *f* detention (pending trial), imprisonment on remand; *die ⁓ anrechnen* compensate the detention; *in ⁓ nehmen* commit for trial (*wegen* on a charge of); *in ⁓ sein* be on remand; *in die ⁓ zurücksenden* remand (into custody); **⁓srichter** *m* examining magistrate, investigating judge.

Untertag|bau [-'taːkbau] *m* (-[e]s]

underground mining; ⁓e-arbeiter [-'tɑ:gə-] m workman underground.
Untertan ['untərtɑ:n] m (-s; -en) subject; ⵛ pred. adj.: j-m ⁓ subject to a p.; ⁓en-eid m oath of allegiance.
untertänig ['-tɛ:niç] adj. subject; fig. submissive, humble; ⵛkeit f (-) fig. submission, humility.
'**Untertasse** f saucer.
'**untertauchen** v/i. (sn) dive; submarine: submerge; (a. v/t., h.) duck, dip, a. tech. immerse; fig. disappear, go underground, lie low.
'**Unterteil** m (n) lower part, base.
unter'teilen v/t. (h.) subdivide, break down; classify; ⵛung f subdivision; breakdown; classification; partition.
'**Untertitel** m subhead(ing); subtitle, caption (a. film).
'**Unterton** m undertone; fig. overtone(s pl.).
Untertreibung [-'traibuŋ] colloq. f (-; -en) understatement.
'**untertreten** v/i. (irr., sn) take shelter.
unter'tunneln v/t. (h.) tunnel.
'**unter|verfrachten** v/t. (h.) subcharter; ⵛverkauf m subsale; ⁓vermieten v/t. (h.) sublet; ⵛvermieter(in f) m sublessor; ⁓verpachten v/t. (h.) sublease; ⁓versichern v/t. (h.) under-insure.
unter'wander|n pol. v/t. (h.) infiltrate; ⵛung f infiltration.
unterwärts ['vɛrts] adv. downward(s).
'**Unterwäsche** f → Unterkleidung.
Unter'wasser|bombe mar. f depth-charge or -bomb; ⁓horchgerät n hydrophone; ⁓ortung f subaqueous ranging; ⁓ortungsgerät n SONAR (abbr. of sound navigation and ranging); ⁓schallmeßgerät n phonic chronometer; ⁓wende f swimming: underwater turn.
unterwegs [untər've:ks] adv. on the way; en route (Fr.); econ. in transit; immer ⁓ always on the move.
unter'weis|en v/t. (irr., h.) instruct; ⵛung f instruction.
'**Unterwelt** f underworld (a. fig. criminals), Hades.
unter'werf|en v/t. (irr., h.) subdue, subjugate; subject (dat. to reign, interrogation, etc.); submit (to arbitration, etc.); sich ⁓ submit (dat. to a decision, etc.), acquiesce (in), accept; e-r Sache unterworfen sein be subject to a th.; ⵛung [-'verfuŋ] f (-; -en) subjugation, conquest; subjection; fig. submission (unter acc. to), acquiescence (in).
unter'wühlen v/t. (h.) undermine.
unterwürfig [-'vyrfiç] adj. submissive; subservient, obsequious; ⵛkeit f (-) submissiveness; subservience.
unter'zeichn|en v/t. (h.) sign; → unterschreiben; ⵛer m signer, the undersigned; subscriber (gen. to charity, loan, etc.); signatory (of treaty); ⵛerstaat m signatory state; ⵛete(r m) [-ətə(r)] f (-n, -n; -en, -en) undersigned; ⵛung f signature, signing.
'**Unterzeug** n (-[e]s) underwear.
'**unterziehen I.** v/t. (irr., h.) pull (or draw) under; put on garment underneath; **II.** unter'ziehen v/t.

(irr., h.; dat.) subject to; sich e-r Operation, Prüfung, etc., ⁓ undergo an operation, sit (or go in) for an examination, etc.; sich der Mühe ⁓ zu inf. take the trouble to inf., take it upon o.s. to inf.
'**untief** adj. shallow; ⵛe f shallow, shoal; w.s. (bottomless) abyss.
'**Untier** n monster (a. fig.).
un'tilgbar adj. inextinguishable, indelible; irredeemable (loan).
un'tragbar adj. unbearable, intolerable; pred. a. past endurance; prohibitive (cost, price).
un'trennbar adj. inseparable.
'**untreu** adj. unfaithful, untrue; disloyal; e-r Sache, etc., ⁓ werden desert a cause, deviate from a policy, give up one's principles; ⵛe f unfaithfulness, disloyalty; infidelity; jur. a) breach of trust, b) fraudulent conversion, peculation.
un'tröstlich adj. inconsolable, disconsolate.
untrüglich [un'try:kliç] adj. infallible, unfailing, unerring; unmistakable; ⵛkeit f (-) infallibility.
'**untüchtig** adj. unfit, incapable (zu for); inefficient; incompetent; mar. unseaworthy; ⵛkeit f unfitness, incapacity, inefficiency, incompetence.
'**Untugend** f vice, bad habit, failing.
'**untunlich** adj. impracticable.
unüber|brückbar ['un⁹y:bər-'brykbɑ:r] adj. fig. unbridgeable, insurmountable; ⁓legt ['-le:kt] adj. inconsiderate, thoughtless; ill-considered, unwise; rash; ⁓sehbar [-'ze:bɑ:r] adj. immense, vast; incalculable; e-e ⁓ Zahl von a. a host (or sea) of; ⁓setzbar [-'zets-bɑ:r] adj. untranslatable; ⁓sichtlich adj. badly arranged, difficult to survey; unmethodical; complex, involved; ⁓e Fahrbahn! blind corner!, concealed drive!; ⁓steigbar [-'ʃtaikbɑ:r] adj. insurmountable, insuperable; ⁓tragbar [-'trɑ:kbɑ:r] adj. not transferable; non-negotiable (securities); ⁓trefflich adj. unsurpassable, matchless, peerless; ⁓troffen [-'trɔfən] adj. unsurpassed, unmatched, unexcelled; ⁓er Meister past-master; ⁓windlich [-'vintliç] adj. invincible; impregnable (fortress, etc.); insurmountable (difficulties); insuperable (aversion).
unum|gänglich [un⁹um'gɛŋliç] adj. indispensable, unavoidable, absolutely necessary; ⁓schränkt [-'ʃrɛŋkt] adj. unlimited; pol. absolute, autocratic(ally adv.); ⁓stößlich [-'ʃtø:sliç] adj. irrefutable, incontestable; irrevocable; ⁓wunden [-'vundən] adj. (and adv.) frank(ly), plain(ly), flat(ly), blunt (-ly); adv. a. point-blank, without reserve, in so many words.
ununterbrochen ['un⁹untərbrɔ-xən] adj. uninterrupted, unbroken; continuous; incessant.
'**unver|'änderlich** unchangeable, (a. gr.) invariable; constant, stable; ⵛänderliche phys. f (-n; -n) constant; ⁓ändert adj. unchanged, (just) as it was, the same as before; ⁓antwortlich adj. irresponsible; inexcusable, unwarrantable; ⵛant-

wortlichkeit f irresponsibility; ⁓arbeitet tech. adj. unfinished, unwrought, Am. unprocessed; raw; fig. undigested; ⁓ausgabt econ. adj. unexpended; ⁓äußerlich adj. inalienable; ⁓besserlich adj. incorrigible, inveterate; ⁓bindlich I. adj. not binding (or obligatory); informal; noncommittal; disobliging; econ. Preise ⁓ prices subject to change; II. adv. without obligation or engagement; ⵛbindlichkeit f (-) non-obligation; noncommittal attitude; disobliging manner; ⁓blümt adj. plain, direct, blunt; ⁓braucht adj. unused; unspent (vitality); fresh; ⁓brennbar adj. incombustible; ⁓brieft econ. adj. unsecured, non-bonded (credit, etc.); ⁓brüchlich ['unfɛr'bryçliç] adj. inviolable, absolute; steadfast, unswerving, sta(u)nch; ⁓bürgt adj. unwarranted; unconfirmed (news); ⁓dächtig adj. unsuspected, unsuspicious; ⁓daulich adj. indigestible (a. fig.); ⵛdaulichkeit f indigestibility; ⁓daut adj. undigested (a. fig.); ⁓derb, ⁓dorben adj. unspoilt (a. fig.), esp. fig. uncorrupted; fig. pure, innocent; ⁓drossen adj. indefatigable, unflagging, unwearied; persevering; patient; ⁓dünnt adj. undiluted; neat, Am. straight (whisky, etc.); ⁓eidigt adj. unsworn; ⁓einbar adj. incompatible, inconsistent, irreconcilable (all: mit with); ⵛeinbarkeit f (-) incompatibility; ⁓fälscht adj. unadulterated (a. fig.), pure; fig. genuine; ⵛfälschtheit f (-) genuineness; ⁓fänglich adj. harmless, not captious; ⁓formbar tech. adj. non-workable; ⁓froren adj. unabashed, brazenfaced, impertinent; ⵛfrorenheit f (-) impertinence, impudence, cheek; ⁓gänglich adj. imperishable, everlasting; immortal, deathless; unfading (fame); ⁓gessen adj. unforgotten; ⁓geßlich adj. unforgettable, not to be forgotten, ever memorable; das wird mir ⁓ bleiben I shall never forget that; ⁓gleichlich adj. incomparable, peerless, unrival(l)ed; unique; ⁓ sein a. stand alone; ⁓hältnismäßig adj. disproportionate; excessive, unreasonable; ⁓heiratet adj. unmarried, single; ⁓hofft ['unfɛr'hɔft] adj. unhoped-for; unexpected, unforeseen; sudden; ⁓hohlen adj. unconcealed; unreserved, frank; ⁓hüllt adj. unveiled (a. fig.); bare; fig. undisguised, open; ⁓jährbar jur. adj. imprescriptible, not subject to the statute of limitation; ⁓käuflich adj. unsal(e)able; not for sale; ⁓e Ware dead stock, drug on the market; ⁓kauft adj. unsold; pred. on hand; ⁓kennbar adj. unmistakable; obvious; ⁓kürzt adj. uncurtailed; unabridged; ⁓langt adj. unsolicited, not asked for; ⁓letzbar, ⁓letzlich adj. invulnerable, (a. fig.) inviolable (rights); fig. sacred; ⵛletzbarkeit f (-) invulnerability; immunity; ⁓letzt adj. uninjured, unhurt, unharmed; safe (and sound); w.s. intact; ⁓lierbar adj. that cannot be lost, never lost; pred. in safe keeping; ~mählt adj. unmarried; ~meidlich adj. inevitable, unavoidable, unfailing; sich ins ~e fügen bow to the inevitable; ~merkt adj. unperceived; ~mindert adj. undiminished; ~mischt adj. unmixed; unblended; metall. unalloyed; ~mittelt adj. abrupt, sudden, unheralded.

'Unvermögen n (-s) inability, incapacity; impotence; econ. insolvency; 2d adj. unable (zu to), incapable (zu of); impotent, powerless; impecunious, without means.

'unvermutet adj. unexpected, unforeseen.

'unvernehmlich adj. inaudible.

'Unver|nunft f lack of reason, unreasonableness; absurdity; 2nünftig adj. irrational; unreasonable, absurd, foolish; 2öffentlicht adj. unpublished; 2packt adj. unpacked, loose; 2pfändet adj. unpledged; 2richtet adj. unperformed; ~erdinge, ~ersache unsuccessfully, without having achieved one's object; empty-handed; 2rückbar adj. unremovable; fig. steadfast, unshakable.

'unverschämt adj. impudent, impertinent, insolent, saucy, cheeky; bare-faced (lie); (adv.) lie shamelessly; unconscionable; 2heit f impudence, impertinence, insolence, effrontery, sauciness; die ~ haben zu have the face to.

'unver|schlossen adj. unlocked; unsealed (letter); ~schuldet adj. undeserved; arising through no fault of ours, etc.; not in debt; unencumbered (property); ~sehens adv. unexpectedly, all of a sudden, unawares; ~sehrt adj. uninjured; intact; 2sehrtheit f (-) integrity; ~sichert adj. uninsured; ~siegbar ['unfer'zi:kba:r] adj. inexhaustible, everflowing; ~siegelt adj. unsealed; ~söhnlich adj. implacable, irreconcilable; intransigent; 2-söhnlichkeit f implacability; intransigence; ~sorgt adj. unprovided for, without means.

'Unverstand m lack of judgement, injudiciousness; folly, stupidity.

unver|standen ['unferʃtandən] adj. not understood; misunderstood; ~ständig adj. injudicious, imprudent; foolish; ~ständlich adj. unintelligible; incomprehensible, inconceivable; obscure (reasons); das ist mir völlig ~ I cannot make head or tail of it, that's beyond me; 2ständlichkeit f (-) unintelligibility; inconceivableness; ~stellbar adj. fixed; ~stellt adj. undisguised, unfeigned; ~sucht ['-zu:xt] adj. untried; nichts ~ lassen try everything, leave no stone unturned (um zu to); ~teidigt adj. undefended, unprotected; ~tilgbar ['-tilkba:r] adj. ineradicable, indelible; ~träglich adj. unsociable; quarrelsome, cantankerous; fig. ~ mit incompatible with; 2träglichkeit f unsociableness, quarrelsomeness; incompatibility; ~wandt adj. fixed; steadfast, unswerving; s-n Blick ~ richten auf (acc.) rivet (or fix) one's eyes on; ~wechselbar adj. unmistakable;

~wehrt adj.: es ist Ihnen ~ you are (quite) at liberty to inf.; ~weilt adv. without delay, immediately; ~wendbar adj. unusable, unemployable; ~weslich adj. incorruptible; ~wundbar adj. invulnerable; ~wüstlich adj. indestructible; tech. a. (very) robust, of unlimited service life; everlasting; fig. irrepressible (humour); ~zagt adj. intrepid, undaunted; ~zeihlich adj. unpardonable; ~zerrt adj. undistorted (a. radio); ~zinslich adj. bearing no interest; ~e Papiere non-interest bearing securities; ~es Darlehen free loan; ~zollt adj. duty unpaid; in bond; ~züglich ['-tsy:kliç] adj. (and adv.) immediate(ly), instant(ly), prompt(ly); adv. a. forthwith, without delay, on the spot, at once.

'unvoll|endet adj. unfinished; ~kommen adj. imperfect; defective, wanting; 2kommenheit f imperfection; ~ständig adj. incomplete; 2ständigkeit f incompleteness; ~zählig adj. incomplete.

'unvor|bereitet adj. unprepared; adj. and adv. extempore; ~ sprechen a. extemporize, Am. ad-lib; ~denklich ['unfo:rdeŋkliç] adj.: seit ~en Zeiten from time immemorial; ~eingenommen adj. unbias(s)ed, unprejudiced; ~hergesehen ['-'he:rgəze:ən] adj. unforeseen; ~e Ausgaben contingencies, incidentals; ~sätzlich adj. unintentional, undesigned; jur. unpremeditated; ~schriftsmäßig adj. improper, irregular; pred. and adv. contrary to regulations; ~sichtig adj. incautious; inconsiderate; imprudent; rash; careless; 2sichtigkeit f (-; -en) incautiousness; imprudence; carelessness; aus ~ through negligence; ~stellbar adj. unimaginable; incredible; ~teilhaft adj. unprofitable; unfavo(u)rable, disadvantageous; unbecoming (dress).

'unwägbar adj. imponderable; ~e Dinge imponderables.

'unwahr adj. untrue, false; ~haftig adj. untruthful, insincere; 2heit f untruth, falsehood; ~scheinlich adj. improbable, unlikely; fig. incredible, fantastic; 2scheinlichkeit f improbability.

un'wandelbar adj. immutable, unchangeable; unshakable, sta(u)nch; 2keit f immutability.

unwegsam ['unve:kza:m] adj. impassable, pathless.

'unweiblich adj. unwomanly.

unweigerlich [un'vaigərliç] adj. and adv. without fail, inevitab|le, adv. -ly; ich muß es ~ tun I cannot help doing it; es mußte ~ so kommen this was bound to happen.

'unweise adj. unwise, imprudent.

'unweit I. adv. not far (off), near; II. prp. (gen.) not far from, close to.

'Unwesen n (-s) nuisance; excesses pl.; sein ~ treiben do (or be up to) mischief, an e-m Ort: haunt or infest a place; 2tlich adj. unessential, immaterial (für to), unimportant; negligible; pred. of no consequence; beside the point.

'Unwetter n stormy weather; thunderstorm, tempest.

'unwichtig adj. unimportant, insignificant; 2keit f insignificance; ~en pl. trivialities.

unwider'leg|bar, ~lich adj. irrefutable, conclusive; 2barkeit f (-) irrefutability.

unwider'ruflich adj. irrevocable (a. econ.), beyond recall; definite(ly), positive(ly adv.).

unwidersprochen ['unvi:dərʃprɔxən] adj. uncontradicted, unchallenged.

unwiderstehlich [-'ʃte:liç] adj. irresistible; overpowering (desire); 2keit f (-) irresistibility.

unwiederbringlich [unvi:dər'briŋliç] adj. irretrievable.

'Unwill|e m indignation, displeasure, anger; unwillingness; 2ig adj. indignant, displeased; annoyed, angry (all: über acc. at); unwilling, reluctant; 2kommen adj. unwelcome; 2'kürlich adj. involuntary; instinctive, automatic(ally adv.); ~ mußte ich an ihn denken I could not help thinking of him.

'unwirklich adj. unreal.

'unwirksam adj. ineffective, inoperative (jur. a. void), inefficient; chem. inactive; 2keit f inefficiency, inoperativeness; chem. inactivity; futility.

unwirsch ['unvirʃ] adj. cross, testy.

'unwirt|lich adj. inhospitable, desolate; ~schaftlich adj. uneconomic (-al person), unthrifty, inefficient.

'unwissen|d adj. ignorant; 2heit f (-) ignorance; 2schaftlich adj. unscientific(ally adv.); ~tlich adj. (and adv.) unwitting(ly), unknowing(ly), unconscious(ly).

'unwohl adj. unwell (a. woman), indisposed; out of sorts, seedy; 2sein n indisposition; physiol. monthly period(s pl.).

'unwohnlich adj. uncomfortable, cheerless.

'unwürdig adj. unworthy (gen. of); disgraceful; degrading; das ist seiner ~ that is beneath him; 2keit f (-) unworthiness.

'Unzahl f (-) immense number; e-e ~ von a host (or sea) of, no end of.

un'zähl|bar, ~ig adj. innumerable, numberless, countless.

'unzart adj. indelicate; rough; 2heit f indelicacy.

Unze ['untsə] f (-; -n) ounce (abbr. oz. = 28,35 g).

'Unzeit f (-): zur ~ at the wrong time, inopportunely; prematurely; 2gemäß adj. old-fashioned, behind the times; unseasonable, inopportune; 2ig adj. untimely (a. adv.); premature; ill-timed; unseasonable, inopportune.

unzer'brechlich adj. unbreakable; ~'legbar adj. undecomposable, indivisible; ~'reißbar adj. untearable; ~'störbar adj. indestructible; ~'trennlich adj. inseparable.

'unziem|end, ~lich adj. unseemly, unbecoming; indecent.

'Unzier(de) f blemish, disfigurement; eye-sore.

'unzivilisiert adj. uncivilized.

'Un|zucht f (-) lewdness; jur. sexual offen|ce, Am. -se, (act of) indecency, *gewerbsmäßige*: prostitution; *widernatürliche*: sodomy; *außereheliche*: fornication; ♀**züchtig** *adj.* lewd, lascivious; obscene (*gesture, word, literature, etc.*), indecent.

'**unzufrieden** *adj.* dissatisfied, discontented, *esp. pol.* malcontent; ♀**heit** *f* dissatisfaction, discontent.

'**unzugänglich** *adj.* inaccessible (*a. tech.*), unapproachable; reserved, standoffish; ⹁er *Geist* closed mind; ⹁ *für* (*acc.*) impervious to, deaf to.

'**unzulänglich** *adj.* insufficient, inadequate; ♀**keit** *f* insufficiency, inadequacy; deficiency, shortcoming.

'**unzulässig** *adj.* inadmissible; undue (*a. jur. influence*); *für* ⹁ *erklären* rule out, *jur. a.* outlaw.

'**unzumutbar** *adj.* unimputable; unreasonable (*demands*); that cannot be expected *of a p.*

'**unzurechnungsfähig** *adj.* irresponsible, not responsible for one's actions; imbecile; insane; *jur. a.* non compos (mentis), of unsound mind; ♀**keit** *f* irresponsibility; imbecility; *jur.* diminished responsibility; *Einrede der* ⹁ plea of insanity.

'**unzureichend** *adj.* insufficient.

'**unzusammenhängend** *adj.* disconnected; incoherent (*speech, etc.*).

'**unzuständig** *adj.* incompetent; having no jurisdiction (*für* over); ♀**keit** *f* incompetence, want of jurisdiction.

'**unzuträglich** *adj.* disadvantageous, prejudicial (*dat.* to), not good (for); unwholesome, unhealthy (*a. fig.*); ♀**keit** *f* unwholesomeness.

'**unzutreffend** *adj.* incorrect; unfounded; *das ist gänzlich* ⹁ nothing could be further from the truth; inapplicable.

'**unzuverlässig** *adj.* unreliable, untrustworthy; uncertain; treacherous (*memory, weather, etc.*); ⹁e *Freunde a.* fair-weather friends; ♀**keit** *f* unthrustworthiness; uncertainty; treacherousness.

'**unzweckmäßig** *adj.* inexpedient, unsuitable; ♀**keit** *f* inexpediency, unsuitableness.

'**unzweideutig** *adj.* unequivocal, unambiguous; plain, clear.

'**unzweifelhaft I.** *adj.* undoubted, indubitable; ⹁e *Tatsache* established fact; **II.** *adv.* doubtless, without doubt.

üppig ['ypiç] *adj.* luxurious; luxuriant, exuberant (*vegetation, language, health, etc.*), lush; opulent, sumptuous (*meal*); well-developed, voluptuous, lush (*figure, woman*); *fig.* presuming, uppish, highty and mighty, cocky, *Am.* chesty; generous; ⹁ *leben* live high (*or* on the fat of the land); *colloq.* er *wird zu* ⹁ he is getting too big for his breeches; ♀**keit** *f* luxury; luxuriant growth, exuberance; opulence; voluptuousness; presumption; uppishness.

Ur [u:r] *zo. m* (-[e]s; -e) aurochs.

Ur... ['u:r-]: **a)** original; primitive, prime, **b)** thorough, **c)** *as adv. with adj.* extremely, very; ⹁**abstimmung** *f* strike ballot; ⹁**ahn** *m* great-grandfather; *w.s.* ancestor; ⹁**ahne** *f* (-; -n) great-grandmother;

♀**alt** *adj.* very old, very ancient, old as the hills; age-long (*problem*); *seit* ⹁*en Zeiten* from time immemorial; ⹁**anfang** *m* first beginning; prime origin; ♀**anfänglich** *adj.* original, primeval; ♀**aufführen** *v/t.* (*h.*) play for the first time, première, *film a.* release; ⹁**aufführung** *f* first night *or* performance; release, première (*film*). **Uran** [u'ra:n] *n* (-s) uranium; ⹁**brenner** *m* uranium pile; ♀**haltig** *adj.* uraniferous, uranium-bearing; ⹁**pechblende** *f*, ⹁**pech-erz** *n* pitchblende; ⹁**vorkommen** *n* uranium deposit.

urbar ['u:rba:r] *adj.* arable, cultivated; ⹁ *machen* cultivate; clear, reclaim; ♀**machung** ['-maxuŋ] *f* (-) cultivation; reclamation. '**Ur...**: ⹁**bedeutung** *f* original meaning; ⹁**bestandteil** *m* primitive (*or* ultimate) constituent; ⹁**bewohner** *m* original inhabitant, native; *pl.* aborigines; ⹁**bild** *n* original, prototype, archetype; *fig.* ideal; ♀**deutsch** *adj.* thoroughly German, German to the core; ♀**eigen** *adj.* one's very own; innate, inherent; ⹁**einwohner** *m* → Urbewohner; ⹁**eltern** *pl.* ancestors; ⹁**enkel** *m* great-grandson; ⹁**enkelin** *f* great-granddaughter; ⹁**erzeugung** *f* primary production; ⹁**fehde** *hist. f* oath of truce; ⹁**form** *f* original form; ⹁**gebirge** *n* primitive mountains *or* rocks *pl.*; ⹁**geschichte** *f* (-) early (*or* primeval) history; ♀**geschichtlich** *adj.* prehistoric(ally *adv.*); ⹁**großeltern** *pl.* great-grandparents *pl.*; ⹁**großmutter** *f* great-grandmother; ⹁**großvater** *m* great-grandfather; ⹁**heber** *m* author (*a. b.s.*), originator; creator; ⹁**heberrecht** *n* copyright; *Inhaber des* ⹁*s* copyright owner; ⹁**heberschaft** *f* (-) authorship.

Urin [u'ri:n] *m* (-s; -e) urine; ⹁**flasche** *f* urinal; **uri'nieren** *v/i.* (*h.*) urinate; **urin'treibend** *adj.* diuretic.

'**ur...**: ⹁**komisch** *adj.* extremely (*or* screamingly) funny; ♀**kraft** *f* original force; primitive strength.

'**Urkunde** *f* document, deed, legal instrument; record, title (deed); charter; *zu Urkund dessen* in witness whereof; ⹁**nbeweis** *m* documentary evidence; ⹁**ndolmetscher** *m* sworn interpreter for the translation of documents; ⹁**nfälschung** *f* forgery of documents; ⹁**nrolle** *f* document register.

urkund|lich ['u:rkuntliç] *adj.* documentary; authentic(ally *adv.*); ⹁ *belegt* documented; ⹁ *dessen* in witness whereof; ♀**sbe-amte(r)** *m* Clerk of the Court, registrar.

Urlaub ['u:rlaup] *m* (-[e]s; -e) leave (of absence); vacation, holidays *pl.*; *mil.* leave, furlough; ⹁ *auf Ehrenwort* leave on parole; ⹁ *bis zum Wecken* night leave; *auf* ⹁ on vacation, (*a. mil.*) on leave; ⹁ *nehmen* take a holiday, *Am.* vacation; ⹁**er** ['-bər] *m* (-s; -) *mil.* man on leave, *pl.* leave personnel; (*civilian*) holiday-maker, *Am.* vacationist; ⹁**erzug** *mil. m* leave train; ⹁**s-anspruch** *m* vacation privilege; ⹁**s-**

schein *mil. m* pass; ⹁**sgesuch** *n* application for a leave; ⹁**szeit** *f* holiday-time.

'**Ur|maß** *n* standard gauge; ⹁**mensch** *m* primitive man. '**Urne** ['urnə] *f* (-; -n) urn; *pol.* ballot-box.

'**Ur...**: ⹁**ochs** *m* aurochs; ♀'**plötzlich I.** *adj.* very sudden, abrupt, totally unexpected; **II.** *adv.* all of a sudden; ⹁**quell** *m* primary source; ⹁**sache** *f* cause; reason; occasion; motive; *er hat keine* ⹁ *zu inf.* there is no reason for him to *inf.*, there is no reason why he should *do so*; *das scheint die eigentliche* ⹁ *zu sein a.* this appears to be at the bottom of it; *keine* ⹁! don't mention it!, (you are) welcome!; → *Wirkung*; ⹁**sachenzusammenhang** *jur. m* causal nexus; ♀**sächlich** *adj.* causal, *gr.* causative; ⹁**sächlichkeit** *f* (-) causality; ⹁**schleim** *m* protoplasm; ⹁**schrift** *f* original (text *or* copy); ♀**schriftlich I.** *adj.* original, autographic; **II.** *adv.* in the original; ⹁**sprache** *f* primitive language; *translation*: original; ⹁**sprung** *m* source; *fig.* origin; *s-n* ⹁ *haben in* (*dat.*) originate in *or* from, take its rise from; *deutschen* ⹁*s* of German origin (*person a.* extraction); *econ.* made in Germany; ♀**sprünglich** ['-ʃpryŋliç] **I.** *adj.* original (*a. fig.*); primitive; initial; **II.** *adv.* in the beginning, at first; ⹁**sprünglichkeit** *f* (-) originality; ⹁**sprungsland** *econ. n* country of origin; ⹁**sprungszeugnis** *econ. n* certificate of origin; ⹁**ständ** ['-ʃtɛnt] *pl.*: *colloq.* fröhliche ⹁ *feiern* be happily revived; ⹁**stoff** *m* primary matter; *chem.* element.

Urteil ['urtail] *n* (-s; -e) judg(e)ment; opinion; decision; *jur.* judgment; sentence; (*divorce*) decree; finding; verdict; (arbitration) award; → *fällen, etc.*; *meinem* ⹁ *nach* in my judgment; *sich ein* ⹁ *bilden über* (*acc.*) form (a) judgment of *or* on, form an opinion on; *ein* ⹁ *abgeben* express an opinion; ♀**en** *v/i.* (*h.*) judge (*über j-n* a p.; *et.* of a th.; *nach* by *or* from); *über et.* ⹁ *a.* give one's opinion on a th.; *er urteilte anders darüber* he took a different view of it; *darüber kann er nicht* ⹁ he is no judge; ⹁ *Sie selbst!* judge for yourself!; *nach seinem Aussehen zu* ⹁ judging (*or* to judge) by his looks.

'**Urteils...**: ⹁**aufhebung** *f* reversal of judgment; ⹁**begründung** *f* opinion; ⹁**er-öffnung** *f* publication of a judgment; ♀**fähig** *adj.* discerning, discriminating; ⹁**fällung** *f* passing of judgment; ⹁**forderung** *f* judgment claim; ⹁**gläubiger** *m* judgment creditor; ⹁**kraft** *f* (-) (power of) judgment; discernment; ⹁**schuldner** *m* judgment debtor; ⹁**spruch** *m* sentence, judgment; ⹁**verkündigung** *f* pronouncing of judgment; ⹁**vollstreckung** *f* execution of the sentence.

'**Ur...**: ⹁**text** *m* original text; ⹁**tierchen** ['-ti:rçən] *n* (-s; -) protozoon, *pl.* protozoa; ♀**tümlich** ['-ty:mliç] *adj.* original, native; ⹁**urgroßvater** *m* great-great-grandfather; ⹁**vater** *m* first father, ancestor; **~väterzeit** ['uːrfɛːtər-] *f* olden times, days of yore; **♀verwandt** *adj.* of same origin; cognate (*words*); **~volk** *n* primitive people; aborigines *pl.*; **~wahl** *f* preliminary election; **~wald** *m* primeval (*or* virgin) forest, jungle; **~welt** *f* primeval world; **♀weltlich** *adj.* primeval, antediluvian; **♀wüchsig** ['-vyːksiç] *adj.* original, native; *fig.* natural; rough, blunt; earthy (*humour, person*); **~zeit** *f* primitive times, dawn of

history; *fig.* vor **~en** a long, long time ago; seit **~en** nicht mehr not for ages; **~zelle** *f* primitive cell; **~zeugung** *biol.* spontaneous generation; **~zustand** *m* primitive state; original state.

Usance [yˈzãːs] *econ. f* (-; -n) usage, practice, custom.
Uso [ˈuːzo] *econ. m* (-s) bill of exchange: usance; **~wechsel** *m* bill at usance.
usuell [uzuˈɛl] *adj.* usual; *pred. nicht* **~** *a.* not the practice *or* custom.

Usur|pator [uːzurˈpaːtər] *m* (-s; -ˈtoren) usurper; **♀~pieren** *v/t.* (h.) usurp.
Usus [ˈuːzus] *m* (-) usage, custom, practice, rule.
Utensilien [utenˈziːliən] *pl.* utensils, implements.
Utopie [uːtoˈpiː] *f* (-; -n), **Utopien** [uˈtoːpiən] *n* (-s) Utopia.
uˈtopisch *adj.*, **Utoˈpist(in** *f)* *m* (-en, -en; -, -nen) Utopian.
uzen [ˈuːtsən] *v/t.* (h.) tease, chaff, kid.

V

V, v [faʊ] *n* V, v.
vag [vaːk] *adj.* vague.
Vagabund [vagaˈbunt] *m* (-en; -en) vagabond, vagrant, tramp, *Am. a.* bum, hobo.
vagabundieren [-ˈdiːrən] *v/i.* (sn, h.) tramp about, lead a vagabond life, vagabondize; *el.* stray; **~der Strom** stray current.
vakan|t [vaˈkant] *adj.* vacant; **♀z** [-ts] *f* (-; -en) vacancy; → *Ferien.*
Vaku-Blitz [ˈvaːku-] *phot. m* photoflash.
Vakuum [ˈvaːkuum] *n* (-s; -kuen) vacuum; **~bremse** *f* vacuum brake; **~röhre** *f* vacuum tube; **~schalter** *el. m* vacuum switch.
Valenz [vaˈlɛnts] *chem. f* (-; -en) valence.
validieren [valiˈdiːrən] *v/t.* (h.) validate (*securities*).
Valuta [vaˈluːta] *f* (-; -ten) value; currency; beständige **~** standard; monies *pl.*; **~klausel** *f* exchange clause; **~kurs** *m* rate of exchange; **~notierung** *f* quotation of foreign exchange; **♀schwach, (♀stark)** having a low (high) rate of exchange.
valuˈtieren *v/t.* (h.) value.
Vampir [ˈvampiːr] *m* (-s; -e) vampire.
Vandal|e [vanˈdaːlə] *m* (-n; -n), **♀isch** *adj. fig.* Vandal.
Vandalismus [-daˈlismus] *m* (-) vandalism.
Vanilie [vaˈniliə] *f* (-) vanilla.
variabel [variˈaːbəl] *adj.* variable.
Variante [variˈantə] *f* (-; -n) variant.
Variation [-tsiˈoːn] *f* (-; -en) variation.
Varietät [varieˈtɛːt] *f* (-; -en) variety.
Varieté [varieˈteː] *n* (-s; -s), **~theater** *n* variety theatre, music-hall, *Am.* vaudeville theater; **~künstler** (-in *f*) *m* music-hall entertainer, *Am.* vaudeville performer; **~vorstellung** *f* variety show, *Am.* vaudeville.
variieren [variˈʔiːrən] *v/i. and v/t.* (h.) vary.
Varioˈmeter [vario-] *n* variometer.
Vasall [vaˈzal] *m* (-en; -en) vassall; **~enstaat** *m* satellite state.
Vase [ˈvaːzə] *f* (-; -n) vase.
Vaselin(e *f,* -) [vazeˈliːn(ə)] *n* (-s; -) vaseline.
Vater [ˈfaːtər] *m* (-s; ¨) father; *zo.*

sire; die Väter der Stadt the town fathers; **~freuden** *f/pl.* parental joys; **~haus** *n* parental home; **~land** *n* one's country, native country; (*Germany*) the Fatherland; **♀ländisch** [ˈ-lɛndiʃ] *adj.* national, patriotic(ally *adv.*); **~landsliebe** *f* patriotism; **♀landslos** *adj.* having no homeland; *contp.* unpatriotic, treacherous; **~landsverräter** *m* traitor to one's country.
väterlich [ˈfɛːtərliç] **I.** *adj.* fatherly, paternal; **~es Erbteil** patrimony; **II.** *adv.* like a father; **~erseits** [-ərzaɪts] *adv.* on one's father's side.
'Vater...: **~liebe** *f* paternal love; **♀los** *adj.* fatherless; **~mord** *m* parricide; **~mörder** *m* parricide (*a.* **~mörderin** *f*); stand-up collar; **~schaft** *f* (-) paternity, fatherhood; *jur.* Feststellung der **~** affiliation order; *j-s* **~** zu e-m Kinde feststellen affiliate a child to a p.; **~schaftsklage** *f* affiliation case, paternity suit.
'Vater(s)name *m* surname.
'Vater...: **~stadt** *f* native town, home-town; **~stelle** *f:* **~** vertreten bei (*dat.*) father, be a father to; **~teil** *n* patrimony; **~'unser** *n* (-s; -) Lord's Prayer.
Vati [ˈfaːti] *colloq. m* (-s; -s) dad(dy).
Vegetabil|ien [vegetaˈbiːliən] *pl.* vegetables; **♀isch** *adj.* vegetable.
Vegetar|ier [vegeˈtaːriər] *m* (-s; -) vegetarian; **♀isch** *adj.* vegetarian; **~e Lebensweise** vegetarianism.
Vegeta|tion [-tsiˈoːn] *f* (-; -en) vegetation; **♀tiv** [-ˈtiːf] *adj.* vegetative (*a. physiol.*); **~es Nervensystem** autonomous nervous system.
vegeˈtieren *v/i.* (h.) vegetate (*a. fig.*).
Vehemenz [veheˈmɛnts] *f* (-) vehemence. [(*a. chem.*).]
Vehikel [veˈhiːkəl] *n* (-s; -) vehicle∫
Veilchen [ˈfaɪlçən] *n* (-s; -) violet; **♀blau** *adj.* violet.
Veits-tanz [ˈfaɪts-] *med. m* (-es) St. Vitus's dance. [velar.]
Velar(laut) [velˈaːr-] *m* (-s; -e)∫
Velin [veˈlɛ̃ː] *n* (-), **~papier** *n* vellum(-paper).
Velours [vəˈluːr] *m* (-; -) velours.
Vene [ˈveːnə] *f* (-; -n) vein; **~n-entzündung** *f* phlebitis.
venerisch [veˈneːriʃ] *adj.* venereal.
Venezian|er [venetsiˈaːnər] *m* (-s; -), **~erin** *f* (-; -nen), **♀isch** *adj.* Venetian.

Ventil [vɛnˈtiːl] *n* (-s; -e) valve; *fig.* vent, outlet, *a.* safety-valve.
Ventilation [-latsiˈoːn] *f* (-; -en) ventilation.
Ventilator [-ˈlaːtər] *m* (-s; -ˈtoren) ventilator, (electric) fan; *tech. a.* blower.
ventiˈlieren *v/t.* (h.) ventilate, air (*both a. fig. question, grievance*).
Venˈtil...: **~klappe** *f* flap-valve; **~kolben** *m* valve-piston; **~sitz** *m* valve seat(ing); **~steuerung** *f* valve timing; **~stößel** *m* tappet; **~teller** *m* valve face (*or* disc).
verabfolg|en [fɛrˈʔapfɔlgən] *v/t.* (h.) deliver, hand over; give (*a. humor.* e-e Tracht Prügel a thrashing); provide, serve (*food, drink*); *med.* administer; *j-m et.* **~** lassen let a p. have a th.; **♀ung** *f* (-; -en) delivery; provision; *med.* administration.
verˈabred|en *v/t.* (h.) agree upon, arrange; appoint, fix (*time, place*); sich **~** make an appointment, (have a) date; schon anderweitig verabredet sein have a previous engagement; ich bin für morgen mit ihm verabredet I have an appointment with him for tomorrow, I am to meet him tomorrow; *contp.* verabredete Sache pre-arranged affair, put-up job; wie verabredet → **~etermaßen** [-dətərˈmaːsən] *adv.* as arranged, as agreed (upon); **♀ung** *f* (-; -en) agreement; arrangement; appointment, date; *jur.* conspiracy (*to commit a criminal act*); nach **~** by appointment. [folgen.∖
verˈabreichen *v/t.* (h.) → verab-∫
verˈabsäumen *v/t.* (h.) neglect, fail to do; omit.
verˈabscheuen *v/t.* (h.) abhor, detest, loathe; **~swert** *adj.* detestable, loathsome, horrid.
verabschied|en [fɛrˈʔapʃiːdən] *v/t.* (h.) dismiss, discharge; retire (*officer*), put on the retired list; pass (*bill*); sich **~** take (one's) leave (von of), say good-bye (to a p.); **♀ung** *f* (-; -en) dismissal; passing.
verˈachten *v/t.* (h.) despise, (hold in) disdain; scorn; *colloq.* nicht zu **~** not to be sneezed at.
Verächt|er [fɛrˈʔɛçtər] *m* (-s; -), **~in** *f* (-; -nen) despiser; **♀lich** *adj.* contemptuous, disdainful, scornful; contemptible, despisable; abject, vile.

Ver'achtung f contempt, disdain.
ver'albern v/t. (h.) ridicule, mock, poke fun at.
ver'allgemeiner|n v/t. (h.) generalize; **2ung** f (-; -en) generalization.
ver'alte|n v/i. (sn) become obsolete or antiquated; go out of date, go out (of fashion); **~t** adj. antiquated, obsolete, out of date, dated; out-moded; **~er Ausdruck** archaism.
Veranda [ve'randa] f (-; -den) veranda(h), Am. porch; piazza; stoop.
veränder|lich [fɛr'ʔɛndərliç] adj. changeable, (a. math., gr.) variable; **~e Drehzahl** variable speed; fluctuating; **2lichkeit** f (-) changeableness; variability; **~n** v/t. (h.) (a. sich) alter, change; vary; sich ~ change one's place, take another situation; → ändern; **2ung** f (-; -en) change, alteration (in dat. in; an dat. to); variation; fluctuation.
verängstigt [-'ʔɛŋstiçt] adj. intimidated, scared.
ver'anker|n v/t. (h.) mar. anchor (a. fig.), a. aer. moor; arch. tie, grapple; el. stay, guy; fig. in e-m Gesetz verankert embodied in a law; **2ung** f (-; -en) anchorage, staying; arch. tie beam, anchor tie.
veranlag|en [fɛr'ʔanlɑːgən] v/t. (h.) steuerlich: assess (for taxation); **~t** adj. talented; künstlerisch ~ artistically gifted; ~ sein für (acc.) be cut out for; med. be predisposed to; methodisch ~ sein have a methodical turn of mind, be method·cal; **2ung** f (-; -en) assessment; fig. disposition, turn of mind; bent, inclination; talent(s pl.), gift, turn (für for); predisposition (zu to); s-r ganzen ~ nach temperamentally.
veranlass|en [-'ʔanlasən] v/t. (h.) occasion, cause, call forth; arrange for; j-n zu et. ~ induce (or get) a p. to do a th., prevail (up)on a p. to do a th., make a p. do a th.; das Nötige ~ take the necessary steps; sich veranlaßt fühlen zu inf. feel bound (or urged) to inf.; **2ung** f (-; -en) occasion; cause, reason; motive; auf ~ von or gen. a) at the instance of, b) at a p.'s suggestion (or recommendation), c) at a p.'s request, d) at a p.'s initiative; zu et. ~ geben give rise to, occasion; adm. zur weiteren ~ for further action; ohne jede ~ without any provocation; er hat keine ~, zu inf. there is no occasion for him to inf., there is no reason why he should do so.
veranschaulich|en [-'ʔanʃauliçən] v/t. (h.) illustrate, be illustrative of; **2ung** f (-; -en) illustration.
ver'-anschlag|en v/t. (h.) rate, value, estimate (auf acc. at); appropriate (in the budget); zu hoch (niedrig) ~ overestimate (underestimate); **2ung** f (-) valuation, estimate; appropriation.
veranstalt|en [fɛr'ʔanstaltən] v/t. (h.) arrange, organize; stage (a. fig. humor.); give (concert, ball, etc.); **2er** m (-s; -) organizer; sports: promoter; **2ung** f (-; -en) arrangement, organization; event; sports: event, meeting, fixture, Am. a. meet; **2ungskalender** m calendar of events.

ver'antwort|en v/t. (h.) answer (or account) for; sich ~ justify o.s. (vor dat. before); das können Sie nicht ~ you can't answer for that; **~lich** adj. responsible, answerable (für for); **~e Stellung** responsible post; j-n ~ machen hold a p. responsible, blame a p. (für for), lay the blame (for a th.) on a p.; ~ zeichnen für be responsible for, be the author of; **2lichkeit** f (-) responsibility; accountability.
Ver'antwortung f (-; -en) responsibility; justification; auf seine ~ at his own responsibility, at his own risk; → abwälzen; ~ übernehmen take (or accept) responsibility; zur ~ ziehen call to account, hold responsible; **2sbewußt** adj. responsible; **~sbewußtsein** n sense of responsibility; **2sfreudig** adj. ready to take responsibility; **2slos** adj. irresponsible; **2svoll** adj. responsible.
veräppeln [-'ʔɛpəln] colloq. v/t. (h.) kid, rib, pull a p.'s leg.
ver'arbeitbar adj. workable, machinable; **2keit** f (-) workability, machinability.
ver'arbeit|en v/t. (h.) work up, consume; tech. put into work; manufacture, process, convert (zu into); treat; machine; digest (food; a. fig.); ~de Industrie manufacturing (or finishing) industry; verarbeitetes Metall wrought metal; verarbeitete Hände hard-worked hands; **2ung** f (-; -en) working up; manufacture, processing; (mechanical, chemical, etc.) treatment; digestion; workmanship.
verargen [-'ʔargən] v/t. (h.): j-m et. ~ blame a p. for a th.; ich kann es ihm nicht ~ I cannot blame him (wenn if); I won't hold it against him.
ver'ärger|n v/t. (h.) annoy, vex, anger; **2ung** f (-; -en) annoyance, irritation.
ver'arm|en I. v/i. (sn) become poor or impoverished, be reduced to poverty; **II.** v/t. (h.) impoverish; **~t** adj. impoverished; **2ung** f (-) impoverishment, pauperization.
ver'arzten colloq. v/t. (h.) doctor; fig. take care of.
verästel|n [fɛr'ʔɛstəln]: sich ~ (h.) ramify; **2ung** f (-; -en) ramification.
verauktionier|en [-'ʔauktsio'niːrən] v/t. (h.) sell by (Am. at) auction; **2ung** f (-; -en) public sale.
ver'ausgaben v/t. (h.) spend, expend; sich ~ run short of money; fig. spend o.s.
ver'auslagen v/t. (h.) lay out, disburse; advance.
ver'äußer|lich adj. alienable, negotiable (securities); **2er** m (-s; -) alienator, transferor, seller; **~n** v/t. (h.) alienate; transfer (an acc. to); dispose of, sell; **2ung** f (-; -en) alienation; disposal, sale; **2ungsrecht** n right of disposal; **2ungsverbot** n (total) restraint on alienation; receiving order.
Verb [vɛrp] n (-s; -en) verb.
verbal [-'bɑːl] adj. verbal; **2adjektiv** gr. n verbal adjective; **2injurie** jur. f insult(ing words pl.).

verballhornen [fɛr'balhɔrnən] v/t. (h.) corrupt, transmogrify.
Ver'bal...: ~note pol. f verbal note; **~substantiv** gr. n verbal noun.
Verband [fɛr'bant] m (-[e]s ⁼e) arch. binding; bracing; med. dressing, bandage; fig. association, federation, union; mil. formation (a. aer., mar.), unit; task force; **fliegender ~** a) flying unit, b) flight formation; **~kasten** m first-aid box; **~mull** m surgical gauze; **~packet** n first-aid packet; **~platz** mil. m field-dressing station; **~schere** f bandage scissors pl.; **~sflug** aer. m formation flying; **~s-preis** econ. m combine price; **~stelle** f first-aid post; **~stoff** m bandaging material; **~tasche** f first-aid bag; **~watte** f surgical wool; **~zeug** n dressing (material), first-aid kit.
ver'bann|en v/t. (h.) banish (a. fig.), exile; outlaw; deport; **2te(r** m) f (-n, -n; -en, -en) exile; outlaw; **2ung** f (-; -en) banishment, exile; deportment; in ~ leben live in exile.
verbarrikadieren [-barika'diːrən] v/t. (h.) barricade (sich o.s.); block.
ver'bauen v/t. (h.) **a)** build up, obstruct, block up; **b)** build badly; **c)** spend (money) or use up (material) in building; fig. sich den Weg ~ bar one's way (zu to), cut o.s. off (from).
verbauern [-'bauərn] v/i. (sn) become countrified.
ver'beißen v/t. (irr., h.) suppress (pain, smile, etc.); sich das Lachen ~ stifle one's laughter, bite one's lips; ich konnte mir das Lachen nicht ~ I could not help laughing; fig. sich in et. ~ stick doggedly to a th., be dead stuck on a th.
ver'bergen v/t. (irr., h.) conceal, hide (vor dat. from); → verborgen².
Ver'besser|er m (-s; -) improver; reformer; corrector; **2n** v/t. (h.) improve (a. tech.), (a)meliorate (both a. sich); correct, rectify; modify; revise (edition); sich ~ speaker: correct o.s., financially: better o.s.; **~ung** f (-; -en) improvement; correction; rectification; **2ungsbedürftig** adj. (sehr badly) in need of improvement; **~ungspatent** n patent of improvement.
verbeten [-'beːtən] p. p. of verbitten: Beileidsbesuche ~ no visitors will be received.
ver'beug|en: sich ~ (h.) bow (vor dat. to); **2ung** f (-; -en) bow.
verbeulen [-'bɔylən] v/t. (h.) dent, batter.
ver'biegen v/t. (irr., h.) bend, twist, distort; sich ~ twist; wood: warp.
ver'bieten v/t. (irr., h.) forbid (j-m et. [zu tun] a p. [to do] a th.), prohibit (a th.; a p. from doing a th.); ban; rule out; outlaw.
ver'bild|en v/t. (h.) form wrongly, deform; educate or train badly, miseducate, spoil; **~et** adj. (over-)sophisticated.
verbillig|en [-'biligən] v/t. (h.) bring down the price of, reduce (or lower) in price, cheapen; **2ung** f (-; -en) reduction in price, cheapening; **2ungsschein** econ. m price-reduction certificate.

ver'binden v/t. (irr., h.) tie (together), bind (up); link (mit to); (a. sich) join, unite, combine (mit with); connect (a. tech., teleph.), tech. a. couple, link; chem. combine (mit with); econ. sich ~ mit associate with, go into partnership with, companies: amalgamate with; join forces with; sich ehelich ~ (mit) marry; med. dress, bandage; j-n ~ dress a p.'s wounds; teleph. put a p. through (mit to, Am. with); j-m die Augen ~ blindfold a p.; mit verbundenen Augen blindfolded; fig. eng verbunden sein mit be bound up with; ich bin Ihnen sehr verbunden I am greatly obliged to you; teleph. falsch verbunden! wrong number!; mit Gefahr verbunden attended with danger, involving a risk; das ist mit Gefahr verbunden there is danger in it, it is dangerous; die damit verbundenen Unkosten the cost incident to it (or thereto); die damit verbundenen Bedingungen the conditions attaching thereto.

verbindlich [-'bintliç] adj. binding, obligatory, compulsory (all: für upon); obliging; für ~ erklären make a th. compulsory; j-m ~en Dank sagen express a p. one's sincere thanks!; ~(st)en Dank! my best thanks!; ~ machen bind o.s.; **2keit** f (-; -en) obligation, liability, commitment; binding force (of contract, etc.); obligingness, readiness to oblige; civility, polite way(s pl.); compliment; econ. ~en pl. liabilities pl.; s-n ~en nachkommen meet one's engagements.

Ver'bindung f union (a. marriage); bond, alliance; combination; blending (of colours); association (of ideas); connexion, connection (a. tech., teleph.); context; association, society; → Studentenverbindung; relation; geschäftliche ~ business relations pl. (or relationship); traffic, teleph., etc.: communication; mil. a) tactical: contact, communication, b) rückwärtige ~en lines of communication; chem. compound; tech. joint, junction, union; in ~ mit (dat.) combined with; in connection with, in conjunction with; ~ herstellen mit contact (a. mil.), establish communication with (a. radio); in ~ bleiben keep in touch (mit with); in ~ bringen mit fig. connect (or associate) with, link up with; in ~ stehen mit communicate with, be in communication (or touch) with; correspond with; fig. be connected with; die ~ verlieren mit lose touch with; teleph. ~ bekommen (haben) get (be) through; ~ aufnehmen get in touch (mit with).

Ver'bindungs...: ~bahn f junction line; ~gang m connecting passage; ~gleis n junction-rail(s pl.); ~kabel n connector cable; ~kanal m junction canal; ~klemme el. f terminal, connector; ~linie f line of communication; ~mann m contact (or liaison) man; mediator, go-between; ~offizier m liaison officer; ~rohr n connecting tube; ~schnur el. f connecting cord, flex(ible

cord); ~stange tech. f connecting-rod; ~stecker el. m connecting plug; ~steg m walkway; ~stelle f junction; tech. joint; fig. liaison office; information department; ~straße f communication road, feeder road; ~stück n connecting piece; tie, brace; coupling; union coupling (of pipe); el. connector; ~tür f communication door; ~wärme f heat of combination; ~weg m mil. line of communication; radio: transmission path.

verbissen [fer'bisən] adj. crabbed, morose; dogged, grim; ~ sein in (acc.) stick doggedly to; **2heit** f (-) sourness of temper, moroseness; doggedness.

ver'bitten: sich ~ (irr., h.) (beg to) decline; → verbeten; refuse to tolerate, not to stand for; das verbitte ich mir! I won't suffer (or stand for) that!

verbitter|n [-'bitərn] v/i. (h.) embitter, fill with bitterness; j-m das Leben ~ make life miserable for a p.; ~t adj. embittered, bitter; **2ung** f (-) bitterness (of heart).

verblassen [-'blasən] v/i. (sn) (grow) pale; cloth, etc., a. fig.: fade; fig. ~ gegenüber (dat.) pale (into insignificance) against or beside.

Verbleib [-'blaip] m (-[e]s) whereabouts; **2en** v/i. (irr., sn) be left, remain; bei s-r Meinung, etc. ~ persist in or stick to one's opinion, etc.; wir sind so verblieben it was (finally) agreed (that); ~ wir hochachtungsvoll (we remain,) Yours faithfully.

ver'bleichen v/i. (irr., sn) → verblassen.

verbleit [-'blait] tech. adj. leaded.

ver'blend|en v/t. (h.) blind, delude, dazzle; infatuate; arch. face; esp. mil. mask, screen; **2stein** m face brick; **2ung** f (-) blindness, delusion; infatuation; arch. facing; masking.

ver'bleuen colloq. v/t. (h.) beat black and blue, thrash.

verblichen [-'bliçən] adj. faded; **2e**(r m) f (-n, -n; -en, -en) deceased.

ver'blöd|en v/i. (sn) turn imbecile, go gaga; **2ung** f (-) imbecility.

verblüff|en [-'blyfən] v/t. (h.) amaze; perplex, bewilder, nonplus; dum(b)found, stupefy, stagger, flabbergast, stun; ~t adj. perplexed, etc.; taken aback; **2ung** f (-) amazement, perplexity; stupefaction.

ver'blühen v/i. (sn) fade, wither; fig. verblühte Schönheit faded beauty.

verblümt [-'bly:mt] adj. veiled, allusive; figurative.

ver'bluten v/i. (sn) and sich ~ bleed to death.

ver'bocken colloq. v/t. (h.) bungle, botch.

ver'bohlen v/t. (h.) plank.

ver'bohr|en: sich ~ (h.) in (acc.) bend o.s. to; go mad about, be gone or dead set on; ~t adj. cranky, faddy, pigheaded, stubborn.

ver'bolzen v/t. (h.) bolt (together).

ver'borgen[1] v/t. (h.) lend (out).

verborgen[2] [-'bɔrgən] adj. hidden, concealed; secret; a. phys. latent;

im ~en secretely, in secret; in obscurity; et. ~ halten vor (dat.) keep a th. secret from; **2heit** f (-) concealment, secrecy; obscurity; retirement, seclusion.

Verbot [fɛr'bo:t] n (-[e]s; -e) prohibition; ban (gen. on); **2en** adj. forbidden, prohibited, illicit; sports: foul; Rauchen (streng) ~ (positively) no smoking; → Betreten, etc.; ~srecht jur. n right of garnishment; ~sschild n, ~s-tafel f prohibitory sign.

verbrämen [-'brɛ:mən] v/t. (h.) border, edge, trim; fur; fig. gloss over; veil, cloak.

Verbrauch [-'braux] m (-[e]s) consumption (an dat. of); **2en** v/t. (h.) consume; use up; spend; wear out; exhaust; waste; verbraucht stale (air), finished, run down (battery), worn out (person); ~er m (-s; -) consumer; user; ~ergenossenschaft f consumers' union, cooperative society; ~ergruppe f consumer group; ~erkreis el. m output load circuit; ~erleitung el. f service cable; ~erwaren f/pl. ~ ~güter n/pl. consumer goods, commodities, articles of consumption; ~ssatz m consumption rate; ~steuer f excise duty; ~swirtschaft f consumption.

ver'brechen v/t. (irr., h.) commit; humor. perpetrate (book, joke, etc.); was hat er verbrochen? what is his offen|ce, Am. -se?, what has he done?; ich habe nichts verbrochen I have done no wrong.

Ver'brechen n (-s; -) crime; jur. a. felony, major offen|ce, Am. -se.

Ver'brecher m (-s; -) criminal, jur. a. felon (a. ~in f, -; -nen); crook, gangster.

Ver'brecher...: ~album n rogues' gallery; ~bande f gang; Angehöriger e-r ~ gangster; ~film m gangster film; **2isch** adj. criminal, jur. a. felonious; das **2e** the criminality (of an act); ~kolonie f convict colony; ~nest n criminals' hide-out; ~tum n (-s) criminality, outlawry; → ~welt f (-) crime world, underworld, Am. a. gangland.

ver'breiten v/t., a. sich (h.) spread (über acc. over); diffuse (a. phys.); circulate (news); propagate, disseminate (doctrine, etc.); shed (light, peace); noise abroad; sich ~ über (acc.) enlarge (or expatiate) on, hold forth on (a subject); (weit) verbreitet wide-spread, common; widely-held (view); popular.

verbreiter|n [-'braitərn] v/t. (h.) (a. sich) widen, broaden; **2ung** f (-; -en) widening, etc.

Ver'breitung f (-; -en) → verbreiten: spread(ing); diffusion; dissemination, propagation; distribution.

ver'brenn|bar adj. combustible; ~en (irr.) v/t. (h.) and v/i. (sn) burn; only v/i. (sn) be consumed by fire; lebend: be burnt to death; burn up; cremate; scorch; scald; fig. → Finger; von der Sonne verbrannt sunburnt, tanned; mil. Strategie der verbrannten Erde scorched earth strategy.

Ver'brennung f (-; -en) burning,

combustion; deflagration; cremation; death by fire; *med.* burn (*an dat.* to); → *Grad.*

Ver'brennungs...: ~halle *f* crematorium; **~kammer** *mot. f* combustion chamber; **~maschine** *f*, **~motor** *m* internal combustion engine; **~ofen** *m* combustion furnace; incinerator; **~vorgang** *m* process of combustion; **~wärme** *f* heat of combustion.

ver'briefen [fɛr'briːfən] *v/t.* (*h.*) confirm by documents; (secure by) charter; *verbriefte Forderung (Schuld)* bonded claim (debt); *verbrieftes Recht* vested right *or* interest.

ver'bringen *v/t.* (*irr., h.*) spend, pass; transfer, take (*nach* to).

ver'brüder|n [fɛr'bryːdərn]: *sich ~* (*h.*) fraternize; **~ung** *f* (-; -en) fraternization.

ver'brüh|en *v/t.* (*h.*), **~ung** *f* (-; -en) scald.

ver'buchen *v/t.* (*h.*) book; → *buchen¹; fig.* register, secure.

Verbum ['vɛrbum] *gr. n* (-s; -ba) verb.

ver'bummel|n I. *v/t.* (*h.*) trifle away, squander, blue (*money*); idle away (*time*); neglect, forget (completely); lose; **II.** *v/i.* (*h.*) fall into idle ways, go to seed; **~t** *adj.* idling, loafing, dissolute; *~ter Kerl* loafer.

ver'bünden [fɛr'byndən] *v/t.* (*h.*) ally (*mit* to); confederate (with); *sich ~ mit* ally o.s. to, form an alliance with, enter into league with.

verbunden [fɛr'bundən] *p.p. of verbinden.*

Ver'bundenheit *f* (-) community; bonds, ties *pl.*; solidarity; affection, cordiality.

Verbündete(r *m*) [fɛr'byndətə(r)] *f* (-n, -n; -en, -en) ally (*a. fig.*), confederate; *die ~n pl.* the allies, the allied powers (*or mil.* forces).

Ver'bund|folie [fɛr'bunt-] *f* laminated foil; **~maschine** *tech. f* compound engine; **~motor** *m el.* compound motor; *aer.* aero engine coupled with turbo-supercharger; **~wirtschaft** *econ. f* integrated industries, collective economy.

ver'bürgen *v/t.* (*h.*) guarantee, warrant; *sich ~ für* answer *or* vouch for; → *bürgen; verbürgte Tatsache* authentic (*or* established) fact, matter of record.

ver'büß|en *v/t.* (*h.*): *s-e Strafe ~* complete one's sentence, serve one's time; **~ung** *f* (-) completion of one's sentence.

verchrom|en [fɛr'kroːmən] *v/t.* (*h.*) chrome(-plate); **~t** *adj.* chromium--plated, chromed.

Verdacht [fɛr'daxt] *m* (-[e]s) suspicion; *jur.* *dringender (hinreichender) ~* strong (reasonable) suspicion; *~ erregen* arouse suspicion; *in ~ haben* suspect; *in ~ kommen* be suspected; *~ schöpfen* become suspicious, smell a rat; *auf den ~ (gen.) hin* on the suspicion (of); *unter dem ~ gen.* under suspicion of.

verdächtig [fɛr'dɛçtiç] *adj.* suspected, *pred.* suspect (*gen.* of); suspicious, fishy; *sich ~ machen* arouse suspicion; **~en** [-'dɛçtigən] *v/t.* (*h.*) suspect (*gen.* of); cast suspicion on;

---

j-n e-r Sache ~ a. impute a th. to a p.; **~ung** *f* (-; -en) suspicion; insinuation.

Ver'dachts...: ~grund *m* cause (*or* ground) of suspicion; **~moment** *n* suspicious fact; **~person** *f* suspect.

verdamm|en [-'damən] *v/t.* (*h.*) condemn; damn, curse; *eccl.* damn, anathemize; **~enswert, ~lich** *adj.* damnable; **Qnis** *eccl. f* (-) damnation, perdition; **~t I.** *adj.* damned, accursed, blasted, bloody; blessed, *Am.* darned; *~!* damn (it)!, confound it!, hang it!, dash it!, *Am. a.* doggone!; *dazu ~,* et. *zu tun* doomed (*or* condemned) to do a th.; → *Pflicht;* **II.** *adv.* damnably, awfully, goddam; *~ kalt* beastly cold; **Qung** *f* (-) condemnation; *eccl.* damnation.

ver'dampf|en *v/t.* (*h.*) *and v/i.* (*sn*) evaporate, vaporize; **Qer** *m* (-s; -) evaporator; **Qung** *f* (-; -en) evaporation.

ver'danken *v/t.* (*h.*): *j-m* et. *~* owe a th. to a p., be indebted to a p. for a th.; *es ist diesem Umstand (s-r Vorsicht) zu ~* it is owing to or due to this circumstance (his prudence).

verdarb [-'darp] *pret. of verderben.*

verdattert [-'datərt] *adj. and adv.* bewildered, dazed(ly); *ganz ~ Am.* all of a dither.

verdau|en [-'dauən] *v/t.* (*h.*) digest (*a. fig.*); **~lich** *adj.* digestible; *leicht ~* easy to digest, light; *schwer ~* hard to digest, heavy, rich; **Qlichkeit** *f* (-) digestibility; **Qung** *f* (-) digestion.

Ver'dauungs... digestive...; **~beschwerden** *f/pl.* digestive troubles; **~kanal** *m* alimentary canal, digestive tract; **~organ** *n* digestive organ; **~schwäche** *f* weak digestion, dyspepsia; **~spaziergang** *m* constitutional; **~störung** *f* indigestion; **~werkzeug** *n* → *Verdauungsorgan.*

Ver'deck *n* covering; awning; *mar.* deck; *aer.* canopy; *mot.* roof, top (*a. of bus*); **Qen** *v/t.* (*h.*) cover (up); hide, *a. tech.* conceal; *mil., tech.* mask, screen; veil; cloak; *mil. verdeckte Feuerstellung* defiladed position; *mit verdeckten Karten spielen* not to show one's hand; **~sitz** *m* top seat, outside place.

ver'denken *v/t.* (*irr., h.*) → *verargen.*

Verderb [fɛr'dɛrp] *m* (-[e]s) waste; ruin, destruction; deterioration; *dem ~ ausgesetzt (goods)* of a perishable nature; **Qen** [-bən] **I.** *v/i.* (*irr., sn*) spoil; get spoiled *or* damaged; go bad, deteriorate; rot; perish; *es mit j-m ~* fall out with a p., lose a p.'s favo(u)r, get into a p.'s bad book; *ich will es mit ihm nicht ~* I want to keep in with him; *er will es mit niemandem ~* he tries to please everybody; **II.** *v/t.* (*irr., h.*) spoil; corrupt, deprave; ruin, destroy; deteriorate; make a hash of; botch; *sich die Augen ~* ruin one's eyes; *sich den Magen ~* upset one's stomach; *j-m die Freude ~* spoil (*or mar*) a p.'s pleasure; *j-s Laune ~* put a p. out of temper; **~en** [-bən] *n* (-s) corruption; ruin, destruction; doom; *j-n ins ~ stürzen* bring a p.

---

to ruin, ruin a p.; *ins ~ rennen* rush (headlong) into destruction; *das wird noch sein ~ sein* that will be his undoing yet; **Qenbringend** *adj.* fatal, ruinous; **Qlich** [-'dɛrpliç] *adj.* pernicious, fatal (*für* to), ruinous; deadly, perishable (*goods*); **~lichkeit** *f* (-) perniciousness; perishableness; **~nis** *f* (-; -se) corruption, depravity; vice; **Qt** *adj.* corrupted, depraved; **~theit** *f* (-) corruptness; depravity.

verdeutlichen [-'dɔytliçən] *v/t.* (*h.*) make plain *or* clear, elucidate; illustrate; **~d** *adj.* illustrative.

ver'dicht|en *v/t.* (*h.*) (*a. sich*) condense; solidify (*gas*); compress; *fig.* concentrate; *sich ~ a.* take shape (in one's mind); *suspicion:* grow stronger; **Qer** *m* (-s; -) (steam) condenser; *mot.* compressor; **Qung** *f* condensation; compression; *fig.* concentration.

verdicken [fɛr'dikən] *v/t.* (*h.*) (*a. sich*) thicken; curdle (*milk*); *chem.* inspissate.

ver'dienen *v/t.* (*h.*) deserve (*praise, criticism, etc.*); earn, gain, make (*money*); et. *~ an or bei* (*dat.*) make money out of; *gut ~* do well, be doing well; *ein Vermögen ~* make a fortune; *sich verdient machen um* (*acc.*) deserve well of; *daran ist nichts zu ~* there is no money in it; *das habe ich nicht um Sie verdient* I haven't deserved that from you; *das hatte er längst verdient* he had it coming to him.

Ver'dienst 1. *m* (-[e]s; -e) earnings *pl.*; wages *pl.*; salary; gain, profit; **2.** *fig. n* (-[e]s; -e) merit; *sich ~ erwerben um* deserve well of; *nach ~ according* to one's merits; deservedly, duly; *es ist (allein) sein ~, daß* it is (entirely) owing *or* due to him that; **~ausfall** *m* loss of earnings; **~kreuz** *n* Distinguished Service Cross; **Qlich, Qvoll** *adj.* meritorious, of great merit, deserving; **~möglichkeit** *f* money-making opportunity; **~spanne** *econ. f* (profit) margin.

ver'dient *adj.* deserving (*person*); well-earned, deserved (*thing*); well--deserved (*punishment*); **~ermaßen** [-ər'maːsən] *adv.* deservedly.

Verdikt [fɛr'dikt] *n* (-[e]s; -e) verdict.

ver'dingen *v/t.* hire out (*thing*); put *a p.* to service (*bei* with); *sich ~ bei* go into service with.

ver'dolmetschen *v/t.* (*h.*) interpret; translate.

ver'donner|n *colloq. v/t.* (*h.*) → *verurteilen;* **~t** *adj.* bewildered, thunderstruck.

verdoppel|n [fɛr'dɔpəln] *v/t.* (*h.*) double; *s-e Schritte ~* quicken one's steps; **Qung** *f* (-; -en) doubling.

verdorben [-'dɔrbən] *p.p. of verderben and adj.* foul (*air*); tainted (*meat*); disordered, upset (*stomach*); corrupt (*character, person*), depraved; **Qheit** *f* (-) corruption, depravity.

ver'dorren *v/i.* (*sn*) dry up, wither.

ver'drahten *v/t.* (*h.*) wire.

ver'dräng|en *v/t.* (*h.*) push away, thrust aside; *phys. and fig.* displace; *fig. a.* supersede; oust; supplant;

drive away, dislodge; *psych.* repress; *verdrängte Personen* displaced persons; 2ung *f* (-; -en) displacement; *fig.* supersession; *psych.* repression.

ver'dreck|en *v/t.* (h.) cover with mud, soil, muck; ~t *adj.* filthy, covered with dirt.

ver'dreh|en *v/t.* (h.) distort, wrench, twist (*a. fig.*); *tech. a.* subject to torsional stress; sprain (*ankle, etc.*); roll (*one's eyes*); *fig.* pervert (*justice*); *den Sinn e-r Sache* ~ twist the meaning of a th.; *die Tatsachen* ~ distort (*or* misrepresent) the facts; *j-s Worte* ~ twist a p.'s words; *j-m den Kopf* ~ turn a p.'s head; ~t *adj.* distorted; crazy, cracked, screwy; 2theit *f* (-; -en) craziness, screwiness; 2ung *f* (-; -en) twist(ing), distortion; *tech. a.* torsion; 2festigkeit *f* torsional strength.

ver'dreifachen *v/t.* (h.) treble, triple.

ver'dreschen *colloq. v/t.* (*irr.,* h.) thrash.

verdrieß|en [-'dri:sən] *v/t.* (*irr.,* h.) vex, annoy, gall; *sich et. nicht* ~ *lassen* not to shrink from a th. *or* doing a th.; *laß dich's nicht* ~! don't let it discourage you!; *sich keine Mühe* ~ *lassen* grudge no pains; ~lich *adj.* vexed, annoyed; ill-humo(u)red, morose, peevish, glum; *matter*: annoying, irksome, tiresome; 2lichkeit *f* (-; -en) moroseness, peevishness, sulkiness; (*matter*) vexation, annoyance.

verdroß [-'drɔs] *pret. of* verdrießen.

verdr**o**ssen [-'drɔsən] I. *p.p. of* verdrießen; II. *adj.* peevish, cross, sulky; listless; 2heit *f* (-) peevishness, crossness; listlessness.

ver'drucken *typ. v/t.* (h.) misprint.

ver'drücken *colloq. v/t.* (h.) a) stow away, polish off (*food*), b) *sich heimlich* ~ sidle off, slip away.

Verdruß [-'drus] *m* (-sses) displeasure, vexation; annoyance, vexation; ~ *bereiten* give *a* p. trouble, vex, annoy; *j-m et. zum* ~ *tun* do a th. to spite a p.

verdübeln [-'dy:bəln] *tech. v/t.* (h.) dowel.

ver'duften *v/i.* (sn) evaporate (*a. colloq. fig.*); *colloq. fig.* hop it, *Am.* beat it, vamoose, take a powder.

verdumm|en [-'dumən] I. *v/t.* (h.) make stupid, stultify; *w.s.* play a p. for a fool; II. *v/i.* (sn) become stupid; 2ung *f* (-; -en) stultification, stupefaction.

ver'dunkel|n *v/t.* (h.) darken (*a. sich*), obscure (*a. sich*); cloud (*a. fig.*); deepen (*colours*); air-raid precaution: black out (*a. v/i.*); *ast.* eclipse (*a. fig.* = throw into the shade); *fig.* camouflage; 2ung *f* (-; -en) darkening; obscuration; blackout; *ast.* eclipse; *jur.* ~ collusion; 2ungsgefahr *jur. f* danger of collusion; 2ungsübung *f* trial blackout.

verdünn|en [-'dynən] *v/t.* (h.) thin (*a. paint, varnish* = reduce); rarefy (*gas*); dilute (*liquid*); *pol. mil.* verdünnte Zone thinned-out zone; 2ung *f* (-; -en) thinning; rarefaction; dilution; 2ungsmittel *n* thinner, reducer.

verdunst|en [-'dunstən] *v/t.* (h.) *and v/i.* (sn) evaporate, volatilize; 2ung *f* (-) evaporation; 2ungsdruck *m* (-[e]s) vapo(u)r pressure.

verdursten [-'durstən] *v/i.* (sn) die with thirst.

verdüstern [-'dy:stərn] *v/t.* (h.) → verdunkeln.

verdutz|en [-'dutsən] *v/t.* (h.) disconcert, nonplus, startle; ~t *adj.* startled, bewildered, taken aback.

verebben [-'?ebən] *v/i.* (sn) ebb, subside.

veredel|n [-'?e:dəln] *v/t.* (h.) ennoble; refine; purify; finish (*goods*), process, finish (*raw material*); improve (*animal, plant, soil*); graft (*fruit tree*); enrich; 2ung *f* (-; -en) refinement; improvement; processing, finishing; 2ungsindustrie *f* finishing industry; 2ungsverkehr *m* job-processing.

ver'ehelichen *v/t.* (h.) (*a. sich*) marry.

ver'ehr|en *v/t.* (h.) revere, venerate, look up to; worship, *fig. a.* admire, adore; *j-m et.* ~ make a p. a present of a th., present a p. with a th.; *Verehrte Anwesende!* my dear sir!; *Verehrtester!* my dear sir!; 2er(in *f*) *m* (-s, -; -, -nen) worshipper; admirer; ~erpost *f* fan mail; ~lich *adj.* hono(u)red, estimable (*a.* ~t *adj.*); 2ung *f* (-; -en) reverence, veneration; worship, *a. fig.* adoration; admiration; ~ungswürdig *adj.* venerable.

vereidig|en [fɛr'?aɪdigən] *v/t.* (h.) swear a p. (in) (*auf acc.* on); administer an oath to a p., put a p. under an oath; ~t *adj.* sworn (in); ~er Übersetzer sworn translator; 2ung *f* (-; -en) swearing in.

Verein [fɛr'?aɪn] *m* (-[e]s; -e) 1. union; *im* ~ *mit* together with, combined with, in conjunction with; 2. society, association; club; *colloq. contp.* gang, bunch.

ver'einbar *adj.* compatible, consistent (*mit* with); 2en *v/t.* (h.) agree upon, arrange; *jur. a.* stipulate, covenant; *im voraus* ~ prearrange; *sich* (*nicht*) ~ *lassen mit* be (in)consistent with; ~t *adj.* agreed, stipulated; ~es Vorgehen concerted action; *es gilt als* ~, *daß* it is understood that; 2ung *f* (-; -en) agreement; convention; arrangement; clause, provision; appointment; *laut* ~ as agreed (upon); *nach* ~ by appointment; e-e ~ *treffen* make (*or* reach) an agreement.

ver'einen *v/t.* (h.) → vereinigen; *Vereinte Nationen* (*abbr.* UNO) United Nations; *mit vereinten Kräften* with one's united strength *or* combined effort.

vereinfach|en [-'?aɪnfaxən] *v/t.* (h.) simplify; *math.* reduce; ~end *adj.* simplistic; 2ung *f* (-; -en) simplification; *zur* ~ to simplify matters.

vereinheitlich|en [-'?aɪnhaɪtliçən] *v/t.* (h.) unify, standardize; 2ung *f* (-; -en) unification, standardization.

ver'einig|en *v/t.* (h.) unite, join (*a. sich*); combine (*a. sich and in sich* ~); pool (*capital, forces*); coordinate; *mil.* combine (*fire*); integrate (*in* within); associate (*a. sich*);

econ. amalgamate, consolidate, merge (zu into) (*all a. sich*); assemble, gather; *esp. pol., mil.* rally (*all a. sich*); reconcile; *sich* ~ *rivers, etc.*: meet, merge; *Vereinigte Staaten (von Nordamerika)* (*abbr. USA*) United States (of North America); 2ung *f* (-; -en) union; combination; concentration; *of rivers*: confluence; *of persons*: association, → *Verein*; alliance, coalition, confederacy; *econ.* combination, amalgamation, merger; assembly, gathering; 2ungs-punkt *m* junction, meeting point; *mil.* rallying point, rendezvous.

vereinnahmen [-'?aɪnna:mən] *v/t.* (h.) take in, collect; *colloq. fig.* pocket.

vereinsam|en [fɛr'?aɪnza:mən] *v/i.* (sn) become isolated, grow lonely *or* solitary; 2ung *f* (-) isolation.

Ver'eins...: ~bruder, ~kamerad *m:* club mate; ~freiheit *f* freedom of association; ~haus, ~lokal *n* club house; ~kampf *m* inter-club competition; ~kasse *f* treasury; ~wesen *n* (-s) (matters *pl.* relating to) clubs and societies; club activities *pl.*

vereint [-'?aɪnt] *adj.* → vereinen.

vereinzel|n [fɛr'?aɪntsəln] *v/t.* (h.) isolate; ~t *adj.* single; isolated; sporadic(ally *adv.* = here and there, now and then), scattered (*a. rain showers*).

vereis|en [fɛr'?aɪzən] *v/t.* (h.) *and v/i.* (sn) freeze (*a. med.*); *road:* be covered with ice; *aer.* ice up; ~t *adj.* ice-coated, iced(-over); *geol.* glaciated; 2ung *f* (-) freezing; icing; glaciation; 2ungsgefahr *f* danger of icing.

vereitel|n [-'?aɪtəln] *v/t.* (h.) frustrate, foil, thwart, defeat; disappoint, shatter (*hope*); 2ung *f* (-) frustration.

ver'eiter|n *v/i.* (sn) suppurate, fester; 2ung *f* (-; -en) suppuration.

ver'ekeln *v/t.* (h.): *j-m et.* ~ disgust a p. with a th., spoil a th. for a p.

verelend|en [-'?e:lendən] *v/i.* (sn) be reduced to misery, sink into poverty; 2ung *f* (-) (reduction to) misery, pauperization.

ver'enden *v/i.* (sn) perish, die.

ver'eng|e(r)n *v/t.* (h.) (*a. sich*) narrow; contract; 2erung *f* (-; -en) narrowing; contraction.

ver'erb|en *v/t.* (h.) leave, bequeath (*dat.* to), (transfer by) will (to); *med.* transmit; hand down (*tradition*); *sich* ~ be hereditary; *sich* ~ *auf* (*acc.*) descend (*or* devolve) (up)on, fall to; ~lich *adj.* (in)heritable; *physiol.* hereditary; ~t *adj. physiol.* hereditary; 2ung *f* (-) leaving, *etc.*; *med.* transmission; *physiol.* heredity; 2ungsforscher *m* geneticist; 2ungsforschung *f* genetics *pl.*; 2ungsgesetz *n* Mendelian law; 2ungslehre *f* genetics *pl.*

vererzen [fɛr'?e:rtsən] *v/t.* (h.) mineralize.

verewig|en [-'?e:vigən] *v/t.* (h.) perpetuate; immortalize; *colloq. sich* ~ *in* (*dat.*) inscribe one's name in, carve (*or* scratch) one's name into; perpetuate one's memory in; ~t *adj.* deceased, late, departed.

ver'fahren I. v/i. (irr., sn) proceed, act (nach on); ~ mit deal with, handle; II. v/t. (irr., h.) spend money on vehicles (or travelling about); bungle, muddle; sich ~ miss the way, take the wrong road; fig. blunder, get into a muddle; III. adj. bungled, muddled; e-e ~e Geschichte a muddle, a bungled job; ~ sein be in a bad tangle.

Ver'fahren n (-s; -) procedure (a. jur.); jur. (trial) proceedings pl.; tech. process, method, technique, practice; operation; fig. policy, system; jur. das ~ einleiten gegen take (or institute) proceedings against; ~splan m procedural plan; 2srechtlich adj. procedural; ~s-vorschrift f procedural rule; ~s-weise [-vaɪzə] f (-; -n) → Verfahren.

Ver'fall m (-[e]s) decay, ruin, (a. med.) decline; dilapidation (of building); degeneracy; ~ der Sitten corruption of morals; jur. forfeiture (an den Staat to the public authority); expiration, lapse; foreclosure (of mortgage); maturity (of bill of exchange); bei ~ upon expiration, bill of exchange: when due, at maturity; in ~ geraten → verfallen; ~buch econ. n bill-book, Am. maturity index, tickler; ~datum n expiry date; date of maturity, due date (of bill of exchange); 2en I. v/i. (irr., sn) (fall into) decay, go to ruin; house: dilapidate, fall into disrepair; jur. expire, lapse; pledge: become forfeited; right: lapse; bill of exchange: fall due, mature; patient: waste away; j-m ~ a) become the property of, b) fig. become a p.'s slave, c) become addicted to (a vice); ~ lassen let go to waste; ~ auf (acc.) hit upon an idea, etc., think of, w.s. take a fancy to; ~ in (acc.) fall (or lapse) into, slip back into, relapse into; in Strafe: incur punishment; in e-e Krankheit ~ fall ill; II. adj. ruinous; decayed; dilapidated, tumble-down; wasted, worn (face); jur. forfeited, lapsed; confiscated; expired; void; für ~ erklären forfeit; foreclose (mortgage, pledge); ~ (dat.) addicted to (drug, etc.); a slave to; ~s-erklärung f foreclosure; ~s-erscheinung f symptom of decline; ~tag m, ~zeit f day of payment; due date; expiry date; bis zur Verfallzeit until maturity, till due.

ver'fälsch|en v/t. (h.) falsify, jur. a. alter fraudulently; adulterate (foodstuff); → fälschen; 2er m adulterer; 2ung f falsification; adulteration; 2ungsmittel n adulterant.

ver'fangen v/t. (irr., h.) tell (bei on), go down (with a p.); nicht ~ avail nothing, cut no ice (bei j-m with a p.), be lost on (a p.); sich ~ be caught, become entangled, fig. contradict (or betray) o.s.

verfänglich [fɛr'fɛŋlɪç] adj. captious, insidious (question); risky; embarrassing, compromising; risqué (joke).

ver'färben v/t. (h.) discolo(u)r; sich ~ lose colo(u)r, person: change colo(u)r.

ver'fass|en v/t. (h.) compose, write, pen; → abfassen; 2er(in f) m (-s, -; -, -nen) author, writer.

Ver'fassung f state, condition; disposition, state (or frame) of mind; system; pol. constitution; in bester (körperlicher) ~ in great (or top) form, in excellent shape; 2gebend adj.: ~e Versammlung constituent assembly.

Ver'fassungs...: ~änderung f amendment of the constitution; ~bruch m breach of constitution; ~gericht n Constitutional Court; 2mäßig [-mɛːsɪç] adj. constitutional; ~mäßigkeit f constitutionality; ~recht n (-[e]s) constitutional law; 2rechtlich adj. under constitutional law, constitutional; ~schutz m: Amt für ~ Office for the Protection of the Constitution; ~urkunde f charter of the constitution; 2widrig adj. unconstitutional.

ver'faulen v/i. (sn) rot, mo(u)lder, decay, putrefy.

ver'fecht|en v/t. (irr., h.) stand up (or fight) for; defend, argue, maintain (view); assert (right); advocate; 2er(in f) m defender; advocate, champion.

ver'fehl|en v/t. (h.) miss (aim, train, profession, etc.); sich ~ (= einander) ~ miss each other, fail to meet; nicht ~, zu inf. not to fail to inf.; ~ Sie nicht, zu be sure to; s-n Zweck ~ miss its mark, fail of its object; s-e Wirkung ~ miss fire; ~t adj. wrong, false; unsuccessful; misspent (life); miscarried (plan); ~e Sache failure, miss; 2ung f (-; -en) offen|ce, Am. -se; mistake, lapse.

verfeind|en [fɛr'faɪndən] v/t. (h.) make enemies of; j-n mit j-m ~ set a p. against a p.; sich ~ make an enemy (mit of), fall out with; ~et adj. hostile; on bad terms, at daggers drawn.

verfeiner|n [-'faɪnərn] v/t. (h.) (a. sich) refine; tech. a. improve; 2ung f (-; -en) refinement.

verfemen [-'feːmən] v/t. (h.) outlaw; socially: ostracize, send to Coventry.

verfertig|en [-'fɛrtɪgən] v/t. (h.) make, manufacture, fabricate, prepare; compose (poem, etc.); 2er(in f) m (-s, -; -, -nen) maker, manufacturer; 2ung f (-; -en) making, manufacture, fabrication, preparation.

ver'festig|en tech. v/t. (h.) (strain-)harden, consolidate; 2ung f (-; -en) strain-hardening, consolidation.

Verfettung [-'fɛtʊŋ] med. f (-; -en) fatty degeneration, adiposis.

ver'feuern v/t. (h.) use up for fuel; use up, fire (bullets, etc.).

ver'film|en v/t. (h.) film, picturize, screen; 2ung f (-; -en) filming, screening; picturization; film version, screen-adaptation.

ver'filzen v/i. (sn) felt; hair: mat; sich ~ get matted.

verfinstern [-'fɪnstərn] v/t. (h.) → verdunkeln.

verflachen [-'flaxən] I. v/t. (h.) flatten; II. v/i. (sn) (a. sich) flatten, level off; (a. fig.) (become) shallow.

ver'flecht|en v/t. (irr., h.) plait, interweave, interlace, entwine; fig. ~ in (acc.) entangle in, involve in; 2ung f (-; -en) interlacing; fig. entanglement, complexity; ~ von Umständen (strange) coincidence; econ. interlocking; business concentration.

ver'fliegen v/i. (irr., sn) fly away; fig. vanish; blow over, pass off; time: fly; evaporate; sich ~ (irr., h.) bird: stray, aer. lose one's bearings, get lost.

ver'fließen v/i. (irr., sn) flow away; paints: (ineinander ~) blend, run into each other; time: elapse, slip by.

verflixt [-'flikst] adj. confounded, deuced, blasted; ~er Kerl devil of a fellow.

verflossen [-'flɔsən] adj. past (time); im ~en Jahr last year; late, ex-... (friend, president, etc.).

ver'fluch|en v/t. (h.) curse, Am. a. cuss; ~t adj. and int. → verdammt.

verflüchtigen [fɛr'flʏçtɪgən] v/t. (h.) volatilize; sich ~ evaporate (a. fig.); colloq. fig. make o.s. scarce, vanish.

verflüssig|en [fɛr'flʏsɪgən] v/t. (h.) (a. sich) liquefy; metall. fuse; dilute, thin; 2ung f (-) liquefaction; econ. increasing liquidity; 2ungsmittel n liquefacient.

Verfolg [fɛr'fɔlk] m (-[e]s) course, progress; im ~ gen. a) in pursuance of, b) in the course of; econ. im ~ unseres Schreibens reverting to our letter; 2en v/t. (h.) pursue (a. mil.; fig. career, idea, policy, etc., a. jur. claim); b.s. persecute; jur. prosecute; track (game, criminal); trail, shadow; s-n Weg ~ go one's way; fig. follow up (a. mil.); dream, thought: haunt (a p.); follow, observe (event); jur. e-e Anklage ~ prosecute an indictment, proceed with a charge; ~er(in f) m (-s, -; -, -nen) pursuer; persecutor; ~te(r m) f (-n, -n; -en, -en): politisch ~ persecutee; ~ung f (-; -en) pursuit; persecution; pursuance; strafrechtliche ~ prosecution; wilde ~ chase; ~ungsjäger aer. m pursuit plane; ~ungswahn m persecution mania.

ver'form|bar tech. adj. workable, deformable; warm ~ thermoplastic; ~en v/t. (h.) (de)form, work, shape; 2ung f (-; -en) working; (spanlose ~ noncutting) shaping; b.s. deformation, distortion.

ver'fracht|en v/t. (h.) charter (ship); freight, mar. or Am. ship; colloq. fig. bundle a p. off, put in a train, etc.; 2er m freighter, shipper.

verfranzen [fɛr'frantsən] sl. aer.: sich ~ (h.) wander off course, get lost.

Verfremdung [-'frɛmdʊŋ] f (-; -en) alienation; ~s-effekt thea. m alienation effect.

verfroren [fɛr'froːrən] adj. sensitive to cold; chilled through.

verfrüht [fɛr'fryːt] adj. premature.

verfügbar [fɛr'fyːkbɑːr] adj. available; frei ~ freely usable; ~es Geld (capital) uninvested capital, funds available, (cash) cash in hand; tech. ~e Pferdestärke actual horsepower; ~ machen make available (dat. to); 2keit f (-) availability.

ver'fugen *arch. v/t.* (h.) point up.

ver'fügen I. *v/t.* (h.) decree, order; *law*: enact, provide; *sich* ~ proceed (*nach* to), betake o.s. (to); **II.** *v/i.* (h.): ~ *über* (*acc.*) dispose of, have at one's disposal, control; be provided *or* equipped with, have; make use of; ~ *Sie über mich!* I am at your service!

Ver'fügung *f* (-; -en) decree, order; instruction; *jur.* einstweilige ~ injunction; disposition; disposal; *freie* ~ *über* power freely to dispose of; *zur* ~ *stehen* be available; *j-m zur* ~ *stehen* be at a p.'s disposal *or* command, be available to a p.; *es steht zu Ihrer* ~ *a.* you are welcome to it; *j-m et. zur* ~ *stellen* make a th. available to a p., place a th. at a p.'s disposal; *sein Amt zur* ~ *stellen* tender one's resignation; *sich zur* ~ *stellen* volunteer; *sich zur* ~ *halten* keep ready; *mil. zur* ~ *besonderen* ~ seconded for special duty; ♀sberechtigt *adj.* authorized to dispose; ~sbeschränkung *f* restraint on disposal; ~sfreiheit *f* discretion; ~sgewalt *f* (freie discretionary) power of disposition; control; ~srecht *n* right of disposal.

ver'führ|en *v/t.* (h.) lead astray; seduce; entice, tempt; lure; ♀er (-in *f*) *m* seducer; ~erisch *adj.* seductive, bewitching; enticing, tempting; ♀ung *f* seduction; ♀ungskünste [-kynstə] *f/pl.* seductive ways *or* ruses.

ver'fünffachen *v/t.* (h.) quintuple.

ver'füttern *v/t.* (h.) feed.

Ver'gabe *f* giving away, gift; *econ.* placing (*of orders*); allocation (*of public funds*).

ver'gaffen: *sich* ~ (h.) fall in love (*in acc.* with), be smitten (with).

vergäl|len [fɛr'gɛlən] *v/t.* (h.) embitter, sour, mar; methylate, denature (*spirits*); ♀lungsmittel *n* denaturant.

vergalop'pieren: *sich* ~ (h.) make a (bad) blunder; overshoot the mark.

ver'gammeln *colloq. v/i.* (sn) rot; go to seed.

vergangen [fɛr'gaŋən] *adj.* (by-) gone, past; *im* ~*en Jahre* last year; ♀heit *f* (-; -en) past; *gr.* past tense; past, antecedents *pl.*; *politische* ~ political background; *e-e* ~ *haben* have a past (*thing*: history); *laßt die* ~ *ruhen* let bygones be bygones; *der* ~ *angehören* be a thing of the past.

ver'gänglich [fɛr'gɛŋliç] *adj.* passing, transitory, transient; fugitive, fleeting; ♀keit *f* (-) transitoriness.

ver'gären *v/i.* (irr., sn) ferment.

vergaß [fɛr'gaːs] *pret.* of vergessen.

vergas|en [-'gaːzən] *v/t.* (h.) gasify; *mot.* carburet; *med.* gas; ♀er *mot. m* (-s; -) carburet(t)or; ♀er mot. m fire in the carburet(t)or; ♀ermotor *m* carburet(t)or engine; ♀ung *f* (-; -en) gasification; carburetion; gassing; *colloq.* bis zur ~ like blazes.

vergatter|n [fɛr'gatərn] *v/t.* (h.) grate; *mil.* sound *the guard mount*; *colloq. fig.* admonish; ♀ung *mil. f* (-; -en) guard mount.

ver'geb|en *v/t.* (irr., h.) give away (*an acc.* to); *econ.* place order (with); confer, bestow (on); give out; let

---

slip, miss (*chance*); relinquish, cede (*right*); *ein Amt an j-n* ~ appoint a p. to an office; *noch nicht* ~ still vacant (*position*); forgive; *sich et.* ~ compromise o.s. (*or* one's dignity); *es tut mir leid, ich bin schon* ~ *sorry,* I have a previous engagement; ~ens *adv.* in vain; vainly; to no purpose, of no avail; ~lich **I.** *adj.* vain, fruitless, futile, useless, wasted; *pred.* of no avail (*or* use); needless; **II.** *adv.* → vergebens; ♀lichkeit *f* (-) uselessness; ♀ung *f* (-; -en) giving away; placing (*of orders*); bestowal, conferment (*an acc.* on); forgiveness, pardon(ing); ~ *der Sünden* remission of sins; *j-n um* ~ *bitten* ask a p.'s forgiveness.

vergegenwärtig|en [fɛr'ge:gənvɛrtigən] *v/t.* (h.) represent, bring to mind, bring home (*dat.* to); *sich et.* ~ realize (*or* visualize) a th., picture a th. to o.s.; ♀ung *f* (-; -en) realization.

ver'gehen *v/i.* (irr., sn) pass (away); fade (away); disappear, vanish; *pain, etc.*: pass off, blow over; *fig. vor et.* ~ *die* of; *vor Ungeduld* ~ be dying with impatience; *vor Angst schier* ~ be scared to death; *vor Gram* ~ pine away; *der Appetit ist mir vergangen* I have lost my appetite; → *Hören*; *sich* ~ commit an offen|ce, *Am.* -se; *sich* ~ *an j-m tätlich:* assault *a* p., *unsittlich:* commit an indecent assault on, violate *a* p.; *sich* ~ *gegen ein Gesetz, etc.:* offend against, violate *a law, etc.*; ♀ *n* (-s) offen|ce, *Am.* -se; delict.

vergeistig|en [fɛr'gaistigən] *v/t.* (h.) spiritualize; ♀ung *f* (-) spiritualization.

ver'gelt|en *v/t.* (irr., h.) repay (*dat.* to), requite, return; reward (*j-m et. a p. for a th.*); *b.s.* retaliate, pay back; → *gleich*; ♀ung *f* (-; -en) requital, return; reward; *b.s.* retribution, retaliation, reprisal; ~ *üben* retaliate (*an dat.* on); ♀ungs·angriff *mil. m* retaliation attack; ♀ungsfeuer *mil. n* retaliatory fire; ♀ungsmaßnahme *f* retaliatory measure; reprisal; ♀ungswaffe *f* retaliatory weapon.

vergesellschaft|en [fɛrgə'zɛlʃaftən] *v/t.* (h.) socialize, nationalize; *econ.* convert into a company (*Am.* corporation); *esp. med.* associate (*a. sich*); ~et *med. adj.* associated; ♀ung *f* (-) socialization; *med.* association.

vergessen [fɛr'gɛsən] **I.** *v/t.* (irr., h.) forget; leave (behind); overlook; omit; neglect; ~ *haben a.* be forgetful (*or* oblivious) of; *nicht* ~ *zu inf.* be careful to *inf.*; *sich* ~ forget o.s., lose one's head; *ich habe es* ~ *a.* it slipped my mind; *ich habe ganz* ~, *wie* I forget how; *das werde ich dir nicht* ~ I won't forget that; *das vergißt sich leicht* that is easily forgotten; **II.** *p.p.* of **I.**; ♀heit *f* (-) oblivion; *in* ~ *geraten* fall into oblivion.

vergeßlich [-'gɛsliç] *adj.* forgetful; ~ *sein a.* forget things; ♀keit *f* (-) forgetfulness.

vergeud|en [fɛr'gɔydən] *v/t.* (h.) dissipate, squander (*money*); *w.s.*

---

waste; ♀er(in *f*) *m* (-s, -; -, -nen) squanderer; waster; ♀ung *f* (-; -en) dissipation; waste (*of material, strength, time, etc.*).

vergewaltig|en [fɛrgə'valtigən] *v/t.* (h.) violate, do violence to, use force on; violate, rape, ravish (*woman*); *fig.* twist (*truth*); ♀ung *f* (-; -en) violation; rape; *fig.* outrage (*gen.* upon).

vergewissern: *sich* ~ (h.) make sure (*e-r Sache* of a th.); ascertain (a th.).

ver'gieß|en *v/t.* (irr., h.) shed (*blood, tears*); spill; *metall.* cast.

vergift|en [fɛr'giftən] *v/t.* (h.) poison (*a. fig.* = envenom); contaminate; *sich* ~ take poison; ♀ung *f* (-; -en) poisoning.

vergilbt [fɛr'gilpt] *adj.* yellowed.

ver'gipsen *v/t.* (h.) plaster.

Vergißmeinnicht [fɛr'gismainniçt] *bot. n* (-[e]s; -[e]) forget-me-not(s *pl.*).

vergittern [fɛr'gitərn] *v/t.* (h.) (furnish with a) grate, lattice; wire in; bar.

verglasen [fɛr'glaːzən] *v/t. and v/i.* (sn) glaze (*a. fig. eyes*); vitrify; glass in (*room*).

Vergleich [fɛr'glaiç] *m* (-[e]s; -e) comparison; simile; (gütlicher ~ amicable) agreement; arrangement, compromise; composition (*mit with creditors*); settlement; *im* ~ *zu* compared to, in comparison with; *den* ~ *aushalten* bear *or* stand comparison; *e-n* ~ *anstellen* make a comparison, draw a parallel; *das ist nichts im* ~ *zu* it does not compare to; → *eingehen*; ♀bar *adj.* comparable (*mit* to); ♀en *v/t.* (irr., h.) compare (*mit* with; to); liken (to); check (*accounts, etc.*); collate (*texts*); synchronize (*clocks*); adjust, settle; *sich* ~ come to an agreement (*or* to terms), settle (*mit* with), compound (*with creditors*); *verglichen mit* as against, compared to; ♀end *adj.* comparative (*a. study, history, etc.*); ~smaßstab *m* standard of comparison; ~sjahr *n* base year; ~ssumme *f* compensation; ~s-unterlage *f* basis of comparison; ~sverfahren *n* settlement proceedings *pl.*; ~sverwalter *m* trustee in composition proceedings; ♀sweise [-vaizə] *adv.* comparatively; by way of comparison; ~swert *m* relative value; ~szahlen *f/pl.* comparative figures; ~ung *f* (-; -en) → Vergleich.

ver'gletscher|n *v/i.* (sn) glaciate; ♀ung *f* (-; -en) glaciation.

ver'glimmen *v/i.* (irr., sn) die away.

vergnügen [fɛr'gny:gən] *v/t.* (h.) amuse; *sich* ~ amuse (*or* enjoy *or* divert) o.s., (*an dat.*) take pleasure (in).

Ver'gnügen *n* (-s; -) pleasure, enjoyment; fun; entertainment; sport, pastime; ~ *an e-r Sache finden* find pleasure (*or* delight) in; (*großes*) ~ *bereiten* afford (great) pleasure, amuse (immensely); *es war mir ein* ~ it was a pleasure; *viel* ~! have a good time!, *iro.* I wish you joy!; *es war kein* ~ it was no picnic; *mit* ~ gladly; *mit größtem* ~ with the greatest pleasure.

ver'gnüglich *adj.* pleasant, amusing, enjoyable.

vergnügt [fɛr'gny:kt] *adj.* (*über acc.*) pleased (with), delighted (at), happy (at); joyous, merry, gay, cheerful; rollicking, in high spirits.

Ver'gnügung *f* (-; -en) pleasure, amusement, entertainment.

Ver'gnügungs...: ⸯdampfer *m* pleasure-boat; ⸯlokal *n* place of entertainment; ⸯpark *m* amusement park; ⸯreise *f* pleasure-trip; ⸯreisende(r *m*) *f* tourist; ⸯsteuer *f* entertainment tax; ⸯstätte *f* → Vergnügungslokal; ⸯsucht *f* (-) (inordinate) love of pleasure; 2ⸯsüchtig *adj.* pleasure-seeking; ⸯer Mensch pleasure-hunter.

vergold|en [fɛr'gɔldən] *v/t.* (h.) gild; gold-plate; 2er *m* gilder; 2ung *f* (-; -en) gilding; ⸯ mit Blattgold burnished gilding.

ver'gönnen *v/t.* (h.) grant, allow; not to grudge; es war mir vergönnt, zu *inf.* I had the privilege to *inf.*

vergötter|n [fɛr'gœtərn] *v/t.* (h.) deify, *fig.* idolize, worship, adore; 2ung *f* (-; -en) deification; idolatry, adoration.

ver'graben *v/t.* (irr., h.) hide in the ground, (a. *fig.*) bury.

ver'gräm|en *hunt. v/t.* (h.) frighten away, start; ⸯt *adj.* care-worn, woebegone, grief-stricken.

ver'greifen: sich ⸯ (irr., h.) mistake; *mus.* touch the wrong note; sich ⸯ an (dat.) lay (violent) hands on, attack, assault, (a. *sexually*) violate a p., b) misappropriate, encroach on *other people's property*; sich an Geld ⸯ embezzle money; profane (*sacred things*); sich im Ausdruck ⸯ confuse one's terms.

vergreis|en [fɛr'graizən] *v/i.* (sn) become senile; 2ung *f* (-) senescence.

vergriffen [fɛr'grifən] *adj. book:* out-of-print, *pred.* out of print.

vergröbern [fɛr'grø:bərn] *v/t. and* sich ⸯ (h.) coarsen.

vergrößer|n [fɛr'grø:sərn] *v/t., a.* sich (h.) enlarge (a. *phot.*); magnify (a. *fig.*); (a. *sich*) expand, extend (a. *tech. works*); widen (a. *fig. influence*); increase, augment, add to; *fig. a.* aggrandize; aggravate; *in* vergrößertem Maßstab on a larger scale; 2ung *f* (-; -en) enlargement (a. *phot.*); *opt.* magnification; increase; augmentation; expansion, extension; aggravation; 2ungs-apparat *phot. m* enlarging camera, enlarger; 2ungsglas *n* magnifying glass, magnifier.

Vergünstigung [fɛr'gynstiguŋ] *f* (-; -en) privilege, favo(u)r; benefit, allowance (a. *econ.*); preferential treatment.

vergüt|bar [fɛr'gy:tba:r] *adj.* remunerable; *tech.* heat-treatable; ⸯen *v/t.* (h.) compensate (*j-m et.* a p. for a th.); reimburse, refund (*expenses*); allow (*discount*); indemnify (*damage, interest*); compensate for, make good (*loss*); *tech.* improve, (re)fine; quench and temper, air harden, oil harden and temper (*steel*); harden (*aluminum alloys*); 2ung *f* (-; -en) compensation, allowance; reimbursement;

indemnification; consideration; fee; *tech.* improvement; *of steel*: heat--treatment, hardening, etc., → vergüten.

ver'haft|en *v/t.* (h.) arrest, apprehend, take into custody (*wegen* on a charge of); ⸯet *adj.:* ⸯ mit bound to, rooted in; dominated by; 2ung *f* (-; -en) arrest, apprehension.

ver'hageln *v/i.* (sn) be damaged by hail.

ver'hallen *v/i.* (sn) die away.

ver'halten I. *v/t.* (irr., h.) keep back, retain (a. *urine, etc.*); hold in (*one's breath*); rope (*horse*); suppress, check; sich ⸯ a) *matter:* be, b) *person:* behave, conduct o.s., act; sich brav ⸯ behave o.s., be good; sich ruhig ⸯ keep quiet, hold one's peace; ich weiß nicht, wie ich mich ⸯ soll I don't know what to do (or how to act); sich anders ⸯ *matter:* be different; wissen Sie, wie sich die Sache verhält? do you know the facts of the case?; wenn es sich so verhält if that is the case; *math.* A verhält sich zu B wie C zu D A is to B as C is to D; sich umgekehrt ⸯ zu be in inverse ratio to; II. *p.p.* of I. *and adj.* restrained; bated (*breath*); low (*voice*); pent-up (*feelings, anger*); suppressed (*laughter*); (adv.) ⸯ spielen play a waiting game, play with plenty in reserve; *thea.* underact.

Ver'halten *n* (-s) behavio(u)r (a. *zo., etc.*), conduct, demeano(u)r; attitude; way of acting, *w.s.* policy; *tech.* characteristics *pl.*; *chem.* reaction; ⸯsforscher *m* behavio(u)rial scientist; ⸯsforschung *f* behavio(u)ristics.

Verhältnis [fɛr'hɛltnis] *n* (-ses; -se) proportion, rate; ratio; *pl.* ⸯse conditions, circumstances *pl.*, *econ.* financial status; means *pl.*; standards *pl.*; relation(s *pl.*) (zu with); liaison, love-affair; mistress; außer ⸯ zu (dat.) disproportionate to; außer jedem ⸯ stehen be out o f all proportion; aus kleinen ⸯsen stammend of humble origin, coming from a family in modest circumstances; im ⸯ zu in proportion to, compared with; im ⸯ von 1 : 2 in the ratio (or at the rate) of one to two; in freundlichem ⸯ mit on friendly terms with; im entsprechenden ⸯ proportionately; in angenehmen ⸯsen (lebend) in easy circumstances; im umgekehrten ⸯ zu at an inverse ratio to, inversely as; über s-e ⸯse leben live beyond one's means; unter den ⸯsen under the circumstances; er hat kein inneres ⸯ zu s-r Arbeit his heart is not in his work; ⸯanteil *m* quota, share; 2mäßig I. *adj.* proportional, comparative, rateable, pro rata; II. *adv.* in proportion; comparatively (speaking); ⸯwahl *parl. f* proportional representation; 2widrig *adj.* disproportionate; ⸯwort *gr. n* (-[e]s; ⸯer) preposition; ⸯzahl *f* proportional number; coefficient, factor.

Ver'haltungsmaßregeln *f/pl.* instructions.

ver'handeln I. *v/i.* (h.) negotiate,

treat (*über acc., wegen* for); parley; deliberate, confer; *jur.* try (*über et.* a th.; *gegen j-n* a p.); *lawyer:* plead before a court; II. *v/t.* sell; discuss, argue, debate; *jur.* hear (and decide), dispose of.

Ver'handlung *f* (-; -en) negotiation; *mil.* parley; discussion, deliberation; conference, talks *pl.*; *jur.* hearing, trial; proceedings *pl.*; certificate, deed; *jur.* zur ⸯ kommen come up for hearing (or trial); ⸯsbericht *m* minutes *pl.*, statement of proceedings; ⸯsfriede *m* negotiated peace; ⸯsgegenstand *m* issue, business, item; ⸯs-partner *m* party to a deal; ⸯs-position *f* bargaining position; ⸯssaal *jur. m* court-room; ⸯs-tag *jur. m* day fixed for trial; ⸯstisch *m* bargaining table; ⸯsweg *m:* auf dem ⸯe by negotiation.

ver'häng|en *v/t.* (h.) cover (over), hang or drape (*mit* with); veil; impose, inflict, (a. *sports*) award (*penalty*); mit verhängtem Zügel with a loose rein; 2nis *n* (-ses; -se) destiny, fate; doom; e-m zum ⸯ werden be a p.'s doom (or undoing); ⸯnisvoll *adj.* fateful, fatal; disastrous.

verhärmt [fɛr'hɛrmt] *adj.* care-worn.

ver'harren *v/i.* (h., sn) persevere, hold out; (*auf, bei, in dat.*) persist (in), abide (by), stick (to).

verharschen [fɛr'harʃən] *v/i.* (sn) *snow:* crust; *wound: a.* close.

ver'härt|en *v/t.* (h., a. sich) harden; *med.* den Leib ⸯ constipate the bowels; 2ung *f* (-; -en) hardening; *fig. a.* induration; callosity.

ver'harzen *v/t.* (h.) resinify.

ver'haspeln *v/t.* (h., a. sich) tangle; *fig. sich* ⸯ get muddled.

verhaßt [fɛr'hast] *adj.* hated, detested; hateful, odious (*dat.* to); sich ⸯ machen make o.s. unpopular (*bei* with); es ist mir ⸯ I hate (or loathe) it.

ver'hätscheln *v/t.* (h.) coddle, pamper, spoil.

Verhau [fɛr'hau] *mil. m* (-[e]s; -e) abatis, entanglement; 2en *v/t.* (h.) thrash, flog, beat up; spank (*child*); *colloq. fig.* make a hash of; muff (a *ball, catch, exam, etc.*); sich ⸯ (make a) blunder.

ver'heben: sich ⸯ (irr., h.) injure (or strain) o.s. in lifting.

verheddern [fɛr'hedərn]: sich ⸯ (h.) get entangled; get muddled (or balled up).

verheer|en [fɛr'he:rən] *v/t.* (h.) devastate, lay waste, ravage; ⸯend *fig. adj.* disastrous, awful; 2ung *f* (-; -en) devastation, ravages *pl.*; havoc; ⸯen anrichten play havoc (*unter dat.* among).

verhehl|en [fɛr'he:lən], verheimlich|en [fɛr'haimliçən] *v/t.* (h.) hide, conceal (*dat.* from); *j-m et.* ⸯ a. keep a th. secret from a p., keep a p. in the dark about; hush up; suppress, hold back; 2ung *f* (-) concealment, dissimulation; suppression.

ver'heilen *v/i.* (sn) heal (up).

ver'heirat|en *v/t.* (h.) marry (*mit, an acc.* to), give in marriage, wed; sich ⸯ marry, get married; sich *untereinander* ~ intermarry; *sich wieder* ~ marry again, remarry; *sich gut* ~ make a good match; *colloq. fig.* ich bin ja nicht mit dir verheiratet I am not wedded to you; Ձung *f* (-) marriage.

ver'heiß|en *v/t.* (*irr., h.*) promise; Ձung *f* (-; *-en*) promise; *Land der* ~ Land of Promise; ~ungsvoll *adj.* (*wenig* ~ un)promising, (in)auspicious.

ver'heizen *v/t.* (*h.*) fire, use up (*fuel*); *colloq. fig.* send *troops* to glory.

ver'helfen *v/i.* (*irr., h.*): *j-m* ~ *zu* help a p. to.

verherrlich|en [fɛr'hɛrliçən] *v/t.* (*h.*) glorify, exalt; Ձung *f* (-; *-en*) glorification.

ver'hetz|en *v/t.* (*h.*) instigate; Ձung *f* (-) instigation.

ver'hex|en *v/t.* (*h.*) bewitch, *Am. a.* put the jinx on (*a th.*); Ձung *f* (-) bewitchment.

verhimmel|n [fɛr'himəln] *v/t.* (*h.*) deify, praise to the skies, worship; Ձung *f* (-) deification; *w.s.* ecstasy, rapture.

ver'hinder|n *v/t.* (*h.*) prevent (*j-n an dat.* a p. from); hinder, stop; *wir können es nicht* ~ we cannot help it; *verhindert sein* be prevented from coming; *verhinderter Maler, etc.* would-be artist, *etc.*; Ձung *f* (-) prevention; hindrance, obstacle; *im Falle seiner* ~ in the case of his disability.

verhohlen [-'hoːlən] *adj.* hidden, secret, surreptitious.

ver'höhn|en *v/t.* (*h.*) deride, jeer, mock, jibe (at), snap one's fingers at; taunt; Ձung *f* (-; *-en*) derision; mockery; scoffing; jeer(s *pl.*), jibe(s *pl.*).

ver'holen *mar. v/t.* (*h.*) haul, tow.

ver'hökern *v/t.* (*h.*) → *verschachern.*

Verhör [fɛr'høːr] *jur. n* (-[e]s; *-e*) examination; interrogation; *w.s.* trial, hearing; *ins* ~ *nehmen* (cross-) examine, question closely, *Am. a.* grill; *fig.* take to task; Ձen *v/t.* (*h.*) examine, interrogate, question; *w.s.* try, hear; *sich* ~ hear wrong, misunderstand a p.'s words.

verhudeln [fɛr'huːdəln] *v/t.* (*h.*) bungle, botch, spoil.

ver'hüll|en *v/t.* (*h.*) cover, veil (*a. fig.* = disguise, cloak), wrap up (*a. fig.*: in darkness); drape; *in verhüllten Worten* in veiled language; Ձung *f* (-; *-en*) cover, veil, disguise.

verhundertfachen [fɛr'hundərtfaxən] *v/t.* (*h.*) (*a. sich*) multiply a hundredfold, centuple.

ver'hungern *v/i.* (*sn*) die of hunger, starve; ~ *lassen* starve to death; *verhungert aussehen* look (half-) starved *or* famished.

verhunzen *v/t.* (*h.*) bungle, make a hash of, muck (up), foozle; murder (*language*).

ver'hüt|en *v/t.* (*h.*) prevent, avert, obviate, ward off; ~end *adj.* preventive; *med.* prophylactic; Ձung *f* (-) prevention, *med.* prophylaxis; contraception; Ձungsmaßregel *f* preventive measure; Ձungsmittel *n* preventive, *med.* prophylactic, contraceptive.

verhütt|en [fɛr'hytən] *metall. v/t.* (*h.*) work (off), smelt (*ore*); Ձung *f* (-) smelting.

verhutzelt [fɛr'hutsəlt] *adj.* shrivel(l)ed; wizened (*face, person*).

verinnerlich|en [fɛr'ʔinərliçən] *v/t.* (*h.*) spiritualize (*person*); intensify, deepen (*matter*); Ձung *f* (-) spiritualization; intensification.

ver'irr|en: *sich* ~ (*h.*) go astray, lose one's way; *verirrtes Schaf* stray sheep; *verirrte Kugel* stray bullet; Ձung *fig. f* (-; *-en*) aberration; error, mistake.

ver'jagen *v/t.* (*h.*) drive away, chase away; *fig.* banish.

verjähr|bar [fɛr'jɛːrbaːr] *adj.* prescriptible; ~en *v/i.* (*sn*) *und sich* ~ (*h.*) *right*: become prescriptive; come under (*or* be barred by) the statute of limitations; ~t *jur. adj.* prescriptive (*right*); superannuated (*claim, etc.*); *a. offence*: barred by the statute of limitations, statute-barred; Ձung *f* (-; *-en*) limitation (by lapse of time), (negative) prescription; Ձungsfrist *f* term of limitation.

verjazzen [fɛr'dʒɛzən] *v/t.* (*h.*) jazz.

ver'jubeln *colloq. v/t.* (*h.*) squander, blue.

verjüng|en [fɛr'jyŋən] *v/t.* (*h.*) make (*sich* ~ grow) young again *or* younger; restore to youth, (*a. sich*) rejuvenate; *phys.* taper (off *sich* ~); reduce (*scale*); *in verjüngtem Maßstab* on a reduced scale; Ձung *f* (-) rejuvenescence; tapering; reduction; Ձungskur *f* rejuvenating cure; Ձungsmaßstab *m* scale of reduction.

verjuxen [fɛr'juksən] *colloq. v/t.* (*h.*) blue.

verkalk|en [fɛr'kalkən] *v/i.* (*sn*), *a. sich* ~ (*h.*) *physiol.* calcify; *colloq.* ossify; *chem.* calcine; ~t *adj. med.* sclerotic, *colloq.* fossilated, dried up; Ձung *f* (-) calcification; (arterio)sclerosis; calcination.

verkalku'lieren: *sich* ~ (*h.*) miscalculate; make a mistake.

ver'kapp|en *v/t.* (*h.*) disguise, mask; ~t *adj.* secret, in disguise.

verkapsel|n [fɛr'kapsəln] *med.*: *sich* ~ (*h.*) encyst; encapsulate; Ձung *f* (-; *-en*) encystment.

verkatert [fɛr'kaːtərt] *colloq. adj.* morning-afterish.

Ver'kauf *m* (-[e]s; *-e*) sale; selling; realization; *zum* ~ for sale; Ձen *v/t.* (*h.*) sell (*a. sich*); dispose of, realize; *sich leicht* ~ sell readily, have a ready sale; *sich nicht* ~ *lassen* find no sale, be unsal(e)able; *zu* ~(*d*) for sale; *fig.* (*verraten und*) *verkauft* sold (down the river *Am.*).

Ver'käufer(in *f*) *m* seller; retailer; *a. jur.* vendor; shop-assistant, *Am.* clerk (*m and f*), salesman, *Am.* salesclerk, *f* saleswoman, shopgirl, *Am.* salesgirl.

ver'käuflich *adj.* for sale; (*gut* ~) sal(e)able, vendible; marketable; negotiable; *leicht* ~ easy to sell; *schwer* ~ hard to sell, unsal(e)able; Ձkeit *f* (-) sal(e)ableness.

Ver'kaufs...: ~abteilung *f* sales department; ~auftrag *m* selling order; ~automat *m* (automatic) vending machine; ~bedingungen

f/pl. conditions (*or* terms) of sale; ~berater *m* sales consultant; ~büro *n* sales office, distribution cent|re, *Am.* -er; ~erlös *m* proceeds *pl.*; ~förderung *f* sales promotion; ~gemeinschaft *f* joint sales agency; ~ingenieur *m* sales engineer; ~kontrolle *f* sales control; ~leiter *m* sales manager; ~organisation *f* sales organization; ~personal *n* selling staff; ~plan *m* selling plan; ~preis *m* selling-price; market value; ~raum *m* sale-room; ~rechnung *f* account-sales; ~recht *n* right to sell; ~schlager *m* best seller, drawcard, *Am.* hit-seller; ~stand *m* stand, stall, booth; ~stelle *f* outlet, retail shop; ~ und Einkaufsgenossenschaft *f* marketing and purchasing cooperative; ~vertretung *f* selling agency; ~werbung *f* sales promotion; ~wert *m* sale value; ~ziffer *f* sales figure.

Verkehr [fɛr'keːr] *m* (-[e]s) traffic; transport(ation *Am.*); communication; *aer., mar.* service; commerce, trade; (personal *or* sexual) intercourse; communion, communing; correspondence; *bargeldloser* ~ transfer business, clearing system; *aus dem* ~ *ziehen* withdraw from service (*money*: from circulation); *in* ~ *bringen* issue, *securities*: *a.* offer for sale, *Am.* market; *dem* ~ *übergeben* open for traffic; Ձen I. *v/t.* (*h.*) turn the wrong way (*or* upside down); invert, reverse; turn *or* change *or* convert (*all*: in *acc.* into); *fig.* pervert; II. *v/i.* (*h.*) *vehicle*: run, be operated; ply *or* run (*zwischen between*); *traffic, trade*; ~ *bei j-m* visit (*or* go to) a p.'s house, frequent a p.'s house; ~ *in* (*dat.*) frequent (*a restaurant, etc.*); ~ *mit* associate (*or* mix) with, hobnob with; have (sexual) intercourse with; *viel mit j-m* ~ see a great deal of a p.

Ver'kehrs...: ~abwicklung *f* traffic handling; ~ader *f* arterial road; ~ampel *f* traffic light(s *pl.*); ~amt, ~büro *n* tourist office; ~andrang *m* rush (of traffic); ~anlagen *f/pl.* transport installations, traffic facilities; ~dichte *f* density of traffic; ~disziplin *f* (-) traffic discipline, road sense; ~einrichtungen *f/pl.* traffic facilities; ~erziehung *f* road safety campaign, kerb drill; ~flugzeug *n* airliner; ~fluß *m* traffic flow; ~gesellschaft *f* transport(ation) company, *Am. a.* common carrier; Ձgünstig *adj.*: ~ *gelegen* favo(u)rably situated as regards transport facilities; ~hindernis *n* traffic block, obstruction to general street traffic; ~insel *f* (street-)refuge, island; ~knotenpunkt *m* junction; ~luftfahrt *f* commercial (*or* civil) aviation; ~minister *m* Minister of Transport; ~mittel *n* (*öffentliches public*) conveyance, transport(ation *Am.*); ~netz *n* network of communications; ~ordnung *f* traffic regulations *pl.*; ~polizist *m* → *Verkehrsschutzmann*; ~polizei *f* traffic police; ~reich *adj.* busy, congested; → *verkehrsstark*; ~schild *n* traffic sign; Ձschwach *adj.*: ~e Zeit slack period, *Am.* light hours *pl.*; ~schutzmann *m* a) traffic constable or officer, pointsman, b) mobile policeman, *Am. a.* speed cop; ~sicherheit *f* (-) safety in traffic (or on the road); ~spitze *f* peak of traffic; ♀stark *adj.*: ~e Zeit rush hours; ~stärke *f* traffic load; ~stauung *f* traffic jam *or* congestion; ~steuer *f* property transfer tax; ~stockung *f* stoppage of traffic, block, *Am.* blockade, traffic tie-up; ~störung *f* interruption of traffic; breakdown; ~straße *f* thoroughfare; ~streife *f* traffic patrol; ~sünder *m* traffic offender; ~tafel *f* traffic sign; ~teilnehmer *m* road user; ~turm *m* traffic control tower; ~unfall *m* traffic accident; ~unternehmen *n* transport(ation *Am.*) firm *or* company; ~verein *m* tourist bureau; ~verhältnisse *pl.* traffic conditions; ~werbung *f* tourist traffic propaganda; ~wert *m* market value; ~wesen *n* (-s) traffic (system); (system of) communications *pl.*, transport(ation *Am.*); ~widrigkeit *f* traffic violation; ~zählung *f* traffic census; ~zeichen *n* traffic sign(al); sign-post.

verkehrt [fɛrˈkeːrt] *adj.* inverted, reversed; upside down; inside out; wrong; *fig.* perverse, absurd; wrongheaded (*person*); Kaffee ~ white coffee, coffee dash; ~e Welt crazy world; et. ~ anfangen put the cart before the horse; do things hind end to; ♀heit *f* (-) wrongness, perversity, absurdity; wrongheadedness; folly.

verˈkeil|en *v/t.* (h.) wedge (tight), quoin; *colloq. fig.* thrash.

verˈkenn|en *v/t.* (*irr.*, h.) mistake (a p.); misunderstand, misjudge; undervalue; fail to appreciate; nicht zu ~ unmistakable; verkanntes Genie unappreciated genius; e-e Sache nicht ~ be fully alive to a th.; wir ~ die Schwierigkeit nicht we are (not un)aware of the difficulty.

verˈkett|en *v/t.* (h.) chain up; *el.* interlink; *fig.* link together, concatenate; ♀ung *f* (h.) *tech.* interlinkage; *fig.* enchainment, concatenation.   [putty; *chem.* lute.⟩

verˈkitten *v/t.* (h.) cement (a. *fig.*),⟩

verˈklag|bar *adj.* suable, actionable; ~en *v/t.* (h.) accuse, inform against; squeal on; *jur.* sue (auf *acc.*, wegen for); take legal proceedings (or bring action) against, go to law with; ♀te(r *m*) [fɛrˈklaːktə(r)] *f* (-n, -n; -en, -en) accused.

verˈklär|en *v/t.* (h.) transfigure; *fig.* illumine; sich ~ be(come) transfigured; verklärt radiant (face, person); ♀ung *f* (-; -en) transfiguration; *fig.* radiance, ecstasy.

Verˈklarung [fɛrˈklaːruŋ] *mar. f* (ship's) protest.

verˈklatschen *v/t.* (h.) slander, tell tales about; gossip away (time).

verklausulieren [fɛrklauzuˈliːrən] *v/t.* (h.) safeguard (or hedge) by clauses; stipulate.

verˈkleben *v/t.* (h.) paste a th. over or up; *med.* apply a plaster to, plaster over; stick together, cement, glue.

verˈklecksen *v/t.* (h.) cover with blots or smudges, smudge.

verˈkleid|en *v/t.* (h.) disguise (sich o.s.); *thea.* (a. sich) make up as, dress up as; *tech.* line, *externally*: (en)case; *arch.* face; *mar.* plank; *mil.* → tarnen; *aer.* fair; panel, wainscot (wall); *mar.* timber; ♀ung *f* (-; -en) disguise; *thea.* make-up; *tech.* lining; facing; panel(l)ing, wainscoting.

verkleiner|n [fɛrˈklaɪnərn] *v/t.* (h.) make smaller, reduce (in size); *math.* reduce (a. scale); scale down (drawing); diminish, lessen; depreciate (value); ~d gr. diminutive; *fig.* belittle, minimize; derogate, detract from; disparage; ♀ung *f* (-; -en) reduction, diminution; *fig.* belittling, derogation, detraction (gen. from); disparagement; ♀ungsmaßstab *m* scale of reduction; ♀ungssilbe *f* diminutive ending; ♀ungswort *n* (-[e]s; ⁺er) diminutive.

verˈkleistern *v/t.* (h.) glue, paste up; (a. *fig.*) patch up.

verklemmt [fɛrˈklɛmt] *psych. adj.* inhibited, repressed.

verˈklingen *v/i.* (*irr.*, sn) die away (a. *fig.*).

verˈklopfen *colloq. v/t.* (h.) thrash.

verˈknacken *colloq. v/t.* (h.) → verurteilen.

verknacksen [fɛrˈknaksən] *colloq.*: sich den Fuß ~ sprain one's foot.

verˈknallen *colloq.*: sich ~ (h.) fall violently in love (in *acc.* with); verknallt sein in j-n be smitten with (or gone on), have a crush on a p.

verknapp|en [fɛrˈknapən] *v/i.* (sn) run short, become scarce; ♀ung *f* (-) shortage, scarcity, tightness; ♀ungsfaktor *econ. m* factor tending to cause shortage.

verˈkneifen *colloq.*: sich et. ~ (*irr.*, h.) deny o.s. a th.; er konnte sich nicht ~, zu sagen he could not help saying; verkniffen pinched (face, mouth).

verknöcher|n [fɛrˈknœçərn] *v/t.* (h.) and *v/i.* (sn) ossify; *fig. a.* fossilize; verknöcherter Kerl fossil; ♀ung *f* (-; -en) ossification, fossilization.

verknorpeln [fɛrˈknɔrpəln] *v/i.* (sn) become cartilaginous.

verˈknoten [fɛrˈknoːtən] *v/t.* (h.) fasten with knots, tie up.

verˈknüpf|en *v/t.* (h.) knot or tie (together); *fig.* connect, combine (mit with), attach (to); ~t *adj. fig.*: ~ mit involving, entailing, attended with (costs, difficulties); eng ~ mit closely associated (or entwined) with, bound up with; ♀ung *f* (-; -en) knotting (together); connection, nexus, concurrence.

verknusen [fɛrˈknuːzən] *colloq. v/t.*: ich kann ihn nicht ~ I cannot stand (or stomach, stick) him.

verˈkochen I. *v/i.* (sn) boil away; *fig. anger*: blow over; **II.** *v/t.* (h.) use up in cooking.

verˈkohlen *v/t.* (h.) carbonize, (a. *v/i.* sn) char; *colloq. fig.* hoax, pull a p.'s leg, fool.

verkok|en [fɛrˈkoːkən] *v/t.* (h.) coke, carbonize; ♀ung *f* (-) carbonization, coking.

verˈkommen I. *v/i.* (*irr.*, sn) decay, go to wreck and ruin, go to seed; *person*: come down in the world, go to the dogs; **II.** *adj.* decayed; depraved, corrupt; ♀heit *f* (-) depravity, immorality.

verˈkoppeln *v/t.* (h.) couple, join.

verˈkorken *v/t.* (h.) cork (up).

verˈkorksen *v/t.* (h.) make a hash of, botch, bungle; foozle, muck; sich den Magen ~ upset one's stomach.

verkörper|n [fɛrˈkœrpərn] *v/t.* (h.) personify, embody; represent; *esp. thea.* impersonate; typify; ♀ung *f* (-; -en) personification, embodiment; incarnation; impersonation.

verköstig|en [fɛrˈkœstigən] *v/t.* (h.) board, feed; ♀ung *f* (-) board, food.

verˈkrachen *v/i.* (sn) become bankrupt, *Am. a.* go bust; *colloq.* sich ~ (h.) fall out (mit with); verkrachte Existenz failure.

verkraften [fɛrˈkraftən] *v/t.* (h.) bear, handle; cope or deal with, meet; das konnte er nicht mehr ~ that was more than he could handle.

verˈkramen *v/t.* (h.) mislay, disarrange.

verkrampf|en [fɛrˈkrampfən]: sich ~ (h.) cramp; hand, jaws, etc.: clench; ~t *adj.* clenched, (a. *fig.*) cramped; tense.

verˈkriechen: sich ~ (*irr.*, h.) hide; crawl away; creep into a hole, etc.; *fig.* sich ~ müssen vor (dat.) be a fool to.

verˈkrümeln *v/t.*, *v/i.* and sich ~ (h.) crumble away, fritter away; *colloq.* sich ~ slink away, sidle off, make tracks, beat it.

verˈkrümm|en *v/t.* (h.) crook, curve, bend; wood: sich ~ warp; ~t *adj.* crooked; ♀ung *f* (-; -en) distortion; ~ der Wirbelsäule curvature of the spine.

verkrüppeln [fɛrˈkrypəln] **I.** *v/t.* (h.) cripple; deform; stunt; **II.** *v/i.* (sn) become crippled; be stunted (or deformed).

verkrusten [fɛrˈkrustən] *v/i.* (sn), a. sich ~ (h.) become incrusted; mud: cake; von Schmutz verkrustet mud-caked.

verˈkühl|en *v/i.* (sn) cool down; sich ~ (h.) catch (a) cold; ♀ung *f* (-) cold.

verˈkümmer|n I. *v/i.* (sn) become stunted, atrophy (a. *fig.*); waste away; pine (away); starve; **II.** *v/t.* (h.) curtail (right); spoil, embitter (fun); ~t *adj.* stunted, dwarfed; *zo.* rudimentary, vestigial; ♀ung *f* (-; -en) stunted growth, ~atrophy (a. *fig.*); curtailment.

verˈkünd(ig)|en *v/t.* (h.) announce, make known; publish, proclaim; promulgate (law); pronounce (judgment); *eccl.* preach the gospel; predict, prophesy; matter: bode (ill); *fig.* herald a new epoch, etc.; ♀er *m* (-s; -) harbinger, herald; prophet; ♀ung *f* (-; -en) announcement; proclamation; pronouncement; promulgation; preaching; prediction, prophesy; Mariä ~ Annunciation, Lady Day.

verˈkünsteln *v/t.* (h.) overrefine; *colloq.* sich ~ tie o.s. into knots (doing a th.).

ver'kupfern v/t. (h.) copper(plate).
ver'kuppeln v/t. (h.) pander, sell, prostitute; tech. couple.
ver'kürz|en v/t. (h.) shorten; paint. foreshorten; clip; abridge; curtail; cut (down wages); beguile, while away (time); sich ~ become shorter, shorten; verkürzte Arbeitszeit short time (work); 2ung f (-; -en) shortening; paint. foreshortening; abridgement; curtailment, cut.
ver'lachen v/t. (h.) laugh at, deride, snap one's fingers at.
Verlade|bahnhof [fɛr'laːdə-] m loading station; ~brücke f loading bridge; ~hafen m port of embarkation.
ver'laden v/t. (irr., h.) load, ship; rail. entrain, econ. consign, forward; mil. entrain, mar. embark, aer. emplane, mot. entruck.
Ver'lade...: ~papiere n/pl. shipping documents; ~r econ. m (-s; -) shipping agent, carrier; rail. consignor; w.s. exporter; ~rampe f loading platform; ~schein m certificate of receipt; ~stelle f loading point; point of embarkation or shipment.
Ver'ladung f (-; -en) loading, shipping, shipment; entraining, etc., → verladen.
Verlag [fɛr'laːk] m (-[e]s; -e) publication; publishing house, the publishers pl.; im ~ von published by; in ~ nehmen undertake the publication of, publish.
ver'lager|n v/t. (h.) displace, dislocate; (a. sich) shift (a. phys., geol.; a. jur. the burden of proof); transfer, remove (nach to); evacuate; sich ~ interest: be switched over (von ... zu from ... to); 2ung f (-; -en) displacement; shifting; transfer, removal; evacuation; fig. shift, basic change.
Ver'lags...: ~anstalt f publishing house; ~artikel m publication; ~buchhandel m publishing trade (or business); ~buchhändler m publisher; ~buchhandlung, ~firma f publishing house; ~katalog m publisher's catalog(ue); ~recht n, 2rechtlich adj. copyright; ~werk n publication.
ver'langen I. v/t. (h.) demand; claim; desire; charge; insist on, clamo(u)r for; matter: demand, require, call for; es verlangt mich, zu erfahren I am anxious to know; das ist zuviel verlangt that is asking too much; mehr kann man nicht ~ one cannot wish for more; Sie werden am Telephon verlangt you are wanted on the phone; viel ~ school, etc.: set a high standard; **II.** v/i. (h.): ~ nach (dat.) ask for; wish to see a p.; long for, hanker after, crave; **Ver'langen** n (-s) desire; craving; longing (nach for), Am. a. yen; demand, request; auf ~ by request, econ. on demand; auf ~ von at the request of; zahlbar auf ~ payable at call; ~ tragen nach have a longing for; kein ~ haben, zu inf. feel no desire to inf., have no ambition to inf.
verlänger|n [fɛr'lɛŋərn] v/t. (h.) lengthen, elongate; math. produce; prolong (time), extend (a. credit,

patent, game); renew (contract, bill of exchange); film: (die Laufzeit ~) hold over; sports: (den Ball) ~ help the ball on (zu to); fig. verlängerter Arm instrument(ality); 2ung f (-; -en) lengthening, elongation; math. production; prolongation, extension; renewal; sports: **a)** extra time, **b)** first-time pass; projection; 2ungsschnur el. f extension cord; 2ungsstück n tech. extension piece; econ. allonge (of bill of exchange).
verlangsam|en [fɛr'laŋzaːmən] v/t. (h.) (a. sich) slacken down, slow down; retard, delay; impede; 2ung f (-; -en) slackening, slow-down; retardation, delay.
verläppern [fɛr'lɛpərn] v/t. (h.) trifle (or fritter) away.
Verlaß [fɛr'las] m (-sses) reliance; es ist kein ~ auf ihn there is no relying on him, he cannot be trusted.
ver'lassen I. v/t. (irr., h.) leave, quit; forsake, abandon, leave in the lurch; desert; s-e Kräfte verließen ihn his strength failed him; sich ~ auf (acc.) rely (or depend or count) on, Am. a. bank (or figure) on; Sie können sich darauf ~, daß you may rely on it that, you may rest assured that; auf ihn (sein Wort) kann man sich ~ he is as good as his word; colloq. verlaß dich drauf! take it from me!, you bet!; **II.** adj. forsaken, abandoned; deserted; desolate; forlorn; isolated; 2 n (-s) leaving, etc.; jur. ~ in hilfloser Lage exposure; böswilliges ~ wil(l)ful desertion; 2heit f (-) abandonment; loneliness; forlornness; isolation. [2keit f (-) reliability.]
verläßlich [fɛr'lɛsliç] adj. reliable;
ver'last|en mil. v/t. (h.) pack (or load) on vehicles; ~et adj. lorry-borne, Am. trucked (troops).
ver'lästern v/t. (h.) malign, slander.
Verlaub [fɛr'laup] m (-): mit ~ by your permission (or leave); mit ~ zu sagen if I may say so.
Ver'lauf m (-[e]s) lapse, course (of time); progress, course (of event, process, illness); development; weiterer ~ sequel; trend; im ~ gen. or von in the course of; im weiteren ~ in the sequel, later on; nach ~ von after (a lapse of); e-n schlimmen ~ nehmen take a bad turn; **ver'lauf|en I.** v/i. (irr., sn) time: pass, elapse; event, process: take a ... course, proceed, develop; go, come off; border, road, etc.: run, extend; paints: run, bleed, blend; sich ~ (irr., h.) go astray, lose one's way, get lost; waters: flow off, disperse; crowd: scatter, disperse, drift away; → Sand; **II.** adj. stray (animal, child).
verlaust [fɛr'laust] adj. full of lice, lousy.
verlaut|baren [fɛr'lautbaːrən] **I.** v/t. (h.) divulge, make known, disclose; issue a statement to the effect that; **II.** v/i. (sn) → ~en v/i. (h.) be reported, be disclosed, transpire; ~ lassen give to understand, hint; be heard to say; wie verlautet as reported; 2barung f (-; -en) announcement, report, statement, disclosure; bulletin; (press) release.

ver'leb|en v/t. (h.) spend, pass; schöne Tage ~ a. have nice days, have a good time; ~t [-'leːpt] adj. dissipated; worn out; decrepit.
ver'legen[1] v/t. (h.) misplace; transfer (a. mil. troops), shift (a. mil. fire; a. phys. centre of gravity); remove (a. residence); evacuate (nach to); den Schauplatz e-r Erzählung, etc., ~ in or nach lay (or locate) the scene of story, etc., in; publish, bring out (book); tech. lay (cable, etc.); relocate (road, railway line); bar, cut off, block (the way); put off (auf acc. to), postpone, defer (to); sich ~ auf (acc.) apply (or devote) o.s. to, take up (activity), take to a habit, etc. or doing a th., aufs Bitten, Leugnen, etc.: resort to (begging, denials, etc.).
ver'legen[2] adj. embarrassed, confused; self-conscious, ill at ease; blushing, ~ um at a loss for (an answer, etc.), short of money; 2heit f (-) embarrassment; difficulty; predicament; in ~ sein be at a loss (um for); colloq. be in a scrape or fix; be in financial difficulties or straits; in ~ bringen embarrass; in ~ kommen get embarrassed, w.s. get o.s. into a scrape; sich aus der ~ ziehen get out of a difficulty; → helfen.
Verleger [fɛr'leːgər] m (-s; -) publisher.
Ver'legung f (-; -en) transfer, removal; evacuation; shifting; laying of cables, wiring; postponement; publishing, publication.
verleiden [fɛr'laidən] v/t.: j-m et. ~ (h.) disgust a p. with a th.; j-m s-e Freude ~ spoil (or mar) a p.'s pleasure; es war ihm verleidet he had taken a dislike to it; mir ist alles verleidet I am sick of everything.
Verleih [fɛr'lai] m (-[e]s; -e) hire service; film: **a)** distribution, **b)** distributors pl.; 2en v/t. (irr., h.) lend (out), Am. loan; hire out, let out; bestow, confer (right, title, etc.; j-m on a p.); vest (authority, right dat. in); grant (favour, etc.); award (prize); Offiziersrang ~ commission (dat. a p.); j-m ein Amt ~ appoint a p. to an office; give, impart charm, quality (dat. to); e-m Gesetz Rechtskraft ~ give a law effective; → geben; ~er(in f) m (-s, -; -, -nen) lender; bestower; jur. grantor; film: distributor; ~ung f (-; -en) lending out; bestowal; grant; award.
ver'leit|en v/t. (h.) mislead, lead astray; seduce; induce; ~ zu carry a p. away into doing a th.; jur. suborn (to perjury); sich ~ lassen, zu be talked into ger., induced to inf.; commit o.s. to, be carried away into ger.; dies verleitete mich zu der Annahme this led me to believe; 2ung f (-) misleading; seduction; inducement; subornation.
ver'lernen v/t. (h.) unlearn, forget.
ver'lesen v/t. (irr., h.) read out; call over (names); pick (vegetables, etc.); sich ~ read wrong, slip (in reading).
verletz|bar [fɛr'lɛtsbaːr] adj. damageable; vulnerable; unshielded,

exposed; *fig.* (over)sensitive, touchy; ~en *v/t.* (h.) hurt, injure; wound; damage; *fig.* hurt, wound (*a p.'s feelings*), offend; violate (*oath, right*); infringe (*law, patent*); offend against (*rule, decency*); s-e *Pflicht* ~ fail in one's duty; ~end *adj.* offensive; cutting (*remark*); ~lich *adj.* → verletzbar; 2te(r *m*) *f* (-n, -n; -en, -en) person injured, injured party, victim; *pl.* die ~n the injured; 2ung *f* (-; -en) hurt; injury; damage; violation, infraction (*of law, etc.*), (*a.* patent) infringement; breach (*of duty, contract, etc.*); ~ der Sorgfaltspflicht lack of proper care, neglect.

ver'leugn|en *v/t.* (h.) deny; disown, disavow (*child, friend*); renounce, disclaim (*principle*); act contrary to; sich ~ lassen have o.s. denied, not to be at home (vor *j-m* to a p.); *fig.* sich nicht ~ lassen reveal (or show) itself; 2ung *f* (-; -en) denial, disavowal; renunciation.

ver'leumd|en [fɛr'lɔymdən] *v/t.* (h.) calumniate, backbite, defame; slander, *jur. a.* libel; 2er(in *f*) *m* (-s, -; -, -nen) calumniator; slanderer, libeller; ~erisch *adj.* slanderous; calumnious, defamatory; slanderous, libellous; → *Beleidigung*; 2ung *f* (-; -en) calumny, backbiting; defamation (*jur.* of character); slander, *jur. a.* libel.

ver'lieb|en: sich ~ (h.) in (*acc.*) fall in love with; *w.s.* take a fancy to, be infatuated with; ~t *adj.* (in *acc.*) in love (with), enamo(u)red (of), smitten (with), gone (on); amorous (*glances, etc.*); love-sick, madly in love; 2theit *f* (-; -en) amorousness.

ver'lier|en [fɛr'liːrən] *v/t.* (irr., h.) lose (*a. v/i.*: gegen to); shed (*leaves, hair*); outgrow (*habit*); aus den Augen ~ lose sight of; bei *j-m* ~ sink in a p.'s estimation; sich ~ lose o.s.; disappear; *crowd*: disperse; *colour*: fade; sich ins Rote melt into red; *pain*: subside; *sounds*: die away; kein Wort darüber ~ not to waste a word on it; → verloren; 2er(in *f*) *m* (-s, -; -, -nen) loser; guter (schlechter) ~ good (bad) loser; zum ~ erklären declare *a p.* the loser.

Verlies [fɛr'liːs] *n* (-es; -e) dungeon, keep.

verlitzen [fɛr'litsən] *el. v/t.* (h.) strand.

ver'lob|en *v/t.* (h.) engage (mit to); sich ~ become engaged or betrothed; *verlobt sein* be engaged to be married.

Verlöbnis [fɛr'løːpnis] *n* (-ses; -se) betrothal, engagement; ~bruch *m* breach of promise.

Verlobte(r *m*) [fɛr'loːptə(r)] *f* (-n, -n; -en, -en): ihr ~r her fiancé or intended (husband); s-e ~ his fiancée or intended (wife); die ~n *pl.* the engaged couple, the betrothed.

Verlobung [fɛr'loːbuŋ] *f* (-; -en) betrothal, engagement; e-e ~ (auf-)lösen break off an engagement; ~s-anzeige *f* announcement of an engagement; ~sring *m* engagement ring.

ver'lock|en *v/t.* (h.) allure, entice;

---

tempt; seduce; inveigle (zu et. into doing a th.); ~end *adj.* tempting, enticing; 2ung *f* (-; -en) allurement, lure, enticement; temptation; seduction.

verlogen [fɛr'loːgən] *adj.* (given to) lying, untruthful, mendacious; 2-heit *f* (-) constant lying; untruthfulness, mendacity.

ver'lohnen *v/refl.* (h.): es verlohnt sich der Mühe it is worth the trouble, it is worth while.

verlor [fɛr'loːr] *pret. of* verlieren.

ver'loren *p.p. of* verlieren and *adj.* lost (*a. fig.*); forlorn; → Ei; ~e Hoffnung vain hope; ~e Partie losing game; ~er Haufen or Posten forlorn hope; auf ~em Posten stehen fight a losing battle; *arch.* → Schalung; der ~e Sohn the prodigal son; ~ geben give up for lost; das Spiel ~ geben throw up the game (for lost), *fig.* give in; ~gehen *v/i.* (irr., sn) be (or get) lost; *letter*: a. miscarry; an ihm ist ein Schauspieler verlorengegangen he would have made a splendid actor.

ver'löschen I. *v/t.* (h.) extinguish; efface (*writing*); II. *v/i.* (sn) → erlöschen.

ver'los|en *v/t.* (h.) dispose of by lot; draw (or cast) lots for, raffle; 2ung *f* (-; -en) lottery, raffle.

ver'löten *v/t.* (h.) solder up; *hart* ~ braze; *colloq.* e-n ~ (drink) hoist one, *Am.* have a snifter.

verlotter|n [fɛr'lɔtərn] *v/i.* (sn) *person*: go to the bad, come down (in the world); *matter*: go to rack and ruin, go to seed; ~t *adj.* dissolute; *thing*: ruined.

Verlust [fɛr'lust] *m* (-es; -e) loss (an dat. of); bereavement; damage; waste; ~e *pl. mil.* casualties; *at game*: losings; bei ~ von under pain of, with forfeiture of; in ~ geraten get lost; mit ~ sell, work, etc., at a loss, at a sacrifice; ~anteil *m* share in the loss; ~anzeige *f* notice of (a) loss; 2bringend *adj.* involving (a) loss, losing *business*; 2frei *adj.* free from losses; ~geschäft *n* losing business; 2ig *adv.* (*gen.*): e-r Sache ~ gehen forfeit a th., be deprived of a th.; lose a th.; *j-n* e-r Sache für ~ erklären declare a p. to have forfeited a th.; ~konto *n* loss account; ~liste *mil. f* (list of) casualties *pl.*; ~meldung *f* report of loss; casualty report; ~rechnung *f* → Verlustkonto; 2-reich *adj.* involving heavy losses, bloody.

ver'machen *v/t.* (h.): *j-m* et. ~ leave (or will) a th. to a p.; *jur.* bequeath, devise.

Vermächtnis [fɛr'mɛçtnis] *n* (-ses; -se) (last) will; *fig.* legacy, trust; bequest; *of money*: legacy; *of real estate*: devise; ~geber *m* legator; ~nehmer *m* legatee; devisee.

ver'mahlen *v/t.* (h.) grind up.

vermähl|en [fɛr'mɛːlən] *v/t.* (h.) wed, marry (mit to; sich mit *j-m* a p.); *fig.* unite; die Vermählten the bridal pair, the newly married couple; 2ung *f* (-; -en) wedding, marriage.

ver'mahn|en *v/t.* (h.) admonish,

---

exhort, warn; 2ung *f* (-; -en) admonition, exhortation, warning.

vermaledei|en [fɛrmalə'daɪən] *v/t.* (h.) curse, execrate; ~t *adj.* → verdammt.

vermännlich|en [fɛr'mɛnliçən] *v/t.* (h.) masculinize; 2ung *f* (-) masculinization.

ver'manschen *colloq. v/t.* (h.) mess up.

vermasseln [fɛr'masəln] *v/t.* (h.) bungle, make a botch of, *esp. sports*: foozle.

Vermassung [fɛr'masuŋ] *f* (-) stereotyping.

ver'mauern *v/t.* (h.) wall up (or in).

ver'mehr|en *v/t.* (h.) (a. sich) increase (um by), augment; multiply; propagate, *zo. a.* breed; add to; vermehrte Auflage e-s Buches enlarged edition; 2ung *f* (-) increase; addition (gen. to); propagation.

ver'meid|en *v/t.* (irr., h.) avoid; evade, dodge, steer clear of; shun; es läßt sich nicht ~ it is unavoidable, it cannot be helped; tun Sie es nicht, wenn Sie es ~ können don't do it, if you can help it; ~lich [-'maɪtliç] *adj.* avoidable; 2ung [-duŋ] *f* (-) avoidance.

ver'mein|en *v/t.* (h.) think, believe, suppose; ~tlich [-'maɪntliç] *adj.* supposed; pretended, putative; imaginary; presumptive.

ver'melden *v/t.* (h.) announce, mention; inform, notify (*j-m* et. a p. of a th.).

ver'mengen *v/t.* (h.) mix (up), mingle, blend; confound, mix up; sich ~ mit mix (or blend) with; in e-e Sache vermengt werden be involved in, be mixed up in (or with) a th.

ver'menschlich|en *v/t.* (h.) represent in a human form, humanize; 2ung *f* humanization.

Vermerk [fɛr'mɛrk] *m* (-[e]s; -e) note, notice; entry; endorsement; 2en *v/t.* (h.) note down, record; remark, observe; make a (mental) note of; enter, make an entry of; übel ~ take a th. amiss, take offen|ce (*Am.* -se) at.

ver'mess|en I. *v/t.* (irr., h.) measure, take the measurement of; survey (*land*); sich ~ measure wrong; dare; presume, have the temerity (or impudence) to; II. *adj.* daring, presumptuous; impudent, insolent; 2enheit *f* (-) presumption; 2er *m* (-s; -) surveyor.

Ver'messung *f* (-; -en) measurement; survey (*of land*).

Ver'messungs...: ~amt *n* surveyor's office; ~be-amte(r) *m* surveyor; ~flugzeug *n* survey-plane; ~ingenieur *m* land surveyor; ~kunde *f* (-) geodesy; ~punkt *m* survey point; ~trupp *mil. m* survey party; ~wesen *n* (-s) surveying.

ver'miet|bar *adj.* rentable; ~en *v/t.* (h.) let (on hire), *esp. Am.* rent; hire (out); *jur.* lease; Haus zu ~ house to (be) let; Möbel, etc., zu ~ furniture, etc., on hire; 2er(in *f*) *m* letter; landlord (*f* landlady); hirer (out); *jur.* lessor; 2ung *f* (-; -en) letting; leasing; hiring (out).

ver'minder|n *v/t.* (h.) (a. sich) diminish, decrease, lessen; sich ~

a. decline, fall off; impair; reduce, curtail, cut (down, *Am.* back); **₂ung** *f* (-) diminution, decrease, lessening; impairment; reduction, cut.

verminen [fɛr'miːnən] *v/t.* (h.) mine.

ver'misch|en *v/t.* (h.) mix (up), mingle; blend (*paints, tobaccos, tea*); interbreed, cross (*races*); adulterate; alloy; *sich ~* mix, blend; interbreed; **~t** *adj.* mixed; miscellaneous (*news, etc.*); **~e** *Schriften* miscellany *sg.*; **₂ung** *f* (-) mixture; blend(ing); interbreeding, crossing; intermarriage; medley, jumble.

ver'missen *v/t.* (h.) miss; fail to see; regret; *~ lassen* lack, not to have; *vermißt* missing (in action *mil.*).

Vermißte(r *m)* [-'mistə(r)] *f* (-n, -n; -en, -en) missing person; *pl. the* missing, *mil.* missing personnel.

vermitt|eln [fɛr'mitəln] **I.** *v/t.* (h.) mediate; arrange, adjust, settle; negotiate (*loan, peace*); reconcile; arrange; procure, obtain, get (*j-m* for a p.), supply *a p.* with; give, convey, offer (*idea, impression, picture*); impart *knowledge* (*j-m* to a p.); **II.** *v/i.* (h.) mediate, act as a mediator (*bei* in); intercede, interpose, intervene (*zwischen* between); **~elnd** *adj.* intermediary, conciliatory; **~els(t)** *prp.* (*gen.*) by means (*or* dint) of, through; **₂ler** (-in *f)* *m* (-s, -, -, -nen) mediator (*f a.* mediatrix), *often b.s.* go-between; *econ.* agent, middle-man.

Ver'mittlung *f* (-; -en) mediation, agency; settlement, adjustment; arrangement; negotiation; procuring, supplying; intercession, intervention; *durch ~ gen. or von* through (the intermediary of); *durch freundliche ~ des Herrn X.* by the good offices of Mr. X.; *teleph.* exchange; **~s-amt** *teleph. n* (telephone) exchange, *Am.* central office; **~s-ausschuß** *m* mediation committee; **~s-gebühr**, **~sprovision** *f* commission; brokerage; **~sschrank** *teleph. m* switchboard; **~svorschlag** *m* proposal for settlement.

vermöbeln [fɛr'møːbəln] *colloq. v/t.* (h.) → *verprügeln.*

ver'modern *v/i.* (sn) mo(u)lder, decay, rot.

vermöge [fɛr'møːɡə] *prp.* (*gen.*) in virtue of, on the strength of; by dint of; owing to.

vermögen [fɛr'møːɡən] *v/t.* (*irr.,* h.) be able to do; *~ zu inf.* be able to *inf.*; be capable of *ger.*; be in a position to *inf.*; have the power to *inf.*; *wir werden sehen, was er vermag* we shall see what he can do; *et. ~ bei j-m* have influence with a p.; *j-n zu et. ~* induce a p. (*or* prevail upon a p.) to do a th.; *es über sich ~* bring o.s. to do it.

Ver'mögen *n* (-s; -) ability; power, capacity (*a. tech.*); property; fortune; means *pl.*; *econ.* capital; assets *pl.*; *ein ~ verdienen* make a fortune; *nach bestem ~* to the best of one's a...ty; *das geht über mein ~* that's beyond me; **₂d** *adj.* wealthy, rich, well-to-do; *pred.* well to do, well off.

Ver'mögens...: ~abgabe *f* capital levy; **~abschätzung** *f* valuation of property; **~anlage** *f* capital asset, (productive) investment; **~aufsicht** *f* property control; **~aufstellung** *f* financial statement; **~bestand** *m* amount of property, assets *pl.*; **~bilanz** *f* statement of resources and liabilities, *Am.* statement of condition; **~bildung** *f* formation of wealth; **~gegenstand** *m* asset; **~masse** *f* (-) estate, assets *pl.*; (*ant. interest*) principal; **₂rechtlich** *adj.* under the law of property; **~e** *Ansprüche* pecuniary claims; **~steuer** *f* property tax; **~verhältnisse** *pl.* pecuniary circumstances; *in angenehmen ~n* in easy circumstances; **~werte** *m/pl.* assets *pl.*; **~zuwachssteuer** *f* tax on the increment value of property.

vermottet [fɛr'mɔtət] *adj.* mothy, moth-eaten.

vermumm|en [fɛr'mumən] *v/t.* (h.) muffle up; disguise, mask; **₂ung** *f* (-; -en) disguise, mummery.

vermut|en [fɛr'muːtən] *v/t.* (h.) suppose, assume, *Am. a.* guess; conjecture, gather; expext; image; suspect; surmise; *ich vermutete, daß a.* I had an idea (*or* a hunch) that; **~lich I.** *adj.* presumable, supposed; probable, likely; presumptive (*heir*); **II.** *adv.* presumably, *etc.*; I suppose; **₂ung** *f* (-; -en) presumption (*a. jur.*); supposition, *Am. a.* guess; idea, hunch; conjecture; expectation; speculation (*a. pl.*); (*bloße mere*) surmise *or* guesswork; **~en** *anstellen* speculate (*über acc.* upon).

vernachlässig|en [fɛr'naːxlɛsɪɡən] *v/t.* (h.) neglect; *s-e Pflicht ~* fail (*or* be neglectful, *Am.* be derelict) in one's duty; **₂ung** *f* (-) neglect (-ing).

ver'nagel|n *v/t.* (h.) nail (up); nail down; *mit Brettern ~* board up; **~t** *colloq. adj.* dense, blockheaded; *ich war wie ~* my mind was a blank.

ver'nähen *v/t.* (h.) sew up.

ver'narben *v/i.* (sn; *a. sich* [h.]) cicatrice, scar over; heal (*or* close) up.

vernarr|en [fɛr'narən]: *sich ~* (h.) *in* (*acc.*) become infatuated with, go wild about; **~t** *adj.:* ~ *in* (*acc.*) infatuated with, madly in love with, gone on; *Am. a.* stuck (*or* nuts) on; wild (*or* crazy) about; *in ein Kind ~ sein* dote on a child.

ver'naschen *v/t.* (h.) spend on sweets; *colloq. fig.* love up.

vernebel|n [fɛr'neːbəln] *v/t.* (h.) *mil.* cover by a smoke screen, screen; *aer., mot.* atomize; *fig.* obscure; **₂ung** *f* (-) (smoke) screen; atomizing.

vernehm|bar [fɛr'neːmbaːr] *adj.* perceptible, audible; within ear-shot; **~en** *v/t.* (*irr.,* h.) perceive, hear, become aware of; learn, hear, understand; interrogate, question, *jur. a.* examine, inspect; *als Zeuge vernommen werden* be called into the witness-box (*Am.* witness-stand); *~ lassen* declare, intimate, say; *sich ~ lassen* be (*or* make o.s.) heard; **₂en** *n* (-s): *gutes ~* good understanding, friendly terms; *dem* ~ *nach* as reported, from what I (*or* we) hear *or* understand; *rumo(u)r has it that;* *sicherem ~ nach* according to reliable reports, we have it on good authority that; *im* ~ *mit* in agreement with; **~lich** *adj.* audible, distinct; loud, resounding; **₂ung** *f* (-; -en) interrogation, questioning; examination, inspection; **₂ungsbe-amte(r)** *m* interrogator; **~ungsfähig** *adj.* in a condition to be examined.

ver'neig|en: *sich ~* (h.), **₂ung** *f* (-; -en) bow; curtsy (*vor dat.* to).

vernein|en [fɛr'naɪnən] *v/t. and v/i.* (h.) say no *or* answer in the negative (*e-e Frage* to a question); deny; *er verneinte a.* the answer was no, his answer was in the negative; **~end** *adj.* negative; **₂ung** *f* (-; -en) negation; denial; *gr.* negative; **₂ungssatz** *gr. m* negative clause; **₂ungswort** *gr. n* (-[e]s; ⁿer) negative.

vernichten [fɛr'nɪçtən] *v/t.* (h.) annihilate; destroy (*a. documents*); exterminate; eradicate; dash, shatter (*hopes*); **~d** *adj.* destructive, (*a. fig.*) devastating; *fig.* crushing (*answer, blow, defeat*); withering (*look*); scathing (*criticism, etc.*).

Ver'nichtung *f* (-; -en) annihilation; destruction; extermination.

Ver'nichtungs...: ~feuer *mil. n* annihilating fire; **~krieg** *m* war of extermination; **~lager** *n* extermination camp; **~mittel** *n* (weed, *etc.*) killer; **~schlacht** *f* battle of annihilation; **~waffe** *f* destructive weapon.

vernickel|n [fɛr'nɪkəln] *v/t.* (h.) nickel(-plate); **₂ung** *f* (-) nickel-plating.

verniedlichen [fɛr'niːtlɪçən] *v/t.* (h.) make *a th.* look harmless, minimize, play *a th.* down.

ver'nieten *v/t.* (h.) rivet, clinch.

Vernunft [fɛr'nunft] *f* (-) reason; judgment; *die gesunde ~* common sense, good sense; *~ annehmen* listen to reason; *j-n zur ~ bringen* bring a p. to reason *or* to his senses; *j-m ~ predigen* plead with a p. to be reasonable; *wieder zur ~* come back to one's senses; **₂begabt** *adj.* rational; **~ehe** *f* marriage of convenience.

Vernünftelei [fɛrnʏnftə'laɪ] *f* (-; -en) subtlety, sophistry, hair-splitting; **vernünfteln** [-'nʏnftəln] *v/i.* (h.) subtilize, split hairs.

Ver'nunft...: ₂gemäß *adj.* rational, reasonable, logical; **~glaube** *m* rational belief, rationalism; **~grund** *m* rational argument.

ver'nünftig *adj.* rational; reasonable, sensible, level-headed; judicious, wise; *~ reden* talk sense; **~erweise** [-vaɪzə] *adv.* reasonably; *~ ging er nicht hin* he had the good sense not to go there.

ver'nunft...: ~los *adj.* senseless, unreasonable; **~mäßig** *adj.* rational; **~widrig** *adj.* contrary to reason, unreasonable, irrational.

vernuten [fɛr'nuːtən] *tech. v/t.* (h.) groove.

veröd|en [fɛr'ʔøːdən] **I.** *v/t.* (h.) make desolate; lay waste, devastate; depopulate; *med.* sclerose, obliterate, atrophy; **II.** *v/i.* (*sn*) become desolate *or* deserted; 2ung *f* (-) desolation; devastation; depopulation; *med.* sclerosing, obliteration.

veröffentlich|en [fɛr'⁹œfəntliçən] *v/t.* (*h.*) publish; make public, announce; promulgate (*law*); advertise; 2ung *f* (-; -en) publication (*a. book, treatise, etc.*); (public) announcement; promulgation.

ver'ordn|en *v/t.* (*h.*) *jur.* ordain, decree; establish, (*a. med.*) order; *med.* prescribe (*j-m* for a p.); 2ung *f* (-; -en) decree, ordinance, regulation, order; *med.* prescription; 2ungsblatt *n* official gazette; 2ungsweg *m: auf dem ⸤e by decree.

ver'pacht|en *v/t.* (*h.*) farm out; rent, *jur.* lease (*real estate*); 2ung *f* (-; -en) farming out; *jur.* leasing.

Ver'pächter(in *f*) *m* (-s, -; -, -nen) lessor.

ver'pack|en *v/t.* (*h.*) pack (up); *econ.* package; wrap up; 2ung *f* (-; -en) packing up; *econ.* packaging; packing material; wrapping; *econ.* einschließlich ⸤ packing included; 2ungsgewicht *n* tare, dead weight; 2ungsstraße *f* packaging line.

ver'passen *v/t.* (*h.*) let *opportunity* slip, miss (*a chance*); miss, lose (*train*); *mil.* fit (on) (*uniform, etc.*); *colloq. fig.* give; *j-m e-n Schlag* ⸤ land on a p., paste a p. one.

verpatzen [fɛr'patsən] *colloq. v/t.* (*h.*) → *vermasseln.*

verpest|en [fɛr'pɛstən] *v/t.* (*h.*) infect, poison, taint, pollute; *w.s. die Luft* ⸤ raise a stench; 2ung *f* (-) infection; pollution.

ver'petzen *colloq. v/t.* (*h.*) peach on; *esp. ped.* sneak against.

ver'pfänd|en *v/t.* (*h.*) pledge (*a. fig. sein Wort* one's word); mortgage; pawn, *Am. a.* hock; 2ung *f* (-; -en) pledging; mortgaging; pawning.

ver'pfeifen *colloq. v/t.* (*irr., h.*) squeal on.

ver'pflanz|en *v/t.* (*h.*) transplant; 2ung *f* transplanting, *esp. med.* transplant(ation).

ver'pfleg|en *v/t.* (*h.*) → *pflegen*; board; cater for; *mil. a.* supply with rations, provision, victual; 2ung *f* (-) board; catering, victual(l)ing, food supply; board, food; *mil.* provisions, rations.

Ver'pflegungs...: ⸤amt *n* food office; *mil.* commissariat; ⸤geld *n* basic allowance for subsistence; ration allowance; ⸤lager *n* ration depot; ⸤offizier *m* mess (*Brit.* catering) officer; ⸤satz *m* ration scale; daily ration quantity; ⸤stärke *f* ration strength; ⸤unteroffizier *m* mess (*Brit.* catering) sergeant; ⸤wesen *n* (-s) food service; catering.

verpflicht|en [fɛr'pfliçtən] *v/t.* (*h.*) oblige; *esp. contractually:* obligate, engage; sign (up); → *eidlich* II; *sich* ⸤ bind o.s.; sign on; *mil.* enrol(l), enlist; *sich zu et.* ⸤ bind (*or* engage, commit) o.s. to a th.; *jur. a.* undertake, covenant to do a th.; *in contracts: der Verkäufer verpflichtet sich, zu inf.* Seller agrees (and engages) to *inf.*; zu

Dank ⸤ lay a p. under an obligation; *j-m zu Dank verpflichtet sein* be (greatly) obliged *or* indebted to a p.; *gesetzlich verpflichtet sein* be liable, be bound by law; *sich verpflichtet fühlen, zu inf.* feel bound to *inf.*; ⸤end *adj.* binding, obligatory; 2ung *f* (-; -en) obligation; liability (*a. econ. debt*); pledge (*zu* of); duty; engagement, commitment; *e-e* ⸤ *eingehen* undertake an obligation, enter into an engagement, assume (*or* incur) a liability; ⸤en gegen *j-n haben* be under an obligation to a p.

ver'pfusch|en *v/t.* (*h.*) bungle, botch; make a mess (*or* hash) of; ⸤t *adj.* ruined, wrecked, misspent (*life*).

verpichen [fɛr'piçən] *v/t.* (*h.*) (coat *or* stop with) pitch; → *erpicht.*

ver'planen *v/t.* (*h.*) 1. budget wrongly; misapply; 2. budget; plan.

ver'plappern, ver'plaudern *v/t.* (*h.*) prattle away (*time*); *sich* ⸤ blab out a secret, let the cat out of the bag; give o.s. away.

verplempern [fɛr'plɛmpərn] *colloq. v/t.* (*h.*) spend (*or* waste) foolishly, fritter away; *sich* ⸤ fritter away one's energy.

verpönt [fɛr'pø:nt] *adj.* prohibited, taboo; *w.s.* despised.

ver'prassen *v/t.* (*h.*) dissipate (in luxury), get through *one's money.*

verproviantieren [fɛrprovian'ti:rən] *v/t.* (*h.*) victual, provision; supply with food (*or* rations).

ver'prügeln *v/t.* (*h.*) thrash (soundly), wallop, trounce, trim, flog, lick, *Am.* beat up.

ver'puffen *v/i.* (*h.*) deflagrate; detonate, explode; *fig.* fizzle out, go up in smoke; fall flat.

verpulvern [fɛr'pulfərn] *colloq. v/t.* (*h.*) squander, blue (*money*).

ver'pumpen *colloq. v/t.* (*h.*) lend, give on tick.

verpupp|en [fɛr'pupən]: *sich* ⸤ (*h.*) change into a chrysalis, pupate; 2ung *f* (-) pupation.

ver'pusten *colloq.*: *sich* ⸤ (*h.*) recover (one's) breath, get one's wind back.

Ver'putz *m* (-es) *arch.* roughcast, plaster; *tech.* dressing; 2en *v/t.* (*h.*) roughcast, plaster; *colloq.* **a)** blue (*money*), **b)** polish off (*food*), **c)** *ich kann ihn (das) nicht* ⸤ I can't stand *or* stomach him (that).

verqualmt [fɛr'kvalmt] *adj.* filled (*or* thick) with smoke.

verquicken [fɛr'kvikən] *v/t.* (*h.*) amalgamate, fuse; *fig.* mix up (*mit* with).

verquollen [fɛr'kvɔlən] *adj.* warped (*wood*); swollen (*eyes, face*).

verramme(l)n *v/t.* (*h.*) bar(ricade), block up.

verramschen [fɛr'ramʃən] *colloq. v/t.* (*h.*) sell at a loss *or* dirt-cheap.

verrant [fɛr'rant] *fig. adj.*: ⸤ sein in (*acc.*) be stuck fast in; be blindly enamo(u)red of *an idea*; 2heit *f* (-) wrongheadedness, stubbornness.

Verrat [fɛr'ra:t] *m* (-[e]s) betrayal (*an dat.* of); *jur.* treason (to *one's country, etc.*); treachery (to); (unauthorized) divulging *or* disclosure (*gen. or von of secrets, etc.*); ⸤ *an j-m*

begehen betray a p.; 2en *v/t.* (*irr., h.*) betray (*sich o.s.*), give a p., *o.s., a secret* away; blab out, let out, *Am. a.* spill; *alles* ⸤ give the show away; disclose, divulge (*secret*); *fig.* show, reveal, give evidence of, bespeak, betray; sell; *nicht* ⸤! mum's the word!

Verräter [fɛr're:tər] *m* (-s; -) traitor (*an dat.* to); *w.s.* betrayer; *an j-m zum* ⸤ *werden* betray a p.; **Verräte'rei** *f* (-; -en) treachery; **Ver'räter|in** *f* (-; -nen) traitress; 2isch *adj.* treacherous, traitorous, *jur.* treasonable; perfidious; *fig.* revealing; telltale.

ver'rauchen I. *v/i.* (*sn*) go off in smoke; *anger:* blow over; **II.** *v/t.* (*h.*) spend on smoking tobacco, etc.

ver'räucher|n *v/t.* (*h.*) fill with smoke; ⸤t *adj.* smoky, thick with smoke.

ver'rauschen *v/i.* (*sn*) pass away.

ver'rechnen *v/t.* (*h.*) reckon up; charge; pass to account; set off (*mit* against); compensate; clear; *sich* ⸤ miscalculate; *a. fig.* make a mistake; *sich verrechnet haben* be out in one's reckoning, *fig.* be mistaken; *sich um 10 Dollar verrechnet haben* be $10 out.

Ver'rechnung *f* (-; -en) reckoning up; charging; settling, settlement (of an account); clearing; miscalculation; *nur zur* ⸤ not negotiable, only for account (*cheque*).

Ver'rechnungs...: ⸤abkommen *n* clearing agreement; ⸤bank *f* (-; -en) clearing bank; ⸤konto *n* offset account; ⸤land *n* agreement country; ⸤posten *m* offset item; ⸤scheck *m* collection-only (*or* not negotiable) cheque (*Am.* check); ⸤stelle *f* clearing-house; ⸤verkehr *m* clearing system, clearings *pl.*; ⸤währung *f* agreement currency.

ver'recken *v/i.* (*sn*) perish, die; *vulg. person:* turn up one's toes, croak, kick the bucket.

ver'regne|n *v/t.* (*h.*) spoil by rain (-ing); ⸤t *adj.* rainy, rain-spoilt.

ver'reiben *v/t.* (*irr., h.*) grind down; *pharm.* triturate; spread by rubbing, rub in (*ointment*).

ver'reis|en *v/i.* (*sn*) go on a journey; ⸤ *nach* start (*or* leave, set out) for; ⸤t *adj.* out of town; away (*geschäftlich* on business).

ver'reißen *colloq. v/t.* (*irr., h.*) pull to pieces, slate.

verrenk|en [fɛr'rɛŋkən] *v/t.* (*h.*) contort; *med.* wrench, sprain; dislocate, luxate; *sich neugierig den Hals* ⸤ crane one's neck; 2ung *f* (-; -en) contortion; dislocation, luxation.

ver'rennen *fig. v/i.* (*irr., h.*): *sich* ⸤ *in* (*acc.*) be stuck in *a matter*; → *verrannt.*

ver'richt|en *v/t.* (*h.*) do, perform; acquit o.s. of; execute, carry out; *s-e Andacht* ⸤ perform one's devotions, be at prayer; *sein Gebet* ⸤ say one's prayer(s); → *Notdurft*; 2ung *f* (-; -en) performance; business; work; *tägliche* ⸤en daily work (*or* routine).

verriegeln [fɛr'ri:gəln] *v/t.* (*h.*) bolt, bar.

verringer|n [fɛr'riŋərn] *v/t.* (*h.*)

diminish, decrease, lessen (*a. sich*); reduce, cut (down, *Am.* back); *das Tempo* ~ slacken off, slow down; 2ung *f* (-; -en) diminution; decrease; reduction, cut.
ver'rinnen *v/i.* (*irr., sn*) run off *or* away; *time:* elapse, fly.
Ver'riß *colloq. m* (-sses; -sse) slating.
ver'röcheln *v/i.* (*sn*) breathe one's last.
verroh|en [fɛr'roːən] **I.** *v/t.* (*h.*) brutalize; **II.** *v/i.* (*sn*) grow brutal *or* brutish; 2ung *f* (-) brutalization.
ver'rosten *v/i.* (*sn*) get rusty, rust (*a. fig.*); corrode.
verrotte|n [fɛr'rɔtən] *v/i.* (*sn*) rot; ~t *adj.* rotten (*a. fig.* = corrupt).
verrucht [fɛr'ruːxt] *adj.* wicked, villainous; heinous (*crime*); 2heit *f* (-) wickedness, villainy, infamy.
ver'rück|en *v/t.* (*h.*) displace, (re-)move, shift; disarrange; ~t *adj.* mad, crazy, crack-brained, cracked, batty, balmy, nuts, loony; *pred.* out of one's mind, off one's onion; *fig.* ~ *nach* (*dat.*) mad on, crazy for, nuts on; ~ *auf* (*acc.*) crazy (*or* wild) about; ~e *Idee* crazy idea; *j-n* ~ *machen* drive a p. mad, *etc.*; ~ *spielen* play *or* act the (giddy) goat; *wie* ~ like mad; *ich werd'* ~! I'll be doggone!; 2te(r *m*) *f* (-n, -n; -en, -en) lunatic; madman, *f* madwoman; crackpot, loon; 2theit *f* (-; -en) madness; foolish action, folly; craze.
Ver'ruf *m* (-[e]s): *in* ~ *bringen* (*kommen*) bring (get) into discredit, bring (fall) into disrepute; *in* ~ *sein* be notorious, *w.s.* be under a cloud; *in* ~ *tun* boycott, taboo; 2en **I.** *v/t.* (*irr., h.*) decry, cry down; **II.** *adj.* ill-reputed, ill-famed, notorious.
ver'rühren *v/t.* (*h.*) stir, mix.
ver'rußen **I.** *v/t.* (*h.*) soot; **II.** *v/i.* (*sn*) become sooted *or* sooty.
ver'rutschen *v/i.* (*sn*) slip, get out of place.
Vers [fɛrs] *m* (-es; -e) verse (*a. bibl.*), line; stanza; *in* ~e *bringen* put into verse; *fig.* er *kann sich keinen* ~ *darauf machen* he cannot make head or tail of it.
versachlichen [fɛr'zaxlıçən] *v/t.* (*h.*) render factual (*or contp.* banal).
ver'sag|en **I.** *v/t.* (*h.*) refuse, deny; *den Dienst* ~ fail (to act *or* work); *sich et.* ~ deny o.s. a th., forgo a th.; *versagt sein* be engaged; *e-n Tanz versagt haben* have promised a dance; *es war ihm versagt, zu inf.* it was denied to him to *inf.*; **II.** *v/i.* (*h.*) fail (*a. a p., voice, etc.*), *tech. a.* break down; *gun:* miss fire, misfire; 2en *n* (-s) failure; 2er *m* (-s; -) misfire, stoppage (*of gun*); dud; *fig.* (*a. person*) failure, flop, washout; 2ung *f* (-; -en) refusal, denial.
ver'salzen *v/t.* (*h.*) oversalt; *fig.* spoil; → *Suppe.*
ver'samm|eln *v/t.* (*h.*) assemble, *mil. a.* rally; convoke, convene; collect (*horse*); *sich* ~ assemble, meet, gather; hold a meeting; flock together; 2lung *f* (-; -en) assembly (*a. mil.*), meeting, gathering (*all a.* = assemblage); *aer.* forming-up; *gesetzgebende* ~ legislative assembly; *eccl.* congregation.

2lungs-ort, 2lungs-platz *m* meeting-place; *mil.* rallying-point, rendezvous; 2lungsraum *mil. m* assembly area; 2lungsrecht *n* (-[e]s) right of assembly.
Versand [fɛr'zant] *m* (-[e]s) dispatch; delivery; *mar. or Am.* shipment; mailing; *ins Ausland a.* export(ation); ~abteilung *f* forwarding department; ~anweisung *f* shipping instruction; ~anzeige *f* advice of dispatch; ~artikel *m* article of exportation, *pl.* export goods, exports; 2bereit *adj.* ready for delivery; ~bier *n* export beer.
versanden [fɛr'zandən] *v/i.* (*sn*) silt up; *fig.* bog down, peter out, be deadlocked.
Ver'sand...: 2fertig *adj.* ready for delivery; ~geschäft *n* export (*or* mail-order) business; ~haus *n* mail-order house; ~kosten *pl.* forwarding expenses; ~papiere *n/pl.* shipping documents; ~wechsel *m* out-of-town (*or* foreign) bill.
Versatz|mauer [fɛr'zats-] *f* partition wall; ~stück *thea. n* set-scene.
versauen [fɛr'zauən] *colloq. v/t.* (*h.*) soil, mess up; *fig.* ruin, make a mess of, louse up.
ver'saufen *vulg. v/t.* (*irr., h.*) waste on drink; → *versoffen.*
ver'säumen *v/t.* (*h.*) neglect (*duty*); miss, let slip (*opportunity*); miss (*train, school, etc.*); *Versäumtes nachholen* make up leeway, recover lost ground; ~ *zu tun* fail (*or* omit) to do.
Versäumnis [fɛr'zɔymnıs] *n* (-ses; -se) neglect, (sin of) omission, failure; loss of time; ~urteil *n* judgment by default.
'Versbau *m* (-[e]s) versification; metrical structure.
ver'schachern *v/t.* (*h.*) barter away, sell (*or* job) off.
verschachtel|n [fɛr'ʃaxtəln] *v/t.* (*h.*) interlock; *gr. verschachtelter Satz* involved period; 2ung *f* (-; -en) interlocking.
ver'schaffen *v/t.* (*h.*) procure, get (*j-m* for a p.; a p. *a th.*), provide, furnish, supply (a p. with *a th.*); *sich et.* ~ obtain, get, secure; raise (*money*); *sich Respekt* ~ make o.s. respected; *sich Recht* ~ obtain justice, take the law into one's own hands; *sich e-n Vorteil* ~ gain an advantage.
verschal|en [fɛr'ʃaːlən] *v/t.* (*h.*) plank, *arch.* board; encase; *aer.* fair; 2ung *f* (-; -en) planking; boarding; casing; *aer.* fairing.
verschämt [fɛr'ʃɛːmt] *adj.* bashful, shamefaced; *die* ~en *Armen* the deserving poor; ~ *tun* put on a bashful air; 2heit *f* (-) bashfulness.
verschandeln [fɛr'ʃandəln] *v/t.* (*h.*) disfigure; spoil, ruin; murder (*language*).
ver'schanz|en *v/t. and sich* ~ (*h.*) entrench, fortify (o.s.); *sich* ~ *hinter* (*dat.*) *fig.* (take) shelter behind; 2ung *f* (-; -en) entrenchment.
verschärf|en *v/t.* (*h.*) add to, (*a. sich*) intensify, heighten; *b.s.* (*a. sich*) aggravate; *das Tempo* ~ increase the pace, step on the gas; 2ung *f* (-; -en) intensification, heightening; aggravation.

ver'scharren *v/t.* (*h.*) bury (hurriedly).
ver'schätzen: *sich* ~ (*h.*) be out in one's reckoning, make a mistake.
ver'scheiden *v/i.* (*irr., sn*) pass away, expire; 2 (-s) *n* decease.
ver'schenken *v/t.* (*h.*) give away; *den Sieg* ~ *fig.* throw away (*or* make a present of) the victory (*or* the race, the game, *etc.*); retail (*beer, etc.*).
ver'scherzen *v/t.* (*h.*) forfeit; let slip (*a chance*); *sein Glück* ~ spurn one's fortune.
ver'scheuchen *v/t.* (*h.*) scare away; chase off (*birds*); shoo away; *fig.* banish.
ver'schick|en *v/t.* (*h.*) send away, dispatch, forward; evacuate, send *children* (into the country); deport (*criminal*); 2ung *f* (-; -en) sending away, dispatch(ing); evacuation; deportation.
verschiebbar [fɛr'ʃiːpbaːr] *adj.* sliding, movable; adjustable.
Verschiebe|bahnhof [-'ʃiːbə-] *m* shunting station, marshalling (*Am.* switching) yard; 2n *v/t.* (*irr., h.*) shift, (re)move; displace; *rail.* shunt; disarrange; defer, put off, postpone; adjourn; *econ.* sell underhand, job away; *sich* ~ shift, get out of place.
Ver'schiebung *f* (-; -en) shift(ing); displacement (*a. tech.; mil.* of troops); postponement; adjournment; *geol.* dislocation; *econ.* illicit sale.
verschieden [fɛr'ʃiːdən] **I.** *p.p.* of *verscheiden*; **II.** *adj.* different, distinct (*von* from); dissimilar, unlike; varied; ~e *pl.* various, several, diverse; 2es various things, *esp. econ.* sundries; miscellaneous things; *in den* ~sten *Ausführungen* of all (possible) designs, a great variety of *models*; *das ist* ~ that depends; *darüber kann man* ~er *Auffassung sein* opinions may differ as to that, that is a moot question; *colloq.* da *hört doch* ~es *auf!* that's really too much!; ~artig [-aːrtıç] *adj.* of a different kind, different, dissimilar, heterogeneous; varied; 2artigkeit *f* (-; -en) difference; heterogeneity; variety; ~erlei [-ər-laı] *adj.* of various kinds, divers, sundry; ~farbig *adj.* of different colo(u)rs, varicoloured; 2heit *f* (-; -en) difference; dissimilarity; diversity, variety; ~tlich **I.** *adj.* several, repeated; **II.** *adv.* repeatedly; at times, now and then, here and there.
ver'schießen **I.** *v/t.* (*irr., h.*) expend, use up; *s-e Munition* (*or sich*) ~ run out of ammunition; → *Pulver*; **II.** *v/i.* (*irr., sn*) *cloth, colour:* fade; → *verschossen.*
ver'schiff|en *v/t.* (*h.*) ship; 2ung *f* (-) shipment; 2ungshafen *m* port of shipment (*mil.* of embarkation).
ver'schimmeln *v/i.* (*sn*) get mo(u)ldy.
ver'schlacken *v/i.* (*sn*) *and sich* ~ (*h.*) turn into dross, slag, scorify.
ver'schlafen **I.** *v/t.* (*irr., h.*) miss (*or* lose *or* neglect) by sleeping; *fig.* forget, neglect; sleep away (*time*); sleep off (*hangover, etc.*); oversleep

o.s.; **II.** *adj.* sleepy (*a. fig.*), drowsy; **♀heit** *f* (-) sleepiness, drowsiness.

Ver'schlag *m* (-[e]s; ⁈e) partition; box; crate; shed; **♀en I.** *v/t.* (*irr.*, *h.*) board (up); nail up; e-n Ball ~ lose a ball; ~ werden *mar.* be driven out of one's course; *in e-e Stadt, etc.,* ~ werden be driven to, find o.s. in, wind up in (*a town, etc.*); *der Sturm verschlug sie nach Neuseeland* the gale drove them to New Zealand; *j-m den Atem* ~ take a p.'s breath away; *es verschlug ihm die Sprache* it dum(b)founded him, he was struck dumb; ~ *lassen* take the chill off; *es verschlägt nichts* it does not matter; **II.** *adj.* cunning, crafty, wily, sly; shifty (*eyes*); lukewarm, tepid (*water*); **♀enheit** *f* (-) cunning, craftiness, slyness.

verschlammen [fɛr'ʃlamən] *v/i.* (*sn*) silt up; get choked with mud; become muddy.

ver'schlampen *colloq.* **I.** *v/t.* (*h.*) lose, forget; ruin through neglect; **II.** *v/i.* (*sn*) neglect o.s., get slovenly.

verschlechter|n [fɛr'ʃlɛçtərn] *v/t.* (*h.*) deteriorate, make worse, impair, debase; *jur.* waste; *sich* ~ deteriorate, get worse, worsen; change for the worse; fall off in quality (*or* performance, etc.); **♀ung** *f* (-) deterioration; worsening; change for the worse.

verschleier|n [fɛr'ʃlaɪərn] *v/t.* (*h.*) veil (*a. fig.* = mask, disguise); *mar.*, *mil.* screen; *econ. b.s.* cook, doctor, fake; ~**t** *adj.* veiled (*a. look*); hazy (*meadows, etc.*); husky (*voice*); **♀ung** *f* (-) veiling; screening; *econ.* window-dressing.

ver'schleifen *v/t.* (*h.*) slur (*syllables*).

ver'schleim|en *v/t.* (*h.*) obstruct with phlegm (*or* mucus); coat, fur (*tongue*); *verschleimt sein* suffer from phlegm; **♀ung** *f* (-) obstruction through phlegm.

Verschleiß [fɛr'ʃlaɪs] *m* (-es; -e) retail trade; *tech.* wear (and tear); abrasion, attrition; erosion; corrosion; wastage; *med.* wear; **♀en** *v/t.* (*irr.*, *h.*) retail; (*a. sich*) wear out; ~**erscheinung** *f* sign of wear; **♀fest** *adj.* wear-resistant; ~**festigkeit** *f* (-) resistance to wear.

ver'schlemmen *v/t.* (*h.*) squander on food and drink.

ver'schlepp|en *v/t.* (*h.*) carry off, *pol.* displace; abduct, kidnap (*person*); misplace; protract, delay; *parl.* obstruct; *sich* ~ drag, be drawn out; *med.* **a)** carry, spread (*infection*), **b)** neglect (*illness*); *verschleppte Lungenentzündung* neglected case of pneumonia; **♀te(r** *m*) *f* (-n, -n; -en, -en) displaced person (*abbr.* D.P.); **♀ung** *f* (-) carrying off; displacement; abduction; procrastination, delay(ing); *parl.* obstructionism.

ver'schleuder|n *v/t.* (*h.*) dissipate, waste; *econ.* sell at a loss (*or* dirt--cheap); **♀ung** *f* (-) dissipation; *econ.* underselling, *abroad:* dumping.

ver'schließ|bar *adj.* (provided) with lock and key, lockable; ~**en** *v/t.* (*irr.*, *h.*) shut, close; lock up, put under lock and key; bolt;

block (up); seal (*letter*); *j-m die Tür* ~ lock the door against a p.; *sich e-r Sache* ~ close one's mind to, refuse to have anything to do with *a th.*; *sich j-m* ~ hide one's feelings from a p., shut o.s. off from a p.; *die Augen* ~ *vor et.* shut one's eyes to, wink at *a th.*

verschlimmer|n [fɛr'ʃlɪmərn] *v/t.* (*h.*) make worse, add to; aggravate (*a. sich*); *sich* ~ get (*or* grow) worse, worsen, change for the worse, go from bad to worse; **♀ung** *f* (-) change for the worse; aggravation.

ver'schlingen *v/t.* (*irr.*, *h.*) devour (*a. fig.* with one's eyes *or* ears), swallow; gobble up, gulp down, wolf; bolt; *fig. night, etc.:* engulf, devour; *mit den Augen* ~ stare hungrily at; *viel Geld* ~ run away with a lot of money; *die Ausgaben* ~ *seinen ganzen Verdienst* the expenses swallow up all his earnings; (*ineinander* ~) intertwine, entwine, interlace, entangle (*all a. sich*); *verschlungen fig.* intricate, complex, tortuous, winding (*path*).

verschlissen [fɛr'ʃlɪsən] *adj.* threadbare, worn-out.

verschlossen [fɛr'ʃlɔsən] *adj.* close(d), shut; locked (up); *fig.* taciturn, reserved, silent; *hinter* ~*en Türen* behind closed doors; **♀heit** *f* (-) taciturnity.

ver'schlucken *v/t.* (*h.*) swallow up (*a. fig.*); slur over (*syllable*); *sich* ~ swallow the wrong way.

Ver'schluß *m* (-sses; ⁈sse) fastener, fastening; lock; catch; clasp; stopper (*of bottle*); plug; *tech.*, *a. customs:* seal; *phot.* shutter; breech (mechanism) (*of gun*); *Ware in* ~ *legen* bond goods; *unter* ~ *haben* keep under lock and key (*customs:* in bond); ~**auslösung** *phot. f* shutter release; ~**block** *mil. m* breech block; ~**laut** *gr. m* (ex)plosive; ~**mutter** *f* (-; -n) lock nut; ~**schraube** *f* locking screw.

verschlüssel|n [fɛr'ʃlʏsəln] *v/t.* (*h.*) encode; ~**t** *adj.*: ~*e Meldung* code(d) message; ~*er Text* code text, cryptogram; **♀ung** *f* (-; -en) encoding.

ver'schmachten *v/i.* (*sn*) languish, pine away; die (*or* be dying) of thirst, be parched with thirst.

ver'schmähen *v/t.* (*h.*) disdain, scorn; *verschmähte Liebe* unrequited love.

ver'schmelz|en *v/t.* (*irr.*, *h.*) *and* *v/i.* (*irr.*, *sn*) melt into one another, (*a. fig.*) fuse; *chem.* amalgamate (*a. fig.* = merge; *colours:* blend (into one another); **♀ung** *f* (-) fusion, amalgamation, *econ. a.* merger.

ver'schmerzen *v/t.* (*h.*) get over (the loss of), make the best of; *längst verschmerzt* long past and forgotten.

ver'schmieren *v/t.* (*h.*) smear (over); blur; stop up.

verschmitzt [fɛr'ʃmɪtst] *adj.* crafty, cunning, sly, roguish, arch(ly *adv.*); **♀heit** *f* (-) slyness; roguishness.

ver'schmoren *v/t.* (*h.*) *and* *v/i.* (*sn*) scorch, char; *el.* fuse.

ver'schmutzen I. *v/t.* (*h.*) soil; pollute (*water*); foul (*gun, spark plug*); **II.** *v/i.* (*sn*) get dirty.

ver'schnappen *colloq.:* *sich* ~ (*h.*)

blurt it out, let the cat out of the bag, give the show away, *Am. a.* spill the beans.

ver'schnauf|en: *sich* ~ (*h.*) stop for breath; *a. fig.* have a breather; **♀pause** *f* breather.

ver'schneiden *v/t.* (*irr.*, *h.*) cut away, clip; cut up; cut wrong *or* badly, spoil (in cutting); blend (*wine, etc.*); *vet.* geld, castrate; *verschnittenes Tier* gelding.

verschneit [fɛr'ʃnaɪt] *adj.* snowed up; snow-capped.

Ver'schnitt *m* (-[e]s) blend; **♀en** *econ. adj.* blended; ~**ene(r)** *m* (-n; -n) eunuch.

verschnörkel|n [fɛr'ʃnœrkəln] *v/t.* (*h.*) adorn with flourishes; ~**t** *adj.* ornate (*a. fig. style*).

ver'schnupfen *v/t.* (*h.*) *fig.* pique, huff; *med. verschnupft sein* have a cold.

ver'schnüren *v/t.* (*h.*) tie up, cord (up); lace.

verschollen [fɛr'ʃɔlən] *adj.* not heard of again; missing; *jur.* presumed dead; *für* ~ *erklären* declare legally dead; ~**e(r** *m*) *f* (-n, -n; -en, -en) missing person, *jur. a.* absentee; **♀heit** *f* (-) presumption of death.

ver'schonen *v/t.* (*h.*) spare; *j-n mit et.* ~ spare a p. a th.; *von Steuern, etc. verschont bleiben* be spared.

verschöner|n [fɛr'ʃø:nərn] *v/t.* (*h.*) embellish, beautify; improve (*a. sich*); brighten (*a. sich*); *sich* ~ grow beautiful, **♀ung** *f* (-; -en) embellishment; improvement; face-lifting, facelift (*a. fig.*); **♀ungsverein** *m* society for the improvement of local amenities.

verschorfen [fɛr'ʃɔrfən] *v/i.* (*sn*) scab.

verschossen [fɛr'ʃɔsən] *adj.* faded (*cloth, colour*); *colloq. fig.* ~ *sein in* (*acc.*) be madly in love with, be smitten with (*or* gone on); *Am.* be stuck on, have a crush on.

verschränken [fɛr'ʃrɛŋkən] *v/t.* (*h.*) cross, fold (*arms, legs*); *tech.* stagger; joggle (*beam*); set (the teeth of saw).

ver'schraub|en *v/t.* (*h.*) screw (on; *miteinander* together); **♀ung** *f* (-; -en) screwed joint.

ver'schreib|en *v/t.* (*irr.*, *h.*) use up (in writing); spend time in writing; write for, order; *med.* prescribe (*j-m for a p.*); *jur.* assign, make over (*j-m to a p.*); write incorrectly, miswrite; *sich* ~ make a slip of the pen; make a mistake in writing; *fig. sich e-r Sache* ~ devote (*b.s.* sell) o.s. to a th.; **♀ung** *f* (-; -en) order; prescription; assignment; bond.

ver'schreien *v/t.* (*irr.*, *h.*) decry, cry down; **verschrien** [-'ʃri:(ə)n] *adj.* ill reputed of, having a bad name; ~ *sein als* be notorious as, be branded as.

verschroben [fɛr'ʃro:bən] *adj.* eccentric, queer, odd, cranky; ~*er Mensch* eccentric, crank; **♀heit** *f* (-) eccentricity.

verschroten [fɛr'ʃro:tən] *v/t.* (*h.*) → schroten.

verschrott|en [fɛr'ʃrɔtən] *v/t.* (*h.*) scrap; **♀ung** *f* (-) scrapping.

verschrumpeln [-'ʃrʊmpəln], **ver-**

'**schrumpfen** *colloq. v/i.* (sn) shrink, shrivel (up).

verschüchtern [fɛrˈʃʏçtərn] *v/t.* (h.) intimidate.

ver'schuld|en *v/t.* (h.) encumber with debts; *fig.* be guilty of, be to blame for; be the cause of, bring on; 2en *n* (-s) wrong, fault; guilt; responsibility; cause; *ohne mein* ~ through no fault of mine; ~et [-ət] *adj.* indebted, (involved) in debt; encumbered; 2ung *f* (-) indebtedness.

ver'schütten *v/t.* (h.) spill (*liquid*); fill up; block (up); bury (*alive person*).

verschwäger|t [fɛrˈʃvɛːgərt] *adj.* related by marriage; *fig.* affiliated; hand in glove (*mit* with); 2ung *f* (-) relationship by marriage; *esp. jur. and fig.* affinity.

ver'schwatzen *v/t.* (h.) → ver'plappern.

ver'schweig|en *v/t.* (*irr.,* h.) conceal (*j-m* from a p.; *a. jur.*); keep secret, withhold, hide (from); 2en *n* (-s), 2ung *f* (-) concealment.

ver'schweißen *v/t.* (h.) weld together.

verschwend|en [fɛrˈʃvɛndən] *v/t.* (h.) waste, squander (*an acc.* on; *a. fig.*); lavish (on); 2er *m* (-s; -) spendthrift, squanderer, prodigal; ~erisch *adj.* prodigal, lavish (*mit* of); wasteful, extravagant; profuse; sumptuous; ~ *mit et. umgehen* be lavish of a th., lavish a th.; 2ung *f* (-) waste; extravagance; 2ungssucht *f* (-) waste(fulness), extravagance, prodigality; squandermania.

verschwiegen [fɛrˈʃviːgən] *adj.* discrete, reticent, close; *fig.* secret, secluded (*place*); ~ *wie das Grab* silent as the grave; 2heit *f* (-) discretion; secrecy; *zur* ~ *verpflichtet* sworn to secrecy; *unter dem Siegel der* ~ under the seal of secrecy.

ver'schwimmen *v/i.* (*irr.,* sn) become indistinct *or* blurred; dissolve; (*ineinander* ~) melt into one another, blend; *fig.* fade (away); → verschwommen.

ver'schwinden *v/i.* (*irr.,* sn) disappear, vanish; dissolve, fade away; *j-n* (*or et.*) *spurlos* ~ *lassen* spirit a p. (*or a th.*) away; *colloq.* make o.s. scarce, beat it; *verschwinde!* fade away!, get lost!; *fig.* ~ *neben* (*dat.*) sink into insignificance by the side of; ~*d klein* infinitely small, infinitesimal; 2 *n* (-s) disappearance.

verschwister|n [fɛrˈʃvɪstərn]: *sich* ~ (h.) form a sisterly union; *fig.* associate; ~t *adj.* brother and sister; *fig.* closely united; congenial, kindred (*souls*); 2ung *f* (-) *fig.* close union, intimate connection.

ver'schwitzen *v/t.* (h.) soak with sweat; *colloq. fig.* forget; *ich hatte es ganz verschwitzt* it had completely slipped my mind.

verschwollen [fɛrˈʃvɔlən] *adj.* swollen.

verschwommen [fɛrˈʃvɔmən] *adj.* vague, indistinct, hazy; *fig.* a. foggy; *phot.* blurred; *paint. and fig.* woolly; 2heit *f* (-) indistinctness, vagueness; woolliness.

ver'schwör|en *v/t.* (*irr.,* h.) forswear; *sich* ~ conspire (*mit* with;

gegen against), plot; *sich zu et.* ~ plot a th.; *verschworene Gemeinschaft* blood brotherhood; 2er *m* (-s; -) conspirator, plotter; 2erin *f* (-; -nen) conspiratress; 2ung *f* (-; -en) conspiracy, plot.

ver'sehen *v/t.* (*irr.,* h.) perform, discharge (*duty*); hold, act as, administer (*office*); fill (*post*); *j-s Amt or Dienst* ~ fill (*or* take) a p.'s place, do the work of; look after (*business, household*); *die Küche* ~ do the cooking; *mit et.* ~ furnish (*or* supply) with, (*a. tech.*) provide *or* equip with; *econ. mit Akzept* ~ accept; *mit Giro* ~ endorse; *mit Unterschrift* ~ affix one's signature to, sign; *mit Vollmacht* ~ invest with full power(s), authorize; *reichlich* ~ *sein mit* have plenty of, have ample supplies, *etc.*; neglect, overlook; *sich* ~ make a mistake (slip); *sich e-r Sache* ~ expect a th., be aware of (*or* prepared for) a th.; *ehe man sich's versieht* all of a sudden, before you know it; 2 *n* oversight, mistake, slip, blunder; inadvertence; *aus* ~ → ~tlich *adv.* by (a) mistake, through oversight, erroneously; inadvertently.

versehr|en [fɛrˈzeːrən] *v/t.* (h.) hurt, injure; disable; damage; ~t *adj.* (war-)disabled; 2te(r) *m* (-n; -n) disabled person; 2tenrente *f* disability allowance; 2tenstufe *f* degree of disablement.

ver'seifen *v/t.* (h.) saponify.

verselbständigen [fɛrˈzɛlpʃtɛndigən] *v/t.* (h.) render independent.

ver'send|en *v/t.* (*irr.,* h.) send, dispatch, forward; ship; *ins Ausland* ~ *a.* export; 2ung *f* (-) dispatch, shipment, forwarding.

ver'sengen *v/t.* (h.) singe, scorch.

versenk|bar [fɛrˈzɛŋkbaːr] *adj.:* ~*e Nähmaschine* table (sewing) machine; ~en *v/t.* (h.) sink; send *ship* to the bottom; *tech.* countersink (*screw head*), counterbore; *sich* ~ *in* immerse o.s. into, plunge into; *fig.* become absorbed in; ~t *tech. adj.* sunk; flush; 2ung *f* (-; -en) sinking; *thea.* trapdoor; *fig. spurlos in der* ~ *verschwinden* drop completely out of sight.

versessen [fɛrˈzɛsən] *adj.:* ~ *auf* (*acc.*) bent on, mad after, nuts on; 2heit *f* (-) craze.

ver'setz|en I. *v/t.* (h.) displace, *a.* ped. remove, *esp. Am.* promote (*pupil*); shift; stagger (*a. tech.*); transplant (*tree*); transpose; transfer (*official, etc.*); pawn, pledge, *Am. a.* hock; *colloq.* stand *a p.* up; mix; *metall.* alloy; *das versetzte ihm den Atem* it took his breath away; *j-m e-n Schlag* ~ give (*or* deal) a p. a blow, land on a p.; *in e-e Lage, e-n Zustand* ~ put (*or* place) into *a position, a state*; *in Schwingungen* ~ set vibrating; → *Angst, Ruhestand, Stoß, etc.*; ~ *Sie sich in meine Lage* put (*or* place *or* imagine) yourself in my position; **II.** *v/i.* (h.) reply, retort; 2ung *f* (-; -en) removal; transplanting; transposition; transfer; *ped.* remove, *esp. Am.* promotion; pledging, pawning; alloy; *tech.* staggered arrangement; 2ungs-

prüfung *f* examination for promotion; 2ungszeichen *mus. n* accidental.

verseuch|en [fɛrˈzɔʏçən] *v/t.* (h.) infect (*a. mil. with mines*); poison; contaminate; *verseuchtes Gelände* contaminated area; 2ung *f* (-) infection; contamination.

'**Versfuß** *m* (metrical) foot.

versicher|bar [fɛrˈzɪçərbaːr] *adj.* insurable; 2er *m* (-s; -) insurer; underwriter; ~n *v/t.* (h.) assure, assert; protest, (*a. jur.*) affirm; → beteuern; *j-n e-r Sache* ~ assure (*or* convince) a p. of *a th.*; *sich e-r Sache* ~ make sure of, ascertain *a th.*; *sich j-s* ~ make sure of a p.; secure a p., get a p. under one's control; insure (*property*); *sich o.s.* ~; *gegen* against; *bei* with); assure (*life*); *zu hoch* (*niedrig*) ~ overinsure (underinsure); *seien Sie dessen versichert* you may rely on it, you may rest assured of it; 2te(r *m*) *f* (-n, -n; -en, -en) → Versicherungsnehmer.

Ver'sicherung *f* assurance, (*a. jur.*) affirmation; protestation; guarantee; insurance; (life) assurance; → ~sgesellschaft; *prämienfreie* ~ paid up (*or* free) policy; *e-e* ~ *abschließen* effect an insurance, take out an insurance policy.

Ver'sicherungs...: ~**agent** *m* insurance agent; ~**anspruch** *m* insurance claim; ~**anstalt** *f* insurance bank (*or* company); ~**beitrag** *m* (insurance) premium; ~**betrag** *m* amount insured; ~**betrug** *m* insurance fraud; 2**fähig** *adj.* insurable; ~**fall** *m* occurrence of a loss; *Regelung des* ~*es* claim settlement; ~**fonds** *m* benefit fund; ~**gesellschaft** *f* insurance company; ~**höhe** *f* amount of insurance (policy); ~**leistung** *f* insurance benefit; ~**mathematik** *f* actuarial theory; ~**mathematiker** *m* actuary, insurance technician; ~**nehmer** *m* insurant, the insured, policy holder; assured; 2**pflichtig** *adj.* liable to pay insurance fees, subject to obligatory insurance; ~**police** *f*, ~**schein** *m* (insurance) policy; ~**prämie** *f* (insurance) premium, *Am.* insurance rate; ~**schutz** *m* insurance cover(age); ~**statistiker** *m* actuary; 2**statistisch** *adj.* actuarial; ~**summe** *f* sum insured; ~**träger** *m* underwriter; ~**vertrag** *m* contract of insurance, insurance policy; ~**wert** *m* insurance value; *assessed:* insurance valuation; ~**wesen** *n* (-s) insurance (business); ~**zwang** *m* (-[e]s) liability to insure.

ver'sickern *v/i.* (sn) ooze away.

ver'sieben *colloq. v/t.* (h.) → vermasseln.

ver'siegel|n *v/t.* (h.) seal (up); *jur.* put under seal; ~t *adj.* sealed; under seal; 2ung *f* (-; -en) sealing.

ver'siegen *v/i.* (sn) dry up, run dry; be exhausted; *nie* ~*d* inexhaustible.

versiert [vɛrˈziːrt] *adj.* versed (*in dat.* in), experienced.

versilber|n [fɛrˈzɪlbərn] *v/t.* (h.) silver (*a. fig.*); *tech.* silver-plate; *fig.* realize, convert to cash; 2ung *f* (-) silvering; silver-plating; realization.

ver'sinken *v/i.* (*irr.,* sn) sink (down);

go under, *ship*: a. founder; *fig.* lapse (*in* into); → *versunken*.

ver'sinnbildlich|en *v/t.* (h.) symbolize, represent; **2ung** *f* (-) symbolization.

versintern [-'zɪntərn] *v/i.* (sn) sinter.

Version [vɛrzi'o:n] *f* (-; -en) version.

versippt [fɛr'zɪpt] *adj.* closely related.

versittlichen [fɛr'zɪtlɪçən] *v/t.* (h.) civilize.

versklaven [fɛr'sklɑːvən] *v/t.* (h.) enslave.

Vers...: **~kunst** *f* (-) versification; **~(e)macher** *m* versifier; **~maß** *n* metre.

versoffen [fɛr'zɔfən] *vulg. adj.* sodden (with drink), drunk, boozy.

versohlen [fɛr'zoːlən] *colloq. fig. v/t.* (h.) thrash (soundly), give a p. a good hiding; spank (*child*).

versöhn|en [fɛr'zøːnən] *v/t.* (h.) reconcile (*mit* to, with a p.; *to a fate, etc.*); appease, placate; *sich (wieder)* ~ be(come) reconciled, make it up, bury the hatchet; **~lich** *adj.* conciliatory, forgiving, placable; ~ *stimmen* conciliate, placate; **2lichkeit** *f* (-) placability, forgiveness; **2ung** *f* (-) reconciliation; **2ungstag** *m* Day of Atonement.

versonnen [fɛr'zɔnən] *adj.* thoughtful, meditative; dreamy, pensive; lost in thought.

ver'sorg|en *v/t.* (h.) provide, supply, furnish (*mit* with); provide for (*child, family*); support, maintain, take care of, look after; → *versehen*; tend (*cattle*); tend, dress (*wound*); *sie ist gut versorgt* she is well looked after (*or financially*: provided for); **2er(in** *f*) *m* (-s, -; -, -nen) provider, supporter, breadwinner; **~t** *adj.* provided for; care-worn (*face*); **2ung** *f* (-) providing (for); supplying (*mit dat.* with); supply, provision, support, maintenance; subsistence, living; public assistance; situation; care; *ärztliche* ~ medical care or attention; *mil.* a) logistics *pl.*, b) supply; *tech.* servicing; ~ *aus der Luft* aerial *or* air supply.

Ver'sorgungs...: **~amt** *n* pension office; **~anspruch** *m* claim to maintenance; claim to pension; **~basis** *mil. f* supply base; **2berechtigt** *adj.* entitled to maintenance; **~betrieb** *m* public supply service; public utility (company); **~e** *pl.* public utilities; **~empfänger(in** *f*) *m* old-age beneficiary; pensioner; **~gesetz** *mil. n* Law Governing Pensions and Grants for All Ranks of the Armed Forces; **~lage** *f* supply position; food situation; **~netz** *el., tech. n* supply network, mains *pl.*; **~truppen** *f/pl.* supply services; **~weg** *m* supply line; **~wirtschaft** *f* public utilities *pl.*

ver'spann|en *tech. v/t.* (h.) brace, stay, guy; **2ung** *f* (-; -en) bracing, stays *pl.*

verspät|en: *sich* ~ (h.) be (or come) too late; be behind time; **~et** *adj.* belated; too late; **2ung** *f* (-; -en) lateness; delay; tardiness; *train, etc.*: (2 *Minuten*) ~ *haben* be (2 minutes) late *or* overdue; *mit* 2

Stunden ~ two hours behind schedule; ~ *aufholen* make up lost time.

ver'speisen *v/t.* (h.) eat up, consume.

verspeku'lieren: *sich* ~ (h.) make a bad speculation; ruin o.s. by speculation; *fig.* be out in one's reckoning.

ver'sperren *v/t.* (h.) bar, block (up), obstruct; barricade; lock (up), shut, close; *j-m die Aussicht* ~ obstruct a p.'s view.

ver'spiel|en I. *v/t.* (h.) lose (at play *or* at cards *or* in gambling); gamble away (a. *time*); **II.** *v/i.* (h.) lose (the game); *fig. bei j-m* ~ get into a p.'s bad books; *er hat bei mir verspielt* I am through with him; **~t** *adj.* playful.

ver'spleißen *tech. v/t.* (h.) splice.

versponnen [fɛr'ʃpɔnən] *adj.* meditative; ~ *in* (acc.) wrapt up in.

ver'spott|en *v/t.* (h.) scoff (*or* sneer) at, mock; jeer at, taunt; deride, ridicule; chaff, tease; **2ung** *f* (-) derision, ridicule; jeers *pl.*; chaff.

ver'sprech|en *v/t.* (*irr., h.*) promise; *sich* ~ make a mistake in speaking, make a slip of the tongue; → *sich verloben*; *sich et.* ~ *von* expect much of; *sich nicht viel* ~ *von a.* set no great hopes on, have no great hopes of; *er verspricht, ein guter Schauspieler zu werden* he promises to be a good actor; **2en** *n* (-s; -) promise; slip of the tongue; *j-m ein* ~ *abnehmen* exact a promise from a p.; **2er** *colloq. m* slip of the tongue; **2ung** *f* (-; -en) promise; *j-m große* **~en** *machen* hold out great hopes to a p.; *compare* a p. the earth.

ver'spreng|en *v/t.* (h.) disperse, scatter (a. *mil.*); **2te(r)** *mil. m* (-n; -n) straggler.

versprochenermaßen [fɛr'ʃprɔxənər'mɑːsən] *adv.* as promised.

ver'spritzen *v/t.* (h.) squirt (away); spray, spatter, splash; spill; shed (*one's blood*); *tech.* die-cast.

ver'sprühen *v/t.* (h.) spray.

verspunden [fɛr'ʃpundən] *v/t.* (h.) bung up.

ver'spüren *v/t.* (h.) feel, perceive, sense, be conscious of.

verstaatlich|en [fɛr'ʃtaːtlɪçən] *v/t.* (h.) nationalize, put under government control, transfer to state ownership; expropriate; **2ung** *f* (-) nationalization.

verstädter|n [fɛr'ʃtɛːtərn] **I.** *v/t.* (h.) urbanize; **II.** *v/i.* (sn) be(come) urbanized; **2ung** *f* (-; -en) urbanization.

verstadtlich|en [fɛr'ʃtatlɪçən] *v/t.* (h.) municipalize; **2ung** *f* (-) municipalization.

Verstand [fɛr'ʃtant] *m* (-[e]s) understanding; intelligence, intellect, brains *pl.*; (*Geist*) mind, wits *pl.*; reason; judg(e)ment; sense; *gesunder* ~ common (*or* good) sense; *klarer* (*kühler*) ~ clear (cool) head; *scharfer* ~ keen mind (*or* intellect); *den* ~ *verlieren* lose one's mind; *j-n um den* ~ *bringen* drive a p. out of his senses *or* wits; *s-n* ~ *zusammennehmen* keep one's wits about one; *wieder zu* ~ *kommen* come to one's senses; *med. bei* ~ *bleiben* retain one's mental faculties; *da*

steht mir der ~ *still, das geht über meinen* ~ that's beyond me, that's over my head; *da steht einem der* ~ *still* the mind boggles at it, that leaves one gasping; *er ist nicht recht bei* ~ he is not in his right mind, he isn't all there; *mit* ~ sensibly, *colloq. das mußt du mit* ~ *essen!* (*or genießen*) you must really savo(u)r this!

Verstandes... [-'ʃtandəs-]: **~kraft** *f* intellectual faculty (*or* power); **2mäßig** *adj.* rational; intellectual; **~mensch** *m* matter-of-fact person; **~schärfe** *f* sagacity, acumen; **~wesen** *n* rational being.

verständig [fɛr'ʃtɛndɪç] *adj.* intelligent; reasonable, sensible; judicious; **~es** *Alter* years *pl.* of discretion; **~en** [-gən] *v/t.* (h.) inform, notify, advise (*von* of); *sich mit j-m* ~ a) *in a foreign language*: make o.s. understood to a p., b) come to an understanding with a p., arrange with a p.; **2keit** *f* (-) sensibleness, good sense; prudence.

Verständigung [-'ʃtɛndɪguŋ] *f* (-; -en) information; understanding, agreement; *teleph.* communication; audibility; (quality of) reception; **~sfriede** *m* negotiated peace; **~spolitik** *f* rapprochement policy.

verständlich [-'ʃtɛntlɪç] *adj.* intelligible; distinct; clear; *fig.* understandable; *allgemein* ~ within everybody's grasp, popular (*science, etc.*); *schwer* ~ difficult to grasp; abstruse; *j-m et.* ~ *machen* make a th. clear to a p.; *sich* ~ *machen* make o.s. understood (*j-m* by a p.); *es ist* ~, *daß er nicht will* it is obvious why, I quite understand that *he doesn't want to*.

Verständnis [-'ʃtɛntnɪs] *n* (-ses) understanding, comprehension; insight, understanding; appreciation (*für* of); sympathy; ~ *haben für* (acc.) appreciate, understand; *j-m* ~ *entgegenbringen* show understanding for a p.; *für solche Leute habe ich kein* ~ I have no patience with such people; *dafür fehlt mir jedes* ~ that is beyond me; **2innig** *adj.* knowing, meaningful; **2los** *adj.* uncomprehending; blank (*face, look*); unappreciative; unsympathetic(ally *adv.*); **~losigkeit** *f* (-) lack of comprehension (*fig.* of appreciation, sympathy); **2voll** *adj.* intelligent; *w.s.* understanding; appreciative; sympathetic; *glance*: knowing.

ver'stänkern *v/t.* (h.) fill with stench.

ver'stärk|en *v/t.* (h.) strengthen, (a. *tech., mil.*) reinforce; *el.* boost (a. *colloq. fig.*); *radio:* amplify; intensify, increase (*both a. sich*), add to; *sich* ~ grow stronger, strengthen (a. *fig. suspicion, etc.*); *tel.* gain; *mit Nylon verstärkt* nylon fortified; **2er** *m* (-s; -) *el., radio:* amplifier; *teleph.* repeater; *phot.* intensifier; **2erröhre** *f* amplifier valve (*or* tube); **2erstufe** *f* amplifier stage; **2ung** *f* (-; -en) strengthening (a. *tech.*) reinforcement; *el., radio:* amplification; intensification; *mil. tactical:* support; **~en** *pl.* reinforcements.

verstatten [fɛrˈʃtatən] *v/t.* (h.) → *gestatten*.

ver'staub|en *v/i.* (sn) get dusty; **~t** *fig. adj.* dusty, antiquated, moth-eaten.

ver'stäuben I. *v/t.* (h.) dust; **II.** *v/i.* (sn) fly off as dust.

ver'stauch|en *v/t.* (h.) sprain; *sich den Fuß ~* sprain one's foot; **♀ung** *f* (-; -en) spraining.

ver'stauen *v/t.* (h.) stow away.

Versteck [fɛrˈʃtɛk] *n* (-[e]s; -e) hiding-place; hideout (*of criminals*); ambush; *~ spielen* play at hide-and-seek; **♀en** *v/t.* (h.) hide (*a. sich*), conceal; *sich versteckt halten* be in hiding; *fig. sich vor j-m ~ müssen* be a fool to a p.; **~spiel** *n* hide-and-seek (*a. fig.*); **♀t** *adj.* hidden; *fig. a.* veiled, covert; ulterior (*intention, etc.*).

ver'stehen *v/t.* and *v/i.* (irr., h.) understand, get; see; realize; comprehend, grasp, catch; know (*language*); *falsch ~* misunderstand, get *a th.* wrong, *fig.* take *a th.* in bad part; *es ~, zu inf.* know (how) to, manage to *inf.*; *sich ~* understand one another; *sich ~ auf* (*acc.*) know well, be an expert at, be at home in, be a judge of; *sich mit j-m gut ~* get on well with a p.; *sich ~ zu a*) bring o.s. to do, *b*) agree (*or* consent, accede) to; *econ. die Preise ~ sich ... prices are ex works, etc.*; *Spaß ~* take (*or* see) a joke; (*dat.*) *zu ~ geben* give *a p.* to understand, intimate to; *ich weiß, er wird mich (or mein Tun) ~* I know he will understand; *ich verstehe!* I see (*or* understand)!; *Sie ~ mich nicht (recht)!* you don't take my meaning!; *~ Sie?* do you see?; *verstanden?* (do you) understand?, (do you) get me?; (*das*) *versteht sich!* that's understood!, of course!; *es versteht sich von selbst* it goes without saying, it stands to reason; *was ~ Sie unter* (*dat.*)? what do you mean (*or* understand) by?; *wie ~ Sie diesen Satz?* how do you read this sentence?; *wie ~ Sie es?* what do you make of it?; *er versteht etwas davon* he knows a thing or two about it; *er versteht gar nichts davon* he doesn't know the first thing about it; *ich verstehe die Sache nicht* I cannot make it out, I don't get it; *wohl verstanden* let it be understood, mind you, to be sure; *wenn ich recht verstanden habe* I take it that *the show is off*.

ver'steifen *v/t.* (h.) *tech.* strut, prop, brace; *sich ~ stiffen*, harden (*a. econ. prices, etc.*); *fig. sich ~ auf* (*acc.*) make a point of, insist on.

ver'steigen: *sich ~* (irr., h.) lose one's way (in the mountains); *fig. sich ~ zu* (*dat.*) go so far as to *inf.*; *er verstieg sich zu der Behauptung* he went so far as to claim (*that*).

Ver'steiger|er *m* (-s; -) auctioneer; **♀n** *v/t.* (h.) sell by (*Am.* at) auction, put up for public sale; **~ung** *f* (-; -en) (sale by) auction, public sale.

ver'steiner|n *v/t.* (h.) and *v/i.* (sn) turn (in)to (*or* harden into) stone, (*a. fig.*) petrify; **~t** *adj./fig.* petrified, transfixed (*expression, etc.*); *wie ~* petrified, thunderstruck; **♀ung** *f* (-; -en) petrification; petrifaction, fossil.

ver'stell|bar *adj.* adjustable; variable; **♀barkeit** *f* (-) adjustability; **~en** *v/t.* (h.) shift; adjust; misplace; disarrange; bar, block, obstruct; disguise (*handwriting*), change, dissemble (*a. voice*); *sich ~ play a part*, disguise o.s., dissemble, feign; *er kann sich gut ~* he is a good play-actor; **♀ung** *f* (-; -en) dissimulation, disguise; make-believe, play-acting, preten|ce, *Am.* -se; *tech.* adjustment; **♀ungskunst** *f* play-acting.

ver'steuer|bar *adj.* dutiable, taxable; **~n** *v/t.* (h.) pay duty (*or* tax) on; *zu versteuernde Einkünfte* taxable income; *voll zu ~* subject to full taxation; **~t** *adj.* duty-paid; **♀ung** *f* (-) *e-r Sache:* payment of duty on *a th.*; taxation; **♀ungswert** *m* taxable value.

verstiegen [fɛrˈʃtiːgən] *fig. adj.* eccentric(ally *adv.*); high-flown (*ideas, plans, etc.*); **♀heit** *f* (-; -en) eccentricity; extravagance.

ver'stimm|en *v/t.* (h.) put out of tune; *tech.* detune; *fig.* put out (of humo[u]r); *w.s.* irritate, huff; **~t** *adj.* out of tune; *fig.* cross (*über acc.* with), put out *or* disgruntled (about); irritated (at), huffed; upset (*stomach*); **♀ung** *f* (-; -en) ill-humo(u)r; irritation; *w.s.* disagreement, tiff; ill-feeling, resentment.

verstockt [fɛrˈʃtɔkt] *adj.* hardened, callous, obdurate; impenitent; **♀-heit** *f* (-) obduracy, (*a. eccl.*) impenitence.

ver'stofflichen *v/t.* (h.) materialize.

verstohlen [fɛrˈʃtoːlən] **I.** *adj.* furtive, stealthy; surreptitious, clandestine; **II.** *adv.* stealthily, *etc.*; by stealth, on the sly; *~ lachen* laugh in one's sleeve; *~ anblicken* steal a glance at.

ver'stopf|en *v/t.* (h.) stop (up), plug; clog, obstruct; jam, choke up (*street*); tamp (*drilled hole*); *med.* constipate; **♀ung** *f* (-; -en) stopping; clogging, obstruction; jam, congestion; *med.* constipation; *an ~ leiden* be constipated.

verstorben [fɛrˈʃtɔrbən] *adj.* late; deceased, defunct; **♀e(r** *m*) *f* (-n, -n; -en, -en) *the* deceased; *die ~en pl.* the dead, the departed.

verstört [fɛrˈʃtøːrt] *adj.* distracted; bewildered; consternated; stricken, haggard (*face*); wild (*look*); **♀heit** *f* (-) distraction; bewilderment; consternation.

Ver'stoß *m* (-es; ⁼e) offen|ce, *Am.* -se (*gegen* against); contravention, violation, infraction (of); infringement (of); mistake, fault; blunder; **♀en I.** *v/t.* (irr., h.) expel (*aus* from), cast out; repudiate, divorce (*wife*); disown, cast off (*child*); **II.** *v/i.* (irr., h.): *~ gegen* offend against; violate, contravene; infringe; **~ene(r** *m*) *f* (-n, -n; -en, -en) outcast; **~ung** *f* (-; -en) expulsion; repudiation.

ver'streb|en *tech. v/t.* (h.) strut, brace; **♀ung** *f* (-; -en) strut(ting), brace.

ver'streichen I. *v/i.* (irr., sn) *time:* pass (away), slip by, elapse; expire (*period*); **II.** *v/t.* (irr., h.) stop up (*joints*); spread (*butter, ointment*).

ver'streuen *v/t.* (h.) disperse, scatter; *fig.* dot (about); *über e-e Fläche, etc. verstreut sein* be scattered over an area, dot a country, *etc.*

ver'stricken *v/t.* (h.) use up (*or* spend (*time*) in knitting; *fig.* entangle, ensnare; *in e-e Sache verstrickt sein* be involved in, be mixed up in (*or* with) a matter.

verstümmel|n [fɛrˈʃtymələn] *v/t.* (h.) mutilate; *fig.* garble (*message*); **♀ung** *f* (-; -en) mutilation.

verstummen [-ˈʃtumən] *v/i.* (sn) grow dumb *or* silent; *vor Erstaunen:* be struck dumb with amazement; *noise:* stop, cease, die away; *rumours:* cease to be heard; *~ machen* silence.

Versuch [fɛrˈzuːx] *m* (-[e]s; -e) attempt (*a. jur.*), trial, try; *phys.* experiment; *a. tech.* test, try-out; endeavour; effort; *e-n ~ machen mit* give *a p. or a th.* a trial, try *a p. or a th.*, try one's hand at *a th.*, have a go (*or* shot) at *a th.*; *phys. e-n ~ anstellen mit* (make an) experiment on; *das käme auf e-n ~ an* we might as well try; **♀en** *v/t.* (h.) attempt, try; endeavour, make an effort (*zu inf.* to); taste, try (*dish, etc.*); *j-n ~* tempt a p.; *alles ~ try* everything; *es ~ mit → e-n Versuch machen mit; sein Glück ~* try one's luck; *versuch's noch mal!* try again!; **~er(in** *f*) *m* (-s, -; -, -nen) tempter, *f a.* temptress; *eccl. der ~* the Tempter.

Ver'suchs...: **~abteilung** *f* experimental department; **~anlage** *f* testing (*or* pilot) plant; **~anstalt** *f* experimental station; research institute; **~ballon** *m* trial balloon; *fig. a.* kite, ballon d'essai (*Fr.*); *e-n ~ steigen lassen* fly a kite; **~bohrung** *f* test drilling; **~fahrt** *f* trial run; **~feld** *n* proving ground; **~ingenieur** *m* research engineer; **~kaninchen**, **~karnickel** *fig. n* guinea-pig; **~laboratorium** *n* research laboratory; **~lauf** *m* → *Versuchsfahrt*; **~modell** *n* test (*or* working) model; **~muster** *n* experimental type; **~raum** *m* testing room; **~reihe** *f* series of experiments; **~schießen** *n* test firing; **~stadium** *n* experimental stage; **~stand** *m* testing stand; **~station** *f* experimental station; **~strecke** *f* test track; **~tier** *n* laboratory (*or* experimental, test) animal; **♀weise** [-vaɪzə] *adv.* by way of trial *or* (an) experiment; on trial; tentatively; **~zweck** *m:* *zu ~en for* experimental purposes.

Ver'suchung *f* (-; -en) temptation; *in ~ führen* lead into temptation, tempt; *in ~ kommen* be tempted.

ver'sumpfen [fɛrˈzumpfən] *v/i.* (sn) become marshy; *fig.* grow dissolute, go to the bad.

ver'sündig|en: *sich ~* (h.) sin (*an dat.* against), wrong *a p.*; **♀ung** *f* (-; -en) sin.

versunken [fɛrˈzuŋkən] *adj.* sunk, submerged; *fig. ~ in* absorbed (*or* engrossed *or* lost) in; **♀heit** *fig. f* (-) absorption; reverie.

ver'süßen v/t. (h.) sweeten (a. fig.).

ver'tag|en v/t. (h.) adjourn; parl. prorogue; sich ~ take a recess; 2ung f (-; -en) adjournment; parl. prorogation, recess.

ver'tändeln v/t. (h.) trifle away.

ver'täuen [-'tɔyən] mar. v/t. (h.) moor.

ver'tausch|en v/t. (h.) exchange (gegen, für, mit, um for); change places; math. substitute; → verwechseln; 2ung f (-; -en) exchange.

ver'tausendfachen v/t. (h.) (a. sich) increase a thousandfold.

verteidig|en [fɛr'taidigən] v/t. (h.) defend, jur. a. plead on behalf of, appear for; uphold, support; stand up for; maintain (thesis, view); sich ~ justify (or vindicate) o.s.; 2er(in f) m (-s, -; -, -nen) defender; fig. a. advocate, champion; jur. ~ des Angeklagten counsel for the defence, Am. defense counsel, attorney for the defense; soccer: full-back; 2ung f (-) defen|ce, Am. -se (a. sports); mil. tactical: defensive; zur ~ gen. or von in defen|ce (Am. -se) of; zu s-r ~ in one's defen|ce, Am. -se.

Ver'teidigungs...: ~beitrag m defence (Am. -se) contribution; ~bündnis n defensive alliance; ~gemeinschaft f defen|ce (Am. -se) community; ~krieg m defensive war(fare); ~minister m Minister of Defence, Am. Secretary of Defense; ~ministerium n Ministry of Defence, Am. Department of Defense; ~rede f speech for the defen|ce, Am. -se, plea; w.s. apology; ~schlacht f defensive battle; ~schrift f written defen|ce, Am. -se; apology; ~stellung f defensive position; ~system n defensive system; system of defences; ~waffe f defensive weapon; ~zustand m state of defen|ce, Am. -se.

ver'teil|bar adj. distributable; econ. ~er Gewinn profit available for distribution; ~en v/t. (h.) distribute (auf acc., unter acc. among; a. econ.); apportion, allot, allocate; share; divide; disseminate (news); thea. cast (parts); spread (paint; a. fig. über e-n Zeitraum over a period); steuerlich ~ spread out (income); (a. sich) disperse (fog, crowd); sich ~ be distributed (unter acc. among), mil. spread out, deploy.

Ver'teiler m (-s; -) distributor (a. mot.); retailer; radio: distribution frame; distribution list; ~dose el. f junction box; ~feld n distribution panel; ~finger mot. m distributor arm; ~kasten m distribution box; ~organisation econ. f distributing organization.

Ver'teilung f (-) distribution (a. econ.); apportionment, allotment; dissemination; thea. casting; mil. deployment; ~ der Geschäftskosten overhead allocation; ~sschlüssel m ratio of distribution.

verteuern [fɛr'tɔyərn] v/t. (h.) make dearer, raise (or increase) the price of.

verteufel|n [fɛr'tɔyfəln] v/t. (h.) make a bog(e)yman of; ~t colloq. I. adj. devilish, fiendish, deuced;

~er Kerl devil of a fellow; II. adv. devilish, fiendishly, awfully.

vertief|en [fɛr'tiːfən] v/t. (h.) deepen (a. sich); hollow out; fig. (a. sich) deepen; heighten (impression, etc.); sich ~ in (acc.) plunge into; become absorbed (or engrossed) in (thoughts, book); 2ung f (-; -en) deepening (a. fig.); hollow, cavity; recess; fig. absorption.

vertiert [fɛr'tiːrt] adj. brutish.

vertikal [vɛrti'kaːl] adj. vertical; 2e f (-; -en) vertical line; 2verflechtung econ. f vertical combination.

vertilg|en [fɛr'tilgən] v/t. (h.) extirpate, exterminate; annihilate; wipe out; consume (supply, food); 2ung f (-) extermination.

ver'tippen v/t. (h.) type wrong; sich ~ make a typing error.

verton|en [fɛr'toːnən] v/t. (h.) set to music, compose; 2ung f (-; -en) composition, music.

vertrackt [fɛr'trakt] colloq. adj. confounded.

Vertrag [fɛr'traːk] m (-[e]s; ⸚e) agreement, contract; pol. treaty; convention; pact; mündlicher ~ verbal agreement, parol contract; auf Grund e-s ~es under an agreement; Anspruch aus e-m ~e claim under a contract; e-n ~ schließen make (or enter into) an agreement; 2en [-gən] v/t. (irr., h.) carry away; endure, a. w.s. stand (a p.; a. alcohol, backtalk, etc.); bear (a. of things), tolerate; diese Speise kann ich nicht ~ this food does not agree with me; colloq. et. ~ können be able to take it, hold one's liquor well; colloq. er kann e-n Puff ~ he can take a lot; sich ~ things: be compatible; colours, etc.: go well together, agree, harmonize; persons: agree; sich (gut, schlecht) miteinander ~ get on or along (well, ill) together; sich wieder ~ be reconciled (mit with), make it up (with); die Farben ~ sich nicht a. the colo(u)rs clash; 2lich [-'traːkliç] I. adj. contractual, stipulated; II. adv. by contract; under a (or this) agreement; as stipulated; ~ verpflichtet sein be bound by contract; sich ~ verpflichten contract (zu for a th., to do a th.).

verträglich [fɛr'trɛːkliç] adj. sociable, peaceable, conciliatory; good-natured; things: compatible, consistent; med. well tolerated; 2keit f (-) sociability; compatibility.

Ver'trags...: ~abschluß m conclusion of an agreement; 2ähnlich adj. quasi-contractual; ~bedingung f contractual term; ~bruch m breach of contract; 2brüchig adj. defaulting; ~ werden commit a breach of contract.

ver'tragschließend adj. contracting (parties).

Ver'trags...: ~dauer f life (or term) of a contract; ~entwurf m draft agreement; 2fähig adj. competent to contract; ~fähigkeit f (-) contracting capacity; 2gemäß adv. according to (econ. as per) agreement, as stipulated; ~gegenstand m object of agreement; ~hafen m treaty port; ~händler m appointed

dealer; ~hilfe jur. f judicial assistance; 2mäßig adj. → vertraglich; ~macht f treaty power; ~nehmer m contractor; ~partei f, ~partner m party to a contract; ~pflicht f obligation under a contract; ~preis m contract price; ~recht n law of contract; contractual right; ~strafe f (conventional) penalty; ~verhältnis n contractual relationship; ~werk n (set of) agreements pl.; 2widrig adj. contrary to (the terms of) an agreement.

ver'trauen I. v/t. (h.) → anvertrauen; II. v/i. (h.) trust (j-m a p.); ~ auf (acc.) trust (or confide) in, place confidence in, rely on; 2 n confidence, trust (auf acc. in); im ~ privately, confidentially; ganz im ~ between you and me; j-m (ganz) im ~ sagen tell a p. in (strict) confidence; im ~ auf trusting to, confiding in, relying on; ~ haben zu put faith in, have confidence in, trust; j-m sein ~ schenken, sein ~ in j-n setzen place confidence in a p.; j-n ins ~ ziehen take a p. into one's confidence, confide in a p.; das ~ verlieren zu lose faith in; ~erweckend adj. inspiring trust or confidence; fig. promising; wenig ~ a. suspicious.

Ver'trauens...: ~arzt m company doctor; ~bruch m breach (or betrayal) of trust; indiscretion; ~frage f: die ~ stellen pose the question (or ask for a vote) of confidence; ~mann m, ~person f man of confidence; confidential agent; confidant(e f); spokesman; shop steward; informant; ~posten m position of trust; ~rat m worker's council; ~sache f confidential matter; w.s. das ist ~ that's a matter of confidence; ~schüler(in f) m prefect; 2selig adj. (too) confiding; gullible; ~seligkeit f blind confidence; ~stellung f position of trust; ~verhältnis n: persönliches ~ personal confidence; 2voll adj. trustful, trusting; ~votum n vote of confidence; 2würdig adj. trustworthy.

ver'trauern v/t. (h.) pass in mourning.

ver'traulich adj. confidential; intimate, familiar; (a. plump ~) chummy; et. ~ behandeln treat a th. confidentially; streng ~! strictly confidential!; 2keit f (-; -en) confidence, intimacy, familiarity; sich ~en herausnehmen take liberties (mit with).

ver'träum|en v/t. (h.) dream away; ~t adj. dreamy, sleepy (village).

ver'traut adj. intimate, familiar; ~ mit well acquainted with, (well) versed in, (fully) conversant with, at home in a th.; sich mit et. ~ machen acquaint (or familiarize) o.s. with a th.; sich mit dem Gedanken ~ machen get used to the idea; 2e(r m) f (-n, -n; -en, -en) intimate friend, confidant(e f), chum; 2heit f (-) familiarity; ~ mit et. intimate knowledge of, familiarity with.

ver'treib|en v/t. (irr., h.) drive away; expel (aus from); turn out (of the house); j-n aus s-m Besitztum ~ dispossess a p., evict a p.; j-n aus dem Lande ~ banish (or exile) a p.; den Feind (aus e-r Stellung) ~ dislodge the enemy; fig. banish (cares, etc.); remove, cure (disease); econ. sell, distribute (goods), peddle; (sich) die Zeit ~ pass (or while) away one's time, kill time; 2ung f (-) expulsion.

vertret|bar [-'treːtbaːr] adj. justifiable; defendable (point of view); jur. fungible (things); ~en v/t. (irr., h.): sich den Fuß ~ sprain one's foot; sich die Beine ~ stretch one's legs; j-m den Weg ~ bar (or stand in) a p.'s way, stop a p.; represent, act on behalf of (a p., company); replace (a p.); act (or substitute, deputize) for (an official); a. jur. appear or plead for; jur. j-s Sache ~ plead a p.'s cause, hold a brief for a p.; attend to, safeguard, look after (a p.'s interests); answer for (an action); e-e Ansicht ~ take a view, hold; advocate (scheme, etc.); parl. sit for, represent (constituency); 2er(in f) m (-s, -; -, -nen) representative; agent; sales representative; commercial traveller, Am. traveling salesman; proxy, agent, attorney (-in-fact); substitute, deputy; assistant; of doctor: locum tenens; advocate; champion; exponent; 2erprovision f agent's commission; 2ervertrag m contract of agency.

Ver'tretung f (-; -en) representation; econ. agency; pol., mil. mission (abroad); substitution (in office); in ~ by proxy; in ~ (gen.) (acting) for; j-s ~ übernehmen take the functions (or place) of a p., act as a substitute for a p.; ~smacht f (agent's) authority; ~svollmacht f power of attorney; 2sweise [-vaizə] adv. as (a) representative, by proxy.

Vertrieb [fɛr'triːp] m (-[e]s; -e) sale, marketing; distribution.

Vertriebene(r m) [-'triːbənə(r)] f (-n, -n; -en, -en) expellee.

Ver'triebs...: ~abkommen n marketing agreement; ~abteilung f sales department; ~gemeinschaft f joint marketing organization, sales combine; ~gesellschaft f trading company, Am. a. marketing corporation; ~kosten pl. distribution cost(s), sales expense sg.; ~leiter m sales manager; ~recht n right of sale; licen|ce, Am. -se; monopoly; copyright.

ver'trinken v/t. (irr., h.) spend on drink.

ver'trocknen v/i. (sn) dry up.

ver'trödeln v/t. (h.) dawdle away, waste.

ver'tröst|en v/t. (h.) feed with hopes (auf acc. on); console; put off (auf acc. till; von e-m Tag zum andern from day to day); 2ung f (-; -en) empty promise(s pl.), fair words pl.

vertrusten [fɛr'trastən] econ. v/t. (h.) pool.

ver'tun v/t. (irr., h.) spend, squander, waste; Zeit ~ mit waste time on (a th.); colloq. sich ~ make a mistake.

ver'tuschen v/t. (h.) hush up, suppress; gloss over.

verübeln [fɛr'ʔyːbəln] v/t. (h.) take a th. amiss; j-m et. ~ blame a p. for a th.; ich hoffe, Sie werden mir die Frage nicht ~ I hope you won't mind the question.

ver'üb|en v/t. (h.) commit, perpetrate; play (pranks); 2ung f (-) committing, perpetration.

ver'ulken v/t. (h.) make fun of, tease, pull a p.'s leg, guy, kid.

verunehren [fɛr'ʔunˀeːrən] v/t. (h.) dishono(u)r.

ver'uneinig|en v/t. (h.) disunite, set at variance; sich ~ fall out, quarrel; 2ung f (-; -en) disunion, discord.

verun|glimpfen [fɛr'ʔunglimpfən] v/t. (h.) disparage, blacken, calumniate, slander; 2glimpfung f (-; -en) defamation, calumny; jur. ~ Verstorbener blackening the memory of the deceased.

ver'un|glücken [-glykən] v/i. (sn) meet with an accident; be killed in an accident, perish; matter: fail, miscarry, go wrong; 2glückte(r m) f (-n, -n; -en, -en) victim, casualty.

ver'unreinig|en v/t. (h.) soil, dirty (a. wound); infect, pollute (air, water, etc.); fig. dirty; 2ung f (-; -en) soiling; pollution; defilement; impurity, impurities pl.

ver'unsichern v/t. (h.) rattle.

ver'unstalt|en v/t. (h.) deform, disfigure, deface; verunstaltet a. misshapen; 2ung f (-; -en) disfigurement.

ver'untreu|en [-trɔyən] v/t. (h.) embezzle; 2ung f (-; -en) embezzlement; misappropriation.

ver'unzieren v/t. (h.) disfigure, mar.

verursachen [fɛr'ʔuːrzaxən] v/t. (h.) cause, occasion; produce, create; give rise to; entail; j-m Kosten (Umstände) ~ put a p. to expense (inconvenience).

ver'urteil|en v/t. (h.) condemn (a. fig.), sentence (zu to), convict; → Kosten; zu e-r Geldstrafe (von 20 Mark) ~ fine a. p. (20 marks); zum Nichtstun verurteilt condemned to idleness; → Scheitern; 2te(r m) f (-n, -n; -en, -en) convict, person under sentence; 2ung f (-; -en) condemnation (a. fig.), conviction; sentence; im Falle der ~ upon conviction.

vervielfältigen [fɛr'fiːlfɛltɪɡən] v/t., a. sich (h.) multiply; manifold, duplicate; mimeograph; reproduce, duplicate.

Ver'vielfältigung f (-; -en) multiplication; duplication; mimeographing; duplicate, mimeographed sheet; ~s-apparat m duplicating apparatus, hectograph, mimeograph; ~s-arbeit f manifolding work; ~s-papier n duplicating paper; ~srecht n right of reproduction; ~sverfahren n copying process, duplication.

vervierfachen [fɛr'fiːrfaxən] v/t., a. sich (h.) quadruple.

vervollkommn|en [fɛr'fɔlkɔmnən] v/t. (h.) perfect, improve (upon); 2ung f (-) perfection, improvement.

ver'vollständig|en [-ʃtɛndɪɡən] v/t. (h.) complete, supplement; econ.

sein Lager wieder ~ replenish one's stock; 2ung f (-) completion.

ver'wachs|en I. v/i. (irr., sn) grow together; med. close (or heal) up; become overgrown; **II.** adj. deformed, crooked; hunchbacked; dense, thick (forest); fig. ~ mit intimately bound up with, attached to, deeply rooted in; 2ung f (-; -en) deformity; med. adhesion.

ver'wackeln I. v/t. (h.) phot. jump; **II.** v/i. (sn) TV be blurred.

ver'wahr|en v/t. (h.) keep, guard (vor dat. from); have in safe keeping; hold in trust; j-m zu ~ geben entrust to a p.'s care; gut ~! keep in safe place!; fig. sich ~ protest (gegen against); 2er m (-s; -) keeper; custodian, depositary (of assets).

verwahrlos|en [fɛr'vaːrloːzən] **I.** v/t. (h.) neglect; **II.** v/i. (sn) be neglected, go to seed; person: be demoralized, go to the bad; child: run wild; ~t adj. uncared-for, neglected; person: a. unkempt, ragged; demoralized, wild, wayward; 2ung f (-) neglect; demoralization.

Ver'wahrung f (-; -en) keeping, guard; charge, custody; safekeeping; custodianship, Am. safe custody; fig. preservation (vor dat. from); (j-m) in ~ geben deposit, give into a p.'s charge; gegen et. ~ einlegen enter a protest against, take exception to (a th.); in ~ haben → verwahren; in ~ nehmen take charge of, take into custody or deposit; ~s-konto n suspense account; ~s-ort m depository; ~s-vertrag m safe-deposit contract.

verwais|en [fɛr'vaizən] v/i. (sn) become an orphan, lose one's parents; fig. be deserted; ~t adj. orphan(ed); fig. deserted.

ver'walt|en v/t. (h.) administer (a. bankrupt's, etc., estate); manage; conduct (affairs); control, supervise; hold in trust, act as a trustee to a p.'s property; hold (office); 2er m (-s; -) administrator, manager; trustee, custodian; steward; 2erin f (-; -nen) administratrix, manageress.

Ver'waltung f (-; -en) administration (a. authorities); management; pol., mil. caretaker control; Civil Service; administrative authority, governing body; department, agency; städtische ~ municipal administration (or authorities).

Ver'waltungs...: ~akt m act of administration; ~apparat m administrative machinery; ~ausschuß m managing committee; ~be-amte(r) m administrative official, Civil Servant; ~behörde f → Verwaltung; ~bezirk m administrative district; ~dienst m Civil Service; ~gebäude n administration building, offices pl.; ~gebühr f administrative fee; n.s. management charge; ~gericht n Administrative Court; ~kosten pl. administrative expenses; ~offizier m administrative officer; ~rat m (-[e]s; ⁺e) governing council; board of trustees; econ. a) board of directors, b) director; ~weg m: auf dem ~e through administrative channels, administratively; **~wesen** n (-s) (public) administration; **~zweig** m administrative department.

ver'wandel|bar adj. transformable, (a. tech.) convertible; **~n** v/t. (h.) change; turn, convert; transform (all: in acc. into); math. reduce; scient. transmute, metamorphose; jur. commute (sentence); in e-n Aschenhaufen ~ reduce to (a heap of) ashes; in Staub ~ turn to dust, pulverize; soccer: convert, v/i. a. score; sich ~ change; sich ~ in change into; be transformed or converted, etc. into.

Ver'wandlung f (-; -en) change; conversion; transformation; transmutation; metamorphosis; jur. commutation; thea. shifting of scenes; eccl. transsubstantiation; **~skünstler(in** f) m quick-change artist; **~sszene** thea. f transformation scene.

verwandt [fɛr'vant] adj. related (mit to); fig. a. kindred; esp. words: cognate (to, with); analogous (to); similar; **~e** Gebiete related (or allied) subjects; **~e** Seelen congenial (or kindred) souls; er ist mit mir ~ he is a relative (or relation) of mine; **2e(r** m) f (-n, -n; -en, -en) relative, relation; jur. der nächste ~ the next of kin; **2schaft** f (-; -en) relationship; kinship; consanguinity; relations pl.; fig. congeniality; affinity (a. by marriage or chem.); connection; **~schaftlich** adj. kinsmanlike; **2schaftsgrad** m degree of relationship (or affinity).

verwanzt [fɛr'vantst] adj. bug-ridden, buggy.

ver'warn|en v/t. (h.) warn (off), admonish; caution (a. sports = warn); **2ung** f (-; -en) warning, admonition; caution.

ver'waschen I. v/t. (irr., h.) use up in washing; **II.** adj. washed out, faded (both a. fig.); pale; fig. vapid, wishy-washy.

ver'wässer|n v/t. (h.) water (a. econ. stock), dilute; fig. water down; **~t** adj. fig. watered-down; wishy-washy.

ver'weben v/t. (irr., h.) interweave; fig. a. mingle (mit with; a. sich).

ver'wechs|eln v/t. (h.) change by mistake; exchange; confound (mit with); confuse (with), mix up (with); j-n mit e-m andern ~ (mis-)take a p. for another; den Hut, etc. ~ take the wrong hat, etc.; sie sehen sich zum 2 ähnlich they are as like as two peas; **2lung** f (-; -en) mistake; confusion; mix-up.

verwegen [fɛr'veːgən] adj. daring, bold, audacious; rakish (hat, etc.); **2heit** f (-; -en) boldness, audacity, dare-devilry, temerity.

ver'weh|en I. v/t. (h.) blow away; scatter; cover with snow; **II.** v/i. (sn) blow away, drift (off); voice, etc.: trail away; **2ung** f (-; -en) (snow or sand) drift.

ver'wehren (h.): j-m et. ~ keep (or hinder, debar) a p. from; disallow a p. to; et. ~ bar a th.; j-m Zutritt ~ refuse a p. admittance (zu to).

verweichlich|en [fɛr'vaiçliçən] **I.** v/t. (h.) render effeminate (or soft), coddle; **II.** v/i. (sn) grow effeminate

(or soft); **~t** adj. effeminate, soft, coddled; **2ung** f (-) effeminacy, softness.

ver'weiger|n v/t. (h.) deny, refuse, decline; econ. Auslieferung ~ withhold delivery; e-n Befehl ~ disobey (or flout) an order; j-m den Gehorsam ~ disobey a p.; **2ung** f (-; -en) denial, refusal; econ. ~ der Annahme non-acceptance; **2ungsfall** m: im ~ in case of refusal.

ver'weilen v/i. (sn) stay, linger; fig. ~ bei et. dwell (or enlarge) on a th.

verweint [fɛr'vaint] adj. tear-stained face; eyes red with tears.

Verweis [fɛr'vais] m (-es; -e) reprimand, reproof, censure; set-down; reference; j-m e-n ~ erteilen reprimand (or rebuke, censure) a p. (wegen for), rap the knuckles of a p.; **2en** v/t. (irr., h.) banish, exile; expel (pupil); sports: des Feldes ~ send off (the field); j-m et. ~ reprimand a p. for a th.; ~ auf (acc.) or an (acc.) refer to; **~ung** f (-; -en) banishment; expulsion; reference (auf acc., an acc. to); **~ungszeichen** n mark of reference.

ver'welken v/i. (sn) fade, wilt, wither.

verweltlich|en [fɛr'vɛltliçən] v/t. (h.) secularize; **2ung** f (-) secularization.

verwend|bar [fɛr'vɛntbaːr] adj. applicable, available; usable; suitable; serviceable; **2barkeit** f (-) availability; usability, suitability; applicability; serviceableness; **~en** v/t. (irr., h.) apply (auf acc., für to), employ, use (in, for); (nützlich) ~ utilize; spend, expend; ~ auf bestow care on; Zeit ~ auf devote time to; sich bei j-m ~ für intercede with a p. for, use one's influence on behalf of, recommend a p. to a p.; er verwandte kein Auge von ihr he never turned his eyes from her; **2ung** f application, use, employment; utilization; expenditure; intercession; vielseitige ~ versatility; jur. widerrechtliche ~ conversion; keine ~ haben für have no use for; mil. zur besonderen ~ (seconded) for special duty; **2ungszweck** m use, intended purpose.

ver'werf|en v/t. (irr., h.) reject, repudiate, turn down; spurn; jur. and fig. dismiss (action, idea); quash (sentence); overrule (motion); sich ~ wood: warp; geol. dislocate; **~lich** adj. objectionable, blamable, reprehensible; bad, abject, abominable; **2lichkeit** f (-) reprehensibleness; badness, abjectness; **2ung** f (-; -en) rejection; jur. dismissal; quashing; geol. dislocation.

verwert|bar [fɛr'veːrtbaːr] econ. adj. realizable; usable; convertible (shares, etc.), negotiable; **~en** v/t. (h.) turn to account, make use of, utilize; evaluate; realize; commercialize; exploit; sich gut ~ lassen be most useful, come in handy, econ. find a ready sale (or market), fetch a good price; **2ung** f utilization; realization; commercialization; exploitation.

verwes|en [fɛr've:zən] **I.** v/i. (sn) rot, putrefy; decay, decompose; halb verwest putrefying, half rotten;

II. v/t. (h.) administer; **2er** m (-s; -) asminstrator; vice-regent; **~lich** adj. corruptible, putrefiable; **2ung** f (-) decay, putrefaction; decomposition; in ~ übergehen begin to putrefy; administration, management; **2ungsprozeß** m process of decomposition; putrefaction.

ver'wetten v/t. (h.) bet, wager, stake (für on); lose by betting; gamble away.

ver'wickel|n v/t. (h.) entangle (in acc. in); fig. a. involve, embroil, engage (in); complicate (a matter); mil. engage (in combat); j-n ~ in a. b.s. drag a p. into; j-n in ein Streitgespräch ~ engage a p. in an argument; in et. verwickelt werden be(come) involved in a lawsuit, etc., get mixed up (in or with); sich ~ in get entangled in; **~t** fig. adj. complicated, involved, intricate; **2ung** f entanglement, implication; complexity; complication; confusion, tangle, imbroglio.

verwilder|n [fɛr'vildərn] v/i. (sn) garden, etc.: run to seed; bot. and fig. run wild; morals: degenerate; **~t** adj. uncultivated, weed-grown; fig. wild, unruly; degenerate.

verwind|en [fɛr'vindən] v/t. (irr., h.) overcome, get over a th.; tech. distort, twist; **2ung** f tech. distortion; aer. wing twisting.

ver'wirk|en v/t. (h.) forfeit, incur, be liable to (penalty); **2ung** f forfeiture.

verwirklich|en [fɛr'virkliçən] v/t. (h.) realize; translate into reality (or action); sich ~ be realized, esp. Am. materialize; come true; **2ung** f (-) realization.

verwirr|en [fɛr'virən] v/t. (h.) entangle; fig. j-n: confound, bewilder, perplex; embarrass a p.; et.: make involved (or intricate), confuse a th.; sich ~ get entangled; **~t** adj. confused, bewildered, etc.; dazed; **2ung** f (-; -en) entanglement; fig. confusion; disorder; perplexity, bewilderment; embarrassment; mix-up, muddle, topsy-turvydom; tumult; in ~ geraten or sein get into (or be in) confusion; in ~ bringen throw into confusion, j-n: confuse, discompose a p.

ver'wirtschaften v/t. (h.) squander away.

ver'wischen v/t. (h.) wipe (or blot) out; (a. fig.) efface; blur, obscure; smear; cover (tracks); sich ~ become effaced or blurred, fig. vanish, become indistinct.

ver'witter|n v/i. (sn) weather (a. v/t.); disintegrate, decay; chem. effloresce; **~t** adj. weather-beaten, weather-worn; **2ung** f (-; -en) weathering; decomposition; efflorescence.

verwitwet [fɛr'vitvət] adj. widowed.

verwöhn|en [fɛr'vø:nən] v/t. (h.) spoil; coddle, pamper; **~t** adj. pampered, spoilt (child); fastidious (palate, taste); **2ung** f (-) spoiling; pampering.

verworfen [fɛr'vɔrfən] adj. depraved; base, abject, vile; **2heit** f (-) depravity; abjectness.

verworren [fɛr'vɔrən] adj. confused, muddled (thoughts); intricate, confused (*situation*); 2heit *f* (-) confusion, intricacy.

verwund|bar [fɛr'vuntbɑːr] *adj.* vulnerable (*a. fig.*); **~en** [-dən] *v/t.* (*h.*) wound (*a. fig.*).

ver'wunder|lich *adj.* astonishing, remarkable; wondrous; odd, strange; *es ist nicht ~, daß* it is small wonder that; **~n** *v/t.* (*h.*) astonish, amaze; *sich ~* wonder, be astonished or surprised (*über acc.* at); *verwundert* wondering, astonished, lost in wonder; 2**ung** *f* (-) astonishment, surprise, amazement; *zu m-r ~* to my amazement.

Verwundete(r) [fɛr'vundətə(r)] *mil. m* (-n; -n) wounded (soldier), casualty; **~n-abzeichen** *n* Wound Badge; *Brit.* Gold Stripe; *Am.* Purple Heart.

Ver'wundung *f* (-; -en) wound(ing), injury.

verwunschen [fɛr'vunʃən] *adj.* enchanted (*prince, island*); haunted (*house*).

ver'wünsch|en *v/t.* (*h.*) curse, execrate; enchant, bewitch; **~t** *adj.* accursed, confounded, blessed; **~!** confound it!; 2**ung** *f* (-; -en) curse, imprecation; **~en** *ausstoßen gegen j-n* hurl imprecations at a p.

ver'wurzelt *adj.* (deeply) rooted (*in dat.* in); *fest ~* firmly rooted.

verwüst|en [fɛr'vyːstən] *v/t.* (*h.*) lay waste, devastate; ravage (*a. fig. face*); 2**ung** *f* (-; -en) devastation, ravages *pl.*

ver'zag|en *v/i.* (*h.*) despair, despond (*an dat.* of); lose heart, give up hope; *nur nicht ~!* never say die!; **~t** *adj.* disheartened, despondent; pusillanimous, faint-hearted; 2**t-heit** *f* (-) despondency, hopelessness; faint-heartedness.

ver'zählen: *sich ~* (*h.*) miscount, make a mistake (in counting).

ver'zahn|en *v/t.* (*h.*) tooth, gear, cog (*wheel*); indent, dovetail (*board, etc.*); *fig.* (*a. sich*) link together, interlock; *fig. miteinander ~* dovetail; 2**ung** *f* (-; -en) *tech.* tooth system, toothing; *arch.* indentation; *fig.* interlocking.

ver'zapfen *v/t.* (*h.*) sell *beer* on draught; *tech.* tenon, mortise; *colloq. fig.* tell, dish out; *Unsinn ~* talk rot.

verzärtel|n [fɛr'tsɛːrtəln] *v/t.* (*h.*) coddle, pamper; *verzärtelte Person* molly-coddle; 2**ung** *f* (-) pampering; effeminacy.

ver'zauber|n *v/t.* (*h.*) put a spell on, bewitch, charm, enchant; *~ in* (*acc.*) transform into; **~t** *adj.* enchanted (*island, prince, etc.*).

verzehnfachen [fɛr'tseːnfaxən] *v/t. and sich ~* (*h.*) increase tenfold, decuple.

ver'zehr|en *v/t.* (*h.*) consume (*a. fig.*), eat (up); *fig. sich ~ eat one's heart out; sich ~ vor Gram, etc.* pine away with, be consumed with (*grieve, etc.*); **~end** *adj. fig.* burning (*look, passion*); 2**ung** *f* (-) consumption; 2**zwang** *m* (-[e]s) obligation to order.

ver'zeich|nen *v/t.* (*h.*) note (*or* write) down; *adm., a. fig.* record, register; list, *econ.* quote; draw incorrectly; *fig.* misrepresent, draw a

---

distorted picture of; *opt.* distort; *fig.* register, secure; *~ haben* score (*success, victory*); *auf e-r Liste verzeichnet sein* figure in *or* on a list; **~net** [-nət] *adj.* out of drawing; 2**nis** *n* (-ses; -se) list, catalogue; register; statement; specification; inventory; roll; index (*of book*); table, schedule; *econ. ~ versandter Waren* invoice; 2**nung** *f* (-; -en) *opt., TV* distortion (*a. fig.*).

ver'zeih|en *v/t.* (*irr., h.*) pardon, forgive (*both: j-m* [et.] a p. [a th.]); excuse; condone; *~ Sie!* I beg your pardon!, excuse me!, (so) sorry; *nicht zu ~* inexcusable; **~lich** *adj.* pardonable, excusable; venial (*sin*); 2**ung** *f* (-) pardon; *j-n um ~ bitten* beg a p.'s pardon; **~!** I beg your pardon!, please forgive me!, (so) sorry!

ver'zerr|en *v/t.* (*h.*) distort, twist; *fig.* caricature; *sich ~* become *or* get distorted, get out of shape; *sich den Knöchel ~* sprain one's ankle; *das Gesicht ~* (make a) grimace, pull a face; 2**ung** *f* (-; -en) distortion, contortion, grimace; **~ungsfrei** *adj.* free from distortion.

verzetteln [fɛr'tsetəln] *v/t.* (*h.*) fritter away; *sich ~* dissipate one's energies, squander one's strength.

Verzicht [fɛr'tsɪçt] *m* (-[e]s; -e) (*a. ~leistung f*) renunciation (*auf acc.* of); sacrifice; abandonment; *jur.* waiver, disclaimer (*of claim, right*); *~ leisten →* 2**en** *v/i.* (*h.; auf acc.*) renounce, resign, relinquish; *jur.* waive, disclaim; deliver a waiver; dispense with, do without; for(e)go; **~erklärung** *f* waiver, disclaimer.

ver'ziehen I. *v/i.* (*irr., sn*) (re)move (nach to); *falls verzogen* in case of change of address, if moved; linger; **II.** *v/t.* (*irr., h.*) distort; draw, screw up (*mouth*); *das Gesicht ~* make a wry face, (make a) grimace; *keine Miene ~* not to move a muscle, not to bat an eyelash; spoil (*child*); *sich ~* wood: warp, dress: hang badly, drag; disappear, vanish, *colloq.* make off, make tracks; *fog, steam:* dissolve; *crowd, cloud:* disperse; *storm:* pass over; *pain:* blow over.

ver'zier|en *v/t.* (*h.*) adorn, decorate; trim; embellish; 2**ung** *f* (-; -en) decoration; ornament; *mus.* flourish, grace note; *colloq. fig.* frill(s *pl.*).

verzinken [fɛr'tsɪŋkən] *v/t.* (*h.*) zinc (coat), galvanize.

verzinnen [fɛr'tsɪnən] *v/t.* (*h.*) tin.

verzins|en [fɛr'tsɪnzən] *v/t.* (*h.*) pay interest on; *e-n Betrag zu 3% ~* pay 3 per cent interest on a sum; *5% verzinst* bearing 5 per cent interest; *sich ~* yield (*or* bear) interest; **~lich** *adj.* bearing interest; interest-bearing (*papers*); **~es Darlehen** loan on interest; *niedrig ~ low interest; ~ mit 4%* bearing interest at 4 per cent; *~ vom 1. Januar an* interest payable from January 1st; *~ anlegen* put out at interest; 2**ung** *f* (-) (payment of) interest; interest rate; interest return.

verzogen [fɛr'tsoːgən] *adj.* spoiled (*child*); → *verziehen.*

ver'zöger|n *v/t.* (*h.*) delay, retard;

---

slow down (*a. sich ~*); protract; *sich ~* be delayed; be long in coming; 2**ung** *f* (-; -en) delay, retardation, time-lag; *e-e ~ erleiden* suffer a delay, be delayed; 2**ungs-taktik** *f* delaying tactics *pl.*; 2**ungszünder** *mil. m* delay(-action) fuse.

ver'zoll|bar *adj.* subject to duty, dutiable; **~en** *v/t.* (*h.*) pay duty on; *mar.* clear; *haben Sie et. zu ~?* have you anything to declare?; **~t** *adj.* duty-paid; 2**ung** *f* (-) payment of duty; *mar.* clearance.

ver'zück|en *v/t.* (*h.*) ecstasize, enrapture; **~t** *adj.* ecstatic, enraptured; in raptures, rapt; 2**ung** *f* (-; -en) ecstasy, rapture; *in ~ geraten* go into ecstasies (*wegen* over).

ver'zuckern *v/t.* (*h.*) sugar (over); candy (*fruit*); ice (*cake*); *fig. die Pille ~* sugar the pill.

Ver'zug *m* (-[e]s) delay; *ohne ~* without delay, forthwith; *jur. in ~ geraten* come in default; *in ~ sein* default (*mit* with); *es ist Gefahr im ~* there is danger ahead; **~s-aktien** *f/pl.* deferred shares; **~s-strafe** *f* penalty for delay; **~s-tage** *m/pl.* days of grace; **~szinsen** *m/pl.* interest for delay (*or* on arrears).

ver'zweif|eln *v/i.* (*sn*) despair (*an dat.* of); be in despair, abandon hope; *es ist zum* 2 it is enough to drive one mad (*or* to despair); *nur nicht ~!* never say die!; **~elt** [-əlt] *adj.* despairing; desperate; **~e Versuche** desperate efforts; dreadful(ly *adv.*); 2**lung** *f* (-) despair; *in ~ geraten* (sink into) despair; *zur ~ bringen or treiben* drive to despair, drive mad; *Mut der ~* courage of despair.

verzweig|en [fɛr'tsvaɪgən] *v/t. and sich ~* (*h.*) branch out, ramify; 2**ung** *f* (-; -en) ramification, branching.

verzwickt [fɛr'tsvɪkt] *adj.* intricate, complicated, ticklish, tricky.

Vesper [fɛspər] *f* (-; -en) *eccl.* vespers *pl.*; *a.* **~brot** *n* light meal, snack; 2**n** *v/i.* (*h.*) have a snack.

Vestalin [vɛs'tɑːlin] *f* (-; -nen) Vestal (virgin).

Vestibül [vɛsti'byːl] *n* (-s; -e) vestibule, hall.

Veteran [vete'rɑːn] *m* (-en; -en) *Brit.* ex-serviceman, *Am.* veteran; *fig.* veteran.

Veterinär [veteri'nɛːr] *m* (-s; -e) veterinary surgeon, veterinarian.

Veto ['veːto] *n* (-s; -s) veto; *ein ~ einlegen* interpose one's veto; *gegen:* (*acc.*) put a veto upon, veto a *th.*; **~recht** *n* power of veto.

Vettel ['fɛtəl] *f* (-; -n): *alte ~* old hag, harridan, slut.

Vetter ['fɛtər] *m* (-s; -n) cousin; **~nwirtschaft** *f* (-) nepotism, cronyism.

Vexier|bild [fɛ'ksiːr-] *n* picture-puzzle; 2**en** *v/t.* (*h.*) vex, tease; puzzle, mystify; **~schloß** *n* puzzle-lock; **~spiegel** *m* distorting mirror; **~spiel** *n* (Chinese) puzzle.

V-förmig ['faufœrmiç] *adj.* V-shaped.

Viadukt [via'dukt] *m* (-[e]s; -e) viaduct.

Vibration [vibratsi'oːn] *f* (-; -en) vibration; **~smassage** *med. f* vibro-massage.

vibrier|en [vi'bri:rən] *v/i.* (*h.*) vibrate; **⌂tisch** *tech. m* vibrating table.

Videofrequenz ['vide⁹o-] *f* video frequency.

Vieh [fi:] *n* (-[e]s) cattle, livestock; *w.s., a. fig.* brute, beast; '⌂ausstellung *f* cattle show; '⌂bestand *m* livestock; '⌂bremse *f* gadfly; '⌂futter *n* fodder, provender; '⌂händler *m* cattle dealer; '⌂hof *m* stockyard; '⌂isch *adj.* bestial, brutal, beastly; '⌂magd *f* milkmaid; '⌂markt *m* cattle market; '⌂salz *n* cattle-salt; '⌂seuche *f* cattle-plague, rinderpest; '⌂stand *m* stock of cattle, livestock; '⌂treiber *m* (cattle-)drover; '⌂wagen *m* live-stock wag(g)on, *Am.* stock car; '⌂weide *f* pasturage; '⌂zählung *f* livestock census; '⌂zeug *n* animals *pl.*; '⌂zucht *f* stock farming, cattle breeding; '⌂züchter *m* stock-farmer, cattle-breeder, *Am. a.* rancher; ⌂züchte'rei *f* (-; -en) cattle breeding establishment, *Am.* ranch.

viel [fi:l] *adj. and adv.* much; ⌂e *pl.* many; *sg. and pl.*: a lot (of), lots of; plenty of *cake, money, room, time, etc.*; *sehr ⌂ a great deal*; *sehr ⌂e pl. a great many*; *noch einmal so ⌂ as much again*; *⌂ besser much better*; *ziemlich ⌂ a good deal (of)*; *ziemlich ⌂e pl. a good many*; *einer zu ⌂ one too many*; *ein bißchen ⌂ a little too much*; *⌂ zu ⌂ far too much*; *das ⌂e Geld all that money*; *seine ⌂en Geschäfte his numerous affairs*; *in ⌂em in many respects*; *um ⌂es besser far (or much, a great deal) better*; *das will ⌂ sagen that is saying a great deal*; *es hätte nicht ⌂ gefehlt, so hätte er a little more and he would have.*

'viel...: ⌂adrig [-⁹a:driç] *adj.* multi-core (*cable*); ⌂bändig [-bɛndiç] *adj.* of many volumes; ⌂begehrt *adj.* much sought-after, prized; ⌂beschäftigt *adj.* very busy; sought-after, *doctor, lawyer* in large practice; ⌂deutig [-dɔytiç] *adj.* ambiguous; ⌂deutigkeit *f* (-) ambiguity; ⌂eck [-⁹ɛk] *n* (-[e]s; -e) polygon; ⌂eckig *adj.* polygonal; ⌂ehe *f* polygamy; ⌂erlei ['-ər'lai] *adj.* of many kinds, many kinds of, a great variety of; multifarious; ⌂erorts ['-ər⁹ɔrts] *adv.* in many places; ⌂fach [-fax] **I.** *adj.* multiple; **II.** *adv.* in many cases, frequently, widely; ⌂fache(s) *n* (-n) multiple; *um ein ⌂s many times over*; ⌂fachschalter *el. m* multiple switchboard; ⌂fachschaltung *el. f* multiple connection; ⌂fältig [-fɛltiç] *adj.* manifold, multifarious; ⌂fältigkeit *f* (-) multiplicity; diversity, variety; ⌂farbig *adj.* many-colo(u)red, variegated, *tech.* multi-colo(u)red, polychromatic; ⌂fraß [-fra:s] *m* (-es; -e) glutton (*a. zo.* = wolverine); ⌂gebraucht *adj.* much used; ⌂geliebt *adj.* dearly (*or* well-)beloved; ⌂genannt *adj.* often-mentioned; noted, distinguished; ⌂geprüft [-gəpry:ft] *adj.* much tried; ⌂gereist [-gəraist] *adj.* (widely) travel(l)ed; ⌂geschmäht *adj.* [-gə'ʃmɛ:t] much abused; ⌂gestaltig *adj.* multiform,

polymorphic; *fig.* multifarious; ⌂gliedrig [-gli:triç] *adj.* many-membered; *math.* polynominal; ⌂götterei ['-gœtə'rai] *f* (-) polytheism; ⌂heit *f* (-) multiplicity, variety, plurality; multitude, great number; ⌂jährig *adj.* of many years, many years old; ⌂köpfig [-kœpfiç] *adj.* many-headed, *scient.* polycephalous; *fig.* large (*crowd*).

vielleicht [fi'laiçt] *adv.* perhaps, maybe; possibly, it is possible that; *Sie haben ⌂ recht you may be right*; *⌂ besuchen Sie ihn doch einmal! it might be better if you called on him some time!*; *weißt du ⌂ einen Rat? (a. iro.) have you an idea, by any chance?*; *contp. ist er ⌂ der Chef? he isn't the boss, is he?*; *colloq. das war ⌂ ein Durcheinander! some (or what a) mess!*

'viel...: ⌂malig [-ma:liç] *adj.* often-repeated; frequent; ⌂mal(s) [-ma:l(s)] *adv.* many times, frequently, often(times); *ich danke Ihnen ⌂ thank you very much, many thanks*; *sie läßt (dich) ⌂ grüßen she sends you her best regards*; *ich bitte ⌂ um Entschuldigung I am very sorry*; ⌂männe'rei *f* (-) polyandry; ⌂mehr *adv.* rather; on the contrary, ⌂motorig [-moto:riç] *adj.* multi-engined; ⌂phasig *el. adj.* polyphase; ⌂polig *el. adj.* multipolar; ⌂sagend *adj.* significant, suggestive, eloquent; ⌂schichtig *adj.* many-layered, stratified; ⌂schreiber *m* prolific writer; *contp.* scribbler; ⌂seitig ['-zaitiç] *adj.* many-sided, *person: a.* versatile, all-round; *math.* polygonal, multilateral (*treaty*); ⌂verwendbar multi-purpose, versatile; *auf ⌂en Wunsch by popular request*; ⌂seitigkeit *f* (-) *fig.* many-sidedness, versatility; ⌂seitigkeits-prüfung *f riding:* combined test; ⌂silbig *adj.* polysyllabic; ⌂sprachig *adj.* polyglot; ⌂stimmig *adj.* many-voiced; *scient.* polyphonic; ⌂umstritten *adj.* much discussed; ⌂verheißend, ⌂versprechend *adj.* (very) promising, of great promise, up-and-coming; *nicht ⌂ unpromising*; ⌂weibe'rei *f* (-) polygamy; ⌂wertig *adj.* multivalent; ⌂wisser *m* (-s; -) pundit; *contp.* walking dictionary, sciolist; ⌂zahl *f* multitude.

vier [fi:r] *adj.* four; *⌂ und ⌂, zu ⌂en by fours*; *zu ⌂t four of us (or them)*; *auf allen ⌂en on all fours*; *unter ⌂ Augen confidentially, privately*; *um halb ⌂ at half past three*; *alle ⌂e von sich strecken* **a)** stretch o.s. out, **b)** give up the ghost, turn up one's toes; → *Buchstaben, etc.*

'vier...: ⌂basisch *chem. adj.* tetrabasic; ⌂beinig *adj.* four-legged; ⌂blätt(e)rig *adj.* four-leaved; ⌂dimensional *adj.* [-dimɛnzio'na:l] four-dimensional; ⌂eck [-⁹ɛk] *n* (-[e]s; -e) square, quadrangle; ⌂eckig *adj.* square, quadrangular.

'Vierer *m* (-s; -) *rowing:* four; ⌂ *mit Steuermann* coxed four; *golf:* foursome; *el.* quad, four-wire unit; ⌂bob *m* four-seater bob; ⌂lei [-lai] *adj.* of four different kinds, four kinds of; ⌂leitung *el. f* phantom circuit; ⌂spiel *n golf:* foursome.

'vier...: ⌂fach [-fax], ⌂fältig [-fɛltiç] *adj.* fourfold; ⌂e *Ausfertigung* quadruplicate, four copies; ⌂farbendruck *m* (-[e]s; -e) four-colo(u)r print(ing); ⌂felderwirtschaft *f* four-strip cultivation; ⌂flächig *adj.* tetrahedral; ⌂füßig [-fy:siç] *adj.* four-footed; *zo.* quadruped; ⌂füß(l)er [-fy:s(l)ər] *m* (-s; -) quadruped; ⌂gängig *tech. adj.* quadruple threaded (*screw*); four-start (*worm*); ⌂gespann *n* carriage-and-four, four-in-hand; *hist.* quadriga; *humor.* foursome; ⌂händig [-hɛndiç] *adj.* quadrumanous; *mus.* fourhanded; *⌂ spielen play a duet*; ⌂hundert *adj.* four hundred; ⌂'jahresplan *m* four-year plan; ⌂jährig *adj.* four years old, *attr.* four-year-old; quadrennial, four-year (*period*); ⌂kant [-kant] *tech. m* square; ⌂kantholz *n* squared timber; ⌂kantig *adj.* square, tetragonal; ⌂kantschraube *f* square-head(ed) bolt; ⌂kantstahl *m* square steel (bar); ⌂leiterkabel *el. n* four-core cable; ⌂ling [-liŋ] *m* (-[e]s; -e) four-barrel(l)ed gun; ⌂linge *pl.* quadruplets, quads; ⌂lingsflak *mil. f* four-barrel(l)ed AA gun; ⌂'mächtebesprechung [-mɛçtə-] *f* four-power talk; ⌂mal *adv.* four times; ⌂malig [-ma:liç] *adj.* four times repeated; ⌂motorig [-moto:riç] *adj.* four-engined; ⌂pol *el. m* four-terminal network; ⌂polig *el. adj.* four-pole, quadripolar; ⌂polröhre *f* tetrode; ⌂radantrieb *mot. m* four-wheel drive; ⌂radbremse *mot. f* four-wheel brake; ⌂radlenkung *f* four-wheel steering; ⌂räd(e)rig [-re:d(ə)riç] *adj.* four-wheeled; ⌂schrötig [-ʃrø:tiç] *adj.* square-built, thick-set; hulking; ⌂seitig [-zaitiç] *adj.* four-sided; *math.* quadrilateral; ⌂silbig [-zilbiç] *adj.* of four syllables, tetrasyllabic; ⌂sitzer *m* (-s; -) four-seater; ⌂sitzig *adj.* four-place, four-seater; ⌂spänner [-ʃpɛnər] *m* (-s; -) carriage-and-four, (*a.* ⌂spännig *adj.*) four-in-hand; ⌂stellig *adj.* four-digit; ⌂stimmig [-ʃtimiç] *mus. adj.* for (*or* in) four voices; ⌂stöckig *adj.* four-storied; ⌂stufig *tech. adj.* four-stage; ⌂tägig *adj.* of four days, four-day; *four days old*; ⌂takt *mot. m* four-stroke cycle; ⌂taktmotor *m* four-cycle (*or* -stroke) engine; ⌂tausend *adj.* four thousand; ⌂te(r) *adj.* fourth; → *achte(r)*; ⌂teilen *v/t.* (*h.*) divide into four parts, (*a. hist.*) quarter.

Viertel ['firtəl] *n* (-s; -) fourth (part); quarter; *ein ⌂ fünf or ein ⌂ nach vier a quarter past four*; *drei ⌂ (ein ⌂ auf) vier a quarter to four*; ⌂drehung *f* quarter turn; ⌂finale *n sports:* quarter-final; ⌂jahr *n* three months *pl.*, quarter (of a year); ⌂jahresbericht *m* quarterly report; ⌂jahres(steuer)erklärung *f* quarterly return; ⌂jahresschrift *f* quarterly journal; ⌂jährig *adj.* of three months, three-month; three months old; ⌂jährlich *adj.* quarterly (*a. adv.* = every three months); *⌂e Kündigung three months' notice*; ⌂kreis *m* quadrant; **2n** *v/t.* (h.) → *vierteilen*; **~note** *mus.* f crotchet; **~pause** *mus.* f crotchet-rest; **~'pfund** *n* quarter of a pound; **'~'stunde** f quarter of an hour; *Am. a.* quarter hour; **2stündig** [-ʃtyndiç] *adj.* of a quarter of an hour, lasting fifteen minutes; **2stündlich** *adv.* every quarter of an hour; **~takt** *mus.* m fourth of a bar; **~ton** *m* quarter tone.

viertens ['fiːrtəns] *adv.* fourthly, in the fourth place.

'Vier...: ~'vierteltakt *mus.* m common time; **2zehn** *adj.* fourteen; **~ Tage** fortnight, *Am.* two weeks; **2zehntägig** *adj.* fortnightly, *Am.* two-week; **2zehnte** *adj.* fourteenth; **~zehntel** *n* fourteenth part; **~zeiler** [-tsailər] *m* (-s; -) quatrain, four-lined stanza.

vierzig ['firtsiç] *adj.* forty; **2er** ['-gər] *m* (-s; -), **2erin** f (-; -nen) man (f woman) in the forties; quadragenarian; *in den Vierzige(r)n* in the forties *or* on the wrong (*or* shady) side of forty; **~ste(r)** *adj.* fortieth; **2'stundenwoche** f 40-hour week.

Vignette [vini'ɛtə] f (-; -n) vignette.

Vikar [vi'kaːr] *m* (-s; -e) curate, assistant.

Viktualien [viktu'aːliən] *pl.* victuals, provisions, eatables.

Vill|a ['vila] f (-; -llen) villa; **~enkolonie** f garden city, residential suburb; **~enviertel** *n* residential district.

vinkuliert [viŋku'liːrt] *adj.:* **~e** Aktien registered shares (*Am.* stock) not transferable without the consent of the board.

Viola [vi'oːla] f (-; -len) viola.

violett [vio'lɛt] *adj.* violet.

Violine [vio'liːnə] f (-; -n) violin.

Violinist(in f) [-li'nist(in)] *m* (-en, -en; -, -nen) violinist. [clef.\]

Violinschlüssel [-'liːn-] *m* treble\

Violon'cello [violɔn-] *n* violoncello.

Viper ['viːpər] f (-; -n) viper.

virtuos [virtu'oːs] *adj.* masterly; **2e** *m* (-n; -n), **2in** f (-; -nen) virtuoso; **2entum** *n* (-s) professional skill.

Virtuosität [-ozi'tɛːt] f (-) virtuosity, artistic perfection, masterly skill.

virulen|t [viru'lɛnt] *med. adj.* virulent; **2z** [-'lɛnts] f (-) virulence.

Virusforschung ['viːrus-] f virus research.

Visage [vi'zaːʒə] *vulg.* f (-; -n) mug, *Am.* map.

Visier [vi'ziːr] *n* (-s; -e) *on helmet:* visor; *on gun:* sight; *das ~ stellen* set the sight; *fig. mit offenem ~* quite openly; **~einrichtung** f sighting mechanism; **2en I.** *v/t.* (h.) *tech.* adjust; gauge; visa, endorse (*passport*); **II.** *v/i.* (h.) (take) aim *or* sight; **~fernrohr** *n* rifle telescope; **~kimme** f rear sight notch; **~korn** *n* (-[e]s) fore sight; **~linie** f line of sighting; **~stab** *m* surv. ranging-pole; *tech.* gauging rod.

Vision [vizi'oːn] f (-; -en) vision; **visionär** [-zio'nɛːr] *adj.* visionary.

Visitation [vizitatsi'oːn] f (-; -en) search; inspection.

Visite [vi'ziːtə] f (-; -n) visit (*a. med.*), social call; **~nkarte** f visiting-card, *Am.* calling card.

visitieren [vizi'tiːrən] *v/t.* (h.) search; inspect.

Viskose [vis'koːzə] f (-) viscose.

Viskosi'tät f (-) viscosity.

visuell [vizu'ɛl] *adj.* visual.

Visum ['viːzum] *n* (-s; -sa) visé, visa; *mit e-m ~ versehen* visa.

Vitalität [vitali'tɛːt] f (-) vitality, vigo(u)r.

Vitamin [vita'miːn] *n* (-s; -e) vitamin(e); **~ C** ascorbic acid; **~ B₂** *or* **G** riboflavin; **2arm** *adj.* lacking vitamins; **2haltig** *adj.* vitamin-containing; **~mangel** *m* vitamin deficiency; **2reich** *adj.* rich in vitamins.

Vitrine [vi'triːnə] f (-; -n) glass case (*or* cupboard); show-case, display case.

Vitriol [vitri'oːl] *n* (-s; -e) vitriol; **2artig** *adj.* vitriolic; **~flasche** f carboy.

Vize|admiral ['fiːtsə-] *m* vice admiral; **~kanzler** *m* vice-chancellor; **~könig** *m* viceroy; **~konsul** *m* vice-consul; **~präsident** *m* vice-president; deputy chairman; **~statthalter** *m* deputy governor.

Vlies [fliːs] *n* (-es; -e) fleece.

V-Mann *m* agent.

Vogel ['foːgəl] *m* (-s; ") bird; **~ Strauß** ostrich; *colloq. lustiger ~* gay dog; *komischer ~* queer bird; *colloq. fig. e-n ~ haben* have a bee in one's bonnet, have bats in the belfry, have a kink; *fig. den ~ abschießen* steal the show, take the cake; *friß, ~, oder stirb!* root, hog or die!; **→ ausfliegen; ~augenholz** *n* bird's eye wood; **~bauer** *n* (-s; -) bird-cage; **~beerbaum** *m* mountain ash, rowan(-tree); **~beere** f rowan-berry; **~fang** *m* (-[e]s) bird-catching; **~fänger** *m* bird-catcher; **~flinte** f fowling-piece; **2frei** *adj.* outlawed; *für ~ erklären* outlaw; **~futter** *n* bird seed; **~händler** *m* bird-seller; **~haus** *n* aviary; **~hecke** f breeding-cage; **~herd** *m* fowling-floor; **~kirsche** f bird-cherry; **~kunde** f (-) ornithology; **~leim** *m* bird-lime; **~liebhaber(in** f) *m* bird-fancier; **~mist** *m* bird dung; **~napf** *m* seed-box; **~nest** *n* bird's nest; **~perspektive** f (-) bird's-eye view; **~pfeife** f bird-call; **~schau** f (-): *Berlin aus der ~* a bird's-eye view of Berlin; **~scheuche** f scarecrow (*a. fig.*); **~schutzgebiet** *n* bird sanctuary; **~stange** f perch; **~steller** [-ʃtɛlər] *m* (-s; -) bird-catcher; **~-'Strauß-Politik** f ostrich policy; *~ treiben* hide one's head in the sand; **~warte** f ornithological station; **~zug** *m* passage (*or* migration) of birds. [bird.\]

Vöglein ['vøːklaɪn] *n* (-s; -) little\

Vogt [foːkt] *m* (-[e]s; "e) overseer; bailiff; governor; steward.

Vokabel [vo'kaːbəl] f (-; -n) word; **~schatz** *m* (-es), **Vokabular** [-kabu'laːr] *n* (-s; -e) vocabulary.

Vokal [vo'kaːl] *m* (-s; -e) vowel; **~ablaut** *m* (vowel) gradation; **~anlaut** *m* initial vowel; **~auslaut** *m* final vowel; **2isch** *adj.* vocalic; vowel *sound, ending;* **2isieren** [vokali'ziːrən] *v/t.* (h.) vocalize; **~musik** f vocal music; **~partie** *mus.* f vocal part.

Volant [vo'lãː] *m* (-s; -s) *dressmaking:* flounce; *mot.* steering-wheel.

Volk [fɔlk] *n* (-[e]s; "er) people; nation; race; populace, the common people, the lower classes *pl.*; *contp. a.* the common herd; mob, rabble; *zo.* swarm (*of bees*); *hunt.* covey (*of partridges*); *das arbeitende ~* the working classes; *der Mann aus dem ~e* the man in the street; *ein Mann aus dem ~e* a man of the people; *viel ~(s)* a large crowd, swarms of people; *im ganzen ~e* Widerhall finden find a nation-wide response.

'volk-arm *adj.* thinly peopled (*or* populated).

Völkchen ['fœlkçən] *n* (-s; -): *lustiges ~* jolly crowd.

Völker... ['fœlkər-]: **2beschreibung** f ethnography; **~bund** *m* (-[e]s) League of Nations; **~bundsrat** *m* League Council; **~friede** f international peace; **~kunde** f (-) ethnology; **2kundlich** ['-kuntliç] ethnological; **~mord** *m* (-[e]s) genocide; **~recht** *n* (-[e]s) law of nations, international law; **2rechtlich I.** *adj.* relating to the law of nations, international; **II.** *adv.* under international law; **~schaft** f (-; -en) people; tribe; **~schlacht** f battle of (the) nations; **~verständigung** f agreement between nations; **~wanderung** f migration of nations.

'völkisch *adj.* national, racial.

'volkreich *adj.* populous.

'Volks...: ~abstimmung f plebiscite; **~aufklärung** f education of the people; **~aufstand** *m* national uprising, insurrection; **~ausdruck** *m* popular expression; **~ausgabe** f popular edition; **~bank** f (-; -en) people's bank; **~befragung** f public opinion poll; → *Volksentscheid;* **~begehren** *n* (-s; -) people's (*or* national) referendum; **~belustigung** f popular amusement; **~bewußtsein** *n* national consciousness; **~bibliothek, ~büche'rei** f public library; **~bühne** f (-) people's theatre organization; **~bildung** f national education; **~charakter** f national character; **~demokratie** f people's democracy; **2deutsch** *adj.*, **~deutsche(r** m) f Ethnic German; **~dichter** *m* popular (*or* national) poet; **2eigen** *adj.* nationalized, publicly owned; **~eigentum** *n* public property; *im ~* publicly owned; *ins ~ überführen* nationalize; **~einkommen** *n* national income; **~empfinden** *n*: *das gesunde ~* sound popular instinct; **~entscheid** *m* (popular) referendum; plebiscite; **~erhebung** f → *Volksaufstand;* **~etymologie** f folk-etymology; **~feind** *m* public enemy; **2feindlich** *adj.* subversive, unpatriotic; **~fest** *n* public festival; **~freund** *m* friend of the people; **~front** *pol.* f popular front; **~führer** *m* popular leader, demagogue; **~gruppe** f ethnic group; **~gunst** f popularity; **~haufe(n)** *m* crowd; populace, mob; **~herrschaft** f democracy; **~hochschule** f University Extension; adult college (*or* education classes *pl.*); **~justiz** f lynch law, mob justice; **~küche** f (public) soup-kitchen; **~kunde** f (-) folklore; **~kund-**

ler(in f) ['-kuntlər] m (-s, -; -, -nen) folklorist; **~kundlich** adj. (relating to) folklore; **~kunst** f (-) folk art; **~lied** n folk-song; **~mäßig** adj. popular; **~menge** f crowd (of people), multitude, b.s. mob; **~mund** m (-[e]s) vernacular; **~musik** f popular music; **~partei** f people's party; **~polizei** f people's police; **~redner** m popular speaker; mob orator, esp. Am. stump orator; **~sage** f folk-tale; **~schicht** f social class (or stratum); **~schlag** m race; **~schule** f elementary (or primary, Am. a. grade) school; **~schullehrer(in** f) m elementary (or primary, Am. grade) teacher; **~schulwesen** n elementary education; **~sprache** f popular (or vulgar) tongue; vernacular (language); **~staat** m people's state; **~stamm** m tribe, race; **~stimme** f voice of the people; **~stimmung** f public feeling; **~stück** n folk-play; **~tanz** m folk-dance; **~tracht** f national costume; **~trauertag** m day of national mourning; **~tribun** m tribune (of the people), popular leader; **~tum** n (-s) nationality, nationhood; national characteristics pl.; **2tümlich** [-ty:mliç] adj. a) national, b) popular; **tümlichkeit** f (-) popularity; **~versammlung** f public meeting; **~verbundenheit** f solidarity with the people; **~vermögen** n national wealth; **~vertreter** m representative of the people; deputy; **~vertretung** f representation of the people; parliament; **~wirt(schaftler)** m (political) economist; **~wirtschaft** f a) political economics pl., b) economic system; **2wirtschaftlich** adj. relating to political economics; economic; **~wirtschaftslehre** f political economy; **~wohlfahrt** f public welfare; **~zählung** f census.

voll [fɔl] I. adj. full; filled; colloq. drunk; tech. solid; full, round; well-developed, buxom; corpulent (figure); whole, complete, full (amount); voller Knospen, etc. = ~ von full of (buds, etc.; a. fig. hope, ideas, one's plan); e-e ~e Stunde a full (or solid) hour; 6 ~e Tage six clear days; ein ~es Jahr a whole year; ~e 40 Jahre alt quite forty years old; ~e Beschäftigung full (or full-time) employment; die ~e Wahrheit the whole truth; ~e Einzelheiten full details; econ. ~er Satz Verschiffungspapiere complete set of shipping documents; aus ~er Brust heartily, lustily; aus ~em Halse at the top of one's voice; aus ~em Herzen from the bottom of one's heart; bei ~er Besinnung fully conscious; im ~en Sinne des Wortes in the full(est) sense of the word; im ~en leben live in the lap of luxury; in ~em Ernst quite seriously, in dead earnest; in ~er Fahrt at full speed; aus dem ~en schöpfen draw on plentiful resources, have plenty; mit ~en Händen lavishly, liberally; mit ~em Recht with perfect right; das Theater war ganz ~ the theatre was crowded or full; II. adv. fully, in full; econ. ~ eingezahlt fully paid-

up; ~ und ganz fully, entirely; clock: ~ schlagen strike the full hour; j-n nicht für ~ ansehen not to take a p. seriously; ~ ausnützen v/t. (h.) utilize to full advantage; → vollmachen, etc.; **2aktie** econ. f fully paid-up share (Am. stock); **~auf** adv. abundantly, amply, plenty; perfectly.

'**Vollast** el. f (when divided: Voll-last) full load.

'**vollaufen** (when divided: voll-lau-fen) v/i. (irr., sn) fill, run to overflowing; colloq. fig. sich ~ lassen get o.s. drunk.

'**Voll...:** **~automat** tech. m fully automatic machine; **2automatisch** adj. fully automatic; **~bad** n complete bath, plunge (bath); **~bart** m (full) beard; **2berechtigt** adj. fully qualified; **2beschäftigt** adj. fully employed; full-time worker; **~beschäftigung** f full employment; **~besitz** m full possession; **~bier** n entire (beer); **~bild** n full-page illustration; **~bildfrequenz** TV f picture frequency; **~blut(pferd)** n, **~blüter** [-bly:tər] m (-s; -) thoroughbred (horse); **2blütig** [-bly:-tiç] adj. full-blooded; med., scient. plethoric; **~blütigkeit** f (-) fullness of blood; scient. plethora; **2'bringen** v/t. (irr., h.) accomplish, achieve; do, perform; **~'bringung** f (-) accomplishment, achievement; **2bürtig** [-byrtiç] adj. of the same parents, whole-blood; **2busig** [-bu:ziç] adj. full-bosomed, bosomy; **~dampf** m (-[e]s) full steam; fig. mit ~ at full blast; ~ voraus! full steam ahead; **~draht** m (full) wire; **~eigentümer** jur. m lawful owner in one's own right; **~einzahlung** f payment in full; **2elektrisch** adj. all-electric; **2'enden** v/t. (h.) finish; bring to a close, terminate; complete (a. studies, year of life, a. jur. offence); round off; perfect, accomplish; **2'endet** adj. perfect (a. iro.), accomplished, consummate; iro. utter, downright. **vollends** ['fɔlents] adv. entirely, wholly, quite; altogether; to top it off; ~ da especially since. **Voll'endung** f (-) finishing, completion; perfection; nach ~ des 21. Lebensjahres upon completion of his 21st year. **voller** ['fɔlər] I. comp. of voll: fuller; II. with gen. (= voll von) full of (a. fig.). **Völlerei** [fœlə'raɪ] f (-; -en) gluttony. **voll'führ|en** v/t. (h.) execute, carry out; make (noise); **2ung** f (-; -en) execution. '**voll...:** **~füllen** v/t. (h.) fill (up); **2gas** mot. n (-es) full throttle; mit ~ at full throttle; ~ geben open the throttle, step on it; **2gefühl** n: im ~ (gen.) fully conscious of; **2genuß** m full enjoyment; **~ge-packt, ~gepfropft, ~gestopft** adj. crammed (full), jammed, packed; **2gewicht** n full weight; **~gießen** v/t. (irr., h.) fill (up); **~gültig** adj. of full value, valid; **2gummi** n and m solid rubber; **2gummireifen** m solid tyre (Am. tire); **~hauen** colloq. v/t. (h.): → Jacke.

völlig ['fœliç] I. adj. full, entire; complete, total; thorough; perfect; dead, absolute (certainty); downright, out-and-out (fool); II. adv. fully, thoroughly, perfectly, etc.; quite; clean (gone, mad, through, wrong).

'**Voll...:** **2inhaltlich** adj. complete (-ly adv. = in all points); **2jährig** adj. of (full) age; major person; ~ werden come of age, attain one's majority; **~jährigkeit** f (-) full age, majority; **~jährigkeitserklärung** f declaration of majority; **~jurist** m trained (or fully qualified) lawyer; **~kettenfahrzeug** mil. n full-track vehicle; **2kommen** [-kɔmən] adj. perfect; accomplished, consummate; absolute (power, right, etc.); → völlig; **~kommenheit** f (-) perfection; **~kornbrot** n wholemeal bread; **2körnig** adj. full-grained; **~kraft** f (-) full vigo(u)r; in der ~ seines Lebens in the prime of life; **2machen** v/t. (h.) fill (up); fig. complete; soil, dirty; um das Unglück vollzumachen to crown it all. '**Vollmacht** f (-; -en) full power(s pl.), authority; proxy; jur. power of attorney; gesetzliche ~ legal power; unbeschränkte ~en plenary powers; j-m ~ erteilen give a p. authority, authorize (or empower) a p.; **~geber** m mandator, constituent; **~haber** [-ha:bər] m, **~träger** m (-s; -) mandatary, proxy.

'**Voll...:** **~matrose** m able-bodied seaman; **~milch** f whole milk; **~milchpulver** n whole-milk powder; **~mond** m full moon; es ist ~ the moon is full; **2motorisiert** adj. fully motorized, mobile; **2mundig** [-mundiç] adj. full-bodied; **2nehmen** v/t. (irr., h.): den Mund ~ brag, boast; talk big; **2packen**, **2pfropfen** → vollstopfen; **~rohr** n solid tube; **2saftig** adj. very juicy, succulent; **2saugen**: sich ~ (h.) suck o.s. full; **2schenken** v/t. (h.) fill (up); **~schiff** n full-rigged ship; **2schlank** adj. plump, not-so-slim; **~sitzung** f plenary sitting; **2spurig** adj., **~spur...** rail. standard-gauge, broad-gauge; **2ständig** I. adj. complete; whole, entire; total; integral; II. adv. fully, quite, wholly, utterly, absolutely, perfectly; altogether; ~ machen complete; **~ständigkeit** f (-) completeness, entirety; totality; integrity; **2stopfen** v/t. (h.) stuff, cram; sich ~ stuff o.s.; **2'streckbar** jur. adj. executable, enforceable; **~er Titel** executory title; **~e Forderung** judgment-debt; **2'strecken** v/t. (h.) execute, enforce, carry out; **~'strecker(in** f) m (-s; -, -, -nen) executor, f a. executrix; soccer: scorer, striker; **~'streckung** f execution; **~'streckungs-aufschub** m stay of execution; **~'streckungsbeamte(r)** m executory officer; **~'streckungsbefehl** m writ of execution; **~'streckungsschuldner** m judgment debtor; **2tönend** adj. full-toned, sonorous, rich; **~treffer** m direct hit; a. fig. bull's-eye; **~versammlung** f plenary meeting (or assembly); **~waise** f orphan who has lost both parents; **2wertig** adj. full, of full value; up to standard; 2**zählig** [-tsɛ:liç] *adj.* complete, full; ~ *machen* complete; **~zähligkeit** *f* (-) completeness; 2-**'ziehen** *v/t.* (*irr.*, *h.*) execute; effect, perform, carry out; consummate (*marriage*), *eccl.* solemnize; *die ~de Gewalt* the executive; *sich ~ take place*, come to pass; **~'ziehung** *f*, **~'zug** *m* (-[e]s) execution; *jur. a.* enforcement; **~'zugs-anordnung** *f* executive order; **~'zugsanstalt** *jur. f* penal institution (where a sentence is carried out); **~'zugsgewalt** *f* executive power; **~'zugsmeldung** *f* report of execution.

Volontär [volõ'tɛ:r] *econ. m* volunteer; unpaid assistant, pupil.

Volt [vɔlt] *el. n* (-; -) volt; **voltaisch** [vɔl'taiʃ] *adj.* voltaic.

Volte ['vɔltə] *f* (-; -n) volt.

voltigieren [-ti'ʒi:rən] *v/i.* (*h.*) vault.

'Volt...: ~meter *n* voltmeter; **~spannung**, **~zahl** *f* voltage.

Volumen [vo'lu:mən] *n* (-s; -) volume (*a. fig.* = total amount); size; capacity; **~einheit** *f* unit of volume.

volu'metrisch *adj.* volumetric.

Vo'lumgewicht *n* weight of volume.

voluminös [volumi'nø:s] *adj.* voluminous.

Vo'lumverhältnis *n* volume ratio.

vom [fɔm] = *von dem*; → *von*.

von [fɔn] *prp.* (*dat.*) *as to place*: from; ~ *wo(her)?* from where?, whence?; ~ *seiten* (*gen.*) from, on the part of; *as to time*: from; ~ *morgen an* from tomorrow (on), *adm.* as of (*or* beginning, commencing) tomorrow; → *an* II.; ~ *Kindheit auf* from earliest childhood; *for genitive*: of; *die Einfuhr ~ Weizen* the import of wheat; *die Errichtung ~ Schulen* the erection of schools; *zwei ~ uns* two of us; *ein Freund ~ mir* a friend of mine; *ein Teufel ~ einem Weib* a devil of a woman; ~ *dem Apfel essen* eat (some) of the apple; *ich habe ~ ihm gehört* I have heard of him; *er weiß ~ der Sache* he knows about it; *was wollen Sie ~ mir?* what do you want of me?; *with titles proceding proper names*: *der Herzog ~ Edinburgh* the Duke of Edinburgh; *causally, with passive*: by; *ein Gedicht ~ Schiller* a poem by Schiller; *Kinder haben ~* have children by; ~ *selbst*, ~ *sich aus* by oneself; → *selbst*; *measure, quality*: ~ *drei Ellen Länge* three yards long; *ein Betrag ~ 300 Dollar* a sum of $ 300; *ein Mann ~ Bildung* a man of culture; *Aufenthalt ~ drei Wochen* a stay of three weeks; *Kind ~ drei Jahren* a child three years old; *9 ~ 10 Leuten* nine in ten persons; ~ *Vorteil* of advantage; ~ *Holz* (made) of wood; *subject*: of, about, on; *das ist nett ~ ihm* that is nice of him; ~ *mir aus* I don't mind, as far as I am concerned; for all I care.

von-ein'ander *adv.* of (*or* from) each other; → *auseinander*.

vonnöten [fɔn'nø:tən] *adj.* necessary, needful.

vonstatten [fɔn'ʃtatən] *adv.*: ~ *gehen* take place, proceed, come

(*or* pass) off; *gut ~ gehen* go well *or* swimmingly, prove a success.

vor [fo:r] *prp.* (*dat. or acc.*) *as to space or time*: before; *as to space*: in front of; ago; prior to, previous to; in advance of; preparatory to; ahead of; in the presence of (*witnesses, God*); opposite; hide, protect, warn, etc. from, against; on account of, because of; *tremble with* (*cold, etc.*); *preference*: before, above, in preference to; *am Tage ~* (on) the day before, on the eve of; ~ *einigen Tagen* a few days ago, the other day; ~ *der Zeit* prematurely, too early; ~ *e-m Hintergrund* against a background; *Hunger sterben* die of hunger; *sich fürchten ~* be afraid of, fear, dread; (*heute*) ~ *acht Tagen* a week ago (today); *5 Minuten ~ 12* five minutes to (*Am.* of) twelve, *fig.* at the eleventh hour; ~ *allen Dingen* above all; ~ *der Tür sein* be at the door, *fig.* be close at hand; (*dicht*) ~ *dem Untergang stehen* be on the brink (*or* verge) of ruin; ~ *sich gehen* take place, pass off, proceed; *et. ~ sich haben* be in for (*or* face) a th., *n.s.* be face to face with, be looking at; ~ *sich hin murmeln* (*lächeln, etc.*) mutter (smile, etc.) to o.s.; *sich ~ j-m auszeichnen* distinguish o.s. above a p.; *das Subjekt steht ~ dem Zeitwort* the subject comes before (*or* precedes) the verb.

vor'ab *adv.* in advance; first of all; beforehand; tentatively.

'Vor-abdruck *m* advance copy, preprint.

'Vor-abend *m* eve; *am ~* on the eve (*gen.* of).

'vor-ahn|en *v/t.* (*h.*) have a presentiment of; 2**ung** *f* (-; -en) presentiment, foreboding.

'Vor-alarm *mil. m* early warning.

'Vor-alpen *pl. the* Lower Alps.

voran [fo'ran] *adv.* before, at the head (*dat.* of), in front (of); *geh ~!* lead on!; *nur ~!* go on (*or* ahead)!; *Kopf ~* head first (*or* foremost); **~eilen** *v/i.* (*sn, dat.*) hurry on before, run in front of; **~gehen** *v/i.* (*irr., sn*) lead the way, walk in front (*dat.* of), go at the head (of), (*a. fig.*) take the lead; *a. as to space or rank*: precede (*j-m, etc.* a p., etc.); *work*: *gut ~* make progress (*or* headway), get ahead; **~d** preceding; **~kommen** *v/i.* (*irr., sn*) make headway (*or* progress), advance, get ahead.

Vor-an|kündigung ['fo:r-] *f* → *Voranzeige*; **~schlag** *m* (rough) estimate, previous calculation.

voran... [fo'ran-]: ~schreiten *v/i.* (*irr., sn*) stride ahead (*dat.* of); → *vorangehen*; **~stellen** *v/t.* (*h.*) place in front (*dat.* of); **~treiben** *v/t.* (*irr., h.*) push, hasten; advance.

Vor-anzeige ['fo:r-] *f* advance (*or* previous) notice; preliminary announcement; *film*: trailer.

'Vor-arbeit *f* preparatory work; general preparations *pl.*; preliminary studies *pl.*; spade work; *gute ~ leisten* prepare the ground well; 2**en** I. *v/t.* (*h.*) prepare, do *a th.* in advance; *sich ~* work one's way forward (*or* up), forge ahead; II. *v/i.*

(*h.*) prepare work; *fig.* *j-m ~* pave the way for a p.; **~er** *m* foreman; **~erin** *f* forewoman.

vorauf [fo'rauf] *adv.* → *voran*.

voraus [fo'raus] *adv.* in front, ahead (*dat.* of); *im ~, zum ~ usu.* 'voraus in advance, beforehand; *thank* in anticipation; *Kopf ~* head first (*or* foremost); *s-m Alter ~ sein* be forward (for one's age); *geh ~!* lead on!; 2**abteilung** *f* advance detachment; (tory training.)

Vor-ausbildung ['fo:r-] *f* preparary-

voraus... [fo'raus-]: ~bedingen *v/t.* (*irr., h.*) stipulate beforehand; 2**berechnung** *f* precalculation, forecast; **~bestellen** *v/t.* (*h.*) → *vorbestellen*; **~bestimmen** *v/t.* (*h.*) predetermine; **~bezahlen** *v/t.* (*h.*) pay in advance, prepay; 2**bezahlung** *f* advance payment, prepayment; **~datieren** *v/t.* (*h.*) → *vordatieren*; **~denken** *v/i.* (*irr., h.*) look ahead; **~eilen** *v/i.* (*sn*) hurry on ahead *or* in advance (*dat.* of); 2**exemplar** *n* advance copy; **~gehen** *v/i.* (*irr., sn*) walk in front *or* ahead (*dat.* of), *a. fig.* precede; *geh voraus!* lead on!; **~haben** *v/t.* (*irr., h.*): *j-m et. ~* have an advantage over a p., be superior to a p. in a th.; have the edge on a p.; 2**klage** *f* preliminary proceedings *against debtor*; 2**planung** *f* forward planning; 2**sage**, 2**sagung** *f* (-; -en) prediction; prophecy; forecast; tip; **~sagen** *v/t.* (*h.*) foretell, predict; forecast; prophesy; 2**schau** *f* forecast; **~schauend** *adj.* prospective; far-sighted, long-range (*policy*); **~schicken** *v/t.* (*h.*) send on in advance; *fig.* mention before, premise; **~sehen** *v/t.* (*irr., h.*) foresee; **~setzen** *v/t.* (*h.*) presuppose, require; assume, presume; expect (*bei j-m* of a p.); *als bekannt ~* take for granted; *vorausgesetzt, daß* provided (that); 2**setzung** *f* (-; -en) (pre)supposition, assumption; pre-requisite, pre-condition, (basic) requirement; *die ~en erfüllen* meet the requirements, have the qualifications; *unter der ~, daß* on the understanding that, on condition that; *zur ~ haben* presuppose; **~ausgehen**, 2**sicht** *f* foresight; *aller ~ nach* in all probability, by all known odds; **~sichtlich** I. *adj.* prospective, probable, presumable; expected; estimated; II. *adv.* probably; *er geht ~ a.* he is likely to go; *er trifft ~ morgen ein* he is expected to arrive tomorrow; **~wirkend** *adj.* anticipatory; 2**zahlung** *f* advance payment (*or* instalment).

Vorbau ['fo:r-] *m* (-[e]s; -ten) front building; porch; projecting structure; 2**en** I. *v/t.* (*h.*) build in front; build out; II. *v/i.* (*h., dat.*) guard (*or* take precautions) against, obviate; provide for (the future).

'Vorbe-arbeitung *tech. f* (-; -en) preliminary working.

'Vorbedacht *m* forethought, premeditation; *mit ~* deliberately, on purpose, advisedly; 2 *adj.* premeditated; aforethought.

'vorbedeut|en *v/t.* (*h.*) forebode, presage; 2**ung** *f* foreboding, omen, portent.

'**Vorbedingung** f precondition, prerequisite, basic requirement.

Vorbehalt ['foːrbəhalt] m (-[e]s; -e) reservation, reserve, proviso; *innerer ~* mental reservation; *ohne ~* without restriction, unconditionally; *unter ~ aller Rechte* all rights reserved; **⸚en** v/t. (irr., h.): *sich ~* reserve to o.s.; *j-m ~ sein* be reserved for a p.; *Änderungen ~* subject to change (without notice); *Irrtümer ~* errors excepted; *es bleibt der Zukunft ~* it remains for the future (*to show*, etc.); **⸚lich** prp. (gen.) subject to, with reservation as to; *~ § 23* subject to (the provisions of) Section 23, except as provided in Section 23; *~ abweichender Vorschriften* unless otherwise provided; **⸚los** adj. unreserved, unconditional; **⸚sklausel** f proviso clause.

'**vorbehand|eln** v/t. (h.) pre-treat; **⸚lung** f preliminary treatment.

vor'bei [forˈbaɪ] adv. along, by, past (*all a.: ~ an dat.*); *time:* over, past, gone; *~! missed!; es ist ~ mit ihm* it is all over with him; *~ ist ~* gone is gone, that's all water under the bridge; *3 Uhr ~* past three (o'clock); **⸚drücken:** *sich ~* (h.) squeeze by (*an j-m, etc.* a p., *etc.*); **⸚fahren** v/i. (irr., sn) drive (*or* mar. sail, *etc.*) past (*an et.* a th.); pass (by); **⸚flitzen** v/i. (sn) flit by; **⸚gehen** v/i. (irr., sn) pass by (*an j-m* a p.); *fig.* fail to see; steer clear of, avoid, side-step; pass over *a th.* in silence (*all: an dat. a p. or a th.*); pass (over); *pain, rage, storm, etc., a.* blow over; miss the mark; *im ⸚* in passing; **⸚kommen** v/i. (irr., sn) pass by; *an (dat.):* get past *or* round (*obstacle, opponent*); *colloq.* (*visit*) drop in; **⸚lassen** v/t. (irr., h.) let pass; **⸚marsch** m march(ing) past, march in review; **⸚marschieren** v/i. (sn) march past (*an j-m* a p.), file by; **⸚müssen** v/i. (irr., h.) have to pass (*an dat. by*); **⸚reden** v/i. (h.): *aneinander ~* be at cross-purposes; *an e-m Thema ~* talk round the subject, evade the issue; **⸚schießen** v/i. (irr., h.) shoot past (*an j-m or et.* a p. or a th.); miss the mark; miss (*an et.* a th.); **⸚schlagen** v/i. (irr., h.) miss (in striking); **⸚tragen** v/t. (irr., h.) carry past; **⸚ziehen** v/i. (irr., sn) march past; pass (*an j-m* a p.).

Vorbemerkung ['foːr-] f preliminary remark *or* note; preamble (*zu dat.* to *a treaty, etc.*); representations *pl.*

vorbenannt ['-bənant] adj. (afore-)said.

'**Vorbenutzung** f *patent law:* prior use.

'**vorbereit|en** v/t. (h.) prepare; *sich ~ auf acc. (or für)* prepare o.s. for, get ready for; *sich auf e-e Prüfung ~* prepare for an examination; *e-e vorbereitete Rede* a set speech; *auf et. vorbereitet sein* be prepared for a th.; **⸚end** adj. preparatory; preliminary; **⸚ung** f preparation (*für, auf acc.* for); *als ~ zu* preparatory to; *in ~ being* prepared, *thea.* in rehearsal; **⸚ungs...** preparatory.

Vorberge ['-bɛrgə] m/pl. foot-hills.

'**Vorbericht** m preliminary report.
'**vorberuflich** adj. prevocational.
'**Vorbescheid** m preliminary decision; *patent law:* interim action.
'**Vorbesprechung** f preliminary discussion (*or* talk).
'**vorbestell|en** v/t. (h.) order in advance; subscribe for (*ein Buch* a book); book, *Am. a.* make reservation for (*seat, rooms, etc.*); **⸚ung** f advance order; booking, *Am. a.* reservation, billing; *econ. umfangreiche ⸚en* heavy booking.
'**vorbestraft** adj. previously convicted, having a (criminal) record; *nicht ⸚er* first offender.
'**vorbeten I.** v/t. (h.): *j-m et. ~* repeat (*or* recite) *a prayer, etc.,* to a p.; **II.** v/i. (h.) lead in prayer.
'**vorbeug|en I.** v/t. (h., dat.) prevent, obviate; guard against; **II.** v/t., *a. sich* (h.) bend forward; **⸚end** adj. preventive; *med.* prophylactic; **⸚ung** f prevention; *med.* prophylaxis; **⸚ungsmaßregel** f preventive measure; **⸚ungsmittel** n preventive, preservative; *med., a. fig.* prophylactic.
'**Vorbilanz** f trial balance.
'**Vorbild** n model; pattern; standard; example; prototype; **⸚lich** adj. exemplary; *attr. a.* model; ideal; representative, typical (*für* of); **⸚ung** f preparatory training; educational background.
'**vorbinden** v/t. (irr., h.) tie (*or* put) *a th.* on.
'**vorbohr|en** v/t. and v/i. (h.) pre-drill; **⸚er** m gimlet, auger.
'**Vorbote** m forerunner; *fig.* harbinger, precursor; early sign, symptom.
'**vorbringen** v/t. (irr., h.) bring forward, produce (*a. jur. evidence*); advance (*excuse, opinion, reason*); propose (*plan*); *jur.* prefer (*gegen a charge* against a p.), plead, allege; utter, say, state.
'**Vorbringen** *jur.* n (-s) pleading.
'**vorbuchstabieren** v/t. (h.) spell out (*j-m* to a p.). [apron.⟩
'**Vorbühne** *thea.* f proscenium.⟨
'**vorchristlich** adj. pre-Christian.
'**vordatieren** v/t. (h.) **a)** antedate, **b)** postdate.
vordem [foːrˈdeːm] adv. formerly.
vorder ['fɔrdər] adj. front, fore, anterior, forward.
'**Vorder...: ⸚achs-antrieb** mot. m front axle drive; **⸚achse** f front axle; **⸚ansicht** f front view; *arch.* front elevation; **⸚antrieb** mot. m front (wheel) drive; **⸚arm** m forearm; **⸚asien** n Anterior Asia, *the* Near East; **⸚bein** n foreleg; **⸚deck** n fore-part of the deck; **⸚fuß** m forefoot; **⸚gebäude** n front building; **⸚grund** m foreground; *fig. in den ~ rücken* place into the foreground, throw into relief; *im ~ stehen* be well to the fore, be in the limelight, be in the foreground *of discussions; in den ~ treten* come to the fore; **⸚gründig** [-gryndiç] *fig.* **I.** adj. surface, superficial; **II.** adv. on the surface; on the face of it; **⸚hand** f forehand (*of horse*); **⸚haus** n → *Vordergebäude*.
'**vorderhand** adv. for the present, for the time being; just now.

'**Vorder...: ⸚lader** [-laːdər] m (-s; -) muzzle-loader; **⸚lastig** [-lastiç] *aer.* adj. nose-heavy; **⸚lauf** *hunt.* m foreleg; **⸚mann** m man in front (of a p.), *mil. a.* front rank man; *fig.* superior; *econ.* **a)** *cheques, etc.:* prior (*or* previous) indorser; **b)** *securities:* previous holder; *mil. auf ~ stehen* be covered in file; *~! cover off!; colloq. j-n auf ~ bringen* make a p. toe the line; **⸚mast** m foremast; **⸚rad** n front wheel; **⸚rad-antrieb** mot. m front wheel drive; **⸚radnabe** f front hub; **⸚reihe** f front row (*or* rank); **⸚satz** *phls.* m antecedent, premise; **⸚seite** f front (side), *arch., tech. a.* face; *of coin:* obverse; **⸚seitig** adj. front; **⸚sitz** m front seat.
vorderst ['fɔrdərst] adj. foremost, first; *mil. ⸚e Linie* front line.
'**Vorder...: ⸚steven** mar. m stem; **⸚teil** m and n front (part), mar. prow; **⸚tür** f front door; **⸚zahn** m front tooth; **⸚zimmer** n front room.
vordrängen ['foːr-] v/t., *a. sich* (h.) press (*or* push) forward.
'**vordringen** v/i. (irr., sn) advance, press forward, make headway, forge ahead, gain ground; **⸚** n (-s) advance.
'**vordringlich** adj. urgent, most important, (claiming) priority; **⸚e** *Aufgabe* priority task; *~ behandelt werden* be given priority, be treated as a matter of urgency; **⸚keit** f urgent nature, priority; **⸚keitsliste** f priority list.
'**Vordruck** m (-[e]s; -e) adm. form, *Am.* blank; *typ.* first impression.
'**vor-ehelich** adj. prenuptial, premarital.
'**vor-eilig** adj. hasty, rash, precipitate; *~e Schlüsse ziehen* jump to conclusions; **⸚keit** ['-aɪliçkaɪt] f (-) rashness, overhaste; precipitancy.
'**vor-eingenommen** adj. prepossessed, prejudiced, biassed (*für in* favo[u]r of; *gegen* against); **⸚heit** f prepossession, prejudice, bias.
'**Vor-eltern** pl. forefathers, ancestors, progenitors.
'**vor-enthalt|en** v/t. (irr., h.) keep back, withhold (*j-m from* a p.), deny (*a th.* to a p.); **⸚ung** f withholding, retention; denial; *jur.* detention.
'**Vor-entnahme** *jur.* f anticipatory succession.
'**Vor-entscheidung** f preliminary decision; *jur.* precedent.
'**Vor-erb|e** m heir in tail; **⸚schaft** f estate in tail.
'**vor-erst** adv. first of all; for the present, for the time being.
'**vor-erwähnt** adj. before- (*or* afore)mentioned, (afore)said, above.
'**Vor-erzeugnis** n primary product.
'**Vor-examen** n → *Vorprüfung*.
Vorfahr ['-faːr] m (-en; -en) ancestor.
'**vorfahr|en** v/i. (irr., sn) drive up; pass; *den Wagen ~ lassen* order the car; **⸚t(recht** n) f (-) right of way, priority; **⸚tzeichen** n priority sign.
'**Vorfall** m incident, occurrence; event; *med.* prolapsus; **⸚en** v/i. (irr., sn) happen, occur; *med.* prolapse.

'**Vor**...: ~**feier** f preliminary celebration; ~**feld** n mil. forefield, approaches pl.; aer. apron; ~**fenster** n outer window; ~**fertigung** tech. f prefabrication; ~**film** m program(me) picture; ~**finanzierung** f prefinancing; anticipatory credit; ⛺**finden** v/t. (irr., h.) find, come upon; ⛺**fordern** v/t. (h.) → vorladen; ~**frage** f preliminary question; ~**freude** f anticipated joy; ~**frühling** m early spring; ⛺**fühlen** v/i. (h.) fig. put out one's feelers; bei j-m: sound (out) a p.

'**Vorführ|dame** f mannequin, model; ⛺**en** v/t. (h.) bring forward; (dat.) bring before (the judge); produce (witnesses); show, display, exhibit; demonstrate (machine, etc.); show, present, n.s. project (film); ~**er** m demonstrator; cinema: projectionist, operator; ~**raum** m projection room; ~**ung** f presentation, showing; projection; demonstration; jur. production (of witness, etc.); thea., etc. performance.

'**Vorgabe** f sports: handicap; games: points (or odds) given; Wettkampf ohne ~ scratch competition; ~**rennen**, ~**spiel** n handicap.

'**Vorgang** m proceedings pl.; facts pl.; record, reference; previous correspondence; tech. process, operation.

Vorgänger(in f) ['-gɛŋər(in)] m (-s, -; -, -nen) predecessor.

'**Vorgarten** m front garden, Am. front-yard.

'**vorgaukeln** v/t. (h.): j-m et. ~ mislead a p. with blandishments, deceive a p. with fair words, buoy a p. up with false hopes.

'**vorgeben I.** v/t. (irr., h.) sports: give, owe; allege, assert, pretend, purport; **II.** v/i. (irr., h.) give odds (j-m to a p.); ⛺ n preten|ce, Am. -se, pretext.

'**vorgebildet** adj.: juristisch ~ legally trained.

'**Vorgebirge** n promontory, cape; foot-hills pl.

vorgeblich ['-ge:pliç] adj. pretended, ostensible, alleged; so--called, would-be. [ceived.⟩

vorgefaßt ['-gəfast] adj. precon-⟩

'**Vorgefühl** n presentiment; banges ~ foreboding, misgivings pl.

'**vorgehen** v/i. (irr., sn) go forward, (a. mil.) advance; go before (or first), lead the way, take the lead; clock: be fast, gain (fünf Minuten five minutes); in rank: have the (or take) precedence (dat. of), matter a.: have priority (over), be more important (than); take action, act (gegen against; rücksichtslos ruthlessly); go on, happen, occur; was geht hier vor? what's going on here?; was ging wohl in ihm vor? I wonder what he was thinking (or what came over him).

'**Vorgehen** n advance; proceeding, action; gemeinschaftliches ~ concerted action.

'**Vor**...: ⛺**gelagert** adj.: ~e Inseln offshore islands; ~**gelege** [-gəle:gə] mot. n (-s; -) reduction gear; a. ~**gelegewelle** f countershaft; ⛺**genannt** adj. → vorerwähnt; ~**genuß**

m foretaste of pleasure; ~**gericht** n → Vorspeise; ⛺**gerückt** [-gərykt] adj. → vorrücken; ~**geschichte** f (-) scient. prehistory, early history; of matter: previous (or past) history; of person: antecedents pl.; med. case history; ⛺**geschichtlich** adj. prehistoric(ally adv.); ~**geschmack** m (-[e]s) foretaste; ⛺**geschoben** mil. adj. advanced, forward; ~**gesetzte(r)** [-gəzetstə(r)] m (-n; -n) superior, senior; ~**gesetztenverhältnis** mil. n authority; ⛺**gestern** adv. the day before yesterday; ⛺**gestrig** adj. of the day before yesterday, (of) two days ago; ~**glühzeit** mot. f preliminary heating time; ⛺**greifen** v/i. (irr., h.) anticipate, forestall (j-m, e-r Sache a p., a th.); e-r Frage ~ prejudge a matter; prejudice; ~**griff** m anticipation; ⛺**gucken** colloq. v/i. (h.) peep out; slip, etc.: show.

'**vorhaben** v/t. (irr., h.) have an apron, etc., on; fig. intend, mean, have in mind, propose, Am. a. plan; be busy (or occupied) with, be engaged in; j-n ~ **a)** question a p., **b)** have a p. on the carpet, call a p. to account; was haben Sie heute vor? what are your plans for today?; haben Sie heute abend et. vor? have you anything on tonight?; was hat er jetzt wieder vor? what is he up to now?; was hast du mit ihm vor? what are you going to do with him?

'**Vorhaben** n (-s; -) intention, purpose, jur. intent; scheme, plan; project.

'**Vorhafen** m outer harbo(u)r.

'**Vorhaftung** econ. f prior commitment.

'**Vorhalle** f vestibule, (entrance-)-hall; parl. lobby, thea., hotel: a. lounge.

'**Vorhalt** m mil. lead; mus. suspension, retard; jur. query; ~**e** gym. f (-; -n) (Arme in ~) arms at front horizontal; Hang mit den Beinen in ~ half-lever hang; ⛺**en I.** v/t. (irr., h.): j-m et. ~ hold a th. before a p.; fig. reproach a p. with a th.; **II.** v/i. (irr., h.) supplies, etc.: last, hold out; mil. take (or apply) a lead; ~**e-winkel** mil. m lead angle; lateral deflection; for bombs: dropping angle; ~**ung** f remonstrance, representation; j-m ~**en** machen remonstrate with a p. (über acc. on), make representations to a p.

'**Vorhand** f (-) cards: lead (a. fig.); tennis: forehand; econ. **a)** first claim, **b)** first option.

vorhanden [fo:r'handən] adj. present, at hand; available, econ. a. on hand, in stock; extant, existing; ~ sein be at hand, etc., exist; davon ist nichts mehr ~ there is no more of it left; ⛺**sein** n presence, availability; existence.

'**Vor**...: ~**handschlag** m tennis: forehand (stroke); ~**hang** m curtain, Am. a. shade; thea. curtain; → eisern; fig. thea. zehn Vorhänge haben have ten curtains, Am. have ten curtain calls; ~**hängeschloß** n padlock; ~**hangstoff** m casement cloth, drapery fabric; ~**haut** anat. f foreskin, prepuce.

vorher ['fo:rhe:r] adv. before, previously; in advance, before(hand); am Abend ~ on the previous evening; kurz ~ a short while before.

vorher... [fo:r'he:r-]: ~**bestellen** v/t. (h.) → vorbestellen; ~**bestimmen** v/t. (h.) determine beforehand, predetermine; preordain (fate, etc.); eccl. predestine; ⛺**bestimmung** f predetermination; eccl. predestination; ~**gehen** v/i. (irr., sn) (dat.) precede (a th. or a p.); ~**gehend** adj. preceding, foregoing; aus dem ⛺en from the foregoing; ~**ig** adj. preceding, previous, foregoing; former.

Vorherr|schaft ['fo:r-] f predominance; superiority; ⛺**schen** v/i. (h.) predominate, prevail; ⛺**schend** adj. predominant, prevalent, prevailing.

Vor'her|sage f, ~**sagung** [-za:guŋ] f (-; -en) → Voraussage; ⛺**sehen** v/t. (irr., h.) foresee; ⛺**wissen** v/t. (irr., h.) foreknow; ~**wissen** n foreknowledge, precognition.

'**vorhin** adv. a little while ago, just now.

'**Vor**...: ~**hof** m vestibule, front court, outer court; anat. atrium, auricle (of heart); ~**hölle** f purgatory, limbo; ~**hut** mil. f vanguard.

vorig ['fo:riç] adj. former, previous; last; ~en Monats of last month.

'**Vor**...: ~**instanz** f lower court; ~**jahr** n preceding (or previous, last) year; ⛺**jährig** adj. of last year, last year's; ⛺**jammern** v/t. (h.): j-m et. ~ pour forth a tale of woe to a p.; ~**kalkulation** f preliminary calculation; ~**kammer** f anat. atrium, auricle (of heart); mot. antechamber; ~**kampf** m semifinal; boxing: preliminary bout; ~**kämpfer(in** f) m champion, protagonist, pioneer; ⛺**kauen** v/t. (h.) j-m: chew a th. for a p.; fig. trash out a th. to, spoon-feed a th. to; ~**kauf** m pre-emption; ~**käufer** m pre-emptor; stock exchange: dealer in futures; ~**kaufsrecht** n right of pre-emption, option right; das ~ haben a. have the (first) refusal (für of); ~**kehrung** ['-ke:ruŋ] f (-; -en) precaution; measure; ~**en treffen** take precautions or measures (gegen against); make arrangements (or arrange) (für for).

'**Vorkenntnis** f (a. ~se pl.) preliminary or previous or basic knowledge (von of); previous experience; (er hat gute) ~se in (dat.) (he is well grounded in the) elements of.

'**vorknöpfen** colloq.: sich j-n ~ (h.) call a p. on the carpet, take a p. to task.

'**Vorkommando** n advance party.

'**vorkomm|en** v/i. (irr., sn) be found, be met (with), occur; happen; be brought forward, be proposed; jur. come on for hearing or trial; es kommt mir vor it seems to me; es kommt mir merkwürdig vor I think it rather strange, it strikes me as (being) strange; sich dumm, etc., ~ feel silly, etc.; sich klug (wichtig, etc.) ~ fancy o.s. (or believe o.s. to be) clever (important, etc.); das kommt dir nur so vor you are just imagining that; so etwas ist mir noch nicht vorgekommen!

I have never heard of such a th.!, well, I never!; *dieses Wort kommt bei Goethe vor* this word occurs in Goethe; 𝔏**en** *n* occurrence; incidence; *min.* occurrence, deposit; **~endenfalls** ['fo:rkɔməndən'fals] *adv.* should the case arise; 𝔏**nis** *n* (-ses; -se) incident, occurrence; *mil. keine besonderen ~se* no unusual occurrence.

'**Vorkonnossement** *econ. n* initial bill of lading.

'**Vorkriegs...** *in compounds* pre-war.

'**Vor...: ~kühlung** *f* pre-cooling; 𝔏**laden** *v/t. (irr., h.)* summon, serve a summons on, cite; subpoena; **~ladung** *f* (writ of) summons *sg.*, citation; subpoena; **~lage** *f* copy; pattern; *parl.* bill; presentation, submission; production; filing (*of documents*); *econ. zahlbar bei ~* payable on presentation (*or* demand), payable at sight; advance; rug, carpet; *artillery*: flash reducer; *distillation*: condenser; *soccer*: pass; *skiing*: forward lean, vorlage; 𝔏**lagern** *v/t. (h., dat.)* extend in front of; **~land** *n* (-[e]s) foreland; 𝔏**lassen** *v/t. (irr., h.)* let *a p.* pass in front *or* before, allow *a p.* to pass; admit; *vorgelassen werden a.* be shown in; **~lassung** *f* (-; *-en*) admission, admittance; **~lauf** *m sports*: preliminary run, eliminating heat; **~läufer(in** *f*) *m* forerunner, precursor; 𝔏**läufig** [-lɔʏfiç] **I.** *adj.* preliminary; provisional, temporary; interim; tentative; **II.** *adv.* provisionally, temporarily; for the present, for the time being; 𝔏**laut** *adj.* forward, pert; *~es Wesen* pertness; 𝔏**leben** *v/t. (h.)*: *j-m et. ~* set an example of a th. to a p.; **~leben** *n* former life, past (life), antecedents *pl.*

Vorlege|besteck ['fo:rle:gə-] *n* (*ein ~* a pair of) carvers *pl.*; **~frist** *econ. f* time of presentation; **~gabel** *f* carving-fork; **~löffel** *m* soup-ladle; **~messer** *n* carving-knife.

'**vorlegen** *v/t. (h.)* lay *or* put forward (*or* before); put on (*padlock*); produce, submit, file (*documents*); propose (*plan*); present (*bill, cheque, etc.*); *zur Annahme (Zahlung) ~* present for acceptance (payment); *j-m et. ~* lay (*or* place, put) a th. before a p.; show (*or* exhibit) a th. to a p.; *at table*: help a p. to a th.; *for examination, etc.*: submit (*or* refer) a th. to a p.; *fig. j-m e-e Frage ~* address (*or* put) a question to a p.; *sich ~* lean forward; *soccer*: pass *the ball* in front of *a p.*; *colloq. ein rasendes Tempo ~* go at a breakneck pace.

'**Vorlege|r** *m* (-*s*; -) rug; mat; **~schloß** *n* padlock; **~welle** *mot. f* countershaft.

'**Vorlegung** *f* (-; *-en*) → *Vorlage.*

'**Vorleistung** *econ. f* advance (payment).

'**Vorlese** *f* early vintage.

'**vorles|en** *v/t. (irr., h.)* read aloud; *j-m et. ~* read a th. (out) to a p.; 𝔏**er(in** *f*) *m* reader; lecturer; 𝔏**ung** *f* reading; *univ., etc.*: lecture (*über acc.* on; *vor dat.* to); *e-e ~ halten* (give a) lecture; *~en halten über (acc.)* deliver a course of lectures on, lecture on; 𝔏**ungsverzeichnis** *n* (university) calendar, *Am.* catalog.

'**vorletzt** *adj.* last but one, *Am.* next to the last; *gr.* penultimate; *~e Nacht* the night before last.

'**Vorliebe** *f* predilection, preference, partiality (*für* for); *e-e ~ haben für a.* have a special liking for, be partial to.

vorliebnehmen [fo:r'li:p-] *v/i. (irr., h.)*: *~ mit* put up with; *at table*: *~ (mit dem, was da ist)* take pot luck.

vorliegen ['fo:r-] *v/i. (irr., h.)*: *j-m ~* lie before a p.; *fig. motion, etc.*: be in hand, be submitted; be under consideration; *w.s.* be there, exist; *es liegen keine Gründe vor, zu inf.* there are no reasons why; *da muß ein Irrtum ~* there must be a mistake here; *es liegt heute nichts vor* there is nothing to be discussed, *etc.*, today, nothing doing today; *was liegt gegen ihn vor?* what is the charge against him?; **~d** *adj.* present, in hand; in question, at issue.

'**Vorlizenz** *econ. f* preliminary licen|ce, *Am.* -se.

'**vorlügen** *v/t. (irr., h.)*: *j-m et. ~* tell a p. lies (*über acc.* about).

'**vormachen** *v/t. (h.)* put *a board, etc.*, before; *j-m et. ~* show a p. how to do a th. (*a. fig.*); demonstrate a th. to a p.; *b.s.* humbug (*or* mystify, hoodwink) a p.; *sich (selbst) et. ~* fool o.s.; *ihm kannst du nichts ~* he is nobody's fool.

'**Vormacht(stellung)** *f* predominance; supremacy; hegemony.

vormal|ig ['fo:rma:liç] *adj.* former; **~s** *adv.* formerly; erstwhile, onetime.

'**Vormann** *m* foreman; *econ.* → *Vordermann.*

'**Vormarsch** *m* advance; **~straße** *f* road (*or* route) of advance.

'**Vormast** *m* foremast.

'**Vormerk|buch** *n* memo-book; 𝔏**en** *v/t. (h.)* note (down), make a note of, mark down; reserve; book (*a. ~ lassen*); earmark; *sich ~ lassen für* put one's name down for; **~gebühr** *f* registration fee, booking fee; **~liste** *f* waiting list; **~ung** *f* (-; *-en*) note, entry; booking, reservation.

'**vormilitärisch** *adj.*: *~e Ausbildung* pre-military training.

'**Vormittag** *m* morning, forenoon; 𝔏**s** *adv.* in the morning, *abbr.* a.m.

'**Vormonat** *m* previous month.

'**Vormund** *m* guardian; **~schaft** *f* (-; *-en*) guardianship, tutelage; *unter ~ stehen (stellen)* be placed (place) under the care of a guardian; 𝔏**schaftlich** *adj.* of a guardian, tutelary; **~schaftsgericht** *n* Guardianship Court.

vorn [fɔrn] *adv.* in front, before; ahead, at the head; *ganz ~* right in front; at the beginning; *nach ~* forward; *von ~* from the front, from before; *ich sah sie von ~* I saw her face; *von ~ anfangen* begin at the beginning *or* anew *or* afresh, *a.* make a new start; *~ und hinten* before and behind; *von ~ bis hinten* from front to back, from first to last; *noch einmal von ~* all over again; → *vorn(e)an, etc.*

Vornahme ['fo:rna:mə] *f* (-; *-n*) undertaking, effecting; *~ von Rechtsgeschäften* engaging in transactions.

'**Vorname** *m* first name, Christian name, *Am. a.* given name.

vorn|e ['fɔrnə] → *vorn*; **~(e)an** *adv.* in (*or* at the) front.

vornehm ['fo:rne:m] *adj.* of (superior) rank, distinguished, refined, aristocratic; noble; elegant, fashionable; stylish; highclass; exclusive; *die* 𝔏*en pl.* people of rank *or* quality; *~e Gesinnung* high mind; *~es Äußeres, ~er Anstrich* distinguished air *or* appearance; *~er Besuch* distinguished visitor(s *pl.*); *die ~e Welt* the rank and fashion, high society (*or* life); *~ste Aufgabe, Pflicht, etc.* principal, chief, first and foremost *duty, etc.*; *~ tun* give o.s. (*or* put on) airs; **~en** *v/t. (irr., h.)* take before one; put on (*apron*); undertake, take in hand, take up; deal with; occupy (*or* busy) o.s. with; effect; make (*alterations, etc.*); *sich j-n ~* take a p. to task, take a p. up (*wegen* about); *sich et. ~* make up one's mind to do a th., resolve (up)on a th. *or* to do a th.; *sich vorgenommen haben* have made up one's mind, intend, propose, be determined (*zu inf.* to *inf.*); 𝔏**heit** *f* (-) rank; distinction; refinement; elegance; exclusiveness; high-mindedness; *~ der Erscheinung* distinguished appearance; **~lich** *adv.* especially, chiefly, largely, above all; 𝔏**tuerei** [-tu:ə'raɪ] *f* (-) putting on airs, snobbery.

vornherein ['fɔrn-] *adv.*: *von ~* from the beginning, from the first (*or* start).

Vornorm ['fo:r-] *tech. f* tentative standard.

'**vornotieren** *v/t. (h.)* → *vormerken.*

vornüber [fɔrn'ʔy:bər] *adj.* forward; head foremost.

Vor-ort ['fo:r-] *m* suburb; *of federation*: administrative cent|re, *Am.* -er; **~(s)...** ['fo:rʔɔrt(s)-] suburban; **~bahn** *f* suburban (*or* local) railway; **~verkehr** *m* suburban traffic; **~zug** *m* suburban (*or* local) train, city train, *Am. a.* commuter train.

'**Vorplatz** *m* place in front, forecourt; *of staircase*: landing; *in apartment*: hall(way *Am.*).

'**Vorposten** *mil. m* outpost; *auf ~* on outpost duty; **~boot** *n* patrol boat; **~kette** *f* line of outposts.

'**Vor|prämie** *econ. f* (premium for the) call, buyer's option; **~produkt** *n* initial product; **~prüfung** *f* previous (*or* preliminary) examination; *sports*: trial; 𝔏**pumpen** *mot. v/t. (h.)* prime (*fuel*); 𝔏**quellen** *v/i. (irr., sn) eyes, etc.*: bulge (out); 𝔏**ragen** *v/i. (h.)* project, protrude, jut out.

'**Vorrang** *m* (-[e]s) pre-eminence; precedence; priority; *den ~ haben vor (dat.)* take precedence of, *matter*: *a.* have priority over; 𝔏**ig** *adj.* having priority, priority (*matter, treatment, etc.*).

Vorrat ['fo:rra:t] *m* (-[e]s; ⸚e) store, stock, supply, provision (*an dat.* of); reserve; *heimlicher ~* secret hoard; stockpile; *auf ~ kaufen* buy in stock; *solange der ~ reicht* while quantities last.

'**vorrätig** [-rɛːtiç] *adj.* available, *econ. a.* on hand, in stock, stocked; *nicht (mehr)* ~ out of stock; *wir haben diesen Artikel nicht mehr* ~ we are out of this line; *et.* ~ *halten* keep a th. in stock.

'**Vorrats...**: ~**ansammlung** *f* accumulation of stocks, stockpiling; ~**behälter** *m* storage bin; ~**bewirtschaftung** *f* inventory control; ~**haus** *n* storehouse, magazine; ~**kammer** *f* store-room; pantry, larder; ~**lager** *n* storage dump; ~**schrank** *m* pantry, safe.

'**Vorraum** *m* anteroom; outer office; → *Vorhalle.*

'**vorrechnen** *v/t.* (h.) reckon up (*j-m* to a p.); enumerate (to a p.).

'**Vorrecht** *n* privilege, prerogative; priority; preference.

'**Vorred|e** *f* opening speech, words of introduction; preface, introduction; *mit e-r* ~ *versehen* preface; 2**en** *v/t.* (h.): *j-m et.* ~ tell a p. tales (*über acc.* about), *Am. a.* hand a p. a line; ~**ner** *m* previous speaker.

'**vorreit|en I.** *v/i.* (irr., sn) ride forward; ride before; *j-m* ~ show a p. how to ride; **II.** *v/t.* (irr., h.): *ein Pferd* ~ put a horse through its paces; *fig. j-m et.* ~ parade a th. before a p.; 2**er** *m* outrider.

'**vorricht|en** *v/t.* (h.) prepare, get (or make) ready; put on, advance (*clock*); 2**ung** *f* preparation; device, contrivance, appliance, gadget; equipment; fixture, chuck; *patent*: *e-e* ~ *zum* a device for.

'**vorrücken I.** *v/t.* (h.) move *chair, etc.*, forward, advance; put on (*clock*); **II.** *v/i.* (sn) advance (*mil. in Richtung auf* on; *nach* to); *in office*: advance, be promoted; *in vorgerücktem Alter* at an advanced age; *zu e-r vorgerückten Stunde* at a late hour.

'**vorrufen** *v/t.* (irr., h.) call forth.

'**Vorrunde** *f sports*: preliminary round, prelim.

vors [foːrs] *colloq.* = *vor das.*

'**Vorsaal** *m* entrance-hall, anteroom, vestibule.

'**vorsagen** *v/t.* (h.): *j-m et.* ~ recite a th. to a p.; prompt a p. (a th.).

'**Vorsaison** *f* early season; previous season; ~**geschäft** *n* early season business.

'**Vorsänger(in** *f)* *m eccl.* precentor; leader of a choir.

Vorsatz ['foːrzats] *m* (-es; ⁺e) intention, resolution; plan, design, purpose; *jur.* (criminal) intent, premeditation, malice aforethought; *gute Vorsätze* good intentions; *mit* ~ *designedly*, on purpose, *jur.* wil(l)fully, with malice aforethought; *jur. mit dem* ~ *zu inf.* with the intent of *ger.*; *den* ~ *fassen* resolve, make up one's mind (*zu inf.* to); ~**blatt** *typ. n* a) fly-leaf, b) end--paper; ~**gerät** *tech. n* attached device; *radio*: adapter; *film*: head.

'**vorsätzlich** ['foːrzɛtsliç] **I.** *adj.* intentional, deliberate, *jur.* wil(l)ful; ~**er Mord** premeditated murder; **II.** *adv.* deliberately, *etc.*; *jur. a.* with criminal intent, with malice aforethought.

'**Vorsatzlinse** *phot. f* ancillary lens.

'**vorschalt|en** *v/t.* (h.) *el.* connect in series; *tech.* arrange *unit* ahead (*dat.* of); 2**widerstand** *m* series resistance.

'**Vorschau** *f* preview (*auf acc.* of); forecast; *film*: preview, trailer(s *pl.*).

'**Vorschein** *m*: *zum* ~ *bringen* bring to light, bring forward, produce; *zum* ~ *kommen* come forward (or to light), appear, turn up.

'**vorschicken** *v/t.* (h.) send forward (or to the front).

'**vorschieben** *v/t.* (irr., h.) push forward *or* on, advance; *tech.* feed; slip (*bolt*); *fig.* → *Riegel*; pretend, plead (as an excuse); *j-n*: use *a p.* as a front *or* dummy.

'**vorschießen I.** *v/t.* (irr., h.) advance (*sum*); **II.** *v/i.* (irr., sn) dash forward, shoot forth.

'**Vorschiff** *n* forecastle.

'**Vorschlag** *m* proposal, proposition; recommendation; suggestion; offer; *parl.* motion; nomination (*of candidate*); *mus.* grace(-note); *book*: blank space on front page; *metall.* flux; *auf* ~ *von or gen.* on the proposal of, at the recommendation (or suggestion) of; 2**en** *v/t.* (irr., h.) propose; suggest; recommend; offer; nominate (*candidate*); ~**hammer** *m* sledge hammer.

'**Vor|schleifen** *n* (-s), ~**schliff** *m* rough grinding.   [final.]

'**Vorschlußrunde** *f sports*: semi-]

'**vorschmecken** *v/i.* (h.) predominate.

'**Vorschneide|brett** *n* trencher; ~**messer** *n* carving-knife; *tech.* counterblade; 2**n** *v/t.* (irr., h.) carve; make a first cut in; ~**r** *m* carver; *tech.* (wire) cutter; *for screws*: taper tap.

Vorschneidfräser ['foːrʃnait-] *tech. m* roughing cutter.

'**vorschnell** *adj.* → *voreilig.*

'**vorschreiben** *v/t.* (irr., h.) set a copy of *a th.* (*dat.* to), write *a th.* out (for); prescribe, order, direct, tell; specify; *ich lasse mir nichts* ~ I won't be dictated to.

'**vorschreiten** *v/i.* (irr., sn) step forward, advance; *vorgeschrittenes Stadium (vorgeschrittene Jahreszeit)* advanced state (season).

'**Vorschrift** *f esp. med.* prescription; direction, instruction; order; regulation(s *pl.*), rule(s *pl.*); manual; specification; provision (*of clause, section*); *streng nach* ~ *arbeiten* work to rule; *ich lasse mir keine* ~**en** *machen* I won't be dictated to; 2**smäßig** *adj.* prescribed, regulation; *pred. and adv.* according to regulations, as ordered, in due form; 2**swidrig** *adj.* irregular; *pred. and adv.* contrary to regulations.

'**Vorschub** *m tech.* feed; *fig.* assistance, furtherance, support, countenance; ~ *leisten* (*dat.*) lend one's countenance to, pander to *vice, etc.*; further, encourage; *jur.* aid and abet; ~**spindel** *tech. f* feed screw.

'**Vorschuh** *m* upper leather, vamp; 2**en** *v/t.* (h.) new-front, re-vamp.

'**Vorschule** *f* preparatory school; *w.s.* elementary course; (*book*) primer.

'**Vorschuß** *m* advance(d money); loan; retaining fee retainer (*of lawyer*); ~ *auf den Lohn* advance against wages; ~ *leisten* advance money, make a loan; ~**dividende** *f* interim dividend; ~**kasse** *f* loan fund; ~**lorbeeren** *fig. f/pl.* advance praise *sg.*; ~**verein** *m* loan society; 2**weise** ['-vaizə] *adv.* as an advance; by way of a loan.

'**vorschütz|en** *v/t.* (h.) plead (as an excuse), pretend; 2**ung** *f* (-; -en) preten|ce, *Am.* -se.

'**vorschweben** *v/i.* (h.): *mir schwebt etwas vor* I have a (vague) notion of a th., I have a dim recollection of a th., I have a th. (something else) in mind.

'**vorschwindeln** *v/i.* (h.): *j-m et.* ~ tell a p. (a pack of) lies, humbug a p. about a th.

'**Vorsegel** *n* foresail.

'**vorseh|en** *v/t.* (irr., h.) provide for *a th.*; plan, schedule; assign (or earmark) (für for); *sich* ~ take care, be careful; *sich* ~ *vor* (*dat.*) (be on one's guard against, look out for *a th.*; *das Gesetz sieht vor, daß* the law provides that; *was ist für heute vorgesehen* what is the program(me) today; *vorgesehen!* take care!, look out!; 2**ung** *f* (-) providence; (*God*) Providence; ~ *spielen* (*bei*) play Providence (in *a matter*).

'**vorsetzen** *v/t.* (h.) put forward; (*dat.*) place (or put or set) before; serve; offer (*a. fig.*); *gr.* prefix (*syllable*); *mus.* mark with; *sich et.* ~ resolve, decide.

'**Vorsicht** *f* caution; care; circumspection; discretion; *on boxes*: with care!; ~ *Stufe!* mind the step; ~*!* take care!, look out!, *as inscription*: caution!, danger!; *mit* ~ cautiously; *mit äußerster* ~ with the utmost caution; *mit* ~ *zu Werke gehen* proceed very cautiously, play (it) safe; ~ *ist die Mutter der Weisheit* caution is the mother of wit; ~ *ist besser als Nachsicht* prevention is better than cure; *colloq.* er ist mit ~ *zu genießen* he must be handled with kid gloves; 2**ig** *adj.* cautious, chary, wary (*in dat.* of); careful; conservative (*estimate, etc.*); ~*!* steady!, look (*Am.* watch) out!, careful!; 2**s-halber** *adv.* as a precaution; ~**smaßregel** *f* precaution (-ary measure); ~**n treffen** take precautions.

'**Vorsilbe** *gr. f* prefix.

'**vorsingen I.** *v/t.* (irr., h.): *j-m et.* ~ sing a th. to a p.; **II.** *v/i.* (irr., h.) lead (the choir).   [(*a. fig.*)]

'**vorsintflutlich** *adj.* antediluvian]

'**Vorsitz** *m* (-es) presidency, chair (-manship); *den* ~ *haben or führen* be in the chair, preside (*bei* over, at); *den* ~ *übernehmen* take the chair; *unter dem* ~ *von* (*dat.*) under the chairmanship of, with ... in the chair; ~**ende(r** *m)* [-zitsəndə(r)] *f* (-n, -n; -en, -en) chairman (*f* chairwoman), president; *jur.* presiding judge.

'**Vorsorg|e** *f* (-) provision, providence; precaution; ~ *treffen* take precautions, make provision, provide (*gegen* against), see to it *that*; 2**en** *v/i.* (h.) provide (*für* for); take care; provide for the future; 2**lich** [-zɔrkliç] **I.** *adj.* provident; precautionary; **II.** *adv.* providently; as a precaution, just in case; ~ *kündigen* give protective notice (*dat.* to).

'**Vorspann** *m* team of horses, relay; *film:* cast and credits; ♀en *v/t.* (h.) put horses, *etc.* (*dat. or vor acc.* to); *el.* bias; ~**ung** *el. f* bias voltage.

'**Vorspeise** *f* hors d'oeuvre, entree, appetizer.

'**vorspiegel|n** *v/t.* (h.) pretend (*dat.* to *a p.*); *j-m et.* ~ delude a p. (into believing a th.), (try to) make a p. believe a th.; ♀**ung** *f* preten|ce, *Am.* -se; delusion, make-believe; (*unter*) ~ *falscher Tatsachen* (under) false pretences.

'**Vorspiel** *n mus.* prelude (*a. fig.*; *zu* to); overture; *thea.* curtain--raiser, (*a. fig.*) prologue; *sports:* preliminary match; ♀en *v/t.* (h.) *j-m et.* play a th. to *or* before *a p.*

'**Vorspinnmaschine** *f* roving frame.

'**vorsprechen I.** *v/t.* (*irr.,* h., *dat.*) pronounce to *or* for *a p.*; **II.** *v/i.* (*irr.,* h.) call, drop in (*bei on a p.*; *at an office*); see (*a p.*).

'**vorspringen** *v/i.* (*irr.,* sn) jump (*or* leap) forward; project, jut (out); ~**d** projecting, prominent (*chin, nose, etc.*); salient (*angle*).

'**Vorsprung** *m arch.* projection; ledge; (head) start, lead, advantage (*vor dat.* of); *mit großem* ~ *by a wide margin; mit e-m* ~ *von 2 Sekunden* by a margin of 2 seconds; *er hat e-n* ~ *von 3 Runden* he is leading by 3 laps; → *abgewinnen.*

'**Vorstadt** *f* suburb.

'**Vorstädt|er(in** *f*) *m* suburban dweller; ♀**isch** *adj.* suburban.

'**Vorstand** *m* board of directors, executive *or* managing board; board of trustees; (*person*) head, principal; *of company:* chairman of the board; ~**sgehälter** ['-sgəhɛltər] *n/pl.* director's fees; ~**smitglied** *n* member of the managing board; managing director; ~**ssitzung** *f* board meeting; ~**swahl** *f* board elections.

'**vorsteck|en** *v/t.* (h.) put before; pin (*or* stick) before; poke (*or* stick) out (*one's head*); *fig. das vorgesteckte Ziel* reach one's object; ♀**er** *tech. m* cotter (pin); *of bomb, mine:* safety pin; ♀**nadel** *f* breast- (*or* scarf-)pin.

'**vorsteh|en** *v/i.* (*irr.,* h.) project, protrude, jut out; *vorstehende Zähne* buck-teeth; *fig.* (*dat.*) direct, superintend, be at the head of, be in charge of; preside over; administer, manage; ~**d** foregoing, preceding, above, aforesaid; *wie* ~**d** as above; *aus dem* ♀**den** from the foregoing; ♀**er(in** *f*) [-∫te:ər(in)] *m* (-s, -; -, -nen) director, superintendent, manager(ess *f*); head, chief; *of prison:* governor, *Am.* warden; *of cloister:* (*f* mother-) superior; *ped.* headmaster (*f* headmistress), *Am.* principal; ♀**erdrüse** *f* prostate gland; ♀**hund** *m* pointer; setter.

'**vorstell|bar** *adj.* conceivable, imaginable; ~**en** *v/t.* (h.) put forward *or* in front; place before; put on, advance (*clock*); *j-n e-r Person* ~ introduce a p. to a p.; *darf ich*

Ihnen Herrn A. ~? may I introduce you to Mr. A.?, *Am. a.* (I want you to) meet Mr. A.!; mean, signify; stand for; represent, *thea. a.* personate, play; *j-m et.* ~ a) point out a th. to a p., **b**) remonstrate with a p. about a th.; *sich* ~ **a**) stand in front, **b**) introduce o.s., present o.s. (*bei* at), make o.s. known; *sich et.* ~ imagine, fancy; envisage; visualize, picture (to o.s.); *colloq. stell dir vor!* imagine!, fancy that!; *stell dir meine Überraschung vor!* imagine (*or* picture) my surprise!; *stell dir das nicht so leicht vor* don't think it is so easy; *so stelle ich mir einen schönen Urlaub, etc., vor* that's my idea of fine holidays; *ich kann mir nichts Besseres* ~ *I* cannot think of anything better; *was soll das* ~? what is that supposed to be?; *colloq. er stellt etwas vor* he is quite impressive; ~**ig** *adj.:* ~ *werden* make representations (*bei* to); *bei der Behörde* ~ *werden* **a**) apply to the authorities, **b**) lodge a complaint with the authorities; ♀**ung** *f* introduction, presentation; interview (*bei* with); *thea.* performance; *film:* showing; idea, conception; *falsche* ~ wrong idea, misconception; *sich e-e* ~ *machen von* form (*or* get) an idea of; *du machst dir keine* ~! you have no idea!, you wouldn't believe it!; *das geht über alle* ~ imagination boggles at it; remonstrance, representation; *j-m* ~**en machen** make representations to a p., remonstrate with a p.; (*a.* ♀**ungsvermögen** *n*, -s) imaginative faculty, imagination.

'**Vorstoß** *m mil.* thrust, drive, advance; *sports:* attack (*a. fig.*); piping; *fig.* attempt, try; ♀**en I.** *v/t.* (*irr.,* h.) push (*or* thrust) forward; raise (*hem*); **II.** *v/i.* (*irr.,* sn) *mil.* thrust forward, advance; *sports:* rush (forward), attack.

'**Vorstrafe** *f* previous conviction; ~**n(register** *n*) *pl.* (criminal) record.

'**vor...:** ~**strecken** *v/t.* (h.) thrust out, stretch forward, extend; put forward, poke (*or* stick) out (*one's head*); advance (*money*); ♀**studium** *n* preliminary studies *pl.*; ♀**stufe** *f* first step (*or* stage); (first) elements *pl.*; primary course; primer; *el.* input stage; ~**stürmen**, ~**stürzen** *v/i.* (sn) rush (*or* dash) forward; ♀**tag** *m* previous day, day before; ~**tanzen** *v/t. and v/i.* (h.) *j-m:* dance (*a th.*) before *a p.*; show *a p.* how to dance (*a th.*); lead off the dance; ♀**tänzer(in** *f*) *m* leader of the dance, leading dancer; ~**täuschen** *v/t.* (h.) feign, simulate, pretend, counterfeit; *e-n Schlag* ~ feint, fake (a blow); *Erregung* ~ put on emotion.

'**Vorteil** *m* advantage; profit, benefit; main chance; *tennis:* (ad)vantage; *die Vor- und Nachteile e-r Sache abwägen* consider the pros and cons of a matter; ~ *bringen* be profitable, pay; ~ *haben von* (*dat.*) benefit from; *et. zu s-m* ~ *benützen* turn a th. to account; *sich auf s-n* ~ *verstehen* know on which side one's bread is buttered; *auf s-n* ~ *bedacht sein* have an eye to the main chance (*or* to one's own interests); *mit* ~

(*sell, etc.*) at a profit; *er ist im* ~ the odds are on his side; *zu deinem eignen* ~ in your own interest; *er hat sich zu seinem* ~ *verändert* he has changed for the better; → *abgewinnen, gewähren;* ♀**haft I.** *adj.* advantageous, profitable (*für* to); lucrative; favo(u)rable; beneficial; ~**es** *Geschäft* bargain, good deal; *econ. für beide Teile* ~ mutually profitable; ~ *aussehen* look one's best; **II.** *adv.* advantageously, *etc.;* *aufs* ~**este** to the best advantage.

'**Vortrab** *m* vanguard.

Vortrag ['fo:rtra:k] *m* (-[e]s, ~e) performance; delivery, *rhet.* elocution; recitation (*of poem*); *mus.* **a**) recital, **b**) execution; lecture; *radio:* talk; report; *econ.* **a**) balance carried forward, carry-forward, **b**) balance, **c**) transfer; ~ *auf neue Rechnung* amount carried forward to fresh account; *einen* ~ *halten* read a paper, lecture (*über acc.* on); ♀**en** *v/t.* (*irr.,* h.) carry forward (*a. mil. an attack*); report (*et.* on *a th.; j-m to a p.*); recite; lecture (on); deliver (*speech*); recite, declaim (*poem*); state, express (*views*); propose, submit; present; plead, contend; *mus.* execute; play, perform; *econ. den Saldo* ~ carry forward the balance; ~**ende(r** *m*) ['-əndə(r)] *f* (-n, -n; -en, -en) performer; lecturer; speaker.

'**Vortrags...:** ~**folge** *f* series of lectures; ~**kunst** *f* art of reciting *or* lecturing *or* delivery; ~**künstler** (-**in** *f*) *m rhet.* elocutionist; *mus.* executant, performer; ~**recht** *n:* *direktes* ~ direct access (*bei* to); ~**saal** *m* lecture hall.

vor'trefflich *adj.* excellent, splendid, superior, superb, capital; ~! capital!; ♀**keit** *f* excellence, superiority.

'**vor...:** ~**treiben** *v/t.* (*irr.,* h.) drive before *or* on; drive (on) (*tunnel*); ~**treten** *v/i.* (*irr.,* sn) step (*or* come) forward; project, protrude, stick out; ♀**trieb** *m* propulsion, forward thrust; ♀**tritt** *m* (-[e]s) precedence; *j-m den* ~ *geben* give precedence to a p.; *den* ~ *haben vor j-m* take precedence over a p.; ~ *unter* ~ (*gen.*) preceded by; ~**trocknen** *v/t.* (h.) pre-dry; ♀**trupp** *m* advance party.

vor'über [fo'ry:bər] *adv.* along, by, past; *time:* gone by, over; *matter:* finished, done with; ~**gehen** *v/i.* (*irr.,* sn) pass; pass (*or* go) by; *fig.* pass (over); *pain, rage, storm:* a. blow over; ~ *an* (*dat.*) ignore, pass *a th.* over in silence; ~ *lassen* miss (*opportunity*), let slip by; *die schlimmste Zeit ist nicht spurlos an ihr vorübergegangen* has told on her; ~**ziehen** *v/i.* (*irr.,* sn) march past, pass by; *storm:* pass.

'**Vor-übung** *f* preliminary practice, preparatory exercise.

'**vor...:** ♀**untersuchung** *f* preliminary examination; *jur.* (preliminary) investigation, pre-trial hearings *pl.*; ♀**urteil** *n* prejudice; ~**urteilsfrei,** ~**urteilslos** *adj.* unprejudiced, unbias(s)ed; ♀**urteilslosigkeit** *f* (-) freedom from prejudice; open-mindedness; ♀**väter** ['-fɛ:tər] *m/pl.* forefathers, ances-

tors; ℒverbrennung *mot. f* pre-combustion; ✴verdichten *mot. v/t.* (h.) supercharge; ℒverdichter *mot. m* supercharger; ℒvergangenheit *gr. f* (-) past perfect, pluperfect; ℒverkauf *m* advance sale; *thea.* advance booking; *im ✴ zu haben thea.* bookable; ℒverkaufskasse *thea. f* booking office; ✴verlegen *v/t.* (h.) advance; place on an earlier date; *mil. das Feuer ✴* lift fire; ℒversicherung *f* previous insurance; ℒverstärker *m* pre-amplifier; ℒversuch *m* pilot test; ℒvertrag *m* provisional agreement; ℒverzerrung *f radio:* pre-emphasis; ✴vorgestern *adv.* three days ago *or* since; ✴vorletzt *adj.* last but two; ✴wagen: *sich ✴* (h.) venture forward; ℒwahl *f* preliminary election, *Am.* primary (election); *el.* preselection; ℒwähler *el. m* preselector; ℒwählnummer *teleph. f* call prefix, *Am.* area code; ℒwählschalter *mot. m* preselector gear change; ✴walten *v/i.* (h.) prevail, predominate; ℒwand ['-vant] *m* (-[e]s; ⁼e) pretext, preten|ce, *Am.* -se, excuse; subterfuge; *unter dem ✴ von or daß* on the pretext (*or* preten|ce, *Am.* -se, *or* plea) of *or* that; *e-n ✴ suchen* look for an excuse; ✴wärmen *v/t.* (h.) warm up, *a. tech.* preheat; ℒwarnung *mil. f* early warning.
vorwärts ['foːrvɛrts] *adv.* forward, onward, on; *✴! go ahead!, let's go!; ℒbewegung *f* forward movement; ✴bringen *fig. v/t.* (irr., h.) advance, further, promote; ✴drängen *v/i.* (h.) press on; ℒgang *mot. m* forward speed; ✴gehen *v/i.* (irr., sn) go ahead, advance, progress; improve; ✴kommen *v/i.* (irr., sn) make headway; *fig. a.* make one's way, get on *or* along in the world, improve one's position; ℒstrategie *f* forward strategy.
vorweg [for'vɛk] *adv.* beforehand; from the beginning; to begin with; ℒnahme ['-naːmə] *f* (-) anticipation; *patent law:* prior art; ✴nehmen *v/t.* (irr., h.) anticipate.

vor... ['foːr-]: ℒweihnachtszeit *f* Advent season; ✴weisen *v/t.* (irr., h.) produce, show; *fig. ✴ können* be able to show, possess, boast; ℒwelt *f* (-) former ages *pl.*; prehistoric world; ✴weltlich *adj.* prehistoric; *fig.* antediluvian; ✴werfen *v/t.* (irr., h.) (dat.) throw (*or* cast) before; *fig. j-m et. ✴* reproach a p. with a th., cast a th. in a p.'s teeth; *ich habe mir nichts vorzuwerfen* I have nothing to reproach myself with; *sie haben einander nichts vorzuwerfen* the one is as bad as the other; ℒwerk *n* farm steading; *mil.* outwork; ℒwiderstand *el. m* series resistance; *of tube:* dropping resistor; *of voltmeter:* voltage multiplier; ✴wiegen *v/i.* (irr., h.) preponderate, predominate; ✴wiegend I. *adj.* preponderant, predominant; II. *adv.* predominantly, chiefly, mainly, mostly, largely; ℒwissen *n* (fore)knowledge, prescience; *ohne mein ✴* unknown to me, without my knowledge; ℒwitz *m* (-es) inquisitiveness, nosiness; forwardness, pertness; ✴witzig *adj.* inquisitive, nosy; forward, pert; ℒwort *n* (-[e]s; -e) preface; foreword; introduction; ℒwurf *m* reproach; blame; subject, theme; story; *e-n ✴ or Vorwürfe machen →* vorwerfen; ✴wurfsfrei *adj.* irreproachable; ✴wurfsvoll *adj.* reproachful; ✴zählen *v/t.* (h.) enumerate, count out (*dat.* to a *p.*); ℒzeichen *n* omen, prognostic; *mus.* signature; accidental; *math.* sign; *med.* preliminary symptom; *fig. mit umgekehrten ✴* with completely reversed premises, in a reversed situation; ✴zeichnen *v/t.* (h.): *j-m et. ✴* draw (*or* sketch) a th. for a p.; show a p. how to draw a th.; mark *or* trace (out), indicate; ℒzeichnung *f* drawingcopy; pattern; design; *mus.* signature.
'**vorzeig|en** *v/t.* (h.) produce, show; exhibit; ℒer *m: der ✴ dieses* the bearer of this; ℒung *f* (-) producing, showing; exhibition.

'**Vorzeit** *f* (remote) antiquity; times of old, days of yore, olden times *pl.*; → grau.
vor'zeiten *adv.* in former times, formerly; once upon a time.
'**vorzeitig** *adj.* premature.
'**Vorzeitmensch** *m* prehistoric man.
'**vorziehen** *v/t.* (irr., h.) draw forth; draw (*curtains*); *mot.* pull up (*the car*); *mil.* (irr., sn) move up (*a. v/i.*); *esp. econ.* anticipate; *fig.* prefer (*et. e-r anderen Sache* a th. to another th.); give preference to; like better; *es ✴ zu inf.* prefer to *inf.*, (*a. iro.*) choose to *inf.*
'**Vorzimmer** *n* antechamber, anteroom; outer office.
'**Vorzug** *m* preference; priority (*vor dat.* over); advantage; merit, (*a. tech.*) virtue; superiority; privilege; *rail.* pilot train, relief train; *den ✴ haben, zu inf.* have the distinction of *ger.; den ✴ geben → vorziehen; den ✴ haben vor* (*dat.*) have the advantage over; excel (*or* be superior to) *a p. or th.*
vorzüglich [-'tsyːkliç] I. *adj.* excellent, superior; exquisite; first-rate; *pred.* of the first order; II. *adv.* especially; ℒkeit *f* (-) excellence; superiority; superior (*or* first-rate) quality.
Vorzugs... ['foːrtsuːks-]: ✴aktie *f* preference (*or* preferred) share, *Am.* preferred stock; ✴behandlung *f* preferential treatment; ✴milch *f* certified milk; ✴pfandrecht *n* prior lien; ✴preis *m* special price; preferential rate; ✴recht *n* privilege; ℒweise ['-varzə] *adv.* preferably, by preference; chiefly, mostly; ✴zoll *m* preferential duty.
'**Vorzündung** *mot. f* pre-ignition.
Votiv|bild [vo'tiːf-] *n* votive picture; ✴tafel *f* votive tablet.
Votum ['voːtum] *n* (-s; -ten) vote.
vulgär [vul'gɛːr] *adj.* vulgar.
Vulkan [vul'kaːn] *m* (-s; -e) volcano (*a. fig.*); ✴fiber *tech. f* vulcanized fib|re, *Am.* -er; ℒisch *adj.* volcanic (-ally *adv.*); **vulkanisieren** [-kani-'ziːrən] *v/t.* (h.) vulcanize.

W, w [veː] *n* W, w.
Waage ['vaːgə] *f* (-; -n) balance, (pair of) scales *pl.*; (automatic) weigher; steelyard; weighing-machine; level; *ast.* Libra; *gun.* a) lever, b) lever hang; *die ✴ halten* (*dat.*) counterbalance; *j-m:* be a match for a *p.; in der ✴ halten* hold in equilibrium; ✴balken *m* (scale-) beam; ✴haus *n* weigh-house; ✴meister *m* public weigher; ℒrecht *adj.* horizontal, level.
'**Waagrecht-Stoßmaschine**['vaːk-] *tech. f* shaper; shaping machine.
Waagschale ['vaːk-] *f* scale; *fig. in die ✴ fallen* be of weight *or* import (-ance); *in die ✴ werfen* throw into the scale(s), bring to bear, tip the scales with; *s-e Worte auf die ✴ legen* weigh one's words; *du darfst*

seine Worte nicht auf die ✴ legen don't attach too much importance to what he says.
wabb(e)lig ['vab(ə)liç] *adj.* wobbling, flabby.
Wabe ['vaːbə] *f* (-; -n) honeycomb; ✴nhonig *m* honey in the comb; ✴nkühler *mot. m* honeycomb radiator.
wach [vax] *adj. pred.* awake; *ganz ✴* wide awake; *✴ werden* awake, wake up; *attr.* wakeful *state; fig.* alert *mind, person;* wideawake *person;* alive.
'**Wachbattaillon** *n* guard battalion, *the* guards *pl.*
'**Wache** *f* (-; -n) watch; guard; guard-house, guard-room; police-station; sentry, sentinel; guard; escort; *auf ✴* on guard, on duty; *auf ✴ ziehen* mount guard; *die ✴*

ablösen relieve guard; *✴ halten* keep guard; *✴ stehen* be on guard (*or* duty), stand sentinel (*Am.* guard); *✴ raus!* turn out, guard!; ℒn *v/i.* be awake; watch (*über acc.* over); guard; keep an eye on; *bei j-m ✴* sit up with a p.
'**wachhalten** *v/t.* (irr., h.) *fig.* keep alive; *sich ✴* keep awake.
'**Wach|hund** *m* watchdog; ✴mannschaft *f* men on guard, guard detail.
Wacholder [va'xɔldər] *m* (-s; -) juniper; ✴beere *f* juniper-berry; ✴branntwein *m*, ✴geist *m* (-es) gin; ✴strauch *m* juniper tree.
'**Wach...**: ✴posten *m* guard, *mil. a.* sentry; ℒrufen *fig. v/t.* (irr., h.) rouse, call forth; → *Erinnerung;* ℒrütteln *v/t.* (h.) (*a. fig.*) rouse,

shake up (aus from); *fig. a.* shake into action.

Wachs [vaks] *n* (-es; -e) wax; '**~ab-druck** *m* impression in wax.

wachsam ['vaxzɑːm] *adj.* watchful, vigilant; alert; ~ *sein* be on the alert, be on one's guard; *ein ~es Auge haben auf* (*acc.*) keep a sharp eye on; ♀**keit** *f* (-) watchfulness; vigilance.

wachsen[1] ['vaksən] *v/i.* (*irr., sn*) grow (*a. fig.; an dat.* in); *fig.* increase (*an dat.* in); extend, expand; develop; *mit ~der Spannung* with growing (*or* mounting) suspense; *mit ~dem Argwohn* with a growing sense of suspicion; *sie ist mir ans Herz gewachsen* I have become attached to her; → *Kopf*.

'**wachsen**[2] *v/t.* (h.) wax (*a. ski*).

wächsern ['vɛksərn] *adj.* wax; *fig.* waxen, waxy.

'**Wachs...: ~figur** *f* wax figure; *pl. a.* wax work; ♀**figurenkabinett** *n* waxworks (*usu. sg.*); ♀**gelb** *adj.* wax-colo(u)red; **~kerze** *f*, **~licht** *n* (-[e]s; -er) wax candle; **~leinwand** *f* oilcloth; **~matrize** *f* stencil; **~papier** *n* wax-coated paper; **~perle** *f* wax bead *or* pearl; **~puppe** *f* wax doll; **~stock** *m* (-[e]s; -e) wax taper; **~streichholz** *n* (wax) vesta; **~tuch** *n* (-[e]s; -er) oilcloth.

'**Wachs-tum** *n* (-s) growth; *fig. a.* increase, development; expansion; *im ~ hindern* stunt; ♀**sfördernd** *adj.* growth-promoting; ♀**shemmend** *adj.* growth-inhibiting.

'**wachsweich** *adj.* (as) soft as wax; medium boiled (*egg*).

Wacht [vaxt] *f* (-; -en) → *Wache*; **~boot** *n* patrol boat; **~dienst** *m* guard duty.

Wächte ['veçtə] *f* (-; -n) (snow-) cornice.

Wachtel ['vaxtəl] *f* (-; -n) quail; **~hund** *m* spaniel.

Wächter ['veçtər] *m* (-s; -) watcher, guard(ian), keeper; watchman; attendant; *el.* automatic control(l)er.

'**Wacht...: ~feuer** *n* watch-fire; ♀**habend** *adj.* on duty; ♀**habende(r)** ['-hɑːbəndə(r)] *m* (-n; -n) commander of the guard; *mar.* officer of the watch; **~haus** *n* guardhouse; **~meister** *m* cavalry sergeant; sergeant; **~parade** *f* guard mounting.

'**Wach-traum** *m* waking dream, daydream.

'**Wacht...: ~schiff** *n* guard-ship; **~stube** *f* guard-room; **~turm** *m* watch-tower; **~vergehen** *n* neglect of duty while on guard.

wack(e)lig ['vak(ə)liç] *adj.* shaky (*a. fig.*), tottering; unsteady; rickety (*chair*); loose (*pin, tooth*); ramshackle (*cabin*).

'**Wackelkontakt** *el. m* loose connection, intermittent contact.

'**wackeln** *v/i.* (h.) shake; rock; wobble; reel, totter, stagger; *pin, tooth*: be loose; ~ *mit wag* with; *aer. mit den Flügeln ~* rock wings.

wacker ['vakər] **I.** *adj.* honest, upright, worthy (*a. iro.*); brave, stout; **II.** *adv.* heartily, lustily.

Wade ['vɑːdə] *f* (-; -n) calf (of the leg); **~nbein** *n* fibula; **~nkrampf** *m* cramp in the leg; **~nstrumpf** *m* half-stocking.

Waffe ['vafə] *f* (-; -n) weapon (*a. fig.*); *usu. pl.* arm; *mil.* arm, (branch of the) service; → *greifen, strecken*; *fig. j-n mit s-n eigenen ~n schlagen* beat a p. at his own game; *unter den ~n stehen* be under arms.

Waffel ['vafəl] *f* (-; -n) waffle; wafer; **~eisen** *n* waffle-iron.

'**Waffen...: ~amt** *n* ordnance department; **~appell** *m* arms inspection; **~ausbildung** *f* weapons training; **~bruder** *m* brother in arms, comrade; **~brüderschaft** *f* brotherhood in arms, alliance; **~dienst** *m* military service; **~fabrik** *f* (manu-) factory of arms, *Am.* armory; **~fabrikant** *m* arms manufacturer; **~fähig** *adj.* capable of bearing arms; **~gang** *m* passage of (*or* at) arms; **~gattung** *f* arm (of the service), service; **~gewalt** *f* (-) force of arms, armed force; **~kammer** *f* armo(u)ry; **~lager** *n* ordnance depot; cache; ♀**los** *adj.* weaponless, unarmed; **~meister** *m* armo(u)rer; **~meisterei** ['-maistə'rai] *f* (-; -en) armo(u)ry; **~pflege** *f* care of weapons, gun maintenance; **~rock** *m* service coat, tunic; **~ruhe** *f* suspension of hostilities, cease-fire; **~schein** *m* fire-arm certificate, *Am.* gun license; **~schmied** *m* armo(u)rer; **~schmuggel** *m* gun-running; **~stillstand** *m* armistice, (*a. fig.*) truce; **~tat** *f* feat of arms, (military) exploit; **~übung** *f* military exercise.

'**waffnen** *v/t.* (h.) arm.

wägbar ['vɛːkbɑːr] *adj.* weighable; *fig. a.* ponderable.

Wage|hals ['vɑːgə-] *m* daredevil; ♀**halsig** ['-halziç] *adj.* foolhardy, daring, reckless; *attr.* daredevil, breakneck; **~halsigkeit** *f* (-; -en) foolhardiness, daredevilry; **~mut** *m* daring; spirit of adventure.

'**wagen** *v/t.* (h.) venture (*a. sich*); risk, hazard; dare; *es ~* take the plunge, take a chance; *es mit j-m ~* measure one's strength with a p.; *es mit et. ~* try a th., *Am.* take a crack at a th.; *alles ~* risk (*or* stake) everything; *viel ~* take a great gamble; *wer nicht wagt, der nicht gewinnt* nothing venture nothing have; *er wagte sich nicht aus dem Hause* he did not venture out of doors; → *gewagt*.

Wagen ['vɑːgən] *m* (-s; -) carriage (*a. rail., Am.* car); coach (*a. rail.*); wag(g)on; cart; *mot.* car; lorry, *Am.* truck; van; *of typewriter*: carriage; *ast. der Große ~* Charles's Wain, the Plough, the Great Bear, *Am.* the Big Dipper; *fig. j-m an den ~ fahren* tread on a p.'s toes.

wägen ['vɛːgən] *v/t.* (h.) weigh (*a. fig.*); *erst ~, dann wagen* look before you leap.

'**Wagen...: ~abteil** *rail. n* compartment; **~antenne** *f* car aerial; **~aufbau** *m* (-[e]s; -ten) car body, coachwork; **~bauer** *m* (-s; -) carriage builder, coach builder; **~burg** *f* barricade of wag(g)ons, laager; **~führer** *m* driver; **~haltung** *f* upkeep of a car; car maintenance; **~heber** *m* mot. (lifting)jack; garage trolley jack; *of typewriter*: carriage lever; **~heizung** *f* heating system

(of a car), car heater; **~kasten** *m* car body; **~ladung** *f* wag(g)on-load, carload; **~meister** *m* wag(g)on inspector; **~park** *m* (-[e]s) vehicle fleet; **~pflege** *f* maintenance (of a car); servicing; **~schlag** *m* carriage-door, car-door; **~schmiere** *f* cart-grease; **~schuppen** *m* car-shed; coachhouse; **~spur** *f* wheel-track, rut; **~winde** *f* screw-jack.

'**Wagestück** *n* daring deed.

Waggon [va'gɔŋ] *rail. m* (-s; -s) (railway) carriage, *Am.* (railroad) car; goods van, *Am.* freight car; *econ. frei ~* free on rail (*abbr. f.o.r.*); **~fracht** *f* carload freight; **~waage** *f* wag(g)on weigh-bridge; ♀**weise** [-vaizə] *adv.* by the carload.

waghalsig ['vɑːkhalziç] *adj.* → *wagehalsig*.

Wagner ['vɑːgnər] *m* (-s; -) cartwright.

Wagnis ['vɑːknis] *n* (-ses; -se) venture, risk, hazard(ous enterprise); **~zuschlag** *econ. m* addition for risk involved.

Wahl [vɑːl] *f* (-; -en) choice; alternative; selection; option; *aus freier ~* of one's own (free) choice; *pol.* election, poll(ing); *econ.* (-) *erste ~* first quality; *zweite ~* seconds; *pol. ~en abhalten* hold elections; *fig. die ~ haben* have one's choice; *keine ~ haben* have no alternative (*als* but); *es bleibt mir keine (andere) ~* I have no choice; it's Hobson's choice; *in die engere ~ kommen* be on the short list, be selected for further consideration; *s-e ~ treffen* make one's choice; *zur ~ schreiten* go to the polls; *das Mädchen seiner ~* the girl of his choice; '**~alter** *n* voting age.

Wähl-amt ['vɛːl-] *n* automatic exchange.

'**Wahl-ausschreiben** *n* (-s) writ for an election.

'**wählbar** *adj.* eligible; *nicht ~* ineligible; ♀**keit** *f* (-) eligibility.

'**Wahl...: ♀berechtigt** *adj.* entitled to vote; **~bericht** *m* election return; **~beteiligung** *f* percentage of voting, turnout; *starke (schwache) ~* heavy (light) voting (*or* polling); **~bezirk** *m* division, ward.

'**wählen** *v/t. and v/i.* (h.) choose; select, pick (out); take one's choice; *pol.* elect; ~ (*gehen*) go to the polls; *zu s-m Führer ~* choose as one's leader; *zum König ~* elect (*or* choose) a p. king; → *gewählt*; *teleph.* dial.

'**Wahl-ergebnis** *n* election result (*or* return).

'**Wähler** *m* (-s; -), **~in** *f* (-; -nen) elector, voter; *teleph.* selector; **~betrieb** *teleph. m* dial system; ♀**isch** *adj.* particular, nice (*in dat.* about); choosy; dainty, *a. w.s.* fastidious; ~ *sein* pick and choose; *fig. nicht gerade ~* not over-fastidious *in his choice of friends*; *er ist in seinen Mitteln nicht gerade ~* he is not too particular about his methods; **~liste** *f* register of voters, voters' list; **~schaft** *f* (-; -en) constituency; *w.s.* voting population; **~scheibe** *teleph. f* (selector) dial.

'**Wahl...: ~fach** *n ped.* optional subject, *Am.* elective; ♀**fähig** *adj.*

a) having a vote, b) eligible; ~feld-zug m election campaign; 2frei adj. ped. optional, Am. elective; ~gang m ballot; ~geheimnis n (-es) election secrecy; ~gesetz n electoral law; ~handlung f poll; ~heimat f adopted country; ~kampf m election campaign; ~kommissar m returning officer; ~kreis m constituency, electoral district; ~liste f elective register; ~lokal n polling place (or station); 2los I. adj. indiscriminate; II. adv. indiscriminately, at random, haphazardly; ~mann m delegate, constituent, Am. elector; ~maschine f voting machine; ~ort m polling-place; ~prüfer m scrutineer; ~prüfung f scrutiny; ~recht n (-[e]s) aktives: franchise; passives: eligibility; allgemeines ~ universal suffrage; ~rede f election speech, electoral address; ~n halten electioneer, Am. stump (in e-m Bezirk a district); ~redner m election speaker, campaigner, Am. a. stump orator; ~schlacht f election campaign; ~spruch m device, motto; slogan; ~stimme f vote; ~tag m election-day; ~urne f ballot- (or voting-) box; fig. zur ~ schreiten go to the polls; ~versammlung f election meeting, electoral assembly; ~versprechen n election pledge; ~verwandtschaft f chem. elective affinity; fig. affinity, congeniality; 2weise ['-vaɪzə] I. adj. alternative, selective; II. adv. alternatively; ~zeit f election time; n.s. hours for voting; period for which a p. is elected; ~zelle f polling- (or voting-)booth; ~zettel m voting paper, ballot.

Wahn [vɑːn] m (-[e]s) delusion, illusion; madness; mania; in e-m ~ befangen sein labour under an delusion; '~bild n chimera, phantom; hallucination.

wähnen ['vɛːnən] v/t. (h.) fancy, imagine, believe.

'Wahn...: ~idee f delusion, mania; crazy notion; ~sinn m (-[e]s) insanity, madness; religiöser ~ religious mania; es wäre heller ~, zu inf. it would be (sheer) madness to inf.; 2sinnig I. adj. insane, (a. fig.) mad (vor dat. with); fig. a. frantic, horrible, dreadful (fear, pain, shock, etc.); → verrückt; II. adv. colloq. madly, crazily, awfully; ~ verliebt madly in love; ich habe ~ viel zu tun I have an unconscionable lot to do; ~sinnige(r m) ['-ziniɡə(r)] f (-n, -n; -en, -en) madman, f madwoman, lunatic; ~vorstellung f delusion, hallucination; fixed idea; ~witz m (-es) madness; absurdity; 2witzig adj. mad; reckless, irresponsible; → wahnsinnig.

wahr [vɑːr] adj. true; real, veritable; genuine; proper; sincere, frank, open; es ist ~, daß it is true (or a fact) that; ein ~er Künstler a true (or veritable) artist; ~e Liebe true love; e-e ~e Wohltat quite a comfort; so ~ ich lebe! as sure as I live!; so ~ mir Gott helfe! so help me God; et. ~ machen carry out, go ahead with, translate into action, make a th. come true; sein ~es Gesicht zei-

gen show the cloven hoof, drop the mask; es ist kein ~es Wort daran there is not a word of truth in it; das ist leider nur zu ~ that is only too true; et. 2es wird schon dran sein no smoke without fire; das ist nicht das 2e that's not the thing, Am. that's not the real McCoy; → wahrhaben.

'wahren v/t. (h.) watch over; guard, defend; preserve, keep (a. secret); look after, protect, safeguard (interests); s-e Würde ~ maintain one's dignity; den Schein ~ keep up appearances.

währen ['vɛːrən] v/i. (h.) last, continue; es währte nicht lange, so it was not long before.

'während I. prp. (gen.) during; in the course of; jur. pending; ~ eines Jahres for a year; II. cj. a) while, whilst, b) whereas, while; ~'dessen adv. meanwhile.

'wahrhaben v/t. (h.): et. nicht ~ wollen not to admit a th.

'wahrhaft, wahr'haftig I. adj. true, veritable; truthful, veracious; II. adv. truly, really, indeed, in all conscience; ~! upon my word!, no mistake!; ~ nicht! certainly not!, by no means!; Wahr'haftigkeit f (-) truthfulness, veracity.

'Wahrheit f (-; -en) truth; in ~ in truth, in fact, in reality; colloq. j-m die ~ sagen give a p. a piece of one's mind; um die ~ zu sagen to tell the truth.

'Wahrheits...: ~beweis m: den ~ antreten or erbringen embark upon the proof of a th.; 2gemäß, 2getreu I. adj. true, truthful, faithful; II. adv. truly, in accordance with the facts; ~liebe f (-) love of truth, veracity; 2liebend adj. truthful, veracious; ~sucher m seeker of truth. [bibl. verily.]

'wahrlich adv. truly, in truth;)

'wahrnehm|bar adj. perceptible, noticeable; visible; audible; ~en v/t. (irr., h.) perceive, notice, observe; become aware of; make use of, avail o.s. of, seize (opportunity); look after, protect, safeguard (interests); observe (deadline); das Amt e-s Statthalters, etc., ~ exercise the functions of a governor, etc.; 2ung f (-; -en) (sinnliche sense) perception, observation; care (care of); safeguarding (of interests); acting on behalf of a p.; jur. ~ berechtigter Interessen fair comment (on a matter of public interest); 2ungsvermögen n (-s) perceptive faculty.

'wahrsag|en v/t. and v/i. (h.) prophesy, predict; tell fortunes; sich ~ lassen have one's fortune told; ~er(in f) m (-s, -; -, -nen) soothsayer; fortune-teller; 2e'rei f (-; -en) fortune-telling.

wahrscheinlich [vaːr'ʃaɪnlɪç] I. adj. probable, likely; II. adv. probably; er wird ~ (nicht) kommen he is (not) likely to come; ~ wird er verlieren chances (or the odds) are that he will lose; 2keit f (-) probability, likelihood; aller ~ nach in all probability, by all known odds; 2keitsrechnung f theory of probabilities, probability calculus.

'Wahrspruch m verdict.

'Wahrung f (-) maintenance; safeguarding, protection (of interests).

Währung ['vɛːruŋ] f (-; -en) currency; (gold, etc.) standard; harte (weiche) ~ hard (soft) currency.

'Währungs...: ~abkommen n monetary agreement; ~angleichung f adjustment of exchange rates; ~ausgleichfonds m exchange equalization fund; ~bank f (-; -en) bank of issue; ~-Dollar m currency dollar; ~einheit f monetary unit; ~gebiet n currency area; ~krise f monetary crisis; ~parität f par of exchange; ~politik f (currency or monetary) policy; 2politisch adj. from the point of view of monetary policy; monetary; ~reform f currency reform; ~schnitt m currency cut; ~standard m monetary standard; ~umstellung f currency conversion.

'Wahrzeichen n (distinctive) sign or mark, token; landmark.

Waise ['vaɪzə] f (-; -n) orphan; ~nhaus n orphanage, orphan asylum; ~nkind n orphan; ~nknabe m orphan (boy); colloq. fig. er ist ein ~ gegen ihn he is a fool to him.

Wal [vɑːl] m (-[e]s; -e) whale.

Wald [valt] m (-[e]s; ⁻er) wood, forest; woodland, wooded area; fig. er sieht den ~ vor lauter Bäumen nicht he does not see the wood for trees; wie man in den ~ hineinruft, so schallt's heraus as the question, so the answer; '~ameise f red ant; '2arm adj. destitute of forests, sparsely wooded; '~bestand m forest stand; '~brand m forest fire.

Wäldchen ['vɛltçən] n (-s; -) little wood, grove.

'Wald...: ~erdbeere f wood-strawberry; ~erholungsheim n woodland recreation home; ~esdunkel ['valdəs-] n forest gloom; ~fläche f wooded area; ~frevel m offen|ce (Am. -se) against the forest-laws; ~gebirge n woody mountains pl.; ~gegend f woodland; ~gelände n wooded area; ~gott m sylvan deity, faun; ~horn n (-[e]s; ⁻er) French horn; poet. bugle(-horn); ~hüter m forest-keeper, ranger; 2ig ['valdiç] adj. woody, wooded; ~kampf mil. m combat in woods; ~land n woodland; ~lauf m cross-country run; ~meister bot. m (-s) woodruff; ~mensch m wild man; ~nymphe f wood-nymph, dryad; ~rand m edge of the forest; 2reich adj. rich in forests, well-wooded; ~schnepfe f woodcock; ~ung ['valduŋ] f (-; -en) wood(ed area), woodland, forest; ~wiese f (forest-)glade; ~wirtschaft f forest culture.

'Wal...: ~fang m whaling; ~fänger m whaler (a. ship); ~fisch colloq. m whale; ~speck m blubber; ~tran m train-oil.

Walk|e ['valkə] f (-; -n) fulling; fulling machine; 2en v/t. (h.) full; felt (hat); work (grease); colloq. fig. thrash; ~er m (-s; -) fuller; ~erde f fuller's earth; ~mühle f fulling-mill; ~müller m fuller.

Walküre [val'kyːrə] f (-; -n) Valkyrie.

Wall [val] m (-[e]s; ⁻e) mil. rampart

(*a. fig.*); dam, dike, embankment; mound; *fig. a.* bulwark, wall, dam.
Wallach ['valax] *m* (-[e]s; -e) gelding.

wallen ['valən] *v/i.* (h.) **1.** wave; *hair, robe*: flow; simmer; boil (*a. fig. blood*); **2.** (sn) → *wallfahr(t)en*.

'**Wall|fahrer(in** *f*) *m* pilgrim; **~fahrt** *f* pilgrimage; **⸰fahr(t)en** *v/i.* (sn) (go on a) pilgrimage; *w.s.* wander, march; **~fahrts-ort** *m* (-[e]s; -e) place of pilgrimage.

'**Wallgraben** *m* moat.

'**Wallung** *f* (-; -en) ebullition (*a. fig.*); *med.* flush, congestion; *fig. in* ~ *bringen* make a *p.*'s blood boil, enrage; *in* ~ *kommen* boil (with rage), fly into a passion.

Walmdach ['valm-] *arch. n* hip-roof.

Walnuß ['val-] *f* (*Am.* English) walnut; **~baum** *m* walnut-tree.

Walpurgisnacht [val'purgis-] *f* Walpurgisnight.

Walroß ['val-] *n* walrus.

Walstatt ['vɑːlʃtat] *f* (-; ⸰en) battlefield.

walten ['valtən] *v/i. and v/t.* (h.) govern, rule; be at work; → *schalten*; *s-s Amtes* ~ attend to one's duties; *walte deines Amtes!* do your duty!; *j-n* ~ *lassen* let a p. do as he pleases, give a p. a free hand; *Gnade* ~ *lassen* show mercy; *Sorgfalt* ~ *lassen* exercise proper care; *in diesem Hause waltet ein guter Geist* a friendly spirit presides over this house; *das walte Gott!* God grant it!; ⸰ *n* (-s) rule; working, *the* hand *of God, etc.*

Walzblech ['valts-] *n* rolled plate.

'**Walze** *f* (-; -n) roller (*a. typ.*); cylinder (*a. typ.*); *tech. a.* roll; *of typewriter*: platen; *of barrel-organ, etc.*: barrel; drum; *colloq. fig. auf der* ~ on the tramp; *auf die* ~ *gehen* take to the road.

'**Walz-eisen** *n* rolled iron.

'**walzen** **I.** *v/t.* (h.) *tech.* roll; grind, crush; **II.** *v/i.* (h., sn) waltz; *colloq.* (sn) hike, tramp.

wälzen ['vɛltsən] *v/t.* (*a. sich*) (h.) roll; *sich* ~ wallow (*in dat. in mud, etc.*); welter (*in one's blood*); *sich schlaflos im Bette* ~ toss and turn; *Bücher* ~ thumb (*or pore over*) books; *Gedanken* ~ turn thoughts over on one's mind; *von sich* ~ release o.s. from, shift the blame, *burden, etc.* from o.s.; *sich vor Lachen* ~ be rolling (*or* convulsed) with laughter; *die Schuld auf j-n* ~ lay the blame on a p.; *colloq. es ist zum* ⸰ it's a (perfect) scream.

walzenförmig ['-fœrmiç] *adj.* cylindrical.

'**Walzer** *mus. m* (-s; -) waltz; ~ *tanzen* (dance a) waltz.

'**Wälzer** *m* (-s; -) bulky volume, huge tome.

'**Walzgold** *n* rolled gold.

'**Wälzlager** *n* anti-friction bearing.

'**Walzstahl** *m* rolled steel (*or* stock).

'**Walzwerk** *n* rolling mill.

Wamme ['vamə] *f* (-; -n) dewlap; *fur-making*: belly part; *colloq.* paunch.

Wams [vams] *n* (-es; ⸰er) jacket; *hist.* doublet.

wand [vant] *pret. of winden.*

Wand [vant] *f* (-; ⸰e) wall; partition; *tech.* screen, panel; side (*of vessel*); *fig. in s-n vier Wänden* at home; *j-n an die* ~ *drücken* push a p. to the wall; *an die* ~ *gedrückt werden* go to the wall; *an die* ~ *stellen* shoot (dead), execute; *mit dem Kopf durch die* ~ *wollen* run one's head against a wall; *Wände haben Ohren* walls have ears; *es ist, um an den Wänden hochzugehen* it's enough to drive you mad; '**~arm** *m* (wall) bracket; '**~bekleidung** *f* wall facing; panel(l)ing, wainscot (-ing); '**~bewurf** *m* plastering; '**~dekoration** *f* mural decoration.

Wandel ['vandəl] *m* (-s) change; ~ *der Zeiten* changing times; way of living; behavio(u)r, conduct; *Handel und* ~ trade and traffic; ~ *schaffen* bring about a change; **~anleihe** *econ. f* convertible loan; **~bahn** *f* covered walk; ⸰**bar** *adj.* changeable; variable; **~barkeit** *f* (-) changeableness, inconstancy; **~gang** *m*, **~halle** *f parl.* lobby, *thea.* a. foyer; *at spa*: pump room; ⸰**n** **I.** *v/i.* (sn) *poet.* walk, wander, travel; *colloq. fig.* ~*des Lexikon* walking encyclop(a)edia; **II.** *v/t.* (h.) change (*a. person*), alter, vary (*all a. sich*); *sich* ~ *in* (acc.) change (*or* turn) into; **~obligation** *econ. f* convertible bond; **~stern** *m* planet.

Wander|arbeiter ['vandər-] *m* itinerant worker; **~ausrüstung** *f* hiking outfit; **~ausstellung** *f* touring exhibition; **~bühne** *f* travelling theatre, *Am.* traveling theater, touring company; **~bursche** *m* travel(l)ing journeyman; tramp; **~düne** *f* shifting sand dune; **~er(in** *f*) *m* (-s, -; -, -nen) wanderer, travel(l)er; hiker; **~geschwindigkeit** *phys. f* speed of travel; **~gewerbe** *n* itinerant trade; **~heuschrecke** *f* migratory locust; **~jahre** *n/pl.* (journeyman's) years of travel; **~leben** *n* (-s) vagrant life.

'**wandern** *v/i.* (sn) wander, travel; ramble, rove; walk; hike; *birds, tribes, etc.*: migrate; *dune*: shift; *chem.* diffuse; *tech.* creep; *fig.* go; *glance, thoughts*: wander, rove; *ins Gefängnis* ~ go to prison; ⸰**d** *adj.* itinerant; nomadic, migratory; strolling; travel(l)ing.

'**Wander...: ~niere** *f* floating kidney; **~prediger** *m* itinerant preacher; **~pokal** *m* challenge cup; **~preis** *m* challenge trophy; **~ratte** *f* brown (*or* Norway) rat; **~schaft** *f* (-) wanderings *pl.*, travel(l)ing, travels *pl.*; *auf der* ~ *on the tramp; auf die* ~ *gehen* go on one's travels, take to the road; **~smann** *m* (-[e]s; -leute) → *Wanderer*; **~stab** *m* (walking-) stick; *fig. den* ~ *ergreifen* set out on one's travels; **~trieb** *m* (-[e]s) roving spirit; *biol.* migratory instinct; **~truppe** *thea. f* strolling players *pl.*, touring company; **~ung** *f* (-; -en) walking-tour, hike; → *Ausflug; of tribes, etc.*: migration; *fig. er setzte seine* ~ *durch das Zimmer fort* he continued to pace the room; **~vogel** *m* bird of passage; *pl. fig.* Ramblers, Hikers *pl.*; **~weg** *m* footpath; **~welle** *phys. f* transient wave.

'**Wand...: ~fliese** *f* wall flag; **~gemälde** *n* mural (painting); **~heizkörper** *m* wall heater; **~kalender** *m* sheet almanac; **~karte** *f* wall-map; **~konsole** *f* wall bracket.

Wandler ['vandlər] *m* (-s; -) *el.* converter; (instrument) transformer, transducer; (*Bild*⸰) phototube.

'**Wand...: ~leuchter** *m* bracket (-candlestick), sconce; **~lüfter** *m* wall ventilator.

Wandlung ['vandluŋ] *f* (-; -en) change, (*a. el.*) transformation; *eccl.* transubstantiation; *jur.* redhibition, conversion; **~sklage** *jur. f* redhibitory action.

'**Wand...: ~malerei** *f* mural painting; **~pfeiler** *m* pilaster; **~schalter** *m* wall-mounted switch; **~schirm** *m* folding-screen; **~schoner** *m* splasher; **~schrank** *m* wall-chest, closet; **~spiegel** *m* pier-glass; **~stärke** *f* (wall) thickness; **~stecker** *m* wall plug; **~tafel** *f* blackboard; wall panel; **~teppich** *m* wall-hanging; **~uhr** *f* wall-clock; **~ung** ['vandun] *f* (-; -en) → *Wand*; **~verkleidung** *f* → *Wandbekleidung.*

wandte ['vantə] *pret. of wenden.*

Wange ['vaŋə] *f* (-; -n) cheek; *tech. a.* side wall (*or* piece).

Wankel|mut ['vaŋkəl-] *m* fickleness, inconstancy; ⸰**mütig** ['my:-tiç] *adj.* fickle, inconstant.

'**wanken** *v/i.* (h., sn) totter, stagger, reel; sway; *ground, house*: rock; *ihm wankten die Knie* his knees gave (way); *fig.* waver, falter, vaccilate; *ins* ⸰ *bringen* shake, rock (the foundations of); *ins* ⸰ *kommen* shake, become unsettled; *nicht* ~ *und nicht weichen* be as firm as a rock, not to budge (an inch).

wann [van] *adv.* when; → *dann*; *seit* ~? how long?, since what time?; *bis* ~? till when?, by what time?

Wanne ['vanə] *f* (-; -n) tub; bath; vat; trough; *mot.* oil sump; *mil.* hull (*of tank*); *aer.* underfuselage tunnel.

'**wannen** *adv.: von* ~ whence.

'**Wannenbad** *n* tub-bath, tubbing.

Wanst [vanst] *m* (-es; ⸰e) paunch, belly.

Want [vant] *mar. m* (-; -en) shroud.

Wanz|e ['vantsə] *f* (-; -n) bug, *Am.* bedbug; ⸰**ig** *adj.* buggy, bug-ridden.

Wappen ['vapən] *n* (-s; -) (coat of) arms *pl.*; *ein* ~ *führen* bear a coat of arms; *im* ~ *führen* bear; **~bild** *n* heraldic figure; **~buch** *n* book of heraldry; **~halter** *m* supporter; **~herold** *m*, **~könig** *m* herald, King-of-Arms; **~kunde** *f* (-) heraldry; **~schild** *m* escutcheon, blazon; **~spruch** *m* heraldic motto; **~tier** *n* heraldic animal.

wappnen ['vapnən] *v/t.* (h.) arm; *fig. sich mit Geduld* ~ have patience; *gewappnet* forearmed.

warb [varp] *pret. of werben.*

Ware ['vɑːrə] *f* (-; -n) ware; article (of commerce), commodity; *collect., a.* ~*n pl.* merchandise; product, line; ~*n pl.* goods; *stock exchange*: stock, supply, *on list*: offers, sellers.

wäre ['vɛːrə] → *sein; wie* ~ *es mit?*

how about?; *wie ~ es, wenn?* what if?, how about (*ger.*)?

Waren...: ~**akkreditiv** *n* commercial letter of credit; ~**akzept** *n* trade acceptance; ~**aufzug** *m* hoist, *Am.* freight elevator; ~**ausfuhr** *f* export(ation of goods); ~**ausgangsbuch** *n* sales ledger; ~**austauschabkommen** *n* barter agreement; ~**begleitschein** *m* → Begleitschein; ~**bestand** *m* stock (on hand); ~**bezeichnung** *f* trade description; ~**börse** *f* produce exchange; ~**eingang** *m* goods received; ~**einheit** *f* unit of (*exported, etc.*) goods; ~**empfänger** *n* consignee; ~**forderungen** *f/pl. balance-sheet*: trade debtors; ~**haus** *n* store(s *pl.*), *Am.* department store; ~**kenntnis** *f* knowledge of goods; ~**konto** *n* goods account; ~**kredit** *m* goods credit; ~**kunde** *f* (-) → Warenkenntnis; ~**lager** *n* stock-in-trade; warehouse, depot, magazine; ~**niederlage** *f* warehouse, magazine, depot; ~**probe** *f* sample, specimen; pattern; ~**rechnung** *f* invoice; ~**speicher** *m* warehouse; ~**stempel** *m* trade-mark; ~**umsatz** *m* goods turnover; ~**umschlag** *m* movement of goods; ~**verkehr** *m* merchandise traffic; ~**verzeichnis** *n* inventory, list of goods; ~**vorrat** *m* stock; ~**wechsel** *m* trade bill; ~**zeichen** *n* trade-mark; *mit ~ versehene Güter* trade-marked goods; ~**zeichenschutz** *m* trade-mark protection; ~**zoll** *m* customs duty.

warf [varf] *pret. of* werfen.

warm [varm] **I.** *adj.* warm (*a. fig.*), *a. tech.* hot; *mir ist ~* I am warm; *~er Empfang* warm reception; *mit ~en Worten* warmly; *~ werden* warm up (*a. fig.* für et. to a th.), get hot; *ich kann nicht mit ihm ~ werden* I can't get close to him at all; *weder ~ noch kalt* neither fish nor flesh; *et.* 2es essen have a hot meal, eat something warm; **II.** *adv.* warmly; *sich ~ halten* keep o.s. warm; *die Sonne scheint ~* the sun is hot; *fig. ~ empfehlen* recommend warmly; *er sitzt ~* he is in clover, he is sitting pretty; *tech. ~ satiniert* hot rolled; '2**bad** *n* warm bath; thermal springs *pl.*; '~**behandelt** *tech. adj.* heat-treated; 2**blüter** ['-bly:tər] *m* (-s; -) warm-blooded animal.

Wärme ['vɛ:rmə] *f* (-) warmth (*a. fig.*); *phys.* heat; temperature; gebundene (freie) ~ latent (uncombined) heat; ~**abgabe** *f* loss of heat; heat emission; ~**ausdehnung** *f* thermal expansion; ~**ausgleich** *m* heat balance; ~**ausnutzung** *f* heat utilization; ~**ausstrahlung** *f* heat radiation; ~**austausch** *m* heat exchange; ~**bedarf** *m* heat requirement; ~**behandlung** *f* heat treatment; 2**beständig** *adj.* heat-resistant; ~**beständigkeit** *f* resistance to heat, high-temperature (*or* thermal) stability; ~**bilanz** *f* → Wärmeausgleich; ~**einheit** *f* thermal unit, unit of heat, caloric unit; ~**elektrizität** *f* thermo-electricity; 2**geformt** *adj.* die-formed; ~**grad** *m* degree of heat; ~**isolierung** *f* heat insulation; ~**kraftmaschine** *f* heat

engine; ~**lehre** *f* (-) theory of heat, thermodynamics *pl.*; ~**leiter** *m* conductor of heat; ~**leitfähigkeit** *f* heat conductivity; ~**mauer** *aer.* *f* heat barrier; ~**mechanik** *f* thermodynamics *pl.*; ~**menge** *f* quantity of heat; ~**messer** *m* (-s; -) thermometer; calorimeter; 2**n** *v/t.* (h.) warm, make warm *or* hot; heat; *sich die Füße ~* warm one's feet; ~**regler** *m* thermostat; ~**speicher** *m* heat accumulator; ~**speicherung** *f* heat storage; ~**tauscher** ['-tauʃər] *m* (-s; -) heat exchanger; ~**technik** *f* (-) thermodynamics *pl.*; ~**wert** *m* thermal value; *Zündkerze mit hohem (niedrigem) ~* cold (hot) plug.

'**warmfest** *adj.* heat-resistant; ~**er** *Stahl* high-temperature steel.

'**Wärmflasche** *f* hot-water bottle.

'**warm...:** ~**halten** *v/t.* (irr., h.) keep warm; *fig. sich j-n ~* keep in with a p.; 2**halter** *f* plate-warmer; ~**herzig** *adj.* warm-hearted; ~**laufen** *v/i.* (irr., sn) run hot, run up; *sich ~ (irr., h.)* warm up; *mot. ~ lassen* warm (*or* run) up; 2**luftfront** *f* warm front; 2**luftheizung** *f* hot-air heating; 2**luftklappe** *f* heater valve; 2**luftmassen** *f/pl.* warm air masses.

'**Wärmplatte** *f* warming plate.

'**warm...:** ~**recken** *tech. v/t.* (h.) hot-strain; 2**ver-arbeitung,** 2**verformung** *f* hot-working.

Warm'wasser|bereiter [-bəraitər] *m* (-s; -) (instantaneous) water heater; ~**heizung** *f* hot-water (*or* central) heating; ~**speicher** *m* hot-water tank; ~**versorgung** *f* hot-water supply.

'**warmziehen** *tech. v/t.* (irr., h.) hot-draw.

Warn|boje ['varn-] *f* fairway buoy; ~**dienst** *m* warning service; 2**en** *v/t.* (h.) (*vor dat.*) warn (ot, against), caution (against); *davor ~, zu inf.* warn against doing a th.; *vor Hunden, etc. wird gewarnt!* beware of the dog, etc.!; *Sie sollten gewarnt sein durch* you should take warning from; ~**er(in** *f*) *m* (-s, -; -, -nen) warner, admonisher; ~**lampe** *tech. f* warning (*or* tell-tale) lamp; ~**ruf** *m* warning cry; ~**schuß** *m* warning shot; ~**signal** *n* warning (*or* danger) signal; ~**streik** *m* token strike; ~**tafel** *f* danger (*or* warning) board; ~**ung** *f* (-; -en) warning; admonition; caution; *laß dir das zur ~ dienen* let that be a warning (*or* lesson) to you; ~**zeichen** *n* warning sign(al).

Wart [vart] *m* (-[e]s; -e) *tech.* maintenance man, mechanic; *aer.* ground engineer.

Warte ['vartə] *f* (-; -n) watch-tower, look-out; *tech.* switchboard gallery; *fig.* level; *von hoher geistiger ~ from* a lofty standpoint.

'**Warte...:** ~**frau** *f* → Wärterin; ~**geld** *n mil.* half-pay; *mar.* demurrage; *auf ~ on* half-pay; ~**liste** *f* waiting list.

warten ['vartən] **I.** *v/i.* (h.) wait; stay; *~ auf (acc.)* wait for, await; be in store for a p., lie ahead of a p.; *j-n ~ lassen* keep a p. waiting; *mit dem Essen auf j-n ~* keep dinner waiting for a p.; *(nicht lange) auf sich ~ lassen* (not to) be long in

coming; *warte mal!* wait a minute!, let me see!; *na, warte!* you just wait!; *da(rauf) kannst du lange ~* you can wait for it till you are blue in the face; *iro. auf dich haben wir bloß noch gewartet* you were all we wanted; **II.** *v/t.* (h.) nurse; *w.s.* attend to, look after; *tech.* service, maintain.

'**Warten** *n* (-s) waiting, wait.

wartepflichtig ['-pfliçtiç] *adj.:* ~*e Straße* stop street.

Wärter ['vertər] *m* (-s; -) attendant; guard; (prison) warder, *Am.* (prison-)guard; (*esp.* lunatic's) keeper; (male) nurse; *rail.* lineman.

'**Warte-raum** *m* waiting-room.

'**Wärter...:** ~**häus-chen** *n* lineman's hut; ~**in** *f* (-; -nen) (female) attendant; nurse.

'**Warte...:** ~**saal** *m*, ~**zimmer** *n* → Warteraum; ~**zeit** *f* waiting period; *mar.* (days of) demurrage.

'**Wartung** *f* (-) attendance, tending; nursing; *tech.* maintenance, servicing; *laufende ~* maintenance routine; 2**sfrei** *tech. adj.* maintenance-free.

warum [va'rum] *adv.* why, wherefore, for what reason, on what grounds; *~ nicht?* why not?; *~ nicht gar?* what next?; *ich weiß nicht ~* I don't know why; *~ er es tat, ist nicht klar* (the reason) why he did it is not clear.

Warz|e ['vartsə] *f* (-; -n) wart; nipple; *zo.* teat, dug; *bot.* tubercle; *tech.* lug, stud; ~**enschwein** *n* wart-hog; 2**ig** *adj.* warty; *tech.* nodular.

was [vas] **I.** *interr. pron.* what; *rel. pron.* (*das was*) what, *a.* that which; *alles, ~ er weiß* all (that) he knows; *which; ~ ihn völlig kalt ließ* which left him quite cold; *~ auch immer, ~ nur* what(so)ever, no matter what; *~ für (ein)?* what?, what sort of?; *~ für (ein)!* what (a)!; *~ ihn betrifft* as for him; *~ kostet es?, ~ bekommen Sie?* how much is it?; *ich lief, ~ ich konnte* I ran as fast as I could; *~ haben sie gelacht!* how they laughed!; **II.** *colloq.* (*etwas*) something; *colloq. ich will dir ~ sagen* I'll tell you what; *colloq. ~ brauchte er zu lügen* why need he tell a lie; *colloq.* (*nicht wahr?*) what?; isn't it?, eh?

Wasch|anstalt ['vaʃ-] *f* laundry; ~**automat** *m* automatic washing-machine; 2**bar** *adj.* washable; fast (*colour*); ~**bär** *m* racoon; *Am. a.* coon; ~**becken** *n* wash- (*or* hand-)basin; ~**benzin** *n* dry-cleaning spirit; ~**blau** *n* washing-blue; ~**brett** *n* washboard; ~**bütte** *f* wash(ing)-tub.

Wäsche ['vɛʃə] *f* (-; -n) wash; washing; laundry; linen; underwear; lingerie; *große ~* washing-day; *schmutzige ~* dirty linen (*a. fig.*); *mining:* dressing floor; *in die ~ geben* get a th. washed, send a th. to the laundry; *das Hemd ist in der ~* the shirt is at the wash *or* is being washed; *die ~ wechseln* change one's underclothes.

'**wasch-echt** *adj.* fast; *colloq. fig.* genuine, true-blue, dyed-in-the-wool.

'Wäsche...: ~geschäft n lingerie store; ~klammer f clothes-peg; ~leine f clothes-line.

'waschen v/t., v/i. and sich ~ (irr., h.) wash (a. mining, metall.); launder; shampoo; wash, scour (wool); sich gut ~ lassen wash well; colloq. fig. e-e Ohrfeige, e-e Kritik, etc., die sich gewaschen hat a slap, criticism, etc., that really made itself felt.

'Wäscher m (-s; -) washer; laundryman; Wäsche'rei f (-; -en) laundry; (wool) scouring mill; 'Wäscherin f (-; -nen) washerwoman, laundress.

'Wäsche...: ~rolle f mangle; ~sack m laundry bag; ~schleuder f centrifugal laundry drier, spin-drier; ~schrank m linen-cupboard, linen-press; ~tinte f marking-ink; ~trockner m clothes-airer.

'Wasch...: ~faß n wash-tub; ~flasche f wash(ing) bottle; ~frau f → Wäscherin; ~gelegenheit f washing facility; ~gold n placer gold; ~haus n wash-house, laundry; ~kessel m copper, wash boiler; ~kleid n washable dress, cotton frock; ~korb m clothes basket; ~küche f wash-house, wash-room; sl. aer. (fog) pea-soup; ~lappen m face cloth, Am. wash-rag; dish-cloth; colloq. fig. sissy; ~lauge f lye; ~leder n, 2ledern adj. wash-leather, chamois, shammy; ~maschine f washing-machine, washer; ~mittel n washing agent, detergent; ~pulver n washing powder; ~raum m lavatory; ~schüssel f → Waschbecken; ~seide f washing silk; ~selfe f washing-soap, laundry soap; ~tag m washing-day; ~tisch m, ~toilette f washing-stand; ~trog m washing trough.

'Waschung f (-; -en) washing; esp. med., eccl. ablution.

'Wasch...: ~wanne f wash(ing)-tub; ~wasser n (-s) water for washing; ~weib fig. n (old) gossip, chatterbox; ~zettel m laundry list; fig. blurb (on book); ~zeug n washing kit; ~zuber m → Waschwanne.

Wasser ['vasər] n (-s; -, a. ") water; fließendes (stehendes) ~ running (stagnant) water; chem. schweres ~ heavy water; urine, water; ~ lassen pass water; unter ~ setzen flood, submerge; zu ~ und zu Land by sea and land; fig. ~ auf beiden Schultern tragen blow hot and cold; das ist ~ auf s-e Mühle that's grist to his mill; vom reinsten ~ of the first water; bei ~ und Brot sitzen be on bread and water; ins ~ fallen not to come off; zu ~ werden come to naught, end in smoke; sich (mühsam) über ~ halten keep one's head (barely) above water; das ~ läuft mir im Munde zusammen my mouth waters; er kann ihr das ~ nicht reichen he is not fit to hold a candle to her; er ist mit allen ~n gewaschen he is a smooth customer (or an old hand); → still, Schlag, etc.

'Wasser...: ~ablaß m drain; 2abstoßend adj. water-repellent; ~anlage f waterworks pl.; 2arm adj. ill supplied with water; arid; ~aus-laß, ~austritt m water outlet; ~ball(spiel) n (-s) water polo; ~bau m (-[e]s; -ten) hydraulic engineering (or structure); ~baukunst f hydraulic engineering; ~baumeister m hydraulic engineer; ~becken n (water) basin; ~bedarf m water requirement; ~behälter m reservoir, tank, cistern; well (of steam engine); 2beständig adj. water-resistant, waterproof; ~bewohner m aquatic (animal or plant); 2bindend adj. water-absorbent; ~blase f bubble; med. water-blister, vesicle; ~blau n sea-blue; ~bombe f depth charge; ~bruch med. m hydrocele.

Wässerchen ['vesərçən] fig. n (-s; -): er sah so aus, als könnte er kein ~ trüben he looked as if butter would not melt in his mouth.

'Wasser...: ~dampf m water-vapo(u)r, steam; 2dicht adj. waterproof, impermeable; mar. watertight; ~ sein a. hold water; ~ verschlossen moisture-sealed; ~druck m (-[e]s) water pressure, hydraulic pressure; ~eimer m (water) pail, bucket; ~enthärtungs-anlage f water softener; ~entziehung f dehydration; ~fahrt f boating; ~fahrzeug n watercraft, vessel; ~fall m waterfall; cataract; cascade; wie ein ~ dahinrauschen cascade; fig. sie redete wie ein ~ she talked the hindleg off a donkey; ~farbe f water-colo(u)r; 2fest adj. water-resistant, waterproof; ~fläche f surface of (the) water; sheet of water; ~flasche f water-bottle; ~floh m water-flea; ~flugzeug n waterplane, seaplane, hydroplane; ~flut f flood; ~fracht f water-carriage (Am. water freight); 2führend adj. water-bearing; ~gas n water gas; 2gekühlt adj. water-cooled; ~glas n water glass (a. chem.); tumbler; fig. → Sturm; ~graben m drain; hist. moat; sports: water jump; ~hahn m water-tap, water cock, Am. a. (water) faucet; 2haltig adj. containing water, chem. aqueous, hydrated; ~härtungsstahl m water-hardening steel; ~haushalt m water conservation; physiol. water balance; ~heilanstalt f hydropathic establishment; ~heilkunde f hydropathy; ~heizung f hot-water heating; 2hell adj. clear as water, transparent; ~hose f waterspout; ~huhn n coot.

'wässerig adj. watery; diluted; weak; ~e Lösung hydrous solution; med. serous; fig. washy; j-m den Mund ~ machen make a p.'s mouth water (nach for).

'Wasser...: ~jungfer zo. f dragon-fly; ~kanne f water-jug, ewer; ~karte f hydrographic chart; ~kasten m water tank (or compartment); mot. header (tank); ~kessel m kettle; copper; tech. boiler; ~klosett n water-closet, W.C.; ~kopf m hydrocephalus; ~kraft f water-power, hydraulic power; a. white coal; ~kraftwerk n hydro-electric power plant; ~kran m feeding crane; ~krug m water-jug, pitcher; ~kühlung f water cooling (system); mit ~ water-cooled; ~kultur bot. f hydroponics pl.; ~kunde f (-) hydrology; ~kunst f fountain; ~kur f water-cure; ~landflugzeug n amphibian plane; ~lauf m watercourse; ~leitung f water pipe(s pl.), water conduit (or main); aqueduct; ~leitungsrohr n water pipe; ~lilie f water-lily; ~linie f water-line, water mark; ~linse bot. f duckweed; ~loch n drain hole; 2löslich adj. water-soluble; ~mangel m water shortage, water famine; ~mann ast. m (-[e]s) Watercarrier, Aquarius, Am. a. Water Bearer; ~mantel tech. m (-s) water jacket; ~marke f watermark; ~melone f water-melon; ~messer m (-s; -) hydrometer, water-gauge; ~mine f submarine mine; ~mühle f water mill.

'wassern aer. v/i. (sn) alight on water.

'wässern v/t. (h.) water; irrigate (fields, etc.); soak, steep; phot. wash; chem. hydrate.

'Wasser...: ~nymphe f water-nymph, naiad; ~pflanze f aquatic plant; ~pistole f water pistol; ~pocken med. f/pl. chicken-pox; ~rad n water wheel; ~ratte f water-rat; fig. enthusiastic swimmer; 2reich adj. abounding in water; of high humidity; ~reinigungs-anlage f water-purification plant; ~rinne f gutter; water channel; ~rohr n water pipe; ~rohrbruch m water main burst; ~röhrenkessel m water-tube boiler; ~rutschbahn f water chute; ~sack m canvas bucket; ~säule f water column; ~schaden m damage caused by water, water damage; ~scheide f watershed, Am. divide; 2scheu adj. afraid of water, hydrophobic; ~scheu f dread of water, hydrophobia, water-funk; ~schlange f water-snake; ~schnecke tech. f hydraulic screw.

'Wassersnot f (-) distress caused by water, flood.

'Wasser...: ~speicher m reservoir, tank; ~speicherung f storage of water; ~speier ['-ʃpaɪər] m (-s; -) gargoyle; ~spiegel m water-surface, water level; ~sport m aquatic sports pl., aquatics pl.; ~spülung f (water) flushing; ~stand m water level (or gauge), height of level; höchster schiffbarer ~ highest navigable flood-stage; ~stands-anzeiger m water-level indicator; ~start m water take-off; ~stein m scale (from water), incrustation; ~stiefel m/pl. waterproof boots, waders.

'Wasserstoff chem. m (-[e]s) hydrogen; schwerer ~ heavy hydrogen, deuterium; ~bombe f hydrogen bomb, hydrobomb, H-bomb; ~gas n hydrogen gas; 2haltig adj. hydrogenous; ~säure f hydracid; ~superoxyd n (-[e]s) hydrogen peroxide.

'Wasser...: ~strahl m jet of water; fig. kalter ~ cold water; ~straße f waterway, canal; ~straßennetz n inland waterways system; ~straßenverkehr m inland waterborne transport; ~sucht f (-) dropsy; 2süchtig adj. dropsical; ~suppe f water-gruel; ~tankanhänger m water-tank trailer; ~**tier** *n* aquatic animal; ~**träger** *m* water-carrier; ~**tropfen** *m* drop of water; ~**turm** *m* water-tower; ~**uhr** *f* water meter; 2**undurchlässig** *adj.* → *wasserdicht.*

'**Wässerung** *f* (-) watering, irrigation; soaking, steeping; *phot.* washing.

'**Wasserung** *f* (-) alighting on water.

'**Wasser**...: 2**unlöslich** *adj.* insoluble in water; ~**verdrängung** *f* displacement of water; ~**vergoldung** *f* water gilding; ~**verschluß** *m* water seal; ~**versorgung** *f*, ~**vorrat** *m* water supply; ~**vogel** *m* aquatic bird, *pl. a.* water-fowl; ~**waage** *f* (spirit *or* bubble) level; ~**wagen** *m* water-tank lorry; ~**weg** *m* waterway; *auf dem* ~ by water; *Handel auf dem* ~e water- (*or* sea-, river-)borne commerce; ~**welle** *f hairdo*: water-wave; ~**werfer** *m* water gun; ~**werk(e** *pl.*) *n* water works; ~**wirtschaft** *f* (-) water supply; ~**wirtschafts-amt** *n* water resources agency; ~**zeichen** *n* water-mark; ~**zins** *m* water rate.

wäßrig ['vɛsriç] *adj.* → *wässerig.*

waten ['vɑ:tən] *v/i.* (*sn*) wade.

watschel|ig ['vɑ:tʃəliç] *adj.* waddling; ~**n** *v/i.* (*sn*) waddle.

Watt [vat] *n* (-[e]s, -en) **1.** *geogr.* banks of sands, flats *pl.*; **2.** (-s; -) *el.* watt.

Watte ['vatə] *f* (-; -n) cotton wool, *Am.* cotton; wadding; surgical cotton; *blutstillende* ~ styptic cotton; ~**bausch**, ~**pfropfen** *m* wad; ~**kugel** *f* cotton-wool ball.

wat'tieren *v/t.* (h.) wad, pad.

'**Watt**...: ~**leistung** *el. f* real power, wattage; ~**stunde** *f* watt-hour; ~**verbrauch** *m*, ~**zahl** *f* wattage.

'**Watvermögen** *mot. n* (-s) fording ability.

'**Watvogel** *m* wader.

wauwau ['vau'vau]: ~*!* bow-bow; 2 *m* (-s; -s) bow-bow, doggie.

weben ['ve:bən] *v/t. and v/i.* (h.) weave.

'**Weber** *m* (-s; -), ~**in** *f* (-; -nen) weaver; ~**baum** *m* loom beam; ~**blatt** *n* weaver's reed.

Webe'rei *f* (-; -en) weaving; weaving mill; woven material; ~**erzeugnis** *n* weaving product.

'**Weber**...: ~**kamm** *m* weaver's reed; ~**knecht** *zo. m* harvestman, daddy-longlegs; ~**knoten** *m* reef knot; ~**schiffchen** *n* shuttle.

Web... ['ve:p-]: ~**fehler** *m* flaw (in weaving); ~**stoff** *m* woven material; ~**stuhl** *m* (weaver's) loom; ~**vogel** *tech. m* picker; ~**waren** *f/pl.* woven goods, textiles; ~**warenfabrik** *f* weaving mill, textile mill.

Wechsel ['vɛksəl] *m* (-s; -) change; vicissitude, reverse; exchange; succession; rotation; fluctuation; *econ.* bill of exchange, bill; allowance; *hunt.* runway, *Am.* trace; *sports:* **a)** (baton) change, **b)** change of ends, **c)** *skating:* crossing; *econ. eigener (trockener)* ~ promissory note; *gezogener (or trassierter)* ~ drawn bill; *kurzer* ~ short bill; ~ *auf Sicht* bill payable at sight, sight bill; *offener* ~ letter of credit; ~ *zum Inkasso* bill for collection; *e-n*

~ *ausstellen* make (*or* issue) a bill, *auf j-n:* draw a bill on a p.

'**Wechsel**...: ~**abrechnung** *f* discount liquidation; ~**agent** *m* bill broker; ~**agio** *n* exchange; ~**akzept** *n* acceptance of a bill; ~**arbitrage** *f* arbitrage in (foreign) exchange; ~**bad** *med. n* alternating *or* contrast bath; ~**balg** *m* changeling; ~**bank** *f* (-; -en) discount house; → *Wechselstube;* ~**bestand** *m* bill holdings *pl., Am.* bills *pl.* receivable; *Wechsel- und Scheckbestand* bills and cheques (*Am.* checks) in hand; ~**beziehung** *f* correlation, interrelation; ~**brief** *m* bill of exchange; ~**buch** *n* bill register; ~**bürge** *m* guarantor of a bill; ~**bürgschaft** *f* guarantee (*Am.* guaranty) of the due payment of a bill, collateral acceptance on a bill; ~**diskontierung** *f* (-) discounting of bills; ~**domizil** *n* domicile of a bill; 2**fähig** *adj.* authorized to draw bills (of exchange); ~**fälle** *pl.* vicissitudes, reverses, ups and downs of *life, etc.*; ~**fälschung** *f* forgery of bills; 2**farbig** *adj.* iridescent; ~**fieber** *med. n* intermittent fever, malaria; ~**folge** *f* alternation, rotation; ~**forderung** *f* claim based on a bill (of exchange); ~**frist** *f* usance; ~**geber** *m* drawer of a bill; ~**geld** *n* exchange, agio; (small) change, small coin; ~**gesang** *m* antiphony, glee; ~**gesetz** *n* (-es) Bills of Exchange Act; ~**gespräch** *n* dialogue; ~**getriebe** *tech. n* change-(speed) gear, variable gear; ~**giro** *n* indorsement (on a bill of exchange); ~**gläubiger**, ~**inhaber** *m* holder of a bill of exchange; ~**handel** *m* bill (*Am.* note) brokerage; ~**inkassogeschäft** *n* collection of bills (of exchange); ~**jahre** *physiol. pl.* climacteric (period), change of life, menopause; ~**klage** *f* action arising out of a bill of exchange; ~ *erheben* sue on a bill of exchange; ~**kredit** *m* acceptance credit; discount credit; ~**kurs** *m* rate of exchange, (foreign) exchange rate; ~**lager** *tech. n* double-thrust bearing; ~**laufzeit** *f* currency of a bill; ~**makler** *m* bill broker, exchange broker.

'**wechseln** *v/t. and v/i.* (h.) change; vary; exchange (*a.* blows, words, etc.); *Briefe* ~ exchange letters, correspond (*mit* with); shift; alternate; reverse; *hunt.* pass; *die Kleider* ~ change (one's clothes); ~ *mit* vary (*food, etc.*); → *Besitzer, Farbe;* ~**d** *adj.* changing, varying, alternating; changeable.

'**Wechsel**...: ~**nehmer** *m* taker of a bill, payee; ~**pari** *n* par of exchange; ~**protest** *m* protest of a bill; ~ *einlegen* have a bill protested; ~**recht** *n* (-[e]s) law relating to bills of exchange; ~**reiter** *m* bill-jobber; ~**reite'rei** *f* bill-jobbing, kite flying; ~**richter** *el. m* inverse rectifier; ~**schalter** *el. m* change-over switch; ~**schnee** *m* changing (*or* patchy) snow; ~**schuld** *f* debt founded on a bill of exchange; *pl.* → *a. Wechselverbindlichkeiten;* 2**seitig** ['zaɪtɪç] *adj.* mutual, reciprocal; ~**seitigkeit** *f* (-) reciprocity; ~**spiel** *n*

alternate play, interplay; ~**sprung** *m sports:* reverse; ~**stempel** *m* bill-stamp.

'**Wechselstrom** *el. m* alternating current (*abbr.* A.C., a.c., ac., a—c); ~**generator** *m* alternator, A.C. generator; ~**motor** *m* alternating--current motor; ~**spannung** *f* alternating voltage.

'**Wechsel**...: ~**stube** *f* exchange office; ~**tierchen** ['-ti:rçən] *n* (-s; -) amoeba; ~**verbindlichkeiten** *f/pl.* bills (*Am.* notes) payable; ~**verkehr** *teleph. m* two-way communication; 2**voll** *adj.* changeable; eventful; ~**winkel** *m/pl.* alternate angles; ~**wirkung** *f* reciprocal action, interaction.

'**Wechsler** *econ. m* (-s; -) money--changer; (exchange) banker.

Weck [vɛk] *m* (-[e]s, -e), '~**e** *f* (-; -n), '~**en** *m* (-s; -) roll.

wecken ['vɛkən] *v/t.* (h.) awake, wake(n) (*a. fig.*), call; rouse (*a. fig.*);

'**Wecken** *n* (-s) awakening; *mil.* reveille.

'**Wecker** *m* (-s; -) awakener, knock-erup; alarm(-clock); *teleph.* bell, ringer.

'**Weckruf** *m* reveille.

Wedel ['ve:dəl] *m* (-s; -) whisk; fan; duster; *bot.* frond; *zo.* tail, brush; 2**n** *v/t. and v/i.* (h.) fan; wag (*mit dem Schwanz* one's tail).

weder ['ve:dər] *cj.:* ~ ... *noch* neither ... nor; not either ... or.

Weg [ve:k] *m* (-[e]s; -e) way; path; road; route; walk; passage; *phys.* distance; *tech.* travel; errand; direction, way; *fig.* way; manner; method; course; *der* ~ *zum Erfolg* the road to success; *Mitte des* ~*es* midway; → *halb;* e-e *Meile* ~es a distance of a mile; *am* ~e by the wayside; *auf dem* ~e *über* (*acc.*) by way of, via, *fig. a.* through (the channel of); *auf diplomatischem* ~e through diplomatic channels; *auf gerichtlichem* ~e by legal steps, legally; *auf gütlichem* ~e amicably; *fig. auf den rechten* ~ *bringen* put in the right way; *fig. auf dem richtigen* ~e *sein* be on the right track; *sich auf den* ~ *machen* set out, start; *j-m in den* ~ *laufen or kommen* get in a p.'s way; *er steht mir im* ~e he is in my way; *s-r* ~e *gehen* go one's ways; *aus dem* ~e *gehen* get out of the way, stand aside; *fig.* avoid, dodge (*dat. a th.*); *fig. j-m weit aus dem* ~e *gehen* give a p. a wide berth; *aus dem* ~e *räumen* remove (*a. fig.* = liquidate, bump off); *den* ~ *bereiten* (*dat.*) pave the way for; *in die* ~e *leiten* set on foot, initiate, start *a th.*; prepare, pave the way for; ~ *und Steg kennen* know one's way; *neue* ~e *beschreiten* apply new methods; *wohin des* ~*s?* where are you off to?; *ich traue ihm nicht über den* ~ I don't trust him out of my sight; *der gerade* ~ *ist der beste* honesty is the best policy.

weg [vɛk] *adv.* away, off; gone; gone, lost; ~ *da!* be off!, get away!; ~ *damit!* take it away!, away with it!; *Hände* ~*!* hands off! *ich muß* ~ I must be off; *er war völlig* ~ **a)** he was quite beside himself (*vor Freude* with joy), he was in ecstasies (*über* *acc.* about), **b)** he was dum(b)-founded *or* flabbergasted.

wegbekommen ['vɛk-] v/t. (irr., h.) get off; *colloq. fig.* get the knack (*or* hang) of.

Wegbereit|er ['ve:kbəraɪtər] m (-s; -) pioneer; *der ~ sein für (acc.)* pave the way for; **~ung** f (-) pioneering.

weg... ['vɛk-]: **~blasen** v/t. (irr., h.) blow off *or* away; *fig. wie weggeblasen* clean gone, without leaving a trace; **~bleiben** v/i. (irr., sn) stay away; be omitted; **~blicken** v/i. (h.) look away; **~brechen** v/t. (irr., h.) break off; **~bringen** v/t. (irr., h.) take away, remove; take out (*spots*); **~denken** v/i. (irr., h.) unthink, imagine as not being there; *dies ist aus dem Erziehungswesen nicht wegzudenken* education would be unthinkable without it; **~dürfen** v/i. (irr., h.) be allowed to go (away); *darf ich weg?* may I go (*or* leave)?

Wege... ['ve:gə-]: **~bau** m (-[e]s; -ten) road building; **~biegung** f road bend; **~gabel** f road fork; **~geld** n travelling allowance, *Am.* mileage; (turnpike) toll; **~lagerer** ['-la:gərər] m (-s; -) highwayman; **~meister** m road surveyor.

wegen ['ve:gən] prp. (gen.) because of, on account of; by reason of; owing to, due to, as a result of; for the sake of, for; regarding; *jur. ~ Diebstahls* for larceny; *econ.* for account of; *von Amts ~* ex officio, officially; *von Rechts ~* by right; *colloq. ~ mir* I don't mind.

weg-engagieren ['vɛk-] v/t. (h.) hire away.

'Wegerecht n right of way.

Wegerich ['ve:gəriç] bot. m (-s; -e) plantain.

weg... ['vɛk-]: **~essen** v/t. (irr., h.) eat up; *er hat mir alles weggegessen* he ate all my *sandwiches, etc.*; **~fahren I.** v/t. (irr., h.) carry away, cart off; drive away; **II.** v/i. (irr., sn) leave; drive away; **♀fall** m (-[e]s) omission; suppression; cessation; abolition, removal; *jur.* lapse (*of claims, rights*); *in ~ kommen → ~fallen* v/i. (irr., sn) fall away; be omitted *or* dropped; be abolished; not to take place; cease; become void, be cancel(l)ed; *~ lassen* discard, leave out, drop; **~fangen** v/t. (irr., h.), *colloq.* **~fischen** v/t. (irr., h.), *colloq.* snatch away (*j-m et. a th. from under a p.'s nose*); **~fegen** v/t. (h.) sweep away (*a. fig.*); **~führen** v/t. (h.) lead (*or* take) away; **♀gang** m (-[e]s) leaving, going away, departure; **~geben** v/t. (irr., h.) give away, dispose of, *econ.* sell; **~gehen** v/i. (irr., sn) go away *or* off; sell (*wie warme Semmeln* like hot cakes); *~ über (acc.)* pass over (*a. fig.*); **~gießen** v/t. (irr., h.) pour away; **~haben** *colloq.* v/t. (h.) have got *or* received *one's share*; *er will ihn ~* he wants to get rid of him; *fig.* have got the hang of; *colloq. der hat einen weg* a) he is drunk, **b)** he has a screw loose; **~hängen** v/t. (h.) hang away; **~helfen** v/i. (irr., h.) (dat.) help *a p.* to get away; **~holen** v/t. (h.) fetch away; **~jagen** v/t. (h.) drive (*or* chase) away, expel; **~ka-**

~pern *colloq.* v/t. (h.) → *wegfischen*; **~kommen** v/i. (irr., sn) get away, get off; be (*or* get) lost; *fig. gut (schlecht) ~* come off well (badly); *über et. ~* get over (*a. fig.*); **~lassen** v/t. (irr., h.) let go; leave out, omit, drop; **♀lassung** ['-lasuŋ] f (-; -en) omission; **~legen** v/t. (h.) lay (*or* put) aside, put away; **~machen** (h.) take away, remove; take out (*spots*); *colloq. sich ~* make off, make o.s. scarce.

Weg... ['ve:k-]: **~markierung** f marking of the road, marker; **~messer** *tech.* m (-s; -) odometer, mileage recorder.

weg... ['vɛk-]: **~müssen** v/i. (irr., h.) be obliged (*or* have) to go; *ich muß weg* I must be off; *das muß weg* that must go; **♀nahme** ['-na:mə] f (-; -n) taking (away); seizure; *mar., mil.* capture; *jur. widerrechtliche ~* unlawful taking; **~nehmen** v/t. (irr., h.) take away (*j-m* from a p.); remove; capture; rob (*j-m et. a p.* of a th.); seize; take up, occupy (*space, time*); mot. *Gas ~* release the accelerator, throttle down; **~pakken** v/t. (h.) pack away; *sich ~* pack off, beat it; **~putzen** v/t. (h.) wipe away *or* off; *colloq.* polish off (*one's food*); **~radieren** v/t. (h.) erase; **~raffen** v/t. (h.) carry off; **~räumen** v/t. (h.) clear away, remove (*a. fig.*); **~reisen** v/i. (sn) depart, leave; start (on a journey); **~reißen** v/t. (irr., h.) tear (*or* pull) away *or* off; snatch away (*j-m* from a p.); *storm, etc.*: sweep *or* carry away; pull down (*houses*); **~rücken I.** v/t. (h.) move away, remove; **II.** v/i. (sn) move (*or* edge) away; **~schaffen** v/t. (h.) clear away, remove, carry off; do away with, get rid of; *math.* eliminate; **~scheren** *colloq.*: *sich ~* (h.) beat it; **~schikken** v/t. (h.) send away *or* off, dispatch; *colloq. fig.* send *a p.* packing; **~schieben** v/t. (irr., h.) push away; **~schießen** v/t. (irr., h.) shoot away *or* off; **~schleichen**: *sich ~* (irr., h.) steal away, sneak away; **~schleppen** v/t. (h.) drag off; **~schließen** v/t. (irr., h.) lock up (*or* away), put under lock and key; **~schmeißen** v/t. (irr., h.) throw away; **~schnappen** v/t. (h.) snatch away (*j-m et. a th.* from a p.).

Wegschnecke ['vɛk-] f slug.

weg... ['vɛk-]: **~schütten** v/t. (h.) dump; pour away; **~sehen** v/i. (irr., h.) look away; *~ über (acc.)* overlook, shut one's eyes to; **~sein** v/i. (irr.) be away *or* absent; not to be in; be gone; be gone *or* lost; *weg sein über (acc.)* have passed a th.; *colloq. → weg*; **~setzen I.** v/t. (h.) put away; *fig. sich ~ über (acc.)* disregard, ignore; **II.** v/i. (sn): *~ über* jump (over) *a th.*, clear (*or* take) *a th.*; **~spülen** v/t. (h.) wash away (*a. geol.*); **~stecken** v/t. (h.) put away; hide; **~sterben** v/i. (irr., sn) die off; **~streben** v/i. (sn): *~ von (dat.)* tend from.

Wegstrecke ['ve:k-] f stretch (of road); distance covered, mileage; *schlechte ~!* bad road!; **~nmesser** m mileage recorder.

weg... ['vɛk-]: **~streichen** v/t. (irr.,

h.) strike out, take off, cancel; **~stoßen** v/t. (irr., h.) push away; **~treiben I.** v/t. (irr., h.) drive away; **II.** v/i. (irr., sn) drift away; **~treten** v/i. (irr., sn) step aside; stand off; *mil.* break (the) ranks; *~ lassen* dismiss; *weggetreten!* dismiss(ed *Am.*)!, move out!; **~tun** v/t. (irr., h.) put away *or* aside, remove; *tu die Hände weg!* (take your) hands off!

Wegweiser ['ve:k-] m signpost, guidepost, finger-post; *in building*: directory; (*book, person*) guide.

weg... ['vɛk-]: **~wenden** v/t., *a. sich* (irr., h.) turn away *or* off; avert (*face, eyes*); **~werfen** v/t. (irr., h.) throw away; *fig. sich ~* throw o.s. away (*an j-n* on a p.). degrade o.s.; **~werfend** adj. disparaging, deprecating; **~wischen** v/t. (h.) wipe off; *fig.* dismiss (*objection, etc.*); **~zaubern** v/t. (h.) spirit away.

Wegzehrung ['ve:k-] f provisions pl. for the journey; *eccl. letzte ~* viaticum.

weg... ['vɛk-]: **~zerren** v/t. (h.) drag off; **~ziehen I.** v/t. (irr., h.) pull (*or* draw) away; **II.** v/i. (irr., sn) (re)move (*aus* from *dwelling*); *mil.* march away; **♀zug** m (-[e]s) removal.

weh [ve:] adj. sore, painful, aching; *~er Finger* sore finger; *~es Gefühl* pang, *at farewell*: wrench; *mit ~em Herzen* with an aching heart; *~!* woe!; *~ mir!* woe is me!; *~e dir, etc.!* woe be to you, *etc.*!, *iro.* you just wait!; *~ tun* ache, hurt, *j-m*: pain (*or* hurt) *a p.*, cause *a p.* pain; grieve (*or* wound) *a p.*; *mir tut der Finger ~* my finger hurts; *sich ~ tun* hurt o.s.; **Weh** n (-[e]s; -e) pain; grief, woe; → *Wohl*.

Wehe ['ve:ə] f (-; -n) drift.

'Wehen pl. labo(u)r-pains; *esp. fig.* travail.

'wehen I. v/i. (h.) blow; drift, waft; flutter, wave; *~de Gewänder* flowing robes; *fig. spirit*: live, reign; **II.** v/t. (h.) blow along; drift.

'Weh...: **~geschrei** n woeful cries *pl.*, wail; **~klage** f lament(ation); **♀klagen** v/i. (h.) lament, wail (*um* for; *über acc.* over); *~ um a.* bewail; **♀leidig** adj. sorry for o.s., snivelling; plaintive, tearful (*voice, etc.*); *sei nicht so ~!* don't be a sissy!; **~mut** ['-mu:t] f (-) (sweet) melancholy, woefulness; wistfulness; nostalgic feelings *pl.*; **♀mütig** ['-my:tiç] adj. melancholy, sad; wistful; nostalgic; **~mutter** f (-; ⁞) midwife.

Wehr [ve:r] **1.** f (-; -en) defen|ce, *Am.* -se; resistance; weapon; armo(u)r; bulwark; *sich zur ~ setzen* offer resistance, show (*or* put up a) fight, struggle (*a. w.s.*; *gegen* against); **2.** n (-[e]s; -e) weir; dam, barrage; **♀en** v/i. (h.) (dat.) restrain, check; *j-m et. ~* hinder (*or* keep) a p. from doing a th., forbid a th. to a p.; *dem Feuer ~* arrest (*or* check) the spread of fire; *sich ~* (h.) defend o.s., offer resistance; *sich mit Händen und Füßen ~* put up a fierce resistance (*gegen* to), struggle (against).

'Wehr...: ~auftrag m defen|ce (Am. -se) contract; ~be-auftragte(r) m ombudsman, Commissioner for the Armed Forces; ~bereich m military district; ~bezirk m military sub-district; ~bezirkskommando n military sub-district command; ~dienst m military service; ~dienstbeschädigung f disability incurred in line of duty; ~dienstpflicht, etc. → Wehrpflicht, etc.; ~ersatz(amt n) m recruiting and replacement (office); ~ertüchtigung f pre-military training; ~ersatzdienst mil. m alternative service (for conscientious objectors); 2fähig adj. fit for military service, able-bodied; 2freudig adj. military-minded; ~gehänge, ~gehenk n sword-belt; ~gesetz n Brit. National Service Act, Am. Universal Military Training and Service Act; 2haft adj. → wehrfähig; ~hoheit f (-) military sovereignty; ~kraft f (-) military power; 2los adj. defenceless, Am. defenseless; unarmed; helpless; ~ machen disarm; ~macht f (-) armed services, Am. armed forces, ~machtsbericht m communiqué of the High Command; ~machts-teil m service, branch (of the services); ~meldeamt n (local) recruiting station; ~ordnung f Army statute; ~paß m service record (book); ~pflicht f (-): (allgemeine) ~ (universal) compulsory military service, (universal) conscription; 2pflichtig adj. liable to military service; ~er Jahrgang (draft-)age class; ~pflichtige(r) ['-pflictigər] m (-n; -n) person liable to military service; inductee, draftee, conscript; ~sold m (service) pay; ~sport m military sports pl.; ~stammblatt n military registration record; ~stammbuch n basic military record book; ~stammrolle f service roster; 2-unwürdig adj. ineligible for military service; ~vorlage parl. f Defence Bill; ~wissenschaft f (-) military science.

Weib [vaɪp] n (-[e]s; -er) woman (a. contp.); wife; ~chen n (-s; -) little woman; little wife, wifey; zo. female.

Weiber... ['vaɪbər-]: ~art f woman's ways pl.; ~feind m woman-hater, misogynist; ~geschwätz n gossip, (women's) cackle; ~held m lady-killer, lady's man; ~herrschaft f (-) petticoat government; ~klatsch m → Weibergeschwätz; ~laune f woman's caprice; ~narr m philanderer; ~rock m woman's skirt; petticoat; ~volk colloq. n (-[e]s) women(folk).

'weib...: ~isch ['-biʃ] adj. womanish, effeminate; ~lich adj. female, gr. feminine; womanly, feminine (nature); das ewig 2e the Eternal Woman; 2lichkeit f (-) womanliness; a. collect. womanhood; die holde ~ the fair sex.

'Weibs|bild n, ~person f female, hussy, wench, skirt, Am. a. broad.

weich [vaɪç] adj. soft (a. fig.); tender (a. meat); mellow; smooth; supple, pliable; flabby; tender-hearted; ~ werden (a. fig.) soften;

fig. yield, give way; relent; be moved (bei at); ~ gekochte Eier soft-boiled eggs.

'**Weichbild** n precincts pl., municipal area; city boundaries pl.; outskirts pl.

'**Weiche** f (-; -n) 1. anat. flank, side; pl. groin; 2. rail. switch, Brit. a. points pl.; ~n stellen shift (or throw) the switch; fig. die ~n stellen set the course.

'**weichen**[1] v/t. (h.) → aufweichen.

weichen[2] ['vaɪçən] v/i. (a. fig.) (irr., sn) give way or ground, yield (dat. to); mil. fall back, retreat; fig. prices: ease off, recede; von j-m ~ leave, abandon; j-m nicht von der Seite ~ not to budge from a p.'s side; nicht von der Stelle ~ not to budge an inch.

'**Weichen...**: ~signal rail. n switch-signal; ~steller ['-ʃtelər] m (-s; -) pointsman, esp. Am. switchman.

weichgeglüht ['-gəgly:t] adj. soft annealed.

'**Weichheit** f (-) → weich: softness; tenderness; mellowness; smoothness; suppleness; flabbiness; plasticity.

'weich...: ~herzig adj. tender-hearted; 2herzigkeit f (-) tender-heartedness; 2holz n softwood; 2käse m cream-cheese; ~lich adj. soft, tender, sloppy; fig. weak, effeminate; indolent; 2ling ['-liŋ] m (-s; -e) weakling, mollycoddle, sissy, softie; ~löten tech. v/t. (h.) (soft) solder; 2macher tech. m softening agent, plasticiser.

Weichsel|kirsche ['vaɪksəl-] f maheleb cherry, morello; ~rohr n cherry-wood tube; ~zopf m Polish plait.

'**Weich...**: ~teile anat. pl. soft parts; abdomen; ~tier n mollusc.

Weide ['vaɪdə] f (-; -n) 1. bot. willow (for wickerwork); 2. agr. pasture, meadow; auf der ~ at grass; auf die ~ gehen (treiben) go (turn out) to grass; ~koppel f grazing paddock; ~land n pasture-land, pasture-ground; 2n I. v/i. (h.) graze, pasture; II. v/t. (h.) turn out to grass, feed; fig. sich ~ an (dat.) revel in, gloat over; feast one's eyes on.

'**Weiden...**: ~baum m willow(-tree); ~geflecht n wickerwork; ~gehölz n willow-plot; ~kätzchen n willow catkin; ~korb m wicker-basket; ~rute f osier switch.

'**Weide...**: ~platz m pasture-ground; ~recht n pasture rights pl.

Weiderich ['vaɪdəriç] bot. m (-s) willow-herb; (purple) loosestrife.

weidgerecht ['vaɪt-] adj. skilled in hunting; sportsmanlike.

'**weidlich** adv. thoroughly, fully, properly.

Weid|mann ['vaɪt-] m huntsman, sportsman; 2männisch ['-meniʃ] adj. sportsmanlike; ~mannsheil n: ~! good sport!; ~mannssprache f hunter's slang; ~messer n hunting knife; ~werk n (-[e]s) sportsmanship, the chase, hunting; 2wund adj. shot in the belly.

weige|rn ['vaɪgərn]: sich ~ (h.) refuse, decline; be unwilling (to do a th.); 2rung f (-; -en) refusal; 2-

rungsfall m: im ~e in case of refusal.

Weih [vaɪ] orn. m (-[e]s; -e) kite.

Weih|altar ['vaɪ-] m consecrated altar; ~becken n holy-water font; ~bischof m suffragan (bishop).

'**Weihe** f (-; -n) 1. consecration; inauguration; dedication; ordination (of priest); solemn mood; j-m die ~ erteilen consecrate a p. in holy orders; 2. → Weih.

'**weihen** v/t. (h.) consecrate; ordain (a p. as a priest); devote (sich e-r Sache o.s. to a th.), dedicate; eccl. sich ~ lassen take holy orders; fig. dem Tode, etc., geweiht doomed (to death, etc.).

Weiher ['vaɪər] m (-s; -) (fish-)pond.

'**Weihe...**: ~stätte f shrine; ~stunde f hour of commemoration; 2voll adj. solemn.

'**Weihgeschenk** n oblation.

Weihnacht|en ['vaɪnaxtən] n (-; -) Christmas, Xmas; fröhliche ~! Merry Christmas!; 2lich adj. Christmas.

'**Weihnachts...**: ~abend m Christmas Eve; ~baum m Christmas tree; ~bescherung f (giving) Christmas presents pl.; ~fest n Christmas; ~geschenk n Christmas present; ~gratifikation f Christmas bonus; ~lied n Christmas carol; ~mann m (Old) Father Christmas, Santa Claus; ~markt m Christmas fair; ~tag m: erster ~ Christmas Day; zweiter ~ Boxing Day; ~zeit f (-) Christmas tide, Yuletide.

'**Weih...**: ~rauch m incense; ~wasser n (-s) holy water; ~wasserbecken n (holy-water) font; ~wedel m aspergillum, holy-water sprinkler.

weil [vaɪl] cj. because, since.

weiland ['vaɪlant] adv. formerly, erstwhile, onetime; late, deceased.

Weil|chen ['vaɪlçən] n (-s): ein ~ a little while, a spell; warte ein ~ wait a bit; ~e f a while, a (space of) time; leisure; geraume ~ long time; damit hat es gute ~ there is no hurry (about it); 2en v/i. (h.) stay, linger, tarry; fig. er weilt nicht mehr unter uns he is no longer with us.

Weiler ['vaɪlər] m (-s; -) hamlet.

Wein [vaɪn] m (-[e]s; -e) wine; bot. vine; wilder ~ Virginia creep; fig. j-m klaren ~ einschenken tell a p. the plain truth; ~, Weib und Gesang wine, woman and song.

'**Wein...**: 2artig ['-a:rtiç] adj. vinous; ~bau m (-[e]s) wine-growing, viniculture; ~bauer m wine-grower; ~beere f grape; ~berg m vineyard; ~bergschnecke f edible snail; ~blatt n vine-leaf; ~brand m (-s; ~e) brandy, cognac; ~brenne'rei f distillery.

wein|en ['vaɪnən] v/i. (h.) weep (um, vor dat. for), shed tears (um over), cry; dem 2 nahe on the verge of tears, close to tears; iro. es ist zum 2 it's a shame; ~erlich adj. tearful, lachrymose; whining, crying.

'**Wein...**: ~ernte f vintage; ~erzeuger m wine-grower; ~essig m wine-

-vinegar; ~faß n wine-cask; ~flasche f wine-bottle; ~garten m vineyard; ~gärtner m vine-dresser; ~gegend f wine(-growing) district; ~geist m (-es; -e) spirit(s pl.) of wine; ~glas n (-es; ⁓er) wine-glass; ~händler m wine-merchant; ~handlung f wine-store; ~heber m wine-syphon; ~hefe f dregs pl. of wine; ~jahr n a good, etc., wine-year; ~karte f wine-list; ~keller m wine-cellar; vaults pl.; ~kelle'rei f winery; ~kelter f winepress; ~kenner m connoisseur of wine; ~krampf m crying fit; ~küfer m cooper; ~kühler m wine-cooler; ~lager n stock of wine(s pl.); ~laub n vine-leaves pl.; ~laune f (-) expansive mood (inspired by wine); in e-r ~ in one's cups; ~lese f vintage, grape-gathering; ~leser(in f) m vintager; ~most m must; ~presse f winepress; ~probe f wine test; ~ranke f tendril of vine; ~rebe f (grape)vine; 2rot adj. ruby-colo(u)red; 2sauer adj. tartrate of; ~säure f acidity of wine; chem. tartaric acid; ~schenke f wine-shop or -house; ~schlauch m wine-skin; 2selig adj. in one's cups, vinous, tipsy; ~stube f wine-tavern; ~traube f bunch of grapes, grape; ~trester pl. skins (or husks) of pressed grapes.

welse ['vaɪzə] adj. wise; a. iro. sage; wise, prudent; 2(r) m (-n; -n) wise man, sage; die ~n aus dem Morgenland the (three) wise men from the East, the (three) Magi; Stein der ~n philosopher's stone.

Weise ['vaɪzə] f (-; -n) manner, way, mode, fashion, style; → Art; mus. melody, tune, air; auf diese ~ in this way, by this means; auf jede ~ in every way; in der ~, daß in such a way that, so that; in keiner ~ in no way; jeder nach seiner ~ everyone in his own way.

'**weisen I.** v/t. (irr., h.) point out, show; ~ an (acc.) refer to; j-n ~ nach direct to; von sich ~ refuse, reject; aus dem Lande ~ banish, exile; j-m die Tür ~ show a p. the door; das wird sich ~ we shall see; → Hand; sports: vom Felde ~ send off (the field); **II.** v/i. (irr., h.); ~ auf (acc.) point at or to.

'**Weiser** m (-s; -) pointer; signpost; → Weise(r).

Weis... ['vaɪs-]: ~heit f (-; -en) wisdom; mit seiner ~ am Ende sein be at one's wits' end; der ~ letzter Schluß the last resort; behalte deine ~en für dich! keep your remarks to yourself!, mind your own business!; ~heitskrämer m wiseacre; ~heitszahn m wisdom-tooth; 2lich adv. wisely, prudently; 2machen v/t. (h.): j-m et. ~ make a p. believe a th., tell a p. a yarn; laß dir nichts ~! don't be fooled; mach das einem anderen weis! tell that to the marines!

weiß [vaɪs] adj. white; clean; 2er Sonntag Low Sunday; ~ machen whiten; ~ werden whiten, turn white; j-n ~waschen whitewash a p.; econ. 2e Woche white sale; das 2e the white (of eye, egg); → Weiße(r).

'**weis...:** ~sagen v/t. (h.) foretell, predict, prophesy; 2sager(in f) ['-za:gər] m (-s, -; -, -nen) prophet (-ess f); 2sagung ['-za:guŋ] f (-; -en) prophecy.

'**Weiß...:** ~bäcker m baker and confectioner; ~bier n pale beer; ~blech n tinplate; ~bluten n: zum ~ bringen bleed a p. white; ~brot n white bread; ~buch pol. n white-paper; ~buche f white beech; ~dorn bot. n (-[e]s; -e) whitethorn.

'**Weiße(r** m) f (-n, -n; -en, -en) white man (a. collect.); f white woman.

'**weißen** v/t. (h.) whiten; whitewash.

'**Weiß...:** ~fisch m whiting, dace; whitebait; ~fluß med. m leucorrh(o)ea; 2gekleidet adj. dressed in white; 2gelb adj. pale yellow; ~gerber m tawer; 2glühend adj. white-hot, incandescent; ~glut f (-) white heat, incandescence; fig. bis zur ~ reizen make a p. see red; 2-haarig adj. white-haired; ~käse m curds pl.; ~kohl m (white) cabbage; 2lich adj. whitish; ~mehl n fine flour; ~metall n white metal; ~nähe'rei f plain (needle)work; ~näherin f plain seamstress; ~tanne f white fir; ~tüncher m white-washer; ~wandreifen mot. m white-wall tyre; ~waren pl. linen goods pl.; ~warenhändler m linen draper; ~wäsche f, ~zeug n (-[e]s) (household) linen; ~wein m white wine, hock.

'**Weisung** f (-; -en) direction; instruction, order; 2sgebunden adj. subject to directions; 2sgemäß adv. as directed (or instructed).

weit [vaɪt] **I.** adj. distant; wide; broad, esp. tech. wide; large, spacious; extensive; vast, immense; loose (a. tech.); ~e Reise, (~er Weg) long journey (way); fig. ~e Auslegung broad interpretation; ~er Begriff comprehensive idea; ~es Gewissen elastic conscience; ~er Unterschied vast difference; im ~esten Sinne in the broadest sense; wenn es so ~ ist when it is ready, fig. when the time has come; so ~ ist es noch nicht it has not come to that yet; so ~ ist es nun gekommen? has it come to that?; **II.** adv. far, wide(ly); ~ entfernt far away; ~ entfernt von a. a long distance from, fig. far from, a far cry from; fig. ~ entfernt!, ~ gefehlt! far from it!; e-e Meile ~ entfernt a mile off; ~ und breit far and wide; ~ über sechzig (Jahre alt) well over sixty; bei ~em by far; bei ~em besser far (or much) better; bei ~em nicht not by a long way; bei ~em nicht so gut not nearly so good; so ~ wie möglich as far as possible; von ~em from afar; fig. nicht ~ her sein mit not to be worth much, not to be up to much, be not so hot; es ~ bringen get on in the world, go far; attain great proficiency in a field; er wird es noch ~ bringen he will go a long way yet; fig. zu ~ gehen go too far, overshoot the mark, over-play one's hand; das geht zu ~ that's going too far; ich bin so ~ I am ready; wie ~ bist du (mit der Arbeit)? how far have you got (with your work)?; → Weite, weiter.

'**weit...:** ~ab adv. far away (von from); ~aus adv. by far, much; ~bekannt adj. widely known, far-famed; 2blick m (-[e]s) far-sightedness, vision; ~blickend adj. far-sighted.

'**Weite 1.** f (-; -n) wideness, tech. width; tech. diameter; → licht; largeness; distance; expanse; fig. range, scope; **2.** n (-): das ~ suchen take to one's heels, decamp, cut and run.

'**weiten** v/t. and sich ~ (h.) widen; enlarge; expand; stretch (shoes, etc.); fig. widen, broaden.

weiter ['vaɪtər] comp. adj. and adv. wider; more distant; farther, (esp. fig.) further; additional(ly adv.), added (proof, etc.); on, forward; further(more), moreover; ~! go on!; immer ~ on and on; nichts ~ nothing more (or further or else), that's all; ~ niemand no one else; und ~? and then?; und so ~ and so on (or forth), et cetera (abbr. etc.); 2es the rest; further details, more; das 2e what follows; bis auf ~es until further notice, for the time being; ohne ~es without further ceremony or ado, easily, readily; das hat ~ nichts zu sagen that's not very important; es fiel mir ~ nicht auf it did not strike me particularly; fig. er ging noch viel ~ he went much further.

'**weiter...:** ~befördern v/t. (h.) forward (on), send on; redirect; 2beförderung f re-forwarding, further transportation; zur ~ to be forwarded; ~begeben econ. v/t. (irr., h.) negotiate (further); 2bestand m (-[e]s) continued existence, continuance, survival; ~bestehen v/i. (irr., h.) continue to exist, survive; ~bilden v/t. (h.) develop; sich ~ continue one's studies, develop one's knowledge; 2bildung f (further) development; continued education; ~bringen v/t. (irr., h.) help on; das bringt mich nicht weiter that is not much help; 2e(s) n (-n) → weiter; ~empfehlen v/t. (irr., h.) recommend; 2entwicklung f (further) development; ~erzählen v/t. (h.) tell others, repeat, spread; ~führen v/t. (h.) carry on; continue; extend (pipeline, etc.); 2führung f (-) carrying-on, continuation; 2gabe f (-) passing-on, transmission; ~geben v/t. (irr., h.) pass on, transmit; → weiterleiten; ~gehen v/i. (irr., sn) go (or walk or pass) on; ~! move on!; fig. continue, go on; das kann so nicht ~! things cannot go on like this!; ~hin adv. further on, in (or for the) future; further(more), moreover; et. ~ tun continue doing or to do a th., keep doing a th.; ~kämpfen v/i. (h.) continue fighting; ~kommen v/i. (irr., sn) get on; fig. a. progress, advance; nicht ~ get stuck; so kommen wir nicht weiter this won't get us anywhere; 2-kommen n advancement; ~können v/i. (irr., h.) be able to go on; nicht ~ be stuck; ~leben v/i. (h.) live on, survive (a. fig.); 2leben n (-s) continued existence, survival; ~ nach dem Tode life after death;

~leiten v/t. (h.) forward, transmit (letter, etc.); refer application, case, etc. (an acc. to); ~lesen v/i. and v/t. (irr., h.) go on (reading), continue reading or to read; ~machen v/t. and v/i. (h.) carry on, continue; mil. ~! a. as you were!; ~schreiten v/i. (irr., sn) advance (a. fig.); 2ungen f/pl. complications, difficulties, (unpleasant) consequences; 2ver-arbeitung f processing, subsequent treatment; machining; ~verfolgen v/t. (h.) follow up; 2verkauf m resale; ~vermieten v/t. (h.) sub-let; 2versand m re-forwarding.

'weit...: ~gehend I. adj. extensive, far-reaching, large; sweeping (statement); full (understanding); wide (powers); II. adv. largely; ~gereist ['-gəraɪst] adj. widely travel(l)ed; ~gesteckt ['-gəstɛkt] adj. long-range (goal); ~greifend adj. far-reaching; ~her adv. from afar; ~hergeholt [-'heːrgəhoːlt] adj. far-fetched; ~herzig adj. broad-minded; ~läufig I. adj. extensive, vast; spacious; rambling; detailed; complicated; circumstantial; → weitschweifig; straggling (village, etc.); distant (relation); II. adv. at great length (or detail); ~ verwandt distantly related; 2läufigkeit ['-lɔyfiçkaɪt] f (-) vast extent; spaciousness; complicated nature; → Weitschweifigkeit; ~maschig adj. wide-meshed; ~reichend adj. far-reaching; mil. long-range; ~schweifig ['-ʃvaɪfiç] adj. diffuse, long-winded, lengthy, verbose; 2schweifigkeit f (-) diffuseness, lengthiness, verbosity, prolixity; ~sichtig ['-ziçtiç] adj. long-sighted; fig. farsighted; 2sichtigkeit f (-) long-sightedness; 2sprung m long (Am. broad) jump; 2sprunggrube f long-jump pit; ~spurig ['-ʃpuːriç] rail. adj. wide-tracked, broad-gauged; ~tragend adj. long-range; fig. far-reaching; 2ung f (-) widening; ~verbreitet adj. widespread; widely held (view); widely circulated (newspaper); ~verzweigt adj. widely ramified.

Weizen ['vaɪtsən] m (-s) wheat; → türkisch; fig. sein ~ blüht he is in clover; ~brand m (-[e]s) black rust; ~flocken f/pl. squashed wheat; ~mehl n wheaten flour; ~schrot n shredded wheat.

welch [vɛlç] 1. interr. pron. what; which; ~er? which one?; ~er von den beiden? which of the two?; ~ ein Mann! what a man!; 2. rel. pron. who, which, that; ~er (auch) immer who(so)ever; ~es (auch) immer whatever, whichever; von ~er Art auch of whatever kind; 3. indef. pron. some, any; have you any money? — ja, ich habe ~es yes, I have some; brauchen Sie ~es? do you want any?; es gibt ~e, die sagen there are some who say; ~erlei ['-ərlaɪ] adj. of what kind.

welk [vɛlk] adj. faded, withered; flabby; shrivelled; ~e Reize (Schönheit) faded charms (beauty); '~en v/t. (sn) fade, wither; '2heit f (-) faded (or withered) state; flabbiness.

Wellblech ['vɛl-] n corrugated sheet iron (or steel); ~baracke f tin hut, Am. mil. Quonset hut.

'Welle f (-; -n) wave (a. el., opt., etc.; in hair; of attack; of heat); billow; ripple; breaker; undulation; radio: wave(-length); tech. shaft, axle (-tree); fag(g)ot; gym. circle, grinder; ~n schlagen rise in waves; fig. ~ der Begeisterung, etc. wave, (up)surge of enthusiasm, etc.; 2n v/t. and sich ~ (h.) undulate.

Wellen... ['vɛlən-]: ~antenne f wave aerial; ~anzeiger m radio: wave-detector; 2artig ['-aːrtiç] adj. wave-like, wavy, undulatory; ~bad n sea-bath; artificial: wave-bath; ~band n (-[e]s; ⁻er) wave band; ~bereich m radio: wave range; ~bewegung f undulation, undulatory motion; ~brecher mar. m breakwater; ~filter m wave filter; 2förmig ['-fœrmiç] adj. undulatory; ~kupplung tech. f shaft coupling; ~länge f radio, nuclear pysics, etc.: wave-length; ~linie f waved line; ~messer m (-s; -) radio: wavemeter; ~reiten n surf-riding, surfing; ~reiter m surf-rider, surfer; ~schlag m (-[e]s) wash (or dashing) of the waves; kurzer ~ choppy sea; ~schreiber m ondograph; ~sittich m budgerigar; ~strom el. m wave current; ~tal n trough of the sea; ~theorie f wave theory; ~verteilung f radio: allocation of frequencies; ~zapfen tech. m journal.

'wellig adj. wavy (a. hair), undulating; undulatory.

'Wellpappe f corrugated board.

Welpe ['vɛlpə] m (-n; -n) puppy.

welsch [vɛlʃ] adj. Roman, Latin; Italian, French; southern.

Welt [vɛlt] f (-; -en) world (a. fig.); alle ~ all the world, everybody; die große ~ the great world, high society; → vornehm; die ~ der Wissenschaft the world (or realm) of science, the scientific world; die künstlerische ~ the world of art; die Neue ~ the New World; ein Mann von ~ a man of the world; auf der ~ in the world; die ganze ~ the whole world; → ganz; bis ans Ende der ~ to the world's end; was in aller ~? what in the world (or on earth)?; um alles in der ~! for goodness sake!; nicht um alles in der ~! not for the world!, not on my (or your, etc.) life!; aus der ~ schaffen do away with; settle (quarrel, problem); in die ~ setzen beget, put children into the world; zur ~ bringen bring into the world, give birth to; zur ~ kommen come into the world, be born; colloq. es ist nicht aus der ~ it isn't all that far away; es wird die ~ nicht kosten it won't cost a fortune; du bist die ~ für mich you are all the world to me; du bist der beste Mann von der ~ you are the best man alive.

'Welt...: 2abgeschieden adj. secluded (from the world), isolated; 2abgewandt [-apgəvant] adj. detached from the world; ~all n universe, cosmos; ~alter n age; 2anschaulich adj. ideological; ~anschauung f philosophy of life,

world-outlook, Weltanschauung; ideology; ~ausstellung f international exhibition, World's Fair; ~bank f (-; -en) World Bank; 2bekannt, 2berühmt adj. generally known, known all over the world; world-famed, world-renowned, of worldwide fame; ~berühmtheit f (person of) worldwide fame; ~bestleistung f world record; 2bewegend adj.: iro. es war nicht ~ it was not exactly earth-shaking, it was not so hot; ~bild n view of life; ~brand m world conflagration; ~bummler m globe-trotter; ~bund m international union; ~bürger m citizen of the world, cosmopolite; 2bürgerlich adj. cosmopolitan; ~bürgertum n cosmopolitanism; ~dame f woman of the world, fashionable lady; ~enraum m → Weltraum; ~er-eignis n event of worldwide importance, international sensation; 2erfahren adj. experienced in the ways of the world, worldly-wise; ~erfahrung f experience in the ways of the world. Weltergewicht(ler m) ['-ərgəviçt (-lər)] n (-[e]s; -s, -) boxing: welter-weight.

Welt...: 2erschütternd adj. world-shaking; ~firma f firm of international importance, world-renowned firm; ~flucht f (-) withdrawal from life, escapism; ~flug m round-the-world flight; 2fremd adj. worldly innocent, ignorant of the world; unworldly; starry-eyed; ivory-towered (scholar, etc.); ~friede(n) m universal peace; ~gebäude n cosmic system; ~geistliche(r) m secular priest; ~geltung f international standing or reputation; ~gericht n last judgment; ~geschehen n world affairs pl.; ~geschichte f (-) world history; colloq. fig. da hört doch die ~ auf! that's the last straw!; 2gewandt adj. versed in the ways of the world, having savoir vivre (Fr.); 2gewandtheit f savoir vivre (Fr.); ~gewerkschaftsbund m World Federation of Trade Unions; ~handel m international trade, world's commerce; ~herrschaft f (-) world domination; ~karte f map of the world; ~kenntnis f knowledge of the world; ~kind n worldling, child of this world; 2klug adj. worldly-wise, politic(ally adv.); ~klugheit f worldly wisdom; ~körper m heavenly body; ~krieg m world war; der ~ (1914—18) World War I, (1939—45) World War II; ~kugel f globe; ~lage f international situation; ~lauf m course of the world.

'weltlich adj. worldly, mundane; secular, temporal; profane; ~e Freuden worldly pleasures; ~e Schule secular school; ~ gesinnt worldly-minded; 2keit f (-) worldliness; secular state.

'Welt...: ~literatur f universal literature; ~lust f (-) worldly pleasure; ~macht f world power; ~machtpolitik f imperialist policy, imperialism; ~mann m man of the world; 2männisch ['-mɛniʃ] adj. gentlemanly; man-of-the-world (air, etc.); ~markt m (-[e]s) international market; **~meer** n ocean; **~meister(in** f) m champion of the world, world champion; **~meisterschaft(skämpfe** m/pl.) f world championship(s); **~monopol** n global monopoly; **~ordnung** f system of the world; **~politik** f international (or world-)politics pl.; **~postverein** m (Universal) Postal Union; **~rätsel** n riddle of the universe; **~raum** m (-[e]s) (outer) space; **~raumforscher** m space-explorer; **~raumschiff** n space-ship; **~raumschiffahrt** f (-) space travel, astronautics pl.; **~raumstation** f space station; **~reich** n universal empire; das Britische ~ the British Empire; **~reise** f journey round the world, world tour; **~reisende(r** m) f globe-trotter; **~rekord** m world record, **~rekordinhaber**, **~rekordler** ['-rekɔrtlər] m (-s; -), **~rekordmann** m world-record holder; **~ruf** m (-[e]s) world-wide renown, international reputation; **~schmerz** m (-es) world-weariness, Weltschmerz; **~sprache** f universal (or world) language; **~stadt** f metropolis; **~stadtverkehr** m metropolitan traffic; **~teil** m part of the world; continent; **2umfassend** adj. world-spanning, worldwide, global; **~umsegler** m circumnavigator (of the globe); **~umseglung** f circumnavigation of the globe; **~untergang** m end of the world; **~weise(r)** m philosopher; **~weisheit** f philosophy; **2weit** adj. worldwide; global; **~wende** f turning-point in world history; **~wirtschaft** f (-) world (or international) economy; **~wirtschaftskrise** f international economic crisis, world depression; **~wunder** n wonder of the world, prodigy.

wem [ve:m] dat. of wer: to whom; von ~ of whom, by whom.

wen [ve:n] acc. of wer: whom; colloq. somebody.

Wende ['vendə] f (-; -n) turning-point (a. fig.); sports: turn; gym. front vault or dismount; **~getriebe** mot. n reversing gear(box); **~hals** orn. m wryneck; **~kreis** m geogr. tropic; mot. turning circle.

Wendel ['vendəl] tech. f (-; -n) coil, helix; **2n** v/t. (h.) coil; **~treppe** f (e-e ~ a flight of) winding stairs pl., spiral staircase.

'Wendemarke f sports: turning mark.

'wenden v/t. and v/i., a. sich (h., a. irr.) turn (about or round); dressmaking: turn; turn over (page, hay); put about (ship); el. reverse; (a. sich) change; Geld ~ an (acc.) spend money on; Mühe, Zeit: devote efforts, time to; s-e Kräfte ~ auf (acc.) direct one's energies to; bitte ~! please turn over! (abbr. P.T.O.); mit ~der Post by return of post; kein Auge ~ von (dat.) not to take one's eyes off; sich ~ an j-n address o.s. to a p.; apply to a p. (um for), consult (or see) a p., appeal (or turn) to a p. (for help); sich ~ gegen turn against or on, gegen et.: a. set one's face against, criticize, object to a th.; sich zur

Flucht (zum Gehen) ~ turn to flight (to leave); sich zum Besseren ~ take a turn to the better; sich zum besten ~ turn out for the best.

'Wende...: ~pol el. m reversing pole; **~punkt** m turning-point (a. fig.); ast. solstitial point.

'wendig adj. nimble, agile (a. fig. mind); (a. fig.) manoeuvrable, Am. maneuverable; easily steered, flexible (car, boat); versatile, resourceful (person); adaptable; **2keit** f (-) nimbleness, agility; manoeuvrability, Am. maneuverability; flexibility; fig. versatility, resourcefulness; adaptability.

wendisch ['vendiʃ] adj. Wendish.

'Wendung f (-; -en) turn(ing); mil. facing; mar. turn; going about (the wind); fig. turn; change; entscheidende ~ decisive turn, crisis; expression, figure of speech, phrase; idiom(atic expression); → Redensart; ~ zum Besseren (Schlimmeren) change (or turn) for the better (worse); eine neue ~ geben (dat.) give a new turn to; glückliche ~ favo(u)rable turn.

wenig ['ve:niç] adj. and adv. little; pl. few, su. few (people); **~er** less, math. a. minus, pl. fewer; das ~e the little; das ~ste the least; am ~sten least (of all); ein ~ a little; ein ~ übertrieben a little (or a bit, somewhat, slightly) exaggerated; ein ~ schneller a little quicker; nicht ~ not a little; ich war nicht ~ erstaunt I was not a little surprised; nicht ~e not a few, a good many, quite a few (people); einige ~e some few, a few; nicht ~er als no less than, pl. no(t) fewer than; nichts ~er als nothing less than, anything but; die ~en wahren Künstler the few true artists; mein ~es Geld the little money I have, my little all; ~er werden become less, diminish, decrease; ~ bekannt little known; in ~er als sieben Jahren in under seven years; **2keit** f (-) small quantity; little, trifle; meine ~ my humble self, yours truly; **~stens** ['-stəns] adv. at least; wenn ... ~ if only ...

wenn [ven] cj. as to time: when; conditional: if, in case; jur. if and when; whenever; as long as; as soon as; ~ nicht unless, if not, except if (or when); → außer; provided (that); ~ auch, selbst ~ (al)though, even if or though; ~ auch noch so however; ~ bloß or doch or nur if only; ~ er nicht gewesen wäre had it not been for him, but for him; ~ ich das gewußt hätte if I had (or had I) known that; ~ man bedenkt, daß to think that; ~ man ihn reden hört to hear him (talk); es ist nicht gut, ~ man it is not good to inf.; es ist, als ~ er es gerade hätte one would think he had felt it; ~ du (erst) einmal dort bist once you are there; ~ man von ... spricht speaking of ...; ~ man nach ... urteilt judging from or by ...; ~ schon! what of it?, so what?; ~ schon, denn schon in for a penny, in for a pound, I (we) may as well be hanged for a sheep as for a lamb; **II.** das **2** the if; ohne ~ und

Aber without 'ifs' or 'buts', unreservedly; **~'gleich**, **~'schon** cj. although, though.

Wenzel ['ventsəl] m (-s; -) cards: knave.

wer [ve:r] **1.** rel. pron. who, he who; ~ auch (immer) who(so)ever; **2.** interr. pron. who?, which?; ~ von euch? which of you?; mil. ~ da? who goes there?; **3.** colloq. indef. pron. somebody, anybody.

Werbe|abteilung ['verbə-] f advertising (or publicity) department; **~agent** m advertising agent, canvasser; **~aktion** f → Werbefeldzug; **~artikel** m advertising novelty; **~berater** m advertisement consultant; **~beratung** f advertising advice; **~blatt** n leaflet; **~brief** m publicity (or sales) letter; **~büro** n advertising agency; mil. recruiting office; **~erfolg** m advertising result, effectiveness of advertising; **~fachmann** m advertising expert (or man), publicity specialist; **~feldzug** m publicity campaign, (advertising) drive; **~film** m advertising film; **~fläche** f advertising space; **~graphik** f advertising (or commercial) art; **~kosten** pl. advertising expenditure; **~kraft** f (-) advertising appeal, publicity value, pull; eye appeal; **2kräftig** adj. having advertising appeal, effective; **~leiter** m publicity manager; **~material** n advertising material; **~mittel** n advertising medium (pl. media), means of publicity; pl. advertising appropriation; **~muster** n trial sample.

'werben v/i. and v/t. (irr., h.) mil. enlist, recruit; enlist (members); canvass (customers, votes); j-n für e-e Sache ~ win a p. over to a th.; ~ für (acc.) make propaganda for, Am. a. publicize; econ. advertise, boost, push, plug; ~ um (acc.) sue for, lover: court, rhet. woo (both a. fig.); ~des Kapital working capital; **'Werben** n (-s) → Werbung.

'Werber m (-s; -) suitor; econ. canvasser; mil. recruiting officer; **~kolonne** f team of canvassers.

'Werbe...: ~schrift f prospectus, brochure; advertising pamphlet, leaflet, Am. a. folder; **~sendung** f commercial; **~spruch** m (advertising) slogan; **~trommel** f: die ~ rühren beat up for recruits; fig. make propaganda, advertise; ~ werben; **2wirksam** adj. → werbekräftig; **2woche** f propaganda week; **~zweck** m advertising purpose.

'Werbung f (-; -en) mil. recruiting; of suitor: courting, wooing; courtship; econ. propaganda; publicity, advertising; sales promotion; publicity campaign; canvassing (von of orders, etc.); **~skosten** pl. tax return professional outlay, of company: business expenses; → Werbekosten.

Werdegang ['ve:rdə-] m (-[e]s) development; career (of person), background; tech. process of manufacture.

'werden I. v/i. (irr., sn) become; get; grow, come to be; turn pale, *sour, etc.*; come into existence, arise; turn out, prove; *Arzt* ~ become a doctor; *blind* ~ go blind; *böse* ~ grow (*or* get) angry; *gesund* ~ get well, recover; *Mohammedaner* ~ turn Mohammedan; *ein (or zum) Verräter* ~ turn traitor; *es wird kalt* ~ it is getting cold; *was soll aus ihm (or daraus)* ~*?* what will become of him *(or* it)*?*; *was ist aus ihm geworden?* what has become of him?; *was will er* ~*?* what is he going to be?; *was soll nun* ~*?* what (are we going to do) now?; *daraus wird nichts* **a)** nothing will come of it, **b)** that's out!, nothing doing!; *es ist nichts daraus geworden* it has come to nothing; *es wird schon* ~ it will be all right; *es muß anders* ~ there must be a change, we cannot go on like this; *colloq.* *er wird wieder* ~ he will come round; *es werde Licht! und es ward Licht* let there be light! and there was light; **II.** *v/aux.* *ich werde fahren* I shall drive; *sie wird gleich weinen* she is going to cry; *es wurde getanzt* there was dancing, they danced; *er würde es mir gesagt haben* he would have told me; *es ist uns gesagt worden* we have been told; *geliebt* ~ be loved; *gebaut* ~ **a)** be built, **b)** be being built; 2 *n* (-s) growing; development; rise, birth; formation; progress; *noch im* ~ *sein* be in process of development, be in embryo; *Amerika im* ~ America in the making; *große Dinge sind im* ~ great things are preparing; ~**d** *adj.* growing, nascent; ~**e** *Mutter* expectant mother.

Werder ['verdər] *m* (-s; -) river-islet, holm.

werf|en ['verfən] *v/t.* (*irr.*, *h.*) throw (*a. v/i.*; anchor, light; fling, hurl; *a. fig.* cast (*anchor, light, look, shadow*); toss; *aer.* drop (*bombs*); project (*picture*); emit (*rays*); *Junge* ~ bring forth (*or* drop) young, *cow, mare:* foal, *beast of prey:* cub, *sow:* litter; *Falten* ~ raise folds, pucker; *tech. sich* ~ buckle, distort, *wood:* warp; *fig. sich auf (acc.)* ~ apply o.s. to, throw o.s. into *space research, etc.*; *von sich* ~ throw away, cast off; *um sich* ~ *mit* **a)** be lavish of (*money, etc.*), **b)** bandy about (*words of praise, etc.*), **c)** show off with (*fancy words, etc.*); *aufs Papier* ~ jot down; *mil. aus e-r Stellung* ~ dislodge (*or* drive) from a position; *er wirft zuerst* he has the first throw; *e-n Gegner* ~ throw an opponent; → *Brust, Hals, Haufen, etc.*; 2**er** *m* (-s; -) *sports:* pitcher; *mil.* mortar; (*rocket*) launcher.

Werft [verft] *f* (-; -en) shipyard, dockyard; *aer.* → *Werfthalle*; '~**arbeiter** *m* docker; '~**halle** *aer. f* repair hangar.

Werg [vɛrk] *n* (-[e]s) tow; oakum; '~**dichtung** *tech. f* hemp packing.

Werk [vɛrk] *n* (-[e]s; -e) work (*a. of artist, author* = opus; *a. collect.*); act(ion), deed; performance; achievement; undertaking, enterprise; work, production; mechanism, works *pl.*; works *usu. sg.*, factory, (industrial) plant; workman-

ship; econ. ab ~ ex works; *ans* ~*!* now for it!, let us begin!; *am* ~ *sein* be at work; *ans* ~ *gehen, Hand ans* ~ *legen* set (*or* go) to work; *ein gutes* ~ *tun* perform a good deed, do an act of kindness (*an dat.* to); *im* ~*e sein* be on foot *or* in the wind; *ins* ~ *setzen* set going *or* on foot, bring about, engineer; *zu* ~*e gehen* proceed, go about it; *b.s. es war sein* ~ it was his doing; *es war das* ~ *weniger Augenblicke* it was a matter of seconds, it took a few moments.

'**Werk...: ~anlage** *f* industrial plant, works *usu. pl.*; ~**bahn** *f* factory railway; ~**bank** *f* (-; *ᵁe*) (work-) bench; ~**blei** *n* work (*or* raw) lead; ~**druckpapier** *n* book paper; 2**en** *v/i.* (*h.*) work; be busy, potter about; 2**fremd** *adj.* outside; ~**führer** *m* foreman, *Am.* superintendent; ~**halle** *f* workshop hall; ~**küche** *f* factory canteen; ~**leistung** *f* service; ~**leute** *pl.* workmen; ~**lieferungsvertrag** *m* contract for work, labo(u)r, and materials; ~**lohn** *m* wage(s *pl.*); ~**meister** *m* foreman; ~**nummer** *f* factory serial number; ~**photo** *n* studio still; ~**prüfung** *f* testing of materials; ~**s-angehörige(r** *m*) *f* employee (of the firm); ~**schutz** *m* works-protection force; ~**seide** *f* floss silk; ~**s-erprobung** *f* factory test; ~**s-kantine** *f* work canteen; ~**s-leiter** *m* works manager; ~**s-norm** *f* works standard specification; ~**spionage** *f* industrial espionage; ~**statt, ~stätte** *f* workshop; ~**stattauftrag** *m* work order; ~**stattmontage** *f* shop assembly; ~**stattschreiber** *m* time recorder; ~**stattwagen** *m* mobile repair-shop, *Am.* maintenance truck; ~**stattzeichnung** *f* workshop drawing; ~**stelle** *f* workshop; factory, works *usu. sg.*; place of work; ~**stein** *m* freestone; ~**stoff** *m* material, stock; raw material; plastic material; ~**stoff-ermüdung** *f* material fatigue; ~**stück** *tech. n* workpiece, work(ing part); ~**stückzeichnung** *f* component drawing; ~**student** *m* working (*or* part-time) student; ~**s-vorschrift** *f* works specification; ~**tag** *m* workday, weekday; working-day; 2**täglich** *adj.* weekday; 2**tags** *adv.* on weekdays; 2**tätig** *adj.* working; *die* 2**en** the working population; ~**tisch** *m* work-table; ~**vertrag** *m* work contract, contract of manufacture; ~**wohnung** *f* company(-owned) dwelling; ~**zeichnung** *f* working drawing.

'**Werkzeug** *n* tool; instrument; implement; *physiol.* organ; *fig.* tool; *nur Gottes* ~ God's passive agent; ~**ausrüstung** *f* tool kit; ~**halter** *tech. m* toolholder; ~**kasten** *m* tool box *or* kit; ~**lehre** *f* (-) tool gauge; ~**macher** *m* tool maker; ~**maschine** *f* machine tool; ~**satz** *m* tool set; ~**schlitten** *m* tool carriage, saddle; ~**schlosser** *m* → *Werkzeugmacher*; ~**schlüssel** *m* tool wrench; ~**schrank** *m* tool chest; ~**stahl** *m* tool steel; ~**tasche** *f* tool-bag.

Wermut ['ve:rmu:t] *m* (-[e]s) *bot.* wormwood; verm(o)uth; *fig.* sorrow, bitterness.

wert [ve:rt] *adj.* worth (e-r *Sache* a th.); worthy (*gen.* of); dear; esteemed, valued; *nicht viel* ~ not up to much (*a. person*); *nichts* ~ worth nothing, worthless, of no value, good for nothing; → *Mühe, Rede; Ihr* ~*es Schreiben* your (esteemed) letter; *das ist schon viel* ~ that's a great point gained; *das Buch ist* ~, *daß man es liest* the book is worth reading; *er ist es nicht* ~, *daß* he does not deserve that; *colloq.* *er ist drei Millionen Dollar* ~ he is worth three million dollars; *wie ist Ihr* ~*er Name?* may I ask your name?

Wert *m* (-[e]s; -e) value (*a. phys., math., tech.*); worth; equivalent; price; asset; *of coin:* standard; *chem.* valence; *phys., tech.* coefficient, factor; use; *äußerer* ~ face value; *künstlerischer* ~ merit; *math.* fester (veränderlicher) ~ fixed (variable) quantity; ~*e pl. phys., tech.* data; *econ.* assets; securities, issues, stocks; *greifbare* ~*e* tangible assets; *innerer* ~ intrinsic value; *im* ~*e von* of the value of, valued at; *Waren im* ~*e von 300 Dollar* $300 worth of goods; *von geringem* ~ of small value; *e-e Entdeckung von unschätzbarem* ~ an invaluable discovery; (*großen*) ~ *legen auf* set (a high) value on, attach (great) importance to, set (great) store by; make a point of, insist on; *im* ~ *sinken* depreciate; *econ.* ~ *erhalten* value received.

'**Wert...: ~angabe** *f* declaration of value; ~**arbeit** *f* high-class workmanship; ~**berichtigung** *econ. f* adjustment of value; *Rückstellung für* ~ re-valuation reserves; ~**berichtigungsbuchung** *f* reversing entry; ~**berichtigungs-posten** *m* adjustment item; 2**beständig** *adj.* of fixed value; *fig.* lasting in value; stable (*currency*); ~**beständigkeit** *f* fixed value; stability; ~**bestimmung** *f* valuation; appraisal, estimate; computation; (tax) assessment; *phys.* determination of value (*chem.* of valence); ~**brief** *m* insured letter; money-letter; 2**en** *v/t.* (*h.*) value; appraise; judge; classify; *esp. ped., sports:* rate (*nach Leistung* on performance); *sports: a.* score; evaluate; admit; *soccer: ein Tor nicht* ~ disallow (*or* annul) a goal; ~**gegenstand** *m* article of value; *pl.* valuables; 2**geschätzt** *adj.* esteemed; ~**grenze** *f* maximum value; 2**ig** *chem. adj.:* *zwei*~ divalent; *drei*~ trivalent; ~**igkeit** *f* (-) valence; ~**igkeitsstufe** *f* valency; 2**los** *adj.* worthless (*a. person*), valueless; useless; futile; 2**mäßig** *econ. adj. and adv.* ad valorem; ~**maßstab, ~messer** *m* (-s; -) standard (of value) (*für* for); ~**minderung** *f* depreciation, deterioration in value; ~**paket** *n* insured parcel; ~**papiere** *n/pl.* securities; ~**papierkonto** *n* deposit account; ~**sachen** *f/pl.* valuables; 2**schaffend** *adj.* productive; 2**schätzen** *v/t.* (*h.*) esteem highly, appreciate (highly); ~**schätzung** *f* esteem (*gen.* for), appreciation (of); ~sendung *f* consignment of valuables; remittance (*of money*); ~steigerung *f* increase in value; improvement (*of real estate*); ~ung *f* (-; -en) → werten; valuation; appraisal, estimate; rating; judging; evaluation; scoring; ~urteil *n* judgment as to value; ~verlust *m*, ~verringerung *f* depreciation; ²voll *adj.* valuable, precious; ~zeichen *n* (postage) stamp; ~zoll *m* ad valorem duty; ~zuwachs *m* accretion, increment value; ~zuwachssteuer *f* increment-value tax.

Werwolf ['ve:r-] *m* Wer(e)wolf.

Wesen ['ve:zən] *n* (-s; -) being, creature; *phls.* (-) entity; essence, substance; nature, character; personality; manners *pl.*, way, bearing; gekünsteltes ~ affected air; mürrisches ~ moroseness; organization; affairs, matters *pl.*; system; *Sparkassen*² savings-bank system; *Bank*² banking; fuss, ado; armes ~ poor creature (*or* thing); kein lebendes ~ weit und breit not a living soul anywhere; viel ~s von et. machen make a fuss about a th.; nicht viel ~s mit j-m machen treat a p. unceremoniously; sein ~ treiben be active, ghost, *etc.*: haunt (*in, an dat. a place*); ² *v/i.* (h.) poet. live, (be at) work; ²haft *adj.* substantial, real; characteristic; ~heit *f* (-) essence; substantiality; ²los *adj.* unsubstantial; unreal, shadowy.

'**Wesens...**: ~art *f* nature, character, mentality; ²eigen *adj.* characteristic; ²fremd *adj.* foreign to one's nature, incompatible; ²gleich *adj.* identical (in character); ~gleichheit *f* identity (of character), essential likeness; ~lehre *f* (-) ontology; ~zug *m* characteristic (feature *or* trait).

wesentlich ['ve:zəntliç] **I.** *adj.* essential, substantial; material (*für* to); vital; fundamental; das ²e the essential, the vital point; ~er Inhalt substance *of a book*, *etc.*; kein ~er Unterschied no appreciable difference; im ~en essentially, in the main; **II.** *adv.*: ~ verschieden very (*or* vastly) different.

weshalb [vɛs'halp] **1.** *interr. pron.* why, wherefore, for what reason; **2.** *cj.* and therefore, and so, and that's why.

Wespe ['vɛspə] *f* (-; -n) wasp; ~nnest *n* wasps' nest; *fig.* in ein ~ stechen bring a hornets' nest about one's ears, stir a nest of vipers; ~nstich *m* wasp's sting; ~ntaille *f* wasp-waist.

wessen ['vɛsən] **1.** *gen.* of wer: whose; **2.** *gen. of was*: of what; ~ wird er beschuldigt? what is he accused of?

West [vɛst] **1.**: *Stuttgart, etc.* ~ Stuttgart, *etc.* West; **2.** *m* (-[e]s, -e) → Westwind.

Weste ['vɛstə] *f* (-; -n) waistcoat, *econ. and Am.* vest; *fig.* er hat eine reine ~ his scutcheon is clean.

Westen ['vɛstən] *m* (-s) west; (*land*) West; occident; nach ~ westward.

Westen|tasche *f* vest-pocket; *fig.* wie seine ~ kennen know a th. or p.

inside out; know all the ins and out s (*of area, house*); ~taschenformat *n*: im ~ pocket-size *dictionary*, car, *etc.*

'**West...**: ~europa *n* Western Europe; ²europäisch *adj.* Western European; ~fale [-'fɑːlə] *m* (-n; -n), ²fälisch [-'fɛːliʃ] *adj.* Westphalian; ²lich *adj.* west(ern), westerly; die ~e Welt the West(ern World), the Occident; ~ von (to the) west of; ~mächte ['-mɛçtə] *f/pl.* Western Powers; ~mark *f* (-; -) (*currency*) Western mark; ²wärts ['-vɛrts] *adv.* westward; ~wind *m* west(erly) wind.

weswegen ['vɛs've:gən] → weshalb.

wett [vɛt] *pred. adj.* even, equal; quits.

Wett-annahme ['vɛt-] *f* betting office.

Wettbewerb ['-bəvɛrp] *m* (-[e]s; -e) competition, contest; *sports*: a. event; *econ.* freier ~ free competition, competitive trade; unlauterer ~ unfair competition; außer ~ non-competitive; in ~ stehen (mit) compete (with), rival (*a p. or th.*); in ~ treten mit enter into competition with; ~er(in *f*) *m* competitor, contestant; ~s-beschränkung *f* restraint on trade; ²s-fähig *adj.* competitive.

'**Wettbüro** *n* betting office.

'**Wette** *f* (-; -n) bet, wager; e-e ~ eingehen make a bet; ich gehe jede ~ ein, daß I bet you ten to one that; was gilt die ~? what will you bet?; et. um die ~ tun vie with each other in doing a th.; sie liefen um die ~ they raced each other; sie lachten um die ~ they nearly split their sides with laughter.

'**Wett-eifer** *m* emulation, rivalry; ²n *v/i.* (h.) vie (mit with; in dat. in a th.); compete (with; in; um et. for a th.); mit j-m ~ a. emulate or rival a p.

'**wetten** *v/t. and v/i.* (h.) bet, wager (mit j-m a p.; um et. a th.); ~ auf (*acc.*) bet (*or* lay) on, back (*a horse*); ich wette zehn zu eins, daß I bet you ten to one that; *fig.* so haben wir nicht gewettet we did not bargain for that; ² *n* (-s) betting; ²de(r *m*) *f* (-n, -n; -en, -en), '**Wetter**[1](in *f*) *m* (-s, -; -, -nen) better; backer.

Wetter[2] ['vɛtər] *n* (-s) weather; storm, bad weather; thunderstorm; *mining* (-s; -): böses ~ damp; schlagende ~ *pl.* fire damp; es war schönes ~ the weather was fine, it was a beautiful day; falls das ~ mitmacht (wind and) weather permitting; *fig.* gut ~ bei j-m machen put a p. in the right frame of mind; alle ~! **a**) hang it all!, **b**) dear me!, by Jove!, *Am.* golly!, gee!; ~ansage *f* → Wetterbericht; ~aussichten *f/pl.* weather-outlook *sg.*; ~be-obachter *m* weather observer; ~be-obachtung *f* meteorological observation; ~bericht *m* weather report, weather forecast; ~dach *n* penthouse, open shed; ~dienst *m* weather service; ~fahne *f* (weather) vane; ²fest *adj.* weatherproof; ~front *f* front; ~frosch *colloq. m* weatherman; ~fühlig ['-fy:liç] *med. adj.* sensitive to changes in the

weather, meteorosensitive; ~glas *n* weather-glass; ~hahn *m* weather--cock; ²hart *adj.* weather-beaten; ~karte *f* weather-chart; ~kunde *f* (-) meteorology; ~lage *f* weather conditions *pl.*; ~leuchten *n* sheet--lightning, summer-lightning; *fig.* ~ am politischen Horizont clouds (or storm brewing) on the political horizon; ²leuchten *v/i.* (h.): es wetterleuchtet there is sheet-lightning; ~mantel *m* raincoat, trench-coat; ~meldung *f* weather-report; ²n *v/i.* (h.) be stormy; *fig.* storm, thunder; swear; ~ gegen *a.* inveigh against; ~prophet *m* weather--prophet; ~schacht *m* mining: air--shaft; ~schaden *m* damage done by the weather; ~schutz *m* weather protection; ~seite *f* weather-side; ~sturz *m* sudden fall of temperature; ~verhältnisse *n/pl.* weather conditions; ~voraussage, ~vorhersage *f* weather forecast; ~warte *f* weather-station, *Am.* weather bureau; ~wechsel *m* change of weather; ²wendisch ['-vɛndiʃ] *adj.* changeable, fickle; ~wolke *f* thunder-cloud; ~zeichen *n* sign of approaching storm; ~zone *f* zone of bad weather.

'**Wett...**: ~fahrt *f* race; ~fliegen *n*, ~flug *m* air-race; ~gesang *m* singing-match; ~kampf *m* contest, competition; → Wettspiel; ~kampfbestimmungen *f/pl.* competition rules; ~kämpfer(in *f*) *m* competitor, contestant; athlete; ~kampfspeer *m* standard javelin; ~kurs *m* odds *pl.*, often sg.; ~lauf *m* (foot-)race, running-match; ski--race; *fig.* ~ mit der Zeit race against time; ~läufer(in *f*) *m* runner; ski--racer; ²machen *v/t.* (h.) make up for, square; make good, make up for (*loss, omission*); du mußt es wieder ~ bei ihr! make it up to her!; ~rennen *n* race; ~rudern *n* boat--race; ~rüsten *n* armament race; ~schwimmen *n* swimming contest; ~segeln *n* regatta; ~spiel *n* match, *Am.* game; ~springen *n* ski-jumping competition; ~steuer *f* betting tax; ~streit *m* contest, match; *fig.* edler ~ noble contest; es war ein edler ~ they vied with each other for the hono(u)r *of doing it*; ~zettel *m* betting-slip.

wetzen ['vɛtsən] *v/t.* (h.) whet, sharpen; grind; rub.

'**Wetz|stahl** *m* (butcher's) steel; ~stein *m* whetstone, hone.

Whisky ['viski] *m* (-s; -s) whisk(e)y; ~ und Soda whisk(e)y and soda, *Am.* highball.

wich [viç] *pret. of* weichen.

Wichs [viks] *m* (-es; -e) gala; in vollem ~ in full dress; '~bürste *f* blacking-brush; '~e *f* (-; -e) blacking, polish; '²en *v/t.* (h.) black; polish, shine; *colloq.* thrash.

Wicht [viçt] *m* (-[e]s; -e) wight, creature; armer ~ poor wretch; kleiner ~ hop-o'-my-thumb, whipper-snapper; urchin, brat.

Wichte ['viçtə] *tech. f* (-; -n) specific gravity, weight per unit volume.

'**Wichtelmännchen** *n* brownie.

wichtig ['viçtiç] *adj.* important (*für* to); momentous; essential; vital;

weighty; ~ *tun* assume an air of importance, give o.s. airs; 2keit *f* (-) importance, import, moment; seriousness; 2tuer ['-tuːər] *m* (-s; -) pompous ass, bumble, busy-body; 2tue'rei *f* (-; -en) pomposity, bumbling; ~tuerisch I. *adj.* pompous, bumbling; II. *adv.* pompously, importantly.

Wicke ['vikə] *bot. f* (-; -n) vetch; sweet pea.

Wickel ['vikəl] *m* (-s; -) roll(er); *med.* packing; *feuchter* ~ wet compress; *heißer* ~ hot fomentation; hair-curler, curling-paper; *colloq. j-n beim* ~ *kriegen* take a p. by the scruff of his neck, collar a p.; ~band *n* (-[e]s; ⁼er) swaddling-band; ~gamasche *f* puttee; ~kind *n* child in swaddling-clothes, baby (in arms); ~kondensator *el. m* roller type capacitor; ~maschine *f* winding machine; *spinning:* lap-machine; 2n *v/t.* (h.) wind, roll, coil; reel, spool; curl (*hair*); wrap up; swathe, swaddle (*baby*); roll, make (*cigar, cigarette*); *sich* ~ *um* wind or coil (o.s.) round *a th.*; *sich in eine Decke* ~ wrap a blanket about one; *fig.* → *Finger, schief;* ~schürze *f* wrap-over apron; ~schwanz *m* prehensile tail; ~tuch *n* (-[e]s; ⁼er) wrapper, baby's roller.

'**Wicklung** *el. f* (-; -en) winding.

Widder ['vidər] *m* (-s; -) ram; *ast.* Ram, Aries.

wider ['viːdər] *prp.* (*acc.*) against, contrary to, in opposition to, versus, in the face of; → *für; gegen;* ~borstig *adj.* cross-grained, stubborn; ~'fahren *v/i.* (*irr.*, sn) (*dat.*) befall, happen to (*a p.*); meet with *an accident, etc.; j-m et.* ~ *lassen* mete a th. out to a p.; *j-m Gerechtigkeit* ~ *lassen* do justice to a p., *esp. w.s.* give a p. his due; ~haarig *adj.* cross-grained, refractory; 2haken *m* barbed hook; *on arrow, fishing-line, etc.:* barb; *mit* ~ *versehen* barbed; 2hall *m* echo, reverberation, resonance (*all a. fig.*); *fig. keinen* ~ *finden* meet with no response; ~ *in der Presse* press echo; ~hallen *v/i.* (h.) (re-) echo, resound (*von* with); 2klage *f* counter-action, counter-claim; 2kläger(in *f*) *m* defendant counter-claiming; 2lager *n arch.* abutment; counterfort; *tech.* support; ~legbar [-'leːkbaːr] *adj.* refutable; ~'legen *v/t.* (h.) refute, disprove; *diese Erkenntnis widerlegte die ganze Theorie* this finding defeated the whole theory; *s-e eigenen Worte* ~ give the lie to one's own words; 2legung [-'leːguŋ] *f* (-; -en) refutation, confutation, *esp. jur.* rebuttal.

'**widerlich** *adj.* repugnant, repulsive; distasteful, (*a. person*) loathsome, disgusting, sickening; nauseating; → *widerwärtig;* 2keit *f* (-) repulsiveness; loathsomeness.

'**wider...:** ~natürlich *adj.* unnatural, perverse; → *Unzucht;* 2natürlichkeit *f* perversity; 2part *m* opponent, adversary; ~ *halten* (*dat.*) oppose; ~'raten *v/t.* (*irr.*, h.): *j-m et.* ~ dissuade a p. from a th., advise a p. against a th.; ~rechtlich

adj. illegal, unlawful, wrongful; *jur.* ~ *betreten* trespass (up)on; *sich* ~ *aneignen* misappropriate, usurp; 2rechtlichkeit *f* illegality, unlawfulness; 2rede *f* contradiction, objection; *Am.* backtalk; *ohne* ~ unquestionably; 2rist *vet. m* withers *pl.;* 2ruf *m* revocation; recantation, retraction, disavowal (*of statement*); *econ.* countermand, *a. of command, etc.:* cancel(l)ation, withdrawal; (*gültig*) *bis auf* ~ until recalled, unless countermanded *or* cancel-(l)ed; ~'rufen *v/t.* (*irr.*, h.) revoke; retract, recant (*statement*); repeal; cancel, countermand, withdraw (*contract, order, command*); ~'ruflich I. *adj.* revocable; II. *adv.* revocably; on probation; at pleasure, at will; 2sacher ['-zaxər] *m* (-s; -) adversary, antagonist, opponent (*all: a. f*); *eccl. the* Foe *or* Fiend; 2schein *m* reflection; ~'setzen: *sich* ~ (h.) (*dat.*) oppose, resist; set one's face against; struggle against; disobey (*law, order*); ~setzlich [-'zɛtsliç] *adj.* refractory; insubordinate; obstructive; 2'setzlichkeit *f* (-) refractoriness; insubordination; 2sinn *m* (-[e]s) nonsense, absurdity; ~sinnig *adj.* paradoxical; absurd, nonsensical, preposterous; ~spenstig ['-ʃpɛnstiç] *adj.* refractory, recalcitrant; obstinate, stubborn; rebellious, restive; unruly (*child, hair, etc.*); *der* 2*en Zähmung* the Taming of the Shrew; 2spenstigkeit *f* (-) refractoriness, obstinacy; 2spiel *n* contrary, reverse, counterpart; ~'sprechen *v/i.* (*irr.*, h.) (*dat.*) contradict (*sich o.s.*); oppose (*a proposal, etc.*); be repugnant to (*a law*); *sich or einander* ~ *views, instructions, etc.:* be contradictory, be at variance; ~'sprechend *adj.* contradictory; conflicting (*feelings, laws, etc.*).

'**Wider|spruch** *m* contradiction; opposition (*gegen* to *a proposal, a.* to *patent application*); *Am.* backtalk; *innerer* ~ inconsistency; ~ *in sich selbst* contradiction in terms; *im* ~ *zu* in contradiction to; *in offenem* ~ *zu* in flagrant contradiction to; *im* ~ *stehen zu* be inconsistent with, be at variance with; 2sprüchlich ['-ʃpryçliç] *adj.* contradictory, inconsistent.

'**Widerspruchs...:** ~geist *m* (-es) contradictoriness; 2los I. *adj.* uncontradicted; II. *adv.* without contradiction; meekly; 2voll *adj.* (self-)contradictory, incongruous.

'**Widerstand** *m* resistance, opposition; *el.* a) resistance, *spezifischer* ~ volume resistivity, b) resistor; *aer.* drag of air; *tech.* (material) strength, stability; *mil.* hinhaltender ~ delaying action; ~ *leisten* offer (*or* put up a) resistance; *auf (heftigen)* ~ *stoßen* meet with fierce resistance, run into stiff opposition; *den* ~ *aufgeben* give in; *jur.* ~ *gegen die Staatsgewalt* resisting a public officer in the execution of his office.

'**Widerstands...:** ~bewegung *f* resistance movement, *the* Resistance; 2fähig *adj.* resistant, robust, rugged (*all a. tech.*); ~fähigkeit *f* (-) resistance, strength; ~kämpfer *pol.*

m member of the Resistance; ~kern *mil. m* cent|re (*Am.* -er) of resistance, strong point; ~kraft *f* power of resistance; *tech.* strength, stability; 2los *adj.* unresisting; *adv. a.* without resistance; meekly; ~messer *el. m* (-s; -) ohmmeter; ~nest *mil. n* pocket of resistance; ~schweißung *f* resistance welding; ~wert *m* coefficient of resistance.

'**wider...:** ~'stehen *v/i.* (*irr.*, h.) (*dat.*) resist, withstand; be repugnant to; *food:* disagree with, make a p. heave; *er konnte der Versuchung nicht* ~ he could not resist (*or* he succumbed to) temptation; ~'streben *v/i.* (h.) (*dat.*) oppose; strive (*or* struggle) against; be repugnant to, go against one's grain; *es widerstrebt mir, dies zu tun* I am reluctant to do it, I hate to do it; 2'streben *n* resistance, opposition; reluctance; *mit* ~ → '*strebend adv.* reluctantly, with reluctance; 2streit *m* (-[e]s) opposition, antagonism; *fig.* conflict, clash; ~'streiten *v/i.* (*irr.*, h.) (*dat.*) conflict (*or* clash) with, be contrary to; ~'streitend *adj.* antagonistic; conflicting, clashing; ~wärtig ['-vɛrtiç] *adj.* unpleasant, disagreeable; repulsive; disgusting, loathsome, nasty; hateful, odious; 2wärtigkeit *f* (-) unpleasantness, disagreeableness; repulsiveness; nastiness; nuisance; adversity, untoward event; 2wille *m* aversion (*gegen* to), dislike (for), antipathy (to); disgust (at), loathing; reluctance; ~willig I. *adj.* unwilling, reluctant; grudging (*admiration, etc.*); II. *adv.* reluctantly, with reluctance; with distaste *or* disgust; grudgingly.

widm|en ['vitmən] *v/t.* (h.) dedicate; devote (*all: dat.* to); *sich e-r Sache* ~ devote o.s. (*or* give o.s. up) to a th.; *sich j-m* ~ attend to, devote one's time to, entertain *a p.;* 2ung *f* (-; -en) dedication; 2ungsexemplar *n* presentation copy.

widrig ['viːdriç] *adj.* adverse, untoward, contrary; → *widerwärtig;* ~enfalls ['-gən-] *adv.* failing which, in default of which, otherwise; 2keit *f* (-) contrariety, unpleasantness; repulsiveness, loathsomeness; adversity, untoward

wie [viː] *adv.* 1. *interr.* how?, in what way?; ~ *alt sind Sie?* how old are you?, what is your age?; ~ *sagten Sie?* what did you say?, (I beg your) pardon?; ~ *ist (or war) es mit?* what about?; ~ *wäre es mit?* what about?; ~ *ist es, wenn?* what if?; 2. *int.* ~ *schön?* how beautiful!; ~ *froh war ich!* how glad I was!; ~ *gut, daß!* lucky for him (us, them) that!; *und* ~! and how!, not half!; 3. *comparative:* as, *usu.* as ... as; → *so;* such as; like; ~ *ein Freund* as (*or* like) a friend; *ein Mann* ~ *er* a man such as he, a man like him; (*nicht*) *so alt* ~ *as* (not so) old as; *er sieht nicht* ~ 50 (*Jahre alt*) *aus* he doesn't look fifty; ~ *oben (zuvor)* as above (before); ~ *gesagt* as has been said, as I have said before; ~ *du mir, so ich dir* tit for tat; ~ *man mir gesagt hat* as I have been told; **4.** *as to time:* (*cj.*) *as;* ~ *er dies hörte* hearing this; ~ *ich so vorbeiging* just as I was passing by; *ich sah,* ~ *ihm die Tränen in die Augen traten* I saw tears come into his eyes; *ich hörte,* ~ *er es sagte* I heard him say so; **5.** *with adv.:* ~ *sehr er es auch versuchte* much as he tried; *parenthetical:* ~ *es scheint* it seems; **6.** *generalizing:* ~ *(auch)* immer however, no matter how; ~ *dem auch sei* however that may be, be that as it may; ~ *sie auch alle heißen mögen* whatever their names may be.

Wie *n* (-): *das* ~ *und Warum* the why and the wherefore; *auf das* ~ *kommt es an* it all depends on how it is done (*or* said).

Wiedehopf ['viːdəhɔpf] *m* (-[e]s; -e) hoopoe.

wieder ['viːdər] *adv.* again, once more; anew, afresh; back; in return; ~ *und* ~ again and again, over and over again; ~ *ist ein Tag vergangen* another day has passed; ♀**abdruck** *m* (-[e]s; -e) reprint, new impression; ♀**anfang** *m* → *Wiederbeginn;* ~'**anknüpfen** *fig. v/i.* (h.) renew; ♀**anlage** *econ. f* reinvestment; ♀**annäherung** *pol. f* rapprochement; ~'**annehmen** *v/t.* (*irr.*, h.) reassume (*name, title*); ~'**anstellen** *v/t.* (h.) reappoint, reinstall; → *wiedereinstellen;* ♀'**anstellung** *f* reappointment; ♀'**aufbau** *m* (-[e]s) reconstruction; rehabilitation; rebuilding; ~'**aufbauen** *v/t.* (h.) rebuild; reconstruct; rehabilitate; ~'**aufblühen** *v/i.* (sn) → *aufblühen;* ~'**auf-erstehen** *v/i.* (*irr.*, sn) rise from the dead; ♀'**auf-erstehung** *f* resurrection; ~'**aufführen** *thea. v/t.* (h.) reproduce; ♀'**aufführung** *f* reproduction; ~'**aufkommen** *v/i.* (*irr.*, sn) *fashion, etc.:* revive, come into fashion again; *patient:* recover; ♀'**aufkommen** *n* revival; recovery; ~'**aufladen** *v/t.* (*irr.*, h.) recharge (*battery, etc.*); ~'**aufleben** *v/i.* (sn) (*a.* ~ *lassen*) revive; *Versicherungslassen* reinstate (*insurance*); ♀'**aufleben** *n* revival; ♀'**aufnahme** *f* resumption; ♀'**aufnahmeverfahren** *jur. n* new hearing; new trial, trial de novo; *das* ~ *einleiten in e-m Prozeß* (*gegen j-n*) retry a case (a p.); ~'**aufnehmen** *v/t.* (*irr.*, h.) resume; ~'**aufrichten** *v/t.* (h.) set up (again), re-erect; ~**aufrüsten** *v/t.* *and* *v/i.* (h.) rearm; ♀'**aufrüstung** *f* rearmament, rearming; ~'**auftauchen** *v/i.* (sn) come to light again, reappear, turn up again; *mar.* re-surface; ~'**auftreten** *v/i.* (*irr.*, sn) reappear; ♀'**auftreten** *n* reappearance; ♀**ausfuhr** *f* re-exportation; ♀**ausgabe** *econ. f* reissue; ♀**beginn** *m* recommencement; re-opening (*of school, etc.*); ~**bekommen** *v/t.* (*irr.*, h.) get back, recover; ~**beleben** *v/t.* (h.) restore to life; *fig.* revive, put new life into, reanimate, revitalize; ♀**belebung** *f* revival, reanimation; *med.* resuscitation; ♀**belebungsmittel** *n* restorative; ♀**belebungsversuch** *m* attempt at resuscitation; ~**beschaffen** *v/t.* (h.) replace; ~**bringen** *v/t.*

(*irr.*, h.) bring back; return, restore (*dat.* to); ~'**einbauen** *v/t.* (h.) reinstall; ~'**einbringen** *v/t.* (*irr.*, h.) make good, recover; make up for; ~'**einfinden** *n: sich* ~ (*irr.*, h.) turn up again; ♀'**einfuhr** *f* re-importation; *zollfreie* ~ duty-free return; ~'**einführen** *v/t.* (h.) re-introduce; revive, re-establish; *econ.* re-import; ♀'**einführung** *f* reintroduction; ♀'**eingliederung** *f* reintegration (*in within*); vocational rehabilitation; ♀'**einlieferung** *f med.* re-hospitalization; *jur.* reincarceration; ~'**einlösen** *v/t.* (h.) redeem; ♀'**einlösung** *f* redemption; ♀'**einnahme** *f* recapture; ~'**einnehmen** *v/t.* (*irr.*, h.) recapture; resume (*place, seat*); ~'**einpacken** *v/t.* (h.) pack up again; ♀'**einreise-erlaubnis** *f* re-entry permit; ♀'**einschiffung** *f* re-embarkation; ~'**einsetzen** *v/t.* (h.) replace; reinstate (*in acc.* in *an office, etc.*), restore (to); restitute (to *rights*); ♀'**einsetzung** *f* reinstatement, restoration, restitution; ~'**einstellen** *v/t.* (h.) re-engage, re-employ; *mil.* re-enlist; *sich* ~ turn up again; ♀'**einstellung** *f* re-engagement, re-employment; *mil.* re-enlistment; ~**ergreifen** *v/t.* (*irr.*, h.) reseize, recapture; ♀**ergreifung** *f* reseizure; ~**erhalten** *v/t.* (*irr.*, h.) get back; recover; ~**erkennen** *v/t.* (*irr.*, h.) recognize; *nicht wiederzuerkennen* totally changed; past recognition; ♀**erkennung** *f* recognition; ~**erlangen** *v/t.* (h.) recover, get back; be restored to *the throne, etc.*; ♀**erlangen** *n* (-s) recovery (*des Eigentums* of title); ~**ernennen** *v/t.* (*irr.*, h.) reappoint; ~**er-obern** *v/t.* (h.) reconquer, recapture; ♀**er-öffnung** *f* re-opening; resumption (*of hostilities*); ~**erscheinen** *v/i.* (*irr.*, sn) reappear; *newspaper:* resume publication; ~ *lassen* republish; ~**erstatten** *v/t.* (h.) restore, return, restitute (*dat.* to); refund, reimburse (*costs*); ♀**erstattung** *f* restitution; repayment; refund, reimbursement; ~**erstehen** *v/i.* (*irr.*, sn) be rebuild, rise again; *fig.* (*a.* ~ *lassen*) revive; ~**erzählen** *v/t.* (h.) retell, repeat; ~**finden** *v/t.* (*irr.*, h.) find again; ♀**gabe** *f* restitution, return; reproduction (*of sound, picture, etc.*); rendering (*of text, music*); ♀**gabegerät** *n* reproducer; ♀**gabegüte** *f* quality of reproduction, fidelity; ♀**gaberöhre** *TV f* picture tube, *Am.* kinescope; ♀**gabetreue** *f* fidelity (*of reproduction*); ~**geben** *v/t.* (*irr.*, h.) give back, return, restore (*dat.* to); reproduce; render, interpret; quote; reflect; ♀**geburt** *f* rebirth, regeneration, palingenesis; ~**genesen** *v/i.* (*irr.*, sn) recover; ♀**genesung** *f* recovery; ~**gewinnen** *v/t.* (*irr.*, h.) regain, recover; reclaim (*material*); ♀**gewinnung** *f* recovery; *tech.* reclamation, salvage; ~**grüßen** *v/i.* (h.) return a bow (*or mil.* a salute); ~'**gutmachen** *v/t.* (h.) make good, repair; cure (*a default*); *nicht wiedergutmachen* irreparable; ♀'**gutmachung** *f* (-; -en) reparation; ~**haben** *v/t.* have back (again); ~'**her-**

stellen *v/t.* (h.) restore (*a. right*); re-establish (*connection*); *med.* *wiederhergestellt* cured, recovered; ♀'**herstellung** *f* restoration; restitution (*of right*); *med.* recovery; re-establishing (*of contacts*); ~**holbar** [-'hoːlbɑːr] *adj.* repeatable; reproducible; ~'**holen** *v/t.* (h.) **1.** repeat, say (over) again; reiterate; recapitulate, sum up; *sich* ~ *person:* repeat o.s.; *matter: a.* happen again, recur; **2.** '**wiederholen** fetch back, bring back; take back; ~**holt** [-'hoːlt] *adj.* repeated(ly *adv.*); ♀**holung** [-'hoːluŋ] *f* (-; -en) repetition; repeat; reiteration; recapitulation; ♀**holungsfall** *m: im* ~*e* if it should occur again, in case of recurrence; ♀**holungslehrgang** *m* refresher course; ♀**holungszeichen** *n mus.* repeat; *typ.* ditto-marks *pl.*; ♀**hören** *n: auf* ~ good-bye; ~**in'standsetzen** *v/t.* (h.) repair; recondition, overhaul; ♀**in'standsetzung** *f* repair(s *pl.*); reconditioning, overhaul; ~**käuen** ['-kɔyən] **I.** *v/i.* (h.) ruminate, (*a. fig.*) chew the cud; **II.** *v/t.* (h.) (*fig.*) repeat over and over; ♀**käuer** *m* (-s; -) ruminant; ♀**kauf** *m* repurchase; ♀**kehr** ['-keːr] *f* (-) return; recurrence; anniversary; ~**kehren** *v/i.* (sn) return, come back; recur; repeat itself; ~**kehrend** *adj.* recurrent, periodical; ~**kommen** *v/i.* (*irr.*, sn) come again; come back, return; ♀**kunft** ['-kunft] *f* (-) return; ♀**nahme** ['-naːmə] *f* (-) taking back; *mar., mil.* recapture; ~**sehen** *v/t., a. sich* (*irr.*, h.) see (*or meet*) again; ♀**sehen** *n* meeting again, *reunion; auf* ~! good-bye!, au revoir (*Fr.*)!, see you again!, so long!, cheerio! ♀**taufe** *f* rebaptism; ♀**täufer** *m* anabaptist; ~**tun** *v/t.* (*irr.*, h.) do again, repeat; ~**um** *adv.* again, anew; on the other hand; in his, *etc.*, turn; ~'**umkehren** *v/i.* (sn) turn back, retrace one's steps; ~**vereinigen** *v/t., a. sich* (h.) reunite; ♀**vereinigung** *f* reunion; *a. pol.* reunification; ~**vergelten** *v/t.* (*irr.*, h.) *b.s.* requite, retaliate, pay back; ♀**vergeltung** *f* requital, reprisal; retaliation; ~**verhciraten** *v/t., a. sich* (h.) re-marry; ♀**verheiratung** *f* remarriage; ~**verkaufen** *v/t.* (h.) resell; ♀**verkäufer** *m* reseller; retailer, retail dealer; ♀**verkaufs-preis** *m* trade price; ♀**verkaufsrecht** *n* right of resale; ~**verpflichten** *mil. v/t., a. sich* (h.) re-enlist; ♀**verwendung** *f* re-use; ♀**verwertung** *f* reutilization; ♀'**vorlage** *f* renewed submission; ♀**wahl** *f* re-election; *sich zur* ~ *stellen* stand for re-election; ~**wählen** *v/t.* (h.) re-elect; ~'**zulassen** *v/t.* (*irr.*, h.) readmit; ♀'**zulassung** *f* readmission; ~**zu'sammenbauen** *v/t.* (h.) reassemble; ~**zu'sammentreten** *v/i.* (*irr.*, sn) reassemble, reconvene; ~'**zustellen** *v/t.* (h.), ♀'**zustellung** *f* return.

Wiege ['viːgə] *f* (-; -n) cradle (*a. mil. of gun; a. fig. origin*); *fig. seine* ~ *stand in Berlin* he was born in Berlin; *von der* ~ *bis zur Bahre* from cradle to grave; *das ist ihm auch* nicht an der ~ gesungen worden no one would have thought he would come to this; ~brett *n* chopping--board; ~brücke *f* weigh-bridge; ~messer *n* mincing-knife.

wiegen[1] ['vi:gən] *v/t., v/i. (irr., h.)* weigh; *only v/i.*: have a weight of; *was* ~ *Sie?* what is your weight?; *fig.* carry weight; *schwerer* ~ *als* outweigh.

'wiegen[2] *v/t. (h.)* **1.** rock (*in den Schlaf* to sleep); *den Kopf* ~ shake one's head slowly; *sich* ~ sway, seesaw, *Am.* teeter; *sich in den Hüften* ~d with swaying hips; *fig. sich* ~ *in (dat.)* delude o.s. with; *der Gang* rolling gait; **2.** mince, chop.

'Wiegen...: ~**druck** *typ. m* (-[e]s; -e) incunabulum; ~**fest** *n* birthday; ~**kind** *n* infant in the cradle, baby; ~**lied** *n* lullaby, cradlesong.

wiehern ['vi:ərn] *v/i. (h.)* neigh; *fig.* hee-haw, guffaw; ~**des Gelächter** horse-laugh, guffaw; 2 *n* (-s) neighing.

Wien [vi:n] *n* (-s) Vienna; **'Wiener** *m* (-s; -), ~**in** *f* (-; -nen), 2**isch** *adj.* Viennese.

wies [vi:s] *pret. of weisen.*

Wiese ['vi:zə] *f* (-; -n) meadow; lawn; pasture.

Wiesel ['vi:zəl] *n* (-s; -) weasel; → *flink.*

'Wiesen...: ~**bau** *m* (-[e]s) cultivation of meadows; ~**klee** *m* red clover; ~**land** *n* meadow-land, grassland; ~**schaumkraut** *n* (-[e]s) cuckoo-flower.

wie'so? why?, why so?, but why?; ~ *weißt du das?* how is it you know that?

wie'viel? how much?; ~(e) *pl.* how many; *int.* how!; *um* ~ *mehr!* how much more!; ~ *Uhr ist es?* what is the time?; ~**mal?** how many times?; *der, die, das* ~**te?** ['-tə] which?; what number?; *den* ~*n haben wir heute?* what day of the month is it?; *zum* ~*n Male jetzt?* that makes it how many times?

wie'wohl *cj.* (al)though.

wild [vilt] *adj.* wild; savage; ferocious; fierce; furious, enraged; tempestuous, *fig. a.* impetuous; turbulent, uproarious; unruly, unmanageable (*child*); dishevel(l)ed, unkempt (*hair*); ~**es Mädchen** tomboy, romp; ~**er Boden** virgin soil; *med.* ~**es Fleisch** proud flesh; ~**e Ehe** concubinage; ~**e Flucht** headlong flight, rout; → *Jagd*; ~**er Streik** illegal strike, *esp. Am.* wildcat strike; ~**e Vermutungen** wild speculation; → *Wein*; ~ *machen* drive *a p.* wild, enrage, infuriate; frighten (*animal*); ~ *sein auf (acc.)* be wild *or* crazy about; ~ *wachsen* grow wild; ~ *werden* turn wild, *fig.* see red, get wild; *seid nicht so* ~! don't make so much noise!

'Wild *n* (-[e]s) game; head of game; deer; (*meat*) game, venison; ~**bach** *m* torrent; ~**bad** *n* hotsprings *pl.*, thermal baths *pl.*; ~**bahn** *f* hunting-ground; ~**braten** *m* roast venison; ~**bret** ['-brɛt] *n* (-s) game; venison; ~**dieb** *m* poacher; ~**diebe-'rei** *f* poaching; ~**ente** *f* common wild duck.

Wilde(r) ['vildə(r)] *m* (-n; -n)

savage; *parl.* free lance; *fig. wie ein* ~ *r* like mad.

'Wilder|er *m* (-s; -) poacher; 2**n** *v/i. (h.)* poach.

'Wild...: ~**fang** *m* madcap; (*girl*) *a.* romp, tomboy; ~**fleisch** *n* → *Wildbret*; 2**fremd** *adj.* quite strange; ~**er Mensch** complete stranger; ~**gans** *f* wild goose; ~**geschmack** *m* (-[e]s) gamy taste; ~**heit** *f* (-) wildness; savageness; ferocity; fierceness; savagery; ~**hüter** *m* gamekeeper; ~**leder** *n*, 2**ledern** *adj.* buckskin; doeskin; chamois-leather; ~**lederschuhe** *m/pl.* suede shoes; ~**ling** ['-liŋ] *bot. m* (-s; -e) wild stock *or* tree; *wilding*; *fig.* → *Wildfang*; ~**nis** *f* (-; -se) wilderness, wild (*a. fig.*); jungle (*a. fig.*); ~**park** *m* (game-)preserve, deer-park; ~**sau** *f* (-; -en) wild sow; ~**schaden** *m* damage done by game; ~**schütz(e)** *m* poacher; ~**schutzgebiet** *n* game reserve; ~**schwein** *n* wild boar (*f sow*); ~**stand** *m* stock of game; 2**wachsend** *adj.* (growing) wild; ~**wasser** *n* torrent; ~**wechsel** *m Am.* deer pass; ~**west...** Western; ~**westfilm** *m* Western (film).

Wille(n) ['vilə(n)] *m* (-[n]s; -[n]) will; *esp. phls.* volition; intent(ion); determination; *böser* ~ ill-will; *guter* ~ good intention; *letzter* ~ (last) will, *jur.* last will and testament; *aus freiem* ~*n* of one's own free will, of one's own accord, voluntarily; *gegen s-n* ~*n* **a)** against one's will, **b)** despite of o.s.; *mit* ~*n* on purpose, expressly; *um ...* 2*n* for the sake of; → *willens*; *j-m s-n* ~*n lassen* let a p. have his (own) way; *j-m zu* ~*n sein* comply with a p.'s wishes, oblige a p.; *s-n* ~*n durchsetzen* have one's way, carry one's point; *ich kann es beim besten* ~*n nicht tun* I cannot do it, much as I should like to (*or* not for the life of me); *wenn es nach s-m* ~*n ginge* if he had his way; *wo ein* ~ *ist, ist auch ein Weg* where there is a will, there is a way.

'willen...: ~**los** *adj.* lacking will--power, will-less; irresolute; spineless; *j-s* ~ *Werkzeug sein* be a p.'s slave; *j-m* ~ *ausgeliefert sein* be at a p.'s mercy; 2**losigkeit** *f* (-) lack of will-power; indecision.

'willens *adj.*: ~ *sein, zu inf.* be willing *or* ready to *inf.*; *ich bin nicht* ~ *zu, inf. a.* I do not propose to *inf.*

'Willens...: ~**akt** *m* act of volition; ~**anstrengung** *f* effort of will; ~**äußerung** *f* expression of one's will; *a.* → ~**erklärung** *jur. f* declaratory act; *one's* act and deed; ~**freiheit** *f* (-) freedom of (the) will, free will; ~**kraft** *f* (-) will--power, strength of mind; 2**schwach** *adj.* weak(-willed), lacking in will-power; ~**schwäche** *f* (-) weak will, lack of will-power; 2**stark** *adj.* strong-willed; ~**stärke** *f* (-) will-power, strong will.

'willentlich *adv.*: wissentlich und ~ consciously and deliberately.

will'fahren *v/i. (h.) (dat.)* comply with, grant, accede to; *j-m* ~ please (*or* gratify) a p.; humo(u)r a p.

willfährig ['-fɛ:riç] *adj.* compliant,

complaisant; docile; *contp.* obsequious; *j-s* ~**es Werkzeug sein** be at a p.'s beck and call; 2**keit** *f* (-) compliance, complaisance; docility; obsequiousness.

'willig *adj.* willing, ready; docile; *ein* ~**es Ohr leihen** (*dat.*) lend a willing ear to; ~**en** ['-gən] *v/i.* → *einwilligen*; 2**keit** *f* (-) willingness; zeal.

'Will...: ~**komm** *m* (-s; -e), ~**kommen** *n* (*m*) (-s; -) welcome, reception; 2**'kommen** *adj.* welcome (*a. fig.*); *j-n* ~ *heißen* welcome a p., bid a p. welcome.

Willkür ['-ky:r] *f* (-) arbitrariness; discretion; *j-s* ~ *preisgegeben sein* be at the mercy of; ~**akt** *m* arbitrary act; ~**herrschaft** *f* arbitrary rule, despotism; 2**lich I.** *adj.* arbitrary, high-handed; random (*sample, etc.*); **II.** *adv.* in an arbitrary, *etc.*, manner; *at will*, at pleasure; at random; ~**lichkeit** *f* (-) arbitrariness; arbitrary act.

wimmeln ['viməln] *v/i. (h.)* swarm (*von* with), be alive (*or* crawling, teeming) (with).

wimmern ['vimərn] *v/i. (h.)* whimper, whine.

'Wimmern *n* (-s) whimper.

Wimpel ['vimpəl] *m* (-s; -) pennant, pennon, streamer; ~**stange** *f* pennant staff.

Wimper ['vimpər] *f* (-; -n) eyelash; *zo., bot.* ~**n** *pl.* cilia; *ohne mit der* ~ *zu zucken* without wincing, *fig.* without turning a hair, *Am.* without batting an eyelash; ~**ntusche** *f* eyelash black.

Wind [vint] *m* (-[e]s; -e) wind; *med.* flatulence, wind; *guter, günstiger* ~ fair wind; *starker* ~ high wind, gale; → *Windstoß*; *sanfter* ~ (gentle) breeze; ~ *von vorn* head wind; *beim* ~, *dicht am* ~ *sail* on the wind, close-hauled; *gegen den* ~ into the wind, (right) into the wind's eye; *mit dem* ~ down wind; *im* ~*e flattern* flutter before the wind; *bei* ~ *und Wetter* in storm and rain, in all weathers; *fig.* ~ *bekommen* (*or haben*) *von* get wind of; ~ *machen fig.* boast, brag, talk hot air, gas; *j-m den* ~ *aus den Segeln nehmen* take the wind out of a p.'s sails, steal a p.'s thunder; ~ *säen und Sturm ernten* sow the wind and reap the whirlwind; *in alle* ~*e zerstreuen* scatter to the four winds; *in den* ~ *reden* speak to the winds; *in den* ~ *schlagen* toss to the winds, make light of, ignore; *sich den* ~ *um die Nase wehen lassen* see the world; *wissen, woher der* ~ *weht* know how the wind blows; → *Mantel*.

'Wind...: ~**beutel** *m cul.* cream-puff, éclair (*Fr.*); *colloq. fig.* windbag, humbug; ~**beutelei** ['-bɔytə'lai] *f* (-; -en) swaggering, humbug; ~**blattern** *med. f/pl.* chicken-pox; ~**bluse** *f* → *Windjacke*; ~**bruch** *m* windfall; ~**büchse** *f* air-gun.

Winde ['vində] *f* (-; -n) *tech.* winch, windlass, hoist; *of anchor*: capstan; lifting jack; reel; *bot.* bindweed.

'Wind-ei *n* wind-egg.

Windel ['vindəl] *f* (-; -n) diaper,

(baby's) napkin; *pl.* ~ *n* a. swaddling-clothes (*a. fig.*); *colloq. fig.* (*noch*) *in den* ~*n steckend* (still) in its infancy (*or* early stages); 2*n v/t.* (*h.*) swaddle, swathe; 2**weich** *adj.*: *j-n* ~ *schlagen* beat a p. to a jelly.
winden[1] ['vindən] *v/i.* (*impers., h.*): *es windet* there is a wind blowing.
'**winden**[2] *v/t.* (*irr., h.*) wind; twist, twirl (*um round*), coil; reel (*yarn, etc.*); make, bind (*wreath*); *in die Höhe* ~ hoist; *j-m et. aus den Händen* ~ wrest a th. out of a p.'s hands; *sich* ~ squirm, writhe (*vor dat.* with *pain, shame*); *road*: wind, twist its way (along); *river*: meander; *worm*: wriggle, turn; *fig. sich* ~ *und drehen* wriggle like an eel; → *gewunden.*
'**Windes-eile** *f: mit* ~ at lightning-speed, in no time; *das Gerücht verbreitete sich mit* ~ the rumo(u)r spread like wildfire.
'**Wind...**: ~**fahne** *f* (weather-)vane; ~**fang** *m* draught-screen; *tech.* vent hole; *arch.* porch; ~**fangfenster** *n* air-trap window; ~**flügel** *mot. n* fan (blade); 2**geschützt** *adj.* protected against the wind; ~**hafer** *m* wild oats *pl.*; ~**harfe** *f* Aeolian harp; ~**hauch** *m* breath of wind, gentle breeze; ~**hose** *f* whirlwind, tornado; ~**hund** *m* greyhound; *fig.* giddy fellow.
windig ['-diç] *adj.* windy, wind-swept; *fig.* giddy, frivolous (*person*); precarious, shaky (*thing*); thin, lame (*excuse*).
'**Wind...**: ~**jacke** *f* field-jacket, *Am.* windbreaker; ~**kanal** *m* wind tunnel; ~**kessel** *m* air-chamber; ~**klappe** *f* air-valve; ~**licht** *n* (-[e]s; -er) storm lantern; ~**messer** *m* (-s; -) wind gauge, anemometer; ~**mühle** *f* windmill; *fig. gegen* ~*n kämpfen* fight windmills; ~**mühlenflugzeug** *n* gyroplane, autogyro; ~**pocken** *med. f/pl.* chicken-pox; ~**rad** *n* fan blower; ~**richtung** *f* direction of the wind; ~**röschen** ['-rø:sçən] *bot. n* (-s; -) anemone; ~**rose** *mar. f* (compass-)card, rhumb-card, wind rose; ~**sack** *aer. m* wind cone (*or* sleeve); ~**sbraut** *f* (-) hurricane, gale whirlwind; ~**schacht** *m mining*: air-shaft; ~**schatten** *m* (-s) *mar.* lee; *aer.* sheltered zone; 2**schief** *adj.* warped (*a. fig.*), *esp. arch.* skew; *fig.* awry, *Am.* cock-eyed; ~**schirm** *m* wind-screen, draught-screen; 2**schlüpfrig,** 2**schnittig** *adj.* streamlined, aerodynamic; ~(**schutz**)**scheibe** *f* wind-screen, *Am.* windshield; ~**seite** *f* windward (*or* weather-)side; ~**spiel** *n* Italian greyhound; ~**stärke** *f* wind force *or* velocity; ~ 1 Beaufort 1; 2**still** *adj.* calm; ~ *stille* *f* calm, lull; ~**stoß** *m* blast of wind, gust, squall; ~**streichhölzchen** ['-ſtraiçhœltsçən] *n* (-s; -) fusee, vesuvian; ~**tunnel** *m* wind tunnel.
Windung ['vinduŋ] *f* (-; -en) winding, turn, convolution; bend, sinuosity; coil; whorl (*of spiral, shell*); worm, thread (*of screw*); ~**szahl** *tech. f* number of turns.
'**Wind...**: ~**wehe** *f* snowdrift; ~**zug** *m* draught, current of air.

Wink [viŋk] *m* (-[e]s; -e) sign; wave; wink; nod; *fig.* hint, pointer, tip-off, tip; → *Zaunpfahl*; *j-m e-n* ~ *geben* give (*or* drop) a p. a hint *einen* ~ *verstehen* take a hint.
Winkel ['viŋkəl] *m* (-s; -) *math.* angle; *w.s.* corner, nook; *fig.* recess (*of the heart*); *mil.* chevron; *tech.* square; *el.* phase angle; → *spitz, tot, etc.*; *im rechten* ~ at a right angle; ~**abstand** *m* angular distance; ~**abweichung** *f* angular deflection; ~**advokat** *m* pettifogger, hedge-lawyer, *Am.* shyster; ~**beschleunigung** *f* angular acceleration; ~**börse** *econ. f* bucket-shop; ~**eisen** *tech. n* angle iron; 2**förmig** ['-fœrmiç] *adj.* angular; ~**funktion** *math. f* goniometric function; ~**gasse** *f* back lane; ~**getriebe** *mot. n* mitre-gear; ~**haken** *typ. m* composing-stick; ~**halbierende** ['-halbi:rəndə] *f* (-n; -n) bisector of an angle; ~**hebel** *m* bell-crank.
'**wink(e)lig** *adj.* angular; *w.s.* full of corners, cornered; crooked (*lane*); *in compounds, esp. math.* ...angled.
'**Winkel...**: ~**makler** *m* outside broker, *Am.* bucketeer; ~**maß** *n* (steel) square; ~**messer** *m* (-s; -) protractor; *surv.* goniometer; *mil.* clinometer; ~**planierer** ['-plani:rər] *m* (-s; -) angle-dozer; 2**recht** I. *adj.* right-angled; II. *adv.* at right angles; ~**reflektor** *m* corner reflector; ~**schere** *f* angular scissors *pl.*; ~**stellung** *f* angular adjustment; ~**stütze** *f* bracket; ~**zug** *m* dodge, subterfuge, shift, trick; evasion; *Winkelzüge machen* dodge, shuffle, prevaricate; use shifts, *etc.*
'**wink|en** *v/i.* (*h.*) make a sign, signal (*dat.* to); wave, motion, beckon; nod; wink; *mar., mil.* semaphore, flag; *mit der Hand* (*dem Taschentuch*) ~ wave one's hand (handkerchief); *fig. reward*: be in store (*dat.* for); 2**er** *m* (-s; -) *mot.* direction indicator; *mil.* (*person*) flag signal-(l)er; 2**erflagge** *mil. f* signalling flag; 2**spruch** *m* semaphore message; 2**zeichen** *mil. n* semaphore; ~ *geben* semaphore, flag.
winseln ['vinzəln] *v/i.* (*h.*) whimper, whine.
Winter ['vintər] *m* (-s; -) winter; *im* ~ in winter; → *mitten*; ~**aufenthalt** *m* winter abode; winter resort; ~**betrieb** *tech. m* winter operation; ~**feldzug** *m* winter campaign; 2**fest** *adj.* winterproof; *tech.* ~ *machen* winterize; *bot.* hardy; ~**frische** *f* (-; -n) winter holidays *pl.*; winter resort; ~**frucht** *f*, ~**getreide** *n* wintercorn; ~**garten** *m* winter garden; ~**grün** *bot. n* winter-green, periwinkle; ~**halbjahr** *n* winter half-year; ~**hart** *adj.* cold-climate; ~**kleidung** *f* winter clothes *pl.*, (*a. fig.*) winter garment; ~**korn** *n* (-[e]s; -e) → *Winterfrucht*; 2**lich** *adj.* wintry; ~**mantel** *m* winter overcoat; ~**märchen** *n* winter tale; ~**mode** *f* winter fashion; ~**öl** *mot. n* winter oil; ~**olympiade** *f* → *Winterspiele*; ~**quartier** *n* winter quarters *pl.*; ~**saat** *f* winter corn; ~**schlaf** *m* winter-sleep, hibernation; *med.* künstlicher ~ artificial hibernation, hypothermia; ~ *halten*

hibernate; ~**semester** *n* winter term; ~**sonnenwende** *f* winter solstice; ~**spiele** *n/pl.*: *Olympische* ~ Olympic Winter Games; ~**sport** *m* winter sport (*s collect.*); ~**sportplatz** *m* winter sports centre; ~**überzieher** *m* winter overcoat; ~**vorrat** *m* winter stock.
Winzer ['vintsər] *m* (-s; -) vine-dresser; wine-grower; vintager.
winzig ['vintsiç] *adj.* (*a.* ~ *klein*) tiny, minute, diminutive; infinitesimal, microscopic; *ein* ~*es Kerlchen* (*Zimmer*) *a.* a slip of a boy (room); 2**keit** *f* (-) tininess, minuteness, diminutive size; 2**posten** *econ. pl.* petty accounts.
Wipfel ['vipfəl] *m* (-s; -) (tree-)top.
Wipp|e ['vipə] *f* (-; -n) seesaw; 2**en** *v/i.* (*h.*) seesaw, rock; *Am. a.* teeter; *gym.* dip, spring the board; ~ *mit* wag (*one's tail, etc.*); ~**säge** *f* jigsaw.
wir [vi:r] *pers. pron.* we; ~ *beide* (*alle*) both (all) of us; ~ *drei* we three, the three of us.
wirb [virp] → *werben.*
Wirbel ['virbəl] *m* (-s; -) whirl, swirl; eddy; whirlpool, maelstrom, (*a. phys.*) vortex; whirlwind; *tech.* turbulence; eddy, wreath (*of smoke*); flurry (*of dust, snow, blows*); *anat.* vertebra (*pl.* -ae); crown (*of the head*); swivel (*of chain*); peg (*of violin*); (*drum*) roll; (*bird song*) warble; *fig.* whirl (*of pleasure, traffic, etc.*); vortex (*of society, etc.*), maelstrom (*of politics, etc.*); turbulence, hurly-burly, row, racket; *e-n* ~ *machen* make a big fuss *or* noise; ~**bildung** *phys. f* turbulence; 2**förmig** ['-fœrmiç] *adj.* whirling; vertebral; 2**frei** *adj.* irrotational; ~**gelenk** *tech. n* swivel joint; 2**ig** *adj.* whirling; *fig.* giddy, vertiginous, wild; ~**kammer** *mot. f* turbulence chamber; ~**kasten** *mus. m* pegbox, head (*of violin, etc.*); ~**knochen** *m* vertebra; 2**los** *adj.* invertebrate, spineless; 2*n v/i.* (*sn*) whirl; eddy; (*h.*) *drums*: roll; *bird*: warble (*a. v/t.*); *fig. mir wirbelt der Kopf* my head is in a whirl; ~**säule** *f* spinal (*or* vertebral) column, spine; ~**strom** *el. m* eddy current; ~**sturm** *m* cyclone, tornado, *Am. a.* twister; ~**tier** *n* vertebrate; ~**wind** *m* whirlwind (*a. fig.*).
wirk|en ['virkən] I. *v/t.* (*h.*) work (*Wunder* wonders), cause, effect; knit, weave (*stockings, etc.*); knead (*dough*); II. *v/i.* (*h.*) (be at) work, operate, be active; take (effect) (*a. med.*); ~ *als* act as, function as (*a. tech.*); ~ *auf* (*acc.*) produce an impression on, influence, impress; *beruhigend, etc.*, ~ have a soothing, *etc.*, effect *or* influence; *auf die Sinne* ~ affect the senses; *dahin* ~, *daß* see that, bring one's influence to bear that; *an e-r Schule* ~ teach at a school; 2**en** *n* (-s) work, effect, action; functioning; influence; activity; ~**end** *adj.* acting, active; *stark* ~ highly effective, drastic; 2**er** *m* (-s; -) knitter, weaver; 2**e'rei** *f* (-; -en) knitting, weaving; 2**leistung** *tech. f* true power; true output.
'**wirklich** I. *adj.* real, actual; true,

genuine; substantial; visible (*supply, etc.*); *mil.* ~*er Bestand* effective strength; **II.** *adv.* really, actually, truly, in fact; ~*?* (*a. iro.*) really?, indeed?, is that so?; 2**keit** *f* (-; -*en*) reality, actuality; truth; real life; *rauhe* ~ harsh reality, hard facts *pl.*; *in* ~ in reality; 2**keitsform** *gr. f* indicative mood; ~**keitsfremd** *adj.* unrealistic; starry-eyed; ~**keitsnah** *adj.* realistic, down-to-earth; 2**keitssinn** *m* (-[e]*s*) realism, realistic outlook.

'**Wirkmaschine** *f* knitting (*or* hosiery) machine.

'**wirksam** *adj.* effective, efficacious, (*esp. person*) efficient; *med. a.* operative; *sehr* ~ powerful, drastic; ~ *gegen* effective against, good for; telling (*blow, etc.*); impressive; ~ *werden* take effect, *law, etc.*: *a.* become effective, come into force; 2**keit** *f* (-) efficacy; effectiveness (*a. med.*); efficiency; impressiveness.

'**Wirk...:** ~**spannung** *el. f* active voltage; ~**stoff** *m* active substance, additive; hormone; enzyme; biocatalyst; ~**stuhl** *m* knitting frame.

'**Wirkung** *f* (-; -*en*) effect; operation (*a. of drug*); action; consequence; result; impression, impact; *esp. thea.* appeal; reaction; *adm., etc. mit* ~ *vom* with effect from, as from (*or* of); *mit sofortiger* ~ effective immediately, as of now; ~ *erzielen* produce an effect, tell; *s-e* ~ *verfehlen, ohne* ~ *bleiben* fail to work, produce no effect, prove ineffectual; ~ *zeigen boxing:* be groggy, wilt; *Gesetz über Ursache und* ~ law of cause and effect; *keine* ~ *ohne Ursache* no effect without cause, no smoke without a fire.

'**Wirkungs...:** ~**bereich** *m* sphere (*mil.* radius) of action; *artillery:* effective radius; operation (*of law*); ~**dauer** *f* duration of effect; *chem.* persistency; ~**feuer** *mil. n* fire for effect; ~**grad** *tech. m* effect; efficiency; ~**kraft** *f* efficacity; ~**kreis** *m* sphere (*or* field) of activity; province, domain; 2**los** *adj.* inefficacious, ineffectual, inefficient; ~ *bleiben* produce no effect, *joke, etc.*: fall flat, *bei j-m:* be lost on a p.; ~**losigkeit** *f* (-) inefficacy, inefficiency; 2**voll** *adj.* → **wirksam;** ~**weise** *f* mode of action (*or* operation); working; mechanism.

'**Wirkwaren** *pl.* knit(ted) goods, knitwear.

'**Wirkzeit** *chem. f* reaction time.

wirr [vir] *adj.* confused; bewildered, *contp.* muddle-headed; disorderly, chaotic; incoherent (*talk*); dishevel(l)ed (*hair*); tangled (*a. fig.*); *mir ist ganz* ~ *im Kopf* my head is in a whirl.

'**Wirren** *pl.* disorders, troubles.

'**Wirr...:** ~**kopf** *fig. m* muddle--headed fellow, scatterbrain; ~**nis** *f*, ~**sal** *n* (-[e]*s*; -*e*) chaos, confusion, entanglement; ~**warr** ['-var] *m* (-*s*) confusion, chaos, jumble, muddle; mess; hubbub, hurly-burly.

Wirsing(kohl) ['virziŋ-] *m* (-*s*) savoy.

Wirt [virt] *m* (-[e]*s*; -*e*) host (*a. biol.*); landlord; innkeeper, (*restau-*

rant) proprietor, *Am. a.* saloon-keeper; *fig. den* ~ *machen* do the hono(u)rs; *die Rechnung ohne den* ~ *machen* reckon without one's host; '~**in** *f* (-; -*nen*) hostess; landlady; innkeeper's wife; proprietress; '2-**lich** *adj.* hospitable; habitable.

'**Wirtschaft** *f* (-; -*en*) housekeeping; domestic economy; economy; economic system; trade and industry; economics *pl.; freie* ~ free enterprise, free competitive system; economic activity; household; *agr.* farm; husbandry; public house, pub; *Am.* saloon; inn; *rail.* refreshment room; *contp.* doings *pl.*, goings-on *pl.*; mess; bustle, racket; 2**en** *v/i.* (h.) keep house, run the household; economize, husband, operate economically; (*gut* ~) manage well, be a good manager; (*schlecht* ~) mismanage; hustle (*or* potter) about, rummage (about); ~**er** *m* (-*s*; -) manager; steward; ~**erin** *f* (-; -*nen*) manageress; housekeeper; ~**ler** ['-lər] *m* (-*s*; -) economist, economic expert; 2**lich** *adj.* economic(ally *adv.*); financial; commercial; business *turnover*, *value*; economical, thrifty; efficient; profitable, paying; ~ *gestalten* rationalize; ~**lichkeit** *f* (-) economy; good management; efficiency; profitability.

'**Wirtschafts...:** ~**abkommen** *n* trade agreement; ~**ablauf** *m* economic process; ~**barometer** *m* business barometer; ~**berater** *m* business consultant, methods study man; ~**betrieb** *m* (business) enterprise, industrial unit; *rail.* buffet service; ~**beziehungen** *f/pl.* economic (*or* trade) relations; ~**buch** *n* housekeeping book; ~**einheit** *f* economic entity; ~**form** *f* economic system; ~**fragen** *f/pl.* economic problems; ~**führer** *m* industrial leader, captain of industry; business executive; ~**gebäude** *n/pl.* farm buildings *pl.; mil.* domestic offices; ~**geld** *n* housekeeping money; ~**gemeinschaft** *f: Europäische* ~ European Economic Community; ~**geographie** *f* economic geography; ~**güter** *n/pl.* economic goods; *balance-sheet:* asset; ~**hilfe** *f* economic aid; ~**jahr** *n* financial year; *agr.* farm year; ~**kraft** *f* (-) economic power (*or* resources *pl.*); ~**krieg** *m* economic war(fare); ~**krise** *f* economic crisis, business depression, slump; ~**leben** *n* (-*s*) economic activity (*or* life); ~**leistung** *f* economic effort; production; ~**lenkung** *f* governmental control, *Am.* guidance of trade; ~**minister** *m* minister for economic affairs; ~**ministerium** *n* ministry of economics; *Am.* Department of Commerce; ~**plan** *m* budget, economics *pl.*; ~**politik** *f* economic policy; 2**politisch** *adj.* economic(ally *adv.*); ~**potential** *n* economic potential; ~**prüfer** *m* chartered accountant, *Am.* certified public accountant; ~**rat** *m* (-[e]*s*; ~*e*) economic council; ~**sachverständige(r)** *m* economic expert (*or* consultant); ~**teil** *m* trade section (*of newspaper*); ~**unternehmen** *n*

business enterprise, industrial firm; ~**verband** *m* trade association; ~**volumen** *n* volume of economic activity; ~**wunder** *n* economic miracle; ~**zeitung** *f* economic paper; ~**zweig** *m* sector of the economy, branch of trade.

'**Wirts...:** ~**haus** *n* public house, pub; *Am.* saloon; inn; ~**leute** *pl.* host and hostess; landlord and landlady.

Wisch [viʃ] *m* (-*es*; -*e*) wisp of straw, *etc.; contp.* scrap of paper; 2**en** *v/t.* (h.) wipe; mop; *sich den Mund* ~ wipe one's mouth; *sich mit dem Taschentuch die Stirn* ~ mop one's brow; ~**er** *m* (-*s*; -) *mot.* wiper; *mil.* slush brush; *for drawing:* stump; *colloq.* telling-off, wigging; ~**lappen** *m* dish-cloth; floor--cloth; ~**stock** *mil. m* cleaning rod; ~**tuch** *n* (-[e]*s*; ~*er*) → *Wisch-lappen.*

Wisent ['vi:zɛnt] *m* (-[e]*s*; -*e*) bison.

Wismut ['vismu:t] *n* (-[e]*s*) bismuth.

wispern ['vispərn] *v/i. and v/t.* (h.) whisper.

Wiß|begier(de) ['vis-] *f* thirst for knowledge, (intellectual) curiosity; curiosity; 2**begierig** *adj.* eager for knowledge, anxious to learn; *w.s.* curious, inquisitive.

wissen ['visən] *v/t.* (*irr.*, h.) know (*et. a th.; um, von* about, of); ~ *von a.* have knowledge of, be aware *or* informed of (*daß* that); ~, *zu inf.* know how to; *j-n* ~ *lassen, j-m et. zu* ~ *tun* let a p. know a th., acquaint a p. with a th., send a p. word of a th.; give a p. to understand (*daß* that); *genau* ~, *daß* be positive that; *nichts von et.* ~ *a.* be quite in the dark about a th., have no idea of a th.; → *Bescheid, Dank, Rat; ich möchte gern* ~ I should like to know, (ob) I wonder if; *man kann nie* ~ you never can tell, you never know (*bei* with); *ich weiß nicht recht!* I am not so sure!; *nicht, daß ich wüßte!* not that I know of!; *soviel ich weiß* as far as I know, for aught (*or* all) I know; *was weiß ich!* search me!; *und, was weiß ich noch* alles and what not; *als ob es, wer weiß was, gekostet habe* as if it had cost a fortune; *ich will von ihm (davon) nichts* ~ I will have nothing to do with him (it); *er will nichts davon* ~ *a.* he won't hear of it; *ich will von ihr nichts mehr* ~ I am through with her; *ich weiß mir kein größeres Vergnügen als* for me, there is nothing nicer than; *weißt du noch?* (do you) remember?; *was ich nicht weiß, macht mich nicht heiß* what the eye does not see, the heart does not grieve about; 2 *n* (-*s*) knowledge; learning; scholarship, erudition; information; *tech.* know--how; *ohne mein* ~ without my knowledge, unknown to me; *meines* ~*s* to my knowledge, as far as I know; *wider besseres* ~ against one's better judg(e)ment, despite one's better knowledge; *nach bestem* ~ *und Gewissen* to the best of one's knowledge and belief; ~**d** *adj.* knowing (*glance*).

'**Wissenschaft** *f* (-; -*en*) science; knowledge; intelligence; ~**ler** ['-lər] *m* (-s; -) man of science *or* learning, scholar; scientist, scientific man; researcher; ♀lich *adj.* scientific(ally *adv.*); ～ gebildet academically trained; ～lichkeit *f* (-) scientific character *or* method.

'Wissens...: ～drang *m* (-[e]s), ～durst *m* urge (*or* thirst) for knowledge; ♀durstig *adj.* eager for knowledge, anxious to learn, curious; ～gebiet *n* field of knowledge; ～schatz *m* (great) store of knowledge; ～trieb *m* → Wissensdrang; ♀wert *adj.* worth knowing *or* learning; interesting; ♀es interesting facts *pl. or* information.

'wissentlich **I.** *adj.* knowing, conscious; wil(l)ful, deliberate; **II.** *adv.* knowingly, *etc.*; wittingly.

wittern ['vitərn] *v/t.* (h.) scent, smell; *fig. a.* suspect; et. (*or* Unrat) ～ smell a rat; ～ Gefahr, *etc.*

'Witterung *f* (-) weather; → ～sverhältnisse; *zo., hunt.* scent; bei günstiger ～ weather permitting; bei jeder ～ in all weathers; e-e feine ～ haben (*a. fig.*) have a good nose.

'Witterungs...: ♀beständig *adj.* weatherproof; rustless (*steel*); ～einflüsse ['-aınflysə] *m/pl.* influence of the weather, atmospheric effects, weather factors *pl.*; ～kunde *f* (-) meteorology; ～umschlag *m* sudden change of the weather; ～verhältnisse *n/pl.* atmospheric (*or* meteorological) conditions.

Wittum ['vitu:m] *n* (-[e]s; ⁻er) dower; *jur.* jointure, widow's estate.

Witwe ['vitvə] *f* (-; -n) widow; Königin♀ Queen Dowager, Herzogin♀ dowager duchess.

'Witwen...: ～geld *n* widow's pension *or* allowance; ～jahr *n* year of mourning; ～kasse *f* widow's fund; ～rente *f* → Witwengeld; ～stand *m* (-[e]s) widowhood; ～tracht, ～trauer *f* widow's weeds *pl.*

'Witwer *m* (-s; -) widower.

Witz [vits] *m* (-es) wit; mother wit; (*pl.* -e) joke; witticism, quip, wisecrack; pun; pleasantry, gag; *alter* ～ stale joke, chestnut; beißender ～ caustic wit, sarcasm; ～e reißen crack jokes; das ist der ～ an der Sache that's the funny part of it, that's where the fun comes in, *w.s.* that's the point (of it)!; *colloq.* das ist der ganze ～ that's all; *colloq.* mach keine ～e! you don't say!, *Am.* no kidding?; '～blatt *n* comic paper; '～bold ['-bɔlt] *m* (-[e]s; -e) wit(ty fellow), joker; wag; *Am. a.* wisecracker; ～elei [-ə'laı] *f* (-; -en) witticism; joking; chaffing, leg-pulling; ♀eln ['-əln] *v/i.* (h.) affect wit; quip, wisecrack; ～ über (*acc.*) mock, poke fun at; über j-n: *a.* be witty at a p.'s expense; ♀ig *adj.* witty; facetious; funny; clever, ingenious; *iro.* (das) ist ja ～! that's rich!; '～igkeit *f* (-) wittiness.

W-Motor ['ve:-] *m* arrow-type engine.

wo [vo:] **1.** *interr. pron. and rel. pron.*: where; *(2.) cj.* when; while; ～ nicht if not, unless; ～ auch (nur) wherever; *colloq.* (irgend～) somewhere; *colloq.* i ～!, ach ～!, ～ werd' ich! (I'll do) nothing of the kind!, nonsense!, oh, no!

wob [vo:p] *pret. of* weben.

wobei [vo:'baı] **1.** *interr. pron.* at what?; **2.** *rel. pron.* at which; in doing so, in the course of which; through which, whereby; ～ der Bolzen im Gehäuse einrastet the bolt engaging in the recess provided in the casing.

Woche ['vɔxə] *f* (-; -n) week; → weiß; in einer ～ in a week; heute über (*or* vor) drei ～n this day three weeks; ～ um ～ week in, week out; in den ～n sein *or* liegen be lying in; in die ～n kommen be confined, be delivered (mit of a child).

'Wochen...: ～ausgabe *f* weekly edition; ～ausweis *econ. m* of bank: weekly return (*Am.* statement); ～(bei)hilfe *f* maternity benefit; ～bericht *m* weekly report; ～bett *n* childbed, lying-in, confinement; *in compounds* puerperal (*fever, psychosis*); → Woche; ～blatt *n* weekly (paper); ～end... ['-ʔɛnt-], ～ende *n* week-end; das ～ verleben bei week-end; ～endurlaub *m* week-end leave; ～fieber *n* puerperal fever; ～geld *n* weekly allowance; *econ.* weekly fixtures (*Am.* loans) *pl.; med.* maternity allowance; ♀lang *adj.* for weeks, for whole weeks together; nach ～em Warten after (many) weeks of waiting; ～lohn *m* weekly pay (*or* wages *pl.*); ～markt *m* weekly market; ～pflegerin *f* monthly nurse; ～schau *f* *film:* newsreel; tönende ～-news; ～tag *m* week-day; day of the week; ♀tags *adv.* on week-days.

wöchentlich ['vœçəntliç] **I.** *adj.* weekly; week-by-week; **II.** *adv.* every week, weekly; by the week; einmal ～ once a week; dreimal ～ three times a week, three times weekly.

wochenweise ['-vaızə] → wöchentlich.

Wöchnerin ['vœçnərin] *f* (-; -nen) woman in childbed, maternity case; ～nenheim *n* maternity home.

Wodka ['vɔtka] *m* (-s; -s) vodka.

wo|'durch **1.** *interr. pron.* by what?, by what means?, whereby?, how?; **2.** *rel. pron.* by (*or* through) which; by means of which; whereby; ～'fern *cj.* provided that, in so far as, if; ～ nicht unless; ～'für **1.** *interr. pron.* for what?, what ... for?; ～ ist das gut? what is that good for?; ～ halten Sie mich? what do you take me for?; **2.** *rel. pron.* for which, in return for which.

wog [vo:k] *pret. of* wägen and wiegen.

Woge ['vo:gə] *f* (-; -n) wave, billow; *fig.* wave, (up)surge *of enthusiasm, etc.; fig.* die ～n glätten pour oil on (the) troubled waters; die ～n glätten sich the tempest subsided.

wo|'gegen **1.** *interr. pron.* against what?; **2.** *rel. pron.* against which; in return *or* exchange for which; **3.** *cj.* whereas, whilst; he, *etc.*, on the other hand.

'wog|en *v/i.* (h.) surge (*a. fig.*), billow; *wheat, etc.:* a. wave; *a. bosom:* heave; undulate; fluctuate; *battle:* seesaw; ～ig *adj.* wavy, billowy, surging.

wo|'her **1.** *interr. pron. and rel. pron.* from where, where ... from, from what place; whence; ～ wissen Sie das? how do you (come to) know that?; ich frage mich, ～ er das hat I wonder where he got that from; **2.** *colloq. int.:* ～ denn! I should say not!, nothing of the kind!, far from it!; ～'hin **1.** *interr. pron. and rel. pron.* where (... to), whither; ～ auch wherever; **2.** *indef. pron.* somewhere, (to) some place; ～hin'gegen *cj.* whereas, while, whilst.

wohl [vo:l] **I.** *pred., adj. and adv.*: well; er (*or* ihm) ist ～ he is well; sich ～ fühlen, **a**) be well (*or* in good health), **b**) be happy *or* at ease, be in good spirits; feel at home (bei with; in *dat.* in); sich nicht ～ fühlen **a**) be unwell, be out of sorts, **b**) be ill at ease; → bekommen, leben; oder übel willy-nilly; wir müssen ～ oder übel hingehen we cannot help going there, we have no choice but go there; er weiß das sehr ～ he knows that all right *or* well enough; ich bin mir dessen ～ bewußt I am fully conscious (*or* aware) of that; das kann ～ sein, das ist ～ möglich that may well be; ～ dem, der happy he who; ～ ihm, daß good for him that; ～ daran tun, zu *inf.* do well to *inf.*; es sich ～ sein lassen enjoy (*or* indulge) o.s., have a good time; siehst du ～, daß now you see that; **II.** *concessive or suppositional:* I presume (*or* daresay, suppose, think), I should say, to be sure, surely; (it is) true; probably; doubtless; possibly; perhaps, maybe; er könnte ～ noch kommen he might come yet; ～ kaum hardly, there is little chance that; das kann er ～ nicht tun he cannot very well do that; er ist ～ gesund, aber he is healthy enough, but; ich kann ～ schwimmen, aber I can swim all right, but; ～ hundertmal at least a hundred times; ob er ～ weiß, daß I wonder if *or* whether he knows, that ...; das habe ich mir ～ gedacht I thought as much.

Wohl *n* (-[e]s) welfare; well-being, prosperity; das gemeine ～ the common weal; sein ～ und Weh his weal and woe; auf Ihr ～!, zum ～! your health!, here is to you!; → anstoßen.

wohl'an *int.* well!, now then!, all right!

'wohl...: ～angebracht *adj.* opportune, (very) apt; ～anständig *adj.* well-becoming, decent; ～'auf **1.** *pred. adj.* well, in good health; **2.** *int.* well!, cheer up!, come on!; ～bedacht *adj.* well-considered, deliberate; ♀bedacht *m:* mit ～ after mature reflection; deliberately; ♀befinden *n* good health, well-being; ♀behagen *n* comfort, ease; mit ～ with relish; ～behalten *adj.* safe (and sound); *thing:* in good condition; ～bekannt *adj.* well-known, familiar, *b.s.* notorious; ～beleibt *adj.* corpulent, portly; ～beschaffen *adj.* in good condition; ～bestellt ['-bəʃtɛlt] *adj.* duly appointed; ♀ergehen *n* welfare, prosperity; health and happiness; ～ergehen *v/i.* (*irr.*, sn) (*dat.*) go well with, prosper; ～erwogen ['-ər-

'vo:gən] *adj.* well-weighed; **~er-worben** ['-ər'vɔrbən] *adj.* duly acquired; **~es** *Recht* vested (*or* well--established) rights; **~erzogen** ['-ər'zo:gən] *adj.* well-bred, well--behaved.

'**Wohlfahrt** *f* (-) welfare; (*öffent-liche*) ~ (public) relief, public assistance.

'**Wohlfahrts...:** **~amt** *n* welfare cent|re, *Am.* -er; **~ausschuß** *m* public welfare committee; **~be-amte(r)** *m* welfare officer *or* worker; **~einrichtung** *f* welfare institution; **~fonds** *m* benefit (*or* relief) fund; ~ *für Angestellte* employees' benefit fund; **~organisa-tion** *f* charitable institution, non--profitmaking organization; **~-pflege** *f* welfare work; **~rente** *f* benefit pension; **~staat** *m* welfare state; **2staatlich** *adj.* welfarist; **~unterstützung** *f* public relief.

'**wohl...:** **~feil** *adj.* cheap, low--priced; **2feilheit** *f* cheapness; **~-geartet** *adj.* well-disposed; well--bred, well-mannered; **~geboren** *adj.:* *Ew.* 2 *Sir;* *in letters:* 2 *Herrn Wilhelm Braun* William Brown Esq. (= Esquire); **2gefallen** *n* pleasure, satisfaction (*über acc.* at); *sein* ~ *haben an* be well pleased with *or* by, take delight in; *sich in* ~ *auflösen* be settled to everyone's satisfaction, *humor.* end in smoke, *colloq.* *book:* go to pieces, come apart; **~gefällig** **I.** *adj.* pleasant, agreeable; complacent; *ein Gott* ~es *Leben* a life well pleasing to God; **II.** *adv.* with pleasure, contentedly; **2gefällig-keit** *f* (-) pleasantness; complacency; **2gefühl** *n* (-[e]s) pleasant sensation; sense of well-being; **~ge-litten** *adj.* well (*or* much) liked, popular, welcome; **~gemeint** ['-gə-maint] *adj.* well-meant, well-intentioned; **~gemerkt!** ['-gəmɛrkt] mind you!, mark you!, remember!; **~gemut** ['-gəmu:t] *adj.* cheerful; **~genährt** ['-gənɛːrt] *adj.* well-fed; **~geneigt** *adj.* affectionate, well-affected; well disposed (*dat.* towards); **~geraten** *adj.* well-behaved, good (*child*); *thing* (*pred.*): well-done; **2geruch** *m* pleasant odo(u)r, fragrance, perfume; **2geschmack** *m* (-[e]s) pleasant taste, flavo(u)r; **~-gesetzt** *adj.* well-chosen (*words*); well-worded (*or* formulated) (*speech*); **~gesinnt** *adj.* well-meaning; *j-m* ~ well-disposed towards a p.; **~gesittet** *adj.* well-mannered; **2gestalt** *f* (-) fine shape, shapeliness; **~gestaltet** *adj.* well-shaped, well-turned; shapely; **~habend** *adj.* well-to-do, wealthy; well-off (*pred.* well off), moneyed; **2habenheit** *f* (-) easy circumstances *pl.,* wealth; prosperity.

'**wohlig** *adj.* comfortable, pleasant; cosy, snug.

'**Wohl...:** **~klang** *m* (-[e]s), **~laut** *m* melodious sound, harmony, euphony; **2klingend** *adj.* melodious, harmonious, musical, pleasing to the ear; **~leben** *n* (-s) life of pleasure, good living, luxury; **2mei-nend** *adj.* well-meaning, friendly; **2riechend** *adj.* fragrant, perfumed, sweet-scented; **2schmeckend** *adj.*

savo(u)ry, palatable, tasty; **~sein** *n* (-s) well-being; good health; *Ihr* (*or zum*) ~ your health!; **~stand** *m* (-[e]s) prosperity, wealth, affluence; **~standsgesellschaft** *f* affluent society; **~tat** *f* good deed, kindness, charity; (*a. jur.*) benefit; *fig.* boon, blessing; comfort, treat; *das ist e-e wahre* ~ it's quite a comfort; **~täter** *m* benefactor; **~täterin** *f* benefactress; **2tätig** *adj.* charitable; beneficent, salutary; **~tätigkeit** *f* (-) charity; beneficence; **~tätigkeits-basar** *m* charity bazaar; **~tätig-keitsveranstaltung** *f* charity performance, benefit; **~tätigkeits-verein** *m* charitable (*or* benevolent) society; **~tätigkeitszweck** *m* charitable use, charity; **2tuend** *adj.* pleasant, comfortable; ~ *berührt* pleasantly surprised, gratified (*durch* at); **2tun** *v/i.* (*irr., h.*) do good; *j-m* ~ do a p. good, be pleasing to a p.; *das tut einem wohl* it does one good; *er tut wohl daran, zu inf.* he does well to *inf.*; **2überlegt** *adj.* well-considered, deliberate, set (*speech*); **2unterrichtet** *adj.* well--informed; **2verdient** *adj.* well--deserved, well-earned; *person:* of great merit; **~verhalten** *n* good conduct; **2verstanden** ['-fɛrʃtan-dən] *adj.* well-understood; ~! mind you!, mark my words!; **2-weislich** *adv.* prudently, very wisely; et. ~ *tun* be careful to do a th.; **~wollen** *n* (-s) goodwill, benevolence; favo(u)r; **2wollen** *v/i.* (*h.*): *j-m* ~ wish a p. well, be well--disposed towards a p.; **2wollend** *adj.* kind, benevolent; favo(u)rable; *e-r Sache* ~ *gegenüberstehen* favo(u)r a th., take a favo(u)rable view of a th.

Wohn|atelier ['vo:n-] *n* residential studio; **~bedarf** *m* home requirements *pl.,* household furnishings *pl.;* **~bevölkerung** *f* resident population; **~bezirk** *m* residential district; **~block** *m* (-[e]s; -s) block of flats.

'**wohnen** *v/i.* (*h.*) live (*bei* with), dwell, reside; *adm.* reside, be domiciled (*in dat.* at); stay (*bei* with); lodge (*in dat.* at, *bei* with); *fig.* dwell, live.

'**Wohn...:** **~fläche** *f* dwelling (*or* floor) space; **~gebäude** *n* dwelling--house, residential premises *pl.;* block of flats, *Am.* apartment house; **~gelegenheit** *f* accommodation; **~grundstück** *n* residential property (*or* site); **2haft** *adj.* resident, living (*in* at); **~haus** *n* → *Wohngebäude;* **~heim** *n* residential home, *Am.* rooming house; **~-küche** *f* kitchen-living room; **~-kultur** *f* (-) style of living; **2lich** *adj.* comfortable, livable; cosy, snug; *in* ~em *Zustand* in tenantable repair; **~ort** *m* (-[e]s; -e) dwelling--place, residence; *gesetzlicher* ~ (legal) domicile, place of residence; *fester* (*ständiger*) ~ permanent residence; *ohne festen* ~ → *wohnungs-los;* **~partei** *f* family unit, tenant(s *pl.*); **~raum** *m* housing space; → *Wohnstube;* **~-Schlafzimmer** *n* bed-sitting room; **~siedlung** *f* housing estate, residential settle-

ment; **~sitz** *m* residence; *mit* ~ *in* resident in; → *Wohnort;* **~straße** *f* residential street; **~stube** *f* sitting--room, *esp. Am.* living room.

'**Wohnung** *f* (-; -en) dwelling, habitation; lodgings, apartment(s), rooms *pl.;* flat; home; accommodation; → *Wohnsitz*

'**Wohnungs...:** **~amt** *n* housing office; **~bau** *m* (-[e]s) housebuilding, housing construction, *Am.* home--building; **~baugenossenschaft** *f* co-operative house-building society; **~bauprogramm** *n* housing program(me); **~einheit** *f* dwelling unit; **~frage** *f* housing problem; **~inhaber** *m* lodger, tenant; **2los** *adj.* homeless; *adm.* without permanent home, having no fixed address; **~mangel** *m* (-s), **~not** *f* (-) housing shortage (*or* problem); **~-nachweis** *m* house-agency; **~suche** *f* house-hunting; **~wechsel** *m* change of residence (*or* address); **~wesen** *n* (-s) housing; **~zwecke** *m/pl.* habitation *sg.*

'**Wohn...:** **~verhältnisse** *n/pl.* housing conditions; **~viertel** *n* residential quarter (*Am.* section); **~wagen** *m* caravan, *Am.* trailer (coach); **~-zimmer** *n* → *Wohnstube.*

Woilach ['vɔʏlax] *m* (-s; -e) saddle blanket.

wöl|ben ['vœlbən] *v/t. and sich* ~ (*h.*) arch, vault; *tech.* curve; **2bung** *f* (-; -en) vault, arch; dome; curvature; *tech. a.* camber, buckling; *of road:* crossfall.

Wolf [vɔlf] *m* (-[e]s; -e) *zo.* wolf; *spinning:* willow; *metall.* **a)** devil, **b)** pig bloom; *cul.* mincer, meat grinder; *colloq. fig. durch den* ~ *drehen* put in a meat grinder; *med.* chafing, intertrigo; *med.* e-n ~ *ha-ben* be sore; *fig. mit den Wölfen muß man heulen* when in Rome do as the Romans do; → *Schafpelz.*

Wölfin ['vœlfin] *f* (-; -nen) she--wolf.

'**wölfisch** *adj.* wolfish.

Wolfram ['vɔlfram] *chem. n* (-s) tungsten; **~karbid** *n* tungsten carbide; **~stahl** *m* tungsten steel.

'**Wolfs...:** **~falle** *f* wolf-trap; *a.* → **~grube** *f* pitfall; *mil.* obstacle pit; **~hund** *m* Alsatian (dog); **~hunger** *m* wolfish appetite, ravenous hunger; **~milch** *bot. f* spurge; **~rachen** *med. m* cleft palate; **~rudel** *n* wolf pack.

Wolke ['vɔlkə] *f* (-; -n) cloud (*a. fig.*); *in gem:* flaw; *fig. aus allen* ~n *gefallen sein* be thunderstruck; *fig. über den* ~n *schweben* live in the clouds; *colloq. fig.* humdinger, wow.

'**Wolken...:** **~bank** *f* (-; -e) cloud bank; **~bildung** *f* cloud formation; **~bruch** *m* cloudburst; **2bruch-artig** ['-ʔɑ:rtiç] *adj.* torrential; **~-decke** *f* (-) cloud cover; **~fetzen** *m/pl.* tattered clouds; **~himmel** *m* clouded sky; **~höhe** *aer. f* (cloud) ceiling; **~kratzer** *m* skyscraper; **~-kuckucksheim** *n* cloud cuckoo-land, fool's paradise; **~kunde** *f* (-) nephology; **~landschaft** *f* skyscape; **2los** *adj.* cloudless (*a. fig.*), clear; **~meer** *n* sea of clouds; **~-schicht** *f* cloud layer; **~schleier** *m* cloud veil, haze; **~streifen** *m* cloud

banner; ℒumhüllt *adj.* cloud-hidden; ⁓wand *f* bank of clouds; ⁓zug *m* passage of clouds.
wölken ['vœlkən] → bewölken.
'**wolkig** *adj.* cloudy, clouded; overcast.
Woll|abfall ['vɔl-] *m* wool waste; ⁓arbeiter *m* wool-dresser, wool-picker; ⁓atlas *m* worsted satin; ⁓börse *f* wool-hall; ⁓decke *f* (wool) blanket; ⁓e *f* (-) wool; *in der* ⁓ *gefärbt* dyed in the wool (*a. fig.*); *fig. in der* ⁓ *sitzen* live in clover; ⁓ *lassen müssen* get fleeced; *sich in die* ⁓ *geraten* have a row (*mit* with); *colloq. j-n in die* ⁓ *bringen* nettle, enrage, get *a p.'s* goat; → Geschrei.
'**wollen**[1] *adj.* wool(l)en; *stockings*: *a.* worsted; ⁓*e Sachen* wool(l)ens *pl.*
wollen[2] ['vɔlən] *v/t. and v/i.* (*h.*) will; wish, desire; want; demand, claim; be willing (*to inf.*); intend, mean; be going (*or* about) to *inf.*, be on the point of *ger.*; *lieber* ⁓ prefer; *ich will* (*or* woll!te) *lieber* I should prefer, I would (*or* had) rather; *unbedingt* ⁓ insist on; *nicht* ⁓ *refuse* (*a. thing: to work, etc.*); be unwilling to, not to want (*or* like) to; *so Gott will!* please God!; *ich will es* (*nicht*) *tun* I will (won't) do it; *ich will das nicht gehört haben!* mind your tongue!; *das will überlegt sein* that requires some thinking; → *heißen, meinen, etc.*; *was* ⁓ *Sie* what do you want (of me)?; *was* ⁓ *Sie damit sagen?* what do you mean by it?, what are you driving at?; *was* ⁓ *Sie mit einem Regenschirm?* what do you want with an umbrella?; *ohne es zu* ⁓ in spite of o.s., unintentionally; *er mag* ⁓ *oder nicht* whether he likes it or not, willy-nilly; *dem sei, wie ihm wolle* be that as it may; *er weiß nicht, was er will* he doesn't know his own mind; *mach, was du willst!* do what you want!, do your worst!; *du hast es ja so gewollt* you asked for it; *wie du willst* as you like, suit yourself; *hier ist nichts zu* ⁓ there is nothing to be had here, nothing doing; → *gewollt*.
'**Wollen** *n* (-s) will; *phls.* volition; intention(s *pl.*); aspiration(s *pl.*), ambition.
'**Woll...:** ⁓färber *m* wool-dyer; ⁓faser *f* wool fib|re, *Am.* -er; ⁓fett *n* wool grease; ⁓garn *n* wool(l)en yarn, worsted; ⁓haar *n* strand of wool; wool(l)y hair; ⁓handel *m* wool-trade; ⁓händler *m* wool-merchant; ℒig *adj.* wool(l)y; ⁓industrie *f* wool(l)en industry; ⁓jacke *f* guernsey, cardigan; ⁓kämmer *m* wool carder; ⁓kleidung *f* wool(l)en clothing; ⁓markt *m* wool market (*or* mart); ⁓sachen *f/pl.* wool(l)ens *pl.*; ⁓sack *m* wool-bag; *Brit. parl.* woolsack; ⁓schaf *n* wool-sheep; ⁓schur *f* sheep-shearing; ⁓schweiß *m* suint; ⁓spinne'rei *f* wool-spinning mill.
Wol|lust ['vɔlʊst] *f* (-) voluptuousness, lust; ℒlüstig ['-lystiç] *adj.* voluptuous; → lüstern; ⁓**lüstling** ['-lystliŋ] *m* (-s; -e) voluptuary, libertine, debauchee.

'**Woll...:** ⁓waren *f/pl.* wool(l)en goods, wool(l)ens; ⁓warenhändler *m* wool(l)en-draper; ⁓wäsche'rei *f* scouring mill.
wo...: ⁓'mit 1. *interr. pron.* with what?, what ... with?, by what (means)?; ⁓ *kann ich dienen?* what can I do for you?; 2. *rel. pron.* with which, by which, whereby; ⁓ *ich nicht sagen will* by which I do not mean to say; ⁓'möglich *adv.* if possible; possibly; *das Bild ist* ⁓ *noch schlechter als* the picture is if anything worse than; ⁓'nach 1. *interr. pron.* after what?; ⁓ *fragt er?* what is he asking for?; 2. *rel. pron.* after which, whereupon; according to which.
Wonne ['vɔnə] *f* (-; -n) delight, bliss; *in* (*eitel*) ⁓ *schwimmend* → wonnetrunken; *colloq. mit* ⁓ with relish; ⁓gefühl *n* thrill of delight; ⁓leben *n* (-s) blissful life; ⁓monat, ⁓mond *m* month of delight (*or* May); ⁓schauer *m* thrill of delight; ℒtrunken *adj.* blissful, in raptures (*or* ecstasies), riding on air; ℒvoll *adj.* blissful; delicious. ·
'**wonnig** *adj.* delightful, blissful; lovely, sweet.
wor|an [vo:'ran] 1. *interr. pron.* at what?, by what?; ⁓ *denken Sie?* what are you thinking of?; ⁓ *liegt es, daß?* how is it that?, what is the reason for?; 2. *rel. pron.* at which, against which, by which; *ich weiß nicht,* ⁓ *ich bin* I don't know where I stand, *mit ihm:* I don't know what to make of him; ⁓'auf 1. *interr. pron.* on what?, what ... on?; ⁓ *wartest du?* what are you waiting for?; 2. *rel. pron.* on which; whereupon, after which; ⁓'aus 1. *interr. pron.* out of what?, from what?; what ... of?; 2. *rel. pron.* out of which, from which, whence; ⁓'ein 1. *interr. pron.* into where?; into what?; 2. *rel. pron.* into which.
worfeln ['vɔrfəln] *agr. v/t.* (*h.*) winnow, fan.
wor|in 1. *interr. pron.* in what; 2. *rel. pron.* in which, wherein.
Wort [vɔrt] *n* (-[e]s; ⁓er) word; term, expression; saying, word; word (of hono[u]r); ⁓e *pl.* words; *in* ⁓en *in letters*; *in* ⁓ *und Bild* with text and illustrations; *in* ⁓ *und Tat* in word and deed; *ein Mann von* ⁓ *sein,* ⁓ *halten* be as good as one's word, keep one's word; *ein Mann, ein* ⁓! word of hono(u)r!, hono(u)r bright!; ⁓ *Gottes* Word of God, Gospel; *auf ein* ⁓! a word with you!; *aufs* ⁓ *gehorchen* obey to the letters (*or* implicitly); *aufs* ⁓ *glauben* believe implicitly; *e-r Sache das* ⁓ *reden* hold a brief for, back, support, defend *a cause*; *ein gutes* ⁓ *einlegen für j-n* intercede for, put in a good word for *a p.*; *das* ⁓ *erhalten* be allowed to speak, *parl.* catch the Speaker's eye, *esp. Am.* get the floor; → *entziehen*; *das* ⁓ *ergreifen* (begin) to speak, *parl.* rise to speak, address the House, *esp. Am.* take the floor; *j-m das* ⁓ *erteilen* give the floor; *das* ⁓ *führen* be the spokesman, do the talking; *das große* ⁓ *führen* a) do all

the talking, b) talk big, c) lay down the law; *das* ⁓ *haben* have leave to speak, *parl. a.* have the ear of the house; *esp. Am.* have (*or* hold) the floor; *das letzte* ⁓ *haben* a) have the final say, b) have the last word; *das letzte Wort ist noch nicht gesprochen* the last word has not yet been said; → *fassen, kleiden, melden, mitreden*; *j-m ins* ⁓ *fallen* cut a p. short; *mit anderen* ⁓en in other words; *mit einem* ⁓ in a word; *ums* ⁓ *bitten* ask permission to speak; *zu* ⁓e *kommen* get a hearing; *nicht zu* ⁓e *kommen* not to get a word in edgewise; *ohne viel* ⁓e *zu machen* without further ado; *kein* ⁓ *mehr!* not another word!; *colloq. hast du* ⁓e! well, I never!; *j-n beim* ⁓ *nehmen* take a p. at his (her) words; *man kann sein eigenes* ⁓ *nicht verstehen* one cannot hear one's own voice; *er macht nicht viele* ⁓e he is a man of few words.
'**Wort...:** ⁓akzent *m* word-stress; ℒarm *adj.* poor in words; ⁓armut *f* poverty of words; ⁓art *gr. f* part of speech; ⁓aufwand *m* verbosity; ⁓bedeutungslehre *f* (-) semantics *pl.*; ⁓bildung *f* word formation; ⁓bruch *m* breach of one's word (*or* faith), treachery; ℒbrüchig *adj.* false (to one's word), treacherous; ⁓ *werden* break one's word.
Wörter|buch ['vœrtər-] *n* dictionary; ⁓verzeichnis *n* list of words, vocabulary.
'**Wort...:** ⁓familie *f* family of words; ⁓folge *f* word order; ⁓fügung *f* construction; (*a.* = ⁓fügungslehre *f*, -) syntax; ⁓führer(in *f*) *m* speaker; *only m:* spokesman; ⁓fülle *f* verbosity; ⁓gefecht *n* dispute, altercation; ⁓geklingel *n* jingle of words; ⁓gemälde *n* word-picture; ⁓gepränge *n* bombast; ℒgetreu *adj.* literal, word-for-word, true; ℒgewandt *adj.* eloquent, glib; ℒkarg *adj.* taciturn, silent, sparing of words; ⁓kargheit *f* taciturnity; ⁓klasse *gr. f* part of speech; ⁓klauber(in *f*) ['-klaubər] *m* (-s, -; -, -nen) quibbler; ⁓klaube'rei *f* (-; -en) word-splitting; ⁓krämer *m* phrase-monger; ⁓kunde *f* (-) word lore; ⁓laut *m* (-[e]s) wording; text; *jur.* tenor; *der Brief hat folgenden* ⁓ the letter runs as follows.
Wörtlein ['vœrtlain] *n* (-s; -): *ein* (*gewichtiges*) ⁓ *mitzureden haben* have (quite) a say in the matter.
'**wörtlich** *adj.* verbal, literal; word-for-word.
'**Wort...:** ⁓malerei *f* word-painting; ⁓rätsel *n* rebus; ℒreich *adj.* abundant in words; *b.s.* verbose, wordy; ⁓reichtum *m* (-s) abundance of words; *b.s.* verbosity; ⁓schatz *m* (-es) stock of words, vocabulary, word-power; ⁓schwall *m* (-[e]s) flood (*or* torrent) of words, verbiage; ⁓sinn *m* (-[e]s) literal sense; ⁓spiel *n* play on words, pun; ⁓stamm *m* radical, root; ⁓stammkunde *f* (-) etymology; ⁓stellung *f* word-order; ⁓streit *m* dispute, altercation, squabble, words *pl.*; ⁓verdreher (-in *f*) ['-fɛrdre:ər] *m* (-s, -; -, -nen)

distorter of words, equivocator; ~**verdrehung** f distortion of words; ~**wechsel** m dispute, altercation; e-n ~ haben a. have words (mit with); ~**witz** m (-es) pun; 2~**wörtlich I.** adj. literal; word-for--word; **II.** adv. literally (a. fig.); word for word.

wor|über [vo:'ry:bər] **1.** interr. pron. over (or upon) what?, what ... over (or about or on)?; ~ lachst du? what are you laughing at or about?; **2.** rel. pron. over (or upon) which, about which; ~ er ärgerlich war which annoyed him; ~'**um 1.** interr. pron. about what?, what ... about?; ~ handelt es sich? what is it about?; **2.** rel. pron. about which, for which; ~'**unter 1.** interr. pron. under (or among) what?, what ... under?; **2.** rel. pron. under (or among) which.

wo...: ~'**selbst** adv. where; ~'**von 1.** interr. pron. of (or from) what?, what ... from or of?, about what?, what ... about?; → leben, etc.; **2.** rel. pron. of (or from) which, whereof; ~'**vor 1.** interr. pron. before what?; of what?, what ... of?; **2.** rel. pron. before which; of which; → sich fürchten, etc.; ~'**zu 1.** interr. pron. for what?, what (...) for?; why?; to what point?; **2.** rel. pron. for which; why; ~ noch kommt to which must be added; **3.** indef. pron. for something.

Wrack [vrak] mar. n (-[e]s; -s) wreck (a. fig.); '~**gut** n wrecked goods pl., wreckage; flotsam.

Wrasen ['vra:zən] m (-s; -) vapo(u)r(s pl.).

wring|en ['vriŋən] v/t. (irr., h.) wring; 2~**maschine** f wringing--machine, wringer.

Wucher ['vu:xər] m (-s) usury; profiteering; ~ treiben practise usury; ~**er** m (-s; -) usurer; profiteer; ~**gesetz** n law against usury (or profiteering); ~**gewinn** m usurious profit; 2~**haft**, 2~**isch** adj. usurious; profiteering; ~**handel** m usurious trade; profiteering; ~**miete** f rack-rent; 2~n v/i. (h.) bot. grow exuberantly or rankly; med. grow luxuriantly, proliferate; jur. practise usury; profiteer; fig. be rampant, rankle; → Pfund; ~**preis** m exorbitant (or cut-throat) price; ~**ung** f (-; -en) bot. rank growth; med. excrescence, growth, tumo(u)r; proud flesh; vegetation; proliferation; ~**zins(en** pl.) m usurious interest (sg.).

Wuchs [vu:ks] m (-es) growth; figure, shape; stature, physique, build; height.

wuchs pret. of wachsen.

Wucht [vuxt] f (-) weight; force; impetus; impact (a. fig.); phys. inertia force, momentum, kinetic energy; die volle ~ e-s Angriffs, etc., aushalten müssen bear the brunt of an attack, etc.; mit voller ~ rennen gegen (acc.) cannon against; colloq. fig. eine ganze ~ a load (gen. of); sl. das is 'ne ~ it's a wow!; '2~en **I.** v/i. (h.) weigh heavy, press heavily (auf acc. upon); colloq. fig. work like a nigger; **II.** v/t. (h.) raise (by lever), lever up, heave; balance;

'2~**ig** adj. weighty, heavy; powerful (blow, figure, style, etc.).

Wühl|arbeit ['vy:l-] fig. f subversive (or underground) activity, insidious agitation; 2~en v/i. (h.) dig; animal: burrow (a. sich; in into); pig: root or grub (about); ~ in rummage in; fig. usu. pol. agitate, foment; fig. im Gelde ~ wallow in money, be rolling in riches; → Wunde; in j-m ~ hatred, insult: rankle in a p., gnaw at a p.'s vitals; ~**er** fig. m (-s; -) agitator, fomentor; 2~**erisch** ['-əriʃ] adj. subversive, inflammatory, rabble-raising; ~**maus** f vole; fig. → Wühler.

Wulst [vulst] m (-es; ÷e) roll; pad; bulge; hump; chignon; tuberosity; arch. torus; mot. bead (or tyre); ~**felge** f clincher rim; 2~**ig** adj. stuffed, padded; bulging; puffed up; thick, protruding, pouting (lips); ~**lippen** f/pl. thick lips, blubber lips; ~**reifen** mot. m bead tyre (Am. tire); ~**schutzstreifen** mot. m chafing strip.

wummern ['vumərn] colloq. v/i. (h.) boom.

wund [vunt] adj. sore; galled, chafed; wounded (a. fig. heart); ~e Stelle sore; fig. ~er Punkt tender spot, sore point; sich die Füße ~ laufen get sore feet, become foot--sore; ~ reiben gall, chafe; '2~**arzt** m surgeon; '~**ärztlich** adj. surgical; '2~**benzin** n surgical spirit; '2~**brand** m gangrene; 2~e ['vundə] f (-; -n) wound (a. fig. = hurt); injury; sore; cut, gash; fig. → Punkt; alte ~n wieder aufreißen open old sores; in e-r ~ wühlen turn the knife in the wound; s-n Finger in eine offene ~ legen put one's finger on an open sore; die Zeit heilt alle ~n time is a great healer.

Wunder ['vundər] n (-s; -) miracle; wonder, marvel; (thing, person) prodigy; ~ der Technik engineering marvel; (es ist) kein ~, (daß) no (or small) wonder (that); ~ tun (or wirken) do (or work) miracles or (esp. fig.) wonders; ~ verrichten perform miracles; es grenzt an ~ it borders on the miraculous; sein blaues ~ erleben get the shock (or surprise) of one's life; wenn nicht ein ~ geschieht, sind wir verloren only a miracle could save us; 2 was halten von think the world of; er glaubt 2, was er getan hat he thinks a world of what he has done; er bildet sich 2 was darauf ein he prides himself ever so much on it; ich dachte 2, was das wäre I expected something wonderful; → Zeichen; 2~**bar** adj. wonderful, marvel(l)ous; miraculous, magic; wondrous; astounding, fabulous, great; capital; ~e Sache wonder, marvel; 2~**barerweise** ['-ba:rər'vaizə] adv. miraculously; strange to say, mysteriously; ~**bild** n miraculous (or wonder-working) image; ~**ding** n wonder(ful thing), marvel, prodigy; ~**droge** f miracle drug; ~**doktor** m quack; faith-healer; ~**geschichte** f miraculous story, legend; ~**glaube** m belief in miracles; ~**horn** n magic horn; 2~**hübsch** adj. lovely, awfully nice; ~**kerze** f sparkler;

~**kind** n infant prodigy; ~**knabe** m boy wonder; ~**kraft** f miraculous (or magic) power; ~**kur** f miraculous cure; ~**lampe** f magic lantern; ~**land** n Fairyland, wonderland; 2~**lich** adj. queer, quaint, odd, strange; whimsical; peculiar; eccentric; ~**er Kauz** queer chap, eccentric; ~**lichkeit** f (-; -en) queerness, strangeness, oddity; whimsicality; eccentricity; ~**mittel** n wonder-drug, panacea; 2~**n** v/t. (h.) surprise, astonish; sich ~ wonder (über acc. at), be surprised or astonished (at); be surprised to see, etc.; es wundert mich I am surprised, etc., (at it); es sollte mich nicht ~, wenn I shouldn't be at all surprised if, I shouldn't wonder if; 2~**nehmen** v/t. (irr., h.) astonish, surprise; es nimmt mich wunder, daß I am astonished that; 2~**sam** adj. wondrous, wonderful; 2~**schön** adj. very beautiful, of breathtaking beauty, lovely; ~**spiegel** m magic mirror; ~**tat** f miraculous deed, miracle; ~**täter(in** f) m miracle--worker; 2~**tätig** adj. wonder-working, miraculous; ~**tier** n monster; fig. prodigy; er wurde wie ein ~ angestarrt he was stared at as if he were a strange animal; 2~**voll** adj. wonderful, marvel(l)ous, admirable; grand (day); ~**welt** f world of wonders; ~**werk** n miracle; fig. a. wonder, marvel; ~**zeichen** n miraculous sign.

'**Wund...:** ~**fieber** n wound-fever; 2~**laufen:** sich ~ (irr., h.) get foot--sore; 2~**liegen:** sich ~ (irr., h.) get bedsore; ~**mal** n (-[e]s; -e) scar; eccl. stigma; ~**e** pl. stigmata; ~**mittel** n remedy for wounds, vulnerary; ~**pflaster** n adhesive plaster; ~**pulver** n vulnerary powder; ~**rand** m lip of wound; ~**rose** f wound erysipelas; ~**salbe** f ointment, salve; ~**schere** f surgical scissors pl.; ~**schorf** m scab; ~**sein** n soreness; of babies: diaper rash; ~**starrkrampf** m (-[e]s) tetanus.

Wunsch [vunʃ] m (-es; ÷e) wish, desire; request; ambition; auf ~ by (or on) request; if desired; auf j-s ~ at a p.'s request; auf allgemeinen ~ by popular request; (je) nach ~ as desired; es ging alles nach ~ everything went smoothly; mit den besten Wünschen with the best wishes; mit den besten Wünschen zum Fest with the compliments of the season; haben Sie noch e-n ~? is there anything else I can do for you?; → fromm; '~**bild** n ideal; '~**denken** n wishful thinking.

Wünschelrute ['vynʃəl-] f divining--rod, dowser's rod; ~**ngänger** ['-gəŋər] m (-s; -) diviner, dowser.

wünschen ['vynʃən] v/t. (h.) wish, desire (j-m et. a th. for a p.); want; request; → Glück; sich ~ wish for, long for; viel zu ~ übriglassen leave much to be desired; j-m e-n guten Morgen ~ bid a p. good morning; (ich) wünsche wohl geruht zu haben I hope you have slept well; ich wünsche Ihnen alles Gute I wish you well or all the best; ich wünsche es Ihnen von ganzem Herzen I wish it for you with all my heart; *was ~ Sie (von mir)?* what do you want (of me)?, what can I do for you?; *wie Sie ~* as you please, *iro.* suit yourself; **~swert** *adj.* desirable.

'**Wunsch...:** **~form** *gr. f* optative form; **gemäß** *adv.* as requested (*or* desired), according to one's wishes; **~konzert** *n* (musical) request program(me); **los** *adv.:* ~ *glücklich* perfectly happy; **~traum** *m* wish-dream; wishful thinking; *Am. a.* pipe dream; **~zettel** *m* list of wishes, letter to Santa Claus.

wupp [vup], '**wuppdich I.** *int.* pop!; **II.** *adv.* like a shot, in a flash.

wurde ['vurdə] *pret. of werden I and II.*

Würde ['vyrdə] *f* (-; -n) dignity; *w.s. a.* (position of) hono(u)r, title, office; *akademische ~* academic degree; *unter aller ~* beneath contempt; *unter meiner ~* beneath my dignity; **los** *adj.* undignified; **~(n)träger** *m* dignitary, high official; **voll I.** *adj.* dignified; solemn, grave; **II.** *adv.* with dignity.

'**würdig** *adj.* worthy (*gen.* of); deserving (of); dignified; *er ist dessen nicht ~* he does not deserve it; **~en** ['-gən] *v/t.* (h.) appreciate, value; give proper attention to; mention hono(u)rably; laud, praise; assess; *j-n e-s Blickes (Wortes) ~* deign to look at (speak to) a p.; *j-n keines Blickes ~* ignore a p. completely, do not so much as look at a p.; *er würdigte mich, etc.,* keiner *Antwort* he vouchsafed no answer; *er kann solche Dinge nicht recht ~* he has no appreciation of such things; **ung** ['-guŋ] *f* (-; -en) appreciation, assessment (*both a. jur.*); valuation; *in ~ s-r Verdienste* in appreciation of, in recognition of his merits.

Wurf [vurf] *m* (-[e]s; ~e) throw (*a. wrestling*), cast; pitch; *aer.* release (*of bombs*); *zo.* (~ *Junge*) litter, brood; *fig.* (*glücklicher ~*) hit, ten-strike; *fig. e-n guten ~ tun* have a stroke of luck, hit the jackpot; *großer ~* bold design, great success; *alles auf einen ~ setzen* put all one's eggs in one basket, stake all on a single throw *or* card; '**~anker** *m* kedge, grapnel; '**~bahn** *f* trajectory; '**~disziplin** *f sports:* throwing event.

Würfel ['vyrfəl] *m* (-s; -) cube; *games:* die, *pl.* dice; *falsche ~* loaded dice; **~** *spielen* play (at) dice; *die ~ sind gefallen* the die is cast; **~becher** *m* dice-box; **förmig** ['-fœrmiç] *adj.* cubic(al), cube-shaped; **ig** *adj.* cubic(al); chequered (*pattern*); **~muster** *n* chequered design; **n I.** *v/i.* (h.) play (at) dice; throw dice; *um et. ~* throw dice for, raffle for *a th.*; **II.** *v/t.* (h.) chequer (*fabric*); **~schraube** *tech. f* cube-headed screw; **~spiel** *n* game of dice; **~spieler** *m* dice-player; **~zucker** *m* lump sugar, cube-sugar.

'**Wurf...:** **~gerät** *mil. n* projector; → **Wurfrahmen; ~geschoß** *n* missile, projectile; **~granate** *f* mortar shell;

~höhe *f* height of projection; **~kraft** *f* (-) projectile force; **~lehre** *f* (-) ballistics *pl.*; **~leine** *mar. f* warp line; **~linie** *f* line of projection, projectile curve; **~messer** *n* throwing knife; **~pfeil** *m* dart; **~rahmen** *mil. m* multiple rocket launcher; **~schaufel** *agr. f* winnow (-ing shovel); **~scheibe** *f* quoit; discus; **~sendung** *f* bulk mail; **~speer, ~spieß** *m* javelin; **~taube** *f* clay pigeon; **~weite** *mil. f* mortar (*or* throwing) range; forward travel.

Würg|egriff ['vyrgə-] *m* stranglehold (*a. fig.*); **en I.** *v/t.* (h.) throttle, choke (*both a. tech.*); strangle, take by the throat; *poet.* slay, slaughter; *thing:* choke, stick in *a p.'s* throat; **II.** *v/i.* (h.) choke; retch; gag on one's food; gulp; *fig.* an e-r Arbeit ~ struggle hard at, sweat over *a job*; **~engel** *m* destroying angel; **~er** *m* (-s; -) slayer, butcher, murderer (*a.* **~erin** *f*, -; -nen); *orn.* butcher-bird.

Wurm [vurm] **1.** *m* (-[e]s; ~er) worm (*a. med., tech., and fig.*); grub, maggot; dragon; *anat.* vermiform process; *med. on finger:* whitlow; *vet.* farcy; *colloq. fig.* crotchet, maggots *pl.* in the brain; *colloq. j-m die Würmer aus der Nase ziehen* worm secrets out of a p., draw a p. out; **2.** *colloq. n* mite (of a child); *das arme ~!* poor little mite!; **abtreibend** *adj.* anthelmintic; *a.* (~ *Mittel*) vermifuge; **ähnlich** *adj.* worm-like, vermicular.

Würmchen ['vyrmçən] *n* (-s; -) little worm; *colloq. fig.* (poor) little mite.

'**wurmen** *v/t.* (h.) gall, vex; rankle (*j-n* in a p.).

'**Wurm...:** **förmig** ['-fœrmiç] *adj.* vermicular, wormshaped, vermiform; **fortsatz** *anat. m* appendix; **~fraß** *m* damage done by worms; **ig** *adj.* wormy, worm-eaten; maggoty; **krank** *adj.* suffering from worms; **~krankheit** *f* (intestinal) worms *pl.*; **~kur** *f* cure for worms, vermifuge; **~loch** *n* → **Wurmstich; ~mehl** *n* worm-dust; **~mittel** *n* vermifuge; **~stich** *m* worm-hole; **stichig** ['-ʃtiçiç] *adj.* worm-eaten; wormy (*fruit*); *fig.* unsound, rotten, corrupt.

Wurst [vurst] *f* (-; ~e) sausage; *colloq. ~ wider ~* tit for tat; *colloq. es ist mir (ganz) ~* I don't care (a rap), it's all the same to me; *colloq. jetzt geht's um die ~!* now or never!, it's do or die now!; *mit der ~ nach der Speckseite werfen* cast a sprat to catch a mackerel; '**~blatt** *colloq. n* (*newspaper*) rag.

Würstchen ['vyrstçən] *n* (-s; -) little sausage; *warmes ~* hot sausage, *Am.* hot dog; *colloq. fig. kleines ~* small fry, a nobody, *Am. a.* small-time operator.

'**Wurstdarm** *m* sausage skin.

Wurstelei [vurstə'laɪ] *colloq. f* (-) muddling, muddle.

'**wursteln** *colloq. v/i.* (h.) muddle along (*or* through).

'**wursten** *v/i.* (h.) make sausages.

'**Wurst...:** **~fleisch** *n* sausage-meat; **förmig** ['-fœrmiç] *adj.* sausage-

-shaped; **~händler** *m* pork-butcher; **~haut** *f* sausage skin (*or* casing); **ig** *colloq. adj.* quite indifferent, devil-may-care; **~igkeit** *colloq. f* (-) (utter) indifference, unconcern, nonchalance; **~kessel** *m: colloq. im ~ sitzen* be in the soup; **~laden** *m* pork-butcher's shop; **~vergiftung** *f* sausage-poisoning, botulism; **~waren** *f/pl.* sausages (and similar products); **~zipfel** *m* sausage-end.

Würze ['vyrtsə] *f* (-; -n) spice, condiment; seasoning, flavo(u)r; *for beer:* wort; fragrance; *fig.* (special) flavo(u)r; → *Kürze;* ~ *des Lebens* salt of life.

Würzelchen ['vyrtsəlçən] *n* (-s; -) rootlet, radicle.

Wurzel ['vurtsəl] *f* (-; -n) root (*a. math., of tooth, and fig.*); *gr.* root, stem; (hair) bulb; carrot; *math. zweite (dritte) ~* square (cubic) root; ~ *fassen or schlagen* (*a. fig.*) take (*or* strike) root; *math. die ~ (aus e-r Zahl) ziehen* find (*or* extract) the root (of a number); *fig. mit der ~ ausrotten* eradicate; **artig** ['-ɑːrtiç] *adj.* root-like; **~behandlung** *f* root-treatment; **~brand** *m* (-[e]s) root-rot; **echt** *bot. adj.* own-rooted; **~exponent** *math. m* radical index; **~faser** *f* root fibril; **~fäule** *f* → **Wurzelbrand;** **fest** *adj.* root-bound; **~füllung** *med. f* root filling; **~gemüse** *n* root vegetables *pl.*; **~größe** *math. f* radical quantity; **haft** *adj.* rooted; **ig** *adj.* rooty (*ground*); **~keim** *m* radicle; **~knollen** *m* tuber, bulb; **los** *adj.* rootless; **n** *v/i.* (h., sn) (take) root, send out roots; *fig. ~ in* have its root in, be rooted (*or* grounded) in; *tief ~* be deep-rooted; **~schößling** *m* sucker, runner; **~silbe** *gr. f* root syllable; **~stock** *m* (-[e]s; ~e) root stock; **~trieb** *m* root sucker, rootling; **~werk** *n* (-[e]s) root system, roots *pl.*; **~wort** *gr. n* (-[e]s; ~er) radical word, root; **~zahl** *math. f* root; **~zeichen** *math. n* radical sign.

'**würz|en** *v/t.* (h.) spice, season, flavo(u)r; *fig. a.* give zest to, ginger up; **ig** *adj.* spicy, well-seasoned, aromatic; piquant; **kräuter** *n/pl.* aromatic herbs; **los** *adj.* unspiced, flavo(u)rless; *fig.* flat; **nelke** *f* clove; **stoff** *m* seasoning, aromatic essence; **wein** *m* spiced wine.

wusch [vuːʃ] *pret. of waschen.*

wuschel|ig ['vuʃəliç] *adj.* tousled; **kopf** *m* mop of curly hair.

wuseln ['vuːzəln] *v/i.* (sn) swarm (*von* with); be crawling (with).

wußte ['vustə] *pret. of wissen.*

Wust [vuːst] *m* (-es) tangled mass; rubbish, trash, mess, jumble.

wüst [vyːst] *adj.* desert, waste, desolate; confused; wild, dissolute, depraved; vulgar; filthy, vile; *colloq.* awful; ~ *und leer* waste and void; **e(nei)** ['-ə'naɪ] *f* (-; -en) desert, waste, wilderness; *fig. Rufer in der ~* voice crying in the wilderness; *fig. in die ~ schicken* send into the wilderness; '**~en** *v/i.* (h.): *mit et. ~* waste, ruin; play havoc with; '**enschiff** *fig. n* ship of the desert, camel; **ling** ['-liŋ] *m*

(-s; -e) libertine, debauchee, rake, lecher.

Wut [vuːt] *f* (-) rage, fury; towering rage; wrath; mania; *in ~* in a rage; *in ~ geraten* fly into a rage *or* passion, see red; *j-n in ~ bringen* enrage (*or* incense, infuriate) a p.; *colloq.* vor ~ *platzen* hit the ceiling, blow one's top; *vor ~ kochen* boil with rage, foam (at the mouth), fume; → *auslassen, etc.*; '**~anfall**

m fit of rage; '**~ausbruch** *m* outburst of fury, explosion; tantrum.

wüten ['vyːtən] *v/i.* (h.) rage, storm; *person:* a. rave, foam; *crowd:* riot; **~d I.** *adj.* furious, raving, fuming, rabid; convulsed with rage; *esp. Am.* mad (*auf acc., über acc.* at), hot under the collar; *fig.* furious, fierce, savage (*attack, etc.*); raging (*elements*); **II.** *adv.* furiously; ~

machen infuriate, incense, enrage; ~ *blicken* glare, look daggers.

wutentbrannt ['~'ʔɛntbrant] *adj.* enraged, infuriated, furious.

Wüterich ['vyːtəriç] *m* (-[e]s; -e) berserk, bloodthirsty man; maniac; tyrant.

'**wütig** *adj.* → **wütend.**

'**wutschnaubend** *adj.* foaming (with rage), breathing revenge.

'**Wutschrei** *m* yell of rage.

X, Y

X, x [iks] *n* X, x; *j-m ein ~ für ein U vormachen* throw dust in a p.'s eyes; *er läßt sich kein ~ für ein U vormachen* he is nobody's fool.

'**X-Achse** *math. f* axis of x.

'**X-Beine** *n/pl.* knock-knees; **X-beinig**['-baɪniç] *adj.* knock-kneed.

'**x-beliebig** *adj.* any (... you please).

'**x-mal** *colloq. adv.* (ever so) many times, umpteen times.

'**X-Motor** *m* X-type engine.

'**X-Koordinate** *math. f* x-coordinate.

xte ['ikstə] *adj.:* zum ~n *Male* for the nth (*or* umpteenth, umptieth) time.

Xylo|graph [ksylo'graːf] *m* (-en; -en) xylographer; **~gra'phie** *f* (-; -n) xylography; **♀graphisch** *adj.* xylographic(al).

Xylol [ksy'loːl] *n* (-s) xylene.

Xylophon [ksylo'foːn] *mus. n* (-s; -e) xylophon.

Xylose [ksy'loːzə] *f* (-) xylose.

Y, y ['ypsilɔn] *n* Y, y.

'**Y-Achse** *math. f* axis of y.

Ypsilon ['ypsilɔn] *n* (-[s]; -s) the letter Y.

Ysop ['yːzɔp] *bot. m* (-s; -e) hyssop.

Z

Z, z [tsɛt] *n* Z, z.

Zäckchen ['tsɛkçən] *n* (-s; -) denticle; small prong; *of lace:* purl.

Zacke ['tsakə] *f* (-; -n), **~n** *m* (-s; -) (sharp) point; prong, tine; indent (-ation); spike; (*mountain*) jag, peak; *bot.* crenature; tooth (*of comb, saw*); notch; *dressmaking:* scallop; wave (*of cardiogram, etc.*).

'**zacken** *v/t.* (h.) indent, notch; tooth; jag; *dressmaking:* scallop, pink; **♀borste** *f* purl-edging; **~förmig** ['-fœrmiç] *adj.* serrated, jagged.

'**zackig** *adj.* indented, notched; jagged; pointed; branched; *bot.* crenate, serrate(d); scalloped (*dress*); *colloq. fig.* smart, snappy, *Am. a.* snazzy.

zag|en ['tsaːgən] *v/i.* (h.) quail; shrink, flinch; waver; **♀en** *n* (-s) quailing; trembling; shrinking, flinching; **~haft** ['tsaːk-] *adj.* fainthearted, fearful; timid; cautious; gingerly (*a. adv.*); **♀haftigkeit** *f* (-) faint-heartedness; timidity.

zäh|(e) ['tsɛː(ə)] *adj.* tough, tenacious; ropy, viscous, glutinous (*liquid*); stringy (*meat*); *metall.* ductile; *fig.* tough; wiry; tenacious; stubborn; grim, dogged (*energy*); **~er** *Bursche* hard customer; *ein ~es Leben haben* be tenacious of life, be difficult to kill; **♀festigkeit** *tech. f* tenacity; **~flüssig** *adj.* viscous, thickly liquid, sticky; **♀igkeit** *f* (-) toughness, tenacity; ropiness; viscosity; *metall.* ductility; *fig.* tenacity; doggedness.

Zahl [tsaːl] *f* (-; -en) number; figure; numeral; cipher; digit; *vierstellige ~* 4-digit number; *in*

großer ~ in large numbers; an ~ übertreffen outnumber.

Zähl-apparat ['tsɛːl-] *m* → **Zähler.**

zahlbar ['tsaːl-] *adj.* payable (*bei* at, with; *an acc.* to); ~ *sein or werden* fall due, be(come) payable; ~ *machen or stellen* make payable; domiciliate (*bill of exchange*); ~ *bei Lieferung* cash (*Am.* collect) on delivery (*abbr.* C.O.D.).

'**zählbar** *adj.* countable, computable.

'**Zahlbrett** *n* money-tray.

zähleblig ['tsɛːleːbiç] *adj.* tenacious of life.

'**zahlen** *v/t. and v/i.* (h.) pay; settle *debt* (*dat.* with), pay off; meet (*bill of exchange*); *Kinder ~ die Hälfte* children half-price; *at restaurant:* ~*!* the bill (*Am.* the check), please!

'**zählen** *v/t. and v/i.* (h.) count (*a. fig.*); number; *cards, sports, etc.:* (keep the) score; *parl. Stimmen ~* tell the votes; take the census of (*population*); *tech.* register, integrate; *des Meßgerät* integrating meter; *fig.* number, have; boast, call one's own; ~ *auf* (*acc.*) count on; *unter* (*acc.*) ... ~, *zu* (*dat.*) ... ~ number among, rank with, *v/i. a.* be reckoned among, be considered one of, be classed with; *sie zählte 12 Jahre* she was twelve (years old); *er* (*es*) *zählt nicht* he (it) does not count; *seine Tage sind gezählt* his days are numbered; → *drei.*

'**Zahlen...:** **~akrobatik** *f* juggling with figures; **~angaben** *f/pl.* numerical data, figures; **~beispiel** *n* numerical example; **~bild** *n* figures *pl.*; **~bruch** *math. m* numerical fraction; **~folge** *f* numerical order; **~größe** *math. f* numerical quan-

tity; **~lotterie** *f*, **~lotto** *n* → *Lotto* **♀mäßig** ['-mɛːsiç] **I.** *adj.* numerical; **II.** *adv. a.* in terms of figures; *j-m ~ überlegen sein* outnumber; **~material** *n* → *Zahlenangaben;* **~reihe** *f* numerical series; **~schloß** *n* combination lock; **~sinn** *m* (-[e]s) sense (*or* head) for figures; **~verhältnis** *n* numerical proportion; **~wert** *m* numerical value.

'**Zahler(in** *f*) *m* (-s, -; -, -nen) payer; *pünktlicher* (*säumiger*) ~ prompt (dilatory) payer.

'**Zähler** *m* (-s; -) counter; *bank, parl.:* teller; *math.* numerator; *tech.* counter; integrating meter; *el., etc.:* meter; **~ablesungen** *f/pl.* meter readings; **~tafel** *f* meter board; **~taste** *f* register key.

'**Zahl...:** **~grenze** *f* fare stage; **~karte** *f* paying-in form *or* slip.

'**Zählkarte** *f sports:* scoring card; *statistics:* census-paper.

'**Zahl...:** **~kellner** *m* head waiter, cashier; **♀los** *adj.* numberless, innumerable, countless; *a sea of;* **~meister** *m mil.* paymaster, *mar.* purser; **~meisterei** *f* [-maɪstə'raɪ] *f* (-; -en) paymaster's office; **~pfennig** *m* counter; **♀reich I.** *adj.* numerous, a great many; **II.** *adv.:* in great number.

'**Zählrohr** *n* Geiger counter.

'**Zahlstelle** *f* paying office; sub-branch (*of bank*).

'**Zählstrich** *m* tally.

'**Zahltag** *m* pay day; *stock exchange:* settling day.

'**Zähltaste** *tech. f* register key.

'**Zahlung** *f* (-; -en) payment; settlement, clearance (*of debt*); disbursement (*of expenses*); *gegen* (*mangels*) ~ against (in default of) payment;

an ~s Statt in lieu of payment; ~ leisten make (or effect) payment; e-e ~ leisten make a payment; in ~ geben offer as payment; trade in; in ~ nehmen take in part payment or in part exchange, receive in payment.

'**Zählung** f (-; -en) counting; count; numeration; census; tech. metering, registering.

'**Zahlungs**...: ~**abkommen** n payments agreement; ~**anweisung** f order to pay; money order, postal order; → Scheck; ~**anzeige** f advice of payment; ~**aufforderung** f request for payment; ~**aufschub** m respite, extension of time, moratorium; ~**auftrag** m payment order; ~**ausgang** m out-payment; ~**ausgleich** m settlement of payments; ~**bedingungen** f/pl. terms of payment; ~**befehl** m default summons, writ of execution; ~**beleg** m voucher; ~**bilanz** f balance of payments; ~**bilanzkredit** m balance of payments credit; ~**eingang** m in-payment; pl. payments received; ~**einstellung** f suspension of payment; ~**empfänger** m payee; ~**erleichterungen** f/pl. facilities (of payment), deferred terms available; mit ~ on extended terms; 2**fähig** adj. able to pay; solvent; ~**fähigkeit** f (-) ability to pay; econ. solvency; ~**freigrenze** f free quota for payments; ~**frist** f term of payment; → Zahlungsaufschub; 2**kräftig** adj. substantial; ~**mittel** n currency; gesetzliches ~ legal tender; bargeldloses ~ credit instrument; ~**ort** m place of payment; domicile (of bill of exchange); ~**plan** m instal(l)ment plan, partial payment plan; terms pl. of redemption; ~**schwierigkeiten** f/pl. financial difficulties, pecuniary embarrassment; ~**sperre** f stoppage of payments; blocking; 2**technisch** adj. relating to payments; ~ bedingt due to payment factors; ~**termin** m date of payment; 2**unfähig** adj. unable to pay; econ. insolvent; ~**unfähigkeit** f (-) inability to pay; econ. insolvency; ~**union** f: Europäische ~ (E.Z.U.) European Payments Union; ~**verkehr** m payments system; transfers pl.; bargeldloser ~ clearance system, cashless transfer system; ~**verpflichtung** f liability (to pay); ~**versprechen** n promise to pay; promissory note; ~**verweigerung** f refusal to pay, non-payment; ~**verzug** m default; ~**weise** f mode of payment.

'**Zählwerk** n counting train; meter, register.

'**Zahl**...: ~**wort** gr. n (-[e]s; ~er) numeral; ~**zeichen** n figure, cipher.

zahm [tsɑːm] adj. tame, domestic (-ated); bot. cultivated; fig. tame (man, story, etc.); gentle; mild; tractable; j-n ~ machen bring a p. to heel.

zähm|bar ['tsɛːmbɑːr] adj. tamable; ~**en** v/t. (h.) tame (a. fig.), domesticate; break in (horse); fig. restrain, control, master, check (sich o.s.).

'**Zahmheit** f (-) tameness; fig. mildness.

'**Zähmung** f (-; -en) taming.

Zahn [tsɑːn] m (-[e]s; ~e) tooth; zo. fang; tusk; tech. tooth, gear, cog; Zähne betreffend dental; fig. der ~ der Zeit the ravages pl. of time; Zähne bekommen cut one's teeth; bis an die Zähne bewaffnet armed to the teeth; die Zähne zeigen show one's teeth (a. fig.: j-m to a p.), beast: bare one's fangs; → zusammenbeißen; colloq. etwas für den hohlen ~ precious little; j-m auf den ~ fühlen sound a p.; colloq. mit e-m tollen ~ at a roaring speed; sich e-n ausbeißen break a tooth; fig. sich die Zähne ausbeißen bite a file; → fletschen, knirschen; '~**arzt** m dental surgeon, dentist; '2**ärztlich** adj. dental; '~**behandlung** f dental treatment; '~**bein** n dentin(e); '~**belag** m film (on the teeth); '~**bohrer** m dental drill; '~**bürste** f tooth brush; '~**chirurgie** f dental surgery; '~**durchbruch** m dentition.

Zähne ['tsɛːnə-]: ~**fletschen** n (-s) showing one's teeth, snarl, baring teeth or fangs; ~**klappern** n chattering of teeth; mit ~ with chattering teeth; ~**knirschen** n (-s) gnashing of teeth; 2**knirschend** adv. gnashing (or gritting) his (her) teeth, grimly.

'**zahnen** I. v/i. (h.) cut one's teeth, be teething; II. v/t. (h.) tech. tooth, notch; 2 n (-s) teething, dentition.

'**zähnen** v/t. (h.) indent, notch; denticulate.

'**Zahn**...: ~**ersatz** m (artificial) denture, dental prosthesis; ~**fäule** f caries; ~**fistel** f alveolar fistula; ~**fleisch** n gums pl.; ~**fleischblutung** f bleeding from the gums; ~**formel** f dental formula, dentition; ~**füllung** f filling, stopping; ~**geschwür** n abscess in the gums; gum boil; ~**hals** m neck of a tooth; ~**heilkunde** f (-) dentistry; ~**höhle** f socket of a tooth; med. dental cavity; ~**infektion** f dental infection; ~**klinik** dental clinic; ~**kranz** tech. m gear rim; ~**krem** f tooth-paste; ~**krone** f crown; ~**laut** gr. m dental (sound); ~**lippenlaut** gr. m labiodental (sound); 2**los** adj. toothless; ~**lücke** f gap between two teeth; tech. tooth space; ~**nerv** m (dental) pulp, nerve (of tooth); ~**paste** f tooth-paste; ~**patient** m dental patient; ~**pflege** f care of one's teeth, dental hygiene; ~**plombe** f filling, stopping; ~**prothese** f denture, dental prosthesis; ~**pulver** n tooth-powder.

'**Zahnrad** n cog-wheel, gear(-wheel), toothed wheel; ~**abwalzfräsmaschine** f gear hobbing machine; ~**antrieb** m gear drive; ~**bahn** f rack-railway, cog-wheel railway; ~**fräser** m gear cutter; ~**getriebe** n toothed gear, gear transmission; pinion gear; ~**übersetzung** f (back) gearing, transmission gear.

'**Zahn**...: ~**reinigungsmittel** n dentifrice; ~**schmelz** m dental enamel; ~**schmerz** m toothache; ~**schutz** m sports: mouthpiece, gum shield; ~**stange** f (toothed) rack; ~**stein** med. m (-[e]s) tartar; ~**stocher** m

toothpick; ~**techniker** m dental technician.

'**Zähnung** f (-; -en) serration; tech. toothing.

'**Zahn**...: ~**wasser** n tooth wash; ~**wechsel** m second dentition; ~**weh** n toothache; ~**werk** tech. n rack-work; ~**wurzel** f root of a tooth; ~**zange** f dental forceps; ~**zerfall** m dental necrosis, tooth decay; ~**ziehen** n extraction or pulling of teeth.

Zähre ['tsɛːrə] poet. f (-; -n) tear.

Zander ['tsandər] ichth. m (-s; -) pike-perch.

Zange ['tsaŋə] f (-; -n) (e-e ~ a pair of) tongs pl.; nippers; pliers pl.; tweezers pl.; med. forceps (a. zo. = forcipated claw), a. zo. pincers pl.; fig. j-n in die ~ nehmen work on a p. (from two sides), corner a p.; soccer: sandwich a p.; ~**nbewegung** mil. f pincer movement; ~**ngeburt** f forceps delivery; ~**nvorschub** tech. m gripper feed.

Zank [tsaŋk] m (-[e]s) quarrel; bickering, squabble, row; '~**apfel** m (-s) apple of discord, bone of contention; '2**en** v/i. and sich ~ (h.) quarrel (um over), wrangle, squabble, bicker; brawl; sich ~ mit a. have words with.

Zän|ker ['tsɛŋkər] m (-s; -), ~**kerin** f (-; -nen) quarrel(l)er, wrangler, squabbler; only f: scold, termagant, shrew; ~**ke'rei** f (-; -en) bickering, quarrel(l)ing.

'**zankhaft**, '**zänkisch** adj. quarrelsome, bickering, nagging.

'**Zank|sucht** f (-) quarrelsomeness; 2**süchtig** adj. quarrelsome.

Zäpfchen ['tsɛpfçən] n (-s; -) small peg; anat. gr. uvula; in eye: cone; med. suppository; ~... a. gr. uvular.

Zapfen ['tsapfən] m (-s; -) plug; peg, pin; tenon; bung, spigot; pivot; journal; trunnion; stud; bot. cone; 2 v/t. (h.) tap; join beams with (mortise and) tenon; ~**bohrer** m tap borer; 2**förmig** ['-fœrmiç] adj. peg-shaped, cone-shaped; ~**lager** tech. n pivot (or journal) bearing; trunnion seat; bush; chock (of cylinder); ~**loch** n tap hole; tech. pivot hole; cabinet-making: mortise; ~**streich** mil. m curfew; tattoo, retreat, Am. taps pl.; 2**tragend** adj. coniferous.

'**Zapf**...: ~**er** m (-s; -) tapster; tech. feeder; ~**hahn** m tap, Am. faucet; mot. hose nozzle; ~**säule** mot. f (fuel) dispensing pump; ~**stelle** f tap; mot. filling station; el. wiring point.   [varnish.\

Zaponlack ['tsapoːn-] m Zapon\

zappel|ig ['tsapəliç] adj. fidgety, restless; nervous; ~**n** v/i. (h.) struggle; wriggle; flounder; fidget; fig. j-n ~ lassen keep a p. in suspense or on tenterhooks; tantalize a p.; 2**liese** ['-liːzə] f (-; -n), 2**philipp** ['-filip] colloq. m (-s; -e) fidget.

Zar [tsaːr] m (-en; -en) tsar, czar; '**Zarentum** n (-s) tsardom; **Zarewitsch** [tsa're:vitʃ] m (-[e]s; -e) tsarevitch.

Zarge ['tsargə] tech. f (-; -n) border, edge; frame, case; sash; side (of violin, etc.).

'**Zarin** f (-; -nen) tsarina.
zart [tsɑːrt] adj. tender (age, conscience, heart, meat, etc.); soft (skin, sound, etc.); colour: a. pale, subdued; gentle; sensitive; delicate (child, flower, health, skin); slight, dainty (child, girl); das ‿e Geschlecht the gentle sex; ‿er Wink gentle hint; '‿besaitet fig. adj. delicately strung, sensitive; '‿fühlend adj. delicate, tactful; '♀gefühl n (-[e]s) delicacy (of feeling), good sense, tactfulness; '‿grün adj. pale green; '♀heit f (-) tenderness; softness; delicacy, delicateness; gentleness.
zärtlich ['tsɛːrtliç] adj. tender; fond, loving, amorous; ♀keit f (-; -en) tenderness; fondness; caress.
Zaster ['tsastər] colloq. m (-s) (money) brass, dough.
Zäsur [tsɛˈzuːr] f (-; -en) caesura; cut; break.
Zauber ['tsaubər] m (-s; -) spell, charm, magic (all a. fig.); enchantment; glamo(u)r; lure; contp. trick; fauler ‿ humbug, swindle; der ganze ‿ the whole concern; ‿ des Rampenlichts glamo(u)r of the footlights; wie durch ‿ as if by magic; den ‿ lösen break the spell; ‿bann m spell; ‿buch n conjuring book.
Zaube|'rei f (-; -en) magic, sorcery; witchcraft; conjuring, juggling, sleight-of-hand; '‿rer m (-s; -) sorcerer, magician, (a. fig.) wizard; fig. enchanter; → Zauberkünstler.
'**Zauber...:** ‿flöte f magic flute; ‿formel f spell, charm, magic formula; ‿garten m enchanted garden; ♀haft, ♀isch adj. enchanting, magical, glamo(u)rous, bewitching; ‿in f (-; -nen) sorceress; fig. enchantress; ‿kraft f magic (power); ‿kunst f magic (or black) art, witchcraft; → Zauberkunststück; ‿künstler m conjurer, illusionist, juggler; ‿kunststück n conjuring trick, sleight-of-hand; ‿land n enchanted land, Fairyland; ‿mittel n charm, spell; ♀n I. v/i. (h.) practise magic; do conjuring tricks; colloq. fig. ich kann doch nicht ‿ I can't work miracles; II. v/t. (h.) produce by magic, conjure; ‿schloß n enchanted castle; ‿spiegel m magic mirror; ‿spruch m → Zauberformel; ‿stab m magic wand; ‿trank m magic potion, philtre; ‿wald m enchanted forest; ‿werk n witchcraft, sorcery; ‿wort n (-[e]s; -e) magic word.
Zauder|er ['tsaudərər] m (-s; -) lingerer, delayer; irresolute person, temporizer; ♀n v/i. (h.) linger, delay; hesitate (mit about), waver; temporize, shilly-shally; ‿n n (-s) lingering; hesitation, wavering.
Zaum [tsaum] m (-[e]s; ⁓e) bridle; fig. im ‿ halten keep in check; keep a tight rein on; curb, bridle (passion, etc.).
zäumen ['tsɔymən] v/t. (h.) bridle.
'**Zaum...:** ‿pfad m bridle-path; ‿zeug n headgear, bridle.
Zaun [tsaun] m (-[e]s; ⁓e) fence; lebendiger ‿ quickset hedge; hoarding, boarding; fig. vom ‿ brechen a) e-n Krieg: start a war, b) e-e

Gelegenheit: make an opportunity, c) e-n Streit: (take the first opportunity to) pick a quarrel; fig. j-m über den ‿ helfen help a p. over the stile; '‿gast m deadhead, intruder, looker-on; '‿könig orn. m wren; '‿pfahl m pale; j-m e-n Wink mit dem ‿ geben give a p. a broad hint; '‿rebe bot. f Virginia creeper.
zausen ['tsauzən] v/t. (h.) pull about; tousle (hair), a. fig. ruffle.
Zebra ['tseːbra] n (-s; -s) zebra; ‿streifen m traffic: zebra crossing.
Zech|bruder ['tseç-] m tippler, toper; boon-companion; ‿e f (-; -n) 1. score, reckoning, bill; die ‿ bezahlen foot the bill, fig. pay the piper; 2. mine; coal pit, colliery; mining company; ♀en v/i. (h.) carouse, tipple, banquet; ‿enkohle f mine coal; ‿enkoks m furnace coke; ‿er m (-s; -) (hard) drinker, tippler, toper, revel(l)er; ‿gelage f carouse, drinking-bout, spree; ‿kumpan m boon-companion; ‿preller ['-prɛlər] m (-s; -) bilk(er), hotel-bill skipper; ‿prelle'rei f (-; -en) hotel fraud, bilk(ing).
Zecke ['tsɛkə] f (-; -n) tick.
Zedent ['tseˈdɛnt] m (-en; -en) transferor, assigner.
Zeder ['tseːdər] bot. f (-; -n) cedar.
ze'dieren v/t. (h.) cede, transfer, assign (dat. to).
Zeh [tse:] m (-[e]s, -en), '‿e f (-; -n) toe; bot. clove (of garlic); großer (kleiner) ‿ big (little) toe; '‿ennagel m toenail; '‿enspitze f point or tip of the toe; auf den ‿n on tiptoe.
zehn [tse:n] adj. ten; → acht; ♀ f (-; -en) (number) ten; ♀eck ['-ʔɛk] n (-[e]s; -e) decagon; ♀ender ['-ʔɛndər] m (-s; -) stag of ten points (or antlers); '♀er m (-s; -) ten; ten-pfennig piece; colloq. fig. der ‿ fällt the penny drops; ‿erlei ['-ərlaɪ] adj. of ten sorts, ten different (kinds of); ♀erreihe f column of tens; ♀erstelle f decimal place; '‿fach, ‿fältig [-fɛltiç] adj. tenfold; ♀fingersystem n typing: touch system; '‿jährig adj. ten-year-old; of (or lasting) ten years, ten-year; '♀kampf m decathlon; '♀kämpfer m decathlon competitor or man; '‿mal adv. ten times; '‿malig adj. ten (times repeated); '‿tägig adj. of (or lasting) ten days, ten days', ten-day; '‿tausend adj. ten thousand; ♀e von Exemplaren, etc. tens of thousands of copies, etc.; ‿te ['-tə] adj. tenth; '♀te m (-en; -en) tithe; ♀tel ['-təl] n (-s; -) tenth (part); '‿ten v/t. (h.) tithe; math. decimate; '‿tens ['-təns] adv. tenth(ly), in the tenth place; '‿t-pflichtig adj. tithable.
zehren ['tse:rən] v/i. (h.): ‿ von (dat.) live (or exist) on; fig. live off the capital; draw on supplies; von e-r Erinnerung (an et.) ‿ remember a th. fondly, enjoy a recollection; physiol. make thin; give an appetite; fig. ‿ an (dat.) gnaw at, prey upon, undermine; ‿d med. adj. consumptive, wasting.
'**Zehr...:** ‿fieber med. n hectic fever; ‿geld n, ‿pfennig m travel(l)ing money; ‿ung f (-) (expenses pl. of)

living; provisions pl.; eccl. letzte ‿ viaticum; waste.
Zeichen ['tsaɪçən] n (-s; -) sign (a. ast., mus., typ., and fig.), token; symbol; mark; badge; indication, sign, esp. med. symptom; signal; brand; trade-mark; omen; warning; the hand on the wall; econ. unser (Ihr) ‿ our (your) reference (abbr. Ref.); ‿ der Freundschaft token (or mark) of friendship; das ‿ des Kreuzes the sign of the cross; ‿ und Wunder signs and wonders; es geschehen noch ‿ und Wunder wonders will never cease; ‿ der Zeit signs of the time; auf ein ‿ von at a sign of; ein ‿ geben make a sign (dat. to), (give a) signal (to); das ‿ geben für give the word for; ein ‿ sein für be a sign of, be indicative of; im ‿ des ... stehen ast. be in ..., fig. be marked by, show; be under the banner of ...; be affected by; be governed by; s-s ‿s ein Bäcker a baker by trade; zum ‿ gen. in or as a sign of, as a mark of; zum ‿, daß as a proof that.
'**Zeichen...:** ‿block m sketch block; ‿brett n drawing board; ‿buch n sketch-book; ‿büro n drawing office, Am. drafting room; ‿deuter ['-dɔytər] m (-s; -) astrologer; ‿drei-eck math. n set-square; ‿erklärung f list of conventional signs; signs and symbols; ‿feder f drawing pen; ‿film m (animated) cartoon; ‿garn n marking thread; ‿gerät n drawing instrument; ‿kunst f (art of) drawing; ‿lehrer m art master; ‿mappe f portfolio; ‿papier n drawing paper; ‿rolle f register of trade-marks; ‿saal m → Zeichenbüro; ped. art room; ‿schule f school of drawing; ‿schutz m protection of registered trademarks and designs; ‿setzung ['-sɛtsuŋ] f (-) punctuation; ‿sprache f sign language; ‿stift m crayon; ‿system n code; ‿talent n talent for drawing; ‿tisch m drawing board; ‿trickfilm m animated cartoon; ‿unterricht m drawing lessons pl.; ped. art.
zeichn|en ['tsaɪçnən] v/t. and v/i. (h.) draw (nach from life, etc.), delineate (a. fig.); design; tech. draft, draught; sketch, outline (a. fig.); mark; sign; subscribe (für e-n Fonds to a fund); subscribe for (loan, shares), take up (stock); underwrite (a risk, a policy); in letters: ich zeichne hochachtungsvoll I am (or I remain), dear Sir(s), ...; → gezeichnet; ♀en n (-s) drawing, etc.; ped. art; ♀er(in f) m (-s, -; -, -nen) draughtsman, esp. Am. draftsman; f draughtswoman; m and f designer; econ. subscriber (gen. to); ‿erisch adj.: ‿e Darstellung graphic representation; ‿e Konstruktion design; ‿e Begabung gift for drawing.
'**Zeichnung** f (-; -en) drawing (a. tech.); sketch; design; illustration, tech. figure, diagram; blueprint; marking; of wood: grain; pattern; signing, signature; econ. subscription (gen. for [loan, etc.]); → auflegen, aufgelegt; ♀sberechtigt adj. authorized to sign (für for), having signatory power; ‿sliste econ. f

subscription list; **~svollmacht** *f* signatory power, authority to sign *on behalf of the firm*; *for stock, etc.*: subscription privilege; ~ *haben* have the signature, be authorized to sign.

Zeigefinger ['tsaɪgə-] *m* forefinger, index (finger).

'**zeigen** *v/t.* (h.) show (*a. fig.*; *wie how to inf.*); *thea., film*: *a.* present; point at *or* out, indicate; *thermometer*: stand at; *clock*: point to; indicate; exhibit, display (*a. fig.*); register (*effect, etc.*); present, show; set forth, point out; demonstrate, prove; *sich* ~ **a)** show o.s., **b)** appear, make an appearance, turn (*or* show) up; *sich freundlich* ~ be friendly; *sich* ~ *als* prove (o.s.) to be; *sich* ~ *wollen, sich* ~ *mit* show off; *matter*: show, appear, become apparent, come to light; *es zeigte sich, daß* it appeared that; *es wird sich ja* ~ we shall see, time will tell; *colloq. ihm werd' ich's* ~ I'll show him; → *erkenntlich*.

'**Zeiger** *m* (-s; -) *of clock*: hand; *kleiner* (*großer*) ~ short (long) hand; *of barometer, etc.*: pointer; *tech. a.* indicator, needle, *math. a.* index; **~ausschlag** *m* pointer deflection; *radar*: needle deviation; **~instrument** *n* indicating instrument.

'**Zeigestock** *m* (-[e]s; ⁔e) pointer.

zeihen ['tsaɪən] *v/t.* (*irr.*, h.) (*gen.*) accuse of.

Zeile ['tsaɪlə] *f* (-; -n) line; *TV* (scanning) line; row; *j-m ein paar* ~*n schreiben* drop a p. a line.

'**Zeilen...**: **~abstand** *m* line spacing; **~abtastung** *f* (-) *TV*: line scanning; **~flimmern** *n* (-s) line flicker; **~honorar** *n* lineage, *Am.* space rates *pl.*; **~raster** *m TV*: line-scanning pattern; **~schalter** *n of typewriter*: spacer; ⁀weise ['-vaɪzə] *adv.* by the line; **~zahl** *f* lineage.

Zeisig ['tsaɪzɪç] *orn. m* (-[e]s; -e) siskin; *fig. lockerer* ~ loose fish; ⁀grün *adj.* canary-green.

Zeit [tsaɪt] *f* (-; -en) time; times, days; hours *pl.*; *gr.* tense; epoch, era, age; period, space (of time); season; term, duration; stage, phase; *freie* ~ spare-time, off-time, leisure hours *pl.*; *schlechte* ~*en* hard times; *für schlechte* ~*en save for a rainy day*; *econ. auf* ~ on account, on credit; *Kauf auf* ~ forward purchase; *sports: auf* ~ *laufen* make a time trial; *der beste Spieler, etc., aller* ~*en* the best player, etc., of all time; *die ganze* ~ *her or über* ever since, all along; *er hat es die ganze* ~ (*über*) *gewußt* he knew it all along; *sports: die* ~ *nehmen* time (*von a run*); *eine* ~*lang* for a time; *für alle* ~*en* for all time, for good; *gegen die* ~ (*run, work*) against time; *in der* ~ *vom* ... *bis* ... in the time between ... and ...; *in kurzer* ~ in a short time; *in kürzester* ~ in no time; *in letzter* ~ lately, of late, recently; *mit der* ~ in course of time, with time; *mit der* ~ *gehen* keep pace (*or* go) with the times; *von* ~ *zu* ~ from time to time, now and then; *vor der* ~ prematurely; *vor* ~*en*

in former times; *vor langer* ~ long ago, a long time ago; *zur* ~ **a)** (*gen.*) in the time of, **b)** at present, at the moment, at (*or* for) the time being; *zur gleichen* ~ at the same time; *zuzeiten* at times; *zu meiner* ~ in my time; *zu s-r* ~ in due course; *alles zu s-r* ~ all in good time; → *recht*; *die* ~ *nutzen* take time by the forelock, let no grass grow under one's feet; *j-m* ~ *lassen* give a p. time; *sich* ~ *lassen* take one's time about it; *boxing*: *für die* ~ *zu Boden gehen* go down for the count; ~ *schinden* temporize, play for time; *das hat* ~ there is no hurry (about it), that will keep; *das hat* ~ *bis nächste Woche* that can wait till next week; *gib mir* ~! give me time!; *ich gebe dir* ~ *bis morgen* (*ich gebe dir 5 Minuten* ~) I give you till tomorrow (five minutes); *ich habe keine* ~ I have no time (*für for; zu to inf.*); *es ist* (*höchste*) ~ it is (high) time; *es ist* ~ *anzufangen* it is about time to begin; *ihre Zeit* (*der Entbindung*) *ist nahe* she is near her time (of delivery); *die* ~ *ist gekommen, zu inf.* the time has come to *inf.*, now is the time for *ger.*; → *totschlagen, vertreiben*.

zeit *prp.*: ~ (*seines*) *Lebens* during (his) life-time; → *zeitlebens*.

'**Zeit...**: **~ablauf** *m* lapse of time (*a. jur.*); **~abschnitt** *m* epoch; period; **~abstand** *m* (time) interval; *in regelmäßigen Zeitabständen* periodically; **~alter** *n* age, era, epoch; generation; **~angabe** *f* exact date and hour; date; *ohne* ~ undated; **~aufnahme** *phot. f* time exposure; **~aufwand** *m* time spent (*für on*); sacrifice of time; ⁀bedingt *adj.* entailed by the times, under today's circumstances; **~begriff** *m* conception of time; **~bombe** *f* time bomb; **~dauer** *f* length of time; period, term, duration; **~dehner** ['-de:nər] *m* (-s; -) → Zeitlupe; **~dokument** *m* document of our time; **~einheit** *f* unit of time; **~enfolge** *gr. f* sequence of tenses; **~ereignis** *n* event; **~ersparnis** *f* saving of time; **~faktor** *m* time element; **~folge** *f* chronological order; **~form** *gr. f* tense; **~funk** *m* topical talk(s *pl.*) *or* news *pl.*; **~geber** *tech. m* timer; **~geist** *m* (-es) spirit of the age, zeitgeist; ⁀gemäß *adj.* seasonable, opportune, timely; modern, up-to-date; current; **~genosse** *m*, **~genossin** *f*, ⁀genössisch ['-nœsɪʃ] *adj.* contemporary; ⁀gerecht **I.** *adj.* timely; **II.** *adv.* in (*or* on) time, according to schedule; **~geschäft** *econ. n* time bargain; ~*e pl. a.* forward transactions, *Am.* (trading in) futures; **~geschichte** *f* (-) contemporary history; **~geschmack** *m* prevailing taste; **~gewinn** *m* saving of time; ⁀ig **I.** *adj.* early; mature; **II.** *adv.* in good time, in (*or* on) time; ⁀igen ['-igən] *v/t.* (h.) mature, ripen; produce, call forth; **~karte** *f* season-ticket, *Am.* commutation *or* commuter's ticket; *auf* ~ *fahren* travel by season-ticket, *Am.* commute; **~karten-inhaber** *m* season-ticket holder, *Am.* commuter; ~-

konstante *f* time constant, period; **~kontrollwesen** *tech. n* (-s) time study; ⁀kritisch *adj.* topical; **~lang** *f*: *eine* ~ for a (*or* some) time, for a while; **~lauf** *m* course of time, period; **~läufte** ['-lɔyftə] *pl.* conjunctures, times, ⁀lebens *adv.* for life, during life; all one's life; ⁀lich **I.** *adj.* temporal; time (*factor, etc.*); chronological; ~*e Abstimmung* timing; *das* ⁀*e segnen* depart this life; **II.** *adv.* as to time; within a given time; per unit time; ~ *berechnen* time; ~ *zusammenfallen* coincide; **~lichkeit** *f* (-) temporal state, temporality; **~lohn** *m* time-wage(s *pl.*); ⁀los *adj.* timeless (*a. beauty, etc.*); **~lupe** *f* (-) slow-motion camera; **~lupen-aufnahme** *f* slow-motion picture; **~lupentempo** *n* slow motion; *fig. im* ~ at a snail's pace; **~mangel** *m* (-s) lack of time; **~maß** *n* measure of time; *poet.* quantity; *mus.* time; **~messer** *m* (-s; -) chronometer; *mus.* metronome; **~messung** *f* timing, time-measuring; ⁀nah(e) *adj.* topical, current, up-to-date; **~nehmer** *m sports*: time-keeper, timer; *tech.* time-study man; **~ordnung** *f* chronological order; **~plan** *m* time-table, schedule; timing, phasing; **~punkt** *m* (point of) time, moment, instant; timing; date; juncture; **~raffer** ['-rafər] *m* (-s; -) *film*: time-lapse motion camera; **~raffer-aufnahme** *f* quick-motion picture; ⁀raubend *adj.* time-consuming; **~raum** *m* space (of time), period; **~rechnung** *f* chronology; *christliche* ~ Christian era; **~reihendiagramm** *n* time-series diagram; **~relais** *el. n* time-limit relay; **~schalter** *m* time switch; timer; **~schaltgerät** *n* preset timer; **~schrift** *f* journal, periodical, magazine; review; **~schriftenwesen** *n* (-s) periodical literature; **~sichtwechsel** *econ. m* after-sight bill; **~sinn** *m* (-[e]s) time sense; **~spanne** *f* space (of time), span; ⁀sparend *adj.* time-saving; ~*e Vorrichtungen, etc.* time-savers; ~*es Verfahren* short cut; **~stempel** *m* (automatic) time-stamp; **~stil** *m*: *Haus im* ~ period house; **~stück** *thea. n* period play; **~studien-be-amte(r)** *m* efficiency engineer, time-study man; **~tafel** *f* chronological table; **~umstände** ['-umʃtɛndə] *m/pl.* circumstances, conjunctures.

'**Zeitung** *f* (-; -en) (news)paper, journal; gazette; *fig.* tidings *pl.*; *in die* ~ *setzen* insert in a newspaper, advertise.

'**Zeitungs...**: **~abonnement** *n* subscription to a paper; **~anzeige** *f* → Zeitungsinserat; **~artikel** *m* newspaper article; **~ausschnitt** *m* press (*or* newspaper) cutting, *Am.* (newspaper) clipping; **~austräger** *m* → Zeitungsjunge; **~beilage** *f* supplement (of *or* to a newspaper); **~deutsch** *n* journalese; **~ente** *f* (newspaper) hoax, canard; **~halter** *m* newspaper holder; **~händler** *m* news-agent, *Am.* news-dealer; **~inserat** *n* press advertisement, insertion, ad; **~junge** *m* newsboy,

Am. a. newsy; **~kiosk** m news-stall, esp. Am. newsstand; **~korrespondent** m press correspondent; **~lesezimmer** n news-room; **~notiz** f press item; **~nummer** f copy; alte ~ back number; **~papier** n newsprint; **~redakteur** m editor of a newspaper; **~reklame** f press advertising; **~schreiber(in** f) m journalist, columnist; **~stand** m → Zeitungskiosk; **~stil** m journalese; **~verkäufer(in** f) m a) news-vendor, newsman, newsboy, b) Zeitungshändler; **~verleger** m newspaper proprietor, Am. newspaper publisher; **~werbung** f press advertising; **~wesen** n (-s) journalism, the daily press; **~wissenschaft** f (science of) journalism.

'**Zeit...: ~verlust** m loss of time, delay; **~vergeudung, ~verschwendung** f waste of time; **~vertreib** m pastime, diversion, amusement; zum ~ to pass the time; **~wegschreiber** ['-ve:k-] mot. m tachograph, recording mileage counter; **2weilig** ['-vaIliç] **I.** adj. temporary; intermittent; **II.** adv. → **2weise** ['-vaIzə] adv. for a time; from time to time, at times, occasionally; **~wert** econ. m current value; **~wort** n (-[e]s; ⁼er) verb; **~zeichen** n radio: time signal; **~zünder** m time fuse; of bomb: delayed-action cap.

zelebrieren [tsele'bri:rən] v/t. (h.) celebrate, officiate at.

Zelle ['tselə] f (-; -n) cell (a. biol., pol.); el. a. element; aer. air-frame; mar. tank; teleph. booth, phone-box.

'**Zellen...: ~atmung** physiol. f vesicular breathing; **~aufbau** m (-[e]s) cell structure; **~bildung** f cell formation; **2förmig** ['-fœrmiç] adj. cellular; **~gefangene(r)** m prisoner in solitary confinement; **~genosse** m cell mate; **~gewebe** anat. n cellular tissue; **~kühler** mot. m cell-type radiator.

'**Zell...: ~faser** f cellulose fib|re, Am. -er; **~haut** f cellophane.

'**zellig** adj. cellular.

'**Zellkern** biol. m cell nucleus.

Zellophanpapier [tselo'fa:n-] n (-s) cellophane.

'**Zell...: ~stoff** m cellulose; pulp; **~stoffseide** f cellulose silk; **~stoffwatte** f cellucotton; **~tätigkeit** biol. f (-) cell activity; **~teilung** biol. f cell division.

Zelluloid [tselu'lɔyt] n (-[e]s) celluloid.

Zellulose [-'lo:zə] f (-; -n) cellulose.

'**Zell...: ~wand** f cell wall; **~wolle** f (-) rayon staple, synthetic.

Zelot [tse'lo:t] m (-en; -en) zealot; **2isch** adj. fanatical.

Zelt [tselt] n (-[e]s; -e) tent; pavilion, marquee; poet. fig. canopy; **~ausrüstung** f tent equipment; camping outfit; **~bahn** f tent square; mil. Brit. ground sheet, Am. shelter half; **~bau** m (-[e]s; -ten) tent pitching; **~dach** n tent-roof; **~decke** f awning; **2en** v/i. (h.) tent, camp (out); **2en** n (-s) camping.

'**Zelter** m (-s; -) palfrey.

'**Zelt...: ~fahrt** f camping trip;

~lager n (tent) camp; **~leine** f guy rope; **~leinwand** f tent-cloth, canvas; **~pflock** m tent peg; **~platz** m camping site; **~stange** f, **~stock** m tent pole.

Zement [tse'mɛnt] m (-[e]s) cement; **~beton** m cement concrete; **~bewurf** m cement facing; **~formstück** n concrete block; **~fußboden** m concrete floor.

zemen'tier|en v/t. (h.) cement (a. fig.); metall. case-harden, carburize; fig. econ. solidify; **2mittel** n cementing agent; **2ung** f (-) cementation.

Zenit [tse'ni:t] m (-[e]s) zenith (a. fig.); im ~ at the zenith.

zensieren [tsen'zi:rən] v/t. (h.) censor; ped. mark, give marks, Am. grade; fig. censure, criticise.

Zensor ['tsenzɔr] m (-s; -'oren) censor.

Zensur [tsen'zu:r] f (-; -en) censorship; certificate, marks pl.; ped. (term's) report, Am. a. credit, grade; mark, Am. point; gute ~ good mark.

zentesimal [tsentezi'ma:l] adj. centesimal.

Zenti|'gramm [tsenti-] n centigram(me); **~'meter** n and m centimet|re, Am. -er; **~'meterwelle** tel. f centimetre wave; superhigh frequency (abbr. SHF).

Zentner ['tsentnər] m (-s; -) (metric) hundred-weight, quintal; **~last** fig. f heavy burden; e-e ~ fiel mir vom Herzen that was a load off my mind; **2schwer** adj. very heavy, crushing.

zentral [tsen'tra:l] adj. central; **2bank** f (-; -en) central bank; **2bahnhof** m central station; **2e** f (-; -n) central (or head) office, Am. a. headquarters pl.; tech. control room; el. central station, power house; mar. control station; teleph. telephone exchange; **2gewalt** f central authority; **2heizung** f central heating.

zentra|li'sieren v/t. (h.) centralize; **2li'sierung** f (-) centralization; **2lismus** [-tra'lismus] pol. m (-) centralism.

Zen'tral...: ~kartei f master file; **~nervensystem** n central nervous system; **~schmierung** mot. f central lubrication; **~verband** m central association.

zen'trieren tech. v/t. (h.) cent|re, Am. center.

zentri|fugal [tsentrifu'ga:l] adj. centrifugal; **2fu'galkraft** f centrifugal force; **2'fuge** f centrifuge, (cream) separator; **~fu'gieren** v/t. (h.) centrifuge; **~petal** [-pe'ta:l] adj. centripetal.

'**zentrisch** adj. (con)centric(ally adv.).

Zentrum ['tsentrum] n (-s; -tren) cent|re, Am. -er; bull's-eye; **~bohrer** tech. m centre-bit.

Zephir ['tse:fir] m (-s) zephyr (a. econ.).

Zeppelin ['tsepə'li:n] m (-s; -e) Zeppelin, Zepp.

zer|'beißen [tser-] v/t. (irr., h.) bite through (or to pieces), crunch; **~'bersten** v/i. (irr., sn) burst asunder; **~beulen** [-'bɔylən] v/t. (h.)

dent; (c)rumple (garment); **~'bleuen** v/t. (h.) beat soundly; **~bombt** [-'bɔmt] adj. bomb-wrecked, bombed; **~'brechen** v/t. (irr., h.) and v/i. (irr., sn) break (to pieces), crack; fig. ~ an break under, be broken by; sich den Kopf ~ rack one's brain (über acc. over); **~brechlich** [-'breçliç] adj. breakable; fragile (a. person, figure); brittle; **2'brechlichkeit** f (-) fragility, brittleness; **~'bröckeln** v/t. (h.) and v/i. (sn) crumble; **~'drüken** v/t. (h.) crush, squash; mash (potatoes); crumple, wrinkle, crease (garment).

zerebral [tsere'bra:l] adj. cerebral.

Zeremonie [-mo'ni:] f (-; -n) ceremony.

zeremoniell [-moni'el] adj. ceremonial, formal; **2** n (-s; -e) ceremonial.

Zeremonienmeister [tsere'mo:niən-] m master of ceremonies.

zeremoniös [-moni'ø:s] adj. ceremonious.

zer'fahren [tser-] **I.** v/t. (irr., h.) ruin (by driving over); **II.** v/i. (irr., sn) burst asunder; **III.** adj. rutted, rutty (road); fig. flighty, giddy, harum-scarum; scatter-brained, absent-minded, distracted; **2heit** f (-) flightiness; giddiness; thoughtlessness; absent-mindedness; inconsistency.

Zer'fall m (-[e]s) ruin, decay; fig. a. decadence; phys. disintegration (a. fig.), dissociation; chem. decomposition; → Atom2; **2en** v/i. (irr., sn) fall apart (or to pieces); fall into ruin, decay; collapse, crumple (away); disintegrate (a. phys., chem.); ~ in mehrere Teile fall (or divide) into several pieces; fig. ~ mit j-m fall out with, quarrel with a p.; ~ sein mit be at variance with; **~s-produkt** n decomposition product, dissociated constituent.

zer... [tser-]: **~'fasern** v/t. (h.) reduce to fib|res, Am. -ers; papermaking: pulp, rag; unravel (cloth); (a. v/i., sn) fray out, fuzz; **~'flattern** v/i. (sn) flutter away, be scattered; **~'fetzen** v/t. (h.) tear up, tear in (or to) pieces or rags; shred; slash; **~'fetzt** adj. ragged, torn (to pieces), tattered; **~fleischen** [-'flaIʃən] v/t. (h.) mangle; lacerate; rend, tear to pieces; slash; fig. einander im Krieg ~ slaughter one another (in war); **~'fließen** v/i. (irr., sn) melt, dissolve (fig. in Tränen in tears); chem. deliquesce; paint, ink: run; fig. hope, etc.: melt away; **~'fressen** v/t. (irr., h.) eat away, gnaw; chem. corrode; **~furcht** [-'furçt] adj. furrowed; **~'gehen** v/i. (irr., sn) dissolve, melt; fig. a. dwindle, vanish; in nichts ~ dwindle to nothing; **~'gliedern** v/t. (h.) dismember; anat. dissect; fig. analy|se, Am. -ze (a. gr.); **2'gliederung** f dismemberment; dissection; analysis; **~'hacken** v/t. (h.) hack or cut in(to) pieces; mince; chop; slash; **~'hauen** v/t. (h.) cut (asunder or to pieces); **~'kauen** v/t. (h.) chew (well), masticate thoroughly; **~kleinern** [-'klaInərn] v/t. (h.) reduce to small pieces, comminute; mince; chop up (*wood*); crush (*stones*); grind, pulverize; 2'**kleinerung** *f* (-) breaking up; cutting to bits; comminution; mincing; chopping; crushing; grinding; ~'**klopfen** *v/t.* (*h.*) knock to pieces, pound, smash; ~**klüftet** [-'klyftət] *adj.* fissured, cleft, rugged; ~'**knallen** *v/i.* (*sn*) detonate, explode; ~'**knautschen** *colloq. v/t.* (*h.*) crumple; ~'**knicken** *v/t.* (*h.*) break, crack, snap; ~**knirscht** [-'knirʃt] *adj.* contrite; 2'**knirschung** *f* (-) contrition; ~'**knittern** *v/t.* (*h.*) *and v/i.* (*sn*) (c)rumple, crease, wrinkle; *colloq. fig.* zerknittert crestfallen, down in the mouth; ~'**knüllen** *v/t.* (*h.*) crumple; ~'**kochen** *v/t.* (*h.*) *and v/i.* (*sn*) cook to rags; ~'**kratzen** *v/t.* (*h.*) scratch; ~'**krümeln** *v/t.* (*h.*) *and v/i.* (*sn*) crumble; ~'**lassen** *v/t.* (*irr., h.*) melt, dissolve.

zerleg|bar [tser'le:kba:r] *adj.* divisible (*a. math.*); *tech.* capable of being disassembled, collapsible; *chem.* decomposable; ~**en** [-gən] *v/t.* (*h.*) take apart (*or* to pieces); cut up; carve (*meat, etc.*); *anat.* dissect (*a. fig.*); *chem.* decompose; *tech.* disassemble, *Am. a.* knock down; strip, dismantle; disperse (*light, military unit*); *fig.* analys|e, *Am.* -ze (*a. gr.*); *math., mus.* resolve; *in zwei Teile* ~ divide in two; 2**ung** [-guŋ] *f* (-) taking to pieces; carving; dissection; disassembly; stripping, dismantling; decomposition; analysis.

zer... [tsɛr-]: ~'**lesen** *adj.* well-thumbed; ~**löchern** [-'lœçərn] *v/t.* (*h.*) perforate; ~'**löchert** *adj.* full of holes; ~**lumpt** [-'lumpt] *adj.* ragged, tattered; ~**er Kerl** ragamuffin; ~'**mahlen** *v/t.* (*h.*) grind (fine *or* down), pulverize; ~**malmen** [-'malmən] *v/t.* (*h.*) crush (*a. fig.*); crunch; ~'**martern** *v/t.* (*h.*) torment; *sich den Kopf* ~ rack one's brains; ~**mürben** [-'myrbən] *v/t.* (*h.*) wear down *or* out; punish; break down the resistance *or* defen|ce, *Am.* -se of; ~**d** punishing; 2'**mürbung** *f* (-; -en) wearing down; attrition; 2'**mürbungskrieg** *m* war of attrition; ~'**nagen** *v/t.* (*h.*) gnaw away *or* asunder; *chem., etc.* corrode, (*a. fig.*) erode; ~'**pflücken** *v/t.* (*h.*) pluck (*fig.* pull) to pieces; ~'**platzen** *v/i.* (*sn*) burst (asunder), explode; ~'**quetschen** *v/t.* (*h.*) crush, bruise (*both a. tech.*); squash; mash.

Zerrbild ['tsɛr-] *n* caricature; *fig. a.* distorted picture.

zer'reiben *v/t.* (*irr., h.*) rub to powder, grind down, pulverize; *chem.* triturate.

zerreiß|bar [tsɛr'raɪsba:r] *adj.* capable of being torn, tearable; ~**en I.** *v/t.* (*irr., h.*) tear, rip up; rend (*in Stücke* to pieces); disconnect, sever, disrupt; dismember; shred; lacerate; *med.* rupture; → *Zielband*; **II.** *v/i.* (*irr., sn*) tear; break, snap; split; *clouds, fog, thread*: break; 2**festigkeit** *f* tear resistance, tensile strength; 2**probe** *f* tensile test; *fig.* breaking test; 2**ung** *f* (-)

rending, tearing; dismemberment; *med.* rupture; laceration.

zerren ['tsɛrən] *v/t.* (*h.*) tug, pull (*v/i.: an dat.* at); drag (*durch den Schmutz* through the mud); strain (*muscle, sinew*); *fig. vor Gericht* ~ haul before a court.

zer'rinnen *v/i.* (*irr., sn*) melt away (*a. fig. hopes*); *fig.* vanish, dissolve; *in nichts* ~ dwindle to nothing, end in smoke; *das Geld zerrinnt ihm zwischen den Fingern* runs through his fingers like water.

zerrissen [tsɛr'risən] *adj.* torn (*a. fig.*); 2**heit** *f* (-) raggedness; *fig.* confusion of mind; inner strife, disruption.

'**Zerrspiegel** *m* distorting mirror.

'**Zerrung** *med. f* (-; -en) strain.

zer'rupfen *v/t.* (*h.*) → zerpflücken.

zerrütt|en [-'rytən] *v/t.* (*h.*) derange, unsettle; disorganize; ruin, shatter, disorder (*health, nerves, etc.*); derange, unhinge (*mind*); wreck, *jur.* disrupt the foundations of (*a marriage*); 2**ung** *f* (-) derangement; disruption; disorganization; disorder; disruption.

zer... [tsɛr-]: ~'**sägen** *v/t.* (*h.*) saw up (*or* to pieces); ~'**schellen I.** *v/t.* (*h.*) dash (*or* smash) to pieces, shatter; **II.** *v/i.* (*sn*) be dashed *or* smashed; *mar.* be wrecked; *aer., etc.* crash; ~'**schießen** *v/t.* (*irr., h.*) shoot to pieces, batter; riddle with bullets; ~'**schlagen I.** *v/t.* (*irr., h.*) knock *or* break *or* smash (to pieces); batter; *fig.* smash; *sich* ~ come to nothing; *hopes*: be disappointed, be blasted; *engagement, etc.*: be broken off; **II.** *adj.* battered (*a. face*), shattered; *fig.* knocked up, (all) washed-out, all in; ~**schlissen** [-'ʃlisən] *adj.* tattered, worn to shreds; ~'**schmelzen** *v/i.* (*irr., sn*) melt away (*a. fig.*); ~'**schmettern I.** *v/t.* (*h.*) dash *or* smash (to pieces), shatter; crush, flatten; **II.** *v/i.* (*sn*) be dashed, *etc.*; *aer.* crash; ~'**schneiden** *v/t.* (*irr., h.*) cut up, cut in two *or* to pieces; slice; shred; carve (*roast*); *fig. j-m das Herz* ~ break a p.'s heart; ~'**schrammen** *v/t.* (*h.*) bruise, scratch; mar; ~'**schroten** *v/t.* (*h.*) bruise; ~'**setzen** *v/t. and sich* ~ (*h.*) decompose, (*a. fig.*) disintegrate; *fig.* undermine, demoralize; 2**setzung** [-'zɛtsuŋ] *f* (-) decomposition, disintegration; decay; demoralization; *pol.* subversion; sedition; 2'**setzungswärme** *f* heat of decomposition; ~'**spalten** *v/t.* (*h.*) cleave, split; ~'**splittern** *v/t.* (*h.*) split (up), shiver (to pieces), splinter (*all a. v/i.*); *fig.* (*a. sich*) split (*or* break up); disperse (*crowd, troops*); dissipate (*energy, time*); fritter away (*sich one's energy*); ~'**splittert** *adj. med.* splintered; *fig.* disunited; 2'**splitterung** *f* (-) dispersal; dissipation; disunion; fragmentation (*of property, etc.*); ~'**sprengen** *v/t.* (*h.*) break, burst open, blow up; disperse, scatter (*crowd*); *mil.* rout; ~'**springen** *v/i.* (*irr., sn*) burst, break; *glass*: crack; *fig. head*: be splitting; *heart*: burst (*vor dat.* with); ~'**stampfen** *v/t.* (*h.*) crush (underfoot), trample down; pound.

zer'stäub|en I. *v/t.* (*h.*) pulverize; spray, atomize; *fig.* disperse, scatter; **II.** *v/i.* (*sn*) fall to dust, be scattered as dust; 2**er** *m* (-s; -) pulverizer; sprayer, atomizer; scent-spray; 2**erdüse** *f* spray nozzle.

zer... [tsɛr-]: ~'**stechen** *v/t.* (*irr., h.*) prick *or* sting (all over); *insects*: bite; pierce; ~'**stieben** *v/i.* (*irr., sn*) fly away, be scattered as dust, vanish, disperse.

zerstör|bar [tsɛr'ʃtø:rba:r] *adj.* destructible; ~**en** *v/t.* (*h.*) destroy (*a. fig.*), demolish; lay in ruins, ruin (*a. fig. health, etc.*); wreck (*a. marriage, etc.*); devastate, ravage; *fig.* destroy, blast (*happiness*); 2**er** *m* (-s; -) destroyer (*a. mar.*); *aer.* pursuit interceptor; ~**erisch** [-ərɪʃ] *adj.* destructive; 2**ung** *f* (-; -en) destruction, demolition; ruin; devastation, ravages *pl.*; 2**ungskraft** *f* destructive power; 2**ungs-trieb** *m* impulse to destroy; 2**ungswerk** *n* work of destruction; 2**ungswut** *f* vandalism.

zer'stoßen *v/t.* (*irr., h.*) bruise, break; mar; *in mortar*: pound; powder, pulverize.

Zer'strahlung *f* (-) *nuclear physics*: annihilation (of matter).

zer'streu|en *v/t.* (*h.*) disperse, scatter (*both a. sich*); *phys.* diffuse; *fig.* dispel, dissipate (*scruples*); divert, amuse (*sich o.s.*); ~**t** *adj.* scattered, dispersed; diffuse(d) (*light*); *fig.* absent(-minded), distracted; 2**theit** *f* (-) absent-mindedness; 2**ung** *f* scattering, dispersion; diffusion; diversion, amusement; → *Zerstreutheit*; 2**ungslinse** *opt. f* dispersing lens.

zer'stückel|n *v/t.* (*h.*) cut up *or* into pieces; dismember (*body, land*); parcel out; disintegrate; 2**ung** *f* cutting up; parcel(l)ing out; dismemberment.

zer'teil|en *v/t., a. sich* (*h.*) divide (*in acc.* into), split; disperse; separate; *math., med.* resolve; 2**ung** *f* division; dispersion; *math., med.* resolution.

Zertifikat [tsɛrtifi'ka:t] *n* (-[e]s; -e) certificate.

zer... [tsɛr-]: ~'**trampeln** *v/t.* (*h.*) trample down; crush underfoot; ~'**trennen** *v/t.* (*h.*) rip up (*garment*); ~'**treten** *v/t.* (*irr., h.*) tread down, crush underfoot; stamp out (*fire; a. fig.*); crush.

zertrümmer|n [-'trymərn] *v/t.* (*h.*) demolish, wreck, smash, shatter; lay in ruins; *phys.* split, disintegrate (*atoms*); 2**ung** *f* (-) demolition, smashing.

Zervelatwurst [tsɛrvə'la:t-] *f* saveloy.

zer'wühlen *v/t.* (*h.*) root up (*ground*); dishevel (*hair*), rumple (*a. bed*).

Zerwürfnis [-'vyrfnis] *n* (-ses; -se) discord, quarrel, disunion, dissension.

zer'zaus|en *v/t.* (*h.*) rumple, tousle; pull about (*a p.*); ~**t** *adj.* tousled (*hair*); untidy.

zer'zupfen *v/t.* (*h.*) pull (*or* pick) to pieces.

Zession [tsɛsi'o:n] *jur. f* (-; -en) assignment, transfer; conveyance;

Zessionar [-o'naːr] *m* (-s; -e) transferee, assignee, *Am.* assign.

Zeter ['tseːtər] *n* (-s): ~ und Mord(io) schreien cry murder, raise a hue and cry; **~geschrei**, **~mordio** *n* loud outcry, clamo(u)r; **~n** *v/i.* (h.) clamo(u)r; scold, nag.

Zettel ['tsetəl] *m* (-s; -) slip (of paper), (scrap of) paper; note; ticket; label, *Am.* sticker; tag; placard, poster, bill; handbill, leaflet; *thea.* play-bill; *weaving:* warp; **~anklebe n** (-s): ~ verboten! stick no bills!; **~ankleber** *m* (-s; -) bill-sticker; **~bank** *econ.* *f* (-; -en) bank of issue; **~kasten** *m* card index (box), filing cabinet; **~katalog** *m* card index; **~n** *v/t.* (h.) *weaving:* warp; **~verteiler** *m* bill-boy; **~wahl** *f* ballot (or card) vote.

Zeug [tsɔyk] *n* (-[e]s; -e) stuff (*a. colloq.* alcohol, *etc.*), material; cloth, fabric; linen; (*paper*) pulp; tools *pl.*; things *pl.*; *contp.* stuff, trash, rubbish, junk; → *dumm, scharf*; *tolles* ~ hot stuff; *fig. das* ~ *zu et. haben* have the makings of *a doctor, etc.*, be cut out for, have it in one to be *or do a th.*; *er hat das* ~ *dazu* he has got what it takes; *colloq. was das* ~ *hält* to beat the band, hell for leather, *play the piano* for all it is worth; *sich ins* ~ *legen* put one's back into it, put one's shoulders to the wheel; *sports:* extend o.s., make a tremendous effort; *j-m am* ~ *flicken* pick holes in, find fault with, show up *a p.*

'Zeug...: ~amt *n* arsenal; (ordnance) depot; **~druck** *m* (-[e]s; -e) cloth printing.

Zeuge ['tsɔygə] *m* (-n; -n) witness; → *anrufen, etc.*; *vor* ~*n* in the presence of witnesses; **2n¹** *v/i.* (h.) witness; *jur.* give evidence; *für (gegen, von)* et. ~ testify for (against, of) *a th.*; *fig.* ~ *von* be evidence of, testify to *a th.*, bespeak *strength, etc.*; **2n²** I. *v/t.* (h.) engender, beget, procreate; *fig.* generate, produce, create; II. *v/i.* (h.) produce offspring.

'Zeugen...: ~aussage *f* testimony (of a witness), evidence; deposition; **~bank** *f* (-; ⁼e) witness-box, *Am.* witness stand; **~be-einflussung** *f* corruption (or suborning) of witnesses; **~beweis** *m* (proof of) evidence; **~eid** *m* oath of a witness; **~geld** *n* conduct money; **~verhör** *n*, **~vernehmung** *f* hearing (or examination) of witnesses.

Zeughaus ['tsɔyk-] *mil. n* arsenal.

Zeugin ['tsɔygin] *f* (-; -nen) (female) witness.

Zeugmeister ['tsɔyk-] *mil. m* master of (the) ordnance.

Zeugnis ['tsɔyknis] *n* (-ses; -se) *jur.* testimony, evidence; deposition; certificate, attestation; witness; testimonial; character; *ärztliches* ~ medical certificate; *ped.* a) (term's) report, *Am.* credit, grade, b) mark, *Am.* point; *zum* ~ (*gen.*) in witness of; *zum* ~ *dessen* in witness whereof; ~ *ablegen or geben* bear witness (*für* to; *von* of); *matter:* give proof (of), testify (to); *wir können ihr nur das beste* ~ *ausstellen* we cannot speak highly enough of her; **~ab-**

schrift *f* copy of testimonial; **~verweigerung** *f* refusal to give evidence.

Zeug... ['tsɔyk-]: **~schmied** *m* toolsmith; **~schuhe** *m/pl.* cloth shoes.

Zeugung ['tsɔygun] *f* (-; -en) procreation, generation.

'Zeugungs...: ~akt *m* progenitive act; **2fähig** *adj.* capable of begetting, procreative; **~fähigkeit** *f* (-) procreative capacity; **~kraft** *f* generative power; **~organe** *n/pl.* genital (*or* reproductive) organs; **~trieb** *m* procreative instinct; **2unfähig** *adj.* impotent, sterile; **~unfähigkeit** *f* (-) impotency, sterility.

Zichorie [tsi'çoːriə] *f* (-; -n) chicory, succory.

Zick|e ['tsikə] *colloq.* *f* (-; -n) → *Ziege*; *colloq. mach keine* ~*n* don't be funny!; **~lein** ['-laın] *n* (-s; -) kid.

Zickzack ['tsiktsak] *m* (-[e]s; -e) zigzag; *im* ~ *fahren, etc.* zigzag; **~kurs** *m* zigzag course; **~linie** *f* zigzag line.

Ziege ['tsiːgə] *f* (-; -n) (she-)goat, nanny-goat.

Ziegel ['tsiːgəl] *m* (-s; -) brick; tile; **~brennen** *n* brick burning; **~brenner** *m* brickmaker; **~brenne'rei** *f* brickworks *pl.*, brickyard; **~dach** *n* tiled roof; **~decker** ['-dekər] *m* (-s; -) tiler.

Ziege'lei *f* (-; -en) → *Ziegelbrennerei.*

'Ziegel...: ~erde *f* brick clay; **2farben** *adj.* brick-colo(u)red; **~ofen** *m* brick-kiln; **2rot** *adj.* brick red; **~stein** *m* brick; **~streicher** *m* (-s; -) brickmaker.

'Ziegen...: ~bart *m* goat-beard; (*man's*) goatee; **~bock** *m* he-goat, billy-goat; **~fell** *n* goatskin; **~hirt** *m* goatherd; **~käse** *m* goat-cheese; **~leder** *n* kid(-leather); **~milch** *f* goat's milk; **~peter** ['-peːtər] *med. m* (-s; -) mumps *sg.*

zieh [tsiː] *pret. of zeihen.*

Zieh|bank ['tsiː-] *tech. f* (-; ⁼e) draw-bench; **2bar** *metall. adj.* ductile; **~brücke** *f* drawbridge; **~brunnen** *m* draw-well.

'ziehen I. *v/t.* (irr., h.) pull; draw (*a. line, lot, conclusion*); tug, haul; *econ.* draw *a bill* (*auf j-n* on a p.), make out; *bot.* cultivate; *zo.* breed, rear; *at chess, etc.:* move; *tech.* draw; rifle (*barrel*); take off (*hat*); build, erect (*wall*); dig, cut (*ditch*); describe (*circle*); tow, haul (*ship*); *math.* erect, drop (*perpendicular*); extract, pull (*tooth*); *auf Fäden* ~ thread, *pearls:* string; *auf Flaschen* ~ *bottle; Blasen* ~ raise blisters; *e-n Gewinn* ~ draw a winner; *Wasser* ~ leak, *sun:* suck up water; *j-n an den Haaren (Ohren)* ~ pull a p.'s hair (ears); *an sich* ~ draw to one, attract; monopolize; *Boot an Land* ~ haul *boat* ashore; *auf sich* ~ attract (*attention, etc.*), incur (*enmity, etc.*); *j-n auf seine Seite* ~ win a p. over to one's side; *math. die Wurzel aus e-r Zahl* ~ extract the root of a number; *j-n ins Vertrauen* ~ take a p. into one's confidence; *et. nach sich* ~ bring on, entail, involve, have *a th.* as consequence; *Gewinn* ~ *aus et.* derive profit from; ~ *durch* pass

a th. through; → *Schmutz*; ~ *über* pull over, stretch across; → *Fell*; *es zog mich nach dem Süden* I was drawn towards the South; → *Bilanz, Länge, Lehre, Rat, Rechenschaft, Schlußstrich, Wache, Zweifel, etc.*; II. *v/i.* (irr., h.) pull (*an dat.* at); *an e-r Glocke:* pull, ring *a bell*; (irr., sn) move; go; march, advance; migrate; *durch ein Dorf, etc.:* pass through *a village, etc.*; *in den Krieg* ~ go to war; ~ *aus* quit; (irr., h.) *pipe, stove, etc.:* draw; *an der Zigarette, etc.:* have a whiff or puff, puff (*Am.* drag) *at a cigar, etc.; tea:* infuse, draw; ~ *lassen* allow to draw (*or* stand); *chess, etc.:* move; *pain:* twinge, ache; *sports: runner:* set the pace; *sich von j-m* ~ *lassen* cling to a p., ride on a p.'s heels; *nach vorne* ~ move up; *rowing:* draw it home; *film, stage play:* catch on, draw (large audiences); *merchandise:* draw (custom), take (*a. book*); *zu j-m* ~ go to live with, take lodgings with; *ich bin hierhergezogen* I have come to live here; *dieser Grund zieht bei mir nicht* this reason does not weigh with me; *das zieht bei mir nicht* that cuts no ice with me; *diese Wahlparole zieht beim Volke (nicht)* this election slogan does (not) go down with the people; *es zieht hier* there is a draught (*Am.* draft) here; III. *sich* ~ (irr., h.) extend, stretch, run (*durch* through; *über acc.* over, across); *wood:* warp; *steel:* distort; *liquid:* be ropy; *stockings:* give; *sich in die Länge* ~ drag on; *fig. sich* ~ *durch* run through; → *Affäre.*

'Ziehen *n* (-s) drawing (*a. tech.*), pulling; hauling; *bot.* cultivation; *zo.* breeding, rearing; removal; migration; twinge, ache, rheumatic pain.

'Zieher *econ. m* (-s; -) drawer.

'Zieh...: ~harmonika *f* accordion, concertina; **~kind** *n* foster-child; **~kraft** *f* → *Zugkraft*; **~presse** *tech. f* extrusion press; **~schleifen** *tech. n* (-s) honing; **~schnur** *f* draw cord.

'Ziehung *f* (-; -en) drawing (of lots; *econ.* of bills, securities); **~sliste** *f* drawing list; **~s-tag** *m* drawing day.

Ziel ['tsiːl] *n* (-[e]s; -e) aim; *fig. a.* end, target, object; *mil.* (*tactical*) objective; mark; target, butt (*a. fig.*); *of journey:* destination; *racing:* winning-post, finish, goal; purpose; term; *econ.* credit; *auf* ~ *kaufen* → *auf Zeit kaufen*; *auf kurzes* ~ at short date; *gegen 3 Monate* ~ at 3 months' credit; *wie gewöhnlich* at the usual date; *mil. das* ~ *ansprechen* designate the target; *das* ~ *aufsitzen lassen* hold at bottom of target; *sports: durchs* ~ *gehen* reach the winning-post, → *Zielband*; *als Sieger durchs* ~ *gehen* finish first (*or* as the winner); *als Zweiter durchs* ~ *gehen* come in (*or* run) second; *sich ins* ~ *werfen* lunge into the tape; *fig. sein* ~ *erreichen, zum* ~ *gelangen* reach one's goal, gain one's end(s *pl.*), achieve one's object, get there; *e-r Sache ein* ~ *setzen* set bounds (*or* limits)

to, put a stop to *a th.*; *sich das* ~ *setzen or stecken zu* (*inf.*) aim at (*ger. or to inf.*); *sich ein hohes* ~ *setzen* aim high; *über das* ~ *hinausschießen* overshoot the mark; *zum* ~*e führen* succeed, be successful; *nicht zum* ~*e führen* fail, miscarry; *er ist weit vom* ~ he is far afield.
'Ziel...: ~anflug *aer. m* approach run; ~anfluggerät *n* homing device; ~ansprache *mil. f* target designation; ♀ansteuernd *adj.* → zielsuchend; ~band *n* (-[e]s; ~er) *sports:* tape; *das* ~ *zerreißen* breast (*or* break) the tape; ~bewußt *adj.* purposeful, single-minded, systematic(ally *adv.*); ♀en *v/i.* (*irr., h.*) (take) aim, level, sight; ~ *auf* (*acc.*) aim at, (*fig.*) drive at; tend to; *gezielt measure:* directed to specific objectives, control(l)ed; ~erfassung *mil. f* target pick-up; ~fehler *m* sighting error; ~fernrohr *n* telescopic sight; ~flug *m* homing; ~geber *m* tracker; ~genauigkeit *f* accuracy of aim (*or* sighting); ~gerade *f sports:* home stretch, straight; ~gerät *n* sighting mechanism; *aer.* bomb sight; ~kamera *f sports:* photo-finish camera; ~linie *f sports:* finishing line; ♀los *adj.* aimless(ly *adv.*), purposeless; ~photographie *f sports:* photo-finish; ~punkt *m* aiming point, mark; *sports and fig.:* goal; ~richter *m sports:* judge; ~scheibe *f* target butt; *fig.* ~ *des Spottes* butt of derision, laughing-stock; ~schiff *n* target ship; ~setzung ['-zɛtsuŋ] *f* (-; -en) fixing one's aim; objective, target; ♀sicher *adj.* sure of one's aim; unerring; *a.* → ♀strebig ['-ʃtre:biç] *adj.* single-minded, purposeful, systematic(ally *adv.*); ~strebigkeit *f* (-) singleness (*or* steadfastness) of purpose, determination; ♀suchend *adj.* homing, target-seeking (*missile*); ~sucher *n* homing device; ~vorrichtung *f* → *Zielgerät.*
ziemen ['tsi:mən] *v/i.* and *sich* ~ (*impers., h.*) → *geziemen.*
Ziemer ['tsi:mər] *m* (-s; -) haunch; pizzle; whip.
'ziemlich I. *adj.* passable; tolerable, pretty, middling; considerable, quite a; *e-e* ~*e Anzahl* a fair (*or* good) number; *e-e* ~*e Strecke* a considerable distance, rather a long way; II. *adv.* pretty, fairly, rather, tolerably; about; ~ *gut* pretty good, fair; ~ *lang* pretty long, longish; ~ *ausführlich* at some length; ~ *gleichaltrig* much of an age; ~ *viel* quite a lot; *a good deal of;* ~ *viel Leute* a good many people, quite a few; *so* ~ *alles* practically (*or* almost) everything; *so* ~ *dasselbe* pretty much (*or* very nearly) the same thing.
ziepen ['tsi:pən] *colloq. v/t.* (*h.*) pull (*an den Haaren* by the hair), tweak; (*a. v/i.*) twinge.
Zier [tsi:r] *f* (-) ornament, embellishment.
Zierat ['tsi:ra:t] *m* (-[e]s; -e) ornament, decoration, adornment, finery; baubles *pl.*
'Zier...: ~baum *m* ornamental tree; ~de ['-də] *f* (-; -n) ornament; *fig.*

ornament, hono(u)r, credit (*für to*); ♀en *v/t.* (*h.*) adorn, embellish, grace; decorate; garnish; *sich* ~ (*h.*) *fig.* be affected, give o.s. airs, *woman:* be prim *or* prudish, act coy; stand on ceremony; refuse, *at table:* need pressing; → *geziert;* ~ *Sie sich nicht!* don't be funny!, come on!; ~erei [-ə'raɪ] *f* (-; -en) affectation; airs and graces *pl.*; ~fisch *m* toy fish; ~garten *m* pleasure-garden; ~kappe *mot. f* hub cap; ~lampe *f* decorative lamp; ~leiste *f* moulding; edging; *typ.* vignette; ♀lich *adj.* dainty, delicate; graceful, elegant; neat, natty; slight; ~lichkeit *f* (-) daintiness, delicacy; gracefulness, elegance; neatness; ~nagel *m* stud, nailhead; ~pflanze *f* ornamental plant; ~puppe *f* dressy woman; ~schrift *f* ornate type.
Ziffer ['tsifər] *f* (-; -n) figure, numeral; digit; cipher; subparagraph; item; ~blatt *n* dial(-plate), (clock-)face; ♀nmäßig *adj.* numerical, in figures; ~nschrift *f* cipher code.
...zig [-tsiç] *colloq. adj.* umpteen; ~ste [-tsiçstə] *colloq. adj.* umpteenth.
Zigarette [tsiga'rɛtə] *f* (-; -n) cigaret(te).
Ziga'retten...: ~automat *m* cigarette slot-machine; ~etui *n* cigarette-case; ~marke *f* brand of cigarettes; ~packung *f* pack of cigarettes; ~spitze *f* cigarette-holder; ~stummel *m* cigarette-end, butt, stub.
Zigarillo [tsiga'rilo] *n* (-s; -s) cigarillo, small cigar.
Zigarre [tsi'garə] *f* (-; -n) cigar; *colloq. fig. j-m e-e* ~ *verpassen* blow a p. up, give a p. a dressing-down.
Zi'garren...: ~abschneider *m* cigar-cutter; ~deckblatt *n* wrapper; ~händler *m* tobacconist; ~kiste *f* cigar-box; ~laden *m* tobacconist's shop, *Am.* cigar store; ~spitze *f* cigar-holder; cigar-tip; ~stummel *m* cigar-end, butt, stub; ~tasche *f* cigar-case.
Zigeuner [tsi'gɔʏnər] *m* (-s; -) gipsy; ♀haft *adj.* gipsy(-like); ~in *f* (-; -nen) gipsy (girl *or* woman); ~kapelle *f* gipsy (*or* tsigane) band; ~leben *fig. n* (-s) roving life; Bohemianism; ~musik *f* tsigane music; ~wagen *m* gipsy caravan.
Zikade [tsi'ka:də] *f* (-; -n) cicade.
Zimbel ['tsimbəl] *f* (-; -n) cymbal.
Zimmer ['tsimər] *n* (-s; -) room; apartment; *das* ~ *hüten* keep to one's room; ~antenne *f radio:* indoor aerial (*Am.* antenna); ~arbeit *f* carpenter's work, carpentry; ~axt *f*, ~beil *n* carpenter's ax(e); ~bestellung *f* booking of rooms; ~dekoration *f* upholstery; ~einrichtung *f* furnishing; furniture; interior; ~flucht *f* suite of rooms; ~gesell(e) *m* journeyman carpenter; ~genosse *m* room-mate; ~gymnastik *f* indoor gymnastics *pl.*; ~handwerk *n* carpenter's trade, carpentry; ~herr *m* lodger, *Am.* roomer; ~holz *n* timber.
...zimmerig *adj.* ...-roomed.
'Zimmer...: ~kamerad *m* room-mate; ~kellner *m* bedroom waiter;

~mädchen *n* chambermaid; ~mann *m* (-[e]s; -leute) carpenter; *fig. j-m zeigen, wo der* ~ *das Loch gelassen hat* show a p. the door; ♀n *v/t.* (*h.*) timber; carpenter (*a. v/i.*); make, construct; *fig.* frame; ~pflanze *f* indoor plant; ~platz *m* carpenter's yard, timber-yard; ~temperatur *f* room temperature; ~vermieter(in *f*) *m* lodging-house keeper; landlord, (*f* landlady); ~werk *n* → *Zimmerarbeit.*
zimperlich ['tsimpərliç] *adj.* prim, kid-glove; prudish; affected; squeamish; super-sensitive; plaintive; *sei nicht so* ~ don't be a sissy; ♀keit *f* (-) primness; prudery; affectation; super-sensitiveness; squeamishness.
Zimt [tsimt] *m* (-[e]s; -e) cinnamon; *colloq. fig.* → *Quatsch; der ganze* ~ the whole business.
Zink [tsiŋk] *n* (-[e]s) zinc; '~ätzung *f* a) zincograph, b) zincography; '~blech *n* sheet zinc; zinc plate; '~blende *f* zinc blende; '~blume *f* zinc bloom.
Zinke ['tsiŋkə] *f* (-; -n) prong, tine; *of comb:* tooth; ~n *m* (-s; -) → *Zinke; colloq.* (*nose*) proboscis, boko.
'zinken *v/t.* (*h.*) mark *cards* (secretly).
'Zink...: ♀haltig *adj.* stanniferous; ~hütte *f* zinc works *pl.*
...zinkig *adj.* ...-pronged.
'Zinksalbe *f* zinc ointment.
Zinn [tsin] *n* (-[e]s) tin; pewter; tinware.
Zinne ['tsinə] *f* (-; -n) *arch.* pinnacle (*a. fig.*); *mil.* battlement.
'zinne(r)n *adj.* tin; pewter.
'Zinn...: ~erz *n* tin ore; ~folie *f* tin-foil; ~geschirr *n* pewter; ~gießer *m* tin-founder, pewterer; ♀haltig *adj.* stanniferous; ~krug *m* pewter mug.
Zinnober [tsi'no:bər] *m* (-s) cinnabar; ♀rot *adj.* vermilion.
'Zinnsoldat *m* tin soldier.
Zins [tsins] *m* (-es; -en) rent; (ground-)rent; tribute; *usu.* ~en *pl.* interest (*sg.*); *aufgelaufene* ~*en* accumulated interest; *rückständige* ~*en* arrears of interest; ~ *en zum Satz von* interest at the rate of; *Aktien mit 4%* ~*en* four-per-cents; ~*en berechnen* compute the interest; *charge interest;* ~*en tragen* bear interest; *die* ~*en zum Kapital schlagen* add the interest to the capital; *fig. mit* ~*en heimzahlen* return with usury; *mit* ~ *und Zinseszinsen* in full measure; '~abschnitt *m* (interest) coupon; ♀bar *adj.* tributary; → *zinsbringend;* ♀billig *adj. and adv.* at a low rate of interest; '~bogen *m* coupon-sheet; ♀bringend *adj.* bearing interest, interest-bearing; ~ *anlegen* put out at interest; '~darlehen *n* interest-bearing loan; '~einkommen *n* interest income; '~erhöhung *f* increase in the interest rate.
Zinseszins ['-əstsins] *m* (-es; -en) compound interest; *fig.* → *Zins.*
'zins...: ~frei *adj.* rent-free; free of interest; ♀fuß *m* rate of interest, interest (rate); bank rate; ♀gefälle *n* interest margin; ♀gut *n* leasehold;

ℐherabsetzung f reduction in the rate of interest; ℐkupon m (interest) coupon; ℐleiste f talon; ～los adj. free of interest; no interest-bearing loan, etc.; ℐmarge f interest margin; ℐmehraufwand m net interest paid; ℐmehrertrag m net interest earned; ～pflichtig adj. tributary; subject to rent; ℐpolitik f interest rate policy; ℐrechnung f calculation of interest; interest account; ℐschein m coupon, for stock: dividend warrant; ℐsatz m → Zinsfuß; Darlehen mit niedrigem ～ low-interest loan; ～tragend adj. → zinsbringend; ℐverlust m loss of interest; ℐvoraus m (-es) preferential interest margin; ℐwucher m usury; ℐzahlungen f/pl. interest payments.

Zionis|mus [tsio'nismus] m (-) Zionism; ～t m (-en; -en), ～tin f (-; -nen), ℐtisch adj. Zionist.

Zipfel ['tsipfəl] m (-s; -) tip, point, end; anat., tel. lobe; corner (of cloth, etc.); fig. et. am rechten ～ anfassen tackle a th. from the right angle; ℐig adj. having points or ends, pointed; ～mütze f jelly-bag cap; night-cap.

Zipperlein ['tsipərlaɪn] colloq. med. n (-s) gout.

Zirbel|drüse ['tsirbəl-] anat. f pineal gland; ～kiefer f cembra pine.

zirka ['tsirka] adv. about, approximately, in the neighbo(u)rhood of; or thereabouts.

Zirkel ['tsirkəl] m (-s; -) circle (a. fig.); (ein ～ a pair of) compasses or dividers; in compounds: → Kreis...; ℐn v/i. (h.) measure with compasses; fig. (move in a) circle.

Zirkonlampe [tsir'koːn-] f zirconium lamp.

Zirku|lar [tsirku'laːr] n (-s; -e) circular; ℐlieren v/i. (h.) circulate; ～ lassen circulate, pass round.

Zirkumflex [tsirkum'flɛks] m (-es; -e) circumflex.

Zirkus ['tsirkus] m (-; -se) circus; colloq. fig. hurly-burly; ～reiter(in f) m circus-rider.

zirpen ['tsirpən] v/i. and v/t. (h.) chirp, cheep.

Zirruswolke ['tsirus-] f cirrus cloud.

zisch|eln ['tsiʃəln] v/i. and v/t. (h.) whisper, hiss; ℐeln n (-s) whisper (-ing); ～en v/i. and v/t (h.) gas, snake, person, etc.: hiss; thing: a. sizzle, fizz; whiz(z); colloq. einen ～ have a drink; ℐlaut m hissing sound; gr. sibilant.

Ziselier|arbeit [tsizə'liːr-] f chased work; ℐen v/t. (h.) chase.

Zisterne [tsi'stɛrnə] f (-; -n) cistern, tank.

Zitadelle [tsita'dɛlə] f (-; -n) citadel.

Zitat [tsi'taːt] n (-[e]s; -e) quotation; falsches ～ misquotation.

Zither ['tsitər] f (-; -n) zither.

zi'tieren v/t. (h.) cite, summon; invoke (ghosts); cite, quote.

Zitronat [tsitro'naːt] n (-[e]s; -e) candied (lemon) peel.

Zitrone [tsi'troːnə] f (-; -n) lemon.

Zi'tronen...: ～baum m lemon-tree; ～falter m brimstone butterfly; ℐgelb adj. lemon (yellow), citrine;

～limonade f lemonade; lemon squash; ～presse f lemon-squeezer; ～saft m (-[e]s) lemon juice; ℐsauer chem. adj. citrate of; ～säure f citric acid; ～schale f lemon-peel; ～scheibe f slice of lemon; ～wasser n (still) lemonade.

Zitter|aal ['tsitər-] m electric eel; ～gras n quaking-grass; ℐig adj. trembly, shaky; voice: a. tremulous, faltering; ℐn v/i. (h.) tremble, shake, quiver (vor with cold, fear, etc.); a. earth: quake; shiver; vibrate; ～ und beben shiver and shake, quake in one's shoes; ～n n (-s) trembling, etc.; shiver(s pl.); vibration(s pl.); mit ～ und Zagen shaking with fear, fearfully; ～pappel f aspen, trembling poplar; ～rochen ichth. m electric ray, torpedo fish.

Zitze ['tsitsə] f (-; -n) teat, dug, nipple.

zivil [tsi'viːl] adj. civil; (ant. military) civilian; econ. reasonable, moderate (prices); ℐ n (-s) (ant. military) civil body, civilians pl.; civilian (or plain) clothes; esp. mil. mufti; ℐangestellte(r) m civil employee; ～anzug m civilian suit; ℐarbeiter m civilian worker; ℐbevölkerung f civilian population, civilians pl.; mil. a. non-combatants pl.; ℐcourage f courage (of one's convictions), moral courage; ℐehe f civil marriage.

Zivili|sation [tsivilizatsi'oːn] f (-) civilization; ～sati'onskrankheiten f/pl. ills of civilization; ℐsatorisch [-za'toːriʃ] adj. civilizing; ℐ'sieren v/t. (h.) civilize.

Zivi'list m (-en; -en) civilian.

Zi'vil...: ～klage f → Zivilprozeß; ～kleidung f civilian (or plain) clothes pl.; ～luftfahrt f civil aviation; ～person f civilian; ～prozeß jur. m civil action or suit; ～prozeßordnung f Code of Civil Procedure; ～recht n (-[e]s) civil law; ℐrechtlich adj. and adv. under (or according to) civil law; civil law; ～ verfolgen bring a civil action against, sue; ～sache f civil case; ～versorgung f guarantee of civil employment for ex-servicemen; ～verteidigung f civil defen|ce, Am. -se; ～verwaltung f civil administration.

Zobel ['tsoːbəl] zo. m (-s; ..) sable; a. → ～fell n sable-skin; ～pelz m sable-fur. [zodiac.]

Zodiakus [tso'diːakus] ast. m (-))

Zofe ['tsoːfə] f (-; -n) lady's maid.

zog [tsoːk] pret. of ziehen.

zögern ['tsøːgərn] v/i. (h.) hesitate; waver, shilly-shally; linger, tarry; delay; ～ mit defer, delay; er zögerte nicht, zu inf. he did not hesitate to inf., he lost no time in ger.; ℐ n (-s) hesitation, hesitancy; delay; ohne ～ unhesitatingly, without (a moment's) hesitation; ～d adj. hesitating, hesitant; dilatory; slow, gradual.

Zögling ['tsøːklɪŋ] m (-s; -e) pupil.

Zölibat [tsøli'baːt] n and m (-[e]s) celibacy.

Zoll [tsɔl] m 1. (-[e]s; -) inch; jeder ～ ein Ehrenmann every inch a gentleman; 2. (-[e]s; ⁺e) custom, duty; → Zolltarif; toll; tribute (a. fig.);

customs; fig. s-n ～ fordern take its toll; '～abfertigung(sstelle) f customs clearance; '～amt n custom-house or -office; 'ℐamtlich adj.: ～e Untersuchung customs inspection; unter ～em Verschluß in bond; '～aufschlag m additional duty; '～aufseher m surveyor of customs; '～beamte(r) m customs official or officer; '～begleitschein m customs bond warrant; '～begünstigungsliste f Special Tariff List; '～behörde f board of customs and excise; '～einfuhrschein m bill of entry; '～einnehmer m collector of customs; 'ℐen v/t. (h.) fig. give, pay; Anerkennung ～ pay tribute (dat. to); Dank ～ express one's gratitude (to), thank (a p.); Beifall ～ applaud (a p.); '～erklärung f customs declaration; '～ermäßigung f tariff reduction; '～fahndungsstelle f customs-search office; 'ℐfrei adj. duty-free; fig. Gedanken sind ～ thoughts pay no toll; '～freiheit f exemption from duty; '～gebiet n customs district; '～gebühren f/pl. customs duties; '～gesetz n tariff law; '～grenze f customs frontier; '～haus n customs-house; '～hinterziehung f evasion of the customs.

...zöllig [-tsœlɪç] adj. ...-inch.

'Zoll...: ～inland n (German, etc.) customs area; ～inspektor m customs officer; ～kasse f customs collection office; ～kontrolle f customs examination; ～krieg m tariff war; ～(l)ager n bonded warehouse.

Zöllner ['tsœlnər] m (-s; -) customs collector; bibl. publican.

'Zoll...: ～papiere n/pl. customs documentation sg.; ℐpflichtig adj. liable to duty, dutiable; ～plombe f (customs) seal; ～politik f customs policy; ～revision f customs examination; ～satz m rate of duty; ～schein m clearance(-bill); ～schiff n revenue cutter; ～schranke f customs-barrier; ～schutz m tariff protection; ～senkung f customs tariff reduction; ～speicher m bonded warehouse; ～stock m (-[e]s; ⁺e) foot-rule; folding rule; yard-stick; ～straße f turnpike (or toll) road; ～tarif m tariff (of duties); → Zollsatz; ℐtief adj. inches deep; ～verband, ～verein m customs (or tariff) union; ～vergünstigungen f/pl.p referential tariff; ～verschluß m customs seal, bond; Waren unter ～ bonded goods; unter ～ lassen leave in bond; ～vertrag m tariff agreement; ～vorschriften f/pl. customs regulations; ～wächter m → Zollbeamter; ℐweise ['-vaɪzə] adv. by inches.

Zone ['tsoːnə] f (-; -n) zone; region; climate; britisch besetzte ～ British-occupied zone; heiße (kalte, gemäßigte) ～ torrid (frigid, temperate) zone; radio: tote ～ silent area; ～grenze f zonal border; ～ntarif m zone-tariff.

Zoo [tsoː] colloq. m (-[s]; -s) (= Zoologischer Garten) Zoo, Zoological Gardens.

Zoolo|ge [tsoʰo'loːgə] m (-n; -n) zoologist; ～'gie f (-) zoology; ℐgisch adj. zoological.

Zopf [tsɔpf] *m* (-[e]s; ⁔e) plait of hair, tress; pigtail; *fig.* pedantry, formality; (*alter*) ⁓ antiquated custom, obsolete tradition; *falscher* ⁓ switch; *in Zöpfe flechten* plait; *sie trägt Zöpfe* she wears her hair plaited *or* in plaits; '⁓band *n* (-[e]s; ⁔er) pigtail ribbon, hair--ribbon; '⁀ig *fig.* pedantic(ally *adv.*); antiquated; '⁓stil *m* (-[e]s) *art*: late rococo (style).

Zorn [tsɔrn] *m* (-[e]s) anger; *rhet.* wrath, ire; rage; temper; resentment; *in* ⁓ *geraten* fly into a passion, bridle up; *in* ⁓ *versetzen* anger, incense, infuriate; → *auslassen*, *etc.* '⁓ausbruch *m* fit of anger, outburst, explosion; ⁀entbrannt ['-εntbrant] *adj.* boiling with rage, furious, fuming; '⁀ig *adj.* angry (*auf acc.* at *a th.*, with *a p.*), mad (at); '⁓röte *f* flush of anger.

Zot|e ['tso:tə] *f* (-; -n) ribald jest, filthy (*or* smutty) joke, obscenity; ⁓n *reißen* talk smut, make obscene jokes; ⁀enhaft, ⁀ig *adj.* obscene, smutty, filthy; ⁓enreißer *m* obscene talker.

Zott|e ['tsɔtə] *f* (-; -n) tuft (of hair); *anat.* villus; ⁓el ['-əl] *f* (-; -n) tuft; tassel; ⁀eln *colloq. v/i.* (sn) shuffle along, toddle; (*trödeln*) dawdle; ⁀ig *adj.* shaggy, tufted; matted; *anat.* villous.

zu [tsu:] **I.** *prp.* (*dat.*) to; towards, up to; at, in, on; in addition to; along with; beside, next to; for; ⁓ *Beginn* at the beginning *or* outset; ⁓ *Berlin* in (*adm.* at) Berlin; → *Beispiel, Bett, Ende, Fuß, Gesicht, Haus, Hundert, Tausend, Mal, Not, etc.*; *sports*: *3* ⁓ *1* three (points, *etc.*) and one; ⁓ *deutsch* in German; ⁓ *Weihnachten, etc.* at Christmas, *etc.*; *balance-sheet* ⁓*m 31. Dezember* as at December 31st; *der Schlüssel* ⁓*m Schrank* the key of the cupboard; ⁓ *ebener Erde* on the ground floor; ⁓*m Ergötzen* (*gen.*) to the amusement of; ⁓ *m-m Erstaunen* to my surprise; ⁓*r Hälfte* by half, half of it; ⁓*m Preise von* at a price of; ⁓*m Scherz* in fun; ⁓*r Stadt* to town; ⁓ *Tal* downhill; ⁓*r Unterhaltung* (*gen.*) for the entertainment of; *Liebe* ⁓ *Gott* love of God; *aus Freundschaft* ⁓ *ihm* out of friendship for him; ⁓*m Dichter geboren* born (to be) a poet; ⁓ *j-m gehen* go to see a p.; *j-n* ⁓ *et. ermuntern* encourage a p. to do a th.; *j-n* ⁓*m Freunde* (*Vater*) *haben* have a p. for a friend (father); *j-n* ⁓*m Oberst befördern* raise a p. to the rank of a colonel; *j-n* ⁓*m Präsidenten wählen* elect a p. President; *sich* ⁓ *j-m setzen* sit down by a p.'s side; ⁓ *et. werden* turn (*or* change) into *a th.*; *Brot* ⁓*m Ei essen* have bread with one's egg; **II.** *adv.* **1.** *before adj. and adv.*: too; ⁓ *sehr* too much; *gar* ⁓ far too, all too; ⁓ *viel* far too much; (*gar*) ⁓ *vorsichtig* (*eilig*) overcautious (overhasty); ⁓ *sehr betonen* overstress; **2.** closed; *Tür* ⁓*!* shut (*or* close) the door!; *die Tür ist* ⁓ the door is to *or* shut; *immer* (*or nur*) ⁓*!* go ahead!; **3.** *with infinitive*: ⁓ *sein* to be; *ich habe* ⁓ *arbeiten* I have to work, I have work to do; *ich er-*

innere mich, ihn gesehen ⁓ *haben* I remember seeing him; *es ist* ⁓ *hoffen* it may be hoped for; *ein nachzuahmendes Beispiel* an example worthy of imitation; *ein sorgfältig* ⁓ *erwägender Plan* a plan requiring careful consideration; *die auszuwechselnden Fahrzeugteile* the parts to be exchanged.

zu'aller|erst *adv.* first of all; ⁓letzt *adv.* last of all.

'**zubauen** *v/t.* (h.) build (*or* wall) up *or* in; block (*passage, view*).

Zubehör ['-bəhø:r] *n* (-[e]s; -e) appurtenances (*a. jur.* of real estate), fittings (*a. jur.* of chattels), Am. fixings; *esp. tech.* accessories; attachment(s *pl.*); *Wohnung von sechs Zimmern mit* ⁓ six-roomed flat (*Am.* apartment) with all conveniences *or* appointments; ⁓kasten *tech. m* accessories box; ⁓teil *n* accessory (part); *pl.* ⁓e accessories.

'**zubeißen** *v/i.* (*irr.,* h.) bite; snap.
'**zubekommen** *v/t.* (*irr.,* h.) get in addition (*or* into the bargain); get *a door, etc.,* shut.

Zuber ['tsu:bər] *m* (-s; -) tub.
'**zubereit|en** *v/t.* (h.) prepare; mix (*drink*); dress (*salad; a. tech.*); ⁀ung *f* preparation; dressing.
'**zubilligen** *v/t.* (h.) grant, concede, allow; *jur.* award.
'**zubinden** *v/t.* (*irr.,* h.) tie (*or* bind) up; bandage; blindfold (*eyes*).
'**zubleiben** *v/i.* (*irr.,* sn) remain closed *or* shut.
'**zublinzeln** *v/i.* (h.) *j-m*: wink at *a p.*
'**zubring|en** *v/t.* (*irr.,* h.) pass, spend (*time*); *tech.* feed; ⁀er ['-briŋər] *tech. m* (-s; -) feeder; ⁀erdienst *m* feeder service; ⁀erlinie *aer. f* feeder-line; ⁀erstraße *f*, ⁀weg *m* feeder road.
'**Zubuße** *f* allowance; contribution, additional payment.

Zucht [tsuxt] *f* (-) breeding, rearing, farming; culture (*of bees, bacteria*); *bot.* (*pl.* -en) cultivation, growing; *zo.* breed, race, stock; *fig.* education; training; *harte* ⁓ drill; discipline; decency, propriety, modesty; *in* ⁓ *halten* (*nehmen*) keep (take) in hand; '⁓buch *n* stud-book; '⁓bulle *m* bull (for breeding).

zücht|en ['tsyçtən] *v/t.* (h.) breed, rear, raise (*animals*); grow, cultivate (*plants*); culture (*bacteria, pearls*); ⁀er(in *f*) *m* (-s, -; -, -nen) breeder; (*bee-*)keeper; grower.

'**Zucht...:** ⁀los *adj.* undisciplined, ⁓haus *n* penitentiary; *zwei Jahre* ⁓ sentence of two years' penal servitude *or* hard labo(u)r; ⁓hausarbeit *f* convict labo(u)r; ⁓häusler *m* convict; ⁓hausstrafe *f* penal servitude, *Am.* confinement in a penitentiary; ⁓hengst *m* stud--horse, stallion; ⁓henne *f* brood--hen; ⁓holz *n* trees grown artificially.

züchtig ['tsyçtiç] *adj.* chaste, modest, coy, demure; ⁀keit *f* (-) chastity, modesty, coyness.
züchtig|en ['-gən] *v/t.* (h.) correct, punish; discipline; flog, *rhet.* chastise; ⁀ung *f* (-; -en) correction, punishment; flogging, corporal punishment; chastisement.

without discipline; unruly, wild; disorderly, licentious; ⁓losigkeit *f* (-) want of discipline; disorderly ways *pl.*, licentiousness; ⁓meister *m* task-master, disciplinarian; ⁓mittel *n* means of correction, disciplinary measure; ⁓perle *f* culture pearl; ⁓rasse *f* improved breed; ⁓rute *f* rod of correction, scourge; ⁓sau *f* brood sow; ⁓schaf *n* ewe for breeding; ⁓stier *m* bull (for breeding); ⁓stute *f* brood mare.

'**Züchtung** *f* (-; -en) breeding, farming; *bot.* growing, cultivation; culture (*of bacteria*); *neue* ⁓ variety.

'**Zucht...:** ⁓vieh *n* breeding cattle, registered cattle; ⁓wahl *f*: *natürliche* ⁓ natural selection.

zuckeln ['tsukəln] *colloq. v/i.* (sn) jog along.

zucken ['tsukən] *v/i.* (h.) jerk; move convulsively, twitch (*both*: mit *et. a th.*); quiver; wince; *flame, light*: flicker; flash; dart; → *Achsel, Wimper.*

zücken ['tsykən] *v/t.* (h.) draw (*sword, etc.*); pull out (*purse*); poise (*pen, etc.*).

Zucker ['tsukər] *m* (-s) sugar; *ein Stück* ⁓ a lump of sugar; *med.* er *hat* ⁓ he has diabetes; ⁀artig ['-a:rtiç] *adj.* sugary; ⁓bäcker *m* confectioner; *humor. in compounds*: gingerbread *gothic, etc.*; ⁓bäckerei *f* confectioner's shop; ⁓bildung *f* formation of sugar; *biol.* glycogenesis; ⁓brezel *f* sweet cracknel; ⁓brot *n* sweet bread; ⁓ *und Peitsche* carrot or the stick; ⁓büchse, ⁓dose *f* sugar-basin, *Am.* -bowl; ⁓erbse *f bot.* green pea; sugar-plum; ⁓fabrik *f* sugar factory *or* works; ⁓gewinnung *f* extraction of sugar; sugar manufacture; ⁓guß *m* sugar-icing, frosting, sugar-coating; *mit* ⁓ *überziehen* ice, frost; ⁀haltig *adj.* containing sugar, saccharated; ⁓hut *m* sugar-loaf; ⁀ig *adj.* sugary; ⁓kand(is) *m* (-[e]s; -) sugar candy; ⁀krank, ⁓kranke(r *m*) *f* diabetic; ⁓krankheit *f* (-) diabetes; ⁓mäulchen *n* sweet--tooth; ⁀n *v/t.* (h.) sugar; ⁓pflanzung *f* sugar plantation; ⁓plätzchen *n* drop, lozenge; ⁓raffinerie *f* sugar refinery; ⁓rohr *n* sugar cane; ⁓rübe *f* sugar-beet; sweet turnip; ⁓saft *m* syrup; ⁓säure *f* saccharic acid; ⁓schale *f* → Zucker-büchse; ⁓sieder *m* sugar refiner; ⁓siede'rei *f* sugar refinery; ⁓sirup *m* molasses *pl.*, treacle; ⁀süß *adj.* (as) sweet as sugar; *fig.* honeyed; ⁓wasser *n* sugared water; ⁓ware *f*, ⁓werk *n* (-[e]s) confectionery, sweetmeats *pl.*; *Am.* candy; ⁓zange *f* (*eine* ⁓ a pair of) sugar-tongs *pl.*

'**Zuckung** *f* (-; -en) convulsion, spasm, jerk, twitch; quiver; *a. fig.* *letzte* ⁓en death throes.

'**zudämmen** *v/t.* (h.) dam up.
'**zudecken** *v/t.* (h.) cover (up); *fig.* conceal, cover up; *colloq. j-n* ⁓ *mit* rain *blows, etc.,* on a p.; shower a p. with *gifts, etc., mil.* with *fire*: pin down.

zu'dem *adv.* besides, moreover, in addition (to this).

'**zudenken** *v/t.* (*irr.,* h.): *j-m et.* ⁓

intend a th. for a p., want a p. to have a th.

'**zudiktieren** v/t. (h.) impose, inflict *penalty* (*j-m* upon a p.).

'**Zudrang** m rush; (*zu dat.*) run (on).

'**zudrängen**: *sich* ~ (h.) press forward, crowd, throng (*zu* to).

'**zudrehen** v/t. (h.) turn off (*faucet, water, etc.*); *j-m den Rücken* ~ turn one's back on a p.

'**zudringlich** adj. importunate, obtrusive; intruding, forward; ~ *werden e-m Mädchen gegenüber* make advances, make a pass *at a girl*; 2-**keit** f importunity, obtrusiveness, forwardness; pass.

'**zudrücken** v/t. (h.) close, shut; → *Auge.*

'**zu-eign|en** v/t. (h.) dedicate *book, etc.* (*dat.* to); *sich et.* ~ appropriate (to one's use), *illegally*: misappropriate, *jur. a.* convert (unlawfully) into one's own use; 2**ung** f dedication; appropriation.

'**zu-eilen** v/i. (sn) (*dat.*; *auf acc.*) hasten to(wards), run or rush up to.

'**zu-erkenn|en** v/t. (irr., h.) award (*a. prize*) (*dat.* to); confer (on); *jur.* award, adjudge, adjudicate (to); 2**ung** f award; adjudication.

zu'erst adv. **1.** first; *er kam* ~ *an a.* he was the first to arrive; **2.** first (of all), in the first place, above all; *to begin with*; **3.** at first, in (or at) the beginning; ~ *tat er* he began by *ger.*; *fig. wer* ~ *kommt, mahlt* ~ first come first served.

'**zu-erteilen** v/t. (h.) → *zuteilen, zuerkennen.*

'**zufächeln** v/t. (h.): *j-m et.* ~ fan a th. to(wards) a p., *wind*: waft a th. to a p.; *sich Luft* ~ fan o.s.

'**zufahr|en** v/i. (irr., sn) drive (or go) on; *auf et.* ~ drive to(wards) or in the direction of, head (or make) for; *door, etc.*: slam (shut); *fig. auf j-n* ~ rush at, pitch into; 2**t(s-straße)** f approach (road); *to house*: drive(way *Am.*).

'**Zufall** m chance, accident; coincidence; *bloßer* ~ mere accident; *glücklicher* ~ lucky chance, (lucky) break; *unglücklicher* ~ piece of ill-luck, unfortunate accident, mischance, bad break; *durch* ~ by chance, by accident, → *zufällig*; *durch glücklichen* ~ by a fluke; *es dem* ~ *überlassen* leave it to chance; *der* ~ *fügte es, daß wir* luck would have it that we, as it happened we; *es hängt vom* ~ *ab, ob* it is a matter of chance whether; *es ist kein* ~, *wenn* it is no accident that; 2**en** v/i. (irr., sn) *eyes*: be closing (with sleep); *door*: shut (of) itself, slam shut; *j-m* ~ fall to a p.('s share), *inheritance*: *a.* devolve upon a p.; *task*: fall to a p., devolve upon a p., be incumbent upon a p.

'**zufällig** **I.** adj. accidental; chance; fortuitous; casual; incidental; random (*a. phys.*); ~*es Zusammentreffen* **a)** chance encounter, **b)** coincidence; **II.** adv. (*a.* ~**erweise** ['-gər'varzə]) accidentally, by chance; as it happened; *er war* ~ *zu Hause* he happened to be at home; *ich traf ihn* ~ I happened (or chanced) to meet him; *ich stieß* ~ *auf dieses Wort* I came across (or

stumbled upon) that word; 2**keit** f accidentalness; casualness; fortuitousness; contingency; ~*en* pl. a. coincidences.

'**Zufalls|**... chance ...; ~**auswahl** f random sample; ~**gesetz** n law of probability; ~**kurve** f probability curve; ~**moment** n chance factor; ~**treffer** m chance (or fluke) hit.

'**zufassen** v/i. (h.) make a grasp or grab; catch, seize, clutch; *helper*: (*mit*) ~ lend or give a hand; *fig.* seize the opportunity.

'**zufliegen** v/i. (irr., sn) (*dat.*; *auf acc.*) fly to(wards); *door*: slam (shut), (shut with a) bang; *fig. es fliegt ihm alles zu* things come easily to him.

'**zufließen** v/i. (irr., sn) (*dat.*) flow to(wards); *fig.* be devoted to *charity, etc.*; *j-m*: come to, *profit*: accrue to a p.; *j-m* ~ *lassen* bestow on, grant, let have.

'**Zuflucht** f (-) refuge, shelter, resort; *s-e* ~ *nehmen bei j-m* take refuge with *a p.*, *zu et.*: have recourse to, resort to, take refuge to *a th.*; ~**s-ort** m (-[e]s; -e) place of refuge, retreat, asylum, sanctuary.

'**Zufluß** m afflux; influx (*a. fig. of capital, goods, etc.*); *tech.* feed, (in-)flow; *river*: affluent; *econ.* supply; ~**gebiet** n basin; ~**graben** m feeder; ~**menge** f *tech.* rate of flow; ~**regler** *tech.* m flow regulator; ~**rohr** n feed pipe.

'**zuflüstern** v/t. (h.) *j-m*: whisper to a p.; prompt to.

zufolge [tsu'fɔlgə] prp. (*gen. and dat.*) in consequence of, as a result of, due (or owing) to; according to; on the strength of, by virtue of.

zufrieden [tsu'fri:dən] adj. content (-ed), satisfied; pleased, gratified; *j-n* ~ *lassen* let alone, leave in peace; *sich* ~ *geben mit* rest (or be) content with, put up with, acquiesce in; *nicht* ~ dissatisfied, displeased; 2**heit** f (-) contentment, satisfaction; contentedness; *zu m-r größten* ~ to my greatest satisfaction; ~**stellen** v/t. (h.) content, satisfy; give satisfaction to; gratify, satisfy (*a p.'s wishes*); *schwer zufriedenzustellen* difficult to please, exacting; ~**stellend** adj. satisfactory.

'**zufrieren** v/i. (irr., sn) freeze up or over.

'**zufügen** v/t. (h.) add; do, cause (*dat.* to); inflict *harm, losses* ([up-] on); *j-m Schaden* ~ harm (or injure) a p.; *sich selbst zugefügt* self-inflicted (*wound, etc.*).

Zufuhr ['tsu:fu:r] f (-) supply; importation; *meteor.* influx; supplies pl.; → *Zuführung*; *j-m die* ~ *abschneiden* cut off a p.'s supplies.

'**zuführ|en** v/t. (h.) carry (up), convey (to the spot), lead, bring; *tech.* feed; supply (*goods, etc.*; *a tech.*), deliver (*a. tech.*); lead in (*wire*); import; *e-m Heere Lebensmittel* ~ provision, cater for; *j-m e-e Person* ~ introduce a p. to a p.; *j-n s-r Bestrafung* ~ punish a p.; *e-e Sache ihrer Bestimmung* ~ devote a th. to its proper purpose; 2**ung** f conveyance; *tech.* feeding; (*machine element*) feed; (*wire*) lead; *econ.* supply; delivery; importation;

approach, feeder road; intake (*of food*); ~ *durch Druck* pressure feed.

'**Zuführungs**...: ~**apparat** *tech.* m feeder; ~**draht** m feed (*el.* lead) wire; ~**kabel** n leading-in cable; ~**leitung** f supply main; ~**rohr** n supply (or feed) pipe; ~**schnur** *el.* f flexible cable.

'**zufüllen** v/t. (h.) add; pour on; fill up (*hole*).

Zug [tsu:k] m (-[e]s; ⸚e) draw; *a. gym., wrestling, swimming, weight-lifting*: pull; jerk; *tech.* pull, traction; tension, stress; suction; piston; drawing tool; hoist; pulley; grip; strap; march; procession; expedition, campaign; column; file; range (*of mountains*); *rail.* train; shoal (*of fish*); flight, passage; migration (*of birds*); drift (*of clouds*); team (*of oxen, etc.*); herd, flock; *mil.* platoon; draught, *Am.* draft (*of air*); flue; *mus.* slide; (*organ*) stop, register; *chess, etc.*: move; *at drinking*: draught, *Am.* draft, swig; *at smoking*: whiff, puff; drag (*an dat.* at), pull (at *a pipe*); *of rifle*: groove, *pl. Züge* rifling *sg.*; *of face*: feature; *fig.* bent, tendency, trend; trait, feature, characteristic; *fig.* ~ *der Zeit* trend of the times; ~ *des Herzens* inner voice; *dem* ~*e s-s Herzens folgen* follow the promptings of one's heart; *auf einen* ~ at one draught (*Am.* draft); *im* ~*e rail.* in (*Am.* on) the train, *fig.* in train, in progress; *im* ~*e der Neugestaltung* in the course of reorganization; *im besten* ~*e sein* be well under way, be in full swing, *person*: be going strong; *er ist jetzt gut im* ~*e a.* his ball is rolling good now; *in einem* ~ at a stretch, at one go; *in kurzen Zügen* in a few strokes, in brief outlines; *in großen Zügen* in broad outlines, along general lines; → *grob*; *in vollen Zügen genießen* enjoy thoroughly, revel in; *in den letzten Zügen liegen* be breathing one's last, *fig. matter*: be in its death throes, be petering out; ~ *um* ~ without delay, without a break, in rapid succession, *econ.* concurrently, pari passu; *against counterdelivery*; *Zahlung* ~ *um* ~ *bei Auslieferung* cash on delivery; *chess*: *wer ist am* ~? whose move is it?; *fig. er kam nicht zum* ~*e* he did not get a chance; *fig. j-s Züge tragen* bear the imprint of; *das ist ein schöner* ~ *an ihr* that's very decent of her; *fig. da ist kein* ~ *drin* it is slow (or dull), there is no snap to it.

'**Zugabe** f addition; extra; bonus, premium; makeweight; *thea.* encore; *als* ~ into the bargain.

Zug-abfertigung(sdienst m) f train dispatch (service).

'**Zugang** m access (*a. fig.*); approach, access road; gate(way) (*a. fig.*), *fig.* doorway; entry; increase; *econ.* accrual; receipts pl.; in-payment; credit entries pl.; arrivals, incoming stocks pl.; *of personnel, members, library books*: accession(s pl.); ~ *zu Urkunden gewähren* give access to documents.

zugänglich ['tsu:gənliç] adj. accessible (für to); *fig.* ~ für (or dat.)

amenable to, open to, willing to listen to *reason*; *fig.* approachable, get-at-able; responsive; *leicht* ~ *person*: easy of access; ~ *machen* make accessible (*or* available); *fig.* *der breiten Öffentlichkeit* ~ *machen* throw open to the public, bring within the reach of the masses, popularize.

'**Zugangsweg** *m* access road, approach.

'**Zug...**: ~**artikel** *econ. m* draw; ~**aufsichtsbe-amte(r)** *m* train dispatcher; ~**be-anspruchung** *tech. f* tensile load, tractive stress; ~**(be-gleit)personal** *rail. n* train staff, *Am.* train crew; ~**brücke** *f* drawbridge.

'**zugeben** *v/t.* (*irr.*, h.) add; *econ.* give into the bargain, throw in; allow; confess; concede, admit, grant; *zugegeben* granted; *zugegeben, sie ist nicht klug* true, she is not smart; *ein Lied* ~ give a song as an extra treat; *man muß* ~, *daß er* you must grant it to him that he; **zugegebenermaßen** ['tsu:gǝge-bǝnǝr'ma:sǝn] *adv.* admittedly.

zugegen [tsu'ge:gǝn] *pred. adj.* present (*bei* at); ~ *sein bei a.* attend.

'**zugehen** *v/i.* (*irr.*, sn) close, shut; move on, go faster; happen; *auf j-n* ~ go up to, walk towards; *geraden Wegs auf et.* ~ make for, head for, make a beeline for; *j-m* ~ come to a p.'s hand, reach a p.; *adm.* be served on a p.; *j-m et.* ~ *lassen* forward (*or* transmit) to a p., let a p. have *a th.*; *wie geht es zu, daß?* how is it that?; *es müßte seltsam* ~, *wenn* it would be strange if; *das geht nicht mit rechten Dingen zu* there is something uncanny about it, it looks fishy (to me); → *hergehen.*

'**zugehören** *v/i.* (h.) (*dat.*) belong to.

'**zugehörig** *adj.* (*dat.*) belonging to *a p. or a th.*; appertaining, pertinent; accompanying; matching, *colo(u)r, etc.*, to match; ≈**keit** *f* (-) membership (*zu dat.* of), affiliation (to); belonging (to).

zugeknöpft ['tsu:gǝknœpft] *fig. adj.* reserved, uncommunicative, silent.

Zügel ['tsy:gǝl] *m* (-s; -) rein; bridle; *fig. a.* curb, restraint; *die* ~ *pl. der Regierung* the reins of government; *die* ~ *schießen lassen* (*dat.*) give *a horse* its head, *fig.* give full rein to; *j-n an die* ~ *nehmen* take a p. in hand; *sich an die* ~ *nehmen* get a grip on o.s.; *in die* ~ *fallen* (*dat.*) seize by the bridle, *fig.* stop, restrain; → *anziehen.*

'**zugelassen** → *zulassen.*

'**Zügel...**: ~**hilfe** *f* rein aid; ≈**los** *adj.* unbridled; *fig. a.* unrestrained; inordinate; licentious, dissolute; ~ *werden* get out of hand; ~**losigkeit** *f* (-) dissoluteness, licentiousness, looseness; ≈**n** *v/t.* (h.) rein, pull up; *fig.* bridle, rein, curb, check.

Zugereiste(r *m)* ['tsu:gǝraistǝ(r)] *f* (-n, -n; -en, -en) newcomer.

'**zugesellen** *v/t.* (h.) give as a companion; (*a. sich*) join (*dat.* to; *j-m* a p.), associate (with).

zugestandenermaßen ['tsu:gǝʃtan-dǝnǝr'ma:sǝn] *adv.* admittedly.

'**Zugeständnis** *n* concession, admission; ~**se** *machen* (*dat.*) make concessions, *fig.* make allowances (*wegen* for).   [admit, grant.)

'**zugestehen** *v/t.* (*irr.*, h.) concede,)

'**zugetan** *pred. adj.* (*dat.*) attached to, devoted to; *j-m* ~ *sein a.* feel kindly towards, be fond of, have a great affection for *a p.*

Zugewanderte(r *m)* ['tsu:gǝvandǝr-tǝ(r)] *f* (-n, -n; -en, -en) newcomer.

'**zugewandt** *adj.* (*dat.*) interested (in); → *zuwenden.*

Zug... ['tsu:k-]: ~**fähre** *f* cable ferry; ~**feder** *tech. f* tension spring; *of watch*: barrel spring; ~**festigkeit** *tech. f* (-) tensile strength; ≈**frei** *adj.* draught-free; ~**führer** *m rail.* chief guard, *Am.* conductor; *mil.* platoon-leader; ~**gespräch** *rail. teleph. n* train-call; ~**griff** *tech. m* pull handle, grip; ~**hebel** *m* draw lever.

'**zugießen** *v/t.* (*irr.*, h.) add, pour on; fill up (*mit* with).

zugig ['tsu:gɪç] *adj.* draughty, *Am.* drafty.

zügig ['tsy:gɪç] *adj.* speedy; free, easy; uninterrupted; efficient; *econ.* ~ *beliefern* supply freely; *mot.* ~ *schalten* change gears smoothly; ≈**keit** *f* (-) easy flow *of traffic.*

'**Zug...**: ~**klappe** *f* damper; ~**knopf** *m* pull knob; ~**kraft** *f* power of traction, tractive force; drawbar pull; *fig.* attraction, draw, appeal; ≈**kräftig** *adj. fig.* attractive, popular, powerful; ~ *sein a.* be a draw.

zugleich [tsu'glaiç] *adv.* at the same time; together.

'**Zug...**: ~**leine** *f* towing rope; ~**leistung** *f* tractive power; ~**luft** *f* (-) draught, *Am.* draft; ~**(luft)schraube** *aer. f* tractor (airscrew); ~**maschine** *f* traction engine, prime mover, tractor; truck tractor; ~**meldewesen** *n* (-s) train-signal-(l)ing system; ~**mittel** *fig. n* draw, attraction; ~**nummer** *thea. f* drawing card; ~**ochse** *m* draught-ox; ~**personal** *n* train staff, *Am.* train crew; ~**pferd** *n* draught-horse; ~**pflaster** *n* blistering plaster, vesicatory.

'**zugreifen** *v/i.* (*irr.*, h.) make a grasp *or* grab; grab *or* grasp it; *at table*: help o.s.; fall to; (*mit*) ~ lend (*or* take) a hand; *fig.* seize the opportunity; put one's back into it; *er braucht nur zuzugreifen* he may have it for the mere asking.

Zugrichtung ['tsu:k-] *rail. f* direction in which the (*or* a) train runs.

'**Zugriff** *m* grip, clutch; *fig. a.* seizure; *dem* ~ *j-s entziehen* get out of the reach of a p.

Zugring ['tsu:k-] *m* pull ring.

zugrunde [tsu'grundǝ] *adv.*: ~ *gehen fig.* go to ruin, perish; ~ *legen* take as a basis (*dat.* for); *er legte seinen Behauptungen ...* ~ he based his allegations on ...; ~ *liegen* (*dat.*) underlie *a th.*, form the basis *or* be at the bottom (of *a th.*); ~ *richten* ruin, destroy, wreck; ≈**legung** [-le:guŋ] *f* (-): *unter* ~ (*gen. or von*) taking as a basis; ~**liegend** *adj.* underlying.

Zug... ['tsu:k-]: ~**salbe** *med. f* vesicant ointment, *Am.* resin cerate; ~**schaffner** *m* train conductor; ~**schalter** *el. m* pull switch; ~**seil** *n* towing-line; traction rope, haulage rope; control cable; hoisting rope; ~**stange** *f* tie rod; drawbar; *machine tool*: draw-in spindle; ~**stemme** ['-ʃtɛmǝ] *f* (-; -n) *gym.* uprise from straight hang; ~**stiefel** *m/pl.* (boots with) elastic sides; ~**stück** *n* draw, *Am.* hit; ~**tier** *n* draught (*Am.* draft) animal.

'**zugucken** *colloq.* → *zuschauen.*

'**Zug-unglück** *n* train accident.

zugunsten [tsu'gunstǝn] *prp.* (*gen.*) in favo(u)r of, for the benefit of; to the credit of.

zugute [tsu'gu:tǝ] *pred.*: *j-m et.* ~ *halten* give a p. credit for a th.; pardon a p. a th.; *j-m s-e Jugend* ~ *halten* make allowance for a p.'s youth; ~ *kommen* (*dat.*) be for the benefit of, be an advantage to; stand *a p.* in good stead; *jur.* inure to; *sich et.* ~ *tun auf et.* ~ *e Sache* pride (*or* pique, plume) o.s. on a th.

zu guter Letzt *adv.* in the end, at long last; last but not least.

Zug... ['tsu:k-]: ~**verkehr** *m* train service; ~**vieh** *n* draught-cattle *pl.*; ~**vogel** *m* bird of passage, migrant (bird); ~**wache** *f* trainguard; ≈**weise** ['-vaizǝ] *adv.* in troops *or* flocks; *mil.* in platoons; ~**welle** *tech. f* feed screw; ~**wind** *m* → *Zugluft.*

'**zuhaben** *v/t. and v/i.* (h.) keep *or* have *a th.* closed *or* shut *or* (*dress*) buttoned up; *das Geschäft hat am Montag zu* the shop does not open on Monday.

'**zuhaken** *v/t.* (h.) hook (up).

'**zuhalten I.** *v/t.* (*irr.*, h.) keep *a th.* shut; close (*eyes*); stop (*ears*); clench (*fist*); *sich die Nase* ~ hold one's nose; **II.** *v/i.* (*irr.*, h.): *auf et.* ~ make for a th., go straight for a th.; *sich* ~ bestir o.s., hurry up.

Zuhälter ['tsu:hɛltǝr] *m* (-s; -) pimp; **Zuhälte'rei** *f* (-) procuring, living on a woman's immoral earnings.

'**Zuhaltung** *f* tumbler (*on lock.*)

'**zuhämmern** *v/t.* (h.) hammer down.

zuhanden [tsu'handǝn] *prp.* (*gen.*) to be handed to; Attention: *Mr. Wiseacre.*

'**zuhängen** *v/t.* (h.) hang (*or* cover) with curtains, etc.

'**zuhauen I.** *v/i.* (h.) strike (out); lay about one; **II.** *v/t.* (h.) rough--hew; trim, shape, dress.

zuhauf [tsu'hauf] *poet. adv.* together.

Zuhause [tsu'hauzǝ] *n* (-) home.

'**zuheften** *v/t.* (h.) stitch up.

'**zuheilen** *v/i.* (sn) heal up, close, skin over, cicatrize.

Zuhilfenahme [tsu'hilfǝna:mǝ] *f* (-): *unter* ~ *von* (*dat.*) with (*or* by) the aid of; *ohne* ~ *von* without having recourse to.

zu'hinterst [tsu-] *adv.* last of all, at the (very) end.

'**zuhören** *v/i.* (h.) (*dat.*) listen, attend (*both*: to); listen in (on), eavesdrop; *hör mal zu!* listen!

'**Zuhörer** *m*, ~**in** *f* hearer, listener; *pl.* audience *pl.*; *ein guter* ~ a good listener; ~**raum** *m* lecture room, auditorium, auditory; ~**schaft** *f* (-) audience.

zu'**innerst** [tsu-] *adv.* innermost, in one's heart (of hearts), deeply.

'**zujauchzen**, '**zujubeln** *v/i.* (h.) (*dat.*) shout to, cheer; *a. fig.* hail.

'**zukaufen** *v/t.* (h.) buy in addition.

'**zukehren** *v/t.* (*dat.*) turn to (-wards); *j-m das Gesicht ~* face a p.; *j-m den Rücken ~* turn one's back (up)on a p.

'**zukitten** *v/t.* (h.) cement (up), putty up.

'**zuklappen** *v/t.* (h.) *and v/i.* (sn) shut, close (with a snap); *laut ~* bang, slam (to *v/i.*).

'**zukiatschen** *v/i.* (h.) (*dat.*) applaud, clap, give *a p.* a hand.

'**zukleben** *v/t.* (h.) paste (*or* glue) up; seal (*letter*).

'**zuklemmen** *v/t.* (h.) squeeze together.

'**zuklinken** *v/t.* (h.) latch.

'**zuknallen** *v/t.* (h.) bang, slam.

'**zukneifen** *v/t.* (*irr.*, h.) squeeze together; shut (*eye*); *er kniff listig ein Auge zu* he winked.

'**zuknöpfen** *v/t.* (h.) button (up); *fig.* → *zugeknöpft.*

'**zuknüpfen** *v/t.* (h.) tie (up).

'**zukommen** *v/i.* (*irr.*, sn): *auf j-n ~* come up to a p., (*a. fig.*) approach a p.; *j-m ~* a) letter, etc.: reach a p., **b)** fall to *a p.'s* share. **c)** be due to, **d)** befit; *das kommt ihm nicht zu* he has no right to that, he has no business (*or* it is not for him) to do, *etc.*, that; *j-m et. ~ lassen* let a p. have a th., furnish a p. with a th., send a p. a th.; pass a th. on to a p.; *jedem was ihm zukommt* everyone his due.

'**zukorken** *v/t.* (h.) cork (up).

'**Zukost** *f* vegetables, trimmings *pl.*; preserves *pl.*

'**zukriegen** *v/t.* (h.) → *zubekommen.*

Zukunft ['tsu:kunft] *f* (-) future, *a.* time to come; *gr.* future (tense); prospects *pl.*; *Blick in die ~* forward glance; *Mann der ~ the* coming man; *in ~* in future, henceforth, from now on; *in naher* (*nächster*) *~* in the near (immediate) future; *e-e große ~ haben* have a great future; *die ~ lesen* read the future; *was die ~ j-m bringt* what the future has in store for a p.; *das ist der ~ vorbehalten* time will tell.

'**zukünftig I.** *adj.* future; *person:* a. prospective, would-be; *~er Vater* father-to-be; *meine 2e, mein 2er* my intended; *jur.* expectant (*right*); **II.** *adv.* in future, for the future.

'**Zukunfts...:** *~forschung f* futurology; *~musik fig. f* dreams *pl.* of the future; *castles pl.* in Spain; *~pläne* ['plɛ:nə] *m/pl.* plans for the future; *2reich adj.* ... with a great future, promising; *~roman m* science fiction novel.

'**zulächeln** *v/i.* (h.) (*dat.*) smile at, give a smile; smile (up)on.

'**Zuladung** *f* additional load; *aer.* disposable load.

'**Zulage** *f* additional allowance, *e.g.,* *Familien2* family allowance; extra pay, increase; rise, *Am.* raise.

zulande [tsu'landə] *adv.:* *bei uns ~* in my *or* our (native) country; *hier ~* in this country, here.

'**zulangen** *v/i.* (h.) → *zugreifen;*

at table: help o.s.; be enough *or* sufficient, do.

zulänglich ['tsu:lɛŋliç] *adj.* adequate, sufficient; *2keit f* (-) adequacy, sufficiency.

'**zulassen** *v/t.* (*irr.*, h.) leave shut; keep closed, not to open; admit (*a p.*); *als Rechtsanwalt ~* call (*Am.* admit) to the Bar; *zu e-m Gericht ~* admit to a court; *adm.* license (*car, person, etc.*); qualify (*doctor*); *jur.* approve, authorize; grant leave for; *Kaution ~* grant bail; *wieder ~* re-admit; suffer, tolerate, allow; admit of (*doubt, interpretation*).

'**zulässig** *adj.* admissible, permissible, allowable; authorized, approved; *tech. ~e Abweichung* permissible variation, tolerance, allowance; *~e Belastung* safe load; *das ist* (*nicht*) *~* that is (not) allowed; *2keit f* (-) admissibility.

Zulassung ['tsu:lasuŋ] *f* (-; -en) admission, permission; licen|ce, *Am.* -se; *stock exchange:* listing; *jur.* e-r *Berufung:* preliminary leave of a court to appeal.

'**Zulassungs...:** *~nummer mot. f* licence number; *~papiere n/pl.* registration papers; *~prüfung f* acceptance test; *aer.* certification test; *~schein m* licen|ce, *Am.* -se.

'**Zulauf** *m* (-[e]s) rush (of people), throng; *großen ~ haben* be much run (*or* sought) after, be much in demand; *doctor, lawyer:* have an extensive practice; *business:* have a rush of customers; *stage-play:* have a great run, be very popular, draw large crowds; *speaker, etc.:* have large audiences; *2en v/i.* (*irr.*, sn) run on *or* faster; *j-m:* come *or* stray to, crowd (*or* flock) to a p.; *auf j-n ~* run up to a p.; *zugelaufener Hund* stray dog.

'**zulegen I.** *v/t.* (h.) cover up (*mit* with); add (*dat.* to); *e-m Gehalt et. ~* increase a salary by, raise a p.'s pay by; *sich et. ~* get (o.s.), buy, treat o.s. to a th.; *humor.* *sich e-e Frau ~* get o.s. married; **II.** *v/i.* (h.) put on weight; lose money (*bei* on); raise one's offer.

zuleide [tsu'laidə] *adv.:* *j-m et. ~ tun* do a p. harm, harm (*or* hurt) a p.; *was hat er dir ~ getan?* what harm has he done (to) you?, what has he done to you?

'**zuleimen** *v/t.* (h.) glue up, cement.

'**zuleit|en** *v/t.* (h.) let in (*water, etc.*); *tech.* supply, pipe in, feed; (*dat.*) conduct (*or* lead, direct) to; pass to *a p.*; transmit *news* to; impart to; *adm.* channel to; *2ung f* supply; conduction; transmission; *tech.* feed; *el.* lead; *2ungsdraht el. m* lead-in wire; *2ungsrohr n* supply (*or* feed) pipe.

'**zulernen** *v/t.* (h.) learn (in addition), add to one's stock of knowledge.

zuletzt [tsu'lɛtst] *adv.* finally, in the end, eventually; at last, ultimately; after all; at last; *er kommt immer ~* he is always the last to arrive; *wir blieben bis ~* we sat it out; *als ich ihn ~ sah* when I saw him for the last time, when I last saw him; *nicht ~ dank s-r Bemühungen* not least owing to his efforts.

zuliebe [tsu'li:bə] *adv.:* *j-m ~* for a p.'s sake, to please a p.; *tun Sie es mir ~* do it for my sake.

Zuliefer|er ['tsu:li:fərər] *m* (-s; -) supplier, subcontractor; *2n v/t.* (h.) supply; *~betrieb m* mill-supply house, subcontractors *pl.*; *~ung f* supply; *~(ungs)industrie f* supplying (*or* ancillary) industry; *~ungs-teile m/pl.* fabricating parts.

Zulu|(kaffer) ['tsu:lu-] *m* (-[s]; -[s]) Zulu.

'**zumachen I.** *v/t.* (h.) shut, close; stop up (*hole*); seal, close (*letter*); button, do up (*dress*); put down (*umbrella*); fasten; *ich habe kein Auge zugemacht* I didn't sleep a wink (last night); **II.** *v/i.* (h.) close down (*business*); *colloq. fig.* *da können wir ~* we might as well pack up; *mach zu!* hurry up!, be quick!, step on it!

zumal [tsu'mɑ:l] *cj.:* (*da or weil*) *positive:* the more so as, especially (*or* particularly) since; *negative:* the less so since; *~ es eine Erklärung enthält a.* including, as it does, an explanation.

'**zumauern** *v/t.* (h.) wall up; brick.

zumeist [tsu'maist] *adv.* mostly, for the most part.

'**zumessen** *v/t.* (*irr.*, h.) measure out; (*dat.*) apportion, allot (*a p. his share, a time*); mete out (*punishment, etc.*).

zumindest [tsu'mindəst] *adv.* at least.

'**zumischen** *v/t.* (h.) admix, add.

zumutbar ['tsu:mu:tbɑ:r] *adj.* reasonable; → *zumuten.*

zumute [tsu'mu:tə] *pred.:* *~ sein schlecht:* feel ill, be in low spirits; *gut:* be in good spirits, be of good cheer, feel fine; *mir war sonderbar ~* I felt strange, I had a funny feeling; *mir ist nicht danach ~* I am not in the mood for it; *mir ist nicht lächerlich ~* I am in no joking mood.

'**zumut|en** *v/t.* (h.): *j-m et. ~* expect a th. of a p.; demand (*or* exact) a th. from a p.; burden (*or* saddle) a p. with a th.; *sich zuviel ~* overtask o.s., attempt too much, bite off more than one can chew; *2ung f* (-; -en) exacting (*or* unreasonable) demand, exaction; suggestion; impudence; *eine* (*starke*) *~ a* tall order, a bit strong; *welch eine ~!* what a thing to ask for!

zunächst [tsu'nɛ:çst] **I.** *prp.* (*dat.*) next to; **II.** *adv.* first of all, above all; to begin with, in the first instance; for the present, for the time being; *2liegende(s)* [-li:gəndə(s)] *n* (-n) *the* obvious (thing to do).

'**zunageln** *v/t.* (h.) nail up; nail down (*a lid*).

'**zunähen** *v/t.* (h.) sew up.

Zunahme ['tsu:nɑ:mə] *f* (-; -n) increase, growth; rise; improvement; increment.

'**Zuname** *m* surname, last name.

Zünd|anlage ['tsynt-] *mot. f* ignition system; *~batterie f* ignition battery; *~bolzen mil. m* percussion pin; *~einstellung mot. f* ignition (*Diesel:* injection) timing; *2en* ['-dən] **I.** *v/i.* (h.) catch fire, kindle; *esp. mot.* ignite; *fig. bei j-m ~* catch a p.; electrify (*beim Publikum* the audience); **II.** *v/t.* (h.) kindle; *esp. mot.* ignite; detonate, fire (*dynamite, etc.*); **Ϩend** ['-dənt] *fig. adj.* stirring, catching, electrifying.

Zunder ['tsundər] *m* (-s) tinder, touchwood; punk; *metall.* scale; *sl. mil.* heavy punishment *or* fire.

Zünder ['tsyndər] *m* (-s; -) fuse; detonator, igniter.

Zünd... ['tsynt-]: **~flamme** *f* by--pass, pilot flame: **~folge** *mot. f* firing order; **~funke** *mot. m* (ignition) spark; **~holz** *n*, **~hölzchen** ['-hœltsçən] *n* (-s; -) match; **~hüt-chen** ['-hy:tçən] *n* (-s; -) percussion cap; **~kabel** *n mot.* ignition cable; firing wire; **~kapsel** *f* detonator (cap); **~kerze** *mot. f* sparking plug, spark plug; **~loch** *mil. n* touch--hole; vent, flash hole; **~magnet** *mot. m* magneto; **~moment** *mot. n* firing point; **~nadelgewehr** *n* needle-gun; **~punkt** *mot. m* ignition point; **~punkt-einstellung** *mot. f* magneto timing; **~satz** *m* priming charge; *of ammunition*: igniting charge; **~schalter** *mot. m* ignition switch; **~schlüssel** *mot. m* ignition key; **~schnur** *f* (safety) fuse, (slow) match; **~schwamm** *m* tinder; **~stein** *m* flint; **~stift** *mot. m* cent|re (*Am.* -er) electrode; **~stoff** *m* inflammable matter; fuel; *fig.* dynamite.

Zündung ['-duŋ] *f* (-; -en) ignition. **Zünd...** ['tsynt-]: **~verteiler** *mot. m* ignition distributor; **~vorrichtung** *f* ignition device.

'**zunehmen** *v/i.* (*irr.*, h.) increase, gain (*an dat.* in); grow (larger, bigger, longer, stronger, stouter); rise, augment; *days:* grow (*or* get) longer; *evil:* grow (*or* get) worse; *an Alter* ~ advance in years; *an Gewicht* ~ *person:* put on weight; *an Wert* ~ improve in value; *an Zahl (Umfang)* ~ increase in number (bulk); **~d I.** *adj.* increasing, growing (*a. antipathy, etc.*); **~er** *Mond* waxing moon; *mit* **~em** *Alter* with advancing years, as one grows older; *in* **~em** *Maße* → **II.** *adv.* increasingly, more and more.

'**zuneig|en** *v/t.* (h.) and *sich* ~ (*dat.*) lean towards; incline to; *sich dem Ende* ~ draw to a close; **Ϩung** *f* affection (*für, zu* for); attachment (to); ~ *zu j-m fassen* take a liking (*or* fancy) to a p., take to a p.

Zunft [tsunft] *f* (-; -e) guild, corporation; *b.s.* gang, clique, tribe; **~geist** *m* (-es) clannishness; **Ϩge-mäß** *adj. and adv.* according to the statutes of a guild.

zünftig ['tsynftiç] *adj.* → *zunftge-mäß*; belonging to a guild; *fig.* skilled, expert, competent; *esp. sports:* scientific; real; *colloq.* thor-ough(ly *adv.*).

'**Zunftwesen** *n* (-s) system of guilds.

Zunge ['tsuŋə] *f* (-; -n) tongue (*a. of shoe; a. language*); *mus. of wind instrument:* reed; *of organ:* languet; *of clasp:* catch; *of scales:* pointer; *fig. böse* (*lose, scharfe*) ~ malicious (loose, sharp) tongue; *e-e geläufige* ~ haben have the gift of the gab; *e-e feine* ~ *haben* have a delicate palate, be a gourmet; *e-e schwere*

~ *haben* have an impediment of one's speech, *drunk person:* have a thick voice; *auf der* ~ *zergehen* melt on the tongue; *sich auf die* ~ *beißen* bite one's tongue, *fig.* bite one's lips; *es lag mir auf der* ~ I had it on the tip of my tongue; *hüte deine* ~! mind your tongue!; → *heraus-strecken, lösen.*

züngeln ['tsyŋəln] *v/i.* (h.) play with the tongue; dart; *flame:* lick; *snake:* hiss.

'**Zungen...:** **~band** *n* (-[e]s; -er) ligament of the tongue; **~bein** *n* hyoid bone; **~belag** *m* fur on the tongue; **~brecher** *fig. m* jaw--breaker; **Ϩbrecherisch** *adj.* crack--jaw; **~fehler** *m* defect in one's speech; **Ϩfertig** *adj.* voluble; glib; **~fertigkeit** *f* (-) volubility, glib-ness, gift of the gab; **Ϩförmig** ['-fœrmiç] *adj.* tongue-shaped; **~gegend** *f* lingual region; **~krebs** *med. m* (-es) cancer of the tongue; **~kuß** *m* deep kiss; **~laut** *gr. m* lingual (sound); **~pfeife** *mus. f* reed-pipe; **~schlag** *m* stammering; *of drunk person:* thick voice; *e-n guten* ~ *haben* have a good long tongue; **~spitze** *f* tip of the tongue; **~(spitzen)-R** ['-(ʃpitsən)'⁹ɛr] *gr. n* (-; -) lingual r.

Zünglein ['tsyŋlain] *n* (-s; -) little tongue; *das* ~ *der Waage* index (*or* tongue) of the scales; *fig. das* ~ *an der Waage bilden* hold the balance of power, tip the scales.

zunichte [tsu'niçtə] *pred.:* ~ *machen* bring to nothing; destroy, undo; blight (*happiness*); blast (*hope*); frustrate, thwart, defeat (*plan, etc.*); explode (*theory*); ~ *werden* come to nothing; be frustrated, *etc.*

'**zunicken** *v/i.* (h.) (*dat.*) nod to; *j-m beifällig* ~ nod one's approval to a p.

zunutze [tsu'nutsə] *pred.: sich et.* ~ *machen* turn a *th.* to account, uti-lize, avail o.s. of; take advantage of, make the most of; *b.s.* practise on a *th.,* capitalize on.

zuoberst [tsu'⁹o:bərst] *adv.* (quite) at the top, uppermost, topmost.

'**zu-ordnen** *v/t.* (h.) → *beiordnen.*

'**zupacken** *v/i.* (h.) → *zugreifen;* **~d** *fig. adj.* powerful, gripping (*style*).

zupaß [tsu'pas], **zupasse** [-'pasə] *adv.:* ~ *kommen* come at the right time *or* in the nick of time, come in handy; *j-m:* suit a p. admirably *or* a p.'s book.

zupf|en ['tsupfən] *v/t.* (h.) pull, pluck, tug (*all a. v/i.: an dat.* at); pick (*wool*); *j-n am Ärmel* ~ pull a p. by *the sleeve*; **Ϩinstrument** *n* plucking instrument; **Ϩleinwand** *f* lint.

'**zupfropfen** *v/t.* (h.) cork (up), stopper up.

'**zuprosten** *v/i.* (h.) (*dat.*) raise one's glass to.

zur [tsu:r] = *zu der*; → *zu.*

'**zuraten** *v/i.* (*irr.*, h.) advise; *j-m zu et.* ~ advise a p. to (do) a *th.; ich will weder zu- noch abraten* I don't wish to advise you one way or another; *auf sein* **Ϩ** by his advice.

'**zurechn|en** *v/t.* (h.) add; *zu e-r Klasse, etc.:* number (*or* reckon) among (*a class, etc.*), class with; *fig. j-m:* ascribe (*or* attribute) to, *b.s.*

impute to a p.; **Ϩung** *f* (-) addition; inclusion; *fig.* attribution; imputa-tion; *mit* ~ *aller Kosten* including all charges; **~ungsfähig** *adj.* sane, of sound mind, *jur. a.* responsible; **Ϩungsfähigkeit** *f* (-) accountabil-ity; sanity, soundness of mind; *jur.* (capacity for) penal responsibility; *verminderte* ~ diminished responsi-bility.

zurecht [tsu'rɛçt] *pred.* right, in order; to rights, rightly, with rea-son; **~basteln** *v/t.* (h.) tinker (*or* rig) up; **~bringen** *v/t.* (*irr.*, h.) put to rights, set right; bring about, contrive; **~finden:** *sich* ~ (*irr.*, h.) find (*fig.* see) one's way; **~häm-mern** *v/t.* (h.) hammer into shape; **~kommen** *v/i.* (*irr.*, sn) arrive in (good) time; *fig.* ~ (*mit*) get on well (with), *mit et.: a.* manage a th., see one's way to do a th.; **~legen** *v/t.* (h.) lay in order, (*a. fig.*) ar-range; *fig. sich et.* ~ a) explain a th. to o.s., b) prepare (*or* figure out) a th.; **~machen** *v/t.* (h.) get ready, prepare, *Am. a.* fix; make up (*bed*); dress (*salad*); *sich* ~ get ready, *lady:* make (o.s.) up; tidy up (*room*); **~schneiden** *v/t.* (*irr.*, h.) trim to size; **~setzen** *v/t.* (h.) set right, put straight, put in the right place; *fig. j-m den Kopf* ~ put a p.'s head right, bring a p. to his senses; **~stellen** *v/t.* (h.) put right *or* in the right place; set up; **~stutzen** *v/t.* (h.) trim to size, cut to shape; **~weisen** *v/t.* (*irr.*, h.) reprimand, rebuke; **Ϩweisung** *f* reprimand, rebuke; in-struction; **~zimmern** *v/t.* (h.) rig up; *fig.* concoct, make up.

'**zureden** *v/i.* (h.): *j-m* ~ try to per-suade a p.; coax a p. *to do a th.;* urge a p.; encourage a p.; exhort a p.; **Ϩ** *n* (-s) persuasion; coaxing; urging, urgent request, entreaty; encouragement; exhortation, ad-monition.

'**zureichen I.** *v/t.* (h.) reach *or* hand (over); hold out (*dat.* to), pass (to); **II.** *v/i.* (h.) be sufficient, reach, do.

'**zureit|en I.** *v/t.* (*irr.*, h.) break in; **II.** *v/i.* (*irr.*, sn) ride on; ride faster; ~ *auf* (*acc.*) ride up to; **Ϩer** *m* breaker-in.

'**zuricht|en** *v/t.* (h.) prepare; *tech.* dress (*a. leather, tool*); cut, trim, square (*stone, wood*); finish (*fabric*); *typ.* make (*or* get) ready; *übel* ~ *j-n:* use a p. badly, handle roughly, in-jure badly, maul; *a. et.:* batter (*a p. or th.*); make a mess of (*a th.*); **Ϩebogen** *typ. m* register sheet; **Ϩer** *m* preparer; *tech.* dresser; *typ.* feeder; **Ϩung** *f* preparation; dress-ing; trimming, finish; *typ.* make--ready.

'**zuriegeln** *v/t.* (h.) bolt (up).

zürnen ['tsyrnən] *v/i.* (h.) be angry (*mit j-m* with a p.; *über acc.* about); storm, fume.

zurren ['tsurən] *v/t.* (h.) lash, tie.

Zur'schaustellung *f* display, ex-hibition; *fig. a.* parading.

zurück [tsu'ryk] *adv.* back; back-ward(s); behind; in arrears, behind-handed; *sports:* 11 *Punkte* ~ 11 points down; → *zurücksein, etc.;* ~ *an den Absender* returned to writer; ~! stand back!, back there!, go back!; ~beben v/i. (sn) shrink back (vor dat. from), recoil; ~begeben: sich ~ (irr., h.) return, go back; ~begleiten v/t. (h.) conduct back, see a p. home; ~behalten v/t. (irr., h.) keep back, retain, detain; withhold; ℒbehaltung [-bəhaltuŋ] f (-; -en) retention, detention; ℒbehaltungsrecht jur. n (-[e]s) right of detention, lien; ~ an der Ware lien on the goods; ~bekommen v/t. (irr., h.) get back; recover; ~belasten econ. v/t. (h.) re-debit; ~be-ordern v/t. (h.) order back; ~berufen v/t. (irr., h.) call back; recall; ~bezahlen v/t. (h.) pay back, repay, refund, reimburse; ~bleiben v/i. (irr., sn) remain (or stay) behind; be left behind; survive; sports: be left behind, drop back; be left over, be left (as a residue); fig. fall behind, lag; at school: be kept down; ~ hinter fall short of (expectations, etc.); production, etc.: hinter dem letzten Jahr ~ drop off from last year; mentally, etc.: be backward, be retarded; geistig zurückgeblieben mentally retarded, backward; ~blenden v/i. (h.) film, a. fig.: flash back; ~blicken v/i. (h.) look back (a. fig.); ~bringen v/t. (irr., h.) bring back (ins Leben to life); return, (a. fig.) restore; math. reduce (auf acc. to); ~datieren v/t. (h.) date back, antedate; ~denken v/i. (irr., h.) think back (an acc. to), recall a th. (to memory); sich ~ carry one's thoughts back, cast one's mind back; ~drängen v/t. (h.) push back; mil. drive or force back; fig. restrain, repress; ~drehen v/t. (h.) turn (or put) back; ~dürfen v/i. (irr., h.) be allowed to go back or to return; ~eilen v/i. (sn) hasten back; ~erhalten v/t. (irr., h.) get back, be restored a th.; ~erbitten v/t. (irr., h.) ask back; ~erinnern (h.): sich ~ (an) remember, recollect; → zurückdenken; ~er-obern v/t. (h.) reconquer; ~erstatten v/t. (h.) restore, return; refund, repay, reimburse (cost, outlay); remise, restore (right); ~fahren I. v/t. (irr., sn) drive back; w.s. go (or travel) back (by train, etc.), return; rebound, fig. start back; II. v/t. (irr., h.) drive back; ~fallen v/i. (irr., sn) fall back; rays: be reflected; fall behind, sports: drop back; relapse (in acc. into); jur. ~ an (acc.) revert to; fig. shame, etc.: auf j-n ~ reflect on; ~finden: sich ~ (irr., h.) find the (or one's) way back; ~fließen v/i. (irr., sn) flow back; ~fluten v/i. (sn) flow back, flood back (a. fig.); mil. sweep back; ~fordern v/t. (h.) claim back, reclaim; ℒforderung f reclamation; ~führen v/t. (h.) lead (or conduct) back; tech. feed back; in die Heimat: repatriate; jur. in die Haft ~ remand to custody; fig. auf ein Minimum, e-n Nenner, e-e Regel, etc. ~ reduce to (a minimum, a denominator, a rule, etc.); ~ auf e-e Ursache, etc. trace (back) to, attribute to, explain by (a cause); zurückzuführen auf traceable to, due to, to be explained by; ℒführung f reduction; ℒgabe f return

(-ing), restitution; surrender; ~geben v/t. give back, return, restore; surrender; sports: pass back; speaker: retort, give back; ~gehen v/i. (irr., sn) go back, walk back, return; denselben Weg: a. retrace one's steps; mil. fall back, retreat; fig. ~ auf (acc.) trace back to the sources, etc.; originate in a th. or from a p., have its origin in; be due to; diminish, decrease; epidemic, etc.: subside, abate; business: recede, fall off; price: go down, decline, give way; swelling: recede; deal: be off, be cancelled, engagement: be broken off; ~ lassen return, send back; ~geleiten v/t. (h.) lead back, conduct (or escort) back; ~gewinnen v/t. (irr., h.) win back, regain, recuperate, recover; ~gezogen adj. retired, secluded; ~ leben lead a retired life, live in seclusion; ℒgezogenheit f (-) retirement, seclusion; privacy; ~girieren v/t. (h.) endorse (or indorse) back, negotiate back; ~greifen v/i. (irr., h.): fig. ~ auf (acc.) fall back (up)on reserves, etc.; w.s. a. have recourse to, refer to; weiter ~ in der Erzählung, etc. begin (or go) farther back (in one's story); ~halten I. v/t. (irr., h.) hold (or keep) back, retain; withhold; delay, (a. tech.) retard; suppress; j-n ~ keep a p. back (von from), restrain a p.; restrain, repress feelings, keep to o.s.; hold back, restrain tears; sich ~ be reserved, keep to o.s., keep aloof; restrain o.s., check o.s., hold back; II. v/i. (irr., h.): ~ mit keep (or hold) a th. back; conceal; mit s-r Meinung ~ reserve one's opinion; ~haltend adj. reserved, (a. stock exchange) distant, exclusive, offish; uncommunicative; cautious, guarded; discreet nicht ~ sein be not bashful, mit Tadel, Lob: be unsparing in (criticism, praise); ℒhaltung f (-) retention; fig. reserve; caution; discretion; econ. dul(l)ness, slackness; mit ~ guardedly; sich ~ auferlegen exercise restraint; ~hängen colloq. v/i. (h.) lag behind, trail; ~holen v/t. (h.) fetch back; j-n (a. fig.): call back a p.; ~klappen v/t. (h.) fold back, tip back; ~kaufen v/t. (h.) buy back, repurchase; redeem (pawn); ~kehren v/i. (sn) return, go (or come) back; ~kommen v/i. (irr., sn) come back, return; auf et. ~ return (or revert) to a th., econ. wir kommen zurück auf Ihr Schreiben we revert (or refer) to your letter; ~können v/i. (irr., h.) be able to return or recede; jetzt kann er nicht mehr zurück now he is in for it; ℒkunft [-kunft] f (-) return; ~lassen v/t. (irr., h.) leave (behind; a. children, wife) abandon; outstrip, outdistance, leave (far) behind; allow to return; ~laufen v/i. (irr., sn) run back; ~legen v/t. (h.) put back; lay aside, hold in reserve (money, goods); put aside (for a buyer); put by, save (money); complete (years of life); cover (distance, a. sports), travel, traverse; zurückgelegte Strecke distance covered, mot., etc.: a. mileage; sich ~ lie back, recline; ~lehnen v/t.

and sich ~ (h.) lean back; ~leiten v/t. (h.) lead back, return; tech. feed back; ~lenken v/t. (h.): s-e Schritte ~ retrace one's steps; ~liegen v/i. (irr., h.) date back; belong to the past; ~melden: sich ~ (h.) report back; ~müssen v/i. (irr., h.) be obliged to return, have to go back; das Buch muß zurück the book has to be returned; der Schreibtisch muß zurück must be moved back; ℒnahme [-nɑːmə] f (-; -n) → zurücknehmen; taking back; reacceptance; revocation; withdrawal; retractation; recantation; jur. withdrawal of an action, nonsuit; ~nehmen v/t. (irr., h.) take back; withdraw, retract (statement), eat one's words; revoke (a. law, etc.); econ. countermand, cancel (an order); jur. withdraw, drop (a charge), Am. nol-pros; ein Versprechen ~ go back from (or on) or retract one's promise or word; mot. throttle back; ~prallen v/i. (sn) rebound, recoil, bounce off; bullet: ricochet; rays: reverberate, be reflected; person: recoil, start back (vor dat. from); ~rechnen v/i. (h.) count back; ~reichen I. v/t. (h.) hand back, return (a. documents); II. v/i. (h.) fig. go back to a time; ~reisen v/i. (sn) travel back, return; ~rufen v/t. (irr., h.) call back; withdraw (bill of exchange); ins Gedächtnis ~ call to mind, recall (to one's memory); ~sagen v/t. (h.) reply; ~ lassen send back word; ~schaffen v/t. (h.) convey (or take) back, haul back; return; ~schallen v/i. (h.) resound, re-echo; ~schalten mot. v/i. (h.) change down; ~schaudern v/i. (sn) shrink (back) (vor dat. from); ~schauen v/i. (h.) look back; ~scheuen v/i. (sn) shrink (back) (vor dat. from), flinch (from), balk (at); vor nichts ~ stick at nothing; ~schicken v/t. (h.) send back, return; jur. in die Haft ~ remand (to custody); ~schlagen I. v/t. (irr., h.) strike back; beat off, repel, repulse (attack, enemy); fold back (blanket); throw open (coat); return (ball); II. v/i. (irr., sn, h.) hit back; flame: flash back; ~schnellen v/i. (sn) rebound, jump back; ~schrecken I. v/t. (h.) frighten away, deter; II. v/i. (sn) shrink (back) (von, vor dat. from), start back (from); vor nichts ~ stop (or stick) at nothing; ~schreiben v/i. (irr., h.) write back; ~sehnen: sich ~ (h.) long to return, wish o.s. back; ~sein v/i. have come back, be back; fig. behind(hand), be in arrears (mit with); be backward (in knowledge, development); (hinter der Zeit) ~ sein be behind the times; not to be up to date; ~senden v/t. (irr., h.) send back; return; ~setzen v/t. (h.) place (or put) back; fig. j-n: slight, neglect (a p.); lower, reduce (price); zurückgesetzte Waren marked-down articles, seconds; ℒsetzung [-zetsuŋ] f (-; -en) slight, disregard, neglect; discrimination; econ. reduction (of prices); ~sinken v/i. (irr., sn) sink (or fall) back; fig. relapse (in acc. into); ~spiegeln v/t. (h.) reflect; ~spielen v/t. and v/i.

(h.) *sports:* pass (the ball) back; ~springen *v/i.* (*irr., sn*) leap (*or* jump) back; rebound; *arch.* recede; ~stecken I. *v/t.* (h.) put back; II. *v/i.* (h.) *fig.* come down a peg or two; ~stehen *v/i.* (*irr., h.*) stand back; *fig.* ~ hinter (*dat.*) be inferior to; not to come up to *expectations, standards, etc.*; ~ müssen have to wait, have to forgo it; ~stellen *v/t.* (h.) place (*or* set) back; put back (*a. watch*); replace; defer; postpone, hold over; set aside, lay aside (*reserves, supply*); *mil.* a) defer, b) exempt from service; *teleph.* delay; *tech.* reset; *die eigenen Interessen* ~ sink one's own interest; ~stellung *mil. f* deferment; exemption from service; ~stoßen *v/t.* (*irr., h.*) push back; *fig.* repel, repulse; ~strahlen I. *v/t.* (h.) reflect, reverberate; II. *v/i.* (h.) be reflected, reverberate; ~strahlung *f* reflection, reverberation; ~streifen *v/t.* (h.) turn (*or* tuck) up; ~taumeln *v/i.* (sn) reel back; ~telegraphieren *v/t. and v/i.* (h.) wire back; ~trassieren *econ. v/t.* (h.) redraw; ~treiben *v/t.* (*irr., h.*) drive back; *esp. mil.* repel, repulse; ~treten *v/i.* (*irr., sn*) step (*or* stand) back; *mil. in Reih u. Glied:* fall back (into the ranks); *river:* subside; *fig. a.* recede (*von* from); resign; retire (*to private life*); ~ von withdraw from *contract, etc.*, back out of, terminate, cancel (*contract*); be unimportant (*gegenüber* in comparison with); *et.* ~ lassen put into the background, throw into the shade; ~tun *v/t.* (*irr., h.*) put back; *e-n Schritt* ~ take a step back; ~übersetzen *v/t.* (h.) retranslate, translate back (*ins Englische* into English); ~übersetzung *f* retranslation; ~verfolgen *v/t.* (h.) retrace (*way*); *fig.* trace back (*zu* to); ~vergüten *v/t.* (h.) refund; ~versetzen *v/t.* (h.) restore (to a former condition); *ped.* send *pupil* back to a lower form, *Am.* demote; *sich in e-e frühere Zeit* ~ think (*or* turn one's mind) back to a former period; *sich ins Mittelalter zurückversetzt fühlen* feel to have stepped back into the Middle Ages; ~verwandeln *v/t.* (h.) retransform (*in acc.* into); (*a. sich*) change back (into), revert (to); ~verweisen *v/t.* (*irr., h.*) refer back (*an acc.* to; *a. jur.*); *parl.* recommit (to); ~weichen *v/i.* (*irr., sn*) (*a. mil.*) fall back; give ground *or* way; *erschreckt:* shrink (back); (*a. fig.*) recede (*a. arch., etc.*); yield, give way; ~weisen *v/t.* (*irr., h.*) turn back; refuse (to accept), decline; (*a. econ., tech.*) reject; rebuff; repulse (*attack*); *jur.* dismiss (*action*); dishono(u)r (*bill of exchange*); *als unberechtigt* ~ repudiate; ~ auf (*acc.*) refer to; ~weisung *f* refusal, rejection; rebuff; repulse; dismissal; repudiation; ~wenden *v/t. and sich* ~ (*irr., h.*) turn back; ~werfen *v/t.* (*irr., h.*) throw back; repulse (*enemy*) toss (*one's head*); *fig.* set back (*in health, economic power, etc.*); *phys.* reflect (*light, etc.*), reverberate (*sound*); ~wirken *v/i.* (h.) react (*auf acc.* upon); *law, etc.:* have retroactive

effect; ~wollen *v/i.* (h.) wish to return, want to go back; ~wünschen *v/t.* (h.) wish (*sich o.s.*) back; ~zahlen *v/t.* (h.) pay back, repay (*both a. fig.*); refund (*outlay*); redeem (*mortgage*); pay off (*debt*); ~zahlung *f* repayment; refund (-ment); ~ziehen I. *v/t.* (*irr., h.*) draw back, retract (*a. fig. a statement* = recant); call in (*money*), withdraw (*troops; a. fig.*); *sich* ~ retire, withdraw; *mil.* retreat; *to rest:* retire; *sich vom Geschäft* ~ retire from business; *sich zur Beratung* ~ retire for deliberation; *sich in sich selbst* ~ retire into o.s.; *sich* ~ *auf et.* (*acc.*) fall back (up)on *a th.; sich von et.* ~ retire from, quit, give up; II. *v/i.* (*irr., sn*) move (*or* march) back; ~ziehung *f* withdrawal.

Zuruf ['tsu:-] *m* call, shout; acclamation, *pl.* cheers; *durch* ~ (*a. parl.*) by acclamation; ~en *v/i. and v/t.* (*irr., h.*) *j-m:* call (out) to, shout to *a p.*; acclaim, cheer.

'zurüst|en *v/t.* (h.) prepare; fit out, equip; *tech.* make (*or* get) ready; ~ung *f* preparation; fitting-out, equipment.

'Zusage *f* promise, word; assent; undertaking; acceptance; approval; ~n I. *v/t.* (h.) promise; *j-m et. auf den Kopf* ~ tell a th. to a p.'s face; II. *v/i.* (h.) promise to come; *j-m* ~ a) *climate, food, etc.:* agree with a p., b) suit (*or* please) a p., be to a p.'s taste *or* liking, appeal to a p.; accept a p.'s invitation; ~de Antwort acceptance.

zusammen [tsu'zamən] *adv.* together; (con)jointly; ~ mit along with, in company with; in conjunction with; at the same time; *alle* ~ all in a body, all of them, (*sing, say*) in chorus; *alles* ~ (all) in all, all together, the whole lot; ~ betragen amount (*or* come) to, total; *wir haben 6 Dollar* ~ we have 6 dollars between us; ~arbeit *f* co-operation; collaboration (*mit* with the *enemy*); teamwork; ~arbeiten *v/i.* (h.) work together; co-operate, collaborate; ~backen *v/i.* (h.) cake (together); ~ballen *v/t. and sich* ~ (h.) form into a ball, conglomerate; bunch (*or* mass) together; *mil.* concentrate, mass; ~ballung *f* bunch (-ing) (*a. phys.*), massing; conglomeration; congestion; *mil.* concentration, massing; ~bau *tech. m* (-[e]s; -e) assembly; → Montage; ~bauen *v/t.* (h.) *tech.* assemble; *mar.* rig; ~beißen *v/t.* (*irr., h.*): *die Zähne* ~ set (*or* clench) one's teeth (*a. fig.*); ~bekommen *v/t.* (*irr., h.*) succeed in joining, get together; raise, scrape together (*money*); ~berufen *v/t.* (*irr., h.*) convoke, call together, summon; ~binden *v/t.* (*irr., h.*) bind (*or* tie) together; ~brauen *v/t.* (h.) concoct (*a. fig.*); *fig. sich* ~ be brewing; ~brechen *v/i.* (*irr., sn*) break down; collapse (*unter* under), *econ. a.* fail, smash; drop; *a. person:* go to pieces; *unter e-r Last* ~ give way to, buckle under *a load*; ~bringen *v/t.* (*irr., h.*) bring (*or* get) together; join, unite; collect (*a. s-e Gedanken* one's thoughts), gather;

raise (*money*); (*wieder*) ~ reconcile; *colloq.* manage, muster; *das war alles, was er* ~ konnte that was all he had to say; ~bruch *m* breakdown (*a. med., mil., pol.*); collapse, debacle; *econ.* failure, smash; nervous breakdown, crack-up; ~drängen *v/t.* (h.) press (*or* crowd) together; compress; condense; *sich* ~ crowd (*or* huddle) together; ~drehen *v/t.* (h.) twist (together); ~drücken *v/t.* (h.) compress, press (*or* squeeze) together; ~fahren I. *v/i.* (*irr., sn*) collide (*mit* with), crash (into); *fig.* start (*bei e-m Anblick* at a sight; *vor dat.* with *fright*); wince; II. *v/t.* (*irr., h.*) ruin, smash (*car, etc.*); ~fallen *v/i.* (*irr., sn*) fall in, collapse; crumble away; *person:* lose flesh (*or* strength); *fig.* coincide; ~falten *v/t.* (h.) fold up; furl (*sail*); ~fassen *v/t.* (h.) comprise, comprehend, embrace; collect (*a. s-e Gedanken* one's thoughts); unite, combine, concentrate; *mil.* mass (*troops*), concentrate (*fire, forces*); pool (*material*); integrate; condense (*book*); summarize, sum up, recapitulate; ~d summary, comprehensive; ~fassung *f* collection; (*a. mil.*) concentration; pooling; condensation; summary, résumé; synopsis; recapitulation; ~finden: *sich* ~ (*irr., h.*) meet, come together; ~flicken *v/t.* (h.) patch up; ~fließen *v/i.* (*irr., sn*) flow together, meet, join; ~fluß *m* confluence, junction; ~fügen *v/t.* (h.) join (together), unite (*a. sich*); *tech. a.* fit into one another; assemble; ~führen *v/t.* (h.) bring together; ~geben *v/t.* (*irr., h.*) join in marriage, marry; ~gehen *v/i.* (*irr., sn*) go together; *in colo(u)r, etc.:* a. match; diminish; shrink; close; *eng* ~ fold down compactly; ~gehören *v/i.* (h.) belong together; *fig. a.* be correlated; form a pair, be pairs, be fellows; ~gehörig *adj.* belonging together (*or* to one another); homogeneous; related, allied; ~gehörigkeit *f* (-) fellowship, solidarity; homogeneousness; unity; ~gehörigkeitsgefühl *n* feeling of fellowship, solidarity; team-spirit; ~genommen *adj.* combined; ~geraten *v/i.* (*irr., sn*) *fig.* collide (*mit* with), clash (with), have words (with); ~gesetzt *adj.* composed (*aus* of), consisting (of); *esp. gr., math., mus., pharm.:* compound; complex; ~er Satz complex (*or* compound) sentence; ~es Wort compound (word); ~gewürfelt *adj.* motley, mixed; scratch (*team*); ~halt *m* (-[e]s) holding together; sticking together; tie, bond; team--spirit, esprit de corps (*Fr.*); solidarity; unity; ~halten I. *v/i.* (*irr., h.*) hold together (*a. fig.*), cohere; *friends:* stick together; keep together; II. *v/t.* (*irr., h.*) hold together (*a. fig.*); compare; ~hang *m* coherence; connection; (cor)relation; continuity; context; association; *aus dem* ~ kommen lose the thread; *aus dem* ~ reißen separate (*or* divorce) *words* from their context; *im* ~ stehen mit be connected with; *nicht im* ~ stehen mit *a.* have no connection with; *in* ~ bringen *mit* connect with, link to; *in diesem* ~ in this connection; **~hängen** *v/i.* (*irr., h.*) hang together, cohere; *fig.* be connected; *das hängt damit nicht zusammen* that has nothing to do with it; **~hängend** *adj.* coherent; continuous; connected; related, allied; interdependent; **~hang(s)los** *adj.* incoherent, disconnected; loose, rambling; **2hang(s)losigkeit** *f* (-) incoherence; **~hauen** *v/t.* (*h.*) smash (*or* dash) to pieces; *colloq.* beat up *a p.*; **~häufen** *v/t.* (*h.*) heap up, pile up, accumulate; **~heften** *v/t.* (*h.*) stitch together (*book*); tack (*dress, etc.*); **~heilen** *v/i.* (*sn*) heal up *or* over, close; **~holen** *v/t.* (*h.*) fetch from all sides, bring together; **~kauern: sich** ~ (*h.*) cower, squat down; **~kaufen** *v/t.* (*h.*) buy up; **~ketten** *v/t.* (*h.*) chain together; **~kitten** *v/t.* (*h.*) cement (*a. fig.*); **2klang** *m* accord, harmony; **~klappbar** *adj.* folding, fold-away, collapsible; **~klappen I.** *v/t.* (*h.*) fold up; *knife:* shut; *die Hacken* ~ click one's heels; **II.** *colloq.* *v/i.* (*sn*) *person:* break down, collapse, go to pieces; **~kleben** *v/t. and v/i.* (*h.*) stick together; **~knüllen** *v/t.* (*h.*) crumple; **~kommen** *v/i.* (*irr., sn*) come together, meet, assemble; **~krachen** *v/i.* (*sn*) crash down; **~kratzen** *v/t.* (*h.*) scrape together; **2kunft** [-kunft] *f* (-; =e) meeting, assembly, gathering, conference; interview; social gathering, reunion; *ast.* conjunction; **2kunftsort** *m* meeting place; **~läppern** *colloq.: sich* ~ (*h.*) accumulate, mount up, run into money; **~laufen** *v/i.* (*irr., sn*) run together (*a. paints*), crowd together; *math., roads:* converge; *milk:* curdle; → *Wasser;* **~leben** *v/i.* (*h.*) live together; *mit j-m* ~ live with a p.; **2leben** *n* (-s) living together, companionship; corporate (*or* social) life; **~legbar** [-le:kbɑːr] *adj.* folding, collapsible; **~legen** *v/t.* (*h.*) lay (*or* put) together; fold up; fold (*one's arms*); club *money* (together), pool (*money or expenses, etc.*); *econ.* reduce *share capital* (*Am. capital stock*); combine, consolidate, merge, fuse; centralize, integrate; **2legung** [-le:guŋ] *f* (-; -en) consolidation (*a. of shares, real estate*); integration; merger, fusion; centralization; **~nehmen** *v/t.* (*irr., h.*) take together; gather (up); collect (*one's thoughts*); *sich* ~ collect o.s., control o.s.; pull o.s. together, be on one's good behavio(u)r; *s-e Kräfte* ~ brace o.s., summon all one's strength; *alles zusammengenommen* all in all, all things considered; *in total;* **~packen** *v/t.* (*h.*) pack up; **~passen I.** *v/t.* (*h.*) fit (into one another), adjust; match; **II.** *v/i.* (*h.*) be (well) matched, go well together, harmonize, agree; **~pferchen** *v/t.* (*h.*) pen up; *fig. a.* crowd together, pack like sardines; **2prall** [-pral] *m* (-[e]s; -e) collision, clash (*both a. fig.*); impact; **~prallen** *v/i.* (*sn*) collide, clash (*both a. fig.*); bump (*mit* against *or* into); **~pressen** *v/t.* (*h.*) press (*or* squeeze) together, compress; condense;

clench, set (*one's teeth*); **~raffen** *v/t.* (*h.*) snatch up, collect in haste; *fig.* amass (*money*); *sich* ~ pull o.s. together; *sich noch einmal* ~ rally; **~rechnen** *v/t.* (*h.*) add (*or* cast, sum, reckon) up, total; *alles zusammengerechnet fig.* all in all, taking everything into account; **~reimen** *fig.* *v/t.* (*h.*) make out; *es sich* ~ put two and two together; *sich* ~ add up; *wie reimt sich das zusammen?* how do you account for (*or* reconcile) that?; **~reißen:** *sich* ~ (*irr., h.*) pull o.s. together; **~rollen** *v/t.* (*h.*) roll (*or* coil) up; *sich* ~ roll o.s. up; **~rotten:** *sich* ~ (*h.*) flock (*or* troop) together; *b.s.* band together; riot; *sich mit j-m* (*gegen j-n*) ~ *Am.* gang up with (on) a p.; **2rottung** [-rɔtuŋ] *f* (-; -en) riot(ing); riotous assembly, (public) mob; **~rücken I.** *v/t.* (*h.*) move together *or* (*chairs, etc.*) closer; **II.** *v/i.* (*sn*) move up, sit closer; make room; **~rufen** *v/t.* (*irr., h.*) call together; convoke, convene; *parl.* summon; **~sacken** *v/i.* (*sn*) fall in a heap, collapse, drop; **~scharen** *v/t. and sich* ~ (*h.*) flock together, rally; **~scharren** *v/t.* (*h.*) scrape (*or* rake) together; **2schau** *f* (-) synopsis; **~schiebbar** [-ʃiːpbaːr] *adj.* telescopic; **~schieben** *v/t.* (*irr., h.*) push together; *tech.* (*a. sich*) telescope; **~schießen** *v/t.* (*irr., h.*) shoot down (*or* to pieces); batter down; *colloq.* club *or* pool *money* (together); **~schlagen I.** *v/t.* (*irr., h.*) beat (*or* strike) together; smash, throw together; *colloq.* beat *a p.* to a pulp, give *a p.* the works; *die Hacken* ~ click one's heels; *die Hände* ~ clap one's hands (together); *die Hände über dem Kopf* ~ throw up one's hands *in surprise, etc.*; **II.** *v/i.* (*irr., sn*) clash; ~ *über* (*dat.*) dash over, engulf; **~schließen** *v/t.* (*irr., h.*) link together; (*a. sich*) join (closely); (*a. sich*) unite, *econ.* merge, amalgamate, pool; integrate (*zu into a whole*); consolidate; *sich* ~ *a.* join forces; combine; form an alliance; (*a. sich*) rally; → *zusammenrotten;* **2schluß** *m* union; combination, association, federation; integration, consolidation; *econ.* amalgamation, merger; alliance; **~schmelzen I.** *v/t.* (*irr., h.*) melt down; fuse; **II.** *v/i.* (*irr., sn*) melt away (*a. fig.* dwindle); **~schmieden** *fig. v/t.* (*h.*) weld together; **~schmieren** *fig. v/t.* (*h.*) scribble; **~schnüren** *v/t.* (*h.*) lace up; cord up; choke, strangle; *fig.* wring (*a. p.'s heart*); *j-m die Kehle* ~ choke *a p.*; **~schrauben** *v/t.* (*h.*) bolt together; **~schrecken** *v/i.* (*irr., sn*) (give a) start (*bei at*); **~schreiben** *v/t.* (*irr., h.*) write in one word; compile; *contp.* scribble; **~schrumpfen** *v/i.* (*sn*) shrivel (up) shrink (up), *fig. a.* dwindle, run short; **~schweißen** *v/t.* (*h.*) weld together (*a. fig.*); **2sein** *n* meeting, gathering; → *Zusammenkunft;* **~setzen** *v/t.* (*h.*) put together; *mil. die Gewehre:* pile (*arms*); compose; compound (*medicine, word*); *tech.* assemble; *sich* ~ sit (down) together, *fig. Am.* get

together, go into a huddle (*mit with*); **2setzspiel** *n* jigsaw puzzle; **2setzung** [-zetsuŋ] *f* (-; -en) composition; *chem., gr.* compound; *chem. a.* chemical analysis; ingredients *pl.*; structure; **~sinken** *v/i.* (*irr., sn*) sink down, collapse; **2spiel** *n* (-[e]s) *sports, thea.:* team-work; *soccer:* combination; (~ *der Kräfte*) interplay (*of forces*); (*Zusammenarbeit*) co-operation; **~stecken I.** *v/t.* (*h.*) put together (*a. die Köpfe their heads*), join; **II.** *colloq. v/i.* (*h.*) be hand in glove with one another; *immer* ~ be always together, be inseparable; **~stehen** *v/i.* (*irr., h.*) stand together (*or* side by side); *fig.* hold (*or* stick) together; **~stellen** *v/t.* (*h.*) place (*or* put) together; *fig.* arrange; group; classify; assort; match; make up (*list*); compile (*dictionary, documents, list, medicine, etc.*); assemble (*train, troops*); combine; **2stellung** *f* putting together; combination, compilation; arrangement; grouping; classification; (*comparison*) table, schedule; survey, summarizing sheet, synopsis; *mil., rail.* assembly; **~stimmen** *v/i.* (*irr., h.*) harmonize, agree, match; tally; **~stoppeln** *v/t.* (*h.*) patch up, piece together; **2stoß** *m* collision (*a. fig.* = clash, conflict); *mot. a.* smash-up, *Am.* crash; *frontaler* ~ head-on collision; impact, shock; **~stoßen I.** *v/t.* (*irr., h.*) strike (*or* knock, bang) together; touch, clink (*glasses*); **II.** *v/i.* (*irr., sn*) collide (*a. fig.* = clash); ~ *mit a.* run into, crash with *or* into; *fig.* adjoin, meet, abut (on); **~streichen** *v/t.* (*irr., h.*) cut down; **~strömen** *v/i.* (*sn*) flow together; flock (*or* crowd) together; **~stürzen** *v/i.* (*sn*) collapse; fall in; **~suchen** *v/t.* (*h.*) gather; collect; **~tragen** *v/t.* (*irr., h.*) bring (*or* carry) together; gather (*a. fig. information*); compile (*notes, etc.*); **~treffen** *v/i.* (*irr., sn*) meet; *fig.* coincide, concur; **2treffen** *n* meeting; encounter; coincidence, concurrence; **~treiben** *v/t.* (*irr., h.*) drive together, *Am.* round up; *hunt.* beat up; *fig.* raise (*money*); drum up (*people, things*); **~treten** *v/i.* (*irr., sn*) meet; *parl. a.* assemble, convene; **2tritt** *m* (-[e]s) meeting; **~trommeln** *v/t.* (*h.*) drum up, call together, get hold of; **~tun** *v/t.* (*irr., h.*) put together; *sich* ~ combine, join forces, team up (*mit with*), gang up (*gegen on*); **~wachsen** *v/i.* (*irr., sn*) grow together; **~werfen** *v/t.* (*irr., h.*) throw together; confound; mix up, jumble up; lump together; **~wickeln** *v/t.* (*h.*) wrap up; roll up; **~wirken** *v/i.* (*h.*) co-operate, collaborate, work together; *a. matter:* combine; **2wirken** *n* co-operation, combined action, joint operation; interplay; concurrence; **~zählen** *v/t.* (*h.*) add (*or* cast, count, sum) up, total (up), *Am.* tote up; **~ziehbar** *adj.* contracti(b)le; **~ziehen I.** *v/t.* (*irr., h.*) draw together (*a. fig.*); (*a. phys.*) contract (*a. sich*); knit (*one's brows*); *med.* a(d)stringe; shrink (*a. sich*); condense (*text*); *mil.* gather, mass, concentrate (*forces*); → zusammenzählen; *sich* ~ *storm*: gather, (*a. fig.*) be brewing; *fig.* draw nearer; **II.** *v/i.* (*irr.*, *sn*) move together; ~ *mit j-m* go to live with; share rooms with *a p.*; ~**ziehend** *adj. pharm.* astringent; **⌀ziehung** *f* contraction (*a. gr.*); constriction; condensation; *mil.* concentration; *gr.* contracted form *or* word.

Zusatz ['tsu:zats] *m* (-es; ⁿe) addition; addendum; admixture, additive; *metall.* alloy; dash; appendix; supplement; postscript; rider; codicil; ~**abkommen** *n* supplementary agreement; ~**aggregat** *n tech.* additional set; *el.* booster aggregate; ~**antrag** *parl. m* amendment; ~**ausrüstung** *f* auxiliary equipment; ~**batterie** *el. f* booster battery; ~**behälter** *mot. m* spare tank; ~**düse** *tech. f* auxiliary jet; ~**eisen** *metall. n* additive agent; ~**feder** *tech. f* helper spring; ~**frage** *f* additional question; ~**gerät** *n* attachment; adaptor; ~**klausel** *f* additional clause; ~**ladung** *f mot.* supercharge; *mil.* booster (charge); ~**last** *el. f* additional load; ~**motor** *m* booster (engine); ~**nahrung** *f* supplemental feed; ~**patent** *n* patent of addition; ~**schalter** *el. m* booster switch; ~**steuer** *f* supplementary tax; ~**versicherung** *f* complementary insurance; ~**vertrag** *m* supplementary agreement. **zusätzlich** ['tsu:zetsliç] **I.** *adj.* additional, added; supplementary, supplemental; extra; auxiliary; **II.** *adv.* besides, in addition (*zu* to), on top of that, into the bargain.

'Zuschaltung *tech. f* synchronizing.

zuschanden [tsu'ʃandən] *adv.*: ~ *hauen* knock to pieces; ~ *machen* ruin, spoil, wreck, smash, destroy, blight; bring to naught, defeat; frustrate, thwart; *ein Pferd* ~ *reiten* founder a horse; ~ *werden* be ruined, go to ruin, go to the dogs; come to naught, be frustrated.

'zuschanzen *colloq. v/t.* (*h.*): *j-m et.* ~ get a p. a th., play it a p.'s way. [up.]

'zuscharren *v/t.* (*h.*) cover up, fill)

'zuschau|en *v/i.* (*h.*) look on (*e-r Sache* at a th.); watch (*a game, the proceedings*, etc.); *j-m*: watch *a p.* (*bei et.* doing a th.); **⌀er(in** *f*) *m* (-s, -; -, -nen) spectator; looker-on, onlooker; by-stander; observer; (eye-)witness; **⌀erraum** *thea. m* auditorium; **⌀ertribüne** *f* → Tribüne.

'zuschaufeln *v/t.* (*h.*) shovel (*or* fill) up.

'zuschicken *v/t.* (*h.*) send (*dat.* to); mail; consign, forward (to); remit (*money*).

'zuschieben *v/t.* (*irr.*, *h.*) close; shoot (*the bolt*); shut (*drawer*); (*dat.*) push towards, *fig. b.s.* impute to; *jur. j-m den Eid* ~ administer the oath to a p., put a p. on his (her) oath; *j-m die Schuld* ~ lay the blame on a p. *or* at a p.'s door; *j-m die Verantwortung* ~ saddle the responsibility on a p.

'zuschießen I. *v/t. and v/i.* (*irr.*, *h.*) contribute (*money*); add, supply; *j-m e-n Blick* ~ dart a glance at,

give *a p.* a rapid look; **II.** *v/i.* (*irr.*, *sn*): ~ *auf* (*acc.*) rush up to, rush at.

'Zuschlag *m* addition; extra (*or* additional) charge, increase (in price); compensation; *rail.*, etc.: excess fare; *mail.* surcharge; surtax, additional tax; *metall.* flux, addition; road metal; *auction*: knocking down; *econ.* award (*of contract*), acceptance of tender; *den* ~ *erhalten* obtain the contract; **⌀en I.** *v/i.* (*irr.*, *sn*, *h.*) strike; *door*: slam to; **II.** *v/t.* (*irr.*, *h.*) shut (*book*); bang, slam (*door*, *lid*); *fig.* add; *auction*: knock down; *econ.* award (*the contract*); ~(**s)gebühr** *f* additional fee; *mail.* surcharge; *rail.* excess fare; ~(**s)karte** *f* extra (*or* additional) ticket; **⌀(s)pflichtig** *adj.* liable to extra payment; ~**porto** *n* excess postage, surcharge; ~**steuer** *f* surtax; ~**zoll** *m* additional duty.

'zuschließen *v/t.* (*irr.*, *h.*) lock (up).

'zuschmeißen *colloq. v/t.* (*irr.*, *h.*) bang, slam (*door*, *lid*); *j-m et.* ~ chuck (*or* throw) *a th.* to *a p.*

'zuschmieren *v/t.* (*h.*) smear up *or* over.

'zuschnallen *v/t.* (*h.*) buckle (up); strap up, fasten.

'zuschnappen *v/i.* (*sn*, *h.*) snap (*nach* at); *lock*, etc.: snap to, close with a snap, click (shut).

'zuschneid|en *v/t.* (*irr.*, *h.*) cut up; cut *suit* (to size), *w.s.* style; *fig.* zu-geschnitten *auf* tailored for; *stage part*: *a.* written for; **⌀er(in** *f*) *m* cutter.

'Zuschnitt *m* (-[e]s) cut; *w.s. and fig.* style; *geistiger* ~ turn of mind.

'zuschnüren *v/t.* (*h.*) lace up; cord up; *das schnürt mir den Hals zu* it chokes me; *die Kehle war ihm wie zugeschnürt* he felt a lump in his throat, he choked with emotion.

'zuschrauben *v/t.* (*h.*) screw up *or* tight.

'zuschreiben *v/t.* (*irr.*, *h.*): *j-m et.* ~ **a)** ascribe (*or* attribute *or* put down) to a p., **b)** *b.s.* impute to *or* blame on a p.; *j-m die Schuld* ~ lay the blame on a p., blame a p. (*an* for); *et. e-r Sache* ~ ascribe (*or* put down, set down, trace) *a th.* to a th.; *es ist dem Umstande zu-zuschreiben, daß* it is due (*or* owing) to the fact that; *das hast du dir selbst zuzuschreiben* it is your own fault (*or* doing), you have to thank yourself for it; *j-m e-e Summe* ~ place an amount to a p.'s credit.

'zuschreien *v/t. and v/i.* (*irr.*, *h.*): *j-m* ~ shout to a p., call (*or* cry) out (*a th.*) to a p.

'zuschreiten *v/i.* (*irr.*, *sn*) *auf acc.*) step up to; *tüchtig* ~ step out (well), strike out, walk on briskly.

'Zuschrift *f* letter; official communication.

zuschulden [tsu'ʃuldən] *adv.*: *sich et.* ~ *kommen lassen* make o.s. guilty of a th., do something wrong; *w.s.* misconduct o.s., misbehave; sin, err.

'Zuschuß *m* allowance; contribution; subsidy, grant(-in-aid); ~**betrieb** *m* subsidized undertaking; ~**bogen** *typ. m* extra sheet; ~**gebiet** *n* deficiency area.

'zuschütten *v/t.* (*h.*) add; fill up.

'zuschwören *v/t.* (*irr.*, *h.*): *j-m et.* ~ swear a th. to a p.

'zusehen *v/i.* (*irr.*, *h.*) look on (*bei* at), watch, witness; *j-m*: watch *a p.* (*bei et.* doing a th.); *fig.* **a)** ~, *daß* see (to it) that, take care that (*or* to *inf.*); *da müssen Sie selber* ~ you must see to it yourself, **b)** wait and see, be patient, **c)** tolerate; *ich kann nicht länger* ~ I cannot stand it any longer; *bei genauerem* ⌀ on closer inspection; *fig. das* ⌀ *haben* be left out in the cold; ~**ds** *adv.* visibly, noticeably.

'zusenden *v/t.* (*irr.*, *h.*) → zuschicken.

'zusetzen I. *v/t.* (*h.*) add; *chem. a.* admix; put on (*meal*); lose (*money*, *time*); **II.** *v/i.* (*h.*) lose (money), be a loser (*bei* by); *j-m* ~ **a)** press a p. hard, **b)** urge a p., be urgent with a p., **c)** importune (*or* pester, plague) a p. (*mit* with); *mit Fragen, Gründen*: ply a p. with *questions, reasons*, **d)** heat, trouble, etc.: be hard on a p., tell on a p., *sports*: punish a p.

'zusicher|n *v/t.* (*h.*): *j-m et.* ~ assure a p. of a th., guarantee a th. to a p.; promise a p. a th.; **⌀ung** *f* promise, assurance; guarantee, pledge.

'zusiegeln *v/t.* (*h.*) seal (up).

Zuspätkommende [tsu'ʃpɛːt-kɔməndə] *pl.* late-comers.

'Zuspeise *f* side dish, trimmings *pl.*

'zusperren *v/t.* (*h.*) shut, close, lock, bar.

'Zuspiel *n sports*: pass(es *pl.*); **⌀en** *v/t.* (*h.*): *j-m et.* ~ play a th. into a p.'s hands (*or* a p.'s way); *sports*: pass (*the ball*) to a p.

'zuspitz|en *v/t.* (*h.*) point, sharpen; *sich* ~ taper (off); *fig.* become more and more critical, come to a point *or* head; **⌀ung** *f* (-): ~ *der Lage* increasing gravity of the situation.

'zusprechen I. *v/t.* (*irr.*, *h.*) phone (*telegramme*); *j-m Trost* ~ comfort (*or* console) a p.; *j-m Mut* ~ cheer up a p., encourage a p., give a p. a pep-talk; adjudge, award; **II.** *v/i.* (*irr.*, *h.*) (*dat.*) *wacker* ~ eat heartily of; partake freely of; drink copiously; *j-m gut* ~ reason with a p.

'zuspringen *v/i.* (*irr.*, *sn*): *auf j-n* ~ spring (*or* leap) towards; rush at *or* upon a p.; *lock*: snap to.

'Zuspruch *m* (-[e]s) encouragement, pep-talk; consolation; words of comfort; exhortation; lecture; run (of customers); custom, clientele; *sich e-s großen* ~*s erfreuen* be much sought after, be greatly in demand.

'Zustand *m* state, condition, *Am. a.* shape; *pl.* state of affairs; circumstances; position, situation; phase; (*legal, political*) status; frame of mind; fit, spell; *Zustände bekommen* have a fit; *in gutem* ~ in good condition *or* order, in good repair; *in betrunkenem* ~ drunk, while under the influence; *contp. hier herrschen Zustände!* what a mess!

zustande [tsu'ʃtandə] *adv.*: ~ *bringen* bring about (*or* off), manage, achieve, accomplish, get *a th.* done, wangle; realize; negotiate; ~ *kom-*

men come about (or off), be accomplished, plan: materialize, be realized, event: take place, contract: be reached (or signed); nicht ~ kommen fail (to materialize), not to come off, come to naught; 2kommen n realization, accomplishment; am ~ e-s Vertrages kann nicht gezweifelt werden an agreement is sure to be reached.

zuständig ['tsu:ʃtɛndiç] adj. competent; responsible; proper, appropriate; local; duly qualified; jur. having jurisdiction (für over); ~es Postamt serving post-office; sich in e-r Sache für ~ erklären assume jurisdiction over a case; für die Berufung ~ sein have appellate jurisdiction; in erster Instanz ~ sein have original jurisdiction; dafür bin ich nicht ~ that's not in my province or department; 2keit f (-; -en) competence; responsibility; powers pl.; jur. sachliche: jurisdiction (für over), örtliche: (territorial) jurisdiction, venue; 2keitsbereich m jurisdiction; (sphere of) responsibility.

zustatten [tsu:ʃtatən] adv.: (gut) ~ kommen (dat.) be useful to a p., stand a p. in good stead; come in handy, serve to good purpose.

'**zustecken** v/t. (h.) pin (up); j-m et. ~ slip a p. a th., slip a th. into a p.'s hand or pocket, etc.

'**zustehen** v/i. (irr., h.; dat.) be due to, belong to; es steht ihm zu he is entitled to it; power: be vested in; accrue to; befit, behoove; es steht ihm nicht zu, zu inf. he has no right to inf., it is not for him to inf.

'**zustell|en** v/t. (h.) deliver (a. mail.); jur. serve (j-m on a p., a p. with legal process or a writ); öffentlich ~ cause the service by publication (or public citation); 2ung f delivery; jur. service; ~en pl. (service of) legal process; (Ladung durch) öffentliche ~ public citation; 2ungsbevollmächtigte(r m) f person authorized to receive service of legal process on a p.'s behalf; 2ungsgebühr f delivery charge; 2ungs-urkunde jur. f writ of summons.

'**zusteuern** I. v/t. (h.) contribute (zu to); II. v/i. (sn): ~ auf (acc.) steer (or make) for; fig. aim at; drift towards, be headed for.

'**zustimm|en** v/i. (h.; dat.) agree (to a th.; with a p.), consent, (give one's) assent (to a th.); approve (of a th.), acquiesce (in a th.), Am. a. okay (a th.); subscribe (to a th.), endorse (a th.); ~end I. adj. affirmative; ~e Antwort answer in the affirmative, consent; II. adv. in the affirmative, approvingly; ~ nicken nod assent; 2ung f consent, assent, agreement; endorsement; allgemeine ~ finden meet with unanimous approval; 2ungserklärung f declaration of consent.

'**zustopfen** v/t. (h.) stop up, plug, stuff; mend, darn.

'**zustöpseln** v/t. (h.) stopper, plug (up).

'**zustoßen** I. v/t. (irr., h.) push a th. to; close, shut, slam (door); II. v/i.

(irr., sn, h.) fenc. lunge, thrust (mit with); fig. j-m ~ happen to a p., befall a p.; ihm ist et. zugestoßen he has had (or met with) an accident; falls mir et. ~ sollte in case anything should happen to me.

'**zustreben** v/i. (sn; dat.) make for; fig. aim at, strive for or after; matter: tend towards.

'**Zustrom** m (-[e]s) influx; pol. infiltration; econ. run (of customers); rich flow (of ideas, etc.).

'**zuströmen** v/i. (sn; dat.) stream or flow towards; fig. crowd: throng (or mill, pour) to(wards).

'**zustürzen** v/i. (sn; auf acc.) rush up to.

'**zustutzen** v/t. (h.) trim; fit (up), cut to size (a. fig.); fig. adapt (für for the stage, etc.); lick into shape.

zutage [tsu:tɑ:gə] adv. open to view, to light; ~ bringen or fördern bring to light, fig. a. unearth; ~ liegen be evident; ~ treten come to light, become evident, manifest itself, geol. outcrop.

Zutaten ['tsu:tɑ:tən] f/pl. cul. ingredients; seasoning; garnishing sg.; of dress: trimmings.

zuteil [tsu:taɪl] adv.: j-m ~ werden fall to a p.'s share (fig. a. lot); j-m et. ~ werden lassen allot (or grant, mete out) a th. to a p., bestow a th. on a p.; in reichem Maße: lavish a th. on a p.; ihm wurde eine freundliche Aufnahme ~ he met with a kind reception, he was kindly received.

zuteil|en ['tsu:taɪlən] v/t. (h.) allot (a. econ. shares, etc.); allocate, apportion; grant, allow; issue; distribute; j-n: mil., pol. attach a p.; assign; delegate powers (dat. to); 2ung f allotment, allocation, apportionment; allowance; distribution; attachment, assignment; quota; ration; 2ungskurs econ. m allotment rate (for shares); 2ungssystem m quota system.

zutiefst [tsu:ti:fst] adv. deeply, intensely; badly.

'**zutragen** v/t. (irr., h.) carry (dat. to; a. fig.); sich ~ happen, come to pass, take place, occur.

'**Zuträger(in** f) m talebearer, telltale, informer.

Zuträge'rei f (-; -en) talebearing, informing; gossip, tittle-tattle.

zuträglich ['tsu:trɛ:kliç] adj. conducive, beneficial (dat. or für to); advantageous (to); salubrious (climate); wholesome (food, etc.); j-m (nicht) ~ sein (dis)agree with a p.; 2keit f (-; -en) conduciveness, advantageousness; salubrity, wholesomeness.

'**zutrau|en** v/t. (h.): j-m et. ~ believe a p. capable of a th., credit a p. with a th.; sich zuviel ~ a) overrate o.s., b) take too much on o.s.; ich traue es mir (nicht) zu I (don't) think I can do it; ich traue ihm nicht viel zu he is no great shakes (, if you ask me); iro. ich traue es ihm glatt zu I would not put it past him; ich hätte es ihm nie zugetraut I never knew he had it in him; 2en n (-s) confidence (zu in); ~lich adj. confiding, trusting; animal: unafraid, friendly, tame;

2lichkeit f (-; -en) confidingness; tameness.

'**zutreffen** v/i. (irr., h.) be right or true (bei of), be correct, be the case; hold true, come true; ~ auf (acc.) be true of, (a. ~ für) apply to; das dürfte nicht ganz ~ that's not quite correct; es trifft nicht immer zu it does not always follow; ~d adj. right, true, correct; apt, to the point; applicable; ~enfalls ['-dənfals] adv. if this is correct, if so; in questionnaires: where applicable.

'**zutrinken** v/i. (irr., h.) j-m: drink to, raise one's glass to.

'**Zutritt** m (-[e]s) access; admission; ~ frei admission free; ~ verboten! no admittance!, private!, no entry!, mil. out of bounds!, Am. off limits (für to)! freien ~ haben zu have free access to, have the run of.

'**zutun** v/t. (irr., h.) close, shut; add; → Auge, zugetan; '**Zutun** n: ohne sein ~ without his help (or agency); through no fault of his; es geschah ohne mein ~ I had nothing to do with it.

zutu(n)lich ['tsu:tu:(n)liç] adj. a) → zutraulich; b) obliging.

zuungunsten [tsu:⁹ungunstən] prp. (gen.) to the disadvantage of.

zuunterst [tsu:⁹untərst] adv. right at the bottom.

zuverlässig ['tsu:fɛrlɛsiç] adj. reliable (a. tech.), dependable, trustworthy, trusty; loyal, staunch; safe (a. econ., tech.); news: sure, certain, authentic; aus ~er Quelle from a reliable source; von ~er Seite erfahren haben, daß have it on good authority that; 2keit f (-) reliability; dependability; trustworthiness; loyalty; certainty; 2keitsfahrt mot. f reliability trial; 2keits-prüfung f reliability test; 2keits-überprüfung pol. f security clearance, screening (of personnel).

Zuversicht ['tsu:fɛrziçt] f (-) confidence, trust; die (feste) ~ haben be confident that; mit ~ confidently; 2lich adj. confident, optimistic (-ally adv.); ~lichkeit f (-) confidence, assurance.

zuviel [tsu:fi:l] adv. too much; einer, etc., ~ one, etc., too many; viel ~ far too much; ~ des Guten too much of a good thing; was ~ ist, ist ~! that's really too much!; 2 n (-s) excess.

zuvor [tsu:fo:r] adv. before, previously; first, beforehand; kurz ~ shortly before; so klug als wie ~ none the wiser (for it).

zuvörderst [tsu:fœrdərst] adv. first and foremost, first of all; to begin with.

zu'vor|kommen v/i. (irr., sn) j-m: anticipate, forestall, get the start of, steal a march on (mit or in with) a p.; er kam mir zuvor Am. he beat me to it; e-r Sache: anticipate, obviate, prevent a th.; ~kommend adj. obliging, accommodating; courteous, kind; 2kommenheit f (-) obligingness, considerateness; ~tun v/t. (irr., h.): es j-m ~ surpass (or outdo) a p., go one better than a p.

Zuwachs ['tsu:vaks] m (-es) increase, increment, accretion; *econ. a.* accession (*to real estate*); *colloq.* (*child*) addition to the family, little newcomer; *auf ~ geschneidert* made so as to allow for growing; **Qen** *v/i.* (*irr., sn*) become overgrown; *med.* heal up *or* over, close; *j-m:* accrue to *a p.;* **~rate** *econ.* f ratio of increase; **~steuer** f increment tax.

'**zuwandern** *v/i.* (*sn*) immigrate.

Zuwasserlassen [tsu'vasərlasən] *mar.* n (-s) launching; lowering (*gen. or von of boats*).

'**zuwarten** *v/i.* (*h.*) wait (patiently), wait and see.

zuwege [tsu've:gə] *adv.:* ~ *bringen* bring about, bring to pass, succeed (in doing), put *it* across; accomplish, get *a th.* done; *gut ~ sein* be quite well.

'**zuwehen** *v/t.* (*h.*) blow (*or* waft) (*dat.* to *or* toward[s]); block up (with sand *or* snow).

zuweilen [tsu'vaɪlən] *adv.* at times, sometimes; occasionally, now and then.

'**zuweis|en** *v/t.* (*irr., h.*) assign; → *zuteilen;* **Qung** f assignment; allocation.

'**zuwend|en** *v/t.* (*irr., h.; dat.*) turn to(wards); *j-m das Gesicht ~* face a p.; *fig. j-m et. ~* let a p. have, present a p. with, give a p. *a th.;* bestow *love, etc.,* on a p.; devote *one's attention, efforts* to *a th.; sich e-r Tätigkeit ~* proceed to *do,* apply o.s. to, switch over to *an activity; sich e-m Beruf, e-r Aufgabe ~* devote o.s. to *a trade, task; sich alle Herzen ~* win all hearts; **Qung** f allowance, benefit; allocation; grant; bequest; donation; *unentgeltliche ~* gift, voluntary settlement.

zuwenig [tsu've:nɪç] *adv.* too little.

'**zuwerfen** *v/t.* (*irr., h.*) *j-m:* throw to, toss to *a p.; e-n Blick:* cast, flash, dart *a glance;* fill up (*pit*); slam, bang (*door*).

zuwider [tsu'vi:dər] *prp.* (*dat.*) contrary to, opposed to, against; repugnant, distasteful, hateful; → *zuwidersein;* **~handeln** *v/i.* (*h.; dat.*) act contrary to, counteract; contravene, violate, offend against (*a law, etc.*); **Qhandelnde(r** *m*) (-handəlndə(r)) f (-n, -n; -en, -en) offender, trespasser; **Qhandlung** *jur.* f contravention, violation, offen|ce, (*Am.* -se); **~laufen** *v/i.* (*irr., sn; dat.*) run counter to, be contrary to; **~sein** *v/i.* (*irr.; dat.*) displease, be repugnant to; *er* (*es*) *ist mir zuwider a.* I dislike him (it), I loathe (*or* hate) him (it), he (it) makes me sick.

'**zuwinken** *v/i.* (*h.; dat.*) make a sign to, motion to (*a p. to do a th.*); wave to; beckon to; nod to.

'**zuzahlen** *v/t.* (*h.*) pay extra *or* in addition, pay an additional $100.

'**zuzählen** *v/t.* (*h.*) add; include.

zuzeiten [tsu'tsaɪtən] *adv.* at times.

'**zuzieh|en I.** *v/t.* (*irr., h.*) draw *a knot* together; tighten (*noose, screw*) (*a. sich*); draw (*curtains*); *fig.* consult, call in (*doctor, expert*); *sich et..* incur (*hatred, punishment, etc.*); catch, get, contract (*disease*); *sich Unannehmlichkeiten ~* get into

---

trouble; *j-n als Zeugen ~* take a p. to witness, call a p. as witness; **II.** *v/i.* (*irr., sn*) *tenant:* move in; immigrate; settle (down); **Qung** f (-) consultation, calling-in; *unter ~ gen. a.* with the aid of.

'**Zuzug** *m* immigration; arrival; additional population; *mil.* reinforcements *pl.*

zuzüglich ['tsu:tsy:klɪç] *prp.* (*gen.*) plus; including.

'**Zuzugsgenehmigung** f residence permit.

zwacken ['tsvakən] *v/t.* (*h.*) pinch; *fig.* torment; fleece.

Zwang [tsvaŋ] *m* (-[e]s; ⁼e) compulsion, coercion; constraint, restraint; moral obligation; pressure (*a. med.* = tenesmus); *esp. jur.* duress; *psychischer ~* mental duress; force; *~ antun* (*dat.*) **a)** do violence to, **b)** twist the meaning of (*a text*), **c)** pervert *the law; sich ~ antun or auferlegen* check (*or* restrain) o.s.; *tun Sie sich nur keinen ~ an!* don't stand on ceremony!, make yourself at home!; *iro. tun Sie Ihren Gefühlen nur keinen ~ an!* (go ahead,) speak your mind!; *unter ~ stehen* (*or handeln*) be (*or* act) under duress.

zwang *pret. of* zwingen.

zwängen ['tsvɛŋən] *v/t.* (*h.*) press, force.

'**zwang|los** *adj.* unconstrained; *fig. a.* free and easy, unceremonious, informal, *Am. a.* shirt-sleeve (*conference, etc.*); **Qlosigkeit** f (-) ease, informality, unceremoniousness.

Zwangs... [tsvaŋs-]: **~anleihe** f forced loan; **~antrieb** *mot. m* positive drive; **~arbeit** f forced labo(u)r; *jur.* hard labo(u)r; **~ausgleich** *m* compulsory settlement; **~beitreibung** f forcible collection; **Qbewirtschaftet** *adj.* under economic control, control(l)ed; **~bewirtschaftung** f (economic) control; **~ent-eignung** f compulsory expropriation; **~ernährung** f forcible feeding; **~erziehungs-anstalt** f reformatory; **~förderung** *mot.* f pump feed; **Qgeschmiert** *mot. adj.* positively lubricated; **Qgestellt** *adj.* in custody; **~gestellung** f arrest, detention; **~haft** *jur.* f coercive detention; **~handlung** f compulsive act; **~herrschaft** f despotism; **~idee** f compulsive (*or* obsessional) idea; **~innung** f obligatory guild; **~jacke** f straitjacket (*a. fig.*); *j-n in e-e ~ stecken* straitjacket *a p.;* **~kapitalbildung** f compulsory formation of capital; **~kauf** *m* compulsory purchase; **~lage** f position of constraint, exigency, embarrassing situation; quandary, fix; *sich in e-r ~ befinden a.* be hard pressed; **Qläufig I.** *adj. tech.* guided, geared; *mot.* positive drive; *fig.* necessary, inevitable; **II.** *adv.* with necessity, inevitably, automatically; **~liquidation** f compulsory liquidation; compulsory winding-up (*of company*); **Qmäßig** *adj.* forced, compulsory; **~maßregel** f coercive measure; *pol.* sanction; reprisal; *zu ~n greifen* employ (*or* resort to) compulsion; **~mieter** *m* assigned tenant;

~mittel *n* means of coercion; **~neurose** f compulsion neurosis; **~preis** *m* controlled price; **~psychose** f compulsive insanity; **~räumung** f compulsory evacuation; **~steuerung** *mot.* f positive control; **~verfahren** *n* coercive proceedings *pl.*; **~vergleich** *m* enforced settlement; **Qverpflichtet** *adj.* conscript; **~versicherung** f compulsory insurance; **~versteigerung** f forced sale *or* auction; **~verwalter** *m* (official) receiver, judicial trustee, sequestrator; **Qverwalten** *v/t.* (*h.*) sequester; **~verwaltung** f forced administration, sequestration; **~verwaltungsbeschluß** *m* receiving-order; **Qvollstrecken** *v/t.* (*h.*) issue execution; foreclose; **~vollstreckung** f execution, distraint; *e-e ~ vornehmen* put in an execution; **~vorstellung** *med.* f obsession(al idea); **Qweise** ['-vaɪzə] *adv.* compulsorily, by force; on an obligatory basis; **~wirtschaft** f Government control; controlled economy; *Aufhebung der ~* decontrol.

zwanzig ['tsvantsɪç] *adj.* twenty; *in den ~er Jahren* in the twenties; **Q** f (-; -en) (number) twenty; **Qer** ['-gər] *m* (-s; -) person of twenty; *Männer in den ~n* men in the twenties; *in den ~n sein* be under thirty; **~erlei** ['-ərlaɪ] *adj.* of twenty kinds, twenty different (kinds of); **~fach, ~fältig** ['-fɛltɪç] *adj.* twentyfold; **~st** *adj.* twentieth; **Qstel** ['-stəl] *n* (-s; -) twentieth (part); **~stens** ['-stəns] *adv.* in the twentieth place.

zwar [tsva:r] *adv.* indeed, (it is) true, I admit; certainly, no doubt, of course; *und ~* **a)** and that, **b)** that is, namely; *er kam ~, aber* he did come but.

Zweck [tsvɛk] *m* (-[e]s; -e) purpose; object (*a. of company, invention*), aim, end; intent, design; intended use; application; function; point; *~ und Ziel* aim and purpose; *ein Mittel zum ~* a means to an end; *e-n ~ verfolgen* pursue an object, be after (*or* out for) something; *s-n ~ erfüllen* answer (*or* serve) its purpose; *s-n ~ erreichen* achieve one's purpose; *s-n ~ verfehlen* miss its mark, fail of its object; *zu dem ~e* (*gen. or zu inf.*) for the purpose of (*a th. or ger.*), with a view to (*a th. or ger.*), with the object of (*ger.*); *zu diesem ~e* to this end; *zu welchem ~e?* to what purpose?, what (...) for?; *welchen ~ soll es haben, zu inf.?* what is the point of *ger.?*; *colloq. das ist (gerade) der ~ der Übung* that's just the point; *das wird wenig ~ haben* that won't help much (*or* do any good), there is no point in doing it; *entspricht das Ihren ~en?* does that serve your turn?; *der ~ heiligt die Mittel* the end justifies the means; **~bau** *m* (-[e]s; -ten) functional building; **Qbestimmt** *adj.* purposive; *tech.* functional; tendentious (*publication, etc.*); **~bestimmung** f application, appropriation (*of funds*); **Qbetont** *adj.* purposive, utilitarian, utility; functional; **~denken** *n*

utility thinking; '♀dienlich adj.
serviceable; useful, expedient, suitable; efficient; relevant, pertinent;
'⸃dienlichkeit f (-) serviceableness; usefulness, expediency; efficiency.
Zwecke ['tsvɛkə] f (-; -n) tack, brad;
peg; drawing-pin, Am. thumb tack;
♀n v/t. (h.) tack; peg.
'zweck...: ⸃entfremdet adj. used
for purposes other than originally
intended; ⸃entsprechend adj. an-
swering the purpose, appropriate,
proper; ♀freundschaft f working
friendship; ⸃gebunden adj. earmarked, appropriated (funds); ⸃los
adj. aimless, purposeless; useless,
pointless, pred. of no use, to no
point; es ist ⸃ zu inf. a. there is
no point in ger.; ⸃mäßig adj. expedient, well-directed, appropriate,
suitable, practical, proper; advisable; tech. functional; es für ⸃
halten, zu inf. a. think fit (or
proper) to inf.; ♀mäßigkeit f (-)
expediency, fitness, practicality;
♀mäßigkeits-erwägung f interest
of expediency; ♀möbel pl. functional furniture; ⸃pessimismus m
calculated pessimism.
zwecks prp. (gen.) for the purpose
of, with a view to, by way of (a th.
or doing).
'Zweck...: ⸃verband m (local) administration union; ⸃vermögen n
special-purpose fund; ♀widrig adj.
inexpedient, inappropriate, unserviceable.
zwei [tsvaɪ] adj. (gen. ⸃er; dat. ⸃en)
two; zu ⸃en in (or by) twos, two
by two; halb ⸃ (Uhr) half past one;
♀achser ['-aksər] mot. m (-s; -)
two-axle vehicle, four-wheeler; ⸃
achsig ['-aksiç] adj. biaxial; mot.
two-axle, four-wheeled; '⸃armig
adj. two-armed; '⸃atomig adj.
diatomic; ⸃bändig ['-bɛndiç] adj.
two-volume, in two volumes; ⸃ba-
sisch ['-baːziʃ] chem. adj. dibasic;
♀bein n bipod; '⸃beinig adj. two-
-legged; '⸃bettig adj. double-bed-
ded; '⸃blätt(e)rig bot. adj. two-
-leaved, bifoliate; ♀decker ['-dɛ-
kər] aer. m (-s; -) biplane; ⸃deutig
['-dɔʏtiç] adj. ambiguous, equivocal; b.s. suggestive, risqué (Fr.),
Am. off-color (joke); '♀deutigkeit f
(-; -en) ambiguity, equivocality;
b.s. suggestive remark, risqué joke;
⸃dimensional   ['-dimɛnzioˈnaːl]
adj. two-dimensional; ♀'drittel-
mehrheit f two thirds majority;
⸃eiig ['-aɪiç] biol. adj. binovular;
⸃e Zwillinge fraternal twins; '♀er
m (-s; -) (figure) two; rowing: pair,
two(-seater); ⸃ mit Steuermann
coxed two; '♀erbob m two-man
bob; ⸃erlei ['-ərlaɪ] adj. of two
kinds, two sorts of, two different
(kinds of); '⸃fach, ⸃fältig ['-fɛltiç]
adj. double, twofold, dual; twice;
in ⸃er Ausfertigung in duplicate;
♀'fadenlampe el. f bifilar bulb;
'♀familienhaus n duplex house;
♀'farbendruck m (-[e]s; -e) two-
-colo(u)r print(ing); '⸃farbig adj.
two-colo(u)red, dichromatic, two-
-tone.
Zweifel ['tsvaɪfəl] m (-s; -) doubt;
uncertainty; misgiving(s pl.); sus-

picion; berechtigter ⸃ reasonable
doubt; außer ⸃ beyond doubt;
über allen ⸃ erhaben beyond all
doubt; ohne ⸃ without doubt, no
doubt, doubtless, unquestionably;
im ⸃ sein be doubtful or in doubt
(über acc. about), be in two minds
(about); in ⸃ ziehen doubt, (call in)
question; es besteht kein ⸃ there is
no doubt; → aufkommen, unterliegen.
Zweifelderwirtschaft   [tsvaɪ'fɛl-
dər-] agr. f twocrop rotation.
'Zweifel...: ♀haft adj. doubtful,
dubious; questionable; precarious;
econ. ⸃e Außenstände a) doubtful
claims, b) doubtful debts, Am. bad
debts; von ⸃em Wert of debatable
merit; et. ⸃ machen cast a doubt
on, call in question; es erscheint
kaum ⸃ there appears little doubt;
♀los adj. undoubted, (a. adv.)
doubtless; ♀n v/i. (h.) doubt (an
dat. a th., a p.); ⸃ an e-r Sache a.
be in doubt about or as to, be in
two minds about, question a th.;
⸃d doubting, → zweifelsüchtig; ⸃s-
fall m (im ⸃ in) case of doubt; ♀s-
ohne adv. doubtless, without
doubt, beyond all doubt; ⸃sucht f
(-) scepticism, Am. skepticism;
♀süchtig adj. sceptic(al), Am.
skeptic(al).
Zweifler ['tsvaɪflər] m (-s; -), ⸃in f
(-; -nen) doubter, sceptic, Am.
skeptic; ♀isch adj. sceptical, Am.
skeptical.
'zwei...: ⸃flügelig adj. two-winged;
aer. two-bladed (air-screw); ♀-
frontenkrieg ['-'frɔntən-] m war
on two fronts.
Zweig [tsvaɪk] m (-[e]s; -e) branch
(a. fig.), bough; kleiner ⸃ twig; →
grün.
'Zwei...: ⸃ganggetriebe n two-
-speed gear; ♀gängig adj. double-
-threaded (screw).
Zweig...: ⸃anstalt f branch; ⸃
bahn f branch line.
'Zwei...: ♀geschlechtig adj. bisexual; ⸃gespann n carriage and
four; colloq. (persons) twosome; ♀-
gestrichen mus. adj.: ⸃e Note semiquaver; ♀geteilt adj. bipartite;
divided, split.
'Zweig...: ⸃geschäft n branch
(establishment); ⸃gesellschaft f
affiliated company; subsidiary
(company).
Zweigitterröhre ['tsvaɪ'gitər-] f
radio: tetrode, Am. double grid
tube.
'Zweig...: ⸃leitung f branch line;
⸃niederlassung f → Zweig-
geschäft; ⸃schalter el. m branch
switch; ⸃stelle f branch (office).
'Zwei...: ♀händig adj. two-handed;
mus. for two hands, ⸃heit f (-)
duality; ♀höckerig adj. two-
-humped; ⸃hufer ['-huːfər] m (-s;
-) cloven-footed animal; ♀hundert
adj. two hundred; ⸃hundertjahr-
feier f bicentenary; ♀jährig adj.
two-year-old; of (or lasting) two
years, two years', two-year; esp. bot.
biennial; ♀jährlich adj. (happening) every two years, biennial; ⸃
kampf m; mil. single combat;
⸃leiterkabel el. n two-core cable;
♀mal adv. twice; es sich ⸃ überlegen

think twice (before doing it); sich
et. nicht ⸃ sagen lassen not to wait
to be told twice, jump at a th.; ⸃
die Woche twice a week; ⸃ im
Monat (Jahr) erscheinend bimonthly
(biannual); ♀malig ['-maːliç] adj.
done twice; (twice) repeated; ⸃
master ['-mastər] mar. m (-s; -)
two-master; ♀monatig adj. oi (or
lasting) two months, two months',
two-month; ♀monatlich adj. (recurring) every second month; ♀-
motorig ['-motoːriç] adj. two-
-engined,twin-engined; bimotored;
⸃par'teiensystem pol. n two-party
system; ⸃phasen..., ♀phasig adj.
two-phase; ♀polig adj. two-pole,
bipolar; two-pin (plug); ⸃polröhre
f diode, two-electrode valve; ⸃rad
n bicycle; ♀räd(e)rig ['-rɛːd(ə)riç]
adj. two-wheeled; ♀reihig ['-raɪç]
adj. having two rows, double-row;
double-breasted (suit); ⸃röhren-
empfänger m radio: two-valve
receiver; ♀schläf(e)rig ['-ʃlɛːf(ə)-
riç] adj. bed for two persons,
double; ♀schneidig adj. double-
-edged, two-edged (a. fig.); fig. ⸃
sein a. cut both ways; ♀seitig
['-zaɪtiç] adj. two-sided; bilateral
(treaty, etc.); bipartite (administration, negotiations); reversible (cloth);
♀silbig ['-zilbiç] adj. dissyllabic;
⸃es Wort dissyllable; ⸃sitzer m (-s;
-) two-seater (a. aer.); mot. a. a)
runabout, roadster, b) coupé; ♀-
sitzig ['-zitsiç] adj. two-seated;
double-seated; with tandem seats;
♀spaltig adj. with two columns, in
double columns; ⸃spänner ['-ʃpɛ-
nər] m (-s; -) carriage-and-pair;
♀spännig adj. drawn by two
horses; ♀sprachig ['-ʃpraːxiç] adj.
in two languages, bilingual; ⸃stär-
kenglas n bifocal lens; ♀stellig
adj.: ⸃e Zahl two-digit (or two-
-place) number; ♀stimmig ['-ʃti-
miç] adj. for (song: in) two voices;
⸃er Gesang duet; ♀stöckig adj.
two-storied; double-deck (bed);
♀stufig adj. two-stage; ♀stündig
['-ʃtyndiç] adj. of (or lasting) two
hours, two-hour; ♀stündlich adv.
every two hours, every second hour.
zweit [tsvaɪt] adj. second; next; ⸃er
April April (the) 2nd, Am. April 2;
ein ⸃er another; ein ⸃er Bismarck
another Bismarck; ⸃es Ich alter
ego; ⸃es Gesicht second sight; aus
⸃er Hand gekauft (kaufen) bought
(buy) second-hand; jeder ⸃e every
other person; zu ⸃ by twos, two by
two, in pairs; wir waren zu ⸃ we
were two of us; zum ⸃en secondly,
in the second place; → Geige.
'zweitägig adj. of two days, two
days', two-day.
Zweitakt|er ['-taktər] m (-s; -), ⸃
motor m two-stroke (cycle) engine,
two-cycle engine; ⸃gemisch n
petrol mixture, Am. gasoline-oil
mixture, two-stroke blend; ⸃öl n
two-stroke oil; ⸃verfahren n two-
-stroke cycle.
'zweit-älteste adj. second eldest.
zwei'tausend adj. two thousand.
'Zweit-ausfertigung f second copy,
duplicate.
'zweitbest adj. second-best.
'zweiteil|ig adj. bipartite; two-

-piece (*suit, etc.*); 2ung *f* bisection, bipartition; division.
zweitens ['tsvaɪtəns] *adv.* secondly, in the second place.
'**zweit...: ~geboren** *adj.* second, younger; **~größt** *adj.* second largest; **~höchst** *adj.* second in height; **~jüngst** *adj.* youngest but one; **~klassig** *adj.* second-class, second-rate; **~letzt** *adj.* last but one, *Am.* next to the last; **~rangig** *adj.* of secondary importance, secondary; 2schrift *f* second copy, duplicate; 2schuldner *m* secondary debtor.
'**Zwei...: ~unddreißigstelnote** *mus. f* demisemiquaver; **~viertelnote** *f* minim; **~vierteltakt** *m* two-four time; **~wegehahn** ['-veːɡəhaːn] *m* two-way cock; **~weggleichrichter** ['-veːɡlaɪçrɪçtər] *m* full wave rectifier; 2wertig *chem. adj.* bivalent; **~es Element** dyad; **~wöchentlich** *adj.* bi-weekly; 2wöchig ['-vœçɪç] *adj.* fortnightly, *esp. Am.* two-week; 2zackig, 2zinkig *adj.* two-pronged; **~zeiler** ['-tsaɪlər] *m* (-s; -) distich, couplet; 2zeilig *adj.* of two lines; *typewriter, etc.:* double-spaced; **~zweck...** double-purpose; **~zylindermotor** *m* two-cylinder engine.
Zwerchfell ['tsvɛrç-] *anat. n* diaphragm, midriff; *fig. das ~ erschüttern* make a p.'s side split; **~atmung** *f* diaphragmatic breathing; 2erschütternd *adj.* side-splitting.
Zwerg [tsverk] *m* (-[e]s; -e), **~in** ['-ɡɪn] *f* (-; -nen) dwarf, pygmy, (*only m*) gnome; midget; '**~baum** *m* dwarf-tree; '**~betrag** *econ. m* diminutive amount; 2enhaft ['-ɡənhaft] *adj.* dwarfish, pygmean, diminutive; '**~huhn** *n* bantam; '**~hund** *m* lap dog; '**~maus** *f* harvest-mouse; '**~mensch** *m* pygmy; '**~pflanze** *f* dwarf (plant); '**~schule** *f* one-room school; '**~staat** *m* mini-state; '**~wuchs** *m* stunted growth, nanism.
Zwetsch(g)e ['tsvɛtʃ(ɡ)ə] *f* (-; -n) plum; *gedörrte ~* prune; **~nschnaps** *m*, **~nwasser** *n* plum brandy.
Zwickel ['tsvɪkəl] *m* (-s; -) *dressmaking:* gore, gusset; *tech.* wedge; *arch.* spandrel.
zwick|en ['tsvɪkən] *v/t. and v/i.* (h.) pinch, nip, tweak; *colloq. es zwickt mich im Bauch* I have the gripes; 2en *n* (-s) twinge; gripe; 2er *m* (-s; -) pince-nez (*Fr.*); 2mühle *f* double-mill; *fig.* dilemma, quandary; *in e-r ~ sein* be caught on the horns of a dilemma, be in a quandary, *etc.*; 2zange *f* (*eine ~* a pair of) pincers pl., nippers pl.
Zwieback ['tsviːbak] *m* (-[e]s; ~e) rusk, zwieback, *Am. a.* biscuit.
Zwiebel ['tsviːbəl] *f* (-; -n) onion; bulb; *colloq.* (*watch*) turnip; 2artig ['-aːrtɪç] *adj.* bulbous; **~fisch** *typ. m* pie; 2förmig ['-fœrmɪç] *adj.* bulb-shaped, bulbous; **~gewächs** *n* bulbous plant; **~knollen** *m* bulbous tuber; 2n *colloq. v/t.* (h.) torment, make it hot for, give *a p.* a bad time; **~schale** *f* onion-skin; **~turm** *m* bulbous spire.

zwie|fach ['tsviːfax], **~fältig** ['-fɛltɪç] *adj.* double, twofold; 2gespräch *n* dialogue; colloquy; talk; interview; 2licht *n* (-[e]s) twilight; **~lichtig** ['-lɪçtɪç] *adj.* dusky; *fig.* shady.
Zwiesel ['tsviːzəl] *f* (-; -n) *bot.* forked branch; bifurcation, fork.
'**Zwie...: ~spalt** *m* (-[e]s; -e) disunion, discord; conflict, strife; schism; discrepancy; *innerer ~* inner conflict; *im ~ sein mit* be at variance with; 2spältig ['-ʃpɛltɪç] *adj.* disunited, discordant; conflicting (*feelings*); **~sprache** *f* dialogue; *fig. ~ halten mit* commune with; **~tracht** *f* (-) discord, disunion; strife; feud; *~ säen* sow the seeds of discord; 2trächtig *adj.* discordant; at variance.
Zwil(li)ch ['tsvɪl(i)ç] *m* (-[e]s; -e) tick(ing).
Zwilling ['tsvɪlɪŋ] *m* (-s; -e) twin; double-barreled gun; **~e** *ast. pl.* Gemini, Twins.
'**Zwillings...: ~bereifung** *mot. f* dual tyres (*Am.* tires); **~bruder** *m* twin brother; **~paar** *n a* pair of twins; **~schwester** *f* twin sister; **~waffe** *mil. f* twin-barrel(l)ed or two-barrel(l)ed gun.
Zwing|burg ['tsvɪŋ-] *f* (tyrant's) strong castle, fortress; **~e** *f* (-; -n) ferrule; *tech.* clamp; 2en *v/t.* (irr., h.) compel, constrain, force, make (*zu inf. to inf.*); oblige; conquer, overcome, master, get the better of; cope with; *sich ~ zu e-r Sache* force o.s. to (*or* to do) *a th.*, make o.s. do *a th.*; *make an effort to be polite, etc.*; *ich mußte mich dazu ~* it cost me an effort; *gezwungen sein* (*or sich gezwungen sehen*) *zu inf.* be compelled, *etc.*, to *inf.*, see o.s. obliged to *inf.*; → *gezwungen*; 2end *adj.* forcible; cogent, compelling (*reason, etc.*); imperative (*necessity*); conclusive (*evidence*); peremptory (*rules*); **~er** *m* (-s; -) tower, dungeon, keep; (*dog*) kennel; bear-pit; cage; outer courtyard; **~herr** *m* tyrant, despot; **~herrschaft** *f* tyranny.
zwinkern ['tsvɪŋkərn] *v/i.* (h.) blink (one's eyes); *verschmitzt:* twinkle, wink; 2 *n* (-s) twinkle, winking.
zwirbeln ['tsvɪrbəln] *colloq. v/t.* (h.) twirl, twist.
Zwirn [tsvɪrn] *m* (-[e]s; -e) (twisted) thread, sewing cotton; twine, twisted yarn; '2en I. *adj.* thread; II. *v/t.* (h.) twist, twine; throw (*silk*); '**~handschuh** *m* cotton glove; '**~knäuel** *m* ball of thread; '**~maschine** *f* twine-machine; twisting-frame; '**~seide** *f* thrown silk; '**~sfaden** *m* thread; '**~spitze** *f* thread-lace.
zwischen ['tsvɪʃən] *prp.* (dat.) between, *poet.* betwixt; among.
'**Zwischen...: ~abschluß** *econ. m* → *Zwischenbilanz*; **~akt** *thea. m* entr'acte (*Fr.*); **~aktsmusik** *f* (musical) entr'acte; **~aufenthalt** *m* intermediate stop; **~ausweis** *econ. m* interim return; **~bemerkung** *f* incidental remark; interruption; **~bescheid** *m* intermediate reply; 2betrieblich *adj.* intercompany;

~bilanz *f* interim financial statement; interim results *pl.*; **~blatt** *n* interleaf; **~deck** *mar. n* between decks *pl.*, steerage; **~decks-passagier** *m* steerage passenger; **~ding** *n* intermediate (thing), cross, *a* bit of both; 2durch *adv.* through; in the midst; at intervals, occasionally; in between; for a change; **~empfang** *m* (-[e]s) *radio:* superheterodyne reception; **~entscheidung** *jur. f* interlocutory decree, interim judgment; **~ergebnis** *n* provisional result; **~fall** *m* incident; unforeseen event; *ohne ~* without a hitch; **~frequenz** *f* intermediate frequency; **~fuß** *m* metatarsus; **~fußknochen** *m* metatarsal; **~frage** *f* (incidental *or* interpolated) question; interruption; **~frucht** *agr. f* intercrop; **~futter** *tech. n* interlining; **~gas** (-es) *mot. n* double clutching; *~ geben* double-clutch; **~gelenk** *n* intermediate link; **~gericht** *n cul.* extra dish, entremets (*Fr.*) *pl.*; **~geschoß** *n* → *Zwischenstock*; **~glied** *n* connecting link; **~glühen** *metall. n* (-s) process annealing; **~handel** *m* intermediate trade, commission business; transit trade; wholesale trade; **~händler** *m* middleman, intermediary (agent), commission agent; **~handlung** *f* episode, incident; **~hirn** *n* midbrain, diencephalon; **~hoch** *meteor. n* ridge of high pressure; **~jahreszeit** *f* between-season; **~kiefer** *m* intermaxillary bone; **~konto** *n* suspense account; **~kredit** *m* interim credit; **~legscheibe** *tech. f* washer; **~landung** *f* intermediate landing, stop, *Am.* stopover; *Flug ohne ~* non-stop flight; 2liegend *adj.* intermediate; intervening (*time*); **~lösung** *f* interim solution; → *Notbehelf*; **~mauer** *f* partition wall; **~pause** *f* interval, intermission, break; **~person** *f* intermediary, middleman, go-between; **~prüfung** *f* intermediate test; **~raum** *m* (inter)space, interval; distance; clearance; interstice, gap; spacing; **~raumtaste** *f typewriter:* space-bar; **~rede** *f* interruption; **~regierung** *f* interregnum; **~ruf** *m* (loud) interruption; boo; *durch ~e aus der Fassung bringen* heckle; **~rufer** *m* (-s; -) interrupter; heckler; **~runde** *f sports:* semi-final; **~satz** *gr. m* parenthesis; 2schalten *v/t.* (h.) *el., tech.* insert, interpose (*a. econ. mortgage bonds, etc.*); interconnect; **~schalter** *el. m* intermediate switch; **~schaltung** *f el.* insertion, interposition; *typ.* interlineation; **~schein** *econ. m* provisional (*Am.* interim) certificate (*for shares*); **~sender** *m* relay station; **~spurt** *m sports:* spurt off (*a. vb. e-n ~ einschalten*); 2staatlich *adj.* inter-governmental, international; interstate; **~stadium** *n* intermediate phase; **~station** *f* intermediate station; **~stecker** *el. m* adapter plug; **~stock** *m* (-[e]s; -werke) entresol (*Fr.*), intermediate stor|ey, *Am.* -y; **~stück** *n* intermediate piece, connection; *el.* adapter; *thea.* interlude, entr'acte; **~stufe** *f* intermediate stage; **~stunde** *f* intermediate hour; *ped.* recreation; ~sum-me *f* sub-total; ~tief *meteor. n* ridge of low pressure; ~ton *m* intermediate tone; *fig.* overtone; ~träger(in *f*) *m* talebearer, telltale, informant; ~träge'rei *f* (-) talebearing, taletelling; ~urteil *n* → ~entscheidung; ~verkauf *econ. m*: ~ vorbehalten subject unsold (*or* to prior sale); ~verkehr *m* intercommunication; ~verstärker *el. m* intermediate amplifier; ~vorhang *thea. m* drop-scene; ~wand *f* partition (wall); ~zeile *typ. f* space line; ~zeit *f* interval, interim (period), intervening period; *in der* ~ (*a.* ℒzeitlich *adv.*) in the meantime, meanwhile; → *vorläufig.*

Zwist [tsvist] *m* (-es; -e) discord; disunion; quarrel, dispute, feud; 'ℒig *adj.* → zwieträchtig; '~igkeit *f* (-; -en) → Zwist.

zwitschern ['tsvitʃərn] *v/i. and v/t.* (*h.*) twitter, chirp; ℒ *n* (-s) chirp (-ing), twitter(ing).

Zwitter ['tsvitər] *m* (-s; -) hermaphrodite (*a. bot.*); hybrid (*a. bot.*), cross; ~blüte *f* hermaphrodite flower; ~haft *adj.* hermaphrodite, *bot. a.* gynandrous; bisexual; hybrid; ~haftigkeit *f* (-) hybrid character; ~stellung *fig. f* ambigu-

ous position; ~wort *gr. n* (-[e]s; ⁔er) hybrid (word).

zwo [tsvo:] → zwei.

zwölf [tsvœlf] *adj.* twelve; *um* ~ *Uhr* at twelve (o'clock), at noon, at midnight; *fig.* fünf Minuten vor ~ at the eleventh hour; ℒ *f* (-; -en) (number) twelve; ℒeck ['-ɛk] *n* (-[e]s; -e) dodecagon; '~eckig *adj.* dodecagonal; ℒender ['-ɛndər] *hunt. m* (-s; -) stag with twelve points; ~erlei ['-ərlaɪ] *adj.* of twelve different kinds, twelve different (sorts of); '~fach *adj.* twelvefold; ℒ'fingerdarm *m* duodenum; *Geschwür am* ~ duodenal ulcer; '~flächig *adj.* dodecahedral; '~jährig *adj.* twelve--year-old (*child*); of twelve years, twelve years', twelve-year; ~malig ['-mɑ:lɪç] *adj.* repeated twelve times; ~seitig ['-zaɪtɪç] *adj.* twelve-sided; ~stündig ['-ʃtyndɪç] *adj.* of twelve hours, twelve-hour; ~t *adj.* twelfth; *fig. in* ~er Stunde at the eleventh hour; '~tägig *adj.* of twelve days; ℒtel ['-təl] *n* (-s; -) twelfth (part); ~tens ['-təns] *adv.* in the twelfth place; 'ℒtonmusik *f* twelve-tone music.

Zyan [tsy'⁹ɑ:n] *chem. n* (-s) cyanogen; ~eisen *n* iron cyanide. [cyanide.]

Zyan'kali [tsyan-] *n* potassium ⌡

Zyklon [tsy'klo:n] *m* (-s; -e), ~e *f* (-; -n) cyclone.

Zyklop [tsy'klo:p] *m* (-en; -en) Cyclops, *pl.* Cyclopes; ℒisch *adj.* cyclopean.

Zyklotron [tsyklo'tro:n] *n* (-s; -e) cyclotron.

'zyk|lisch *adj.* cyclic(al); ℒlus ['-lus] *m* (-; -len) cycle; *of lectures, etc.*: course, set.

Zylinder [tsy'lindər] *m* (-s; -) *math., tech.* cylinder; *of lamp*: chimney; silk hat, top-hat; ~block *tech. m* (-[e]s; ⁔e) cylinder block; ~bohrung *tech. f* cylinder bore; ~büchse *tech. f* cylinder liner; ~hub *mot. m* cylinder stroke; ~inhalt *mot. m* swept volume, piston displacement; ~kopf *tech. m* cylinder head; ~kühlrippe *mot. f* cylinder cooling fin; ~mantel *tech. m* cylinder jacket; ~reihe *mot. f* bank of cylinders.

zy'lindrisch *adj.* cylindrical.

Zyn|iker ['tsy:nikər] *m* (-s; -) cynic; ℒisch *adj.* cynical.

Zynismus [tsy'nismus] *m* (-) cynicism.

Zypresse [tsy'presə] *f* (-; -n) cypress(-tree); ~nhain *m* cypress grove.

Zyste ['tsystə] *f* (-; -n) cyst.

Proper Names

Eigennamen

A

Aachen ['ɑːxən] n Aachen, Fr. Aix--la-Chapelle.

Aargau ['ɑːrgaʊ] m Argovia (Swiss canton).

Abessinien [abɛ'siːniən] n Abyssinia.

Adelheid ['ɑːdəlhaɪt] f Adelaide.

Adenauer ['ɑːdənaʊər] first chancellor of the Federal Republic of Germany.

Adler ['ɑːdlər] Austrian psychologist.

Adolf ['ɑːdɔlf] m Adolph.

Adorno [a'dɔrno] German philosopher.

Adria ['ɑːdria] f, **Adriatische(s) Meer** [adri'ɑːtiʃə(s)] n Adriatic Sea.

Afghanistan [af'gɑːnistaːn] n Afghanistan.

Afrika ['ɑːfrika] n Africa.

Ägäis [ɛ'gɛːis] f, **Ägäische(s) Meer** [ɛ'gɛːiʃə(s)] n Aegean Sea.

Agathe [a'gɑːtə] f Agatha.

Agnes ['agnɛs] f Agnes.

Ägypten [ɛ'gyptən] n Egypt.

Aichinger ['aiçiŋər] Austrian authoress.

Akropolis [a'kroːpolis] f Acropolis.

Albanien [al'bɑːniən] n Albania.

Albert ['albɛrt], **Albrecht** ['albrɛçt] m Albert.

Albertus Magnus [al'bɛrtus 'magnus] German philosopher.

Alexander [alɛ'ksandər] m Alexander.

Alexandria [alɛksan'driːa], **Alexandrien** [alɛ'ksandriən] n Alexandria.

Alfons ['alfɔns] m German Christian name.

Alfred ['alfreːt] m Alfred.

Algerien [al'geːriən] f Algeria.

Algier ['alʒiːr] n Algiers.

Allgäu ['algɔʏ] n Al(l)gäu (region of Bavaria).

Alpen ['alpən] pl. Alps pl.

Altdorfer ['altdɔrfər] German painter.

Amazonas [ama'tsoːnas] m Amazon.

Amerika [a'meːrika] n America.

Anden ['andən] pl. Andes pl.

Andersch ['andərʃ] German author.

Andorra [an'dɔra] n Andorra.

Andrea [an'dreːa] f, **Andreas** [an'dreːas] m Andrea, Andrew.

Angelika [aŋ'geːlika] f Angelica.

Anna ['ana], **Anne** ['anə] f Anna.

Anneliese ['anəliːzə] f German Christian name.

Annemarie ['anəmariː] f German Christian name.

Annette [a'nɛtə] f Annette.

Antarktis [ant'ʔarktis] f Antarctica.

Antillen [an'tilən] pl. Antilles pl.

Anton ['antoːn] m Anthony.

Antwerpen [ant'vɛrpən] n Antwerp.

Apenninen [apɛ'niːnən] pl. Apennines pl.

Appenzell [apən'tsɛl] n Swiss canton.

Arabien [a'rɑːbiən] n Arabia.

Argentinien [argɛn'tiːniən] n Argentina.

Ärmelkanal ['ɛrməlkanaːl] m English Channel.

Armenien [ar'meːniən] n Armenia.

Arnold ['arnɔlt] m Arnold.

Arp [arp] German painter.

Art(h)ur ['artur] m Arthur.

Asien ['ɑːziən] f Asia.

Athen [a'teːn] n Athens.

Äthiopien [ɛti'oːpiən] n Ethiopia.

Atlantik [at'lantik], **Atlantische(r) Ozean** [at'lantiʃə(r)] m Atlantic, Atlantic Ocean.

Ätna ['ɛːtna] m Etna.

Attika ['atika] n Attica.

Augsburg ['aʊksburk] n town in Bavaria.

August ['aʊgust] m August.

Australien [aʊs'trɑːliən] n Australia.

Axel ['aksəl] m shortened form of → Alexander.

Azoren [a'tsoːrən] pl. Azores pl.

B

Babette [ba'bɛtə] f Babette.

Bach [bax] German composer.

Bachmann ['baxman] Austrian authoress.

Baden-Württemberg ['bɑːdən-'vyrtəmberk] n Land of the Federal Republic of Germany.

Balkan ['balkan] m Balkan Peninsula.

Baltikum ['baltikum] n the three former Baltic Provinces of Russia.

Barbara ['barbara], **Bärbel** ['bɛrbəl] f Barbara.

Barbarossa [barba'rɔsa] hist. appellation of the German emperor Friedrich I.

Barcelona [bartse'loːna] n Barcelona.

Barlach ['barlax] German sculptor.

Barth [bɑ(ː)rt] Swiss theologian.

Barzel ['bartsəl] German politician.

Basel ['bɑːzəl] n Basel, Basle, Fr. Bâle (Swiss town and canton).

Baskenland ['baskənlant] n, **Baskische(n) Provinzen** ['baskiʃə(n)] f/pl. Basque Provinces pl.

Baumeister ['baʊmaɪstər] German painter.

Bayern ['baɪərn] n Bavaria (Land of the Federal Republic of Germany).

Bayerische(r) Wald ['baɪəriʃə(r)] m Bavarian Forest.

Beatrice [bea'triːsə] f Beatrice.

Bebel ['beːbəl] German socialist.

Beckmann ['bɛkman] German painter.

Beethoven ['beːthoːfən] German composer.

Belgien ['bɛlgiən] n Belgium.

Belgrad ['bɛlgrɑːt] n Belgrade.

Benares [be'nɑːrɛs] n Banaras Benares.

Benedikt ['beːnedikt] m Benedict.

Bengalen [bɛŋ'gɑːlən] n Bengal.

Benjamin ['bɛnjamiːn] m Benjamin.

Benn [bɛn] German poet.

Berg [bɛrk] Austrian composer.

Bergische(s) Land ['bɛrgiʃə(s)] n mountainous region of North Rhine--Westphalia.

Beringstraße ['beːriŋʃtraːsə] f Bering Strait.

Berlin [bɛr'liːn] n Berlin.

Bermuda-Inseln [bɛr'muːda-] f/pl. Bermudas pl.

Bern [bɛrn] n Bern, Fr. Berne (Swiss town and canton).

Bernhard ['bɛrnhart] m Bernard.

Bert(h)a ['bɛrta] f, **Bert(h)old** ['bɛrtɔlt] m Bertha, Berthold.

Bielefeld ['biːləfɛlt] n town in West Germany.

Biermann ['biːrman] German poet.

Biskaya [bis'kɑːja] f Biscay, **Golf von ~** m Bay of Biscay.

Bismarck ['bismark] German statesman.

Bloch [blɔx] German philosopher.

Böcklin ['bœklin] German painter.

Bodensee ['boːdənzeː] m Lake of Constance.

Böhm [bøːm] Austrian conductor.

Böhmen ['bøːmən] n Bohemia, **Böhmer Wald** m Bohemian Forest.

Bolivien [bo'li:viən] *n* Bolivia.
Böll [bœl] *German author.*
Bonn [bɔn] *n capital of the Federal Republic of Germany.*
Born [bɔrn] *German physicist.*
Bosporus ['bɔsporus] *m* Bosporus.
Bozen ['bo:tsən] *n* Bolzano.
Brahms [brɑ:ms] *German composer.*
Brandt [brant] *fourth chancellor of the Federal Republic of Germany.*
Brasilien [bra'zi:liən] *n* Brazil.
Braunschweig ['braunʃvaik] *n* Brunswick.
Brecht [brɛçt] *German poet.*
Bremen ['bre:mən] *n Land of the Federal Republic of Germany.*
Brigitte [bri'gitə] *f* Bridget.
Broch [brɔx] *Austrian author.*
Bruckner ['bruknər] *Austrian composer.*
Brügge ['brygə] *n* Brugge, Bruges.
Brunhilde [bru'n'hildə] *f German Christian name.*
Brüning ['bry:niŋ] *Chancellor of the Weimar Republic.*
Brünn [bryn] *n* Brno.
Bruno ['bru:no] *m German Christian name.*
Brüssel ['brysəl] *n* Brussels.
Buber ['bu:bər] *German philosopher.*
Büchner ['by:çnər] *German poet.*
Budapest [bu'dapest] *n* Budapest.
Buenos Aires [bu'ɛnɔs 'airɛs] *n* Buenos Aires.
Bukarest ['bu:karɛst] *n* Bucharest.
Bulgarien [bul'gɑ:riən] *n* Bulgaria.
Bunsen ['bunzən] *German chemist.*
Burgenland ['burgənlant] *n province of Austria.*
Burgund [bur'gunt] *n* Burgundy.
Burma ['burma] *n* Burma.
Busch [buʃ] *German satirist.*
Butenandt ['bu:tənant] *German chemist.*

C

Cäcilie [tsɛ'tsi:liə] *f* Cecilia.
Calais [ka'lɛ:] *n: Straße von ~* Straits of Dover.
Calvin [kal'vi:n] *Swiss religious reformer.*
Capri ['kɑ:pri] *n* Capri.
Celan ['tsɛ:lan] *Austrian poet.*
Ceylon ['tsailɔn] *n* Ceylon.
Charlotte [ʃar'lɔtə] *f* Charlotte.
Chikago [ʃi'kɑ:go] *n* Chicago.
Chile ['tʃi:le] *n* Chile.
China ['çi:na] *n* China.
Christian ['kristian] *m*, **Christi(a)ne** [kris'ti:nə (kristi'ɑ:nə)] *f* Christian, Christiana.
Christoph ['kristɔf] *m* Christopher.
Christus ['kristus] *m* Christ.
Chur [ku:r] *n* Chur, *Fr.* Coire.
Claudia ['klaudia] *f* Claudia.
Claudius ['klaudius] *German poet.*
Corinth [ko'rint] *German painter.*
Cottbus ['kɔtbus] *n town and district in the German Democratic Republic.*
Cranach ['krɑ:nax] *German painter.*

D

Daimler ['daimlər] *German inventor.*
Damaskus [da'maskus] *n* Damascus.
Dänemark ['dɛ:nəmark] *n* Denmark.
Daniel ['dɑ:niɛl] *m* Daniel.
David ['dɑ:fit, 'dɑ:vi:t] *m* David.
Den Haag [den 'hɑ:k] *n → Haag.*

Deutschland ['dɔytʃlant] *n* Germany.
Diesel ['di:zəl] *German inventor.*
Dieter ['di:tər], **Dietrich** ['di:triç] *m German Christian name.*
Dietrich ['di:triç] *German actress.*
Döblin ['dø:bli:n] *German author.*
Dolomiten [dolo'mi:tən] *pl.* Dolomites *pl.*
Dominikanische Republik [domini'kɑ:niʃə] *f* Dominican Republic.
Donau ['do:nau] *f* Danube.
Dora ['do:ra] *f* Dora.
Dorothea [doro'te:a] *f* Dorothy.
Dortmund ['dɔrtmunt] *n industrial town in West Germany.*
Dresden ['dre:sdən] *n town and district in the German Democratic Republic.*
Droste-Hülshoff ['drɔstə 'hylshɔf] *German poetess.*
Dublin ['dablin] *n* Dublin.
Dünkirchen ['dy:nkirçən] *n* Dunkirk.
Dürer ['dy:rər] *German painter.*
Dürrenmatt ['dyrənmat] *Swiss dramatist.*
Düsseldorf ['dysəldɔrf] *n capital of North Rhine-Westphalia.*

E

Eberhard ['e:bərhart] *m German Christian name.*
Ebert ['e:bərt] *first president of the Weimar Republic.*
Eckart ['ɛkart]: **Meister ~** *founder of German mysticism.*
Ecuador [ekua'do:r] *n* Ecuador.
Edgar ['ɛtgar] *m* Edgar.
Edinburgh ['e:dinburk] *n* Edinburgh.
Edith ['e:dit] *f* Edith.
Edmund ['ɛtmunt] *m* Edmund.
Eduard ['e:duart] *m* Edward.
Egk [ɛk] *German composer.*
Eichendorff ['aiçəndɔrf] *German poet.*
Einstein ['ainʃtain] *German physicist.*
Eismeer ['aisme:r] *n: Nördliches ~* Arctic Ocean, *Südliches ~* Antarctic Ocean.
Elba ['ɛlba] *n* Elba.
Elbe ['ɛlbə] *f German river.*
Eleonore [eleo'no:rə] *f* Eleanor.
Elfenbeinküste ['ɛlfənbainkystə] *f* Ivory Coast.
Elisabeth [e'li:zabɛt] *f* Elizabeth.
El Salvador [ɛl zalva'do:r] *n* El Salvador.
Elsaß ['ɛlzas] *n* Alsace.
Emil ['e:mi:l] *m German Christian name.*
Emilia [e'mi:lia], **Emilie** [e'mi:liə] *f* Emily.
Emma ['ɛma] *f* Emma.
Engadin [ɛŋa'di:n] *n* Engadine.
Engels ['ɛŋəls] *German philosopher.*
England ['ɛŋlant] *n* England.
Enzensberger ['ɛntsənsbɛrgər] *German author.*
Erfurt ['ɛrfurt] *n town and district in the German Democratic Republic.*
Erhard ['e:rhart] *second chancellor of the Federal Republic of Germany.*
Erich ['e:riç] *m*, **Erika** ['e:rika] *f* Eric, Erica.
Ernst [ernst] **1.** *m* Ernest; **2.** *German painter.*

Erzgebirge ['e:rtsgəbirgə] *n* Erz Gebirge.
Essen ['esən] *n industrial town in West Germany.*
Esther ['estər] *f* Esther.
Estland ['e:stlant] *n* Estonia.
Etzel ['ɛtsəl] *hist. m* Attila.
Eugen ['ɔygə:n] *m* Eugene.
Euphrat ['ɔyfrat] *m* Euphrates.
Eurasien [ɔy'rɑ:ziən] *n* Eurasia.
Europa [ɔy'ro:pa] *n* Europe.
Eva ['e:fa, 'e:va] *f* Eve.

F

Feldberg ['feltberk] *m German mountain.*
Felix ['fe:liks] *m*, **Felizitas** [fe'li:tsitas] *f* Felix, Felizia.
Ferdinand ['ferdinant] *m German Christian name.*
Ferne(r) Osten *m* Far East.
Feuerbach ['fɔyərbax] *German philosopher.*
Fichte ['fiçtə] *German philosopher.*
Finnland ['finlant] *n* Finland.
Florenz [flo'rɛnts] *n* Florence.
Florian ['flo:riɑ:n] *m German Christian name.*
Fontane [fɔn'tɑ:nə] *German author.*
Formosa [fɔr'mo:za] (**Taiwan**) *n* Formosa.
Frank [fraŋk] *m* Frank.
Franken ['fraŋkən] *n* Franconia.
Frankfurt am Main ['fraŋkfurt] *n* Frankfort on the Main.
Frankfurt an der Oder ['fraŋkfurt] *n* Frankfort on the Oder (*town and district in the German Democratic Republic*).
Frankreich ['fraŋkraiç] *n* France.
Franz [frants] *m*, **Franziska** [fran'tsiska] *f* Francis, Frances.
Freiburg ['fraiburk] *n Fr.* Fribourg (*Swiss town and canton*).
Freiburg im Breisgau ['fraiburk im 'braisgau] *n town in West Germany.*
Freud [frɔyt] *Austrian psychologist.*
Fridolin ['fri:doli:n] *m German Christian name.*
Friederike [fri:də'ri:kə] *f* Frederica.
Friedrich ['fri:driç] **1.** *German painter*; **2.** **~ der Große** Frederick the Great (*king of Prussia*).
Friedrich ['fri:driç] *m* Frederic.
Friesische(n) Inseln ['fri:ziʃə(n)] *f/pl.* Frisian Islands *pl.*
Frisch [friʃ] *Swiss author.*
Fritz [frits] *m shortened form of →* Friedrich.
Fudschijama [fudʒi'jɑ:ma] *m* Fujiyama.

G

Gabriel ['gɑ:briɛl] *m*, **Gabriele** [gabri'e:lə] *f* Gabriel, Gabriella.
Ganges ['gaŋəs] *m* Ganges.
Gardasee ['gardaze:] *m* Lake Garda.
Garmisch ['garmiʃ] *n health resort in Bavaria.*
Gauss [gaus] *German mathematician.*
Genf [gɛnf] *n* Geneva (*Swiss town and canton*).
Genua ['ge:nua] *n* Genoa.
Georg [ge'ʔɔrk, 'ge:ɔrk] *m* George.
Gera ['ge:ra] *n town and district in the German Democratic Republic.*
Gerd [gert] *m shortened form of →* Gerhard.

Gerhard ['ge:rhart] *m* Gerard.
Gerhardt ['ge:rhart] *German poet.*
Gertrud(e) ['gertru:t (ger'tru:də)] *f* Gertrude.
Ghana [ga:na] *n* Ghana.
Gibraltar [gi'braltar] *n* Gibraltar.
Glarus ['gla:rus] *n Swiss town and canton.*
Gluck [gluk] *German composer.*
Gobi ['go:bi] *f* Gobi.
Goethe ['gø:tə] *German poet.*
Goldküste ['gɔltkystə] *f* Gold Coast.
Gottfried ['gɔtfri:t] *m* Godfrey.
Grass [gras] *German author.*
Graubünden [grau'byndən] *n Fr.* Grisons *pl. (Swiss canton).*
Gregor ['gre:gɔr] *m* Gregory.
Grete(l) ['gre:tə(l)] *f shortened form of* → *Margarete.*
Griechenland ['gri:çənlant] *n* Greece.
Grieshaber ['gri:sha:bər] *German painter.*
Grillparzer ['grilpartsər] *Austrian dramatist.*
Grimm [grim]: Gebrüder ～ *German philologists.*
Grimmelshausen ['griməlshauzən] *German poet.*
Grönland ['grø:nlant] *n* Greenland.
Gropius ['gro:pius] *German architect.*
Großbritannien [gro:sbri'taniən] *n* Great Britain.
Großglockner [gro:s'glɔknər] *m Austrian mountain.*
Grünewald ['gry:nəvalt] *German painter.*
Guatemala [guate'ma:la] *n* Guatemala.
Guayana [gua'ja:na] *n* Guiana.
Guinea [gi'ne:a] *n* Guinea.
Gustav ['gustaf] *m* Gustavus.
Gutenberg ['gu:tənberk] *German inventor.*

H

Haag [ha:k] *n:* Den ～ The Hague.
Habermas ['ha:bərma:s] *German philosopher.*
Habsburg ['ha:psburk] *hist. n* Hapsburg *(German dynasty).*
Hahn [ha:n] *German chemist.*
Haiti [ha'i:ti] *n* Haiti.
Halle ['halə] *n town and district in the German Democratic Republic.*
Hamburg ['hamburk] *n Land of the Federal Republic of Germany.*
Händel ['hendəl] Handel *(German composer).*
Handke ['hantkə] *Austrian poet.*
Hanna ['hana] *f* Hannah.
Hannelore ['hanəlo:rə] *f German Christian name.*
Hannes, Hans ['hanəs, hans] *m* Jack.
Hannover [ha'no:fər] *n* Hanover *(capital of Lower Saxony).*
Hanoi [ha'nɔy] *n* Hanoi.
Harz [ha:rts] *m* Harz Mountains *pl.*
Hauptmann ['hauptman] *German dramatist.*
Haydn ['haɪdn] *German composer.*
Hebriden [he'bri:dən] *pl.* Hebrides *pl.*
Hedwig ['he:tviç] *f* Hedwig.
Hegel ['he:gəl] *German philosopher.*
Heidegger ['haɪdegər] *German philosopher.*

Heidelberg ['haɪdəlberk] *n town in West Germany.*
Heine ['haɪnə] *German poet.*
Heinemann ['haɪnəman] *third president of the Federal Republic of Germany.*
Heinrich ['haɪnriç] *m* Henry.
Heisenberg ['haɪzənberk] *German physicist.*
Heißenbüttel ['haɪsənbytəl] *German poet.*
Helena [he:'lena], Helene [he'le:nə] *f* Helen. [land.}
Helgoland ['helgolant] *n* Heligo-}
Helsinki ['helziŋki] *n* Helsinki.
Henriette [henri'etə] *f* Henrietta.
Henze ['hentsə] *German composer.*
Hermann der Cherusker ['herman der çe'ruskər] *hist.* Arminius.
Hesse ['hesə] *German author.*
Hessen ['hesən] *n* Hesse *(Land of the Federal Republic of Germany).*
Hessische(s) Bergland ['hesiʃə(s)] *n mountainous region of Hesse.*
Herder ['herdər] *German philosopher.*
Hertz [herts] *German physicist.*
Heuss [hɔys] *first president of the Federal Republic of Germany.*
Hildegard ['hildəgart] *f German Christian name.*
Himalaja [hi'ma:laja] *m* Himalaya.
Hindemith ['hindəmit] *German composer.*
Hindustan [hindus'ta:n] *n* Hindustan.
Hiros(c)hima [hiro'ʃi:ma] *n* Hiroshima.
Hochhuth ['ho:xhu:t] *German dramatist.*
Hoffmann ['hɔfman] *German poet.*
Hohenzollern [ho:ən'tsɔlərn] *m/pl. hist. German dynasty.*
Hölderlin ['hœldərlin] *German poet.*
Holland ['hɔlant] *n* Holland.
Horkheimer ['hɔrkhaɪmər] *German philosopher.*
Hubert ['hu:bert] *m* Hubert.
Hudsonbai ['hadsənbaɪ] *f* Hudson Bay.
Hugo ['hu:go] *m* Hugh.
Humboldt ['humbɔlt] *German naturalist.*

I

Iberische Halbinsel [i'be:riʃə] *f* Iberian Peninsula.
Ida ['i:da] *f* Ida.
Ilse ['ilzə] *f* Ilse.
Indien ['indiən] *n* India.
Indische(r) Ozean ['indiʃə(r)] *m* Indian Ocean.
Indochina ['indo'çi:na] *n* Indochina.
Indonesien [indo'ne:ziən] *n* Indonesia.
Inn [in] *m affluent of the Danube.*
Innerasien ['inər'ʔa:ziən] *n* Central Asia.
Innsbruck ['insbruk] *n town in Austria.*
Ionische(s) Meer [i'o:niʃə(s)] *n* Ionian Sea.
Irak [i'ra:k] *m* Iraq.
Iran [i'ra:n] *n* Iran.
Irene [i're:nə] *f* Irene.
Irische Republik ['i:riʃə] *f* Republic of Ireland.
Irische See ['i:riʃə] *f* Irish Sea.
Irland ['irlant] *n* Ireland.
Irma ['irma] *f* Irma.

Isabella [iza'bela] *f* Isabel.
Island ['i:slant] *n* Iceland.
Isolde [i'zɔldə] *f* Isolde.
Israel ['israel] *n* Israel.
Istanbul ['istambu:l] *n* Istanbul.
Italien [i'ta:liən] *n* Italy.

J

Jakob ['ja:kɔp] *m* Jacob, James.
Jalta ['jalta] *n* Yalta.
Jamaika [ja'maɪka] *n* Jamaica.
Jangtse ['jaŋtse] *m* Yangtze.
Japan ['ja:pan] *n* Japan.
Japanische(s) Meer [ja'pa:niʃə(s)] *n* Sea of Japan. [pher.}
Jaspers ['jaspərs] *German philoso-}*
Java ['ja:va] *n* Java.
Jean Paul [ʒã 'paul] *German poet.*
Jemen ['je:mən] *m* Yemen.
Jenissei [jeni'se:i] *m* Yenisei.
Jerusalem [je'ru:zalem] *n* Jerusalem.
Jesus ['je:zus] *m* Jesus.
Joachim ['jo:axim, jo'axim], Jochen ['jɔxən] *m* Joachim.
Johann(es) [jo'han(əs)] *m* John.
Johanna, Johanne [jo'hana, jo'hanə] *f* Joan(na).
Johnson ['jɔ:nzɔn] *German author.*
Jörg [jœrk] *m shortened form of* → Georg.
Jordanien [jɔr'da:niən] *n* Jordan.
Josef, Joseph ['jo:zef] *m* Josef.
Judith ['ju:dit] *f* Judith.
Jugoslawien [jugo'sla:viən] *n* Yugoslavia.
Julia ['ju:lia], Julie ['ju:liə] *f* Julia.
Jung [juŋ] *Swiss psychologist.*
Jura ['ju:ra] *m mountain range in France and Switzerland.*
Jürgen ['jyrgən] *m* → Georg.
Jutta ['juta] *f* → Judith.

K

Kafka ['kafka] *German poet.*
Kairo ['kaɪro] *n* Cairo.
Kalifornien [kali'fɔrniən] *n* California.
Kalkutta [kal'kuta] *n* Calcutta.
Kambodscha [kam'bɔdʒa] *n* Cambodia.
Kamerun [kamə'ru:n] *n* Cameroon.
Kanada ['kanada] *n* Canada.
Kanalinseln [ka'na:linzəln] *f/pl.* Channel Islands *pl.*
Kant [kant] *German philosopher.*
Kanton ['kantɔn] *n* Canton.
Kap der Guten Hoffnung *n* Cape of Good Hope.
Kapstadt ['kapʃtat] *n* Cape Town.
Kap Verde [kap 'verdə] *n* Cape Verde.
Karajan ['ka:rajan] *Austrian conductor.*
Karibische(n) Inseln [ka'ri:biʃə(n)] *f/pl.* Caribbees *pl.*
Karin ['ka:ri:n] *f* Karen.
Karl [karl] *m*, Karla ['karla] *f* Charles, Carol.
Karl der Große *hist.* Charlemagne *(Holy Roman emperor).*
Karl-Marx-Stadt [karl'marksʃtat] *n (formerly Chemnitz) town and district in the German Democratic Republic.*
Karlsruhe ['karlsru:ə] *n town in West Germany.*
Kärnten ['kerntən] *n* Carinthia *(province of Austria).*
Karola ['ka:rola, ka'ro:la], Karoline [karo'li:nə] *f* Carol, Caroline.

646

Karpaten [kar'pɑ:tən] *pl.* Carpathian Mountains *pl.*
Kaschmir ['kaʃmir] *n* Cashmere.
Kaspische(s) Meer ['kaspiʃə(s)] *n*, **Kaspisee** ['kaspize:] *m* Caspian Sea.
Kassel ['kasəl] *n* Cassel.
Kästner ['kɛstnər] *German author.*
Katharina [kata'ri:na] *f* Catherine.
Käthe ['kɛ:tə], **Kathrein** [ka'traɪn], **Kathrine** [ka'tri:nə] *f shortened forms of* → *Katharina.*
Kaukasus ['kaukazus] *m* Caucasus Mountains *pl.*
Kenia ['ke:nia] *n* Kenya.
Kepler ['kɛplər] *German astronomer.*
Kiel [ki:l] *n capital of Schleswig-Holstein.*
Kiesinger ['ki:ziŋər] *third chancellor of the Federal Republic of Germany.*
Kiew ['ki:ɛf] *n* Kiev.
Kilimandscharo [kiliman'dʒɑ:ro] *m* Mount Kilimanjaro.
Klara ['klɑ:ra] *f* Clara, Clare.
Klaudia ['klaudia] *f* Claudia.
Klaus [klaus] *m shortened form of* → *Nikolaus.*
Klee [kle:] *Swiss painter.*
Kleinasien [klaɪn'Ɂɑ:ziən] *n* Asia Minor.
Koblenz ['ko:blɛnts] *n* Coblenz.
Koch [kɔx] *German bacteriologist.*
Kokoschka [ko'kɔʃka] *Austrian painter.*
Köln [kœln] *n* Cologne.
Kolumbien [ko'lumbiən] *n* Columbia.
Kolumbus [ko'lumbus] *m* Columbus.
Kongo ['kɔŋgo] *m* Congo.
Konrad ['kɔnrɑ:t] *m* Conrad.
Konstantin [kɔnstan'ti:n] *m* Constantine.
Konstanz ['kɔnstants] *n* Constance; → *Bodensee.*
Kopenhagen [kopən'hɑ:gən] *n* Copenhagen.
Korea [ko're:a] *n* Korea.
Korfu ['kɔrfu] *n* Corfu.
Korinth [ko'rint] *n* Corinth.
Kornelia [kɔr'ne:lia] *f* Cornelia.
Kreisky ['kraɪski] *federal chancellor of Austria.*
Kreml ['kre:məl] *m* Kremlin.
Kreta ['kre:ta] *n* Crete.
Krim [krim] *f* Crimea.
Kuba ['ku:ba] *f* Cuba.
Kurt [kurt] *m* Curtis.

L

Lappland ['laplant] *n* Lapland.
Lassalle [la'sal] *German socialist.*
Lateinamerika [la'taɪname:rika] *n* Latin America.
Leibniz ['laɪbnits] *German philosopher.*
Leipzig ['laɪptsiç] *n* Leipsic (*town and district in the German Democratic Republik*).
Lena ['le:na], **Lenchen** ['le:nçən], **Lene** ['le:nə] *f shortened forms of* → *Magdalene, Helene.*
Lenz [lɛnts] *German author.*
Leo ['le:o] *m* Leo.
Leonhard ['le:ɔnhart] *m* Leonard.
Lessing ['lesiŋ] *German poet.*
Lettland ['lɛtlant] *n* Latvia.
Libanon ['li:banɔn] *m* Lebanon.
Liberia [li'be:ria] *n* Liberia.
Libyen ['li:byən] *n* Libya.
Liebig ['li:biç] *German chemist.*

Liebknecht ['li:pknɛçt] *German socialist.*
Liechtenstein ['liçtənʃtaɪn] *n* Liechtenstein.
Liese ['li:zə], **Lisbeth** ['lisbɛt] *f shortened forms of* → *Elisabeth.*
Lieselotte ['li:zəlɔtə] *f German Christian name.*
Lissabon ['lisabɔn] *n* Lisbon.
Litauen ['li:tauən] *n* Lithuania.
London ['lɔndɔn] *n* London.
Lore ['lo:rə] *f shortened form of* → *Hannelore.*
Lothringen ['lo:triŋən] *n Fr.* Lorraine.
Lotte ['lɔtə] *f shortened form of* → *Charlotte, Lieselotte.*
Lübeck ['ly:bɛk] *n town in West Germany.*
Lübke ['lypkə] *second president of the Federal Republic of Germany.*
Ludwig ['lu:tviç] *m* Louis.
Luise [lu'i:zə] *f* Louisa.
Lüneburg ['ly:nəburk] *n town in West Germany,* ⌐er Heide *f* Lüneburg Heath.
Luther ['lutər] *German religious reformer.*
Luxemburg ['luksəmburk] **1.** *n* Luxemb(o)urg; **2.** *German female socialist.*
Luzern [lu'tsɛrn] *n Fr.* Lucerne (*Swiss town and canton*).

M

Maas [mɑ:s] *f* Maas, *Fr.* Meuse.
Madagaskar [mada'gaskar] *n* Madagascar.
Madrid [ma'drit] *n* Madrid.
Magda ['makda], **Magdalena** [makda'le:na] *f* Magdalen.
Magdeburg ['makdəburk] *n town and district in the German Democratic Republic.*
Mahler ['mɑ:lər] *Austrian composer.*
Mailand ['maɪlant] *n* Milan.
Main [maɪn] *m German river.*
Mainz [maɪnts] *n* Mayence (*capital of Rhineland-Palatinate*).
Malaysia [ma'laɪzia] *n* Malaysia.
Mali ['mɑ:li] *n* Mali.
Mallorca [ma'lɔrka] *n* Majorca.
Malta ['malta] *n* Malta.
Mandschurei [mandʒu'raɪ] *f* Manchuria.
Manfred ['manfre:t] *m German Christian name.*
Mann [man] *German authors.*
Mannheim ['manhaɪm] *n town in West Germany.*
Marc [mark] *German painter.*
Marcuse [mar'ku:zə] *German sociologist.*
Margareta [marga're:ta], **Margarete** [marga're:tə] *f* Margaret.
Margot ['margɔt] *f* Margot.
Maria [ma'ri:a], **Marie** [ma'ri:] *f* Mary.
Marianne [mari'anə] *f* Marian.
Marion ['mɑ:riɔn] *f* Marion.
Marokko [ma'rɔko] *n* Morocco.
Martha ['marta] *f* Martha.
Martin ['marti:n] *m* Martin.
Marx [marks] *German philosopher.*
Mathilde [ma'tildə] *f* Mat(h)ilda.
Matterhorn ['matərhɔrn] *n Swiss mountain.*
Matthias [ma'ti:as] *m* Matthias.
Max(imilian) [maks(i'mi:lia:n)] *m* Max.

Mazedonien [matsə'do:niən] *n* Macedonia.
Meißen ['maɪsən] *n* Meissen.
Mekka ['mɛka] *n* Mecca.
Melanchthon [me'lançtɔn] *German religious reformer.*
Memel ['me:məl] *f* Niemen (River).
Menzel ['mɛntsəl] *German painter.*
Mexiko ['mɛksiko] *n* Mexico.
Metternich ['mɛtərniç] *Austrian statesman.*
Michael ['miçaɛl], **Michel** ['miçəl] *m* Michael.
Mies van der Rohe ['mi:s fan der 'ro:ə] *German architect.*
Mittelamerika ['mitəla'me:rika] *n* Middle America.
Mitteldeutschland ['mitəldɔʏtʃlant] *n* Middle Germany.
Mitteleuropa ['mitəlɔʏ'ro:pa] *n* Central Europe.
Mittelmeer ['mitəlme:r] *n* Mediterranean (Sea).
Mittlere(r) Osten *m* Middle East.
Moldau ['mɔldau] *f* Moldavia.
Moltke *German field marshal.*
Mongolei [mɔŋgo'laɪ] *f:* die Innere ~ Inner Mongolia; die Äußere ~ Outer Mongolia.
Monika ['mo:nika] *f* Monica.
Mörike ['mø:rikə] *German poet.*
Moritz ['mo:rits] *m German Christian name.*
Mosel ['mo:zəl] *f Fr.* Moselle.
Moskau ['mɔskau] *n* Moscow.
Mozambique [mozam'bik] *n* Mozambique.
Mozart ['mo:tsart] *German composer.*
München ['mynçən] *n* Munich (*capital of Bavaria*).
Münster ['mynstər] *n town in West Germany.*
Musil ['musil, 'mu:zil] *Austrian author.*

N

Nahe(r) Osten *m* Near East.
Neapel [ne'ɑ:pəl] *n* Naples.
Neiße ['naɪsə] *f German river;* → Oder-Neiße-Grenze.
Nepal [ne'pɑ:l] *n* Nepal.
Neubrandenburg [nɔʏ'brandənburk] *n town and district in the German Democratic Republic.*
Neu-Delhi [nɔʏ'de:li] *n* New Delhi.
Neuenburg ['nɔʏənburk] *n Fr.* Neuchâtel (*Swiss town and canton*).
Neufundland [nɔʏ'funtlant] *n* Newfoundland.
Neuguinea [nɔʏgi'ne:a] *n* New Guinea.
Neuseeland [nɔʏ'ze:lant] *n* New Zealand.
Newa [ne'va] *f* Neva.
Niagarafälle [nia'gɑ:rafɛlə] *m/pl.* Niagara Falls *pl.*
Niederlande ['ni:dərlandə] *pl.* Netherlands *pl.*
Niederösterreich ['ni:dərø:stərraɪç] *n* Lower Austria (*province of Austria*).
Niedersachsen ['ni:dərzaksən] *n* Lower Saxony (*Land of the German Federal Republic*).
Nietzsche ['ni:tʃə] *German philosopher.*
Nigeria [ni'ge:ria] *n* Nigeria.
Nikolaus ['ni:kolaus] *m* Nicholas.
Nil [ni:l] *m* Nile.
Nizza ['nitsa] *n Fr.* Nice.

Nolde ['nɔldə] *German painter.*
Norbert ['nɔrbert] *m* Norbert.
Nordamerika ['nɔrta'me:rika] *n* North America.
Nordirland ['nɔrt'ʔirlant] *n* Northern Ireland.
Nordkap ['nɔrtkap] *n* North Cape.
Nord-Ostsee-Kanal [nɔrt'ʔɔstze:-kanɑ:l] *m* Kiel Canal.
Nordrhein-Westfalen ['nɔrtraɪnvest'fɑ:lən] *n* North Rhine-Westphalia (*Land of the Federal Republic of Germany*).
Nordsee ['nɔrtze:] *f* German Ocean, North Sea.
Norwegen ['nɔrve:gən] *n* Norway.
Novalis [no'vɑ:lis] *German poet.*
Nowgorod ['nɔfgɔrɔt] *n* Novgorod.
Nubien ['nu:biən] *n* Nubia.
Nürnberg ['nyrnberk] *n* Nuremberg.

O

Ob [ɔp] *m* Ob.
Oberösterreich ['o:bərøstəraɪç] *n* Upper Austria (*province of Austria*).
Odenwald ['o:dənvalt] *m mountainous region in Hesse.*
Oder ['o:dər] *f German river.*
Oder-Neiße-Grenze ['o:dər'naɪsə-] *f* Oder-Neisse Line.
Olaf ['o:laf] *m* Olaf.
Oldenburg ['ɔldənburk] *n town in West Germany.*
Olymp [o'lymp] *m* Mount Olympus.
Orff [ɔrf] *German composer.*
Oskar ['ɔskar] *m* Oscar.
Oslo ['ɔslo] *n* Oslo.
Osnabrück [ɔsna'bryk] *n town in West Germany.*
Ossietzky [ɔsi'etski] *German writer and pacifist.*
Ostasien ['ɔst'ʔɑ:ziən] *n* Eastern Asia.
Ost-Berlin ['ɔstberlin] *n* East Berlin (*town and district in the German Democratic Republic*).
Ostdeutschland ['ɔstdɔytʃlant] *n* East Germany.
Ostende [ɔst'ʔendə] *n* Ostend.
Österreich ['ø:stəraɪç] *n* Austria.
Ostpreußen ['ɔstprɔysən] *n* East Prussia.
Ostsee ['ɔstze:] *f* Baltic Sea.
Ottawa ['ɔtava] *n* Ottawa.
Otto ['ɔto] *m* Otto.
Otto der Große Otto the Great (*Holy Roman emperor*).

P

Pakistan ['pɑ:kista(:)n] *n* Pakistan.
Palästina [palɛ'sti:na] *n* Palestine.
Panamakanal ['panamakanɑ:l] *m* Panama Canal.
Pandschab [pan'dʒɑ:p] *m* Punjab.
Paracelsus [para'tselzus] *German chemist and physician.*
Paraguay [paragu'a:i] *n* Paraguay.
Paris [pa'ri:s] *n* Paris.
Paul [paul] *m*, Paula ['paula] *f* Paul, Paula.
Pazifik [pa'tsi:fik], Pazifische(r) Ozean [pa'tsi:fiʃə(r)] *m* Pacific Ocean.
Peking ['pe:kiŋ] *n* Peking.
Peloponnes [pelopɔ'ne:s] *m* Peloponnesus.
Penninische(s) Gebirge [pɛ'ni:niʃə(s)] *n* Pennine Chain.
Persien ['pɛrziən] *n* Persia.
Peru [pe'ru:] *n* Peru.

Pestalozzi [pesta'lɔtsi] *Swiss educationist.*
Peter ['pe:tər] *m* Peter.
Petersburg ['pe:tərsburk] *hist. n* Saint Petersburg.
Pfalz [pfalts] *f* → Rheinland-Pfalz.
Philipp ['fi:lip] *m* Philip.
Philippinen [fili'pi:nən] *pl.* Philippine Islands, Philippines *pl.*
Planck [plaŋk] *German physicist.*
Plattensee ['platənze:] *m* Plattensee, Balaton.
Po [po:] *m* Po.
Polen ['po:lən] *n* Poland.
Pommern ['pɔmərn] *n* Pomerania.
Pompeji [pɔm'pe:ji] *m* Pompeii.
Portugal ['pɔrtugal] *n* Portugal.
Potsdam ['pɔtsdam] *n town and district in the German Democratic Republic.*
Prag [prɑ:k] *n* Prague.
Preußen ['prɔysən] *hist. n* Prussia.
Puerto Rico [pu'ɛrto 'ri:ko] *n* Puerto Rico.
Pyrenäen [pyre'nɛ:ən] *pl.* Pyrenees *pl.*

Q

Quebec [kwi'bɛk], Quebeck [kve'bɛk] *n* Quebec.

R

Raabe ['rɑ:bə] *German poet.*
Raimund, Reimund ['raɪmunt] *m* Raymond.
Rainer, Reiner ['raɪnər] *m* Rayner
Rathenau ['rɑ:tənau] *German industrialist and statesman.*
Rebekka [re'bɛka] *f* Rebecca.
Regensburg ['re:gənsburk] *n* Ratisbon, Regensburg.
Reger ['re:gər] *German composer.*
Regina [re'gi:na], Regine [re'gi:nə] *f* Regina.
Reich [raɪç] *German psychologist.*
Renate [re'nɑ:tə] *f* Renata.
Reykjavik ['raɪkjavik] *n* Reykjavik.
Rhein [rain] *m* Rhine.
Rheinland-Pfalz ['rainlant'pfalts] *n* Rhineland-Palatinate (*Land of the Federal Republic of Germany*).
Rhodesien [ro'de:ziən] *n* Rhodesia.
Rhodos ['ro(:)dɔs] *n* Rhodes.
Rhone ['ro:nə] *f* Rhone.
Richard ['riçart] *m* Richard.
Riga ['ri:ga] *n* Riga.
Rilke ['rilkə] *Austrian poet.*
Riviera [rivi'e:ra] *f* Riviera.
Robert ['ro:bert] *m* Robert.
Roland ['ro:lant] *m* Roland.
Rolf [rɔlf] *m shortened form of* → Rudolf.
Rom [ro:m] *n* Rome.
Röntgen ['rœntgən] *German physicist.*
Rosemarie ['ro:zəmari:] *f* Rosemary.
Rostock ['rɔstɔk] *n town and district in the German Democratic Republic.*
Rote(s) Meer *n* Red Sea.
Rudolf, Rudolph ['ru:dɔlf] *m* Rudolph.
Rügen ['ry:gən] *n German island.*
Ruhr [ru:r] *f German river;* ~gebiet *n industrial centre of West Germany.*
Rumänien [ru'me:niən] *n* Ro(u)mania.
Rupert ['ru:pɛrt], Ruprecht ['ru:preçt] *m* Rupert.
Rußland ['ruslant] *n* Russia.
Ruth [ru:t] *f* Ruth.

S

Saale ['zɑ:lə] *f German river.*
Saar [zɑ:r] *f affluent of the Moselle;* ~brücken [~'brykən] *n capital of the Saar;* ~land ['~lant] *n* Saar (*Land of the Federal Republic of Germany*).
Sabine [za'bi:nə] *f* Sabina.
Sachalin [zaxa'li:n] *n* Sakhalin.
Sachs [zaks] *German poet.*
Sachsen ['zaksən] *n* Saxony.
Sahara ['zɑ:hara, za'hɑ:ra] *f* Sahara.
Salzburg ['zaltsburk] *n town and province of Austria.*
Sankt Bernhard [zaŋkt 'bernhart] *m*: Große(r) ~ Great Saint Bernard; Kleine(r) ~ Little Saint Bernard.
Sankt Gallen [zaŋkt 'galən] *n* Saint Gallen (*Swiss town and canton*).
Sankt Gotthard [zaŋkt 'gɔthart] *m* Saint Gotthard.
Sankt-Lorenz-Strom [zaŋkt'lo:rents-] *m* Saint Lawrence.
Sankt Moritz [zaŋkt 'mo:rits] *n* Saint-Moritz.
Santiago de Chile [zanti'a:go] *n* Santiago de Chile.
Sardinien [zar'di:niən] *n* Sardinia.
Saudi-Arabien [zaudia'rɑ:biən] *n* Saudi Arabia.
Schaffhausen [ʃaf'hauzən] *n Fr.* Schaffhouse (*Swiss town and canton*).
Schanghai ['ʃaŋhai] *n* Shanghai.
Scheel [ʃe:l] *German politician.*
Schiller ['ʃilər] *German poet.*
Schlesien ['ʃle:ziən] *n* Silesia.
Schleswig-Holstein ['ʃle:sviç'hɔlʃtain] *n Land of the Federal Republic of Germany.*
Schönberg ['ʃø:nberk] *Austrian composer.*
Schopenhauer ['ʃo:pənhauər] *German philosopher.*
Schottland ['ʃɔtlant] *n* Scotland.
Schubert ['ʃu:bərt] *Austrian composer.*
Schumann ['ʃu:man] *German composer.*
Schwaben ['ʃvɑ:bən] *n* Swabia.
Schwarze(s) Meer *n* Black Sea.
Schwarzwald ['ʃvartsvalt] *m* Black Forest.
Schweden ['ʃve:dən] *n* Sweden.
Schweiz [ʃvaits] *f*: die ~ Switzerland.
Schwerin [ʃve'ri:n] *n town and district in the German Democratic Republic.*
Schwind [ʃvint] *German painter.*
Schwyz [ʃvi:ts] *n Swiss town and canton.*
Sebastian [ze'bastian] *m German Christian name.*
Senegal ['ze:negal] *n* Senegal.
Serbien ['zɛrbiən] *n* Serbia.
Sewastopol [ze'vastopɔl] *n* Sevastopol.
Shetland-Inseln ['ʃetlantinzəln] *f/pl.* Shetland Islands *pl.*
Sibirien [zi'bi:riən] *n* Siberia.
Sibylle [zi'bilə] *f* Sibyl.
Siebengebirge ['zi:bəngəbirgə] *n mountain range along the Rhine.*
Siemens ['zi:məns] *German inventor.*
Sinai ['zi:nai] *f* Sinai.
Singapur ['ziŋgapu:r] *n* Singapore.
Sizilien [zi'tsi:liən] *n* Sicily.

Skandinavien [skandi'nɑ:viən] *n* Scandinavia.

Slowakei [slova'kaɪ] *f: die ~* Slovakia.

Sofia ['zɔfia, 'zoːfia] *n* Sofia.

Solothurn ['zoːloturn] *n Swiss town and canton.*

Somaliland [zo'mɑːlilant] *n* Somaliland.

Sophie [zo'fiː] *f* Sophia.

Sowjetunion [zɔ'vjetunioːn] *f* Soviet Union.

Spanien ['ʃpɑːniən] *n* Spain.

Spengler ['ʃpɛŋlər] *German philosopher.*

Spitzbergen ['ʃpitsbɛrgən] *n* Spitsbergen.

Spitzweg ['ʃpitsveːk] *German painter.*

Spranger ['ʃpraŋər] *German philosopher.*

Spree [ʃpreː] *f German river.*

Stefan, Stephan ['ʃtɛfan] *m* Stephen.

Steiermark ['ʃtaɪərmark] *f* Styria (*province of Austria*).

Stifter ['ʃtiftər] *Austrian author.*

Stille(r) Ozean *m →* Pazifik.

Stockholm ['ʃtɔkhɔlm] *n* Stockholm.

Storm [ʃtɔrm] *German poet.*

Straßburg ['ʃtrɑːsburk] *n Fr.* Strasbourg. [*composer.*]

Strauss [ʃtraʊs]: Richard ~ German

Strauß [ʃtraʊs]: Johann ~ Austrian composer.

Stresemann ['ʃtreːzəman] *German statesman.*

Stuttgart ['ʃtutgart] *n capital of Baden-Württemberg.*

Südafrika [zyːt'ʔɑːfrika] *n* South Africa.

Südamerika ['zyːta'meːrika] *n* South America.

Sudan [zu'dɑːn] *m* S(o)udan.

Sudeten [zu'deːtən] *pl.* Sudetes, Sudetic Mountains *pl.*

Südsee ['zyːtzeː] *f* South Sea, South Pacific Ocean.

Südwestafrika [zyːt'vɛstɑːfrika] *n* South-West Africa.

Sueskanal ['zuːeskanɑːl] *m* Suez Canal.

Suhl [zuːl] *n town and district in the German Democratic Republic.*

Susanne [zu'zanə] *f* Susan.

Syrien ['zyːriən] *n* Syria.

T

Taiwan ['taɪvan] *n →* Formosa.

Tanganjika [taŋgan'jiːka] *n* Tanganyika.

Teheran [tehe'rɑːn] *n* Teh(e)ran.

Tel Aviv [tɛla'viːf] *n* Tel Aviv.

Telemann ['teːləman] *German composer.*

Teneriffa [tene'rifa] *n* Tenerif(f)e.

Tessin [tɛ'siːn] *n* Ticino (*Swiss canton*).

Thailand ['taɪlant] *n* Thailand.

Theiß [taɪs] *f* Tisza, Theiss.

Themse ['tɛmzə] *f* Thames.

Theodor ['teːodoːr] *m* Theodore.

Therese [te'reːzə] *f* Theresa.

Thomas ['toːmas] *m* Thomas.

Thurgau ['tuːrgaʊ] *m* Thurgovia (*Swiss canton*).

Thüringen ['tyːriŋən] *n* Thuringia.

Thüringer Wald ['tyːriŋər] *m* Thuringian Forest.

Tiber ['tiːbər] *m* Tiber.

Tibet ['tiːbɛt] *n* Tibet.

Tieck [tiːk] *German poet.*

Tigris ['tiːgris] *m* Tigris.

Tirana [ti'rɑːna] *n* Tirana.

Tirol [ti'roːl] *n* Tyrol (*province of Austria*).

Tokio ['toːkio] *n* Tokyo.

Tom [tɔm] *m shortened form of →* Thomas.

Tongking ['tɔŋkiŋ] *n* Tonkin(g).

Toskana [tɔs'kɑːna] *f* Tuscany.

Tote(s) Meer *n* Dead Sea.

Trakl ['trɑːkəl] *Austrian poet.*

Trient [tri'ɛnt] *n* Trent.

Trier [triːr] *n* Trier, *Fr.* Treves.

Triest [tri'ɛst] *n* Trieste.

Tschechoslowakei [tʃeçoslova'kaɪ] *f: die ~* Czechoslovakia.

Tucholsky [tu'xɔlski] *German author.*

Tunesien [tu'neːziən] *n* Tunis(ia).

Türkei [tyr'kaɪ] *f: die ~* Turkey.

Tyrrhenische(s) Meer [ty'reːniʃə(s)] *n* Tyrrhenian Sea.

U

Ukraine [ukra'iːnə, u'kraɪnə] *f* Ukraine.

Ulrich ['ulriç] *m* Ulric.

Ungarn ['uŋgarn] *n* Hungary.

Union der Sozialistischen Sowjetrepubliken *f* Union of Soviet Socialist Republics.

Ural [u'rɑːl] *m* Ural, Ural Mountains *pl.*

Uri ['uːri] *n Swiss canton.*

Ursula ['urzula] *f German Christian name.*

Uruguay [urugu'aːi] *n* Uruguay.

Ussuri [ussu'ri] *m* Ussuri.

V

Vaduz [fa'duts, va'duːts] *n* Vaduz.

Valentin ['vɑːlentiːn] *m* Valentine.

Vatikan [vati'kɑːn] *m* Vatican.

Venedig [ve'neːdiç] *n* Venice.

Venezuela [venetsu'eːla] *n* Venezuela.

Vereinigte Arabische Republik *f* United Arab Republic.

Vereinigte(s) Königreich (von Großbritannien und Nordirland) *n* United Kingdom (of Great Britain and Northern Ireland).

Vereinigte(n) Staaten (von Amerika) *pl.* United States (of America).

Veronika [ve'roːnika] *f* Veronica.

Vesuv [ve'zuːf] *m* Vesuvius.

Viktor ['viktɔr] *m*, **Viktoria** [vik'toːria] *f* Victor, Victoria.

Vierwaldstätter See [fiːr'valtʃtetər] *m* Lake of Lucerne.

Vietnam [vi'ɛtnam] *n* Vietnam, Viet Nam.

Virchow ['firço, 'virço] *German pathologist.*

Vogesen [vo'geːzən] *pl. Fr.* Vosges *pl.*

Volksrepublik China ['çiːna] *f* People's Republic of China.

Vorarlberg ['foːrarlbɛrk] *n province of Austria.*

Vorderasien ['fordər'ʔɑːziən] *n* Anterior Asia, Near East.

W

Waadt [vɑːt, vat] *f Fr.* Vaud (*Swiss canton*).

Wagner ['vɑːgnər] *German composer.*

Wallenstein ['valənʃtaɪn] *Austrian general.*

Wallis ['valis] *n Fr.* Valais (*Swiss canton*).

Walser ['valzər] *German author.*

Walter ['valtər] *m* Walter.

Walther von der Vogelweide ['valtər fon der 'foːgəlvaɪdə] *German poet.*

Wankel ['vaŋkəl] *German inventor.*

Warschau ['varʃaʊ] *n* Warsaw.

Weber ['veːbər] *German composer.*

Weichsel ['vaɪksəl] *f* Vistula.

Weiß [vaɪs] *German dramatist.*

Weiße(s) Meer *n* White Sea.

Weißrußland ['vaɪsruslant] *n* White Russia.

Weizsäcker ['vaɪtszekər] *German physicist.*

Werfel ['vɛrfəl] *Austrian author.*

Weser ['veːzər] *f German river.*

West-Berlin ['vestbɛrliːn] *n* West Berlin.

Westdeutschland ['vestdɔytʃlant] *n* West Germany.

Westfalen [vest'fɑːlən] *n →* Nordrhein-Westfalen.

Westindische(n) Inseln ['vest'ʔindiʃə(n)] *f/pl.* West Indies *pl.*

Wieland ['viːlant] *German poet.*

Wien [viːn] *n* Vienna (*capital and province of Austria*).

Wiesbaden ['viːsbɑːdən] *n capital of Hesse.*

Wilhelm ['vilhɛlm] *m* William.

Willi ['vili] *m shortened form of →* Wilhelm.

Windhuk ['vinthuk] *n* Windhoek.

Wittgenstein ['vitgənʃtaɪn] *Austrian philosopher.*

Wladiwostok [vladivɔs'tɔk] *n* Vladivostok.

Wolfram von Eschenbach ['vɔlfram fon 'ʔeʃənbax] *German poet.*

Wolga ['vɔlga] *f* Volga.

Wuppertal ['vupərtɑːl] *n town in West Germany.*

Württemberg ['vyrtəmbɛrk] *n →* Baden-Württemberg.

Würzburg ['vyrtsburk] *n town in West Germany.*

X

Xaver ['ksɑːvər] *m German Christian name.*

Z

Zentralafrikanische Republik [tsen'trɑːlafrika:niʃə] *f* Central African Republic.

Zeppelin ['tsepəliːn] *German inventor.*

Zuckmayer ['tsukmaɪər] *German dramatist.*

Zug [tsuːk] *n Swiss town and canton.*

Zugspitze ['tsuːkʃpitsə] *f highest mountain of Germany.*

Zuidersee ['zɔydərzeː] *f* Zuider Zee, Ijsselmeer.

Zürich ['tsyːriç] *n* Zurich (*Swiss town and canton*).

Zweig [tsvaɪk] *Austrian author.*

Zwingli ['tsviŋli] *Swiss Reformation leader.*

Zypern ['tsyːpərn] *n* Cyprus.

Current German Abbreviations
Gebräuchliche deutsche Abkürzungen

A

A *Ampere* ampere.

AA *Auswärtiges Amt* Foreign Office.

a.a.O. *am angeführten Ort* in the place cited, *abbr.* loc.cit., l.c.

Abb. *Abbildung* illustration, *abbr.* fig. (= figure).

ABC *Argentinien, Brasilien und Chile* Argentina, Brazil, and Chile; *atomar, biologisch und chemisch* atomic, biological, and chemical.

Abf. *Abfahrt* departure.

Abg. *Abgeordnete(r)* parliamentary representative, Member of Parliament, *etc.*

Abk. *Abkürzung* abbreviation.

Abs. *Absatz* paragraph; *Absender* sender.

Abschn. *Abschnitt* paragraph, chapter.

Abt. *Abteilung* department.

abzgl. *abzüglich* less.

a. Chr. (n.) *ante Christum (natum)* before Christ, *abbr.* B.C.

A. D. *Anno Domini, Im Jahre des Herrn* in the year of our Lord.

a. D. *außer Dienst* retired; *an der Donau* on the Danube.

ADAC *Allgemeiner Deutscher Automobil-Club* General German Automobile Association.

ADN *Allgemeiner Deutscher Nachrichtendienst* General German News Service (*in the* → *DDR*).

Adr. *Adresse* address.

AG *Aktiengesellschaft* (public) limited company, *Am.* (stock) corporation.

a. G. *thea. als Gast* as a guest.

A.-Gew. *Atomgewicht* atomic weight.

Ah *Amperestunde* ampere-hour.

Akad. *Akademie* academy.

allg. *allgemein* general.

allj. *alljährlich* annual.

allm. *allmählich* gradual.

alph. *alphabetisch* alphabetic(al).

Alu *Aluminium* aluminium, *Am.* aluminum.

a. M. *am Main* on the Main.

amtl. *amtlich* official.

anat. *anatomisch* anatomic(al).

Anf. *Anfang* beginning.

Angest. *Angestellte(r)* employee.

Anh. *Anhang* appendix.

Ank. *Ankunft* arrival.

Anl. *Anlage with letter*: enclosure.

Anm. *Anmerkung* note.

Antw. *Antwort* answer.

Anz. *Anzahlung* first instal(l)ment.

a. O. *an der Oder* on the Oder.

AOK *Allgemeine Ortskrankenkasse* local health insurance.

ao. Prof., a. o. Prof. *außerordentlicher Professor* senior lecturer, *Am.* associate professor.

APO *Außerparlamentarische Opposition* extra-parliamentary opposition.

ARD *Arbeitsgemeinschaft der öffentlich-rechtlichen Rundfunkanstalten der Bundesrepublik Deutschland* Working Pool of the Broadcasting Corporations of the Federal Republic of Germany.

a. Rh. *am Rhein* on the Rhine.

Art. *Artikel* article.

ASTA *Allgemeiner Studentenausschuß* general students' committee.

A. T. *Altes Testament* Old Testament.

at *technische Atmosphäre* technical atmosphere.

atm *physikalische Atmosphäre* physical atmosphere.

atü *Atmosphärenüberdruck* atmospheric excess pressure.

Aufl. *Auflage* edition.

Aug. *August* August.

ausschl. *ausschließlich* exclusive(ly), excluding.

AvD *Automobilclub von Deutschland* Automobile Association of Germany.

Az *Aktenzeichen* file number.

B

b. *bei* at; with; *place*: near; *address*: care of.

b. a. w. *bis auf weiteres* until further notice.

Bd. *Band* volume.

Bde. *Bände* volumes.

BDI *Bundesverband der deutschen Industrie* Federal Association of German Industry.

bed. *bedingt* limited, conditional.

Beibl. *Beiblatt* supplement(ary publication).

beil. *beiliegend* enclosed.

Bem. *Bemerkung* note, comment, observation.

BENELUX *Belgien, Niederlande, Luxemburg* Belgium, Netherlands, Luxemb(o)urg.

bes. *besonders* especially.

Best. Nr. *Bestellnummer* order number.

Betr. *Betreff, betrifft at head of letter*: subject, re.

betr. *betreffend, betrifft, betreffs* concerning, respecting, regarding.

bev. *bevollmächtigt* authorized.

Bez. *Bezirk* district.

bez. *bezahlt* paid; *bezüglich* with reference to.

BFH *Bundesfinanzhof* Federal Finance Court.

BGB *Bürgerliches Gesetzbuch* (German) Civil Code.

BGH *Bundesgerichtshof* Federal Supreme Court.

BGS *Bundesgrenzschutz* Federal Border Police.

BHE *Bund der Heimatvertriebenen und Entrechteten* Union of Expellees and Persons Deprived of their Rights.

Bhf. *Bahnhof* station.

Biol. *Biologie* biology.

bisw. *bisweilen* sometimes, occasionally.

BIZ *Bank für internationalen Zahlungsausgleich* Bank of International Settlements.

Bj. *Baujahr* year of construction, model.

Bkl. *Beklagte(r)* defendant.

Bl. *Blatt* sheet; *Seite* page.

Bln. *Berlin* Berlin.

BND *Bundesnachrichtendienst* Federal Intelligence Service.

Bot. *Botanik* botany.

BP *Bundespost* Federal Postal Administration.

BRD *Bundesrepublik Deutschland* Federal Republic of Germany.

brosch. *broschiert* stitched.

BRT *Brutto-Register-Tonnen* gross register tons.

btto. *brutto* gross.

BVN *Bund der Verfolgten des Naziregimes* Union of Persons Persecuted under the Nazi Regime.

Bw *Bundeswehr* Federal Armed Forces.

b. w. *bitte wenden* please turn over.

BWM *Bundeswirtschaftsministerium* Federal Ministry for Economic Affairs.

bzgl. *bezüglich* with reference to.

bzw. *beziehungsweise* respectively.

650

C

C *Celsius* Celsius, centigrade.
ea. *circa, ungefähr, etwa* about, approximately.
Cal *Kilogrammkalorie* kilogram(me)- -calory, *Am.* -calorie.
cal *(Gramm)Kalorie* gram(me)-calory, *Am.* -calorie.
cand. *candidatus, Kandidat* candidate.
cbm *Kubikmeter* cubic metre, *Am.* -er.
ccm *Kubikzentimeter* cubic centimetre, *Am.* -er.
CDU *Christlich-Demokratische Union* Christian Democratic Union.
cent. *centum, hundert* a hundred.
chem. *chemisch* chemical.
Chr. *Christus* Christ, Jesus.
Cie. *Kompanie* Company.
cm *Zentimeter* centimetre, *Am.* -er.
Co. *Kompagnon* partner; *Kompanie* Company.
cos. *Kosinus* cosine.
cot., cotg. *Kotangens* cotangent.
CSU *Christlich-Soziale Union* Christian Social Union.
c. t. *cum tempore, mit akademischem Viertel* with a quarter of an hour's allowance.
C.V.J.F. *Christlicher Verein Junger Frauen* Young Women's Christian Association, *abbr.* Y.W.C.A.
C.V.J.M. *Christlicher Verein Junger Männer* Young Men's Christian Association, *abbr.* Y.M.C.A.

D

D *D-Zug* corridor train, *Am.* express train.
D. → *Dr. theol.*
3D *dreidimensional* tridimensional.
d. Ä. *der Ältere* senior.
DAG *Deutsche Angestellten-Gewerkschaft* Trade Union of German Employees.
DAK *Deutsche Angestellten-Krankenkasse* Employees' Health Insurance.
DB *Deutsche Bundesbahn* German Federal Railway; *Deutsche Bundesbank* German Federal Bank.
dB, db *Dezibel* decibel.
Dbd. *Doppelband* double volume.
DBGM *Deutsches Bundesgebrauchsmuster* German Federal Registered Design (Pattern).
DBP *Deutsche Bundespost* German Federal Postal Administration; *Deutsches Bundespatent* German Federal Patent.
D.B.P.a. *Deutsches Bundespatent angemeldet* German Federal Patent pending.
DDR *Deutsche Demokratische Republik* German Democratic Republic, *abbr.* G.D.R.
den *Denier* denier.
DER *Deutsches Reisebüro* German Travel Agency.
desgl. *desgleichen* the like.
Dez. *Dezember* December.
DGB *Deutscher Gewerkschaftsbund* Federation of German Trade Unions.
dgl. *dergleichen, desgleichen* the like.
d. Gr. *der Große* the Great.
d. h. *das heißt* that is, *abbr.* i.e.
d. i. *das ist* that is, *abbr.* i.e.

DIN *Deutsche Industrie-Norm* German Industrial Standards.
Dipl. *Diplom* diploma.
Dipl.-Kfm. *Diplomkaufmann* person holding an academy's diploma in commerce.
Dipl.-Ing. *Diplomingenieur* academically trained engineer.
Dir. *Direktion* management; *Direktor* director, manager; *Dirigent* conductor.
d. J. *dieses Jahres* of this year; *der Jüngere* junior.
DJH *Deutsches Jugendherbergswerk* German Youth Hostel Association.
dkg *Dekagramm* decagram(me).
DKP *Deutsche Kommunistische Partei* German Communist Party.
DM *Deutsche Mark* German Mark.
dm *Dezimeter* decimetre, *Am.* -er.
d. M. *dieses Monats* instant.
DNA *Deutscher Normenausschuß* German Committee of Standards.
do. *dito* ditto.
d. O. *der (die, das) Obige* the above-mentioned.
dopp. *doppelt* double.
Doz. *Dozent* university lecturer.
dpa *Deutsche Presse-Agentur* German Press Agency.
D.P.a. *deutsches Patent angemeldet* German Patent pending.
Dpf. *D-Pfennig* German Pfennig.
Dr. *Doktor* Doctor; ~ *jur. Doktor der Rechte* Doctor of Laws (LL.D.); ~ **med.** *Doktor der Medizin* Doctor of Medicine (M.D.). ~ *phil. Doktor der Philosophie* Doctor of Philosophy (D. ph[il].), Ph.D.; ~ *theol. (evangelisch D.) Doktor der Theologie* Doctor of Divinity (D.D.).
DRK *Deutsches Rotes Kreuz* German Red Cross.
DSB *Deutscher Sportbund* German Sports Association.
DSG *Deutsche Schlafwagen- und Speisewagen-Gesellschaft* German Society for Dining- and Sleeping--Cars.
dt(sch). *deutsch* German.
dto. *dito* ditto.
Dtschld. *Deutschland* Germany.
Dtzd. *Dutzend* dozen.
d. U. *der Unterzeichnete* the undersigned.
Dupl. *Duplikat* duplicate.
d. Verf. *der Verfasser* the author.
dz *Doppelzentner* 100 kilogrammes.
dz. *derzeit* at present.

E

E *Eilzug* fast train.
ebd. *ebenda* in the same place.
Ed. *Edition, Ausgabe* edition.
ed. *edidit = hat (es) herausgegeben;* **edd.** *ediderunt = haben (es) herausgegeben* published by.
EDV *elektronische Datenverarbeitung* electronic data processing.
eff. *effektiv* effective.
EGKS *Europäische Gemeinschaft für Kohle und Stahl* European Coal and Steel Community.
EGmbH *Eingetragene Genossenschaft mit beschränkter Haftpflicht* Registered Co-operative Society with Limited Liability.
e.h. *ehrenhalber of degree:* honorary.
ehem., ehm. *ehemals* formerly.

eig., eigtl. *eigentlich* really, strictly speaking.
einschl. *einschließlich* inclusive(ly), including.
Einw. *Einwohner* inhabitant.
EKD *Evangelische Kirche in Deutschland* Protestant Church in Germany.
EKG *Elektrokardiogramm* electrocardiogram.
el *elektrisch* electric, electrical.
ela *elektroakustisch* electroacoustic.
E-Lok *elektrische Lokomotive* electric engine.
EMK *elektromotorische Kraft* electromotive force.
Empf. *Empfänger* addressee.
Empf. (Preis) *Empfohlen(er Preis)* recommended (price).
engl. *englisch* English.
entspr. *entsprechend* corresponding.
entw. *entweder* either; *entwickelt* developed.
ER *Europarat* Council of Europe.
erg. *ergänze* supply, add.
Erl. *Erläuterung* explanation, (explanatory) note.
erstkl. *erstklassig* first-rate.
erw. *erweitert* extended.
E-Straßen *Europastraßen* European highways.
EU *Europaunion* European Union.
Euratom *Europäische Atomgemeinschaft* European Atomic Community.
ev. *evangelisch* Protestant.
e. V. *eingetragener Verein* registered society *or* association.
evtl. *eventuell* perhaps, possibly.
EWA *Europäisches Währungsabkommen* European Monetary Agreement.
E-Werk *Elektrizitätswerk* (electric) power station.
EWG *Europäische Wirtschaftsgemeinschaft* European Economic Community.
e. Wz. *eingetragenes Warenzeichen* registered trade-mark.
exkl. *exklusive* except(ed), not included.
Expl. *Exemplar*, sample, copy.

F

F *Fahrenheit* Fahrenheit; *Farad* farad.
f. *folgende (Seite)* following (page).
Fa. *Firma* firm; *in letters:* Messrs.
Fak. *Fakultät* faculty.
Fam. *Familie* family.
FC *Fußballclub* football club.
FDGB *Freier Deutscher Gewerkschaftsbund* Free Federation of German Trade Unions (*of the* → DDR).
FDJ *Freie Deutsche Jugend* Free German Youth (*of the* → DDR).
FDP *Freie Demokratische Partei* Liberal Democratic Party.
F. d. R. *Für die Richtigkeit* I certify (that) this (*statement*) is correct.
Febr. *Februar* February.
ff *sehr fein* extra fine.
ff. *folgende Seiten* following pages.
Ffm. *Frankfurt am Main* Frankfurt on the Main.
Fig. *Figur* figure.
fig. *figürlich, bildlich* figurative.
Fil. *Filiale* branch.
FKK *Freikörperkultur* nudism.

fl. W. *fließendes Wasser* running water.
fm *Festmeter* cubic metre, *Am.* -er.
fortl. *fortlaufend* running, successive.
Forts. *Fortsetzung* continuation.
Fr. *Frau* Mrs.
fr. *franko, frei* post paid, free.
frdl. *freundlich* kind.
Frhr. *Freiherr* Baron.
Frl. *Fräulein* Miss.
frz. *französisch* French.
FSV *Fußballsportverein* football association.
F.T. *Funkentelegraphie* radiotelegraphy.
FU *Freie Universität (Berlin)* Free University of Berlin.
Fu *Funk* radio.
F-Zug *Fernschnellzug* long-distance express train.

G

g *Gramm* gram(me).
gar. *garantiert* guaranteed.
Gbd. *Großband* oversize volume.
Gbf *Güterbahnhof* goods station.
Geb. *Gebühr* charge, fee; *Gebäude* building.
geb. *geboren* born; *geborene* ... née; *gebunden* bound.
Gebr. *Gebrüder* Brothers.
gebr. *gebraucht* used.
gefl. *gefällig(st)* kind(ly), (if you) please.
gegr. *gegründet* founded.
geh. *geheftet* stitched.
gek. *gekürzt* abbreviated.
gem. *gemäß* according to; *gemischt* mixed.
Gem. *Gemeinde* community, local authority.
GEMA *Gesellschaft für musikalische Aufführungs- und mechanische Vervielfältigungsrechte* association for the protection of musical works regarding their performance in public and their reproduction in any material form.
Gen. *Genossenschaft* co-operative (society).
Gen. Dir. *Generaldirektor* managing director.
gepr. *geprüft* tested.
Ges. *Gesellschaft* association, company; society; *Gesetz* law.
ges. *gesamt* total; *gesetzlich* legal.
gesch. *geschieden* divorced.
ges. gesch. *gesetzlich geschützt* registered.
geschl. *geschlossen* closed; private.
Geschw. *Geschwister* brother(s) and sister(s); *Geschwindigkeit* speed.
gest. *gestorben* deceased.
gew. *gewisser* certain; *gewöhnlich* usually.
gez. *gezeichnet (in front of signatures)* signed.
GG *Grundgesetz* Basic Constutional Law.
ggez. *gegengezeichnet* countersigned → *gez.*
ggf. *gegebenenfalls* if necessary, if the occasion arises.
GHz *Gigahertz* gigacycles per second.
GmbH, G.m.b.H. *Gesellschaft mit beschränkter Haftung* private limited company.
GMD. *Generalmusikdirektor* musical director.

gr. *gratis* gratis, free of charge.
griech.-or. *griech-orthodox* Greek-Orthodox.
Guth. *Guthaben* credit.
gzj. *ganzjährig* all-year, full-year.
Gzln *Ganzleinen(band)* full-cloth (volume).

H

h *Stunde* hour.
ha *Hektar* hectare.
habil. *habilitatus, habilitiert; of univ. degree:* habilitated.
haupts. *hauptsächlich* principally, mainly.
Hbf. *Hauptbahnhof* central (or main station).
Hbg. *Hamburg* Hamburg.
h. c. *honoris causa, ehrenhalber; of univ. degree:* honorary.
Hdb. *Handbuch* handbook, manual.
Hdt *Hundert* hundred.
herg. *hergestellt* made, produced.
HF *Hochfrequenz* high frequency.
HG *Handelsgesellschaft* trading company.
HGB *Handelsgesetzbuch* Commercial Code.
Hj. *Halbjahr* half-year.
hj. *halbjährlich* half-yearly.
hl *Hektoliter* 22 gallons.
Hl. *Heilige(r)* saint.
hl. *heilig* holy.
Hln *Halbleinenband* half-cloth (volume).
HO *Handelsorganisation* Trade Organization (*of the* → *DDR*).
höfl. *höflich(st)* kindly (kindliest).
Hptst. *Hauptstadt* capital.
hpts. *hauptsächlich* principally, mainly.
Hr., Hrn. *Herr(n)* Mr.
hrsg. *herausgegeben* edited.
Hrsg. *Herausgeber* editor.
Hst. *Haltestelle* stop.
HTL *Höhere Technische Lehranstalt* polytechnical school.
Hz *Hertz* cycle per second.

I

i. *im, in* in.
i. A. *im Auftrag* for, by order, under instruction.
i. allg. *im allgemeinen* in general, generally speaking.
i. B. *im Bau* under construction.
i. b. *im besonderen* in particular.
i. D. *im Durchschnitt* on an average.
id. *identisch* identical.
i. Fa. *in Firma* care of.
IG *Industriegewerkschaft* Industry Trade Union.
I.G. *Interessengemeinschaft* pool, trust.
i. g. *im ganzen* on the whole.
i. J. *im Jahre* in the year.
i. L. *in Liquidation* in liquidation.
ill. *illustriert* illustrated.
inbegr. *inbegriffen* included.
Ing. *Ingenieur* engineer.
Inh. *Inhaber* proprietor; *Inhalt* contents.
inkl. *inklusive, einschließlich* inclusive(ly), including.
insb. *insbesondere* in particular.
insg. *insgesamt* altogether.
Insp. *Inspektor* inspector, supervisor.
Inst. *Instanz* instance; *Institut* institute.

Int. *Intendant* director; *Internist* internal specialist.
int. *international* international; *intern* internal.
Interpol *Internationale Kriminalpolizei-Kommission* International Criminal Police Commission.
inzw. *inzwischen* meanwhile, in the meantime.
IOK *Internationales Olympisches Komitee* International Olympic Committee.
IQ *Intelligenzquotient* intelligence quotient.
IR *Infrarot...* infra-red.
i. R. *im Ruhestand* retired, *esp. univ.:* emeritus.
IRK *Internationales Rotes Kreuz* International Red Cross.
IS *Ingenieurschule* engineering college.
i. S. *im Sinne (gen.)* in the meaning (of); *in Sachen* in re, in the matter of.
ISG *Internationale Schlafwagen- und Speisewagengesellschaft* International Society for Dining- and Sleeping-cars.
i. V. *in Vertretung* by proxy, by order, on behalf of; *im Vorjahre* in the last (*or* previous) year; *in Vorbereitung* in preparation.
i. W. *in Worten* in words.
i. w. S. *im weiteren Sinne* in a broad sense.

J

Jan. *Januar* January.
Jb. *Jahrbuch* annual.
jew. *jeweils* at a time.
Jg. *Jahrgang* age-group, volume; *Jugend* youth.
JH *Jugendherberge* youth hostel.
Jh. *Jahrhundert* century.
jhrl. *jährlich* annual.
jr., jun. *junior, der Jüngere* junior.
jur. *juristisch* legal.

K

Kal. *Kalender* calendar.
Kap. *Kapitel* chapter.
kart. *kartoniert* bound in boards.
Kat. *Kategorie* category.
kath. *katholisch* Catholic.
Kfm. *Kaufmann* merchant.
kfm. *kaufmännisch* commercial.
Kfz. *Kraftfahrzeug* motor vehicle.
KG *Kommanditgesellschaft* limited partnership.
kg *Kilogramm* kilogram(me).
Kgl. *Königlich* Royal.
kHz, KHz *Kilohertz* kilocycles per second.
k. J. *kommenden Jahres* of next year.
Kl. *Klasse* class; *school:* form.
k. M. *kommenden Monats* of next month.
km *Kilometre* kilometre, *Am.* -er.
kn *Knoten* (= 1,852 km/h) knot (= 1,852 km/h).
Koeff. *Koeffizient* coefficient.
komb. *kombiniert* combined.
komm. *kommunistisch* Communist; *kommunal* municipal.
Komp. *Kompanie* company.
kompl. *komplett* complete.
Konf. *Konfession* creed, denomination.

konst. *konstant* constant.

konv. *konventionell* conventional.

KP *Kommunistische Partei* Communist Party.

kp *Kilopond* (*unit of force*) kilogram(me)-weight.

KPdSU *Kommunistische Partei der Sowjetunion* Communist Party of the Soviet Union.

Kpt. *Kapitän* captain.

Kripo *Kriminalpolizei* Criminal Investigation Department.

Kr(s). *Kreis* district.

Kto. *Konto* account.

KW *Kurzwelle* short wave.

kW *Kilowatt* kilowatt.

kWh *Kilowattstunde* kilowatt hour.

KZ *Konzentrationslager* concentration camp.

Kzf. *Kurzform* abbreviated form.

L

1 Liter litre, *Am.* -er.

l. *links* on the left.

Lab. *Labor(atorium)* lab(oratory).

LAG *Lastenausgleichsgesetz* Equalization of Burdens Law.

landw. *landwirtschaftlich* agricultural.

Ldkr. *Landkreis* (rural) district.

LDPD *Liberal-Demokratische Partei Deutschlands* Liberal Democratic Party of Germany (*of the* → *DDR*).

led. *ledig* unmarried.

Lekt. *Lektion* lesson.

lfd. *laufend* current, running.

lfd. Js. *laufenden Jahres* of the current year.

lfd. Ms. *laufenden Monats* of the current month.

lfd. Nr. *laufende Nummer* current number.

Lfg., Lfrg. *Lieferung* delivery; instal(l)ment.

LG *Landgericht* District Court.

lib. *liberal* liberal.

Lit. *Literatur* literature.

liz. *lizensiert* licensed.

Lkw. *Lastkraftwagen* lorry, truck.

Ln. *Leinen(einband)* cloth binding.

log *Logarithmus* logarithm.

Lok *Lokomotive* engine.

LSD *Lysergsäurediäthylamid* lysergic acid dietylamide; *Liberaler Studentenbund Deutschlands* Association of Liberal Students of Germany.

lt. *laut* according to.

ltd. *leitend* managing.

Ltg. *Leitung* direction, management.

luth. *lutherisch* Lutheran.

LW *Langwelle* long wave.

M

M *Mark* German Mark (*in the* → *DDR*); *Mega...* mega...

m *Meter* metre, *Am.* -er.

MA. *Mittelalter* Middle Ages.

mA *Milliampere* milliampere.

ma. *mittelalterlich* medieval.

m. A. n. *meiner Ansicht nach* in my opinion.

Math. *Mathematik* mathematics.

m. a. W. *mit anderen Worten* in other words.

max. *maximal* maximum.

mb *Millibar* millibar.

m. b. H. *mit beschränkter Haftung* with limited liability.

MdB, M. d. B. *Mitglied des Bundestages* Member of the "Bundestag".

MdL, M. d. L. *Mitglied des Landtages* Member of the "Landtag".

mdl. *mündlich* verbal.

ME *Mache-Einheit* Mache Unit.

m. E. *meines Erachtens* in my opinion.

mech *mechanisch* mechanical.

med. *medizinisch* medical.

mehrf. *mehrfach* multiple.

Mehrw.St. *Mehrwertsteuer* value-added tax.

Meth. *Methode* method.

MEZ *mitteleuropäische Zeit* Central European Time.

mg *Milligramm* milligram(me[s]).

MG *Maschinengewehr* machine-gun.

MHz *Megahertz* megacycles per second.

Mill. *Million(en)* million(s).

Min., min. *Minute(n)* minute(s).

min. *minimal* minimum.

mind. *minderjährig* minor; *mindestens* at least.

mkg *Meterkilogramm* kilogram(me)-metre, *Am.* -er.

ml *Milliliter* millilitre, *Am.* -er.

mm *Millimeter* millimetre, *Am.* -er.

möbl. *möbliert* furnished.

mod. *modern* modern.

MP *Militärpolizei* Military Police; *Maschinenpistole* submachine gun.

Mrd. *Milliarde* thousand millions, *Am.* billion.

Ms., Mskr. *Manuskript* manuscript.

m/sec *Metersekunde* metres (*Am.* -ers) per second.

mtl. *monatlich* monthly.

mV *Millivolt* millivolt.

m. W. *meines Wissens* as far as I know.

N

N *Norden* north; *Leistung* power.

Nachdr. *Nachdruck* reprint.

Nachf. *Nachfolger* successor.

nachm. *nachmittags* in the afternoon, *abbr.* p.m.

Nachtr. *Nachtrag* appendix, supplement.

nat. *national* national.

naturw. *naturwissenschaftlich* scientific.

N.B. *notabene* note carefully.

n. Br. *nördlicher Breite* of northern latitude.

n. Chr. *nach Christus* after Christ, *abbr.* A.D.

NDPD *National-Demokratische Partei Deutschlands* National-Democratic Party of Germany (*in the* → *DDR*).

NDR *Norddeutscher Rundfunk* North German Broadcasting Station.

NF *Niederfrequenz* audiofrequency.

n. J. *nächsten Jahres* of next year.

n. M. *nächsten Monats* of next month.

NN *Normalnull* sea-level.

N.N. *nescio nomen, Name unbekannt* name unknown.

NO *Nordosten* north-east.

NOK *Nationales Olympisches Komitee* National Olympic Committee.

Nov. *November* November.

NPD *National-Demokratische Partei Deutschlands* National-Democratic Party of Germany.

Nr. *Numero, Nummer* number.

NS *Nachschrift* postscript; *hist. nationalsozialistisch* National Socialistic.

N.T. *Neues Testament* New Testament.

NW *Nordwesten* north-west.

NWDR *Nordwestdeutscher Rundfunk* North-West German Broadcasting Station.

O

O *Osten* east.

o. *oben* above; *oder* or; *ohne* without.

o. ä. *oder ähnlich* or the like.

ö. A. *öffentliche Anstalt* public institution.

ÖAMTC *Österreichischer Automobil-, Motorrad- und Touring-Club* Austrian Automobile, Motorcycle and Touring Association.

OB *Oberbürgermeister* Chief Burgomaster.

o. B. *med. ohne Befund* no appreciable disease.

ÖBB *Österreichische Bundesbahnen* Federal Railways of Austria.

Obb. *Oberbayern* Upper Bavaria.

obh. *oberhalb* above.

od. *oder* or.

OEZ *Osteuropäische Zeit* time of the East European zone.

öff., öffentl. *öffentlich* public.

offiz. *offiziell* official.

OHG *Offene Handelsgesellschaft* general partnership.

o. J. *ohne Jahr* no date.

Okt. *Oktober* October.

ö. L. *östlicher Länge* of eastern longitude.

OLG *Oberlandesgericht* Regional Appeal Court.

O.P. *Originalpackung* original pack.

Op. *Operationssaal* operating room.

o. Prof. *ordentlicher Professor* (ordinary) professor.

organ. *organisch* organic.

orient. *orientalisch* oriental.

Orig. *Original* original.

orth. *orthodox* orthodox.

ÖVP *Österreichische Volkspartei* Austrian People's Party.

P

PA *Patentanmeldung* patent application.

p. A(dr). *per Adresse* care of.

pädag. *pädagogisch* pedagogic, educational.

Part. *Parterre* groundfloor; *Partizip* participle.

pat. *patentiert* patented.

Pf *Pfennig* (*German coin*) pfennig.

Pfd. *Pfund* (*weight*) German pound.

PH *Pädagogische Hochschule* teachers' college.

pharm. *pharmazeutisch* pharmaceutical.

phot. *photographisch* photographic.

Pkt. *Punkt* point.

PKW, Pkw. *Personenkraftwagen* (motor) car.

Pl. *Platz* square.

pl., Pl. *Plural* plural.

pol. *politisch* political; *polizeilich* police.

pop. *populär* popular.

Pos. *Position* position, post.

Postf. *Postfach* post-office box.
P.P. *praemissis praemittendis* omitting titles, to whom it may concern.
p.p., p.pa., ppa. *per procura* per proxy.
Ppbd. *Pappband* volume bound in boards.
priv. *privat* private.
Priv.-Doz. *Privatdozent* (unsalaried) private lecturer.
Prof. *Professor* professor.
prom. *promoviert* graduated.
prot. *protestantisch* Protestant.
Prov. *Provinz* province.
prov. *provisorisch* provisional.
PS *Pferdestärke(n)* horse-power; *postscriptum, Nachschrift* postscript.
Psych. *Psychiatrie* psychiatry, psychiatrics; *Psychologie* psychology.

Q

qkm *Quadratkilometer* square kilometre, *Am.* -er.
qm *Quadratmeter* square metre, *Am.* -er.

R

r. *rechts* on the right.
rd. *rund* roughly, in round figures.
Red. *Redakteur* editor; *Redaktion* editorial staff, editor's office.
Reg. *Regierung* government, administration; *Regisseur* stage manager, producer; *Register* register.
Reg.Bez. *Regierungsbezirk* administrative district.
REFA *Reichsausschuß für Arbeitsstudien* Reich Committee for Labo(u)r Research.
Rel. *Religion* religion.
Rep. *Republik* republic.
resp. *respektive* respectively.
Rhj. *Rechnungshalbjahr* half of the financial year.
RIAS *Rundfunk im amerikanischen Sektor (von Berlin)* Radio in the American Sector (of Berlin).
rk. *römisch-katholisch* Roman Catholic.
rm *Raummeter* cubic metre, *Am.* -er.
röm. *römisch* Roman.

S

S *Süden* south.
S. *Seite* page.
s. *siehe* see, *abbr.* v. (= *vide*).
s. a. *siehe auch* see also.
S-Bahn *Schnellbahn* city-railway.
SB. *Selbstbedienung* self-service.
SBB *Schweizerische Bundesbahnen* Swiss Federal Railways.
s.Br. *südlicher Breite* of southern latitude.
s. d. *siehe dies* see this.
SDR *Süddeutscher Rundfunk* South German Broadcasting Station.
SDS *Sozialistischer Deutscher Studentenbund* Association of German Socialist Students.
sec *Sekunde* second.
SED *Sozialistische Einheitspartei Deutschlands* United Socialist Party of Germany (*of the* → *DDR*).
Sek., sek *Sekunde* second.
Sekt. *Sektion, Sektor* section.
selbst. *selbständig* independent.

Sen. *Senator* senator.
sen. *senior, der Ältere* senior.
Sept. *September* September.
Ser. *Serie* series.
SFB *Sender Freies Berlin* Broadcasting Station of Free Berlin.
sin. *Sinus* sine.
sm *Seemeile* nautical mile.
SO *Südosten* south-east.
s. o. *siehe oben* see above.
sog. *sogenannt* so-called.
SOS *internationales Notsignal* international signal of distress.
soz. *sozial(istisch)* social, socialist.
SPD *Sozialdemokratische Partei Deutschlands* Social Democratic Party of Germany.
spez. *speziell* special; *spezifisch* specific.
SPÖ *Sozialistische Partei Österreichs* Socialist Party of Austria.
SS *Sommersemester* summer term.
SSD *Staatssicherheitsdienst* State Security Service (*of the* → *DDR*).
St. *Stück* piece; *Sankt* Saint.
staatl. gepr. *staatlich geprüft* state-certificated.
städt. *städtisch* urban, municipal.
StAng. *Staatsangehöriger* citizen, subject; *Staatsangehörigkeit* nationality, citizenship.
Std., Stde. *Stunde* hour.
stdl. *stündlich* every hour.
stellv. *stellvertretend* assistant.
StGB *Strafgesetzbuch* Penal Code.
StKl. *Steuerklasse* tax bracket.
StPO *Strafprozeßordnung* Code of Criminal Procedure.
Str. *Straße* street, road.
stud. *studiosus, Student* student.
StVO *Straßenverkehrsordnung* road traffic regulations.
s. t. *sine tempore, ohne akademisches Viertel* sharp, on time.
SU *Sowjetunion* Soviet Union.
s. u. *siehe unten* see below.
SV *Sportverein* sports club.
svw. *soviel wie* as much as.
SW *Südwesten* south-west.
SWF *Südwestfunk* South-West Broadcasting Station.
s. Z. *seinerzeit* at that time.

T

t *Tonne* ton.
TA *Tonabnehmer* pick-up.
Tab. *Tabelle* table, chart.
tägl. *täglich* daily, per day.
Tb, Tbc *Tuberkulose* tuberculosis.
techn. *technisch* engineering, technical; *technologisch* technological.
TEE *Trans-Europ-Express* Trans-European Express Train.
Teilh. *Teilhaber* partner.
Teilz. *Teilzahlung* part-payment.
Tel. *Telephon* telephone; *Telegramm* wire, cable.
Temp. *Temperatur* temperature.
tg *Tangens* tangent.
TH *Technische Hochschule* technical university *or* college.
Tit. *Titel* title.
TNT *Trinitrotoluol* trinitrotoluol.
Tsd. *Tausend* thousand.
TSV *Turn- und Sportverein* gymnastics and sports club.
TU *Technische Universität* (Berlin) Technical University.
TÜV *Technischer Überwachungsver-*

ein Association for Technical Inspection.
TV *Turnverein* gymnastics club.

U

u. *und* and.
u. a. *und andere(s)* and others; *unter anderem or anderen* among other things, inter alia.
u. ä. *und ähnliche(s)* and the like.
U.A.w.g. *Um Antwort wird gebeten* an answer is requested.
übl. *üblich* usual.
u. desgl. (m.) *und desgleichen (mehr)* and the like.
u. dgl. (m.) *und dergleichen (mehr)* and the like.
u. d. Ltg. *unter der Leitung von* under the direction of.
u. d. M. *unter dem Meeresspiegel* below sea level; **ü. d. M.** *über dem Meeresspiegel* above sea level.
UdSSR *Union der Sozialistischen Sowjetrepubliken* Union of Soviet Socialist Republics.
u. d. T. *unter dem Titel* under the title of.
u. E. *unseres Erachtens* in our opinion.
u. f., u. ff. *und folgende* and the following.
UHF *Ultra-Hochfrequenz* ultra-high frequency.
UKW *Ultrakurzwelle* ultra-short wave, very high frequency.
ult. *ultimo* on the last day of the month.
U/min. *Umdrehungen in der Minute* revolutions per minute.
Univ. *Universität* university.
univ. *universal* universal.
unverk. *unverkäuflich* not for sale.
urspr. *ursprünglich* original(ly).
US(A) *Vereinigte Staaten (von Amerika)* United States (of America).
usf. *und so fort* and so forth.
usw. *und so weiter* and so on, *abbr.* etc.
u. U. *unter Umständen* circumstances permitting.
u. ü. V. *unter üblichem Vorbehalt* with the usual reservation.
UV *ultraviolett* ultra-violet.
u. v. a. (m.) *und viele(s) andere mehr* and many others more.
u. W. *unseres Wissens* as far as we know.
u. zw. *und zwar* that is, namely.

V

v. *von, vom* of; from; by.
V *Volt* volt; *Volumen* volume.
V. *Vers* line, verse.
VA *Voltampere* volt-ampere.
VAR *Vereinigte Arabische Republik* United Arabic Republic.
var. *variabel* variable.
v. A. w. *von Amts wegen* ex officio, officially.
v. Chr. *vor Christus* before Christ, *abbr.* B.C.
VDE *Verband deutscher Elektrotechniker* Association of German Electrical Engineers.
VDI *Verein deutscher Ingenieure* Association of German Engineers.
VDS *Verband deutscher Studentenschaften* Association of German Students.

VEB *Volkseigener Betrieb* People's Enterprise (*in the → DDR*).
Verbr.Pr. *Verbraucherpreis* consumer price.
Verf., Vf. *Verfasser* author.
verh. *verheiratet* married.
Verl. *Verlag* publishing firm; *Verleger* publisher.
verl. *verlängert* prolonged, extended.
Verm. *Vermerk* note; *Vermögen* property.
versch. *verschieden* different.
verst. *verstorben* deceased.
vgl. *vergleiche* compare, *abbr.* cf., cp.
v. g. u. *vorgelesen, genehmigt, unterschrieben* read, confirmed, signed.
v. H. *vom Hundert* per cent.
v. J. *vorigen Jahres* of last year.
v. M. *vorigen Monats* of last month.
v. o. *von oben* from above.
Vollm. *Vollmacht* authority, full power.
vollst. *vollständig* complete.
vorl. *vorläufig* provisional.
vorm. *vormittags* in the morning, *abbr.* a.m.; *vormals* formerly.
Vors. *Vorsitzender* chairman.
VR *Volksrepublik* People's Republic.
v. R. w. *von Rechts wegen* de jure, by operation of law.
v. T. *vom Tausend* per thousand.
v. u. *von unten* from below.

W

W *Westen* west; *Watt* watt(s).
WDR *Westdeutscher Rundfunk* West German Broadcasting Station.
WE *Wärmeeinheit* thermal unit.
WEU *Westeuropäische Union* Western European Union.
WEZ *westeuropäische Zeit* Western European time (Greenwich mean time).
WGB *Weltgewerkschaftsbund* World Federation of Trade Unions.
Whg. *Wohnung* flat, *Am.* apartment.
Wkst. *Werkstatt* workshop; *Werkstück* workpiece.
w. L. *westlicher Länge* of western longitude.
w. o. *wie oben* as above mentioned.
WS *Wintersemester* winter term.
Wwe. *Witwe* widow.
Wwr. *Witwer* widower.
Wz. *Warenzeichen* registered trademark.

Z

Z. *Zahl* number; *Zeile* line.
z. zu, zum, zur at; to.
z. A. *zur Ansicht* for approval, for inspection.
z. B. *zum Beispiel* for instance, *abbr.* e.g.
zck *zurück* back, returned.

z. d. A. *zu den Akten* to be filed.
ZDF *Zweites Deutsches Fernsehen* Second Program(me) of German Television Broadcasting.
ZF *Zwischenfrequenz* intermediate frequency.
zfr. *zollfrei* duty-free.
zgl. *zugleich* at the same time.
z. H(d). *zu Händen* attention of, to be delivered to, care of.
Zi *Zimmer* room.
Ziff. *Ziffer* figure.
ZK *Zentralkomitee* Central Committee.
z. K. *zur Kenntnisnahme* for information.
ZPO *Zivilprozeßordnung* Code of Civil Procedure.
z. S. *zur Sache* to the subject; *zur See* of the Navy.
z. T. *zum Teil* partly.
Ztg. *Zeitung* newspaper.
Ztr. *Zentner about* hundredweight.
Ztschr. *Zeitschrift* periodical.
Zub. *Zubehör* accessories.
zuf. *zufolge* as a result of, due to.
zus. *zusammen* together.
zw. *zwischen* between; among.
z. Wv. *zur Wiedervorlage* for renewed submission.
z. w. V. *zur weiteren Veranlassung* for further action.
z. Z(t). *zur Zeit* at the time, at present, for the time being.

Rules for Converting Temperatures

Temperatur-Umrechnungsregeln

	Celsius	Fahrenheit	Réaumur
$x\,°C$	—	$= \left(32 + \dfrac{9}{5}\,x\right)°F$	$= \left(\dfrac{4}{5}\,x\right)°R$
$x\,°F$	$= \left(x - 32\right)\dfrac{5}{9}°C$	—	$= \left(x - 32\right)\dfrac{4}{9}°R$
$x\,°R$	$= \left(\dfrac{5}{4}\,x\right)°C$	$= \left(32 + \dfrac{9}{4}\,x\right)°F$	—

Thermometer Comparisons

Temperatur-Umrechnungs-Tabelle

Thermometer Scales			Clinical Thermometer		
Fahrenyeit $°F$	Celsius $°C$	Réaumur $°R$	$°F$	$°C$	$°R$
			104.0	40.0	32.0
+482	+250	+200	103.6	39.8	31.8
392	200	160	103.3	39.6	31.7
302	150	120	102.9	39.4	31.5
212	100	80	102.6	39.2	31.4
176	80	64	102.2	39.0	31.2
140	60	48	101.8	38.8	31.0
122	50	40	101.5	38.6	30.9
104	40	32	101.1	38.4	30.7
86	30	24	100.8	38.2	30.6
68	20	16	100.4	38.0	30.4
50	10	8	100.0	37.8	30.2
32	0	0	99.7	37.6	30.1
14	—10	— 8	99.3	37.4	29.9
0	—17.8	—14.2	99.0	37.2	29.8
— 4	—20	—16	98.6	37.0	29.6
—22	—30	—24	98.2	36.8	29.4
—40	—40	—32	97.9	36.6	29.3

Numerals — Zahlwörter

Cardinal Numbers
Grundzahlen

0 null *nought, zero, cipher*
1 eins *one*
2 zwei *two*
3 drei *three*
4 vier *four*
5 fünf *five*
6 sechs *six*
7 sieben *seven*
8 acht *eight*
9 neun *nine*
10 zehn *ten*
11 elf *eleven*
12 zwölf *twelve*
13 dreizehn *thirteen*
14 vierzehn *fourteen*
15 fünfzehn *fifteen*
16 sechzehn *sixteen*
17 siebzehn *seventeen*
18 achtzehn *eighteen*
19 neunzehn *nineteen*
20 zwanzig *twenty*
21 einundzwanzig *twenty-one*
22 zweiundzwanzig *twenty-two*
23 dreiundzwanzig *twenty-three*
30 dreißig *thirty*
31 einunddreißig *thirty-one*
40 vierzig *forty*
41 einundvierzig *forty-one*
50 fünfzig *fifty*
51 einundfünfzig *fifty-one*
60 sechzig *sixty*
61 einundsechzig *sixty-one*
70 siebzig *seventy*
71 einundsiebzig *seventy-one*
80 achtzig *eighty*
81 einundachtzig *eighty-one*
90 neunzig *ninety*
91 einundneunzig *ninety-one*
100 hundert *a (or one) hundred*
101 hundert(und)eins *hundred and one*
200 zweihundert *two hundred*
300 dreihundert *three hundred*
572 fünfhundert(und)zweiundsiebzig *five hundred and seventy-two*
1000 tausend *a (or one) thousand*
2000 zweitausend *two thousand*
1 000 000 eine Million *a (or one) million*
2 000 000 zwei Millionen *two million*
1 000 000 000 eine Milliarde *a (or one) billion*

Ordinal Numbers
Ordnungszahlen

1. erste *first*
2. zweite *second*
3. dritte *third*
4. vierte *fourth*
5. fünfte *fifth*
6. sechste *sixth*
7. siebente *seventh*
8. achte *eighth*
9. neunte *ninth*
10. zehnte *tenth*
11. elfte *eleventh*
12. zwölfte *twelfth*
13. dreizehnte *thirteenth*
14. vierzehnte *fourteenth*
15. fünfzehnte *fifteenth*
16. sechzehnte *sixteenth*
17. siebzehnte *seventeenth*
18. achtzehnte *eighteenth*
19. neunzehnte *nineteenth*
20. zwanzigste *twentieth*
21. einundzwanzigste *twenty-first*
22. zweiundzwanzigste *twenty-second*
23. dreiundzwanzigste *twenty-third*
30. dreißigste *thirtieth*
31. einunddreißigste *thirty-first*
40. vierzigste *fortieth*
41. einundvierzigste *forty-first*
50. fünfzigste *fiftieth*
51. einundfünfzigste *fifty-first*
60. sechzigste *sixtieth*
61. einundsechzigste *sixty-first*
70. siebzigste *seventieth*
71. einundsiebzigste *seventy-first*
80. achtzigste *eightieth*
81. einundachtzigste *eighty-first*
90. neunzigste *ninetieth*
100. hundertste *(one) hundredth*
101. hundertunderste *hundred and first*
200. zweihundertste *two hundredth*
300. dreihundertste *three hundredth*
572. fünfhundert(und)zweiundsiebzigste *five hundred and seventy-second*
1000. tausendste *(one) thousandth*
2000. zweitausendste *two thousandth*
1 000 000. millionste *millionth*
2 000 000. zweimillionste *two millionth*

Fractional Numbers and other Numerical Values
Bruchzahlen und andere Zahlenwerte

$1/2$ ein halb *one (or a) half*
$1\frac{1}{2}$ anderthalb *one and a half*
$2\frac{1}{2}$ zweieinhalb *two and a half*
$1/2$ Meile *half a mile*
$1/3$ ein Drittel *one (or a) third*
$2/3$ zwei Drittel *two thirds*
$1/4$ ein Viertel *one (or a) fourth, one (or a) quarter*
$3/4$ drei Viertel *three fourths, three quarters*
$1\frac{1}{4}$ ein und eine Viertelstunde *one hour and a quarter*
$1/5$ ein Fünftel *one (or a) fifth*
$3\frac{4}{5}$ drei vier Fünftel *three and four fifths*
0,4 Null Komma vier *point four (.4)*
2,5 zwei Komma fünf *two point five (2.5)*

Einfach *single*
zweifach *double*
dreifach *treble, triple, threefold*
vierfach *fourfold, quadruple*
fünffach *fivefold etc.*

Einmal *once*
zweimal *twice*
drei-, vier-, fünfmal *etc. three, four, five times*
zweimal soviel(e) *twice as much (or many)*
noch einmal *once more*

Erstens, zweitens, drittens *etc.* *firstly, secondly, thirdly, in the first (second, third) place*

$2 \times 3 = 6$ zweimal drei ist (*or* macht) sechs *twice three is (or makes) six*

$7 + 8 = 15$ sieben und acht ist fünfzehn *seven and eight are fifteen*

$10 - 3 = 7$ zehn weniger drei ist sieben *ten less three is seven*

$20 : 5 = 4$ zwanzig geteilt (*or* dividiert) durch fünf ist vier *twenty divided by five makes four*

German Measures and Weights
Deutsche Maße und Gewichte

I. Linear Measures

1 mm *Millimeter* millimetre
= $^1/_{1000}$ metre
= 0.001 093 6 yard
= 0.003 280 8 foot
= 0.039 370 08 inch

1 cm *Zentimeter* centimetre
= $^1/_{100}$ metre
= 0.3937 inch

1 dm *Dezimeter* decimetre
= $^1/_{10}$ metre
= 3.9370 inches

1 m *Meter* metre
= 1.0936 yard
= 3.2808 feet
= 39.37008 inches

1 km *Kilometer* kilometre
= 1000 metres
= 1093.613 yards
= 3280.840 feet
= 39370.079 inches
= 0.621 37 British or Statute Mile

1 sm *Seemeile* nautical mile
= 1852 metres

II. Surface or Square Measures

1 mm² *Quadratmillimeter* square millimetre
= $^1/_{1000000}$ square metre
= 0.000 001 196 square yard
= 0.000 010 763 9 square foot
= 0.00155 square inch

1 cm² *Quadratzentimeter* square centimetre
= $^1/_{10000}$ square metre

1 dm² *Quadratdezimeter* square decimetre
= $^1/_{100}$ square metre

1 m² *Quadratmeter* square metre
= 1 × 1 metre
= 1.19599 square yard
= 10.7639 square feet
= 1550 square inches

1 a *Ar* are
= 100 square metres
= 119.599 square yards
= 1076.391 square feet

1 ha *Hektar* hectare
= 100 ares
= 10 000 square metres
= 11959.90 square yards
= 107639.10 square feet
= 2.4711 acres

1 km² *Quadratkilometer* square kilometre
= 100 hectares
= 1 000 000 square metres
= 247.11 acres
= 0.3861 square mile

III. Cubic or Solid Measures

1 cm³ *Kubikzentimeter* cubic centimetre
= 1000 cubic millimetres
= 0.061 cubic inch

1 dm³ *Kubikdezimeter* cubic decimetre
= 1000 cubic centimetres
= 61.0239 cubic inches

1 m³ *Kubikmeter*
1 rm *Raummeter* } cubic metre
1 fm *Festmeter*
= 1000 cubic decimetres
= 1.3079 cubic yard
= 35.3134 cubic feet

1 RT *Registertonne* register ton
= 2.832 m³
= 100 cubic feet

IV. Measures of Capacity

1 l *Liter* litre
= 10 decilitres
= 1.7607 pint (Brit.)
= 7.0431 gills (Brit.)
= 0.8804 quart (Brit.)
= 0.2201 gallon (Brit.)
= 2.1134 pints (U.S.)
= 8.4534 gills (U.S.)
= 1.0567 quart (U.S.)
= 0.2642 gallon (U.S.)

1 hl *Hektoliter* hectolitre
= 100 litres
= 22.009 gallons (Brit.)
= 2.751 bushels (Brit.)
= 26.418 gallons (U.S.)
= 2.84 bushels (U.S.)

V. Weights

1 mg *Milligramm* milligramme
= $^1/_{1000}$ gramme
= 0.0154 grain (troy)

1 g *Gramm* gramme
= $^1/_{1000}$ kilogramme
= 15.4324 grains (troy)

1 dkg *Dekagramm* decagramme
= 10 grammes
= 0.3527 ounce

1 Pfd *Pfund* pound (German)
= $^1/_2$ kilogramme
= 500 grammes
= 1.1023 pound (avdp.)
= 1.3396 pound (troy)

1 kg *Kilogramm, Kilo* kilogramme
= 1000 grammes
= 2.2046 pounds (avdp.)
= 2.6792 pounds (troy)

1 Ztr. *Zentner* centner
= 100 pounds (German)
= 50 kilogrammes
= 110.23 pounds (avdp.)
= 0.9842 British hundredweight
= 1.1023 U.S. hundredweight

1 dz *Doppelzentner*
= 100 kilogrammes
= 1.9684 British hundredweight
= 2.2046 U.S. hundredweights

1 t *Tonne* ton
= 1000 kilogrammes
= 0.984 British ton
= 1.1023 U.S. ton

Second Part

ENGLISH-GERMAN

By

HEINZ MESSINGER

Vorwort

Neubearbeitung

Wörterbücher aus dem Langenscheidt-Verlag sind unverwechselbar. Sie haben eine lange Tradition, und sie stammen aus einer großen „lexikographischen Werkstatt": mehrere Teams von qualifizierten Lexikographen und Redakteuren bemühen sich, die Wünsche der Wörterbuchbenutzer zu erfüllen und gleichzeitig bei Neubearbeitungen dem Wandel der Sprachen Rechnung zu tragen.

Dies gilt auch für die vorliegende Neubearbeitung von Langenscheidts „New College English-German Dictionary". Im folgenden eine kurze Darstellung der wichtigsten Verbesserungen, die das neue Wörterbuch aufweist:

Benutzer-freundlicher durch neue Schriftarten

Gegenüber dem Vorgänger haben die Wörterbuchseiten der Neubearbeitung an Übersichtlichkeit gewonnen. Dies wurde vor allem durch zwei typographische Änderungen erzielt:

(1) Für die Stichwörter findet jetzt eine Schriftart Verwendung, die sich bisher schon in Langenscheidts „German Universal Dictionary" bewährt hat. Durch ihre „neue Sachlichkeit" mit den gleichmäßig starken (serifenlosen) Buchstaben ermöglicht sie ein leichteres Auffinden der Stichwörter.

(2) Systematische Meinungsumfragen bei Lehrern und Schülern haben ergeben, daß die bisher verwandte Schrift für die Wendungen (Anwendungsbeispiele, idiomatische Redensarten und Kollokationen) als zu schwach empfunden wurde. Wir verwenden deshalb in der vorliegenden Neubearbeitung für diese Wendungen eine „halbfette" Schrift. Im Gegensatz zu der für die Stichwörter verwandten Schrift ist diese „halbfette" Schrift jedoch eine Kursivschrift (Schrägschrift), so daß sie bei der Stichwortsuche nicht störend wirkt. Die Wendungen werden durch diese Auszeichnungsschrift stärker hervorgehoben – sie sind daher innerhalb eines Stichwortartikels leichter zu finden.

Hochaktuell mit „rumpies" und „woopies"!

Es versteht sich von selbst, daß bei dieser Neubearbeitung viele neue Wörter aufgenommen wurden, die den augenblicklichen Stand der Sprache widerspiegeln. Nicht nur neue griffige allgemeinsprachliche Ausdrücke wie *rumpie* oder *woopie* sind als Stichwörter vorhanden. Die Vielgestaltigkeit des neuen Wortschatzes zeigt sich auch im Fachwortschatz.

Einige Beispiele: Im Bereich der Technik wurden *pixel, APT* und *Eftpos* aufgenommen; für die Wirtschaft sei *management buy-out,* für den Sport *paraglider* genannt. Auch unerfreuliche staatliche Neuerungen (z. B. *withholding tax*) wurden nicht vergessen.

6

Umfangreicher nicht nur von A–Z!

Durch die neue typographische Gestaltung war es möglich, noch mehr Stichwörter, Wendungen und Übersetzungen unterzubringen. Dies kam vor allem dem Wörterbuchteil (A–Z) zugute.

Aber auch der Gesamtumfang der Anhänge konnte wesentlich erweitert werden: Die Eigennamen- und Abkürzungsverzeichnisse allein nehmen z. B. 20 engbedruckte Seiten ein.

Stichwort oder Wendung: der „overkill"

Die Anzahl der Stichwörter ist eine Aussage, die sich auf das „Skelett" eines Wörterbuchs bezieht; das sogenannte „Fleisch" sind die Anwendungsbeispiele, die idiomatischen Redensarten und die Kollokationen.

Der Lexikograph hat die Aufgabe, eine Ausgewogenheit zwischen den Stichwörtern und diesen Wendungen herzustellen – denn zuviel Fleisch ist ungesund! Belanglose Stilvarianten und unwichtige Anwendungsbeispiele (die lediglich die Grundübersetzung in einem Satz zeigen, ohne Bedeutungsveränderung) führen zu einem „overkill", einem Übermaß an Beispielen, die das Suchen in einem Stichwortartikel für den Benutzer zur Qual machen.

Idiomatik und Kollokationen in angemessener Anzahl zu bieten, daneben aber nicht die Anzahl der Stichwörter und Übersetzungen zu vermindern – dies ist auch die Grundstruktur der vorliegenden Neubearbeitung. Nur so konnten wir den vielfältigen Bedürfnissen der Wörterbuchbenutzer Rechnung tragen, die durchaus auch das fachsprachliche Wort in einem Wörterbuch dieser Größenordnung erwarten.

Lautschrift und Silbentrennung

Durchweg findet die dem Lernenden heute vertraute Internationale Lautschrift (*English Pronouncing Dictionary*, 14. Auflage) Verwendung. Die Angabe der Silbentrennungsmöglichkeiten in den englischen Stichwörtern wurde – da oft sehr hilfreich – beibehalten.

Great dictionaries don't change – they mature! Wir hoffen, daß dies auch auf die vorliegende Neubearbeitung zutrifft: benutzerfreundliche Neuerungen und Modernität unter Beibehaltung der bewährten Grundstruktur.

LANGENSCHEIDT

Preface

Revised and enlarged edition

Langenscheidt dictionaries are unmistakable. They have a long tradition behind them and come out of a large "lexicographers' workshop" in which teams of experienced dictionary compilers and editors labor with two important goals in mind: to fulfill the needs and expectations of the dictionary user and to keep up with the rapid developments in language today.

These two aims also guided the preparation of the present revised and enlarged edition of Langenscheidt's "New College English-German Dictionary". Some of its significant innovations are described in the following.

New typefaces for better readability

Two typographical adaptations have produced a clearer visual arrangement of the dictionary page:

(1) Entry words are printed in a typeface that has already proved itself in Langenscheidt's "German Universal Dictionary": the neutral, sans serif letters with their even thickness allow the entry words to be picked out quickly and effortlessly.

(2) Widespread surveys among teachers and pupils have shown that the typeface hitherto used for phraseology (i.e. illustrative phrases, idiomatic expressions and collocations) is not considered emphatic enough. This new edition of the dictionary employs a boldface type for phraseology, and in order to distinguish it from the entry words, it is in italics. Phrases are thus given prominence and can be traced more easily within the dictionary article.

"Rumpies" and "woopies"

It goes without saying that this revised dictionary includes a host of neologisms. Not only does it contain popular expressions such as *rumpie* and *woopie,* but a wide variety of specialized terms has been taken up, too.

From the realm of technology we have *pixel, APT* and *Eftpos,* for example; from economics there is *management buy-out,* from sports we have *paraglider,* and from the legal sphere *withholding tax,* to mention but a few.

Expanded dictionary plus much more

The new typography has allowed the inclusion of more entries, phrases and translations in the dictionary proper, but the appendices, too, have profited from these changes. Twenty closely printed pages, for example, are devoted to proper names and abbreviations alone.

Entry words versus phraseology: the problem of overkill

The entry words in a dictionary might be said to constitute its "skeleton", to which is added the "flesh" in the form of illustrative phrases, idioms and collocations.

The lexicographer's task is to try and strike a balance between the two, taking care not to burden the user with an unhealthy excess of flesh. Superfluous stylistic variants and illustrative phrases which do no more than show the basic meaning of a word in context can quickly lead to "overkill", or a glut of examples which can turn any search for a phrase into a grueling task.

It has thus been a fundamental concern in compiling this dictionary to provide an adequate selection of idioms and collocations without taking away from the number of entries and translations. Only in this way can we hope to fulfill the multifarious needs of our dictionary users, who justifiably expect to find a representative selection of specialized vocabulary in a dictionary of this size.

Pronunciation and word division

The phonetic transcriptions which follow the entry words are based on the now well-known International Phonetic Alphabet (*English Pronouncing Dictionary*, 14th edition). Syllabification marks in the English entry words have been retained as a useful guide to word division.

Great dictionaries don't change – they mature. We trust this goes for the present dictionary too, whose endeavor has been to integrate practical innovations and the latest developments in language into a traditional and well-tried framework.

LANGENSCHEIDT

Contents
Inhaltsverzeichnis

Wie benutzen Sie das Wörterbuch?

How to use this dictionary

Keine Angst vor unbekannten Wörtern!

Das Wörterbuch tut alles, um Ihnen das Nachschlagen und Kennenlernen eines gesuchten Wortes so leicht wie möglich zu machen. Legen Sie diese Einführung daher bitte nicht gleich zur Seite. Folgen Sie uns Schritt für Schritt. Wir versprechen Ihnen, daß Sie mit uns am Ende sagen werden "It isn't as bad as all that, is it?"

Und damit Sie in Zukunft von Ihrem Wörterbuch den besten Gebrauch machen können, wollen wir Ihnen zeigen, wie und wo Sie all die Informationen finden können, die Sie für Ihre Übersetzungen in der Schule und privat, im Beruf, in Briefen oder zum Sprechen brauchen.

Wie und wo finden Sie ein Wort?

Sie suchen ein bestimmtes Wort. Und wir sagen Ihnen erst einmal, daß das Wörterbuch in die Buchstaben von A–Z unterteilt ist. Auch innerhalb der einzelnen Buchstaben sind die Wörter **alphabetisch geordnet:**

hay – haze
se·cre·tar·i·al – sec·re·tar·y

Neben den Stichwörtern mit ihren Ableitungen und Zusammensetzungen finden Sie an ihrem alphabetischen Platz auch noch
   a) die unregelmäßigen Formen des Komparativs und Superlativs (z.B. **better, worst**),
   b) die verschiedenen Formen der Pronomina (z.B. **her, them**),
   c) das Präteritum und Partizip Perfekt der unregelmäßigen Verben (z.B. **came, bitten**).

Eigennamen und Abkürzungen haben wir für Sie am Schluß des Buches in einem besonderen Verzeichnis zusammengestellt.

Wenn Sie nun ein bestimmtes englisches Wort suchen, wo fangen Sie damit an? – Sehen Sie sich einmal die fettgedruckten Wörter über den Spalten in den oberen äußeren Ecken auf jeder Seite an. Das sind die sogenannten **Leitwörter**, an de-

This dictionary endeavours to do everything it can to help you find the words and translations you are looking for as quickly and as easily as possible. All the more reason, then, to take a little time to read through these guidelines carefully. We promise that in the end you will agree that using a dictionary properly isn't as bad as all that.

To enable you to get the most out of your dictionary in the long term, you will be shown exactly where and how to find the information that will help you choose the right translation in every situation – whether at school or at home, in your profession, when writing letters, or in everyday conversation.

How to find a word

When you are looking for a particular word it is important to know that the dictionary entries are arranged in strict **alphabetical order:**

hay – haze
se·cre·tar·i·al – sec·re·tar·y

Besides the entry words and their derivatives and compounds, the following are also given as individual entries, in alphabetical order:
   a) irregular comparative and superlative forms (e.g. **better, worst**),
   b) the various pronoun forms (e.g. **her, them**),
   c) the past tense and past participle of irregular verbs (e.g. **came, bitten**).

Proper names and abbreviations are given in separate lists at the end of the dictionary.

How then do you go about finding a particular word? Take a look at the words in bold print at the top of each page. These are so-called **catchwords** and they serve as a guide to tracing your word as quickly as possible. The catchword on the top left

nen Sie sich orientieren können. Diese Leitwörter geben Ihnen jeweils (links) das **erste** fettgedruckte Stichwort auf der linken Seite des Wörterbuches an bzw. (rechts) das **letzte** fettgedruckte Stichwort auf der rechten Seite, z. B.

backhand – bag

Wollen Sie nun das Wort **badly**, zum Beispiel, suchen, so muß es in unserem Beispiel im Alphabet zwischen **backhand** und **bag** liegen. Suchen Sie jetzt z. B. das Wort **effort**. Blättern Sie dazu schnell das Wörterbuch durch, und achten Sie dabei auf die linken und rechten Leitwörter. Welches Leitwort steht Ihrem gesuchten Wort **effort** wohl am nächsten? Dort schlagen Sie das Wörterbuch auf (in diesem Fall zwischen **edition** und **ego**). Sie werden so sehr bald die gewünschte Spalte mit *Ihrem Stichwort* finden.

Wie ist das aber nun, wenn Sie auch einmal ein Stichwort nachschlagen wollen, das aus zwei einzelnen Wörtern besteht? Nehmen Sie z. B. **evening classes** oder einen Begriff, bei dem die Wörter mit einem Bindestrich (hyphen) miteinander verbunden sind, wie in **baby-sit(ter)**. Diese Wörter werden wie ein einziges Wort behandelt und dementsprechend alphabetisch eingeordnet. Sollten Sie einmal ein solches zusammengesetztes Wort nicht finden, so zerlegen Sie es einfach in seine Einzelbestandteile und schlagen dann bei diesen an ihren alphabetischen Stellen nach. Sie werden sehen, daß Sie sich auf diese Weise viele Wörter selbst erschließen können.

Beim Nachschlagen werden Sie auch merken, daß viele sogenannte „Wortfamilien" entstanden sind. Das sind Stichwortartikel, die von einem gemeinsamen Stamm oder Grundwort ausgehen und deshalb – aus Gründen der Platzersparnis – in einem Artikel zusammengefaßt sind:

> **de·pend – de·pend·a·bil·i·ty – de·pend·a·ble – de·pend·ance** etc.
> **door – '∼·bell – ∼ han·dle – '∼keep·er** etc.

Wie schreiben Sie ein Wort?

Sie können in Ihrem Wörterbuch wie in einem Rechtschreibwörterbuch nachschlagen, wenn Sie wissen wollen, wie ein Wort richtig geschrieben wird. Sind die **britische** und die **amerikanische Schreibung** eines Stichwortes verschieden, so wird von der amerikanischen Form auf die britische verwiesen:

> **a·ne·mi·a, a·ne·mic** *Am.* → *anaemia, anaemic*
> **cen·ter** *etc. Am.* → *centre etc.*
> **col·or** *etc. Am.* → *colour etc.*

gives you the first word on the left-hand page, while that on the top right gives you the last word on the right-hand page, e. g.

backhand – bag

If you are looking for the word **badly**, for example, you will find it somewhere on this double page between **backhand** and **bag**. Let us take the word **effort**: flick through the dictionary, keeping an eye open for the catchwords on the top right and left. Find the catchwords which come closest to **effort** and look for the word on these pages (in this case those covering **edition** to **ego**). With a little practice you will be able to find the words you are looking for quite quickly.

What about entries comprising two words, such as **evening classes**, or hyphenated expressions like **baby-sit(ter)**? Expressions of this kind are treated in the same way as single words and thus appear in strict alphabetical order. Should you be unable to find a compound in the dictionary, just break it down into its components and look these up separately. In this way the meaning of many compound expressions can be derived indirectly.

When using the dictionary you will notice many 'word families', or groups of words stemming from a common root, which have been collated within one article in order to save space:

> **de·pend – de·pend·a·bil·i·ty – de·pend·a·ble – de·pend·ance** etc.
> **door – '∼·bell – ∼ han·dle – '∼keep·er** etc.

Spelling

Where the British and American spelling of a word differs, a cross reference is given from the American to the British form, where the word is treated in full:

> **a·ne·mi·a, a·ne·mic** *Am.* → *anaemia, anaemic*
> **cen·ter** *etc. Am.* → *centre etc.*
> **col·or** *etc. Am.* → *colour etc.*

12

Ein eingeklammertes u oder l in einem Stichwort oder Anwendungsbeispiel kennzeichnet ebenfalls den Unterschied zwischen britischer und amerikanischer Schreibung:

> col·o(u)red bedeutet: britisch *coloured*, amerikanisch *colored*; trav·el·(l)er bedeutet: britisch *traveller*, amerikanisch *traveler*.

A 'u' or 'l' in parentheses in an entry word or phrase also indicates variant spellings:

> col·o(u)red means: British *coloured*, American *colored*; trav·el·(l)er means: British *traveller*, American *traveler*.

In seltenen Fällen bedeutet ein eingeklammerter Buchstabe aber auch ganz allgemein zwei Schreibweisen für ein und dasselbe Wort: lan·o·lin(e) wird entweder *lanolin* oder *lanoline* geschrieben.

In a few rare cases a letter in parentheses indicates that there are two interchangeable spellings of the word: thus lan·o·lin(e) may be written *lanolin* or *lanoline*.

Für die Abweichungen in der Schreibung geben wir Ihnen für das amerikanische Englisch ein paar einfache Regeln:

Here are a few basic guidelines to help you distinguish between British and American spelling:

Die amerikanische Rechtschreibung

weicht von der britischen hauptsächlich in folgenden Punkten ab:

1. Für **...our** tritt **...or** ein, z. B. hon*or* = honour, lab*or* = labour.
2. **...re** wird zu **...er**, z. B. cent*er* = centre, meag*er* = meagre; ausgenommen sind og*re* und die Wörter auf ...cre, z. B. massa*cre*, a*cre*.
3. Statt **...ce** steht **...se**, z. B. defen*se* = defence, licen*se* = licence.
4. Bei den meisten Ableitungen der Verben auf **...l** und einigen wenigen auf **...p** unterbleibt die Verdoppelung des Endkonsonanten, also trav·el – trave*l*ed – trave*l*ing – trave*l*er, worship – worshi*p*ed – worshi*p*ing – worshi*p*er. Auch in einigen anderen Wörtern wird der Doppelkonsonant durch einen einfachen ersetzt, z. B. woo*l*en = woollen, carbure*t*or = carburettor.
5. Ein stummes e wird in gewissen Fällen weggelassen, z. B. ax = ax*e*, goodby = goodby*e*.
6. Bei einigen Wörtern mit der Vorsilbe **en...** gibt es auch noch die Schreibung **in...**, z. B. *in*close = enclose, *in*snare = ensnare.
7. Der Schreibung ae und oe wird oft diejenige mit e vorgezogen, z. B. an*e*mia = anaemia, diarrh*e*a = diarrhoea.
8. Aus dem Französischen stammende stumme Endsilben werden meist weggelassen, z. B. catalog = catalo*gue*, program = program*me*, prolog = prolo*gue*.
9. Einzelfälle sind: st*a*nch = staunch, m*o*ld = mould, m*o*lt = moult, gr*a*y = grey, p*l*ow = plough, ski*ll*ful = skilful, t*i*re = tyre etc.

American spelling

differs from British spelling in the following respects:

1. **...our** becomes **...or** in American, e. g. hon*or* = honour, lab*or* = labour.
2. **...re** becomes **...er**, e. g. cent*er* = centre, meag*er* = meagre; exceptions are og*re* and words ending in ...cre, such as massa*cre*, a*cre*.
3. **...ce** becomes **...se**, e. g. defen*se* = defence, licen*se* = licence.
4. Most derivatives of verbs ending in **...l** and some of verbs ending in **...p** do not double the final consonant: travel – trave*l*ed – trave*l*ing – trave*l*er, worship – worshi*p*ed – worshi*p*ing – worshi*p*er. In certain other words, too, the double consonant is replaced by a single consonant: woo*l*en = woollen, carbure*t*or = carburettor.
5. A silent e is sometimes omitted, as in ax = ax*e*, goodby = goodby*e*.
6. Some words with the prefix **en...** have an alternative spelling with **in...**, e. g. *in*close = enclose, *in*snare = ensnare.
7. ae and oe are often simplified to e, e. g. an*e*mia = anaemia, diarrh*e*a = diarrhoea.
8. Silent endings of French origin are usually omitted, e. g. catalog = catalo*gue*, program = program*me*, prolog = prolo*gue*.
9. Further differences are found in the following words: st*a*nch = staunch, m*o*ld = mould, m*o*lt = moult, gr*a*y = grey, p*l*ow = plough, ski*ll*ful = skilful, t*i*re = tyre, etc.

Wie trennen Sie ein Wort?

Die Silbentrennung im Englischen ist für uns Deutsche ein heikles Kapitel. Aus diesem Grunde haben wir Ihnen die Sache erleichtert und geben Ihnen für jedes mehrsilbige englische Wort die Aufteilung in Silben an. Bei mehrsilbigen Stichwörtern müssen Sie nur darauf achten, wo zwischen den Silben ein halbhoher Punkt oder ein Betonungsakzent steht, z. B. **ex·pect**, **ex'pect·ance**. Bei alleinstehenden Wortbildungselementen, wie z. B. **electro-**, entfällt die Angabe der Silbentrennung, weil diese sich je nach der weiteren Zusammensetzung ändern kann.

Die Silbentrennungspunkte haben für Sie den Sinn, zu zeigen, an welcher Stelle im Wort Sie am Zeilenende trennen können. Sie sollten es aber vermeiden, nur einen Buchstaben abzutrennen, wie z. B. in **a·mend** oder **cit·y**. Hier nehmen Sie besser das ganze Wort auf die neue Zeile.

Was bedeuten die verschiedenen Schriftarten?

Sie finden **fettgedruckt** alle englischen Stichwörter, alle römischen Ziffern zur Unterscheidung der Wortarten (Substantiv, transitives und intransitives Verb, Adjektiv, Adverb etc.) und alle arabischen Ziffern zur Unterscheidung der einzelnen Bedeutungen eines Wortes:

> **feed** ... **I** *v/t.* [*irr.*] **1.** Nahrung zuführen (*dat.*) ...; **II** *v/i.* [*irr.*] **10.** a) fressen (*Tier*) ...; **III** *s.* **12.** Fütterung *f* ...

Sie finden *kursiv*
  a) alle Grammatik- und Sachgebietsabkürzungen:
  > *s., v/t., v/i., adj., adv., hist., pol.* etc.;

  b) alle Genusangaben (Angaben des Geschlechtswortes): *m, f, n;*

  c) alle Zusätze, die entweder als Dativ- oder Akkusativobjekt der Übersetzung vorangehen oder ihr als erläuternder Hinweis vor- oder nachgestellt sind:
  > **e·lect** ... **1.** *j-n in ein Amt* wählen ...
  > **cut** ... **19.** ... *Baum* fällen ...
  > **byte** ... *Computer:* Byte *n*
  > **bike** ... ‚Maschine' *f* (*Motorrad*) ...

  d) alle Erläuterungen bei Wörtern, die keine genaue deutsche Entsprechung haben:
  > **cor·o·ner** ... ⚔ Coroner *m* (*richterlicher Beamter zur Untersuchung der Todesursache in Fällen unnatürlichen Todes*) ...

Sie finden in *halbfetter kursiver Auszeichnungsschrift* alle Wendungen und Hinweise zur Konstruktion mit Präpositionen:

> **gain** ... *~ experience* ...
> **de·pend** ... *it ~s on you* ...
> **de·part** ... **1.** (*for* nach) weg-, fortgehen ...
> **glance** ... **6.** flüchtiger Blick (*at* auf *acc.*) ...

Word division

Word division in English can be a somewhat tricky matter. To make things easier we have marked the divisions of each word containing more than one syllable with a centred dot or an accent, as in **ex·pect**, **ex'pect·ance**. Combining forms which appear as individual entries (e. g. **electro-**) do not have syllabification marks since these depend on the subsequent element(s) of the compound.

Syllabification marks indicate where a word can be divided at the end of a line. The separation of a single letter from the rest of the word, as in **a·mend** or **cit·y**, should, however, be avoided if at all possible. In such cases it is better to bring the entire word forward to the new line.

The different typefaces and their functions

Bold type is used for the English entry words, for Roman numerals separating different parts of speech (nouns, transitive and intransitive verbs, adjectives and adverbs, etc.) and for Arabic numerals distinguishing various senses of a word:

> **feed** ... **I** *v/t.* [*irr.*] **1.** Nahrung zuführen (*dat.*) ...; **II** *v/i.* [*irr.*] **10.** a) fressen (*Tier*) ...; **III** *s.* **12.** Fütterung *f* ...

Italics are used for
  a) grammatical abbreviations and subject labels:
  > *s., v/t., v/i., adj., adv., hist., pol.* etc.;

  b) gender labels (masculine, feminine and neuter): *m, f, n;*

  c) any additional information preceding or following a translation (including dative or accusative objects, which are given before the translation):
  > **e·lect** ... **1.** *j-n in ein Amt* wählen ...
  > **cut** ... **19.** ... *Baum* fällen ...
  > **byte** ... *Computer:* Byte *n*
  > **bike** ... ‚Maschine' *f* (*Motorrad*) ...

  d) definitions of English words which have no direct correspondence in German:
  > **cor·o·ner** ... ⚔ Coroner *m* (*richterlicher Beamter zur Untersuchung der Todesursache in Fällen unnatürlichen Todes*) ...

Boldface italics are used for phraseology and for prepositions taken by the entry word:

> **gain** ... *~ experience* ...
> **de·pend** ... *it ~s on you* ...
> **de·part** ... **1.** (*for* nach) weg-, fortgehen ...
> **glance** ... **6.** flüchtiger Blick (*at* auf *acc.*) ...

14

Sie finden in normaler Schrift
   a) alle Übersetzungen;
   b) alle kleinen Buchstaben zur weiteren Be-
      deutungsdifferenzierung eines Wortes
      oder einer Wendung:

      Goth·ic ... **4.** ... a) ba'rock, ro'mantisch, b)
      Schauer...
      give in ... **2.** (*to dat.*) a) nachgeben (*dat.*), b)
      sich anschließen (*dat.*) ...

Normal type is used for
   a) translations of the entry words;
   b) small letters marking subdivisions of
      meaning:

      Goth·ic ... **4.** ... a) ba'rock, ro'mantisch, b)
      Schauer...
      give in ... **2.** (*to dat.*) a) nachgeben (*dat.*), b)
      sich anschließen (*dat.*) ...

Wie sprechen Sie ein Wort aus?

Sie haben das gesuchte Stichwort mit Hilfe der Leitwörter gefunden. Hinter dem Stichwort sehen Sie nun eine Reihe von Zeichen in einer eckigen Klammer. Dies ist die sogenannte Lautschrift. Die Lautschrift beschreibt, wie Sie ein Wort aussprechen sollen. So ist das „th" in *thin* ein ganz anderer Laut als das „th" in *these*. Da die normale Schrift für solche Unterschiede keine Hilfe bietet, ist es nötig, diese Laute mit anderen Zeichen zu beschreiben. Damit *jeder* genau weiß, welches Zeichen welchem Laut entspricht, hat man sich international auf eine Lautschrift geeinigt. Da die Zeichen von der **I**nternational **P**honetic **A**ssociation als verbindlich angesehen werden, nennt man sie auch **IPA-Lautschrift**.

Hier sind nun die Zeichen, ohne die Sie bei unbekannten englischen Wörtern nicht auskommen werden.

Pronunciation

When you have found the entry word you are looking for, you will notice that it is followed by certain symbols enclosed in square brackets. This is the phonetic transcription of the word, which tells you how it is pronounced. As our normal alphabet cannot distinguish between certain crucial differences in sounds (e. g. that between 'th' in *thin* and in *these*), a different system of symbols has to be used. To avoid the confusion of conflicting systems, one phonetic alphabet has come to be used internationally, namely that of the International Phonetic Association. This phonetic system is known by the abbreviation **IPA**. The symbols used in this dictionary are listed and illustrated in the table below:

Die englischen Laute in der Internationalen Lautschrift

[ʌ]	much [mʌtʃ], come [kʌm]	kurzes *a* wie in *Matsch, Kamm*
[ɑ:]	after ['ɑ:ftə], park [pɑ:k]	langes *a*, etwa wie in *Bahn*
[æ]	flat [flæt], madam ['mædəm]	mehr zum *a* hin als *ä* in *Wäsche*
[ə]	after ['ɑ:ftə], arrival [ə'raɪvl]	wie das End-*e* in *Berge, mache, bitte*
[e]	let [let], men [men]	*ä* wie in *hätte, Mäntel*
[ɜ:]	first [fɜ:st], learn [lɜ:n]	etwa wie *ir* in *flirten*, aber offener
[ɪ]	in [ɪn], city ['sɪtɪ]	kurzes *i* wie in *Mitte, billig*
[i:]	see [si:], evening ['i:vnɪŋ]	langes *i* wie in *nie, lieben*
[ɒ]	shop [ʃɒp], job [dʒɒb]	wie *o* in *Gott*, aber offener
[ɔ:]	morning ['mɔ:nɪŋ], course [kɔ:s]	wie in *Lord*, aber ohne *r*
[ʊ]	good [gʊd], look [lʊk]	kurzes *u* wie in *Mutter*
[u:]	too [tu:], shoot [ʃu:t]	langes *u* wie in *Schuh*, aber offener
[aɪ]	my [maɪ], night [naɪt]	etwa wie in *Mai, Neid*
[aʊ]	now [naʊ], about [ə'baʊt]	etwa wie in *blau, Couch*
[əʊ]	home [həʊm], know [nəʊ]	von [ə] zu [ʊ] gleiten
[eə]	air [eə], square [skweə]	wie *är* in *Bär*, aber kein *r* sprechen
[eɪ]	eight [eɪt], stay [steɪ]	klingt wie *äi*
[ɪə]	near [nɪə], here [hɪə]	von [ɪ] zu [ə] gleiten
[ɔɪ]	join [dʒɔɪn], choice [tʃɔɪs]	etwa wie *eu* in *neu*
[ʊə]	sure [ʃʊə], tour [tʊə]	wie *ur* in *Kur*, aber kein *r* sprechen

[j]	yes [jes], tube [tju:b]	wie *j* in *jetzt*
[w]	way [weɪ], one [wʌn], quick [kwɪk]	sehr kurzes *u* – kein deutsches *w*!
[ŋ]	thing [θɪŋ], English ['ɪŋglɪʃ]	wie *ng* in *Ding*
[r]	room [ru:m], hurry ['hʌrɪ]	nicht rollen!
[s]	see [si:], famous ['feɪməs]	stimmloses *s* wie in *lassen*, *Liste*
[z]	zero ['zɪərəʊ], is [ɪz], runs [rʌnz]	stimmhaftes *s* wie in *lesen*, *Linsen*
[ʃ]	shop [ʃɒp], fish [fɪʃ]	wie *sch* in *Scholle*, *Fisch*
[tʃ]	cheap [tʃi:p], much [mʌtʃ]	wie *tsch* in *tschüs*, *Matsch*
[ʒ]	television ['telɪvɪʒn]	stimmhaftes *sch* wie in *Genie*, *Etage*
[dʒ]	just [dʒʌst], bridge [brɪdʒ]	wie in *Job*, *Gin*
[θ]	thanks [θæŋks], both [bəʊθ]	wie *ß* in *Faß*, aber gelispelt
[ð]	that [ðæt], with [wɪð]	wie *s* in *Sense*, aber gelispelt
[v]	very ['verɪ], over ['əʊvə]	etwa wie deutsches *w*, aber Oberzähne auf Oberkante der Unterlippe
[x]	loch [lɒx]	wie *ch* in *ach*

[:] bedeutet, daß der vorhergehende Vokal lang zu sprechen ist.

[:] indicates that the preceding vowel is long.

Lautsymbole der nichtanglisierten Stichwörter

In nichtanglisierten Stichwörtern, d.h. in Fremdwörtern, die noch nicht als eingebürgert empfunden werden, werden gelegentlich einige Lautsymbole der französischen Sprache verwandt, um die nichtenglische Lautung zu kennzeichnen. Die nachstehende Liste gibt einen Überblick über diese Symbole:

[ã] ein nasaliertes, offenes a wie im französischen Wort *enfant*.

[ɛ̃] ein nasaliertes, offenes ä wie im französischen Wort *fin*.

[ɔ̃] ein nasaliertes, offenes o wie im französischen Wort *bonbon*.

[œ] ein offener ö-Laut wie im französischen Wort *jeune*.

[ø] ein geschlossener ö-Laut wie im französischen Wort *feu*.

[y] ein kurzes ü wie im französischen Wort *vu*.

[ɥ] ein kurzer Reibelaut, Zungenstellung wie beim deutschen ü („gleitendes ü"). Wie im französischen Wort *muet*.

[ɲ] ein j-haltiges n, noch zarter als in *Champagner*. Wie im französischen Wort *Allemagne*.

Phonetic symbols for foreign loan-words

Occasionally French phonetic symbols have been used to transcribe foreign loan-words whose pronunciation has not been Anglicized:

[ã] like the e or a in the French *enfant*.

[ɛ̃] like the i in the French *fin*.

[ɔ̃] like the o in the French *bonbon*.

[œ] like the eu in the French *jeune*.

[ø] like the eu in the French *feu*.

[y] like the u in the French *vu*.

[ɥ] like the u in the French *muet*.

[ɲ] like the gn in the French *Champagne*.

Kursive phonetische Zeichen

Ein kursives phonetisches Zeichen bedeutet, daß der Buchstabe gesprochen oder nicht gesprochen werden kann. Beide Aussprachen sind dann im Englischen gleich häufig. Z. B. das kursive *ʊ* in

Phonetic symbols in italics

If a phonetic symbol appears in italics, this means that it may be spoken or not. In such cases, both pronunciations are more or less equally common. The italic *ʊ*, for example, in the phonetic

16

der Umschrift von molest [məʊˈlest] bedeutet, daß die Aussprache des Wortes mit [ə] oder mit [əʊ] etwa gleich häufig ist.

Die **Betonung** der englischen Wörter wird durch das Zeichen ' für den Hauptakzent bzw. ˌ für den Nebenakzent vor der zu betonenden Silbe angegeben:

on·ion [ˈʌnjən] – dis·loy·al [ˌdɪsˈlɔɪəl]

Bei den zusammengesetzten Stichwörtern ohne Lautschriftangabe wird der Betonungsakzent im zusammengesetzten Stichwort selbst gegeben, z. B. ˌup'stairs. Die Betonung erfolgt auch dann im Stichwort, wenn nur ein Teil der Lautschrift gegeben wird, z. B. ad'min·is·tra·tor [-treɪtə], 'dog·ma·tism [-ətɪzəm].

Bei einem Stichwort, das aus zwei oder mehreren einzelnen Wörtern besteht, können Sie die Aussprache bei dem jeweiligen Einzelwort nachschlagen, z. B. school leav·ing cer·tif·i·cate.

Primary (or strong) stress is indicated by ' preceding the stressed syllable, and secondary (or weak) stress by ˌ preceding the stressed syllable:

on·ion [ˈʌnjən] – dis·loy·al [ˌdɪsˈlɔɪəl]

In the case of compounds without phonetic transcription, the accents are given in the entry word itself, as in ˌup'stairs. Stress is also indicated in the entry word if only part of the phonetic transcription is given, as in ad'min·is·tra·tor [-treɪtə], 'dog·ma·tism [-ətɪzəm].

For the pronunciation of entries consisting of more than one word, each individual word should be looked up, as with school leav·ing cer·tif·i·cate.

Einige Worte noch zur **amerikanischen Aussprache**:
Amerikaner sprechen viele Wörter anders aus als die Briten. In diesem Wörterbuch geben wir Ihnen aber meistens nur die britische Aussprache, wie Sie sie auch in Ihren Lehrbüchern finden. Ein paar Regeln für die Abweichungen in der amerikanischen Aussprache wollen wir Ihnen hier aber doch geben.

Die amerikanische Aussprache weicht hauptsächlich in folgenden Punkten von der britischen ab:

1. ɑ: wird zu (gedehntem) æ(:) in Wörtern wie *ask* [æ(:)sk = ɑ:sk], *castle* [ˈkæ(:)sl = ˈkɑ:sl], *grass* [græ(:)s = grɑ:s], *past* [pæ(:)st = pɑ:st] etc.; ebenso in *branch* [bræ(:)ntʃ = brɑ:ntʃ], *can't* [kæ(:)nt = kɑ:nt], *dance* [dæ(:)ns = dɑ:ns] etc.

2. ɒ wird zu ɑ in Wörtern wie *common* [ˈkɑmən = ˈkɒmən], *not* [nɑt = nɒt], *on* [ɑn = ɒn], *rock* [rɑk = rɒk], *bond* [bɑnd = bɒnd] und vielen anderen.

3. ju: wird zu u:, z. B. *due* [du: = dju:], *duke* [du:k = dju:k], *new* [nu: = nju:].

4. r zwischen vorhergehendem Vokal und folgendem Konsonanten wird stimmhaft gesprochen, indem die Zungenspitze gegen den harten Gaumen zurückgezogen wird, z. B. *clerk* [klɜ:rk = klɑ:k], *hard* [hɑ:rd = hɑ:d]; ebenso im Auslaut, z. B. *far* [fɑ:r = fɑ:], *her* [hɜ:r = hɜ:].

5. Anlautendes p, t, k in unbetonter Silbe (nach betonter Silbe) wird zu b, d, g abgeschwächt, z. B. in *property*, *water*, *second*.

6. Der Unterschied zwischen stark- und schwachbetonten Silben ist viel weniger ausgeprägt; längere Wörter haben einen deutlichen Nebenton, z. B. *dictionary* [ˈdɪkʃəˌnerɪ = ˈdɪkʃənrɪ], *ceremony* [ˈserəˌməʊnɪ = ˈserɪmənɪ], *inventory* [ˈɪnvənˌtɔ:rɪ = ˈɪnvəntrɪ], *secretary* [ˈsekrəˌterɪ = ˈsekrətrɪ].

7. Vor, oft auch nach nasalen Konsonanten (m, n, ŋ) sind Vokale und Diphthonge nasal gefärbt, z. B. *stand*, *time*, *small*.

Was sagen Ihnen die Symbole und Abkürzungen?

Wir geben Ihnen die Symbole und Abkürzungen im Wörterbuch, um Sie davor zu bewahren, durch falsche Anwendung einer Übersetzung in das berühmte „Fettnäpfchen" zu treten.

Die Liste mit den **Abkürzungen** zur Kennzeichnung des Grammatik- und Sachgebietsbereiches finden Sie auf den Seiten 28 und 29.

Die **Symbole** zeigen Ihnen, in welchem Lebens-, Arbeits- und Fachbereich ein Wort am häufigsten benutzt wird.

~ ≈ Tilde; siehe Seite 18.
⚘ Botanik, *botany*.
⚙ Handwerk, *handicraft*; Technik, *engineering*.
⚒ Bergbau, *mining*.
⚔ militärisch, *military term*.
⚓ Schiffahrt, *nautical term*.
☤ Handel u. Wirtschaft, *commercial term*.
🚂 Eisenbahn, *railway*, *railroad*.
✈ Flugwesen, *aviation*.
✉ Postwesen, *post and telecommunications*.
♪ Musik, *musical term*.
⌂ Architektur, *architecture*.
ϟ Elektrotechnik, *electrical engineering*.
⚖ Rechtswissenschaft, *legal term*.
A Mathematik, *mathematics*.
⚒ Landwirtschaft, *agriculture*.
⚗ Chemie, *chemistry*.
⚕ Medizin, *medicine*.
→ Verweiszeichen; siehe Seite 20.

Ein weiteres Symbol ist das Kästchen: □. Steht es nach einem englischen Adjektiv, so bedeutet das, daß das Adverb regelmäßig durch Anhängung von ***-ly*** an das Adjektiv oder durch Umwandlung von ***-le*** in ***-ly*** oder von ***-y*** in ***-ily*** gebildet wird, z. B.

bald □ = ***baldly***
change·a·ble □ = ***changeably***
bus·y □ = ***busily***

Es gibt auch noch die Möglichkeit, ein Adverb durch Anhängen von ***-ally*** an das Stichwort zu bilden. In diesen Fällen haben wir auch das angegeben:

his·tor·ic (□ ***~ally***) = ***historically***

Bei Adjektiven, die auf ***-ic*** und ***-ical*** enden können, wird die Adverbbildung auf folgende Weise gekennzeichnet:

phil·o·soph·ic, **phil·o·soph·i·cal** *adj.* □

d. h. ***philosophically*** ist das Adverb zu beiden Adjektivformen.

Wird bei der Adverbangabe auf das Adverb selbst verwiesen, so bedeutet dies, daß unter diesem Stichwort vom Adjektiv abweichende Übersetzungen zu finden sind:

a·ble □ → ***ably***

Symbols and abbreviations

Symbols and abbreviations indicating subject areas are designed to aid the user in choosing the appropriate translation of a word.

A list of **abbreviations** of grammatical terms and subject areas is given on pp. 28–29.

The pictographic **symbols** indicate the field in which a word is most commonly used.

~ ≈ tilde; see p. 18.
⚘ Botanik, *botany*.
⚙ Handwerk, *handicraft*; Technik, *engineering*.
⚒ Bergbau, *mining*.
⚔ militärisch, *military term*.
⚓ Schiffahrt, *nautical term*.
☤ Handel u. Wirtschaft, *commercial term*.
🚂 Eisenbahn, *railway*, *railroad*.
✈ Flugwesen, *aviation*.
✉ Postwesen, *post and telecommunications*.
♪ Musik, *musical term*.
⌂ Architektur, *architecture*.
ϟ Elektrotechnik, *electrical engineering*.
⚖ Rechtswissenschaft, *legal term*.
A Mathematik, *mathematics*.
⚒ Landwirtschaft, *agriculture*.
⚗ Chemie, *chemistry*.
⚕ Medizin, *medicine*.
→ cross-reference mark; see p. 20.

A square box □ after an English adjective indicates that the adverb is formed regularly by adding ***-ly***, changing ***-le*** into ***-ly***, or ***-y*** into ***-ily***:

bald □ = ***baldly***
change·a·ble □ = ***changeably***
bus·y □ = ***busily***

Some adverbs are formed by adding ***-ally*** to the adjective. This is indicated by a box followed by the adverbial ending:

his·tor·ic (□ ***~ally***) = ***historically***

Adverb forms deriving from adjectives which may end in ***-ic*** or ***-ical*** are given as follows:

phil·o·soph·ic, **phil·o·soph·i·cal** *adj.* □

i. e., ***philosophically*** is the adverb derived from both adjective forms.

If an adjective is followed by a cross-reference to the adverb, this means that the adverb is used in a sense quite different from that of the adjective:

a·ble □ → ***ably***

Was bedeutet das Zeichen ~, die Tilde?

Ein Symbol, das Ihnen ständig in den Stichwortartikeln begegnet, ist ein Wiederholungszeichen, die Tilde (~ 2).

Zusammengehörige oder verwandte Wörter sind häufig zum Zwecke der Raumersparnis unter Verwendung der Tilde zu Gruppen vereinigt. Die Tilde vertritt dabei entweder das ganze Stichwort oder den vor dem senkrechten Strich (|) stehenden Teil des Stichworts.

> **drink·ing** ... ~ **wa·ter** = *drinking water*
> **'head|·light** ... '**~·line** = *headline*

Bei den in halbfetter kursiver Auszeichnungsschrift gesetzten Redewendungen vertritt die Tilde stets das unmittelbar vorhergehende Stichwort, das selbst schon mit Hilfe der Tilde gebildet worden sein kann:

> **,dou·ble|·'act·ing** ... **,~·'edged** ...: ~ *sword* = *double-edged sword*

Wechselt die Schreibung von klein zu groß oder von groß zu klein, steht statt der einfachen Tilde (~) die Kreistilde (2):

> **mid·dle| age** ... 2 **Ag·es** = *Middle Ages*
> **Ren·ais·sance** ... **2.** 2 'Wiedergeburt *f* ... = *renaissance*

Einige Worte zu den Übersetzungen und Wendungen

Nach dem fettgedruckten Stichwort, der Ausspracheangabe in eckigen Klammern und der Bezeichnung der Wortart kommt als nächstes das, was für Sie wahrscheinlich das Wichtigste ist: **die Übersetzung**.

Die Übersetzungen haben wir folgendermaßen untergliedert: römische Ziffern zur Unterscheidung der Wortarten (Substantiv, Verb, Adjektiv, Adverb etc.), arabische Ziffern zur Unterscheidung der einzelnen Bedeutungen, kleine Buchstaben zur weiteren Bedeutungsdifferenzierung. z. B.

> **face** ... I *s.* **1.** Gesicht *n* ...; *in (the)* ~ *of* a) angesichts (*gen.*), gegenüber (*dat.*), b) trotz (*gen. od. dat.*) ...; II *v/t.* **11.** ansehen ...; III *v/i.* ...

Weist ein Stichwort grundsätzlich verschiedene Bedeutungen auf, so wird es mit einer hochgestellten Zahl, dem Exponenten, als eigenständiges Stichwort wiederholt:

> **chap**[1] [tʃæp] *s.* F Bursche *m*, Junge *m* ...
> **chap**[2] [tʃæp] *s.* Kinnbacken *m* ...
> **chap**[3] [tʃæp] I *v/t. u. v/i.* rissig machen *od.* werden ...;
> II *s.* Riß *m*, Sprung *m*.

Dies geschieht aber nicht in Fällen, in denen sich die zweite Bedeutung aus der Hauptbedeutung des Grundwortes entwickelt hat.

The swung dash, or tilde (~)

A symbol you will repeatedly come across in the dictionary articles is the so-called tilde (~ 2), which serves as a replacement mark. For reasons of space, related words are often combined in groups with the help of the tilde. In these cases, the tilde replaces either the entire entry word or that part of it which precedes a vertical bar (|):

> **drink·ing** ... ~ **wa·ter** = *drinking water*
> **'head|·light** ... '**~·line** = *headline*

In the case of the phrases in boldface italics, the tilde replaces the entry word immediately preceding, which itself may also have been formed with the help of a tilde:

> **,dou·ble|·'act·ing** ... **,~·'edged** ...: ~ *sword* = *double-edged sword*

If there is a switch from a small initial letter to a capital or vice-versa, the standard tilde (~) appears with a circle (2):

> **mid·dle| age** ... 2 **Ag·es** = *Middle Ages*
> **Ren·ais·sance** ... **2.** 2 'Wiedergeburt *f* ... = *renaissance*

Translations and phraseology

After the boldface entry word, its phonetic transcription in square brackets, and its part of speech label, we finally come to the most important part of the entry: **the translation(s)**.

Where an entry word has several different meanings, the translations have been arranged as follows: different parts of speech (nouns, verbs, adjectives, adverbs etc.) separated by Roman numerals, different senses by Arabic numerals, and related senses by small letters:

> **face** ... I *s.* **1.** Gesicht *n* ...; *in (the)* ~ *of* a) angesichts (*gen.*), gegenüber (*dat.*), b) trotz (*gen. od. dat.*) ...; II *v/t.* **11.** ansehen ...; III *v/i.* ...

Where a word has fundamentally different meanings, it appears as two or more separate entries distinguished by exponents, or raised figures:

> **chap**[1] [tʃæp] *s.* F Bursche *m*, Junge *m* ...
> **chap**[2] [tʃæp] *s.* Kinnbacken *m* ...
> **chap**[3] [tʃæp] I *v/t. u. v/i.* rissig machen *od.* werden ...;
> II *s.* Riß *m*, Sprung *m*.

This does not apply to senses which have directly evolved from the primary meaning of the word.

Anwendungsbeispiele in halbfetter kursiver Auszeichnungsschrift werden meist unter den zugehörigen Ziffern aufgeführt. Sind es sehr viele Beispiele, so werden sie in einem eigenen Abschnitt „*Besondere Redewendungen*" zusammengefaßt (siehe Stichwort **heart**). Eine Übersetzung der Beispiele wird nicht gegeben, wenn diese sich aus der Grundübersetzung von selbst ergibt:

> **a·like** ... **II** *adv.* gleich, ebenso, in gleichem Maße: *she helps enemies and friends ~.*

Bei sehr umfangreichen Stichwortartikeln werden auch die Zusammensetzungen von **Verben mit Präpositionen oder Adverbien** an das Ende der betreffenden Artikel angehängt, z.B. *come across*, *get up*.

Bei den Übersetzungen wird in Fällen, in denen die Aussprache Schwierigkeiten verursachen könnte, die Betonung durch **Akzent(e)** vor der zu betonenden Trennsilbe gegeben. Akzente werden gesetzt bei Wörtern, die nicht auf der ersten Silbe betont werden, z.B. „Bäcke'rei", „je'doch", außer wenn es sich um eine der stets unbetonten Vorsilben handelt, sowie bei Zusammensetzungen mit Vorsilben, deren Betonung wechselt, z.B. „'Mißtrauen", „miß'trauen". Grundsätzlich entfällt der Akzent jedoch bei Verben auf „-ieren" und deren Ableitungen. Bei kursiven Erläuterungen und bei den Übersetzungen von Anwendungsbeispielen werden keine Akzente gesetzt.

Der **verkürzte Bindestrich** (-) steht zwischen zwei Konsonanten, um anzudeuten, daß sie getrennt auszusprechen sind, z.B. „Häus-chen", ebenso in Fällen, die zu Mißverständnissen führen können, z.B. „Erb-lasser".

Wie Sie sicher wissen, gibt es im **britischen und amerikanischen Englisch** hier und da unterschiedliche Bezeichnungen für dieselbe Sache. Ein Engländer sagt z.B. *pavement*, wenn er den „Bürgersteig" meint, der Amerikaner spricht dagegen von *sidewalk*. Im Wörterbuch finden Sie die Wörter, die hauptsächlich im britischen Englisch gebraucht werden, mit *Brit.* gekennzeichnet. Die Wörter, die typisch für den amerikanischen Sprachgebrauch sind, werden mit *Am.* gekennzeichnet.

Auf die verschiedenen Wortarten haben wir bereits hingewiesen. Der Eintrag *dependence* z.B. ist ein Substantiv (Hauptwort). Dies können Sie daran erkennen, daß hinter der Lautschriftklammer ein kursives *s* steht. Dementsprechend steht hinter der deutschen Übersetzung „Abhängigkeit" ein kursives *f*, bzw. hinter „Angewiesensein" ein kursives *n*. Diese Buchstaben geben – wie auch das kursive *m* – das **Genus** (Geschlecht) des deutschen Wortes an und kennzeichnen es damit als Substantiv. Die Genusangabe unterbleibt, wenn

Illustrative phrases in boldface italics are generally given within the respective categories of the dictionary article. Where there are a lot af examples, these are found in a separate section entitled "*Besondere Redewendungen*" (see for example the entry **heart**).

Illustrative phrases whose meaning is self-evident are not translated:

> **a·like** ... **II** *adv.* gleich, ebenso, in gleichem Maße: *she helps enemies and friends ~.*

In the case of particularly long articles, **verbal phrases** such as *come across*, *get up* etc. are given separately at the end of the main part of the article.

Where the pronunciation of a German translation could be ambiguous or problematical, **accents** are placed before the stressed syllable(s). Accents are also given in words whose initial syllable is unstressed (e.g. 'Bäcke'rei', 'je'doch'), unless it is a generally unstressed prefix. They are further given in compounds in which the accent shifts (e.g. 'Mißtrauen', 'miß'trauen'). Accentuation is not provided for verbs ending in '-ieren' and their derivatives, nor in definitions in italics or translations of phraseology.

A **hyphen** is inserted between two consonants to indicate that they are pronounced separately (e.g. 'Häus-chen') and in words which might be misinterpreted (e.g. 'Erb-lasser').

British and American English occasionally differ in the way they describe things. For *pavement*, for example, an American would say *sidewalk*. In the dictionary, words which are predominantly used in British English are marked *Brit.*, and those which are typically American are marked *Am.*

We have already mentioned the different parts of speech. The entry word *dependence*, for example, is a noun. This is indicated by the letter *s.* in italics following the phonetic transcription in square brackets. The German translations 'Abhängigkeit' and 'Angewiesensein' are followed by an italic *f* and *n* respectively. These letters, together with the italic *m*, indicate the gender of the German noun, i.e. they show whether it is masculine, feminine or neuter. The gender is not given if it can be inferred from the context, e.g. from the

das Genus aus dem Zusammenhang ersichtlich ist, z. B. „scharfes Durchgreifen", und wenn die weibliche Endung in Klammern steht, z. B. „Verkäufer (-in)". Sie unterbleibt auch bei Erläuterungen in kursiver Schrift, wird aber in den Anwendungsbeispielen dann gegeben, wenn sich das Genus der Übersetzungen hier nicht aus der Grundübersetzung ergibt.

Oft wird Ihnen aber auch die folgende Abweichung begegnen:

Unter **dependant** finden Sie die Übersetzung „(Fa'milien)Angehörige(r m) f". „Angehörige" ist weiblich; deshalb steht hinter der Klammer ein f. Es besteht aber auch die Möglichkeit, **dependant** als „Angehöriger" zu übersetzen – und das ist männlich. Genau das steht in der Klammer: (r m), das Endungs-r und m = maskulin.

Sie werden bereits gemerkt haben, daß es selten vorkommt, daß nur eine Übersetzung hinter dem jeweiligen Stichwort steht. Meist ist es so, daß ein Stichwort mehrere sinnverwandte Übersetzungen hat, die durch **Komma** voneinander getrennt werden.

Die Bedeutungsunterschiede in den Übersetzungen werden gekennzeichnet:

    a) durch das **Semikolon** und die Unterteilung in **arabische Ziffern**:
        bal·ance ... **1.** Waage f ...; **2.** Gleichgewicht n
        ...
    b) durch Unterteilung in **kleine Buchstaben** zur weiteren Bedeutungsdifferenzierung,
    c) durch **Erläuterungen** in kursiver Schrift,
    d) durch vorangestellte **bildliche Zeichen** und **abgekürzte Begriffsbestimmungen** (siehe das Verzeichnis auf Seite 17 und die Liste mit den Abkürzungen auf den Seiten 28 und 29).
Siehe auch das Kapitel über die verschiedenen Schriftarten auf Seite 13.

Einfache Anführungszeichen bedeuten, daß eine Übersetzung entweder einer niederen Sprachebene angehört:

        gov·er·nor ... **4.** F der ‚Alte'
oder in figurativer (bildlicher) Bedeutung gebraucht wird:

        land·slide ... **1.** Erdrutsch m; **2.** ... fig. ‚Erdrutsch' m

Häufig finden Sie auch bei einem Stichwort oder einem Stichwortartikel ein **Verweiszeichen** (→). Es hat folgende Bedeutungen:

    a) Verweis von Stichwort zu Stichwort bei Bedeutungsgleichheit, z. B.

        gaun·try → gantry

adjective ending in 'scharfes Durchgreifen', or if the feminine ending is added in brackets, as in 'Verkäufer(in)'. Definitions in italics do not contain gender indications, and they are only given in phraseology where they cannot be derived from the primary translations.

Frequently you will come across translations such as '(Familien)Angehörige(r m) f' in the article **dependant**. Here 'Angehörige' is feminine, as indicated by the f after the parentheses. But **dependant** can also be translated 'Angehöriger', which is masculine. This is indicated by (r m) in parentheses, which gives the ending -r and the gender indication m to show that it is masculine.

It is quite rare for an entry word to be given just one translation. Usually a word will have several related translations, which are separated by a **comma**.

Different senses of a word are indicated by

    a) **semicolons** and **Arabic numerals**:
        bal·ance ... **1.** Waage f ...; **2.** Gleichgewicht n
        ...
    b) **small letters** for related senses,
    c) italics for **definitions**,
    d) **pictographic symbols** and **abbreviations of subject areas** (see p. 17 and the list of abbreviations on pp. 28−29).
See also the section on p. 13 concerning the different typefaces.

Single quotation marks mean that a translation is either very informal:

        gov·er·nor ... **4.** F der ‚Alte'
or used in figurative sense:

        land·slide ... **1.** Erdrutsch m; **2.** ... fig. ‚Erdrutsch' m

Frequently you will come across an **arrow** (→) after an entry word or elsewhere in a dictionary article. It is used

    a) as a cross reference to another entry:

        gaun·try → gantry

b) Verweis innerhalb eines Stichwortartikels, z. B.

> **dice** [daɪs] **I** *s. pl. von* **die²** 1 Würfel *pl.*, Würfelspiel *n*: **play** (**at**) ~ → II ... **II** *v/i.* würfeln, knobeln

c) oft wurde an Stelle eines Anwendungsbeispiels auf ein anderes Stichwort verwiesen, das ebenfalls in dem Anwendungsbeispiel enthalten ist:

> **square** ... **15.** ⅄ a) den Flächeninhalt berechnen von (*od. gen.*), b) *Zahl* quadrieren, ins Qua'drat erheben, c) *Figur* quadrieren; → **circle** 1

Das heißt, daß die Wendung *square the circle* unter dem Stichwort *circle* aufgeführt und dort übersetzt ist.

Runde Klammern werden verwendet

a) zur Vereinfachung der Übersetzung, z. B.

> **cov·er** ... **4.** ... (Bett-, Möbel- *etc.*)Bezug *m* ...

b) zur Raumersparnis bei gekoppelten Anwendungsbeispielen, z. B.

> **make** (**break**) **contact** Kontakt herstellen (unterbrechen) = *make contact/break contact* ...

Grammatik auch im Wörterbuch?

Etwas Grammatik wollen wir Ihnen zumuten. Mit diesem letzten Punkt sind Sie, wie wir glauben, für die Arbeit mit *Ihrem Wörterbuch* bestens gerüstet.

Den grammatisch richtigen Gebrauch eines Wortes können Sie häufig den „Zusätzen" entnehmen.

Die **Rektion** von deutschen Präpositionen wird dann angegeben, wenn sie verschiedene Fälle regieren können, z. B. „vor", „über".

Die Rektion von Verben wird nur dann angegeben, wenn sie von der des Grundwortes abweicht oder wenn das englische Verb von einer bestimmten Präposition regiert wird. Folgende Anordnungen sind möglich:

a) wird ein Verb, das im Englischen transitiv ist, im Deutschen intransitiv übersetzt, so wird die abweichende Rektion angegeben:

> **con·tra·dict** ... *v/t.* **1.** ... wider'sprechen (*dat.*) ...

b) gelten für die deutschen Übersetzungen verschiedene Rektionen, so steht die englische Präposition in halbfetter kursiver Auszeichnungsschrift in Klammern vor der ersten Übersetzung, die deutschen Rektionsangaben stehen hinter jeder Einzelübersetzung:

> **de·scend** ... **4.** (*to*) zufallen (*dat.*), 'übergehen, sich vererben (auf *acc.*) ...

b) as a reference within an article:

> **dice** [daɪs] **I** *s. pl. von* **die²** 1 Würfel *pl.*, Würfelspiel *n*: **play** (**at**) ~ → II ... **II** *v/i.* würfeln, knobeln

c) as a cross reference to another entry which provides an illustrative phrase containing the initial entry word:

> **square** ... **15.** ⅄ a) den Flächeninhalt berechnen von (*od. gen.*), b) *Zahl* quadrieren, ins Qua'drat erheben, c) *Figur* quadrieren; → **circle** 1

This tells you that the expression *square the circle* and its translation are found in the entry *circle*.

Parentheses are used

a) to help present the translations as simply as possible:

> **cov·er** ... **4.** ... (Bett-, Möbel- *etc.*)Bezug *m* ...

b) to combine related phrases in order to save space:

> **make** (**break**) **contact** Kontakt herstellen (unterbrechen) = *make contact/break contact* ...

Grammar in a dictionary?

A little bit of grammar, we feel, is not amiss in a dictionary, and knowing what to do with the grammatical information available will enable the user to get the most out of this dictionary.

Information on the correct grammatical use of a word is usually appended to the translation(s).

Where a German preposition can govern either the dative or accusative case, the appropriate case is indicated, as with 'vor' and 'über'.

The cases governed by verbs are given only if they deviate from those of the English verb or where an English verb takes a preposition. The following arrangements are possible:

a) where an English transitive verb is rendered intransitively in German, the required case is given:

> **con·tra·dict** ... *v/t.* **1.** ... wider'sprechen (*dat.*) ...

b) where the German translations take varying cases, the appropriate English preposition is given in boldface italics and in brackets preceding the first translation, while the German grammatical indicators follow each individual translation:

> **de·scend** ... **4.** (*to*) zufallen (*dat.*), 'übergehen, sich vererben (auf *acc.*) ...

c) stimmen Präposition und Rektion für alle Übersetzungen überein, so stehen sie in Klammern hinter der letzten Übersetzung:

> **ob·serve** ... **4.** Bemerkungen machen, sich äußern (**on, upon** über *acc.*) ...

Außerdem finden Sie bei den Stichwörtern noch die folgenden **besonderen Grammatikpunkte** aufgeführt:

a) unregelmäßiger Plural:

> **child** ... *pl.* **chil·dren** ...
> **a·nal·y·sis** ... *pl.* **-ses** ... (= *pl.* **analyses**)

b) unregelmäßige Verben:

> **give** ... **II** *v/t.* [*irr.*] ... **III** *v/i.* [*irr.*] ...
> **out·grow** ... [*irr. → grow*] ...

Der Hinweis *irr.* bedeutet: in der Liste der unregelmäßigen englischen Verben auf Seite 23 und 24 finden Sie die unregelmäßigen Formen.

c) auslautendes **-c** wird zu **-ck** vor **-ed, -er, -ing** und **-y**:

> **frol·ic** ... **II** *v/i. pret. u. p.p.* **'frol·icked** ...

d) bei unregelmäßigen Steigerungsformen Hinweis auf die Grundform:

> **bet·ter** ... **I** *comp. von* **good** ... **III** *comp. von* **well** ...
> **best** ... **I** *sup. von* **good** ... **II** *sup. von* **well** ...

Die vorausgegangenen Seiten zeigen, daß Ihnen das Wörterbuch mehr bietet als nur einfache Wort-für-Wort-Gleichungen, wie Sie sie in den Vokabelspalten von Lehrbüchern finden.

Und nun viel Erfolg bei der Suche nach den lästigen, aber doch so notwendigen Vokabeln!

---

c) where the English preposition and the German case apply to all translations, they are given in brackets after the final translation:

> **ob·serve** ... **4.** Bemerkungen machen, sich äußern (**on, upon** über *acc.*) ...

The following grammatical information is also provided:

a) irregular plurals:

> **child** ... *pl.* **chil·dren** ...
> **a·nal·y·sis** ... *pl.* **-ses** ... (= *pl.* **analyses**)

b) irregular verbs:

> **give** ... **II** *v/t.* [*irr.*] ... **III** *v/i.* [*irr.*] ...
> **out·grow** ... [*irr. → grow*] ...

The abbreviation *irr.* means that the principal parts of the verb can be found in the list of irregular verbs on pp. 23–24.

c) final **-c** becomes **-ck** before **-ed, -er, -ing** and **-y**:

> **frol·ic** ... **II** *v/i. pret. u. p.p.* **'frol·icked** ...

d) irregular comparative and superlative forms include a reference to the base form:

> **bet·ter** ... **I** *comp. von* **good** ... **III** *comp. von* **well** ...
> **best** ... **I** *sup. von* **good** ... **II** *sup. von* **well** ...

We hope that this somewhat lengthy introduction has shown you that this dictionary contains a great deal more than simple one-to-one translations, and that you are now well-equipped to make the most of all it has to offer.

Happy word-hunting!

Irregular Verbs
Unregelmäßige Verben

The verb forms are given in the following order: infinitive (in bold print), past tense (after the first dash), past participle (after the second dash).

abide – abode, abided – abode, abided
arise – arose – arisen
awake – awoke, awaked – awoken, awaked

be – was, were – been
bear – bore – borne
beat – beat – beaten, beat
become – became – become
beget – begot – begotten
begin – began – begun
bend – bent – bent
bereave – bereft, bereaved – bereft, bereaved
beseech – besought, beseeched – besought, beseeched
bet – bet, betted – bet, betted
bid – bad(e), bid – bid, bidden
bide – bode, bided – bided
bind – bound – bound
bite – bit – bitten, bit
bleed – bled – bled
blow – blew – blown
break – broke – broken
breed – bred – bred
bring – brought – brought
broadcast – broadcast, broadcasted – broadcast, broadcasted
build – built – built
burn – burnt, burned – burnt, burned
burst – burst – burst
buy – bought – bought

cast – cast – cast
catch – caught – caught
chide – chid, chided – chidden, chid, chided
choose – chose – chosen
cleave – cleft, clove, cleaved – cleft, cloven, cleaved
cling – clung – clung
come – came – come
cost – cost – cost
creep – crept – crept
cut – cut – cut

deal – dealt – dealt
deepfreeze – deepfroze, -freezed – deepfrozen, -freezed
dig – dug – dug
dive – dived, *Am. a.* dove – dived

do – did – done
draw – drew – drawn
dream – dreamt, dreamed – dreamt, dreamed
drink – drank – drunk
drive – drove – driven
dwell – dwelt, dwelled – dwelt, dwelled

eat – ate – eaten

fall – fell – fallen
feed – fed – fed
feel – felt – felt
fight – fought – fought
find – found – found
flee – fled – fled
fling – flung – flung
fly   flew – flown
forbid – forbade, forbad – forbidden
forget – forgot – forgotten, forgot
forgive – forgave – forgiven
forsake – forsook – forsaken
freeze – froze – frozen

get – got – got, *Am.* gotten
gild – gilded, gilt – gilded, gilt
gird – girded, girt – girded, girt
give – gave – given
go – went – gone
grind – ground – ground
grow – grew – grown

hang – hung, hanged – hung, hanged
have – had – had
hear – heard – heard
heave – heaved, hove – heaved, hove
hew – hewed – hewn, hewed
hide – hid – hidden, hid
hit – hit – hit
hold – held – held
hurt – hurt – hurt

inset – inset – inset

keep – kept – kept
kneel – knelt, kneeled – knelt, kneeled
knit – knitted, knit – knitted, knit
know – knew – known

lade – laded – laded, laden
lay – laid – laid

lead – led – led
lean – leant, leaned – leant, leaned
leap – leapt, leaped – leapt, leaped
learn – learnt, learned – learnt, learned
leave – left – left
lend – lent – lent
let – let – let
lie – lay – lain
light – lit, lighted – lit, lighted
lose – lost – lost

make – made – made
mean – meant – meant
meet – met – met
mow – mowed – mown, mowed

outbid – outbid – outbid, outbidden

pay – paid – paid
put – put – put

read – read – read
rend – rent – rent
rid – rid – rid
ride – rode – ridden
ring – rang – rung
rise – rose – risen
rive – rived – rived, riven
run – ran – run

saw – sawed – sawn, sawed
say – said – said
see – saw – seen
seek – sought – sought
sell – sold – sold
send – sent – sent
set – set – set
sew – sewed – sewn, sewed
shake – shook – shaken
shave – shaved – shaved, shaven
shed – shed – shed
shine – shone – shone
shit – shit, shat – shit
shoe – shod, shoed – shod, shoed
shoot – shot – shot
show – showed – shown, showed
shrink – shrank, shrunk – shrunk
shut – shut – shut
sing – sang – sung
sink – sank, sunk – sunk

24

sit – sat – sat
slay – slew – slain
sleep – slept – slept
slide – slid – slid, slidden
sling – slung – slung
slink – slunk – slunk
slit – slit – slit
smell – smelt, smelled – smelt, smelled
smite – smote – smitten
sow – sowed – sown, sowed
speak – spoke – spoken
speed – sped, speeded – sped, speeded
spell – spelt, spelled – spelt, spelled
spend – spent – spent
spill – spilt, spilled – spilt, spilled
spin – spun, span – spun
spit – spat, *Am. a.* spit – spat, *Am. a.* spit
split – split – split
spoil – spoilt, spoiled – spoilt, spoiled
spread – spread – spread

spring – sprang, *Am. a.* sprung – sprung
stand – stood – stood
stave – staved, stove – staved, stove
steal – stole – stolen
stick – stuck – stuck
sting – stung – stung
stink – stank, stunk – stunk
strew – strewed – strewn, strewed
stride – strode – stridden
strike – struck – struck
string – strung – strung
strive – strove – striven
swear – swore – sworn
sweat – sweat, sweated – sweat, sweated
sweep – swept – swept
swell – swelled – swollen, swelled
swim – swam – swum
swing – swung – swung

take – took – taken

teach – taught – taught
tear – tore – torn
tell – told – told
think – thought – thought
thrive – thrived, throve – thrived, thriven
throw – threw – thrown
thrust – thrust – thrust
tread – trod – trodden, trod

wake – woke, waked – woken, waked
wear – wore – worn
weave – wove – woven
wed – wedded, wed – wedded, wed
weep – wept – wept
wet – wetted, wet – wetted, wet
win – won – won
wind – wound – wound
wring – wrung – wrung
write – wrote – written

Numerals

Zahlwörter

Grundzahlen

0 nought, zero, cipher; *teleph.* 0 [əʊ] *null*
1 one *eins*
2 two *zwei*
3 three *drei*
4 four *vier*
5 five *fünf*
6 six *sechs*
7 seven *sieben*
8 eight *acht*
9 nine *neun*
10 ten *zehn*
11 eleven *elf*
12 twelve *zwölf*
13 thirteen *dreizehn*
14 fourteen *vierzehn*
15 fifteen *fünfzehn*
16 sixteen *sechzehn*
17 seventeen *siebzehn*
18 eighteen *achtzehn*
19 nineteen *neunzehn*
20 twenty *zwanzig*
21 twenty-one *einundzwanzig*
22 twenty-two *zweiundzwanzig*
30 thirty *dreißig*
31 thirty-one *einunddreißig*
40 forty *vierzig*
41 forty-one *einundvierzig*
50 fifty *fünfzig*
51 fifty-one *einundfünfzig*
60 sixty *sechzig*
61 sixty-one *einundsechzig*
70 seventy *siebzig*
71 seventy-one *einundsiebzig*
80 eighty *achtzig*
81 eighty-one *einundachtzig*
90 ninety *neunzig*
91 ninety-one *einundneunzig*
100 a *od.* one hundred *hundert*
101 a hundred and one *hundert(und)eins*
200 two hundred *zweihundert*
300 three hundred *dreihundert*
572 five hundred and seventy-two *fünfhundert-(und)zweiundsiebzig*

1000 a *od.* one thousand *(ein)tausend*
1066 ten sixty-six *tausendsechsundsechzig*
1992 nineteen (hundred and) ninety-two *neunzehnhundertzweiundneunzig*
2000 two thousand *zweitausend*
5044 *teleph.* five 0 double four *fünfzig vierundvierzig*
1000000 a *od.* one million *eine Million*
2000000 two million *zwei Millionen*
1000000000 a *od.* one billion *eine Milliarde*

Ordnungszahlen

1. first *erste*
2. second *zweite*
3. third *dritte*
4. fourth *vierte*
5. fifth *fünfte*
6. sixth *sechste*
7. seventh *siebente*
8. eighth *achte*
9. ninth *neunte*
10. tenth *zehnte*
11. eleventh *elfte*
12. twelfth *zwölfte*
13. thirteenth *dreizehnte*
14. fourteenth *vierzehnte*
15. fifteenth *fünfzehnte*
16. sixteenth *sechzehnte*
17. seventeenth *siebzehnte*
18. eighteenth *achtzehnte*
19. nineteenth *neunzehnte*
20. twentieth *zwanzigste*
21. twenty-first *einundzwanzigste*
22. twenty-second *zweiundzwanzigste*
23. twenty-third *dreiundzwanzigste*
30. thirtieth *dreißigste*
31. thirty-first *einunddreißigste*
40. fortieth *vierzigste*
41. forty-first *einundvierzigste*
50. fiftieth *fünfzigste*

Bruchzahlen und andere Zahlenwerte

½ one *od.* a half *ein halb*
1½ one and a half *anderthalb*
2½ two and a half *zweieinhalb*
⅓ one *od.* a third *ein Drittel*
⅔ two thirds *zwei Drittel*
¼ one *od.* a quarter, one fourth *ein Viertel*
¾ three quarters, three fourths *drei Viertel*
⅕ one *od.* a fifth *ein Fünftel*
3⅘ three and four fifths *drei vier Fünftel*
⅝ five eighths *fünf Achtel*
$^{12}/_{20}$ twelve twentieths *zwölf Zwanzigstel*
$^{75}/_{100}$ seventy-five hundredths *fünfundsiebzig Hundertstel*
.45 point four five *null Komma vier fünf*
2.5 two point five *zwei Komma fünf*

once *einmal*
twice *zweimal*
three (four) times *drei- (vier)mal*
twice as much (many) *zweimal* od. *doppelt so viel(e)*
firstly (secondly, thirdly), in the first (second, third) place *erstens* (*zweitens*, *drittens*)
$7 + 8 = 15$ seven and eight are fifteen *sieben und* od. *plus acht ist fünfzehn*
$9 - 4 = 5$ nine less four is five *neun minus* od. *weniger vier ist fünf*
$2 \times 3 = 6$ twice three is *od.* makes six *zweimal drei ist sechs*
$20 : 5 = 4$ twenty divided by five is four *zwanzig dividiert* od. *geteilt durch fünf ist vier*

British and American Weights and Measures
Britische und amerikanische Maße und Gewichte

Linear Measure
Längenmaße

1 inch	= 2,54 cm
1 foot	= 12 inches = 30,48 cm
1 yard	= 3 feet = 91,44 cm
1 (statute) mile	
	= 1760 yards = 1,609 km
1 hand	= 4 inches = 10,16 cm
1 rod (perch, pole)	
	= 5½ yards = 5,029 m
1 chain	= 4 rods = 20,117 m
1 furlong	= 10 chains
	= 201,168 m

Nautical Measure
Nautische Maße

1 fathom	= 6 feet = 1,829 m
1 cable's length	
	= 100 fathoms = 182,9 m
⚓✕ Brit.	= 608 feet
	= 185,3 m
⚓✕ Am.	= 720 feet
	= 219,5 m
1 nautical mile	
	= 10 cables' length
	= 1,852 km

Square Measure
Flächenmaße

1 square inch	= 6,452 cm^2
1 square foot	= 144 square inches
	= 929,029 cm^2
1 square yard	= 9 square feet
	= 8361,26 cm^2
1 acre	= 4840 square yards
	= 4046,8 m^2
1 square mile	= 640 acres
	= 259 ha = 2,59 km^2
1 square rod (square pole,	
square perch)	= 30¼ square yards
	= 25,293 m^2
1 rood	= 40 square rods
	= 1011,72 m^2
1 acre	= 4 roods = 4046,8 m^2

Avoirdupois Weight
Handelsgewichte

1 grain	= 0,0648 g	
1 dram	= 27.3438 grains	
	= 1,772 g	
1 ounce	= 16 drams	= 28,35 g
1 pound	= 16 ounces = 453,59 g	
1 hundredweight	= 1 quintal	
Brit.	= 112 pounds	
	= 50,802 kg	
Am.	= 100 pounds	
	= 45,359 kg	
1 long ton		
Brit.	= 20 hundredweights	
	= 1016,05 kg	
1 short ton		
Am.	= 20 hundredweights	
	= 907,185 kg	
1 stone	= 14 pounds = 6,35 kg	
1 quarter		
Brit.	= 28 pounds	
	= 12,701 kg	
Am.	= 25 pounds	
	= 11,339 kg	

Troy Weight
Troygewichte

1 grain	= 0,0648 g	
1 pennyweight		
	= 24 grains = 1,5552 g	
1 ounce	= 20 pennyweights	
	= 31,1035 g	
1 pound	= 12 ounces	
	= 373,2418 g	

Cubic Measure
Raummaße

1 cubic inch	= 16,387 cm^3
1 cubic foot	= 1728 cubic inches
	= 0,02832 m^3
1 cubic yard	= 27 cubic feet
	= 0,7646 m^3

British Measure
of Capacity
Britische Hohlmaße

Trocken- und Flüssigkeitsmaße

1 gill	= 0,142 l	
1 pint	= 4 gills	= 0,568 l
1 quart	= 2 pints	= 1,136 l
1 gallon	= 4 quarts	= 4,5459 l
1 quarter	= 64 gallons = 290,935 l	

Trockenmaße

1 peck	= 2 gallons	= 9,092 l
1 bushel	= 4 pecks	= 36,368 l

Flüssigkeitsmaße

1 barrel	= 36 gallons = 163,656 l	

American Measure
of Capacity
Amerikanische Hohlmaße

Trockenmaße – Dry Measure

1 pint	= 0,5506 l	
1 quart	= 2 pints	= 1,1012 l
1 gallon	= 4 quarts	= 4,405 l
1 peck	= 2 gallons	= 8,8096 l
1 bushel	= 4 pecks	= 35,2383 l

Flüssigkeitsmaße – Liquid Measure

1 gill	= 0,1183 l	
1 pint	= 4 gills	= 0,4732 l
1 quart	= 2 pints	= 0,9464 l
1 gallon	= 4 quarts	= 3,7853 l
1 barrel	= 31.5 gallons	
	= 119,228 l	
1 hogshead	= 2 barrels	= 238,456 l
1 barrel petroleum		
	= 42 gallons = 158,97 l	

Abbreviations used in the dictionary
Im Wörterbuch verwandte Abkürzungen

a.	auch, *also*.	F	*familiar*, umgangssprachlich.
abbr.	*abbreviation*, Abkürzung.	f	*feminine*, weiblich.
acc.	*accusative* (*case*), Akkusativ.	*fenc.*	*fencing*, Fechten.
act.	*active voice*, Aktiv.	*fig.*	*figuratively*, im übertragenen Sinne, bildlich.
adj.	*adjective*, Adjektiv.		
adv.	*adverb*, Adverb.	*Fr.*	*French*, französisch.
allg.	allgemein, *generally*.		
Am.	(*originally*) *American English*, (ursprünglich) amerikanisches Englisch.	*gen.*	*genitive* (*case*), Genitiv.
		geogr.	*geography*, Geographie.
amer. } *amer.* }	amerikanisch, *American*.	*geol.*	*geology*, Geologie.
		Ger.	*German*, deutsch.
anat.	*anatomy*, Anatomie.	*ger.*	*gerund*, Gerundium.
antiq.	*antiquity*, Antike.	*Ggs.*	Gegensatz, *antonym*.
Arab.	*Arabic*, arabisch.		
ast.	*astronomy*, Astronomie.	*her.*	*heraldry*, Heraldik, Wappenkunde.
art.	*article*, Artikel.	*hist.*	*historical*, historisch; inhaltlich veraltet.
attr.	*attributive*(*ly*), attributiv.		
		humor.	*humorously*, scherzhaft.
bibl.	*biblical*, biblisch.	*hunt.*	*hunting*, Jagd.
biol.	*biology*, Biologie.		
Brit.	*in British usage only*, nur im britischen Englisch gebräuchlich.	*ichth.*	*ichthyology*, Ichthyologie, Fischkunde.
		impers.	*impersonal*, unpersönlich.
brit. } *brit.* }	britisch, *British*.	*ind.*	*indicative* (*mood*), Indikativ.
		inf.	*infinitive* (*mood*), Infinitiv.
b.s.	*bad sense*, im schlechten Sinne.	*int.*	*interjection*, Interjektion.
bsd.	besonders, *particularly*.	*interrog.*	*interrogative*, Interrogativ...
		Ir.	*Irish*, irisch.
cj.	*conjunction*, Konjunktion.	*iro.*	*ironically*, ironisch.
coll.	*collectively*, als Sammelwort.	*irr.*	*irregular*, unregelmäßig.
comp.	*comparative*, Komparativ.	*Ital.*	*Italian*, italienisch.
contp.	*contemptuously*, verächtlich.		
		j-d, j-d	jemand, *someone*.
dat.	*dative* (*case*), Dativ.	*j-m, j-m*	jemandem, *to someone*.
dem.	*demonstrative*, Demonstrativ...	*j-n, j-n*	jemanden, *someone*.
dial.	*dialectal*, dialektisch.	*j-s, j-s*	jemandes, *someone's*.
eccl.	*ecclesiastical*, kirchlich, geistlich.	*konkr.*	konkret, *concretely*.
e-e, e-e	eine, *a* (*an*).	*konstr.*	konstruiert, *construed*.
e-m, e-m	einem, *to a* (*an*).		
e-n, e-n	einen, *a* (*an*).	*Lat.*	*Latin*, lateinisch.
engS.	im engeren Sinne, *in the narrower sense*.	*ling.*	*linguistics*, Linguistik, Sprachwissenschaft.
e-r, e-r	einer, *of a* (*an*), *to a* (*an*).	*lit.*	*literary*, literarisch.
e-s, e-s	eines, *of a* (*an*).		
et., et.	etwas, *something*.	m	*masculine*, männlich.
etc.	*et cetera*, usw.	*m-e, m-e*	meine, *my*.
euphem.	*euphemistically*, beschönigend.	*metall.*	*metallurgy*, Metallurgie.

meteor.	*meteorology*, Meteorologie.
min.	*mineralogy*, Mineralogie.
m-m } *m-m*	meinem, *to my*.
m-n } *m-n*	meinen, *my*.
mot.	*motoring*, Auto, Verkehr.
mount.	*mountaineering*, Bergsteigen.
m-r, *m-r*	meiner, *of my, to my*.
m-s, *m-s*	meines, *of my*.
mst	meistens, *mostly, usually*.
myth.	*mythology*, Mythologie.
n	*neuter*, sächlich.
neg.	*negative*, verneinend.
nom.	*nominative (case)*, Nominativ.
npr.	*proper name*, Eigenname.
obs.	*obsolete*, veraltet.
od., *od.*	oder, *or*.
opt.	*optics*, Optik.
orn.	*ornithology*, Ornithologie, Vogelkunde.
o.s.	*oneself*, sich.
paint.	*painting*, Malerei.
parl.	*parliamentary term*, parlamentarischer Ausdruck.
pass.	*passive voice*, Passiv.
ped.	*pedagogy*, Pädagogik; Schülersprache.
pers.	*personal*, Personal...
pharm.	*pharmacy*, Pharmazie.
phls.	*philosophy*, Philosophie.
phot.	*photography*, Fotografie.
phys.	*physics*, Physik.
physiol.	*physiology*, Physiologie.
pl.	*plural*, Plural.
poet.	*poetically*, dichterisch.
pol.	*politics*, Politik.
poss.	*possessive*, Possessiv...
p.p.	*past participle*, Partizip Perfekt.
pred.	*predicative(ly)*, prädikativ.
pres.	*present*, Präsens.
pres.p.	*present participle*, Partizip Präsens.
pret.	*preterit(e)*, Präteritum.
pron.	*pronoun*, Pronomen.
prp.	*preposition*, Präposition.
psych.	*psychology*, Psychologie.
R.C.	*Roman-Catholic*, römisch-katholisch.
Redew.	Redewendung, *phrase*.
refl.	*reflexive*, reflexiv.
rel.	*relative*, Relativ...
rhet.	*rhetoric*, Rhetorik.
s.	*substantive, noun*, Substantiv.
Scot.	*Scottish*, schottisch.
sculp.	*sculpture*, Bildhauerei.
s-e, *s-e*	seine, *his, one's*.
sg.	*singular*, Singular.
sl.	*slang*, Slang.
s-m, *s-m*	seinem, *to his, to one's*.
s-n, *s-n*	seinen, *his, one's*.
s.o., *s.o.*	*someone*, jemand(en).
sociol.	*sociology*, Soziologie.
sport	*sports*, Sport.
s-r, *s-r*	seiner, *of his, of one's, to his, to one's*.
s-s, *s-s*	seines, *of his, of one's*.
s.th., *s.th.*	*something*, etwas.
subj.	*subjunctive (mood)*, Konjunktiv.
sup.	*superlative*, Superlativ.
surv.	*surveying*, Landvermessung.
tel.	*telegraphy*, Telegrafie.
teleph.	*telephone system*, Fernsprechwesen.
thea.	*theatre*, Theater.
TM	*trademark*, Warenzeichen.
TV	*television*, Fernsehen.
typ.	*typography*, Buchdruck.
u., *u.*	und, *and*.
univ.	*university*, Hochschulwesen; Studentensprache.
V	*vulgar*, vulgär, unanständig.
v/aux.	*auxiliary verb*, Hilfsverb.
vet.	*veterinary medicine*, Tiermedizin.
v/i.	*intransitive verb*, intransitives Verb.
v/refl.	*reflexive verb*, reflexives Verb.
v/t.	*transitive verb*, transitives Verb.
weitS.	im weiteren Sinne, *more widely taken*.
z.B.	zum Beispiel, *for instance*.
zo.	*zoology*, Zoologie.
Zs.-, zs.-	zusammen, *together*.
Zssg(n)	Zusammensetzung(en), *compound word(s)*.

A

A, a [eɪ] **I** s. **1.** A n, a n (Buchstabe, ♪ Note): *from A to Z* von A bis Z; **2. A** ped. Am. Eins f (Note); **II** adj. **3. A** erst; **4. A** Am. ausgezeichnet.

A 1 [ˌeɪˈwʌn] adj. **1.** ♲ erstklassig (Schiff); **2.** F I a, 'prima.

a [eɪ; ə], vor vokalischem Anlaut **an** [æn; ən] **1.** ein, eine (unbestimmter Artikel): *a woman*; manchmal vor pl.: *a barracks* eine Kaserne; *a bare five minutes* knappe fünf Minuten; **2.** der-, die-, das'selbe: *two of a kind* zwei (von jeder Art); **3.** per, pro, je: *twice a week* zweimal wöchentlich od. in der Woche; *fifty pence a dozen* fünfzig Pence pro od. das Dutzend; **4.** einzig: *at a blow* auf 'einen Schlag.

Aar·on's rod [ˌeərənz] s. ♥ **1.** Königskerze f; **2.** Goldrute f.

a·back [əˈbæk] adv. **1.** ♲ back, gegen den Mast; **2.** nach hinten, zurück; **3.** fig. *taken ~* bestürzt, verblüfft, sprachlos.

ab·a·cus [ˈæbəkəs] pl. **-ci** [-saɪ] u. **-cus·es** s. 'Abakus m: a) Rechenbrett n, -gestell n, b) △ Kapi'telldeckplatte f.

a·baft [əˈbɑːft] ♲ **I** prp. achter, hinter; **II** adv. achteraus.

a·ban·don [əˈbændən] **I** v/t. **1.** auf-, preisgeben, verzichten auf (acc.) (a. ✝), entsagen (dat.), Hoffnung fahrenlassen; **2.** (a. ♲ Schiff) aufgeben, verlassen; Aktion einstellen; sport Spiel abbrechen; **3.** im Stich lassen; Ehefrau böswillig verlassen; Kinder aussetzen; **4.** (*s.th. to s.o.*) j-m et.) über'lassen, ausliefern; **5.** *~ o.s. (to)* sich 'hingeben, sich über'lassen (dat.); **II** s. [əˈbãdõ] **6.** Hemmungslosigkeit f, Wildheit f; *with ~* mit Hingabe, wie toll; **a·ban·doned** [-nd] adj. **1.** verlassen, aufgegeben; herrenlos; **2.** liederlich; **3.** hemmungslos, wild; **a·ban·don·ment** [-mənt] s. **1.** Auf-, Preisgabe f, Verzicht m; (to an acc.) Über'lassung f, Abtretung f; (♲ böswilliges) Verlassen; (Kindes-) Aussetzung f; **3.** → abandon 6.

a·base [əˈbeɪs] v/t. erniedrigen, demütigen, entwürdigen; **a·base·ment** [-mənt] s. Erniedrigung f, Demütigung f, Verfall m.

a·bash [əˈbæʃ] v/t. beschämen; in Verlegenheit od. aus der Fassung bringen.

a·bate [əˈbeɪt] **I** v/t. **1.** vermindern, verringern; Preis etc. her'absetzen, ermäßigen; **2.** Schmerz lindern; Stolz, Eifer mäßigen; **3.** ♲ Mißstand beseitigen; Verfügung aufheben; Verfahren einstellen; **II** v/i. **4.** abnehmen, nachlassen; sich legen (Wind, Schmerz); fallen (Preis); **a·bate·ment** [-mənt] s. **1.** Abnehmen n, Nachlassen n, Verminde-

rung f, Linderung f; (Lärm- etc.)Bekämpfung f; **2.** Abzug m, (Preis-etc.)Nachlaß m; **3.** ♲ Beseitigung f, Aufhebung f.

ab·a·tis [ˈæbətɪs] s. sg. u. pl. [pl. -tiːz] ⚔ Baumverhau m.

ab·at·toir [ˈæbətwɑː] (Fr.) s. Schlachthaus n.

ab·ba·cy [ˈæbəsɪ] s. Abtswürde f; **ab·bess** [ˈæbes] s. Äb'tissin f; **ab·bey** [ˈæbɪ] s. **1.** Ab'tei f: *the ~* Brit. die Westminsterabtei; **2.** Brit. herrschaftlicher Wohnsitz (frühere Abtei); **ab·bot** [ˈæbət] s. Abt m.

ab·bre·vi·ate [əˈbriːvɪeɪt] v/t. (ab)kürzen; **ab·bre·vi·a·tion** [əˌbriːvɪˈeɪʃn] s. (bsd. ling. Ab)Kürzung f.

ABC, Abc [ˌeɪbiːˈsiː] **I** s. **1.** Am. oft pl. Abc n, Alpha'bet n; **2.** fig. Anfangsgründe pl.; **3.** alpha'betisch angeordnetes Handbuch; **II** adj. **4. the ~ powers** die ABC-Staaten (Argentinien, Brasilien, Chile); **5. ~ weapons** ABC-Waffen, atomare, biologische u. chemische Waffen; **~ warfare** ABC-Kriegführung f.

ab·di·cate [ˈæbdɪkeɪt] **I** v/t. Amt, Recht etc. aufgeben, niederlegen; verzichten auf (acc.), entsagen (dat.); **II** v/i. abdanken; **ab·di·ca·tion** [ˌæbdɪˈkeɪʃn] s. Abdankung f, Verzicht m (of auf acc.); freiwillige Niederlegung (e-s Amtes etc.): *~ of the throne* Thronverzicht m.

ab·do·men [ˈæbdəmen] s. **1.** anat. Abdomen n, 'Unterleib m, Bauch m; **2.** zo. ('Hinter)Leib m (von Insekten etc.); **ab·dom·i·nal** [æbˈdɒmɪnl] adj. **1.** anat. Unterleibs..., Bauch...; **2.** zo. Hinterleibs...

ab·duct [æbˈdʌkt] v/t. gewaltsam entführen; **ab·duc·tion** [-kʃn] s. Entführung f.

a·beam [əˈbiːm] adv. u. adj. ♲, ✈ querab, dwars.

a·be·ce·dar·i·an [ˌeɪbiːsiːˈdeərɪən] **I** s. **1.** Abc-Schütze m; **II** adj. **2.** alpha'betisch (geordnet); **3.** fig. elemen'tar.

a·bed [əˈbed] adv. zu od. im Bett.

Ab·er·do·ni·an [ˌæbəˈdəʊnjən] **I** adj. aus Aber'deen stammend; **II** s. Einwohner (-in) von Aberdeen.

ab·er·ra·tion [ˌæbəˈreɪʃn] s. **1.** Abweichung f; **2.** fig. a) Verirrung f, Fehltritt m, b) (geistige) Verwirrung; **3.** phys., ast. Aberrati'on f.

a·bet [əˈbet] v/t. begünstigen, Vorschub leisten (dat.); aufhetzen, anstiften; ♲ → aid 1; **a·bet·ment** [-mənt] s. Beihilfe f, Vorschub m; Anstiftung f; **a·bet·tor** [-tə] s. Anstifter m, (Helfers)Helfer m, ♲ a. Gehilfe m.

a·bey·ance [əˈbeɪəns] s. Unentschieden-

heit f, Schwebe f: *in ~* a) bsd. ♲ in der Schwebe, schwebend unwirksam, b) ♲ herrenlos (Grund u. Boden); *fall into ~* zeitweilig außer Kraft treten.

ab·hor [əbˈhɔː] v/t. ver'abscheuen; **ab·hor·rence** [əbˈhɒrəns] s. **1.** Abscheu m (of vor dat.); **2.** → abomination 2; **ab·hor·rent** [əbˈhɒrənt] adj. □ verabscheuungswürdig; abstoßend; verhaßt (to dat.).

a·bide [əˈbaɪd] [irr.] **I** v/i. **1.** bleiben, fortdauern; **2. ~ by** treu bleiben (dat.), bleiben bei, festhalten an (dat.); sich halten an (acc.); sich abfinden mit; **II** v/t. **3.** erwarten; **4.** F (mst neg.) (v)ertragen, ausstehen: *I can't ~ him*; **a·bid·ing** [-dɪŋ] adj. □ dauernd, beständig.

Ab·i·gail [ˈæbɪɡeɪl] (Hebrew) **I** npr. **1.** bibl. Abi'gail f; **2.** weiblicher Vorname; **II** s. **3.** 🜨 (Kammer)Zofe f.

a·bil·i·ty [əˈbɪlətɪ] s. **1.** Fähigkeit f, Befähigung f; Können n; psych. A'bility f: *to the best of one's ~* nach besten Kräften; *~ to pay* ✝ Zahlungsfähigkeit; *~ test* Eignungsprüfung f; **2.** mst pl. geistige Anlagen pl.

ab·ject [ˈæbdʒekt] adj. □ **1.** niedrig, gemein; elend; kriecherisch; **2.** fig. tiefst, höchst, äußerst: *~ despair*; *~ misery*.

ab·ju·ra·tion [ˌæbdʒʊəˈreɪʃn] s. Abschwörung f; **ab·jure** [əbˈdʒʊə] v/t. abschwören, (feierlich) entsagen (dat.); aufgeben; wider'rufen.

ab·lac·ta·tion [ˌæblækˈteɪʃn] s. Abstillen n e-s Säuglings.

ab·la·ti·val [ˌæbləˈtaɪvl] adj. ling. Ablativ...; **ab·la·tive** [ˈæblətɪv] **I** s. 'Ablativ m; **II** adj. Ablativ...

ab·laut [ˈæblaʊt] (Ger.) s. ling. Ablaut m.

a·blaze [əˈbleɪz] adv. u. adj. **1.** a. fig. in Flammen, a. fig. lodernd: *set ~* entflammen; **2.** fig. (with) a) entflammt (von), b) glänzend (vor dat., von): *all ~* Feuer und Flamme.

a·ble [ˈeɪbl] adj. □ → ably; **1.** fähig, geschickt, tüchtig: *be ~ to* können, imstande sein zu; *he was not ~ to get up* er konnte nicht aufstehen; *~ to work* arbeitsfähig; *~ to pay* ✝ zahlungsfähig; *~ seaman* → able-bodied 1; **2.** begabt, befähigt; **3.** (vor)'trefflich: *an ~ speech*; **4.** ♲ befähigt, fähig; *~able-'bod·ied* adj. **1.** körperlich leistungsfähig, kräftig: *~ seaman* Brit. Vollmatrose (abbr. A.B.); **2.** ⚔ wehrfähig, (dienst)tauglich.

ab·let [ˈæblɪt] s. ichth. Weißfisch m.

a·bloom [əˈbluːm] adv. u. adj. in Blüte (stehend), blühend.

ab·lu·tion [əˈbluːʃn] s. eccl. u. humor. Waschung f.

a·bly ['eɪblɪ] *adv.* geschickt, mit Geschick, gekonnt.

A-B meth·od *s.* ⚡ A-B-Betrieb *m.*

ab·ne·gate ['æbnɪgeɪt] *v/t.* (ab-, ver-) leugnen; aufgeben, verzichten auf (*acc.*); **ab·ne·ga·tion** [ˌæbnɪ'geɪʃn] *s.* **1.** Ab-, Verleugnung *f;* **2.** Verzicht *m* (*of* auf *acc.*); **3.** *mst* self-~ Selbstverleugnung *f.*

ab·nor·mal [æb'nɔːml] *adj.* □ **1.** 'abnor-ˌmal, 'anomal, ungewöhnlich; geistig behindert; mißgebildet; **2.** ⊙ 'normwidrig; **ab·nor·mal·i·ty** [ˌæbnɔː'mælətɪ] *s.,* **ab'nor·mi·ty** [-mətɪ] *s.* Abnormi'tät *f;* Anoma'lie *f.*

a·board [ə'bɔːd] *adv. u. prp.* ⚓, ✈ an Bord; in (*e-m od. e-n Bus etc.*): **go** ~ an Bord gehen, ⚓ *a.* sich einschiffen; **all** ~! a) alle Mann *od.* alle Reisenden an Bord!, b) 🚂 *etc.* alles einsteigen!

a·bode [ə'bəʊd] **I** *pret. u. p.p. von* **abide; II** *s.* Aufenthalt *m;* Wohnort *m,* -sitz *m;* Wohnung *f:* **take one's** ~ s-n Wohnsitz aufschlagen; **of no fixed** ~ ᵗᵗ ohne festen Wohnsitz.

a·boil [ə'bɔɪl] *adv. u. adj.* siedend, kochend, in Wallung (*alle a. fig.*).

a·bol·ish [ə'bɒlɪʃ] *v/t.* **1.** abschaffen, aufheben; **2.** vernichten; **ab·o·li·tion** [ˌæbəʊ'lɪʃn] *s.* Abschaffung *f* (*Am. bsd. der Sklaverei*), Aufhebung *f,* Beseitigung *f;* ᵗᵗ Niederschlagung *f* (*e-s Verfahrens*); **ˌab·o'li·tion·ism** [-ʃənɪzəm] *s.* Abolitio'nismus *m:* a) *hist.* (Poli'tik *f* der) Sklavenbefreiung *f,* b) Bekämpfung *f* e-r bestehenden Einrichtung; **ˌab·o'li·tion·ist** [-ʃənɪst] *s. hist.* Abolitio'nist(in).

'A-bomb *s.* A'tombombe *f.*

a·bom·i·na·ble [ə'bɒmɪnəbl] *adj.* □ abscheulich, scheußlich; **a'bom·i·nate** [-neɪt] *v/t.* ver'abscheuen; **a·bom·i·na·tion** [əˌbɒmɪ'neɪʃn] *s.* **1.** Abscheu *m* (*of vor dat.*); **2.** Greuel *m,* Gegenstand *m* des Abscheus: **smoking is her pet** ~ F das Rauchen ist ihr ein wahrer Greuel.

ab·o·rig·i·nal [ˌæbə'rɪdʒənl] **I** *adj.* □ eingeboren, ureingesessen, ursprünglich, einheimisch; **II** *s.* Ureinwohner *m;* **ab·o'rig·i·nes** [-dʒəniːz] *s. pl.* **1.** Ureinwohner *pl.,* Urbevölkerung *f;* **2.** *die* ursprüngliche Flora und Fauna.

a·bort [ə'bɔːt] **I** *v/i.* **1.** ✈ e-e Fehl- *od.* Frühgeburt haben; **2.** *biol.* verkümmern; **3.** fehlschlagen; **II** *v/t.* **4.** *Raumflug etc.* abbrechen; **a'bort·ed** [-tɪd] *adj.* → **abortive** 1, 3, 4; **a͵bor·ti'fa·cient** [-tɪ'feɪʃənt] *s.* Abtreibungsmittel *n;* **a·bor·tion** [ə'bɔːʃn] *s.* **1.** ✈ a) Ab'ort *m,* Fehl- *od.* Frühgeburt *f,* b) Abtreibung *f,* 'Schwangerschaftsunterˌbrechung *f:* **procure an** ~ e-e Abtreibung vornehmen (*on s.o.* bei j-m); **2.** 'Mißgeburt *f* (*a. fig.*); Verkümmerung *f;* **3.** *fig.* Fehlschlag *m;* **a·bor·tion·ist** [ə'bɔːʃnɪst] *s.* Abtreiber(in); **a'bor·tive** [-tɪv] *adj.* □ **1.** zu früh geboren; **2.** vorzeitig; **3.** miß'lungen, erfolglos, fruchtlos: **prove** ~ sich als Fehlschlag erweisen; **4.** *biol.* verkümmert; **5.** ✈ Frühgeburt verursachend; abtreibend.

a·bound [ə'baʊnd] *v/i.* **1.** im 'Überfluß *od.* reichlich vor'handen sein; **2.** 'Überfluß haben (*in* an *dat.*); **3.** voll sein, wimmeln (*with* von); **a'bound·ing** [-dɪŋ] *adj.* reichlich (vor'handen) reich (*in* an *dat.*), voll (*with* von).

---

a·bout [ə'baʊt] **I** *prp.* **1.** um, um ... herum; **2.** umher in (*dat.*): **wander** ~ *the streets;* **3.** bei, auf (*dat.*), an (*dat.*), um, in (*dat.*): (**somewhere**) ~ *the house* irgendwo im Haus; **have you any money** ~ *you?* haben Sie Geld bei sich?; **look** ~ *you!* sieh dich um!; **there is nothing special** ~ *him* an ihm ist nichts Besonderes; **4.** wegen, über (*acc.*), um (*acc.*), von: **talk** ~ *business* über Geschäfte sprechen; **I'll see** ~ *it* ich werde danach sehen *od.* mich darum kümmern; **what is it** ~? worum handelt es sich?; **5.** im Begriff, da'bei: **he was** ~ *to go out;* **6.** beschäftigt mit: **what is he** ~? was macht er (da)?; **he knows what he is** ~ er weiß, was er tut *od.* was er will; **II** *adv.* **7.** um'her, ('rings-, 'rund)herˌum: **drive** ~ umherˌ*od.* herumfahren; **the wrong way** ~ falsch herum; **three miles** ~ drei Meilen im Umkreis; **all** ~ überall; **a long way** ~ ein großer Umweg; ~ *face! Am.,* ~ *turn! Brit.* ✕ (ganze Abteilung) kehrt!; **8.** ungefähr, etwa, um, gegen: ~ *three miles* etwa drei Meilen; ~ *this time* ungefähr um diese Zeit; ~ *noon* um die Mittagszeit, gegen Mittag; *that's just* ~ *enough!* das reicht (mir gerade)!; **9.** auf, in Bewegung: **be** (**up and**) ~ auf den Beinen sein; **there is no one** ~ es ist niemand in der Nähe *od.* da; *smallpox is* ~ die Pocken gehen um; **10.** → **bring about** *etc.;* ~**-face,** ~**-turn** *s.* Kehrtwendung *f, fig. a.* (völliger) 'Umschwung.

a·bove [ə'bʌv] **I** *prp.* **1.** über (*dat.*), oberhalb (*gen.*): ~ *sea level* über dem Meeresspiegel; ~ (*the*) *average* über dem Durchschnitt; **2.** *fig.* über, mehr als; erhaben über (*acc.*): ~ *all* vor allem; *you,* ~ *all others* von allen Menschen gerade du; *he is* ~ *that* er steht über der Sache, er ist darüber erhaben; *she was* ~ *taking advice* sie war zu stolz, Rat anzunehmen; *he is not* ~ *accepting a bribe* er scheut sich nicht, Bestechungsgelder anzunehmen; *be* ~ *s.o.* j-m überlegen sein; *it is* ~ *me* es ist mir zu hoch, es geht über m-n Verstand; **II** *adv.* **3.** oben, oberhalb; **4.** *eccl.* droben im Himmel: *from* ~ von oben, vom Himmel; *the powers* ~ die himmlischen Mächte; **5.** über, dar'über (hin'aus): *over and* ~ obendrein, über'dies; **6.** weiter oben, oben...: ~**-mentioned; 7.** nach oben; **III** *adj.* **8.** obig, obenerwähnt: *the* ~ *remarks;* **IV** *s.* **9.** *das* Obige, *das* Obenerwähnte.

a͵bove|**-'board** *adv. u. adj.* **1.** offen, ehrlich; **2.** einwandfrei; ~**'ground** *adj.* **1.** ⊙, ⚒ über Tage, oberirdisch; **2.** *fig.* (noch) am Leben.

A-B pow·er pack *s.* ⚡ Netzteil *n* für Heiz- u. An'odenleistung.

ab·ra·ca·dab·ra [ˌæbrəkə'dæbrə] *s.* **1.** Abraka'dabra *n* (*Zauberwort*); **2.** *fig.* Kauderwelsch *n.*

ab·rade [ə'breɪd] *v/t.* abschürfen, ab-, aufschucurn; abnutzen, verschleißen (*a. fig.*); ⊙ *a.* abschleifen.

A·bra·ham ['eɪbrəhæm] *npr. bibl.* 'Abraham *m:* *in* ~'s *bosom* (sicher wie) in Abrahams Schoß.

ab·ra·sion [ə'breɪʒn] *s.* **1.** Abreiben *n,* Abschleifen *n* (*a.* ✈); **2.** ⊙ Abrieb *m;*

Abnützung *f,* Verschleiß *m;* **3.** ✈ (Haut)Abschürfung *f,* Schramme *f;* **ab'ra·sive** [-sɪv] **I** *adj.* □ abreibend, abschleifend, Schleif..., Schmirgel...; *fig.* ätzend; **II** *s.* ⊙ Schleifmittel *n.*

ab·re·act [ˌæbrɪ'ækt] *v/t. psych.* abreagieren; **ˌab·re'ac·tion** [-kʃn] *s.* 'Abreakti͵on *f.*

a·breast [ə'brest] *adv.* Seite an Seite, nebenein'ander: *four* ~; ~ *of od.* **with** auf der Höhe *gen. od.* von, neben; *keep* ~ *of* (*od.* **with**) *fig.* Schritt halten mit.

a·bridge [ə'brɪdʒ] *v/t.* **1.** (ab-, ver)kürzen; zs.-ziehen; **2.** *fig.* beschränken, beschneiden; **a'bridged** [-dʒd] *adj.* (ab-) gekürzt, Kurz...; **a'bridg(e)·ment** [-mənt] *s.* **1.** (Ab-, Ver)Kürzung *f;* **2.** Abriß *m,* Auszug *m;* gekürzte (Buch-) Ausgabe; **3.** Beschränkung *f.*

a·broad [ə'brɔːd] *adv.* **1.** im *od.* ins Ausland, auswärts, draußen: **go** ~ ins Ausland reisen; *from* ~ aus dem Ausland; **2.** draußen, im Freien: **be** ~ *early* schon früh aus dem Haus sein; **3.** weit um'her, über'all'hin: **spread** ~ (weit) verbreiten; *the matter has got* ~ die Sache ist ruchbar geworden; *a rumo(u)r is* ~ es gebt das Gerücht; **4.** *fig. all* ~ a) ganz im Irrtum, b) völlig verwirrt.

ab·ro·gate ['æbrəʊgeɪt] *v/t.* abschaffen, *Gesetz etc.* aufheben; **ab·ro·ga·tion** [ˌæbrəʊ'geɪʃn] *s.* Abschaffung *f,* Aufhebung *f.*

ab·rupt [ə'brʌpt] *adj.* □ **1.** abgerissen, zs.-hanglos (*a. fig.*); **2.** jäh, steil; **3.** kurz angebunden, schroff; **4.** plötzlich, ab'rupt, jäh; **ab'rupt·ness** [-nɪs] *s.* **1.** Abgerissenheit *f,* Zs.-hangslosigkeit *f;* **2.** Steilheit *f;* **3.** Schroffheit *f;* **4.** Plötzlichkeit *f.*

ab·scess ['æbsɪs] *s.* ✈ Ab'szeß *m,* Geschwür *n,* Eiterbeule *f.*

ab·scis·sion [æb'sɪʒn] *s.* Abschneiden *n,* Abtrennung *f.*

ab·scond [əb'skɒnd] *v/i.* **1.** sich heimlich da'vonmachen, flüchten (*from* vor *dat.*); *a.* ~ *from justice* sich den Gesetzen *od.* der Festnahme entziehen: ~*ing debtor* flüchtiger Schuldner; **2.** sich verstecken.

ab·sence ['æbsəns] *s.* **1.** Abwesenheit *f* (*from* von): ~ *of mind* → **absent-mindedness; 2.** (*from*) Fernbleiben *n* (von), Nichterscheinen *n* (in *dat.,* bei, zu): ~ *without leave* ✕ unerlaubte Entfernung von der Truppe; **3.** (*of*) Fehlen *n* (*gen. od.* von), Mangel *m* (an *dat.*): *in the* ~ *of* in Ermangelung von (*od. gen.*).

ab·sent I *adj.* □ ['æbsənt] **1.** abwesend, fehlend, nicht vor'handen *od.* zu'gegen: *be* ~ fehlen; **2.** geistesabwesend, zerstreut; **II** *v/t.* [æb'sənt] **3.** ~ *o.s.* (*from*) fernbleiben (*dat. od.* von), sich entfernen (von, aus); **ab·sen·tee** [ˌæbsən'tiː] *s.* **1.** Abwesende(r *m*) *f;* ~ *ballot,* ~ *vote pol.* Briefwahl *f;* ~ *voter* Briefwähler(in); **2.** (unentschuldigt) Fehlende(r *m*) *f;* **3.** Eigentümer, der nicht auf s-m Grundstück lebt; **ab·sen·tee·ism** [ˌæbsən'tiːɪzəm] *s.* häufiges *od.* längeres (unentschuldigtes) Fehlen (am Arbeitsplatz, in der Schule); **ab·sent·mind·ed** *adj.* □ geistesabwesend, zerstreut; **ˌab·sent-'mind·ed·ness** [-nɪs] *s.* Gei-

stesabwesenheit f, Zerstreutheit f.
ab·sinth(e) ['æbsɪnθ] s. **1.** ♀ Wermut m; **2.** Ab'sinth m (Branntwein).
ab·so·lute ['æbsəlu:t] **I** adj. □ **1.** abso-'lut (a. ♄, ling., phys., phls.): ~ altitude ✈ absolute (Flug)Höhe; ~ majority pol. absolute Mehrheit; ~ temperature absolute (od. Kelvin)Temperatur; ~ zero absoluter Nullpunkt; **2.** unbedingt, unbeschränkt: ~ monarchy absolute Monarchie; ~ ruler unumschränkter Herrscher; ~ gift Schenkung f; **3.** ♠ rein, unvermischt: ~ alcohol absoluter Alkohol; **4.** rein, völlig, abso-'lut, voll'kommen: ~ nonsense; **5.** bestimmt, wirklich; 'positiv: ~ fact nackte Tatsache; become ~ ♄ rechtskräftig werden; **II** s. **6.** the ~ das Absolute; **'ab·so·lute·ly** [-lɪ] adv. **1.** abso'lut, völlig, vollkommen, 'durchaus; **2.** F abso-'lut(!), unbedingt(!), ganz recht(!); **ab·so·lu·tion** [ˌæbsəˈlu:ʃn] s. **1.** eccl. Absolu-ti'on f, Sündenerlaß m; **2.** ♄ Freisprechung f; **ab·so·lu·tism** ['æbsəlu:tɪzəm] s. pol. Absolu'tismus m, unbeschränkte Regierungsform od. Herrschergewalt.
ab·solve [əbˈzɒlv] v/t. **1.** frei-, lossprechen (of von Sünde, from von Verpflichtung), entbinden (from von od. gen.); **2.** eccl. Absoluti'on erteilen (dat.)
ab·sorb [əbˈsɔ:b] v/t. **1.** absorbieren, auf-, einsaugen, (ver)schlucken; a. fig. Wissen etc. (in sich) aufnehmen; vereinigen (Into mit); **2.** sich einverleiben, trinken; **3.** fig. aufzehren, verschlingen, schlucken; ✈ Kaufkraft abschöpfen; **4.** fig. ganz in Anspruch nehmen od. beschäftigen, fesseln; **5.** phys. absorbieren, resorbieren, in sich aufnehmen, auffangen, Schall schlucken, Schall, Stoß dämpfen; **ab'sorbed** [-bd] adj. □ fig. (in) gefesselt (von), vertieft od. versunken (in acc.): ~ in thought; **ab-'sorb·ent** [-bənt] **I** adj. absorbierend, aufsaugend: ~ cotton ♠ Verbandwatte f; **II** s. Absorpti'onsmittel n; **ab'sorb·ing** [-bɪŋ] adj. □ **1.** aufsaugend; fig. fesselnd, packend; **2.** ⊙, biol. Absorptions..., Aufnahme... (a. ♦); **ab·sorp·tion** [əbˈsɔ:pʃn] s. **1.** a. ♄, ♀, ⊙, biol., phys. Auf-, Einsaugung f, Aufnahme f, Absorpti'on f; Vereinigung f; **2.** Verdrängung f, Verbrauch m; (Schall-, Stoß)Dämpfung f; **3.** fig. (in) Vertieftsein n (in acc.), gänzliche In'anspruchnahme (durch); **ab·sorp·tive** [əbˈsɔ:ptɪv] adj. absorp'tiv, Absorptions..., absorbierend, (auf)saug-, aufnahmefähig.
ab·stain [əbˈsteɪn] v/i. **1.** sich enthalten (from gen.); **2.** a. ~ from voting sich der Stimme enthalten; **ab'stain·er** [-nə] s. mst total ~ Absti'nenzler m.
ab·ste·mi·ous [æbˈsti:mjəs] adj. □ enthaltsam, mäßig, fru'gal (a. Essen).
ab·sten·tion [æbˈstenʃn] s. **1.** Enthaltung f (from von); **2.** a. ~ from voting pol. Stimmenthaltung f.
ab·sti·nence ['æbstɪnəns] s. Absti'nenz f, Enthaltung f (from von), Enthaltsamkeit f: total ~ (völlige) Abstinenz, vollkommene Enthaltsamkeit; day of ~ R.C. Abstinenztag m; **'ab·sti·nent** [-nt] adj. □ enthaltsam, mäßig, absti'nent.
ab·stract¹ ['æbstrækt] **I** adj. □ **1.** ab-

'strakt, theo'retisch, rein begrifflich; **2.** ling. ab'strakt (Ggs. konkret); **3.** ♄ ab-'strakt, rein (Ggs. angewandt): ~ number abstrakte Zahl; **4.** → abstruse; **5.** paint. ab'strakt; **II** s. **6.** das Ab'strakte: in the ~ rein theoretisch (betrachtet), an u. für sich; **7.** ling. Ab'straktum n, Begriffs(haupt)wort n; **8.** Auszug m, Abriß m, Inhaltsangabe f, 'Übersicht f: ~ of account ✝ Konto-, Rechnungsauszug; ~ of title ♄ Besitztitel m, Eigentumsnachweis m.
ab·stract² [æbˈstrækt] v/t. **1.** Geist etc. ablenken; (ab)sondern, trennen; **2.** abstrahieren; für sich od. (ab)gesondert betrachten; **3.** e-n Auszug machen von, kurz zs.-fassen; **4.** ♠ destillieren; **5.** entwenden; **ab'stract·ed** [-tɪd] adj. □ **1.** (ab)gesondert, getrennt; **2.** zerstreut, geistesabwesend; **ab'strac·tion** [-kʃn] s. **1.** Abstrakti'on f, a. ♠ Absonderung f; **2.** a. ♄ Wegnahme f, Entwendung f; **3.** phls. Abstrakti'on f, ab-'strakter Begriff; **4.** Versunkenheit f, Zerstreutheit f; **5.** ab'straktes Kunstwerk.
ab·struse [æbˈstru:s] adj. □ dunkel, schwerverständlich, ab'strus.
ab·surd [əbˈsɜ:d] adj. □ ab'surd (a. thea.), unsinnig, lächerlich; **ab-'surd·i·ty** [-dətɪ] s. Absurdi'tät f, Sinnlosigkeit f, Albernheit f, Unsinn m: reduce to ~ ad absurdum führen.
a·bun·dance [əˈbʌndəns] s. **1.** (of) 'Überfluß m (an dat.), Fülle f (von), (große) Menge (von): in ~ in Hülle und Fülle; **2.** Überschwang m der Gefühle; **3.** Wohlstand m, Reichtum m; **a'bun·dant** [-nt] adj. □ **1.** reichlich (vor'handen); **2.** (in od. with) im 'Überfluß besitzend (acc.), reich (an dat.), reichlich versehen (mit); **3.** ♄ abun'dant; **a-'bun·dant·ly** [-ntlɪ] adv. reichlich, völlig, in reichem Maße.
a·buse I v/t. [əˈbju:z] **1.** miß'brauchen; 'übermäßig beanspruchen; **2.** grausam behandeln, miß'handeln; Frau miß-'brauchen; **3.** beleidigen, beschimpfen; **II** s. [əˈbju:s] **4.** 'Mißbrauch m, -stand m, falscher Gebrauch; 'Übergriff m: ~ of authority ♄ Amts-, Ermessensmißbrauch; **5.** Miß'handlung f; **6.** Kränkung f, Beschimpfung f, Schimpfworte pl.; **a'bu·sive** [juːsɪv] adj. □ **1.** 'mißbräuchlich; **2.** beleidigend, ausfallend: he became ~; ~ language Schimpfworte pl.; **3.** falsch (angewendet).
a·but [əˈbʌt] v/i. angrenzen, -stoßen, (sich) anlehnen (on, upon, against an acc.): **a'but·ment** [-mənt] s. ♄ Strebepfeiler m, 'Widerlager n e-r Brücke etc.; **a'but·tals** [-tlz] s. pl. (Grundstücks-) Grenzen pl; **a'but·ter** [-tə] s. ♄ Anlieger m, Anrainer m.
a·bysm [əˈbɪzəm] s. poet. Abgrund m; **a'bys·mal** [-zml] adj. □ abgrundtief, bodenlos, unergründlich (a. fig.): ~ ignorance grenzenlose Dummheit; **a·byss** [əˈbɪs] s. **1.** a. fig. Abgrund m, Schlund m; **2.** Hölle f.
Ab·ys·sin·i·an [ˌæbɪˈsɪnjən] **I** adj. abes-'sinisch; **II** s. Abes'sinier(in).
a·ca·cia [əˈkeɪʃə] s. **1.** ♀ a) A'kazie f, b) a. false ~ Gemeine Ro'binie; **2.** A'kazien,gummi m, n.
ac·a·dem·i·a [ˌækəˈdi:mɪə] s. die akademische Welt; **ac·a·dem·ic** [ˌækə-

'demɪk] **I** adj. (□ ~ally) **1.** aka'demisch, Universitäts...: ~ dress od. costume akademische Tracht; ~ year Studienjahr n; **2.** (geistes)wissenschaftlich: ~ achievement; an ~ course; **3.** a) aka'demisch, (rein) theo'retisch: an ~ question, b) unpraktisch, nutzlos; **4.** konventio'nell, traditio'nell; **II** s. **5.** Aka'demiker(in); **6.** Universi'tätsmitglied n (Dozent, Student etc.); **ac·a-'dem·i·cal** [-kl] adj. □ → academic 1, 2; **II** s. pl. aka'demische Tracht; **a·cad·e·mi·cian** [əˌkædəˈmɪʃn] s. Akade'miemitglied n; **ac·a·de·my** [əˈkædəmɪ] s. **1.** ♀ Akade'mie f (Platos Philosophenschule); **2.** a) Hochschule f, b) höhere Lehranstalt (allgemeiner od. spezieller Art): military ~ Militärakademie f, Kriegsschule f; riding ~ Reitschule f; **3.** Akade'mie f der Wissenschaften etc., gelehrte Gesellschaft.
a·ca·jou ['ækəʒu:] ~ cashew.
a·can·thus [əˈkænθəs] s. **1.** ♀ Bärenklau m, f; **2.** △ A'kanthus m, Laubverzierung f.
ac·cede [ækˈsi:d] v/i. ~ to **1.** e-m Vertrag, Verein etc. beitreten; e-m Vorschlag beipflichten, in et. einwilligen; **2.** zu et. gelangen; Amt antreten; Thron besteigen.
ac·cel·er·ant [ækˈselərənt] **I** adj. beschleunigend; **II** s. ♠ 'positiver Katalysator; **ac·cel·er·ate** [ækˈseləreɪt] **I** v/t. **1.** beschleunigen, die Geschwindigkeit erhöhen von (od. gen.); fig. Entwicklung etc. beschleunigen, fördern; et. ankurbeln; **2.** Zeitpunkt vorverlegen; **II** v/i. **3.** schneller werden; **ac'cel·er·at·ing** [-reɪtɪŋ] adj. Beschleunigungs...: ~ grid ⚡ Beschleunigungs-, Schirmgitter n; **ac·cel·er·a·tion** [ækˌseləˈreɪʃn] s. **1.** bsd. ⊙, phys., ast. Beschleunigung f: ~ lane mot. Beschleunigungsspur f; **2.** ⚡ Akzelerati'on f, Entwicklungsbeschleunigung f; **ac'cel·er·a·tor** [-reɪtə] s. **1.** bsd. ⊙ Beschleuniger m, mot. a. Gashebel m, 'Gaspe,dal n: step on the ~ Gas geben; **2.** anat. Sym'pathikus m.
ac·cent I s. ['æksənt] Ak'zent m: a) ling. Ton m, Betonung f, b) ling. Tonzeichen n, c) Tonfall m, Aussprache f, d) ♪ Ak'zent(zeichen n) m, e) fig. Nachdruck (on auf dat.); **II** v/t. [ækˈsent] → **ac·cen·tu·ate** [ækˈsentjʊeɪt] v/t. akzentuieren, betonen: a) her'vorheben (a. fig.), b) mit e-m Ak'zent(zeichen) versehen; **ac·cen·tu·a·tion** [ækˌsentjuˈeɪʃn] s. allg. Betonung f.
ac·cept [əkˈsept] **I** v/t. **1.** annehmen: a) entgegennehmen: ~ a gift, b) akzeptieren: ~ a proposal, **2.** fig. akzeptieren: a) j-n od. et. anerkennen, bsd. et. gelten lassen, b) et. 'hinnehmen, sich mit et. abfinden; **3.** j-n aufnehmen (into in acc.); **4.** auffassen, verstehen: → accepted; **5.** ✝ Auftrag annehmen; Wechsel akzeptieren: ~ the tender den Zuschlag erteilen; **II** v/i. **6.** annehmen, zusagen, einverstanden sein; **ac·cept·a·bil·i·ty** [əkˌseptəˈbɪlətɪ] s. **1.** Annehmbarkeit f, Eignung f; **2.** Erwünschtheit f; **ac'cept·a·ble** [-təbl] adj. □ **1.** akzep'tabel, annehmbar, tragbar (to für); **2.** angenehm, willkommen; **3.** ✝ beleihbar, lom'bardfähig; **ac'cept·ance** [-təns] s. **1.** Annah-

me *f*, Empfang *m*; **2.** Aufnahme *f* (*into* in *acc.*); **3.** Zusage *f*, Billigung *f*, Anerkennung *f*; **4.** 'Übernahme *f*; **5.** 'Hinnahme *f*; **6.** *bsd.* † Abnahme *f von Waren:* ~ *test* Abnahmeprüfung *f*; **7.** † a) Annahme *f od.* Anerkennung *f e-s Wechsels,* b) Ak'zept *n*, angenommener Wechsel; **ac·cep·ta·tion** [ˌæksepˈteɪʃn] *s. ling.* gebräuchlicher Sinn, landläufige Bedeutung; **ac'cept·ed** [-tɪd] *adj.* allgemein anerkannt; üblich; landläufig: *in the* ~ *sense*; ~ *text* offizieller Text; **ac'cept·er, ac'cep·tor** [-tə] *s.* **1.** Annehmer *m*, Abnehmer *m etc.*; **2.** † Akzep'tant *m*, Wechselnehmer *m*.

ac·cess [ˈækses] *s.* **1.** Zugang *m* (*Weg*): ~ *hatch* ♃, ✓ Einsteigluke *f*; ~ *road Am.* a) Zufahrtsstraße *f*, b) (Autobahn-)Zubringerstraße *f*; **2.** *fig.* (*to*) Zugang *m* (zu), Zutritt *m* (zu, bei); Gehör *n* (bei); *Computer:* Zugriff (auf *acc*): ~ *to means of education* Bildungsmöglichkeiten *pl.*; *easy of* ~ leicht zugänglich; **3.** (Wut-, Fieber- *etc.*)Anfall *m*, Ausbruch *m*; **ac'ces·sa·ry** → *accessory*; **ac·ces·si·bil·i·ty** [ækˌsesəˈbɪlətɪ] *s.* Erreichbarkeit *f*, Zugänglichkeit *f* (*a. fig.*); **ac·ces·si·ble** [ækˈsesəbl] *adj.* □ **1.** zugänglich, erreichbar (*to* für); **2.** *fig.* 'um-, zugänglich; **3.** zugänglich, empfänglich (*to* für); **ac·ces·sion** [ækˈseʃn] *s.* **1.** (*to*) Gelangen *n* (zu e-r Würde): ~ *to power* Machtübernahme *f*; **2.** (*to*) Anschluß *m* (an *acc.*), Beitritt *m* (zu); Antritt *m* (*e-s Amtes*): ~ *to the throne* Thronbesteigung *f*; **3.** (*to*) Zuwachs *m* (an *dat.*), Vermehrung *f* (*gen.*): *recent* ~*s* Neuanschaffungen *pl.*; **4.** Wertzuwachs *m*, Vorteil *m*; **5.** (*to*) Erreichung *f e-s Alters.*

ac·ces·so·ry [ækˈsesərɪ] **I** *adj.* **1.** zusätzlich, beitragend, Hilfs..., Neben..., Begleit...; **2.** nebensächlich, 'untergeordnet; **3.** teilnehmend, mitschuldig (*to* an *dat.*); **II** *s.* **4.** Zusatz *m*, Anhang *m*; **5.** *pl.* ⚙ Zubehör(teile *pl.*) *n, m*; **6.** *oft pl.* Hilfsmittel *n*, Beiwerk *n*; **7.** ⚖ Teilnehmer *m an e-m Verbrechen:* ~ *after the fact* Begünstiger *m, z. B.* Hehler *m*; ~ *before the fact* a) Anstifter *m*, b) (Tat-)Gehilfe *m*.

ac·ci·dence [ˈæksɪdəns] *s. ling.* Formenlehre *f*.

ac·ci·dent [ˈæksɪdənt] *s.* **1.** Zufall *m*, zufälliges Ereignis: *by* ~ zufällig; **2.** zufällige Eigenschaft, Nebensächlichkeit *f*; **3.** Unfall *m*, Unglücksfall *m*: *in an* ~ bei e-m Unfall; ~ *benefit* Unfallentschädigung *f*; ~-*free* unfallfrei; ~-*prone* unfallgefährdet; **4.** Mißgeschick *n*; **ac·ci·den·tal** [ˌæksɪˈdentl] **I** *adj.* □ **1.** zufällig, unbeabsichtigt; nebensächlich; **2.** Unfall...: ~ *death* Tod *m* durch Unfall; **II** *s.* **3.** ♪ Vorzeichen *n*; **4.** *mst pl. paint.* Nebenlichter *pl.*

ac·claim [əˈkleɪm] **I** *v/t.* **1.** *j-n, fig. et.* mit (lautem) Beifall *od.* Jubel begrüßen; *j-m* zujubeln; **2.** jauchzend ausrufen: *they* ~*ed him* (*as*) *king* sie riefen ihn zum König aus; **3.** sehr loben; **II** *s.* **4.** Beifall *m*.

ac·cla·ma·tion [ˌækləˈmeɪʃn] *s.* **1.** lauter Beifall; **2.** hohes Lob; **3.** *pol.* Abstimmung *f* durch Zuruf: *by* ~ durch Akklamation.

ac·cli·mate [əˈklaɪmət] *bsd. Am.* → *ac-climatize*; **ac·cli·ma·tion** [ˌækla-

'meɪʃn] *s.*, **ac·cli·ma·ti·za·tion** [əˌklaɪmətaɪˈzeɪʃn] *s.* Akklimatisierung *f*, Eingewöhnung *f* (*beide a. fig.*); ♀ *zo.* Einbürgerung *f*; **ac·cli·ma·tize** [əˈklaɪmətaɪz] *v/t. u. v/i.* (sich) akklimatisieren, (sich) gewöhnen (*to* an *acc.*) (*a. fig.*).

ac·cliv·i·ty [əˈklɪvətɪ] *s.* Steigung *f*.

ac·co·lade [ˈækəʊleɪd] *s.* **1.** Akko'lade *f:* a) Ritterschlag *m*, b) (feierliche) Um'armung. **2.** *fig. Am.* Auszeichnung *f*. **3.** ♪ Klammer *f*.

ac·com·mo·date [əˈkɒmədeɪt] **I** *v/t.* **1.** (*to*) a) anpassen (*dat.*, an *acc.*): ~ *o.s. to circumstances*, b) in Einklang bringen (mit): ~ *facts to theory*; **2.** *j-n* versorgen, *j-m* aushelfen *od.* gefällig sein (mit): ~ *s.o. with money*; **3.** *Streit* schlichten, beilegen; **4.** 'unterbringen, Platz haben für, fassen; **II** *v/i.* **5.** sich einstellen (*to* auf *acc.*); **6.** ❀ sich akkommodieren; **ac'com·mo·dat·ing** [-tɪŋ] *adj.* □ gefällig, entgegenkommend; anpassungsfähig; **ac·com·mo·da·tion** [əˌkɒməˈdeɪʃn] *s.* **1.** Anpassung *f* (*to* an *acc.*); Über'einstimmung *f*; **2.** Über'einkommen *n*, gütliche Einigung; **3.** Gefälligkeit *f*, Aushilfe *f*, geldliche Hilfe; **4.** Versorgung *f* (*with* mit); **5.** *a. pl.* Einrichtung(en *pl.*) *f*, Bequemlichkeit(en *pl.*) *f*; Räumlichkeit (-en *pl.*) *f*: *seating* ~ Sitzgelegenheit *f*; **6.** *Brit. sg.*, *Am. mst pl.* (Platz *m* für) 'Unterkunft *f*, -bringung *f*, Quar'tier *n*; **7.** *a.* ~ *train Am.* Per'sonenzug *m*.

ac·com·mo·da·tion | ad·dress *s.* 'Decka,dresse *f*; ~ *bill*, ~ *draft s.* † Gefälligkeitswechsel *m*; ~ *lad·der* s. ♃ Fallreep *n*; ~ *road s.* Hilfs-, Zufahrtsstraße *f*.

ac·com·pa·ni·ment [əˈkʌmpənɪmənt] *s.* **1.** ♪ Begleitung *f, a. fig.* etc. Begleitmusik *f*; **2.** *fig.* Begleiterscheinung *f*; **ac·com·pa·nist** [-pənɪst] *s.* ♪ Begleiter (-in); **ac·com·pa·ny** [əˈkʌmpənɪ] *v/t.* **1.** *a. ♪ u. fig.* begleiten; **2.** *fig.* e-e Begleiterscheinung sein von *od. gen.*: *accompanied by od. with* begleitet von, verbunden mit; *~ing address* (*phenomenon*) Begleitadresse *f* (-erscheinung *f*); **3.** verbinden (*with* mit): ~ *the advice with a warning.*

ac·com·plice [əˈkʌmplɪs] *s.* Kom'plice *m*, 'Mittäter(in).

ac·com·plish [əˈkʌmplɪʃ] *v/t.* **1.** *Aufgabe* voll'bringen, voll'enden, erfüllen; *Absicht* ausführen, *Zweck* erreichen, erfüllen, *Ziel* erreichen; **2.** leisten; **3.** ver'vollkommnen, schulen; **ac'complished** [-ʃt] *adj.* **1.** 'vollständig ausgeführt; **2.** kultiviert, (fein *od.* vielseitig) gebildet; **3.** voll'endet, per'fekt (*a. iro.*): *an* ~ *liar* ein Erzlügner; **ac'complish·ment** [-mənt] *s.* **1.** Ausführung *f*, Voll'endung *f*; Erfüllung *f*; **2.** Ver'vollkommnung *f*; **3.** Voll'kommenheit *f*; Könnerschaft *f*; **4.** *mst pl.* Fertigkeiten *pl.*, Ta'lente *pl.*, Künste *pl.*; **5.** Leistung *f*.

ac·cord [əˈkɔːd] **I** *v/t.* **1.** bewilligen, gewähren, *Lob* spenden; **II** *v/i.* **2.** über'einstimmen, harmonieren, passen; **III** *s.* **3.** Über'einstimmung *f*, Einklang *m*; **4.** Zustimmung *f*; **5.** Über'einkommen *n, pol.* Abkommen *n*; ⚖ Vergleich *m*: *with one* ~ einstimmig, einmütig; *of one's own* ~ aus eigenem Antrieb, freiwillig; **ac'cord·ance** [-dəns] *s.*

Über'einstimmung *f*: *to be in* ~ *with* übereinstimmen mit; *in* ~ *with* in Übereinstimmung mit, gemäß; **ac'cord·ing** [-dɪŋ] **I** ~ *as cj.* je nach'dem (wie *od.* ob), so wie; **II** ~ *to prp.* gemäß, nach, laut (*gen.*): ~ *to taste* (*je*) nach Geschmack; ~ *to directions* vorschriftsmäßig; **ac'cord·ing·ly** [-dɪŋlɪ] *adv.* demgemäß, folglich; entsprechend.

ac·cor·di·on [əˈkɔːdjən] *s.* Ak'kordeon *n*, 'Zieh-, 'Handhar,monika *f*.

ac·cost [əˈkɒst] *v/t.* her'antreten an (*acc.*), *j-n* ansprechen.

ac·couche·ment [əˈkuːʃmãːŋ] (*Fr.*) *s.* Entbindung *f*, Niederkunft *f*; **ac·cou·cheur** [ˌæku:ˈʃɜː; akuʃœːr] *s.* Geburtshelfer *m*; **ac·cou·cheuse** [ˌæku:-'ʃɜːz; akuʃøːz] *s.* Hebamme *f*.

ac·count [əˈkaʊnt] **I** *v/t.* **1.** ansehen als, erklären für, betrachten als: ~ *s.o.* (*to be*) *guilty*, ~ *o.s. happy* sich glücklich schätzen; **II** *v/i.* ~ *for* **2.** Rechenschaft ablegen über *acc.*; verantwortlich sein für; **3.** (er)klären: *how do you* ~ *for that?* wie erklären Sie das?; *Henry* ~*s for ten of them* zehn davon kommen auf H.; *there is no* ~*ing for it* das ist nicht zu begründen, das ist Ansichtssache; (*not*) ~*ed for* (un)geklärt; **4.** *hunt.* (ab)schießen; *fig. sport* ‚erledigen'; **III** *s.* **5.** Rechnung *f*, Ab-, Berechnung *f*; † *pl.* (Geschäfts)Bücher *pl.*, (Rechnungs-, Jahres)Abschluß *m*; 'Konto *n*: ~-*book* Konto-, Geschäftsbuch *n*; ~ *current od. current* ~ laufende Rechnung, Kontokorrent *n*; ~ *sales* Verkaufsabrechnung *f*; ~*s payable* Verbindlichkeiten, Kreditoren; ~*s receivable* Außenstände, Debitoren; *on* ~ auf Abschlag, a conto, als Teilzahlung; *for* ~ *only* nur zur Verrechnung; *for one's own* ~ auf eigene Rechnung; *payment on* ~ Anzahlung *f*; *on one's own* ~ auf eigene Rechnung (u. Gefahr), für sich selber; *balance an* ~ e-e Rechnung bezahlen, ein Konto ausgleichen; *carry to a new* ~ auf neue Rechnung vortragen; *charge to s.o.'s* ~ *j-s* Konto belasten mit, *j-m* in Rechnung stellen; *keep an* ~ Buch führen; *open an* ~ ein Konto eröffnen; *place to s.o.'s* ~ *j-m* in Rechnung stellen; *render an* ~ (*for*) Rechnung (vor)legen (für); ~ *rendered* vorgelegte Rechnung; *settle an* ~ e-e Rechnung begleichen; *settle od. square* ~*s with, make up one's* ~ *with a. fig.* abrechnen mit; *square an* ~ ein Konto ausgleichen; → *statement* 5; **6.** Rechenschaft(sbericht *m*) *f*: *bring to* ~ *fig.* abrechnen mit; *call to* ~ zur Rechenschaft ziehen; *give od. render an* ~ *of* Rechenschaft ablegen über (*acc.*) → 7; *give a good* ~ *of et.* gut erledigen, *Gegner* abfertigen; *give a good* ~ *of o.s.* s-e Sache gut machen, sich bewähren; **7.** Bericht *m*, Darstellung *f*, Beschreibung *f*: *give od.* ~*s* nach allem, was man hört; *give od. render an* ~ *of* Bericht erstatten über (*acc.*) → 6; **8.** Liste *f*, Verzeichnis *n*; **9.** 'Umstände *pl.*, Erwägung *f*: *on* ~ *of* um ... willen, wegen; *on his* ~ seinetwegen; *on no* ~ keineswegs, unter keinen Umständen; *leave out of* ~ außer Betracht lassen; *take* ~ *of*, *take into* ~ Rechnung tragen (*dat.*), in Betracht ziehen, berücksichtigen; **10.** Wichtigkeit *f*, Wert *m*: **of no** ~ ohne Bedeutung; **11.** Vorteil *m*: **find one's** ~ **in** bei *et.* profitieren *od.* auf s-e Kosten kommen; **turn to (good)** ~ (gut) (aus)nutzen, Kapital schlagen aus; **ac·count·a·bil·i·ty** [əˌkaʊntəˈbɪlətɪ] *s.* Verantwortlichkeit *f*; **ac'count·a·ble** [-təbl] *adj.* □ **1.** verantwortlich, rechenschaftspflichtig (**to** *dat.*); **2.** erklärlich; **ac'count·an·cy** [-tənsɪ] *s.* Buchhaltung *f*; Buchführung *f*, Rechnungswesen *n*; *Brit.* Steuerberatung *f*; **ac'count·ant** [-tənt] *s.* **1.** (*a.* Bilanz)Buchhalter *m*, Rechnungsführer *m*; **2.** (*chartered od.* **certified** ~ amtlich zugelassener) Buchprüfer *od.* Steuerberater; **certified public** ~ *Am.* Wirtschaftsprüfer *m*; **3.** *Brit.* Steuerberater *m*; **ac'count·ing** [-tɪŋ] *s.* **1.** → **accountancy**; **2.** Abrechnung *f*: ~ **period** Abrechnungszeitraum *m*; ~ **year** Geschäftsjahr *n*.

ac·cou·tred [əˈkuːtəd] *adj.* ausgerüstet; **ac'cou·tre·ment** [-təmənt] *s. mst pl.* **1.** Kleidung *f*, Ausstattung *f*; **2.** ✕ Ausrüstung *f* (*außer Uniform u. Waffen*).

ac·cred·it [əˈkredɪt] *v/t.* **1.** *bsd.* e-n Gesandten akkreditieren, beglaubigen (**to** bei); **2.** bestätigen, als berechtigt anerkennen; **3.** ~ **s.th. to s.o.** *od.* **s.o. with s.th.** j-m et. zuschreiben.

ac·cre·tion [æˈkriːʃn] *s.* **1.** Zuwachs *m*, Zunahme *f*, Anwachsen *n*; **2.** ⁀⁀ Anwachsung *f* (*Erbschaft*); (Land)Zuwachs *m*; **3.** ✱ Zs.-wachsen *n*.

ac·cru·al [əˈkruːəl] *s.* ⁀⁀ Anfall *m* (*Dividende, Erbschaft etc.*); Entstehung *f* (*Anspruch etc.*); Auflaufen *n* (*Zinsen*); Zuwachs *m*.

ac·crue [əˈkruː] *v/i.* erwachsen, entstehen, zufallen, zukommen (**to** *dat.*, **from, out of** aus): ~**d interest** aufgelaufene Zinsen *pl.*

ac·cu·mu·late [əˈkjuːmjʊleɪt] **I** *v/t.* ansammeln, anhäufen, aufspeichern (*a.* ⚙), aufstauen; **II** *v/i.* anwachsen, sich anhäufen *od.* ansammeln *od.* akkumulieren, ⚙ sich summieren; auflaufen (*Zinsen*); **ac·cu·mu·la·tion** [əˌkjuːmjʊˈleɪʃn] *s.* Ansammlung *f*, Auf-, Anhäufung *f*, Akkumulation *f*, a. ⚙ (Auf-)Speicherung *f*, *a. psych.* (Auf)Stauung *f*: ~ **of capital** ✝ Kapitalansammlung *f*; ~ **of interest** Auflaufen *n* von Zinsen; ~ **of property** Vermögensanhäufung *f*; **ac·cu·mu·la·tive** [-lətɪv] *adj.* (sich) anhäufend *etc.*; Häufungs..., Zusatz..., Sammel...; **ac·cu·mu·la·tor** [-tə] *s.* ⚡ Akkumu'lator *m*, 'Akku *m*, (Strom-)Sammler *m*.

ac·cu·ra·cy [ˈækjʊrəsɪ] *s.* Genauigkeit *f*, Sorgfalt *f*, Präzisi'on *f*; Richtigkeit *f*, Ex'aktheit *f*; **ac·cu·rate** [-rət] *adj.* □ **1.** genau; sorgfältig; pünktlich; **2.** richtig, zutreffend, ex'akt.

ac·curs·ed [əˈkɜːsɪd] *adj., a.* **ac'curst** [-st] *adj.* verflucht, verwünscht, F *a.* ˌverflixt'.

ac·cu·sa·tion [ˌækjuːˈzeɪʃn] *s.* Anklage *f*, An-, Beschuldigung *f*: **bring an** ~ **against s.o.** e-e Anklage gegen j-n erheben; **ac·cu·sa·ti·val** [əˌkjuːzəˈtaɪvl] *adj.* □ *ling.* 'akkusativisch; **ac·cu·sa·tive** [əˈkjuːzətɪv] *s. a.* ~ **case** 'Akkusativ *m*, 4. Fall.

ac·cuse [əˈkjuːz] *v/t. a.* ⁀⁀ anklagen, be-

schuldigen (**of** *gen.*; **before, to** bei); **ac'cused** [-zd] *s.* a) Angeklagte(r *m*) *f*, b) *die* Angeklagten *pl*; **ac'cus·ing** [-zɪŋ] *adj.* □ anklagend.

ac·cus·tom [əˈkʌstəm] *v/t.* gewöhnen (**to** an *acc.*): **be** ~**ed to do(ing) s.th.** gewohnt sein, et. zu tun, et. zu tun pflegen; **get** ~**ed to s.th.** sich an et. gewöhnen; **ac'cus·tomed** [-md] *adj.* **1.** gewohnt, üblich; **2.** gewöhnt (**to** an *acc.*, zu *inf.*).

ace [eɪs] **I** *s.* **1.** As *n* (*Spielkarte*): **an** ~ **in the hole** *Am.* F ein Trumpf in petto; **2.** Eins *f* (*Würfel*); **3.** *fig.* **he came within an** ~ **of losing** um ein Haar hätte er verloren; **4.** ✕ (Flieger)As *n*; **5.** *bsd. sport* ˌKa'none' *f*, As *n*; **6.** *Tennis*: (Aufschlag)As *n*. **II** *adj.* **7.** her'vorragend, Spitzen..., Star...: ~ **reporter**.

ac·er·bate [ˈæsəbeɪt] *v/t.* er-, verbittern; **a·cer·bi·ty** [əˈsɜːbətɪ] *s.* **1.** Herbheit *f*, Bitterkeit *f* (*a. fig.*); **2.** saurer Geschmack, Säure *f*; **3.** *fig.* Schärfe *f*, Heftigkeit *f*.

ac·e·tate [ˈæsɪteɪt] *s.* **1.** 🜊 Ace'tat *n*; **2.** *a.* ~ **rayon** Acetatseide *f*; **a·ce·tic** [əˈsiːtɪk] *adj.* 🜊 essigsauer: ~ **acid** Essigsäure *f*; **a·cet·i·fy** [əˈsetɪfaɪ] **I** *v/t.* in Essig verwandeln, säuern; **II** *v/i.* sauer werden; **a·cet·y·lene** [əˈsetɪlɪn] *s.* 🜊 Acety'len *n*: ~ **welding** ⚙ Autogenschweißen *n*.

ache [eɪk] **I** *v/i.* **1.** schmerzen, weh tun; Schmerzen haben: **I am aching all over** mir tut alles weh; **2.** F sich sehnen (**for** nach), dar'auf brennen (**to do** et. zu tun); **II** *s.* **3.** (*anhaltender*) Schmerz.

a·chieve [əˈtʃiːv] *v/t.* **1.** zu'stande bringen, voll'bringen, schaffen, leisten; **2.** erlangen, Ziel erreichen, Erfolg erzielen; **a'chieve·ment** [-mənt] *s.* **1.** Voll'bringung *f*, Schaffung *f*, Zu'standebringen *n*; **2.** Erzielung *f*, Erreichen *n*; **3.** Errungung *f*, **4.** (Groß)Tat *f*, (große) Leistung, Errungenschaft *f*: ~**-oriented** leistungsorientiert; ~ **test** *psych.* Leistungstest *m*; **a'chiev·er** [-və] *s.* j-d, der et. zu et. bringt.

A·chil·les [əˈkɪliːz] *npr.* A'chill(es) *m*: ~ **heel** *fig.* Achillesferse *f*; ~ **tendon** *anat.* Achillessehne *f*.

ach·ing [ˈeɪkɪŋ] *adj.* schmerzend.

ach·ro·mat·ic [ˌækrəʊˈmætɪk] *adj.* (□ ~**ally**) **1.** *phys., biol.* achro'matisch, farblos: ~ **lens**; **2.** ♪ dia'tonisch.

ac·id [ˈæsɪd] **I** *adj.* □ **1.** sauer, scharf (*Geschmack*): ~ **drops** *Brit.* saure (Frucht)Bonbons, Drops; **2.** *fig.* bissig, beißend: ~ **remark**; **3.** 🜊, ⚙ säurehaltig, sauer: ~ **bath** Säurebad *n*; ~ **rain** saurer Regen; **II** *s.* **4.** 🜊 Säure *f*: ~**-proof** ⚙ säurefest; **5.** *sl.* LS'D *n*: ~**-head** LSD-Süchtiger *m*; **a·cid·i·fy** [əˈsɪdɪfaɪ] *v/t.* an(ge)säuern; in Säure verwandeln; **a·cid·i·ty** [əˈsɪdətɪ] *s.* **1.** Säure *f*, Schärfe *f*, Säuregehalt *m*; **2.** ('überschüssige) Magensäure; **ac·id re·sist·ance** *s.* Säurefestigkeit *f*; **ac·id test** *s.* **1.** 🜊, ⚙ Scheide-, Säureprobe *f*; **2.** *fig.* strengste Prüfung, Feuerprobe *f*: **put to the** ~ auf Herz u. Nieren prüfen.

a·cid·u·lat·ed [əˈsɪdjʊleɪtɪd] *adj.* (an-)gesäuert: ~ **drops** saure Bonbons; **a'cid·u·lous** [-ləs] *adj.* säuerlich; *fig.* → **acid 2**.

ack-ack [ˌækˈæk] *s.* ✕ *sl.* Flak(feuer *n*, -kanone[n *pl.*] *f*) *f*.

ack·em·ma [ækˈemə] *Funkerwort für a.m. Brit. sl.* **I** *adv.* vormittags; **II** *s.* 'Flugzeugmeˌchaniker *m*.

ac·knowl·edge [əkˈnɒlɪdʒ] *v/t.* **1.** anerkennen; **2.** zugeben, einräumen; **3.** sich bekennen zu; **4.** (dankbar) anerkennen; sich erkenntlich zeigen für; **5.** *Empfang* bestätigen, quittieren; *Gruß* erwidern; **6.** ⁀⁀ *Urkunde* beglaubigen; **ac'knowl·edged** [-dʒd] *adj.* anerkannt; **ac'knowl·edg(e)·ment** [-mənt] *s.* **1.** Anerkennung *f*; **2.** Ein-, Zugeständnis *n*; **3.** Bekenntnis *n*; **4.** (lobende) Anerkennung; Erkenntlichkeit *f*, Dank *m* (**of** für); **5.** (Empfangs)Bestätigung *f*; **6.** ⁀⁀ Beglaubigungsklausel *f* (*Urkunde*).

ac·me [ˈækmɪ] *s.* **1.** Gipfel *m*; *fig. a.* Höhepunkt *m*; **2.** ✽ 'Krisis *f*.

ac·ne [ˈæknɪ] *s.* ✽ 'Akne *f*.

ac·o·lyte [ˈækəʊlaɪt] *s.* **1.** *eccl.* Meßgehilfe *m*, Al'tardiener *m*; **2.** Gehilfe *m*; Anhänger *m*.

a·corn [ˈeɪkɔːn] *s.* ♀ Eichel *f*.

a·cous·ti·cal *adj.*, **a·cous·ti·cal** [əˈkuːstɪk(l)] *adj.* □ ⚙, *phys.* a'kustisch, Schall..., *a.* ✱ Gehör..., Hör...: ~ **engineering** Tontechnik *f*; ~ **frequency** Hörfrequenz *f*; ~ **nerve** Gehörnerv *m*; **a'cous·tics** [-ks] *s. pl. phys.* **1.** *mst sg. konstr.* A'kustik *f*, Lehre *f* vom Schall; **2.** *pl. konstr.* A'kustik *f* e-s Raumes.

ac·quaint [əˈkweɪnt] *v/t.* **1.** (*o.s.* sich) bekannt (*fig. a.* vertraut) machen (**with** mit); → **acquainted**; **2.** j-m mitteilen (**with a th.** ct., **that** daß); **ac'quaint·ance** [-təns] *s.* **1.** (**with**) Bekanntschaft *f* (mit), Kenntnis *f* (von *od. gen.*): **make s.o.'s** ~ j-n kennenlernen; **on closer** ~ bei näherer Bekanntschaft; **2.** Bekanntschaft *f*: a) Bekannte(r *m*) *f*, b) Bekanntenkreis *m*: **an** ~ **of mine** eine(r) meiner Bekannten; **ac'quaint·ed** [-tɪd] *adj.* bekannt: **be** ~ **with** kennen; **become** ~ **with** j-n *od.* et. kennenlernen.

ac·qui·esce [ˌækwɪˈes] *v/i.* **1.** (**in**) sich fügen (in *acc.*), hinnehmen (*acc.*), dulden (*acc.*); **2.** einwilligen; **ac·qui·es·cence** [-sns] *s.* (**in**) Ergebung *f* (in *acc.*); Einwilligung *f* (in *acc.*); Nachgiebigkeit *f* (gegenüber); **ac·qui·es·cent** [-snt] *adj.* □ ergeben, fügsam.

ac·quire [əˈkwaɪə] *v/t.* (käuflich *etc.*) erwerben; erlangen, erreichen, gewinnen; *fig. a.* Wissen etc. erwerben, (er-)lernen, sich aneignen: ~**d taste** anerzogener *od.* angewöhnter Geschmack; **ac'quire·ment** [-mənt] *s.* **1.** Erwerbung *f*; **2.** (erworbene) Fähig- *od.* Fertigkeit; *pl.* Kenntnisse *pl.*

ac·qui·si·tion [ˌækwɪˈzɪʃn] *s.* **1.** Erwerbung *f*, Erwerb *m*; Kauf *m*, (Neu-) Anschaffung *f*; Errungenschaft *f*; **2.** Gewinn *m*, Bereicherung *f*.

ac·quis·i·tive [əˈkwɪzɪtɪv] *adj.* **1.** auf Erwerb gerichtet, gewinnsüchtig, Erwerbs...; **2.** (lern)begierig; **ac'quis·i·tive·ness** [-nɪs] *s.* Gewinnsucht *f*, Erwerbstrieb *m*.

ac·quit [əˈkwɪt] *v/t.* **1.** *Schuld* bezahlen, *Verbindlichkeit* erfüllen; **2.** entlasten, ⁀⁀ freisprechen (**of** von); **3.** (**of**) j-n e-r Verpflichtung entheben; **4.** ~ **o.s.** (**of**) *Pflicht etc.* erfüllen; sich e-r Aufgabe entledigen: ~ **o.s. well** s-e Sache gut machen; **ac'quit·tal** [-tl] *s.* **1.** ख़ Freisprechung *f*, Freispruch *m*; **2.** Erfüllung *f e-r Pflicht*; **ac'quit·tance** [-təns] *s.* **1.** Erfüllung *f e-r Verpflichtung*, Begleichung *f*, Tilgung *f e-r Schuld*; **2.** Quittung *f*.

a·cre ['eɪkə] *s.* Acre *m (4047 qm)*: ~s *and* ~s weite Flächen; **a·cre·age** ['eɪkərɪdʒ] *s.* Fläche(ninhalt *m*) *f* (nach Acres).

ac·rid ['ækrɪd] *adj.* ☐ scharf, ätzend, beißend (*alle fig.*).

ac·ri·mo·ni·ous [ˌækrɪ'məʊnjəs] *adj.* ☐ *fig.* scharf, bitter, beißend; **ac·ri·mo·ny** ['ækrɪmənɪ] *s.* Schärfe *f*, Bitterkeit *f*.

ac·ro·bat ['ækrəbæt] *s.* Akro'bat *m*; **ac·ro·bat·ic, ac·ro·bat·i·cal** [ˌækrəʊ-'bætɪk(l)] *adj.* ☐ akro'batisch: *acrobatic flying* Kunstfliegen *n*; **ac·ro·bat·ics** [ˌækrəʊ'bætɪks] *s. pl. mst sg. konstr.* Akro'batik *f*; akro'batische Kunststücke *pl.*; Kunstflug *m*.

ac·ro·nym ['ækrəʊnɪm] *s. ling.* Akro-'nym *n*, Initi'alwort *n*.

a·cross [ə'krɒs] **I** *prp.* **1.** (quer *od.* mitten) durch; **2.** a) (quer) über (*acc.*), b) jenseits (*gen.*), auf der anderen Seite (*gen.*): ~ *the street* über die Straße *od.* auf der gegenüberliegenden Straßenseite; *from* ~ *the lake* von jenseits des Sees; **II** *adv.* **3.** kreuzweise, über Kreuz; verschränkt; **4.** *ten feet* ~ zehn Fuß im Durchmesser *od.* breit; **5.** (quer) hin- *od.* herüber, (quer) durch; → *come across etc.*; **6.** drüben, auf der anderen Seite; **a,cross-the-'board** *adj.* glo'bal, line'ar: ~ *tax cut*.

a·cros·tic [ə'krɒstɪk] *s.* A'krostichon *n*.

act [ækt] **I** *s.* **1.** Tat *f*, Werk *n*, Handlung *f*, Maßnahme *f*, Akt *m*: ~ *of force* Gewaltakt; ~ *of God* ख़ höhere Gewalt; ~ *of grace* Gnadenakt; ~ *of state* (staatlicher) Hoheitsakt; ~ *of war* kriegerische Handlung; (*sexual*) ~ Geschlechts-, Liebesakt; *catch s.o. in the* ~ j-n auf frischer Tat ertappen; **2.** ख़ a) *a.* ~ *and deed* Urkunde *f*, Akte *f*, Willenserklärung *f*, b) Rechtshandlung *f*, c) Tathandlung *f*, d) (Straf)Tat *f*: → *bankruptcy* 1; **3.** *mst* ⅔ Verordnung *f*, Gesetz *n*: ⅔ *of Parliament Brit.*, ⅔ *of Congress Am.* (verabschiedetes) Gesetz; **4.** ⅔s (*of the Apostles*) *pl. bibl.* Apostelgeschichte *f*; **5.** *thea.* Aufzug *m*, Akt *m*; **6.** Stück *n*, (Zirkus)Nummer *f*; **7.** F *fig.* Pose *f*, 'Tour' *f*: *put on an* ~ ‚Theater spielen'; **II** *v/t.* **8.** aufführen, spielen; darstellen: ~ *a part* e-e Rolle spielen; ~ *the fool* a) sich wie ein Narr benehmen, b) sich dumm stellen; ~ *one's part* s-e Pflicht tun; ~ *out* F *et.* durchspielen; **III** *v/i.* **9.** (The'ater) spielen, auftreten; *fig.* ‚The'ater spielen'; **10.** handeln, tätig sein *od.* werden, eingreifen: ~ *as* fungieren *od.* amtieren *od.* dienen als; ~ *in a case* in e-r Sache vorgehen; ~ *for s.o.* für j-n handeln, j-n vertreten; ~ (*up*)*on* handeln *od.* sich richten nach; **11.** (*towards*) sich (*j-m*) gegenüber) verhalten; **12.** *a.* 🎭, ⚙ (*on*) (ein)wirken (auf *acc.*); **13.** funktionieren, gehen, arbeiten; **14.** ~ *up* F a) verrückt spielen (*Person od. Sache*), b) sich aufspielen; **'act·a·ble** [-təbl] *adj. thea.* bühnengerecht; **'act·ing** [-tɪŋ] **I** *adj.* **1.** handelnd, tätig: ~ *on your instructions* gemäß Ihren Anwei-

sungen; **2.** stellvertretend, amtierend, geschäftsführend: *the* ⅔ *Consul*; **3.** *thea.* spielend, Bühnen...: ~ *version* Bühnenfassung *f*; **II** *s.* **4.** Handeln *n*, A'gieren *n*; **5.** *thea.* Spiel(en) *n*, Aufführung *f*; Schauspielkunst *f*.

ac·tion ['ækʃn] *s.* **1.** Handeln *n*, Handlung *f*, Tat *f*, Akti'on *f*: *man of* ~ Mann *m* der Tat; *full of* ~ → *active* 1; *course of* ~ Handlungsweise *f*; *for further* ~ zur weiteren Veranlassung; ~ *committee pol.* Aktionskomitee *n*, (Bürger)Initiative *f*; *put into* ~ in die Tat umsetzen; *take* ~ Schritte unternehmen, handeln, *et. in e-r Angelegenheit tun*; *take* ~ *against* vorgehen gegen; → 9; **2.** *a.* ⚙ a) Tätigkeit *f*, Gang *m*, Funktionieren *n*, b) Mecha'nismus *m*, Werk *n*: ~ *of the bowels* (*heart*) 🩺 Stuhlgang *m* (Herztätigkeit *f*); *put out of* ~ unfähig *od.* unbrauchbar machen, außer Betrieb setzen; → 10; ~*!* *Film:* Aufnahme!; **3.** *a.* 🎭, ⚙, *phys.* (Ein)Wirkung *f*, Einfluß *m*; Vorgang *m*, Pro'zeß *m*: *the* ~ *of acid on metal* die Einwirkung der Säure auf Metall; **4.** Handlung *f e-s Dramas*; **5.** Verhalten *n*, Benehmen *n*; **6.** Bewegung *f*, Gangart *f e-s Pferdes*; **7.** *rhet., thea.* Vortragsweise *f*, Ausdruck *m*; **8.** *Kunst u. fig.*: Action *f*, (dra'matisches) Geschehen: ~ *painting* Action-painting *n*; *where the* ~ *is* F wo was los ist; **9.** ⅔ Klage *f*, Prozeß *m*: *bring an* ~ *against* j-n verklagen; *take* ~ Klage erheben; → 1; **10.** ✗ Gefecht *n*, Kampf *m*, Einsatz *m*: *killed* (*wounded*) *in* ~ gefallen (verwundet); *go into* ~ eingreifen, in Aktion treten (*a. fig.*); *put out of* ~ außer Gefecht setzen (*a. sport etc.*; → 2); ~ *station* Gefechtsstation *f*; ~ *stations!* Alarm!; *he saw* ~ er war im Einsatz *od.* an der Front; **'ac·tion·a·ble** [-ʃnəbl] *adj.* ⅔ (ein-, ver)klagbar; strafbar.

ac·ti·vate ['æktɪveɪt] *v/t* **1.** 🎭, ⚙ aktivieren, in Betrieb setzen, (*a. radio*)ak'tiv machen; ~*d carbon* Aktivkohle *f*; **2.** ✗ a) *Truppen* aufstellen, b) *Zünder* scharf machen; **ac·ti·va·tion** [ˌæktɪ-'veɪʃn] *s.* Aktivierung *f*.

ac·tive ['æktɪv] *adj.* ☐ **1.** tätig, emsig, geschäftig, rührig, lebhaft, tatkräftig, ak'tiv: *an* ~ *mind* ein reger Geist; ~ *volcano* tätiger Vulkan; *become* ~ in Aktion treten, aktiv werden; **2.** wirklich, tatsächlich: *take an* ~ *interest* reges Interesse zeigen; **3.** *a.* 🎭, *biol.*, *phys.* (schnell) wirkend, wirksam, ak'tiv: ~ *current* Wirkstrom *m*; **4.** 🕈 produk'tiv, zinstragend (*Wertpapiere*): rege, lebhaft (*Markt*); ~ *balance* Aktivsaldo *m*; **5.** ✗ ak'tiv: *on* ~ *service, on the* ~ *list* im aktiven Dienst; **6.** *ling.* ak'tiv(isch): ~ *verb* aktivisch konstru-iertes Verb; ~ *voice* Aktiv *n*, Tatform *f*; **'ac·ti·vist** [-vɪst] *s. pol.* Akti'vist *m*; **ac·tiv·i·ty** [æk'tɪvətɪ] *s.* **1.** Tätigkeit *f*, Betätigung *f*; Rührigkeit *f*; *pl.* Leben *n* u. Treiben *n*, Unter'nehmungen *pl.*, Veranstaltungen *pl.*: *social activities*; *political activities* politische Betätigung(en *pl.*) *f od.* Aktivitäten *pl. b.s.* Umtriebe *pl.*; *in full* ~ in vollem Gang; ~ *holiday* Aktivurlaub *m*; **2.** Lebhaftigkeit *f*, Beweglichkeit *f*; Betrieb(samkeit *f*) *m*, Aktivi'tät *f*; **3.** Wirksamkeit *f*.

ac·tor ['æktə] *s.* **1.** Schauspieler *m*; **2.**

fig. Ak'teur *m*, Täter *m* (*a.* ⅔); '~,man·ag·er *s.* The'aterdi,rektor, der selbst Rollen über'nimmt.

ac·tress ['æktrɪs] *s.* Schauspielerin *f*.

ac·tu·al ['æktʃʊəl] *adj.* ☐ **1.** wirklich, tatsächlich, eigentlich: *an* ~ *case* ein konkreter Fall; ~ *power* ⚙ effektive Leistung; **2.** gegenwärtig, jetzig: ~ *cost* 🕈 Ist-Kosten *pl.*; ~ *inventory* (*od. stock*) Ist-Bestand *m*; **ac·tu·al·i·ty** [ˌæktʃʊ'ælətɪ] *s.* **1.** Wirklichkeit *f*; **2.** *pl.* Tatsachen *pl.*, Gegebenheiten *pl.*; **ac·tu·a·lize** [ˈæktʃʊəlaɪz] **I** *v/t.* **1.** verwirklichen; **2.** rea'listisch darstellen; **II** *v/i.* **3.** sich verwirklichen; **'ac·tu·al·ly** [-lɪ] *adv.* **1.** wirklich, tatsächlich; **2.** augenblicklich, jetzt; **3.** so'gar, tatsächlich (*obwohl nicht erwartet*); **4.** F eigentlich (*unbetont*): *what time is it* ~*?*

ac·tu·ar·i·al [ˌæktjʊ'eərɪəl] *adj.* ver'sicherungssta,tistisch; **ac·tu·ar·y** ['æktjʊərɪ] *s.* Ver'sicherungssta,tistiker *m*, -mathe,matiker *m*.

ac·tu·ate ['æktjʊeɪt] *v/t.* **1.** in Gang bringen; **2.** antreiben, anreizen; **3.** ⚙ betätigen, auslösen; **ac·tu·a·tion** [ˌæktjʊ-'eɪʃn] *s.* Anstoß *m*, Antrieb *m* (*a.* ⚙); ⚙ Betätigung *f*.

a·cu·i·ty [ə'kjuːətɪ] *s.* Schärfe *f* (*a. fig.*); → *acuteness* 2.

a·cu·men [ə'kjuːmen] *s.* Scharfsinn *m*.

ac·u·pres·sure ['ækjʊˌpreʃə] *s.* 🩺 Aku-pres'sur *f*; **'ac·u,punc·ture** [-ˌpʌŋktʃə] 🩺 **I** *s.* Akupunk'tur *f*; **II** *v/t.* akupunktieren; **,ac·u'punc·tur·ist** [-ˌpʌŋktʃə-rɪst] *s.* Akupunk'teur *m*.

a·cute [ə'kjuːt] *adj.* ☐ **1.** scharf; *bsd.* Ⓡ spitz: ~ *triangle* spitzwink(e)liges Dreieck; → *angle*[1] 2; **2.** scharf (*Sehvermögen*); heftig (*Schmerz, Freude etc.*); fein (*Gehör*); a'kut, brennend (*Frage*); bedenklich: ~ *shortage*; **3.** scharfsinnig, schlau; **4.** schrill, 'durchdringend; **5.** 🩺 a'kut, heftig; **6.** *ling.* ~ *accent* A'kut *m*; **a'cute·ness** [-nɪs] *s.* **1.** Schärfe *f*, Heftigkeit *f*, A'kutheit *f* (*a.* 🩺); **2.** Scharfsinnigkeit *f*.

ad [æd] *s. abbr. für advertisement*: *small* ~ Kleinanzeige *f*.

ad·age ['ædɪdʒ] *s.* Sprichwort *n*.

Ad·am ['ædəm] *npr.* 'Adam *m*: *I don't know him from* ~ F ich kenne ihn überhaupt nicht; *cast off the old* ~ F den alten Adam ausziehen; ~*'s ale* F ,Gänsewein' *m*; ~*'s apple* Adamsapfel *m*.

ad·a·mant ['ædəmənt] *adj.* **1.** steinhart; **2.** *fig.* unerbittlich, unnachgiebig, eisern (*to* gegenüber).

a·dapt [ə'dæpt] **I** *v/t.* **1.** anpassen, angleichen (*for, to* an *acc.*), *a.* ⚙ 'umstellen (*to* auf *acc.*), zu'rechtmachen: ~ *the means to the end* die Mittel dem Zweck anpassen; **2.** anwenden (*to* auf *acc.*); **3.** *Text* bearbeiten: ~*ed from English* nach dem Englischen bearbeitet; ~*ed from* (frei) nach; **II** *v/i.* **4.** anpassen (*to dat. od.* an *acc.*); **a·dapt·a·bil·i·ty** [əˌdæptə'bɪlətɪ] *s.* **1.** Anpassungsfähigkeit *f* (*to* an *acc.*); **2.** (*to*) Anwendbarkeit *f* (auf *acc.*), Verwendbarkeit *f* (für, zu); **a'dapt·a·ble** [-təbl] *adj.* **1.** anpassungsfähig (*to* an *acc.*); **2.** anwendbar (*to* auf *acc.*); **3.** verwendbar (*to* für); **ad·ap·ta·tion** [ˌædæp-'teɪʃn] *s.* **1.** *a. biol.* Anpassung *f* (*to* an *acc.*); **2.** Anwendung *f*; **3.** *thea. etc.* Bearbeitung *f* (*from* nach, *to* für);

a·dapt·er [-tə] s. **1.** thea. etc. Bearbeiter m; **2.** phys. A'dapter m, Anpassungsvorrichtung f; **3.** ⊙ Zwischen-, Paß-, Anschlußstück n, Vorsatzgerät n; ⚡ Zwischenstecker m; **a'dap·tive** [-tɪv] adj. → adaptable 1; **a'dap·tor** [-tə] → adapter.

add [æd] **I** v/t. **1.** (to) hin'zufügen, -rechnen (zu); 🐟 beimischen, zufügen (dat.): he ~ed that ... er fügte hinzu, daß ...; ~ to this that ... hinzu kommt, daß ...; **2.** a. ~ up od. together addieren, zs.-zählen; **3.** ✝, ♈, ⊙ aufschlagen: ~ 5% to the price 5% auf den Preis aufschlagen; **II** v/i. **4.** ~ to hin'zukommen zu, beitragen zu, vermehren (acc.); **5.** ~ up a) ♈ aufgehen, stimmen (a. fig.), b) fig. e-n Sinn ergeben, ,hinhauen'; ~ up to a) sich belaufen auf (acc.), b) fig. hinauslaufen auf (acc.), bedeuten; **add·ed** ['ædɪd] adj. vermehrt, erhöht, zusätzlich.

ad·den·dum [ə'dendəm] pl. -da [-də] s. Zusatz m, Nachtrag m.

ad·der ['ædə] s. zo. Natter f, Otter f, 'Viper f: common ~ Gemeine Kreuzotter.

ad·dict I s. ['ædɪkt] **1.** Süchtige(r m) f: alcohol (drug) ~; **2.** humor. (Fußball- etc.)Fan m; (Film- etc.)Narr m; **II** v/t. [ə'dɪkt] **3.** ~ o.s. sich hingeben (to s.th. e-r Sache); **4.** j-n süchtig machen, j-n gewöhnen (to an Rauschgift etc.); **III** v/i. **5.** süchtig machen; **ad'dic·ted** [-tɪd] adj. süchtig, abhängig (to von), verfallen (to dat.): ~ to drugs (television) drogen- od. rauschgift- (fernseh-)süchtig; be ~ to films (football) ein Filmnarr (Fußballfanatiker) sein; **ad'dic·tion** [ə'dɪkʃn] s. **1.** Hingabe f (to an acc.); **2.** Sucht f, (Zustand) a. Süchtigkeit f: ~ to drugs (television) Drogen- od. Rauschgift- (Fernseh)Sucht f; **ad'dic·tive** [ə'dɪktɪv] adj. suchterzeugend: be ~ süchtig machen; ~ drug Suchtmittel n.

add·ing ma·chine ['ædɪŋ] s. Ad'dier-, Additi'onsma,schine f.

ad·di·tion [ə'dɪʃn] s. **1.** Hin'zufügung f, Ergänzung f, Zusatz m, Beigabe f: in ~ noch dazu, außerdem; in ~ to außer (dat.), zusätzlich zu; **2.** Vermehrung f (to gen.), (Familien-, Vermögens- etc.) Zuwachs m: rooont ~e Neuerwerbungen; **3.** ♈ Additi'on f, Zs.-zählen n: ~ sign Pluszeichen n; **4.** ✝ Auf-, Zuschlag m; **5.** 🐟, ⊙ Zusatz m, Beimischung f; ⊙ Anbau m, Zusatz m; **6.** Am. neuerschlossenes Baugelände: **ad'di·tion·al** [-ʃənl] adj. □ **1.** zusätzlich, ergänzend, weiter(er, -e, -es); **2.** Zusatz..., Mehr..., Extra..., Über..., Nach...: ~ charge ✝ Auf-, Zuschlag m; ~ charges ✝ Mehrkosten; postage Nachporto n; **ad'di·tion·al·ly** [-ʃəlɪ] adv. zusätzlich, in verstärktem Maße, außerdem; **ad'di·tive** ['ædɪtɪv] adj. zusätzlich; **II** s. Zusatz m (a. 🐟).

ad·dle ['ædl] **I** v/i. **1.** faul werden, verderben (Ei); **II** v/t. **2.** Ei verderben; **3.** Verstand verwirren; **III** adj. **4.** unfruchtbar, faul (Ei); **5.** verwirrt, kon'fus; '~-brain s. Hohlkopf m; '~-head·ed, '~-pat·ed adj. **1.** hohlköpfig; **2.** → addle 5.

ad·dress [ə'dres] **I** v/t. **1.** Worte etc. richten (to an acc.), j-n anreden (as

als); Brief adressieren, richten, schreiben (to an acc.); **2.** e-e Ansprache halten an (acc.); **3.** Waren (ab)senden (to an acc.); **4.** ~ o.s. to sich zuwenden (dat.), sich an et. machen; sich anschikken zu; sich an j-n wenden; **II** s. **5.** Anrede f; Ansprache f, Rede f; **6.** A'dresse f, Anschrift f: change one's ~ s-e Adresse ändern, umziehen; ~ tag Kofferanhänger m; **7.** Eingabe f, Bitt-, Dankschrift f, Er'gebenheitsa,dresse f: the 2 Brit. parl. die Erwiderung des Parlaments auf die Thronrede; **8.** Lebensart f, Manieren pl.; **9.** Geschick n, Gewandtheit f; **10.** pl. Huldigungen pl.: pay one's ~es to a lady e-r Dame den Hof machen; **ad·dress·ee** [ˌædre'si:] s. Adres'sat m, Empfänger(in).

ad·duce [ə'dju:s] v/t. Beweis etc. bei-, erbringen.

ad·e·noid ['ædɪnɔɪd] ♠ **I** adj. die Drüsen betreffend, Drüsen..., drüsenartig; **II** mst pl. Po'lypen pl. (in der Nase); (Rachenmandel)Wucherungen pl.

ad·ept [ˈædept] **I** s. **1.** Meister m, Ex'perte m (at, in in dat.); **2.** A'dept m, Anhänger m (e-r Lehre); **II** adj. **3.** erfahren, geschickt (at, in in dat.).

ad·e·qua·cy [ˈædɪkwəsɪ] s. Angemessenheit f, Zulänglichkeit f; **ad·e·quate** [ˈædɪkwət] adj. □ **1.** angemessen, entsprechend (to dat.); **2.** aus-, 'hinreichend, genügend.

ad·here [əd'hɪə] v/i. (to) **1.** kleben, haften (an dat.); **2.** fig. festhalten (an dat.), Regel etc. einhalten, sich halten (an e-e Regel etc.), bleiben (bei e-r Meinung, e-r Gewohnheit, e-m Plan), j-m, e-r Partei, e-r Sache etc. treu bleiben, halten (zu j-m); **3.** angehören (dat.); **ad'her·ence** [-ərəns] s. (to) **1.** (An-, Fest)Haften n (an dat.); **2.** Anhänglichkeit f (an dat.); **3.** Festhalten n (an dat.), Befolgung f, Einhaltung f (e-r Regel); **ad'her·ent** [-ərənt] **I** adj. **1.** (an-) haftend, (an)klebend; **2.** fig. festhaltend, (fest)verbunden (to mit), anhänglich; **II** s. **3.** Anhänger(in).

ad·he·sion [əd'hi:ʒn] s. **1.** (An-, Fest)Haften n; ⊙ phys. Haftvermögen n, Klebkraft f, Adhäsi'on f; **2.** fig. → adherence 2, 3; **3.** Beitritt m; Einwilligung f; **ad'he·sive** [-sɪv] **I** adj. □ **1.** (an)haftend, klebend, gummiert, Klebe...: ~ plaster Heftpflaster n; ~ powder Haftpulver n; ~ tape a) Heftpflaster n, b) Klebstreifen m; ~ rubber Klebgummi m, n; **2.** gar zu anhänglich, aufdringlich; **3.** ⊙, phys. haftend, Adhäsions...: ~ power → adhesion 1; **II** s. **4.** Bindemittel n, Klebstoff m.

ad hoc [ˌæd'hɒk] (Lat.) adv. u. adj. ad hoc, (eigens) zu diesem Zweck (gemacht), spezi'ell; Augenblicks..., Adhoc-...

a·dieus, a·dieux [ə'dju:z] pl. Lebe'wohl n: make one's ~ Lebewohl sagen.

ad in·fi·ni·tum [ˌæd ɪnfɪ'naɪtəm] (Lat.) adv. endlos, ad infi'nitum.

ad·i·pose ['ædɪpəʊs] **I** adj. fett(haltig), Fett...: ~ tissue Fettgewebe n; **II** s. (Körper)Fett n.

ad·it ['ædɪt] s. **1.** bsd. ⚒ Zugang m, Stollen m; **2.** fig. Zutritt m.

ad·ja·cent [ə'dʒeɪsnt] adj. □ angrenzend, -liegend, -stoßend (to an acc.); benachbart (dat.), Nachbar..., Ne-

ben...: ~ angle ♈ Nebenwinkel m.

ad·jec·ti·val [ˌædʒek'taɪvl] adj. □ 'adjektivisch; **ad·jec·tive** ['ædʒɪktɪv] **I** s. **1.** 'Adjektiv n, Eigenschaftswort n; **II** adj. □ **2.** 'adjektivisch; **3.** abhängig; **4.** Färberei: 'adjektiv: ~ dye Beizfarbe f; **5.** 🝆 for'mell (Recht).

ad·join [ə'dʒɔɪn] **I** v/t. **1.** (an)stoßen od. (an)grenzen an (acc.); **2.** beifügen (to dat.); **II** v/i. **3.** angrenzen; **ad'join·ing** [-nɪŋ] adj. angrenzend, benachbart, Nachbar..., Neben...

ad·journ [ə'dʒɜ:n] **I** v/t. **1.** aufschieben, vertagen: ~ sine die 🝆 auf unbestimmte Zeit vertagen; **2.** Sitzung etc. schließen; **II** v/i. **3.** a. stand ~ed sich vertagen; **4.** den Sitzungsort verlegen (to nach): ~ to the sitting-room F sich ins Wohnzimmer zurückziehen; **ad'journ·ment** [-mənt] s. **1.** Vertagung f, Verschiebung f; **2.** Verlegung f des Sitzungsortes.

ad·judge [ə'dʒʌdʒ] v/t. **1.** 🝆 entscheiden (über acc.), erkennen (für), für schuldig etc. erklären, ein Urteil fällen: ~ s.o. bankrupt über j-s Vermögen den Konkurs eröffnen; **2.** 🝆, a. sport zuerkennen; zusprechen; **3.** verurteilen (to zu).

ad·ju·di·cate [ə'dʒu:dɪkeɪt] **I** v/t. **1.** gerichtlich od. als Schiedsrichter entscheiden, ein Urteil fällen über (acc.): ~d bankrupt Gemeinschuldner m; **II** v/i. **2.** (zu Recht) erkennen, entscheiden (upon über acc.); **3.** als Schieds- od. Preisrichter fungieren (at bei); **ad·ju·di·ca·tion** [ə,dʒu:dɪ'keɪʃn] s. **1.** richterliche Entscheidung, Urteil n; **2.** Zuerkennung f; **3.** Kon'kurseröffnung f.

ad·junct ['ædʒʌŋkt] s. **1.** Zusatz m, Beigabe f, Zubehör n; **2.** ling. Attri'but n, Beifügung f; **ad·junc·tive** [ə'dʒʌŋktɪv] adj. □ beigeordnet, verbunden.

ad·ju·ra·tion [ˌædʒʊ'reɪʃn] s. **1.** Beschwörung f, inständige Bitte; **2.** Auferlegung f des Eides; **ad·jure** [ə'dʒʊə] v/t. **1.** beschwören, inständig bitten; **2.** j-m den Eid auferlegen.

ad·just [ə'dʒʌst] **I** v/t. **1.** in Ordnung bringen, ordnen, regulieren, abstimmen; berichtigen; **2.** anpassen (a. psych.), angleichen (to dat., an acc.); **3.** ~ o.s. (to) sich anpassen (dat., an acc.) od. einfügen (in acc.) od. einstellen (auf acc.); **4.** ✝ Konto etc. bereinigen; Schaden etc. berechnen, festsetzen; **5.** Streit schlichten; **6.** ⊙ an-, einpassen, (ein-, ver-, nach)stellen, richten, regulieren; a. Gewehr etc. justieren; **7.** Maße eichen; **II** v/i. **8.** sich anpassen; **9.** sich einstellen lassen; **ad'just·a·ble** [-təbl] adj. □ bsd. ⊙ regulierbar, ein-, nach-, verstellbar, Lenk..., Dreh..., Stell...: ~ speed regelbare Drehzahl; **ad'just·er** [-tə] s. **1.** j-d der od. et. was regelt, ausgleicht, ordnet; Schlichter m; **2.** Versicherung: Schadenssachverständige(r) m; **ad'just·ing** [-tɪŋ] adj. bsd. ⊙ (Ein)Stell..., Richt..., Justier...: ~ balance Justierwaage f; ~ lever (Ein)Stellhebel m; ~ screw Stellschraube f; **ad'just·ment** [-tmənt] s. **1.** a. ✝, psych. etc. Anpassung f (to an acc.); **2.** Regelung f, Berichtigung f, Abstimmung f, Ausgleich m; **3.** Schlichtung f, Beilegung f (e-s Streits); **4.** ⊙ Ein-, Nach-, Verstellung f; Einstellvorrichtung f; Berichtigung f; Regulierung f; Eichung f; **5.** Berechnung f von Schadens(ersatz)ansprüchen.

ad·ju·tant ['ædʒʊtənt] s. ✕ Adju'tant m; '~-,gen·er·al pl. '~s-,gen·er·al s. ✕ Gene'raladju,tant m.

ad-lib [,æd'lɪb] **I** v/i. u. v/t. F improvisieren, aus dem Stegreif sagen; **II** adj. Stegreif..., improvisiert.

ad lib·i·tum [,æd 'lɪbɪtəm] (Lat.) adj. u. adv. ad libitum: a) nach Belieben, b) aus dem Stegreif.

ad·man ['ædmæn] s. [irr.] F **1.** Anzeigen-, Werbetexter m; **2.** Anzeigenvertreter m; **3.** typ. Akzi'denzsetzer m; **ad·mass** ['ædmæs] s. **1.** Kon'sumbeeinflussung f; **2.** werbungsmanipulierte Gesellschaft.

ad·min ['ædmɪn] s. F Verwaltung f.
ad·min·is·ter [əd'mɪnɪstə] **I** v/t. **1.** verwalten; **2.** ausüben, handhaben; ~ *justice* (od. *the law*) Recht sprechen; ~ *punishment* Strafe(n) verhängen; **3.** verabreichen, erteilen (to dat.): ~ *a medicine* Arznei (ein)geben; ~ *a shock* e-n Schrecken einjagen; ~ *an oath* e-n Eid abnehmen; ~ *the Blessed Sacrament* das heilige Sakrament spenden; **II** v/i. **4.** als Verwalter fungieren; **5.** obs. beitragen (to zu); **ad·min·is·trate** [əd'mɪnɪstreɪt] v/t. u. v/i. verwalten; **ad·min·is·tra·tion** [əd,mɪnɪ'streɪʃn] s. **1.** (Betriebs-, Vermögens-, Nachlaß-, etc.)Verwaltung f; **2.** Verwaltung(sbehörde) f, Mini'sterium n; Staatsverwaltung f, Regierung f; **3.** Am. 'Amtsperi,ode f (bsd. e-s Präsidenten); **4.** Handhabung f, 'Durchführung f: ~ *of justice* Rechtsprechung f; ~ *of an oath* Eidesabnahme f; **5.** Aus-, Erteilung f; Verabreichung f (Arznei); Spendung f (Sakrament); **ad·min·is·tra·tive** [-trətɪv] adj. □ verwaltend, Verwaltungs..., Regierungs...: ~ *body* Behörde f, Verwaltungskörper m; **ad·min·is·tra·tor** [-treɪtə] s. **1.** Verwalter m, Verwaltungsbeamte(r) m; **2.** tž Nachlaß-, Vermögensverwalter m; **ad·min·is·tra·trix** [-treɪtrɪks] pl. **-trices** [-trɪsiːz] s. (Nachlaß)Verwalterin f.
ad·mi·ra·ble ['ædmərəbl] adj. □ bewundernswert, großartig.
ad·mi·ral ['ædmərəl] s. **1.** Admi'ral m: ♃ *of the Fleet* Großadmiral; **2.** zo. Admi'ral m (Schmetterling); **'ad·mi·ral·ty** [-tɪ] s. **1.** Admi'ralsamt n, -würde f; **2.** Admirali'tät f: *Lords Commissioners of ♃* (od. *Board of ♃*) Brit. Marineministerium n; *First Lord of the ♃* (britischer) Marineminister; ~ *law* tž Seerecht n; **3.** ♃ Brit. Admiralitätsgebäude n (in London).
ad·mi·ra·tion [,ædmə'reɪʃn] s. Bewunderung f (of, for für): *she was the ~ of everyone* sie wurde von allen bewundert.
ad·mire [əd'maɪə] v/t. **1.** bewundern (for wegen); **2.** hochschätzen, verehren; **ad'mir·er** [-ərə] s. Bewunderer m; Verehrer m; **ad'mir·ing** [-ərɪŋ] adj. □ bewundernd.
ad·mis·si·bil·i·ty [əd,mɪsə'bɪlətɪ] s. Zulässigkeit f; **ad·mis·si·ble** [əd'mɪsəbl] adj. **1.** a. tž zulässig; statthaft; **2.** würdig, zugelassen zu werden; **ad·mis·sion** [əd'mɪʃn] s. **1.** Einlaß m, Ein-, Zutritt

m: *gain* ~ Einlaß finden; ~ *free* Eintritt frei; ~ *ticket* Eintrittskarte f; **2.** Eintrittserlaubnis f; a. ~ *fee* Eintritt(s)geld n, -gebühr f) m; **3.** Zulassung f, Aufnahme f (als Mitglied etc.; Am. a. e-s Staates in die Union): ~ *Day* Jahrestag m der Aufnahme in die Union; **4.** Ernennung f; **5.** Eingeständnis n, Einräumung f: *by* (od. *on*) *his own* ~ wie er selbst zugibt od. zugab; **⚙** Eintritt m, -laß m, Zufuhr f: ~ *stroke* Einlaßhub m.
ad·mit [əd'mɪt] **I** v/t. **1.** zu-, ein-, vorlassen: ~ *bearer* dem Inhaber dieser Karte ist der Eintritt gestattet; ~ *s.o. into one's confidence* j-n ins Vertrauen ziehen; **2.** Platz haben für, fassen: *the theatre ~s 800 persons*; **3.** als Mitglied in e-e Gemeinschaft, Schule etc. aufnehmen; in ein Krankenhaus einliefern, zu e-m Amt etc. zulassen: → *bar* 10; **4.** gelten lassen, anerkennen, zugeben: *I ~ this to be wrong* od. *that this is wrong* ich gebe zu, daß dies falsch ist; ~ *a claim* e-e Reklamation anerkennen; **5.** tž a) für amtsfähig erklären, b) als rechtsgültig anerkennen; **6.** ⚙ zuführen, einlassen; **II** v/i. **7.** ~ *of* gestatten, a. weitS. Zweifel etc. zulassen: *it ~s of no excuse* es läßt sich nicht entschuldigen; **ad'mit·tance** [-təns] s. **1.** Zulassung f, Einlaß m, Zutritt m: *no* ~ (*except on business*) Zutritt (für Unbefugte) verboten; **2.** Aufnahme f; **3.** ⚡ Admit'tanz f, Scheinleitwert m; **ad'mit·ted** [-tɪd] adj. □ anerkannt, zugegeben: *an* ~ *fact*; *an* ~ *thief* anerkanntermaßen ein Dieb; **ad'mit·ted·ly** [-tɪdlɪ] adv. anerkanntermaßen, zugegeben(ermaßen).
ad·mix [æd'mɪks] v/t. beimischen (with dat.); **ad'mix·ture** [-tʃə] s. Beimischung f, Mischung f; Zusatz(stoff) m.
ad·mon·ish [əd'mɒnɪʃ] **1.** v/t. (er-) mahnen, j-m dringend raten (to inf. zu inf., that daß); **2.** j-m Vorhaltungen machen (of od. about wegen gen.); **3.** warnen (not to inf. davor, zu inf. od. of vor dat.): *he was ~ed not to go* er wurde davor gewarnt zu gehen; **ad·mo·ni·tion** [,ædmə'nɪʃn] s. **1.** Ermahnung f; **2.** Warnung f, Verweis m; **ad'mon·i·to·ry** [-ɪtərɪ] adj. ermahnend, warnend.
ad nau·se·am [,æd 'nɔːzɪæm] (Lat.) adv. (bis) zum Erbrechen.
ad·noun ['ædnaʊn] s. ling. Attri'but n.
a·do [ə'duː] s. Getue n, Wirbel m, Mühe f: *much* ~ *about nothing* viel Lärm um nichts; *without more* ~ ohne weitere Umstände.
a·do·be [ə'dəʊbɪ] s. Lehmstein(haus n) m, Luftziegel m, A'dobe m.
ad·o·les·cence [,ædə'lesns] s. jugendliches Alter, Adoles'zenz f; **,ad·o'les·cent** [-nt] **I** s. Jugendliche(r m) f, Her'anwachsende(r m) f; **II** adj. her'anwachsend, jugendlich; Jünglings...
A·do·nis [ə'dəʊnɪs] npr. antiq. u. s. fig. A'donis m.
a·dopt [ə'dɒpt] v/t. **1.** adoptieren, (an Kindes Statt) annehmen; ~ *out* Am. zur Adoption freigeben; **2.** fig. annehmen, über'nehmen, einführen, sich ein Verfahren etc. zu eigen machen; Handlungsweise wählen; Maßregeln ergreifen; **3.** pol. e-r Gesetzesvorlage zustim-

men; **4.** ~ *a town* die Patenschaft für e-e Stadt über'nehmen; **5.** pol. e-n Kandidaten (für die nächste Wahl) annehmen; **6.** F sti'bitzen; **a'dopt·ed** [-tɪd] adj. an Kindes Statt angenommen, Adoptiv...: *his* ~ *country* s-e Wahlheimat; **a'dop·tion** [-pʃn] s. **1.** Adopti'on f, Annahme f (an Kindes Statt); **2.** Aufnahme f in e-e Gemeinschaft; **3.** fig. Annahme f, Aneignung f, 'Übernahme f, Wahl f; **a'dop·tive** [-tɪv] → *adopted*: ~ *parents* Adoptiveltern.
a·dor·a·ble [ə'dɔːrəbl] adj. □ **1.** anbetungswürdig; liebenswert; **2.** allerliebst, entzückend; **ad·o·ra·tion** [,ædə'reɪʃn] s. **1.** a. fig. Anbetung f, Verehrung f; **2.** fig. (innige) Liebe, (tiefe) Bewunderung; **a·dore** [ə'dɔː] v/t. **1.** anbeten (a. fig.); **2.** fig. (innig) lieben, (heiß) verehren, (tief) bewundern; **3.** schwärmen für; **a'dor·er** [-rə] s. Anbeter(in); Verehrer(in); Bewunderer m; **a'dor·ing** [-rɪŋ] adj. □ anbetend, bewundernd, schmachtend.
a·dorn [ə'dɔːn] v/t. **1.** schmücken, zieren (a. fig.); **2.** fig. verschöne(r)n, Glanz verleihen (dat.); **a'dorn·ment** [-mənt] s. Schmuck m, Verzierung f; Zierde f, Verschönerung f.
ad·re·nal [ə'driːnl] anat. **I** adj. Nebennieren...: ~ *gland* → **II** s. Nebennierendrüse f; **ad·ren·al·in** [ə'drenəlɪn] s. Adrena'lin n.
A·dri·at·ic [,eɪdrɪ'ætɪk] geogr. **I** adj. adri'atisch: ~ *Sea* → **II** s. the ~ das Adriatische Meer, die 'Adria.
a·drift [ə'drɪft] adv. u. adj. **1.** (um'her-) treibend, Wind und Wellen preisgegeben: *cut* ~ treiben lassen; **2.** fig. aufs Geratewohl; hilflos: *be all* ~ weder aus noch ein wissen; *cut o.s.* ~ sich losreißen od. frei machen od. lossagen; *turn s.o.* ~ j-n auf die Straße setzen.
a·droit [ə'drɔɪt] adj. □ geschickt, gewandt; schlagfertig, pfiffig.
a·du·late ['ædjʊleɪt] v/t. j-m schmeicheln, lobhudeln; **ad·u·la·tion** [,ædjʊ'leɪʃn] s. niedere Schmeiche'lei, Lobhude'lei f; **'ad·u·la·tor** [-tə] s. Schmeichler m, Speichellecker m; **'ad·u·la·to·ry** [-tərɪ] adj. schmeichlerisch, lobhudelnd.
a·dult ['ædʌlt] **I** adj. **1.** erwachsen; reif, fig. a. mündig; **2.** (nur) für Erwachsene: ~ *film*; ~ *education* Erwachsenenbildung f, engS. Volkshochschule f; **3.** ausgewachsen (Tier, Pflanze); **II** s. **4.** Erwachsene(r m) f.
a·dul·ter·ant [ə'dʌltərənt] s. Verfälschungsmittel n; **a·dul·ter·ate** [ə'dʌltəreɪt] v/t. **1.** Nahrungsmittel verfälschen; **2.** fig. verschlechtern, verderben; **a·dul·ter·a·tion** [ə,dʌltə'reɪʃn] s. Verfälschung f, verfälschtes Pro'dukt, Fälschung f; **a'dul·ter·er** [-rə] s. Ehebrecher m; **a'dul·ter·ess** [-rɪs] s. Ehebrecherin f; **a'dul·ter·ous** [-tərəs] adj. □ ehebrecherisch; **a'dul·ter·y** [-rɪ] s. Ehebruch m.
a·dult·hood ['ædʌlthʊd] s. Erwachsensein n, Erwachsenenalter n.
ad·um·brate ['ædʌmbreɪt] v/t. **1.** skizzieren, um'reißen, andeuten; **2.** 'hindeuten auf (acc.), vo'rausahnen lassen; **ad·um·bra·tion** [,ædʌm'breɪʃn] s. Andeutung f: a) flüchtiger Entwurf, Skizze f, b) Vorahnung f.

ad va·lo·rem [ˌædvəˈlɔːrem] (*Lat.*) *adj. u. adv.* dem Wert entsprechend: ~ *duty* Wertzoll *m*.

ad·vance [ədˈvɑːns] **I** *v/t.* **1.** vorwärtsbringen, vorrücken (lassen), vorschieben; **2.** a) *Uhr, Fuß* vorstellen, b) *Zeitpunkt* vorverlegen, c) hin'aus-, aufschieben; **3.** *Meinung, Grund, Anspruch* vorbringen, geltend machen; **4.** a) fördern, verbessern: ~ *one's position*, b) beschleunigen: ~ *growth*; **5.** *pol. Am.* als Wahlhelfer fungieren in (*dat.*); **6.** erheben (*im Amt od. Rang*), befördern (*to the rank of general* zum General); **7.** *Preis* erhöhen; **8.** *Geld* vor'ausbezahlen; vorschießen, leihen; im voraus liefern; **II** *v/i.* **9.** vor-, vorwärtsgehen, vordringen, vormarschieren, vorrücken (*a. fig. Zeit*); **10.** vor'ankommen, Fortschritte machen: ~ *in knowledge*; **11.** *im Rang* aufrücken, befördert werden; **12.** a) zunehmen (*in* an *dat.*), steigen, b) ✝ steigen (*Preis*); teurer werden (*Ware*); **13.** *pol. Am.* a) als Wahlhelfer fungieren, b) Wahlveranstaltungen vorbereiten (*for* für); **III** *s.* **14.** Vorwärtsgehen *n*, Vor-, Anrücken *n*, Vormarsch *m* (*a. fig.*); Vorrücken *n des Alters*; **15.** Aufrücken *n* (*im Amt*), Beförderung *f*; **16.** Fortschritt *m*, Verbesserung *f*; **17.** Vorsprung *m*: *in* ~ a) voraus, b) vorn, c) im voraus, vorher; ~ *section* vorderer Teil; *be in* ~ (e-n) Vorsprung haben (*of* vor *dat.*); *arrive in* ~ *of the others* vor den anderen ankommen; *order* (*od. book*) *in* ~ vor(aus)bestellen; ~ *booking* a) Vor(aus)bestellung *f*, b) Vorverkauf *m*; ~ *censorship* Vorzensur *f*; ~ *copy typ.* Vorausexemplar *n*; **18.** *a.* ~ *payment* Vorschuß *m*, Vor'auszahlung *f* in pränumerando; **19.** (Preis)Erhöhung *f*; Mehrgebot *n* (*Versteigerung*); **20.** *mst pl.* Entgegenkommen *n*, Vorschlag *m*, erster Schritt (*zur Verständigung*): *make* ~*s to s.o.* a) j-m entgegenkommen, b) sich an j-n heranmachen, *bsd.* e-r Frau Avancen machen; **21.** ✕ *Am.* Vorhut *f*, Spitze *f*: ~ *guard* a. *Brit.* Vorhut *f*; **22.** *pol. Am.* Wahlhilfe *f*: ~ *man* Wahlhelfer *m*; **ad'vanced** [-st] *adj.* **1.** vorgerückt (*Alter, Stunde*) vorgeschritten: ~ *in pregnancy* hochschwanger; **2.** fortgeschritten (*Stadium etc.*); fortschrittlich, modern: ~ *opinions*; ~ *students*; ~ *English* Englisch für Fortgeschrittene; *highly* ~ hochentwickelt (*Kultur, Technik*); **3.** gar zu fortschrittlich, ex'trem, kühn; **4.** ✕ vorgeschoben, Vor(aus...); **ad'vancement** [-mənt] *s.* **1.** Förderung *f*; **2.** Beförderung *f*; **3.** Em'por-, Weiterkommen *n*, Aufstieg *m*, Fortschritt *m*, Wachstum *n*.

ad·van·tage [ədˈvɑːntɪdʒ] **I** *s.* **1.** Vorteil *m*: a) Über'legenheit *f*, Vorsprung *m*, b) Vorzug *m*: *to* ~ günstig, vorteilhaft; *have an* ~ *over* j-m gegenüber im Vorteil sein; *you have the* ~ *of me* ich kenne leider Ihren (werten) Namen nicht; **2.** Nutzen *m*, Gewinn *m*: *take* ~ *of s.o.* j-n übervorteilen od. ausnutzen; *take* ~ *of s.th.* et. ausnutzen; *derive od. gain* ~ *from s.th.* aus et. Nutzen ziehen; **3.** günstige Gelegenheit; **4.** *Tennis etc.*: Vorteil *m*; **II** *v/t.* **5.** fördern, begünstigen; **ad·van·ta·geous**

[ˌædvənˈteɪdʒəs] *adj.* ☐ vorteilhaft, günstig, nützlich.

Ad·vent [ˈædvənt] *s.* **1.** *eccl.* Ad'vent *m*, Ad'ventszeit *f*; **2.** ⌀ Kommen *n*, Erscheinen *n*, Ankunft *f*; **'Ad·vent·ist** [-tɪst] *s.* Adven'tist *m*; **ˌad·ven'ti·tious** [-ˈtɪʃəs] *adj.* ☐ **1.** (zufällig) hin'zugekommen; zufällig, nebensächlich: ~ *causes* Nebenursachen; **2.** ♣, ⚜ zufällig erworben.

ad·ven·ture [ədˈventʃə] **I** *s.* **1.** Abenteuer *n*: a) Wagnis *n*: *life of* ~ Abenteurerleben *n*, b) (tolles) Erlebnis, c) ✝ Spekulati'onsgeschäft *n*; ~ *playground* Abenteuerspielplatz *m*; **II** *v/t.* **2.** wagen, gefährden; **3.** ~ *o.s.* sich wagen (*into* in *acc.*); **III** *v/i.* **4.** sich wagen (*on, upon* in, auf *acc.*); **ad'ven·tur·er** [-tʃərə] *s.* Abenteurer *m*: a) Wagehals *m*, b) Glücksritter *m*, Hochstapler *m*, c) Speku'lant *m*; **ad'ven·ture·some** [-tʃəsəm] *adj.* → *adventurous*; **ad'ven·tur·ess** [-tʃərɪs] *s.* Abenteu(r)erin *f* (*a. fig. b.s.*); **ad'ven·tur·ism** [-tʃərɪzəm] *s.* Abenteurertum *n*; **ad'ven·tur·ous** [-tʃərəs] *adj.* ☐ **1.** abenteuerlich: a) waghalsig, verwegen, b) gewagt, kühn (*Sache*); **2.** abenteuerlustig.

ad·verb [ˈædvɜːb] *s.* Ad'verb *n*, Umstandswort *n*; **ad·ver·bi·al** [ədˈvɜːbjəl] *adj.* ☐ adverbi'al: ~ *phrase* adverbiale Bestimmung.

ad·ver·sar·y [ˈædvəsərɪ] *s.* **1.** Gegner(-in), 'Widersacher(in); **2.** ⌀ *eccl.* Teufel *m*; **ad·ver·sa·tive** [ədˈvɜːsətɪv] *adj.* ☐ *ling.* gegensätzlich, adversa'tiv: ~ *word*; **ad·verse** [ˈædvɜːs] *adj.* ☐ **1.** entgegenwirkend, zu'wider, widrig (*to dat.*): ~ *winds* widrige Winde; **2.** gegnerisch, feindlich: ~ *party* Gegenpartei *f*; **3.** ungünstig, nachteilig (*to* für): ~ *decision*; ~ *balance of trade* passive Handelsbilanz; *have an* ~ *effect* (*up*)*on*, *affect* ~*ly* sich nachteilig auswirken auf (*acc.*); **4.** ⚜ entgegenstehend: ~ *claim*; **ad·ver·si·ty** [ədˈvɜːsətɪ] *s.* Mißgeschick *n*, Not *f*, Unglück *n*.

ad·vert *v/i.* [ədˈvɜːt] hinweisen, sich beziehen (*to* auf *acc.*); **II** *s.* [ˈædvɜːt] *Brit.* F *für advertisement*.

ad·ver·tise, *Am. a.* **ad·ver·tize** [ˈædvətaɪz] **I** *v/t.* **1.** ankündigen, anzeigen, *durch die Zeitung etc.* bekanntmachen: ~ *a post* eine Stellung *öffentlich* ausschreiben; **2.** *fig.* ausposaunen: *you need not* ~ *the fact* a. du brauchst es nicht an die große Glocke zu hängen; **2.** *durch Zeitungsanzeige etc.* Re'klame machen für, werben für; **II** *v/i.* **3.** inserieren, annoncieren, öffentlich ankündigen: ~ *for* durch Inserat suchen; **4.** werben, Reklame machen; **ad·ver·tise·ment** [ədˈvɜːtɪsmənt] *s.* **1.** *öffentliche* Anzeige, Ankündigung *f in e-r Zeitung*, Inse'rat *n*, An'nonce *f*: *put an* ~ *in a paper* ein Inserat in e-r Zeitung aufgeben; **2.** Re'klame *f*, Werbung *f*; **'ad·ver·tis·er** [-zə] *s.* Inse'rent(in); **2.** Werbeträger *m*; **3.** Werbefachmann *m*; **4.** Anzeiger *m*, Anzeigenblatt *n*; **'ad·ver·tis·ing** [-zɪŋ] **I** *s.* **1.** Inserieren *n*; **2.** Reklame *f*, Werbung *f*; **II** *adj.* **3.** Reklame..., Werbe...: ~ *agency* Werbeagentur *f*; ~ *agent* a) Anzeigenvertreter *m*, b) Werbeagent *m*; ~ *campaign* Werbefeldzug *m*; ~ *expert* Werbefachmann *m*; ~ *space* Re-

klamefläche *f*; **'ad·ver·tize** *etc.* → *advertise etc.*

ad·vice [ədˈvaɪs] *s.* **1.** (*a. piece of*) Rat(schlag) *m*; Ratschläge *pl.*: *at* (*od. on*) *s.o.'s* ~ auf j-s Rat hin; *take medical* ~ e-n Arzt zu Rate ziehen; *take my* ~ folge meinem Rat; **2.** Nachricht *f*, Anzeige *f*, (schriftliche) Mitteilung; **3.** ✝ A'vis *m*, Bericht *m*: *letter of* ~ Benachrichtigungsschreiben *n*; *as per* ~ laut Aufgabe *od.* Bericht.

ad·vis·a·bil·i·ty [ədˌvaɪzəˈbɪlətɪ] *s.* Ratsamkeit *f*; **ad·vis·a·ble** [ədˈvaɪzəbl] *adj.* ☐ ratsam; **ad·vis·a·bly** [ədˈvaɪzəblɪ] *adv.* ratsamerweise.

ad·vise [ədˈvaɪz] **I** *v/t.* **1.** j-m raten *od.* empfehlen (*to inf.* zu *inf.*); *et.* (an)raten; *j-n* beraten: *he was* ~*d to go* man riet ihm zu gehen; **2.** ~ *against* warnen vor (*dat.*); *j-m* abraten von; **3.** ✝ benachrichtigen (*of* von, *that* daß), avisieren (*s.o. of s.th.* j-m et.); **II.** *v/i.* **4.** sich beraten (*with* mit); **ad'vised** [-zd] *adj.* ☐ **1.** beraten: *badly* ~; **2.** wohlbedacht, über'legt; → *ill-advised*; *well-advised*; **ad'vis·ed·ly** [-zɪdlɪ] *adv.* **1.** mit Bedacht *od.* Über'legung; **2.** vorsätzlich, absichtlich; **ad'vis·er** *od.* **ad·'vi·sor** [-zə] *s.* Berater *m*, Ratgeber *m*; **2.** *ped. Am.* 'Studienberater *m*; **ad·'vi·so·ry** [-zərɪ] *adj.* beratend, Beratungs...: ~ *board*, ~ *committee* Beratungsausschuß *m*, Beirat *m*, Gutachterkommission *f*; ~ *body*, ~ *council* Beirat *m*; → *capacity* 6.

ad·vo·ca·cy [ˈædvəkəsɪ] *s.* (*of*) Befürwortung *f*, Empfehlung *f* (*gen.*), Eintreten *n* (für); **ad·vo·cate** *s.* [ˈædvəkət] **1.** Verfechter *m*, Befürworter *m*, Verteidiger *m*, Fürsprecher *m*: *an* ~ *of peace*; **2.** *Scot. u. hist.* Advo'kat *m*, (plädierender) Rechtsanwalt: *Lord* ⌀ Oberster Staatsanwalt; **3.** *Am.* Rechtsbeistand *m*; **II** *v/t.* [ˈædvəkeɪt] **4.** verteidigen, befürworten, eintreten für.

adze [ædz] *s.* Breitbeil *n*.

Ae·ge·an [iːˈdʒiːən] *geogr.* **I** *adj.* ä'gäisch: ~ *Sea* Ägäisches Meer; **II** *s.* *the* ~ die Ä'gäis.

ae·gis [ˈiːdʒɪs] *s. myth.* 'Ägis *f*; *fig.* Ä'gide *f*, Schirmherrschaft *f*: *under the* ~ *of.*

Ae·o·li·an [iːˈəʊljən] *adj.* ä'olisch: ~ *harp* Äolsharfe *f*.

ae·on [ˈiːən] *s.* Ä'one *f*; Ewigkeit *f*.

aer·ate [ˈeəreɪt] *v/t.* **1.** (*a.* ⚙ be- *od.* 'durch- *od.* ent)lüften; **2.** a) mit Kohlensäure sättigen, b) zum Sprudeln bringen; **3.** ♣ *dem Blut* Sauerstoff zuführen.

aer·i·al [ˈeərɪəl] **I** *adj.* ☐ **1.** Luft..., in der Luft lebend *od.* befindlich, fliegend, hoch: ~ *advertising* Luftwerbung *f*, Himmelsschrift *f*; ~ *cableway* Seilschwebebahn *f*; ~ *camera* Luftbildkamera *f*; ~ *railway* Hänge-, Schwebebahn *f*; ~ *spires* hochragende Kirchtürme; **2.** aus Luft bestehend, leicht, gasförmig, flüchtig; **3.** ä'therisch, zart: ~ *fancies* Phantastereien; **4.** ✈ Flug(zeug)..., Luft..., Flieger...: ~ *attack* Luft-, Fliegerangriff *m*; ~ *barrage* a) (Luft)Sperr-, Flakfeuer *n*, b) Ballonsperre *f*; ~ *combat* Luftkampf *m*; ~ *map* Luftbildkarte *f*; ~ *navigation* Luftschiffahrt *f*; ~ *survey* Luftbildvermessung *f*; ~ *view* Flugzeugaufnahme *f*,

Luftbild n; **5.** ☼ oberirdisch, Ober..., Frei..., Luft...: **~ cable** Luftkabel n; **~ wire** ⚡ Ober-, Freileitung f; **6.** ⚡, Radio, TV: Antennen...: **~ wire**; **II** s. **7.** ⚡, Radio, TV: An'tenne f; **'aer·i·al·ist** [-lɪst] s. Tra'pezkünstler m.

aer·ie, Am. a. **aër·ie** ['eərɪ] s. **1.** Horst m (Raubvogelnest); **2.** fig. Adlerhorst m (hochgelegener Wohnsitz etc.).

aer·o ['eərəʊ] **I** pl. **-os** s. Flugzeug n, Luftschiff n; **II** adj. Luft(schiffahrt)..., Flug(zeug)...: ~ **engine**.

aero- [eərəʊ] in Zssgn: Aëro..., Luft...

aer·o·bat·ics [ˌeərəʊ'bætɪks] s. pl. sg. konstr. Kunstflug m; **'aer·o·drome** [-ədrəʊm] s. bsd. Brit. Flugplatz m.

aer·o·dy·nam·ic [ˌeərəʊdaɪ'næmɪk] **I** adj. aerody'namisch, Stromlinien...; **II** s. pl. sg. konstr. Aerody'namik f; **'~-dyne** [-əʊdaɪn] s. Luftfahrzeug n schwerer als Luft; **'~-foil** [-əʊfɔɪl] s. Brit. Tragfläche f, a. Höhen-, Kiel- od. Seitenflosse f; **'~-gram** [-əʊgræm] s. **1.** Funkspruch m; **2.** Luftpostleichtbrief m; **'~-lite** [-əʊlaɪt] s. Aero'lith m, Mete'orstein m.

aer·ol·o·gy [eə'rɒlədʒɪ] s. phys. **1.** Aerolo'gie f, Erforschung f der höheren Luftschichten; **2.** aero'nautische Wetterkunde; **aer·o·med·i·cine** [ˌeərəʊ'medsm] s. 'Aero-, 'Luftfahrtmedi,zin f; **aer'om·e·ter** [-'ɒmɪtə] s. phys. Aero'meter m, Luftdichtemesser m.

aer·o·naut ['eərənɔːt] s. Aero'naut m, Luftschiffer m; **~·nau·tic, ~·nau·ti·cal** [ˌeərə'nɔːtɪk(l)] adj. □ aero'nautisch, Flug...; **~·nau·tics** [ˌeərə'nɔːtɪks] s. pl. sg. konstr. Aero'nautik f: a) obs. Luftfahrt f, b) Luftfahrtkunde f; **~·plane** ['eərəpleɪn] s. bsd. Brit. Flugzeug n; **~·sol** ['eərəʊsɒl] s. **1.** 🜏 Aero'sol n; **2.** Spraydose f; **~·space** ['eərəʊspeɪs] **I** s. Weltraum m; **II** adj. a) Raumfahrt..., b) (Welt)Raum...; **~·stat** ['eərəʊstæt] s. Luftfahrzeug n leichter als Luft; **~·stat·ic, ~·stat·i·cal** [ˌeərəʊ'stætɪk(l)] adj. □ aero'statisch; **~·stat·ics** [ˌeərəʊ'stætɪks] s. pl. sg. konstr. Aero'statik f.

Aes·cu·la·pi·an [ˌiːskjʊ'leɪpjən] adj. **1.** Äskulap...; **2.** ärztlich. **aes·thete** ['iːsθiːt] s. Äs'thet m; **aes·thet·ic, aes·thet·i·cal** [iːs'θetɪk(l)] adj. □ äs'thetisch; **aes·thet·i·cism** [iːs'θetɪsɪzəm] s. **1.** Ästheti'zismus m; **2.** Schönheitssinn m; **aes·thet·ics** [iːs'θetɪks] s. pl. sg. konstr. Äs'thetik f. **aes·ti·val** [iː'staɪvl] adj. sommerlich. **ae·ther** etc. → **ether** etc.

a·far [ə'fɑː] adv. fern: ~ **off** in der Ferne; **from** ~ von fern, weither.

af·fa·bil·i·ty [ˌæfə'bɪlətɪ] s. Leutseligkeit f, Freundlichkeit f; **af·fa·ble** ['æfəbl] adj. □ leutselig, freundlich, 'umgänglich.

af·fair [ə'feə] s. **1.** Angelegenheit f, Sache f: **a disgraceful ~;** **that is his ~** das ist seine Sache; **that is not my ~** das geht mich nichts an; **make an ~ of s.th.** et. aufbauschen; **my own ~** meine (eigene) Angelegenheit, meine Privatsache; **~ of honour** Ehrensache f, -handel m; **2.** pl. Angelegenheiten pl., Verhältnisse pl.: **public ~s** öffentliche Angelegenheiten; **state of ~s** Lage f der Dinge, Sachlage f; → **foreign** 1; **3.** Af'färe f: a) Ereignis n, b) Skan'dal m, c) (Lie-

bes)Verhältnis n; **4.** F Ding n, Sache f, ,Appa'rat' m: **the car was a shiny ~.**

af·fect¹ [ə'fekt] v/t. **1.** lieben, e-e Vorliebe haben für, neigen zu, be'vorzugen: ~ **bright colo(u)rs** lebhafte Farben bevorzugen; **much ~ed by** sehr beliebt bei; **2.** zur Schau tragen, erkünsteln, nachahmen: **he ~s an Oxford accent** er redet mit gekünstelter Oxforder Aussprache; **he ~s the freethinker** er spielt den Freidenker; **3.** vortäuschen: ~ **ignorance;** ~ **a limp** so tun, als hinke man; **4.** bewohnen, vorkommen in (dat.) (Tiere u. Pflanzen).

af·fect² [ə'fekt] v/t. **1.** betreffen: **that does not ~ me;** **2.** (ein- od. sich aus-) wirken auf (acc.), beeinflussen, beinträchtigen, in Mitleidenschaft ziehen; 🜏 a. angreifen, befallen: ~ **the health;** **3.** bewegen, rühren, ergreifen.

af·fec·ta·tion [ˌæfek'teɪʃn] s. **1.** Affektiertheit f, Gehabe n; **2.** Verstellung f; **3.** Vorliebe (**of** für).

af·fect·ed¹ [ə'fektɪd] adj. □ **1.** affektiert, gekünstelt, geziert; **2.** angenommen, vorgetäuscht; **3.** geneigt, gesinnt.

af·fect·ed² [ə'fektɪd] adj. **1.** 🜏 befallen (**with** von Krankheit), angegriffen (Augen etc.); **2.** betroffen, berührt; **3.** gerührt, bewegt, ergriffen.

af·fect·ing [ə'fektɪŋ] adj. □ ergreifend; **af·fec·tion** [-kʃn] s. **1.** oft pl. Liebe f, (Zu)Neigung f (**for, towards** zu); **2.** Gemütsbewegung f, Stimmung f; **3.** 🜏 Erkrankung f, Leiden n; **4.** Einfluß m, Einwirkung f; **af·fec·tion·ate** [-kʃnət] adj. □ gütig, liebevoll, herzlich, zärtlich; **af·fec·tion·ate·ly** [-kʃnətlɪ] adv.: **yours ~** Dein Dich liebender (Briefschluß); **~ known as Pat** unter dem Kosenamen Pat bekannt.

af·fi·ci·o·na·do → **aficionado.**

af·fi·ance [ə'faɪəns] **I** s. **1.** Vertrauen n; **2.** Eheversprechen n; **II** v/t. **3.** j-n od. sich verloben (**to** mit).

af·fi·ant [ə'faɪənt] s. Am. Aussteller (-in) e-s **affidavit.**

af·fi·da·vit [ˌæfɪ'deɪvɪt] s. 🕱 schriftliche beeidigte Erklärung: ~ **of means** Offenbarungseid m.

af·fil·i·ate [ə'fɪlɪeɪt] **I** v/t. **1.** als Mitglied aufnehmen; **2.** j-m die Vaterschaft e-s Kindes zuschreiben: ~ **a child on** (od. **to**); **3.** (**on, upon**) zu'rückführen (auf acc.), zuschreiben (dat.); **4.** (**to**) verknüpfen, verbinden (mit); angliedern, anschließen (dat., an acc.); **II** v/i. **5.** sich anschließen (**with** an acc.); **III** s. [-ɪt] **6.** Am. 'Zweigorganisati,on f, Tochtergesellschaft f; **af·fil·i·at·ed** [-tɪd] adj. angeschlossen: ~ **company** Tochter-, Zweiggesellschaft f; **af·fil·i·a·tion** [ə,fɪlɪ'eɪʃn] s. **1.** Aufnahme f (als Mitglied etc.); **2.** Zuschreibung f der Vaterschaft; **3.** Zu'rückführung f (auf den Ursprung); **4.** Angliederung f; **5.** oft eccl. Zugehörigkeit f, Mitgliedschaft f.

af·fin·i·ty [ə'fɪnətɪ] s. **1.** 🕱 Schwägerschaft f; **2.** fig. a) (Wesens)Verwandtschaft f, Affini'tät f, b) (Wahl-, Seelen-) Verwandtschaft f, gegenseitige Anziehung; **3.** 🜏 Affini'tät f, stofflich-'chemische Verwandtschaft.

af·firm [ə'fɜːm] v/t. **1.** versichern, beteuern; **2.** bekräftigen; 🕱 Urteil bestätigen; **3.** 🕱 an Eides Statt versichern;

af·fir·ma·tion [ˌæfə'meɪʃn] s. **1.** Versicherung f, Beteuerung f; **2.** Bestätigung f, Bekräftigung f; **3.** 🕱 Versicherung f an Eides Statt; **af·firm·a·tive** [-mətɪv] **I** adj. □ **1.** bejahend, zustimmend, positiv; **2.** positiv, bestimmt: ~ **action** Am. Aktion f gegen die Diskriminierung von Minderheitsgruppen; **II** s. **3.** Bejahung f: **answer in the ~** bejahen.

af·fix **I** v/t. [ə'fɪks] **1.** (**to**) befestigen, anbringen (an dat.), anheften, ankleben (an acc.); **2.** (**to**) beilegen, -fügen (dat.), hin'zufügen (zu); Siegel anbringen (an dat.); Unterschrift setzen (unter acc.); **II** s. ['æfɪks] **3.** ling. Af'fix n, Anhang m, Hin'zufügung f.

af·flict [ə'flɪkt] v/t. betrüben, quälen, plagen, heimsuchen; **af·flict·ed** [-tɪd] adj. **1.** niedergeschlagen, betrübt; **2.** (**with**) leidend (an dat.); belastet, behaftet (mit), geplagt (von); **af·flic·tion** [-kʃn] s. **1.** Betrübnis f, Kummer m; **2.** a) Gebrechen, b) pl. Beschwerden pl. Elend n, Not f; Heimsuchung f.

af·flu·ence ['æflʊəns] s. **1.** Fülle f, 'Überfluß m; **2.** Reichtum m, Wohlstand m: **demoralization by ~** Wohlstandsverwahrlosung f; **af·flu·ent** [-nt] **I** adj. □ **1.** reichlich; **2.** wohlhabend, reich (**in** an dat.): ~ **society** Wohlstandsgesellschaft f; **II** s. **3.** Nebenfluß m; **af·flux** ['æflʌks] s. **1.** Zufluß m, Zustrom m (a. fig.); **2.** 🜏 (Blut-) Andrang m.

af·ford [ə'fɔːd] v/t. **1.** gewähren, bieten; Schatten spenden; Freude bereiten; **2.** als Produkt liefern; **3.** sich leisten, sich erlauben, die Mittel haben für; Zeit erübrigen: **I can't ~ it** ich kann es mir nicht leisten (a. fig.); **af·ford·a·ble** adj. erschwinglich.

af·for·est·a·tion [æˌfɒrɪ'steɪʃn] s. Aufforstung f.

af·fran·chise [ə'fræntʃaɪz] v/t. befreien (**from** aus).

af·fray [ə'freɪ] s. **1.** Schläge'rei f, Kra'wall m; **2.** 🕱 Raufhandel m.

af·freight [ə'freɪt] v/t. ⚓ chartern, befrachten.

af·fri·cate ['æfrɪkət] s. ling. Affri'kata f (Verschlußlaut mit folgendem Reibelaut).

af·front [ə'frʌnt] **I** v/t. **1.** beleidigen, beschimpfen; **2.** trotzen (dat.); **II** s. **3.** Beleidigung f, Af'front m.

Af·ghan ['æfgæn] **I** s. **1.** Af'ghane m, Af'ghanin f; **2.** Af'ghan m (Teppich); **II** adj. **3.** af'ghanisch.

af·i·ci·o·na·do [əˌfɪsjə'nɑːdəʊ] s. (Span.) begeisterter Anhänger m, ,Fan' m.

a·field [ə'fiːld] adv. **1.** a) im od. auf dem Feld, b) ins od. aufs Feld; **2.** in der od. in die Ferne, draußen, hin'aus: **far ~** weit entfernt; **3.** bsd. fig. in die Irre: **lead s.o. ~; quite ~** a) auf dem Holzwege (Person), b) ganz falsch (Sache).

a·fire [ə'faɪə] adv. u. adj. brennend, in Flammen: **all ~** fig. Feuer und Flamme.

a·flame [ə'fleɪm] → **afire.**

a·float [ə'fləʊt] adv. u. adj. **1.** flott, schwimmend: **keep ~** (sich) über Wasser halten (a. fig.); **2.** an Bord, auf See; **3.** in 'Umlauf; **4.** im Gange; **5.** über'schwemmt.

a·foot [ə'fʊt] adv. u. adj. **1.** zu Fuß, auf den Beinen; **2.** fig. a) im Gange, b) im Anzug, im Kommen.

a·fore [əˈfɔː] *obs.* **I** *prp.* vor; **II** *adv.* (nach) vorn; **III** *cj.* ehe, bevor; **~·men·tioned** [əˌfɔːˈmenʃənd], **~·said** [əˈfɔːsed] *adj.* obenerwähnt *od.* -genannt; **~·thought** [əˈfɔːˈθɔːt] *adj.* vorbedacht; → *malice* 3.

a·fraid [əˈfreɪd] *adj.*: *be ~* Angst haben, sich fürchten (*of* vor *dat.*); *I am ~ (that) he will not come* ich fürchte, er wird nicht kommen; *I am ~ I must go* F leider muß ich gehen; *I'm ~ so* leider ja!; *I shall tell him, don't be ~!* F (nur) keine Angst, ich werde es ihm sagen!; *~ of hard work* F arbeitsscheu; *be ~ to do* sich scheuen zu tun.

a·fresh [əˈfreʃ] *adv.* von neuem, von vorn: *start ~.*

Af·ri·can [ˈæfrɪkən] **I** *s.* **1.** Afri'kaner (-in); **2.** Neger(in) (*in Amerika lebend*); **II** *adj.* **3.** afri'kanisch; **4.** afri'kanischer Abstammung, Neger...

Af·ri·kaans [ˌæfrɪˈkɑːns] *s. ling.* Afri-'kaans(ch) *n*, Kapholländisch *n*; ˌ**Af·ri·kan·(d)er** [-ˈkæn(d)ə] *s.* Afri'kander *m* (*Weiße mit Afrikaans als Muttersprache*).

Af·ro [ˈæfrəʊ] *pl.* **-ros** *s.* **1.** Afro-Look *m*; **2.** *a.* **~ *hairdo*** 'Afro-Fri,sur *f*. ˌ**Af·ro··A'mer·i·can** [ˌæfrəʊ-] *s.* Afroameri'kaner(in); ˌ**~·'A·sian** *adj.* 'afroasi'atisch.

aft [ɑːft] *adv.* ⚓ (nach) achtern.

aft·er [ˈɑːftə] **I** *prp.* **1.** nach: ~ *lunch*; ~ *a week*; *day ~ day* Tag für Tag; *the day ~ tomorrow* übermorgen; *the month ~ next* der übernächste Monat; ~ *all* schließlich, im Grunde, immerhin, (also) doch; ~ *all my trouble* nach *od.* trotz all meiner Mühe; → *look after etc.*; **2.** hinter ... (*dat.*) (her): *I came ~ you*; *shut the door ~ you*; *the police are ~ you* die Polizei ist hinter dir her; ~ *you, sir!* nach Ihnen!; *one ~ another* nacheinander; **3.** nach, gemäß: *named ~ his father* nach s-m Vater genannt; ~ *my own heart* ganz nach m-m Herzen *od.* Wunsch; *a picture ~ Rubens* ein Gemälde nach (*im Stil von*) Rubens; **II** *adv.* **4.** nach'her, hinter'her, da'nach, später: *follow ~* nachfolgen; *for months ~* noch monatelang; *shortly ~* kurz danach; **III** *adj.* **5.** später, künftig, Nach...: *in ~ years*; **6.** ⚓ Achter...; **IV** *cj* **7.** nach'dem: ~ *he (had) sat down*; **V** *s.* **pl.** **8.** *Brit.* F Nachspeise *f*: *for ~s* zum Nachtisch; '**~·birth** *s.* ⚕ Nachgeburt *f*; '**~·burn·er** *s.* ✈ Nachbrenner *m*; '**~·,cab·in** *s.* ⚓ 'Heckka,bine *f*; '**~·care** *s.* **1.** ⚕ Nachbehandlung *f*; **2.** ⚖ Resozialisierungshilfe *f*; **III** *adj.* **3.** ⚓ Achterdeck *n*; '**~·,din·ner** *adj.* nach Tisch: ~ *speech* Tischrede *f*; '**~·ef,fect** [-ərɪ-] *s.* Nachwirkung *f* (*a.* ⚡), Folge *f*; '**~·glow** *s.* **1.** Nachglühen *n*; '**~·hold** *s.* ⚓ Achterraum *m*; '**~·hours** *s. pl.* Zeit *f* nach Dienstschluß; '**~·life** *s.* **1.** Leben *n* nach dem Tode; **2.** (zu)künftiges Leben; '**~·math** [-mæθ] *s.* **1.** ✍ Grummet *n*, Spätheu *m*; **2.** *fig.* Nachwirkungen *pl.*; ˌ**~·'noon** *s.* Nachmittag *m*: *in the ~* am Nachmittag, nachmittags; *this ~* heute nachmittag; ~ *of life* Herbst *m* des Lebens; → *good* 1; '**~·pains** *s. pl.* ⚕ Nachwehen *pl.*; '**~·play** *s.* (sexu'elles) Nachspiel; '**~-**

sales ser·vice *s.* ✝ Kundendienst *m*; '**~·,sea·son** *s.* 'Nachsai,son *f*; '**~·shave lo·tion** *s.* After-shave-Lotion *f*, Rasierwasser *n*; '**~·taste** *s.* Nachgeschmack *m* (*a. fig.*); ~ *tax adj.* ✝ nach Abzug der Steuern, *a.* Netto...; '**~·thought** *s.* nachträglicher Einfall: *as an ~* nachträglich; '**~·,treat·ment** *s.* ⚘, ⚕ Nachbehandlung *f*.

aft·er·|·ward [ˈɑːftəwəd] *Am.*, '**~·wards** [-dz] *adv.* später, nach'her, hinter'her; '**~·years** *s. pl.* Folgezeit *f*.

a·gain [əˈgen] *adv.* **1.** 'wieder(um), von neuem, aber-, nochmals: *come ~!* komm wieder!; ~ *and* immer wieder; *now and ~* hin und wieder; *be o.s. ~* wieder gesund *od.* der alte sein; **2.** schon wieder: *that fool ~* schon wieder dieser Narr!; *what's his name ~?* F wie heißt er doch schnell?; **3.** außerdem, ferner; **4.** noch einmal: *as much ~* noch einmal so viel; *half as much ~* anderthalbmal so viel; **5.** *a. then ~* andererseits, da'gegen, aber: *these ~ are more expensive.*

a·gainst [əˈgenst] *prp.* **1.** gegen, wider, entgegen: ~ *the law*; *to run* (*up*) ~ *s.o.* j-n zufällig treffen; **2.** gegen, gegen-'über: *my rights ~ the landlord*; over ~ *the town hall* gegenüber dem Rathaus; **3.** auf ... (*acc.*) zu, an (*dat. od. acc.*), vor (*dat. od. acc.*), gegen: ~ *the wall*, *a.* ~ verglichen mit, gegenüber; **5.** in Erwartung (*gen.*), für.

a·gamic [ˌeɪˈgæmɪk] *adj. biol.* a'gam, geschlechtslos.

a·gape [əˈgeɪp] *adv. u. adj.* gaffend, mit offenem Munde (*vor Staunen*).

a·gar·ic [ˈægərɪk] *s.* ✿ Blätterpilz *m*, -schwamm *m*; → *fly agaric.*

ag·ate [ˈægət] *s.* **1.** *min.* A'chat *m*; **2.** *Am.* bunte Glasmurmel; **3.** *typ. Am.* Pa'riser Schrift *f*.

a·ga·ve [əˈgeɪvɪ] *s.* ✿ A'gave *f*.

age [eɪdʒ] **I** *s.* **1.** (Lebens)Alter *n*, Altersstufe *f*: *what is his ~ od. what ~ is he?* wie alt ist er?; *ten years of ~* 10 Jahre alt; *at the ~ of* im Alter von; *at his ~* in seinem Alter; *be over ~* über der Altersgrenze liegen; *act one's ~* sich s-m Alter entsprechend benehmen; *be your ~!* sei kein Kindskopf!; *a girl your ~* ein Mädchen deines Alters; *he does not look his ~* man sieht ihm sein Alter nicht an; **2.** (Zeit *f* der) Reife: *full ~* Volljährigkeit *f*; (*come*) *of ~* mündig *od.* volljährig (werden); *under ~* minderjährig; **3.** *a. old ~* Alter *n*: *before beauty* Alter kommt vor Schönheit; **4.** Zeit *f*, Zeitalter *n*, Menschenalter *n*, Generati'on *f*: *Ice ♋ Eiszeit; the ~ of Queen Victoria*; *in our ~* in unserer (*od.* der heutigen) Zeit; *down the ~s* durch die Jahrhunderte; **5.** *oft pl.* F lange Zeit, Ewigkeit *f*: *I haven't seen him for ~s* ich habe ihn seit e-r Ewigkeit nicht gesehen; **II** *v/t.* **6.** alt machen; **7.** j-n um Jahre älter machen; **8.** ⚙ altern, vergüten; *Wein etc.* ablagern lassen; *Käse etc.* reifen lassen; **III** *v/i.* **9.** alt werden, altern; *age* **bracket** → *age group*; **aged** [eɪdʒd] *adj.* ... Jahre alt: ~ *twenty*; **a·ged** [ˈeɪdʒɪd] *adj.* bejahrt, betagt; **age group** *s.* Altersklasse *f*, Jahrgang *m*; **age·ing** → *aging*; **age·less** [ˈeɪdʒlɪs] *adj.* nicht alternd, zeitlos; **age lim·it** *s.* Altersgrenze *f*; '**age·long**

adj. lebenslänglich, dauernd.

a·gen·cy [ˈeɪdʒənsɪ] *s.* **1.** (wirkende) Kraft *f*, (ausführendes) Or'gan, Werkzeug *n* (*fig.*); **2.** Tätigkeit *f*, Wirkung *f*; **3.** Vermittlung *f*, Mittel *n*, Hilfe *f*: *by od. through the ~ of*; **4.** ✝ Agen'tur *f*: a) (Handels)Vertretung *f*, b) Bü'ro *n od.* Amt *n* e-s A'genten; **5.** ⚖ ('Handlungs),Vollmacht *f*; **6.** ('Nachrichten-) Agen,tur *f*; **7.** Geschäfts-, Dienststelle *f*; Amt *n*, Behörde *f*; ~ *busi·ness* *s.* Kommissi'onsgeschäft *n*.

a·gen·da [əˈdʒendə] *s.* Tagesordnung *f*.

a·gent [ˈeɪdʒənt] *s.* **1.** Handelnde(r *m*) *f*, Urheber(in): *free ~* selbständig Handelnde(r), *weitS. ein* freier Mensch; **2.** ⚘, ⚕, *biol., phys.* 'Agens *n*, Wirkstoff *m*, (be)wirkende Kraft *n*. Ursache, Mittel *n*, Werkzeug *n*: *protective ~* Schutzmittel; **3.** a) ✝ (Handels)Vertreter *m*, A'gent *m*, *a.* Makler *m*, Vermittler *m*, b) ⚖ (Handlungs)Bevollmächtigte(r *m*) *f*, (Stell)Vertreter(in); **4.** *pol.* (Geheim)Agent(in).

a·gent pro·vo·ca·teur *pl.* **a·gents pro·vo·ca·teurs** [ˈæʒãːŋ prəˌvɒkəˈtɜː] (*Fr.*) *s.* Lockspitzel *m*.

'**age·|·old** *adj.* uralt; '**~·worn** *adj.* altersschwach.

ag·glom·er·ate **I** *v/t. u. v/i.* [əˈglɒmərᵉɪt] **1.** (sich) zs.-ballen, (sich) an- *od.* aufhäufen; **II** *s.* [-rət] **2.** angehäufte Masse, Ballung *f*; **3.** ⚙, *geol., phys.* Agglome'rat *n*; **III** *adj.* [-rət] **4.** zs.-geballt, gehäuft; **ag·glom·er·a·tion** [əˌglɒməˈreɪʃn] *s.* Zs.-ballung *f*; Anhäufung *f*; (wirrer) Haufen.

ag·glu·ti·nate **I** *adj.* [əˈglu:tɪnət] **1.** zs.-geklebt, verbunden; **2.** *ling.* agglutiniert; **II** *v/t.* [-neɪt] **3.** zs.-kleben, verbinden; **4.** *biol., ling.* agglutinieren; **ag·glu·ti·na·tion** [əˌglu:tɪˈneɪʃn] *s.* **1.** Zs.-kleben *n*; anein'anderklebende Masse; **2.** *biol., ling.* Agglutinati'on *f*.

ag·gran·dize [əˈgrændaɪz] *v/t.* **1.** *Macht, Reichtum* vermehren, -größern, erhöhen; **2.** verherrlichen, ausschmücken, *j-n* erhöhen; **ag·gran·dize·ment** [-dɪzmənt] *s.* Vermehrung *f*, Vergrößerung *f*, Erhöhung *f*, Aufstieg *m*.

ag·gra·vate [ˈægrəveɪt] *v/t.* **1.** erschweren, verschärfen, verschlimmern; verstärken: ~*d larceny* ⚖ schwerer Diebstahl; **2.** F erbittern, ärgern; '**ag·gra·vat·ing** [-tɪŋ] *adj.* ☐ **1.** erschwerend *etc.*, gra'vierend; **2.** F ärgerlich, aufreizend; **ag·gra·va·tion** [ˌægrəˈveɪʃn] *s.* **1.** Erschwerung *f*, Verschlimmerung *f*, erschwerender 'Umstand; **2.** F Ärger *m*.

ag·gre·gate [ˈægrɪgət] **I** *adj.* ☐ **1.** angehäuft, vereinigt, gesamt, Gesamt...: ~ *amount* → II; **2.** zs.-gesetzt, Sammel...; **II** *s.* **3.** Anhäufung *f*, (Gesamt-)Menge *f*; Summe *f*: *in the ~* insgesamt; **4.** ⚡, ⚙, *biol.* Aggre'gat *n*; **III** *v/t.* [-geɪt] **5.** anhäufen, ansammeln; vereinigen (*to* mit); **6.** sich insgesamt belaufen auf (*acc.*); **ag·gre·ga·tion** [ˌægrɪˈgeɪʃn] *s.* **1.** Anhäufung *f*, Ansammlung *f*; Zs.-fassung *f*; **2.** *phys.* Aggre'gat *n*: *state of ~* Aggregatzustand *m*.

ag·gres·sion [əˈgreʃn] *s.* Angriff *m*, 'Überfall *m*; Aggressi'on *f* (*a. pol. u. psych.*); **ag'gres·sive** [-esɪv] *adj.* ☐ aggres'siv: a) streitsüchtig, angriffslustig, b) e'nergisch, draufgängerisch, dy'namisch, forsch; **ag'gres·sor** [-esə] *s.* Angreifer *m.*

ag·grieved [ə'griːvd] *adj.* **1.** bedrückt, betrübt; **2.** *bsd.* ⚖ geschädigt, beschwert, benachteiligt.

a·ghast [ə'gɑːst] *adj.* entgeistert, bestürzt, entsetzt (*at* über *acc.*).

ag·ile ['ædʒaɪl] *adj.* □ flink, be'hend(e) (*Verstand etc.*); **a·gil·i·ty** [ə'dʒɪlətɪ] *s.* Flinkheit *f,* Be'hendigkeit *f;* Aufgewecktheit *f.*

ag·ing ['eɪdʒɪŋ] **I** *s.* **1.** Altern *n;* **2.** ⊕ Alterung *f,* Vergütung *f;* **II** *pres. p. u. adj.* **3.** alternd.

ag·i·o ['ædʒəʊ] *pl.* **ag·i·os** *s.* ✝ 'Agio *n,* Aufgeld *n;* **ag·i·o·tage** ['ædʒətɪdʒ] *s.* Agio'tage *f.*

ag·i·tate ['ædʒɪteɪt] **I** *v/t.* **1.** hin und her bewegen, schütteln; (um)rühren; **2.** *fig.* beunruhigen, auf-, erregen; **3.** aufwiegeln; **4.** erwägen, lebhaft erörtern; **II** *v/i.* **5.** agitieren, wühlen, hetzen; Propa'ganda machen (*for* für, *against* gegen); **'ag·i·tat·ed** [-tɪd] *adj.* □ erregt; **ag·i·ta·tion** [ˌædʒɪ'teɪʃn] *s.* **1.** Erschütterung *f,* heftige Bewegung; **2.** Aufregung *f,* Unruhe *f;* **3.** Agitati'on *f,* Hetze'rei *f;* Bewegung *f,* Gärung *f;* **'ag·i·ta·tor** [-tə] *s.* **1.** Agi'tator *m,* Aufwiegler *m,* Wühler *m,* Hetzer *m;* **2.** ⊕ 'Rührappa,rat *m,* -werk *n,* -arm *m;* **ag·it·prop** [ˌædʒɪt'prɒp] **1.** Agit'prop *f* (*kommunistische Agitation u. Propaganda*); **2.** Agit'propredner *m.*

a·glow [ə'gləʊ] *adv. u. adj. a. fig.* glühend (*with* von, vor *dat.*).

ag·nate ['ægneɪt] **I** *s.* **1.** A'gnat *m* (*Verwandter väterlicherseits*); **II** *adj.* **2.** väterlicherseits verwandt; **3.** stamm-, wesensverwandt; **ag·nat·ic** *adj.;* **ag·nat·i·cal** [æg'nætɪk(l)] *adj.* □ → agnate 2, 3.

ag·nos·tic [æg'nɒstɪk] **I** *s.* A'gnostiker *m;* **II** *adj.* → **agnostical; ag'nos·ti·cal** [-kl] *adj.* a'gnostisch; **ag'nos·ti·cism** [-tɪsɪzəm] *s.* Agnosti'zismus *m.*

a·go [ə'gəʊ] *adv. u. adj.* vor'über, her, vor: **ten years** ~ vor zehn Jahren; *long* ~ vor langer Zeit; *long, long* ~ lang, lang ist's her; *no longer* ~ *than last month* erst vorigen Monat.

a·gog [ə'gɒg] *adv. u. adj.* gespannt, erpicht (*for* auf *acc.*): *all* ~ ganz aus dem Häuschen, ,gespannt wie ein Regenschirm'.

ag·o·nize ['ægənaɪz] **I** *v/t.* **1.** quälen, martern; **II** *v/i.* **2.** mit dem Tode ringen; **3.** Höllenqualen leiden; **4.** sich (ab-) quälen, verzweifelt ringen; **'ag·o·niz·ing** [-zɪŋ] *adj.* □ qualvoll, herzzerreißend; **'ag·o·ny** [-nɪ] *s.* **1.** heftiger Schmerz, Höllenqualen *pl.,* Qual *f,* Pein *f,* Seelenangst *f:* ~ *of despair* *f;* ~ *column* F Zeitung: Seufzerspalte *f; pile on the* ~ F ,dick auftragen'; **2.** ⚲ Ringen *n* Christi mit dem Tode; **3.** Todeskampf *m,* Ago'nie *f.*

ag·o·ra·pho·bi·a [ˌægərə'fəʊbjə] *s.* ⚕ Platzangst *f.*

a·grar·i·an [ə'greərɪən] **I** *adj.* **1.** a'grarisch, landwirtschaftlich, Agrar...: ~ *unrest* Unruhe in der Landwirtschaft; **2.** gleichmäßige Landaufteilung betreffend; **II** *s.* **3.** Befürworter *m* gleichmäßiger Aufteilung des (Acker)Landes.

a·gree [ə'griː] **I** *v/i.* **1.** (*to*) zustimmen (*dat.*), einwilligen (in *acc.*), beipflich-

ten (*dat.*), genehmigen (*acc.*), einverstanden sein (mit), eingehen (auf *acc.*), gutheißen (*acc.*): ~ *to a plan;* *I* ~ *to come with you* ich bin mit zukommen; *you will* ~ *that* du mußt zugeben, daß; **2.** (*on, upon, about*) sich einigen *od.* verständigen (über *acc.*); · vereinbaren, verabreden (*acc.*): *they ~d about the price;* ~ *to differ* sich auf verschiedene Standpunkte einigen; *let us* ~ *to differ!* ich fürchte, wir können uns da nicht einigen!; **3.** über'einkommen, vereinbaren (*to inf.* zu *inf.,* *that* daß): *it is* ~*d* es ist vereinbart, es steht fest; → *agreed* 2; **4.** (*with* mit) über'einstimmen (*a. ling.*), (sich) einig sein, gleicher Meinung sein: *I* ~ *that your advice is best* auch ich bin der Meinung, daß Ihr Rat der beste ist; → *agreed* 1; **5.** sich vertragen, auskommen, zs.-passen, sich vereinigen (lassen); **6.** ~ *with j-m* bekommen, zuträglich sein: *wine does not* ~ *with me;* **II** *v/t.* **7.** ✝ Konten etc. abstimmen.

a·gree·a·ble [ə'grɪəbl] *adj.* □ → *agreeably;* **1.** angenehm; gefällig, liebenswürdig; **2.** einverstanden (*to* mit): ~ *to the plan;* **3.** F bereit, gefügig; **4.** (*to*) über'einstimmend (mit), entsprechend (*dat.*): ~ *to the rules;* **a'gree·a·ble·ness** [-nɪs] *s.* angenehmes Wesen; Annehmlichkeit *f;* **a'gree·a·bly** [-lɪ] *adv.* **1.** angenehm: ~ *surprised;* **2.** einverstanden (*to* mit); entsprechend (*to* *dat.*): ~ *to his instructions.*

a·greed [ə'griːd] *adj.* **1.** einig (*on* über *acc.*); einmütig: ~ *decisions;* **2.** vereinbart: *the* ~ *price;* ~*!* abgemacht!, einverstanden!; **a'gree·ment** [-mənt] *s.* **1.** a) Abkommen *n,* Vereinbarung *f,* Einigung *f,* Verständigung *f,* Über'einkunft *f,* b) Vertrag *m,* c) (gütlicher) Vergleich: *by* ~ wie vereinbart; *come to an* ~ sich einigen, sich verständigen; *by mutual* ~ in gegenseitigem Einvernehmen; ~ *country* (*currency*) ✝ Verrechnungsland *n* (-währung *f*); **2.** Einigkeit *f,* Eintracht *f;* **3.** Über'einstimmung *f* (*a. ling.*), Einklang *m;* **4.** Genehmigung *f,* Zustimmung *f.*

ag·ri·cul·tur·al [ˌægrɪ'kʌltʃərəl] *adj.* □ landwirtschaftlich, Landwirtschaft(s)...: ~ *labo(u)rer* Landarbeiter *m;* ~ *show* Landwirtschaftsausstellung *f;* **ˌag·ri'cul·tur·al·ist** [-rəlɪst] → *agriculturist;* **ag·ri·cul·ture** ['ægrɪkʌltʃə] *s.* Landwirtschaft *f,* Ackerbau *m* (u. Viehzucht *f*); **ˌag·ri'cul·tur·ist** [-tʃərɪst] *s.* (Dip'lom)Landwirt *m.*

ag·ro·nom·ics [ˌægrə'nɒmɪks] *s. pl. sg. konstr.* Agrono'mie *f,* Ackerbaukunde *f;* **a·gron·o·mist** [ə'grɒnəmɪst] *s.* Agro'nom *m,* (Dip'lom)Landwirt *m;* **a·gron·o·my** [ə'grɒnəmɪ] → *agronomics.*

a·ground [ə'graʊnd] *adv. u. adj.* ⚓ gestrandet: *run* ~ a) auflaufen, stranden, b) auf Grund setzen; *be* ~ a) aufgelaufen sein, b) *fig.* auf dem trocknen sitzen.

a·gue ['eɪgjuː] *s.* Schüttelfrost *m;* (Wechsel)Fieber *n.*

ah [ɑː] *int.* ah, ach, oh, ha, ei!

a·ha [ɑː'hɑː] **I** *int.* a'ha, ha'ha!; **II** *adj.:* ~ *experience* Aha-Erlebnis *n.*

a·head [ə'hed] *adv. u. adj.* **1.** vorn; vor-'aus, vor'an; vorwärts, nach vorn; einen Vorsprung habend, an der Spitze; be-

'vorstehend: *right* (*od.* **straight**) ~ geradeaus; *the years* ~ (*of us*) die bevorstehenden (*od.* vor uns liegenden) Jahre; *look* (**think, plan**) ~ vorausschauen (-denken, -planen); *look* ~*!* a) sieh dich vor!, b) *fig.* denk an die Zukunft!; → *get ahead, go ahead, speed* 1; **2.** ~ *of* vor (*dat.*), vor'aus (*dat.*): *be* ~ *of the others* vor den anderen sein *od.* liegen, den anderen voraus sein, (e-n) Vorsprung vor den anderen haben, die anderen übertreffen; *get* ~ *of s.o.* j-n überholen *od.* überflügeln; ~ *of the times* der *od.* s-r Zeit voraus.

a·hem [m'mm] *int.* hm!

a·hoy [ə'hɔɪ] *int.* ⚓ ho!, a'hoi!

aid [eɪd] **I** *v/t.* **1.** unter'stützen, fördern; *j-m* helfen, behilflich sein (*in* bei, *to inf.* zu *inf.*): ~ *and abet* ⚖ a) Beihilfe leisten (*dat.*), b) begünstigen (*acc.*); **II** *s.* **2.** Hilfe *f* (*to* für), -leistung *f* (*in* bei), Unter'stützung *f: he came to her* ~ er kam ihr zu Hilfe; *by od.* with (the) ~ *of* mit Hilfe von; *in* ~ *of* zugunsten von (*od. gen.*); **3.** Helfer(in), Beistand *m,* Assis'tent(in); **4.** Hilfsmittel *n,* (Hilfs-) Gerät *n,* Mittel *n;* → *hearing* 2.

aide [eɪd] *s.* **1.** Berater *m;* **2.** → *aid(e)-de-camp* [ˌeɪddə'kɑ̃ːŋ] *pl.* ˌaid(e)s-de-'camp [ˌeɪdz-] ✕ Adju'tant *m.*

aide-mé·moire [ˌeɪdmem'wɑː] (*Fr.*) *s. sg. u. pl.* **1.** Gedächtnisstütze *f,* No'tiz *f;* **2.** *pol.* Denkschrift *f.*

ai·grette ['eɪgret] *s.* **1.** *orn.* kleiner, weißer Reiher; **2.** Ai'grette *f,* Kopfschmuck *m* (*aus Federn etc.*).

ail [eɪl] **I** *v/t.* schmerzen: *what* ~*s you?* *a. fig.* was hast du denn?; **II** *v/i.* kränkeln.

ai·ler·on ['eɪlərɒn] (*Fr.*) *s.* ✈ Querruder *n.*

ail·ing ['eɪlɪŋ] *adj.* kränklich, leidend; **ail·ment** ['eɪlmənt] *s.* Unpäßlichkeit *f,* Leiden *n.*

aim [eɪm] **I** *v/i.* **1.** zielen (*at* auf *acc.,* nach); **2.** *mst* ~ *at* *fig. et.* beabsichtigen, an-, erstreben, bezwecken: ~*ing to please* zu gefallen suchend; *be* ~*ing to do* Am. vorhaben *et.* zu tun; **3.** abzielen (*at* auf *acc.*): *that was not* ~*ed at you* das war nicht auf dich gemünzt; **II** *v/t.* (*at*) **4.** Waffe etc., *a.* Bestrebungen richten (auf *acc.*); **5.** Bemerkungen richten (gegen); **III** *s.* **6.** Ziel *n,* Richtung *f: take* ~ *at* zielen auf (*acc.*) *od.* nach; **7.** Ziel *n,* Zweck *m,* Absicht *f;* **'aim·less** [-lɪs] *adj.* □ ziel-, zweck-, planlos.

ain't [eɪnt] V *abbr. für:* **am not, is not, are not, has not, have not.**

air¹ [eə] **I** *s.* **1.** Luft *f,* Atmo'sphäre *f,* Luftraum *m: by* ~ auf dem Luftwege, mit dem Flugzeug; *in the open* ~ im Freien; *hot* ~ *sl.* leeres Geschwätz, blauer Dunst; → *beat* 11; *clear the* ~ die Luft (*fig.* die Atmosphäre) reinigen; *vanish into thin* ~ *fig.* sich in nichts auflösen; *change of* ~ Luftveränderung *f; be in the* ~ *fig.* a) in der Luft liegen, b) in der Schwebe sein (*Frage etc.*), c) im Umlauf sein (*Gerücht etc.*); *be up in the* ~ *fig.* a) (völlig) in der Luft hängen, b) völlig ungewiß sein, c) F ganz aus dem Häuschen sein (*about* wegen); *take the* ~ a) frische Luft schöpfen, b) ✔ aufsteigen, *walk on* ~ sich wie im Himmel fühlen, selig sein; *in the* ~ *fig.* (völ-

lig) ungewiß; *give s.o. the* ~ *Am.* j-n an die (frische) Luft setzen; **2.** Brise *f*, Luftzug *m*, Lüftchen *n*; **3.** ✗ Wetter *n*: *foul* ~ schlagende Wetter *pl.*; **4.** *Radio, TV:* 'Äther *m*: *on the* ~ im Rundfunk *od.* Fernsehen; *be on the* ~ a) senden, b) gesendet werden, c) auf Sendung sein (*Person*), d) zu hören *od.* zu sehen sein (*Person*); *go off the* ~ a) die Sendung beenden (*Person*), b) sein Programm beenden (*Sender*); *put on the* ~ senden, übertragen; *stay on the* ~ auf Sendung bleiben; **5.** Art *f*, Stil *m*; **6.** Miene *f*, Aussehen *n*, Wesen *n*: *an* ~ *of importance* e-e gewichtige Miene; **7.** *mst pl.* Getue *n*; ‚Gehabe' *n*, Pose *f*; ~*s and graces* affektiertes Getue; *put on* (*od.* **give o.s**) ~*s* vornehm tun; **II** *v/t.* **8.** der Luft aussetzen, lüften; **9.** *Wäsche* trocknen, zum Trocknen aufhängen; **10.** *Getränke* abkühlen; **11.** an die Öffentlichkeit *od.* zur Sprache bringen, äußern: ~ *one's grievances*; **12.** ~ *o.s.* frische Luft schöpfen; **III** *adj.* **13.** Luft..., pneu'matisch.
air² [eə] *s.* ♪ **1.** Lied *n*, Melo'die *f*, Weise *f*; **2.** Arie *f*.
air| a·lert *s.* 'Flieger-, 'Lufta‚larm *m*; ~ **arm** *s.* ✈ *Brit.* Luftwaffe *f*; ~ **bag** *s. mot.* Luftsack *m*; ~ **bar·rage** *s.* ✈ Luftsperre *f*; '~**-base** *s.* ✈ Luft-, Flugstützpunkt *m*, Fliegerhorst *m*; '~**-bath** *s.* Luftbad *n*; ~ **bea·con** *s.* ✈ Leuchtfeuer *n*; '~**-bed** *s.* 'Luftma‚tratze *f*; '~**-‚blad·der** *s. ichth.* Schwimmblase *f*; '~**-borne** *adj.* **1.** a) im Flugzeug befördert *od.* eingebaut, Bord...: ~ *transmitter* Bordfunkgerät *n*, b) Luftlande...: ~ *troops*, c) auf dem Luftwege; **2.** in der Luft befindlich, aufgestiegen: *be* ~; ~ **brake** *s.* **1.** ⊙ Luft(druck)bremse *f*; **2.** ✈ Landeklappe *f*; ~ *parachute* Landefallschirm *m*; '~**-brick** *s.* ⊙ Luftziegel *m*; '~**-bridge** *s.* ✈ **1.** Luftbrücke *f*; **2.** Fluggastbrücke *f*; ~ **bub·ble** *s.* Luftblase *f*; ~ **bump** *s.* ✈ Bö *f*, aufsteigender Luftstrom; ~ **bus** *s.* ✈ Airbus *m*; ~ **car·go** *s.* Luftfracht *f*; ~ **car·ri·er** *s.* ✈ **1.** Fluggesellschaft *f*; **2.** Charterflugzeug *n*; ~ **cas·ing** *s.* ⊙ Luftmantel *m*; ~ **cham·ber** *s.* ♀, *zo.*, ⊙ Luftkammer *f*; ~ **com·pres·sor** *s.* ⊙ Luftverdichter *m*; '~**-con‚di·tion** *v/t.* ⊙ mit Klimaanlage versehen, klimatisieren; '~**-con‚di·tion·ing** *s.* ⊙ Klimatisierung *f*; *a.* ~ *plant* Klimaanlage *f*; '~**-cooled** *adj.* luftgekühlt; ♀ **Corps** *s. hist. Am.* Luftwaffe *f*; ~ **cor·ri·dor** *s.* 'Luft‚korridor *m*, Einflugschneise *f*; ~ **cov·er** *s.* Luftsicherung *f*.
'**air·craft** *s.* Flugzeug *n*; *coll.* Luftfahrzeuge *pl.*; ~ **car·ri·er** *s.* Flugzeugträger *m*; ~ **en·gine** *s.* 'Flug‚motor *m*; ~ **in·dus·try** *s.* 'Luftfahrt-, 'Flugzeugin‚dustrie *f*; '~**-man** [-mən] *s. [irr.] Brit.* Flieger *m* (*Dienstgrad*); ~ **weap·ons** *s. pl.* Bordwaffen *pl.*
air| crash *s.* Flugzeugabsturz *m*; ~ **crew** *s.* (Flugzeug)Besatzung *f*; ~ **cush·ion** *s. a.* ⊙ Luftkissen *n*; '~**-‚cush·ion ve·hic·le** *s.* ⊙ Luftkissenfahrzeug *n*; ~ **de·fence**, *Am.* ~ **de·fense** *s.* ✗ Luftschutz *m*, -verteidigung *f*, Fliegerabwehr *f*.
air·drome ['eədrəum] *s. Am.* Flugplatz *m*.
'**air|·drop I** *s.* a) Fallschirmabwurf *m*, b)

✗ Luftlandung *f*; **II** *v/t.* a) mit dem Fallschirm abwerfen, b) ✗ *Fallschirmjäger etc.* absetzen; '~**-dry** *v/t. u. v/i.* lufttrocknen; '~**-field** *s.* Flugplatz *m*; ~ **flap** *s.* ⊙ Luftklappe *f*; '~**-foil** *s.* ✈ Tragfläche *f*; ~ **Force** *s.* ✈ Luftwaffe *f*, Luftstreitkräfte *pl.*; '~**-frame** *s.* ✈ Flugwerk *n*, (Flugzeug-) Zelle *f*; '~**-freight** *s.* Luftfracht *f*; '~**,freight·er** *s.* **1.** Luftfrachter *m*; **2.** 'Luftspediti‚on *f*; '~**-graph** [-grɑːf] *s.* 'Fotoluftpostbrief *m*; ‚~**-'ground** *adj.* ✈ Bord-Boden...; '~**-gun** *s.* Luftgewehr *n*; ~ **host·ess** *s.* ✈ ('Luft)‚Stewardeß *f*; '~**-house** *s.* Traglufthalle *f*.
air·i·ly ['eərɪlɪ] *adv.* 'leicht'hin, unbekümmert; '**air·i·ness** [-nɪs] *s.* **1.** Luftigkeit *f*; luftige Lage; **2.** Leichtigkeit *f*; Munterkeit *f*; **3.** Leichtfertigkeit *f*; '**air·ing** [-rɪŋ] *s.* **1.** (Be)Lüftung *f*, Trocknen *n*: *give s.th. an* ~ et. lüften; **2.** Spaziergang *m*: *take an* ~ frische Luft schöpfen; **3.** Äußerung *f*; Erörterung *f*.
air| in·take *s.* ⊙ **1.** Lufteinlaß *m*; **2.** Zuluftstutzen *m*; ~ **jack·et** *s.* ⊙ Schwimmweste *f*; ⊙ Luftmantel *m*; ~ **jet** *s.* ⊙ Luftstrahl *m*, -düse *f*; ~ **lane** *s.* ✈ Luftroute *f*.
air·less ['eəlɪs] *adj.* **1.** ohne Luft(zug); **2.** dumpf, stickig.
air| let·ter *s.* **1.** Luftpostbrief *m* (*auf Formular*); **2.** *Am.* Luftpostleichtbrief *m*; ~ **lev·el** *s.* Li'belle *f*, Setzwaage *f*; '~**-lift I** *s.* Luftbrücke *f*; **II** *v/t.* über *acc.* e-e Luftbrücke befördern; '~**-line** *s.* Luft-, Flugverkehrsgesellschaft *f*; ~ **liner** *s.* ✈ Verkehrs-, Linienflugzeug *n*; '~**-lock** *s.* ⊙ **1.** Luftschleuse *f*; **2.** Druckstauung *f*; ~ **mail** *s.* (*by* ~ mit *od.* per) Luftpost *f*; '~**-man** [-mən] *s. [irr.]* Flieger *m*; '~**-me‚chan·ic** *s.* ✈ 'Bordmon‚teur *m*; '~**-‚mind·ed** *adj.* ⊙ luft(fahrt)-, flug(sport)begeistert; '~**-‚op·er·at·ed** *adj.* ⊙ preßluftbetätigt; ~ **par·cel** *Brit.* 'Luftpost‚paket *n*; ~ **pas·sage** *s.* **1.** *anat., biol.,* Luft-, Atemweg *m*; **2.** ⊙ Luftschlitz *m*; ~ **pas·sen·ger** *s.* ✈ Fluggast *m*; ~ **pho·to(·graph)** *s.* ✈ Luftbild *n*, -aufnahme *f*; ~ **pi·ra·cy** *s.* 'Luftpira‚terie *f*; ~ **pi·rate** *s.* 'Luftpi‚rat *m*; '~**-plane** *s.* ✈ *bsd. Am.* Flugzeug *n*; '~**-plane car·ri·er** *bsd. Am.* → *aircraft carrier*; ~ **pock·et** *s.* Fallbö *f*, Luftloch *n*; ~ **pol·lu·tion** *s.* Luftverschmutzung *f*; '~**-port** *s.* ✈ Flughafen *m*; '~**-proof** *adj.* luftbeständig, -dicht; ~ **pump** *s.* ⊙ Luftpumpe *f*; ~ **raft** *s.* Schlauchboot *n*; ~ **raid** *s.* Luftangriff *m*.
'**air-raid| pre·cau·tions** *s. pl.* Luftschutz *m*; ~ **shel·ter** *s.* Luftschutzraum *m*, -bunker *m*, -keller *m*; ~ **ward·en** *s.* Luftschutzwart *m*; ~ **warn·ing** *s.* Luft-, Fliegerwarnung *f*, 'Fliegera‚larm *m*.
air| ri·fle *s.* Luftgewehr *n*; ~ **route** *s.* ✈ Flugroute *f*; ~ **sched·ule** *s.* ✈ Flugplan *m*; '~**-screw** *s.* ✈ Luftschraube *f*; '~**-seal** *v/t.* ⊙ luftdicht verschließen; '~**-ship** *s.* Luftschiff *n*; '~**-sick** *adj.* luftkrank; '~**-‚sick·ness** *s.* Luftkrankheit *f*; '~**-space** *s.* Luftraum *m*; ~ **speed** *s.* ✈ (Flug)Eigengeschwindigkeit *f*; '~**-strip** *s.* Behelfslandeplatz *m*; **2.** *Am.* Roll-, Start-, Landebahn *f*; ~ **tax·i** *s.* ✈ Lufttaxi *n*; ~ **tee** *s.* ✈ Landekreuz *n*; ~ **ter·mi·nal** *s.* ✈ **1.** Großflughafen *m*; **2.** Terminal *m*, *n*: a) (Flughafen)Abfertigungsgebäude, b)

Brit. 'Endstati‚on *f* der 'Zubringer‚linie zum und vom Flughafen; '~**-tight** *adj.* **1.** luftdicht; **2.** *fig.* todsicher, völlig klar; ‚~**-to-'air** *adj.* ✈ Bord-Bord-...; ‚~**-to-'ground** *adj.* ✈ Bord-Boden-...; ~ **traf·fic** *s.* Luft-, Flugverkehr *m*; ~ **traf·fic con·trol** *s.* ✈ Flugsicherung *f*; '~**-‚traf·fic con·trol·ler** *s.* ✈ Fluglotse *m*; '~**-tube** *s.* **1.** ⊙ Luftschlauch *m*; **2.** *anat.* Luftröhre *f*; ~ **um·brel·la** *s.* ✈ Luftschirm *m*; '~**-way** *s.* **1.** ⊙, ✗ Wetterstrecke *f*, Luftschacht *m*; **2.** ✈ a) Luft(verkehrs)weg *m*, Luftroute *f*, b) → *airline*; '~**,wom·an** *s. [irr.]* Fliegerin *f*; '~**,wor·thi·ness** *s.* ✈ Lufttüchtigkeit *f*.
air·y ['eərɪ] *adj.* □ → *airily*, **1.** Luft...; **2.** luftig, *a.* windig; **3.** körperlos; **4.** grazi'ös; **5.** lebhaft, munter; **6.** über'spannt, verstiegen: ~ *plans*; **7.** lässig: *an* ~ *manner*; **8.** vornehmtuerisch.
aisle [aɪl] *s.* **1.** △ a) Seitenschiff *n*, -chor *m* (*e-r Kirche*), b) Schiff *n*, Abteilung *f* (*e-r Kirche od. e-s Gebäudes*); **2.** (Mittel)Gang *m* (*zwischen Bänken etc.*); **3.** *fig.* Schneise *f*.
aitch [eɪtʃ] *s.* H *n*, h *n* (*Buchstabe*): *drop one's* ~*es* das H nicht aussprechen (*Zeichen der Unbildung*); '**aitch·bone** *s.* **1.** Lendenknochen *m*; **2.** Lendenstück *n* (*vom Rind*).
a·jar [ə'dʒɑː] *adv. u. adj.* **1.** halb offen, angelehnt (*Tür*); **2.** *fig.* im Zwiespalt.
a·kim·bo [ə'kɪmbəʊ] *adv. die Arme* in die Seite gestemmt.
a·kin [ə'kɪn] *adj.* **1.** (bluts- *od.* stamm-) verwandt (*to* mit); **2.** verwandt; sehr ähnlich (*to dat.*).
al·a·bas·ter ['æləbɑːstə] **I** *s. min.* Ala'baster *m*; **II** *adj.* ala'bastern, ala'basterweiß, Alabaster...
a·lac·ri·ty [ə'lækrətɪ] *s.* **1.** Munterkeit *f*; **2.** Bereitwilligkeit *f*, Eifer *m*.
A·lad·din's lamp [ə'lædɪnz] *s.* 'Aladins Wunderlampe *f*; *fig.* wunderwirkender 'Talisman.
à la mode [‚ɑːlɑː'məʊd] (*Fr.*) *adj.* **1.** à la mode, modisch; **2.** gespickt u. geschmort u. mit Gemüse zubereitet: *beef* ~; **3.** *Am.* mit (Speise)Eis (serviert): *cake* ~.
a·larm [ə'lɑːm] **I** *s.* **1.** A'larm *m*, Warnruf *m*, Warnung *f*: *false* ~ blinder Alarm, falsche Meldung; *give* (*raise, sound*) *the* ~ Alarm geben *od. fig.* schlagen; **2.** a) Weckvorrichtung *f*, b) Wecker *m*; **3.** A'larmvorrichtung *f*; **4.** Lärm *m*, Aufruhr *m*; **5.** Angst *f*, Unruhe *f*, Bestürzung *f*; **II** *v/t.* **6.** alarmieren, warnen; **7.** beunruhigen, erschrecken (*at* über *acc.*, *by* durch): *be* ~*ed* sich ängstigen, bestürzt sein; ~ **bell** *s.* A'larm-, Sturmglocke *f*; ~ **clock** *s.* Wecker *m* (*Uhr*).
a·larm·ing [ə'lɑːmɪŋ] *adj.* □ beunruhigend, beängstigend; **a'larm·ist** [-mɪst] **I** *s.* Bangemacher *m*, Schwarzseher *m*, ‚Unke' *f*; **II** *adj.* schwarzseherisch.
a·las [ə'læs] *int.* ach!, leider!
alb [ælb] *s. eccl.* Albe *f*, Chorhemd *n*.
Al·ba·ni·an [æl'beɪnjən] **I** *adj.* al'banisch; **II** *s.* Al'ban(i)er(in).
al·ba·tross ['ælbətrɒs] *s. orn.* 'Albatros *m*, Sturmvogel *m*.
al·be·it [ɔːl'biːɪt] *cj.* ob'gleich, wenn auch.
al·bert ['ælbət] *s. a.* ♀ *chain Brit.* (kur-

ze) Uhrkette.

al·bi·no [ælˈbiːnəʊ] *pl.* **-nos** *s.* Alˈbino *m*, ˈKakerlak *m*.

Al·bion [ˈælbjən] *npr. poet.* ˈAlbion *n* (*Britannien od. England*).

al·bum [ˈælbəm] *s.* **1.** ˈAlbum *n*, Stammbuch *n*; **2.** (Briefmarken-, Foto-, Schallplatten- *etc.*)Album *n*; **3.** a) ˈSchallplattenkasˌsette *f*, b) Album *n* (*Langspielplatte[n]*); **4.** Gedichtsammlung *etc.* (in Buchform).

al·bu·men [ˈælbjʊmɪn] *s.* **1.** *zo.* Eiweiß *n*, Alˈbumen *n*; **2.** ♀, ♣, ♠ Eiweiß(stoff *m*) *n*, Albuˈmin *n*; **al·bu·min** [ˈælbjʊmɪn] → **albumen** 2; **al·bu·mi·nous** [ælˈbjuːmɪnəs] *adj.* eiweißartig, -haltig.

al·chem·ic *adj.*; **al·chem·i·cal** [ælˈkemɪk(l)] *adj.* □ alchiˈmistisch; **al·che·mist** [ˈælkɪmɪst] *s.* Alchiˈmist *m*, Goldmacher *m*; **al·che·my** [ˈælkɪmɪ] *s.* Alchiˈmie *f*.

al·co·hol [ˈælkəhɒl] *s.* ˈAlkohol *m*: a) Sprit *m*, ˈSpiritus *m*, Weingeist *m*: *ethyl ~* Äthylalkohol *m*, b) geistige *od.* alkoˈholische Getränke *pl.*; **al·co·hol·ic** [ˌælkəˈhɒlɪk] **I** *adj.* **1.** alkoˈholisch, ˈalkoholartig, -haltig, Alkohol...: *~ drinks*; *~ strength* Alkoholgehalt *m*; **II** *s.* **2.** (Gewohnheits)Trinker(in), Alkoˈholiker(in), Alkoˈholiker(in); **3.** *pl.* alkoˈholika *pl.*; **ˈal·co·hol·ism** [-lɪzəm] *s.* Alkohoˈlismus *m*: a) Trunksucht *f*, b) *durch Trunksucht verursachte Organismusschädigungen*.

al·cove [ˈælkəʊv] *s.* Alˈkoven *m*, Nische *f*; (Garten)Laube *f*, Grotte *f*.

al·de·hyde [ˈældɪhaɪd] *s.* ♠ Aldeˈhyd *m*.

al·der [ˈɔːldə] *s.* ♀ Erle *f*.

al·der·man [ˈɔːldəmən] *s.* [*irr.*] Ratsherr *m*, Stadtrat *m*; **ˈal·der·manˌry** [-rɪ] *s.* **1.** (von e-m Ratsherrn vertretener) Stadtbezirk; **2.** → **ˈal·der·manˌship** [-ʃɪp] *s.* Amt *n* e-s Ratsherrn; **al·der·wom·an** [ˈɔːldəˌwʊmən] *s.* [*irr.*] Stadträtin *f*.

ale [eɪl] *s.* Ale *n* (*helles, obergäriges Bier*).

a·leck [ˈælɪk] *s. Am.* F → *smart aleck*.

a·lee [əˈliː] *adv. u. adj.* leewärts.

ˈale-house *s.* ˈBierloˌkal *n*.

a·lem·bic [əˈlembɪk] *s.* **1.** Destillierkolben *m*; **2.** *fig.* Reˈtorte *f*.

a·lert [əˈlɜːt] **I** *adj.* □ **1.** wachsam, auf der Hut; achtsam: *~ to* klar bewußt (*gen.*); **2.** rege, munter; **3.** aufgeweckt, forsch, aˈlert; **II** *s.* **4.** (Aˈlarm-) Bereitschaft *f*: *on the ~* auf der Hut, in Alarmbereitschaft; **5.** Aˈlarm(siˌgnal *n*) *m*, Warnung *f*; **III** *v/t.* **6.** alarmieren, warnen, ⚔*a.* in Aˈlarmzustand versetzen, *weitS.* mobilisieren: *~ s.o. to s.th. fig.* j-m et. zum Bewußtsein bringen; **a·lert·ness** [-nɪs] *s.* **1.** Wachsamkeit *f*; **2.** Munterkeit *f*, Flinkheit *f*; **3.** Aufgewecktheit *f*, Forschheit *f*.

A lev·el *s. Brit. ped.* (*etwa*) Abiˈtur *n*: *he has three ~s* er hat das Abitur in drei Fächern gemacht.

Al·ex·an·drine [ˌælɪgˈzændraɪn] *s.* Alexanˈdriner *m* (*Versart*).

al·fal·fa [ælˈfælfə] *s.* ♀ Luˈzerne *f*.

al·fres·co [ælˈfreskəʊ] (*Ital.*) *adj. u. adv.* im Freien: *~ lunch*.

al·ga [ˈælgə] *pl.* **-gae** [-dʒiː] *s.* ♀ Alge *f*, Tang *m*.

al·ge·bra [ˈældʒɪbrə] *s.* ⅍ Algebra *f*; **ˌal·geˈbra·ic** [-reɪk] *adj.* □ algeˈbraisch: *~ calculus* Algebra *f*.

Al·ge·ri·an [ælˈdʒɪərɪən] **I** *adj.* alˈgerisch; **II** *s.* Alˈgerier(in).

Al·gol [ˈælgɒl] *s.* ALGOL *n* (*Computersprache*).

a·li·as [ˈeɪlɪæs] **I** *adv..* ˈalias, sonst (... genannt); **II** *s. pl.* **-asˌes** angenommener Name, Deckname *m*.

al·i·bi [ˈælɪbaɪ] *s.* **1.** ⅍ ˈAlibi *n*: *establish one's ~* sein Alibi erbringen; **3.** F Ausrede *f*, ˈAlibi *n*.

al·ien [ˈeɪljən] **I** *adj.* **1.** fremd; ausländisch: *~ subjects* ausländische Staatsangehörige; **2.** außerirdisch (*Wesen*); **3.** *fig.* andersartig, fernliegend, fremd (*to dat.*); **4.** *fig.* zuˈwider, ˈunsymˌpathisch (*to dat.*); **II** *s.* **5.** Fremde(r *m*) *f*, Ausländer(in): *enemy ~* feindlicher Ausländer; *~s police* Fremdenpolizei *f*; **6.** nicht naturalisierter Bewohner des Landes; **7.** *fig.* Fremdling *m*; **8.** außerirdisches Wesen; **9.** *ling.* Fremdwort *n*; **ˈal·ien·a·ble** [-nəbl] *adj.* veräußerlich; **ˈal·ien·age** [-nɪdʒ] *s.* Ausländertum *n*; **ˈal·ien·ate** [-neɪt] *v/t.* **1.** ⅍ veräußern, überˈtragen; **2.** entfremden, abspenstig machen (*from dat.*); **al·ien·a·tion** [ˌeɪljəˈneɪʃn] *s.* **1.** ⅍ Veräußerung *f*, Überˈtragung *f*; **2.** Entfremdung *f* (*a. psych., pol.*) (*from von*), Abwendung *f*, Abneigung *f*: *~ of affections* ⅍ Entfremdung (ehelicher Zuneigung); **3.** *a. mental ~* Alienatiˈon *f*, Psyˈchose *f*; **4.** literarische Verfremdung: *~ effect* Verfremdungs-, V-Effekt *m*; **ˈal·ien·ist** [-nɪst] *s. obs.* Nervenarzt *m*.

a·light¹ [əˈlaɪt] *v/i.* **1.** ab-, aussteigen; **2.** sich niederlassen, sich setzen (*Vogel*), fallen (*Schnee*): *~ on one's feet* auf die Füße fallen; **3.** ⚡ niedergehen, landen; **4.** (*on*) (zufällig) stoßen (auf *acc.*), antreffen (*acc.*).

a·light² [əˈlaɪt] *adj.* **1.** → *ablaze*; **2.** erleuchtet (*with* von).

a·lign [əˈlaɪn] **I** *v/t.* **1.** ausfluchten, in e-e (gerade) ˈLinie bringen; in gerader Linie *od.* in Reih und Glied aufstellen; ausrichten (*with* nach); **2.** *fig.* zu e-r Gruppe (*Gleichgesinnter*) zuˈschließen; **3.** *~ o.s.* (*with*) sich anschließen, sich anpassen (an *acc.*); **II** *v/i.* **4.** sich in gerader Linie *od.* in Reih und Glied aufstellen; sich ausrichten (*with* nach); **aˈlign·ment** [-mənt] *s.* **1.** Anordnung *f* in ˈeiner Linie, Ausrichten *n*; Anpassung *f*: *in ~ with* in ˈeiner Linie *od.* Richtung mit (*a. fig.*); **2.** ❋ *a.* Ausfluchten *n*, Ausrichten *n*, b) ˈLinien-, Zeilenführung *f*, c) ˈAbsteckungsˌlinie *f*, Trasse *f*, Flucht *f*, Gleichlauf *m*; **3.** *fig.* Ausrichtung *f*, Gruppierung *f*: *~ of political forces*.

a·like [əˈlaɪk] **I** *adj.* gleich, ähnlich; **II** *adv.* gleich, ebenso, in gleichem Maße: *she helps enemies and friends ~*.

al·i·ment [ˈælɪmənt] *s.* Nahrung(smittel *n*) *f*; **2.** *et.* Lebensnotwendiges *n*; **al·i·men·ta·ry** [ˌælɪˈmentərɪ] *adj.* **1.** nahrhaft; **2.** Nahrungs..., Ernährungs...: *~ canal* Verdauungskanal *m*; **al·i·men·ta·tion** [ˌælɪmenˈteɪʃn] *s.* Ernährung *f*, Unterhalt *m*.

al·i·mo·ny [ˈælɪmənɪ] *s.* ⅍ ˈUnterhalt(szahlung *f*) *m*.

a·line *etc.* → *align etc.*

al·i·quant [ˈælɪkwənt] *adj.* ♣ aliˈquant, mit Rest teilend; **ˈal·i·quot** [-kwɒt] *adj.*

♣ aliˈquot, ohne Rest teilend.

a·live [əˈlaɪv] *adj.* **1.** lebend, (noch) am Leben: *the proudest man ~* der stolzeste Mann der Welt; *no man ~* kein Sterblicher; *man ~!* F Menschenskind!; **2.** tätig, in voller Kraft *od.* Wirksamkeit, im Gange: *keep ~* a) aufrechterhalten, bewahren, b) am Leben bleiben; **3.** lebendig, lebhaft, belebt: *~ and kicking* F gesund u. munter; *look ~!* (mach) fix!, paß auf!; **4.** (*to*) empfänglich (für), bewußt (*gen.*), achtsam (auf *acc.*); **5.** voll, belebt, wimmelnd (*with* von); **6.** ⚡ stromführend, geladen, unter Strom stehend.

al·ka·li [ˈælkəlaɪ] ♣ **I** *pl.* **-lies** *od.* **-lis** *s.* **1.** Alˈkali *n*; **2.** (in wäßriger Lösung) stark alˈkalisch reagierende Verbindung: *caustic ~* Ätzalkali; *mineral ~* kohlensaures Natron; **3.** *geol.* kalzinierte Soda; **II** *adj.* **4.** alˈkalisch: *~ soil*; **ˈal·ka·line** [-laɪn] *adj.* ♣ alˈkalisch, alˈkalihaltig, basisch; **al·ka·lin·i·ty** [ˌælkəˈlɪnətɪ] *s.* ♣ Alkaliniˈtät *f*, alˈkalische Eigenschaft; **ˈal·ka·lize** [-laɪz] *v/t.* ♣ alkalisieren, auslaugen; **ˈal·ka·loid** [-lɔɪd] ♣ **I** *s.* Alkaloˈid *n*; **II** *adj.* alˈkaliartig, laugenhaft.

all [ɔːl] **I** *adj.* **1.** all, sämtlich, vollständig, ganz: *~ the wine* der ganze Wein; *~ day* (*long*) den ganzen Tag; *for ~ that* dessenungeachtet, trotzdem; *~ the time* die ganze Zeit; *for ~ time* für immer; *~ the way* die ganze Strecke, *fig.* völlig, rückhaltlos; *with ~ respect* bei aller Hochachtung; **2.** jeder, jede, jedes (beliebige) alle *pl.*: *at ~ hours* zu jeder Stunde; *beyond ~ question* fraglos; → *event* 3, *mean³* 3; **3.** ganz, rein: *~ wool* reine Wolle; → *all-American*; **II** *s.* **4.** das Ganze, alles; Gesamtbesitz *m*: *his ~* a) sein Hab u. Gut, b) sein ein u. alles; **III** *pron.* **5.** alles: *~ of it* alles; *~ of us* wir alle; *~'s well that ends well* Ende gut, alles gut; *when ~ is said (and done)* F letzten Endes, im Grunde genommen; *what is it ~ about?* was handelt es sich?; *the best of ~* would be das allerbeste wäre; *in ~* insgesamt; *~ in ~* alles in allem; *is that ~?* a) sonst noch et.?, b) F schöne Geschichte!; **IV** *adv.* **6.** ganz, gänzlich, völlig, höchst: *~ wrong* ganz falsch, völlig im Irrtum; *that is ~ very well, but ...* das ist ja ganz schön u. gut, aber ...; *he was ~ ears* (*eyes*) er war ganz Ohr (Auge); *she is ~ kindness* sie ist die Güte selber; *~ the better* um so besser; *~ one* einerlei, gleichgültig; *the same* a) ganz gleich, gleichgültig, b) gleichwohl, trotzdem, immerhin; → *above* 2, *after* 1, *at¹* 7, *but* 13, *once* 4b; **7.** *Sport:* *two ~* zwei beide, zwei zu zwei;

Zssgn mit adv. u. prp.:

all| a·long a) der ganzen Länge nach, b) F die ganze Zeit, schon immer; *~ in sl.* ˈfertig, ganz ˌerledigt; *~ out* a) ˌauf dem Holzweg, b) völlig ˌkaˈputt, c) mit aller Macht: *be ~ for s.th.* mit aller Macht auf et. aussein; → *go* 16; *~ o·ver* a) *es ist alles aus, es ist vorbei:* *that is Max* ~ F das sieht Max ähnlich, das ist typisch Max, c) am ganzen Körper, d) überˈall(hin); *~ right* ganz richtig, in Ordnung(!), schön!, (na) gut!; *~ round* ˈringsumˈher, überˈall; *~ there*: *he is* *not* ~ F er ist nicht ganz bei Trost; ~ **up**: *it's ~ with him* mit ihm ist's aus; **for** ~ a) trotz: ~ *his smartness*; ~ *that* trotzdem, b) so'viel: ~ *I know*; ~ *I care* F das ist mir doch egal!, meinetwegen!; **in** ~ insgesamt.

ₐall|-'A·mer·i·can *adj.* rein ameri'kanisch, die ganzen USA vertretend; *Sport*: National...; **ₐ~-a'round** *Am.* → *all-round*; **'all-ₐau·to'mat·ic** *adj.* ☉ 'vollauto₎matisch.

al·lay [ə'leɪ] *v/t.* beschwichtigen, beruhigen; *Streit* schlichten; mildern, lindern, *Hunger, Durst* stillen.

ₐall|-'clear *s.* **1.** Ent'warnung(ssi₎gnal *n*) *f*; **2.** *fig.* ,grünes Licht'; **'~-₎du·ty** *adj.* ☉ Allzweck...

al·le·ga·tion [ˌælɪ'geɪʃn] *s.* unerwiesene Behauptung, Aussage *f*, Vorbringen *n*; Darstellung *f*.

al·lege [ə'ledʒ] *v/t.* **1.** *Unerwiesenes* behaupten, erklären, vorbringen; **2.** vorgeben, vorschützen; **al'leged** [-dʒd] *adj*; **al'leg·ed·ly** [-dʒɪdlɪ] *adv.* an-, vorgeblich.

al·le·giance [ə'liːdʒəns] *s.* **1.** 'Untertanenpflicht *f*, -treue *f*, -gehorsam *m*: *oath of* ~ Treu-, ✗ Fahneneid *m*; *change one's* ~ s-e Staats- *od.* Parteiangehörigkeit wechseln; **2.** (*to*) Treue *f* (zu), Loyali'tät *f*; Bindung *f* (an *acc.*); Ergebenheit *f*, Gefolgschaft *f*.

al·le·gor·ic [ˌælɪ'gɒrɪk(l)] *adj.* ☐ alle'gorisch, (sinn)bildlich; **al·le·go·rize** ['ælɪgəraɪz] I *v/t.* allegorisch darstellen; II *v/i.* in Gleichnissen reden; **al·le·go·ry** ['ælɪgərɪ] *s.* Allego'rie *f*, Sinnbild *n*, sinnbildliche Darstellung, Gleichnis *n*.

al·le·lu·ia [ˌælɪ'luːjə] I *s.* Halle'luja *n*, Loblied *n*; II *int.* halleluja!

al·ler·gic [ə'lɜːdʒɪk] *adj.* ✻ *u.* F *fig.* all'ergisch, äußerst empfindlich (**to** gegen); **al·ler·gy** ['ælədʒɪ] *s.* ♀, ✻, *zo.* Aller'gie *f*, 'Überempfindlichkeit *f*; **2.** F ,Aller'gie' *f*, 'Widerwille *m* (**to** gegen).

al·le·vi·ate [ə'liːvɪeɪt] *v/t.* erleichtern, lindern, mildern, (ver)mindern; **al·le·vi·a·tion** [ə,liːvɪ'eɪʃn] *s.* Erleichterung *f etc.*

al·ley ['ælɪ] *s.* **1.** (schmale) Gasse, Verbindungsgang *m*, 'Durchgang *m* (*a. fig.*): *that's down* (*od.* **up**) *my* ~ F das ist ct. für mich, das ist ganz mcin Fall; → *blind alley*; **2.** Spielbahn *f*; → *bowling-alley etc.*; **'~·way** *s.* → *alley* 1.

All| Fools' Day [ˌɔːl'fuːlzdeɪ] *s.* der 1. A'pril; ♀ **fours** alle vier (*Kartenspiel*); → *four* 2; ~ **Hal·lows** [ˌɔːl'hæləʊz] *s.* Aller'heiligen *n*.

al·li·ance [ə'laɪəns] *s.* **1.** Verbindung *f*, Verknüpfung *f*; **2.** Bund *m*, Bündnis *n*: *offensive and defensive* ~ Schutz- und Trutzbündnis; *form an* ~ ein Bündnis schließen; **3.** Heirat *f*, Verwandtschaft *f*, Verschwägerung *f*; **4.** *weitS.* Verwandtschaft *f*; **5.** *fig.* Bund *m*, (Inter'essen)Gemeinschaft *f*; **6.** Über'einkunft *f*; **al·lied** [ə'laɪd; *attr.* 'ælaɪd] *adj.* **1.** verbündet, alliiert (**with** mit): *the* ♀ *Powers*; **2.** *fig.* (art)verwandt (**to** mit); **Al·lies** ['ælaɪz] *s. pl.*: *the* ~ die Alliierten, die Verbündeten.

al·li·ga·tor ['ælɪgeɪtə] *s. zo.* Alli'gator *m*; 'Kaiman *m*; ~ **pear** *s.* → *avocado*; **~ skin** *s.* Kroko'dilleder *n*.

'all|-im₎por·tant *adj.* äußerst wichtig;

ₐ~-'in, **'all-in₎clu·sive** *adj. bsd. Brit.* alles inbegriffen, Gesamt..., Pauschal...: ~ *insurance* Generalversicherung *f*; ~ *wrestling sport* Catchen *n*.

al·lit·er·ate [ə'lɪtəreɪt] *v/t.* **1.** alliterieren; **2.** im Stabreim dichten; **al·lit·er·a·tion** [ə,lɪtə'reɪʃn] *s.* Alliterati'on *f*, Stabreim *m*; **al'lit·er·a·tive** [-rətɪv] *adj.* ☐ alliterierend.

ₐall|-'mains *adj.* ⚡ Allstrom...; ~'metⁱal *adj.* Ganzmetall...

al·lo·cate ['æləʊkeɪt] *v/t.* **1.** ver-, zuteilen, an-, zuweisen (**to** *dat.*): ~ *shares* Aktien zuteilen; **2.** → *allot* 3; **3.** den Platz bestimmen für; **al·lo·ca·tion** [ˌæləʊ'keɪʃn] *s.* **1.** Zu-, Verteilung *f*; An-, Zuweisung *f*, Kontin'gent *n*; Aufschlüsselung *f*; **2.** ✝ Bewilligung *f*, Zahlungsanweisung *f*.

al·lo·cu·tion [ˌæləʊ'kjuːʃn] *s.* feierliche *od.* ermahnende Ansprache.

al·lo·path ['æləʊpæθ] *s.* ✻ Allo'path *m*; **al·lop·a·thy** [ə'lɒpəθɪ] *s.* ✻ Allopa'thie *f.*

al·lot [ə'lɒt] *v/t.* **1.** zu-, aus-, verteilen; auslosen; **2.** bewilligen, abtreten; **3.** bestimmen (**to, for** für j-n *od.* e-n *Zweck*); **al'lot·ment** [-mənt] *s.* **1.** Ver-, Zuteilung *f*; Anteil *m*; zugeteilte 'Aktien *pl.*; **2.** *Brit.* Par'zelle *f*; (*a.* ~ *garden*) Schrebergarten *m*; **3.** Los *n*, Schicksal *n*.

ₐall-'out *adj.* **1.** to'tal, um'fassend, Groß...: ~ *effort*; **2.** kompro'mißlos, radi'kal.

al·low [ə'laʊ] I *v/t.* **1.** erlauben, gestatten, zulassen: *he is not ~ed to go there* er darf nicht hingehen; **2.** gewähren, bewilligen, gönnen, zuerkennen: ~ *more time*; *we are ~ed two ounces a day* uns stehen täglich zwei Unzen zu; ~ *an item of expenditure* e-n Ausgabeposten billigen; **3.** a) zugeben: *I ~ I was rather nervous*, b) gelten lassen, *Forderung* anerkennen: ~ *a claim*; **4.** lassen, dulden, ermöglichen: *you must ~ the soup to get cold* du mußt die Suppe abkühlen lassen; **5.** *Summe für gewisse Zeit* aussetzen: *my father ~s me £100 a year* mein Vater gibt mir jährlich £ 100 (*Zuschuß od. Unterhaltsgeld*); **6.** ab-, anrechnen, abziehen, nachlassen, vergüten: ~ *a discount* e-n Rabatt gewähren; ~ *10% for inferior quality*; **7.** *Am.* a) meinen, b) beabsichtigen; II *v/i.* **8.** ~ *of* erlauben, zulassen, ermöglichen (*acc.*): *it ~s of no excuse* es läßt sich nicht entschuldigen; **9.** ~ *for* berücksichtigen, bedenken, in Betracht ziehen, anrechnen (*acc.*): ~ *for wear and tear*; **al'low·a·ble** [-əbl] *adj.* ☐ **1.** erlaubt, zulässig, rechtmäßig; **2.** abziehbar, -zugsfähig: ~ *expenses* ✝ abzugsfähige Ausgaben; **al'low·ance** [-əns] I *s.* **1.** Erlaubnis *f*, Be-, Einwilligung *f*, Anerkennung *f*; **2.** geldliche Zuwendung; Zuteilung *f*, Rati'on *f*, Maß *n*; Zuschuß *m*, Beihilfe *f*; Taschengeld *n*: *weekly ~*; *family ~* Familienunterstützung *f*; *dress ~* Kleidergeld *n*; **3.** Nachsicht *f*: *make ~ for* berücksichtigen, bedenken, in Betracht ziehen; **4.** Entschädigung *f*, Vergütung *f*: *expense ~* Aufwandsentschädigung; **5.** ✝ Nachlaß *m*, Ra'batt *m*: *for cash* Skonto *m*, *n*; *tax ~* Steuerermäßigung *f*; **6.** ☉, ✗ Tole'ranz *f*, Spiel(raum *m*) *n*;

---

zulässige Abweichung; **7.** *sport* Vorgabe *f*; II *v/t.* **8.** a) *j-n auf* Rationen setzen, b) *Waren* rationieren.

al·loy I *s.* ['ælɔɪ] **1.** Me'tallegierung *f*; **2.** ☉ Legierung *f*, Gemisch *n*; **3.** [ə'lɔɪ] *fig.* (Bei)Mischung *f*: *pleasure without* ~ ungetrübte Freude; II *v/t.* [ə'lɔɪ] **4.** *Metalle* legieren, mischen; **5.** *fig.* beeinträchtigen, verschlechtern.

ₐall|-'par·ty *adj. pol.* Allparteien...; **ₐ~-'pur·pose** *adj.* für jeden Zweck verwendbar, Allzweck..., Universal...: ~ *outfit*; **ₐ~-'red** *adj. bsd. geogr.* rein 'britisch; **ₐ~-'round** *adj.* all-, vielseitig, Allround...; **ₐ~-'round·er** *s.* Alleskönner *m*; *sport* All'roundsportler *m*, -spieler *m*; ♀ **Saints' Day** [ˌɔː'seɪntsdeɪ] *s.* Aller'heiligen *n*; ♀ **Souls' Day** [ˌɔː'səʊlzdeɪ] *s.* Aller'seelen *n*; **ₐ~-'star** *adj. thea., sport* nur mit ersten Kräften besetzt: ~ *cast* Star-, Galabesetzung *f*; **ₐ~-'steel** *adj.* Ganzstahl...; **ₐ~-'ter·rain** *adj. mot.* geländegängig, Gelände...; **ₐ~-'time** *adj.* **1.** bisher unerreicht, *der (die, das) beste etc.* aller Zeiten: ~ *high* Höchstleistung *f*, -stand *m*; ~ *low* Tiefststand *m*; **2.** hauptberuflich, Ganztags...: ~ *job*.

al·lude [ə'luːd] *v/i.* (**to**) anspielen, hinweisen (auf *acc.*); *et.* andeuten, erwähnen.

al·lure [ə'ljʊə] I *v/t.* **1.** (an-, ver)locken, gewinnen (**to** für); abbringen (**from** von); **2.** anziehen, reizen; II *s.* **3.** → **al'lure·ment** [-mənt] *s.* **1.** (Ver)Lokkung *f*; **2.** Lockmittel *n*, Köder *m*; **3.** Anziehungskraft *f*, Zauber *m*, Reiz *m*; **al'lur·ing** [-ərɪŋ] *adj.* ☐ verlockend, verführerisch.

al·lu·sion [ə'luːʒn] *s.* (**to**) Anspielung *f*, Hinweis *m* (auf *acc.*); Erwähnung *f*, Andeutung *f* (*gen.*); **al'lu·sive** [-uːsɪv] *adj.* ☐ anspielend, verblümt, vielsagend.

al·lu·vi·al [ə'luːvjəl] *adj. geol.* angeschwemmt, alluvi'al; **al'lu·vi·on** [-ən] *s.* **1.** *geol.* Anschwemmung *f*; **2.** Alluvi'on *f*, angeschwemmtes Land; **al'lu·vi·um** [-əm] *pl.* **-vi·ums** *od.* **-vi·a** [-vjə] *s. geol.* Al'luvium *n*, Schwemmland *n*.

ₐall-'wave *adj.* ⚡: ~ *receiving set* Allwellenempfänger *m*; **ₐ~-'weath·er** *adj.* ☉ Allwetter...; **ₐ~-'wheel** *adj.* ☉, *mot.* All'rad...

al·ly [ə'laɪ] I *v/t.* **1.** (*durch Heirat, Verwandtschaft, Ähnlichkeit*) vereinigen, verbinden (**to, with** mit); **2.** ~ *o.s.* sich verbinden *od.* verbünden (**with** mit); II *v/i.* **3.** sich vereinigen, sich verbinden, sich verbünden (**to, with** mit); → *allied*; III *s.* ['ælaɪ] **4.** Alliierte(r *m*) *f*, Verbündete(r *m*) *f*, Bundesgenosse *m*, Bundesgenossin *f* (*a. fig.*); **5.** ♀, *zo.* verwandte Sippe.

al·ma·nac ['ɔːlmənæk] *s.* 'Almanach *m*, Ka'lender *m*, Jahrbuch *n*.

al·might·y [ɔːl'maɪtɪ] *adj.* **1.** allmächtig: *the* ♀ der Allmächtige; **2.** *a. adv.* F ,riesig', ,mächtig'.

al·mond ['ɑːmənd] *s.* ♀ Mandel *f*; Mandelbaum *m*; **'~-eyed** *adj.* mandeläugig.

al·mon·er ['ɑːmənə] *s.* **1.** *hist.* 'Almosenpfleger *m*; **2.** *Brit.* Sozi'alarbeiter(in) im Krankenhaus.

al·most ['ɔːlməʊst] *adv.* fast, beinahe.

alms [ɑːmz] *s. sg. u. pl.* 'Almosen *n*; **'~·house** *s.* **1.** *Brit.* a) pri'vates Altenheim, b) privates Wohnheim für sozi'al Schwache; **2.** *hist.* Armenhaus *n*; '**~·man** [-mən] *s.* [*irr.*] *hist.* 'Almosenempfänger *m*.

al·oe ['æləʊ] *s.* **1.** ♀ 'Aloe *f*; **2.** *pl. sg. konstr.* ♣ Aloe *f* (*Abführmittel*).

a·loft [ə'lɒft] *adv.* **1.** *poet.* hoch (oben *od.* hin'auf), em'por, droben, in der *od.* die Höhe; **2.** ⚓ oben, in der *od.* die Takelung.

a·lone [ə'ləʊn] **I** *adj.* al'lein, einsam; → *leave alone, let alone, let¹ Redew.*; **II** *adv.* allein, bloß, nur.

a·long [ə'lɒŋ] **I** *prp.* **1.** entlang, längs; **II** *adv.* **2.** entlang, längs; **3.** vorwärts, weiter: → *get along*; **4.** zu'sammen (mit), mit, bei sich: *take* ~ mitnehmen; *come* ~ komm mit!, ,komm doch schon!'; *I'll be* ~ *in a few minutes* ich werde in ein paar Minuten da sein; **5.** → *all along*; **a,long'shore** *adv.* längs der Küste; **a,long'side I** *adv.* **1.** ⚓ längsseits; **2.** *fig.* (*of, with*) verglichen (mit), im Vergleich (zu); **II** *prp.* **3.** längsseits (*gen.*); neben (*dat.*).

a·loof [ə'lu:f] **I** *adv.* fern, abseits, von fern: *keep* ~ sich fernhalten (*from* von), Distanz wahren; *stand* ~ für sich bleiben; **II** *adj.* zu'rückhaltend, reser-'viert; **a'loof·ness** [-nɪs] *s.* Zu'rückhaltung *f*, Reser'viertheit *f*, Dis'tanz *f*.

a·loud [ə'laʊd] *adv.* laut, mit lauter Stimme.

alp [ælp] *s.* Alp(e) *f*, Alm *f*.

al·pac·a [æl'pækə] *s.* **1.** *zo.* 'Pako *n*, Al'paka *n*; **2.** a) Al'pakawolle *f*, b) Al'pakastoff *m*.

'**al·pen·|·glow** ['ælpən-] *s.* Alpenglühen *n*; '**~·horn** (*Ger.*) *s.* Alphorn *n*; '**~·stock** ['ælpɪn-] (*Ger.*) *s.* Bergstock *m*.

al·pha ['ælfə] *s.* **1.** 'Alpha *n*: *the* ~ *and omega fig.* das A u. O; **2.** ~ *particles* (*rays*) *pl. phys.* 'Alphateilchen (-strahlen) *pl.*; **3.** *univ. Brit.* Eins *f* (*beste Note*): ~ *plus* hervorragend.

al·pha·bet ['ælfəbɪt] *s.* **1.** Alpha'bet *n*, Abc *n*; **2.** *fig.* Anfangsgründe *pl.*; Abc *n*; **al·pha·bet·ic** [,ælfə'betɪk], **al·pha·bet·i·cal** [,ælfə'betɪk(l)] *adj.* □ alpha'betisch: ~ *order* alphabetische Reihenfolge.

Al·pine ['ælpaɪn] *adj.* **1.** alpen..., *a.* al'pin, Hochgebirgs...: ~ *sun* ♣ Höhensonne *f*; ~ *combined sport* Alpine Kombination; '**Al·pin·ism** [-pɪnɪzəm] *s.* **1.** Alpi'nismus *m*; **2.** al'piner Skisport; '**Al·pin·ist** [-pɪnɪst] *s.* Alpi'nist(in); **Alps** [ælps] *s. pl. die* Alpen *pl.*

al·read·y [ɔːl'redɪ] *adv.* schon, bereits.

al·right [,ɔːl'raɪt] *adv. Brit.* F *od. Am.* für *all right*.

Al·sa·tian [æl'seɪʃjən] **I** *adj.* **1.** elsässisch; **II** *s.* **2.** Elsässer(in); **3.** *a.* ~ *dog* (deutscher) Schäferhund.

al·so ['ɔːlsəʊ] *adv.* auch, ferner, außerdem, ebenfalls; '**al·so-ran** *s.* **1.** *sport* Rennteilnehmer (*a. Pferd*), *der sich nicht plazieren kann*: *she was an* ~ sie kam unter ,ferner liefen' ein; **2.** F Versager *m*, Niete *f*.

al·tar ['ɔːltə] *s.* Al'tar *m*: *lead to the* ~ zum Altar führen, heiraten; ~ *boy s.* Mini'strant *m*; ~ *cloth s.* Al'tardecke *f*; '**~-piece** *s.* Al'tarblatt *n*, -gemälde *n*; '**~-screen** *s.* reichverzierte Al'tarrückwand, Re'tabel *n*.

al·ter ['ɔːltə] **I** *v/t.* **1.** (ver)ändern, ab-,

'umändern; **2.** *Am. dial.* Tiere kastrieren; **II** *v/i.* **3.** sich (ver)ändern; '**al·ter·a·ble** [-tərəbl] *adj.* veränderlich, wandelbar; **al·ter·a·tion** [,ɔːltə'reɪʃn] *s.* **1.** (Ab-, 'Um-, Ver)Änderung *f*; **2.** *a. pl.* 'Umbau *m*.

al·ter·ca·tion [,ɔːltə'keɪʃn] *s.* heftige Ausein'andersetzung.

al·ter e·go [,æltər'egəʊ] (*Lat.*) *s.* Alter ego *n*: a) *das* andere Ich, b) *j-s* Busenfreund(in).

al·ter·nate [ɔːl'tɜːnət] **I** *adj.* □ → *alternately*; **1.** (mitein'ander) abwechselnd, wechselseitig: *on* ~ *days* jeden zweiten Tag; **2.** ✗ Ausweich...: ~ *position*; **II** *s.* **3.** *pol. Am.* Stellvertreter *m*; **III** *v/t.* ['ɔːltəneɪt] **4.** wechselweise tun; abwechseln lassen, miteinander vertauschen; **5.** ⚡, ⚙ peri'odisch verändern; **IV** *v/i.* ['ɔːltəneɪt] **6.** abwechseln, alternieren; **7.** ⚡ wechseln; **al'ter·nate·ly** [-lɪ] *adv.* abwechselnd, wechselweise; **al·ter·nat·ing** ['ɔːltəneɪtɪŋ] *adj.* abwechselnd, Wechsel...: ~ *current* ⚡ Wechselstrom *m*; ~ *voltage* ⚡ Wechselspannung *f*; **al·ter·na·tion** [,ɔːltə-'neɪʃn] *s.* Abwechslung *f*, Wechsel *m*; **al'ter·na·tive** [-nətɪv] **I** *adj.* □ → *alternatively*; **1.** alterna'tiv, die Wahl lassend, ein'ander ausschließend, nur 'eine Möglichkeit lassend; **2.** ander(er, e, es) (*von zweien*), Ersatz..., Ausweich...: ~ *airport* Ausweichflughafen *m*; **II** *s.* **3.** Alterna'tive *f*, Wahl *f*: *have no* (*other*) ~ keine andere Möglichkeit *od.* Wahl *od.* keinen anderen Ausweg haben; **al'ter·na·tive·ly** [-nətɪvlɪ] *adv.* im anderen Falle, ersatz-, hilfsweise; **al·ter·na·tor** ['ɔːltəneɪtə] *s.* ⚡ 'Wechselstromma,schine *f*.

al·tho [ɔːl'ðəʊ] *Am.* → *although*.

alt-horn ['ælthɔːn] *s.* ♪ Althorn *n*.

al·though [ɔːl'ðəʊ] *cj.* ob'wohl, ob'gleich, wenn auch.

al·tim·e·ter ['æltɪmiːtə] *s. phys.* Höhenmesser *m*.

al·ti·tude ['æltɪtjuːd] *s.* **1.** Höhe *f* (*bsd. über dem Meeresspiegel, a.* ♉, ✈, *ast.*): ~ *control* Höhensteuerung *f*; ~ *flight* Höhenflug *m*; ~ *of the sun* Sonnenstand *m*; **2.** *mst pl.* hochgelegene Gegend, (Berg)Höhen *pl.*; **3.** *fig.* Erhabenheit *f*.

al·to ['æltəʊ] *pl.* '**al·tos** (*Ital.*) *s.* ♪ **1.** Alt *m*, Altstimme *f*; **2.** Al'tist(in), Altsänger(in).

al·to·geth·er [,ɔːltə'geðə] **I** *adv.* **1.** völlig, gänzlich, ganz u. gar *schlecht etc.*; **2.** insgesamt, im ganzen genommen; **II** *s.* **3.** *in the* ~ splitternackt.

al·to-re·lie·vo [,æltəʊrɪ'liːvəʊ] (*Ital.*) *s.* 'Hochreli,ef *n*.

al·tru·ism ['æltruɪzəm] *s.* Altru'ismus *m*, Nächstenliebe *f*, Uneigennützigkeit *f*; '**al·tru·ist** [-ɪst] *s.* Altru'ist(in); **al·tru·is·tic** [,æltru'ɪstɪk] *adj.* (□ ~*ally*) altru-'istisch, uneigennützig, selbstlos.

al·um ['æləm] *s.* ♣ A'laun *m*.

a·lu·mi·na [ə'ljuːmɪnə] *s.* ♣ Tonerde *f*.

a·lu·min·i·um [,ælju'mɪnjəm], *Am.* **a·lu·mi·num** [ə'luːmɪnəm] *s.* ♣ Alu'minium *n*.

a·lum·na [ə'lʌmnə] *pl.* **-nae** [-niː] *s.* ehemalige Stu'dentin *od.* Schülerin; **a'lum·nus** [-nəs] *pl.* **-ni** [naɪ] *s.* ehemaliger Stu'dent *od.* Schüler.

al·ve·o·lar [æl'vɪələ] *adj.* **1.** *anat.* alveo-

'lär, das Zahnfach betreffend; **2.** *ling.* alveo'lar, am Zahndamm artikuliert; **al·ve·o·lus** [æl'vɪələs] *pl.* **-li** [-laɪ] *s. anat.* Alve'ole *f*: a) Zahnfach *n*, b) Zungenbläs·chen *n*.

al·ways ['ɔːlweɪz] *adv.* **1.** immer, stets, jederzeit; **2.** F auf jeden Fall, im-mer'hin.

a·lys·sum ['ælɪsəm] *s.* ♀ Steinkraut *n*.

am [æm; əm] *1. sg. pres. von* **be**.

a·mal·gam [ə'mælgəm] *s.* **1.** Amal'gam *n*; **2.** *fig.* Mischung *f*, Gemenge *n*, Verschmelzung *f*; **a'mal·gam·ate** [-meɪt] *v/t.* **1.** amalgamieren; **2.** *fig.* vereinigen, verschmelzen, zs.-legen, zs.-schließen, ♣ fusionieren; **II** *v/i.* **3.** sich amalgamieren; **4.** sich vereinigen, verschmelzen, sich zs.-schließen, ♣ fusionieren; **a·mal·gam·a·tion** [ə,mælgə'meɪʃn] *s.* **1.** Amalgamieren *n*; **2.** Vereinigung *f*, Verschmelzung *f*, Mischung *f*; **3.** *bsd.* ♣ Zs.-schluß *m*, Fusi'on *f*.

a·man·u·en·sis [ə,mænju'ensɪs] *pl.* **-ses** [-siːz] *s.* Amanu'ensis *m*, (Schreib)Gehilfe *m*, Sekre'tär(in).

am·a·ranth ['æmərænθ] *s.* **1.** ♀ Ama-'rant *m*, Fuchsschwanz *m*; **2.** *poet.* unverwelkliche Blume; **3.** Ama'rantfarbe *f*, Purpurrot *n*.

am·a·ryl·lis [,æmə'rɪlɪs] *s.* ♀ Ama'ryllis *f*, Nar'zissenlilie *f*.

a·mass [ə'mæs] *v/t. bsd. Geld etc.* an-, aufhäufen, ansammeln.

am·a·teur ['æmətə] *s.* Ama'teur *m*: a) (Kunst- *etc.*)Liebhaber *m*, b) Amateursportler(in): ~ *flying* Sportfliegerei *f*, c) Nichtfachmann *m*, *contp.* Dilet'tant *m*, Stümper *m* (*at painting* im Malen), d) Bastler *m*; **am·a·teur·ish** [,æmə't(ɜː)rɪʃ] *adj.* □ dilet'tantisch; '**am·a·teur·ism** [-ərɪzəm] *s.* **1.** *sport* Amateu'rismus *m*; **2.** Dilet'tantentum *n*.

am·a·tive ['æmətɪv] *adj.*, '**am·a·to·ry** [-tərɪ] → *amorous*.

a·maze [ə'meɪz] *v/t.* in Staunen setzen, verblüffen, über'raschen; **a'mazed** [-zd] *adj.*; **a'maz·ed·ly** [-zɪdlɪ] *adv.* erstaunt, verblüfft (*at* über *acc.*); **a·'maze·ment** [-mənt] *s.* (Er)Staunen *n*, Verblüffung *f*, Verwunderung *f*; **a'maz·ing** [-zɪŋ] *adj.* □ erstaunlich, verblüffend; unglaublich, ,toll'.

Am·a·zon ['æməzən] *s.* **1.** *antiq.* Ama-'zone *f*; **2.** ♀ *fig.* Ama'zone *f*, Mannweib *n*; **Am·a·zo·ni·an** [,æmə'zəʊnjən] *adj.* **1.** ama'zonenhaft, Amazonen...; **2.** *geogr.* Amazonas...

am·bas·sa·dor [æm'bæsədə] *s.* **1.** *pol.* a) Botschafter *m* (*a. fig.*), b) Gesandte(r) *m*; **2.** Abgesandte(r) *m*, Bote *m* (*a. fig.*): ~ *of peace*; **am·bas·sa·do·ri·al** [æm,bæsə'dɔːrɪəl] *adj.* Botschafts...; **am'bas·sa·dress** [-drɪs] *s.* **1.** Botschafterin *f*; **2.** Gattin *f* e-s Botschafters.

am·ber ['æmbə] **I** *s.* **1.** *min.* Bernstein *m*; **2.** Gelb *n*, gelbes Licht (*Verkehrsampel*): *at* ~ bei Gelb; *the lights were at* ~ die Ampel stand auf Gelb; **II** *adj.* **3.** Bernstein...; **4.** bernsteinfarben.

am·ber·gris ['æmbəgriːs] *s.* (graue) Ambra.

am·bi·dex·trous [,æmbɪ'dekstrəs] *adj.* □ **1.** beidhändig; **2.** mit beiden Händen gleich geschickt, *weitS.* ungewöhnlich geschickt; **3.** doppelzüngig, 'hinterhältig.

am·bi·ence ['æmbɪəns] s. Kunst: Ambi'ente n, fig. a. a) Mili'eu n, 'Umwelt f, b) Atmo'sphäre f; **'am·bi·ent** [-nt] adj. um'gebend, um'kreisend; ◎ Umgebungs...(-temperatur etc.), Neben... (-geräusch).

am·bi·gu·i·ty [ˌæmbɪ'gjuːɪtɪ] s. Zweideutigkeit f, Vieldeutigkeit f, Doppelsinn m; Unklarheit f; **am·big·u·ous** [æm'bɪgjʊəs] adj. □ zweideutig; unklar.

am·bit ['æmbɪt] s. **1.** 'Umkreis m; **2.** a) Um'gebung f, b) Grenzen pl.; **3.** fig. Bereich m.

am·bi·tion [æm'bɪʃn] s. Ehrgeiz m, Ambiti'on f (beide a. Gegenstand des Ehrgeizes); Streben n, Begierde f, Wunsch m (of nach od. inf.), Ziel n, pl. Bestrebungen pl.; **am·bi·tious** [-ʃəs] adj. □ **1.** ehrgeizig (a. Plan etc.); **2.** strebsam; begierig (of nach); **3.** ambiti'ös, anspruchsvoll.

am·biv·a·lence [ˌæmbɪ'veɪləns] s. psych., phys. Ambiva'lenz f, Doppelwertigkeit f; fig. Zwiespältigkeit f; **ˌam·bi'va·lent** [-nt] adj. bes. psych. ambiva'lent.

am·ble ['æmbl] **I** v/i. im Paßgang gehen od. reiten; fig. schlendern; **II** s. Paß(-gang) m (Pferd); fig. gemächlicher (Spazier)Gang, Schlendern n.

am·bro·si·a [æm'brəʊzjə] s. antiq. Am-'brosia f, Götterspeise f (a. fig.); **am·'bro·si·al** [-əl] adj. □ am'brosisch; fig. köstlich (duftend).

am·bu·lance ['æmbjʊləns] s. **1.** Ambu-'lanz f, Kranken-, Sani'tätswagen m; **2.** ✕ 'Feldlaza₁rett n; ~ **bat·tal·ion** n. 'Krankentrans₁portbatail₁lon n; ~ **box** s. Verbandskasten m; ~ **sta·tion** s. Sani-'tätswache f, 'Unfallstati₁on f.

am·bu·lant ['æmbjʊlənt] adj. ambu'lant: a) wandernd: ~ **trade** Wandergewerbe n, b) ❧ gehfähig: ~ **patients**; ~ **treatment** ambulante Behandlung; **'am·bu·la·to·ry** [-ətərɪ] **I** adj. **1.** beweglich, (orts)veränderlich; **2.** → **ambulant**; **II** s. **3.** Ar'kade f, Wandelgang m.

am·bus·cade [ˌæmbəs'keɪd], **am·bush** ['æmbʊʃ] **I** s. **1.** 'Hinterhalt m; **2.** im 'Hinterhalt liegende Truppen pl.; **II** v/i. **3.** im 'Hinterhalt liegen; **III** v/t. **4.** in e-n 'Hinterhalt legen; **5.** aus dem 'Hinterhalt über'fallen, auflauern (dat.).

a·me·ba, **a·me·bic** Am. → amoeba, amoebic.

a·me·lio·rate [ə'miːljəreɪt] **I** v/t. verbessern (bsd. ✍); **II** v/i. besser werden, sich bessern; **a·mel·io·ra·tion** [ə₁miːljə'reɪʃn] s. (✍ Boden)Verbesserung f.

a·men [ˌɑː'men; ˌeɪ'men] **I** int. 'amen!; **II** s. 'Amen n.

a·me·na·ble [ə'miːnəbl] adj. □ (to) **1.** zugänglich (dat.): ~ **to flattery**; **2.** gefügig; **3.** unter'worfen (dat.): ~ **to a fine**; **4.** verantwortlich (dat.).

a·mend [ə'mend] **I** v/t. **1.** (ver)bessern, berichtigen; **2.** Gesetz etc. (ab)ändern, ergänzen; **II** v/i. **3.** sich bessern (bsd. Betragen).

a·mende ho·no·ra·ble [amãːd ɔnɔrabl] (Fr.) s. öffentliche Ehrenerklärung od. Abbitte.

a·mend·ment [ə'mendmənt] s. **1.** (bsd. sittliche) Besserung f, **2.** Verbesserung f, Berichtigung f, Neufassung f (e-s Textes); **3.** ₤₷, parl. (Ab)Änderungs-, Ergänzungsantrag m (zu e-m Gesetz), Am. 'Zusatz-

ar₁tikel m zur Verfassung, Nachtragsgesetz n: **the Fifth ☍**.

a·mends [ə'mendz] s. pl. sg. konstr. (Schaden)Ersatz m, Genugtuung f: **make ~** Schadenersatz leisten, es wiedergutmachen.

a·men·i·ty [ə'miːnətɪ] s. **1.** Annehmlichkeit f, angenehme Lage; **2.** Anmut f, Liebenswürdigkeit f; **3.** pl. Konventi'on f, Eti'kette f; Höflichkeiten pl.; **4.** pl. (na'türliche) Vorzüge pl., Reize pl., Annehmlichkeiten pl.

Am·er·a·sian [ˌæmə'reɪʃən] adj. u. s. (Per'son f) ameri'kanisch-asi'atischer Abstammung.

A·mer·i·can [ə'merɪkən] **I** adj. **1.** a) ameri'kanisch, b) die USA betreffend: **the ~ navy**; **II** s. **2.** a) Ameri'kaner(in), b) Bürger(in) der USA; **3.** Ameri'kanisch n (Sprache der USA); **A·mer·i·ca·na** [ə₁merɪ'kɑːnə] s. pl. Ameri'kana pl. (Schriften etc. über Amerika).

A·mer·i·can| cloth s. Wachstuch n; ~ **foot·ball** s. sport American Football m (rugbyähnliches Spiel); ~ **In·di·an** s. In-di'aner(in).

A·mer·i·can·ism [ə'merɪkənɪzəm] s. **1.** Ameri'kanertum n; **2.** Amerika'nismus m: a) ameri'kanische Spracheigentümlichkeit, b) ameri'kanischer Brauch; **A·mer·i·can·i·za·tion** [ə₁merɪkənaɪ-'zeɪʃən] s. Amerikanisierung f; **A·mer·i·can·ize** [ə'merɪkənaɪz] **I** v/t. amerikanisieren; **II** v/i. Ameri'kaner od. ameri-'kanisch werden.

A·mer·i·can| leath·er → **American cloth**; ~ **Le·gion** s. Am. Frontkämpferbund m; ~ **or·gan** s. ♪ Har'monium n; ~ **plan** s. Am. 'Vollpensi₁on f.

Am·er·ind ['æmərɪnd], **Am·er·in·di·an** [ˌæmər'ɪndjən] s. ameri'kanischer Indi'aner od. 'Eskimo.

am·e·thyst ['æmɪθɪst] s. min. Ame'thyst m.

a·mi·a·bil·i·ty [ˌeɪmjə'bɪlətɪ] s. Freundlichkeit f, Liebenswürdigkeit f; **a·mi·a·ble** ['eɪmjəbl] adj. □ liebenswürdig, freundlich, gewinnend, reizend.

am·i·ca·ble ['æmɪkəbl] adj. □ freund(schaft)lich, friedlich: ~ **settlement** gütliche Einigung; **'am·i·ca·bly** [-lɪ] adv. freundschaftlich, in Güte, gütlich.

a·mid [ə'mɪd] prp. in'mitten (gen.), (mitten) in od. unter (dat. od. acc.); **a'mid·ship(s)** [-ʃɪp(s)] ♣ **I** adv. mittschiffs; **II** adj. in der Mitte des Schiffes (befindlich); **a'midst** [-st] → amid.

a·mine ['æmaɪn] s. ❧ A'min n.

amino- [əmiː'nəʊ] ❧ in Zssgn Amino...: ~ **acid**.

a·miss [ə'mɪs] **I** adv. verkehrt, verfehlt, schlecht: **take ~** übelnehmen; **II** adj. unpassend, verkehrt, falsch, übel: **there is s.th. ~** etwas stimmt nicht; **it would not be ~** es würde nicht schaden.

am·i·ty ['æmɪtɪ] s. Freundschaft f, gutes Einvernehmen.

am·me·ter ['æmɪtə] s. ≴ Am'pere₁meter n, Strom(stärke)messer m.

am·mo ['æmə] s. sl. Muniti'on f.

am·mo·ni·a [ə'məʊnjə] s. ❧ Ammoni'ak n: **liquid ~** (od. ~ **solution**) Salmiakgeist m; **am'mo·ni·ac** [-nɪæk] adj. ammonia'kalisch: (**gum**) ~ Ammoniakgummi m, n; → **sal**.

am·mo·ni·um [ə'məʊnjəm] s. ❧ Am-

'monium n; ~ **car·bon·ate** s. ❧ Hirschhornsalz n; ~ **chlo·ride** s. ❧ Am'moniumchlo₁rid n, 'Salmiak m; ~ **ni·trate** s. ❧ Am'moniumni₁trat n, Ammoni'aksal₁peter m.

am·mu·ni·tion [ˌæmjʊ'nɪʃn] s. Muniti'on f (a. fig.): ~ **belt** Patronengurt m; ~ **carrier** Munitionswagen m; ~ **dump** Munitionslager n.

am·ne·si·a [æm'niːzjə] s. ❧ Amne'sie f, Gedächtnisschwund m.

am·nes·ty ['æmnɪstɪ] **I** s. Amne'stie f, allgemeiner Straferlaß; **II** v/t. begnadigen, amnestieren.

a·moe·ba [ə'miːbə] s. zo. A'möbe f; **a'moe·bic** [-bɪk] adj. a'möbisch: ~ **dysentery** Amöbenruhr f.

a·mok [ə'mɒk] → amuck.

a·mong(st) [ə'mʌŋ(st)] prp. (mitten) unter (dat. od. acc.), in'mitten (gen.), zwischen (dat. od. acc.), bei: **who** ~ **you?** wer von euch?; **a custom** ~ **the savages** e-e Sitte bei den Wilden; **be** ~ **the best** zu den Besten gehören; ~ **other things** unter anderem; **from among** aus der Zahl (derer), aus ... heraus; **they had two pounds** ~ **them** sie hatten zusammen zwei Pfund.

a·mor·al [eɪ'mɒrəl] adj. 'amo₁ralisch.

am·o·rist ['æmərɪst] s. E'rotiker m: a) Herzensbrecher m, b) Verfasser m von 'Liebesro₁manen etc.

am·o·rous ['æmərəs] adj. □ amou'rös: a) e'rotisch, sinnlich, Liebes..., b) liebebedürftig, verliebt (of in acc.); **'am·o·rous·ness** [-nɪs] s. amou'röse Art, Verliebtheit f.

a·mor·phous [ə'mɔːfəs] adj. a'morph: a) formlos, b) ungestalt, c) min. 'unkri₁stal₁linisch.

a·mor·ti·za·tion [ə₁mɔːtɪ'zeɪʃn] s. **1.** Amortisierung f, Tilgung f (von Schulden); **2.** Abschreibung f (von Anlagewerten); **3.** ₤₷ Veräußerung f (von Grundstücken) an die tote Hand; **a·mor·tize** [ə'mɔːtaɪz] v/t. **1.** amortisieren, tilgen, abzahlen; **2.** ₤₷ an die tote Hand veräußern.

a·mount [ə'maʊnt] **I** v/i. **1.** (to) sich belaufen (auf acc.), betragen (acc.): **his debts** ~ **to £120**; **2.** hin'auslaufen (to auf acc.), bedeuten: **it** ~**s to the same thing** es läuft od. kommt auf dasselbe hinaus; **that doesn't** ~ **to much** das ist unbedeutend; **you'll never** ~ **to much** F aus dir wird nie etwas werden; **II** s. **3.** Betrag m, Summe f, Höhe f (e-r Summe); Menge f: **to the** ~ **of** bis zur od. in Höhe von, im Betrag od. Wert von; **net** ~ Nettobetrag; ~ **carried forward** Übertrag m; **4.** fig. Inhalt m, Ergebnis n, Wert m, Bedeutung f.

a·mour [ə'mʊə] (Fr.) s. Liebschaft f, A'mour f, 'Verhältnis' n; ~**-pro·pre** [ˌæmʊə'prɔprə] (Fr.) s. Eigenliebe f, Eitelkeit f.

amp [æmp] F: **1.** a) → **ampere**, b) → **amplifier**; **2.** ♪ 'E-Gi₁tarre f.

am·per·age [æm'peərɪdʒ] s. ≴ Stromstärke f, Am'perezahl f; **am·pere**, **am·père** [ˈæmpeə] (Fr.) s. ≴ Am'pere n; ~ **me·ter** → ammeter.

am·per·sand ['æmpəsænd] s. typ. das Zeichen & (abbr. für **and**).

am·phet·a·mine [æm'fetəmɪn] s. ❧ Ampheta'min n.

amphi- [æmfɪ] in Zssgn doppelt, zwei...,

zweiseitig, beiderseitig, umher...

Am·phib·i·a [æm'fɪbɪə] *s. pl. zo.* Am'phibien *pl.*, Lurche *pl.*; **am'phibi·an** [-ən] **I** *adj.* **1.** *zo.*, *a.* ✕, ⊙ am'phibisch, Amphibien...; **II** *s.* **2.** *zo.* Am'phibie *f*, Lurch *m*; **3.** a) Am'phibienflugzeug *n*, b) Am'phibien-, Schwimmfahrzeug *n*, c) ✕ Schwimmkampfwagen *m*; **am'phib·i·ous** [-əs] *adj.* **1.** → *amphibian* 1: ~ *landing* amphibische Landung *od.* Operation; ~ *tank* → *amphibian* 3 c; ~ *vehicle* → *amphibian* 3 b; **3.** von gemischter Na'tur, zweierlei Wesen habend.

am·phi·the·a·tre, *Am.* **am·phi·the·a·ter** ['æmfɪˌθɪətə] *s.* Am'phithe‚ater *n* (*a. fig. Gebäudeteil od. Tal etc. in der Form e-s Amphitheaters*).

am·pho·ra ['æmfərə] *pl.* **-rae** [-riː] *od.* **-ras** (*Lat.*) *s.* Am'phore *f*.

am·ple ['æmpl] *adj.* □ → *amply*, **1.** weit, groß, geräumig; weitläufig; stattlich (*Figur*), üppig (*Busen*); **2.** ausführlich, um'fassend; **3.** reich(lich), mehr als genug, (vollauf) genügend: ~ *means* reich(lich)e Mittel; '**am·ple·ness** [-nɪs] *s.* **1.** Weite *f*, Geräumigkeit *f*; **2.** Reichlichkeit *f*, Fülle *f*.

am·pli·fi·ca·tion [ˌæmplɪfɪ'keɪʃn] *s.* **1.** Erweiterung *f*, Vergrößerung *f*, Ausdehnung *f*; **2.** weitere Ausführung, Weitschweifigkeit *f*, Ausschmückung *f*; **3.** ⚡, *Radio, phys.* Vergrößerung *f*, Verstärkung *f*.

am·pli·fi·er ['æmplɪfaɪə] *s.* **1.** *phys.* Vergrößerungslinse *f*; **2.** *Radio, phys.* Verstärker *m*, tube (*od. valve*) Verstärkerröhre *f*; **am·pli·fy** ['æmplɪfaɪ] **I** *v/t.* **1.** erweitern, vergrößern, ausdehnen; **2.** ausmalen, -schmücken; weitläufig darstellen; näher ausführen *od.* erläutern; **3.** *Radio, phys.* verstärken; **II** *v/i.* **4.** sich weitläufig ausdrücken *od.* auslassen; '**am·pli·tude** [-tjuːd] *s.* **1.** Weite *f*, 'Umfang *m* (*a. fig.*), Reichlichkeit *f*, Fülle *f*; **2.** *phys.* Ampli'tude *f*, Schwingungsweite *f* (*Pendel etc.*).

am·ply ['æmplɪ] *adv.* reichlich.

am·poule ['æmpuːl] *s.* Am'pulle *f*.

am·pul·la [æm'pʊlə] *pl.* **-lae** [-liː] *s.* **1.** *antiq.* Am'pulle *f*, Phi'ole *f*, Salbengefäß *n*; **2.** Blei- *od.* Glasflasche *f der Pilger*; **3.** *eccl.* Krug *m* für Wein u. Wasser (*Messe*) Gefäß *n* für das heilige Öl (*Salbung*).

am·pu·tate ['æmpjʊteɪt] *v/t.* **1.** Bäume stutzen; **2.** 🕆 amputieren (*a. fig.*), ein Glied abnehmen; **am·pu·ta·tion** [ˌæmpjʊ'teɪʃn] *s.* Amputati'on *f*; '**am·pu·tee** [-tiː] *s.* Ampu'tierte(r *m*) *f*.

a·muck [ə'mʌk] *adv.*: *run* ~ Amok laufen, *fig. a.* blindwütig rasen (*at, on, against* gegen *et.*).

am·u·let ['æmjʊlɪt] *s.* Amu'lett *n*.

a·muse [ə'mjuːz] *v/t.* (*o.s.* sich) amüsieren, unter'halten, belustigen: *you* ~ *me!* da muß ich (über dich) lachen!; *be* ~*d* sich freuen (*at, by, in, with* über *acc.*); *it* ~*s them* es macht ihnen Spaß; *he* ~*s himself with gardening* er gärtnert zu s-m Vergnügen; **a'mused** [-zd] *adj.* amüsiert, belustigt, erfreut; **a·'muse·ment** [-mənt] *s.* Unter'haltung *f*, Belustigung *f*, Vergnügen *n*, Freude *f*, Zeitvertreib *m*: *to the* ~ *of* zur Belustigung (*gen.*); ~ *arcade* Brit. Spielsalon *m*; ~ *park* Vergnügungspark *m*; **a**-

---

'**mus·ing** [-zɪŋ] *adj.* □ amü'sant, unter'haltsam; 'komisch.

am·yl ['æmɪl] *s.* 🜍 A'myl *n*; **am·y·la·ceous** [ˌæmɪ'leɪʃəs] *adj.* stärkemehlartig, stärkehaltig.

an [æn; ən] *unbestimmter Artikel* (*vor Vokalen od. stummem h*) ein, eine.

an·a·bap·tism [ˌænə'bæptɪzəm] *s.* Anabap'tismus *m*; ˌ**an·a'bap·tist** [-ɪst] *s.* Wiedertäufer *m*.

an·a·bol·ic [ˌænə'bɒlɪk] *s.* 🜍 Ana'bolikum *n*.

a·nach·ro·nism [ə'nækrənɪzəm] *s.* Anachro'nismus *m*; **a·nach·ro·nis·tic** [ˌənækrə'nɪstɪk] *adj.* (□ ~*ally*) anachro'nistisch.

a·nae·mi·a [ə'niːmjə] *s.* 🕆 Anä'mie *f*, Blutarmut *f*, Bleichsucht *f*; **a'nae·mic** [-mɪk] *adj.* **1.** 🕆 blutarm, bleichsüchtig, an'ämisch; **2.** *fig.* farblos, blaß.

an·aes·the·si·a [ˌænɪs'θiːzjə] *s.* 🕆 **1.** Anästhe'sie *f*, Nar'kose *f*, Betäubung *f*; **2.** Unempfindlichkeit *f* (*gegen Schmerz*); ˌ**an·aes'thet·ic** [-'θetɪk] **I** *adj.* (□ ~*ally*) nar'kotisch, betäubend, Narkose...; **II** *s.* Betäubungsmittel *n*; **an·aes·the·tist** [æ'niːsθətɪst] *s.* Anästhe'sist *m*, Nar'kosearzt *m*; **an·aes·the·tize** [æ'niːsθətaɪz] *v/t.* betäuben, narkotisieren.

an·a·gram ['ænəgræm] *s.* Ana'gramm *n*.

a·nal ['eɪnl] *adj. anat.* a'nal, Anal...

an·a·lects ['ænəlekts] *s. pl.* Ana'lekten *pl.*, Lesefrüchte *pl.*

an·al·ge·si·a [ˌænæl'dʒiːzjə] *s.* 🕆 Unempfindlichkeit *f* gegen Schmerz, Schmerzlosigkeit *f*; ˌ**an·al'ge·sic** [-'dʒesɪk] **I** *adj.* schmerzlindernd; **II** *s.* schmerzlinderndes Mittel.

an·a·log·ic, an·a·log·i·cal [ˌænə'lɒdʒɪk(l)] *adj.* □, **a·nal·o·gous** [ə'næləgəs] *adj.* □ ana'log, ähnlich, entsprechend, paral'lel (*to dat.*); **an·a·logue** ['ænəlɒg] *s.* A'nalogon *n*, Entsprechung *f*: ~ *computer* Analogrechner *m*; **a·nal·o·gy** [ə'nælədʒɪ] *s.* **1.** *a. ling.* Analo'gie *f*, Entsprechung *f*: *on the* ~ *of* (*od. by* ~ *with*) analog, nach, gemäß (*dat.*); **2.** ⋏ Proporti'on *f*.

an·a·lyse ['ænəlaɪz] *v/t.* **1.** analysieren: a) 🜍, ⋏, *psych. etc.* zergliedern, zerlegen, b) *fig.* genau unter'suchen, c) erläutern, darlegen; **a·nal·y·sis** [ə'næləsɪs] *pl.* **-ses** [-siːz] *s.* **1.** Ana'lyse *f*: a) 🜍 *etc.* Zerlegung *f*, ('kritische) Zergliederung, b) *fig.* gründliche Unter'suchung, Darlegung *f*, Deutung *f*: *in the last* ~ im Grunde, letzten Endes; **2.** ⋏ A'nalysis *f*; **3.** (Psycho)Ana'lyse *f*; '**an·a·lyst** [-lɪst] *s.* **1.**, ⋏ Ana'lytiker(in); **2.** Unter'sucher(in): *public* ~ (behördlicher) Lebensmittelchemiker; **2.** Psychoana'lytiker *m*; **3.** Sta'tistiker *m*; **an·a·lyt·ic, an·a·lyt·i·cal** [ˌænə'lɪtɪk(l)] *adj.* □ **1.** ana'lytisch: *analytical chemist* Chemiker(in); **2.** psychoana'lytisch; **an·a·lyt·ics** [ˌænə'lɪtɪks] *s. pl. sg. konstr.* Ana'lytik *f*.

an·a·lyze *bsd. Am.* → *analyse*.

an·am·ne·sis [ˌænæm'niːsɪs] *pl.* **-ses** [-siːz] *s.* Anam'nese *f*: a) 🕆 Wiedererinnerung *f*, b) 🕆 Vorgeschichte *f*.

an·aph·ro·dis·i·ac [æˌnæfrəʊ'dɪzɪæk] 🕆 **I** *adj.* den Geschlechtstrieb hemmend; **II** *s.* Anaphrodi'siakum *n*.

an·ar·chic, an·ar·chi·cal [æ'nɑːkɪk(l)] *adj.* □ an'archisch, anar'chistisch, ge-

---

setzlos, zügellos.

an·arch·ism ['ænəkɪzəm] *s.* **1.** Anar'chie *f*, Regierungs-, Gesetzlosigkeit *f*; **2.** Anar'chismus *m*; '**an·arch·ist** [-ɪst] **I** *s.* Anar'chist(in), 'Umstürzler *m*; **II** *adj.* anar'chistisch, 'umstürzlerisch.

an·ar·cho- [ænəˈkəʊ] *in Zssgn* Anarcho...: ~*-scene*; ~*-situationist* Chaote *m*.

an·arch·y ['ænəkɪ] *s.* **1.** → *anarchism*; **2.** *fig.* 'Chaos *n*.

an·as·tig·mat·ic [ə‚næstɪg'mætɪk] *adj. phys.* anastig'matisch (*Linse*).

a·nath·e·ma [ə'næθəmə] (*Greek*) *s.* **1.** *eccl.* A'nathema *n*, Kirchenbann *m*; *fig.* Fluch *m*, Verwünschung *f*; **2.** *eccl.* Exkommunizierte(r *m*) *f*, Verfluchte(r *m*) *f*; **3.** *fig.* etwas Verhaßtes, Greuel *m*; **a'nath·e·ma·tize** [-ətaɪz] *v/t.* in den Bann tun, verfluchen.

an·a·tom·ic, an·a·tom·i·cal [ˌænə'tɒmɪk(l)] *adj.* □ ana'tomisch.

a·nat·o·mist [ə'nætəmɪst] *s.* **1.** Ana'tom *m*; **2.** Zergliederer *m* (*a. fig.*); **a'nat·o·mize** [-maɪz] *v/t.* 🜍 zerlegen, sezieren; **2.** *fig.* zergliedern; **a'nat·o·my** [-mɪ] *s.* **1.** Anato'mie *f* (*Aufbau, Wissenschaft, Abhandlung*); **2.** F a) ‚Wanst' *m*, Körper *m*, b) ‚Gerippe' *n*, Gestell *n*.

an·ces·tor ['ænsestə] *s.* **1.** Vorfahr *m*, Ahn(herr) *m*, Stammvater *m* (*a. fig.*): ~ *worship* Ahnenkult *m*; **2.** *fig.* Vorläufer *m*; **3.** 🜨 Vorbesitzer *m*; **an·ces·tral** [æn'sestrəl] *adj.* der Vorfahren, Ahnen..., angestammt, Erb..., Ur...; '**an·ces·tress** [-trɪs] *s.* Ahnfrau *f*, Stammmutter *f*; '**an·ces·try** [-trɪ] *s.* Abstammung *f*, *hohe* Geburt; Ahnen(reihe *f*) *pl*; *fig.* Vorgänger *pl.*: ~ *research* Ahnenforschung *f*.

an·chor ['æŋkə] **I** *s.* **1.** ⚓ Anker *m*: *at* ~ vor Anker; *weigh* ~ a) den Anker lichten, b) abfahren; *cast* (*od. drop*) ~ ankern, vor Anker gehen; *ride at* ~ vor Anker liegen; **2.** *fig.* Rettungsanker *m*, Zuflucht *f*; **3.** ⊙ Anker *m*, Schließe *f*, Klammer *f*; **4.** *Radio, TV: Am.* a) Mode'rator *m*, Modera'torin *f* *e-r Nachrichtensendung*, b) Diskussi'onsleiter (-in); **5.** *sport:* a) Schlußläufer(in), b) Schlußschwimmer(in); **II** *v/t.* **6.** verankern, vor Anker legen; **7.** ⊙ *u. fig.* verankern; **8.** *Radio, TV: Am.* a) *e-e Nachrichtensendung* moderieren, b) *e-e Diskussion* leiten; **9.** Schlußläufer(in) *od.* -schwimmer(in) *e-r Staffel* sein; **III** *v/i.* **10.** ankern, vor Anker gehen *od.* liegen; **11.** *Radio, TV: Am.* Moderator (-in) *od.* Diskussi'onsleiter(in) sein.

an·chor·age ['æŋkərɪdʒ] *s.* **1.** Ankerplatz *m*; **2.** a) ~*-dues* Anker-, Liegegebühr *f*, **3.** fester Halt, Verankerung *f*; **4.** *fig.* → *anchor* 2.

an·cho·ress ['æŋkərɪs] *s.* Einsiedlerin *f*; '**an·cho·ret** [-ret], '**an·cho·rite** [-raɪt] *s.* Einsiedler *m*.

'**an·chor·man** [-mən] *s.* [*irr.*], '~**wo·man** *s* [*irr.*] → *anchor* 4, 5.

an·cho·vy ['æntʃəvɪ] *s. ichth.* An'(s)chovis *f*, Sar'delle *f*.

an·cient ['eɪnʃənt] **I** *adj.* □ **1.** alt, aus alter Zeit, das Altertum betreffend, an'tik: ~ *Rome*; **2.** uralt (*a. humor.*), altberühmt; **3.** altertümlich; ehemalig; **II** *s.* **4.** *the* ~*s* a) die Alten (*Griechen u. Römer*), b) die (antiken) Klassiker; **5.** Alte(r *m*) *f*, Greis *m*; F ‚Olle(r' *m*) *f*;

'an·cient·ly [-lɪ] *adv.* vor'zeiten.

an·cil·lar·y [æn'sɪlərɪ] *adj.* 'untergeordnet (**to** *dat.*), Hilfs..., Neben...: ~ *equipment* Zusatz-, Hilfsgerät *n*; ~ *industries* Zulieferbetriebe; ~ *road* Nebenstraße *f*.

and [ænd; ən(d)] *cj.* und: ~ *so forth* und so weiter; *there are books* ~ *books* es gibt gute und schlechte Bücher; *nice* ~ *warm* schön warm; ~ *all* F und so weiter; *skin* ~ *all* mitsamt der Haut; *a little more* ~ *...* es fehlte nicht viel, so ...; *try* ~ *come* versuchen Sie zu kommen.

and·i·ron ['ændaɪən] *s.* Feuer-, Brat-, Ka'minbock *m*.

An·drew ['ændruː] *npr.* An'dreas *m*: *St.* ~*'s cross* Andreaskreuz *n*.

an·drog·y·nous [æn'drɒdʒɪnəs] *adj.* zwitterartig, zweigeschlechtig; ♀ zwitterblütig.

an·droid ['ændrɔɪd] *s.* Andro'id(e) *m* (*Kunstmensch*).

an·droph·a·gous [æn'drɒfəgəs] *adj.* menschenfressend.

an·dro·pho·bi·a [ˌændrəʊˈfəʊbjə] *s.* Andropho'bie *f*, Männerscheu *f*.

an·ec·do·tal [ˌænekˈdəʊtl] → *anecdotic*; an·ec·dote ['ænɪkdəʊt] *s.* Anek'dote *f*; an·ec·dot·ic, an·ec·dot·i·cal [ˌænekˈdɒtɪk(l)] *adj.* □ anek'dotenhaft, anek'dotisch.

a·ne·mi·a, a·ne·mic *Am.* → *anaemia*, *anaemic*.

an·e·mom·e·ter [ˌænɪˈmɒmɪtə] *s. phys.* Windmesser *m*.

a·nem·o·ne [əˈnemənɪ] *s.* 1. ♀ Ane'mone *f*; 2. *zo.* 'Seeane‚mone *f*.

an·er·oid ['ænərɔɪd] *s. phys. a.* ~ *ba·rometer* Anero'idbaro‚meter *n*.

an·es·the·si·a *etc. Am.* → *anaesthesia etc.*

a·new [əˈnjuː] *adv.* von neuem, aufs neue; auf neue Art und Weise.

an·gel ['eɪndʒəl] *s.* 1. Engel *m*: ~ *of death* Todesengel; *rush in where* ~*s fear to tread* sich töricht- *od.* anmaßenderweise in Dinge einmischen, an die sich sonst niemand heranwagt; 2. *fig.* Engel *m* (*Person*): *be an* ~ *and* ... sei doch so lieb und ...; 3. *sl.* Geldgeber *m*, fi'nanzkräftiger 'Hintermann.

'an·gel·food *Am.*, '~·cake *s.* Art Bis'kuitkuchen *m*.

an·gel·ic [ænˈdʒelɪk] *adj.* (□ ~*ally*) engelhaft, -gleich, Engels...

an·gel·i·ca [ænˈdʒelɪkə] *s.* 1. ♀ Brustwurz *f* (*als Gewürz*); 2. kandierte An'gelikawurzel.

an·gel·i·cal [ænˈdʒelɪkl] *adj.* □ → *angelic*.

An·ge·lus ['ændʒɪləs] *s. eccl.* 'Angelus (-gebet *n*, -läuten *n*) *m*.

an·ger ['æŋgə] I *s.* Ärger *m*, Zorn *m*, Wut *f* (*at* über *acc.*); II *v/t.* erzürnen, ärgern.

An·ge·vin ['ændʒɪvɪn] I *adj.* 1. aus An'jou (*in Frankreich*); 2. die Plan'tagenets betreffend; II *s.* 3. Mitglied *n* des Hauses Plan'tagenet.

angst [æŋst] *s. psych.* Angst *f*.

ang·strom, *a.* Å ['æŋstrəm] *s. phys. a.* ~ *unit* Angström(einheit *f*) *n*.

an·guish ['æŋgwɪʃ] *s.* Qual *f*, Pein *f*, Angst *f*, Schmerz *m*: ~ *of mind* Seelenqual(en *pl.*) *f*.

an·gu·lar ['æŋgjʊlə] *adj.* □ 1. winklig, winkelförmig, eckig, Winkel...; 2. *fig.* knochig, hager; 3. *fig.* eckig, steif; barsch; **an·gu·lar·i·ty** [ˌæŋgjʊˈlærətɪ] *s.*

n, b) *pl.* Winkeleisen *pl.*; 3. Ecke *f*, Vorsprung *m*, spitze Kante; 4. *fig.* a) Standpunkt *m*, Gesichtswinkel *m*, b) As'pekt *m*, Seite *f*: *consider all* ~*s of a question*; 5. *Am.* Me'thode *f* (*et. zu erreichen*); 6. *sl.* Trick *m*, ‚Tour' *f*, ‚Masche' *f*; II *v/t.* 7. 'umbiegen; 8. *fig.* tendenzi'ös färben, verdrehen.

an·gle² ['æŋgl] *v/i.* angeln (*a. fig.* **for** nach).

an·gled ['æŋgld] *adj.* 1. winklig, *mst in Zssgn*: *right*-~ rechtwinklig; 2. *fig.* tendenzi'ös.

'an·gle·,do·zer [-ˌdəʊzə] *s.* ⊕ Pla'nierraupe *f*, Winkelräumer *m*; '~·park *v/t. u. v/i. mot.* schräg parken.

an·gler ['æŋglə] *s.* 1. Angler(in); 2. *ichth.* Seeteufel *m*.

An·gles ['æŋglz] *s. pl. hist.* Angeln *pl.*; 'An·gli·an [-glɪən] I *adj.* englisch; II *s.* Angehörige(r *m*) *f* des Volksstammes der Angeln.

An·gli·can ['æŋglɪkən] *eccl.* I *adj.* angli'kanisch, hochkirchlich; II *s.* Angli'kaner(in).

An·gli·cism ['æŋglɪsɪzəm] *s.* 1. *ling.* Angli'zismus *m*; 2. englische Eigenart; 'An·gli·cist [-ɪst] *s.* An'glist(in); 'An·gli·cize [-saɪz], *a.* ⚥ *v/t. u. v/i.* (sich) anglisieren, englisch machen (werden).

an·gling ['æŋglɪŋ] *s.* Angeln *n*.

An·glist ['æŋglɪst] *s.* An'glist(in); An·glis·tics [æŋˈglɪstɪks] *s. pl. sg. konstr.* An'glistik *f*.

Anglo- ['æŋgləʊ] *in Zssgn* Anglo..., anglo..., englisch und ...

'An·glo-A·mer·i·can [-əʊ-] I *s.* 'Anglo-Ameri'kaner(in); II *adj.* anglo-ameri'kanisch; '~-'In·di·an [-əʊ-] I *s.* Anglo'inder(in); II *adj.* anglo'indisch; ‚~'ma·ni·a [-əʊ-] *s.* Angloma'nie *f*; '~'Nor·man [-əʊ-] I *s.* Anglonor'manne *m*; 2. *ling.* Anglonor'mannisch *n*; II *adj.* 3. anglonor'mannisch; '~·phile [-əʊfaɪl] I *s.* Anglo'phile *m*, Englandfreund *m*; II *adj.* anglo'phil, englandfreundlich; '~·phobe [-əʊfəʊb] I *s.* Anglo'phobe *m*, Englandfeind *m*; II *adj.* englandfeindlich; ‚~'pho·bi·a [-əʊˈfəʊbjə] *s.* Anglopho'bie *f*; ‚~'Sax·on [-əʊ-] I *s.* 1. Angelsachse *m*; 2. *ling.* Altenglisch *n*, Angelsächsisch *n*; 3. F urwüchsiges u. einfaches Englisch; II *adj.* 4. angelsächsisch, ‚~'Scot [-əʊ-] *s.* dauernd in England lebender Schotte.

an·go·la [æŋˈgəʊlə], an·go·ra [æŋˈgɔːrə], *a.* ⚥ Gewebe *n aus* An'gorawolle; ~ *cat s. zo.* An'gorakatze *f*; ~ *goat s. zo.* An'goraziege *f*; ~ *wool s.* An'gorawolle *f*, Mo'här *m*.

an·gry ['æŋgrɪ] *adj.* □ 1. (*at, about*) ärgerlich, ungehalten (über *acc.*), zornig, böse (auf *j-n*, über *et.*, *with* mit *j-m*): ~ *young man* Literatur: ‚zorniger junger Mann'; 2. ⚥ entzündet, schlimm; 3. *fig.* drohend, stürmisch; finster.

1. Winkligkeit *f*; 2. *fig.* Eckigkeit *f*, Steifheit *f*.

an·hy·drous [ænˈhaɪdrəs] *adj.* ⚥, *biol.* kalziniert, wasserfrei; getrocknet, Dörr... (*Obst etc.*).

an·il ['ænɪl] *s.* ♀ 'Indigopflanze *f*; Indigo (-farbstoff) *m*.

an·i·line ['ænɪliːn] *s.* Ani'lin *n*: ~ *dye* Anilinfarbstoff *m*, *weitS.* chemisch hergestellte Farbe.

an·i·mad·ver·sion [ˌænɪmædˈvɜːʃn] *s.* Tadel *m*, Rüge *f*, Kri'tik *f*; ‚an·i·mad·vert [-ˈvɜːt] *v/i.* (**on, upon**) kritisieren; tadeln, rügen (*acc.*).

an·i·mal ['ænɪml] I *s.* 1. Tier *n*, ‚Vierfüß(l)er' *m*; tierisches Lebewesen (*Ggs. Pflanze*, F *a. Ggs. Vogel*): *there's no such* ~! F so was gibt's ja gar nicht!; 2. *fig.* Tier *n*, viehischer Mensch, 'Bestie *f*; II *adj.* 3. ani'malisch, tierisch (*beide a. fig.*); Tier...: ~ *kingdom* Tierreich *n*; ~ *magnetism* a) tierischer Magnetismus, b) *bsd. humor.* erotische Anziehungskraft; ~ *spirits pl.* Lebenskraft *f*, -geister *pl.*, Vitalität *f*.

an·i·mal·cule [ˈænɪˈmælkjuːl] *s.* mikro'skopisch kleines Tierchen: *infusorial* ~*s*.

an·i·mal·ism ['ænɪməlɪzəm] *s.* 1. Vertiertheit *f*; 2. Sinnlichkeit *f*; 3. Lebenstrieb *m*, -kraft *f*; 'an·i·mal·ist [-ɪst] *s.* Tiermaler(in), -bildhauer(in).

an·i·mate I *v/t.* ['ænɪmeɪt] 1. beseelen, beleben, mit Leben erfüllen (*alle a. fig.*); anregen, aufmuntern; 2. lebendig gestalten: ~ *a cartoon* e-n Zeichentrickfilm herstellen; II *adj.* [-mət] 3. belebt, lebend; lebhaft, munter; 'an·i·mat·ed [-tɪd] *adj.* □ 1. lebendig, beseelt (*with, by* von), voll Leben: ~ *car·toon* Zeichentrickfilm *m*; 2. ermutigt; 3. lebhaft, angeregt; an·i·ma·tion [ˌænɪˈmeɪʃn] *s.* 1. Leben *n*, Feuer *n*, Lebhaftigkeit *f*, Munterkeit *f*; Leben *n* und Treiben *n*; 2. a) Herstellung *f* von Zeichentrickfilmen, b) (Zeichen)Trickfilm *m*; 'an·i·ma·tor [-tə] *s.* Zeichner *m* von Trickfilmen.

an·i·mos·i·ty [ˌænɪˈmɒsətɪ] *s.* Feindseligkeit *f*, Erbitterung *f*, Animosi'tät *f*.

an·i·mus ['ænɪməs] *s.* 1. (innewohnender) Geist; 2. *psych.* Animus *m*; 3. ⚖ Absicht *f*; 4. → *animosity*.

an·ise ['ænɪs] *s.* ♀ A'nis *m*; 'an·i·seed [-siːd] *s.* A'nis(samen) *m*.

an·i·sette [ˌænɪˈzet] *s.* Ani'sett *m*, A'nisli‚kör *m*.

an·kle ['æŋkl] I *s. anat.* 1. (Fuß)Knöchel *m*: *sprain one's* ~ sich den Fuß verstauchen; 2. Knöchelgegend *f des Beins*; II *v/i.* 3. F marschieren, gehen; '~·bone *s.* Sprungbein *n*; ~ *boot s.* Halbstiefel *m*; ‚~-'deep *adj.* knöcheltief, bis zu den Knöcheln; ‚~-'length *adj.* knöchellang; '~-sock *s.* Knöchelsocke *f*, Söckchen *n*; '~-strap *s.* Schuhspange *f*: ~ *shoes* Spangenschuhe.

an·klet ['æŋklɪt] *s.* 1. Fußkettchen *n*, -spange *f* (*als Schmuck od. Fessel*); 2. → *anklesock*.

an·na ['ænə] *s.* An'na *m* (*ind. Münze*).

an·nal·ist ['ænəlɪst] *s.* Chro'nist *m*; an·nals ['ænlz] *s. pl.* 1. An'nalen *pl.*, Jahrbücher *pl.*; 2. hi'storischer Bericht; 3. *regelmäßig erscheinende* wissenschaftliche Berichte *pl.*; 4. *a. sg. konstr.* (Jahres)Bericht *m*.

an·neal [ə'niːl] *v/t.* **1.** ⊙ *Metall* ausglühen, anlassen, vergüten, tempern; *Glas* kühlen; **2.** *fig.* härten, stählen.

an·nex I *v/t.* [ə'neks] **1.** (*to*) beifügen (*dat.*), anhängen (an *acc.*); **2.** annektieren, (sich) einverleiben: *the province was ~ed to France* Frankreich verleibte sich das Gebiet ein; **3.** ~ *to* verknüpfen mit; **4.** F sich aneignen, ,sich unter den Nagel reißen'; **II** *s.* ['æneks] **5.** Anhang *m*, Nachtrag *m*; Anlage *f zum Brief*; **6.** Nebengebäude *n*, Anbau *m*; **an·nex·a·tion** [ˌænek'seɪʃn] *s.* **1.** Hin'zufügung *f* (*to* zu); **2.** Annexi'on *f*, Einverleibung *f* (*to* in *acc.*); **3.** Aneignung *f*; **an·nexe** ['æneks] (*Fr.*) → *annex* 6; **an·nexed** [-kst] *adj.* ✝ beifolgend, beigefügt.

an·ni·hi·late [ə'naɪəleɪt] *v/t.* **1.** vernichten (*a. fig.*); **2.** ✕ aufreiben; **3.** *sport* vernichtend schlagen; **4.** *fig.* zu'nichte machen, aufheben; **an·ni·hi·la·tion** [əˌnaɪə'leɪʃn] *s.* Vernichtung *f*; Aufhebung *f*.

an·ni·ver·sa·ry [ˌænɪ'vɜːsərɪ] *s.* Jahrestag *m*, -feier *f*, jährlicher Gedenktag, Jubi'läum *n*: *wedding ~* Hochzeitstag *m*; *the 50th ~ of his death* die 50. Wiederkehr s-s Todestages.

an·no Dom·i·ni [ˌænəʊ'dɒmɪnaɪ] (*Lat.*) im Jahre des Herrn, Anno Domini.

an·no·tate ['ænəʊteɪt] **I** *v/t.* *e-e Schrift* mit Anmerkungen versehen, kommentieren; **II** *v/i.* (*on*) Anmerkungen machen (zu), einen Kommen'tar schreiben (über *acc.*); **an·no·ta·tion** [ˌænəʊ'teɪʃn] *s.* Kommentieren *n*; Anmerkung *f*, Kommen'tar *m*; **'an·no·ta·tor** [-tə] *s.* Kommen'tator *m*.

an·nounce [ə'naʊns] **I** *v/t.* **1.** ankündigen; **2.** bekanntgeben, verkünden; **3.** a) *Radio, TV:* ansagen, b) (*über Lautsprecher*) 'durchsagen; **4.** *Besucher etc.* melden; **5.** *Geburt etc.* anzeigen, bekanntgeben; **II** *v/i.* **6.** *pol. Am.* seine Kandida'tur bekanntgeben (*for* für das Amt *gen.*); **7.** ~ *for Am.* sich aussprechen für; **an'nounce·ment** [-mənt] *s.* **1.** Ankündigung *f*; **2.** Bekanntgabe *f*; (*Geburts- etc.*)Anzeige *f*; **3.** a) *Radio, TV:* Ansage *f*, b) ('Lautsprecher-) ,Durchsage *f*; **an'nounc·er** [-sə] *s.* *Radio, TV:* Ansager(in), Sprecher(in).

an·noy [ə'nɔɪ] *v/t.* **1.** ärgern: *be ~ed* sich ärgern (*at s.th.* über et., *with s.o.* über j-n); **2.** belästigen, stören; schikanieren; **an'noy·ance** [-ɔɪəns] *s.* **1.** Störung *f*, Belästigung *f*, Ärgernis *n*; Ärger *m*; **2.** Plage(geist *m*) *f*; **an'noyed** [-ɔɪd] *adj.* ärgerlich; **an'noy·ing** [-ɔɪɪŋ] *adj.* ☐ ärgerlich (*Sache*), lästig; **an'noy·ing·ly** [-ɔɪŋlɪ] *adv.* ärgerlicherweise.

an·nu·al ['ænjʊəl] **I** *adj.* ☐ **1.** jährlich, Jahres...; **2.** *bsd.* ♀ einjährig: ~ *ring* Jahresring *m*; **II** *s.* **3.** jährlich erscheinende Veröffentlichung, Jahrbuch *n*; **4.** einjährige Pflanze; → *hardy* 2.

an·nu·i·tant [ə'njuːɪtənt] *s.* Empfänger (-in) e-r Jahresrente, Rentner(in); **an'nu·i·ty** [-tɪ] *s.* **1.** (Jahres)Rente *f*; **2.** Jahreszahlung *f*; **3.** ✝ *a.* ~ *bond* Rentenbrief *m*; **4.** *pl.* 'Rentenpa,piere *pl.*

an·nul [ə'nʌl] *v/t.* aufheben, für ungültig erklären, annullieren.

an·nu·lar ['ænjʊlə] *adj.* ☐ ringförmig; **'an·nu·late** [-leɪt], **'an·nu·lat·ed** [-leɪtɪd] *adj.* geringelt, aus Ringen bestehend, Ring...

an·nul·ment [ə'nʌlmənt] *s.* Aufhebung *f*, Nichtigkeitserklärung *f*, Annullierung *f*; *action for ~* Nichtigkeitsklage *f*.

an·nun·ci·ate [ə'nʌnʃɪeɪt] *v/t.* verkünden, ankündigen; **an·nun·ci·a·tion** [əˌnʌnsɪ'eɪʃn] *s.* **1.** An-, Verkündigung *f*; **2.** ♀, *a.* ♀ *Day eccl.* Ma'riä Verkündigung *f*; **an'nun·ci·a·tor** [-tə] *s.* ⚡ Si-'gnalanlage *f*, -tafel *f*.

an·ode ['ænəʊd] *s.* ⚡ An'ode *f*, 'positiver Pol: ~ *potential* Anodenspannung *f*; *DC ~* Anodenruhestrom *m*; **an·od·ize** ['ænəʊdaɪz] *v/t.* eloxieren.

an·o·dyne ['ænəʊdaɪn]' **I** *adj.* schmerzstillend; *fig.* a) lindernd, beruhigend, b) verwässert, kraftlos; **II** *s.* schmerzstillendes Mittel; *fig.* Beruhigungspille *f*.

a·noint [ə'nɔɪnt] *v/t.* **1.** einölen, einschmieren; **2.** *bsd. eccl.* salben; **a-'noint·ment** [-mənt] *s.* Salbung *f*.

a·nom·a·lous [ə'nɒmələs] *adj.* ☐ 'anomal, ab'norm; ungewöhnlich, abweichend; **a'nom·a·ly** [-lɪ] *s.* Anoma'lie *f*.

a·non [ə'nɒn] *adv.* bald, so'gleich: *ever and ~* immer wieder.

an·o·nym·i·ty [ˌænə'nɪmətɪ] *s.* Anonymi'tät *f*; **a·non·y·mous** [ə'nɒnɪməs] *adj.* ☐ ano'nym, namenlos, ungenannt: *of ~ origin* unbekannten Ursprungs.

a·noph·e·les [ə'nɒfɪliːz] *s.* *zo.* Fiebermücke *f*.

a·no·rak ['ænəræk] *s.* Anorak *m*.

an·oth·er [ə'nʌðə] *adj. u. pron.* **1.** ein anderer, eine andere, ein anderes (*than* als): ~ *thing* etwas anderes; *one ~* a) einander, b) uns (euch, sich) gegenseitig; *one after ~* einer nach dem andern; *he is ~ man now* jetzt ist er ein (ganz) anderer Mensch; **2.** ein zweiter *od.* weiterer *od.* neuer, eine zweite *od.* weitere *od.* neue, ein zweites *od.* weiteres *od.* neues; **3.** *a.* ~ *yet* ~ noch ein(er, e, es): ~ *cup of tea* noch eine Tasse Tee; ~ *five weeks* weitere *od.* noch fünf Wochen; *tell us ~!* F das glaubst du doch selbst nicht!; *you are ~!* F *iro.* danke gleichfalls!; ~ *Shakespeare* ein zweiter Shakespeare; *A.N.Other sport* ein ungenannter (Ersatz)Spieler.

An·schluss ['aːnʃlʊs] (*Ger.*) *s. pol.* Anschluß *m*.

an·swer ['aːnsə] **I** *s.* **1.** Antwort *f*, Entgegnung *f* (*to* auf *acc.*): *in ~ to* a) in Beantwortung (*gen.*), b) auf *et.* hin; **2.** *fig.* Antwort *f*, Erwiderung *f*; Reakti'on *f* (*alle: to* auf *acc.*); **3.** Gegenmaßnahme *f*, -mittel *n*; **4.** ✝ Klagebeantwortung *f*, Gegenschrift *f*; *weitS.* Rechtfertigung *f*; **5.** Lösung *f* (*to e-s Problems etc.*); ♪ Auflösung *f*: *he knows all the ~s* a) ,er blickt voll durch', b) *contp.* er weiß immer alles besser; **II** *v/i.* **6.** antworten (*to* j-m, auf *acc.*): ~ *back* a) freche Antworten geben, b) widersprechen, sich (*mit Worten*) verteidigen *od.* wehren; **7.** sich verantworten, Rechenschaft ablegen (*for* für); **8.** verantwortlich sein, haften, bürgen (*for* für); **9.** die Folgen tragen, büßen (*for* für): *you have much to ~ for* du hast viel auf dem Kerbholz; **10.** *fig.* **10.** reagieren (*auf acc.*), hören (auf *e-n Namen*) gehorchen, Folge leisten (*dat.*); **11.** ~ *to e-r Beschreibung* entsprechen; **12.** sich eignen, taugen; gelingen (*Plan*); **III** *v/t.* **13.** a) *j-m* antworten, b) *et.* beantwor-

ten, antworten auf (*acc.*); **14.** a) sich *j-m gegenüber* verantworten, *j-m* Rechenschaft ablegen (*for* für), b) sich gegen *e-e Anklage etc.* verteidigen; **15.** reagieren *od.* eingehen auf (*acc.*); *e-m Befehl etc.* Folge leisten; sich auf *eine Anzeige etc.* hin melden: ~ *the bell* (*od. door*) auf das Läuten *od.* Klopfen die Tür öffnen; ~ *the telephone* den Anruf entgegennehmen, ans Telefon gehen; **16.** *dem Steuer* gehorchen; *Gebet* erhören; *Zweck, Wunsch etc.* erfüllen; *Auftrag etc.* ausführen: ~ *the call of duty* dem Ruf der Pflicht folgen; **17.** *bsd. Aufgabe* lösen; **18.** *e-r Beschreibung, e-m Bedürfnis* entsprechen; **19.** *j-m* genügen, *j-n* zu'friedenstellen; **'an·swer·a·ble** [-sərəbl] *adj.* **1.** verantwortlich (*for* für): *to be ~ to s.o. for s.th.* j-m für et. bürgen, sich vor j-m für et. verantworten müssen; **2.** (*to*) entsprechend, angemessen, gemäß (*dat.*); **3.** zu beantworten(d).

ant [ænt] *s. zo.* Ameise *f*.

an't [ɑːnt; ænt] → *ain't*.

ant·ac·id [ænt'æsɪd] *adj. u. s.* ♪ gegen Magensäure wirkend(es Mittel).

an·tag·o·nism [æn'tægənɪzəm] *s.* **1.** 'Widerstreit *m*, Gegensatz *m*, 'Widerspruch *m* (*between* zwischen *dat.*); **2.** Feindschaft *f* (*to* gegen); 'Widerstand *m* (*against, to* gegen); **an'tag·o·nist** [-ɪst] *s.* Gegner(in), 'Widersacher(in); **an·tag·o·nis·tic** [ænˌtægə'nɪstɪk] *adj.* (☐ ~*ally*) gegnerisch, feindlich (*to* gegen); wider'streitend (*to* dat.); **an'tag·o·nize** [-naɪz] *v/t.* ankämpfen gegen; sich *j-n* zum Feind machen, *j-n* gegen sich aufbringen.

ant·arc·tic [ænt'ɑːktɪk] **I** *adj.* ant'arktisch, Südpol...: ♀ *Circle* südlicher Polarkreis; ♀ *Ocean* südliches Eismeer; **II** *s.* Ant'arktis *f*.

'ant-bear *s. zo.* Ameisenbär *m*.

an·te ['æntɪ] (*Lat.*) **I** *adv.* vorn, vo'ran, b) *zeitlich:* vorher, zu'vor; **II** *prp.* vor; **III** *s.* F *Poker:* Einsatz *m*: *raise the ~* a) den Einsatz (*weitS.* den Preis *etc.*) erhöhen, b) F (das nötige) Geld beschaffen; **IV** *v/t. u. v/i. mst* ~ *up* (ein)setzen; *fig. Am.* a) (be)zahlen, ,blechen', b) (dazu) beisteuern.

'ant-,eat·er *s. zo.* Ameisenfresser *m*.

an·te·ced·ence [ˌæntɪ'siːdəns] *s.* **1.** Vortritt *m*, -rang *m*; **2.** *ast.* Rückläufigkeit *f*; **an·te'ced·ent** [-nt] **I** *adj.* **1.** vor'hergehend, früher (*to* als); **II** *s.* **2.** *pl.* Vorgeschichte *f*: *his ~s* sein Vorleben; **3.** *fig.* Vorläufer *m*; **4.** *ling.* Beziehungswort *n*.

an·te|·cham·ber ['æntɪˌtʃeɪmbə] *s.* Vorzimmer *n*; ~·*date* [ˌæntɪ'deɪt] *v/t.* **1.** vor- *od.* zu'rückdatieren, ein früheres Datum setzen auf (*acc.*); **2.** vor'wegnehmen; **3.** *zeitlich* vor'angehen (*dat.*); ~·**di·lu·vi·an** [ˌæntɪdɪ'luːvjən] **I** *adj.* vorsintflutlich (*a. fig.*); **II** *s.* vorsintflutliches Wesen; *contp.* a) rückständige Per'son, b) ,Fos'sil' *n* (*sehr alte Person*).

an·te·lope ['æntɪləʊp] *s.* **1.** *zo.* Anti'lope *f*; **2.** Anti'lopenleder *n*.

an·te me·rid·i·em [ˌæntɪmɪ'rɪdɪəm] (*Lat.*) *abbr.* **a.m.** vormittags.

an·te·na·tal [ˌæntɪ'neɪtl] *adj.* präna'tal: ~ *care* Mutterschaftsfürsorge *f*; **II** *s.* F Mutterschaftsvorsorgeuntersuchung *f*.

an·ten·na [æn'tenə] *s.* **1.** *pl.* **-nae** [-niː]

zo. Fühler *m*; Fühlhorn *n*; *fig.* Gespür *n*, ‚An'tenne' *f*; **2.** *pl.* **-nas** *bsd. Am.* ⚥ Antenne *f*.

an·te|·nup·tial [‚ænti'nʌpʃl] *adj.* vor- hochzeitlich; **~·pe·nul·ti·mate** [‚ænti- pɪ'nʌltɪmət] **I** *adj.* drittletzt (*bsd. Silbe*); **II** *s.* drittletzte Silbe.

an·te·ri·or [æn'tɪərɪə] *adj.* **1.** vorder; **2.** vor'hergehend, früher (*to* als).

an·te-room ['æntɪrʊm] *s.* Vor-, Warte- zimmer *n*.

an·them ['ænθəm] *s.* 'Hymne *f*, Cho'ral *m*: *national* ~ Nationalhymne.

an·ther ['ænθə] *s.* ♀ Staubbeutel *m*.

'ant-hill *s. zo.* Ameisenhaufen *m*.

an·thol·o·gy [æn'θɒlədʒɪ] *s.* Antholo'gie *f*, (Gedicht)Sammlung *f*.

an·thra·cite ['ænθrəsaɪt] *s. min.* Anthra- 'zit *m*, Glanzkohle *f*.

an·thrax ['ænθræks] *s.* ⚕ 'Anthrax *m*, Milzbrand *m*.

an·thro·poid ['ænθrɔʊpɔɪd] *zo.* **I** *adj.* menschenähnlich, Menschen...; **II** *s.* Menschenaffe *m*; **an·thro·po·log·i·cal** [‚ænθrəpə'lɒdʒɪk(l)] *adj.* □ anthropo- 'logisch; **an·thro·pol·o·gist** [‚ænθrə- 'pɒlədʒɪst] *s.* Anthropo'loge *m*; **an- thro·pol·o·gy** [‚ænθrə'pɒlədʒɪ] *s.* An- thropolo'gie *f*; **an·thro·po·mor·phous** [‚ænθrɔʊ'mɔːfəs] *adj.* anthropo- 'morph(isch), von menschlicher *od.* menschenähnlicher Gestalt; **an·thro- poph·a·gi** [‚ænθrɔʊ'pɒfəgaɪ] *s. pl.* Menschenfresser *pl.*; **an·thro·poph·a- gous** [‚ænθrɔʊ'pɒfəgəs] *adj.* menschen- fressend.

an·ti ['æntɪ] **F I** *prp.* gegen; **II** *adj.*: *be ~* dagegen sein; **III** *s.* Gegner(in).

‚an·ti-'air·craft [‚æntɪ-] *adj.* ✕ Flieger- abwehr...: *~ gun* Flakgeschütz *n*, Flie- gerabwehrkanone *f*; **'~·au·thor·i- 'tar·i·an** *adj.* antiautori'tär; **~·'ba·by pill** *s.* ⚕ Anti'babypille *f*; **~·bal'lis·tic** *adj.* ✕ antibal'listisch; **~·bi'ot·ic** [-baɪ- 'ɒtɪk] **I** *s.* Antibi'otikum *n*; **II** *adj.* anti- bi'otisch; **~·body** *s.* ⚕, *biol.* 'Antikör- per *m*, Abwehrstoff *m*; **~·'cath·ode** *s.* ⚕ Antika'thode *f*; **'~·christ** *s. eccl.* 'An- tichrist *m*; **~·'chris·tian** **I** *adj.* christen- feindlich; **II** *s.* Christenfeind(in).

an·tic·i·pate [æn'tɪsɪpeɪt] *v/t.* **1.** vor'aus- empfinden, -sehen, -ahnen; **2.** erwar- ten, erhoffen: *~d profit* voraussichtli- cher Verdienst; **3.** im vor'aus tun *od.* erwähnen, vor'wegnehmen; Ankunft beschleunigen; vor'auseilen (*dat.*); **4.** *j-m od. e-m Wunsch etc.* zu'vorkom- men; **5.** *e-r Sache* vorbauen, verhin- dern; **6.** *bsd.* ⚕ vorzeitig bezahlen *od.* verbrauchen; **an·tic·i·pa·tion** [æn‚tɪsɪ- 'peɪʃn] *s.* **1.** Vorgefühl *n*, Vorahnung *f*, Vorgeschmack *m*; **2.** Ahnungsvermö- gen *n*, Vor'aussicht *f*; **3.** Erwartung *f*, Hoffnung *f*, Vorfreude *f*; **4.** Zu'vor- kommen *n*, Vorgreifen *n*, Vor'wegnah- me *f*: *in ~* im voraus; **5.** Verfrühtheit *f*: *payment by ~* Vorauszahlung *f*; **an- 'tic·i·pa·to·ry** [-tərɪ] *adj.* **1.** vor'weg- nehmend, vorgreifend, erwartend, Vor...; **2.** *ling.* vor'ausdeutend; **3.** *Pa- tentrecht*: neuheitsschädlich: *~ refer- ence* Vorwegnahme *f*.

‚an·ti·'cler·i·cal *adj.* kirchenfeindlich; **~·'cli·max** *s.* (enttäuschendes) Abfal- len, Abstieg *m*; *a. sense of ~* plötzli- ches Gefühl der Leere *od.* Enttäu- schung; **~·'clock·wise** *adv. u. adj.* ent-

gegen dem Uhrzeigersinn: *~ rotation* Linksdrehung *f*; **~·cor'ro·sive** *adj.* rostfest; Rostschutz...

an·tics ['æntɪks] *s. pl.* Possen *pl.*, *fig.* Mätzchen *pl.*, (tolle) Streiche *pl.*

‚an·ti|·'cy·cli·cal *adj.* ⚕ anti'zyklisch, konjunk'turdämpfend; **~·'cy·clone** *s. meteor.* Hoch(druckgebiet) *n*; **~·'daz- zle** *adj.* Blendschutz...: *~ switch* Ab- blendschalter *m*; **~·de'pres·sant** *s.* ⚕ Antidepres'sivum *n*; **~·'dim** *adj.* ☉ Klar(sicht)...; **~·dis'tor·tion** *s.* ⚡ Ent- zerrung *f*; **'~·dot·al** [-dəʊtl] *adj.* als Ge- gengift dienend (*a. fig.*); **'~·dote** [-dəʊt] *s.* Gegengift *n*, -mittel *n* (*against, for, to* gegen); **~·'fad·ing** ⚡ **I** *s.* Schwundausgleich *m*; **II** *adj.* schwundmindernd; **~·'Fas·cist** *pol.* **I** *s.* Antifa'schist(in); **II** *adj.* antifa'schi- stisch; **~·'fe·brile** *s.* ⚕ Fiebermittel *n*; **‚²'fed·er·al·ist** *s. Am. hist.* Antiföde- 'list *m*; **'~·freeze I** *adj.* Gefrier-, Frost- schutz...; **II** *s.* Frostschutzmittel *n*; **'~·fric·tion** *s.* Schmiermittel *n*: *~ metal* Lagermetall *n*; **'~·gas** *adj.* Gasschutz...

an·ti·gen ['æntɪdʒən] *s.* ⚕ Anti'gen *n*, Abwehrstoff *m*.

‚an·ti|·'glare → *anti-dazzle*; **~·'ha·lo** *adj. phot.* lichthoffrei; **'~·he·ro** *s.* An- tiheld *m*; **~·im'pe·ri·al·ist** *s.* Gegner *m* des Imperia'lismus; **'~·in·ter'fer·ence** *adj.* ⚡ Entstörungs..., Störschutz...; **'~·jam** *v/t. u. v/i. Radio* entstören; **'~·knock** 🚗, *mot.* **I** *adj.* klopffest; **II** *s.* Anti'klopfmittel *n*.

‚an·ti|·ma·cas·sar [‚æntɪmə'kæsə] **I** *s.* Sofa- *od.* Sesselschoner *m*; **II** *adj. fig.* altmodisch; **~·ma'lar·i·al** *s.* ⚕ Ma'la- riamittel *n*; **'~·mat·ter** *s. phys.* 'Anti- ma‚terie *f*; **'~·mis·sile** *s.* ✕ Antira'ke- tenra‚kete *f*.

an·ti·mo·ny ['æntɪmənɪ] *s.* 🜀, *min.* An- ti'mon *n*.

an·tin·o·my [æn'tɪnəmɪ] *s.* Antino'mie *f*, 'Widerspruch *m*.

‚an·ti·pa'thet·ic, **‚an·ti·pa'thet·i·cal** [-pə'θetɪk(l)] *adj.* □ (*to*) **1.** zu'wider (*dat.*); **2.** abgeneigt (*dat.*); **an·tip·a·thy** [æn'tɪpəθɪ] *s.* Antipa'thie *f*, Abneigung *f* (*against, to* gegen).

‚an·ti|·per'son·nel *adj.*: ✕ *~ bomb* Splitterbombe *f*; *~ mine* Schützen-, Tretmine *f*; **~·phlo'gis·tic** [-fləʊ'dʒɪs- tɪk] **I** *adj.* ⚕ antiphlo'gistisch; **2.** ⚕ entzündungshemmend; **II** *s.* **3.** ⚕ An- tiphlo'gistikum *n*.

an·tiph·o·ny [æn'tɪfənɪ] *s.* Antipho'nie *f*, Wechselgesang *m*.

an·tip·o·dal [æn'tɪpədl] *adj.* anti'po- disch, *fig. a.* genau entgegengesetzt; **an·tip·o·de·an** [æn‚tɪpə'diːən] *s.* Anti- 'pode *m*, Gegenfüßler *m*; **an·tip·o·des** [æn'tɪpədiːz] *s. pl.* **1.** die diame'tral ge- gen'überliegenden Teile *pl.* der Erde; **2.** *sg. u. pl.* Gegenteil *n*, -satz *m*, -seite *f*.

‚an·ti|·pol'lu·tion *adj.* umweltschüt- zend; **~·pol'lu·tion·ist** *s.* [-pə'luːʃənɪst] *s.* Umweltschützer *m*; **'~·pope** *s.* Gegen- papst *m*; **~·py'ret·ic** ⚕ **I** *adj.* fieberver- hütend; **II** *s.* Fiebermittel *n*; **~·py- rin(e)** [-'paɪəriːn] *s.* ⚕ Antipy'rin *n*.

an·ti·quar·i·an [‚æntɪ'kweərɪən] **I** *adj.* al- tertümlich; **II** *s.* → **an·ti·quar·y** ['æntɪ- kwərɪ] *s.* **1.** Altertumskenner *m*, -for- scher *m*; **2.** Antiqui'tätensammler *od.* -händler *m*; **an·ti·quat·ed** ['æntɪkweɪ-

tɪd] *adj.* veraltet, altmodisch, über'holt, anti'quiert.

an·tique [æn'tiːk] **I** *adj.* □ **1.** an'tik, alt; **2.** altmodisch, veraltet; **II** *s.* **3.** Antiqui- 'tät *f*: *~ dealer* Antiquitätenhändler *m*; **4.** *typ.* Egypti'enne *f*; **an·tiq·ui·ty** [æn'tɪkwətɪ] *s.* **1.** Altertum *n*, Vorzeit *f*; **2.** die Alten *pl.* (*bsd. Griechen u. Rö- mer*); **3.** *die* Antike; **4.** *pl.* Antiqui'tä- ten *pl.*, Altertümer *pl.*; **5.** (ehrwürdi- ges) Alter.

‚an·ti|·'rust *adj.* Rostschutz...; **'~·sab- ba'tar·i·an** *adj. u. s.* der strengen Sonntagsheiligung abgeneigt (*e* Per- 'son); **~·'Sem·ite** *s.* Antise'mit(in); **~·Se'mit·ic** *adj.* antise'mitisch; **~·'Sem- i·tism** *s.* Antisemi'tismus *m*; **~·'sep·tic** ⚕ **I** *adj.* (□ ~*ally*) anti'septisch; **II** *s.* Anti'septikum *n*; **~·'skid** *adj.* ☉, *mot.* gleit-, schleudersicher, Gleitschutz...; rutschfest; **~·'so·cial** *adj.* 'unsozi‚al, ge- sellschaftsfeindlich; ungesellig; **~·'tank** *adj.* ✕ Panzerabwehr... (-*kano- ne etc.*), Panzer... (-*sperre etc.*); Pan- zerjäger...: *~ battalion.*

an·tith·e·sis [æn'tɪθɪsɪs] *pl.* **-ses** [-siːz] *s.* Anti'these *f*: a) Gegensatz *m*, b) 'Wi- derspruch *m*; **an·ti·thet·ic**, **an·ti·thet· i·cal** [‚æntɪ'θetɪk(l)] *adj.* □ im Wider- spruch stehend, gegensätzlich, anti'the- tisch; **an'tith·e·size** [-saɪz] *v/t.* in Ge- gensätzen ausdrücken; in 'Widerspruch bringen.

‚an·ti|·'tox·in *s.* ⚕ Antito'xin *n*, Gegen- gift *n*; **~·'trust** *adj.* kar'tell- u. mono- 'polfeindlich, Antitrust...; **~·'un·ion** *adj.* gewerkschaftsfeindlich; **'~·world** *s.* Antiwelt *f*.

ant·ler ['æntlə] *s. zo.* **1.** Geweihsprosse *f*; **2.** *pl.* Geweih *n*.

an·to·nym ['æntənɪm] *s. ling.* Anto'nym *n*.

a·nus ['eɪnəs] *s.* After *m*, Anus *m*.

an·vil ['ænvɪl] *s.* Amboß *m* (*a. anat. u. fig.*).

anx·i·e·ty [æŋ'zaɪətɪ] *s.* **1.** Angst *f*, Unru- he *f*; Bedenken *n*, Besorgnis *f*, Sorge *f* (*for* um); **2.** ⚕ Angst(gefühl *n*) *f*, Be- klemmung *f*: *~ neurosis* Angstneurose *f*; **3.** starkes Verlangen, eifriges (Be)Streben *n* (*for* nach); **anx·ious** ['æŋkʃəs] *adj.* □ **1.** ängstlich, bange, besorgt, unruhig (*a- bout* um, wegen): *~ about his health* um s-e Gesundheit besorgt; **2.** *fig.* (*for, to inf.*) begierig (auf *acc.*), nach, zu *inf.*), bestrebt (zu *inf.*), bedacht (auf *acc.*): *~ for his report* auf s-n Bericht begierig *od.* gespannt; *he is ~ to please* er gibt sich alle Mühe(, es recht zu machen); *I am ~ to see him* mir liegt daran, ihn zu sehen; *I am ~ to know* ich möchte zu gern wissen, ich bin begierig zu wissen.

an·y ['enɪ] **I** *adj.* **1.** (*fragend, verneinend od. bedingend*) (irgend)ein, (ir- gend)welch; etwaig; einige *pl.*; etwas: *have you ~ money on you?* haben Sie Geld bei sich?; *if I had ~ hope* wenn ich irgendwelche Hoffnung hätte; *not ~* kein; *there was not ~ milk in the house* es war keine Milch im Hause; *I cannot eat ~ more* ich kann nichts mehr essen; **2.** (*bejahend*) jeder, jede, jedes (beliebige): *~ cat will scratch* jede Katze kratzt; *~ amount* jede belie- bige Menge, ein ganzer Haufen; *in ~*

case auf jeden Fall; *at ~ rate* jedenfalls, wenigstens; *at ~ time* jederzeit; **II** *pron. sg. u. pl.* **3.** irgendein; irgendwelche *pl.*; etwas: *no money and no prospect of ~* kein Geld und keine Aussicht auf welches; *I'm not having ~! sl.* ich pfeife drauf!; *it doesn't help ~ sl.* es hilft einen Dreck; **III** *adv.* **4.** irgend(wie), (noch) etwas: *~ more?* noch (etwas) mehr?; *not ~ more than* ebensowenig wie; *is he ~ happier now?* ist er denn jetzt glücklicher?; → *if* 1; **'~,bod·y** *pron.* irgend jemand, irgendeine(r), ein beliebiger, eine beliebige: *~ but you* jeder andere eher als du; *is he ~ at all?* ist er überhaupt jemand (von Bedeutung)?; *ask ~ you meet* frage den ersten besten, den du triffst; *it's ~'s match* F das Spiel ist (noch) völlig offen; → *guess* 7; **'~,how** *adv.* **1.** irgendwie; so gut wie's geht, schlecht und recht; **2.** a) trotzdem, jedenfalls, b) sowie'so, ohne'hin, c) immer'hin: *you won't be late ~* jedenfalls wirst du nicht zu spät kommen; *who wants him to come ~?* wer will denn überhaupt, daß er kommt?; *I am going there ~* ich gehe ohnehin dorthin; **'~-one** *~ anybody*; **'~-place** *Am.* → *anywhere*; **'~-thing** *pron.* **1.** (irgend) etwas, etwas Beliebiges: *not ~* gar nichts; *not for ~* um keinen Preis; *take ~ you like* nimm, was du willst; *my head aches like ~* F mein Kopf schmerzt wie toll; *for ~ I know* soviel ich weiß; *~ goes!* F alles ist ,drin'!; **2.** alles: *~ but* alles andere (eher) als; **'~-way** *adv.* **1.** irgendwie; **2.** → *anyhow* 2; **'~-where** *adv.* **1.** irgendwo (-hin): *not ~* nirgendwo; **2.** über'all: *from ~* von überall her.

A one → *A 1.*

a·o·rist ['eɔrɪst] *s. ling.* Ao'rist *m.*

a·or·ta [eɪ'ɔːtə] *s. anat.* A'orta *f*, Hauptschlagader *f.*

a·pace [ə'peɪs] *adv.* schnell, rasch, zusehends.

A·pach·e *pl.* **-es** *od.* **-e** *s.* **1.** [ə'pætʃɪ] A'pache *m* (*Indianer*); **2.** ⩲ [ə'pæʃ] A'pache *m*, 'Unterweltler *m.*

ap·a·nage → *appanage.*

a·part [ə'pɑːt] *adv.* **1.** einzeln, für sich, (ab)gesondert (*from* von): *keep ~* getrennt od. auseinanderhalten; *take ~* zerlegen, auseinandernehmen (*a. fig.* F *j-n*); *~ from* abgesehen von; **2.** abseits, bei'seite: *joking ~* Scherz beiseite.

a·part·heid [ə'pɑːtheɪt] *s.* A'partheid *f*, (Poli'tik *f* der) Rassentrennung *f in* Südafrika.

a·part·ho·tel [ə,pɑː'θəʊ'tel] *s. Brit.* Eigentumswohnanlage, deren Wohneinheiten bei Abwesenheit der Eigentümer als Hotelsuiten vermietet werden.

a·part·ment [ə'pɑːtmənt] *s.* **1.** Zimmer *n*; **2.** *Am.* (E'tagen)Wohnung *f*; **3.** *Brit.* große Luxuswohnung; *~ block s.*, *~ build·ing s. Am.* A'partho,tel *n* (*das Appartements mit Bedienung u. Verpflegung vermietet*); *~ house s.* Mietshaus *n.*

ap·a·thet·ic, ap·a·thet·i·cal [,æpə'θetɪk(l)] *adj.* □ a'pathisch, teilnahmslos; **ap·a·thy** ['æpəθɪ] *s.* Apa'thie *f*, Teilnahmslosigkeit *f*; Gleichgültigkeit *f* (*to* gegen).

ape [eɪp] **I** *s. zo.* (*bsd.* Menschen)Affe *m*; *fig.* a) Nachäffer(in), b) ,Affe' *m*, ,Go'rilla' *m*: *go ~* ,überschnappen'; **II** *v/t.* nachäffen.

a·pe·ri·ent [ə'pɪərɪənt] ♣ **I** *adj.* abführend; **II** *s.* Abführmittel *n.*

a·pé·ri·tif [ɑː,perɪ'tiːf] *s.* Aperi'tif *m.*

ap·er·ture ['æpə,tjʊə] *s.* **1.** Öffnung *f*, Schlitz *m*, Loch *n*; **2.** *phot., phys.* Blende *f.*

a·pex ['eɪpeks] *pl.* **'a·pex·es** *od.* **'a·pi·ces** [-pɪsiːz] *s.* **1.** (*a. anat. Lungen- etc.*) Spitze *f*, Gipfel *m*, Scheitelpunkt *m*; **2.** *fig.* Gipfel *m*, Höhepunkt *m.*

a·phe·li·on [æ'fiːljən] *s.* **1.** *ast.* A'phelium *n*; **2.** *fig.* entferntester Punkt.

a·phid ['eɪfɪd], *a.* **a·phis** ['eɪfɪs] *pl.* **'aph·i·des** [-diːz] *s. zo.* Blattlaus *f.*

aph·o·rism ['æfərɪzəm] *s.* Apho'rismus *m*, Gedankensplitter *m*; **'aph·o·rist** [-ɪst] *s.* Apho'ristiker *m.*

aph·ro·dis·i·ac [,æfrəʊ'dɪzɪæk] ♣ **I** *adj.* aphro'disisch, den Geschlechtstrieb steigernd; *weitS.* erotisierend, erregend; **II** *s.* Aphrodi'siakum *n.*

a·pi·ar·i·an [,eɪpɪ'eərɪən] *adj.* Bienen(zucht)...; **a·pi·a·rist** ['eɪpjərɪst] *s.* Bienenzüchter *m*, Imker *m*; **a·pi·ar·y** ['eɪpjərɪ] *s.* Bienenhaus *n.*

ap·i·cal ['æpɪkl] *adj.* □ Spitzen...: *~ angle* Å Winkel *m* an der Spitze; *~ pneumonia* ♣ Lungenspitzenkatarrh *m.*

a·pi·cul·ture ['eɪpɪkʌltʃə] *s.* Bienenzucht *f.*

a·piece [ə'piːs] *adv.* für jedes Stück, je; pro Per'son, pro Kopf.

ap·ish ['eɪpɪʃ] *adj.* □ **1.** affenartig; **2.** nachäffend; albern, läppisch.

a·plomb [ə'plɒm] (*Fr.*) *s.* **1.** A'plomb *m*, (selbst)sicheres Auftreten, Selbstbewußtsein *n*; **2.** Fassung *f.*

A·poc·a·lypse [ə'pɒkəlɪps] *s.* **1.** *bibl.* Apoka'lypse *f*, Offen'barung *f* Jo'hannis; **2.** ⩲ a) Enthüllung *f*, Offen'barung *f*, b) Apoka'lypse *f*, ('Welt)kata-,strophe *f*; **a·poc·a·lyp·tic** [ə,pɒkə'lɪptɪk] *adj.* (□ *~ally*) **1.** apoka'lyptisch (*a. fig.*); **2.** *fig.* dunkel, rätselhaft; **3.** *fig.* unheilkündend.

a·poc·ry·pha [ə'pɒkrɪfə] *s. bibl.* Apo'kryphen *pl.*; **a·poc·ry·phal** [-fl] *adj.* apo'kryphisch, von zweifelhafter Verfasserschaft; zweifelhaft; unecht.

ap·o·gee ['æpəʊdʒiː] *s.* **1.** *ast.* Apo'gäum *n*, Erdferne *f*; **2.** *fig.* Höhepunkt *m*, Gipfel *m.*

ap·o·lit·i·cal [,eɪpə'lɪtɪkl] *adj.* apolitisch.

A·pol·lo [ə'pɒləʊ] *npr. myth. u. s. fig.* A'poll(o) *m.*

a·pol·o·get·ic [ə,pɒlə'dʒetɪk] **I** *s.* **1.** Entschuldigung *f*, Verteidigung *f*; **2.** *mst pl. eccl.* Apolo'getik *f*; **II** *adj.* **3.** → **a,pol·o'get·i·cal** [-kl] *adj.* □ **1.** entschuldigend, rechtfertigend; **2.** kleinlaut, reumütig, schüchtern; **ap·o·lo·gi·a** [,æpə-'ləʊdʒɪə] *s.* Verteidigung *f*, (Selbst-)Rechtfertigung *f*, Apolo'gie *f*; **a·pol·o·gist** [ə'pɒlədʒɪst] *s.* **1.** Verteidiger(in); **2.** *eccl.* Apolo'get *m*; **a·pol·o·gize** [ə'pɒlədʒaɪz] *v/i.* : *~ to s.o. (for s.th.)* sich bei j-m (für et.) entschuldigen, j-n (für et.) um Verzeihung bitten; **a·pol·o·gy** [ə'pɒlədʒɪ] *s.* **1.** Entschuldigung *f*, Abbitte *f*; Rechtfertigung *f*: *make an ~ to s.o. (for s.th)* → *apologize*; **2.** Verteidigungsrede *f*, -schrift *f*; **3.** F minderwertiger Ersatz: *an ~ for a meal* ein

armseliges Essen.

ap·o·phthegm → *apothegm.*

ap·o·plec·tic, ap·o·plec·ti·cal [,æpə-'plektɪk(l)] *adj.* □ apo'plektisch: a) Schlaganfall..., b) zum Schlaganfall neigend; *fig.* e-m Schlaganfall nahe (vor Wut): *~ fit, ~ stroke* → **ap·o·plex·y** ['æpəpleksɪ] *s.* ♣ Apople'xie *f*, Schlaganfall *m*, (Gehirn)Schlag *m.*

a·pos·ta·sy [ə'pɒstəsɪ] *s.* Abfall *m*, Abtrünnigkeit *f* (*vom Glauben, von e-r Partei etc.*); **a'pos·tate** [-teɪt] **I** *s.* Abtrünnige(r *m*) *f*, Rene'gat *m*; **II** *adj.* abtrünnig; **a'pos·ta·tize** [-tətaɪz] *v/i.* **1.** (*from*) abfallen (von), abtrünnig *od.* untreu werden (*dat.*); **2.** 'übergehen (*from ... to* von ... zu).

a·pos·tle [ə'pɒsl] *s.* **1.** *eccl.* A'postel *m*; **⩲s' Creed** Apostolisches Glaubensbekenntnis; **2.** *fig.* A'postel *m*, Verfechter *m*, Vorkämpfer *m*: *~ of Free Trade*; **a·pos·to·late** [ə'pɒstəʊlət] *s.* Aposto'lat *n*, A'postelamt *n*, -würde *f*; **ap·os·tol·ic**, *oft* ⩲ [,æpə'stɒlɪk] *adj.* (□ *~ally*) apo'stolisch: *~ succession* apostolische Nachfolge; ⩲ *See* Heiliger Stuhl.

a·pos·tro·phe [ə'pɒstrəfɪ] *s.* **1.** (feierliche) Anrede; **2.** *ling.* Apo'stroph *m*; **a'pos·tro·phize** [-faɪz] *v/t.* apostrophieren: a) mit e-m Apo'stroph versehen, b) *j-n besonders* ansprechen, sich wenden an (*acc.*).

a·poth·e·car·y [ə'pɒθəkərɪ] *s. obs. bsd. Am.* Apo'theker *m.*

ap·o·thegm ['æpəʊθem] *s.* Denk-, Kern-, Lehrspruch *m*; Ma'xime *f.*

a·poth·e·o·sis [ə,pɒθɪ'əʊsɪs] *s.* **1.** Apothe'ose *f*: a) Vergöttlichung *f*, b) *fig.* Verherrlichung *f*, Vergötterung *f*; **2.** *fig.* Ide'al *n.*

Ap·pa·lach·i·an [,æpə'leɪtʃjən] *adj.*: *~ Mountains* die Appalachen (*Gebirge im Nordosten der USA*).

ap·pal, *Am. a.* **ap·pall** [ə'pɔːl] *v/t.* erschrecken, entsetzen: *be ~led* entsetzt sein (*at* über *acc.*); **ap'pal·ling** [-lɪŋ] *adj.* □ erschreckend, entsetzlich, beängstigend.

ap·pa·nage ['æpənɪdʒ] *s.* **1.** Apa'nage *f* e-s Prinzen; *fig.* Erbteil *n*; Einnahme (-quelle) *f*; **2.** abhängiges Gebiet; **3.** *fig.* Merkmal *n*, Zubehör *n.*

ap·pa·ra·tus [,æpə'reɪtəs] *pl.* **-tus** [-təs], **-tus·es** *s.* **1.** Appa'rat *m*, Gerät *n*, Vorrichtung *f*; *coll.* Apparat(e *pl.*) *m* (*a. fig.*), Appara'tur *f*, Maschine'rie *f* (*a. fig.*): *~ work* Geräteturnen *n*; **2.** ♣ Sy'stem *n*, Appa'rat *m*: *respiratory ~* Atmungsapparat, Atemwerkzeuge *pl.*

ap·par·el [ə'pærəl] *s.* **1.** Kleidung *f*, Tracht *f*; *fig.* Gewand *n*, Schmuck *m.*

ap·par·ent [ə'pærənt] *adj.* □ → *apparently*; **1.** sichtbar; **2.** augenscheinlich, offenbar; ersichtlich, einleuchtend: *~ heir*; **3.** scheinbar, anscheinend, Schein...; **ap'par·ent·ly** [-lɪ] *adv.* anscheinend, wie es scheint; **ap·pa·ri·tion** [,æpə'rɪʃən] *s.* **1.** (plötzliches) Erscheinen; **2.** Erscheinung *f*, Gespenst *n*, Geist *m.*

ap·peal [ə'piːl] **I** *v/i.* **1.** (*to*) appellieren, sich wenden (an *acc.*); *j-n od. et.* (als Zeugen) anrufen, sich berufen (auf *acc.*): *~ to the law* das Gesetz anrufen; *~ to history* die Geschichte als Zeugen anrufen; *~ to the country pol. Brit.*

(das Parlament auflösen u.) Neuwahlen ausschreiben; **2.** (*to s.o. for s.th.*) (j-n) dringend (um et.) bitten, (j-n um et.) anrufen; **3.** Einspruch erheben; *bsd.* ፰ Berufung *od.* Revisi'on *od.* Beschwerde einlegen (*against*, ፰ *mst from* gegen); **4.** (*to*) wirken (auf *acc.*), reizen (*acc.*), gefallen, zusagen (*dat.*), Anklang finden (bei); **II** *s.* **5.** (*to*) dringende Bitte (an *acc.*, *for* um); Aufruf *m*, Mahnung *f* (an *acc.*); Werbung *f* (bei); Aufforderung *f* (*gen.*); **6.** (*to*) Ap'pell *m* (an *acc.*), Anrufung *f* (*gen.*): ~ *to reason* Appell an die Vernunft; **7.** (*to*) Verweisung *f* (an *acc.*), Berufung *f* (auf *acc.*); **8.** ፰ Rechtsmittel *n* (*from od. against* gegen): a) Berufung *f*, Revisi'on *f*, b) (Rechts)Beschwerde *f*, Einspruch *m*: *Court of* ⅔ Berufungs- *od.* Revisionsgericht *n*; **9.** (*to*) Wirkung *f*, Anziehung(skraft) *f* (auf *acc.*); ፞, *thea. etc.* Zugkraft *f*; Anklang *m*, Beliebtheit *f* (bei); **ap'peal·ing** [-lɪŋ] *adj.* □ **1.** flehend; **2.** ansprechend, reizvoll, gefällig.

ap·pear [ə'pɪə] *v/i.* **1.** erscheinen (*a. von Büchern*), sich zeigen; *öffentlich* auftreten; **2.** erscheinen, sich stellen (*vor Gericht etc.*); **3.** scheinen, den Anschein haben, aussehen, j-m vorkommen: *it ~s to me you are right* mir scheint, Sie haben recht; *he ~s to be tired*; *it does not ~ that* es liegt kein Anhaltspunkt dafür vor, daß; **4.** sich her'ausstellen: *it ~s from this* hieraus ergibt sich *od.* geht hervor; **ap·pear·ance** [ə'pɪərəns] *s.* **1.** Erscheinen *n*, *öffentliches* Auftreten, Vorkommen *n*: *make one's ~* sich einstellen, sich zeigen; *put in an ~* (persönlich) erscheinen; **2.** (äußere) Erscheinung, Aussehen *n*, *das* Äußere: *at first ~* beim ersten Anblick; **3.** äußerer Schein, (An)Schein *m*: *there is every ~ that* es hat ganz den Anschein, daß; *in ~* anscheinend; *to all ~(s)* allem Anschein nach; *~s are against him* der (Augen)Schein spricht gegen ihn; *keep up* (*od.* *save*) *~s* den Schein wahren.

ap·pease [ə'piːz] *v/t.* **1.** j-n *od.* j-s Zorn *etc.* beruhigen, beschwichtigen; *Streit* schlichten, beilegen; *Leiden* mildern; *Durst etc.* stillen; *Neugier* befriedigen; **2.** *bsd. pol.* (durch Nachgiebigkeit *od.* Zugeständnisse) beschwichtigen; **ap'pease·ment** [-mənt] *s.* **1.** Beruhigung *f etc.*; Be'schwichtigung(spoli₁tik) *f*; **ap'peas·er** [-zə] *s. pol.* Be'schwichtigungspo₁litiker *m*.

ap·pel·lant [ə'pelənt] **I** *adj.* appellierend; **II** *s.* Appel'lant *m*, Berufungskläger(in); Beschwerdeführer(in); **ap'pel·late** [-lət] *adj.* Berufungs...: ~ *court* Berufungsinstanz *f*, Revisions-, Appellationsgericht *n*.

ap·pel·la·tion [₁æpe'leɪʃn] *s.* Benennung *f*, Name *m*; **ap·pel·la·tive** [ə'pelətɪv] **I** *adj.* □ *ling.* appella'tiv: ~ *name* Gattungsname *m*; **II** *s. ling.* Gattungsname *m*.

ap·pel·lee [₁æpe'liː] *s.* ፰ Berufungsbeklagte(r *m*) *f*.

ap·pend [ə'pend] *v/t.* **1.** (*to*) befestigen, anbringen (an *dat.*), anhängen (an *acc.*); **2.** hin'zu-, beifügen (*to dat.*, zu): *to ~ the signature*; *to ~ a price-list*; **ap'pend·age** [-dɪdʒ] *s.* **1.** Anhang *m*, Anhängsel *n*, Zubehör *n*, *m*; **2.** *fig.* Anhängsel *n*: a) Beigabe *f*, b) (ständiger)

Begleiter; **ap·pen·dec·to·my** [₁æpen'dektəmɪ] *s.* 'Blinddarmoperati₁on *f*; **ap·pen·di·ces** *pl. von* **appendix**; **ap·pen·di·ci·tis** [ə₁pendɪ'saɪtɪs] *s.* ✿ Blinddarmentzündung *f*; **ap·pen·dix** [ə'pendɪks] *pl.* **-dix·es**, **-di·ces** [-dɪsiːz] *s.* **1.** Anhang *m e-s Buches*; **2.** ☯ Ansatz *m*; **3.** *anat.* Fortsatz *m*: (*vermiform*) ~ Wurmfortsatz *m*, Blinddarm *m*.

ap·per·tain [₁æpə'teɪn] *v/i.* (*to*) gehören (zu), (zu)gehören (*dat.*); j-m zustehen, gebühren (*dat.*).

ap·pe·tence ['æpɪtəns], **ap·pe·ten·cy** [-sɪ] *s.* **1.** Verlangen *n* (*of*, *for*, *after* nach); **2.** instink'tive Neigung; (Na'tur) Trieb *m*.

ap·pe·tite ['æpɪtaɪt] *s.* **1.** (*for*) Verlangen *n*, Gelüst *n* (nach); Neigung *f*, Trieb *m*, Lust *f* (zu), ₁Appe'tit' (auf *acc.*); **2.** Appe'tit *m* (*for* auf *acc.*), Eßlust *f*: *have an ~* Appetit haben; *take away* (*od.* *spoil*) *s.o.'s ~* j-m den Appetit nehmen *od.* verderben; *loss of ~* Appetitlosigkeit *f*; ~ *suppressant* Appetitzügler *m*; **ap·pe·tiz·er** ['-aɪzə] *s.* appe'titanregendes Mittel *od.* Getränk *od.* Gericht, Aperi'tif *m*; **ap·pe·tiz·ing** [-aɪzɪŋ] *adj.* □ appe'titanregend; appe'titlich, lecker (*beide a. fig.*); *fig.* reizvoll, ₁zum Anbeißen'.

ap·plaud [ə'plɔːd] **I** *v/i.* applaudieren, Beifall spenden; **II** *v/t.* beklatschen, j-m Beifall spenden; *fig.* loben, billigen; j-m zustimmen; **ap·plause** [ə'plɔːz] *s.* **1.** Ap'plaus *m*, Beifall(klatschen *n*) *m*: *break into ~* in Beifall ausbrechen; **2.** *fig.* Zustimmung *f*, Anerkennung *f*, Beifall *m*.

ap·ple ['æpl] *s.* Apfel *m*: ~ *of discord fig.* Zankapfel; ~ *of one's eye anat.* Augapfel (*a. fig.*); '~**-cart** *s.* Apfelkarren *m*: *upset the od. s.o.'s ~ fig.* alle *od.* j-s Pläne über den Haufen werfen; ~ **char·lotte** ['ʃɑːlət] *s.* 'Apfelchar₁lotte *f* (*e-e Apfelspeise*); ~ **dump·ling** *s.* Apfel *m* im Schlafrock; ~ **frit·ters** *s. pl.* (in Teig gebackene) Apfelschnitten *pl.*; '~**jack** *s. Am.* Apfelschnaps *m*; '~**pie** *s.* (warmer) gedeckter Apfelkuchen; '~**-pie or·der** *s.* F schönste Ordnung: *everything is in ~* alles ₁in Butter' *od.* in bester Ordnung; ~ **pol·ish·er** *s. Am.* F Speichellecker *m*; '~**sauce** *s.* **1.** Apfelmus *n*; **2.** *Am. sl.* a) ₁Schmus' *m*, Schmeiche'lei *f*, b) *int.* Quatsch!; '~**tree** *s.* ✿ Apfelbaum *m*.

ap·pli·ance [ə'plaɪəns] *s.* Gerät *n*, Vorrichtung *f*, Appa'rat *m*.

ap·pli·ca·bil·i·ty [₁æplɪkə'bɪlətɪ] *s.* (*to*) Anwendbarkeit *f* (auf *acc.*), Eignung *f* (für); **ap·pli·ca·ble** ['æplɪkəbl] *adj.* □ (*to*) anwendbar (auf *acc.*), passend, geeignet (für): *not ~ in Formularen*: nicht zutreffend, entfällt; **ap·pli·cant** ['æplɪkənt] *s.* (*for*) Bewerber(in) (um), Besteller(in) (*gen.*); Antragsteller(in); (Pa'tent)Anmelder(in); **ap·pli·ca·tion** [₁æplɪ'keɪʃn] *s.* **1.** (*of*) Auf-, Anlegen *n e-s Verbandes etc.*; Anwendung *f* (*to* auf *acc.*); **2.** (*to* für) An-, Verwendung *f*, Gebrauch *m*: ~ *of poison*; ~ *of drastic measures*; **3.** (*to*) Anwendung *f*, Anwendbarkeit *f* (auf *acc.*); Beziehung *f* (zu): *have no ~* keine Anwendung finden, unangebracht sein, nicht zutreffen; **4.** (*for*) Gesuch *n*, Bitte *f* (um); Antrag *m* (auf *acc.*): *an ~ for help*;

make an ~ ein Gesuch einreichen, e-n Antrag stellen; ~ *for a patent* Anmeldung *f* zum Patent; *samples on ~* Muster auf Verlangen *od.* Wunsch; **5.** Bewerbung *f* (*for* um): (*letter of*) ~ Bewerbungsschreiben *n*; **6.** Fleiß *m*, Eifer *m* (*in* bei): ~ *in one's studies*; **ap·plied** [ə'plaɪd] *adj.* angewandt: ~ *chemistry* (*psychology etc.*); ~ *art* Kunstgewerbe *n*, Gebrauchsgraphik *f*.

ap·pli·qué [æ'pliːkeɪ] *adj.* aufgelegt, -genäht, appliziert: ~ *work* Applikation (-sstickerei) *f*.

ap·ply [ə'plaɪ] **I** *v/t.* **1.** (*to*) auflegen, -tragen, legen (auf *acc.*), anbringen (an, auf *dat.*): ~ *a plaster to a wound*; **2.** (*to*) a) verwenden (auf *acc.*, für), b) anwenden (auf *acc.*): ~ *a rule*; *applied to modern conditions* auf moderne Verhältnisse angewandt, c) gebrauchen (für): ~ *the brakes* bremsen, d) verwerten (zu, für); **3.** *Sinn* richten (*to* auf *acc.*); **4.** ~ *o.s.* sich widmen (*to dat.*): ~ *o.s. to a task*; **II** *v/i.* **5.** (*to*) sich wenden (an *acc.*, *for* wegen), sich melden (bei): ~ *to the manager*; **6.** (*for*) beantragen (*acc.*); sich bewerben, sich bemühen, ersuchen (um): ~ *for a job*; **7.** (*for*) (*bsd.* zum Pa'tent) anmelden (*acc.*); **8.** (*to*) Anwendung finden (bei, auf *acc.*), passen, zutreffen (auf *acc.*), gelten (für): *cross out that which does not ~* Nichtzutreffendes bitte streichen.

ap·point [ə'pɔɪnt] *v/t.* **1.** ernennen, berufen, an-, bestellen: ~ *a teacher* e-n Lehrer anstellen; ~ *an heir* e-n Erben einsetzen; ~ *s.o. governor* j-n zum Gouverneur ernennen, j-n als Gouverneur berufen; ~ *s.o. to a professorship* j-m e-e Professur übertragen; **2.** festsetzen, bestimmen; vorschreiben; verabreden; ~ *a time*; *the ~ed day* der festgesetzte Tag *od.* Termin, der Stichtag; *the ~ed task* die vorgeschriebene Aufgabe; **3.** einrichten, ausrüsten: *a well-~ed house*; **ap·point·ee** [əpɔɪn'tiː] *s.* Ernannte(r *m*) *f*; **ap'point·ment** [-mənt] *s.* **1.** Ernennung *f*, Anstellung *f*, Berufung *f*, Einsetzung *f* (*a. e-s Erben*), Bestellung *f* (*bsd. e-s Vormunds*); ⅔(*s*) *Board* Behörde *f* zur Besetzung höherer Posten; *by special ~ to the King* Königlicher Hoflieferant; **2.** Amt *n*, Stellung *f*; **3.** Festsetzung *f bsd. e-s Termins*; **4.** Verabredung *f*, Zs.-kunft *f*, geschäftlich, beim Arzt etc.: Ter'min *m*: *by ~* nach Vereinbarung; *make an ~* e-e Verabredung treffen; *keep* (*break*) *an ~* eine Verabredung (nicht) einhalten; ~ *book* Terminkalender *m*; **5.** *pl.* Ausstattung *f*, Einrichtung *f e-r Wohnung etc.*

ap·por·tion [ə'pɔːʃn] *v/t.* e-n Anteil zuteilen, (proportio'nal *od.* gerecht) ein-, verteilen; *Lob* erteilen, zollen; *Aufgabe* zuteilen; *Schuld* beimessen; *Kosten* 'umlegen; **ap'por·tion·ment** [-mənt] *s.* (gleichmäßige *od.* gerechte) Ver-, Zuteilung, Einteilung *f*; ('Kosten)₁Umlage *f*.

ap·po·site ['æpəʊzɪt] *adj.* □ (*to*) passend (für), angemessen (*dat.*), geeignet (für); angebracht, treffend; **ap·po·site·ness** [-nɪs] *s.* Angemessenheit *f*; **ap·po·si·tion** [₁æpə'zɪʃn] *s.* **1.** Bei-, Hin'zufügung *f*; **2.** *ling.* Appositi'on *f*,

Beifügung f.
ap·prais·al [ə'preɪzl] s. (Ab)Schätzung f, Taxierung f; Schätzwert m, a. ped. Bewertung f; fig. Beurteilung f, Würdigung f; **ap·praise** [ə'preɪz] v/t. (ab-, ein)schätzen, taxieren, bewerten, beurteilen, würdigen; **ap'praise·ment** [-mənt] → appraisal; **ap'prais·er** [-zə] s. (Ab)Schätzer m.
ap·pre·ci·a·ble [ə'priːʃəbl] adj. □ merklich, spürbar, nennenswert; **ap·pre·ci·ate** [ə'priːʃieɪt] I v/t. **1.** (hoch)schätzen; richtig einschätzen, würdigen, zu schätzen od. würdigen wissen; **2.** aufgeschlossen sein für, Gefallen finden an (dat.), Sinn haben für: ~ music; **3.** dankbar sein für: I ~ your kindness; **4.** (richtig) beurteilen, einsehen, (klar) erkennen: ~ a danger; **5.** bsd. Am. a) den Wert e-r Sache erhöhen, b) aufwerten; II v/i. **6.** im Wert steigen; **ap·pre·ci·a·tion** [ə,priːʃɪ'eɪʃn] s. **1.** Würdigung f, (Wert-, Ein)Schätzung f, Anerkennung f; **2.** Verständnis n, Aufgeschlossenheit f, Sinn m (of für): ~ of music; **3.** richtige Beurteilung, Einsicht f; **4.** (kritische) Würdigung, bsd. günstige Kri'tik; **5.** (of) Dankbarkeit f (für), (dankbare) Anerkennung (gen.); **6.** † a) Wertsteigerung f, b) Aufwertung f; **ap'pre·ci·a·tive** [-ʃjətɪv] adj.; **ap'pre·ci·a·to·ry** [-ʃjətərɪ] adj. □ (of) **1.** anerkennend, würdigend (acc.); **2.** verständnisvoll, empfänglich, dankbar (für): be ~ of zu schätzen wissen.
ap·pre·hend [,æprɪ'hend] v/t. **1.** ergreifen, festnehmen, verhaften: ~ a thief; **2.** fig. wahrnehmen, erkennen; begreifen, erfassen; **3.** fig. (be)fürchten, ahnen, wittern; **ap·pre'hen·sion** [-nʃn] s. **1.** Festnahme f, Verhaftung f; **2.** fig. Begreifen n, Erfassen n; Verstand m, Fassungskraft f; **3.** Begriff m, Ansicht f: according to popular ~; **4.** (Vor)Ahnung f, Besorgnis f: in ~ of et. befürchtend; **ap·pre'hen·sive** [-sɪv] adj. □ besorgt (for um; of wegen; that daß), ängstlich: ~ for one's life um sein Leben besorgt; be ~ of dangers sich vor Gefahren fürchten.
ap·pren·tice [ə'prentɪs] I s. Lehrling m, Auszubildende(r) m; Prakti'kant(in); fig. Anfänger m, Neuling m; II v/t. in die Lehre geben: be ~d to in die Lehre kommen zu, in der Lehre sein bei; **ap'pren·tice·ship** [-tɪʃɪp] s. a) fig. Lehrjahre pl., -zeit f, Lehre f: serve one's ~ (with) in die Lehre gehen (bei), b) Lehrstelle f.
ap·prise [ə'praɪz] v/t. in Kenntnis setzen, unter'richten (of von).
ap·pro ['æprəʊ] s.: on ~ † F zur Ansicht, zur Probe.
ap·proach [ə'prəʊtʃ] I v/i. **1.** sich nähern; (her'an)nahen, bevorstehen; **2.** fig. nahekommen, ähnlich sein (to dat.); **3.** ✈ an-, einfliegen; II v/t. **4.** sich nähern (dat.): ~ the city, ~ the end; **5.** fig. nahekommen (dat.), (fast) erreichen: ~ the required sum; **6.** her'angehen an (acc.): ~ a task; **7.** her'antreten od. sich her'anmachen an (acc.): ~ a customer, ~ a girl; **8.** j-n angehen, bitten; sich an j-n wenden (for um, on wegen); **9.** auf et. zu sprechen kommen; III s. v/t. **10.** (Heran)Nahen n (a. e-s Zeitpunktes etc.); Annäherung f, An-

marsch m (a. ✗), ✈ Anflug m; **11.** fig. (to) Nahekommen n, Annäherung f (an acc.); Ähnlichkeit f (mit): an ~ to truth annähernd die Wahrheit; **12.** Zugang m, Zufahrt f, Ein-, Auffahrt f; pl. ✗ Laufgräben pl.; **13.** (to) Einführung f (in acc.), erster Schritt (zu), Versuch m (gen.): a good ~ to philosophy; an ~ to a smile der Versuch e-s Lächelns; **14.** oft pl. Herantreten n (to an acc.), Annäherungsversuche pl.; **15.** a. method od. line of ~ (to) a) Art f und Weise f et. anzupacken, Me'thode f, Verfahren n: (basic) ~ Ansatz m, b) Auffassung f (gen.), Haltung f, Einstellung f (zu), Stellungnahme f (zu); Behandlung f e-s Themas etc.; **ap'proach·a·ble** [-tʃəbl] adj. zugänglich (a. fig.).
ap·pro·ba·tion [,æprəʊ'beɪʃn] s. Billigung f, Genehmigung f; Bestätigung f; Zustimmung f, Beifall m.
ap·pro·pri·ate I adj. [ə'prəʊprɪət] □ **1.** (to, for) passend, geeignet (für, zu), angemessen (dat.), entsprechend (dat.), richtig (für); **2.** eigen, zugehörig (to dat.); II v/t. [-ɪeɪt] **2.** verwenden, bereitstellen; parl. bsd. Geld bewilligen (to zu, for für); **4.** sich et. aneignen (a. widerrechtlich); **ap·pro·pri·a·tion** [ə,prəʊprɪ'eɪʃn] s. **1.** Aneignung f, Besitzergreifung f; **2.** Verwendung f, Bereitstellung f; parl. (Geld)Bewilligung f.
ap·prov·a·ble [ə'pruːvəbl] adj. zu billigen(d), anerkennenswert; **ap'prov·al** [-vl] s. **1.** Billigung f, Genehmigung f: the plan has my ~; on ~ zur Ansicht, auf Probe; **2.** Anerkennung f, Beifall m: meet with ~ Beifall finden; **ap·prove** [ə'pruːv] I v/t. **1.** billigen, gutheißen, anerkennen, annehmen; bestätigen, genehmigen; **2.** ~ o.s. sich erweisen od. bewähren (as als); II v/i. **3.** billigen, anerkennen, gutheißen, genehmigen (of acc.): ~ of sich in akzeptieren; be ~d of Anklang finden; **ap'proved** [-vd] adj. **1.** erprobt, bewährt: an ~ friend; in the ~ manner; **2.** anerkannt: ~ school Brit. hist. (staatliche) Erziehungsanstalt; **ap'prov·er** [-və] s. ⚖ Brit. Kronzeuge m; **ap'prov·ing·ly** [-vɪŋlɪ] adv. zustimmend, beifällig.
ap·prox·i·mate I adj. [ə'prɒksɪmət] □ → approximately, **1.** annähernd, ungefähr; Näherungs... (-formel, -rechnung, -wert); **2.** fig. sehr ähnlich; II v/t. [-meɪt] **3.** sich e-r Menge od. e-m Wert nähern, nahe- od. näherkommen (dat.); III v/i. [-meɪt] **4.** nahe- od. näherkommen (oft mit to dat.); **ap'prox·i·mate·ly** [-lɪ] adv. annähernd, ungefähr, etwa; **ap·prox·i·ma·tion** [ə,prɒksɪ'meɪʃn] s. **1.** Annäherung f (to an acc.): an ~ to the truth annähernd die Wahrheit; **2.** Å a) (An)Näherung f (to an acc.), b) Näherungswert m; annähernde Gleichheit; **ap'prox·i·ma·tive** [-ətɪv] adj. □ annähernd.
ap·pur·te·nance [ə'pɜːtɪnəns] s. **1.** Zubehör n, m; **2.** pl. ⚖ Re'alrechte pl. (aus Eigentum an Liegenschaften); **ap'pur·te·nant** [-nt] adj. zugehörig (to dat.).
a·pri·cot ['eɪprɪkɒt] s. Apri'kose f.
A·pril ['eɪprəl] s. A'pril m: in ~ im April; ~ fool Aprilnarr m; ~ Fools Day od. 1. April; make an ~ fool of s.o., ~-fool

s.o. j-n in den April schicken.
a pri·o·ri [,eɪpraɪ'ɔːraɪ] adv. u. adj. phls. **1.** a pri'ori, deduk'tiv; **2.** F mutmaßlich, ohne (Über)'Prüfung.
a·pron ['eɪprən] s. **1.** Schürze f; Schurz (-fell n) m; **2.** Schurz m von Freimaurern od. engl. Bischöfen; **3.** ☻ a) Schutzblech n, -haube f, b) mot. Blech-, Windschutz m, c) Schutzleder n, Kniedecke f an Fahrzeugen; **4.** ✈ (betoniertes) (Hallen)Vorfeld; **5.** a. ~ stage thea. Vorbühne f; **'~-strings** s. pl. Schürzenbänder pl.; fig. Gängelband n: tied to one's mother's ~ an Mutters Schürzenzipfel hängend; tied to s.o.'s ~ unter j-s Fuchtel stehend.
ap·ro·pos ['æprəpəʊ] I adv. **1.** angemessen, zur rechten Zeit: he arrived very ~ er kam wie gerufen; **2.** 'hinsichtlich (of gen.): ~ of our talk; **3.** apro'pos, nebenbei bemerkt; II adj. **4.** passend, angemessen, treffend: his remark was very ~.
apse [æps] s. Δ 'Apsis f.
apt [æpt] adj. □ **1.** passend, geeignet; treffend: an ~ remark; **2.** geneigt, neigend (to inf. zu inf.): he is ~ to believe it er wird es wahrscheinlich glauben; ~ to be overlooked leicht zu übersehen; ~ to rust leicht rostend; **3.** (at) geschickt (in dat.), begabt (für): an ~ pupil.
ap·ter·ous ['æptərəs] adj. **1.** zo. flügellos; **2.** ♀ ungeflügelt.
ap·ti·tude ['æptɪtjuːd] s. (ped. Sonder-) Begabung f, Befähigung f, Ta'lent n; Fähigkeit f; Auffassungsgabe f; Eignung f (for für, zu): ~ test Am. Eignungsprüfung f; **apt·ness** ['æptnɪs] s. **1.** Angemessenheit f, Tauglichkeit f (for für, zu): **2.** (for, to) Neigung f (zu), Eignung f (für, zu), Geschicklichkeit f (in dat.).
aq·ua·cul·ture ['ækwəkʌltʃə] s. 'Aquakul,tur f.
aq·ua for·tis [,ækwə'fɔːtɪs] s. ⚗ Scheidewasser n, Sal'petersäure f.
aq·ua·lung ['ækwəlʌŋ] s. Taucherlunge f, Atmungsgerät n; **'aq·ua·lun·ger** [-ŋə] s. Tiefsee-, Sporttaucher(in).
aq·ua·ma·rine [,ækwəmə'riːn] s. **1.** min. Aquama'rin m; **2.** Aquama'rinblau n.
aq·ua·plane ['ækwəpleɪn] I s. **1.** Wassersport: Monoski m; II v/i. **2.** Monoski laufen; **3.** mot. a) aufschwimmen (Reifen), b) ,schwimmen', die Bodenhaftung verlieren; **'aq·ua·plan·ing** s. **1.** Monoskilauf m; **2.** mot. Aqua'planing n.
aq·ua·relle [,ækwə'rel] s. Aqua'rell(malerei f) n; **,aq·ua'rel·list** [-lɪst] s. Aqua'rellmaler(in).
A·quar·i·an [ə'kweərɪən] s. ast. Wassermann m (Person).
a·quar·i·um [ə'kweərɪəm] pl. **-i·ums** od. **-i·a** [-ɪə] s. A'quarium n.
A·quar·i·us [ə'kweərɪəs] s. ast. Wassermann m.
aq·ua show ['ækwə] s. Brit. 'Wasserbal,lett n.
a·quat·ic [ə'kwætɪk] I adj. **1.** Wasser...: ~ plants; ~ sports Wassersport m; II s. **2.** biol. Wassertier n, -pflanze f; **3.** pl. Wassersport m.
aq·ua·tint ['ækwətɪnt] s. Aqua'tinta f, 'Tuschma,nier f.
aq·ua vi·tae [,ækwə'vaɪtiː] s. **1.** ⚗ hist. 'Alkohol m; **2.** Branntwein m.

aq·ue·duct ['ækwɪdʌkt] s. Aquä'dukt m, n.

a·que·ous ['eɪkwɪəs] adj. wässerig, wäßrig (a. fig.), wasserartig, -haltig.

Aq·ui·la ['ækwɪlə] s. ast. Adler m.

aq·ui·le·gi·a [‚ækwɪ'li:dʒjə] s. ♀ Ake'lei f.

aq·ui·line ['ækwɪlaɪn] adj. gebogen, Adler..., Habichts...: ~ **nose.**

Ar·ab ['ærəb] I s. **1.** Araber(in); **2.** Araber m (Pferd); **3.** → **street Arab;** II adj. **4.** a'rabisch; **ar·a·besque** [‚ærə-'besk] I s. Ara'beske f; II adj. ara'besk;

A·ra·bi·an [ə'reɪbjən] I adj. **1.** a'rabisch: The ~ Nights Tausendundeine Nacht; II s. **2.** → **Arab** 1; **3.** → **Arab** 2; **'Ar·a·bic** [-bɪk] I adj. a'rabisch: ~ **figures** (od. **numerals**) arabische Ziffern od. Zahlen; II s. ling. A'rabisch n; **'Arab·ist** [-bɪst] s. Ara'bist m.

ar·a·ble ['ærəbl] I adj. pflügbar, anbaufähig; II s. Ackerland n.

Ar·a·by ['ærəbi] s. poet. A'rabien n.

ar·au·ca·ri·a [‚ærɔː'keərɪə] s. ♀ Zimmertanne f, Arau'karie f.

ar·bi·ter ['ɑːbɪtə] s. **1.** Schiedsrichter m; **2.** fig. Richter m (of über acc.); **3.** fig. Herr m, Gebieter m; **ar·bi·trage** [‚ɑːbɪ'trɑːʒ] s. ♥ Arbi'trage f; **ar·bi·tral** ['ɑːbɪtrəl] adj. schiedsrichterlich: ~ **award** Schiedsspruch m; ~ **body** od. **court** Schiedsgericht n, -stelle f; ~ **clause** Schiedsklausel f; **ar·bi·trar·i·ness** ['ɑːbɪtrərɪnɪs] s. Willkür f, Eigenmächtigkeit f; **ar·bi·trar·y** ['ɑːbɪtrərɪ] adj. □ **1.** willkürlich, eigenmächtig, -willig; **2.** launenhaft; **3.** ty'rannisch; **ar·bi·trate** ['ɑːbɪtreɪt] I v/t. **1.** (als Schiedsrichter od. durch Schiedsspruch) entscheiden, schlichten, beilegen; **2.** e-m Schiedsspruch unter'werfen; II v/i. **3.** Schiedsrichter sein; **ar·bi·tra·tion** [‚ɑːbɪ'treɪʃn] s. **1.** Schieds(gerichts)verfahren n; Schiedsspruch m; Schlichtung f: court of ~ Schiedsgericht n, -hof m; ~ **board** Schiedsstelle f; **submit to** ~ e-m Schiedsgericht unterwerfen; **settle by** ~ schiedsgerichtlich beilegen; **2.** ♥ (~ **of exchange** Wechsel)Arbitrage f; **'ar·bi·tra·tor** [-reɪtə] s. ♣ Schiedsrichter m, -mann m.

ar·bor¹ Am. → **arbour,** ♀ **Day** Am. Tag m des Baums.

ar·bor² ['ɑːbə] s. ❂ Achse f, Welle f; (Aufsteck)Dorn m, Spindel f.

ar·bo·re·al [ɑː'bɔːrɪəl] adj. baumartig; Baum...; auf Bäumen lebend; **ar·bo·re·ous** [-rəs] adj. **1.** baumreich, waldig; **2.** baumartig; Baum...; **ar·bo·res·cent** [‚ɑːbə'resnt] adj. baumartig, verzweigt; **ar·bo·re·tum** [‚ɑːbə'riːtəm] pl. **-ta** [-tə] s. Arbo'retum n; **ar·bo·ri·cul·ture** ['ɑː-bərɪkʌltʃə] s. Baumzucht f.

ar·bor vi·tae [‚ɑːbə'vaɪtɪ] s. ♀ Lebensbaum m.

ar·bour ['ɑːbə] s. Laube f.

arc [ɑːk] I s. **1.** a. ♈, ❂, ast. Bogen m; **2.** ⚡ (Licht)Bogen m: ~ **welding** Lichtbogenschweißen n; II v/i. a. ~ **over** ⚡ e-n (Licht)Bogen bilden, 'funken'.

ar·cade [ɑː'keɪd] s. Ar'kade f: a) Säulen-, Bogen-, Laubengang m, b) Pas'sage f; **ar'cad·ed** [-dɪd] adj. mit Arkaden (versehen).

Ar·ca·di·a [ɑː'keɪdjə] s. Ar'kadien n, ländliches Para'dies od. I'dyll; **Ar'ca·di·an** [-ən] adj. ar'kadisch, i'dyllisch.

ar·cane [ɑː'keɪn] adj. geheimnisvoll; **ar-**

'ca·num [-nəm] pl. **-na** [-nə] s. **1.** hist. ⚜ Ar'kanum n; Eli'xier n; **2.** mst pl. Geheimnis n, My'sterium n.

arch¹ [ɑːtʃ] I s. **1.** mst △ (Brücken-, Fenster- etc.)Bogen m; über'wölbter (Ein-, 'Durch)Gang; ('Eisenbahn- etc.) Über‚führung f; Tri'umphbogen m; **2.** Wölbung f, Gewölbe n: ~ **of the instep** (Fuß)Rist m, Spann m; ~ **support** Senkfußeinlage f; **fallen** ~**es** Senkfuß m; II v/t. **3.** a. ~ **over** mit Bogen versehen, über'wölben; **4.** wölben, krümmen: ~ **the back** e-n Buckel machen (Katze); III v/i. **5.** sich wölben; sich krümmen.

arch² [ɑːtʃ] adj. oft **arch-** erst, oberst, Haupt..., Erz...; schlimmst, Riesen...: ~ **rogue** Erzschurke m.

arch³ [ɑːtʃ] adj. □ schalkhaft, schelmisch: **an** ~ **look.**

arch- [ɑːtʃ] Präfix bei Titeln etc.: erst, oberst, Haupt..., Erz...

ar·chae·o·log·ic, **ar·chae·o·log·i·cal** [‚ɑːkɪə'lɒdʒɪk(l)] adj. □ archäo'logisch, Altertums...; **ar·chae·ol·o·gist** [‚ɑːkɪ-'ɒlədʒɪst] s. Archäo'loge m, Altertumsforscher m; **ar·chae·ol·o·gy** [‚ɑːkɪ'ɒlə-dʒɪ] s. Archäolo'gie f, Altertumskunde f.

ar·cha·ic [ɑː'keɪɪk] adj. (□ ~**ally**) ar-'chaisch: a) altertümlich, b) bsd. ling. veraltet, altmodisch; **ar·cha·ism** ['ɑːkeɪɪzəm] s. **1.** ling. Archa'ismus m, veralteter Ausdruck; **2.** et. Veraltetes.

arch·an·gel ['ɑːk‚eɪndʒəl] s. Erzengel m.

,arch'bish·op [‚ɑːtʃ-] s. Erzbischof m; **‚ˌ'bish·op·ric** s. **1.** Erzbistum n; **2.** Amt n e-s Erzbischofs; **‚ˌ'dea·con** s. Archidia'kon m; **‚ˌ'di·o·cese** s. 'Erzdiö‚zese f; **‚ˌ'du·cal** adj. erzherzoglich; **‚ˌ'duch·ess** s. Erzherzogin f; **‚ˌ'duch·y** s. Erzherzogtum n; **‚ˌ'duke** s. Erzherzog m.

arched [ɑːtʃt] adj. gewölbt, gebogen, gekrümmt.

‚arch·'en·e·my s. → **arch-fiend.**

arch·er ['ɑːtʃə] s. **1.** Bogenschütze m; **2.** ♎ ast. Schütze m; **'arch·er·y** [-ərɪ] s. **1.** Bogenschießen n; **2.** coll. Bogenschützen pl.

ar·che·typ·al ['ɑːkɪtaɪpl] adj. arche'typisch; **'ar·che·type** [-taɪp] s. Urform f, -bild n, Arche'typ(us) m.

‚arch·'fiend [‚ɑːtʃ-] s. Erzfeind m: a) Todfeind m, b) 'Satan m, Teufel m.

ar·chi·e·pis·co·pal [‚ɑːkɪɪ'pɪskəpl] adj. erzbischöflich; **‚ar·chi·e'pis·co·pate** [-pɪt] s. Amt n od. Würde f e-s Erzbischofs.

Ar·chi·pel·a·go [‚ɑːkɪ'pelɪgəʊ] I npr. Ä'gäisches Meer; II ♀ pl. **-gos** s. Archi-'pel m, Inselmeer n, -gruppe f.

ar·chi·tect ['ɑːkɪtekt] I s. **1.** Archi'tekt (-in); **2.** fig. Schöpfer(in), Urheber(in), Archi'tekt m: the ~ **of one's fortunes** des eigenen Glückes Schmied (als Fach); k) künstlerischer Aufbau; **ar·chi·tec·tur·al** [‚ɑːkɪ'tektʃərəl] adj. □ architek'tonisch, Architektur..., Bau...; **'ar·chi·tec·ture** [-tʃə] s. Archi-tek'tur f: a) Baukunst f; Bauart f, Bau-tek'tur f; **2.** fig. bauen, entwerfen; **ar·chi·tec·ton·ic** [‚ɑːkɪtek'tɒnɪk] I adj. (□ ~**ally**) **1.** architek'tonisch, baulich; **2.** aufbauend, konstruk'tiv, planvoll, schöpferisch, syste'matisch; II s. mst pl. sg. konstr. **3.** Architek'tonik f (als Fach); k) künstlerischer Aufbau; **ar·chi·tec·tur·al**

stil m, b) Konstrukti'on f; (Auf)Bau m, Struk'tur f, Anlage f (a. fig.), c) Bau (-werk n) m, coll. Gebäude pl., Bauten pl.

ar·chi·trave ['ɑːkɪtreɪv] s. △ Archi'trav m, Tragbalken m.

ar·chive ['ɑːkaɪv] s. mst pl. Ar'chiv n; Urkundensammlung f; **ar·chi·vist** ['ɑːkɪvɪst] s. Archi'var m.

arch·ness ['ɑːtʃnɪs] s. Schalkhaftigkeit f, Durch'triebenheit f.

‚arch'priest [‚ɑːtʃ-] s. eccl. hist. Erzpriester m.

'arch·way ['ɑːtʃ-] s. △ Bogengang m, über'wölbter Torweg; **'~·wise** [-waɪz] adv. bogenartig.

'arc|-lamp s. ⚡ Bogenlampe f; **'~-light** s. Bogenlicht n, -lampe f.

arc·tic ['ɑːktɪk] I adj. **1.** 'arktisch, nördlich, Nord..., Polar...: ♌ **Circle** Nördlicher Polarkreis; ♌ **Ocean** Nördliches Eismeer; ~ **fox** Polarfuchs m; **2.** fig. sehr kalt, eisig; II s. **3.** die 'Arktis; **4.** pl. Am. gefütterte, wasserdichte 'Überschuhe pl.

ar·dent ['ɑːdənt] adj. □ **1.** bsd. fig. heiß, glühend, feurig: ~ **eyes;** ~ **love;** ~ **spirits** hochprozentige Spirituosen; **2.** fig. feurig, heftig, inbrünstig, leidenschaftlich: ~ **wish;** ~ **admirer** glühender Verehrer; **3.** fig. begeistert; **ar·dour,** Am. **ar·dor** ['ɑːdə] s. fig. **1.** Feuer n, Glut f, Inbrunst f, Leidenschaft f; **2.** Eifer m, Begeisterung f (for für).

ar·du·ous ['ɑːdjʊəs] adj. □ **1.** schwierig, anstrengend, mühsam: **an** ~ **task; 2.** ausdauernd, zäh, e'nergisch: **an** ~ **worker; 3.** steil, jäh (Berg etc.); **'ar·du·ous·ness** [-nɪs] s. Schwierigkeit f, Mühsal f.

are¹ [ɑː; ə] pres. pl. u. 2 sg. von **be.**

are² [ɑː] s. Ar n (Flächenmaß).

a·re·a ['eərɪə] s. **1.** (begrenzte) Fläche, Flächenraum m od. -inhalt m; Grundstück n, Are'al n; Ober-, Grundfläche f; **2.** Raum m, Gebiet n, Gegend f: **danger** ~ Gefahrenzone f; **prohibited** (od. **restricted**) ~ Sperrzone f; ~ **code** teleph. Am. Vorwahl f, Vorwählnummer f; **in the Chicago** ~ im (Groß-) Raum (von) Chikago; **3.** fig. Bereich m, Gebiet n; **4.** a. ~**way** Kellervorhof m; **5.** ✕ Operati'onsgebiet n: ~ **bombing** Bombenflächenwurf m; **back** ~ Etappe f; **forward** ~ Kampfgebiet n; **6.** anat. (Seh- etc.)Zentrum n; **a·re·al** [-əl] adj. Flächen(inhalts)...

a·re·na [ə'riːnə] s. A'rena f: a) Kampfplatz m, b) 'Stadion n, c) fig. Schauplatz m, Bühne f: **political** ~.

aren't [ɑːnt] F für **are not.**

a·rête [æ'reɪt] (Fr.) s. (Fels)Grat m.

ar·gent ['ɑːdʒənt] s. Silber(farbe f) n; II adj. silberfarbig.

Ar·gen·tine ['ɑːdʒəntaɪn], **Ar·gen·tin·e·an** [‚ɑːdʒən'tɪnɪən] I adj. argen'tinisch; II s. Argen'tinier(in).

ar·gil ['ɑːdʒɪl] s. Ton m, Töpfererde f; **ar·gil·la·ceous** [‚ɑːdʒɪ'leɪʃəs] adj. tonartig, Ton...

ar·gon ['ɑːgɒn] s. ♠ 'Argon n.

Ar·go·naut ['ɑːgənɔːt] s. **1.** myth. Argo-'naut m; **2.** Am. Goldsucher m in Kali-'fornien (1848/49).

ar·got ['ɑːgəʊ] s. Ar'got n, Jar'gon m, Slang m, bsd. Gaunersprache f.

ar·gu·a·ble ['ɑːgjʊəbl] adj. □ disku-

'tabel, vertretbar: *it is* ~ man könnte mit Recht behaupten; '**ar·gu·a·bly** [-lɪ] *adv.* vertretbarerweise; **ar·gue** ['ɑːgjuː] I *v/i.* **1.** argumentieren; Gründe (für *od.* wider) anführen: ~ *for s.th.* a) für et. eintreten, b) für et. sprechen (*Sache*); ~ *against s.th.* a) gegen et. Einwände machen, b) gegen et. sprechen (*Sache*); *don't* ~*!* keine Widerrede!; **2.** streiten, rechten (*with* mit); disputieren (*about* über *acc.*, *for* für, *against* gegen, *with* mit); II *v/t.* **3.** *e-e Angelegenheit* erörtern, diskutieren; **4.** *j-n* überreden *od.* (durch Argu'mente) bewegen: ~ *s.o. into s.th.* j-n zu et. überreden; ~ *s.o. out of s.th.* j-n von et. abbringen; **5.** geltend machen, behaupten: ~ *that black is white*; **6.** begründen, beweisen; folgern (*from* aus); **7.** verraten, (an)zeigen, beweisen: *his clothes* ~ *poverty*. **ar·gu·ment** ['ɑːgjʊmənt] *s.* **1.** Argu'ment *n*, (Beweis)Grund *m*; Beweisführung *f*; Schlußfolgerung *f*; **2.** Behauptung *f*; Entgegnung *f*, Einwand *m*; **3.** Erörterung *f*, Besprechung *f*: *hold an* ~ diskutieren; **4.** F (Wort)Streit *m*, Ausein'andersetzung *f*; Streitfrage *f*; **5.** 'Thema *n*, (Haupt)Inhalt *m*; **ar·gu·men·ta·tion** [ˌɑːgjʊmen'teɪʃn] *s.* **1.** Beweisführung *f*, Schlußfolgerung *f*; **2.** Erörterung *f*; **ar·gu·men·ta·tive** [ˌɑːgjʊ'mentətɪv] *adj.* □ **1.** streitlustig; **2.** strittig, um'stritten; **3.** 'kritisch; **4.** ~ *of* hindeutend auf (*acc.*).

Ar·gus ['ɑːgəs] *npr. myth.* 'Argus *m*; '~**-eyed** *adj.* 'argusäugig, wachsam, mit 'Argusaugen.

a·ri·a ['ɑːrɪə] *s.* ♪ 'Arie *f*.

Ar·i·an ['eərɪən] *eccl.* I *adj.* ari'anisch; II *s.* Ari'aner *m*.

ar·id ['ærɪd] *adj.* □ dürr, trocken, unfruchtbar; *fig.* trocken, öde; **a·rid·i·ty** [æ'rɪdətɪ] *s.* Dürre *f*, Trockenheit *f*, Unfruchtbarkeit *f* (*a. fig.*).

A·ries ['eəriːz] *s. ast.* Widder *m*.

a·right [ə'raɪt] *adv.* recht, richtig: *set* ~ richtigstellen.

a·rise [ə'raɪz] *v/i.* [*irr.*] **1.** (*from*, *out of*) entstehen, entspringen, her'vorgehen (aus), herrühren, stammen (von); **2.** entstehen, sich ergeben (*from* aus); sich erheben, erscheinen, auftreten; **3.** aufstehen, sich erheben; **a·ris·en** [ə'rɪzn] *p.p. von* **arise**.

ar·is·toc·ra·cy [ˌærɪ'stɒkrəsɪ] *s.* **1.** Aristokra'tie *f*, *coll. a.* Adel *m*; **2.** *fig.* E'lite *f*, Adel *m*; **a·ris·to·crat** ['ærɪstəkræt] *s.* Aristo'krat(in); Adlige(r *m*) *f*; *fig.* Pa'trizier(in); **a·ris·to·crat·ic, a·ris·to·crat·i·cal** [ˌærɪstə'krætɪk(l)] *adj.* □ aristo'kratisch, Adels...; *fig.* adlig, vornehm.

a·rith·me·tic [ə'rɪθmətɪk] *s.* Arith'metik *f*, Rechnen *n*, Rechenkunst *f*; **ar·ith·met·ic, ar·ith·met·i·cal** [ˌærɪθ'metɪk(l)] *adj.* □ arith'metisch, Rechen...; **a·rith·me·ti·cian** [ə,rɪθməˈtɪʃn] *s.* Rechner(in), Rechenmeister(in).

ark [ɑːk] *s.* **1.** Arche *f*: *Noah's* ~ Arche Noah(s); **2.** Schrein *m*: ♫ *of the Covenant* bibl. Bundeslade *f*.

arm¹ [ɑːm] *s.* **1.** *anat.* Arm *m*: *keep s.o. at* ~*'s length fig.* sich j-n vom Leibe halten; *within* ~*'s reach* in Reichweite; *with open* ~*s fig.* mit offenen Armen; *fly into s.o.'s* ~*s* j-m in die Arme flie-

gen; *take s.o. in one's* ~*s* j-n in die Arme nehmen; *infant* (*od. babe*) *in* ~*s* Säugling *m*; **2.** Fluß-, Meeresarm *m*; **3.** Arm-, Seitenlehne *f*; **4.** Ast *m*, großer Zweig; **5.** Ärmel *m*; **6.** ✪ Arm *m e-r Maschine etc.*: ~ *of a balance* Waagebalken *m*; **7.** *fig.* Arm *m des Gesetzes etc.*

arm² [ɑːm] I *s.* **1.** ✕ *mst pl.* Waffe(n *pl.*) *f*: *do* ~*s drill* Gewehrgriffe üben; *in* ~*s* bewaffnet; *rise in* ~*s* zu den Waffen greifen, sich empören; *up in* ~*s* a) in Aufruhr, b) *fig.* in Harnisch, in hellem Zorn; *by force of* ~*s* mit Waffengewalt; *bear* ~*s* a) Waffen tragen, b) als Soldat dienen; *lay down* ~*s* die Waffen strecken; *take up* ~*s* zu den Waffen greifen (*a. fig.*); ~*s dealer* Waffenhändler *m*; ~*s control* Rüstungskontrolle *f*; ~*s race* Wettrüsten *n*; *ground* ~*s!* Gewehr nieder!; *order* ~*s!* Gewehr ab!; *pile* ~*s!* setzt die Gewehre zusammen!; *port* ~*s!* fällt das Gewehr!; *present* ~*s!* präsentiert das Gewehr!; *slope* ~*s!* das Gewehr über!; *shoulder* ~*s!* das Gewehr an Schulter!; *to* ~*s!* zu den Waffen!, ans Gewehr!; → *passage at arms*; **2.** Waffengattung *f*, Truppe *f*: *the naval* ~ die Kriegsmarine; **3.** *pl.* Wappen *n*; → *coat* 1; II *v/t.* **4.** bewaffnen: ~*ed to the teeth* bis an die Zähne bewaffnet; **5.** ✪ armieren, bewehren, befestigen, verstärken, *mit Metall* beschlagen; **6.** ✕ *Munition, Mine* scharf machen; **7.** (aus)rüsten, bereit machen, versehen: *be* ~*ed with an umbrella*; *be* ~*ed with arguments*; III *v/i.* **8.** sich bewaffnen, sich (aus)rüsten.

ar·ma·da [ɑː'mɑːdə] *s.* **1.** ♫ *hist.* Ar'mada *f*; **2.** Kriegsflotte *f*, Luftflotte *f*, Geschwader *n*.

ar·ma·dil·lo [ˌɑːmə'dɪləʊ] *s. zo.* **1.** Ar'madill *n*, Gürteltier *n*; **2.** Apo'thekerassel *f*.

Ar·ma·ged·don [ˌɑːmə'gedn] *s. bibl. u. fig.* Entscheidungskampf *m*.

ar·ma·ment ['ɑːməmənt] *s.* ✕ **1.** Kriegsstärke *f*, -macht *f e-s Landes*: *naval* ~ Kriegsflotte *f*; **2.** Bewaffnung *f*, Bestückung *f e-s Kriegsschiffes etc.*; **3.** (Kriegsaus)Rüstung *f*: ~ *race* Wettrüsten *n*; **ar·ma·ture** ['ɑːmə,tjʊə] *s.* **1.** Rüstung *f*, Panzer *m*; **2.** ✪ Panzerung *f*, Beschlag *m*, Bewehrung *f*, Armierung *f*, Arma'tur *f*; **3.** ♫ Anker *m* (*a. e-s Magneten etc.*), Läufer *m*: ~ *shaft* Ankerwelle *f*; **4.** ♫, *zo.* Bewehrung *f*.

'arm|·band *s.* Armbinde *f*; '~**-'chair** I *s.* Lehnstuhl *m*, (Lehn)Sessel *m*; II *adj.* vom (*od.* am) grünen Tisch; Stammtisch..., Salon...: ~ *strategists*.

armed [ɑːmd] *adj.* **1.** bewaffnet: ~ *conflict*; ~ *neutrality*; ~ *forces* (Gesamt-) Streitkräfte *pl.*; ~ *robbery* schwerer Raub; **2.** ✕ a) scharf, zündfertig (*Munition etc.*), b) *a.* ✪ → *armoured*.

Ar·me·ni·an [ɑː'miːnjən] I *adj.* ar'menisch; II *s.* Ar'menier(in).

'arm·ful [-fʊl] *s.* Armvoll *m*.

arm·ing ['ɑːmɪŋ] *s.* **1.** Bewaffnung *f*, (Aus)Rüstung *f*; **2.** ✪ Armierung *f*, Arma'tur *f*; **3.** Wappen *n*.

ar·mi·stice ['ɑːmɪstɪs] *s.* Waffenstillstand *m* (*a. fig.*); ♫ **Day** *s.* Jahrestag *m* des Waffenstillstandes vom 11. November 1918.

arm·let ['ɑːmlɪt] *s.* **1.** Armbinde *f* als

Abzeichen; Armspange *f*; **2.** kleiner Meeres- *od.* Flußarm.

ar·mor *etc. Am.* → *armour etc.*

ar·mo·ri·al [ɑː'mɔːrɪəl] I *adj.* Wappen..., he'raldisch: ~ *bearings* Wappen(schild *m*, *n*) *n*; II *s.* Wappenbuch *n*; **ar·mo·ry** ['ɑːmərɪ] *s.* **1.** He'raldik *f*, Wappenkunde *f*; **2.** *Am.* → *armoury*.

ar·mour ['ɑːmə] *s.* **1.** Rüstung *f*, Panzer *m* (*a. fig.*); **2.** ✕, ✪ Panzer(ung *f*) *m*, Armierung *f*; *coll.* Panzerfahrzeuge *pl.*, -truppen *pl.*; **3.** ♀, *zo.* Panzer *m*, Schutzdecke *f*; '~**-clad** → *armourplated*.

ar·moured ['ɑːməd] *adj.* ✕, ✪ gepanzert, Panzer...: ~ *cable* armiertes Kabel, Panzerkabel *n*; ~ *car* a) Panzerkampfwagen *m*, b) gepanzerter (Geld-) Transportwagen; ~ *infantry* Panzergrenadiere *pl*; ~ *train* Panzerzug *m*; **'ar·mour·er** [-ərə] *s.* Waffenschmied *m*; ✕, ⚓ Waffenmeister *m*.

'ar·mour|-·pierc·ing *adj.* panzerbrechend, Panzer...: ~ *ammunition*; '~**-·plat·ed** *adj.* gepanzert, Panzer...

ar·mour·y ['ɑːmərɪ] *s.* **1.** Rüst-, Waffenkammer *f* (*a. fig.*), Arse'nal *n*, Zeughaus *n*; **2.** *Am.* a) 'Waffenfa,brik *f*, b) Exerzierhalle *f*.

'arm|·pit *s.* Achselhöhle *f*; '~**-rest** *s.* Armlehne *f*, -stütze *f*; '~**-·twist·ing** *s.* Druckausübung *f*.

ar·my ['ɑːmɪ] *s.* **1.** Ar'mee *f*, Heer *n*; Mili'tär *n*: ~ *contractor* Heereslieferant *m*; *join the* ~ Soldat werden; ~ *of occupation* Besatzungsarmee; ~ *issue die* dem Soldaten gelieferte Ausrüstung, Heereseigentum *n*; **2.** Ar'mee *f* (*als militärische Einheit*); **3.** *fig.* Heer *n*, Menge *f*: *a whole* ~ *of workmen*; ~ *chap·lain s.* Mili'tärgeistliche(r) *m*; ~ *corps s.* Ar'meekorps *n*.

ar·ni·ca ['ɑːnɪkə] *s.* ✿ 'Arnika *f*.

a·ro·ma [ə'rəʊmə] *s.* **1.** A'roma *n*, Duft *m*, Würze *f*; Blume *f* (*Wein*); **2.** *fig.* Würze *f*, Reiz *m*; **ar·o·mat·ic** [ˌærəʊ'mætɪk] *adj.* (□ ~*ally*) aro'matisch; würzig, duftig: ~ *bath* Kräuterbad *n*.

a·rose [ə'rəʊz] *pret. von* **arise**.

a·round [ə'raʊnd] I *adv.* **1.** 'ringsher'um, im Kreise; rundum, nach *od.* auf allen Seiten, über'all: *I've been* ~ F *fig.* ich kenn' mich aus; **2.** *bsd. Am.* F um'her, (in der Gegend) herum; in der Nähe, da'bei; II *prp.* **3.** um, um ... her(um), rund um; **4.** *bsd. Am.* F a) (rings- *od.* in der Gegend) herum; durch, hin und her, b) (nahe) bei, in, c) ungefähr, etwa; **a,round-the-'clock** *adj.* den ganzen Tag dauernd, 24stündig; Dauer...

a·rouse [ə'raʊz] *v/t.* **1.** *j-n* (auf-) wecken; **2.** *fig.* aufrütteln; *Gefühle etc.* erregen.

ar·que·bus ['ɑːkwɪbəs] → *harquebus*.

ar·rack ['ærək] *s.* 'Arrak *m*.

ar·raign [ə'reɪn] *v/t.* **1.** 🏛 a) vor Gericht stellen, b) zur Anklage vernehmen; **2.** öffentlich beschuldigen, rügen; **3.** *fig.* anfechten; **ar'raign·ment** [-mənt] *s.* 🏛 Vernehmung *f* zur Anklage; *bsd. fig.* Anklage *f*.

ar·range [ə'reɪndʒ] I *v/t.* **1.** (an)ordnen; aufstellen; einteilen; ein-, ausrichten; erledigen: ~ *one's ideas* s-e Gedanken ordnen; ~ *one's affairs* s-e Angelegenheiten regeln; **2.** verabreden, vereinbaren; festsetzen, planen: *everything* *had been ~d beforehand*; *an ~d marriage* e-e (von den Eltern) arrangierte Ehe; **3.** *Streit etc.* beilegen, schlichten; **4.** *♪, thea.* einrichten, bearbeiten; **II** *v/i.* **5.** sich verständigen (*about* über *acc.*); **6.** Anordnungen *od.* Vorkehrungen treffen (*for, about* für, zu, *to inf.* zu *inf.*); es einrichten, dafür sorgen, veranlassen (*that* daß): *~ for the car to be ready*; **7.** sich einigen (*with s.o. about s.th.* mit j-m über et.); **ar·'range·ment** [-mənt] *s.* **1.** (An)Ordnung *f*, Einrichtung *f*, Einteilung *f*, Auf-, Zs.-stellung *f*; Sy'stem *n*; **2.** Vereinbarung *f*, Verabredung *f*, Abmachung *f*: *make an ~ with s.o.* mit j-m e-e Verabredung treffen; **3.** Ab-, Über-'einkommen *n*; Schlichtung *f*: *come to an ~* e-n Vergleich schließen; **4.** *pl. make ~s* Vorkehrungen *od.* Vorbereitungen *od.* s-e Dispositionen treffen; *today's ~s* die heutigen Veranstaltungen; **5.** *thea.* Bearbeitung *f*, *♪ a.* Arrange'ment *n*.

ar·rant ['ærənt] *adj.* □ völlig, ausgesprochen, ˌkom'plett': *an ~ fool*; *~ nonsense*; *an ~ rogue* ein Erzgauner.

ar·ray [ə'reɪ] **I** *v/t.* **1.** ordnen, aufstellen (*bsd. Truppen*); **2.** ⚖ Geschworene aufrufen; **3.** *fig.* aufbieten; **4.** (*o.s.* sich) kleiden, putzen; **II** *s.* **5.** Ordnung *f*; Schlachtordnung *f*; **6.** ⚖ Geschworenen(liste *f*) *pl.*; **7.** 'Phalanx *f*, stattliche Reihe, Menge *f*, Aufgebot *n*; **8.** Kleidung *f*, Staat *m*, Aufmachung *f*.

ar·rear [ə'rɪə] *s. a) mst pl.* Rückstand *m*, *bsd.* Schulden *pl.*: *in ~(s)* im Rückstand *od.* Verzug, b) *et.* Unerledigtes, Arbeitsrückstände *pl.*

ar·rest [ə'rest] **I** *s.* **1.** Aufhalten *n*, Hemmung *f*, Stockung *f*; **2.** ⚖ a) Verhaftung *f*, Haft *f*: *under ~* verhaftet, in Haft, b) Beschlagnahme *f*, c) *a. ~ of judgment* Urteilssistierung *f*; **II** *v/t.* **3.** an-, aufhalten, hemmen, hindern: *~ progress*; *~ed growth* biol. gehemmtes Wachstum; *~ed tuberculosis* 🏥 inaktive Tuberkulose; **4.** ☆ feststellen, sperren, arretieren; **5.** ⚖ a) verhaften, b) beschlagnahmen, c) *~ judgment* das Urteil vertagen; **6.** *Geld etc.* einbehalten, konfiszieren; **7.** *Aufmerksamkeit etc.* fesseln, festhalten; **ar·'rest·ing** [-tɪŋ] *adj.* fesselnd, interes'sant; **ar·'restment** [-mənt] *s.* Beschlagnahme *f*.

ar·rière-pen·sée [ˌærɪeə(r)'pɒnseɪ] (*Fr.*) *s.* 'Hintergedanke *m*.

ar·riv·al [ə'raɪvl] *s.* **1.** Ankunft *f*, Eintreffen *n*; *fig.* Gelangen *n* (*at* zu); **2.** Erscheinen *n*, Auftreten *n*; **3.** a) Ankömmling *m*: *new ~* Neuankömmling, Familienzuwachs *m*, b) *et.* Angekommenes; **4.** *pl.* ankommende Züge *pl. od.* Schiffe *pl. od.* Flugzeuge *pl. od.* Per'sonen *pl.*; Zufuhr *f*; 🏵 (Waren)Eingänge *pl.*; **ar·rive** [ə'raɪv] *v/i.* **1.** (an-) kommen, eintreffen; **2.** erscheinen, auftreten; **3.** *fig.* (*at*) erreichen (*acc.*), gelangen (zu): *~ at a decision*; **4.** kommen, eintreten (*Zeit, Ereignis*); **5.** Erfolg haben.

ar·ro·gance ['ærəgəns] *s.* Arro'ganz *f*, Anmaßung *f*, Über'heblichkeit *f*; **'ar·ro·gant** [-nt] *adj.* □ arro'gant, anmaßend, über'heblich; **ar·ro·gate**

['ærəʊgeɪt] *v/t.* **1.** *~ to o.s.* sich *et.* anmaßen, *et.* für sich in Anspruch nehmen; **2.** zuschreiben, zuschieben (*s.th. to s.o.* j-m et.); **ar·ro·ga·tion** [ˌærəʊ'geɪʃn] *s.* Anmaßung *f*.

ar·row ['ærəʊ] *s.* **1.** Pfeil *m*; **2.** Pfeil (-zeichen *n*) *m*; **3.** *surv.* Zähl-, Markierstab *m*; **'ar·rowed** [-əʊd] *adj.* mit Pfeilen *od.* Pfeilzeichen (versehen).

'ar·row|·head *s.* **1.** Pfeilspitze *f*; **2.** (Zeichen *n* der) Pfeilspitze *f* (*brit. Regierungsgut kennzeichnend*); **'~·root** *s.* ♀ a) Pfeilwurz *f*, b) Pfeilwurzstärke *f*.

arse [ɑːs] **I** *s.* V Arsch *m*; **II** *v/i. sl. ~ around* ˌherumspinnen'; **'~·hole** *s.* V ˌArschloch' *n* (*a. fig. contp.*); **~ lick·er** *s.* V ˌArschkriecher' *m*.

ar·se·nal ['ɑːsənl] *s.* **1.** Arse'nal *n* (*a. fig.*), Zeughaus *n*, Waffenlager *n*; **2.** 'Waffen-, Muniti'onsˌfabrik *f*.

ar·se·nic I *s.* ['ɑːsnɪk] Ar'sen(ik) *n*; **II** *adj.* [ɑː'senɪk] ar'senhaltig; Arsen...

ar·sis ['ɑːsɪs] *s.* **1.** *poet.* Hebung *f*, betonte Silbe; **2.** ♪ Aufschlag *m*.

ar·son ['ɑːsn] *s.* ⚖ Brandstiftung *f*; **'ar·son·ist** [-nɪst] *s.* Brandstifter *m*.

art¹ [ɑːt] **I** *s.* **1.** (*bsd.* bildende) Kunst: *the fine ~s* die schönen Künste; *brought to a fine ~* *fig.* zu e-r wahren Kunst entwickelt; *work of ~* Kunstwerk *n*; **2.** Kunst(fertigkeit) *f*, Geschicklichkeit *f*: *the ~ of the painter*; *the ~ of cooking*; *industrial ~(s)* (*od. ~s and crafts*) Kunstgewerbe *n*, -handwerk *n*; *the black ~* die Schwarze Kunst, die Zauberei; **3.** *pl. univ.* Geisteswissenschaften *pl.*: *Faculty of ~s*, *Am. ~s Department* philosophische Fakul'tät; *liberal ~s* humanistische Fächer; → *master* 10, *bachelor* 2; **4.** *mst pl.* Kunstgriff *m*, Kniff *m*, List *f*, Tücke *f*; **5.** *Patentrecht:* a) Fach(gebiet) *n*, b) Fachkenntnis *f*, c) (*state of the ~* Stand *m* der) Technik; → *prior* 1; **II** *adj.* **6.** Kunst...: *~ critic*; *~ director* a) *thea. etc.* Bühnenmeister *m*, b) *Werbung:* Art-director *m*, künstlerischer Leiter; **7.** künstlerisch, dekora'tiv: *~ pottery*; **III** *v/t.* **8.** *~ up sl.* (künstlerisch) ˌaufmöbeln'.

art² [ɑːt] *obs. 2. pres. sg. von* **be**.

ar·te·fact → *artifact.*

ar·te·ri·al [ɑː'tɪərɪəl] *adj.* **1.** 🏥 arteri'ell, Arterien...: *~ blood* Pulsaderblut *n*, **2.** *fig. ~ road* Hauptverkehrsader *f*, Ausfall-, Durchgangs-, Hauptverkehrs-, *a.* Fernverkehrsstraße *f*.

ar·te·ri·o·scle·ro·sis [ɑːˌtɪərɪəʊsklɪə-'rəʊsɪs] *s.* 🏥 Arterioskle'rose *f*, Ar'terienverkalkung *f*.

ar·ter·y ['ɑːtərɪ] *s.* **1.** Ar'terie *f*, Puls-, Schlagader *f*; **2.** *fig.* Verkehrsader *f*, *bsd.* Hauptstraße *f*, -fluß *m*: *~ of traffic*; *~ of trade* Haupthandelsweg *m*.

ar·te·sian well [ɑː'tiːzjən] *s.* ar'tesischer (*Am.* tiefer) Brunnen.

art·ful ['ɑːtfʊl] *adj.* □ schlau, listig, verschlagen; **'art·ful·ness** [-nɪs] *s.* List *f*, Schläue *f*, Verschlagenheit *f*.

ar·thrit·ic, ar·thrit·i·cal [ɑː'θrɪtɪk(l)] *adj.* 🏥 ar'thritisch, gichtisch; **ar·thri·tis** [ɑː'θraɪtɪs] *s.* 🏥 Ar'thritis *f*; **ar·thro·sis** [ɑː'θrəʊsɪs] *s.* Ar'throse *f*.

Ar·thu·ri·an [ɑː'θʊərɪən] *adj.* (König) Arthur *od.* Artus betreffend, Arthur..., Artus...

ar·ti·choke ['ɑːtɪtʃəʊk] *s.* ♀ **1.** *a. globe*

~ Arti'schocke *f*; **2.** *Jerusalem ~* 'Erdˌarti,schocke *f*.

ar·ti·cle ['ɑːtɪkl] **I** *s.* **1.** ('Zeitungs- *etc.*) Arˌtikel *m*, Aufsatz *m*; **2.** Ar'tikel *m*, Gegenstand *m*, Sache *f*; Posten *m*, Ware *f*: *~ of trade* Handelsware; *the genuine ~* F der ˌwahre Jakob'; **3.** Abschnitt *m*, Para'graph *m*, Klausel *f*, Punkt *m*: *~s of apprenticeship* Lehrvertrag *m*; *~s of association, Am. incorporation*) 🏵 Satzung *f*; *the Thirty-nine ~s* die 39 Glaubensartikel *der Anglikanischen Kirche*; *according to the ~s* 🏵 satzungsgemäß; **4.** *ling.* Ar'tikel *m*, Geschlechtswort *n*; **II** *v/t.* **5.** vertraglich binden; in die Lehre geben (*to* bei); **'ar·ti·cled** [-ld] *adj.* **1.** vertraglich gebunden; **2.** in der Lehre (*to* bei): *~ clerk Brit.* Anwaltsgehilfe *m*.

ar·tic·u·late I *v/t.* [ɑː'tɪkjʊleɪt] **1.** artikulieren, deutlich (aus)sprechen; **2.** gliedern; **3.** *Knochen* zs.-fügen; **II** *adj.* [-lət] **1.** klar erkennbar, deutlich (gegliedert), artikuliert, verständlich (*Wörter etc*); **5.** fähig, sich klar auszudrücken, sich klar ausdrückend; **6.** sich Gehör verschaffend; **7.** ⚓, ♀, *zo.* gegliedert; **ar·'tic·u·lat·ed** [-tɪd] *adj.* ⚙ Gelenk..., Glieder...: *~ train*; *~ lorry Brit.* Sattelschlepper *m*; **ar·tic·u·la·tion** [ɑːˌtɪkjʊ'leɪʃn] *s.* **1.** *bsd. ling.* Artikulati'on *f*, deutliche Aussprache; Verständlichkeit *f*; **2.** Anein'anderfügung *f*; **3.** ⚙ Gelenk(verbindung *f*) *n*; **4.** Gliederung *f*.

ar·ti·fact ['ɑːtɪfækt] *s.* Arte'fakt *n*: a) Werkzeug *n od.* Gerät *n bsd. primitiver od. prähistorischer Kulturen*, b) 🌊 'Kunstproˌdukt *n*; **'ar·ti·fice** [-fɪs] *s.* Kunstgriff *m*; Kniff *m*, List *f*; **ar·tif·i·cer** [ɑː'tɪfɪsə] *s.* **1.** → *artisan*; **2.** ✕ a) Feuerwerker *m*, b) Handwerker *m*; **3.** Urheber(in).

ar·ti·fi·cial [ˌɑːtɪ'fɪʃl] *adj.* □ **1.** künstlich, Kunst...: *~ silk*; *~ leg* Beinprothese *f*; *~ teeth* künstliche Zähne; *~ person* ⚖ juristische Person; **2.** *fig.* gekünstelt, falsch; **ar·ti·fi·ci·al·i·ty** [ˌɑːtɪfɪʃɪˈælətɪ] *s.* Künstlichkeit *f*; *et.* Gekünsteltes.

ar·til·ler·ist [ɑː'tɪlərɪst] *s.* Artille'rist *m*, Kano'nier *m*.

ar·til·ler·y [ɑː'tɪlərɪ] *s.* **1.** Artille'rie *f*; **2.** *sl.* ˌArtille'rie' *f*, Schießeisen *n od. pl.*

ar·ti·san [ɑː'tɪzæn] *s.* (Kunst)Handwerker *m*.

art·ist ['ɑːtɪst] *s.* **1.** a) Künstler(in), *bsd.* Kunstmaler(in), b) → *artiste*; **2.** *fig.* Künstler(in), Könner(in); **ar·tiste** [ɑː'tiːst] (*Fr.*) *s.* Ar'tist(in), Künstler (-in), Sänger(in), Schauspieler(in), Tänzer(in); **ar·tis·tic, ar·tis·ti·cal** [ɑː'tɪstɪk(l)] *adj.* □ **1.** künstlerisch, Künstler..., Kunst...; **2.** kunstverständig; **'art·ist·ry** [-trɪ] *s.* **1.** Künstlertum *n*, das Künstlerische; **2.** künstlerische Wirkung *od.* Voll'endung; **3.** Kunstfertigkeit *f*.

art·less ['ɑːtlɪs] *adj.* □ **1.** ungekünstelt, na'türlich, schlicht, unschuldig, na'iv; **2.** offen, arglos, ohne Falsch; **3.** unkünstlerisch, stümperhaft.

Art Nou·veau [ˌɑːrnuː'vəʊ] (*Fr.*) *s. Kunst:* Art *f* nou'veau, Jugendstil *m*.

art·sy ['ɑːtsɪ] → *arty.*

'art·work *s.* Artwork *n*: a) künstlerische Gestaltung, Illustrati'on(en *pl.*) *f*, Grafik *f*, b) (grafische *etc.*) Gestaltungsmittel *pl.*

art·y ['ɑ:tɪ] *adj.* F **1.** (gewollt) künstlerisch *od.* bohemi'enhaft; **2.** ‚kunstbeflissen‘; ‚ᴖ(-and)-'craft·y *adj.* **1.** *iro.* ‚künstlerisch‘, mo'dern-verrückt; **2.** → arty 1.

Ar·y·an ['eərɪən] **I** *s.* **1.** Arier *m*, Indoger'mane *m*; **2.** *ling.* arische Sprachengruppe; **3.** Arier *m*, Nichtjude *m* (*in der Nazi-Ideologie*); **II** *adj.* **4.** arisch; **5.** arisch, nichtjüdisch.

as [æz; əz] **I** *adv.* **1.** (ebenso) wie, so: ᴖ *usual* wie gewöhnlich *od.* üblich; ᴖ *soft* ᴖ *butter* weich wie Butter; *twice* ᴖ *large* zweimal so groß; *just* ᴖ *good* ebenso gut; **2.** als: *he appeared* ᴖ *Macbeth*; *I knew him* ᴖ *a child*; *prose style this is bad* für Prosa ist das schlecht; **3.** wie (z. B.): *cathedral cities*, ᴖ *Ely*; **II** *cj.* **4.** wie, so wie: ᴖ *follows*; *do* ᴖ *you are told!* tu, wie man dir sagt!; ᴖ *I said before*; ᴖ *you were!* ✕ Kommando zurück!; ᴖ *it is* unter diesen Umständen, ohnehin; ᴖ *it were* sozusagen, gleichsam; **5.** als, in'dem, während: ᴖ *he entered* als er eintrat, bei s-m Eintritt; **6.** ob'gleich, wenn auch; wie sehr, so sehr: *old* ᴖ *I am* so alt wie ich bin; *try* ᴖ *he would* so sehr er (es) auch versuchte; **7.** da, weil: ᴖ *you are sorry I'll forgive you*; **III** *pron.* **8.** was, wie: ᴖ *he himself admits*; → *such* 7;

Zssgn mit adv. u. prp.:

as| ... **as** (eben)so ... wie: *as fast as I could* so schnell ich konnte; *as sweet as can be* so süß wie möglich; *as cheap as five pence a bottle* schon für (*od.* für nur) fünf Pence die Flasche; *as recently as last week* noch (*od.* erst) vorige Woche; *as good as* so gut wie, sozusagen; *not as bad as* (*all*) *that* gar nicht so schlimm; *as fine a song as I ever heard* ein Lied, wie ich kein schöneres je gehört habe; ᴖ *far as* so'weit (wie), so'viel: ᴖ *I know* soviel ich weiß; ᴖ *Cologne* bis (nach) Köln; *as far back as 1890* schon im Jahre 1890; ᴖ *for* was ... (an)betrifft, bezüglich (*gen.*); ᴖ *from* vor Zeitangaben: von ... an, ab, mit Wirkung vom...; ᴖ *if od.* though als ob, als wenn: *he talks* ᴖ *he knew them all*; ᴖ *long as* a) so'lange (wie): ᴖ *he stays*, b) wenn (nur); vor'ausgesetzt, daß: ᴖ *you have enough money*; ᴖ *much* gerade (*od.* eben) das: *I thought* ᴖ; ᴖ *again* doppelt soviel; ᴖ *much as* (*neg. mst not so much as*) a) (eben)soviel wie: ᴖ *my son*, b) so sehr, so viel: *did he pay* ᴖ *that?* hat er so viel (dafür) bezahlt?, c) so'gar, über'haupt (*neg.* nicht einmal): *without* ᴖ *looking at him* ohne ihn überhaupt *od.* auch nur anzusehen; ᴖ *per* laut, gemäß (*dat.*); ᴖ *soon as* → *soon* 3; ᴖ *to* 1. → *as for*, 2. (als *od.*) daß: *be so kind* ᴖ *come* sei so gut und komm; **3.** nach, gemäß (*dat.*); ᴖ *well* → *well*[1] 11; ᴖ *yet* → *yet* 2.

as·bes·tos [æz'bestɔs] *s. min.* As'best *m*: ᴖ *board* Asbestpappe *f*.

as·cend [ə'send] **I** *v/i.* **1.** (auf-, em'por-, hin'auf)steigen; **2.** ansteigen, (schräg) in die Höhe gehen: *the path* ᴖ *s here*; **3.** *zeitlich* hin'aufreichen, zu'rückgehen (*to* bis in *acc.*, bis auf *acc.*); **4.** ♪ steigen

(*Ton*); **II** *v/t.* **5.** be-, ersteigen: ᴖ *a river* e-n Fluß hinauffahren; ᴖ *the throne* den Thron besteigen; **as'cend·an·cy**, **as'cend·en·cy** [-dənsɪ] *s.* (*over*) Über'legenheit *f*, Herrschaft *f*, Gewalt *f* (über *acc.*); (bestimmender) Einfluß (auf *acc.*); **as'cend·ant**, **as'cend·ent** [-dənt] **I** *s.* **1.** *ast.* Aufgangspunkt *m e-s Gestirns*: *in the* ᴖ *fig.* im Kommen *od.* Aufstieg; **2.** → *ascendancy*; **3.** Verwandte(r *m*) *f* (*in aufsteigender Linie*); Vorfahr *m*; **II** *adj.* **4.** aufgehend, aufsteigend; **5.** über'legen, (vor)herrschend; **as'cend·ing** [-dɪŋ] *adj.* (auf-)steigend (*a. fig.*): ᴖ *air current* Aufwind *m*; **as'cen·sion** [-nʃn] *s.* **1.** Aufsteigen *n* (*a. ast.*), Besteigung *f*; **2.** *the* ♀ die Himmelfahrt Christi: ♀ *Day* Himmelfahrtstag *m*; **as'cent** [-nt] *s.* **1.** Aufstieg *m* (*a. fig.*), Besteigung *f*; **2.** *bsd.* ♈, ⚙ Steigung *f*, Gefälle *n*, Abhang *m*; **3.** Auffahrt *f*, Rampe *f*, (Treppen)Aufgang *m*.

as·cer·tain [ˌæsə'teɪn] *v/t.* feststellen, ermitteln; in Erfahrung bringen; ‚as·cer'tain·a·ble [-nəbl] *adj.* feststellbar, zu ermitteln(d); ‚as·cer'tain·ment [-mənt] *s.* Feststellung *f*, Ermittlung *f*.

as·cet·ic [ə'setɪk] **I** *adj.* (☐ ᴖ*ally*) as'ketisch, Asketen...; **II** *s.* As'ket *m*; **as'cet·i·cism** [-ɪsɪzəm] *s.* As'kese *f*, Ka'steiung *f*.

as·cor·bic ac·id [ə'skɔ:bɪk] *s.* Askor-'binsäure *f*, Vitamin C *n*.

as·crib·a·ble [ə'skraɪbəbl] *adj.* zuzuschreiben(d), beizumessen(d); **as·cribe** [ə'skraɪb] *v/t.* (*to*) zuschreiben, beimessen, beilegen (*dat.*); zu'rückführen (auf *acc.*).

a·sep·sis [æ'sepsɪs] *s.* 🔬 A'sepsis *f*; keimfreie Wundbehandlung; **a'sep·tic** [-ptɪk] *adj.* (☐ ᴖ*ally*) a'septisch, keimfrei, ste'ril.

a·sex·u·al [eɪ'seksjuəl] *adj.* ☐ *biol.* asexual: a) geschlechtslos (*a. fig.*), b) ungeschlechtlich: ᴖ *reproduction* ungeschlechtliche Fortpflanzung.

ash[1] [æʃ] *s.* ♀ **1.** *a.* ᴖ*-tree* Esche *f*: *weeping* ᴖ Traueresche; **2.** *a.* ᴖ *wood* Eschenholz *n*.

ash[2] [æʃ] *s.* **1.** Asche *f* (*a.* 🜋): ᴖ *bin* (*Am. can*) Aschen-, Mülleimer *m*; ᴖ *furnace* Glasschmelzofen *m*; **2.** *mst pl.* Asche *f*: *lay in* ᴖ*es* niederbrennen; **3.** *pl. fig.* sterbliche 'Überreste *pl.*; Trümmer *pl.*, Staub *m*: *rise from the* ᴖ*es fig.* (wie ein Phönix) aus der Asche aufsteigen; **4.** *win the* ♀*es* (*Kricket*) gegen Australien gewinnen.

a·shamed [ə'ʃeɪmd] *adj.* ☐ sich schämend, beschämt: *be* (*od. feel*) ᴖ *of* sich *e-r Sache od. j-s* schämen; *be* ᴖ *to* (*inf.*) sich schämen zu (*inf.*); *I am* ᴖ *that* es ist mir peinlich, daß; *you ought to be* ᴖ *of yourself!* du solltest dich schämen!

ash·en[1] ['æʃn] *adj.* ♀ eschen, aus Eschenholz.

ash·en[2] ['æʃn] *adj.* **1.** Aschen...; *fig.* aschfahl, -grau.

Ash·ke·naz·im [ˌæʃkɪ'næzɪm] (*Hebrew*) *s. pl.* As(ch)ke'nasim *pl.*

ash·lar ['æʃlə] *s.* △ Quaderstein *m*.

a·shore [ə'ʃɔ:] *adv. u. adj.* ans *od.* am Ufer *od.* Land: *go* ᴖ an Land gehen; *run* ᴖ a) stranden, auflaufen, b) auf Strand setzen.

'ash|·pit *s.* Aschengrube *f*; **'ᴖ·tray** *s.*

Aschenbecher *m*; ♀ **Wednes·day** *s.* Ascher'mittwoch *m*.

ash·y ['æʃɪ] *adj.* **1.** aus Asche (bestehend); mit Asche bedeckt; **2.** → *ashen*[2].

A·sian ['eɪʃn], **A·si·at·ic** [ˌeɪʃɪ'ætɪk] **I** *adj.* asi'atisch; **II** *s.* Asi'at(in).

a·side [ə'saɪd] **I** *adv.* **1.** bei'seite, auf die *od.* zur Seite, seitwärts; abseits: *step* (*set*) ᴖ; bei'seite: *speak* ᴖ; **3.** ᴖ *from Am.* abgesehen von; **II** *s.* **4.** *thea.* A'parte *n*, beiseite gesprochene Worte *pl.*; **5.** a) Nebenbemerkung *f*, b) geflüsterte Bemerkung.

as·i·nine ['æsɪnaɪn] *adj.* eselartig, Esels...; *fig.* eselhaft, dumm.

ask [ɑ:sk] **I** *v/t.* **1.** a) *j-n* fragen: ᴖ *the policeman*, b) nach *et.* fragen: ᴖ *the way*; ᴖ *the time* fragen, wie spät es ist; ᴖ *a question of s.o.* e-e Frage an j-n stellen; **2.** *j-n* nach *et.* fragen, sich bei *j-m* nach *et.* erkundigen: ᴖ *s.o. the way*; *may I* ᴖ *you a question?* darf ich Sie (nach) etwas fragen?; ᴖ *me another!* F keine Ahnung!; **3.** *j-n* bitten (*for um*, *to inf.* zu *inf.*, *that* daß): ᴖ *s.o. for advice*; *we were* ᴖ*ed to believe* man wollte uns glauben machen; **4.** bitten um, erbitten: ᴖ *his advice*; *be there for the* ᴖ*ing* umsonst *od.* mühelos zu haben sein; → *favour* 2; **5.** einladen, bitten: ᴖ *s.o. to lunch*; ᴖ *s.o. in* j-n hereinbitten; **6.** fordern, verlangen: ᴖ *a high price*; *that is* ᴖ*ing too much!* das ist zuviel verlangt!; **7.** → *banns*; **II** *v/i.* **8.** (*for*) bitten (um), verlangen (*acc. od.* nach); fragen (nach), *j-n* zu sprechen wünschen; *et.* erfordern: ᴖ (*s.o.*) *for help* (j-n) um Hilfe bitten; *s.o. has been* ᴖ*ing for you* es hat jemand nach Ihnen gefragt; *the matter* ᴖ*s for great care* die Angelegenheit erfordert große Sorgfalt; **9.** *fig.* her'beiführen: *you* ᴖ*ed for it* (*od. for trouble*) du wolltest es ja so haben; **10.** fragen, sich erkundigen (*after, about* nach, wegen).

a·skance [ə'skæns] *adv.* von der Seite; *fig.* schief, scheel, mißtrauisch: *look* ᴖ *at s.o.* (*od. s.th.*).

a·skew [ə'skju:] *adv.* schief, schräg (*a. fig.*).

a·slant [ə'slɑ:nt] **I** *adv. u. adj.* schräg, quer; **II** *prp.* quer über *od.* durch.

a·sleep [ə'sli:p] *adv. u. adj.* **1.** schlafend, im *od.* in den Schlaf: *be* ᴖ schlafen; *fall* ᴖ einschlafen; **2.** *fig.* entschlafen, leblos; **3.** *fig.* schlafend, unaufmerksam; **4.** *fig.* eingeschlafen (*Glied*).

a·slope [ə'sləʊp] *adv. u. adj.* abschüssig, schräg.

a·so·cial [æ'səʊʃəl] *adj.* ☐ **1.** ungesellig, kon'taktfeindlich; **2.** → *antisocial*.

asp[1] [æsp] *s. zo.* Natter *f*.

asp[2] [æsp] → *aspen*.

as·par·a·gus [ə'spærəgəs] *s.* ♀ Spargel *m*: ᴖ *tips* Spargelspitzen.

as·pect ['æspekt] *s.* **1.** Aussehen *n*, Äu-ßere(s) *n*, Erscheinung *f*, Anblick *m*, Gestalt *f*; **2.** Gebärde *f*, Miene *f*; **3.** A'spekt *m* (*a. ast.*), Gesichtspunkt *m*, Seite *f*; Hinsicht *f*, (Be)Zug *m*: *in its true* ᴖ im richtigen Licht; **4.** Aussicht *f*, Lage *f*: *the house has a southern* ᴖ das Haus liegt nach Süden.

as·pen ['æspən] ♀ **I** *s.* Espe *f*, Zitterpappel *f*; **II** *adj.* espen: *tremble like an* ᴖ *leaf* wie Espenlaub zittern.

as·per·gill [ˈæspədʒɪl], **as·per·gil-lum** [ˌæspəˈdʒɪləm] s. eccl. Weihwedel m.

as·per·i·ty [æˈsperəti] s. bsd. fig. Rauheit f, Schroffheit f; Schärfe f, Strenge f, Herbheit f.

as·perse [əˈspɜːs] v/t. verleumden, in schlechten Ruf bringen, schlechtmachen, schmähen; **as'per·sion** [-ɜːʃn] s. 1. eccl. Besprengung f; 2. Verleumdung f, Anwurf m, Schmähung f: cast ~s on j-n verleumden od. mit Schmutz bewerfen.

as·phalt [ˈæsfælt] I s. min. As'phalt m; II v/t. asphaltieren.

as·phyx·i·a [æsˈfɪksɪə] s. ☞ a) Erstikkung(stod m) f, b) Scheintod m; **as·phyx·i·ant** [əsˈfɪksɪənt] I adj. erstikkend; II s. erstickender (⚔ Kampf-) Stoff m; **as·phyx·i·ate** [əsˈfɪksɪeɪt] v/t. ersticken: be ~d ersticken; **as·phyx·i·a·tion** [əsˌfɪksɪˈeɪʃn] s. Erstickung f.

as·pic [ˈæspɪk] s. A'spik m, Ge'lee n.

as·pir·ant [əˈspaɪərənt] s. (to, after, for) Aspi'rant(in), Kandi'dat(in) (für); (eifriger) Bewerber (um): ~ officer Offiziersanwärter m.

as·pi·rate [ˈæspərət] ling. I s. Hauchlaut m; II adj. aspiriert; III v/t. [-pəreɪt] aspirieren; **as·pi·ra·tion** [ˌæspəˈreɪʃn] s. 1. Bestrebung f, Aspirati'on f, Trachten n, Sehnen n (for, after nach); 2. ling. Aspirati'on f; Hauchlaut m; 3. ☞, ☞ An-, Absaugung f; **as·pi·ra·tor** [ˈæspəreɪtə] s. ☞, ☞ 'Saugappa,rat m; **as·pire** [əsˈpaɪə] v/i. 1. streben, trachten, verlangen (to, after nach, to inf. zu inf.); 2. fig. sich erheben.

as·pi·rin [ˈæspərɪn] s. ☞ Aspi'rin n: two ~s zwei Aspirintabletten.

as·pir·ing [əsˈpaɪərɪŋ] adj. ☐ hochstrebend, ehrgeizig.

ass¹ [æs] s. zo. Esel m; fig. Esel m, Dummkopf m: make an ~ of o.s. sich lächerlich machen.

ass² [æs] s. Am. V Arsch m.

as·sail [əˈseɪl] v/t. 1. angreifen, überfallen, bestürmen (a. fig.): ~ a city, ~ s.o. with blows; ~ s.o. with questions j-n mit Fragen überschütten; ~ed by fear von Furcht ergriffen; ~ed by doubts von Zweifeln befallen; 2. (eifrig) in Angriff nehmen; **as'sail·a·ble** [-ləbl] adj. angreifbar (a. fig.); **as'sail·ant** [-lənt], **as'sail·er** [-lə] s. Angreifer(in), Gegner(in); fig. 'Kritiker m.

as·sas·sin [əˈsæsɪn] s. (Meuchel)Mörder (-in), po'litischer Mörder, Atten'täter (-in); **as'sas·si·nate** [-neɪt] v/t. (meuchlings) (er)morden; **as·sas·si·na·tion** [əˌsæsɪˈneɪʃn] s. Meuchelmord m, Ermordung f, (politischer) Mord, Atten'tat n.

as·sault [əˈsɔːlt] I s. 1. Angriff m (a. fig.), 'Überfall m (upon, on auf acc.); 2. ⚔ Sturm m: carry (od. take) by ~ erstürmen; ~ boat a) Sturmboot n, b) Landungsfahrzeug n; ~ troops Stoßtruppen; 3. ⚖ tätliche Bedrohung od. Beleidigung: ~ and battery schwere tätliche Beleidigung, Mißhandlung f; indecent od. criminal ~ unzüchtige Handlung (Belästigung), Sittlichkeitsvergehen n; II v/t. 4. angreifen, überfallen (a. fig.); anfallen, tätlich werden gegen; 5. ⚔ bestürmen (a. fig.); 6. ⚖ tätlich od. schwer beleidigen; 7. vergewaltigen.

as·say [əˈseɪ] I s. 1. ☞, ☞ Probe f, Ana-'lyse f, Prüfung f, Unter'suchung f, bsd. Me'tall-, Münzprobe f: ~ office Prüfungsamt n; II v/t. 2. bsd. (Edel)Metalle prüfen, unter'suchen; 3. fig. versuchen, probieren; III v/i. 4. Am. 'Edelme,tall enthalten; **as'say·er** [-eɪə] s. (Münz-) Prüfer m.

as·sem·blage [əˈsemblɪdʒ] s. 1. Zs.-kommen n, Versammlung f; 2. Ansammlung f, Schar f, Menge f; 3. ☞ Zs.-setzen n, Mon'tage f; 4. Kunst: Assem'blage f; **as·sem·ble** [əˈsembl] v/t. 1. versammeln, zs.-berufen; Truppen zs.-ziehen; 2. ☞ Teile zs.-setzen, -bauen, montieren; Computer: assemblieren; II v/i. 3. sich versammeln, zs.-kommen; parl. zs.-trcten; **as'sem·bler** [-lə] s. 1. ☞ Mon'teur m; 2. Computer: As'sembler m; **as'sem·bly** [-lɪ] s. 1. Versammlung f, Zs.-kunft f, Gesellschaft f: ~ hall, ~ room Gesellschafts-, Ballsaal m; 2. oft ⚖ pol. beratende od. gesetzgebende Körperschaft; Am. ⚖, a. General ⚖ 'Unterhaus n (in einigen Staaten): ~ man Abgeordnete(r) (→ 3); 3. ☞ Zs.-bau m, Mon'tage f; a. Computer: Baugruppe f; ~ line Montage-, Fließband n, (Fertigungs)Straße f; laufendes Band; ~ man Fließbandarbeiter m (→ 2); ~ plant Montagewerk n; ~ shop Montagehalle f; 4. ⚔ a) Bereitstellung f, b) 'Sammelsi,gnal n: ~ area Bereitstellungsraum m.

as·sent [əˈsent] I v/i. (to) zustimmen (dat.), beipflichten (dat.), billigen (acc.); genehmigen (acc.); II s. Zustimmung f: royal ~ pol. Brit. königliche Genehmigung.

as·sert [əˈsɜːt] v/t. 1. behaupten, erklären; 2. Anspruch, Recht behaupten, geltend machen; 'durchsetzen; bestehen auf (acc.); verteidigen, einstehen für: ~ one's liberties; 3. ~ o.s. a) sich behaupten, sich geltend machen od. 'durchsetzen, b) sich zu'viel anmaßen; **as·ser·tion** [əˈsɜːʃn] s. 1. Behauptung f, Erklärung f: make an ~ e-e Behauptung aufstellen; 2. Geltendmachung od. 'Durchsetzung f e-s Anspruches etc.; **as'ser·tive** [-tɪv] adj. ☐ 1. 'positiv, zur Geltung kommend, ausdrücklich; 2. anspruchsvoll, anmaßend.

as·sess [əˈses] v/t. 1. besteuern, zur Steuer cinschätzen od. veranlagen (in od. at the sum of mit); 2. Steuer, Geldstrafe etc. auferlegen (upon dat.): ~ed value Einheitswert m; 3. bsd. Wert zur Besteuerung od. e-s Schadens schätzen, veranschlagen, festsetzen; 4. fig. Leistung etc. bewerten, einschätzen, beurteilen, würdigen; **as'sess·a·ble** [-səbl] adj. ☐ 1. (ab)schätzbar; 2. (~ to income tax einkommens)steuerpflichtig; **as'sess·ment** [-mənt] s. 1. (Steuer)Veranlagung f, Einschätzung f, Besteuerung f: ~ notice Steuerbescheid m; rate of ~ Steuersatz m; 2. Festsetzung f e-r Zahlung (als Entschädigung etc.), (Schadens)Feststellung f; 3. (Betrag der) Steuer f, Abgabe f, Zahlung f; 4. fig. Bewertung f, Beurteilung f, Würdigung f; **as'ses·sor** [-sə] s. 1. Steuereinschätzer m; 2. ⚖ (sachverständiger) Beisitzer m, Sachverständige(r) m.

as·set [ˈæset] s. 1. ☞ Vermögen(swert m, -gegenstand m) n; Bilanz: Ak'tivposten m, pl. Ak'tiva pl., (Aktiv-, Betriebs)Vermögen n; (Kapital)Anlagen pl.; Guthaben n u. pl.: ~s and liabilities Aktiva u. Passiva; concealed (od. hidden) ~s stille Reserven; 2. pl. ⚖ Vermögen(smasse f) n, Nachlaß m; (bankrupt's) ~s Kon'kursmasse f; 3. fig. a) Vorzug m, -teil m, Plus n, Wert m, b) Gewinn (to für), wertvolle Kraft, guter Mitarbeiter etc.

as·sev·er·ate [əˈsevəreɪt] v/t. beteuern; **as·sev·er·a·tion** [əˌsevəˈreɪʃn] s. Beteuerung f.

as·si·du·i·ty [ˌæsɪˈdjuːəti] s. Emsigkeit f, (unermüdlicher) Fleiß; Dienstbeflissenheit f; **as·sid·u·ous** [əˈsɪdjʊəs] adj. ☐ 1. emsig, fleißig, eifrig, beharrlich; 2. aufmerksam, dienstbeflissen.

as·sign [əˈsaɪn] I v/t. 1. Aufgabe etc. zu-, anweisen, zuteilen, über'tragen (to s.o. j-m); 2. j-n zu e-r Aufgabe etc. bestimmen, j-n mit et. beauftragen; e-m Amt, ⚔ e-m Regiment zuteilen; 3. fig. et. zuordnen (to dat.); 4. Zeit, Aufgabe festsetzen, bestimmen; 5. Grund etc. angeben, anführen; 6. zuschreiben (to dat.); 7. ⚖ (to) über'tragen (auf acc.), abtreten (an acc.); II s. ⚖ m; ⚖ Rechtsnachfolger(in), Zessio'nar m; **as'sign·a·ble** [-nəbl] adj. bestimmbar, zuweisbar; zuzuschrcibcn(d); anführbar; et. über'tragbar; **as·sig·na·tion** [ˌæsɪɡˈneɪʃn] s. 1. → assignment 1, 2, 4; 2. et. Zugewiesenes, (Geld)Zuwendung f; 3. Stelldichein n; **as'sign·ee** [ˌæsɪˈniː] s. ⚖ 1. → assign 8; 2. Bevollmächtigte(r m) f; Treuhänder m: ~ in bankruptcy Konkursverwalter m; **as'sign·ment** [-mənt] s. 1. An-, Zuweisung f; 2. Bestimmung f, Festsetzung f; 3. Aufgabe f, Arbeit f (a. ped.); Auftrag m; bes. Am. Stellung f, Posten m; 4. ⚖ a) Übertragung f, Abtretung f, b) Abtretungsurkunde f; **as'sign·or** [ˌæsɪˈnɔː] s. ⚖ Ze'dent(in), Abtretende(r m) f.

as·sim·i·late [əˈsɪmɪleɪt] I v/t. 1. assimilieren: a) angleichen (a. ling.), anpassen (to, with dat.), b) bsd. sociol. aufnehmen, absorbieren, a. gleichsetzen (to, with mit), c) biol. Nahrung einverleiben, 'umsetzen; 2. vcrglcichcn (to, with mit); II v/i. 3. sich assimilieren, gleich od. ähnlich werden, sich anpassen, sich angleichen; 4. aufgenommen werden; **as·sim·i·la·tion** [əˌsɪmɪˈleɪʃn] s. (to) Assimilati'on f (an acc.): a) a. sociol. Angleichung f (an acc.), Gleichsetzung f (mit), b) biol., sociol. Aufnahme f, Einverleibung f, c) bot. Photosyn'these f, d) ling. Assimilierung f.

as·sist [əˈsɪst] v/t. 1. j-m helfen, beistehen; j-n od. et. unter'stützen: ~ed take-off Abflug m mit Starthilfe; 2. fördern, (mit Geld) unter'stützen: ~ed immigration Einwanderung mit (staatlicher) Beihilfe; II v/i. 3. Hilfe leisten, mithelfen (in bei): ~ in doing a job bei e-r Arbeit (mit)helfen; 4. (at) beiwohnen (dat.), teilnehmen (an dat.); III s. 5. F → assistance; 6. Eishockey etc.: Vorlage f; **as'sist·ance** [-təns] s. Hilfe f, Unter'stützung f, Beistand m: economic (judicial) ~ Wirtschafts-(Rechts)Hilfe f; social ~ Sozialhilfe f;

af·ford (*od. lend*) ~ Hilfe gewähren *od.* leisten; **as'sist·ant** [-tənt] **I** *adj.* **1.** behilflich (*to dat.*); **2.** Hilfs..., Unter..., stellvertretend, zweite(r): ~ *driver* Beifahrer *m*; ~ *judge* ♃ Beisitzer *m*; **II** *s.* **3.** Assi'stent(in), Gehilfe *m*, Gehilfin *f*, Mitarbeiter(in); Angestellte(r *m*) *f*; **4.** Ladengehilfe *m*, -gehilfin *f*, Verkäufer(in).

as·size [ə'saɪz] *s. hist.* **1.** ♃ (Schwur-) Gerichtssitzung *f*, Gerichtstag *m*; **2.** ~*s* *pl.* ♃ *Brit.* As'sisen *pl.*, peri'odische (Schwur)Gerichtssitzungen *pl.* des *High Court of Justice* in den einzelnen Grafschaften (*bis 1971*).

as·so·ci·a·ble [ə'səʊʃjəbl] *adj.* (gedanklich) vereinbar (*with* mit).

as·so·ci·ate [ə'səʊʃɪeɪt] **I** *v/t.* **1.** (*with*) vereinigen, verbinden, verknüpfen (mit); hin'zufügen, angliedern, -schließen, zugesellen (*dat.*): ~*d company* ♃ *Brit.* Schwestergesellschaft *f*; **2.** *bsd. psych.* assozi·ieren, (gedanklich) verbinden, in Zs.-hang bringen, verknüpfen; **3.** ~ *o.s.* sich anschließen (*with dat.*); **II** *v/i.* (*with* mit) **4.** 'Umgang haben, verkehren; **5.** sich verknüpfen, sich verbinden; **III** *adj.* [-ʃɪət] **6.** eng verbunden, verbündet; verwandt (*with* mit); **7.** beigeordnet, Mit...: ~ *editor* Mitherausgeber *m*; ~ *judge* beigeordneter Richter; **8.** außerordentlich: ~ *member*, ~ *professor*; **IV** *s.* [-ʃɪət] **9.** ♃ Teilhaber *m*, Gesellschafter *m*; **10.** Gefährte *m*, Genosse *m*, Kol'lege *m*, Mitarbeiter *m*; **11.** außerordentliches Mitglied, Beigeordnete(r *m*) *f*; **12.** *Am. univ.* Lehrbeauftragte(r *m*) *f*.

as·so·ci·a·tion [ə,səʊsɪ'eɪʃn] *s.* **1.** Vereinigung *f*, Verbindung *f*, An-, Zs.-schluß *m*; **2.** Verein(igung *f*) *m*, Gesellschaft *f*; Genossenschaft *f*, Handelsgesellschaft *f*, Verband *m*; **3.** Freundschaft *f*, Kame'radschaft *f*; 'Umgang *m*, Verkehr *m*; **4.** Zs.-hang *m*, Beziehung *f*, Verknüpfung *f*; (Gedanken)Verbindung *f*, (I'deen)Assoziati,on *f*: ~ *of ideas*; ~ *foot·ball* *s. sport* (Verbands-) Fußball(spiel *n*) *m* (*Ggs. Rugby*).

as·so·nance ['æsənəns] *s.* Asso'nanz *f*, vo'kalischer Gleichklang; **'as·so·nant** [-nt] **I** *adj.* anklingend; **II** *s.* Gleichklang *m*.

as·sort [ə'sɔːt] **I** *v/t.* **1.** sortieren, gruppieren, (passend) zs.-stellen; **2.** ♃ assortieren; **II** *v/i.* **3.** (*with*) passen (zu), über'einstimmen (mit); **4.** verkehren, 'umgehen (*with* mit); **as'sort·ed** [-tɪd] *adj.* **1.** sortiert, geordnet; **2.** ♃ assortiert, *a. fig.* gemischt, verschiedenartig, allerlei; **as'sort·ment** [-mənt] *s.* **1.** Sortieren *n*, Ordnen *n*; **2.** Zs.-stellung *f*, Sammlung *f*; **3.** *bsd.* ♃ Sorti'ment *n*, Auswahl *f*, Mischung *f*, Kollekti'on *f*.

as·suage [ə'sweɪdʒ] *v/t.* **1.** erleichtern, lindern, mildern; **2.** besänftigen, beschwichtigen; **3.** *Hunger etc.* stillen.

as·sume [ə'sjuːm] *v/t.* **1.** annehmen, vor'aussetzen, unter'stellen: *assuming that* angenommen, daß; **2.** *Amt, Pflicht, Schuld etc.* über'nehmen, (*a. Gefahr*) auf sich nehmen: ~ *office*; **3.** *Gestalt, Eigenschaft etc.* annehmen, bekommen; sich zulegen, sich geben, sich angewöhnen; **4.** sich anmaßen *od.* aneignen: ~ *power* die Macht ergreifen; **5.** vorschützen, vorgeben, (er)heu-

cheln; **6.** *Kleider etc.* anziehen; **as'sumed** [-md] *adj.* □ **1.** angenommen, vor'ausgesetzt; **2.** vorgetäuscht, unecht: ~ *name* Deckname *m*; **as'sum·ed·ly** [-mɪdlɪ] *adv.* vermutlich; **as'sum·ing** [-mɪŋ] *adj.* □ anmaßend.

as·sump·tion [ə'sʌmpʃn] *s.* **1.** Annahme *f*, Vor'aussetzung *f*; Vermutung *f*: *on the ~ that* in der Annahme, daß; **2.** 'Übernahme *f*, Annahme *f*; **3.** ('widerrechtliche) Aneignung; **4.** Anmaßung *f*; **5.** Vortäuschung *f*; **6.** ♀ (*Day*) *eccl.* Mariä Himmelfahrt *f*.

as·sur·ance [ə'ʃʊərəns] *s.* **1.** Ver-, Zusicherung *f*; **2.** Bürgschaft *f*, Garan'tie *f*; **3.** † (*bsd.* Lebens)Versicherung *f*; **4.** Sicherheit *f*, Gewißheit *f*; Sicherheitsgefühl *n*, Zuversicht *f*; **5.** Selbstsicherheit *f*, -vertrauen *n*; sicheres Auftreten; *b.s.* Dreistigkeit *f*; **as·sure** [ə'ʃʊə] *v/t.* **1.** sichern, sicherstellen, bürgen für: *this will ~ your success*; **2.** ver-, zusichern: ~ *s.o. of s.th.* j-n e-r Sache versichern, j-m et. zusichern; ~ *s.o. that* j-m versichern, daß; **3.** beruhigen; **4.** (*o.s.* sich) über'zeugen *od.* vergewissern; **5.** *Leben* versichern: ~ *one's life with* e-e Lebensversicherung abschließen bei e-r Gesellschaft; **as·sured** [ə'ʃʊəd] **I** *adj.* □ **1.** ge-, versichert; **2.** a) sicher, über-'zeugt, b) selbstsicher, c) beruhigt, ermutigt; **3.** gewiß, zweifellos; **II** *s.* **4.** Versicherte(r *m*) *f*; **as'sur·ed·ly** [-rɪdlɪ] *adv.* ganz gewiß; **as·sured·ness** [ə'ʃʊədnɪs] *s.* Gewißheit *f*; Selbstvertrauen *n*; *b.s.* Dreistigkeit *f*; **as'sur·er** [-rə] *s.* Versicherer *m*.

As·syr·i·an [ə'sɪrɪən] **I** *adj.* as'syrisch; **II** *s.* As'syrer(in).

as·ter ['æstə] *s.* ♀ Aster *f*.

as·ter·isk ['æstərɪsk] *s. typ.* Sternchen *n*.

a·stern [əs'tɜːn] *adv.* ♄ **1.** achtern, hinten; **2.** achteraus.

as·ter·oid ['æstərɔɪd] *s. ast.* Astero'id *m* (*kleiner Planet*).

asth·ma ['æsmə] *s.* ♨ 'Asthma *n*, Atemnot *f*; **asth·mat·ic** [æs'mætɪk] **I** *adj.* (□ ~*ally*) asth'matisch; **II** *s.* Asth'matiker (-in); **asth·mat·i·cal** [æs'mætɪkl] → *asthmatic* I.

as·tig·mat·ic [,æstɪg'mætɪk] *adj.* (□ ~*ally*) *phys.* astig'matisch; **a·stig·ma·tism** [æ'stɪgmətɪzəm] *s.* Astigma-'tismus *m*.

a·stir [ə'stɜː] *adv. u. adj.* **1.** auf den Beinen: a) in Bewegung, rege, b) auf(ge-standen), aus dem Bett, munter; **2.** in Aufregung (*with* über *acc.*, wegen).

as·ton·ish [ə'stɒnɪʃ] *v/t.* **1.** in Erstaunen *od.* Verwunderung setzen; **2.** über'raschen, befremden: *be ~ed* erstaunt *od.* überrascht sein (*at* über *acc.*, *to inf.* zu *inf.*), sich wundern (*at* über *acc.*); **as'ton·ish·ing** [-ʃɪŋ] *adj.* □ erstaunlich, überraschend; **as'ton·ish·ing·ly** [-ʃɪŋlɪ] *adv.* erstaunlich(erweise); **as-'ton·ish·ment** [-mənt] *s.* Verwunderung *f*, (Er)Staunen *n*, Befremden *n* (*at* über *acc.*): *to fill* (*od. strike*) *with* ~ in Erstaunen setzen.

as·tound [ə'staʊnd] *v/t.* verblüffen, in Erstaunen setzen, äußerst über'raschen; **as'tound·ing** [-dɪŋ] *adj.* □ verblüffend, höchst erstaunlich.

as·tra·chan → *astrakhan*.

a·strad·dle [ə'strædl] *adv.* rittlings.

as·tra·khan [,æstrə'kæn] *s.* 'Astrachan

m, Krimmer *m* (*Pelzart*).

as·tral ['æstrəl] *adj.* Stern(en)..., Astral...: ~ *body* Astralleib *m*; ~ *lamp* Astrallampe *f*.

a·stray [ə'streɪ] **I** *adv.*: *go* ~ a) vom Weg abkommen, b) *fig.* auf Abwege geraten, c) *fig.* irre-, fehlgehen, d) das Ziel verfehlen (*Schuß etc.*); *lead* ~ *fig.* irreführen, verleiten; **II** *adj.* irregehend, abschweifend (*a. fig.*); irrig, falsch.

a·stride [ə'straɪd] *adv., adj. u. prp.* rittlings (*of* auf *dat.*), mit gespreizten Beinen: *ride* ~ im Herrensattel reiten; ~ (*of*) *a horse* zu Pferde; ~ (*of*) *a road* quer über die Straße.

as·tringe [ə'strɪndʒ] *v/t.* (*a.* ♨) zs.-ziehen, adstringieren; **as'trin·gent** [-dʒənt] **I** *adj.* □ **1.** ♨ adstringierend, zs.-ziehend; **2.** *fig.* streng, hart; **II** *s.* **3.** ♨ Ad'stringens *n*.

as·tri·on·ics [,æstrɪ'ɒnɪks] *s. pl. sg. konstr.* Astri'onik *f*, 'Raumfahrtelek-,tronik *f*.

as·tro·dome ['æstrəʊdəʊm] *s.* ✈ Kuppel *f* für astro'nomische Navigati'on.

as·tro·labe ['æstrəʊleɪb] *s. ast.* Astro-'labium *n*.

as·trol·o·ger [ə'strɒlədʒə] *s.* Astro'loge *m*, Sterndeuter *m*; **as·tro·log·ic** [,æstrə'lɒdʒɪk(l)] *adj.* □ astro'logisch; **as·trol·o·gy** [ə'strɒlədʒɪ] *s.* Astrolo'gie *f*, Sterndeutung *f*.

as·tro·naut ['æstrənɔːt] *s.* (Welt-)Raumfahrer *m*, Astro'naut *m*; **as·tro·nau·tics** [,æstrə'nɔːtɪks] *s. pl. sg. konstr.* Raumfahrt *f*.

as·tron·o·mer [ə'strɒnəmə] *s.* Astro'nom *m*; **as·tro·nom·ic**, **as·tro·nom·i·cal** [,æstrə'nɒmɪk(l)] *adj.* □ **1.** astro'nomisch, Stern..., Himmels...; **2.** *fig.* riesengroß: ~ *figures* astro'nomische Zahlen; **as·tron·o·my** [ə'strɒnəmɪ] *s.* Astrono'mie *f*, Sternkunde *f*.

as·tro·phys·i·cist [,æstrəʊ'fɪzɪsɪst] *s.* Astro'physiker *m*; **as·tro·phys·ics** [,æstrəʊ'fɪzɪks] *s. pl. sg. konstr.* Astro-phy'sik *f*.

as·tute [ə'stjuːt] *adj.* □ **1.** scharfsinnig; **2.** schlau, gerissen, raffiniert; **as'tute·ness** [-nɪs] *s.* Scharfsinn *m*; Schlauheit *f*.

a·sun·der [ə'sʌndə] **I** *adv.* ausein'ander, ent'zwei, in Stücke: *cut s.th.* ~; **II** *adj.* ausein'ander(liegend); *fig.* verschieden.

a·sy·lum [ə'saɪləm] *s.* **1.** A'syl *n*, Heim *n*, (Pflege)Anstalt *f*: (*insane od. lunatic*) ~ Irrenanstalt *f*; **2.** A'syl *n*: a) Freistätte *f*, Zufluchtsort *m*, b) *fig.* Zuflucht *f*, Schutz *m*, c) po'litisches A'syl: *right of* ~ Asylrecht *n*.

a·sym·met·ric, **a·sym·met·ri·cal** [,æsɪ'metrɪk(l)] *adj.* □ asym'metrisch, 'unsym,metrisch, ungleichmäßig: *asymmetrical bars* Turnen: Stufenbarren *m*; **a·sym·me·try** [æ'sɪmətrɪ] *s.* Asymme'trie *f*, Ungleichmäßigkeit *f*.

a·syn·chro·nous [æ'sɪŋkrənəs] *adj.* □ 'asynchron, Asynchron...

at[1] [æt; *unbetont* ət] *prp.* **1.** (*Ort*) an (*dat.*), bei, zu, auf (*dat.*), in (*dat.*): ~ *the corner* an der Ecke; ~ *the door* an *od.* vor der Tür; ~ *home* zu Hause; ~ *the baker's* beim Bäcker; ~ *school* in der Schule; ~ *a ball* bei (*od.* auf) e-m Ball; ~ *Stratford* in Stratford (*at vor dem Namen jeder Stadt außer London* *u. dem eigenen Wohnort*; *vor den beiden letzteren* **in**); **2.** (*Richtung*) *auf* (*acc.*), *nach, gegen, zu, durch:* **point ~ s.o.** auf j-n zeigen; **3.** (*Art u. Weise, Zustand*) in (*dat.*), bei, zu, unter (*dat.*), auf (*acc.*): **~ work** bei der Arbeit; **~ your service** zu Ihren Diensten; **good ~ Latin** gut in Latein; **~ my expense** auf meine Kosten; **~ a gallop** im Galopp; **he is still ~ it** er ist noch dabei *od.* dran *od.* damit beschäftigt; **4.** (*Zeit*) um, bei, zu, auf (*dat.*): **~ 3 o'clock** um 3 Uhr; **~ dawn** bei Tagesanbruch; **~ Christmas** zu Weihnachten; **~** (**the age of**) **21** im Alter von 21 Jahren; **5.** (*Grund*) über (*acc.*), von, bei: **alarmed ~** beunruhigt über; **6.** (*Preis, Maß*) für, um, zu: **~ 6 dollars; charged ~** berechnet mit; **7. ~ all** in neg. *od. Fragesätzen:* über'haupt, gar *nichts etc.:* **is he suitable ~ all?** ist er überhaupt geeignet?; **not ~ all** überhaupt nicht; **~ all!** F nichts zu danken!, gern geschehen!

At² [æt] *s.* Brit. ✕ *hist.* F Angehörige *f* der Streitkräfte.

at·a·vism ['ætəvɪzəm] *s.* biol. Ata'vismus *m*, (Entwicklungs)Rückschlag *m*; **at·a·vis·tic** [ˌætə'vɪstɪk] *adj.* ata'vistisch.

a·tax·i·a [ə'tæksɪə], **a'tax·y** [-ksɪ] *s.* Ata'xie *f*, Bewegungsstörung *f*.

ate [et] *pret. von* **eat.**

at·el·ier ['ætəljeɪ] (*Fr.*) *s.* Ateli'er *n*.

a·the·ism ['eɪθɪɪzəm] *s.* Athe'ismus *m*, Gottesleugnung *f*; **'a·the·ist** [-ɪst] *s.* **1.** Athe'ist(in); **2.** gottloser Mensch; **a·the·is·tic** *adj.*, **a·the·is·ti·cal** [ˌeɪθɪ'ɪstɪk(l)] *adj.* □ **1.** athe'istisch; **2.** gottlos.

A·the·ni·an [ə'θiːnjən] **I** *adj.* a'thenisch; **II** *s.* A'thener(in).

a·thirst [ə'θɜːst] *adj.* **1.** durstig; **2.** begierig (**for** nach).

ath·lete ['æθliːt] *s.* **1.** Ath'let *m*: a) Sportler *m*, Wettkämpfer *m*, b) *fig.* Hüne *m*; **2.** Brit. 'Leichtath‚let *m*; **~'s foot** *s.* ⚕ Fußpilz *m*.

ath·let·ic [æθ'letɪk] *adj.* (□ **~ally**) ath'letisch: a) Sport..., b) von athletischem Körperbau, musku'lös, c) sportlich (gewandt); **~ heart** *s.* ⚕ Sportherz *n*.

ath·let·i·cism [æθ'letɪsɪzəm] *s.* → *athletics* 2; **ath'let·ics** [-ɪks] *s. pl. sg. konstr.* **1.** a) Sport *m*, b) Brit. 'Leichtath‚letik *f*; **2.** sportliche Betätigung *od.* Gewandtheit, Sportlichkeit *f*.

at-home [æt'həʊm] *s.* (zwangloser) Empfang(stag), At-'home *n*.

a·thwart [ə'θwɔːt] **I** *adv.* **1.** quer, schräg hin'durch; ⚓ dwars (über); **2.** *fig.* verkehrt, ungelegen, in die Quere; **II** *prp.* **3.** (quer) über (*acc.*) *od.* durch; ⚓ dwars (über *acc.*); **4.** *fig.* (ent)gegen.

a·tilt [ə'tɪlt] *adv. u. adj.* **1.** vorgebeugt, kippend; **2.** mit eingelegter Lanze: **run** (*od.* **ride**) **~ at s.o.** *fig.* gegen j-n e-e Attacke reiten.

At·lan·tic [ət'læntɪk] **I** *adj.* at'lantisch; **II** *s.:* **the ~** der At'lantik, der Atlantische Ozean; **~ Char·ter** *s.* pol. At'lantik‚Charta *f*; **~** (**standard**) **time** *s.* At'lantische ('Standard)Zeit (*im Osten Kanadas*).

at·las ['ætləs] *s.* **1.** Atlas *m* (*Buch*); **2.** △ At'lant *m*, Atlas *m* (*Gebälkträger*); **3.** *fig.* Hauptstütze *f*; **4.** *anat.* Atlas *m* (*oberster Halswirbel*); **5.** *großes Papierformat*; **6.** Atlas(seide *f*) *m*.

at·mos·phere ['ætmə‚sfɪə] *s.* **1.** Atmo'sphäre *f*, Lufthülle *f*; **2.** Luft *f*: **a moist ~**; **3.** ⊚ Atmo'sphäre *f* (*Druckeinheit*); **4.** *fig.* Atmo'sphäre *f*: a) Um'gebung *f*, b) Stimmung *f*.

at·mos·pher·ic [ˌætməs'ferɪk] *adj.* (□ **~ally**) **1.** atmo'sphärisch, Luft...: **~ pressure** *phys.* Luftdruck; **2.** Witterungs..., Wetter...; **3.** ⊚ mit (Luft-)Druck betrieben; **4.** *fig.* stimmungsvoll, Stimmungs...; **at·mos'pher·ics** [-ks] *s. pl.* **1.** ⊚ atmo'sphärische Störungen *pl.*; **2.** *fig.* (*bsd.* opti'mistische) Atmo'sphäre.

at·oll ['ætɒl] *s.* geogr. A'toll *n*.

at·om ['ætəm] *s.* **1.** *phys.* A'tom *n*: **~ bomb** Atombombe *f*; **~ smashing** Atomzertrümmerung *f*; **~ splitting** Atom(kern)spaltung *f*; **2.** *fig.* A'tom *n*, winziges Teilchen, bißchen *n*: **not an ~ of truth** kein Körnchen Wahrheit.

a·tom·ic [ə'tɒmɪk] *adj. phys.* (□ **~ally**) ato'mar, a'tomisch, Atom...: **~ age** Atomzeitalter *n*; **~ bomb** Atombombe *f*; **~ clock** Atomuhr *f*; **~ decay, ~ disintegration** Atomzerfall *m*; **~ energy** Atomenergie *f*; **~ fission** Atomspaltung *f*; **~ fuel** Kernbrennstoff *m*; **~ index, ~ number** Atomzahl *f*; **~ nucleus** Atomkern *m*; **~ pile** Atombatterie *f*, -säule *f*, -meiler *m*; **~-powered** mit Atomkraft getrieben, Atom...; **~ power plant** Atomkraftwerk *n*; **~ weight** Atomgewicht *n*.

a·tom·i·cal [ə'tɒmɪkl] → *atomic.*

a·tom·ics [ə'tɒmɪks] *s. pl. mst sg.* 'Atom‚physik *f*.

at·om·ism ['ætəmɪzəm] *s. phls.* Ato'mismus *m*; **at·om·is·tic** [ˌætəʊ'mɪstɪk] *adj.* (□ **~ally**) ato'mistisch.

at·om·ize ['ætəʊmaɪz] *v/t.* **1.** in A'tome auflösen; **2.** *Flüssigkeit* zerstäuben, in s-e Bestandteile auflösen, atomisieren; **4.** ✕ mit Atombomben belegen; **'at·om·iz·er** [-maɪzə] *s.* ⊚ Zerstäuber *m*.

at·o·my¹ ['ætəmɪ] *s.* **1.** A'tom *n*; **2.** *fig.* Zwerg *m*, Knirps *m*.

at·o·my² ['ætəmɪ] *s.* F ‚Gerippe' *n*.

a·tone [ə'təʊn] *v/i.* (**for**) büßen (für); sühnen, wieder'gutmachen (*acc.*); **a'tone·ment** [-mənt] *s.* **1.** Buße *f*, Sühne *f*, Genugtuung *f* (**for** für): **Day of ~** *eccl.* a) Buß- und Bettag *m*, b) Versöhnungstag *m* (*jüd. Feiertag*); **2. the ~** *eccl.* das Sühneopfer Christi.

a·ton·ic [æ'tɒnɪk] *adj.* **1.** ⚕ a'tonisch, schlaff, schwächend; **2.** *ling.* a) unbetont, b) stimmlos; **at·o·ny** ['ætənɪ] *s.* ⚕ Ato'nie *f.*

a·top [ə'tɒp] **I** *adv.* oben(auf), zu'oberst; **II** *prp.* **a. ~ of** (oben) auf (*dat.*); *fig.* besser als.

a·trip [ə'trɪp] *adj.* ⚓ **1.** gelichtet (*Anker*); **2.** steilgeheißt (*Segel*).

a·tri·um ['ɑːtrɪəm] *pl.* **-a** [-ə] *s.* 'Atrium *n*: a) *antiq.* Hauptraum *m*, b) △ Lichthof *m*, c) *anat.* (*bsd.* Herz)Vorhof *m*, Vorkammer *f*.

a·tro·cious [ə'trəʊʃəs] *adj.* □ scheußlich, gräßlich, grausam, *fig.* F a. mise'rabel; **a·troc·i·ty** [ə'trɒsətɪ] *s.* **1.** Scheußlichkeit *f*; **2.** Greuel(tat *f*) *m*; **3.** F a) Ungeheuerlichkeit *f*, (grober) Verstoß, b) ‚Greuel' *m*, et. Scheußliches.

at·ro·phied ['ætrəfɪd] *adj.* ⚕ atrophiert, geschrumpft, verkümmert (*a. fig.*); **'at·ro·phy** [-fɪ] ⚕ **I** *s.* Atro'phie *f*, Ab-

zehrung *f*, Schwund *m*, Verkümmerung *f* (*a. fig.*); **II** *v/t.* abzehren *od.* verkümmern lassen; **III** *v/i.* schwinden, verkümmern (*a. fig.*).

Ats [æts] *s. pl.* Brit. hist. F statt **A.T.S.** ['eɪ‚tiː'es] *abbr. für* (**Women's**) **Auxiliary Territorial Service** Organisation der weiblichen Angehörigen der Streitkräfte.

at·ta·boy ['ætəbɔɪ] *int.* Am. F bravo!, so ist's recht!

at·tach [ə'tætʃ] **I** *v/t.* **1.** (**to**) befestigen, anbringen (an *dat.*), beifügen (*dat.*), anheften, -binden, -kleben (an *acc.*), verbinden (mit); **2.** *fig.* (**to**) Sinn *etc.* verknüpfen, verbinden (mit); *Wert, Wichtigkeit, Schuld* beimessen (*dat.*), Namen beilegen (*dat.*): **~ conditions** (**to**) Bedingungen knüpfen (an *acc.*); → **importance** 1; **3.** *fig.* j-n fesseln, gewinnen, für sich einnehmen: **be ~ed to s.o.** an j-m hängen; **be ~ed** ‚in festen Händen sein' (*Mädchen etc.*); **~ o.s.** sich anschließen (**to** *dat.*, an *acc.*); **4.** (**to**) j-n angliedern, zuteilen (*dat.*); **5.** ♆ a) j-n verhaften, b) *et.* beschlagnahmen, *Forderung, Konto etc.* pfänden; **II** *v/i.* **6.** (**to**) anhaften (*dat.*), verknüpft *od.* verbunden sein (mit): **no blame ~es to him** ihn trifft keine Schuld; **7.** ♆ als Rechtsfolge eintreten: **liability ~es**; **at'tach·a·ble** [-tʃəbl] *adj.* **1.** anfügbar, an-, aufsteckbar; **2.** *fig.* verknüpfbar (**to** mit); **3.** ♆ zu beschlagnahmen(d); beschlagnahmefähig, pfändbar.

at·ta·ché [ə'tæʃeɪ] (*Fr.*) *s.* Atta'ché *m*: **commercial ~** Handelsattaché; **~ case** *s.* Aktenkoffer *m*.

at·tached [ə'tætʃt] *adj.* **1.** befestigt, fest, da'zugehörig: **with collar ~** mit festem Kragen; **2.** angeschlossen, zugeteilt; **3.** anhänglich, j-m zugetan; **at·'tach·ment** [-tʃmənt] *s.* **1.** Befestigung *f*, Anbringung *f*; Anschluß *m*; **2.** Verbindung *f*, Verknüpfung *f*; **3.** Anhängsel *n*, Beiwerk *n*; ⊚ Zusatzgerät *n*; **4.** *fig.* (**to**, **for**) Bindung *f* (an *acc.*); Zugehörigkeit *f* (zu); Anhänglichkeit *f* (an *acc.*), Neigung *f*, Liebe *f* (zu); **5.** ♆ a) Verhaftung *f*, b) Beschlagnahme *f*, Pfändung *f*, dinglicher Ar'rest: **~ of a debt** Forderungspfändung *f*; **order of ~** Beschlagnahmeverfügung *f*.

at·tack [ə'tæk] **I** *v/t.* **1.** angreifen, über'fallen; **2.** *fig.* angreifen, scharf kritisieren; **3.** *fig.* Arbeit *etc.* in Angriff nehmen, sich über *Essen etc.* hermachen; **4.** *fig.* befallen (*Krankheit*); angreifen: **acid ~s metals**; **II** *s.* **5.** Angriff *m* (**on** auf *acc.*) (*a.* ⚕ Einwirkung), 'Überfall *m*; **6.** *fig.* Angriff *m*, At'tacke *f*, (scharfe) Kri'tik: **be under ~** unter Beschuß stehen; **7.** ⚕ Anfall *m*, At'tacke *f*; **8.** In'angriffnahme *f*; **at'tack·er** [-kə] *s.* Angreifer *m*.

at·tain [ə'teɪn] **I** *v/t.* Zweck etc. erreichen; erlangen; erzielen; **II** *v/i.* (**to**) gelangen (zu), erreichen (*acc.*): **after ~ing the age of 18 years** nach Vollendung des 18. Lebensjahres; **at'tain·a·ble** [-nəbl] *adj.* erreichbar; **at'tain·der** [-ndə] *s.* ♆ Verlust *m* der bürgerlichen Ehrenrechte u. Einziehung *f* des Vermögens; **at'tain·ment** [-mənt] *s.* **1.** Erreichung *f*, Erwerbung *f*; **2.** *pl.* Kenntnisse *pl.*, Fertigkeiten *pl.*; **at'taint** [-nt] **I** *v/t.* **1.** zum Tode und zur

Ehrlosigkeit verurteilen; **2.** befallen (*Krankheit*); **3.** *fig.* beflecken, entehren; **II** *s.* **4.** Makel *m*, Schande *f*.

at·tar ['ætə] *s.* 'Blumenes,senz *f*, *bsd.* ~ **of roses** Rosenöl *n*.

at·tempt [ə'tempt] **I** *v/t.* **1.** versuchen, probieren; **2.** ~ *s.o.'s life* e-n Mordanschlag auf j-n verüben; ~*ed murder* Mordversuch *m*; **3.** in Angriff nehmen, sich wagen *od.* machen an (*acc.*); **II** *s.* **4.** Versuch *m*, Bemühung *f* (*to inf.* zu *inf.*): ~ *at explanation* Erklärungsversuch; **5.** Angriff *m*: ~ *on s.o.'s life* (Mord)Anschlag, Attentat *n* auf j-n.

at·tend [ə'tend] **I** *v/t.* **1.** j-m aufwarten; als Diener *od.* dienstlich begleiten; **2.** *bsd.* **3.** Kranke pflegen; ärztlich behandeln; **3.** *fig.* begleiten: ~*ed by od.* **with** begleitet von, verbunden mit (*Schwierigkeiten etc.*); **4.** beiwohnen (*dat.*), teilnehmen an (*dat.*); *Vorlesung, Schule, Kirche etc.* besuchen; **5.** ❊ a) bedienen, b) warten, pflegen, über'wachen; **II** *v/i.* **6.** (*to*) beachten (*acc.*), hören, achten (*auf acc.*): ~ *to what I am saying*; **7.** (*to*) sich kümmern (um), sich widmen (*dat.*); ✝ j-n bedienen (*im Laden*), abfertigen; **8.** (*to*) sorgen (für); besorgen, erledigen (*acc.*); **9.** ([*up*]*on*) j-m aufwarten, zur Verfügung stehen; j-n bedienen; **10.** erscheinen, zu'gegen sein (*at* bei); **11.** *obs.* achtgeben; **at·'tend·ance** [-dəns] *s.* **1.** Bedienung *f*, Aufwartung *f*, Pflege *f* (*on*, *upon gen.*), Dienst(leistung *f*) *m*: *medical* ~ ärztliche Hilfe; *hours of* ~ Dienststunden; *in* ~ diensthabend, -tuend; ~ *dance* 3; **2.** (*at*) Anwesenheit *f*, Erscheinen *n* (bei), Beteiligung *f*, Teilnahme *f* (an *dat.*), Besuch *m* (*gen.*): ~ *list* Anwesenheitsliste *f*; *hours of* ~ Besuchszeit *f*; **3.** ❊ Bedienung *f*; Wartung *f*; **4.** Begleitung *f*, Dienerschaft *f*, Gefolge *n*; **5.** a) Besucher(zahl *f*) *pl.*, b) Besuch *m*, Beteiligung *f*: *in* ~ *at* anwesend bei; **at·'tend·ant** [-dənt] **I** *adj.* **1.** (*on*, *upon*) begleitend (*acc.*), diensttuend (bei); **2.** anwesend (*at* bei); **3.** *fig.* (*upon*) verbunden mit, zugehörig (*dat.*), Begleit...: ~ *circumstances* Begleitumstände; ~ *expenses* Nebenkosten; **II** *s.* **4.** Begleiter(in), Gefährte *m*, Gesellschafter(in); **5.** Diener(in), Bediente(r *m*) *f*; Aufseher(in), Wärter (-in); **6.** *pl.* Dienerschaft *f*, Gefolge *n*; **7.** ❊ Bedienungsmann *m*; **8.** Begleiterscheinung *f*, Folge *f*.

at·ten·tion [ə'tenʃn] *s.* **1.** Aufmerksamkeit *f*, Beachtung *f*: *call* ~ *to* die Aufmerksamkeit lenken auf (*acc.*); *come to s.o.'s* ~ j-m zur Kenntnis gelangen; *pay* ~ *to* j-m *od. et.* Beachtung schenken; **2.** Berücksichtigung *f*, Erledigung *f*: (*for the*) ~ *of* zu Händen von (*od. gen.*); *for immediate* ~ zur sofortigen Erledigung; **3.** Aufmerksamkeit *f*, Freundlichkeit *f*; *pl.* Aufmerksamkeiten *pl.*: *pay one's* ~*s to s.o.* j-m den Hof machen; **4.** ~*! Achtung!*, ✗ *a.* stillgestanden!; *stand at od.* **to** ~ ✗ stillstehen, Haltung annehmen; **5.** Bedienung *f*, Wartung *f*; **at·'ten·tive** [-ntɪv] *adj.* □ (*to*) aufmerksam: a) achtsam (auf *acc.*), b) *fig.* höflich (zu).

at·ten·u·ate I *v/t.* [ə'tenjʊeɪt] **1.** dünn *od.* schlank machen; verdünnen; ↯ dämpfen; **2.** *fig.* vermindern, abschwä-

chen; **II** *adj.* [-jʊət] **3.** verdünnt, vermindert, abgeschwächt, abgemagert; **at·ten·u·a·tion** [ə,tenjʊ'eɪʃn] *s.* Verminderung *f*, Verdünnung *f*, Schwächung *f*, Abmagerung *f*; ↯ Dämpfung *f*.

at·test [ə'test] **I** *v/t.* **1.** a) beglaubigen, bescheinigen, b) amtlich begutachten *od.* attestieren: *to* ~ *cattle*; **2.** bestätigen, beweisen; **3.** ✗ *Br.* vereidigen; **II** *v/i.* **4.** zeugen (*to* für); **at·tes·ta·tion** [,ætes'teɪʃn] *s.* **1.** Bezeugung *f*, Zeugnis *n*, Beweis *m*, Bescheinigung *f*, Bestätigung *f*; **2.** Eidesleistung *f*, Vereidigung *f*.

at·tic¹ ['ætɪk] *s.* **1.** Dachstube *f*, Man'sarde *f*; *pl.* Dachgeschoß *n*; **2.** Ⓕ *fig.* ,Oberstübchen' *n*, Kopf *m*.

At·tic² ['ætɪk] *adj.* 'attisch: ~ *salt*, ~ *wit* attisches Salz, feiner Witz.

at·tire [ə'taɪə] **I** *v/t.* **1.** kleiden, anziehen; **2.** putzen; **II** *s.* **3.** Kleidung *f*, Gewand *n*; **4.** Schmuck *m*.

at·ti·tude ['ætɪtjuːd] *s.* **1.** Stellung *f*, Haltung *f*: *strike an* ~ e-e Pose annehmen; **2.** *fig.* Haltung *f*: a) Standpunkt *m*, Verhalten *n*: ~ *of mind* Geisteshaltung, b) Stellung(nahme) *f*, Einstellung *f* (*to*, *towards* zu, gegenüber); **3.** (*a.* ➶) Lage *f*; **at·ti·tu·di·nize** [,ætɪ'tjuːdɪnaɪz] *v/i.* **1.** sich in Posi'tur setzen, posieren; **2.** affektiert tun.

at·tor·ney [ə'tɜːnɪ] *s.* ⚖ (Rechts)Anwalt *m* (*Am. a.* ~ *at law*): Bevollmächtigte(r *m*) *f*, (Stell)Vertreter *m*: *letter od.* **warrant**) *of* ~ schriftliche Vollmacht; *power of* ~ Vollmacht(surkunde) *f*; *by* ~ im Auftrag; **At,tor·ney·'Gen·er·al** *s.* ⚖ *Brit.* Kronanwalt *m*, Gene'ralstaatsanwalt *m*; *Am.* Ju'stizmi,nister *m*.

at·tract [ə'trækt] *v/t.* **1.** anziehen (*a. phys.*); **2.** *fig.* anziehen, anlocken, fesseln, reizen; *Mißfallen etc.* auf sich lenken (*od.* ziehen): ~ *attention* Aufmerksamkeit erregen; ~ *new members* neue Mitglieder gewinnen; ~*ed by the music* von der Musik angelockt; *be* ~*ed* (*to*) eingenommen sein (für), liebäugeln (mit), sich hingezogen fühlen (zu); **at·'trac·tion** [-kʃn] *s.* **1.** *phys.* Anziehungskraft *f*: ~ *of gravity* Gravitationskraft *f*; **2.** *fig.* Anziehungskraft *f*, -punkt *m*, Reiz *m*, Attrakti'on *f*; *thea.* ('Haupt)Attrakti,on *f*, Zugstück *n*, -nummer *f*; **at·'trac·tive** [-tɪv] *adj.* □ anziehend, *fig. a.* attrak'tiv, reizvoll, fesselnd, verlockend; zugkräftig; **at·'trac·tive·ness** [-tɪvnɪs] *s.* Reiz *m*, das Attrak'tive.

at·trib·ut·a·ble [ə'trɪbjʊtəbl] *adj.* 'zuzuschreiben(d), beizumessen(d); **at·trib·ute I** *v/t.* [ə'trɪbjuːt] (*to*) **1.** zuschreiben, beilegen, -messen (*dat.*); *b.s. a.* unter'stellen (*dat.*); **2.** zu'rückführen (auf *acc.*); **II** *s.* ['ætrɪbjuːt] **3.** Attri'but *n* (*a. ling.*), Eigenschaft *f*, Merkmal *n*; **4.** (Kenn)Zeichen *n*, Sinnbild *n*; **at·tri·bu·tion** [,ætrɪ'bjuːʃn] *s.* **1.** Zuschreibung *f*; **2.** beigelegte Eigenschaft; **3.** zuerkanntes Recht; **at'trib·u·tive** [-tɪv] **I** *adj.* □ **1.** zugeschrieben, beigelegt; **2.** *ling.* attribu'tiv; **II** *s.* **3.** *ling.* Attri'but *n*.

at·trit·ed [ə'traɪtɪd] *adj.* abgenutzt; **at·tri·tion** [ə'trɪʃn] *s.* **1.** Abrieb *m*, Abnutzung *f*, ❊ *a.* Verschleiß *m*; **2.** Zermürbung *f*: *war of* ~ Zermürbungs-, Abnutzungskrieg *m*.

at·tune [ə'tjuːn] *v/t.* ♪ stimmen; *fig.* (*to*) in Einklang bringen (mit), anpassen (*dat.*); abstimmen (auf *acc.*).

a·typ·i·cal [eɪ'tɪpɪkl] *adj.* □ 'atypisch.

au·ber·gine ['əʊbəʒiːn] *s.* ♥ Auber'gine *f*.

au·burn ['ɔːbən] *adj.* ka'stanienbraun (*Haar*).

auc·tion ['ɔːkʃn] **I** *s.* Aukti'on *f*, Versteigerung *f*: *sell by* (*Am. at*) ~, *put up for* (*od. to*, *Am. at*) ~ versteigern, verauktionieren, versteigern; *Dutch* ~ Auktion, bei der Preis so lange erniedrigt wird, bis sich ein Käufer findet; *sale by* (*od. at*) ~ Versteigerung *f*; ~ *bridge Kartenspiel:* Auktionsbridge *n*; ~ *room* Auktionslokal *n*; **II** *v/t. mst* ~ *off* versteigern; **auc·tion·eer** [,ɔːkʃə'nɪə] **I** *s.* Aukti'onator *m*, Versteigerer *m*, *pl. a.* Aukti'onshaus *n*; **II** *v/t.* → *auction* II.

au·da·cious [ɔː'deɪʃəs] *adj.* □ kühn: a) verwegen, b) keck, dreist, unverfroren; **au·dac·i·ty** [ɔː'dæsətɪ] *s.* Kühnheit *f*: a) Verwegenheit *f*, Waghalsigkeit *f*, b) Dreistigkeit *f*, Unverfrorenheit *f*.

au·di·bil·i·ty [,ɔːdɪ'bɪlətɪ] *s.* Hörbarkeit *f*, Vernehmbarkeit *f*; Lautstärke *f*; **au·di·ble** ['ɔːdəbl] *adj.* □ hör-, vernehmbar, vernehmlich; ❊ a'kustisch: ~ *signal*.

au·di·ence ['ɔːdjəns] *s.* **1.** Anhören *n*, Gehör *n* (*a.* ⚖): *give* ~ *to s.o.* j-m Gehör schenken, j-n anhören; *right of* ~ ⚖ rechtliches Gehör; **2.** Audi'enz *f* (*of*, *with* bei), Gehör *n*; **3.** 'Publikum *n*: a) Zuhörer(schaft *f*) *pl.*, b) Zuschauer *pl.*, c) Besucher *pl.*, d) Leser(kreis *m*) *pl.*: ~ *rating* Radio, TV Einschaltquote *f*.

audio- [ɔːdɪəʊ] *in Zssgn* Hör..., Ton..., Audio...: ~ *frequency* Tonfrequenz *f*; ~ *range* Tonfrequenzbereich *m*.

au·di·on ['ɔːdɪən] *s.* Radio: 'Audion *n*: ~ *tube Am.*, ~ *valve Brit.* Verstärkerröhre *f*.

au·di·o·phile ['ɔːdɪəʊfaɪl] *s.* Hi-Fi-Fan *m*.

au·di·o·tape ['ɔːdɪəʊteɪp] *s.* (besprochenes) Tonband; ~*typ·ist* ['ɔːdɪəʊ,taɪpɪst] *s.* Phonoty'pistin *f*; ~*vis·u·al* [,ɔːdɪəʊ'vɪzjʊəl] **I** *adj. ped.* audiovisu'ell: ~ *aids* → **II** *s. pl.* audiovisu'elle 'Unterrichtsmittel *pl.*

au·dit [ɔː'dɪt] **I** *s.* **1.** ✝ (Rechnungs-, Wirtschafts)Prüfung *f*, 'Bücherrevisi,on *f*: ~ *year* Prüfungs-, Rechnungsjahr *n*; **2.** *fig.* Rechenschaftslegung *f*; **II** *v/t.* **3.** Geschäftsbücher (amtlich) prüfen, revidieren; '*au·dit·ing* [-tɪŋ] *s.* → *audit* 1.

au·di·tion [ɔː'dɪʃn] **I** *s.* **1.** ♪ Hörvermögen *n*, Gehör *n*; **2.** *thea.*, ♪ a) Vorsprechen *n od.* -singen *n od.* -spielen *n*, b) Anhörprobe *f*; **II** *v/t.* **3.** *thea. etc.* j-n vorsprechen *od.* vorsingen *od.* vorspielen lassen.

au·di·tor ['ɔːdɪtə] *s.* **1.** Rechnungs-, Wirtschaftsprüfer *m*, 'Bücherre,visor *m*; **2.** *Am. univ.* Gasthörer(in); **au·di·to·ri·um** [,ɔːdɪ'tɔːrɪəm] *s.* Audi'torium *n*, Zuhörer-, Zuschauerraum *m*, Hörsaal *m*; *Am.* Vortragssaal *m*, Festhalle *f*; '*au·di·to·ry* [-tərɪ] *adj.* **1.** Gehör..., Hör...; ✝ **2.** Zuhörer(schaft *f*) *pl.*; **3.** → *auditorium*.

au fait [,əʊ 'feɪ] (*Fr.*) *adj.* auf dem laufenden, vertraut (*with* mit).

au fond [,əʊ 'fɔ̃] (*Fr.*) *adv.* im Grunde.

Au·ge·an [ɔː'dʒiːən] *adj.* Augias...,

'überaus schmutzig: *cleanse the ~ stables* fig. die Augiasställe reinigen.

au·ger ['ɔːgə] s. ◎ großer Bohrer, Löffel-, Schneckenbohrer m; Förderschnecke f.

aught [ɔːt] *pron.* (irgend) etwas: *for ~ I care* meinetwegen; *for ~ I know* soviel ich weiß.

aug·ment [ɔːg'ment] **I** *v/t.* vermehren, vergrößern; **II** *v/i.* sich vermehren, zunehmen; **III** s. ['ɔːgmənt] *ling.* Aug·'ment n (*Vorsilbe in griech. Verben*); **aug·men·ta·tion** [ˌɔːgmen'teɪʃn] s. Vergrößerung f, Vermehrung f, Zunahme f, Wachstum n, Zuwachs m; Zusatz m; **aug'ment·a·tive** [-tətɪv] **I** *adj.* vermehrend, verstärkend; **II** s. *ling.* Verstärkungsform f.

au gra·tin [ˌəʊ 'grætæŋ] (*Fr.*) *adj.* Küche: au gra'tin, über'krustet.

au·gur ['ɔːgə] **I** s. *antiq.* 'Augur m, Wahrsager m; **II** *v/t. u. v/i.* prophe'zeien, ahnen (lassen), verheißen: *~ ill (well)* ein schlechtes (gutes) Zeichen sein (*for* für), Böses (Gutes) ahnen lassen; **au·gu·ry** ['ɔːgjʊrɪ] s. **1.** Weissagung f, Prophe'zeiung f; **2.** Vorbedeutung f, Anzeichen n, Omen n; Vorahnung f.

au·gust¹ [ɔː'gʌst] *adj.* □ erhaben, hehr, maje'stätisch.

Au·gust² ['ɔːgəst] s. Au'gust m: *in ~* im August.

Au·gus·tan age [ɔː'gʌstən] s. **1.** Zeitalter n des (Kaisers) Au'gustus; **2.** Blütezeit f e-r Nati'on.

Au·gus·tine [ɔː'gʌstɪn], *a.* ~ **fri·ar** s. Augu'stiner(mönch) m.

auld [ɔːld] *adj. Scot.* alt; ~ **lang syne** [ˌɔːldlæŋ'saɪn] s. *Scot.* die gute alte Zeit.

aunt [ɑːnt] s. *anat.* **1.** Tante f; **'aunt·ie** [-tɪ] s. F Tantchen n; **Aunt Sal·ly** ['sælɪ] s. **1.** volkstümliches Wurfspiel; **2.** *fig.* (gute) Zielscheibe f, *a.* Haßobjekt n.

au pair [ˌəʊ 'peə] **I** *adv.* als Au-'pair-Mädchen (*arbeiten etc.*); **II** s. *a.* ~ **girl** Au-'pair-Mädchen n; **III** *v/i.* als Au-'pair-Mädchen arbeiten.

au·ra ['ɔːrə] *pl.* **-rae** [-riː] s. **1.** Hauch m, Duft m; A'roma n; **2.** ⚕ Vorgefühl n vor Anfällen; **3.** *fig.* Aura f: a) Fluidum n, Ausstrahlung f, b) Atmo'sphäre f, c) 'Nimbus m.

au·ral ['ɔːrəl] *adj.* □ Ohr..., Ohren..., Gehör...; Hör..., a'kustisch: ~ **surgeon** Ohrenarzt m.

au·re·o·la [ɔː'rɪəʊlə], **au·re·ole** ['ɔːrɪəʊl] s. **1.** Strahlenkrone f, Aure'ole f; **2.** *fig.* 'Nimbus m; **3.** *ast.* Hof m.

au·ri·cle ['ɔːrɪkl] s. *anat.* **1.** äußeres Ohr, Ohrmuschel f; **2.** Herzvorhof m; Herzohr n.

au·ric·u·la [ə'rɪkjʊlə] s. ♥ Au'rikel f.

au·ric·u·lar [ɔː'rɪkjʊlə] *adj.* □ **1.** Ohren..., Hör...: ~ **confession** Ohrenbeichte f; ~ **tradition** mündliche Überlieferung; ~ **witness** Ohrenzeuge m; **2.** *anat.* zu den Herzohren gehörig.

au·rif·er·ous [ɔː'rɪfərəs] *adj.* goldhaltig.

au·rist ['ɔːrɪst] s. ⚕ Ohrenarzt m.

au·rochs ['ɔːrɒks] s. *zo.* Auerochs m, Ur m.

au·ro·ra [ɔː'rɔːrə] s. **1.** *poet.* Morgenröte f; **2.** ♀ *myth.* Au'rora f; ~ **bo·re·a·lis** s. *phys.* Nordlicht n.

aus·cul·tate ['ɔːskəlteɪt] *v/t.* ⚕ Lunge, Herz etc. abhorchen; **aus·cul·ta·tion** [ˌɔːskəl'teɪʃn] s. ⚕ Abhorchen n.

aus·pice ['ɔːspɪs] s. **1.** (günstiges) Vor-, Anzeichen; **2.** *pl. fig.* Au'spizien *pl.*; Schutzherrschaft f: *under the ~s of ...* unter der Schirmherrschaft von ...; **aus·pi·cious** [ɔː'spɪʃəs] *adj.* □ günstig, verheißungsvoll, glücklich; **aus·pi·cious·ness** [ɔː'spɪʃəsnɪs] s. günstige Aussicht, Glück n.

Aus·sie ['ɒzɪ] F **I** s. Au'stralier(in); **II** *adj.* aus'tralisch.

aus·tere [ɒ'stɪə] *adj.* □ **1.** streng, herb; rauh, hart; **2.** einfach, nüchtern; mäßig, enthaltsam, genügsam; **3.** dürftig, karg; **aus·ter·i·ty** [ɒ'sterətɪ] s. **1.** Strenge f, Ernst m; **2.** As'kese f, Enthaltsamkeit f; **3.** Herbheit f; **4.** Nüchternheit f, Strenge f, Schmucklosigkeit f; **5.** Einfachheit f, Nüchternheit f; **6.** Mäßigung f, Genügsamkeit f; *Brit.* strenge (wirtschaftliche) Einschränkung, Sparmaßnahmen *pl.* (*in Notzeiten*): ~ **program(me)** Sparprogramm n.

aus·tral ['ɔːstrəl] *adj.* ast. südlich.

Aus·tral·a·sian [ˌɔːstrə'leɪʒn] **I** *adj.* au'stral,asisch; **II** s. Au'stral,asier(in), Bewohner(in) Oze'aniens.

Aus·tral·ian [ɒ'streɪljən] **I** *adj.* au'stralisch; **II** s. Au'stralier(in).

Aus·tri·an ['ɒstrɪən] **I** *adj.* österreichisch; **II** s. Österreicher(in).

Austro- [ɒstrəʊ] *in Zssgn* österreichisch: **~-Hungarian Monarchy** österreichisch-ungarische Monarchie.

au·tar·chic, au·tar·chi·cal [ɔː'tɑːkɪk(l)] *adj.* **1.** selbstregierend; **2.** → *autarkic*; **au·tarch·y** ['ɔːtɑːkɪ] s. **1.** Selbstregierung f, volle Souveräni'tät; **2.** → *autarky* 1.

au·tar·kic, au·tar·ki·cal [ɔː'tɑːkɪk(l)] *adj.* au'tark, wirtschaftlich unabhängig; **au·tar·ky** ['ɔːtɑːkɪ] s. **1.** Autar'kie f, wirtschaftliche Unabhängigkeit; **2.** → *autarchy.*

au·then·tic [ɔː'θentɪk] *adj.* (□ ~ally) **1.** au'thentisch: a) echt, verbürgt, b) glaubwürdig, zuverlässig, c) origi'nal, urschriftlich: ~ *text* maßgebender Text, authentische Fassung; **2.** ☆ rechtskräftig, -gültig, beglaubigt; **au'then·ti·cate** [-keɪt] *v/t.* **1.** die Echtheit (*gen.*) bescheinigen; **2.** beglaubigen, beurkunden, rechtskräftig machen; **au·then·ti·ca·tion** [ɔːˌθentɪ'keɪʃn] s. Beglaubigung f, Legalisierung f; **au·then·tic·i·ty** [ɔː'θen'tɪsətɪ] s. **1.** Authentizi'tät f: a) Echtheit f, b) Glaubwürdigkeit f; **2.** ☆ (Rechts)Gültigkeit f.

au·thor ['ɔːθə] s. **1.** Urheber(in); **2.** 'Autor m, Au'torin f, Schriftsteller(in), Verfasser(in); **au·thor·ess** ['ɔːθərɪs] s. Au'torin f, Schriftstellerin f, Verfasserin f.

au·thor·i·tar·i·an [ɔːˌθɒrɪ'teərɪən] *adj.* autori'tär; **au·thor·i'tar·i·an·ism** [-nɪzəm] s. *pol.* autori'täres Re'gierungssy,stem; **au·thor·i·ta·tive** [ɔː'θɒrɪtətɪv] *adj.* □ **1.** gebieterisch, herrisch; **2.** autorita'tiv, maßgebend, -geblich; **au·thor·i·ty** [ɔː'θɒrətɪ] s. **1.** Autori'tät f, (Amts)Gewalt f: *by ~* mit amtlicher Genehmigung; *on one's own ~* aus eigener Machtbefugnis; *be in ~* die Gewalt in Händen haben; **2.** 'Vollmacht f, Ermächtigung f, Befugnis f (*for, to inf.*): *on the ~ of ...* im Auftrage *od.* mit Genehmigung von (*od. gen.*) ...; →

4; **3.** Ansehen n (*with* bei), Einfluß m (*over* auf *acc.*); Glaubwürdigkeit f: *of great ~* von großem Ansehen; **4.** a) Zeugnis n e-r Persönlichkeit, b) Gewährsmann m, Quelle f, Beleg m: *on good ~* aus glaubwürdiger Quelle; *on the ~ of ...* a) nach Maßgabe *od.* auf Grund von (*od. gen.*) ..., b) mit ... als Gewährsmann; → 2; **5.** Autori'tät f, Sachverständige(r m) f, Fachmann m (*on* auf e-m Gebiet): *he is an ~ on the subject of Law*; **6.** *mst pl.* Behörde f, Obrigkeit f: *the local authorities* die Ortsbehörde(n); **au·thor·i·za·tion** [ˌɔːθəraɪ'zeɪʃn] s. Ermächtigung f, Genehmigung f, Befugnis f; **au·thor·ize** ['ɔːθəraɪz] *v/t.* **1.** *j-n* ermächtigen, bevollmächtigen, berechtigen, autorisieren; **2.** *et.* gutheißen, billigen, genehmigen; *Handlung* rechtfertigen; **au·thor·ized** ['ɔːθəraɪzd] *adj.* **1.** autorisiert, bevollmächtigt, befugt; zulässig: ~ *capital* ✝ autorisiertes Kapital, ~ *person* Befugte(r m) f; ~ *to sign* unterschriftsberechtigt; ⚖ *Version eccl.* engl. Bibelübersetzung von 1611; **2.** ☆ rechtsverbindlich; **au·thor·ship** ['ɔːθəʃɪp] s. **1.** 'Autorschaft f, Urheberschaft f; **2.** Schriftstellerberuf m.

au·tism ['ɔːtɪzm] s. *psych.* Au'tismus m.

au·to ['ɔːtəʊ] *Am.* F **I** *pl.* **-tos** s. Auto n: ~ **graveyard** Autofriedhof m; **II** *v/i.* (mit dem Auto) fahren.

auto- [ɔːtəʊ] *in Zssgn* a) selbsttätig, selbst..., Selbst..., auto..., Auto..., b) Auto..., Kraftfahr...

au·to·bahn ['ɔːtəʊbɑːn] *pl.* **-bahnen** [-nən] (*Ger.*) s. Autobahn f.

au·to·bi·og·ra·pher [ˌɔːtəʊbaɪ'ɒgrəfə] s. Autobio'graph(in), **au·to·bi·o·graph·ic** ['ɔːtəʊˌbaɪəʊ'græfɪk] *adj.* (□ ~*ally*) autobio'graphisch; **au·to·bi·og·ra·phy** [-fɪ] s. Autobiogra'phie f, 'Selbstbiogra,phie f.

au·to·bus ['ɔːtəʊbʌs] s. *Am.* Autobus m.

au·to·cade ['ɔːtəʊkeɪd] → *motorcade.*

au·to·car ['ɔːtəʊkɑː] s. Auto(mo'bil) n, Kraftwagen m.

'au·to-ˌchang·er s. Plattenwechsler m.

au·toch·thon [ɔː'tɒkθən] s. Auto'chthone m, Ureinwohner m; **au'toch·tho·nous** [-θənəs] *adj.* auto'chthon, ureingesessen, bodenständig.

au·to·cide ['ɔːtəʊsaɪd] s. **1.** Selbstvernichtung f; **2.** Selbstmord m mit dem Auto.

au·to·clave ['ɔːtəʊkleɪv] s. **1.** Schnell-, Dampfkochtopf m; **2.** ♨, ◎ Auto'klav m.

au·to·code ['ɔːtəʊkəʊd] s. *Computer:* Autocode m.

au·toc·ra·cy [ɔː'tɒkrəsɪ] s. Autokra'tie f, Selbstherrschaft f; **au·to·crat** ['ɔːtəʊkræt] s. Auto'krat(in), unumschränkter Herrscher; **au·to·crat·ic, au·to·crat·i·cal** [ˌɔːtəʊ'krætɪk(l)] *adj.* □ auto'kratisch, selbstherrlich, unum'schränkt.

au·to·cue ['ɔːtəʊkjuː] s. *TV* ‚Neger‘ m.

au·to-da-fé [ˌɔːtəʊdɑː'feɪ] *pl.* **au·tos-da-fé** [ˌɔːtəʊzdɑː'feɪ] s. **1.** *hist.* Autoda-'fé n, Ketzergericht n, -verbrennung f; **2.** *pol.* (Bücher- *etc.*) Verbrennung f.

au·to·di·dact ['ɔːtəʊdɪˌdækt] s. Autodi-'dakt(in).

au·to·e·rot·ic [ˌɔːtəʊɪ'rɒtɪk] *adj. psych.* autoe'rotisch.

au·tog·a·mous [ɔːˈtɒgəməs] *adj.* ⚥ auto-ˈgam, selbstbefruchtend.

au·tog·e·nous [ɔːˈtɒdʒɪnəs] *adj. allg.* autoˈgen: ~ *training*; ~ *welding* ⚙ Autogenschweißen *n*.

au·to·gi·ro [ˌɔːtəʊˈdʒaɪərəʊ] *pl.* **-ros** *s.* ✈ Autoˈgiro *n*, Tragschrauber *m*.

au·to·graph [ˈɔːtəɡrɑːf] I *s.* **1.** Autoˈgramm *n*, eigenhändige ˈUnterschrift; **2.** eigene Handschrift; **3.** Urschrift *f*; II *adj.* **4.** eigenhändig unterˈschrieben: ~ *letter* Handschreiben *n*; III *v/t.* **5.** eigenhändig (unter)ˈschreiben; mit s-m Autoˈgramm versehen; **~ing session** Autogrammstunde *f*; **6.** ⚙ autographieren, ˈumdrucken; **au·to·graph·ic** [ˌɔː-təʊˈɡræfɪk] (□ **~ally**) auto'graphisch, eigenhändig geschrieben; **au·tog·ra·phy** [ɔːˈtɒɡrəfɪ] *s.* **1.** ⚙ Autographie *f*, ˈUmdruck *m*; **2.** Urschrift *f*.

au·to·ig·ni·tion [ˌɔːtəʊɪɡˈnɪʃn] *s.* ⚙ Selbstzündung *f*.

au·to·ist [ˈɔːtəʊɪst] *s. Am.* F Autofahrer(in).

au·to·mat [ˈɔːtəʊmæt] *s.* **1.** Autoˈmaten-restauˌrant *n*; **2.** (Verˈkaufs)Auto₍mat *m*; **3.** ⚙ Autoˈmat *m* (*Maschine*); **ˈau·to·mate** [-meɪt] *v/t.* automatisieren; **au·to·mat·ic** [ˌɔːtəˈmætɪk] I *adj.* □ ~ *automatically*; **1.** autoˈmatisch: a) selbsttätig, ⚙ *a.* Selbst..., zwangsläufig, ✗ *a.* Selbstlade..., b) *fig.* unwillkürlich, meˈchanisch; II *s.* **2.** ˈSelbstladepi₍stole *f*, -gewehr *n*; **3.** → *automat* 3; **4.** *mot.* Auto *n* mit Autoˈmatik; **au·to·mat·i·cal** [ˌɔːtəˈmætɪkl] → *automatic* 1; **au·to·mat·i·cal·ly** [ˌɔːtəˈmætɪkəlɪ] *adv.* autoˈmatisch; ohne weiteres.

au·to·mat·ic| lathe *s.* ⚙ ˈDrehauto₍mat *m*; ~ **ma·chine** → *automat* 2; ~ **pi·lot** *s.* ✈ → *autopilot*; ~ **pis·tol** *s.* ˈSelbstladepi₍stole *f*; ~ **start·er** *s.* ⚙ Selbstanlasser *m*.

au·to·ma·tion [ˌɔːtəˈmeɪʃn] *s.* ⚙ Automatiˈon *f*; **au·tom·a·ton** [ɔːˈtɒmətən] *pl.* **-ta** [-tə], **-tons** *s.* Autoˈmat *m*, ˈRoboter *m* (*beide a. fig.*).

au·to·mo·bile [ˈɔːtəməʊbiːl] *s. bsd. Am.* Auto *n*, Automoˈbil *n*, Kraftwagen *m*; **au·to·mo·bil·ism** [ˌɔːtəˈməʊbɪlɪzəm] *s.* Kraftfahrwesen *n*; **au·to·mo·bil·ist** [ˌɔːtəˈməʊbɪlɪst] *s.* Kraftfahrer *m*; **au·to·mo·tive** [ˌɔːtəˈməʊtɪv] *adj.* selbstbewegend, -fahrend; *bsd. Am.* ˈkraftfahr₍technisch, Auto(mobil)..., Kraftfahrzeug...

au·ton·o·mous [ɔːˈtɒnəməs] *adj.* autoˈnom, sich selbst regierend; **auˈton·o·my** [-mɪ] *s.* Autonoˈmie *f*, Selbständigkeit *f*.

au·to·pi·lot [ˈɔːtəʊˌpaɪlət] *s.* ✈ Autopiˈlot *m*, autoˈmatische Steuervorrichtung.

au·top·sy [ˈɔːtəpsɪ] I *s.* **1.** ⚕ Autopˈsie *f*, Obduktiˈon *f*; **2.** *fig.* kritische Anaˈlyse; II *v/t.* **3.** ⚕ e-e Autopˈsie vornehmen an (*dat.*).

au·to·sug·ges·tion [ˌɔːtəʊsəˈdʒestʃən] *s.* Autosuggestiˈon *f*.

au·to·type [ˈɔːtətaɪp] I *s. typ.* Autotyˈpie *f*: a) Rasterätzung *f*, b) Fakˈsimileabdruck *m*; II *v/t.* mittels Autotypie vervielfältigen.

au·tumn [ˈɔːtəm] *s. bsd. Brit.* Herbst *m* (*a. fig.*): *the* ~ *of life*; **au·tum·nal** [ɔːˈtʌmnəl] *adj.* herbstlich, Herbst... (*a. fig.*).

aux·il·ia·ry [ɔːɡˈzɪljərɪ] I *adj.* **1.** helfend, mitwirkend, Hilfs...: ~ *engine* Hilfsmotor *m*; ~ *troops* Hilfstruppen; ~ *verb* Hilfszeitwort *n*; **2.** ✗ Behelfs..., Ausweich...; II *s.* **3.** Helfer *m*, Hilfskraft *f*, *pl. a.* Hilfspersonal *n*; **4.** *pl.* ✗ Hilfstruppen *pl.*; **5.** *ling.* Hilfszeitwort *n*.

a·vail [əˈveɪl] I *v/t.* **1.** nützen (*dat.*), helfen (*dat.*), fördern; **2.** ~ *o.s. of s.th.* sich e-r Sache bedienen, et. benutzen, Gebrauch von et. machen; II *v/i.* **3.** nützen, helfen; III *s.* **4.** Nutzen *m*, Vorteil *m*, Gewinn *m*: *of no* ~ nutzlos; *what* ~ *is it?* was nützt es?; *to no* ~ vergeblich; **5.** *pl.* ⚥ *Am.* Ertrag *m*; **a·vail·a·bil·i·ty** [əˌveɪləˈbɪlətɪ] *s.* **1.** Vorˈhandensein *n*; **2.** Verfügbarkeit *f*; **3.** *Am.* verfügbare Perˈson *od.* Sache; **4.** ⚖ Gültigkeit *f*; **a·vail·a·ble** [-ləbl] *adj.* □ **1.** verfügbar, erhältlich, vorˈhanden, vorrätig, zu haben(d): *make* ~ bereitstellen, verfügbar machen; **2.** anwesend, abkömmlich; **3.** benutzbar; statthaft; **4.** ⚖ a) gültig, b) zulässig.

av·a·lanche [ˈævəlɑːnʃ] *s.* Laˈwine *f*, *fig. a.* Unmenge *f*.

av·ant-garde [ˌævɑ̃ːŋˈɡɑːd] (*Fr.*) I *s. fig.* Aˈvantgarde *f*; II *adj.* avantgarˈdistisch; **av·ant-ˈgard·ist(e)** [-dɪst] *s.* Avantgarˈdist(in).

av·a·rice [ˈævərɪs] *s.* Geiz *m*, Habsucht *f*; **av·a·ri·cious** [ˌævəˈrɪʃəs] *adj.* □ geizig (*of* mit), habgierig.

a·ve [ˈɑːvɪ] I *int.* **1.** sei gegrüßt!; **2.** leb wohl!; II *s.* **3.** ♫ ˈAve-(Maˈria) *n*.

a·venge [əˈvendʒ] *v/t.* **1.** rächen (*on*, *upon* an *dat.*): ~ *one's friend* s-n Freund rächen; ~ *o.s.*, *be* ~*d* sich rächen; **2.** *et.* rächen, ahnden; **a·veng·er** [-dʒə] *s.* Rächer(in); **a·veng·ing** [-dʒɪŋ] *adj.*: ~ *angel* Racheengel *m*.

av·e·nue [ˈævənjuː] *s.* **1.** *mst fig.* Zugang *m*, Weg *m* (*to*, *of* zu): ~ *to fame* Weg zum Ruhm; **2.** Alˈlee *f*; **3.** a) Haupt-, Prachtstraße *f*, Aveˈnue *f*, b) (Stadt)Straße *f*.

a·ver [əˈvɜː] *v/t.* behaupten, als Tatsache hinstellen (*that* daß); **2.** ⚖ beweisen.

av·er·age [ˈævərɪdʒ] I *s.* **1.** ˈDurchschnitt *m*: *on an* (*od. the*) ~ im Durchschnitt, durchschnittlich; *strike an* ~ den Durchschnitt schätzen *od.* nehmen; **2.** ⚓, ⚖ Havaˈrie *f*, Seeschaden *m*: ~ *adjuster* Dispacheur *m*; *general* ~ große Havarie; *particular* ~ besondere (*od.* partikulare) Havarie; *petty* ~ kleine Havarie; *under* ~ havariert; **3.** *Börse: Am.* ˈAktienindex *m*; II *adj.* □ **4.** ˈdurchschnittlich; Durchschnitts...: ~ *amount* Durchschnittsbetrag *m*; ~ *Englishman* Durchschnittsengländer *m*; *be only* ~ nur Durchschnitt sein; III *v/t.* **5.** den ˈDurchschnitt schätzen (*at* auf *acc.*) *od.* nehmen von (*od. gen.*); **6.** ⚥ anteilsmäßig auf-, verteilen: ~ *one's losses*; **7.** ˈdurchschnittlich betragen, haben, erreichen, verlangen, tun *etc.*: *I* ~ *£60 a week* ich verdiene durchschnittlich £ 60 die Woche; IV *v/i.* **8.** ~ *out at* sich im Durchschnitt belaufen auf (*acc.*).

a·ver·ment [əˈvɜːmənt] *s.* **1.** Behauptung *f*; **2.** ⚖ Beweisangebot *n*, Tatsachenbehauptung *f*.

a·verse [əˈvɜːs] *adj.* □ **1.** abgeneigt (*to*, *from dat.*, *to inf.* zu *inf.*): *not* ~ *to a drink*; ~ *from such methods*; **2.** zuˈwider (*to dat.*); **a·ver·sion** [əˈvɜːʃn] *s.* **1.** (*to*, *for*, *from*) ˈWiderwille *m*, Abneigung *f* (gegen), Abscheu *m* (vor *dat.*): *take an* ~ (*to*) e-e Abneigung fassen (gegen); **2.** Unlust *f*, Abgeneigtheit *f* (*to inf.* zu *inf.*); **3.** Gegenstand *m* des Abscheus: *beer is my pet* (*od. chief*) ~ Bier ist mir ein Greuel.

a·vert [əˈvɜːt] *v/t.* **1.** abwenden, -kehren: ~ *one's face*; **2.** *fig.* abwenden, -wehren, verhüten.

a·vi·a·ry [ˈeɪvjərɪ] *s.* Vogelhaus *n*, Voliˈere *f*.

a·vi·ate [ˈeɪvɪeɪt] *v/i.* ✈ fliegen; **a·vi·a·tion** [ˌeɪvɪˈeɪʃn] *s.* ✈ Luftfahrt *f*, Flugwesen *n*, Fliegen *n*, Flugsport *m*: ~ *industry* Flugzeugindustrie *f*; *Ministry of* ⚑ Ministerium *n* für zivile Luftfahrt; **a·vi·a·tor** [ˈeɪvɪeɪtə] *s.* Flieger *m*.

a·vi·cul·ture [ˈeɪvɪkʌltʃə] *s.* Vogelzucht *f*.

av·id [ˈævɪd] *adj.* □ (be)gierig (*of* nach, *for* auf *acc.*); *weitS.* leidenschaftlich, begeistert; **a·vid·i·ty** [əˈvɪdətɪ] *s.* Gier *f*, Begierde *f*, Habsucht *f*.

a·vi·on·ics [ˌeɪvɪˈɒnɪks] *s. pl. sg. konstr.* Aviˈonik *f*, ˈFlugelek₍tronik *f*.

a·vi·ta·min·o·sis [ˈeɪˌvaɪtəmɪˈnəʊsɪs] *s.* Vitaˈminmangel(krankheit *f*) *m*.

av·o·ca·do [ˌævəʊˈkɑːdəʊ] *s.* ⚥ Avoˈca-to(birne) *f*.

av·o·ca·tion [ˌævəʊˈkeɪʃn] *s. obs.* **1.** (Neben)Beschäftigung *f*; **2.** F (Haupt)Beruf *m*.

a·void [əˈvɔɪd] **1.** (ver)meiden, ausweichen (*dat.*), aus dem Wege gehen (*dat.*), *Pflicht etc.* umˈgehen, e-r Gefahr entgehen: ~ *s.o.* j-m meiden; ~ *doing s.th.* es vermeiden, et. zu tun; **2.** ⚖ a) aufheben, ungültig machen, b) anfechten; **a·void·a·ble** [-dəbl] *adj.* **1.** vermeidbar; **2.** ⚖ a) annullierbar, b) anfechtbar; **a·void·ance** [-dəns] *s.* **1.** Vermeidung *f* (*Sache*), Meidung *f* (*Person*); Umˈgehung *f*; **2.** ⚖ a) Aufhebung *f*, Nichtigkeitserklärung *f*, b) Anfechtung *f*.

av·oir·du·pois [ˌævədəˈpɔɪz] *s.* **1.** ⚥ *a.* ~ *weight* Handelsgewicht *n* (*1 Pfund = 16 Unzen*): ~ *pound* Handelspfund *n*; **2.** F ˈLebendgewicht *n* e-r Person.

a·vow [əˈvaʊ] *v/t.* (offen) bekennen, (ein)gestehen; rechtfertigen; anerkennen: ~ *o.s.* sich bekennen, sich erklären; **a·vow·al** [əˈvaʊəl] *s.* Bekenntnis *n*, Geständnis *n*, Erklärung *f*; **a·vowed** [əˈvaʊd] *adj.* □ erklärt: *his* ~ *principle*; *he is an* ~ *Jew* er bekennt sich offen zum Judentum; **a·vow·ed·ly** [əˈvaʊɪdlɪ] *adv.* eingestandenermaßen.

a·vun·cu·lar [əˈvʌŋkjʊlə] *adj.* **1.** Onkel...; **2.** *iro.* onkelhaft.

a·wait [əˈweɪt] *v/t.* **1.** erwarten (*acc.*), entgegensehen (*dat.*); **2.** *fig.* j-n erwarten: *a hearty welcome* ~ *s.o.*

a·wake [əˈweɪk] I *v/t.* [*irr.*] **1.** wecken; **2.** *fig.* erwecken, aufrütteln (*from* aus): ~ *s.o. to s.th.* j-m et. zum Bewußtsein bringen; II *v/i.* [*irr.*] **3.** auf-, erwachen; **4.** *fig. zu neuer Tätigkeit etc.* erwachen: ~ *to s.th.* sich e-r Sache bewußt werden; III *adj.* **5.** wach; **6.** *fig.* munter, wach(sam), auf der Hut sein: *be* ~ *to s.th.* sich e-r Sache bewußt sein; **a·wak·en**

[-kən] → *awake* 1–4; **a'wak·en·ing** [-knɪŋ] *s.* Erwachen *n: a rude ~ fig.* ein unsanftes Erwachen.

a·ward [ə'wɔːd] **I** *v/t.* **1.** zuerkennen, zusprechen, ⚖ *a. (durch Urteil od. Schiedsspruch)* zubilligen: *he was ~ed the prize* der Preis wurde ihm zuerkannt; **2.** gewähren, verleihen, zuwenden, zuteilen; **II** *s.* **3.** ⚖ Urteil *n*, (Schieds)Spruch *m*; **4.** Belohnung *f*, Auszeichnung *f*, *(a.* Film- *etc.)*Preis *m*, (Ordens)Verleihung *f*, ✝ 'Prämie *f*; **5.** ✝ Zuschlag *m (auf ein Angebot)*, (Auftrags)Vergabe *f*.

a·ware [ə'weə] *adj.* **1.** gewahr *(of gen., that* daß): *be ~* sich bewußt sein, wissen, (er)kennen; *become ~ of s.th.* et. gewahr werden *od.* merken, sich e-r Sache bewußt werden; *not that I am ~ of* nicht, daß ich wüßte; **2.** aufmerksam, ‚hellwach'; **a'ware·ness** [-nɪs] *s.* Bewußtsein *n*, Kenntnis *f*.

a·wash [ə'wɒʃ] *adv. u. adj.* ⚓ **1.** über-'flutet; **2.** über'füllt *(with* von).

a·way [ə'weɪ] **I** *adv.* **1.** weg, hin'weg, fort: *go ~* weg-, fortgehen; *~ with you!* fort mit dir!; **2.** *(from)* entfernt, (weit) weg (von), fern, abseits *(gen.): ~ from the question* nicht zur Frage *od.* Sache gehörend; **3.** fort, abwesend, verreist: *~ from home* nicht zu Hause; *~ on leave* auf Urlaub; **4.** *bei Verben oft* (drauf)'los: *chatter ~*; *work ~*; **5.** *bsd. Am.* bei weitem: *~ below the average*; **II** *adj.* **6.** *sport* Auswärts...: *~ match* → **III** *s.* **7.** *sport* Auswärtsspiel *n*.

awe [ɔː] **I** *s.* **1.** Ehrfurcht *f*, (heilige) Scheu *(of vor dat.)*: *hold s.o. in ~* Ehrfurcht vor j-m haben; *stand in ~ of* e-e heilige Scheu haben *od.* sich fürchten vor *(dat.)*, b) e-n gewaltigen Respekt haben vor *(dat.)*; **2.** *fig.* Macht *f*,

Maje'stät *f*; **II** *v/t.* **3.** (Ehr)Furcht einflößen *(dat.)*, einschüchtern; **'awe-in-,spir·ing** *adj.* ehrfurchtgebietend, eindrucksvoll; **awe·some** ['ɔːsəm] *adj.* □ **1.** furchteinflößend, schrecklich; **2.** → *awe-inspiring*; **'awe·struck** *adj.* von Ehrfurcht *od.* Scheu *od.* Schrecken ergriffen.

aw·ful ['ɔːfʊl] *adj.* □ **1.** → *awe-inspiring*; **2.** furchtbar, schrecklich; **3.** F ['ɔːfl] furchtbar: a) riesig, kolos'sal: *an ~ lot* e-e riesige Menge, b) scheußlich, schrecklich: *an ~ noise*; **aw·ful·ly** ['ɔːflɪ] *adv.* F furchtbar, schrecklich, äußerst: *~ cold*; *~ nice* furchtbar *od.* riesig nett; *I am ~ sorry* es tut mir schrecklich leid; *thanks ~!* tausend Dank!; **'aw·ful·ness** [-nɪs] *s.* **1.** Schrecklichkeit *f*; **2.** Erhabenheit *f*.

a·while [ə'waɪl] *adv.* ein Weilchen.

awk·ward ['ɔːkwəd] *adj.* □ **1.** ungeschickt, unbeholfen, linkisch, tölpelhaft: *feel ~* verlegen sein; → *squad* 1; **2.** peinlich, mißlich, unangenehm: *an ~ silence (matter)*; **3.** unhandlich, schwer zu behandeln, schwierig, lästig, ungünstig, ‚dumm': *an ~ door to open* e-e schwer zu öffnende Tür; *an ~ customer* e-e unangenehmer Zeitgenosse; *it's a bit ~ on Sunday* am Sonntag paßt es (mir) nicht so recht; **'awk·ward-ness** [-nɪs] *s.* **1.** Ungeschicklichkeit *f*, Unbeholfenheit *f*; **2.** Peinlichkeit *f*, Unannehmlichkeit *f*; **3.** Lästigkeit *f*.

awl [ɔːl] *s.* ⚙ Ahle *f*, Pfriem *m*.

awn [ɔːn] *s.* ♥ Granne *f*.

awn·ing ['ɔːnɪŋ] *s.* **1.** ⚓ Sonnensegel *n*; **2.** Wagendecke *f*, Plane *f*; **3.** Mar'kise *f*; 'Baldachin *m*; Vorzelt *n*.

a·woke [ə'wəʊk] *pret. von awake* I *u.* II; **a'wok·en** *p.p. von awake* I *u.* II.

a·wry [ə'raɪ] *adv. u. adj.* **1.** schief, krumm: *look ~ fig.* schief *od.* scheel

blicken; **3.** *fig.* verkehrt: *go ~* fehlgehen *(Person)*, schiefgehen *(Sache)*.

ax, *mst* **axe** [æks] **I** *s.* **1.** Axt *f*, Beil *n*: *have an ~ to grind* eigennützige Zwecke verfolgen, es auf et. abgesehen haben; **2.** F *fig.* a) rücksichtslose Sparmaßnahme, b) Abbau *m*, Entlassung *f*: *get the ~* entlassen werden, ‚rausfliegen'; **3.** ♪ *Am. sl.* Instru'ment *n*; **II** *v/t.* **4.** F *fig.* drastisch kürzen *od.* zs.-streichen; *Beamte etc.* abbauen, *Leute* entlassen, ‚feuern'.

ax·i·al ['æksɪəl] *adj.* □ ⚙ Achsen..., axi'al.

ax·il ['æksɪl] *s.* ♥ Blattachsel *f*.

ax·i·om ['æksɪəm] *s.* Ax'iom *n*, allgemein anerkannter Grundsatz: *~ of law* Rechtsgrundsatz; **ax·i·o·mat·ic** [ˌæksɪə'mætɪk] *adj.* (□ *~ally*) axio'matisch, 'unum,stößlich, selbstverständlich.

ax·is ['æksɪs] *pl.* **'ax·es** [-siːz] *s.* **1.** Ⱥ, ⚙, *phys.* Achse *f*, 'Mittel,linie *f*: *~ of the earth* Erdachse; **2.** *pol.* Achse *f*: *the ♎* die Achse Berlin-Rom-Tokio *(vor dem u. im 2. Weltkrieg)*; *the ♎ powers* die Achsenmächte.

ax·le ['æksl] *s.* ⚙ **1.** *a.* **~-tree** (Rad-)Achse *f*, Welle *f*; **2.** Angel(zapfen *m*) *f*.

ay → *aye*.

a·yah ['aɪə] *s.* *Brit. Ind.* 'Aja *f*, indisches Kindermädchen.

aye [aɪ] **I** *int. bsd.* ⚓ *u. parl.* ja: *~, ~, Sir!* zu Befehl!; **II** *s. parl.* Ja *n*, Jastimme *f*: *the ~s have it* die Mehrheit ist dafür.

a·za·le·a [ə'zeɪljə] *s.* ♥ Aza'lee *f*.

az·i·muth ['æzɪməθ] *s. ast.* Azi'mut *m*, Scheitelkreis *m*.

a·zo·ic [ə'zəʊɪk] *adj. geol.* a'zoisch *(ohne Lebewesen): the ~ age*.

Az·tec ['æztɪk] *s.* Az'teke *m*.

az·ure ['æʒə] **I** *adj.* a'zur-, himmelblau; **II** *s.* a) A'zur(blau *n*) *m*, b) *poet.* das blaue Himmelszelt.

B

B, b [bi:] *s.* **1.** B *n*, b *n* (*Buchstabe*); **2.** ♪ H *n*, h *n* (*Note*): *B flat* B *n*, b *n*; *B sharp* His *n*, his *n*; **3.** *ped. Am.* Zwei *f* (*Note*); **4. B flat** *Brit. sl.* Wanze *f*.

baa [ba:] I *s.* Blöken *n*; II *v/i.* blöken; III *int.* bäh!

Ba·al ['beɪəl] I *npr. bibl. Gott* Baal *m*; II *s.* Abgott *m*, Götze *m*; **'Ba·al·ism** [-lɪzəm] *s.* Götzendienst *m*.

baas [ba:s] *s. S. Afr.* Herr *m*.

Bab·bitt ['bæbɪt] *s.* **1.** *Am.* (selbstzufriedener) Spießer; **2.** ♀ (*metal*) ☺ 'Lagerweißme,tall *n*.

bab·ble ['bæbl] I *v/t. u. v/i.* **1.** stammeln; plappern, schwatzen; nachschwatzen, ausplaudern; **2.** plätschern, murmeln (*Bach*); II *s.* **3.** Geplapper *n*, Geschwätz *n*; **'bab·bler** [-lə] *s.* **1.** Schwätzer(in); **2.** *orn.* e-e Drossel *f*.

babe [beɪb] *s.* **1.** kleines Kind, Baby *n*, *fig. a.* Na'ivling *m*; → **arm**[1] 1; **2.** *Am. sl.* ,Puppe' *f* (*Mädchen*).

Ba·bel ['beɪbl] I *npr. bibl.* Babel *n*; II *s.* ♀ *fig.* Babel *n*, Wirrwarr *m*, Stimmengewirr *n*.

ba·boo ['ba:bu:] *s. Brit.-Ind.* **1.** Herr *m* (*bei den Hindus*); **2.** Inder *m* mit oberflächlicher engl. Bildung.

ba·boon [bə'bu:n] *s. zo.* 'Pavian *m*.

ba·by ['beɪbɪ] I *s.* **1.** Baby *n*: a) Säugling *m*, b) jüngstes Kind: *be left holding the* ~ F der Dumme sein, die Sache am Hals haben; **2.** a) ,Kindskopf' *m*, b) ,Heulsuse' *f*; **3.** *sl.* ,Schatz' *m*, ,Kindchen' *n* (*Mädchen*); **4.** *sl.* Sache *f*: *it's your* ~; II *adj.* **5.** Säuglings..., Baby..., Kinder...; **6.** kindlich, kindisch: *plead the* ~ *act Am.* F auf Unreife plädieren; **7.** klein; ~ **bond** *s.* ♥ *Am.* Baby-Bond *m*, Kleinschuldverschreibung *f*; ~ **bot·tle** *s.* (Saug)Flasche *f*; ~ **car** *s.* Klein(st)wagen *m*; ~ **car·riage** *s. Am.* Kinderwagen *m*; ~ **farm·er** *s. mst contp.* Frau, die gewerbsmäßig Kinder in Pflege nimmt; ~ **grand** *s.* ♪ Stutzflügel *m*.

ba·by·hood ['beɪbɪhʊd] *s.* Säuglingsalter *n*; **'ba·by·ish** [-ɪʃ] *adj.* **1.** kindlich; **2.** kindisch.

Bab·y·lon ['bæbɪlən] I *npr.* 'Babylon *n*; II *s. fig.* (Sünden)Babel *n*; **Bab·y·lo·ni·an** [ˌbæbɪ'ləʊnjən] I *adj.* baby'lonisch; II *s.* Baby'lonier(in).

'ba·by|-,mind·er *s. Brit.* Tagesmutter *f*; **'~-sit** *v/i.* [*irr.* → *sit*] babysitten; **'~-,sit·ter** *s.* Babysitter *m*; ~ **snatch·er** *s.* ältere Person (*Mann od. Frau*), *die mit einem blutjungen Mädchen od. Mann ein Verhältnis hat*: *I'm no* ~ F ich vergreif' mich doch nicht an kleinen Kindern!; ~ **spot** *s.* Baby-Spot *m* (*kleiner Suchscheinwerfer*); ~ **talk** *s.* Babysprache *f*.

---

bac·ca·lau·re·ate [ˌbækə'lɔːrɪət] *s. univ.* Bakkalaure'at *n*; **2.** *a.* ~ **sermon** *Am.* Predigt *f* an die promovierten Studenten.

bac·ca·ra(t) ['bækəra:] *s.* 'Bakkarat *n* (*Glücksspiel*).

bac·cha·nal ['bækənl] I *s.* **1.** Bac'chant (-in); **2.** ausgelassener *od.* trunkener Zecher; **3.** *a. pl.* Baccha'nal *n* (*wüstes Gelage*); II *adj.* **4.** 'bacchisch; **5.** bac-'chantisch; **bac·cha·na·li·a** [ˌbækə'neɪljə] → *bacchanal* 3; **bac·cha·na·li·an** [ˌbækə'neɪljən] I *adj.* bac'chantisch, ausschweifend; II *s.* Bac'chant(in); **bac·chant** ['bækənt] I *s.* Bac'chant *m*; *fig.* wüster Trinker *od.* Schwelger; II *adj.* bac'chantisch; **bac·chan·te** [bə-'kæntɪ] *s.* Bac'chantin *f*; **bac·chic** ['bækɪk] → *bacchanal* 4 *u.* 5.

bac·cy ['bækɪ] *s.* F *abbr. für* **tobacco**.

bach [bætʃ] F I *s.* → **bachelor** 1; II *v/i. mst* ~ *it* ein Strohwitwerdasein führen.

bach·e·lor ['bætʃələ] *s.* **1.** Junggeselle *m*; *in Urkunden*: ledig (*dem Namen nachgestellt*); **2.** *univ.* Bakka'laureus *m* (*Grad*): ♀ *of Arts* (*abbr.* **B.A.**) Bakkalaureus der philosophischen Fakultät; ♀ *of Science* (*abbr.* **B.Sc.**) Bakkalaureus der Naturwissenschaften; ~ **girl** *s.* Junggesellin *f*.

bach·e·lor·hood ['bætʃələhʊd] *s.* **1.** Junggesellenstand *m*; **2.** *univ.* Bakkalaure'at *n*.

ba·cil·lar·y [bə'sɪlərɪ] *adj.* **1.** stäbchenförmig; **2.** 🔬 Bazillen...; **ba·cil·lus** [bə'sɪləs] *pl.* **-li** [-laɪ] *s.* 🔬 Ba'zillus *m* (*a. fig.*).

back[1] [bæk] I *s.* **1.** Rücken *m* (*Mensch, Tier*); **2.** 'Hinter-, Rückseite *f* (*Kopf, Haus, Tür, Bild, Brief, Kleid etc*); (Rücken)Lehne *f* (*Stuhl*); **3.** *untere od. abgekehrte Seite*: (Hand-, Buch-, Messer)Rücken *m*, 'Unterseite *f* (*Blatt*), linke Seite (*Stoff*), Kehrseite *f* (*Münze*), Oberteil *n*, *f* (*Bürste*); → *beyond* 6; **4.** *rückwärtiger od. entfernt gelegener Teil*: hinterer Teil (*Mund, Schrank, Wald etc.*), 'Hintergrund *m*; Rücksitz *m* (*Wagen*); **5.** Rumpf *m* (*Schiff*); **6. the** ♀s die Parkanlagen *pl.* hinter den Colleges in Cambridge; **7.** *sport* Verteidiger *m*; *Besondere Redewendungen*: (*at the*) ~ *of* hinter (*dat.*), hinten in (*dat.*); *be at the* ~ *of s.th. fig.* hinter e-r Sache stecken; ~ *to front* die Rückseite nach vorn, falsch herum; *have s.th. at the* ~ *of one's mind* a) insgeheim an et. denken, b) sich dunkel an et. erinnern; *turn one's* ~ *on fig.* j-m den Rücken kehren, et. aufgeben; *behind s.o.'s* ~ hinter j-s Rücken; *on one's* ~ a) auf dem Körper (*Kleidungs-*

---

stück), b) bettlägerig, c) am Boden, hilflos, verloren; *have one's* ~ *to the wall* mit dem Rücken zur Wand stehen; *break s.o.'s* ~ a) j-m das Kreuz brechen (*a. fig.*), b) j-n ,fertigmachen' *od.* zugrunde richten; *break the* ~ *of s.th.* das Schwierigste e-r Sache hinter sich bringen; *put one's* ~ *into s.th.* sich bei e-r Sache ins Zeug legen, sich in et. hineinknien; *put s.o.'s* ~ *up* j-n ,auf die Palme bringen';

II *adj.* **8.** rückwärtig, letzt, hinter, Rück..., Hinter..., Nach...: *the* ~ *left-hand corner* die hintere linke Ecke; **9.** rückläufig; **10.** rückständig (*Zahlung*); **11.** zu'rückliegend, alt (*Zeitung etc.*); **12.** fern, abgelegen; *fig.* finster; III *adv.* **13.** zu'rück, rückwärts; zurückliegend; (wieder) zurück: *he is* ~ *again* ist wieder da; *he is* ~ *home* er ist wieder zu Hause; ~ *home Am.* bei uns (zulande); ~ *and forth* hin und her; **14.** zu'rück, 'vorher: *20 years* ~ vor 20 Jahren; ~ *in 1900* (schon) im Jahre 1900; IV *v/t.* **15.** Buch mit e-m Rücken *od.* Stuhl mit e-r Lehne *od.* Rückenverstärkung versehen; **16.** hinten grenzen an (*acc.*), den Hintergrund e-r Sache bilden; **17.** *a.* ~ *up* j-m den Rücken decken *od.* stärken, j-n unter'stützen, eintreten für; **18.** *a.* ~ *up* zu'rückbewegen: *Wagen, Pferd, Maschine* rückwärts fahren *od.* laufen lassen: ~ *one's car up* mit dem Auto zurückstoßen; ~ *a car out of the garage* e-n Wagen rückwärts aus der Garage fahren; ~ *water* (*od.* *the oars*) rückwärts rudern; **~ed up (with traffic)** *Am.* verstopft (*Straße*); **19.** auf der Rückseite beschreiben; *Wechsel* verantwortlich gegenzeichnen, avalieren; **20.** wetten *od.* setzen auf (*acc.*); V *v/i.* **21.** *a.* ~ *up* sich rückwärts bewegen, zu'rückgehen *od.* -fahren; **22.** ~ *and fill* a) 🚢 lavieren, b) *Am.* F unschlüssig sein; ~ *down* (*from*), ~ *out* (*of*) *v/i.* zu'rücktreten *od.* sich zu'rückziehen (von), aufgeben (*acc.*); F sich drücken (vor *dat.*), abspringen (von), ,aussteigen' (bei), kneifen (vor *dat.*); klein beigeben, ,den Schwanz einziehen'.

back[2] [bæk] *s.* ☺, *Brauerei, Färberei etc.*: Bottich *m*.

'back|·ache *s.* Rückenschmerzen *pl.*; ~ **al·ley** *s. Am.* finsteres Seitengäßchen; **'~-'bench·er** *s. parl.* 'Hinterbänkler *m*; **'~-bend** *s. sport* Brücke *f* (aus dem Stand); **'~-bite** *v/t. u. v/i.* [*irr.* → *bite*] *j-n* verleumden; **'~,bit·er** *s.* Verleumder (-in); **'~-bone** *s.* **1.** Rückgrat *n*: *to the* ~ bis auf die Knochen, ganz u. gar; **2.** *fig.* Rückgrat *n*: a) (Cha'rakter)Stärke *f*, Mut *m*, b) Hauptstütze *f*; '**~·,break·ing** *adj.* ‚mörderisch', zermürbend: *a ~ job*; '**~·,burn·er** *adj.* F nebensächlich, zweitrangig; '**~·chat** *s. sl.* **1.** freche Antwort(en *pl.*); **2.** *Brit.* schlagfertiges Hin und Her; **~·cloth** → **backdrop**; '**~·,cou·pled** *adj.* ⚡ rückgekoppelt; '**~·date** *v/t.* **1.** zu'rückdatieren; **2.** rückwirkend in Kraft setzen; **~ door** *s.* 'Hintertür *f* (*a. fig. Ausweg*); **~·door** *adj.* heimlich, geheim; '**~·down** *s. Am.* F ‚Rückzieher' *m*; '**~·drop** *s.* **1.** *thea.* Pro'spekt *m*; **2.** 'Hintergrund *m*, 'Folie *f*.

backed [bækt] *adj.* **1.** mit Rücken, Lehne *etc.* (versehen); **2.** gefüttert: *a curtain ~ with satin*; **3.** *in Zssgn:* **straight-~** mit geradem Rücken, geradlehnig.

back·er ['bækə] *s.* **1.** Unter'stützer(in), Helfer(in), Förderer *m*; **2.** ✝ a) (Wechsel)Bürge *m*, b) 'Hintermann *m*, Geldgeber *m*; **3.** Wetter(in).

'**back·,fire I** *v/i.* **1.** *mot.* früh-, fehlzünden; **2.** *fig.* fehlschlagen, ‚ins Auge gehen': *the plan ~d* der Schuß ging nach hinten los; **II** *s.* **3.** ⊙ Früh-, Fehlzündung *f*; **~ for·ma·tion** *s. ling.* Rückbildung *f*; **~·gam·mon** *s.* Back'gammon *n*, Puffspiel *n*; '**~·ground** *s.* **1.** 'Hintergrund *m*: *keep in the ~*; **2.** *fig.* 'Hintergrund *m*, 'Hintergründe *pl.*, 'Umstände *pl.*; 'Umwelt *f*, Mili'eu *n*; 'Herkunft *f*; Werdegang *m*, Vorgeschichte *f*; Bildung *f*, Erfahrung *f*, Wissen *n*: *educational ~* Vorbildung *f*; '**~·hand I** *s.* **1.** nach links geneigte Handschrift; **2.** *sport* Rückhand(schlag *m*) *f*; **II** *adj.* **3.** *sport* Rückhand...: **~ stroke** Rückhandschlag *m*; **~·hand·ed** *adj.* **1.** nach links geneigt (*Schrift*); **2.** Rückhand...; **3.** zweideutig; unredlich, 'indi‚rekt; '**~·hand·er** *s.* **1.** a) → **backhand** 2, b) Schlag *m* mit dem Handrücken; **2.** F 'indi‚rekter Angriff; **3.** F ‚Schmiergeld' *n*.

back·ing ['bækɪŋ] *s.* **1.** Unter'stützung *f*, Hilfe *f*; Beifall *m*; *coll.* Unter'stützer *pl.*, Förderer *pl.*, 'Hintermänner *pl.*; **2.** rückwärtige Verstärkung (*Rock- etc.*) Futter *n*; Stützung *f*; **3.** ✝ a) Wechselbürgschaft *f*, b) Gegenzeichnen *n*, c) Deckung *f*.

'**back·,lash** *s.* **1.** ⊙ toter Gang, Flankenspiel *n*; **2.** (heftige) Reakti'on, Rückwirkung *f*; '**~·log** *s.* **1.** großes Scheit hinten im Ka'min; **2.** (*Arbeits-, Auftrags- etc.*)Rückstand *m*, 'Überhang *m* (*of* an *dat.*): *~ demand* Nachholbedarf *m*; **3.** Rücklage *f*, Re'serve *f* (*of* an *dat.*, von); **~ num·ber** *s.* **1.** alte Nummer *e-r Zeitung etc.*; **2.** *fig.* rückständige *od.* altmodische Per'son *od.* Sache; '**~·pack I** *s.* Rucksack *m*, Back-Pack *m*; **II** *v/i.* **~ it** F (mit dem Rucksack) trampen; **~ pay** *s.* Lohn-, Gehaltsnachzahlung *f*; **~·'ped·al** *v/i.* **1.** rückwärtstreten (*Radfahrer*); **2.** F fig. e-n ‚Rückzieher' machen; '**~·ped·al brake** *s.* Rücktrittbremse *f*; '**~·rest** *s.* Rückenstütze *f*; **~ room** *s.* 'Hinterzimmer *n*; '**~·room boy** *s. Brit.* F Wissenschaftler, der an Ge'heimpro‚jekten arbeitet; **~ sal·a·ry** → **back pay**; **~ scratch·ing** *s.* F gegenseitige Unter'stützung; **~ seat** *s.* Rücksitz *m*: **back-seat driver** *fig.* Besserwisser(in); *take a ~ fig.* in den Hintergrund treten.

---

back·sheesh → **baksheesh**.

‚**back·'side** *s.* **1.** F Hintern *m*; **2.** *mst* **back side** Kehr-, Rückseite *f*, hintere *od.* linke Seite; '**~·sight** *s.* **1.** ⊙ Visier *n*; **2.** ✗ (Visier)Kimme *f*; **~ slang** *s.* 'Umkehrung *f* der Wörter (*beim Sprechen*); **~·slap·per** *s. Am.* jovi'aler *od.* plump-vertraulicher Mensch; **~·slide** *v/i.* [*irr.* → **slide**] **1.** rückfällig werden; **2.** auf die schiefe Bahn geraten, abtrünnig werden; **~·slid·er** *s.* Rückfällige(r *m*) *f*; **~·space con·trol** *s.* Rückholtaste *f* (*Tonbandgerät*); **~·spac·er** *s.* Rücktaste *f* (*Schreibmaschine*); **~·stage I** *s.* ['bæksteɪdʒ] **1.** *thea.* Garde'robenräume *pl.* u. Bühne *f* hinter dem Vorhang; **II** *adv.* [‚bæk'steɪdʒ] **2.** (hinten) auf der Bühne; **3.** hinter dem *od.* den Vorhang, hinter den *od.* die Ku'lissen (*a. fig.*); **~·stairs** *s.* 'Hintertreppe *f*: **~ talk** (bösartige) Anspielungen *pl.*; **~ influence** Protekti'on *f*; '**~·stop** *s.* **1.** *Kricket:* Feldspieler *m*, Fänger *m*; **2.** *Baseball:* Gitter *n* (*hinter dem Fänger*); **3.** *Am. Schießstand:* Kugelfang *m*; '**~·stroke** *s. sport* **1.** Rückschlag *m des Balls*; **2.** Rückenschwimmen *n*; '**~·swept** *adj.* **1.** ⊙, ✈ nach hinten verjüngt, pfeilförmig; **2.** zu'rückgekämmt (*Haar*); **~ talk** *s. sl.* unverschämte Antwort(en *pl.*); '**~·track** *v/i. Am.* **1.** den'selben Weg zu'rückgehen; **2.** *fig.* a) → **back down** (*from*), b) e-e Kehrtwendung machen; '**~·up** I *s.* **1.** Unter'stützung *f*; **2.** → **backing** 2; **3.** *mot. Am.* (Rück)Stau *m*; **4.** *fig.* ‚Rückzieher' *m*; **5.** ⊙ Ersatzgerät *n*; **II** *adj.* **6.** Unterstützungs..., Hilfs...; ⊙ Ersatz..., Reserve...

back·ward ['bækwəd] **I** *adj.* **1.** rückwärts gerichtet, Rück(wärts)...; 'umgekehrt; **2.** hinten gelegen, Hinter...; **3.** langsam, schwerfällig, schleppend; **4.** zu'rückhaltend, schüchtern; **5.** *in der Entwicklung* zu'rückgeblieben (*Kind etc.*), rückständig (*Land, Arbeit*); **6.** vergangen; **II** *adv.* **7.** *a.* **backwards** [-dz] rückwärts, zu'rück: *~ and forwards* vor u. zurück; **8.** *fig.* 'umgekehrt; zum Schlechten; **back·ward·a·tion** [‚bækwə'deɪʃn] *s. Brit.* ✝ De'port *m*, Kursabschlag *m*; '**back·ward·ness** [-nɪs] *s.* **1.** Rückständigkeit *f*; **2.** Langsamkeit *f*, Trägheit *f*; **3.** Wider'streben *n*; '**back·wards** [-dz] → **backward** 7.

'**back·,wash** *s.* **1.** Rückströmung *f*; Kielwasser *n*; **2.** *fig.* Nachwirkung *f*; '**~·,wa·ter** *s.* **1.** totes Wasser, Stauwasser *n*; **2.** Seitenarm *m e-s Flusses*; **3.** *fig.* a) stille Provinz, (kultu'relles) Notstandsgebiet, b) Rückständigkeit *f*, Stagnati'on *f*; '**~·woods** I *s. pl.* **1.** 'Hinterwälder *pl.*, abgelegene Wälder, *fig.* (tiefste) Pro'vinz; **II** *adj.* **2.** 'hinterwälderisch (*a. fig.*), Provinz...; **3.** *fig.* rückständig; '**~·woods·man** [-mən] *s.* [*irr.*] **1.** 'Hinterwälder *m* (*a. fig.*); **2.** *Brit. parl.* Mitglied *n* des Oberhauses, das selten erscheint; **~ yard** *s.* 'Hinterhof *m*; *Am. a.* Garten *m* hinter dem Haus.

ba·con ['beɪkən] *s.* Speck *m*: **~ and eggs** Speck mit (Spiegel)Ei; *he brought home the ~* F er hat es geschafft; *save one's ~* F a) mit heiler Haut davonkommen, b) s-e Haut retten.

Ba·co·ni·an [beɪ'kəʊnjən] *adj.* Sir Fran-

---

cis Bacon betreffend; **~ the·o·ry** *s.* 'Bacon-Theo‚rie *f* (*daß Francis Bacon Shakespeares Werke verfaßt habe*).

bac·te·ri·a [bæk'tɪərɪə] *s. pl.* Bak'terien *pl.*; **bac·te·ri·al** [-əl] *adj.* Bakterien...; **bac·te·ri·cid·al** [bæk‚tɪərɪ'saɪdl] *adj.* bakteri'zid, bak'terientötend; **bac·te·ri·cide** [bæk'tɪərɪsaɪd] *s.* Bakteri'zid *n*; **bac·te·ri·o·log·i·cal** [bæk‚tɪərɪə'lɒdʒɪk] *adj.* □ bakterio'logisch; **bac·te·ri·ol·o·gist** [bæk‚tɪərɪ'ɒlədʒɪst] *s.* Bakterio'loge *m*; **bac·te·ri·ol·o·gy** [bæk‚tɪərɪ'ɒlədʒɪ] *s.* Bak'terienkunde *f*; **bac·te·ri·um** [bæk'tɪərɪəm] *sg. von* **bacteria**.

Bac·tri·an cam·el ['bæktrɪən] *s. zo.* Trampeltier *n*, zweihöckriges Ka'mel.

bad [bæd] **I** *adj.* □ → **badly**; **1.** *allg.* schlecht, schlimm: **~ manners** schlechte Manieren; *from ~ to worse* immer schlimmer; **2.** böse, ungezogen: *a ~ boy*; *a ~ lot* F ein schlimmes Pack; **3.** lasterhaft, schlecht: *a ~ woman*; **4.** anstößig, häßlich: *a ~ word*; *~ language* a) häßliche Ausdrücke *pl.*, b) lästerliche Reden *pl.*; **5.** unbefriedigend, ungünstig, schlecht: **~ lighting** schlechte Beleuchtung; **~ name** schlechter Ruf; *in ~ health* kränkelnd; *his ~ German* sein schlechtes Deutsch; *he is ~ at mathematics* er ist in Mathematik schwach; **~ debts** ✝ zweifelhafte Forderungen; **~ title** mangelhafter Rechtstitel; **6.** unangenehm, schlecht: *a ~ smell*; *~ news*; (*that's*) *too ~!* F (das ist doch) zu dumm *od.* schade!; *not* (*half od. too*) *~* (gar) nicht übel; **7.** schädlich: *~ for the eyes*; *~ for you*; **8.** go *~* schlecht werden; **9.** ungültig, falsch (*Münze etc.*); **10.** unwohl, krank: *he is ~od. feels* ~; *a ~ finger* ein schlimmer *od.* böser Finger; *he is in a ~ way* es geht ihm nicht gut, er ist schlecht d'aran; **11.** heftig, schlimm, arg: *a ~ cold*; *a ~ crime* ein schweres Verbrechen; **II** *s.* **12.** *das Schlechte:* **go to the ~** F auf die schiefe Bahn geraten; → **worse** 4; **13.** ✝ 'Defizit *n*, Verlust *m*: *be £5 to the ~* £5 Defizit haben; **14.** *be in ~ with s.o. Am.* F bei j-m in Ungnade sein; **III** *adv.* **15.** → **badly**.

bad·die ['bædɪ] *s.* F Film *etc.:* Bösewicht *m*, Schurke *m*.

bad·dish ['bædɪʃ] *adj.* ziemlich schlecht.

bad·dy → **baddie**.

bade [beɪd] *pret. von* **bid** 7, 8, 9.

badge [bædʒ] *s.* Ab-, Kennzeichen *n* (*a. fig.*); (Dienst- *etc.*)Marke *f*; ✗ (Ehren)Spange *f*; *fig.* Merkmal *n*, Stempel *m*.

badg·er ['bædʒə] **I** *s.* **1.** *zo.* Dachs *m*; **2.** *Am.* F Bewohner(in) von Wis'consin; **II** *v/t.* **3.** hetzen; **4.** *fig.* plagen, ‚piesak-ken', *j-m* zusetzen.

bad·i·nage ['bædɪnɑːʒ] *s.* Necke'rei *f*, Schäke'rei *f*.

'**bad·lands** *s. pl. Am.* Ödland *n*.

bad·ly ['bædlɪ] *adv.* **1.** schlecht, schlimm: *he is ~* (*Am. a.* **bad**) *off* es geht ihm schlecht (*mst finanziell*); *do* (*od. come off*) *~* schlecht fahren (*in* bei, mit); *be in ~ with* (*od. over*) *Am.* F über Kreuz stehen mit; *feel ~* (*Am. a.* **bad**) (*about it*) ein ‚mieses' Gefühl haben (deswegen); **2.** dringend, heftig, sehr: *~ needed* dringend nötig; *~*

wounded schwerverwundet.

bad·min·ton ['bædmɪntən] *s.* **1.** *sport* Badminton *n*; **2.** Federballspiel *n*.

'bad·mouth *v/t.* F *j-n* übel beschimpfen.

bad·ness ['bædnɪs] *s.* **1.** schlechte Beschaffenheit; **2.** Schlechtigkeit *f*, Verderbtheit *f*; Bösartigkeit *f*.

bad-'tem·pered *adj.* schlechtgelaunt, übellaunig.

Bae·de·ker ['beɪdɪkə] *s.* Baedeker *m*, Reiseführer *m*; *weitS.* Handbuch *n*.

baf·fle ['bæfl] *v/t.* **1.** *j-n* verwirren, verblüffen, narren, täuschen, *j-m* ein Rätsel aufgeben: *be ~d* vor e-m Rätsel stehen; **2.** *Plan etc.* durch'kreuzen, unmöglich machen: *it ~s description* es spottet jeder Beschreibung; **~ paint** *s.* ✕ Tarnungsanstrich *m*; **~ plate** *s.* Ablenk-, Prallplatte *f*; Schlingerwand *f* (*im Kraftstoffbehälter*).

baf·fling ['bæflɪŋ] *adj.* ☐ **1.** verwirrend, vertrackt, rätselhaft; **2.** vereitelnd, hinderlich; **3.** 'umspringend (*Wind*).

bag [bæg] **I** *s.* **1.** Sack *m*, Beutel *m*, Tüte *f*, (Schul-, Hand- *etc.*)Tasche *f*; *engS.* a) Reisetasche *f*, b) Geldbeutel *m*: *mixed ~ fig.* Sammelsurium *n*; **~ and baggage** (mit) Sack u. Pack, mit allem Drum und Dran; *the whole ~ of tricks* alles, der ganze Krempel; *give s.o. the ~* F *j-m* den Laufpaß geben; *be left holding the ~ Am.* F die Sache ausbaden müssen; *that's (just) my ~ sl.* das ist genau mein Fall; *that's not my ~ sl.* das ist nicht ,mein Bier'; *that's in the ~* das haben wir (so gut wie) sicher; → *bone* 1; **2.** *hunt.* a) Jagdtasche *f*, b) Jagdbeute *f*, Strecke *f*; **3.** (*pair of*) *~s* F Hose *f*; **4.** (*old*) *~ sl.* Weibsbild *n*, ,alte Ziege'; **II** *v/t.* **5.** in e-n Sack *etc.* tun, ⚙ einsacken, abfüllen; **6.** *hunt.* zur Strecke bringen, fangen (*a. fig. u.*); **7.** *sl.* a) sich *et.* schnappen, b) ,klauen', c) *j-n* ,in die Tasche stecken', besiegen; **8.** bauschen; **III** *v/i.* **9.** sich bauschen.

bag·a·telle [,bægə'tel] *s.* **1.** Baga'telle *f* (*a.* ♪), Kleinigkeit *f*; **2.** 'Tivolispiel *n*.

bag·gage ['bægɪdʒ] *s.* **1.** *bsd. Am.* (Reise)Gepäck *n*; **2.** ✕ Ba'gage *f*, Gepäck *n*, Troß *m*; **3.** V ,Flittchen' *n*; **4.** F ,Fratz' *m*, (kleiner) Racker (*Mädchen*); **~ al·low·ance** *s.* ✈ Freigepäck *n*; **~ car** *s. Am.* Gepäckwagen *m*; **~ check** *s. Am.* Gepäckschein *m*; **~ claim** *s.* ✈ Gepäckausgabe *f*; **~ hold** *s. Am.* Gepäckraum *m*; **~ in·sur·ance** *s. Am.* (Reise)Gepäckversicherung *f*.

bag·ging ['bægɪŋ] **I** *s.* **1.** Sack-, Packleinwand *f*; **II** *adj.* **2.** sich bauschend; **3.** → **bag·gy** ['bægɪ] *adj.* bauschig, zu weit, sackartig herabhängend; ausgebeult (*Hose*).

'bag·pipe *s.* ♪ Dudelsack(pfeife *f*) *m*; **'~-pip·er** *s.* Dudelsackpfeifer *m*; **'~-snatch·er** *s.* Handtaschenräuber *m*.

bah [ba(:)] *int.* pah! (*Verachtung*).

bail¹ [beɪl] ⚖ **I** *s.* (*nur sg.*) **1.** a) Bürge *m*: *find ~* e-n Bürgen verschaffen, b) Bürgschaft *f*, Sicherheitsleistung *f*, Kauti'on *f*: *admit to ~* → 4; *allow* (*od. grant*) *~* a) → 4, b) Kaution zulassen; *be out on ~* gegen Kaution auf freiem Fuß sein; *forfeit one's ~* (*bsd. wegen Nichterscheinens*) die Kaution verlieren; *go* (*od. stand*) *~ for s.o.* für *j-n* Sicherheit leisten *od.* Kaution stellen; *jump ~ Am.* F die Kaution ,sausenlas-

sen' (*u.* verschwinden); *release on ~* → 4; *surrender to* (*od. save*) *one's ~* vor Gericht erscheinen; **2.** *a. release on ~* Freilassung *f* gegen Kauti'on *od.* Sicherheitsleistung *f*; **II** *v/t.* **3.** *mst ~ out j-s* Freilassung gegen Kauti'on erwirken; **4.** *j-n* gegen Kauti'on freilassen; **5.** *Güter* (*zur treuhänderischen Verwahrung*) übergeben (*to s.o.* j-m); **6.** *~ out fig. j-n* retten, *j-m* her'aushelfen (*of* aus *dat.*).

bail² [beɪl] **I** *v/t.* ⚓ ausschöpfen: *~ out water* (*a boat*); **II** *v/i.* *~ out* ,aussteigen': a) ✈ mit dem Fallschirm abspringen, b) *fig.* nicht mehr mitmachen.

bail³ [beɪl] *s.* Bügel *m*, Henkel *m*.

bail·a·ble ['beɪləbl] *adj.* ⚖ kauti'onsfähig.

bail·ee [,beɪ'li:] *s.* ⚖ Verwahrer *m* (*e-r beweglichen Sache*), *z.B.* Spedi'teur *m*.

bai·ley ['beɪlɪ] *s. hist.* Außenmauer *f*, Außenhof *m* *e-r Burg*: *Old ♙ Hauptkriminalgericht in London.*

bail·iff ['beɪlɪf] *s.* **1.** ⚖ a) Gerichtsvollzieher *m*, b) Gerichtsdiener *m*, c) *Am.* Jus'tizwachtmeister *m*; **2.** *bsd. Brit.* (Guts)Verwalter *m*; **3.** *hist. Brit.* königlicher Beamter.

bail·i·wick ['beɪlɪwɪk] *s.* ⚖ Amtsbezirk *m* e-s **bailiff**.

bail·ment ['beɪlmənt] *s.* ⚖ (vertragliche) Hinter'legung (*e-r beweglichen Sache*), Verwahrung(svertrag *m*) *f*.

bail·or ['beɪlə] *s.* ⚖ Hinter'leger *m*.

bairn [beən] *s. Scot.* Kind *n*.

bait [beɪt] **I** *s.* **1.** Köder *m*; *fig. a.* Lockung *f*, Reiz *m*: *take* (*od. rise to*) *the ~* anbeißen, den Köder schlucken, *fig. a.* auf den Leim gehen; **2.** Rast *f*, Imbiß *m*; **3.** Füttern *n* (*Pferde*); **II** *v/t.* **4.** mit Köder versehen; **5.** *fig.* ködern, (an-)locken; **6.** *obs.* Pferde unterwegs füttern; **7.** mit Hunden hetzen; **8.** *fig. j-n* reizen, quälen, peinigen; **'bait·er** [-tə] *s.* Hetzer *m*, Quäler *m*; **'bait·ing** [-tɪŋ] *s.* **1.** *fig.* Hetze *f*, Quäle'rei *f*; **2.** Rast *f*.

baize [beɪz] *s.* Boi *m*, *mst grüner* Fries (*Wollstoff für Tischüberzug*).

bake [beɪk] **I** *v/t.* **1.** backen, im (Back-)Ofen braten: *~d potatoes* Folien-, Ofenkartoffeln *pl.*; **2.** a) dörren, austrocknen, härten: *sun-baked ground*, b) *Ziegel* brennen, c) ⚙ *Lack* einbrennen; **II** *v/i.* **3.** backen, braten (*a. fig. in der Sonne*); gebacken werden (*Brot etc.*); **4.** dörren, hart werden; **III** *s.* **5.** *Am.* gesellige Zs.-kunft; **'~·house** *s.* Backhaus *n*, -stube *f*.

bake·lite ['beɪkəlaɪt] *s.* ⚙ Bake'lit *n*.

bak·er ['beɪkə] *s.* **1.** Bäcker *m*: *~'s dozen* dreizehn; **2.** *Am.* tragbarer Backofen; **'bak·er·y** [-ərɪ] *s.* Bäcke'rei *f*.

bakh·shish → **baksheesh**.

bak·ing ['beɪkɪŋ] **I** *s.* Backen *n*; Brennen *n* (*Ziegel*); **II** *adv. u. adj.* glühend heiß; **'~-pow·der** *s.* Backpulver *n*.

bak·sheesh, bak·shish ['bækʃi:ʃ] *s.* 'Bakschisch *n*, Trinkgeld *n*; Bestechungsgeld *n* (*im Orient*).

Ba·la·kla·va (hel·met) [,bælə'klɑ:və] *s.* ✕ *Brit.* (wollener) Kopfschützer.

bal·a·lai·ka [,bælə'laɪkə] *s.* Bala'laika *f* (*russ. Zupfinstrument*).

bal·ance ['bæləns] **I** *s.* **1.** Waage *f* (*a. fig.*); **2.** Gleichgewicht *n* (*a. fig.*): *~* (*of mind*) inneres Gleichgewicht, Gelassenheit *f*; *~ of nature* Gleichgewicht

der Natur; *~ of power* (politisches) Gleichgewicht der Kräfte; *loss of ~* ♙ Gleichgewichtsstörungen *pl.*; *hold the ~ fig.* das Zünglein an der Waage bilden; *turn the ~* den Ausschlag geben; *lose one's ~* das Gleichgewicht *od. fig.* die Fassung verlieren; *in the ~* in der Schwebe; *tremble* (*od. hang*) *in the ~* auf Messers Schneide stehen; **3.** Gegengewicht *n*, Ausgleich *m*; **4.** *on ~* alles in allem, ,unterm Strich'; **5.** → *balance-wheel*; **6.** † 'Saldo *m*, Ausgleichsposten *m*, 'Überschuß *m*, Guthaben *n*, 'Kontostand *m*; Bi'lanz *f*; Rest (-betrag) *m*: *adverse ~* Unterbilanz *f*; *brought* (*od. carried*) *forward* Übertrag *m*, Saldovortrag *m*; (*un*)*favo(u)r·able ~ of trade* aktive (passive) Handelsbilanz; *~ due* Debetsaldo; *~ at the bank* Bankguthaben; *~ in hand* Kassenbestand *m*; *~ of payments* Zahlungsbilanz; *strike a ~* den Saldo *od.* (*a. fig.*) die Bilanz ziehen; **7.** Bestand *m*; F ('Über)Rest *m*; **II** *v/t.* **8.** *fig.* (er-, ab)wägen; **9.** (*a. o.s.*) sich im Gleichgewicht halten; ins Gleichgewicht bringen, ausgleichen; ausbalancieren; *Rechnung od. Konto* ausgleichen, aufrechnen, saldieren, abschließen: *~ the cash* Kasse(nsturz) machen; → *account* 5; **10.** *Kunstwerk* har'monisch gestalten; **III** *v/i.* **11.** balancieren, *fig. a. ~ out* sich im Gleichgewicht halten (*a. fig.*); **12.** sich (hin u. her) wiegen; *fig.* schwanken; **13.** † sich ausgleichen; **14.** *a. ~ out* ⚙ (sich) einspielen; **~ beam** *s.* Turnen: Schwebebalken *m*.

bal·anced ['bælənst] *adj. fig.* (gut) gewogen, wohlerwogen, ausgeglichen (*a.* † *u.* ♪), gleichmäßig; *~ diet* ausgeglichene Kost; *~ judg(e)ment* wohlerwogenes Urteil.

'bal·ance|-,i·tem *s.* Bi'lanzposten *m*; **'~-sheet** *s.* † Bi'lanz *f*; Rechnungsabschluß *m*: *first* (*od. opening*) *~* Eröffnungsbilanz; **'~-wheel** *s.* ⚙ Hemmungsrad *n*, Unruh *f* (*Uhr*).

bal·co·ny ['bælkənɪ] *s.* Bal'kon *m* (*a. thea.*).

bald [bɔ:ld] *adj.* ☐ **1.** kahl (*ohne Haar, Federn, Laub, Pflanzenwuchs*): *as ~ as a coot* völlig kahl; **2.** *fig.* kahl, schmucklos, nüchtern, armselig, dürftig; **3.** *fig.* nackt, unverhüllt, trocken, unverblümt: *a ~ statement*; **4.** *zo.* weißköpfig (*Vögel*), mit Blesse (*Pferde*).

bal·da·chin, bal·da·quin ['bɔ:ldəkɪn] *s.* 'Baldachin *m*, Thron-, Traghimmel *m*.

bal·der·dash ['bɔ:ldədæʃ] *s.* ,Quatsch' *m*, Unsinn *m*.

'bald·head *s.* Kahlkopf *m*; **'~-'head·ed** *adj.* kahlköpfig: *go ~ into sl.* blindlings hineinrennen in (*acc.*).

bald·ing ['bɔ:ldɪŋ] *adj.* kahl werdend; **bald·ness** ['bɔ:ldnɪs] *s.* Kahlheit *f*; *fig.* Dürftigkeit *f*, Nacktheit *f*; **'bald·pate** *s.* **1.** Kahl-, Glatzkopf *m*; **2.** *orn.* Pfeifente *f*.

bale¹ [beɪl] *s.* † Ballen *m*: *~ goods* Ballengüter *pl.*, Ballenware *f*; **II** *v/t.* in Ballen verpacken.

bale² → **bail²**.

'bale·fire *s.* **1.** Si'gnalfeuer *n*; **2.** Freudenfeuer *n*.

bale·ful ['beɪlfʊl] *adj.* ☐ **1.** unheilvoll (*Einfluß*); **2.** a) bösartig, rachsüchtig,

b) haßerfüllt (*Blick*); **3.** niederge-schlagen.

balk [bɔ:k] **I** s. **1.** Hindernis n; **2.** Ent-täuschung f; **3.** *dial. u. Am.* Auslassung f, Fehler m, Schnitzer m; **4.** (Furchen-)Rain m; **5.** Hindernis n, Hemmnis n; **6.** △ Hauptbalken m; **7.** *Billard:* Quartier n; **8.** *Am. Baseball:* vorgetäuschter Wurf; **II** *v/i.* **9.** stocken, stutzen; scheu-en (*at* bei, vor. *dat.*) (*Pferd*); *Reitsport:* verweigern (*acc.*); **10.** ~ *at fig.* a) sich sträuben gegen, b) zu'rückschrecken vor (*dat.*); **III** *v/t.* **11.** (ver)hindern, vereiteln; ~ *s.o. of s.th.* j-n um et. brin-gen; **12.** ausweichen (*dat.*), um'gehen; **13.** sich entgehen lassen.

Bal·kan ['bɔ:lkən] **I** *adj.* Balkan...; **II** s.: *the* ~*s pl.* die 'Balkanstaaten, der 'Balkan; **'Bal·kan·ize** [-naɪz] *v/t. Gebiet* balkanisieren.

ball¹ [bɔ:l] **I** s. **1.** Ball m, Kugel f; Knäu-el m, n, Klumpen m, Kloß m, Ballen m: *three* ~*s* drei Kugeln (*Zeichen des Pfandleihers*); **2.** Kugel f (*zum Spiel*); **3.** *sport* a) Ball m, b) *Am.* Ballspiel n, bsd. Baseball(spiel n) m, c) *Tennis:* Ball m, Schlag m, d) *Fußball:* Ball m, Schuß m, e) Wurf m: *be on the* ~ F ‚auf Draht' sein; *have a lot on the* ~ *Am.* F ‚schwer was los' haben; *have the* ~ *at one's feet* s-e große Chance haben; *keep the* ~ *rolling* das Gespräch od. die Sache in Gang halten; *the* ~ *is with you od. in your court!* jetzt bist 'du dran!; *play* ~ F mitmachen, ‚spuren'; **4.** ⚔ *etc.* Kugel f; **5.** (Abstimmungs)Ku-gel f; → *black ball*; **6.** *ast.* Himmels-körper m, Erdkugel f; **7.** ~ *of the eye* Augapfel m; ~ *of the foot* Fußballen m; ~ *of the thumb* Handballen; **8.** *pl.* V → *balls*; **II** *v/t.* **9.** (*v/i.* sich) zs.-ballen; **10.** ~ *up Am. sl.* a) (völlig) durchein-'anderbringen, b) ‚vermasseln'; **11.** (*a. v/i.*) V ‚bumsen'.

ball² [bɔ:l] s. (Tanz- *etc.*)Ball m: *open the* ~ a) den Ball (*mst fig.* den Reigen) eröffnen, b) *fig.* die Sache in Gang bringen; *have a* ~ *Am.* F sich (prima) amüsieren; *get a* ~ *out of s.th. Am.* F an et. Spaß haben.

ball³ [bɔ:l] s. große Arz'neipille (*für Pferde etc.*).

bal·lad ['bæləd] s. Bal'lade f; **'bal·lad·mon·ger** s. Bänkelsänger m; Dichter-ling m; **'bal·lad·ry** [-drɪ] s. Bal'laden-dichtung f.

,ball-and-'sock·et joint s. ⚙, *anat.* Ku-gel-, Drehgelenk n.

bal·last ['bæləst] **I** s. **1.** ♻, ⚓ Ballast m, Beschwerung f: *in* ~ in Ballast; **2.** *fig.* (sittlicher) Halt; **3.** ⚙ Schotter m, 'Bet-tungsmateri,al n; **II** *v/t.* **4.** ♻, ⚓ mit Ballast beladen; **5.** *fig.* j-m Halt geben; **6.** ⚙ beschottern.

ball| **bear·ing(s** *pl.*) s. ⚙ Kugellager n; **'~boy** s. *Tennis:* Balljunge m.

bal·le·ri·na [,bælə'ri:nə] s. **1.** (Prima-)Balle'rina f; **2.** Bal'lettänzerin f.

bal·let ['bæleɪ] s. **1.** *allg.* Bal'lett n; **2.** Bal'lettkorps n; ~ *danc·er* ['bæleɪ] s. Bal'lettänzer(in) f; ~ *danc·ing* ['bæleɪ] s. Bal'lettanzen n; Tanzen n.

bal·let·o·mane ['bælɪtəʊmeɪn] s. Bal-'lettfa,natiker(in).

'ball|,flow·er s. △ Ballenblume f (*goti-sche Verzierung*); ~ *game* s. **1.** *sport* (*Am. Base*)Ballspiel n; **2.** *Am.* F a) Si-

tuati'on f, b) Sache f.

bal·lis·tic [bə'lɪstɪk] *adj.* (□ ~*ally*) *phys.*, ⚔ bal'listisch; → *missile* 2; **bal-'lis·tics** [-ks] s. *pl. mst sg. konstr. phys.*, ⚔ Bal'listik f.

ball joint s. *anat.*, ⚙ Kugelgelenk n.

bal·lon d'es·sai [balɔ̃ desɛ] (*Fr.*) s. *bsd. fig.* Ver'suchsbal,lon m.

bal·loon [bə'lu:n] **I** s. **1.** ✔ Bal'lon m: ~ *barrage* ⚔ Ballonsperre f; *when the* ~ *goes up* F wenn es losgeht; **2.** Luftbal-lon m (*Spielzeug*); **3.** △ (Pfeiler)Kugel f; **4.** 🦅 Bal'lon m, Rezipi'ent m; **5.** in Comics *etc.:* (Sprech-, Denk)Blase f; **6.** ~ (*glass*) 'Kognakschwenker m; **7.** *sl. sport* ‚Kerze' f (*Hochschuß*); **II** *v/i.* **8.** im Ballon aufsteigen; **9.** sich blähen; **III** *v/t.* **10.** *sl. sport* den Ball ‚in die Wolken jagen'; **11.** aufblasen; *fig.* aufblähen, über'treiben, steigern; **12.** ♱ *Am.* Prei-se in die Höhe treiben; **IV** *adj.* **13.** auf-gebläht: ~ *sleeve* Puffärmel m; **bal-loon·ist** [bə'lu:nɪst] s. Bal'lonfahrer m; **bal·loon tire** (*Brit.* **tyre**) s. ⚙ Bal'lon-reifen m.

bal·lot ['bælət] **I** s. **1.** *hist.* Wahlkugel f; *weitS.* Stimmzettel m; **2.** (geheime) Wahl: *voting is by* ~ die Wahl ist ge-heim; *at the* ~ im ersten Wahl-gang; **3.** Zahl f der abgegebenen Stim-men, *weitS.* Wahlbeteiligung f; **II** *v/i.* **4.** (geheim) abstimmen; **5.** losen (*for* um); ~ *box* s. Wahlurne f; ~ *pa·per* s. Stimmzettel m; ~ *vote* s. Urabstim-mung f (*bei Lohnkämpfen*).

'ball|**(-point) pen** s. Kugelschreiber m; ~ *race* s. ⚙ Kugellager-, Laufring m; ~ *re·cep·tion* s. *TV* Ball-, Re'laisemp-fang m; **'~room** s. Ball-, Tanzsaal m: ~ *dancing* Gesellschaftstanz m, -tänze *pl.*

balls [bɔ:lz] **I** s. *pl.* V **1.** ‚Eier' *pl.* (*Ho-den*); **II** *int.* ‚Quatsch'!, Blödsinn!

'ball-up s. *sl.* Durchein'ander n.

bal·ly·hoo [,bælɪ'hu:] F **I** s. (Re'kla-me)Rummel m, Ballyhoo n, a. *weitS.* ‚Tam'tam' n, ‚Wirbel' m; **II** *v/i. u. v/t.* e-n Rummel machen (um), markt-schreierisch anpreisen.

bal·ly·rag ['bælɪræg] *v/t.* mit j-m Possen od. Schindluder treiben.

balm [bɑ:m] s. **1.** 'Balsam m: a) aro'ma-tisches Harz f, b) wohlriechende Salbe c) *fig.* Trost m, a. Wohltat f; **2.** *fig.* bal'samischer Duft; **3.** ♀ ♌ *of Gilead* 'Balsamstrauch m, -harz n.

bal·mor·al [bæl'mɒrəl] s. Schottenmütze f.

balm·y ['bɑ:mɪ] *adj.* □ **1.** bal'samisch; **2.** *fig.* mild; heilend; **3.** *Brit. sl.* ‚be-kloppt'.

bal·ne·ol·o·gy [,bælnɪ'ɒlədʒɪ] s. 🩹 Bal-neolo'gie f, Bäderkunde f.

ba·lo·ney [bə'ləʊnɪ] → *boloney.*

bal·sam ['bɔ:lsəm] s. **1.** → *balm* 1; **2.** ♀ a) Springkraut n, b) Balsa'mine f; **bal-sam·ic** [bɔ:l'sæmɪk] *adj.* (□ ~*ally*) **1.** 'balsamartig, Balsam...; **2.** bal'samisch (duftend); **3.** *fig.* mild, sanft; lindernd, heilend.

Balt [bɔ:lt] s. Balte m, Baltin f; **'Bal·tic** [-tɪk] **I** *adj.* **1.** baltisch; **2.** Ostsee...; **II** s. **3.** *a.* ~ *Sea* Ostsee f.

bal·us·ter ['bæləstə] → *banister*; **bal-us·trade** [,bæləs'treɪd] s. Balu'strade f, Brüstung f; Geländer n.

bam·boo [bæm'bu:] s. **1.** ♀ 'Bambus m:

~ *curtain pol.* Bambusvorhang m (*von Rotchina*); ~ *shoot* Bambussprosse f; **2.** 'Bambusrohr n, -stock m.

bam·boo·zle [bæm'bu:zl] *v/t. sl.* **1.** be-schwindeln (*out of* um), übers Ohr hauen; **2.** foppen, verwirren.

ban [bæn] **I** *v/t.* **1.** verbieten: ~ *a play*; ~ *s.o. from speaking* j-m verbieten zu sprechen; **2.** *sport* j-n sperren; **II** s. **3.** (amtliches) Verbot, Sperre f (*a. sport*): *travel* ~ Reiseverbot; *lift a* ~ ein Verbot aufheben; **4.** Ablehnung f durch die öf-fentliche Meinung: *under a* ~ allge-mein mißbilligt, geächtet; **5.** ꝣ, *eccl.* Bann m, Acht f: *under the* ~ in die Acht erklärt, exkommuniziert.

ba·nal [bə'nɑ:l] *adj.* ba'nal, abgedro-schen, seicht; **ba·nal·i·ty** [bə'nælətɪ] s. Banali'tät f; **ba·na·lize** [bə'nɑ:laɪz] *v/t.* banalisieren.

ba·nan·a [bə'nɑ:nə] s. ♀ Ba'nane f: *go* ~*s sl.* ‚überschnappen'; ~ *plug* s. ⚡ Ba'nanenstecker m; ~ *re·pub·lic* s. *iro.* Ba'nanenrepu,blik f.

band¹ [bænd] **I** s. **1.** Schar f, Gruppe f; Bande f: ~ *of robbers* Räuberbande f; **2.** Band f, (Mu'sik)Ka,pelle f, ('Tanz-)Or,chester n: *big* ~ Big Band; → *beat* 12; **II** *v/t.* **3.** ~ *together* (zu e-r Gruppe *etc.*) vereinigen; **III** *v/i.* **4.** ~ *together* sich zs.-tun, *b.s.* sich zs.-rotten.

band² [bænd] **I** s. **1.** (flaches) Band; (Heft)Schnur f; ~ *rubber* ~ Gummiband; **2.** Band n (*an Kleidern*), Gurt m, Binde f, (Hosen- *etc.*)Bund m, Einfassung f; **3.** Band n, Ring m (*als Verbindung od. Befestigung*); Bauchbinde f (*Zigarre*); **4.** 🦴 (Gelenk)Band n; Verband m; **5.** (Me'tall)Reifen m; Ring m; Streifen m; **6.** ⚙ Treibriemen m; **7.** *pl.* Bcffchen n der Geistlichen u. Richter; **8.** andersfar-biger od. andersartiger Streifen, Quer-streifen m; Schicht f; **9.** *Radio:* (Fre-'quenz)Band n; **II** *v/t.* **10.** mit e-m Band od. e-r Binde versehen, zs.-binden; *Am. Vogel* beringen; **11.** mit (e-m) Streifen versehen; **band·age** ['bæn-dɪdʒ] **I** s. **1.** 🩹 Verband m, Binde f, Ban'dage f: ~ *case* Verbandskasten m; **2.** Binde f, Band n; **II** *v/t.* **3.** *Wunde etc.* verbinden, *Bein etc.* bandagieren.

'band-aid *Am.* **I** s. Heftpflaster m; **II** *adj.* F Behelfs...

ban·dan·(n)a [bæn'dænə] s. buntes Ta-schen- od. Halstuch.

band|**-box** ['bændbɒks] s. Hutschachtel f: *as if he (she) came out of a* ~ wie aus dem Ei gepellt; **'~brake** s. ⚙ Band-, Riemenbremse f.

ban·deau ['bændəʊ] *pl.* **-deaux** [-dəʊz] (*Fr.*) s. Haar- od. Stirnband n.

ban·de·rol(e) ['bændərəʊl] s. **1.** langer Wimpel, Fähnlein n; **2.** Inschriftenband n.

ban·dit ['bændɪt] *pl. a.* **-ti** [bæn'dɪtɪ] s. Ban'dit m, (Straßen)Räuber m, *weitS.* Gangster m: *a banditti* coll. e-e Räuber-bande; → *one-armed*; **'ban·dit·ry** [-trɪ] s. Ban'ditentum n.

band·mas·ter ['bænd,mɑ:stə] s. ♪ Ka-'pellmeister m.

'ban·dog s. *Brit.* Kettenhund m.

ban·do·leer, ban·do·lier [,bændəʊ'lɪə] s. ⚔ (*um die Brust geschlungener*) Pa-'tronengurt.

'band|-pass fil·ter s. *Radio:* Bandfilter n, m; ~ *pul·ley* s. ⚙ Riemenscheibe f,

Schnurrad *n*; ~ **saw** *s*. ⊕ Bandsäge *f*; ~ **shell** *s*. (muschelförmiger) Or'chester-,pavillon.

bands·man ['bændzmən] *s*. [*irr*.] ♪ 'Musiker *m*, Mitglied *n* e-r (Mu'sik)Ka,pelle.

'band·stand *s*. Mu'sik,pavillon *m*; Podium *n*; ~ **switch** *s*. *Radio:* Fre'quenz-(band),umschalter *m*; '~·**wag·on** *s*. **1.** Wagen *m* mit e-r Mu'sikka,pelle; **2.** F *pol.* erfolgreiche Seite *od.* Par'tei: *climb on the* ~ mit ‚einsteigen', sich der erfolgversprechenden Sache anschließen; '~·**width** *s*. *Radio:* Bandbreite *f*.

ban·dy ['bændɪ] **I** *v/t*. **1.** sich *et.* zuwerfen; **2.** sich *et.* erzählen; **3.** sich (gegenseitig) *Vorwürfe, Komplimente etc.* machen, *Blicke, böse Worte, Schläge etc.* tauschen: ~ *words* sich streiten; **4.** *a.* ~ *about* Gerüchte in 'Umlauf setzen *od.* weitertragen; **5.** *a.* ~ *about* j-s *Namen* immer wieder erwähnen: *his name was bandied about* a. er war ins Gerede gekommen; **II** *s*. **6.** *sport* Bandy *n* (*Abart des Eishockey*).

'bandy-legged [-legd] *adj*. O- *od.* säbelbeinig.

bane [beɪn] *s*. Verderben *n*, Ru'in *m*: *the* ~ *of his life* der Fluch s-s Lebens; **'bane·ful** [-fʊl] *adj*. □ verderblich, tödlich, schädlich.

bang¹ [bæŋ] **I** *s*. **1.** Bums *m*, Schlag *m*, Krach *m*, Knall *m*: *go over with a* ~ *Am.* F ein Bombenerfolg sein; **2.** V ‚Nummer' *f* (*Koitus*); **3.** *sl.* ‚Schuß' *m* (*Rauschgift*); **II** *v/t*. **4.** dröhnend schlagen, knallen mit, *Tür etc.* zuknallen: ~ *one's head against* sich den Kopf anschlagen an (*dat.*); ~ *one's fist on the table* mit der Faust auf den Tisch schlagen; ~ *sense into s.o.* j-m Vernunft einbleuen; ~ *up* kaputtmachen, -schlagen, *Auto* zu Schrott fahren; ~*ed*(*-*)*up* zerbeult, (arg) mitgenommen, demoliert; **5.** ~ *about* fig. j-n he'rumstoßen; **6.** V ‚bumsen', ‚vögeln'; **III** *v/i*. **7.** knallen: a) krachen, b) zuschlagen (*Tür etc.*), c) ballern, schießen: ~ *at* an die *Tür etc.* schlagen; ~ *away* drauflosballern; ~ *into* bumsen *od.* knallen gegen; **8.** V ‚bumsen', ‚vögeln'; **IV** *adv*. **9.** bums: a) mit e-m Knall *od.* Krach, b) F *fig.* ‚zack', genau: ~ *in the eye*, c) F *fig.* plötzlich: ~ *off sl.* sofort, ‚zack'; ~ *on sl.* (haar)genau; **V** *int*. **10.** bums!, peng!

bang² [bæŋ] *s*. *mst pl.* Pony *m*; 'Ponyfri-,sur *f*.

bang·er ['bæŋə] *s*. **1.** et., das knallt, *z.B.* Knallkörper *m*; ‚Klapperkiste' *f* (*Auto*); **2.** (Brat)Würstchen *n*: ~*s pl. and mash* Würstchen *pl.* mit Kartoffelbrei.

ban·gle ['bæŋgl] *s*. Armring *m*, -reif *m*; Fußring *m*, -spange *f*.

'bang·on *adv*. F haargenau: genau (richtig); '~·**up** *adv. u. adj. Am. sl.* ‚prima'.

ban·ish ['bænɪʃ] *v/t*. **1.** verbannen, ausweisen (*from* aus); **2.** *fig.* (ver)bannen, verscheuchen, vertreiben: ~ *care*; **'banish·ment** [-mənt] *s*. **1.** Verbannung *f*, Ausweisung *f*; **2.** *fig.* Vertreiben *n*, Bannen *n*.

ban·is·ter ['bænɪstə] *s*. Geländersäule *f*; *pl.* Treppengeländer *n*.

ban·jo ['bændʒəʊ] *pl.* **-jos, -joes** ♪

Banjo *n*; '**ban·jo·ist** [-əʊɪst] *s*. Banjospieler *m*.

bank¹ [bæŋk] **I** *s*. **1.** † Bank *f*, Bankhaus *n*: *the* ⌾ *Brit.* die Bank von England; ~ *of deposit* Depositenbank; ~ *of issue* (*od.* *circulation*) Noten-, Emissionsbank; **2.** (Spiel)Bank *f*: *break* (*keep*) *the* ~ die Bank sprengen (halten); *go* (*the*) ~ Bank setzen; **3.** Vorrat *m*, Re'serve *f*, Bank *f*: → *blood bank etc.*; **II** *v/i*. **4.** † Geld auf e-r Bank haben: *I* ~ *with ...* ich habe mein Bankkonto bei ...; **5.** *Glücksspiel:* die Bank halten; **6.** ~ *on fig.* bauen *od.* s-e Hoffnung setzen auf (*acc.*); **III** *v/t*. **7.** *Geld* bei e-r Bank einzahlen *od.* hinter'legen.

bank² [bæŋk] **I** *s*. **1.** (Erd)Wall *m*, Damm *m*, (Straßen- *etc.*)Böschung *f*; Über'höhung *f* e-r *Straße*; **2.** Ufer *n*; **3.** (Sand)Bank *f*, Untiefe *f*: *Dogger* ⌾ Doggerbank; **4.** Bank *f*, Wand *f*, Wall *m*; Zs.-ballung *f*: ~ *of clouds* Wolkenbank; *snow* ~ Schneewall; **5.** ✈ Querneigung *f in der Kurve*; **II** *v/t*. **6.** eindämmen, mit e-m Wall um'geben; *fig.* dämpfen; **7.** e-e *Straße in der Kurve* über'höhen; **8.** *a.* ~ *up* aufhäufen, zs.-ballen; **9.** ✈ in die Kurve legen, in Schräglage bringen; **10.** *a.* ~ *up* ein *Feuer* mit Asche belegen; **III** *v/i*. **11.** *a.* ~ *up* sich aufhäufen, sich zs.-ballen; **12.** ✈ in die Kurve gehen; **13.** e-e Über'höhung haben (*Straße in der Kurve*).

bank³ [bæŋk] *s*. **1.** Ruderbank *f od.* (Reihe *f* der) Ruderer *pl. in e-r Galeere*; **2.** ⊕ Reihe *f*, Gruppe *f*, Reihenanordnung *f*.

bank·a·ble ['bæŋkəbl] *adj*. † bankfähig, diskontierbar; *fig.* verläßlich, zuverlässig.

bank| ac·count *s*. † 'Bank,konto *n*; ~ **bill** → *bank draft*; ~ **book** *s*. Sparbuch *n*; ~ **clerk** *s*. Bankangestellte(r *m*) *f*, -beamte(r) *m*, -beamtin *f*; ~ **code num·ber** *s*. Bankleitzahl *f*; ~ **dis·count** *s*. 'Bankdis,kont *m*; ~ **draft** *s*. Bankwechsel *m* (*von e-r Bank auf e-e andere gezogen*).

bank·er ['bæŋkə] *s*. **1.** † Banki'er *m*: ~*'s discretion* Bankgeheimnis *n*; ~*'s order* Kartenspiel *etc.*: Bankhalter *m*.

bank hol·i·day *s*. Bankfeiertag *m*.

bank·ing¹ ['bæŋkɪŋ] † **I** *s*. Bankwesen *n*; **II** *adj.* Bank...

bank·ing² ['bæŋkɪŋ] *s*. ✈ Schräglage *f*.

bank·ing| ac·count *s*. † 'Bank,konto *n*; ~ **charg·es** *s. pl.* Bankgebühren *pl.*; ~ **house** *s*. Bankhaus *n*.

bank| man·ag·er *s*. 'Bankdi,rektor *m*; ~ **note** *s*. † Banknote *f*; ~ **rate** *s*. † Dis'kontsatz *m*; ~ **re·turn** *s*. Bankausweis *m*; '~·**rob·ber·y** *s*. Bankraub *m*; '~·**roll** *s. Am.* **1.** Bündel *n* Banknoten; **2.** Geld(mittel *pl.*) *n*.

bank·rupt ['bæŋkrʌpt] **I** *s*. **1.** ⊠ Kon'kurs-, Gemeinschuldner *m*, Bankrot'teur *m*: ~*'s certificate* Dokument *n* über Einstellung des Konkursverfahrens; ~*'s creditor* Konkursgläubiger *m*; ~*'s estate* Konkursmasse *f*; *declare o.s. a* ~ (s-n) Konkurs anmelden; **2.** *fig.* bank'rotter *od.* her'untergekommener Mensch; **II** *adj.* **3.** ⊠ bank'rott: *go* ~ in Konkurs geraten, Bankrott machen; **4.** *fig.* bank'rott (*a. Politik, Politi-*

ker *etc.*), ruiniert: *morally* ~ moralisch bankrott, sittlich verkommen; ~ *in intelligence* bar aller Vernunft; **III** *v/t*. **5.** ⊠ bank'rott machen; **6.** *fig.* zu'grunde richten; **'bank·rupt·cy** [-rəptsɪ] *s*. **1.** ⊠ Bank'rott *m*, Kon'kurs *m*: *act of* ~ Konkurshandlung *f*; ⌾ *Act* Konkursordnung *f*; *declaration of* ~ Konkursanmeldung *f*; *petition in* ~ Konkursantrag *m*; *referee in* ~ Konkursrichter *m*; **2.** *fig.* Ru'in *m*, Bank'rott *m*.

bank state·ment *s*. † **1.** Bankausweis *m*; **2.** *Brit.* Kontoauszug *m*.

ban·ner ['bænə] **I** *s*. **1.** Banner *n*, Fahne *f*, Heeres-, Kirchen-, Reichsfahne *f*; **2.** *fig.* Banner *n*, Fahne *f*: *the* ~ *of freedom*; **3.** Spruchband *n*, Transpa'rent *n* bei politischen Umzügen; **4.** *a.* ~ *headline* 'Balken,überschrift *f*, Schlagzeile *f*; **II** *adj. Am.* **5.** führend, 'prima: ~ *class* beste Sorte; '~·**bear·er** *s*. **1.** Fahnenträger *m*; **2.** Vorkämpfer *m*.

banns [bænz] *s. pl. eccl.* Aufgebot *n* des Brautpaares vor der Ehe: *ask the* ~ das Aufgebot bestellen; *publish* (*od. put up*) *the* ~ (*of*) (*das Brautpaar*) kirchlich aufbieten.

ban·quet ['bæŋkwɪt] **I** *s*. Ban'kett *n*, Festessen *n*; **II** *v/t*. festlich bewirten; **III** *v/i*. tafeln; '**ban·quet·er** [-tə] *s*. Ban'ketteilnehmer(in).

ban·shee [bæn'ʃiː] *s. Ir., Scot.* Todesfee *f*.

ban·tam ['bæntəm] *s*. **1.** *zo.* 'Bantam-, Zwerghuhn *n*, -hahn *m*; **2.** *fig.* Zwerg *m*, Knirps *m*; **II** *adj.* **3.** klein, ⊕ Klein..., *a.* handlich; '~·**weight** *s. sport* 'Bantamgewicht(ler *m*) *n*.

ban·ter ['bæntə] **I** *v/t*. necken, hänseln; **II** *v/i*. necken, scherzen; **III** *s*. Necke'rei *f*, Scherz(e *pl.*) *m*; '**ban·ter·er** [-ərə] *s*. Spaßvogel *m*.

Ban·tu [ˌbænˈtuː] **I** *pl.* **-tu, -tus** *s*. **1.** 'Bantu(neger) *m*; **2.** 'Bantusprache *f*; **II** *adj.* **3.** Bantu...

ban·zai [ˌbænˈzaɪ] *int.* Banzai! (*japanischer Hoch- od. Hurraruf*).

ba·o·bab ['beɪəʊbæb] *s*. ♀ 'Baobab *m*, Affenbrotbaum *m*.

bap·tism ['bæptɪzm] *s*. **1.** *eccl.* Taufe *f*: ~ *of blood* Märtyrertod *m*; **2.** *fig.* Taufe *f*, Einweihung *f*, Namensgebung *f*: ~ *of fire* ✗ Feuertaufe; **bap·tis·mal** [bæpˈtɪzml] *adj. eccl.* Tauf...; '**bap·tist** [-ɪst] *s. eccl.* **1.** Bap'tist(in); **2.** Täufer *m*: *John the* ⌾; '**bap·tis·ter·y** [-ɪstərɪ], '**bap·tist·ry** [-ɪstrɪ] *s*. **1.** 'Taufka,pelle *f*; **2.** Taufbecken *n*; **bap·tize** [bæpˈtaɪz] *v/t. u. v/i. eccl. u. fig.* taufen.

bar [baː] **I** *s*. **1.** Stange *f*, Stab *m*: ~*s* Gitter *n*; *prison* ~*s* Gefängnis *n*; *behind* ~*s fig.* hinter Schloß u. Riegel; **2.** Riegel *m*, Querbalken *m*, -holz *n*, -stange *f*; Schranke *f*, Sperre *f*; **3.** *fig.* (*to*) Hindernis *n* (für) (*a.* ⊠), Verhinderung *f* (*gen.*), Schranke *f* (gegen); ⊠ Ausschließungsgrund *m*: *to progress* Hemmnis *n* für den Fortschritt; ~ *to marriage* Ehehindernis *n*; *as a* ~ *to, in* ~ *of* ⊠ zwecks Ausschlusses (*gen.*); **4.** Riegel *m*, Stange *f*: *a* ~ *of soap* ein Riegel Seife; ~ *soap* Stangenseife *f*; *a chocolate* ~ ein Riegel (*a.* e-e Tafel) Schokolade; *gold* ~ Goldbarren *m*; **5.** Barre *f*, Sandbank *f* (*am Hafeneingang*); **6.** Strich *m*, Streifen *m*, Band *n*, Strahl *m* (*Farbe, Licht*); **7.** ♪ La'melle *f*; **8.** ♪ a) Taktstrich *m*, b) *ein* Takt; **9.** Streifen *m*, Band *n* an e-r *Medaille*; Spange *f am Orden*; **10.** ☷ a) Schranke *f vor der Richterbank*: *prisoner at the* ~ Angeklagte(r *m*) *f*; *trial at* ~ *Brit.* Verhandlung *f* vor dem vollen Strafsenat des *High Court of Justice* (*z.B. bei Landesverrat*), b) Schranke *f* in den *Inns of Court*: *be called* (*Am. admitted*) *to the* ~ als Anwalt *od. Brit.* als Barrister (*plädierender Anwalt*) zugelassen werden; *be at the* ~ Barrister sein; *read for the* ~ Jura studieren, c) *the* ~ die (gesamte) Anwaltschaft, *Brit.* die Barristers *pl.*: ♀ *Association Am.* (halbamtliche) Anwaltsvereinigung, -kammer; **11.** *parl.*: *the* ~ *of the House* Schranke im brit. Unterhaus (*bis zu der geladene Zeugen vortreten dürfen*); **12.** *fig.* Gericht *n*, Tribu'nal *n*: *the* ~ *of public opinion* das Urteil der Öffentlichkeit; **13.** Bar *f*: a) Bü'fett *n*, Theke *f*, b) Schankraum *m*, Imbißstube *f*; → *ice-cream bar*; **II** *v/t.* **14.** verriegeln: ~ *in* (*out*) ein- (aus)sperren; **15.** *a.* ~ *up* vergittern; mit Schranken um'geben: ~*red window* Gitterfenster *n*; **16.** versperren: ~ *the way* (*a. fig.*); **17.** hindern (*from an dat.*); hemmen, auf-, abhalten; **18.** ausschließen (*from od. a.* ☷), verbieten; → *barred* 4; **19.** absehen von; **20.** *Brit. sl.* nicht leiden können; **21.** mit Streifen versehen; **III** *prp.* **22.** außer, abgesehen von: ~ *one* außer einem; ~ *none* (alle) ohne Ausnahme.

barb[1] [bɑ:b] *s.* **1.** 'Widerhaken *m*; **2.** *fig.* a) Stachel *m*, b) Spitze *f*, spitze Bemerkung, Pfeil *m* des Spottes; **3.** *zo.* Bart (-faden) *m*; Fahne *f* e-r *Feder*. **barb**[2] [bɑ:b] *s.* Berberpferd *n*.

bar·ba·ri·an [bɑ:'beərɪən] **I** *s.* **1.** Bar'bar *m*; **2.** *fig.* Bar'bar *m*, roher u. ungesitteter Mensch; Unmensch *m*; **II** *adj.* **3.** bar'barisch, unzivilisiert; **4.** *fig.* roh, ungesittet, grausam; **bar·bar·ic** [bɑ:-'bærɪk] *adj.* (□ ~*ally*) bar'barisch, wild, roh, ungesittet; **bar·ba·rism** ['bɑ:bərɪzəm] *s.* **1.** Barba'rismus *m*, Sprachwidrigkeit *f*; **2.** Barba'rei *f*, 'Unkul₁tur *f*; **bar·bar·i·ty** [bɑ:'bærətɪ] *s.* Barba'rei *f*, Roheit *f*, Grausamkeit *f*, Unmenschlichkeit *f*; **bar·ba·rize** ['bɑ:bəraɪz] **I** *v/t.* **1.** verrohen *od.* verwildern lassen; **2.** *Sprache, Kunst etc.* barbarisieren, verderben; **II** *v/i.* **3.** verrohen; **bar·ba·rous** ['bɑ:bərəs] *adj.* □ bar'barisch, roh, ungesittet, grausam.

bar·be·cue ['bɑ:bɪkju:] **I** *s.* **1.** Barbecue *n*: a) Grillfest *n* (*bei dem ganze Tiere gebraten werden*), b) Bratrost *m*, Grill *m*, c) gegrilltes *od.* gebratenes Fleisch; **2.** *Am.* in Essigsoße zubereitete Fleisch- *od.* Fischstückchen; **II** *v/t.* **3.** (auf dem Rost *od.* am Spieß) im ganzen *od.* in großen Stücken braten); **2.** braten, grillen; **3.** *Am.* in stark gewürzter (Essig)Soße zubereiten; **4.** *Am.* a) dörren, b) räuchern.

barbed [bɑ:bd] *adj.* **1.** mit 'Widerhaken *od.* Stacheln (versehen), Stachel...; **2.** *fig.* bissig, spitz: ~ *remarks*; ~ *wire* Stacheldraht *m*.

bar·bel ['bɑ:bəl] *s. ichth.* Barbe *f*. **'bar·bell** *s. sport* Hantel *f* mit langer *Stange*, Kugelstange *f*. **bar·ber** ['bɑ:bə] **I** *s.* Bar'bier *m*, ('Her-

---

ren)Fri₁seur *m*; **II** *v/t. Am.* rasieren; frisieren.
bar·ber·ry ['bɑ:bərɪ] *s.* ♀ Berbe'ritze *f*.
'bar·ber·shop *s.* **1.** *bsd. Am.* Fri'seurgeschäft *n*; **2.** *a.* ~ *singing Am.* F (zwangloses) Singen im Chor.
bar·ber's| itch ['bɑ:bəz] *s.* ✿ Bartflechte *f*; ~ *pole* *s.* spiralig bemalte Stange als Geschäftszeichen der Friseure.
bar·bi·tal ['bɑ:bɪtæl] *s. pharm. Am.* Barbi'tal *n*; ~ *so·di·um* *s. pharm.* 'Natriumsalz *n* von Barbi'tal.
bar·bi·tone ['bɑ:bɪtəʊn] *s. Brit.* → *barbital*; **bar·bi·tu·rate** [bɑ:'bɪtjʊrət] *s. pharm.* □ Barbitu'rat *n*; **bar·bi·tu·ric** [₁bɑ:bɪ'tjʊərɪk] *adj. pharm.*: ~ *acid* Barbitursäure *f*.
bar·ca·rol(l)e ['bɑ:kərəʊl] *s.* ♪ Barka-'role *f* (*Gondellied*).
bar cop·per *s.* ⚙ Stangenkupfer *n*.
bard [bɑ:d] *s.* **1.** Barde *m* (*keltischer Sänger*); **2.** *fig.* Barde *m*, Sänger *m* (*Dichter*): ♀ *of Avon* Shakespeare; **'bard·ic** [-dɪk] *adj.* Barden...; **bard·ol·a·try** [bɑ:'dɒlətrɪ] *s.* Shakespeare-vergötterung *f*.
bare [beə] **I** *adj.* □ → *barely*; **1.** nackt, unbekleidet, bloß: *in one's* ~ *skin* splitternackt; **2.** kahl, leer, nackt, unbedeckt: ~ *walls* kahle Wände; *the* ~ *boards* der nackte Fußboden; *the larder was* ~ *fig.* es war nichts zu essen im Hause; ~ *sword* bloßes *od.* blankes Schwert; **3.** ♀, *zo.* kahl; **4.** unverhüllt, klar: *lay* ~ zeigen, enthüllen (*a. fig.*); *the* ~ *facts* die nackten Tatsachen; ~ *nonsense* barer *od.* reiner Unsinn; **5.** (*of*) entblößt (von), arm (an *dat.*), ohne; **6.** knapp, kaum hinreichend: ~ *majority* a) knappe Mehrheit, b) *of votes*) einfache Stimmenmehrheit; *a* ~ *ten pounds* gerade noch 10 Pfund; **7.** bloß, al'lein, nur: *the* ~ *thought* der bloße (*od.* allein der) Gedanke; **8.** entblößen, entkleiden; **9.** *fig.* bloßlegen, enthüllen: ~ *one's heart* sein Herz öffnen (*to j-m*); '~*back(ed)* [-bæk(t)] *adj. u. adv.* ungesattelt; '~*faced* [-feɪst] *adj.* □ schamlos, frech; '~*foot* *adj. u. adv.* barfuß; ₁~'*foot·ed* [-'fʊtɪd] *adj.* barfuß, barfüßig; ₁~'*head·ed* [-'hedɪd] *adj. u. adv.* mit bloßem Kopf, barhäuptig; ₁~'*legged* [-'legd] *adj.* mit nackten Beinen.
bare·ly ['beəlɪ] *adv.* **1.** kaum, knapp, gerade (noch): ~ *enough time*; **2.** ärmlich, spärlich; **bare·ness** ['beənɪs] *s.* **1.** Nacktheit *f*, Blöße *f*, Kahlheit *f*; **2.** Dürftigkeit *f*.
bare·sark ['beəsɑ:k] **I** *s.* Ber'serker *m*; **II** *adv.* ohne Rüstung.
bar·gain ['bɑ:gɪn] **I** *s.* **1.** (geschäftliches) Abkommen, Handel *m*, Geschäft *n*: *a good* (*bad*) ~; **2.** *a.* *good* ~ vorteilhaftes Geschäft, günstiger Kauf, Gelegenheitskauf *m* (*a. die gekaufte Sache*): *at £10 it is a* (*dead*) ~ für £10 ist es spottbillig; *it's a* ~! abgemacht!, topp!; *into the* ~ obendrein, noch dazu; *strike od. make a* ~ ein Abkommen treffen, e-n Handel abschließen; *make the best of a bad* ~ sich so gut wie möglich aus der Affäre ziehen; *drive a hard* ~ hart feilschen, ₁mächtig rangehen'; **3.** *Brit. Börse:* (*einzelner*) Abschluß: ~ *for account* Termingeschäft *n*; **II** *v/i.* **4.** handeln, feilschen (*for, about* um); **5.** ver-

---

handeln, über'einkommen (*for* über *acc.*, *that* daß): ~*ing point* Verhandlungspunkt *m*; ~*ing position* Verhandlungsposition *f*; **6.** ~ *for* rechnen mit, erwarten (*acc.*) (*mst neg.*): *I did not* ~ *for that* darauf war ich nicht gefaßt; *it was more than we had* ~*ed for* damit hatten wir nicht gerechnet; **7.** ~ *on fig.* zählen auf (*acc.*); **III** *v/t.* **8.** (ein)tauschen (*for* gegen); **9.** ~ *away* verschachern, *fig. a.* verschenken; ~ *basement* *s.* Niedrigpreisabteilung *f* im Tiefgeschoß *e-s Warenhauses*; ~ *count·er* *s.* **1.** † Wühltisch *m*; **2.** *fig. pol.* 'Tauschob₁jekt *n*.
bar·gain·er ['bɑ:gɪnə] *s.* **1.** Feilscher (-in); **2.** Verhandler *m*; **'bar·gain·ing** [-nɪŋ] *s.* Handeln *n*, Feilschen *n*; Verhandeln *n*: → *collective bargaining*.
bar·gain| price *s.* Spott-, Schleuderpreis *m*; ~ *sale* *s.* (Ramsch)Ausverkauf *m*.
barge [bɑ:dʒ] **I** *s.* **1.** ⚓ a) flaches Flußod. Ka'nalboot, Lastkahn *m*, b) Bar'kasse *f*, c) Hausboot *n*; **II** *v/i.* **2.** F ungeschickt gehen *od.* fahren *od.* sich bewegen, torkeln, stürzen, prallen (*into* in *acc.*, *against* gegen); **3.** ~ *in* F her'einplatzen, sich einmischen; **bar·gee** [bɑ:'dʒi:] *s. Brit.* Kahnführer *m*: *swear like a* ~ fluchen wie ein Landsknecht.
'barge|man [-mən] *s.* [*irr.*] *Am.* Kahnführer *m*; **'~pole** *s.* Bootsstange *f*: *I wouldn't touch him* (*it*) *with a* ~ *Brit.* F a) den (das) würde ich nicht mal mit e-r Feuerzange anfassen, b) mit dem (damit) will ich nichts zu tun haben.
bar·ic ['beərɪk] *adj.* ✿ Barium...
bar i·ron *s.* ⚙ Stabeisen *n*.
bar·i·tone ['bærɪtəʊn] *s.* ♪ 'Bariton *m* (*Stimme u. Sänger*).
bar·i·um ['beərɪəm] *s.* ✿ 'Barium *n*; ~ *meal* *s.* ✿ Kon'trastmittel *n*, -brei *m*.
bark[1] [bɑ:k] **I** *s.* **1.** (Baum)Rinde *f*, Borke *f*; **2.** → *Peruvian* I; **3.** ⚙ (Gerber)Lohe *f*; **II** *v/t.* **4.** abrinden; **5.** abschürfen: ~ *one's knees*.
bark[2] [bɑ:k] **I** *v/i.* **1.** bellen, kläffen (*a. fig.*): ~ *at s.o. fig.* j-n anschnauzen; ~*ing dogs never bite* Hunde, die bellen, beißen nicht; ~ *up the wrong tree* a) auf dem Holzwege sein, b) an der falschen Adresse sein; **2.** *fig.* ₁bellen' (*husten*); ₁bellen', krachen (*Schußwaffe*); **3.** F *Ware* marktschreierisch anpreisen; **II** *s.* **4.** Bellen *n*: *his* ~ *is worse than his bite* er klafft nur (aber beißt nicht); **5.** *fig.* ₁Bellen' *n* (*Husten*); Krachen *n*.
bark[3] [bɑ:k] *s.* **1.** ⚓ Bark *f*; **2.** *poet.* Schiff *n*.
'bar|keep *Am.* F → '~*keep·er* *s.* **1.** Barkellner *m*, -mixer *m*; **2.** Barbesitzer *m*.
bark·er ['bɑ:kə] *s.* **1.** Beller *m*, Kläffer *m*; **2.** F ₁Anreißer' *m* (*Kundenwerber*); Marktschreier *m*; *Am. a.* Fremdenführer *m*.
bark| pit *s.* Gerberei: Lohgrube *f*; ~ *tree* *s.* ✿ 'Chinarindenbaum *m*.
bar·ley ['bɑ:lɪ] *s.* ♀ Gerste *f*: *French* ~, *pearl* ~ Perlgraupen *pl.*; *pot* ~ ungeschälte Graupen *pl.*; '*~corn* *s.* Gerstenkorn *n*: *John* ♀ *scherzhafte Personifikation* (*der Gerste als Grundstoff*) *von Bier* (₁*Gerstensaft*') *od.* Whisky; ~ *sug-*

ar s. Gerstenzucker m; **~ wa·ter** s. aromatisiertes Getränk aus Gerstenextrakt; **~ wine** s. ein Starkbier.

bar line s. ♪ Taktstrich m.

barm [bɑ:m] s. Bärme f, (Bier)Hefe f.

'bar|·maid s. bsd. Brit. Bardame f, -kellnerin f; **'~·man** [-mən] s. [irr.] → **barkeeper** 1.

barm·y ['bɑ:mɪ] adj. **1.** heftig, gärend, schaumig; **2.** Brit. sl. ‚bekloppt': **go ~** überschnappen.

barn [bɑ:n] s. **1.** Scheune f; **2.** Am. (Vieh)Stall m.

bar·na·cle¹ ['bɑ:nəkl] s. **1.** orn. Ber'nikel-, Ringelgans f; **2.** zo. Entenmuschel f; **3.** fig. a) ‚Klette' f (lästiger Mensch), b) (lästige) Fessel.

bar·na·cle² ['bɑ:nəkl] s. **1.** mst pl. Nasenknebel m für unruhige Pferde; **2.** pl. Brit. F Kneifer m, Zwicker m.

barn| dance s. Am. ländlicher Tanz; **|~- 'door** s.: **as big as a ~** F (so) groß wie ein Scheunentor, nicht zu verfehlen; **|~- 'door fowl** s. Haushuhn n; **'~-owl** s. Schleiereule f; **'~·storm** v/i. F ‚auf die Dörfer gehen': a) thea. etc. auf Tour'nee (durch die Pro'vinz) gehen, b) pol. überall Wahlreden halten; **'~·storm·er** s. F **1.** Wander- od. Schmierenschauspieler m; **2.** her'umreisender Wahlredner; **~ swal·low** s. Rauchschwalbe f.

bar·o·graph ['bærəʊɡrɑ:f] s. phys., meteor. Baro'graph m (selbstaufzeichnender Luftdruckmesser).

ba·rom·e·ter [bə'rɒmɪtə] s. Baro'meter n: a) Wetterglas n, Luftdruckmesser m, b) fig. Grad-, Stimmungsmesser m; **bar·o·met·ric** [‚bærəʊ'metrɪk] adj. (□ **~ally**) phys. baro'metrisch, Barometer...: **~ maximum** Hoch(druckgebiet) n; **~ pressure** Luftdruck m; **,bar·o-'met·ri·cal** [-'metrɪkl] adj. → **barometric**.

bar·on ['bærən] s. **1.** hist. Pair m, Ba'ron m; jetzt: Ba'ron m (brit. Adelstitel); **2.** nicht-Brit. Ba'ron m, Freiherr m; **3.** fig. (Indu'strie- etc.)Ba,ron m, Ma'gnat m; **4.** ~ (of beef) Küche: doppeltes Lendenstück.

bar·on·age ['bærənɪdʒ] s. **1.** coll. die Ba'rone pl.; **2.** Verzeichnis n der Ba'rone; **3.** Rang m e-s Ba'rons; **'bar·on·ess** [-nɪs] s. **1.** Brit. Ba'ronin f; **2.** nicht-Brit. Ba'ronin f, Freifrau f; **'bar·on·et** [-nɪt] I s. Baronet m (brit. Adelstitel; abbr. **Bart.**); II v/t. zum Baronet ernennen; **'bar·on·et·age** [-nɪtdʒ] s. **1.** coll. die Baronets pl.; **2.** Verzeichnis n der Baronets; **'bar·on·et·cy** [-nɪtsɪ] s. Titel m od. Rang m e-s Baronet; **ba·ro·ni·al** [bə'rəʊnjəl] adj. **1.** Barons..., freiherrlich; **2.** prunkvoll, großartig; **'bar·o·ny** [-nɪ] s. Baro'nie f (Gebiet od. Würde).

ba·roque [bə'rɒk] I adj. **1.** ba'rock (a. von Perlen u. fig.); **2.** fig. prunkvoll, über'steigert; bi'zarr, verschnörkelt; II s. **3.** allg. Ba'rock n, m.

'bar-,par·lour s. Brit. Schank-, Gaststube f.

barque → **bark³**.

bar·rack ['bærək] I s. **1.** mst pl. Ka'serne f: **a ~s** e-e Kaserne; → **confine** 3; **2.** mst pl. fig. 'Mietska,serne f; II v/t. **3.** in Ka'sernen od. Ba'racken 'unterbringen; **4.** F sport, pol. auspfeifen, -buhen; III v/i. **5.** F buhen, pfeifen: **~ for** (laut-stark) anfeuern; **~ square** s. ✕ Ka'ser-

nenhof m.

bar·rage¹ ['bærɑ:ʒ] s. **1.** ✕ Sperrfeuer n; **2.** ✕ Sperre f: **creeping ~** Feuerwalze f; **~ balloon** Sperrballon m; **3.** fig. über'wältigende Menge: **a ~ of questions** ein Schwall od. Kreuzfeuer von Fragen.

bar·rage² ['bærɑ:ʒ] s. Talsperre f, Staudamm m.

bar·ra·try ['bærətrɪ] s. **1.** ♟, ♺ Baratte-'rie f (Veruntreuung); **2.** ♟ schika'nöses Prozessieren (od. Anstiftung f dazu); **3.** Ämterschacher m.

barred [bɑ:d] adj. **1.** (ab)gesperrt, verriegelt; **2.** gestreift; **3.** ♪ durch Taktstriche abgeteilt; **4.** ♟ verjährt.

bar·rel ['bærəl] I s. **1.** Faß n, Tonne f; im Ölhandel: Barrel n: **have s.o. over a ~** F j-n in s-r Gewalt haben; **scrape the ~** F den letzten, schäbigen Rest zs.-kratzen; **2.** ⊛ Walze f, Rolle f, Trommel f, Zy'linder m, (rundes) Gehäuse; (Gewehr)Lauf m, (Geschütz)Rohr n; Kolbenrohr n; Rumpf m e-s Dampfkessels; Tintenbehälter m e-r Füllfeder; Walze f der Drehorgel; Kiel m e-r Feder; Zylinder m e-r Spritze; **3.** Rumpf m e-s Pferdes etc.; II v/i. **4.** in Fässer füllen od. packen; III v/i. **5.** F rasen, sausen; **~ chair** s. Lehnstuhl m mit hoher runder Lehne; **'~-drain** s. ⊛, ◬ gemauerter runder 'Abzugska,nal; **~ house** s. Am. sl. Spe'lunke f, Kneipe f.

bar·rel(l)ed ['bærəld] adj. **1.** faßförmig; **2.** in Fässer gefüllt; **3.** ...läufig (Gewehr).

'bar·rel|,mak·er s. Faßbinder m; **'~·,organ** s. ♪ Drehorgel f; **~ roll** s. ✙ Rolle f (im Kunstflug); **~ roof** s. ◬ Tonnendach n; **~ vault** s. ◬ Tonnengewölbe n.

bar·ren ['bærən] I adj. □ **1.** unfruchtbar (Lebewesen, Pflanze etc.; a. fig.); **2.** öde, kahl, dürr; **3.** fig. trocken, langweilig, seicht; dürftig; **4.** 'unproduk,tiv (Geist); tot (Kapital); **5.** leer, arm (of an dat.); II s. **6.** mst pl. Ödland n; **'barren·ness** [-nɪs] s. **1.** Unfruchtbarkeit f (a. fig.); **2.** fig. Trockenheit f, geistige Leere, Dürftigkeit f, Dürre f.

bar·ri·cade [‚bærɪ'keɪd] I s. **1.** Barri'kade f: **mount** (od. **go to**) **the ~s** auf die Barrikaden steigen (a. fig.); **2.** fig. Hindernis n; II v/t. **3.** (ver)barrikadieren, (ver)sperren (a. fig.).

bar·ri·er ['bærɪə] s. **1.** Schranke f (a. fig.), Barri'ere f, Sperre f: **~ cream** Schutzcreme f; **2.** Schlag-, Grenzbaum m; **3.** sport 'Startma,schine f; **4.** fig. Hindernis n (to für); Mauer f (Sprachetc.)Barri'ere f; **5.** ⊉ 'Eisbarri,ere f der Ant'arktis; ⊉ **Reef** Barriereriff n.

bar·ring ['bɑ:rɪŋ] prp. abgesehen von, ausgenommen: **~ errors** Irrtümer vorbehalten; **~ a miracle** wenn kein Wunder geschieht.

bar·ris·ter ['bærɪstə] s. ♟ **1.** a. **~-at-law** Brit. Barrister m, plädierender Rechtsanwalt (vor höheren Gerichten); **2.** Am. allg. Rechtsanwalt m.

'bar·room¹ s. Schankstube f.

bar·row¹ ['bærəʊ] s. **1.** 'Tumulus m, Hügelgrab n; **2.** Hügel m.

bar·row² ['bærəʊ] s. (Hand-, Schub-, Gepäck-, Obst)Karre(n m) f.

bar·row³ ['bærəʊ] s. ♂ Bork m (im Ferkelalter kastriertes Schwein).

bar·row| boy s., **'~·man** [-mən] s.

[irr.] Straßenhändler m, ‚fliegender Händler'.

bar| steel s. ⊛ Stangenstahl m; **'~,tend·er** s. → **barkeeper** 1.

bar·ter ['bɑ:tə] I v/i. Tauschhandel treiben; II v/t. im Handel (ein-, 'um)tauschen, austauschen (**for, against** gegen): **~ away** verschachern, -kaufen (a. fig. Ehre etc.); III s. Tauschhandel m, Tausch m (a. fig.): **~ shop** Tauschladen m; **~ trans·ac·tion** s. ✝ Tausch(handels)-, Kompensati'onsgeschäft n.

bar·y·tone → **baritone**.

bas·al ['beɪsl] adj. □ **1.** an der Basis od. Grundfläche befindlich; **2.** mst fig. grundlegend: **~ metabolism** ⚕ Grundstoffwechsel m; **~ metabolic rate** ⚕ Grundumsatz m; **~ cell** biol. Basalzelle f.

ba·salt ['bæsɔ:lt] s. geol. Ba'salt m; **ba·sal·tic** [bə'sɔ:ltɪk] adj. ba'saltisch, Basalt...

base¹ [beɪs] I s. **1.** Basis f, 'Unterteil m, n, Boden m; 'Unterbau m, -lage f; Funda'ment n; **2.** Fuß m, Sockel m; Sohle f; **3.** fig. Basis f: a) Grund(lage f) m, Ausgangspunkt m, c) a. **~ camp** mount. Basislager n; **4.** Grundstoff m, Hauptbestandteil m; **5.** ⚕ Grundlinie f, -fläche f, -zahl f; **6.** ⚕ Base f; Färberei: Beize f; **7.** sport a) Grund-, Startlinie f, b) Mal n: **not to get to first ~ (with s.o.)** F fig. keine Chance haben (bei j-m); **8.** ✕, ♺ a) Standort m, Stati'on f, b) (Operati'ons)Basis f, Stützpunkt m, c) (Flug)Basis f, Am. (Flieger)Horst m: **naval ~** Flottenstützpunkt, c) E'tappe f; II v/t. **9.** stützen, gründen (**on, upon** auf acc.): **be ~d on** beruhen auf (dat.), sich stützen auf (acc.); **~ o.s. on** sich verlassen auf (acc.); **10.** a. ✕ stationieren; → **based** 2.

base² [beɪs] adj. □ **1.** gemein, niedrig, niederträchtig; **2.** minderwertig; unedel: **~ metals** ♺ falsch, unecht (Geld): **~ coin** falsche Münze, coll. Falschgeld n, Am. Scheidemünze f; **4.** ling. unrein, unklassisch.

'base·ball s. sport **1.** Baseball(spiel n) m; **2.** Baseball m.

based [beɪst] adj. **1.** (on) gegründet (auf acc.), beruhend (auf dat.), mit e-r Grundlage (von); **2.** ✕ in Zssgn mit ... als Stützpunkt, stationiert in (dat.), a. (land- etc.)gestützt; **3.** in Zssgn mit Sitz in (dat.): **a London-~ company**.

base·less ['beɪslɪs] adj. grundlos, unbegründet.

base| line s. **1.** Grundlinie f (a. sport); **2.** surv. Standlinie f; **3.** ✕ Basislinie f; **~ load** s. ⚡ Grundlast f, -belastung f; **'~·man** [-mən] s. [irr.] Baseball: Malhüter m.

base·ment ['beɪsmənt] s. ◬ ◬ **1.** Kellergeschoß n; **2.** Grundmauer(n pl.) f.

base·ness ['beɪsnɪs] s. **1.** Gemeinheit f, Niederträchtigkeit f; **2.** Minderwertigkeit f; **3.** Unechtheit f.

ba·ses ['beɪsi:z] pl. von **basis**.

base wal·lah s. ✕ Brit. sl. E'tappenschwein n.

bash [bæʃ] F I v/t. **1.** heftig schlagen, einhauen auf (acc.) (a. F fig.): **~ in** a) einschlagen, b) verbeulen; **~ up** a) in zs.-schlagen, b) Auto zu Schrott fahren; II s. **2.** heftiger Schlag: **have a ~ at s.th.** es mit et. probieren; **3.** Beule f

(*am Auto etc.*); **4.** *Brit.* (tolle) Party.
bash·ful ['bæʃfʊl] *adj.* □ schüchtern, verschämt, scheu; zu'rückhaltend; **'bash·ful·ness** [-nɪs] *s.* Schüchternheit *f*, Scheu *f*.
bash·ing ['bæʃɪŋ] *s.* F ‚Senge' *f*, Prügel *pl*.: **get** (*od.* **take**) **a** ~ Prügel beziehen (*a. fig.*).
bas·ic ['beɪsɪk] **I** *adj.* (□ *~ally*) **1.** grundlegend, die Grundlage bildend; elemen'tar; Einheits...; Grund...; **2.** 🜊, *geol., min.* basisch; **3.** ⚡ ständig (*Belastung*); **II** *s.* **4.** *pl. a*) Grundlagen *pl.*, b) das Wesentliche; **5.** → *Basic English*; **'bas·i·cal·ly** [-kəlɪ] *adv.* im Grunde, grundsätzlich.
Bas·ic Eng·lish *s.* Basic English *n* (*vereinfachte Form des Englischen von C. K. Ogden*); ⚘ **for·mu·la** *s.* 🜊 Grundformel *f*; ⚘ **in·dus·try** *s.* 'Grund(stoff)-, 'Schlüsselindu,strie *f*; ⚘ **i·ron** *s.* 🜊 Thomaseisen *n*; ⚘ **load** *s.* ⚡ ständige Grundlast; ⚘ **ma·te·ri·als** *s. pl.* Grund-, Ausgangsstoffe *pl.*; ⚘ **ra·tion** *s.* ✕ Mindestverpflegungssatz *m*; ⚘ **re·search** *s.* Grundlagenforschung *f*; ⚘ **sal·a·ry** *s.* ✝ Grundgehalt *n*; ⚘ **size** *s.* 🜊 Sollmaß *n*; ⚘ **slag** *s.* 🜊 Thomasschlacke *f*; ⚘ **steel** *s.* 🜊 Thomasstahl *m*; ⚘ **trai·ning** *s. a.* ✕ Grundausbildung *f*; ⚘ **wage** *s.* ✝ Grundlohn *m*.
bas·il ['bæzl] *s.* ♀ Ba'silienkraut *n*, Ba'silikum *n*.
ba·sil·i·ca [bə'zɪlɪkə] *s.* △ Ba'silika *f*.
bas·i·lisk ['bæzɪlɪsk] **I** *s.* **1.** Basi'lisk *m* (*Fabeltier*); **2.** *zo.* Legu'an *m*; **II** *adj.* **3.** Basilisken...: ~ *eye*.
ba·sin ['beɪsn] *s.* **1.** (Wasser-, Wasch- *etc.*)Becken *n*, Schale *f*, Schüssel *f*; **2.** Fluß-, Hafenbecken *n*; Schwimmbecken *n*, Bas'sin *n*; **3.** a) Strombett *n*, b) (kleine) Bucht; **4.** Wasserbehälter *m*; **5.** Becken *n*, Einsenkung *f*, Mulde *f*; **6.** (Kohlen- *etc.*)Lager *n od.* Revier *n*.
ba·sis ['beɪsɪs] *pl.* **-ses** [-siːz] *s.* **1.** Basis *f*, Grundlage *f*, Funda'ment *n*: ~ *of discussion* Diskussionsbasis *f*; *take as a* ~ zugrunde legen; **2.** Hauptbestandteil *m*; **3.** A Basis *f*, Grundlinie *f*, -fläche *f*; **4.** ✕, ⚓ (Operati'ons)Basis *f*, Stützpunkt *m*.
bask [bɑːsk] *v/i.* sich aalen, sich sonnen (*a. fig.*): ~ *in the sun* ein Sonnenbad nehmen.
bas·ket ['bɑːskɪt] *s.* **1.** Korb *m*; **2.** Korb (-voll) *m*; **3.** *Basketball*: a) Korb *m*, b) Treffer *m*, Korb *m*; **4.** (Passa'gier)Korb *m*, Gondel *f* (*e-s Luftballons od. Luftschiffes*); **5.** Säbelkorb *m*; **6.** Tastenfeld *n* (*der Schreibmaschine*); **'~·ball** *s. sport* **1.** Basketball(spiel *n*) *m*; **2.** Basketball *m*; ~ *case Am.* F **1.** Arm- u. Beinamputierte(r *m*) *f*; **2.** to'tales ‚Wrack'; ~ **chair** *s.* Korbsessel *m*; ~ **din·ner** *s. Am.* Picknick *n*.
bas·ket·ful ['bɑːskɪtfʊl] *pl.* **-fuls** *s.* ein Korb(voll) *m*.
bas·ket| hilt *s.* Säbelkorb *m*; ~ **lunch** *s. Am.* Picknick *n*.
bas·ket·ry ['bɑːskɪtrɪ] *s.* Korbwaren *pl.*
Basque [bæsk] **I** *s.* Baske *m*, Baskin *f*; **II** *adj.* baskisch.
bas-re·lief ['bæsrɪˌliːf] *s. sculp.* 'Bas-, 'Flachreli,ef *n*.
bass¹ [beɪs] **I** *adj.* Baß...; **II** *s.* Baß *m* (*Stimme, Sänger, Instrument u. Partie*).
bass² [bæs] *pl. mst* **bass** *s. ichth.* Barsch *m*.

m.
bass³ [bæs] *s.* **1.** (Linden)Bast *m*; **2.** Bastmatte *f*.
bas·set ['bæsɪt] *s. zo.* Basset *m* (*ein Dachshund*).
bas·si·net [ˌbæsɪ'net] *s.* **1.** Korbwiege *f*; Stubenwagen *m*; Korb(kinder)wagen *m* (*mit Verdeck*).
bas·soon [bə'suːn] *s.* ♪ Fa'gott *n*.
bas·so| pro·fun·do ['bæsəʊ prə'fʌndəʊ] (*Ital.*) *s.* ♪ tiefster Baß (*Stimme od. Sänger*); **,~-re'lie·vo** [-rɪ'liːvəʊ] *pl.* **-vos** → *bas-relief*.
'bass-re,lief ['bæs-] → *bas-relief*.
bass vi·ol [beɪs] *s.* ♪ 'Cello *n*.
'bass-wood ['bæs-] *s.* ♀ **1.** Linde *f*; **2.** Lindenholz *n*.
bast [bæst] *s.* (Linden)Bast *m*.
bas·tard ['bæstəd] **I** *s.* **1.** Bastard *m*, *a.* 🜊 uneheliches Kind; **2.** *biol.* Bastard *m*, Mischling *m*; **3.** *fig. a*) Fälschung *f*, Nachahmung *f*, b) Scheußlichkeit *f*; **4.** a) V ‚Schwein' *n*, ‚Scheißkerl' *m*, b) *iro.* alter Ha'lunke, c) Kerl *m*; **II** *adj.* **5.** unehelich, Bastard...; **6.** *biol.* Bastard...; **7.** *fig.* unecht, falsch; **8.** ab'norm; **'bas·tard·ize** [-daɪz] **I** *v/t.* **1.** 🜊 für unehelich erklären; **2.** verschlechtern, verfälschen; **II** *v/i.* **3.** entarten; **'bas·tard·ized** [-daɪzd] *adj.* entartet, Mischlings..., Bastard...
bas·tard| slip → *bastard* 1; ~ **ti·tle** *s. typ.* Schmutztitel *m*.
bas·tar·dy ['bæstədɪ] *s.* uneheliche Geburt: ~ *procedure* Verfahren *n* zur Feststellung der (unehelichen) Vaterschaft u. Unterhaltspflicht.
baste¹ [beɪst] *v/t.* **1.** ‚(ver)hauen', verprügeln; **2.** *fig.* beschimpfen, herfallen über (*acc.*).
baste² [beɪst] *v/t.* **1.** *Braten etc.* mit Fett begießen; **2.** *Docht der Kerze* mit geschmolzenem Wachs begießen.
baste³ [beɪst] *v/t.* lose (an)heften.
bast·ing ['beɪstɪŋ] *s.* (Tracht *f*) Prügel *pl.*
bas·tion ['bæstɪən] *s.* ✕ Ba'stei *f*, Basti'on *f*, Bollwerk *n* (*a. fig.*).
bat¹ [bæt] **I** *s.* **1.** *sport* a) Schlagholz *n*, Schläger *m* (*bsd. Baseball u. Kricket*); *carry one's* ~ Kricket: noch im Spiel sein; *off one's own* ~ Kricket u. fig. selbständig, ohne Hilfe, auf eigene Faust; *right off the* ~ F auf Anhieb; *be at* (*the*) ~ am Schlagen sein, dran sein; *go to* ~ *for s.o. Baseball*: für j-n einspringen, *fig.* → 6, b) → *batsman*; **2.** F Stockhieb *m*; **3.** *Brit. sl.* (Schritt)Tempo *n*: *at a rare* ~ mit e-m ‚Affenzahn'; **4.** *Am. sl.* ‚Saufe'rei' *f*: *go on a* ~ e-e ‚Sauftour' machen; **II** *v/i.* **5.** a) (mit dem Schlagholz) schlagen, b) am Schlagen sein; → *batting* 3; **6.** ~ *for s.o. fig.* für j-n eintreten.
bat² [bæt] *s.* **1.** *zo.* Fledermaus *f*: *have* ~*s in the belfry* verrückt sein, ‚e-n Vogel haben'; → *blind* 1; **2.** ✔, ✕ ‚radargelenkte Bombe.
bat³ [bæt] *v/t.*: ~ *the eyes* mit den Augen blinzeln *od.* zwinkern; *without* ~*ting an eyelid* (*Am. eyelash*) ohne mit der Wimper zu zucken; *I never* ~*ted an eyelid* ich habe kein Auge zugetan.
ba·ta·ta [bə'tɑːtə] *s.* ♀ Ba'tate *f*, 'Süßkar,toffel *f*.
batch [bætʃ] *s.* **1.** Schub *m* (*die auf einmal gebackene Menge Brot*): *a* ~ *of*

bread; **2.** ⚙ a) Schub *m*, b) Satz *m* (*Material*), Charge *f*, Füllung *f*; **3.** Schub *m*; ‚Schwung' *m*: a) Gruppe *f* (*von Personen*), Trupp *m* (*Gefangener*), b) Schicht *f*, Satz *m* (*Muster*), Stapel *m*, Stoß *m* (*Briefe etc.*), Par'tie *f*, Posten *m* (*gleicher Dinge*), *Computer*: Stapel *m*: *in* ~*es* schubweise; **'~-,process** *v/t. Computer*: stapelweise verarbeiten.
bate¹ [beɪt] **I** *v/i.* abnehmen, nachlassen; **II** *v/t.* schwächen, *Hoffnung etc.* vermindern, *Neugier etc.* mäßigen, *Forderung etc.* her'absetzen: *with* ~*d breath* mit verhaltenem Atem, gespannt.
bate² [beɪt] *s.* ⚙ *Gerberei*: Ätzlauge *f*.
bate³ [beɪt] *s. Brit. sl.* Wut *f*.
ba·teau [bɑ'təʊ] *pl.* **-teaux** [-'təʊz] (*Fr.*) *s. Am.* leichtes langes Flußboot; ~ **bridge** *s.* Pon'tonbrücke *f*.
bath [bɑːθ] **I** *pl.* **baths** [-ðz] *s.* **1.** (Wannen)Bad *n*: *take a* ~ ein Bad nehmen, baden, *Am. sl.* (*bsd. finanziell*) ‚baden gehen'; **2.** Badewasser *n*; **3.** Badewanne *f*: *enamelled* ~; **4.** Badezimmer *n*; **5.** *mst pl.* a) Badeanstalt *f*, b) Badeort *m*; **6.** 🜊 *phot.* a) Bad *n* (*Behandlungsflüssigkeit*), b) Behälter *m* dafür; **7.** *Brit.*: *order of the* 🜊 Bathorden *m*; *Knight of the* 🜊 Ritter *m* des Bathordens; *Knight Commander of the* 🜊 Komtur *m* des Bathordens; **II** *v/t.* **8.** *Kind etc.* baden; **III** *v/i.* **9.** baden, ein Bad nehmen.
Bath| brick *s.* Me'tallputzstein *m*; ~ **bun** *s.* über'zuckertes Kuchenbrötchen; ~ **chair** *s.* Rollstuhl *m*.
bathe [beɪð] **I** *Auge, Hand, (verletzten) Körperteil* baden, in Wasser *etc.* tauchen; **2.** ~*d in sunlight* (*perspiration*) in Sonne (Schweiß) gebadet; ~*d in tears* in Tränen gebadet; **3.** *poet.* spülen; **II** *v/i.* **4.** (sich) baden; **5.** schwimmen; **6.** (Heil)Bäder nehmen; **7.** *fig.* sich baden *od.* schwelgen (*in* dat.); **III** *v/t.* **8.** *bsd. Brit.* Bad *n* im Freien; **'bath·er** [-ðə] *s.* **1.** Badende(r *m*) *f*; **2.** Badegast *m*.
'bath·house *s. Am.* **1.** Badeanstalt *f*; **2.** 'Umkleideka,binen *pl.*
bath·ing ['beɪðɪŋ] *s.* Baden *n*; ~ **beau·ty** *s.*, ~ **belle** *s.* F Badeschönheit *f*; ~ **,cos·tume** → *bathing-suit*; '~-,**draw·ers** *s. pl.* Badehose *f*; '~-**dress** → *bathing-suit*; '~-**gown** *s.* Bademantel *m*; '~-**ma,chine** *s. hist.* Badekarren *m* (*fahrbare Umkleidekabine*); '~-**suit** *s.* Badeanzug *m*.
Bath met·al *s.* ⚙ 'Tombak *m*.
ba·thos ['beɪθɒs] *s.* **1.** Abgleiten *n* vom Erhabenen zum Lächerlichen; **2.** Gemeinplatz *m*, Plattheit *f*; **3.** falsches Pathos; **4.** a) Null-, Tiefpunkt *m*, b) Gipfel *m der Dummheit etc.*
'bath·robe *s.* Bademantel *m*; '~-**room** [-rʊm] *s.* Badezimmer *n*; *weitS.* Klo'sett *n*; ~ **salts** *s. pl.* Badesalz *n*; ⚘ **stone** *s.* Muschelkalkstein *m*; ~ **tow·el** *s.* Badetuch *n*; '~-**tub** *s.* Badewanne *f* (*a.* F *Skisport*).
ba·thym·e·try [bə'θɪmɪtrɪ] *s.* Tiefen- *od.* Tiefseemessung *f*.
bath·y·sphere ['bæθɪsfɪə] *s.* ⚙ Tiefseetaucherkugel *f*.
ba·tik ['bætɪk] *s.* 'Batik(druck) *m*.
ba·tiste [bæ'tiːst] *s.* Ba'tist *m*.
bat·man ['bætmən] *s. [irr.]* ✕ *Brit.* Offi-

'ziersbursche *m*.

ba·ton ['bætən] *s*. **1.** (Amts-, Kom'man-do)Stab *m*: **Field-Marshal's** ~ Mar-schallsstab; **2.** ♪ Taktstock *m*, Stab *m*; **3.** *sport* (Staffel)Stab *m*; **4.** *Brit.* Schlagstock *m*, (Poli'zei)Knüppel *m*.

ba·tra·chi·an [bə'treɪkjən] *zo.* **I** *adj.* frosch-, krötenartig; **II** *s*. Ba'trachier *m*, Froschlurch *m*.

bats·man ['bætsmən] *s*. [*irr.*] *Kricket, Baseball etc.*: Schläger *m*, Schlagmann *m*.

bat·tal·ion [bə'tæljən] *s*. ⚔ Batail'lon *n*.

bat·tels ['bætlz] *s. pl.* (*Universität Ox-ford*) College-Rechnungen *pl.* für Le-bensmittel *etc.*

bat·ten¹ ['bætn] *v/i.* **1.** fett werden (*on* von *dat.*), gedeihen; **2.** (*on*) *a. fig.* sich mästen (mit), sich gütlich tun (an *dat.*): ~ *on others* auf Kosten anderer dick u. fett werden.

bat·ten² ['bætn] **I** *s*. **1.** Latte *f*, Leiste *f*; **2.** Diele *f*, (Fußboden)Brett *n*; **II** *v/t.* **3.** mit Latten verkleiden *od.* befestigen; **4.** ~ *down the hatches* a) ♣ die Luken schalken, b) *fig.* dichtmachen.

bat·ter¹ ['bætə] ▲ **I** *v/i.* sich nach oben verjüngen; **II** *s*. Böschung *f*, Verjün-gung *f*, Abdachung *f*.

bat·ter² ['bætə] **I** *v/t.* **1.** mit heftigen Schlägen traktieren, (zer)schlagen, de-molieren; *Ehefrau, Kind* (ständig) miß-handeln *od.* schlagen *od.* prügeln: ~*ed wives* mißhandelte (Ehe)Frauen; ~ *down* (*od. in*) *Tür* einschlagen; **2.** ⚔ u. *weitS.* bombardieren: ~ *down* zs.-schießen; **3.** beschädigen, zerbeulen, *a. j-n* böse zurichten, arg mitnehmen; **II** *v/i.* **4.** heftig *od.* wiederholt schlagen: ~ *at the door* gegen die Tür hämmern; '**bat·tered** [-təd] *adj.* **1.** zerschlagen, zerschmettert, demoliert; **2.** a) abge-nutzt, zerbeult, beschädigt, b) *a. fig.* arg mitgenommen, übel zugerichtet, c) miß'handelt (*Kind etc.*).

'**bat·ter·ing-ram** ['bætərɪŋ-] *s*. ⚔ *hist.* (Belagerungs)Widder *m*, Sturmbock *m*.

bat·ter·y ['bætərɪ] *s*. **1.** a) ⚔ Batte'rie *f*, b) ♣ Geschützgruppe *f*; **2.** ⚡, ⚙ Batte-'rie *f*, Ele'ment *n*; **3.** *fig.* Reihe *f*, Satz *m*, Batte'rie *f* (*von Maschinen, Flaschen etc.*); **4.** ♪ 'Legebatte,rie *f*; **5.** ♪ Batte-'rie *f*, Schlagzeuggruppe *f*; **6.** *Baseball*: Werfer *m* u. Fänger *m*; **7.** 🏛 Tätlich-keit *f*, *a.* Körperverletzung *f*; → *as-sault* 3; ~ *cell* *s*. Sammlerzelle *f*; '~-,charg·ing sta·tion *s*. ⚡ 'Ladestati,on *f*; '~-,op·er·at·ed *adj.* batteriebetrie-ben, Batterie...; ~ *hen* *s*. Batte'riehen-ne *f*.

bat·ting ['bætɪŋ] *s*. **1.** Schlagen *n bsd. der Rohbaumwolle zu Watte*; **2.** (Baum-woll)Watte *f*; **3.** *Kricket, Baseball etc.*: Schlagen *n*, Schlägerspiel *n*: ~ *average a. fig.* Durchschnitt(sleistung *f*) *m*.

bat·tle ['bætl] **I** *s*. **1.** Schlacht *f* (*of mst* bei), Gefecht *n*: ~ *of Britain* Schlacht um England (*2. Weltkrieg*); **2.** *fig.* Kampf *m*, Ringen *n* (*for* um, *against* gegen): *do* ~ kämpfen, sich schlagen; *fight a* ~ e-n Kampf führen; *fight a losing* ~ *against* e-n aussichtslosen Kampf führen gegen; *fight s.o.'s* ~ j-s Sache vertreten; *give* (*od. join*) ~ e-e Schlacht liefern, sich zum Kampf stel-len; *that is half the* ~ damit ist es schon

halb gewonnen; *line of* ~ Schlachtlinie *f*; ~ *of words* Wortgefecht *n*; ~ *of wits* geistiges Duell; **II** *v/i.* **3.** *mst fig.* kämp-fen, streiten, fechten (*with* mit, *for* um, *against* gegen); ~ **ar·ray** *s*. ⚔ Schlachtordnung *f*; '~**ax(e)** *s*. **1.** ⚔ *hist.* Streitaxt *f*; **2.** F ,alter Drachen' (*Frau*); '~-,cruis·er *s*. ⚔ Schlachtkreu-zer *m*; '~-cry *s*. Schlachtruf *m* (*a. fig.*). **bat·tle·dore** ['bætldɔ:] *s*. **1.** Waschschle-gel *m*; **2.** *sport hist.* a) Federballschlä-ger *m*, b) *a.* ~ *and shuttle-cock* Art Federballspiel *n*.

bat·tle **dress** *s. Brit.* ⚔ Dienst-, Feld-anzug *m*; ~ **fa·tigue** *s*. 'Kriegsneu,rose *f*; '~-field, '~-ground *s*. Schlachtfeld *n* (*a. fig.*).

bat·tle·ment ['bætlmənt] *s. mst pl.* (Brustwehr *f* mit) Zinnen *pl.*

bat·tle **or·der** *s*. **1.** Schlachtordnung *f*; **2.** Gefechtsbereit *m*; ~ **piece** *s*. Schlachtenszene *f* (*in Malerei od. Lite-ratur*); ~ **roy·al** *s*. erbitterter Kampf (*a. fig.*); Massenschläge'rei *f*; '~-ship *s*. ⚔ Schlachtschiff *n*.

bat·tue [bæ'tu:] (*Fr.*) *s*. **1.** Treibjagd *f*; **2.** (auf e-r Treibjagd erlegte) Strecke; **3.** *fig.* Mas'saker *n*.

bat·ty ['bætɪ] *adj. sl.* ,bekloppt'.

bau·ble ['bɔ:bl] *s*. **1.** Nippsache *f*; **2.** (protziger) Schmuck; **3.** (Kinder)Spiel-zeug *n*; **4.** *fig.* Spiele'rei *f*, Tand *m*.

baulk [bɔ:k] → *balk.*

Ba·var·i·an [bə'veərɪən] **I** *adj.* bay(e)-risch; **II** *s*. Bayer(in).

bawd [bɔ:d] *s. obs.* Kupplerin *f*; '**bawd-ry** [-drɪ] *s*. **1.** Kuppe'lei *f*; **2.** Unzucht *f*; **3.** Obszöni'tät *f*.

bawd·y ['bɔ:dɪ] *adj.* unzüchtig, unflätig (*Rede*); '~-house *s*. Bor'dell *n*.

bawl [bɔ:l] **I** *v/i.* schreien, grölen, brül-len, *Am. a.* ,heulen' (*weinen*): ~ *at s.o.* j-n anbrüllen; **II** *v/t. a.* ~ *out* F *j-n* an-brüllen, zs.-stauchen.

bay¹ [beɪ] *s*. **1.** ♀ *a.* ~ *tree* Lorbeer (-baum) *m*; **2.** *pl.* a) Lorbeerkranz *m*, b) *fig.* Lorbeeren *pl.*, Ehren *pl.*

bay² [beɪ] *s*. **1.** Bai *f*, Bucht *f*, Meerbu-sen *m*; **2.** Talbucht *f*.

bay³ [beɪ] *s*. **1.** ▲ Fach *n*, Abteilung *f*, Feld *n zwischen Pfeilern, Balken etc.*; Brückenglied *n*, Joch *n*; **2.** ▲ Fenster-nische *f*, Erker *m*; **3.** ✈ Abteilung *f od.* Zelle *f* im Flugzeugrumpf; **4.** ♣ 'Schiffslaza,rett *n*; **5.** 🚂 *Brit.* Seiten-bahnsteig *m, bsd.* 'Endstati,on *f* e-s Ne-bengeleises.

bay⁴ [beɪ] **I** *v/i.* **1.** (dumpf) bellen (*bsd. Jagdhund*): ~ *at s.o. od. s.th.* j-n *od.* et. anbellen; **II** *v/t.* **2.** *obs.* anbellen: ~ *the moon*; **III** *s*. **3.** dumpfes Gebell *der Meute*: *be* (*od. stand*) *at* ~ gestellt sein (*Wild*), *fig.* in die Enge getrieben sein; *bring to* ~ *Wild* stellen, *fig.* in die Enge treiben; *keep* (*od. hold*) *at* ~ a) sich j-n vom Leibe halten, b) *j-n* in Schach hal-ten, fernhalten; *Seuche, Feuer etc.* un-ter Kontrolle halten; *turn to* ~ sich stel-len (*a. fig.*).

bay⁵ [beɪ] **I** *adj.* ka'stanienbraun (*Pferd*): ~ *horse* → **II** *s*. Braune(r) *m*.

bay leaf *s*. Lorbeerblatt *n*.

bay·o·net ['beɪənɪt] ⚔ **I** *s*. Bajo'nett *n*, Seitengewehr *n*: *at the point of the* ~ mit dem Bajo'nett, im Sturm; *fix the* ~ das Seitengewehr aufpflanzen; **II** *v/t.* mit dem Bajo'nett angreifen *od.* nieder-

stechen; **III** *adj.* ⚙ Bajonett... (*-fas-sung, -verschluß*).

bay·ou ['baɪu:] *s. Am.* sumpfiger Fluß-arm (*Südstaaten der USA*).

bay **rum** *s*. 'Bayrum *m*, Pi'mentrum *m*; ~ **salt** *s*. Seesalz *n*; ⚗ **State** *s. Am.* (*Beiname von*) Massachusetts; ~ **win-dow** *s*. **1.** Erkerfenster *n*; **2.** *Am. sl.*, ,Vorbau' *m*, Bauch *m*; '~-work *s*. ▲ Fachwerk *n*.

ba·zaar [bə'zɑ:] *s*. **1.** (*Orient*) Ba'sar *m*; **2.** ⚕ Warenhaus *n*; **3.** 'Wohltätigkeits-ba,sar *m*.

ba·zoo·ka [bə'zu:kə] *s*. ⚔ Ba'zooka *f* (*Panzerabwehrwaffe*).

B bat·ter·y *s*. ⚡ An'odenbatte,rie *f*.

be [bi:; bɪ] [*irr.*] **I** *v/aux.* **1.** bildet das *Passiv transitiver Verben*: *I was cheat-ed* ich wurde betrogen; *I was told* man sagte mir; **2.** *lit.*, *bildet das Perfekt eini-ger intransitiver Verben*: *he is come* er ist gekommen *od.* da; **3.** *bildet die um-schriebene Form* (*continuous od. pro-gressive form*) *der Verben*: *he is read-ing* er liest gerade; *the house was be-ing built* das Haus war im Bau; *what I was going to say* was ich sagen wollte; **4.** *drückt die (nahe) Zukunft aus*: *I am leaving for Paris tomorrow* ich reise morgen nach Paris (ab); **5.** *mit inf. zum Ausdruck der Absicht, Pflicht, Möglich-keit etc.*: *I am to go* ich soll gehen; *the house is to let* das Haus ist zu vermie-ten; *he is to be pitied* er ist zu bedau-ern; *it was not to be found* es war nicht zu finden; **6.** *Kopula*: *trees are green* (die) Bäume sind grün; *the book is mine* (*my brother's*) das Buch gehört mir (m-m Bruder); **II** *v/i.* **7.** (vor'handen *od.* anwesend) sein, beste-hen, sich befinden, geschehen; werden: *I think, therefore I am* ich denke, also bin ich; *to be or not to be* sein oder nicht sein; *it was not to be* es hat nicht sollen sein; *so* ~ *it!* so sei es!, gut so!; *how is it that ...?* wie kommt es, daß ...?; *what will you be when you grow up?* was willst du werden, wenn du er-wachsen bist?; *there is no substitute for wool* für Wolle gibt es keinen Er-satz; **8.** stammen (*from* aus): *he is from Liverpool*; **9.** gleichkommen, be-deuten: *seeing is believing* was man (selbst) sieht, glaubt man; *that is noth-ing to me* das bedeutet mir nichts; **10.** kosten: *the picture is £10* das Bild ko-stet 10 Pfund; **11.** *been* (*p.p.*): *have you been to Rome?* sind Sie (je) in Rom gewesen?; *has anyone been?* ist j-d dagewesen?

beach [bi:tʃ] **I** *s*. Strand *m*; **II** *v/t.* ♣ *Schiff* auf den Strand setzen *od.* ziehen; ~ **ball** *s*. Wasserball *m*; ~ **bug·gy** *s. mot.* Strandbuggy *m*; '~,comb·er *s*. **1.** ♣ F a) Strandgutjäger *m*, b) 'Her'um-treiber *m*, c) *fig.* Nichtstuer *m*; **2.** breite Strandwelle; '~-head *s*. **1.** ⚔ Lande-Brückenkopf *m*; **2.** *fig.* Ausgangsbasis *f*; ~ **wear** *s*. Strandkleidung *f*.

bea·con ['bi:kən] **I** *s*. **1.** Leucht-, Si-'gnalfeuer *n*; (Feuer)Bake *f*, Seezei-chen *n*; **2.** Leuchtturm *m*; **3.** ✈ Funk-feuer *n*, -bake *f*, Landelicht *n*; **4.** (*traf-fic*) ~ Verkehrsampel *f*, *bsd.* Blinklicht *n* an Zebrastreifen; **5.** *fig.* a) Fa'nal *n*, b) Leitstern *m*, c) 'Warnsig,nal *n*; **II** *v/i.* **6.** mit Baken versehen; **7.** *fig.* a) erleuchten, b) *j-n* leiten.

bead [biːd] **I** *s.* **1.** (Glas-, Stick-, Holz-) Perle *f*; **2.** (*Blei- etc.*)Kügelchen *n*; **3.** *pl. eccl.* Rosenkranz *m*: **tell one's ~s** den Rosenkranz beten; **4.** (Schaum-) Bläs-chen *n*, (Tau-, Schweiß- *etc.*)Perle *f*, Tröpfchen *n*; **5.** △ perlartige Verzierung; **6.** ⊕ Wulst *m*; **7.** ✕ (Perl)Korn *n* am Gewehr: **draw a ~ on** zielen auf (*acc.*); **II** *v/t.* **8.** mit Perlen *od.* perlartiger Verzierung *etc.* versehen; **9.** *wie Perlen* aufziehen, aufreihen; **III** *v/i.* **10.** perlen, Perlen bilden; **'bead·ed** [-dɪd] *adj.* **1.** mit Perlen versehen *od.* verziert; **2.** ⊕ mit Wulst; **'bead·ing** [-dɪŋ] *s.* **1.** 'Perlsticke,rei *f*; **2.** △ Rundstab *m*; **3.** ⊕ Wulst *m*.

bea·dle ['biːdl] *s.* **1.** *bsd. Brit.* Kirchendiener *m*; **2.** *univ. Brit.* Pe'dell *m*, (*Fest- etc.*)Ordner *m*; **3.** *obs.* Büttel *m*, Gerichtsdiener *m*; **'bea·dle·dom** [-dəm] *s.* büttelhaftes Wesen.

bead mo(u)ld·ing *s.* △ Perl-, Rundstab *m*, Perlleiste *f*.

bead·y ['biːdɪ] *adj.* **1.** mit Perlen verziert; **2.** perlartig; **3.** perlend; **4.** **~ eyes** glänzende Knopfaugen.

bea·gle ['biːgl] *s.* **1.** *zo.* Beagle *m* (*Hunderasse*); **2.** *fig.* Spi'on *m*.

beak¹ [biːk] *s.* **1.** *zo.* Schnabel *m*; **2.** F (scharfe) Nase, ‚Zinken' *m*; **3.** ⊕ a) Tülle *f*, Ausguß *m*, b) Schnauze *f*, Nase *f*, Röhre *f*.

beak² [biːk] *s. Brit. sl.* **1.** ‚Kadi' *m* (*Richter*); **2.** *ped.* ‚Rex' *m* (*Direktor*).

beaked [biːkt] *adj.* **1.** geschnäbelt, schnabelförmig; **2.** vorspringend, spitz.

beak·er ['biːkə] *s.* **1.** Becher *m*; **2.** 🝮 Becherglas *n*.

'be-all: *the ~ and end-all* F das Λ und O, das Wichtigste; *j-s* ein und alles.

beam [biːm] **I** *s.* **1.** △ Balken *m*; Tragbalken *m* (*Haus, Brücke*); *a.* ✈ Holm *m*; **2.** ⚓ a) Deckbalken *m*, b) größte Schiffsbreite: **in the ~** in der Breite; **on the starboard ~** querab an Steuerbord; **3.** *fig.* F Körperbreite *f e-s Menschen*: **broad in the ~** breit (gebaut); **4.** ⊕ a) (Waage)Balken *m*, b) Weberbaum *m*, c) Pflugbaum *m*, d) Spindel *f der Drehbank*; **5.** *zo.* Stange *f* am Geweih; **6.** (Licht)Strahl *m*; (Strahlen)Bündel *n*; *mot.* Fernlicht *n*; **7.** *Funk*: Richt-, Peil-, Leitstrahl *m*: **ride the ~** ✈ genau auf dem Leitstrahl steuern; **on the ~** a) auf dem richtigen Kurs, b) *fig.* F ,auf Draht'; **off the ~** *fig.* auf dem Holzweg, (völlig) daneben (*abwegig*); **8.** strahlender Blick, Glanz *m*; **II** *v/t.* **9.** ⊕ *Weberei*: *Kette* aufbäumen; **10.** *a. phys.* (aus)strahlen; **11.** a) ⚡ *Funkspruch* mit Richtstrahler senden, b) *Radio, TV*: ausstrahlen; **III** *v/i.* **12.** strahlen, glänzen (*a. fig.*): **~ (up)on** *s.o.* j-n anstrahlen; **~ing with joy** freudestrahlend; **aer·i·al**, *bsd. Am.* **~ an·ten·na** *s. Radio*: 'Richtstrahler *m*, -an,tenne *f*; **~ ends** *s. pl.* **1.** ⚓ **on her ~** mit starker Schlagseite, in Gefahr; **2.** *fig.*: **on one's ~** ,pleite'; **~ trans·mis·sion** *s.* Richtsendung *f*; **~ trans·mit·ter** *s.* Richt(strahl)sender *m*.

bean [biːn] **I** *s.* **1.** ♀ Bohne *f*: **full of ~s** F ,putzmunter', ,aufgekratzt'; **give s.o. ~s** *sl.* j-m ‚Saures geben' (j-n schlagen, strafen, schelten); **not to know ~s** *Am. sl.* keine Ahnung haben; **I haven't a ~**

---

sl. ich habe keinen roten Heller; **spill the ~s** *sl.* alles ausplaudern, ,auspacken'; **2.** bohnenförmiger Samen, (*Kaffee- etc.*)Bohne *f*; **3.** *sl.* a) Kerl *m*, b) ‚Birne' *f* (*Kopf*), c) ‚Grips' *m* (*Verstand*); **II** *v/t.* **4.** *Am. sl. j-m* ,auf die Rübe hauen'; **~ curd** *s.* 'Bohnengal,lerte *f* (*Ostasien*); **'~·feast** *s. Brit.* F **1.** *jährliches Festessen für die Belegschaft*; **2.** (*feucht*)fröhliches Fest.

bean·o ['biːnəʊ] F → **beanfeast** 2.

bean pod *s.* Bohnenhülse *f*; **~ pole** *s.* Bohnenstange *f* (*a.* F *Person*).

bean·y ['biːnɪ] *adj.* F ,putzmunter', tempera'mentvoll.

bear¹ [beə] **I** *v/t.* [*irr.*] [*p.p.* **borne**; **born** (*bei Geburt*; → *a.* **borne** 2)] **1.** *Lasten etc.* tragen, befördern: **~ a message** e-e Nachricht überbringen; → **borne** 1; **2.** *fig. Waffen, Namen etc.* tragen, führen; *Datum* tragen; **3.** *fig. Kosten, Verlust, Verantwortung, Folgen etc.* tragen, über'nehmen; → **blame** 4, **palm²** 2, **penalty** 1; **4.** *fig. Zeichen, Stempel etc.* tragen, zeigen; → **resemblance**; **5.** zur Welt bringen, gebären: **~ children**; **he was born into a rich family** er kam als Kind reicher Eltern zur Welt; → **born**; **6.** *fig.* her'vorbringen: **~ fruit** Früchte tragen (*a. fig.*); **~ interest** Zinsen tragen; **7.** *fig. Schmerzen etc.* ertragen, (er)dulden, (er)leiden, aushalten; *e-r Prüfung etc.* standhalten: **~ comparison** den Vergleich aushalten; *mst neg. od. interrog.*: **I cannot ~ him** ich kann ihn nicht leiden *od.* ausstehen; **I cannot ~ it** ich kann es nicht aussehen *od.* aushalten; **his words won't ~ repeating** s-e Worte lassen sich unmöglich wiederholen; **it does not ~ thinking about** daran mag man gar nicht denken; **8.** *fig.*: **~ a hand** zur Hand gehen, helfen (*dat.*); **~ love (a grudge)** Liebe (Groll) hegen; **~ a part in** e-e Rolle spielen bei; **9.** **~ o.s.** sich betragen: **~ o.s. well; II** *v/i.* [*irr.*] **10.** tragen, halten (*Balken, Eis etc.*): **will the ice ~ to-day?** wird das Eis heute tragen?; **11.** Früchte tragen; **12.** Richtung annehmen: **~ (to the) left** sich links halten; **~ to the north** sich nach Norden erstrecken; → **bring** 1.

Zssgn mit prp.:

bear| a·gainst *v/i.* drücken *gegen*; 'Widerstand leisten (*dat.*); **~ on** *od.* **up·on** *v/i.* **1.** sich beziehen auf (*acc.*), betreffen (*acc.*); **2.** einwirken *od.* zielen auf (*acc.*); **3.** drücken *od.* sich stützen auf (*acc.*), lasten auf (*dat.*); **4.** *bear hard on* j-m sehr zusetzen, j-n bedrücken; **5.** ✕ beschießen; **~ with** *v/i.* Nachsicht üben mit, Geduld haben mit;

Zssgn mit adv.:

bear| a·way I *v/t.* forttragen, -reißen (*a. fig.*); **II** *v/i.* ⚓ absegeln, abfahren; **~ down I** *v/t.* über'winden, über'wältigen; **~ on** a) sich wenden gegen, sich stürzen auf (*acc.*), überwältigen (*acc.*), b) sich (schnell) nähern (*dat.*), zusteuern auf (*acc.*); **~ in** *v/t.*: **it was borne in upon him** es wurde ihm klar, es drängte sich ihm auf; **~ out** *v/t.* bestätigen, bekräftigen: **bear s.o. out** j-m recht geben; **2.** unter'stützen; **~ up I** *v/t.* stützen, ermutigen; **II** *v/i.* **1.** (*against*) (tapfer) standhalten (*dat.*), die Stirn bieten (*dat.*), mutig ertragen

---

(*acc.*), *weitS.* sich fabelhaft halten; **3.** *Brit.* Mut fassen: **~!** Kopf hoch!

bear² [beə] **I** *s.* **1.** *zo.* Bär *m*; **2.** *fig.* a) Bär *m*, Tolpatsch *m*, b) ‚Brummbär' *m*, Ekel *n*; **3.** 🝮 'Baissespeku,lant *m*, Baissi'er *m*: **~ market** Baissemarkt *m*; **4.** *ast.*: **Great(er) ☉ Großer Bär; Little od. Lesser ☉ Kleiner Bär; II** *v/i.* **5.** 🝮 auf Baisse spekulieren; **III** *v/t.* **6.** 🝮 **~ the market** die Kurse drücken (wollen).

bear·a·ble ['beərəbl] *adj.* ☐ tragbar, erträglich, zu ertragen(d).

'bear-bait·ing *s. hist.* Bärenhetze *f*.

beard [bɪəd] **I** *s.* **1.** Bart *m* (*a. von Tieren*); → **grow** 6; **2.** ♀ Grannen *pl.*; **3.** ⊕ 'Widerhaken *m* (*an Pfeil, Angel etc.*); **II** *v/t.* **4.** *fig.* mutig entgegentreten, Trotz bieten (*dat.*): **~ the lion in his den** sich in die Höhle des Löwen wagen; **'bearded** [-dɪd] *adj.* **1.** bärtig; **2.** ♀ mit Grannen; **3.** ⊕ mit (em) 'Widerhaken; **'beard·less** [-lɪs] *adj.* **1.** bartlos; **2.** ♀ ohne Grannen; **3.** *fig.* jugendlich, unreif.

bear·er ['beərə] *s.* **1.** Träger(in); **2.** Über'bringer(in) *e-s Briefes, Schecks etc.*; **3.** 🝮 Inhaber(in) *e-s Wechsels etc.*: **~ bond** Inhaberobligation *f*; **~ cheque** (*Am. check*) Inhaberscheck *m*; **~ securities** Inhaberpapiere *pl.*; **~ share** (*od.* **stock**) Inhaberaktie *f*; → **payable** 1; **♀ a good ~** ein Baum, der gut trägt; **5.** *her.* Schildhalter *m*.

bear| gar·den *s.* **1.** Bärenzwinger *m*; **2.** *fig.* ‚Tollhaus' *n*; **~ hug** *s.* F heftige Um'armung.

bear·ing ['beərɪŋ] **I** *adj.* **1.** tragend; **2.** 🝮, *min.* ... enthaltend, ...haltig; **II** *s.* **3.** (Körper)Haltung *f*: **of noble ~**; **4.** Betragen *n*, Verhalten *n*: **his kindly ~**, **5.** (*on*) Bezug *m* (auf *acc.*), Beziehung *f* (zu), Verhältnis *n* (zu), Zs.-hang *m* (mit); Tragweite *f*, Bedeutung *f*: **have no ~ on** keinen Einfluß haben auf (*acc.*), nichts zu tun haben mit; **consider it in all its ~s** es in s-r ganzen Tragweite *od.* von allen Seiten betrachten; **6.** *pl.* ⚓, ✈, *surv.* Richtung *f*, Lage *f*; Peilung *f*; Lage *f*. Orientierung *f*: **take the ~s** die Richtung *od.* Lage feststellen, peilen; **take one's ~s** sich orientieren; **find** (*od.* **get**) **one's ~s** sich zurechtfinden; **lose one's ~s** die Orientierung verlieren, *fig.* in Verlegenheit *od.* ,ins Schwimmen' geraten; **7.** Ertragen *n*, Erdulden *n*, Nachsicht *f*: **beyond (all) ~** unerträglich; **there is no ~ with such a fellow** solch ein Kerl ist unerträglich; **8.** *mst pl.* ⊕ a) (Zapfen-, Achsen- *etc.*)Lager *n*, b) Stütze *f*; **9.** *pl. her.* → **armorial** I; **10.** (Früchte)Tragen *n*: **beyond ~ ♀** nicht mehr tragend.

bear·ing| com·pass *s.* ⚓ 'Peil,kompaß *m*; **~ line** *s.* ⚓, ✈ 'Peil-, Vi'sier,linie *f*; **~ met·al** *s.* ⊕ 'Lagerme,tall *n*; **~ pin** *s.* ⊕ Lagerzapfen *m*.

bear·ish ['beərɪʃ] *adj.* **1.** bärenhaft; **2.** *fig.* plump; brummig, unfreundlich; **3.** 🝮 flau, Baisse...: **~ operation** Baissespekulation *f*.

bear lead·er *s. hist.* Bärenführer *m* (*a. fig.* Reisebegleiter).

'bear|·skin *s.* **1.** Bärenfell *n*; **2.** ✕ Bärenfellmütze *f*; **'~·wood** *s.* ♀ Kreuz-, Wegdorn *m*.

beast [biːst] *s.* **1.** *bsd.* vierfüßiges u. wildes Tier: **~ of burden** Lasttier; **~s of**

the forest Waldtiere; ~ *of prey* Raubtier; *the ~ in us* fig. das Tier(sche) in uns; **2.** ♪ Vieh n (*Rinder*), bsd. Mastvieh n; **3.** fig. a) bru'taler Mensch, Rohling m, 'Bestie f, b) ‚Biest‘ n, Ekel n; **beast·li·ness** ['biːstlɪnɪs] s. **1.** Brutali'tät f, Roheit f; **2.** F a) Scheußlichkeit f, b) Gemeinheit f; **beast·ly** ['biːstlɪ] **I** adj. **1.** fig. viehisch, bru'tal, roh, gemein; **2.** F ab'scheulich, garstig, eklig, *Person:* a. ekelhaft, gemein; **II** adv. **3.** F scheußlich, ‚verdammt‘: *it was ~ hot.*

beat [biːt] **I** s. **1.** (*regelmäßig wiederholter*) Schlag; Herz-, Puls-, Trommelschlag m; Ticken n (*Uhr*); **2.** ♪ a) Takt (-schlag) m, b) Jazz: Beat m, 'rhythmischer Schwerpunkt, c) → *beat music*; **3.** *Versmaß:* Hebung f; **4.** phys., *Radio:* Schwebung f; **5.** Runde f od. Re'vier n *e-s Schutzmanns etc.:* **be on one's ~** die Runde machen; *be off (od. out of) one's ~* fig. nicht in s-m Element sein; *that is outside my ~* fig. das schlägt nicht in mein Fach od. ist mir ungewohnt; **6.** Am. (Verwaltungs)Bezirk m; **7.** Am. F a) wer od. was alles übertrifft: *I've never seen his ~* der schlägt alles, was ich je gesehen habe, b) (sensatio'nelle) Erst- od. Al'leinmeldung e-r Zeitung, c) → *deadbeat*, d) → *beatnik*; **8.** hunt. Treibjagd f; **II** adj. **9.** F (wie) erschlagen: a) ‚ganz ka'putt‘, erschöpft, b) verblüfft; **10.** Am. sl. 'antikonfor,mistisch, illusi'onslos: *the ♀ Generation* die Beat generation; **III** v/t. [irr.] **11.** (*regelmäßig od. häufig*) schlagen; *Teppich etc.* klopfen; *Metall* hämmern od. schmieden; *Eier, Sahne* (zu Schaum od. Schnee) schlagen; *Takt, Trommel* schlagen: ~ *a horse* ein Pferd schlagen; ~ *a path* e-n Weg (durch Stampfen etc.) bahnen; ~ *the wings* mit den Flügeln schlagen; ~ *the air* fig. vergebliche Versuche machen, gegen Windmühlen kämpfen; ~ *a charge* Am. sl. e-r Strafe entgehen; ~ *s.th. into s.o.'s head* j-m et. einbleuen; ~ *one's brains* sich den Kopf zerbrechen; ~ *it* sl. ‚abhauen‘, ‚verduften‘; → *retreat* 1; **12.** *Gegner* schlagen, besiegen; über'treffen, -'bieten; zu'viel sein für j-n: ~ *s.o. at tennis* j-n im Tennis schlagen; ~ *the record* den Rekord brechen; *to ~ the band* (*Wendung*) mit aller Macht, wie toll; ~ *s.o. hollow* j-n vernichtend schlagen; ~ *s.o. to it* j-m zuvorkommen; *that ~s me!* F das ist mir zu hoch!, da komme ich nicht mit!; *this poster takes some ~ing* dieses Plakat ist schwer zu überbieten; *that ~s everything!* F a) das ist die Höhe!, b) ist ja sagenhaft!; *can you ~ that!* F das darf doch nicht wahr sein!; *the journey ~ me* die Reise hat mich völlig erschöpft; *hock ~s claret* Weißwein ist besser als Rotwein; **13.** *Wild* aufstöbern, treiben: ~ *the woods* e-e Treibjagd od. Suche durch die Wälder veranstalten; **14.** schlagen, verprügeln, (ver)hauen; **15.** abgehen, ‚abklopfen‘, e-n Rundgang machen um; **IV** v/i. [irr.] **16.** schlagen (a. *Herz etc.*); ticken (*Uhr*): ~ *at (od. on) the door* (fest) an die Tür pochen; *rain ~ on the windows* der Regen schlug od. peitschte gegen die Fenster; *the hot sun was ~ing down on us* die heiße Sonne brannte auf uns nieder; **17.** hunt. trei-

ben; → *bush*[1] 1; **18.** ⚓ lavieren: ~ *against the wind* gegen den Wind kreuzen;
Zssgn mit adv.:
beat| back v/t. zu'rückschlagen, -treiben, abwehren; ~ *down* **I** v/t. **1.** fig. niederschlagen, unter'drücken; **2.** ✝ a) *den Preis* drücken, b) *j-n* her'unterhandeln (*to* auf acc.); **II** v/i. **3.** a) her'unterbrennen (*Sonne*), b) niederprasseln (*Regen*); ~ *off* v/t. *Angriff, Gegner* abschlagen, -wehren; ~ *out* v/t. **1.** *Metall* (aus)schmieden, hämmern: ~ *s.o.'s brains* j-m den Schädel einschlagen; **2.** *Feuer* ausschlagen; **3.** fig. et. ‚ausknobeln‘, her'ausarbeiten; **4.** F *j-n* ausstechen; ~ *up* v/t. **1.** *Eier, Sahne* (zu Schaum od. Schnee) schlagen; **2.** ✗ *Rekruten* werben; **3.** *j-n* zs.-schlagen, verprügeln; **4.** fig. aufrütteln; **5.** et. auftreiben.

beat·en ['biːtn] p.p. u. adj. geschlagen; besiegt; erschöpft; ausgetreten, vielbegangen (*Weg*): ~ *gold* Blattgold n; *the ~ track* fig. das ausgefahrene Geleise; *off the ~ track* a) abgelegen, b) fig. ungewohnt; ~ *biscuit* Am. ein Blätterteiggebäck n.

beat·er ['biːtə] s. **1.** Schläger m, Klopfer m (*Person od. Gerät*); Stößel m, Stampfe f; **2.** hunt. Treiber m.

be·a·tif·ic [ˌbiːə'tɪfɪk] adj. **1.** glück'selig; **2.** seligmachend; **be·at·i·fi·ca·tion** [biːˌætɪfɪ'keɪʃn] s. eccl. Seligsprechung f; **be·at·i·fy** [biː'ætɪfaɪ] v/t. **1.** beseligen, selig machen; **2.** eccl. seligsprechen, beatifizieren.

beat·ing ['biːtɪŋ] s. **1.** Schlagen n (a. *Herz, Flügel etc.*); **2.** Prügel pl.: *give s.o. a good ~* j-m e-e tüchtige Tracht Prügel verabreichen, fig. j-m e-e böse Schlappe bereiten; *give the enemy a good ~* den Feind aufs Haupt schlagen; *take a ~* Prügel beziehen, e-e Schlappe erleiden.

be·at·i·tude [biː'ætɪtjuːd] s. (Glück)'Seligkeit f: *the ♀s* bibl. die Seligpreisungen.

beat mu·sic s. 'Beatmu,sik f.

beat·nik ['biːtnɪk] s. hist. Beatnik m, junger 'Antikonfor,mist.

beau [bəʊ] pl. **beaus** od. **beaux** [bəʊz] (*Fr.*) s. obs. **1.** Beau m, Geck m; **2.** Liebhaber m, ‚Kava'lier‘ m.

beau i·de·al s. **1.** ('Schönheits)Ide‚al n, Vorbild n; **2.** vollkommene Schönheit.

beaut [bjuːt] s. sl. → *beauty* 3.

beau·te·ous ['bjuːtjəs] adj. mst poet. (*äußerlich*) schön.

beau·ti·cian [bjuː'tɪʃn] s. Kos'metiker (-in).

beau·ti·ful ['bjuːtəfʊl] **I** adj. □ **1.** schön: *the ~ people* F die ‚Schickeria‘; **2.** wunderbar; **II** s. **3.** *the ~* das Schöne; die Schönen pl.; **'beau·ti·ful·ly** [-təflɪ] adv. F schön, wunderbar, ausgezeichnet: ~ *warm* schön warm; **'beau·ti·fy** [-tɪfaɪ] v/t. verschönern, verzieren.

beau·ty ['bjuːtɪ] s. **1.** Schönheit f; **2.** das Schön(st)e, et. Schönes: *that is the ~ of it* das ist das Schönste daran; **3.** a) Prachtstück n: *a ~ of a vase* ein Gedicht von e-r Vase, b) F ‚tolles Ding‘ schicke Sache: *that goal was a ~!* das Tor war Klasse!; ~ *queen* Schönheitskönigin f; **5.** iro.: *you are a*

~*!* du bist mir ein Schöner od. ein Schlimmer!; ~ *con·test* s. Schönheitswettbewerb m; ~ *par·lo(u)r*, ~ *sa·lon*, ~ *shop* s. 'Schönheitssa,lon m; ~ *sleep* s. Schlaf m vor Mitternacht; ~ *spot* s. **1.** Schönheitspflästerchen n; **2.** schönes Fleckchen Erde, lohnendes Ausflugsziel.

beaux pl. von *beau*.

bea·ver¹ ['biːvə] **I** s. **1.** zo. Biber m: *work like a ~* → 5; **2.** Biberpelz m; **3.** ✝ Biber m (*filziger Wollstoff*); **4.** sl. a) Bart(träger) m, b) Am. ‚Muschi‘ f; **II** v/i. **5.** mst ~ *away* (schwer) schuften.

bea·ver² ['biːvə] s. ✗ hist. Vi'sier n, Helmsturz m.

be·bop ['biːbɒp] s. ♪ Bebop m (*Jazz*).

be·calm [bɪ'kɑːm] v/t. **1.** beruhigen; **2.** *be ~ed* ⚓ in e-e Flaute geraten.

be·came [bɪ'keɪm] pret. von *become*.

be·cause [bɪ'kɒz] **I** cj. weil, da; **II** ~ *of* prp. wegen (gen.), in'folge von (od. gen.).

bêche-de-mer [ˌbeɪʃdə'meə] (*Fr.*) s. zo. eßbare Seewalze, 'Trepang m.

beck¹ [bek] s. Wink m, Nicken n: *be at s.o.'s ~ and call* j-m auf den (leisesten) Wink gehorchen, nach j-s Pfeife tanzen.

beck² [bek] s. Brit. (Wild)Bach m.

beck·on ['bekən] **I** v/t. j-m (zu)winken, zunicken, j-n her'anwinken, j-m ein Zeichen geben; **II** v/i. winken, fig. a. locken.

be·cloud [bɪ'klaʊd] v/t. um'wölken, verdunkeln, fig. a. vernebeln.

be·come [bɪ'kʌm] [irr. → *come*] **I** v/i. **1.** werden: ~ *an actor*, ~ *warmer*, *what has ~ of him?* a) was ist aus ihm geworden?, b) F wo steckt er nur?; **II** v/t. **2.** sich schicken für, sich (ge)ziemen für: *it does not ~ you*; **3.** j-m stehen, passen zu, j-n kleiden (*Hut etc.*); **becom·ing** [-mɪŋ] adj. □ **1.** schicklich, geziemend, anständig; **2.** kleidsam.

bed [bed] **I** s. **1.** Bett n: ~ *and breakfast* Übernachtung f mit Frühstück; *his life is no ~ of roses* er ist nicht auf Rosen gebettet; *marriage is not always a ~ of roses* die Ehe hat nicht nur angenehme Seiten; *die in one's ~* e-s natürlichen Todes sterben; *get out of ~ on the wrong side* mit dem verkehrten od. linken Fuß zuerst aufstehen; *go to ~* zu Bett od. schlafen gehen; *keep one's ~* das Bett hüten; *make the ~* das Bett machen; *as you make your ~, so you must lie upon it* wie man sich bettet, so schläft man; *put to ~* j-n zu Bett bringen; *take to one's ~* sich (krank) ins Bett legen; **2.** Federbett n; **3.** Ehebett n: ~ *and board* Tisch m u. Bett (*Ehe*); **4.** Lager(statt f) n (a. *e-s Tieres*): ~ *of straw* Strohlager; **5.** fig. letzte Ruhestätte; **6.** 'Unterkunft f: ~ *and breakfast* Zimmer n mit Frühstück; **7.** (Fluß- *etc.*)Bett n; **8.** ♪ Beet n; **9.** ⊗, △ Bett n (a. *e-r Werkzeugmaschine*), Bettung f, 'Unterlage f, Schicht f: ~ *of concrete* Betonunterlage f; **10.** geol., ⚒ Bett n, Schicht f, Lage f, Lager n, Flöz n (*Kohle*); **11.** 🗐 'Unterbau m; **II** v/t. **12.** zu Bett bringen; **13.** *be bedded* bettlägerig sein; **14.** mst ~ *down* a) j-m das Bett machen, b) j-n für die Nacht 'unterbringen, d) *Pferd etc.* mit Streu versorgen; **15.** mst ~ *out* in ein

Beet pflanzen, auspflanzen; **III** v/i. **16.**
a. ~ **down** a) ins od. zu Bett gehen, b)
sein Nachtlager aufschlagen; **17.** (sich
ein)nisten (a. fig.).
be·dad [bɪ'dæd] int. Ir. bei Gott!
be·daub [bɪ'dɔːb] v/t. beschmieren.
be·daz·zle [bɪ'dæzl] v/t. blenden.
'bed|·bug s. zo. Wanze f; **~ bun·ny** s. F
,Betthäschen' n; **'~·cham·ber** s. (königliches) Schlafgemach: *Gentleman*
od. *Groom of the* ♀ königlicher Kammerherr; *Lady of the* ♀ königliche
Kammerzofe; **'~·clothes** s. pl. Bettwä-
sche f.
bed·ding ['bedɪŋ] **I** s. **1.** Bettzeug n,
Bett n u. 'Zubehör n, m; **2.** (Lager-)
Streu f für Tiere; **3.** ⊗ Bettung f. 'Unterschicht f, -lage f, Lager n; **II** adj. **4.** ~
plants Beetpflanzen (*Blumen etc.*).
be·deck [bɪ'dek] v/t. (ver)zieren,
schmücken.
be·del(l) [be'del] s. Brit. univ. Herold
m.
be·dev·il [bɪ'devl] v/t. fig. **1.** fig. verhexen; **2.** a) plagen, peinigen, b) bedrükken, belasten; **3.** fig. verwirren, durchein'anderbringen.
be·dew [bɪ'djuː] v/t. betauen, benetzen.
'bed|·fast adj. bettlägerig; **'~·fel·low** s.
1. 'Schlafkame,rad m, Bettgenosse m;
2. fig. Genosse m; **'~·gown** s. (Frau-
en)Nachthemd n.
be·dim [bɪ'dɪm] v/t. trüben.
be·diz·en [bɪ'daɪzn] v/t. (über'trieben)
her'ausputzen.
bed·lam ['bedləm] s. fig. Tollhaus n:
cause a ~ e-n Tumult auslösen; **'bed-
lam·ite** [-maɪt] s. obs. Irre(r m) f.
Bed·ou·in ['bedʊɪn] **I** s. Bedu'ine m; **II**
adj. Beduinen...
'bed|·pan s. ♣ Stechbecken n, Bett-
schüssel f; **'~·plate** s. ⊗ 'Unterlagsplat-
te f, -gestell n od. -rahmen m; **'~·post** s.
Bettpfosten m: *between you and me
and the* ~ F unter uns od. im Vertrauen
(gesagt).
be·drag·gled [bɪ'dræɡld] adj. **1.** a) ver-
dreckt, b) durch'näßt; **2.** fig. verwahrlost.
'bed|,rid·den adj. bettlägerig; **'~·rock I**
s. **1.** geol. unterste Felsschicht, Grund-
gestein n; **2.** (mst fig.) Grundlage f: *get
down to* ~ der Sache auf den Grund
gehen; **3.** fig. Tiefpunkt m; **II** adj. **4.** F
a) grundlegend, b) (felsen)fest, c) ♥
äußerst, niedrigst: ~ *price*; **'~·roll** s. zs.-
gerolltes Bettzeug; **'~·room** [-rum]
s. Schlafzimmer n: ~ *eyes* F ,Schlafzim-
meraugen'; ~ *suburb* Schlafstadt f; **'~·
set,tee** s. Schlafcouch f; **'~·sheet** s.
Bettlaken n.
'bed·side s.: *at the* ~ am (Kranken-)
Bett; *good* ~ *manner* gute Art, mit
Kranken umzugehen; ~ *lamp* s. Nacht-
tischlampe f; ~ *read·ing* s. 'Bettlek,tü-
re f; ~ *rug* s. Bettvorleger m; ~ *stor·y*
s. Gutenachtgeschichte f; ~ *ta·ble* s.
Nachttisch m.
'bed|·sit Brit. **I** v/i. [irr.] ein möbliertes
Zimmer bewohnen; **II** s. → **'~·sit·ter**
s., **'~·sit·ting-room** s. Brit. **1.** möbliertes Zimmer; **2.** Ein'zimmerappar-
te,ment n; **'~·sore** s. ♣ wundgelegene
Stelle; **'~·space** s. (An)Zahl f der Betten (in Klinik etc.); **'~·spread** s. (Zier-)
Bettdecke f; Tagesdecke f; **'~·stead** s.
Bettstelle f, -gestell n; **'~·straw** s. ♀

Labkraut n; **'~·tick** s. Inlett n; **'~·time**
s. Schlafenszeit f; **'~,wet·ting** s. Bett-
nässen n.
bee¹ [biː] s. **1.** zo. Biene f: *have a ~ in
one's bonnet* F ,e-n Vogel haben'; **2.**
fig. Biene f, fleißiger Mensch; → *busy*
2; **3.** bsd. Am. a) Treffen n von Freunden zur Gemeinschaftshilfe od. Unter-
'haltung: *sewing* ~ Nähkränzchen n, b)
Wettbewerb m.
bee² [biː] s. B, b n (Buchstabe).
Beeb [biːb] s.: *the* ~ Brit. F die BB'C.
beech [biːtʃ] s. ♀ Buche f; Buchenholz
n; **beech·en** ['biːtʃən] adj. aus Buchenholz, Buchen...
beech| mar·ten s. zo. Steinmarder m;
'~·mast s. Bucheckern pl.; **'~·nut** s.
Buchecker f.
beef [biːf] pl. **beeves** [biːvz], a. **beefs I**
s. **1.** Mastrind n, -ochse m, -bulle m; **2.**
Rindfleisch n; **3.** F a) Fleisch n (am
Menschen), b) (Muskel)Kraft f; **4.** sl.
,Mecke'rei' f, Beschwerde f; **5.** Am. sl.
,dufte Puppe'; **II** v/i. **6.** sl. nörgeln,
,meckern', sich beschweren; **III** v/t. **7.**
~ *up* F et. ,aufmöbeln'; **'~·cake** s. Am.
sl. Bild n e-s Muskelprotzen; **'~,eat·er**
s. Brit. Beefeater m, Tower-Wächter m
(in London); **'~·steak** s. 'Beefsteak n;
~ *tea* s. (Rind)Fleisch-, Kraftbrühe f,
Bouil'lon f.
beef·y ['biːfɪ] adj. **1.** fleischig; **2.** F bullig, kräftig.
'bee·hive s. **1.** Bienenstock m, -korb m;
2. fig. ,Taubenschlag' m; **'~,keep·er** s.
Bienenzüchter m, Imker m; **'~,keep-
ing** s. Bienenzucht f, Imke'rei f; **'~·line**
s.: *make a ~ for* schnurgerade auf et.
losgehen.
Be·el·ze·bub [biː'elzɪbʌb] **I** npr. Be'el-
zebub m; **II** s. Teufel m.
'bee·,mas·ter s. → beekeeper.
been [biːn; bɪn] p.p. von be.
beep [biːp] s. **1.** ♫ Piepton m; **2.** mot.
'Hupsig,nal n.
beer [bɪə] s. **1.** Bier n: *two ~s* zwei Glas
Bier; *life is not all ~ and skittles* Brit.
F das Leben besteht nicht nur aus Vergnügen; → *small beer*, **2.** bierähnli-
ches Getränk (aus Pflanzen); ~ *can* s.
Bierdose f; **'~,en·gine** s. 'Bier,druck-
appa,rat m; **'~,gar·den** s. Biergarten
m; **'~·house** s. Brit. Bierschenke f; **'~·
mat** s. Bierfilz m, -deckel m; **'~·pull** s.
(Griff m der) Bierpumpe f.
beer·y ['bɪərɪ] adj. **1.** bierartig; **2.** bier-
selig; **3.** nach Bier riechend.
beest·ings ['biːstɪŋz] s. Biestmilch f (erste Milch von den Kalben).
bees·wax ['biːzwæks] s. Bienenwachs n.
beet [biːt] s. ♀ **1.** Runkelrübe f, Mangold m, Bete f: ~ *greens* Mangoldge-
müse n; **2.** Am. rote Bete.
bee·tle¹ ['biːtl] s. zo. Käfer m; ~ *blind*
1.
bee·tle² ['biːtl] **I** s. **1.** Holzhammer m,
Schlegel m; **2.** ⊗ a) Erdstampfe f, b)
'Stampfka,lander m; **II** v/t. **3.** mit e-m
Schlegel bearbeiten, (ein)stampfen; **4.**
⊗ ka'landern.
bee·tle³ ['biːtl] **I** adj. überhängend; **II**
v/i. vorstehen, überhängen.
'bee·tle|-browed adj. **1.** mit buschigen
Augenbrauen; **2.** finster blickend;
'~,crush·ers s. pl. ,Elbkähne' pl. (riesige Schuhe).
'beet·root s. ♀ **1.** Brit. Wurzel f der

roten Bete; **2.** Am. → *beet* 1; ~ *sug·ar*
s. ♀ Rübenzucker m.
beeves [biːvz] pl. von beef.
be·fall [bɪ'fɔːl] [irr. → fall] obs. od. poet.
I v/i. sich ereignen; **II** v/t. zustoßen,
wider'fahren (dat.).
be·fit [bɪfɪt] v/t. sich ziemen od. schicken
für; **be'fit·ting** [-tɪŋ] adj. □ geziemend, schicklich.
be·fog [bɪ'fɒɡ] v/t. **1.** in Nebel hüllen; **2.**
fig. a) um'nebeln, b) verwirren.
be·fool [bɪ'fuːl] v/t. zum Narren haben,
täuschen.
be·fore [bɪfɔː] **I** prp. **1.** räumlich: vor:
he sat ~ me; ~ *my eyes*; *the question
~ us* die (uns) vorliegende Frage; **2.**
vor, in Gegenwart von: ~ *witnesses*; **3.**
Reihenfolge, Rang: vor'aus: *be ~ the
others in class* den anderen in der
Klasse voraus sein; **4.** zeitlich: vor, früher als: ~ *lunch* vor dem Mittagessen;
an hour ~ the time e-e Stunde früher
od. zu früh; ~ *long* in Kürze, bald; ~
now schon früher od. vorher; *the day
~ yesterday* vorgestern; *the month ~
last* vorletzten Monat; *to be ~ one's
time* s-r Zeit voraus sein; **II** cj. **5.** be-
'vor, ehe: *he died ~ I was born*; *not ~*
nicht früher od. eher als bis, erst als od.
wenn; **6.** lieber ... als daß: *I would die
~ I lied*; **III** adv. **7.** räumlich: vorn,
vo'ran: *go ~* vorangehen; ~ *and behind* vorn u. hinten; **8.** zeitlich: 'vorher,
vormals, früher, zu'vor; (schon) früher:
the year ~ das vorige od. vorhergehende Jahr, das Jahr zuvor; *an hour ~* e-e
Stunde vorher od. früher od. zuvor;
long ~ lange vorher; *never ~* noch nie
(-mals), nie zuvor; **be'fore·hand** adv.
zu'vor, (im) voraus: *know s.th. ~* et. im
voraus wissen; *be ~ in one's suspi-
cions* zu früh e-n Verdacht äußern;
be'fore·,men·tioned adj. vorerwähnt;
be'fore-tax adj. ♥ vor Abzug der
Steuern, Brutto...
be·foul [bɪ'faʊl] v/t. besudeln, beschmutzen (a. fig.).
be·friend [bɪ'frend] v/t. j-m Freundschaft erweisen; j-m behilflich sein, sich
j-s annehmen.
be·fud·dle [bɪ'fʌdl] v/t. ,benebeln', berauschen.
beg [beɡ] **I** v/t. **1.** et. erbitten (of s.o.
von j-m), bitten um: *to ~ leave* um
Erlaubnis bitten; → *pardon* 4; **2.** betteln od. bitten um: *to ~ a meal*; *to ~ j-n*
bitten (to do s.th. et. zu tun); **II** v/i. **4.**
betteln: *go ~ging* a) betteln (gehen), b)
keinen Interessenten finden; **5.** (dringend) bitten (for um, of s.o. to inf. j-n
zu inf.): ~ *off* sich entschuldigen, absagen; **6.** sich erlauben: *I ~ to differ* ich
erlaube mir, anderer Meinung zu sein; *I
~ to inform you* ♥ obs. ich erlaube
mir, Ihnen mitzuteilen; **7.** schönmachen, Männchen machen (Hund); **8.** →
question 1.
be·gad [bɪ'ɡæd] int. F bei Gott!
be·gan [bɪ'ɡæn] pret. von begin.
be·gat [bɪ'ɡæt] obs. pret. von beget.
be·get [bɪ'ɡet] v/t. [irr.] **1.** zeugen; **2.**
fig. erzeugen, her'vorbringen; **be'get-
ter** [-tə] s. **1.** Erzeuger m, Vater m; **2.**
fig. Urheber m.
beg·gar ['beɡə] s. **1.** Bettler(in); Ar-
me(r m) f: *~s must not be choosers*
arme Leute dürfen nicht wählerisch

sein; **2.** F Kerl *m*, Bursche *m*: *lucky ~* Glückspilz *m*; *a naughty little ~* ein kleiner Schelm; **II** *v/t.* **3.** an den Bettelstab bringen; **4.** *fig.* erschöpfen; über-'steigen: *it ~s description* a) es spottet jeder Beschreibung, b) es läßt sich nicht mit Worten beschreiben; '**beg·gar·ly** [-lɪ] *adj.* **1.** (sehr) arm; **2.** *fig.* armselig, lumpig; **beg·gar-my-'neigh·bo(u)r** [-mɪ-] *s.* Bettelmann *m* (*Kartenspiel*); '**beg·gar·y** [-ərɪ] *s.* Bettelarmut *f*: *reduce to ~* an den Bettelstab bringen.

be·gin [bɪ'gɪn] [*irr.*] **I** *v/t.* **1.** beginnen, anfangen: *to ~ a new book*; **2.** (be-) gründen; **II** *v/i.* **3.** beginnen, anfangen: *~ with s.o.* od. *s.th* mit od. bei j-m od. et. anfangen; *to ~ with* (*Wendung*) a) zunächst, b) erstens (einmal); *~ on s.th.* et. in Angriff nehmen; *he began by asking* zuerst fragte er; *... began to be put into practice* ... wurde bald in die Praxis umgesetzt; *he does not even ~ to try* er versucht es nicht einmal; *it doesn't ~ to do him justice* F es wird ihm nicht annähernd gerecht; **4.** entstehen; **be'gin·ner** [-nə] *s.* Anfänger(in), Neuling *m*: *~'s luck* Anfängerglück *n*; **be'gin·ning** [-nɪŋ] *s.* **1.** Anfang *m*, Beginn *m*: *from the* (*very*) (ganz) von Anfang an; *the ~ of the end* der Anfang vom Ende; **2.** Ursprung *m*; **3.** *pl.* a) Anfangsgründe *pl.*, b) Anfänge *pl.*

be·gone [bɪ'gɒn] *int.* fort (mit dir)!

be·go·ni·a [bɪ'gəʊnjə] *s.* Be'gonie *f*.

be·got [bɪ'gɒt] *pret. von* beget.

be·got·ten [bɪ'gɒtn] *p.p. von* beget: *God's only ~ son* Gottes eingeborener Sohn.

be·grime [bɪ'graɪm] *v/t.* (*mit Ruß*, *Rauch etc.*) beschmutzen.

be·grudge [bɪ'grʌdʒ] *v/t.* **1.** *~ s.o. s.th.* j-m et. mißgönnen; **2.** *et.* nur ungern geben.

be·guile [bɪ'gaɪl] *v/t.* **1.** täuschen; betrügen (*of* od. *out of* um); **2.** verleiten (*into doing* zu tun); **3.** *Zeit* (angenehm) vertreiben; **4.** betören; **be'guil·ing** [-lɪŋ] *adj.* □ verführerisch, betörend.

be·gun [bɪ'gʌn] *p.p. von* begin.

be·half [bɪ'hɑːf] *s.*: *on* (od. *in*) *~ of* zugunsten od. im Namen od. im Auftrag von (od. *gen*), für *j-n*; *on* (od. *in*) *my ~* zu m-n Gunsten, für mich; *act on one's own ~* im eigenen Namen handeln.

be·have [bɪ'heɪv] **I** *v/i.* **1.** sich (gut) benehmen, sich zu benehmen wissen: *please ~!* bitte benimm dich!; *he doesn't know how to ~, he can't ~* er kann sich nicht (anständig) benehmen; **2.** sich verhalten; funktionieren (*Maschine etc.*); **II** *v/t.* **3.** *~ o.s.* sich (gut) benehmen: *~ yourself!* benimm dich!; **be'haved** [-vd] *adj.*: *he is well-~* er hat ein gutes Benehmen.

be·hav·io(u)r [bɪ'heɪvjə] *s.* Benehmen *n*, Betragen *n*; Verhalten *n* (a. 🖧, ⚙, *phys.*): *~ pattern* psych. Verhaltensmuster *n*; *~ therapy* psych. Verhaltenstherapie *f*; *during good ~ Am.* auf Lebenszeit (*Ernennung*); *be in office on one's good ~* im Amt auf Bewährung innehaben; *be on one's best ~* sich von seiner besten Seite zeigen; *put s.o.*

on his good ~ j-m einschärfen, sich gut zu benehmen; **be'hav·io(u)r·al** [-ərəl] *adj. psych.* Verhaltens...: *~ science* Verhaltensforschung *f*; **be'hav·io(u)r·ism** [-ərɪzəm] *s. psych.* Behavio'rismus *m*.

be·head [bɪ'hed] *v/t.* enthaupten.

be·held [bɪ'held] *pret. u. p.p. von* behold.

be·he·moth [bɪ'hiːmɒθ] **1.** *Bibl.* Behemoth; **2.** *fig.* Ko'loß *m*, Ungeheuer *n*.

be·hest [bɪ'hest] *s. poet.* Geheiß *n*: *at s.o.'s ~* auf j-s Geheiß od. Befehl od. Veranlassung.

be·hind [bɪ'haɪnd] **I** *prp.* **1.** hinter: *~ the tree* hinter dem od. den Baum; *he looked ~ him* er blickte hinter sich; *be ~ s.o.* a) hinter j-m stehen, j-n unterstützen, b) j-m nachstehen, hinter j-m zurück sein; *what is ~ all this?* was steckt dahinter?; **II** *adv.* **2.** hinten, da-'hinter, hinter'her: *walk ~* hinterhergehen; **3.** nach hinten, zu'rück: *to look ~* zurückblicken; **4.** zu'rück, im Rückstand: *~ with one's work* mit s-r Arbeit im Rückstand; *my watch is ~* meine Uhr geht nach; → *time* 7; **5.** *fig.* da'hinter, verborgen: *there is more ~* da steckt (noch) mehr dahinter; **III** *s.* **6.** F 'Hintern', Gesäß *n*; **be'hind·hand** *adv. u. pred. adj.* **1.** → *behind* 4; **2.** *fig.* rückständig; altmodisch.

be·hold [bɪ'həʊld] **I** *v/t.* [*irr.* → *hold*] erblicken, anschauen; **II** *int.* siehe da!; **be'hold·en** [-dən] *adj.* verpflichtet, dankbar (*to dat.*); **be'hold·er** [-də] *s.* Beschauer(in), Betrachter(in).

be·hoof [bɪ'huːf] *s. lit.*: *in* (od. *to, for, on*) (*the*) *~ of* um ... willen; *on her ~* zu ihren Gunsten.

be·hoove [bɪ'huːv] *Am.*, **be'hove** [-'həʊv] *Brit. v/t. impers.*: *it ~s you* (*to inf.*), a) es obliegt dir od. ist deine Pflicht (*zu inf.*), b) es gehört sich für dich (*zu inf.*).

beige [beɪʒ] **I** *s.* Beige *f* (*Wollstoff*); **II** *adj.* beige(farben).

be·ing [bɪːɪŋ] *s.* **1.** (Da)Sein *n*: *in ~* existierend, wirklich (vorhanden); *come into ~* entstehen; *call into ~* ins Leben rufen; **2.** *j-s* Wesen *n* od. Sein, Na'tur *f*; **3.** Wesen *n*; Geschöpf *n*: *living ~* Lebewesen.

be·la·bo(u)r [bɪ'leɪbə] *v/t.* **1.** (mit den Fäusten *etc.*) bearbeiten, 'durchprügeln; **2.** *fig. j-n* 'bearbeiten', *j-m* zusetzen.

be·lat·ed [bɪ'leɪtɪd] *adj.* **1.** verspätet; **2.** von der Nacht über'rascht.

be·laud [bɪ'lɔːd] *v/t.* preisen.

be·lay [bɪ'leɪ] *v/t.* [*irr.* → *lay*] **1.** ⚓ festmachen, *Tau* belegen; **2.** *mount. j-n* sichern.

belch [beltʃ] **I** *v/i.* **1.** aufstoßen, rülpsen; **II** *v/t.* **2.** *Rauch etc.* ausspeien; **III** *s.* **3.** Rülpsen *n*; **4.** *fig.* Ausbruch *m* (*Rauch etc.*).

bel·dam(e) ['beldəm] *s. obs.* Ahnfrau *f*; alte Frau; Vettel *f*, Hexe *f*.

be·lea·guer [bɪ'liːgə] *v/t.* belagern (a. *fig.*); **2.** *fig.* a) heimsuchen, b) um-'geben.

bel es·prit [ˌbel es'priː] *pl.* **beaux es·prits** [ˌbəʊz es'priː] (*Fr.*) *s.* Schöngeist *m*.

bel·fry ['belfrɪ] *s.* **1.** Glockenturm *m*; → *bat²* 1; **2.** Glockenstuhl *m*.

Bel·gian ['beldʒən] **I** *adj.* belgisch; **II** *s.* Belgier(in).

be·lie [bɪ'laɪ] *v/t.* **1.** Lügen erzählen über (*acc.*), *et.* falsch darstellen; **2.** *j-n od.* Lügen strafen; **3.** wider'sprechen (*dat.*); **4.** hin'wegtäuschen über (*acc.*); **5.** *Hoffnung etc.* enttäuschen, *e-r Sache* nicht entsprechen.

be·lief [bɪ'liːf] *s.* **1.** *eccl.* Glaube *m*, Religi'on *f*: *the* ☾ das apostolische Glaubensbekenntnis; **2.** (*in*) a) Glaube *m* (an *acc.*): *beyond ~* unglaublich, b) Vertrauen *n* (auf *et.* od. zu *j-m*); **3.** Meinung *f*, Anschauung *f*, Über'zeugung *f*: *to the best of my ~* nach bestem Wissen u. Gewissen.

be·liev·a·ble [bɪ'liːvəbl] *adj.* glaubhaft; **be·lieve** [bɪ'liːv] **I** *v/i.* **1.** glauben (*in* an *acc.*); **2.** (*in*) Vertrauen haben (zu), viel halten (von): *I do not ~ in sports* F ich halte nicht viel von Sport; **II** *v/t.* **3.** glauben, meinen, denken: *~ it or not* ob Sie es glauben od. nicht!, ganz sicher; *do not ~ it* glaube es nicht; *would you ~ it!* nicht zu glauben!; *he is ~d to be a miser* man hält ihn für e-n Geizhals; **4.** Glauben schenken, glauben (*dat.*): *~ me* glaube mir; *not to ~ one's eyes* s-n Augen nicht trauen; **be'liev·er** [-və] *s.* **1.** *be a great od. firm ~* in fest glauben an (*acc.*), viel halten von; **2.** *eccl.* Gläubige(r *m*) *f*: *a true ~* ein Rechtgläubiger; **be'liev·ing** [-vɪŋ] *adj.* □ gläubig: *a ~ Christian*.

Be·lish·a bea·con [bɪ'liːʃə] *s. Brit.* (gelbes) Blinklicht *n* an 'Fußgänger,überwegen.

be·lit·tle [bɪ'lɪtl] *v/t.* **1.** verkleinern; **2.** her'absetzen, schmälern; **3.** herabsetzen, schmähen; **4.** verharmlosen.

bell¹ [bel] **I** *s.* **1.** Glocke *f*, Klingel *f*, Schelle *f*: *carry away* (*od.* bear) *the ~* Sieger sein; *does that name ring a* (*od.* the) *~?* erinnert dich der Name an et.?; *the ~ has rung* es hat geklingelt; → *clear* 5, *sound¹* 1; **2.** *pl.* ⚓ (halbstündige Schläge *pl.* der) Schiffsglocke *f*; **3.** Taucherglocke *f*; **4.** ♀ glockenförmige Blumenkrone, Kelch *m*; **5.** △ Glocke *f*, Kelch *m* (*am Kapitell*); **II** *v/t.* **6.** *~ the cat fig.* der Katze die Schelle umhängen.

bell² [bel] *v/i.* röhren (*Hirsch*).

bel·la·don·na [ˌbelə'dɒnə] *s.* ♀ Bella-'donna *f* (a. *pharm.*), Tollkirsche *f*.

'**bell|-,bot·tomed** *adj.* unten weit ausladend: *~ trousers*; '**~·boy** *s. Am.* 'Telpage *m*; *~ buoy s.* ⚓ Glockenboje *f*; *~ but·ton s.* ⚡ Klingelknopf *m*.

belle [bel] (*Fr.*) *s.* Schöne *f*, Schönheit *f*: *~ of the ball* Ballkönigin *f*.

belles-let·tres [ˌbel'letrə] (*Fr.*) *s. pl. sg. konstr.* Belle'tristik *f*, Unter'haltungslite,ra,tur *f*.

'**bell|,flow·er** *s.* ♀ Glockenblume *f*; *~* **found·ry** *s.* Glockengieße'rei *f*; *~* **glass** *s.* Glasglocke *f*; '**~·hop** *s. Am.* Ho'telpage *m*.

bel·li·cose ['belɪkəʊs] *adj.* □ kriegslustig, kriegerisch; **bel·li·cos·i·ty** [ˌbelɪ'kɒsətɪ] *s.* **1.** Kriegslust *f*; **2.** → *belligerence* 2.

bel·lied ['belɪd] *adj.* bauchig; *in Zssgn* ...bauchig, ...bäuchig.

bel·lig·er·ence [bɪ'lɪdʒərəns] *s.* **1.** Kriegführung *f*; **2.** Kampflust *f*, Streitsucht *f*; **bel'lig·er·en·cy** [-rənsɪ] *s.* **1.** Kriegszustand *m*; **2.** → *belliger-ence*; **bel·lig·er·ent** [-nt] **I** *adj.* □ **1.** kriegführend: *the ~ powers*; *~ rights* Rechte der Kriegführenden; **2.** *fig.* streitlustig; **II** *s.* **3.** kriegführender Staat.

bell| lap *s. sport* letzte Runde; **'~-man** [-mən] *s.* [*irr.*] öffentlicher Ausrufer; *~* **met·al** *s.* ❂ 'Glockenme‚tall *n*, -speise *f*; **'~-mouthed** *adj.* (*a.* ✕) mit trichter-förmiger Öffnung.

bel·low ['beləʊ] **I** *v/t. u. v/i.* brüllen; **II** *s.* Gebrüll *n*.

bel·lows ['beləʊz] *s. pl.* (*a. sg. konstr.*) **1.** ❂ a) Gebläse *n*, b) *a. pair of ~* Blasebalg *m*; **2.** Lunge *f*; **3.** *phot.* Balg *m*.

bell| pull *s.* Klingelzug *m*; *~* **push** *s.* Klingelknopf *m*; *~* **ring·er** *s.* Glöckner *m*; *~* **rope** *s.* **1.** Glockenstrang *m*; **2.** Klingelzug *m*; **'~-shaped** *adj.* glocken-förmig; **~ tent** *s.* Rundzelt *n*; **'~‚weth·er** *s.* Leithammel *m* (*a. fig., mst contp.*).

bel·ly ['belɪ] **I** *s.* **1.** Bauch *m* (*a. fig.*); 'Unterleib *m*: *go ~ up* → 8; **2.** Magen *m*; **3.** *fig.* a) Appe'tit *m*, b) Schlemme-'rei *f*; **4.** Bauch *m*, Ausbauchung *f*, Höhlung *f*; **5.** 'Unterseite *f*; **6.** ♪ Re-so'nanzboden *m*; Decke *f* (*Saiteninstru-ment*); **II** *v/i.* **7.** sich (aus)bauchen, (an)schwellen; **8.** *~ up* a) ‚abkratzen‘ (*sterben*), b) ‚Pleite‘ machen, ‚einge-hen‘; **'~-ache** *s.* Bauchweh *n*; **II** *v/i.* F ‚meckern‘, nörgeln; **'~-band** *s.* Bauch-, Sattelgurt *m*; *~* **but·ton** *s.* F (Bauch-) Nabel *m*; *~* **danc·er** *s.* Bauchtänzerin *f*; *~* **flop** *s.* F ‚Bauchklatscher‘ *m*; ✈ Bauchlandung *f*; **'~-ful** *s.*: *have had a ~* (*of*) F die Nase voll haben (von); **'~-hold** *s.* ✈ Frachtraum *m*; *~* **land·ing** *s.* ✈ Bauchlandung *f*; *~* **laugh** *s.* F dröhnendes Lachen; **~ tank** *s.* Rumpf-abwurfbehälter *m*.

be·long [bɪ'lɒŋ] *v/i.* **1.** gehören (*to dat.*): *this ~s to me*; **2.** gehören (*to* dat.), da'zugehören, am richtigen Platz sein: *this lid ~s to another pot* dieser Dek-kel gehört zu e-m anderen Topf; *where does this book ~?* wohin gehört dieses Buch?; *he does not ~* er gehört nicht dazu *od.* hierher; **3.** (*to*) sich gehören (für), *j-m* ziemen; **4.** *Am.* a) verbunden sein (*with* mit), gehören *od.* passen (*with* zu), b) wohnen (*in* in *dat.*); **5.** an-, zugehören (*to* dat*):* *~ to a club*; **be'long·ings** [-ŋɪŋz] *s. pl.* a) Habselig-keiten *pl.*, Habe *f*, Gepäck *n*, b) Zube-hör *n*, c) F Angehörige *pl.*

be·lov·ed [bɪ'lʌvd] **I** *adj.* [*attr. a.* -vɪd] (innig) geliebt (*of, by* von); **II** *s.* [*mst* -vɪd] Geliebte(r *m*) *f*.

be·low [bɪ'ləʊ] **I** *adv.* **1.** unten: *he is ~* er ist unten (*im Haus*); *as stated ~* wie unten erwähnt; **2.** hin'unter; **3.** *poet.* hie'nieden; **4.** in der Hölle; **5.** (dar-) 'unter, niedriger: *the class ~*; **6.** strom-'ab; **II** *prp.* **7.** unter, 'unterhalb, tiefer als: *~ the line* unter der *od.* die Linie; *~ cost* unter dem Kostenpreis; *~ s.o.* un-ter j-s Rang, Würde, Fähigkeit *etc.*; *20 ~* F 20 Grad Kälte.

belt [belt] **I** *s.* **1.** Gürtel *m*, Gurt *m*: *hit below the ~* Boxen *u. fig.* j-m e-n Tief-schlag versetzen; *that was below the ~ a. fig.* das war unter der Gürtellinie od. unfair; *tighten one's ~* den Gürtel enger schnallen; *the Black* ❷ *Judo:* der

---

Schwarze Gürtel (→ 5); *under one's ~* F a) im Magen, b) *fig.* ‚in der Tasche‘, c) hinter sich; **2.** ✕ Koppel *n*; Gehenk *n*; **3.** ⚓ Panzergürtel *m* (*Kriegsschiff*); **4.** Gürtel *m*, Gebiet *n*, Zone *f*: *green ~* Grüngürtel (*um e-e Stadt*); *cotton ~ Am. geogr.* Baumwollgürtel; **5.** *Am.* Gebiet *n* (*in dem ein Typus vor-herrscht*): *the black ~* vorwiegend von Negern bewohnte Staaten der USA; **6.** ❂ a) (Treib)Riemen *m*: *~ drive* Rie-menantrieb *m*, b) *a.* **conveyer** *~* För-derband *n*, c) Streifen *m*, d) ✕ (Ma-'schinengewehr)Gurt *m*; **II** *v/t.* **7.** um-'gürten, mit Riemen befestigen; zs.-hal-ten; **8.** 'durchprügeln; *j-m* ‚eine knal-len‘; **9.** *~ out Schnaps etc.* ‚kippen‘; **III** *v/i.* a. *~ down Lied* schmettern; **10.** *~ up! sl.* (halt die) Schnauze!; **12.** *sl.* rasen: *~ down the road*; *~ con-vey·er* ❂ Bandförderer *m*; *~ drive s.* ❂ Riemenantrieb *m*; *~* **line** *s. Am.* Verkehrsgürtel *m* um e-e Stadt; *~* **pul-ley** *s.* ❂ Riemenscheibe *f*; *~* **saw** *s.* Bandsäge *f*; *~* **trans·mis·sion** *s.* ❂ 'Riementransmissi‚on *f*; **'~-way** *s. Am.* Um'gehungsstraße *f*.

be·lu·ga [bɪ'lu:gɑ:] *s. ichth.* Be'luga *f*: a) Weißwal *m*, b) Hausen *m*.

be·moan [bɪ'məʊn] *v/t.* beklagen, be-trauern, beweinen.

be·muse [bɪ'mju:z] *v/t.* verwirren, bene-beln, betäuben; nachdenklich stimmen; **be'mused** [-zd] *adj.* **1.** verwirrt *etc.*; **2.** nachdenklich; gedankenverloren.

bench [bentʃ] *s.* **1.** Bank *f* (*zum Sitzen*); **2.** ⚖ (*oft* ❷) a) Richterbank *f*, Ge-richtshof *m*, c) coll. Richter *pl.*: *raised to the ~* zum Richter ernannt; *~ and bar* die Richter u. die Anwälte; *be on the ~* Richter sein; **3.** *parl. etc.* Platz *m*, Sitz *m*; **4.** ❂ a) Werkbank *f*, -tisch *m*, Experimentiertisch *m*: *carpenter's ~* Hobelbank, b) Bank *f*, Reihe *f von Ge-räten*; **5.** *geogr. Am.* a) Riff *n*, b) ter-'rassenförmiges Flußufer; **6.** *sport* a) (Teilnehmer-, Auswechsel-, Re'serve-) Bank *f*, b) Ruderbank *f*; **'bench·er** [-tʃə] *s.* **1.** *Brit.* Vorstandsmitglied *n* e-r Anwaltsinnung; **2.** *parl.* → *back-bencher*, *front-bencher*.

bench| lathe *s.* ❂ Me'chanikerdreh-bank *f*; *~* **sci·en·tist** *s.* La'borwissen-schaftler *m*; **'~‚war·rant** *s.* ⚖ richterli-cher Haftbefehl.

bend [bend] **I** *v/t.* [*irr.*] **1.** biegen, krüm-men: *~ out of shape* verbiegen; **2.** beugen, neigen: *~ the knee* a) das Knie beugen, *fig.* sich unterwerfen, b) beten; **3.** *Bogen, Feder* spannen; **4.** ⚓ *Tau, Segel* festmachen; **5.** *fig.* beugen: *~ the law* das Recht beugen; *~ s.o. to one's will* sich j-n gefügig machen; **6.** richten, (zu)wenden: *~ one's steps towards home* s-e Schritte heimwärts lenken; *~ o.s.* (*one's mind*) *to a task* sich (s-e Aufmerksamkeit) e-r Sache zuwenden, sich auf e-e Sache konzentrieren; **II** *v/i.* [*irr.*] **7.** sich biegen, sich krümmen, sich winden: *the road ~s here* die Straße macht hier e-e Kurve; **8.** sich neigen, sich beugen: *~ down* sich niederbeu-gen, sich bücken; **9.** (*to*) *fig.* sich beu-gen, sich fügen (*dat.*); **10.** (*to*) sich zu-wenden, sich widmen (*dat.*); **III** *s.* **11.** Biegung *f*, Krümmung *f*, Windung *f*, Kurve *f*; **12.** Knoten *m*, Schlinge *f*; **13.**

---

drive s.o. round the ~ sl. j-n verrückt machen; **14.** *the ~ s pl.* ✎ Cais'son-krankheit *f*; **'bend·ed** [-dɪd] *adj.* ge-beugt: *on ~ knees* kniefällig; **'bend·er** [-də] *s. sl.* ‚Saufe'rei‘ *f*, ‚Bummel‘ *m*; **'bend·ing** [-dɪŋ] *adj.* ❂ Biege…: *~ pressure*; *~ test*.

bend sin·is·ter *s. her* Schrägbalken *m*.

be·neath [bɪ'ni:θ] **I** *adv.* dar'unter, 'un-terhalb, (weiter) unten; **II** *prp.* unter, unterhalb (*gen.*): *~ a tree* unter e-m Baum; *it is ~ him* es ist unter s-r Wür-de; *~ notice* nicht der Beachtung wert; *~ contempt* unter aller Kritik.

Ben·e·dic·tine *s.* **1.** [‚benɪ'dɪktɪn] Bene-dik'tiner *m* (*Mönch*); **2.** [-ti:n] Bene-dik'tiner *m* (*Likör*).

ben·e·dic·tion [‚benɪ'dɪkʃn] *s. eccl.* Seg-nung *f*, Segen(sspruch) *m*.

ben·e·fac·tion [‚benɪ'fækʃn] *s.* **1.** Wohl-tat *f*; **2.** Spende *f*, Geschenk *n*; Zuwen-dungen *pl.*; **3.** wohltätige Stiftung; **ben·e·fac·tor** ['benɪfæktə] *s.* **1.** Wohl-täter *m*; **2.** Gönner *m*; Stifter *m*; **ben-e·fac·tress** ['benɪfæktrɪs] *s.* Wohltäte-rin *f etc.*

ben·e·fice ['benɪfɪs] *s. eccl.* Pfründe *f*; **'ben·e·ficed** [-st] *adj.* im Besitz e-r Pfründe; **be·nef·i·cence** [bɪ'nefɪsns] *s.* Wohltätigkeit *f*; **be·nef·i·cent** [bɪ'ne-fɪsnt] *adj.* □ wohltätig, gütig, wohl-tuend.

ben·e·fi·cial [‚benɪ'fɪʃl] *adj.* □ **1.** (*to*) nützlich, wohltuend, förderlich (*dat.*); vorteilhaft (für); **2.** ⚖ nutznießend: *~ owner* unmittelbarer Besitzer, Nieß-braucher *m*; **ben·e·fi·ci·ar·y** [-'fɪʃərɪ] *s.* **1.** Nutznießer(in), Begünstigte(r *m*) *f*, Empfänger(in); **2.** Pfründner *m*.

ben·e·fit ['benɪfɪt] **I** *s.* **1.** Vorteil *m*, Nut-zen *m*, Gewinn *m*: *for the ~ of* zum Besten *od.* zugunsten (*gen.*); *derive ~ from* Nutzen ziehen aus *od.* haben von; *give s.o. the ~ of* j-n in den Genuß e-r Sache kommen lassen, j-m *etc.* gewäh-ren; *~ of the doubt* Rechtswohltat *f* des Grundsatzes ‚im Zweifel für den Ange-klagten‘; *give s.o. the ~ of the doubt* im Zweifelsfalle zu j-s Gunsten ent-scheiden; **2.** ✞ Zuwendung *f*, Beihilfe *f*: a) (Sozial-, Versicherungs- *etc.*)Lei-stung *f*, b) (Alters- *etc.*)Rente *f*, c) (Ar-beitslosen- *etc.*)Unter'stützung *f* od.) (Kranken-, Sterbe- *etc.*)Geld *n*; **3.** Be-ne'fiz(vorstellung *f*, *sport* -spiel *n*) *n*, Wohltätigkeitsveranstaltung *f*; **4.** Wohltat *f*, Gefallen *m*, Vergünstigung *f*; **II** *v/t.* **5.** nützen (*dat.*), zu'gute kom-men (*dat.*), fördern (*acc.*), begünstigen (*acc.*), *a. j-m* (gesundheitlich) guttun; **III** *v/i.* **6.** (*by, from*) Vorteil haben (von, durch), Nutzen ziehen (aus).

Ben·e·lux ['benɪlʌks] *s.* Benelux-Länder *pl.* (*Belgien, Niederlande, Luxemburg*).

be·nev·o·lence [bɪ'nevələns] *s.* Wohl-wollen *n*, Güte *f*; Wohltätigkeit *f*, Wohltat *f*; **be'nev·o·lent** [-nt] *adj.* □ wohl-, mildtätig, gütig; wohlwollend: *~ fund* Unterstützungsfonds *m*; *~ socie-ty* Hilfsverein *m* (auf Gegenseitigkeit).

Ben·gal [‚beŋ'gɔ:l] *npr.* Ben'galen *n*: *~ light* bengalisches Feuer; **Ben'ga·li** [-lɪ] **I** *s.* **1.** Ben'gale *m*, Ben'galin *f*; **2.** *ling.* das Ben'galische; **II** *adj.* **3.** ben'galisch.

be·night·ed [bɪ'naɪtɪd] *adj.* **1.** von der Dunkelheit über'rascht; **2.** *fig.* a) ‚gei-stig um'nachtet‘, ‚verblödet‘, b) unbedarft.

be·nign [bɪˈnaɪn] *adj.* □ **1.** gütig; **2.** günstig, mild, zuträglich; **3.** ♣ gutartig; **be·nig·nant** [bɪˈnɪgnənt] *adj.* □ **1.** gütig, freundlich; **2.** günstig, wohltuend; **3.** → *benign* **3; be·nig·ni·ty** [bɪˈnɪgnətɪ] *s.* Güte *f*, Freundlichkeit *f*.

ben·i·son [ˈbenɪzn] *s. poet.* Segen *m*, Gnade *f*.

bent¹ [bent] **I** *pret. u. p.p. von bend* I *u.* II; **II** *adj.* a) entschlossen (**on doing** zu tun), b) erpicht (**on** auf *acc.*), darauf aus (**on doing** zu tun); **III** *s.* Neigung *f*, Hang *m*, Trieb *m* (*for* zu); Veranlagung *f*: *to the top of one's* ~ nach Herzenslust; *allow full* ~ freien Lauf lassen (*dat.*).

bent² [bent] *s.* ♀ **1.** *a.* ~ *grass* Straußgras *n*; **2.** Sandsegge *f*.

ˈbent·wood *s.* Bugholz *n*: ~ *chair* Wiener Stuhl *m*.

be·numb [bɪˈnʌm] *v/t.* betäuben: a) gefühllos machen, b) *fig.* lähmen; **beˈnumbed** [-md] *adj.* betäubt, gelähmt (*a. fig.*), starr, gefühllos.

ben·zene [ˈbenziːn] *s.* ♣ Benˈzol *n*.

ben·zine [ˈbenziːn] *s.* ♣ Benˈzin *n*.

ben·zo·ic [benˈzəʊɪk] *adj.* ♣ Benzoe…: ~ *acid* Benzoesäure *f*; **ben·zo·in** [ˈbenzəʊɪn] *s.* Benˈzoe͵gummi *n*, *m*, -harz *n*, Benˈzoe *f*.

ben·zol(e) [ˈbenzɒl] *s.* ♣ Benˈzol *n*; **ˈben·zo·line** [-zəʊliːn] → *benzine*.

be·queath [bɪˈkwiːð] *v/t.* **1.** Vermögen hinterˈlassen, vermachen (*to s.o.* j-m); **2.** überˈliefern, vererben (*fig.*).

be·quest [bɪˈkwest] *s.* Vermächtnis *n*, Hinterˈlassenschaft *f*.

be·rate [bɪˈreɪt] *v/t.* heftig ausschelten, auszanken.

Ber·ber [ˈbɜːbə] **I** *s.* **1.** Berber(in); **2.** *ling.* Berbersprache(n *pl.*) *f*; **II** *adj.* **3.** Berber…

Ber·ber·is [ˈbɜːbərɪs], **ber·ber·ry** [ˈbɜːbərɪ] → *barberry*.

be·reave [bɪˈriːv] *v/t.* [*irr.*] **1.** berauben (*of gen.*); **2.** hilflos zuˈrücklassen; **beˈreaved** [-vd] *adj.* durch den Tod beraubt, hinterˈblieben: *the* ~ die (trauernden) Hinterbliebenen; **beˈreavement** [-mənt] *s.* schmerzlicher Verlust (*durch Tod*); Trauerfall *m*.

be·reft [bɪˈreft] **I** *pret. u. p.p. von bereave*; **II** *adj.* beraubt (**of** *gen.*) (*mst fig.*): ~ *of hope* aller Hoffnung beraubt; ~ *of reason* von Sinnen.

be·ret [ˈbereɪ] *s.* **1.** Baskenmütze *f*; **2.** ✕ *Brit.* ˈFelduni͵formmütze *f*.

berg [bɜːg] → *iceberg*.

ber·ga·mot [ˈbɜːgəmɒt] *s.* **1.** ♀ Bergaˈmottenbaum *m*; **2.** Bergaˈmottöl *n*; **3.** Bergaˈmotte *f* (*Birnensorte*).

be·rib·boned [bɪˈrɪbənd] *adj.* mit (Ordens)Bändern geschmückt.

ber·i·ber·i [͵berɪˈberɪ] *s.* ♣ Beriˈberi *f*, Reisesserkrankheit *f*.

Ber·lin| black [bɜːˈlɪn] *s.* schwarzer Eisenlack; ~ **wool** *s.* feine Strickwolle.

ber·ry [ˈberɪ] **I** *s.* **1.** ♀ a) Beere *f*, b) Korn *n*, Kern *m* (*beim Getreide*); **2.** *zo.* Ei *n* (*vom Hummer od. Fisch*); **II** *v/i.* **3.** a) ♀ Beeren tragen, b) Beeren sammeln.

ber·serk [bəˈsɜːk] *adj. u. adv.* wütend, rasend: *go* ~ (*with*) rasend werden (vor), *fig. a.* wahnsinnig werden (vor); **berˈserk·er** [-kə] *s. hist.* Berˈserker *m* (*a. fig. Wüterich*): ~ *rage* Berserkerwut

f; *go* ~ wild werden, Amok laufen.

berth [bɜːθ] **I** *s.* **1.** ♣ (genügend) Seeraum (*an der Küste od. zum Ausweichen*): *give a wide* ~ *to* a) weit abhalten von (*Land, Insel etc.*), b) *fig.* um j-n e-n Bogen machen; **2.** ♣ Liegeplatz *m* (*e-s Schiffes am Kai*); **3.** a) ♣ (Schlaf-) Koje *f*, b) Bett *n* (*Schlafwagen*); **4.** *Brit.* F Stellung *f*, ͵Pöstchen‘ *n*: *he has a good* ~; **II** *v/t.* **5.** ♣ am Kai festmachen; vor Anker legen, docken; **6.** *Brit* j-m einen (Schlaf)Platz anweisen; j-n ˈunterbringen; **III** *v/i.* **7.** ♣ anlegen.

ber·yl [ˈberɪl] *s. min.* Beˈryll *m*; **be·ryl·li·um** [beˈrɪljəm] *s.* ♣ Beˈryllium *n*.

be·seech [bɪˈsiːtʃ] *v/t.* [*irr.*] j-n dringend bitten (*for* um), ersuchen, anflehen (*to inf.* zu *inf.*, *that* daß); **beˈseech·ing** [-tʃɪŋ] *adj.* □ flehend, bittend; **beˈseech·ing·ly** [-tʃɪŋlɪ] *adv.* flehentlich.

be·seem [bɪˈsiːm] *v/t.* sich ziemen *od.* schicken für.

be·set [bɪˈset] [*irr.* → *set*] *v/t.* **1.** umˈgeben, (von allen Seiten) bedrängen, verfolgen: ~ *with difficulties* mit Schwierigkeiten überhäuft; **2.** Straße versperren; **beˈset·ting** [-tɪŋ] *adj.* **1.** hartnäckig, unausrottbar: ~ *sin* Gewohnheitslaster *m*; **2.** ständig drohend (*Gefahr*).

be·side [bɪˈsaɪd] *prp.* **1.** neben, dicht bei: *sit* ~ *me* setz dich neben mich; **2.** *fig.* außerhalb (*gen.*), außer, nicht gehörend zu: ~ *the point* nicht zur Sache gehörig; ~ *o.s.* außer sich (*with* vor *dat.*); **3.** im Vergleich zu; **beˈsides** [-dz] **I** *adv.* **1.** außerdem, ferner, überˈdies, noch daˈzu; **2.** *neg.* sonst; **II** *prp.* **3.** außer, neben (*dat.*); **4.** über … hinˈaus.

be·siege [bɪˈsiːdʒ] *v/t.* **1.** belagern (*a. fig.*); **2.** *fig.* bestürmen, bedrängen.

be·slav·er [bɪˈslævə] *v/t.* **1.** begeifern; *fig. j-m* lobhudeln.

be·slob·ber [bɪˈslɒbə] *v/t.* **1.** → *beslaver*; **2.** ͵abschlecken‘, abküssen.

be·smear [bɪˈsmɪə] *v/t.* beschmieren.

be·smirch [bɪˈsmɜːtʃ] *v/t.* besudeln (*bsd. fig.*).

be·som [ˈbiːzəm] *s.* (Reisig)Besen *m*.

be·sot·ted [bɪˈsɒtɪd] *adj.* □ **1.** töricht, dumm, **2.** (*on, about*) vernarrt (in *acc.*), verrückt (auf *acc.*); **3.** berauscht (*with* von).

be·sought [bɪˈsɔːt] *pret. u. p.p. von beseech*.

be·spat·ter [bɪˈspætə] *v/t.* **1.** (mit Kot *etc.*) bespritzen, beschmutzen; **2.** *fig.* (mit Vorwürfen *etc.*) überˈschütten.

be·speak [bɪˈspiːk] [*irr.* → *speak*] *v/t.* **1.** (vorˈaus)bestellen, im voraus bitten um: ~ *a seat* e-n Platz bestellen; ~ *s.o.'s help* j-n um Hilfe bitten; **2.** zeigen, zeugen von; **3.** *poet.* anreden.

be·spec·ta·cled [bɪˈspektəkld] *adj.* beˈbrillt.

be·spoke [bɪˈspəʊk] **I** *pret. von bespeak*; **II** *adj. Brit.* auf Bestellung *od.* nach Maß angefertigt, Maß…: ~ *tailor* Maßschneider *m*; **beˈspo·ken** [-kən] *p.p. von bespeak*.

be·sprin·kle [bɪˈsprɪŋkl] *v/t.* besprengen, bespritzen, bestreuen.

Bes·se·mer steel [ˈbesɪmə] *s.* ❂ Bessemerstahl *m*.

best [best] **I** *sup. von good adj.* **1.** best: *the* ~ *of wives* die beste aller (Ehe-) Frauen; *be* ~ *at* hervorragend sein in

(*dat.*); **2.** geeignetst; höchst; **3.** größt, meist: *the* ~ *part of* der größte Teil (*gen.*); **II** *sup. von well adv.* **4.** am besten (meisten, passendsten): *as* ~ *I can* so gut ich kann; *the* ~ *hated man of the year* der meist- *od.* bestgehaßte Mann des Jahres; ~ *used* meistgebraucht; *you had* ~ *go* es wäre das beste, Sie gingen; **III** *v/t.* **5.** überˈtreffen; **6.** F überˈvorteilen; **IV** *s.* **7.** *der* (*die, das*) Beste (Passendste *etc.*): *at* ~ bestenfalls, höchstens; *with the* ~ mindestens so gut wie jeder andere; *for the* ~ zum besten; *do one's* (*level*) ~ sein Bestes geben, sein möglichstes tun; *be at one's* ~ in bester Verfassung (*od.* Form) sein, *a.* in seinem Element sein; *that is the* ~ *of …* das ist der Vorteil (*gen. od.* wenn …); *give s.o.* ~ sich vor j-m beugen; *look one's* ~ am vorteilhaftesten *od.* blendend aussehen; *have* (*od. get*) *the* ~ *of it* am besten dabei wegkommen; *make the* ~ *of* a) bestens ausnutzen, b) sich abfinden mit, c) e-r Sache die beste Seite abgewinnen, das Beste machen aus; *all the* ~*!* alles Gute!, viel Glück!; → *ability* 1, *belief* 5, *job¹* 5.

bes·tial [ˈbestjəl] *adj.* □ **1.** tierisch (*a. fig.*); *fig.* bestiˈalisch, entmenscht, viehisch; **2.** *fig.* gemein, verderbt; **bes·ti·al·i·ty** [͵bestɪˈælətɪ] *s.* **1.** Bestialiˈtät *f*: a) tierisches Wesen, b) *fig.* bestiˈalische Grausamkeit; **2.** ♂ Sodoˈmie *f*.

be·stir [bɪˈstɜː] *v/t.*: ~ *o.s.* sich rühren, sich aufraffen; sich bemühen: ~ *yourself!* tummle dich!

best man *s.* [*irr.*] *Freund des Bräutigams, der bei der Ausrichtung der Hochzeit e-e wichtige Rolle spielt.*

be·stow [bɪˈstəʊ] *v/t.* **1.** schenken, gewähren, geben, spenden, erweisen, verleihen (*s.th.* [*up*]*on s.o.* j-m et.): ~ *one's hand on s.o.* j-m die Hand fürs Leben reichen; **2.** *obs.* ˈunterbringen; **beˈstow·al** [-əʊəl] *s.* **1.** Gabe *f*, Schenkung *f*, Verleihung *f*; **2.** *obs.* ˈUnterbringung *f*.

be·strew [bɪˈstruː] [*irr.* → *strew*] *v/t.* **1.** bestreuen; **2.** verstreut liegen auf (*dat.*).

be·strid·den [bɪˈstrɪdn] *p.p. von bestride*; **be·stride** [bɪˈstraɪd] *v/t.* [*irr.*] **1.** rittlings sitzen auf (*dat.*), reiten, **2.** mit gespreizten Beinen stehen auf *od.* über (*dat.*); **3.** überˈspannen, überˈbrücken; **4.** sich (schützend) breiten über (*acc.*); **be·strode** [bɪˈstrəʊd] *pret. von bestride*.

best| sell·er *s.* ˈBestseller *m*, Verkaufsschlager *m* (*Buch etc.*); **ˈ~͵sell·ing** *adj.* meistgekauft, Erfolgs…, Bestseller…

bet [bet] **I** *s.* Wette *f*; Wetteinsatz *m*; gewetteter Betrag *od.* Gegenstand: *the best* ~ F das Beste(, was man tun kann), die sicherste Methode; *that's a better* ~ *than* das ist viel besser *od.* sicherer als…; **II** *v/t. u. v/i.* [*irr.*] wetten, (ein)setzen: *I* ~ *you ten pounds* ich wette mit Ihnen um zehn Pfund; (*I*) *you* ~*! sl.* aber sicher!; ~ *one's bottom dollar Am. sl.* den letzten Heller wetten, *a.* sich s-r Sache völlig sicher sein.

be·ta [ˈbiːtə] *s.* ˈBeta *n*: a) *griech.* Buchstabe, b) 太, *ast.*, *phys.* Symbol für 2. Größe, c) *ped. Brit.* Zwei *f* (*Note*): ~ *rays phys.* Betastrahlen *pl.*

be·take [bɪ'teɪk] [*irr.* → *take*] *v/t.*: ~ *o.s.* (*to*) sich begeben (nach); s-e Zuflucht nehmen (zu).

be·tel ['biːtl] *s.* 'Betel *m*; '~**-nut** *s.* ♀ 'Betelnuß *f*.

bête noire [ˌbeɪt'nwɑː] (*Fr.*) *s. fig.* Schreckgespenst *n*.

beth·el ['beθl] *s.* **1.** *Brit.* Dis'senterka-ˌpelle *f*; **2.** *Am.* Kirche *f* für Ma'trosen.

be·think [bɪ'θɪŋk] *v/t.* [*irr.* → *think*] ~ *o.s.* sich über'legen, sich besinnen; sich vornehmen; ~ *o.s. to do* sich in den Kopf setzen zu tun.

be·thought [bɪ'θɔːt] *pret. u. p.p. von* **bethink.**

be·tide [bɪ'taɪd] *v/i. u. v/t.* (*nur 3. sg. pres. subj.*) (*j-m*) geschehen; *v/t. j-m* zustoßen; → **woe** II.

be·times [bɪ'taɪmz] *adv.* **1.** bei'zeiten, rechtzeitig; **2.** früh(zeitig).

be·to·ken [bɪ'təʊkən] *v/t.* **1.** bezeichnen, bedeuten; **2.** anzeigen.

be·took [bɪ'tʊk] *pret. von* **betake.**

be·tray [bɪ'treɪ] *v/t.* **1.** Verrat begehen an (*dat.*), verraten (*to* an *acc.*); **2.** *j-n* hinter'gehen; *j-m* die Treue brechen; ~ *s.o.'s trust* j-s Vertrauen mißbrauchen; **3.** *fig.* offen'baren; (*a. o.s.* sich) verraten; **4.** verleiten (*into, to* zu); **be·'tray·al** [-rəl] *s.* Verrat *m*, Treubruch *m*.

be·troth [bɪ'trəʊð] *v/t. j-n* (*od. o.s.* sich) verloben (*to* mit); **be·'troth·al** [-ðl] *s.* Verlobung *f*; **be·'trothed** [-ðd] *s.* Ver-lobte(r *m*) *f*.

bet·ter¹ ['betə] **I** *comp. von* **good** *adj.* **1.** besser: *I am* ~ es geht mir (*gesund-heitlich*) besser; *get* ~ a) besser werden, b) sich erholen, ~ *late than never* bes-ser spät als nie; *go one* ~ *than s.o.* j-n (noch) übertreffen; ~ *off* a) besser dar-an, b) wohlhabender; *be* ~ *than one's word* mehr tun als man versprach; *my* ~ *half* m-e bessere Hälfte; *on* ~ *ac-quaintance* bei näherer Bekannt-schaft; **II** *s.* **2.** *das* Bessere: *for* ~ *for worse* a) in Freud u. Leid (*Traufor-mel*), b) was auch geschehe; *get the* ~ (*of*) die Oberhand gewinnen (über *acc.*), j-n besiegen *od.* ausstechen, *et.* überwinden; **3.** *pl. mit pers. pron.* Vor-gesetzte *pl.*, Höherstehende *pl.*, Über-'legene *pl.*; **III** *comp. von* **well** *adv.* **4.** besser: *I know* ~ ich weiß es besser; *think* ~ *of it* sich e-s Besseren besinnen, es sich anders überlegen; *think* ~ *of s.o.* e-e bessere Meinung von j-m ha-ben; *so much the* ~ desto besser; *you had* ~ (*od.* F *mst you* ~) go es wäre besser, wenn du gingest; *you'd* ~ *not!* F laß das lieber sein!; *know* ~ *than to ...* gescheit genug sein, nicht zu ...; **5.** mehr: *like* ~ lieber haben; ~ *loved* *v/t.* **6.** *allg.* verbessern; **7.** über'treffen; **8.** ~ *o.s.* sich (*finanziell*) verbessern, vorwärtskommen; *a.* sich weiterbilden; **V** *v/i.* **9.** besser werden.

bet·ter² ['betə] *s.* Wetter(in).

bet·ter·ment ['betəmənt] *s.* **1.** (Ver-) Besserung *f*; **2.** Wertzuwachs *m* (*bei Grundstücken*), Meliorati'on *f*.

bet·ting ['betɪŋ] *s. sport* Wetten *n*; ~ **man** *s.* [*irr.*] (regelmäßiger) Wetter; ~ **of·fice** *s.*, ~ **shop** *s.* 'Wettbü,ro *n*.

bet·tor → **better²**.

be·tween [bɪ'twiːn] **I** *prp.* **1.** zwischen: ~ *the chairs* a) zwischen den Stühlen, b) zwischen die Stühle; ~ *nine and ten at night* abends zwischen neun und zehn; **2.** unter: *they shared the money* ~ *them* sie teilten das Geld unter sich; ~ *ourselves*, ~ *you and me* unter uns (gesagt); *we had fifty pence* ~ *us* wir hatten zusammen fünfzig Pence; **II** *adv.* **3.** da'zwischen: *the space* ~ der Zwi-schenraum; *in* ~ dazwischen, zwischen-durch; ~ *decks s. pl. sg. konstr.* ♪ Zwischendeck *n*; **be'tween·times**; **be'tween·whiles** *adv.* zwischendurch.

be·twixt [bɪ'twɪkst] **I** *adv.* da'zwischen: ~ *and between* halb u. halb, weder das e-e noch das andere; **II** *prp. obs.* zwi-schen.

bev·el ['bevl] ⊕ **I** *s.* **1.** Abschrägung *f*, Schräge *f*; **2.** Fase *f*, Fa'cette *f*; **2.** Schrägmaß *n*; **3.** Kegel *m*, Konus *m*; **II** *v/t.* **4.** abschrägen: ~(*l*)*ed edge* abge-schrägte Kante; ~(*l*)*ed glass* facettier-tes Glas; **III** *adj.* **5.** abgeschrägt; ~ *cut s.* Schrägschnitt *m*; ~ *gear s.* ⊕ Kegel-rad(getriebe) *n*, konisches Getriebe; ~ *plane s.* ⊕ Schräghobel *m*; ~ *wheel s.* ⊕ Kegelrad *n*.

bev·er·age ['bevərɪdʒ] *s.* Getränk *n*.

bev·y ['bevɪ] *s.* Schar *f*, Schwarm *m* (*Vö-gel*; *a. fig.* Mädchen *etc.*).

be·wail [bɪ'weɪl] **I** *v/t.* beklagen, betrau-ern; **II** *v/i.* wehklagen.

be·ware [bɪ'weə] *v/i.* sich in acht neh-men, sich hüten (*of* vor *dat.*, *lest* daß nicht): ~*!* Achtung!; ~ *of pickpockets!* vor Taschendieben wird gewarnt!; ~ *of the dog!* Warnung vor dem Hunde!

be·wil·der [bɪ'wɪldə] *v/t.* **1.** irreführen; **2.** verwirren, verblüffen; **3.** bestürzen; **be'wil·dered** [-əd] *adj.* verwirrt; ver-blüfft, bestürzt, verdutzt; **be'wil·der-ing** [-dərɪŋ] *adj.* □ verwirrend; **be'wil-der·ment** [-mənt] *s.* Verwirrung *f*, Be-stürzung *f*.

be·witch [bɪ'wɪtʃ] *v/t.* verhexen, betö-ren, bezaubern; **be'witch·ing** [-tʃɪŋ] *adj.* □ berückend *etc.*

bey [beɪ] *s.* Bei *m* (*Titel e-s höheren tür-kischen Beamten*).

be·yond [bɪ'jɒnd] **I** *prp.* **1.** jenseits: ~ *the seas* in Übersee; **2.** außer, abgese-hen von: ~ *dispute* außer allem Zwei-fel, unstreitig; **3.** über ... (*acc.*) hin'aus; mehr als, weiter als: ~ *the time* über die Zeit hinaus; ~ *belief* unglaublich; ~ *all blame* über jeden Tadel erhaben; ~ *endurance* unerträglich; ~ *hope* hoff-nungslos; ~ *measure* über die Maßen; *it is* ~ *my power* es übersteigt m-e Kraft; ~ *praise* über alles Lob erhaben; ~ *repair* nicht mehr zu reparieren; ~ *reproach* untadelig; *that is* ~ *me* das ist mir zu hoch, das geht über m-n Ver-stand; ~ *me in Latin* weiter als ich in Latein; **II** *adv.* da'rüber hin'aus, jen-seits; **5.** weiter weg; **III** *s.* **6.** Jenseits *n*: *at the back of* ~ im entlegensten Win-kel, am Ende der Welt.

'B-girl *s. Am.* Animierdame *f*.

bi·an·nu·al [ˌbaɪ'ænjʊəl] *adj.* □ halb-jährlich, zweimal jährlich.

bi·as ['baɪəs] **I** *s.* **1.** schiefe Seite, schrä-ge Richtung; **2.** schräger Schnitt: *cut on the* ~ diagonal geschnitten; **3.** *Bow-ling:* 'Überhang *m* der Kugel; *dt.* (*to-wards*) *fig.* Hang *m*, Neigung *f* (zu); Vorliebe *f* (für); **5.** *fig.* a) Ten'denz *f*, b) Vorurteil *n*, c) *dt.* Befangenheit *f*:

free from ~ unvoreingenommen; *chal-lenge a judge for* ~ e-n Richter wegen Befangenheit ablehnen; **6.** *Statistik etc.*: Verzerrung *f*: *cause* ~ *to the figures* die Zahlen verzerren; **7.** ♪ (Gitter-) Vorspannung *f*; **II** *adj u. adv.* **8.** schräg, schief; **III** *v/t.* **9.** (*mst* ungünstig) beein-flussen; gegen *j-n* einnehmen; **'bi-as(s)ed** [-st] *adj.* voreingenommen; *dt.* befangen; tendenzi'ös.

bi·ath·lete [ˌbaɪ'æθliːt] *s. sport* 'Biath,let *m*, 'Biathlonkämpfer *m*; **bi'ath·lon** [-'æθlɒn] *s.* 'Biathlon *n*.

bi·ax·i·al [ˌbaɪ'æksɪəl] *adj.* zweiachsig.

bib [bɪb] **I** *s.* **1.** Lätzchen *n*; **2.** Schürzen-latz *m*; → **tucker** 2; **II** *v/i.* **3.** (unmäßig) trinken.

Bi·ble ['baɪbl] *s.* **1.** Bibel *f*; **2.** ⚖ *fig.* Bibel *f* (*maßgebendes Buch*); ~ *clerk s.* (*in Oxford*) Student, der in der College-Ka-pelle während des Gottesdienstes die Bi-beltexte verliest; ~ *thump·er s.* Mo'ral-prediger *m*.

bib·li·cal ['bɪblɪkl] *adj.* □ biblisch, Bibel...

bib·li·og·ra·pher [ˌbɪblɪ'ɒɡrəfə] *s.* Bi-blio'graph *m*; **bib·li·o·graph·ic**, **bib-li·o·graph·i·cal** [ˌbɪblɪəʊ'ɡræfɪk(l)] *adj.* □ biblio'graphisch; **bib·li·og·ra·phy** [-fɪ] *s.* Bibliogra'phie *f*; **bib·li·o·ma·ni·a** [ˌbɪblɪəʊ'meɪnjə] *s.* Biblioma'nie *f*, (krankhafte) Bücherleidenschaft; **bib-li·o·ma·ni·ac** [ˌbɪblɪəʊ'meɪnɪæk] *s.* Bü-chernarr *m*; **bib·li·o·phil** ['bɪblɪəʊfɪl], **bib·li·o·phile** ['bɪblɪəʊfaɪl] *s.* Biblio-'philc *m*, Bücherliebhaber(in); **bib·li-o·the·ca** [ˌbɪblɪəʊ'θiːkə] *s.* **1.** Biblio-'thek *f*; **2.** 'Bücherkata,log *m*.

bib·u·lous ['bɪbjʊləs] *adj.* □ **1.** trunk-süchtig; **2.** weinselig.

bi·cam·er·al [baɪ'kæmərəl] *adj. pol.* Zweikammer...

bi·car·bon·ate [baɪ'kɑːbənɪt] *s.* 🜃 Bi-karbo'nat *n*: ~ *of soda* doppel(t)koh-lensaures Natrium.

bi·cen·te·nar·y [ˌbaɪsen'tiːnərɪ] **I** *adj.* zweihundertjährig; **II** *s.* Zweihundert-jahrfeier *f*, **bi·cen'ten·ni·al** [-'tenjəl] **I** *adj.* zweihundertjährig; alle zweihun-dert Jahre eintretend; **II** *s. bsd. Am.* → **bicentenary** II.

bi·ceph·a·lous [ˌbaɪ'sefələs] *adj.* zwei-köpfig.

bi·ceps ['baɪseps] *s. anat.* 'Bizeps *m*.

bick·er ['bɪkə] *v/i.* **1.** (sich) zanken; quengeln; **2.** plätschern (*Fluß, Regen*); **3.** zucken; **'bick·er·ing** [-ərɪŋ] *s. a. pl.* Gezänk *n*.

bi·cy·cle ['baɪsɪkl] **I** *s.* Fahrrad *n*, Zwei-rad *n*; **II** *v/i.* radfahren, radeln; **'bi-cy·cler** [-lə] *Am.*, **'bi·cy·clist** [-lɪst] *Brit. s.* Radfahrer(in).

bid [bɪd] **I** *s.* **1.** a) Gebot *n* (*bei Versteige-rungen*), b) ✝ Angebot *n* (*bei öffentli-chen Ausschreibungen*), c) *Börse:* Geld *n* (*Nachfrage*): ~ *and asked* Geld u. Brief; *higher* ~ Mehrgebot; *highest* ~ Meistgebot; *invitation for* ~*s* Aus-schreibung *f*; **2.** *Kartenspiel:* Reizen *n*, Melden *n*: *no* ~ ich passe; **3.** Bemühung *f*, Bewerbung *f* (*for* um); Versuch *m* (*to inf.* zu *inf.*): ~ *for power* Versuch, an die Macht zu kommen; *make a* ~ *for* sich bemühen um *et. od. zu inf.*; **4.** *Am.* F Einladung *f*; **II** *v/t.* [*irr.*] **5** *u.* **6** *pret. u. p.p.* **bid**; **7**–**9** *pret.* **bade** [beɪd], *p.p. mst* **bid·den** ['bɪdn] **5.** bieten (*bei Ver-*

steigerungen): **~ up** den Preis in die Höhe treiben; **6.** *Kartenspiel*: melden, reizen; **7.** *Gruß* entbieten; wünschen: **~ good morning** e-n guten Morgen wünschen; **~ farewell** Lebewohl sagen; **8.** *lit. j-m et.* gebieten, befehlen; *j-n et. tun* lassen, heißen: **~ him come in** laß ihn hereinkommen; **9.** *obs.* einladen (*to* zu); **III** *v/i.* [*irr.*, *pret. u. p.p.* **bid**] **10.** † ein (Preis)Angebot machen; **11.** *Kartenspiel*: melden, reizen; **12.** (*for*) werben, sich bemühen (um); **'bid·den** [-dn] *p.p. von* **bid**; **'bid·der** [-də] *s.* **1.** Bieter *m* (*bei Versteigerungen*): **highest** ~ Meistbietende(r); **2.** Bewerber *m bei Ausschreibungen*; **'bid·ding** [-dɪŋ] *s.* **1.** Gebot *n*, Bieten *n* (*bei Versteigerungen*); **2.** Geheiß *n*: **do s.o.'s ~** tun, was j-d will.

bide [baɪd] *v/t.* [*irr.*] er-, abwarten: **~ one's time** (den rechten Augenblick) abwarten.

bi·en·ni·al [baɪˈenɪəl] **I** *adj.* □ **1.** alle zwei Jahre eintretend; **2.** ♀ zweijährig; **II** *s.* **3.** ♀ zweijährige Pflanze; **bi·en·ni·al·ly** [-lɪ] *adv.* alle zwei Jahre.

bier [bɪə] *s.* (Toten)Bahre *f*.

biff [bɪf] *sl.* **I** *v/t.* ,hauen', schlagen; **II** *s.* Schlag *m*, Hieb *m*.

bif·fin ['bɪfɪn] *s.* roter Kochapfel.

bi·fo·cal [ˌbaɪˈfəʊkl] **I** *adj.* **1.** Bifokal-, Zweistärken...; **II** *s.* **2.** Bifo'kal-, Zweistärkenlinse *f*; **3.** *pl.* Bifo'kal-, Zweistärkenbrille *f*.

bi·fur·cate ['baɪfəkeɪt] **I** *v/t.* gabelförmig teilen; **II** *v/i.* sich gabeln; **III** *adj.* gegabelt, gabelförmig; **bi·fur·ca·tion** [ˌbaɪfəˈkeɪʃn] *s.* Gabelung *f*.

big [bɪg] **I** *adj.* **1.** groß, dick; stark, kräftig (*a. fig.*): **the ~ toe** der große Zeh; **~ business** Großunternehmertum *n*, Großindustrie *f*; **~ ideas** F ,große Rosinen im Kopf'; **~ money** ein Haufen Geld; **a ~ voice** e-e kräftige Stimme; **2.** groß, weit: **get too ~ for one's boots** (*od.* **breeches**) *fig.* ,üppig' *od.* größenwahnsinnig werden; **3.** groß, hoch: **~ game** Großwild *n*, *fig.* hochgestecktes Ziel; **4.** groß, erwachsen: **my ~ brother**; **5.** schwanger; *fig.* voll: **~ with child** hochschwanger; **~ with fate** schicksalsschwer; **6.** hochmütig, eingebildet: **~ talk** ,große Töne', Angeberei *f*; **7.** F groß, bedeutend, wichtig, führend: **the ♀ Three** (**Five**) die großen Drei (Fünf) (*führende Staaten, Banken etc.*); **8.** großmütig, edel: **a ~ heart**; **that's ~ of you** F das ist sehr anständig von dir; **II** *adv.* **9.** großspurig: **talk ~** ,große Töne spucken', angeben; **10.** *sl.* a) ,mächtig', b) *Am.* tapfer.

big·a·mist ['bɪgəmɪst] *s.* Biga'mist(in); **'big·a·mous** [-məs] *adj.* □ biga'mistisch; **'big·a·my** [-mɪ] *s.* Biga'mie *f*, Doppelehe *f*.

big| bang *s. phys.* Urknall *m*; **~ game** *s.* Großwild *n*; **~ gun** *s.* F **1.** ,schweres Geschütz'; **2.** → **bigwig**.

bight [baɪt] *s.* **1.** Bucht *f*; Einbuchtung *f*; **2.** Krümmung *f*; **3.** ♣ Bucht *f* (*im Tau*).

'big·mouth *s.* F Großmaul *n*.

big·ness ['bɪgnɪs] *s.* Größe *f*.

big·ot ['bɪgət] *s.* **1.** blinder Anhänger, Fa'natiker *m*; **2.** Betbruder *m*, -schwester *f*, Frömmler(in); **'big·ot·ed** [-tɪd] *adj.* bi'gott, fa'natisch, frömmlerisch; **'big·ot·ry** [-trɪ] *s.* **1.** blinder Eifer, Fa-

na'tismus *m*, Engstirnigkeit *f*; **2.** Bigotte'rie *f*, Frömme'lei *f*.

big| shot *s.* → **bigwig**; **~ stick** *s.* F *pol.* ,großer Knüppel': **~ policy** Politik *f* des Säbelrasselns; **'~-time** *adj. sl.* ,groß', Spitzen...; **'~-tim·er** *s.* ,Spitzenmann' *m*, ,großer Macher'; **~ top** *s. Am.* **1.** großes 'Zirkuszelt; **2.** 'Zirkus *m* (*a. fig.*).

'big·wig *s.* ,großes' *od.* ,hohes Tier', Bonze *m*.

bike [baɪk] F **I** *s.* a) (Fahr)Rad *n*, b) ,Maschine' *f* (*Motorrad*); **II** *v/i.* a) radeln, b) (mit dem) Motorrad fahren.

bi·lat·er·al [ˌbaɪˈlætərəl] *adj.* □ zweiseitig, bilate'ral: a) ⚖ beiderseitig verbindlich, gegenseitig (*Vertrag etc.*), b) *biol.* beide Seiten betreffend, c) ⊕ doppelseitig (*Antrieb*).

bil·ber·ry ['bɪlbərɪ] *s.* ♀ Heidel-, Blaubeere *f*.

bile [baɪl] *s.* **1.** ♣ a) Galle *f*, b) Gallenflüssigkeit *f*; **2.** *fig.* Galle *f*, Ärger *m*.

bilge [bɪldʒ] *s.* **1.** ♣ Kielraum *m*, Bilge *f*, Kimm *f*; **2.** → **bilge water**; **3.** *sl.* ,Quatsch' *m*, ,Mist' *m*, Unsinn *m*; **~ pump** *s.* ♣ Lenzpumpe *f*; **~ wa·ter** *s.* ♣ Bilgenwasser *n*.

bi·lin·e·ar [ˌbaɪˈlɪnɪə] *adj.* doppellinig; A biline'ar.

bi·lin·gual [baɪˈlɪŋgwəl] *adj.* zweisprachig.

bil·ious ['bɪljəs] *adj.* □ **1.** ♣ Gallen...: **~ complaint** Gallenleiden *n*; **2.** *fig.* gallig, gereizt, reizbar; **'bil·ious·ness** [-nɪs] *s.* **1.** Gallenkrankheit *f*; **2.** *fig.* Gereiztheit *f*.

bilk [bɪlk] **I** *v/t.* prellen, betrügen; **II** *s.*, *a.* **'bilk·er** [-kə] *s.* Betrüger *m*.

bill¹ [bɪl] **I** *s.* **1.** *zo.* a) Schnabel *m*, b) schnabelähnliche Schnauze; **2.** Spitze *f am Anker, Zirkel etc.*; **3.** *geogr.* spitz zulaufende Halbinsel; **4.** *hist.* ⚔ Pike *f*; **5.** → **billhook**; **II** *v/i.* **6.** (sich) schnäbeln; **7.** *fig.*, *a.* **~ and coo** (mitein'ander) turteln.

bill² [bɪl] **I** *s.* **1.** *pol.* (Gesetzes)Vorlage *f*, Gesetzentwurf *m*: **~ of Rights** a) *Brit.* Staatsgrundgesetz *n*, Freiheitsurkunde *f* (*von 1689*), b) *USA*: die ersten 10 Zusatzartikel zur Verfassung; **bring in a ~** e-n Gesetzentwurf einbringen; **2.** ⚖ *a.* **~ of indictment** Anklageschrift *f*: **find a true ~** die Anklage für begründet erklären; **3.** † *a.* **~ of exchange** Wechsel *m*, Tratte *f*: **~s payable** Wechselschulden; **~s receivable** Wechselforderungen; **long(-dated) ~** langfristiger Wechsel; **~ after date** Datowechsel *m*; **~ after sight** Nachsichtwechsel *m*; **~ of lading** Seefrachtbrief *m*, Konnossement *n*, *Am. a.* Frachtbrief *m*; **4.** Rechnung *f*: **~ of costs** Kostenberechnung *f*; **~ of sale** Kauf-, Übereignungsvertrag *m*; F *fig.* **fill the ~** den Ansprüchen genügen; **sell s.o. a ~ of goods** F j-n ,verschaukeln'; **5.** Liste *f*, Schein *m*, Zettel *m*, Pla'kat *n*: **~ of fare** Speisekarte *f*; (**theatre**) **~** Theaterzettel *m*, -programm *n*; (**clean**) **~ of health** Gesundheitszeugnis *n*, *fig.* Unbedenklichkeitsbescheinigung *f*; **6.** *Am.* Banknote *f*, (Geld)Schein *m*; **II** *v/t.* **7.** **~ s.o. for s.th.** j-m et. in Rechnung stellen *od.* berechnen; **8.** (durch Pla'kate) ankündigen, *thea. etc. a. Am.* Darsteller *etc.* ,bringen'.

'bill|·board *s.* Anschlagbrett *n*, Re'klamefläche *f*, -tafel *f*: **~ advertising** Plakatwerbung *f*; **~ case** *s.* † 'Wechselporte,feuille *n* e-r Bank; **~ dis·count** *s.* † 'Wechseldis,kont *m*.

bil·let¹ ['bɪlɪt] **I** *s.* **1.** ✗ a) Quartierzettel *m*, b) Quartier *n*: **in ~s** privat einquartiert; **2.** 'Unterkunft *f*; **3.** F ,Job' *m*, Posten *m*; **II** *v/t.* **4.** 'unterbringen, einquartieren (**on** bei).

bil·let² ['bɪlɪt] *s.* **1.** Holzscheit *n*, -klotz *m*; **2.** *metall.* Knüppel *m*.

bil·let-doux [ˌbɪlɪˈduː] (*Fr.*) *s. humor.* Liebesbrief *m*.

'bill|·fold *s. Am.* Scheintasche *f*; **'~·head** *s.* gedrucktes 'Rechnungsformu,lar; **'~·hook** *s.* ♀ Hippe *f*.

bil·liard ['bɪljəd] **I** *s.* **1.** *pl. mst sg. konstr.* Billard(spiel) *n*; **2.** *Billard*: Karambo'lage *f*; **II** *adj.* **3.** Billard...; **~ ball** *s.* Billardkugel *f*; **~ cue** *s.* Queue *n*, Billardstock *m*.

bill·ing ['bɪlɪŋ] *s.* **1.** † a) Rechnungsschreibung *f*, b) Buchung *f*, *a.* (Vor'aus)Bestellung *f*; **2.** *thea.* a) Ankündigung *f*, b) Re'klame *f*.

Bil·lings·gate ['bɪlɪŋzgɪt] **I** *npr.* Fischmarkt *in London*; **II** *♀ s.* wüstes Geschimpfe, Unflat *m*: **talk ~** keifen wie ein Fischweib.

bil·lion ['bɪljən] *s.* **1.** Milli'arde *f*; **2.** *Brit. obs.* Billi'on *f*.

'bill|·job·ber *s.* † *Brit.* Wechselreiter *m*; **'~·job·bing** *s.* † *Brit.* Wechselrei-te'rei *f*.

bil·low ['bɪləʊ] **I** *s.* **1.** Woge *f* (*a. fig.*); **2.** (Nebel- *etc.*)Schwaden *m*; **II** *v/i.* **3.** wogen; **4.** *a.* **~ out** sich bauschen *od.* blähen; **III** *v/t.* bauschen, blähen; **'bil·low·y** [-əʊɪ] *adj.* **1.** wogend; **2.** gebauscht, gebläht.

'bill|-,post·er, **'~-,stick·er** *s.* Pla'kat-, Zettelankleber *m*.

bil·ly ['bɪlɪ] *s. Am.* (Poli'zei)Knüppel *m*; **'~·cock** (**hat**) *s. Brit.* F ,Me'lone' *f* (*steifer Filzhut*); **~ goat** *s.* F Ziegenbock *m*.

bim·bo ['bɪmbəʊ] *s. sl.* ,Knülch' *m*.

bi·met·al·lism [ˌbaɪˈmetəlɪzəm] *s.* Bimetal'lismus *m*, Doppelwährung *f* (*Gold u. Silber*).

bi·month·ly [ˌbaɪˈmʌnθlɪ] **I** *adj. u. adv.* **1.** a) zweimonatlich, alle zwei Monate ('wiederkehrend *od.* erscheinend), b) zweimal im Monat (erscheinend); **II** *s.* **2.** zweimonatlich erscheinende Veröffentlichung *f*; **3.** Halbmonatsschrift *f*.

bi·mo·tored [ˌbaɪˈməʊtəd] *adj.* ✈ 'zweimo,torig.

bin [bɪn] *s.* **1.** (großer) Behälter, Kasten *m*; *a.* Silo *m*, *n*; **2.** Verschlag *m*; **3.** *sl.* ,Klapsmühle' *f*.

bi·na·ry ['baɪnərɪ] *adj.* ♀, ⊕, A, *phys.* bi'när, aus zwei Einheiten bestehend: **~ digit** Binärziffer *f*; **~ (number)** A Binär-, Dualzahl *f*; **~ (star)** *ast.* Doppelstern *m*; **~ fission** *biol.* Zellteilung *f*.

bind [baɪnd] **I** *s.* **1.** Band *n*; **2.** ♪ Halteod. Bindebogen *m*; **3.** F **be in a ~** in ,Schwulitäten' sein; **be in a ~ for** et. etc. j-n dringend brauchen, verlegen sein um; **II** *v/t.* [*irr.*] **4.** binden, an-, 'umfestbinden, verbinden: **~ to a tree** an e-n Baum binden; **bound hand and foot** *fig.* an Händen u. Füßen gebunden; **5.** Buch (ein)binden; **6.** Saum etc. einfassen; **7.** Rad etc. (mit Me'tall) be-

schlagen; **8.** *Sand etc.* fest od. hart machen; zs.-fügen; **9.** (*o.s.* sich) binden
(*a. vertraglich*), verpflichten; zwingen:
~ an apprentice *j-n* in die Lehre geben
(**to** bei); **~ a bargain** e-n Handel
(durch Anzahlung) verbindlich machen; → **bound¹** 1; **10.** ↑, ⚙ binden;
11. ⚶ verstopfen; **II** *v/i.* **12.** binden,
fest od. hart werden, zs.-halten; **~
o·ver** *v/t.* ⚖ **1.** zum Erscheinen verpflichten (**to** vor *e-m Gericht*); **2.** *Brit.*
j-n auf Bewährung entlassen; **~ up** *v/t.*
1. vereinigen, zs.-binden; *Wunde* verbinden; **2.** *pass.* **be bound up** (*in* od.
with) a) eng verknüpft sein (mit), b)
ganz in Anspruch genommen werden
(von).

bind·er ['baɪndə] *s.* **1.** a) (*Buch-, Garben*)Binder(in), b) Garbenbinder *m*
(*Maschine*); **2.** Binde *f*, Band *n*, Schnur
f; **3.** Aktendeckel *m*, 'Umschlag *m*; **4.**
⚙ Bindemittel *n*; **5.** ⚶ Vorvertrag *m*;
'bind·er·y [-ərɪ] *s.* Buchbinde'rei *f*.
bind·ing ['baɪndɪŋ] **I** *adj.* **1.** *fig.* bindend,
(rechts)verbindlich ([*up*]*on* für): **~
force** bindende Kraft; **~ law** zwingen-
des Recht; **II** *s.* **2.** (*Buch*)Einband *m*;
3. a) Einfassung *f*, Borte *f*, b) (Me'tall-)
Beschlag *m* (*Rad*), c) (Ski)Bindung *f*; **~
a·gent** → **binder** 4; **~ post** ⚡ (Pol-,
Anschluß)Klemme *f*.
'bind·weed *s.* ♀ *e-e* Winde *f*.
bine [baɪn] *s.* ♀ Ranke *f*.
binge [bɪndʒ] *s.* F ,Sauf- *od.* Freßgelage'
n: **go on a ~** ,einen draufmachen'.
bin·go ['bɪŋɡəʊ] *s.* Bingo *n* (*ein Glücksspiel*): **~!** F Zack!, Volltreffer!
bin·na·cle ['bɪnəkl] *s.* ⚓ 'Kompaßhaus
n.
bin·oc·u·lar I *adj.* [,bɪ'nɒkjʊlə] binoku-
'lar, für beide od. mit beiden Augen; **II**
s. [bɪ'n-] *mst pl.* Fernglas *n*; Opernglas
n.
bi·no·mi·al [,baɪ'nəʊmjəl] *adj.* **1.** ⚕ bi-
'nomisch, zweigliedrig; **2.** ♀, *zo.* → **bi-
nominal**.
bi·nom·i·nal [,baɪ'nɒmɪnl] *adj.* ♀, *zo.* bi-
nomi'nal, zweinamig: **~ system** (System *n* der) Doppelbenennung *f*.
bi·nu·cle·ar [,baɪ'njuːklɪə], **bi'nu·cle-
ate** [-ɪət] *adj. phys.* zweikernig.
bi·o·chem·i·cal [,baɪəʊ'kemɪkl] *adj.* □
bio'chemisch, **bi·o'chem·ist** [-ɪst] *s.*
Bio'chemiker *m*; **bi·o'chem·is·try**
[-ɪstrɪ] *s.* Bioche'mie *f*.
bi·o·de·gra·da·ble [,baɪəʊdɪ'greɪdəbl]
adj. ↑ (bio'logisch) abbaubar.
bi·o·en·er·get·ics ['baɪəʊ,enə'dʒetɪks] *s.*
pl. sg. konstr. Bioener'getik *f*.
bi·o·en·gi·neer·ing ['baɪəʊ,endʒɪ'nɪərɪŋ]
s. Biotechnik *f*.
bi·og·ra·pher [baɪ'ɒɡrəfə] *s.* Bio'graph
m; **bi·o·graph·ic**, **bi·o·graph·i·cal**
[,baɪəʊ'ɡræfɪk(l)] *adj.* □ bio'graphisch;
bi'og·ra·phy [-fɪ] *s.* Biogra'phie *f*, Le-
bensbeschreibung *f*.
bi·o·log·ic [,baɪəʊ'lɒdʒɪk] *adj.* (□ **~ally**)
→ **bi·o'log·i·cal** [-kl] *adj.* □ bio'logisch: **~ warfare** Bakterienkrieg *m*;
bi·ol·o·gist [baɪ'ɒlədʒɪst] *s.* Bio'loge *m*;
bi·ol·y·sis [baɪ'ɒləsɪs] *s. biol.* Bio'lyse *f*.
bi·on·ics [baɪ'ɒnɪks] *s. pl. sg. konstr.*
phys. Bi'onik *f*.
bi·o·nom·ics [,baɪəʊ'nɒmɪks] *s. pl. sg.
konstr. biol.* Ökolo'gie *f*; **bi·o·phys·ics**
[,baɪəʊ'fɪzɪks] *s. pl. sg. konstr.* Biophy-

'sik *f*.
bi·o·tope [,baɪəʊ'təʊp] *s. biol. geogr.*
Bio'top *m*, *n*.
bi·par·ti·san [,baɪpɑːtɪ'zæn] *adj.* zwei
Par'teien vertretend, Zweiparteien...;
,**bi·par·ti'san·ship** [-ʃɪp] *s.* Zugehörigkeit *f* zu zwei Parteien; **bi·par·tite**
[,baɪ'pɑːtaɪt] *adj.* **1.** zweiteilig; **2.** *pol.*,
⚖ a) zweiseitig (*Vertrag etc.*), b) in
doppelter Ausfertigung (*Dokumente*).
bi·ped ['baɪped] *s. zo.* Zweifüß(l)er *m*.
bi·plane ['baɪpleɪn] *s.* ✈ Doppel-, Zwei-
decker *m*.
birch [bɜːtʃ] **I** *s.* **1.** a) ♀ Birke *f*, b)
Birkenholz *n*; **2.** (Birken)Rute *f*; **II** *v/t.*
3. mit der Rute züchtigen; **'birch·en**
[-tʃən] *adj.* birken, Birken...; **'birch·
ing** [-tʃɪŋ] *s.* (Ruten)Schläge *pl.*;
'birch-rod → **birch** 2.
bird [bɜːd] *s.* **1.** Vogel *m*: **~ of paradise**
Paradiesvogel; **~ of passage** Zugvogel
(*a. fig.*); **~ of prey** Raub-, Greifvogel; F
early ~ Frühaufsteher *m*, wer früh
kommt; **the early ~ catches the worm**
Morgenstund hat Gold im Mund; **~s of
a feather flock together** gleich u. gleich
gesellt sich gern; **kill two ~s with
one stone** zwei Fliegen mit e-r Klappe
schlagen; **a ~ in the hand is worth two
in the bush** ein Sperling in der Hand ist
besser als e-e Taube auf dem Dach;
fine feathers make fine ~s Kleider
machen Leute; **the ~ is** (*od.* **has**)
flown *fig.* der Vogel ist ausgeflogen;
give s.o. the ~ *j-n* auspfeifen *od.* ,ab-
fahren lassen', *j-m* den Laufpaß geben;
F **a ~ told me** mein kleiner Finger
hat es mir gesagt; **tell a child about the
~s and the bees** ein Kind aufklären;
that's for the ~s F das ist ,für die
Katz'; **2.** a) F ,Knülch' *m*, Kerl *m*, b)
Brit. sl. ,Puppe' *f* (*Mädchen*): **queer ~**
komischer Kauz; **old ~** alter Knabe;
gay ~ lustiger Vogel; **3.** *sl.* a) ,Vogel' *m*
(*Flugzeug*), b) *Am.* Rangabzeichen *n*
e-s Colonel etc.; **'~·brain** *s.* F ,Spatzen-
(ge)hirn' *n*; **~ cage** *s.* Vogelbauer *n*,
-käfig *m*; **'~·call** *s.* Vogelruf *m*; Lock-
pfeife *f*; **~ dog** *s.* Hühnerhund *m*; **'~·
fan·ci·er** *s.* Vogelliebhaber(in), -züch-
ter(in), -händler(in).
bird·ie ['bɜːdɪ] *s.* **1.** Vögelchen *n*; **2.**
,Täubchen' *n* (*Kosewort*); **3.** *Golf:* 'Bir-
die *n* (*1 Schlag unter Par*).
bird| life *s.* Vogelleben *n*, -welt *f*;
'~·lime *s.* Vogelleim *m*; **'~·man** *s.* [*irr.*]
1. Vogelkenner *m*; **2.** ✈ F Flieger *m*;
'~·,nest·ing *s.* Ausnehmen *n* von Vo-
gelnestern; **'~·seed** *s.* Vogelfutter *n*.
'bird's-eye [bɜːdz] **I** *s.* **1.** ♀ A'donisrös-
chen *n*; **2.** Feinschnittabak *m*; **3.** ⚶
Pfauenauge(nmuster) *n*; **II** *adj.* **4.** **~
view** (Blick *m* aus der) Vogelperspekti-
ve *f*, allgemeiner Überblick; **~ nest** *s.*
(*a. eßbares*) Vogelnest.
bird watch·er *s.* Vogelbeobachter *m*.
bi·ro ['baɪərəʊ] *s.* (*TM*) *Brit.* Kugelschreiber *m*.
birth [bɜːθ] *s.* **1.** Geburt *f*; Wurf *m*
(*Hunde etc.*): **give ~ to** gebären, zur
Welt bringen; *fig.* hervorbringen, -ru-
fen; **by ~** von Geburt; **2.** Abstammung
f, Herkunft *f*; *engS.* edle Herkunft; **3.**
Ursprung *m*, Entstehung *f*; **~ cer·tif·i·
cate** *s.* Geburtsurkunde *f*; **~ con·trol**
s. Geburtenregelung *f*, -beschränkung
f; **'~·day** *s.* Geburtstag *m*: **~ honours**

Brit. Titelverleihungen zum Geburtstag
des Königs *od.* der Königin; **in one's ~
suit** im Adams- *od.* Evaskostüm; **~
party** Geburtstagsparty *f*; **'~·mark** *s.*
Muttermal *n*; **'~·place** *s.* Geburtsort *m*;
~ rate *s.* Geburtenziffer *f*; **falling ~**
Geburtenrückgang *m*; **'~·right** *s.* (Erst-)
Geburtsrecht *n*.
bis·cuit ['bɪskɪt] **I** *s.* **1.** *Brit.* Keks *m*:
that takes the ~! F a) das ist doch das
Allerletzte!, b) das ist (einsame) Spitze!; **2.** *Am.* weiches Brötchen; **3.** →
biscuit ware; **II** *adj.* **4.** a) blaßbraun,
b) graugelb; **~ ware** *s.* ⚙ Bis'kuit *n*
(*Porzellan*).
bi·sect [baɪ'sekt] *v/t.* **1.** in zwei Teile
zerschneiden; **2.** ⚕ halbieren; **bi·sec-
tion** [,baɪ'sekʃn] *s.* ⚕ Halbierung *f*.
bi·sex·u·al [,baɪ'seksjʊəl] *adj. allg.* bi-
sexu'ell.
bish·op ['bɪʃəp] *s.* **1.** Bischof *m*; **2.**
Schach: Läufer *m*; **3.** Bischof *m* (*Getränk*); **'bish·op·ric** [-rɪk] *s.* Bistum *n*,
Diö'zese *f*.
bi·son ['baɪsn] *s. zo.* **1.** Bison *m*, amer.
Büffel *m*; **2.** euro'päischer Wisent.
bis·sex·tile [bɪ'sekstaɪl] **I** *s.* Schaltjahr
n; **II** *adj.* Schalt...: **~ day** Schalttag *m*.
bit¹ [bɪt] *s.* **1.** Gebiß *n* (*am Pferdezaum*):
take the ~ between one's teeth a)
durchgehen (*Pferd*), b) störrisch werden (*a. fig.*), c) *fig.* ,rangehen'; →
champ¹; **2.** *fig.* Zaum *m*, Zügel *m* *u.
pl.*; **3.** ⚙ a) Bohrerspitze *f*, b) Hobelei-
sen *n*, c) Maul *n* der Zange *etc.*, d) Bart
m des Schlüssels.
bit² [bɪt] *s.* **1.** Stückchen *n*: **a ~ of bread**,
a ~ ein bißchen, ein wenig, leicht; **a ~
of a ...** so ct. wic ein(c) ...; **a ~ of a fool**
etwas närrisch; **~ by ~** Stück für Stück,
allmählich; **after a ~** nach e-m Weilchen; **every ~ as good** ganz genauso
gut; **not a ~ better** kein bißchen besser; **not a ~ (of it)** ,keine Spur', ganz
und gar nicht; **do one's ~** a) s-e Pflicht
tun, b) s-n Beitrag leisten; **give s.o. a ~
of one's mind** *j-m* (gehörig) die Meinung sagen; **2.** kleine Münze: a) *Brit.*
threepenny ~, b) *Am.* F **two ~s** 25
Cent; **3.** F ,Mieze' *f* (*Mädchen*); **4.** a. **~
part** *thea.* F kleine Rolle: **~ player**.
bit³ [bɪt] *s. Computer:* Bit *n*.
bit⁴ [bɪt] *pret. von* **bite**.
bitch [bɪtʃ] **I** *s.* **1.** Hündin *f*; **2.** a. **~ fox**
Füchsin *f*; a. **~ wolf** Wölfin *f*; **3.** V
contp. a) Schlampe *f*, b) ,Miststück' *n*;
4. *sl.* ,Scheißding' *n*; **II** *v/t.* **5.** *sl.* a. **~ up**
,versauen'; **III** *v/i.* **6.** *sl.* ,meckern';
bitch·y ['bɪtʃɪ] *adj.* F ,gemein'.
bite [baɪt] **I** *s.* **1.** Beißen *n*, Biß *m*; Stich
m (*Insekt*): **put the ~ on s.o.** *Am. sl.*
j-n unter Druck setzen; **2.** Bissen *m*,
Happen *m*: **not a ~ to eat**; **3.** (An-)
Beißen *n* (*Fisch*); **4.** ♀ Fassen *n*, Greifen *n*; **5.** *fig.* a) Bissigkeit *f*, Schärfe *f*,
Spitze *f*, b) ,Biß' *m* (*Aggressivität*): **the
~ was gone**; **6.** *fig.* Würze *f*, Geist *m*;
II *v/t.* [*irr.*] **7.** beißen: **~ one's lips** sich
auf die Lippen (*fig.* auf die Zunge)
beißen; **~ one's nails** an den Nägeln
kauen; **bitten with a desire** *fig.* von
e-m Wunsch gepackt; **what's biting
you?** *Am. sl.* was ist mit dir los?; →
dust 1; **8.** beißen, stechen (*Insekt*); **9.**
⚙ fassen, greifen; schneiden in (*acc.*);
10. ↑ beizen, zerfressen, angreifen,
beschädigen; **11.** F *pass.:* **be bitten**

hereingefallen sein; *once bitten twice shy* gebranntes Kind scheut das Feuer; **III** *v/i.* [*irr.*] **12.** beißen; **13.** (an-)beißen; *fig.* sich verlocken lassen; **14.** ☼ fassen, greifen (*Rad, Bremse, Werkzeug*); **15.** *fig.* beißen, schneiden, brennen, stechen, scharf sein (*Kälte, Wind, Gewürz, Schmerz*); **16.** *fig.* beißend *od.* verletzend sein; **~ off** *v/t.* abbeißen: **~ more than one can chew** sich zuviel zumuten.

bit·er ['baɪtə] *s.*: *the ~ bit* der betrogene Betrüger; *the ~ will be bitten* wer andern e-e Grube gräbt, fällt selbst hinein.

bit·ing ['baɪtɪŋ] *adj.* □ *a. fig.* beißend, scharf, schneidend.

bit·ten ['bɪtn] *p.p. von* bite.

bit·ter ['bɪtə] **I** *adj.* □ → *a.* 4; **1.** bitter (*Geschmack*); **2.** *fig.* bitter (*Schicksal, Wahrheit, Tränen, Worte etc.*), schmerzlich, hart: *to the ~ end* bis zum bitteren Ende; **3.** *fig.* verärgert, böse, verbittert; streng, unerbittlich; rauh, unfreundlich (*a. Wetter*); **II** *adv.* **4.** *nur:* **~ cold** bitter kalt; **III** *s.* **5.** Bitterkeit *f* (*a. fig.*): *take the ~ with the sweet* das Leben (so) nehmen, wie es ist; **6.** *a.* **~ beer** *Brit.* stark gehopftes Faßbier; **7.** *pl.* Magenbitter *m*.

bit·tern¹ ['bɪtən] *s. orn.* Rohrdommel *f*.

bit·tern² ['bɪtən] *s.* **1.** 🜍 Mutterlauge *f*; **2.** Bitterstoff *m* (*für Bier*).

bit·ter·ness ['bɪtənɪs] *s.* **1.** Bitterkeit *f*; **2.** *fig.* Bitterkeit *f*, Schmerzlichkeit *f*; **3.** *fig.* Verbitterung *f*, Härte *f*, Grausamkeit *f*.

'bit·ter·sweet I *adj.* bittersüß; halbbitter; **II** *s.* ♀ Bittersüß *n*.

bi·tu·men ['bɪtjʊmɪn] *s.* **1.** *min.* Bi'tumen *n*, Erdpech *n*, As'phalt *m*; **2.** *geol.* Bergteer *m*.

bi·tu·mi·nous [bɪ'tjuːmɪnəs] *adj. min.* bitumi'nös, as'phalt-, pechhaltig; **~ coal** *s.* Stein-, Fettkohle *f*.

bi·va·lent ['baɪˌveɪlənt] *adj.* 🜍 zweiwertig.

bi·valve ['baɪvælv] *s. zo.* zweischalige Muschel (*z.B. Auster*).

biv·ouac ['bɪvʊæk] **I** *s.* 'Biwak *n*; **II** *v/i.* biwakieren.

bi·week·ly [ˌbaɪ'wiːklɪ] **I** *adj. u. adv.* **1.** zweiwöchentlich, vierzehntägig, halbmonatlich; **2.** zweimal die Woche; **II** *s.* **3.** Halbmonatsschrift *f*.

biz [bɪz] *s.* F *für* business.

bi·zarre [bɪ'zɑː] *adj.* bi'zarr, phan'tastisch, ab'sonderlich.

blab [blæb] **I** *v/t.* ausplaudern; **II** *v/i.* schwatzen; **III** *s.* Schwätzer(in), Klatschbase *f*, -weib *n*; **'blab·ber** [-bə] *s.* Schwätzer(in).

black [blæk] **I** *adj.* **1.** schwarz (*a. Tee, Kaffee*): **~ as coal** (*od.* **the devil** *od.* **ink** *od.* **night** *od.* **pitch**) kohlraben-, pechschwarz; → *black eye, belt* 1, 5, *diamond* 1; **2.** dunkel: **~ in the face** dunkelrot im Gesicht (*vor Aufregung etc.*); **3.** dunkel(häutig): **~ man** Schwarzer *m*, Neger *m*; **4.** schwarz, schmutzig: **~ hands**; **5.** *fig.* dunkel, trübe, düster (*Gedanken, Wetter*); **6.** böse, schlecht: **~ soul** schwarze Seele; *not so ~ as he is painted* besser als sein Ruf; **7.** 'schwarz', ungesetzlich; **8.** ärgerlich, böse: **~ look(s)** böser Blick; *look ~ at s.o.* j-n böse anblicken; **9.** schlimm: **~**

despair völlige Verzweiflung; **10.** *Am.* eingefleischt; **11.** ,schwarz' (*makaber*): **~ humo(u)r, 12.** *TV* schwarz'weiß; **II** *s.* **13.** Schwarz *n*; **14.** *et.* Schwarzes, schwarzer Fleck: *wear ~* Trauer(kleidung) tragen; **15.** Schwarze(r *m*) *f*, Neger(in); **16.** Schwärze *f*, schwarze Schuhkrem; **17.** *be in the ~* bsd. ♱ a) mit Gewinn arbeiten, b) aus den roten Zahlen heraus sein; **III** *v/t.* **18.** schwärzen, *Schuhe* wichsen; **~ out I** *v/t.* **1.** (völlig) abdunkeln, a. ✗ verdunkeln; **2.** ☼ *u. fig.* ausschalten, außer Betrieb setzen; *Funkstation* (durch Störgeräusche) ausschalten; **3.** j-n bewußtlos machen; **4.** *fig.* (*a. durch Zensur*) unter'drücken; **II** *v/i.* **5.** sich verdunkeln; **6.** a) das Bewußtsein verlieren, b) e-n ,Blackout' haben; **7.** ☼ *etc.* ausfallen.

black Af·ri·ca *s. pol.* Schwarzafrika *n*.

black·a·moor ['blækəˌmʊə] *s. obs.* Neger(in *f*) *m*, Mohr(in *f*) *m*.

black| and blue *adj.*: *beat s.o. ~* j-n grün und blau schlagen; **~ and tan** *adj.* schwarz mit braunen Flecken; **~ and white** *s.* **1.** Schwarz'weißzeichnung *f*; **2.** *in ~* schwarz auf weiß, schriftlich, gedruckt; **3.** *TV etc.* schwarz'weiß; **~ art** → *black magic*; **~ ball** *s.* schwarze (Wahl)Kugel; *fig.* Gegenstimme *f*; **'~ball** *v/t.* gegen j-n stimmen, j-n ausschließen; **~ bee·tle** *s. zo.* Küchenschabe *f*; **'~ber·ry** [-bərɪ] *s.* ♀ Brombeere *f*; **'~bird** *s. orn.* Amsel *f*; **'~board** *s.* (Schul-, Wand)Tafel *f*; **~ box** *s.* ✈ Flugschreiber *m*; **~ cap** *s.* schwarze Kappe (*des Richters bei To desurteilen*); **'~cap** *s. orn.* a) Kohlmeise *f*, b) Schwarzköpfige Grasmücke; **~ cat·tle** *s. zo.* schwarze Rinderrasse; **'~coat(·ed)** *adj. Brit.*: **~ worker** Büroangestellte(r) *m* (*Ggs. Arbeiter*); **'~cock** *s. orn.* Schwarzes Schottisches Moorhuhn (*Hahn*); **♀ Coun·try** *s.* Indu'striegebiet *n* von Staffordshire u. Warwickshire; **♀ Death** *s.* der Schwarze Tod, Pest *f*; **~ dog** *s.* F schlechte Laune.

black·en ['blækən] **I** *v/t.* **1.** schwärzen; wichsen; **2.** *fig.* anschwärzen: **~ing the memory of the deceased** ♱ Verunglimpfung *f* Verstorbener; **II** *v/i.* **3.** schwarz werden.

black| eye *s.* ,blaues Auge': *get away with a ~* mit e-m blauen Auge davonkommen; **'~face** *s. typ.* (halb)fette Schrift; **~ flag** *s.* schwarze (Pi'raten-)Flagge; **♀ Fri·ar** *s. eccl.* Domini'kaner *m*; **~ frost** *s.* strenge, aber trockene Kälte; **~ game** *s. orn.* schwarzes Rebhuhn; **~ grouse** *s. orn.* Birkhuhn *n*.

black·guard ['blægɑːd] **I** *s.* Lump *m*, Schuft *m*; **II** *v/t.* j-n beschimpfen; **'black·guard·ly** [-lɪ] *adj.* gemein, unflätig.

'black|·head *s.* ♣ Mitesser *m*; **~ ice** *s.* Glatteis *n*.

black·ie ['blækɪ] *s.* → *blacky*.

black·ing ['blækɪŋ] *s.* **1.** schwarze (Schuh)Wichse; **2.** (Ofen)Schwärze *f*.

black·ish ['blækɪʃ] *adj.* schwärzlich.

'black|·jack *s.* **1.** → *black flag*; **2.** *Am.* Totschläger *m* (*Waffe*); **3.** 'Siebzehnund'vier *n* (*Kartenspiel*); **II** *v/t.* **4.** *Am.* mit e-m Totschläger zs.-schlagen; **~ lead** [led] *s. min.* Gra'phit *m*, Reißblei *n*; **,~'lead pen·cil** *s.* Graphitstift

m; **'~·leg I** *s.* **1.** a) Falschspieler *m*, b) Wettbetrüger *m*; **2.** *Brit.* Streikbrecher *m*; **II** *v/i.* **3.** als Streikbrecher auftreten; **~ let·ter** *s. typ.* Frak'tur *f*, gotische Schrift; **,~·'let·ter** *adj.*: **~ day** schwarzer Tag, Unglückstag *m*; **'~·list I** *s.* schwarze Liste; **II** *v/t.* j-n auf die schwarze Liste setzen; **~ mag·ic** *s.* Schwarze Ma'gie; **'~·mail I** *s.* **1.** 🜍 Erpressung *f*; **2.** Erpressungsgeld *n*; **II** *v/t.* **3.** j-n erpressen, von j-m Geld erpressen: **~ s.o. into s.th** j-n durch Erpressung zu et. zwingen; **'~,mail·er** *s.* Erpresser *m*; **♀ Ma·ri·a** [mə'raɪə] *s. Am.* ,Grüne Minna', (Poli'zei)Gefangenenwagen *m*; **~ mark** *s.* schlechte Note, Tadel *m*; **~ mar·ket** *s.* schwarzer Markt, Schwarzmarkt *m*, -handel *m* (*in* mit); **~ mar·ket·eer** *s.* Schwarzhändler(in); **~ mass** *s.* Schwarze Messe, Teufelsmesse *f*; **~ monk** *s.* Benedik'tiner(mönch) *m*.

black·ness ['blæknɪs] *s.* **1.** Schwärze *f*, Dunkelheit *f*; **2.** *fig.* Verdorbtheit *f*, Ab'scheulichkeit *f*.

'black|·out *s.* **1.** *bsd.* ✗ Verdunkelung *f*; **2.** (*Nachrichten- etc.*)Sperre *f*: *news ~*; **3.** ♣ a) Blackout *n, m* (*kurze Ohnmacht, Bewußtseinsstörung etc.*), b) Bewußtlosigkeit *f*, Ohnmacht *f*; **4.** ☼ *u. fig.* Ausfall *m*; ⚡ to'taler Stromausfall; **5.** *TV* a) Austasten *n*, b) Pro'grammod. Bildausfall *m*; **6.** *phys. etc., a. thea.* Blackout *n, m*; **♀ Prince** *s.* der Schwarze Prinz (*Eduard, Prinz von Wales*); **~ pud·ding** *s. Brit.* Blutwurst *f*; **♀ Rod** *s.* **1.** oberster Dienstbeamter des brit. Oberhauses; **2.** erster Zere'monienmeister des Hosenbandordens; **~ sheep** *s. fig.* schwarzes Schaf; **'~shirt** *s.* Schwarzhemd *n* (*italienischer Faschist*); **'~smith** *s.* (Grob-, Huf)Schmied *m*; **~ spot** *s. mot.* schwarzer Punkt, Gefahrenstelle *f*; **'~strap** *s. Am.* **1.** Getränk *aus Rum u. Sirup*; **2.** F Rotwein *m* aus dem Mittelmeergebiet; **'~thorn** *s.* ♀ Schwarz-, Schlehdorn *m*; **~ tie** *s.* **1.** schwarze Fliege; **2.** Smoking *m*; **'~top** *s.* Asphaltbelag *m od.* -straße *f*; **'~,water fe·ver** *s.* ♣ Schwarzwasserfieber *n*; **~ wid·ow** *s. zo.* Schwarze Witwe (*Spinne*).

black·y ['blækɪ] *s.* F Schwarze(r *m*) *f* (*Neger od. Schwarzhaarige[r]*).

blad·der ['blædə] *s.* **1.** *anat.* (Gallen-, *engS.* Harn)Blase *f*; **2.** (Fußball- *etc.*) Blase *f*; **3.** *zo.* Schwimmblase *f*; **~ wrack** *s.* ♀ Blasentang *m*.

blade [bleɪd] *s.* **1.** ♀ Blatt *n* (*mst poet.*), Spreite *f* (*e-s Blattes*), Halm *m*: *in the ~* auf dem Halm; **~ of grass** Grashalm; **2.** ☼ Blatt *n* (*Säge, Axt, Schaufel, Ruder*); **3.** ☼ a) Flügel *m* (*Propeller*; *Hubschrauber*: Rotor *m*, Drehflügel *m*, b) Schaufel *f* (*Schiffsrad, Turbine*); ☼ Klinge *f* (*Messer, Degen etc.*); **5.** *shoulder-blade*; **6.** *poet.* a) Degen *m*, Klinge *f*, b) Kämpfer *m*; **7.** F (forscher) Kerl, Bursche *m*.

blae·ber·ry ['bleɪbərɪ] → *bilberry*.

blah¹ [blɑː] *a.* ,**blah-'blah** F I *s.* ,Bla'bla' *n*, Geschwafel *n*; **II** *v/i.* schwafeln.

blah² [blɑː] F **I** *adj.* (stink)fad; **II** *s. Am.* a) Langeweile *f*, b) ,mieses Gefühl'.

blain [bleɪn] *s.* ♣ Pustel *f*.

blam·a·ble ['bleɪməbl] *adj.* □ zu tadeln(d), schuldig; **blame** [bleɪm] **I** *v/t.* **1.** tadeln, rügen, *j-m* Vorwürfe machen (*for* wegen); **2.** (*for*) verantwortlich machen (für), *j-m* die Schuld geben (an *dat.*): *he is to ~ for it* er ist daran schuld; *he has only himself to ~* das hat er sich selbst zuzuschreiben; *I cannot ~ him for it* ich kann es ihm nicht verübeln; **II** *s.* **3.** Tadel *m*, Vorwurf *m*, Rüge *f*; **4.** Schuld *f*, Verantwortung *f*: *lay* (*od.* *put*) *the ~ on s.o.* j-m die Schuld geben; *bear* (*od.* *take*) *the ~* die Schuld auf sich nehmen; '**blameless** [-lɪs] *adj.* □ untadelig, schuldlos (*of* an *dat.*); '**blame·less·ness** [-lɪsnɪs] *s.* Schuldlosigkeit *f*, Unschuld *f*; '**blame,wor·thy** *adj.* tadelnswert, schuldig.

blanch [blɑːntʃ] **I** *v/t.* **1.** bleichen, weiß machen; *fig.* erbleichen lassen; **2.** ✓ (*durch Ausschluß von Licht*) bleichen; **3.** *Küche: Mandeln etc.* blanchieren, brühen; **4.** ✿ weiß sieden; brühen; **5.** ~ *over fig.* beschönigen; **II** *v/i.* **6.** erbleichen.

blanc·mange [bləˈmɒnʒ] *s. Küche:* Pudding *m*.

bland [blænd] *adj.* □ **1.** a) mild, sanft, b) höflich, verbindlich, c) (ein)schmeichelnd; **2.** a) kühl, b) i'ronisch. **blan·dish** [ˈblændɪʃ] *v/t.* schmeicheln, zureden (*dat.*); '**blan·dish·ment** [-mənt] *s.* Schmeiche'lei *f*, Zureden *n*; *pl.* Über'redungskünste *pl.*

blank [blæŋk] **I** *adj.* □ **1.** leer, nicht ausgefüllt, unbeschrieben; Blanko... (*bsd.* ✝): *a ~ page; a ~ space* ein leerer Raum; *~ tape* Leerband *n*; *in ~* blanko; *leave ~* frei lassen; *~ acceptance* Blankoakzept *n*; *~ signature* Blankounterschrift *f*; *~ cheque* jst. **2.** leer, unbebaut; **3.** blind (*Fenster, Tür*); **4.** leer, ausdruckslos; **5.** verdutzt, verblüfft, verlegen: *a ~ look*; **6.** bar, rein, völlig: *~ astonishment* sprachloses Erstaunen; *~ despair* helle Verzweiflung; **7.** → *cartridge* 1, *fire* 13, *verse* 3; **II** *s.* **8.** Formblatt *n*, Formu'lar *n*, Vordruck *m*; unbeschriebenes Blatt (*a. fig.*); **9.** leerer *od.* freier Raum (*bsd. für Wort[e]* *od. Buchstaben*); Lücke *f*, Leere *f* (*a. fig.*): *leave a ~* e-n freien Raum lassen (*beim Schreiben etc.*); *his mind was a ~* a) er hatte alles vergessen, b) in s-m Kopf herrschte völlige Leere; **10.** *Lotterie:* Niete *f*: *draw a ~* a) e-e Niete ziehen, b) *fig.* kein Glück haben; **11.** *bsd. sport* Null *f*; **12.** *das Schwarze* (*Zielscheibe*); **13.** Öde *f*, Nichts *n*; **14.** ✿ unbearbeitetes Werkstück, Rohling *m*; ungeprägte Münzplatte; **15.** Gedankenstrich *m* (*an Stelle e-s* [*unanständigen*] *Wortes*), 'Pünktchen' *pl.*; **III** *v/t.* **16.** *mst* ~ *out* verhüllen, auslöschen, b) *fig.* ,erledigen', abtun; **17.** ~ *out typ.* gesperrt drucken; **18.** Wort durch e-n Gedankenstrich *od.* Pünktchen ersetzen; **19.** *TV Brit.* austasten; **20.** *sport* zu Null schlagen.

blan·ket [ˈblæŋkɪt] **I** *s.* **1.** (wollene) Decke, Bettdecke *f*: *to get between the ~s* F in die Federn kriechen; *born on the wrong side of the ~* F unehelich; → *wet* 1; **2.** *fig.* Decke *f*, Hülle *f*: *~ of snow* Schneedecke; **3.** ✿ 'Filz,unterlage *f*; **II** *v/t.* **4.** zudecken; **5.** ♨ den Wind abfangen (*dat.*); **6.** *fig.* verdek-

ken, unter'drücken, ersticken, vertuschen; **7.** ⚡, ✕ abschirmen; **8.** *Radio:* stören, über'lagern; **9.** prellen; **10.** *Am.* zs.-fassen, um'fassen; **III** *adj.* **11.** alles einschließend, gene'rell: *~ clause* Generalklausel *f*; *~ insurance* Kollektivversicherung *f*; *~ mortgage* Gesamthypothek *f*; *~ policy* Pauschalpolice *f*; *~ sheet Am.* Zeitung *f* in Großfolio.

blan·ket·ing [ˈblæŋkɪtɪŋ] *s.* Stoff *m* für Wolldecken.

blare [bleə] **I** *v/i. u. v/t.* a) schmettern (*Trompete*), b) brüllen, plärren (*a. Radio etc.*); **II** *s.* a) Schmettern *n*, b) Brüllen *n*, Plärren *n*, c) Lärm *m*.

blar·ney [ˈblɑːnɪ] F **I** (plumpe) Schmeiche'lei, ,Schmus' *m*; **II** *v/t. u. v/i.* (*j-m*) schmeicheln.

bla·sé [ˈblɑːzeɪ] (*Fr.*) *adj.* gleichgültig, gelangweilt.

blas·pheme [blæsˈfiːm] **I** *v/t.* (*engS. Gott*) lästern; schmähen; **II** *v/i.:* ~ *against j-m* fluchen, *j-n* lästern; **blas'phem·er** [-mə] *s.* (Gottes)Lästerer *m*; **blas·phe·mous** [ˈblæsfəməs] *adj.* □ blas'phemisch; **blas·phe·my** [ˈblæsfəmɪ] *s.* **1.** Blasphe'mie *f*, (Gottes)Lästerung *f*; **2.** Fluchen *n*.

blast [blɑːst] **I** *s.* **1.** (heftiger) Windstoß *m*; **2.** ♪ Schmettern *n*, Schall *m*: *~ of a trumpet* Trompetenstoß *m*; **3.** Si'gnal *n*, (Heul-, Pfeif)Ton *m*; Tuten *n*; **4.** *fig.* Pesthauch *m*, Fluch *m*; **5.** ✿ Brand *m*, Mehltau *m*; Verdorren *n*; **6.** ✿ a) Sprengladung *f*, b) Sprengung *f*; **7.** a) Explosi'on *f*, Detonati'on *f*, b) *a.* ~ *wave* Druckwelle *f*; **8.** ✿ Gebläse(luft *f*) *n*: (*at*) *full* ~ *a. fig.* auf Hochtouren, *a.* mit voller Lautstärke; **9.** F a) heftige At'tacke, b) ,Anschiß' *m*; **10.** *Am. sl.* Party *f*; **II** *v/t.* **11.** sprengen; **12.** *a.* ~ *vernichten* (*a.* F *sport*), *fig. a.* zu'nichte machen; **13.** ✕ unter Beschuß nehmen; *a.* heftig attackieren, F ,anscheißen'; *Science Fiction:* durch Strahler(schuß) töten; **14.** verfluchen; *~ed* verflucht; *~ it!* verdammt!; *~ him!* der Teufel soll ihn holen!; *~ off* in den Weltraum schießen; **III** *v/i.* **16.** sprengen; **17.** ,knallen': *~ away at* ballern auf (*acc.*), *fig.* heftig attackieren; **18.** ~ *off* abheben (*Rakete*); *~ fur·nace s.* ✿ Hochofen *m*; *'~·hole s.* ✿ Sprengloch *n*; *'~·off s.* (Ra'keten)Start *m*.

bla·tan·cy [ˈbleɪtənsɪ] *s.* lärmendes Wesen, Angebe'rei *f*; '**bla·tant** [-nt] *adj.* □ **1.** brüllend; **2.** marktschreierisch, lärmend; **3.** aufdringlich; **4.** offenkundig, ekla'tant: *~ lie.*

blath·er [ˈblæðə] **I** *v/i.* ,(blöd) quatschen'; **II** *s.* ,Gewäsch' *n*; Quatsch *m*; *'~·skite* [-skaɪt] *s.* F **1.** ,Quatschkopf' *m*; **2.** → *blather* II.

blaze [bleɪz] **I** *s.* **1.** lodernde Flamme, Feuer *n*, Glut *f*: *be in a ~* in Flammen stehen; *pl.*Hölle *f*: *go to ~s! sl.* scher dich zum Teufel!; *like ~s* F wie verrückt *od.* toll; *what the ~s is the matter?* F was zum Teufel ist denn los?; **3.** Leuchten *n*, Glanz *m* (*a. fig.*): *~ of noon* Mittagshitze *f*; *~ of colo(u)r* Farbenpracht *f*; *~ of publicity* volles Licht der Öffentlichkeit; **4.** *fig.* (plötzlicher) Ausbruch, Auflodern *n* (*Gefühl*): *~ of anger* Wutanfall *m*; **5.** Blesse *f* (*bei Rind od. Pferd*); **6.** Anschamlung *f*, Markierung

f an Waldbäumen; **II** *v/i.* **7.** (auf)flammen, (auf)lodern, (ent)brennen (*alle a. fig.*): *~ into prominence fig.* e-n kometenhaften Aufstieg erleben; *~ with anger* vor Zorn glühen; *in a blazing temper* in heller Wut; **8.** leuchten, strahlen (*a. fig.*); **III** *v/t.* **9.** Bäume anschalmen; → *trail* 15;

Zssgn mit adv.:

blaze| **a·broad** *v/t.* verkünden, 'auspo,saunen; ~ **a·way** *v/i.* drauf'losschießen; *fig.* F loslegen (*at* mit *et.*), herziehen (*about* über *acc.*); ~ **out**, ~ **up** *v/i.* **1.** auflodern, -flammen; **2.** *fig.* in Wut geraten, (wütend) auffahren.

blaz·er [ˈbleɪzə] *s.* Blazer *m*, Klub-, Sportjacke *f*.

blaz·ing [ˈbleɪzɪŋ] *adj.* **1.** lodernd (*a. fig.*); **2.** *fig.* a) schreiend, auffallend: *~ colo(u)rs*, b) offenkundig, ekla'tant: *~ lie*, c) *hunt.* warm (*Fährte*); → *scent* 3; **3.** F verteufelt; *~ star* ✿ Gegenstand *m* allgemeiner Bewunderung.

bla·zon [ˈbleɪzn] **I** *s.* **1.** a) Wappenschild *m*, *n* b) Wappenkunde *f*; **2.** lautes Lob; **II** *v/t.* **3.** *Wappen* ausmalen; **4.** *fig.* schmücken, zieren; **5.** *fig.* her'ausstreichen, rühmen; **6.** *mst* ~ *abroad*, ~ *out* 'auspo,saunen; '**bla·zon·ry** [-rɪ] *s.* **1.** a) Wappenzeichen *n*, b) He'raldik *f*; **2.** *fig.* Farbenschmuck *m*.

bleach [bliːtʃ] **I** *v/t.* bleichen (*a. fig.*); **II** *s.* Bleichmittel *n*; '**bleach·er** [-tʃə] *s.* **1.** Bleicher(in); **2.** *mst pl. Am. sport* 'un-über,dachte Tri'büne.

bleak [bliːk] *adj.* □ **1.** kahl, öde; **2.** ungeschützt, windig (gelegen); **3.** rauh (*Wind, Wetter*); **4.** *fig.* trost-, freudlos, trübe, düster: *~ prospects* trübe Aussichten.

blear [blɪə] **I** *adj.* verschwommen, trübe (*a. Augen*); **II** *v/t.* trüben; *~-eyed* [ˈblɪəraɪd] *adj.* **1.** a) mit trüben Augen, b) verschlafen; **2.** kurzsichtig, *fig. a.* einfältig.

bleat [bliːt] *v/i.* **1.** blöken (*Schaf, Kalb*), meckern (*Ziege*); **2.** in weinerlichem Ton reden; **II** *s.* **3.** Blöken *n*, Gemecker *n* (*a. fig.*).

bled [bled] *pret. u. p.p. von* **bleed.**

bleed [bliːd] [*irr.*] **I** *v/i.* **1.** (ver)bluten (*a. Pflanze*): *~ to death* verbluten, sterben (*for* für); **2.** sein Blut vergießen, sterben (*for* für); **3.** *fig.* (*for*) bluten (um) (*Herz*), (tiefes) Mitleid empfinden (mit); **4.** F ,bluten' (zahlen): *~ for s.th.* für et. schwer bluten müssen; **5.** auslaufen, ,bluten' (*Farbe*); zerlaufen (*Teer etc.*); leck sein, lecken; **6.** *typ.* angeschnitten *od.* bis eng an den Druck herankommen (*Buch, Bild*); **II** *v/t.* **7.** ♒ zur Ader lassen; **8.** *Flüssigkeit, Dampf etc.* ausströmen lassen, abzapfen: *~ valve* Ablaßventil *n*; **9.** ✿, *bsd. mot. Bremsleitung* entlüften; **10.** F ,bluten lassen', schröpfen: *~ white j-n* bis zum Weißbluten auspressen; **II** *s.* **1.** ♒ Bluter *m*; **2.** F a) Erpresser *m*, b) (blöder *etc.*) Kerl, c) ,Scheißding' *n*; **3.** ✿ 'Ablaßven,til *n*; **4.** ⚡ 'Vorbelastungs,widerstand *m*.

bleed·ing [ˈbliːdɪŋ] **I** *s.* **1.** Blutung *f*, Aderlaß *m* (*a. fig.*): *~ of the nose* Nasenbluten *n*; **2.** ✿ ,Bluten' *n*, Auslaufen *n* (*Farbe, Teer*); **3.** ✿ Entlüften *n*; **II** *adj.* **4.** *sl.* verdammt; *~ heart s.* ♨ F Flammendes Herz.

bleep [bli:p] **I** s. **1.** Piepton m; **2.** → **bleeper**; **II** v/i. **3.** piepen; **'bleep·er** [-pə] s. F ‚Piepser' m (Funkrufempfänger).

blem·ish ['blemıʃ] **I** v/t. verunstalten, schaden (dat.); fig. beflecken; **II** s. Fehler m, Mangel m; Makel m, Schönheitsfehler m.

blench¹ [blentʃ] **I** v/i. **1.** verzagen; **2.** zu'rückschrecken (at vor dat.); **II** v/t. (ver)meiden.

blench² [blentʃ] → **blanch** 6.

blend [blend] **I** v/t. **1.** (ver)mengen, (ver)mischen, verschmelzen; **2.** mischen, mixen; e-e (Tee-, Tabak-, Whisky)Mischung zs.-stellen; Wein etc. verschneiden; **II** v/i. **3.** (with) sich mischen od. har'monisch verbinden (mit); **4.** verschmelzen, inein'ander 'übergehen (Farben); **III** s. **5.** Mischung f, (harmonische) Zs.-stellung (Getränke, Tabak, Farben); (Wein)Verschnitt m; **~ word** s. ling. Misch-, Kurzwort n.

blende [blend] s. min. Blende f, engS. Zinkblende f.

Blen·heim or·ange ['blenım] s. Brit. eine Apfelsorte.

blent [blent] obs. pret. u. p.p. von **blend**.

bless [bles] v/t. **1.** segnen; **2.** segnen, preisen; glücklich machen; **~ed with** gesegnet mit (Talent, Reichtum etc.); **I ~ the day I met you** ich segne od. preise den Tag, an dem ich dich kennenlernte; **~ one's stars** sich glücklich schätzen; **3. ~ o.s.** sich bekreuzigen; Besondere Redewendungen: (**God**) **~ you!** a) alles Gute!, b) beim Niesen: Gesundheit!; **well, I'm ~ed!** F na, so was!; **I'm ~ed if I know** F ich weiß es wirklich nicht; **Mr. Brown, ~ him** Herr Brown, der Gute; **~ my soul!** F du meine Güte!; **not at all, ~ you!** iro. o nein, mein Verehrtester! od. meine Beste!; **~ that boy, what is he doing there?** F was zum Kuckuck stellt der Junge dort an?; **not to have a penny to ~ o.s. with** keinen roten Heller besitzen.

bless·ed ['blesıd] **I** adj. **1.** gesegnet, selig, glücklich: **of ~ memory** seligen Angedenkens; **~ event** freudiges Ereignis (Geburt e-s Kindes); **2.** gepriesen, selig, heilig: **the ♀ Virgin** die Heilige Jungfrau (Maria); **3. the whole ~ day** F den lieben langen Tag; **not a ~ soul** keine Menschenseele; **II** s. **4. the ~** (ones) die Seligen; **'bless·ed·ness** [-nıs] s. Glück'seligkeit f, Glück n; Seligkeit f: **live in single ~** Junggeselle sein; **'blessing** [-sıŋ] s. Segen m, Segnung f, Wohltat f, Gnade f: **ask a ~** a) Segen erbitten, b) das Tischgebet sprechen; **what a ~ that ...** welch ein Segen, daß ...; **it turned out to be a ~ in disguise** es stellte sich im nachhinein als Segen heraus; **count one's ~s** dankbar sein für das, was e-m beschert ist; **give one's ~ to** s-n Segen geben zu, fig. a. et. absegnen.

blest [blest] **I** poet. pret. u. p.p. von **bless**; **II** pred. adj. poet. → **blessed**; **III** s.: **the Isles of the ♀** die Inseln der Seligen.

bleth·er ['bleðə] → **blather**.

blew [blu:] pret. von **blow¹** II u. III u. **blow³**.

blight [blaıt] **I** s. **1.** ♀ Mehltau m, Fäule f, Brand m (Pflanzenkrankheit); **2.** fig. Gift-, Pesthauch m; Vernichtung f; Fluch m; Enttäuschung f, Schatten m; **3.** Verwahrlosung f e-r Wohngegend; **II** v/t. **4.** fig. im Keim ersticken, zu'nichte machen, vereiteln; **'blight·er** [-tə] s. Brit. F a) Kerl m, ‚Knülch' m, b) ‚Mistkerl' m, c) ‚Mistding' m.

Blight·y ['blaıtı] s. ╳ Brit. sl. **1.** die Heimat, England n; **2.** a) a. **a ~ one** ‚Heimatschuß' m, b) Heimaturlaub m.

bli·mey ['blaımı] int. F Brit. a) ich werd' verrückt! (überrascht), b) verdammt!

blimp¹ [blımp] s. F **1.** unstarres Kleinluftschiff; **2.** phot. schalldichte Kamerahülle.

Blimp² [blımp] s.: (**Colonel**) **~** Brit. selbstgefälliger Erzkonservativer.

blind [blaınd] **I** adj. □ → a. 9 **1.** blind: **~ in one eye** auf e'inem Auge blind; **~ struck ~** mit Blindheit geschlagen; **as ~ as a bat** (od. **beetle**) stockblind; **2.** fig. blind, verständnislos (**to** gegen['über]): **~ to s.o.'s faults** j-s Fehlern gegenüber blind; **~ chance** blinder Zufall; **~ with rage** blind vor Wut; **~ side** fig. schwache Seite; **turn a ~ eye** fig. ein Auge zudrücken, et. absichtlich übersehen; **3.** unbesonnen; **~ bargain**; **4.** zweckziellos, leer: **~ excuse** Ausrede f; **5.** verborgen, geheim: **~ staircase** Geheimtreppe; **6.** schwererkennbar: **~ corner** unübersichtliche Ecke od. Kurve; **~ copy** typ. unleserliches Manuskript; **7.** △ blind: **~ window**; **8.** ♀ blütenlos, taub; **II** adv. **9. ~ drunk** sinnlos betrunken, ‚blau'; fig. **go it ~** blindlings handeln; **III** v/t. **10.** blenden, blind machen; j-m die Augen verbinden: **~ing rain** alles verhüllender Regen; **11.** verblenden, täuschen; blind machen (**to** gegen); **12.** fig. verdunkeln, verbergen, vertuschen, verwischen; **IV** v/i. **13.** Brit. sl. blind drauf'lossausen; **V** s. **14. the ~** die Blinden pl.; **15.** a) Rolladen m, b) Rou'leau n, Rollo n, c) Mar'kise f; → **Venetian** I; **16.** pl. Scheuklappen pl.; **17.** fig. a) Vorwand m, b) (Vor)Täuschung f, c) Tarnung f, d) F Strohmann m; **18.** hunt. Deckung f; **19.** Brit. sl. Saufe'rei f; **~ al·ley** s. Sackgasse f (a. fig.); **,~-'al·ley** adj.: **~ occupation** Stellung f ohne Aufstiegsmöglichkeit; **~ coal** s. Anthra'zit m; **~ date** s. F a) Verabredung f mit e-r od. e-m Unbekannten, b) unbekannter Partner bei e-m solchen Rendezvous.

blind·er ['blaındə] s. Am. Scheuklappe f (a. fig.).

blind‖ flight s. ✈ Blindflug m; **'~fold I** adj. u. adv. **1.** mit verbundenen Augen: **~ chess** Blindschach n; **2.** blind (-lings) (a. fig.): **~ rage** blinde Wut; **II** v/t. **3.** j-m die Augen verbinden; **4.** fig. blind machen; **~ gut** s. anat. Blinddarm m; **,~-'man's-'buff** [,blaındmænz-] **~** Blindekuh(spiel n) f.

blind·ness ['blaındnıs] s. **1.** Blindheit f (a. fig.); **2.** fig. Verblendung f.

blind‖ shell s. ╳ Blindgänger m; **~ spot** s. **1.** ♀ blinder Fleck auf der Netzhaut; **2.** fig. schwacher od. wunder Punkt; **3.** mot. toter Winkel im Rückspiegel; **4.** Radio: Empfangsloch n; **~ stitch** s. blinder (unsichtbarer) Stich;

'~·worm s. zo. Blindschleiche f.

blink [blıŋk] **I** v/i. **1.** blinken, blinzeln, zwinkern: **~ at** a) j-m zublinzeln, b) → 2 u. 5; **2.** erstaunt od. verständnislos dreinblicken: **~ at** fig. sich maßlos wundern über (acc.); **3.** flimmern, schimmern; **II** v/t. **4. ~ one's eyes** mit den Augen zwinkern; **5.** et. ignorieren, die Augen verschließen vor (dat.): **there is no ~ing the fact (that)** es ist nicht zu leugnen (, daß); **6.** Meldung blinken; **III** s. **7.** Blinzeln n; **8.** (Licht)Schimmer m; **9.** flüchtiger Blick; **10.** Augenblick m; **11. on the ~** sl. a) de'fekt, nicht in Ordnung, b) ‚am Eingehen' (Gerät etc.); **'blink·er** [-kə] **I** s. **1.** pl. Scheuklappen pl. (a. fig.); **2.** pl. F Schutzbrille f; **3.** F ‚Gucker' pl. (Augen); **4.** a) Blinklicht n, b) mot. Blinker m; **5.** a) Blinkgerät n, b) Blinkspruch m; **II** v/t. **6.** e-m Pferd Scheuklappen anlegen: **~ed** mit Scheuklappen (a. fig.); **7.** → **blink** 6.

'blink·ing [-kıŋ] adj. u. adv. Brit. sl. verdammt.

blip [blıp] s. **1.** Klicken n; **2.** Radar: 'Echoim,puls m, -zeichen n.

bliss [blıs] s. Freude f, Entzücken n, (Glück)'Seligkeit f, Wonne f; **'bliss·ful** [-fʊl] adj. □ (glück)'selig, völlig glücklich; **'bliss·ful·ness** [-fʊlnıs] s. Wonne f.

blis·ter ['blıstə] **I** s. **1.** ♮ (Haut)Blase f, Pustel f; **2.** Blase f (auf bemaltem Holz, in Glas etc.); **3.** ♮ Zugpflaster n; **4.** ╳, ✈ a) Bordwaffen- od. Beobachterstand m, b) Radarkuppel f; **II** v/t. **5.** Blasen her'vorrufen auf (dat.); **6.** fig. scharf kritisieren, ‚fertigmachen'; **7.** brennenden Schmerz her'vorrufen auf (dat.): **~ing heat** glühende Hitze; **III** v/i. **8.** Blasen ziehen od. ☼ werfen.

blithe [blaıð] adj. □ vergnügt.

blith·er·ing ['blıðərıŋ] adj. Brit. F verdammt: **~ idiot** Vollidiot m.

blitz [blıts] ╳ **I** s. **1.** Blitzkrieg m; **2.** schwerer Luftangriff; schwere Luftangriffe pl.; **II** v/t. **3.** schwer bombardieren: **~ed area** zerbombtes Gebiet; **'~·krieg** [-kri:g] → **blitz** 1.

bliz·zard ['blızəd] s. Schneesturm m.

bloat¹ [bləʊt] **I** v/t. a. **~ up** aufblasen, -blähen (a. fig.); **II** v/i. a. **~ out** auf-, anschwellen; **'bloat·ed** [-tıd] adj. aufgebläht (a. fig.), (auf)gedunsen.

bloat·er ['bləʊtə] s. Räucherhering m.

blob [blɒb] s. **1.** Tropfen m, Klümpchen n, Klecks m; **2.** Kricket: null Punkte; F ‚Kloß' (Person).

bloc [blɒk] s. pol. Block m: **sterling ~** Sterlingblock.

block [blɒk] **I** s. **1.** Block m, Klotz m (mst Holz, Stein): **on the ~** zur Versteigerung anstehend, unterm Hammer; **2.** Hackklotz m; **3. the ~** der Richtblock: **go to the ~** das Schafott besteigen; **4.** ☼ Block m, Rolle f; **pulley** 1, **tackle** 3; **5.** typ. Kli'schee n, Druckstock m; Prägestempel m; **6.** a) a. **~ of flats** Brit. Wohnhaus n, b) → **office block**, c) Am. Zeile f (Reihenhäuser), d) bsd. Am. Häuserblock m: **three ~s from here** drei Straßen weiter; **7.** Block m, Masse f, Gruppe f; attr. Gesamt...: **~ of shares** Aktienpaket n; (**data**) ~ Computer: (Daten)Block m; **8.** Abreißblock m: **scribbling ~** Notiz-, Schmierblock;

9. *fig.* Klotz *m*, Tölpel *m*; **10.** a) Verstopfung *f*, Hindernis *n*, Stockung *f*, b) Sperre *f*, Absperrung *f*: *traffic* ~ Verkehrsstockung *f*; *mental* ~ *fig.* ‚geistige Ladehemmung'; **11.** ✠ Blockstrecke *f*; **12.** *sport:* a) Sperren *n*, b) *Volleyball etc.*: Block *m*; **II** *v/t.* **13.** (auf e-m Block) formen: ~ *a hat*; **14.** hemmen, hindern, blockieren, *fig. a.* durch'kreuzen: ~ *a bill Brit. pol.* die Beratung e-s Gesetzentwurfs verhindern; **15.** *oft* ~ *up* (ab-, ver)sperren, verstopfen, blokkieren: *road* ~*ed* Straße ge-, versperrt; **16.** ✝ *Konto*, ⚡ *Röhre, Leitung* sperren; ✝ *Kredit etc.* einfrieren, ~*ed account* Sperrkonto *n*; **17.** *sport* a) *Gegner* sperren, *a. Schlag etc.* abblocken, b) *Ball* stoppen, halten; ~ *in v/t.* skizzieren, entwerfen; ~ *out v/t.* **1.** → *block in*; **2.** *Licht* nehmen (*Bäume etc.*); **3.** *phot.* Negativteil abdecken; ~ *up v/t.* → *block* 15.
block·ade [blɒ'keid] **I** *s.* Bloc'kade *f*, (Hafen)Sperre *f*: *impose a* ~ e-e Blockade verhängen; *raise a* ~ e-e Blockade aufheben; *run the* ~ die Blockade brechen; **II** *v/t.* blockieren, absperren; **block'ad·er** [-də] *s.* Bloc'kadeschiff *n*; **block'ade-,run·ner** *s.* Bloc'kadebrecher *m*.
block| brake *s.* Backenbremse *f*; **'~·buster** *s.* F **1.** ✗ Minenbombe *f*; **2.** *fig.* ‚Knüller' *m*, ‚Hammer' *m*, tolles Ding; ~ **di·a·gram** *s.* ⚙, ⚡ 'Blockdia,gramm *n*, -schaltbild *n*; **'~·head** *s.* Dummkopf *m*; **'~·house** *s.* Blockhaus *n*; **~ let·ters** *s. pl. typ.* Blockschrift *f*; **~ print·ing** *s.* Handdruck *m*; ~ **sys·tem** *s.* **1.** ✠ 'Blocksy,stem *n*; **2.** ⚡ Blockschaltung *f*; ~ **vote** *s.* Sammelstimme *f* (*e-e ganze Organisation vertretend*).
bloke [bləʊk] *s.* F Kerl *m*.
blond [blɒnd] *adj.* **1.** blond (*Haar*), hell (*Gesichtsfarbe*); **2.** blond(haarig); **blonde** [blɒnd] *s.* **1.** Blon'dine *f*; **2.** ✝ Blonde *f* (*seidene Spitze*).
blood [blʌd] *s.* **1.** Blut *n*: *spill* ~ Blut vergießen; *give one's* ~ (*for*) sein Blut (*od.* Leben) lassen (für); *taste* ~ *fig.* Blut lecken; *fresh* ~ *fig.* frisches Blut; **~-and-thunder** (*story*) *Brit.* F ‚Reißer' *m* (*Roman*), Schauergeschichte *f*; **2.** *fig.* Blut *n*, Tempera'ment *n*, Wesen *n*: *it made his* ~ *boil, his* ~ *was up* er kochte vor Wut; *his* ~ *froze* (*od. ran cold*) das Blut erstarrte ihm in den Adern; *breed* (*od. make*) *bad* ~ böses Blut machen; → *cold blood, curdle* II; **3.** (edles) Blut, Geblüt; *in Abstammung f*; *Rasse f* (*Mensch*), 'Vollblut *n* (*bes. Pferd*): *prince of the* ~ *royal* Prinz *m* von königlichem Geblüt; *noble* ~ → *blue blood; related by* ~ blutsverwandt; *it runs in the* ~ es liegt im Blut *od.* in der Familie; ~ *will out* Blut bricht sich Bahn; ~ **al·co·hol** (**con·cen·tra·tion**) *s.* Blutalkohol(gehalt) *m*; ~ **bank** *s.* ✿ Blutbank *f*; ~ **broth·er** *s.* **1.** leiblicher Bruder; **2.** Blutsbruder *m*; ~ **cir·cu·la·tion** *s.* ✿ Blutkreislauf *m*; ~ **clot** *s.* ✿ Blutgerinnsel *n*; **'~,cur·dler** *s.* F ‚Reißer' *m* (*Roman etc.*); **'~,cur·dling** *adj.* grauenhaft; ~ **do·nor** *s.* ✿ Blutspender *m*.
blood·ed ['blʌdɪd] *adj.* **1.** Vollblut…; **2.** *in Zssgn* …blütig.
blood| feud *s.* Blut-, Todfehde *f*; ~

group *s.* ✿ Blutgruppe *f*; ~ **group·ing** *s.* ✿ Blutgruppenbestimmung *f*; **'~·guilt** *s.* Blutschuld *f*; ~ **heat** *s.* ✿ Blutwärme *f*, 'Körpertempera,tur *f*; ~ **horse** *s.* 'Vollblut(pferd) *n*; **'~·hound** *s.* **1.** Schweiß-, Bluthund *m*; **2.** F ‚Schnüffler' *m* (*Detektiv*).
blood·less ['blʌdlɪs] *adj.* □ **1.** blutlos, -leer (*a. fig.*); **2.** bleich; **3.** *fig.* kalt; **4.** unblutig (*Kampf etc.*).
'blood|·let·ting *s.* **1.** Aderlaß *m* (*a. fig.*); **2.** → *bloodshed*; ~ **mon·ey** *s.* Blutgeld *n*; ~ **poi·son·ing** *s.* ✿ Blutvergiftung *f*; ~ **pres·sure** *s.* ✿ Blutdruck *m*; ~ **re·la·tion** *s.* Blutsverwandte(r *m*) *f*; ~ **sam·ple** *s.* ✿ Blutprobe *f*; **'~·shot** *adj.* blutunter,laufen; ~ **spec·i·men** *s.* ✿ Blutprobe *f*; ~ **sports** *s.* Hetz-, *bsd.* Fuchsjagd *f*; **'~·stained** *adj.* blutbefleckt (*a. fig.*); **'~·stock** *s.* 'Vollblutpferde *pl.*; ~ **stream** *s.* **1.** ✿ Blut(kreislauf *m*) *n*; **2.** *fig.* Lebensstrom *m*; **'~,suck·er** *s.* Blutsauger *m* (*a. fig.*); ~ **sug·ar** *s.* ✿ Blutzucker *m*; ~ **test** *s.* ✿ Blutprobe *f*, 'Blutunter,suchung *f*; **'~,thirst·i·ness** *s.* Blutdurst *m*; **'~,thirst·y** *adj.* blutdürstig; ~ **trans·fu·sion** *s.* ✿ 'Blutüber,tragung *f*; ~ **typ·ing** *s.* → *blood grouping*; ~ **ves·sel** *s. anat.* Blutgefäß *n*.
blood·y ['blʌdɪ] **I** *adj.* **1.** blutig, blutbefleckt; ~ *flux* ✿ rote Ruhr; **2.** blutdürstig, mörderisch, grausam: *a* ~ *battle* e-e blutige Schlacht; **3.** *Brit. sl.* verdammt, saumäßig, Scheiß… (*oft nur verstärkend*): *not a* ~ *soul* kein Schwanz; *a* ~ *fool* ein Vollidiot *m*; ~ *thing* ‚Scheißding' *n*; **II** *adv.* **4.** *Brit. sl.* mordsmäßig, verdammt: ~ *awful* ganz mies, ‚beschissen'; *you* ~ *well know* du weißt ganz genau; ♀ **Ma·ri·a** [məˈraɪə; məˈriːə] *s. Am.* Getränk aus *Tequila u. Tomatensaft*; ♀ **Mar·y** ['meəri] *s. Getränk aus Wodka u. Tomatensaft*; **,~-'mind·ed** *adj. Br.* F **1.** gemein, ekelhaft; **2.** störrisch, stur.
bloom¹ [bluːm] **I** *s.* **1.** Blüte *f*, Blume *f*: *in full* ~ in voller Blüte; **2.** *fig.* Blüte (-zeit) *f*, Jugendfrische *f*; **3.** Flaum *m* (*auf Pfirsichen etc.*); **4.** *fig.* Schmelz *m*, Glanz *m*; **II** *v/i.* **5.** (er)blühen (*a. fig.*).
bloom² [bluːm] *metall.* **I** *s.* **1.** Walzblock *m*; **2.** Puddelluppe *f*: ~ *steel* Puddelstahl *m*; **II** *v/t.* **3.** luppen; ~*ing mill* Luppenwalzwerk *n*.
bloom·er ['bluːmə] *s. sl.* grober Fehler, Schnitzer *m*, (Stil)Blüte *f*.
bloom·ers ['bluːməz] *s. pl.* a) *obs.* (Damen)Pumphose *f*, b) Schlüpfer *m* mit langem Bein, ‚Liebestöter' *m*.
bloom·ing ['bluːmɪŋ] *pres. p. u. adj.* **1.** blühend (*a. fig.*); **2.** *sl.* → *bloody* 3.
blos·som ['blɒsəm] **I** *s.* (*bsd. Obst*)Blüte *f*; Blütenfülle *f*: *in* ~ in (voller) Blüte; **II** *v/i. a. fig.* blühen, Blüten treiben: ~ (*out*) (*into*) erblühen, gedeihen (zu).
blot [blɒt] **I** *s.* **1.** (Tinten)Klecks *m*, Fleck *m*; **2.** *fig.* Schandfleck, Makel *m*; → *escutcheon* 1; **3.** Verunstaltung *f*, Schönheitsfehler *m*; **II** *v/t.* **4.** *mit Tinte* beschmieren, beklecksen; **5.** ~ *out Schrift* ausstreichen; **6.** ~ *out fig.* a) *Erinnerungen etc.* auslöschen, b) verdunkeln, verhüllen: *fog* ~*ted out the view* Nebel verhüllte die Aussicht; **7.** *mit Löschpapier* (ab)löschen.

blotch [blɒtʃ] **I** *s.* **1.** Fleck *m*, Klecks *m*; **2.** *fig.* → *blot* 2; **3.** ✿ Hautfleck *m*; **II** *v/t.* **4.** beklecksen; **III** *v/i.* **5.** klecksen; **'blotch·y** [-tʃɪ] *adj.* **1.** klecksig; **2.** ✿ fleckig.
blot·ter ['blɒtə] *s.* **1.** (Tinten)Löscher *m*; **2.** *Am.* Kladde *f*, Berichtsliste *f* (*bsd. der Polizei*).
blot·ting| pad *s.* 'Schreib,unterlage *f od.* Block *m* aus 'Löschpa,pier; ~ **pa·per** *s.* Löschpapier *n*.
blot·to ['blɒtəʊ] *adj. sl.* ‚sternhagelvoll', ‚stinkbesoffen'.
blouse [blauz] *s.* **1.** Bluse *f*; **2.** ✗ a) Uni'formjacke *f*, b) Feldbluse *f*.
blow¹ [bləʊ] **I** *s.* **1.** Blasen *n*, Luftzug *m*, Brise *f*: *go for a* ~ an die frische Luft gehen; **2.** Blasen *n*, Schall *m*: *a* ~ *on a whistle* ein Pfiff; **3.** *Am.* F a) Angebe'rei *f*, b) Angeber *m*; **II** *v/i. [irr.]* **4.** blasen, wehen, pusten: *it is* ~*ing hard* es weht ein starker Wind; ~ *hot and cold fig.* ‚mal so, mal so' *od.* wetterwendisch sein; **5.** ertönen: *the horn is* ~*ing*; **6.** keuchen, schnaufen; **7.** spritzen, blasen (*Wal*); **8.** *Am.* F ‚angeben'; **9.** a) explodieren, b) platzen (*Reifen*), c) ⚡ 'durchbrennen (*Sicherung*), d) ausbrechen (*Erdöl etc.*); **III** *v/t. [irr.]* **10.** wehen, treiben (*Wind*): ~*n ashore* auf Strand geworfen; **11.** anfachen: ~ *the fire*; **12.** (an)blasen: ~ *the soup*; **13.** blasen, ertönen lassen: ~ *the horn* ins Horn stoßen; **14.** auf-, ausblasen: ~ *bubbles* Seifenblasen machen; ~ *glass* Glas blasen; ~ *one's nose* sich die Nase putzen, sich schnauben; ~ *an egg* Ei ausblasen; **15.** *sl. Geld* ‚verpulvern'; **16.** zum Platzen bringen: *blew itself to pieces* zersprang in Stücke; → *top* 4; **17.** F (*p.p. blowed*) verfluchen: *I'll be* ~*ed* (*if*) …*!* zum Teufel (wenn) …!; **18.** *sl.* a) ‚verpfeifen', verraten, b) aufdecken, c) ‚verduften' aus (*dat.*); **19.** *sl.* ‚vermasseln'; **20.** V *j-m* ‚e-n blasen';
Zssgn mit adv.:
blow| a·way *v/t.* **1.** wegblasen; **2.** F *j-n* ‚wegpusten' (*töten*); ~ **down** *v/t.* her'unter-, 'umwehen; ~ **in** *v/i. fig.* auftauchen, her'einschneien; **II** *v/t. Scheiben* eindrücken; ~ **off I** *v/i.* **1.** fortwehen; **2.** abtreiben (*Schiff*); **II** *v/t.* **3.** fortblasen; verjagen; **4.** *Dampf etc.* ablassen; → *steam* 1; ~ **out I** *v/t.* **1.** verlöschen; **2.** platzen; **3.** ⚡ 'durchbrennen (*Sicherung*); **II** *v/t.* **4.** *Licht* ausblasen, *Feuer* (aus)löschen; **5.** her'ausblasen, -treiben: ~ *one's brains* sich e-e Kugel durch den Kopf jagen; **5.** sprengen, zertrümmern; ~ **o·ver I** *v/i. fig.* vor'beigehen, sich legen; **II** *v/t.* 'umwehen; ~ **up** *v/t.* **1.** a) (in die Luft) sprengen, b) vernichten, *fig. a.* ruinieren; **2.** aufblasen, -pumpen; *fig. et.* aufbauschen; **3.** *Foto* (stark) vergrößern; **4.** F *j-n* ‚anschnauzen'; **II** *v/i.* **1.** in die Luft fliegen, b) explodieren (*a.* F *fig. Person*); ~ *at s.o.* j-m ‚ins Gesicht springen'; **6.** aus-, losbrechen; **7.** *fig.* eintreten, auftauchen.
blow² [bləʊ] *s.* **1.** Schlag *m*, Streich *m*, Stoß *m*: *at a* (*od.* **one**) ~ mit 'einem Schlag *od.* Streich; *without striking a* ~ *fig.* ohne jede Gewalt(anwendung); mühelos; *come to* ~*s* handgemein werden; *strike a* ~ *at* e-n Schlag führen

gegen (a. fig.); **strike a ~ (for)** sich einsetzen (für), helfen (dat.); **2.** fig. (Schicksals)Schlag m, Unglück n: **it was a ~ to his pride** es traf ihn schwer in s-m Stolz.

blow³ [bləʊ] v/i. [irr.] (auf)blühen, sich entfalten (a. fig.).

'blow|·ball s. ♀ Pusteblume f; **'~-dry** v/t. (j-m die Haare) fönen; **~ dry·er** s. Haartrockner m.

blowed [bləʊd] p.p. von blow¹ 17.

blow·er ['bləʊə] s. **1.** Bläser m: **glass-~**; **~ of a horn**; **2.** ⊙ a) Gebläse n, b) mot. Vorverdichter m; **3.** F Telefon n.

'blow|·fly s. zo. Schmeißfliege f; **'~-gun** s. **1.** Blasrohr n; **2.** ⊙ 'Spritzpis,tole f; **'~-hard** s. Am. F Angeber m; **'~-hole** s. **1.** Luft-, Zugloch n; **2.** Nasenloch n (Wal); **'~-lamp** s. ⊙ Lötlampe f.

blown¹ [bləʊn] **I** p.p. von blow¹ II u. III; **II** adj. **1.** oft **~ up** aufgeblasen, -gebläht (a. fig.); **2.** außer Atem.

blown² [bləʊn] **I** p.p. von blow³; **II** adj. a. fig. blühend, aufgeblüht.

'blow|·out s. **1.** a) Zerplatzen n, b) Reifenpanne f; **2.** F Koller m, (Wut)Ausbruch m; **3.** sl. a) große Party, b) ('Freß)Orgie f; **'~-pipe** s. **1.** ⊙ Lötrohr n, Schweißbrenner m; **2.** Puste-, Blasrohr n; **'~-torch** s. ⊙ Am. Lötlampe f; **'~-up** s. **1.** Explosi'on f; **2.** fig. a) 'Krach' m, Streit m; **3.** phot. Vergrößerung f, Großfoto n.

blow·y ['bləʊɪ] adj. windig, luftig.

blowz·y ['blaʊzɪ] adj. **1.** schlampig (bsd. Frau); **2.** rotgesichtig (Frau).

blub·ber ['blʌbə] **I** s. Tran m, Speck m; **II** v/i. heulen, 'flennen'.

bludg·eon ['blʌdʒən] **I** s. **1.** Knüppel m, Keule f; **II** v/t. **2.** 'niederknüppeln; **3.** j-n zwingen (into zu).

blue [bluː] **I** adj. **1.** blau: **till you are ~ in the face** F bis Sie schwarz werden; **~ moon** 1; **2.** F trübe, schwermütig, traurig: **feel ~** niedergeschlagen sein; **look ~** trübe aussehen (Person, Umstände); **3.** pol. Brit. 'schwarz', konserva'tiv; **4.** Brit. F nicht sa'lonfähig, ordi'när: **~ jokes**; **~ movie** Pornofilm m; **5.** F schrecklich; → **funk** 1, **murder** 1; **II** s. **6.** Blau n, blaue Farbe; **7.** Waschblau n; **8.** blaue Kleidung; **9.** mst poet. **the ~** a) der Himmel, b) das Meer: **out of the ~** aus heiterem Himmel, völlig unerwartet; **10.** pol. Brit. Konserva'tive(r m) f; **11. the dark (light) ~s** pl. Studenten von Oxford (Cambridge), die bei Wettkämpfen ihre Universität vertreten: **get one's ~** in die Universitätsmannschaft aufgenommen werden; **12.** pl. F Trübsinn m: **have the ~s** 'den Moralischen haben'; **13.** pl. ♪ Blues m; **III** v/t. **14.** Wäsche bläuen; **15.** sl. Geld vertun, -'jubeln'; **~ ba·by** s. ✱ Blue baby n (mit angeborenem Herzfehler); **'℥,beard** s. (Ritter) Blaubart m (Frauenmörder); **'~-bell** s. ♀ **1.** 'Sternhya,zinthe f (England); **2.** e-e Glockenblume f (Schottland); **'~-ber·ry** [-bərɪ] s. ♀ Blau-, Heidelbeere f; **'~-blood** s. **1.** blaues Blut, alter Adel; **2.** Aristo'krat(in), Adlige(r m) f; **~ book** s. Blaubuch n: a) Brit. amtliche politische Veröffentlichung, b) F Am. Verzeichnis prominenter Persönlichkeiten; **'~,bot·tle** s. **1.** zo. Schmeißfliege f; **2.** ♀ Kornblume f; **3.** F Brit. 'Bulle' m (Polizist); **'~-'col·lar work-**

er s. Fa'brikarbeiter m; **'~-eyed** adj. blauäugig (a. fig.): **~ boy** F 'Liebling' m des Chefs etc.; **'~-jack·et** s. fig. Blaujacke f, Ma'trose m; **~ laws** s. pl. Am. strenge puri'tanische Gesetze pl. (bsd. gegen die Entheiligung des Sonntags).

blue·ness ['bluːnɪs] s. Bläue f.

blue| pen·cil s. **1.** Blaustift m; **2.** fig. Zen'sur f; **'~-'pen·cil** v/t. **1.** Manuskript etc. (mit Blaustift) korrigieren od. (zs.-, aus)streichen; **2.** fig. zensieren, unter-'sagen; **~ print** s. **1.** Blaupause f; **2.** fig. Plan m, Entwurf m: **do you need a ~?** iro. 'brauchst du e-e Zeichnung'?; **'~-print I** v/t. entwerfen, planen; **II** adj.: **~ stage** Planungsstadium n; **~ rib·bon** s. blaues Band: a) des Hosenbandordens, b) als Auszeichnung für e-e Höchstleistung, bsd. ♨ das Blaue Band des 'Ozeans; **'~,stock·ing** s. fig. Blaustrumpf m; **'~-stone** s. ♒ 'Kupfervitri,ol n; **'~-throat** s. orn. Blaukehlchen n; **~ tit (-mouse)** s. orn. Blaumeise f.

bluff¹ [blʌf] **I** v/t. **1.** a) j-n bluffen, b) **~ it out** sich (kühn) herausreden od. 'durchmogeln'; **2.** et. vortäuschen; **II** v/i. **3.** bluffen; **III** s. **4.** Bluff m: **call s.o.'s ~** j-n zwingen, Farbe zu bekennen.

bluff² [blʌf] **I** adj. **1.** ♨ breit (Bug); **2.** schroff, steil (Felsen, Küste); **3.** rauh, aber herzlich; gutmütig-derb; **II** s. **4.** Steilufer n, Klippe f.

bluff·er ['blʌfə] s. Bluffer m.

blu·ish ['bluːɪʃ] adj. bläulich.

blun·der ['blʌndə] **I** s. **1.** (grober) Fehler, Schnitzer m; **II** v/i. **2.** e-n (groben) Fehler od. Schnitzer machen, e-n Bock schießen; **3.** pfuschen, unbesonnen handeln; **4.** stolpern (a. fig.): **~ into a dangerous situation**; **~ about** umhertappen; **~ on** fig. weiterwursteln; **~ upon s.th.** zufällig auf et. stoßen; **III** v/t. **5.** verpfuschen, verpatzen; **6.** **~ out** her'ausplatzen mit.

blun·der·buss ['blʌndəbʌs] s. ✗ hist. Donnerbüchse f.

blun·der·er ['blʌndərə] s. Stümper m, Pfuscher m, Tölpel m; **'blun·der·ing** [-dərɪŋ] adj. stümper-, tölpelhaft, ungeschickt.

blunt [blʌnt] **I** adj. □ **1.** stumpf: **~ instrument** ⚖ stumpfer Gegenstand (Mordwaffe); **2.** fig. unempfindlich (to gegen); **3.** fig. ungeschliffen, derb, ungehobelt (Manieren etc.); **4.** schonungslos, offen; schlicht; **II** v/t. **5.** stumpf machen, abstumpfen (a. fig.); **6.** Gefühle etc. mildern, schwächen; **II** s. **7.** pl. kurze Nähnadeln pl.; **'blunt·ly** [-lɪ] adv. fig. frei her'aus, grob: **to put it ~** um es ganz offen zu sagen; **refuse ~** glatt ablehnen; **'blunt·ness** [-nɪs] s. **1.** Stumpfheit f (a. fig.); **2.** fig. Grobheit f; schonungslose Offenheit.

blur [blɜː] **I** v/t. **1.** Schrift verwischen, verschmieren; Bild verschwommen machen; verschleiern; **2.** verdunkeln, verwischen, Sinne trüben; **3.** fig. besudeln, entstellen; **II** v/i. **4.** verschwimmen; **III** s. **5.** Fleck m, verwischte Stelle; **6.** fig. Makel m; **7.** undeutlicher od. nebelhafter Eindruck; **8.** (huschender) Schatten m (vor den Augen); **9.** Schleier m (vor den Augen).

blurb [blɜːb] s. F Buchhandel: a) 'Waschzettel' m, Klappentext m, b)

'Bauchbinde' f (Reklamestreifen).

blurred [blɜːd] adj. unscharf, verschwommen, verwischt; schattenhaft; fig. nebelhaft.

blurt [blɜːt] v/t. **~ out** ('voreilig od. unbesonnen) her'ausplatzen mit, ausschwatzen.

blush [blʌʃ] **I** v/i. erröten, rot werden, in Verwirrung geraten (at, for über acc.); sich schämen (to do zu tun); **II** s. Erröten n, (Scham)Röte f: **at first ~** obs. auf den ersten Blick; **put to (the) ~** j-n zum Erröten bringen; **'blush·er** [-ʃə] s. F Rouge n; **'blush·ing** [-ʃɪŋ] adj. □ errötend; fig. züchtig.

blus·ter ['blʌstə] **I** v/i. **1.** brausen, tosen, stürmen; **2.** fig. poltern, toben, schimpfen; **3.** prahlen, bramarbasieren: **~ing fellow** Bramarbas m, Großmaul n; **II** s. **4.** Brausen n, Getöse f, Toben n (a. fig.); **5.** Schimpfen n; **6.** Prahlen n, 'große Töne' pl.

bo [bəʊ] int. hu!: **he can't say ~ to a goose** er ist ein Hasenfuß.

bo·a ['bəʊə] s. **1.** zo. Boa f, Riesenschlange f; **2.** Mode: Boa f.

boar [bɔː] s. zo. Eber m, Keiler m: **wild ~** Wildschwein n.

board [bɔːd] **I** s. **1.** Brett n, Planke f; (Schach-, Bügel)Brett n: **~ game** Brettspiel n; **sweep the ~** alles gewinnen; **3.** Anschlagbrett n; **4.** ped. → **blackboard**; **5.** sport a) (Surf)Board n, b) pl. 'Bretter' pl., Skier pl.; **6.** pl. fig. Bretter pl., Bühne f: **tread (od. walk) the ~s** auf den Brettern stehen, Schauspieler sein; **7.** Tisch m, Tafel f (nur in festen Ausdrücken): → **above-board**, **bed** 3, **groan** 2; **8.** Kost f, Verpflegung f: **~ and lodging** Kost und Logis, Wohnung u. Verpflegung; **9.** fig. oft ♉ Ausschuß m, Behörde f, Amt n: ♉ **of Admiralty** Admiralität f; ♉ **of Examiners** Prüfungskommission f; ♉ **of Governors** Verwaltungsrat m, (Schul- etc.)Behörde f; ♉ **of Trade** a) Brit. Handelsministerium n, b) Am. Handelskammer f; **10. ~ of directors**, (the) ♉ ♉ Verwaltungsrat m, Direkti'on f (Vorstand u. Aufsichtsrat in einem); **~ of management** ♉ Vorstand m e-r AG; **11.** ♉ Bord m, Bordwand f (nur in festen Ausdrücken): **on ~** a) an Bord e-s Schiffs, Flugzeugs, b) im Zug od. Bus; **on ~ a ship** an Bord e-s Schiffes; **free on ~** (abbr. **f.o.b.**) ♉ frei an Bord (geliefert); **go by the ~** über Bord gehen od. fallen, fig. a. zugrunde gehen, verlorengehen, scheitern; **12.** Pappe f: **in ~s** kartoniert (Buch); **II** v/t. **13.** täfeln, mit Brettern bedecken od. absperren, dielen, verschalen; **14.** beköstigen, in Kost nehmen od. geben (with bei); **15.** a) an Bord e-s Schiffs od. Flugzeugs gehen, b) in e-n Zug etc. einsteigen, c) ✗, ♨ entern; **III** v/i. **16.** sich in Kost od. Pensi'on befinden, wohnen (with bei); **~ out I** v/t. außerhalb in Kost geben; **II** v/i. auswärts essen; **~ up** v/t. mit Brettern vernageln.

board·er ['bɔːdə] s. **1.** a) Kostgänger (-in), b) Pensi'onsgast m; **2.** Inter'natsschüler(in).

board·ing ['bɔːdɪŋ] s. **1.** Bretterverschalung f, Dielenbelag m, Täfelung f; **2.** Kost f, Verpflegung f; **~ card** s. ✈ Bordkarte f; **'~-house** s. Pensi'on f; **~**

school s. Inter'nat n, Pensio'nat n.
board| **meet·ing** s. Vorstandssitzung f; **~ room** s. Sitzungssaal m; **~ wag·es** s. pl. Kostgeld n des Personals; **'~walk** s. Am. Plankenweg m, (hölzerne) 'Strandprome,nade.
boast [bəʊst] **I** s. **1.** Prahle'rei f, Groß-tue'rei f; **2.** Stolz m (Gegenstand des Stolzes): *it was his proud ~ that ...* es war sein ganzer Stolz, daß ...; *he was the ~ of his age* er war der Stolz s-r Zeit; **II** v/i. **3.** (of, about) prahlen, großtun (mit): *he ~s of his riches*; *it is not much to ~ of* damit ist es nicht weit her; **4.** (of) sich rühmen (gen.), stolz sein (auf acc.): *our village ~s of a fine church*; **III** v/t. **5.** sich (des Besitzes) e-r Sache rühmen, aufzuweisen haben: *our street ~s the tallest house in the town*; **'boast·er** [-tə] s. Prahler(in); **'boast·ful** [-fʊl] adj. □ prahlerisch, über'heblich.
boat [bəʊt] **I** s. **1.** Boot n, Kahn m; allg. Schiff n; Dampfer m: *we are all in the same ~* fig. wir sitzen alle in 'einem Boot; *miss the ~* fig. den Anschluß verpassen; *burn one's ~s* alle Brücken hinter sich abbrechen; **2.** bootförmiges Gefäß, (bsd. Soßen)Schüssel f; **II** v/i. **3.** (in e-m) Boot fahren: *go ~ing* e-e Bootsfahrt machen (mst rudern).
boat·er ['bəʊtə] s. Brit. steifer Strohhut, ,Kreissäge' f.
boat·ing ['bəʊtɪŋ] s. Bootfahren n; Rudersport m; Bootsfahrt f.
'boat·|man [-mən] s. [irr.] Bootsführer m, -verleiher m; **~ race** s. 'Ruderre,gatta f; **~swain** ['bəʊsn] s. ♣ Bootsmann m; **~ train** s. Zug m mit Schiffsanschluß.
bob¹ [bɒb] **I** s. **1.** Haarschopf m, Büschel n; Bubikopf(haarschnitt) m; gestutzter Pferdeschwanz; Quaste f; **2.** Ruck m; Knicks m; **3.** sg. u. pl. obs. Brit. F Schilling m: *five ~*; *a job* e-n Schilling für jede Arbeit; **4.** abbr. für *bobsled*; **II** v/t. **5.** ruckweise (hin u. her, auf u. ab) bewegen; **6.** Haare, Pferdeschwanz etc. kurz schneiden, stutzen: *~bed hair* Bubikopf m; **III** v/i. **7.** sich auf u. ab od. hin u. her bewegen, baumeln, tänzeln; **8.** schnappen (for nach); **9.** knicksen; **10.** Bob fahren; **11. ~ up** (plötzlich) auftauchen: *~ up like a cork* fig. immer wieder hochkommen, sich nicht unterkriegen lassen.
Bob² [bɒb] npr., abbr. für *Robert*: *~'s your uncle* ,fertig ist die Laube'.
bob·bin ['bɒbɪn] s. **1.** ⊙ Spule f, (Garn-) Rolle f; **2.** ⚡ Indukti'onsspule f; **3.** Klöppel(holz n) m; **'~lace** s. Klöppelspitze f.
bob·by ['bɒbɪ] s. Brit. F ,Bobby' m (Polizist); **~ pin** s. Haarklemme f (aus Metall); **~ socks** s. pl. Am. F Söckchen pl.; **'~sox·er** [-,sɒksə] s. Am. F hist. ,Backfisch' m.
'bob·|sled, **'~sleigh** s. Bob m (Rennschlitten); **'~tail** s. **1.** Stutzschwanz m; **2.** Pferd n od. Hund m mit Stutzschwanz.
bock (beer) [bɒk] s. Bockbier n.
bode¹ [bəʊd] **I** v/t. ahnen lassen: *this ~s you no good* das bedeutet nichts Gutes für dich; **II** v/i.: *~ well* Gutes versprechen: *~ ill* Schlimmes ahnen lassen.

bode² [bəʊd] pret. von *bide*.
bod·ice ['bɒdɪs] s. **1.** allg. Mieder n; **2.** Oberteil n.
bod·ied ['bɒdɪd] adj. in Zssgn ...gebaut, von ... Körperbau od. Gestalt: *small-~* klein von Gestalt.
bod·i·less ['bɒdɪlɪs] adj. **1.** körperlos; **2.** unkörperlich, wesenlos; **'bod·i·ly** [-ɪlɪ] **I** adj. körperlich, leiblich: *~ injury* (⚖ harm) Körperverletzung f; **II** adv. leib-'haftig, per'sönlich.
bod·kin ['bɒdkɪn] s. **1.** ⊙ Ahle f, Pfriem m: *sit ~* eingepfercht sitzen; **2.** 'Durchzieh-, Schnürnadel f; **3.** obs. lange Haarnadel.
bod·y ['bɒdɪ] **I** s. **1.** Körper m, Leib m: *heir of one's ~* lebend; *~ and soul* mit Leib u. Seele; *keep ~ and soul together* Leib u. Seele zs.-halten; **2.** engS. Rumpf m, Leib m: *one wound in the leg and one in the ~*; **3.** oft *dead ~* Leiche f; **4.** Hauptteil m, das Wesentliche, Kern m, Stamm m, Rahmen m, Gestell n; Rumpf m (Schiff, Flugzeug); eigentlicher Inhalt, Sub'stanz f (Schriftstück, Rede): *car ~* Karosserie f; *hat ~* Hutstumpen m; **5.** Gesamtheit f, Masse f: *in a ~* zusammen, geschlossen, wie 'ein Mann; *~ of water* Wassermasse f, -fläche f, Gewässer n; *~ of facts* Tatsachenmaterial n; *~ of laws* Gesetz(es)-sammlung f; **6.** Körper(schaft f) m, Gesellschaft f; Gruppe f; Gremium n: *~ politic* a) juristische Person, b) Gemeinwesen n; *diplomatic ~* diplomatisches Korps; *governing ~* Verwaltungskörper m; *a ~ of unemployed* e-e Gruppe Arbeitsloser; *student ~* Studentenschaft f; **7.** ✗ Truppenkörper m, Trupp m, Ab'teilung f; **8.** phys. Körper m: *solid ~* fester Körper; *heavenly ~* ast. Himmelskörper m; **9.** ☢ Masse f, Sub'stanz f; **10.** F Bursche m, Kerl m; **11.** fig. Güte f, Stärke f, Festigkeit f, Gehalt m, Körper m (Wein), (Klang-) Fülle f; **II** v/t. **12.** mst *~ forth* fig. verkörpern; **~ blow** s. Boxen: Körperschlag m; fig. harter Schlag; **~ build** s. biol. Körperbau m; **~ build·er** s. Bodybuilder m; **~ build·ing** s. Bodybuilding n; **'~check** s. sport Bodycheck m; **~ guard** s. **1.** Leibwächter m; **2.** Leibgarde f; **~ lan·guage** s. psych. Körpersprache f; **'~mak·er** s. ⊙ Karosse'riebauer m; **~ o·do(u)r** s. Körpergeruch m; **~ plasm** s. biol. 'Körper,plasma n; **~ search** s. 'Leibesvisitati,on f; **~ seg·ment** s. biol. 'Rumpfseg,ment n; **~ serv·ant** s. Leib-, Kammerdiener m; **~ snatch·er** s. ⚰ Leichenräuber m; **~ stock·ing**, **~ suit** s. Bodystocking m (einteilige Unterkleidung [mit Strümpfen]); **'~work** s. ⊙ Karosse'rie f.
bof·fin ['bɒfɪn] s. Brit. sl. (Geheim)Wissenschaftler m.
Boer ['bəʊə] **I** s. Bur(e) m, Boer m (Südafrika); **II** adj. burisch: *~ War* Burenkrieg m.
bog [bɒg] **I** s. **1.** Sumpf m, Mo'rast m (a. fig.); Moor n; **2.** V Scheißhaus n; **II** v/t. **3.** im Sumpf versenken; fig. a. *~ down* zum Stocken bringen, versanden lassen; **III** v/i. **4.** a. *~ down* im Sumpf od. Schlamm versinken; fig. steckenbleiben, sich festfahren, versanden.
bo·gey ['bəʊgɪ] s. **1.** Golf: a) Par n, b)

Bogey n (1 Schlag über Par); **2.** → *bogy*.
bog·gle ['bɒgl] v/i. **1.** (at) zu'rückschrecken (vor dat.): *imagination ~s at the thought* es wird einem schwindlig bei den Gedanken; **2.** stutzen (at vor, bei dat.); zögern (at doing zu tun); **3.** pfuschen.
bog·gy ['bɒgɪ] adj. sumpfig.
bo·gie ['bəʊgɪ] s. **1.** ⊙ Brit. a) Blockwagen m, b) 🚃 Dreh-, Rädergestell n; **2.** ✗ Art Förderkarren m; **3.** → *bogy*; **~ wheel** s. ✗ (Ketten)Laufrad n.
'bog,trot·ter s. contp. Ire m.
bo·gus ['bəʊgəs] adj. falsch, unecht, Schein..., Schwindel...
bo·gy ['bəʊgɪ] s. **1.** 'Kobold m, 'Popanz m **2.** (a. fig. Schreck)Gespenst n; **~ man** s. [irr.] **1.** Butzemann m, der Schwarze Mann (Kindersprache); **2.** fig. ,Buhmann' m.
Bo·he·mi·an [bəʊ'hi:mjən] **I** s. **1.** Böhme m, Böhmin f; **2.** Bohemi'en m (bsd. Künstler); **II** adj. **3.** böhmisch; **4.** fig. bo'hemehaft; **Bo·he·mi·an·ism** [-nɪzəm] s. Bo'heme f, ,Künstlerleben' n.
boil¹ [bɔɪl] s. 🩸 Geschwür n, Fu'runkel m; Eiterbeule f.
boil² [bɔɪl] **I** s. **1.** Kochen n, Sieden n: *bring to the ~* zum Kochen bringen; *come to the ~* zu kochen anfangen, fig. F sich zuspitzen, s-n Höhepunkt erreichen; *come off the ~* F sich ,legen' od. beruhigen; **2.** Wallen n, Wogen n, Schäumen n (Gewässer); **3.** fig. Erregung f, Wut f, Wallung f; **II** v/i. **4.** kochen, sieden; **5.** wallen, wogen, brausen, schäumen; **6.** fig. kochen, schäumen (with vor Wut); **III** v/t. **7.** kochen (lassen), zum Kochen bringen, ab , ein kochen: *~ eggs* Eier kochen; *to ~ clothes* Wäsche kochen; *go ~ your head!* F häng dich doch auf!; **~ a·way** v/i. **1.** verdampfen; **2.** weiterkochen; **~ down** v/t. verdampfen, einkochen; fig. zs.-fassen, kürzen; **II** v/i.: *~ to* hin-'auslaufen auf (acc.); **~ o·ver** v/i. 'überkochen, -laufen, -schäumen (alle a. fig.).
boiled| **din·ner** [bɔɪld] s. Am. Eintopf (-gericht n) m; **~ po·ta·toes** s. pl. Salzkartoffeln pl.; **~ shirt** s. F Frackhemd n; **~ sweet** s. Bon'bon m, n.
boil·er ['bɔɪlə] s. **1.** Sieder m: *soap ~*; **2.** ⊙ Dampfkessel m; **3.** 'Boiler m, Heißwasserspeicher m; **4.** Siedepfanne f; **5.** *be a good ~* sich (gut) zum Kochen eignen; **6.** Suppenhuhn n; **~ suit** s. 'Overall m.
boil·ing ['bɔɪlɪŋ] **I** adj. kochend, heiß; fig. kochend, schäumend (with rage vor Wut); **II** adv.: *~ hot* kochend heiß; **~ point** s. Siedepunkt m (a. fig.).
bois·ter·ous ['bɔɪstərəs] adj. □ **1.** stürmisch, ungestüm, rauh; **2.** ausgelassen, lärmend, turbu'lent; **'bois·ter·ous·ness** [-nɪs] s. Ungestüm n.
bold [bəʊld] adj. □ **1.** kühn, zuversichtlich, mutig, unerschrocken; **2.** keck, verwegen, dreist, frech; anmaßend: *make ~ to* ... sich erdreisten od. es wagen zu ...; *make ~ (with)* sich Freiheiten herausnehmen (gegen); *as ~ as brass* F frech wie Oskar, unverschämt; **3.** kühn, gewagt: *a ~ plan* **4.** a) kühn (Entwurf etc.), b) scharf her'vortretend, ins Auge fallend: *in ~ outline* in

deutlichen Umrissen; *a few ~ strokes of the brush* ein paar kühne Pinselstriche; **5.** steil (*Küste*); **6.** → **'bold-face** *adj. typ.* (halb)fett; **'~-faced** *adj.* **1.** kühn, frech; **2.** *typ.* → *bold-face.*

bold·ness ['bəʊldnɪs] *s.* **1.** Kühnheit *f*: a) Mut *m*, Beherztheit *f*, b) Keckheit *f*, Dreistigkeit *f*; **2.** scharfes Her'vortreten.

bole [bəʊl] *s.* starker Baumstamm.

bo·le·ro¹ [bə'leərəʊ] *s.* Bo'lero *m* (*spanischer Tanz*).

bo·le·ro² ['bɒlərəʊ] *s.* Bo'lero *m* (*kurzes Jäckchen*).

boll [bəʊl] *s.* ♀ Samenkapsel *f.*

bol·lard ['bɒləd] *s.* ♣ Poller *m* (*a. weitS. Sperrpfosten an Verkehrsinseln etc.*).

bol·locks ['bɒləks] *s. pl.* V ,Eier' *pl.* (*Hoden*).

Bo·lo·gna sau·sage [bə'ləʊnjə] *s. bsd. Am.* Morta'della *f.*

bo·lo·ney [bə'ləʊnɪ] *s.* **1.** *sl.* ,Quatsch' *m*, Geschwafel *n*; **2.** *bsd. Am.* Morta'della *f*; → *polony.*

Bol·she·vik ['bɒlʃɪvɪk] **I** *s.* Bolsche'wik *m*; **II** *adj.* bolsche'wistisch; **'Bol·she·vism** [-ɪzəm] *s.* Bolsche'wismus *m*; **'Bol·she·vist** [-ɪst] **I** *s.* Bolsche'wist *m*; **II** *adj.* bolsche'wistisch; **'Bol·she·vize** [-vaɪz] *v/t.* bolschewisieren.

bol·ster ['bəʊlstə] **I** *s.* **1.** Kopfpolster *n* (*unter dem Kopfkissen*), Keilkissen *n*; **2.** Polster *n*, Polsterung *f*, 'Unterlage *f* (*a.* ⊕); **II** *v/t.* **3.** *j-m* Kissen 'unterlegen; **4.** (aus)polstern; **5.** *~ up* unter'stützen, stärken, künstlich aufrechterhalten.

bolt¹ [bəʊlt] **I** *s.* **1.** Schraube *f* (*mit Mutter*), Bolzen *m*: *~ nut* Schraubenmutter *f*; **2.** Bolzen *m*, Pfeil *m*: *shoot one's ~* e-n (letzten) Versuch machen; *he has shot his ~* er hat sein Pulver verschossen; *~ upright* kerzengerade; **3.** ⊕ (Tür-, Schloß)Riegel *m*: *behind ~ and bar* hinter Schloß u. Riegel; **4.** Schloß *n an Handfeuerwaffen*; **5.** Blitzstrahl *m*: *a ~ from the blue* ein Blitz aus heiterem Himmel; **6.** plötzlicher Sprung, Flucht *f*: *he made a ~ for the door* er machte e-n Satz zur Tür; *he made a ~ for it* F er machte sich aus dem Staube; **7.** *pol. Am.* Abtrünnigkeit *f* von der Poli'tik der eigenen Par'tei; **8.** ❦ a) (Stoff)Ballen *m*, b) (Ta'peten- *etc.*)Rolle *f*; **II** *v/t.* **9.** Tür *etc.* ver-, zuriegeln; **10.** Essen hin'unterschlingen; **11.** *Am. pol.* sich von *s-r Partei* lossagen; **III** *v/i.* **12.** 'durchgehen (*Pferd*); **13.** da'vonlaufen, ausreißen, 'durchbrennen'.

bolt² [bəʊlt] *v/t. Mehl* sieben.

bolt·er ['bəʊltə] *s.* **1.** 'Durchgänger *m* (*Pferd*); **2.** *pol. Am.* Abtrünnige(r *m*) *f.*

bo·lus ['bəʊləs] *s.* ♣ Bolus *m*, große Pille.

bomb [bɒm] **I** *s.* **1.** Bombe *f*: *the ♀* die (Atom)Bombe; **2.** ⊕ a) Gasflasche *f*, b) Zerstäuberflasche *f*; **3.** F a) Bombenerfolg *m*, b) Heidengeld *n*, c) *thea. etc. Am.* ,'Durchfall' *m*, ,Flop' *m*; **II** *v/t.* **4.** mit Bomben belegen, bombardieren; zerbomben; *~ed out* ausgebombt; *~ed site* Ruinengrundstück *n*; **5.** *~ up* ♀ mit Bomben beladen; **III** *v/i.* **6.** *sl.* e-e ,Pleite' sein, *thea.* ,'durchfallen', *bsd. Am.* (*im Examen*) ,'durchrasseln'.

bom·bard [bɒm'bɑːd] *v/t.* ✕ bombardieren, Bomben werfen auf (*acc.*), beschießen; **2.** *fig.* (*with*) bombardie-

ren, bestürmen (mit); **3.** *phys.* bombardieren, beschießen; **bom·bard·ier** [ˌbɒmbə'dɪə] *s.* ✕ **1.** *Brit.* Artille'rieˌunteroffiˌzier *m*; **2.** Bombenschütze *m* (*im Flugzeug*); **bom'bard·ment** [-mənt] *s.* Bombarde'ment *n*, Beschießung *f* (*a. phys.*), Belegung *f* mit Bomben, Bombardierung *f.*

bom·bast ['bɒmbæst] *s. fig.* Bom'bast *m*, (leerer) Wortschwall, Schwulst *m*; **bom·bas·tic** [bɒm'bæstɪk] *adj.* (☐ *~al·ly*) bom'bastisch, schwülstig.

bomb| at·tack *s.* Bombenanschlag *m*; **~ bay** *s.* ✈ Bombenschacht *m*; **~ dis·pos·al** *s.* ✕ Bombenräumung *f*: **~ squad** Bombenräumungs-, Sprengkommando *n.*

bom·be [bɔ̃mb] (*Fr.*) *s.* Eisbombe *f.*

bombed [bɒmd] *adj. sl.* **1.** ,besoffen'; **2.** ,high' (*im Drogenrausch*).

bomb·er ['bɒmə] *s.* **1.** Bomber *m*, Bombenflugzeug *n*; **2.** Bombenleger *m.*

bomb·ing ['bɒmɪŋ] *s.* Bombenabwurf *m*: **~ raid** Bombenangriff *m.*

'bomb|·proof ✕ **I** *adj.* bombensicher; **II** *s.* Bunker *m*; **~ scare** *s.* Bombendrohung *f*; **'~-shell** *s. fig.* Bombe *f*: *the news came like a ~* die Nachricht schlug wie e-e Bombe.

bo·na fi·de [ˌbəʊnə'faɪdɪ] *adj. u. adv.* **1.** in gutem Glauben, auf Treu u. Glauben: *~ owner* 𝕤 gutgläubiger Besitzer; **2.** ehrlich; echt; **bo·na 'fi·des** [-diːz] *s. pl.* guter Glaube, Treu *f* und Glauben *m*, ehrliche Absicht; Rechtmäßigkeit *f.*

bo·nan·za [bəʊ'nænzə] **I** *s.* **1.** *min.* reiche Erzader (*bsd. Edelmetalle*); **2.** ❦ Goldgrube *f*, Glücksquelle *f*, *a.* Fundgrube *f*; **3.** Fülle *f*, Reichtum *m*; **II** *adj.* **4.** sehr einträglich *od.* lukra'tiv.

bon·bon ['bɒnbɒn] *s.* Bon'bon *m, n.*

bond [bɒnd] **I** *s.* **1.** *pl. obs.* Fesseln *pl.*: *in ~s* in Fesseln, gefangen, versklavt; *burst one's ~s* s-e Ketten sprengen; **2.** *sg. od. pl. fig.* Bande *pl.*: *~s of love*; **3.** Verpflichtung *f*; Bürgschaft *f*; (*a.* 'Haft)Kauti͵on *f*; Vertrag *m*; Urkunde *f*; Garan'tie(schein *m*) *f*: *enter into a ~* e-e Verpflichtung eingehen; *his word is as good as his ~* er ist ein Mann von Wort; **4.** ❦ a) Schuldschein *m*, b) öffentliche Schuldverschreibung (festverzinsliches) 'Wertpaˌpier *n*, Obligati'on *f*, (Schuld-, Staats)Anleihe *f*: *industrial ~* Industrieobligation, -anleihe; *~ mortgage bond*; **5.** ❦ Zollverschluß *m*: *in ~* unter Zollverschluß. **6.** ⚠ Verband *m*, Verbindungsstück *n*; **7.** 🐾 a) Bindung *f*, b) Bindemittel *n*, c) Wertigkeit *f*; **8.** → *bond paper*, **II** *v/t.* **9.** Tür *etc.* ver-, zuriegeln; **10.** ❦ unter Zollverschluß legen; **11.** ⊕ *Lack etc.* binden (*a. v/i.*): *~ing agent* Bindemittel *n*; **'bond·age** [-dɪdʒ] *s. hist.* Knechtschaft *f*, Sklave'rei *f* (*a. fig.*); *fig. a.* Hörigkeit *f*: *in the ~ of vice* dem Laster verfallen; **'bond·ed** [-dɪd] *adj.*: **~ debt** fundierte Schuld; **~ goods** Waren unter Zollverschluß; **~ warehouse** Zollspeicher *m.*

'bond|·hold·er *s.* Obligati'onsinhaber *m*; **'~·man** [-mən] *s.* [*irr.*] Sklave *m*, Leibeigene(r) *m*; **~ mar·ket** *s.* ❦ Rentenmarkt *m*; **~ pa·per** *s.* Bankpost *f*, 'Post-, 'Banknotenpaˌpier *n*; **~ slave** *s. fig.* Sklave *m.*

bonds·man ['bɒndzmən] *s.* [*irr.*] **1.** → *bondman*; **2.** 𝕤 a) Bürge *m*, b) *Am.*

gewerblicher Kauti'onssteller.

bone [bəʊn] **I** *s.* **1.** Knochen *m*; Bein *n*: *~ of contention* Zankapfel *m*; *to the ~* bis auf die Knochen *od.* die Haut, durch u. durch (*naß od. kalt*); *price cut to the ~* aufs äußerste reduzierter Preis, Schleuderpreis; *I feel it in my ~s fig.* ich spüre es in den Knochen (*ahne es*); *a bag of ~s* F nur (noch) Haut u. Knochen, ein Skelett; *my old ~s* m-e alten Knochen; *bred in the ~* angeboren; *make no ~s about it* nicht viel Federlesens machen, nicht lange (damit) fackeln; *have a ~ to pick with s.o.* ein Hühnchen mit j-m zu rupfen haben; **2.** *pl.* Gebeine *pl.*; **3.** (Fisch-)Gräte *f*; **4.** *pl.* Kor'settstangen *pl.*; **5.** *pl. Am.* a) Würfel *pl.*, b) 'Dominosteine *pl.*; **II** *v/t.* **6.** die Knochen her'ausnehmen aus (*dat.*), *Fisch* entgräten; **7.** *sl.* *~ up on st. et.* ,büffeln', ,ochsen', ,pauken'; **IV** *adj.* **8.** beinern, knöchern, aus Bein *od.* Knochen; **'~·black** *s.* 🜊 Knochenkohle *f*; **2.** Beinschwarz *n* (*Farbe*); **~ chi·na** *s.* Knochenporzeˌlan *n.*

boned [bəʊnd] *adj.* **1.** *in Zssgn* ...knochig: *strong-~* starkknochig; **2.** *Küche:* a) ohne Knochen, **~ chicken**, b) entgrätet: **~ fish**.

bone-'dry *adj.* **1.** staubtrocken; **2.** F völlig ,trocken': a) streng 'antialkoˌholisch, b) ohne jeden Alko'hol (*Party etc.*); **~ glue** *s.* Knochenleim *m*; **'~·head** *s. sl.* Holz-, Dummkopf *m*; **'~·head·ed** *adj. sl.* dumm; **~ lace** *s.* Klöppelspitze *f*; **'~·la·zy** *adj.* F ,stinkfaul'; **~ meal** *s.* Knochenmehl *n.*

bon·er ['bəʊnə] *s. Am. sl.* Schnitzer *m*, (grober) Fehler.

'bone|·shak·er *s. sl.* ,Klapperkasten' *m* (*Bus etc.*); **'~·yard** *s. Am.* **1.** Schindanger *m*; **2.** F (*a. Auto- etc.*)Friedhof *m.*

bon·fire ['bɒnfaɪə] *s.* **1.** Freudenfeuer *n*; **2.** Feuer *n* im Freien (*zum Unkrautverbrennen etc.*); **3.** *allg.* Feuer *n*, ,Scheiterhaufen' *m*: *make a ~ of s.th.* et. vernichten.

bon·ho·mie ['bɒnɒmiː] (*Fr.*) *s.* Gutmütigkeit *f*, Joviali'tät *f.*

bon·kers ['bɒŋkəz] *adj. sl.* verrückt.

bon·net ['bɒnɪt] *s.* **1.** (*bsd.* Schotten)Mütze *f*, Kappe *f*; → *bee¹* 1; **2.** (Damen)Hut *m*, (Damen- *od.* Kinder-)Haube *f* (*mst randlos*); **3.** Kopfschmuck *m der* Indi'aner; **4.** ⊕ Schornsteinkappe *f*; **5.** *mot. Brit.* 'Motorhaube *f*; **6.** ⊕ Schutzkappe *f* (*für Ventil, Zylinder etc.*); **7.** *sl.* F *j-m* den Hut über die Augen drücken; **'bon·net·ed** [-tɪd] *adj.* e-e Mütze *etc.* tragend.

bon·ny ['bɒnɪ] *adj. bsd. Scot.* **1.** hübsch, nett (*a. iron.*), *fig.* ,prima'; **2.** F drall.

bo·nus ['bəʊnəs] *s.* 🐾 **1.** 'Bonus *m*, 'Prämie *f*, Gratifikati'on *f*, Sondervergütung *f*, (Sonder)Zulage *f*, Tanti'eme *f*: *Christmas ~* Weihnachtsgratifikation; **2.** 'Prämie *f*, 'Extradiviˌdende *f*, Sonderausschüttung *f*: **~ share** Gratisaktie *f*; **3.** *Am.* Dreingabe *f* (*beim Kauf*); **4.** Vergütigung *f.*

bon·y ['bəʊnɪ] *adj.* **1.** knöchern, Knochen...; **2.** starkknochig; **3.** voll Knochen *od.* Gräten; **4.** knochendürr.

bonze [bɒnz] *s.* 🐾 Bonze *m* (*buddhistischer Mönch od. Priester*).

boo [buː] **I** *int.* **1.** huh! (*um j-n zu er-*

schrecken); → *a.* **bo**; **2.** buh!, pfui! (*Ausruf der Verachtung*); **II** *s.* **3.** Buh (*-ruf m*) *n*, Pfui(*ruf m*) *n*; **III** *v/i.* **4.** buh! *od.* pfui! schreien, buhen; **IV** *v/t.* **5.** durch Pfui- *od.* Buhrufe verhöhnen; auspfeifen, ausbuhen, niederbrüllen;

boob [bu:b] *sl.* **I** *s.* **1.** ‚Schnitzer' *m*, Fehler *m*; **2.** → **booby** 1; **3.** *pl.* ‚Titten' *pl.* (*Brüste*); **II** *v/i.* **4.** e-n ‚Schnitzer' machen, ‚Mist bauen'.

boo-boo [ˈbu:bu:] *s. Am. sl.* → **boob** 1.

boob tube *s. Am. sl.* TV ‚Röhre' *f*, ‚Glotze' *f* (*Fernseher*).

boo·by [ˈbu:bɪ] *s.* **1.** ‚Dussel' *m*, Trottel *m*; **2.** Letzte(*r m*) *f*, Schlechteste(*r m*) *f* (*in Wettkämpfen etc.*); **3.** *orn.* Tölpel *m*, Seerabe *m*; ~ **hatch** *Am. sl.* ‚Klapsmühle' *f* (*Irrenanstalt*); ~ **prize** *s.* Trostpreis *m*; ~ **trap** *s.* (versteckte) Sprengladung *od.* Bombe; *allg.* (*bsd.* Todes)Falle *f*; **ˈ~-trap** *v/t.* a) e-e Bombe *etc.* verstecken in (*dat.*), b) durch e-e versteckte Bombe *etc.* e-n Anschlag verüben auf (*acc.*).

boo·dle [ˈbu:dl] *s. Am. sl.* **1.** → **caboodle**; **2.** Falschgeld *n*; **3.** Schmiergelder *pl.*

boo·gie-woo·gie [ˈbu:gɪˈwu:gɪ] *s.* ♪ Boogie-Woogie *m* (*Tanz*).

boo·hoo [ˌbu:ˈhu:] **I** *s.* lautes Geschluchze; **II** *v/i.* laut schluchzen, plärren.

book [bʊk] **I** *s.* **1.** Buch *n*: *be at one's ~s* über s-n Büchern sitzen; *without the ~* auswendig; *he talks like a ~* er redet sehr gestelzt; *the ~ of life* (*nature*) *fig.* das Buch des Lebens (der Natur); *a closed ~* a) ein Buch mit sieben Siegeln, b) e-e erledigte Sache; *the ℬ* (*of ℬs*) die Bibel; *kiss the ℬ* die Bibel küssen; *swear on the ℬ* bei der Bibel schwören; *suit s.o.'s ~* *fig.* j-m passen *od.* recht sein; *throw the ~ at s.o.* F a) j-n (zur Höchststrafe) ‚verdonnern', b) j-n wegen sämtlicher einschlägigen Delikte belangen; *by the ~* a) ganz korrekt *od.* genau, b) ‚nach allen Regeln der Kunst'; *in my ~* F wie 'ich es sehe; *in ~ leaf* 3; **2.** Buch *n* (*Teil e-s Gesamtwerkes*); **3.** ✝ Geschäfts-, Handelsbuch *n*: *close the ~s* die Bücher abschließen; *keep ~s* Bücher führen; *be deep in s.o.'s ~s* bei j-m tief in der Kreide stehen; *bring to ~* a) j-n zur Rechenschaft ziehen, b) ✝ (ver)buchen; *be in s.o.'s good* (*bad od. black*) *~s* bei j-m gut (schlecht) angeschrieben sein; **4.** (Schreib)Heft *n*, Notizblock *m*; **5.** (Namens)Liste *f*, Verzeichnis *n*, Buch *n*: *visitors' ~* Gästebuch; *be on the ~s* auf der Mitgliederliste (*univ.* Liste der Immatrikulierten) stehen; **6.** Heft(chen) *n*, Block *m*: ~ *of stamps* Briefmarkenheft; **7.** Wettbuch *n*: *you can make a ~ on that!* F darauf kannst du wetten!; **8.** a) *thea.* Text *m*, b) ♪ Textbuch *n*, Libˈretto *n*; **II** *v/t.* **9.** ✝ (ver)buchen, eintragen; **10.** j-n verpflichten, engagieren; **11.** j-n als (*Fahr*)Gast, Teilnehmer *etc.* einschreiben, vormerken; **12.** Platz, Zimmer *etc.* bestellen, *a.* Überfahrt *etc.* buchen; *Eintritts-, Fahrkarte* lösen; *Auftrag* notieren; *Güter, Gepäck* (*zur Beförderung*) aufgeben; *Ferngespräch* anmelden; → *booked*; **13.** j-n polizeilich aufschreiben *od. sport* notieren (*for* wegen); **III** *v/i.* **14.** eine Fahrkarte *etc.* lösen *od.*

nehmen: ~ *through* (*to*) durchlösen (bis, nach); **15.** Platz *etc.* bestellen; **16.** ~ *in* sich (*im Hotel*) eintragen: ~ *in at* absteigen in (*dat.*); **ˈbook·a·ble** [-kəbl] *adj.* im Vorverkauf erhältlich (*Karten etc.*).

ˈbook|**ˌbind·er** *s.* Buchbinder *m*; **ˈ~ˌbinding** *s.* Buchbinderhandwerk *n*, Buchbindeˈrei *f*; **ˈ~·case** *s.* 'Bücherschrank *m*, -regal *n*; ~ *cloth* *s.* Buchbinderleinwand *f*; ~ *club* *s.* Buchgemeinschaft *f*; ~ *cov·er* *s.* 'Buchdecke *f*, -ˌumschlag *m*; ~ *debt* *s.* ✝ Buchschuld *f*.

booked [bʊkt] *adj.* **1.** gebucht, eingetragen; **2.** vorgemerkt, bestimmt, bestellt: *all ~* (*up*) voll besetzt *od.* belegt, ausverkauft.

book end *s. mst pl.* Bücherstütze *f*.

book·ie [ˈbʊkɪ] *sl.* → **bookmaker**.

book·ing [ˈbʊkɪŋ] *s.* **1.** Buchung *f*, Eintragung *f*; **2.** Bestellung *f*; ~ *clerk* *s.* Schalterbeamte(r) *m*, Fahrkartenverkäufer *m*; ~ *hall* *s.* Schalterhalle *f*; ~ *of·fice* *s.* **1.** Fahrkartenschalter *m*; **2.** *thea. etc.* Kasse *f*; Vorverkaufsstelle *f*; **3.** *Am.* Gepäckschalter *m*.

book·ish [ˈbʊkɪʃ] *adj.* □ **1.** belesen, gelehrt; **2.** voll Bucherweisheit: ~ *person* a) Büchernarr *m*, b) Stubengelehrte(r) *m*; ~ *style* papierener Stil; **ˈbook·ish·ness** [-nɪs] *s.* trockene Gelehrsamkeit.

ˈbook|**ˌkeep·er** *s.* Buchhalter(in); **ˈ~ˌkeep·ing** *s.* Buchhaltung *f*, -führung *f*: ~ *by single* (*double*) *entry* einfache (doppelte) Buchführung; ~ *knowl·edge*, ~ *learn·ing* *s.* Buchwissen *n*, Bücherweisheit *f*.

book·let [ˈbʊklɪt] *s.* Büchlein *n*, Broˈschüre *f*.

ˈbook|**ˌmak·er** *s.* Buchmacher *m*; **ˈ~·man** [-mən] *s.* [*irr.*] Büchermensch *m*, Gelehrte(r) *m*; **ˈ~·mark** *s.* Lesezeichen *n*; **ˈ~·mo·bile** [-məʊbi:l] *s. Am.* 'Auto-, 'Wanderbücheˌrei *f*; **ˈ~·plate** *s.* Exˈlibris *n*; ~ *post* *s. Brit.* (*by ~* als) Büchersendung *f*; ~ *prof·it* *s.* ✝ Buchgewinn *m*; ~ *rack* *s.* Büchergestell *n*, -regal *n*; **ˈ~·rest** *s.* **1.** Buchstütze *f*; **2.** (kleines) Lesepult; ~ *re·view* *s.* Buchbesprechung *f*; ~ *re·view·er* *s.* 'Buchˌkritiker *m*; **ˈ~ˌsell·er** *s.* Buchhändler (-in); **ˈ~·shelf** *s.* Bücherbrett *n*, -gestell *n*; **ˈ~·shop** *s.* Buchhandlung *f*; **ˈ~·stack** *s.* Bücherregal *n*; **ˈ~·stall** *s.* **1.** Bücher(verkaufs)stand *m*; **2.** Zeitungsstand *m*; **ˈ~·stand** → *book-rack*; **ˈ~·store** *s. Am.* Buchhandlung *f*.

book·sy [ˈbʊksɪ] *adj. Am.* F ‚hochgestochen'.

book| *to·ken* *s. Brit.* Büchergutschein *m*; ~ *trade* *s.* Buchhandel *m*; ~ *val·ue* *s.* ✝ Buchwert *m*; **ˈ~·worm** *s. zo. u. fig.* Bücherwurm *m*.

boom¹ [bu:m] **I** *s.* Dröhnen *n*, Donnern *n*, Brausen *n*; **II** *v/i.* dröhnen, donnern, brausen; **III** *v/t. a.* ~ *out* dröhnend äußern.

boom² [bu:m] *s.* **1.** ⚓ Baum *m* (*Hafen- od. Flußsperrgerät*); **2.** ⚓ Baum *m*, Spiere *f* (*Stange am Segel*); **3.** *Am.* Schwimmbaum *m* (*zum Auffangen des Floßholzes*); **4.** *Film, TV:* (Mikroˈphon)Galgen *m*.

boom³ [bu:m] **I** *s.* **1.** Aufschwung *m*; Berühmtheit *f*, *das* Berühmtwerden; Blüte(zeit) *f*; **2.** ✝ Boom *m*: a) ('Hoch-)

Konjunkˌtur *f*: *building ~* Bauboom, b) Aufschwung *m*, c) Börse: Hausse *f*; **3.** Reˈklamerummel *m*, aufdringliche Proˈpaˈganda; **II** *v/i.* **4.** e-n (raˈpiden) Aufschwung nehmen, in die Höhe schnellen, anziehen (*Preise, Kurse*), blühen: *~ing* florierend, blühend; **III** *v/t.* **5.** die Werbetrommel rühren für; *Preise* in die Höhe treiben; **ˌ~-and-ˈbust** *s. Am.* F außergewöhnlicher Aufstieg, dem e-e ernste Krise folgt.

boom·er·ang [ˈbu:məræŋ] **I** *s.* Bumerang *m* (*a. fig.*); **II** *v/i. fig.* sich als Bumerang erweisen (für), zurückschlagen (auf *acc.*).

boon¹ [bu:n] *s.* **1.** Wohltat *f*, Segen *m*; **2.** Gefälligkeit *f*.

boon² [bu:n] *adj. lit.* freundlich, munter: ~ *companion* lustiger Kumpan *od.* Zechbruder.

boon·docks [ˈbu:ndɒks] *s. pl. Am. sl.* *die* Proˈvinz.

boor [bʊə] *s. fig.* a) ‚Bauer' *m*, ungehobelter Kerl, b) Flegel *m*; **boor·ish** [ˈbʊərɪʃ] *adj.* □ *fig.* ungehobelt, flegelhaft; **boor·ish·ness** [ˈbʊərɪʃnɪs] *s.* ungehobeltes Benehmen *od.* Wesen.

boost [bu:st] **I** *v/t.* **1.** hochschieben, -treiben; nachhelfen (*dat.*) (*a. fig.*); **2.** ⚡ F a) fördern, Auftrieb geben (*dat.*) (*a. fig.*), *Produktion etc.* ‚ankurbeln', *Preise* in die Höhe treiben: *~ the morale* die (*Arbeits- etc.*)Moral heben, b) anpreisen, Reˈklame machen für; **3.** ⚙, ⚡ *Druck, Spannung* erhöhen, verstärken; **II** *s.* **4.** Förderung *f*, Erhöhung *f*; Auftrieb *m*; **5.** *fig.* Reˈklame *f*.

boost·er [ˈbu:stə] *s.* **1.** F Förderer *m* Reˈklamemacher *m*; Preistreiber *m*; **2.** ⚙, ⚡ 'Zusatz(aggreˌgat *n*, -dyˌnamo *m*, -verstärker *m*); ⚡ Komˈpressor *m*; Servomotor *m*; *Rakete:* a) 'Antriebsaggreˌgat *n*, b) Zündstufe *f*, c) 'Trägerraˌkete *f*; ~ *bat·ter·y* *s.* ⚡ 'Zusatzbatteˌrie *f*; ~ *rock·et* *s.* 'Startraˌkete *f*; ~ *shot* *s.* ✚ Wiederˈholungsimpfung *f*.

boot¹ [bu:t] **I** *s.* **1.** (*Am.* Schaft)Stiefel *m*; *pl.* Mode: Boots *pl.*: *the ~ is on the other leg* a) der Fall liegt umgekehrt, b) die Verantwortung liegt bei der anderen Seite; *die in one's ~s* a) in den Sielen sterben, b) e-s plötzlichen *od.* gewaltsamen Todes sterben; *get the ~* *sl.* ‚rausgeschmissen' (*entlassen*) werden; → *big* 2; **2.** *Brit. mot.* Kofferraum *m*; **3.** ⚡ Schutzkappe *f*, -hülle *f*; **II** *v/t.* **4.** *sl.* j-m e-n Fußtritt geben; **5.** *sl. fig.* j-n ‚rausschmeißen' (*entlassen*); **6.** F Fußball treten; **7.** *Computer:* Proˈgramm booten, starten.

boot² [bu:t] *s. nur noch in:* *to ~* obendrein, noch dazu.

ˈboot·black *s. Am.* Schuhputzer *m*.

boot·ed [ˈbu:tɪd] *adj.* Stiefel tragend: ~ *and spurred* gestiefelt u. gespornt.

booth [bu:ð] *s.* **1.** (Markt)Bude *f*; (Messe)Stand *m*; **2.** (Fernsprech-, Wahl)Zelle *f*; **3.** a) *Radio, TV:* (Überˈtragungs)Kaˌbine *f*, b) ('Abhör-)Kaˌbine *f* (*Schallplattengeschäft*); **4.** Nische *f*, Sitzgruppe *f* *im Restaurant*.

ˈboot|·*jack* *s.* Stiefelknecht *m*; **ˈ~·lace** *s. bsd. Brit.* Schnürsenkel *m*.

boot·leg [ˈbu:tleg] *v/t. u. v/i. sl. bsd.* *Spirituosen* 'illegal herstellen, schwarz verkaufen, schmuggeln; **ˈbootˌleg·ger** [-gə] *s. Am. sl.* ('Alkohol-)

Schmuggler *m*, (-)Schwarzhändler *m*; **'boot¸leg·ging** [-gɪŋ] *s. Am. sl.* ('Alkohol)Schmuggel *m*.

boot·less ['bu:tlɪs] *adj.* ☐ nutzlos, vergeblich.

'boot|·lick *v/t. u. v/i.* F (vor *j-m*) kriechen; **'¸lick·er** *s.* F ¸Kriecher' *m*.

boots [bu:ts] *s. sg.* Hausdiener *m* (*im Hotel*).

'boot|·strap *s.* Stiefelstrippe *f*, -schlaufe *f*: **pull o.s. up by one's own ¸s** sich aus eigener Kraft hocharbeiten; **¸ top** *s.* Stiefelstulpe *f*; **¸ tree** *s.* Schuh-, Stiefelleisten *m*.

boot·y ['bu:tɪ] *s.* **1.** (Kriegs)Beute *f*, Raub *m*; **2.** *fig.* Beute *f*, Fang *m*.

booze [bu:z] F **I** *v/i.* ¸saufen'; **II** *s.* a) Schnaps *m*, ¹Alkohol *m*, b) ¸Saufe'rei' *f*, Besäufnis *n*: **go on** (*od.* **hit**) **the ¸→** I; **boozed** [-zd] *adj.* F ¸blau', ¸voll', besoffen; **'booz·er** [-zə] *s.* **1.** F Säufer *m*; **2.** *Brit. sl.* Kneipe *f*.

'booze-up → *booze* II b.

booz·y ['bu:zɪ] *adj.* F **1.** → *boozed*; **2.** versoffen.

bo·rac·ic [bə'ræsɪk] *adj.* ☆ 'boraxhaltig, Bor...: **¸ acid** Borsäure *f*.

bor·age ['bɒrɪdʒ] *s.* ♥ Borretsch *m*, Gurkenkraut *n*.

bo·rax ['bɔ:ræks] *s.* ☆ 'Borax *m*.

bor·der ['bɔ:də] **I** *s.* **1.** Rand *m*, Kante *f*; **2.** (*Landes- od. Gebiets*)Grenze *f*; *a.* **¸ area** Grenzgebiet *n*: **the ♀ Grenze** *od.* Grenzgebiet zwischen England u. Schottland; **north of the ♀** in Schottland; **¸ incident** Grenzzwischenfall *m*; **3.** Um'randung *f*, Borte *f*, Einfassung *f*, Saum *m*; Zierleiste *f*; **4.** Randbeet *n*, Ra'batte *f*; **II** *v/t.* **5.** einfassen, besetzen; **6.** begrenzen, (um)'säumen: **a lawn ¸ed by trees**; **7.** grenzen an (*acc.*): **my park ¸s yours**; **III** *v/i.* **8.** grenzen (**on** an *acc.*) (*a. fig.*); **'bor·der·er** [-ərə] *s.* **1.** Grenzbewohner *m*; **2.** **♀s** *pl.* ✕ ¸Grenzregi¸ment *n*.

'bor·der|·land *s.* Grenzgebiet *n* (*a. fig.*); **'¸·line I** *s.* 'Grenz¸linie *f*; *fig.* Grenze *f*; **II** *adj.* auf *od.* an e-r Grenze: **¸ case** Grenzfall *m*.

bor·dure ['bɔ:¸djʊə] *s. her.* 'Schild-, 'Wappenum¸randung *f*.

bore¹ [bɔ:] **I** *v/t.* **1.** (durch)'bohren: **¸ a well** e-n Brunnen bohren; **to ¸ one's way** *fig.* sich (mühsam) e-n Weg bahnen; **II** *v/i.* **2.** (*for*) bohren, Bohrungen machen (nach); ✕ schürfen (nach); **3.** ☿ *bei Holz:* (ins Volle) bohren; *bei Metall:* (aus-, auf)bohren; **4.** sich einbohren (*into* in *acc.*); **5.** ✕ Bohrung *f*, Bohrloch *n*; **6.** ✕, ☿ Bohrung *f*, Seele *f*, Ka'liber *n* (*e-r Schußwaffe*).

bore² [bɔ:] **I** *s.* **1.** *et.* Langweiliges *od.* Lästiges *od.* Stumpfsinniges: **what a ¸** a) wie langweilig, b) wie dumm; **the book is a ¸ to read** das Buch ist ¸stinkfad'; **2.** a) fader Kerl, b) unangenehmer Kerl, (altes) Ekel; **II** *v/t.* **3.** langweilen: **be ¸d** sich langweilen; **look ¸d** gelangweilt aussehen.

bore³ [bɔ:] *s.* Springflut *f*.
bore⁴ [bɔ:] *pret. von bear¹*.

bo·re·al ['bɔ:rɪəl] *adj.* nördlich, Nord...; **bo·re·a·lis** [bɔ:rɪ'eɪlɪs] → *aurora borealis*; **Bo·re·as** ['bɒrɪæs] **I** *npr.* 'Boreas *m*; **II** *s.* *poet.* Nordwind *m*.

bore·dom ['bɔ:dəm] *s.* **1.** Langeweile *f*, Gelangweiltsein *n*; **2.** Langweiligkeit *f*,

Stumpfsinn *m*.

bor·er ['bɔ:rə] *s.* **1.** ☿ Bohrer *m*; **2.** *zo.* Bohrer *m* (*Insekt*).

bo·ric ['bɔ:rɪk] *adj.* ☆ Bor...: **¸ acid** Borsäure *f*.

bor·ing ['bɔ:rɪŋ] *adj.* **1.** bohrend, Bohr...; **2.** langweilig.

born [bɔ:n] **I** *p.p. von bear¹*; **II** *adj.* geboren: **¸ of ...** geboren von ..., Kind des *od.* der ...; **a ¸ poet**, **a ¸ poet** ein geborener Dichter, zum Dichter geboren; **a ¸ fool** ein völliger Narr; **an Englishman ¸ and bred** ein echter Engländer; **never in all my ¸ days** mein Lebtag (noch) nie.

borne [bɔ:n] *p.p. von bear¹* **1.** getragen *etc.*: **lorry-¸** mit (e-m) Lastwagen befördert; **2.** geboren (*in Verbindung mit by* und dem Namen der Mutter): **Elizabeth I was ¸ by Anne Boleyn**.

bor·né [bɔ:'neɪ] (*Fr.*) *adj.* borniert.

bo·ron ['bɔ:rɒn] *s.* ☆ Bor *n*.

bor·ough ['bʌrə] *s.* **1.** *Brit.* a) Stadt *f od.* im Parla'ment vertretener städtischer Wahlbezirk, b) Stadtteil *m* (*von Groß-London*): **♀ Council** Stadtrat *m*; **2.** *Am.* a) Stadt- *od.* Dorfgemeinde *f*, b) Stadtbezirk *m* (*in New York*).

bor·row ['bɒrəʊ] *v/t.* **1.** (aus)borgen, (ent)leihen (**from, of** von): **¸ed funds** ♀ Fremdmittel *pl.*; **2.** *fig.* entlehnen, *humor.* ¸borgen': **¸ed word** Lehnwort *n*; **'bor·row·er** [-əʊə] *s.* **1.** Entleiher (-in), Borger(in); **2.** ♀ Kre'ditnehmer (-in); **'bor·row·ing** [-əʊɪŋ] *s.* (Aus)Borgen *n*; Darlehns-, Kre'ditaufnahme *f*, Anleihe *f*: **¸ power** ♀ Kreditfähigkeit *f*.

Bor·stal (In·sti·tu·tion) ['bɔ:stl] *s. Brit.* erzieherisch gestaltete Jugendstrafanstalt: **Borstal training** Strafvollzug *m* in e-m **Borstal**.

bosh [bɒʃ] *s.* F ¸Quatsch' *m*.

bos·om ['bʊzəm] *s.* **1.** Busen *m*, Brust *f*, *fig. a.* Herz *n*: **¸ friend** Busenfreund (-in); **keep** (*od.* **lock**) **in one's** (**own**) **¸** in s-m Busen verschließen; **take s.o. to one's ¸** j-n ans Herz drücken; **3.** *fig.* Schoß *m*: **in the ¸ of one's family** (**the Church**); **→ Abraham**; **4.** Brustteil *m* (*Kleid etc.*); *bsd. Am.* Hemdbrust *f*; **5.** Tiefe *f*, das Innere: **in the ¸ of the earth** im Erdinnern; **'bos·omed** [-md] *adj. in Zssgn ...*busig; **'bos·om·y** [-mɪ] *adj.* vollbusig.

boss¹ [bɒs] **I** *s.* Beule *f*, Buckel *m*, Knauf *m*, Knopf *m*, erhabene Verzierung; ☿ (*Rad-, Schiffsschrauben*)Nabe *f*; **II** *v/t.* mit Buckeln *etc.* verzieren, bossen.

boss² [bɒs] F **I** *s.* **1.** *a.* **¸-man** Chef *m*, Vorgesetzte(r) *m*, ¸Boß' *m*; **2.** *fig.* ¸Macher' *m*, ¸Boß' *m*, Tonangebende(r) *m*; **3.** *Am. pol.* (Par'tei)Bonze *m*, (-)Boß *m*; **II** *v/t.* **4.** Herr sein über (*acc.*): **¸ the show** der Chef vom Ganzen sein; **III** *v/i.* **5.** den Chef *od.* Herrn spielen, kommandieren; **6.** **¸ about** herumkommandieren; **boss·y** ['bɒsɪ] *adj.* F **1.** herrisch, dikta'torisch; **2.** rechthaberisch.

bo·sun ['bəʊsn] → *boatswain*.

bo·tan·ic, bo·tan·i·cal [bə'tænɪk(l)] *adj.* ☐ bo'tanisch.

bot·a·nist ['bɒtənɪst] *s.* Bo'taniker *m*, Pflanzenkenner *m*; **'bot·a·nize** [-naɪz] *v/i.* botanisieren; **'bot·a·ny** [-nɪ] *s.* Bo'tanik *f*, Pflanzenkunde *f*.

botch [bɒtʃ] **I** *s.* Flickwerk *n*, *fig. a.* Pfuscharbeit *f*: **make a ¸ of s.th** et. verpfuschen; **II** *v/t.* zs.-schustern *od.* -stoppeln; verpfuschen; **III** *v/i.* pfuschen, stümpern; **'botch·er** [-tʃə] *s.* **1.** Flickschneider *m*, -schuster *m* (*a. fig.*); **2.** Pfuscher *m*, Stümper *m*.

both [bəʊθ] **I** *adj. u. pron.* beide, beides: **¸ my sons** meine beiden Söhne; **¸ parents** beide Eltern; **¸ of them** sie (*od.* alle) beide; **you can't have it ¸ ways** du kannst nicht beides *od.* nur eins von beiden haben; **II** *adv. od. cj.:* **¸ ... and** sowohl ... als (auch): **¸ boys and girls**.

both·er ['bɒðə] **I** *s.* **1.** a) Last *f*, Plage *f*, Mühe *f*, Ärger *m*, Schere'rei *f*, b) Aufregung *f*, ¸Wirbel' *m*, Getue *n*: **this boy is a great ¸** dieser Junge ist e-e große Plage; **II** *v/t.* **2.** belästigen, quälen, stören, beunruhigen, ärgern: **don't ¸ me!** laß mich in Frieden!; **be ¸ed about s.th.** über et. beunruhigt sein; **I can't be ¸ed with it** ich kann mich nicht damit abgeben; **¸ one's head about s.th.** sich den Kopf zerbrechen; **¸ (it)!** F verflixt!; **III** *v/i.* **3.** (*about*) sich sorgen (um), sich aufregen (über *acc.*); **4.** sich Mühe geben: **don't ¸!** bemüh dich nicht!; **5.** (*about*) sich kümmern (um), sich befassen (mit), sich Gedanken machen (wegen): **I shan't ¸ about it**; **both·er·a·tion** [¸bɒðə'reɪʃn] F **I** *s.* Belästigung *f*; **II** *int.* ¸Mist'!

bo-tree ['bəʊtri:] *s.* der heilige Feigenbaum (*Buddhas*).

bot·tle ['bɒtl] **I** *s.* **1.** Flasche *f* (*a.* ⚙): **wine in ¸s** Flaschenwein *m*; **bring up on the ¸ Säugling** mit der Flasche aufziehen; **be fond of the ¸** gern ¸einen heben'; **II** *v/t.* **2.** in Flaschen abfüllen; **3.** *bsd. Brit.* Früchte *etc.* in Gläsern einmachen; **¸ up** *v/t.* **1.** *fig.* Gefühle *etc.* unter'drücken: **bottled-up** aufgestaut; **2.** einschließen: **the enemy's fleet**.

bot·tle cap *s.* Flaschenkapsel *f*.

bot·tled ['bɒtld] *adj.* in Flaschen *od.* (Einmach)Gläser (ab)gefüllt: **¸ beer** Flaschenbier *n*; **→ bottle up** 1.

'bot·tle|·feed *v/t.* [*irr.*] mit der Flasche aufziehen, aus der Flasche ernähren: **bottle-fed child**; **¸ gourd** *s.* ♥ Flaschenkürbis *m*; **'¸-green** *adj.* flaschen-, dunkelgrün; **'¸-¸hold·er** *s.* **1.** Boxen: Sekun'dant *m*; **2.** *fig.* Helfershelfer *m*; **¸ imp** *s.* Flaschenteufelchen *n*; **'¸-neck** *s.* Engpaß *m* (*a. fig.*); **'¸-nosed** *adj.* mit e-r Säufernase; **'¸-par·ty** *s.* Bottle-Party *f* (*zu der jeder Gast e-e Flasche Wein etc. mitbringt*); **¸ post** *s.* Flaschenpost *f*.

bot·tler ['bɒtlə] *s.* 'Abfüllma¸schine *f od.* -betrieb *m*.

'bot·tle|·wash·er *s.* **1.** Flaschenreiniger *m*; **2.** *humor.* Fak'totum *n*, ¸Mädchen *m* für alles'.

bot·tom ['bɒtəm] **I** *s.* **1.** *der* unterste Teil, 'Unterseite *f*, Boden *m* (*Gefäß etc.*), Fuß *m* (*Berg, Treppe, Seite etc.*), Sohle *f* (*Brunnen, Tal etc.*): **¸s up!** *sl.* ex! (*beim Trinken*); **2.** Boden *m*, Grund *m* (*Gewässer*): **go to the ¸** versenken; **send to the ¸** versenken; **touch ¸** a) auf Grund geraten, b) *fig.* den Tiefpunkt erreichen; **the ¸ has fallen out of the market** der Markt hat e-n Tiefstand erreicht; **3.** *fig.* Grund(lage *f) m*: **what is at the ¸ of it?** was ist der

Grund dafür?, was steckt dahinter?; *knock the* ~ *out of s.th.* et. gründlich widerlegen; *get to the* ~ *of s.th.* e-r Sache auf den Grund gehen *od.* kommen: *from the* ~ *up* von Grund auf; **4.** *fig. das* Innere, Tiefe *f*: *from the* ~ *of my heart* aus tiefstem Herzen; *at* ~ im Grunde; **5.** ⚓ Schiffsboden *m*; Schiff *n*: ~ *up*(*wards*) kieloben; *shipped in British* ~*s* in brit. Schiffen verladen; **6.** (*Stuhl*)Sitz *m*; **7.** F *der* Hintern, ‚Po (-'po)‘ *m*: *smack the boy's* ~ den Jungen ‚versohlen‘; *smooth as a baby's* ~ glatt wie ein Kinderpopo; **8.** (unteres) Ende (*Tisch, Klasse, Garten*); **II** *adj.* **9.** unterst, letzt, äußerst: ~ *shelf* unterstes (*Bücher*)Brett; ~ *drawer* a) unterste Schublade (*a. fig.*), b) *Brit.* Aussteuer (-truhe) *f*; ~ *price* äußerster Preis; ~ *line* letzte Zeile; **III** *v/t.* **10.** mit e-m Boden *od.* Sitz versehen; **11.** ergründen; '**bot·tomed** [-md] *adj.*: ~ *on* beruhend auf (*dat.*); *double-*~ mit doppeltem Boden; *cane-*~ mit Rohrsitz (*Stuhl*); '**bot·tom·less** [-lɪs] *adj.* bodenlos (*a. fig.*); unergründlich; unerschöpflich; '**bot·tom·ry** [-rɪ] *s.* ⚓ Bodme'rei(geld *n*) *f*.

bot·u·lism ['bɒtjʊlɪzəm] *s.* 🕱 Botu'lismus *m* (*Fleischvergiftung etc.*).

bou·doir ['bu:dwa:] (*Fr.*) *s.* Bou'doir *n*.

bough [baʊ] *s.* Ast *m*, Zweig *m*.

bought [bɔ:t] *pret. u. p.p. von* **buy**.

boul·der ['bəʊldə] *s.* Fels-, Geröllblock *m*; *geol.* er'ratischer Block: ~ *period* Eiszeit *f*.

bou·le·vard ['bu:lva:] *s.* Boule'vard *m*, Prachtstraße *f*, *Am. a.* Hauptverkehrsstraße *f*.

boult → **bolt²**.

bounce [baʊns] **I** *v/i.* **1.** springen, (hoch)schnellen, hüpfen: *the ball* ~*d*; *he* ~*d out of his chair*, ~ *about* herumhüpfen; **2.** stürzen, stürmen: ~ *into a room*; **3.** auf-, anprallen (*against* gegen): ~ *off* abprallen; **4.** 🕈 ‚platzen‘ (*Scheck*); **II** *v/t.* **5.** Ball (auf)springen lassen; **6.** *Brit.* F j-n drängen (*into* zu); **7.** *Am. sl.* j-n ‚rausschmeißen‘ (*a. fig. entlassen*); **III** *s.* **8.** Sprungkraft *f*; **9.** Sprung *m*, Schwung *m*, Stoß *m*; **10.** Unverfrorenheit *f*; **11.** F ‚Schwung‘ *m*, E'lan *m*; **12.** *Am. sl.* ‚Rausschmiß‘ *m* (*Entlassung*); '**bounc·er** [-sə] *s.* F **1.** a) Angeber *m*, b) Lügner *m*; **2.** freche Lüge; **3.** a) ‚Mordskerl‘ *m*, b) ‚Prachtweib‘ *n*, c) ‚Mordssache‘ *f*; **4.** *Am.* ‚Rausschmeißer‘ *m* (*in Nachtlokalen etc.*); **5.** ungedeckter Scheck; '**bounc·ing** [-sɪŋ] *adj.* **1.** stramm (*kräftig*): ~ *baby*; ~ *girl*; **2.** munter, lebhaft; **3.** Mords...

bound¹ [baʊnd] **I** *pret. u. p.p. von* **bind**; **II** *adj.* **1.** *be* ~ *to do* zwangsläufig et. tun müssen; *he is* ~ *to tell me* er ist verpflichtet, es mir zu sagen; *he is* ~ *to be late* er muß ja zu spät kommen; *he is* ~ *to come* er kommt bestimmt; *I'll be* ~ ich bürge dafür, ganz gewiß; **2.** *in Zssgn* festgehalten *od.* verhindert durch: *ice-*~; *storm-*~.

bound² [baʊnd] *adj.* (*for*) bestimmt, unter'wegs (nach): ~ *for London*; *homeward* (*outward*) ~ ⚓ auf der Heimreise (Hin-, Ausreise) (befindlich): *where are you* ~ *for?* wohin reisen *od.* gehen Sie?

bound³ [baʊnd] **I** *s.* **1.** Grenze *f*, Schranke *f*, Bereich *m*: *beyond all* ~*s* maß-, grenzenlos; *keep within* ~*s* in vernünftigen Grenzen halten; *set* ~*s to* Grenzen setzen (*dat.*), in Schranken halten; *within the* ~*s of possibility* im Bereich des Möglichen; *out of* ~*s* a) *sport* aus, im Aus, b) (*to*) Zutritt verboten (für); **II** *v/t.* **2.** be-, abgrenzen, die Grenze von et. bilden; **3.** *fig.* beschränken, Schranken halten.

bound⁴ [baʊnd] **I** *v/i.* **1.** (hoch)springen, hüpfen (*a. fig.*); **2.** lebhaft gehen, laufen; **3.** an-, abprallen; **II** *s.* **4.** Sprung *m*, Satz *m*, Schwung *m*: *at a single* ~ mit 'einem Satz; *on the* ~ beim Aufspringen (*Ball*).

bound·a·ry ['baʊndərɪ] *s.* **1.** a. *fig.* Grenze *f*, a. ~ *line* 'Grenz‚linie *f*; **2.** *fig.* Bereich *m*; **4.** 🔺, *phys.* a) Begrenzung *f*, b) Rand *m*; c) 'Umfang *m*.

bound·en ['baʊndən] *adj.*: *my* ~ *duty* m-e Pflicht u. Schuldigkeit.

bound·er ['baʊndə] *s. sl.* ‚Stromer‘ *m*, Kerl *m*.

bound·less ['baʊndlɪs] *adj.* □ grenzenlos, unbegrenzt, *fig. a.* 'übermäßig.

boun·te·ous ['baʊntɪəs] *adj.* □ **1.** freigebig, großzügig; **2.** (allzu) reichlich; '**boun·ti·ful** [-tɪfʊl] *adj.* □ → **bounteous**; **boun·ty** ['baʊntɪ] *s.* **1.** Freigebigkeit *f*, (milde) Gabe; Spende *f* (*bsd. e-s Herrschers*); **3.** 🗡 Handgeld *n*; **4.** 🕆 (*bsd.* Ex'port)Prämie *f*, Zuschuß *m* (*on* auf, für); **5.** Belohnung *f*.

bou·quet [bʊ'keɪ] *s.* **1.** Bu'kett *n*, (Blumen)Strauß *m*; **2.** A'roma *n*; Blume *f* (*Wein*); **3.** *bsd. Am.* Kompli'ment *n*.

Bour·bon ['bʊəbən] *s.* **1.** *pol. Am.* Reaktio'när *m*; **2.** ⚜ ['bɜ:bən] 'Bourbon *m* (*amer. Whiskey aus Mais*).

bour·geois¹ ['bʊəʒwa:] *contp.* **I** *s.* Bour'geois *m*; **II** *adj.* bour'geois, (spieß)bürgerlich.

bour·geois² [bɜ:'dʒɔɪs] *typ.* **I** *s.* 'Borgis *f*; **II** *adj.* in 'Borgis‚lettern gedruckt.

bourn(e)¹ [bʊən] *s.* (Gieß)Bach *m*.

bourn(e)² [bʊən] *s.* **1.** *obs.* Grenze *f*; **2.** *poet.* Ziel *n*; Gebiet *n*, Bereich *m*.

bourse [bʊəs] *s.* 🕆 Börse *f*.

bout [baʊt] *s.* **1.** Arbeitsgang *m*; Fechten, Tanz: Runde *f*: *drinking* ~ Zecherei *f*; **2.** (Krankheits)Anfall *m*, At'tacke *f*; **3.** Zeitspanne *f*; **4.** Kraftprobe *f*, Kampf *m*; **5.** (*bsd.* Box-, Ring)Kampf *m*.

bo·vine ['bəʊvaɪn] *adj.* **1.** *zo.* Rinder...; **2.** *fig.* (*a.* geistig) träge, schwerfällig, dumm.

bov·ver ['bɒvə] *s. Brit. sl.* Schläge'rei *f* *bsd.* zwischen Rockern: ~ *boots* Rokker-Stiefel *pl.*

bow¹ [baʊ] **I** *s.* **1.** Verbeugung *f*, Verneigung *f*: *make one's* ~ a) sich vorstellen, b) sich verabschieden; *take a* ~ sich verbeugen, sich für den Beifall bedanken; **II** *v/t.* **2.** beugen, neigen: ~ *one's head* den Kopf neigen; ~ *one's neck fig.* den Nacken beugen; ~ *one's thanks* sich dankend verneigen; ~*ed with grief* grambeugt; ~ *knee* 1; **3.** biegen: *the wind has* ~*ed the branches*; **III** *v/i.* **4.** (*to*) sich verbeugen *od.* verneigen (vor *dat.*), grüßen (*acc.*): *a* ~*ing acquaintance* e-e Grußbekanntschaft; *on* ~*ing terms* auf dem Grußfuße, flüchtig bekannt; ~ *and*

scrape Kratzfüße machen, *fig.* katzbuckeln; **5.** *fig.* sich beugen *od.* unter'werfen (*to dat.*): ~ *to the inevitable* sich in das Unvermeidliche fügen; ~ *down* *v/i.* (*to*) **1.** verehren, anbeten (*acc.*); **2.** sich unter'werfen (*dat.*); ~ *in* *v/t.* j-n unter Verbeugungen hin'eingeleiten; ~ *out* **I** *v/t.* j-n hin'auskomplimentieren; **II** *v/i.* sich verabschieden.

bow² [bəʊ] **I** *s.* **1.** (Schieß)Bogen *m*: *have more than one string to one's* ~ *fig.* mehrere Eisen im Feuer haben; *draw the long* ~ *fig.* aufschneiden, übertreiben; **2.** ♪ (*Violin- etc.*)Bogen *m*; **3.** 🔺, ⊕ a) Bogen *m*, Kurve *f*, b) *pl.* 'Bogen‚zirkel *m*; **4.** Bügel *m* (*der Brille*); **5.** Knoten *m*, Schleife *f*; **II** *v/i.* **6.** ♪ den Bogen führen.

bow³ [baʊ] *s.* ⚓ **1.** a. *pl.* Bug *m*; **2.** Bugmann *m* (*im Ruderboot*).

Bow| bells [bəʊ] *s. pl.* Glocken *pl.* der Kirche *St. Mary le Bow* (*London*): *be born within the sound of* ~ ein echter Cockney sein; ⚘ *com·pass*(·*es*) *s. sg. od.* 🔺, ⊕ → *bow²* 3b.

bowd·ler·ize ['baʊdləraɪz] *v/t.* Bücher (von anstößigen Stellen) säubern; *fig.* verwässern.

bow·els ['baʊəlz] *s. pl.* **1.** *anat.* Darm *m*; Gedärm *n*, Eingeweide *pl.*: *open* ~ 🕱 offener Leib; *have open* ~ regelmäßig Stuhlgang haben; **2.** *das* Innere, Mitte *f*: *the* ~ *of the earth* das Erdinnere.

bow·er¹ ['baʊə] *s.* (Garten)Laube *f*, schattiges Plätzchen; *obs.* (Frauen)Gemach *n*.

bow·er² ['baʊə] *s.* ⚓ Buganker *m*.

bow·er·y ['baʊərɪ] *s. hist. Am.* Farm *f*, Pflanzung *f*; *the* ⚜ die Bowery (*heruntergekommene Straße u. Gegend in New York City*).

'bow-head ['bəʊ-] *s. zo.* Grönlandwal *m*.

'bow-ie-knife ['bəʊɪ-] *s.* [*irr.*] 'Bowiemesser *n* (*langes Jagdmesser*).

bowl¹ [bəʊl] *s.* **1.** Napf *m*, Schale *f*; Bowle *f* (*Gefäß*); **2.** Schüssel *f*, Becken *n*; **3.** *poet.* Gelage *n*; **4.** a) (Pfeifen-)Kopf *m*, b) Höhlung *f* (*Löffel etc.*); **5.** *Am.* 'Stadion *n*.

bowl² [bəʊl] **I** *s.* **1.** a) (*Bowling-, Bowls-, Kegel*)Kugel *f*, b) → **bowls** 1, c) Wurf *m*; **II** *v/t.* **2.** *allg.* rollen (lassen); *Bowling etc.*: *die Kugel* werfen; *Ball* rollen, werfen (*a. Kricket*); *Reifen* schlagen, treiben; **III** *v/i.* **3.** a) bowlen, Bowls spielen, b) bowlen, Bowling spielen, c) kegeln, d) werfen; **4.** *mst* ~ *along* ,(da'hin)gondeln‘ (*Wagen*); ~ *out* *v/t.* Kricket: *den Schläger* (durch Treffen des Dreistabes) ,ausmachen‘; *fig.* j-n ,erledigen‘, schlagen; ~ *o·ver* *v/t.* 'umwerfen (*a. fig.*).

'bow-legged ['bəʊ-] *adj.* säbel-, O-beinig; **'bow-legs** *s. pl.* Säbel-, O-Beine *pl.*

bowl·er ['bəʊlə] *s.* **1.** a) Bowls-Spieler (-in), b) Bowling-Spieler(in), c) Kegler (-in); **2.** *Kricket:* Werfer *m*; **3.** *a.* ~ *hat Brit.* ,Me'lone‘ *f*.

bow-line ['bəʊlɪn] *s.* ⚓ Bu'lin *f*.

bowl·ing ['bəʊlɪŋ] *s.* **1.** Bowling *n*; **2.** Kegeln *n*; ~ *al·ley* **s. 1.** Bowlingbahn *f*; **2.** Kegelbahn *f*; ~ *green* *s.* Bowls *etc:* Rasenplatz *m*.

bowls [bəʊlz] *s. pl. sg. konstr.* **1.** Bowls (-Spiel) *n*; **2.** Kegeln *n*.

bow·man ['bəʊmən] s. [irr.] Bogenschütze m; '~**shot** s. Bogenschußweite
f; '~**sprit** s. ♣ Bugspriet m; ⚹ **Street**
npr. Straße in London mit dem Polizei-
gericht; '~**string** I s. Bogensehne f; II
v/t. erdrosseln; ~ **tie** s. (Frack)Schleife
f, Fliege f; ~ **win·dow** s. Erkerfenster
n.
bow-wow I int. [ˌbaʊ'waʊ] wau'wau!; II
s. ['bauwaʊ] Kindersprache: Wau'wau
m (Hund).
box¹ [bɒks] I s. **1.** Kasten m, Kiste f;
Brit. a. Koffer m; **2.** Büchse f, Schachtel f, Etu'i n, Dose f, Kästchen n; **3.**
Behälter m, (a. Buch-, Film- etc.)Kas-
'sette f, Hülse f, Gehäuse n, Kapsel f;
4. Häus-chen n; Ab'teil n, Ab'teilung f,
Loge f (Theater etc.); ⚖ a) Zeugenstand m, b) (Geschworenen)Bank f; **5.**
Box f: a) Pferdestand, b) mot. Einstell-
platz in e-r Großgarage; **6.** Fach n (a.
für Briefe etc.); **7.** Kutschbock m; **8.**
Am. Wagenkasten m; **9.** Baseball:
Standplatz m (des Schlägers); **10.** a)
Postfach n, b) → **box number**, c)
Briefkasten m; **11.** pol. (Wahl)Urne f;
12. typ. Kasten m, Kästchen (einge-
schobener, umrandeter Text); **13.** F ,Kasten' m (Fernsehapparat, Fuß-
balltor etc.); II v/t. **14.** in Schachteln,
Kasten etc. legen, packen, einschließen; **15.** ~ **the compass** a) ♣ alle
Kompaßpunkte aufzählen, b) fig. alle
Gesichtspunkte vorbringen u. schließlich zum Ausgangspunkt zurückkehren,
e-e völlige Kehrtwendung machen; ~ **in**
v/t. **1.** → **box¹** 14; **2.** → ~ **up** v/t. einschließen, -klemmen.
box² [bɒks] I s. **1.** Schlag m mit der
Hand: ~ **on the ear** Ohrfeige f; II v/t.
2. ~ **s.o.'s ears** j-n ohrfeigen; **3.** gegen
j-n boxen; III v/i. **4.** sport boxen.
box³ [bɒks] s. ♀ Buchsbaum(holz n) m.
box| bar·rage s. ✕Abriegelungsfeuer
n; '~**calf** s. 'Boxkalf n (Leder); ~
cam·er·a s. phot. 'Box(ˌkamera) f;
'~**car** s. 🖪 Am. geschlossener Güterwagen.
box·er ['bɒksə] s. **1.** sport Boxer m; **2.**
zo. Boxer m (Hunderasse); **3.** ⚹ hist.
Boxer m (Anhänger e-s chinesischen
Geheimbundes um 1900).
box·ing ['bɒksɪŋ] s. **1.** sport Boxen n; **2.**
Ver-, Einpacken n; ⚹ **Day** s. Brit. der
zweite Weihnachtsfeiertag; ~ **gloves** s.
pl. Boxhandschuhe pl.; ~ **match** s.
sport Boxkampf m.
'**box|·ˌi·ron** s. Bolzen(bügel)eisen n; ~
junc·tion s. Brit. markierte Kreuzung,
in die bei stehendem Verkehr nicht ein-
gefahren werden darf; '~**keep·er** s.
thea. 'Logenschließer(in); ~ **num·ber**
s. 'Chiffre(nummer) f (in Zeitungsan-
zeigen); ~ **of·fice** s. **1.** (The'ater- etc.)
Kasse f; **2.** be good ~ ein Kassenerfolg
od. -schlager sein; **3.** Einspielergebnis
n; '~ˌ**of·fice** adj. Kassen…: ~ success
od. draw Kassenschlager m; '~**room** s.
Abstellraum m; '~ˌ**wal·lah** s. Brit.-Ind.
1. F indischer Hausierer; **2.** contp.
Handlungsreisende(r) m; '~**wood**
→box³.
boy [bɔɪ] **1.** Knabe m, Junge m, Bursche
m, ,Mann' m (the od. our) ~s unsere
Jung(en)s (z. B. Soldaten); old ~ a)
,alter Knabe', b) → old boy; a ~ child
ein Kind männlichen Geschlechts, ein

Junge; ~ **singer** Sängerknabe; ~ **wonder** oft iro. Wunderknabe; **2.** Laufbursche m; **3.** Boy m, (bsd. eingeborener)
Diener.
boy·cott ['bɔɪkət] I v/t. boykottieren; II
s. Boy'kott m.
'**boy·friend** s. Freund m (e-s Mädchens).
boy·hood ['bɔɪhʊd] s. Knabenalter n,
Kindheit f, Jugend f.
boy·ish ['bɔɪɪʃ] adj. □ a) jungenhaft: ~
laughter, b) knabenhaft.
boy scout s. Pfadfinder m.
bo·zo ['bəʊzəʊ] s. Am. sl. Kerl m.
B pow·er sup·ply s. ⚡ Ener'gieversor-
gung f des An'odenkreises.
bra [brɑː] s. F für **brassière**: B'H m.
brace [breɪs] I s. **1.** ⚙ Stütze f, Strebe f,
(a. 🠿 Zahn)Klammer f, Anker m, Versteifung f; (Trag)Band n, Gurt m; 🠿
Stützband n; **2.** ⚙ Griff m der Bohrkurbel: ~ **and bit** Bohrkurbel f; **3.** △, ♪,
♫, typ. (geschweifte) Klammer f; **4.** ♣
Brasse f; **5.** (a pair of) ~s pl. Brit.
Hosenträger m od. pl.; **6.** (pl. brace)
ein Paar, zwei (bsd. Hunde, Kleinwild,
Pistolen; contp. Personen); II v/t. **7.** ⚙
versteifen, -streben, stützen, verankern, befestigen; **8.** ⚙, ♪, typ. mit Klammern; **9.** ♣ brassen; **10.** fig. stärken,
erfrischen; **11.** a. ~ up s-e Kräfte, s-n
Mut zs.-nehmen; **12.** ~ o.s. (up) a) →
11, b) for s.th. sich auf et. gefaßt machen; **brace·let** ['breɪslɪt] s. **1.** Armband n, -reif m, -spange f; **2.** pl. humor.
Handschellen pl.; '**brac·er** [-sə] s. Am.
F Stärkung f, bsd. Schnäpschen n; fig.
Ermunterung f.
bra·chi·al ['breɪkjəl] adj. Arm…; '**bra-
chi·ate** [-kɪeɪt] adj. ♀ paarweise gegenständig.
brach·y·ce·phal·ic [ˌbrækɪke'fælɪk] adj.
kurzköpfig.
brac·ing ['breɪsɪŋ] adj. stärkend, kräftigend, erfrischend (bsd. Klima).
brack·en ['brækən] s. **1.** Farnkraut n; **2.**
farnbewachsene Gegend.
brack·et ['brækɪt] I s. **1.** ⚙ Träger m,
Halter m; **2.** Kon'sole f, Krag-, Tragstein m, Stützbalken m, Winkelstütze f;
3. Wandarm m; **4.** ✕Gabel f (Einschießen); **5.** △, typ. (Am. mst eckige)
Klammer: in ~s; square ~s eckige
Klammern; **6.** Gruppe f, Klasse f, Stufe
f: lower income ~ niedrige Einkommensstufe; II v/t. **7.** einklammern; **8.**
~ together in dieselbe Gruppe einordnen; auf gleiche Stufe stellen; **9.** ✕ein-
gabeln.
brack·ish ['brækɪʃ] adj. brackig.
bract [brækt] s. ♀ Deckblatt n.
brad [bræd] s. ⚙ Nagel m ohne Kopf;
(Schuh)Zwecke f.
Brad·shaw ['brædʃɔː] s. Brit. (Eisenbahn)Kursbuch n (1839–1961).
brae [breɪ] s. Scot. Abhang m, Böschung
f.
brag [bræg] I s. **1.** Prahle'rei f; **2.** →
braggart I; II v/i. **3.** (about, of) prahlen (mit), sich rühmen (gen.).
brag·ga·do·ci·o [ˌbrægə'dəʊtʃɪəʊ] s.
Prahle'rei f, Aufschneide'rei f.
brag·gart ['brægət] I s. Prahler m, Aufschneider m; II adj. prahlerisch.
Brah·man ['brɑːmən] s. Brah'mane m;
'**Brah·ma·ni** [-nɪ] s. Brah'manin f;
Brah·man·ic, Brah·man·i·cal [brɑː-
'mænɪk(l)] adj. brah'manisch.

Brah·min ['brɑːmɪn] s. **1.** → Brahman;
2. gebildete, kultivierte Per'son; **3.**
Am. iro. dünkelhafte(r) Intellektu'el-
le(r).
braid [breɪd] I v/t. **1.** bsd. Haar, Bänder
flechten; **2.** mit Litze, Band, Borte besetzen, schmücken; **3.** ⚙ um'spinnen;
II s. **4.** (Haar)Flechte f; **5.** Borte f,
Litze f, Tresse f (bsd. ✕): gold ~ goldene Tresse(n); '**braid·ed** [-dɪd] adj.
geflochten; mit Litze etc. besetzt; um-
'sponnen; '**braid·ing** [-dɪŋ] s. Litzen
pl., Borten pl., Tressen pl., Besatz m.
braille [breɪl] s. Blindenschrift f.
brain [breɪn] I s. **1.** Gehirn n; → **blow
out** 5; **2.** fig. (oft pl.) a) ,Köpfchen' n,
,Grips' m, Verstand m, b) Kopf m (Leiter), b.s. ,Drahtzieher' m: a clear ~ ein
klarer Kopf; who is the ~ behind it?
wessen Idee ist das?; have ~s intelligent sein, ,Köpfchen' haben; have
(got) s.th on the ~ et. dauernd im
Kopf haben; cudgel (od. rack) one's
~s sich den Kopf zerbrechen, sich das
Hirn zermartern; pick s.o.'s ~s a) geistigen Diebstahl an j-m begehen, b) j-n
,ausholen'; II v/t. **3.** j-m den Schädel
einschlagen; ~ child s. 'Geistespro,dukt
n; ~ drain s. Abwanderung f von Wis-
senschaftlern, Brain-Drain n.
brained [breɪnd] adj., nur in Zssgn
…köpfig, mit e-m … Gehirn: feeble-~
schwachköpfig.
'**brain·fag** s. geistige Erschöpfung; ~
fe·ver s. 🠿 Gehirnentzündung f.
brain·less ['breɪnlɪs] adj. **1.** hirnlos,
dumm; **2.** gedankenlos.
'**brain·pan** s. anat. Hirnschale f, Schä-
deldecke f; '~**storm** s. **1.** geistige Verwirrung; **2.** verrückter Einfall; **3.** Am.
F → brain wave 2; '~ˌ**storm·ing** s.
Brainstorming n (Problemlösung durch
Sammeln spontaner Einfälle).
brains trust [breɪnz] s. **1.** Brit. Teilnehmer pl. an e-r 'Podiumsdiskussiˌon; **2.**
→ brain trust.
brain| trust s. Am. F po'litische od.
wirtschaftliche Beratergruppe, Brain
Trust m; ~ **trust·er** s. Am. F Brain-
Truster m, Mitglied n e-s brain trust;
twist·er s. ,(harte) Nuß', schwierige
Aufgabe; '~**wash** v/t. bsd. od. j-n e-r
Gehirnwäsche unter'ziehen; weitS. verdummen; '~ˌ**wash·ing** s. pol. Gehirnwäsche f; ~ **wave** s. **1.** Hirn(strom)wel-
le f; **2.** F Geistesblitz m, ,tolle Idee';
'~ˌ**work·er** s. Kopf-, Geistesarbeiter
m.
brain·y ['breɪnɪ] adj. gescheit.
braise [breɪz] v/t. Küche: schmoren: ~d
beef Schmorbraten m.
brake¹ [breɪk] I s. ⚙ Bremse f, Hemmschuh m (a. fig.): put on (od. apply)
the ~ bremsen, die Bremse ziehen, fig.
a. der Sache Einhalt gebieten; II v/t.
bremsen.
brake² [breɪk] ⚙ I s. (Flachs-)Bre-
che f; II v/t. Flachs etc. brechen.
brake³ → break 11.
brake| block → brake shoe; ~ **horse-
pow·er** s. ⚙ (abbr. b.h.p.) Nutz-,
Bremsleistung f; ~ **flu·id** s. Bremsflüs-
sigkeit f; ~ **lin·ing** s. Bremsbelag m;
'~**man** Am. → brakesman; ~ **par·a-
chute** s. 🠿 Bremsfallschirm m; ~ **shoe**
s. ⚙ Bremsbacke f, -klotz m.
brakes·man ['breɪksmən] s. [irr.] 🖪

Brit. Bremser *m.*

brak·ing dis·tance ['breɪkɪŋ] *s. mot.* Bremsweg *m.*

bra·less ['brɑːlɪs] *adj.* F ohne B'H.

bram·ble ['bræmbl] *s.* **1.** ♀ Brombeerstrauch *m:* ~ **jelly** Brombeergelee *n;* **2.** Dornenstrauch *m,* -gestrüpp *n;* ~ **rose** *s.* ♀ Hundsrose *f.*

bram·bly ['bræmblɪ] *adj.* dornig.

bran [bræn] *s.* Kleie *f.*

branch [brɑːntʃ] **I** *s.* **1.** ♀ Zweig *m;* **2.** *fig.* a) Zweig *m,* ('Unter)Abteilung *f,* Sparte *f,* Branche *f,* Wirtschafts-, Geschäftszweig *m,* c) *a.* ~ **of service** ✕ Waffen-, Truppengattung *f;* **3.** *fig.* Zweig *m,* 'Linie *f* (*Familie*); **4.** *a.* ~ **establishment** † Außen-, Zweig-, Nebenstelle *f,* Fili'ale *f,* Niederlassung *f:* ~ **bank** Filialbank *f;* **5.** 🚂 Zweigbahn *f;* 'Neben₁linie *f;* **6.** *geogr.* a) Arm *m* (*Gewässer*), b) Ausläufer *m* (*Gebirge*), c) *Am.* Nebenfluß *m,* Flüßchen *n;* **II** *adj.* **7.** Zweig…, Tochter…, Filial…, Neben…; **III** *v/i.* **8.** Zweige treiben; **9.** *oft* ~ **off** (*od. out*) sich verzweigen, sich ausbreiten; abzweigen: *here the road* ~*es* hier gabelt sich die Straße; ~ **out** *v/i.* s-e Unter'nehmungen ausdehnen, sich vergrößern; → **branch** 9.

bran·chi·a ['bræŋkɪə] *pl.* **-chi·ae** [-kɪiː] *s. zo.* Kieme *f;* '**bran·chi·ate** [-kɪeɪt] *adj. zo.* kiementragend.

branch| line *s.* **1.** 🚂 'Zweig-, 'Neben₁linie *f,* **2.** 'Seiten₁linie *f* (*Familie*); ~ **man·ag·er** *s.* Fili'al-, Zweigstellenleiter *m;* ~ **of·fice** *s.* Fili'ale *f;* ~ **road** *s. Am.* Nebenstraße *f.*

brand [brænd] **I** *s.* **1.** Feuerbrand *m; fig.* Fackel *f;* **2.** Brandmal *n* (*auf Tieren, Waren etc.*); **3.** *fig.* Schandmal *n,* -fleck *m:* ~ **of Cain** Kainszeichen *n;* **4.** Brand-, Brenneisen *n;* **5.** a) † (Handels-, Schutz)Marke *f,* Warenzeichen *n,* Markenbezeichnung *f,* Sorte *f,* Klasse *f:* ~ *name* Markenname *m; best* ~ *of tea* beste Sorte Tee, b) *fig.* ,Sorte' *f,* Art *f: his* ~ *of humour,* **6.** ♀ Brand *m* (*Getreidekrankheit*); **II** *v/t.* **7.** mit e-m Brandmal *od.* -zeichen *od.* † mit e-r Schutzmarke *etc.* versehen: ~**ed goods** Markenartikel; **8.** *fig.* brandmarken; **9.** einprägen (*on s.o's mind* j-m).

brand·ing i·ron ['brændɪŋ] → **brand** 4.

bran·dish ['brændɪʃ] *v/t.* (*bsd.* drohend) schwingen.

brand·ling ['brændlɪŋ] *s. ichth.* junger Lachs.

brand-new [₁brænd'njuː] *adj.* (funkel-) nagelneu.

bran·dy ['brændɪ] *s.* Weinbrand *m,* Kognak *m;* '~**·ball** *s. Brit.* 'Weinbrandbon₁bon *m, n.*

bran-new [₁bræn'njuː] → **brand-new.**

brant [brænt] *s. orn.* e-e Wildgans *f.*

brash [bræʃ] **I** *s.* **1.** *geol.* Trümmergestein *n;* **2.** ⚓ Eistrümmer *pl.;* **II** *adj. Am.* **3.** brüchig, bröckelig; **4.** *fig.* a) (naß)forsch, frech, unverfroren, b) un- gestüm, c) grell, aufdringlich.

brass [brɑːs] **I** *s.* **1.** Messing *n;* **2.** *Brit.* ziselierte Gedenktafel (*aus Messing od. Bronze, bsd. in Kirchen*); **3.** Messingzierat *m;* **4.** ♪ *the* ~ die 'Blechinstru₁mente *pl.* (*e-s Orchesters*); **5.** F coll. ,hohe Tiere' *pl., a.* hohe Offi'ziere *pl.: top* ~ die höchsten ,Tiere' (*e-s Konzerns etc.*) *od.* Offiziere; **6.**

Brit. sl. ,Moos' *n,* ,Kies' *m* (*Geld*); **7.** F Unverschämtheit *f,* Frechheit *f;* → **bold** 2; **II** *adj.* **8.** Messing…; **III** *v/t.* **9.** mit Messing über'ziehen.

bras·sard ['bræsɑːd] *s.* Armbinde *f* (*als Abzeichen*).

brass band *s.* ♪ 'Blaska₁pelle *f;* 'Blech- mu₁sik *f;* Mili'tärka₁pelle *f.*

bras·se·rie ['bræsərɪ] (*Fr.*) *s.* 'Bierstube *f,* -lo₁kal *n;* Restau'rant *n.*

brass| far·thing *s.* F ,roter Heller': *I don't care a* ~ das kümmert mich e-n Dreck; ~ **hat** *s.* ✕ *sl.* ,hohes Tier', hoher Offi'zier.

bras·sière ['bræsɪə] (*Fr.*) *s.* Büstenhalter *m,* F B'H *m.*

brass| knuck·les *s. pl. Am.* Schlagring *m;* ~ **plate** *s.* Messingschild *n* (*mit Namen*), Türschild *n;* ~ **tacks** *s. pl.: get down to* ~ zur Sache kommen; '~**·ware** *s.* Messinggeschirr *n,* -gegenstände *pl.;* ~ **winds** *bsd. Am.* → **brass** 4.

brass·y ['brɑːsɪ] *adj.* □ **1.** messingartig, -farbig; **2.** blechern (*Klang*); **3.** *fig.* unverschämt, frech.

brat [bræt] *s.* Balg *m, n,* Gör *n,* Racker *m* (*Kind*).

bra·va·do [brə'vɑːdəʊ] *s.* gespielte Tapferkeit, her'ausforderndes Benehmen.

brave [breɪv] **I** *adj.* □ **1.** tapfer, mutig, unerschrocken: *as* ~ *as a lion* mutig wie ein Löwe; **2.** *obs.* stattlich, ansehnlich; **II** *s.* **3.** *poet.* Tapfere(r) *m: the* ~ *coll.* die Tapferen; **III** *v/t.* **4.** mutig begegnen, trotzen, die Stirn bieten (*dat.*): ~ *death;* ~ *it out* es (trotzig) durchstehen; **5.** her'ausfordern; '**brav·er·y** [-vərɪ] *s.* **1.** Tapferkeit *f,* Mut *m;* **2.** Pracht *f,* Putz *m,* Staat *m.*

bra·vo[1] ['brɑːvəʊ] **I** *int.* 'bravo!; **II** *pl.* **-vos** *s.* 'Bravo(ruf *m*) *n.*

bra·vo[2] ['brɑːvəʊ] *s.* 'Bravo *m,* Ban'dit *m.*

bra·vu·ra [brə'vʊərə] *s.* ♪ *od. fig.* **1.** Bra'vour *f,* Meisterschaft *f;* **2.** Bra- 'vourstück *n.*

brawl [brɔːl] **I** *s.* **1.** Streite'rei *f,* Kra'keel *m,* Lärm *m;* **2.** Raufe'rei *f,* Kra'wall *m,* 🏛 Raufhandel *m;* **II** *v/i.* **3.** kra'keelen, zanken, keifen, lärmen; **4.** rauschen (*Fluß*); '**brawl·er** *s.* Raufbold *m,* Kra- 'keeler(in); '**brawl·ing** [-lɪŋ] *s.* **1.** → **brawl** 1, 2; **2.** 🏛 *Brit.* Ruhestörung *f bsd. in Kirchen.*

brawn [brɔːn] *s.* **1.** Muskeln *pl.;* **2.** *fig.* Muskelkraft *f,* Stärke *f;* **3.** Preßkopf *m,* (Schweine)Sülze *f;* '**brawn·y** [-nɪ] *adj.* musku'lös; *fig.* kräftig, stämmig, stark.

bray[1] [breɪ] **I** *s.* **1.** (*bsd.* Esels)Schrei *m;* **2.** Schmettern *n* (*Trompete*); gellender *od.* 'durchdringender Ton; **II** *v/i.* **3.** schreien (*bsd. Esel*); **4.** schmettern; kreischen, gellen.

bray[2] [breɪ] *v/t.* zerstoßen, -reiben, -stampfen (*im Mörser*).

braze [breɪz] *v/t.* ⚙ (hart)löten.

bra·zen ['breɪzn] **I** *adj.* □ **1.** ehern, bronzen, Messing…; **2.** *fig.* me'tallisch, grell (*Ton*); **3.** *a.* ~**-faced** *fig.* unverschämt, frech, schamlos; **II** *v/t.* **4.** ~ *it out* die Sache ,frech wie Oskar' durchstehen; '**bra·zen·ness** [-nɪs] *s.* Unverschämtheit *f.*

bra·zier ['breɪzjə] *s.* **1.** Kupferschmied *m,* Gelbgießer *m;* **2.** große Kohlenpfanne *f.*

Bra·zil [brə'zɪl] → **brazilwood; Bra·zil-**

ian [-ljən] **I** *adj.* brasili'anisch; **II** *s.* Brasili'aner(in).

Bra·zil| nut *s.* ♀ 'Paranuß *f;* 2·**wood** *s.* † Bra'sil-, Rotholz *n.*

breach [briːtʃ] **I** *s.* **1.** *fig.* Bruch *m,* Über'tretung *f,* Verletzung *f;* Verstoß *m:* ~ *of contract* Vertragsbruch; ~ *of duty* Pflichtverletzung; ~ *of etiquette* Verstoß gegen den guten Ton; ~ *of faith* (*od. trust*) Vertrauensbruch, Untreue *f;* ~ *of the law* Übertretung des Gesetzes; ~ *of the peace* öffentliche Ruhestörung, Aufruhr *m,* oft grober Unfug; ~ *of promise* (*to marry*) 🏛 Bruch des Eheversprechens; ~ *of pris·on* Ausbruch *m* aus dem Gefängnis; **2.** *fig.* Bruch *m,* Riß *m,* Zwist *m;* **3.** ✕ *u. fig.* Bresche *f,* Lücke *f: stand in* (*od. step into*) *the* ~ in die Bresche springen, (aus)helfen; **4.** ⚓ Einbruch *m* der Wellen; **5.** ⚙ 'Durchbruch *m;* **II** *v/t.* **6.** ✕ e-e Bresche schlagen in (*acc.*), durch'brechen; **7.** *Vertrag etc.* brechen.

bread [bred] **I** *s.* **1.** Brot *n;* **2.** *fig., a. daily* ~ (tägliches) Brot, 'Lebens₁unterhalt *m: earn one's* ~ sein Brot verdienen; ~ *and butter* a) Butterbrot, b) Lebensunterhalt, ,Brötchen' *pl.: quarrel with one's* ~ *and butter* a) mit s-m Los hadern, b) sich ins eigene Fleisch schneiden; ~ *buttered both sides* großes Glück, Wohlstand *m; know which side one's* ~ *is buttered* s-n Vorteil (er)kennen; *take the* ~ *out of s.o.'s mouth* j-n brotlos machen; *cast one's* ~ *upon the waters* ein Ohne Aussicht auf Erfolg tun; ~ *and water* Wasser u. Brot; ~ *and wine eccl.* Abendmahl *n;* **3.** *sl.* ,Kies' *m,* ,Kohlen' *pl.* (*Geld*) **II** *v/t.* **4.** *Am.* Küche: panieren; ,**bread-and-'but·ter** *adj.* F **1.** einträglich, Brot…: ~ *education* Brotstudium *n;* **2.** praktisch, sachlich; **3.** ~ *letter* Dankesbrief *m* für erwiesene Gastfreundschaft; '~**·bas·ket** *s.* **1.** Brotkorb *m;* **2.** *sl.* Magen *m;* ~ **bin** *s.* Brotkasten *m;* '~**·board** *s. Brit.* Brotschneidebrett *n:* ~ *circuit* ∮ Brettschaltung *f;* '~**·crumb** *s.* **1.** Brotkrume *f;* **2.** *das* Weiche des Brotes (*ohne Rinde*); **II** *v/t.* **3.** Küche: panieren; '~**·fruit** *s.* **1.** Brotfrucht *f;* **2.** → **bread tree;** '~**·grain** *s.* Brotgetreide *n;* '~**·line** *s.* Schlange *f* von Bedürftigen (*an die Nahrungsmittel verteilt werden*); ~ **sauce** *s.* Brottunke *f;* '~**-stuffs** *s. pl.* Brotgetreide *n.*

breadth [bredθ] *s.* **1.** Breite *f,* Weite *f;* **2.** Bahn *f,* Breite *f* (*Stoff*); **3.** *fig.* Ausdehnung *f,* Größe *f;* **4.** *fig. u. Kunst:* Großzügigkeit *f.*

bread| tree *s.* ♀ Brotfruchtbaum *m;* '~**·win·ner** *s.* Ernährer *m,* Geldverdiener *m* (*e-r Familie*).

break [breɪk] **I** *s.* **1.** (Ab-, Zer-, 'Durch)Brechen *n,* Bruch *m* (*a. fig.*), Abbruch *m* (*a. fig. von Beziehungen*), Bruchstelle *f:* ~ *in the voice* Umschlagen *n* der Stimme; ~ *of day* Tagesanbruch *m; a* ~ *with tradition* ein Bruch mit der Tradition; *make a* ~ *for it* (sich) flüchten, das Weite suchen; **2.** Lücke *f* (*a. fig.*), Zwischenraum *m;* Lichtung *f;* **3.** Pause *f,* Ferien *pl.;* Unter'brechung *f* (*a. ∮*), Aufhören *n, fig. u. Metrik: a.* Zä'sur *f: without a* ~ unterbrochen; *tea* ~ Teepause; **4.**

Wechsel *m*, Abwechslung *f*; 'Umschwung *m*; Sturz *m* (*Wetter*, *Preis*); **5.** *typ.* Absatz *m*; **6.** *Billard*: Serie *f*; **7.** *Tennis*: Break *m*, *n* (*Durchbrechen des gegnerischen Aufschlagspiels*); **8.** *Jazz*: Break *m*, *n*; **9.** *Am. sl.* Chance *f*, Gelegenheit *f*: *bad* ~ ,Pech' *n*; *give s.o. a* ~ j-m e-e Chance geben; **10.** *Am. sl.* Schnitzer *m*, Faux'pas *m*; **11.** a) Kremser *m*, b) Wagen *m* zum Einfahren von Pferden; **12.** ✪ → *brake*[1]; **II** *v/t.* [*irr.*] **13.** brechen (*a. fig.*), auf-, 'durch-, zerbrechen, ent'zweibrechen: ~ *one's arm* (sich) den Arm brechen; ~ *s.o.'s heart* j-m das Herz brechen; ~ *jail* aus dem Gefängnis ausbrechen; ~ *a seal* ein Siegel erbrechen; ~ *s.o.'s resistance* j-s Widerstand brechen; **14.** *Geldschein* kleinmachen, wechseln; **15.** zerreißen, -schlagen, -trümmern, ka'puttmachen: *I've broken my watch* m-e Uhr ist kaputt; **16.** unter'brechen (*a. ⚡*), aufheben, -geben: ~ *a journey* e-e Reise unterbrechen; ~ *the circuit* ⚡ den Stromkreis unterbrechen; ~ *the silence* das Schweigen brechen; ~ *a custom* e-e Gewohnheit aufgeben; **17.** *Vorrat etc.* anbrechen; **18.** *fig.* brechen, verletzen, verstoßen gegen, nicht (ein-) halten: ~ *a contract* e-n Vertrag brechen; ~ *the law* das Gesetz übertreten; **19.** *fig.* zu'grunde richten, ruinieren, *a.* j-n ka'puttmachen: ~ *the bank* die Bank sprengen; **20.** vermindern, abschwächen; **21.** *Tier* zähmen, abrichten; gewöhnen (*to* an *acc.*): ~ *a horse to harness* ein Pferd einfahren *od.* zureiten; **22.** *Nachricht* eröffnen: ~ *that news gently to her* bring ihr diese (schlechte) Nachricht schonend bei; **23.** 🖉 pflügen, urbar machen; → *ground*[1] 1; **24.** *Flagge* aufziehen; **III** *v/i.* [*irr.*] **25.** brechen, zerbrechen, -springen, -reißen, platzen, ent'zwei-, ka'puttgehen: *glass ~s easily* Glas bricht leicht; *the rope broke* das Seil zerriß; **26.** *fig.* brechen (*Herz*, *Kraft*); **27.** sich brechen (*Wellen*); **28.** unter'brochen werden; **29.** sich (zer)teilen (*Wolken*); sich auflösen (*Heer*); **30.** nachlassen (*Gesundheit*); zu'grunde gehen (*Geschäft*); vergehen, aufhören; **31.** anbrechen (*Tag*); aufbrechen (*Wunde*); aus-, losbrechen (*Sturm*, *Gelächter*); **32.** brechen (*Stimme*): *his voice broke* a. er befand sich im Stimmwechsel, er mutierte; **33.** sich verändern, 'umschlagen (*Wetter*); **34.** † im Preise fallen; **35.** bekannt(gegeben) werden (*Nachricht*); **36.** *Boxen*: brechen;

Zssgn mit adv. u. prp.:

break| a·way *v/i.* **1.** ab-, losbrechen; **2.** sich loßreißen, ausreißen; **3.** sich trennen, sich lossagen, absplittern; **4.** *sport* a) sich absetzen (*from*, *of* von), ausreißen, b) *Am.* e-n Fehlstart verursachen; ~ *down* **I** *v/t.* **1.** niederreißen, abbrechen; **2.** *fig.* j-n, j-s Widerstand brechen; **3.** zerlegen (*a. ✪*); auflösen; *Statistik*: aufgliedern, -schlüsseln; **II** *v/i.* **4.** zs.-brechen (*a. fig.*); **5.** zerbrechen (*a. fig.*); **6.** versagen, scheitern; stekkenbleiben; *mot.* e-e Panne haben; **7.** *fig.* zerfallen (*in einzelne Gruppen etc.*); ~ **e·ven** *v/i.* † kostendeckend arbeiten; ~ **forth** *v/i.* her'vorbrechen;

2. sich erheben (*Geschrei etc.*); ~ **in I** *v/t.* **1.** einschlagen; **2.** *Tier* abrichten; *Pferd* zureiten; *Auto etc.* einfahren; *Person* einarbeiten; j-n gewöhnen (*to* an *acc.*); **II** *v/i.* **3.** einbrechen: ~ *on* sich einmischen in (*acc.*), *Unterhaltung etc.* unterbrechen; ~ **in·to** *v/i.* **1.** einbrechen *od.* -dringen in (*acc.*); **2.** *fig.* in Gelächter *etc.* ausbrechen; **3.** *Vorrat etc.* anbrechen; ~ **off** *v/t. u. v/i.* abbrechen (*a. fig.*); ~ **out** *v/i.* ausbrechen (*a. fig.*): ~ *in a rash* 𝄞 e-n Ausschlag bekommen; ~ **through I** *v/t.* (durch)'brechen, über-'winden; **II** *v/i.* 'durchbrechen, erscheinen; ~ **up I** *v/t.* **1.** zer-, aufbrechen; zerlegen (*a. hunt. Wild*); *weitS.* zerstören, ka'puttmachen, *fig. a.* zerrütten: *that breaks me up!* F ich lach' mich tot!; **2.** abbrechen, *Sitzung etc.* aufheben, *Versammlung*, *Menge*, *a. Haushalt* auflösen; **II** *v/i.* **3.** aufgehoben werden, sich auflösen (*Versammlung etc.*, *a. Nebel etc.*); **4.** aufhören; schließen (*Schule etc.*); **5.** zerbrechen (*Ehe etc.*); sich trennen, Schluß machen (*Paar*); zerfallen (*Reich etc.*); **6.** *fig.* zs.-brechen (*Person*); **7.** aufklaren (*Wetter*, *Himmel*); **8.** aufbrechen (*Straße*, *Eis*); ~ **with** *v/i.* brechen *od.* Schluß machen mit (*e-m Freund*, *e-r Gewohnheit*).

break·a·ble ['breɪkəbl] **I** *adj.* zerbrechlich; **II** *s. pl.* zerbrechliche Ware *sg.*; **'break·age** [-kɪdʒ] *s.* **1.** Bruch(stelle *f*) *m*; **2.** Bruchschaden *m*; **'break·a·way** *s.* **1.** (*from*) *pol.* Absplitterung *f*, Lossagung *f* (von), Bruch *m* (mit): ~ *group* Splittergruppe *f*; **2.** *sport* a) Ausreißen *n*, b) 'Durchbruch *m*, c) *Am.* Fehlstart *m*.

'break·down *s.* **1.** Zs.-bruch *m*, Scheitern *n*: *nervous* ~ Nervenzusammenbruch; ~ *of marriage* 𝕤𝕥 Zerrüttung *f* der Ehe; **2.** Panne *f*, (Ma'schinen)Schaden *m*, (Betriebs)Störung *f*; ⚡ 'Durchschlag *m*; **3.** Zerlegung *f*, *bsd. statistische* Aufgliederung, Aufschlüsselung *f*, Ana'lyse *f* (*a. 🜛*); ~ **ser·vice** *s. mot.* *Brit.* Pannendienst *m*; ~ **truck**, ~ **van** *s. Brit.* Abschleppwagen *m*; ~ **volt·age** *s.* ⚡ 'Durchschlagspannung *f*.

break·er ['breɪkə] *s.* **1.** Brecher *m* (*bsd. in Zssgn Person od. Gerät*); 'Abbruchsunter,nehmer *m*, Verschrotter *m*; **2.** Abrichter *m*, Dres'seur *m*; **3.** Brecher *m*, Sturzwelle *f*: ~*s* Brandung *f*.

break·'e·ven point *s.* † Rentabili'tätsgrenze *f*, Gewinnschwelle *f*.

break·fast ['brekfəst] **I** *s.* Frühstück *n*: ~ *television* Frühstücksfernsehen *n* (*am frühen Morgen*); *have* ~ → **II** *v/i.* frühstücken.

'break-in → *breaking-in*.

'break·ing ['breɪkɪŋ] *s.* Bruch *m*: ~ *of the voice* Stimmbruch, -wechsel *m*; ~ *and entering* 𝕤𝕥 Einbruch *m*; '~**-in** *s.* 𝕤𝕥 Einbruch *m*; **2.** Abrichten *n*; Zureiten *n*; *mot.* Einfahren *n*; Einarbeitung *f*; Anlernen *n von Personen*; ~ **point** *s.* ✪, *phys.* Bruch-, Festigkeitsgrenze *f*: *to* ~ *fig.* bis zur (totalen) Erschöpfung; *have reached* ~ kurz vor dem Zs.-bruch stehen; ~ **strength** *s.* ✪, *phys.* Bruch-, Reißfestigkeit *f*.

'break|·neck *adj.* halsbrecherisch; '~**-out** *s.* Ausbruch *m* (*aus Gefängnis etc.*); '~**through** *s. bsd.* ✕ 'Durchbruch *m* (*a. fig. Erfolg*); '~**-up** *s.* **1.**

Zerbrechen *n*, -bersten *n*; Bersten *n* (*von Eis*); **2.** *fig.* Zerrüttung *f*, Zs.-bruch *m*, Zerfall *m*; **3.** Bruch *m* (*e-r Freundschaft etc.*); **4.** Auflösung *f* (*e-r Versammlung etc.*); '~**,wa·ter** *s.* Wellenbrecher *m*.

bream[1] [briːm] *s. ichth.* Brassen *m*.

bream[2] [briːm] *v/t.* ⚓ den Schiffsboden reinkratzen u. -brennen.

breast [brest] **I** *s.* **1.** Brust *f*; (*weibliche*) Brust, Busen *m*; **2.** *fig.* Brust *f*, Herz *n*, Busen *m*: *make a clean* ~ *of s.th. et.* gestehen; **3.** Brust(stück *n*) *f e-s Kleides etc.*; **4.** Wölbung *f e-s Berges*; **II** *v/t.* **5.** mutig auf *et.* losgehen; gegen *et.* ankämpfen, mühsam bewältigen: ~ *the waves* gegen die Wellen ankämpfen; **6.** *sport* das Zielband durch'reißen; '~**bone** ['brest-] *s.* Brustbein *n*; ,~**deep** *adj.* brusthoch.

breast·ed ['brestɪd] *adj. in Zssgn* ...brüstig.

'breast|·feed *v/t. u. v/i.* [*irr.*] stillen: *breast-fed child* Brustkind *n*; '~**pin** ['brest-] *s.* Ansteck-, Kra'wattennadel *f*; '~**stroke** *s. sport* Brustschwimmen *n*; '~**work** *s.* ✕, △ Brustwehr *f*.

breath [breθ] *s.* **1.** Atem(zug) *m*: *bad* ~ (übler) Mundgeruch; *draw one's first* ~ das Licht der Welt erblicken; *draw one's last* ~ den letzten Atemzug tun (*sterben*); *it took my* ~ *away fig.* es verschlug mir den Atem; *take* ~ Atem schöpfen (*a. fig.*); *catch one's* ~ den Atem anhalten; *save your* ~*!* spar dir die Worte!; *waste one's* ~ *in den* Wind reden; *out of* ~ außer Atem; *under one's* ~ leise, im Flüsterton; *with his last* ~ mit s-m letzten Atemzug, als letztes; *in the same* ~ im gleichen Atemzug; **2.** *fig.* Spur *f*, Anflug *m*: *a* ~ *of air* **4.** Duft *m*.

breath·a·lyz·er ['breθəlaɪzə] *s. mot.* Alkoholtestgerät *n*.

breathe [briːð] **I** *v/i.* **1.** atmen; *fig.* leben; **2.** Atem holen; *fig.* sich verschnaufen: ~ *again* (*od. freely*) erleichtert) aufatmen; **3.** ~ *upon* anhauchen; *fig.* besudeln; **4.** duften (*of* nach); **II** *v/t.* **5.** (ein- u. aus)atmen; *fig.* ausströmen; ~ *a sigh* seufzen; **6.** hauchen, flüstern: *not to* ~ *a word* kein Sterbenswörtchen sagen; '**breath·er** [-ðə] *s.* Atem-, Verschnaufpause *f* (*a. fig.*): *take a* ~ sich verschnaufen (*a. sport* F ,Spa'ziergang' *m*); **3.** F Stra'paze *f*; '**breath·ing** [-ðɪŋ] *s.* **1.** Atmen *n*, Atmung *f*; **2.** (Luft)Hauch *m*: ~ *space* Atempause *f*.

breath·less ['breθlɪs] *adj.* □ **1.** außer Atem; atemlos (*a. fig.*); **2.** *fig.* atembe·raubend; **3.** windstill.

'breath|,tak·ing *adj.* □ atemberaubend; ~ *test* *s. Brit.* (*an e-m Verkehrsteilnehmer vorgenommener*) Alkoholtest.

bred [bred] *pret. u. p.p. von* **breed**.

breech [briːtʃ] *s.* **1.** Hosenboden *m*; **2.** ✕ Verschluß *m* (*Geschütz*, *Hinterlader*); ~ **de·liv·er·y** *s.* 𝄞 Steißgeburt *f*.

breech·es ['brɪtʃɪz] *s. pl.* Knie-, Reithose(n *pl.*) *f*, Breeches *pl.*; → *big* 1, *wear* 1.

'breech,load·er *s.* ✕ 'Hinterlader *m*.

breed [briːd] *v/t.* [*irr.*] **1.** her'vorbringen, gebären; **2.** *Tiere* züchten; *Pflan-*

zen züchten, ziehen: *French-bred* in Frankreich gezüchtet; **3.** *fig.* her'vorrufen, verursachen, erzeugen: *war ~s misery*, **4.** auf-, erziehen; ausbilden; **II** *v/i.* [*irr.*] **5.** zeugen, brüten, sich paaren, sich fortpflanzen, sich vermehren; **6.** entstehen; **III** *s.* **7.** Rasse *f*, Zucht *f*, Stamm *m*; **8.** Art *f*, Schlag *m*, Herkunft *f*; **'breed·er** [-də] *s.* **1.** Züchter(in); **2.** Zuchttier *n*; **3.** *a.* **~ reactor** *phys.* Brüter *m*, 'Brutre,aktor *m*; **'breed·ing** [-dɪŋ] *s.* **1.** Fortpflanzung *f*; Züchtung *f*, Zucht *f*: **~ place** *fig.* Brutstätte *f*; **2.** Erziehung *f*, Ausbildung *f*; **3.** Benehmen *n*; Bildung *f*, (gute) Lebensart *od.* ,Kinderstube'.

breeze¹ [bri:z] **I** *s.* **1.** Brise *f*, leichter Wind; **2.** F Krach *m*: a) Lärm *m*, b) Streit *m*; **3.** *Am.* ,Kinderspiel' *n*, ,Spaziergang' *m*; **II** *v/i.* **4.** wehen; **5.** F a) ,schweben' (*Person*), b) sausen.

breeze² [bri:z] *s.* ⊙ Kohlenlösche *f*.

breez·y ['bri:zɪ] *adj.* □ **1.** luftig, windig; **2.** F a) forsch, flott, unbeschwert, b) oberflächlich.

Bren gun [bren] *s.* leichtes Ma'schinengewehr.

brent goose [brent] → *brant*.

breth·ren ['breðrən] *pl. von* **brother** 2.

Bret·on ['bretən] **I** *adj.* bre'tonisch; **II** *s.* Bre'tone *m*, Bre'tonin *f*.

breve [bri:v] *s. typ.* Kürzezeichen *n*.

bre·vet ['brevɪt] ⚔ **I** *s.* Bre'vet *n* (*Offizierspatent zu e-m Titularrang*): **~ major** Hauptmann *m* im Range e-s Majors (*ohne entsprechendes Gehalt*); **II** *adj.* Brevet...: **~ rank** Titularrang *m*.

bre·vi·ar·y ['bri:vjərɪ] *s.* Bre'vier *n*.

bre·vier [brə'vɪə] *s. typ.* Pe'titschrift *f*.

brev·i·ty ['brevɪtɪ] *s.* Kürze *f*.

brew [bru:] **I** *v/t.* **1.** *Bier* brauen; **2.** *Getränke* (*a. Tee*) (zu)bereiten; **3.** *fig.* aushecken, -brüten; **II** *v/i.* **4.** brauen, Brauer sein; **5.** sich zs.-brauen, in der Luft liegen, im Anzuge sein (*Gewitter, Unheil*); **III** *s.* **6.** Gebräu *n* (*a. fig.*); **brew·age** ['bru:ɪdʒ] *s.* Gebräu *n* (*a. fig.*); **brew·er** ['bru:ə] *s.* Brauer *m*: **~'s yeast** Bierhefe *f*; **brew·er·y** ['bruərɪ] *s.* Braue'rei *f*.

bri·ar → **brier**.

brib·a·ble ['braɪəbl] *adj.* bestechlich; **bribe** [braɪb] **I** *v/t.* **1.** bestechen; **2.** *fig.* verlocken; **II** *s.* **3.** Bestechung *f*; **4.** Bestechungsgeld *n*, -geschenk *n*: *taking* (*of*) *~s* ⚖ Bestechlichkeit *f*, passive Bestechung, *pol.* Vorteilsnahme *f*; **'brib·er** [-bə] *s.* Bestecher *m*; **'brib·er·y** [-bərɪ] *s.* Bestechung *f*.

bric·à·brac ['brɪkəbræk] *s.* **1.** Antiqui'täten *pl.*; **2.** Nippsachen *pl.*

brick [brɪk] **I** *s.* **1.** Ziegel-, Backstein *m*: *drop a ~* F ,ins Fettnäpfchen treten'; *swim like a ~* wie e-e bleierne Ente schwimmen; **2.** (Bau)Klötzchen *n* (*Spielzeug*): *box of ~s* Baukasten *m*; **3.** F prima Kerl; **II** *adj.* **4.** Ziegel..., Backstein...: *red-~ university* Brit. moderne Universität (*ohne jahrhundertealte Tradition*); **III** *v/t.* **5.** mit Ziegelsteinen belegen *od.* pflastern: *to ~ in* (*od. up*) zumauern; **'~·bat** *s.* Ziegelbrocken *m* (*bsd. als Wurfgeschoß*); **'~·lay·er** *s.* Maurer *m*; **'~·lay·ing** *s.* Maure'rei *f*; **'~·mak·er** *s.* Ziegelbrenner *m*; **~ tea** *s.* (*chinesischer*) Ziegeltee; **~ wall** *s.* Backsteinmauer *f*; *fig.* Wand *f*: *see*

through a ~ das Gras wachsen hören; **'~·work** *s.* **1.** Mauerwerk *n*; **2.** *pl. sg. konstr.* Ziege'lei *f*.

brid·al ['braɪdl] **I** *adj.* □ bräutlich, Braut...; Hochzeits...; **II** *s. poet.* Hochzeit *f*.

bride [braɪd] *s.* Braut *f* (*am u. kurz vor u. nach dem Hochzeitstage*), Neuvermählte *f*: *give away the ~* Brautvater sein.

bride-groom ['braɪdgrom] *s.* Bräutigam *m*; **brides·maid** ['braɪdzmeɪd] *s.* Brautjungfer *f*.

bride·well ['braɪdwəl] *s.* Gefängnis *n*, Besserungsanstalt *f*.

bridge¹ [brɪdʒ] **I** *s.* **1.** Brücke *f*: *burn one's ~s* (*behind one*) *fig.* alle Brücken hinter sich abbrechen; *don't cross your ~s before you come to them* *fig.* laß doch die Dinge einfach auf dich zukommen; **2.** ⚓ Kom'mandobrücke *f*; **3.** ♩ (Vio'linen- *etc.*)Steg *m*; ⚕ (Zahn-)Brücke *f*; (Brillen)Steg *m*; **4.** *a.* **~ of the nose** Nasenrücken *m*; **5.** ('Straßen)Über,führung *f*; **6.** Turnen, Ringen: Brücke *f*; **7.** ⚡ (Meß)Brücke *f*; Brückenschaltung *f*; **II** *v/t.* **8.** e-e Brücke schlagen über (*acc.*); **9.** *fig.* über-'brücken: *bridging loan* ⅞ Überbrückungskredit *m*.

bridge² [brɪdʒ] *s.* Bridge *n* (*Kartenspiel*).

'bridge'·head *s.* ⚔ Brückenkopf *m*; **~ toll** *s.* Brückenmaut *f*; **'~·work** *s.* ⚕ (Zahn)Brücke *f*.

bri·dle ['braɪdl] **I** *s.* **1.** Zaum *m*, Zaumzeug *n*; **2.** Zügel *m*: *give a horse the ~* e-m Pferd die Zügel schießen lassen; **II** *v/t.* **3.** *Pferd* (auf)zäumen; **4.** *Pferd* (*a. fig. Leidenschaft etc.*) zügeln, im Zaum halten; **III** *v/i.* **5.** *a.* **~ up** (*verächtlich od. stolz*) den Kopf zu'rückwerfen, *weitS.* hochfahren, ärgerlich werden; **6.** Anstoß nehmen (*at* an *dat.*); **~ hand** *s.* Zügelhand *f* (*Linke des Reiters*); **~ path** *s.* schmaler Reitweg, Saumpfad *m*; **~ rein** *s.* Zügel *m*.

brief [bri:f] **I** *adj.* □ **1.** kurz: *be ~!* fasse dich kurz!; **2.** kurz, gedrängt: *in ~* kurz (gesagt); **3.** kurz angebunden, schroff; **II** *s.* **4.** (päpstliches) Breve; **5.** ⚖ a) Schriftsatz *m*, b) *Brit.* Beauftragung *f* u. Informierung *f* (*des barrister durch den solicitor*) zur Vertretung vor Gericht, *weitS.* Man'dat *n*, c) *Am.* (schriftliche) Informierung des Gerichts (*durch den Anwalt*): *abandon* (*od. give up*) *one's ~* sein Mandat niederlegen; *hold a ~ for s.o.* ⚖ j-s Sache vertreten, *fig.* für j-n e-e Lanze brechen; *I hold no ~ for* ich halte nichts von ...; *hold a watching ~* j-s Interessen (*bei Gericht*) als Beobachter vertreten; **6.** → *briefing*; **III** *v/t.* **7.** j-n instruieren od. einweisen, j-m genaue Anweisungen geben; **8.** ⚖ a) e-m *Anwalt* e-e Darstellung des Sachverhalts geben, b) e-n *Anwalt* mit s-r Vertretung beauftragen; **'~·case** *s.* Aktentasche *f*.

brief·ing ['bri:fɪŋ] *s.* **1.** ⚖ Beauftragung *f* e-s Anwalts; **2.** *a.* ⚔ (genaue) Anweisung, Instrukti'on *f*, Einweisung *f*; **3.** ⚔ Lage-, Einsatzbesprechung *f*, Befehlsausgabe *f*; **'brief·less** [-lɪs] *adj.* unbeschäftigt (*Anwalt*); **'brief·ness** [-nɪs] *s.* Kürze *f*.

briefs [bri:fs] *s. pl.* Slip *m* (*kurze Unter-*

hose).

bri·er ['braɪə] ♥ **1.** Dornstrauch *m*; **2.** wilde Rose: *sweet ~* Weinrose; **3.** Bruy'èreholz *n*: **~** (*pipe*) Bruy'èrepfeife *f*.

brig [brɪg] *s.* **1.** ⚓ Brigg *f*; **2.** ✕ F ,Bau' *m*.

Bri·gade [brɪ'geɪd] *s.* **1.** ✕ Bri'gade *f*; **2.** (*mst uniformierte*) Vereinigung; *contp.* ,Verein' *m*; **brig·a·dier** [,brɪgə'dɪə] *s.* ✕ a) *Brit.* Bri'gadekomman,deur *m*, -gene,ral *m*, b) *Am. a.* **~ general** Brigadegeneral *m*.

brig·and ['brɪgənd] *s.* Ban'dit *m*, (Straßen)Räuber *m*; **'brig·and·age** [-dɪdʒ] *s.* Räuberunwesen *n*.

bright [braɪt] *adj.* □ **1.** hell, glänzend, blank, leuchtend; strahlend (*Wetter, Augen*): **~ red** leuchtend rot; **2.** klar, 'durchsichtig; heiter (*Wetter*); **3.** *fig.* ,hell', gescheit, klug; **4.** munter, fröhlich; **5.** glänzend, berühmt; **6.** günstig; **7.** ⊙ blank, Blank...: **~ wire**; **'brighten** [-tn] **I** *v/t.* **1.** hell(er) machen; *a. fig.* auf-, erhellen; **2.** *fig.* a) heiter(er) machen, beleben, b) fröhlich stimmen; **3.** polieren, blank putzen; **II** *v/i. oft* **~ up 4.** sich aufhellen (*Gesicht, Wetter etc.*), aufleuchten (*Gesicht*); **5.** *fig.* a) sich beleben, b) besser werden (*Aussichten etc.*); **'bright·ness** [-nɪs] *s.* **1.** Glanz *m*, Helle *f*, Klarheit *f*: **~ control** TV Helligkeitssteuerung *f*; **2.** Aufgeweckheit *f*, Gescheitheit *f*; **3.** Munterkeit *f*.

Bright's dis·ease [braɪts] *s.* ⚕ Brightsche Krankheit *f*, Nierenentzündung *f*.

bril·liance ['brɪljəns], **'bril·lian·cy** [-sɪ] *s.* **1.** Leuchten *n*, Glanz *m*; Helligkeit *f* (*a. TV*); **2.** *fig.* a) Scharfsinn *m*, b) Bril'lanz *f*, (*das*) Her'vorragende; **'brilliant** [-nt] **I** *adj.* □ **1.** leuchtend, glänzend; **2.** *fig.* bril'lant, glänzend, her-'vorragend; **II** *s.* **3.** Bril'lant *m* (*Diamant*); **4.** *typ.* Bril'lant *f* (*Schriftgrad*).

bril·lian·tine [,brɪljən'ti:n] *s.* **1.** Brillan-'tine *f*, 'Haarop,made *f*; **2.** *Am.* al'pakaartiger Webstoff.

brim [brɪm] **I** *s.* **1.** Rand *m* (*bsd. Gefäß*); **2.** (Hut)Krempe *f*; **II** *v/i.* **3.** voll sein (*with* von; *a. fig.*): **~ over** übervoll sein, überfließen, -sprudeln; **'brim'ful** [-'fʊl] *adj.* rand-, 'übervoll (*a. fig.*); **'brimmed** [-md] *adj.* mit Rand, mit Krempe.

brim·stone ['brɪmstən] *s.* **1.** Schwefel *m*; **2.** *a.* **~ but·ter·fly** *s. zo.* Zi'tronenfalter *m*.

brin·dled ['brɪndld] *adj.* gestreift, scheckig.

brine [braɪn] *s.* **1.** Sole *f*, (Salz)Lake *f*; **2.** *poet.* Meer(wasser) *n*; **'~·pan** *s.* Salzpfanne *f*.

bring [brɪŋ] *v/t.* [*irr.*] **1.** bringen, mit-, herbringen, her'beischaffen: **~ him** (*it*) **with you** bring ihn (es) mit; **~ before the judge** vor den Richter bringen; **~ good luck** Glück bringen; **~ to bear** Einfluß *etc.* zur Anwendung bringen, geltend machen, *Druck etc.* ausüben; **2.** *Gründe, Beschuldigung etc.* vorbringen; **3.** her'vorbringen; *Gewinn* einbringen; mit sich bringen, her'beiführen: **~ into being** ins Leben rufen, entstehen lassen; **~ to pass** zustande bringen; **4.** j-n veranlassen, bewegen, dazu bringen (*to inf.* zu *inf.*): *I can't ~ myself to do it* ich kann mich nicht dazu

durchringen (, es zu tun);
Zssgn mit adv.:
bring| a·bout *v/t.* **1.** zu'stande bringen; **2.** bewirken, verursachen; **3.** ♻ wenden; **~ a·long** *v/t.* **1.** → **bring** 1; **2.** *fig.* mit sich bringen; **~ back** *v/t.* zu'rück-, *a. fig.* wiederbringen; *fig.* a) *Erinnerungen* wachrufen (*of* an *acc.*), b) Erinnerungen wachrufen an (*acc.*); **~ down** *v/t.* **1.** *a. Flugzeug* her'unterbringen; **2.** *hunt. Wild* erlegen; **3.** ✕ *Flugzeug* abschießen; *sport j-n* ,legen'; **5.** *Regierung etc.* stürzen, zu Fall bringen; **6.** *Preise* drücken; **7. ~ on one's head** sich *j-s Zorn* zuziehen; **8. ~ the house** F a) stürmischen Beifall auslösen b) *Lachstürme* entfesseln; **~ forth** *v/t.* **1.** her'vorbringen, gebären; **2.** verursachen, zeitigen; **~ for·ward** *v/t.* **1.** *Wunsch etc.* vorbringen; **2.** ✝ *Betrag* über'tragen: (*amount*) **brought forward** Übertrag *m*; **~ in** *v/t.* **1.** hereinbringen; **2.** *Ernte, a.* ✝ *Gewinn, Kapital, a. parl. Gesetzentwurf* einbringen; **3.** a) *j-n* einschalten, b) *j-n* beteiligen (*on* an *dat.*); **4.** ⚖ *Schuldspruch etc.* fällen: **~ a verdict of guilty**; **~ off** *v/t.* **1.** retten; **2.** ,schaffen', fertigbringen; **~ on** *v/t.* **1.** her'beibringen; **2.** her'beiführen, verursachen; **3.** in Gang bringen; **4.** zur Sprache bringen; **5.** *thea. Stück* ,bringen', aufführen; **~ out** *v/t.* **1.** a) *Buch, Theaterstück* her'ausbringen; **2.** ✝ *Waren* auf den Markt bringen; **2.** *Sinn etc.* her'ausarbeiten; **3. bring s.o. out of himself** *j-n* dazu bringen, mehr aus sich her'auszugehen; **4.** *j-n* in die Gesellschaft einführen; **~ o·ver** *v/t.* 'umstimmen, bekehren; **~ round** *v/t.* **1.** *Ohnmächtigen* wieder zu sich bringen, *Patienten* 'durchbringen; **2.** *j-n* umstimmen, ,her'umkriegen'; **3.** *das Gespräch* bringen (*to* auf *acc.*); **~ through** *v/t.* *Kranken od. Prüfling* 'durchbringen; **~ to** *v/t.* **1.** *Ohnmächtigen* wieder zu sich bringen; **2.** ♻ stoppen; **~ up** *v/t.* **1.** *Kind* auf-, erziehen; **2.** zur Sprache bringen; **3.** ✕ *Truppen* her'anführen; **4.** zum Stillstand bringen; **5.** *et.* (er)brechen; **~ one's lunch**; **6. ~ short** zum Halten bringen; **7.** → **date²** 5, **rear²** 3.
bring·ing-up [ˌbrɪŋɪŋˈʌp] *s.* **1.** Auf-, Großziehen *n*; **2.** Erziehung *f*.
brink [brɪŋk] *s.* Rand *m* (*mst fig.*): **on the ~ of** am Rande (*e-s Krieges, des Ruins etc.*); **be on the ~ of the grave** mit e-m Fuß im Grabe stehen; **'~·man·ship** [-mənʃɪp] *s. pol.* Poli'tik *f* des äußersten 'Risikos.
brin·y ['braɪnɪ] **I** *adj.* salzig, solehaltig; **II** *s. Brit.* F: **the ~** die See.
bri·oche [briːˈɒʃ] (*Fr.*) *s.* Bri'oche *f* (*süßes Hefegebäck*).
bri·quet(te) [brɪˈket] (*Fr.*) *s.* Bri'kett *n*.
brisk [brɪsk] **I** *adj.* □ **1.** lebhaft, flott, flink; **2.** frisch (*Wind*), lustig (*Feuer*); schäumend (*Wein*); **3.** a) lebhaft, munter, b) forsch, e'nergisch; **4.** ✝ lebhaft, flott; **II** *v/t.* **5.** *mst* **~ up** anfeuern, beleben.
bris·ket ['brɪskɪt] *s. Küche:* Brust(stück *n*) *f* (*Rind*).
bris·ling ['brɪslɪŋ] *s. ichth.* Sprotte *f*.
bris·tle ['brɪsl] **I** *s.* **1.** Borste *f*; (Bart-)Stoppel *f*; **II** *v/i.* **2.** sich sträuben (*Haar*); **3.** *a.* **~ up** (**with anger**) hoch-

fahren, zornig werden: **~ with anger**; **4.** (**with**) strotzen, starren, voll sein (von).
bris·tling → **brisling**.
bris·tly ['brɪslɪ] *adj.* stachelig, rauh; struppig; stoppelig, Stoppel...
Brit [brɪt] *s.* F Brite *m*, Britin *f*.
Bri·tan·nic [brɪˈtænɪk] *adj.* bri'tannisch.
Brit·i·cism ['brɪtɪsɪzəm] *s.* Angli'zismus *m*; **'Brit·ish** [-tɪʃ] **I** *adj.* britisch: **~ subject** britischer Staatsangehöriger; **II** *s.:* **the ~** die Briten *pl.*; **'Brit·ish·er** [-tɪʃə] *s.* Brite *m*; **'Brit·on** [-tn] *s.* **1.** Brite *m*, Britin *f*; **2.** *hist.* Bri'tannier(in)
brit·tle ['brɪtl] *adj.* **1.** spröde, zerbrechlich; bröckelig; brüchig (*metall etc.*; *a. fig.*); **2.** reizbar.
broach [brəʊtʃ] **I** *s.* **1.** Stecheisen *n*; Räumnadel *f*; **2.** Bratspieß *m*; **3.** Turmspitze *f*; **II** *v/t.* **4.** *Faß* anstechen; **5.** ♻ räumen; **6.** *fig. Thema* anschneiden.
broad [brɔːd] **I** *adj.* □ → **broadly**; **1.** breit: **it is as ~ as it is long** *fig.* es ist gehüpft wie gesprungen; **2.** weit, ausgedehnt; weitreichend, um'fassend, voll: **~ jump** *sport* Weitsprung *m*; **in the ~est sense** im weitesten Sinne; **in ~ daylight** am hellichten Tag; **3.** deutlich, ausgeprägt; breit (*Akzent, Dialekt*); → **hint** 1; **4.** ungeschminkt, offen, derb: **a ~ joke** ein derber Witz; **5.** allgemein, einfach: **the ~ facts** die allgemeinen Tatsachen; **in ~ outline** in groben Umrissen, in großen Zügen; **6.** großzügig: **a ~ outlook** e-e tolerante Auffassung; **7.** *Radio:* unscharf; **II** *s. sl.* a) ,Weib(sbild)' *n*, b) ,Nutte' *f*; **~ ar·row** *s.* breitköpfiger Pfeil (*amtliches Zeichen auf brit. Regierungsgut u. auf Sträflingskleidung*); **'~·ax(e)** *s.* **1.** Breitbeil *n*; **2.** *hist.* Streitaxt *f*; **~ beam** *s.* ⚓ Breitstrahler *m*; **~ bean** *s.* ♀ Saubohne *f*.
broad·cast ['brɔːdkɑːst] **I** *v/t.* [*irr.* → **cast**, *pret. u. p.p. a.* **~ed**] **1.** breitwürfig säen; **2.** *fig. Nachricht* verbreiten, *iro.* 'auspo,saunen; **3.** durch Rundfunk *od.* Fernsehen verbreiten, über'tragen, senden, ausstrahlen; **II** *v/i.* **4.** im Rundfunk *od.* Fernsehen auftreten; **5.** senden; **III** *s.* **6.** Rundfunk-, Fernsehsendung *f*, Über'tragung *f*; **IV** *adj.* **7.** Rundfunk..., Fernseh...; **'broad·cast·er** [-tə] *s.* **1.** Rundfunk-, Fernsehsprecher(in); **2.** → **broadcasting station**.
broad·cast·ing ['brɔːdkɑːstɪŋ] **I** *s.* **1.** → **broadcast** 6; **2.** a) Rundfunk *m od.* Fernsehen *m*: **~ area** Sendebereich *m*, b) Sendebetrieb *m*; **II** *adj.* **3.** Rundfunk..., Fernseh...; **~ sta·tion** *s.* 'Rundfunk-, 'Fernsehstati,on *f*, Sender *m*; **~ stu·di·o** *s.* Senderaum *m*, 'Studio *n*.
Broad| Church *s.* liberale Richtung in der anglikanischen Kirche; **'2·cloth** *s.* feiner Wollstoff.
broad·en ['brɔːdn] *v/t. u. v/i.* (sich) verbreitern, (sich) erweitern: **~ one's mind** *fig.* sich bilden, s-n Horizont erweitern; **travel(l)ing ~s the mind** Reisen bildet.
'broad-ga(u)ge *adj.* ⚙ Breitspur...
broad·ly ['brɔːdlɪ] *adv.* **1.** weitgehend (*etc.*, → **broad** I); **2.** allgemein (gesprochen), in großen Zügen.
broad'mind·ed *adj.* großzügig, tole-

'rant.
'broad|·sheet *s.* **1.** *typ.* Planobogen *m*; **2.** *hist.* große, einseitig bedruckte Flugschrift; Flugblatt *n*; **'~·side** *s.* **1.** ♻ Breitseite *f* (*Geschütze u. Salve*): **fire a ~** e-e Breitseite abgeben; **2.** F ,Breitseite' *f*, mas'sive At'tacke; **3.** → **broadsheet**; **'~·sword** *s.* breites Schwert, 'Pallasch *m*.
bro·cade [brəʊˈkeɪd] *s.* ✝ **1.** Bro'kat *m*; **2.** Broka'tell(e *f*) *m*.
bro·chure [ˈbrəʊʃə] *s.* Bro'schüre *f*.
brock·et ['brɒkɪt] *s. hunt.* Spießer *m*, zweijähriger Hirsch.
brogue [brəʊg] *s.* **1.** a) irischer Ak'zent (*des Englischen*), b) dia'lektisch gefärbte Aussprache; **2.** derber Straßenschuh.
broil¹ [brɔɪl] **I** *v/t.* auf dem Rost braten, grillen; **II** *v/i.* schmoren, braten, kochen (*alle a. fig.*).
broil² [brɔɪl] *s.* Krach *m*, Streit *m*.
broil·er¹ ['brɔɪlə] *s.* **1.** Bratrost *m*; Bratofen *m* mit Grillvorrichtung; **2.** Brathühnchen *n* (*bratfertig*); **3.** F glühend heißer Tag.
broil·er² ['brɔɪlə] *s.* Streithammel *m*.
broil·ing ['brɔɪlɪŋ] *adj. a.* **~ hot** glühend heiß.
broke¹ [brəʊk] *pret. von* **break**.
broke² [brəʊk] *adj.* F pleite: a) bank'rott, ruiniert, b) ,abgebrannt', ,blank': **go ~** pleite gehen; **go for ~** alles riskieren.
bro·ken ['brəʊkən] **I** *p.p. von* **break**; **II** *adj.* □ → **brokenly**; **1.** zerbrochen, entzwei, ka'putt; zerrissen; **2.** gebrochen; **3.** unter'brochen (*Schlaf*); angebrochen, unvollständig: **~ line** gestrichelte *od.* punktierte Linie; **4.** *fig.* (seelisch) gebrochen: **a ~ man**; **5.** zerrüttet (*Ehe, Gesundheit*): **~ home** zerrüttete Familienverhältnisse *pl.*; **6.** uneben, holperig (*Boden*); zerklüftet (*Gelände*); bewegt (*Meer*); **7.** *ling.* gebrochen: **~ German**; **,~·'down** *adj.* **1.** ruiniert, unbrauchbar; **2.** erschöpft, geschwächt, zerrüttet, a. ka'putt'; **3.** zs.-gebrochen (*a. fig.*); **,~·'heart·ed** *adj.* un'tröstlich, (ganz) gebrochen.
bro·ken·ly ['brəʊkənlɪ] *adv.* **1.** stoßweise, mit Unter'brechungen; **2.** mit gebrochener Stimme.
bro·ken| num·ber *s.* ⅞ gebrochene Zahl, Bruch *m*; **~ stone** *s.* Splitt *m*, Schotter *m*; **,~·'wind·ed** *adj.* dämpfig, kurzatmig (*Pferd*).
bro·ker ['brəʊkə] *s.* a) (Handels)Makler *m*, (*weitS. a.* Heirats)Vermittler *m*: **honest ~** *pol.*, *fig.* ehrlicher Makler, b) (Börsen)Makler *m*, Broker *m* (*der im Kundenauftrag Geschäfte tätigt*); **'bro·ker·age** [-ərɪdʒ] *s.* **1.** Maklergebühr *f*, Cour'tage *f*; **2.** Maklergeschäft *n*.
brol·ly ['brɒlɪ] *s. Brit.* F Schirm *m*.
bro·mide ['brəʊmaɪd] *s.* **1.** 🜛 Bro'mid *n*: **~ paper** *phot.* Bromsilberpapier *n*; **2.** *fig.* a) Plattheit *f*, Banali'tät *f*, b) langweiliger Mensch; **'bro·mine** [-miːn] *s.* 🜛 Brom *n*.
bron·chi ['brɒŋkaɪ], **'bron·chi·a** [-kɪə] *s. pl. anat.* 'Bronchien *pl.*; **'bron·chi·al** [-kjəl] *adj.* Bronchial...; **bron·chi·tis** [brɒŋˈkaɪtɪs] *s.* ✒ Bron'chitis *f*, Bronchi'alka,tarrh *m*.
bron·co ['brɒŋkəʊ] *pl.* **-cos** *s.* kleines, halbwildes Pferd (*Kaliforniën*): **~ bust·er** Zureiter *m* (von wilden Pferden).

Bronx cheer [brɒŋks] *s. Am. sl.* ‚'Pfeifkon‚zert' *n*.
bronze [brɒnz] **I** *s.* **1.** Bronze *f*: **~ age** Bronzezeit *f*; **~ medal(l)ist** Bronzemedaillengewinner(in); **2.** ('Statue *f etc.* aus) Bronze *f*; **II** *v/t*. **3.** bronzieren; **III** *adj*. **4.** bronzefarben, Bronze...; **bronzed** [-zd] *adj*. **1.** bronziert; **2.** (sonnen)gebräunt.
brooch [brəʊtʃ] *s.* Brosche *f*, Spange *f*.
brood [bru:d] **I** *s.* **1.** Brut *f*; **2.** Nachkommenschaft *f*; **3.** *contp.* Brut *f*, Horde *f*; **II** *v/i*. **4.** brüten; **5.** *fig.* (**on**, **over**) brüten (über *dat.*), grübeln (über *acc.*); **6.** brüten, lasten (*Hitze etc.*); **III** *adj*. **7.** Brut..., Zucht...: **~ mare** Zuchtstute *f*; **'brood·er** [-də] *s.* **1.** Bruthenne *f*; **2.** Brutkasten *m*; **'brood·y** [-dɪ] *adj*. **1.** brütig (*Henne*); **2.** *fig.* brütend, grüblerisch; trübsinnig.
brook¹ [bruk] *s.* Bach *m*.
brook² [bruk] *v/t*. erdulden: **it ~s no delay** es duldet keinen Aufschub.
broom [bru:m] *s.* **1.** Besen *m*: **a new ~ sweeps clean** neue Besen kehren gut; **2.** ♀ (Besen)Ginster *m*; **'~·stick** ['brʊm-] *s.* Besenstiel *m*.
broth [brɒθ] *s.* (Fleisch-, Kraft)Brühe *f*, Suppe *f*.
broth·el ['brɒθl] *s.* Bor'dell *n*.
broth·er ['brʌðə] *s.* **1.** Bruder *m*: **~s and sisters** Geschwister; **Smith ₂s** ♥ Gebrüder Smith; **2.** *eccl. pl.* **brethren** Bruder *m*, Nächste(r) *m*, Mitglied *n* e-r (religi'ösen) Gemeinschaft; **3.** Amtsbruder *m*, Kol'lege *m*: **~ in arms** Waffenbruder; **~ student** Kommilitone, Studienkollege *m*; **~ officer** Regimentskamerad *m*; **~!** F Mann!, Mensch!; **,broth·er-'ger·man** *s.* leiblicher Bruder; **'broth·er·hood** [-hʊd] *s.* **1.** Bruderschaft *f*; **2.** Brüderlichkeit *f*; **broth·er-in-law** ['brʌðərɪnlɔ:] *s.* Schwager *m*.
broth·er·ly ['brʌðəlɪ] *adj.* brüderlich.
brough·am ['bru:əm] *s.* **1.** Brougham *m* (*geschlossener, vierrädriger, zweisitziger Wagen*); **2.** *hist. mot.* Limou'sine *f* mit offenem Fahrersitz.
brought [brɔ:t] *pret. u. p.p. von* **bring**.
brou·ha·ha [bru:'hɑːhɑ:] *s.* Getue *n*, Wirbel *m*, Lärm *m*.
brow [braʊ] *s.* **1.** (Augen)Braue *f*: **knit** (*od.* **gather**) **one's ~s** die Stirn runzeln; **2.** Stirn *f*; **3.** Vorsprung *m*, Ab hang *m*, (Berg)Kuppe *f*; **'~·beat** *v/t*. [*irr. →* **beat**] einschüchtern, tyrannisieren.
brown [braʊn] **I** *adj.* braun: **do s.o.** (**up**) **~** F j-n ‚anschmieren' *od.* ‚reinlegen'; **II** *s.* Braun *n*; **III** *v/t*. Haut *etc.* bräunen, Fleisch *etc.* (an)bräunen; ❀ brünieren; **~ed off** F ‚restlos bedient', ‚sauer'; **IV** *v/i*. braun werden; **~ bear** *s. zo.* Braunbär *m*; **~ bread** *s.* Vollkorn- *od.* Schwarzbrot *n*; **~ coal** *s.* Braunkohle *f*.
brown·ie ['braʊnɪ] *s.* **1.** Heinzelmännchen *n*; **2.** *Am.* kleiner Schoko'ladenkuchen mit Nüssen; **3.** ‚Wichtel' *m* (*junge Pfadfinderin*).
Brown·ing ['braʊnɪŋ] *s.* Browning *m* (*e-e Pistole*).
'brown|-nose *Am.* V **I** *s.* ‚Arschkriecher' *m*; **II** *v/t*. j-m ‚in den Arsch kriechen'; **~ pa·per** *s.* 'Packpa‚pier *f*; **'₂-shirt** *s. hist.* Braunhemd *n* (*SA-Mann od. Nazi*); **'~·stone** *Am.* **I** *s.* brauner Sandstein; **II** *adj.* F wohlha-

bend, vornehm.
browse [braʊz] *v/i*. **1.** grasen, weiden; *fig.* naschen (**on** von); **2.** *in Büchern* blättern *od.* schmökern; **3.** *a.* **~ around** sich (unverbindlich) 'umsehen (*in e-m Laden*).
bru·in ['bru:ɪn] *s. poet.* (Meister) Petz *m* (*Bär*).
bruise [bru:z] **I** *v/t*. **1.** *Körperteil* quetschen; *Früchte* anstoßen; **2.** zerstampfen, schroten; **3.** *j-n* grün u. blau schlagen; **II** *v/i*. **4.** e-e Quetschung *od.* e-n blauen Fleck bekommen; **III** *s.* **5.** ♣ Quetschung *f*, Bluterguß *m*; blauer Fleck; **6.** Druckstelle *f* (*auf Obst*); **'bruis·er** [-zə] *s.* **1.** F Boxer *m*; **2.** a) ‚Schläger' *m*, b) ‚Schrank' *m* (*Hüne*).
bruit [bru:t] *v/t*.: **~ about** *obs.* *Gerücht* verbreiten.
Brum·ma·gem ['brʌmədʒəm] F **I** *s.* **1.** *npr.* Birmingham (*Stadt*); **2.** ♀ Schund(-ware *f*) *m* (*bsd. in Birmingham hergestellt*); **II** *adj.* **3.** billig, kitschig, Schund..., unecht.
brunch [brʌntʃ] *s.* F (*aus breakfast u. lunch*) Brunch *m*.
bru·nette [bru:'net] **I** *adj.* brü'nett, dunkelbraun; **II** *s.* Brü'nette *f*.
brunt [brʌnt] *s.* Hauptstoß *m*, -last *f*, volle Wucht *des Angriffs* (*a. fig.*): **bear the ~** die Hauptlast tragen.
brush [brʌʃ] **I** *s.* **1.** Bürste *f*; Besen *m*: **tooth-~** Zahnbürste *f*; **2.** Pinsel *m*: **shaving-~**; **3.** a) Pinselstrich *m* (*Maler*), b) Maler *m*, c) **the ~** die Malerei; **4.** Bürsten *n*: **give a ~** (**to**) *et.* abbürsten; **5.** buschiger Schwanz (*bsd. Fuchs*); **6.** ♀ (Kon'takt)Bürste *f*; **7.** *phys.* Strahlenbündel *n*; **8.** ✕ Feindberührung *f*; Schar'mützel *n* (*a. fig.*): **have a ~ with s.o.** mit j-m aneinandergeraten; **9.** → **brushwood**; **II** *v/t*. **10.** bürsten; **11.** fegen: **~ away** (*od.* **off**) abwischen, -streifen (*a. mit der Hand*); **~ off** *fig.* j-n abwimmeln *od.* abweisen; **~ aside** *fig.* beiseite schieben, abtun; **12. ~ up** *fig.* ‚aufpolieren', auffrischen; **13.** streifen, leicht berühren; **III** *v/i*. **14. ~ against** streifen (*acc.*); **15.** da'hinrasen: **~ past** vorbeisausen; **'brushing** [-ʃɪŋ] *s. mst pl.* Kehricht *m*, *n*; **'brush·less** [-lɪs] *adj*. **1.** ohne Bürste; **2.** ohne Schwanz (*Fuchs*); **'brush-off** *s.* F Abfuhr *f*; **'brush·wood** *s.* **1.** 'Unterholz *n*, Gestrüpp *n*; Busch *m* (*USA u. Australien*); **2.** Reisig *n*.
brusque [brʊsk] *adj*. □ brüsk, barsch, schroff.
Brus·sels ['brʌslz] *npr.* Brüssel *n*; **~ lace** *s.* Brüsseler Spitzen *pl.*; **~ sprouts** [‚brʌsl'spraʊts] *s. pl.* Rosenkohl *m*.
bru·tal ['bru:tl] *adj*. □ **1.** viehisch, bru'tal, roh, unmenschlich; **2.** scheußlich; **bru·tal·i·ty** [bru:'tælətɪ] *s.* Brutali'tät *f*, Roheit *f*; **'bru·tal·ize** [-təlaɪz] **I** *v/t*. **1.** zum Tier machen, verrohen lassen; **2.** brutal behandeln; **II** *v/i*. verrohen, zum Tier werden.
brute [bru:t] **I** *s.* (*unvernünftiges*) Tier, Vieh *n*, *fig.* a. Untier *n*, Scheusal *n*: **the ~ in him** das Tier in ihm; **II** *adj.* tierisch (*a. = triebhaft, unvernünftig, brutal*); viehisch, roh; hirnlos, dumm; gefühllos: **~ force** rohe Gewalt; **'brut·ish** [-tɪʃ] *adj*. □ → **brute** II.
Bry·thon·ic [brɪ'θɒnɪk] *s.* Ursprache *f*

der Kelten in Wales, 'Cornwall u. der Bre'tagne.
bub·ble ['bʌbl] **I** *s.* **1.** (Luft-, Gas-, Seifen)Blase *f*; **2.** *fig.* Seifenblase *f*; **prick the ~** den Schwindel aufdecken; **~ company** Schwindelfirma *f*; **3.** Sprudeln *n*, Brodeln *n*, (Auf)Wallen *n*; **4.** *Am.* Traglufthalle *f*; **II** *v/i*. sprudeln, brodeln, wallen; perlen: **~ over** überprudeln (*a. fig.* **with** *vor dat.*); **~ up** aufsprudeln, in Blasen aufsteigen; **~ bath** *s.* Schaumbad *n*; **~ car** *s.* **1.** Kleinstauto *n*, Ka'binenroller *m*; **2.** Wagen *m* mit kugelsicherer Kuppel; **~ gum** *s.* Bal'lon-, Knallkaugummi *m*.
bu·bo ['bju:bəʊ] *pl.* **-boes** *s.* ✄ 'Bubo *m* (*Drüsenschwellung*); Beule *f*; **bu·bon·ic** [bju:'bɒnɪk] *adj*.: **~ plague** ✄ Beulenpest *f*.
buc·ca·neer [‚bʌkə'nɪə] **I** *s.* Seeräuber *m*, Freibeuter *m*; **II** *v/i*. Seeräube'rei betreiben.
buck¹ [bʌk] **I** *s.* **1.** *zo.* Bock *m* (*Hirsch, Reh, Ziege etc.*; *a.* *Turnen*); Rammler *m* (*Hase, Kaninchen*); *engS.* Rehbock *m*; **2.** *obs.* Stutzer *m*, Geck *m*; Lebemann *m*; **3.** *Am. obs. contp.* a) Rothaut *f*, b) Nigger *m*; **4.** *Am.* Poker: Spielmarke, *die e-n Spieler daran erinnern soll, daß er am Geben ist*: **pass the ~ to** F *j-m* ‚den Schwarzen Peter (*die Verantwortung*) zuschieben'; **II** *v/i*. **5.** bocken (*Pferd, Esel etc.*); **6.** *Am.* F ‚meutern', sich sträuben (**at**, **against** bei, gegen); **7. ~ up** F a) sich ranhalten, b) sich zs.-reißen: **~ up!** Kopf hoch!; **III** *v/t*. **8.** *Reiter* durch Bocken abwerfen (wollen); **9.** *Am.* wütend angreifen; angehen gegen; **10.** a. **~ up** F aufmuntern: **greatly ~ed** hocherfreut; **IV** *adj.* **11.** männlich; **12. ~ private** ✕ *Am.* F einfacher Soldat.
buck² [bʌk] *s. Am.* F Dollar *m*.
buck·et ['bʌkɪt] **I** *s.* **1.** Eimer *m*, Kübel *m*: **champagne ~** Sektkühler *m*; **kick the ~** F ‚abkratzen' (*sterben*); **2.** ❀ a) Schaufel *f e-s Schaufelrades*, b) Eimer *m od.* Löffel *m e-s Baggers*, c) (Pumpen)Kolben *m*; **II** *v/t*. **3.** (aus)schöpfen; **4.** *Pferd* zu'schanden reiten; **III** *v/i*. **5.** F (da'hin)rasen; **~ con·vey·or** *s.* Becherwerk *n*; **~ dredg·er** *s.* Löffelbagger *m*; **'~·ful** [-fʊl] *pl.* **-fuls** *s.* *ein* Eimer(voll) *m*.
buck·et| seat *s.* **1.** *mot.*, ✔ Klapp-, Notsitz *m*; **2.** *mot.* Schalensitz *m*; **~ shop** *s.* **1.** 'unre‚elle Maklerfirma; **2.** ‚Klitsche' *f*, kleiner ‚Laden'.
'buck|·eye *s. Am.* **1.** ♀ *e-e* 'Roßka‚stanie *f*; **2.** ♀ F Bewohner(in) von Ohio; **'~·horn** *s.* Hirschhorn *n*; **'~·hound** *s. zo.* Jagdhund *m*; **'~·jump·er** *s.* störrisches Pferd.
buck·le ['bʌkl] **I** *s.* **1.** Schnalle *f*, Spange *f*; **2.** ✕ Koppelschloß *n*; **3.** ❀ verbogene *od.* verzogene Stelle; **II** *v/t*. **4.** a. **on**, **~ up** an-, 'um-, zuschnallen; **5.** ❀ (ver)biegen, krümmen; **6. ~ o.s. to** → 9; **III** *v/i*. **7.** ❀ sich (ver)biegen *od.* verziehen, sich werfen *od.* krümmen; **8.** nachgeben *unter e-r Last*: **~** (**under**) *fig.* zs.-brechen; **9. ~ down to** F sich hinter *e-e Aufgabe* ‚klemmen'.
buck·ling ['bʌklɪŋ] (*Ger.*) *s.* Bückling *m* (*geräucherter Hering*).
buck·ling strength ['bʌklɪŋ] *s.* ❀

Knickfestigkeit f.
buck·ram ['bʌkrəm] I s. **1.** Steifleinen n; **2.** fig. Steifheit f, Förmlichkeit f; **II** adj. **3.** fig. steif, for'mell.

'**buck·saw** s. Am. Bocksäge f; '**~·shot** s. hunt. grober Schrot, Rehposten m; '**~·skin** s. **1.** a) Wildleder n, b) pl. Lederhose f; **2.** Buckskin m (Wollstoff); '**~·thorn** s. ♀ Kreuzdorn m; '**~·tooth** s. [irr.] vorstehender Zahn; '**~·wheat** s. ♀ Buchweizen m.

bu·col·ic [bju:'kɒlɪk] I adj. (□ **~ally**) **1.** bu'kolisch: a) Hirten..., b) ländlich, i'dyllisch; **II** s. **2.** I'dylle f, Hirtengedicht n; **3.** humor. Landmann m.

bud [bʌd] I s. **1.** ♀ Knospe f; Auge n (Blätterknospe): **be in ~** knospen; **2.** Keim m; **3.** fig. Keim m, Ursprung m; → **nip**[1] 2; **4.** unentwickeltes Wesen; **5.** Am. F Debü'tantin f; **II** v/i. **6.** knospen, sprossen; **7.** sich entwickeln od. entfalten: **~ding lawyer** angehender Jurist; **III** v/t. **8.** ✔ okulieren.

Bud·dha ['budə] s. 'Buddha m; '**Bud·dhism** [-dɪzəm] s. Bud'dhismus m; '**Bud·dhist** [-dɪst] I s. Bud'dhist m; **II** adj. → **Bud·dhis·tic** [bu'dɪstɪk] adj. bud'dhistisch.

bud·dy ['bʌdɪ] s. F **1.** ,Kumpel' m, ,Spezi' m, Kame'rad m; **2.** Anrede: Freundchen n.

budge [bʌdʒ] mst neg. I v/i. sich (von der Stelle) rühren, sich (im geringsten) bewegen: **~ from** fig. von et. abrücken; **II** v/t. (vom Fleck) bewegen.

budg·er·i·gar ['bʌdʒərɪgɑ:] s. orn. Wellensittich m.

budg·et ['bʌdʒɪt] I s. **1.** bsd. pol. Bud'get n, (Staats)Hauhalt m, E'tat m, (a. pri'vater) Haushaltsplan: **open the ~** das Budget vorlegen; **~ cut** Etatkürzung f; **for the low ~** für den schmalen Geldbeutel; **~(-priced)** preisgünstig; **2.** fig. Vorrat m: **a ~ of news** ein Sack voll Neuigkeiten; **II** v/t. **3.** a) Mittel bewilligen, vorsehen, Ausgaben einplanen; **III** v/i. **4.** planen, ein Bud'get machen: **~ for s.th.** et. im Haushaltsplan vorsehen, die Kosten für et. veranschlagen; '**budg·et·ar·y** [-tərɪ] adj. Budget..., Etat..., Haushalts...: **~ deficit.**

bud·gie ['bʌdʒɪ] s. F für budgerigar.

buff[1] [bʌf] s. **1.** starkes Ochsen- od. Büffelleder; **2.** F bloße Haut: **in the ~** im Adams- od. Evaskostüm (nackt); **3.** Lederfarbe f; **4.** F ,Fex' m, Fan m: **hi-fi ~**; **II** adj. **5.** lederfarben.

buff[2] [bʌf] v/t. ☼ schwabbeln, polieren.

buf·fa·lo ['bʌfələu] pl. **-loes**, Am. a. **-los** I s. **1.** zo. Büffel m; nordamer. 'Bison m; **2.** ✕ am'phibischer Panzerwagen; **II** v/t. **3.** Am. F j-n täuschen od. einschüchtern.

buf·fer ['bʌfə] I s. ☼ a) Stoßdämpfer m, b) Puffer m (a. ⚛, Computer u. fig.), c) Prellbock (a. fig.): **~ solution** 🜋 Pufferlösung f; **~ state** pol. Pufferstaat m; **3.** a. **memory** Computer: Pufferspeicher m; **II** v/t. **4.** als Puffer wirken gegen; **5.** Computer: puffern, zwischenspeichern.

buf·fet[1] ['bʌfɪt] I s. **1.** Puff m, Stoß m; Schlag m (a. fig.); **II** v/t. **2.** a) j-m e-n Schlag versetzen, b) j-n od. et. her'umstoßen: **~ (about)** ,durchrütteln; **3.** gegen Wellen etc. (an)kämpfen.

buf·fet[2] s. **1.** ['bʌfɪt] Bü'fett n, Anrichte f; **2.** ['bufeɪ] Bü'fett n: a) Theke f, b) Tisch mit Speisen, c) Erfrischungsbar f, Imbißstube f: **~ car** 🚆 Büfettwagen m; **~ dinner** kaltes Büfett.

buf·foon [bʌ'fu:n] s. **1.** Possenreißer m, Hans'wurst m (a. fig. contp.); **2.** derber Witzbold; **buf'foon·er·y** [-nərɪ] s. Possen(reißen n) pl.

bug [bʌg] I s. **1.** zo. (Bett)Wanze f; **2.** zo. bsd. Am. allgemein In'sekt n (Ameise, Fliege, Spinne, Käfer); **3.** F Ba'zillus m (a. fig.): **the golf ~** die Golfleidenschaft; **4.** ☼ Am. F De'fekt m, mst pl. ,Mucken' pl.; **5.** **big ~** F ,großes' od. ,hohes Tier' (Person); **6.** Am. F Fan m, Fa'natiker m: **baseball ~**; **7.** sl. ,Wanze' f (Abhörgerät); **II** v/t. sl. **8.** a) ,Wanzen' anbringen in e-m Raum etc., b) (heimlich) abhören; **9.** Am. F j-n nerven: **what's ~ging you?** was hast du denn?

bug·a·boo ['bʌgəbu:] s. **1.** → bugbear; **2.** ,Quatsch' m.

'**bug·bear** s. a) ,Buhmann' m, b) Schreckgespenst n; '**~·eyed** adj. mit her'vorquellenden Augen.

bug·ger ['bʌgə] I s. **1.** a) Sodo'mit m, b) Homosexu'elle(r) m; **2.** V a) ,Scheißkerl' m, b) Kerl m, ,Knülch' m; **2.** ,Scheißding' n; **II** v/t. **3.** a) Sodo'mie treiben mit, b) a'nal verkehren mit: **~ (it)!** V Scheiße!; **~ you!** V leck mich!; **4.** a) j-n ,fertigmachen', b) j-n ,nerven'; **5.** **~ (up)** V et. versauen od. vermasseln; **III** v/i. **6.** **~ around** V he'rumgammeln; **7.** **~ off** V ,abhauen'; '**bug·ger·y** [-ərɪ] s. **1.** Sodo'mie f, 'widerna,türliche Unzucht; **2.** Homosexuali'tät f.

bug·gy[1] ['bʌgɪ] s. **1.** leichter (Pferde-)Wagen; **2.** mot. Buggy m (geländegängiges, offenes Freizeitauto); **3.** Am. Kinderwagen m.

bug·gy[2] ['bʌgɪ] adj. **1.** verwanzt; **2.** Am. sl. ,bekloppt', verrückt.

'**bug·house** Am. sl. I s. ,Klapsmühle' f (Nervenheilanstalt); **II** adj. verrückt; '**~·hunt·er** s. sl. In'sektensammler m.

bu·gle ['bju:gl] s. **1.** Wald-, Jagdhorn n; **2.** ✕ Si'gnalhorn n: **sound the ~** ein Hornsignal blasen; '**bu·gle-call** s. 'Hornsi,gnal n; '**bu·gler** [-lə] s. Hor'nist m.

buhl [bu:l] s. Einlege-, Boulearbeit f.

build [bɪld] I v/t. [irr.] **1.** (er)bauen, errichten: **~ a fire** (ein) Feuer machen; **~ in** a) einbauen (a. fig.), b) zubauen; **2.** ☼ bauen: a) konstruieren, b) herstellen: **~ cars**; **3.** mst **~ up** aufbauen, gründen, (er)schaffen: **~ up a business** ein Geschäft aufbauen; **~ up one's health** s-e Gesundheit festigen; **~ up a reputation** sich e-n Namen machen; **~ up a case** bsd. 🜋 (Beweis)Material zs.-tragen; **4.** **~ up** a) zubauen, vermauern; **~ up a window**, b) Gelände aus-, bebauen; **5.** **~ up** fig. j-n ,aufbauen' od. groß her'ausstellen, Re'klame machen für; **6.** fig. gründen, setzen: **~ one's hopes on s.th.**; **II** v/i. [irr.] **7.** bauen; gebaut werden: **the house is ~ing** das Haus ist im Bau; **8.** fig. bauen, sich verlassen (**on** auf acc.); **9.** **~ (up)** a) sich entwickeln, b) zunehmen, wachsen; **III** s. **10.** Bauart f, Gestalt f; **11.** Körperbau m, Fi'gur f; **12.** Schnitt m (Kleid); '**build·er** [-də] s. **1.** Erbauer m; **2.** Baumeister m; **3.** 'Bauunter,nehmer m, Bauhandwerker m: **~'s merchant** Baustoffhändler m.

build·ing ['bɪldɪŋ] s. **1.** Bauen n, Bauwesen n; **2.** Gebäude n, Bau m, Bauwerk n; **~ block** s. **1.** ☼ u. fig. Baustein m; **2.** Bauklötzchen n für Kinder; **~ contrac·tor** s. 'Bauunter,nehmer m; **~ lease** s. 🜋 Brit. Baupacht(vertrag m) f; **~ line** s. ☼ 'Bauflucht(,linie) f; **~ lot**, **~ plot**, **~ site** s. **1.** Bauplatz m, -stelle f; **2.** Baugrundstück n, Baugelände n; **~ own·er** s. Bauherr m; **~ so·ci·e·ty** s. Brit. Bausparkasse f.

'**build-up** s. **1.** Aufbau m, Zs.-stellung f; **2.** Zunahme f; **3.** ,Aufbauen' n, Re'klame f, Propa'ganda f; **4.** dra'matische Steigerung.

built [bɪlt] I pret. u. p.p. von build I u. II; **II** adj. gebaut, geformt: **he is ~ that way** F so ist er eben; **~·'in** adj. eingebaut (a. fig.), Einbau...; '**~·up a·re·a** s. **1.** bebautes Gelände; **2.** Verkehr: geschlossene Ortschaft.

bulb [bʌlb] I s. **1.** ♀ Knolle f, Zwiebel f (e-r Pflanze); **2.** Zwiebelgewächs n; **3.** (Glas- etc.)Bal'lon m od. Kolben m; Kugel f (Thermometer); **4.** ⚡ Glühbirne f, -lampe f; **II** v/i. **5.** rundlich anschwellen, Knollen bilden; '**bulbed** [-bd] adj. knollenförmig; '**bulb·ous** [-bəs] adj. knollig, Knollen...: **~ nose.**

Bul·gar ['bʌlgɑ:] s. Bul'gare m, Bul'garin f; **Bul·gar·i·an** [bʌl'geərɪən] I adj. bul'garisch; **II** s. → Bulgar.

bulge [bʌldʒ] I s. **1.** (Aus)Bauchung f, (a. ✕ Front)Ausbuchtung f; Anschwellung f, Beule f; Vorsprung m, Buckel m; Rundung f, Bauch m, Wulst m: **Battle of the** ☽ Ardennenschlacht f (1944); **2.** ⚓ → **bilge** 1; **3.** Anschwellen n, Zunahme f, plötzliches Steigen (bsd. der Börsenkurse); **4.** a. **~ age-group** geburtenstarker Jahrgang; **5.** **have a ~ on s.o.** sl. j-m gegenüber im Vorteil sein; **II** v/i. **6.** sich (aus)bauchen, her'vortreten, -ragen, -quellen, sich blähen od. bauschen; '**bulg·ing** [-dʒɪŋ] adj. (zum Bersten) voll (**with** von).

bulk [bʌlk] I s. **1.** 'Umfang m, Größe f, Masse f; **2.** große od. massige Gestalt: 'Körper,umfang m, -fülle f; **3.** Hauptteil m, -masse f, Großteil m, Mehrheit f; **4.** ♆ (gekaufte) Gesamtheit; ⚓ (unverpackte) Schiffsladung: **in ~** a) unverpackt, lose, b) in großen Mengen, en gros; **break ~** ⚓ zu löschen anfangen; **~ cargo**, **~ goods** ♆ Schüttgut n, Massengüter pl.; **~ buying** ♆ Mengeneinkauf m; **~ mail** Postwurfsendung f; **~ mortgage** Am. Fahrnishypothek f; **II** v/i. **5.** 'umfangreich od. sperrig sein; fig. wichtig sein: **~ large** e-e große Rolle spielen; **III** v/t. **7.** bsd. Am. aufstapeln; '**~·head** s. **1.** ⚓ Schott n; **2.** ☼ a) Schutzwand f, b) Spant m.

bulk·y ['bʌlkɪ] adj. **1.** (sehr) 'umfangreich, massig; **2.** sperrig: **~ goods** ♆ Sperrgut m.

bull[1] [bul] I s. zo. Bulle m, Stier m: **like a ~ in a china shop** wie ein Elefant im Porzellanladen; **take the ~ by the horns** den Stier bei den Hörnern packen; **2.** zo. (Elefanten-, Elch-, Wal-etc.)Bulle m; **3.** ♆ Haussi'er m, 'Haussespeku,lant m; **4.** Am. sl. ,Bulle' m (Polizist); **5.** ast. Stier m; **6.** → **bull's-eye** 3 u. 4; **II** v/t. **7.** ♆ Preise in die Höhe treiben für *et.*: ~ *the market* auf Hausse kaufen; **III** *v/i.* **8.** 🟉 auf Hausse spekulieren; **IV** *adj.* **9.** männlich; **10.** 🟉 steigend, Hausse...: ~ *market*.

bull² [bʊl] *s.* (päpstliche) Bulle.

bull³ [bʊl] *s. sl.* **1.** *a. Irish* ~ ungereimtes Zeug, 'widersprüchliche Behauptung; **2.** Schnitzer *m*, Faux'pas *m*; **3.** *Am.* Quatsch *m*, Blödsinn *m*.

'bull|-,bait·ing *s.* Stierhetze *f*; **'~·dog I** *s.* **1.** *zo.* Bulldogge *f*; **2.** *Brit. univ.* Begleiter *m* des 'Proctors; **3.** *e-e* Pi'stole *f*; **II** *adj.* **4.** mutig, zäh, hartnäckig; **'~·doze** *v/t.* **1.** planieren, räumen; **2.** F ,über'fahren', einschüchtern, terrorisieren; zwingen (**into** zu); **'~·doz·er** [-,dəʊzə] *s.* **1.** ⊚ Planierraupe *f*, Bulldozer *m*; **2.** *fig.* F → **bully²** 1.

bul·let ['bʊlɪt] *s.* (Gewehr- *etc.*)Kugel *f*, Geschoß *n*: ~ *bite the* ~ *fig.* die bittere Pille schlucken; **'~·head** *s.* **1.** Rundkopf *m*; **2.** *Am.* F Dickkopf *m*.

bul·le·tin ['bʊlɪtɪn] *s.* **1.** Bulle'tin *n*: a) Tagesbericht *m* (*a.* ⚔), b) Krankenbericht *m*, c) offizi'elle Bekanntmachung: ~ *board Am.* schwarzes Brett (*für Anschläge*); **2.** Mitteilungsblatt *n*; **3.** *Am.* Kurznachricht *f*.

'bul·let-proof *adj.* kugelsicher.

'bull|·fight *s.* Stierkampf *m*; **'~·fight·er** *s.* Stierkämpfer *m*; **'~·finch** *s.* **1.** *orn.* Dompfaff *m*; **2.** hohe Hecke; **'~·frog** *s. zo.* Ochsenfrosch *m*; **,~-'head·ed** *adj.* starrköpfig.

bul·lion ['bʊljən] *s.* **1.** ungemünztes Gold *od.* Silber: ~ *point* 🟉 Goldpunkt *m*; **2.** Gold *n od.* Silber *n* in Barren; **3.** Gold-, Silberlitze *f*, -schnur *f*, -troddel *f*.

bull·ish ['bʊlɪʃ] *adj.* **1.** dickköpfig; **2.** 🟉 steigend, Hausse...

,bull-'necked *adj.* stiernackig.

bull·ock ['bʊlək] *s. zo.* Ochse *m*.

bull| pen *s. Am.* **1.** *sl.* Ba'racke *f* für Holzfäller; **2.** F a) ,Kittchen' *n*, b) große (Gefängnis)Zelle; **3.** *Baseball*: Übungsplatz *m* für Re'servewerfer; **'~·ring** *s.* 'Stierkampfa,rena *f*.

'bull's-eye ['bʊlzaɪ] *s.* **1.** ⚓, △ Bullauge *n*, rundes Fensterchen; **2.** *a.* ~ *pane* Ochsenauge *n*, Butzenscheibe *f*; **3.** Zentrum *n od.* das Schwarze *der Zielscheibe*; **4.** *a. fig.* Schuß *m* ins Schwarze, 'Volltreffer *m*; **5.** 'Blendla,terne *f*; **6.** großer runder 'Pfefferminzbon,bon.

'bull|·shit *s. u. int.* V Scheiß(dreck) *m*; ~ **ter·ri·er** *s. zo.* 'Bull,terrier *m*.

bul·ly¹ ['bʊlɪ] *s.* a. ~ *beef* Rinderpökelfleisch *n* (in Büchsen).

bul·ly² ['bʊlɪ] **I** *s.* **1.** bru'taler Kerl, ,Schläger' *m*; Ty'rann *m*; Maulheld *m*; **2.** *obs.* Zuhälter *m*; **3.** *Hockey*: Bully *n*, Anspiel *n*; **II** *v/t.* **4.** tyrannisieren, schikanieren, einschüchtern, piesacken; **III** *adj.* **5.** F ,prima' (*a. int.*); **IV** *int.* **6.** F bravo!, Klasse!

bul·ly| *beef* → **bully¹**; **'~·rag** → **ballyrag**.

bul·rush ['bʊlrʌʃ] *s.* ♀ große Binse.

bul·wark ['bʊlwək] *s.* **1.** Bollwerk *n*, Wall *m* (*beide a. fig.*); **2.** ⚓ a) Hafendamm *m*, b) Schanzkleid *n*.

bum¹ [bʌm] *s. bsd. Brit.* F **1.** ,Hintern' *m*; **2.** ,Niete' *f*, ,Flasche' *f*.

bum² [bʌm] *s. bsd. Am.* F I *s.* **1.** a) ,Stromer' *m*, ,Gammler' *m*, He'rumtreiber

---

m, b) Tippelbruder *m*, c) Schnorrer *m*, d) Mistkerl *m*; **II** *v/i.* **2.** *mst* ~ *around* ,he'rumgammeln'; **3.** schnorren (*off* bei); **III** *v/t.* **4.** *et.* schnorren (*of* bei, von); **IV** *adj.* **5.** a) ,mies', schlecht, b) ka'putt.

bum·ble-bee ['bʌmblbi:] *s. zo.* Hummel *f*.

bum·ble-dom ['bʌmbldəm] *s.* Wichtigtue'rei *f* der kleinen Beamten.

bumf [bʌmf] *s. Brit. sl.* **1.** *contp.* ,Pa'pierkram' *m* (*Akten, Formulare etc.*); **2.** ,'Klopa,pier' *n*.

bum·mer ['bʌmə] → **bum²** 1.

bump [bʌmp] **I** *v/t.* **1.** (heftig) stoßen, (an)prallen; ~ *one's head* sich den Kopf anstoßen; *I ~ed my head against* (*od.* **on**) *the door* ich stieß *od.* rannte mit dem Kopf gegen die Tür; ~ *a car* auf ein Auto auffahren; **2.** *Rudern*: *Boot* über'holen u. anstoßen; **3.** *sl.* ,'umlegen', ,kaltmachen'; **4.** ~ *up* F *Preise etc.* hochtreiben, *Gehalt etc.* aufbessern; **II** *v/i.* **5.** (*against*, *into*) stoßen, prallen, bumsen (gegen), zs.-stoßen (mit): ~ *into fig. j-n* zufällig treffen, zufällig stoßen auf (*acc.*); **6.** rütteln, holpern (*Wagen*); **III** *s.* **7.** heftiger Stoß, Bums *m*; **8.** ⚽ Beule *f*, Höcker *m*; **9.** Unebenheit *f* (*Straße*); **10.** Sinn *m* (*für et.*): ~ *of locality* Ortssinn; **11.** ✈ (Steig)Bö *f*; **IV** *adv.* **12.** bums!

bump·er ['bʌmpə] *s.* **1.** randvolles Glas (*Wein etc.*); **2.** F *et.* Riesiges: ~ *crop* Rekordernte *f*; ~ *house thea.* volles Haus; ~ *m.* Puffer *m*; **4.** *mot.* Stoßstange *f*: ~ *car* (Auto)Skooter *m*; ~ *guard* Stoßstangenhorn *n*; ~ *sticker* Autoaufkleber *m*.

bump·kin ['bʌmpkɪn] *s.* Bauernlackel *m*.

'bump-start *s. Brit. mot.* **I** *s.* Anschieben *n*; **II** *v/t. Auto* anschieben.

bump·tious ['bʌmpʃəs] *adj.* □ aufgeblasen.

bump·y ['bʌmpɪ] *adj.* **1.** holperig, uneben; **2.** ✈ ,bockig', böig.

bum| steer *s. Am. sl.*: *give s.o. the* ~ j-n ,verschaukeln'; **'~·suck·er** *s.* V ,Arschkriecher' *m*.

bun¹ [bʌn] *s.* **1.** süßes Brötchen: *she has a* ~ *in the oven sl.* bei ihr ist was unterwegs; **2.** (Haar)Knoten *m*.

bun² [bʌn] *s. Brit.* Ka'ninchen *n*.

bunch [bʌntʃ] **I** *s.* **1.** Bündel *n* (*a.* ⚡), Bund *n*, Büschel *n*: ~ *of flowers* Blumenstrauß *m*; ~ *of grapes* Weintraube *f*; ~ *of keys* Schlüsselbund *n*; **2.** F a) Haufen *m*, b) ,Verein' *m*: *the best of the* ~ der Beste von allen; **II** *v/t.* **3.** bündeln (*a.* ⚡), zs.-fassen, -binden: *~ed circuit* ⚡ Leitungsbündel *n*; **III** *v/i.* **4.** sich zs.-riegen, -schließen; **5.** sich bauschen: **'bunch·y** [-tʃɪ] *adj.* büschelig, bauschig, in Bündeln.

bun·co ['bʌŋkəʊ] *v/t. Am. sl.* ,reinlegen', betrügen.

bun·dle ['bʌndl] **I** *s.* **1.** Bündel *n*, Bund *n*; Pa'ket *n*; Ballen *m*: ~ *of energy* (*nerves*) *fig.* Kraft-(Nerven)Bündel *n*; **2.** *fig.* a) Menge *f*, Haufen *m*, b) F ,Batzen' *m* Geld; **II** *v/t.* **3.** in Bündel zs.-binden, -packen; **4.** *et.* wohin stopfen; **5.** *mst* ~ *off* (*od.* **out**) abschieben, (eilig) fortschaffen: *he was ~d into a taxi* er wurde in ein Taxi verfrachtet *od.* gepackt; **III** *v/i.* **6.** ~ *off* (*od.*

---

out) sich packen *od.* da'vonmachen.

bung [bʌŋ] **I** *s.* **1.** Spund(zapfen) *m*, Stöpsel *m*; **2.** ✗ Mündungspfropfen *m* (*Geschütz*); **II** *v/t.* **3.** verspunden, verstopfen; zupfropfen; **4.** F ,schmeißen', werfen; **5.** ~ *up* Röhre, Öffnung verstopfen (*mst pass.*): *~ed up* verstopft; **6.** *mst* ~ *up Am.* F *Auto etc.* schwer beschädigen, verbeulen.

bun·ga·low ['bʌŋgələʊ] *s.* 'Bungalow *m*.

'bung·hole *s.* Spund-, Zapfloch *n*.

bun·gle ['bʌŋgl] **I** *v/i.* **1.** stümpern, pfuschen; **II** *v/t.* **2.** verpfuschen; **III** *s.* **3.** Stümpe'rei *f*; **4.** Fehler *m*, ,Schnitzer' *m*; **'bun·gler** [-lə] *s.* Stümper *m*, Pfuscher *m*; **'bun·gling** [-lɪŋ] *adj.* □ ungeschickt, stümperhaft.

bun·ion ['bʌnjən] *s.* ⚕ entzündeter Fußballen.

bunk¹ [bʌŋk] **I** *s.* a) ⚓ (Schlaf)Koje *f*, b) Schlafstelle *f*, Bett *n*, ,Falle' *f*: ~ *bed* Etagenbett *n*; **II** *v/i.* a) in e-r Koje schlafen, b) *oft* ~ *down* F ,kampieren'.

bunk² [bʌŋk] *abbr. für* **bunkum**.

bunk³ [bʌŋk] *Brit.* F I *s.*: *do a* ~ → **II** *v/i.* ,ausreißen', ,türmen'.

bunk·er ['bʌŋkə] **I** *s.* **1.** ⚓ (Kohlen)Bunker *m*; **2.** ✗ Bunker *m*, bombensicherer 'Unterstand; **3.** *Golf*: Bunker *m* (*Hindernis*); **II** *v/t.* **4.** ⚓ bunkern; **5.** *Golf*: *Ball* in e-n Bunker schlagen; **'bunk·ered** [-əd] *adj.* F in der Klemme.

bun·kum ['bʌŋkəm] *s.* ,Blech' *n*, Blödsinn *m*, Quatsch *m*.

bun·ny ['bʌnɪ] *s.* Häs·chen *n* (*a.* F *süßes Mädchen*).

bun·ting¹ ['bʌntɪŋ] *s.* **1.** Flaggentuch *n*; **2.** *coll.* Flaggen *pl.*

bun·ting² ['bʌntɪŋ] *s. orn.* Ammer *f*.

buoy [bɔɪ] **I** *s.* **1.** ⚓ Boje *f*, Bake *f*, Seezeichen *n*; **II** *v/t.* **2.** *a.* ~ *out Fahrrinne* durch Bojen markieren; **3.** *mst* ~ *up* flott erhalten; **4.** *fig.* Auftrieb geben (*dat.*), beleben: *~ed up* hoffnungsvoll; **buoy·an·cy** ['bɔɪənsɪ] *s.* **1.** *phys.* Schwimm-, Tragkraft *f*; **2.** ✈ Auftrieb *m* (*a. fig.*); **3.** *fig.* Schwung *m*, Spann-, Lebenskraft *f*; **buoy·ant** ['bɔɪənt] *adj.* □ **1.** schwimmend, tragend (*Wasser etc.*); **2.** *fig.* schwungvoll, lebhaft; **3.** 🟉 steigend; lebhaft.

bur [bɜː] *s.* **1.** ♀ Klette *f* (*a. fig.*): *cling to s.o. like a* ~ *fig.* wie e-e Klette an j-m hängen; **2.** → **burr¹** I.

bur·ble ['bɜːbl] **I** *v/i.* **1.** brodeln, sprudeln; **2.** plappern; **II** *s.* **3.** ⚙, ✈ Wirbel *m*.

bur·bot ['bɜːbət] *s. ichth.* Quappe *f*.

bur·den¹ ['bɜːdn] *s.* **1.** Re'frain *m*, Kehrreim *m*; **2.** Hauptgedanke *m*, Kern *m*.

bur·den² ['bɜːdn] **I** *s.* **1.** Last *f*, Ladung *f*; **2.** *fig.* Last *f*, Bürde *f*, (*a.* finanzi'elle) Belastung, Druck *m*: ~ *of proof* ⚡ Beweislast; ~ *of years* Last der Jahre; *he is a* ~ *on me* er fällt mir zur Last; **3.** ⊚ Traglast *f*; **4.** ⚓ Tragfähigkeit *f*; Ladung *f*; **II** *v/t.* **5.** belasten: ~ *s.o. with s.th.* j-m et. aufbürden; **'bur·den·some** [-səm] *adj.* lästig, drückend.

bur·dock ['bɜːdɒk] *s.* ♀ Große Klette.

bu·reau ['bjʊərəʊ] *pl.* **-reaus**, **-reaux** [-rəʊz] *s.* **1.** Bü'ro *n*; Geschäfts-, Amtszimmer *n*; **2.** Behörde *f*; **3.** *Brit.* Schreibpult *n*; **4.** *Am.* '(Spiegel)Kom,mode *f*; **bu·reauc·ra·cy** [bjʊəˈrɒkrəsɪ] *s.* **1.** Bürokra'tie *f*; **2.** *coll.* Beamtenschaft *f*; **'bu·reau·crat** [-əʊkræt] *s.* Büro'krat *m*; **bu·reau·crat·ic** [ˌbjʊərəʊ-'krætɪk] *adj.* (□ **~ally**) büro'kratisch; **bu·reauc·ra·tize** [bjʊəˈrɒkrətaɪz] *v/t.* bürokratisieren.

bu·rette [bjʊəˈret] *s.* ⚗ Bü'rette *f*.

burg [bɜːg] *s. Am.* F Stadt *f*.

bur·geon [ˈbɜːdʒən] I *s.* ♀ Knospe *f*; II *v/i.* knospen, (her'vor)sprießen (*a. fig.*).

bur·gess [ˈbɜːdʒɪs] *s. hist.* **1.** Bürger *m*; **2.** Abgeordnete(r) *m*.

burgh [ˈbʌrə] *s. Scot.* Stadt *f* (= *Brit. borough*); **burgh·er** [ˈbɜːgə] *s.* **1.** (konserva'tiver) Bürger; **2.** Städter *m*.

bur·glar [ˈbɜːglə] *s.* Einbrecher: *we had ~s last night* bei uns wurde letzte Nacht eingebrochen; **~ a·larm** *s.* A'larmanlage *f*.

bur·glar·i·ous [bɜːˈgleərɪəs] *adj.* □ Einbruchs..., einbrecherisch; **bur·glar·ize** [ˈbɜːgləraɪz] → *burgle*.

'bur·glar-proof *adj.* einbruchsicher.

bur·gla·ry [ˈbɜːglərɪ] *s.* (nächtlicher) Einbruch; Einbruchdiebstahl *m*; **bur·gle** [ˈbɜːgl] *v/t.* einbrechen in (*acc.*).

bur·go·mas·ter [ˈbɜːgəʊˌmɑːstə] *s.* Bürgermeister *m* (*in Deutschland, Holland etc.*).

bur·gun·dy [ˈbɜːgəndɪ] *s. a.* **~ wine** Bur-'gunder *m*.

bur·i·al [ˈberɪəl] *s.* **1.** Begräbnis *n*, Beerdigung *f*; **2.** Leichenfeier *f*; **3.** Ein-, Vergraben *n*; **~ ground** *s.* Begräbnisplatz *m*, Friedhof *m*; **~ mound** *s.* Grabhügel *m*; **~ place** *s.* Grabstätte *f*; **~ ser·vice** *s.* Trauerfeier *f*.

burke [bɜːk] *v/t. fig.* a) vertuschen, b) vermeiden.

bur·lap [ˈbɜːlæp] *s.* Sackleinwand *f*, Rupfen *m*, Juteleinen *n*.

bur·lesque [bɜːˈlesk] I *adj.* **1.** bur'lesk, possenhaft; II *s.* **2.** Bur'leske *f*, Posse *f*; **3.** *Am.* Varie'té *n*.

bur·ly [ˈbɜːlɪ] *adj.* stämmig.

Bur·man [ˈbɜːmən] *s.* Bir'mane *m*, Bir'manin *f*; **Bur·mese** [ˌbɜːˈmiːz] I *adj.* bir'manisch; II *s.* a) → *Burman*, b) Bir-'manen *pl*.

burn¹ [bɜːn] I *s.* **1.** verbrannte Stelle; **2.** Brandwunde *f*, -mal *n*; II *v/i.* [*irr.*] **3.** (ver)brennen, in Flammen stehen, in Brand geraten: *the house is ~ing* das Haus brennt; *the stove ~s well* der Ofen brennt gut; *all the lights were ~ing* alle Lichter brannten; **4.** *fig.* (ent)brennen, dar'auf brennen (*to inf.* zu *inf.*): *~ing with anger* wutentbrannt; *~ing with love* von Liebe entflammt; **5.** an-, verbrennen, versengen: *the meat is ~t* das Fleisch ist angebrannt; **6.** brennen (*Gesicht, Zunge etc.*); **7.** verbrannt werden, in den Flammen 'umkommen; → 9; III *v/t.* [*irr.*] **8.** (ver)brennen: *our boiler ~s coke*; *his house was ~t* sein Haus brannte ab; **9.** ver-, anbrennen, versengen, durch Feuer *od.* Hitze verletzen: *~ a hole* ein Loch brennen; *the soup is ~t* die Suppe ist angebrannt; *I have ~t my fingers* ich habe mir die Finger verbrannt (*a. fig.*); *~ to death* verbrennen; → 7; **10.** ⚗ Porzellan, (*Holz*)*Kohle*, *Ziegel* brennen; **~ down** *v/t. u. v/i.* ab-, niederbrennen; **~ out** I *v/i.* ausbrennen, ⚡ 'durchbrennen; II *v/t.* ausbrennen, -räuchern; **~ o.s. out** *fig.* sich kaputt-

machen *od.* völlig verausgaben; **~ up** I *v/t.* **1.** ganz verbrennen; **2.** *Am.* F *j-n* wütend machen; II *v/i.* **3.** auflodern; **4.** a) ab-, aus-, verbrennen, b) verglühen (*Rakete etc.*).

burn² [bɜːn] *s. Scot.* Bach *m*.

burn·er [ˈbɜːnə] *s.* Brenner *m* (*Person u. Gerät*): *gas-~*.

burn·ing [ˈbɜːnɪŋ] *adj.* brennend, heiß, glühend (*a. fig.*): *a ~ question* e-e brennende Frage; **~ glass** *s.* Brennglas *n*.

bur·nish [ˈbɜːnɪʃ] I *v/t.* **1.** polieren, blank reiben; **2.** ⚙ brünieren; II *v/i.* **3.** blank *od.* glatt werden; **'bur·nish·er** [-ʃə] *s.* Polierer *m*, Brünierer *m*;

bur·nouse [bɜːˈnuːz] *s.* 'Burnus *m*.

'burn-out *s.* ⚡ 'Durchbrennen *n*; **2.** Brennschluß *m* (*e-r Rakete*).

burnt| **al·monds** [bɜːnt] *s. pl.* gebrannte Mandeln *pl.*; **~ lime** *s.* ⚙ gebrannter Kalk; **~ of·fer·ing** *s. bibl.* Brandopfer *n*.

burp [bɜːp] I *v/i.* rülpsen, aufstoßen, ein ˌBäuerchen' machen (*Baby*); II *v/t.* Baby ein ˌBäuerchen' machen lassen.

burr¹ [bɜː] I *s.* **1.** ⚙ Grat *m* (*rauhe Kante*); **2.** ⚙ Schleif-, Mühlstein *m*; **3.** ⚙ (Zahn)Bohrer *m*; II *v/t.* **4.** abgraten.

burr² [bɜː] I *s.* **1.** Zäpfchenaussprache *f* des R; II *v/t. u. v/i.* **2.** (das R) schnarren; **3.** undeutlich sprechen.

burr³ [bɜː] → *bur* 1.

'burr-drill *s.* ⚙, ⚒ Drillbohrer *m*.

bur·row [ˈbʌrəʊ] I *s.* **1.** (*Fuchs- etc.*)Bau *m*, Höhle *f*; II *v/i.* **2.** sich eingraben; **3.** *fig.* sich verkriechen *od.* verbergen; sich vertiefen (*into* in *acc.*); III *v/t.* **4.** *Bau* graben.

bur·sar [ˈbɜːsə] *s. univ.* **1.** 'Quästor *m*, Fi'nanzverwalter *m*; **2.** Stipendi'at *m*; **'bur·sa·ry** [-ərɪ] *s. univ.* **1.** Quä'stur *f*; **2.** Sti'pendium *n*.

bur·si·tis [bɜːˈsaɪtɪs] *s.* ⚒ Schleimbeutelentzündung *f*.

burst [bɜːst] I *v/i.* [*irr.*] **1.** bersten, (auf-*od.* zer)platzen, (auf-, zer)springen; ex-plodieren; sich entladen (*Gewitter*); aufspringen (*Knospe*); aufgehen (*Geschwür*): *~ open* aufplatzen, -springen; **2.** *~ in (out)* herein-(hinaus)stürmen: *~ in (up)on* a) hereinplatzen bei *j-m*, b) sich einmischen in (*acc.*); **3.** *fig.* ausbrechen, her'ausplatzen: *~ into tears* in Tränen ausbrechen; *~ into laughter*, *~ out laughing* in Gelächter ausbrechen; *~ out* herausplatzen (*sagen*); **4.** *fig.* platzen, bersten (*with* vor *dat.*); gespannt sein, brennen: *~ with envy* vor Neid platzen; *I am ~ing to tell you* ich brenne darauf, es dir zu sagen; **5.** zum Bersten voll sein (*with* von): *a larder ~ing with food*; *~ with health* (*energy*) vor Gesundheit (Kraft) strotzen; **6.** *a. ~ up* zs.-brechen, bank'rott gehen; **7.** plötzlich sichtbar werden: *~ into view*; *~ forth* hervorbrechen, -sprudeln; *~ upon s.o.* *j-m* plötzlich klarwerden; II *v/t.* [*irr.*] **8.** sprengen, auf-, zerbrechen, zum Platzen bringen (*a. fig.*): *~ open* sprengen, aufbrechen; *I have ~ a bloodvessel* mir ist e-e Ader geplatzt; *the river ~ its banks* a) der Fluß trat über die Ufer, b) der Fluß durchbrach die Dämme; *the car ~ a tyre* ein Reifen am Wagen platzte; *~ one's sides with laughter* sich vor Lachen aus-

schütten; **9.** *fig.* zum Scheitern bringen, auffliegen lassen, ruinieren; III *s.* **10.** Bersten *n*, Platzen *n*, Explosi'on *f*; ✗ Feuerstoß *m* (*Maschinengewehr*); Auffliegen *n*, Ausbruch *m*: *~ of laughter* Lachsalve *f*; *~ of applause* Beifallssturm *m*; *~ of hospitality* plötzliche Anwandlung von Gastfreundschaft; **11.** Bruch *m*, Riß *m*, Sprung *m* (*a. fig.*); **12.** plötzliches Erscheinen; **13.** *sport* (Zwischen)Spurt *m*.

'burst-up *s. sl.* **1.** Bank'rott *m*, Zs.-bruch *m*, Pleite *f*; **2.** Krach *m*, Streit *m*; **3.** Saufe'rei *f*.

bur·y [ˈberɪ] *v/t.* **1.** begraben, beerdigen; **2.** ein-, vergraben, verschütten, versenken (*a. fig.*): *buried cable* ⚡ Erdkabel *n*; **3.** verbergen; **4.** *fig.* begraben, vergessen; **5.** *~ o.s.* sich verkriechen; *fig.* sich vertiefen.

bus [bʌs] I *pl.* **'bus·es** [-sɪz] *s.* **1.** Omnibus *m*, (Auto)Bus *m*: *miss the ~* F den Anschluß (*Gelegenheit*) verpassen; **2.** *sl.* ˌKiste' *f* (*Auto od. Flugzeug*); II *v/i.* **3.** *a. ~ it* mit dem Omnibus fahren; III *v/t.* **4.** mit dem Bus transportieren; **~ bar** *s.* ⚡ Sammel-, Stromschiene *f*; **~ boy** *s. Am.* 'Pikkolo *m*, Hilfskellner *m*; **bus·by** [ˈbʌzbɪ] *s.* ✗ Bärenmütze *f*.

bush¹ [bʊʃ] *s.* **1.** Busch *m*, Strauch *m*: *beat about the ~* *fig.* wie die Katze um den heißen Brei herumgehen, um die Sache herumreden; **2.** Gebüsch *n*, Dikkicht *n*; **3.** Busch *m*, Urwald *m*; **4.** (Haar)Schopf *m*.

bush² [bʊʃ] *s.* ⚙ Lagerfutter *n*.

bushed [bʊʃt] *adj.* ˌerledigt', erschöpft.

bush·el¹ [ˈbʊʃl] *s.* Scheffel *m* (*36,37 l*); → *light¹* 1.

bush·el² [ˈbʊʃl] *v/t. Am.* Kleidung ausbessern, flicken, ändern.

'bush|-,fight·er *s.* Gue'rillakämpfer *m*; **~ league** *s. bsd. Baseball: Am.* F a) untere Spielklasse, b) Pro'vinzliga *f*; **'~-league** *adj. Am.* F Schmalspur...; Provinz...; **'~-man** [-mən] *s.* [*irr.*] **1.** Buschmann *m*; **2.** 'Hinterwäldler *m*.

bush·y [ˈbʊʃɪ] *adj.* buschig.

busi·ness [ˈbɪznɪs] *s.* **1.** Geschäft *n*, Tätigkeit *f*, Arbeit *f*, Beruf *m*, Gewerbe *n*: *what is his ~?* was ist er von Beruf?; → *a.* 5; *on ~* beruflich, geschäftlich; *~ of the day* Tagesordnung *f*; **2.** a) Handel *m*, Kaufmannsberuf *m*, Geschäftsleben *n*, b) *a.* **~ activity** Ge'schäftsvo,lumen *n*, 'Umsatz *m*: *go into ~* Kaufmann werden; *be in ~* Kaufmann sein; *go out of ~* das Geschäft *od.* den Beruf aufgeben; *do good ~ (with)* gute Geschäfte machen (mit); *lose ~* Kundschaft *od.* Aufträge verlieren; *~ as usual!* nichts Besonderes!; → *big* 1; **3.** Geschäft *n*, Firma *f*, Unter'nehmen *n*, Laden *m*, Ge'schäftslo,kal *n*; **4.** Aufgabe *f*, Pflicht *f*; Recht *n*: *make it one's ~ (to inf.)* es sich zur Aufgabe machen (zu *inf.*); *have no ~ (to inf.)* kein Recht haben (zu *inf.*); *what ~ had you (to inf.)?* wie kamst du dazu (zu *inf.*)?; *send s.o. about his ~* *j-m* heimleuchten; *he means ~* er meint es ernst; **5.** Sache *f*, Angelegenheit *f*: *that is none of your ~* das geht dich nichts an; *mind your own ~* kümmere dich um d-e eigenen Angelegenheiten; *what is your ~?* ist dein Anliegen?; → *a.* 1; *what a ~ it is!* das ist ja e-e schreckliche Geschichte!; *like nobody's* ~ F ‚wie nichts‘, ‚ganz toll‘; *get down to* ~ zur Sache kommen; ~ **ad·dress** *s.* Ge'schäfts-a‚dresse *f*; ~ **ad·min·is·tra·tion** → **business economics**; ~ **al·low·ance** *s.* Werbungskosten *pl.*; ~ **cap·i·tal** *s.* Be'triebskapi‚tal *n*; ~ **card** *s.* Geschäftskarte *f*; ~ **col·lege** *s.* Wirtschaftsoberschule *f*; ~ **con·sult·ant** *s.* Betriebsberater *m*; ~ **cy·cle** *s.* Kon-junk'tur(zyklus *m*) *f*; ~ **e·co·nom·ics** *s. pl. sg. konstr. Brit.* Betriebswirtschaft (-slehre) *f*; ~ **end** *s.* F wesentlicher Teil, *z.B.* Spitze *f* e-s Bohrers *od.* Dolches, Mündung *f* e-s Gewehres; ~ **hours** *s. pl.* Geschäftsstunden *pl.*, -zeit *f*; ~ **let·ter** *s.* Geschäftsbrief *m*; '~·**like** *adj.* **1.** geschäftsmäßig, sachlich, nüchtern; **2.** (geschäfts)tüchtig; ~ **lunch** *s.* Arbeits-essen *n*; '~·**man** *s.* [*irr.*] Geschäfts-, Kaufmann *m*; ~ **prac·tic·es** *s. pl.* Geschäftsmethoden *pl.*, -gebaren *n*; ~ **prem·is·es** *s. pl.* Geschäftsräume *pl.*; ~ **re·search** *s.* Konjunk'turforschung *f*; ~ **suit** *Am.* → **lounge suit**; ~ **trip** *s.* Geschäfts-, Dienstreise *f*; '~·**wom·an** *s.* [*irr.*] Geschäftsfrau *f*; ~ **year** *s.* Geschäftsjahr *n*.

busk¹ [bʌsk] *s.* Kor'settstäbchen *n*.

busk² [bʌsk] *v/i. Brit.* F auf der Straße musizieren *etc.*; '**busk·er** [-kə] *s. Brit.* 'Straßenmusi‚kant *m od.* -akro‚bat *m*.

bus·kin ['bʌskɪn] *s.* **1.** Halbstiefel *m*; **2.** Ko'thurn *m*; **3.** *fig.* Tra'gödie *f*.

'**bus·man** [-mən] *s.* [*irr.*] Omnibusfahrer *m*: ~*'s holiday* mit der üblichen Berufsarbeit verbrachter Urlaub.

bus·sing ['bʌsɪŋ] *s. Am.* Beförderung von Schülern mit Bussen in andere Schulen, um Rassenintegration zu erreichen.

bust¹ [bʌst] *s.* Büste *f*: a) Brustbild *n*, Kopf *m* (*aus Marmor, Bronze etc.*), b) *anat.* Busen *m*.

bust² [bʌst] *sl.* **I** *v/i.* **1.** *oft* ~ *up* ‚ka'putt-gehen‘, ‚eingehen‘, *a.* ‚pleite‘ gehen; **2.** ‚auffliegen‘, ‚platzen‘; **II** *v/t.* **3.** ‚ka-'puttmachen‘: a) sprengen, b) ruinie-ren; **4.** ‚auffliegen‘ lassen, zerschlagen; **5.** *Am.* ‚knallen‘, hauen; **6.** einbrechen in (*acc.*); **7.** einsperren; **8.** ✗ degradie-ren; **III** *s.* **9.** Sauftour *f*: *go on the* ~, ‚einen draufmachen‘; **10.** ‚Pleite‘ *f*, Bank'rott *m*; **11.** Razzia *f*; **IV** *adv.* **12.** *go* ~ → 1.

bus·tard ['bʌstəd] *s. orn.* Trappe *f*.

bust·er ['bʌstə] *s.* **1.** *sl.* a) ‚Mordsding‘ *n*, b) Kerl *m*, Bursche *m*, ‚Kumpel‘ *m*; **2.** *in Zssgn* ...knacker *m*: *safe* ~ Geld-schrankknacker; **3.** → **bust²** *9.*

bus·tle¹ ['bʌsl] *s. hist.* Tur'nüre *f*.

bus·tle² ['bʌsl] **I** *v/i. a.* ~ *about* geschäf-tig hin u. her rennen, ‚her'umfuhrwer-ken‘, hasten, sich tummeln; **II** *v/t.* ~ *up* hetzen; **III** *s.* Geschäftigkeit *f*, geschäf-tiges Treiben, Getriebe *n*, Gewühl *n*; Gehetze *n*; Getue *n*; '**bus·tler** [-lə] *s.* geschäftiger Mensch; '**bus·tling** [-lɪŋ] *adj.* geschäftig.

'**bust-up** *s.* F ‚Krach‘ *m*.

bus·y ['bɪzɪ] **I** *adj.* ☐ **1.** beschäftigt, tä-tig: *be* ~ *packing* mit Packen beschäf-tigt sein; *get* ~ F sich ‚ranmachen‘; **2.** geschäftig, rührig, fleißig: *as* ~ *as a bee* bienenfleißig; **3.** belebt (*Straße etc.*); ereignis-, arbeitsreich (*Zeit*); **4.** auf-, zudringlich; **5.** *teleph. Am.* besetzt

(*Leitung*): ~ *signal* Besetztzeichen *n*; **II** *v/t.* **6.** (*o.s.* sich) beschäftigen (*with, in, at, about ger.* mit); '~·**bod·y** *s.* ‚Gschaftlhuber‘ *m*, 'Übereifrige(r) *m*, Wichtigtuer *m*.

bus·y·ness ['bɪznɪs] *s.* Geschäftigkeit *f*.

but [bʌt; bət] **I** *cj.* **1.** aber, je'doch, son-dern: *small* ~ *select* klein, aber fein; *I wished to go* ~ *I couldn't* ich wollte gehen, aber ich konnte nicht; *not only ... * ~ *also* nicht nur ..., sondern auch; **2.** außer, als: *what could I do* ~ *refuse* was blieb mir übrig, als abzulehnen; *he couldn't* ~ *laugh* er mußte einfach la-chen; **3.** ohne daß: *justice was never done* ~ *someone complained*; **4.** ~ *that* a) wenn nicht: *I would do it* ~ *that I am busy*, b) daß: *you cannot deny* ~ *that it was you*, c) daß nicht: *I am not so stupid* ~ *that I can learn it* ich bin nicht so dumm, daß ich es nicht lernen könnte; **5.** ~ *then* andererseits, immer-'hin; **6.** ~ *yet*, ~ *for all that* (aber) trotzdem; **II** *prp.* **7.** außer: ~ *that* außer daß; *all* ~ *me* alle außer mir; → 13; *anything* ~ *clever* alles andere als klug: *the last* ~ *one* der vorletzte; *the last* ~ *two* der drittletzte; **8.** ~ *for* oh-ne, wenn nicht: ~ *for the war* wenn der Krieg nicht (gewesen *od.* gekommen) wäre; **III** *adv.* **9.** nur, bloß: ~ *a child*; *I did* ~ *glance* ich blickte nur flüchtig hin; ~ *once* nur 'einmal; **10.** erst, gerade: *he left* ~ *an hour ago*; **11.** immerhin, wenigstens: *you can* ~ *try*; **12.** *nothing* ~, *none* ~ nur; **13.** *all* ~ fast: *he all* ~ *died* er wäre fast gestorben; → 7; **IV** *neg. rel. pron.* **14.** *few of them* ~ *rejoiced* es gab wenige, die sich nicht freuten; **V** *s.* **15.** Aber *n*; → *if* 5.

bu·tane ['bju:teɪn] *s.* 🜨 Bu'tan *n*.

butch·er ['bʊtʃə] **I** *s.* **1.** Fleischer *m*, Schlächter *m*, Metzger *m*: ~*'s meat* Schlachtfleisch *n*; **2.** *fig.* Mörder *m*, Schlächter *m*; **3.** 🜨 *Am.* (Süßwaren-*etc.*)Verkäufer *m*; **II** *v/t.* **4.** schlachten; **5.** *fig.* morden, abschlachten; '**butch-er·ly** [-lɪ] *adj.* blutdürstig; '**butch·er·y** [-ərɪ] *s.* **1.** Schlachterhandwerk *n*; **2.** Schlachthaus *n*, -hof *m*; **3.** *fig.* Gemet-zel *n*.

but·ler ['bʌtlə] *s.* **1.** Butler *m*; **2.** Keller-meister *m*.

butt [bʌt] *s.* **1.** (dickes) Ende (*e-s Werkzeugs etc.*); **2.** (Gewehr)Kolben *m*; **3.** (Zigaretten- *etc.*)Stummel *m*; **4.** 🜨 unteres Ende (*von Stiel od. Stamm*); **5.** 🜨 Stoß *m*; → **butt joint**; **6.** ✗ Kugel-fang *m*; *pl.* Schießstand *m*; **7.** *fig.* Ziel-scheibe *f* (*des Spottes etc.*); **8.** (Kopf-*etc.*)Stoß *m*; **9.** *sl.* ‚Hintern‘ *m*; **II** *v/t.* **10.** (*bsd.* mit dem Kopf) stoßen; **11.** 🜨 anein'anderfügen; **III** *v/i.* **12.** (an-) stoßen, angrenzen (*on, against* an *acc.*); **13.** ~ *in* F sich einmischen: ~ *in on*, ~ *into* sich einmischen in (*acc.*); ~ **end** *s.* **1.** (Gewehr)Kolben *m*; **2.** dickes Endstück; Ende *n*.

but·ter ['bʌtə] **I** *s.* **1.** Butter *f*: *melted* ~ zerlassene Butter; *he looks as if* ~ *would not melt in his mouth* er sieht aus, als könnte er nicht bis drei zählen; **2.** (Erdnuß-, Kakao- *etc.*)Butter *f*; **3.** F ‚Schmus‘ *m*, ‚Schmeiche'lei(en *pl.*) *f*; **II** *v/t.* **4.** mit Butter bestreichen *od.* zube-reiten; **5.** ~ *up* F *j-n* ‚einwickeln‘, *j-m*

schmeicheln; ~ **bean** *s.* ♀ Wachsbohne *f*; ~ **churn** *s.* Butterfaß *n* (*zum But-tern*); '~·**cup** *s.* ♀ Butterblume *f*; ~ **dish** *s.* Butterdose *f*; '~·**fin·gers** *s. pl. sg. konstr.* F Tolpatsch *m*, ‚Tapps‘ *m*.

but·ter·fly ['bʌtəflaɪ] *s.* **1.** *zo.* Schmet-terling *m* (*a. fig. flatterhafter Mensch*); **2.** *sport a.* ~ *stroke* Schmetterlingsstil *m*; ~ **nut** *s.* 🜨 Flügelmutter *f*; ~ **valve** *s.* 🜨 Drosselklappe *f*.

but·ter·ine ['bʌtəri:n] *s.* Kunstbutter *f*.

'**but·ter·milk** *s.* Buttermilch *f*; '~·**scotch** *s.* Kara'melbon‚bon *m, n*.

but·ter·y ['bʌtərɪ] **I** *adj.* **1.** butterartig, Butter...; **2.** F schmeichlerisch; **II** *s.* **3.** Speisekammer *f*; **4.** *Brit. univ.* Kan'tine *f*.

butt joint *s.* 🜨 Stoßfuge *f*, -verbindung *f*.

but·tock ['bʌtək] *s.* **1.** *anat.* 'Hinterbak-ke *f*; *mst pl.* 'Hinterteil *n*, Gesäß *n*; **2.** *Ringen:* Hüftschwung *m*.

but·ton ['bʌtn] **I** *s.* **1.** (Kleider)Knopf *m*: *not worth a* ~ keinen Pfifferling wert; *not to care a* ~ (*about*) F sich nichts machen (aus); *a* ~ *short* F ‚leicht be-knackt‘; (*boy in*) ~*s* (Hotel)Page *m*; *take by the* ~ a) *j-n* fest-, anhalten, b) sich *j-n* vorknöpfen; **2.** (Klingel-, Licht-*etc.*)Knopf *m*; → *press* 2; **3.** Knopf *m* (*Gegenstand*), *z.B.* a) Abzeichen *n*, Pla'kette *f*, b) (Mikro'phon)Kapsel *f*; **4.** ♀ Knospe *f*, Auge *n*; **5.** *sport sl.* ‚Punkt‘ *m*, Kinnspitze *f*; **II** *v/t.* **6.** *a.* ~ *up* (zu-) knöpfen: ~ *one's mouth* den Mund halten; ~*ed up fig.* a) ‚zugeknöpft‘ (*Person*), b) ‚in der Tasche‘, unter Dach und Fach (*Sache*); **III** *v/i.* **7.** sich knöpfen lassen, geknöpft werden; '~·**hole** *s.* **1.** Knopfloch *n*; **2.** *Brit.* Knopflochsträußchen *n*, Blume *f* im Knopfloch; **II** *v/t.* **3.** *j-n* festhalten (u. auf ihn einreden); **4.** mit Knopflöchern versehen.

but·tress ['bʌtrɪs] **I** *s.* **1.** △ Strebepfei-ler *m*, -bogen *m*; **2.** Stütze *f* (*a. fig.*); **II** *v/t. a.* ~ *up* **3.** (durch Strebepfeiler) stützen; *a. fig.*

'**butt-weld** *v/t.* 🜨 stumpfschweißen.

bu·tyl ['bju:tɪl] *s.* 🜨 Bu'tyl *n*.

bu·tyr·ic [bju:'tɪrɪk] *adj.* 🜨 Butter...

bux·om ['bʌksəm] *adj.* drall.

buy [baɪ] **I** *s.* **1.** F Kauf *m*, das Gekaufte: *a good* ~ ein günstiger Kauf; **II** *v/t.* [*irr.*] **2.** (an-, ein)kaufen (*of, from* von, *at* bei): *money cannot* ~ *it* es ist für Geld nicht zu haben; ~*ing power* (überschüssige) Kaufkraft; **3.** *fig.* er-kaufen: *dearly bought* teuer erkauft; **4.** *j-n* kaufen, bestechen; **5.** loskaufen, auslösen; **6.** *Am. sl. et.* ‚abkaufen‘, glauben; **7.** ~ *it Brit. sl.* ‚dran glauben müssen‘; **III** *v/i.* [*irr.*] **8.** kaufen; **9.** ~ *into* ☦ sich einkaufen in (*acc.*); *Zssgn mit adv.*:

buy in *v/t.* **1.** sich eindecken mit; **2.** (*auf Auktionen*) zu'rückkaufen; **3.** *buy o.s. in* ☦ sich einkaufen; ~ **off** *v/t.* → *buy* 4; ~ **out** *v/t.* **1.** Teilhaber *etc.* aus-zahlen, abfinden; **2.** Firma *etc.* aufkau-fen; ~ **o·ver** *v/t.* → *buy* 4; ~ **up** *v/t.* aufkaufen.

buy·er ['baɪə] *s.* **1.** Käufer(in), Abneh-mer(in): ~*-up* Aufkäufer; ~*s' market* ☦ Käufermarkt *m*; ~*s' strike* Käufer-streik *m*; **2.** ☦ Einkäufer(in).

buy-out ['baɪaʊt] *s. a. management* ~

Aufkauf *m* e-r Firma durch deren Manager (*der so neuer Eigentümer wird*).
buzz [bʌz] **I** *v/i.* **1.** summen, brummen, surren, schwirren: ~ *about* (*od. around*) herumschwirren (*a. fig.*); ~*ing with excitement* in heller Aufregung; ~ *off sl.* ‚abschwirren', ‚abhauen'; **2.** säuseln, sausen; **3.** murmeln, durcheinanderreden; **II** *v/t.* **4.** F a) *j-n* mit dem Summer rufen, b) *teleph. j-n* anrufen; **5.** ✗ a) in geringer Höhe über'fliegen, b) (bedrohlich) anfliegen; **III** *s.* **6.** Summen *n*, Brummen *n*, Schwirren *n*; **7.** Stimmengewirr *n*; **8.** Gerücht *n*.
buzz·zard ['bʌzəd] *s. orn.* Bussard *m*.
buzz·er ['bʌzə] *s.* **1.** Summer *m*, *bsd.* summendes In'sekt; **2.** Summer *m*, Summpfeife *f*; **3.** ⚡ Summer *m*; **4.** ✗ a) 'Feldtele‚graph *m*, b) *sl.* Telegra'phist *m*; **5.** *Am. sl.* Poli'zeimarke *f*.
buzz saw *s. Am.* Kreissäge *f*.
by [baɪ] **I** *prp.* **1.** (*Raum*) (nahe) bei *od.* an (*dat.*), neben (*dat.*): ~ *the window* beim *od.* am Fenster; **2.** durch (*acc.*), über (*acc.*), via, an (*dat.*) ... entlang *od.* vor'bei: *he came ~ Park Road* er kam über *od.* durch die Parkstraße; *we drove ~ the park* wir fuhren am Park entlang; ~ *land* zu Lande; **3.** (*Zeit*) während, bei: ~ *day* bei Tage; *day ~ day* Tag für Tag; ~ *lamplight* bei Lampenlicht; **4.** bis (zu *od.* um *od.* spätestens): *be here ~ 4.30* sei um 4 Uhr 30 hier; ~ *the allotted time* bis zum fest-

gesetzten Zeitpunkt; ~ *now* nunmehr, inzwischen, schon; **5.** (*Urheber*) von, durch: *a book ~ Shaw* ein Buch von Shaw; *settled ~ him* durch ihn *od.* von ihm geregelt; ~ *nature* von Natur (aus); ~ *oneself* aus eigener Kraft, selbst, allein; **6.** (*Mittel*) durch, mit, vermittels: ~ *listening* durch Zuhören; *driven ~ steam* mit Dampf betrieben; ~ *rail* per Bahn; ~ *letter* brieflich; **7.** gemäß, nach: ~ *my watch it is now ten* nach m-r Uhr ist es jetzt zehn; **8.** (*Menge*) um, nach: *too short ~ an inch* um einen Zoll zu kurz; *sold ~ the metre* meterweise verkauft; **9.** ⚹ a) mal: *3 (multiplied) ~ 4; the size is 9 feet ~ 6* die Größe ist 9 mal 6 Fuß, b) durch: *6 (divided) ~ 2*; **10.** ~ *the way od.* ~ *the ~(e)* übrigens; **II** *adv.* **11.** da'bei: *close ~, hard ~* dicht dabei; **12.** ~ *and large* im großen u. ganzen; ~ *and ~* demnächst, nach u. nach; **13.** vor'bei, -'über: *pass ~* vorübergehen; **14.** bei'seite: *put ~*.
by- [baɪ] *Vorsilbe* **1.** Neben..., Seiten...; **2.** geheim.
bye [baɪ] **I** *s. sport* a) *Kricket:* durch einen vor'beigelassenen Ball ausgelöster Lauf, b) *Freilos n: draw a ~* ein Freilos ziehen; **II** *adj.* 'untergeordnet, Neben...
bye- → *by-*.
bye-bye I *s.* ['baɪbaɪ] *Kindersprache:* ‚Heia' *f*, Bett *n*, Schlaf *m*; **II** *int.* [‚baɪ-

'baɪ] F Wiedersehen!, Tschüs!
'bye-law → *bylaw.*
'by-e‚lec·tion *s.* Ersatz-, Nachwahl *f*; **'~-gone I** *adj.* vergangen; **II** *s.* das Vergangene: *let ~s be ~s* laß(t) das Vergangene ruhen; **'~-law** *s.* **1.** Gemeindeverordnung *f*, -satzung *f*; **2.** *pl.* Sta'tuten *pl.*, Satzung *f*; **3.** 'Durchführungsverordnung *f*; **'~-line** *s.* **1.** 🜚 'Neben‚linie *f*; **2.** Verfasserangabe *f* (*unter der Überschrift e-s Zeitungsartikels*); **3.** Nebenbeschäftigung *f*; **'~-name** *s.* **1.** Beiname *m*; **2.** Spitzname *m*; **'~-pass I** *s.* **1.** 'Umleitung *f*, Um'gehungsstraße *f*; **2.** Nebenleitung *f*; **3.** *Gasbrenner:* Dauerflamme *f*; **4.** ⚡ Nebenschluß *m*; **5.** 🜚 Bypass *m*; **II** *v/t.* **6.** 'umleiten; **7.** um'gehen (*a. fig.*); **8.** vermeiden, über'gehen; **'~-path** *s.* Seitenweg *m* (*a. fig.*); **'~-play** *s. thea.* Nebenhandlung *f*; **'~-‚prod·uct** *s.* 'Nebenpro‚dukt *n*, *fig. a.* Nebenerscheinung *f*.
byre ['baɪə] *s. Brit.* Kuhstall *m*.
'by-road *s.* Seiten-, Nebenstraße *f*; **'~-stand·er** *s.* Zuschauer(in); **'~-street** → *byroad.*
byte [baɪt] *s. Computer:* Byte *n*.
'by-way *s.* **1.** Seiten-, Nebenweg *m*; **2.** *fig.* 'Nebenas‚pekt *m*; **'~-word** *s.* **1.** Sprichwort *n*; **2.** (*for*) Inbegriff *m* (*gen.*), Musterbeispiel *n* (für); **3.** Schlagwort *n*.
By·zan·tine [bɪ'zæntaɪn] *adj.* byzan'tinisch.

C

C, c [si:] s. **1.** C n, c n (Buchstabe); **2.** ♪ C n, c n (Note); **3.** ped. Am. Drei f, Befriedigend n (Note); **4.** Am. sl. ‚Hunderter' m (Banknote).

cab [kæb] **I** s. **1.** a) Droschke f, b) Taxi n; **2.** a) ⚙ Führerstand m, b) Führersitz m (Lastauto), c) Lenkerhäus-chen n (Kran); **II** v/i. **3.** mit e-r Droschke od. e-m Taxi fahren.

ca·bal [kə'bæl] **I** s. **1.** Ka'bale f, In'trige f; **2.** Clique f, Klüngel m; **II** v/i. **3.** intrigieren, Ränke schmieden, sich verschwören.

cab·a·ret ['kæbəreɪ] s. **1.** (a. politisches) Kaba'rett, Kleinkunstbühne f; ~ **performer** Kabarettist(in); **2.** Restau'rant n od. Nachtklub m mit Varie'tédarbietungen.

cab·bage ['kæbɪdʒ] s. ♀ **1.** Kohl(pflanze f) m: **become a** ~ F verblöden, dahinvegetieren; **2.** Kohlkopf m; ~ **but·ter·fly** s. zo. Kohlweißling m; '~-**head** s. **1.** Kohlkopf m; **2.** F Dummkopf m; '~-**white** → cabbage butterfly.

ca(b)·ba·la [kə'bu:lə] s. 'Kabbala f, Geheimlehre f (a. fig.).

cab·by ['kæbɪ] F → cab driver.

cab driv·er s. **1.** Droschkenkutscher m; **2.** Taxifahrer m.

ca·ber ['keɪbə] s. Scot. Baumstamm m: tossing the ~ Baumstammwerfen n.

cab·in ['kæbɪn] s. **1.** Häus-chen n, Hütte f; **2.** ♣ Ka'jüte f; **3.** ✈ Ka'bine f: a) Fluggastraum m, b) Kanzel f; **4.** Brit. ⚙ Stellwerk n; ~ **boy** s. ♣ Ka'binen‚steward m; ~ **class** s. ♣ Ka'jütenklasse f; ~ **cruis·er** s. Ka'binenkreuzer m.

cab·i·net ['kæbɪnɪt] s. **1.** oft ⚘ pol. Kabi'nett n: ~ **council**, ~ **meeting** Kabinettssitzung f; ~ **crisis** Regierungskrise f; **2.** (Schau-, Sammlungs-, a. Bü'ro-, Kar'tei- etc.)Schrank m, (Wand-)Schränkchen n, Vi'trine f; **3.** Radio etc.: Gehäuse n; **4.** phot. Kabi'nettfor‚mat n; '~·**mak·er** s. **1.** Kunsttischler m; **2.** humor. Mi'nisterpräsi‚dent m bei der Regierungsbildung; '~·**mak·ing** s. **1.** 'Kunsttischle‚rei f; ⚘ **Min·is·ter** s. pol. Kabi'nettsmi‚nister m; ~ **size** → cabinet 4.

cab·in scoot·er s. mot. Ka'binenroller m.

ca·ble ['keɪbl] **I** s. **1.** Kabel n, Tau n, (Draht)Seil n; **2.** ♣ Trosse f, Ankertau n, -kette f; **3.** ⚡ (Leitungs)Kabel n; **4.** → cablegram; **II** v/t. u. v/i. **5.** kabeln, telegraphieren; ~ **car** Seilbahn: a) Ka'bine f, b) Wagen m; '~·**cast I** v/t. [irr. → cast] per Kabelfernsehen über‚tragen; **II** s. Sendung f im Kabelfernsehen.

ca·ble·gram ['keɪblgræm] s. Kabel n,

(‚Übersee)Tele‚gramm n.

ca·ble rail·way s. **1.** Drahtseilbahn f; **2.** Am. Drahtseil-Straßenbahn f.

ca·blese [keɪ'bli:z] s. Tele'grammstil m.

'ca·ble's-length ['keɪblz-] s. ♣ Kabellänge f (100 Faden).

ca·ble‚ tel·e·vi·sion s. Kabelfernsehen n; '~·**way** s. Drahtseilbahn f.

'cab·man [-mən] s. [irr.] → cab driver.

ca·boo·dle [kə'bu:dl] s. sl.: the whole ~ a) der ganze Klimbim, b) die ganze Sippschaft.

ca·boose [kə'bu:s] s. **1.** ♣ Kom'büse f, Schiffsküche f; **2.** ⚙ Am. Dienst-, Bremswagen m.

cab rank s. Brit. Taxi-, Droschkenstand m.

cab·ri·o·let ['kæbrɪəleɪ] s. a. mot. Kabrio'lett n.

ca'can·ny [ˌkɑ:'kænɪ] s. Scot. ⊕ Bummelstreik m.

ca·ca·o [kə'kɑ:əʊ] s. **1.** ♀ a. ~-**tree** Ka'kaobaum m; **2.** Ka'kaobohnen pl.; ~ **bean** s. Ka'kaobohne f; ~ **but·ter** s. Ka'kaobutter f.

cache [kæʃ] **I** s. geheimes (Waffen- od. Provi'ant- etc.)Lager, Versteck n; **II** v/t. verstecken.

ca·chet ['kæʃeɪ] s. **1.** a) Siegel n, b) fig. Stempel m, Merkmal n; **2.** ⚕ Kapsel f.

cack·le ['kækl] **I** v/i. gackern (a. fig. lachen), schnattern (a. fig. schwatzen); **II** s. (a. fig.) Gegacker n, Geschnatter n: cut the ~! F quatsch nicht!

ca·coph·o·nous [kæ'kɒfənəs] adj. 'mißtönend; **ca'coph·o·ny** [-nɪ] s. Kakopho'nie f (Mißklang).

cac·tus ['kæktəs] pl. **-ti** [-taɪ], **-tus·es** s. ♀ 'Kaktus m.

cad [kæd] s. **1.** ordi'närer Kerl; **2.** gemeiner Kerl.

ca·das·tral [kə'dæstrəl] adj.: ~ **survey** Katasteraufnahme f.

ca·dav·er·ous [kə'dævərəs] adj. leichenhaft.

cad·die ['kædɪ] s. a) 'Caddie m (Golfjunge), b) → '~-**cart** s. 'Caddie m (Golfschlägerwagen).

cad·dish ['kædɪʃ] adj. **1.** pro'letenhaft; **2.** gemein, niederträchtig.

cad·dy¹ → caddie.

cad·dy² ['kædɪ] s. ♀ Teedose f; ~ **spoon** s. Tee-, Meßlöffel m.

ca·dence ['keɪdəns] s. **1.** ('Vers-, 'Sprech)Rhythmus m; **2.** ♪ Ka'denz f; **3.** Tonfall m (am Satzende); 'ca·denced [-st] adj. 'rhythmisch.

ca·det [kə'det] s. **1.** ✗ Ka'dett m; **2.** (Poli'zei- etc.)Schüler m; **3.** jüngerer Sohn od. Bruder m; **4.** in Zssgn a. Nachwuchs...: ~ **researcher**, ~ **nurse** Lernschwester f.

cadge [kædʒ] v/i. u. v/t. ‚schnorren'; '**cadg·er** [-dʒə] s. ‚Schnorrer' m, ‚Nassauer' m.

ca·di ['kɑ:dɪ] s. Kadi m, Bezirksrichter m (im Orient).

cad·mi·um ['kædmɪəm] s. ♀ 'Kadmium n; '~-**plate** v/t. ⚙ kadmieren.

ca·dre ['kɑ:də] s. **1.** Kader m: a) ✗ (Truppen)Stamm m, b) pol. Führungsgruppe f, c) 'Rahmenorganisati‚on f; **2.** fig. Grundstock m.

ca·du·ce·us [kə'dju:sjəs] pl. **-ce·i** [-sjaɪ] s. Mer'kurstab m (a. ärztliches Abzeichen).

cae·cum ['si:kəm] s. anat. Blinddarm m.

Cae·sar ['si:zə] s. **1.** 'Cäsar m (Titel römischer Kaiser); **2.** Auto'krat m.

Cae·sar·e·an, **Cae·sar·i·an** [si:'zeərɪən] adj. cä'sarisch: ~ (**operation** od. **section**) ✗ Kaiserschnitt m.

Cae·sar·ism ['si:zərɪzəm] s. Dikta'tur f; Herrschsucht f.

cae·su·ra [si:'zjʊərə] s. Zä'sur f: a) (Vers)Einschnitt m, b) ♪ Ruhepunkt m.

ca·fé ['kæfeɪ] s. **1.** a) Ca'fé n, b) Restau'rant n; **2.** Am. Bar f.

caf·e·te·ri·a [ˌkæfɪ'tɪərɪə] s. 'Selbstbedienungsrestau‚rant n, Cafete'ria f.

caf·fe·ine ['kæfi:n] s. ♀ Koffe'in n; '~-**free** adj. koffe'infrei.

caf·tan ['kæftæn] s. 'Kaftan m (a. Damenmode).

cage [keɪdʒ] **I** s. **1.** Käfig m (a. fig.); (Vogel)Bauer n; **2.** Gefängnis n (a. fig.); **3.** Kriegsgefangenenlager n; **4.** Ka'bine f es Aufzuges; **5.** ⚒ Förderkorb m; **6.** a. △ Stahlgerüst n; **7.** a) Baseball: abgegrenztes Trainingsfeld, b) Eishockey: Tor n, c) Basketball: Korb m; **II** v/t. **8.** (in e-n Käfig) einsperren; **9.** Eishockey: den Puck ins Tor schießen; ~ **aer·i·al** s. Brit., ~ **an·ten·na** s. Am. ♀ 'Käfigan‚tenne f.

ca·gey ['keɪdʒɪ] adj. F **1.** verschlossen; **2.** vorsichtig, berechnend; **3.** ‚gerissen'.

ca·hoot [kə'hu:t] s.: **be in** ~**s** (**with**) F unter e-r Decke stecken (mit).

Cain [keɪn] s.: **raise** ~ F Krach schlagen.

cairn [keən] s. **1.** Steinhaufen m (als Grenz- od. Grabmal); **2.** mount. Steinmann m; **3.** a. ~ **terrier** zo. 'Cairn-‚Terrier m (Hund).

cais·son [kə'su:n] s. **1.** ⊕ Cais'son m, Senkkasten m; **2.** ✗ Muniti'onswagen m; ~ **dis·ease** s. ⚕ Cais'sonkrankheit f.

ca·jole [kə'dʒəʊl] v/t. j-m schmeicheln od. schöntun; j-n beschwatzen, verleiten (into zu): ~ **s.th. out of s.o.** j-m et.

abbetteln; **ca'jol·er·y** [-lərɪ] s. Schmeiche'lei f, gutes Zureden; Liebediene'rei f.

cake [keɪk] **I** s. **1.** Kuchen m (a. fig.): **parcel out the ~** fig. den (finanziellen) Kuchen verteilen; **take the ~** den Preis davontragen, fig. den Vogel abschießen; **that takes the ~!** F a) das ist (einsame) Spitze!, b) contp. das ist die Höhe!; **be selling like hot ~s** weggehen wie warme Semmeln; **you can't eat your ~ and have it!** du kannst nur eines von beiden tun od. haben!, entweder – oder!; **~s and ale** Lustbarkeit(en pl.) f, ‚süßes Leben'; **2.** Kuchen m (Masse); Tafel f Schokolade, Riegel m Seife etc.; **3.** (Schmutz- etc.)Kruste f; **II** v/i. **4.** zs.-backen, -ballen, verkrusten; **~d with filth** mit e-r Schmutzkruste (überzogen od. bedeckt); **~ mix** s. Backmischung f; **'~-walk** s. 'Cakewalk m (Tanz).

cal·a·bash ['kæləbæʃ] s. ♀ Kale'basse f: a) Flaschenkürbis m, b) daraus gefertigtes Trinkgefäß.

ca·lam·i·tous [kə'læmɪtəs] adj. □ katastro'phal, unheilvoll, Unglücks...

ca·lam·i·ty [kə'læmətɪ] s. **1.** Unglück n, Unheil n, Kata'strophe f; **2.** Elend n, Mi'sere f; **~ howl·er** s. bsd. Am. Schwarzseher m, 'Panikmacher m; ♀ **Jane** s. F Pechmarie f, Unglückswurm m.

cal·car·e·ous [kæl'keərɪəs] adj. ♠ kalkartig, Kalk...; kalkhaltig.

cal·cif·er·ous [kæl'sɪfərəs] adj. ♠ kalkhaltig; **cal·ci·fi·ca·tion** [ˌkælsɪfɪ'keɪʃn] s. ♠ Verkalkung f, geol. Kalkablagerung f; **cal·ci·fy** ['kælsɪfaɪ] v/t. u. v/i. verkalken; **cal·ci·na·tion** [ˌkælsɪ'neɪʃn] s. ☼ Kalzinierung f, Glühen n; **cal·cine** ['kælsaɪn] v/t. ☼ kalzinieren, (aus)glühen, zu Asche verbrennen.

cal·ci·um ['kælsɪəm] s. ♠ 'Kalzium n; **~ car·bide** s. ♠ ('Kalzium)Kar₁bid n; **~ chlo·ride** s. ♠ Chlor'kalzium n; **~ light** s. Kalklicht n.

cal·cu·la·ble ['kælkjʊləbl] adj. berechenbar, kalkulierbar (Risiko).

cal·cu·late ['kælkjʊleɪt] **I** v/t. **1.** aus-, er-, berechnen; ♀ kalkulieren; **2.** mst pass. berechnen, planen; → **calculated**; **3.** Am. F vermuten, glauben; **II** v/i. **4.** rechnen; ♀ kalkulieren; **5.** über'legen; **6.** (**upon**) rechnen (mit, auf acc.), sich verlassen (auf acc.); **'cal·cu·lat·ed** [-tɪd] adj. berechnet, gewollt, beabsichtigt: **~ indiscretion** gezielte Indiskretion; **~ risk** kalkuliertes Risiko; **~ to deceive** darauf angelegt zu täuschen; **not ~ for** nicht geeignet od. bestimmt für; **'cal·cu·lat·ing** [-tɪŋ] adj. **1.** (schlau) berechnend, (kühl) über'legend; **2.** Rechen...: **~ machine**; **calcu·la·tion** [ˌkælkjʊ'leɪʃn] s. **1.** Kalkulati'on f, Berechnung f: **be out in one's ~** sich verrechnet haben; **2.** Voranschlag m; **3.** Über'legung f. **4.** fig. a) Berechnung f, b) Schläue f; **'cal·cu·la·tor** [-tə] s. **1.** Kalku'lator m; **2.** 'Rechenta₁belle f; **3.** 'Rechenma₁schine f, Rechner m.

cal·cu·lus ['kælkjʊləs] pl. **-li** [-laɪ] s. **1.** ♂ (Blasen-, Gallen-, Nieren- etc.)Stein m; **2.** Å a) (bsd. Differential-, Integral-) Rechnung f, Rechnungsart f, b) höhere A'nalysis: **~ of probabilities** Wahrscheinlichkeitsrechnung.

cal·dron ['kɔːldrən] → cauldron.

Cal·e·do·ni·an [ˌkælɪ'dəʊnjən] poet. **I** adj. kale'donisch (schottisch); **II** s. Kale'donier m (Schotte).

cal·e·fac·tion [ˌkælɪ'fækʃn] s. Erwärmung f, Erhitzung f.

cal·en·dar ['kælɪndə] **I** s. **1.** Ka'lender m; **2.** fig. Zeitrechnung f; **3.** Jahrbuch n; **4.** Liste f, Re'gister n; **5.** Brit. univ. Vorlesungsverzeichnis n; **6.** ♀, Am. ☆ Ter'minka₁lender m; **II** v/t. **7.** registrieren; **~ month** s. Ka'lendermonat m.

cal·en·der ['kælɪndə] ☼ **I** s. Ka'lander m; **II** v/t. ka'landern.

cal·ends ['kælɪndz] s. pl. antiq. Ka'lenden pl.: **on the Greek ~** am St. Nimmerleinstag.

calf¹ [kɑːf] pl. **calves** [-vz] s. **1.** Kalb n (der Kuh, a. von Elefant, Wal, Hirsch etc.): **with** (od. **in**) **~** trächtig (Kuh); **2.** Kalbleder n: **~-bound** in Kalbleder gebunden (Buch). **3.** F ‚Kalb' n, ‚Schaf' n; **4.** treibende Eisscholle.

calf² [kɑːf] pl. **calves** [-vz] s. Wade f (Bein, Strumpf etc.).

'calf|·love s. F erste, junge Liebe; **'~'s-foot jel·ly** ['kɑːvz-] s. Kalbsfußsülze f; **'~-skin** s. Kalbleder n.

cal·i·ber Am. → calibre; **'cal·i·bered** Am. → calibred; **cal·i·brate** ['kælɪbreɪt] v/t. ☼ kalibrieren: a) mit e-r Gradeinteilung versehen, b) eichen; **cal·i·bra·tion** [ˌkælɪ'breɪʃn] s. ☼ Kalibrierung f, Eichung f; **cal·i·bre** ['kælɪbə] s. **1.** ✗ Ka'liber n; **2.** ☼ a) ('Innen)Durchmesser m, b) Ka'liberlehre f; **3.** fig. Ka'liber n, For'mat n; **'cal·i·bred** [-bəd] adj. ...kalibrig.

cal·i·ces ['kælɪsiːz] pl. von calix.

cal·i·co ['kælɪkəʊ] **I** pl. **-coes**, Am. a. **-cos** s. **1.** 'Kaliko m, (bedruckter) Kat'tun; **2.** Brit. weißer od. ungebleichter Baumwollstoff; **II** adj. **3.** Kattun...; **4.** F bunt.

ca·lif, **cal·if·ate** → caliph, caliphate.

Cal·i·for·ni·an [kælɪ'fɔːnjən] **I** adj. kali'fornisch; **II** s. Kali'fornier(in).

cal·i·pers ['kælɪpəz] s. pl. Greif-, Tastzirkel m; ☼ Tast(er)lehre f.

ca·liph ['kælɪf] s. Ka'lif m; **'cal·iph·ate** [-feɪt] s. Kali'fat n.

cal·is·then·ics → callisthenics.

ca·lix ['keɪlɪks] pl. **cal·i·ces** ['kælɪsiːz] s. anat., zo., eccl. Kelch m; → calyx.

calk¹ [kɔːk] **I** s. **1.** Stollen m (am Hufeisen); **2.** Gleitschutzbeschlag m (an der Schuhsohle); **II** v/t. **3.** mit Stollen od. Griffeisen versehen.

calk² [kɔːk] v/t. ('durch)pausen.

calk³ [kɔːk] → caulk.

cal·kin ['kælkɪn] Brit. → calk¹ I.

call [kɔːl] **I** s. **1.** Ruf m (a. fig.); Schrei m: **within ~** in Rufweite; **the ~ of duty**; **the ~ of nature** humor. ‚ein dringendes Bedürfnis'; **2.** (Tele'fon)Anruf m, (-)Gespräch n: **give s.o. a ~** j-n anrufen; → **local** 1, **personal** 1; **3.** thea. Her'vorruf m; **4.** Lockruf m (Tier); fig. Ruf m, Lockung f: **the ~ of the East**; **5.** Namensaufruf m; **6.** Ruf m, Berufung f (**to** in ein Amt etc., auf e-n Lehrstuhl); **7.** (innere) Berufung, Drang m, Missi'on f; **8.** Si'gnal n; **9.** (Auf)Ruf m (♀ Zahlungs)Aufforderung f; ♀ Abruf m, Kündigung f von Geldern; 'Kaufopti₁on f; Brit. Vorprämie f, Vorprämiengeschäfte pl.; a. Nachfrage f (**for** nach); **~ on shares** Aufforderung zur Einzahlung auf Aktien; **at ~**, **on ~** auf Abruf od. sofort bereit(stehend), ♀ a. jederzeit kündbar; **money at ~** ♀ Tagesgeld n; **10.** a) Veranlassung f, Grund m, b) Recht n: **he had no ~ to do that**; **11.** In'anspruchnahme f: **many ~s on my time** starke Beanspruchung m-r Zeit; **have the first ~** den Vorrang haben; **12.** kurzer Besuch (**at** in e-m Ort, on bei j-m); ☆ Anlaufen n: **port of ~** Anlaufhafen m; **II** v/t. **13.** j-n (her'bei)rufen; et. (a. weitS. Streik) ausrufen; Versammlung einberufen; teleph. anrufen; thea. Schauspieler her'vorrufen: **~ into being** fig. ins Leben rufen; **14.** berufen (**to** in ein Amt); **15.** ⚖ a) Zeugen, Sache aufrufen, b) als Zeugen vorladen; **16.** Arzt, Auto kommen lassen; **17.** nennen, bezeichnen als; **18.** pass. heißen (after nach): **he is ~ed Max**; **what is it ~ed in English?** wie heißt es auf englisch?; **19.** nennen, heißen (lit.), halten für: **I ~ that a blunder**, **we'll ~ it a pound** wir wollen es bei einem Pfund bewenden lassen; **20.** wecken: **~ me at 6 o'clock**; **21.** Kartenspiel: a) Farbe ansagen, b) **~ s.o.'s hand** Poker: j-n auffordern, s-e Karten vorzuzeigen; **III** v/i. **22.** rufen: **you must come when I ~**; **duty ~s**; **he ~ed for help** er rief um Hilfe; → **call for**, **23.** teleph. anrufen: **who is ~ing?** wer ist dort?; **24.** (kurz) vor'beischauen (**on s.o.** bei j-m); *Zssgn mit prp. u. adv.:*

call| at v/i. **1.** besuchen (acc.), vorsprechen bei od. in (dat.), gehen od. kommen zu; **2.** ☆ Hafen anlaufen; anlegen in (dat.); ⛴ halten in (dat.); **~ a·way** v/t. ab-, wegrufen; fig. ablenken; **~ back** v/t. **1.** zu'rückrufen; jds. wider'rufen; **II** v/i. **2.** teleph. zu'rückrufen; **~ down** v/t. **1.** Segen etc. her'abrufen, -flehen; Zorn etc. auf sich ziehen; **2.** Am. F zs.-stauchen'; **~ for** v/i. **1.** suchen, verlangen: **~ goods** Waren abrufen; **2.** fig. et. abbrechen, absagen, abblasen: **~ a strike**; **3.** Aufmerksamkeit, Gedanken ablenken; **~ on** od. **up·on** v/i. **1.** j-n besuchen; bei j-m vorsprechen; **2.** j-n auffordern; **3.** **~ s.o. for s.th.** von j-m fordern, sich an j-n um et. wenden; **I am** (od. **I feel**) **called upon** ich bin od. fühle mich genötigt (**to** inf. zu inf.); **~ out** I v/t. **1.** her'ausrufen; **2.** Polizei, Militär aufbieten; **3.** zum Kampf her'ausfordern; zum Streik auffordern; **II** v/i. **4.** aufschreien; laut rufen; **~ o·ver** v/t. **1.** Namen verlesen; **2.** Zahlen, Text kollationieren; **~ to** v/i. j-m zurufen, j-n anrufen; **~ up** v/t. **1.** auf-, her'beirufen; teleph. anrufen; **2.** ✗ einberufen; **3.** fig. her'vor-, wachrufen, her'aufbeschwören; **4.** sich ins Gedächtnis zu'rückrufen; **~ up·on** → call on.

call·a·ble ['kɔːləbl] *adj.* † kündbar (*Geld, Kredit*); einziehbar (*Forderungen etc.*).

'call|·back *s.* †, ⊙ 'Rückrufakti₁on *f in die Werkstatt*; ~ **box** *s.* **1.** *Brit.* Fernsprechzelle *f*; **2.** *Am.* a) Postfach *n*, b) Notrufsäule *f*; **'~·boy** *s.* **1.** Ho'telpage *m*; **2.** *thea.* Inspizi'entengehilfe *m*; ~ **but·ton** *s.* Klingelknopf *m*.

called [kɔːld] *adj.* genannt, namens.

call·er ['kɔːlə] *s.* **1.** *teleph.* Anrufer(in); **2.** Besucher(in); **3.** Abholer(in).

call| girl *s.* Callgirl *n* (*Prostituierte*); ~ **house** *s. Am.* Bor'dell *n*.

cal·lig·ra·phy [kə'lɪgrəfɪ] *s.* Kalligra-'phie *f*, Schönschreibkunst *f*.

'call-in *s. Radio, TV:* Sendung *f* mit tele-'fonischer Publikumsbeteiligung.

call·ing ['kɔːlɪŋ] *s.* **1.** Beruf *m*, Geschäft *n*, Gewerbe *n*; **2.** *eccl.* Berufung *f*; **3.** Einberufung *f e-r Versammlung*; **~ card** *s.* Vi'sitenkarte *f*.

cal·li·pers → **calipers**.

cal·lis·then·ics [ˌkælɪs'θenɪks] *s. pl. mst sg. konstr.* Freiübungen *pl.*

call| loan *s.* † täglich kündbares Darlehen; ~ **mon·ey** *s.* † Tagesgeld *n*; ~ **num·ber** *s. teleph.* Rufnummer *f*; ~ **of·fice** *s.* Fernsprechstelle *f*, -zelle *f*.

cal·los·i·ty [kæ'lɒsətɪ] *s.* Schwiele *f*, Hornhautbildung *f*; **cal·lous** ['kæləs] **I** *adj.* □ schwielig; *fig.* abgebrüht, gefühllos; **II** *v/i.* sich verhärten, schwielig werden; *fig.* abstumpfen; **cal·lous·ness** ['kæləsnɪs] *s.* Schwieligkeit *f*; *fig.* Abgebrühtheit *f*, Gefühllosigkeit *f*.

cal·low ['kæləʊ] *adj.* **1.** ungefiedert, nackt; **2.** *fig.* ‚grün', unreif.

call| sign, ~ sig·nal *s. teleph. etc.* Rufzeichen *n*; **'~-up** *s.* ✕ a) Einberufung, b) Mobilisierung *f*.

cal·lus ['kæləs] *pl.* **-li** [-laɪ] *s.* ☞ **1.** Knochennarbe *f*; **2.** Schwiele *f*.

calm [kɑːm] **I** *s.* **1.** Stille *f*, Ruhe *f* (*a. fig.*); **2.** Windstille *f*, Flaute *f*; **II** *adj.* □ **3.** still, ruhig; friedlich; **4.** windstill; **5.** *fig.* ruhig, gelassen: ~ **and collected** ruhig u. gefaßt; **6.** F unverfroren, ‚kühl'; **III** *v/t.* **7.** beruhigen, besänftigen; **IV** *v/i.* **8.** *a.* ~ **down** sich beruhigen; **'calm·ness** [-nɪs] *s.* **1.** Ruhe *f*, Stille *f*; **2.** Gemütsruhe *f*, Gelassenheit *f*.

ca·lor·ic [kə'lɒrɪk] *phys.* **I** *s.* Wärme *f*; **II** *adj.* ka'lorisch, Wärme...: ~ **engine** Heißluftmaschine *f*; **cal·o·rie** ['kælərɪ] *s.* Kalo'rie *f*, Wärmeeinheit *f*; **cal·o·rif·ic** [ˌkælə'rɪfɪk] *adj.* (□ ~**ally**) Wärme erzeugend; Wärme..., Heiz...; **cal·o·ry** → **calorie**.

cal·u·met ['kæljʊmet] *s.* Kalu'met *n*, (in-di'anische) Friedenspfeife.

ca·lum·ni·ate [kə'lʌmnɪeɪt] *v/t.* verleumden; **ca·lum·ni·a·tion** [kəˌlʌmnɪ-'eɪʃn] *s.* Verleumdung *f*; **ca'lum·ni·a·tor** [-tə] *s.* Verleumder(in); **ca'lum·ni·ous** [-ɪəs] *adj.* □ verleumderisch; **cal·um·ny** ['kæləmnɪ] *s.* Verleumdung *f*.

Cal·va·ry ['kælvərɪ] *s.* **1.** *bibl.* 'Golgatha *n*; **2.** *eccl.* Kal'varienberg *m*; **3.** ♎ Bildstock *m*, Marterl *n*; **4.** ⚷ *fig.* Mar'tyrium *n*.

calve [kɑːv] *v/i.* **1.** *zo.* kalben; **2.** kalben, Eisstücke abstoßen (*Eisberg, Gletscher*).

calves [kɑːvz] *pl. von* **calf**, **'~-foot jel·ly** → **calf's-foot jelly**.

Cal·vin·ism ['kælvɪnɪzəm] *s. eccl.* Kalvi-'nismus *m*; **'Cal·vin·ist** [-ɪst] *s.* Kalvi-'nist(in).

ca·lyx ['keɪlɪks] *pl.* **'ca·lyx·es** [-ɪksɪz], **'ca·ly·ces** [-ɪsiːz] *s.* ♀ (*Blüten*)Kelch *m*; → **calix**.

cam [kæm] *s.* ⊙ Nocken *m*, Mitnehmer *m*, (Steuer)Kurve *f*: ~ **gear** Nockensteuerung *f*, Kurvengetriebe *n*; **~shaft** Nocken-, Steuerwelle *f*; **~-control(l)ed** nockengesteuert.

ca·ma·ra·de·rie [ˌkæmə'rɑːdərɪ] *s.* Kame'radschaft(lichkeit) *f*; *b.s.* Kumpa-'nei *f*.

cam·a·ril·la [ˌkæmə'rɪlə] *s.* Kama'rilla *f*; 'Hofka₁bale *f*.

cam·ber ['kæmbə] **I** *v/t. u. v/i.* (sich) wölben; **II** *s.* leichte Wölbung, Krümmung *f*; *mot.* (Rad)Sturz *m*; **'cam·bered** [-əd] *adj.* **1.** gewölbt, geschweift; **2.** gestürzt (*Achse, Rad*).

Cam·bo·di·an [kæm'bəʊdjən] **I** *s.* Kambo'dschaner(in); **II** *adj.* kambo'dschanisch.

Cam·bri·an ['kæmbrɪən] **I** *s.* **1.** Wa'liser (-in); **2.** *geol.* 'Kambrium *n*; **II** *adj.* **3.** wa'lisisch; **4.** *geol.* 'kambrisch.

cam·bric ['keɪmbrɪk] *s.* Ba'tist *m*.

came [keɪm] *pret. von* **come**.

cam·el ['kæml] *s.* **1.** *zo.* Ka'mel *n*: *Arabian* ~ Dromedar *n*; → *Bactrian camel*; **2.** ⚓, ⊙ Ka'mel *n*, Hebeleichter *m*; **cam·el·eer** [ˌkæmɪ'lɪə] *s.* Ka'meltreiber *m*; **cam·el hair** → **camel's hair**.

ca·mel·li·a [kə'miːljə] *s.* ♀ Ka'melie *f*.

cam·el's| hair [-z] *s.* Ka'melhaar (-stoff *m*) *n*; **'~-hair** *adj.* Kamelhaar...

cam·e·o ['kæmɪəʊ] **I** *s.* Ka'mee *f*; **II** *adj. fig.* Miniatur...

cam·er·a ['kæmərə] *s.* **1.** 'Kamera *f*: a) 'Fotoappa₁rat *m*, b) 'Film- *od.* 'Fernseh-₁kamera *f*: *be on* ~ a) auf Sendung *od.* im Bild sein, b) vor der Kamera stehen. **2.** *in* ⚖ unter Ausschluß der Öffentlichkeit, nicht öffentlich; *fig.* geheim; **'~-man** [-mæn] *s.* [*irr.*] **1.** 'Pressefoto₁graf *m*; **2.** *Film:* 'Kameramann *m*; **ob·scu·ra** [ɒb'skjʊərə] *s. opt.* 'Loch₁kamera *f*, 'Camera *f* ob'scura; **'~-shy** *adj.* 'kamerascheu.

cam·i·knick·ers ['kæmɪˌnɪkəz] *s. pl. Brit.* (Damen)Hemdhose *f*.

cam·i·sole ['kæmɪsəʊl] *s.* **1.** Bett-, Morgenjäckchen *n*; **2.** (Trachten- *etc.*)Mieder *n*.

cam·o·mile ['kæməʊmaɪl] *s.* ♀ Ka'mille *f*: ~ **tea** Kamillentee *m*.

cam·ou·flage ['kæməʊflɑːʒ] **I** *s.* ✕ Tarnung *f* (*a. fig.*): ~ **paint** Tarnanstrich *m*; **II** *v/t.* tarnen, *fig. a.* verschleiern.

camp¹ [kæmp] **I** *s.* **1.** (Zelt-, Ferien)Lager *n*, Lagerplatz *m*, Camp *n*: *break od. strike* ~ das Lager abbrechen, aufbrechen; **2.** ✕ Feld-, Heerlager *n*; **3.** *fig.* Lager *n*, Par'tei *f*, Anhänger *pl. e-r Richtung*; **II** *adj.* **4.** Lager..., Camping...: ~ **bed** a) Feldbett *n*, b) Campingliege *f*; **III** *v/i.* **5.** *a.* ~ **out** zelten, campen, kampieren.

camp² [kæmp] F **I** *adj.* **1.** a) ‚schwul', ‚tuntenhaft', b) über'zogen, über'trieben, ‚irr', c) verkitscht; **II** *v/i.* **2.** → 4; **III** *v/t.* **3.** *et.* ‚aufmotzen', *thea. etc. a.* über'ziehen, über'trieben darstellen, *a.* verkitschen; **4.** ~ *it up* a) die Sache ‚aufmotzen', *thea. etc. a.* über'ziehen, b) sich ‚tuntenhaft' benehmen.

cam·paign [kæm'peɪn] **I** *s.* **1.** ✕ Feldzug *m*; **2.** *pol. u. fig.* Schlacht *f*, Kam'pagne *f*, (a. Werbe)Feldzug *m*, Akti'on *f*; **3.** *pol.* 'Wahlkampf *m*, -kam₁pagne *f*: ~ **button** Wahlkampfplakette *f*; **II** *v/i.* **4.** ✕ an e-m Feldzug teilnehmen, kämpfen; **5.** *fig.* kämpfen, zu Felde ziehen (*for* für; *against* gegen); **6.** *pol.* a) sich am Wahlkampf beteiligen, im Wahlkampf stehen, b) Wahlkampf machen (*for* für), c) *Am.* kandidieren; **cam'paign·er** [-nə] *s.* **1.** Feldzugteilnehmer *m*: *old* ~ *fig.* alter Praktikus *od.* Hase; **2.** *fig.* Kämpfer *m* (*for* für).

cam·pan·u·la [kəm'pænjʊlə] *s.* ♀ Glokkenblume *f*.

camp·er ['kæmpə] *s.* **1.** Camper(in); **2.** *Am.* a) Wohnanhänger *m*, -wagen *m*, b) 'Wohnmo₁bil *n*.

camp| fe·ver *s.* ☞ 'Typhus *m*; **'~-fire** *s.* Lagerfeuer *n*: ~ **girl** Pfadfinderin *f*; ~ **fol·low·er** *s.* **1.** Sol'datenprostituierte *f*; **2.** *pol. etc.* Sympathi'sant(in), Mitläufer(in); **'~-ground** → **camping ground**.

cam·phor ['kæmfə] *s.* ☞ Kampfer *m*; **'cam·phor·at·ed** [-əreɪtɪd] *adj.* mit Kampfer behandelt, Kampfer...

cam·phor| ball *s.* Mottenkugel *f*; **'~-wood** *s.* Kampferholz *n*.

camp·ing ['kæmpɪŋ] *s.* Camping *n*, Zelten *n*, Kampieren *n*; ~ **ground, ~ site** *s.* Zelt-, Campingplatz *m*.

cam·pi·on ['kæmpjən] *s.* ♀ Lichtnelke *f*.

camp meet·ing *s. Am.* religi'öse Versammlung im Freien; 'Zeltmissi₁on *f*.

cam·po·ree [ˌkæmpə'riː] *s. Am.* regio-'nales Pfadfindertreffen.

cam·pus ['kæmpəs] *s.* Campus *m* (*Gesamtanlage e-r Universität od. Schule*), *weitS.* 'Uni *f od.* Gym'nasium *n*.

'cam·wood *s.* Kam-, Rotholz *n*.

can¹ [kæn; kən] *v/aux.* [*irr.*], *pres. neg.* **'can·not 1.** können: ~ *you do it?*; *he cannot read*; *we could do it now* wir könnten es jetzt tun; *how could you?* wie konntest du nur (so etwas tun)?; ~ *do! sl.* (wird) gemacht!; *no* ~ *do! sl.* das geht nicht!; **2.** dürfen, können: *you* ~ *go away now*.

can² [kæn] **I** *s.* **1.** (Blech)Kanne *f*, (Öl-) Kännchen *n*: *carry the* ~ *sl.* der Sündenbock sein, dran sein; **2.** (Kon'serven)Dose *f*, (-)Büchse *f*: ~ *opener* Büchsenöffner *m*; *in the* ~ F ‚abgedreht', ‚im Kasten' (*Film*), *allg.* unter Dach u. Fach; **3.** (Blech)Trinkgefäß *n*; **4.** Ka'nister *m*; **5.** *Am. sl.* a) ‚Kittchen' *n*, ‚Knast' *m*, b) ‚Klo' *n*, c) ‚Arsch' *m*; **II** *v/t.* **6.** in Büchsen konservieren, eindosen; **7.** F auf Schallplatte *od.* Band aufnehmen; **8.** *Am. sl.* a) ‚rausschmeißen', entlassen, b) ‚einlochen', c) aufhören mit.

Ca·na·di·an [kə'neɪdjən] **I** *adj.* ka'nadisch; **II** *s.* Ka'nadier(in).

ca·naille [kə'nɑːiː] *(Fr.)* *s.* Pöbel *m*.

ca·nal [kə'næl] *s.* **1.** Ka'nal *m* (*für Schiffahrt etc.*): **~s of Mars** Marskanäle; **2.** *anat., zo.* Ka'nal *m*, Gang *m*, Röhre *f*; **ca·nal·i·za·tion** [ˌkænəlaɪ'zeɪʃn] *s.* Ka'nalnetz *n*; Ka'nalnetz *n*; **ca·nal·ize** ['kænəlaɪz] *v/t.* **1.** kanalisieren, schiffbar machen; **2.** *fig.* (in bestimmte Bahnen) lenken, kanalisieren.

canapé — canto

can·a·pé ['kænəpeɪ] (Fr.) s. Appe'tithappen m, belegtes Brot.

ca·nard [kæ'nɑːd] (Fr.) s. (Zeitungs)Ente f, Falschmeldung f.

ca·nar·y [kə'neəri] I s. 1. a. ~ bird orn. Ka'narienvogel m; 2. a. ♀ wine Ka'narienwein m; II adj. 3. hellgelb.

can·cel ['kænsl] I v/t. 1. (durch-, aus-) streichen; 2. wider'rufen, aufheben (a. ♪), annullieren (a. ♱), rückgängig machen, absagen; ♱ stornieren; 3. ungültig machen, tilgen; erlassen; Briefmarke, Fahrschein etc. entwerten; fig. zu'nichte machen; a. ~ out ausgleichen, kompensieren; 4. A heben, streichen; II v/i. 5. mst ~ out sich (gegenseitig) aufheben od. ausgleichen 6. ~ out absagen, die Sache abblasen; III s. 7. Streichung f; **can·cel·la·tion** [ˌkænsə'leɪʃn] s. 1. Streichung f, Aufhebung f, 'Widerruf m; Absage f; 2. ♱ Annullierung f, Stornierung f; ~ clause Rücktrittsklausel f; ~ charge, ~ fee Rücktrittsgebühr f; 3. Entwertung f (Briefmarke etc.).

can·cer ['kænsə] s. 1. ♣ Krebs m; Karzi'nom n; 2. fig. Krebsgeschwür n, Übel n; 3. ♀ ast. Krebs m; '**can·cer·ous** [-sərəs] adj. ♣ a) krebsbefallen: ~ lung, b) Krebs...: ~ tumo(u)r, c) krebsartig: ~ growth fig. Krebsgeschwür n.

can·de·la·bra [ˌkændɪ'lɑːbrə] pl. -bras, **can·de·la·brum** [-brəm] pl. -bra, Am. a. -brums s. Kande'laber m; (Arm-, Kron)Leuchter m.

can·des·cence [kæn'desns] s. Weißglut f.

can·did ['kændɪd] adj. □ 1. offen (u. ehrlich), freimütig; 2. aufrichtig, unvoreingenommen, objek'tiv; 3. freizügig, (ta'bu)frei: a ~ film; 4. phot. ungestellt, unbemerkt aufgenommen: ~ camera a) Kleinstbildkamera f, b) versteckte Kamera; ~ shot Schnappschuß m.

can·di·da·cy ['kændɪdəsi] s. Kandida'tur f, Bewerbung f, Anwartschaft f; **can·di·date** ['kændɪdət] s. 1. (for) Kandi'dat m (für) (a. fig.), Bewerber m (um), Anwärter (auf acc.); 2. ('Prüfungs-)Kandi,dat(in); '**can·di·da·ture** [-dətʃə] → candidacy.

can·died ['kændɪd] adj. 1. kandiert, über'zuckert: ~ peel Zitronat m; 2. fig. contp. zuckersüß.

can·dle ['kændl] s. 1. (Wachs- etc.)Kerze f, Licht n: burn the ~ at both ends fig. Raubbau mit s-r Gesundheit treiben; not to be fit to hold a ~ to das Wasser nicht reichen können (dat.); → game¹ 4; 2. → candlepower; '~·ber·ry [-ˌbəri] s. ♀ Wachsmyrtenbeere f; '~·end s. 1. Kerzenstummel m; 2. pl. fig. Abfälle pl., Krimskrams m; '~·light s. 1. (by ~ bei) Kerzenlicht n; 2. Abenddämmerung f.

Can·dle·mas ['kændlməs] s. R.C. (Ma'riä) Lichtmeß f.

'**can·dle**ˌ**pow·er** s. phys. (Nor'mal)Kerze f (Lichteinheit); '~·stick s. (Kerzen-)Leuchter m; '~·wick s. Kerzendocht m.

can·do(u)r ['kændə] s. 1. Offenheit f, Aufrichtigkeit f; 2. 'Unparˌteilichkeit f, Objekti'vität f.

can·dy ['kændɪ] I s. 1. Kandis(zucker) m; 2. Am. a) Süßigkeiten pl., Kon'fekt n, b) a. hard ~ Bon'bon m, n; II v/t. 3.

kandieren, glacieren; mit Zucker einmachen; 4. Zucker kristallisieren lassen; III v/i. 5. kristallisieren (Zucker); '~·floss s. Zuckerwatte f; ~ store s. Am. Süßwarengeschäft n.

cane [keɪn] I s. 1. ♀ (Bambus-, Zucker-, Schilf)Rohr n; 2. spanisches Rohr; 3. Rohrstock m; 4. Spazierstock m; II v/t. 5. (mit dem Stock) züchtigen od. prügeln; 6. Stuhl mit Rohrgeflecht versehen: ~·bottomed mit Sitz aus Rohr; ~ chair s. Rohrstuhl m; ~ sug·ar s. Rohrzucker m; '~·work s. Rohrgeflecht n.

ca·nine I adj. ['keɪnaɪn] Hunde...; fig. contp. hündisch; II s. ['kænaɪn] anat. a. ~ tooth Eckzahn m.

can·ing ['keɪnɪŋ] s.: give s.o. a ~ → cane 5.

can·is·ter ['kænɪstə] s. 1. Ka'nister m, Blechdose f; 2. ✕ a. ~ shot Kar'tätsche f.

can·ker ['kæŋkə] I s. 1. ♣ Mund- od. Lippengeschwür n; 2. vet. Strahlfäule f; 3. ♀ Rost m, Brand m; 4. fig. Krebsschwür n; II v/t. 5. fig. an-, zerfressen, verderben; III v/i. 6. angefressen werden, verderben; '**can·kered** [-əd] adj. 1. ♀ a) brandig, b) (von Raupen) zerfressen, 2. fig. a) bösartig, b) mürrisch; '**can·ker·ous** [-ərəs] adj. 1. → cankered 1; 2. fressend, schädlich, vergiftend.

can·na·bis ['kænəbɪs] s. 'Cannabis m: a) ♀ Hanf m, b) Haschisch n.

canned [kænd] adj. 1. konserviert, Dosen..., Büchsen...: ~ food Konserven pl.; ~ meat Büchsenfleisch n; 2. F ,aus der Konserve': ~ music; ~ film TV Aufzeichnung f; 3. sl. ,blau', betrunken; 4. stereo'typ, scha'blonenhaft; '**can·ner** ['kænə] s. 1. Kon'servenfabriˌkant m; 2. Arbeiter(in) in e-r Kon'servenfaˌbrik; '**can·ner·y** [-əri] s. Kon'servenfaˌbrik f.

can·ni·bal ['kænɪbl] I s. Kanni'bale m, Menschenfresser m; II adj. kanni'balisch (a. fig.); '**can·ni·bal·ism** [-bəlɪzəm] s. Kanniba'lismus m (a. zo.); fig. Unmenschlichkeit f; **can·ni·bal·is·tic** [ˌkænɪbə'lɪstɪk] adj. (□ ~ally) kanni'balisch (a. fig.); '**can·ni·bal·ize** [-bəlaɪz] v/t. altes Auto etc. ,ausschlachten'.

can·ning ['kænɪŋ] s. Kon'servenfabrikaˌti,on f: ~ factory od. plant → cannery.

can·non ['kænən] I s. 1. ✕ a) Ka'none f, Geschütz n, b) coll. Ka'nonen pl., Artille'rie f; 2. Wasserwerfer m; 3. ⊙ Zy'linder m um e-e Welle; 4. Billard: Brit. Karambo'lage f; II v/i. 5. Billard: Brit. karambolieren, 6. (against, into, with) rennen, prallen (gegen), karambolieren (mit); **can·non·ade** [ˌkænə'neɪd] I s. 1. Kano'nade f (a. fig.); II v/t. 3. beschießen.

'**can·non**·**ball** s. 1. Ka'nonenkugel f; 2. Fußball: F Bombe(nschuß m) f; '~·bone s. zo. Ka'nonenbein n (Pferd); '~·fod·der s. fig. Ka'nonenfutter n.

can·not ['kænɒt] → can¹.

can·nu·la ['kænjʊlə] s. ♣ Ka'nüle f.

can·ny ['kænɪ] adj. □ Scot. 1. schlau, gerissen; 2. nett.

ca·noe [kə'nuː] I s. Kanu n (a. sport), Paddelboot n: ~ slalom Kanu-, Wildwasserslalom m; paddle one's own ~ auf eigenen Füßen stehen, selbständig

sein; II v/i. Kanu fahren, paddeln; **ca·'noe·ist** [-uːɪst] s. Ka'nute m, Ka'nutin f.

can·on¹ ['kænən] s. 1. Regel f, Richtschnur f, Grundsatz m, 'Kanon m; 2. eccl. 'Kanon m: a) ka'nonische Bücher pl., b) 'Meß,kanon m, c) Ordensregeln pl., d) → canon law; 3. ♪ 'Kanon m; 4. typ. 'Kanon(schrift) f.

can·on² ['kænən] s. eccl. Ka'noniker m, Dom-, Stiftsherr m.

ca·ñon ['kænjən] → canyon.

can·on·ess ['kænənɪs] s. eccl. Kano'nissin f, Stiftsdame f.

ca·non·i·cal [kə'nɒnɪkl] I adj. □ ka'nonisch, vorschriftsmäßig; bibl. au'thentisch; II s. pl. eccl. kirchliche Amtstracht; ~ books → canon¹ 2 a; ~ hours s. pl. a) regelmäßige Gebetszeiten pl., b) Brit. Zeiten pl. für Trauungen.

can·on·ist ['kænənɪst] s. Kirchenrechtslehrer m; **can·on·i·za·tion** [ˌkænənaɪ'zeɪʃn] s. eccl. Heiligsprechung f; '**can·on·ize** [-naɪz] v/t. eccl. heiligsprechen; **can·on law** s. ka'nonisches Recht, Kirchenrecht n.

ca·noo·dle [kə'nuːdl] v/t. u. v/i. sl. ,schmusen', ,knutschen'.

can·o·py ['kænəpi] I s. 1. 'Baldachin m, (Bett-, Thron-, Trag)Himmel m: ~ of heaven Himmelszelt n; 2. Schutz-, Ka'binendach n, Verdeck n; 3. Fallschirm (-kappe f) m; 4. △ Über'dachung f; II v/t. 5. über'dachen; fig. bedecken.

canst [kænst; kənst] obs. 2. sg. pres. von can¹.

cant¹ [kænt] I s. 1. Fach-, Zunftsprache f; 2. Jar'gon m, Gaunersprache f; 3. Gewäsch n; 4. Frömme'lei f, scheinheiliges Gerede; 5. (leere) Phrase(n pl.) f; II v/i. 6. frömmeln, scheinheilig reden; 7. Phrasen dreschen.

cant² [kænt] I s. 1. (Ab)Schrägung f, schräge Lage; 2. Ruck m, Stoß m; plötzliche Wendung; II v/t. 3. (ver)kanten, kippen; 4. ⊙ abschrägen; III v/i. 5. a. ~ over sich neigen, sich auf die Seite legen; 'umkippen.

can't [kɑːnt] F für cannot; → can¹.

Can·tab ['kæntæb] abbr. für **Can·tabrig·i·an** [ˌkæntə'brɪdʒɪən] s. Stu'dent (-in) od. Absol'vent(in) der Universi'tät Cambridge (England) od. der Harvard University (USA).

can·ta·loup(e) ['kæntəluːp] s. ♀ Kanta'lupe f, 'Warzenmeˌlone f.

can·tan·ker·ous [kæn'tæŋkərəs] adj. □ streitsüchtig.

can·ta·ta [kæn'tɑːtə] s. ♪ Kan'tate f.

can·teen [kæn'tiːn] s. 1. (Mili'tär-, 'triebs- etc.)Kanˌtine f; 2. ✕ a) Feldflasche f, b) Kochgeschirr n; 3. Besteck-, Silberkasten m.

can·ter ['kæntə] s. 'Kanter m, kurzer Ga'lopp: win in a ~ mühelos siegen; II v/i. in kurzem Galopp reiten.

can·ti·cle ['kæntɪkl] s. eccl. Lobgesang m: 2s bibl. das Hohelied (Salo'monis).

can·ti·le·ver ['kæntɪliːvə] I s. 1. △ Kon'sole f; 2. ⊙ freitragender Arm, vorspringender Träger, Ausleger m; II adj. 3. freitragend: ~ bridge s. Auslegerbrücke f; ~ wing s. ✈ unverspreizte Tragfläche f.

can·to ['kæntəʊ] pl. -tos s. Gesang m (Teil e-r größeren Dichtung).

can·ton¹ ['kæntən] **I** s. Kan'ton m, (Verwaltungs)Bezirk m; **II** v/t. in Kan'tone od. Bezirke einteilen.

can·ton² ['kæntən] **I** s. **1.** her. Feld n; **2.** Gösch f (Obereck an Flaggen); **II** v/t. **3.** her. in Felder einteilen.

can·ton³ [kæn'tu:n] v/t. ✕ einquartieren.

Can·ton·ese [ˌkæntəˈniːz] **I** adj. kanto'nesisch; **II** s. Bewohner(in) 'Kantons.

can·ton·ment [kæn'tu:nmənt] s. ✕ oft pl. Quar'tier n, 'Orts͵unterkunft f.

Ca·nuck [kə'nʌk] s. a) Ka'nadier(in) (französischer Abstammung), b) Am. contp. Ka'nadier(in).

can·vas ['kænvəs] s. **1.** a) Segeltuch n: ~ **shoes** Segeltuchschuhe, b) coll. (alle) Segel pl.: **under** ~ unter Segel; **2.** Pack-, Zeltleinwand f: **under** ~ in Zelten; **3.** 'Kanevas m, Stra'min m (zum Sticken); **4.** a) (Maler)Leinwand f, b) (Öl)Gemälde n.

can·vass ['kænvəs] **I** v/t. **1.** gründlich erörtern od. prüfen; **2.** a) pol. Stimmen werben, b) Am. Wahlresultate prüfen, c) † Aufträge her'einholen, Abonnenten, Inserate sammeln; **3.** Wahlkreis od. Geschäftsbezirk bereisen, bearbeiten; **4.** um et. werben, j-n od. et. anpreisen; **II** v/i. **5.** e-n Wahlfeldzug veranstalten; **6.** Am. 'Wahlresul͵tate prüfen; **7.** werben (**for** um); **III** s. **8.** pol. a) Stimmenwerbung f, Wahlfeldzug m, b) Am. Wahl(stimmen)prüfung f; **9.** † Kundenwerbung f; He'reinholen n von Aufträgen; **'can·vass·er** [-sə] s. **1.** † Kundenwerber m, b) pol. a) Wahleinpeitscher m, b) Am. Wahl(stimmen)prüfer m; **'can·vass·ing** [-sɪŋ] s. **1.** 'Wahlpro͵paganda f; **2.** † Kundenwerbung f.

can·yon ['kænjən] s. 'Cañon m, Felsschlucht f.

caou·tchouc ['kaʊtʃʊk] s. 'Kautschuk m, 'Gummi n, m.

cap¹ [kæp] **I** s. **1.** Mütze f, Kappe f, Haube f: ~ **and bells** Schellen-, Narrenkappe; ~ **in hand** mit der Mütze in der Hand, demütig; **if the** ~ **fits wear it** fig. wen's juckt, der kratze sich; **set one's** ~ **at s.o.** F hinter j-m her sein, sich j-n zu angeln suchen (Frau); **2.** univ. Ba'rett n: ~ **and gown** univ. Barett u. Talar; **3.** (Sport-, Stu'denten-, Klub-, Dienst)Mütze f; **4.** sport Brit. Auswahl-, Natio'nalspieler(in): **get** od. **win one's** ~ in die Nationalmannschaft berufen werden; **5.** (Schutz-, Verschluß)Kappe f od. (-)Kapsel f, Deckel m, Aufsatz m; ✕ Zündkapsel f; **6.** mot. (Reifen)Auflage f: **full** ~ Runderneuerung f; **7.** ✵ Pes'sar n; **8.** Spitze f, Gipfel m; **II** v/t. **9.** (mit od. wie mit e-r Kappe) bedecken; **10.** mit (Schutz-)Kappe, Kapsel, Deckel, Aufsatz etc. versehen; mot. Reifen runderneuern; **11.** Brit. univ. j-m e-n aka'demischen Grad verleihen; **12.** oben liegen auf (dat.), krönen (a. fig. abschließen); **13.** fig. über'treffen, -'trumpfen; **14.** sport Brit. j-n in die Natio'nalmannschaft berufen.

cap² [kæp] abbr. für **capital¹** 2.

ca·pa·bil·i·ty [ˌkeɪpə'bɪlətɪ] s. **1.** Fähigkeit f (of zu); **2.** Tauglichkeit f (for zu); **3.** a. pl. Ta'lent n, Begabung f; **ca·pa·ble** ['keɪpəbl] adj. □ **1.** (Personen) a) fähig, tüchtig, b) (of) fähig (zu od.

gen.), im'stande (zu inf.) (mst b.s.): **legally** ~ rechts-, geschäftsfähig; **2.** (Sachen) a) geeignet, tauglich (for zu), b) (of) (et.) zulassend, (zu et.) fähig: ~ **of being divided** teilbar.

ca·pa·cious [kə'peɪʃəs] adj. □ geräumig, weit; um'fassend (a. fig.).

ca·pac·i·tance [kə'pæsɪtəns] s. ⚡ kapazi'tiver ('Blind)Widerstand, Kapazi'tät f; **ca'pac·i·tate** [-teɪt] v/t. befähigen, ermächtigen (a. ⚏); **ca'pac·i·tor** [-tə] s. ⚡ Konden'sator m; **ca'pac·i·ty** [-sətɪ] **I** s. **1.** (Raum)Inhalt m, Fassungsmögen n; Kapazi'tät f (a. ⚡, phys.): **measure of** ~ Hohlmaß n; **seating** ~ Sitzgelegenheit f (of für); **full to** ~ ganz voll, thea. etc. ausverkauft; **2.** Leistungsfähigkeit f, Vermögen n; **3.** ⚏, ⊙ Kapazi'tät f, Leistungsfähigkeit f, (Nenn)Leistung f: **working to** ~ mit Höchstleistung arbeitend, voll ausgelastet; **4.** fig. Auffassungsgabe f, geistige Fähigkeit; **5.** ⚏ (Geschäfts-, Tes'tier etc.)Fähigkeit f: ~ **to sue and to be sued** Prozeßfähigkeit; **6.** Eigenschaft f, Stellung f: **in my** ~ **as** in m-r Eigenschaft als; **in an advisory** ~ in beratender Funktion; **II** adj. **7.** maxi'mal, Höchst...: ~ **business** Rekordgeschäft n; **8.** thea. etc. voll, ausverkauft: ~ **house**; ~ **crowd** sport ausverkauftes Stadion.

ca·par·i·son [kə'pærɪsn] s. **1.** Scha'brakke f; **2.** fig. Aufputz m.

cape¹ [keɪp] s. Cape n, 'Umhang m; Schulterkragen m.

cape² [keɪp] s. Kap n, Vorgebirge n: **the** ⚑ das Kap der Guten Hoffnung; ⚑ **Dutch** Kapholländisch n; ⚑ **wine** Kapwein m.

ca·per¹ ['keɪpə] **I** s. **1.** Kapri'ole f: a) Freuden-, Luftsprung m, b) Streich m, Schabernack m: **cut** ~s → 3; **2.** F fig. 'Ding m, 'Spaß m, Sache f; **II** v/i. **3.** a) Luftsprünge machen, b) he'rumtollen.

ca·per² ['keɪpə] s. **1.** ✿ Kapernstrauch m; **2.** Kaper f.

cap·er·cail·lie [ˌkæpə'keɪlɪ], **cap·er·'cail·zie** [-lɪ] s. orn. Auerhahn m.

ca·pi·as ['keɪpɪæs] s. ⚏ Haftbefehl m (bsd. im Vollstreckungsverfahren).

cap·il·lar·i·ty [ˌkæpɪ'lærətɪ] s. phys. Kapillari'tät f; **cap·il·lar·y** [kə'pɪlərɪ] **I** adj. haarförmig, -fein, kapil'lar: ~ **attraction** Kapillaranziehung f; ~ **tube** → II; **II** s. anat. Kapil'largefäß n.

cap·i·tal¹ ['kæpɪtl] **I** s. **1.** Hauptstadt f; **2.** Großbuchstabe m; **3.** † Kapi'tal n: a) Vermögen n, b) Unter'nehmer(tum n) pl.: ⚑ **and Labo(u)r**, **4.** Vorteil m, Nutzen m: **make** ~ **out of** aus et. Kapital schlagen; **II** adj. **5.** ⚏ a) kapi'tal, todeswürdig: ~ **crime** Kapitalverbrechen n, b) Todes...: ~ **punishment** Todesstrafe f; **6.** größt, wichtigst, Haupt...: ~ **city** Hauptstadt f; ~ **ship** Großkampfschiff m; **7.** verhängnisvoll: **a** ~ **error** ein Kapitalfehler m; **8.** großartig: **a** ~ **joke**; **a** ~ **fellow** ein Prachtkerl m; **9.** † Kapital...: ~ **fund** Stamm-, Grundkapital n; **10.** ~ **letter** → 2; ⚑ **B** großes B.

cap·i·tal² ['kæpɪtl] s. △ Kapi'tell n.

cap·i·tal ac·count s. † Kapi'talkonto n; ~ **as·sets** pl. Anlagevermögen n; ~ **ex·pend·i·ture** s. Investiti'onsaufwand m; ~ **flight** s. Kapi'talflucht f; ~

gains tax s. Kapi'talertragssteuer f; ~ **goods** s. pl. Investiti'onsgüter pl.; **'~in͵ten·sive** adj. kapi'talinten͵siv; ~ **invest·ment** s. Kapi'talanlage f.

cap·i·tal·ism ['kæpɪtəlɪzəm] s. Kapita'lismus m; **'cap·i·tal·ist** [-ɪst] **I** Kapita'list m; **II** adj. → **cap·i·tal·is·tic** [ˌkæpɪtə'lɪstɪk] adj. (□ ~ally) kapita'listisch; **cap·i·tal·i·za·tion** [ˌkæpɪtəlaɪ'zeɪʃn] s. **1.** † allg. Kapitalisierung f; **2.** Großschreibung f; **'cap·i·tal·ize** [-laɪz] **I** v/t. **1.** † kapitalisieren; **2.** fig. sich et. zu'nutze machen; **3.** groß (mit Großbuchstaben od. mit großen Anfangsbuchstaben) schreiben; **II** v/i. **4.** Kapi'tal anhäufen; **5.** e-n Kapi'talwert haben (at von); **6.** fig. Kapital schlagen (on aus).

cap·i·tal| lev·y s. † Vermögensabgabe f; ~ **mar·ket** s. Kapi'talmarkt m; ~ **stock** s. † 'Aktienkapi͵tal n.

cap·i·ta·tion [ˌkæpɪ'teɪʃn] s. **1.** a. ~ **tax** Kopfsteuer f; **2.** Zahlung f pro Kopf: ~ **grant** Zuschuß m pro Kopf.

Cap·i·tol ['kæpɪtl] s. Kapi'tol n: a) im alten Rom, b) in Washington.

ca·pit·u·lar [kə'pɪtjʊlə] eccl. **I** adj. kapitu'lar, zum Ka'pitel gehörig; **II** s. Kapitu'lar m, Domherr m.

ca·pit·u·late [kə'pɪtjʊleɪt] v/i. ✕ u. fig. kapitulieren (to vor dat); **ca·pit·u·la·tion** [kə͵pɪtjʊ'leɪʃn] s. ✕ a) Kapitulati'on f, 'Übergabe f, b) Kapitulati'onsurkunde f.

ca·pon ['keɪpən] s. Ka'paun m; **'ca·pon·ize** [-naɪz] v/t. Hahn kastrieren, ka'paunen.

capped [kæpt] adj. mit e-r Kappe od. Mütze bedeckt: ~ **and gowned** in vollem Ornat.

ca·price [kə'priːs] s. Ka'price f, Laune f, Grille f; Launenhaftigkeit f; **ca'pricious** [-ɪʃəs] adj. □ launenhaft, launisch; kaprizi'ös; **ca'pri·cious·ness** [-ɪʃəsnɪs] s. Launenhaftigkeit f, kaprizi'öse Art.

Cap·ri·corn ['kæprɪkɔːn] s. ast. Steinbock m.

cap·ri·ole ['kæprɪəʊl] s. Kapri'ole f (a. Reiten), Bock-, Luftsprung m; **II** v/i. Kapri'olen machen.

cap·si·cum ['kæpsɪkəm] s. ✿ 'Paprika m, Spanischer Pfeffer.

cap·size [kæp'saɪz] **I** v/i. **1.** ⚓ kentern; **2.** fig. 'umschlagen; **II** v/t. **3.** ⚓ zum Kentern bringen.

cap·stan ['kæpstən] s. ⚓ Gangspill n, Ankerwinde f; ~ **lathe** ⊙ Re'volverdrehbank f.

cap·su·lar ['kæpsjʊlə] adj. kapselförmig, Kapsel...; **cap·sule** ['kæpsjuːl] **I** s. **1.** anat. (Gelenk- etc.)Kapsel f, Hülle f, Scheide f; **2.** ✿ a) Kapselfrucht f, b) Sporenkapsel f; **3.** pharm. (Arz'nei-)Kapsel f; **4.** (Me'tall-, Verschluß)Kapsel f; **5.** (Raum)Kapsel f; **6.** 🐟 Abdampfschale f; **7.** fig. kurze 'Übersicht od. Beschreibung etc.; **II** adj. **8.** fig. kurz, gedrängt, Kurz...

cap·tain ['kæptɪn] **I** s. **1.** Führer m, Oberhaupt n: ~ **of industry** Industriekapitän m; **2.** ✕ a) Hauptmann m, b) Kavallerie: hist. Rittmeister m; **3.** ⚓ a) Kapi'tän m, Komman'dant m, b) Kriegsmarine: Kapitän m zur See; **4.** 'Flugkapi͵tän m; **5.** sport ('Mannschafts)Kapi͵tän m; **6.** ped. Klassensprecher(in); **7.** Vorarbeiter *m*; ⚒ Obersteiger *m*; **8.** *Am.* (Poli'zei-),Hauptkommis,sar *m*; **II** *v/t.* **9.** (an)führen; **'cap·tain·cy** [-sɪ], **'cap·tain·ship** [-ʃɪp] *s.* **1.** ✕ Hauptmanns-, Kapi'tänsposten *m*, -rang *m*; **2.** Führerschaft *f.*

cap·tion ['kæpʃn] **I** *s.* **1.** a) 'Überschrift *f*, Titel *m*, b) ('Bild),Unterschrift *f*, c) *Film*: 'Untertitel *m*; **2.** ৯ Prä'ambel *f*, b) Prozeßrecht: 'Rubrum *n*; **II** *v/t.* **3.** mit e-r Überschrift *etc.* versehen; *Film* unter'titeln.

cap·tious ['kæpʃəs] *adj.* □ **1.** verfänglich; **2.** spitzfindig; **3.** krittelig, pe'dantisch.

cap·ti·vate ['kæptɪveɪt] *v/t. fig.* gefangennehmen, fesseln, bestricken, bezaubern; **'cap·ti·vat·ing** [-tɪŋ] *adj. fig.* fesselnd, bezaubernd; **cap·ti·va·tion** [,kæptɪ'veɪʃn] *s. fig.* Bezauberung *f.*

cap·tive ['kæptɪv] **I** *adj.* **1.** gefangen, in Gefangenschaft: *be held* ~ gefangengehalten werden; *take* ~ gefangennehmen (*a. fig.*); **2.** festgehalten, ,gefangen': ~ *balloon* Fesselballon *m*; **3.** *fig.* gefangen, gefesselt (*to* von); **II** *s.* **4.** Gefangene(r) *m*, *fig. a.* Sklave *m* (*to gen.*); **cap·tiv·i·ty** [kæp'tɪvətɪ] *s.* **1.** Gefangenschaft *f*; **2.** *fig.* Knechtschaft *f.*

cap·tor ['kæptə] *s.* **1.** *his.* der ihn gefangennahm; **2.** ♣ Kaper *m*; **'cap·ture** [-tʃə] **I** *v/t.* **1.** fangen; gefangennehmen; **2.** ♣ erobern; erbeuten; **3.** ♣ kapern, aufbringen; **4.** *fig.* (*a. Stimmung etc., a. phys. Neutronen*) einfangen; erobern, für sich einnehmen, gewinnen, erlangen; an sich reißen; **II** *s.* **5.** Gefangennahme *f*, Fang *m*; **6.** ✕ Eroberung *f* (*a. fig.*); Erbeutung *f*; Beute *f*; **7.** ♣ a) Kapern *n*, Aufbringung *f*, b) Prise *f.*

Cap·u·chin ['kæpjʊʃɪn] *s.* **1.** *eccl.* Kapu-'ziner(mönch) *m*; **2.** ♀ 'Umhang *m* mit Ka'puze; **3.** *a.* ~ *monkey zo.* Kapu'zineraffe *m.*

car [ka:] *s.* **1.** Auto *n*, Wagen *m*: *by* ~ mit dem (*od.* im) Auto; **2.** (Eisenbahn *etc.*)Wagen *m*, Wag'gon *m*; **3.** Wagen *m*, Karren *m*; **4.** (*Luftschiff- etc.*)Gondel *f*; **5.** Ka'bine *f e-s Aufzuges*; **6.** *poet.* Kriegs- *od.* Tri'umphwagen *m.*

ca·rafe [kə'ræf] *s.* Ka'raffe *f.*

car·a·mel ['kærəmel] *s.* **1.** Kara'mel *m*, gebrannter Zucker; **2.** Kara'melle *f* (*Bonbon*).

car·a·pace ['kærəpeɪs] *s. zo.* Rückenschild *m* (*Schildkröte, Krebs*).

car·at ['kærət] *s.* Ka'rat *n*: a) *Juwelen- od. Perlengewicht*, b) *Goldfeingehalt*: *18-~ gold* 18karätiges Gold.

car·a·van ['kærəvæn] **I** *s.* **1.** Kara'wane *f* (*a. fig.*); **2.** a) Wohnwagen *m* (*von Schaustellern etc.*), b) *Brit.* Caravan *m*, Wohnwagen *m*, -anhänger *m*: ~ *park od. site* Campingplatz *m* für Wohnwagen; **II** *v/i.* **3.** im Wohnwagen *etc.* reisen; **'car·a·van·ner** [-nə] *s.* **1.** Reisende(r) in e-r Kara'wane; **2.** *mot. Brit.* Caravaner *m*; ,**car·a'van·sa·ry** [-sərɪ], ,**car·a'van·se·rai** [-səraɪ] *s.* Karawanse'rei *f.*

car·a·vel ['kærəvəl] *s.* ♣ Kara'velle *f.*

car·a·way ['kærəweɪ] *s.* ♀ Kümmel *m*; ~ **seeds** *s. pl.* Kümmelkörner *pl.*

car·bide ['ka:baɪd] *s.* 🜊 Kar'bid *n.*

car·bine ['ka:baɪn] *s.* ✕ Kara'biner *m.*

car bod·y *s.* ⚙ Karosse'rie *f.*

car·bo·hy·drate [,ka:bəʊ'haɪdreɪt] *s.* 🜊

'Kohle(n)hy,drat *n.*

car·bol·ic ac·id [ka:'bɒlɪk] *s.* 🜊 Kar'bol(säure *f*) *n*, Phe'nol *n.*

car·bo·lize ['ka:bəlaɪz] *v/t.* 🜊 mit Kar'bolsäure behandeln.

car·bon ['ka:bən] *s.* **1.** 🜊 Kohlenstoff *m*; **2.** ⚡ 'Kohle(elek,trode) *f*; **3.** a) 'Kohlepa,pier *n*, b) 'Durchschlag *m*; **car·bo·na·ceous** [,ka:bəʊ'neɪʃəs] *adj.* kohlenstoff-, kohleartig; Kohlen...; **'car·bon·ate** 🜊 **I** *s.* [-nɪt] **1.** kohlensaures Salz: ~ *of lime* Kalziumkarbonat *n*, Kreide *f*; ~ *of soda* Natriumkarbonat *n*, kohlensaures Natrium, Soda *f*; **II** *v/t.* [-neɪt] **2.** mit Kohlensäure *od.* Kohlen'dio,xyd behandeln: ~*d water* kohlensäurehaltiges Wasser, Sodawasser; **3.** karbonisieren, verkohlen.

car·bon| brush *s.* ⚡ Kohlebürste *f*; ~ **cop·y** *s.* **1.** 'Durchschlag *m*, -schrift *f*, Ko'pie *f*; **2.** *fig.* Abklatsch *m*, Dupli'kat *n*; ~ **dat·ing** *s.* Radiokar'bonme,thode *f*, 'C-'14-Me,thode *f* (*zur Altersbestimmung*); ~ **di·ox·ide** *s.* 🜊 Kohlen'dio,xyd *n*; ~ **fil·a·ment** *s.* ⚡ Kohlefaden *m.*

car·bon·ic [ka:'bɒnɪk] *adj.* 🜊 kohlenstoffhaltig; Kohlen...; ~ **ac·id** *s.* 🜊 Kohlensäure *f*; ~'**ac·id gas** *s.* 🜊 Kohlen'dio,xyd *n*, Kohlensäuregas *n*; ~ **ox·ide** *s.* 🜊 Kohlen('mon)o,xyd *n.*

car·bon·if·er·ous [,ka:bə'nɪfərəs] *adj.* kohlehaltig, kohleführend: ⚲ *Period geol.* Karbon *n*, Steinkohlenzeit *f*; **car·bon·i·za·tion** [,ka:bənaɪ'zeɪʃn] *s.* **1.** Verkohlung *f*; Verkokung *f*: ~ *plant* Kokerei *f*; **'car·bon·ize** [-naɪz] *v/t.* **1.** verkohlen; **2.** verkoken.

car·bon| mi·cro·phone *s.* 'Kohlemikro-,phon *n*; ~ **pa·per** *s.* 'Kohlepa,pier *n* (*a. phot.*); ~ **print** *s. typ.* Kohle-, Pig'mentdruck *m*; ~ **steel** *s.* Kohlenstoff-, Flußstahl *m.*

car·bo·run·dum [,ka:bə'rʌndəm] *s.* ⚙ Karbo'rundum *n* (*Schleifmittel*).

car·boy ['ka:bɔɪ] *s.* Korbflasche *f*, ('Glas)Bal,lon *m* (*bsd. für Säuren*).

car·bun·cle ['ka:bʌŋkl] *s.* **1.** 🜊 Kar'bunkel *m*; **2.** Kar'funkel *m*, geschliffener Gra'nat.

car·bu·ret ['ka:bjʊret] *v/t.* ⚙ karburieren; *mot.* vergasen; **'car·bu·ret·(t)ed** [-tɪd] *adj.* karburiert; **'car·bu·ret·ter, -ret·tor** [-tə], *Am. mst* **-ret·or** [-reɪtə] *s.* ⚙, *mot.* Vergaser *m.*

car·bu·rize ['ka:bjʊraɪz] *v/t.* **1.** 🜊 a) mit Kohlenstoff verbinden, b) karburieren; **2.** ⚙ einsatzhärten.

car·cass, car·case ['ka:kəs] *s.* **1.** Ka'daver *m*, (Tier-, Menschen)Leiche *f*; *humor.* ,Leichnam' *m* (*Körper*); **2.** Rumpf *m* (*e-s geschlachteten Tieres*): ~ *meat* frisches Fleisch (*Ggs. konserviertes*); **3.** Gerippe *n*, Ske'lett *n*, △ *a.* Rohbau *m*; **4.** ⚙ Kar'kasse *f e-s Gummireifens*; **5.** *fig.* Ru'ine *f.*

car·cin·o·gen [ka:'sɪnədʒən] *s.* Karzino'gen *n*, Krebserreger *m*; **car·cin·o·gen·ic** [,ka:sɪnə'dʒenɪk] *adj.* karzino'gen, krebserzeugend; **car·ci·nol·o·gy** [,ka:sɪ'nɒlədʒɪ] *s. zo.* Karzinolo'gie *f*; **car·ci·no·ma** [,ka:sɪ'nəʊmə] *pl.* **-ma·ta** [-mətə] *od.* **-mas** *s.* 🠖 Karzi'nom *n*, Krebsgeschwür *n.*

card¹ [ka:d] *s.* **1.** (*Spiel*)Karte *f*: *play* (*at*) ~*s* Karten spielen; *game of* ~*s* Kartenspiel *n*; *a pack of* ~*s* ein Spiel

Karten; *house of* ~*s fig.* Kartenhaus *n*; *a safe* ~ *fig.* eine sichere Sache, et., auf das (*a.* j-d, auf den) man sich verlassen kann; *play one's* ~*s well fig.* geschickt vorgehen; *put one's* ~*s on the table fig.* s-e Karten auf den Tisch legen; *show one's* ~*s fig.* s-e Karten aufdecken; *on the* ~*s fig.* (durchaus) möglich, ,drin'; **2.** (*Post-, Glückwunsch etc.*, Geschäfts-, Visiten-, Eintritts-, Einladungs)Karte *f*; **3.** Mitgliedskarte *f*: ~ *carrying member* eingeschriebenes Mitglied; **4.** *pl.* ('Arbeits)Pa,piere *pl.*: *get one's* ~*s* F entlassen werden; **5.** ⚙ (Loch)Karte *f*; **6.** *sport* Pro'gramm *n*; **7.** Windrose *f* (*Kompaß*); **8.** F ,Type' *f*, Witzbold *m.*

card² [ka:d] ⚙ **I** *s.* Wollkratze *f*, Krempel *f*; **II** *v/t.* Wolle krempeln, kämmen: ~*ed yarn* Streichgarn *n.*

car·dan| joint ['ka:dən] *s.* ⚙ Kar'dangelenk *n*; ~ **shaft** *s.* ⚙ Kar'dan-, Gelenkwelle *f.*

'card|-,bas·ket *s.* Vi'sitenkartenschale *f*; **'~·board** *s.* **1.** Kar'ton(pa,pier *n*) *m*, Pappe *f*; **II** *adj.* **2.** Karton..., Papp...: ~ *box* Pappschachtel *f*, Karton *m*; **3.** *fig. contp.* ,nachgemacht', Pappmaché-...; ~ **cat·a·logue** → **card index.**

card·er ['ka:də] *s.* ⚙ **1.** Krempler *m*, Wollkämmer *m*; **2.** 'Krempelma,schine *f.*

car·di·ac ['ka:dɪæk] 🠖 **I** *adj.* **1.** Herz...: ~ *arrest* Herzstillstand *m*; **II** *s.* **2.** Herzmittel *n*; **3.** 'Herzpati,ent *m.*

car·di·gan ['ka:dɪgən] *s.* Strickjacke *f.*

car·di·nal ['ka:dɪnl] **I** *adj.* **1.** grundsätzlich, grundlegend, hauptsächlich, Haupt..., Kardinal...: ~ *points die* vier (Haupt)Himmelsrichtungen; ~ *principles* Grundprinzipien; ~ *number* Kardinalzahl *f*; **2.** *eccl.* Kardinals...; **3.** scharlachrot, hochrot: ~*-flower* ♀ hochrote Lobelie; **II** *s.* **4.** *eccl.* Kardi'nal *m*; **5.** *orn. a.* ~*-bird* Kardi'nal *m*; **'car·di·nal·ship** [-ʃɪp] *s.* Kardi'nalswürde *f.*

card in·dex *s.* Karto'thek *f*, Kar'tei *f*; **'card-,in·dex** *v/t.* **1.** e-e Kartei anlegen von, verzetteln; **2.** in e-e Kartei eintragen.

card·ing ['ka:dɪŋ] *s.* ⚙ Krempeln *n*, Kratzen *n* (*Wolle*): ~ *machine* Krempel-, Kratzmaschine *f.*

cardio- ['ka:dɪəʊ] *in Zssgn* Herz...

car·di·o·gram ['ka:dɪəʊgræm] *s.* 🠖 Kardio'gramm *n*; **car·di·ol·o·gy** [,ka:dɪ'ɒlədʒɪ] *s.* Kardiolo'gie *f*, Herz(heil)kunde *f.*

card| room *s.* (Karten)Spielzimmer *n*; **'~·sharp**, **'~·sharp·er** *s.* Falschspieler *m*; ~ **ta·ble** *s.* Spieltisch *m*; ~ **trick** *s.* Kartenkunststück *n*; ~ **vote** *s. Brit.* (*mst gewerkschaftliche*) Abstimmung durch Wahlmänner.

care [keə] **I** *s.* **1.** Sorge *f*, Kummer *m*: *be free from* ~(*s*) keine Sorgen haben; *without a* ~ *in the world* völlig sorgenfrei; **2.** Sorgfalt *f*, Aufmerksamkeit *f*, Vorsicht *f*: *ordinary* ~ ⚖ verkehrsübliche Sorgfalt; *with due* ~ mit der erforderlichen Sorgfalt; *have a* ~! *Brit.* F a) paß doch auf!, b) ich bitte dich!; *take* ~ a) vorsichtig sein, aufpassen, b) sich Mühe geben, c) darauf achten *od.* nicht vergessen (*to do* zu tun; *that* daß); *take* ~ *not to do s.th.* sich hüten, et. zu tun; et. ja nicht tun; ***take ~ not to drop it!*** laß es ja nicht fallen; ***take ~!*** F mach's gut!; **3.** a) Obhut *f*, Schutz *m*, Fürsorge *f*, Betreuung *f*, (*Kinder- etc.*, *a. Körper- etc.*)Pflege *f*, b) Aufsicht *f*, Leitung *f*: ***~ and custody*** (*od.* ***control***) ⚖ Sorgerecht *n* (***of*** für *j-n*); ***take ~ of*** a) → 6, b) aufpassen auf (*acc.*), c) *et.* erledigen *od.* besorgen; ***take ~ of yourself!*** paß auf dich auf!, mach's gut!; ***that takes ~ of that!*** F das wäre (damit) erledigt!; **4.** Pflicht *f*: ***his special ~s***; **II** *v/i.* **5.** sich sorgen (***about*** über *acc.*, um); **6.** ***~ for*** sorgen für, sich kümmern um, betreuen, pflegen: (***well***) ***~d-for*** (gut)gepflegt; **7.** (***for***) (*j-n*) gern haben *od.* mögen: ***he doesn't ~ for her*** er macht sich nichts aus ihr, er mag sie nicht; ***he does ~*** (***for her***) er mag sie wirklich; **8.** sich etwas daraus machen: ***I don't ~ for whisky*** ich mache mir nichts aus Whisky; ***he ~s a great deal*** es ist ihm sehr daran gelegen, es macht ihm schon etwas aus; ***she doesn't really ~*** in Wirklichkeit liegt ihr nicht viel daran: ***I don't ~ a damn*** (*od.* ***fig, pin, straw***), ***I couldn't ~ less*** es ist mir völlig gleich(gültig) *od.* egal *od.* ‚schnuppe'; ***who ~s?*** na, und?, (und) wenn schon?; ***for all I ~*** meinetwegen, von mir aus; ***for all you ~*** wenn es nach dir ginge; ***I don't ~ to do it now*** ich habe keine Lust, es jetzt zu tun; ***I don't ~ to be seen with you*** ich lege keinen Wert darauf, mit dir gesehen zu werden; ***would you ~ for a drink?*** möchtest du et. zu trinken?; ***we don't ~ if you stay here*** wir haben nichts dagegen *od.* es macht uns nichts aus, wenn du hierbleibst; ***I don't ~ if I do!*** F von mir aus!

ca·reen [kəˈriːn] **I** *v/t.* **1.** ⚓ *Schiff* kielholen; **II** *v/i.* **2.** ⚓ krängen, sich auf die Seite legen; **3.** *fig.* (hin u. her) schwanken, torkeln.

ca·reer [kəˈrɪə] **I** *s.* **1.** Karriˈere *f*, Laufbahn *f*, Werdegang *m*: ***enter upon a ~*** e-e Laufbahn einschlagen; **2.** (*erfolgreiche*) Karriˈere: ***make a ~ for o.s.*** Karriere machen; **3.** (Lebens)Beruf *m*: ***~ diplomat*** Berufsdiplomat *m*; ***~ girl*** *od.* ***woman*** Karrierefrau *f*; ***~s guidance*** *Brit.* Berufsberatung *f*; ***~s officer*** *Brit.* Berufsberater *m*; **4.** gestreckter Gaˈlopp, Karriˈere *f*: ***in full ~*** in vollem Galopp (*a. weitS.*); **II** *v/i.* **5.** galoppieren; **6.** rennen, rasen, jagen; **ca·reer·ist** [kəˈrɪərɪst] *s.* Karriˈeremacher *m*.

ˈcare·free *adj.* sorgenfrei.

care·ful [ˈkeəfʊl] *adj.* ☐ **1.** vorsichtig, achtsam: ***be ~!*** nimm dich in acht!; ***be ~ to*** *inf.* darauf achten zu *inf.*, nicht vergessen zu *inf.*; ***be ~ not to*** *inf.* sich hüten zu *inf.*; aufpassen, daß nicht; ***be ~ of your clothes!*** gib acht auf deine Kleidung!; **2.** bedacht, achtsam (***of, for, about*** auf *acc.*), ˈumsichtig; **3.** sorgfältig, genau, gründlich: ***a ~ study***; **4.** *Brit.* sparsam; **ˈcare·ful·ness** [-nɪs] *s.* Vorsicht *f*, Sorgfalt *f*; Gründlichkeit *f*; ˈUmsicht *f*.

care·less [ˈkeəlɪs] *adj.* ☐ **1.** nachlässig, unvorsichtig, unachtsam; leichtsinnig; **2.** (***of, about***) unbekümmert (um), unbesorgt (um), gleichgültig (gegenˈüber): ***~ of danger***; **3.** unbedacht, unbesonnen: ***a ~ remark***; ***a ~ mistake*** ein Flüchtigkeitsfehler; **4.** sorgenfrei, fröhlich: ***~ youth***; **ˈcare·less·ness** [-nɪs] *s.* Nachlässigkeit *f*; Unbedachtheit *f*; Sorglosigkeit *f*, Unachtsamkeit *f*.

ca·ress [kəˈres] **I** *s.* Liebkosung *f*; *pl. a.* Zärtlichkeiten *pl.*; **II** *v/t.* liebkosen; streicheln; *fig. der Haut etc.* schmeicheln; **caˈress·ing** [-sɪŋ] *adj.* ☐ zärtlich; schmeichelnd.

car·et [ˈkærət] *s.* Einschaltungszeichen *n* (*für Auslassung im Text*).

ˈcare|-ˌtak·er *s.* **1.** a) Hausmeister *m*, b) (Haus- *etc.*)Verwalter *m*; **2.** ***~ government*** geschäftsführende Regierung, ˈÜbergangskabiˌnett *n*; **ˈ~·worn** *adj.* vergrämt, abgehärmt.

Ca·rey Street [ˈkeərɪ] *s.*: ***in ~*** *Brit.* F ‚pleite', bankrott.

ˈcar·fare *s. Am.* Fahrgeld *n*, -preis *m*.

car·go [ˈkɑːgəʊ] *pl.* **-goes**, *Am. a.* **-gos** *s.* ⚓, ✈ Ladung *f*, Fracht(gut *n*) *f*; **~ boat** *s.* ⚓ Frachtschiff *n*; **ˈ~-ˌcar·ry·ing** *adj.* Fracht..., Transport...: ***~ glider*** Lastensegler *m*; **~ hold** *s.* Laderaum *m*; **~ par·a·chute** *s.* Lastenfallschirm *m*; **~ plane** *s.* ✈ Transˈportflugzeug *n*.

ˈcar·hop *s. Am.* Kellner(in) in e-m Drive-ˈin-Restauˌrant.

Car·ib·be·an [ˌkærɪˈbiːən] **I** *adj.* kaˈribisch; **II** *s. geogr.* Kaˈribisches Meer.

car·i·bou, car·i·boo [ˈkærɪbuː] *s. zo.* ˈKaribu *m*.

car·i·ca·ture [ˈkærɪkəˌtjʊə] **I** *s.* Karikaˈtur *f* (*a. fig.*); **II** *v/t.* karikieren; **ˈcar·i·caˌtur·ist** [-ʊərɪst] *s.* Karikatuˈrist *m*.

car·i·es [ˈkeərɪiːz] *s.* ⚕ ˈKaries *f*: a) Knochenfraß *m*, b) Zahnfäule *f*.

car·il·lon [ˈkærɪljən] *s.* (Turm)Glockenspiel *n*, ˈGlockenspielmuˌsik *f*.

car·ing [ˈkeərɪŋ] *adj.* liebevoll, mitfühlend; soziˈal (engagiert).

Ca·rin·thi·an [kəˈrɪnθɪən] **I** *adj.* kärntnerisch; **II** *s.* Kärntner(in).

car·i·ous [ˈkeərɪəs] *adj.* ⚕ kariˈös, angefressen, faul.

car| jack *s.* ⚙ Wagenheber *m*; **ˈ~·load** *s.* **1.** Wagenladung *f*; **2.** *Am.* a) Güterwagenladung *f*, b) Mindestladung *f* (*für Frachtermäßigung*); **3.** *Am. fig.* ‚Haufen' *m*, Menge *f*; **ˈ~·man** [-mən] *s.* [*irr.*] **1.** Fuhrmann *m*; **2.** (Kraft)Fahrer *m*; **3.** Spediˈteur *m*.

car·mine [ˈkɑːmaɪn] **I** *s.* Karˈminrot *n*; **II** *adj.* karˈminrot.

car·nage [ˈkɑːnɪdʒ] *s.* Blutbad *n*, Gemetzel *n*.

car·nal [ˈkɑːnl] *adj.* ☐ fleischlich, sinnlich; geschlechtlich: ***~ knowledge*** ⚖ Geschlechtsverkehr (***of*** mit); **car·nal·i·ty** [kɑːˈnælətɪ] *s.* Fleischeslust *f*, Sinnlichkeit *f*.

car·na·tion [kɑːˈneɪʃn] *s.* **1.** ⚘ (Garten-) Nelke *f*; **2.** Blaßrot *n*.

car·net [ˈkɑːneɪ] *s. mot.* Carˈnet *n*, ˈZollpasˌsierschein *m*.

car·ni·val [ˈkɑːnɪvl] *s.* **1.** ˈKarneval *m*, Fasching *m*; **2.** Volksfest *n*; **3.** ausgelassenes Feiern; **4.** *Am.* (Sport- *etc.*)Veranstaltung *f*.

car·niv·o·ra [kɑːˈnɪvərə] *s. pl. zo.* Fleischfresser *pl.*; **car·ni·vore** [ˈkɑːnɪvɔː] *s. zo.* Fleischfresser *m*, *bsd.* Raubtier *n*; **carˈniv·o·rous** [-rəs] *adj. zo.* fleischfressend.

car·ob [ˈkærəb] *s.* ⚘ Joˈhannisbrot(baum *m*) *n*.

car·ol [ˈkærəl] **I** *s.* **1.** Freuden-, *bsd.* Weihnachtslied *n*; **II** *v/i.* **2.** Weihnachtslieder singen; **3.** jubilieren.

Car·o·lin·gi·an [ˌkærəʊˈlɪndʒɪən] *hist.* **I** *adj.* ˈkarolingisch; **II** *s.* ˈKarolinger *m*.

car·om [ˈkærəm] *bsd. Am.* **I** *s.* **1.** *Billard*: Karamboˈlage *f*; **II** *v/i.* **2.** karambolieren; **3.** abprallen.

ca·rot·id [kəˈrɒtɪd] *s. u. adj. anat.* (die) Halsschlagader (betreffend).

ca·rous·al [kəˈraʊzl] *s.* Trinkgelage *n*, Zecheˈrei *f*; **ca·rouse** [kəˈraʊz] **I** *v/i.* (lärmend) zechen; **II** *s.* → ***carousal***.

carp¹ [kɑːp] *v/i.* (***at***) nörgeln (an *dat.*), kritteln (über *acc.*).

carp² [kɑːp] *s. ichth.* Karpfen *m*.

car·pal [ˈkɑːpl] *anat.* **I** *adj.* Handwurzel...; **II** *s.* Handwurzelknochen *m*.

car park *s.* Parkplatz *m*, -haus *n*: ***underground ~*** Tiefgarage *f*.

car·pel [ˈkɑːpel] *s.* ⚘ Fruchtblatt *n*.

car·pen·ter [ˈkɑːpəntə] **I** *s.* Zimmermann *m*; **II** *v/t. u. v/i.* zimmern; **~ ant** *s. zo.* Holzameise *f*; **~ bee** *s. zo.* Holzbiene *f*.

car·pen·ter's| bench [ˈkɑːpəntəz] *s.* Hobelbank *f*; **~ lev·el** *s.* ⚙ Setzwaage *f*.

car·pen·try [ˈkɑːpəntrɪ] *s.* Zimmerhandwerk *n*; Zimmerarbeit *f*.

car·pet [ˈkɑːpɪt] **I** *s.* **1.** Teppich *m* (*a. fig.*), (*Treppen- etc.*)Läufer *m*: ***be on the ~*** *fig.* a) zur Debatte stehen, auf dem Tapet sein, b) F ‚zs.-gestaucht' werden; ***sweep under the ~*** *a. fig.* unter den Teppich kehren; → ***red carpet***; **II** *v/t.* **2.** mit (*od.* wie mit) e-m Teppich belegen; **3.** *Brit.* F ‚zs.-stauchen'; **~ bag** *s.* Reisetasche *f*; **ˈ~ˌbag·ger** *s. Am.* F **1.** (poˈlitischer) Abenteurer (*ursprünglich nach dem Bürgerkrieg*); **2.** *allg.* Schwindler *m*; **~ bomb·ing** *s.* ⚔ Bombenteppichwurf *m*; **~ dance** *s.* zwangloses Tänzchen; **ˈ~·knight** *s. Brit.* SaˈIonlöwe *m*; **~ sweep·er** *s.* ˈTeppichkehrmaˌschine *f*.

carp·ing [ˈkɑːpɪŋ] **I** *s.* Kritteˈlei *f*; **II** *adj.* ☐ krittelig: ***~ criticism*** → I.

car| pool *s.* **1.** Fuhrpark *m*; **2.** Fahrgemeinschaft *f*; **ˈ~·port** *s.* Einstellplatz *m* (*im Freien*).

car·pus [ˈkɑːpəs] *pl.* **-pi** [-paɪ] *s. anat.* Handgelenk *n*, -wurzel *f*.

car·rel [ˈkærəl] *s.* Lesenische *f* (*in e-r Bibliothek*).

car·riage [ˈkærɪdʒ] *s.* **1.** Wagen *m*, Kutsche *f*: ***~ and pair*** Zweispänner *m*; **2.** *Brit.* Eisenbahnwagen *m*; **3.** Beförderung *f*, Transˈport *m*: ***~ by sea*** Seetransport; **4.** ♆ Transˈportkosten *pl.*, Fracht(gebühr) *f*; Fuhrlohn *m*, Rollgeld *n*: ***~ paid*** frachtfrei, franko; ***~ forward*** *Brit.* Fracht gegen Nachnahme; **5.** ⚔ Laˈfette *f*; **6.** ✈ Fahrgestell *n*; **7.** a) Karren *m*, Laufbrett *n* (*e-r Druckerpresse*), b) Wagen *m* (*e-r Schreibmaschine etc.*), c) Schlitten *m* (*e-r Werkzeugmaschine*); **8.** (Körper)Haltung *f*, Gang *m*: ***a graceful ~***; **9.** *pol.* ˈDurchbringen *n*, Annahme *f* (*Gesetz etc.*); **ˈcar·riage·a·ble** [-dʒəbl] *adj.* befahrbar.

car·riage| bod·y *s.* Wagenkasten *m*, Karosseˈrie *f*; **ˈ~·drive** *s.* Fahrweg *m*; **ˈ~·road, ˈ~·way** *s. Brit.* Fahrbahn *f*.

car·ri·er [ˈkærɪə] *s.* **1.** Überˈbringer *m*, Bote *m*; **2.** Spediˈteur *m*, *a.* **~s** *pl.* Spediˈtiˈonsfirma *f*: ***common ~*** ♆ Frachtführer *m*, Transportunternehmer *m*,

-unternehmen *n* (*a.* 🐎, ⚓ *etc.*); **3.** 🐎 ('Krankheits)Über‚träger *m*; Keimträger *m*; **4.** 🐎 (Über)'Träger *m*, Kataly'sator *m*; **5.** ⚡ Träger(strom *m*, -welle *f*) *m*; **6.** Träger *m*, Tragbehälter *m*, -netz *n*, -kiste *f*, -gestell *n*; Gepäckhalter *m am Fahrrad*; *mot.* Dachgepäckträger *m*; **7.** ⚙ a) Schlitten *m*, Trans'port *m*, b) Mitnehmer *m*; **8.** *abbr. für aircraft carrier*, '**∼·bag** *s.* Tragtasche *f*, -tüte *f*; **∼ pi·geon** *s.* Brieftaube *f*; **∼ rock·et** *s.* 'Trägerra‚kete *f*.

car·ri·on ['kærɪən] *s.* **1.** Aas *n*; **2.** verdorbenes Fleisch; **3.** *fig.* Unrat *m*, Schmutz *m*; **∼ bee·tle** *s. zo.* Aaskäfer *m*.

car·rot ['kærət] *s.* **1.** 🌱 Ka'rotte *f*, Mohrrübe *f*; **∼ or stick** *fig.* Zuckerbrot oder Peitsche; **hold out a ∼ to s.o.** *fig.* j-n zu ködern versuchen; **2.** F a) *pl.* rotes Haar, b) Rotkopf *m*; '**car·rot·y** [-tɪ] *adj.* **1.** gelbrot; **2.** rothaarig.

car·rou·sel [‚kærʊ'zel] *s. bsd. Am.* Ka-rus'sell *n*.

car·ry ['kærɪ] I *s.* **1.** Trag-, Schußweite *f*; **2.** Flugstrecke *f* (*Golfball*); **3.** → **por·tage** 2; II *v/t.* **4.** tragen: **∼ a burden**; **∼ o.s.** (*od.* **one's body**) **well** e-e gute (Körper)Haltung haben; **5.** bei sich haben, (an sich) haben: **∼ money about one** Geld bei sich haben; **∼ in one's head** im Kopf haben *od.* behalten; **∼ authority** großen Einfluß ausüben; **∼ conviction** überzeugen(d sein *od.* klingen); **∼ a moral** e-e Moral (zum Inhalt) haben; **6.** befördern, bringen; mit sich bringen *od.* führen; (ein)bringen: **railways ∼ goods** die Eisenbahnen befördern Waren; **∼ a message** e-e Nachricht überbringen; **∼ interest** Zinsen tragen *od.* bringen; **∼ insurance** versichert sein; **∼ consequences** Folgen haben; **7.** (hin'durch-, he'rum)führen; fortsetzen, ausdehnen: **∼ a wall around the park** e-e Mauer um den Park ziehen; **∼ to excess** übertreiben; **you ∼ things too far** du treibst die Dinge zu weit; **8.** erlangen, gewinnen; erobern (*a.* ⚔): **∼ all before one** auf der ganzen Linie siegen, vollen Erfolg haben; **∼ the audience with one** die Zuhörer mitreißen; **∼ an election** e-e Wahl gewinnen; **∼ a district** *Am.* e-n Wahlkreis *od.* -bezirk erobern, den Wahlsieg in e-m Bezirk davontragen; **9.** 'durchbringen, -setzen: **∼ a motion** e-n Antrag durchbringen; **carried unanimously** einstimmig angenommen; **∼ one's point** s-e Ansicht durchsetzen, sein Ziel erreichen; **10.** *Waren* führen; *Zeitungsmeldung* bringen; **11.** *Rechnen*: über'tragen, ‚sich merken': **∼ two** gemerkt zwei; **∼ to a new account** F auf neue Rechnung vortragen; III *v/i.* **12.** *weit* tragen, reichen (*Stimme, Schall*; *Schußwaffen*);

Zssgn mit adv.:

car·ry| a·way *v/t.* **1.** wegtragen; fortreißen (*a. fig.*); **2.** *fig.* hinreißen: a) begeistern, b) verleiten: **get carried away** a) in Verzückung geraten, b) die Selbstkontrolle verlieren, sich hinreißen lassen (**into doing** *et.* zu tun); **∼ for·ward** *v/t.* **1.** fortsetzen, vor'anbringen; **2.** ♰ *Summe od. Saldo* vortragen: **amount carried forward** a) Vor-, Übertrag *m*, b) *Rechnen*: Transport *m*;

∼ off *v/t.* forttragen, -schaffen; ab-, entführen, verschleppen; *j-n* hinwegraffen (*Krankheit*); *Preis etc.* gewinnen, erringen; **∼ on** I *v/t.* **1.** *fig.* fortführen, -setzen; *Plan* verfolgen; *Geschäft* betreiben; *Gespräch* führen; II *v/i.* **2.** fortfahren; weitermachen; **3.** fortbestehen; **4.** F a) ein ‚The'ater' *od.* e-e Szene machen, sich schlecht aufführen, es wild *od.* wüst treiben, b) ‚es (*ein Verhältnis*) haben' (**with** mit); **∼ out** *v/t.* aus-, 'durchführen, erfüllen; **∼ o·ver** *v/t.* ♰ **1.** → **carry forward** 2; **2.** *Waren* übrigbehalten; **3.** *Börse*: prolongieren; **∼ through** *v/t.* 'durchführen; *j-m* 'durchhelfen, *j-n* 'durchbringen.

'**car·ry**|**·all** *s. Am.* **1.** Per'sonen‚auto *n* mit Längssitzen; **2.** große (Einkaufs-, Reise)Tasche; '**∼·cot** *s.* (Baby)Tragetasche *f*; '**∼-‚for·ward** *s.* ♰ *Brit.* ('Saldo-) Vortrag *m*, 'Übertrag *m*.

car·ry·ing ['kærɪŋ] *s.* Beförderung *f*; Trans'port *m*; **∼ a·gent** *s.* Spedi'teur *m*; **∼ ca·pac·i·ty** *s.* Lade-, Tragfähigkeit *f*; ‚**∼-'on** *pl.* ‚**∼-'son** *s.* F **1.** ‚The'ater' *n*: a) Getue *n*, b) Af'färe *f*; **2.** schlechtes Benehmen; **∼ trade** *s.* Spediti'onsgewerbe *n*.

‚**car·ry·'o·ver** *s.* ♰ **1.** → *carry-forward*; **2.** *Brit. Börse*: Prolongati'on *f*: **∼ rate** Reportsatz *m*.

'**car**|**·sick** *adj.* eisenbahn- *od.* autokrank; '**∼-‚sick·ness** *s.* Autokrankheit *f*, Übelkeit *f* beim Autofahren.

cart [kɑːt] I *s.* (Fracht)Karren *m*, Lieferwagen *m*; Handwagen *m*: **put the ∼ before the horse** *fig.* das Pferd beim Schwanz aufzäumen; **in the ∼** *Brit.* F in der Klemme; II *v/t.* karren, fördern; fahren: **∼ about** umherschleppen; '**cart·age** [-tɪdʒ] *s.* Fuhrlohn *m*, Rollgeld *n*.

carte blanche [‚kɑːt'blɑ̃ːʃ] *s.* **1.** ♰ Blan'kett *n*; **2.** *fig.* unbeschränkte Vollmacht: **have ∼** (völlig) freie Hand haben.

car·tel [kɑː'tel] *s.* **1.** ♰, *a. pol.* Kar'tell *n*; **2.** ⚔ Abkommen *n* über den Austausch von Kriegsgefangenen; **car·tel·i·za·tion** [‚kɑːtəlaɪ'zeɪʃn] *s.* ♰ Kartellierung *f*; **car·tel·ize** ['kɑːtəlaɪz] *v/t. u. v/i.* ♰ kartellieren.

cart·er ['kɑːtə] *s.* ('Roll)Fuhrunter‚nehmer *m*.

Car·te·sian [kɑː'tiːzjən] I *adj.* kartesi'anisch; II *s.* Kartesi'aner *m*, Anhänger *m* der Lehre Des'cartes'.

'**cart-horse** *s.* Zugpferd *n*.

Car·thu·sian [kɑː'θjuːzjən] *s.* **1.** Kar'täuser(mönch) *m*; **2.** Schüler *m* der Charterhouse-Schule (*in England*).

car·ti·lage ['kɑːtɪlɪdʒ] *s. anat.*, *zo.* Knorpel *m*; **car·ti·lag·i·nous** [‚kɑːtɪ'lædʒɪnəs] *adj.* knorpelig.

'**cart·load** *s.* Wagenladung *f*, Fuhre *f*; *fig.* Haufen *m*.

car·tog·ra·pher [kɑː'tɒgrəfə] *s.* Karto'graph *m*, Kartenzeichner *m*; **car·tog·ra·phy** [-fɪ] *s.* Kartogra'phie *f*.

car·ton ['kɑːtən] *s.* **1.** (Papp)Schachtel *f*, Kar'ton *m*: **a ∼ of cigarettes** e-e Stange Zigaretten; **2.** das ‚Schwarze' (*der Zielscheibe*).

car·toon [kɑː'tuːn] *s.* **1.** Karika'tur *f*: ∼ (**film**) Zeichentrickfilm *m*; *mst pl.* Cartoon(s *pl.*) *m*, Comics-Serie *f*, Bilder(fortsetzungs)geschichte *f*; **3.** *paint.*

Kar'ton *m*, Entwurf *m* (*in natürlicher Größe*); **car·toon·ist** [-nɪst] *s.* Karikatu'rist *m*.

car·touch(e) [kɑː'tuːʃ] *s.* △ Kar'tusche *f* (*Ornament*).

car·tridge ['kɑːtrɪdʒ] *s.* **1.** ⚔ a) Pa'trone *f*, b) *Artillerie*: Kar'tusche *f*: **blank ∼** Platzpatrone *f*; **2.** *phot.* ('Film)Pa‚trone *f* (*Kleinbildkamera*), (-)Kas‚sette *f* (*Film- od. Kassettenkamera*); **3.** Tonabnehmer *m*; **4.** ('Füllhalter)Pa‚trone *f*; **∼ belt** *s.* ⚔ Pa'tronengurt *m*; **∼ case** *s.* Pa'tronenhülse *f*; **∼ clip** *s.* Ladestreifen *m*; **∼ pa·per** *s.* 'Zeichenpa‚pier *n*; **∼ pen** *s.* Pa'tronenfüllhalter *m*.

'**cart**|**·wheel** *s.* I *s.* **1.** Wagenrad *n*; **2.** *turn a ∼ sport* radschlagen; II *v/i.* **3.** radschlagen; **4.** sich mehrmals (seitlich) über'schlagen; '**∼-wright** *s.* Stellmacher *m*, Wagenbauer *m*.

carve [kɑːv] I *v/t.* **1.** (*in*) *Holz* schnitzen, (*in*) *Stein* meißeln: **∼ out of stone** aus Stein meißeln *od.* hauen; **∼ one's name on a tree** s-n Namen in e-n Baum einritzen *od.* -schneiden; **2.** mit Schnitze'reien *etc.* verzieren; **∼ the leg of a table**; **3.** *Fleisch* vorschneiden, zerlegen, tranchieren; **4.** *fig. oft* **∼ out** gestalten: **∼ out a fortune** ein Vermögen machen; **∼ out a career for o.s.** sich e-e Karriere aufbauen; **5.** **∼ up** aufteilen, zerstückeln; **6.** **∼ up** *j-n* mit dem Messer übel zurichten; II *v/i.* **7.** schnitzen, meißeln; **8.** (*Fleisch*) vorschneiden.

car·vel ['kɑːvl] → *caravel*; '**∼-built** *adj.* ⚓ kra'weelgebaut.

carv·er ['kɑːvə] *s.* **1.** (Holz)Schnitzer *m*, Bildhauer *m*; **2.** Tranchierer *m*; **3.** a) Tranchiermesser *n*, b) *pl.* Tranchierbesteck *n*; '**carv·er·y** [-ərɪ] *s.* Lokal, in dem man für e-n Einheitspreis soviel Fleisch essen kann, wie man will.

carv·ing ['kɑːvɪŋ] *s.* Schnitze'rei *f*, Schnitzwerk *n*; **∼ knife** → *carver* 3 a.

'**car·wash** *s.* **1.** Autowäsche *f*; **2.** (Auto)Waschanlage *f*.

car·y·at·id [‚kærɪ'ætɪd] *s.* △ Karya'tide *f*.

cas·cade [kæ'skeɪd] I *s.* **1.** Kas'kade *f*, Wasserfall *m*; **2.** *fig.* Kas'kade *f*, *z.B.* Feuerregen *m* (*Feuerwerk*), Faltenbesatz *m*, Faltenwurf *m* (*Kleidung*), *chem.* Tandemanordnung von Gefäßen *od. Geräten*; **3.** ⚡ *a.* **∼ connection** Kas'kade(nschaltung) *f*; II *adj.* **4.** ⚡ Kaskaden…(-*motor*, -*verstärker etc.*); III *v/i.* **5.** kas'kadenartig her'abstürzen; wellig fallen.

case¹ [keɪs] I *s.* **1.** Fall *m*, 'Umstand *m*, Vorfall *m*, Sache *f*, Frage *f*: **a ∼ in point** ein typischer Fall, ein treffendes Beispiel; **a ∼ of fraud** ein Fall von Betrug; **a ∼ of conscience** e-e Gewissensfrage; **a hard ∼** a) ein schwieriger Fall, b) ein schwerer Gegner, c) F ein ‚schwerer Junge'; **that alters the ∼** das ändert die Sache *od.* Lage; **in ∼** im Falle, falls; **in ∼ of** im Falle von (*od. gen.*); **in ∼ of need** im Notfall; **in any ∼** auf jeden Fall, jedenfalls; **in that ∼** in dem Falle; **if that is the ∼** wenn das der Fall ist, wenn das zutrifft; **as the ∼ may be** je nachdem; **it is a ∼ of** es handelt sich um; **the ∼ is this** die Sache liegt so; **state one's ∼** s-e Sache *od.* s-n Standpunkt vortragen *od.* vertreten (*a.* ♰); **→ 3; come down to ∼s** zur Sache kom-

men; **2.** ⚖ (Rechts)Fall *m*, Pro'zeß *m*:
leading ~ Präzedenzfall; **3.** ⚖ Sachverhalt *m*; Begründung *f*, Be'weismateri₁al
n; (*a.* begründeter) Standpunkt *e-r Partei*: ~ *for the Crown* Anklage *f*; ~ *for
the defence* Verteidigung *f*; *make out
a* (*od.* *one's*) ~ *for* (*against*) alle
Rechtsgründe *od.* Argumente vorbringen für (gegen); *he has a strong* ~ er
hat schlüssige Beweise, s-e Sache steht
günstig; *he has no* ~ s-e Sache ist unbegründet; *there is a* ~ *for s.th.* et. ist
begründet *od.* berechtigt, es gibt triftige Gründe für et.; **4.** *ling.* 'Kasus *m*,
Fall *m*,; **5.** ⚕ (Krankheits)Fall *m*; Pati-'ent(in): *two* ~*s of typhoid* zwei Typhusfälle *od.* Typhuskranke; *a mental*
~ F ein Geisteskranker; **6.** *Am.* F komischer Kauz; **II** *v/t.* **7.** ~ *the joint sl.* ,den
Laden ausbaldowern'.
case² [keɪs] **I** *s.* **1.** Kiste *f*, Kasten *m*;
Koffer *m*; (*Schmuck*)Kästchen *n*;
Schachtel *f*; Behälter *m*; **2.** (*Bücher-,
Glas*)Schrank *m*; (*Uhr*)Gehäuse *n*; (*Patronen*)Hülse *f*, (*Samen*)Kapsel *f*; (*Zigaretten*)E'tui *n*; (*Brillen-, Messer*)Futte'ral *n*; (*Schutz*)Hülle *f* (*für Bücher,
Messer etc.*); (*Akten*)Tasche *f*;
(*Schreib*)Mappe *f*; (*Kissen*)Bezug *m*,
'Überzug *m*: *pencil* ~ Federmäppchen
n; **3.** ⚙ Verkleidung *f*, Einfassung *f*,
Mantel *m*, Rahmen *m*; Scheide *f*: *lower*
(*upper*) ~ *typ.* (Setzkasten *m* für) kleine (große) Buchstaben *pl.*; **II** *v/t.* **4.** in
ein Gehäuse *od.* Futte'ral *etc.* stecken;
5. ver-, um'kleiden, um'geben (*in*, *with*
mit); **6.** *Buchbinderei*: *Buch* einhängen.
'case|-book *s.* **1.** ⚖ kommentierte Entscheidungssammlung; **2.** ⚕ Pati'entenbuch *n*; ~ *end·ing s. ling.* 'Kasusendung *f*; '~·**hard·ened** *adj.* **1.** metall.
schalenhart, im Einsatz gehärtet; **2.** *fig.*
abgehärtet, hartgesotten; ~ **his·to·ry** *s.*
1. Vorgeschichte *f* (*e-s Falles*); **2.** ⚕
Krankengeschichte *f*, Ana'mnese *f*; **3.**
typisches Beispiel.
ca·se·in ['keɪsiːɪn] *s.* Kase'in *n*.
case law *s.* ⚖ ,Fallrecht' *n* (*auf Präzedenzfällen beruhend*).
case·mate ['keɪsmeɪt] *s.* ✕ Kase'matte
f.
case·ment ['keɪsmənt] *s.* a) Fensterflügel *m*, b) *a.* ~·**window** Flügelfenster *n*.
ca·se·ous ['keɪsɪəs] *adj.* käsig, käseartig.
case| shot *s.* ✕ Schrap'nell *n*, Kar'tätsche *f*; ~ **stud·y** *s.* (Einzel)Fallstudie *f*;
'~·**work** *s. sociol.* Einzelfallhilfe *f*, sozi'ale Einzelarbeit; '~·**work·er** *s.* Sozi-'alarbeiter(in) (*für* Individu'albetreuung).
cash¹ [kæʃ] **I** *s.* **1.** (Bar)Geld *n*; **2.** ✝
Barzahlung *f*, Kasse *f*: ~ *down*, *for* ~
gegen Barzahlung, in bar; ~ *in advance* gegen Vorauszahlung; → *cash
and carry*; ~ *at bank* Bankguthaben *n*;
~ *in hand* Bar-, Kassenbestand *m*; ~ *on
delivery* per Nachnahme, zahlbar bei
Lieferung; ~ *with order* zahlbar bei
Bestellung; *be in* (*out of*) ~ bei (nicht
bei) Kasse sein; *he is rolling in* ~ er hat
Geld wie Heu; **II** *v/t.* **3.** *Scheck etc.*
einlösen, -kassieren; ~ *in* **I** *v/t.* **1.** *Poker
etc.*: *s-e Spielmarken* einlösen; **II** *v/i.* **2.**
F ,abkratzen', sterben; **3.** F ~ (*on*) ,absahnen' (bei), profitieren (von).
cash² [kæʃ] *s. sg. u. pl.* Käsch *n* (*kleine*

Münze in Indien u. China).
cash| ac·count *s.* ✝ Kassenkonto *n*; ~
and car·ry I *s.* **1.** Selbstabholung *f* gegen Barzahlung; **2.** Cash-and-carry-Geschäft *n*; **3.** (nur) gegen Barzahlung u. Selbstabholung; ~·**and-'car·ry**
adj. Cash-and-carry-...; ~ **bal·ance** *s.*
Kassenbestand *m*; Barguthaben *n*; ~
book *s.* Kassenbuch *n*; ~ **cheque** *s.
Brit.* Barscheck *m*; ~ **crop** *s.* für den
Verkauf bestimmte Anbaufrucht; ~
desk *s.* Kasse *f* im *Warenhaus etc.*; ~
dis·count *s.* 'Barzahlungsra₁batt *m*; ~
dis·pens·er *s.* 'Geldauto₁mat *m*.
ca·shew [kæ'ʃuː] *s.* **1.** Aca'joubaum *m*;
2. *a.* ~ *nut* Aca'jou-, 'Cashewnuß *f*.
cash flow *s.* ✝ Cash-flow *m*, Kassenzufluß *m*.
cash·ier¹ [kæ'ʃɪə] *s.* Kassierer(in): ~'*s
check Am.* Bankscheck *m*; ~'*s desk
od. office* Kasse *f*.
cash·ier² [kə'ʃɪə] *v/t.* ✕ (unehrenhaft)
entlassen.
cash·less ['kæʃlɪs] *adj.* ✝ bargeldlos.
cash·mere ['kæʃ'mɪə] *s.* **1.** 'Kaschmir *m*
(*feiner Wollstoff*); **2.** 'Kaschmirwolle *f*.
cash·o·mat ['kæʃəʊmæt] → *cash dispenser*.
cash| pay·ment *s.* Barzahlung *f*; ~
price *s.* Bar(zahlungs)preis *m*; ~ **reg·is·ter** *s.* Registrierkasse *f*; ~ **sale** *s.*
Barverkauf *m*; ~ **sur·ren·der val·ue** *s.*
Rückkaufswert *m* (*e-r Police*); ~
vouch·er *s.* Kassenbeleg *m*.
cas·ing ['keɪsɪŋ] *s.* **1.** Be-, Um'kleidung
f, Um'hüllung *f*; **2.** (Fenster)Futter *n*;
(Tür)Verkleidung *f*; **3.** Gehäuse *n*, Futte'ral *n*; *mot.* Mantel *m* *e-s Reifens*; **4.**
(Wurst)Darm *m*, (-)Haut *f*.
ca·si·no [kə'siːnəʊ] *pl.* **-nos** *s.* ('Spiel-,
Unter'haltungs)Ka₁sino *n*.
cask [kɑːsk] *s.* Faß *n*; (hölzerne) Tonne:
a ~ *of wine* ein Faß Wein.
cas·ket [kɑːskɪt] *s.* **1.** (Schmuck)Kästchen *n*; **2.** (Bestattungs)Urne *f*; **3.** *Am.*
Sarg *m*.
Cas·pi·an ['kæspɪən] *adj.* kaspisch: ~
Sea Kaspisches Meer.
Cas·san·dra [kə'sændrə] *s. fig.* Kas'sandra *f* (*Unglücksprophetin*).
cas·sa·tion [kæ'seɪʃn] *s.* ⚖ Kassati'on *f*:
Court of ⚖ Kassationshof *m*.
cas·se·role ['kæsərəʊl] *s.* Kasse'rolle *f*,
Schmortopf *m* (mit Griff).
cas·sette [kæ'set] *s.* ('Film-, 'Tonband-
etc.)Kas₁sette *f*; ~ **re·cord·er** *s.* Kas-'settenre₁corder *m*.
cas·sock ['kæsək] *s. eccl.* Sou'tane *f*.
cast [kɑːst] **I** *s.* **1.** Wurf *m* (*a. mit Würfeln*); **2.** a) Auswerfen *n* (*Angel, Netz,
Lot*), b) Angelhaken *m*; **3.** a) Auswurf
m (*gewisser Tiere*), *bsd.* Gewölle *n* (*von
Raubvögeln*), b) abgestoßene Haut
(*Schlange, Insekt*); **4.** ~ *in the eye*
Schielen *n*; **5.** Aufrechnung *f*, Additi'on
f; **6.** ⚙ Gußform *f*, Abguß *m*, -druck *m*;
⚕ Gipsverband *m*; *fig.* Zuschnitt *m*,
Anordnung *f*; **7.** *thea.* (Rollen)Besetzung *f*; Mitwirkende *pl.*; Truppe *f*; **8.**
Farbton *m*; *fig.* Anflug *m*; **9.** Typ *m*,
Art *f*, Schlag *m*: ~ *of mind* Geistesart *f*;
~ *of features* Gesichtsausdruck *m*; **II**
v/t. [*irr.*] **10.** werfen: *the die is* ~ die
Würfel sind gefallen; ~ *s.th. in s.o.'s
teeth* j-m et vorwerfen; **11.** *Angel,
Netz, Anker, Lot* (aus)werfen; **12.** *zo.*
a) *Haut, Geweih* abwerfen, b) *Junge*

vorzeitig werfen; **13.** *fig. Blick, Licht,
Schatten* werfen; *Horoskop* stellen: ~
the blame die Schuld zuschieben (*on
dat.*); ~ *a slur* (*on*) verunglimpfen
(*acc.*); ~ *one's vote* s-e Stimme abgeben; ~ *lots* losen; **14.** *thea.* a) *Stück*
besetzen: *the play is well* ~, b) *Rollen*
besetzen, verteilen: *he was badly* ~ er
war e-e Fehlbesetzung; **15.** *Metall, Statue etc.* gießen; *fig.* formen, bilden, anordnen; **16.** ⚖ *pass.* *be* ~ *in costs* zu
den Kosten verurteilt werden; **17.** *a.* ~
up aus-, zs.-rechnen: *to* ~ *accounts*
Abrechnung machen; **III** *v/i.* [*irr.*] **18.**
sich werfen, sich (ver)ziehen; **19.** die
Angel auswerfen.
Zssgn mit adv.:
cast| a·bout, ~ **a·round** *v/i.* **1.** ~ *for*
suchen nach, *fig. a.* sich 'umsehen nach;
2. ⚓ um'herlavieren; ~ **a·way** *v/t.* **1.**
wegwerfen; **2.** verschwenden; **3.** *be* ~
⚓ verschlagen werden; ~ **back** *v/t.*:
one's mind (*to*) zu'rückdenken (an
acc.); ~ **down** *v/t.* **1.** *fig.* entmutigen:
be ~ niedergeschlagen sein; **2.** *die Augen* niederschlagen; ~ **in** *v/t.*: ~ *one's
lot with s.o.* sein Los mit j-m teilen,
sich j-m anschließen; ~ **off** **I** *v/t.* **1.** ab-,
wegwerfen; *Kleider etc.* ablegen, sich
rangieren; **2.** sich befreien von, sich
entledigen (*gen.*); **3.** *Freund etc.* fallenlassen; **4.** *Stricken: Maschen* abketten;
5. *typ.* den 'Umfang (*gen.*) berechnen;
II *v/i.* **6.** ⚓ ablegen, losmachen; ~ **on**
v/t. u. v/i. Stricken: die ersten Maschen
aufnehmen; ~ **out** *v/t.* vertreiben, ausstoßen; ~ **up** *v/t.* **1.** *die Augen* aufschlagen; **2.** anspülen; **3.** → *cast* 17.
cast·a·net [₁kæstə'net] *s.* Kasta'gnette *f*.
'cast·a·way I *s.* **1.** Ausgestoßene(r *m*) *f*;
2. ⚓ Schiffbrüchige(r *m*) *f* (*a. fig.*);
et. Ausrangiertes, *bsd.* abgelegtes Kleidungsstück; **II** *adj.* **4.** ausgestoßen; **5.**
ausrangiert (*Möbel etc.*), abgelegt
(*Kleider*); **6.** ⚓ schiffbrüchig.
caste [kɑːst] *s.* **1.** (*indische*) Kaste: ~
feeling Kastengeist *m*; **2.** Kaste *f*, Gesellschaftsklasse *f*; **3.** Rang *m*, Stellung
f, Ansehen *n*: *lose* ~ an gesellschaftlichem Ansehen verlieren (*with* bei).
cas·tel·lan ['kæstələn] *s.* Kastel'lan *m*;
'**cas·tel·lat·ed** [-leɪtɪd] *adj.* **1.** mit Türmen u. Zinnen; **2.** burgenreich.
cast·er ['kɑːstə] *s.* → *castor³*.
cas·ti·gate ['kæstɪgeɪt] *v/t.* **1.** züchtigen;
2. *fig.* geißeln; **3.** *fig. Text* verbessern;
cas·ti·ga·tion [₁kæstɪ'geɪʃn] *s.* **1.** Züchtigung *f*; **2.** Geißelung *f*; scharfe Kri'tik;
3. Textverbesserung *f*.
cast·ing ['kɑːstɪŋ] *s.* **1.** ⚙ a) Guß *m*,
Gießen *n*, b) Gußstück *n*; *pl.* Gußwaren *pl.*; **2.** △ (roher) Bewurf; **3.** *thea.*
Rollenverteilung *f*; **4.** *a.* ~-**up** Additi'on *f*; **5.** Fischen *n* (*mit dem Netz*); ~
net *s.* Wurfnetz *n*; ~ **vote** *s.* entscheidende Stimme.
cast| i·ron *s.* Gußeisen *n*; ₁~·'**i·ron** *adj.*
1. gußeisern; **2.** *fig.* eisern (*Konstitution, Wille etc.*); hart (*Gesetze etc.*);
hieb- u. stichfest (*Alibi*), 'unum₁stößlich, unbeugsam: ~ *constitution* eiserne Gesundheit.
cas·tle ['kɑːsl] **I** *s.* **1.** Burg *f*, Schloß *n*:
~*s in the air* (*od. in Spain*) *fig.* Luftschlösser; **2.** *Schach*: Turm *m*; **II** *v/i.* **3.**
Schach: rochieren; ~ **nut** *s.* ⚙ Kronenmutter *f*.

cas·tling ['kɑːslɪŋ] s. Schach: Ro'chade f.

'cast|·off s. **1.** ausrangiertes Kleidungsstück; **2.** typ. 'Umfangsberechnung f; **ˌ~-'off** adj. **1.** abgelegt, ausrangiert: ~ clothes; **2.** et. Abgelegtes od. Weggeworfenes.

Cas·tor¹ ['kɑːstə] s. ast. 'Kastor m.

cas·tor² ['kɑːstə] s. vet. Spat m.

cas·tor³ ['kɑːstə] s. **1.** (Salz- etc.)Streuer m; **2.** pl. Me'nage f, Gewürzständer m; **3.** (schwenkbare) Laufrolle.

cas·tor| oil s. ⚕ 'Rizinus-, 'Kastoröl n; ~ **sug·ar** s. 'Kastorzucker m.

cas·trate [kæ'streɪt] v/t. **1.** ⚥, vet. kastrieren (a. fig. iro.); **2.** Buch zensieren; **cas'tra·tion** [-eɪʃn] s. Kastrierung f, Kastrati'on f.

cast steel s. Gußstahl m.

cas·u·al ['kæʒjuəl] I adj. □ **1.** zufällig, unerwartet; **2.** gelegentlich, unregelmäßig: ~ labo(u)r(er) Gelegenheitsarbeit(er m) f; **3.** unbestimmt, ungenau; **4.** lässig: a) nachlässig, gleichgültig, b) ungezwungen, zwanglos, bsd. Mode: sa'lopp, sportlich: ~ wear Freizeitkleidung f; **5.** beiläufig: a ~ remark; ~ glance flüchtiger Blick; **II** s. **6.** a) sportliches Kleidungsstück, Straßenanzug m, b) pl. Slipper pl. (flache Schuhe); **7.** Brit. a) Gelegenheitsarbeiter m, b) gelegentlicher Kunde od. Besucher; **'cas·u·al·ism** [-lɪzəm] s. philos. Kasua'lismus m; **'cas·u·al·ness** [-nɪs] s. (Nach)Lässigkeit f, Gleichgültigkeit f.

cas·u·al·ty ['kæʒjuəltɪ] s. **1.** Unfall m (e-r Person); **2.** a) Verunglückte(r m) f, (Unfall)Opfer n, b) ✕ Verwundete(r m od. Gefallene(r) m: casualties Opfer pl. e-r Katastrophe etc., ✕ mst Verluste pl.; ~ list Verlustliste f; **3.** a. ~ ward ✠ 'Unfallstati,on f.

cas·u·ist ['kæzjuɪst] s. Kasu'ist m; **cas·u·is·tic, cas·u·is·ti·cal** [ˌkæzjuˈɪstɪk(l)] adj. □ **1.** kasu'istisch; **2.** spitzfindig; **'cas·u·ist·ry** [-trɪ] s. **1.** Kasu'istik f; **2.** Spitzfindigkeit f.

cat [kæt] s. **1.** zo. Katze f: let the ~ out of the bag die Katze aus dem Sack lassen; it's raining ~s and dogs F es gießt wie mit Kübeln; has the ~ got your tongue? hat es dir die Sprache verschlagen?; wait for the ~ to jump od. see which way the ~ jumps fig. sehen, wie der Hase läuft; that ~ won't jump! F so geht's nicht!; set the ~ among the pigeons für helle Aufregung sorgen; think one is the cat's whiskers od. pyjamas sich für was Besonderes halten; not room to swing a ~ sl. kaum Platz zum Umdrehen; they lead a ~-and-dog life sie leben wie Hund u. Katze; it's enough to make a ~ laugh F da lachen ja die Hühner; **2.** zo. bsd. pl. (Fa'milie f der) Katzen pl.; **3.** fig. falsche Katze (Frau): old ~ alte Hexe; **4.** Am. sl. a) 'Jazzfa,natiker m, b) a. cool ~ ,dufter Typ'; **5.** ⚓ Kattanker m.

cat·a·clysm ['kætəklɪzəm] s. **1.** geol. Kata'klysmus m, erdgeschichtliche Kata'strophe; **2.** Über'schwemmung f; **3.** fig. (gewaltige) 'Umwälzung.

cat·a·comb ['kætəkuːm] s. Kata'kombe f.

cat·a·falque ['kætəfælk] s. **1.** Kata'falk m; **2.** offener Leichenwagen.

Cat·a·lan ['kætələn] **I** adj. kata'lanisch; **II** s. Kata'lane m, Kata'lanin f.

cat·a·lep·sis [ˌkætə'lepsɪs], **cat·a·lep·sy** ['kætəlepsɪ] s. ✽ Starrkrampf m.

cat·a·logue, Am. a. cat·a·log ['kætəlɒg] **I** s. **1.** Kata'log m; **2.** Verzeichnis n, (Preis- etc.)Liste f; **3.** Am. univ. Vorlesungsverzeichnis n; **II** v/t. **4.** katalogisieren.

ca·tal·y·sis [kə'tælɪsɪs] s. ♐ Kata'lyse f; **cat·a·lyst** ['kætəlɪst] s. ♐ u. fig. Kataly'sator m; **cat·a·lyt·ic** [ˌkætə'lɪtɪk] **I** adj. ♐ kata'lytisch: ~ converter Kataly'sator m; **II** s. → catalyst; **cat·a·lyze** ['kætəlaɪz] v/t. katalysieren (a. fig.); **cat·a·lyz·er** ['kætəlaɪzə] → catalyst.

cat·a·ma·ran [ˌkætəmə'ræn] s. **1.** ⚓ a) Floß n, b) Auslegerboot n; **2.** F ,Kratzbürste' f, Xan'thippe f.

cat·a·mite ['kætəmaɪt] s. Lustknabe m.

cat·a·plasm ['kætəplæzəm] s. ✽ 'Breiˌumschlag m, Kata'plasma n.

cat·a·pult ['kætəpʌlt] **I** s. **1.** Kata'pult m, n: a) hist. 'Wurfmaˌschine f, b) (Spiel)Schleuder f, c) ✈ Startschleuder f; **II** adj. **2.** ✈ Schleuder…(-sitz, -start); **III** v/t. **3.** schleudern, katapultieren (a. ✈); **4.** mit e-r Schleuder beschießen.

cat·a·ract ['kætərækt] s. **1.** Kata'rakt m: a) Wasserfall m, b) Stromschnelle f, c) fig. Flut f; **2.** ✽ grauer Star.

ca·tarrh [kə'tɑː] s. ✽ Ka'tarrh m; Schnupfen m; **ca'tarrh·al** [-ɑːrəl] adj. katar'rhalisch: ~ syringe Nasenspritze f.

ca·tas·tro·phe [kə'tæstrəfɪ] s. Kata'strophe f (a. im Drama u. geol.), Verhängnis n, Unheil n, Unglück n; **cat·a·stroph·ic, cat·a·stroph·i·cal** [ˌkætə'strɒfɪk(l)] adj. katastro'phal.

'cat·bird s. orn. amer. Spottdrossel f; **'~·boat** s. ⚓ kleines Segelboot (mit einem Mast); **~·bur·glar** s. Fas'sadenkletterer m, Einsteigdieb m; **'~·call I** s. a) Buh(ruf m) n, b) Pfiff m; **II** v/i. buhen, pfeifen; **III** v/t. j-n ausbuhen, -pfeifen.

catch [kætʃ] **I** s. **1.** Fangen n, Fang m; fig. Fang m, Beute f, Vorteil m: a good ~ a) ein guter Fang (beim Fischen u. fig.), b) e-e gute Partie (Heirat); no ~ kein gutes Geschäft; **2.** Kricket, Baseball: a) Fang m, b) Fänger m; **3.** Halter m, Griff m, Klinke f; Haken m; **4.** Sperr-, Schließhaken m, Schnäpper m; Sicherung f; Verschluß m; **5.** Stocken n, Anhalten n; **6.** fig. a) Haken m, Schwierigkeit f, b) Falle f, Trick m, Kniff m: there is a ~ in it die Sache hat e-n Haken; ~-22 F gemeiner Trick; **II** v/t. [irr.] **7.** Ball, Tier etc. fangen; Dieb etc. a. fassen, ,schnappen', a. Blick erhaschen; Tropfendes auffangen; allg. erwischen, ,kriegen': ~ a train e-n Zug erreichen od. kriegen; → glimpse 1, sight 3; **8.** ertappen, über'raschen (s.o. at j-n bei): ~ me (doing that)! F ich denke (ja) nicht dran!, ,denkste'!; I caught myself lying ich ertappte mich beim Lügen; caught in a storm vom Unwetter überrascht; **9.** ergreifen, packen, Gewohnheit, Aussprache annehmen; → hold² 1; **10.** fig. fesseln, packen, gewinnen; einfangen; → eye 2, fancy 5; **11.** fig. ,mitkriegen', verstehen: I didn't ~ what you said; **12.** einholen: I soon caught him; → catch up 2; **13.** sich holen od. zuziehen, an-

gesteckt werden von (Krankheit etc.); → cold 8, fire 1; **14.** sich zuziehen, Strafe, Tadel bekommen: ~ it F ,sein Fett bekommen'; **15.** streifen, mit et. hängenbleiben: a nail caught my dress mein Kleid blieb an e-m Nagel hängen; ~ one's finger in the door sich den Finger in der Tür klemmen; **16.** a) schlagen: ~ s.o. a blow j-m e-n Schlag versetzen, b) mit e-m Schlag treffen od. ,erwischen': the blow caught him on the chin; **III** v/i. [irr.] **17.** greifen: ~ at greifen od. schnappen nach, (fig. Gelegenheit gern) ergreifen; → straw 1; **18.** ⊙ (ein)greifen (Räder), einschnappen (Schloß etc.); **19.** sich verfangen, hängenbleiben: the plane caught in the trees; **20.** klemmen; **21.** mot. anspringen;

Zssgn mit adv.:

catch| on v/i. F **1.** ,kapieren' (to s.th. et.); **2.** Anklang finden, einschlagen; **~ out** v/t. **1.** ertappen; **2.** Kricket: (durch Fangen des Balles) den Schläger ,ausmachen'; **~ up I** v/t. **1.** j-n unterbrechen; **2.** j-n einholen; **3.** et. schnell ergreifen; Kleid aufraffen; **4.** be caught up in a) vertieft sein in (acc.), b) verwickelt sein in (acc.); **II** v/i. **5.** aufholen: ~ with einholen (a. fig.); ~ on od. with et. auf- od. nachholen.

'catch|·all s. Am. **1.** Tasche f od. Behälter m für alles mögliche; **2.** fig. Sammelbezeichnung f, -begriff m; **'~-asˌcatch-'can** s. sport Catchen n; ~ wrestler Catcher m.

catch·er ['kætʃə] s. Fänger m; **'catch·ing** [-tʃɪŋ] adj. **1.** ✽ ansteckend (a. fig.); **2.** fig. anziehend, fesselnd; **3.** eingängig (Melodie); **4.** verfänglich, arglistig.

catch·ment ['kætʃmənt] s. **1.** Auffangen n von Wasser etc.; **2.** geol. Reser'voir n; ~ **a·re·a** s. Einzugsgebiet n (e-s Flusses; a. fig.).

'catch|·penˌny I adj. Schund…; auf Kundenfang berechnet, Lock…, Schleuder…: ~ title reißerischer Titel; **II** s. Schundware f, 'Ramscharˌtikel m; **'~-phrase** s. Schlagwort n, (hohle) Phrase; **'~-pole, '~-poll** s. Gerichtsdiener m; **~ ques·tion** s. Fangfrage f; **'~-up** → ketchup; **'~-weight** s. sport durch keinerlei Regeln beschränktes Gewicht e-s Wettkampfteilnehmers; **'~-word** s. **1.** bsd. thea. Stichwort n; **2.** Schlagwort n; **3.** typ. a) hist. 'Kustos m, b) Ko'lumnentitel m.

catch·y ['kætʃɪ] adj. F **1.** → catching 2, 3; **2.** unregelmäßig; **3.** schwierig.

cat·e·chism ['kætɪkɪzəm] s. **1.** ⚷ eccl. Kate'chismus m; **2.** fig. Reihe f od. Folge f von Fragen; **'cat·e·chist** [-kɪst] s. Kate'chet m, Religi'onslehrer m; **'cat·e·chize** [-kaɪz] v/t. **1.** eccl. katechisieren; **2.** gründlich ausfragen, examinieren.

cat·e·chu ['kætɪtʃuː] s. ♐ 'Katechu n.

cat·e·chu·men [ˌkætɪ'kjuːmen] s. **1.** eccl. Konfir'mand(in); **2.** fig. Neuling m.

cat·e·gor·i·cal [ˌkætɪ'gɒrɪkl] adj. □ kate'gorisch, bestimmt, unbedingt; **cat·e·go·ry** ['kætɪgərɪ] s. Kate'gorie f, Klasse f, Gruppe f.

ca·ter ['keɪtə] **I** v/i. **1.** (for) Speisen u. Getränke liefern (für): ~ing industry *od.* *trade* Gaststättengewerbe *n*; **2.** sorgen (*for* für); **3.** *fig.* befriedigen (*for, to acc.*); etwas bieten (*to dat.*); **II** *v/t.* **4.** mit Speisen u. Getränken beliefern; **'ca·ter·er** [-ərə] *s.* Liefe'rant *m* für Speisen u. Getränke.

cat·er·pil·lar ['kætəpilə] *s.* **1.** *zo.* Raupe *f*; **2.** ⊙ (*Warenzeichen*) Raupenfahrzeug *n*.

cat·er·waul ['kætəwɔ:l] **I** *v/i.* **1.** jaulen (*Katze etc.*); **2.** kreischen; keifen; **II** *s.* **3.** Jaulen *n*; **4.** Keifen *n*, Kreischen *n*.

'cat¦-eyed *adj.* katzenäugig; *weitS.* im Dunkeln sehend; **'¬·fish** *s. ichth.* Katzenfisch *m*, Wels *m*; **'¬-foot** *v/i. a.* ¬ *it* F schleichen; **'¬·gut** *s.* **1.** Darmsaite *f*; **2.** ♪ 'Katgut *n*; **3.** *Art* Steifleinen *n*.

ca·thar·sis [kə'θɑ:sis] *s.* **1.** Ästhetik, *a. psych.*: 'Katharsis *f*; **2.** ♪ Abführung *f*.

ca·the·dral [kə'θi:drəl] **I** *s.* Kathe'drale *f*, Dom *m*; **II** *adj.* Dom...: ¬ *church* → I; ¬ *town* → *city* 2.

Cath·er·ine-wheel ['kæθərinwi:l] *s.* **1.** ⚠ Katha'rinenrad *n* (*Radfenster*); **2.** *Feuerwerk:* Feuerrad *n*; **3.** *sport turn* ¬s radschlagen.

cath·e·ter ['kæθitə] *s.* ♪ Ka'theter *m*.

cath·ode ['kæθəud] *s.* ⚡ Ka'thode *f*; ¬ *ray* *s.* Ka'thodenstrahl *m*; **'¬-ray tube** *s.* Ka'thodenstrahlröhre *f*.

cath·o·lic ['kæθəlik] **I** *adj.* (□ ¬*ally*) **1.** ('all)um₁fassend, univer'sal: ¬ *interests* vielseitige Interessen; **2.** großzügig, tole'rant; **3.** ♀ ka'tholisch; **II** *s.* **4.** ♀ Katho'lik(in); **Ca·thol·i·cism** [kə'θɔlisizəm] *s.* Katholi'zismus *m*; **cath·o·lic·i·ty** [₁kæθəu'lisəti] *s.* **1.** Katholi'zität *f*; **2.** Großzügigkeit *f*, Tole'ranz *f*; **3.** a) ka'tholischer Glaube, b) ♀ Katholizi'tät *f* (*Gesamtheit der katholischen Kirche*).

cat ice *s.* dünne Eisschicht.

cat·kin ['kætkin] *s.* ♀ (Blüten)Kätzchen *n* (*an Weiden etc.*).

'cat¦·lick *s.* F ₁Katzenwäsche' *f*; **'¬·nap** *s.* ₁Nickerchen' *n*, kurzes Schläfchen'.

cat-o'-nine-tails [₁kætə'nainteilz] *s.* neunschwänzige Katze (*Peitsche*).

'cat's¦-eye *s.* **1.** *min.* Katzenauge *n*; **2.** a) Katzenauge *n*, Rückstrahler *m*, b) Leuchtnagel *m*; **'¬-paw** *s. fig.* Handlanger *m*, *j-s* Werkzeug *n*.

cat suit *s.* einteiliger Hosenanzug, Overall *m*.

cat·sup ['kætsəp] → *ketchup.*

cat·tish ['kætiʃ] *adj.* katzenhaft; *fig.* boshaft, gehässig, gemein.

cat·tle ['kætl] *s. coll.* (*mst pl. konstr.*) **1.** (Rind)Vieh *n*, Rinder *pl.*; **2.** *contp.* Viehzeug *n* (*Menschen*); ¬ *car s.* 🚃 *Am.* Viehwagen *m*; **'¬₁feed·er** *s.* ✓ 'Futterma₁schine *f*; **'¬·₁lead·er** *s.* Nasenring *m*; **'¬₁lift·er** *s.* Viehdieb *m*; ¬ *plague* *s. vet.* Rinderpest *f*; ¬ *ranch*, ¬ *range* *s.* Viehweide(land *n*) *f*.

cat·ty ['kæti] → *cattish.*

'cat¦·walk *s.* **1.** ⊙ Laufplanke *f*, Steg *m*; **2.** *Mode:* Laufsteg *m*; ¬ *whisk·er s.* ⚡ De'tektornadel *f*.

Cau·ca·sian [kɔ:'keizjən] **I** *adj.* kau'kasisch; **II** *s.* Kau'kasier(in).

cau·cus ['kɔ:kəs] *s. pol. bsd. Am.* **1.** Par'teiausschuß *m* zur Wahlvorbereitung; **2.** Par'teikonfe₁renz *f*, -tag *m*; **3.** Par'teiclique *f*.

cau·dal ['kɔ:dl] *adj. zo.* Schwanz...; **'cau·date** [-deit] *adj.* geschwänzt.

caught [kɔ:t] *pret. u. p.p. von* **catch.**

caul·dron ['kɔ:ldrən] *s.* (großer) Kessel.

cau·li·flow·er ['kɔliflauə] *s.* ♀ Blumenkohl *m*; ¬ *ear s. Boxen:* ₁Blumenkohlohr' *n*.

caulk [kɔ:k] *v/t.* ⚓ kal'fatern, *a. allg.* abdichten; **'caulk·er** [-kə] *s.* ⚓, ⊙ Kal'faterer *m*.

caus·al ['kɔ:zl] *adj.* □ ursächlich, kau'sal: ¬ *connection* → *causality* 2; **cau·sal·i·ty** [kɔ:'zæləti] *s.* **1.** Ursächlichkeit *f*, Kausali'tät *f*: *law of* ¬ Kausalgesetz *n*; **2.** Kau'salzu₁sammenhang *m*; **cau·sa·tion** [kɔ:'zeiʃn] *s.* **1.** Verursachung *f*; **2.** Ursächlichkeit *f*; **3.** Kau'salprin₁zip *n*; **'caus·a·tive** [-zətiv] *adj.* □ **1.** kau'sal, begründend, verursachend; **2.** *ling.* 'kausativ.

cause [kɔ:z] **I** *s.* **1.** Ursache *f*: ¬ *of death* Todesursache; **2.** Grund *m*; Veranlassung *f*, Anlaß *m*: ¬ *for complaint* Grund *od.* Anlaß zur Klage; ¬ *to be thankful* Grund zur Dankbarkeit; *without* ¬ ohne (triftigen) Grund, grundlos (*entlassen etc.*); **3.** (gute) Sache: *fight for one's* ¬ für s-e Sache kämpfen; *make common* ¬ *with* gemeinsame Sache machen mit; **4.** ⚖ a) (Streit)Sache *f*, Rechtsstreit *m*, Pro'zeß *m*, b) Gegenstand *m*; Rechtsgründe *pl.*: **¬-list** Terminliste *f*; *show* ¬ s-e Gründe darlegen *od.* dartun (*why* warum); *upon good* ¬ *shown* bei Vorliegen von triftigen Gründen; **5.** Sache *f*, Angelegenheit *f*, Gegenstand *m*, 'Thema *n*, Frage *f*, Pro'blem *n*: *lost* ¬ verlorene *od.* aussichtslose Sache; *in the* ¬ *of* um ... (*gen.*) willen, für; **II** *v/t.* **6.** veranlassen, (*j-n et.*) lassen: *I* ¬*ed him to sit down* ich ließ ihn sich setzen; *he* ¬*ed the man to be arrested* er ließ den Mann verhaften, er veranlaßte, daß der Mann verhaftet wurde; **7.** verursachen, bewirken, her'vorrufen, her'beiführen; ¬ *a fire* e-n Brand verursachen; **8.** bereiten, zufügen: ¬ *s.o. a loss* j-m e-n Verlust zufügen; ¬ *s.o. trouble* j-m Schwierigkeiten bereiten.

cause cé·lè·bre [₁kəuz se'lebrə] (*Fr.*) *s.* Cause *f* célèbre.

cause·less ['kɔ:zlis] *adj.* □ grundlos.

cau·se·rie ['kəuzəri] (*Fr.*) *s.* Plaude'rei *f*.

cause·way ['kɔ:zwei], *Brit. a.* **'cau·sey** [-zei] *s.* erhöhter Fußweg, Damm *m* (*durch e-n See od. Sumpf*).

caus·tic ['kɔ:stik] **I** *adj.* (□ ¬*ally*) **1.** 🌂 kaustisch, ätzend, beizend, brennend: ¬ *potash* Ätzkali *n*; ¬ *soda* Ätznatron *n*; **¬-soda solution** Ätzlauge *f*; **2.** *fig.* ätzend, beißend, sar'kastisch (*Worte etc.*); **II** *s.* **3.** 🌂 Beiz-, Ätzmittel *n*: *lunar* ¬ Höllenstein *m*; **caus·tic·i·ty** [kɔ:'stisəti] *s.* **1.** Ätz-, Beizkraft *f*; **2.** *fig.* Sar'kasmus *m*, Schärfe *f*.

cau·ter·i·za·tion [₁kɔ:tərai'zeiʃn] *s.* 🌂, ⊙ (Aus)Brennen *n*; Ätzen *n*; **cau·ter·ize** ['kɔ:təraiz] *v/t.* 🌂, ⊙ (aus)brennen, ätzen, beizen; **cau·ter·y** ['kɔ:təri] *s.* Brenneisen *n*; Ätzmittel *n*.

cau·tion ['kɔ:ʃn] **I** *s.* **1.** Vorsicht *f*, Behutsamkeit *f*: *proceed with* ¬ Vorsicht walten lassen; **2.** Warnung *f*; *a. sport* Verwarnung *f*; **3.** ⚖ Eides-, Rechtsmittelbelehrung *f*; **4.** ✕ 'Ankündigungskom₁mando *n*; **5.** F a) et. Origi-

'nelles, ₁tolles Ding', b) ulkige ₁Nummer' (*Person*), c) unheimlicher Kerl; **II** *v/t.* **6.** warnen (*against* vor *dat.*); **7.** verwarnen; **8.** ⚖ belehren (*as to* über *acc.*); **'cau·tion·ar·y** [-ʃnəri] *adj.* warnend, Warnungs...: ¬ *tale* Geschichte *f* mit e-r Moral.

cau·tious ['kɔ:ʃəs] *adj.* □ vorsichtig, behutsam, auf der Hut; **'cau·tious·ness** [-nis] → *caution* 1.

cav·al·cade [₁kævl'keid] *s.* Kaval'kade *f*, Reiterzug *m*, *a.* Zug *m* von Autos *etc.*

cav·a·lier [₁kævə'liə] **I** *s.* **1.** *hist.* Ritter *m*; **2.** Kava'lier *m*; **3.** ♀ *hist.* Roya'list *m* (*Anhänger Karls I. von England*); **II** *adj.* □ **4.** anmaßend, rücksichtslos; **5.** unbekümmert, ₁eiskalt', keck.

cav·al·ry ['kævlri] *s.* ✕ Kavalle'rie *f*, Reite'rei *f*; **'¬·man** [-mən] *s.* [*irr.*] Kavalle'rist *m*.

cave¹ [keiv] **I** *s.* **1.** Höhle *f*; **2.** *pol. Brit.* a) Abspaltung *f* e-s Teils e-r Partei, b) Sezessi'onsgruppe *f*; **II** *v/t.* **3.** *mst* ¬ *in* eindrücken, zum Einsturz bringen; **III** *v/i.* **4.** *mst* ¬ *in* einstürzen, -sinken; **5.** *mst* ¬ *in* F a) nachgeben, klein beigeben (*to dat.*), b) zs.-brechen, ₁zs.-klappen'; **6.** *pol. Brit.* sich *von der Partei* absondern.

ca·ve² ['keivi] (*Lat.*) *ped. sl.* **I** *int.* Vorsicht!, Achtung!; **II** *s.: keep* ¬ ₁Schmiere stehen', aufpassen.

ca·ve·at ['kæviæt] *s.* **1.** ⚖ Einspruch *m*, Verwahrung *f*: *enter a* ¬ Verwahrung einlegen; ¬ *emptor* Mängelausschluß *m*; **2.** Warnung *f*.

cave¦ bear *s. zo.* Höhlenbär *m*; ¬ *dwell·er* → *caveman* 1; **'¬·man** [-₁mæn] *s.* [*irr.*] **1.** Höhlenbewohner *m*, -mensch *m*; **2.** F a) Na'turbursche *m*, ₁Bär' *m*, b) ₁Tier' *n*.

cav·ern ['kævən] *s.* **1.** Höhle *f*; **2.** ♪ Ka'verne *f*; **'cav·ern·ous** [-nəs] *adj.* **1.** voller Höhlen; **2.** po'rös; **3.** tiefliegend, hohl (*Augen*); eingefallen (*Wangen*); tief (*Dunkelheit*); **4.** ♪ kaver'nös.

cav·i·ar(e) ['kæviɑ:] *s.* 'Kaviar *m*: ¬ *to the general* Kaviar fürs Volk.

cav·il ['kævil] *v/i.* nörgeln, kritteln (*at* an *dat.*); **II** *s.* Nörge'lei *f*; **'cav·il·(l)er** [-lə] *s.* Nörgler(in).

cav·i·ty ['kævəti] *s.* **1.** (Aus)Höhlung *f*, Hohlraum *m*; **2.** *anat.* Höhle *f*, Raum *m*, Grube *f*: *abdominal* ¬ Bauchhöhle; *mouth* ¬ Mundhöhle; **3.** ♪ Loch *n* (*im Zahn*).

ca·vort [kə'vɔ:t] *v/i.* F he'rumtollen, -tanzen.

ca·vy ['keivi] *s. zo.* Meerschweinchen *n*.

caw [kɔ:] **I** *s.* Krächzen *n* (*Rabe, Krähe etc.*); **II** *v/i.* krächzen.

cay·enne [kei'en], *a.* ¬ *pep·per* ['keiən] *s.* Cay'ennepfeffer *m*.

cay·man ['keimən] *pl.* **-mans** *s. zo.* 'Kaiman *m*.

cease [si:s] **I** *v/i.* **1.** aufhören, enden: *the noise* ¬*d*; **2.** (*from*) ablassen (von), aufhören (mit): ¬ *and desist order* ⚖ *Am.* Unterlassungsanordnung *f*; **II** *v/t.* **3.** aufhören (*doing od.* *to do* mit *et. od. et.* zu tun); **4.** einstellen: ¬ *fire* ✕ das Feuer einstellen; ¬ *payment* † die Zahlungen einstellen; **₁cease'fire** ✕ **1.** (Befehl *m* zur) Feuereinstellung *f*; **2.** Waffenruhe *f*; **'cease·less** [-lis] *adj.* □ unaufhörlich.

ce·dar ['si:də] *s.* **1.** ♀ Zeder *f*; **2.** Zedernholz *n*.

cede [si:d] **I** *v/t.* (**to**) abtreten (*dat. od. an acc.*), über'lassen (*dat.*); **II** *v/i.* nachgeben, weichen.

ce·dil·la [sɪ'dɪlə] *s.* Ce'dille *f*.

cee [si:] *s.* C *n*, *c n* (*Buchstabe*).

ceil·ing ['si:lɪŋ] *s.* **1.** Decke *f e-s Raumes*; **2.** ♣ Innenbeplankung *f*; **3.** Höchstmaß *n*, -grenze *f*, ♀ *a.* Pla'fond *m e-s Kredits*: **~ price** ♀ Höchstpreis *m*; **4.** ✔ a) Gipfelhöhe *f*, b) Wolkenhöhe *f*.

cel·e·brant ['selɪbrənt] *s. eccl.* Zele-'brant *m*; **cel·e·brate** ['selɪbreɪt] **I** *v/t.* **1.** *Fest etc.* feiern, begehen; **2.** *j-n* feiern (*preisen*); **3.** *R. C. Messe* zelebrieren, lesen; **II** *v/i.* **4.** feiern; *R. C.* zelebrieren; **'cel·e·brat·ed** [-breɪtɪd] *adj.* gefeiert, berühmt (**for** für, wegen); **cel·e·bra·tion** [ˌselɪ'breɪʃn] *s.* **1.** Feier *f*; feiern: **in ~ of** zur Feier (*gen.*); **2.** *R. C.* Zelebrieren *n*, Lesen *n* (*Messe*); **ce·leb·ri·ty** [sɪ'lebrətɪ] *s.* **1.** Berühmtheit *f*, Ruhm *m*; **2.** Berühmtheit *f* (*Person*).

ce·ler·i·ac [sɪ'lerɪæk] *s.* ♀ Knollensellerie *m*, *f*.

ce·ler·i·ty [sɪ'lerɪtɪ] *s.* Geschwindigkeit *f*.

cel·er·y ['selərɪ] *s.* ♀ (Stauden)Sellerie *m*, *f*.

ce·les·tial [sɪ'lestjəl] **I** *adj.* □ **1.** himmlisch, Himmels..., göttlich; selig; **2.** *ast.* Himmels...: **~ body** Himmelskörper *m*; **~ map** Himmelskarte *f*; **3.** ♀ chi'nesisch: ♀ *Empire* China (*alter Name*); **II** *s.* **4.** Himmelsbewohner(in), Selige(r *m*) *f*; **5.** ♀ F Chi'nese *m*, Chi'nesin *f*; ♀ **Cit·y** *s. das* Himmlische Je'rusalem.

cel·i·ba·cy ['selɪbəsɪ] *s.* Zöli'bat *n*, *m*, Ehelosigkeit *f*; **'cel·i·bate** [-bət] **I** *s.* Unverheiratete(r *m*) *f*, Zöliba'tär *m*; **II** *adj.* unverheiratet, zöliba'tär.

cell [sel] *s.* **1.** (*Kloster-, Gefängnis- etc.*) Zelle *f*: **condemned ~** Todeszelle; **2.** *allg., a. biol., phys., pol.* Zelle *f*, *a.* Kammer *f*, Fach *n*: **~ division** Zellteilung *f*; **3.** ♀ Zelle *f*, Ele'ment *n*.

cel·lar ['selə] *s.* **1.** Keller *m*; **2.** Weinkeller *m*: **he keeps a good ~** er hat e-n guten Keller; **'cel·lar·age** [-ərɪdʒ] *s.* **1.** Keller(räume *pl.*) *m*; **2.** Einkellerung *f*; **3.** Kellermiete *f*; **'cel·lar·er** [-ərə] *s.* Kellermeister *m*.

-celled [seld] *adj. in Zssgn* ...zellig.

cel·list ['tʃelɪst] *s.* ♪ Cel'list(in); **cel·lo** ['tʃeləʊ] *pl.* **-los** *s.* (Violon)'Cello *n*.

cel·lo·phane ['seləʊfeɪn] *s.* ☯ Zello-'phan *n*, Zellglas *n*.

cel·lu·lar ['seljʊlə] *adj.* **1.** zellig, Zell(en)...: **~ tissue** Zellgewebe *n*; **~ therapy** ✻ Zelltherapie *f*; **2.** netzartig: **~ shirt** Netzhemd *n*; **'cel·lule** [-ju:l] *s.* kleine Zelle.

cel·lu·loid ['seljʊlɔɪd] *s.* ☯ Zellu'loid *n*.

cel·lu·lose ['seljʊləʊs] *s.* Zellu'lose *f*, Zellstoff *m*.

Cel·si·us ['selsjəs], *a.* **~ ther·mom·e·ter** *s. phys.* 'Celsiusthermoˌmeter *n*.

Celt [kelt] *s.* Kelte *m*, Keltin *f*; **'Celt·ic** [-tɪk] **I** *adj.* keltisch; **II** *s. ling. das* Keltische; **'Celt·i·cism** [-tɪsɪzəm] *s.* Kelti'zismus *m* (*Brauch od. Spracheigentümlichkeit*).

ce·ment [sɪ'ment] **I** *s.* **1.** Ze'ment *m*, (Kalk)Mörtel *m*; **2.** Klebstoff *m*, Kitt *m*; Bindemittel *n*; **3.** a) *biol.* 'Zahnze-ˌment *m*, b) ✻ Ze'ment *m* zur Zahnfül-

lung; **4.** *fig.* Band *n*, Bande *pl.*; **II** *v/t.* **5.** a) zementieren, b) kitten; **6.** *fig.* festigen, ‚zementieren'; **ce·men·ta·tion** [ˌsi:men'teɪʃn] *s.* **1.** Zementierung *f* (*a. fig.*); **2.** Kitten *n*; **3.** *metall.* Einsatzhärtung *f*; **4.** *fig.* Bindung *f*.

cem·e·ter·y ['semɪtrɪ] *s.* Friedhof *m*.

cen·o·taph ['senəʊtɑ:f] *s.* (leeres) Ehren(grab)mal: **the ♀ das brit.** Ehrenmal *in London für die Gefallenen beider Weltkriege.*

cense [sens] *v/t.* (mit Weihrauch) beräuchern; **'cen·ser** [-sə] *s.* (Weih-) Rauchfaß *n*.

cen·sor ['sensə] **I** *s.* **1.** ('Kunst-, 'Schrifttums)‚Zensor *m*; **2.** 'Brief‚zensor *m*; **3.** *antiq.* 'Zensor *m*, Sittenrichter *m*; **II** *v/t.* **4.** zensieren; **cen·so·ri·ous** [sen'sɔ:rɪəs] *adj.* □ **1.** 'kritisch, streng; **2.** tadelsüchtig, krittelig; **'cen·sor·ship** [-ʃɪp] *s.* Zen'sur *f*; **2.** 'Zensoramt *n*; **cen·sur·a·ble** ['senʃərəbl] *adj.* tadelnswert, sträflich; **cen·sure** ['senʃə] **I** *s.* Tadel *m*, Verweis *m*; Kri'tik *f*, 'Mißbilligung *f*: **motion of ~** *parl.* Mißtrauensantrag *m*; → **vote** 1; **II** *v/t.* tadeln, mißbilligen, kritisieren.

cen·sus ['sensəs] *s.* 'Zensus *m*, (*bsd.* Volks)Zählung *f*, Erhebung *f*: **livestock ~** Viehzählung *f*; **~-taker** Volkszähler *m*; **take a ~** e-e (Volks- *etc.*) Zählung vornehmen.

cent [sent] *s.* **1.** Hundert *n* (*nur noch in*): **per ~** Prozent, vom Hundert; **2.** *Am.* Cent *m* (¹⁄₁₀₀ *Dollar*): **not worth a ~** keinen (roten) Heller wert.

cen·taur ['sentɔ:] *s.* **1.** *myth.* Zen'taur *m*; **2.** *fig.* Zwitterwesen *n*; **Cen·tau·rus** [sen'tɔ:rəs] *s. ast.* Zen'taur *m*.

cen·te·nar·i·an [ˌsentɪ'neərɪən] **I** *adj.* hundertjährig; **II** *s.* Hundertjährige(r *m*) *f*; **cen·te·nar·y** [sen'ti:nərɪ] **I** *adj.* **1.** hundertjährig; **2.** hundert betragend; **II** *s.* **3.** Jahr'hundert *n*; **4.** Hundert'jahrfeier *f*.

cen·ten·ni·al [sen'tenjəl] **I** *adj.* hundertjährig; **II** *s. bsd. Am.* Hundert'jahrfeier *f*.

cen·ter *etc. Am.* → **centre** *etc.*

cen·tes·i·mal [sen'tesɪml] *adj.* □ zentesi'mal, hundertteilig.

cen·ti·grade ['sentɪgreɪd] *adj.* hundertteilig, -gradig: **~ thermometer** Celsiusthermometer *n*; **degree(s) ~** Grad Celsius; **'cen·ti·gram(me)** [-græm] *s.* Zenti'gramm *n*; **'cen·ti·me·tre**, *Am.* **'cen·ti·me·ter** [-ˌmi:tə] *s.* Zenti'meter *m*, *n*; **'cen·ti·pede** [-pi:d] *s. zo.* Hundertfüßer *m*.

cen·tral ['sentrəl] **I** *adj.* □ **1.** zen'tral (gelegen); **2.** Haupt..., Zentral...: **~ office** Hauptbüro *n*, Zentrale *f*; **~ idea** Hauptgedanke *m*; **II** *s.* **3.** *Am.* a) (Tele-'fon)Zen‚trale *f*, b) Telefo'nist(in) (*in e-r Zentrale*); ♀ **A·mer·i·can** *adj.* 'mittelameriˌkanisch; **~ city** *s. Am.* Stadtkern *m*, Innenstadt *f*; ♀ **Eu·ro·pe·an time** *s.* 'mitteleuroˌpäische Zeit (*abbr. MEZ*); **~ heat·ing** *s.* Zen'tralheizung *f*; **cen·tral·ism** ['sentrəlɪzəm] *s.* Zentra'lismus *m*, (Sy'stem *n* der) Zentralisierung *f*; **'cen·tral·ist** [-ɪst] *s.* Verfechter *m* der Zentralisierung; **cen·tral·i·za·tion** [ˌsentrəlaɪ'zeɪʃn] *s.* Zentralisierung *f*; **'cen·tral·ize** [-laɪz] *v/t.* (*v/i.* sich) zentralisieren.

cen·tral│ lock·ing *s. mot.* Zen'tralver-

riegelung *f*; **~ nerv·ous sys·tem** *s. anat.* Zen'tralˌnervensyˌstem *n*; **~ point** *s.* ♈ Mittelpunkt *m*; ♀ Nullpunkt *m*; ♀ **Pow·ers** *s. pl. pol. hist.* Mittelmächte *pl.*; **~ re·serve** *s. mot. Brit.* Mittelstreifen *m*; **~ sta·tion** *s.* **1.** ♣ ('Bord)Zen‚trale *f*, Kom'mandostand *m*; **2.** Haupt-, Zen'tralbahnhof *m*; **3.** ♀ Zen-'trale *f*.

cen·tre ['sentə] **I** *s.* **1.** 'Zentrum *n*, Mittelpunkt *m* (*a. fig.*): **~ of attraction** *fig.* Hauptanziehungspunkt *m*; **~ of gravity** *phys.* Schwerpunkt *m*; **~ of motion** *phys.* Drehpunkt *m*; **~ of trade** Handelszentrum *f*; **2.** Hauptstelle *f*, -gebiet *n*, Sitz *m*, Herd *m*: **amusement ~** Vergnügungszentrum *n*; **~ of interest** Hauptinteresse *n*; → **shopping**, **training centre**; **3.** *pol.* Mitte *f*, 'Mittelparˌtei *f*; **4.** ☼ Spitze *f*: **~ lathe** Spitzendrehbank *f*; **5.** *sport* Flanke *f*; **6.** (Pra'linen- *etc.*)Füllung *f*; **II** *v/t.* **7.** in den Mittelpunkt stellen (*a. fig.*); konzentrieren, vereinigen (**on**, **in** auf *acc.*); ☼ einmitten, zentrieren; ankörnen: **~ the bubble** die Libelle einspielen lassen; **III** *v/i.* **8.** im Mittelpunkt stehen (*a. fig.*); *fig.* sich drehen (**round** um); **9.** (**in**, **on**) sich konzentrieren, sich gründen (auf *acc.*); **10.** *Fußball:* flanken; **'~-bit** *s.* ☼ 'Zentrumsbohrer *m*; **'~-board** *s.* ♣ (Kiel)Schwert *n*; **~ cir·cle** *s.* Fußball: Anstoßkreis *m*; **~ court** *s. Tennis:* 'Centre Court *m*; **~ for·ward** *s.* Fußball: Mittelstürmer *m*; **~ half** *s.* Fußball: 'Vor‚stopper *m*; **~ par·ty** *s. pol.* 'Mittelparˌtei *f*, 'Zentrum *m*; **'~-piece** *s.* **1.** Mittelstück *n*; **2.** (mittlerer) Tafelaufsatz; **3.** *fig.* Hauptstück *n*; **~ punch** *s.* ☼ (An)Körner *m*; **~ sec·ond** *s.* Zen'tralseˌkundenzeiger *m*.

cen·tric, **cen·tri·cal** ['sentrɪk(l)] *adj.* □ zen'tral, zentrisch.

cen·trif·u·gal [sen'trɪfjʊgl] *adj. phys.* zentrifu'gal: **~ force** Zentrifugal-, Fliehkraft *f*; **~ governor** Fliehkraftregler *m*; **cen·tri·fuge** ['sentrɪfju:dʒ] **I** *s.* Zentri'fuge *f*, Trennschleuder *f*; **II** *v/t.* zentrifugieren, schleudern.

cen·trip·e·tal [sen'trɪpɪtl] *adj.* zentripe'tal: **~ force** Zentripetalkraft *f*.

cen·tu·ple ['sentjʊpl], **cen·tu·pli·cate** [sen'tju:plɪkət] **I** *adj.* hundertfach; **II** *v/t.* verhundertfachen; **III** *s.* (*das*) Hundertfache.

cen·tu·ri·on [sen'tjʊərɪən] *s. antiq.* (*Rom*) ⚔ Zen'turio *m*.

cen·tu·ry ['sentʃʊrɪ] *s.* **1.** Jahr'hundert *n*: **centuries-old** *adj.* jahrhundertealt; **2.** Satz *m od.* Gruppe *f* von hundert; *bsd. Kricket:* 100 Läufe *pl.*; **3.** *Am. sl.* hundert Dollar *pl.*; **4.** *antiq.* (*Rom*) Zen'turie *f*, Hundertschaft *f*.

ce·phal·ic [ke'fælɪk] *adj. anat.*, *zo.* Schädel..., Kopf...; **ceph·a·lo·pod** ['sefələʊpɒd] *s. zo.* Kopffüßer *m*; **ceph·a·lous** ['sefələs] *adj. zo.* mit e-m ... Kopf, ...köpfig.

ce·ram·ic [sɪ'ræmɪk] **I** *adj.* **1.** ke'ramisch; **II** *s.* **2.** Ke'ramik *f* (*einzelnes Produkt*); **3.** *pl. mst sg. konstr.* Ke'ramik *f* (*Technik*); **4.** *pl.* Ke'ramik *f*, ke-'ramische Erzeugnisse; **cer·a·mist** ['seˌrəmɪst] *s.* Ke'ramiker *m*.

Cer·ber·us ['sɜ:bərəs] *s. fig.* 'Zerberus *m* (*a. ast.*), grimmiger Wächter: **sop to**

~ Beschwichtigungsmittel *n*.
ce·re·al ['sɪərɪəl] **I** *adj*. **1.** Getreide…; **II** *s*. **2.** *mst pl.* Zere'alien *pl.*, Getreide-pflanzen *pl.*, -früchte *pl.*; **3.** Früh-stückskost *f aus Weizen*, *Hafer etc*.
cer·e·bel·lum [ˌserɪˈbeləm] *s*. *anat*. Kleinhirn *n*; **cer·e·bral** ['serɪbrəl] *adj*. **1.** *anat*. Gehirn…: ~ **death** ✠ Hirntod *m*; **2.** *ling*. alveo'lar; ˌcer·e'bra·tion [-'breɪʃn] *s*. Gehirntätigkeit *f*; Denken *n*, 'Denkproˌzeß *m*; **cer·e·brum** ['serɪbrəm] *s*. *anat*. Großhirn *n*, Ze're-brum *n*.
cere·cloth ['sɪəklɒθ] *s*. Wachsleinwand *f*, *bsd. als* Leichentuch *n*.
cere·ment ['sɪəmənt] *s*. *mst pl.* Leichen-tuch *n*, Totenhemd *n*.
cer·e·mo·ni·al [ˌserɪ'məʊnjəl] **I** *adj*. □ **1.** feierlich, förmlich; **2.** ritu'ell; **II** *s*. **3.** Zeremoni'ell *n*; ˌcer·e'mo·ni·ous [-jəs] *adj*. □ **1.** → *ceremonial* 1 *u*. 2; **2.** 'umständlich, steif; **cer·e·mo·ny** ['serɪmənɪ] *s*. **1.** Zeremo'nie *f*, Feierlichkeit *f*, feierlicher Brauch; Feier *f*; → *mas-ter* 12; **2.** Förmlichkeit(en *pl.*) *f*: *with-out ~* ohne Umstände; *stand on ~* a) sehr förmlich sein, b) Umstände ma-chen; **3.** Höflichkeit *f*.
ce·rise [sə'riːz] *adj*. kirschrot, ce'rise.
cert [sɜːt] *s*. *a*. *dead ~ Brit. sl.* ˌtodsiche-re Sache'.
cer·tain ['sɜːtn] *adj*. □ **1.** (*von Sachen*) sicher, gewiß, bestimmt: *it is ~ to hap-pen* es wird gewiß geschehen; *I know for ~* ich weiß ganz bestimmt; **2.** (*von Personen*) über'zeugt, sicher, gewiß: *to make ~ of s.th.* sich e-r Sache verge-wissern; **3.** bestimmt, zuverlässig, si-cher: *a ~ cure* e-e sichere Kur; *a ~ day* ein (ganz) bestimmter Tag; **4.** gewiß: *a ~ Mr. Brown* ein gewisser Herr Brown; *for ~ reasons* aus bestimmten Grün-den; **'cer·tain·ly** [-lɪ] *adv*. **1.** sicher, zweifellos, bestimmt; **2.** sicherlich, (aber) sicher *od.* na'türlich; **'cer·tain-ty** [-tɪ] *s*. **1.** Sicherheit *f*, Bestimmtheit *f*, Gewißheit *f*: *know for a ~* mit Si-cherheit wissen; **2.** Über'zeugung *f*.
cer·ti·fi·a·ble [ˌsɜːtɪ'faɪəbl] *adj*. □ **1.** feststellbar; **2.** ✠ *Brit.* a) meldepflichtig (*Krankheit*), b) geisteskrank, c) F ver-rückt.
cer·tif·i·cate I *s*. [sə'tɪfɪkət] Bescheini-gung *f*, At'test *n*, Zeugnis *n*, Schein *m*, Urkunde *f*: *death ~* Sterbeurkunde; *school ~* Schul(abgangs)zeugnis *od.* *baptism* Taufschein; *~ of origin* ✝ Ur-sprungszeugnis; *share* (*Am.* **stock**) *~* Aktienzertifikat *n*; → *health* 1, *master* 7, *medical* 1; **II** *v/t.* [-keɪt] *j-m* e-e Be-scheinigung *od.* ein Zeugnis geben; *et.* attestieren, bescheinigen: *~d* amtlich anerkannt *od.* zugelassen; *~d bankrupt* rehabilitierter Konkursschuldner; *~en-gineer* Diplomingenieur *m*; **cer·ti·fi-ca·tion** [ˌsɜːtɪfɪ'keɪʃn] *s*. **1.** Bescheini-gung *f*; Bestätigung *f* (*Am.* ✝ *a.* e-s *Schecks*); **2.** (amtliche) Beglaubigung *od.* beglaubigte Erklärung.
cer·ti·fied ['sɜːtɪfaɪd] *adj*. **1.** bescheinigt, beglaubigt, garantiert: *~ copy* beglau-bigte Abschrift; **2.** staatlich zugelassen *od.* anerkannt, *Am.* Diplom…; **3.** ✠ *Brit.* für geisteskrank erklärt; *~ ac-count·ant s.* ✝ *Brit.* konzessionierter Buch- *od.* Steuerprüfer; *~ cheque* **Am. check** *s*. (*als gedeckt*) bestätigter

Scheck; *~ **mail** s. Am.* eingeschriebene Sendung(en *pl.*) *f*; *~ **milk** s.* amtlich geprüfte Milch; *~ **pub·lic ac·count-ant** s.* ✝ *Am.* amtlich zugelassener 'Bü-cherreˌvisor *od.* Wirtschaftsprüfer.
cer·ti·fy ['sɜːtɪfaɪ] **I** *v/t*. **1.** bescheinigen: *this is to ~* hiermit wird bescheinigt; **2.** beglaubigen; **3.** *Scheck* (als gedeckt) bestätigen (*Bank*); **4.** *~ s.o.* (*insane*) ✠ *Brit.* j-n für geisteskrank erklären; **5.** ✠ *Sache* verweisen (*to* an *ein ande-res Gericht*); **II** *v/i*. **6.** (*to*) bezeugen (*acc.*).
cer·ti·tude ['sɜːtɪtjuːd] *s*. Sicherheit *f*, Gewißheit *f*.
ce·ru·men [sɪ'ruːmen] *s*. Ohrenschmalz *n*.
ce·ruse ['sɪəruːs] *s*. **1.** 🜍 Bleiweiß *n*; **2.** weiße Schminke.
cer·vi·cal [sɜː'vaɪkl] *anat*. **I** *adj*. Hals…, Nacken…; **II** *s*. Halswirbel *m*.
Ce·sar·e·vitch [sɪ'zɑːrəvɪtʃ] *s*. *hist*. Za-'rewitsch *m*.
ces·sa·tion [se'seɪʃn] *s*. Aufhören *n*, Ende *n*; Stillstand *m*, Einstellung *f*.
ces·sion ['seʃn] *s*. Abtretung *f*, Zessi'on *f*.
cess·pit ['sespɪt], **'cess·pool** [-puːl] *s*. **1.** Jauche-, Senkgrube *f*; **2.** *fig.* (Sün-den)Pfuhl *m*.
ce·ta·cean [sɪ'teɪʃən] *zo*. **I** *s*. Wal (-fisch) *m*; **II** *adj*. Wal(fisch)…
ce·tane ['siːteɪn] *s*. 🜍 Ce'tan *n*: *~ num-ber* Cetanzahl *f*.
chafe [tʃeɪf] **I** *v/t*. **1.** warmreiben, frot-tieren; **2.** ('durch)reiben, wund reiben, scheuern; **3.** *fig.* ärgern, reizen; **II** *v/i*. **4.** sich ('durch)reiben, sich wund rei-ben, scheuern (*against* an *dat.*); **5.** ✪ verschleißen; **6.** a) sich ärgern, b) to-ben, wüten.
chaf·er ['tʃeɪfə] *s*. *zo*. Käfer *m*.
chaff [tʃɑːf] **I** *s*. **1.** Spreu *f*: *separate the ~ from the wheat* die Spreu vom Weizen scheiden; *as ~ before the wind* wie Spreu im Winde; **2.** Häcksel *m*, *n*; **3.** ✕ 'Stör‚folie *f* (*Radar*); **4.** *fig.* wertloses Zeug; **5.** Necke'rei *f*; **II** *v/t*. **6.** zu Häcksel schneiden; **7.** *fig.* necken, aufziehen; *'~-cut·ter s.* 🗡 Häcksel-bank *f*.
chaf·fer ['tʃæfə] **I** *s*. Feilschen *n*; **II** *v/i*. feilschen, schachern.
chaf·finch ['tʃæfɪntʃ] *s*. Buchfink *m*.
chaf·ing dish ['tʃeɪfɪŋ] *s*. Re'chaud *m*, *n*.
cha·grin ['ʃægrɪn] **I** *s*. **1.** Ärger *m*, Ver-druß *m*; **2.** Kränkung *f*; **II** *v/t*. **3.** är-gern, verdrießen: *~ed* ärgerlich, ge-kränkt.
chain [tʃeɪn] **I** *s*. **1.** Kette *f* (*a*. 🜍, ⚡, *phys.*): *~ of office* Amtskette; **2.** *fig.* Kette *f*, Fessel *f*: *in ~s* in Ketten, gefan-gen; **3.** *fig.* Kette *f*, Reihe *f*: *~ of events*; **4.** *a. ~ of mountains* Gebirgs-kette *f*; **5.** ✝ (Laden- *etc.*)Kette *f*; **6.** ✪ Meßkette *f* (*66 engl. Fuß*); **II** *v/t*. **7.** (an)ketten, mit e-r Kette befestigen: *~ (up) a dog* e-n Hund an die Kette le-gen; *~ a prisoner* e-n Gefangenen in Ketten legen; *~ a door* e-e Tür durch e-e Kette sichern; **8.** *fig.* (*to*) verketten (mit), ketten *od.* fesseln (an *acc.*); **9.** *Land* mit der Meßkette messen; *~ ar-mo(u)r s.* Kettenpanzer *m*; *~ belt s.* ✪ endlose Kette, 'Kettentransmissiˌon *f*; *~ bridge s.* Hängebrücke *f*; *~ drive s.* ✪

Kettenantrieb *m*; *~ gang s.* Trupp *m* anein'andergeketteter Sträflinge; *'~-less* ['tʃeɪnlɪs] *adj*. ✪ kettenlos; *~ let·ter s.* Kettenbrief *m*; *~ mail →* *chain armo(u)r*, *~ pump s.* Pater'no-sterwerk *n*; *~ re·ac·tion s.* *phys. u. fig.* 'Kettenreaktiˌon *f*; *'~‚smoke v/i. u. v/t.* Kette rauchen; *'~‚smok·er s.* Ketten-raucher *m*; *~ stitch s.* Nähen: Ketten-stich *m*; *~ store s.* ✝ Kettenladen *m*.
chair [tʃeə] **I** *s*. **1.** Stuhl *m*, Sessel *m*: *take a ~* sich setzen; **2.** *fig.* Vorsitz *m*: *be in* (*take*) *the ~* den Vorsitz führen (übernehmen); *address the ~* sich an den Vorsitzenden wenden; *leave the ~* die Sitzung aufheben; *~! ~! parl. Brit.* zur Ordnung!; **3.** Lehrstuhl *m*, Profes-'sur *f* (*of German* für Deutsch); **4.** *Am.* F *der* e'lektrische Stuhl; **5.** 🛢 Schienen-stuhl *m*; **6.** Sänfte *f*; **II** *v/t*. **7.** (in ein Amt) einsetzen, auf *e-n Lehrstuhl etc.* berufen; **8.** den Vorsitz führen von (*od. gen.*); **9.** *~ s.o. off* j-n (im Tri'umph) auf den Schultern (da'von-) tragen; *~ back s.* Stuhllehne *f*; *~ bot-tom s.* Stuhlsitz *m*; *'~-car s.* 🛢 Sa'lon-wagen *m*; *~ lift s.* Sesselbahn *f*, -lift *m*.
chair·man ['tʃeəmən] *s*. [*irr.*] **1.** Vorsit-zende(r) *m*, Präsi'dent *m*; **2.** Sänften-träger *m*; **'chair·man·ship** [-ʃɪp] *s*. Vorsitz *m*.
chair·o·plane ['tʃeərəpleɪn] *s*. 'Ketten-karusˌsell *n*.
'chair‚per·son *s*. Vorsitzende(r *m*) *f*; *'~‚wom·an s.* [*irr.*] Vorsitzende *f*.
chaise [ʃeɪz] *s*. Chaise *f*, Halbkutsche *f*; *~ longue* [lɔ̃ːŋg] *s*. Chaise'longue *f*, Liegesofa *n*.
chal·cog·ra·pher [kæl'kɒgrəfə] *s*. Kup-ferstecher *m*.
cha·let ['ʃæleɪ] *s*. Cha'let *n*: a) Sennhüt-te *f*, b) Landhaus *n*.
chal·ice ['tʃælɪs] *s*. **1.** *poet.* (Trink)Be-cher *m*; **2.** *eccl.* (Abendmahls)Kelch *m*; **3.** ♥ Blütenkelch *m*.
chalk [tʃɔːk] **I** *s*. **1.** *min.* Kreide *f*; **2.** (Zeichen)Kreide *f*, Kreidestift *m*: *col-o(u)red ~* Buntstift; *red ~* a) Rötel *m*, b) Rotstift; *as different as ~ and cheese* grundverschieden; **3.** Kreide-strich *m*: a) (Gewinn)Punkt *m* (*bei Spielen*), b) *Brit.* (angekreidete) Schuld: *by a long ~* bei weitem; **II** *v/t*. **4.** mit Kreide (be)zeichnen; **5.** *~ out* entwerfen, *fig. Weg* vorzeichnen; **6.** *~ up* anschreiben; ankreiden, auf die Rechnung setzen: *~ it up to s.o.* es j-m ankreiden; *~ mark s.* Kreidestrich *m*; *'~-pit s.* Kreidegrube *f*; *'~-stone s.* ✠ Gichtknoten *m*.
chalk·y ['tʃɔːkɪ] *adj*. kreidig; kreidehal-tig.
chal·lenge ['tʃælɪndʒ] **I** *s*. **1.** Her'ausfor-derung *f* (*a. sport u. fig.*), Forderung *f* (*zum Duell etc.*); (Auf-, An)Forderung *f*; Aufruf *m*; **2.** ✕ Anruf *m* (*Wachtpo-sten*); **3.** *hunt.* Anschlagen *n* (*Hund*); **4.** *bsd.* ✠ a) Ablehnung *f* (*e-s Geschwore-nen od. Richters*), b) Anfechtung *f* (*e-s Beweismittels*); **5.** 'Widerspruch *m*, Kri-'tik *f*, Bestreitung *f*, Kampfansage *f*; Angriff *m*; Streitfrage *f*; **6.** Her'ausfor-derung *f*: a) Bedrohung *f*, kritische La-ge, b) Schwierigkeit *f*, Pro'blem *n*, c) (schwierige *od.* lockende) Aufgabe; **7.** ✠ Immuni'tätstest *m*; **II** *v/t*. **8.** her'aus-fordern (*a. sport u. fig.*); zur Rede stel-

len; aufrufen, -fordern; ✗ anrufen; **9.** Anforderungen an *j-n* stellen; auf die Probe stellen; **10.** bestreiten, anzweifeln; *bsd.* ⚖ anfechten, *Geschworenen etc.* ablehnen; → **bias** 5; **11.** trotzen (*dat.*); angreifen; **12.** *j-n* reizen, lokken, fordern (*Aufgabe*); **13.** *j-m* Bewunderung *etc.* abnötigen; **'chal-lenge-a-ble** [-dʒəbl] *adj.* her'auszufordern(d); anfechtbar; **chal·lenge cup** *s. sport* 'Wanderpo₍kal *m*; **'chal·leng·er** [-dʒə] *s.* Her'ausforderer *m*; **challenge tro·phy** *s.* Wanderpreis *m*; **'chal·leng·ing** [-dʒɪŋ] *adj.* □ **1.** her-'ausfordernd; **2.** *fig.* lockend *od.* schwierig (*Aufgabe*).

cha·lyb·e·ate [kə'lɪbɪət] *min.* **I** *adj.* stahl-, eisenhaltig: ~ **spring** Stahlquelle *f*; **II** *s.* Stahlwasser *n*.

cham·ber ['tʃeɪmbə] *s.* **1.** *obs.* Zimmer *n*, Kammer *f*, Gemach *n*; **2.** *pl. Brit.* a) (*zu vermietende*) Zimmer *n.*: **live in** ~**s** privat wohnen, b) Geschäftsräume *pl.*; **3.** (*Empfangs*)Zimmer *n* (*im Palast etc.*); **4.** *parl.* a) Ple'narsaal *m*, b) Kammer *f*; **5.** *pl. Brit.* a) 'Anwaltsbü₍ro *n*, b) Amtszimmer *n* des Richters: **in** ~**s** in nichtöffentlicher Sitzung; **6.** ⚙ Kammer *f*; Raum *m* (*Gewehr*)Kammer *f*; ~ **con·cert** *s.* 'Kammerkon₍zert *n*; ~ **coun·sel** *s. Brit.* (nur) beratender Anwalt.

cham·ber·lain ['tʃeɪmbəlɪn] *s.* **1.** Kammerherr *m*; **2.** Schatzmeister *m*.

'cham·ber·maid *s.* Zimmermädchen *n* (*in Hotels*); ~ **mu·sic** *s.* 'Kammermu₍sik *f*; 2 **of Com·merce** *s.* Handelskammer *f*; ~ **pot** *s.* Nachtgeschirr *n*.

cha·me·le·on [kə'miːljən] *s. zo.* Cha'mäleon *n* (*a. fig.*).

cham·fer ['tʃæmfə] **I** *s.* **1.** △ Auskehlung *f*; **2.** ⚙ Schrägkante *f*, Fase *f*; **II** *v/t.* **3.** △ auskehlen; **4.** ⚙ abfasen, abschrägen.

cham·ois ['ʃæmwɑː] *pl.* ~ [-ɑːz] *s.* **1.** *zo.* Gemse *f*; **2.** *a.* ~ **leather** [*mst* 'ʃæmɪ] a) Sämischleder *n*, b) ⚙ Polierleder *n*.

champ¹ [tʃæmp] *v/i. u. v/t.* (heftig *od.* geräuschvoll) kauen: ~ **at the bit** a) am Gebiß kauen (*Pferd*), b) *fig.* vor Ungeduld (fast) platzen, c) mit den Zähnen knirschen.

champ² [tʃæmp] *sl.* → **champion** 3.

cham·pagne [₍ʃæm'peɪn] *s.* **1.** Cham'pagner *m*, Sekt *m*, Schaumwein *m*: ~ **cup** Sektkelch *m*, -schale *f*; **2.** Cham'pagnerfarbe *f*.

cham·pi·on ['tʃæmpjən] **I** *s.* **1.** Kämpe *m*, (Tur'nier)Kämpfer *m*; **2.** *fig.* Vorkämpfer *m*, Verfechter *m*, Fürsprecher *m*; **3.** a) *sport* Meister *m*, Titelhalter *m*, b) Sieger *m* (*Wettbewerb*); **II** *v/t.* **4.** verfechten, eintreten für, verteidigen; **III** *adj.* **5.** Meister..., best, preisgekrönt; **'cham·pi·on·ship** [-ʃɪp] *s.* **1.** Meisterschaft *f*, -titel *m*; **2.** *pl.* Meisterschaftskämpfe *pl.*, Meisterschaften *pl.*; **3.** Verfechten *n*, Eintreten *n für etwas.*

chance [tʃɑːns] **I** *s.* **1.** Zufall *m*: **by** ~ zufällig; **2.** Glück *n*; Schicksal *n*; 'Risiko *n*: **game of** ~ Glücksspiel *n*; **take one's** ~ sein Glück versuchen; **take a** (*od.* **one's**) ~ es darauf ankommen lassen, es riskieren; **take no** ~**s** nichts riskieren (wollen); **3.** Chance *f*: a) Glücksfall *m*, (günstige) Gelegenheit: **the** ~ **of his lifetime** die Chance s-s

Lebens, e-e einmalige Gelegenheit; **give him a** ~**!** gib ihm e-e Chance!, versuch's mal mit ihm!; → **main chance**, b) Aussicht *f* (**of** auf *acc.*): **stand a** ~ Aussichten haben, c) Möglichkeit *f*, Wahrscheinlichkeit *f*: **the** ~**s are that** aller Wahrscheinlichkeit nach; **the** ~**s are against you** die Umstände sind gegen dich; **on the (off)** ~ auf gut Glück, ,auf Verdacht', für den Fall (*daß*); **II** *v/t.* **4.** riskieren; ~ **it** es darauf ankommen lassen, es wagen; **III** *v/i.* **5.** (*unerwartet*) geschehen: **I** ~**ed to meet her** zufällig traf ich sie; **6.** ~ **upon** auf *j-n od. et.* stoßen; **IV** *adj.* **7.** zufällig, Zufalls..., gelegentlich, ✝ *a.* Gelegenheits...; unerwartet: ~ **customers** Laufkundschaft *f*.

chan·cel ['tʃɑːnsl] *s.* △ Al'tarraum *m*, hoher Chor.

chan·cel·ler·y ['tʃɑːnsələrɪ] *s.* 'Botschafts- *od.* Konsu'latskanz₍lei *f*.

chan·cel·lor ['tʃɑːnsələ] *s.* **1.** Kanzler *m* (*a. univ.*); *univ. Am.* Rektor *m*; 2 **of the Exchequer** *Brit.* Schatzkanzler *m*, Finanzminister *m*; → **Lord** 2; **2.** Kanz-'leivorstand *m*; **'chan·cel·lor·ship** [-ʃɪp] *s.* Kanzleramt *n*, -würde *f*.

chan·cer·y ['tʃɑːnsərɪ] *s.* Kanz'leigericht *n* (*Brit. Gerichtshof des Lordkanzlers*; *Am. Billigkeitsgericht*): **in** ~ a) unter gerichtlicher Verwaltung, b) F in der Klemme; **ward in** ~ Mündel *n* unter Amtsvormundschaft; 2 **Di·vi·sion** *s.* ⚖ *Brit.* Kammer *f* für Billigkeitsrechtsprechung des **High Court of Justice.**

chan·cre ['ʃæŋkə] *s.* ✦ Schanker *m*.

chan·de·lier [₍ʃændə'lɪə] *s.* Arm-, Kronleuchter *m*, Lüster *m*.

chan·dler ['tʃɑːndlə] *s.* Krämer *m*; 2 **Act** *s. Am.* Kon'kursordnung *f*.

change [tʃeɪndʒ] **I** *v/t.* **1.** (ver)ändern, 'umändern, verwandeln (**into** in *acc.*): ~ **one's lodgings** umziehen; ~ **the subject** das Thema wechseln, von et. anderem reden; ~ **one's position** die Stellung wechseln, sich beruflich verändern; ~ **mind** 4, **colour** 3; **2.** ('um-, ver)tauschen (**for** gegen), wechseln: ~ **one's shirt** ein anderes Hemd anziehen; ~ **hands** den Besitzer wechseln; ~ **places with s.o.** den Platz mit j-m tauschen; ~ **trains** umsteigen; → **side** 9; **3.** Geld, Banknoten (ein)wechseln; Scheck einlösen; **4.** *j-m* andere Kleider anziehen; *Säugling* trockenlegen; *Bett* frisch über₍ziehen *od.* beziehen; **5.** ⚙ schalten: ~ **up** (**down**) hinauf- (herunter)schalten; ~ **over** Betrieb, Maschinen *etc.* umstellen (**to** auf *acc.*); **II** *v/i.* **6.** sich (ver)ändern, wechseln; **7.** sich verwandeln (**to** *od.* **into** in *acc.*); **8.** 🚃 *etc.* 'umsteigen: **all** ~**!** alles umsteigen *od.* aussteigen!; **9.** sich 'umziehen: ~ **into evening dress** sich für den Abend umziehen; **10.** ~ **to** 'übergehen zu: ~ **to cigars**; **III** *s.* **11.** (Ver)Änderung *f*, Wechsel *m*; Wandlung *f*, Wendung *f*, 'Umschwung *m*: **no** ~ unverändert; ~ **for the better** Besserung *f*; ~ **of heart** Sinnesänderung *f*; ~ **of life** Wechseljahre *pl.*; ~ **of moon** Mondwechsel; ~ **of voice** Stimmwechsel *m*; ~ **in the weather** Witterungsumschlag *m*; **12.** Abwechs-(e)lung *f*, *ent.* Neues; Tausch *m*: **for a** ~ zur Abwechs(e)lung; **a** ~ **of clothes** Wäsche zum Wechseln; **you need a** ~

Sie müssen mal ausspannen; **13.** Wechselgeld *n*: (**small**) ~ Kleingeld; **can you give me** ~ **for a pound?** a) können Sie mir auf ein Pfund herausgeben?, b) können Sie mir ein Pfund wechseln?; **get no** ~ **out of s.o.** *fig.* nichts (*keine Auskunft od. keinen Vorteil*) aus j-m herausholen können, bei j-m nicht ,landen' können; **14.** 2 *Brit.* Börse *f*; **change·a·bil·i·ty** [₍tʃeɪndʒə'bɪlətɪ] *s.* Veränderlichkeit *f*; *fig.* Wankelmut *m*; **'change·a·ble** [-dʒəbl] *adj.* □ **1.** veränderlich; **2.** wankelmütig; **change·ful** [-fʊl] *adj.* □ veränderlich, wechselvoll; **change gear** *s.* ⚙ Wechselgetriebe *n*; **'change·less** [-lɪs] *adj.* unveränderlich, beständig; **'change·ling** [-lɪŋ] *s.* Wechselbalg *m*; 'untergeschobenes Kind; **'change₍o·ver** *s.* **1.** (**to**) 'Übergang *m* (zu), Wechsel *m* (zu), 'Umstellung *f* (auf *acc.*); **2.** ⚙ **von** Maschinen, e-s Betriebs *etc.*); **2.** ⚙ 'Umschaltung *f*; **3.** *sport* (Stab)Wechsel *m*; **'chang·er** [-dʒə] *s. in Zssgn* ...wechsler *m* (*Person od. Gerät*); **'chang·ing** [-dʒɪŋ] *s.* Wechsel *m*, Veränderung *f*: ~ **of the guard** ✗ Wachablösung *f*; ~ **room** Umkleidezimmer *n*; ~ **cubicle** Umkleidekabine *f*.

chan·nel ['tʃænl] **I** *s.* **1.** Flußbett *n*; **2.** Fahrrinne *f*, Ka'nal *m*; **3.** Rinne *f*; 'Durchlaßröhre *f*; **4.** breite Wasserstraße: **the (English)** 2 *geogr.* der (Ärmel-) Kanal; **5.** Rille *f*, Riefe *f*; △ Auskehlung *f*; **6.** *fig.* Weg *m*, Ka'nal *m*: ~**s of trade** Handelswege, *a.* Absatzgebiete; **official** ~**s** Dienstweg; **through the usual** ~**s** auf dem üblichen Wege; **7.** *Radio, TV:* Pro'gramm *n*, Ka'nal *m*: ~ **selector** Kanalwähler *m*; **II** *v/t.* **8.** *fig.* leiten, lenken; **9.** ⚙ furchen, riefeln; △ kannelieren, auskehlen.

chant [tʃɑːnt] **I** *s.* **1.** *eccl.* Kirchengesang *m*, -lied *n*; **2.** Singsang *m*, eintöniger Gesang *od.* Tonfall; **3.** Sprechchor *m* (*als Geschrei*); **II** *v/t.* **4.** *Kirchenlied* singen; **5.** absingen, 'herleiern; **6.** im Sprechchor rufen.

chan·te·relle [₍tʃæntə'rel] *s.* ♀ Pfifferling *m*.

chan·ti·cleer [₍tʃæntɪ'klɪə] *s. poet.* Hahn *m*.

chan·try ['tʃɑːntrɪ] *s. eccl.* **1.** Stiftung *f* von Seelenmessen; **2.** Vo'tivka₍pelle *f od.* -al₍tar *m*.

chant·y ['tʃɑːntɪ] *s.* Ma'trosenlied *n*, Shanty *n*.

cha·os ['keɒs] *s.* 'Chaos *n*, *fig. a.* Wirrwarr *m*, Durchein'ander *n*; **cha·ot·ic** [keɪ'ɒtɪk] *adj.* (□ ~**ally**) cha'otisch, wirr.

chap¹ [tʃæp] *s.* F Bursche *m*, Junge *m*: **a nice** ~ ein netter Kerl; **old** ~ ,alter Knabe'.

chap² [tʃæp] *s.* Kinnbacken *m* (*bsd. Tier*), *pl.* Maul *n*.

chap³ [tʃæp] **I** *v/t. u. v/i.* rissig machen *od.* werden: ~**ped hands** aufgesprungene Hände; **II** *s.* Riß *m*, Sprung *m*.

chap·el ['tʃæpl] *s.* **1.** Ka'pelle *f*; Gotteshaus *n* (*der Dis'senters*): **I am** ~ F ich bin ein Dissenter; **2.** ('Seiten)Ka₍pelle *f* in e-r Kathe'drale; **3.** Gottesdienst *m*; **4.** *typ.* betriebliche Ge'werkschaftsorganisati₍on der Drucker; **'chap·el·ry** [-rɪ] *s. eccl.* Sprengel *m*.

chap·er·on ['ʃæpərəʊn] **I** *s.* **1.** An-

standsdame *f*; **2.** Be'gleitper₁son *f*; **II** *v/t.* (als Anstandsdame) begleiten.
'**chap₁fall·en** *adj.* niedergeschlagen.
chap·lain ['tʃæplɪn] *s.* **1.** Ka'plan *m*, Geistliche(r) *m* (*an e-r Kapelle*); **2.** Hof-, Haus-, Anstalts-, Mili'tär-, Ma'rinegeistliche(r) *m*; '**chap·lain·cy** [-sɪ] *s.* Ka'plans-amt *n*, -pfründe *f.*
chap·let ['tʃæplɪt] *s.* **1.** Kranz *m*; **2.** *eccl.* Rosenkranz *m.*
chap·py ['tʃæpɪ] *adj.* rissig, aufgesprungen: *~ hands.*
chap·ter ['tʃæptə] *s.* **1.** Ka'pitel *n* (*Buch u. fig.*): *~ and verse* a) *bibl.* Kapitel u. Vers, b) genaue Einzelheiten; *give ~ and verse* a. genau zitieren; *to the end of the ~* bis ans Ende; **2.** *eccl.* 'Dom-, 'Ordenska₁pitel *n*; **3.** *Am.* Orts-, 'Untergruppe *f e-r Vereinigung*; *~ house s.* **1.** *eccl.* 'Domka₁pitel *n*, Stiftshaus *n*; **2.** *Am.* Verbindungshaus *n* (*Studenten*).
char¹ [tʃɑ] *v/t. u. v/i.* verkohlen.
char² [tʃɑː] *s. ichth.* 'Rotfo₁relle *f.*
char³ [tʃɑː] *Brit.* **I** *v/i.* **1.** als Putzfrau *od.* Raumpflegerin arbeiten; **II** *s.* **2.** Putzen *n* (*als Lebensunterhalt*); **3.** → *charwoman.*
char-à-banc ['ʃærəbæŋ] *pl.* **-bancs** [-z] *s.* **1.** Kremser *m* (*Kutsche*); **2.** Ausflugsautobus *m.*
char·ac·ter ['kærəktə] *s.* **1.** Cha'rakter *m*, Wesen *n*, Na'tur *f* (*e-s Menschen*): *a bad ~* a) ein schlechter Charakter, b) ein schlechter Kerl; *a strange ~* ein eigenartiger Mensch; *quite a ~* ein Original; **2.** Cha'rakter(stärke *f*) *m*, (ausgeprägte) Per'sönlichkeit: *a man of ~; a public ~* e-e bekannte Persönlichkeit; *~ actor thea.* Charakterdarsteller *m*; *~ part thea.* Charakterrolle *f*; *~ assassination* Rufmord *m*; *~ building* Charakterbildung *f*; *~ defect* Charakterfehler *m*; **3.** Cha'rakter *m*, Gepräge *n*, Eigenart *f*; Merkmal *n*, Kennzeichen *n*; **4.** Stellung *f*, Rang *m*, Eigenschaft *f*: *he came in the ~ of a friend* er kam (in s-r Eigenschaft) als Freund; **5.** Leumund *m*, Ruf *m*, Name *m*: *have a good ~* in gutem Ruf stehen; *~ witness* ⚖ Leumundszeuge *m*; **6.** Zeugnis *n* (*für Personal*): *give s.o. a good ~* a) j-m ein gutes Zeugnis geben, b) gut von j-m sprechen; **7.** *thea.* Per'son *f*, Rolle *f*: *in ~* a) der Rolle gemäß, b) (zs.-)passend; *it is out of ~* es paßt nicht (dazu, zu ihm *etc.*); **8.** Roman: Fi'gur *f*, Gestalt *f*; **9.** Schriftzeichen *n* (*a. Computer*), Schrift *f*; Handschrift *f.*
char·ac·ter·is·tic [₁kærəktə'rɪstɪk] **I** *adj.* □ → *characteristically*; charakte'ristisch, bezeichnend, typisch (*of* für): *~ curve* ⊙ Leistungskurve *f*; **II** *s.* charakte'ristisches Merkmal, Eigentümlichkeit *f*, Kennzeichen *n*, Eigenschaft *f*: (*performance*) *~* ⊙ (Leistungs)Angabe *f*, (-)Kennwert *m*; ₁char·ac·ter·**is·ti·cal** [-kl] → *characteristic* I; ₁char·ac·ter·**is·ti·cal·ly** [-kəlɪ] *adv.* bezeichnenderweise; **char·ac·ter·i·za·tion** [₁kærəktərai'zeɪʃn] *s.* Charakterisierung *f*, Kennzeichnung *f*; **char·ac·ter·ize** ['kærəktəraɪz] *v/t.* charakterisieren: a) beschreiben, b) kennzeichnen, charakte'ristisch sein für; **char·ac·ter·less** ['kærəktəlɪs] *adj.* nichtssagend.
cha·rade [ʃə'rɑːd] *s.* **1.** Scha'rade *f* (*Ra-*

tespiel mit Verkleidungsszenen*); **2.** *fig.* Farce *f.*
'**char·broil** *v/t.* auf Holzkohle grillen.
char·coal ['tʃɑːkəʊl] *s.* **1.** Holzkohle *f*; **2.** (Zeichen)Kohle *f*, Kohlestift *m*; **3.** Kohlezeichnung *f*; *~ burn·er s.* Köhler *m*, Kohlenbrenner *m*; *~ draw·ing s.* Kohlezeichnung *f.*
chard [tʃɑːd] *s.* ♀ Mangold(gemüse *n*) *m.*
charge [tʃɑːdʒ] **I** *v/t.* **1.** belasten, beladen, beschweren (*with* mit) (*mst fig.*); **2.** *Gewehr etc.* laden; *Batterie* aufladen: (**emotionally**) *~d atmosphere fig.* geladene (*od.* angeheizte) Stimmung; **3.** (an)füllen; ⊙, ⚒ beschicken; ⚓ sättigen; **4.** beauftragen, betrauen: *~ s.o. with a task*; **5.** ermahnen: *I ~d him not to forget* ich schärfte ihm ein, es nicht zu vergessen; **6.** Weisungen geben (*dat.*): belehren: *the jury* ⚖ den Geschworenen Rechtsbelehrung geben; **7.** zur Last legen, vorwerfen, anlasten (*on dat.*): *he ~d the fault on me* er schrieb mir die Schuld zu; **8.** beschuldigen, anklagen (*with gen.*): *~ s.o. with murder*, **9.** angreifen, *sport a.* ,angehen', rempeln; anstürmen gegen: *~ the enemy*; **10.** *Preis etc.* fordern, berechnen: *he ~d (me) a dollar for it* er berechnete (mir) e-n Dollar dafür; **11.** ⚖ *j-n* mit *et.* belasten, *j-m et.* in Rechnung stellen: *~ these goods to me* (*od.* *to my account*); **II** *v/i.* **12.** angreifen, stürmen: *the lion ~d at me* der Löwe fiel mich an; **13.** (e-n Preis) fordern, (Kosten) berechnen: *~ too much* zuviel berechnen; *I shall not ~ for it* ich werde es nicht berechnen; **III** *s.* **14.** ✕, ⚔, *mot.* Ladung *f*; ⊙ (Spreng)Ladung *f*; Füllung *f*, Beschickung *f*; *metall.* Einsatz *m*; **15.** Belastung *f*, Forderung *f* (*beide a.* ⚖), Last *f*, Bürde *f*; Anforderung *f*, Beanspruchung *f*: *~ (on an estate)* (Grundstücks)Belastung; *real ~* Grundschuld *f*; *be a ~ on s.o.* j-m zur Last fallen; *a first ~ on s.th.* e-e erste Forderung an et. (*acc.*); **16.** (*a. pl.*) Preis *m*, Kosten *pl.*, Spesen *pl.*, Unkosten *pl.*; Gebühr *f*: *no ~*, *free of ~* kostenlos, gratis; *~s forward* per Nachnahme; *~s (to be) deducted* abzüglich der Unkosten; **17.** Aufgabe *f*, Amt *n*, Pflicht *f*, Verantwortung *f*; **18.** Aufsicht *f*, Obhut *f*, Pflege *f*; Sorge *f*; Verwahrung *f*; Verwaltung *f*: *person in ~* verantwortliche Person, Verantwortliche(r), Leiter(in); *be in ~ of* verantwortlich sein für, die Aufsicht *od.* den Befehl führen über (*acc.*), leiten; *have ~ of* in Obhut *od.* Verwahrung haben, betreuen, versorgen; *put s.o. in ~ of* j-m die Leitung *od.* Aufsicht *etc.* übertragen (*gen.*); *take ~* die Leitung *etc.* übernehmen, die Sache in die Hand nehmen; **19.** Gewahrsam *m*: *give s.o. in ~* j-n der Polizei übergeben; *take s.o. in ~* j-n festnehmen; **20.** ⚖ Mündel *m*; Pflegebefohlene(r *m*) *f*, Schützling *m*; *a.* anvertraute Sache; **21.** Befehl *m*, Anweisung *f*, Mahnung *f*; ⚖ Rechtsbelehrung *f*; **22.** Vorwurf *m*, Beschuldigung *f*; ⚖ (Punkt *m* der) Anklage *f*: *on a ~ of murder* wegen Mord; *return to the ~ fig.* noch einmal ,einhaken' (*Diskussion*); **23.** Angriff *m*, (An)Sturm *m*; **24.** *get a ~ out of Am.*

sl. an *e-r Sache* mächtig Spaß haben; *~* **ac·count** *s.* ✝ **1.** ('Kunden)Kre₁ditkonto *n*; **2.** Abzahlungskonto *n.*
charge·a·ble ['tʃɑːdʒəbl] *adj.* □ **1.** anzurechnen(d), zu Lasten gehen(d) (*to* von); zu berechnen(d) (*on dat.*); zu belasten(d) (*with* mit); *teleph.* gebührenpflichtig; **2.** zahlbar; **3.** strafbar.
char·gé (d'af·faires) [₁ʃɑː'ʒeɪ(dæ'feə)] *pl.* **char·gés (d'af·faires)** [-ʒeɪdæ-'feəz] (*Fr.*) *s. pol.* Geschäftsträger *m.*
'**charge-nurse** *s.* ⚕ Stati'ons-, Oberschwester *f.*
charg·er ['tʃɑːdʒə] *s.* **1.** ✕ Dienstpferd *n* (*es Offiziers*); **2.** *poet.* Schlachtroß *n*; **3.** ⊙ Aufgeber *m.*
'**charge-sheet** *s. Brit.* **1.** polizeiliches Aktenblatt über den Beschuldigten u. die ihm zur Last gelegte Tat; **2.** ✕ Tatbericht *m.*
char·i·ness ['tʃeərɪnɪs] *s.* **1.** Behutsamkeit *f*; **2.** Sparsamkeit *f.*
char·i·ot ['tʃærɪət] *s. antiq.* zweirädriger Streit- *od.* Tri'umphwagen; **char·i·ot·eer** [₁tʃærɪə'tɪə] *s. poet.* Wagen-, Rossenlenker *m.*
cha·ris·ma [kə'rɪzmə] *pl.* **-ma·ta** [-mətə] *s. eccl.* 'Charisma *n* (*a. fig.* persönliche Ausstrahlung); **char·is·mat·ic** [₁kærɪz'mætɪk] *adj.* charis'matisch.
char·i·ta·ble ['tʃærɪtəbl] *adj.* □ **1.** mild-, wohltätig, karita'tiv, Wohltätigkeits...; **2.** mild, nachsichtig; '**char·i·ta·ble·ness** [-nɪs] *s.* Wohltätigkeit *f*, Güte *f*, Milde *f*, Nachsicht *f*; **char·i·ty** ['tʃærətɪ] *s.* **1.** Nächstenliebe *f*; **2.** Wohltätigkeit *f*; Freigebigkeit *f*: *~ stamp* Wohlfahrtsmarke *f*; *~ begins at home* zuerst kommt die eigene Familie *od.* das eigene Land; → *cold* 3; **3.** Güte *f*; Milde *f*, Nachsicht *f*; **4.** Almosen *n*, milde Gabe; Wohltat *f*, gutes Werk; **5.** Wohlfahrtseinrichtung *f.*
cha·ri·va·ri [₁ʃɑːrɪ'vɑːrɪ] *s.* **1.** 'Katzenmu₁sik *f*; **2.** Lärm *m*, Getöse *n.*
char·la·dy ['tʃɑː₁leɪdɪ] → *charwoman.*
char·la·tan ['ʃɑːlətən] *s.* 'Scharlatan *m*: a) Quacksalber *m*, Marktschreier *m*, b) Schwindler *m*; '**char·la·tan·ry** [-tənrɪ] *s.* Scharlatane'rie *f.*
Charles's Wain [₁tʃɑːlzɪz'weɪn] *s. ast.* Großer Bär.
char·ley horse ['tʃɑːlɪ] *s. Am.* F Muskelkater *m.*
char·lock ['tʃɑːlɒk] *s.* ♀ Hederich *m.*
charm [tʃɑːm] **I** *s.* **1.** Anmut *f*, Charme *m*, (Lieb)Reiz *m*, Zauber *m*: (*feminine*) *~s* weibliche Reize; *~ of style* reizvoller Stil; *turn on the old ~* s-n Charme spielen lassen; **2.** Zauber *m*, Bann *m*; Zauberformel *f*: *it worked like a ~ fig.* es klappte phantastisch; **3.** Amu'lett *n*, 'Talisman *m*; **II** *v/t.* **4.** bezaubern, reizen, entzücken: *be ~ed to meet s.o.* entzückt *od.* erfreut sein, j-n zu treffen; *~ed with* entzückt von; **5.** be-, verzaubern: *~ed against* gefeit gegen; *~ away* wegzaubern; **III** *v/i.* **6.** bezaubern(d wirken), entzücken; '**charm·er** [-mə] *s.* **1.** *fig.* Zauberer *m*, Zauberin *f*; **2.** a) bezaubernder Mensch, Char'meur *m*, b) reizvolles Geschöpf, ,Circe' *f*; '**charm·ing** [-mɪŋ] *adj.* □ char'mant; *a. Sache:* bezaubernd, entzückend, reizend.
char·nel house ['tʃɑːnl] *s.* Leichen-, Beinhaus *n.*

chart [tʃɑːt] **I** s. **1.** (bsd. See-, Himmels)Karte f: **~room** ♣ Kartenhaus n; **2.** Ta'belle f; **3.** a) graphische Darstellung, z.B. (Farb)Skala f, (Fieber)Kurve f, (Wetter)Karte f, b) bsd. ⊙ Dia-'gramm n, Schaubild n, Kurve(nblatt n) f; **II** v/t. **4.** auf e-r (See- etc.)Karte einzeichnen; **5.** graphisch darstellen, skizzieren; **6.** fig. planen, entwerfen.

char·ta [ˈtʃɑːtə] → **Magna C(h)arta.**

char·ter [ˈtʃɑːtə] **I** s. **1.** Urkunde f; Freibrief m; Privi'leg n; **2.** a) Gründungsurkunde f, b) Am. Satzung f (e-r AG etc.), c) Konzessi'on f; **3.** pol. Charta f; **4.** ♣, ✓ a) Chartern n, b) → **charter party**; **II** v/t. **5.** Bank etc. konzessionieren: **~ed company** zugelassene Gesellschaft; → **accountant** 2; **6.** chartern: a) ♣, ✓ mieten, b) befrachten; **'charter·er** [-ərə] s. ♣ Befrachter m.

char·ter| flight s. Charterflug m; **~ par·ty** s. 'Chartepar,tie f, Miet-, Frachtvertrag m.

char·wom·an [ˈtʃɑːˌwʊmən] s. [irr.] Reinemach-, Putzfrau f, Raumpflegerin f.

char·y [ˈtʃeərɪ] adj. □ **1.** vorsichtig, behutsam (in, of in dat., bei); **2.** sparsam, zu'rückhaltend (of mit).

chase¹ [tʃeɪs] **I** v/t. **1.** jagen, nachjagen (dat.), verfolgen; **2.** hunt. hetzen, jagen; **3.** fig. verjagen, vertreiben; **II** v/i. **4.** nachjagen (after dat.); F sausen, rasen; **III** s. **5.** Verfolgung f: **give ~** die Verfolgung aufnehmen; **give ~ to →** 1; **6.** hunt. **the ~** die Jagd; **7.** Brit. 'Jagdre,vier n; **8.** gejagtes Wild (a. fig.) od. Schiff etc.

chase² [tʃeɪs] **I** s. **1.** typ. Formrahmen m; **2.** Rinne f, Furche f; **II** v/t. **3.** ziselieren, ausmeißeln, punzen: **~d work** getriebene Arbeit; **4.** ⊙ Gewinde strehlen, schneiden.

chas·er¹ [ˈtʃeɪsə] s. **1.** Jäger m; Verfolger m; **2.** ♣ a) Verfolgungsschiff n, (bsd. U-Boot-)Jäger m, b) Jagdgeschütz n; **3.** ✓ Jagdflugzeug n; **4.** F ,Schluck m zum Nachspülen'; **5.** sl. a) Schürzenjäger m, b) mannstolles Weib.

chas·er² [ˈtʃeɪsə] s. ⊙ **1.** Zise'leur m; **2.** Gewindestahl m; Treibpunzen m.

chasm [ˈkæzəm] s. **1.** Kluft f, Abgrund m (beide a. fig.) **2.** Schlucht f; **3.** Riß m, Spalte f; **4.** Lücke f.

chas·sis [ˈʃæsɪ] pl. **'chas·sis** [-sɪz] s. **1.** Chas'sis n: a) ✓, mot. Fahrgestell n, b) Radio: Grundplatte f; **2.** ✗ La'fette f.

chaste [tʃeɪst] adj. □ **1.** keusch (a. fig. schamhaft; anständig, tugendhaft); rein, unschuldig; **2.** rein, von edler Schlichtheit: **~ style.**

chas·ten [ˈtʃeɪsn] v/t. **1.** züchtigen, strafen; **2.** läutern; **3.** mäßigen, dämpfen; ernüchtern.

chas·tise [tʃæˈstaɪz] v/t. **1.** züchtigen, strafen; **2.** geißeln, tadeln; **chas·tise·ment** [ˈtʃæstɪzmənt] s. Züchtigung f, Strafe f.

chas·ti·ty [ˈtʃæstətɪ] s. **1.** Keuschheit f: **~ belt** Keuschheitsgürtel m; **2.** Reinheit f; **3.** Schlichtheit f.

chas·u·ble [ˈtʃæzjʊbl] s. eccl. Meßgewand n.

chat [tʃæt] **I** v/i. plaudern, schwatzen; **II** v/t. **~ s.o. (up)** F a) auf j-n einreden, b) j-n ,anquatschen'; **III** s. Plaude'rei f: **~ show** Brit. Talk-Show f; **have a ~ →** I.

chat·e·laine [ˈʃætəleɪn] s. **1.** Schloßherrin f; **2.** Kastel'lanin f; **3.** (Gürtel)Kette f (für Schlüssel etc.).

chat·tel [ˈtʃætl] s. **1.** mst pl. bewegliches Eigentum, Habe f: **~ mortgage** Mobiliarhypothek f; **~ paper** Am. Verkehrspapier n; → **good** 18; **2.** mst **~ slave** Leibeigene(r) m.

chat·ter [ˈtʃætə] **I** v/i. **1.** plappern, schwatzen; **2.** schnattern; **3.** klappern (a. Zähne), rattern; **4.** plätschern; **II** s. **5.** Geplapper n, Geschnatter n; Klappern n; **'chat·ter·box** s. Plappermaul n; **'chat·ter·er** [-ərə] s. Schwätzer(in).

chat·ty [ˈtʃætɪ] adj. **1.** gesprächig; **2.** unter'haltsam (Person, Brief), im Plauderton (geschrieben etc.).

chauf·feur [ˈʃəʊfə] (Fr.) s. Chauf'feur m, Fahrer m; **chauf·feuse** [ʃəʊˈfɜːz] s. Fahrerin f.

chau·vie [ˈʃəʊvɪ] s. F ,Chauvie' m (→ chauvinist 2).

chau·vin·ism [ˈʃəʊvɪnɪzəm] s. Chauvi'nismus m; **'chau·vin·ist** [-ɪst] s. **1.** Chauvi'nist m; **2.** male ~ sociol. männlicher Chauvinist; **chau·vin·is·tic** [ˌʃəʊvɪˈnɪstɪk] adj. (□ **~ally**) chauvi'nistisch.

cheap [tʃiːp] **I** adj. □ **1.** billig, preiswert: **get off ~** mit e-m blauen Auge davonkommen; **hold ~** wenig halten von; **~ as dirt** spottbillig; **2.** billig, minderwertig; schlecht, kitschig: **~ and nasty** billig u. schlecht; **3.** verbilligt, ermäßigt: **~ fare, ~ money** billiges Geld; **4.** fig. billig, mühelos; **5.** fig. ,billig', schäbig: **feel ~** a) sich ,billig' od. ärmlich vorkommen, b) sl. sich elend fühlen; **II** adv. **6.** billig; **III** s. **7. on the ~** F billig; **'cheap·en** [-pən] v/t. (v/i. sich) verbilligen; her'absetzen (a. fig.): **~ o.s.** sich herabwürdigen; **'cheap·jack I** s. billiger Jakob; **II** adj. Ramsch-...; **'cheap·ness** [-nɪs] s. Billigkeit f (a. fig.); **'cheap·skate** s. Am. sl. ,Knicker' m, Geizhals m.

cheat [tʃiːt] **I** s. **1.** Betrüger(in), Schwindler(in); ,Mogler(in)'; **2.** Betrug m, Schwindel m; Moge'lei f; **II** v/t. **3.** betrügen (of, out of um); **4.** durch List bewegen (into zu); **5.** sich entziehen (dat.), ein Schnippchen schlagen (dat.): **~ justice**; **III** v/i. **6.** betrügen, schwindeln, mogeln.

check [tʃek] **I** s. **1.** Schach(stellung f) n: **in ~** im Schach (stehend); **give ~** Schach bieten; **hold** (od. **keep**) **in ~** fig. in Schach halten; **2.** Hemmnis n, Hindernis n (on für): **put a ~ upon s.o.** j-m e-n Dämpfer aufsetzen, j-n zurückhalten; **3.** Unter'brechung f, Rückschlag m: **give a ~ to** Einhalt gebieten (dat.); **4.** Kon'trolle f, Über'prüfung f, Nachprüfung f, Über'wachung f: **keep a ~ upon s.th.** etwas unter Kontrolle halten; **5.** Kon'trollzeichen n, bsd. Häkchen n (auf Listen etc.); **6.** † Am. Scheck m (for über acc.); **7.** bsd. Am. Kassenschein m, -zettel m, Rechnung f (im Kaufhaus od. Restaurant); **8.** Kon'trollabschnitt m, -marke f, -schein m; **9.** bsd. Am. Aufbewahrungsschein m: a) Garde'robenmarke f, b) Gepäckschein m; **10.** (Essens- etc.)Bon m, Gutschein m; **11.** a) Schachbrett-, Würfel-, Karomuster n, b) Karo n, Viereck n, c) karierter Stoff; **12.** Spiel-

marke f: **to pass** (od. **hand**) **in one's ~s** Am. F ,abkratzen' (sterben); **13.** Eishockey: Check m; **II** v/t. **14.** Schach bieten (dat.): **~!** Schach!; **15.** hemmen, hindern, aufhalten, eindämmen; **16.** ⊙, a. fig. † etc. drosseln, bremsen; **17.** zu'rückhalten, bremsen, zügeln, dämpfen: **~ o.s.** (plötzlich) innehalten, sich e-s anderen besinnen; **18.** Eishockey: Gegner checken; **19.** kontrollieren, über'prüfen, nachprüfen, ,checken' (for auf e-e Sache hin): **~ against** vergleichen mit; **20.** Am. (auf e-r Liste etc.) abhaken, ankreuzen; **21.** bsd. Am. a) (zur Aufbewahrung od. in der Garde'robe) abgeben, b) (als Reisegepäck) aufgeben; **22.** bsd. Am. a) (zur Aufbewahrung) annehmen, b) zur Beförderung (als Reisegepäck) über'nehmen od. annehmen; **23.** karieren, mit e-m Karomuster versehen; **III** v/i. **24.** a) stimmen, b) (with) über'einstimmen (mit); **25.** oft **~ up (on)** nachprüfen, (e-e Sache od. j-n) über'prüfen: **~!** Am. F klar!; **26.** Am. e-n Scheck ausstellen (for über acc.); **27.** (plötzlich) innehalten, stutzen;

Zssgn mit adv.:

check| back v/i. rückfragen (with bei); **~ in** v/i. **1.** sich anmelden; **2.** † einstempeln; **3.** ✓ einchecken; **II** v/t. **4.** anmelden; **5.** ✓ einchecken, abfertigen; **~ off →** check 20; **~ out I** v/i. **1. →** check 19; **II** v/i. **2.** (aus e-m Hotel) abreisen; **3.** † ausstempeln; **4.** Am. sl. ,abkratzen'; **~ o·ver →** check 19; **~ up →** check 25.

'check·back s. Rückfrage f; **~ bit** s. Computer: Kon'trollbit n; **'~·book →** chequebook; **'~·card** s. Am. Scheckkarte f.

checked [tʃekt] adj. kariert: **~ pattern** Karomuster n.

check·er [ˈtʃekə] etc. Am. → **chequer** etc.

'check·in s. **1.** Anmeldung f in e-m Hotel; **2.** † Einstempeln n; **3.** ✓ Einchecken n: **~ counter** Abfertigungsschalter m; **~ time** Eincheckzeit f.

check·ing ac·count [ˈtʃekɪŋ] s. econ. Am. Girokonto n.

check| list s. Kon'trollliste f; **~ lock** s. kleines Sicherheitsschloß; **'~·mate I** s. **1.** (Schach)'Matt n, Mattstellung f; **2.** fig. Niederlage f; **II** v/t. **3.** (schach)'matt setzen (a. fig.); **III** int. **4.** schach'matt!; **~ nut** s. ⊙ Gegenmutter f; **'~·out** s. **1.** Abreise f aus e-m Hotel; **2.** † Ausstempeln n; **3.** a. **~ counter** Kasse f im Kaufhaus; **'~·out test** s. † Tauglichkeitstest m für ein Produkt; **'~·,o·ver** checkup 1; **'~·point** s. pol. Kon'trollpunkt m (an der Grenze); **'~·room** s. Am. **1.** ⊙ Gepäckaufbewahrung(sstelle) f; **2.** Garde'robe(nraum m) f; **'~·up** s. **1.** Über'prüfung f, Kon'trolle f; **2.** ✔ 'Vorsorgeunter,suchung f, Check-up m; **~ valve** s. ⊙ 'Absperr- od. 'Rückschlagven,til n.

Ched·dar (cheese) [ˈtʃedə] s. 'Cheddarkäse m.

cheek [tʃiːk] **I** s. **1.** Backe f, Wange f: **~ by jowl** dicht od. vertraulich beisammen; **2.** ⊙ Backe f; **3.** F Frechheit f, Unverfrorenheit f: **have the ~** die Frechheit od. Stirn besitzen (to inf. zu inf.); **II** v/t. **4.** frech sein zu; **'cheek-**

bone s. Backenknochen m; **cheeked** [-kt] adj. ...wangig, ...bäckig; **'cheek·i·ness** [-kınıs] s. F Frechheit f; **'cheek·y** [-kı] adj. □ frech.

cheep [tʃiːp] **I** v/t. u. v/i. piep(s)en; **II** s. Pieps(er) m (a. fig.).

cheer [tʃıə] **I** s. **1.** Beifall(sruf) m, Hur'ra(ruf m) n, Hoch(ruf m) n: **three ~s for him!** ein dreifaches Hoch auf ihn!, er lebe hoch, hoch, hoch!; **to the ~s of** unter dem Beifall etc. (gen.); **2.** Ermunterung f, Trost m: **words of ~**; **~s!** prosit!; **3.** a) gute Laune, vergnügte Stimmung, Fröhlichkeit f, b) Stimmung f: **good ~** → a); **be of good ~** guter Laune od. Dinge sein, vergnügt sein; **be of good ~!** sei guten Mutes!; **make good ~** sich amüsieren, a. gut essen u. trinken; **II** v/t. **4.** Beifall spenden (dat.), zujubeln (dat.), mit Hoch- od. Bravorufen begrüßen, hochleben lassen; **5.** a. **~ on** anspornen, anfeuern; **6.** a. **~ up** j-n er-, aufmuntern, aufheitern; **III** v/i. **7.** Beifall spenden, hoch od. hur'ra rufen, jubeln; **8.** meist **~ up** Mut fassen, (wieder) fröhlich werden; **~ up!** Kopf hoch!

cheer·ful ['tʃıəfʊl] adj. □ **1.** heiter, fröhlich; (iro. quietsch)vergnügt; **2.** erfreulich, freundlich; **3.** freudig, gern; **'cheer·ful·ness** [-nıs], **cheer·i·ness** ['tʃıərınıs] s. Heiterkeit f, Frohsinn m; **cheer·i·o** [,tʃıərı'əʊ] int. F bsd. Brit. a) mach's gut!, tschüs!, b) 'prosit!; **'cheer-,lead·er** s. sport Am. Einpeitscher m (beim Anfeuern); **cheer·less** ['tʃıəlıs] adj. □ freudlos, trüb, trostlos; unfreundlich (Zimmer, Wetter etc.); **cheer·y** ['tʃıərı] adj. □ fröhlich, heiter, vergnügt.

cheese [tʃiːz] **I** s. **1.** Käse m; → **chalk** 2; **2.** käseartige Masse; Ge'lee n, m; **3.** **big ~** sl. ,hohes Tier'; **4.** sl. das Richtige od. einzig Wahre: **that's the ~!** so ist's richtig!; **hard ~!** schöne Pleite!; **II** v/t. **5.** sl.: **~ it!** ,hau ab'!; **'~·cake** s. **1.** Käsekuchen m, -törtchen n; **2.** Am. Pin-up-Girl n, Sexbombe f (Bild); **'~·cloth** s. Mull m, Gaze f; **'~·mon·ger** s. Käsehändler m; **'~·par·ing I** s. **1.** wertlose Sache; **2.** Knause'rei f; **II** adj. **3.** knauserig; **~ straws** pl. Käsestangen pl

chee·tah ['tʃiːtə] s. zo. 'Gepard m.

chef [ʃef] (Fr.) s. Küchenchef m.

chem·i·cal ['kemıkl] adj. □ chemisch, Chemie...: **~ agent** ✗ Kampfstoff m; **~ engineer** Chemotechniker m; **~ fibre** Chemie-, Kunstfaser f; **~ warfare** chemische Kriegführung; **II** s. Chemi'kalie, chemisches Präpa'rat.

che·mise [ʃı'miːz] **1.** (Damen)Hemd n; **2.** a. **~ dress** Hängekleid n.

chem·ist ['kemıst] s. **1.** a. **analytical ~** Chemiker m; **2.** Brit. a. **dispensing ~** Apo'theker m: **~'s shop** Brit. Apotheke f, Drogerie f; **'chem·is·try** [-trı] s. **1.** Che'mie f; **2.** chemische Zs.-setzung; **3.** fig. Na'tur f, Wirken n.

cheque [tʃek] s. ✝ Brit. Scheck m (**for** über e-e Summe): **blank ~** Blankoscheck, fig. unbeschränkte Vollmacht; **crossed ~** Verrechnungsscheck; **~ ac·count** s. ✝ Brit. 'Giro,konto n; **'~·book** s. Brit. Scheckbuch n.

cheq·uer ['tʃekə] Brit. **I** s. **1.** Schach-, Karomuster n; **2.** pl. sg. konstr. Dame-

spiel n; **II** v/t. **3.** karieren; **4.** bunt od. unregelmäßig gestalten; **'cheq·uer·board** s. Brit. Damebrett n; **'cheq·uered** [-əd] adj. Brit. kariert; fig. bunt; wechselvoll, bewegt.

cher·ish ['tʃerıʃ] v/t. **1.** schätzen, hochhalten; **2.** sorgen für, pflegen; **3.** Gefühle etc. hegen; bewahren; **4.** fig. festhalten an (dat.).

che·root [ʃə'ruːt] s. Stumpen m (Zigarre).

cher·ry ['tʃerı] **I** s. **1.** ♀ Kirsche f (Frucht od. Baum); **2.** a) Jungfräulichkeit f, b) Jungfernhäutchen n; **II** adj. **3.** kirschrot; **~ bran·dy** s. Cherry Brandy m, 'Kirschli,kör m; **~ pie** s. **1.** Kirschtorte f; **2.** ♀ Helio'trop n; **~ stone** s. Kirschkern m; **'~·wood** s. Kirschbaumholz n.

cher·ub ['tʃerəb] pl. **-ubs**, **-u·bim** [-əbım] s. **1.** bibl. 'Cherub m, Engel m; **2.** geflügelter Engelskopf; **3.** a) pausbäckiges Kind, b) fig. Engel(chen n) m (Kind).

cher·vil ['tʃɜːvıl] s. ♀ Kerbel m.

Chesh·ire cat ['tʃeʃə] s.: **grin like a ~** grinsen wie ein Affe; **~ cheese** s. 'Chesterkäse m.

chess [tʃes] s. Schach(spiel) n: **a game of ~** e-e Partie Schach; **'~·board** s. Schachbrett n; **'~·man** [-mæn] s. [irr.] 'Schachfi,gur f; **~ prob·lem** s. Schachaufgabe f.

chest [tʃest] s. **1.** Kiste f, Kasten m, Truhe f: **~ of drawers** Kommode f; **2.** kastenartiger Behälter; **3.** Brust(kasten m) f: **have a weak ~** schwach auf der Brust sein; **~ expander** Expander m; **~ note** Brustton m; **~ trouble** Lungenleiden; **beat one's ~** fig. sich reuig an die Brust schlagen; **get s.th. off one's ~** F sich et. von der Seele schaffen; **play (one's cards) close to one's ~** a. fig. sich nicht in die Karten gucken lassen; **4.** Kasse f, Kassenverwaltung f; **'chest·ed** [-tıd] adj. in Zssgn ...brüstig.

ches·ter·field ['tʃestəfiːld] s. **1.** Chesterfield m (Herrenmantel); **2.** 'Polster,sofa n.

chest·nut ['tʃesnʌt] **I** s. **1.** ♀ Ka'stanie f (Frucht, Baum od. Holz); **2.** Braune(r) m (Pferd); **3.** alter Witz, ,alte Ka'melle'; **II** adj. **4.** ka'stanienbraun.

chest·y ['tʃestı] adj. **1.** F tief(sitzend) (Husten); **2.** F dickbusig; **3.** sl. eingebildet, arro'gant.

chev·a·lier [,ʃevə'lıə] s. **1.** (Ordens)Ritter m; **2.** fig. Kava'lier m.

chev·ron ['ʃevrən] s. **1.** her. Sparren m; **2.** ✗ Winkel m (Rangabzeichen); **3.** △ Zickzackleiste f.

chev·y ['tʃevı] → **chiv(v)y**.

chew [tʃuː] **I** v/t. **1.** kauen: **~ the rag** od. **fat** a) ,quatschen', plaudern, b) ,meckern'; → **cud**; **2.** fig. sinnen auf (acc.), über'legen, brüten; **3.** **~ over** F et. besprechen; **4.** **~ up** Am. sl. j-n ,anscheißen'; **II** v/i. **5.** kauen; **6.** F 'Tabak kauen; **7.** nachsinnen, grübeln (**on, over** über acc.); **III** v/t. **8.** Kauen n; **9.** Priem m; **'chew·ing-gum** ['tʃuːıŋ-] s. 'Kau,gummi m.

chi·a·ro·scu·ro [kı,ɑːrəs'kʊərəʊ] pl. **-ros** (Ital) s. paint. Helldunkel n.

chic [ʃiːk] **I** s. Schick m, Ele'ganz f, Geschmack m; **II** adj. schick, ele'gant.

chi·cane [ʃı'keın] **I** s. **1.** Schi'kane f (a.

Motorsport); **2.** Bridge: Blatt n ohne Trümpfe; **II** v/t. u. v/i. **3.** schikanieren; **4.** betrügen (**out of** um); **chi'can·er·y** [-nərı] s. Schi'kane f, (bsd. Rechts-) Kniff m.

chi·chi ['ʃiːʃiː] adj. F **1.** (tod)schick; **2.** contp. auf schick gemacht.

chick [tʃık] s. **1.** Küken n (a. fig. Kind); junger Vogel; **2.** sl. ,Biene' f, ,Puppe' f.

chick·en ['tʃıkın] s. **1.** Küken n; Hühnchen n, Hähnchen n: **count one's ~s before they are hatched** das Fell des Bären verkaufen, ehe man ihn hat; **2.** Huhn n; **3.** Hühnerfleisch n; **4.** F ,Küken' n: **she is no ~** sie ist auch nicht mehr die Jüngste; **5.** sl. Mutprobe-Spiel n; **6.** **give s.o. ~** ✗ sl. ,mit j-m Schlitten fahren'; **II** adj. **7.** sl. feig(e); **III** v/i. **8.** sl. ,Schiß' bekommen: **~ out** ,kneifen'; **'~·breast·ed** adj. hühnerbrüstig; **~ broth** s. Hühnerbrühe f; **'~·feed** s. **1.** Hühnerfutter n; **2.** sl. ,ein paar Groschen', lächerliche Summe: **no ~** kein Pappenstiel; **'~·heart·ed**, **'~·liv·ered** adj. feig(e); **~ pox** s. ✿ Windpocken pl.; **~ run** s. Hühnerauslauf m.

'chick·pea s. ♀ Kichererbse f.

chic·le ['tʃıkl] a. **~ gum** s. (Rohstoff m von) 'Kau,gummi m.

chic·o·ry ['tʃıkərı] s. ♀ **1.** Zi'chorie f; **2.** Chicorée m, f.

chid [tʃıd] pret. u. p.p. von **chide**; **chid·den** [-dn] p.p. von **chide**; **chide** [tʃaıd] v/t. u. v/i. [irr.] schelten, tadeln, (aus-) schimpfen.

chief [tʃiːf] **I** s. **1.** Haupt n, Oberhaupt n, Anführer m; Chef m, Vorgesetzte(r) m; Leiter m: ☰ **of Staff** ✗ (General-) Stabschef m; ☰ **of State** Staatschef m, -oberhaupt n; in **~** hauptsächlich; **2.** her. Schildhaupt n; **II** adj. □ → **chiefly**; **4.** erst, oberst, höchst; bedeutendst, Ober..., Höchst..., Haupt...: **~ designer** Chefkonstrukteur m; **~ mourner** Hauptleidtragende(r m) f; **~ part** Hauptrolle f; **~ clerk** s. **1.** Bü'rovorsteher m; erster Buchhalter; **2.** Am. erster Verkäufer; ☰ **Con·sta·ble** s. Poli'zeipräsi,dent m; **~ en·gi·neer** s. **1.** 'Chefingeni,eur m; **2.** ♨ erster Maschi'nist; ☰ **Ex·ec·u·tive** s. Am. Leiter m der Verwaltung, bsd. Präsi'dent m der U.S.A.; ☰ **Jus·tice** s. Oberrichter m.

chief·ly ['tʃiːflı] adv. hauptsächlich.

chief·tain ['tʃiːftən] s. Häuptling m (Stamm); Anführer m (Bande); **'chieftain·cy** [-sı] s. Stellung f e-s Häuptlings.

chif·fon ['ʃıfɒn] s. Chif'fon m.

chil·blain ['tʃılbleın] s. Frostbeule f.

child [tʃaıld] pl. **chil·dren** ['tʃıldrən] s. **1.** Kind n: **with ~** schwanger; **from a ~** von Kindheit an; **be a good ~!** sei artig!; **~'s play** fig. ein Kinderspiel (**to** für); **2.** fig. Kind n, kindische od. kindliche Per'son; **3.** Kind n, Nachkomme m: **the children of Israel**; **4.** fig. Kind n, Pro'dukt n; **5.** Jünger m; **~ al·low·ance** s. Kinderfreibetrag m; **'~·bear·ing** s. Gebären n; **'~·bed** s. Kind-, Wochenbett n; **~ ben·e·fit** s. Brit. Kindergeld n; **'~·birth** s. Geburt f, Entbindung f, Niederkunft f; **~ care** s. Jugendfürsorge f; **~ guid·ance** s. 'heilpäda,gogische Betreuung (des Kindes).

child·hood ['tʃaıldhʊd] s. Kindheit f:

second ~ zweite Kindheit (*Senilität*); **'child·ish** [-dɪʃ] *adj.* □ **1.** kindisch; **2.** kindlich; **'child·ish·ness** [-dɪʃnɪs] *s.* **1.** Kindlichkeit *f*; **2.** kindisches Wesen; **'child·less** [-lɪs] *adj.* kinderlos; **'child·like** *adj.* kindlich; **child mind·er** *s.* Tagesmutter *f*; **child prod·i·gy** *s.* Wunderkind *n*.

chil·dren ['tʃɪldrən] *pl.* von *child*: ~'s *allowance* Kindergeld; *Radio, TV*: ~'s *hour* Kinderstunde *f*.

child| wel·fare *s.* Jugendfürsorge *f*: ~ *worker* Jugendfürsorger(in), Jugendpfleger(in); ~ *wife* s. Kindweib *n*, sehr junge Ehefrau.

chil·e → **chilli**.

Chil·e·an ['tʃɪlɪən] **I** *s.* Chi'lene *m*, Chi'lenin *f*; **II** *adj.* chi'lenisch.

Chil·e| pine ['tʃɪlɪ] *s.* ♀ Chiletanne *f*, Arau'karie *f*; ~ *salt·pe·tre*, *Am.* **salt·pe·ter** *s.* 🎇 'Chilesal₁peter *m*.

chil·i *Am.* → **chilli**.

chill [tʃɪl] **I** *s.* **1.** Kältegefühl *n*, Frösteln *n*; (*a.* Fieber)Schauer *m*: ~ *of fear* eisiges Gefühl der Angst; **2.** Kälte *f*: *take the* ~ *off* leicht anwärmen, überschlagen lassen; **3.** Erkältung *f*: *catch a* ~ sich erkälten; **4.** *fig.* Kälte *f*, Lieblosigkeit *f*, Entmutigung *f*: *cast a* ~ *upon* → 9; **5.** 🎇 Ko'kille *f*, Gußform *f*; **II** *adj.* **6.** kalt, frostig, kühl (*a. fig.*); entmutigend; **III** *v/i.* **7.** abkühlen; **IV** *v/t.* **8.** (ab)kühlen; erstarren lassen: ~*ed meat* Kühlfleisch *n*; **9.** *fig.* abkühlen, dämpfen, entmutigen; **10.** 🎇 abschrecken, härten; ~*ed (cast) iron* Hartguß *m*.

chil·li ['tʃɪlɪ] *s.* ♀ Chili *m*.

chill·i·ness ['tʃɪlɪnɪs] *s.* Kälte *f*, Frostigkeit *f* (*beide a. fig.*); **chill·ing** ['tʃɪlɪŋ] *adj.* kalt, frostig; *fig.* niederdrückend; **chill·y** ['tʃɪlɪ] *adj.* a) kalt, frostig, kühl (*alle a. fig.*), b) fröstelnd: *feel* ~ frösteln.

Chil·tern Hun·dreds ['tʃɪltən] *s. Brit. parl.*: *apply for the* ~ s-n Sitz im Unterhaus aufgeben.

chi·mae·ra [kaɪˈmɪərə] *s.* **1.** *zo.* a) Chi'märe *f*, Seehase *m*, b) Seedrachen *m*; **2.** → **chimera**.

chime [tʃaɪm] **I** *s.* **1.** *oft pl.* Glockenspiel *n*, Geläut(e) *n*; **2.** *fig.* Einklang *m*, Harmo'nie *f*; **II** *v/i.* **3.** läuten; ertönen; schlagen (*Uhr*); **4.** *fig.* über'einstimmen, harmonieren: ~ *in* einfallen, -stimmen, *weitS.* sich (ins Gespräch) einmischen; ~ *in with* a) beipflichten (*dat.*), b) übereinstimmen mit; **III** *v/t.* **5.** läuten, ertönen lassen; *die Stunde* schlagen.

chi·me·ra [kaɪˈmɪərə] *s.* **1.** *myth.* Chi'mära *f*; **2.** Schi'märe *f*: a) Schreckgespenst *n*, b) Hirngespinst *n*; **chi'mer·i·cal** [-ˈmerɪkl] *adj.* □ schi'märisch, phan'tastisch.

chim·ney ['tʃɪmnɪ] *s.* **1.** Schornstein *m*, Schlot *m*, Ka'min *m*; Rauchfang *m*: *smoke like a* ~ F rauchen wie ein Schlot; **2.** (*Lampen*)Zy'linder *m*; **3.** a) *geol.* Vul'kanschlot *m*, b) *mount.* Ka'min *m*; ~ *cor·ner* s. Sitzecke *f* am Ka'min; ~ *piece* s. Ka'minsims *m, n*; ~ *pot* s. Schornsteinaufsatz *m*: ~ *hat* F ₁Angströhre' *f* (*Zylinderhut*); ~ *stack* s. Schornstein(kasten) *m*; ~ *sweep* (*-er*) *s.* Schornsteinfeger *m*.

chimp [tʃɪmp] *s.* F, **chim·pan·zee** [₁tʃɪmpənˈziː] *s. zo.* Schim'panse *m*.

chin [tʃɪn] **I** *s.* Kinn *n*: *up to the* ~ *fig.* bis über die Ohren; *take it on the* ~ *fig.* a) schwer einstecken müssen, b) e-e böse ₁Pleite' erleben, c) es standhaft ertragen; (*keep your*) ~ *up!* halt die Ohren steif!; **II** *v/i. sl.* ₁quasseln'; **III** *v/t.* ~ *o.s.* (*up*) *Am.* e-n Klimmzug *od.* Klimmzüge machen.

chi·na ['tʃaɪnə] **I** *s.* **1.** Porzel'lan *n*; **2.** (Porzel'lan)Geschirr *n*; **II** *adj.* **3.** Por'zellan...; ♀ **bark** s. ♀ Chinarinde *f*; ~ **clay** s. *min.* Kao'lin *n*, Porzel'lanerde *f*; '♀·**man** [-mən] s. [*irr.*] Chi'nese *m*; ♀ **tea** s. chi'nesischer Tee; '♀·**town** s. Chi'nesenviertel *n*; '~·**ware** s. Porzel'lan(waren *pl.*) *n*.

chinch [tʃɪntʃ] *s. Am.* Wanze *f*.

chin-chin [₁tʃɪnˈtʃɪn] *int.* (*Pidgin-English*) **1.** a) (guten) Tag!, b) tschüs!; **2.** 'prosit!, prost!

chine [tʃaɪn] *s.* **1.** Rückgrat *n*, Kreuz *n* (*Tier*); **2.** Küche: Kammstück *n*; **3.** (Berg)Grat *m*, Kamm *m*.

Chi·nese [₁tʃaɪˈniːz] **I** *adj.* **1.** chi'nesisch; **II** *s.* **2.** Chi'nese *m*, Chi'nesin *f*, Chi'nesen *pl.*; **3.** *ling.* Chi'nesisch *n*; ~ **cab·bage** *s.* ♀ Chinakohl *m*; ~ **lan·tern** *s.* **1.** Lampi'on *m, n*; **2.** ♀ Lampi'onpflanze *f*; ~ **puz·zle** s. **1.** Ve'xier-, Geduldspiel *n*; **2.** *fig.* schwierige Sache.

Chink[1] [tʃɪŋk] *s. sl.* Chi'nese *m*.

chink[2] [tʃɪŋk] *s.* **1.** Riß *m*, Ritz *m*, Ritze *f*, Spalt *m*, Spalte *f*: *the* ~ *in his armo(u)r fig.* sein schwacher Punkt; **2.** ~ *of light* dünner Lichtstrahl.

chink[3] [tʃɪŋk] **I** *v/i. u. v/t.* **1.** klingen *od.* klirren (lassen), klimpern (mit) (*Geld etc.*); **II** *s.* Klirren *n*, Klang *m*.

chin strap *s.* Kinnriemen *m*.

chintz [tʃɪnts] *s.* Chintz *m*, buntbedruckter 'Möbelkat₁tun; **'chintz·y** [-sɪ] *adj.* **1.** Plüsch...; **2.** *fig.* kleinbürgerlich, spießig.

'chin·wag **I** *s.* **1.** Plausch *m*; **2.** Tratsch *m*; **II** *v/i.* **3.** plauschen; **2.** tratschen.

chip [tʃɪp] **I** *s.* **1.** (*Holz- od. Metall*)Splitter *m*, Span *m*, Schnitzel *n, m*; Scheibchen *n*; abgebrochenes Stückchen, *pl.* Abfall *m*: *dry as a* ~ fade, *fig.* a) trocken, ledern; *a* ~ *of the old block* ganz (wie) der Vater; *have a* ~ *on one's shoulder* F sehr empfindlich sein; **2.** angeschlagene Stelle; **3.** *pl.* a) *Brit.* Pommes 'frites *pl.*: *fish and* ~s, b) *Am.* (Kar'toffel)Chips *pl.*; **4.** Spielmarke *f*: *when the* ~*s are down fig.* wenn es hart auf hart geht; *hand in one's* ~*s Am. sl.* ₁abkratzen'; *have had one's* ~*s sl.* ₁fertig' sein; **5.** *pl. sl.* ₁Zaster' *m* (*Geld*): *in the* ~*s* (*pl.*) bei Kasse; **6.** *Computer*: Chip *m* (*Mikrobaustein*); **II** *v/t.* **7.** (ab)schnitzeln; abraspeln; **8.** *Kante von Geschirr etc.* ab-, anschlagen; *Stückchen* ausbrechen; **9.** F hänseln; **III** *v/i.* **10.** (leicht) abbrechen; ~ *in v/i.* **1.** sich (in ein Gespräch) einmischen; **2.** F beisteuern (*a. v/t.*); ~ *off v/i.* abblättern, abbröckeln.

chip| bas·ket *s.* Spankorb *m*; ~ **hat** *s.* Basthut *m*; '~·**board** s. (Holz)Spanplatte *f*.

chip·muck ['tʃɪpmʌk], **'chip·munk** [-mʌŋk] *s. zo.* amer. gestreiftes Eichhörnchen.

'chip·pan *s. Küche*: Fri'teuse *f*.

Chip·pen·dale ['tʃɪpəndeɪl] *s.* Chippendale(stil *m*) *n* (*Möbelstil*).

chip·per ['tʃɪpə] *Am.* **I** *v/i.* zwitschern; schwatzen; **II** *adj.* F munter, vergnügt.

chip·ping ['tʃɪpɪŋ] *s.* Schnitzel *n, m*, abgeschlagenes Stück, angestoßene Ecke; Span *m; pl.* Splitt *m*.

chip·py ['tʃɪpɪ] *adj.* **1.** angeschlagen (*Geschirr etc.*); schartig; **2.** *fig.* trocken, fade; **3.** *sl.* verkatert; **II** *s.* **4.** *Am. sl.* ₁Flittchen' *n*.

chi·ro·man·cer ['kaɪərəʊmænsə] *s.* Handleser *m*; **'chi·ro·man·cy** [-sɪ] *s.* Handlesekunst *f*.

chi·rop·o·dist [kɪˈrɒpədɪst] *s.* Fußpfleger(in), Pedi'küre *f*; **chi·rop·o·dy** [-dɪ] *s.* Fußpflege *f*, Pedi'küre *f*.

chirp [tʃɜːp] **I** *v/i. u. v/t.* zirpen, zwitschern; schilpen (*Spatz*); **II** *s.* Gezirp *n*, Zwitschern *n*; **'chirp·y** [-pɪ] *adj.* F munter, vergnügt.

chirr [tʃɜː] *v/i.* zirpen (*Heuschrecke*).

chir·rup ['tʃɪrəp] *v/i.* **1.** zwitschern; **2.** schnalzen.

chis·el ['tʃɪzl] **I** *s.* **1.** Meißel *m*; **2.** 🎇 Beitel *m*, Grabstichel *m*; **II** *v/t.* **3.** meißeln; **4.** *fig.* sti'listisch ausfeilen; **5.** *sl.* a) betrügen, ₁reinlegen', b) ergaunern, her'ausschinden; **'chis·el(l)ed** [-ld] *adj. fig.* **1.** ausgefeilt: ~ *style*; **2.** scharf geschnitten: ~ *face*; **'chis·el·(l)er** [-lə] *s.* F Gauner(in); ₁Nassauer' *m*.

chit[1] [tʃɪt] *s.* Kindchen *n*: *a* ~ *of a girl* ein junges Ding, ein Fratz.

chit[2] [tʃɪt] *s.* **1.** kurzer Brief; Zettel *m*; **2.** vom Gast abgezeichnete (Speise-) Rechnung.

chit-chat ['tʃɪttʃæt] → **chinwag**.

chit·ter·ling ['tʃɪtəlɪŋ] *s. mst pl.* Gekröse *n*, Inne'reien *pl.* (*bsd. Schwein*).

chiv·al·rous ['ʃɪvlrəs] *adj.* □ ritterlich, ga'lant; **'chiv·al·ry** [-rɪ] *s.* **1.** Ritterlichkeit *f*; **2.** Tapferkeit *f*; **3.** Rittertum *n*; **4.** Ritterdienst *m*.

chive[1] [tʃaɪv] *s.* ♀ Schnittlauch *m*.

chive[2] [tʃaɪv] *sl.* **I** *s.* Messer *n*; **II** *v/t.* (er)stechen.

chiv·(v)y ['tʃɪvɪ] *v/t.* **1.** *j-n* her'umjagen, hetzen; **2.** schikanieren.

chlo·ral ['klɔːrəl] *s.* 🎇 Chlo'ral *n*: ~ *hydrate* Chloralhydrat *n*; **'chlo·rate** [-reɪt] *s.* 🎇 chlorsaures Salz; **'chlo·ric** [-rɪk] *adj.* 🎇 Chlor...: ~ *acid* Chlorsäure *f*; **'chlo·ride** [-raɪd] *s.* 🎇 Chlo'rid *n*, Chlorverbindung *f*: ~ *of lime* Chlorkalk *m*; **'chlo·rin·ate** [-rɪneɪt] *v/t.* chloren, chlorieren; **chlo·rin·a·tion** [₁klɔːrɪˈneɪʃn] *s.* Chloren *n*; **'chlo·rine** [-riːn] *s.* 🎇 Chlor *n*.

chlo·ro·form ['klɒrəfɔːm] **I** *s.* 🎇, ♀ Chloro'form *n*; **II** *v/t.* chloroformieren; **'chlo·ro·phyll** [-fɪl] *s.* ♀ Chloro'phyll *n*, Blattgrün *n*.

chlo·ro·sis [klɒˈrəʊsɪs] *s.* ⚕, ♀ Bleichsucht *f*; **chlo·rous** ['klɔːrəs] *adj.* chlorig.

choc [tʃɒk] *s.* F *abbr. für* **chocolate**: ~ *ice* Eis *n* mit Schokoladenüberzug.

chock [tʃɒk] **I** *s.* **1.** (Brems-, Hemm-) Keil *m*; **2.** ⚓ Klampe *f*; **II** *v/t.* **3.** festkeilen; **4.** *fig.* vollpfropfen; **III** *adv.* **5.** dicht; ~**-a-block** [₁tʃɒkəˈblɒk] *adj.* vollgepfropft; ₁~-'**full** *adj.* zum Bersten voll.

choc·o·late ['tʃɒkələt] **I** *s.* **1.** Schoko'lade *f* (*a. als Getränk*); **2.** Pra'line *f*: ~*s* Pralinen, Konfekt *n*; **II** *adj.* **3.** schoko'ladenbraun; ~ **cream** *s.* 'Cremepra₁line *f*.

choice [tʃɔɪs] **I** *s.* **1.** Wahl *f*: ***make a ~*** wählen, e-e Wahl treffen; ***take one's ~*** s-e Wahl treffen; ***this is my ~*** dies habe ich gewählt; **2.** freie Wahl: ***at ~*** nach Belieben; ***by*** (*od.* ***for***) ***~*** vorzugsweise; ***from ~*** aus Vorliebe; **3.** (große) Auswahl; Sortiˈment *n*: ***a ~ of colours***; **4.** Wahl *f*, Möglichkeit *f*: ***I have no ~*** ich habe keine (andere) Wahl, *a.* es ist mir einerlei; **5.** Auslese *f*, *das* Beste; **II** *adj.* ☐ **6.** auserlesen, vorˈzüglich; ⚚ Qualiˈtäts…: ***~ fruit*** feinstes Obst; ***~ words*** a) gewählte Worte, b) *humor.* deftige Sprache; ***~ quality*** ⚚ ausgesuchte Qualität; ˈ**choice·ness** [-nɪs] *s.* Erlesenheit *f*.

choir [ˈkwaɪə] **I** *s.* **1.** (Kirchen-, Sänger-)Chor *m*; **2.** Chor *m*, (ˈChor)Emˌpore *f*; **II** *v/i. u. v/t.* **3.** im Chor singen; ˈ**~·boy** *s.* Chor-, Sängerknabe *m*; ˈ**~ˌmas·ter** *s.* Chorleiter *m*; **~ stalls** *s. pl.* Chorgestühl *n*.

choke [tʃəʊk] **I** *s.* **1.** Würgen *n*; **2.** *mot.* Luftklappe *f*, Choke *m*: ***pull out the ~*** den Choke ziehen; **3.** → ***choke coil***; **4.** → ***chokebore***; **II** *v/i.* **5.** würgen; ersticken (*a. fig.*): ***with a choking voice*** mit erstickter Stimme; **III** *v/t.* **6.** ersticken (*a. fig.*); erwürgen; würgen (*a. weitS. Kragen etc.*); **7.** hindern; dämpfen, drosseln (*a.* ϟ, ⚙); **8.** *a.* ***~ up*** a) verstopfen, b) ˈvollstopfen; **~ back** *v/t.* **1.** *Lachen etc.* ersticken, unterˈdrücken; **2.** → ***choke off***; **~ down** *v/t.* **1.** hinˈunterwürgen (*a. fig.*); **2.** → ***choke back*** 1; **~ off** *v/t. fig.* ‚abwürgen', nicht aufkommen lassen; *Konjunktur etc.* drosseln; **~ up** → ***choke*** 8.

ˈ**choke|·bore** *s.* ⚙ Chokebohrung *f*; **~ coil** *s.* ϟ Drosselspule *f*; ˈ**~·damp** *s.* ⚒ Nachschwaden *m*.

chok·er [ˈtʃəʊkə] *s.* F enger Kragen *od.* Schal; enge Halskette.

chol·er [ˈkɒlə] *s.* **1.** *obs.* Galle *f*; **2.** *fig.* Zorn *m*.

chol·er·a [ˈkɒlərə] *s.* ⚕ ˈCholera *f*.

chol·er·ic [ˈkɒlərɪk] *adj.* choˈlerisch.

cho·les·ter·ol [kəˈlestərɒl] *s. physiol.* Cholesteˈrin *n*.

choose [tʃuːz] **I** *v/t.* [*irr.*] **1.** (aus)wählen, aussuchen: ***to ~ a hat***; ***he was chosen king*** er wurde zum König gewählt; ***the chosen people*** *bibl.* das auserwählte Volk; **2.** belieben (*a. iro.*), (es) vorziehen, lieber wollen; beschließen: ***he chose to go*** er zog es vor *od.* er beschloß fortzugehen; ***do as you ~*** tu, wie *od.* was du willst; **II** *v/i.* [*irr.*] **3.** wählen: ***not much to ~*** kaum ein Unterschied; ***he cannot ~ but come*** er hat keine andere Wahl als zu kommen; ˈ**choos·er** [-zə] *s.* (Aus)Wählende(r *m*) *f*; → ***beggar*** 1; ˈ**choos·y** [-zɪ] *adj.* F wählerisch.

chop¹ [tʃɒp] **I** *s.* **1.** Hieb *m*, Schlag *m* (*a. Karate*); *Boxen, Tennis*: Chop *m*; **2.** *Küche*: Koteˈlett *n*; **3.** *pl.* a) (Kinn)Backen *pl.*: ***lick one's ~s*** sich die Lippen lecken, b) *fig.* Maul *n*, Rachen *m*; **II** *v/t.* **4.** (zer)hacken, hauen, spalten: ***~ wood*** Holz hacken; ***~ one's words*** abgehackt sprechen; **5.** *Tennis*: *den Ball* choppen; **~ down** *v/t.* fällen; **~ in** *v/i.* sich einmischen; **~ off** *v/t.* abhauen; **~ up** *v/t.* zer-, kleinhacken.

chop² [tʃɒp] **I** *v/i. a.* ***~ about***, ***~ round*** sich drehen, ˈumschlagen (*Wind*): ***~ and change*** s-n Standpunkt dauernd ändern, hin u. her schwanken; **II** *v/t. Worte* wechseln; **III** *s. pl.* ***~s and changes*** ewiges Hin und Her.

chop³ [tʃɒp] *s.* (*Indien u. China*) **1.** Stempel *m*, Siegel *n*; **2.** Urkunde *f*; **3.** (Handels)Marke *f*; **4.** Qualiˈtät *f*: ***first-~*** erste Sorte, erstklassig.

ˈ**chop·house** *s.* Steakhaus *n*.

chop·per [ˈtʃɒpə] *s.* **1.** Hackmesser *n*, -beil *n*; **2.** ϟ Zerhacker *m*; **3.** *Am. sl.* Hubschrauber *m*; **4.** *pl. sl.* Zähne *pl.*

chop·ping¹ [ˈtʃɒpɪŋ] *adj.* stramm (*Kind*).

chop·ping² [ˈtʃɒpɪŋ] *s.* Wechsel *m*: ***~ and changing*** ewiges Hin und Her.

chop·ping| block [ˈtʃɒpɪŋ] *s.* Hackblock *m*, -klotz *m*; **~ board** *s.* Hackbrett *n*; **~ knife** *s.* [*irr.*] Hackmesser *n*.

chop·py [ˈtʃɒpɪ] *adj.* **1.** kabbelig (*Meer*); **2.** böig (*Wind*); **3.** *fig.* wechselnd; **4.** *fig.* abgehackt.

ˈ**chop|·stick** *s.* Eßstäbchen *n* (*China etc.*); ˌ**~ˈsu·ey** [-ˈsuːɪ] *s.* Chop-suey *n* (*chinesisches Mischgericht*).

cho·ral [ˈkɔːrəl] *adj.* ☐ Chor…, im Chor gesungen: ***~ service*** Gottesdienst *m* mit Chorgesang; ***~ society*** Chor *m*; **cho·rale** [kɒˈrɑːl] *s.* Choˈral *m*.

chord [kɔːd] *s.* **1.** ♪, *poet., fig.* Saite *f*; **2.** ♪ Akˈkord *m*; *fig.* Ton *m*: ***break into a ~*** e-n Tusch spielen; ***strike the right ~*** *bei j-m* die richtige Saite anschlagen; ***does that strike a ~?*** erinnert *dich* das an etwas?; **3.** ⚔ Sehne *f*; **4.** *anat.* Band *n*, Strang *m*; **5.** ✈ Proˈfilsehne *f*; **6.** ⚙ Gurt *m*.

chore [tʃɔː] *s.* **1.** (Haus)Arbeit *f*; **2.** schwierige Aufgabe.

cho·re·a [kɒˈrɪə] *s.* ⚕ Veitstanz *m*.

cho·re·og·ra·pher [ˌkɒrɪˈɒgrəfə] *s.* Choreoˈgraph *m*; **cho·reˈog·ra·phy** [-fɪ] *s.* Choreograˈphie *f*.

chor·is·ter [ˈkɒrɪstə] *s.* **1.** Chorsänger (-in), *bsd.* Chorknabe *m*; **2.** *Am.* Kirchenchorleiter *m*.

chor·tle [ˈtʃɔːtl] **I** *v/i.* glucksen(d lachen); **II** *s.* Glucksen *n*.

cho·rus [ˈkɔːrəs] **I** *s.* **1.** Chor *m* (*a. antiq.*), Sängergruppe *f*; **2.** Tanzgruppe *f* (*e-r Revue*); **3.** *a. thea.* Chor *m*, gemeinsames Singen: ***~ of protest*** Protestgeschrei *n*; ***in ~*** im Chor (*a. fig.*); **4.** Chorsprecher *m* (*im elisabethanischen Theater*); **5.** (im Chor gesungener) Kehrreim; **6.** Chorwerk *n*; **II** *v/i. u. v/t.* **7.** im Chor singen *od.* sprechen *od.* rufen; **~ girl** *s.* (Reˈvue)Tänzerin *f*.

chose [tʃəʊz] *pret. von* ***choose***.

cho·sen [ˈtʃəʊzn] *p.p. von* ***choose***.

chough [tʃʌf] *s. orn.* Dohle *f*.

chow [tʃaʊ] *s.* **1.** *zo.* Chow-ˈChow *m* (*Hund*); **2.** *sl.* ‚Futter' *n*, Essen *n*.

chow·chow [ˌtʃaʊˈtʃaʊ] (*Pidgin-Englisch*) *s.* **1.** chiˈnesische Mixed Pickles *pl. od.* ˈFruchtkonfiˌtüre *f*; **2.** → ***chow*** 1.

chow·der [ˈtʃaʊdə] *s. Am. dicke Suppe aus Meeresfrüchten.*

Christ [kraɪst] **I** *s.* der Gesalbte, ˈChristus *m*: ***before ~*** (***B.C.***) vor Christi Geburt (*v. Chr.*); **II** *int. sl.* verdammt noch mal!; **~ child** *s.* Christkind *n*.

chris·ten [ˈkrɪsn] *v/t. eccl.*, ⚓ *u. fig.* taufen; ˈ**Chris·ten·dom** [-dəm] *s.* Christenheit *f*; ˈ**chris·ten·ing** [-nɪŋ] **I** *s.* Taufe *f*; **II** *adj.* Tauf…

Chris·tian [ˈkrɪstjən] **I** *adj.* ☐ **1.** christlich; **2.** F anständig; **II** *s.* **3.** Christ(in); **4.** guter Mensch; **5.** Mensch *m* (*Ggs. Tier*); **~ e·ra** *s.* christliche Zeitrechnung.

Chris·ti·an·i·ty [ˌkrɪstɪˈænətɪ] *s.* Christentum *n*; **Chris·tian·ize** [ˈkrɪstjənaɪz] *v/t.* zum Christentum bekehren, christianisieren.

Chris·tian| name *s.* Tauf-, Vorname *m*; **~ Sci·ence** *s.* Christian Science *f*; **~ Sci·en·tist** *s.* Anhänger(in) der Christian Science.

Christ·mas [ˈkrɪsməs] *s.* Weihnachten *n u. pl.*: ***at ~*** zu *od.* an Weihnachten; ***merry ~!*** frohe Weihnachten!; **~ bo·nus** *s.* ⚚ ˈWeihnachtsgratifikatiˌon *f*; **~ card** *s.* Weihnachtskarte *f*; **~ car·ol** *s.* Weihnachtslied *n*; **~ Day** *s.* der erste Weihnachtsfeiertag; **~ Eve** *s.* der Heilige Abend; **~ pud·ding** *s. Brit.* Plumpudding *m*; ˈ**~·tide**, ˈ**~·time** *s.* Weihnachtszeit *f*; ˈ**~·tree** *s.* Weihnachts-, Christbaum *m*.

Christ·mas·y [ˈkrɪsməsɪ] *adj.* F weihnachtlich.

chro·mate [ˈkrəʊmeɪt] *s.* ⚗ Chroˈmat *n*, chromsaures Salz.

chro·mat·ic [krəʊˈmætɪk] *adj.* (☐ ***~ally***) **1.** *phys.* chroˈmatisch, Farben…; **2.** ♪ chromatisch; **chroˈmat·ics** [-ks] *s. pl. sg. konstr.* **1.** Farbenlehre *f*; **2.** ♪ Chroˈmatik *f*.

chrome [krəʊm] **I** *s.* **1.** ⚗ a) Chrom *n*, b) Chromgelb *n*; **2.** Chromleder *n*; **II** *v/t.* **3.** *a.* ***~-plate*** verchromen.

chro·mi·um [ˈkrəʊmjəm] *s.* ⚗ Chrom *n*; ˌ**~-ˈplat·ed** *adj.* verchromt; ˌ**~-ˈplat·ing** *s.* Verchromung *f*; **~ steel** *s.* Chromstahl *m*.

chro·mo·lith·o·graph [ˌkrəʊməʊˈlɪθəʊgrɑːf] *s.* Chromolithograˈphie *f*, Mehrfarbensteindruck *m* (*Bild*); ˌ**chro·mo·liˈthog·ra·phy** [-lɪˈθɒgrəfɪ] *s.* Mehrfarbensteindruck *m* (*Verfahren*).

chro·mo·some [ˈkrəʊməsəʊm] *s. biol.* Chromoˈsom *n*; ˈ**chro·mo·type** [-məʊtaɪp] *s.* **1.** Farbdruck *m*; **2.** Chromotyˈpie *f*.

chron·ic [ˈkrɒnɪk] *adj.* (☐ ***~ally***) **1.** ständig, (an)dauernd, ‚chronisch'; **2.** *mst* ⚕ chronisch, langwierig; **3.** *sl.* scheußlich.

chron·i·cle [ˈkrɒnɪkl] **I** *s.* **1.** Chronik *f*; **2.** ***&s*** *pl. bibl.* (*das* Buch der) Chronik *f*; **II** *v/t.* **3.** aufzeichnen; ˈ**chron·i·cler** [-lə] *s.* Chroˈnist *m*.

chron·o·gram [ˈkrɒnəʊgræm] *s.* Chronoˈgramm *n*; ˈ**chron·o·graph** [-grɑːf] *s.* Chronoˈgraph *m*, Zeitmesser *m*; **chron·o·log·i·cal** [ˌkrɒnəˈlɒdʒɪkl] *adj.* ☐ chronoˈlogisch: ***~ order*** zeitliche Reihenfolge; **chro·nol·o·gize** [krəˈnɒlədʒaɪz] *v/t.* chronologisieren; **chro·nol·o·gy** [krəˈnɒlədʒɪ] *s.* **1.** Chronoloˈgie *f*, Zeitbestimmung *f*; **2.** Zeittafel *f*; **chro·nom·e·ter** [krəˈnɒmɪtə] *s.* Chronoˈmeter *n*; **chro·nom·e·try** [krəˈnɒmɪtrɪ] *s.* Zeitmessung *f*.

chrys·a·lis [ˈkrɪsəlɪs] *pl.* **-lis·es** [-lɪsɪz], **chry·sal·i·des** [krɪˈsælɪdiːz] *s. zo.* (*Insekten*)Puppe *f*.

chrys·an·the·mum [krɪˈsænθəməm] *s.* ⚘ Chrysanˈtheme *f*.

chub [tʃʌb] *s. ichth.* Döbel *m*.

chub·by [ˈtʃʌbɪ] *adj.* a) pausbäckig, b) rundlich.

chuck¹ [tʃʌk] **I** s. **1.** F Wurf m; **2.** zärtlicher Griff unters Kinn; **3.** *give s.o. the* **~** F j-n ‚rausschmeißen' (*entlassen*); **II** v/t. **4.** F schmeißen, werfen; **5.** **~** *s.o. under the chin* j-n unters Kinn fassen; **6.** F a) Schluß machen mit: **~** *it!* laß das!, b) → *chuck up*; **~** *a·way* v/t. F **1.** ‚wegschmeißen'; **2.** *Geld* verschwenden; **3.** *Gelegenheit* ‚verschenken'; **~** *out* v/t. F ‚rausschmeißen'; **~** *up* v/t. F *Job etc.* ‚hinschmeißen'.

chuck² [tʃʌk] **I** s. **1.** Glucken n (*Henne*); **2.** F ‚Schnuckie' m (*Kosewort*); **II** v/i. u. v/t. **3.** glucken; **III** *int.* **4.** put, put! (*Lockruf für Hühner*).

chuck³ [tʃʌk] ⊘ **I** s. Spann- od. Bohrfutter n; **II** v/t. (in das Futter) einspannen.

chuck·er-out [ˌtʃʌkər'aʊt] s. F ‚Rausschmeißer' m (*in Lokalen etc.*).

chuck·le ['tʃʌkl] **I** v/i. **1.** glucksen, in sich hin'einlachen; **2.** sich (insgeheim) freuen (*at, over* über *acc.*); **3.** glucken (*Henne*); **II** s. **4.** leises Lachen, Glucksen n; **'~·head** s. Dummkopf m.

chuffed [tʃʌft] *adj. Brit.* F froh.

chug [tʃʌg], **chug-chug** [ˌtʃʌg'tʃʌg] **I** s. Tuckern n (*Motor*); **II** v/i. tuckern(d fahren).

chuk·ker ['tʃʌkə] s. *Polospiel:* Chukker m (*Spielabschnitt*).

chum [tʃʌm] F **I** s. **1.** ‚Kumpel' m, ‚Spezi' m, Kame'rad m: *be great* **~s** dicke Freunde sein; **2.** Stubengenosse m; **II** v/i. **3.** gemeinsam wohnen (*with* mit); **4.** **~** *up with s.o.* sich mit j-m anfreunden; **'chum·my** [-mɪ] *adj.* **1.** ‚dick' befreundet; **2.** gesellig; **3.** *contp.* plumpvertraulich.

chump [tʃʌmp] s. **1.** Holzklotz m; **2.** dickes Ende (*bsd. Hammelkeule*); **3.** F Dummkopf m; **4.** *bsd. Brit. sl.* ‚Kürbis' m, ‚Birne' f (*Kopf*): *off one's* **~** (total) verrückt.

chunk [tʃʌŋk] s. F **1.** (Holz)Klotz m; Klumpen m, dickes Stück (*Fleisch etc.*), ‚Runken' m (*Brot*); *weitS.* ‚großer Brocken'; **2.** *Am.* a) unter'setzter Mensch, b) kleines, stämmiges Pferd; **'chunk·y** [-kɪ] *adj.* **1.** *Am.* unter'setzt, stämmig; **2.** klobig, klotzig.

church [tʃɜːtʃ] **I** s. **1.** Kirche f: *in* **~** in der Kirche, beim Gottesdienst; **~** *is over* die Kirche ist aus; **2.** Kirche f, Religi'onsgemeinschaft f, *bsd.* Christenheit f; **3.** Geistlichkeit f: *enter the* **~** Geistlicher werden; **II** *adj.* **4.** Kirch(en)...; kirchlich; **'~·go·er** s. Kirchgänger(in); **~** *of Eng·land* s. englische Staatskirche, anglikanische Kirche; **~** *rate* s. Kirchensteuer f; **ˌ~'ward·en** s. **1.** *Brit.* Kirchenvorsteher m; **~** *pipe* langstielige Tonpfeife; **2.** *Am.* Verwalter m der weltlichen Angelegenheiten e-r Kirche; **~** *wed·ding* s. kirchliche Trauung.

church·y ['tʃɜːtʃɪ] *adj.* F kirchlich (gesinnt).

'church·yard s. Kirchhof m.

churl [tʃɜːl] s. **1.** Flegel m, Grobian m; **2.** Geizhals m, Knauser m; **'churl·ish** [-lɪʃ] *adj.* □ **1.** grob, ungehobelt, flegelhaft; **2.** geizig, knauserig; **3.** mürrisch.

churn [tʃɜːn] **I** s. **1.** Butterfaß n (*Maschine*); **2.** *Brit.* (große) Milchkanne; **II** v/t. **3.** verbuttern; **4.** (‚durch)schütteln, aufwühlen; **5.** *fig.* **~** *out* am laufenden Band produzieren, ausstoßen; **III** v/i. **6.** buttern; **7.** schäumen; **8.** sich heftig be-

wegen.

chute [ʃuːt] s. **1.** Stromschnelle f, starkes Gefälle; **2.** ⊘ a) Rutsche f, b) Schacht m, c) Müllschlucker m; **3.** Rutsche f, Rutschbahn f (*auf Spielplätzen etc.*); **4.** Rodelbahn f; **5.** F → *para-chute* 1; **ˌ~-the-'chute(s)** → *chute* 3.

chutz·pa(h) ['hʊtspə] s. F Chuzpe f, Frechheit f.

ci·bo·ri·um [sɪ'bɔːrɪəm] s. *eccl.* **1.** 'Hostienkelch m, Zi'borium n; **2.** Al'tar-ˌbaldachin m.

ci·ca·da [sɪ'kɑːdə], **ci·ca·la** [-ɑːlə] s. *zo.* Zi'kade f.

cic·a·trice ['sɪkətrɪs] s. Narbe f; ♀ Blattnarbe f; **'cic·a·triced** [-st] *adj.* ⚕ vernarbt; **'cic·a·trize** [-raɪz] v/i. u. v/t. vernarben (lassen).

cic·er·o ['sɪsərəʊ] s. *typ.* Cicero f (*Schriftgrad*).

ci·ce·ro·ne [ˌtʃɪtʃə'rəʊnɪ] pl. **-ni** [-niː] s. Cice'rone m, Fremdenführer m.

ci·der ['saɪdə] s. (*Am.* *hard* **~**) Apfelwein m: (*sweet*) **~** *Am.* Apfelmost m.

ci·gar [sɪ'gɑː] s. Zi'garre f; **~** *box* s. Zi'garrenkiste f; **~** *case* s. Zi'garre.tui n, -tasche f; **~** *cut·ter* s. Zi'garrenabschneider m.

cig·a·ret(te) [ˌsɪgə'ret] s. Ziga'rette f; **~** *case* s. Ziga'rette.tui n; **~** *end* s. Ziga'rettenstummel m; **~** *hold·er* s. Ziga'rettenspitze f (*Halter*).

cil·i·a ['sɪlɪə] pl.; **1.** ♀, zo. (Augen)Wimper pl.; **2.** ♀, zo. Wimper-, Flimmerhärchen pl.; **'cil·i·ar·y** [-ərɪ] *adj.* Wimper...; **'cil·i·at·ed** [-ɪeɪtɪd] *adj.* ♀, zo. bewimpert.

cinch [sɪntʃ] s. **1.** *Am.* Sattelgurt m; **2.** *sl.* a) ‚todsichere Sache', ‚klarer Fall', b) ‚Kinderspiel' n.

cin·cho·na [sɪŋ'kəʊnə] s. **1.** ♀ 'Chinarindenbaum m; **2.** 'Chinarinde f.

cinc·ture ['sɪŋktʃə] **I** s. **1.** Gürtel m, Gurt m; **2.** (Säulen)Kranz m; **II** v/t. **3.** um'gürten, um'geben.

cin·der ['sɪndə] s. **1.** Schlacke f: *burnt to a* **~** verkohlt, völlig verbrannt; **2.** *pl.* Asche f.

Cin·der·el·la [ˌsɪndə'relə] s. Aschenbrödel n, -puttel n (*a. fig.*).

'cin·der| *path* s. **1.** Schlackenweg m; **2.** → *track* s. sport Aschenbahn f.

cine- [sɪnɪ] *in Zssgn* Kino..., Film...: **~** *camera* (Schmal)Filmkamera f; **~** *film* Schmalfilm m; **ˌ~-record** filmen, mit der Schmalfilmkamera aufnehmen.

cin·e·aste ['sɪnɪæst] s. Cine'ast m, Filmliebhaber(in).

cin·e·ma ['sɪnɪmə] s. **1.** 'Lichtspiel.theˌater n, 'Kino n; **2.** the Film(kunst f) m; **ˌ~·go·er** s. 'Kinobesucher(in).

cin·e·mat·ic [ˌsɪnɪ'mætɪk] *adj.* (□ **~ally**) filmisch, Film...; **cin·e·mat·o·graph** [ˌsɪnə'mætəgrɑːf] **I** s. Kinemato'graph m; **II** v/t. (ver)filmen; **cin·e·ma·tog·ra·pher** [ˌsɪnəmə'tɒgrəfə] s. 'Kameramann m; **cin·e·mat·o·graph·ic** [ˌsɪnə-mætə'græfɪk] *adj.* (□ **~ally**) kinemato'graphisch; **cin·e·ma·tog·ra·phy** [ˌsɪnəmə-'tɒgrəfɪ] s. Kinematogra'phie f.

cin·e·rar·i·um [ˌsɪnə'reərɪəm] s. Urnennische f od. -friedhof m.

cin·er·ar·y ['sɪnərərɪ] *adj.* Aschen...; **~** *urn* s. Totenurne f.

cin·er·a·tor ['sɪnəreɪtə] s. Feuerbestattungsofen m.

cin·na·bar ['sɪnəbɑː] s. Zin'nober m.

cin·na·mon ['sɪnəmən] **I** s. **1.** Zimt m, Ka'neel m; **2.** Zimtbaum m; **II** *adj.* **3.** zimtfarbig.

cinque [sɪŋk] (*Fr.*) s. Fünf f (*Würfel od. Spielkarten*); **'~·foil** [-fɔɪl] s. **1.** ♀ Fingerkraut n; **2.** △ Fünfpaß m; **2** *Ports* ['sɪŋkpɔːts] s. pl. Gruppe von ursprünglich fünf südenglischen Seestädten.

ci·on ['saɪən] → *scion*.

ci·pher ['saɪfə] **I** s. **1.** ℵ die Ziffer Null f; **2.** (a'rabische) Ziffer, Zahl f; **3.** *fig.* a) Null f (*Person*), b) Nichts n; **4.** Chiffre f, Geheimschrift f: *in* **~** chiffriert; **5.** *fig.* Schlüssel m, Kennwort n; **6.** Mono'gramm n; **II** v/i. **7.** rechnen; **III** v/t. **8.** chiffrieren; **9.** a. **~** *out* be-, ausrechnen; entziffern; *Am.* F ,ausknobeln'; **~** *code* s. Codechiffre f, Tele'gramm-, Chiffrierschlüssel m.

cir·ca ['sɜːkə] *prp.* um (*vor Jahreszahlen*).

Cir·ce ['sɜːsɪ] *npr. myth.* 'Circe f (*a. fig.* Verführerin*).

cir·cle ['sɜːkl] **I** s. **1.** ℵ Kreis m: *full* **~** im Kreise herum, volle Wendung, wieder da, wo *man* angefangen hat; *run* (*in* **~s** fig. sich im Kreis bewegen; *talk*) *in* **~s** fig. sich im Kreis bewegen; *square the* **~** ℵ den Kreis quadrieren (*a. fig. das Unmögliche vollbringen*); → *vicious circle*; **2.** *ast.*, *geogr.* Kreis m; **3.** Kreis m, Gruppe f: **~** *of friends* Freundeskreis; → *upper* I; **4.** Ring m, Kranz m, Reif m; **5.** Kreislauf m, 'Umlauf m, Runde f; Wiederkehr f, 'Zyklus m; **6.** *thea.* Rang m; **7.** Kreis m, Gebiet n; **8.** a) *Turnen:* Welle f, b) *Hockey:* (Schuß)Kreis m; **II** v/t. **9.** um'kreisen; um'zingeln; **10.** um'winden; **III** v/i. **11.** sich im Kreise bewegen, kreisen; Runde machen; **12.** ✕ schwenken.

cir·clet ['sɜːklɪt] s. **1.** kleiner Kreis, Reif, Ring; **2.** Dia'dem n.

circs [sɜːks] s. pl. F *für circumstances*.

cir·cuit ['sɜːkɪt] **I** s. **1.** 'Kreisˌlinie f, 'Um-, Kreislauf m; Bahn f; **2.** 'Umkreis m; **3.** 'Umweg m; **4.** Rundgang m, -flug m; *mot.* Rennstrecke f; **5.** 🜨 a) *Brit. hist.* Rundreise f der Richter e-s Bezirks (*zur Abhaltung der assizes*), b) Anwälte pl. e-s Gerichtsbezirks, c) Gerichtsbezirk m; **6.** 🜨 a) Strom-, Schaltkreis m: **~** *short* (*closed*) *circuit*, b) Schaltung f, 'Schaltsyˌstem n; **7.** *Am.* (Per'sonen)Kreis m; **8.** *sport* ‚Zirkus' m: *the tennis* **~**; **II** v/t. **9.** um'kreisen; **III** v/i. **10.** kreisen; **~** *break·er* s. 🜨 Ausschalter m; **~** *di·a·gram* s. 🜨 Schaltbild n, -plan m.

cir·cu·i·tous [sə'kjuːɪtəs] *adj.* □ weitschweifig, -läufig: **~** *route* Umweg m; **cir·cuit·ry** ['sɜːkɪtrɪ] s. 🜨 **1.** 'Schaltsyˌstem n; **2.** Schaltungen pl.; **3.** Schaltbild n.

cir·cu·lar ['sɜːkjʊlə] **I** *adj.* □ **1.** (kreis)rund, kreisförmig; **2.** Rund..., Kreis..., Ring...; **II** s. **3.** a) Rundschreiben n, b) (Post)Wurfsendung f; **'cir·cu·lar·ize** [-əraɪz] v/t. **1.** a) Rundschreiben verschicken an (*acc.*), Fragebogen schicken an (*acc.*); durch (Post)Wurfsendungen werben für.

cir·cu·lar| *let·ter* → *circular* 3a; **~** *let·ter of cred·it* s. ✝ 'Reiseˌkreditbrief m; **~** *note* s. **1.** *pol.* Zirku'larnote f; **2.** 'Reiseˌkreditbrief m; **~** *saw* s. 🜨 Kreissäge f; **~** *skirt* s. Glockenrock m; **~** *tick·et* s. Rundreisekarte f; **~** *tour*, **~**

trip s. Rundreise f, -fahrt f.
cir·cu·late ['sɜːkjʊleɪt] **I** v/i. **1.** zirkulieren: a) 'umlaufen, kreisen, b) im 'Umlauf sein, kursieren (Geld, Gerücht etc.); **2.** her'umreisen, -gehen; **II** v/t. **3.** in Umlauf setzen, zirkulieren lassen.
cir·cu·lat·ing ['sɜːkjʊleɪtɪŋ] adj. zirkulierend, 'umlaufend; **~ cap·i·tal** s. 'Umlauf-, Be'triebskapi‚tal n; **~ dec·i·mal** s. Å peri'odischer Dezi'malbruch; **~ library** s. 'Leihbüche‚rei f.
cir·cu·la·tion [‚sɜːkjʊ'leɪʃn] s. **1.** Kreislauf m, Zirkulati'on f; **2.** physiol. ('Blut)Zirkulati‚on f, (-)Kreislauf m; **3.** ✝ a) 'Umlauf m, Verkehr m, b) Verbreitung f, Absatz m, c) Auflage(nziffer) f (Zeitung etc.), d) 'Zahlungsmittel‚umlauf m: **out of ~** außer Kurs (gesetzt); **put into ~** in Umlauf setzen; **withdraw from ~** aus dem Verkehr ziehen (a. fig.); **4.** Strömung f, 'Durchzug m, -fluß m; **cir·cu·la·tor** ['sɜːkjʊleɪtə] s. Verbreiter(in); **cir·cu·la·to·ry** ['sɜːkjʊleɪtərɪ] adj. zirkulierend, 'umlaufend; physiol. Kreislauf...: **~ collapse**; **~ system** (Blut)Kreislauf m.
cir·cum·cise ['sɜːkəmsaɪz] v/t. **1.** ✠, eccl. beschneiden; **2.** fig. läutern; **cir·cum·ci·sion** [‚sɜːkəm'sɪʒn] s. **1.** ✠, eccl. Beschneidung f; **2.** fig. Läuterung f; **3.** 2 Fest n der Beschneidung Christi; **4.** the ~ bibl. die Beschnittenen pl. (Juden).
cir·cum·fer·ence [sə'kʌmfərəns] s. 'Umkreis m, 'Umfang m, Periphe'rie f; **cir·cum·flex** ['sɜːkəmfleks] s. a. **~ accent** ling. Zirkum'flex m; **cir·cum·ja·cent** [‚sɜːkəm'dʒeɪsənt] adj. 'umliegend.
cir·cum·lo·cu·tion [‚sɜːkəmlə'kjuːʃn] s. **1.** Um'schreibung f; **2.** a) 'Umschweife pl., b) Weitschweifigkeit f; **cir·cum·loc·u·to·ry** [‚sɜːkəm'lɒkjʊtərɪ] adj. weitschweifig.
cir·cum·nav·i·gate [‚sɜːkəm'nævɪgeɪt] v/t. um'schiffen, um'fahren: Um'segelung f; **‚cir·cum'nav·i·ga·tor** [-tə] s. Um'segler m.
cir·cum·scribe ['sɜːkəmskraɪb] v/t. **1.** a) um'schreiben (a. Å), b) defi'nieren; **2.** begrenzen, einschränken; **cir·cum·scrip·tion** [‚sɜːkəm'skrɪpʃn] s. **1.** Um'schreibung f (a. Å) **2.** 'Umschrift f (Münze etc.); **3.** Begrenzung f, Beschränkung f.
cir·cum·spect ['sɜːkəmspekt] adj. ☐ 'um-, vorsichtig; **cir·cum·spec·tion** [‚sɜːkəm'spekʃn] s. 'Um-, Vorsicht f, Behutsamkeit f.
cir·cum·stance ['sɜːkəmstəns] s. **1.** 'Umstand m, Tatsache f; Ereignis n; Einzelheit f: **a fortunate ~** ein glücklicher Umstand; **2.** pl. 'Umstände pl., Lage f, Sachverhalt m, Verhältnisse pl.: **in** (od. **under**) **the ~s** unter diesen Umständen; **under no ~s** auf keinen Fall; **3.** pl. Verhältnisse pl., Lebenslage f: **in good ~s** gut situiert; **4.** 'Umständlichkeit f, Weitschweifigkeit f; **5.** Förmlichkeit(en pl.) f, Umstände pl.: **without ~** ohne (alle) Umstände; 'cir·cum·stanced [-st] adj. in e-r ...Lage; ...situiert; gelagert (Sache): **poorly ~** in ärmlichen Verhältnissen; **well timed and ~** zur rechten Zeit u. unter günstigen Umständen; **cir·cum·stan·tial**

[‚sɜːkəm'stænʃl] adj. ☐ **1.** 'umständlich; **2.** ausführlich, genau; **3.** zufällig; **4.** ~ **evidence** ✝✝ Indizienbeweis m; **cir·cum·stan·ti·ate** [‚sɜːkəm'stænʃɪeɪt] v/t. **1.** genau beschreiben; **2.** ✝✝ durch In'dizien beweisen.
cir·cum·vent [‚sɜːkəm'vent] v/t. **1.** über'listen; **2.** vereiteln, verhindern; **3.** um'gehen; **‚cir·cum'ven·tion** [-nʃn] s. **1.** Vereitelung f; **2.** Um'gehung f.
cir·cum·vo·lu·tion [‚sɜːkəmvə'ljuːʃn] s. **1.** 'Umdrehung f; 'Umwälzung f; **2.** Windung f.
cir·cus ['sɜːkəs] s. **1.** a) 'Zirkus m, b) 'Zirkustruppe f, c) ('Zirkus)Vorstellung f, d) A'rena f; **2.** Brit. runder Platz mit Straßenkreuzungen; **3.** Brit. sl. ✕ a) im Kreis fliegende Flugzeugstaffel, b) ‚fliegende' Einheit; **4.** F 'Zirkus' m, Rummel m.
cir·rho·sis [sɪ'rəʊsɪs] s. ✠ Zir'rhose f, (Leber)Schrumpfung f.
cir·rose [sɪ'rəʊs], **cir·rous** ['sɪrəs] adj. **1.** ♀ mit Ranken; **2.** zo. mit Haaren od. Fühlern; **3.** federartig.
cir·rus ['sɪrəs] pl. **-ri** [-raɪ] s. **1.** ♀ Ranke f; **2.** zo. Rankenfuß m; **3.** 'Zirrus m, Federwolke f.
cis·al·pine [sɪs'ælpaɪn] adj. diesseits der Alpen; **cis·at·lan·tic** [sɪsət'læntɪk] adj. diesseits des At'lantischen 'Ozeans.
cis·sy → **sissy**.
Cis·ter·cian [sɪ'stɜːʃjən] **I** s. Zisterzi'enser(mönch) m; **II** adj. Zisterzienser...
cis·tern ['sɪstən] s. **1.** Wasserbehälter m; **2.** Zi'sterne f, ('unterirdischer) Regenwasserspeicher.
cit·a·del ['sɪtədl] s. **1.** Zita'delle f (a. fig.); **2.** Burg f; fig. Zuflucht f.
ci·ta·tion [saɪ'teɪʃn] s. **1.** Anführung f; **2.** a) Zi'tat n (zitierte Stelle), b) ✝✝ (of) Berufung f (auf acc.), Her'anziehung f (gen.), c) ✝✝ Vorladung f; **3.** bsd. ✕ ehrenvolle Erwähnung.
cite [saɪt] v/t. **1.** zitieren; **2.** (als Beispiel od. Beweis) anführen; **3.** ✝✝ vorladen; **4.** ✕ lobend erwähnen.
cith·er ['sɪθə] poet. → **zither**.
cit·i·fy ['sɪtɪfaɪ] v/t. verstädtern.
cit·i·zen ['sɪtɪzn] s. **1.** Bürger m, Staatsangehörige(r m) f: **~ of the world** Weltbürger; **2.** Städter(in); **3.** Einwohner(in): **~'s' band** CB-Funk m; **4.** Zivi'list m; **'cit·i·zen·ry** [-rɪ] s. Bürgerschaft f (e-s Staates); **'cit·i·zen·ship** [-ʃɪp] s. **1.** Staatsangehörigkeit f; **2.** Bürgerrecht n.
cit·rate ['sɪtreɪt] s. 🦢 Zi'trat n.
cit·ric ac·id ['sɪtrɪk] s. 🦢 Zi'tronensäure f.
cit·ri·cul·ture ['sɪtrɪkʌltʃə] s. Anbau m von 'Zitrusfrüchten.
cit·rus ['sɪtrəs] s. ♀ 'Zitrusgewächs n, -frucht f.
cit·y ['sɪtɪ] s. **1.** (Groß)Stadt f: 2 **of God** fig. Himmelreich n; **2.** Brit. inkorporierte Stadt (mst mit Kathedrale); **3.** **the** 2 die (Londoner) City (Altstadt der Geschäftsviertel od. Geschäftswelt); **4.** Am. inkorporierte Stadtgemeinde; 2 **ar·ti·cle** s. Börsenbericht m; 2 **Com·pa·ny** s. Brit. e-e der großen Londoner Gilden; **~ coun·cil** s. Stadtrat m; **~ desk** s. Brit. 'Wirtschafts-, Am. Lo'kalredakti‚on f; **~ ed·i·tor** s. **1.** Am. Lo'kalredak‚teur m; **2.** Brit. Redak'teur m des Handelsteiles; **~ fa·ther** s. Stadtrat

m; pl. Stadtväter pl.; **~ hall** s. Rathaus n; 2 **man** s. Brit. Fi'nanz-, Geschäftsmann m der City; **~ man·ag·er** s. Am. 'Stadtdi‚rektor m; **~ state** s. Stadtstaat m.
civ·et (**cat**) ['sɪvɪt] s. zo. 'Zibetkatze f.
civ·ic ['sɪvɪk] adj. (☐ **~ally**) **1.** städtisch, Stadt...; **2.** → **civil** 2; **~ cen·tre**, Am. **cen·ter** s. Behördenviertel n, Verwaltungszentrum n.
civ·ics ['sɪvɪks] s. pl. sg. konstr. Staatsbürgerkunde f.
civ·ies ['sɪvɪz] bsd. Am. → **civvies**.
civ·il ['sɪvl] adj. (☐ nur für 6.) **1.** staatlich: **~ affairs** Verwaltungsangelegenheiten; **2.** (staats)bürgerlich, Bürger...: **~ duty**; **~ commotion** Aufruhr m, innere Unruhen pl.; **~ death** bürgerlicher Tod; **~ liberties** bürgerliche Freiheiten; **~ list** Brit. Zivilliste f; **~ rights** Bürgerrechte, bürgerliche Ehrenrechte; **~ rights activist** Bürgerrechtler(in); **~ rights movement** Bürgerrechtsbewegung f; 2 **Servant** Staatsbeamte(r); 2 **Service** Staats-, Verwaltungsdienst m; **~ war** Bürgerkrieg m; → **disobedience** 1; **3.** zi'vil (Ggs. militärisch): **~ aviation** Zivilluftfahrt f; **~ defence**, Am. **~ defense** Zivilverteidigung f, -schutz m; **~ government** Zivilverwaltung f; **~ life** Zivilleben n; **4.** zi'vil (Ggs. kirchlich): **~ marriage** Ziviltrauung f; **5.** ✝✝ zi'vil(rechtlich), bürgerlich: **~ case** od. **suit** Zivilprozeß m; **~ code** Bürgerliches Gesetzbuch; **~ year** bürgerliches Jahr; **~ law** a) römisches od. kontinentales Recht, b) Zivilrecht n, bürgerliches Recht; **6.** höflich: **~spoken** höflich; **~ en·gi·neer** s. 'Bauinge‚nieur m; **~ en·gi·neer·ing** s. Tiefbau m.
ci·vil·ian [sɪ'vɪljən] **I** s. Zivi'list m; **II** adj. zi'vil, Zivil...: **~ life**; **~ casualties** Verluste unter der Zivilbevölkerung; **ci'vil·i·ty** [-lətɪ] s. Höflichkeit f, Artigkeit f.
civ·i·li·za·tion [‚sɪvɪlaɪ'zeɪʃn] s. Zivilisati'on f, Kul'tur f; **civ·i·lize** ['sɪvɪlaɪz] v/t. zivilisieren; **civ·i·lized** ['sɪvɪlaɪzd] adj. **1.** zivilisiert: **~ nations** Kulturvölker; **2.** gebildet, kultiviert.
civ·vies ['sɪvɪz] s. pl. sl. Zi'vil(kla‚motten pl.) n; **civ·vy street** ['sɪvɪ] s. sl. Zi'villeben n.
clack [klæk] **I** v/i. **1.** klappern, knallen; **2.** plappern; **II** s. **3.** Klappern n; **4.** Plappern n; **5.** ⊕ (Ven'til)Klappe f.
clad [klæd] adj. gekleidet.
claim [kleɪm] **I** v/t. **1.** fordern, verlangen: **~ damages** Schadenersatz fordern; **2.** a) Anspruch erheben auf (acc.), beanspruchen: **~ the crown**, b) fig. in Anspruch nehmen, erfordern: **~ attention**; **3.** für sich in Anspruch nehmen: **~ victory**; **4.** (a. von sich) behaupten (a. to inf. zu inf., that daß): **~ accuracy** die Richtigkeit behaupten; **the club ~s 200 members** der Klub behauptet, 200 Mitglieder zu haben; **5.** zu'rück-, einfordern; Opfer, Leben fordern: **death ~ed him** der Tod ereilte ihn; **II** v/i. **6.** ✝ reklamieren; **7.** **~ against s.o.** j-n verklagen; **III** s. **8.** Forderung f (**on s.o.** gegen od. an j-n), (a. Rechts- od. Pa'tent)Anspruch m: **~ for damages** Schadensersatzanspruch; **~ under a contract** Anspruch aus e-m Vertrag; **lay** (od. **make a**) **~ to** An-

spruch erheben auf (*acc.*); **put in a ~ for** e-e Forderung auf *et.* stellen; **make ~s upon** *fig. j-n od. j-s Zeit* (stark) in Anspruch nehmen; **9.** (An)Recht *n* (*to* auf *acc.*); **10.** Behauptung *f*; **11.** ✝ Reklamati'on *f*; **12.** Versicherungssumme *f*; Schaden(sfall) *m*; **13.** ⚖ Klage(begehren *n*) *f*; → **statement** 4; **14.** ⚒ Mutung *f*, *bsd. Am.* zugeteiltes *od.* beanspruchtes Stück Land; **'claim·a·ble** [-məbl] *adj.* zu beanspruchen(d); **'claim·ant** [-mənt] *s.* **1.** Antragsteller (-in), ⚖ *a.* Kläger(in); (Pa'tent)Anmelder(in); **2.** (*for*) Anwärter(in) (auf *acc.*), Bewerber(in) (für): **rightful ~** Anspruchsberechtigte(r).

clair·voy·ance [kleə'vɔɪəns] *s.* Hellsehen *n*; **clair'voy·ant** [-nt] **I** *adj.* hellseherisch; **II** *s.* Hellseher(in).

clam [klæm] *s.* **1.** *zo.* eßbare Muschel: **hard** *od.* **round ~** 'Venusmuschel *f*; **2.** *Am.* F 'zugeknöpfter' Mensch; **'~·bake** *s. Am.* **1.** Picknick *n*; **2.** große Party; **3.** ,Gaudi' *f*.

cla·mant ['kleɪmənt] *adj.* **1.** lärmend, schreiend (*a. fig.*); **2.** dringend.

clam·ber ['klæmbə] *v/i.* (mühsam) klettern, klimmen.

clam·my ['klæmɪ] *adj.* □ feuchtkalt (u. klebrig), klamm.

clam·or·ous ['klæmərəs] *adj.* □ lärmend, schreiend, laut; tobend; *fig.* lautstark; **clam·o(u)r** ['klæmə] **I** *s.* **1.** *a. fig.* Lärm *m*, (zorniges) Geschrei, Tu'mult *m*; **2.** *bsd. fig.* (Auf)Schrei *m* (*for* nach); Schimpfen; **3.** Tu'mult *m*; **II** *v/i.* **4.** (laut) schreien (*for* nach; *a. fig.* wütend verlangen); heftig protestieren, toben; **III** *v/t.* **5. ~ down** niederbrüllen.

clamp¹ [klæmp] *s.* **1.** Haufen *m*; **2.** (Kar'toffel- *etc.*)Miete *f*.

clamp² [klæmp] **I** *s.* **1.** ⚙ Klammer *f*, Krampe *f*, Klemmschraube *f*, Zwinge *f*, ⚡ Erdungsschelle *f*; **2.** *sport* Strammer *m* (*Ski*); **II** *v/t.* **3.** festklammern, -klemmen; befestigen; **4.** *fig. a.* **~ down** als Strafe auferlegen; **III** *v/i.* **5. ~ down** *fig.* zuschlagen, einschreiten, scharf vorgehen (*on* gegen); **'clamp·down** *s.* F scharfes Vorgehen (*on* gegen).

clan [klæn] *s.* **1.** *Scot.* Clan *m*, Stamm *m*, Sippe *f*; **2.** *fig.* Clan *m*, Sippschaft *f*, Clique *f*.

clan·des·tine [klæn'destɪn] *adj.* □ heimlich, verstohlen, Schleich...

clang [klæŋ] **I** *v/i.* schallen, klingen, klirren; **II** *v/t.* laut schallen *od.* erklingen lassen; **III** *s.* → **clango(u)r**; **clang·er** ['klæŋə] *s. sl.* Faux'pas *m*: **drop a ~** ,ins Fettnäpfchen treten'; **clang·or·ous** ['klæŋgərəs] *adj.* □ schallend, schmetternd; klirrend; **clang·o(u)r** ['klæŋgə] → **clank**.

clank [klæŋk] **I** *s.* Klirren *n*, Gerassel *n*, harter Klang; **II** *v/i. u. v/t.* rasseln *od.* klirren (mit).

clan·nish ['klænɪʃ] *adj.* **1.** Sippen...; **2.** stammesbewußt; **3.** (unter sich) zs.-haltend, *contp.* cliquenhaft; **'clan·nish·ness** [-nɪs] *s.* **1.** Stammesbewußtsein *n*; **2.** Zs.-halten *n*, *contp.* Cliquenwesen *n*; **'clan·ship** ['klænʃɪp] *s.* **1.** Vereinigung *f* in e-m Clan; **2.** → **clannishness** 1; **'clans·man** ['klænzmən] *s.* [*irr.*] Mitglied *n* e-s Clans.

clap¹ [klæp] **I** *s.* **1.** (Hände)Klatschen *n*; **2.** (Beifall)Klatschen *n*; **3.** Klaps *m*; **4.**

Knall *m*, Krach *m*: **~ of thunder** Donnerschlag *m*; **II** *v/t.* **5.** a) klatschen: **~ one's hands** in die Hände klatschen, b) schlagen: **~ the wings** mit den Flügeln schlagen; **6.** klopfen; **7.** *j-m* Beifall klatschen; **8.** hastig an-, auflegen *od.* ausführen: **~ eyes on** erblicken; **~ a hat on one's head** den Hut auf den Kopf stülpen; **9. ~ on** F *j-m et.* ,aufbrummen'; **III** *v/i.* **10.** (Beifall) klatschen.

clap² [klæp] *s.* V (*a.* **dose of ~**) Tripper *m*.

'clap·|board **I** *s.* **1.** *Brit.* Faßdaube *f*; **2.** *Am.* Verschalungsbrett *n*; **II** *v/t.* **3.** *Am.* verschalen; **'~·net** *s.* Fangnetz *n* (*für Vögel etc.*).

clap·per ['klæpə] *s.* **1.** Klöppel *m* (*Glocke*); **2.** Klapper *f*; **3.** Beifallsklatscher *m*; **'~·board** *s. Am. Film:* Klappe *f*.

clap·trap ['klæptræp] **I** *s.* Ef'fekthasche,rei *f*; Klim'bim *m*; Re'klame(rummel *m*) *f*; Gewäsch *n*, Unsinn *m*; **II** *adj.* ef'fekthaschend; hohl.

claque [klæk] *s.* Claque *f*.

clar·en·don ['klærəndən] *s. typ.* halbfette Egypti'enne.

clar·et ['klærət] *s.* **1.** roter Bor'deaux (-wein); *weitS.* Rotwein *m*; **2.** Weinrot *n*; **3.** *sl.* Blut *n*; **~ cup** Rotweinbowle *f*.

clar·i·fi·ca·tion [,klærɪfɪ'keɪʃn] *s.* **1.** ⚙ (Ab)Klärung *f*, Läuterung *f*; **2.** Aufklärung *f*, Klarstellung *f*; **clar·i·fy** ['klærɪfaɪ] **I** *v/t.* **1.** ⚙ (ab)klären, läutern, reinigen; **2.** (auf-, er)klären; **II** *v/i.* **3.** ⚙ sich (ab)klären; **4.** sich (auf)klären, klar werden.

clar·i·net [,klærɪ'net] *s.* ♪ Klari'nette *f*; **,clar·i'net·(t)ist** [-tɪst] *s.* Klarinet'tist *m*.

clar·i·on ['klærɪən] *s.* **1.** ♪ Cla'rino *n*; **2.** *poet.* Trom'petenschall *m*: **~ call** *fig.* Auf-, Weckruf *m*; Fan'fare *f*; **~ voice** Trompetenstimme *f*; **II** *v/t.* **3.** laut verkünden, 'auspo,saunen.

clar·i·ty ['klærətɪ] *s. allg.* Klarheit *f*.

clash [klæʃ] **I** *v/i.* **1.** klirren, rasseln; **2.** prallen (*into* gegen), (*a. feindlich u. fig.*) zs.-prallen, -stoßen (*with* mit); **3.** *fig.* (*with*) kollidieren: a) (zeitlich) zs.-fallen (mit), b) im 'Widerspruch stehen (zu), unvereinbar sein (mit); **4.** nicht zs.-passen (*with* mit), sich ,beißen' (*Farben*); **II** *v/t.* **5.** klirren *od.* rasseln mit; klirrend zs.-schlagen; **III** *s.* **6.** Geklirr *n*, Getöse *n*, Krach *m*; **7.** Zs.-prall *m*, Kollisi'on *f*; **8.** (feindlicher) Zs.-stoß *m*; **9.** (zeitliches) Zs.-fallen *n*; **10.** Kon'flikt *m*, 'Widerstreit *m*.

clasp [klɑːsp] **I** *v/t.* **1.** ein-, zuhaken, zuschnallen; **2.** fest ergreifen, um'klammern, fest um'fassen; um'ranken: **~ s.o.'s hand** *j-m* die Hand drücken; **~ s.o. in one's arms** *j-n* umarmen; **~ one's hands** die Hände falten; **II** *v/i.* **3.** sich die Hand reichen; **III** *s.* **4.** Klammer *f*, Haken *m*; Schnalle *f*, Spange *f*, Schließe *f*; Schloß *n* (*Buch etc.*); **5.** Um'klammerung *f*, Um'armung *f*; Händedruck *m*; **6.** ✕ (Ordens)Spange *f*; **~ knife** *s.* [*irr.*] Klapp-, Taschenmesser *n*.

class [klɑːs] **I** *s.* **1.** Klasse *f* (*a.* ⚓ *etc.*, ⚘, *zo.*), Gruppe *f*; **2.** Klasse *f*, Sorte *f*, Güte *f*, Quali'tät *f*; *engS.* Erstklassigkeit *f*: **in the same ~ with** gleichwertig

mit; **in a ~ of one's** (*od. its*) **own** e-e Klasse für sich (*überlegen*); **no ~** F minderwertig; **3.** Stand *m*, Rang *m*, Schicht *f*: **the** (**upper**) **~es** die oberen (Gesellschafts)Klassen; **pull ~ on s.o.** F *j-n* s-e gesellschaftliche Überlegenheit fühlen lassen; **4.** *ped., univ.* a) Klasse *f*: **top of the ~** Klassenerste(r), b) 'Unterricht *m*, Stunde *f*: **a ~ in cookery** Kochstunde, c) *pl.* 'Kurs(us) *m*, d) Semi'nar *n*, e) *Brit.* Stufe *f* bei der Universi'tätsprüfung: **take a ~** e-n **honours degree** erlangen; **5.** *univ. Am.* Jahrgang *m*; **II** *v/t.* **6.** klassifizieren: a) in Klassen einteilen, b) einordnen, einstufen: **~ with** gleichstellen mit; **be ~ed as** angesehen werden als; **'~·book** *s. ped.* **1.** *Brit.* Lehrbuch *n*; **2.** *Am.* Klassenbuch *n*; **,con·scious** *adj.* klassenbewußt; **dis·tinc·tion** *s. sociol.* 'Klassen,unterschied *m*; **~·ha·tred** *s.* Klassenhaß *m*.

clas·sic ['klæsɪk] **I** *adj.* (□ **~ally**) **1.** erstklassig, ausgezeichnet; **2.** klassisch, mustergültig, voll'endet; **3.** klassisch: a) griechisch-römisch, b) die klassische Litera'tur *od.* Kunst *etc.* betreffend, c) berühmt, d) edel (*Stil etc.*); **4.** klassisch: a) 'herkömmlich, b) zeitlos; **II** *s.* **5.** Klassiker *m*; **6.** klassisches Werk; **7.** Jünger(in) der Klassik; **8.** *pl.* a) klassische Litera'tur, b) *die* alten Sprachen *f*.

'clas·si·cal [-kl] *adj.* □ **1.** → **classic** 1, 2, 3: **~ music** klassische Musik; **2.** altsprachlich, b) huma'nistisch (gebildet): **~ education** humanistische Bildung; **the ~ languages** die alten Sprachen; **~ scholar** Altphilologe *m*, Humanist *m*; **'clas·si·cism** [-ɪsɪzəm] *s.* **1.** Klassi'zismus *m*; **2.** klassische Redewendung; **'clas·si·cist** [-ɪsɪst] *s.* Kenner *m od.* Anhänger *m* des Klassischen u. der Klassiker.

clas·si·fi·ca·tion [,klæsɪfɪ'keɪʃn] *s.* Klassifizierung *f* (*a.* ⚓), Einteilung *f*, -stufung *f*, Anordnung *f*; Ru'brik *f*: (**security**) **~** *pol.* a) Geheimhaltungseinstufung *f*, b) Geheimhaltungsstufe *f*; **clas·si·fied** ['klæsɪfaɪd] *adj.* **1.** klassifiziert, eingeteilt: **~ advertisements** Kleinanzeigen (*Zeitung*); **~ directory** Branchenverzeichnis *n*; **2.** ✕, *pol.* geheim, Geheim...: **~ material**; **~ information** Verschlußsache(n *pl.*) *f*; **clas·si·fy** ['klæsɪfaɪ] *v/t.* klassifizieren, einteilen, einstufen; ✕, *pol.* für geheim erklären.

class·less ['klɑːslɪs] *adj.* klassenlos: **~ society**.

'class·|mate *s.* 'Klassenkame,rad(in); **~ room** *s.* Klassenzimmer *n*; **~ war** *s. pol.* Klassenkampf *m*.

class·y ['klɑːsɪ] *adj. sl.* ,Klasse', ,Klasse...'.

clat·ter ['klætə] **I** *v/i.* **1.** klappern, rasseln; **2.** trappeln, trampeln; **II** *v/t.* **3.** klappern *od.* rasseln mit; **III** *s.* **4.** Klappern *n*, Rasseln *n*, Krach *m*; **5.** Getrappel *n*; **6.** Lärm *m*; Stimmengewirr *n*.

clause [klɔːz] *s.* **1.** *ling.* Satz(teil *m*, -glied *n*) *m*; **2.** *jur.* a) 'Klausel *f*, Bestimmung *f*, Vorbehalt *m*, b) Absatz *m*, Para'graph *m*.

claus·tro·pho·bi·a [,klɔːstrə'fəʊbjə] *s.* Klaustropho'bie *f*.

clav·i·chord ['klævɪkɔːd] *s.* ♪ Clavi'chord *n*.

clav·i·cle ['klævɪkl] *s. anat.* Schlüsselbein *n*.

claw [klɔː] **I** s. **1.** zo. a) Klaue f, Kralle f (beide a. fig.), b) Schere f (Krebs etc.), c) Pfote f (a. fig. F Hand): **get one's ~s into s.o.** fig. j-n in s-e Klauen bekommen; **pare s.o.'s ~s** fig. j-m die Krallen beschneiden; **2.** ⊙ Klaue f, (Greif)Haken m; **II** v/t. **3.** (zer)kratzen, zerreißen, zerren; **4.** a. **~ hold of** um'krallen, packen; **5.** **~ back** fig. a) zurückgewinnen, b) zurücknehmen; **III** v/i. **6.** kratzen; **7.** reißen, zerren (at an); **8.** pakken, greifen (at nach); **9.** ⚓ **~ off** vom Ufer abhalten; **'~-ham·mer** s. **1.** ⊙ Klauenhammer m; **2.** a. **~ coat** F Frack m.

clay [kleɪ] s. **1.** Ton m, Lehm m: **~ hut** Lehmhütte f; **feet of ~** fig. tönerne Füße; → **potter²** 1; **2.** fig. Erde f, Staub m u. Asche f: **~ pipe** Tonpfeife f; **~ court** s. Tennis: Rotgrantplatz m.

clay·ey ['kleɪɪ] adj. lehmig, Lehm...
clay·more ['kleɪmɔː] s. hist. schottisches Breitschwert.
clay| pi·geon s. sport Wurf-, Tontaube f; **~ pipe** s. Tonpfeife f; **~ pit** s. Lehmgrube f.

clean [kliːn] **I** adj. □ **1.** rein, sauber; → **breast** 2; **2.** sauber, frisch, neu (Wäsche); unbeschrieben (Papier); **3.** reinlich; stubenrein; **4.** einwandfrei, makellos (a. fig.); astfrei (Holz); fast fehlerlos (Korrekturbogen); → **copy** 1; **5.** (moralisch) lauter, sauber; anständig, gesittet; schuldlos: **~ record** tadelloser Ruf; **keep it ~!** keine Ferkeleien!; **~ living!** bleib sauber!; **Mr.** ♀ Saubermann m; **6.** ebenmäßig, von schöner Form; glatt (Schnitt, Bruch); **7.** sauber, geschickt (ausgeführt); tadellos; **8.** F ‚sauber‘ (ohne Waffen, Schmuggelware etc.); **II** adv. **9.** rein, sauber: **sweep ~** rein ausfegen; **come ~** F alles gestehen; **10.** rein, glatt, völlig, to'tal: **I ~ forgot** ich vergaß ganz; **~ gone** a) spurlos verschwunden, b) sl. total übergeschnappt; **~ through the wall** glatt durch die Wand; **III** v/t. **11.** reinigen, säubern; Kleider ('chemisch) reinigen; **12.** Fenster, Schuhe, Zähne putzen; **IV** v/i. **13.** sich reinigen lassen; **~ down** v/t. gründlich reinigen; abwaschen; **~ out** v/t. **1.** reinigen; **2.** auslesen, -räumen; raumen; **3.** sl. a) ‚ausnehmen‘, ‚schröpfen‘, b) Am. a. j-n ‚fertigmachen‘; **4.** F Kasse etc. leer machen; Laden etc. leer kaufen; **5.** F Bank etc. ‚ausräumen‘; **~ up** v/t. **1.** gründlich reinigen; **2.** aufräumen (mit fig.); in Ordnung bringen, erledigen, fig. a. bereinigen; Stadt etc. säubern; **3.** sl. (v/i. schwer) einheimsen.

clean| and jerk s. Gewichtheben: Stoßen n; **~ bill of lad·ing** s. ♣ reines Konosse'ment; **~'bred** adj. reinrassig; **~'cut** adj. **1.** klar um'rissen; klar, deutlich; **2.** regelmäßig; wohlgeformt; **3.** scharf geschnitten: **~ face**.

clean·er ['kliːnə] s. **1.** Reiniger m (Person, Gerät od. Mittel); Reinemachfrau f, Raumpflegerin f; (Fenster- etc.)Putzer m; **2.** pl. Reinigung(sanstalt) f: **take s.o. to the ~s** sl. a) j-n to'tal ‚ausnehmen‘, b) j-n ‚fertigmachen‘.

clean|-'hand·ed adj. schuldlos; **~-'limbed** adj. wohlproportioniert.
clean·li·ness ['klenlɪnɪs] s. Reinlichkeit f; **clean·ly** ['klenlɪ] adj. □ reinlich.

cleanse [klenz] v/t. **1.** (a. fig.) reinigen, säubern, reinwaschen (from von); **2.** läutern; **'cleans·er** [-zə] s. Reinigungsmittel n; **'cleans·ing** [-zɪŋ] adj. Reinigungs...: **~ cream**.

‚clean|-'shav·en adj. glattrasiert; **'~-up** s. **1.** (gründliche) Reinigung f; **2.** F 'Säuberungsakti‚on f; Ausmerzung f; **3.** Am. sl. ‚Schnitt‘ m, (großer) Pro'fit.

clear [klɪə] **I** adj. □ → **clearly**; **1.** klar, hell, 'durchsichtig, rein (a. fig.): a **~ day** ein klarer Tag; **as ~ as day**(light), **~ as mud** F sonnenklar; a **~ con·science** ein reines Gewissen; **2.** klar, deutlich; 'übersichtlich; scharf (Photo, Sprache, Verstand): a **~ head** ein klarer Kopf; **~ judgment** gesundes Urteil; **be ~ in one's mind** sich klar darüber sein; **make o.s. ~** sich verständlich machen; **3.** klar, offensichtlich; sicher, zweifellos: **I am quite ~ (that)** ich bin ganz sicher (daß); **4.** klar, rein; unvermischt; ♣ netto: **~ amount** Nettobetrag m; **~ profit** Reingewinn m; **~ loss** reiner Verlust; **~ skin** reine Haut; **~ soup** klare Suppe; **~ water** (nur) reines Wasser; **5.** klar (Ton): **as ~ as a bell** glockenrein; **6.** frei (of von), offen; unbehindert; ohne: **keep the roads ~** die Straßen offenhalten; **~ of debt** schuldenfrei; **~ title** jur. unbestrittenes Recht; **see one's way ~** freie Bahn haben; **keep ~ of** a) (ver)meiden, b) sich fernhalten von; **keep ~ of the gates!** Eingang (Tor) freihalten!; **be ~ of s.th.** et. los sein; **get ~ of** loskommen von; **7.** ganz, voll: a **~ month** ein voller Monat; **8.** ⊙ licht (Höhe, Weite); **II** adv. **9.** hell; klar, deutlich; **10.** frei, los, fort; **11.** völlig, glatt: **~ over the fence** glatt über den Zaun; **III** s. **12.** ⊙ lichte Weite; **13.** in the **~** a) frei, her'aus, b) sport freistehend, c) aus der Sache heraus, vom Verdacht gereinigt, d) Funk etc.: im Klartext; **IV** v/t. **14.** a. **~ up** (auf)klären, erläutern; **15.** säubern, reinigen (a. fig.), befreien; losmachen (of von): **~ the street of snow** die Straße von Schnee reinigen; **16.** Saal etc. räumen, leeren; ♣ Waren(lager) räumen (→ 23); Tisch abräumen, abdecken; Straße freimachen; Land, Wald roden; **~ the way** Platz machen, den Weg bahnen; **~ out of the way** fig. beseitigen; **17.** reinigen, säubern; **~ the air** a. fig. die Atmosphäre reinigen; **~ one's throat** sich räuspern; **18.** frei-, lossprechen; entlasten (of, from von e-m Verdacht etc.); Am. j-m (po'litische) Unbedenklichkeit bescheinigen; Am. die Genehmigung für et. einholen (with bei): **~ one's conscience** sein Gewissen entlasten; **~ one's name** s-n Namen reinwaschen; **19.** (knapp od. heil) vor'beikommen an (dat.): **my car just ~ed the bus**; **20.** Hindernis nehmen, glatt springen über (acc.): **~ the hedge**; **~ 6 feet** 6 Fuß hoch springen; **21.** Gewinn erzielen, einheimsen: **~ expenses** die Unkosten einbringen; **22.** ⚓ a) Schiff klarmachen (for action zum Gefecht), b) Schiff ausklarieren, c) Ladung löschen; d) aus e-m Hafen auslaufen; **23.** ♣ bereinigen, bezahlen; verrechnen; Scheck einlösen; Hypothek tilgen; Ware verzollen (→ 16); abfertigen; **V** v/i. **24.** sich klären, klar werden; **25.** sich aufklären (Wetter): **~ (away)** sich verziehen (Nebel etc.); **26.** sich klären (Wein etc.); **27.** ♣ a) die 'Zollformali‚täten erledigen, b) ausklarieren;

Zssgn mit adv.:
clear| a·way **I** v/t. **1.** wegräumen; beseitigen; **II** v/i. **2.** verschwinden; → **clear** 25; **3.** (den Tisch) abdecken; **~ off** **I** v/t. **1.** beseitigen, loswerden; **2.** erledigen; **II** v/i. **3.** → **clear out** 3; **~ out** **I** v/t. **1.** ausräumen, reinigen; **2.** ♣ ausverkaufen; **II** v/i. **3.** verschwinden, ‚sich verziehen‘, ‚abhauen‘; **~ up** **I** v/t. **1.** ab-, forträumen; **2.** bereinigen, erledigen; **3.** aufklären, lösen; **II** v/i. **4.** sich aufklären (Wetter).

clear·ance ['klɪərəns] s. **1.** Räumung f (a. ✠); Beseitigung f; Leerung f; Freilegung f; **2.** a) Rodung f, b) Lichtung f; **3.** ⊙ lichter Raum, Zwischenraum m; Spiel(raum m) n; mot. etc. Bodenfreiheit f; ⚓ allg. Abfertigung f, bsd. a) ✈ Freigabe f, Start- od. 'Durchflugerlaubnis f, b) ⚓ Auslaufgenehmigung f (→ 7); **5.** ♣ a) Tilgung f, volle Bezahlung f, b) Verrechnung f (→ clearing 2), c) → **clearance sale**; **6.** ♣ a) (Ein-, Aus-)Klarierung f, Zollabfertigung f, b) Zollschein m: **~ (papers)** Zollpapiere; **7.** pol. etc. Unbedenklichkeitsbescheinigung f; **~ sale** s. Brit. (Räumungs)Ausverkauf m.

‚clear|-'cut adj. scharf um'rissen; klar, eindeutig; **~-'head·ed** adj. klardenkend, intelli‚gent.

clear·ing ['klɪərɪŋ] s. **1.** Lichtung f, Rodung f; **2.** ♣ Clearing n, Verrechnungsverkehr m (Bank); **~ bank** s. 'Girobank f; ♀ **Hos·pi·tal** s. ✕ Brit. 'Feldlaza‚rett n; **~ house** s. ♣ 'Clearinginsti‚tut n, Verrechnungsstelle f; **~ of·fice** s. Verrechnungsstelle f; **~ sys·tem** s. ♣ Clearingverkehr m.

clear·ly ['klɪəlɪ] adv. **1.** klar, deutlich; **2.** **~, that is wrong** offensichtlich ist das falsch; **3.** zweifellos, ‚klar‘; **clear·ness** ['klɪənɪs] s. **1.** Klarheit f, Deutlichkeit f; **2.** fig. Reinheit f; Schärfe f.

‚clear|-'sight·ed adj. **1.** scharfsichtig; **2.** fig. klardenkend, hellsichtig, klug; **'~-starch** v/t. Wäsche stärken; **'~-way** s. Brit. Schnellstraße f.

cleat [kliːt] s. **1.** ⚓ Klampe f; **2.** Keil m, Pflock m; **3.** ⚡ Isolierschelle f; **4.** ⊙ Querleiste f; **5.** breiter Schuhnagel.

cleav·age ['kliːvɪdʒ] s. **1.** Spaltung f (a. ☢ u. fig.); Spaltbarkeit f; **2.** Zwiespalt m; **3.** biol. (Zell)Teilung f; **4.** Brustansatz m, Dekolleté n.

cleave¹ [kliːv] v/i. **1.** kleben (to an od. dat.); **2.** fig. (to) festhalten (an dat.), halten (zu j-m), treu bleiben (dat.), anhängen (dat.).

cleave² [kliːv] **I** v/t. [irr.] **1.** (zer)spalten; **2.** hauen, reißen; Weg bahnen; **3.** Wasser, Luft etc. durch'schneiden, (zer)teilen; **II** v/i. [irr.] **4.** sich spalten, bersten; **'cleav·er** [-və] s. Hackmesser n, -beil n.

clef [klef] s. ♪ (Noten)Schlüssel m.
cleft¹ [kleft] pret. u. p.p. von **cleave²**.
cleft² [kleft] **I** s. Spalte f, Kluft f, Riß m; **II** adj. gespalten, geteilt; **~ pal·ate** s. Gaumenspalte f, Wolfsrachen m; **~ stick** s.: **be in a ~** ‚in der Klemme‘ sitzen.

clem·a·tis ['klemətɪs] s. ♀ Kle'matis f.

clem·en·cy ['klemənsɪ] **I** s. Milde f (a. Wetter), Nachsicht f; **II** adj. Gnaden... (-behörde etc.); '**clem·ent** [-nt] adj. □ mild (a. Wetter), nachsichtig, gnädig.

clench [klentʃ] **I** v/t. **1.** bsd. Lippen zs.-pressen; Zähne zs.-beißen; Faust ballen: ~ one's fist; **2.** fest anpacken; (an)spannen (a. fig.); **3.** → clinch 1, 2, 3; **II** v/i. **4.** sich fest zs.-pressen; sich ballen.

cler·gy ['klɜːdʒɪ] s. eccl. Geistlichkeit f, Klerus m, die Geistlichen pl.: 20 ~ 20 Geistliche; '~·man [-mən] s. [irr.] Geistliche(r) m.

cler·ic ['klerɪk] s. Kleriker m; '**cler·i·cal** [-kl] **I** adj. □ **1.** geistlich: ~ collar Kragen m des Geistlichen; **2.** pol. kleri'kal; **3.** Schreib..., Büro...: ~ error Schreibfehler m; ~ work Büroarbeit f; **II** s. **4.** pol. Kleri'kale(r) m; '**cler·i·cal·ism** [-kəlɪzəm] s. pol. Klerika'lismus m, kleri'kale Poli'tik.

cler·i·hew ['klerɪhjuː] s. 'Clerihew n (witziger Vierzeiler).

clerk [klɑːk] **I** s. **1.** Sekre'tär m; Schriftführer m; (Bü'ro)Schreiber m: ~ of the court Urkundsbeamte(r) m; → articled 2, town clerk; **2.** Bü'roangestellte(r m)f; Buchhalter(in); (Bank)Beamte(r) m, (-)Beamtin f; **3.** Brit. Vorsteher m, Leiter m: ~ of (the) works Bauleiter; ~ of the weather fig. Wettergott, Petrus; **4.** Am. a) Verkäufer(in) im Laden, b) (Ho'tel)Porti‚er m, Empfangschef m, -dame f; **5.** ~ in holy orders eccl. Geistliche(r) m; **II** v/i. **6.** als Schreiber etc. od. Am. als Verkäufer (-in) tätig sein; '**clerk·ship** [-ʃɪp] s. Stellung f e-s Bü'roangestellten etc. od. Am. Verkäufers.

clev·er ['klevə] adj. □ **1.** geschickt, raffiniert (Person u. Sache); gewandt: ~ dick F ‚Klugscheißer' m; **2.** klug, gescheit; begabt (at in); **3.** geistreich (Worte, Buch); **4.** a. '~·~ contp. ‚superklug'; '**clev·er·ness** [-nɪs] s. Geschicklichkeit f; Klugheit f etc.

clew [kluː] **I** s. **1.** Knäuel m, n (Garn); **2.** → clue 1, 2; **3.** ♣ Schothorn n; **II** v/t. **4.** ~ up Segel aufgeien; ~ gar·net s. ♣ Geitau n.

cli·ché ['kliːʃeɪ] s. Kli'schee n: a) typ. Druckstock m, b) fig. Gemeinplatz m, abgedroschene Phrase.

click [klɪk] **I** s. **1.** Klicken n, Knipsen n, Knacken n, Ticken n; Einschnappen n; **2.** ⚙ Schnapp-, Sperrvorrichtung f; Sperrhaken m, Klinke f; **3.** Schnalzen n; **II** v/i. **4.** klicken, knacken, ticken; **5.** schnalzen; **6.** (zu-, ein)schnappen: ~ into place einrasten, fig. sein (richtiges) Plätzchen finden; **7.** sl. F ‚einschlagen', Erfolg haben (with mit); **8.** sofort Gefallen anein'ander finden, engS. sich ein'ander ‚verknallen'; **9.** F über'einstimmen (with mit); **10.** it ~ed F bei mir etc. ‚klingelte' es (als ich hörte etc.); **III** v/t. **11.** klicken od. ticken od. knacken od. einschnappen lassen: ~ the door (to) die Tür zuklinken; ~ one's heels die Hacken zs.-schlagen; **12.** schnalzen mit: ~ one's tongue.

cli·ent ['klaɪənt] s. **1.** ⚖ Kli'ent(in), Man'dant(in): ~ (state) pol. abhängiger Staat; **2.** ✝ Kunde m, Kundin f; **3.** Pati'ent(in) (e-s Arztes); **cli·en·tele**

[ˌkliːɑ̃ːn'tel] s. **1.** Klien'tel f, Kli'enten pl.; **2.** Pa'tienten(kreis m) pl.; **3.** Kunden(kreis m) pl., Kundschaft f.

cliff [klɪf] s. Klippe f, Felsen m: go over the ~ F fig. ‚eingehen', pleite gehen; ~ dwell·ing s. Felsenwohnung f; '~·hang·er s. F **1.** 'Fortsetzungsro‚man m (etc.), der jeweils im spannendsten Mo'ment abbricht; **2.** äußerst spannende Sache.

cli·mac·ter·ic [klaɪ'mæktərɪk] **I** adj. **1.** entscheidend, 'kritisch; **2.** ♂ klimak'terisch; **II** s. **3.** ♂ Klimak'terium n, Wechseljahre pl.; **4.** a) kritische Zeit, b) (Lebens)Wende f.

cli·mate ['klaɪmɪt] s. **1.** 'Klima n; **2.** Gegend f; **3.** fig. (politisches, Betriebs- etc.) 'Klima n, Atmo'sphäre f; **cli·mat·ic** [klaɪ'mætɪk] adj. (□ ~ally) kli'matisch; **cli·ma·to·log·ic, cli·ma·to·log·i·cal** [ˌklaɪmətə'lɒdʒɪk(l)] adj. □ klimato'logisch; **cli·ma·tol·o·gy** [ˌklaɪmə'tɒlədʒɪ] s. Klimatolo'gie f, 'Klimakunde f.

cli·max ['klaɪmæks] **I** s. **1.** Steigerung f; **2.** Gipfel m, Höhepunkt m; 'Krisis f; **3.** (sexu'eller) Höhepunkt, Or'gasmus m; **II** v/t. **4.** auf e-n Höhepunkt bringen; Laufbahn etc. krönen; **III** v/i. **5.** e-n Höhepunkt erreichen; **6.** e-n Or'gasmus haben.

climb [klaɪm] **I** s. **1.** Aufstieg m, Besteigung f; 'Kletterpar‚tie f; **2.** ✈ Steigen n, Steigflug m; **II** v/i. **3.** klettern; **4.** steigen (Straße, Flugzeug); **5.** (auf-, em'por)steigen, (hoch)klettern (a. fig. Preise etc.); **6.** ♀ sich hin'aufranken; **III** v/t. **7.** be-, ersteigen; steigen od. klettern auf (acc.), erklettern; ~ down v/i. **1.** hin'untersteigen, -klettern; **2.** fig. e-n ‚Rückzieher' machen, klein beigeben; ~ up v/t. u. v/i. hin'aufsteigen, -klettern.

climb·a·ble ['klaɪməbl] adj. ersteigbar; '**climb-down** s. F ‚Rückzieher' m, Nachgeben n; '**climb·er** [-mə] s. **1.** Kletterer m; Bergsteiger(in); **2.** ♀ Kletter-, Schlingpflanze f; **3.** orn. Klettervogel m; **4.** F (gesellschaftlicher) Streber, Aufsteiger m.

climb·ing a·bil·i·ty ['klaɪmɪŋ] s. **1.** ✈ Steigvermögen n; **2.** mot. Bergfreudigkeit f; ~ i·rons s. pl. mount. Steigeisen pl.

clime [klaɪm] s. poet. Gegend f, Landstrich m; fig. Gebiet n, Sphäre f.

clinch [klɪntʃ] **I** v/t. **1.** entscheiden, zum Abschluß bringen; Handel festmachen: that ~ed it damit war die Sache entschieden; ~ an argument den Streit für sich entscheiden; **2.** ⚙ a) sicher befestigen, b) vernieten; **3.** Boxen: um'klammern; **II** v/i. **4.** Boxen: clinchen; **III** s. **5.** fester Griff od. Halt; **6.** Boxen: Clinch m (a. sl. Umarmung); **7.** ⚙ Vernietung f; Niet m; '**clinch·er** [-tʃə] s. F entscheidender 'Umstand od. Beweis etc., Trumpf m.

cling [klɪŋ] v/i. [irr.] **1.** (to) a. fig. kleben, haften (an dat.); anhaften (dat.): ~ together zs.-halten; **2.** (to) a. fig. sich klammern (an j-n, e-e Hoffnung etc.), festhalten (an e-r Sitte, Meinung etc.); to the text am Text kleben; **3.** sich (an)schmiegen (to an acc.); **4.** fig. (to) hängen (an dat.), anhängen (dat.); '**cling·ing** [-ŋɪŋ] adj. enganliegend,

hauteng (Kleid).

clin·ic ['klɪnɪk] s. **1.** Klinik f, (Pri'vat-od. Universi'täts)Krankenhaus n; **2.** Klinikum n, klinischer 'Unterricht; **3.** 'Poliklinik f, Ambu'lanz f; **4.** Am. Fachkurs(us) m, Semi'nar n; '**clin·i·cal** [-kl] adj. □ **1.** klinisch: ~ instruction Unterweisung f am Krankenbett; ~ thermometer Fieberthermometer n; **2.** fig. nüchtern, kühl analysierend; **clin·i·car** ['klɪnɪkɑː] s. Notarztwagen m; **cli·ni·cian** [klɪ'nɪʃn] s. Kliniker m.

clink[1] [klɪŋk] **I** v/i. klingen, klimpern, klirren; **II** v/t. klingen od. klirren lassen: ~ glasses (mit den Gläsern) anstoßen; **III** s. Klingen n etc.

clink[2] [klɪŋk] s. sl. ‚Knast' m, ‚Kittchen' n (Gefängnis): in ~.

clink·er[1] ['klɪŋkə] s. **1.** Klinker m, Hartziegel m; **2.** Schlacke f.

clink·er[2] ['klɪŋkə] bsd. Am. sl. **1.** ‚Patzer' m; **2.** ‚Pleite' f (Mißerfolg).

'**clink·er-built** adj. ♣ klinkergebaut.

cli·nom·e·ter [klaɪ'nɒmɪtə] s. Neigungs-, Winkelmesser m.

Cli·o ['klaɪəʊ] s. Am. alljährlicher Preis für die beste Leistung im Werbefernsehen.

clip[1] [klɪp] **I** v/t. **1.** abschneiden; a. fig. beschneiden; Schwanz, Flügel, Hecke stutzen: ~ s.o.'s wings fig. j-m die Flügel beschneiden; **2.** Haare (mit der Maschine) schneiden; Tiere scheren; **3.** aus der Zeitung ausschneiden; Fahrschein lochen; **4.** Silben od. Buchstaben verschlucken: ~ped speech a) undeutliche (Aus)Sprache, b) knappe od. schneidige Sprechweise; **5.** j-m e-n Schlag ‚verpassen'; **6.** F a) j-n ‚erleichtern' (for um), b) j-n ‚neppen'; **II** s. **7.** Haarschnitt m; **8.** Schur f; **9.** Wollertrag m e-r Schur; **10.** F Hieb m; **11.** F Tempo n: at a good ~ in scharfem Tempo.

clip[2] [klɪp] **I** s. **1.** (Bü'ro-, Heft)Klammer f, Klemme f, Spange f, Halter m; **2.** ⚔ (Patronen)Rahmen m, Ladestreifen m; **II** v/t. **3.** festhalten; befestigen; (an)klammern.

'**clip-joint** s. sl. 'Nepplo‚kal n.

clip·per ['klɪpə] s. **1.** ♣ Klipper m, Schnellsegler m; **2.** ✈ Clipper m; **3.** Renner m (schnelles Pferd); **4.** pl. 'Haarschneide-, 'Scherma‚schine f, Schere f.

clip·pie ['klɪpɪ] s. F Brit. Busschaffnerin f.

clip·ping ['klɪpɪŋ] s. **1.** Am. (Zeitungs)Ausschnitt m: ~ bureau Zeitungsausschnittsdienst m; **2.** mst pl. Schnitzel pl., Abfälle pl.

clique [kliːk] s. Clique f, Klüngel m; '**cli·quish** [-kɪʃ] adj. cliquenhaft.

clit [klɪt] sl. für **cli·to·ris** ['klɪtərɪs] s. anat. 'Klitoris f, Kitzler m.

clo·a·ca [kləʊ'eɪkə] pl. **-s, -cae** [-kiː] s. Klo'ake f (a. zo.; a. fig. Sündenpfuhl).

cloak [kləʊk] **I** s. **1.** (loser) Mantel, 'Umhang m; **2.** fig. Deckmantel m: under the ~ of night im Schutz der Nacht; **II** v/t. **3.** (wie) mit e-m Mantel bedecken; **4.** fig. bemänteln, verhüllen; '~·and-'dag·ger adj. **1.** ‚Mantel-und-Degen-...': ~ drama; **2.** Spionage...: ~ story; '~·room s. **1.** Garde'robe f; **2.** Brit. F Toi'lette f.

clob·ber ['klɒbə] v/t. sl. **1.** verprügeln,

fig. ‚fertigmachen'; **2.** *sport* ‚über'fahren', ‚vernaschen'.

cloche [klɔʊʃ] *s.* **1.** Glasglocke *f* (*für Pflanzen*); **2.** Glocke *f* (*Damenhut*).

clock¹ [klɒk] **I** *s.* **1.** (*Wand-, Turm-, Stand*)Uhr *f:* **five o'clock** fünf Uhr; **(a)round the ~** rund um die Uhr, den ganzen Tag (*arbeiten etc.*); **put the ~ back** *fig.* das Rad zurückdrehen; **2.** F a) Kon'troll-, Stoppuhr *f,* b) Fahrpreisanzeiger *m* (*Taxi*); **3.** *Computer:* Taktgeber *m*; **4.** F ♀ Pusteblume *f*; **II** *v/t.* **5.** *bsd. sport* a) (*mit der Uhr*) (ab)stoppen, b) *Zeit* nehmen, c) *Zeit* erreichen; **6.** *a.* **~ up** F *Zeit, Zahlen etc.* registrieren; **III** *v/i.* **7. ~ in** *od.* **on** (*off od.* **out**) einstempeln (ausstempeln) (*Arbeitnehmer*).

clock² [klɒk] *s.* (Strumpf)Verzierung *f*.

'clock|-face *s.* Zifferblatt *n*; **~ ra·di·o** *s.* 'Radiowecker *m*; **'~-watch·er** *s.* F Angestellte(r), der *od.* die immer nach der Uhr sieht; **'~-wise** *adj. u. adv.* im Uhrzeigersinn; rechtsläufig, Rechts...: **~ rotation**; **'~-work** *s.* Uhrwerk *n*: **like ~** a) wie am Schnürchen, b) (pünktlich) wie die Uhr; **~ toy** mechanisches Spielzeug; **~ fuse** ✕ Uhrwerkzünder *m*.

clod [klɒd] *s.* **1.** Erdklumpen *m*, Scholle *f*; **2.** *fig.* ‚Heini' *m*, Trottel *m*; **'~·hop·per** *s.* Bauerntölpel *m*; **'~·hop·ping** *adj.* F ungehobelt.

clog [klɒg] **I** *s.* **1.** Holzklotz *m*; **2.** Pan'tine *f*, Holzschuh *m*; **3.** *fig.* Hemmnis *n*, Hindernis *n*; **II** *v/t.* **4.** (be)hindern, hemmen; **5.** verstopfen; **6.** *fig.* belasten, 'vollpfropfen; **III** *v/i.* **7.** sich verstopfen; stocken; **8.** klumpig werden, sich zs.-ballen; **~ dance** *s.* Holzschuhtanz *m*.

clois·ter ['klɔɪstə] **I** *s.* **1.** Kloster *n*; **2.** ⌂ a) Kreuzgang *m*, b) *oft pl.* gedeckter (Säulen)Gang *um e-n Hof*; **II** *v/t.* **3.** in ein Kloster stecken; **4.** *fig.* (*a. o.s.* sich) von der Welt abschließen; **'clois·tered** [-əd] *adj.* zu'rückgezogen, abgeschieden; **'clois·tral** [-trəl] *adj.* klösterlich.

clone [kləʊn] *n biol.* **I** *s.* Klon *m*; **II** *v/t.* klonen.

close¹ [kləʊs] **I** *adj.* □ **~ closely**; **1.** geschlossen (*a. ling.*): **~ formation** (*od. order*) ✕ (Marsch)Ordnung *f*; **~ company** *Brit.*, **~ corporation** ✝ *Am.* GmbH *f*; **2.** zu'rückgezogen, abgeschlossen; **3.** verschlossen, verschwiegen, zu'rückhaltend; **4.** verborgen, geheim; **5.** geizig; sparsam; **6.** knapp (*Geld; Sieg*): **~ election** knapper Wahlsieg; **~ price** ✝ scharf kalkulierter Preis; **7.** eng, beschränkt (*Raum*); **8.** nahe, dicht; *fig.* eng, vertraut: **~ friend; ~ combat** ✕ Nahkampf *m*; **~ proximity** nächste Nähe; **~ fight** zähes Ringen, Handgemenge *n*; **~ finish** scharfer Endkampf; **~ shave** (*od. call*) F knappes Entrinnen; **that was ~!** F das war knapp!; **~ shot** *phot.* Nahaufnahme *f*, → **quarter** 10; **9.** dicht, eng; fest; enganliegend (*Kleid*): **~ texture** dichtes Gewebe; **~ writing** gedrängte Schrift; **10.** genau, gründlich, streng, eingehend (*Prüfung, Verhör etc.*); scharf (*Aufmerksamkeit, Bewachung*); streng (*Haft*); scharf (*Wettbewerb*); stark (*Ähnlichkeit*); (wort)getreu (*Übersetzung, Abschrift*); **11.** schwül, dumpf; **II** *adv.* **12.** nahe, eng, dicht, gedrängt: **~ by** nahe (da)bei; **~ at hand** nahe bevor-

stehend; **~ to the ground** dicht am Boden; **~ on 40** beinahe 40; **come ~ to** *fig.* herankommen an (*acc.*); **cut ~** sehr kurz schneiden; **keep ~** in der Nähe bleiben; **keep o.s. ~** sich zurückhalten; **press s.o. ~** j-n (be)drängen; **run s.o. ~** j-m fast gleichkommen; **III** *s.* **13.** Einfriedigung *f*, (eingefriedetes) Grundstück; **14.** (Schul)Hof *m*; **15.** Sackgasse *f*; **16.** *Scot.* 'Haus‚durchgang *m zum Hof*.

close² [kləʊz] **I** *s.* **1.** (Ab)Schluß *m*, Ende *n*: **bring to a ~** beendigen; **draw to a ~** sich dem Ende nähern; **2.** a) Schlußwort *n*, b) Briefschluß *m*; **3.** ♪ Ka'denz *f*; **II** *v/t.* **4.** *Augen, Tür etc.* schließen, zumachen (→ **door** 2, **eye** 2); *Straße* sperren; *Loch* verstopfen: **~ a shop** a) e-n Laden schließen, b) ein Geschäft aufgeben; **~ about s.o.** j-n umschließen *od.* umgeben; **5.** beenden, ab-, beschließen; zum Abschluß bringen, erledigen: **~ the books** ✝ die Bücher abschließen; **~ an account** ein Konto auflösen; **III** *v/i.* **6.** schließen, geschlossen werden; sich schließen; **7.** enden, aufhören; **8.** sich nähern, her-'anrücken; **9. ~ with** a) (handels)einig werden mit *j-m*, sich mit *j-m* einigen (*on* über *acc.*), b) handgemein mit *j-m* werden; **~ down** **I** *v/t.* **1.** schließen; *Geschäft* aufgeben; *Betrieb* stillegen; **II** *v/i.* **2.** schließen; stillgelegt werden; **3.** *Radio, TV:* Sendeschluß haben; **4.** ~ **on** scharf vorgehen gegen; **~ in** *v/i.* (*upon*) her'einbrechen (über *acc.*), sich her'anarbeiten (an *acc.*); **~ out** *v/t.* **1.** ✝ a) *Lager* räumen, b) → **wind up** 4; **2.** *fig.* Am. abwickeln, erledigen; **~ up** **I** *v/t.* (ver)schließen, verstopfen, ausfüllen; **II** *v/i.* näher rücken, aufschließen; sich schließen *od.* füllen.

‚close|-'bod·ied [‚kləʊs-] *adj.* enganliegend (*Kleider*); **‚~-'cropped** *adj.* kurzgeschoren.

closed | **cir·cuit** [kləʊzd] *s.* ↯ geschlossener Stromkreis; **'~-cir·cuit tel·e·vi·sion** *s.* Kurzschluß-, Betriebsfernsehen *n*.

'close-down ['kləʊz-] *s.* **1.** Schließung *f*, Stillegung *f*; **2.** *Radio, TV:* Sendeschluß *m*.

closed shop *s.* gewerkschaftspflichtiger Betrieb.

‚close|-'fist·ed [‚kləʊs-] *adj.* geizig, knauserig; **~ fit** *s.* enge Paßform; ◎ Edelpassung *f*; **‚~-'fit·ting** *adj.* enganliegend; **‚~-'grained** *adj.* feinkörnig (*Holz etc.*); **‚~-'hauled** *adj.* ♃ hart am Winde; **‚~-'knit** *adj. fig.* engverbunden; **‚~-'lipped** *adj.* verschlossen.

close·ly ['kləʊsli] *adv.* **1.** dicht, eng, fest; **2.** aus der Nähe; **3.** genau; **4.** scharf, streng; **'close·ness** [-snɪs] *s.* **1.** Nähe *f*; **2.** Enge *f*, Knappheit *f*; Dichte *f*, Festigkeit *f*; **4.** Genauigkeit *f*, Schärfe *f*, Strenge *f*; **5.** Verschlossenheit *f*; **6.** Schwüle *f*; **7.** Geiz *m*.

'close|-out ['kləʊz-] *s. a.* **~ sale** Ausverkauf *m* wegen Geschäftsaufgabe; **'~-range** ['kləʊs-] *adj.* aus nächster Nähe, Nah...; **~ sea·son** [kləʊs] *s. hunt.* Schonzeit *f*.

clos·et ['klɒzɪt] **I** *s.* **1.** kleine Kammer; Gelaß *n*, Kabi'nett *n*; Geheimzimmer *n*: **~ drama** Lesedrama *n*; **2.** *Am.* (Wand)Schrank *m*; **3.** ('Wasser)Klo-

‚sett *n*; **II** *adj.* **4.** pri'vat, geheim; **III** *v/t.* **5.** einschließen: **be ~ed together with s.o.** e-e vertrauliche Besprechung mit j-m haben.

close| time [kləʊs] *s. hunt.* Schonzeit *f*; **‚~-'tongued** *adj.* verschlossen; **'~-up** *s.* **1.** *Film:* Nah-, Großaufnahme *f*; **2.** *fig.* genaue Betrachtung, scharfes Bild.

clos·ing | **date** ['kləʊzɪŋ] *s.* letzter Ter'min; **~ price** *s. Börse:* 'Schlußno‚tierung *f*; **~ speech** *s.* Schlußrede; **'Schlußplädo‚yer** *n*; **~ time** *s.* **1.** Geschäftsschluß *m*; **2.** Poli'zeistunde *f*.

clo·sure ['kləʊʒə] **I** *s.* **1.** Verschluß *m* (*a. Vorrichtung*); **2.** Schließung *f e-s Betriebs*, Stillegung *f*; **3.** *parl.* Schluß *m* der De'batte: **apply** (*od.* **move**) **the ~** Antrag auf Schluß der Debatte stellen; **II** *v/t.* **4.** *Debatte etc.* schließen.

clot [klɒt] **I** *s.* **1.** Klumpen *m*, Klümpchen *n*: **~ of blood** Blutgerinnsel *n*; **2.** F ‚Blödmann' *m*; **II** *v/i.* **3.** gerinnen, Klumpen bilden; **~ted hair** verklebtes Haar.

cloth [klɒθ] *pl.* **cloths** [-θs] *s.* **1.** Tuch *n*, Stoff *m; engS.* Wollstoff *m*: **~ of gold** Goldbrokat *m*; → **coat** 1, **whole** 3; **2.** Tuch *n*, Lappen *m*: **lay the ~** den Tisch decken; **3.** geistliche Amtstracht: **the ~** die Geistlichkeit; **4.** ♣ a) Segeltuch *n*, b) Segel *pl.*; **5.** (Buchbinder)Leinwand *f*: **~ binding** Leinenband *m*; **~-bound** in Leinen gebunden.

clothe [kləʊð] *v/t.* **1.** (an- be)kleiden; **2.** einkleiden, mit Kleidung versehen; **3.** *fig. in Worte* kleiden; **4.** *fig.* einhüllen; um'hüllen.

clothes [kləʊðz] *s. pl.* **1.** Kleider *pl.*, Kleidung *f*; **2.** (Leib-, Bett)Wäsche *f*; **~ hang·er** *s.* Kleiderbügel *m*; **'~-horse** *s.* Wäscheständer *m*; **~ line** *s.* Wäscheleine *f*; **'~-peg**, **'~-pin** *s.* Wäscheklammer *f*; **'~-press** *s.* Wäsche-, Kleiderschrank *m*; **~ tree** *s.* Kleiderständer *m*.

cloth hall *s. hist.* Tuchbörse *f*.

cloth·ier ['kləʊðɪə] *s.* Tuch-, Kleiderhändler *m*; **'cloth·ing** [-ðɪŋ] *s.* Kleidung *f*: **article of ~** Kleidungsstück *n*; **~ industry** Bekleidungsindustrie *f*.

clo·ture ['kləʊtʃə] *Am.* → **closure** 3.

cloud [klaʊd] **I** *s.* **1.** Wolke *f* (*a. fig.*); Wolken *pl.*: **~ of dust** Staubwolke *f*; **have one's head in the ~s** *fig.* a) in höheren Regionen schweben, b) geistesabwesend sein; **be on ~ nine** F im siebten Himmel schweben; → **silver lining**; **2.** *fig.* Schwarm *m*, Haufen *m*: **a ~ of flies**; **3.** dunkler Fleck, Fehlstelle *f*; **4.** *fig.* Schatten *m*: **~ of title** ⚖ (geltend gemachter) Fehler im Besitz; **cast a ~ on sth.** e-n Schatten auf et. werfen; **under the ~ of night** im Schatten der Nacht; **under a ~** a) unter Verdacht, b) in Ungnade, c) in Verruf; **II** *v/t.* **5.** be-, um'wölken; **6.** *fig.* verdunkeln, trüben: **~ the issue** die Sache vernebeln; **7.** ädern, flecken; **8.** ◎ *Stoff* moirieren; **III** *v/i.* **9.** *a.* **~ over** sich be-*od.* um'wölken, sich trüben (*a. fig.*); **'~-burst** *s.* Wolkenbruch *m*; **'~-‚cuck·oo-land** *s.* Wolken'kuckucksheim *n*.

cloud·ed ['klaʊdɪd] *adj.* **1.** be-, um-'wölkt; *fig.* nebelhaft; **2.** trübe, wolkig (*Flüssigkeit etc.*); beschlagen (*Glas*); **3.** gefleckt, geädert; **'cloud·ing** [-dɪŋ] *s.* **1.** Wolkigkeit *f*; Trübung *f* (*a. fig.*); **2.** Wolken-, Moiré'muster *n*; **'cloud·less**

[-lɪs] *adj.* □ **1.** wolkenlos; **2.** *fig.* ungetrübt; **'cloud·y** [-dɪ] *adj.* □ **1.** wolkig, bewölkt; **2.** geädert; moiriert (*Stoff*); **3.** trübe (*Flüssigkeit*); unklar, verschwommen; **4.** düster.

clout [klaʊt] F I *s.* **1.** Schlag *m*; **2.** *fig. a*) Macht *f*, Einfluß *m*, b) Wucht *f*; II *v/t.* **3.** hauen, schlagen; ~ **nail** *s.* (Schuh)Nagel *m*.

clove¹ [kləʊv] *s.* ♀ Gewürznelke *f*.

clove² [kləʊv] *s.* ♀ Brut-, Nebenzwiebel *f*: ~ *of garlic* Knoblauchzehe *f*.

clove³ [kləʊv] *pret. von* **cleave²**.

clove⁴ [kləʊv] *s. Am.* Bergschlucht *f*.

clo·ven ['kləʊvn] I *p.p. von* **cleave²**; II *adj.* gespalten; ~ **foot** → ~ **hoof** *s.* **1.** Huf *m* der Paarhufer; **2.** *fig.* ,Pferdefuß' *m*: *show the* ~ *fig.* den Pferdefuß *od.* sein wahres Gesicht zeigen; ~,- **'hoofed** *adj.* **1.** *zo.* paarzehig, -hufig; **2.** teuflisch.

clove pink *s.* ♀ Gartennelke *f*.

clo·ver ['kləʊvə] *s.* ♀ Klee *m*: **be** (*od. live*) *in* ~ ,in der Wolle' sitzen, üppig leben; **'~leaf** *s.* Kleeblatt *n*: ~ (*intersection*) Kleeblatt (*Autobahnkreuzung*).

clown [klaʊn] I *s.* **1.** Clown *m*, Hans'wurst *m*, Kasper *m* (*alle a. fig.*); **2.** Bauernlümmel *m*, 'Grobian *m*; II *v/i.* **3.** *a.* ~ *around* he'rumkaspern; **'clowner·y** [-nərɪ] *s.* **1.** Clowne'rie *f*; **2.** Posse *f*; **'clown·ish** [-nɪʃ] *adj.* □ **1.** bäurisch, tölpelhaft; **2.** närrisch.

cloy [klɔɪ] *v/t.* **1.** über'sättigen; **2.** anwidern; **cloy·ing** ['klɔɪɪŋ] *adj.* widerlich.

club¹ [klʌb] I *s.* **1.** Keule *f*, Knüppel *m*; **2.** *sport a*) Schlagholz *n*, Schläger *m*, b) *a. Indian* ~ (Schwing)Keule *f*; **3.** Klub *m*: a) Verein *m*, Gesellschaft *f*, b) Klub-, Vereinshaus *n*, c) *fig.*, *a. pol.* Klub *m*; **4.** *Spielkarten*: Treff *n*, Kreuz *n*, Eichel *f*; II *v/t.* **5.** mit e-r Keule *od.* mit dem Gewehrkolben schlagen; **6.** *Geld* zs.-legen, -schießen; sich teilen in (*acc.*); III *v/i.* **7.** *mst* ~ *together* (Geld) zs.-legen, sich zs.-tun; **club·(b)a·ble** ['klʌbəbl] *adj.* **1.** klub-, gesellschaftsfähig; **2.** → **'club·by** [-bɪ] *adj.* gesellig.

club| car *s. Am.* Sa'lonwagen *m*; ,~,- **'foot** *s.* ♀ Klumpfuß *m*; ,~,-**'foot·ed** *adj.* klumpfüßig; **'~house** → **club** 3b; **'~land** *s.* Klubviertel *n* (*bsd. in London*); **'~man** [-mən] *s.* (*irr.*) **1.** Klubmitglied *n*; **2.** Klubmensch *m*; ~ **sandwich** *s. Am.* 'Sandwich *n* (*aus drei Lagen bestehend*); ~ **steak** *s.* Clubsteak *n*.

cluck [klʌk] I *v/i.* **1.** glucken, locken; ~*ing hen* Glucke *f*; II **2.** Glucken *n*; **3.** *Am. sl.* ,Blödmann' *m*.

clue [klu:] I *s.* **1.** Anhaltspunkt *m*, Fingerzeig *m*, Spur *f*: *I haven't a* ~*!* keine Ahnung!; **2.** *fig. a*) Faden *m*, b) Schlüssel *m* (*e-s Rätsels etc.*); **3.** → **clew** 1, 3; II *v/t.* **4.** ~ *s.o.* (*in od. up*) *sl.* j-n ins Bild setzen *od.* informieren.

clump [klʌmp] I *s.* **1.** Klumpen *m* (*Erde*), (*Holz*)Klotz *m*; **2.** (Baum)Gruppe *f*; **3.** Doppelsohle *f*; **4.** schwerer Tritt; II *v/i.* **5.** trampeln; III *v/t.* **6.** zs.-ballen; **7.** doppelt besohlen; **8.** F *j-m* e-n Schlag ,verpassen'.

clum·si·ness ['klʌmzɪnɪs] *s.* Plumpheit *f*: a) Ungeschicklichkeit *f*, b) Unbeholfenheit *f*, Schwerfälligkeit *f*, c) Taktlosigkeit *f*, d) Unförmigkeit *f*; **clum·sy** ['klʌmzɪ] *adj.* □ plump: a) ungeschickt,

---

unbeholfen, schwerfällig (*a. Stil*), b) taktlos, c) unförmig.

clung [klʌŋ] *pret. u. p.p. von* **cling**.

clus·ter ['klʌstə] I *s.* **1.** ♀ Büschel *n*, Traube *f*; **2.** Haufen *m* (*a. ast.*), Menge *f*, Schwarm *m*, Gruppe *f*; *a.* ✪ Bündel *n*, traubenförmige Anordnung; **3.** ✕ *Am.* (Ordens)Spange *f*; II *v/i.* **4.** in Büscheln *od.* Trauben wachsen; **5.** sich sammeln *od.* häufen *od.* drängen *od.* ranken (*round* um); in Gruppen stehen.

clutch¹ [klʌtʃ] I *v/t.* **1.** fest (er)greifen, packen; drücken; **2.** ✪ kuppeln; II *v/i.* **3.** (gierig) greifen (*at* nach); III *s.* **4.** fester Griff: *make a* ~ *at* (gierig) greifen nach; **5.** *pl.*, *mst. fig.* Klauen *pl.*; Gewalt *f*, Macht *f*, Bande *pl.*: *in* (*out of*) *s.o.'s* ~*es* in (aus) j-s Klauen *od.* Gewalt; **6.** ✪ (Schalt-, Ausrück)Kupplung *f*; Kupplungshebel *m*: *let in the* ~ einkuppeln; *disengage the* ~ auskuppeln; **7.** ✪ Greifer *m*.

clutch² [klʌtʃ] *s.* **1.** Gelege *n*; Brut *f*; **2.** *fig.* F Schwarm *m* von Leuten.

clutch| disk *s.* Kupplungsscheibe *f*; ~ **le·ver** *s.*, ~ **ped·al** *s.* 'Kupplungspe,dal *n*, -hebel *m*.

clut·ter ['klʌtə] I *v/t.* **1.** *a.* ~ *up* in Unordnung bringen; **2.** 'vollstopfen, anfüllen, über'häufen; um'herstreuen; II *s.* **3.** Wirrwarr *m*.

clys·ter ['klɪstə] *s.* ✴ *obs.* Kli'stier *n*.

coach [kəʊtʃ] I *s.* **1.** Kutsche *f*: ~ *and four* Vierspänner *m*; **2.** 🚌 *Brit.* (*Personen*)Wagen *m*; **3.** *mot. a*) (Fern-, Reise)Omnibus *m*, b) *Am.* Limou'sine *f*, c) → *coachwork*; **4.** Nachhilfe-, Pri'vatlehrer *m*, Einpauker *m*; **5.** *sport* 'Trainer *m*, Betreuer *m*; II *v/t.* **6.** 'Nachhilfe,unterricht *od.* Anweisungen geben (*dat.*), instruieren, einarbeiten: ~ *s.o. in s.th.* j-m et. einpauken; **7.** *sport* trainieren; III *v/i.* **8.** in e-r Kutsche reisen; **9.** Nachhilfeunterricht erteilen; ~ **box** *s.* Kutschbock *m*; **'~,build·er** *s.* **1.** Stellmacher *m*; **2.** *mot. Brit.* Karosse'riebauer *m*; ~ **horse** *s.* Kutschpferd *n*; **'~house** *s.* Wagenschuppen *m*.

coach·ing ['kəʊtʃɪŋ] *s.* **1.** Reisen *n* in e-r Kutsche; **2.** 'Nachhilfe,unterricht *m*; **3.** Unter'weisung *f*, Anleitung *f*.

'coach·work *s. mot.* Karosse'rie *f*.

co·ac·tion [kəʊ'ækʃn] *s.* **1.** Zs.-wirken *n*; **2.** Zwang *m*.

co·ag·u·late [kəʊ'ægjʊleɪt] I *v/i.* **1.** gerinnen; **2.** flockig *od.* klumpig werden; II *v/t.* **3.** gerinnen lassen; **co·ag·u·lation** [kəʊ,ægjʊ'leɪʃn] *s.* Gerinnen *n*; Flockenbildung *f*.

coal [kəʊl] I *s.* **1.** Kohle *f*: a) *engS.* Steinkohle *f*, *a* (ein) Stück Kohle; **2.** *pl. Brit.* Kohle *f*, Kohlen *pl.*, Kohlenvorrat *m*: *lay in* ~*s* sich mit Kohle eindecken; *carry* ~*s to Newcastle fig.* Eulen nach Athen tragen; *call* (*od. haul*) *s.o. over the* ~*s* j-n ,fertigmachen'; *heap* ~*s of fire on s.o.'s head fig.* feurige Kohlen auf j-s Haupt sammeln; **3.** glimmendes Stück Kohle *od.* Holz; II *v/t.* **4.** 🚢, ⚓ bekohlen, mit Kohle versorgen, III *v/i.* **5.** 🚢, ⚓ Kohle einnehmen, bunkern; **'~bed** *s. geol.* Kohlenflöz *n*; **'~box** *s.* Kohlenkasten *m*; ~ **car** *s.* 🚌 *Am.* Kohlenwagen *m*; **'~dust** *s.* Kohlengrus *m*.

coal·er ['kəʊlə] *s.* Kohlenschiff *n*; 'Kohlenzug *m*, -wag,gon *m*.

---

co·a·lesce [,kəʊə'les] *v/i.* **1.** verschmelzen, sich verbinden *od.* vereinigen; **2.** *fig.* zs.-passen; **,co·a'les·cence** [-sns] *s.* Verschmelzung *f*, Vereinigung *f*.

'coal|·field *s.* 'Kohlenre,vier *n*; ~ **gas** *s.* Leuchtgas *n*.

coal·ing sta·tion ['kəʊlɪŋ] *s.* ⚓ 'Bunker-, 'Kohlenstati,on *f*.

co·a·li·tion [,kəʊə'lɪʃn] *s.* Zs.-schluß *m*, Vereinigung *f*; *pol.* Koaliti'on *f*; ~ **partner** *s. pol.* Koaliti'onspartner *m*.

coal| mine *s.* Kohlenbergwerk *n*, Kohlengrube *f*, -zeche *f*; ~ **min·er** *s.* Grubenarbeiter *m*, Bergmann *m*; **~ min·ing** *s.* Kohlenbergbau *m*; ~ **oil** *s. Am.* Pe'troleum *n*; **'~pit** *s.* Kohlengrube *f*; ~ **seam** *s. geol.* Kohlenflöz *n*; ~ **tar** *s.* Steinkohlenteer *m*; ~ **wharf** *s.* ⚓ Bunkerkai *m*.

coarse [kɔ:s] *adj.* □ **1.** grob (*Ggs. fein*): ~ *texture* grobes Gewebe; **2.** grobkörnig: ~ *bread* Schrotbrot *n*; **3.** *fig.* grob, derb, ungehobelt; unanständig, anstößig; **4.** einfach, gemein: ~ *fare* grobe *od.* einfache Kost; **'~grained** *adj.* **1.** grobkörnig, -faserig; grob (*Gewebe*); **2.** → *coarse* 3.

coars·en ['kɔ:sn] I *v/t.* grob machen, vergröbern (*a. fig.*); II *v/i.* grob werden (*bsd. fig.*); **'coarse·ness** [-nɪs] *s.* **1.** grobe Quali'tät; **2.** *fig.* Grob-, Derbheit *f*; Unanständigkeit *f*.

coast [kəʊst] I *s.* **1.** Küste *f*, Meeresufer *n*: *the* ~ *is clear fig.* die Luft ist rein, die Bahn ist frei; **2.** Küstenlandstrich *m*; **3.** *Am. a*) Rodelbahn *f*, b) (Rodel-) Abfahrt *f*; II *v/i.* **4.** ⚓ ⚓ a) die Küste entlangfahren, b) Küstenschiffahrt treiben; **5.** *Am.* rodeln; **6.** *mit e-m Fahrzeug* (berg'ab) rollen; im Freilauf (*Fahrrad*) *od.* im Leerlauf (*Auto*) fahren: ~ *on sl.* auf e-n Trick etc. ,reisen'; **7.** *sl.* mühelos vor'ankommen; **'coast·al** [-tl] *adj.* Küsten...

coast·er ['kəʊstə] *s.* **1.** ⚓ Küstenfahrer *m* (*bsd. Schiff*); **2.** *Am.* Rodelschlitten *m*; **3.** *Am.* Achterbahn *f*; **4.** Ta'blett *n*, *bsd.* Serviertischchen *n*; ~ **brake** *s. Am.* Rücktrittbremse *f*.

coast guard *s.* **1.** *Brit.* Küstenwache *f* (*a.* ✕); Küstenzollwache *f*; **2.** *Am.* ⚓ (staatlicher) Küstenwach- u. Rettungsdienst; **3.** Angehörige(r) *m* von 1 u. 2.

coast·ing ['kəʊstɪŋ] *s.* **1.** Küstenschifffahrt *f*; **2.** *Am.* Rodeln *n*; **3.** Berg'abfahren *n* (*im Freilauf od. bei abgestelltem Motor*); ~ **trade** *s.* Küstenhandel *m*.

'coast|·line *s.* Küstenlinie *f*, -strich *m*; **'~wise** *adj. u. adv.* längs der Küste; Küsten...

coat [kəʊt] I *s.* **1.** Jac'kett *n*, Jacke *f*: *wear the king's* ~ *hist.* des Königs Rock tragen (*Soldat sein*); ~ *and skirt* (Schneider)Kostüm *n*; ~ *of arms* Wappen *n*; ~ *armo(u)r* Familienwappen *n*; ~ *of mail* Panzerhemd *n*; *cut one's* ~ *according to one's cloth* sich nach der Decke strecken; **2.** Mantel *m*: *turn one's* ~ sein Mäntelchen nach dem Winde hängen; **3.** Fell *n*, Pelz *m* (*Tier*); **4.** Schicht *f*, Lage *f*, Decke *f*, Hülle *f*, (*a. Farb-, Metall- etc.*)'Überzug *m*, Belag *m*, Anstrich *m*; Bewurf *m*: *a second* ~ *of paint* ein zweiter Anstrich; II *v/t.* **5.** anstreichen, über'streichen, -'ziehen, beschichten: ~ *with silver* plattie-

ren; **6.** um'hüllen, -'kleiden, bedecken; auskleiden (**with** mit); **'coat·ed** [-tɪd] *adj.* **1.** mit e-m (...) Rock *od.* Mantel *od.* Fell (versehen): **black-~** schwarzgekleidet; **2.** mit ... über'zogen *od.* gestrichen *od.* bedeckt: **sugar-~** mit Zuckerüberzug; **3.** ♂ belegt (*Zunge*); **coat·ee** ['kəʊtiː] *s.* kurzer (Waffen)Rock.
'coat-,hang·er *s.* Kleiderbügel *m.*
coat·ing ['kəʊtɪŋ] *s.* **1.** Mantelstoff *m*; **2.** ⊚ Anstrich *m*, 'Überzug *m*, Schicht *f*; Bewurf *m*; **3.** ⊚ Auskleidung *f*, Futter *n.*
coat| stand *s.* Garde'robenständer *m*; **'~-tail** *s.* Rockschoß *m*; **'~-,trail·ing** *adj.* provoka'tiv.
co·au·thor [kəʊ'ɔːθə] *s.* Mitverfasser *m*, -autor *m.*
coax [kəʊks] **I** *v/t.* **1.** schmeicheln (*dat.*); gut zureden (*dat.*), beschwatzen (**to do** *od.* **into doing** zu tun): **~ s.th. out of s.o.** j-m et. abschwatzen; **2.** et. mit Gefühl *od.* ,mit Geduld und Spucke' bringen (**into** in *acc.*); **II** *v/i.* **3.** schmeicheln.
co·ax·al [ˌkəʊ'æksl], **co'ax·i·al** [-sɪəl] ⚡, ⊚ koaxi'al, kon'zentrisch.
cob [kɒb] *s.* **1.** *a.* **~ swan** *orn.* männlicher Schwan; **2.** *zo.* kleineres Reitpferd; **3.** Klumpen *m*, Stück *n* (*z. B.* Kohle); **4.** Maiskolben *m*; **5.** *Brit.* Strohlehm *m* (*Baumaterial*); **6.** → **cob·loaf**; **7.** → **cobnut.**
co·balt [kəʊ'bɔːlt] *s. min.*, ⚒ Kobalt *m*; **~ blue** *s.* Kobaltblau *n*; **~ bomb** *s.* 🅇 Kobaltbombe *f*; **2.** ☢ 'Kobaltka,none *f.*
cob·ble¹ ['kɒbl] **I** *s.* **1.** runder Pflasterstein, Kopfstein *m*; **2.** *pl.* → **cob coal**; **II** *v/t.* **3.** mit Kopfsteinen pflastern.
cob·ble² ['kɒbl] *v/t. Schuhe* flicken; *fig.* zs.-flicken, zs.-schustern; **'cob·bler** [-lə] *s.* **1.** (Flick)Schuster *m*: **~'s wax** Schusterpech *n*; **2.** *fig.* Stümper *m*; **3.** *Am.* Cobbler *m* (*ein Cocktail*).
'cob·ble·stone → **cobble¹** 1.
cob coal *s.* Nuß-, Stückkohle *f.*
Cob·den·ism ['kɒbdənɪzəm] *s.* ✝ 'Manchestertum *n*, Freihandelslehre *f.*
co·bel·lig·er·ent [ˌkəʊbɪ'lɪdʒərənt] *s.* mitkriegführender Staat.
'cob·loaf *s.* rundes Brot; **'~-nut** *s.* 🍃 Haselnuß *f.*
Co·bol ['kəʊbɒl] *s.* COBOL *n* (*Computersprache*).
co·bra ['kəʊbrə] *s. zo.* Brillenschlange *f*, 'Kobra *f.*
cob·web ['kɒbweb] *s.* **1.** Spinn(en)gewebe *n*, Spinnenfaden *m*; **2.** feines, zartes Gewebe; **3.** *fig.* Hirngespinst *n*: **blow away the ~s** sich e-n klaren Kopf schaffen; **4.** *fig.* Netz *n*, Schlinge *f*; **5.** *fig.* alter Staub; **'cob·webbed** [-bd], **'cob,web·by** [-bɪ] *adj.* voller Spinnweben.
co·ca ['kəʊkə] *s.* 'Koka(blätter *pl.*) *f.*
co·cain(e) [kəʊ'keɪn] *s.* 🍃 Koka'in *n*; **co'cain·ism** [-nɪzəm] *s.* **1.** Koka'invergiftung *f*; **2.** Koka'insucht *f.*
coc·cus ['kɒkəs] *pl.* **-ci** [-kaɪ] *s.* ☣ 'Kokkus *m*, 'Kokke *f* (*a.* 🍃).
coch·i·neal ['kɒtʃɪniːl] *s.* Kosche'nille (-laus) *f*; Kosche'nille(rot *n*) *f.*
coch·le·a ['kɒklɪə] *s. anat.* Cochlea *f*, Schnecke *f* (*im Ohr*).
cock¹ [kɒk] **I** *s.* **1.** *orn.* Hahn *m*: **old ~** F alter Knabe; **that ~ won't fight** F a) so

geht das nicht, b) das zieht nicht; **2.** Vogelmännchen *n*: **~ sparrow** Sperlingsmännchen; **3.** Wetterhahn *m*; **4.** ⊚ (*Absperr*)Hahn *m*; **5.** (*Gewehr- etc.*) Hahn *m*: **full ~** Hahn gespannt; **half ~** Hahn in Ruh; **6.** Anführer *m*: **~ of the roost** (*od.* **walk**) *oft contp.* der Größte; **~ of the school** Anführer *m* unter den Schülern; **7.** Aufrichten *n*: **~ of the eye** (bedeutsames) Augenzwinkern; **give one's hat a saucy ~** s-n Hut keck aufs Ohr setzen; **8.** V ,Schwanz' *m* (*Penis*); **9.** F Quatsch *m*; **II** *v/t.* **10.** Gewehrhahn spannen; **11.** aufrichten: **~ one's ears** die Ohren spitzen; **~ one's eye at s.o.** j-n vielsagend *od.* verächtlich ansehen; **~ one's hat** den Hut schief *od.* keck aufsetzen; → **cocked hat; 12. ~ up** *sl.* ,versauen'.
cock² [kɒk] *s.* kleiner Heuhaufen.
cock·ade [kɒ'keɪd] *s.* Ko'karde *f.*
cock·a·doo·dle·doo [ˌkɒkəduː'dl'duː] *s.* a) Kikeri'ki *n* (*Hahnenschrei*), b) humor. Kikeri'ki *n* (*Hahn*).
Cock·aigne [kɒ'keɪn] *s.* Schla'raffenland *n.*
,cock-and-'bull sto·ry *s.* Ammenmärchen *n*, Lügengeschichte *f.*
cock·a·too [ˌkɒkə'tuː] *s.* 'Kakadu *m.*
cock·a·trice ['kɒkətraɪs] *s.* Basi'lisk *m.*
Cock·ayne → **Cockaigne.**
'cock|·boat *s.* ♣ Jolle *f*; **'~,chaf·er** *s.* Maikäfer *m*; **'~·crow** *s.* Hahnenschrei *m*; *fig.* Tagesanbruch *m.*
cocked hat [kɒkt] *s.* Zwei-, Dreispitz *m* (*Hut*): **knock into a ~** a) zu Brei schlagen, b) (restlos) ,fertigmachen'.
cock·er¹ ['kɒkə] → **cocker spaniel.**
cock·er² ['kɒkə] *v/t.* verhätscheln, verwöhnen: **~ up** aufpäppeln.
Cock·er³ ['kɒkə] *npr.*: **according to ~** nach Adam Riese, genau.
cock·er·el ['kɒkərəl] *s.* Hähnchen *n.*
cock·er span·iel *s.* 'Cocker,spaniel *m.*
'cock|·eyed *adj. sl.* **1.** schielend; **2.** (krumm *u.*) schief; **3.** ,doof'; **4.** ,blau' (*betrunken*); **'~,fight·ing** *s.* Hahnenkampf *m*: **that beats ~!** F das ist 'ne Wucht!
cock·i·ness ['kɒkɪnɪs] *s.* F Großspurigkeit *f*, Anmaßung *f.*
cock·le¹ ['kɒkl] **I** *s.* **1.** *zo.* (eßbare) Herzmuschel: **that warms the ~s of my heart** das tut mir gut; **2.** → **cockleshell**; **II** *v/i.* **3.** sich bauschen *od.* kräuseln *od.* werfen; **III** *v/t.* **4.** kräuseln.
cock·le² ['kɒkl] → **corncockle.**
'cock·le·boat → **cockboat; '~·shell** *s.* **1.** Muschelschale *f*; **2.** ,Nußschale' *f*, kleines Boot.
cock·ney ['kɒknɪ] *s. oft* ♀ **1.** Cockney *m*, (waschechter) Londoner; **2.** 'Cockney (-dia,lekt *m*, -aussprache *f*) *n*; **'cock·ney·dom** [-dəm] *s.* **1.** Cockneybezirk *m*; **2.** *coll.* die Cockneys *pl.*; **'cock·ney·ism** [-ɪɪzəm] *s.* Cockneyausdruck *m.*
'cock|·pit *s.* **1.** Hahnenkampfplatz *m*; *fig.* Kampfplatz *m*; **3.** ♣, ✈, *mot.* Cockpit *n*; **'~·roach** *s.* (Küchen)Schabe *f.*
cocks·comb ['kɒkskəʊm] *s.* **1.** *zo.* Hahnenkamm *m*; **2.** 🍃 Hahnenkamm *m*; **3.** → **coxcomb** 1.
'cock|·shy Wurfziel *n*; *fig.* Zielscheibe *f*; **'~·spur** *s.* **1.** *zo.* Hahnensporn *m*; **2.** 🍃 Hahnen-, Weißdorn *m*; **,~'sure** *adj.*

1. todsicher, 'vollkommen über'zeugt; **2.** über'trieben selbstsicher, anmaßend; **'~·tail** *s. allg.* Cocktail *m*: **~ cabinet** Hausbar *f*; **~ dress** Cocktailkleid *n.*
'cock-up *s. Brit. sl.* 'Durcheinander *n*: **make a ~ of s.th.** et. vermasseln.
cock·y ['kɒkɪ] *adj.* F großspurig, anmaßend.
co·co ['kəʊkəʊ] *pl.* **-cos I** *s. mst in Zssgn* 🍃 'Kokospalme *f*; **II** *adj.* Kokos...; aus 'Kokosfasern.
co·coa ['kəʊkəʊ] *s.* **1.** Ka'kao(pulver *n*) *m*; **2.** Ka'kao *m* (*Getränk*): **~ bean** *s.* Ka'kaobohne *f.*
co·co·nut ['kəʊkənʌt] *s.* **1.** 🍃 'Kokosnuß *f*: **that accounts for the milk in the ~** F daher der Name!; **2.** *sl.* ,Kürbis' *m* (*Kopf*); **~ but·ter** *s.* 'Kokosbutter *f*; **~ milk** *s.* 'Kokosmilch *f*; **~ palm, ~ tree** *s.* 'Kokospalme *f.*
co·coon [kə'kuːn] **I** *s. zo.* Ko'kon *m*, Puppe *f der Seidenraupe*; *weitS.* Gespinst *n*; ✖, ⊚ Schutzhülle *f*; **II** *v/t. u.* *v/i.* (sich) einspinnen *od.* (*fig.*) einhüllen; *Gerät etc.* ,einmotten'.
co·cotte [kɒ'kɒt] *s.* Ko'kotte *f.*
cod¹ [kɒd] *s. ichth.* Kabeljau *m*, Dorsch *m*: **dried ~** Stockfisch *m*; **cured ~** Klippfisch *m.*
cod² [kɒd] *v/t.* j-n foppen.
co·da ['kəʊdə] *s.* ♩ 'Koda *f.*
cod·dle ['kɒdl] *v/t.* verhätscheln, verzärteln, verwöhnen: **~ up** aufpäppeln.
code [kəʊd] **I** *s.* **1.** *bsd.* 🕮 'Kodex *m*, Gesetzbuch *n*; *weitS.* Regeln *pl.*: **~ of hono(u)r** Ehrenkodex; **2.** ♣, ✖ Si'gnalbuch *n*; **3.** (Tele'graphen)Kode *m*, (-)Schlüssel *m*; **4.** a) Code *m* (*a. Computer*), Schlüssel(schrift *f*) *m*, b) Chiffre *f*: **~ name** Deckname *m*; **~ number** Code-, Kennzahl *f*; **~ word** Codewort *n*; **II** *v/t.* **5.** codieren, chiffrieren, verschlüsseln: **~d message; coding device** → **coder.**
co·de·ine ['kəʊdiːn] *s. pharm.* Kode'in *n.*
cod·er ['kəʊdə] *s.* Codiergerät *n*, Codierer *m*, Verschlüßler *m.*
co·de·ter·mi·na·tion ['kəʊdɪ,tɜːmɪ'neɪʃn] *s.* ✝ (*parity ~* pari'tätische) Mitbestimmung *f.*
co·dex ['kəʊdeks] *pl.* **'co·di·ces** [-dɪsiːz] *s.* 'Kodex *m*, alte Handschrift (*Bibel, Klassiker*).
'cod|·fish → **cod¹**; **'~·fish·er** *s.* Kabeljaufischer *m.*
codg·er ['kɒdʒə] *s.* F alter Kauz.
co·di·ces *pl. von* **codex.**
cod·i·cil ['kɒdɪsɪl] *s.* 🕮 Kodi'zill *n.*
cod·i·fi·ca·tion [ˌkəʊdɪfɪ'keɪʃn] *s.* Kodifizierung *f*; **cod·i·fy** ['kəʊdɪfaɪ] *v/t.* **1.** *bsd.* 🕮 kodifizieren; **2.** *Nachricht* verschlüsseln.
cod·ling¹ ['kɒdlɪŋ] *s.* junger Dorsch.
cod·ling² ['kɒdlɪŋ] *s.* a) ein Kochapfel *m*; b) **~ moth** *zo.* Obstmade *f.*
cod-liv·er oil [ˌkɒdlɪvər'ɔɪl] *s.* Lebertran *m.*
co·driv·er ['kəʊ,draɪvə] *s.* Beifahrer *m.*
co·ed [ˌkəʊ'ed] *s. ped.* Stu'dentin *f od.* Schülerin *f* e-r gemischten Schule; **co·ed·u·ca·tion** [ˌkəʊedjuː'keɪʃn] *s. ped.* Koedukati'on *f*, Gemeinschaftserziehung *f.*
co·ef·fi·cient [ˌkəʊɪ'fɪʃnt] **I** *s.* **1.** ⚡, *phys.* Koeffizi'ent *m*; **2.** mitwirkende Kraft, 'Faktor *m*; **II** *adj.* **3.** mitwirkend.

coe·li·ac ['si:liæk] *adj. anat.* Bauch...

co·erce [kəʊ'ɜ:s] *v/t.* **1.** nötigen, zwingen (*into* zu); **2.** erzwingen; **co'er·ci·ble** [-sɪbl] *adj.* □ zu (er)zwingen(d); **co'er·cion** [-'ɜ:ʃn] *s.* **1.** Zwang *m*; Gewalt *f*; ⚖ Nötigung *f*; **2.** *pol.* Zwangsherrschaft *f*; **co'er·cive** [-sɪv] I *adj.* □ zwingend (*a. fig.*), Zwangs...; II *s.* Zwangsmittel *n*.

co·es·sen·tial [ˌkəʊɪ'senʃl] *adj.* wesensgleich.

co·e·val [kəʊ'i:vl] *adj.* □ **1.** gleichzeitig; **2.** gleichaltrig; **3.** von gleicher Dauer.

co·ex·ist [ˌkəʊɪg'zɪst] *v/i.* gleichzeitig *od.* nebenein'ander bestehen *od.* leben, koexistieren; ˌ**co·ex'ist·ence** [-təns] *s.* Koexi'stenz *f*; ˌ**co·ex'ist·ent** [-tənt] *adj.* gleichzeitig *od.* nebenein'ander bestehend, koexi'stent.

cof·fee ['kɒfɪ] *s.* **1.** 'Kaffee *m* (*Getränk, Bohnen od. Baum*): *black* ~ schwarzer Kaffee; *white* ~ Milchkaffee; **2.** 'Kaffeebraun *n*; ~ **bar** *s.* **1.** Ca'fé *m*; **2.** Imbißstube *f*; ~ **bean** *s.* 'Kaffeebohne *f*; ~ **break** *s.* 'Kaffeepause *f*; ~ **grounds** *s. pl.* 'Kaffeesatz *m*; '~·**house** *s.* 'Kaffeehaus *n*; '~·**mak·er** *s. Am.* 'Kaffeeˌmaschine *f*; ~ **mill** *s.* 'Kaffeemühle *f*; '~·**pot** *s.* 'Kaffeekanne *f*; ~ **set** *s.* 'Kaffeeˌservice *n*; ~ **shop** *s. Am. für coffee bar*, ~ **ta·ble** *s.* Couchtisch *m*; ~ **urn** *s.* ('Groß)Kaffeeaˌmaschine *f*.

.**cof·fer** ['kɒfə] I *s.* **1.** Kasten *m*, Kiste *f*, Truhe *f*, Kas'sette *f* (*für Wertsachen*); **2.** *pl. a)* Schatz *m*, Gelder *pl.*, *b)* Schatzkammer *f*, Tre'sor *m*; **3.** △ Deckenfeld *n*, Kas'sette *f*; **4.** → **cofferdam**; II *v/t.* **5.** verwahren; '~·**dam** *s.* ⚓ Kastendamm *m*, Senkkasten *m*, Cais'son *m*.

cof·fin ['kɒfɪn] I *s.* Sarg *m* (*a.* F *schlechtes Schiff*); II *v/t.* einsargen; ~ **bone** *s. zo.* Hufbein *n* (*Pferd*); ~ **joint** *s.* Hufgelenk *n* (*Pferd*).

cog¹ [kɒg] *s.* **1.** ⚙ (Rad)Zahn *m*; **2.** *fig.* **he's just a** ~ **in the machine** er ist nur ein Rädchen im Getriebe.

cog² [kɒg] I *v/t.* Würfel beschweren: ~ **the dice** beim Würfeln mogeln; II *v/i.* betrügen.

co·gen·cy ['kəʊdʒənsɪ] *s.* Schlüssigkeit *f*, Triftigkeit *f*; '**co·gent** [-nt] *adj.* □ zwingend, triftig.

cogged [kɒgd] *adj.* ⚙ gezahnt, Zahn-(rad)...: ~ **railway** Zahnradbahn *f*.

cog·i·tate ['kɒdʒɪteɪt] I *v/i.* **1.** (nach-)denken, (nach)sinnen (*upon* über *acc.*); **2.** *phls.* denken; II *v/t.* **3.** ersinnen; **cog·i·ta·tion** [ˌkɒdʒɪ'teɪʃn] *s.* **1.** (Nach)Denken *n*; **2.** Denkfähigkeit *f*; **3.** Gedanke *m*.

co·gnac ['kɒnjæk] *s.* 'Kognak *m*.

cog·nate ['kɒgneɪt] I *adj.* **1.** (*selten*) (bluts)verwandt; **2.** verwandt (*Wörter etc.*); **3.** *ling.* (sinn)verwandt: ~ **object** Objekt *n* des Inhalts; II *s.* **4.** ⚖ Blutsverwandte(r *m*) *f*; **5.** verwandtes Wort.

cog·ni·tion [kɒg'nɪʃn] *s. bsd. phls.* Erkennen *n*, Wahrnehmung *f*; Kenntnis *f*; **cog·ni·tive** ['kɒgnɪtɪv] *adj.* kogni'tiv, erkenntnismäßig.

cog·ni·za·ble ['kɒgnɪzəbl] *adj.* □ **1.** erkennbar; **2.** ⚖ *a)* der Gerichtsbarkeit unter'worfen(d), *b)* gerichtlich verfolgbar, *c)* zu verhandeln(d); '**cog·ni·zance** [-zəns] *s.* **1.** Kenntnis *f*, Erkenntnis *f*; **2.** ⚖ *a)* Zuständigkeit *f*, *b)* (richterliche) Verhandlung, *c)* (richterliches) Er-

kenntnis, *d)* *Brit.* Anerkenntnis *n*: **take** ~ *of* sich zuständig mit *e-m Fall* befassen, *weitS.* zur Kenntnis nehmen; **beyond my** ~ außerhalb m-r Befugnis; **3.** *her.* Ab-, Kennzeichen *n*; '**cog·ni·zant** [-zənt] *adj.* **1.** unter'richtet (*of* über *acc. od.* von); **2.** *phls.* erkennend.

cog·no·men [kɒg'nəʊmen] *s.* **1.** Fa'milien-, Zuname *m*; **2.** Bei-, *bsd.* Spitzname *m*.

'**cog·wheel** *s.* ⚙ Zahnrad *n*; ~ **drive** *s.* ⚙ Zahnradantrieb *m*; ~ **rail·way** *s.* Zahnradbahn *f*.

co·hab·it [kəʊ'hæbɪt] *v/i.* (*bsd.* unverheiratet) zs.-leben; **co·hab·i·ta·tion** [ˌkəʊhæbɪ'teɪʃn] *s.* **1.** Zs.-leben *n*; **2.** Beischlaf *m*, Beiwohnung *f*.

co·heir [ˌkəʊ'eə] *s.* Miterbe *m*; **co·heir·ess** [ˌkəʊ'eərɪs] *s.* Miterbin *f*.

co·here [kəʊ'hɪə] *v/i.* **1.** zs.-hängen (*a. fig.*); **2.** *fig.* in Zs.-hang stehen; **3.** zs.-halten; **4.** zs.-passen, über'einstimmen (*with* mit); **5.** *Radio:* fritten; **co·her·ence** [-ɪərəns], **co·her·en·cy** [-ɪərənsɪ] *s.* **1.** *phys.* Kohäsi'on *f*; **2.** *fig. a)* Zs.-hang *m*, *b)* Klarheit *f*, *c)* Über'einstimmung *f*; **3.** *Radio:* Frittung *f*; **co·her·ent** [-ɪərənt] *adj.* □ **1.** zs.-hängend (*a. fig.*), -haftend; *phys.* kohä'rent; **2.** einheitlich, verständlich, klar; **3.** über'einstimmend, zs.-passend; **co·her·er** [-ɪərə] *s. Radio:* Fritter(empfänger) *m*.

co·he·sion [kəʊ'hi:ʒn] *s.* **1.** Zs.-halt *m*, -hang *m* (*a. fig.*); **2.** Bindekraft *f*; **3.** *phys.* Kohäsi'on *f*; **co·he·sive** [-i:sɪv] *adj.* □ **1.** zs.-haltend *od.* -hängend, *fig. a)* bindend, *b)* Kohäsions...; **co·he·sive·ness** [-i:sɪvnɪs] *s.* **1.** *phys.* Kohäsi'ons-, Bindekraft *f*; **2.** Festigkeit *f*.

co·hort ['kəʊhɔ:t] *s.* **1.** *antiq.* ✗ Ko'horte *f*; **2.** Schar *f*, Haufen *m*.

coif [kɔɪf] *s.* Kappe *f*, Haube *f*.

coif·feur [kwa:'fɜ:] (*Fr.*) *s.* Fri'seur *m*; **coif·fure** [kwa:'fjʊə; kwafy:r] (*Fr.*) *s.* Fri'sur *f*.

coil¹ [kɔɪl] I *v/t.* **1.** *a.* ~ **up** auf-, zs.-rollen, winden; **2.** ⚡ wickeln; II *v/i.* **3.** *a.* ~ **up** sich winden, sich zs.-rollen; **4.** sich schlängeln; III *s.* **5.** Rolle *f*, Spi'rale *f* (*a. Pessar*), Knäuel *m*; **6.** ⚡ Wicklung *f*, Spule *f*; **7.** Windung *f*; **8.** ⚙ (Rohr)Schlange *f*; **9.** Locke *f*, Wickel *m* (*Haar*).

coil² [kɔɪl] *s. poet.* Tu'mult *m*, Wirrwarr *m*; Plage *f*: **mortal** ~ Drang *m od.* Mühsal *f* des Irdischen.

coil ig·ni·tion *s.* ⚡ Abreißzündung *f*; ~ **spring** *s.* ⚡ Spi'ralfeder *f*.

coin [kɔɪn] I *s.* **1.** *a)* Münze *f*, Geldstück *n*, *b)* Münzgeld *n*, *c)* Geld *n*: **the other side of the** ~ *fig.* die Kehrseite (der Medaille); **pay s.o. back in his own** ~ *fig.* es j-m mit gleicher Münze heimzahlen; II *v/t.* **2.** *a)* Metall münzen, *b)* Münzen prägen: **be** ~**ing money** F Geld wie Heu verdienen; **3.** *fig.* Wort prägen; '**coin·age** [-ɪdʒ] *s.* **1.** Prägen *n*; **2.** *coll.* Münzgeld *n*; **3.** 'Münzsyˌstem *n*; **4.** *fig.* Prägung *f* (*Wörter*); '**coin-box tel·e·phone** *s.* Münzfernsprecher *m*.

co·in·cide [ˌkəʊɪn'saɪd] *v/i.* (*with*) **1.** örtlich *od.* zeitlich zs.-treffen, -fallen (mit); **2.** über'einstimmen, sich decken (mit); genau entsprechen (*dat.*); **co·in·ci·dence** [kəʊ'ɪnsɪdəns] *s.* **1.** Zs.-treffen *n* (*Raum od. Zeit*); **2.** zufälliges Zs.-treffen: **mere** ~ bloßer Zufall; **3.** Über-

'einstimmung *f*; **co·in·ci·dent** [kəʊ'ɪnsɪdənt] *adj.* □ (*with* mit): **1.** zs.-fallend, -treffend; sich deckend; **co·in·ci·den·tal** [kəʊˌɪnsɪ'dentl] *adj.* **1.** → **coincident** 2; **2.** zufällig; **3.** *bsd.* ⚙ gleichzeitig.

coin·er ['kɔɪnə] *s.* **1.** Münzer *m*; **2.** *bsd. Brit.* Falschmünzer *m*; **3.** *fig.* Präger *m*, (Wort)Schöpfer *m*.

coin|-op ['kɔɪnɒp] F *s.* **1.** 'Waschsaˌlon *m*; **2.** Münztankstelle *f*; '~-ˌop·er·at·ed *adj.* Münz...

coir ['kɔɪə] *s. a.* ~ **fi·bre** *s.* 'Kokosfaser *f*; ~ **mat** *s.* 'Kokosmatte *f*.

co·i·tal ['kəʊɪtl] *adj.* (den) Geschlechtsverkehr betreffend; **co·i·tion** [kəʊ'ɪʃn], '**co·i·tus** [-təs] *s.* 'Koitus *m*, Geschlechtsverkehr *m*.

coke¹ [kəʊk] I *s.* **1.** Koks *m*; **2.** *sl.* ˌKoks' *m*, Koka'in *n*; II *v/t.* **3.** verkoken.

coke² [kəʊk] *s.* F *a)* ⚬ ˌCola' *f*, *n*, (*Coca-Cola*), *b)* Limo'nade *f etc.*

co·ker ['kəʊkə] *s.* ♣ *Brit.* → **coco**; '~·**nut** *s. sl.* 'Kokosnuß *f*.

col [kɒl] *s.* Gebirgspaß *m*, Joch *n*.

co·la ['kəʊlə] *s.* ♣ 'Kolabaum *m*.

col·an·der ['kʌləndə] *s.* Sieb *n*, 'Durchschlag *m*.

co·la nut *s.* 'Kolanuß *f*.

col·chi·cum ['kɒltʃɪkəm] *s.* **1.** ♣ Herbstzeitlose *f*; **2.** *pharm.* 'Colchicum *n*.

cold [kəʊld] I *adj.* □ **1.** kalt: *as* ~ *as ice* eiskalt; ~ *meat od. cuts* kalte Platte, Aufschnitt *m*; *I feel* (*od. am*) ~ mir ist kalt, mich friert; **2.** kalt, kühl, ruhig, gelassen; trocken: *that leaves me* ~ das läßt mich kalt; ~ *reason* kalter Verstand; *the* ~ *facts* die nackten Tatsachen; ~ *scent* kalte Fährte (*a. fig.*); → *comfort* 6, *print* 12; **3.** kalt (*Blick, Herz etc.; a. Farbe*), kühl, frostig, unfreundlich, gefühllos: *a* ~ *reception* ein kühler Empfang; *give s.o. the* ~ *shoulder* → *cold-shoulder*; *get*) ~ *feet* F kalte Füße (*Angst*) haben (kriegen); *as* ~ *as charity* hart wie Stein, lieblos; **4.** kalt (*noch nicht in Schwung*): ~ *player*, ~ *motor*; **5.** ˌkalt' (*im Suchspiel u. fig.*); **6.** *Am. sl. a)* bewußtlos, *b)* (tod)sicher; II *s.* **7.** Kälte *f*; Frost *m*: *leave s.o. out in the* ~ *fig. a)* j-n übergehen *od.* ignorieren *od.* kaltstellen, *b)* j-n im Stich lassen; **8.** ⚕ Erkältung *f*: *common* ~, ~ *in the head* Schnupfen *m*; ~ *on the chest* Bronchialkatarrh *m*; *catch* (*a*) ~ sich erkälten.

cold| blood *s. fig.* kaltes Blut, Kaltblütigkeit *f*: *murder s.o. in* ~ j-n kaltblütig *od.* kalten Blutes ermorden; ˌ~-'**blood·ed** *adj.* □ **1.** *zo.* kaltblütig; **2.** kälteempfindlich; **3.** *fig.* kaltblütig (begangen): ~ *murder*, ~ *cream* s. Cold Cream *f*, *m*; ˌ~-'**drawn** *adj.* ⚙ kaltgezogen; kaltgepreßt; ~ *duck* s. kalte Ente (*Getränk*); ~ **front** *s.* Kaltfront *f*; ˌ~-'**ham·mer** *v/t.* ⚙ kalthämmern, -schmieden; ˌ~-'**heart·ed** *adj.* □ kalt-, hartherzig.

cold·ish ['kəʊldɪʃ] *adj.* ziemlich kalt.

cold·ness ['kəʊldnɪs] *s.* Kälte *f* (*a. fig.*).

ˌ**cold|-'shoul·der** *v/t.* j-m die kalte Schulter zeigen, j-n kühl behandeln *od.* abweisen; ~ **steel** *s.* blanke Waffe (*Bajonett etc.*); ~ **stor·age** *s.* Kühllagerung *f*; Kühlraum *m*: *put in* ~ *fig.* ˌauf Eis legen' (*aufschieben*); ⊢~-'**stor·age** *adj.* Kühl(haus)...; ~ **store** *s.* Kühlhalle *f*; Kühlanlage *f*; ⚲ **War** *s. pol.* kalter Krieg; ⚲ **War·ri·or** *s. pol.* kalter Krieger; ~ **wave** *s.* **1.** Kältewelle *f*; **2.** Kaltwelle *f* (*Frisur*); ⊢~-'**work·ing** *s.* ⊛ Kaltverformung *f*.

cole [kəʊl] *s.* ⚘ **1.** (*Blätter*)Kohl *m*; **2.** Raps *m*.

co·le·op·ter·a [ˌkɒlɪ'ɒptərə] *s. pl. zo.* Käfer *pl.*

'**cole**|-**seed** *s.* ⚘ Rübsamen *m*; '~-**slaw** *s. Am.* 'Kohlsa‚lat *m*.

col·ic ['kɒlɪk] *s.* ⚕ 'Kolik *f*; '**col·ick·y** [-ɪkɪ] *adj.* ⚕ 'kolikartig.

col·i·se·um [ˌkɒlɪ'sɪəm] *s.* **1.** a) Sporthalle *f*, b) 'Stadion *n*; **2.** ⚲ Kolos'seum *n* (*Rom*).

co·li·tis [kɒ'laɪtɪs] *s.* ⚕ Ko'litis *f*, 'Dickdarmka‚tarrh *m*.

col·lab·o·rate [kə'læbəreɪt] *v/i.* **1.** zs.-, mitarbeiten; **2.** behilflich sein; **3.** *pol.* mit dem Feind zs.-arbeiten, kollaborieren; **col·lab·o·ra·tion** [kə‚læbə'reɪʃn] *s.* **1.** Zs.-arbeit *f*: **in** ~ **with** gemeinsam mit; **2.** *pol.* Kollaborati'on *f*; **col·lab·o·ra·tion·ist** [kə‚læbə'reɪʃnɪst] *s. pol.* Kollabora'teur *m*; **col·lab·o·ra·tor** [-tə] *s.* **1.** Mitarbeiter *m*; **2.** *pol.* Kollabora'teur *m*.

col·lage [kɒ'lɑːʒ] *s. Kunst:* Col'lage *f*.

col·lapse [kə'læps] **I** *v/i.* **1.** zs.-brechen, einfallen, einstürzen; **2.** *fig.* zs.-brechen, scheitern, versagen; **3.** (körperlich *od.* seelisch) zs.-brechen, ‚zs.-klappen'; **II** *s.* **4.** Zs.-fallen *n*, Einsturz *m*; **5.** Zs.-bruch *m*, Versagen *n*; Sturz *m*: ~ **of a bank** Bankkrach *m*; ~ **of prices** Preissturz *m*; **6.** ⚕ Kol'laps *m*, Zs.-bruch *m*; **col·laps·i·ble** [-səbl] *adj.* zs.-klappbar, Klapp..., Falt...: ~ **boat** Faltboot *n*; ~ **chair** Klappstuhl *m*; ~ **hood**, ~ **roof** Klappverdeck *n*.

col·lar ['kɒlə] **I** *s.* **1.** Kragen *m*: **double ~**, **turn-down ~** (Steh)Umlegekragen; **stand-up ~** Stehkragen; **wing ~** Eckenkragen; **get hot under the ~** F wütend werden; **2.** Halsband *n* (*Tier*); **3.** Kummet *n* (*Pferd etc.*): **against the ~** *fig.* angestrengt; **4.** Kolli'er *n*, Halskette *f*; Amts-, Ordenskette *f*; **5.** *zo.* Halsstreifen *m*; **6.** ⚙ Ring *m*, Bund *m*, Man'schette *f*, Muffe *f*; **II** *v/t.* **7.** *sport den Gegner* aufhalten; **8.** *j-n* beim Kragen packen; fassen, festnehmen; **9.** F *et.* ergattern, sich aneignen; **10.** *Fleisch etc.* rollen u. zs.-binden; '~-**bone** *s.* Schlüsselbein *n*; ~ **stud** *s.* Kragenknopf *m*.

col·late [kɒ'leɪt] *v/t.* **1.** *Texte* vergleichen, kollationieren; zs.-stellen (u. vergleichen); **2.** *typ. Fahnen* kollationieren, auf richtige Anzahl prüfen.

col·lat·er·al [kɒ'lætərəl] **I** *adj.* □ **1.** seitlich, Seiten...; **2.** begleitend, paral'lel, zusätzlich, Neben...: ~ **acceptance** ✝ Avalakzept *n*; ~ **circumstances** Begleitumstände; ~ **credit** Lombardkredit *m*; **3.** 'indirekt; **4.** in der Seitenlinie verwandt; **II** *s.* **5.** *a.* ~ **security** zusätzliche Sicherheit, Nebenbürgschaft *f*; **6.** Seitenverwandte(r *m*) *f*.

col·la·tion [kɒ'leɪʃn] *s.* **1.** Vergleichung *f von Texten*, Über'prüfung *f*; **2.** leichte (Zwischen)Mahlzeit: **cold ~** kalter Imbiß *m*.

col·league ['kɒliːg] *s.* Kol'lege *m*, Kol'legin *f*; Mitarbeiter(in).

col·lect[1] [kə'lekt] **I** *v/t.* **1.** *Briefmarken, Bilder etc.* sammeln: ~**ed work(s)** gesammelte Werke; **2.** versammeln; **3.** einsammeln, auflesen; zs.-bringen, ansammeln; auffangen; **4.** *Sachen od. Personen* (ab)holen: **we ~ and deliver** ✝ wir holen ab und bringen zurück; **5.** *fig.* ~ **one's thoughts** s-e Gedanken sammeln *od.* zs.-nehmen; ~ **courage** Mut fassen; **6.** ~ **o.s.** sich fassen; **7.** *Geld etc.* einziehen, (ein)kassieren; **8.** *Pferd* versammeln; **II** *v/i.* **9.** sich versammeln; sich ansammeln; **10.** ~ **on delivery** ✝ *Am.* per Nachnahme; **III** *adj.* **11.** *Am.* Nachnahme...: ~ **call** *teleph.* R-Gespräch *n*; **IV** *adv.* **12.** *Am.* gegen Nachnahme: **telegram sent ~** Nachnahmetelegramm *n*; **call ~** *Am.* ein R-Gespräch führen.

col·lect[2] ['kɒlekt] *s. eccl.* Kol'lekte *f*, ein Kirchengebet *n*.

col·lect·ed [kə'lektɪd] *adj.* □ *fig.* gefaßt; → **calm** 5; **col·lect·ed·ness** [-nɪs] *s. fig.* Sammlung *f*, Gefaßtheit *f*.

col·lect·ing | **a·gent** [kə'lektɪŋ] *s.* ✝ In'kassovertreter *m*; ~ **bar** *s.* ⚡ Sammelschiene *f*; ~ **cen·tre** (*Am.* **cen·ter**) *s.* Sammelstelle *f*.

col·lec·tion [kə'lekʃn] *s.* **1.** Sammeln *n*; **2.** Sammlung *f*; **3.** Kol'lekte *f*, (Geld-)Sammlung *f*; **4.** *bsd.* ✝ Einziehung *f*, In'kasso *n*; (Steuer-, *a.* sta'tistische) Erhebung(en *pl.*) *f*: **forcible ~** Zwangsbeitreibung *f*; **5.** ✝ Kollekti'on *f*, Auswahl *f*; **6.** Abholung *f*, Leerung *f* (*Briefkasten*); **7.** Ansammlung *f*, Anhäufung *f*; **8.** *Brit.* Steuerbezirk *m*; **9.** *pl. Brit. univ.* Prüfung *f* am Ende des Tri'mesters.

col·lec·tive [kə'lektɪv] **I** *adj.* □ → **collectively**; **1.** gesammelt, vereint, zs.-gefaßt; gesamt, kollek'tiv, Sammel..., Gemeinschafts...: ~ (**wage**) **agreement** Kollektiv-, Tarifvertrag *m*; ~ **guilt** Kollektivschuld *f*; ~ **interests** Gesamtinteressen; ~ **name** Sammelbegriff *m*; ~ **order** ✝ Sammelbestellung *f*; ~ **ownership** gemeinsamer Besitz *m*; ~ **security** kollektive Sicherheit; ~ **subscription** Sammelabonnement *n*; **II** *s.* **2.** *ling. a.* ~ **noun** Kollek'tivum *n*, Sammelwort *n*; **3.** Gemeinschaft *f*, Gruppe *f*; **4.** *pol.* a) Kollek'tiv *n*, Produkti'onsgemeinschaft *f*, b) → **collective farm**; ~ **bar·gain·ing** *s.* Ta'rifverhandlungen *pl.* (*zwischen Arbeitgeber*[n] *u. Gewerkschaft*); ~ **con·sign·ment** ✝ Sammelladung *f*; ~ **farm** *s.* Kol'chose *f*.

col·lec·tive·ly [kə'lektɪvlɪ] *adv.* insgesamt, gemeinschaftlich, zu'sammen, kollek'tiv.

col·lec·tiv·ism [kə'lektɪvɪzəm] *s.* ✝, *pol.* Kollekti'vismus *m*; **col·lec·tiv·ist** [-ɪst] *s.* Anhänger *m* des Kollekti'vismus; **col·lec·tiv·i·ty** [ˌkɒlek'tɪvətɪ] *s.* **1.** das Ganze; **2.** Gesamtheit *f* des Volkes; **3.** → **collectedness**; **col·lec·tiv·i·za·tion** [kə‚lektɪvaɪ'zeɪʃn] *s.* Kollektivierung *f*.

col·lec·tor [kə'lektə] *s.* **1.** Sammler *m*: ~**'s item** Sammlerstück *n*; ~**'s value** Liebhaberwert *m*; **2.** ✝ (Ein)Kassierer *m*, Einnehmer *m*: ~ **of taxes** Steuereinnehmer; **3.** Einsammler *m*, Abnehmer *m* (*Fahrkarten*); **4.** ⚡ Stromabnehmer *m*, 'Auffangelek‚trode *f*; **5.** ⚡ 'Sammelappa‚rat *m*.

col·leen ['kɒliːn] *s. Ir.* Mädchen *n*.

col·lege ['kɒlɪdʒ] *s.* **1.** College *n* (*Wohngemeinschaft von Dozenten u. Studenten innerhalb e-r Universität*): ~ **of education** *Brit.* Pädagogische Hochschule; **2.** höhere Lehranstalt, College *n*; Insti'tut *n*, Akade'mie *f* (*oft für besondere Studienzweige*): **Naval** ⚲ Marineakademie; **3.** (*anmaßender*) *Name mancher* Schulen; **4.** College(gebäude) *n*; **5.** Kol'legium *n*; Vereinigung *f*: ~ **of cardinals** Kardinalskollegium; **electoral ~** Wahlausschuß *m*; ~ **pud·ding** *s.* kleiner 'Plumpudding.

col·leg·er ['kɒlɪdʒə] *s.* **1.** *Brit.* (im College wohnender) Stipendi'at (*in Eton*); **2.** *Am.* → **col·le·gi·an** [kə'liːdʒjən] *s.* Mitglied *n od.* Stu'dent *m* e-s College; höherer Schüler.

col·le·gi·ate [kə'liːdʒɪət] *adj.* □ **1.** College..., Universitäts..., aka'demisch: ~ **dictionary** Schulwörterbuch *n*; **2.** kollegial...; ~ **church** *s.* **1.** *Brit.* Kollegi'at-, Stiftskirche *f*; **2.** *Am.* Vereinigung *f* mehrerer Kirchen (*unter gemeinsamem Pastorat*); ~ **school** *s. Brit.* höhere Schule.

col·lide [kə'laɪd] *v/i.* (**with**) kollidieren (mit): a) zs.-stoßen (mit) (*a. fig.*), stoßen (gegen), b) *fig.* im 'Widerspruch stehen (zu).

col·lie ['kɒlɪ] *s. zo.* Collie *m*, schottischer Schäferhund.

col·lier ['kɒlɪə] *s.* **1.** Kohlenarbeiter *m*, Bergmann *m*; **2.** ⚓ a) Kohlenschiff *n*, b) Ma'trose *m* auf e-m Kohlenschiff; **col·lier·y** ['kɒljərɪ] *s.* Kohlengrube *f*, (Kohlen)Zeche *f*.

col·li·mate ['kɒlɪmeɪt] *v/t. ast., phys.* **1.** *zwei Linien* zs.-fallen lassen; **2.** *Fernrohr* einstellen.

col·li·sion [kə'lɪʒn] *s.* **1.** Zs.-stoß *m*, Kollisi'on *f*: **be on** (**a**) ~ **course** auf Kollisionskurs sein (*a. fig.*); **2.** *fig.* 'Widerspruch *m*, Gegensatz *m*, Kon'flikt *m*.

col·lo·cate ['kɒləkeɪt] *v/t.* zs.-stellen, ordnen; **col·lo·ca·tion** [ˌkɒləʊ'keɪʃn] *s.* **1.** Zs.-stellung *f*; **2.** *ling.* Kollokati'on *f*.

col·lo·cu·tor ['kɒləkjuːtə] *s.* Gesprächspartner(in).

col·lo·di·on [kə'ləʊdjən] *s.* ⚗ Kol'lodium *n*.

col·loid ['kɒlɔɪd] ⚗ **I** *s.* Kollo'id *n*; **II** *adj.* kollo'idal, gallertartig.

col·lop ['kɒləp] *s. Scot.* Klops *m*.

col·lo·qui·al [kə'ləʊkwɪəl] *adj.* □ 'umgangssprachlich, famili'är: ~ **English** Umgangsenglisch *n*; ~ **expression** → **col·lo·qui·al·ism** [-lɪzəm] *s.* Ausdruck *m* der 'Umgangssprache.

col·lo·quy ['kɒləkwɪ] *s.* (förmliches) Gespräch; Konfe'renz *f*.

col·lo·type ['kɒləʊtaɪp] *s. phot.* **1.** Lichtdruckverfahren *n od.* -platte *f*; **2.** Farbenlichtdruck *m*.

col·lude [kə'luːd] *v/i. obs.* in geheimem Einverständnis stehen; unter 'einer Decke stecken; **col·lu·sion** [-uːʒn] *s.* ⚖ **1.** Kollusi'on *f*, geheimes *od.* betrügerisches Einverständnis; **2.** Verdunkelung *f des Sachverhalts*: **danger of ~** Verdunkelungsgefahr *f*; **3.** abgekartete Sache, Schwindel *m*; **col·lu·sive** [-uːsɪv] *adj.* □ geheim *od.* betrügerisch verabredet.

col·ly·wob·bles ['kɒlɪ‚wɒblz] *s. pl.*:

have the ~ F ein flaues Gefühl in der Magengegend haben.

Co·lom·bi·an [kə'lɒmbɪən] **I** *adj.* ko-'lumbisch; **II** *s.* Ko'lumbier(in).

co·lon[1] ['kəʊlən] *s.* Dickdarm *m.*

co·lon[2] ['kəʊlən] *s.* Doppelpunkt *m.*

co·lo·nel ['kɜːnl] ⚔ **1.** Oberst *m*; **'colo·nel·cy** [-sɪ] *s.* Stelle *f od.* Rang *m* e-s Obersten.

co·lo·ni·al [kə'ləʊnjəl] **I** *adj.* ☐ **1.** koloni'al, Kolonial...: ⚖ *Office* Brit. Kolonialministerium *n*; ⚖ *Secretary* Kolonialminister *m*; **2.** Am. hist. die ersten 13 Staaten der heutigen USA od. die Zeit vor 1776 od. des 18. Jahrhunderts betreffend; **II** *s.* **3.** Bewohner(in) e-r Kolo'nie; **co'lo·ni·al·ism** [-lɪzəm] *s.* **1.** Koloni'a'lismus *od.*; **2.** koloni'aler (Wesens)Zug *od.* Ausdruck.

col·o·nist ['kɒlənɪst] *s.* Kolo'nist(in), (An)Siedler(in); **col·o·ni·za·tion** [ˌkɒlənaɪ'zeɪʃn] *s.* Kolonisati'on *f*, Besiedlung *f*; **'col·o·nize** [-naɪz] **I** *v/t.* **1.** kolonisieren, besiedeln; **2.** ansiedeln; **II** *v/i.* **3.** sich ansiedeln; **4.** e-e Kolo'nie bilden; **'col·o·niz·er** [-naɪzə] *s.* Koloni'sator *m*, An-, Besiedler *m.*

col·on·nade [ˌkɒlə'neɪd] *s.* **1.** Kolon'nade *f*, Säulengang *m*; **2.** Al'lee *f.*

col·o·ny ['kɒlənɪ] *s.* **1.** Kolo'nie *f* (Siedlungsgebiet): *the Colonies* Am. die ersten 13 Staaten der heutigen USA; **2.** Gruppe *f* von Ansiedlern: *the German ~ in Rome* die deutsche Kolonie in Rom; *a ~ of artists* e-e Künstlerkolonie; **3.** biol. (Pflanzen-, Bakterien-, Zellen)Kolo'nie *f.*

co·loph·o·ny [kə'lɒfənɪ] *s.* Kolo'phonium *n*, Geigenharz *n.*

col·or etc. Am. → colour etc.

Col·o·ra·do bee·tle [ˌkɒlə'rɑːdəʊ] *s. zo.* Kar'toffelkäfer *m.*

col·o·ra·tu·ra [ˌkɒlərə'tʊərə] *s.* ♩ **1.** Kolora'tur *f*; **2.** Kolora'tursängerin *f*; **~ so·pra·no** *s.* Kolora'turso,pran *m* (Stimme u. Sängerin).

col·or·if·ic [ˌkɒlə'rɪfɪk] *adj.* farbgebend; **col·or'im·e·ter** [-'rɪmɪtə] *s.* phys. Farbmesser *m*, Kolori'meter *n.*

co·los·sal [kə'lɒsl] *adj.* ☐ **1.** kolos'sal, riesig, Riesen..., ungeheuer (alle a. F fig.); riesenhaft; **2.** F kolos'sal, e'norm; **col·os·se·um** [ˌkɒlə'sɪəm] → **coli·seum**; **Co'los·sians** [-ʃənz] *s. pl.* bibl. (Brief *m* des Paulus an die) Ko'losser *pl.*; **co'los·sus** [-səs] *s.* **1.** Ko'loß *m*: a) Riese *m*, b) et. Riesengroßes; **2.** Riesenstandbild *n.*

col·our ['kʌlə] **I** *s.* **1.** Farbe *f*, Färbung *f*; *what ~ is ...?* welche Farbe hat ...?; **2.** mst pl. Malerei: Farbe *f*, Farbstoff *m*: *lay on the* ~s *too thickly* fig. zu dick auftragen; *paint in bright (dark)* ~s fig. in rosigen (düsteren) Farben schildern; **3.** (a. gesunde) Gesichtsfarbe: *she has little* ~ sie ist blaß; *change (lose)* ~ die Farbe wechseln (verlieren); → *off-colo(u)r*, **4.** Hautfarbe *f*: *problem* Rassenfrage *f*; **5.** Anschein *m*, Anstrich *m*, Vorwand *m*, Deckmantel *m*: *~ of law* ⚖ Amtsmißbrauch *m*; *~ of title* ⚖ unzureichender Eigentumsanspruch; *give ~ to* den Anstrich der Wahrscheinlichkeit geben (dat.); *under ~ of* unter dem Vorwand od. Anschein von; **6.** a) Färbung *f*, Ton *m*, b) Farbe *f*, Lebendigkeit *f*, Kolo'rit *n*: *lend (od.*

add) ~ *to* beleben, lebendig gestalten, e-r Sache Farbe verleihen; *in one's true* ~s in s-m wahren Licht; *local* ~ Lokalkolorit; **7.** ♩ Klangfarbe *f*; **8.** pl. Farben pl., Abzeichen *n* (Klub, Schule, Partei, Jockei): *show one's* ~s a) sein wahres Gesicht zeigen, b) Farbe bekennen; *to get one's* ~s sein Mitgliedsabzeichen bekommen; **9.** pl. bunte Kleider; **10.** oft pl. ✕ od. fig. Fahne *f*, Flagge *f*: *call to the* ~s einberufen; *join the* ~s Soldat werden; *with flying* ~s fig. mit fliegenden Fahnen; *come off with flying* ~s e-n glänzenden Sieg od. Erfolg erzielen; *nail one's* ~s to the *mast* nicht kapitulieren (wollen), standhaft bleiben; *sail under false* ~s unter falscher Flagge segeln; *stick to one's* ~s e-r Sache treu bleiben; → *troop* 6; **11.** Kartenspiel: rote u. schwarze Farbe; **II** *v/t.* **12.** färben, kolorieren; anstreichen; **13.** Farbe, e-n Anstrich geben (dat.); **14.** a) schönfärben, b) entstellen; **III** *v/i.* **15.** sich (ver)färben; e-e Farbe annehmen; a. ~ *up* erröten.

col·o(u)r·a·ble ['kʌlərəbl] *adj.* ☐ fig. **1.** vor-, angeblich; fingiert: ~ *title* ⚖ unzureichender Eigentumsanspruch; **2.** glaubhaft, plau'sibel; **'col·o(u)r·ant** [-rənt] *s.* Farbstoff *m.*

col·o(u)r·a·tion [ˌkʌlə'reɪʃn] *s.* Färben *n*; Färbung *f*; Farbgebung *f.*

col·o(u)r| bar *s.* Rassenschranke *f*; **'~-blind** *adj.* farbenblind; ~ *chart* *s.* Farbenskala *f*; **'~-code** *v/t.* mit Kennfarben versehen.

col·o(u)red ['kʌləd] *adj.* **1.** farbig, bunt (beide a. fig.), koloriert; *in Zssgn* ...farbig: ~ *pencil* Bunt-, Farbstift *m*; ~ *plate* → colo(u)r plate; **2.** farbig, Am. bsd. Neger...: *a ~ man* ein Farbiger; **3.** fig. gefärbt: a) beschönigt, b) tendenzi'ös entstellt; **4.** fig. angeblich, falsch; **'col·o(u)r·fast** *adj.* farbecht; **'col·o(u)r·ful** [-əfʊl] *adj.* **1.** farbenfreudig, **2.** fig. farbig, bunt, lebhaft, abwechslungsreich; **'col·o(u)r·ing** [-ərɪŋ] **I** *s.* **1.** Farbe *f*, Farbton *m*; **2.** Farbgebung *f*; **3.** Gesichts- (u. Haar)farbe *f*; **4.** fig. Anstrich *m*, Färbung *f*; **II** *adj.* **5.** Farb...: ~ *matter* Farbstoff *m*; **'col·o(u)r·ist** [-ərɪst] *s.* Farbenkünstler *m*, engS. Kolo'rist *m*; **'col·o(u)r·less** [-əlɪs] *adj.* ☐ farblos (a. fig.).

col·o(u)r| line *s.* Rassenschranke *f*; ~ *pho·tog·ra·phy* *s.* 'Farbfotogra,fie *f*; ~ *plate* *s.* Farben(kunst)druck *m*; ~ *print* *s.* ein Farbendruck *m*; ~ *print·ing* *s.* Bunt-, Farbendruck *m* (Verfahren); ~ *scheme* *s.* Farbgebung *f*, Farbenanordnung *f*; ~ *ser·geant* *s.* ✕ (etwa) Oberfeldwebel *m*; ~ *set* *s.* Farbfernseher *m*; ~ *sup·ple·ment* *s.* Farbbeilage *f* (Zeitung); ~ *tel·e·vi·sion* *s.* Farbfernsehen *n*; **'~-wash** *s.* farbige Tünche; **II** *v/t.* farbig tünchen.

colt[1] [kəʊlt] **I** *s.* **1.** Füllen *n*, Fohlen *n*; **2.** fig. ,Grünschnabel' *m*, sport F a. ,Fohlen' *n*; **3.** ⚓ Tauende *n*; **II** *v/t.* **4.** mit dem Tauende prügeln.

colt[2] [kəʊlt] *s.* Colt *m* (Revolver).

col·ter ['kəʊltə] Am. → coulter.

'colts·foot *s.* ♀ Huflattich *m.*

col·um·bine ['kɒləmbaɪn] *s.* **1.** ♀ Ake-'lei *f*; **2.** ⚖ thea. Kolom'bine *f.*

col·umn ['kɒləm] *s.* **1.** △ Säule *f*, Pfeiler

m; **2.** (Rauch-, Wasser-, Luft- etc.)Säule *f*; **3.** typ. (Zeitungs-, Buch)Spalte *f*; Ru'brik *f*: *in double* ~s zweispaltig; **4.** Spalte *f*, Ko'lumne *f* (regelmäßig erscheinender Meinungsbeitrag); **5.** ✕ Ko'lonne *f*; → *fifth column*; **6.** Ko'lonne *f*, senkrechte Zahlenreihe; **co·lum·nar** [kə'lʌmnə] *adj.* säulenartig, -förmig; Säulen...; **'col·um·nist** [-mnɪst] *s.* Zeitung: Kolum'nist(in).

col·za ['kɒlzə] *s.* ♀ Raps *m*: ~ *oil* Rüb-, Rapsöl *n.*

co·ma[1] ['kəʊmə] *pl.* **-mae** [-miː] *s.* **1.** ♀ Haarbüschel *n* (an Samen); **2.** ast. Nebelhülle *f* e-s Kometen.

co·ma[2] ['kəʊmə] *s.* ✚ Koma *n*, tiefe Bewußtlosigkeit: *be in (fall into) a* ~ im Koma liegen (ins Koma fallen); **'co·ma·tose** [-ətəʊs] *adj.* koma'tös, im Koma (befindlich).

comb [kəʊm] **I** *s.* **1.** Kamm *m*; **2.** ⚙ a) (Wollweber)Kamm *m*, b) (Flachs)Hechel *f*, c) Gewindeschneider *m*, d) ⚡ (Kamm)Stromabnehmer *m*; **3.** zo. Hahnenkamm *m*; **4.** Kamm *m* (Berg, Woge); **5.** → honeycomb 1; **II** *v/t.* **6.** Haar kämmen; **7.** ⚙ a) Wolle kämmen, krempeln, b) Flachs hecheln; **8.** Pferd striegeln; **9.** fig. 'durchkämmen, durch'kämmen, absuchen; **10.** fig. a. ~ *out* a) sieben, sichten, c) aussondern, c) ✕ ausmustern.

com·bat ['kɒmbæt] **I** *v/t.* bekämpfen, kämpfen gegen; **II** *v/i.* kämpfen; **III** *s.* Kampf *m*; Streit *m*; ✕ a. Einsatz *m*: *single* ~ Zweikampf; **'com·bat·ant** [-bətənt] **I** *s.* **1.** Kämpfer *m*; **2.** ✕ Frontkämpfer *m*; **II** *adj.* **3.** kämpfend; **4.** ✕ zur Kampftruppe gehörig; Kampf...

com·bat| car *s.* ✕ Am. Kampfwagen *m*; ~ *fa·tigue* *s.* ✕ psych. 'Kriegsneu,rose *f.*

com·ba·tive ['kɒmbətɪv] *adj.* ☐ **1.** kampfbereit; **2.** kampflustig, streitsüchtig.

com·bat| plane *s.* ✈ Am. Kampfflugzeug *n*; ~ *sport* *s.* Kampfsport *m*; ~ *train·ing* *s.* Gefechtsausbildung *f*; ~ *troops* *s. pl.* Kampftruppen *pl.*; ~ *u·nit* *s.* ✕ Am. Kampfverband *m.*

combe [kuːm] → coomb(e).

comb·er ['kəʊmə] *s.* **1.** ⚙ a) 'Krempelma,schine *f*, b) 'Hechelma,schine *f*; **2.** Sturzwelle *f.*

comb hon·ey *s.* Scheibenhonig *m.*

com·bi·na·tion [ˌkɒmbɪ'neɪʃn] *s.* **1.** Verbindung *f*, Vereinigung *f*; Zs.-setzung *f*; Kombinati'on *f* (a. sport, ♟ etc.); **2.** Zs.-schluß *m*, Bündnis *n*; b.s. Kom'plott *n*; **3.** ⚙ etc. → combine 6, 7, 8; **4.** ⚙ Verbindung *f*; **5.** mot. Gespann *n*, 'Motorrad *n* mit Beiwagen; **6.** mst. pl. Kombinati'on *f*: a) Hemdhose *f*, b) Mon'tur *f*; **7.** ♩ → combo; ~ *lock* *s.* ⚙ Kombinati'ons-, Ve'xierschloß *n*; ~ *room* *s.* Brit. univ. Gemeinschaftsraum *m.*

com·bine [kəm'baɪn] **I** *v/t.* **1.** verbinden (a. ⚗), vereinigen, kombinieren; **2.** in sich vereinigen; **II** *v/i.* **3.** sich verbinden (a. ⚗), sich vereinigen; **4.** sich zs.-schließen; **5.** zs.-wirken; **III** *s.* ['kɒmbaɪn] **6.** Verbindung *f*, Vereinigung *f*; **7.** ✝ Kon'zern *m*, Verband *m*; **8.** po'litische od. wirtschaftliche Inter'essengemeinschaft; **9.** a. ~ *harvester*

🗡 Mähdrescher *m*.

com·bined [kəm'baɪnd] *adj*. vereinigt, verbunden; vereint, gemeinsam, Gemeinschafts...; kombiniert: **~ arms** ⚔ gemischte Verbände; **~ event** *sport* Mehrkampf *m*.

comb·ings ['kəʊmɪŋz] *s. pl.* ausgekämmte Haare *pl*.

com·bo ['kɒmbəʊ] *s*. Combo *f*, kleine Jazzband.

'comb·out *s*. Auskämmen *n*; *fig*. Siebung *f*, Sichtung *f*.

com·bus·ti·bil·i·ty [kəm,bʌstə'bɪlətɪ] *s*. Brennbarkeit *f*, Entzündlichkeit *f*; **com·bus·ti·ble** [kəm'bʌstəbl] **I** *adj*. **1.** brennbar, leichtentzündlich; **2.** *fig*. erregbar; **II** *s*. **3.** Brenn-, Zündstoff *m*; 'Brennmateri‚al *n*.

com·bus·tion [kəm'bʌstʃ(ə)n] *s*. Verbrennung *f* (a. 🔥, *biol*.): **spontaneous ~** Selbstentzündung *f*; **~ cham·ber** *s*. ⚙ Verbrennungsraum *m*; **~ en·gine**, **~ mo·tor** *s*. ⚙ Ver'brennungs‚motor *m*.

come [kʌm] **I** *v/i*. [*irr*.] **1.** kommen: **be long in coming** lange auf sich warten lassen; **he came to see us** er besuchte uns, er suchte uns auf; **that ~s on page 4** das kommt auf Seite 4; **~ what may!** komme, was da wolle!; **a year ago ~ March** im März vor e-m Jahr; **as stupid as they ~** dumm wie Bohnenstroh; **the message has ~** die Nachricht ist gekommen *od*. eingetroffen; **I was coming to that** darauf wollte ich gerade hinaus; **~ to that** was das betrifft; **~ again!** F sag's noch mal!; **2.** (dran)kommen, an die Reihe kommen: **who ~s first?**; **3.** kommen, erscheinen, auftreten: **~ and go** a) kommen u. gehen, b) erscheinen u. verschwinden; **love will ~ in time** mit der Zeit wird die Liebe sich einstellen; **~ (to pass)** geschehen, sich ereignen, kommen; **how ~?** wie kommt das?, wieso (denn)?; **4.** kommen, gelangen (**to** zu): **~ to the throne** den Thron besteigen; **~ into danger** in Gefahr geraten; **5.** kommen, abstammen (**of, from** von): **he ~s of a good family** er kommt *od*. stammt aus gutem Hause; **I ~ from Leeds** ich stamme aus Leeds; **6.** kommen, 'herrühren (**of** von): **that's what ~s of your hurry** das kommt von deiner Eile; **nothing came of it** es wurde nichts daraus; **7.** sich erweisen: **it ~s expensive** es kommt teuer; **the expenses ~ rather high** die Kosten kommen recht hoch; **it ~s to this that** es läuft darauf hinaus, daß; **it ~s to the same thing** es läuft auf dasselbe hinaus; → *a*. **come** 7; **8.** *fig*. ankommen (**to s.o.** j-n): **it ~s hard (easy) to me** es fällt mir schwer (leicht); **9.** werden, sich entwickeln, dahin *od*. dazu kommen: **he has ~ to be a good musician** er ist ein guter Musiker geworden; **it has ~ to be the custom** es ist Sitte geworden; **~ to know s.o.** j-n kennenlernen; **I have ~ to believe that** ich bin zu der Überzeugung gekommen, daß; **how did you ~ to do that?** wie kamen Sie dazu, das zu tun?; **~ true** wahr werden, sich erfüllen; **~ undone** auf-, ab-, losgehen, sich lösen; **10.** ♀ (her'aus)kommen, sprießen, keimen; **11.** erhältlich *od*. zu haben sein: **these shirts ~ in three sizes**; **12. to ~** (*als adj. gebraucht*) (zu)künftig, kom-

mend: **the life to ~** das zukünftige Leben; **for all time to ~** für alle Zukunft; **in the years to ~** in den kommenden Jahren; **13.** *sport etc*. ‚kommen' (*angreifen, stärker werden*); **14.** *sl*. ‚kommen' (*e-n Orgasmus haben*); **II** *v/t*. **15.** F sich aufspielen als, j-n *od*. etwas spielen, her'auskehren: **don't try to ~ the great scholar over me!** versuche nicht, mir gegenüber den großen Gelehrten zu spielen!; **III** *int*. **16.** na (hör mal)!, komm!, bitte!: **~, ~!** a) a. ‚**now!** nanu!, nicht so wild!, immer langsam!, b) (*ermutigend*) na komm schon!, auf geht's!; **IV** *s*. **17.** V ‚Saft' *m* (*Sperma*); *Zssgn mit prp.*:

come| a·cross *v/i*. zufällig treffen *od*. finden, stoßen auf (*acc*.); **~ aft·er** *v/i*. **1.** j-m folgen; **2.** *et*. holen kommen; **3.** suchen, sich bemühen um; **~ at** *v/i*. **1.** erreichen, bekommen; **2.** angreifen, auf j-n losgehen; **~ by** *v/i*. zu *et*. kommen, bekommen; **~ for** *v/i*. **1.** abholen kommen; **2.** → **come at** 2; **~ in·to** *v/i*. **1.** eintreten in (*acc*.); **2.** e-m Klub *etc*. beitreten; **3.** (*rasch od. unerwartet*) zu *et*. kommen: **~ a fortune** ein Vermögen erben; **~ near** *v/i*. **1.** *fig*. nahekommen (*dat*.); **2.** **~ doing (s.th.)** beinahe (*et*.) tun; **~ on** → **come upon**; **~ o·ver** *v/i*. **1.** über'kommen, beschleichen, befallen: **what has ~ you?** was ist mit dir los?, was fällt dir ein?; **2.** *sl*. j-n reinlegen; **3.** → **come** 15; **~ to** *v/i*. **1.** j-m zufallen (*bsd. durch Erbschaft*); **2.** j-m zukommen, zustehen: **he had it coming to him** F er hatte das längst verdient; **3.** zum Bewußtsein kommen; **4.** kommen *od*. gelangen zu: **what are things coming to?** wohin sind wir (*od*. ist die Welt) geraten?; **when it comes to paying** wenn es ans Bezahlen geht; **5.** sich belaufen auf (*acc*.): **it comes to £100**; → *a*. **come** 7; **~ un·der** *v/i*. **1.** kommen *od*. fallen unter (*acc*.): **~ a law**, **2.** geraten unter (*acc*.); **~ up·on** *v/i*. **1.** j-n befallen, über'kommen, j-m zustoßen; **2.** über j-n 'herfallen; **3.** (*zufällig*) treffen, stoßen auf (*acc*.); **4.** j-m zur Last fallen; **~ with·in** → **come under.**

Zssgn mit adv.:

come| a·bout *v/i*. **1.** geschehen, pas'sieren; **2.** entstehen; **3.** ⚓ 'umspringen (*Wind*); **~ a·cross** *v/i*. **1.** her'überkommen; **2.** a) verstanden werden, b) ‚ankommen' (*Rede etc.*), c) ‚rüberkommen' (*Filmszene etc.*); **3.** **~ with** F ‚rüberkommen' mit, *Geld etc.* her'ausrücken; **~ a·long** *v/i*. **1.** mitkommen, -gehen: **~!** F ‚dalli'!, komm schon!; **2.** sich ergeben (*Chance etc.*); **3.** F vorankommen, Fortschritte machen; **~ a·part** *v/i*. ausein'anderfallen, in Stücke gehen; **a·way** *v/i*. **1.** ab-, losgehen (*Knopf etc.*); **2.** weggehen (*Person*); **~ back** *v/i*. **1.** zu'rückkommen, *a. fig*. 'wiederkehren: **~ to s.th.** auf e-e Sache zu'rückkommen; **2.** *sl*. ein ‚Comeback' feiern; **3.** wieder einfallen (**to s.o.** j-m); **4.** (*bsd. schlagfertig*) antworten (**at s.o.** j-m); **~ by** *v/i*. vor'beikommen, ‚reinschauen'; **~ down** *v/i*. **1.** her'ab-, her'unterkommen; **2.** (ein)stürzen, fallen; **3.** 🗡 niedergehen; **4.** *a*. **~ in the world** *fig*. her'unterkommen (*Person*); **5.** *ped. univ. Brit*. a) die Universi'tät verlassen,

b) in die Ferien gehen; **6.** über'liefert werden; **7.** her'untergehen, sinken (*Preis*), billiger werden (*Dinge*); **8.** nachgeben, kleinlaut werden; **9.** **~ on** a) sich stürzen auf (*acc*.), b) 'herfallen über (*acc*.), j-m ‚aufs Dach steigen'; **10.** **~ with** F her'ausrücken mit: **~ handsome(ly)** sich spendabel zeigen; **11. ~ with** erkranken an (*dat*.); **12. ~ to** hin'auslaufen auf (*acc*.); **~ forth** *v/i*. her'vorkommen; **~ for·ward** *v/i*. **1.** her'vortreten; **2.** sich melden (*Zeuge etc.*); **~ home** *v/i*. **1.** nach Hause kommen; **2.** *fig*. Eindruck machen, wirken, ‚einschlagen', ‚ziehen'; **~ in** *v/i*. **1.** her'einkommen, **~!** a) herein!, b) (*Funk*) bitte kommen!; **2.** eingehen, -treffen (*Nachricht, Geld etc.*), ⚓, 🗡 *sport* einlaufen; **~ second** den zweiten Platz belegen; **3.** aufkommen, in Mode kommen: **long skirts ~ again**; **4.** an die Macht kommen; **5.** sich *als* nützlich *etc*. erweisen: **this will ~ useful**; **6.** Berücksichtigung finden: **where do I ~?** wo bleibe ich?; **that's were you ~** da bist dann du dran; **where does the joke ~?** was ist daran so witzig?; **7. ~ for** a) bekommen, ‚kriegen', b) *Bewunderung etc*. erregen: **~ for it** F ‚sein Fett kriegen'; **~ off** *v/i*. **1.** ab-, losgehen, sich lösen; **2.** *fig*. stattfinden, ‚über die Bühne gehen'; **3.** a) abschneiden: **he came off best**, b) erfolgreich verlaufen, glücken; **4. ~ it!** F hör schon auf damit!; **~ on** *v/i*. **1.** her'ankommen: **~!** a) komm (mit)!, b) komm her!, c) na, komm schon!, los!, d) F na, na!; **2.** beginnen, einsetzen: **it came on to rain** es begann zu regnen; **3.** an die Reihe kommen; **4.** *thea*. a) auftreten, b) aufgeführt werden; **5.** stattfinden, ⚖ verhandelt werden; **6.** a) wachsen, gedeihen, b) vor'ankommen, Fortschritte machen; **~ out** *v/i*. **1.** her'aus-, her'vorkommen, sich zeigen; **2.** *a*. **~ on strike** streiken; **3.** her'auskommen: a) erscheinen (*Bücher*), b) bekanntwerden, ans Licht kommen, **4.** ausgehen (*Haare*), her'ausgehen (*Farbe*); **5.** F werden, sich gut *etc*. entwickeln; *phot. etc.* gut *etc*. werden (*Bild*); **6.** debü'tieren: a) zum ersten Male auftreten (*Schauspieler*), b) in die Gesellschaft eingeführt werden; **7. ~ with** F mit *et*. her'ausrücken (*sagen*); **8. ~ against** sich aussprechen gegen, den Kampf ansagen (*dat*.); **~ o·ver** *v/i*. **1.** her'überkommen; **2.** über'gehen (**to** zu); **3.** verstanden werden; **~ round** *v/i*. **1.** ‚vor'beikommen' (*Besucher*); **2.** 'wiederkehren (*Fest, Zeitabschnitt*); **3. ~ to s.o.'s way of thinking** sich zu j-s Meinung bekehren; **4.** → **come to** 1; **~ through** *v/i*. **1.** 'durchkommen (*a. allg. fig. Kranker, Meldung etc.*); **2.** *fig*. a) es ‚schaffen', b) → **come across** 3; **~ to** *v/i*. **1.** a) wieder zu sich kommen, das Bewußtsein 'wiedererlangen, b) sich erholen; **2.** ⚓ vor Anker gehen; **~ up** *v/i*. **1.** her'aufkommen; **2.** her'ankommen: **~ to s.o.** an j-n herantreten; **coming up!** kommt gleich!; **3.** ⚖ zur Verhandlung kommen; **4.** *a*. **~ for discussion** zur Sprache kommen, angeschnitten werden; **5. ~ for** zur *Abstimmung, Entscheidung* kommen; **6.** aufkommen, in Mode kommen; **7.** *Brit*. sein Studium aufnehmen;

8. *Brit.* nach London kommen; **9.** ~ *to* a) reichen bis an (*acc.*) *od.* zu, b) erreichen (*acc.*), c) *fig.* her'anreichen an (*acc.*); **10.** ~ *with* a) *j-n* einholen, b) *fig.* es *j-m* gleichtun; **11.** ~ *with* ,da'her-kommen' mit, *e-e Idee etc.* präsentieren.

come-at-a-ble [ˌkʌmˈætəbl] *adj.* F **1.** zugänglich; **2.** erreichbar.

'come-back *s.* **1.** *sport, thea. etc.* Come-'back *n*: **make** *od.* **stage a** ~ ein Comeback feiern; **2.** (schlagfertige) Antwort.

co-me-di-an [kəˈmiːdjən] *s.* **1.** a) Ko'mödienschauspieler *m*, b) Komiker *m* (*a. contp.*); **2.** Lustspieldichter *m*; **3.** Witzbold *m* (*a. contp.*); **co-me-di-enne** [kəˌmiːdiˈen] *s.* a) Ko'mödienschauspielerin f, b) Komikerin f.

com-e-do [ˈkɒmədəʊ] *pl.* **-dos** *s.* 🐛 Mit-esser *m*.

'come-down *s.* **1.** *fig.* Abstieg *m*, Abfall *m* (*from* gegenüber); **2.** F Enttäuschung f.

com-e-dy [ˈkɒmɪdɪ] *s.* **1.** Ko'mödie f: a) Lustspiel *n*: *light* ~ Schwank *m*, b) *fig.* komische Sache; **2.** Komik f.

,come-'hith-er *adj.*: ~ *look* F einladender Blick.

come-li-ness [ˈkʌmlɪnɪs] *s.* Anmut f, Schönheit f; **'come-ly** [ˈkʌmlɪ] *adj.* at-trak'tiv, hübsch.

'come-on *s. Am. sl.* **1.** Köder *m* (*bsd. für Käufer*); **2.** Schwindler *m*; **3.** Gimpel *m* (*einfältiger Mensch*).

com-er [ˈkʌmə] *s.* **1.** Ankömmling *m*: *first* ~ wer zuerst kommt, *weitS.* (*der od. die*) erste beste; *all* ~*s* jedermann; **2.** *he is a* ~ F er ist der kommende Mann.

co-mes-ti-ble [kəˈmestɪbl] I *adj.* genießbar; II *s. pl.* Nahrungs-, Lebensmittel *pl.*

com-et [ˈkɒmɪt] *s. ast.* Ko'met *m*.

come-up-pance [ˌkʌmˈʌpəns] *s.* F wohl-verdiente Strafe.

com-fit [ˈkʌmfɪt] *s. obs.* Zuckerwerk *n*, kan'dierte Früchte *pl.*

com-fort [ˈkʌmfət] I *v/t.* **1.** trösten, *j-m* Trost spenden; **2.** beruhigen; **3.** erfreuen; **4.** *j-m* Mut zusprechen; **5.** *obs.* unter'stützen, *j-m* helfen; II *s.* **6.** Trost *m*, Erleichterung f (*to* für): *derive od.* *take* ~ *from s.th.* aus etwas Trost schöpfen; *what a* ~! Gott sei Dank!; welch ein Trost!; *he was a great* ~ *to her* er war ihr ein großer Trost *od.* Beistand; *cold* ~ ein schwacher *od.* schlechter Trost; **7.** Wohltat f, Labsal *n*, Erquickung f (*to* für); **8.** Behaglichkeit f, Wohlergehen *n*: *live in* ~ ein behagliches u. sorgenfreies Leben führen; **9.** *a. pl.* Kom'fort *m*: *with all modern* ~*s*; **10.** *a.* *soldiers'* ~*s pl.* Liebesgaben *pl.* (für Sol'daten); **11.** *obs.* Hilfe f.

com-fort-a-ble [ˈkʌmfətəbl] *adj.* (*adv.* *comfortably*) **1.** komfor'tabel, bequem, behaglich, gemütlich: *make o.s.* ~ es sich bequem machen; *are you* ~? haben Sie es bequem?, sitzen *od.* liegen *etc.* Sie bequem?; *feel* ~ sich wohl fühlen; **2.** bequem, sorgenfrei: *live in* ~ *circumstances* in guten Verhältnissen leben; **3.** gut, reichlich: *a* ~ *income*; **4.** *bsd. sport* beruhigend (*Vorsprung etc.*); **5.** ohne Beschwerden (*Patient*); **com-fort-er** [-tə] *s.* **1.** Tröster *m*: → *Job²*; **2.** *the* ♉ *eccl.* der Heilige Geist; **3.** *bsd.*

Brit. Wollschal *m*; **4.** *Am.* Steppdecke f; **5.** *bsd. Brit.* Schnuller *m* (*für Babys*); **'com-fort-ing** [-tɪŋ] *adj.* tröstlich; **'com-fort-less** [-lɪs] *adj.* **1.** unbequem; **2.** trostlos; **3.** unerfreulich.

com-frey [ˈkʌmfrɪ] *s.* ♣ Schwarzwurz f.

com-fy [ˈkʌmfɪ] F → *comfortable* 1.

com-ic [ˈkɒmɪk] I *adj.* □ → *comically*; **1.** komisch, Lustspiel…: ~ *actor* Komiker *m*; ~ *opera* komische Oper; ~ *writer* Lustspieldichter *m*; **2.** komisch, humo'ristisch: ~ *paper* Witzblatt *n*; ~ *strips* Comic strips, Comics; **3.** drollig, spaßig; II *s.* **4.** Komiker *m*; **5.** Witzblatt *n*; *pl. Zeitung*: Comics *pl.*; **6.** 'Filmko-ˌmödie f; **'com-i-cal** [-kəl] *adj.* □ **1.** komisch, ulkig; **2.** F komisch, sonderbar; **com-i-cal-i-ty** [ˌkɒmɪˈkælətɪ] *s.* Spaßigkeit f; **'com-i-cal-ly** [-kəlɪ] *adv.* komisch(erweise).

com-ing [ˈkʌmɪŋ] I *adj.* kommend, (zu)künftig: *the* ~ *man* der kommende Mann; ~ *week* nächste Woche; II *s.* Kommen *n*, Ankunft f; Beginn *m*: ~ *of age* Mündigwerden *n*; *the Second* ♉ (*of Christ*) die Wiederkunft Christi.

com-i-ty [ˈkɒmɪtɪ] *s.* **1.** Höflichkeit f; **2.** ~ *of nations* gutes Einvernehmen der Nationen.

com-ma [ˈkɒmə] *s.* Komma *n*; ~ *ba-cil-lus* *s.* [*irr.*] 🐛 'Kommaba,zillus *m*.

com-mand [kəˈmɑːnd] I *v/t.* **1.** *j-m* befehlen, gebieten; **2.** gebieten, fordern, verlangen: ~ *silence* Ruhe gebieten; **3.** beherrschen, gebieten über (*acc.*): *the hill* ~*s the plain* der Hügel beherrscht die Ebene; **4.** ✕ kommandieren: a) *j-m* befehlen, b) *Truppe* befehligen, führen; **5.** *Gefühle, die Lage* beherrschen: ~ *o.s.* sich beherrschen; **6.** verfügen über (*acc.*) (*Dienste, Gelder*); **7.** *Vertrauen, Liebe* einflößen: ~ *respect* Achtung gebieten; ~ *admiration* Bewunderung abnötigen *od.* verdienen; **8.** *Aussicht* gewähren, bieten; **9.** ⳨ *Preis* erzielen; *Absatz* finden; II *v/i.* **10.** befehlen, herrschen; **11.** ✕ kommandieren; III *s.* **12.** *allg.* Befehl *m*: *by* ~ auf Befehl; **13.** ✕ Kom'mando *n*: a) Befehl *m*: *word of* ~ Kommando(wort) *n*, b) (Ober)Befehl *m*, Befehlsgewalt f, Führung f: *be in* ~ a) (*of*) das Kommando führen (über *acc.*), b) *sport* den Gegner beherrschen; *take* ~ das Kommando übernehmen; **14.** ✕ a) Oberkom'mando *n*, Führungsstab *m*, b) Befehls-, Kom'mandobereich *m*; **15.** *fig.* Gewalt f, Herrschaft f (*of* über *acc.*); Beherrschung f, Meisterung f (*Gefühle*): *have* ~ *of Fremdsprache etc.* beherrschen; *his* ~ *of English* s-e Englischkenntnisse *pl.*; **16.** Verfügung f (*of* über *acc.*): *at your* ~ zu Ihrer Verfügung; *be* (*have*) *at* ~ zur Verfügung stehen (haben).

com-man-dant [ˌkɒmənˈdænt] *s.* ✕ Komman'dant *m*, Befehlshaber *m*.

com-mand car *s.* ✕ *Am.* Befehlsfahrzeug *n*.

com-man-deer [ˌkɒmənˈdɪə] *v/t.* **1.** zum Mili'tärdienst zwingen; **2.** ✕ requirieren, beschlagnahmen; **3.** F ,organisieren', sich aneignen.

com-mand-er [kəˈmɑːndə] *s.* **1.** ✕ Komman'dant *m* (*e-r Festung, e-s Flugzeugs etc.*), Befehlshaber *m*; Komman'deur *m* (*e-r Einheit*), Führer *m*; *Am.* ♉

Fre'gattenkapi,tän *m*: ~-*in-chief* Oberbefehlshaber; **2.** ♉ *of the Faithful hist.* Beherrscher *m* der Gläubigen (*Sultan*); **3.** *hist.* (*Ordens*)Kom'tur *m*; **com-'mand-ing** [-dɪŋ] *adj.* □ **1.** herrschend, gebietend; **2.** *die Gegend* beherrschend: ~ *point* strategischer Punkt; **3.** ✕ kommandierend, befehlshabend; **4.** imponierend, eindrucksvoll; **5.** gebieterisch; **com'mand-ment** [-dmənt] *s.* Gebot *n*, Vorschrift f: *the Ten* ♉*s bibl.* die Zehn Gebote.

com-mand mod-ule *s. Raumfahrt:* Kom'mandokapsel f.

com-man-do [kəˈmɑːndəʊ] *pl.* **-dos** *s.* ✕ **1.** Kom'mando(truppe f, -einheit f) *n*: ~ *squad*; **2.** Angehörige(r) *m* e-s Kom'mandos.

com-mand| pa-per *s. pol. Brit.* (*dem Parlament vorgelegter*) Kabi'nettsbeschluß *m*; ~ **per-form-ance** *s. thea.* Aufführung f auf königlichen Befehl *od.* Wunsch; ~ *post* *s.* ✕ Befehls-, Gefechtsstand *m*.

com-mem-o-rate [kəˈmeməreɪt] *v/t.* (ehrend) gedenken (*gen.*); erinnern an (*acc.*): *a monument to* ~ *a victory* ein Denkmal zur Erinnerung an e-n Sieg; **com-mem-o-ra-tion** [kəˌmeməˈreɪʃn] *s.* **1.** Gedenk-, Gedächtnisfeier f: *in* ~ *of* zum Gedächtnis an (*acc.*); **2.** *Brit. univ.* Stiftergedenkfest *n* (*Oxford*); **com'mem-o-ra-tive** [-rətɪv] *adj.* Gedächtnis…, Erinnerungs…: ~ *issue* Gedenkausgabe f (*Briefmarken etc.*); ~ *plaque* Gedenktafel f.

com-mence [kəˈmens] *v/t. u. v/i.* **1.** beginnen, anfangen; ⚖ *Klage* anhängig machen; **2.** *Brit. univ.* promovieren (*M.A.* zum M.A.); **com'mence-ment** [-mənt] *s.* **1.** Anfang *m*, Beginn *m*; **2.** *Am.* (Tag *m* der) Feier f der Verleihung aka'demischer Grade; **com'menc-ing** [-sɪŋ] *adj.* Anfangs…: ~ *salary*.

com-mend [kəˈmend] *v/t.* **1.** empfehlen, loben: ~ *me to …* F da lobe ich mir …; **2.** empfehlen, anvertrauen (*to dat.*); **3.** ~ *o.s.* sich (*als geeignet*) empfehlen; **com'mend-a-ble** [-dəbl] *adj.* □ empfehlens-, lobenswert; **com-men-da-tion** [ˌkɒmenˈdeɪʃn] *s.* **1.** Empfehlung f; **2.** Lob *n*; **com'mend-a-to-ry** [-dətərɪ] *adj.* **1.** empfehlend, Empfehlungs…; **2.** lobend.

com-men-sal [kəˈmensəl] *s.* **1.** Tischgenosse *m*; **2.** *biol.* Kommen'sale *m*.

com-men-su-ra-ble [kəˈmenʃərəbl] *adj.* □ **1.** kommensu'rabel, vergleichbar (*with, to mit*); **2.** angemessen, im richtigen Verhältnis; **com'men-su-rate** [-rət] *adj.* □ **1.** gleich groß, von gleicher Dauer (*with* wie); **2.** (*with, to*) im Einklang stehend (mit), angemessen *od.* entsprechend (*dat.*).

com-ment [ˈkɒment] I *s.* **1.** Be-, Anmerkung f, Stellungnahme f, Kommen-'tar *m* (*on* zu): *no* ~! kein Kommentar!; **2.** Erläuterung f, Kommen'tar *m*, Deutung f; Kri'tik f; **3.** Gerede *n*; II *v/i.* **4.** (*on*) kommentieren (*acc.*), Erläuterungen *od.* Anmerkungen machen (zu); **5.** sich (kritisch) äußern (*on* über *acc.*). **'com-men-tar-y** [-tərɪ] *s.* Kommen'tar *m* (*on* zu): *radio* ~ Rundfunkkommentar; **'com-men-tate** [-teɪt] *v/i.* → *comment* 4; **'com-men-ta-tor** [-teɪtə] *s.*

allg., *a.* TV etc.: Kommen'tator *m.*

com·merce ['kɒmɜːs] *s.* **1.** Handel *m*, Handelsverkehr *m*; **2.** Verkehr *m*, 'Umgang *m.*

com·mer·cial [kə'mɜːʃl] **I** *adj.* □ **1.** kommerzi'ell (*a. Theaterstück etc.*), kaufmännisch, geschäftlich, gewerblich, Handels..., Geschäfts...; **2.** handeltreibend; **3.** für den Handel bestimmt, Handels...; **4.** a) in großen Mengen erzeugt, b) mittlerer *od.* niederer Quali'tät, c) nicht (ganz) rein (*Chemikalien*); **5.** handelsüblich; **~ quality**; **6.** *Radio*, TV: Werbe...; **~ television** a) Werbefernsehen *n*, b) kommerzielles Fernsehen; **II** *s.* **7.** *Radio*, TV: a) von e-m Sponsor finanzierte Sendung, b) Werbespot *m*; **~ al·co·hol** s. handelsüblicher Alkohol, Sprit *m*; **~ art** *s.* Werbegraphik *f*; **~ a·vi·a·tion** *s.* Verkehrsluftfahrt *f*; **~ col·lege** *s.* Wirtschafts(ober)schule *f*; **~ cor·re·spond·ence** *s.* 'Handelskorrespon,denz *f*; **~ court** *s.* ᵗᵗ Handelsgericht *n*; **~ ge·og·ra·phy** *s.* 'Wirtschaftsgeogra,phie *f.*

com·mer·cial·ism [kə'mɜːʃəlɪzəm] *s.* **1.** Handels-, Geschäftsgeist *m*; **2.** Handelsgepflogenheit *f*; **3.** kommerzi'elle Ausrichtung; **com·mer·cial·i·za·tion** [kə,mɜːʃəlaɪ'zeɪʃn] *s.* Kommerzialisierung *f*, Vermarktung *f*, kaufmännische Verwertung *od.* Ausnutzung; **com·mer·cial·ize** [kə'mɜːʃəlaɪz] *v/t.* kommerzialisieren, vermarkten, verwerten, ein Geschäft machen aus; in den Handel bringen.

com·mer·cial| let·ter of cred·it *s.* Akkredi'tiv *n*; **~ loan** *s.* 'Warenkre,dit *m*; **~ man** *s.* [*irr.*] Geschäftsmann *m*; **~ pa·per** *s.* 'Inhaberpa,pier *n* (*bsd. Wechsel*); **~ plane** *s.* Verkehrsflugzeug *n*; **~ room** *s. Brit.* Hotelzimmer, in dem Handlungsreisende Kunden empfangen können; **~ school** *s.* Handelsschule *f*; **~ trav·el·(l)er** *s.* Handlungsreisende(r) *m*; **~ trea·ty** *s.* Handelsvertrag *m*; **~ val·ue** *s.* Handels-, Marktwert *m*; **~ ve·hi·cle** *s.* Nutzfahrzeug *n.*

com·mie ['kɒmɪ] *s.* F Kommu'nist(in).

com·mi·na·tion [,kɒmɪ'neɪʃn] *s.* Drohung *f*; *bsd. eccl.* Androhung *f* göttlicher Strafe; *a.* **~ service** Bußgottesdienst *m.*

com·mi·nute ['kɒmɪnjuːt] *v/t.* zerkleinern, zerstückeln; zerreiben; **~d fracture** ᚕ Splitterbruch *m*; **com·mi·nu·tion** [,kɒmɪ'njuːʃn] *s.* **1.** Zerkleinerung *f*; Zerreibung *f*; **2.** ᚕ Splitterung *f*; **3.** Abnutzung *f.*

com·mis·er·ate [kə'mɪzəreɪt] **I** *v/t. j-n* bemitleiden, bedauern; **II** *v/i.* Mitleid haben (**with** mit); **com·mis·er·a·tion** [kə,mɪzə'reɪʃn] *s.* Mitleid *n*, Erbarmen *n.*

com·mis·sar [,kɒmɪ'sɑː] *s.* Kommis'sar *m* (*bsd. Rußland*): **People's 2** Volkskommissar *m*; **com·mis'sar·i·at** ['seərɪət] *s.* ✕ a) Intendan'tur *f*, b) Ver'pflegungsorganisati,on *f*; **com·mis·sar·y** ['kɒmɪsərɪ] *s.* **1.** Kommis'sar *m*, Beauftragte(r) *m*; **2.** *eccl.* bischöflicher Kommis'sar; **3.** 'Volkskommis,sar *m*; **4.** *Am.* a) ✕ Verpflegungsstelle *f*, b) Restau-'rant *n im Filmstudio etc.*

com·mis·sion [kə'mɪʃn] *s.* **1.** Auftrag *m*, Vollmacht *f*; **2.** Bestallung *f*; Bestallungsurkunde *f*; **3.** ✕ Offi'zierspa,tent

n: **hold a ~** Offizier sein; **receive one's ~** Offizier werden; **4.** (An)Weisung *f*, Aufgabe *f*; **5.** Auftrag *m*, Bestellung *f*; **6.** Amt *n*, Dienst *m*, Tätigkeit *f*, Betrieb *m*: **put into ~** Schiff in Dienst stellen (F *a. Maschine etc.*); **in ~** im Dienst, in Betrieb; **out of ~** a) außer Dienst (*bsd. Schiff*), b) außer Betrieb, nicht funktionierend, kaputt; **7.** ✝ a) Kommissi'on *f*: **have on ~** in Kommission *od.* Konsignation haben, b) Provisi'on *f*, Vergütung *f*: **~ agent** Kommissionär *m*, Provisionsvertreter *m*; **goods on ~** Kommissionswaren; **on a ~ basis** in Kommission, auf Provisionsgrundlage; **sell on ~** gegen Provision verkaufen; **8.** Ausführung *f*, Verübung *f*; → **sin 1**; **9.** Kommissi'on *f*, Ausschuß *m*; Vorstand *m* (*Klub*): **Royal 2** Brit. Untersuchungsausschuß; **II** *v/t.* **10.** beauftragen, be'vollmächtigen; **11.** *j-m* e-e Bestellung *od.* e-n Auftrag geben; **12.** in Auftrag geben, bestellen: **~ a stat·ue**; **~ed work** Auftragsarbeit *f*; **13.** ✕ zum Offi'zier ernennen: **~ed officer** (durch Patent bestallter) Offizier; **14.** *Schiff* in Dienst stellen.

com·mis·sion·aire [kə,mɪʃə'neə] *s.* **1.** *Brit.* (livrierter) Porti'er; **2.** ✝ *Am.* Vertreter *m*, Einkäufer *m.*

com·mis·sion·er [kə'mɪʃnə] *s.* **1.** Be-'vollmächtigte(r) *m*, Beauftragte(r) *m*; **2.** (Re'gierungs)Kommis,sar *m*: **High 2** Hochkommissar; **3.** Leiter *m* des Amtes: **~ of police** Polizeichef *m*; **2 for Oaths** (*etwa*) Notar *m*; **4.** ᵗᵗ beauftragter Richter; **5.** a) Mitglied *n* e-r (Re'gierungs)Kommissi,on, Kommis'sar *m*, b) *pl.* Kommissi'on *f*, Behörde *f.*

com·mis·sure ['kɒmɪ,sjʊə] *s.* **1.** Naht *f*; Band *n* (*bsd. anat.*); **2.** *anat.* Nervenstrang *m.*

com·mit [kə'mɪt] *v/t.* **1.** anvertrauen, über'geben, über'tragen: **~ to the ground** beerdigen; **~ to memory** auswendig lernen; **~ to paper** zu Papier bringen; ᵗᵗ **~ s.o. to prison** (**to an institution**) j-n in e-e Strafanstalt (Heil- u. Pflegeanstalt) einweisen; **~ for trial** dem zuständigen Gericht zur Hauptverhandlung überstellen; **2.** anvertrauen, empfehlen; **3.** *pol.* an e-n Ausschuß über'weisen; **4.** (**to**) *pol. etc.* verpflichten (zu), binden (an *acc.*); festlegen (auf *acc.*) (*alle a. o.s.* sich): **be ~ted** sich festgelegt haben, gebunden sein; **~ted writer** engagierter Schriftsteller; **5.** Verbrechen etc. begehen, verüben; **6.** (*o.s.* sich) kompromittieren; **com'mit·ment** [-mənt] *s.* **1.** (**to**) Verpflichtung *f* (zu), Bindung *f* (an *acc.*): **without ~** unverbindlich; **2.** ✝ Verbindlichkeit *f*; *Am. engS.* Börsenengagement *f*; **3.** → **committal 2**; **4.** *fig.* Engage'ment *n*; **com'mit·tal** [-tl] *s.* → **commitment 1**; **2.** 'Übergabe *f*, Über'weisung *f* (**to** an *acc.*): **~ to pris·on** (**an institution**) Einlieferung *f* in e-e Strafanstalt (Einweisung *f* in e-e Heil- und Pflegeanstalt); **~ order** Haftbefehl *m*, Einweisungsbeschluß *m*; **~ service** Bestattung(sfeier) *f*; **3.** Verübung *f*, Begehung *f* (*von Verbrechen etc.*).

com·mit·tee [kə'mɪtɪ] *s.* Komi'tee *n*, Ausschuß *m*, Kommissi'on *f*: **be** (*od.* **sit**) **on a ~** in e-m Ausschuß sein; **the House goes into** (*od.* **resolves itself**

into a) **2** *parl.* das Haus konstituiert sich als Ausschuß; **~ stage** *parl.* Stadium *n* der Ausschußberatung (*zwischen 2. u. 3. Lesung e-s Gesetzentwurfes*); **~man**, **~woman** Komiteemitglied *n.*

com·mo·di·ous [kə'məʊdjəs] *adj.* □ geräumig.

com·mod·i·ty [kə'mɒdətɪ] *s.* ✝ Ware *f*, ('Handels-, *bsd.* Ge'brauchs)Ar,tikel *m*; *oft pl.* Waren *pl.*: **~ value** Sachwert *m*; **~ dol·lar** *s. Am.* Warendollar *m*; **~ ex·change** *s.* Warenbörse *f*; **~ mar·ket** *s.* **1.** Warenmarkt *m*; **2.** Rohstoffmarkt *m*; **~ pa·per** *s.* Doku-'mententratte *f.*

com·mo·dore ['kɒmədɔː] *s.* ⚓ **1.** *allg.* Kommo'dore *m*; **2.** Präsi'dent *m* e-s Jachtklubs; **3.** Leitschiff *n* (*Geleitzug*).

com·mon ['kɒmən] **I** *adj.* □ → **commonly**; **1.** gemeinsam (*a.* Ⱥ), gemeinschaftlich: **make ~ cause** gemeinsame Sache machen; **~ ground** gleiche Grundlage, Gemeinsamkeit *f* (der Interessen *etc.*); **that's ~ ground** darüber besteht Einigkeit; **2.** allgemein, öffentlich: **~ knowledge** allgemein bekannt; **~ rights** Menschenrechte; **~ talk** Stadtgespräch *n*; **~ usage** allgemein üblich; **3.** gewöhnlich, üblich, häufig, alltäglich: **~ coin of the realm** übliche Landesmünze; **~ event** normales Ereignis; **~ sight** alltäglicher Anblick; **a very ~ name** ein sehr häufiger Name; **as dirt** häufig, gewöhnlich; **4.** einfach, gewöhnlich: **~ looking** von gewöhnlichem Aussehen; **the ~ people** das (einfache) Volk; **~ salt** Kochsalz *n*; **~ soldier** einfacher Soldat; **~ or garden** ... ⊢ Feld-Wald-u.-Wiesen-...; → **cold 8**; **5.** gewöhnlich, gemein: **~ accent** ordinäre Aussprache; **the ~ herd** die große Masse; **~ manners** schlechtes Benehmen; **6.** *ling.* **~ gender** doppeltes Geschlecht; **~ noun** Gattungsname *m*; **II** *s.* **7.** Gemeindeland *n* (*heute oft mit Parkanlage*): (**right of**) **~** Mitbenutzungsrecht *n*; **~ of pasturage** Weiderecht *n*; **8.** *fig.* **~** gemeinsam; **in ~ with** (genau) wie; **have s.th. in ~ with** et. gemein haben mit; **out of the ~** außergewöhnlich, besonders; **9.** → **commons**.

com·mon·al·ty [kɒmənltɪ] *s.* das gemeine Volk, Allgemeinheit *f.*

com·mon| car·ri·er → **carrier 2**; **~ chord** *s.* ♪ Dreiklang *m*; **~ de·nom·i·na·tor** *s.* Ⱥ gemeinsamer Nenner (*a. fig.*).

com·mon·er ['kɒmənə] *s.* **1.** Bürger(licher) *m*; **2.** *Brit.* Stu'dent (*Oxford*), der s-n 'Unterhalt selbst bezahlt; **3.** *Brit.* a) Mitglied *n* des 'Unterhauses, b) Mitglied *n* des Londoner Stadtrats.

com·mon| frac·tion *s.* Ⱥ gemeiner Bruch; **~ law** *s.* a) *das gesamte anglo-amerikanische Rechtssystem* (*Ggs.* **civil law**), b) *obs. das engl. Gewohnheitsrecht*; **~·law** *adj.* gewohnheitsrechtlich: **~ marriage** Konsensehe *f*, eheähnliches Zs.-leben; **~ wife** Lebensgefährtin *f.*

com·mon·ly ['kɒmənlɪ] *adv.* gewöhnlich, im allgemeinen.

Com·mon Mar·ket *s.* ✝ Gemeinsamer Markt.

com·mon·ness ['kɒmənnɪs] *s.* **1.** All-'täglichkeit *f*, Häufigkeit *f*; **2.** Gewöhn-

lichkeit f, ordi'näre Art.
'com·mon|·place I s. **1.** Gemeinplatz m, Plati'tüde f; **2.** et. All'tägliches; **II** adj. all'täglich, 'uninteres,sant, abgedroschen, platt; ≙ **Prayer** s. eccl. **1.** die angli'kanische Litur'gie; ≙ (**Book of**) ~ Gebetbuch n der angli'kanischen Kirche; ~ **room** [rʊm] s. **1.** univ. Gemeinschaftsraum m: a) **junior** ~ für Studenten, b) **senior** ~ für Dozenten; **2.** Schule: Lehrerzimmer n.
com·mons ['kɒmənz] s. pl. **1.** das gemeine Volk, die Bürgerlichen: **the** ≙ parl. Brit. das Unterhaus; **2.** bsd. Brit. univ. Gemeinschaftskost f, -essen n: **kept on short** ~ auf schmale Kost gesetzt.
com·mon| school s. staatliche Volksschule; ~ **sense** s. gesunder Menschenverstand; **|~·'sen·si·cal** [-'sensɪkl] adj. vernünftig; ~ **ser·geant** s. Richter m u. Rechtsberater m des Magi'strats der **City of London**; ~ **stock** s. ⊺ Am. 'Stamm,aktie(n pl.) f; **|~·weal** s. **1.** Gemeinwohl n; **2.** → ~·**wealth** s. **1.** Gemeinwesen n, Staat m; **2.** Repu'blik f: **the** ≙ Brit. hist. die engl. Republik unter Cromwell; **3.** **British** ≙ (**of Nations**) das Commonwealth, die Britische Nationengemeinschaft; ≙ **of Australia** der Australische Staatenbund; **4.** Am. Bezeichnung für einige Staaten der USA.
com·mo·tion [kə'məʊʃn] s. **1.** Erschütterung f, Aufregung f; Aufsehen n; **2.** Aufruhr m, Tu'mult m; → civil 2; **3.** Wirrwarr m.
com·mu·nal ['kɒmjʊnl] adj. **1.** Gemeinde…, Kommunal…: ~ **tax**; **2.** Gemeinschafts…; Volks…: ~ **aerial** (bsd. Am. **antenna**) TV Gemeinschaftsantenne f; ~ **kitchen** Volksküche f; **3.** Indien: Volksgruppen betreffend; **'com·mu·nal·ism** [-nəlɪzəm] s. Kommuna'lismus m (Regierungssystem nach Gemeindegruppen); **'com·mu·nal·ize** [-nəlaɪz] v/t. in Gemeindebesitz über'führen, kommunalisieren.
com·mu·nard ['kɒmjʊnəd] s. sociol. Kommu'narde m.
com·mune¹ [kə'mju:n] v/i. **1.** sich vertraulich besprechen: ~ **with o.s.** mit sich zu Rate gehen; **2.** eccl. kommunizieren, die (heilige) Kommuni'on od. das Abendmahl empfangen.
com·mune² ['kɒmju:n] s. Kom'mune f (a. sociol.).
com·mu·ni·ca·ble [kə'mju:nɪkəbl] adj. □ **1.** mitteilbar; **2.** 🗡 über'tragbar, ansteckend; **com·mu·ni·cant** [-ənt] **I** s. **1.** eccl. Kommuni'kant(in); **2.** Gewährsmann m, Informant(in); **II** adj. **3.** mitteilend; **4.** teilhabend; **com·mu·ni·cate** [-keɪt] **I** v/t. **1.** mitteilen (**to** dat.); **2.** (a. 🗡) über'tragen (**to** auf acc.); **II** v/i. **3.** sich besprechen, Gedanken etc. austauschen, in Verbindung stehen, kommunizieren (**with** mit), sich mitteilen (**with** dat.); **4.** sich in Verbindung setzen (**with** mit); **5.** in Verbindung stehen, zs.-hängen (**with** mit): **these two rooms** ~ diese beiden Räume haben e-e Verbindungstür; **6.** sich mitteilen (Erregung etc.) (**to** dat.); **7.** eccl. → **commune¹** 1.
com·mu·ni·ca·tion [kə,mju:nɪ'keɪʃn] s. **1.** (**to**) allg. Mitteilung f (an acc.): a) Verständigung f (gen. od. von), b)

Über'mittlung f e-r Nachricht (an acc.), c) Nachricht f (an acc.), d) Kommunikati'on f (e-r Idee etc.); **2.** Kommunikati'on f, Gedankenaustausch m, Verständigung f; (Brief-, Nachrichten)Verkehr m; Verbindung f: **be in** ~ **with s.o.** mit j-m in Verbindung stehen; **3.** (a. phys.) Über'tragung f, Fortpflanzung f (**to** auf acc.); **4.** Kommunikati'on f, Verkehrsweg m, Verbindung f, 'Durchgang m; **5.** pl. a) Fernmelde-, Nachrichtenwesen n (a. ⤬): ~ **net** Fernmeldenetz n; ~ **officer** Fernmeldeoffizier m, b) Verbindungswege pl., Nachschublinien pl.; **6.** pl. Kommunikati'onswissenschaft f; ~ **cen·tre** (Am. **cen·ter**) s. ⤬ 'Fernmeldezen,trale f; ~ **cord** s. 🚂 Notleine f, -bremse f; ~ **en·gi·neer·ing** s. 'Nachrichten,technik f; **~s gap** s. Kommunikati'onslücke f; **~s sat·el·lite** s. 'Nachrichtensatel,lit m; ~ **trench** s. ⤬ Verbindungs-, Laufgraben m.
com·mu·ni·ca·tive [kə'mju:nɪkətɪv] adj. □ mitteilsam, kommunika'tiv; **com·mu·ni·ca·tor** ['kɒmju:nɪkeɪtə(r)] s. **1.** Mitteilende(r m) f; **2.** tel. (Zeichen)Geber m.
com·mun·ion [kə'mju:njən] s. **1.** Gemeinschaft f; **2.** enge Verbindung; 'Umgang m: **hold** ~ **with o.s.** Einkehr bei sich selbst halten; **3.** Religi'onsgemeinschaft f; **4.** eccl. ≙, a. **Holy** ≙ (heilige) Kommuni'on, (heiliges) Abendmahl: ≙ **cup** Abendmahlskelch m; ≙ **table** Abendmahlstisch m.
com·mu·ni·qué [kə'mju:nɪkeɪ] (Fr.) s. Kommuni'qué n.
com·mu·nism ['kɒmjʊnɪzəm] s. Kommu'nismus m; **'com·mu·nist** [-nɪst] **I** s. Kommu'nist(in); **II** adj. → **com·mu·nis·tic** [,kɒmjʊ'nɪstɪk] adj. kommu'nistisch.
com·mu·ni·ty [kə'mju:nətɪ] s. **1.** Gemeinschaft f: ~ **aerial** (bsd. Am. **antenna**) Gemeinschaftsantenne f; ~ **spirit** Gemeinschaftsgeist m; ~ **singing** Gemeinschaftssingen n; **2.** Gemeinde (a. Körperschaft f: **the mercantile** ~ die Kaufmannschaft); ~ **centre** (Am. **center**) Gemeindezentrum n; ~ **chest**, ~ **fund** Am. Wohlfahrtsfonds m; ~ **home** Brit. Erziehungsheim n; **3.** Gemeinwesen n: **the** ~ a) die Allgemeinheit, das Volk, b) der Staat; ~ **ownership** öffentliches Eigentum; **4.** Gemeinschaft f, Gemeinsamkeit f; Gleichheit f: ~ **of goods** od. **property** (eheliche) Gütergemeinschaft; ~ **of interest** Interessengemeinschaft; ~ **of goods acquired during marriage** Errungenschaftsgemeinschaft; ~ **of heirs** 🜨 Erbengemeinschaft.
com·mu·nize ['kɒmjunaɪz] v/t. **1.** in Gemeineigentum 'überführen, sozialisieren; **2.** kommu'nistisch machen.
com·mut·a·ble [kə'mju:təbl] adj. **1.** austauschbar, 'umwandelbar; **2.** durch Geld ablösbar; **com·mu·tate** ['kɒmjuteɪt] v/t. ⚡ Strom a) wenden, b) gleichrichten; **com·mu·ta·tion** [,kɒmju:'teɪʃn] s. **1.** 'Um-, Austausch m, 'Umwandlung f; **2.** Ablösung f, Abfindung f; **3.** 🜨 'Straf,umwandlung f, -milderung f; **4.** ⚡ 'Umschaltung f, Stromwendung f; **5.** 🚌 etc. Pendelverkehr m: ~ **ticket** Zeitkarte f; **com·mu·ta·tive** [-ətɪv] adj. □ **1.** auswechselbar, Ersatz…; Tausch…; **2.** wechselseitig;

com·mu·ta·tor ['kɒmjʊteɪtə(r)] s. ⚡ a) Kommu'tator m, Pol-, Stromwender m, b) Kol'lektor m, c) mot. Zündverteiler m; Gleichrichter m; **com·mute** [kə'mju:t] **I** v/t. **1.** ein-, 'umtauschen, auswechseln; **2.** Zahlung 'umwandeln (**into** in acc.), ablösen (**for**, **into** durch); **3.** 🜨 Strafe umwandeln (**to**, **into** in acc.); **4.** → **commutate**; **II** v/i. **5.** 🚌 etc. pendeln; **com'mut·er** [-tə] s. **1.** 🚌 etc. Zeitkarteninhaber(in), Pendler m: ~ **belt** Einzugsbereich m (e-r Stadt); ~ **train** Nahverkehrszug m; **2.** → **commutator**.
com·pact¹ ['kɒmpækt] s. Pakt m, Vertrag m.
com·pact² [kəm'pækt] **I** adj. □ **1.** kom'pakt, fest, dicht (zs.-)gedrängt; massiv: ~ **car** → 6; ~ **cassette** Kompaktkassette f; **2.** gedrungen; **3.** knapp, gedrängt (Stil); **II** v/t. **4.** zs.-drängen, -pressen, fest verbinden; zs.-fügen: **~ed of** zs.-gesetzt aus; **III** s. ['kɒmpækt] **5.** Kom'paktpuder(dose f) m; **6.** Am. Kom'paktwagen m; **com'pact·ness** [-nɪs] s. Kom'paktheit f, Festigkeit f; **2.** fig. Knappheit f, Gedrängtheit f (Stil).
com·pan·ion¹ [kəm'pænjən] **I** s. **1.** Gefährte(in) m f, Gesellschafter(in); engS. Gesellschafterin f e-r Dame; **2.** Kame'rad(in), Genosse m, Genossin f, Gefährte m, Gefährtin f; ~ **in-arms** Waffenbruder m; ~ **in misfortune** Leidensgefährte; **constant** ~ ,ständiger Begleiter' (e-r Dame); **3.** Gegen-, Seitenstück n, Pen'dant n: ~ **volume** Begleitband m; **4.** Handbuch n; **5.** Ritter m: ≙ **of the Bath** Ritter des Bath-Ordens; **II** v/t. **6.** begleiten; **III** v/i. **7.** verkehren (**with** mit); **IV** adj. **8.** (dazu) passend, da'zugehörig.
com·pan·ion² [kəm'pænjən] s. ⚓ **1.** → **companion hatch**; **2.** Ka'jütstreppe f; **3.** Deckfenster n.
com·pan·ion·a·ble [kəm'pænjənəbl] adj. □ 'umgänglich, gesellig; **com·pan·ion·a·ble·ness** [-nɪs] s. 'Umgänglichkeit f; **com·pan·ion·ate** [-nɪt] adj. kame'radschaftlich: ~ **marriage** Kame'radschaftsehe f.
com·pan·ion| hatch s. ⚓ Ka'jütsklappe f, -luke f; ~ **lad·der** → **companion²** 2.
com·pan·ion·ship [kəm'pænjənʃɪp] s. **1.** Kame'radschaft f; Gesellschaft f; **2.** typ. Brit. Gruppe f von Setzern.
com·pan·ion·way → **companion²** 2.
com·pa·ny ['kʌmpənɪ] s. **1.** Gesellschaft f, Begleitung f: **for** ~ zur Gesellschaft; **in** ~ **with** in Gesellschaft von, zusammen mit; **he is good** ~ man ist gern mit ihm zusammen; **I am** (od. **err**) **in good** ~ ich bin in guter Gesellschaft (wenn ich das tue); **keep** (od. **bear**) **s.o.** ~ j-m Gesellschaft leisten; **part** ~ a) sich trennen (**with** von), b) uneinig werden; **2.** Gesellschaft f, Besuch m, Gäste pl.: **have** ~ Besuch haben; **be fond of** ~ die Geselligkeit lieben; **see much** ~ a) viel Besuch haben, b) oft in Gesellschaft gehen; **3.** Gesellschaft f, 'Umgang m: **avoid bad** ~ schlechte Gesellschaft meiden; **keep** ~ **with** verkehren mit; **4.** ⊺ (Handels)Gesellschaft f, Firma f: ~ **car** Firmenwagen m; ~ **law** Gesellschaftsrecht n; ~ **store** Am. betriebsgenes (Laden)Geschäft; ~ **union** Am.

Betriebsgewerkschaft *f*; **~'s water** Leitungswasser *n*; → **private** 2, **public** 3; **5.** Innung *f*, Zunft *f*, Gilde *f*; **6.** *thea.* Truppe *f*; **7.** ✕ Kompa'nie *f*; **8.** ⚓ Mannschaft *f*.

com·pa·ra·ble ['kɒmpərəbl] *adj.* □ (*to*, *with*) vergleichbar (mit): ~ *period* Vergleichszeitraum *m*; **com·par·a·tive** [kəm'pærətɪv] **I** *adj.* □ **1.** vergleichend: ~ *literature* vergleichende Literaturwissenschaft; **2.** Vergleichs...; **3.** verhältnismäßig, rela'tiv; **4.** beträchtlich, ziemlich: *with ~ speed*; **5.** *ling.* komparativ, Komparativ...; **II** *s.* **6.** *a.* ~ *degree* Komparativ *m*; **com·par·a·tive·ly** [kəm'pærətɪvlɪ] *adv.* verhältnismäßig, ziemlich.

com·pare [kəm'peə] **I** *v/t.* **1.** vergleichen (*with* mit): *as ~d with* im Vergleich zu; → *note* 2; **2.** vergleichen, gleichstellen, -setzen: *not to be ~d to* (*od.* *with*) nicht zu vergleichen mit; **3.** *ling.* steigern; **II** *v/i.* **4.** sich vergleichen (lassen), e-n Vergleich aushalten (*with* mit): ~ *favo(u)rably with* den Vergleich mit ... nicht zu scheuen brauchen; besser sein als; **III** *s.* **5.** *beyond* ~ unvergleichlich; **com·par·i·son** [-'pærɪsn] *s.* **1.** Vergleich *m*: *by* ~ vergleichsweise; *in* ~ *with* im Vergleich mit *od.* zu; *bear* ~ *with* e-n Vergleich aushalten mit; *beyond* (*all*) ~ unvergleichlich; **2.** Ähnlichkeit *f*; **3.** *ling.* Steigerung *f*; **4.** Gleichnis *n*.

com·part·ment [kəm'pɑːtmənt] *s.* **1.** Ab'teilung *f*; Fach *n*, Feld *n*; **2.** 🚃 (Wagen)Abteil *n*; ⚓ Schott *n*: → *watertight*; **4.** *parl. Brit.* Punkt *m* der Tagesordnung; **com·part·men·tal·ize** [ˌkɒmpɑːt'mentəlaɪz] *v/t. bsd. fig.* (auf)teilen.

com·pass ['kʌmpəs] **I** *s.* **1.** *phys.* Kompaß *m*: *mariner's* ~ ⚓ Schiffskompaß; *points of the* ~ die Himmelsrichtungen; **2.** *pl. oft pair of ~es* Zirkel *m*; **3.** 'Umkreis *m*, 'Umfang *m*, Ausdehnung *f* (*a. fig.*): *within the* ~ *of* innerhalb; *it is beyond my* ~ es geht über m-n Horizont; **4.** Bereich *m*, Gebiet *n*; **5.** ♪ 'Umfang *m* (*Stimme etc.*); **6.** Grenzen *pl.*, Schranken *pl.*: *to keep within* ~ in Schranken halten; **II** *v/t.* **7.** erreichen, zu'stande bringen; **8.** planen; *b.s.* anzetteln; **9.** → *encompass*; ~ *bear·ing* *s.* ⚓ Kompaßpeilung *f*; ~ **box** *s.* ⚓ Kompaßgehäuse *n*; ~ **card** *s.* ⚓ Kompaßscheibe *f*, Windrose *f*.

com·pas·sion [kəm'pæʃn] *s.* Mitleid *n*, Erbarmen *n* (*for* mit): *to have* (*od.* *take*) ~ (*on*) Mitleid haben (mit), sich erbarmen (*gen.*); **com·pas·sion·ate** [-ʃənət] *adj.* □ mitleidsvoll: ~ *allow·ance* (gesetzlich nicht verankerte Beihilfe als) Härteausgleich *m*; ~ *leave* ✕ Sonderurlaub *m* aus familiären Gründen.

com·pass| nee·dle *s.* Kompaßnadel *f*; ~ **plane** *s.* ⚙ Rundhobel *m*; ~ **rose** *s.* ⚓ Windrose *f*; ~ **saw** *s.* Stichsäge *f*; ~ **win·dow** *s.* △ Rundbogenfenster *n*.

com·pat·i·bil·i·ty [kəmˌpætə'bɪlətɪ] *s.* **1.** Vereinbarkeit *f*; **2.** Verträglichkeit *f*; **3.** *Nachrichtentechnik*: Kompatibili'tät *f*; **com·pat·i·ble** [kəm'pætəbl] *adj.* □ **1.** (mitein'ander) vereinbar, im Einklang (*with* mit); **2.** angemessen (*with dat.*); **3.** ✗ verträglich; **4.** *Nachrichtentechnik*: kompa'tibel.

com·pa·tri·ot [kəm'pætrɪət] *s.* Landsmann *m*, -männin *f*.

com·peer [kɒm'pɪə] *s.* **1.** Standesgenosse *m*; Gleichgestellte(r *m*) *f*: *have no* ~ nicht seinesgleichen haben; **2.** Kame'rad(in).

com·pel [kəm'pel] *v/t.* **1.** zwingen, nötigen; **2.** *et.* erzwingen; *a.* Bewunderung *etc.* abnötigen (*from s.o.* j-m); **3.** ~ *s.o. to s.th.* j-m et. aufzwingen; **com·pel·ling** [-lɪŋ] *adj.* **1.** zwingend, stark; **2.** 'unwider,stehlich; verlockend.

com·pen·di·ous [kəm'pendɪəs] *adj.* □ kurz(gefaßt), gedrängt; **com·pen·di·um** [-əm] *pl.* **-ums, -a** [-ə] *s.* **1.** Kom'pendium *n*, Handbuch *n*; **2.** Zs.-fassung *f*, Abriß *m*.

com·pen·sate ['kɒmpenseɪt] **I** *v/t.* **1.** *j-n* entschädigen (*for* für, *by* durch), Am. *a.* bezahlen, entlohnen; **2.** *et.* ersetzen, vergüten (*to s.o.* j-m); **3.** aufwiegen, ausgleichen (*a.* ⚙), *bsd. psych. u.* ⚙ kompensieren; **II** *v/i.* **4.** (*for*) ersetzen (*acc.*); Ersatz leisten (für); wettmachen (*acc.*); **5.** ~ *for* → 3; **6.** sich ausgleichen *od.* aufheben; **com·pen·sa·tion** [ˌkɒmpen'seɪʃn] *s.* **1.** Entschädigung *f*, (Schaden)Ersatz *m*; **2.** Am. Vergütung *f*, Entgelt *n*; **3.** Belohnung *f*; **4.** *pl.* Vorteile *pl.*; **5.** ⚙ Abfindung *f*; Aufrechnung *f*; **6.** 🜨, ⚭, ⚙, *psych.* Kompensati'on *f*; **com·pen·sa·tive** [kəm'pensətɪv] *adj.* **1.** entschädigend, Entschädigungs...; vergütend; **2.** Ersatz...; **3.** kompensierend, ausgleichend; **'com·pen·sa·tor** [-tə] *s.* ⚙ Kompen'sator *m*, Ausgleichsvorrichtung *f*; **com·pen·sa·to·ry** [kəm'pensətərɪ] → *compensative*.

com·père ['kɒmpeə] (*Fr.*) *bsd. Brit.* **I** *s.* Conférenci'er *m*, Ansager(in); **II** *v/t. u. v/i.* konferieren, ansagen (bei).

com·pete [kəm'piːt] *v/i.* **1.** in Wettbewerb treten, sich (mit)bewerben (*for* um); **2.** konkurrieren (*a.* ✝), wetteifern, sich messen (*with* mit); sich behaupten; **3.** *sport* am Wettkampf teilnehmen; kämpfen (*for* um).

com·pe·tence ['kɒmpɪtəns], **'com·pe·ten·cy** [-sɪ] *s.* **1.** (*for*) Befähigung *f* (zu), Tauglichkeit *f* (für); **2.** 🜨 a) Kom'pe'tenz *f*, Zuständigkeit *f*, Befugnis *f*, b) Zurechnungsfähigkeit *f*; **3.** Auskommen *n*; **'com·pe·tent** [-nt] *adj.* □ **1.** (leistungs)fähig, tüchtig; fachkundig, qualifiziert; **2.** ausreichend, angemessen; **3.** 🜨 a) zuständig, befugt, b) zulässig (*Zeuge*), c) zurechnungs-, geschäftsfähig; **4.** statthaft.

com·pe·ti·tion [ˌkɒmpɪ'tɪʃn] *s.* **1.** Wettbewerb *m*, -kampf *m* (*for* um), *sport a.* Ver'anstaltung *f*, Konkur'renz *f*; **2.** ✝ Konkur'renz *f*: a) Wettbewerb *m*: *open* (*unfair*) ~ freier (unlauterer) Wettbewerb, b) Konkur'renzkampf *m*, c) Konkur'renzfirmen *pl.*; **3.** Preisausschreiben *n*; **4.** Gegner *pl.*, Ri'valen *pl.*, Konkur'renz *f*; **com·pet·i·tive** [kəm'petətɪv] *adj.* □ **1.** konkurrierend, Konkur'renz..., Wettbewerbs...: ~ *capacity* ✝ Konkurrenzfähigkeit *f*; ~ *sport*(*s*) Kampfsport *m*; **2.** konkur'renz-, wettbewerbsfähig (*Preise etc.*); **com·pet·i·tive·ness** [kəm'petətɪvnɪs] *s.* ✝ Konkur'renz-, Wettbewerbsfähigkeit *f*; **com·pet·i·tor** [kəm'petɪtə] *s.* **1.** Mitbewerber(in) (*for* um); **2.** ✝ Konkur-

'rent(in); **3.** *sport* Teilnehmer(in), Ri'vale *m*, Ri'valin *f*.

com·pi·la·tion [ˌkɒmpɪ'leɪʃn] *s.* Kompilati'on *f*: a) Zs.-stellung *f*, b) Sammelwerk *n* (*Buch*); **com·pile** [kəm'paɪl] *v/t.* **1.** zs.-stellen, kompilieren; **2.** *Material* zs.-tragen; **com·pil·er** [kəm'paɪlə] *s.* **1.** Bearbeiter(in), Verfasser(in); **2.** *Computer*: Com'piler *m*.

com·pla·cence [kəm'pleɪsns], **com·'pla·cen·cy** [-sɪ] *s.* 'Selbstzu,friedenheit *f*, -gefälligkeit *f*; **com'pla·cent** [-nt] *adj.* □ 'selbstzu,frieden, -gefällig.

com·plain [kəm'pleɪn] *v/i.* **1.** sich beklagen, sich beschweren (*of*, *about* über *acc.*, *to* bei, *that* daß); **2.** klagen (*of* über *acc.*); **3.** ✝ reklamieren: ~ *about a. et.* beanstanden; **4.** 🜨 a) klagen, b) (Straf)Anzeige erstatten (*of* gegen); **com'plain·ant** [-nənt] *s.* 🜨 Kläger(in); Beschwerdeführer *m*; **com'plaint** [-nt] *s.* **1.** Klage *f*, Beschwerde *f*, Beanstandung *f*: *make a* ~ *about* Klage führen über (*acc.*); **2.** 🜨 Klage *f*, *a.* Strafanzeige *f*; **3.** ✝ Reklamati'on *f*, Beanstandung *f*; **4.** 🜨 Beschwerde *f*, Leiden *n*.

com·plai·sance [kəm'pleɪzəns] *s.* Gefälligkeit *f*, Willfährigkeit *f*, Höflichkeit *f*; **com'plai·sant** [-nt] *adj.* □ gefällig, entgegenkommend.

com·ple·ment **I** *v/t.* ['kɒmplɪment] **1.** ergänzen, ver'vollständigen: ~ *each other* sich (gegenseitig) ergänzen; **II** *s.* [-mənt] **2.** Ergänzung *f*, Ver'vollständigung *f*; **3.** 'Vollständigkeit *f*, -zähligkeit *f*; *a. full* ~ volle Anzahl *od.* Menge; ⚓ volle Besatzung; **5.** *ling.* Ergänzung *f*; **6.** 🜨 Komple'ment *n*; **com·ple·men·tal** [ˌkɒmplɪ'mentl] *adj.* □, **com·ple·men·ta·ry** [ˌkɒmplɪ'mentərɪ] *adj.* Ergänzungs..., Komplementär... (*a.* 🜨, *Farben*); (sich) ergänzend.

com·plete [kəm'pliːt] **I** *adj.* □ **1.** 'vollständig, voll'kommen, völlig, ganz, kom'plett: ~ *with ...* samt (*dat.*), ... eingeschlossen; **2.** 'vollzählig, sämtlich; **3.** beendet, fertig; **4.** völlig: *a* ~ *surprise*; **5.** *obs.* per'fekt; **II** *v/t.* **6.** ver'vollständigen, ergänzen; **7.** beenden, abschließen, fertigstellen, erledigen; **8.** voll'enden, ver'vollkommnen; Formular ausfüllen; **com'plete·ly** [-lɪ] *adv.*: ~ *automatic* vollautomatisch; **com'plete·ness** [-nɪs] *s.* 'Vollständigkeit *f*, Voll'kommenheit *f*; **com'ple·tion** [-i:ʃn] *s.* **1.** Voll'endung *f*, Fertigstellung *f*, Abschluß *m*, Ablauf *m*: (*up*)*on* ~ *of* nach Vollendung *od.* Ablauf von *od. gen.*; *bring to* ~ zum Abschluß bringen, fertigstellen; ~ *date* Fertigstellungstermin *m*; **2.** Ver'vollständigung *f*; **3.** (Vertrags- *etc.*)Erfüllung *f*; **4.** Ausfüllung *f* (*e-s Formulars*).

com·plex ['kɒmpleks] **I** *adj.* □ **1.** zs.-gesetzt (*a. ling.*); **2.** kompliziert, verwickelt; **II** *s.* **3.** Kom'plex *m* (*a. psych.*), Gesamtheit *f*, das Ganze; **4.** (Ge'bäude- *etc.*)Kom,plex *m*; **5.** 🜨 Kom'plexverbindung *f*; **com·plex·ion** [kəm'plekʃn] *s.* **1.** Gesichtsfarbe *f*, Teint *m*; **2.** *fig.* Aussehen *n*, Anstrich *m*, Cha'rakter *m*: *that puts a different* ~ *on it* das gibt der Sache ein (ganz) anderes Gesicht; **3.** *fig.* Cou'leur *f*, (po'litische) Richtung; **com·plex·i·ty** [kəm'pleksɪtɪ] *s.* **1.** Komplexi'tät *f* (*a.* 🜨), Kompliziertheit *f*, Vielschichtigkeit *f*; **2.** *et.* Kom'plexes.

com·pli·ance [kəm'plaɪəns] *s.* **1.** Einwilligung *f*, Erfüllung *f*; Befolgung *f* (**with** *gen.*): *in* ~ *with* gemäß; **2.** Willfährigkeit *f*; **com'pli·ant** [-nt] *adj.* ☐ willfährig.

com·pli·ca·cy ['kɒmplɪkəsɪ] *s.* Kompliziertheit *f*; **com·pli·cate** ['kɒmplɪkeɪt] *v/t.* komplizieren; '**com·pli·cat·ed** [-keɪtɪd] *adj.* kompliziert; **com·pli·ca·tion** [ˌkɒmplɪ'keɪʃn] *s.* **1.** Komplikation *f* (*a. ⚕*); **2.** Kompliziertheit *f*.

com·plic·i·ty [kəm'plɪsɪtɪ] *s.* Mitschuld *f*, Mittäterschaft *f*: *look of* ~ komplizenhafter Blick.

com·pli·ment I *s.* ['kɒmplɪmənt] **1.** Kompli'ment *n*: *pay s.o. a* ~ j-m ein Kompliment machen; → *fish* 8; **2.** Ehrenbezeigung *f*, Lob *n*: *do s.o. the* ~ j-m die Ehre erweisen (*of* zu *inf. od. gen.*); **3.** Empfehlung *f*, Gruß *m*: *my best* ~*s* m-e Empfehlung; *with the* ~*s of the season* mit den besten Wünschen zum Fest; **II** *v/t.* [-ment] **4.** (*on*) beglückwünschen (zu); j-m Kompli'mente machen (über *acc.*); **com·pli·men·ta·ry** [ˌkɒmplɪ'mentərɪ] *adj.* **1.** höflich, Höflichkeits...; schmeichelhaft: ~ *close* Gruß-, Schlußformel *f* (*in Briefen*); **2.** Ehren...: ~ *ticket* Ehren-, Freikarte *f*; ~ *dinner* Festessen *n*; **3.** Frei..., Gratis...: ~ *copy* Freiexemplar *n*; ~ *meals* kostenlose Mahlzeiten.

com·plot ['kɒmplɒt] **I** *s.* Kom'plott *n*, Verschwörung *f*; **II** *v/i.* sich verschwören.

com·ply [kəm'plaɪ] *v/i.* (**with**) e-r Bitte *etc.* nachkommen *od.* entsprechen, erfüllen (*acc.*), *Regel etc.* befolgen, einhalten: *he would not* ~ er wollte nicht einwilligen.

com·po ['kɒmpəʊ] (*abbr. für composition*) *s.* Putz *m*, Gips *m*, Mörtel *m etc.*

com·po·nent [kəm'pəʊnənt] **I** *adj.* e-n Teil bildend, Teil...: ~ *part* → **II** *s.* (Bestand)Teil *m*, *⊕ a.* 'Bauele‚ment *n*.

com·port [kəm'pɔːt] *v/t.* ~ *o.s.* sich betragen; **II** *v/i.* ~ *with* passen zu.

com·pos ['kɒmpəs] → *compos mentis*.

com·pose [kəm'pəʊz] **I** *v/t.* **1.** *mst pass.* zs.-setzen: *be* ~*d of* bestehen aus; **2.** bilden; **3.** entwerfen, ordnen, zurechtlegen; **4.** aufsetzen, verfassen; **5.** ♪ komponieren; **6.** *typ.* setzen; **7.** *Streit* schlichten; *s-e Gedanken* sammeln; **8.** besänftigen: ~ *o.s.* sich beruhigen, sich fassen; **9.** ~ *o.s.* sich anschicken (*to* zu); **II** *v/i.* **10.** schriftstellern, dichten; **11.** komponieren; **com'posed** [-zd] *adj.*, **com'pos·ed·ly** [-zɪdlɪ] *adv.* ruhig, gelassen; **com'pos·ed·ness** [-zɪdnɪs] *s.* Gelassenheit *f*, Ruhe *f*; **com'pos·er** [-zə] *s.* **1.** ♪ Kompo'nist(in); **2.** Verfasser(in).

com·pos·ing [kəm'pəʊzɪŋ] *adj.* **1.** beruhigend, Beruhigungs...; **2.** *typ.* Setz...: ~ *machine* ♪; ~ *room* Setzerei *f*; ~ *stick* Winkelhaken *m*.

com·pos·ite ['kɒmpəzɪt] **I** *adj.* ☐ **1.** zs.-gesetzt (*a. ⚘*); gemischt; vielfältig; Misch...: ~ *construction* △ Gemischtbauweise *f*; ~ *metal* Verbundmetall *n*; **2.** ⚘ Korbblütler...; **II** *s.* **3.** Zs.-setzung *f*, Mischung *f*; **4.** ⚘ Korbblütler *m*; ~ **pho·to·graph** *s.* 'Fotomon‚tage *f*.

com·po·si·tion [ˌkɒmpə'zɪʃn] *s.* **1.** Zs.-

setzung *f* (*a. ling.*), Bildung *f*; **2.** Abfassung *f*, Entwurf *m*, Anordnung *f*, Gestaltung *f*, Aufbau *m*; **3.** Satzbau *m*; Stilübung *f*, Aufsatz *m*, *a.* Über'setzung *f*: *English* ~; **4.** Schrift(werk *n*) *f*, Dichtung *f*; **5.** ♪ Kompositi'on *f*, Mu'sikstück *n*; **6.** *typ.* Setzen *n*, Satz *m*; **7.** *a. ⚙*, *🜂* Zs.-setzung *f*, Verbindung *f*, 'Mischmateri‚al *n*; **8.** Über'einkunft *f*, Abkommen *n*; **9.** *☆*, *♥* Vergleich *m mit Gläubigern*: ~ *proceedings* (Konkurs)Vergleichsverfahren *n*; **10.** Wesen *n*, Na'tur *f*, Anlage *f*; **com·pos·i·tor** [kəm'pɒzɪtə] *s. typ.* (Schrift)Setzer *m*.

com·pos men·tis [ˌkɒmpəs'mentɪs] (*Lat.*) *adj. ☆* bei klarem Verstand, geschäftsfähig.

com·post ['kɒmpɒst] **I** *s.* Mischdünger *m*, Kom'post *m*; **II** *v/t.* kompostieren.

com·po·sure [kəm'pəʊʒə] *s.* (Gemüts-) Ruhe *f*, Gelassenheit *f*, Fassung *f*.

com·pote ['kɒmpɒt] *s.* **1.** Kom'pott *n*; **2.** Kom'pottschale *f*.

com·pound¹ ['kɒmpaʊnd] *s.* **1.** Lager *n*; **2.** Gefängnishof *m*; **3.** (Tier)Gehege *n*.

com·pound² [kəm'paʊnd] **I** *v/t.* **1.** mischen, mengen; zs.-setzen, vereinigen, verbinden; **2.** (zu)bereiten, herstellen; **3.** in Güte *od.* durch Vergleich beilegen; erledigen; **⚖**, *⚕*, *♥* a) in Raten abzahlen, b) durch einmalige Zahlung regeln: ~ *creditors* Gläubiger befriedigen; **5.** gegen Schadloshaltung auf Strafverfolgung (*gen.*) verzichten; **6.** verschlimmern, steigern; **II** *v/i.* **7.** *a. ⚖*, *♥* sich (durch Abfindung) einigen *od.* vergleichen (**with** mit, **for** über *acc.*); **III** *s.* ['kɒmpaʊnd] **8.** Zs.-setzung *f*, Mischung *f*; Masse *f*; Präpa'rat *n*; **9.** *🜂* Verbindung *f*; **10.** *ling.* Kom'positum *n*; **IV** *adj.* ['kɒmpaʊnd] **11.** zs.-gesetzt (*a. ⚘*, *♀*, *ling.*); *⚡*, *⊕* Verbund...(*-dynamo*, *-motor*, *-stahl etc.*): ~ *eye zo.* Netz-, Facettenauge *n*; ~ *fracture ⚕* komplizierter Bruch; ~ *fruit* ⚘ Sammelfrucht *f*; ~ *interest* Staffel-, Zinseszinsen *pl.*; ~ *sentence ling.* zs.-gesetzter Satz.

com·pre·hend [ˌkɒmprɪ'hend] *v/t.* **1.** um'fassen, einschließen; **2.** begreifen, verstehen; **com·pre·hen·si·ble** [-nsəbl] *adj.* begreiflich, verständlich; **com·pre·hen·sion** [-nʃən] *s.* **1.** 'Umfang *m*; **2.** Einbeziehung *f*; **3.** Begriffsvermögen *n*; Verstand *m*; Verständnis *n*, Einsicht *f*: *quick* (*slow*) *of* ~ schnell (schwer) von Begriff; **4.** *bsd. eccl.* Duldung *f* (*anderer Ansichten*); **com·pre·hen·sive** [-nsɪv] **I** *adj.* ☐ **1.** um'fassend; inhaltsreich: (*fully*) ~ *insurance mot.* Vollkaskoversicherung *f*; ~ *school* Gesamtschule *f*; *go* ~ F a) die Gesamtschule einführen, b) in e-e Gesamtschule umgewandelt werden; **2.** verstehend: ~ *faculty* Begriffsvermögen *n*; **II** *s.* **3.** *Brit.* Gesamtschule *f*; **com·pre·hen·sive·ness** [-nsɪvnɪs] *s.* 'Umfang *m*, Weite *f*; Reichhaltigkeit *f*; *das* Um'fassende.

com·press I *v/t.* [kəm'pres] zs.-drücken, -pressen, komprimieren; **II** *s.* ['kɒmpres] *⚕* Kom'presse *f*, 'Umschlag *m*; **com'pressed** [-st] *adj.* **1.** komprimiert, zs.-gepreßt: ~ *air* Preß-, Druckluft *f*; **2.** *fig.* zs.-gefaßt, gedrängt, gekürzt; **com'press·i·ble** [-səbl] *adj.* komprimierbar; **com'pres·sion** [-eʃn]

s. **1.** Zs.-pressen *n*, -drücken *n*; Verdichtung *f*, Druck *m*; **2.** *fig.* Zs.-drängung *f*; **3.** ⊕ Druck *m*, Kompressi'on *f*: ~ *mo(u)lding* Formpressen *n*; ~ *mo(u)lded* formgepreßt (*Plastik*); **com'pres·sive** [-sɪv] *adj.* zs.-pressend, Preß..., Druck...; **com'pres·sor** [-sə] *s.* **1.** ⊕ Kom'pressor *m*, Verdichter *m*; *♂* Lader *m*; **2.** *anat.* Schließmuskel *m*; **3.** *🖋* Druckverband *m*.

com·prise [kəm'praɪz] *v/t.* einschließen, um'fassen, enthalten, beinhalten.

com·pro·mise ['kɒmprəmaɪz] **I** *s.* **1.** Kompro'miß *m*, (gütlicher) Vergleich; Über'einkunft *f*; **II** *v/t.* **2.** durch Kompro'miß regeln; **3.** gefährden, aufs Spiel setzen; beeinträchtigen; **4.** (*a. o.s.*) sich bloßstellen; kompromittieren; **III** *v/i.* **5.** e-n Kompro'miß schließen, zu e-r Über'einkunft gelangen (**on** über *acc.*).

comp·trol·ler [kən'trəʊlə] *s.* (staatlicher) Rechnungsprüfer: *⚖ General Am.* Präsident *m* des Rechnungshofes.

com·pul·sion [kəm'pʌlʃn] *s.* Zwang *m* (*a. psych.*): *under* ~ unter Zwang *od.* Druck, gezwungen; **com'pul·sive** [-lsɪv] *adj.* ☐ zwingend, (*a. psych.*) Zwangs...; **com'pul·so·ry** [-sərɪ] *adj.* ☐ obliga'torisch, zwangsmäßig, Zwangs...; bindend; Pflicht...: ~ *auction ☆* Zwangsversteigerung *f*; ~ *education* allgemeine Schulpflicht; ~ *insurance* Pflichtversicherung *f*; ~ *military service* allgemeine Wehrpflicht; ~ *purchase ☆* Enteignung *f*; ~ *subject ped.* Pflichtfach *n*.

com·punc·tion [kəm'pʌŋkʃn] *s.* a) Gewissensbisse *pl.*, b) Reue *f*, c) Bedenken *pl.*: *without* ~.

com·put·a·ble [kəm'pjuːtəbl] *adj.* berechenbar; **com·pu·ta·tion** [ˌkɒmpjuː'teɪʃn] *s.* Berechnung *f*, 'Überschlag *m*, Schätzung *f*; **com·pute** [kəm'pjuːt] **I** *v/t.* berechnen, schätzen, veranschlagen (*at* auf *acc.*); **II** *v/i.* rechnen; **com'put·er** [-tə] *s.* **1.** (Be)Rechner *m*; **2.** *⚡* Com'puter *m*: ~ *centre* (*Am. center*) Rechenzentrum *n*; ~ *science* Informatik *f*; ~*-aided* computergestützt; ~ *control(l)ed* computergesteuert; **com'put·er·ize** [-təraɪz] *v/t.* a) auf Com'puter 'umstellen, b) mit Com'putern betreiben.

com·rade ['kɒmrɪd] *s.* **1.** Kame'rad *m*, Genosse *m*, Gefährte *m*: ~*-in-arms* Waffenbruder *m*; **2.** *pol.* Genosse *m*; '**com·rade·ly** [-lɪ] *adj.* kame'radschaftlich; '**com·rade·ship** [-ʃɪp] *s.* Kame'radschaft *f*.

com·sat ['kɒmsæt] → *communications satellite*.

con¹ [kɒn] *v/t.* (auswendig) lernen, sich (*dat.*) *et.* einprägen.

con² [kɒn] → *conn*.

con³ [kɒn] **I** *s.* **1.** Neinstimme *f*; **2.** 'Gegenargu‚ment *n*; → *pro¹* I; **II** *adv.* (da-) 'gegen.

con⁴ [kɒn] *sl.* **I** *adj.* **1.** betrügerisch: ~ *game* → *confidence game*; ~ *man* → 3; **II** *v/t.* **2.** ‚reinlegen': ~ *s.o. out of* j-n betrügen um; ~ *s.o. into doing s.th.* j-n (durch Schwindel) dazu bringen, et. zu tun; **III** *s.* **3.** Betrüger *m*; Hochstapler *m*; Ga'nove *m*; **4.** Sträfling *m*.

con·cat·e·nate [kɒn'kætɪneɪt] *v/t.* verketten, verknüpfen; **con·cat·e·na·tion** [kɒnˌkætɪ'neɪʃn] *s.* **1.** Verkettung *f*; **2.**

Kette f.

con·cave [ˌkɒnˈkeɪv] **I** adj. □ **1.** kon-'kav, hohl, ausgehöhlt; **2.** ۞ hohlge-schliffen, Hohl…: ~ *lens* Zerstreuungs-linse f; ~ *mirror* Hohlspiegel m; **II** s. **3.** (Aus)Höhlung f, Wölbung f; **con·cav·i·ty** [kɒnˈkævətɪ] → concave 3.

con·ceal [kənˈsiːl] v/t. (*from* vor dat.) verbergen: a) (a. ۞) verdecken, ka-schieren, b) verhehlen, verschweigen, verheimlichen, a. ✗ verschleiern, tar-nen, c) verstecken, *~ed assets* ✝ ver-schleierte Vermögenswerte, *Bilanz:* unsichtbare Aktiva; **con'ceal·ment** [-mənt] s. **1.** Verbergung f, Verheimli-chung f, Geheimhaltung f; **2.** Verbor-genheit f; **3.** Versteck n.

con·cede [kənˈsiːd] **I** v/t. **1.** zugestehen, einräumen, zugeben, anerkennen (a. *that* daß); **2.** gewähren, einräumen: ~ *a point* a) in e-m Punkt nachgeben, b) (*to*) sport dem Gegner e-n Punkt abge-ben; ~ *a goal* ein Tor zulassen; **II** v/i. **3.** sport, pol. F sich geschlagen geben; **con'ced·ed·ly** [-dɪdlɪ] adv. zugestande-nermaßen.

con·ceit [kənˈsiːt] s. **1.** Eingebildetheit f, Einbildung f, (Eigen)Dünkel m: *in my own* ~ nach m-r Ansicht; *out of* ~ *with* überdrüssig (gen.); **2.** obs. guter od. seltsamer Einfall; **con'ceit·ed** [-tɪd] adj. □ eingebildet, dünkelhaft, eitel.

con·ceiv·a·ble [kənˈsiːvəbl] adj. □ denkbar, erdenklich, begreiflich, vor-stellbar: *the best plan* ~ der denkbar beste Plan; **con'ceiv·a·bly** [-blɪ] adv. es ist denkbar, daß; **con·ceive** [kənˈsiːv] **I** v/t. **1.** biol. *Kind* cmpfan-gen; **2.** begreifen; sich denken od. vor-stellen: ~ *an idea* auf e-n Gedanken kommen; **3.** er-, ausdenken, ersinnen; **4.** in *Worten* ausdrücken; **5.** *Wunsch* hegen, (Ab)Neigung fassen, entwik-keln; **II** v/i. **6.** (*of*) sich et. vorstellen; **7.** empfangen (*schwanger werden*); zo. aufnehmen (*trächtig werden*).

con·cen·trate [ˈkɒnsəntreɪt] **I** v/t. **1.** konzentrieren (*on, upon* auf acc.): a) zs.-ziehen, -ballen, massieren, b) *Ge-danken etc.* richten; **2.** fig. zs.-fassen (*in* in dat.); **3.** 🜍 a) sättigen, konzentrie-ren, b) verstärken, bsd. *Metall* anrei-chern; **II** v/i. **4.** sich konzentrieren (*etc.*; → 1); **5.** sich an e-m Punkt sammeln; **III** s. **6.** 🜍 Konzen'trat n; **'con·cen-trat·ed** [-tɪd] adj. konzentriert; **con-cen·tra·tion** [ˌkɒnsənˈtreɪʃn] s. **1.** Kon-zentrierung f, Konzentrati'on f: a) Zs.-ziehung f, -fassung f, (Zs.-)Ballung f, Massierung f, (An)Sammlung f (*alle a.* ✗): ~ *camp* Konzentrationslager n, b) Hinlenkung f auf 'einen Punkt, c) (gei-stige) Sammlung, gespannte Aufmerk-samkeit; **2.** 🜍 Konzentrati'on f, Dichte f, Sättigung f.

con·cen·tric [kɒnˈsentrɪk] adj. (□ ~al-ly) kon'zentrisch.

con·cept [ˈkɒnsept] s. **1.** Begriff m; **2.** Gedanke m, Auffassung f, Konzepti'on f; **con·cep·tion** [kənˈsepʃn] s. **1.** biol. Empfängnis f; **2.** Begriffsvermögen n, Verstand m; **3.** Begriff m, Auffassung f, Vorstellung f: *no* ~ *of* … keine Ah-nung ...; **4.** Gedanke m, I'dee f; **5.** Plan m, Anlage f, Kon'zept n, Entwurf m; Schöpfung f; **con·cep·tion·al**

[kənˈsepʃənl] adj. begrifflich, ab'strakt; **con·cep·tive** [kənˈseptɪv] adj. **1.** be-greifend, Begriffs…; **2.** ✿ empfängnis-fähig; **con·cep·tu·al** [kənˈseptjʊəl] → conceptive 1.

con·cern [kənˈsɜːn] **I** v/t. **1.** betreffen, angehen; interessieren, von Belang sein für: *it does not* ~ *me* od. *I am not* ~*ed* es geht mich nichts an; *to whom it may* ~ an alle, die es angeht; Beschei-nigung (*Überschrift auf Urkunden*); *his hono(u)r is* ~*ed* es geht um s-e Ehre; → concerned 1; **2.** beunruhigen: *don't let that* ~ *you* mache dir deswe-gen keine Sorgen!; → concerned 4; **3.** ~ *o.s.* (*with, about*) sich beschäftigen od. befassen (mit); sich kümmern (um); **II** s. **4.** Angelegenheit f, Sache f: *that is no* ~ *of mine* das ist nicht meine Sache, das geht mich nichts an; **5.** ✝ Geschäft n, Unter'nehmen n, Betrieb m; → going 4; **6.** Beziehung f: *have no* ~ *with* nichts zu tun haben mit; **7.** In-ter'esse n (*for* für, *in* an dat.); **8.** Wich-tigkeit f, Bedeutung f; **9.** Unruhe f, Sorge f, Bedenken pl. (*at, about, for* um, wegen); **10.** F Ding n, Geschichte f; **con'cerned** [-nd] adj. □ **1.** betrof-fen, berührt; **2.** (*in*) beteiligt, inter-essiert (an dat.); verwickelt (in acc.): *the parties* ~ die Beteiligten; **3.** (*with, in*) beschäftigt (mit); handelnd (von); **4.** besorgt (*about, at,* for um, *that* daß), a. (po'litisch od. sozi'al) enga-giert; **5.** betrübt, sorgenvoll; **con'cern-ing** [-nɪŋ] prp. betreffend, betreffs, hin-sichtlich (gen.), was ... betrifft, über (acc.), wegen.

con·cert s. [ˈkɒnsət] **1.** ♪ Kon'zert n: ~ *hall* Konzertsaal m; ~ *pitch* Kammer-ton m; *at* ~ *pitch* fig. in Höchstform; *screw o.s. up to* ~ *pitch* fig. sich enorm steigern; *up to* ~ *pitch* fig. auf der Höhe, in Form; **2.** [-sɜːt] Einver-nehmen n, Über'einstimmung f, Har-mo'nie f: *in* ~ *with* im Einvernehmen od. gemeinsam mit; ♫ *of Europe* pol. hist. Europäisches Konzert; **II** v/t. [kənˈsɜːt] **3.** et. verabreden, vereinba-ren; *Kräfte etc.* vereinigen; **4.** planen; **III** v/i. [kənˈsɜːt] **5.** zs.-arbeiten; **con-cert·ed** [kənˈsɜːtɪd] adj. **1.** gemeinsam, gemeinschaftlich: ~ *action* gemeinsa-mes Vorgehen, konzertierte Aktion; **2.** ♪ mehrstimmig arrangiert.

'con·cert·go·er s. Kon'zertbesucher m; ~ **grand** s. Kon'zertflügel m.

con·cer·ti·na [ˌkɒnsəˈtiːnə] s. Konzer'ti-na f (*Ziehharmonika*): ~ *door* Falttür f; **con·cer·to** [kənˈtʃeətəʊ] pl. **-tos** ♪ ('Solo)Kon,zert n.

con·ces·sion [kənˈseʃn] s. **1.** Zuge-ständnis n, Entgegenkommen n; **2.** Ge-nehmigung f, Erlaubnis f, Gewährung f; **3.** amtliche od. staatliche Konzes-si'on, Privi'leg n: a) Genehmigung f: *mining* ~ Bergwerkskonzession, b) *Am.* Gewerbeerlaubnis (f), c) über'lasse-nes Siedlungs- od. Ausbeutungsgebiet; **con·ces·sion·aire** [kənˌseʃəˈneə] s. ✝ Konzessi'onsinhaber m; **con'ces·sion-ar·y** [-ʃnərɪ] adj. Konzessions…: bewil-ligt; **con'ces·sive** [-esɪv] adj. **1.** ein-räumend; **2.** ling. ~ *clause* Konzes'siv-satz m.

conch [kɒŋk] s. zo. (Schale f der) See-od. Schneckenmuschel f; **con·cha**

[ˈkɒŋkə] pl. **-chae** [-kiː] s. **1.** anat. Ohrmuschel f; **2.** 🜂 Kuppeldach n.

con·chy [ˈkɒntʃɪ] s. Brit. sl. Kriegs-, Wehrdienstverweigerer m (*von con-scientious objector*).

con·cil·i·ate [kənˈsɪlɪeɪt] v/t. **1.** aus-, versöhnen; beschwichtigen; **2.** *Gunst etc.* gewinnen; **3.** ausgleichen; in Ein-klang bringen; **con·cil·i·a·tion** [kənˌsɪ-lɪˈeɪʃn] s. **1.** Versöhnung f, Schlichtung f: ~ *board* Schlichtungsausschuß m; **2.** Ausgleich m: *debt* ~ Schuldenaus-gleich; **con'cil·i·a·tor** [-tə] s. Vermitt-ler m, Schlichter m; **con'cil·i·a·to·ry** [-ɪətərɪ] adj. versöhnlich, vermittelnd, Versöhnungs…

con·cin·ni·ty [kənˈsɪnətɪ] s. Feinheit f, Ele'ganz f (*Stil*).

con·cise [kənˈsaɪs] adj. □ kurz, ge-drängt, knapp, prä'gnant: ~ *dictionary* Handwörterbuch n; **con'cise·ness** [-nɪs] s. Kürze f, Prä'gnanz f.

con·clave [ˈkɒnkleɪv] s. **1.** R.C. Kon-'klave n; **2.** geheime Sitzung.

con·clude [kənˈkluːd] **I** v/t. **1.** beenden, zu Ende führen; (be-, ab)schließen: *to be* ~*d* Schluß folgt; *he* ~*d by saying* zum Schluß sagte er (noch); **2.** *Vertrag etc.* (ab)schließen; **3.** schließen, folgern (*from* aus); **4.** beschließen, entschei-den; **II** v/i. **5.** schließen, enden, aufhö-ren (*with* mit); **con'clud·ing** [-dɪŋ] adj. (ab)schließend, End…, Schluß…; **con-'clu·sion** [-uːʒn] s. **1.** (Ab)Schluß m, Ende n: *bring to a* ~ zum Abschluß bringen; *in* ~ zum Schluß, schließlich; **2.** (*Vertrags- etc.*)Abschluß m: ~ *of peace* Friedensschluß m; **3.** Schluß m, (Schluß)Folgerung f: *come to the* ~ zu dem Schluß od. der Überzeugung kom-men; *draw a* ~ e-n Schluß ziehen; *jump od. rush to* ~*s* voreilige Schlüsse zie-hen; **4.** Beschluß m, Entscheidung f; **5.** Ausgang m, Folge f, Ergebnis n; **6.** *try* ~*s with* sich od. s-e Kräfte messen mit; **con'clu·sive** [-uːsɪv] adj. □ schlüssig, endgültig, entscheidend, über'zeugend, maßgebend: ~ *evidence* ⅈⅉ schlüssiger Beweis; **con'clu·sive·ness** [-uːsɪvnɪs] s. Endgültigkeit f, Triftigkeit f; Schlüs-sigkeit f, Beweiskraft f.

con·coct [kənˈkɒkt] v/t. zs.-brauen (a. fig.); **con'coc·tion** [-kʃn] s. **1.** (Zs.-)Brauen n, Bereiten n; **2.** Mischung f, Trank m; Gebräu n; **3.** fig. Aushecken n, Aus-brüten n; **4.** fig. Gebräu n; Erfindung f: ~ *of lies* Lügengewebe n.

con·com·i·tance [kənˈkɒmɪtəns], **con-'com·i·tan·cy** [-sɪ] s. **1.** Zs.-bestehen n, Gleichzeitigkeit f; **2.** eccl. Konkomi-'tanz f; **con'com·i·tant** [-nt] **I** adj. □ begleitend, Begleit…, gleichzeitig; **II** s. Begleiterscheinung f, -umstand m.

con·cord [ˈkɒŋkɔːd] s. **1.** Eintracht f, Einklang m; Über'einstimmung f (a. ling.); **2.** ♪ Zs.-klang m, Harmo'nie f. **con·cord·ance** [kənˈkɔːdəns] s. **1.** Über'einstimmung f; **2.** Konkor'danz f; **con'cord·ant** [kənˈkɔːdənt] adj. □ (*with*) über'einstimmend (mit), ent-sprechend (dat.); har'monisch (a. ♪); **con·cor·dat** [kɒnˈkɔːdæt] s. eccl. Kon-kor'dat n.

con·course [ˈkɒŋkɔːs] s. **1.** Zs.-treffen n; **2.** Ansammlung f, Auflauf m, Menge f; **3.** a) *Am.* Fahrweg m od. Prome'nadeplatz *m* (*im Park*), b) Bahnhofshalle *f*, c) freier Platz.

con·crete [kən'kri:t] **I** *v/t.* **1.** zu e-r festen Masse verbinden, zs.-ballen *od.* vereinigen; **2.** ['kɒnkri:t] ⊛ betonieren; **II** *v/i.* **3.** sich zu e-r festen Masse verbinden; **III** *adj.* ☐ ['kɒnkri:t] **4.** kon'kret (*a. ling., phls., ♪ etc.*), greifbar, wirklich, dinglich; **5.** fest, dicht, kom'pakt; **6.** ⅍ benannt; **7.** ⊛ betoniert, Beton...; **IV** *s.* ['kɒnkri:t] **8.** kon'kreter Begriff: *in the ~* im konkreten Sinne, in Wirklichkeit; **9.** ⊛ Be'ton *m*: *~ jungle* Betonwüste *f*; **con'cre·tion** [-i:ʃn] *s.* **1.** Zs.-wachsen *n*, Verwachsung *f*; **2.** Festwerden *n*; Verhärtung *f*, feste Masse; **3.** Häufung *f*; **4.** ✹ Absonderung *f*, Stein *m*, Knoten *m*; **con·cre·tize** ['kɒnkri:taɪz] *v/t.* konkretisieren.

con·cu·bi·nage [kɒn'kju:bɪnɪdʒ] *s.* Konkubi'nat *n*, wilde Ehe; **con·cu·bine** ['kɒŋkjʊbaɪn] *s.* **1.** Konku'bine *f*, Mä'tresse *f*; **2.** Nebenfrau *f*.

con·cu·pis·cence [kən'kju:pɪsns] *s.* Begierde *f*, Lüsternheit *f*; **con'cu·pis·cent** [-nt] *adj.* lüstern.

con·cur [kən'kɜ:] *v/i.* **1.** zs.-treffen, -fallen; **2.** mitwirken, beitragen (*to* zu); **3.** (*with s.o., in s.th.*) über'einstimmen, gleicher Meinung sein (mit j-m, in e-r Sache), beipflichten (j-m, e-r Sache); **con'cur·rence** [-'kʌrəns] *s.* **1.** Zs.-treffen *n*; **2.** Mitwirkung *f*; **3.** Zustimmung *f*, Einverständnis *n*; **4.** Ⓐ Schnittpunkt *m*; **con'cur·rent** [-'kʌrənt] **I** *adj.* ☐ **1.** gleichzeitig: *~ condition* ✝ Zug um Zug zu erfüllende Bedingung; *~ sentence* ⅍ gleichzeitige Verbüßung zweier Freiheitsstrafen; **2.** gemeinschaftlich; **3.** mitwirkend; **4.** über'einstimmend; **5.** Ⓐ durch 'einen Punkt laufend; **II** *s.* **6.** Be'gleit,umstand *m*.

con·cuss [kən'kʌs] *v/t. mst fig.* erschüttern; **con'cus·sion** [-ʌʃn] *s.* (*a. ✚ Ge-hirn*)Erschütterung *f*: *~ fuse ✚* Aufschlagzünder *m*; *~ spring* ⊛ Stoßdämpfer *m*.

con·demn [kən'dem] *v/t.* **1.** verdammen, verurteilen, miß'billigen, tadeln: *his looks ~ him* sein Aussehen verrät ihn; **2.** ⅍ verurteilen (*to death* zum Tode); *fig. a.* verdammen (*to*): *~ed cell* Todeszelle *f*; → *cost* 4; **3.** ⅍ als verfallen erklären, beschlagnahmen; *Am.* (zu öffentlichen Zwecken) enteignen; **4.** verwerfen; für gebrauchsunfähig *od.* unbewohnbar *od.* gesundheitsschädlich *od.* seeuntüchtig erklären; *Schwerkranke* aufgeben: *~ed building* abbruchreifes Gebäude; **con'dem·na·ble** [-mnəbl] *adj.* verdammenswert, verwerflich, sträflich; **con·dem·na·tion** [ˌkɒndem'neɪʃn] *s.* **1.** Verurteilung *f* (*a. ⅍*), Verdammung *f*, 'Mißbilligung *f*; **2.** Verwerfung *f*; Untauglichkeitserklärung *f*; **3.** Beschlagnahme *f*; *Am.* Enteignung *f*; **con'dem·na·to·ry** [-mnətərɪ] *adj.* verurteilend; verdammend.

con·den·sa·ble [kən'densəbl] *adj. phys.* kondensierbar; **con·den·sa·tion** [ˌkɒndenseɪʃn] *s.* **1.** *bsd. phys.* Verdichtung *f*, Kondensati'on *f* (*Gase etc.*); Konzentrati'on *f* (*Licht*); **2.** Zs.-drängung *f*, Anhäufung *f*; **3.** *fig.* Zus.-fassung *f*, (Ab-)Kürzung *f*; **con·dense** [kən'dens] **I** *v/t.* **1.** *bsd. phys. Gase etc.* verdichten, kon-

densieren, niederschlagen; eindicken: *~d milk* Kondensmilch *f*; **2.** *fig.* zs.-drängen, -fassen; zs.-streichen, kürzen; **II** *v/i.* **3.** sich verdichten; flüssig werden; **con·dens·er** [kən'densə] *s.* **1.** ⚡, ⊛, *phys.* Konden'sator *m*; **2.** Kühlrohr *n*.

con·dens·ing | **coil** [kən'densɪŋ] *s.* ⊛ Kühlschlange *f*; *~ lens s. opt.* Sammel-, Kondensati'onslinse *f*.

con·de·scend [ˌkɒndɪ'send] *v/i.* **1.** sich her'ablassen, geruhen (*to* [*mst inf.*] zu [*mst inf.*]); **2.** *b.s.* sich (soweit) erniedrigen (*to do* zu tun); **3.** leutselig sein (*to* gegen); **con·de'scend·ing** [-dɪŋ] *adj.* ☐ her'ablassend, gönnerhaft; **con·de'scen·sion** [-nʃn] *s.* Her'ablassung *f*, gönnerhaftes Wesen.

con·dign [kən'daɪn] *adj.* ☐ gebührend, angemessen (*Strafe*).

con·di·ment ['kɒndɪmənt] *s.* Würze *f*, Gewürz *n*.

con·di·tion [kən'dɪʃn] **I** *s.* **1.** Bedingung *f*; Vor'aussetzung *f*: *on ~ that* unter der Bedingung, daß; vorausgesetzt, daß; *on no ~* unter keinen Umständen, keinesfalls; *to make it a ~* es zur Bedingung machen; **2.** ⅍, ✝ (*Vertrags- etc.*) Bedingung *f*, Bestimmung *f*; Vorbehalt *m*, Klausel *f*; **3.** Zustand *m*, Verfassung *f*, Beschaffenheit *f*; *sport* Kondi'tion *f*, Form *f*: *out of ~* in schlechter Verfassung; *in good ~* gut in Form (*Person, Pferd etc.*), in gutem Zustand (*Sachen*); **4.** (*a.* Fa'milien)Stand *m*, Stellung *f*, Rang *m*: *change one's ~* heiraten; **5.** *pl.* 'Umstände *pl.*, Verhältnisse *pl.*, Lage *f*: *weather ~s* Witterung *f*; *working ~s* Arbeitsbedingungen *f*; **6.** *Am. ped.* (Gegenstand *m* der) Nachprüfung *f*; **II** *v/t.* **7.** bedingen, bestimmen; regeln, abhängig machen: → *conditioned*; **8.** *fig.* formen, gestalten; **9.** gewöhnen (*to* an *acc.*, zu tun); **10.** *Tiere* in Form bringen; *Sachen* herrichten, in'stand setzen; ⊛ konditionieren, in den *od.* e-n (*gewünschten*) Zustand bringen; *fig.* j-n programmieren (*to, for* auf *acc.*); **11.** ✝ (*bsd. Textil*)Waren prüfen; **12.** *Am. ped.* e-e Nachprüfung auferlegen (*dat.*); **con·di·tion·al** [-ʃnəl] **I** *adj.* ☐ **1.** (*on*) bedingt (durch), abhängig (von), eingeschränkt (durch); unverbindlich; ✝ unter Eigentumsvorbehalt (*Verkauf*): *~ discharge* ⅍ bedingte Entlassung; *make ~ on* abhängig machen von; **2.** *ling.* konditio'nal: *~ clause* → 3 a; *~ mood* → 3 b; **II** *s.* **3.** *ling.* a) Bedingungs-, Konditio'nalsatz *m*, b) Bedingungsform *f*, Konditio'nalis *m*, c) Be'dingungspar,tikel *f*; **con'di·tion·al·ly** [-nəlɪ] *adv.* bedingungsweise; **con·di·tioned** [-nd] *adj.* **1.** (*by*) bedingt (durch), abhängig (von): *~ reflex psych.* bedingter Reflex; **2.** (so) beschaffen *od.* geartet; in ... Verfassung.

con·do ['kɒndəʊ] *s. Am.* F Eigentumswohnung *f*.

con·do·la·to·ry [kən'dəʊlətərɪ] *adj.* Beileids..., Kondolenz...; **con·dole** [kən'dəʊl] *v/i.* Beileid bezeigen, kondolieren (*with s.o. on s.th.*) j-m zu, *etc.*); **con·do·lence** [-əns] *s.* Beileid *n*, Kondo'lenz *f*.

con·dom ['kɒndəm] *s.* Kon'dom *n*, *m*, Präserva'tiv *n*.

con·do·min·i·um [ˌkɒndə'mɪnɪəm] *s.* **1.**

pol. Kondo'minium *n*; **2.** *Am.* a) Eigentumswohnanlage *f*, b) *a. ~ apartment* Eigentumswohnung *f*.

con·do·na·tion [ˌkɒndəʊ'neɪʃn] *s.* Verzeihung *f* (*bsd. ehelicher Untreue*); stillschweigende Duldung; **con·done** [kən'dəʊn] *v/t.* verzeihen.

con·dor ['kɒndɔ:] *s. orn.* 'Kondor *m*.

con·duce [kən'dju:s] *v/i.* (*to*) dienen, führen, beitragen (zu); förderlich sein (*dat.*); **con'du·cive** [-sɪv] *adj.* dienlich, förderlich (*to dat.*).

con·duct **I** *v/t.* [kən'dʌkt] **1.** führen, (ge)leiten; → *tour* 1; **2.** (be)treiben, handhaben; führen, leiten, verwalten; **3.** *Feldzug, Krieg, Prozeß etc.* führen; **4.** ♪ dirigieren; **5.** ⚡, *phys.* leiten; **6.** *~ o.s.* sich betragen *od.* benehmen, sich (auf)führen; **II** *s.* ['kɒndʌkt] **7.** Führung *f*, Leitung *f*, Verwaltung *f*; Handhabung *f*; **8.** *fig.* Führung *f*, Betragen *n*; Verhalten *n*, Haltung *f*: *~ sheet* Strafregister(auszug *m*) *n*; **con'duct·ance** [-təns], **con·duct·i·bil·i·ty** [kənˌdʌktə'bɪlətɪ] *s.* ⚡, *phys.* Leitfähigkeit *f*; **con'duct·i·ble** [-tɪbl] *adj.* ⚡, *phys.* leitfähig; **con'duct·ing** [-tɪŋ] *adj.* ⚡, *phys.* Leit..., Leitungs...: *~ wire* Leitungsdraht *m*; **con'duc·tion** [-kʃn] *s. oft* ⊛, *phys.* Leitung *f*, (Zu)Führung *f*, Über'tragung *f*; **con'duc·tive** [-tɪv] *adj. phys.* leitend, leitfähig; **con·duc·tiv·i·ty** [ˌkɒndʌk'tɪvətɪ] *s.* ⚡, *phys.* Leitfähigkeit *f*; **con'duc·tor** [-tə] *s.* **1.** Führer *m*, Leiter *m*; **2.** ♪ Diri'gent *m*; **3.** (Bus- *etc.*)Schaffner *m*; *Am.* 🚃 Zugbegleiter *m*; **4.** ⚡, *phys.* Leiter *m*; Ader *f* (*Kabel*); *Am. a.* Blitzableiter *m*; **con'duc·tress** [-trɪs] *s.* Schaffnerin *f*.

con·duit ['kɒndɪt] *s.* **1.** Rohrleitung *f*, Röhre *f*; Ka'nal *m* (*a. fig.*); **3.** ⚡ a) Rohrkabel *n*, b) Iso-lierrohr *n* (*für Leitungsdrähte*): *~ pipe s.* Leitungsrohr *n*.

cone [kəʊn] *s.* **1.** Ⓐ *u. fig.* Kegel *m*: *~ of fire* Feuergarbe *f*; *~ of rays* Strahlenbündel *n*; *~ sugar* Hutzucker *m*; **2.** ⊛ Kegel *m*, Konus *m* (*a. ♀*): *~ drive* Stufen(scheiben)antrieb *m*; *~ friction clutch* Reibungskupplung *f*; *~ valve* Kegelventil *n*; **3.** Bergkegel *m*; **4.** ♀ (Tannen- *etc.*)Zapfen *m*; **5.** Waffeltüte *f* *für Speiseeis*; **coned** [-nd] *adj.* kegelförmig.

con·fab ['kɒnfæb] F *abbr. für* **confabulation** *u.* **confabulate**; **con·fab·u·late** [kən'fæbjʊleɪt] *v/i.* plaudern; **con·fab·u·la·tion** [kənˌfæbjʊ'leɪʃn] *s.* **1.** Plaude-'rei *f*; **2.** *psych.* Konfabulati'on *f*.

con·fec·tion [kən'fekʃn] *s.* **1.** Kon'fekt *n*, Süßwaren *pl.*, *mit Zucker* Eingemachtes *n*; **2.** 'Damen,modear,tikel *m* (*Kleid, Hut etc.*); **con'fec·tion·er** [-nə] *s.* Kon'ditor *m*: *~'s sugar Am.* Puderzucker *m*; **con'fec·tion·er·y** [-nərɪ] *s.* **1.** Süßigkeiten *pl.*, Kon'ditorwaren *pl.*; **2.** Süßwarengeschäft *n*, Kondito'rei *f*.

con·fed·er·a·cy [kən'fedərəsɪ] *s.* **1.** Bündnis *n*, Bund *m*; **2.** Staatenbund *m*; **3.** ⍥ *Am.* Konföderati'on *f* (*der Südstaaten im Bürgerkrieg*); **4.** Verschwörung *f*; **con'fed·er·ate** [-rət] **I** *adj.* **1.** verbündet, verbunden, Bundes...: ⍥ *Am.* zur Konföderation der Südstaaten gehörig; **2.** mitschuldig; **II** *s.* **3.** Verbündete(r) *m*, Bundesgenosse *m*: **2.** *Am. hist.* Konföderierte(r) *m*, Südstaatler *m*; **4.** Kom'plize *m*, Helfershelfer *m*; **III** *v/t. u. v/i.* [-dəreɪt] **5.** (sich) verbünden *od.* vereinigen *od.* zs.-schließen; **con·fed·er·a·tion** [kən‚fedə'reɪʃn] *s.* **1.** Bund *m*, Bündnis *n*; Zs.-schluß *m*; **2.** Staatenbund *m*: *Swiss* 2 (Schweizer) Eidgenossenschaft *f*.

con·fer [kən'fɜ:] **I** *v/t.* **1.** *Titel etc.* verleihen, er-, zuteilen, über'tragen, *Gunst* erweisen (*on, upon* dat.); **2.** *nur noch Imperativ, abbr. cf.* vergleiche; **II** *v/i.* **3.** sich beraten, Rücksprache nehmen, verhandeln (*with* mit); **con·fer·ee** [‚kɒnfə'ri:] *s. Am.* **1.** Konfe'renzteilnehmer *m*; **2.** Empfänger *m e-s Titels etc.*; **con·fer·ence** ['kɒnfərəns] *s.* **1.** Konfe'renz *f*: a) Tagung *f*, Sitzung *f*, Zs.-kunft *f*, b) Besprechung *f*, Beratung *f*, Verhandlung *f*: *at the* ~ auf der Konferenz *od.* Tagung; *in* ~ bei e-r Besprechung (*with* mit); ~ *call teleph.* Sammel-, Konferenzgespräch *n*; **2.** Verband *m*; *Am. sport* Liga *f*; **con·fer·ment** [-mənt] *s.* Verleihung *f* (*on, upon* an *acc.*).

con·fess [kən'fes] **I** *v/t.* **1.** *Schuld etc.* bekennen, (ein)gestehen; anerkennen, zugeben (*a. that* daß); **2.** *eccl.* a) beichten, b) *j-m* die Beichte abnehmen; **II** *v/i.* **3.** (*to*) (ein)gestehen (*acc.*), sich schuldig bekennen (*gen. od. an dat.*); **4.** *eccl.* beichten; **con'fessed** [-st] *adj.* □ zugestanden; erklärt: *a* ~ *enemy* ein erklärter Gegner; **con'fess·ed·ly** [-sɪdlɪ] *adv.* zugestandenermaßen; **con'fes·sion** [-eʃn] *s.* **1.** Geständnis *n* (*a. sts*), Bekenntnis *n*: *by* (*od. on*) *his own* ~ nach (s-m) eigenen Geständnis; **2.** Einräumung *f*, Zugeständnis *n*; **3.** *sts Zivilrecht:* Anerkenntnis *n*; **4.** *eccl.* Beichte *f*: *dying* ~ Geständnis *n* auf dem Sterbebett; **5.** *eccl.* Konfessi'on *f*: a) Glaubensbekenntnis *n*, b) Glaubensgemeinschaft *f*; **con'fes·sion·al** [-eʃənl] **I** *adj.* konfessio'nell, Bekenntnis...; Beicht...; **II** *s.* Beichtstuhl *m*; **con'fes·sor** [-sə] *s.* **1.** (Glaubens)Bekenner *m*; **2.** *eccl.* Beichtvater *m*.

con·fet·ti [kən'fetɪ] (*Ital.*) *s. pl. sg. konstr.* Kon'fetti *n*.

con·fi·dant [‚kɒnfɪ'dænt] *s.* Vertraute(r) *m*, Mitwisser *m*; ‚**con·fi'dante** [-'dænt] *s.* Vertraute *f*, Mitwisserin *f*.

con·fide [kən'faɪd] **I** *v/i.* **1.** sich anvertrauen; (ver)trauen (*in* dat.); **II** *v/t.* (*to*) **2.** vertraulich mitteilen, anvertrauen (*dat.*); **3.** *j-n* betrauen mit.

con·fi·dence ['kɒnfɪdəns] *s.* **1.** (*in*) Vertrauen *n* (auf *acc.*, zu), Zutrauen *n* (zu): *have* (*od. place*) ~ *in s.o.* zu j-m Vertrauen haben; *take s.o. into one's* ~ j-n ins Vertrauen ziehen; *be in s.o.'s* ~ j-s Vertrauen genießen; *in* ~ vertraulich; **2.** Selbstvertrauen *n*, Zuversicht *f*; Über'zeugung *f*; **3.** vertrauliche Mitteilung, Geheimnis *n*; → *vote* 1; ~ *game s.*, ~ *trick s.* **1.** a) (aufgelegter) Schwindel, b) Hochstape'lei *f*; ~ *man s.* [*irr.*], ~ *trick·ster s.* **1.** a) Betrüger *m*, Hochstapler *m*; **2.** *weitS.* Ga'nove *m*.

con·fi·dent ['kɒnfɪdənt] *adj.* □ **1.** (*of, that*) über'zeugt (von, daß), gewiß, sicher (*gen.*, daß); **2.** vertrauensvoll; **3.** zuversichtlich, getrost; **4.** selbstsicher; **5.** eingebildet, kühn; **con·fi·den·tial** [‚kɒnfɪ'denʃəl] *adj.* □ **1.** vertraulich, geheim; **2.** in'tim, vertraut, Vertrau-

ens...: ~ *agent* Geheimagent *m*; ~ *clerk* ♀ Prokurist *m*; ~ *secretary* Privatsekretär(in); **con·fi·den·tial·ly** [‚kɒnfɪ'denʃəlɪ] *adv.* im Vertrauen: ~ *speaking* unter uns gesagt; **con·fid·ing** [kən'faɪdɪŋ] *adj.* □ vertrauensvoll, zutraulich.

con·fig·u·ra·tion [kən‚fɪgjʊ'reɪʃn] *s.* **1.** Gestalt(ung) *f*, Bau *m*, Struk'tur *f*; Anordnung *f*, Stellung *f*; **2.** *ast.* Konfigurati'on *f*, A'spekt *m*.

con·fine I *s.* ['kɒnfaɪn] *mst pl.* **1.** Grenze *f*, Grenzgebiet *n*; *fig.* Rand *m*, Schwelle *f*; **II** [kən'faɪn] **2.** begrenzen; be-, einschränken (*to* auf *acc.*): ~ *o.s. to* sich beschränken auf (*acc.*); *be* ~*d to* beschränkt sein auf (*acc.*); **3.** einsperren, einschließen: ~*d to bed* bettlägerig; ~*d to one's room* ans Zimmer gefesselt; *be* ~*d to barracks* Kasernenarrest haben, die Kaserne nicht verlassen dürfen; **4.** *pass.* (*of*) niederkommen (mit), entbunden werden (von); **con'fined** [-nd] *adj.* **1.** beschränkt *etc.* (→ *confine* 2, 3); **2.** ♂ verstopft; **con'fine·ment** [-mənt] *s.* **1.** Beschränkung *f* (*to* auf *acc.*); Beengtheit *f*; Gebundenheit *f*; **2.** Haft *f*, Gefangenschaft *f*; Ar'rest *m*: *close* ~ strenge Haft; *solitary* ~ Einzelhaft; **3.** Niederkunft *f*, Wochenbett *n*.

con·firm [kən'fɜ:m] *v/t.* **1.** *Nachricht, Auftrag, Wahrheit etc.* bestätigen; **2.** *Entschluß etc.* bekräftigen; bestärken (*s.o. in s.th.* j-n in e-r Sache); **3.** *Macht etc.* festigen; **4.** *eccl.* konfirmieren; *R.C.* firmen; **con'firm·a·ble** [-məbl] *adj.* zu bestätigen(d); **con'firm·and** [-kɒnfə'mænd] *s. eccl.* a) Konfir'mand(in), b) *R.C.* Firmling *m*; **con·fir·ma·tion** [‚kɒnfə'meɪʃn] *s.* **1.** Bestätigung *f*; Bekräftigung *f*; **2.** Festigung *f*; **3.** *eccl.* Konfirmati'on *f*; *R.C.* Firmung *f*; **con·firm·a·tive** [-mətɪv] *adj.* □, **con'firm·a·to·ry** [-mətərɪ] *adj.* bestätigend: ~ *letter* Bestätigungsschreiben *n*; **con'firmed** [-md] *adj.* fest, hartnäckig, eingewurzelt, unverbesserlich, Gewohnheits...; chronisch: ~ *bachelor* eingefleischter Junggeselle.

con·fis·cate ['kɒnfɪskeɪt] *v/t.* beschlagnahmen, einziehen, konfiszieren; **con·fis·ca·tion** [‚kɒnfɪ'skeɪʃn] *s.* Beschlagnahme *f*, Einziehung *f*, Konfiszierung *f*; F Plünderung *f*; **con·fis·ca·to·ry** [kən'fɪskətərɪ] *adj.* konfiszierend, Beschlagnahme...; F räuberisch.

con·fla·gra·tion [‚kɒnflə'greɪʃn] *s.* Feuersbrunst *f*, (großer) Brand.

con·flict I *s.* ['kɒnflɪkt] **1.** Kon'flikt *m*: a) Zs.-prall *m*, Zs.-stoß *m*, Kampf *m*, Ausein'andersetzung *f*, Kollisi'on *f*, Streit *m*, b) 'Widerstreit *m*, -spruch *m*: *armed* ~ bewaffnete Auseinandersetzung; *inner* ~ innerer (*od.* seelischer) Konflikt; ~ *of interests* Interessenkonflikt, -kollision; ~ *of laws* Gesetzeskollision, *weitS.* internationales Privatrecht; **II** *v/i.* [kən'flɪkt] **2.** (*with*) kollidieren, im 'Widerspruch *od.* Gegensatz stehen (zu); **3.** sich wider'sprechen; **con'flict·ing** [kən'flɪktɪŋ] *adj.* wider'streitend, gegensätzlich; *a.* ♂ entgegenstehend, kollidierend.

con·flu·ence ['kɒnfluəns] *s.* **1.** Zs.-fluß *m*; **2.** Zustrom *m*, Zulauf *m* (*Menschen*); **3.** (Menschen)Menge *f*; '**con-**

flu·ent [-nt] **I** *adj.* zs.-fließend, -laufend; **II** *s.* Nebenfluß *m*; **con·flux** ['kɒnflʌks] → *confluence*.

con·form [kən'fɔ:m] **I** *v/t.* **1.** (*a. o.s.*) sich anpassen (*to* dat. *od.* an *acc.*); **II** *v/i.* **2.** (*to*) sich anpassen (dat.), sich richten (nach); sich fügen (dat.); entsprechen (dat.); **3.** *eccl. Brit.* sich der engl. Staatskirche unter'werfen; **con'form·a·ble** [-məbl] *adj.* □ (*to*) **1.** kon'form, gleichförmig (mit); entsprechend, gemäß (dat.); **2.** vereinbar (mit); **3.** fügsam, nachgiebig; **con'form·ance** [-məns] *s.* Anpassung *f* (*to* an *acc.*); Über'einstimmung *f* (*with* mit): *in* ~ *with* gemäß (dat.); **con·for·ma·tion** [‚kɒnfɔ:'meɪʃn] *s.* **1.** Anpassung *f*, Angleichung *f* (*to* an *acc.*); **2.** Gestalt(-ung) *f*, Anordnung *f*, Bau *m*; **con'form·ism** [-mɪzəm] *s.* Konfor'mismus *m*; **con'form·ist** [-mɪst] *s.* Konfor'mist (-in): a) Angepaßte(r *m*) *f*, b) Anhänger(in) der engl. Staatskirche; **con'form·i·ty** [-mətɪ] *s.* **1.** Gleichförmigkeit *f*, Ähnlichkeit *f*, Über'einstimmung *f*: *in* ~ *with* in Übereinstimmung mit, gemäß (dat.); **2.** (*to*) Anpassung *f* (an *acc.*); Befolgung *f* (*gen.*); **3.** *hist.* Zugehörigkeit *f* zur englischen Staatskirche.

con·found [kən'faʊnd] *v/t.* **1.** vermengen, verwechseln (*with* mit); **2.** in Unordnung bringen, verwirren; **3.** bestürzen, verblüffen; **4.** vernichten, vereiteln; **5.** [*a.* ‚kɒn-] F ~ *him!* zum Teufel mit ihm!; ~ *it!* verdammt!; **con'found·ed** [-dɪd] F **I** *adj.* □ (*a. int.*) verwünscht, verflixt; scheußlich; **II** *adv., a.* ~*ly* verdammt (*kalt, etc.*).

con·fra·ter·ni·ty [‚kɒnfrə'tɜ:nətɪ] *s.* **1.** *bsd. eccl.* Bruderschaft *f*, Gemeinschaft *f*; **2.** Brüderschaft *f*; **con·frère** ['kɒnfreə] (*Fr.*) *s.* Amtsbruder *m*, Kol'lege *m*.

con·front [kən'frʌnt] *v/t.* **1.** (*oft* feindlich) gegen'übertreten, -stehen (dat.); **2.** mutig begegnen (dat.); **3.** ~ *s.o. with* j-n konfrontieren mit, j-m *et.* entgegenhalten: *be* ~*ed with* sich gegenübersehen, gegenüberstehen (dat.); **con·fron·ta·tion** [‚kɒnfrən'teɪʃn] *s.* Gegen'überstellung *f*, (*a. feindliche*) Konfrontati'on.

Con·fu·cian [kən'fju:ʃjən] **I** *adj.* konfuzi'anisch; **II** *s.* Konfuzi'aner(in); **Con'fu·cian·ism** [-nɪzəm] *s.* Konfuzia'nismus *m*.

con·fuse [kən'fju:z] *v/t.* **1.** verwechseln, durchein'anderbringen (*with* mit); **2.** verwirren: a) verlegen machen, aus der Fassung bringen, b) in Unordnung bringen; **3.** verworren *od.* undeutlich machen; **con'fused** [-zd] *adj.* □ **1.** verwirrt: a) kon'fus, verworren, wirr, b) verlegen, bestürzt; **2.** undeutlich, verworren: ~ *sounds*; **con'fus·ing** [-zɪŋ] *adj.* verwirrend; **con'fu·sion** [-u:ʒn] *s.* **1.** Verwirrung *f*, Durchein'ander *n*, Unordnung *f*, Wirrwarr *m*; **2.** Aufruhr *m*, Lärm *m*; **3.** Bestürzung *f*: *put s.o. to* ~ j-n in Verlegenheit bringen; **4.** Verworrenheit *f*; **5.** geistige Verwirrung; **6.** Vermischung *f*.

con·fut·a·ble [kən'fju:təbl] *adj.* wider'legbar; **con·fu·ta·tion** [‚kɒnfju:'teɪʃn] *s.* Wider'legung *f*; **con·fute** [kən'fju:t] *v/t.* **1.** *et.* wider'legen; **2.** *j-n* wider'legen, e-s Irrtums über'führen.

con·geal [kən'dʒiːl] **I** v/t. gefrieren od. gerinnen od. erstarren lassen (a. fig.); **II** v/i. gefrieren, gerinnen, erstarren (a. fig.); fest werden; **con'geal·ment** [-mənt] → **congelation** 1.

con·ge·la·tion [ˌkɒndʒɪ'leɪʃn] s. **1.** Gefrieren n, Gerinnen n, Erstarren n, Festwerden n; **2.** gefrorene (etc.) Masse.

con·ge·ner ['kɒndʒɪnə] bsd. biol. **I** s. gleichartiges od. verwandtes Ding od. Wesen; **II** adj. (art- od. stamm)verwandt (**to** mit); **con·gen·er·ous** [kən'dʒenərəs] adj. gleichartig, verwandt.

con·gen·ial [kən'dʒiːnjəl] adj. □ **1.** (**with**) kongeni'al (dat.), (geistes)verwandt (mit od. dat.); **2.** sym'pathisch, zusagend, angenehm (**to** dat.): be ~ zusagen; **3.** zuträglich (**to** dat.); **4.** freundlich; **5.** passend, angemessen, entsprechend (**to** dat.); **con·ge·ni·al·i·ty** [kənˌdʒiːnɪ'ælɪtɪ] s. **1.** Geistesverwandtschaft f; **2.** Zuträglichkeit f.

con·gen·i·tal [kən'dʒenɪtl] adj. □ angeboren: ~ **defect** Geburtsfehler m; **con'gen·i·tal·ly** [-təlɪ] adv. von Geburt (an); von Na'tur.

con·ger ['kɒŋgə], ~ **eel** [ˌkɒŋgər'iːl] s. Meeraal m.

con·ge·ries [kən'dʒɪəriːz] s. sg. u. pl. Anhäufung f, (wirre) Masse.

con·gest [kən'dʒest] **I** v/t. **1.** zs.-drängen, über'füllen, anhäufen, stauen; **2.** fig. über'schwemmen; **3.** verstopfen; **II** v/i. **4.** sich ansammeln, sich stauen, sich verstopfen; **con'gest·ed** [-tɪd] adj. **1.** über'füllt (**with** von); über'völkert: ~ **area** Ballungsraum m; **2.** ✿ mit Blut über'füllt; **con'ges·tion** [-tʃn] s. **1.** Anhäufung f, Andrang m, Stauung f, Über'füllung f: ~ **of population** Über-völkerung f; ~ **traffic** ~ Verkehrsstauung f; **2.** ✿ Blutandrang m (**of the brain** zum Gehirn), (Gefäß)Stauung f.

con·glo·bate ['kɒnglə ʊbeɪt] **I** adj.(zs.-) geballt, kugelig; **II** v/t. u. v/i. (sich) zs.-ballen (**into** zu).

con·glom·er·ate [kən'glɒmərɪt] **I** v/t. u. v/i. (sich) zs.-ballen, verbinden, anhäufen; **II** adj. [-rət] zs.-geballt; fig. zs.-gewürfelt; **III** s. [-rət] fig. (An)Häufung f, Gemisch n, zs.-gewürfelte Masse, Konglome'rat n (a. geol.); **con·glom·er·a·tion** [kənˌglɒmə'reɪʃn] → **conglomerate** III.

con·glu·ti·nate [kən'gluːtɪneɪt] **I** v/t. zs.-leimen, -kitten; **II** v/i. zs.-kleben, -haften; **con·glu·ti·na·tion** [kənˌgluːtɪ'neɪʃn] s. Zs.-kleben n; Verbindung f.

Con·go·lese [ˌkɒŋgəʊ'liːz] hist. **I** adj. Kongo..., kongo'lesisch; **II** s. Kongo'lese m, Kongo'lesin f.

con·grat·u·late [kən'grætjʊleɪt] v/t. j-m gratulieren, Glück wünschen; j-n beglückwünschen (**on** zu) (alle a. **o.s.** sich); **con·grat·u·la·tion** [kənˌgrætjʊ'leɪʃn] s. Glückwunsch m: ~s! ich gratuliere!; **con'grat·u·la·tor** [-tə] s. Gratu'lant(in); **con'grat·u·la·to·ry** [-lətərɪ] adj. Glückwunsch..., Gratulations...

con·gre·gate ['kɒŋgrɪgeɪt] v/t. u. v/i. (sich) (ver)sammeln.

con·gre·ga·tion [ˌkɒŋgrɪ'geɪʃn] s. **1.** (Kirchen)Gemeinde f; **2.** Versammlung f; **3.** Brit. univ. Versammlung f des Lehrkörpers od. des Se'nats; ˌcon·gre-

'ga·tion·al [-ʃənl] adj. eccl. **1.** Gemeinde...; **2.** ⌖ unabhängig: ⌖ **chapel** Kapelle f der ‚freien' Gemeinden; ˌCon-gre'ga·tion·al·ism [-ʃnəlɪzəm] s. eccl. Selbstverwaltung f der ‚freien' Kirchengemeinden, Independen'tismus m; ˌCon·gre'ga·tion·al·ist [-ʃnəlɪst] s. Mitglied n e-r ‚freien' Kirchengemeinde.

con·gress ['kɒŋgres] s. **1.** Kon'greß m, Tagung f; **2.** pol. Am. ⌖ Kon'greß m, gesetzgebende Versammlung; **3.** Geschlechtsverkehr m.

con·gres·sion·al [kən'greʃənl] adj. **1.** Kongreß...; **2.** pol. Am. ⌖ Kongreß...: ⌖ **medal** Verdienstmedaille f.

'Con·gress·man [-mən] s. [irr.] pol. Mitglied n des amer. Repräsen'tantenhauses, Kon'greßabgeordnete(r) m.

con·gru·ence ['kɒŋgruəns] s. **1.** Über-'einstimmung f; **2.** ⌘ Kongru'enz f; **'con·gru·ent** [-nt] adj. kongru'ent: a) (**with**) über'einstimmend (mit), entsprechend (dat.), b) ⌘ deckungsgleich; **con·gru·i·ty** [kɒn'gruːɪtɪ] s. **1.** Über-'einstimmung f; Angemessenheit f; **2.** Folgerichtigkeit f; **3.** ⌘ Kongru'enz f; **'con·gru·ous** [-ʊəs] adj. □ **1.** (**to**, **with**) übereinstimmend (mit), entsprechend (dat.); **2.** folgerichtig; passend.

con·ic ['kɒnɪk] **I** adj. → **conical**; **II** s. a. ~ **section** ⌘ a) Kegelschnitt m, b) pl. → **conics**; **'con·i·cal** [-kl] adj. □ 'konisch, kegelförmig: ~ **frustrum** ⌘ Kegelstumpf m; **co·nic·i·ty** [kə'nɪsətɪ] s. Konizi'tät f, Kegelform f; **'con·ics** [-ks] s. pl. sg. konstr. ⌘ Lehre f von den Kegelschnitten.

co·ni·fer ['kɒnɪfə] s. ⚘ Koni'fere f, Nadelbaum m; **co·nif·er·ous** [kəʊ'nɪfərəs] adj. ⚘ a) zapfentragend, b) Nadel...: ~ **tree**.

con·jec·tur·a·ble [kən'dʒektʃərəbl] adj. □ zu vermuten(d); **con'jec·tur·al** [-rəl] adj. □ mutmaßlich; **con·jec·ture** [kən'dʒektʃə] **I** s. **1.** Vermutung f, Mutmaßung f; (vage) I'dee; **II** v/t. **2.** vermuten, mutmaßen; **III** v/i. **3.** Mutmaßungen anstellen, mutmaßen.

con·join [kən'dʒɔɪn] v/t. u. v/i. (sich) verbinden od. vereinigen.

con·joint ['kɒndʒɔɪnt] adj. □ verbunden, vereinigt, gemeinsam, Mit...; **'con·joint·ly** [-lɪ] adv. zu'sammen, gemeinsam.

con·ju·gal ['kɒndʒʊgl] adj. □ ehelich, Ehe..., Gatten...

con·ju·gate ['kɒndʒʊgeɪt] **I** v/t. **1.** ling. konjugieren, beugen; **II** v/i. **2.** biol. sich paaren; **III** adj. [-gɪt] **3.** verbunden, gepaart; **4.** ling. wurzelverwandt; **5.** ⌘ zugeordnet; **6.** ⚘ paarig; **IV** s. [-gɪt] **7.** ling. wurzelverwandtes Wort; **con·ju-ga·tion** [ˌkɒndʒʊ'geɪʃn] s. ling., biol., ⚚ Konjugati'on f, ling. a. Beugung f.

con·junct [kən'dʒʌŋkt] adj. □ verbunden, vereint, gemeinsam; **con'junc·tion** [-kʃn] s. **1.** Verbindung f: **in** ~ **with** zusammen mit; **2.** Zs.-treffen n; **3.** ast., ling. Konjunkti'on f; **con·junc·ti·va** [ˌkɒndʒʌŋk'taɪvə] s. anat. Bindehaut f; **con'junc·tive** [-tɪv] adj. □ **1.** verbindend, Verbindungs...: ~ **tissue** anat. Bindegewebe n; **2.** ling. 'konjunktivisch: ~ **mood** Konjunktiv m; **II** s. **3.** ling. 'Konjunktiv m; **con'junc·tive·ly** [-tɪvlɪ] adv. gemeinsam; **con·junc·ti·vi-**

tis [kənˌdʒʌŋktɪ'vaɪtɪs] s. ✿ Bindehaut-entzündung f; **con'junc·ture** [-tʃə] s. **1.** Zs.-treffen n (**von Umständen**); **2.** 'Umstände pl.; **3.** Krise f; **4.** ast. Konjunkti'on f.

con·ju·ra·tion [ˌkɒndʒʊə'reɪʃn] s. **1.** feierliche Anrufung; Beschwörung f; **2.** a) Zauberformel f, b) Zaube'rei f.

con·jure¹ [kən'dʒʊə] v/t. beschwören, inständig bitten (**to** inf. zu inf.).

con·jure² ['kʌndʒə] **I** v/t. **1.** Geist etc. beschwören: ~ **up** heraufbeschwören (a. fig.), zitieren, hervorzaubern; **2.** behexen, (be)zaubern: ~ **away** wegzaubern, bannen; **II** v/i. **3.** zaubern, hexen: **a name to** ~ **with** ein Name, der Wunder wirkt; **'con·jur·er**, **'con·jur·or** [-dʒərə] s. **1.** Zauberer m, Zauberin f; **2.** Zauberkünstler m, Taschenspieler m; **'con·jur·ing trick** [-dʒərɪŋ] s. Zauberkunststück n.

conk¹ [kɒŋk] s. sl. ‚Riecher' m (Nase); Am. a. ‚Birne' (Kopf).

conk² [kɒŋk] v/i. sl. mst ~ **out 1.** ‚streiken', ‚den Geist aufgeben' (Fernseher etc.), ‚absterben' (Motor); **2.** ‚umkippen', ohnmächtig werden; **3.** ‚abkratzen', sterben.

con·ker ['kɒŋkə] s. F Ka'stanie f.

conn [kɒn] v/t. ✣ Schiff steuern.

con·nate ['kɒneɪt] adj. **1.** angeboren; **2.** biol. verwachsen.

con·nat·u·ral [kə'nætʃrəl] adj. □ **1.** (**to**) gleicher Na'tur (wie); verwandt (dat.); **2.** angeboren.

con·nect [kə'nekt] **I** v/t. **1.** verbinden, verknüpfen (mst **with** mit): be ~**ed** (**with**) in Verbindung (mit) od. in Beziehungen (zu) treten od. stehen; be **well** ~**ed** fig. gute Beziehungen haben; **2.** ⚡ (**to**) anschließen (an acc.), verbinden (mit) (a. teleph.), zuschalten (dat.); Kon'takt herstellen zwischen (dat.); **3.** ❂ (**to**) verbinden, zs.-fügen, koppeln (mit), ankuppeln (an acc.); **II** v/i. **4.** in Verbindung od. Zs.-hang treten od. stehen; **5.** 🚂 etc. Anschluß haben (**with** an acc.); **6.** Boxen: ‚landen' (**with a blow** e-n Schlag); **con'nect·ed** [-tɪd] adj. □ **1.** zs.-hängend; **2.** verwandt: ~ **by marriage** verschwägert; → **connect** 1; **3.** (**with**) beteiligt (an dat., bei), verwickelt (in acc.); **con'nect-ed·ly** [-tɪdlɪ] adv. zs.-hängend; logisch; **con'nect·ing** [-tɪŋ] adj. Binde..., Verbindungs..., Anschluß...: ~ **link** Bindeglied n; ~ **rod** ❂ Kurbel-, Pleuelstange f; ~ **shaft** ❂ Transmissionswelle f; ~ **train** Anschlußzug m.

con·nec·tion [kə'nekʃn] s. **1.** Verbindung f; **2.** ❂ Verbindung f, Bindeglied n: **hot-water** ~s Heißwasseranlage f; **3.** Zs.-hang m, Beziehung f: **in this** ~ in diesem Zs.-hang; **in** ~ **with** mit Bezug auf; **4.** per'sönliche Beziehung od. Verbindung; Verwandtschaft f, Verwandte(r m) f; **5.** pl. gute od. nützliche Beziehungen: Bekannten-, Kundenkreis m; **6.** ❂ allg. Verbindung f, Anschluß m (beide a. ⚚, 🚂, teleph. etc.), Verbindungs-, Bindeglied n, ⚡ Schaltung f, Schaltverbindung f: ~ **plug** Anschlußstecker m; **catch one's** 🚂 den Anschluß erreichen; **run in** ~ **with** Anschluß haben an (acc.); **7.** (bsd. religiöse) Gemeinschaft f; **con'nec·tive** [-ktɪv] **I** adj. verbindend: ~ **tissue** anat. Binde-, Zellgewebe *n*; **II** *s. ling.* Bindewort *n*.

con·nex·ion → *connection*.

con·ning tow·er ['kɒnɪŋ] *s.* ♺, ✕ Kom'mandoturm *m*.

con·niv·ance [kə'naɪvəns] *s.* stillschweigende Duldung *od.* Einwilligung (*a.* ⚖), bewußtes Über'sehen (*at, in gen.*); ⚖ Begünstigung *f*; **con·nive** [kə'naɪv] *v/i.* (*at*) stillschweigend dulden (*acc.*), ein Auge zudrücken (bei), Vorschub leisten (*dat.*).

con·nois·seur [ˌkɒnə'sɜː] (*Fr.*) *s.* (Kunst- *etc.*)Kenner *m*: ~ *of* (*od.* **in**) *wines* Weinkenner.

con·no·ta·tion [ˌkɒnəʊ'teɪʃn] *s.* **1.** Mitbezeichnung *f*; (Neben)Bedeutung *f*; **2.** *phls.* Begriffsinhalt *m*; **con·note** [kɒ'nəʊt] *v/t.* mitbezeichnen, (zu-'gleich) bedeuten.

con·nu·bi·al [kə'nju:bjəl] *adj.* ☐ ehelich, Ehe...; **con·nu·bi·al·i·ty** [kəˌnju:bi'ælɪtɪ] *s.* **1.** Ehestand *m*; **2.** eheliche Zärtlichkeiten *pl.*

co·noid ['kəʊnɔɪd] **I** *adj.* kegelförmig; **II** *s.* Ⱥ a) Kono'id *n*, b) Kono'ide *f* (*Fläche*).

con·quer ['kɒŋkə] **I** *v/t.* **1.** erobern, einnehmen, Besitz ergreifen von; **2.** *fig.* erobern, gewinnen; **3.** besiegen, überwinden; unter'werfen; **4.** *fig.* über'winden, bezwingen, Herr werden über (*acc.*); **II** *v/i.* **5.** siegen; Eroberungen machen; **'con·quer·ing** [-kərɪŋ] *adj.* siegreich; **'con·quer·or** [-kərə] *s.* **1.** Eroberer *m*; Sieger *m*: *the* ☿ *hist.* Wilhelm der Eroberer; **2.** F Entscheidungsspiel *n*.

con·quest ['kɒŋkwest] *s.* **1.** Eroberung *f*: a) Einnahme *f*: *the* ☿ *hist.* die normannische Eroberung, b) erobertes Gebiet, c) *fig.* Erringung *f*; **2.** Bezwingung *f*; **3.** *fig.* ‚Eroberung': *make a ~ of s.o.* j-n erobern.

con·san·guine [kɒn'sæŋgwɪn] *adj.* blutsverwandt; **con·san·guin·i·ty** [ˌkɒnsæŋ'gwɪnətɪ] *s.* Blutsverwandtschaft *f*.

con·science ['kɒnʃəns] *s.* Gewissen *n*: *guilty* ~ schlechtes Gewissen; *for ~ sake* um das Gewissen zu beruhigen; *in all* ~ F wahrhaftig; *have s.th. on one's* ~ ein schlechtes Gewissen haben wegen e-r Sache; ~ *clause s.* ⚖ Gewissensklausel *f*; ~ *mon·ey s.* ano'nyme Steuernachzahlung; **'~-proof** *adj.* ‚abgebrüht'; **'~-strick·en** *adj.* von Gewissensbissen gepeinigt, reuevoll.

con·sci·en·tious [ˌkɒnʃɪ'enʃəs] *adj.* ☐ gewissenhaft, Gewissens...: ~ *objector* Kriegs-, Wehrdienstverweigerer *m* (*aus Gewissensgründen*); **con·sci·en·tious·ness** [-nɪs] *s.* Gewissenhaftigkeit *f*.

-conscious [kɒnʃəs] *adj.* *in Zssgn* ...bewußt; ...freudig, ...begeistert.

con·scious ['kɒnʃəs] *adj.* ☐ **1.** *pred.* bei Bewußtsein; **2.** bewußt: *be ~ of* sich bewußt sein (*gen.*), wissen von; *be ~ that* wissen *od.* überzeugt sein, daß; *she became ~ that* es kam ihr zum Bewußtsein, daß; *a ~ liar* ein bewußter Lügner; **4.** (selbst)bewußt, über'zeugt: *a ~ artist* ein überzeugter Künstler; **5.** denkend: *man is a ~ being*; **'con·scious·ly** *adv.* bewußt, wissentlich; gewollt; **'con·scious·ness** [-nɪs] *s.* Bewußt-

sein *n*: *lose ~* das Bewußtsein verlieren; *regain ~* wieder zu sich kommen; **2.** (*of*) Bewußtsein *n* (*gen.*), Wissen *n* (um), Kenntnis *f* (von *od. gen.*): **~-expanding** bewußtseinserweiternd (*Droge*); **~-raising** Bewußtwerdung *f od.* -machung *f*; **3.** Denken *n*, Empfinden *n*.

con·script ['kɒnskrɪpt] **I** *adj.* zwangsweise eingezogen (*Arbeiter*); **II** *s.* ✕ Dienst-, Wehrpflichtige(r) *m*; ausgehobener Re'krut; **III** *v/t.* [kən'skrɪpt] *bsd.* ✕ (zwangsweise) ausheben, einziehen; **con·scrip·tion** [kən'skrɪpʃn] *s.* **1.** *bsd.* ✕ Zwangsaushebung *f*, Wehrpflicht *f*: *industrial* ~ Arbeitsverpflichtung *f*; **2.** *a.* ~ *of wealth* (Her'anziehung *f* zur) Vermögensabgabe *f*.

con·se·crate ['kɒnsɪkreɪt] **I** *v/t.* **1.** *eccl.* weihen; **2.** widmen; **3.** heiligen; **II** *adj.* **4.** geweiht, geheiligt; **con·se·cra·tion** [ˌkɒnsɪ'kreɪʃn] *s.* **1.** *eccl.* Weihung *f*, Einsegnung *f*; **2.** Heiligung *f*; **3.** Widmung *f*, Hingabe *f* (*to* an *acc.*).

con·se·cu·tion [ˌkɒnsɪ'kju:ʃn] *s.* **1.** (Aufein'ander)Folge *f*, Reihe *f*; logische Folge; **2.** *ling.* Wort-, Zeitfolge *f*; **con·sec·u·tive** [kən'sekjʊtɪv] *adj.* ☐ **1.** aufein'anderfolgend, fortlaufend: *six ~ days* sechs Tage hintereinander; **2.** *ling.* ~ *clause* Konsekutiv-, Folgesatz *m*; **con·sec·u·tive·ly** [kən'sekjʊtɪvlɪ] *adv.* nachein'ander, fortlaufend.

con·sen·sus [kən'sensəs] *s.* **1.** Über'einstimmung *f* (der Meinungen): ~ *of opinion* übereinstimmende Meinung, allseitige Zustimmung; **2.** ⚕ Wechselwirkung *f* (*Organe*).

con·sent [kən'sent] **I** *v/i.* **1.** (*to*) zustimmen (*dat.*), einwilligen (in *acc.*); **2.** sich bereit erklären (*to inf.* zu *inf.*); **II** *s.* **3.** (*to*) Zustimmung *f* (zu), Einwilligung *f* (in *acc.*), Genehmigung *f* (für), Einverständnis *n* (zu): *age of ~* ⚖ (*bsd.* Ehe-)Mündigkeit *f*; *with one ~* einstimmig; *by common ~* mit allgemeiner Zustimmung; → *silence* 1; **con·sen·tient** [-nʃənt] *adj.* zustimmend.

con·se·quence ['kɒnsɪkwəns] *s.* **1.** Konse'quenz *f*, Folge *f*, Resul'tat *n*, Wirkung *f*: *in ~* folglich, daher; *in ~ of* infolge von (*od. gen.*), wegen; *in ~ of which* weswegen; *take the ~s* die Folgen tragen; *with the ~ that* mit dem Ergebnis, daß; **2.** (Schluß)Folgerung *f*, Schluß *m*; **3.** Wichtigkeit *f*, Bedeutung *f*, Einfluß *m*: *of no ~* ohne Bedeutung, unwichtig; *a man of ~* ein bedeutender *od.* einflußreicher Mann; **4.** *pl. mst sg. konstr.* ein Erzählspiel; **'con·se·quent** [-nt] *adj.* ☐ → *consequently*. **1.** (*on*) folgend (auf *acc.*), sich ergebend (aus); **2.** *phls.* logisch (richtig); **II** *s.* **3.** Folge (-erscheinung) *f*, Folgerung *f*, Schluß *m*; **4.** *ling.* Nachsatz *m*; **con·se·quen·tial** [ˌkɒnsɪ'kwenʃl] *adj.* ☐ **1.** sich ergebend (*on* aus): ~ *damage* ⚖ Folgeschaden *m*; **2.** logisch (richtig); **3.** 'indirekt; **4.** wichtigtuerisch; **'con·se·quent·ly** [-ntlɪ] *adv.* **1.** folglich, deshalb; **2.** als Folge.

con·serv·an·cy [kən'sɜːvənsɪ] *s.* **1.** Aufsichtsbehörde *f* für Flüsse, Häfen *etc.*; **2.** Forstbehörde *f*: *nature* ~ Naturschutz(amt) *m*; **con·ser·va·tion** [ˌkɒnsə'veɪʃn] *s.* **1.** Erhaltung *f*, Bewah-

rung *f*; Instandhaltung *f*, Schutz *m* (*von Forsten, Flüssen, Boden*); Na'tur-, Umweltschutz *m*: ~ *of energy phys.* Erhaltung der Energie; **2.** Haltbarmachung *f*, Konservierung *f*; **con·ser·va·tion·ist** [ˌkɒnsə'veɪʃənɪst] *s.* Na'tur- *od.* 'Umweltschützer *m*.

con·serv·a·tism [kən'sɜːvətɪzəm] *s.* Konserva'tismus *m* (*a. pol.*); **con·serv·a·tive** [-tɪv] **I** *adj.* ☐ **1.** erhaltend, konservierend; **2.** konserva'tiv (*a. pol., mst* ☿); **3.** zu'rückhaltend, vorsichtig (*Schätzung etc.*); **4.** unauffällig: ~ *dress*; **II** *s.* **5.** ☿ Konserva'tive(r) *m*.

con·serv·a·toire [kən'sɜːvətwɑː] (*Fr.*) *s. bsd. Brit.* Konserva'torium *n*, Hochschule *f* für Mu'sik (*etc.*).

con·ser·va·tor [kən'sɜːvətə] *s.* **1.** Kon'servator *m*, Mu'seumsdiˌrektor *m*; **2.** ⚖ *Am.* Vormund *m*; **con·serv·a·to·ry** [-trɪ] *s.* **1.** Treib-, Gewächshaus *n*, Wintergarten *m*; **2.** → *conservatoire*; **con·serve** [kən'sɜːv] **I** *v/t.* **1.** erhalten, bewahren; beibehalten; **2.** schonen, sparsam 'umgehen mit; **3.** einmachen, konservieren; **II** *s. mst pl.* Eingemachtes *n*, Konfi'türe *f*.

con·sid·er [kən'sɪdə] **I** *v/t.* **1.** nachdenken über (*acc.*), (sich) über'legen, erwägen: ~ *a plan*; **2.** in Betracht ziehen, berücksichtigen, beachten, bedenken: ~ *his age!* bedenken Sie sein Alter!; *all things ~ed* wenn man alles in Betracht zieht; → *considered, considering*; **3.** Rücksicht nehmen auf (*acc.*): *he never ~s others*; **4.** betrachten *od.* ansehen als, halten für: ~ *s.o.* (*to be*) *a fool* j-n für e-n Narren halten; *be ~ed rich* reich gelten; *you may ~ yourself lucky* du kannst dich glücklich schätzen; ~ *yourself at home* tun Sie, als ob Sie zu Hause wären; ~ *yourself dismissed!* betrachten Sie sich als entlassen!; **5.** denken, meinen, annehmen, finden (*a. that* daß); **II** *v/i.* **6.** nachdenken, sich über'legen; **con·sid·er·a·ble** [-dərəbl] **I** *adj.* ☐ beträchtlich, erheblich; bedeutend (*a. Person*); **II** *s. bsd. Am.* F e-e Menge, viel.

con·sid·er·ate [kən'sɪdərət] *adj.* ☐ rücksichtsvoll, aufmerksam (*towards, of* gegen): *be ~ of* Rücksicht nehmen auf (*acc.*); **con·sid·er·ate·ness** [-nɪs] *s.* Rücksichtnahme *f*; **con·sid·er·a·tion** [kənˌsɪdə'reɪʃn] *s.* **1.** Erwägung *f*, Über'legung *f*: *take into* ~ in Betracht *od.* Erwägung ziehen; *leave out of* ~ außer Betracht lassen, ausklammern; *the matter is under* ~ die Sache wird (noch) erwogen *od.* geprüft; *upon* ~ nach Prüfung; **2.** Berücksichtigung *f*, Begründung *f*: *in ~ of* in Anbetracht (*gen.*); *on* (*od.* *under*) *no ~* unter keinen Umständen; *that is a ~* das ist ein triftiger Grund; *money is no ~* Geld spielt keine Rolle; **3.** Rücksicht (-nahme) *f* (*for* auf *acc.*): *lack of ~* Rücksichtslosigkeit *f*; **4.** Entgelt *n*, Entschädigung *f*; (vertragliche) Gegenleistung: *for a ~* gegen Entgelt; **con·sid·ered** [-dəd] *adj. a.* *well-~* 'wohlüber,legt; **con·sid·er·ing** [-rɪŋ] *I prp.* in Anbetracht (*gen.*); **II** *adv.* F den 'Umständen nach.

con·sign [kən'saɪn] *v/t.* **1.** über'geben, über'liefern; **2.** anvertrauen; **3.** bestimmen (*for, to* für); **4.** ⚓ *Waren* a) (*to*) versenden (an *acc.*), zu-, über'senden (*dat.*), verfrachten (an *acc.*), b) in Kommissi'on *od.* Konsignati'on geben, konsignieren; **con·sign·ee** [ˌkɒnsaɪˈniː] *s.* ✝ **1.** Empfänger *m*, Adres'sat *m*; **2.** *Überseehandel:* Konsigna'tar *m*; **con-'sign·ment** [-mənt] *s.* ✝ **1.** a) Über-'sendung *f*, b) *Überseehandel:* Konsignati'on *f*: ~ *note* Frachtbrief *m*; *in* ~ in Konsignation *od.* Kommission; **2.** a) (Waren)Sendung *f*, b) *Überseehandel:* Konsignati'onsware(n *pl.*) *f*; **con-'sign·or** [-nə] *s.* ✝ **1.** Über'sender *m*; **2.** *Überseehandel:* Konsi'gnant *m*.

con·sist [kənˈsɪst] *v/i.* **1.** bestehen, sich zs.-setzen (*of* aus); **2.** bestehen (*in* in *dat.*); **con'sist·ence** [-təns] → **consistency** 1 *u.* 2; **con'sist·en·cy** [-tənsɪ] *s.* **1.** Konsi'stenz *f*, Beschaffenheit *f*; **2.** Festigkeit *f*, Dichtigkeit *f*, Dicke *f*; **3.** Konse'quenz *f*, Folgerichtigkeit *f*; **4.** Stetigkeit *f*; **5.** Über'einstimmung *f*, Vereinbarkeit *f*; **con'sist·ent** [-tənt] *adj.* □ **1.** konse'quent: a) folgerichtig, logisch, b) gleichmäßig, stetig, unbeirrbar (*a. Person*); **2.** über'einstimmend, vereinbar, im Einklang stehend (*with* mit); **3.** beständig, kon'stant (*Leistung etc.*); **con'sist·ent·ly** [-təntlɪ] *adv.* **1.** im Einklang (*with* mit); **2.** 'durchweg; **3.** logischerweise.

con·sis·to·ry [kənˈsɪstərɪ] *s. eccl.* Konsi'storium *n.*

con·so·la·tion [ˌkɒnsəˈleɪʃn] *s.* Trost *m*, Tröstung *f*: *poor* ~ schwacher Trost; ~ *goal sport* Ehrentor *n*; ~ *prize* Trostpreis *m*.

con·sole¹ [kənˈsəʊl] *v/t.* j-n trösten: ~ *o.s.* sich trösten (*with* mit).

con·sole² [ˈkɒnsəʊl] *s.* **1.** Kon'sole *f*: a) △ Krag-, Tragstein *m*, b) Wandgestell *n*: ~ (*table*) Wandtischchen *n*; **2.** (Fernseh-, Mu'sik)Truhe *f*, (Radio)Schrank *m*; **3.** ◉, ⚡ Schalt-, Steuerpult *n*, Kon'sole *f*.

con·sol·i·date [kənˈsɒlɪdeɪt] **I** *v/t.* **1.** (ver)stärken, festigen, *fig. a.* konsolidieren; **2.** vereinigen: a) zs.-legen, zs.-schließen, b) *Truppen* zs.-ziehen; **3.** ✝ a) *Schulden* konsolidieren, fundieren, b) *Aktien, a.* ⚖ *Klagen* zs.-legen, c) *Gesellschaften* zs.-schließen; **4.** ◉ verdichten; **II** *v/i.* **5.** fest werden; sich festigen (*a. fig.*); **con'sol·i·dat·ed** [-tɪd] *adj.* **1.** fest, dicht, kom'pakt; **2.** *bsd.* ✝ vereinigt, konsolidiert: ~ *annuities* → *consols*; ~ *debt* fundierte Schuld; ⚹ *Fund Brit.* konsolidierter Staatsfonds; **con·sol·i·da·tion** [kənˌsɒlɪˈdeɪʃn] *s.* **1.** (Ver)stärkung *f*, Festigung *f* (*beide a. fig.*); **2.** ✕ a) Zs.-ziehung *f*, b) Ausbau *m*; **3.** ✝ a) Konsolidierung *f*, b) Zs.-legung *f*, Vereinigung *f*, c) Zs.-schluß *m*; **4.** ◉ Verdichtung *f*; **5.** ✍ Flurbereinigung *f*.

con·sols [ˈkɒnsɒlz] *s. pl.* ✝ *Brit.* Kon'sols *pl.*, konsolidierte Staatsanleihen *pl.*

con·som·mé [kənˈsɒmeɪ] (*Fr.*) *s.* Consom'mé *f*, *n* (*klare Kraftbrühe*).

con·so·nance [ˈkɒnsənəns] *s.* **1.** Zs.-, Gleichklang *m*; **2.** ♪ Konso'nanz *f*; **3.** *fig.* Über'einstimmung *f*, Harmo'nie *f*; **'con·so·nant** [-nt] **I** *adj.* □ **1.** ♪ konso-'nant; **2.** über'einstimmend, vereinbar (*with* mit); **3.** gemäß (*to dat.*); **II** *s.* **4.** *ling.* Konso'nant *m*; **con·so·nan·tal**

[ˌkɒnsəˈnæntl] *adj. ling.* konso'nantisch.

con·sort I *s.* [ˈkɒnsɔːt] **1.** Gemahl(in); **2.** ⚓ Geleitschiff *n*; **II** *v/i.* [kənˈsɔːt] **3.** (*with*) verkehren (mit), sich gesellen (zu); **4.** (*with*) über'einstimmen (mit), passen (zu); **con·sor·ti·um** [kənˈsɔː-tjəm] *s.* **1.** Vereinigung *f*, Gruppe *f*, Kon'sortium *n* (*a.* ✝): ~ *of banks* Bankenkonsortium; **2.** ⚖ eheliche Gemeinschaft.

con·spi·cu·i·ty [ˌkɒnspɪˈkjuːətɪ] → *conspicuousness*; **con·spic·u·ous** [kənˈspɪkjʊəs] *adj.* □ **1.** deutlich sichtbar; **2.** auffallend: *be* ~ in die Augen fallen; *be* ~ *by one's absence* durch Abwesenheit glänzen; *make o.s.* ~ sich auffällig benehmen, auffallen; *render o.s.* ~ sich hervortun; **3.** *fig.* bemerkenswert, her'vorragend; **con·spic·u·ous·ness** [kənˈspɪkjʊəsnɪs] *s.* **1.** Deutlichkeit *f*; **2.** Auffälligkeit *f*, Augenfälligkeit *f*.

con·spir·a·cy [kənˈspɪrəsɪ] *s.* Verschwörung *f*, Kom'plott *n*: ~ *of silence* verabredetes Stillschweigen; ~ (*to commit a crime*) *strafbare* Verabredung zur Verübung e-r Straftat; **con'spir·a·tor** [-ətə] *s.* Verschwörer *m*; **con·spir·a-to·ri·al** [kənˌspɪrəˈtɔːrɪəl] *adj.* verschwörerisch, Verschwörungs...; **con·spire** [kənˈspaɪə] **I** *v/i.* **1.** sich verschwören; sich (heimlich) zs.-tun; ⚖ sich *zu e-r Tat* verabreden; **2.** *fig.* zs.-wirken, (insgeheim) dazu beitragen, sich verschworen haben; **II** *v/t.* **3.** (heimlich) planen, anzetteln.

con·sta·ble [ˈkʌnstəbl] *s. bsd. Brit.* Poli'zist *m*, Wachtmeister *m*: *special* ~ Hilfspolizist; → *Chief Constable*; **con·stab·u·lar·y** [kənˈstæbjʊlərɪ] *s.* Poli'zei(truppe) *f*.

con·stan·cy [ˈkɒnstənsɪ] *s.* **1.** Beständigkeit *f*, Unveränderlichkeit *f*; **2.** Bestand *m*, Dauer *f*; **3.** *fig.* Standhaftigkeit *f*; Treue *f*; **'con·stant** [-nt] **I** *adj.* □ **1.** (be)ständig, unveränderlich, gleichbleibend, kon'stant; **2.** dauernd, unaufhörlich; stetig, regelmäßig: ~ *rain* anhaltender Regen; → *companion¹* 2; **3.** standhaft, beharrlich, fest; **4.** verläßlich, treu; **5.** Å, ⚡, *phys.* kon'stant; **II** *s.* **6.** Å, *phys.* kon'stante Größe, Kon-'stante *f*.

con·stel·la·tion [ˌkɒnstəˈleɪʃn] *s.* **1.** Konstellati'on *f*: a) *ast.* Sternbild *n*, b) *fig.* Gruppierung *f*; **2.** glänzende Versammlung.

con·ster·nat·ed [ˈkɒnstəneɪtɪd] *adj.* bestürzt, konsterniert; **con·ster·na·tion** [ˌkɒnstəˈneɪʃn] *s.* Bestürzung *f*.

con·sti·pate [ˈkɒnstɪpeɪt] *v/t.* ✚ verstopfen; **con·sti·pa·tion** [ˌkɒnstɪˈpeɪʃn] *s.* ✚ Verstopfung *f*.

con·stit·u·en·cy [kənˈstɪtjʊənsɪ] *s.* **1.** Wählerschaft *f*; **2.** Wahlkreis *m*; **3.** *Am.* F Kundenkreis *m*; **con·stit·u·ent** [-nt] **I** *adj.* **1.** e-n (Bestand)Teil bildend: ~ *part* Bestandteil *m*; **2.** *pol.* Wähler..., Wahl...: ~ *body* Wählerschaft *f*; **3.** *pol.* konstituierend, verfassunggebend: ~ *assembly* verfassunggebende Versammlung; **II** *s.* **4.** Bestandteil *m*; **5.** ⚖ Vollmachtgeber(in); **6.** *pol.* Wähler (-in); **7.** *ling.* Satzteil *m*; **8.** Å, *phys.* Kompo'nente *f*.

con·sti·tute [ˈkɒnstɪtjuːt] *v/t.* **1.** ernennen, einsetzen: ~ *s.o. president* j-n als

Präsidenten einsetzen; **2.** *Gesetz* in Kraft setzen; **3.** *oft pol.* gründen, einsetzen, konstituieren: ~ *a committee* e-n Ausschuß einsetzen; *the ~d authorities* die verfassungsmäßigen Behörden; **4.** ausmachen, bilden: ~ *a precedent* e-n Präzedenzfall bilden; *be so ~d that* so geartet sein, daß.

con·sti·tu·tion [ˌkɒnstɪˈtjuːʃn] *s.* **1.** Zs.-setzung *f*, (Auf)Bau *m*, Beschaffenheit *f*; **2.** Einsetzung *f*, Bildung *f*, Gründung *f*; **3.** Konstituti'on *f*, Körperbau *m*, Na-'tur *f*: *by* ~ von Natur; *strong* ~ starke Konstitution; **4.** Gemütsart *f*, Wesen *n*, Veranlagung *f*; **5.** *pol.* Verfassung *f*, Grundgesetz *n*, Satzung *f*; **con·sti'tu·tion·al** [-ʃənl] **I** *adj.* □ **1.** körperlich bedingt, angeboren, veranlagungsgemäß; **2.** *pol.* verfassungsmäßig, rechtsstaatlich, Verfassungs...: ~ *monarchy* konstitutionelle Monarchie; ~ *state* Rechtsstaat *m*; **II** *s.* **3.** F (Verdauungs-)Spaziergang *m*; **con·sti'tu·tion·al·ism** [-ʃnəlɪzəm] *s. pol.* verfassungsmäßige Regierungsform; **con·sti'tu·tion·al·ist** [-ʃnəlɪst] *s. pol.* Anhänger *m* der verfassungsmäßigen Regierungsform.

con·strain [kənˈstreɪn] *v/t.* **1.** zwingen, nötigen, drängen: *be* (*od. feel*) ~*ed* sich genötigt sehen; **2.** erzwingen; **3.** einzwängen; einsperren; **con'strained** [-nd] *adj.* □ gezwungen, steif, verkrampft, verlegen, befangen; **con-'strain·ed·ly** [-nɪdlɪ] *adv.* gezwungen; **con'straint** [-nt] *s.* **1.** Zwang *m*, Nötigung *f*: *under* ~ unter Zwang, zwangsweise; **2.** Beschränkung *f*; **3.** a) Befangenheit *f*, b) Gezwungenheit *f*; **4.** Zu-'rückhaltung *f*.

con·strict [kənˈstrɪkt] *v/t.* zs.-ziehen, -pressen, -schnüren, einengen; **con-'strict·ed** [-tɪd] *adj.* eingeengt; beschränkt; **con'stric·tion** [-kʃn] *s.* Zs.-ziehung *f*, Einschnürung *f*; Beengtheit *f*; **con'stric·tor** [-tə] *s.* **1.** *anat.* Schließmuskel *m*; **2.** *zo.* 'Boa *f*, Riesenschlange *f*.

con·strin·gent [kənˈstrɪndʒənt] *adj.* zs.-ziehend.

con·struct [kənˈstrʌkt] *v/t.* **1.** bauen, errichten; **2.** ◉, Å, *ling.* konstruieren; **3.** *fig.* aufbauen, gestalten, formen; ausarbeiten, entwerfen, ersinnen; **con-'struc·tion** [-kʃn] *s.* **1.** (Er)Bauen *n*, Bau *m*, Errichtung *f*: *under* ~ im Bau; **2.** Bauwerk *n*, Bau *m*, Gebäude *n*; **3.** Bauweise *f*; *fig.* Aufbau *m*, Anlage *f*, Gestaltung *f*, Form *f*; **4.** ◉, Å Konstrukti'on *f*; **5.** *ling.* Konstrukti'on *f*, Satzbau *m*, Wortfügung *f*; **6.** Auslegung *f*, Deutung *f*: *put a wrong* ~ *on s.th.* et. falsch auslegen *od.* auffassen; **con'struc·tion·al** [-kʃənl] *adj.* Bau..., Konstruktions..., baulich; **con'struc·tive** [-tɪv] *adj.* □ **1.** aufbauend, schaffend, schöpferisch, konstruk'tiv; **2.** konstruk'tiv, positiv: ~ *criticism*; **3.** Bau..., Konstruktions...; **4.** a) *a.* ⚖ abgeleitet, angenommen, b) ⚖ mittelbar; **con'struc·tor** [-tə] *s.* Erbauer *m*, Kon'strukteur *m*.

con·strue [kənˈstruː] **I** *v/t.* **1.** *ling.* a) *Satz* zergliedern, konstruieren, b) (Wort für Wort) über'setzen; **2.** auslegen; deuten; auffassen; **II** *v/i.* **3.** *ling.* sich konstruieren *od.* zergliedern lassen.

con·sub·stan·ti·al·i·ty ['kɒnsəb,stænʃɪ-'ælətɪ] s. eccl. Wesensgleichheit f (der drei göttlichen Personen); **con·sub·stan·ti·ate** [,kɒnsəb'stænʃɪeɪt] v/t. (v/i. sich) zu e-m einzigen Wesen vereinigen; **'con·sub,stan·ti·a·tion** [-ɪ'eɪʃn] s. eccl. Konsubstantiati'on f (Mitgegenwart des Leibes u. Blutes Christi beim Abendmahl).

con·sue·tude ['kɒnswɪtju:d] s. Gewohnheit f, Brauch m; **con·sue·tu·di·nar·y** [,kɒnswɪ'tju:dɪnərɪ] adj. gewohnheitsmäßig, Gewohnheits...

con·sul ['kɒnsəl] s. Konsul m: ~**-general** Generalkonsul; **'con·su·lar** [-sjʊlə] Konsulats..., Konsular..., konsu'larisch: ~ **invoice** † Konsulatsfaktura f; **'con·su·late** [-sjʊlət] s. Konsu'lat n (a. Gebäude); ~**-general** Generalkonsulat; **'con·sul·ship** [-ʃɪp] s. Amt n e-s Konsuls.

con·sult [kən'sʌlt] I v/t. **1.** um Rat fragen, befragen, Arzt etc. zu Rate ziehen, konsultieren; ~ **one's watch** auf die Uhr sehen; ~ **the dictionary** im Wörterbuch nachschlagen; **2.** beachten, berücksichtigen: ~ **s.o.'s wishes**; II v/i. **3.** sich beraten od. besprechen (**with** mit, **about** über acc.); **con'sult·ant** [-tənt] s. **1.** (Fach-, Betriebs- etc.)Berater m; **2.** ♯ a) Facharzt m, b) fachärztlicher Berater; **con·sul·ta·tion** [,kɒnsəl-'teɪʃn] s. Beratung f, Rücksprache f (on über acc.), Konsultati'on f (a. ♯): ~ **hour** ♯ Sprechstunde f; **con'sult·a·tive** [-tətɪv] adj. beratend; **con'sult·ing** [-tɪŋ] adj. beratend: ~ **engineer** technischer (Betriebs)Berater; ~ **room** ♯ Sprechzimmer n.

con·sum·a·ble [kən'sju:məbl] I adj. verzehrbar, verbrauchbar, zerstörbar; II s. mst pl. Ver'brauchsar,tikel m; **con·sume** [kən'sju:m] I v/t. **1.** verzehren (a. fig.), verbrauchen: **be ~d with** fig. erfüllt sein von, von Haß, Verlangen verzehrt werden, vor Neid vergehen; **consuming desire** brennende Begierde; **2.** zerstören: ~**d by fire** ein Raub der Flammen; **3.** (auf)essen, trinken; **4.** verschwenden; Zeit rauben od. benötigen; II v/i. **5.** a. ~ **away** sich verzehren (a. fig.); sich verbrauchen od. abnutzen; **con'sum·er** [-mə] s. Verbraucher m, Abnehmer m, Konsu'ment m: ~ **goods** Konsumgüter; ~ **resistance** Kaufunlust f; ~ **society** Konsumgesellschaft f; **ultimate** ~ Endverbraucher m; **con'sum·er·ism** [-mərɪzəm] s. **1.** Verbraucherschutzbewegung f; **2.** kritische Verbraucherhaltung.

con·sum·mate I v/t. ['kɒnsəmeɪt] voll'enden; bsd. Ehe voll'ziehen; II adj. □ [kən'sʌmɪt] voll'endet, 'vollkommen, völlig: ~ **skill** höchste Geschicklichkeit; **con·sum·ma·tion** [,kɒnsə'meɪʃn] s. **1.** Voll'endung f, Ziel n, Ende n; **2.** Erfüllung f; **3.** ṯẕ Voll'ziehung f (Ehe).

con·sump·tion [kən'sʌmpʃn] s. **1.** Verbrauch m, Kon'sum m (of an dat. od. von); **2.** Verzehrung f; Zerstörung f; **3.** Verzehr m: **unfit for human** ~ für menschlichen Verzehr ungeeignet; **for public** ~ fig. für die Öffentlichkeit bestimmt; **4.** ♯ obs. Schwindsucht f; **con'sump·tive** [-ptɪv] I adj. □ **1.** verbrauchend, Verbrauchs...; **2.** (ver)zehrend; **3.** ♯ obs. schwindsüchtig; II s. **4.** ♯

obs. Schwindsüchtige(r m) f.

con·tact ['kɒntækt] I s. **1.** Berührung f (a. Å), Kon'takt m; ✕ Feindberührung f; **2.** fig. Kon'takt m: a) Verbindung f, Beziehung f, Fühlung f (a. ✕), b) Verbindungs-, Gewährsmann m, c) pol. Kon'taktmann m (Agent): **make** ~ Verbindungen anknüpfen; **business** ~ Geschäftsverbindung; **3.** ∮ Kon'takt m: a) Anschluß m, b) Kon'taktstück n: **make (break)** ~ Kontakt herstellen (unterbrechen); **4.** ✈ Kon'taktper,son f; II v/t. **5.** in Berührung kommen mit; Kon'takt haben mit, berühren; **6.** fig. sich in Verbindung setzen mit, Beziehungen od. Kon'takt aufnehmen zu, sich an j-n wenden; ~ **box** s. ∮ Anschlußdose f; ~ **break·er** s. ∮ ('Strom-) Unter,brecher m; ~ **flight** s. ✈ Sichtflug m; ~ **lens** s. ♯ Haft-, Kon'taktschale f, Kon'taktlinse f; ~ **light** s. ✈ Lande-(bahn)feuer n; '~-,**mak·er** s. ∮ Einschalter m, Stromschließer m; ~ **man** s. [irr.] → contact 2 b, c; ~ **mine** s. ✕ Tretmine f.

con·tac·tor ['kɒntəktə] s. ∮ (Schalt-) Schütz n: ~ **switch** Schütz(schalter m). **con·tact| print** s. phot. Kon'taktabzug m; ~ **rail** s. ∮ Kon'taktschiene f.

con·ta·gion [kən'teɪdʒən] s. **1.** ♯ a) Ansteckung f (durch Berührung), b) ansteckende Krankheit; **2.** fig. Vergiftung f; verderblicher Einfluß; **con'ta·gious** [-dʒəs] adj. □ **1.** ♯ a) ansteckend (a. fig. Stimmung etc.), b) infiziert: ~ **matter** Krankheitsstoff m; **2.** fig. obs. verderblich.

con·tain [kən'teɪn] v/t. **1.** enthalten; fig. a. beinhalten; **2.** (um)'fassen, einschließen, aufnehmen, Raum haben für; **3.** bestehen aus, messen; **4.** zügeln, im Zaum halten, bändigen: ~ **one's anger, 5.** ~ **o.s.** sich beherrschen od. mäßigen: **be unable to** ~ **o.s. for** sich nicht fassen können vor; **6.** a. ✕ festu'rückhalten; ✕ Feindkräfte fesseln, binden; a. pol. eindämmen: ~ **the attack** den Angriff abriegeln; ~ **a fire** e-n Brand unter Kontrolle bringen od. eindämmen; **7.** Å teilbar sein durch; **con'tain·er** [-nə] s. **1.** Behälter m; Gefäß n; Ka'nister m; **2.** ✈ Con'tainer m (Großbehälter): ~ **port** Containerhafen m; ~ **ship** Containerschiff n; **con'tain·er·ize** [-nəraɪz] v/t. **1.** auf Con'tainerbetrieb 'umstellen; **2.** in Con'tainern transportieren; **con'tain·ment** [-mənt] s. fig. Eindämmung f, In-'Schach-Halten n: **policy of** ~ Eindämmungspolitik f.

con·tam·i·nant [kən'tæmɪnənt] s. Verseuchungsstoff m; **con'tam·i·nate** [-neɪt] v/t. **1.** verunreinigen; **2.** a. fig. infizieren, vergiften, (a. radioak'tiv) verseuchen: ~**d area** verseuchtes Gelände; **con·tam·i·na·tion** [kən,tæmɪ-'neɪʃn] s. **1.** Verunreinigung f; **2.** (a. radioak'tiv etc.) Verseuchung: ~ **meter** Geigerzähler m; **3.** ling. Kontaminati'on f.

con·tan·go [kən'tæŋgəʊ] s. † Börse: Re'port m (Kurszuschlag).

con·temn [kən'tem] v/t. poet. verachten; **con'tem·nor** [-nə] s. ṯẕ j-d der **contempt of court** begeht (→ contempt 4).

con·tem·plate ['kɒntempleɪt] I v/t. **1.**

(nachdenklich) betrachten; nachdenken über (acc.); über'denken; **2.** ins Auge fassen, erwägen, beabsichtigen; **3.** erwarten, rechnen mit; II v/i. **4.** nachsinnen; **con·tem·pla·tion** [,kɒntem'pleɪʃn] s. **1.** (nachdenkliche) Betrachtung; **2.** Nachdenken n, -sinnen n; **3.** bsd. eccl. Meditati'on f, innere Einkehr, Versunkenheit f; **4.** Erwägung f: **have in** ~ → **contemplate** 2; **be in** ~ erwogen od. geplant werden; **5.** Absicht f; **'con·tem·pla·tive** [-tɪv] adj. □ **1.** nachdenklich; **2.** beschaulich, besinnlich, kontempla'tiv.

con·tem·po·ra·ne·ous [kən,tempə-'reɪnjəs] adj. □ gleichzeitig (**with** mit); **con,tem·po·ra·ne·ous·ness** [-nɪs] s. Gleichzeitigkeit f; **con·tem·po·rar·y** [kən'tempərərɪ] I adj. **1.** zeitgenössisch: a) heutig, unserer Zeit, b) der damaligen Zeit: ~ **history** Zeitgeschichte f; **2.** gleichalt(e)rig; II s. **3.** Zeitgenosse m, -genossin f; **4.** Altersgenosse m, -genossin f; **5.** gleichzeitig erscheinende Zeitung, Konkur'renz(blatt n) f.

con·tempt [kən'tempt] s. **1.** Verachtung f, Geringschätzung f: **feel** ~ **for s.o., hold s.o. in** ~ j-n verachten; **bring into** ~ verächtlich machen; → **beneath** II; **2.** Schande f, Schmach f: **fall into** ~ in Schande geraten; **3.** 'Mißachtung f; **4.** ~ (**of court**) ṯẕ 'Mißachtung des Gerichts (Ungebühr, Nichterscheinen etc.); **con·tempt·i·bil·i·ty** [kən,temptə'bɪlətɪ] s. Verächtlichkeit f; **con'tempt·i·ble** [-təbl] adj. □ **1.** verächtlich, verachtenswert, nichtswürdig: **Old ♉s** brit. Expeditionskorps in Frankreich 1914; **2.** gemein, niederträchtig; **con'temp·tu·ous** [-tjʊəs] adj. □ verachtungsvoll, geringschätzig: **be** ~ **of s.th.** et. verachten; **con'temp·tu·ous·ness** [-tjʊəsnɪs] s. Verachtung f, Geringschätzigkeit f.

con·tend [kən'tend] I v/i. **1.** kämpfen, ringen (**with** mit, **for** um); **2.** mit Worten streiten, disputieren (**about** über acc., **against** gegen); **3.** wetteifern, sich bewerben (**for** um); II v/t. **4.** behaupten, geltend machen (**that** daß); **con'tend·er** [-də] s. Kämpfer(in); Bewerber(in) (**for** um); Konkur'rent(in); **con'tend·ing** [-dɪŋ] adj. **1.** streitend; kämpfend; **2.** wider'streitend; **3.** konkurrierend.

con·tent¹ ['kɒntent] s. **1.** mst pl. (Raum)Inhalt m, Fassungsvermögen n; 'Umfang m; **2.** pl. a. fig. Inhalt m (Buch etc.); **3.** mst 🝆 Gehalt m: **gold** ~ Goldgehalt.

con·tent² [kən'tent] I pred. adj. **1.** zu'frieden; **2.** bereit, willens (**to** inf. zu inf.); **3.** parl. Brit. (nur House of Lords) einverstanden: **not** ~ dagegen; II v/t. **4.** befriedigen, zu'friedenstellen; **5.** ~ **o.s.** zu'frieden sein, sich zufrieden geben od. begnügen od. abfinden (**with** mit); III s. **6.** Zu'friedenheit f, Befriedigung f: **to one's heart's** ~ nach Herzenslust; **7.** mst pl. parl. Brit. Ja-Stimmen pl.; **con'tent·ed** [-tɪd] adj. □ zu'frieden (**with** mit); **con'tent·ed·ness** [-tɪdnɪs] s. Zu'friedenheit f.

con·ten·tion [kən'tenʃn] s. **1.** Streit m, Zank m; **2.** Wortstreit m; **3.** Behauptung f: **my** ~ **is that** ich behaupte, daß; **4.** Streitpunkt m; **con'ten·tious** [-ʃəs] adj. □ **1.** streitsüchtig; **2.** streitig (a.

ɪ̃ɜ̃), strittig, um'stritten; **con'ten-tious·ness** [-ʃəsnɪs] s. Streitsucht f.

con·tent·ment [kən'tentmənt] s. Zu'friedenheit f.

con·test I s. ['kɒntest] **1.** Kampf m, Streit m; **2.** Wettkampf m, -streit m, -bewerb m (**for** um); **II** v/t. [kən'test] **3.** ✗ u. fig. kämpfen um; **4.** konkurrieren od. sich bewerben um; **5.** pol. ~ **a seat** od. **an election** für e-e Wahl kandidieren; **6.** bestreiten; a. ɪ̃ɜ̃ Aussage, Testament, Wahl(ergebnis) etc. anfechten; **III** v/i. [kən'test] **7.** wetteifern (**with** mit); **con'test·a·ble** [kən'testəbl] adj. strittig; anfechtbar; **con'test·ant** [kən'testənt] s. **1.** (Wett)Bewerber(in); **2.** Wettkämpfer(in); **3.** Kandi'dat(in); **4.** ɪ̃ɜ̃ a) streitende Par'tei, b) Anfechter(in); **con·tes·ta·tion** [ˌkɒntes'teɪʃn] s. Streit m; Dis'put m.

con·text ['kɒntekst] s. **1.** (inhaltlicher) Zs.-hang, Kontext m: **out of** ~ aus dem Zs.-hang gerissen; **2.** Um'gebung f, Mili'eu n; **con·tex·tu·al** [kɒn'tekstjʊəl] adj. □ dem Zs.-hang gemäß; **con·tex·ture** [kɒn'tekstʃə] s. **1.** (Auf)Bau m, Gefüge n, Struk'tur f; **2.** Gewebe n.

con·ti·gu·i·ty [ˌkɒntɪ'gjuːətɪ] s. **1.** (to) Angrenzen n (an acc.), Berührung f (mit); **2.** Nähe f, Nachbarschaft f; **con·tig·u·ous** [kən'tɪgjʊəs] adj. □ (to) **1.** angrenzend (an acc.), berührend (acc.); **2.** nahe, benachbart (dat.).

con·ti·nence ['kɒntɪnəns] s. Mäßigkeit f, (bsd. sexuelle) Enthaltsamkeit f; **con·ti·nent** [-nənt] **I** adj. □ **1.** mäßig; enthaltsam, keusch; **II** s. **2.** Konti'nent m, Erdteil m; **3.** Festland n: **the ⌀** Brit. das europäische Festland.

con·ti·nen·tal [ˌkɒntɪ'nentl] **I** adj. □ **1.** kontinen'tal, Kontinental...: ~ **shelf** Festlandsockel m; **2.** mst ⌀ Brit. kontinen'tal (das europäische Festland betreffend); ausländisch: ~ **quilt** Brit. Federbett n; ~ **tour** Europareise f; **II** s. **3.** Festländer(in); **4.** ⌀ Brit. Kontinen'taleuro¡päer(in); **¡con·ti'nen·tal·ize** [-təlaɪz] v/t. kontinen'talen Cha'rakter geben (dat.): **~d** Brit. ,europäisiert'.

con·tin·gen·cy [kən'tɪndʒənsɪ] s. **1.** Eventuali'tät f, Möglichkeit f, unvorhergesehener Fall: ~ **insured** against Versicherungsfall m; **2.** Zufälligkeit f, Zufall m; **3.** pl. ✝ unvorhergesehene Ausgaben pl.; **con'tin·gent** [-nt] **I** adj. □ **1.** eventu'ell, möglich; zufällig, ungewiß; gelegentlich; **2.** (on, upon) abhängig (von), bedingt (durch), verbunden (mit): ~ **fee** Erfolgshonorar n; ~ **reserve** ✝ Sicherheitsrücklage f; **II** s. **3.** Anteil m, Beitrag m, Quote f, (✗ 'Truppen)Kontin¡gent n; **con'tin·gent·ly** [-ntlɪ] adv. möglicherweise.

con·tin·u·al [kən'tɪnjʊəl] adj. □ **1.** fortwährend, 'ununter¡brochen, (an)dauernd, (be)ständig; **2.** immer 'wiederkehrend, (sehr) häufig, oft wieder'holt; **3.** a. A kontinu'ierlich, stetig; **con·tin·u·al·ly** [-lɪ] adv. **1.** fortwährend etc.; **2.** immer wieder; **con·tin·u·ance** [-əns] s. **1.** → continuation 1, 2; **2.** Dauer f, Beständigkeit f; **3.** (Ver)Bleiben n; **con'tin·u·ant** [-ənt] s. **1.** ling. Dauerlaut m; **2.** A Kontinu'ante f; **con·tin·u·a·tion** [kənˌtɪnjʊ'eɪʃn] s. **1.** Fortsetzung f (a. e-s Romans etc.), Weiterführung f; ~ **school** Fortbildungs-

schule f; **2.** Fortbestand m, -dauer f; **3.** Erweiterung f; **4.** Verlängerung(sstück n) f; **5.** ✝ Prolongati'on f; **con·tin·ue** [kən'tɪnjuː] **I** v/i. **1.** fortfahren, weitermachen; **2.** fortdauern: a) (an)dauern, anhalten, b) sich fortsetzen, weitergehen, c) (fort)bestehen; **3.** (ver)bleiben: ~ **in office** im Amt bleiben; **4.** ver-, beharren (**in** bei, in dat.); **5.** ~ **doing**, ~ **to do** weiter od. auch weiterhin tun; ~ **talking** weiterreden; ~ (**to be**) **obstinate** eigensinnig bleiben; **II** v/t. **6.** fortsetzen, -führen, fortfahren mit: **to be ~d** Fortsetzung folgt; **7.** verlängern, weiterführen; **8.** aufrechterhalten, beibehalten, erhalten; belassen; **9.** vertagen; **con'tin·ued** [-juːd] adj. □ **1.** → **continuous** 1–3: ~ **existence** Fortbestand m; **2.** in Fortsetzungen erscheinend; **con·ti·nu·i·ty** [ˌkɒntɪ'njuːətɪ] s. **1.** Fortbestand m, Stetigkeit f; **2.** Zs.-hang m; enge Verbindung; **3.** 'ununter¡brochene Folge; **4.** fig. roter Faden; Film: Drehbuch n; Radio, TV: Manu'skript n: ~ **girl** Skriptgirl n; ~ **writer** a) Drehbuchautor m, b) Textschreiber m.

con·tin·u·ous [kən'tɪnjʊəs] adj. □ **1.** 'ununter¡brochen, (fort)laufend; zs.-hängend; **2.** unaufhörlich, andauernd, fortwährend; **3.** kontinu'ierlich (a. ☼, phys.): ~ **function**; **4.** ling. progres'siv: ~ **form** Verlaufsform f; ~ **cur·rent** s. ⚡ Gleichstrom m; ~ **fire** s. ✗ Dauerfeuer n; ~ **op·er·a·tion** s. ☼ Dauerbetrieb m; ~ **pa·per** s. 'Endlos¡papier n; ~ **per·form·ance** s. thea. Non'stopvorstellung f.

con·tin·u·um [kɒn'tɪnjʊəm] **1.** ⚛ Kon'tinuum n; **2.** → **continuity** 3.

con·tort [kən'tɔːt] v/t. **1.** (a. Worte etc.) verdrehen; **2.** Gesicht etc. verzerren, verziehen; **con'tor·tion** [-ɔːʃn] s. **1.** Verzerrung f; **2.** Verrenkung f; **con'tor·tion·ist** [-ɔːʃnɪst] s. **1.** Schlangenmensch m; **2.** Wortverdreher(in).

con·tour ['kɒnˌtʊə] s. Kon'tur f, 'Umriß(linie f) m; **II** v/t. um'reißen, den 'Umriß zeichnen von; profilieren; Straße e-r Höhenlinie folgen lassen; ~ **chair** s. körpergerecht gestalteter Sessel; ~ **lathe** s. ☼ Kopierdrehbank f; ~ **line** s. surv. Höhenlinie f; ~ **map** s. Höhenlinienkarte f.

con·tra ['kɒntrə] **I** prp. gegen, kontra (acc.); **II** adv. da'gegen; **III** s. ✝ Gegen-, 'Kreditseite f: ~ **account** Gegenrechnung f.

'con·tra·band I s. **1.** 'Konterbande f, Bann-, Schmuggelware f: ~ **of war** Kriegskonterbande; **2.** Schmuggel m, Schleichhandel m; **II** adj. **3.** Schmuggel..., gesetzwidrig; **¡'bass** [-'beɪs] s. ♪ 'Kontrabaß m; **¡'bas·soon** s. ♪ 'Kontrafa¡gott m.

con·tra·cep·tion [ˌkɒntrə'sepʃn] s. Empfängnisverhütung f; **¡con·tra'cep·tive** [-ptɪv] adj. u. s. empfängnisverhütend(es Mittel).

con·tract I s. ['kɒntrækt] **1.** a. ɪ̃ɜ̃ Vertrag m, Kon'trakt m: **by** ~ vertraglich; **under** ~ a) (**to**) vertraglich verpflichtet (dat.), b) (**to kill**) Mordauftrag m; **2.** Vertragsurkunde f; **3.** ✝ (Liefer-, Werk-)Vertrag m, (fester) Auftrag: ~ **note** Schlußschein m, -note f; ~ **processing** Lohnveredelung f; **4.** Ak'kord(arbeit f)

m; **5.** a. **marriage** ~ Ehevertrag m; **6.** a) a. ~ **bridge** Kontrakt-Bridge n (Kartenspiel), b) höchstes Gebot; **II** v/t. [kən'trækt] **7.** Muskel zs.-ziehen; Stirn runzeln; **8.** ling. zs.-ziehen, verkürzen; **9.** ein-, verengen, be-, einschränken; **10.** Gewohnheit annehmen, sich e-e Krankheit zuziehen; Vertrag, Ehe, Freundschaft schließen; Schulden machen; **III** v/i. [kən'trækt] **11.** sich zs.-ziehen, (ein)schrumpfen; **12.** enger od. kürzer od. kleiner werden; **13.** e-n Vertrag schließen, sich vertraglich verpflichten (**to** inf. zu inf., **for** zu): ~ **for s.th.** et. vertraglich übernehmen; **as ~ed** wie (vertraglich) vereinbart; **the ~ing parties** die vertragschließenden Parteien; ~ **in** v/i. pol. Brit. sich zur Bezahlung des Par'teibeitrages (für die Labour Party) verpflichten; ~ **out** v/i. sich freizeichnen, sich von der Verpflichtung befreien.

con·tract·ed [kən'træktɪd] adj. □ **1.** zs.-gezogen; verkürzt; **2.** fig. engherzig; beschränkt; **con'tract·i·ble** [-təbl], **con'trac·tile** [-taɪl] adj. zs.-ziehbar.

con·trac·tion [kən'trækʃn] s. **1.** Zs.-ziehung f; **2.** ling. Ver-, Abkürzung f; Kurzwort n; **3.** Verkleinerung f, Einschränkung f; **4.** Zuziehung f (Krankheit); Eingehen n (Schulden); Annahme f (Gewohnheit); **con'trac·tive** [-ktɪv] adj. zs.-ziehend; **con'trac·tor** [-ktə] s. **1.** (bsd. 'Bau- etc.)Unter¡nehmer m; **2.** Unter'nehmer m (Dienst-, Werkvertrag), (Ver'trags)Liefe¡rant m; **3.** anat. Schließmuskel m; **con'trac·tu·al** [-ktʃʊəl] adj. vertraglich, Vertrags...: ~ **capacity** ɪ̃ɜ̃ Geschäftsfähigkeit f.

con·tra·dict [ˌkɒntrə'dɪkt] v/t. **1.** (a. o.s. sich) wider'sprechen (dat.); im 'Widerspruch stehen zu; **2.** et. bestreiten, in Abrede stellen; **¡con·tra'dic·tion** [-kʃn] s. **1.** 'Widerspruch m, -rede f: **spirit of** ~ Widerspruchsgeist m; **2.** 'Widerspruch m, Unvereinbarkeit f: **in** ~ **to** im Widerspruch zu; ~ **in terms** Widerspruch in sich; **3.** Bestreitung f; **¡con·tra'dic·tious** [-kʃəs] adj. □ zum 'Widerspruch geneigt, streitsüchtig; **¡con·tra'dic·to·ri·ness** [-tərɪnɪs] s. **1.** 'Widerspruch m; **2.** 'Widerspruchsgeist m; **¡con·tra'dic·to·ry** [-tərɪ] **I** adj. □ (sich) wider'sprechend, entgegengesetzt; unvereinbar; **II** s. 'Widerspruch m, Gegensatz m.

con·tra·dis·tinc·tion [ˌkɒntrədɪ'stɪŋkʃn] s. Gegensatz m: **in** ~ **to** (od. from) im Gegensatz zu.

con·trail ['kɒntreɪl] s. ✈ Kon'densstreifen m.

con·tra·in·di·cate [ˌkɒntrə'ɪndɪkeɪt] v/t. ✚ kontraindizieren.

con·tral·to [kən'træltəʊ] pl. **-tos** s. ♪ Alt m: a) Altstimme f, b) Al'tist(in), c) 'Altpar¡tie f.

con·trap·tion [kən'træpʃn] s. F (neumodischer) Appa'rat, (komisches) Ding(s).

con·tra·pun·tal [ˌkɒntrə'pʌntl] adj. ♪ 'kontrapunktisch.

con·tra·ri·e·ty [ˌkɒntrə'raɪətɪ] s. **1.** Gegensätzlichkeit f, Unvereinbarkeit f; **2.** 'Widerspruch m, Gegensatz m (**to** zu); **con·tra·ri·ly** ['kɒntrərəlɪ] adv. **1.** entgegen (**to** dat.); **2.** andererseits; **con-**

tra·ri·ness ['kɒntrərɪnɪs] *s.* **1.** Gegensätzlichkeit *f*, 'Widerspruch *m*; **2.** Widrigkeit *f*, Ungunst *f*; **3.** F [*a.* kən'treər-] 'Widerspenstigkeit *f*, Eigensinn *m*; **con·tra·ri·wise** ['kɒntrərɪwaɪz] *adv.* im Gegenteil; 'umgekehrt; and(e)rerseits.
con·tra·ry ['kɒntrərɪ] I *adj.* □ → **contrarily**; **1.** entgegengesetzt, gegensätzlich, -teilig; **2.** (*to*) wider'sprechend (*dat.*), im 'Widerspruch (zu); gegen (*acc.*), entgegen (*dat.*): ~ *to expectations* wider Erwarten; **3.** F [*a.* kən'treərɪ] 'widerspenstig, aufsässig; II *adv.* **4.** ~ *to* gegen, wider: *act* ~ *to nature* wider die Natur handeln; III *s.* **5.** Gegenteil *n* (*to* von *od.* gen.): *on the* ~ im Gegenteil; *unless I hear to the* ~ falls ich nichts Gegenteiliges höre; *proof to the* ~ Gegenbeweis *m*.
con·trast I *s.* ['kɒntrɑːst] Kon'trast *m*, Gegensatz *m*: ~ *control* TV Kontrastregler *m*; *by* ~ *with* im Vergleich mit; *in* ~ *to* im Gegensatz zu; *be a great* ~ *to* grundverschieden sein von; II *v/t.* [kən'trɑːst] (*with*) entgegensetzen, gegen'überstellen (*dat.*); vergleichen (mit); III *v/i.* [kən'trɑːst] (*with*) e-n Gegensatz bilden (zu); sich scharf unter'scheiden (von); sich abheben, abstechen (von): ~*ing colo(u)rs* Kontrastfarben; **con·trast·y** [kən'trɑːstɪ] *adj.* kon'trastreich.
con·tra·vene [ˌkɒntrə'viːn] *v/t.* **1.** zu'widerhandeln (*dat.*), verstoßen gegen, über'treten, verletzen; **2.** im 'Widerspruch stehen zu; **3.** bestreiten; **con·tra'ven·tion** [-'venʃn] *s.* (*of*) Über'tretung *f* (von *od.* gen.); Verstoß *m*, Zu'widerhandlung *f* (gegen): *in* ~ *of the rules* entgegen den Vorschriften.
con·tre·temps ['kɔ̃ːntrətɑ̃ːŋ] (*Fr.*) *s.* unglücklicher Zufall, Widrigkeit *f*, ‚Panne' *f*.
con·trib·ute [kən'trɪbjuːt] I *v/t.* **1.** beitragen, beisteuern (*to* zu) (*beide a. fig.*); spenden (*to* für); † a) *Kapital in e-e Firma* einbringen, b) *Brit. Geld* nachschießen; **2.** *Zeitungsartikel* beitragen; II *v/i.* **3.** (*to*) beitragen, e-n Beitrag leisten (zu), mitwirken (an *dat.*, bei): ~ *to a newspaper* für e-e Zeitung schreiben; **con·tri·bu·tion** [ˌkɒntrɪ'bjuːʃn] *s.* **1.** Beitragen *n*; **2.** Beitrag *m* (*a. für Zeitung*), Beisteuer *f*, Beihilfe *f* (*to* zu); Spende *f* (*to* für): *make a* ~ e-n Beitrag liefern; **3.** Mitwirkung *f* (*to* an *dat.*); **4.** † a) Einlage *f*: ~ *in kind* (*cash*) Sach-(Bar-)einlage, b) Nachschuß *m*, c) Sozi'alversicherungsbeitrag *m*: *employer's* ~ Arbeitgeberanteil *m*, Sozialleistung *f*; **con·trib·u·tive** [-jʊtɪv] *adj.* → **contributory** 1, 2; **con·trib·u·tor** [-jʊtə] *s.* **1.** Beitragende(r *m*) *f*; Beisteuernde(r *m*) *f*; **2.** Mitwirkende(r *m*) *f*; Mitarbeiter(in) (*bsd. Zeitung*); **con·trib·u·to·ry** [-jʊtərɪ] I *adj.* **1.** beisteuernd, beitragend (*to* zu); Beitrags...; **2.** mitwirkend (*to* an *dat.*, bei); Mit...: ~ *causes* ztt mitverursachende Umstände; ~ *negligence* mitwirkendes Verschulden; **3.** beitragspflichtig; **4.** † *Brit.* nachschußpflichtig; II *s.* **5.** Beitrags- *od.* † *Brit.* Nachschußpflichtige(r *m*) *f*.
con·trite ['kɒntraɪt] *adj.* □ zerknirscht, reuevoll; **con·tri·tion** [kən'trɪʃn] *s.* Zerknirschung *f*, Reue *f*.

con·triv·ance [kən'traɪvns] *s.* **1.** Ein-, Vorrichtung *f*; Appa'rat *m*; **2.** Kunstgriff *m*, Erfindung *f*, Plan *m*; **3.** Findigkeit *f*, Scharfsinn *m*; **4.** Bewerkstelligung *f*; **con·trive** [kən'traɪv] I *v/t.* **1.** erfinden, ersinnen, (sich) ausdenken, entwerfen; **2.** *Pläne* schmieden, aushecken; **3.** zu'stande bringen; **4.** es fertigbringen, es verstehen, es bewerkstelligen (*to inf.* zu *inf.*); II *v/i.* **5.** Pläne *od.* Ränke schmieden; **6.** haushalten, auskommen.
con·trol [kən'trəʊl] I *v/t.* **1.** beherrschen, die Herrschaft *od.* Kon'trolle haben über (*acc.*), *et.* in der Hand haben *od.* kontrollieren: ~*ling share* (*od. interest*) † maßgebliche Beteiligung; **2.** verwalten, beaufsichtigen, über'wachen; *Preise etc.* kontrollieren, nachprüfen; **3.** lenken, steuern, leiten; regeln, regulieren: *radio-*~*led* funkgesteuert; ~*led ventilation* regulierbare Lüftung; **4.** (*a. o.s.*) sich beherrschen, meistern, im Zaum halten, Einhalt gebieten (*dat.*); zügeln; **5.** in Schranken halten, bekämpfen; **6.** (staatlich) bewirtschaften, planen, binden: ~*led economy* Planwirtschaft *f*; ~*led prices* gebundene Preise; ~*led rent* preisrechtlich gebundene Miete; II *s.* **7.** Macht *f*, Gewalt *f*, Herrschaft *f*, Kon'trolle *f* (*of, over* über *acc.*): *foreign* ~ Überfremdung *f*; *bring under* ~ Herr werden über (*acc.*); *have the situation under* ~ Herr der Lage sein; *get* ~ *over* in s-e Gewalt bekommen; *get beyond s.o.'s* ~ j-m über den Kopf wachsen; *get out of* ~ außer Kontrolle geraten; *have* ~ *over* a) → 1, b) Gewalt haben über (*acc.*); *keep under* ~ im Zaume halten; *lose* ~ *over* die Herrschaft *od.* Gewalt *od.* Kontrolle verlieren über (*acc.*); *circumstances beyond our* ~ unvorhersehbare Umstände; **8.** Machtbereich *m*, Verantwortung *f*; **9.** Aufsicht *f*, Kontrolle *f* (*of* über *acc.*): Leitung *f*, Über'wachung *f*, (Nach)Prüfung *f*; ztt (*of*) a) Verfügungsgewalt (über *acc.*), b) (Per'sonen)Sorge *f* (für): *be in* ~ *of s.th.* et. unter sich haben, et. leiten; *be under s.o.'s* ~ j-m unterstellt sein *od.* unterstehen; *traffic* ~ Verkehrsregelung *f*; **10.** Bekämpfung *f*, Eindämmung *f*: *without* ~ uneingeschränkt, frei; *beyond* ~ nicht einzudämmen, nicht zu bändigen; *be out of* ~ nicht zu halten sein; *get under* ~ eindämmen, bewältigen; *noise* ~ Lärmbekämpfung *f*; **11.** *mst pl.* ⚙ a) Steuerung *f*, 'Steuerˌorgan *n*, b) Reguliervorrichtung *f*, Regler *m*, Kon'trollhebel *m*: *be at the* ~*s fig.* an den Hebeln der Macht sitzen; **12.** ↯, ⚙ Regelung *f*; **13.** *pl.* ✈ Steuerung *f*, Leitwerk *n*; **14.** † a) (Kapital-, Konsum- etc.) Lenkung *f*, b) (Zwangs)Bewirtschaftung *f*: *foreign exchange* ~ Devisenkontrolle *f*; **15.** a) Kon'trolle *f*, Anhaltspunkt *m*, b) Vergleichswert *m*, c) Kon'troll-, Gegenversuch *m*.
con·trol| **board** *s.* ↯ Schalttafel *f*; ~ **col·umn** *s.* **1.** ✈ Steuersäule *f*; **2.** ⚙ Lenksäule *f*; ~ **desk** *s.* ↯ Steuer-, Schaltpult *n*; *Radio, TV:* Re'giepult *n*; ~ **en·gi·neer·ing** *s.* 'Steuerungs-, 'Regel,technik *f*; ~ **ex·per·i·ment** → *control* 15 c; ~ **knob** *s.* ⚙, ↯ Bedienungsknopf *m*.

con·trol·la·ble [kən'trəʊləbl] *adj.* **1.** kontrollierbar, regulierbar, lenkbar; **2.** zu beaufsichtigen(d); zu beherrschen(d); **con'trol·ler** [-lə] *s.* **1.** Kon'trol'leur *m*, Aufseher *m*; Leiter *m*; Kon'trollbeˌamte(r) *m*, ✈ *a.* Fluglotse *m*; **2.** Rechnungsprüfer *m* (*Beamter*); **3.** ↯ Regler *m*; *mot.* Fahrschalter *m*; **4.** *sport* Kon'trollposten *m*.
con·trol| **le·ver** *s. mot.* Schalthebel *m*; ✈ Steuerknüppel *m*; ~ **pan·el** *s.* ⚙ Bedienungsfeld *n*; ~ **post** *s.* ⚔ Kon'trollposten *m*; ~ **room** *s.* **1.** Kon'trollraum *m*, (⚔ Be'fehls)Zenˌtrale *f*; **2.** *Radio, TV:* Re'gieraum *m*; ~ **stick** *s.* ✈ Steuerknüppel *m*; ~ **sur·face** *s.* Steuerfläche *f*; ~ **tow·er** *s.* ✈ Kon'trollturm *m*, Tower *m*.
con·tro·ver·sial [ˌkɒntrə'vɜːʃl] *adj.* □ **1.** strittig, um'stritten: ~ *subject* Streitfrage *f*; **2.** po'lemisch; streitlustig; **con·tro'ver·sial·ist** [-ʃəlɪst] *s.* Po'lemiker *m*; **con·tro·ver·sy** ['kɒntrəvɜːsɪ] *s.* **1.** Kontro'verse *f*, Meinungsstreit *m*; Debatte *f*; Aussprache *f*: *beyond* (*od. without*) ~ fraglos, unstreitig; **2.** Streitfrage *f*; **3.** Streit *m*; **con·tro·vert** ['kɒntrəvɜːt] *v/t.* **1.** bestreiten, anfechten; **2.** wider'sprechen (*dat.*); **con·tro'vert·i·ble** [-ɜːtəbl] *adj.* □ strittig; anfechtbar.
con·tu·ma·cious [ˌkɒntjuː'meɪʃəs] *adj.* □ **1.** 'widerspenstig, halsstarrig; **2.** ztt ungehorsam; **con·tu·ma·cy** ['kɒntjʊməsɪ] *s.* **1.** 'Widerspenstigkeit *f*, Halsstarrigkeit *f*; **2.** ztt Ungehorsam *m od.* (absichtliches) Nichterscheinen vor Gericht: *condemn for* ~ gegen *j-n* ein Versäumnisurteil fällen.
con·tu·me·ly ['kɒntjuːmlɪ] *s.* **1.** Unverschämtheit *f*; **2.** Beleidigung *f*.
con·tuse [kən'tjuːz] *v/t.* ✚ quetschen: ~*d wound* Quetschwunde *f*; **con'tu·sion** [-uːʒn] *s.* ✚ Quetschung *f*.
co·nun·drum [kə'nʌndrəm] *s.* **1.** Scherzfrage *f*, -rätsel *n*; **2.** *fig.* Rätsel *n*.
con·ur·ba·tion [ˌkɒnɜː'beɪʃn] *s.* Ballungsraum *m*, -zentrum *n*, Stadtgroßraum *m*.
con·va·lesce [ˌkɒnvə'les] *v/i.* gesund werden, genesen; **con·va'les·cence** [-sns] *s.* Rekonvales'zenz *f*, Genesung *f*; **con·va'les·cent** [-snt] I *adj.* genesend, auf dem Wege der Besserung: ~ *home* Genesungsheim *n*; II *s.* Rekonvales'zent(in).
con·vec·tion [kən'vekʃn] *s. phys.* Konvekti'on *f*; **con'vec·tor** [-ktə] *s. phys.* Konvekti'ons(strom)leiter *m*.
con·vene [kən'viːn] I *v/t.* **1.** zs.-rufen, (ein)berufen; versammeln; **2.** ztt vorladen; II *v/i.* **3.** zs.-kommen, sich versammeln.
con·ven·ience [kən'viːnjəns] *s.* **1.** Annehmlichkeit *f*, Bequemlichkeit *f*: *all* (*modern*) ~*s* alle Bequemlichkeiten *od.* aller Komfort (der Neuzeit); *at your* ~ wenn es Ihnen paßt; *at your earliest* ~ möglichst bald; *at one's own* ~ nach (eigenem) Gutdünken; *suit your own* ~ handeln Sie ganz nach Ihrem Belieben; ~ *food* Fertignahrung *f*; ~ *goods* † *Am.* bequem erhältliche Waren des täglichen Bedarfs; **2.** Vorteil *m*, Nutzen *m*: *it is a great* ~ es ist sehr nützlich; → *flag*[1], *marriage* 2; **3.** Angemessenheit *f*, Eignung *f*; **4.** *Brit.* Klo-

'sett *n*: *public* ~ öffentliche Bedürfnis-anstalt; **con'ven·ient** [-nt] *adj.* □ **1.** bequem, geeignet, günstig, passend: *if it is* ~ *to you* wenn es Ihnen paßt; *it is not* ~ *for me* (*to inf.*) es paßt mir schlecht (zu *inf.*); *make it* ~ es (so) einrichten; **2.** (zweck)dienlich, praktisch, brauchbar; **3.** günstig gelegen.

con·vent ['kɒnvənt] *s.* (*bsd.* Nonnen-) Kloster *n*: ~ (*school*) Klosterschule *f*.

con·ven·ti·cle [kən'ventɪkl] *s. eccl.* Konven'tikel *n*.

con·ven·tion [kən'venʃn] *s.* **1.** Zs.-kunft *f*, (*Am. a.* Par'tei)Versammlung *f*, Kon'vent *m*, (*a.* Be'rufs-, 'Fach)Kon,greß *m*, (-)Tagung *f*; **2.** *a. pol.* Vertrag *m*, Abkommen *n*, Konventi'on *f* (*a.* ✕); **3.** *oft pl.* (gesellschaftliche) Konventi'on, Sitte *f*, Gewohnheits- *od.* Anstandsregel *f*, (stillschweigende) Gepflogenheit *od.* Über'einkunft; **con·ven·tion·al** [-ʃənl] *adj.* □ **1.** herkömmlich, konventio'nell (*beide a.* ✕), üblich, traditio'nell: ~ *weapons*; ~ *sign* (*bsd.* Karten)Zeichen *n*, Symbol *n*; **2.** förmlich, for'mell; **3.** vereinbart, Vertrags...; **4.** *contp.* 'unorigi,nell; **con·ven·tion·al·ism** [-ʃnəlɪzəm] *s.* Festhalten *n* am Hergebrachten; **con·ven·tion·al·i·ty** [kən,venʃə'nælətɪ] *s.* **1.** Herkömmlichkeit *f*, Üblichkeit *f*; **2.** Scha'blonenhaftigkeit *f*; **con'ven·tion·al·ize** [-ʃnəlaɪz] *v/t.* konventio'nell machen *od.* darstellen, den Konventi'onen unter'werfen.

con·verge [kən'vɜːdʒ] *v/i.* zs.-laufen, sich (ein'ander) nähern, ✕ *u. fig.* konvergieren; **con'ver·gence** [-dʒəns], **con'ver·gen·cy** [-dʒənsɪ] *s.* **1.** Zs.-laufen *n*; **2.** ✕ a) Konver'genz *f* (*a. biol., phys.*), b) Annäherung *f*; **con'ver·gent** [-dʒənt] *adj. bsd.* ✕ konver'gent; **con'verg·ing** [-dʒɪŋ] *adj.* zs.-laufend, konvergierend: ~ *lens* Sammellinse *f*; ~ *point* Konvergenzpunkt *m*.

con·vers·a·ble [kən'vɜːsəbl] *adj.* □ unter'haltend, gesprächig; gesellig; **con'ver·sance** [-səns] *s.* Vertrautheit *f* (*with* mit); **con'ver·sant** [-sənt] *adj.* **1.** bekannt, vertraut (*with* mit); **2.** geübt, bewandert, erfahren (*with, in* in *dat.*).

con·ver·sa·tion [,kɒnvə'seɪʃn] *s.* **1.** Unter'haltung *f*, Gespräch *n*, Konversati'on *f*: *enter into a* ~ ein Gespräch anknüpfen; **2.** *obs.* (*a.* Geschlechts-)Verkehr *m*; → *criminal conversation*; **3.** *a.* ~ *piece* a) *paint.* Genrebild *n*, b) *thea.* Konversati'onsstück *n*; **con·ver·sa·tion·al** [-ʃənl] *adj.* □ → *conversationally*; **1.** gesprächig; **2.** Unterhaltungs..., Gesprächs...: ~ *grammar* Konversationsgrammatik *f*; ~ *tone* Plauderton *m*; ,**con·ver·sa·tion·al·ist** [-ʃnəlɪst] *s.* gewandter Unter'halter, guter Gesellschafter; ,**con·ver·sa·tion·al·ly** [-ʃnəlɪ] *adv.* **1.** gesprächsweise; **2.** im Plauderton.

con·ver·sa·zi·o·ne [,kɒnvəsætsɪ'əʊnɪ] *pl.* **-ni** [-niː], **-nes** (*Ital.*) *s.* **1.** 'Abendunter,haltung *f*; **2.** lite'rarischer Gesellschaftsabend.

con·verse¹ [kən'vɜːs] *v/i.* sich unter'halten, sprechen (*with* mit, *on, about* über *acc.*).

con·verse² ['kɒnvɜːs] **I** *adj.* □ gegenteilig, 'umgekehrt; wechselseitig; **II** *s.* 'Umkehrung *f*; Gegenteil *n*; **'con·verse·ly** [-lɪ] *adv.* 'umgekehrt.

con·ver·sion [kən'vɜːʃn] *s.* **1.** *allg.* 'Um-, Verwandlung *f* (*from* von, *into* in *acc.*); **2.** ✝ a) Konvertierung *f*, 'Umwandlung *f* (*Effekten, Schulden*), b) Zs.-legung *f* (*von Aktien*), c) ('Währungs),Umstellung *f*, d) (Ge'schäfts-, *a.* Ver'mögens),Umwandlung *f*; **3.** ✕ a) 'Umrechnung *f* (*into* in *acc.*): ~ *table* Umrechnungstabelle *f*, b) *a. Computer*: 'Umwandlung *f*, c) *a. phls.* 'Umkehrung *f*; **4.** ⊙, *a.* ✝ 'Umstellung *f* (*to* auf *e-e andere Produktion etc.*); **5.** ⊙, △ 'Umbau *m* (*into* in *acc.*); **6.** ⚡ 'Umformung *f*; **7.** ⚛, *phys.* 'Umsetzung *f*; **8.** geistige Wandlung; Meinungsänderung *f*; **9.** 'Übertritt *m*, *bsd. eccl.* Bekehrung *f* (*to* zu); **10.** 🏛 *a.* ~ *to one's own use* 'widerrechtliche Aneignung *od.* Verwendung, *a.* Veruntreuung *f*; **11.** *sport* Verwandlung *f* (*Torschuß*).

con·vert I *v/t.* [kən'vɜːt] **1.** *allg.* 'um-, verwandeln (*a.* 🗗), 'umformen (*a.* ⚡), 'umändern (*into* in *acc.*); **2.** ⊙, △ 'umbauen (*into* zu); **3.** ✝, ⊙ *Betrieb, Maschine, Produktion* 'umstellen (*to* auf *acc.*); **4.** *metall.* frischen; **5.** ✝ a) *Geld* 'um-, einwechseln, *a.* 'umrechnen: ~ *into cash* zu Geld machen, flüssigmachen, b) *Wertpapiere, Schulden* konvertieren, 'umwandeln, c) *Aktien* zs.-legen, d) *Währung* 'umstellen (*to* auf *acc.*); **6.** ⚡ a) 'umrechnen (*into* in *acc.*), b) *Gleichung* auflösen, c) *Proportionen* 'umkehren (*a. phls.*); **7.** *Computer*: 'umsetzen; **8.** *eccl.* bekehren (*to* zu); **9.** (*to*) (zu *e-r* anderen Ansicht) bekehren, *a.* zum 'Übertritt (in *e-e* andere Partei etc.) veranlassen; **10.** 🏛 *a.* ~ *to one's own use* sich 'widerrechtlich aneignen, veruntreuen; **11.** *sport* (zum Tor) verwandeln; **II** *v/i.* **12.** 'umgewandelt (*etc.*) werden (→ I); **13.** sich verwandeln *od.* 'umwandeln (*into* zu); **14.** sich verwandeln (*etc.*) lassen (*into* in *acc.*); **III** *s.* ['kɒnvɜːt] **15.** *bsd. eccl.* Bekehrte(r *m*) *f*, Konver'tit(in): *become a* ~ *to* sich bekehren zu; **con'vert·ed** [-tɪd] *adj.* 'umge-, verwandelt *etc.*: ~ *cruiser* ⚓ Hilfskreuzer *m*; ~ *flat* in Teilwohnungen umgebaute große Wohnung; ~ *steel* Zementstahl *m*; **con'vert·er** [-tə] *s.* ⊙ 'Bessemerbirne *f*; **2.** ✝ 'Umformer *m*; **3.** *TV* Wandler *m*; **4.** ⊙ Bleicher *m*, Appre'teur *m*; **5.** Bekehrer *m*; **con·vert·i·bil·i·ty** [kən,vɜːtə'bɪlətɪ] *s.* **1.** 'Um-, Verwandelbarkeit *f*; **2.** ✝ Konvertierbar-, 'Umwandelbarkeit *f*; **con'vert·i·ble** **I** *adj.* □ **1.** 'um-, verwandelbar; **2.** ✝ konvertierbar, 'umwandelbar: ~ *bond* Wandelobligation *f*; **3.** auswechselbar, gleichbedeutend; **4.** bekehrbar; **5.** *mot.* mit Klappverdeck; **II** *s.* **6.** *mot.* Kabrio'lett *n*.

con·vex [kɒn'veks] *adj.* □ kon'vex, nach außen gewölbt; ✕ ausspringend (*Winkel*); **con·vex·i·ty** [kɒn'veksətɪ] *s.* kon'vexe Form.

con·vey [kən'veɪ] *v/t.* **1.** *Waren etc.* be-fördern, (ver)senden, (fort)schaffen, bringen; **2.** *bsd.* ⊙ (zu)führen, fördern; **3.** über'bringen, -'mitteln, bringen, geben: ~ *greetings* Grüße übermitteln; **4.** *phys. Schall* fortpflanzen, leiten, über'tragen; **5.** *Nachricht etc.* mitteilen, vermitteln; *Meinung, Sinn* ausdrücken; andeuten; (be)sagen: ~ *an idea* e-n Be-

griff geben; *this word* ~*s nothing to me* dieses Wort sagt mir nichts; **6.** über'tragen, abtreten (*to* an *acc.*); **con'vey·ance** [-eɪəns] *s.* **1.** Beförderung *f*, Über'sendung *f*, Trans'port *m*, Spediti'on *f*: *means of* ~ Transportmittel *n*; **2.** Über'bringung *f*, -'mittlung *f*; Ver'mittlung *f*, Mitteilung *f*; **3.** *phys.* Fortpflanzung *f*, Über'tragung *f*; **4.** ⊙ (Zu-)Leitung *f*, Zufuhr *f*; **5.** Beförderungs-, Trans'port-, Verkehrsmittel *n*; **6.** 🏛 a) Über'tragung *f*, Abtretung *f*, Auflassung *f*, b) Abtretungsurkunde *f*; **con'vey·anc·er** [-eɪənsə] *s.* 🏛 No'tar *m* für 'Eigentumsüber,tragungen.

con·vey·er, **con·vey·or** [kən'veɪə] *s.* **1.** Beförderer *m*, (Über)'Bringer(in); **2.** ⊙ Fördergerät *n*, -band *n*, Förderer *m*; ~ *band*, ~ *belt* ⊙ laufendes Band, Förder-, Fließband *n*; ~ *chain* ⊙ Becher-, Förderkette *f*; ~ *spi·ral* ⊙ Förder-, Trans'portschnecke *f*.

con·vict I *v/t.* [kən'vɪkt] **1.** 🏛 über'führen, für schuldig erklären (*of gen.*); **2.** verurteilen; **3.** über'zeugen (*of* von *e-m Unrecht, Fehler etc.*); **II** *s.* ['kɒnvɪkt] **4.** 🏛 a) Verurteilte(r *m*) *f*, Strafgefangene(r *m*) *f*, Sträfling *m*: ~ *colony* Sträflingskolonie *f*; ~ *labo(u)r* Sträflingsarbeit *f*; **con'vic·tion** [-kʃn] *s.* **1.** 🏛 a) Über'führung *f*, Schuldspruch *m*, b) Verurteilung *f*: *previous* ~ Vorstrafe *f*; **2.** Über'zeugung *f*: *carry* ~ überzeugend wirken *od.* klingen; *live up to one's* ~*s* s-r Überzeugung gemäß leben; **3.** Anschauung *f*, Gesinnung *f*; **4.** (*Schuld- etc.*)Bewußtsein *n*.

con·vince [kən'vɪns] *v/t.* über'zeugen (*of* von, *that* daß); **2.** ~ *s.o. of s.th.* j-m et. zum Bewußtsein bringen; **con'vinc·ing** [-sɪŋ] *adj.* □ über'zeugend: ~ *proof* schlagender Beweis; *be* ~ überzeugen.

con·viv·i·al [kən'vɪvɪəl] *adj.* □ **1.** gastlich, festlich, Fest...; **2.** gesellig, gemütlich, lustig; **con·viv·i·al·i·ty** [kən,vɪvɪ-'ælətɪ] *s.* Geselligkeit *f*, Gemütlichkeit *f*, unbeschwerte Heiterkeit.

con·vo·ca·tion [,kɒnvəʊ'keɪʃn] *s.* **1.** Ein-, Zs.-berufung *f*; **2.** *eccl. Brit.* Provinzi'alsy,node *f*; Kirchenversammlung *f*; **3.** *univ.* a) *Brit.* gesetzgebende Versammlung (*Oxford etc.*); außerordentliche Se'natssitzung, b) *Am.* Promoti'ons- *od.* Eröffnungsfeier *f*.

con·voke [kən'vəʊk] *v/t.* (*bsd. amtlich*) ein-, zs.-berufen.

con·vo·lute ['kɒnvəluːt] *adj. bsd.* ♀ zs.-gerollt, ringelförmig; '**con·vo·lut·ed** [-tɪd] *adj. bsd. zo.* zs.-gerollt, gebogen, gewunden, spi'ralig; **con·vo·lu·tion** [,kɒnvə'luːʃn] *s.* Zs.-rollung *f*, -wicklung *f*, Windung *f*.

con·voy ['kɒnvɔɪ] **I** *s.* **1.** Geleit *n*, (Schutz)Begleitung *f*; **2.** ✕ a) Es'korte *f*, Bedeckung *f*, b) (bewachter) Trans'port; **3.** ⚓ Geleitzug *m*; **4.** *a.* ✕ 'Lastwagenko,lonne *f*; **II** *v/t.* **5.** Geleitschutz geben (*dat.*), eskortieren.

con·vulse [kən'vʌls] *v/t.* **1.** erschüttern, in Zuckungen versetzen: *be* ~*d with pain* sich vor Schmerzen krümmen; *be* ~*d* (*with laughter*) e-n Lachkrampf bekommen; **2.** krampfhaft zs.-ziehen *od.* verzerren; **3.** *fig.* erschüttern, in Aufruhr versetzen; **con'vul·sion** [-lʃn] *s.* **1.** ✻ Krampf *m*, Zuckung *f*: *be seized*

with ~**s** Krämpfe bekommen; ~**s** (*of laughter*) *fig.* Lachkrämpfe; **2.** *pol.*, *fig.* Erschütterung *f* (*a. geol.*), Aufruhr *m*; **con'vul·sive** [-sɪv] *adj.* □ **1.** *a. fig.* krampfhaft, -artig, konvul'siv; **2.** *fig.* erschütternd.

co·ny ['kəʊnɪ] *s.* **1.** *zo.* Ka'ninchen *n*; **2.** Ka'ninchenfell *n*.

coo [ku:] **I** *v/i.* gurren (*a. fig.*); **II** *v/t. fig. et.* gurren; **III** *s.* Gurren *n*; **IV** *int. Brit. sl.* Mann!

cook [kʊk] **I** *s.* **1.** Koch *m*, Köchin *f*: *too many* ~**s spoil the broth** viele Köche verderben den Brei; **II** *v/t.* **2.** Speisen kochen, zubereiten, braten, backen: *be* ~*ed alive* F vor Hitze umkommen; **3.** *a.* ~ *up fig.* a) zs.-brauen, erdichten, b) ,frisieren', verfälschen: ~*ed account* ♜ F frisierte Abrechnung; ~ *up a story* e-e Geschichte erfinden; *he is* ~*ed sl.* der ist ,erledigt'; **III** *v/i.* **4.** kochen, sich kochen lassen: ~ *well*; **5.** *what's* ~*ing* F was tut sich?, was ist los?; '~·**book** *s. Am.* Kochbuch *n*.

cook·er ['kʊkə] *s.* **1.** Kocher *m*, Kochgerät *n*; Herd *m*; **2.** Kochgefäß *n*; **3.** *pl.* Kochobst *n*: *these apples are good* ~**s** das sind gute Kochäpfel.

cook·er·y ['kʊkərɪ] *s.* Kochen *n*; Kochkunst *f*; ~ *book s.* *Brit.* Kochbuch *n*.

,cook|·'gen·er·al *s. Brit.* Mädchen *n* für alles; '~·**house** *s.* **1.** Küche(ngebäude *n*) *f* (*a.* ✕); **2.** ⚓ Schiffsküche *f*.

cook·ie ['kʊkɪ] *s.* **1.** *Am.* (süßer) Keks, Plätzchen *n*; **2.** *sl.* a) Kerl *m*, b) ,Puppe' *f*.

cook·ing ['kʊkɪŋ] **I** *s.* **1.** Kochen *n*, Kochkunst *f*; **2.** Küche *f*, Kochweise *f*; **II** *adj.* **3.** Koch...: ~ *apple*, ~ *range s.* Kochherd *m*; ~ *so·da* ~ ☂ 'Natron *n*.

'cook·out *s. Am.* Abkochen *n* (am Lagerfeuer).

cook·y ['kʊkɪ] → *cookie*.

cool [ku:l] **I** *adj.* □ **1.** kühl, frisch; **2.** kühl, gelassen, kalt(blütig): *as* ~ *as a cucumber* ,eiskalt', kaltblütig; *keep* ~! reg dich nicht auf!; ♪ ♬ *Jazz* ,Cool Jazz' *m*; **3.** kühl, gleichgültig, lau; **4.** kühl, kalt, abweisend: *a* ~ *reception* ein kühler Empfang; **5.** unverfroren, frech: ~ *cheek* Frechheit *f*; *a* ~ *customer* ein geriebener Kunde; **6.** *fig.* glatt, rund: *a* ~ *thousand pounds* glatte *od.* die Kleinigkeit von tausend Pfund; **7.** *sl.* ,dufte', ,Klasse', ,toll': *that's* ~*!*; **II** *s.* **8.** Kühle *f*, Frische *f* (*bsd. Luft*): *the* ~ *of the evening* der Abendkühle; **9.** *sl.* (Selbst)Beherrschung *f*: *blow* (*od. lose*) *one's* ~ hochgehen, die Beherrschung verlieren; *keep one's* ~ ruhig bleiben, die Nerven behalten; **III** *v/t.* **10.** (ab)kühlen; → *heel*¹ *Redew.*; **11.** *fig.* Leidenschaften etc. (ab)kühlen, beruhigen; *Zorn etc.* mäßigen; **IV** *v/i.* **12.** kühl werden, sich abkühlen; **13.** *a.* ~ *down fig.* sich abkühlen, erkalten, nachlassen, sich beruhigen; **14.** ~ *down* F ruhiger werden, sich abregen; **15.** ~ *it sl.* ruhig bleiben, die Nerven behalten: ~ *it!* immer mit der Ruhe!, reg dich ab!; '**cool·ant** [-lənt] *s.* ☂ Kühlmittel *n*; '**cool·er** *s.* **1.** (*Wein-etc.*)Kühler *m*; Kühlraum *m*; **3.** *sl.* ,Kittchen' *n*, ,Knast' *m*; ,**cool·'head·ed** *adj.* **1.** besonnen, kaltblütig; **2.** leidenschaftslos.

coo·lie ['ku:lɪ] *s.* Kuli *m*.

cool·ing ['ku:lɪŋ] **I** *adj.* kühlend, erfrischend; Kühl...; **II** *s.* (Ab)Kühlung *f*; ~ *coil s.* Kühlschlange *f*; ~ *plant s.* Kühlanlage *f*.

cool·ness ['ku:lnɪs] *s.* **1.** Kühle *f* (*a. fig.*); **2.** Kaltblütigkeit *f*; **3.** Unfreundlichkeit *f*; **4.** Frechheit *f*.

coomb(e) [ku:m] *s.* Talmulde *f*.

coon [ku:n] *s.* **1.** *zo.* → *raccoon*; **2.** *Am. sl.* a) Neger(in): ~ *song* Negerlied *n*, b) ,schlauer Hund'.

coop [ku:p] **I** *s.* **1.** Hühnerstall *m*; **2.** Fischkorb *m* (*zum Fangen*); **3.** F ,Kabuff' *m*, ,Knast' *m*; **II** *v/t.* **5.** *oft* ~ *up*, ~ *in* einsperren, einpferchen.

co-op ['kəʊɒp] *s.* F Co-op *m* (*Genossenschaft u. Laden*) (*abbr. für cooperative*).

coop·er ['ku:pə] **I** *s.* **1.** Küfer *m*, Böttcher *m*; **2.** Mischbier *n*; **II** *v/t.* **3.** Fässer machen, ausbessern; '**coop·er·age** [-ərɪdʒ] *s.* Böttche'rei *f*.

co-op·er·ate [kəʊ'ɒpəreɪt] *v/t.* **1.** zs.-arbeiten (*with* mit, *to* zu e-m Zweck, *in* an *dat.*); **2.** (*to*) mitwirken (an *dat.*), beitragen (zu), helfen (bei); **co-op·er·a·tion** [kəʊˌɒpə'reɪʃn] *s.* **1.** Zs.-arbeit *f*, Mitwirkung *f*; **2.** ♜ a) Kooperati'on *f*, Zs.-arbeit *f*, b) Zs.-schluß *m*, Vereinigung *f* (*zu* e-r Genossenschaft); **co-'op·er·a·tive** [-pərətɪv] **I** *adj.* □ **1.** zs.-arbeitend, mitwirkend; **2.** koopera'tiv, hilfsbereit; **3.** genossenschaftlich: ~ *movement* Genossenschaftsbewegung *f*; ~ *society* Konsumgenossenschaft *f*; ~ *store* → **4**; **II** *s.* **4.** Co-op *m*, Kon'sumladen *m*; **co-'op·er·a·tive·ness** [-pərə-tɪvnɪs] *s.* Hilfsbereitschaft *f*; **co-'op·er·a·tor** [-tə] *s.* **1.** Mitarbeiter(in), Mitwirkende(r *m*) *f*, Helfer(in); **2.** Mitglied *n* e-r Kon'sumgenossenschaft *f*.

co-opt [kəʊ'ɒpt] *v/t.* hin'zuwählen; **co-op·ta·tion** [ˌkəʊɒp'teɪʃn] *s.* Zuwahl *f*.

co-or·di·nate **I** *v/t.* [kəʊ'ɔ:dɪneɪt] **1.** koordinieren, bei-, gleichordnen, gleichschalten, zs.-fassen; **2.** in Einklang bringen, aufein'ander abstimmen; richtig anordnen, anpassen; **II** *adj.* [-dnət] **3.** koordiniert, bei-, gleichgeordnet; gleichrangig, -wertig, -artig: ~ *clause ling.* beigeordneter Satz; **4.** ♈ Koordinaten...; **III** *s.* [-dnət] **5.** Beigeordnetes *n*, Gleichwertiges *n*; **6.** ♈ Koordi'nate *f*, **co·or·di·na·tion** [kəʊ-ˌɔ:dɪ'neɪʃn] *s.* **1.** Koordinati'on *f* (*a. physiol. der Muskeln etc.*), Gleich-, Beiordnung *f*, Gleichstellung *f*, -schaltung *f*; richtige Anordnung; **2.** Zs.-fassung *f*; Zs.-arbeit *f*; **co·or·di·na·tor** [-tə] *s.* Koordi'nator *m*.

coot [ku:t] *s.* **1.** *orn.* Bläß-, Wasserhuhn *n*; → *bald* **1**.

cop¹ [kɒp] *s.* Garnwickel *m*.

cop² [kɒp] *sl.* **I** *v/t.* **1.** erwischen (*at* bei): ~ *it* ,sein Fett kriegen'; **2.** klauen; **II** *v/i.* **3.** ~ *out* a) ,aussteigen' (*of, on* aus), b) ,sich drücken'; **III** *s.* **4.** *it's a fair* ~ jetzt bin ich ,dran'.

cop³ [kɒp] *s. sl.* ,Bulle' *m* (*Polizist*).

co·pal ['kəʊpəl] *s.* Ko'pal(harz *n*) *m*.

co·par·ce·nar·y [ˌkəʊ'pɑ:sənərɪ] *s.* ♜ gemeinschaftliches (Grund)Eigentum (gesetzlicher Erben); **co·par·ce·ner** [ˌkəʊ'pɑ:sənə] *s.* ♜ Miterbe *m*, -erbin *f*.

co·part·ner [ˌkəʊ'pɑ:tnə] *s.* Teilhaber *m*, Mitinhaber *m*; ,**co'part·ner·ship** [-ʃɪp] *s.* ♜ **1.** Teilhaberschaft *f*; **2.** a)

Gewinnbeteiligung *f*, b) Mitbestimmungsrecht *n* (*der Arbeitnehmer*).

cope¹ [kəʊp] *v/i.* **1.** (*with*) gewachsen sein (*dat.*), fertig werden (mit), bewältigen (*acc.*), meistern (*acc.*); **2.** die Lage meistern, zu Rande kommen, ,es schaffen'.

cope² [kəʊp] **I** *s.* **1.** *eccl.* Chorrock *m*; **2.** *fig.* Mantel *m*, Gewölbe *n*: ~ *of heaven* Himmelszelt *n*; **3.** → *coping*; **II** *v/t.* **4.** bedecken.

co·peck ['kəʊpek] *s.* Ko'peke *f* (*russische Münze*).

cop·er ['kəʊpə] *s.* Pferdehändler *m*.

Co·per·ni·can [kəʊ'pɜ:nɪkən] *adj.* ko-perni'kanisch.

'cope·stone → *coping stone*.

cop·i·er ['kɒpɪə] *s.* **1.** → *copyist*; **2.** ☉ Kopiergerät *n*, Kopierer *m*.

co·pi·lot ['kəʊˌpaɪlət] *s.* ✈ 'Kopi,lot *m*.

cop·ing ['kəʊpɪŋ] *s.* Mauerkappe *f*, -krönung *f*; ~ *saw s.* Laubsäge *f*; ~ *stone s.* **1.** Deck-, Kappenstein *m*; **2.** *fig.* Krönung *f*, Schlußstein *m*.

co·pi·ous ['kəʊpjəs] *adj.* □ **1.** reichlich, aus-, ergiebig, reich, um'fassend; **2.** produk'tiv, fruchtbar: ~ *writer*; **3.** wortreich; 'überschwenglich; '**co·pi·ous·ness** [-nɪs] *s.* **1.** Fülle *f*; 'Überfluß *m*; **2.** Wortreichtum *m*.

'cop-out *s. sl.* **1.** Vorwand *m*; **2.** ,Rückzieher' *m*; **3.** a) ,Aussteigen' *n*, b) *a.* ~ *artist* ,Aussteiger(in)'.

cop·per¹ ['kɒpə] **I** *s.* **1.** *min.* Kupfer *n*; **2.** Kupfermünze *f*: ~*s* Kupfer-, Kleingeld *n*; **3.** Kupferbehälter *m*, -gefäß *n*, -kessel *m*; *bsd. Brit.* Waschkessel *m*; **II** *adj.* **4.** kupfern, Kupfer...; **5.** kupferrot; **III** *v/t.* **6.** verkupfern; **7.** mit Kupferblech beschlagen.

cop·per² ['kɒpə] → *cop*³.

cop·per·as ['kɒpərəs] *s.* ☂ Vitri'ol *n*.

cop·per| beech *s.* ♧ Blutbuche *f*; ,~·'**bot·tomed** *adj.* **1.** ⚓ a) mit Kupferbeschlag, b) seetüchtig; **2.** *fig.* kerngesund; ~ *en·grav·ing s.* Kupferstich *m*; **2.** Kupferstechkunst *f*; ~ *glance s. min.* Kupferglanz *m*; '~·**head** *s. zo.* Mokas'sinschlange *f*; '~·**plate** *s.* ☉ **1.** Kupferstichplatte *f*; **2.** Kupferstich *m*; **3.** *fig.* gestochene Handschrift; '~·**plat·ed** *adj.* verkupfert; '~·**smith** *s.* Kupferschmied *m*.

cop·per·y ['kɒpərɪ] *adj.* kupferartig, -farbig, -haltig.

cop·pice ['kɒpɪs] *s.* **1.** 'Unterholz *n*, Gestrüpp *n*; Gebüsch *n*, Dickicht *n*; **2.** Gehölz *n*, niedriges Wäldchen *n*.

cop·ra ['kɒprə] *s.* 'Kobra *f*.

copse [kɒps] → *coppice*.

Copt [kɒpt] *s.* Kopte *m*, Koptin *f*.

'cop·ter ['kɒptə] F *für* helicopter.

cop·u·la ['kɒpjʊlə] *s.* **1.** *ling. u. phls.* 'Kopula *f*; **2.** *anat.* Bindeglied *n*; '**cop·u·late** [-leɪt] *v/i.* kopulieren: a) sich verbinden, b) sich paaren; **cop·u·la·tion** [ˌkɒpjʊ'leɪʃn] *s.* **1.** *ling. u. phls.* Verbindung *f*; **2.** Kopulati'on *f*: a) 'Koitus *m*, b) Paarung *f*; '**cop·u·la·tive** [-lətɪv] **I** *adj.* □ **1.** verbindend, Binde...; **2.** *ling.* kopula'tiv; **3.** *biol.* Kopulations...; **II** *s.* **4.** *ling.* 'Kopula *f*.

cop·y ['kɒpɪ] **I** *s.* **1.** Ko'pie *f*, Abschrift *f*: *fair* (*od. clean*) ~ Reinschrift *f*; *rough* ~ erster Entwurf, Konzept *n*, Kladde *f*; *true* ~ (wort)getreue Abschrift; **2.** 'Durchschlag *m*, -schrift *f*; **3.** Abzug *m* (*a. phot.*), Abdruck *m*, Pause *f*; **4.** Nachahmung *f*, -bildung *f*, Reprodukti'on *f*, Ko'pie *f*, 'Wiedergabe *f*; **5.** Muster *n*, Mo'dell *n*, Vorlage *f*; Urschrift *f*; **6.** druckfertiges Manu'skript, lite'rarisches Materi'al; (*Zeitungs- etc.*)Stoff *m*, Text *m*; **7.** Ausfertigung *f*, Exem'plar *n*, Nummer *f* (*Zeitung etc.*); **8.** Urkunde *f*; **II** *v/t.* **9.** abschreiben, -drucken, -zeichnen, e-e Ko'pie anfertigen von; *Computer: Daten* über'tragen: **~ out** ins reine schreiben, abschreiben; **10.** *phot.* e-n Abzug machen von; **11.** nachbilden, reproduzieren, kopieren; **12.** nachahmen, -machen; **13.** 'wiedergeben, *Zeitungstext* wieder'holen; **III** *v/i.* **14.** kopieren, abschreiben; **15.** (vom Nachbarn) abschreiben (*Schule*); **16.** nachahmen; **'~book I s. 1.** (Schön-) Schreibheft *n*: **blot one's ~** F ,sich danebenbenehmen'; **2.** ✝ Kopierbuch *n*; **II** *adj.* **3.** alltäglich; **4.** nor'mal; **'~cat F I** *s.* (sklavischer) Nachahmer; **II** *v/t.* (sklavisch) nachahmen; **~ desk** *s.* Redakti'onstisch *m*; **~ ed·i·tor** *s.* a) 'Zeitungsredak,teur(in), b) 'Lektor *m*, Lek'torin *f*; **'~hold** *s.* ⚖ *Brit.* Zinslehen *n*, -gut *n*; **'~hold·er** *s.* **1.** ⚖ *Brit.* Zinslehenbesitzer *m*; **2.** *typ.* a) Manu'skripthalter *m*, b) Kor'rektorgehilfe *m*.

cop·y·ing| ink ['kɒpɪɪŋ] *s.* Kopiertinte *f*; **~ ma·chine** *s.* → *copier* 2; **~ pa·per** *s.* Ko'pierpa,pier *n*; **~ pen·cil** *s.* Tintenstift *m*; **~ press** *s.* ✝ Kopierpresse *f*; **~ test** *s.* Copy-test *m* (*werbepsychologischer Test*).

cop·y·ist ['kɒpɪɪst] *s.* **1.** Abschreiber *m*, Ko'pist *m*; **2.** Nachahmer *m*.

'cop·y|,read·er *Am.* → *copy editor*; **'~right** ⚖ **I** *s.* 'Copyright *n*, Urheberrecht *n* (*in an dat.*): **~ in designs** Musterschutz *m*; **~ reserved** alle Rechte vorbehalten; **II** *v/t.* das Urheberrecht erwerben an (*dat.*); urheberrechtlich schützen; *adj.* urheberrechtlich (geschützt); **'~,writ·er** *s.* (*a.* Werbe)Texter *m.*

co·quet [kɒ'ket] **I** *v/i.* kokettieren, flirten; *fig.* liebäugeln (**with** mit); **II** *adj.* → *coquettish*; **co·quet·ry** ['kɒkɪtrɪ] *s.* Kokette'rie *f*; **co·quette** [kɒ'ket] *s.* ko'kette Frau; **co'quet·tish** [-tɪʃ] *adj.* □ ko'kett.

cor·al ['kɒrəl] **I** *s.* **1.** *zo.* Ko'ralle *f*; **2.** Ko'rallenstück *n*; **3.** Ko'rallenrot *n*; **4.** Beißring *m od.* Spielzeug *n* (für Babys) aus Ko'ralle; **II** *adj.* **5.** Korallen...; **6.** ko'rallenrot; **~ bead** *s.* Ko'rallenperle *f*; **2.** *pl.* Ko'rallenkette *f*; **~ is·land** *s.* Ko'ralleninsel *f*.

cor·al·lin ['kɒrəlɪn] *s.* 🜋 Koral'lin *n*; **'cor·al·line** [-laɪn] **I** *adj.* **1.** ko'rallenartig, -haltig; ko'rallenrot; **II** *s.* **2.** ♀ Ko'rallenalge *f*; **3.** → *corrallin*; **'cor·al·lite** [-laɪt] *s.* **1.** Ko'rallenske,lett *n*; **2.** versteinerte Ko'ralle.

cor·al reef *s.* Ko'rallenriff *n*.

cor an·glais [ˌkɒr'ãːŋgleɪ] (*Fr.*) *s.* ♪ Englischhorn *n*.

cor·bel ['kɒːbəl] △ **I** *s.* Kragstein *m*, Kon'sole *f*; **II** *v/t.* durch Kragsteine stützen.

cor·bie ['kɔːbɪ] *s.* *Scot.* Rabe *m*; **'~steps** *s. pl.* △ Giebelstufen *pl.*

cord [kɔːd] **I** *s.* **1.** Schnur *f*, Kordel *f*, Strick *m*, Strang *m*; **2.** *anat.* Band *n*, Schnur *f*, Strang *m*; → *spinal cord etc.*;

3. ⚡ (Leitungs-, Anschluß)Schnur *f*; **4.** a) Rippe *f* (*e-s Stoffes*), b) gerippter Stoff, Rips *m*, *bsd.* → *corduroy* 1, *pl.* → *corduroy* 2; **5.** Klafter *m*, *n* (*Holz*); **II** *v/t.* **6.** (zu)schnüren, (fest)binden, befestigen; **7.** *Bücherrücken* rippen; **'cord·age** [-dɪdʒ] *s.* ♣ Tauwerk *n*.

cor·date ['kɔːdeɪt] *adj.* ♀, *zo.* herzförmig (*Blatt, Muschel etc.*).

cord·ed ['kɔːdɪd] *adj.* **1.** ge-, verschnürt; **2.** gerippt (*Stoff*); **3.** Strick...; **4.** in Klaftern gestapelt (*Holz*).

cor·de·lier [ˌkɔːdɪ'lɪə] *s.* *eccl.* Franzis'kaner(mönch) *m.*

cor·dial ['kɔːdjəl] **I** *adj.* □ **1.** *fig.* herzlich, freundlich, warm, aufrichtig; **2.** 🜋 belebend, stärkend; **II** *s.* **3.** 🜋 belebendes Mittel, Stärkungsmittel *n*; **4.** Li'kör *m*; **cor·dial·i·ty** [ˌkɔːdɪ'ælətɪ] *s.* Herzlichkeit *f*, Wärme *f*.

cord·ite ['kɔːdaɪt] *s.* ✕ Kor'dit *m.*

cor·don ['kɔːdn] **I** *s.* **1.** Kor'don *m*: a) ✕ Postenkette *f*, b) Absperrkette *f*: **~ of police**; **2.** Kette *f*, Spa'lier *n* (*Personen*); **3.** Spa'lier(obst)baum *m*; **4.** △ Mauerkranz *m*, -sims *m*, *n*; **5.** Ordensband *n*; **II** *v/t.* **6.** a) **~ off** (mit Posten *etc.*) absperren, abriegeln; **~ bleu** [ˌkɔːdõ:m'blɜ:] (*Fr.*) *s.* **1.** Cordon *m* bleu; **2.** hohe Per'sönlichkeit; **3.** *humor.* erstklassiger Koch.

cor·do·van ['kɔːdəvən] *s.* 'Korduan(leder) *n.*

cord| tire *Am.*, **~ tyre** *Brit.* *s.* *mot.* Kordreifen *m.*

cor·du·roy ['kɔːdərɔɪ] **I** *s.* **1.** Kord-, Ripssamt *m*; **2.** *pl.* Kordsamthose *f*; **II** *adj.* **3.** Kordsamt...; **~ road** *s. Am.* Knüppeldamm *m.*

cord·wain·er ['kɔːd,weɪnə] *s.* Schuhmacher *m*: **⚙s' Company** Schuhmachergilde *f* (*London*).

'cord·wood *s. bsd. Am.* Klafterholz *n.*

core [kɔː] **I** *s.* **1.** ♀ Kerngehäuse *n*, Kern *m* (*Obst*); **2.** *fig.* Kern *m* (*a.* ⚙, 🜋, ⚡), *das* Innerste, Herz *n*, Mark *n*; Seele *f* (*a.* *Kabel, Seil*): **to the ~** bis ins Mark *od.* Innerste, durch u. durch; **~ memory** *Computer:* Kernspeicher *m*; **~ hard core**; **3.** (Eiter)Pfropf *m* (*Geschwür*); **II** *v/t.* **4.** *Äpfel etc.* entkernen.

co·re·late *etc.* → *correlate etc.*

co·re·li·gion·ist [ˌkəʊrɪ'lɪdʒənɪst] *s.* Glaubensgenosse *m*, -genossin *f.*

cor·er ['kɔːrə] *s.* Fruchtentkerner *m.*

co·re·spond·ent *Am.* **co·re·spondent** [ˌkəʊrɪ'spɒndənt] *s.* ⚖ Mitbeklagte(r *m*) *f* (*im Ehebruchsprozeß*).

core time *s.* Kernzeit *f* (*Ggs. Gleitzeit*).

cor·gi, cor·gy ['kɔːgɪ] → *Welsh corgi.*

co·ri·a·ceous [ˌkɒrɪ'eɪʃəs] *adj.* **1.** ledern, Leder...; **2.** lederartig, zäh.

Co·rin·thi·an [kə'rɪnθɪən] **I** *adj.* **1.** ko'rinthisch: **~ column** korinthische Säule; **II** *s.* **2.** Ko'rinther(in); **3.** *pl. bibl.* (Brief *m* des Paulus an die) Ko'rinther *pl.*

cork [kɔːk] **I** *s.* **1.** ♀ Kork *m*, Korkrinde *f*; Korkeiche *f*; **2.** Kork(en) *m*, Stöpsel *m*, Pfropfen *m*; **3.** Angelkork *m*, Schwimmer *m*; **II** *adj.* **4.** Kork...; **III** *v/t.* **5.** ver-, zukorken; **6.** *Gesicht* mit gebranntem Kork schwärzen; **'corkage** [-kɪdʒ] *s.* **1.** Verkorken *n*; **2.** Entkorken *n*; **3.** Korkengeld *n*; **corked** [-kt] *adj.* **1.** ver-, zugekorkt, verstöpselt; **2.** korkig, nach Kork schmeckend;

3. mit Korkschwarz gefärbt; **'cork·er** [-kə] *s. sl.* **1.** *das* Entscheidende; **2.** entscheidendes Argu'ment; **3.** a) ,Knüller', ,tolles Ding', b) ,toller Kerl'; **'corking** [-kɪŋ] *adj. sl.* ,toll', ,prima'.

cork| jack·et *s.* Kork-, Schwimmweste *f*; **~ oak** *s.* ♀ Korkeiche *f*; **'~screw I** *s.* Korkenzieher *m*: **~ curls** Korkenzieherlocken; **II** *v/i.* sich schlängeln *od.* winden; **III** *v/t.* 'durchwinden, spi'ralig bewegen; F *fig.* mühsam her'ausziehen (**out of** aus); **~ sole** *s.* Korkeinlegesohle *f*; **~ tree** → *cork oak*; **'~wood** *s.* **1.** ♀ Korkholzbaum *m*; **2.** Korkholz *n.*

cork·y ['kɔːkɪ] *adj.* **1.** korkartig, Kork...; **2.** → *corked* 2; **3.** F ,putzmunter'.

cor·mo·rant ['kɔːmərənt] *s.* **1.** *orn.* Kormo'ran *m*, Scharbe *f*, Seerabe *m*; **2.** *fig.* Vielfraß *m.*

corn¹ [kɔːn] **I** *s.* **1.** *coll.* Getreide *n*, Korn *n* (*Pflanze od. Frucht*); *engS.* a) *England:* Weizen *m*, b) *Scot.*, *Ir.* Hafer *m*, c) *Am.* Mais *m*, d) Hafer *m* (*Pferdefutter*): **~ on the cob** Mais *m* am Kolben (*als Gemüse*); **2.** Getreide- *od.* Samenkorn *n*; **3.** *Am.* **~ corn whisky**; **II** *v/t.* **4.** pökeln, einsalzen: **~ed beef** Corned beef *n*, Büchsenfleisch *n.*

corn² [kɔːn] *s.* 🜋 Hühnerauge *n*: **tread on s.o.'s ~s** *fig.* j-m auf die Hühneraugen treten.

corn| belt *s. Am.* Maisgürtel *m* (*im Mittleren Westen*); **'~bind** *s.* ♀ Ackerwinde *f*; **~ bread** *s. Am.* Maisbrot *n*; **~ cake** *s. Am.* (Pfann)Kuchen *m* aus Maismehl; **~ chan·dler** *s. Brit.* Korn-, Saathändler *m*; **'~cob** *s.* **1.** Maiskolben *m*; **2.** a. **~ pipe** Maiskolbenpfeife *f*; **'~,cock·le** *s.* ♀ Kornrade *f.*

cor·ne·a ['kɔːnɪə] *s. anat.* Hornhaut *f* (*des Auges*), 'Kornea *f.*

cor·nel ['kɔːnəl] *s.* ♀ Kor'nelkirsche *f.*

cor·ne·ous ['kɔːnɪəs] *adj.* hornig.

cor·ner ['kɔːnə] **I** *s.* **1.** (Straßen-, Häuser)Ecke *f*, *bsd. mot.* Kurve *f*: **round the ~** um die Ecke; **blind ~** unübersichtliche (Straßen)Biegung; **cut ~s** a) *mot.* die Kurven schneiden, b) *fig.* die Sache abkürzen; **take a ~** e-e Kurve nehmen (*Auto*); **cut off a ~** ein Stück (Weges) abschneiden; **turn the ~** um die (Straßen)Ecke biegen; **he's turned the ~** *fig.* er ist über den Berg; **2.** Winkel *m*, Ecke *f*: **put a child in the ~** ein Kind in die Ecke stellen; **in a tight ~** *fig.* in der Klemme, in Verlegenheit; **drive s.o. into a ~** j-n in die Enge treiben; **look at s.o. from the ~ of one's eye** j-n aus den Augenwinkeln ansehen; **3.** verborgener *od.* geheimer Winkel, entlegene Stelle; **4.** Gegend *f*, Ekke' *f*: **from the four ~s of the earth** aus allen Himmelsrichtungen, von überall her; **5.** ✝ a) spekula'tiver Aufkauf, b) (Aufkäufer)Ring *m*, Mono'pol(gruppe *f*) *n*: **~ in wheat** WeizenKorner *m*; **6.** *sport* a) *Fußball etc.*: Eckball *m*, Ecke *f*, b) *Boxen:* (Ring)Ecke *f*; **II** *v/t.* **7.** in die Enge treiben; in Bedrängnis bringen; **8.** ✝ *Ware* (spekula'tiv) aufkaufen, *fig.* mit Beschlag belegen: **~ the market** den Markt *od.* alles aufkaufen; **III** *v/i.* **9.** *Am.* a) e-e Ecke *od.* e-n Winkel bilden, b) an e-r Ecke gelegen sein; **IV** *adj.* **10.** Eck...: **~ house**; **'~,chis·el** *s.* ⚙ Winkelmeißel *m.*

cor·nered ['kɔːnəd] *adj.* **1.** *in Zssgn:* ...eckig; **2.** in die Enge getrieben, in der Klemme.

cor·ner| kick *s.* Fußball: Eckstoß *m*; ~ **seat** *s.* Eckplatz *m*; '~-**stone** *s.* △ Eckod. Grundstein *m*; *fig.* Eckpfeiler *m*, Grundstein *m*; '~-**ways**, '~-**wise** *adv.* **1.** mit der Ecke nach vorn; **2.** diago'nal.

cor·net ['kɔːnɪt] *s.* **1.** ♪ a) (Pi'ston)Kornet *n* (*a. Orgelregister*), b) Kornet'tist *m*; **2.** spitze Tüte; **3.** a) *Brit.* Eistüte *f*, b) Cremerolle *f*; **4.** Schwesternhaube *f*; **5.** ✕ *hist.* a) Fähnlein *n*, b) Kor'nett *m*, Fähnrich *m*; '**cor·net·(t)ist** [-tɪst] *s.* ♪ Kornet'tist *m*.

corn| ex·change *s.* Getreidebörse *f*; ~ **field** *s.* Getreidefeld *n*; *Am.* Maisfeld *n*; '~-**flakes** *pl.* Corn-flakes *pl.*; ~ **flour** *s.* Stärkemehl *n*; '~-**flow·er** *s.* Kornblume *f.*

cor·nice ['kɔːnɪs] *s.* **1.** △ Gesims *n*, Sims *m*, *n*; **2.** Kranz-, Randleiste *f*; **3.** Bilderleiste *f*; **4.** (Schnee)Wächte *f.*

Cor·nish ['kɔːnɪʃ] **I** *adj.* aus Cornwall, kornisch; **II** *s.* kornische Sprache; '~-**man** [-mən] *s.* [*irr.*] Einwohner *m* von Cornwall.

'**corn|·loft** *s.* Getreidespeicher *m*; ~ **pop·py**, ~ **rose** *s.* ♀ Klatschmohn *m*, -rose *f*; '~-**stalk** *s.* **1.** Getreidehalm *m*; **2.** *Am.* Maisstengel *m*; **3.** F Bohnenstange *f* (*lange, dünne Person*); '~-**starch** *s. Am.* Stärkemehl *n.*

cor·nu·co·pi·a [ˌkɔːnjuˈkəupjə] *s.* **1.** Füllhorn *n* (*a. fig.*); **2.** *fig.* (*of*) Fülle *f* (von), 'Überfluß *m* (an *dat.*).

corn whis·ky *s. Am.* Maiswhiskey.

corn·y ['kɔːnɪ] *adj.* **1.** a) *Brit.* Korn..., b) *Am.* Mais...; **2.** getreidereich; **3.** körnig; **4.** *Am. sl.* a) schmalzig, sentimen'tal (*bsd.* ♪), b) kitschig, abgedroschen, c) ländlich.

co·rol·la [kəˈrɒlə] *s.* Blumenkrone *f.*

cor·ol·lar·y [kəˈrɒlərɪ] *s.* **1.** Å, *phls.* Folgesatz *m*; **2.** logische Folge *f* (*of, to* von *od. gen.*).

co·ro·na [kəˈrəunə] *pl.* -**nae** [-niː] *s.* **1.** *ast.* a) Krone *f* (*Sternbild*), b) Hof *m*, Ko'rona *f*, Strahlenkranz *m*; **2.** *a.* ~ **discharge** ⚡ Glimmentladung *f*, Ko'rona *f*; **3.** △ Kranzleiste *f*; **4.** *anat.* Zahnkrone *f*; **5.** ♀ Nebenkrone *f*; **6.** Kronleuchter *m.*

cor·o·nach ['kɒrənək] *s. Scot. u. Ir.* Totenklage *f.*

cor·o·nal ['kɒrənl] *s.* **1.** Stirnreif *m*, Dia'dem *n*; **2.** (Blumen)Kranz *m.*

cor·o·nar·y ['kɒrənərɪ] **I** *adj.* **1.** kronen-, kranzartig; **2.** ⚕ koro'nar, (Herz-)Kranz...: ~ **artery** Kranzarterie *f*; ~ **thrombosis** → **II** *s.* **3.** ⚕ Koro'narthrom،bose *f.*

cor·o·na·tion [ˌkɒrəˈneɪʃn] *s.* **1.** Krönung *f*; **2.** Krönungsfeier *f.*

cor·o·ner ['kɒrənə] *s.* ⚖ Coroner *m* (*richterlicher Beamter zur Untersuchung der Todesursache in Fällen unnatürlichen Todes*); → **inquest** 1.

cor·o·net ['kɒrənɪt] *s.* **1.** kleine Krone; **2.** Adelskrone *f*; **3.** Dia'dem *n*; **4.** *zo.* Hufkrone *f* (*Pferd*); '**cor·o·net·ed** [-tɪd] *adj.* **1.** e-e Adelskrone *od.* ein Dia'dem tragend; **2.** adelig; **3.** mit Adelswappen (*Briefpapier*).

cor·po·ral[1] ['kɔːpərəl] *s.* ✕ 'Unteroffi،zier *m.*

cor·po·ral[2] ['kɔːpərəl] *adj.* □ **1.** körper-

---

lich, leiblich: ~ **punishment** körperliche Züchtigung; **2.** per'sönlich; **cor·po·ral·i·ty** [ˌkɔːpəˈrælətɪ] *s.* Körperlichkeit *f.*

cor·po·rate ['kɔːpərət] *adj.* □ **1.** vereinigt, körperschaftlich, korpora'tiv, Körperschafts...; inkorporiert: ~ **body** → **corporation** 1; ~ **seal** a) *Brit.* Siegel *n* e-r juristischen Person, b) *Am.* Firmensiegel *n*; ~ **stock** *Am.* (Gesellschafts)Aktien *pl.*; ~ **tax** *Am.* Körperschaftssteuer *f*; **2.** gemeinsam, kollek'tiv; **cor·po·ra·tion** [ˌkɔːpəˈreɪʃn] *s.* **1.** ⚖ ju'ristische Per'son: ~ **tax** Körperschaftssteuer *f*; **2.** *Brit.* (rechtsfähige) Handelsgesellschaft; **3.** *a.* **stock** ~ ♥ *Am.* 'Aktiengesellschaft *f*; **4.** Vereinigung *f*; Gilde *f*, Innung *f*, Zunft *f*; **5.** Stadtbehörde *f*; inkorporierte Stadtgemeinde; **6.** F Schmerbauch *m*; '**cor·po·ra·tive** [-tɪv] *adj.* **1.** korpora'tiv, körperschaftlich; *Am.* ♥ Gesellschafts...; **2.** *pol.* korpora'tiv (*Staat etc.*).

cor·po·re·al [kɔːˈpɔːrɪəl] *adj.* □ **1.** körperlich, leiblich; **2.** materi'ell, dinglich, greifbar; **cor·po·re·al·i·ty** [kɔːˌpɔːrɪˈælətɪ] *s.* Körperlichkeit *f.*

cor·po·sant ['kɔːpəzənt] *s.* ⚡ Elmsfeuer *n.*

corps [kɔː] *pl.* **corps** [kɔːz] *s.* **1.** ✕ a) (Ar'mee)Korps *n*, b) Korps *n*, Truppe *f*: **volunteer** ~ Freiwilligentruppe; **2.** Körperschaft *f*, Korps *n*; **3.** Korps *n*, Korporati'on *f*, (Stu'denten)Verbindung *f*; ~ **de bal·let** [ˌkɔːdəˈbæleɪ] (*Fr.*) *s.* Bal'lettgruppe *f*; ♀ **Di·plo·ma·tique** ['kɔːˌdɪpləmæ'tɪk] (*Fr.*) *s.* Diplo'matisches Korps.

corpse [kɔːps] *s.* Leichnam *m*, Leiche *f.*

cor·pu·lence ['kɔːpjuləns], '**cor·pu·len·cy** [-sɪ] *s.* Korpu'lenz *f*, Beleibtheit *f*; '**cor·pu·lent** [-nt] *adj.* □ korpu'lent, beleibt.

cor·pus ['kɔːpəs] *pl.* '**cor·po·ra** [-pərə] *s.* **1.** Korpus *n*, Sammlung *f* (*Werk, Gesetz etc.*); **2.** Groß-, Hauptteil *m*; **3.** ♥ ('Stamm)Kapi،tal *n* (*Ggs. Zinsen etc.*); ♀ **Chris·ti** ['krɪstɪ] *s. eccl.* Fron'leichnam(sfest *n*) *m.*

cor·pus·cle ['kɔːpʌsl] *s.* **1.** *biol.* (Blut-) Körperchen *n*; **2.** *phys.* Kor'puskel *n*, *f*, Elemen'tarteilchen *n*; **cor·pus·cu·lar** [kɔːˈpʌskjulə] *adj.* *phys.* Korpuskular...; **cor·pus·cule** [kɔːˈpʌskjuːl] → **corpuscle**.

cor·pus| de·lic·ti [dɪˈlɪktaɪ] *s.* ⚖ 'Corpus *n* de'licti: a) ⚖ Tatbestand *m*, b) Beweisstück *n*, *bsd.* Leiche *f* (des Ermordeten); ~ **ju·ris** ['dʒuərɪs] *s.* ⚖ Corpus *n* juris, Gesetzessammlung *f.*

cor·ral [kɒˈrɑːl] **I** *s.* **1.** Kor'ral *m*, (Vieh)Hof *m*, Pferch *m*, Einzäunung *f*; **2.** Wagenburg *f*; **II** *v/t.* **3.** Wagen zu e-r Wagenburg zs.-stellen; **4.** in e-n Pferch treiben; **5.** *fig.* einsperren; **6.** *Am.* F sich *et.* ،schnappen'.

cor·rect [kəˈrekt] **I** *v/t.* **1.** korrigieren, verbessern, berichtigen, richtigstellen; **2.** regulieren, regeln, ausgleichen; **3.** *Mängel* abstellen, beheben; **4.** zu'rechtweisen, tadeln: **I stand ~ed** ich gebe m-n Fehler zu; **5.** *j-n od. et.* bestrafen; **II** *adj.* □ **6.** richtig, fehlerfrei: **be** ~ a) stimmen, b) recht haben; **7.** kor'rekt, schicklich, einwandfrei: **it is the** ~ **thing** es gehört sich; ~ **behavio(u)r**

---

korrektes Benehmen; **8.** genau, ordentlich; **cor'rec·tion** [-kʃn] *s.* **1.** Verbesserung *f*, Richtigstellung *f*, Berichtigen *n* (*a.* ☼, *phys.*): **I speak under** ~ ich kann mich natürlich (auch) irren; **2.** Korrek'tur *f* (*a.* ⚛, *phys.*, *typ. etc.*), (Fehler)Verbesserung *f*; **3.** Zu'rechtweisung *f*; **4.** Bestrafung *f*, ⚖ *a.* Besserung *f*: **house of** ~ ⚖ Strafanstalt *f*; **5.** Bereinigung *f*, Abstellung *f*, Regulierung *f*; **cor'rec·tion·al** [-kʃənl] → **corrective**; **cor'rect·i·tude** [-tɪtjuːd] *s.* Kor'rektheit *f* (*Benehmen*); **cor'rective** [-tɪv] **I** *adj.* □ **1.** verbessernd, Verbesserungs..., Berichtigungs..., Korrektur...: ~ **measure** Abhilfemaßnahme *f*; **2.** mildernd, lindernd; **3.** ⚖ Besserungs..., Straf...: ~ **training** Besserungsmaßregel *f*; **II** *s.* **4.** Korrek'tiv *n*, Abhilfe *f*, Heil-, Gegenmittel *n*: **cor'rect·ness** [-nɪs] *s.* Richtigkeit *f*; Kor'rektheit *f*; **cor'rec·tor** [-tə] *s.* **1.** Verbesserer *m*; **2.** 'Kritiker(in); **3.** *mst* ~ **of the press** *Brit. typ.* Kor'rektor *m*; **4.** Besserungsmittel *n.*

cor·re·late ['kɒrɪleɪt] **I** *v/t.* in Wechselbeziehung bringen (**with** mit), aufein'ander beziehen; in Über'einstimmung bringen (**with** mit); **II** *v/i.* in Wechselbeziehung stehen (**with** mit), sich aufeinander beziehen; entsprechen (**with** *dat.*); **III** *s.* Korre'lat *n*, Gegenstück *n*; **cor·re·la·tion** [ˌkɒrəˈleɪʃn] *s.* Wechselbeziehung *f*, gegenseitige Abhängigkeit, Entsprechung *f*; **cor·rel·a·tive** [kɒˈrelətɪv] **I** *adj.* □ korrela'tiv, in Wechselbeziehung stehend, sich ergänzend; entsprechend; **II** *s.* Korre'lat *n*, Gegenstück *n*, Ergänzung *f.*

cor·re·spond [ˌkɒrɪˈspɒnd] *v/i.* **1.** (**with**, **to**) entsprechen (*dat.*), über'einstimmen, in Einklang stehen (mit); **2.** (**with**, **to**) passen (zu), sich eignen (für); **3.** (**to**) entsprechen (*dat.*), das Gegenstück sein (von), ana'log sein (zu); **4.** in Briefwechsel (✝ in Geschäftsverkehr) stehen (**with** mit).

cor·re·spond·ence [ˌkɒrɪˈspɒndəns] *s.* **1.** Über'einstimmung *f* (**with** mit, **between** zwischen *dat.*); **2.** Angemessenheit *f*, Entsprechung *f*; **3.** Korrespon'denz *f*: a) Briefwechsel *m*, b) Briefe *pl.*; *Zeitung:* Beiträge *pl.*; ~ **clerk** *s.* ✝ Korrespon'dent(in); ~ **col·umn** *s.* Leserbriefspalte *f*; ~ **chess** *s.* Fernschach *n*; ~ **course** *s.* Fernkurs *m*; ~ **school** *s.* 'Fernlehrinsti،tut *n.*

cor·re·spond·ent [ˌkɒrɪˈspɒndənt] **I** *s.* Korrespon'dent(in): a) (Brief)Schreiber(in); Briefpartner(in), b) ✝ Geschäftsfreund *m*, c) *Zeitung:* Mitarbeiter(in); Einsender(in): **foreign** ~ Auslandskorrespondent; **special** ~ Sonderberichterstatter *m*; **II** *adj.* → **cor·re'spond·ing** [-dɪŋ] *adj.* □ **1.** entsprechend, gemäß (**to** *dat.*); **2.** in Briefwechsel stehend (**with** mit): ~ **member** korrespondierendes Mitglied; ،**cor·re'spond·ing·ly** [-dɪŋlɪ] *adv.* entsprechend, demgemäß.

cor·ri·dor ['kɒrɪdɔː] *s.* **1.** 'Korridor *m*, Gang *m*, Flur *m*; **2.** 🚂 Seitengang *m*: ~ **train** D-Zug *m*; **3.** *geogr., pol.* 'Korridor *m* (*Landstreifen durch fremdes Gebiet*).

cor·ri·gen·dum [ˌkɒrɪˈdʒendəm] *pl.* -**da** [-də] *s.* **1.** zu verbessernder Druckfehler; **2.** *pl.* Druckfehlerverzeichnis *n*; **cor·ri·gi·ble** ['kɒrɪdʒəbl] *adj.* **1.** zu verbessern(d); **2.** lenksam, fügsam.

cor·rob·o·rate [kə'rɒbəreɪt] *v/t.* bekräftigen, bestätigen, erhärten; **cor·rob·o·ra·tion** [kəˌrɒbə'reɪʃn] *s.* Bekräftigung *f*, Bestätigung *f*, Erhärtung *f*; **cor'rob·o·ra·tive** [-bərətɪv], **cor'rob·o·ra·to·ry** [-bərətərɪ] *adj.* bestärkend, bestätigend.

cor·rode [kə'rəʊd] **I** *v/t.* **1.** ♣, ⚙ zer-, anfressen, angreifen, korrodieren; wegätzen, -beizen; **2.** *fig.* zerfressen, zerstören, unter'graben, aushöhlen: *corroding care* nagende Sorge; **II** *v/i.* **3.** zerfressen werden, korrodieren; rosten; **4.** sich einfressen; **5.** verderben, verfallen; **cor·ro·dent** [-dənt] *Am.* **I** *adj.* ätzend; **II** *s.* Ätzmittel *n*; **cor·ro·sion** [-əʊʒn] *s.* **1.** ♣, ⚙ Korrosi'on *f*, An-, Zerfressen *n*; Rostfraß *m*; Ätzen *n*, Beizen *n*; **2.** *fig.* Zerstörung *f*; **cor·ro·sive** [-əʊsɪv] **I** *adj.* □ **1.** ♣, ⚙ zerfressend, ätzend, beizend, angreifend, Korrosions...; **2.** *fig.* nagend, quälend; **II** *s.* **3.** ♣, ⚙ Ätz-, Beizmittel *n*; **cor'ro·sive·ness** [-əʊsɪvnɪs] *s.* ätzende Schärfe.

cor·ru·gate ['kɒrʊgeɪt] **I** *v/t.* wellen, riefen; runzeln, furchen; **II** *v/i.* sich wellen *od.* runzeln, runz(e)lig werden; **'cor·ru·gat·ed** [-tɪd] *adj.* runz(e)lig, gefurcht; gewellt, gerieft: **~** *iron* (*od. sheet*) Wellblech *n*; **~** *cardboard*, **~** *paper* Wellpappe *f*; **cor·ru·ga·tion** [ˌkɒrʊ'geɪʃn] *s.* **1.** Runzeln *n*, Furchen *n*; Wellen *n*, Riefen *n*; **2.** Furche *f*, Falte *f* (*auf der Stirn*).

cor·rupt [kə'rʌpt] **I** *adj.* □ **1.** (*moralisch*) verdorben, schlecht, verworfen; **2.** unredlich, unlauter; **3.** kor'rupt, bestechlich, käuflich: **~** *practices* Bestechungsmanöver *pl.*, Korruption *f*; **4.** faul, verdorben, schlecht; **5.** unrein, unecht, verfälscht, verderbt (*Text*) **II** *v/t.* **6.** verderben, zu'grunde richten; **~ing** *influences* verderbliche Einflüsse; **7.** verleiten, verführen; **8.** korrumpieren, bestechen; **9.** *Texte etc.* verderben, verfälschen, verunstalten; **10.** *fig.* anstecken, infizieren; **III** *v/i.* **11.** (*moralisch*) verderben, verkommen; **12.** schlecht werden, verderben; **cor'rupt·i·ble** [-təbl] *adj.* □ **1.** zum Schlechten neigend; **2.** bestechlich; **3.** verderblich; vergänglich; **cor'rup·tion** [-pʃn] *s.* **1.** Verdorbenheit *f*, Verworfenheit *f*; **2.** verderblicher Einfluß; **3.** Korrupti'on *f*: a) Kor'ruptheit *f*, Bestechlichkeit *f*, Käuflichkeit *f*, b) kor'rupte Me'thoden *pl.*, Bestechung *f*; **4.** Verfälschung *f*, Korrumpierung *f* (*Text etc.*); **5.** Fäulnis *f*; **cor'rup·tive** [-tɪv] *adj.* **1.** zersetzend, verderblich; **2.** *fig.* ansteckend; **cor'rupt·ness** [-nɪs] → *corruption* 1, 3 a.

cor·sage [kɔː'sɑːʒ] *s.* **1.** Mieder *n*; **2.** 'Ansteckbuˌkett *n*.

cor·sair ['kɔːseə] *s.* **1.** *hist.* Kor'sar *m*, Seeräuber *m*; **2.** Kaperschiff *n*.

corse·let ['kɔːslɪt] *s.* **1.** *Am. mst* **cor·se·let** [ˌkɔːsə'let] Korse'lett *n*, Mieder *n*; **2.** *hist.* Harnisch *m*.

cor·set ['kɔːsɪt] *s. oft pl.* Kor'sett *n*; **'cor·set·ed** [-tɪd] *adj.* (ein)geschnürt; **'cor·set·ry** [-trɪ] *s.* Miederwaren *pl.*

Cor·si·can ['kɔːsɪkən] **I** *adj.* korsisch; **II** *s.* Korse *m*, Korsin *f*.

cor·tège [kɔː'teɪʒ] (*Fr.*) *s.* **1.** Gefolge *n* *e-s Fürsten etc.*; **2.** Zug *m*, Prozessi'on *f*: *funeral ~* Leichenzug *m*.

cor·tex ['kɔːteks] *pl.* **-ti·ces** [-tɪsiːz] ♀, *zo.*, *anat.* Rinde *f*: *cerebral ~* Großhirnrinde.

cor·ti·sone ['kɔːtɪzəʊn] *s.* ♣ Korti'son *n*.

co·run·dum [kə'rʌndəm] *s. min.* Ko'rund *m*.

cor·us·cate ['kɒrəskeɪt] *v/i.* (auf)blitzen, funkeln, glänzen (*a. fig.*).

cor·vée ['kɔːveɪ] (*Fr.*) *s.* Fronarbeit *f*, -dienst *m* (*a. fig.*).

cor·vette [kɔː'vet] *s.* ⚓ Kor'vette *f*.

cor·vine ['kɔːvaɪn] *adj.* raben-, krähenartig.

Cor·y·don ['kɒrɪdən] *s.* **1.** *poet.* 'Korydon *m*, Schäfer *m*; **2.** schmachtender Liebhaber.

cor·ymb ['kɒrɪmb] *s.* ♀ Doldentraube *f*.

cor·y·phae·us [ˌkɒrɪ'fiːəs] *pl.* **-phae·i** [-'fiːaɪ] *s. antiq. u. fig.* Kory'phäe *f*; **co·ry·phée** ['kɒrɪfeɪ] *s.* Primaballe'rina *f*.

cos¹ [kɒs] *s.* ♀ Lattich *m*.

cos² [kɒz] *cj.* F weil, da.

co·se·cant [ˌkəʊ'siːkənt] *s.* ⅄ 'Kosekans *m*.

cosh [kɒʃ] *Brit.* **I** *s.* Totschläger *m*; **II** *v/t.* mit e-m Totschläger schlagen, j-m ‚eins über den Schädel hauen'.

cosh·er ['kɒʃə] *v/t.* verhätscheln.

co·sig·na·to·ry [ˌkəʊ'sɪgnətərɪ] *s.* 'Mitunterˌzeichner(in).

co·sine ['kəʊsaɪn] *s.* ⅄ 'Kosinus *m*.

co·si·ness ['kəʊzɪnɪs] *s.* Behaglichkeit *f*, Gemütlichkeit *f*.

cos·met·ic [kɒz'metɪk] **I** *adj.* (□ **~ally**) **1.** kos'metisch (*a. fig.*): **~** *treatment* → 4; **~** (*plastic*) *surgery* Schönheitschirurgie *f od.* -operation *f*; **2.** *fig.* kosmetisch, optisch; **II** *s.* **3.** kosmetisches Mittel, Schönheitsmittel *n*, *pl. a.* Kos'metika; **4.** *pl.* Kos'metik *f*, Schönheitspflege *f*; **cos·me·ti·cian** [ˌkɒzmə'tɪʃn] *s.*, **cos·me·tol·o·gist** [ˌkɒzmə'tɒlədʒɪst] *s.* Kos'metiker(in).

cos·mic, **cos·mi·cal** ['kɒzmɪk(l)] *adj.* □ kosmisch (*a. fig.*).

cos·mog·o·ny [kɒz'mɒgənɪ] *s.* Kosmogo'nie *f* (*Theorie über die Entstehung des Weltalls*); **cos·mog·ra·phy** [-grəfɪ] *s.* Kosmogra'phie *f*, Weltbeschreibung *f*; **cos·mol·o·gy** [-ɒlədʒɪ] *s.* Kosmolo'gie *f*.

cos·mo·naut ['kɒzmənɔːt] *s.* (Welt-) Raumfahrer *m*, Kosmo'naut *m*.

cos·mo·pol·i·tan [ˌkɒzmə'pɒlɪtən] **I** *adj.* kosmopo'litisch; *weitS.* weltoffen; **II** *s.* Kosmopo'lit *m*, Weltbürger(in); ˌcos·mo'pol·i·tan·ism [-tənɪzəm] *s.* Weltbürgertum *n*; *weitS.* Weltoffenheit *f*.

cos·mos ['kɒzmɒs] *s.* **1.** 'Kosmos *m*: a) Weltall *n*, b) Weltordnung *f*; **2.** Welt *f* für sich; **3.** ♀ 'Kosmos *m* (*Blume*).

Cos·sack ['kɒsæk] *s.* Ko'sak *m*.

cos·set ['kɒsɪt] *v/t.* verhätscheln.

cost [kɒst] *s.* **1.** *stets sg.* Kosten *pl.*, Preis *m*, Aufwand *m*: **~** *of living* Lebenshaltungskosten; **~** *of-living allowance* Teuerungszulage *f*; **~-of-living index* Lebenshaltungsindex *m*; **2.** ♣ *u.* a. **~** *price* (Selbst-, Gestehungs)Kosten *pl.*, Selbstkosten-, (Netto)Einkaufspreis *m*, b) (Un)Kosten *pl.*, Auslagen *pl.*, Spesen *pl.*: *at ~* zum Selbstkostenpreis; **~** *accounting* → *costing*; **~** *ac-*

countant (Betriebs)Kalkulator *m*; **~ covering** kostendeckend; **~ free** kostenlos; **~ plus** Gestehungskosten plus Unternehmergewinn; **~ of construction** Baukosten; **3.** *fig.* Kosten *pl.*, Schaden *m*, Nachteil *m*: *at my ~* auf m-e Kosten; *at a heavy ~* unter schweren Opfern; *at the ~ of his health* auf Kosten s-r Gesundheit; *to my ~* zu m-m Schaden; *I know to my ~* ich weiß aus eigener (bitterer) Erfahrung; *at all ~s*, *at any ~* um jeden Preis; **4.** *pl.* ♣ (Gerichts)Kosten *pl.*, Gebühren *pl.*; *condemn s.o. in the ~s* j-n zu den Kosten verurteilen; *dismiss with ~s* kostenpflichtig abweisen; *allow ~s* die Kosten bewilligen; **II** *v/t.* [*irr.*] **5.** kosten: *it ~ me one pound* es kostete mich ein Pfund; **6.** kosten, bringen um: *it ~ him his life* es kostete ihn das Leben; **7.** kosten, verursachen: *it ~ me a lot of trouble* es verursachte mir (*od.* kostete mich) große Mühe; **8.** [*pret. u. p.p.* **cost·ed**] ♣ kalkulieren, den Preis berechnen von: *~ed at* mit e-m Kostenanschlag von; **III** *v/i.* [*irr.*] **9.** *~ him dearly fig.* es kam ihm teuer zu stehen.

cos·tal ['kɒstl] *adj.* **1.** *anat.* Rippen..., kos'tal; **2.** ♀ (Blatt)Rippen...; **3.** *zo.* (Flügel)Ader...

co-star ['kəʊstɑː] *thea.*, *Film* **I** *s.* e-r der Hauptdarsteller; **II** *v/i.* e-e der Hauptrollen spielen; *~ring* in e-r der Hauptrollen.

cos·ter·mon·ger ['kɒstəˌmʌŋgə], *a.* **cos·ter** ['kɒstə] *s. Brit.* Straßenhändler(in) für Obst u. Gemüse *etc.*

cost·ing ['kɒstɪŋ] *s.* ♣ *Brit.* Kosten(be)rechnung *f*, Kalkulati'on *f*.

cos·tive ['kɒstɪv] *adj.* □ **1.** ♣ verstopft, hartleibig; **2.** *fig.* geizig; **'cos·tive·ness** [-nɪs] *s.* **1.** ♣ Verstopfung *f*; **2.** *fig.* Geiz *m*.

cost·li·ness ['kɒstlɪnɪs] *s.* **1.** Kostspieligkeit *f*; **2.** Pracht *f*; **cost·ly** ['kɒstlɪ] *adj.* **1.** kostspielig, teuer; **2.** kostbar, wertvoll; prächtig.

cost price → *cost* 2 a.

cos·tume ['kɒstjuːm] *s.* **1.** Ko'stüm *n*, Kleidung *f*, Tracht *f*: **~** *jewel(le)ry* Modeschmuck *m*; **2.** *obs.* Ko'stüm(kleid) *n* (*für Damen*); **3.** ('Masken-, 'Bühnen-)Koˌstüm *n*: **~** *piece thea.* Kostümstück *n*; **4.** Badeanzug *m*; **cos·tum·er** [kɒs'tjuːmə], **cos·tum·i·er** [kɒs'tjuːmɪə] *s.* **1.** Ko'stümverleiher(in); **2.** *thea.* Kostümi'er *m*.

co·sy ['kəʊzɪ] **I** *adj.* □ behaglich, gemütlich, traulich, heimelig; **II** *s.* Teehaube *f*, -wärmer *m*; Eierwärmer *m*.

cot¹ [kɒt] *s.* **1.** *Brit.* Kinderbettchen *n*: **~** *death* ♣ plötzlicher Kindstod; **2.** Feldbett *n*; **3.** leichte Bettstelle; **4.** ⚓ Schwingbett *n*, Koje *f*.

cot² [kɒt] *s.* **1.** (Schaf- *etc.*)Stall *m*; **2.** *obs.* Häus·chen *n*, Hütte *f*.

co·tan·gent [ˌkəʊ'tændʒənt] *s.* ⅄ 'Kotangens *m*.

cote [kəʊt] *s.* Stall *m*, Hütte *f*, Häus·chen *n* (*für Kleinvieh etc.*).

co·te·rie ['kəʊtərɪ] *s.* **1.** *contp.* Kote'rie *f*, Klüngel *m*, 'Clique *f*; **2.** exklu'siver Zirkel.

co·thur·nus [kə'θɜːnəs] *pl.* **-ni** [-naɪ] *s.* **1.** *antiq.* Ko'thurn *m*; **2.** erhabener, pa'thetischer Stil.

co-tid·al lines [kəʊ'taɪdl] *s. pl.* ⚓ Isor-

'rhachien *pl.*

co·trus·tee, *Am.* **co·trus·tee** [ˌkəʊtrʌsˈtiː] *s.* Mittreuhänder *m.*

cot·tage ['kɒtɪdʒ] *s.* **1.** (kleines) Landhaus, Cottage *n;* **2.** *Am.* Ferienhaus *n;* **3.** *Am.* Wohngebäude *n* (*bsd. in e-m Heim*); *Hotel:* Depen'dance *f;* **~ cheese** *s.* Hüttenkäse *m;* **~ hos·pi·tal** *s.* **1.** kleines Krankenhaus; **2.** *Am. aus Einzelgebäuden bestehendes Krankenhaus;* **~ in·dus·try** *s.* 'Heimindu,strie *f;* **~ pi·a·no** *s.* Pia'nino *n;* **~ pud·ding** *s.* Kuchen *m* mit süßer Soße.

cot·tag·er ['kɒtɪdʒə] *s.* **1.** Cottagebewohner(in); **2.** *Am.* Urlauber(in) in e-m Ferienhaus.

cot·ter ['kɒtə] *s.* ⚙ a) (Schließ)Keil *m,* b) → **pin** *s.* Splint *m.*

cot·ton ['kɒtn] **I** *s.* **1.** Baumwolle *f;* **absorbent ~** Watte *f;* **2.** Baumwollpflanze *f;* **3.** Baumwollstoff *m;* **4.** *pl.* a) Baumwollwaren *pl.*, b) Baumwollkleidung *f;* **5.** (Näh-, Stick)Garn *n;* **II** *adj.* **6.** baumwollen, Baumwoll...; **III** *v/i.* **7.** *Am.* F (**with**) a) sich anfreunden (mit), b) gut auskommen (mit); **8. ~ on to** F a) *et.* ,kapieren', b) *Am.* → 7 a) **~ belt** *s. Am.* Baumwollzone *f;* **~ bud** *s.* Wattestäbchen *n;* **~ can·dy** *s. Am.* Zuckerwatte *f;* **~ gin** *s.* ⚙ Ent'körnungsma,schine *f* (*für Baumwolle*); **~ grass** *s.* ⚘ Wollgras *n;* **~ mill** *s.* 'Baumwollspinne,rei *f;* **~ pick·er** *s.* Baumwollpflücker *m;* **~ press** *s.* Baumwollballenpresse *f;* **~ print** *s.* bedruckter Kat'tun; '**~·seed** *s.* ⚘ Baumwollsamen *m;* **~ oil** Baumwollsamenöl *n;* '**~·tail** *s. zo.* amer. 'Wildka,ninchen *n;* **~ waste** *s.* ⚙ **1.** Baumwollabfall *m;* **2.** ⚙ Putzwolle *f;* '**~·wood** *s.* ⚘ *e-e* amer. Pappel; **~ wool** *s.* **1.** Rohbaumwolle *f;* **2.** (Verband-) Watte *f.*

cot·ton·y ['kɒtnɪ] *adj.* **1.** baumwollartig; **2.** flaumig, weich.

cot·y·le·don [ˌkɒtɪˈliːdən] *s.* ⚘ **1.** Keimblatt *n;* **2.** ⚘ Nabelkraut *n.*

couch[1] [kaʊtʃ] **I** *s.* **1.** Couch *f* (*a. des Psychoanalytikers*), 'Liege(,sofa *n*) *f;* **2.** Bett *n;* Lager *n* (*a. obs. hunt.*), Lagerstätte *f;* **3.** ⚙ Lage *f,* Schicht *f,* erster Anstrich; **II** *v/t.* **4.** *Gedanken etc.* in Worte fassen *od.* kleiden, ausdrücken; **5.** *Lanze* einlegen; **6.** ⚚ *Star* stechen; **7.** *be ~ed* liegen; **III** *v/i.* **8.** liegen, lagern (*Tier*); **9.** (sich) kauern *od.* ducken.

couch[2] [kaʊtʃ] → **couch grass**.

couch·ant ['kaʊtʃənt] *adj. her.* mit erhobenem Kopf liegend.

cou·chette [kuːˈʃet] *s.* 🛌 (Platz *m* in e-m) Liegewagen.

couch grass *s.* ⚘ Quecke *f.*

cou·gar ['kuːgə] *s. zo.* 'Puma *m.*

cough [kɒf] **I** *s.* **1.** Husten *m: give a ~* (einmal) husten; **II** *v/i.* **2.** husten; **3.** *mot.* F ,stottern', husten (*Motor*); **III** *v/t.* **4. ~ out** *od.* **up** aushusten; **5. ~ up** *sl.* her'ausrücken mit (*Geld, der Wahrheit etc.*); **~ drop** *s.* 'Hustenbon,bon *m, n;* **~ mix·ture** *s.* Hustensaft *m.*

could [kʊd] *pret. von* **can**[1].

cou·loir ['kuːlwɑː] *s.* (*Fr.*) *s.* **1.** Bergschlucht *f;* **2.** ⚙ 'Baggerma,schine *f.*

cou·lomb ['kuːlɒm] *s.* ⚡ Cou'lomb *n,* Am'pere-Se,kunde *f.*

coul·ter ['kəʊltə] *s.* ✂ Kolter *n,* Pflugmesser *n.*

---

coun·cil ['kaʊnsl] *s.* **1.** Rat *m,* Ratsversammlung *f,* beratende Versammlung; Beratung *f: be in ~* zu Rate sitzen; *meet in ~* e-e (Rats)Sitzung abhalten; *Queen in* 🅟 *Brit.* Königin und Kronrat; **~ of war** Kriegsrat (*a. fig.*); **2.** Rat *m* (*Körperschaft*); *engS.* Gemeinderat *m:* *municipal ~* Stadtrat (*Behörde*); **~ school** Gemeindeschule *f;* **3.** Kirchenrat *m,* Syn'ode *f,* Kon'zil *n;* **4.** Vorstand *m,* Komi'tee *n:* **~ cham·ber** *s.* Ratszimmer *n;* **~ es·tate** *s. Brit.* städtische (sozi'ale Wohn)Siedlung; **~ house** *s. Brit.* stadteigenes (Sozi'al)Wohnhaus.

coun·ci(l)·lor ['kaʊnsələ] *s.* Ratsmitglied *n,* -herr *m,* Stadtrat *m,* -rätin *f.*

coun·sel ['kaʊnsl] **I** *s.* **1.** Rat(schlag) *m: take ~ of s.o.* von j-m (e-n) Rat annehmen; **2.** Beratung *f,* Über'legung *f: take* (*od. hold*) *~ with* a) sich beraten mit, b) sich Rat holen bei; *take ~ together* zusammen beratschlagen; **3.** Plan *m,* Absicht *f:* Meinung *f,* Ansicht *f: divided ~s* geteilte Meinungen; *keep one's* (*own*) *~* s-e Meinung *od.* Absicht für sich behalten; **4.** ⚖ (*ohne Artikel*) a) *Brit.* (Rechts)Anwalt *m,* b) *Am.* Rechtsberater *m,* -beistand *m: ~ for the defence* Anwalt des Beklagten, *Strafprozeß:* Verteidiger *m; ~ for the prosecution* Anklagevertreter *m;* **5.** ⚖ *coll.* ju'ristische Berater *pl.;* **II** *v/t.* **6.** *j-m* raten *od.* e-n Rat geben; **7.** zu *et.* raten: *~ delay* Aufschub empfehlen; '**coun·se(l)·lor** [-lə] *s.* **1.** Berater(in), Ratgeber *m;* **2.** *a.* **~-at-law** *Am.* (Rechts)Anwalt *m;* **3.** (Studien-, Berufs)Berater *m.*

count[1] [kaʊnt] **I** *s.* **1.** Zählen *n,* (*a.* Volks- *etc.*)Zählung *f,* (Be)Rechnung *f: keep ~ of s.th.* et. genau zählen (können); *lose ~* a) die Übersicht verlieren (*of* über), b) sich verzählen; *by my ~* nach m-r Schätzung; *take the ~ Boxen:* ausgezählt werden; *take a ~ of nine Boxen:* bis neun angezählt werden; **2.** (End)Zahl *f,* Anzahl *f,* Ergebnis *n; sport* Punktzahl *f;* **3.** Berücksichtigung *f: take* (*no*) *~ of* (nicht) zählen *od.* (nicht) berücksichtigen (*acc.*); **4.** ⚖ (An)Klagepunkt *m;* **II** *v/t.* **5.** (ab-, auf-) zählen, (be)rechnen: *~ the cost* a) die Kosten berechnen, b) *fig.* die Folgen bedenken, **6.** (mit)zählen, einschließen, berücksichtigen: *I ~ him among my friends* ich zähle ihn zu m-n Freunden; *~ing those present* die Anwesenden eingeschlossen; *not ~ing* eingesehen von; **7.** erachten, schätzen, halten für: *~ o.s. lucky* sich glücklich schätzen; *~ for* (*od. as*) *lost* als verloren ansehen; *~ it a great hono(u)r* es als große Ehre betrachten; **III** *v/i.* **8.** zählen, rechnen: *he ~s among my friends* er zählt zu m-n Freunden; *~ing from today* von heute an (gerechnet); *I ~ on you* ich rechne (*od.* verlasse mich) auf dich; **9.** mitzählen, gelten, von Wert sein: *~ for nothing* nichts wert sein, nicht von Belang sein; *every little ~s* auf jede Kleinigkeit kommt es an; *he simply doesn't ~* er zählt überhaupt nicht;

Zssgn mit adv.:

count| down *v/t.* **1.** *Geld* hinzählen; **2.** *a. v/i.* den Countdown 'durchführen (für), *a. weitS.* letzte (Start)Vorberei

---

tungen treffen (für); *~ in v/t.* mitzählen, einschließen: *count me in!* ich bin dabei *od.* mache mit!; *~ off v/t. u. v/i.* abzählen; *~ out v/t.* **1.** (langsam) abzählen; **2.** ausschließen: *count me out!* ohne mich!; **3.** *Boxen u. Kinderspiel:* auszählen; **4.** *parl. Brit.* a) *Gesetzesvorlage* zu Fall bringen, b) *Unterhaussitzung* wegen Beschlußunfähigkeit vertagen; *~ o·ver v/t.* nachzählen; *~ up v/t.* zs.-zählen; 'durchrechnen.

count[2] [kaʊnt] *s.* (nichtbrit.) Graf *m;* → *palatine*[1] 1.

count·down ['kaʊntdaʊn] *s.* 'Countdown *m* (*a. fig.*).

coun·te·nance ['kaʊntənəns] **I** *s.* **1.** Gesichtsausdruck *m,* Miene *f: his ~ fell* er machte ein langes Gesicht; *change one's ~* s-n Gesichtsausdruck ändern, die Farbe wechseln; **2.** Fassung *f,* Haltung *f,* Gemütsruhe *f: keep one's ~* die Fassung bewahren; *keep s.o. in ~* j-n ermuntern, j-n unterstützen; *put s.o. out of ~* j-n aus der Fassung bringen; **3.** Ermunterung *f,* Unter'stützung *f: give* (*od. lend*) *~ to* j-n ermutigen, j-n *od. et.* unterstützen, Glaubwürdigkeit verleihen (*dat.*); **II** *v/t.* **4.** *j-n* ermuntern, (unter)'stützen; **5.** *et.* gutheißen.

count·er[1] ['kaʊntə] *s.* **1.** Ladentisch *m,* *a.* Theke *f* (*im Wirtshaus etc.*): *under the ~* unter dem Ladentisch (*verkaufen etc.*), unter der Hand, heimlich; **2.** Schalter *m* (*Bank etc.*): **3.** Spielmarke *f,* **4.** Zählperle *f,* -kugel *f* (*Kinder-Rechenmaschine*); **5.** ⚙ Zähler *m,* Zählgerät *n,* -werk *n.*

coun·ter[2] ['kaʊntə] **I** *adv.* **1.** entgegengesetzt; (*to*) entgegen, zu'wider (*dat.*): *run* (*od. go*) *~ to* zuwiderlaufen (*dat.*); *~ to all rules* entgegen allen *od.* wider alle Regeln; **II** *adj.* **2.** Gegen..., entgegengesetzt; **III** *s.* **3.** Λbwehr *f; Boxen etc., a. fig.:* Konter(schlag) *m; fenc.* Pa'rade *f; Eislauf:* Gegenwende *f;* **4.** *zo.* Brustgrube *f* (*Pferd*); **IV** *v/t. u. v/i.* **5.** entgegenwirken, entgegnen; wider'sprechen, zu'widerhandeln (*dat.*); **6.** *Boxen, Fußball etc., a. fig.:* kontern.

coun·ter|·act [-əˈræ-] *v/t.* **1.** entgegenwirken (*dat.*); bekämpfen, vereiteln; **2.** kompensieren, neutralisieren; '**~·action** [-təˈræ-] *s.* **1.** Gegenwirkung *f,* -maßnahme *f;* **2.** 'Widerstand *m,* Oppositi'on *f;* **3.** Durch'kreuzung *f;* '**~·active** [-təˈræ-] *adj.* ☐ entgegenwirkend; '**~·at,tack** [-tərə-] **I** *s.* Gegenangriff *m* (*a. fig.*); **II** *v/i. u. v/t.* e-n Gegenangriff machen (gegen); '**~·at,trac·tion** [-tərə-] *s.* **1.** *phys.* entgegengesetzte Anziehungskraft; **2.** *fig.* Gegenattrakti,on *f;* '**~·bal·ance I** *s.* Gegengewicht *n* (*a. fig.*); **II** *v/t.* [ˌkaʊntəˈbæləns] ein Gegengewicht bilden zu, ausgleichen, aufwiegen; die Waage halten (*dat.*); '**~·blast** *s. fig.* Gegenschlag *m,* heftige Reakti'on; '**~·blow** *s.* Gegenschlag *m* (*a. fig.*); '**~·charge I** *s.* ⚖ Gegenklage *f;* **2.** ✗ Gegenangriff *m;* **II** *v/t.* **3.** ⚖ e-e Gegenklage erheben gegen; **4.** ✗ e-n Gegenangriff führen gegen; '**~·check** *s.* **1.** a) Gegenwirkung *f,* b) Gegen-, Nachprüfung *f;* '**~·claim** ✝, ⚖ **I** *s.* Gegenforderung *f;* **II** *v/t.* als Gegenforderung verlangen; '**~·clock·wise** → *anticlockwise;* '**~·cy·cli·cal** *adj.* ☐ ✝ konjunk'turdämpfend; ͵~'es·pi·o·nage [-tər'e-] *s.* Spio'nageabwehr *f*, Abwehr(dienst *m*) *f*; '~feit [-fɪt] **I** *adj.* **1.** nachgemacht, gefälscht, unecht, falsch: ~ coin Falschgeld *n*; **2.** vorgetäuscht, falsch; verstellt; **II** *s.* **3.** Fälschung *f*; **4.** Falschgeld *n*; **III** *v/t.* **5.** fälschen; **6.** heucheln, vorgeben, vortäuschen; '~feit·er [-͵fɪtə] *s.* **1.** Fälscher *m*, Falschmünzer *m*; **2.** Heuchler(in); '~foil *s.* **1.** (Kon'troll-) Abschnitt *m* (*Scheckbuch etc.*), Ku'pon *m*; **2.** a) Ku'pon *m*, Zins-, Divi'dendenschein *m*, b) Ta'lon *m* (*Erneuerungsschein*); '~in͵tel·li·gence [-tərɪn-] Spio'nageabwehr(dienst *m*) *f*; '~jump·er *s.* F Ladenschwengel *m* (*Verkäufer*); '~man [-mən] *s.* [*irr.*] Verkäufer *m*; ~mand [͵kaʊntə'mɑːnd] *v/t.* **1.** widerrufen, rückgängig machen, ✝ stornieren: *until ~ed* bis auf Widerruf; **2.** absagen, abbestellen; **II** *s.* **3.** Gegenbefehl *m*; **4.** Wider'rufung *f*, Aufhebung; '~march *s.* **1.** ✗ Rückmarsch *m*; **2.** *fig.* völlige 'Umkehr; '~mark *s.* Gegen-, Kon'trollzeichen *n* (*bsd. für die Echtheit*); '~meas·ure *s.* Gegenmaßnahme *f*; ~mo·tion *s.* **1.** Gegenbewegung *f*; **2.** *pol.* Gegenantrag *m*; '~move *s.* Gegenzug *m*; '~of·fer [-tər͵ɒ-] *s.* Gegenangebot *n*; '~or·der [-tər͵ɔː-] **1.** ✝ Abbestellung *f*; **2.** ✗ Gegenbefehl *m*; '~pane *s.* Tagesdecke *f*; '~part *s.* **1.** Gegen-, Seitenstück *n*; **2.** genaue Ergänzung; **3.** Ebenbild *n*; **4.** Dupli'kat *n*; **5.** *fig.* ,Gegen'über' *n*, Kol'lege *m*: *his Soviet ~*; '~plot *s.* Gegenanschlag *m*; '~point **I** *s.* ♪ 'Kontrapunkt *m*; **II** *v/t.* kontrapunktieren; '~poise **I** *s.* **1.** Gegengewicht *n* (*a. fig.*); Gleichgewicht *n*; **II** *v/t.* **2.** als Gegengewicht wirken zu, ausgleichen; **3.** *fig.* im Gleichgewicht halten, ausgleichen, aufwiegen; ͵~pro'duct·ive *adj.* 'kontraproduk͵tiv, das Gegenteil bewirkend; '~refor͵ma·tion *s.* 'Gegenreformati͵on *f*; '~rev·o͵lu·tion *s.* 'Gegenrevoluti͵on *f*; '~shaft *s.* ☉ Vorlegewelle *f*: ~ gear Vorgelege *n*; '~sign **I** *s.* **1.** ✗ Losungswort *n*; **2.** Gegenzeichen *n*; **II** *v/t.* **3.** gegenzeichnen; **4.** *fig.* bestätigen; ͵~'sig·na·ture *s.* Gegenzeichnung *f*; '~sink **I** *s.* **1.** Versenkbohrer *m*; **2.** Senkschraube *f*; **II** *v/t.* [*irr.* → *sink*] ☉ **3.** *Loch* ausfräsen; **4.** *Schraubenkopf* versenken; ͵~'ten·or *s.* ♪ hoher Te'nor (*Stimme u. Sänger*); ~vail ['kaʊntəveɪl] **I** *v/t.* aufwiegen, ausgleichen; **II** *v/i.* stark genug sein, ausreichen (*against* gegen): *~ing duty* Ausgleichszoll *m*; '~weight *s.* Gegengewicht *n* (*a. fig.* **to** gegen); '~word *s.* Aller'weltswort *n*.

count·ess ['kaʊntɪs] *s.* **1.** Gräfin *f*; **2.** Kom'tesse *f*.

count·ing glass ['kaʊntɪŋ] *s.* ☉ Zählglas *n*, -lupe *f*; '~house *s. bsd. Brit.* ✝ Bü'ro *n*; *engS.* Buchhaltung *f*; ~ tube *s.* Zählrohr *n*.

count·less ['kaʊntlɪs] *adj.* zahllos, unzählig.

'**count-out** *s. parl. Brit.* Vertagung *f* wegen Beschlußunfähigkeit.

coun·tri·fied ['kʌntrɪfaɪd] *adj.* **1.** ländlich, bäuerlich; **2.** *contp.* bäurisch, verbauert.

coun·try ['kʌntrɪ] **I** *s.* **1.** Land *n*, Staat *m*: *in this ~* hierzulande; ~ *of destination* Bestimmungsland; ~ *of origin* Ur-

sprungsland; ~ *of adoption* Wahlheimat *f*; **2.** Nati'on *f*, Volk *n*: *appeal* (*od. go*) *to the ~ pol.* an das Volk appellieren, Neuwahlen ausschreiben; **3.** Vaterland *n*, Heimat(land *n*) *f*: *the old ~* die alte Heimat; **4.** Gelände *n*, Landschaft *f*; Gebiet *n* (*a. fig.*): *flat ~* Flachland *n*; *wooded ~* waldige Gegend; *unknown ~* unbekanntes Gebiet (*a. fig.*); *new ~ fig.* Neuland *n* (*to me* für mich); *go up ~* ins Innere reisen; **5.** Land *n* (*Ggs. Stadt*), Pro'vinz *f*: *in the ~* auf dem Lande; *go* (*down*) *into the ~* aufs Land *od.* in die Provinz gehen; **6.** *a.* ~*-and-western* → *country music*; **II** *adj.* **7.** Land...; Provinz...; ländlich: ~ *life* Landleben *n*; ~ *beam s. mot. Am.* Fernlicht *n*; '~bred *adj.* auf dem Lande aufgewachsen; ~ *bump·kin s.* Bauerntölpel *m*; ~ *club s. Am.* Klub *m* auf dem Land (*für Städter*); ~ *cous·in s.* **1.** Vetter *m od.* Base *f* vom Lande; **2.** ,Unschuld *f* vom Lande'; ~ *dance s.* englischer Volkstanz; '~folk *s.* Landbevölkerung *f*; ~ *gen·tle·man s.* [*irr.*] **1.** Landedelmann *m*; **2.** Gutsbesitzer *m*; ~ *house s.* Landhaus *n*, Landsitz *m*; ~ *mu·sic s.* Country-Music *f*; '~man [-mən] *s.* [*irr.*] **1.** *a. fellow ~* Landsmann *m*; **2.** Landmann *m*, Bauer *m*; ~ *side s.* **1.** ländliche Gegend; Land (-schaft *f*) *n*; **2.** (Land)Bevölkerung *f*; '~wide *adj.* landesweit, im ganzen Land; '~wom·an *s.* [*irr.*] **1.** *a. fellow ~* Landsmännin *f*; **2.** a) Landbewohnerin *f*, b) Bäuerin *f*.

coun·ty ['kaʊntɪ] *s.* **1.** *Brit.* a) Grafschaft *f* (*Verwaltungsbezirk*); ~ *county pala·tine*, b) *the ~* die Bewohner *pl. od.* die Aristokra'tie e-r Grafschaft; **2.** *Am.* (Land)Kreis *m*, (Verwaltungs)Bezirk *m*; ~ *bor·ough s.*, ~ *cor·po·rate s. Brit.* Stadt *f*, die e-e eigene Grafschaft bildet; ~ *coun·cil s. Brit.* Grafschaftsrat *m* (*Behörde*); ~ *court s.* 👤 **1.** *Brit.* Grafschaftsgericht *n* (*erstinstanzliches Zivilgericht*); **2.** *Am.* Kreisgericht *n*; ~ *fam·i·ly s. Brit.* vornehme Fa'milie mit Ahnensitz in e-r Grafschaft; ~ *hall s. Brit.* Rathaus *n* e-r Grafschaft; ~ *pal·a·tine s. Brit. hist.* Pfalzgrafschaft *f*; ~ *seat s.*, ~ *town s. Am.* Kreishauptstadt *f*.

coup [kuː] *s.* Coup *m*: a) Bra'vourstück *n*, Handstreich *m*, b) Staatsstreich *m*, Putsch *m*; ~ *de grâce* [͵kuːdə'grɑːs] (*Fr.*) *s.* Gnadenstoß *m* (*a. fig.*); ~ *de main* [͵kuːdə'mɛ̃ː] (*Fr.*) *s. bsd.* ✗ Handstreich *m*; ~ *d'é·tat* [͵kuːdeɪ'tɑː] (*Fr.*) → *coup* b.

cou·pé ['kuːpeɪ] *s.* **1.** Cou'pé *n*: a) *mst zweisitzige* Limousine, b) *geschlossene Kutsche für zwei Personen*; **2.** 🚃 *Brit.* Halbabteil *n*.

cou·ple ['kʌpl] *s.* **1.** Paar *n*: *in ~s* paarweise; *a ~ of* ein paar *Tage etc.*; **2.** (Braut-, Ehe-, Liebes)Paar *n*, Pärchen *n*; **3.** Koppel *f* (*Jagdhunde*): *go* (*od. hunt*) *in ~s fig.* stets gemeinsam handeln; **II** *v/t.* **4.** (zs.-, ver)koppeln, verbinden; ~*d with fig.* gepaart (*od.* verbunden, gekoppelt) mit; **5.** ehelich verbinden; paaren; **6.** *in Gedanken* verbinden, zs.-bringen; **7.** ☉ (an-, ein-, ver-) kuppeln; **8.** 🐝, ♪ koppeln; **III** *v/i.* **9.** heiraten; sich paaren; **cou·pler** ['kʌplə] *s.* **1.** ♪ Kopplung *f* (*Orgel*); **2.** *Radio*:

Koppler *m*; **3.** ☉ Kupplung *f*; **4.** a) Koppel(glied *n*) *f*, b) (Leitungs)Muffe *f*: ~ *plug* Gerätestecker *m*.

cou·ple skat·ing *s.* Paarlauf(en *n*) *m*.

cou·plet ['kʌplɪt] *s.* Reimpaar *n*.

cou·pling ['kʌplɪŋ] *s.* **1.** Verbindung *f*; **2.** Paarung *f*; **3.** ☉ (*feste*) Kupplung; **4.** 🐝, *Radio:* Kopplung *f*; ~ *box s.* ☉ Kupplungsmuffe *f*; ~ *chain s.* ☉ Kupplungskette *f*; *pl.* 🔗 Kettenkupplung *f*; ~ *coil s.* 🐝, *Radio:* Kopplungsspule *f*.

cou·pon ['kuːpɒn] *s.* **1.** ✝ Cou'pon *m*, Ku'pon *m*, Zinsschein *m*: *dividend ~* Dividendenschein; ~ *bond Am.* Inhaberschuldverschreibung *f* mit Zinsschein; ~ *sheet* Couponbogen *m*; **2.** a) Kassenzettel *m*, Gutschein, Bon *m*, b) Berechtigungs-, Bezugsschein *m*; **3.** Abschnitt *m der Lebensmittelkarte etc.*, Marke *f*; **4.** Kon'trollabschnitt *m*; **5.** *Brit.* Tippzettel *m* (*Fußballtoto*).

cour·age ['kʌrɪdʒ] *s.* Mut *m*, Tapferkeit *f*: *have the ~ of one's convictions* stets s-r Überzeugung gemäß handeln, Zivilcourage haben; *pluck up* (*od. take*) ~ Mut fassen; *screw up* (*od. summon up*) *one's ~*, *take one's ~ in both hands* sein Herz in beide Hände nehmen; **cou·ra·geous** [kə'reɪdʒəs] *adj.* □ mutig, beherzt, tapfer.

cour·gette [͵kʊə'ʒet] *s.* Zuc'chini *f*.

cour·i·er ['kʊrɪə] *s.* **1.** Eilbote *m*, (*a. diplomatischer etc.*) Ku'rier *m*; **2.** Reiseleiter(in); **3.** *Am.* Verbindungsmann *m* (*Agent*).

course [kɔːs] **I** *s.* **1.** Lauf *m*, Bahn *f*, Weg *m*, Gang *m*; Ab-, Verlauf *m*, Fortgang *m*: *the ~ of life* der Lauf des Lebens; ~ *of events* Gang der Ereignisse, Lauf der Dinge; *the ~ of a disease* der Verlauf e-r Krankheit; *the ~ of nature* der natürliche (Ver)Lauf; *a matter of ~* e-e Selbstverständlichkeit; *of ~* natürlich, gewiß, bekanntlich; *in the ~ of* (Ver)Lauf (*gen.*), während (*gen.*); *in ~ of construction* im Bau (befindlich); *in ~ of time* im Laufe der Zeit; *in due ~* zur gegebenen *od.* rechten Zeit; *in the ordinary ~ of things* normalerweise; *let things take* (*od. run*) *their ~* den Dingen ihren Lauf lassen; *the disease took its ~* die Krankheit nahm ihren (natürlichen) Verlauf; **2.** (feste) Bahn, Strecke *f*, *sport* (Renn)Bahn *f*, (-)Strecke *f*, Piste *f*: *golf ~* Golfbahn *f od.* -platz *m*; *clear the ~* die Bahn frei machen; **3.** Fahrt *f*, Weg *m*; Richtung *f*; ✈ Kurs *m* (*a. fig.*): *on* (*off*) ~ (nicht) auf Kurs; *stand upon the ~* Kurs halten; *steer a ~* e-n Kurs steuern (*a. fig.*); *change one's ~* s-n Kurs ändern (*a. fig.*); *keep to one's ~ fig.* beharrlich s-n Weg verfolgen; *take a new ~* e-n neuen Weg einschlagen; ~ *computer* Kursrechner *m*; ~ *recorder* Kursschreiber *m*; **4.** Lebensbahn *f*, -weise *f*: *evil ~s* üble Gewohnheiten; **5.** Handlungsweise *f*, Verfahren *n*: *a dangerous ~* ein gefährlicher Weg; ~ *action* 1, **6.** Gang *m*, Gericht *n* (*Speisen*); **7.** Reihe *f*, (Reihen)Folge *f*; 'Zyklus *m*: ~ *of lectures* Vortragsreihe; ~ *of treatment* 🧪 längere Behandlung, Kur *f*; **8.** *a.* ~ *of instruction* Kurs(us) *m*, Lehrgang *m*: *a German ~* ein Deutschkursus, ein deutsches Lehrbuch; **9.** 🔺 Schicht *f*, Lage *f* (*Ziegel etc.*); **10.** ⚓ unteres großes Segel: *main* ~ Großsegel; **11.** (*monthly*) ~*s* ♣ Regel *f*, Periode *f*; **II** *v/t.* **12.** *bsd. Hasen* mit Hunden hetzen *od.* jagen; **III** *v/i.* **13.** rennen, eilen, jagen; **14.** an e-r Hetzjagd teilnehmen.

cours·er ['kɔːsə] *s. poet.* Renner *m*, schnelles Pferd; **'cours·ing** [-sɪŋ] *s.* (*bsd.* Hasen)Hetzjagd *f* mit Hunden.

court [kɔːt] **I** *s.* **1.** (Vor-, 'Hinter-, In-nen)Hof *m*; **2.** 'Hintergäßchen *n*; Sackgasse *f*; kleiner Platz; **3.** *bsd. Brit.* stattliches Wohngebäude; **4.** (abgesteckter) Spielplatz: *tennis* ~ Tennisplatz; *grass* ~ Rasentennisplatz; **5.** Hof *m*, Resi-'denz *f* (*Fürst etc.*): *the* ϩ *of St. James* der britische Königshof; *be presented at* ~ bei Hofe vorgestellt werden; **6.** a) fürstlicher Hof *od.* Haushalt, b) fürstliche Fa'milie, c) Hofstaat *m*; **7.** (Empfang *m* bei) Hof *m*: *hold* ~ Hof halten (*a. fig.*); **8.** fürstliche Regierung; **9.** ♈ a) *a.* ~ *of justice, law* ~ Gericht(shof *m*) *n*, b) Gerichtshof *m*, *der od. die* Richter, c) Gerichtssitzung *f*, d) Gerichtssaal *m*: *in* ~ vor Gericht; *out of* ~ a) außergerichtlich, gütlich, b) nicht zur Sache gehörig, c) indiskutabel; *bring into* ~, *take to* ~ vor Gericht bringen; *go to* ~ klagen; *laugh out of* ~ *fig.* verlachen; → *appeal* 8, *arbitration etc.*; **10.** *fig.* Hof *m*, Cour *f*, Aufwartung *f*: *pay* (*one's*) ~ *to* a) e-r Dame den Hof machen, b) *j-m* s-c Aufwartung machen; **11.** Rat *m*, Versammlung *f*: ~ *of directors* Direktion *f*, Vorstand *m*; **II** *v/t.* **12.** den Hof machen, huldigen (*dat.*); **13.** um'werben (*a. fig.*), werben *od.* freien um; ,poussie-ren' mit: ~*ing couple* Liebespaar *n*; **14.** *fig.* werben *od.* buhlen *od.* sich bemühen um *et.*; suchen: ~ *disaster* das Schicksal herausfordern, mit dem Feuer spielen.

court| card *s. Kartenspiel:* Bildkarte *f*; ϩ **Cir·cu·lar** *s.* (*tägliche*) Hofnachrichten *pl.*; ~ **dress** *s.* Hoftracht *f*.

cour·te·ous ['kɜːtjəs] *adj.* □ höflich, liebenswürdig.

cour·te·san [,kɔːtɪ'zæn] *s.* Kurti'sane *f*.

cour·te·sy ['kɜːtɪsɪ] *s.* Höflichkeit *f*, Verbindlichkeit *f*, Liebenswürdigkeit *f* (*alle a. als Handlung*); Gefälligkeit *f*: *by* ~ aus Höflichkeit *od.* Gefälligkeit; *by* ~ *of* a) mit freundlicher Genehmigung von (*od. gen.*), b) durch, mittels; ~ *light mot.* Innenlampe *f*; ~ *title* Höflichkeits- *od.* Ehrentitel *m*; ~ *call*, ~ *visit* Höflichkeits- *od.* Anstandsbesuch *m*.

cour·te·zan → *courtesan*.

court| guide *s.* 'Hof-, 'Adelska,lender *m* (*Verzeichnis der hoffähigen Personen*); ~ **hand** *s.* gotische Kanz'leischrift; '~·**house** *s.* **1.** Gerichtsgebäude *n*; **2.** *Am.* Kreis(haupt)stadt *f*.

court·i·er ['kɔːtjə] *s.* Höfling *m*.

court·ly ['kɔːtlɪ] *adj.* **1.** vornehm, gepflegt, höflich; **2.** höfisch.

court| mar·tial *pl.* **courts mar·tial** *s.* Kriegsgericht *n*; ,~·'**mar·tial** *v/t.* vor ein Kriegsgericht stellen; ~ **mourn·ing** *s.* Hoftrauer *f*; ~ **or·der** *s.* ♈ Gerichtsbeschluß *m*; ~ **plas·ter** *s. hist.* Heftpflaster *n*; ~ **room** *s.* Gerichtssaal *m*.

court·ship ['kɔːtʃɪp] *s.* **1.** Hofmachen *n*, Werben *n*, Freien *n*; **2.** *fig.* Werben *n* (*of* um).

---

court| shoes *s. pl.* Pumps *pl.*; '~·**yard** *s.* Hof(raum) *m*.

cous·in ['kʌzn] *s.* **1.** a) Vetter *m*, Cou-'sin *m*, b) Base *f*, Ku'sine *f*: *first* ~, ~ *german* leiblicher Vetter *od.* leibliche Base; *second* ~ Vetter *od.* Base zweiten Grades; **2.** *weitS.* Verwandte(r *m*) *f*.

cou·tu·ri·er [ku:'tjʊrɪeɪ] (*Fr.*) *s.* (Haute) Couturi'er *m*, Modeschöpfer *m*; **cou·tu·ri·ère** [-ɪeə] (*Fr.*) *s.* Modeschöpferin *f*.

cove¹ [kəʊv] **I** *s.* **1.** kleine Bucht; **2.** *fig.* Schlupfwinkel *m*; **3.** △ Wölbung *f*; **II** *v/t.* **4.** △ (über)'wölben.

cove² [kəʊv] *s. sl.* Bursche *m*, Kerl *m*.

cov·en ['kʌvn] *s.* Hexensabbat *m*.

cov·e·nant ['kʌvənənt] **I** *s.* **1.** Vertrag *m*; feierliches Abkommen; **2.** ♈ a) Vertrag *m*, b) Ver'trags,klausel *f*, c) bindendes Versprechen, Zusicherung *f*, d) Satzung *f*; **3.** *bibl.* a) Bund *m*; → *ark* 2, b) Verheißung *f*: *the land of the* ~ das Gelobte Land; **II** *v/i.* **4.** e-n Vertrag schließen, über'einkommen (*with* mit, *for* über *acc.*); **5.** sich feierlich verpflichten, geloben; **III** *v/t.* **6.** vertraglich zusichern; '**cov·e·nant·ed** [-tɪd] *adj.* **1.** vertragsmäßig; **2.** vertraglich gebunden.

cov·en·trize ['kɒvəntraɪz] *v/t.* to'tal zerbomben, dem Erdboden gleichmachen; **Cov·en·try** ['kɒvəntrɪ] *npr. englische Stadt:* *send s.o. to* ~ *fig.* j-n gesellschaftlich ächten.

cov·er ['kʌvə] **I** *s.* **1.** Decke *f*; Deckel *m*; **2.** a) (Buch)Decke *f*, Einband *m*, b) 'Umschlag- *od.* Titelseite *f*: ~ *design* Titelbild *n*; ~ *girl* Covergirl *n*, Titelblattmädchen *n*; *from* ~ *to* ~ von Anfang bis Ende; **3.** a) 'Brief,umschlag *m*, b) *Philatelie:* Ganzsache *f*: *under* (*the*) *same* ~ beiliegend; *under separate* ~ mit getrennter Post; *under* ~ *of* unter der (Deck)Adresse von; **4.** 'Schutz,umschlag *m*, Hülle *f*, Futte'ral *n*; 'Überzug *m*, (Bett-, Möbel- *etc.*)Bezug *m*; ⊚ Schutzhaube *f*, -platte *f*, -mantel *m*; *mot.* (Reifen)Decke *f*, Mantel *m*; **5.** Gedeck *n* (*bei Tisch*): ~ *charge* (Kosten *pl.* für das) Gedeck; **6.** ✕ a) Deckung *f*: *take* ~ Deckung nehmen, b) Feuerschutz *m*, c) (Luft)Sicherung *f*, Abschirmung *f*: *air* ~; **7.** *hunt.* Dickicht *n*, Lager *n*: *break* ~ ins Freie treten; **8.** Ob-, Schutzdach *n*: *get under* ~ sich unterstellen; **9.** *fig.* Schutz *m*: *under* ~ *of night* im Schutz der Nacht; **10.** *fig.* Deckmantel *m*, Tarnung *f*, Vorwand *m*: *under* ~ *of friendship*; ~ *address* Deckadresse *f*; ~ *name* Deckname *m*; *blow one's* ~ ,auffliegen'; **11.** ✝ Deckung *f*, Sicherheit *f*; (Schadens-) Deckung *f*, Versicherungsschutz *m*; **II** *v/t.* **12.** be-, zudecken: *remain* ~ed den Hut aufbehalten; ~ *o.s. with glory fig.* sich mit Ruhm bedecken; ~ed *with* voll von, über u. über bedeckt mit; **13.** einhüllen, -wickeln (*with* in *acc.*); **14.** be-, über'ziehen: ~ed *button* bezogener Knopf; ~ed *wire* umsponnener Draht; **15.** *fig.* bedecken, schützen, sichern (*from* vor *dat.*, gegen); ~ *o.s.* sich absichern (*against* gegen); **16.** ✝ decken: a) *Kosten* bestreiten, b) *Schulden, Verlust* abdecken, c) versichern; **17.** decken, genügen für; **18.** enthalten, ein-

---

schließen, um'fassen, be'inhalten; *a. statistisch, durch Werbung etc.* erfassen; *Thema* (erschöpfend) behandeln; ~ *ground* 2; **19.** *Presse, TV etc.*: berichten über (*acc.*); **20.** *Gebiet* bearbeiten, bereisen; **21.** sich über *e-e Fläche od. Zeitspanne* erstrecken; **22.** *e-e Strecke* zu'rücklegen; **23.** a) be-, verdecken, verhüllen, verbergen, b) *fig.* → *cover up* 2; **24.** ✕ decken, schützen, sichern (*from* vor *dat.* gegen); **25.** ✕ a) *ein Gebiet* beherrschen, im Schußfeld haben, b) *Gelände* bestreichen, mit Feuer belegen; **26.** *mit e-r Waffe* zielen auf (*acc.*), j-n in Schach halten; **27.** *sport* den *Gegner* decken; **28.** *j-n* ,beschatten'; **29.** *Hündin etc.* decken, *Stute a.* beschälen; ~ *in v/t.* **1.** decken, bedachen; **2.** füllen; ~ *o·ver v/t.* **1.** über-'decken; **2.** ✝ *Emission* über'zeichnen; ~ *up* **I** *v/t.* **1.** zu-, verdecken; **2.** *fig.* vertuschen, verheimlichen, verbergen; **II** *v/i.* **3.** ~ *for s.o.* j-n decken; **4.** *Boxen:* sich decken.

cov·er·age ['kʌvərɪdʒ] *s.* **1.** Erfassung *f*, Einschluß *m*: erfaßtes Gebiet, erfaßte Menge; *Werbung:* erfaßter Per'sonenkreis; **2.** 'Umfang *m*; Reichweite *f*; Geltungsbereich *m*; **3.** ✝ a) → *cover* 11, b) Ver'sicherungs,umfang *m*; **4.** *Zeitung etc.*: Berichterstattung *f* (*of* über *acc.*); **5.** ✕ → *cover* 6 c; '**cov·ered** [-əd] *adj.* be-, gedeckt: ~ *court Tennis:* Hallenplatz *m*; ~ *market* Markthalle *f*; ~ *wag(g)on* a) Planwagen *m*, b) geschlossener Güterwagen; → *cover* 14; '**cov·er·ing** [-ərɪŋ] **I** *s.* **1.** Bedeckung *f*; Be-, Ver-, Um'kleidung *f* (*Fußboden-*) Belag *m*; → *a. cover* 4; **2.** *fig.* Schutz *m*, Deckung *f*; **3.** ✕ → *cover* 6; **II** *adj.* **4.** deckend, Deck(ungs)...; ~ *letter* Begleitbrief *m*; ~ *note* → *cover note*; **cov·er·let** ['kʌvəlɪt], *a.* '**cov·er·lid** [-lɪd] *s.* Tagesdecke *f*.

cov·er| note *s.* ✝ Deckungsbrief *m* (*Versicherung*); ~ **shot** *s. Film:* To'tale *f*; ~ **sto·ry** *s.* Titelgeschichte *f*.

cov·ert **I** *adj.* □ ['kʌvət] **1.** heimlich, versteckt, verborgen; unmerklich; **2.** → *feme covert*; **II** *s.* ['kʌvə] **3.** Obdach *n*; Schutz *m*; **4.** Versteck *n*; **5.** *hunt.* Dickicht *n*; Lager *n*; ~ **coat** ['kʌvət] *s.* Covercoat *m* (*Sportmantel*).

cov·er·ture ['kʌvə,tjʊə] *s.* ♈ Ehestand *m der Frau*.

'**cov·er-up** *s. Am.* Tarnung *f*, Vertuschung *f* (*for gen.*).

cov·et ['kʌvɪt] *v/t.* begehren, trachten nach; '**cov·et·a·ble** [-təbl] *adj.* begehrenswert; '**cov·et·ous** [-təs] *adj.* □ **1.** begehrlich, lüstern (*of* nach); **2.** habsüchtig; '**cov·et·ous·ness** [-təsnɪs] *s.* **1.** Begehrlichkeit *f*; **2.** Habsucht *f*.

cov·ey ['kʌvɪ] *s.* **1.** *orn.* Brut *f*, Hecke *f*; **2.** *hunt.* Volk *n*, Kette (*f*); **3.** Schar *f*, Schwarm *m*, Trupp *m*.

cov·ing ['kəʊvɪŋ] *s.* △ **1.** Wölbung *f*; **2.** 'überhängendes Obergeschoß; **3.** schräge Seitenwände *pl.* (*Kamin*).

cow¹ [kaʊ] *s. zo.* **1.** Kuh *f*; **2.** Weibchen *n* (*bsd. Elefant, Wal etc.*).

cow² [kaʊ] *v/t.* einschüchtern: ~ *s.o. in-to* j-n zwingen zu.

cow·ard ['kaʊəd] **I** *s.* Feigling *m*; **II** *adj.* feig(e); '**cow·ard·ice** [-dɪs] *s.* Feigheit *f*; '**cow·ard·li·ness** [-lɪnɪs] *s.* **1.** Feigheit *f*; **2.** Gemeinheit *f*; '**cow·ard·ly**

[-lɪ] **I** adj. **1.** feig(e); **2.** gemein, 'hinterhältig; **II** adv. **3.** feig(e).

'**cow**·**ber**·**ry** [-bərɪ] s. ♀ Preiselbeere f; '~·**boy** s. **1.** Am. Cowboy m; **2.** Kuhjunge m; '~·**catch**·**er** s. ♠ Am. Schienenenräumer m.

cow·**er** ['kaʊə] v/i. **1.** kauern, hocken; **2.** sich ducken (aus Angst etc.).

cow| **hand** → cowboy 1; '~·**herd** s. Kuhhirt m; '~·**hide** s. **1.** Rindsleder n; **2.** Ochsenziemer m; '~·**house** s. Kuhstall m.

cowl [kaʊl] s. **1.** Mönchskutte f (mit Kapuze); **2.** Ka'puze f; **3.** ⊙ Schornsteinkappe f; **4.** ⊙ a) mot. Haube f, b) Verkleidung f, c) → 'cowl·ing [-lɪŋ] s. ✔ 'Motorhaube f.

'**cow**·**man** [-mən] s. [irr.] **1.** Am. Rinderzüchter m; **2.** Kuhknecht m.

'**co**-,**work**·**er** s. Mitarbeiter(in).

cow| **pars·nip** s. ♀ Bärenklau f, m; '~·**pat** s. Kuhfladen m; '~·**pox** s. ✗ Kuhpocken pl.; '~·**punch·er** s. Am. F Cowboy m.

cow·rie, cow·ry ['kaʊrɪ] s. **1.** zo. 'Kaurischnecke f; **2.** 'Kauri(muschel f) m, f, Muschelgeld n.

'**cow**·**shed** s. Kuhstall m; '~·**slip** s. ♀ **1.** Brit. Schlüsselblume f; **2.** Am. Sumpfdotterblume f.

cox [kɒks] F **I** s. → coxswain; **II** v/t. Rennboot steuern: ~ed four Vierer m mit (Steuermann).

cox·comb ['kɒkskəʊm] s. **1.** Geck m, Stutzer m; **2.** → cockscomb 1, 2.

cox·swain ['kɒksweɪn; ♠ 'kɒksn] **I** s. **1.** Ruderm'ann m; **2.** Bootsführer m; **II** v/t. **3.** → cox II.

coy [kɔɪ] adj. □ **1.** schüchtern, bescheiden, scheu; **2.** spröde, zimperlich (Mädchen); '**coy·ness** [-nɪs] s. Schüchternheit f; Sprödigkeit f.

coy·ote ['kɔɪəʊt] s. zo. Ko'jote m, Prä-'rie-, Steppenwolf m.

coz·en ['kʌzn] v/t. u. v/i. **1.** betrügen, prellen (out of um); **2.** betören; verleiten (into doing zu tun).

co·zi·ness etc. → cosiness etc.

crab[1] [kræb] **I** s. **1.** zo. a) Krabbe f, b) Taschenkrebs m: catch a ~ Rudern: ,e-n Krebs fangen', mit dem Ruder im Wasser steckenbleiben; **2.** ♋ ast. Krebs m; **3.** ⊙ Winde f, Hebezeug n, Laufkatze f; **4.** pl. Würfeln: niedrigster Wurf; **5.** → crab louse; **II** v/t. **6.** ✔ schieben.

crab[2] [kræb] **I** s. **a)** Nörgler m, b) Nörge'lei f; **II** v/t. **2.** F (her'um)nörgeln an (dat.); **3.** F verderben, -patzen; **III** v/i. **4.** nörgeln.

crab ap·ple s. ♀ Holzapfel(baum) m.

crab·bed ['kræbɪd] adj. □ **1.** a) mürrisch, b) boshaft, bitter, c) halsstarrig; **2.** verworren; kraus; **3.** kritzelig, unleserlich (Schrift); **crab·by** ['kræbɪ] → crabbed 1, 2.

crab louse s. [irr.] zo. Filzlaus f.

crack [kræk] **I** s. **1.** Krach m, Knall m (Peitsche, Gewehr etc.): the ~ of doom die Posaunen des Jüngsten Gerichts; ~ of dawn Morgengrauen n; **2.** (heftiger) Schlag: in a ~ im Nu; take a ~ at s.th. sl. es mit et. versuchen; **3.** Riß m, Sprung m; Spalt(e f) m, Schlitz m; **4.** F ,Knacks' (geistiger Defekt); **5.** sl. a) Witz m, b) Stiche'lei f; **6.** sport ,Ka'none' f, ,As' n; **7.** F Crack n (Rauschgift); **II** adj. **8.** F erstklassig, großartig: ~

shot Meisterschütze m; ~ regiment Eliteregiment n; **III** int. **9.** krach!; **IV** v/i. **10.** krachen, knallen, knacken, (auf)brechen; **11.** platzen, bersten, (auf-, zer)springen, Risse bekommen, (auf)reißen: get ~ing F loslegen (anfangen); ~ing pace tolles Tempo; **12.** 'überschnappen (Stimme): his voice is ~ing er ist im Stimmbruch; **13.** fig. zs.-brechen; **V** v/t. **14.** knallen mit (Peitsche); knacken mit (Fingern): ~ jokes Witze reißen; **15.** zerbrechen, (zer-)spalten, ein-, zerschlagen; **16.** Nuß (auf)knacken, Ei aufschlagen: ~ a bottle e-r Flasche den Hals brechen; ~ a code e-n Kode ,knacken'; ~ a crib sl. in ein Haus einbrechen; ~ a safe e-n Geldschrank knacken; **17.** a) e-n Sprung machen in (acc.), b) sich e-e Rippe etc. anbrechen; **18.** fig. erschüttern, zerrütten, zerstören; **19.** ⊙ Erdöl kracken, spalten; ~ down v/i. F (on) a) scharf vorgehen (gegen), 'durchgreifen (bei), b) 'Razzia abhalten (bei); ~ up **I** v/i. **1.** fig. (körperlich od. seelisch) zs.-brechen; **2.** ✔ abstürzen; **3.** sein Auto zu Schrott fahren; **4.** Am. F sich ,ka-'puttlachen'; **II** v/t. **5.** Fahrzeug zu Schrott fahren; **6.** F ,hochjubeln', (an-)preisen.

'**crack**|-**brained** adj. verrückt; '~·**down** s. F (on) scharfes Vorgehen (gegen), 'Durchgreifen n (bei).

cracked [krækt] adj. **1.** zer-, gesprungen, geborsten, rissig: the cup is ~ die Tasse hat e-n Sprung; **2.** F ,angeknackst' (Ruf etc.); **3.** F verrückt.

crack·er ['krækə] s. **1.** Cracker m, Kräcker m: a) (Knusper)Keks m, b) Schwärmer m, Frosch m (Feuerwerk), a. 'Knallbon,bon m, n; **2.** Nußknacker m; '~·**jack** Am. F **I** adj. 'prima, toll; **II** s. a) tolle Sache, b) toller Kerl; '**crack·ers** adj. Brit. sl. verrückt, 'übergeschnappt: go ~ überschnappen.

'**crack·jaw** F **I** adj. zungenbrecherisch; **II** s. Zungenbrecher m.

crack·le ['krækl] **I** v/i. **1.** knistern, prasseln, knattern; **II** v/t. **2.** ⊙ Glas od. Glasur krakelieren; **III** s. **3.** Knistern n, Knattern n; **4.** ⊙ Krakelierung f, Kra-ke'lee f, n: ~ finish Eisblumenlackierung f; **5.** ⊙ Haarrißbildung f; '**crack·ling** [-lɪŋ] s. **1.** → crackle 3; **2.** a) knusprige Kruste des Schweinebratens, b) mst pl. Am. Schweinegrieben pl.

crack·nel ['kræknl] s. **1.** Knusperkeks m; **2.** → crackling 2 a.

'**crack·pot** sl. **I** s. ,Spinner' m, Verrückte(r m) f, **II** adj. verrückt.

cracks·man ['kræksmən] s. [irr.] sl. **1.** Einbrecher m; **2.** ,Schränker' m, Geldschrankknacker m.

'**crack·up** s. F pol., ♱ (a. körperlicher od. seelischer) Zs.-bruch.

crack·y ['krækɪ] → cracked 1, 3.

cra·dle ['kreɪdl] **I** s. **1.** Wiege f (a. fig.): the ~ of civilization; from the ~ to the grave von der Wiege bis zur Bahre; **2.** fig. Wiege f, Kindheit f, 'Anfangs,stadium n, Ursprung m: from the ~ von Kindheit an; in the ~ in den ersten Anfängen (steckend); **3.** wiegenartiges Gerät, bsd. ⊙ a) Hängegerüst n (Bau), b) Gründungseisen n (Graveur), c) Räderschlitten m (für Arbeiten unter e-m Auto), d) Schwingtrog m (Goldwäscher),

e) (Tele'fon)Gabel f, f) ✗ Rohrwiege f; **4.** ♣ Stapelschlitten m; **5.** ☞ (Draht-) Schiene f, Schutzgestell n; **II** v/t. **6.** in die Wiege legen; **7.** in (den) Schlaf wiegen; **8.** auf-, großziehen; **9.** den Kopf in den Armen etc. bergen, betten.

craft [krɑːft] s. **1.** (Hand- od. Kunst-) Fertigkeit f, Kunst f, Geschicklichkeit f; → gentle 2; **2.** a) Gewerbe n, Handwerk n, b) Zunft f: film~ Filmgewerbe; be one of the ~ F vom ,Bau' sein; **3.** the ♎ die Königliche Kunst (Freimaurerei); **4.** List f, Verschlagenheit f; **5.** ♣ Fahrzeug n, Schiff n; coll. Fahrzeuge pl., Schiffe pl.; **6.** a) ✔ Flugzeug n, coll. Flugzeuge pl., b) Raumschiff n, -fahrzeug n; '**craft·i·ness** [-tɪnɪs] s. List f, Schlauheit f.

crafts·man ['krɑːftsmən] s. [irr.] **1.** gelernter Handwerker; **2.** Kunsthandwerker m; **3.** fig. Könner m; '**crafts-man·ship** [-ʃɪp] s. Kunstfertigkeit f, handwerkliches Können od. Geschick.

craft·y ['krɑːftɪ] adj. □ listig, schlau, verschlagen.

crag [kræg] s. Felsenspitze f, Klippe f; '**crag·ged** [-gɪd], '**crag·gy** [-gɪ] adj. □ **1.** felsig, schroff; **2.** fig. knorrig (Person); **crags·man** ['krægzmən] s. [irr.] geübter Bergsteiger, Kletterer m.

cram [kræm] **I** v/t. **1.** a. fig. 'vollstopfen, -packen, -pfropfen, über'füllen (with mit); **2.** über'füttern, 'vollstopfen; **3.** Geflügel stopfen, mästen; **4.** (hin'ein-) stopfen, (-)zwängen (into in acc.); **5.** F a) mit j-m ,pauken', b) et. ,pauken' od. ,büffeln'; **II** v/t. **6.** sich (gierig) 'vollessen, -stopfen; **7.** F ,pauken', ,büffeln': ~ up on → 5 b; **III** s. **8.** F Gedränge n; **9.** F ,Pauken' n: ~ course Paukkurs m. ,**cram·'full** adj. zum Bersten voll.

'**cram·mer** ['kræmə] s. F **1.** ,Einpauker' m; **2.** ,Paukstudio' n; **3.** ,Paukbuch' n.

cramp[1] [kræmp] **I** s. **1.** ⊙ Krampe f, Klammer f; Schraubzwinge f; **2.** fig. Zwang m, Fessel f; Einengung f; **II** v/t. **3.** ver-, anklammern, befestigen; **4.** a. ~ up fig. einengen, einzwängen; hemmen: be ~ed for space (zu) wenig Platz haben; → style 1 b.

cramp[2] [kræmp] **I** s. ☞ Krampf m; **II** v/t. Krämpfe auslösen in (dat.); **cramped** [-pt] adj. **1.** verkrampft; **2.** eng, beengt.

'**cramp**|-**fish** s. Zitterrochen m; ~·**i·ron** s. **1.** (Stahl)Klammer f, Krampe f; **2.** △ Steinanker m.

cram·pon ['kræmpən], Am. a. **cram·poon** [kræm'puːn] s. oft pl. **1.** ⊙ Kanthaken m; **2.** mount. Steigeisen n.

cran·ber·ry ['krænbərɪ] s. ♀ Preisel-, Kranbeere f.

crane [kreɪn] **I** s. **1.** orn. u. ♍ astr. Kranich m; **2.** ⊙ Kran m: ~ truck Kranwagen m; **II** v/t. **3.** mit e-m Kran heben; **4.** ~ one's neck sich den Hals verrenken (for nach); ~ fly s. zo. (Erd)Schnake f.

cra·ni·a ['kreɪnjə] pl. von cranium; '**cra·ni·al** [-jəl] adj. anat. Schädel...; **cra·ni·ol·o·gy** [,kreɪnɪ'ɒlədʒɪ] s. Schädellehre f; '**cra·ni·um** [-jəm] pl. **-ni·a** [-jə] Am. a. **-ni·ums** s. anat. Schädel m.

crank [kræŋk] **I** s. **1.** ⊙ Kurbel f, Schwengel m: ~ case Kurbelgehäuse n, -kasten m; ~ handle Kurbelgriff m; ~ pin Kurbelzapfen m; ~ shaft Kurbelwelle f; **2.** Wortspiel n; **3.** Ma'rotte f,

Grille *f*, fixe I'dee; **4.** ‚Spinner‘ *m*, (harmloser) Verrückter: ~ *letter* Brief *m* von e-m ‚Spinner‘; **II** *v/t.* **5.** ⊗ kröpfen, krümmen; **6.** *oft* ~ *up* ankurbeln, *Motor* anlassen; *Maschine* 'durchdrehen; **III** *adj.* **7.** wack(e)lig, schwach; **8.** ⚓ rank; **'crank·i·ness** [-kınıs] *s.* Wunderlichkeit *f*, Verschrobenheit *f*; **'crank·y** [-kı] *adj.* □ **1.** wunderlich, verschroben; **2.** → *crank* 7, 8.

cran·ny ['krænı] *s.* **1.** Ritze *f*, Spalte *f*, Riß *m*; **2.** Schlupfwinkel *m*.

crap¹ [kræp] *s. Am.* Fehlwurf *m* beim *craps.*

crap² [kræp] V **I** *s.* a) Scheiße *f*: *have a* ~ → II, b) *fig.* ‚Mist‘ *m*, ‚Scheiß‘ *m*; **II** *v/i.* scheißen.

crape [kreıp] *s.* **1.** Krepp *m*; **2.** Trauerflor *m*.

crap·py ['kræpı] *adj. sl.* ‚mistig‘, Scheiß...

craps [kræps] *s. pl. sg. konstr. Am.* ein Würfelspiel *n*: *shoot* ~ *craps* spielen.

crap·u·lence ['kræpjʊləns] *s.* Unmäßigkeit *f, bsd.* unmäßiger Alko'holgenuß.

crash¹ [kræʃ] **I** *v/i.* **1.** zs.-krachen, zerbrechen; **2.** (krachend) ab-, einstürzen; **3.** ✈ abstürzen, Bruch machen; *mot.* a) zs.-stoßen, b) verunglücken: ~ *into* krachen gegen; **4.** poltern, platzen, rasen, stürzen: ~ *in* hereinplatzen; ~ *in on* → 9; **5.** *fig. bsd.* ⚓ zs.-brechen; **II** *v/t.* **6.** zertrümmern, zerschmettern; **7.** ✈ abstürzen *od.* e-e Bruchlandung machen mit; **8.** *mot.* zu Bruch fahren; **9.** *sl.* uneingeladen kommen zu e-r *Party*; **III** *s.* **10.** Krach(en *n*) *m*; **11.** Zs.-stoß *m*; Unfall *m*; **12.** ✈ Absturz *m*; **13.** ✝ (Börsen)Krach *m, allg.* Zs.-bruch; **IV** *adj.* **14.** *fig.* Schnell…, Sofort…

crash² [kræʃ] *s.* grober Leinendrill.

crash|bar·ri·er *s. Brit.* Leitplanke *f*; ~ **course** *s.* Schnell-, Inten'sivkurs *m*; ~ **di·et** *s.* radi'kale Abmagerungskur *f*; **'~dive** *v/i.* ⚓ schnelltauchen (*U-Boot*); ~ **halt** *s.* 'Vollbremsung *f*; ~ **hel·met** *s.* Sturzhelm *m*; ~ **job** *s.* brandeilige Arbeit, Eilauftrag *m*; **'~land** *v/i.* ✈ e-e Bruchlandung machen; ~ **land·ing** *s.* ✈ Bruchlandung *f*; ~ **test** *s. mot.* 'Crashtest *m*; ~ **truck** *s.* Rettungswagen *m*.

crass [kræs] *adj.* □ *fig.* kraß, grob; **'crass·ness** [-nıs] *s.* **1.** Kraßheit *f*; **2.** krasse Dummheit.

crate [kreıt] **I** *s.* **1.** Lattenkiste *f*, (Bier*etc.*)Kasten *m*; **2.** großer Packkorb; **3.** *sl.* ‚Kiste‘ *f* (*Auto od. Flugzeug*); **II** *v/t.* **4.** in e-e Lattenkiste *etc.* verpacken.

cra·ter ['kreıtə] *s.* **1.** *geol. etc. a.* ✹ 'Krater *m*; **2.** (Bomben-, Gra'nat)Trichter *m*, -krater *m*.

cra·vat [krə'væt] *s.* Halstuch *n*; Kra'watte *f*.

crave [kreıv] **I** *v/t.* **1.** flehen *od.* dringend bitten um; **II** *v/i.* **2.** sich (heftig) sehnen (*for* nach); **3.** flehen, inständig bitten (*for* um).

cra·ven ['kreıvən] **I** *adj.* feige, zaghaft; **II** *s.* Feigling *m*, Memme *f*.

crav·ing ['kreıvıŋ] *s.* heftiges Verlangen, Sehnsucht *f*, (krankhafte) Begierde (*for* nach).

craw [krɔ:] *s. zo.* Kropf *m* (*Vogel*).

craw·fish ['krɔ:fıʃ] **I** *s. zo.* → *crayfish*; **II** *v/i. Am.* F sich drücken, ‚kneifen‘.

crawl [krɔ:l] **I** *v/i.* **1.** kriechen: a) krabbeln, b) sich da'hinschleppen, schleichen (*a. Arbeit, Zeit*), c) im ‚Schnekkentempo‘ gehen *od.* fahren; **2.** *fig.* (unter'würfig) kriechen (*to s.o.* vor j-m); **3.** wimmeln (*with* von); **4.** kribbeln, prickeln; **5.** *Schwimmen:* kraulen; **II** *s.* **6.** Kriechen *n*, Schleichen *n*: *go at a* ~ → 1 c; **7.** *Schwimmen:* Kraulstil *m*, Kraul(en) *n*; **'crawl·er** [-lə] *s.* **1.** Kriechtier *n*, Gewürm *n*; **2.** *fig.* Kriecher(in); **3.** F a) ‚Schnecke‘ *f*, b) Taxi *n* auf Fahrgastsuche; **4.** *pl.* Krabbelanzug *m für Kleinkinder*; **5.** *a.* ~ *tractor* ⊗ Raupen-, Gleiskettenfahrzeug *n*; **6.** *Schwimmen:* Krauler(in); **'crawl·y** [-lı] *adj.* F grus(e)lig.

cray·fish ['kreıfıʃ] *s. zo.* **1.** Flußkrebs *m*; **2.** Lan'guste *f*.

cray·on ['kreıən] **I** *s.* **1.** Zeichen-, Bunt-, Pa'stellstift *m*: *blue* ~ Blaustift; **2.** Kreide-, Pa'stellzeichnung *f*; **II** *v/t.* **3.** mit Kreide *etc.* zeichnen; **4.** *fig.* skizzieren.

craze [kreız] **I** *v/t.* **1.** verrückt machen; **2.** *Töpferei:* krakelieren; **II** *s.* **3.** a) Ma'nie *f*, fixe I'dee, Verrücktheit *f*, b) ‚Fimmel‘ *m*: *be the* ~ die große Mode sein; *the latest* ~ der letzte Schrei; **crazed** [-zd] *adj.* **1.** wahnsinnig (*with* vor *dat.*); **2.** (wild) begeistert, hingerissen (*about* von); **'cra·zi·ness** [-zınıs] *s.* Verrücktheit *f*.

cra·zy ['kreızı] *adj.* □ **1.** verrückt, wahnsinnig: ~ *with pain*; **2.** F (*about*) begeistert (von); versessen (auf *acc.*); **3.** baufällig, wackelig, ⚓ seeuntüchtig; **4.** zs.-gestückelt: ~ *bone Am.* → *funny bone*; ~ *pav·ing*, ~ *pave·ment* *s.* Mosa'ikpflaster *n*; ~ *quilt s.* Flickendecke *f*.

creak [kri:k] **I** *v/i.* knarren, kreischen, quietschen, knirschen: ~ *along fig.* sich dahinschleppen (*Handlung etc.*); **II** *s.* Knarren *n*, Knirschen *n*, Quietschen *n*; **'creak·y** [-kı] *adj.* □ knarrend, knirschend.

cream [kri:m] **I** *s.* **1.** Rahm *m*, Sahne *f*; **2.** Creme(speise) *f*; **3.** (*Haut-, Schuhetc.*)Creme *f*; **4.** Cremesuppe *f*; **5.** *fig.* Creme *f*, Auslese *f*, E'lite *f*: *the* ~ *of society*, **6.** Kern *m*, Po'inte *f* (*Witz*); **7.** Crèmefarbe *f*; **II** *v/i.* **8.** Sahne bilden; **9.** schäumen; **III** *v/t.* **10.** absahnen, den Rahm abschöpfen von (*a. fig.*); **11.** Sahne bilden lassen; **12.** schaumig rühren; **13.** (*dem Tee od. Kaffee*) Sahne zugeben: *do you* ~ *your tea?* nehmen Sie Sahne?; **14.** *Am. sl. j-n* ‚fertigmachen‘; **IV** *adj.* **15.** creme(farben); ~ *cake* *s.* Creme- *od.* Sahnetorte *f*; ~ *cheese* *s.* Rahm-, Vollfettkäse *m*; **'~col·o(u)red** *adj.* creme(farben).

cream·er·y ['kri:mərı] *s.* **1.** Molke'rei *f*; **2.** Milchhandlung *f*.

cream| ice *s. Brit.* Sahneeis *n*, Speiseeis *n*; ~ **jug** *s.* Sahnekännchen *n*, -gießer *m*; **¡~laid** *adj.* cremefarben und gerippt (*Papier*); ~ *of tar·tar* *s.* ✹ Weinstein *m*; **¡~wove** → *cream-laid.*

cream·y ['kri:mı] *adj.* sahnig; *fig.* weich, samten.

crease [kri:s] **I** *s.* **1.** Falte *f*, Kniff *m*; **2.** Bügelfalte *f*; **3.** Eselsohr *n* (*Buch*); **4.** *Eishockey:* Torraum *m*; **II** *v/t.* **5.** falten, knicken, kniffen, 'umbiegen; **6.** zerknittern; **7.** *hunt. etc.* streifen, anschießen; **III** *v/i.* **8.** Falten bekommen *od.* werfen; knittern; **9.** sich falten lassen;

creased [-st] *adj.* **1.** in Falten gelegt, gefaltet; **2.** mit Bügelfalte, gebügelt; **3.** zerknittert.

'crease|-proof, **'~re¡sist·ant** *adj.* knitterfrei.

cre·ate [kri:'eıt] *v/t.* **1.** (er)schaffen; **2.** schaffen, erzeugen: a) her'vorbringen, ins Leben rufen, b) her'vorrufen, verursachen; **3.** *thea., Mode:* kre'ieren, gestalten; **4.** gründen, ein-, errichten; **5.** ✝ *Recht etc.* begründen; **6.** *j-n* ernennen zu: ~ *s.o. a peer*; **cre·a·tion** [-'eıʃn] *s.* **1.** (Er)Schaffung *f*; **2.** Erzeugung *f*, Schaffung *f*: a) Her'vorbringung *f*, b) Verursachung *f*, c) *the ⚛ eccl.* die Schöpfung, die Erschaffung (der Welt): *the whole* ~ alle Geschöpfe, die ganze Welt; **3.** Geschöpf *n*, Krea'tur *f*; **4.** (Kunst-, Mode)Schöpfung *f*, Kreati'on *f*; Werk *n*; **5.** *thea.* Kre'ierung *f*, Gestaltung *f*; **6.** Gründung *f*, Errichtung *f*, Bildung *f*; **7.** Ernennung *f* (*zu e-m Rang*); **cre·a·tive** [-tıv] *adj.* □ **1.** schöpferisch, (er)schaffend, *a.* krea'tiv; **2.** (*of s.th.*) *et.* verursachend; **cre·a·tive·ness** [-tıvnıs], **cre·a·tiv·i·ty** [¡kri:er'tıvətı] *s.* Kreativi'tät *f*, schöpferische Kraft; **cre·a·tor** [-tə] *s.* Schöpfer *m*, Erschaffer *m*, Erzeuger *m*, Urheber *m*: *the ⚛* der Schöpfer, Gott *m*.

crea·ture ['kri:tʃə] *s.* **1.** Geschöpf *n*, (Lebe)Wesen *n*, Krea'tur *f*: *fellow* ~ Mitmensch *m*; *dumb* ~ stumme Kreatur; *lovely* ~ süßes Geschöpf (*Frau*); *silly* ~ dummes Ding; ~ *of habit* Gewohnheitstier *n*; **2.** *fig. j-s* Krea'tur *f*, Werkzeug *n*; ~ *com·forts* *s. pl.* die leiblichen Genüsse, *das leibliche Wohl.*

crèche [kreıʃ] (*Fr.*) *s.* **1.** Kinderhort *m*, -krippe *f*; **2.** *Am.* (Weihnachts)Krippe *f*.

cre·dence ['kri:dəns] *s.* **1.** Glaube *m*: *give* ~ *to* Glauben schenken (*dat.*); **2.** *a.* ~ *table eccl.* Kre'denz *f*.

cre·den·tials [krı'denʃlz] *s. pl.* **1.** Beglaubigungs- *od.* Empfehlungsschreiben *n*; **2.** (Leumunds)Zeugnis *n*; **3.** 'Ausweis(pa¡pere *pl.*) *m*.

cred·i·bil·i·ty [¡kredı'bılətı] *s.* Glaubwürdigkeit *f*; **cred·i·ble** ['kredəbl] *adj.* □ glaubwürdig; zuverlässig: *show credibly that* ✝ glaubhaft machen, daß.

cred·it ['kredıt] **I** *s.* **1.** ✝ a) Kre'dit *m*, b) Ziel *n*: (*letter of*) ~ Akkredi'tiv *n*; *on* ~ auf Kredit; *open a* ~ e-n Kredit *od.* ein Akkreditiv eröffnen; *30 days'* ~ 30 Tage Ziel; **2.** ✝ a) Haben *n*, 'Kredit(seite *f*) *n*, b) Guthaben *n*, 'Kreditposten *m*, *pl. a.* Ansprüche: *enter* (*od. place*) *it to my* ~ schreiben Sie es mir gut; ~ *advice* Gutschriftsanzeige *f*; (*tax*) ~ *Am.* (Steuer)Freibetrag *m*; **3.** ✝ Kre'ditwürdigkeit *f*; **4.** Glaube(n) *m*, Ver-, Zutrauen *n*: *give* ~ *to* → 10; **5.** Glaubwürdigkeit *f*, Zuverlässigkeit *f*; **6.** Ansehen *n*, Achtung *f*, guter Ruf, Ehre *f*: *be a* ~ *to s.o.*, *reflect* ~ *on s.o.*, *do s.o.* ~, *be to s.o's* ~ j-m Ehre machen *od.* einbringen; *he does me* ~ mit ihm lege ich Ehre ein; *to his* ~ *it must be said* a) zu s-r Ehre muß man sagen, b) man muß es ihm hoch anrechnen; *add to s.o.'s* ~ j-s Ansehen erhöhen; *with* ~ ehrenvoll, mit Lob; **7.** Verdienst *n*, Anerkennung *f*, Lob *n*: *get* ~ *for* Anerkennung finden für; *very much to his* ~ sehr anerkennenswert von ihm; *give* *s.o.* (*the*) ~ *for s.th.* a) j-m et. hoch anrechnen, b) j-m et. zutrauen, c) j-m et. verdanken; *take* (*the*) ~ *for* sich et. als Verdienst anrechnen, den Ruhm *od.* alle Lorbeeren für et. in Anspruch nehmen; **8.** (*title and*) ~*s pl.* Film, TV: Vor- *od.* Abspann *m*, Erwähnungen *pl.*; **9.** *ped. Am.* a) Anrechnungspunkt *m*, b) Abgangszeugnis *n*; **II** *v/t.* **10.** Glauben schenken (*dat.*), j-m *od.* et. glauben; *j-m* trauen; **11.** ~ *s.o. with s.th.* a) j-m et. zutrauen, b) j-m et. zuschreiben; **12.** † *Betrag* gutschreiben, kreditieren (*to s.o.* j-m); *j-n* erkennen (*with* für); **13.** *ped. Am.* (*s.o. with*) (j-m) Punkte anrechnen (für); **'cred·it·a·ble** [-təbl] *adj.* □ **I** *v/t.* **10.** rühmlich, lobens-, anerkennenswert, ehrenvoll (*to* für): *be* ~ *to s.o.* j-m Ehre machen; **2.** glaubwürdig.

cred·it| **bal·ance** *s.* † 'Kredit₍saldo *m*, Guthaben *n*; ~ **card** *s.* † Kre'ditkarte *f*; ~ **in·ter·est** *s.* Habenzinsen *pl.*; ~ **note** *s.* † Gutschriftsanzeige *f*.

cred·i·tor ['kredɪtə] *s.* **1.** Gläubiger (-in); **2.** a) *a.* ~ **side** Haben *n*, 'Kreditseite *f e-s Kontobuchs*, b) *pl. Bilanz:* Verbindlichkeiten *pl.*

cred·it| **rat·ing** *s. Am.* Kre'ditfähigkeit *f*; ~ **squeeze** *s.* † Kre'ditzange *f*; ~ **tit·les** *pl.* → *credit* 8; **'~·wor·thi·ness** *s.* † Kre'ditwürdigkeit *f*; **'~·wor·thy** *adj.* † kre'ditwürdig.

cre·do ['kri:dəʊ] *pl.* **-dos** *s.* **1.** *eccl.* 'Credo *n*, Glaubensbekenntnis *n*; **2.** → *creed* 2.

cre·du·li·ty [krɪ'dju:lətɪ] *s.* Leichtgläubigkeit *f*; **cred·u·lous** ['kredjʊləs] *adj.* □ leichtgläubig.

creed [kri:d] *s.* **1.** a) Glaubensbekenntnis *n*, b) Glaube *m*, Konfessi'on *f*; **2.** *fig.* (*a. politische etc.*) Über'zeugung, 'Kredo *n*.

creek [kri:k] *s.* **1.** Flüßchen *n*; kleiner Wasserlauf (*nur von der Flut gespeist*): *up the* ~ *fig.* in der Klemme (sitzend); **2.** kleine Bucht.

creel [kri:l] *s.* Fischkorb *m*.

creep [kri:p] **I** *v/i.* [*irr.*] **1.** *a. fig.* kriechen, (da'hin)schleichen: ~ *up on* sich heranschleichen an (*acc.*); ~ *into s.o.'s favo(u)r fig.* sich bei j-m einschmeicheln; ~ *in* sich einschleichen (*Fehler*): *old age is* ~*ing upon me* das Alter naht heran; **2.** ♀ kriechen, sich ranken; **3.** ⚙ kriechen; ⚡ nacheilen; **4.** kribbeln: *it made my flesh* ~ dabei überlief es mich kalt, ich bekam eine Gänsehaut dabei; **II** *s.* **5.** → *crawl* 6; **6.** → *creep·age*; **7.** Schlupfloch *n*; **8.** *geol.* (Erd-) Rutsch *m*; **9.** *pl.* F Gruseln *n*, Gänsehaut *f*: *the sight gave me the* ~*s* bei dem Anblick überlief es mich kalt; **10.** *sl.* ,Fiesling' *m*, ,Scheißtyp' *m*; **'creep·age** [-pɪdʒ] *s.* ⚙, ⚡ Kriechen *n*; **'creep·er** [-pə] *s.* **1.** *fig.* Kriecher(in); **2.** Kriechtier *n* (*Insekt, Wurm*); **3.** ♀ Kriech- *od.* Kletterpflanze *f*; **4.** *orn.* Baumläufer *m*; **5.** *mount.* Steigeisen *n*; **6.** ⚓ Dragganker *m*; **7.** *pl. Am.* (einteiliger) Spielanzug; **8.** F weichsohliger Schuh; **'creep·ing** [-pɪŋ] *adj.* □ **1.** kriechend, schleichend (*a. fig.*); **2.** ♀ kriechend, kletternd; **3.** a) kribbelnd, b) grus(e)lig; **4.** → *barrage*[1] 2; **'creep·y** [-pɪ] *adj.* **1.** kriechend: a) krabbelnd, b) schleichend; **2.** grus(e)lig.

cre·mate [krɪ'meɪt] *v/t. bsd. Leichen* verbrennen, einäschern; **cre'ma·tion** [-eɪʃn] *s.* Feuerbestattung *f*, Einäscherung *f*; **cre·ma·to·ri·um** [ˌkremə'tɔ:rɪəm] *pl.* **-ri·ums, -ri·a** [-rɪə], **cre·ma·to·ry** ['kremətərɪ] *s.* Krema'torium *n*.

crème [kreɪm] (*Fr.*) *s.* Creme *f*; ~ **de menthe** [ˌkreɪmdə'mɑ:nt] *s.* 'Pfefferminzli₍kör *m*; ~ **de la** ~ [-dlɑ:-] *s. fig.* a) das Beste vom Besten; die E'lite (der Gesellschaft), Crème *f* de la Crème.

cre·nate ['kri:neɪt], **'cre·nat·ed** [-tɪd] *adj.* ♀, ⚒ gekerbt, gefurcht; **cre·na·tion** [krɪ'neɪʃn] *s.* ♀, ⚒ Kerbung *f*, Furchung *f*.

cren·el ['krenl] *s.* Schießscharte *f*; **'cren·el(l)ate** [-nəleɪt] *v/t.* krenelieren, mit Zinnen *od.* zinnenartigem Orna'ment versehen; **cren·el(l)a·tion** [ˌkrenə'leɪʃn] *s.* Krenelierung.

Cre·ole ['kri:əʊl] **I** *s.* Kre'ole *m*, Kre'olin *f*; **II** *adj.* kre'olisch.

cre·o·sote ['krɪəsəʊt] *s.* 🜋 Kreo'sot *n*.

crêpe [kreɪp] *s.* **1.** Krepp *m*; **2.** → ~ *rubber*; ~ **de Chine** [ˌkreɪpdə'ʃi:n] *s.* Crêpe *m* de Chine; ~ **pa·per** *s.* 'Krepp₍papier *n*; ~ **rub·ber** *s.* 'Krepp₍gummi *n, m*; ~ **su·zette** [su:'zet] *s.* Crêpe *f* Su'zette.

crep·i·tate ['krepɪteɪt] *v/i.* knarren, knirschen, knacken, rasseln; **crep·i·ta·tion** [ˌkrepɪ'teɪʃn] *s.* Knarren *n*, Knirschen *n*, Knacken *n*, Rasseln *n*.

crept [krept] *pret. u. p.p.* von *creep*.

cre·pus·cu·lar [krɪ'pʌskjʊlə] *adj.* **1.** Dämmerungs..., dämmerig; **2.** *zo.* im Zwielicht erscheinend.

cre·scen·do [krɪ'ʃendəʊ] (*Ital.*) ♪ **I** *pl.* **-dos** *s.* Cre'scendo *n* (*a. fig.*); **II** *adv.* cre'scendo, stärker werdend.

cres·cent ['kresnt] **I** *s.* **1.** Halbmond *m*, Mondsichel *f*; **2.** *hist. pol.* Halbmond *m* (*Türkei od. Islam*); **3.** halbmondförmiger Gegenstand, Straßenzug *etc.*; **4.** ♪ Schellenbaum *m*; **5.** Hörnchen *n* (*Gebäck*); **II** *adj.* **6.** halbmondförmig; **7.** zunehmend.

cress [kres] *s.* ♀ Kresse *f*.

crest [krest] **I** *s.* **1.** *zo.* Kamm *m* (*Hahn*); **2.** *zo.* a) (Feder-, Haar)Schopf *m*, Haube *f* (*Vögel*), b) Mähne *f*; **3.** Helmbusch *m*, -schmuck *m*; **4.** Helm *m*; **5.** Bergrücken *m*, Kamm *m*; **6.** Kamm *m* (*Welle*): *he's riding* (*along*) *a* ~ *of the wave fig.* er schwimmt momentan ganz oben; **7.** Gipfel *m*, Krone *f*, Scheitelpunkt *m*; **8.** Verzierung *f* über dem (Fa'milien)Wappen: *family* ~ Familienwappen *n*; **9.** △ Bekrönung *f*; **II** *v/t.* **10.** erklimmen; **III** *v/i.* **11.** hoch aufwogen; **'crest·ed** [-tɪd] *adj.* mit e-m Kamm *od.* Schopf *od.* e-r Haube (versehen): ~ *lark* Haubenlerche *f*; **'crest·fall·en** *adj. fig.* geknickt, niedergeschlagen.

cre·ta·ceous [krɪ'teɪʃəs] *adj.* kreideartig, -haltig: ~ *period* Kreide(zeit) *f*.

Cre·tan ['kri:tn] **I** *adj.* kretisch, aus Kreta; **II** *s.* Kreter(in).

cre·tin ['kretɪn] *s.* ⚕ Kre'tin *m* (*a. contp.*); **'cre·tin·ism** [-nɪzəm] *s.* Kreti'nismus *m*; **'cre·tin·ous** [-nəs] *adj.* kre'tinhaft.

cre·vasse [krɪ'væs] *s.* **1.** tiefer Spalt *od.* Riß, **2.** Gletscherspalte *f*; **3.** *Am.* Bruch *m* im Deich.

crev·ice ['krevɪs] *s.* Riß *m*, (Fels)Spalte

f.

crew[1] [kru:] *pret. von crow*[2].

crew[2] [kru:] *s.* **1.** ⚓, 🚣 *etc.* Besatzung *f*, (*a. sport* Boots)Mannschaft *f*; **2.** (Arbeits)Gruppe *f*, ('Arbeiter)Ko₍lonne *f*; **3.** ⚙ (Bedienungs)Mannschaft *f*; **4.** ('Dienst)Perso₍nal *n*; **5.** *Am.* Pfadfindergruppe *f*; **6.** *contp.* Bande *f*; ~ **cut** *s.* Bürste(nschnitt *m*) *f*.

crib [krɪb] **I** *s.* **1.** a) (Futter)Krippe *f*, b) Hürde *f*, Stall *m*; **2.** Kinderbettchen *n*; **3.** a) Hütte *f*, b) kleiner Raum; **4.** Weidenkorb *m* (*Fischfalle*); **5.** F a) kleiner Diebstahl, b) ,Anleihe' *f*, Plagi'at *n*; **6.** *ped.* F a) ,Eselsbrücke' *f*, b) Spickzettel *m*; **7.** *Cribbage:* abgelegte Karten *pl.*; **II** *v/t.* **8.** ein-, zs.-pferchen; **9.** F ,klauen' (*a. fig. plagiieren*), *ped.* abschreiben; **III** *v/i.* **10.** F abschreiben; **'crib·bage** [-bɪdʒ] *s.* 'Cribbage *n* (*Kartenspiel*).

crick [krɪk] **I** *s.* Muskelkrampf *m*: ~ *in one's back* (*neck*) steifer Rücken (Hals); **II** *v/t.* ~ *one's back* (*neck*) sich e-n steifen Rücken (Hals) holen.

crick·et[1] ['krɪkɪt] *s. zo.* Grille *f*, Heimchen *n*: ~ *merry* 1.

crick·et[2] ['krɪkɪt] *s. sport* Kricket *n*: ~ *bat* Kricketschläger *m*; ~ *field*, ~ *ground* Kricket(spiel)platz *m*; ~ *pitch* Feld *n* zwischen den beiden Dreistäben; *not* ~ F nicht fair *od.* anständig; **'crick·et·er** [-tə] *s.* Kricketspieler *m*.

cri·er ['kraɪə] *s.* **1.** Schreier *m*; **2.** (öffentlicher) Ausrufer.

cri·key ['kraɪkɪ] *int. sl.* Mann!

crime [kraɪm] **I** *s.* **1.** 🏛 *u. fig.* a) Verbrechen *n*, b) → *criminality* 1: ~ *novel* Kriminalroman *m*; ~ *rate* Verbrechensquote *f*; ~ *wave* Welle *f* von Verbrechen; **2.** Frevel *m*, Übeltat *f*, Sünde *f*; **3.** *coll.* Krimi'nalro₍mane *f*: ~ *-writer* ,Krimi-Schreiber(in)'; **4.** F ,Verbrechen' *n*, ,Jammer' *m*, ,Schande' *f*; **II** *v/t.* **5.** ✗ beschuldigen.

Cri·me·an [kraɪ'mɪən] *adj.* die Krim betreffend: ~ *War* Krimkrieg *m*.

crim·i·nal ['krɪmɪnl] **I** *adj.* **1.** verbrecherisch, krimi'nell, strafbar: ~ *act*, 🏛 strafrechtlich, Straf-, ... in Strafsachen: ~ *jurisdiction*; ~ *lawyer* Strafrechtler *m*, Anwalt *m* für Strafsachen; **II** *s.* Verbrecher(in); ~ *ac·tion* *s.* 'Strafpro₍zeß *m*; ~ *code* *s.* Strafgesetzbuch *n*; ~ *con·ver·sa·tion* *s.* 🏛 *Brit. obs. u. Am.* Ehebruch *m* (*als Schadensersatzgrund*); ~ *In·ves·ti·ga·tion De·part·ment* *s.* (*abbr. CID*) *Brit.* oberste Krimi'nalpoli₍zeibehörde *f*.

crim·i·nal·ist ['krɪmɪnəlɪst] *s.* **1.** Krimina'list *m*, Strafrechtler *m*; **2.** Krimino'loge *m*; **crim·i·nal·i·ty** [ˌkrɪmɪ'nælətɪ] *s.* **1.** Kriminali'tät *f*, Verbrechertum *n*; **2.** Schuld *f*; Strafbarkeit *f*; **crim·i·nal·ize** *v/t.* **1.** et. unter Strafe stellen; **2.** *j-n*, *et.* kriminalisieren.

crim·i·nal law *s.* Strafrecht *n*; ~ *neg·lect* *s.* grobe Fahrlässigkeit; ~ *of·fence*, *Am.* ~ *of·fense* *s.* strafbare Handlung; ~ *pro·ceed·ings* *s. pl.* Strafverfahren *n*.

crim·i·nate ['krɪmɪneɪt] *v/t.* anklagen, (e-s Verbrechens) beschuldigen; **crim·i·na·tion** [ˌkrɪmɪ'neɪʃn] *s.* Anklage *f*, Beschuldigung *f*; **crim·i·nol·o·gist** [ˌkrɪmɪ'nɒlədʒɪst] *s.* Krimino'loge *m*; **crim·i·nol·o·gy** [ˌkrɪmɪ'nɒlədʒɪ] *s.* Krimino'lgie *f*.

crimp¹ [krɪmp] **I** v/t. **1.** kräuseln, knittern, fälteln, wellen; **2.** Leder zu'recht-biegen; **3.** ⊕ bördeln; **4.** Küche: Fisch, Fleisch schlitzen; **5.** Am. sl. hindern, stören; **II** s. **6.** Kräuselung f, Welligkeit f; Krause f, Falte f; **7.** ⊕ Falz m; **8.** (Haar)Welle f, Locke f; **9.** Am. F Behinderung f.

crimp² [krɪmp] v/t. ♱, ✗ gewaltsam anwerben, pressen.

crim·son ['krɪmzn] **I** s. Karme'sin-, Hochrot n; **II** adj. karme'sin-, hochrot; fig. puterrot (from vor Zorn etc.); **III** v/t. hochrot färben; **IV** v/i. puterrot werden; ~ **ram·bler** s. ♀ blutrote Kletterrose.

cringe [krɪndʒ] v/i. **1.** sich ducken, sich krümmen: ~ at zurückschrecken vor (dat.); **2.** fig. kriechen, ‚katzbuckeln‘ (to vor dat.); **'cring·ing** [-dʒɪŋ] adj. □ kriecherisch, unter'würfig.

crin·kle ['krɪŋkl] **I** v/i. **1.** sich kräuseln od. krümmen od. biegen; **2.** Falten werfen, knittern; **II** v/t. **3.** kräuseln, krümmen; **4.** faltig machen, zerknittern; **III** s. **5.** Fältchen n, Runzel f; **'crin·kly** [-lɪ] adj. **1.** kraus, faltig; **2.** zerknittert.

crin·o·line ['krɪnəliːn] s. hist. Krino'line f, Reifrock m.

crip·ple ['krɪpl] **I** s. **1.** Krüppel m; **II** v/t. **2.** a) zum Krüppel machen, b) lähmen; **3.** fig. lähmen, lahmlegen; **4.** ✗ akti'ons- od. kampfunfähig machen; **'crip·pled** [-ld] adj. **1.** verkrüppelt; **2.** fig. lahmgelegt; **'crip·pling** [-lɪŋ] adj. fig. lähmend.

cri·sis ['kraɪsɪs] pl. **-ses** [-siːz] s. ♱, thea. u. fig. 'Krise f, 'Krisis f: ~ **management** Krisenmanagement n; ~ **staff** Krisenstab m.

crisp [krɪsp] **I** adj. □ **1.** knusp(e)rig, mürbe: ~**bread** Knäckebrot n; **2.** kraus, gekräuselt; **3.** frisch, fest (Gemüse); steif, unzerknittert (Papier); **4.** a) forsch, schneidig, b) flott, lebhaft; klar, knapp (Stil etc.); **6.** scharf, frisch (Luft); **II** s. **7.** pl. bsd. Brit. (Kar'toffel)Chips pl.; **III** v/t. **8.** knusp(e)rig machen; **9.** kräuseln; **IV** v/i. **10.** knusp(e)rig werden; **11.** sich kräuseln; **'crisp·ness** [-nɪs] s. **1.** Knusp(e)rigkeit f; **2.** Frische f, Schärfe f, Le'bendigkeit f; **'crisp·y** [pɪ] → crisp 1, 2, 4.

criss·cross ['krɪskrɒs] **I** adj. **1.** gekreuzt, kreuz u. quer (laufend), Kreuz...; **II** adv. **2.** kreuzweise, kreuz u. quer, durchein'ander; **3.** fig. in die Quere, verkehrt; **III** s. **4.** Gewirr n von Linien; **5.** Kreuzzeichen n (als Unterschrift); **IV** v/t. **6.** (wieder'holt 'durch-)kreuzen, kreuz u. quer durch'ziehen; **V** v/i. **7.** sich kreuzen; kreuz u. quer verlaufen.

cri·te·ri·on [kraɪ'tɪərɪən] pl. **-ri·a** [-rɪə] s. **1.** Kri'terium n, Maßstab m, Prüfstein m: that is no ~ das ist nicht maßgebend (for für); **2.** (Unter'scheidungs)Merkmal n.

crit·ic ['krɪtɪk] s. **1.** Kritiker(in); **2.** (Kunst- etc.)Kritiker(in), Rezen'sent (-in); **3.** Krittler m, Tadler m; **'crit·i·cal** [-kl] adj. □ **1.** kritisch, tadelsüchtig (of s.o. j-m gegen'über): be ~ of s.th. et. kritisieren od. beanstanden, Bedenken gegen et. haben; **2.** kritisch, kunstverständig; sorgfältig: ~ **edition** kritische

Ausgabe; **3.** kritisch, entscheidend: the ~ moment; **4.** kritisch, bedenklich, gefährlich: ~ situation; ~ supplies Mangelgüter; **5.** phys. kritisch: ~ speed; ~ load Grenzbelastung f; **'crit·i·cism** [-ɪsɪzəm] s. Kri'tik f: a) kritische Beurteilung, b) (Buch- etc.)Besprechung f, Rezensi'on f, c) kritische Unter'suchung, d) Tadel m: textual ~ Textkritik; open to ~ anfechtbar; above ~ über jede Kritik od. jeden Tadel erhaben; **'crit·i·cize** [-ɪsaɪz] v/t. kritisieren (a. v/i.): a) kritisch beurteilen, b) besprechen, rezensieren; c) Kri'tik üben an (dat.), tadeln, rügen; **cri·tique** [krɪ'tiːk] s. Kri'tik f, kritische Besprechung od. Abhandlung.

croak [krəʊk] **I** v/i. **1.** quaken (Frosch); krächzen (Rabe); **2.** unken (Unglück prophezeien); **3.** sl. ‚abkratzen‘ (sterben); **II** v/t. **4.** et. krächzen(d sagen); **5.** sl. abmurksen (töten); **III** s. **6.** Quaken n; Krächzen n; **7.** → croaker 1; **'croak·er** [-kə] s. **1.** Schwarzseher m, Miesmacher m; **2.** Am. sl. Quacksalber m; **'croak·y** [-kɪ] adj. □ krächzend.

Cro·at ['krəʊæt] s. Kro'ate m, Kro'atin f; **Cro·a·tian** [krəʊ'eɪʃən] adj. kro'atisch.

cro·chet ['krəʊʃeɪ] **I** s. a. ~ **work** Häkelarbeit f, Häke'lei f: ~ **hook** Häkelnadel f; **II** v/t. u. v/i. pret. u. p.p. **'cro·cheted** [-ʃeɪd] häkeln.

crock¹ [krɒk] **I** s. **1.** Klepper m, alter Gaul; **2.** sl. a) ‚altes Wrack‘ (Person od. Sache), b) Am. ‚altes Ekel‘ od. ‚alter Säufer‘; **II** v/i. **3.** mst ~ up zs.-brechen, -krachen; **III** v/t. **4.** ka'puttmachen.

crock² [krɒk] s. **1.** irdener Topf od. Krug; **2.** Topfscherbe f; **'crock·er·y** [-kərɪ] s. (irdenes) Geschirr, Steingut n, Töpferware f.

croc·o·dile ['krɒkədaɪl] s. **1.** zo. Kroko-'dil n; **2.** Kroko'dilleder n; **3.** Brit. F Zweierreihe f von Schulmädchen; ~ **tears** s. pl. Kroko'dilstränen pl.

cro·cus ['krəʊkəs] s. ♀ 'Krokus m.

Croe·sus ['kriːsəs] s. 'Krösus m.

croft [krɒft] s. Brit. **1.** kleines (Acker-)Feld (beim Haus); **2.** kleiner Bauernhof; **'croft·er** [-tə] s. Brit. Kleinbauer m.

crom·lech ['krɒmlek] s. 'Kromlech m, dru'idischer Steinkreis.

crone [krəʊn] s. altes Weib.

cro·ny ['krəʊnɪ] s. alter Freund, Kum-'pan m: old ~ Busenfreund, Intimus m, ‚Spezi‘ m.

crook [krʊk] **I** s. **1.** Hirtenstab m; **2.** eccl. Bischofs-, Krummstab m; **3.** Krümmung f, Biegung f; **4.** Haken m; **5.** (Schirm)Krücke f; **6.** F Gauner m, Betrüger m, allg. Ga'nove m: on the ~ unehrlich, hintenherum; **II** v/t. u. v/i. **7.** (sich) krümmen, (sich) biegen; **'~·back** s. Buck(e)lige(r m) f; **'~·backed** adj. buck(e)lig.

crooked¹ [krʊkt] adj. mit e-r Krücke: ~ **stick** Krückstock m.

crook·ed² ['krʊkɪd] adj. □ **1.** krumm, gekrümmt; gebeugt; **2.** buck(e)lig, verwachsen; **3.** fig. unehrlich, betrügerisch: ~ **ways** ‚krumme‘ Wege.

croon [kruːn] v/i. u. v/t. leise od. schmachtend singen od. summen; **'croon·er** [-nə] s. Schlager-, Schnulzensänger m.

crop [krɒp] **I** s. **1.** Feldfrucht f, bsd. Getreide n auf dem Halm, Saat f: the ~s a) die Saaten, b) die Gesamternte; ~ **rotation** Fruchtfolge f, -wechsel m; **2.** Bebauung f: in ~ bebaut; **3.** Ernte f, Ertrag m: ~ **failure** Mißernte f; **4.** fig. Ertrag m, Ausbeute f (of an dat.); **5.** Menge f, Haufen m (Sachen od. Personen); **6.** zo. Kropf m (Vögel); **7.** a) Peitschenstock m, b) Reitpeitsche f; **8.** kurzer Haarschnitt, kurzgeschnittenes Haar; **II** v/t. **9.** abschneiden; Haar kurz scheren; Ohren, Schwanz stutzen; **10.** abbeißen, -fressen; **11.** ✗ bebauen; **III** v/i. **12.** (Ernte) tragen; **13.** geol. ~ up, ~ out zutage treten; **14.** ~ up fig. plötzlich auftauchen, -treten, sich zeigen; **'crop-eared** adj. mit gestutzten Ohren; **'crop·per** [-pə] s. **1.** a good ~ e-e gut tragende Pflanze; **2.** F Fall m, Sturz m: come a ~ ,auf die Nase fallen‘ (a. fig.); **3.** orn. Kropftaube f.

cro·quet ['krəʊkeɪ] sport **I** s. 'Krocket n; **II** v/t. u. v/i. krockieren.

cro·quette [krɒ'ket] s. Küche: Kro'kette f.

cro·sier ['krəʊʒə] s. R.C. Bischofs-, Krummstab m.

cross [krɒs] **I** s. **1.** Kreuz n (zur Kreuzigung); **2.** the ⚑ a) das Kreuz Christi, b) das Christentum, c) das Kruzi'fix n; **3.** Kreuz n (Zeichen od. Gegenstand): make the sign of the ~ sich bekreuzigen; sign with a ~ mit e-m Kreuz (statt Unterschrift) unterzeichnen; mark with a ~ ankreuzen; **4.** (Ordens)Kreuz n; **5.** fig. Kreuz n, Leiden n, Not f: bear one's ~ sein Kreuz tragen; **6.** Querstrich m (des Buchstabens t); **7.** Gaune-'rei f, ‚krumme Tour‘: on the ~ unehrlich; **8.** biol. Kreuzung f, Mischung f; fig. Mittelding n; **9.** Kreuzungspunkt m; **10.** sport Cross m: a) Fußball etc.: Schrägpaß m, b) Tennis: diagonal geschlagener Ball, c) Boxen: Schlag über den Arm des Gegners; **II** v/t. **11.** kreuzen, über Kreuz legen: ~ one's legs die Beine kreuzen od. überschlagen; ~ swords with s.o. die Klingen mit j-m kreuzen (a. fig.); ~ s.o.'s hand (od. palm) j-m (Trink)Geld geben, b) j-n ‚schmieren‘; **12.** e-n Querstrich ziehen durch: ~ one's t's sehr sorgfältig sein: ~ a cheque e-n Scheck ‚kreuzen‘ (als Verrechnungsscheck kennzeichnen); → cheque; ~ off (od. out) ausstreichen; ~ off fig. et. ‚abschreiben‘; **13.** durch-, über'queren, Grenze über'schreiten, Zimmer durch'schreiten, (hin'über)gehen, (-)fahren über (acc.): ~ the ocean über den Ozean fahren; ~ the street über die Straße gehen; it ~ed my mind es fiel mir ein, es kam mir in den Sinn; ~ s.o.'s path j-m in die Quere kommen; **14.** sich kreuzen mit: your letter ~ed mine Ihr Brief kreuzte sich mit meinem; ~ each other sich kreuzen, sich schneiden, sich treffen; **15.** biol. kreuzen, **16.** fig. Plan durch'kreuzen, vereiteln; entgegentreten (dat.): be ~ed in love Unglück in der Liebe haben; **17.** das Kreuzzeichen machen auf (acc.) od. über (dat.): ~ o.s. sich bekreuzigen; **III** v/i. **18.** a. ~ over hin'übergehen, -fahren; a. über'setzen; **19.** sich treffen; sich kreuzen (Briefe); **IV**

adj. □ **20.** quer (liegend, laufend), Quer...; schräg; sich (über)'schneidend; **21.** (*to*) entgegengesetzt (*dat.*), im 'Widerspruch (zu), Gegen...; **22.** F ärgerlich, mürrisch, böse (*with* mit): *as ~ as two sticks* bitterböse; **23.** *sl.* unehrlich.

cross| ac·tion *s.* ⚖ Gegen-, 'Widerklage *f*; **~ ap·peal** *s.* ⚖ Anschlußberufung *f*; '**~bar** *s.* **1.** Querholz *n*, -riegel *m*, -stange *f*, -balken *m*; **2.** ⊙ Tra'verse *f*; **3.** a) Fußball: Querlatte *f*, b) *Hochsprung:* Latte *f*; '**~bench** *parl. Brit.* I *s.* Querbank *f* der Par'teilosen (*im Oberhaus*); II *adj.* par'teilos, unabhängig; '**~bones** *s. pl.* zwei gekreuzte Knochen *unter* e-m Totenkopf; '**~bow** [-bəʊ] *s.* Armbrust *f*; '**~bred** *adj. biol.* durch Kreuzung erzeugt, gekreuzt; '**~breed** I *s.* **1.** Mischrasse *f*; **2.** Kreuzung *f*, Mischling *m*; II *v/t.* [*irr.* → *breed*] **3.** kreuzen; '**~chan·nel** *adj.* den ('Ärmel)Ka₁nal über'querend: **~** *steamer* Kanaldampfer *m*; '**~check** I *v/t.* **1.** (von verschiedenen Gesichtspunkten aus) über'prüfen; **2.** *Eishockey:* crosschecken; II *s.* **3.** mehrfache Über'prüfung; **4.** *Eishockey:* 'Crosscheck *m*; ₁**~coun·try** I *adj.* Querfeldein...; Gelände..., *mot. a.* geländegängig: **~** *skiing* Skilanglauf *m*; **~** *race* → II *s. sport* a) Querfeld'ein-, Crosslauf *m*, b) *Radsport:* Querfeld'einrennen *n*; '**~cur·rent** *s.* Gegenströmung *f* (*a. fig.*); '**~cut** I *adj.* **1.** a) quer schneidend, Quer..., b) quergeschnitten: **~** *file* Doppelfeile *f*; **~** *saw* Ablängsäge *f*; II *s.* **2.** Querweg *m*; **3.** ⊙ Kreuzhieb *m*.

crosse [krɒs] *s. sport* La'crosse-Schläger *m*.

cross| en·try *s.* ✝ Gegenbuchung *f*; '**~ex₁am·i·na·tion** *s.* ⚖ Kreuzverhör *n*; ₁**~ex'am·ine** *v/t.* ⚖ ins Kreuzverhör nehmen; '**~eyed** *adj.* schielend; '**~fade** *v/t. Film etc.:* über'blenden; '**~fer·ti·lize** *v/i. biol.* sich kreuzweise (*fig.* gegenseitig) befruchten; **~** *fire* *s.* ✗ Kreuzfeuer *n* (*a. fig.*); '**~grained** *adj.* **1.** quergefasert; **2.** *fig.* 'widerspenstig, eigensinnig; kratzbürstig; '**~hatch·ing** *s.* Kreuzschraffierung *f*; **~** *head*, **~** *head·ing* *s. Zeitung:* 'Zwischen₁überschrift *f*.

cross·ing ['krɒsɪŋ] *s.* **1.** Kreuzen *n*, Kreuzung *f* (*a. biol.*); **2.** Durch-, Über'querung *f*; **3.** 'Überfahrt *f*; ('Straßen *etc.*),Übergang *m*; **4.** (Straßen-, Eisenbahn)Kreuzung *f*: *level* (*Am. grade*) **~** schienengleicher (*oft* unbeschrankter) Bahnübergang; '**~₁o·ver** *s. biol.* Crossing-'over *n*, Genaustausch *m* zwischen Chromo'somenpaaren.

'**cross|-legged** *adj.* mit 'übergeschlagenen Beinen, *a.* im Schneidersitz; '**~light** *s.* schrägeinfallendes Licht.

cross·ness ['krɒsnɪs] *s.* Verdrießlichkeit *f*, schlechte Laune.

'**cross|₁o·ver** *s.* **1.** → *crossing* 2–4; **2.** *biol.* ausgetauschtes Gen; **3.** ⚡ a) Über-'kreuzung *f*, b) *opt.*, *TV* Bündelknoten *m*; '**~patch** *s.* F ,Kratzbürste' *f*; '**~piece** *s.* ⊙ Querstück *n*, -balken *m*, -holz *n*; '**~pol·li₁na·tion** *s. bot.* Fremdbestäubung *f*; ₁**~'pur·pos·es** *s. pl.* **1.** 'Widerspruch *m*: *be at* **~** a) einander entgegenarbeiten, b) sich mißverstehen; *talk at* **~** aneinander vorbeireden;

2. *sg. konstr.* ein Frage- u. Antwort-Spiel *n*; ₁**~'ques·tion** I *s.* ⚖ Frage *f* im Kreuzverhör; II *v/t.* → *cross-examine*; **~ ref·er·ence** *s.* Kreuz-, Querverweis *m*; '**~road** *s.* **1.** Querstraße *f*; **2.** *pl. mst sg. konstr.* Straßenkreuzung *f*: *at a* **~***s* an e-r Kreuzung; *at the* **~***s fig.* am Scheidewege; **~ sec·tion** *s.* ☩, ⊙ *u. fig.* Querschnitt *m* (*of* durch); '**~stitch** *s.* Kreuzstich *m*; **~ sum** *s.* Quersumme *f*; **~ talk** *s.* **1.** *teleph. etc.* Nebensprechen *n*; **2.** Ko'pieref₁fekt *m* (*Tonband*); **3.** *Brit.* Wortgefecht *n*; '**~tie** *s.* Schienenschwelle *f*; '**~town** *adj. Am.* quer durch die Stadt (gehend *od.* fahrend *od.* reichend); **~ vot·ing** *s. Brit. pol.* Abstimmung *f* über Kreuz (*wobei einzelne Abgeordnete mit der Gegenpartei stimmen*); '**~walk** *s. Am.* 'Fußgänger-,überweg *m*; '**~ways** → *crosswise*; **~ wind** *s.* ✈, ⚓ Seitenwind *m*; '**~wise** *adv.* quer, kreuzweise; kreuzförmig; '**~word** (**puz·zle**) *s.* Kreuzworträtsel *n*.

crotch [krɒtʃ] *s.* **1.** Gabelung *f*; **2.** Schritt *m* (*der Hose od. des Körpers*).

crotch·et ['krɒtʃɪt] *s.* **1.** ♪ Viertelnote *f*; **2.** Schrulle *f*, Ma'rotte *f*; '**crotch·et·y** [-tɪ] *adj.* **1.** grillenhaft; **2.** F mürrisch, schrullenhaft, verschroben.

cro·ton ['krəʊtən] *s.* ♣ 'Kroton *m*; ⅃ *bug* *s. zo. Am.* Küchenschabe *f*.

crouch [kraʊtʃ] I *v/i.* **1.** hocken, sich (nieder)ducken, (sich zs.-)kauern; **2.** *fig.* kriechen, sich ducken (*to* vor); II *s.* **3.** kauernde Stellung, geduckte Haltung; Hockstellung *f*.

croup¹ [kru:p] *s.* ✚ Krupp *m*, Halsbräune *f*.

croup², **croupe** [kru:p] *s.* Kruppe *f des Pferdes*.

crou·pi·er ['kru:pɪə] *s.* Croupi'er *m*.

crow¹ [krəʊ] *s.* **1.** *orn.* Krähe *f*: *as the* **~** *flies* a) schnurgerade, b) (in der) Luftlinie; *eat* **~** *Am.* F zu Kreuze kriechen, ,klein und häßlich' sein *od.* werden; *have a* **~** *to pluck* (*od. pick*) *with s.o.* mit j-m ein Hühnchen zu rupfen haben; **2.** rabenähnlicher Vogel; **3.** *Am. contp.* Neger *m*.

crow² [krəʊ] I *v/i.* [*irr.*] **1.** krähen (*Hahn, a. Kind*); **2.** (vor Freude) quietschen; **3.** (*over, about*) a) triumphieren (über *acc.*), b) protzen, prahlen (mit); II *s.* **4.** Krähen *n* (*Hahn*); **5.** (Freuden)Schrei (*pl.*) *m*.

'**crow|·bar** *s.* ⊙ Brech-, Stemmeisen *n*; '**~ber·ry** [-bərɪ] *s.* ♣ Krähenbeere *f*.

crowd [kraʊd] I *s.* **1.** (Menschen)Menge *f*, Gedränge *n*: **~***s of people* Menschenmassen; **~** *scene Film:* Massenszene *f*; *he would pass in a* **~** er ist nicht schlechter als andere; **2.** *the* **~** das gemeine Volk; der Pöbel: *follow the* **~** mit der Masse gehen; **3.** F ,Ver'ein' *m*, Bande *f* (*Gesellschaft*): *a jolly* **~**; **4.** Ansammlung *f*, Haufen *m*: *a* **~** *of books*; II *v/i.* **5.** sich drängen, zs.-strömen; vorwärtsdrängen: **~** *in* hin'eindrängen; **~** *in upon s.o.* auf j-n einstürmen (*Gedanken etc.*); III *v/t.* **6.** über'füllen, 'vollstopfen (*with* mit); → *crowded* 1; **7.** hin'einpressen, -stopfen (*into* in *acc.*); **8.** (zs.-)drängen: **~** (*on*) *sail* ⚓ alle Segel beisetzen; **~** *out* verdrängen; ausschalten; (*wegen Platzmangels*) aussperren; **9.** *Am.* a) (vorwärts *etc.*)drängen; b) *Auto etc.* ab-

drängen, c) *j-m* im Nacken sitzen, d) *j-s Geduld, Glück etc.* strapazieren: **~***ing thirty* an die Dreißig; **~** *up Preise* in die Höhe treiben; '**crowd·ed** [-dɪd] *adj.* **1.** (*with*) über'füllt, 'vollgestopft (mit), voll, wimmelnd (von): **~** *to overflowing* zum Bersten voll; **~** *profession* überlaufener Beruf; **2.** gedrängt, zs.-gepfercht; **3.** bedrängt, beengt; **4.** voll ausgefüllt, arbeits-, ereignisreich: **~** *hours*.

'**crow·foot** *pl.* **-foots** *s.* **1.** ♣ Hahnenfuß *m*; **2.** → *crow's-feet*.

crown [kraʊn] *s.* **1.** Siegerkranz *m*, Ehrenkrone *f*; **2.** a) (Königs- *etc.*)Krone *f*, b) Herrschermacht *f*, Thron *m*: *succeed to the* **~** den Thron besteigen, c) *the* ⅃ die Krone, der König *etc.*, *a.* der Staat *od.* Fiskus: **~** *cases Brit.* Strafsachen; **3.** Krone *f* (*Abzeichen*); **4.** *fig.* Krone *f*, Palme *f*, *sport a.* (Meister)Titel *m*; **5.** Gipfel *m*: a) höchster Punkt, b) *fig.* Krönung *f*, Höhepunkt *m*; **6.** Krone *f* (*Währung*): a) *Brit. obs.* Fünfschillingstück *n*: *half a* **~** 2 Schilling 6 Pence, b) *Währungseinheit von Dänemark, Norwegen, Schweden etc.*; **7.** a) Scheitel *m*, Wirbel *m* (*Kopf*), b) Kopf *m*, Schädel *m*; **8.** ♣ (Baum)Krone *f*; **9.** a) *anat.* (Zahn)Krone *f*, b) (künstliche) Krone; **10.** a) Haarkrone *f*, b) Schopf *m*, Kamm *m* (*Vogel*); **11.** Kopf *m e-s Hutes*; **12.** △ Krone *f*, Schlußstein *m* (*a. fig.*); II *v/t.* **13.** krönen: *be* **~***ed king* zum König gekrönt werden; **~***ed heads* gekrönte Häupter; **14.** *fig.* krönen, ehren, belohnen; zieren, schmücken; **15.** *fig.* krönen, den Gipfel *od.* Höhepunkt bilden von: **~***ed with success* von Erfolg gekrönt; **16.** *fig.* die Krone aufsetzen (*dat.*): **~** *all* allem die Krone aufsetzen (*a. iro.*); *to* **~** *all* (*Redew.*) *iro.* zu allem Überfluß; **17.** *fig.* glücklich voll'enden; **18.** ✗ *Zahn* über'kronen; **19.** *Damespiel:* zur Dame machen; **20.** *sl. j-m* ,eins aufs Dach geben'; **~** *cap* *s.* Kron(en)korken *m*; **Col·o·ny** *s. Brit.* 'Kronkolo₁nie *f*; **~** *glass* *s.* **1.** Mondglas *n*, Butzenscheibe *f*; **2.** Kronglas *n*.

crown·ing ['kraʊnɪŋ] *adj.* krönend, alles über'bietend, höchst: **~** *achievement* Glanzleistung *f*.

crown| jew·els *s. pl.* 'Kronju₁welen *pl.*, 'Reichsklein₁odien *pl.*; **~** *land* *s.* Kron-, Staatsgut *n*; ⅃ *law* *s.* ⚖ *Brit.* Strafrecht *n*; **~** *prince* *s.* Kronprinz *m*; **~** *princess* *s.* 'Kronprin₁zessin *f*; **~** *wheel* *s.* ⊙ Kronrad *n* (*Uhr etc.*); *mot.* Antriebskegelrad *n*.

'**crow's|-feet** ['krəʊz-] *pl.* ,Krähenfüße' *pl.*, Fältchen *pl.*; **~** *nest* *s.* ⚓ Ausguck *m*, Krähennest *n*.

cru·cial ['kru:ʃl] *adj.* **1.** 'kritisch, entscheidend: **~** *moment*; **~** *point* springender Punkt; **~** *test* Feuerprobe *f*; **2.** schwierig; **3.** kreuzförmig, Kreuz...

cru·ci·ble ['kru:sɪbl] *s.* **1.** ⊙ (Schmelz-)Tiegel *m*: **~** *steel* Tiegelgußstahl *m*; **2.** *fig.* Feuerprobe *f*.

cru·ci·fix ['kru:sɪfɪks] *s.* Kruzi'fix *n*; **cru·ci·fix·ion** [₁kru:sɪ'fɪkʃn] *s.* Kreuzigung *f*; '**cru·ci·form** [-fɔ:m] *adj.* kreuzförmig; '**cru·ci·fy** [-faɪ] *v/t.* **1.** kreuzigen (*a. fig.*); **2.** *fig.* a) martern, quälen, b) *Begierden* abtöten, c) *j-n* ,fertigmachen'.

crud [krʌd] *s.* F Dreck *m*, „Mist' *m*.

crude [kruːd] *adj.* □ **1.** roh: a) ungekocht, b) unver-, unbearbeitet: **~ oil** Rohöl *n*; **2.** primi'tiv: a) plump, grob, b) simpel, c) bar'barisch; **3.** roh, grob, ungehobelt, unfein; **4.** roh, unfertig, unreif; 'undurch₁dacht: **~ figures** *Statistik*: rohe *od.* nicht aufgeschlüsselte Zahlen; **5.** grell, geschmacklos (*Farbe*); **6.** *fig.* ungeschminkt, nackt: **~ facts**; **'crude·ness** [-nɪs] *s.* Roheit *f*, Grobheit *f*, Unfertigkeit *f*, Unreife *f* (*a. fig.*); **'cru·di·ty** [-dɪtɪ] *s.* **1.** → crudeness; **2.** *et.* Unfertiges *od.* Unbearbeitetes; **3.** *et.* Geschmackloses.

cru·el ['kruəl] **I** *adj.* □ **1.** grausam (*to* gegen); **2.** hart, unbarmherzig, roh, gefühllos; **3.** schrecklich, mörderisch: **~ heat**; **II** *adv.* **4.** F furchtbar, „grausam': **~ hot**; **'cru·el·ty** [-tɪ] *s.* **1.** Grausamkeit *f* (*to* gegen[über]); → **mental cruelty**; **2.** Miß'handlung *f*, Quäle'rei *f*: **~ to animals** Tierquälerei; **3.** Schwere *f*, Härte *f*.

cru·et ['kruːɪt] *s.* **1.** Essig-, Ölfläschchen *n*; **2.** *R.C.* Meßkännchen *n*; **3.** *a.* **~ stand** Me'nage *f*, Gewürzständer *m*.

cruise [kruːz] **I** *v/i.* **1.** a) 🜨 kreuzen, e-e Kreuzfahrt *od.* Seereise machen, b) her'umfahren: **cruising taxi** Taxi *n* auf Fahrgastsuche; **2.** ✈, *mot.* mit Reisegeschwindigkeit fliegen *od.* fahren; **II** *s.* **3.** Seereise *f*, Kreuz-, Vergnügungsfahrt *f*; **~ con·trol** *s. mot.* Temporegler *m*; **~ mis·sile** *s.* ✕ Marschflugkörper *m*.

cruis·er ['kruːzə] *s.* **1.** 🜨 a) Kreuzer *m*, b) Kreuzfahrtschiff *n*; **2.** *Am.* (Funk-)Streifenwagen *m*; **3.** *Boxen*: **~ weight** *Am.* Halbschwergewicht *n*; **'cruis·ing** [-zɪŋ] *adj.* ✔, *mot.* Reise...: **~ speed**; **~ gear** *mot.* Schongang *m*; **~ radius** Aktionsradius *m*; **~ level** ✔ Reiseflughöhe *f*.

crumb [krʌm] **I** *s.* **1.** Krume *f*: a) Krümel *m*, Brösel *m*, Brosame *m*, b) *weicher Teil des Brotes*; **2.** *fig.* a) Brocken *m*, b) Krümchen *n*, ein bißchen; **3.** *sl.* „Blödmann' *m*; **II** *v/t.* **4.** *Küche*: panieren; **5.** zerkrümeln; **'crum·ble** [-mbl] **I** *v/t.* **1.** zerkrümeln, -bröckeln; **II** *v/i.* **2.** zerbröckeln, -fallen; **3.** *fig.* a) zerfallen, zu'grunde gehen, b) (langsam) zs.-brechen; **4.** ♜ abbröckeln (*Kurse*); **'crum·bling** [-mblɪŋ], **'crum·bly** [-mblɪ] *adj.* **1.** krüm(e)lig, bröck(e)lig; **2.** zerbröckelnd, -fallend; **crumb·y** ['krʌmɪ] *adj.* **1.** voller Krumen; **2.** weich, krüm(e)lig.

crum·pet ['krʌmpɪt] *s.* **1.** *Brit.* Sauerteigfladen *m*; **2.** *sl.* „Miezen' *pl.*: **she's a nice piece of ~** sie ist sehr sexy.

crum·ple ['krʌmpl] **I** *v/t.* **1.** *a.* **~ up** zerknittern, zer-, zs.-knüllen; **2.** *fig.* j-n 'umwerfen; **II** *v/i.* **3.** faltig *od.* zerdrückt werden, zs.-schrumpeln; **4.** *oft* **~ up** zs.-brechen (*a. fig.*), einstürzen.

crunch [krʌntʃ] **I** *v/t.* **1.** knirschend (zer)kauen; **2.** zermalmen; **II** *v/i.* **3.** knirschend kauen; **4.** knirschen; **III** *s.* **5.** Knirschen *n*; **6.** F *fig. a)* Druck(ausübung *f*) *m*, b) böse Situati'on, c) 'kritischer Mo'ment, 'Krise *f*: **when it comes to the ~** wenn es hart auf hart geht.

crup·per ['krʌpə] *s.* a) Schwanzriemen *m*, b) Kruppe *f* (*des Pferdes*).

cru·sade [kruː'seɪd] **I** *s. hist.* Kreuzzug *m* (*a. fig.*); **II** *v/i.* e-n Kreuzzug unter-'nehmen; *fig.* zu Felde ziehen, kämpfen; **cru'sad·er** [-də] *s. hist.* Kreuzfahrer *m*; *fig.* Kämpfer *m*.

cruse [kruːz] *s. bibl.* irdener Krug.

crush [krʌʃ] **I** *s.* **1.** (zermalmender) Druck; **2.** Gedränge *n*, Gewühl *n*; **3.** große Gesellschaft *od.* Party; **4.** *sl.* Schwarm *m*: **have a ~ on s.o.** in j-n „verknallt' sein; **II** *v/t.* **5.** *a.* **~ up** *od.* **down** zerquetschen, -drücken, -malmen; **6.** zerstoßen, -kleinern, mahlen: **~ed stone** Schotter *m*; **7.** *a.* **~ up** zerknittern, -knüllen; **8.** drücken, drängen; **9.** *a.* **~ out** ausquetschen, -drücken; **10.** *a.* **~ out** *od.* **down** *fig.* er-, unter'drücken, über'wältigen, zerschmettern, zertreten, vernichten; **III** *v/i.* **11.** zerknittern, sich zerdrücken; **12.** zerbrechen; **13.** sich drängen; **'crush·a·ble** [-ʃəbl] *adj.* **1.** knitterfest; **2. ~ zone** (*od.* **bin**) *mot.* Knautschzone *f*; **crush bar·ri·er** *s. Brit.* Absperrung *f*; **'crush·er** [-ʃə] *s.* **1.** ⚙ a) Zer'kleinerungsma₁schine *f*, Brechwerk *n*, b) Presse *f*, Quetsche *f*; **2.** F a) vernichtender Schlag *m*, „tolles Ding'; **'crush·ing** [-ʃɪŋ] *adj.* □ *fig.* vernichtend, erdrückend; **crush room** *s. thea.* Foy'er *n*.

crust [krʌst] **I** *s.* **1.** Kruste *f*, Rinde *f* (*Brot, Pastete*); **2.** Knust *m*, Stück *n* hartes Brot; **3.** *geol.* Erdkruste *f*; **4.** 🜨 Schorf *m*; **5.** ♞, *zo.* Schale *f*; **6.** Niederschlag *m* (*in Weinflaschen*), Ablagerung *f*; **7.** *sl.* Frechheit *f*; **8.** Harsch *m*; **II** *v/t.* **9.** *a.* **~ over** mit e-r Kruste über'ziehen; **III** *v/i.* **10.** e-e Kruste bilden; verharschen (*Schnee*); → **crusted**.

crus·ta·cea [krʌ'steɪʃə] *s. pl. zo.* Krusten-, Krebstiere *pl.*; **crus'ta·cean** [-'steɪʃən] **I** *adj.* zu den Krusten-Krebstieren gehörig, Krebs...; **II** *s.* Krusten-, Krebstier *n*; **crus'ta·ceous** [-'steɪʃəs] → crustacean I.

crust·ed ['krʌstɪd] *adj.* **1.** mit e-r Kruste über'zogen: **~ snow** Harsch(schnee) *m*; **2.** abgelagert (*Wein*); **3.** *fig.* a) alt'hergebracht, b) eingefleischt, „verkrustet'; **'crust·y** [-tɪ] *adj.* □ **1.** krustig; **2.** mit e-r Kruste (versehen); **3.** *fig.* barsch.

crutch [krʌtʃ] *s.* **1.** Krücke *f*: **go on ~es** auf *od.* an Krücken gehen; **2.** *fig.* Krücke *f*, Stütze *f*.

crux [krʌks] *s.* **1.** springender Punkt; **2.** Schwierigkeit *f*: a) „Haken' *m*, b) harte Nuß, (schwieriges) Pro'blem; **3.** 🜨 *ast.* Kreuz *n* des Südens.

cry [kraɪ] **I** *s.* **1.** Schrei *m* (*a. Tier*), Ruf *m* (*for* nach): **within ~ (of)** in Rufweite (von); **a far ~ from** *fig.* a) weit entfernt von, b) et. ganz anderes als: **still a far ~** *fig.* noch in weiter Ferne; **2.** Geschrei *n*: **much ~ and little wool** viel Geschrei u. wenig Wolle; **the popular ~** die Stimme des Volkes; **3.** Weinen *n*, Klagen *n*: **have a good ~** sich (ordentlich) ausweinen; **4.** Bitten *n*, Flehen *n*; **5.** (Schlacht)Ruf *m*; Schlag-, Losungswort *n*; **6.** *hunt.* Anschlagen *n*, Gebell *n* (*Meute*): **in full ~** *fig.* in voller Jagd *od.* Verfolgung; **7.** *hunt.* Meute *f*; *fig.* Herde *f*, Menge *f*: **follow in the ~** mit der Masse gehen; **II** *v/i.* **8.** schreien, laut (aus)rufen: **~ for help** um Hilfe rufen; **~ for vengeance** nach Rache schreien; **9.** weinen, heulen, jammern; **10.** *hunt.* anschlagen, bellen; **III** *v/t.* **11.** *et.* schreien, (aus)rufen; **12.** *Waren etc.* ausrufen; **13.** flehen um; **14.** weinen: **~ one's eyes out** sich die Augen ausweinen; **~ o.s. to sleep** sich in den Schlaf weinen; **~ down** *v/t.* her'untersetzen, -machen; **~ off** *v/t. u. v/i.* (plötzlich) absagen, zu'rücktreten (von); **~ out I** *v/t.* ausrufen; **II** *v/i.* aufschreien: **~ against** heftig protestieren gegen; **for crying out loud!** F verdammt noch mal!; **~ up** *v/t.* laut rühmen.

'cry₁ba·by *s.* kleiner Schreihals; *fig. contp.* Heulsuse *f*.

cry·ing ['kraɪŋ] *adj. fig.* a) (himmel-)schreiend: **~ shame**, b) dringend: **~ need**.

cryo- [kraɪəʊ] *in Zssgn* Kälte..., Kryo...: **cryogen** Kältemittel *n*; **cryogenic** a) ⚙ kälteerzeugend, b) kryogenisch: **~ computer**, **cryosurgery** 🜨 Kryo-, Kältechirurgie *f*.

crypt [krɪpt] *s.* ⚕ 'Krypta *f*, 'unterirdisches Gewölbe, Gruft *f*; **'cryp·tic** [-tɪk] *adj.* geheim, verborgen; rätselhaft, dunkel: **~ colo(u)ring** *zo.* Schutzfärbung *f*; **'cryp·ti·cal** [-tɪkl] *adj.* → **cryptic**.

crypto- [krɪptəʊ] *in Zssgn* geheim, krypto...: **~-communist** verkappter Kommunist; **'cryp·to·gam** [-gæm] *s.* 🌿 Krypto'game *f*, Sporenpflanze *f*; **cryp·to·gam·ic** [₁krɪptəʊ'gæmɪk], **cryp·tog·a·mous** [krɪp'tɒgəməs] *adj.* 🌿 krypto'gamisch; **'cryp·to·gram** [-græm] *s.* Text *m* in Geheimschrift, verschlüsselter Text; **'cryp·to·graph** [-grɑːf] *s.* **1.** → **cryptogram**; **2.** Geheimschriftgerät *n*; **cryp·tog·ra·phy** [krɪp'tɒgrəfɪ] *s.* Geheimschrift *f*; **cryp·tol·o·gist** [krɪp'tɒlədʒɪst] *s.* (Ver-, Ent)Schlüssler *m*.

crys·tal ['krɪstl] **I** *s.* **1.** Kri'stall *m* (*a.* 🜨, *min., phys.*): **as clear as ~** *od.* **~ clear** a) kristallklar, b) *fig.* sonnenklar; **2.** Kri'stall(glas) *n*, b) *coll.* Kri'stall *n*, Glaswaren *pl.*; **3.** Uhrglas *n*; **4.** ⚡ a) (De'tektor)Kri₁stall *m*, b) (Kri-'stall)De₁tektor *m*, c) (Schwing)Quarz *m*: **~ set** Kristallempfänger *m*; **II** *adj.* Kristall..., kri'stallen; **5.** kri'stallklar; **~ de·tec·tor** → **crystal** 4 b; **~ gaz·er** *s.* Hellseher(in); **~ gaz·ing** *s.* Hellsehen *n*.

crys·tal·line ['krɪstəlaɪn] *adj. a.* 🜨, *min.* kristal'linisch, kri'stallen, kri'stallartig, Kristall...: **~ lens** *anat.* (Augen)Linse *f*; **'crys·tal·liz·a·ble** [-aɪzəbl] *adj.* kristallisierbar; **crys·tal·li·za·tion** [₁krɪstəlaɪ'zeɪʃn] *s.* Kristallisati'on *f*, Kristallisierung *f*, Kri'stallbildung *f*; **'crys·tal·lize** [-aɪz] **I** *v/t.* **1.** kristallisieren; **2.** *fig.* feste Form geben (*dat.*), klären; **3.** Früchte kandieren; **II** *v/i.* **4.** kristallisieren; **5.** *fig.* sich kristallisieren, kon'krete *od.* feste Form annehmen; **crys·tal·log·ra·phy** [₁krɪstə'lɒgrəfɪ] *s.* Kristallogra'phie *f*.

cub [kʌb] **I** *s.* **1.** *zo.* das Junge (*des Fuchses, Bären etc.*); **2.** *a.* **unlicked ~** grüner Junge; **3.** „Küken' *n*, Anfänger *m*: **~ reporter** (unerfahrener) junger Reporter; **4.** *a.* **~ scout** Wölfling *m*, Jungpfadfinder *m*; **II** *v/i.* **5.** Junge werfen (*Füchse etc.*).

cub·age ['kjuːbɪdʒ] → **cubature**.

Cu·ban ['kjuːbən] **I** *adj.* ku'banisch; **II** *s.*

Ku'baner(in).

cu·ba·ture ['kju:bətʃə] s. ⚓ **1.** Raum-(inhalts)berechnung f; **2.** Rauminhalt m.

cub·by(·hole) ['kʌbɪ(həʊl)] s. **1.** gemütliches Plätzchen; **2.** ‚Ka'buff' n, winziger Raum.

cube [kju:b] **I** s. **1.** Ⓐ Würfel m, 'Kubus m; **2.** (a. Eis-, phot. Blitz)Würfel m: ~ sugar Würfelzucker m; **3.** Ⓐ Ku'bikzahl f, dritte Po'tenz: ~ root Kubikwurzel f, **4.** Pflasterstein m (in Würfelform); **5.** Ⓐ kubieren: a) zur dritten Po'tenz erheben: two ~d zwei hoch drei (2³), b) den Rauminhalt messen von (od. gen.); **6.** in Würfel schneiden od. pressen.

cu·bic ['kju:bɪk] adj. (□ ~ally) **1.** Kubik…, Raum…: ~ capacity mot. Hubraum m; ~ content Rauminhalt m, Volumen n; ~ metre, Am. ~ meter Kubik-, Raum-, Festmeter m; **2.** kubisch, würfelförmig, Würfel…; **3.** Ⓐ kubisch: ~ equation kubische Gleichung, Gleichung dritten Grades.

cu·bi·cle ['kju:bɪkl] s. kleiner abgeteilter (Schlaf)Raum; Zelle f, Nische f, Ka-'bine f; ⚡ Schallzelle f.

cub·ism ['kju:bɪzəm] s. Ku'bismus m; **'cub·ist** [-ɪst] **I** s. Ku'bist m; **II** adj. ku'bistisch.

cu·bit ['kju:bɪt] s. hist. Elle f (Längenmaß); **'cu·bi·tus** [-təs] s. anat. a) 'Unterarm m, b) Ell(en)bogen m.

cuck·old ['kʌkəʊld] **I** s. Hahnrei m; **II** v/t. zum Hahnrei machen; j-m Hörner aufsetzen.

cuck·oo ['kʊku:] **I** s. **1.** orn. Kuckuck m; **2.** Kuckucksruf m; **3.** sl. ‚Heini' m; **II** v/i. **4.** ‚kuckuck' rufen; **III** adj. **5.** sl. ‚bekloppt'; ~ clock s. Kuckucksuhr f; '~·flow·er s. ♀ Wiesenschaumkraut n.

cu·cum·ber ['kju:kʌmbə] s. Gurke f; → cool 2; ~ tree s. e-e amer. Ma'gnolie.

cu·cur·bit [kju:'kɜ:bɪt] s. ♀ Kürbisgewächs n.

cud [kʌd] s. Klumpen m, 'wiedergekäutes Futter: chew the ~ a) wiederkäuen, b) fig. überlegen, nachdenken.

cud·dle ['kʌdl] **I** v/t. hätscheln, ‚knuddeln', a. schmusen mit; **II** v/i. ~ up a) sich kuscheln od. schmiegen (to an acc.), b) sich (wohlig) zs.-kuscheln: ~ up together sich aneinanderkuscheln; **III** s. enge Um'armung, Lieb'kosung f; **'cud·dle·some** [-səm], **'cud·dly** [-lɪ] adj. ‚knudd(e)lig'.

cudg·el ['kʌdʒəl] **I** s. Knüttel m, Keule f: take up the ~s for s.o. für j-n eintreten, für j-n e-e Lanze brechen; **II** v/t. prügeln: ~ one's brains b. sich den Kopf zerbrechen (for wegen, about über acc.).

cue¹ [kju:] **I** s. **1.** thea. etc., a. fig. Stichwort n; ♪ Einsatz m: ~ card TV ‚Neger' m; (dead) on ~ (genau) aufs Stichwort, fig. wie gerufen; **2.** Wink m, Fingerzeig m: give s.o. his ~ j-m die Worte in den Mund legen; take the ~ from s.o. sich nach j-m richten; **II** v/t. **3.** j-m das Stichwort od. (♪) den Einsatz geben: ~ s.o. in fig. j-n ins Bild setzen.

cue² [kju:] s. **1.** Queue n, 'Billardstock m; **2.** → queue 2.

cuff¹ [kʌf] s. **1.** Man'schette f (a. ⊙), Stulpe f; Ärmel- (Am. a. Hosen)aufschlag m: ~ link Manschettenknopf m;

---

off the ~ Am. F aus dem Handgelenk od. Stegreif; **on the ~** Am. F a) auf Pump, b) gratis; **2.** pl. Handschellen pl.

cuff² [kʌf] **I** v/t. schlagen, a. ohrfeigen; **II** s. Schlag m, Klaps m.

cui·rass [kwɪ'ræs] s. **1.** hist. 'Küraß m, Brustharnisch m; **2.** ☣ a) Gipsverband m um Rumpf u. Hals, b) ein 'Sauerstoffappa‚rat m; **3.** zo. Panzer m; **cui·ras·sier** [ˌkwɪrə'sɪə] s. ✗ Küras'sier m.

cui·sine [kwi:'zi:n] s. Küche f (Kochkunst): French ~.

cul-de-sac [ˌkʊldə'sæk, 'kʌldəsæk] pl. **-sacs** (Fr.) s. Sackgasse f (a. fig.).

cu·li·nar·y ['kʌlɪnərɪ] adj. Koch…, Küchen…: ~ art Kochkunst f; ~ herbs Küchenkräuter.

cull [kʌl] **I** v/t. **1.** pflücken; **2.** fig. auslesen, -suchen; **II** s. **3.** et. (als minderwertig) Aussortiertes.

culm¹ [kʌlm] s. **1.** Kohlenstaub m, Grus m; **2.** geol. Kulm m, n.

culm² [kʌlm] s. (Gras)Halm m.

cul·mi·nate ['kʌlmɪneɪt] v/i. **1.** ast. kulminieren; **2.** fig. den Höhepunkt erreichen; gipfeln (in in dat.); **cul·mi·na·tion** [ˌkʌlmɪ'neɪʃn] s. **1.** ast. Kulmina-ti'on f; **2.** bsd. fig. Gipfel m, Höhepunkt m, höchster Stand.

cu·lottes [kju:'lɒts] s. pl. Hosenrock m.

cul·pa·bil·i·ty [ˌkʌlpə'bɪlətɪ] s. Sträflichkeit f, Schuld f; **cul·pa·ble** ['kʌlpəbl] adj. □ sträflich, schuldhaft; strafbar: ~ negligence ☣ grobe Fahrlässigkeit.

cul·prit ['kʌlprɪt] s. **1.** Schuldige(r m) f, a. iro. Missetäter(in); **2.** ☣ a) Angeklagte(r m) f, b) Täter(in).

cult [kʌlt] s. **1.** eccl. Kult(us) m; **2.** fig. Kult m (Verehrung, a. dumme Mode): ~ figure a) Idol n, b) Kultbild n.

cul·ti·va·ble ['kʌltɪvəbl] adj. kultivierbar (a. fig.).

cul·ti·vate ['kʌltɪveɪt] v/t. **1.** ✿ a) Boden bebauen, bestellen, kultivieren, b) Pflanzen züchten, ziehen, (an)bauen; **2.** fig. entwickeln, verfeinern, fort-, ausbilden, Kunst etc. fördern; **3.** zivilisieren; **4.** Kunst etc. pflegen, betreiben, sich widmen (dat.); **5.** sich befleißigen (gen.), Wert legen auf (acc.); **6.** a) e-e Freundschaft etc. pflegen, b) freundschaftlichen Verkehr suchen od. pflegen, sich j-n ‚warmhalten'; **'cul·ti·vat·ed** [-tɪd] adj. **1.** bebaut, kultiviert (Land); **2.** ✿ gezüchtet, Kultur…; **3.** kultiviert, gebildet; **cul·ti·va·tion** [ˌkʌltɪ'veɪʃn] s. **1.** Bearbeitung f, Bestellung f, Bebauung f, Urbarmachung f: under ~ bebaut; **2.** Anbau m, Ackerbau m; **3.** Züchtung f; **4.** fig. (Aus)Bildung f, Pflege f; **5.** Kul'tur f, Kultiviertheit f; Bildung f; **'cul·ti·va·tor** [-tə] s. **1.** Landwirt m; **2.** Züchter m; **3.** ✿ Kulti'vator m (Gerät).

cul·tur·al ['kʌltʃərəl] adj. □ **1.** Kultur…, kultu'rell; **2.** → cultivated 2; **cul·ture** ['kʌltʃə] s. **1.** → cultivation 1, 2, 4; **2.** a) (Obst- etc.)Anbau m, (Pflanzen)Zucht f, b) (Tier)Zucht f, Züchtung f (a. biol.), c) (Pflanzen-, a. Bakterien- etc.)Kul'tur f: ~ medium künstlicher Nährboden; ~ pearl Zuchtperle f; **3.** Kul'tur f: a) (Geistes)Bildung f, b) Kultiviertheit f: ~ vulture F Kulturbeflissene(r m) f; Kul'tur f: ~ Kul'turkreis m, b) Kul'turform f od. -stufe f; ~ lag partielle Kulturrückständigkeit; ~

---

shock Kulturschock m; **'cul·tured** [-tʃəd] adj. **1.** kultiviert, gepflegt, gebildet; **2.** gezüchtet: ~ pearl Zuchtperle f.

cul·ver ['kʌlvə] s. Ringeltaube f.

cul·vert ['kʌlvət] s. ⊙ (über'wölbter) 'Abzugska‚nal; 'unterirdische (Wasser-) Leitung; ('Bach)'Durchlaß m.

cum [kʌm] (Lat.) prp. **1.** mit, samt; **2.** Brit. F und gleichzeitig, … in 'einem: garage-~-workshop.

cum·ber·some ['kʌmbəsəm] adj. □ **1.** lästig, beschwerlich, hinderlich; **2.** schwerfällig, klobig.

Cum·bri·an ['kʌmbrɪən] **I** adj. Cumberland betreffend; **II** s. Bewohner(in) von Cumberland.

cum·brous ['kʌmbrəs] → cumbersome.

cum·in ['kʌmɪn] s. Kreuzkümmel m.

cum·mer·bund ['kʌməbʌnd] s. Mode: Kummerbund m.

cu·mu·la·tive ['kju:mjʊlətɪv] adj. □ **1.** a. ♀ kumula'tiv: ~ dividend; **2.** sich (an)häufend od. steigernd od. summierend; anwachsend; **3.** zusätzlich, verstärkend: ~ ev·i·dence s. ☣ verstärkender Beweis; ~ vot·ing s. Kumulieren n (bei Wahlen).

cu·mu·lus ['kju:mjʊləs] pl. **-li** [-laɪ] s. 'Kumulus m, Haufenwolke f.

cu·ne·ate ['kju:nɪɪt] adj. bsd. ♀ keilförmig; **'cu·ne·i·form** [-ɪfɔ:m] **I** adj. **1.** keilförmig; **2.** Keilschrift f: ~ characters → 3; **II** s. **3.** Keilschrift f; **'cu·ni·form** [-ɪfɔ:m] → cuneiform.

cun·ning ['kʌnɪŋ] **I** adj. □ **1.** listig, schlau; **2.** geschickt, klug; **3.** Am. F niedlich, ‚süß'; **II** s. **4.** Schlauheit f, Gerissenheit f; **5.** Geschicktheit f.

cunt [kʌnt] s. V Fotze f.

cup [kʌp] **I** s. **1.** Tasse f, Schale f: ~ and saucer Ober- und Untertasse; that's not my ~ of tea Brit. F das ist nicht mein Fall; **2.** Kelch m (a. eccl.), Becher m; **3.** sport Cup m, Po'kal m: ~ final Pokalendspiel n; ~ tie Pokalspiel n, -paarung f; **4.** Weinbecher m: be fond of the ~ gern (einen) trinken; be in one's ~s zu tief ins Glas geschaut haben; **5.** Bowle f; **6.** et. Schalenförmiges, z.B. Büstenhalterschale f od. sport 'Unterleibs-, Tiefschutz m; **7.** fig. Kelch m (der Freude, des Leidens): drink the ~ of joy den Becher der Freude leeren; drain the ~ of sorrow to the dregs den Kelch des Leidens bis auf die Neige leeren; his ~ is full das Maß s-r Leiden (od. Freuden) ist voll; **8.** → cupful 2; **II** v/t. **9.** Kinn in die (hohle) Hand legen; Hand wölben über (acc.): cupped hand hohle Hand; **10.** ☣ schröpfen; '~·bear·er s. Mundschenk m.

cup·board ['kʌbəd] s. (bsd. Speise-, Geschirr)Schrank m; ~ bed s. Schrankbett n; ~ love s. berechnende Liebe.

cu·pel [kju:pəl] s. 🜊, ⊙ Ku'pelle f.

cup·ful ['kʌpfʊl] pl. **-fuls** s. **1.** e-e Tasse (-voll); **2.** Am. Küche: ½ Pint n (0,235 l).

Cu·pid ['kju:pɪd] s. **1.** antiq. 'Kupido m, 'Amor m (a. fig. Liebe); **2.** ♀ Amo'rette f.

cu·pid·i·ty [kju:'pɪdətɪ] s. (Hab)Gier, Begierde f, Begehrlichkeit f.

cu·po·la ['kju:pələ] s. **1.** Kuppel(dach n) f; **2.** a. ~ furnace ⊙ Ku'polofen m; **3.** 🜊, ⚓ Panzerturm m.

cu·pre·ous ['kju:priəs] *adj.* kupfern; kupferartig, -haltig; **'cu·pric** [-ik] *adj.* ↑ Kupfer...; ‚**cu·pro'nick·el** [‚kju:prəʊ-] *s.* Kupfernickel *n*; **'cu·prous** [-rəs] → *cupric.*

cur [kɜ:] *s.* **1.** Köter *m*; **2.** *fig.* ‚Hund' *m*, ‚Schwein' *n*.

cur·a·bil·i·ty [‚kjʊərə'bɪlətɪ] *s.* Heilbarkeit *f*; **cur·a·ble** ['kjʊərəbl] *adj.* heilbar (*a.* ⚕ *Rechtsmangel*).

cu·ra·cy ['kjʊərəsɪ] *s. eccl.* Amt *n* e-s → **'cu·rate** [-rət] *s. eccl.* Hilfsgeistliche(r) *m*, Vi'kar *m*, Ku'rat *m*.

cur·a·tive ['kjʊərətɪv] **I** *adj.* heilend, Heil...; **II** *s.* Heilmittel *n*.

cu·ra·tor [‚kjʊə'reɪtə] *s.* **1.** Mu'seumsdi-‚rektor *m*; **2.** *Brit. univ.* (*Oxford*) Mitglied *n* des Kura'toriums; **3.** ⚕ *Scot.* Vormund *m*; **4.** ⚕ Verwalter *m*, Pfleger *m*; ‚**cu'ra·tor·ship** [-ʃɪp] *s.* Amt *n* *od.* Amtszeit *f* e-s *curator*.

curb [kɜ:b] **I** *s.* **1.** a) Kan'dare *f*, b) Kinnkette *f*; **2.** *fig.* Zaum *m*, Zügel(ung *f*) *m*: **put a ~ on s.th.** e-r Sache Zügel anlegen, et. zügeln; **3.** *Am.* → *kerb*; **4.** *vet.* Spat *m*, Hasenfuß *m*; **II** *v/t.* **5.** an die Kan'dare nehmen; **6.** *fig.* zügeln, im Zaum halten; drosseln, einschränken; **~ bit** *s.* Kan'darenstange *f*; **~ mar·ket** *Am.* → *kerb* 3; '**~·stone** *Am.* → *kerbstone.*

curd [kɜ:d] *s. oft pl.* geronnene *od.* dikke Milch, Quark *m*: **~ cheese** Quark-, Weißkäse *m*; **cur·dle** ['kɜ:dl] **I** *v/t. Milch* gerinnen lassen: **~ one's blood** einem das Blut in den Adern erstarren lassen; **II** *v/i.* gerinnen, dick werden (*Milch*): **it made my blood ~** das Blut erstarrte mir in den Adern; '**curd·y** [-dɪ] *adj.* geronnen; dick, flockig.

cure [kjʊə] **I** *s.* **1.** ⚕ Heilmittel *n*; *fig.* Mittel *n* Re'zept *n* (**for** gegen); **2.** ⚕ Kur *f*, Heilverfahren *n*, Behandlung *f*; **3.** ⚕ Heilung *f*: **past** ~ a) unheilbar krank, b) unheilbar (*Krankheit*), c) *fig.* hoffnungslos; **4.** *eccl.* a) a. **~ of souls** Seelsorge *f*, b) Pfar'rei *f*; **II** *v/t.* **5.** ⚕ j-n (**of** von) *od. Krankheit od. fig. Übel* heilen (*a.* ⚕ *Rechtsmangel etc.*), kurieren: **~ s.o. of lying** j-m das Lügen abgewöhnen; **6.** haltbar machen: a) räuchern, b) einpökeln, -salzen, c) trocknen, d) beizen; **7.** ⚙ a) vulkanisieren, b) aushärten (*Kunststoffe*); '**~·all** *s.* All-'heilmittel *n*.

cu·ret·tage [kjʊə'retɪdʒ] *s.* ✚ Ausschabung *f*.

cur·few ['kɜ:fju:] *s.* **1.** *hist.* a) Abendläuten *n*, b) Abendglocke *f*; **2.** Sperrstunde *f*; **3.** ✕ a) Ausgehverbot *n*, b) Zapfenstreich *m*.

cu·ri·a ['kjʊərɪə] *s. R.C.* 'Kurie *f*.

cu·rie ['kjʊərɪ] *s. phys.* Cu'rie *n*.

cu·ri·o ['kjʊərɪəʊ] *pl.* **-os** *s.* → *curiosity* 2 a u. c.

cu·ri·os·i·ty [‚kjʊərɪ'ɒsɪtɪ] *s.* **1.** Neugier *f*; Wißbegierde *f*; **2.** Kuriosi'tät *f*: a) Rari'tät *f*, *pl.* Antiqui'täten, b) Sehenswürdigkeit *f*, c) Kuri'osum *n* (*Sache od. Person*); **~ shop** *s.* Antiqui'täten-, Rari'tätenladen *m*.

cu·ri·ous ['kjʊərɪəs] *adj.* □ **1.** neugierig; wißbegierig: **I am ~ to know if** ich möchte gern wissen, ob; **2.** kuri'os, seltsam, merkwürdig: **~ly enough** merkwürdigerweise; **3.** F komisch, wunderlich.

curl [kɜ:l] **I** *v/t.* **1.** *Haar* locken *od.* kräuseln; **2.** *Wasser* kräuseln; *Lippen* (verächtlich) schürzen; **3.** **~ up** zs.-rollen: **o.s. up** → 6 a; **II** *v/i.* **4.** sich locken *od.* kräuseln (*Haar*); **5.** wogen, sich wellen *od.* winden; **6.** **~ up** a) sich hochringeln (*Rauch*), b) sich zs.-rollen: **~ up on the sofa** es sich auf dem Sofa gemütlich machen; **7.** *sport* Curling spielen; **III** *s.* **8.** Locke *f*: **in ~s** gelockt; **9.** (Rauch-) Ring *m*, Kringel *m*; **10.** Windung *f*; **11.** Kräuseln *n der Lippen*; **12.** ♀ Kräuselkrankheit *f*; **curled** [-ld] → *curly*; '**curl·er** [-lə] *s.* **1.** Lockenwickel *m*; **2.** *sport* Curlingspieler *m*.

cur·lew ['kɜ:lju:] *s.* Brachvogel *m*.

curl·i·cue ['kɜ:lɪkju:] *s.* Schnörkel *m*.

curl·ing ['kɜ:lɪŋ] *s.* **1.** Kräuseln *n*, Ringeln *n*; **2.** *sport* Curling *n*: **~ stone** Curlingstein *m*; **3.** ⚙ bördeln; **~ i·rons**, **~ tongs** *s. pl.* (Locken)Brennschere *f*.

'curl·pa·per *s.* Pa'pierhaarwickel *m*.

curl·y ['kɜ:lɪ] *adj.* **1.** lockig, kraus, gekräuselt, **2.** wellig; gewunden; '**~·head**, '**~·pate** *s.* F Locken- *od.* Krauskopf *m* (*Person*).

cur·mudg·eon [kɜ:'mʌdʒən] *s.* Brummbär *m*.

cur·rant ['kʌrənt] *s.* **1.** Ko'rinthe *f*; **2.** **red** (**white, black**) **~** rote (weiße, schwarze) Jo'hannisbeere.

cur·ren·cy ['kʌrənsɪ] *s.* **1.** 'Umlauf *m*, Zirkulati'on *f*: **give ~ to** Gerücht etc. in Umlauf setzen; **2.** a) (allgemeine) Geltung, (Allge'mein)Gültigkeit *f*, b) Gebräuchlichkeit *f*, Geläufigkeit *f*, c) Verbreitung *f*; **3.** ✝ a) Währung *f*, Va'luta *f*; → **foreign** 1, **hard currency**, b) Zahlungsmittel *n od. pl.*, c) 'Geld‚umlauf *m*, d) 'umlaufendes Geld, e) Laufzeit *f* (*Wechsel, Vertrag*); **~ account** *s.* ✝ 'Währungs-, De'visen‚konto *n*; **~ bill** *s.* De'visenwechsel *m*; **~ bond** *s.* Fremdwährungsschuldverschreibung *f*; **~ re·form** *s.* 'Währungsre‚form *f*.

cur·rent ['kʌrənt] **I** *adj.* □ → *currently*; **1.** laufend (*Jahr, Konto, Unkosten etc.*); **2.** gegenwärtig, jetzig, aktu'ell: **~ events** Tagesereignisse; **~ price** ✝ Tagespreis *m*; **3.** 'umlaufend, kursierend (*Geld, Gerücht etc.*); **4.** a) allgemein bekannt *od.* verbreitet, b) üblich, geläufig, gebräuchlich: **not in ~ use** nicht allgemein üblich, c) allgemein gültig *od.* anerkannt; **5.** ✝ a) (markt)gängig (*Ware*), b) gültig (*Geld*), c) verkehrsfähig, d) → 3; **II** *s.* **6.** Strömung *f*, Strom *m* (*beide a. fig.*): **against the ~** gegen den Strom; **~ of air** Luftstrom; **7.** *fig. a.* Trend *m*, Ten'denz *f*, b) (Ver)Lauf *m*, Gang *m*; **8.** ⚡ Strom *m*; **~ ac·count** *s.* ✝ laufendes Konto, Girokonto *n*; **~ coin** *s.* gängige Münze (*a. fig.*); **~ ex·change** *s.* (**at the ~** zum) Tageskurs *m*.

cur·rent·ly ['kʌrəntlɪ] *adv.* **1.** jetzt, zur Zeit, gegenwärtig; **2.** *fig.* fließend.

cur·rent| me·ter *s.* ⚡ Stromzähler *m*; **~ mon·ey** *s.* ✝ 'umlaufendes Geld.

cur·ric·u·lum [kə'rɪkjʊləm] *pl.* **-lums**, **-la** [-lə] *s.* Lehr-, Studienplan *m*; **~ vi·tae** ['vaɪtɪ] *s.* Lebenslauf *m*.

cur·ri·er ['kʌrɪə] *s.* Lederzurichter *m*.

cur·ry¹ ['kʌrɪ] **I** *s.* Curry(gericht *n*) *m*, *n*: **~ powder** Currypulver *n*; **II** *v/t.* mit Curry(soße) zubereiten: **curried chicken** Curryhuhn *n*.

cur·ry² ['kʌrɪ] *v/t.* **1.** *Pferd* striegeln; **2.** *Leder* zurichten; **3.** verprügeln; **4.** **~ fa·vo(u)r with s.o.** sich bei j-m lieb Kind machen (wollen); '**~·comb** *s.* Striegel *m*.

curse [kɜ:s] **I** *s.* **1.** Fluch(wort *n*) *m*; Verwünschung *f*; **2.** *eccl.* Bann(fluch) *m*; Verdammnis *f*; **3.** Fluch *m*, Unglück *n* (**to** für); **4.** **the ~** F die ‚Tage' (*der Frau*); **II** *v/t.* **5.** verfluchen, verwünschen, verdammen: **~ him!** der Teufel soll ihn holen!; **6.** fluchen auf (*acc.*), beschimpfen; **7.** *pass.* **be ~d with s.th.** mit et. gestraft *od.* geplagt sein; **III** *v/i.* **8.** fluchen, Flüche ausstoßen; '**curs·ed** [-sɪd] *adj.* □ *a.* F verflucht, verdammt, verwünscht.

cur·sive ['kɜ:sɪv] **I** *adj.* kur'siv: **~ characters** → **II** *s. typ.* Schreibschrift *f*.

cur·sor ['kɜ:rsə] *s.* ⚗, ⚙ Schieber *m*, ⚙ *a.* Zeiger *m*; *Computer:* Positi'onsanzeiger *m*.

cur·so·ri·ness ['kɜ:sərɪnɪs] *s.* Flüchtigkeit *f*, Oberflächlichkeit *f*; **cur·so·ry** ['kɜ:sərɪ] *adj.* □ flüchtig, oberflächlich.

curst [kɜ:st] *obs. pret. u. p.p. von curse.*

curt [kɜ:t] *adj.* □ **1.** kurz(gefaßt), knapp; **2.** (**with**) barsch, schroff (gegen), kurz angebunden (mit).

cur·tail [kɜ:'teɪl] *v/t.* **1.** (ab-, ver)kürzen; **2.** *Ausgaben etc.* kürzen, *a. Rechte* beeinschränken, beschneiden; *Preise etc.* her'absetzen; **cur'tail·ment** [-mənt] *s.* **1.** (Ab-, Ver)Kürzung *f*; **2.** Kürzung *f*, Beschneidung *f*; Beschränkung *f*.

cur·tain ['kɜ:tn] **I** *s.* **1.** Vorhang *m* (*a. fig.*), Gar'dine *f*: **draw the ~(s)** den Vorhang (die Gardinen) zuziehen; **draw the ~ over s.th.** *fig.* et. begraben; **lift the ~** *fig.* den Schleier lüften; **behind the ~** hinter den Kulissen; **~ of fire** ✕ Feuervorhang *m*; **~ of rain** Regenwand *f*; **2.** *thea.* a) Vorhang *m*, b) Aktschluß *m*: **the ~ rises** der Vorhang geht auf; **the ~ falls** der Vorhang fällt (*a. fig.*); **it's ~s for him** F es ist aus mit ihm; **now it's ~s!** F jetzt ist der Ofen aus!, aus ist's!; **3.** *thea.* Her'vorruf *m*: **take ten ~** zehn Vorhänge haben; **II** *v/t.* **4.** mit Vorhängen versehen; **~ call** → *curtain* 3; **~ fall** *s. thea.* Fallen *n* des Vorhanges; **~ lec·ture** *s. thea.* Gar'dinenpredigt *f*; **~ rais·er** *s. thea.* **1.** kurzes Vorspiel; **2.** *fig.* Vorspiel *n*, Auftakt (**to** zu); '**~·wall** *s.* △ **1.** Blendwand; **2.** Zwischenwand *f*.

curt·s(e)y ['kɜ:tsɪ] **I** *s.* Knicks *m*: **drop a ~** → **II** *v/i.* e-n Knicks machen, knicksen (**to** vor *dat.*).

cur·va·ceous [kɜ:'veɪʃəs] *adj.* F ‚kurvenreich' (*Frau*); **cur·va·ture** ['kɜ:vətjə] *s.* Krümmung *f* (*a.* ⚗, *geol.*): **~ of the spine** ✚ Rückgratverkrümmung *f*.

curve [kɜ:v] **I** *s.* **1.** Kurve *f* (*a.* ⚗), Krümmung *f*, Biegung *f*, Bogen *m*; **2.** *pl.* ‚Kurven' (*Frau*), Rundungen *f*; **II** *v/t.* **3.** biegen, krümmen; **III** *v/i.* **4.** sich biegen *od.* wölben *od.* krümmen; **curved** [-vd] *adj.* gekrümmt, gebogen, krumm.

cur·vet [kɜ:'vet] **I** *s.* Reitkunst: Kur'bette *f*, Bogensprung *m*; **II** *v/i.* kurbettieren.

cur·vi·lin·e·ar [‚kɜ:vɪ'lɪnɪə] *adj.* krummlinig (begrenzt).

cush·ion ['kʊʃn] **I** *s.* **1.** Kissen *n*, Polster

n (*a. fig.*); **2.** Wulst *m* (*für die Frisur*); **3.** Bande *f* (*Billard*); **4.** *vet.* Strahl *m* (*Pferdehuf*); **5.** ◎ Puffer *m*, Dämpfer *m*; **6.** *phys.* ◎ Luftkissen *n*; **II** *v/t.* **7.** durch Kissen schützen, polstern (*a. fig.*); **8.** Stoß, Fall dämpfen *od.* auffangen; **9.** weich betten; **10.** ◎ abfedern; '**~·craft** *s.* Luftkissenfahrzeug(*e pl.*) *n.*

cush·ioned ['kʊʃənd] *adj.* **1.** gepolstert, Polster...; **2.** *fig.* bequem, behaglich; **3.** ◎ stoßgedämpft.

cush·y ['kʊʃɪ] *adj. Brit. sl.* ,gemütlich', bequem, angenehm: **~** *job.*

cusp [kʌsp] *s.* **1.** Spitze *f*; **2.** ⅄ Scheitelpunkt *m* (*Kurve*); **3.** *ast.* Horn *n* (*Halbmond*); **4.** △ Nase *f* (*gotisches Maßwerk*); '**cusped** [-pt], '**cus·pi·dal** [-pɪdl] *adj.* spitz (zulaufend).

cus·pi·dor ['kʌspɪdɔ:] *s. Am.* **1.** Spucknapf *m*; **2.** ✓ Speitüte *f.*

cuss [kʌs] *s. F* **1.** Fluch *m*: **~** *word* Fluch *m*, Schimpfwort *n*; → *tinker* 1; **2.** Kerl *m*; '**cuss·ed** [-sɪd] *adj. F* **1.** verflucht, -flixt; **2.** boshaft, gemein; '**cuss·ed·ness** [-sɪdnɪs] *s. F* Bosheit *f*, Gemeinheit *f*, Tücke *f.*

cus·tard ['kʌstəd] *s.* Eiercreme *f*: (*running*) **~** Vanillesoße *f*; '**~·ap·ple** *s.* ⚘ Zimtapfel *m*; **~ pow·der** *s. ein* 'Pudding‚pulver *n*; **~ pie** *s.* **1.** Sahnetorte *f*; **2.** *thea. F* Kla'mauk(komödie *f*) *m.*

cus·to·di·an [kʌ'stəʊdjən] *s.* **1.** Aufseher *m*, Wächter *m*, Hüter *m*; **2.** (⚖ Vermögens)Verwalter *m*, ⚖ *a.* Verwahrer *m*, *Am. a.* Vormund *m*; **cus·to·dy** ['kʌstədɪ] *s.* **1.** Aufsicht *f* (*of* über *acc.*), (Ob)Hut *f*, Schutz *m*; **2.** Verwahrung *f*; Verwaltung *f*; **3.** ⚖ a) Gewahrsam *m*, Haft *f*: *protective* **~** Schutzhaft *f*; *take into* **~** a) in Gewahrsam nehmen, b) Gewahrsam *m* (*tatsächlicher Besitz*), c) Sorgerecht *n*; **4.** ✝ *Am.* De'pot *n.*

cus·tom ['kʌstəm] **I** *s.* **1.** Brauch *m*, Gewohnheit *f*, Sitte *f*; *coll.* Sitten u. Gebräuche *pl.*, *pl.* Brauchtum *n*; **2.** ⚖ Gewohnheitsrecht *n*; **3.** ✝ Kundschaft *f*, Kunden(kreis *m*) *pl.*: *draw* (*od.* *get*) *a lot of* **~** *from* viel Geschäft machen mit; *take one's custom elsewhere* anderswo Kunde werden; *withdraw one's* **~** *from* s-e Kundschaft entziehen (*dat.*); **4.** *pl.* a) Zoll *m*, b) Zoll(behörde *f*) *m*, Zollamt *n*; **II** *adj.* **5.** *Am.* a) auf Bestellung *od.* nach Maß arbeitend: **~** *tailor* Maßschneider *m*, b) → *custommade*: **~·built** einzeln (*od.* nach Kundenangaben) angefertigt; **~** *shoes* Maßschuhe; '**cus·tom·ar·i·ly** [-mərɪlɪ] *adv.* üblicherweise, herkömmlicherweise; '**cus·tom·ar·y** [-mərɪ] *adj.* □ **1.** gebräuchlich, herkömmlich, üblich, gewohnt, Gewohnheits...; **2.** ⚖ gewohnheitsrechtlich; '**cus·tom·er** [-mə] *s.* **1.** Kunde *m*, Kundin *f*; Abnehmer(in), Käufer(in): **~** *country* Abnehmerland *n*; **~'s check** *Am.* Barscheck *m*; *regular* **~** Stammkunde *m od.* -gast *m*; **2.** *F* Bursche *m*, ,Kunde' *m*: *queer* **~** komischer Kauz; *ugly* **~** übler Kunde; '**cus·tom·ize** [-maɪz] *v/t.* **1.** ✝ *od.* Kundenbedarf zuschneiden; **2.** *Auto etc.* individu'ell herrichten.

'**cus·tom·house** *s.* Zollamt *n*; '**~·made** *adj.* nach Maß *od.* auf Bestellung *od.* spezi'ell angefertigt, Maß...

cus·toms| **clear·ance** *s.* Zollabferti-

gung *f*; **~ dec·la·ra·tion** *s.* 'Zolldekla‚rati‚on *f*, -erklärung *f*; **~ in·spec·tion** *s.* 'Zollkon‚trolle *f*; **~ of·fi·cer** *s.* Zollbeamte(r) *m*; **~ un·ion** *s.* 'Zollverein *m*, -uni‚on *f*; **~ war·rant** *s.* Zollauslieferungsschein *m*; **~ ware·house** *s.* Zollager *n.*

cut [kʌt] **I** *s.* **1.** Schnitt *m*: *a* **~** *above* e-e Stufe besser als; → *haircut*; **2.** Schnittwunde *f*; **3.** Hieb *m*, Schlag *m*: **~** *and thrust* a) *Fechten*: Hieb u. Stoß *m* (*od.* Stich *m*), b) *fig.* (feindseliges) Hin u. Her, ,Schlagabtausch' *m*; **4.** Schnitte *f*, Stück *n* (*bsd. Fleisch*); Ab-, Anschnitt *m*; Schur *f* (*Wolle*); Schlag *m* (*Holzfällen*); ♪ Mahd *f* (*Gras*); **5.** *F* (An)Teil *m*: *my* **~** *is 10%*; **6.** (Zu)Schnitt *m*, Fas'son *f* (*bsd. Kleidung*); *fig.* Art *f*, Schlag *m*; **7.** *typ.* a) Druckstock *m*, b) Holzschnitt *m*, (Kupfer)Stich *m*, c) Kli'schee *n*; **8.** Schnitt *m*, Schliff *m* (*Edelstein*); **9.** Gesichtsschnitt *m*; **10.** Beschneidung *f*, Kürzung *f*, Streichung *f*, Abzug *m*, Abstrich *m* (*Preis, Lohn, a. Text etc.*): *power* **~** ⚡ Stromsperre *f*; → *short cut*; **11.** ◎, ♺ *etc.* Einschnitt *m*, Kerbe *f*, Graben *m*; **12.** a) Stich *m*, Bosheit *f*, b) Grußverweigerung *f*: *give s.o. the* **~** *direct* j-n ostentativ schneiden; **13.** *Kartenspiel*: Abheben *n*; **14.** *Tennis*: Schnitt *m*; **15.** *Film etc.*: Schnitt *m*, (scharfe) Über'blendung; **II** *adj.* **16.** ge-, beschnitten, behauen: **~** *flowers* Schnittblumen; **~** *glass* geschliffenes Glas, Kristall *n*; **~** *prices* herabgesetzte Preise; *well-~ features* feingeschnittene Züge; **~** *and dried* fix u. fertig, schablonenhaft; *badly* **~** *a·bout* arg zugerichtet; **III** *v/t.* [*irr.*] **17.** (ab-, be-, 'durch-, zer)schneiden: *one's finger* sich in den Finger schneiden; **~** *one's nails* sich die Nägel schneiden; **~** *a book* ein Buch aufschneiden; **~** *a joint* e-n Braten zerschneiden, zerlegen; **~** *to pieces* zerstückeln; **18.** Hecke beschneiden, stutzen; **19.** Gras, Korn mähen; Baum fällen; **20.** schlagen; Kohlen hauen; Weg aushauen, -graben; Holz hacken; Graben stechen; Tunnel bohren: *to* **~** *one's way* sich e-n Weg bahnen (*a. fig.*); **21.** Tier verschneiden, kastrieren: **~** *horse* Wallach *m*; **22.** Kleid zuschneiden; *et.* zu'rechtschneiden; Stein behauen; Glas, Edelstein schleifen: **~** *it fine fig.* a) es (zu) knapp bemessen, b) es gerade noch schaffen; **23.** einschneiden, -ritzen, schnitzen; **24.** *Tennis*: Ball schneiden; **25.** Text etc., *a.* Betrag beschneiden, kürzen, zs.-streichen; *sport* Rekord brechen; **26.** *Film*: a) schneiden, über'blenden; **~** *to* hinüberblenden zu, b) abbrechen; **27.** verdünnen, verwässern; **28.** *fig.* j-n schneiden, nicht grüßen: **~** *s.o. dead* j-n völlig ignorieren; **29.** *fig.* schneiden (*Wind*); verletzen, kränken (*Worte*); **30.** Verbindung abbrechen, aufgeben; fernbleiben von, Vorlesung ,schwänzen'; **31.** Zahn bekommen; **32.** Schlüssel anfertigen; **33.** Spielkarten abheben; **IV** *v/i.* [*irr.*] **34.** schneiden (*a. fig.*), hauen: *it* **~***s both ways* es ist ein zweischneidiges Schwert; **~** *and come again* greifen Sie tüchtig zu! (*beim Essen*); *it* **~***s into my time* es kostet mich Zeit; **~** *into a conversation* in e-e Unterhaltung eingrei-

fen; **35.** sich schneiden lassen; **36.** *F* ,abhauen': **~** *and run* Reißaus nehmen; **37.** (*in der Schule etc.*) ,schwänzen'; **38.** *Kartenspiel*: abheben; **39.** *sport* (den Ball) schneiden; **40.** **~** *across* a) quer durch *et.* gehen, b) *fig.* hin'ausgehen über (*acc.*), c) *fig.* wider'sprechen, d) *fig. Am.* einbeziehen;

Zssgn mit adv.:

cut| **a·long** *v/i. F* sich auf die Beine machen; **~** **back I** *v/t.* beschneiden, stutzen, *fig. a.* kürzen, zs.-streichen, verringern; **II** *v/i.* (zu)'rückblenden (*to* auf *acc.*) (*Film, Roman etc.*); **~** **down I** *v/t.* **1.** zerschneiden; **2.** Baum fällen, j-n *a.* niederschlagen; **3.** *fig.* a) → *cut back* I, b) drosseln; **II** *v/i.* **4.** **~** *on s.th.* et. einschränken; **~** **in I** *v/t.* **1.** ◎ einschalten (*a. Filmszene*); **2.** j-n beteiligen (*on* an *dat.*); **II** *v/i.* **3.** unter'brechen, sich einmengen *od.* einschalten (*a. teleph.*); **4.** einspringen; **5.** *mot.* einscheren; **6.** *F* (*beim Tanzen*) abklatschen; **~** **loose I** *v/t.* **1.** trennen, losmachen; **2.** *cut o.s. loose* sich trennen *od.* lossagen; **II** *v/i.* **3.** sich gehenlassen; sich lossagen; **5.** *sl.* a) loslegen (*with* mit), b) ,auf den Putz hauen'; **~** **off** *v/t.* **1.** abschneiden, -schlagen, -hauen: **~** *s.o.'s head* j-n köpfen; **2.** unter'brechen, trennen; **3.** Strom etc. absperren, abdrehen; **4.** Debatte beenden; **5.** niederschlagen, da'hinraffen; vernichten; **6.** *cut s.o. off with a shilling* j-n enterben; **~** **out I** *v/t.* **1.** aus-, zuschneiden: *for a job* wie geschaffen für e-n Posten; → *work* I; **2.** j-n ausstechen; verdrängen; **3.** *Am. sl.* unter'lassen: *cut it out!* laß den Quatsch!; **4.** aufgeben; entfernen; *Am.* Tier von der Herde absondern; **5.** ◎ ausschalten; **II** *v/i.* **6.** ◎ sich ausschalten, aussetzen; **7.** ausscheren (*Fahrzeug*); **8.** *Kartenspiel*: ausscheiden; **~** **short** *v/t.* **1.** unter'brechen; j-m ins Wort fallen; **2.** plötzlich beenden, kürzen; *es kurz machen*; **~** **un·der** *v/t.* ✝ j-n unter'bieten; **~** **up I** *v/t.* **1.** in Stücke schneiden, zerhauen; zerlegen; **2.** vernichten; **3.** *F* ,verreißen', her'untermachen; **4.** tief betrüben, aufregen: *be badly* **~** ganz ,kaputt' sein; **II** *v/i.* *Brit. F* **~** *fat* (*od. rich*) reich sterben; **5.** *F* ,den wilden Mann' spielen: **~** *rough* ,massiv' werden; **7.** *Am. sl.* a) ,angeben', b) Unsinn treiben.

‚**cut-and-'dried** *adj.* **1.** (fix und) fertig, fest(gelegt); **2.** scha'blonenhaft.

cu·ta·ne·ous [kjuː'teɪnjəs] *adj.* ⚕ Haut...: **~** *eruption* Hautausschlag *m.*

'**cut·a·way** *s.* **1.** Cut(away) *m*; **II** *adj.* ◎ Schnitt...(*-modell etc.*): **~** *view* Ausschnitt(darstellung *f*) *m.*

'**cut·back** *s.* **1.** *Film*: Rückblende *f*; **2.** Kürzung *f*, Beschneidung *f*, Verringerung *f.*

cute [kjuːt] *adj.* □ *F* **1.** schlau, clever; **2.** *Am.* niedlich, ,süß'.

cu·ti·cle ['kjuːtɪkl] *s.* ⅄, anat. Oberhaut *f*, Epi'dermis *f*; Nagelhaut *f*: **~** *scissors* Hautschere *f.*

cu·tie ['kjuːtɪ] *s. Am. sl.* ,dufte Biene' (*Mädchen*).

'**cut-in** *s. Film*: a) Einschnitt(szene *f*) *m*, b) *a. Zeitung*: Zwischentitel *m.*

cu·tis ['kjuːtɪs] *s. anat.* 'Kutis *f*, Lederhaut *f.*

cut·lass ['kʌtləs] *s.* **1.** ⚓ *hist.* Entermes-

167

ser *n*; **2.** Ma'chete *f*.

cut·ler ['kʌtlə] *s*. Messerschmied *m*; '**cut·ler·y** [-ərɪ] *s*. **1.** Messerwaren *pl*.; **2.** *coll*. Eßbesteck(e *pl*.) *n*.

cut·let ['kʌtlɪt] *s*. Schnitzel *n*.

'**cut|·off** *s*. **1.** ⚙ (Ab)Sperrung *f*; **2.** ⚙, ⚡ Ab-, Ausschaltung *f* (*a. Vorrichtung*); **3.** *Am*. Abkürzung(sweg *m*) *f*; '**~·out** *s*. **1.** Ausschnitt *m*; '**Ausschneidefi,gur** *f*; **2.** ⚡ a) Ausschalter *m*, Sicherung *f*; **3.** *mot*. Auspuffklappe *f*; '**~·purse** *s*. Taschendieb(in); '**~·rate** *adj*. ✝ ermäßigt, her'abgesetzt, billig (*a. fig*.).

cut·ter ['kʌtə] *s*. **1.** Schneidende(r) *m*; (Blech-, Holz)Schneider *m* (Stein)Hauer *m*; (Glas-, Dia'mant)Schleifer *m*; **2.** Zuschneider *m*; **3.** ⚙ Schneidewerkzeug *m*; **4.** *Film*: Cutter(in); **5.** *Küche*: Ausstechform *f*; **6.** ⚓ a) Kutter *m*, b) Beiboot *n*, c) *Am*. Küstenwachboot *n*.

'**cut·throat I** *s*. **1.** Mörder *m*; **2.** *fig*. Halsabschneider *m*; **II** *adj*. **3.** *fig*. mörderisch, halsabschneiderisch: **~ competition**.

cut·ting ['kʌtɪŋ] **I** *s*. **1.** Schneiden *n*; Zuschneiden *n*; **2.** *bsd*. 🇬🇧 Einschnitt *m*, 'Durchstich *m*; **3.** ⚙ a) Fräsen *n*, spanabhebende Bearbeitung, b) Kerbe *f*, Schlitz *m*, c) *pl*. Späne *pl*., Schnitzel *pl*.; **4.** (Zeitungs)Ausschnitt *m*; **5.** *pl*. Schnitzel *pl*., Abfälle *pl*.; **6.** ♀ Ableger *m*, Steckling *m*; **7.** *Film*: Schnitt *m* **II** *adj*. □ **8.** schneidend, Schneid(e)...; **9.** *fig*. schneidend (*Wind*), scharf (*Worte*), beißend (*Hohn*); **~ die** *s*. ⚙ Schneideisen *n*, 'Stanzscha,blone *f*; **~ edge** *s*. Schneide *f*; **~ nip·pers** *s. pl*. Kneifzange *f*; **~ torch** *s*. ⚙ Schneidbrenner *m*.

cut·tle ['kʌtl], '**~·fish** *s. zo*. (Gemeiner) Tintenfisch.

cy·a·nate ['saɪəneɪt] *s*. 🜍 Zya'nat *n*; **cy·an·ic** [saɪ'ænɪk] *adj*. Zyan...: **~ acid** Zyansäure *f*; '**cy·a·nide** [-naɪd] *s*. Zya'nid *n*: **~ of potassium** (*od. potash*) Zyankali *n*; **cy·an·o·gen** [saɪ'ænədʒɪn] *s*. Zy'an *n*.

cy·ber·net·ics [ˌsaɪbə'netɪks] *s. pl*. (*sg. konstr.*) Kyber'netik *f*; '**cy·ber'net·ist** [-ɪst] *s*. Kyber'netiker *m*.

cyc·la·men ['sɪkləmən] *s*. ♀ Alpenveilchen *n*.

cy·cle ['saɪkl] **I** *s*. **1.** 'Zyklus *m*, Kreis (-lauf) *m*, 'Umlauf *m*: **lunar ~** Mondzyklus; → **business cycle**; **come full ~** a) e-n ganzen Kreislauf beschreiben, b) *fig*. zum Anfangspunkt zurückkehren; **2.** *a*. ⚡, *phys*. Peri'ode *f*: **in ~s** periodisch wiederkehrend; **~s per second** (*abbr. cps*) Hertz; **3.** (Gedicht-, Sagen)Kreis *m*; **4.** Folge *f*, Reihe *f*, 'Serie *f*, 'Zyklus *m*; **5.** ⚙ 'Kreispro,zeß *m*; Arbeitsgang *m*; **6.** *mot*. Takt *m*: **four-stroke ~** Viertakt; **four-~ engine** Viertaktmotor *m*; **7.** a) Fahrrad *n*, b) Motorrad *n*, c) Dreirad *n*; **II** *v/i*. **8.** radfahren, radeln; **III** *v/t*. **9.** e-n Kreislauf 'durchmachen lassen; **10.** *a*. ⚙ periodisch wieder'holen; '**cy·clic**, '**cy·cli·cal** [-lɪk(l)] *adj*. □ **1.** zyklisch, peri'odisch, kreisläufig; **2.** ✝ konjunk'turbedingt, -po,litisch, Konjunktur...; '**cy·cling** [-lɪŋ] *s*. **1.** Radfahren *n*: **~ tour** Radtour *f*; **2.** Rad(renn)sport *m*; '**cy·clist** [-lɪst] *s*. Radfahrer(in).

cy·clo-cross [ˌsaɪklə'krɒs] *s*. Radsport: Querfeld'einfahren *n*.

cy·clom·e·ter [saɪ'klɒmɪtə] *s*. **1.** ⚙ Wegmesser *m*; **2.** 🅐 Zyklo'meter *m*.

cy·cloid ['saɪklɔɪd] **I** *s*. 🅐 Zyklo'ide *f*; **II** *adj. allg*. zyklo'id.

cy·clone ['saɪkləʊn] *s*. **1.** *meteor*. a) Zy'klon *m*, Wirbelsturm *m*, b) Zy'klone *f*, Tief(druckgebiet) *n*; **2.** *fig*. Or'kan *m*.

cy·clop(a)e·di·a [ˌsaɪkləʊ'piːdjə] → **encyclop(a)edia**.

Cy·clo·pe·an [saɪ'kləʊpjən] *adj*. zy'klopisch, riesig; **Cy·clops** ['saɪklɒps] *pl*. **Cy·clo·pes** [saɪ'kləʊpiːz] *s*. Zy'klop *m*.

cy·clo·tron ['saɪklətrɒn] *s*. *Kernphysik*: 'Zyklotron *n*.

cy·der → **cider**.

cyg·net ['sɪgnɪt] *s*. junger Schwan.

cyl·in·der ['sɪlɪndə] *s*. **1.** 🅐, ⚙, *typ*. Zy'linder *m*, Walze *f*: **six-~ car** Sechszylinderwagen *m*; **2.** ⚙ Trommel *f*, Rolle *f*; '**Meß-**, 'Dampfzy,linder *m*; Gas-, Stahlflasche *f*; Stiefel *m* (*Pumpe*); **~ block** *s. mot*. Zy'linderblock *m*; **~ bore** *s*. Zy'linderbohrung *f*; **~ cape·ment** *s*. Zy'linderhemmung *f* (*Uhr*); **~ head** *s*. Zy'linderkopf *m*; **~ jack·et** *s*. Zy'lindermantel *m*; **~ print·ing** *s. typ*. Wal-

zendruck *m*.

cy·lin·dri·cal [sɪ'lɪndrɪkl] *adj*. zy'lindrisch, Zylinder...

cym·bal ['sɪmbl] *s*. ♪ **1.** Becken *n*; **2.** 'Zimbel *f*; '**cym·bal·ist** [-bəlɪst] *s*. Bekkenschläger *m*; '**cym·ba·lo** [-bələʊ] *pl*. **-los** *s*. ♪ Hackbrett *n*.

Cym·ric ['kɪmrɪk] **I** *adj*. kymrisch, *bsd*. wa'lisisch; **II** *s. ling*. Kymrisch *n*.

cyn·ic ['sɪnɪk] *s*. **1.** Zyniker *m*, bissiger Spötter; **2.** ⚶ *antiq. phls*. Kyniker *m*; '**cyn·i·cal** [-kl] *adj*. □ zynisch; '**cyn·i·cism** [-ɪsɪzəm] *s*. **1.** Zy'nismus *m*; **2.** zynische Bemerkung.

cy·no·sure ['sɪnəzjʊə] *s*. **1.** *fig*. Anziehungspunkt *m*, Gegenstand *m* der Bewunderung; **2.** *fig*. Leitstern *m*; **3.** ⚶ *ast*. a) Kleiner Bär, b) Po'larstern *m*.

cy·pher → **cipher**.

cy·press ['saɪprɪs] *s*. Zy'presse *f*.

Cyp·ri·ote ['sɪprɪəʊt], **Cyp·ri·ot** [-ɪət] **I** *s*. Zypri'ot(in), Zyprer(in); **II** *adj*. zyprisch.

Cy·ril·lic [sɪ'rɪlɪk] *adj*. ky'rillisch.

cyst [sɪst] *s*. **1.** 🪱 Zyste *f*; **2.** Kapsel *f*, Hülle *f*; '**cyst·ic** [-tɪk] *adj*. **1.** 🪱 zystisch; **2.** *anat*. Blasen...; **cys·ti·tis** [sɪs'taɪtɪs] *s*. 🪱 Blasenentzündung *f*; '**cys·to·scope** [-təskəʊp] *s*. 🪱 Blasenspiegel *m*; **cys·tos·co·py** [sɪs'tɒskəpɪ] *s*. 🪱 Blasenspiegelung *f*.

cy·to·blast ['saɪtəʊblæst] *s. biol*. Zyto'blast *m*, Zellkern *m*.

cy·tol·o·gy [saɪ'tɒlədʒɪ] *s. biol*. Zytolo'gie *f*, Zellenlehre *f*.

czar [zɑː] *s*. Zar *m*.

czar·das ['tʃɑːdæʃ] *s*. 'Csárdás *m*.

czar·e·vitch ['zɑːrəvɪtʃ] *s*. Za'rewitsch *m*; **cza·ri·na** [zɑː'riːnə] *s*. Zarin *f*; '**czar·ism** [-rɪzəm] *s*. Zarentum *n*; '**czar·ist** [-rɪst], **czar·is·tic** [zɑː'rɪstɪk] *adj*. za'ristisch; **cza·rit·za** [zɑː'rɪtsə] → **czarina**.

Czech [tʃek] **I** *s*. **1.** Tscheche *m*, Tschechin *f*; **2.** *ling*. Tschechisch *n*; **II** *adj*. **3.** tschechisch.

Czech·o·slo·vak [ˌtʃekəʊ'sləʊvæk], *a*. ˌCzech·o·slo·va·ki·an [-əʊsləʊ'vækɪən] **I** *s*. Tschechoslo'wake *m*, Tschechoslo'wakin *f*; **II** *adj*. tschechoslo'wakisch.

D

D, d [di:] *s.* **1.** D *n*, d *n* (*Buchstabe*); **2.** ♪ D *n*, d *n* (*Note*); **3.** *ped. Am.* Vier *f*, Ausreichend *n* (*Note*).

'd [-d] F *für* **had**, **should**, **would**: **you'd**.

dab¹ [dæb] **I** *v/t.* **1.** leicht klopfen, antippen; **2.** be-, abtupfen; **3.** bestreichen; **4.** *typ.* abklatschen, klischieren; **5.** *a.* ~ **on** Farbe *etc.* auftragen; **6.** *sl.* Fingerabdrücke machen von; **II** *v/i.* **7.** ~ **at** → 1, 2; **III** *s.* **8.** (leichter) Klaps, Tupfer *m*; **9.** Klecks *m*, Spritzer *m*; **10.** *Am. sl.* Fingerabdruck *m*.

dab² [dæb] *s.* F Könner *m*, ,Künstler' *m*, Ex'perte *m*: *be a* ~ *at s.th.* et. aus dem Effeff können.

dab·ber ['dæbə] *s. typ.* a) Farbballen *m*, b) Klopfbürste *f*.

dab·ble ['dæbl] **I** *v/t.* **1.** bespritzen, besprengen; **II** *v/i.* **2.** planschen, plätschern; **3.** *fig.* ~ **in** *s.th.* sich aus Liebhaberei *od.* oberflächlich *od.* dilet-'tantisch mit et. befassen, ein bißchen *malen etc.*; **'dab·bler** [-lə] *s.* Ama'teur *m*, *contp.* Dilet'tant(in), Stümper(in).

dab·ster ['dæbstə] *s.* **1.** → **dab²**; **2.** F *Am.* Stümper *m*.

dace [deɪs] *s. ichth.* Häsling *m*.

da·cha ['dætʃə] *s.* Datscha *f*.

dachs·hund ['dækshund] *s. zo.* Dachshund *m*, Dackel *m*.

dac·tyl ['dæktɪl] *s.* Daktylus *m* (*Versfuß*); **dac·tyl·ic** [dæk'tɪlɪk] *adj. u. s.* dak'tylisch(er Vers).

dac·ty·lo·gram [dæk'tɪləʊgræm] *s.* Fingerabdruck *m*.

dad [dæd] *s.* F ,Paps' *m*, Vati *m*.

Da·da·ism ['dɑːdeɪzm] *s.* Dada'ismus *m*; **'Da·da·ist** [-ɪst] **I** *s.* Dada'ist *m*; **II** *adj.* dada'istisch.

dad·dy ['dædɪ] → **dad**; ~ **long·legs** [,dædɪ'lɒŋlegz] *s. zo.* **1.** *Brit.* Schnake *f*; **2.** *Am.* Weberknecht *m*.

dae·mon → **demon**.

daf·fo·dil ['dæfədɪl] *s.* ♀ gelbe Nar'zisse, Osterblume *f*, -glocke *f*.

daft [dɑːft] *adj.* □ F verrückt, blöde, ,doof', ,bekloppt'.

dag·ger ['dægə] *s.* Dolch *m*: *be at* ~*s drawn* (*with*) *fig.* auf (dem) Kriegsfuß stehen (mit); *look* ~*s at s.o.* j-n mit Blicken durchbohren; **2.** *typ.* Kreuz (-zeichen) *n* (†).

da·go ['deɪgəʊ] *pl.* **-gos** *od.* **-goes** *s. sl. contp.* = Spanier, Portugiese *od.* Italiener; *weitS.* ,Ka'nake' *m*, (verdammter) Ausländer.

da·guerre·o·type [də'gerəʊtaɪp] *s. phot.* a) Daguerreoty'pie *f*, b) Daguerreo'typ *n* (*Bild*).

dahl·ia ['deɪljə] *s.* ♀ Dahlie *f*.

Dail Eir·eann [,daɪl'eərən] *a.* Dail *s.* Abgeordnetenhaus *n von Eire*.

dai·ly ['deɪlɪ] **I** *adj.* **1.** täglich, Tage(s)...: *our* ~ *bread* unser täglich(es) Brot; ~ *wages* Tagelohn *m*; ~ *newspaper* → 5; **2.** alltäglich, häufig, ständig; **II** *adv.* **3.** täglich; **4.** immer, ständig; **III** *s.* **5.** Tageszeitung *f*; **6.** *Brit.* Zugeh-, Putzfrau *f*.

dain·ti·ness ['deɪntɪnɪs] *s.* **1.** Zierlichkeit *f*, Niedlichkeit *f*; **2.** wählerisches Wesen, Verwöhntheit *f*; **3.** Geziertheit *f*, Zimperlichkeit *f*; **4.** Schmackhaftigkeit *f*; **dain·ty** ['deɪntɪ] **I** *adj.* □ **1.** zierlich, niedlich, fein, reizend; **2.** köstlich, exqui'sit; **3.** wählerisch, verwöhnt (*bsd. im Essen*); **4.** geziert, zimperlich; **5.** lecker, schmackhaft; **II** *s.* **6.** *a. fig.* Leckerbissen *m*, Delika'tesse *f*.

dair·y ['deərɪ] *s.* **1.** Molke'rei *f*; **2.** Milchwirtschaft *f*, Molke'rei(betrieb *m*) *f*; **3.** Milchhandlung *f*; ~ **bar** *s. Am.* Milchbar *f*; ~ **cat·tle** *s. pl.* Milchvieh *n*; ~ **farm** *s.* auf Milchwirtschaft spezialisierter Bauernhof; ~ **lunch** → **dairy bar**; **'~·maid** *s.* **1.** Melkerin *f*; **2.** Molke'reiangestellte *f*; **'~·man** [-mən] *s.* [*irr.*] **1.** Milchmann *m*; **2.** Melker *m*, Schweizer *m*; ~ **prod·uce** *s.* Molke'reipro,dukte *pl.*

da·is ['deɪɪs] *pl.* **-is·es** *s.* **1.** Podium *n*, E'strade *f*; **2.** *obs.* Baldachin *m*.

dai·sy ['deɪzɪ] **I** *s.* **1.** ♀ Gänseblümchen *n*: (**double**) ~ Tausendschön(chen) *n*; *be pushing up the daisies sl.* ,sich die Radies-chen von unten betrachten' (*tot sein*); → **fresh** 4; **2.** *sl.* a) 'Prachtex,em,plar *n*, b) Prachtkerl *m*, ,Perle' *f*; **II** *adj.* **3.** *sl.* erstklassig, prima; **'~·chain** *s.* **1.** Gänseblumenkränzchen *n*; **2.** *fig.* Reigen *m*, Kette *f*; **'~·cut·ter** *s. sl.* **1.** Pferd *n* mit schleppendem Gang; **2.** *sport* Flachschuß *m*.

dale [deɪl] *s. poet.* Tal *n*; **dales·man** ['deɪlzmən] *s.* [*irr.*] Talbewohner *m* (*bsd. in Nordengland*).

dal·li·ance ['dælɪəns] *s.* **1.** Tröde'lei *f*, Bumme'lei *f*; **2.** Tände'lei *f*: a) Spiele-'rei *f*, b) Schäke'rei *f*, Liebe'lei *f*; **dal·ly** ['dælɪ] **I** *v/i.* **1.** trödeln, Zeit vertändeln; **2.** tändeln, spielen, liebäugeln (*with* mit); **3.** scherzen, schäkern; **II** *v/t.* **4.** ~ *away* Zeit vertrödeln; *Gelegenheit* verpassen.

Dal·ma·tian [dæl'meɪʃən] **I** *adj.* **1.** dalma'tinisch; **II** *s.* **2.** Dalma'tiner(in); **3.** Dalma'tiner *m* (*Hund*).

dal·ton·ism ['dɔːltənɪzəm] *s.* ♯ Farbenblindheit *f*.

dam¹ [dæm] **I** *s.* **1.** (Stau)Damm *m*, Wehr *n*, Talsperre *f*; **2.** Stausee *m*; **3.** *fig.* Damm *m*; **II** *v/t.* **4.** *a.* ~ *up* a) stauen, (ab-, ein-, zu'rück)dämmen (*a. fig.*), b) (ab)sperren, hemmen (*a. fig.*).

dam² [dæm] *s. zo.* Mutter(tier *n*) *f*.

dam·age ['dæmɪdʒ] **I** *s.* **1.** (*to*) Schaden *m* (an *dat.*), (Be)Schädigung *f* (*gen.*): *do* ~ Schaden anrichten; *do* ~ *to* → 6; ~ *by sea* ♻ Seeschaden *m*, Havarie *f*; **2.** Nachteil *m*, Verlust *m*; **3.** *pl.* ♯♯ Schadensersatz *m*: *for* ~*s* auf Schadensersatz klagen; **4.** *sl.* Kosten *pl.*: *what's the* ~? was kostet es?; **II** *v/t.* **5.** beschädigen; **6.** *j-n*, *j-s* Ruf *etc.* schädigen, Schaden zufügen, *j-m* schaden; **'dam·age·a·ble** [-dʒəbl] *adj.* leicht zu schädigen(d); **'dam·aged** [-dʒd] *adj.* **1.** beschädigt, schadhaft, de'fekt; **2.** verletzt, (körper)geschädigt; **3.** verdorben; **'dam·ag·ing** [-dʒɪŋ] *adj.* □ schädlich, nachteilig (**to** für).

dam·a·scene(d) ['dæməsi:n(d)] *adj.* Damaszener..., damasziert.

dam·ask ['dæməsk] **I** *s.* **1.** Da'mast *m* (*Stoff*); **2.** *a.* ~ **steel** Damas'zenerstahl *m*; **3.** *a.* ~ **rose** ♀ Damas'zenerrose *f*; **II** *adj.* **4.** Damast...; Damaszener...; **5.** rosarot; **III** *v/t.* **6.** Stahl damaszieren; **7.** da'mastartig weben; **8.** *fig.* verzieren.

dame [deɪm] *s.* **1.** *Brit.* a) Freifrau *f*, ♀ *der dem* **knight** *entsprechende Titel:* ♀ *Diana X*; **2.** alte Dame: ♀ **Nature** Mutter *f* Natur; **3.** *ped.* Schul- *od.* Heimleiterin *f*; **4.** *Am. sl.* ,Frau' *f*, Weibsbild *n*.

damn [dæm] **I** *v/t.* **1.** verdammen (*a. eccl.*); verwünschen, verfluchen: (**oh**) ~*!*, ~ *it* (*all*)*! sl.* verflucht!; ~ *you! sl.* hol dich der Teufel!; *well, I'll be ~ed!* nicht zu glauben!, das ist die Höhe!; *I'll be ~ed if* a) ich freß 'nen Besen, wenn..., b) es fällt mir nicht im Traum ein (*das zu tun*); *I'll be ~ed if I know!* ich habe keinen blassen Dunst!; **2.** verurteilen, verwerfen, ablehnen; **3.** vernichten, ruinieren; **4.** ♯ Fluch *m*; **5.** *I don't care a* ~ *sl.* das kümmert mich einen Dreck; *not worth a* ~ keinen Pfifferling wert; **III** *adj. u. adv.* **6.** → **damned** 2, 3; **'dam·na·ble** [-nəbl] *adj.* □ **1.** verdammenswert; **2.** F ab'scheulich; **dam·na·tion** [dæm'neɪʃn] **I** *s.* **1.** Verdammung *f*; **2.** Ru'in *m*; **II** *int.* **3.** verflucht!; **damned** [dæmd] **I** *adj.* **1.** verdammt: *the* ~ *eccl.* die Verdammten; **2.** *sl.* verflucht: ~ *fool* Idiot *m*, ,Blödmann' *m*; *do one's ~est* sein möglichstes tun; **3.** *a. adv. Bekräftigung: sl.* verdammt: *a* ~ *sight better* viel besser; *every* ~ *one* jeder einzelne; ~ *funny* urkomisch; *he* ~ *well ought to know* das müßte er wahrhaftig wissen; **II** *int.* **4.** verdammt!; **damn·ing** ['dæmɪŋ] *adj. fig.* erdrückend, vernichtend: ~ *evidence*.

Dam·o·cles ['dæməkli:z] *npr.* Damokles: *sword of* ~ Damoklesschwert *n*.

damp [dæmp] **I** *adj.* □ **1.** feucht; dun-

stig: **~ course** △ Isolierschicht *f*; **II** *s.*
2. Feuchtigkeit *f*; **3.** Dunst *m*; **4.** →
fire-damp; **5.** *fig.* Dämpfer *m*, Entmutigung *f*, Hemmnis *n*: **cast a ~ over**
s.th. et. dämpfen *od.* lähmen, et. über-
schatten; **III** *v/t.* **6.** an-, befeuchten; **7.**
a. **~ down** *fig.* Eifer etc. dämpfen (*a. ♪,
♫, phys.*); (ab)schwächen, drosseln (*a.
☼*); ersticken; **~ course** *s.* △ Sperr-
bahn *f* (*gegen Nässe*).
damp·en ['dæmpən] **I** *v/t.* **1.** an-, befeuchten; **2.** *fig.* dämpfen, 'niederdrük-
ken; entmutigen; **II** *v/i.* feucht werden; **'damp·er** [-pə] *s.* **1.** Dämpfer *m*
(*bsd. fig.*): **cast a ~ on** dämpfen, lähmend wirken auf (*acc.*); **2.** ☼ Ofen-,
Zugklappe *f*, Schieber *m*; **3.** ♪ Dämpfer
m; **4.** ♫ Dämpfung *f*; **5.** *Brit.* Stoßdämpfer *m*; **'damp·ish** [-pɪʃ] *adj.* etwas
feucht, klamm; **'damp·ness** [-nɪs] *s.*
Feuchtigkeit *f*; **'damp·proof** *adj.*
feuchtigkeitsbeständig.
dam·sel ['dæmzl] *s. obs. od. iro.* Maid *f.*
dam·son ['dæmzən] *s.* ♥ Damas'zener-
pflaume *f*; **~ cheese** *s.* steifes Pflau-
menmus.
dan [dæn] *s. Judo etc.*: Dan *m.*
dance [dɑ:ns] **I** *v/i.* **1.** tanzen: **~ to**
s.o.'s pipe (*od.* **tune**) *fig.* nach j-s Pfeife tanzen; **2.** tanzen: a) (her'um)hüp-
fen, b) flattern, schaukeln (*Blätter etc.*);
II *v/t.* **3.** e-n Tanz tanzen: **~ attend-**
ance on s.o. j-m zur Verfügung stehen;
4. *Tier* tanzen lassen; *Kind* schaukeln;
III *s.* **5.** Tanz *m*: **give a ~** e-n Ball
geben; **lead s.o. a ~** a) j-n zum Narren
halten, b) j-m das Leben sauer machen;
♀ **of Death** Totentanz; **~ hall** *s.* 'Tanz-
lo͵kal *n.*
danc·er ['dɑ:nsə] *s.* Tänzer(in).
danc·ing ['dɑ:nsɪŋ] *s.* Tanzen *n*, Tanz-
kunst *f*; **~ girl** *s.* (Tempel)Tänzerin *f* (*in
Asien*); **~ les·son** *s.* Tanzstunde *f*; **~
mas·ter** *s.* Tanzlehrer *m.*
dan·de·li·on ['dændɪlaɪən] *s.* ♥ Löwen-
zahn *m.*
dan·der ['dændə] *s.*: **get s.o.'s ~ up** F
j-n ,auf die Palme' bringen.
dan·di·fied ['dændɪfaɪd] *adj.* stutzerhaft, geckenhaft, geschniegelt.
dan·dle ['dændl] *v/t.* **1.** *Kind* auf den
Armen *od.* auf den Knien schaukeln; **2.**
hätscheln; **3.** verhätscheln, verwöhnen.
dan·druff ['dændrʌf] *a.* **'dan·driff** [-rɪf]
s. (Kopf-, Haar)Schuppen *pl.*
dan·dy ['dændɪ] **I** *s.* **1.** Dandy *m*, Stutzer
m; **2.** F *et.* Großartiges: **the ~** genau das
Richtige; **3.** ♣ Scha'luppe *f*; **4.** ♣ a)
Heckmaster *m*, b) Besansegel *n*; **II** *adj.*
5. stutzerhaft; **6.** F erstklassig, prima,
,bestens'; **~ brush** *s.* Striegel *m.*
dan·dy·ish ['dændɪʃ] → **dandy** 5; **'dan-**
dy·ism [-ɪzəm] stutzerhaftes Wesen.
Dane [deɪn] *s.* **1.** Däne *m*, Dänin *f*; **2.** →
Great Dane.
dan·ger ['deɪndʒə] **I** *s.* **1.** Gefahr *f* (**to**
für): **in ~ of one's life** in Lebensgefahr;
be in ~ of falling Gefahr laufen zu fallen; **the signal is at ~** 🚩 das Signal
steht auf Halt; **2.** Bedrohung *f*, Gefährdung *f* (**to** gen.); **II** *adj.* Gefahren...: **~
area** Gefahrenzone *f*; Sperrgebiet *n*;
be on (**off**) **the ~ list** in (außer) Lebensgefahr sein; **~ money**, **~ pay** Gefahrenzulage *f*; **~ point**, **~ spot** Gefah-
renpunkt *m*; **~ signal** Not-, Warnsignal
n; **'dan·ger·ous** [-dʒərəs] *adj.* □ **1.** ge-

fährlich, gefahrvoll (**to** für); **2.** bedenklich.
dan·gle ['dæŋgl] **I** *v/i.* **1.** baumeln, (her-
'ab)hängen; **2.** **~ after s.o.** sich an j-n
anhängen, j-m nachlaufen: **~ after
girls**; **II** *v/t.* **3.** schlenkern, baumeln lassen: **~ s.th. before s.o.** *fig.* j-m et. verlockend in Aussicht stellen.
Dan·iel ['dænjəl] *s. bibl.* (das Buch) Daniel *m.*
Dan·ish ['deɪnɪʃ] **I** *adj.* **1.** dänisch; **II** *s.*
2. the ~ die Dänen; **3.** *ling.* Dänisch *n*,
das Dänische; **~ pas·try** *s. ein* Blätterteiggebäck *n.*
dank [dæŋk] *adj.* feucht, naßkalt,
dumpfig.
Da·nu·bi·an [dæ'nju:bjən] *adj.* Donau...
daph·ne ['dæfnɪ] *s.* ♥ Seidelbast *m.*
dap·per ['dæpə] *adj.* **1.** a'drett, ele'gant,
iro. geschniegelt; **2.** flink, gewandt.
dap·ple ['dæpl] *v/t.* tüpfeln, sprenkeln;
'dap·pled [-ld] *adj.* **1.** gesprenkelt, gefleckt, scheckig; **2.** bunt.
,**dap·ple-'grey** (**horse**) *s.* Apfelschim-
mel *m.*
dar·bies ['dɑ:bɪz] *s. pl. sl.* Handschellen
pl.
Dar·by and Joan ['dɑ:bɪ ən(d) 'dʒəʊn]
glückliches älteres Ehepaar: **~ club** Se-
niorenklub *m.*
dare [deə] **I** *v/i.* [*irr.*] **1.** es wagen, sich
(ge)trauen; sich erdreisten, sich unter-
'stehen: **he ~n't do it** er wagt es nicht
(zu tun); **how ~ you say that?** wie
können Sie es wagen, das zu sagen?;
don't (**you**) **~ to touch me!** untersteh
dich nicht, mich anzurühren!; **how ~
you!** a) untersteh dich!, b) was fällt dir
ein!; **I ~ say** a) ich glaube wohl, b)
allerdings (*a. iro.*); **II** *v/t.* [*irr.*] **2.** et.
wagen, riskieren; **3.** mutig begegnen
(*dat.*), trotzen (*dat.*); **4.** j-n her'ausfordern: **I ~ you!** du traust dich ja nicht!; **I
~ you to deny it** wage nicht, es abzu-
streiten; **'~͵dev·il** *s.* Wag(e)hals *m*,
Draufgänger *m*, Teufelskerl *m*; **II** *adj.*
tollkühn, waghalsig; **'~͵dev·il·(t)ry** *s.*
Tollkühnheit *f.*
dar·ing ['deərɪŋ] **I** *adj.* □ **1.** wagemutig,
kühn, verwegen; **2.** unverschämt,
dreist; **3.** *fig.* gewagt, kühn; **II** *s.* **4.**
Wagemut *m.*
dark [dɑ:k] **I** *adj.* □ → **darkly**, **1.** dunkel, finster: **it is getting ~** es wird dunkel; **2.** dunkel (*Farbe*): **~ blue** dunkelblau; **~ hair** braunes *od.* dunkles Haar;
→ **horse** 1; **3.** geheim(nisvoll), dunkel,
verborgen, unklar: **a ~ secret** ein tiefes
Geheimnis; **keep s.th. ~** et. geheimhalten; **4.** böse, finster, schwarz: **~
thoughts**; **5.** düster, trübe, freudlos: **a
~ future**; **the ~ side of things** die
Schattenseite der Dinge; **6.** dunkel, unerforscht; kul'turlos; **II** *s.* **7.** Dunkel
(-heit *f*) *n*, Finsternis *f*: **in the ~** im
Dunkel(n); **at ~** bei Einbruch der Dunkelheit; **8.** *pl. paint.* Schatten *m*; **9.** *fig.*
Dunkel *n*, Ungewißheit *f*, das Geheim-
me, Unwissenheit *f*: **keep s.o. in the ~**
j-n im ungewissen lassen; **I am in the ~**
ich tappe im dunkeln; **a leap in the ~**
ein Sprung ins Ungewisse; ♀ **A·ges**
pl. das frühe Mittelalter; ♀ **Con·ti·nent**
s. hist. der dunkle Erdteil, Afrika *n.*
dark·en ['dɑ:kən] **I** *v/t.* **1.** verdunkeln
(*a. fig.*), verfinstern: **don't ~ my door
again!** komm mir nie wieder ins Haus!;

2. dunkel *od.* dunkler färben; **3.** *fig.*
verdüstern, trüben; **II** *v/i.* **4.** dunkel
werden, sich verdunkeln (*etc.* → I);
'dark·ish [-kɪʃ] *adj.* **1.** etwas dunkel,
schwärzlich; **2.** trübe; **3.** dämmerig.
dark lan·tern *s.* 'Blendla͵terne *f.*
dark·ling ['dɑ:klɪŋ] *adj.* sich verdun-
kelnd; **'dark·ly** [-lɪ] *adv. fig.* **1.** finster,
böse; **2.** dunkel, geheimnisvoll; **3.** undeutlich; **'dark·ness** [-nɪs] *s.* **1.** *a. fig.*
Dunkelheit *f*, Finsternis *f*; **2.** dunkle
Färbung *f*; **3.** *das* Böse: **the powers of ~**
die Mächte der Finsternis; **4.** Unwissenheit *f*; **5.** Unklarheit *f*; **6.** Heimlichkeit *f.*
'dark·room [-rom] *s. phot.* Dunkelkam-
mer *f*; **'~-skinned** *adj.* dunkelhäutig;
'~-slide *s. phot.* Kas'sette *f.*
dark·y ['dɑ:kɪ] *s. contp.* Neger(in).
dar·ling ['dɑ:lɪŋ] **I** *s.* **1.** Liebling *m*,
Schatz *m*: **~ of fortune** Glückskind *n*;
aren't you a ~ du bist doch ein Engel;
II *adj.* **2.** lieb, geliebt; Herzens...; **3.**
reizend, ,süß', entzückend.
darn¹ [dɑ:n] **I** *v/t. Strümpfe etc.* stopfen,
ausbessern; **II** *s.* das Gestopfte.
darn² [dɑ:n] *v/t. sl. für* **damn** 1; **darned**
[-nd] *adj. u. adv. sl. für* **damned** 2, 3.
darn·er ['dɑ:nə] *s.* **1.** Stopfer(in); **2.**
Stopf-ei *n*, -pilz *m.*
darn·ing ['dɑ:nɪŋ] *s.* Stopfen *n*; **~ egg** *s.*
Stopf-ei *n*; **~ nee·dle** *s.* Stopfnadel *f*; **~
yarn** *s.* Stopfgarn *n.*
dart [dɑ:t] **I** *s.* **1.** Wurfspeer *m*, -spieß
m; **2.** (Wurf)Pfeil *m*; *fig.* Stachel *m des
Spotts*; **3.** Satz *m*, Sprung *m*: **make a ~
for** losstürzen auf (*acc.*); **4.** *pl. sg.
konstr.* Darts *m* (*Wurfpfeilspiel*): **~-
board** Zielscheibe *f*; **5.** Abnäher *m* (*in
Kleidern*); **II** *v/t.* **6.** schleudern, schießen; *Blicke* zuwerfen; **III** *v/i.* **7.** sausen,
flitzen: **~ at s.o.** auf j-n losstürzen; **~
off** davonstürzen; **8.** sich blitzschnell
bewegen, zucken, schnellen (*Schlange,
Zunge*), huschen (*a. Auge*).
Dart·moor ['dɑ:t͵mʊə] *a.* **~ pris·on** *s.
englische Strafanstalt.*
Dar·win·ism ['dɑ:wɪnɪzəm] *s.* Darwi'nismus *m.*
dash [dæʃ] **I** *v/t.* **1.** schleudern, (heftig)
stoßen *od.* schlagen, schmettern: **~ to
pieces** zerschmettern; **~ out s.o.'s
brains** j-m den Schädel einschlagen; **2.**
(be)spritzen, (über)'schütten, über'gießen (*a. fig.*): **~ off** *od.* **down** Schriftliches hinwerfen, -hauen; **3.** *Hoffnung
etc.* zunichte machen, vereiteln; **4.** *fig.*
a) niederdrücken, deprimieren, b) aus
der Fassung bringen, verwirren; **5.**
(ver)mischen (*a. fig.*); **6.** F → **damn** 1:
~ it (**all**)! verflixt!; **II** *v/i.* **7.** sausen,
flitzen, stürmen; *sport* spurten: **~ off
davonjagen, -stürzen; **8.** heftig (auf-)
schlagen, prallen, klatschen; **III** *s.* **9.**
Sprung *m*, (Vor)Stoß *m*; Anlauf *m*,
Ansturm *m*: **at a** (*od.* **one**) **~** mit 'einem Schlag; **make a ~ (for, at)** (los-)
stürmen, sich stürzen (auf *acc.*); **10.**
(Auf)Schlagen *n*, Prallen *n*, Klatschen
n; **11.** Zusatz *m*; Schuß *m* Rum *etc.*;
Prise *f Salz etc.*; Anflug *m*, Stich *m* (*of
red* ins Rote); Klecks *m* (*Farbe*): **add a
~ of colo(u)r** *fig.* e-n Farbtupfer aufsetzen; **12.** Federstrich *m*; *typ.* Gedankenstrich *m*; ♪, ♫, *a. tel.* Strich *m*; **13.**
Schneid *m*, Schwung *m*, Schmiß *m*: **cut
a ~** Aufsehen erregen,

e-e gute Figur abgeben; **14.** *sport* a) Kurzstreckenlauf *m*, b) Spurt *m*; **15.** ☼ F → '**~·board** *s.* ✔, *mot.* Arma'turen-, Instru'mentenbrett *n*.

dashed [dæʃt] *adj. u. adv.* F verflixt; '**dash·er** [-ʃə] *s.* **1.** Butterstößel *m*; **2.** F ele'gante Erscheinung, fescher Kerl; '**dash·ing** [-ʃɪŋ] *adj.* □ **1.** schneidig, forsch, kühn; **2.** ele'gant, flott, fesch.

das·tard ['dæstəd] *s.* (gemeiner) Feigling, Memme *f*; '**das·tard·li·ness** [-lɪnɪs] *s.* **1.** Feigheit *f*; **2.** Heimtücke *f*; '**das·tard·ly** [-lɪ] *adj.* **1.** feig(e); **2.** (heim)tückisch, gemein.

da·ta ['deɪtə] *s. pl. von* **datum** (oft [*fälschlich*] *sg. konstr.*) (a. technische) Daten *pl. od.* Angaben *pl. od.* Einzelheiten *pl. od.* 'Unterlagen *pl.*; Tatsachen *pl.*; ☼ (Meß-, Versuchs)Werte *pl.*; *Computer:* Daten *pl.*; ~ **personal** ~ Personalangaben, Personalien; (*electronic*) ~ **processing** (elektronische) Datenverarbeitung; ~ **bank** Datenbank *f*; ~ **collection** Datenerfassung *f*; ~ **display device** Datensichtgerät *n*; ~ **exchange** Datenaustausch *m*; ~ **input** Dateneingabe *f*; ~ **output** Datenausgabe *f*; ~ **printer** Datendrucker *m* (*Gerät*); ~ **protection** Datenschutz *m*; ~ **typist** Datentypist(in).

date¹ [deɪt] *s.* ♀ **1.** Dattel *f*; **2.** *a.* **~-tree** Dattelpalme *f*.

date² [deɪt] **I** *s.* **1.** Datum *n*, Zeitangabe *f*, (Monats)Tag *m*: *what's the* ~ *today?* der Wievielte ist heute?; **2.** Datum *n*, Zeit(punkt *m*) *f*: *at an early* ~ (recht) bald; *of recent* ~ neu(eren Datums), modern; *fix a* ~ e-n Termin festsetzen; **3.** Zeit(raum *m*) *f*, E'poche *f*: *of Roman* ~ aus der Römerzeit; **4.** ✝ a) Ausstellungstag *m* (*Wechsel*), b) Frist *f*, Ziel *n*: ~ *of delivery* Liefertermin *m*; ~ *of maturity* Fälligkeitstag *m*; *at long* ~ auf lange Sicht; **5.** heutiger Tag *of this* (*od.* **today's**) ~ heutig; *four weeks after* ~ heute in vier Wochen; *to* ~ bis heute; *out of* ~ veraltet, überholt, unmodern; *go out of* ~ veralten; *up to* ~ zeitgemäß, modern, auf der Höhe (der Zeit), auf dem laufenden; *bring up to* ~ auf den neuesten Stand bringen, modernisieren; → **up-to-date**; **6.** F Verabredung *f*, Rendez'vous *n*: *have a* ~ *with s.o.* mit j-m verabredet sein; *make a* ~ sich verabreden; **7.** F (Verredungs)Partner(in): *who is your* ~? mit wem bist du verabredet?; **II** *v/t.* **8.** *Brief etc.* datieren: ~ *ahead* voraus-, vordatieren; **9.** a) ein Datum *od.* e-e Zeit festsetzen *od.* angeben für, b) e-r bestimmten Zeit zuordnen; **10.** herleiten (*from* aus); **11.** als über'holt *od.* veraltet kennzeichnen; **12.** *a.* ~ *up* F a) sich verabreden mit, b) (*regelmäßig*) ,gehen' mit: ~ *a girl* **III** *v/i.* **13.** datieren, datiert sein (*from* von); **14.** ~ *from* (*od.* **back to**) stammen *od.* sich herleiten aus, entstanden sein in (*dat.*); **15.** ~ *back to* zu'rückreichen bis, zu-'rückgehen auf (*e-e Zeit*); **16.** veralten, sich über'leben.

date block *s.* ('Abreiß)Ka₁lender *m*.

dat·ed ['deɪtɪd] *adj.* **1.** veraltet, über-'holt; **2.** ~ *up* F ,ausgebucht' (*Person*), voll besetzt (*Tag*); '**date·less** [-lɪs] *adj.* **1.** undatiert; **2.** endlos; **3.** zeitlos (*Mo-*

de, Kunstwerk etc.).

'**date|·line** *s.* **1.** Datumszeile *f* (*e-r Zeitung etc.*); **2.** *geogr.* Datumsgrenze *f*; ~ **palm** → **date¹** 2; ~ **stamp** *s.* Datumsod. Poststempel *m*.

da·ti·val ['deɪtaɪvəl] *adj. ling.* Dativ...

da·tive ['deɪtɪv] **I** *s. a.* ~ **case** *ling.* Dativ *m*, dritter Fall; **II** *adj.* da'tivisch, Dativ...

da·tum ['deɪtəm] *pl.* **-ta** [-tə] *s.* **1.** *et.* Gegebenes *od.* Bekanntes, Gegebenheit *f*; **2.** Vor'aussetzung *f*, Grundlage *f*; **3.** ℞ gegebene Größe; **4.** → **data**; ~ **line** *s. surv.* Bezugslinie *f*; ~ **point** *s.* **1.** ℞, *phys.* Bezugspunkt *m*; **2.** *surv.* Nor-'malfixpunkt *m*.

daub [dɔːb] **I** *v/t.* **1.** be-, verschmieren, bestreichen; **2.** (*on*) schmieren, streichen (auf *acc.*); **3.** *Wand* bewerfen, verputzen; **4.** *fig.* besudeln; **II** *v/i.* **5.** *paint.* klecksen, schmieren; **III** *s.* **6.** (Lehm-) Bewurf *m*; **7.** *paint.* Schmiere'rei *f*, Farbenkleckse'rei *f*, schlechtes Gemälde; '**daub·(st)er** [-b(st)ə] *s.* Schmierer(in); Farbenkleckser(in).

daugh·ter ['dɔːtə] *s.* **1.** Tochter *f* (a. *fig.*): ~ *language* Tochtersprache *f*; → *Eve¹*; **2.** → ~ **com·pa·ny** *s.* ✝ Tochter(-gesellschaft) *f*; ~ **-in-law** ['dɔːtərɪnlɔː] *pl.* ~**s-in-law** [-təz-] *s.* Schwiegertochter *f*; '**daugh·ter·ly** [-lɪ] *adj.* töchterlich.

daunt [dɔːnt] *v/t.* einschüchtern, (er-) schrecken; entmutigen: *nothing* ~*ed* unverzagt; *a* ~*ing task* e-e beängstigende Aufgabe; '**daunt·less** [-lɪs] *adj.* □ unerschrocken.

dav·en·port ['dævnpɔːt] *s.* **1.** kleiner Sekre'tär (*Schreibtisch*); **2.** *Am.* (*bsd.* Bett)Couch *f*.

Da·vy Jones's lock·er ['deɪvɪdʒəʊnzɪz] *s.* ⚓ Meeresgrund *m*, nasses Grab: *go to* ~ ertrinken.

daw [dɔː] *s. orn. obs.* Dohle *f*.

daw·dle ['dɔːdl] **I** *v/i.* trödeln, bummeln; **II** *v/t. a.* ~ *away Zeit* vertrödeln; '**daw·dler** [-lə] *s.* Trödler(in), Bummler(in).

dawn [dɔːn] **I** *v/i.* **1.** tagen, dämmern, anbrechen (*Morgen, Tag*); **2.** *fig.* (her-'auf)dämmern, erwachen, entstehen; **3.** ~ (*up*)*on fig.* j-m dämmern, klarwerden, zum Bewußtsein kommen; **II** *s.* **4.** Morgendämmerung *f*, Tagesanbruch *m*: *at* ~ beim Morgengrauen, bei Tagesanbruch; **5.** (An)Beginn *m*, Erwachen *n*, Anbruch *m*.

day [deɪ] *s.* **1.** Tag *m* (*Ggs. Nacht*): *by* ~ bei Tage; *before* ~ vor Tagesanbruch; ~ *and night* Tag u. Nacht, immer; **2.** Tag *m* (*Zeitraum*): ~'*s work* Tagesleistung *f*; *three* ~*s from London* drei Tage(reisen) von London; *she is 30 if a* ~ sie ist mindestens 30 Jahre alt; **3.** *bestimmter Tag:* **New Year's** ⚇ Neujahrstag; **4.** festgesetzter Tag: ~ *of payment* ✝ Zahlungstermin *m*; **5.** *pl.* (Lebens)Zeit *f*, Zeit(en *pl.*) *f*, Tage *pl.*: *in my young* ~*s* in m-r Jugend; *student* ~*s* Studentenzeit; ~ *after* ~ Tag für Tag; *the* ~ *after* tags darauf; *the* ~ *after tomorrow* übermorgen; *all* ~ *long* den ganzen Tag, den lieben langen Tag; *the* ~ *before yesterday* vorgestern; ~ *by* ~ (tag)täglich, Tag für Tag; *for* ~*s* (*on end*) tagelang; *call it a* ~ F (für heute) Schluß machen; *have a nice* ~!

Am. mach's gut!; *let's call it a* ~! F Feierabend!, Schluß für heute!; *carry* (*od.* **win**) *the* ~ den Sieg davontragen; *end one's* ~*s* s-e Tage beschließen; *every other* ~ alle zwei Tage, e-n Tag um den andern; *fall on evil* ~*s* ins Unglück geraten; *he* (*od.* **it**) *has had his* (*od.* **its**) ~ s-e beste Zeit ist vorüber; ~ *in,* ~ *out* tagaus, tagein; *in his* ~ zu s-r Zeit, einst; *late in the* ~ reichlich spät; *that's all in the* ~'s *work fig.* das gehört alles mit dazu; *that made my* ~ F damit war der Tag für mich gerettet; *what's the time of* ~? wieviel Uhr ist es?; *know the time of* ~ *fig.* wissen, was die Glocke geschlagen hat; *pass the time of* ~ *with s.o.* j-n grüßen; *one* ~ eines Tages, einmal; *the other* ~ neulich; *save the* ~ die Lage retten; *some* ~ (*or other*) e-s Tages, nächstens einmal; (*in*) *these* ~*s* heutzutage; *this* ~ heute; *this* ~ *week* heute in e-r Woche; *this* ~ *last week* heute vor e-r Woche; *in those* ~*s* damals; *those were the* ~*s!* das waren noch Zeiten!; *to a* ~ den Tag genau; *what* ~ *of the month is it?* den Wievielten haben wir heute?; ~ **bed** *s.* Bettcouch *f*; '~**·book** *s.* **1.** Tagebuch *n*; **2.** ✝ a) Jour'nal *n*, b) Verkaufsbuch *n*, c) Kassenbuch *n*; '~**·boy** *s. Brit.* Ex'terne(r) *m* (*e-s Internats*); '~**·break** *s.* (*at* ~ bei) Tagesanbruch *m*; ,~**-by-'day** *adj.* (tag)täglich; '~**·care** *s.*; **care cen·ter** *s. Am.* Kindertagesstätte *f*; ~ **care moth·er** *s. Am.* Tagesmutter *f*; ~ **coach** *s.* 🚆 *Am.* Per'sonenwagen *m*; '~**·dream I** *s.* **1.** Wachtraum *m*, Träume'rei *f*; **2.** *fig.* Luftschloß *n*; **II** *v/i.* **3.** (mit offenen Augen) träumen; '~**·dream·er** *s.* Träumer(in); '~**·fly** *s. zo.* Eintagsfliege *f*; '~**·girl** *s. Brit.* Ex-'terne *f* (*e-s Internats*); ~ **la·bo(u)r·er** *s.* Tagelöhner *m*; ~ **let·ter** *s. Am.* 'Brieftele₁gramm *n*.

'**day·light** *s.* **1.** Tageslicht *n*: *by od. in* ~ bei Tag(eslicht); → **broad** 2; *let* ~ *into s.th. fig.* a) et. der Öffentlichkeit zugänglich machen, b) et. aufhellen; *beat the* ~*s out of s.o.* F j-n windelweich schlagen; *he saw* ~ *at last fig.* a) endlich ging ihm ein Licht auf, b) endlich sah er Land; **2.** (*at* ~ bei) Tagesanbruch *m*; **3.** (lichter) Zwischenraum *m*; ~ **sav·ing time** *s.* Sommerzeit *f*.

'**day|·long** *adj. u. adv.* den ganzen Tag (dauernd); ~ **nurs·er·y** *s.* **1.** Kindertagesstätte *f*, -krippe *f*; **2.** Spielzimmer *n*; ~ **re·lease** *s.* zur beruflichen Fortbildung freigegebene Zeit; '~**·room** *s.* Tagesraum *m*; ~ **school** *s.* **1.** Exter'nat *n*, Schule *f* ohne Inter'nat; **2.** Tagesschule *f*; ~ **shift** *s.* Tagschicht *f*: *be on* ~ Tagschicht haben; ~ **stu·dent** Ex'terne(r *m*) *f* (*e-s Internats*); '~**·tick·et** *s.* ✝ Tagesrückfahrkarte *f*; '~**·time** *s.* **1.** Tageszeit *f*, (*heller*) Tag: *in the* ~ bei Tage; **2.** ✝ Arbeitstag *m*; ,~**-to-'** *adj.* (tag)täglich: ~ *money* ✝ Tagesgeld *n*.

daze [deɪz] **I** *v/t.* betäuben, lähmen (a. *fig.*); blenden; verwirren; **II** *s.* Betäubung *f*, Benommenheit *f*: *in a* ~ benommen, betäubt; '**daz·ed·ly** [-zɪdlɪ] *adv.* betäubt etc. (→ **daze** I).

daz·zle ['dæzl] **I** *v/t.* **1.** blenden (a. *fig.*); **2.** *fig.* verwirren, verblüffen; **3.** ✕ *durch Anstrich* tarnen; **II** *s.* **4.** Blenden *n*; Glanz *m*; **5.** *a.* ~ *paint* ✕ Tarnanstrich *m*; '**daz·zler** [-lə] *s.* F **1.** ‚Blender‘ *m*; **2.** ‚tolle Frau‘; '**daz·zling** [-lɪŋ] *adj.* □ **1.** blendend, glänzend (*a. fig.*); *fig.* strahlend (schön); **2.** verwirrend.

D-Day ['di:deɪ] *s. Tag der alliierten Landung in der Normandie, 6. Juni 1944.*

dea·con ['di:kən] *s. eccl.* Dia'kon *m*; '**dea·con·ess** [-kənɪs] *s. eccl.* **1.** Dia'konin *f*; **2.** Diako'nisse *f*; '**dea·con·ry** [-rɪ] *s. eccl.* Diako'nat *n*.

de·ac·ti·vate [ˌdi:'æktɪveɪt] *v/t.* **1.** ✕ a) *Einheit* auflösen, b) *Munition* entschärfen; **2.** außer Akti'on *od.* Betrieb setzen.

dead [ded] **I** *adj.* □ → **deadly** II; **1.** tot, gestorben, leblos: *as ~ as a doornail* (*od. as mutton*) mausetot; *~ body* Leiche *f*, Leichnam *m*; *he is a ~ man fig.* er ist ein Kind des Todes; *~ matter* tote Materie (→ 11); *~ and gone* tot u. begraben (*a. fig.*); *~ to the world* F ‚total weg‘ (*bewußtlos, volltrunken*); *I'm ~!* F ich bin ‚total fertig‘!; *wait for a ~ man's shoes* a) auf e-e Erbschaft warten, b) nur darauf warten, daß jemand stirbt (*um seine Position einzunehmen*); **2.** *fig. allg.* tot: a) ausgestorben: *~ languages* tote Sprachen, b) über'lebt, veraltet: *~ customs*, c) matt, stumpf: *~ colo(u)rs*; *~ eyes*, d) nichtssagend, farb-, ausdruckslos, e) geistlos, f) leer, öde: *~ streets*; *~ land*, g) still, stehend: *~ water*, h) *sport* nicht im Spiel: *~ ball* ‚toter Ball‘; **3.** unzugänglich, unempfänglich (*to* für), taub (*to* gegen *Ratschläge etc.*); **4.** gefühllos, abgestorben: *~ fingers*; **5.** *fig.* gefühllos, abgestumpft (*to* gegen); **6.** erloschen: *~ fire*; *~ volcano*; *~ passions*; **7.** 🜨 ungültig; **8.** *bsd.* ✝ still, ruhig, flau: *~ season*; **9.** ✝ tot, umsatzlos: *~ assets* unproduktive (Kapital)Anlage; *~ capital (stock)* totes Kapital (Inventar); **10.** ⚙ a) tot, außer Betrieb, b) de'fekt: *~ valve*; *~ engine* ausgefallener *od.* abgestorbener Motor, c) leer, erschöpft: *~ battery*, d) tot, starr: *~ axle*, e) ⚡ tot, strom-, spannungslos; **11.** *typ.* abgelegt: *~ matter* Ablegesatz *m*; **12.** *bsd.* ⚖ blind, Blend...: *~ floor*, *~ window* totes Fenster; **13.** Sack... (*ohne Ausgang*): *~ street* Sackgasse *f*; **14.** schal, abgestanden: *~ drinks*; **15.** verwelkt, dürr, abgestorben: *~ flowers*; **16.** völlig, to'tal: *~ calm* Flaute *f*, (völlige) Windstille; *~ certainty* absolute Gewißheit; *in ~ earnest* in vollem Ernst; *~ loss* Totalverlust *m*, *fig.* totaler Ausfall (*Person*); *~ silence* Totenstille *f*; *~ stop* völliger Stillstand; *come to a ~ stop* schlagartig stehenbleiben *od.* aufhören; **17.** todsicher, unfehlbar: *he is a ~ shot*; **18.** äußerst: *a ~ strain*; *a ~ push* vergeblicher, aber vergeblicher Stoß; **II** *s.* **19.** stillste Zeit: *at ~ of night* mitten in der Nacht; *the ~ of winter* der tiefste Winter; **20.** *the ~* a) der (die, das) Tote, b) *coll.* die Toten: *several ~* mehrere Tote; *rise from the ~* von den Toten auferstehen; **III** *adv.* **21.** restlos, völlig, gänzlich, abso'lut: *~ asleep* in tiefstem Schlaf; *~ drunk* sinnlos betrunken; *~ slow! mot.* Schritt fahren; *~ straight* schnurgerade; *~ tired* todmüde; *the facts are ~ against him* alles spricht gegen ihn; **22.** plötzlich, schlagartig, abrupt: *stop*

~; **23.** genau: *~ against* genau gegenüber von (*od. dat.*); *~ (set) against* ganz u. gar *od.* entschieden gegen (*et.* eingestellt); *~ set on* scharf auf (*acc.*).

dead| **ac·count** *s.* ✝ 'umsatzloses Konto; ˌ~-(**and-**)**a'live** *adj. fig.* (tod)langweilig; '**~·beat** *s.* F **1.** Schnorrer *m*; **2.** Gammler *m*; ˌ~-'**beat** *adj.* F todmüde, völlig ka'putt; *~ cen·ter Am., ~ centre Brit. s.* ⚙ **1.** toter Punkt; **2.** genaue Mitte; **3.** tote Spitze (*der Drehbank*); ~ **drop** *s.* Spionage: toter Briefkasten; ~ **duck** *s.*: *be a ~* F keine Chance mehr haben, passé sein.

dead·en ['dedn] *v/t.* **1.** *Gefühl etc.* (ab)töten, abstumpfen (*to* gegen); betäuben; **2.** *Geräusch, Schlag etc.* dämpfen, (ab)schwächen; **3.** ⚙ mattieren.

dead| **end** *s.* **1.** Sackgasse *f* (*a. fig.*): *come to a ~* in e-e Sackgasse geraten; **2.** ⚙ blindes Ende; '**~-end** *adj.* **1.** ohne Ausgang, Sack...: *~ street* Sackgasse *f*; *~ station* Kopfbahnhof *m*; **2.** *fig.* ausweglos; **3.** ohne Aufstiegschancen: *~ job*; **4.** verwahrlost, Slum...: *~ kid* verwahrlostes Kind; '**~·fall** *s.* Baumfalle *f*; *~ file s.* abgelegte Akte; *~ fire s.* Elmsfeuer *n*; *~ freight s.* ⚖ Fehlfracht *f*; *~ hand → mortmain*; '**~·head** *s.* F a) Freikarteninhaber(in), b) Schwarzfahrer(in), c) *Am. contp.* ‚Blindgänger‘ *m*, ‚Niete‘ *f*, d) *Am.* Mitläufer *m*; *~ heat s. sport* totes Rennen; *~ let·ter s.* **1.** *fig.* toter Buchstabe (*unwirksames Gesetz*); **2.** unzustellbarer Brief; '**~-line** *s.* **1.** letzter *od.* äußerster Termin, Frist(ablauf *m*) *f*; *Zeitung:* Redakti'onsschluß *m*: ~ **pressure** Termindruck *m*; *meet the ~* den Termin *od.* die Frist einhalten; **2.** Stichtag *m*; **3.** äußerste Grenze; **4.** *Am.* Todesstreifen *m* (*Strafanstalt*).

dead·li·ness ['dedlɪnɪs] *s. das* Tödliche; tödliche Wirkung.

dead| **load** *s.* ⚙ totes Gewicht, tote Last, Eigengewicht *n*; '**~·lock** **I** *s. fig.* toter Punkt, 'Patt(situati,on *f*) *n*: *break the ~* den toten Punkt überwinden; *come to a ~* → **II** *v/i.* sich festfahren, steckenbleiben, an e-m toten Punkt anlangen; *~ed* festgefahren.

dead·ly ['dedlɪ] **I** *adj.* **1.** tödlich, todbringend: *~ poison*; *~ precision* tödliche Genauigkeit; *~ sin* Todsünde *f*; *~ combat* Kampf *m* auf Leben u. Tod; **2.** *fig.* unversöhnlich, grausam: *~ enemy* Todfeind *m*; *~ fight* mörderischer Kampf; **3.** totenähnlich: *~ pallor* Leichenblässe *f*; **4.** F schrecklich, groß, äußerst: *~ haste*; **II** *adv.* **5.** totenähnlich: *~ pale* leichenblaß; **6.** F schrecklich, tod...: *~ dull* sterbenslangweilig.

dead| **march** *s.* ♪ Trauermarsch *m*; *~ ma·rine s. sl.* leere ‚Pulle‘.

dead·ness ['dednɪs] *s.* **1.** Leblosigkeit *f*, Erstarrung *f*; *fig. a.* Leere *f*, Öde *f*; **2.** Gefühllosigkeit *f*; Gleichgültigkeit *f*; Kälte *f*; **3.** *bsd.* ✝ Flauheit *f*, Flaute *f*; **4.** Glanzlosigkeit *f*.

dead| **net·tle** *s.* ♀ Taubnessel *f*; *~ pan s.* F ausdrucksloses Gesicht; '**~-pan** *adj.* **1.** ausdruckslos; **2.** mit ausdruckslosem Gesicht; **3.** *fig.* trocken (*Humor*); ~ **point** *s.* ⚙ toter Punkt; ~ **reck·on·ing** *s.* ⚖ gegißtes Besteck, Koppeln *n*; ~ **set** *s.* **1.** *hunt.* Stehen *n des Hundes*; **2.** verbissene Feindschaft; **3.** hartnäckiges Bemühen *od.* Werben (*at* um): *make a*

~ at sich hartnäckig bemühen um; ~ **wa·ter** *s.* **1.** stehendes Wasser; **2.** ⚖ Kielwasser *n*, Sog *m*; *~ weight s.* **1.** a) ganze Last, volles Gewicht, b) totes Gewicht, Eigengewicht *n*; **2.** *fig.* schwere Last; '**~-weight ca·pac·i·ty** *s.* Tragfähigkeit *f*; '**~-wood** *s.* **1.** totes Holz, *weitS.* Reisig *n*; **2.** *fig.* Plunder *m*; ✝ Ladenhüter *m*; **3.** *fig. et.* Veraltetes *od.* Über'holtes; (nutzloser) 'Ballast.

de·aer·ate [di:'eəreɪt] *v/t.* entlüften.

deaf [def] *adj.* □ **1.** ✳ taub: *the ~* die Tauben *pl.*; *~ and dumb* taubstumm; *~-and-dumb language* Taubstummensprache *f*; *~ as a post* stocktaub; → *ear* 1; **2.** schwerhörig; **3.** *fig.* (*to*) taub (gegen), unzugänglich (für); '**deaf-aid** *s.* Hörgerät *n*; '**deaf-en** [-fn] *v/t.* **1.** taub machen; betäuben; **2.** *Schall* dämpfen; **3.** *Wände* schalldicht machen; '**deaf·en·ing** [-fnɪŋ] *adj.* ohrenbetäubend; ˌ**deaf-'mute** I *adj.* taubstumm; **II** *s.* Taubstumme(r *m*) *f*; '**deaf·ness** [-nɪs] *s.* **1.** ✳ Taubheit *f* (*a. fig. to* gegen); **2.** Schwerhörigkeit *f*.

deal¹ [di:l] **I** *v/i.* **1.** (*with*) sich befassen *od.* beschäftigen (mit), abgeben (mit); **2.** (*with*) handeln (von), *et.* behandeln *od.* zum Thema haben; **3.** ~ *with* sich mit e-m Problem *etc.* befassen *od.* ausein'andersetzen; *et.* in Angriff nehmen; **4.** ~ *with et.* erledigen, mit *et. od.* j-m fertigwerden; **5.** ~ *with od. by* behandeln (*acc.*), 'umgehen mit: *~ fairly with s.o.* j-n anständig behandeln, sich fair gegen j-n verhalten; **6.** ~ *with* ✝ Geschäfte machen *od.* Handel treiben mit, in Geschäftsverkehr stehen mit; **7.** ✝ handeln, Handel treiben (*in* mit): *~ in paper*; **8.** dealen (*mit Rauschgift handeln*); **9.** *Kartenspiel:* geben; **II** *v/t.* [*irr.*] **10.** *oft* ~ *out et.* verteilen, austeilen: *~ out rations*; *~ s.o. (s.th.) a blow*, *~ a blow at s.o. (s.th.)* j-m (e-r Sache) e-n Schlag versetzen; **11.** j-m *et.* zuteilen; **12.** *Karten od.* j-m e-e Karte geben; **III** *s.* F **13.** Handlungsweise *f*, Verfahren *n*, Poli'tik *f*; → *New Deal*; **14.** Behandlung *f*; → *raw* 10, *square* 37; **15.** Geschäft *n*, Handel *m*: *it's a ~!* abgemacht!; (*a*) *good ~!* gutes Geschäft!, nicht schlecht!; *no ~!* F da läuft nichts!; *big ~! Am. sl.* na und?, pah!; *no big* — *Am. sl.* keine große Sache; **16.** Abkommen *n*, Über'einkunft *f*: *make (od. do) a ~* ein Abkommen treffen, sich einigen; **17.** *Kartenspiel: it is my ~* ich muß geben.

deal² [di:l] *s.* **1.** Menge *f*, Teil *m*: *a great ~ (of money)* sehr viel (Geld); *a good ~* ziemlich viel, ein gut Teil; *think a great ~ of s.o.* sehr viel von j-m halten; **2.** e-e ganze Menge: *a ~ worse* F viel schlechter.

deal³ [di:l] *s.* **1.** Diele *f*, Brett *n*, Planke *f* (*bsd. aus Kiefernholz*); **2.** Tannen- *od.* Kiefernholz *n*.

deal·er ['di:lə] *s.* **1.** ✝ Händler(in), Kaufmann *m*: *~ in antiques* Antiquitätenhändler; *plain ~ fig.* ehrlicher Mensch; **2.** *Brit. Börse:* Dealer *m* (*der auf eigene Rechnung Geschäfte tätigt*); **3.** Dealer *m* (*Rauschgifthändler*); **4.** *Kartenspiel:* Geber(in); '**deal·ing** [-lɪŋ] *s.* **1.** *mst pl.* 'Umgang *m*, Verkehr *m*, Beziehungen *pl.*: *have ~s with s.o.* mit j-m zu tun haben; *there is no ~ with*

her mit ihr ist nicht auszukommen; **2.** ✝ a) Handel *m*, Geschäft *n* (*in* in *dat.*, mit), b) Geschäftsverkehr *m*, c) Geschäftsgebaren *n*; **3.** Verhalten *n*, Handlungsweise *f*; **4.** Austeilen *n*, Geben *n* (*von Karten*).

dealt [delt] *pret. u. p.p. von* **deal¹**.

dean [di:n] *s.* **1.** *Brit. univ.* a) De'kan *m* (*Vorstand e-r Fakultät od. e-s College*), b) Fellow mit besonderen Aufgaben (*Oxford, Cambridge*); **2.** *Am. univ.* a) Vorstand *m* e-r Fakul'tät, b) Hauptberater(in), Vorsteher(in) (*der Studenten*); **3.** *eccl.* De'kan *m*, De'chant *m*; **4.** Vorsitzende(r *m*) *f*, Präsi'dent(in): ♌ *of the Diplomatic Corps* Doyen *m* des Diplomatischen Korps; **'dean·er·y** [-nərɪ] *s.* Deka'nat *n*.

dear [dɪə] **I** *adj.* □ → *dearly*, **1.** teuer, lieb (*to dat.*): ~ *mother* liebe Mutter; ♌ *Sir*, (*in Briefen*) Sehr geehrter Herr (*Name*)!; *my ~est wish* mein Herzenswunsch; *for ~ life* als ob es ums Leben ginge; *hold ~* (wert)schätzen; **2.** teuer, kostspielig; **II** *adv.* **3.** teuer: *it cost him ~* es kam ihm teuer zu stehen; → *dearly* 2; **III** *s.* **4.** Liebste(r *m*) *f*, Liebling *m*, Schatz *m*: *isn't she a ~?* ist sie nicht ein Engel?; *there's a ~!* sei (so) lieb!; **IV** *int.* **5.** *oh ~!*, ~, ~!, ~ *me!* du liebe Zeit!, ach je!; **dear·ie** [ˈdɪərɪ] → *deary*; **'dear·ly** [-lɪ] *adv.* **1.** innig, herzlich; **2.** teuer; → *buy* 3; **'dear·ness** [-nɪs] *s.* **1.** Kostspieligkeit *f*, hoher Preis *od.* Wert (*a. fig.*); **2.** *das* Liebe(nswerte).

dearth [dɜ:θ] *s.* **1.** Mangel *m* (*of* an *dat.*); **2.** Hungersnot *f*.

dear·y [ˈdɪərɪ] *s.* F Liebling *m*, Schätzchen *n*.

death [deθ] *s.* **1.** Tod *m*: ~*s* Todesfälle; *to* (*the*) ~ zu Tode, bis zum äußersten; *at ♌'s door* an der Schwelle des Todes; *bleed to ~* (sich) verbluten; *do to ~* a) j-n umbringen, b) *fig. et.* ‚kaputtmachen' *od.* ‚zu Tode reiten'; *done to ~* F *Küche*: totgekocht; *frozen to ~* erfroren; *sure as ~* tod-, bombensicher; *tired to ~* todmüde; *catch one's ~* sich den Tod holen (*engS. durch Erkältung*); *be in at the ~* fig. das Ende miterleben; *that will be his ~* das wird ihm das Leben kosten; *he'll be the ~ of me* a) er bringt mich noch ins Grab, b) ich lach' mich noch tot über ihn; *hold on like grim ~* verbissen festhalten, sich festkrallen (*to* an *dat.*); *put to ~* zu Tode bringen, *bsd.* hinrichten; **2.** Tod *m*, (Ab)Sterben *n*, Ende *n*, Vernichtung *f*: *united in ~* im Tode vereint; ~ **ag·o·ny** *s.* Todeskampf *m*; **'~·bed** *s.* Sterbebett *n*: ~ *repentance* Reue *f* auf dem Sterbebett; **~ ben·e·fit** *s.* **1.** Sterbegeld *n*; **2.** bei Todesfall fällige Versicherungsleistung; **'~·blow** *s.* Todesstreich *m*; *fig.* Todesstoß *m*; ~ **cell** *s.* 🕱 Todeszelle *f*; ~ **cer·tif·i·cate** *s.* Sterbeurkunde *f*, Totenschein *m*; ~ **du·ty** *s. obs.* Erbschaftssteuer *f*; ~ **grant** *s.* Sterbegeld *n*; ~ **house** *m* ~ **row**; ~ **in·stinct** *s. psych.* Todestrieb *m*; ~ **knell** *s.* Totengeläut *n*, -glocke *f* (*a. fig.*).

death·less [ˈdeθlɪs] *adj.* □ *bsd. fig.* unsterblich; **'death·like** *adj.*, **'death·ly** [-lɪ] *adj. u. adv.* totenähnlich, Todes..., Leichen..., toten...: ~ *pale* leichenblaß.

death| mask *s.* Totenmaske *f*; ~ **pen·al·ty** *s.* Todesstrafe *f*; ~ **rate** *s.* Sterblichkeitsziffer *f*; ~ **rat·tle** *s.* Todesröcheln *n*; ~ **ray** *s.* Todesstrahl *m*; ~ **roll** *s.* Zahl *f* der Todesopfer; ⚔ Gefallenen-, Verlustliste *f*; ~ **row** *s. Am.* Todestrakt *m* (*e-r Strafanstalt*); **'~'s head** *s.* **1.** Totenkopf *m* (*bsd. als Symbol*); **2.** *zo.* Totenkopf *m* (*Falter*); ~ **throes** *s. pl.* Todeskampf *m*; '**~·trap** *s. fig.* ‚Mausefalle' *f*; ~ **war·rant** *s.* **1.** 🕱 Hinrichtungsbefehl *m*; **2.** *fig.* Todesurteil *n*; **'~·watch** *s. Brit. a.* ~ *beetle* zo. Klopfkäfer *m*; ~ **wish** *s.* Todeswunsch *m*.

deb [deb] *s.* F *abbr. für débutante*.

dé·bâ·cle [deɪˈbɑːkl] (*Fr.*) *s.* **1.** De'bakel *n*, Zs.-bruch *m*, Kata'strophe *f*; **2.** Massenflucht *f*, wildes Durchein'ander; **3.** *geol.* Eisgang *m*.

de·bar [dɪˈbɑː] *v/t.* **1.** (*from*) j-n ausschließen (von), hindern (an *dat. od.* zu *inf.*); **2.** ~ *s.o. s.th.* j-m et. versagen; **3.** *et.* verhindern.

de·bark [dɪˈbɑːk] → *disembark*.

de·base [dɪˈbeɪs] *v/t.* **1.** (cha'rakterlich) verderben, verschlechtern; **2.** (*o.s.* sich) entwürdigen, erniedrigen; **3.** entwerten; im Wert mindern; *Wert* mindern; **4.** *Münzen* verschlechtern; **5.** verfälschen; **de'based** [-st] *adj.* **1.** verderbt (*etc.*); **2.** minderwertig (*Geld*); **3.** abgegriffen (*Wort*).

de·bat·a·ble [dɪˈbeɪtəbl] *adj.* **1.** disku'tabel; **2.** strittig, fraglich, um'stritten; **3.** bestreitbar, anfechtbar; **de·bate** [dɪˈbeɪt] **I** *v/i.* **1.** debattieren, diskutieren; **2.** ~ *with o.s.* hin u. her über'legen; **II** *v/t.* **3.** *et.* debattieren, erörtern, diskutieren; **4.** erwägen, sich *et.* über'legen; **III** *s.* **5.** De'batte *f* (*a. parl.*), Erörterung *f*: *be under* ~ zur Debatte stehen; ~ *on request parl.* aktuelle Stunde; **de'bat·er** [-tə] *s.* **1.** Debat'tierer *m*, Dispu'tant *m*; **2.** *parl.* Redner *m*; **de'bat·ing** [-tɪŋ] *adj.*: ~ *club od. society* Debattierklub *m*.

de·bauch [dɪˈbɔːtʃ] **I** *v/t.* **1.** *sittlich* verderben; **2.** verführen, verleiten; **II** *s.* **3.** Ausschweifung *f*, Orgie *f*; **4.** Schwelge'rei *f*; **de'bauched** [-tʃt] *adj.* ausschweifend, liederlich, zügellos; **deb·au·chee** [ˌdebɔːˈtʃiː] *s.* Wüstling *m*; **de'bauch·er** [-tʃərə] *s.* Verführer *m*; **de'bauch·er·y** [-tʃərɪ] *s.* Ausschweifung (-en *pl.*) *f*, Orgie(n *pl.*) *f*; Schwelge'rei *f*.

de·ben·ture [dɪˈbentʃə] *s.* **1.** Schuldschein *m*; **2.** ✝ a) ~ *bond*, ~ *certificate* Obligati'on *f*, Schuldverschreibung *f*, b) *Brit.* Pfandbrief *m*: ~ *holder* Obligationsinhaber *m*; *Brit.* Pfandbriefinhaber(in); ~ *stock Brit.* Obligationen *pl.*, Anleiheschuld *f*, *Am.* Vorzugsaktien erster Klasse; **3.** ✝ Rückzollschein *m*.

de·bit [ˈdebɪt] **I** *s.* ✝ **1.** Debet *n*, Soll *n*, Schuldposten *m*: ~ *and credit* Soll u. Haben *n*; **2.** Belastung *f*: *to the ~ of* zu Lasten von; **3.** *a.* ~ *side* Debetseite *f*: *charge* (*od.* *carry*) *a sum to s.o.'s* ~ j-s Konto mit e-r Summe belasten; **II** *v/t.* **4.** debitieren, belasten (*with* mit);

III *adj.* **5.** Debet..., Schuld...: ~ *account*; ~ *balance* Debetsaldo *m*; *your* ~ *balance* Saldo *m* zu Ihren Lasten; ~ *entry* Lastschrift *f*; ~ *note* Lastschriftanzeige *f*.

de·block [ˌdiːˈblɒk] *v/t.* ✝ *eingefrorene Konten* freigeben.

deb·o·nair(e) [ˌdebəˈneə] *adj.* **1.** höflich, gefällig; **2.** heiter, fröhlich; **3.** 'lässig(-ele̩gant).

de·bouch [dɪˈbaʊtʃ] *v/i.* **1.** ⚔ her'vorbrechen; **2.** einmünden, sich ergießen (*Fluß*).

De·brett [dəˈbret] *npr.*: ~'s peerage englisches Adelsregister.

de·brief·ing [ˌdiːˈbriːfɪŋ] *s.* ⚔, ✈ Einsatzbesprechung *f* (*nach dem Flug*).

de·bris [ˈdeɪbriː] *s.* Trümmer *pl.*, (Gesteins)Schutt *m* (*a. geol.*).

debt [det] *s.* Schuld *f* (*Geld od. fig.*); Verpflichtung *f*: ~*-collecting agency* Inkassobüro *n*; ~ *collector* Inkassobeauftragte(r) *m*; *collection of ~s* Inkasso *n*; *bad ~s* zweifelhafte Forderungen *od.* Außenstände; ~ *of gratitude* Dankesschuld; ~ *of hono(u)r* Ehrenschuld; *pay one's* ~ *to nature* der Natur s-n Tribut entrichten, sterben; *run into* ~ in Schulden geraten; *run up ~s* Schulden machen; *be in* ~ verschuldet sein, Schulden haben; *be in s.o.'s* ~ *fig.* j-m verpflichtet sein, in j-s Schuld stehen; **'debt·or** [-tə] *s.* Schuldner(in), ✝ Debitor *m*: *common* ~ Gemeinschuldner *m*.

de·bug [ˌdiːˈbʌɡ] *v/t.* **1.** ☉ F (die) ‚Mukken' *e-r Maschine* beseitigen; **2.** entwanzen (*a.* F *von Minispionen befreien*).

de·bunk [ˌdiːˈbʌŋk] *v/t.* F entlarven.

de·bu·reauc·ra·tize [ˌdiːbjʊəˈrɒkrətaɪz] *v/t.* entbürokratisieren.

de·bus [ˌdiːˈbʌs] *v/i.* aus dem *od.* e-m Bus aussteigen.

dé·but, *Am.* **de·but** [ˈdeɪbuː] (*Fr.*) *s.* De'büt *n*: a) erstes Auftreten (*thea. od. in der Gesellschaft*), b) Anfang *m*, Antritt *m* (*e-r Karriere etc.*): *make one's* ~ sein Debüt geben; **déb·u·tant**, *Am.* **deb·u·tant** [ˈdebjuːtɑ̃ː] (*Fr.*) *s.* Debü'tant *m*; **déb·u·tante**, *Am.* **deb·u·tante** [ˈdebjuːtɑ̃ːnt] (*Fr.*) *s.* Debü'tantin *f*.

deca- [dekə] *in Zssgn* zehn(mal).

dec·ade [ˈdekeɪd] *s.* **1.** De'kade *f*: a) Jahr'zehnt *n*, b) Zehnergruppe *f*; **2.** ♃, ☉ De'kade *f*.

dec·a·dence [ˈdekədəns] *s.* Deka'denz *f*, Entartung *f*, Verfall *m*, Niedergang *m*; **'dec·a·dent** [-nt] **I** *adj.* deka'dent, entartet, verfallend; Dekadenz...; **II** *s.* deka'denter Mensch.

de·caf·fein·ate [ˌdiːˈkæfɪneɪt] *v/t.* Kaffee koffe'infrei machen.

dec·a·gon [ˈdekəɡən] *s.* Å Zehneck *n*; **dec·a·gram(me)** [ˈdekəɡræm] *s.* Deka'gramm *n*.

de·cal [dɪˈkæl] → *decalcomania*.

de·cal·ci·fy [ˌdiːˈkælsɪfaɪ] *v/t.* entkalken.

de·cal·co·ma·ni·a [dɪˌkælkəʊˈmeɪnɪə] *s.* Abziehbild(verfahren) *n*.

dec·a·li·ter *Am.*, **~·li·tre** [ˈdekə-ˌliːtə] *s.* Deka'liter *m*, *n*; ♌·**log(ue)** [ˈdekəlɒɡ] *s. bibl.* Deka'log *m*, *die Zehn Gebote pl.*; ~**·me·ter** *Am.*, **~·me·tre** *Brit.* [ˈdekəˌmiːtə] *s.* Deka'meter *m*, *n*.

de·camp [dɪˈkæmp] *v/i.* **1.** ⚔ das Lager

abbrechen; **2.** F sich aus dem Staube machen.

de·cant [dɪˈkænt] *v/t.* **1.** ab-, ˈumfüllen; **2.** dekantieren, vorsichtig abgießen; **deˈcant·er** [-tə] *s.* **1.** Kaˈraffe *f*; **2.** Klärflasche *f*.

de·cap·i·tate [dɪˈkæpɪteɪt] *v/t.* **1.** enthaupten, köpfen; **2.** *Am.* F entlassen, ˌabsägen‘; **de·cap·i·ta·tion** [dɪˌkæpɪˈteɪʃn] *s.* **1.** Enthauptung *f*; **2.** *Am.* F ˌRausschmiß‘ *m*.

de·car·bon·ate [ˌdiːˈkɑːbəneɪt] *v/t.* Kohlensäure *od.* Kohlenˈdioxyd entziehen (*dat.*); **de·car·bon·ize** [ˌdiːˈkɑːbənaɪz] *v/t.* dekarbonisieren; **de·car·bu·rize** [ˌdiːˈkɑːbjʊəraɪz] → *decarbonize*.

de·car·tel·i·za·tion [ˈdiːˌkɑːtəlaɪˈzeɪʃn] *s.* ♄ Entkartellisierung *f*, (Konˈzern-) Entflechtung *f*; **de·car·tel·ize** [ˌdiːˈkɑːtəlaɪz] *v/t.* entflechten.

de·cath·lete [dɪˈkæθliːt] *s.* sport Zehnkämpfer *m*; **de·cath·lon** [dɪˈkæθlɒn] *s.* Zehnkampf *m*.

dec·a·tize [ˈdekətaɪz] *v/t.* Seide dekatieren.

de·cay [dɪˈkeɪ] **I** *v/t.* **1.** verfallen, zerfallen (*a. phys.*), in Verfall geraten, zuˈgrunde gehen; **2.** verderben, verkümmern, verblühen; **3.** (ver)faulen (*a. Zahn*), (ver)modern, verwesen; **4.** schwinden, abnehmen, schwach werden, (herˈab)sinken: *~ed with age* altersschwach; **II** *s.* **5.** Verfall *m*, Zerfall *m* (*a. phys. von Radium etc.*): *fall into ~* → 1; **6.** Nieder-, Rückgang *m*, Verblühen *n*; Ruˈin *m*; **7.** ☼ Karies *f*, (Zahn)Fäule *f*; Schwund *m*; **8.** Fäulnis *f*, Vermodern *n*; **de·cayed** [-eɪd] *adj.* **1.** ver-, zerfallen; kraftlos; zerrüttet; herˈuntergekommen; **3.** verblüht; **4.** verfault, morsch; *geol.* verwittert; **5.** ☼ kariˈös, schlecht (*Zahn*).

de·cease [dɪˈsiːs] **I** *v/i.* sterben, verscheiden; **II** *s.* Tod *m*, Ableben *n*; **deˈceased** [-st] **I** *adj.* verstorben; **II** *s. the ~* a) der *od.* die Verstorbene, b) die Verstorbenen *pl.*

de·ce·dent [dɪˈsiːdənt] *s.* ♄ *Am.* **1.** → *deceased* II; **2.** Erb-lasser(in).

de·ceit [dɪˈsiːt] *s.* **1.** Betrug *m*, (bewußte) Täuschung; Betrügeˈrei *f*; **2.** Falschheit *f*, Tücke *f*; **deˈceit·ful** [-fʊl] *adj.* □ betrügerisch; falsch, ˈhinterlistig; **deˈceit·ful·ness** [-fʊlnɪs] *s.* Falschheit *f*, ˈHinterlist *f*, Arglist *f*.

de·ceiv·a·ble [dɪˈsiːvəbl] *adj.* leicht zu täuschen(d); **de·ceive** [dɪˈsiːv] **I** *v/t.* **1.** täuschen (*Person od. Sache*), trügen (*Sache*): *be ~d* sich täuschen lassen, sich irren (*in* in *dat.*); *~ o.s.* sich betrügen; **2.** *mst pass.* Hoffnung etc. enttäuschen; **II** *v/i.* **3.** trügen, täuschen (*Sache*); **deˈceiv·er** [-və] *s.* Betrüger (-in).

de·cel·er·ate [ˌdiːˈseləreɪt] **I** *v/t.* verlangsamen; die Geschwindigkeit verringern von (*od. gen.*); **II** *v/i.* sich verlangsamen; s-e Geschwindigkeit verringern; **de·cel·er·a·tion** [ˈdiːˌseləˈreɪʃn] *s.* Verlangsamung *f*; Geschwindigkeitsabnahme *f*: *~ lane mot.* Verzögerungsspur *f*.

De·cem·ber [dɪˈsembə] *s.* Deˈzember *m*: *in ~* im Dezember.

de·cen·cy [ˈdiːsnsɪ] *s.* **1.** Anstand *m*, Schicklichkeit *f*: *for ~'s sake* anstandshalber; *sense of ~* Anstandsgefühl *n*; **2.** Anständigkeit *f*; **3.** *pl.* Anstand *m*;

---

4. *pl.* Annehmlichkeiten *pl.* des Lebens.

de·cen·ni·al [dɪˈsenjəl] **I** *adj.* □ **1.** zehnjährig; **2.** alle zehn Jahre ˈwiederkehrend; **II** *s.* **3.** *Am.* Zehnˈjahrfeier *f*; **deˈcen·ni·al·ly** [-lɪ] *adv.* alle zehn Jahre; **de·cen·ni·um** [-jəm] *pl.* **-ni·ums**, **-ni·a** [-jə] *s.* Jahrˈzehnt *n*, Deˈzennium *n*.

de·cent [ˈdiːsnt] *adj.* □ **1.** anständig: a) schicklich, b) sittsam, c) ehrbar; **2.** deˈzent, unaufdringlich; **3.** F ˌanständig‘: a) annehmbar: *a ~ meal*, b) nett: *that was ~ of him*.

de·cen·tral·i·za·tion [ˌdiːˌsentrəlaɪˈzeɪʃn] *s.* Dezentralisierung *f*; **de·cen·tral·ize** [ˌdiːˈsentrəlaɪz] *v/t.* dezentralisieren.

de·cep·tion [dɪˈsepʃn] *s.* **1.** Täuschung *f*, Irreführung *f*; **2.** Betrug *m*; **3.** Trugbild *n*; **deˈcep·tive** [-ptɪv] *adj.* □ täuschend, irreführend, trügerisch: *appearances are ~* der Schein trügt.

deci- [desɪ] *in Zssgn* Dezi…

dec·i·bel [ˈdesɪbel] *s. phys.* Deziˈbel *n*.

de·cide [dɪˈsaɪd] **I** *v/t.* **1.** *et.* entscheiden; **2.** *j-n* bestimmen, veranlassen; *et.* bestimmen, festsetzen: *~ the right moment*; *that ~d me* das gab für mich den Ausschlag, das bestärkte mich in m-m Entschluß; *the weather ~d me against going* aufgrund des Wetters entschloß ich mich, nicht zu gehen; **II** *v/i.* **3.** entscheiden, bestimmen, den Ausschlag geben; **4.** beschließen; sich entscheiden *od.* entschließen (*in favo[u]r of* für; *against doing* nicht zu tun; *to do* zu tun); **5.** zu dem Schluß *od.* der Überˈzeugung kommen: *I ~d that it was worth trying*; **6.** feststellen, finden: *we ~d that the weather was too bad*; **7.** *~* (*up*)*on* sich entscheiden für *od.* über (*acc.*); festsetzen, -legen, bestimmen (*acc.*); **deˈcid·ed** [-dɪd] *adj.* □ **1.** entschieden, unzweifelhaft, deutlich; **2.** entschieden, entschlossen, fest, bestimmt; **deˈcid·ed·ly** [-dɪdlɪ] *adv.* entschieden, fraglos, bestimmt; **deˈcid·er** [-də] *s.* sport Entscheidungskampf *m*, Stechen *n*; **2.** das Entscheidende, *die* Entscheidung.

de·cid·u·ous [dɪˈsɪdjʊəs] *adj.* **1.** ♀ jedes Jahr abfallend: *~ tree* Laubbaum *m*; **2.** *zo.* abfallend (*Geweih etc.*).

dec·i·gram(me) [ˈdesɪɡræm] *s.* Deziˈgramm *n*; **~·li·ter** *Am.*, **~·li·tre** *Brit.* [ˈdesɪˌliːtə] *s.* Deziˈliter *m*, *n*.

dec·i·mal [ˈdesɪml] ♀ **I** *adj.* □ → *decimally*; deziˈmal, Dezimal…: *~ fraction*; *go ~* das Dezimalsystem einführen; **II** *s.* a) Deziˈmalzahl *f*, b) Deziˈmale *f*, Deziˈmalstelle *f*: *circulating* (*recurring*) *~* periodische (unendliche) Dezimalzahl; **ˈdec·i·mal·ize** [-məlaɪz] *v/t.* auf das Deziˈmalˌsystem ˈumstellen; **ˈdec·i·mal·ly** [-məlɪ] *adv.* **1.** nach dem Deziˈmalˌsystem; **2.** in Deziˈmalzahlen (ausgedrückt).

dec·i·mal place *s.* Deziˈmalstelle *f*; **~ point** *s.* Komma *n* (*im Englischen ein Punkt*) vor der ersten Deziˈmalstelle: *floating ~* Fließkomma (*Taschenrechner etc.*); **~ sys·tem** *s.* Deziˈmalˌsystem *n*.

dec·i·mate [ˈdesɪmeɪt] *v/t.* dezimieren, *fig. a.* stark schwächen *od.* vermindern; **dec·i·ma·tion** [desɪˈmeɪʃn] *s.* Dezimie-

---

rung *f*.

dec·i·me·ter *Am.*, **dec·i·me·tre** *Brit.* [ˈdesɪˌmiːtə] *s.* Deziˈmeter *m*, *n*.

de·ci·pher [dɪˈsaɪfə] *v/t.* **1.** entziffern; **2.** dechiffrieren; **3.** *fig.* enträtseln; **deˈci·pher·a·ble** [-fərəbl] *adj.* entzifferbar; *fig.* enträtselbar; **deˈci·pher·ment** [-mənt] *s.* Entzifferung *f etc.*

de·ci·sion [dɪˈsɪʒn] *s.* **1.** Entscheidung *f* (*a.* ♄); Entscheid *m*, Urteil *n*, Beschluß *m*: *make* (*od. take*) *a ~* e-e Entscheidung treffen; **2.** Entschluß *m*: *arrive at a ~*, *come to a ~*, *take a ~* zu e-m Entschluß kommen; **3.** Entschlußkraft *f*, Entschlossenheit *f*: *~ of character* Charakterstärke *f*; *~-ˌmak·er* *s.* Entscheidungsträger *m*; *~-ˌmak·ing* *adj.* entscheidungstragend, entscheidend: *~ board*.

de·ci·sive [dɪˈsaɪsɪv] *adj.* □ **1.** entscheidend, ausschlag-, maßgebend; endgültig, schlüssig: *be ~ in* entscheidend beitragen zu; *be ~ of* entscheiden (*acc.*); *~ battle* Entscheidungsschlacht *f*; **2.** entschlossen, entschieden (*Person*); **deˈci·sive·ness** [-nɪs] *s.* **1.** entscheidende Kraft; **2.** Maßgeblichkeit *f*; **3.** Endgültigkeit *f*; **4.** Entschiedenheit *f*.

deck [dek] **I** *s.* **1.** ♣ Deck *n*: *on ~* a) auf Deck, b) *Am.* F bereit, zur Hand; *all hands on ~!* alle Mann an Deck!; *below ~* unter Deck; *clear the ~s* (*for action*) a) das Schiff klar zum Gefecht machen, b) *fig.* sich bereitmachen; **2.** ✈ Tragdeck *n*, -fläche *f*; **3.** ⚙ (Wagˈgon)Dach *n*; **4.** (Ober)Deck *n* (*Bus*); **5.** a) Laufwerk *n* (*e-s Plattenspielers*), b) → *tape deck*; **6.** *sl.* ˌBriefchen‘ *n* (*Rauschgift*); Spiel *n*, Pack *m* (*Spiel-*) Karten; **II** *v/t.* **7.** *oft ~ out* a) (aus-) schmücken, b) *j-n* herˈausputzen; *~-chair* *s.* Liegestuhl *m*.

-deck·er [dekə] *s. in Zssgn* …decker *m*; → *three-decker*.

deck game *s.* Bordspiel *n*; **~ hand** *s.* ♣ Maˈtrose *m*.

deck·le-edged [ˌdeklˈedʒd] *adj.* **1.** mit Büttenrand; **2.** unbeschnitten: *~ book*.

de·claim [dɪˈkleɪm] **I** *v/i.* **1.** reden, e-e Rede halten; **2.** *~ against* eifern *od.* wettern gegen; **3.** Phrasen dreschen; **II** *v/t.* **4.** deklamieren, (*contp.* bomˈbastisch) vortragen.

dec·la·ma·tion [ˌdekləˈmeɪʃn] *s.* **1.** Deklamatiˈon *f* (*a.* ♪); **2.** bomˈbastische Rede; **3.** Tiˈrade *f*; **4.** Vortragsübung *f*; **de·clam·a·to·ry** [dɪˈklæmətərɪ] *adj.* □ **1.** Rede…, Vortrags…; **2.** deklamaˈtorisch; **3.** eifernd; **4.** bomˈbastisch, theaˈtralisch.

de·clar·a·ble [dɪˈkleərəbl] *adj.* zollpflichtig; **deˈclar·ant** [-rənt] *s.* **1.** ♄ Erschienene(r *m*) *f*; **2.** *Am.* Einbürgerungsanwärter(in).

dec·la·ra·tion [ˌdekləˈreɪʃn] *s.* **1.** Erklärung *f*, Aussage *f*: *make a ~* eine Erklärung abgeben; *~ of intent* Absichtserklärung; *~ of war* Kriegserklärung; **2.** Maniˈfest *n*, Proklamatiˈon *f*; **3.** ♄ a) *Am.* Klageschrift *f*, b) Beteuerung *f* (*an Eides Statt*); **4.** Anmeldung *f*, Angabe *f*: *~ of bankruptcy* ♄ Konkursanmeldung; *customs ~* Zolldeklaration *f*, -erklärung *f*; **5.** *Bridge:* Ansage *f*; **de·clar·a·tive** [dɪˈklærətɪv] *adj.*: *~ sentence ling.* Aussagesatz *m*; **de·clar·a·to·ry** [dɪˈklærətərɪ] *adj.* erklärend: *be ~*

of erklären, darlegen, feststellen; ~ **judgment** ⚖ Feststellungsurteil *n*.

de·clare [dɪ'kleə] I *v/t.* **1.** erklären, aussagen, verkünden, bekanntmachen, proklamieren: ~ **war** (**on**) (*j-m*) den Krieg erklären, *fig.* (*j-m*) den Kampf ansagen; *he was ~d winner* er wurde zum Sieger erklärt; **2.** erklären, behaupten; **3.** angeben, anmelden; erklären, deklarieren (*Zoll*); † *Dividende* festsetzen; **4.** *Kartenspiel:* ansagen; **5.** ~ **o.s.** a) sich erklären (*a. durch Heiratsantrag*), sich offenbaren, s-e Meinung kundtun, sich im wahren Licht zeigen; ~ **o.s. for s.th.** sich zu e-r Sache bekennen; II *v/i.* **6.** erklären, bestätigen: *well, I ~!* ich muß schon sagen!, nanu!; **7.** sich erklären *od.* entscheiden (**for** für; **against** gegen); **8.** ~ **off** a) absagen, b) sich lossagen (**from** von); *Kricket:* ein Spiel vorzeitig abbrechen; **de'clared** [-eəd] *adj.* erklärt (*Feind etc.*); **de'clar·ed·ly** [-eərɪdlɪ] *adv.* erklärtermaßen, ausgesprochen.

de·clas·si·fy [dɪ'klæsɪfaɪ] *v/t.* die Geheimhaltung (*gen.*) aufheben, *Dokumente etc.* freigeben.

de·clen·sion [dɪ'klenʃn] *s.* **1.** Abweichung *f*, Abfall *m* (**from** von); **2.** Verfall *m*, Niedergang *m*; **3.** *ling.* Deklination *f*; **de'clen·sion·al** [-ʃənl] *adj. ling.* Deklinations...

de·clin·a·ble [dɪ'klaɪnəbl] *adj. ling.* deklinierbar; **dec·li·na·tion** [ˌdeklɪ'neɪʃn] *s.* **1.** Neigung *f*, Abschüssigkeit *f*; **2.** Abweichung *f*; **3.** *ast., phys.* Deklination *f*: ~ **compass** ⚓ Deklinationsbussole *f*; **compass** ~ Mißweisung *f*.

de·cline [dɪ'klaɪn] I *v/i.* **1.** sich neigen, sich senken; **2.** sich neigen, zur Neige *od.* zu Ende gehen: *declining years* Lebensabend *m*; **3.** abnehmen, nachlassen, zu'rückgehen; sich verschlechtern, schwächer werden; verfallen; **4.** sinken, fallen (*Preise*); **5.** (höflich) ablehnen; II *v/t.* **6.** neigen, senken; **7.** ablehnen, nicht annehmen, ausschlagen; es ablehnen (*doing od.* **to do** zu tun); **8.** *ling.* deklinieren, beugen; III *s.* **9.** Neigung *f*, Senkung *f*, Abhang *m*; **10.** Neige *f*, Ende *n*: ~ *of life* Lebensabend *m*; **11.** Nieder-, Rückgang *m*, Abnahme *f*; Verschlechterung *f*: *be on the* ~ a) zur Neige gehen, b) im Niedergang begriffen sein, sinken; ~ *of strength* Kräfteverfall *m*; ~ *of* (*od. in*) *prices* Preisrückgang; ~ *in value* Wertminderung *f*; **12.** ✝ körperlicher *od.* geistiger Verfall, Siechtum *n*.

de·cliv·i·tous [dɪ'klɪvɪtəs] *adj.* abschüssig, steil; **de'cliv·i·ty** [-vətɪ] *s.* **1.** Abschüssigkeit *f*; **2.** Abhang *m*.

de·clutch [ˌdiː'klʌtʃ] *v/i. mot.* auskuppeln.

de·coct [dɪ'kɒkt] *v/t.* auskochen, absieden; **de'coc·tion** [-kʃn] *s.* **1.** Auskochen *n*, Absieden *n*; **2.** Absud *m*; *pharm.* De'kokt *n*.

de·code [ˌdiː'kəʊd] *v/t.* decodieren (*a. ling., Computer*), dechiffrieren, entschlüsseln, über'setzen; **de'cod·er** [-də] *s. a. Radio, Computer:* De'coder *m*.

dé·col·le·té [deɪ'kɒlteɪ] (*Fr.*) *adj.* **1.** (tief) ausgeschnitten (*Kleid*); **2.** dekolletiert (*Dame*).

de·col·o·nize [ˌdiː'kɒlənaɪz] *v/t.* dekolo-

nisieren, in die Unabhängigkeit entlassen.

de·col·or·ant [diː'kʌlərənt] I *adj.* entfärbend, bleichend; II *s.* Bleichmittel *n*; **de'col·o(u)r·ize** [-raɪz] *v/t.* entfärben, bleichen.

de·com·pose [ˌdiːkəm'pəʊz] I *v/t.* **1.** zerlegen, spalten; **2.** zersetzen; **3.** ⚗, *phys.* scheiden, abbauen; II *v/i.* **4.** sich auflösen, zerfallen; **5.** sich zersetzen, verwesen, verfaulen; **de·com'posed** [-zd] *adj.* verfault, verdorben; **de·com·po·si·tion** [ˌdiːkɒmpə'zɪʃn] *s.* **1.** ⚗, *phys.* Zerlegung *f*, Aufspaltung *f*; Scheidung *f*, Auflösung *f*, Abbau *m*; **2.** Zersetzung *f*, Zerfall *m*; **3.** Verwesung *f*, Fäulnis *f*.

de·com·press [ˌdiːkəm'pres] *v/t.* dekomprimieren, den Druck vermindern in (*dat.*); **de·com'pres·sion** [-eʃn] *s.* Dekompressi'on *f*, Druckverminderung *f*.

de·con·tam·i·nate [ˌdiːkən'tæmɪneɪt] *v/t.* entgiften, -seuchen, -strahlen; **de·con·tam·i·na·tion** [ˈdiːkənˌtæmɪ'neɪʃn] *s.* Entgiftung *f*, -seuchung *f*, -gasung *f*.

de·con·trol [ˌdiːkən'trəʊl] I *v/t.* die Zwangsbewirtschaftung aufheben von *od.* für; *Waren, Handel* freigeben; II *s.* Aufhebung *f* der Zwangsbewirtschaftung, Freigabe *f*.

dé·cor ['deɪkɔː] (*Fr.*) *s.* △, *thea. etc.* De'kor *m*, *n*, Ausstattung *f*.

dec·o·rate ['dekəreɪt] *v/t.* **1.** (aus-) schmücken, (ver)zieren, dekorieren; **2.** *Wohnung* a) (neu) tapezieren *od.* streichen, b) einrichten, ausstatten; **3.** *mit e-m Orden* dekorieren, auszeichnen; **dec·o·ra·tion** [ˌdekə'reɪʃn] *s.* **1.** Ausschmückung *f*, Verzierung *f*; **2.** Schmuck *m*, Zierat *m*, Dekorati'on *f*; **3.** Orden *m*, Ehrenzeichen *n*; **4.** *a. interior* ~ a) Innenausstattung *f*, b) 'Innenarchi·tek·tur *f*.

Dec·o·ra·tion Day → *Memorial Day*.

dec·o·ra·tive ['dekərətɪv] *adj.* □ dekora'tiv, schmückend, ornamen'tal, Zier..., Schmuck...: ~ *plant* Zierpflanze *f*; **dec·o·ra·tor** [dekə'reɪtə] *s.* **1.** Deko'rateur *m*; **2.** → *interior* 1; **3.** Maler *m* u. Tapezierer *m*.

dec·o·rous ['dekərəs] *adj.* □ schicklich, anständig.

de·cor·ti·cate [ˌdiː'kɔːtɪkeɪt] *v/t.* **1.** entrinden, schälen; **2.** enthülsen.

de·co·rum [dɪ'kɔːrəm] *s.* **1.** Anstand *m*, Schicklichkeit *f*, De'korum *n*; **2.** Eti'kette *f*, Anstandsformen *pl.*

de·coy I *s.* ['diːkɔɪ] **1.** Köder *m*, Lockspeise *f*; **2.** *a.* ~ *duck* Lockvogel *m* (*a. fig.*); **3.** *hunt.* Entenfang *m*, -falle *f*; **4.** ✕ Scheinanlage *f*; II *v/t.* [dɪ'kɔɪ] **5.** ködern, locken; **6.** *fig.* (ver)locken, verleiten; ~ *ship* *s.* ⚓, ✕ U-Boot-Falle *f*.

de·crease I *v/i.* [diː'kriːs] **1.** *v/i.* abnehmen, sich vermindern, kleiner werden: ~ *in length* kürzer werden; II *v/t.* vermindern, verringern, reduzieren, her'absetzen; III *s.* ['diːkriːs] Abnahme *f*, Verminderung *f*, Verringerung *f*; Rückgang *m*: ~ *in prices* Preisrückgang; *be on the* ~ → 1; **de'creas·ing·ly** [-sɪŋlɪ] *adv.* immer weniger: ~ *rare*.

de·cree [dɪ'kriː] I *s.* **1.** De'kret *n*, Erlaß *m*, Verfügung *f*, Verordnung *f*: *issue a* ~ e-e Verfügung erlassen; *by* ~ auf dem Verordnungsweg; **2.** ⚖ Entscheid *m*,

Urteil *n*: ~ *absolute* rechtskräftiges (Scheidungs)Urteil; → *nisi*; **3.** *fig.* Ratschluß *m Gottes*, Fügung *f des Schicksals*; II *v/t.* **4.** verfügen, an-, verordnen.

dec·re·ment ['dekrɪmənt] *s.* Abnahme *f*, Verminderung *f*.

de·crep·it [dɪ'krepɪt] *adj.* **1.** altersschwach, klapp(e)rig (*beide a. fig.*); **2.** verfallen, baufällig.

de·cres·cent [dɪ'kresnt] *adj.* abnehmend: ~ *moon*.

de·cry [dɪ'kraɪ] *v/t.* schlecht-, her'untermachen, her'absetzen.

de·cu·ple ['dekjʊpl] I *adj.* zehnfach; II *s. das* Zehnfache; III *v/t.* verzehnfachen.

de·cus·sate [dɪ'kʌsət] *adj.* **1.** sich kreuzend *od.* schneidend; **2.** ⚘ kreuzgegenständig.

ded·i·cate ['dedɪkeɪt] *v/t.* (**to** *dat.*) **1.** weihen, widmen; **2.** *s-e Zeit etc.* widmen; **3.** ~ *o.s.* sich widmen *od.* hingeben; sich zuwenden; **4.** *Buch etc.* widmen, zueignen; **5.** *Am.* feierlich eröffnen *od.* einweihen; **6.** a) der Öffentlichkeit zugänglich machen, b) dem öffentlichen Verkehr über'geben: ~ *a road*; **7.** *dem Feuer, der Erde* über'antworten; **'ded·i·cat·ed** [-tɪd] *adj.* **1.** pflichtbewußt, hingebungsvoll; **2.** engagiert; **ded·i·ca·tion** [ˌdedɪ'keɪʃn] *s.* **1.** Weihung *f*, Widmung *f*; feierliche Einweihung; **2.** 'Hingabe *f* (**to** an *acc.*), Enga'ge·ment *n*; **3.** Widmung *f*, Zueignung *f*; **4.** *Am.* feierliche Einweihung *od.* Eröffnung; **5.** 'Übergabe *f* an den öffentlichen Verkehr; **'ded·i·ca·tor** [-tə] *s.* Widmende(r *m*) *f*; **'ded·i·ca·to·ry** [-kətərɪ] *adj.* (Ein)Weihungs..., Widmungs..., Zueignungs...

de·duce [dɪ'djuːs] *v/t.* **1.** folgern, schließen (**from** aus); **2.** ab-, 'herleiten (**from** von); **de'duc·i·ble** [-səbl] *adj.* **1.** zu folgern(d); **2.** ab-, 'herleitbar, 'herzuleiten(d).

de·duct [dɪ'dʌkt] *v/t.* e-n *Betrag* abziehen (**from** von), einbehalten; (*von der Steuer*) absetzen: *after ~ing* nach Abzug von *od. gen.*; ~*ing expenses* abzüglich (der) Unkosten; **de'duct·i·ble** [-təbl] *adj.* **1.** abzugsfähig; **2.** (*von der Steuer*) absetzbar; **de'duc·tion** [-kʃn] *s.* **1.** Abzug *m*, Abziehen *n*; **2.** † Abzug *m*, Ra'batt *m*, (Preis)Nachlaß *m*; **3.** (Schluß)Folgerung *f*, Schluß *m*; **4.** 'Herleitung *f*; **de'duc·tive** [-tɪv] *adj.* □ **1.** deduk'tiv, folgernd, schließend; **2.** → *deducible*.

deed [diːd] I *s.* **1.** Tat *f*, Handlung *f*: *in word and* ~ in Wort u. Tat; **2.** Helden-, Großtat *f*; **3.** ⚖ (Vertrags-, *bsd.* Über-'tragungs)Urkunde *f*, Doku'ment *n*: ~ *of donation* Schenkungsurkunde; II *v/t.* **4.** *Am.* urkundlich über'tragen (**to** auf *j-n*); ~ *poll* ⚖ einseitige (gesiegelte) Erklärung (e-r Vertragspartei).

dee·jay ['diːdʒeɪ] *s.* F Diskjockey *m*.

deem [diːm] I *v/i.* denken, meinen; II *v/t.* halten für, erachten für, betrachten als: *I ~ it advisable*.

de·e·mo·tion·al·ize [ˌdiːɪ'məʊʃnəlaɪz] *v/t.* versachlichen.

de·em·pha·size [ˌdiː'emfəsaɪz] *v/t.* bagatellisieren.

deem·ster ['diːmstə] *s.* Richter *m* (*auf der Insel Man*).

deep [diːp] I *adj.* □ → *deeply*; **1.** tief

(vertikal): ~ *hole*; ~ *snow*; ~ *sea* Tiefsee *f*; *in* ~ *water(s)* *fig*. in Schwierigkeiten; *go off the* ~ *end* a) *Brit*. in Rage kommen, b) *Am*. et. unüberlegt riskieren; **2.** tief *(horizontal)*: ~ *cupboard*; ~ *forests*; ~ *border* breiter Rand; *they marched four* ~ sie marschierten in Viererreihen; *three men* ~ drei Mann hoch *(zu dritt)*; **3.** tief, vertieft, versunken *(in* in *acc.)*: ~ *in thought*; **4.** tief, gründlich, scharfsinnig: ~ *learning* gründliches Wissen; ~ *intellect* scharfer Verstand; *a* ~ *thinker* ein tiefer Denker; **5.** tief, heftig, stark, fest, schwer: ~ *sleep* tiefer *od*. fester Schlaf; ~ *mourning* tiefe Trauer; ~ *disappointment* tiefe *od*. bittere Enttäuschung; ~ *interest* großes Interesse; ~ *grief* schweres Leid; ~ *in debt* stark *od*. tief verschuldet; **6.** tief, innig, aufrichtig: ~ *love*; ~ *gratitude*; **7.** tief, dunkel; verborgen, geheim: ~ *night* tiefe Nacht; ~ *silence* tiefes *od*. völliges Schweigen; ~ *secret* tiefes Geheimnis; ~ *designs* dunkle Pläne; *he is a* ~ *one sl*. er hat es faustdick hinter den Ohren; **8.** schwierig: ~ *problem*; *that is too* ~ *for me* das ist mir zu hoch; **9.** tief, dunkel *(Farbe, Klang)*; **10.** *psych*. un(ter)bewußt; **11.** ♣ subku'tan; **II** *adv*. **12.** tief *(a. fig.)*: ~ *into the flesh* tief ins Fleisch; *still waters run* ~ stille Wasser sind tief; ~ *into the night* (bis) tief in die Nacht (hinein); *drink* ~ unmäßig trinken; **III** *s*. **13.** Tiefe *f (a. fig.)*; Abgrund *m*: *in the* ~ *of night* in tiefster Nacht; **14.** *the* ~ *poet*. das Meer.

'deep|**-dish pie** *s*. 'Napfpa,stete *f*; ‚**~-'draw** *v/t*. *[irr.]* ♦ tiefziehen; ‚**~-'drawn** *adj*. **1.** ♦ tiefgezogen; **2.** ~ *sigh* tiefer Seufzer.

deep·en ['di:pən] **I** *v/t*. **1.** tiefer machen, vertiefen; verbreitern; **2.** *fig*. vertiefen *(a. Farben)*, verstärken, steigern; **II** *v/i*. **3.** tiefer werden, sich vertiefen; **4.** *fig*. sich vertiefen *od*. steigern, stärker werden; **5.** dunkler werden.

'deep|**-felt** *adj*. tiefempfunden; ‚**~-'freeze I** *s*. Tiefkühlgerät *n*, -truhe *f*, -schrank *m*; **II** *adj*. Tiefkühl..., Gefrier...; **III** *v/t*. *[irr.]* tiefkühlen, einfrieren; ‚**~-'fro·zen** *adj*. tiefgefroren, Tiefkühl...; ‚**~-'fry** *v/t*. fritieren, in schwimmendem Fett braten; ~ *fry·er* *s*., '**~-** ‚**fry·ing pan** *s*. Fri'teuse *f*; ‚**~-'laid** *adj*. schlau *(Plan)*.

deep·ly ['di:plɪ] *adv*. tief *(a. fig.)*: ~ *indebted* äußerst dankbar; ~ *hurt* tief *od*. schwer gekränkt; ~ *interested* höchst interessiert; ~ *read* sehr belesen; *drink* ~ unmäßig trinken; *go* ~ *into s.th*. e-r Sache auf den Grund gehen.

deep·ness ['di:pnɪs] *s*. **1.** Tiefe *f (a. fig.)*; **2.** Dunkelheit *f*; **3.** Gründlichkeit *f*; **4.** Scharfsinn *m*; **5.** Durch'triebenheit *f*.

‚**deep**|**-'read** *adj*. sehr belesen; ‚**~-'root·ed** *adj*. bsd. *fig*. tief eingewurzelt, fest verwurzelt; *fig*. a. eingefleischt; ‚**~-'sea** *adj*. Tiefsee..., ~ *fish* Tiefseefisch *m*; ~ *fishing* Hochseefischerei *f*; ‚**~-'seat·ed** → deep-rooted; '**~-set** *adj*. tiefliegend: ~ *eyes*; *the* ♀ *South* *s*. *Am*. der tiefe Süden *(südlichste Staaten der USA)*.

deer [dɪə] *pl*. **deer** *s*. **1.** *zo*. a) Hirsch *m*,

b) Reh *n*: *red* ~ Rot-, Edelhirsch; **2.** Hoch-, Rotwild *n*; '**~-,hound** *s*. schottischer Jagdhund; '**~-,lick** *s*. Salzlecke *f*; '**~-park** *s*. Wildpark *m*; '**~-,shot** *s*. Rehposten *m (Schrot)*; '**~-skin** *s*. Hirsch-, Rehleder *n*; '**~,stalk·er** *s*. **1.** Pirscher *m*; **2.** Jagdmütze *f*; '**~,stalk·ing** *s*. (Rotwild)Pirsch *f*.

de·es·ca·late [‚di:'eskəleɪt] **I** *v/t*. **1.** *Krieg etc*. deeskalieren; **2.** *fig*. her'unterschrauben; **II** *v/i*. **3.** deeskalieren; **de·es·ca·la·tion** [‚di:eskə'leɪʃn] *s*. *pol*. Deeskalati'on *f (a. fig.)*.

de·face [dɪ'feɪs] *v/t*. **1.** entstellen, verunstalten, beschädigen; **2.** ausstreichen, unleserlich machen; **3.** *Briefmarken* entwerten; **de'face·ment** [-mənt] *s*. Entstellung *f (etc.)*.

de fac·to [di:'fæktəʊ] *(Lat.)* **I** *adj*. De'facto-...; **II** *adv*. de 'facto, tatsächlich.

de·fal·ca·tion [‚di:fæl'keɪʃn] *s*. **1.** Veruntreuung *f*, Unter'schlagung *f*; **2.** unter'schlagenes Geld.

def·a·ma·tion [‚defə'meɪʃn] *s*. Verleumdung *f*, ☘ *a*. (verleumderische) Beleidigung; **de·fam·a·to·ry** [dɪ'fæmətərɪ] *adj*. ☐ verleumderisch, Schmäh...: *be* ~ *of s.o*. j-n verleumden; **de'fame** [dɪ'feɪm] *v/t*. verleumden; **de·fam·er** [dɪ'feɪmə] *s*. Verleumder(in).

de·fat·ted [di:'fætɪd] *adj*. entfettet.

de·fault [dɪ'fɔ:lt] **I** *s*. **1.** (Pflicht)Versäumnis *n*, Unter'lassung *f*; **2.** *bsd*. ♦ Nichterfüllung *f*, Verzug *m*, Versäumnis *n*, Säumnis *f*, Zahlungseinstellung *f*; *engS*. Zahlungsverzug *m*: *be in* ~ in Verzug sein; **2.** ☘ Nichterscheinen *n* vor Gericht. *judg(e)ment by* ~ Versäumnisurteil *n*; **4.** *sport* Nichtantreten *n*; **5.** Fehlen *n*, Mangel *m*: *in* ~ *of* mangels, in Ermangelung *(gen.)*; *in* ~ *of which* widrigenfalls; *go by* ~ unterbleiben; **II** *v/i*. **6.** s-n Verpflichtungen nicht nachkommen: ~ *on s.th*. et. vernachlässigen, mit et. im Rückstand sein; **7.** ♦ s-n Verbindlichkeiten nicht nachkommen, im (Zahlungs)Verzug sein: ~ *on a debt* s-e Schuld nicht bezahlen; **8.** ☘ nicht vor Gericht erscheinen; **9.** *sport* nicht antreten; **III** *v/t*. **10.** e-r *Verpflichtung* nicht nachkommen, in Verzug geraten mit; **11.** ☘ wegen Nichterscheinens (vor Gericht) verurteilen; **12.** *sport* nicht antreten *(zu e-m Kampf)*; **de'fault·er** [-tə] *s*. **1.** Säumige(r *m*) *f*; **2.** ♦ *a*. säumiger Zahler *od*. Schuldner, b) Zahlungsunfähige(r *m*) *f*; **3.** ☘ vor Gericht nicht Erscheinende(r *m*) *f*; **4.** ⚔ *Brit*. Delin'quent *m*.

de·fea·sance [dɪ'fi:zns] *s*. ☘ **1.** Aufhebung *f*, Annullierung *f*, Nichtigkeitserklärung *f*; **2.** Nichtigkeitsklausel *f*; **de'fea·si·ble** [-zəbl] *adj*. anfecht-, annullierbar.

de·feat [dɪ'fi:t] **I** *v/t*. **1.** besiegen, schlagen: *it ~s me to inf*. es geht über m-e Kraft *zu inf*.; **2.** *Angriff etc*. zu'rückschlagen, abwehren; **3.** *parl*. *Antrag* zu Fall bringen, ablehnen; **4.** vereiteln, zu'nichte machen: *that ~s the purpose* das verfehlt den Zweck; **II** *s*. **5.** Niederwerfung *f*, Besiegung *f*; **6.** Niederlage *f (a. fig.)*: *admit* ~ sich geschlagen geben; **7.** *parl*. Ablehnung *f*; **8.** Vereitelung *f*, Vernichtung *f*; **9.** 'Mißerfolg *m*, Fehlschlag *m*; **de'feat·ism** [-tɪzəm] *s*.

Defä'tismus *m*, Miesmache'rei *f*; **de'feat·ist** [-tɪst] **I** *s*. Defä'tist *m*; **II** *adj*. defä'tistisch.

def·e·cate ['defɪkeɪt] **I** *v/t*. reinigen; *fig*. läutern; **II** *v/i*. ☘ Stuhlgang haben; **def·e·ca·tion** [‚defɪ'keɪʃn] *s*. ☘ Stuhlgang *m*.

de·fect I *s*. ['di:fekt] **1.** De'fekt *m*, Fehler *m (in* an *dat.*, in *dat.)*: ~ *in title* ☘ Fehler im Recht; **2.** Mangel *m*, Unvollkommenheit *f*, Schwäche *f*; **3.** *(geistiger od. psychischer)* De'fekt; ☘ Gebrechen *n*: ~ *in character* Charakterfehler *m*; ~ *of vision* Sehfehler *m*; **II** *v/i*. [dɪ'fekt] **4.** abtrünnig werden; **5.** *zum Feind* 'übergehen; **de'fec·tion** [dɪ'fekʃn] *s*. **1.** Abfall *m*, Lossagung *f (from* von); **2.** Treubruch *m*; **3.** 'Übertritt *m (to* zu): **de'fec·tive** [dɪ'fektɪv] **I** *adj*. ☐ **1.** mangelhaft, unvollkommen: *mentally* ~ schwachsinnig; *he is* ~ *in* es mangelt ihm an *(dat.)*; **2.** schadhaft, de'fekt; **II** *s*. **3.** *mental* ~ Schwachsinnige(r *m*) *f*. **de·fec·tive·ness** [dɪ'fektɪvnɪs] *s*. **1.** Mangelhaftigkeit *f*; **2.** Schadhaftigkeit *f*; **de'fec·tor** [dɪ'fektə] *s*. Abtrünnige(r *m*) *f*, 'Überläufer(in).

de·fence, *Am*. **de·fense** [dɪ'fens] *s*. **1.** Verteidigung *f*, Schutz *m*, Abwehr *f*: *come to s.o.'s* ~ j-n verteidigen; ~ *mechanism* *biol.*, *psych*. Abwehrmechanismus *m*; **2.** ☘ *allg*. Verteidigung *f*, *a*. Einrede *f*: *in his* ~ zu s-r Entlastung; *conduct one's own* ~ sich selbst verteidigen; → *counsel* 4; *witness* 1; **3.** Verteidigung *f*, Rechtfertigung *f*: *in his* ~ zu s-r Rechtfertigung; **4.** ✕ Verteidigung *f*, *sport a*. Abwehr *f (Spieler od. deren Spielweise)*; *pl*. Verteidigungsanlagen *pl*.: ~ *spending* Verteidigungsausgaben *pl*.; **de'fence·less** [-lɪs] *adj*. ☐ **1.** schutz-, wehr-, hilflos; **2.** ✕ unbefestigt; **de'fence·less·ness** [-lɪsnɪs] *s*. Schutz-, Wehrlosigkeit *f*.

de·fend [dɪ'fend] *v/t*. **1.** *(from, against)* verteidigen (gegen), schützen (vor *dat.*, gegen); **2.** *Meinung etc*. verteidigen, rechtfertigen; **3.** *Rechte* schützen, wahren; **4.** ☘ a) j-n verteidigen, b) sich auf *e-e Klage* einlassen: → *the suit* den Klageanspruch bestreiten; **de'fend·a·ble** [-dəbl] *adj*. verteidigend(d); **de'fend·ant** [-dənt] ☘ **I** *s*. a) Zivilrecht: Beklagte(r *m*) *f*, b) *Strafrecht*: Angeklagte(r *m*) *f*; **II** *adj*. a) beklagt, b) angeklagt; **de'fend·er** [-də] *s*. **1.** Verteidiger *m*, *sport a*. Abwehrspieler *m*; **2.** Beschützer *m*.

de·fense *etc*. *Am*. → *defence etc*.

de·fen·si·ble [dɪ'fensəbl] *adj*. ☐ **1.** zu verteidigen(d), haltbar; **2.** zu rechtfertigen(d), vertretbar; **de'fen·sive** [-sɪv] **I** *adj*. ☐ **1.** defen'siv, verteidigend, schützend; abwehrend *(a. fig. Geste etc.)*; **2.** Verteidigungs...; Schutz..., Abwehr... *(a. biol.)*; **II** *s*. **3.** Defen'sive *f*, Verteidigung *f*: *on the* ~ in der Defensive.

de·fer¹ [dɪ'fɜ:] *v/t*. **1.** auf-, verschieben; **2.** hin'ausschieben; zu'rückstellen *(Am. a.* ✕).

de·fer² [dɪ'fɜ:] *v/i*. *(to)* sich fügen, nachgeben *(dat.)*, sich beugen (vor *dat.)*; sich j-s Wunsche fügen; **def·er·ence** ['defərəns] *s*. **1.** Ehrerbietung *f*, Achtung *f*: *with all due* ~ *to* bei aller Hochachtung vor *(dat.)*; **2.** Nachgiebigkeit *f*,

Rücksicht(nahme) *f*: *in ~ to your wishes* wunschgemäß; **def·er·ent** ['defərənt] *adj.*, **def·er·en·tial** [,defə'renʃl] *adj.* □ **1.** ehrerbietig; **2.** rücksichtsvoll.

de·fer·ment [dɪ'fɜ:mənt] *s.* **1.** Aufschub *m*; **2.** ✕ *Am.* Zu'rückstellung *f* (vom Wehrdienst); **de'fer·ra·ble** [-ɜ:rəbl] *adj.* **1.** aufschiebbar; **2.** ✕ *Am.* zu-'rückstellbar.

de·ferred| an·nu·i·ty [dɪ'fɜ:d] *s.* hin'ausgeschobene Rente; **~ bond** *s. Am.* Obligati'on *f* mit aufgeschobener Zinszahlung; **~ pay·ment** *s.* **1.** Zahlungsaufschub *m*, **2.** Ratenzahlung *f*; **~ shares** *s. pl.* ✝ Nachzugsaktien *pl.*; **~ terms** *s. pl. Brit.* 'Abzahlungssy,stem *n*: *on ~* auf Abzahlung *od.* Raten.

de·fi·ance [dɪ'faɪəns] *s.* **1.** a) Trotz *m*, 'Widerstand *m*, b) Hohn *m*, offene Verachtung: *in ~ of* ungeachtet (*gen.*), trotz (*gen. od. dat.*), *e-m Gebot etc.* zuwider, *j-m* zum Trotz *od.* Hohn; *bid ~, set at ~* Trotz bieten, hohnsprechen (*to dat.*); **2.** Her'ausforderung *f*; **de·'fi·ant** [-nt] *adj.* □ trotzig, her'ausfordernd.

de·fi·cien·cy [dɪ'fɪʃnsɪ] *s.* **1.** (*of*) Mangel *m* (an *dat.*), Fehlen *n* (von): *~ disease* ✾ Mangelkrankheit *f*; **2.** Fehlbetrag *m*, Manko *n*, Ausfall *m*, Defizit *n*; **3.** Mangelhaftigkeit *f*, Schwäche *f*, Lücke *f*, Unzulänglichkeit *f*; **de'fi·cient** [-nt] *adj.* □ **1.** unzureichend, mangelhaft, ungenügend: *be ~ in* ermangeln (*gen.*), es fehlen lassen an (*dat.*), arm sein an (*dat.*); *he is ~ in courage* ihm fehlt es an Mut; **2.** fehlend: *~ amount* Fehlbetrag *m*.

def·i·cit ['defɪsɪt] *s.* **1.** ✝ Defizit *n*, Fehlbetrag *m*, 'Unterbi,lanz *f*; **2.** Mangel (*in* an *dat.*); **~ spend·ing** *s.* ✝ Deficitspending *n*, Defizitfinanzierung *f*.

de·file¹ I *s.* ['di:faɪl] **1.** Engpaß *m*, Hohlweg *m*; **2.** ✕ Vor'beimarsch *m*; II *v/i.* [dɪ'faɪl] **3.** defilieren, vor'beimarschieren.

de·file² [dɪ'faɪl] *v/t.* **1.** beschmutzen, verunreinigen; **2.** *fig.* besudeln, beflecken, verunglimpfen; **3.** schänden; **4.** entweihen; **de'file·ment** [-mənt] *s.* Besudelung *f etc.*

de·fin·a·ble [dɪ'faɪnəbl] *adj.* □ definier-, erklär-, bestimmbar; **de·fine** [dɪ'faɪn] *v/t.* **1.** *Wort etc.* definieren, (genau) erklären; **2.** (genau) bezeichnen *od.* bestimmen; kennzeichnen, festlegen; klarmachen; **3.** scharf abzeichnen, (klar) um'reißen, be-, um'grenzen.

def·i·nite ['defɪnɪt] *adj.* □ **1.** bestimmt (*a. ling.*), präzis, klar, deutlich, eindeutig, genau; **2.** defini'tiv, endgültig; **'def·i·nite·ly** [-lɪ] *adv.* **1.** bestimmt (*etc.*); **2.** zweifellos, abso'lut, entscheiden; **'def·i·nite·ness** [-nɪs] *s.* Bestimmtheit *f*; **def·i·ni·tion** [,defɪ'nɪʃn] *s.* **1.** Definiti'on *f*, (genaue) Erklärung; (Begriffs)Bestimmung *f*; **2.** Genauigkeit *f*, Ex'aktheit *f*; **3.** (*a.* Bild-, Ton-) Schärfe *f*, Präzisi'on *f*; *TV* Auflösung *f*; **de·fin·i·tive** [dɪ'fɪnɪtɪv] I *adj.* □ **1.** defini'tiv, endgültig; maßgeblich (*Buch*); **2.** → **definite** 1; II *s.* **3.** *ling.* Bestimmungswort *n*.

def·la·grate ['defləgreɪt] *v/i.* (*u. v/t.*) 🜍 rasch abbrennen (lassen); **def·la·gra·tion** [,deflə'greɪʃn] *s.* 🜍 Verpuffung *f*.

de·flate [dɪ'fleɪt] *v/t.* **1.** (die) Luft ablassen aus, entleeren; **2.** ✝ *Geldumlauf etc.* deflationieren, her'absetzen; **3.** *fig.* a) *j-n* ,klein u. häßlich machen', b) ernüchtern; **de'fla·tion** [-eɪʃn] *s.* **1.** Ablassen *n* von Luft *od.* Gas; **2.** ✝ Deflati'on *f*; **de'fla·tion·ar·y** [-eɪʃnərɪ] *adj.* ✝ deflatio'nistisch, Deflations...

de·flect [dɪ'flekt] I *v/t.* ablenken, *sport a. Schuß* abfälschen; II *v/i.* abweichen (*from* von); **de'flec·tion**, *Brit. a.* de-'flex·ion [-ekʃn] *s.* **1.** Ablenkung *f* (*a. phys.*); **2.** Abweichung *f* (*a. fig.*); **3.** Ausschlag *m* (*Zeiger etc.*); **de'flec·tor** [-tə] *s.* De'flektor *m*, Ablenkvorrichtung *f*: *~ coil ⚡* Ablenkspule *f*.

de·flo·rate ['di:flɔ:reɪt] → **deflower**; **def·lo·ra·tion** [,di:flɔ:'reɪʃn] *s.* Deflorati'on *f*, Entjungferung *f*.

de·flow·er [,di:'flaʊə] *v/t.* **1.** deflorieren, entjungfern; **2.** *fig. e-r Sache* den Reiz nehmen.

de·fo·li·ant [,di:'fəʊlɪənt] *s.* 🌿, ✕ Entlaubungsmittel *n*; **de·fo·li·ate** [,di:'fəʊlɪeɪt] *v/t.* entblättern, entlauben; **de·fo·li·a·tion** [,di:fəʊlɪ'eɪʃn] *s.* Entblätterung *f*.

de·for·est·a·tion [di:,fɒrɪ'steɪʃn] *s.* Abforstung *f*, -holzung *f*; Entwaldung *f*.

de·form [dɪ'fɔ:m] *v/t.* **1.** *a.* ☉, *phys.* verformen; **2.** verunstalten, entstellen, deformieren; verzerren (*a. fig.*, 𝔸, *phys.*); **3.** *Charakter* verderben, ,verbiegen'; **de·for·ma·tion** [,di:fɔ:'meɪʃn] *s.* **1.** *a.* ☉, *phys.* Verformung *f*; **2.** Verunstaltung *f*, Entstellung *f*; 'Mißbildung *f*; 𝔸, *phys.* Verzerrung *f*; **de'formed** [-md] *adj.* verformt (*etc.* → **deform**); **de'form·i·ty** [-mətɪ] *s.* **1.** Entstelltheit *f*, Häßlichkeit *f*; **2.** 'Mißbildung *f*, Auswuchs *m*; **3.** 'mißgestaltete Per'son *od.* Sache; **4.** Verderbtheit *f*, mo'ralischer De'fekt.

de·fraud [dɪ'frɔ:d] *v/t.* betrügen (*of* um): *~ the revenue* Steuern hinterziehen; *with intent to ~* in betrügerischer Absicht, arglistig; **de·frau·da·tion** [,di:frɔ:'deɪʃn] *s.* Betrug *m*; Hinter'ziehung *f*, Unter'schlagung *f*; **de'fraud·er** [-də] *s.* 'Steuerhinter,zieher *m*.

de·fray [dɪ'freɪ] *v/t. Kosten* tragen, bestreiten, bezahlen.

de·frock [,di:'frɒk] → **unfrock**.

de·frost [,di:'frɒst] *v/t.* von Eis befreien, *Windschutzscheibe etc.* entfrosten, *Kühlschrank etc.* abtauen, *Tiefkühlkost etc.* auftauen: *~ing rear window* mot. heizbare Heckscheibe.

deft [deft] *adj.* □ geschickt, gewandt; **'deft·ness** [-nɪs] *s.* Geschicktheit *f*, Gewandtheit *f*.

de·funct [dɪ'fʌŋkt] I *adj.* **1.** verstorben; **2.** erloschen, nicht mehr existierend, ehemalig; II *s.* **3.** *the ~* der *od.* die Verstorbene.

de·fuse [,di:'fju:z] *v/t. Bombe etc.*, *fig. a. Lage etc.* entschärfen.

de·fy [dɪ'faɪ] *v/t.* **1.** trotzen, Trotz *od.* die Stirn bieten (*dat.*); **2.** sich wider'setzen (*dat.*); **3.** sich hin'wegsetzen über (*acc.*), verstoßen gegen; **4.** standhalten, Schwierigkeiten machen (*dat.*): *~ description* jeder Beschreibung spotten; *~ translation* (fast) unübersetzbar sein; **5.** her'ausfordern: *I ~ anyone to do it* den möchte ich sehen, der das fertigbringt; *I ~ you to do it* ich weiß genau,

daß du es nicht (tun) kannst.

de·gauss [,di:'gaʊs] *v/t. Schiff* entmagnetisieren.

de·gen·er·a·cy [dɪ'dʒenərəsɪ] *s.* Degenerati'on *f*, Entartung *f*, Verderbtheit *f*; **de·gen·er·ate** I *v/i.* [dɪ'dʒenəreɪt] (*into*) entarten: a) *biol. etc.* degenerieren (zu), b) *allg.* ausarten (zu, in *acc.*), her-'absinken (zu, auf die Stufe *gen.*), *a.* verflachen; II *adj.* [-rət] degeneriert, entartet; verderbt; III *s.* [-rət] degenerierter Mensch; **de·gen·er·a·tion** [dɪ,dʒenə'reɪʃn] *s.* Degenerati'on *f*, Entartung *f*.

deg·ra·da·tion [,degrə'deɪʃn] *s.* **1.** Degradierung *f* (*a.* ✕), Ab-, Entsetzung *f*; **2.** Verminderung *f*, Schwächung *f*, Verschlechterung *f*; Entartung *f*, Degenerati'on *f* (*a. biol.*); **3.** Entwürdigung *f*, Erniedrigung *f*, Her'absetzung *f*; **4.** 🜨 Abbau *m*; **5.** *phys.* Degradati'on *f*; **6.** *geol.* Verwitterung *f*; **de·grade** [dɪ'greɪd] I *v/t.* **1.** degradieren (*a.* ✕), (her)'absetzen; **2.** vermindern, her'untersetzen, verschlechtern; **3.** erniedrigen, entwürdigen; II *v/i.* **4.** 🜨 abbauen; **5.** (ab)sinken, her'unterkommen; **6.** entarten; **de·grad·ing** [dɪ'greɪdɪŋ] *adj.* erniedrigend, entwürdigend; her'absetzend.

de·gree [dɪ'gri:] *s.* **1.** Grad *m*, Stufe *f*, Maß *n*: *by ~s* allmählich; *by slow ~s* ganz allmählich; *in some ~* einigermaßen; *in no ~* keineswegs; *in the highest ~* im höchsten Maße *od.* Grad(e), aufs höchste; *to what ~* in welchem Maße, wie weit *od.* sehr; *to a ~* a) in hohem Maße, b) einigermaßen, c) → *to a certain ~* bis zu e-m gewissen Grade, ziemlich; **2.** 𝔸, *geogr.*, *phys.* Grad *m*: *~ of latitude* Breitengrad; *32 ~s centigrade* 32 Grad Celsius; *~ of hardness* Härtegrad; *of high ~* hochgradig; **3.** *univ.* Grad *m*, Würde *f*: *doctor's ~* Doktorwürde; *take one's ~* e-n akademischen Grad erwerben, (*zum Doktor*) promovieren; *~ day* Promotionstag *f*; **4.** (Verwandtschafts)Grad *m*; **5.** Rang *m*, Stand *m*: *of high ~* von hohem Rang; **6.** *ling. a. ~ of comparison* Steigerungsstufe *f*; **7.** ♪ Tonstufe *f*, Inter'vall *n*.

de·gres·sion [dɪ'greʃn] *s.* ✝ Degressi'on *f*; **de'gres·sive** [-sɪv] *adj.* ✝ degres'siv: *~ depreciation* degressive Abschreibung *f*.

de·hu·man·ize [,di:'hju:mənaɪz] *v/t.* entmenschlichen.

de·hy·drate [,di:'haɪdreɪt] *v/t.* 🜍 dehy-'drieren, das Wasser entziehen (*dat.*); dörren, trocknen: *~d vegetables* Trocken-, Dörrgemüse *n*; **de·hy·dra·tion** [,di:haɪ'dreɪʃn] *s.* Dehy'drierung *f*, Wasserentzug *m*; Dörren *n*, Trocknen *n*.

de·ice [,di:'aɪs] *v/t.* enteisen; **de-'ic·er** [-sə] *s.* Enteisungsmittel *n*, -anlage *f*, -gerät *n*.

de·i·de·ol·o·gize ['di:,aɪdɪ'ɒlədʒaɪz] *v/t.* entideologisieren.

de·i·fi·ca·tion [,di:ɪfɪ'keɪʃn] *s.* **1.** Apothe'ose *f*, Vergötterung *f*; **2.** *et.* Vergöttlichtes; **de·i·fy** ['di:ɪfaɪ] *v/t.* **1.** Gott erheben; **2.** als Gott verehren, anbeten (*a. fig.*).

deign [deɪn] I *v/i.* sich her'ablassen, geruhen, belieben (*to do* zu tun); II *v/t.*

sich her'ablassen zu: *he ~ed no answer.*

de·ism ['di:ızəm] *s.* De'ismus *m*; **de·ist** ['di:ıst] *s.* De'ist(in); **de·is·tic, de·is·ti·cal** [di:'ıstık(l)] *adj.* □ de'istisch; **de·i·ty** ['di:ıtı] *s.* **1.** Gottheit *f*; **2.** *the ⌀ eccl.* die Gottheit, Gott *m*.

de·ject·ed [dɪ'dʒektɪd] *adj.* □ niedergeschlagen, deprimiert; **de'jec·tion** [-kʃn] *s.* **1.** Niedergeschlagenheit *f*, Trübsinn *m*; **2.** *⚕* a) Stuhlgang *m*, b) Stuhl *m*, Kot *m*.

de ju·re [ˌdi:'dʒʊərı] (*Lat.*) **I** *adj.* De-jure-...; **II** *adv.* de 'jure, von Rechts wegen.

dek·ko ['dekəʊ] *s. sl.* (kurzer) Blick: *have a ~* mal schauen.

de·lac·ta·tion [ˌdi:læk'teɪʃn] *s.* *⚕* Abstillen *n*, Entwöhnung *f*.

de·lay [dɪ'leɪ] **I** *v/t.* **1.** ver-, auf-, hin'ausschieben, verzögern, verschleppen; **2.** auf-, hinhalten, hindern, hemmen; **II** *v/i.* **3.** zögern, zaudern; Zeit verlieren, sich aufhalten; **III** *s.* **4.** Aufschub *m*, Verzögerung *f*, Verzug *m*: *without ~* unverzüglich; *~ of payment ⚕* Zahlungsaufschub *m*; **de·layed** [dɪ'leɪd] *adj.* verzögert, verspätet, nachträglich, Spät-...: *~-action bomb* Bombe *f* mit Verzögerungszünder; *~ fuse* Verzögerungszünder *m*; *~ ignition* ⚙ Spätzündung *f*; **de·lay·ing** [dɪ'leɪɪŋ] *adj.* aufschiebend, verzögernd; 'hinhaltend: *~ action* Verzögerung(saktion) *f*, Hinhaltung *f*; ✕ hinhaltendes Gefecht; *~ tactics* Hinhaltetaktik *f*.

del cred·er·e [ˌdel'kredərı] *s.* † Del-'kredere *n*, Bürgschaft *f*.

de·le ['di:li:] (*Lat.*) *typ.* **I** *v/t.* tilgen, streichen; **II** *s.* Dele'atur(zeichen) *n*.

de·lec·ta·ble [dɪ'lektəbl] *adj.* □ köstlich; **de·lec·ta·tion** [ˌdi:lek'teɪʃn] *s.* Ergötzen *n*, Vergnügen *n*, Genuß *m*.

del·e·ga·cy ['delɪɡəsı] *s.* Abordnung *f*, Delegati'on *f*; **'del·e·gate I** *s.* [-ɡət] **1.** Delegierte(r *m*) *f*, Vertreter(in), Abgeordnete(r *m*) *f*; **2.** *parl. Am.* Kon'greßabgeordnete(r *m*) *f* (*e-s Einzelstaats*); **II** *v/t.* [-ɡeɪt] **3.** abordnen, delegieren; bevollmächtigen; **4.** (*to*) Aufgabe, Vollmacht *etc.* über'tragen, delegieren (an *acc.*); **del·e·ga·tion** [ˌdelɪ'ɡeɪʃn] *s.* **1.** Abordnung *f*, Ernennung *f*; **2.** Über-'tragung *f* (*Vollmacht etc.*), Delegieren *n*; Über'weisung *f*; **3.** Delegati'on *f*, Abordnung *f*; **4.** *pl. parl. Am.* die (Kon'greß)Abgeordneten *pl.* (*e-s Einzelstaats*).

de·lete [dɪ'li:t] *v/t.* tilgen, (aus)streichen, ausradieren.

del·e·te·ri·ous [ˌdelɪ'tɪərɪəs] *adj.* □ schädlich, verderblich, nachteilig.

de·le·tion [dɪ'li:ʃn] *s.* Streichung *f*: a) Tilgung *f*, b) *das* Ausgestrichene.

delft [delft] *a.* **delf** [delf] *s.* **1.** Delfter Fay'encen *pl.*; **2.** *allg.* glasiertes Steingut.

de·lib·er·ate I *adj.* □ [dɪ'lɪbərət] **1.** über'legt, wohlerwogen, bewußt, absichtlich, vorsätzlich: *a ~ lie* e-e bewußte Lüge; **2.** bedächtig: a) besonnen, vorsichtig, b) gemächlich, langsam; **II** *v/t.* [-bəreɪt] **3.** über'legen, erwägen; **III** *v/i.* [-bəreɪt] **4.** nachdenken, über'legen; beratschlagen, sich beraten (*on* über *acc.*); **de'lib·er·ate·ness** [-nɪs] *s.* **1.** Vorsätzlichkeit *f*; **2.** Bedächtigkeit *f*;

de·lib·er·a·tion [dɪˌlɪbə'reɪʃn] *s.* **1.** Über'legung *f*; **2.** Beratung *f*; **3.** Bedachtsam-, Behutsamkeit *f*, Vorsicht *f*; **de'lib·er·a·tive** [-rətɪv] *adj.* beratend: *~ assembly.*

del·i·ca·cy ['delɪkəsı] *s.* **1.** Zartheit *f*, Feinheit *f*; Zierlichkeit *f*; **2.** Zartheit *f*, Schwächlichkeit *f*; Empfindlichkeit *f*, Anfälligkeit *f*; **3.** Anstand *m*, Zartgefühl *n*, Takt *m*: *~ of feeling* Feinfühligkeit *f*; **4.** Feinheit *f*, Genauigkeit *f*; **5.** *fig.* Kitzligkeit *f*: *negotiations of great ~* sehr heikle Besprechungen; **6.** (*a. fig.*) Leckerbissen *m*, Delika'tesse *f*; **'del·i·cate** [-kət] *adj.* □ **1.** zart, fein, zierlich; **2.** zart (*a. Gesundheit, Farbe*), empfindlich, zerbrechlich, schwächlich: *she was in a ~ condition* sie war in anderen Umständen; **3.** fein, leicht, dünn; **4.** sanft, leise: *~ hint* zarter Wink; **5.** fein, genau; **6.** fein, anständig; **7.** vornehm; verwöhnt; **8.** heikel, kitzlig, schwierig; **9.** zartfühlend, feinfühlig, taktvoll; **10.** lecker, schmackhaft, deli'kat; **del·i·ca·tes·sen** [ˌdelɪkə'tesn] *s. pl.* **1.** Delika'tessen *pl.*, Feinkost *f*; **2.** *sg. konstr.* Feinkostgeschäft *n*.

de·li·cious [dɪ'lɪʃəs] *adj.* □ köstlich: a) wohlschmeckend, b) herrlich.

de·lict ['di:lɪkt] *s.* *⚖* De'likt *n*.

de·light [dɪ'laɪt] **I** *s.* Vergnügen *n*, Freude *f*, Wonne *f*, Entzücken *n*: *to my ~* zu m-r Freude; *take ~ in →* III; **II** *v/t.* erfreuen, entzücken; **III** *v/i.* *~ in* (gro-ße) Freude haben an (*dat.*), Vergnügen finden an (*dat.*); sich ein Vergnügen machen aus; **de'light·ed** [-tɪd] *adj.* □ entzückt, (hoch)erfreut (*with* über *acc.*): *I am* (*od.* *shall be*) *~ to come* ich komme mit dem größten Vergnügen; **de'light·ful** [-fʊl] *adj.* □ entzückend, reizend; herrlich, wunderbar.

de·lim·it [di:'lɪmɪt], **de·lim·i·tate** [di:'lɪ-mɪteɪt] *v/t.* abgrenzen, die Grenze(n) festsetzen von (*od. gen.*); **de·lim·i·ta·tion** [di:ˌlɪmɪ'teɪʃn] *s.* Abgrenzung *f*.

de·lin·e·ate [dɪ'lɪnɪeɪt] *v/t.* **1.** skizzieren, entwerfen, zeichnen; **2.** beschreiben, schildern, darstellen; **de·lin·e·a·tion** [dɪˌlɪnɪ'eɪʃn] *s.* **1.** Skizze *f*, Entwurf *m*, Zeichnung *f*; **2.** Beschreibung *f*, Schilderung *f*, Darstellung *f*.

de·lin·quen·cy [dɪ'lɪŋkwənsı] *s.* **1.** Vergehen *n*; **2.** Pflichtvergessenheit *f*; **3.** *⚖* Kriminali'tät *f*: *→ juvenile* 1; **de'lin·quent** [-nt] **I** *adj.* **1.** straffällig, krimi-'nell; **2.** pflichtvergessen: *~ taxes Am.* Steuerrückstände; **II** *s.* **3.** Delin'quent (-in), Straffällige(r *m*) *f*, (Straf)Täter (-in); *→ juvenile* 1; **4.** Pflichtvergessene(r *m*) *f*.

del·i·quesce [ˌdelɪ'kwes] *v/i. bsd.* *⚗* zerfließen; wegschmelzen.

de·lir·i·ous [dɪ'lɪrɪəs] *adj.* □ **1.** *⚕* irreredend, phantasierend: *be ~* irrereden, phantasieren; **2.** *fig.* rasend, wahnsinnig (*with* vor *dat.*): *~ (with joy)* überglücklich.

de·lir·i·um [dɪ'lɪrɪəm] *s.* **1.** *⚕* De'lirium *n*, (Fieber)Wahn *m*; **2.** *fig.* Rase'rei *f*, Verzückung *f*; *~ tre·mens* ['tri:menz] *s.* De'lirium *n* 'tremens, Säuferwahnsinn *m*.

de·liv·er [dɪ'lɪvə] *v/t.* **1.** befreien, erlösen, retten (*from* aus, von); **2.** Frau entbinden (*of* von), Kind ,holen'

(*Arzt*): *be ~ed of a child* entbunden werden, entbinden; **3.** *Meinung* äußern; *Urteil* aussprechen; *Rede etc.* halten; **4.** *~ o.s.* äußern (*of* acc.), sich äußern (*on* über *acc.*); **5.** *Waren* liefern: *~ (the goods)* ✝ Wort halten, die Sache ,schaukeln', ,es schaffen'; **6.** ab-, ausliefern; über'geben, -'bringen, -'liefern; über'senden, (hin)befördern; **7.** *Briefe* zustellen; *Nachricht* bestellen; *⚖* zustellen; **8.** *~ up* abgeben, -treten, über'geben, -'liefern; *⚖* her'ausgeben: *~ o.s. up* sich ergeben *od.* stellen (*to dat.*); **9.** *Schlag* versetzen; **de'liv·er·a·ble** [-vərəbl] *adj.* ✝ lieferbar, zu liefern(d); **de'liv·er·ance** [-vərəns] *s.* **1.** Befreiung *f*, Erlösung *f*, (Er)Rettung *f* (*from* aus, von); **2.** Äußerung *f*, Verkündung *f*; **de'liv·er·er** [-vərə] *s.* **1.** Befreier *m*, Erlöser *m*, (Er)Retter *m*; **2.** Über'bringer *m*.

de·liv·er·y [dɪ'lɪvərı] *s.* **1.** Lieferung *f*: *on ~* bei Lieferung, bei Empfang; *take ~ (of)* abnehmen (*acc.*); **2.** ⍟ Zustellung *f*; **3.** Ab-, Auslieferung *f*; Aushändigung *f*, 'Übergabe *f* (*a. ⚖*); **4.** Über-'bringung *f*, -'sendung *f*, Beförderung *f*; **5.** ⚙ (Zu)Leitung *f*, Zuführung *f*; Förderung *f*; Leistung *f*; **6.** *rhet.* Vortragsweise *f*; **7.** *Baseball, Kricket:* 'Wurf (-ˌtechnik *f*) *m*; **8.** ✕ Abfeuern *n*; **9.** *⚕* Entbindung *f*; *~ charge s.* ⍟ Zustellgebühr *f*; *~·man* [*irr.*] Ausfahrer *m*; Verkaufsfahrer *m*; *~ note s.* ✝ Lieferschein *m*; *~ or·der s.* ✝ Auslieferungsschein *m*, Lieferschein *m*; *~ pipe s.* Leitungsröhre *f*; *~ room s.* *⚕* Entbindungssaal *m*, -zimmer *n*, Kreißsaal *m*; *~ serv·ice s.* ⍟ Zustelldienst *m*; *~ truck s. mot. Am.*, *~ van s. Brit.* Lieferwagen *m*.

dell [del] *s.* kleines, enges Tal.

de·louse [ˌdi:'laʊs] *v/t.* entlausen.

Del·phic ['delfık] *adj.* delphisch, *fig. a.* dunkel, zweideutig.

del·phin·i·um [del'fınıəm] *s.* ♀ Rittersporn *m*.

del·ta ['deltə] *s. allg.* (*a.* Fluß)Delta *n*; *~ con·nec·tion s.* ⚡ Dreieckschaltung *f*; *~ rays s. pl. phys.* Deltastrahlen *pl.*; *~ wing s.* ✈ Deltaflügel *m*.

del·toid ['deltɔɪd] **I** *adj.* deltaförmig; **II** *s. anat.* Deltamuskel *m*.

de·lude [dɪ'lu:d] *v/t.* **1.** täuschen, irreführen; (be)trügen: *~ o.s.* sich Illusionen hingeben, sich et. vormachen; **2.** verleiten (*into* zu).

del·uge ['delju:dʒ] **I** *s.* **1.** (große) Über-'schwemmung: *the ⌀ bibl.* die Sintflut; **2.** *fig.* Flut *f*, (Un)Menge *f*; **II** *v/t.* **3.** *a. fig.* über'schwemmen, -'fluten, -'schütten.

de·lu·sion [dɪ'lu:ʒn] *s.* **1.** (Selbst)Täuschung *f*, Verblendung *f*, Wahn *m*, Irrglauben *m*; **2.** Trug *m*, Wahnvorstellung *f*: *be (od. labo[u]r) under the ~ that* in dem Wahn leben, daß; *→ grandeur* 3; **de'lu·sive** [-u:sıv] *adj.* □ irreführend, trügerisch, Wahn-...

de luxe [də'lʊks] *adj.* Luxus...

delve [delv] *v/i. fig.* (*into*) sich vertiefen (in *acc.*), erforschen, ergründen (*acc.*); graben (*for* nach): *~ among* stöbern in (*dat.*).

de·mag·net·ize [ˌdi:'mæɡnıtaız] *v/t.* entmagnetisieren.

dem·a·gog ['deməɡɒɡ] *Am.* → **dem-**

agogue; **dem·a·gog·ic**, **dem·a·gog·i·cal** [ˌdemə'gɒgɪk(l)] *adj.* □ dema'gogisch, aufwieglerisch; **'dem·a·gogue** [-gɒg] *s.* Dema'goge *m*; **'dem·a·gog·y** [-gɪ] *s.* Demago'gie *f.*

de·mand [dɪ'mɑ:nd] **I** *v/t.* **1.** *Person*: et. verlangen, fordern, begehren (*of*, *from* von, *a. that* daß, *to do* zu tun): *I ~ payment*; **2.** *Sache*: erfordern, verlangen (*acc.*, *that* daß), bedürfen (*gen.*): *the matter ~s great care* die Sache erfordert große Sorgfalt; **3.** *oft ⚖* beanspruchen; **4.** wissen wollen, fragen nach: *the police ~ed his name*; **II** *s.* **5.** Verlangen *n*, Forderung *f*, Ersuchen *n*: *on ~* a) auf Verlangen, b) ✝ bei Vorlage, bei Sicht; **6.** ✝ (*for*) Nachfrage *f* (nach), Bedarf *m* (an *dat.*) (*Ggs.* *supply*): *in ~ a. fig.* gefragt, begehrt, gesucht; **7.** (*on*) Anspruch *m*, Anforderung *f* (an *acc.*): Beanspruchung *f* (*gen.*): *make great ~s on* sehr in Anspruch nehmen (*acc.*), große Anforderungen stellen an (*acc.*); **8.** *⚖* (Rechts-) Anspruch *m*, Forderung *f*; *~* **bill** ✝ *Am.* Sichtwechsel *m*; *~* **de·pos·it** ✝ Sichteinlage *f*; *~* **draft** → *demand bill.*

de·mand·ing [dɪ'mɑ:ndɪŋ] *adj.* **1.** anspruchsvoll (*a. fig. Musik etc.*), schwierig; **2.** genau, streng; **3.** fordernd.

de·mand| man·age·ment *s.* Nachfragesteuerung *f*; *~* **note** *s.* **1.** *Brit.* Zahlungsaufforderung *f*; **2.** Sichtwechsel *m*; *~* **pull** *s.* 'Nachfrageinflatiˌon *f.*

de·mar·cate [di:'mɑ:keɪt] *v/t. a. fig.* abgrenzen (*from* gegen, von); **de·mar·ca·tion** [ˌdi:mɑ:'keɪʃn] *s.* Abgrenzung *f*, Grenzziehung *f*: *line of ~* a) Grenzlinie *f* (*a. fig.*), b) *pol.* Demarkationslinie *f*, c) *fig.* Trennungslinie *f*, -strich *m.*

dé·marche ['deɪmɑ:ʃ] (*Fr.*) *s.* De'marche *f*, diplo'matischer Schritt.

de·mean¹ [dɪ'mi:n] *v/t.*: *~ o.s.* sich benehmen, sich verhalten.

de·mean² [dɪ'mi:n] *v/t.*: *~ o.s.* sich erniedrigen; **de'mean·ing** [-nɪŋ] *adj.* erniedrigend.

de·mean·o(u)r [dɪ'mi:nə] *s.* Benehmen *n*, Verhalten *n*, Haltung *f.*

de·ment·ed [dɪ'mentɪd] *adj.* □ wahnsinnig, verrückt (F *a. fig.*); **de'men·ti·a** [-nʃɪə] *s.* ✻ **1.** Schwachsinn *m*; **2.** Wahn-, Irrsinn *m.*

de·mer·it [di:'merɪt] *s.* **1.** Schuld(haftigkeit) *f*, Fehler *m*, Mangel *m*; **2.** Unwürdigkeit *f*; **3.** Nachteil *m*, schlechte Seite; **4.** *mst ~ mark ped. Am.* Tadel *m*, Minuspunkt *m.*

de·mesne [dɪ'meɪn] *s.* **1.** *⚖* Eigenbesitz *m*, freier Grundbesitz; Landgut *n*, Do'mäne *f*: *Royal ~* Krongut *n*; **2.** *fig.* Do'mäne *f*, Gebiet *n.*

'dem·i|-god ['demɪ-] *s.* Halbgott *m*; **'~·john** [-dʒɒn] *s.* Korbflasche *f*, 'Glasbalˌlon *m.*

de·mil·i·ta·rize [ˌdi:'mɪlɪtəraɪz] *v/t.* entmilitarisieren.

dem·i|-monde [ˌdemɪ'mɔ:nd] *s.* Halbwelt *f*; **~·'pen·sion** *s.* 'Halbpensiˌon *f*; **~·rep** ['demɪrep] *s.* Frau *f* von zweifelhaftem Ruf.

de·mise [dɪ'maɪz] *⚖* **I** *s.* **1.** Be'sitzüberˌtragung *f od.* -verpachtung *f*: *~ of the Crown* Übergehen *n* der Krone *an den Nachfolger*; **2.** Ableben *n*, Tod *m*; **II** *v/t.* **3.** *allg. et.* über'tragen, *a.* verpachten *od.* vermachen.

---

dem·i·sem·i·qua·ver ['demɪsemɪˌkweɪvə] *s.* ♪ Zweiunddreißigstel(note *f*) *n.*

de·mis·sion [dɪ'mɪʃn] *s.* Rücktritt *m*, Abdankung *f*, Demissi'on *f.*

de·mo ['deməʊ] *s.* F **1.** ‚Demo' *f* (*Demonstration*); **2.** a) Vorführband *n*, b) Vorführwagen *m.*

de·mob [ˌdi:'mɒb] *v/t. Brit.* F → *demobilize* 1b.

de·mo·bi·li·za·tion [di:ˌməʊbɪlaɪ'zeɪʃn] *s.* Demobilisierung *f*: a) Abrüstung *f*, b) Entlassung *f* aus dem Wehrdienst; **de·mo·bi·lize** [di:'məʊbɪlaɪz] *v/t.* **1.** demobilisieren: a) abrüsten, b) Truppen entlassen, *Heer* auflösen; **2.** *Kriegsschiff* außer Dienst stellen.

de·moc·ra·cy [dɪ'mɒkrəsɪ] *s.* **1.** Demo'kra'tie *f*; **2.** *⅋ pol. Am.* die Demo'kratische Par'tei (*od.* deren Grundsätze); **dem·o·crat** ['deməkræt] *s.* **1.** Demo'krat(in); **2.** *⅋ Am. pol.* Demo'krat(in), Mitglied *n* der Demo'kratischen Par'tei; **dem·o·crat·ic** [ˌdemə'krætɪk] *adj.* (□ *~ally*) **1.** demo'kratisch; **2.** *⅋ pol. Am.* demo'kratisch (*die Demokratische Partei betreffend*); **de·moc·ra·ti·za·tion** [dɪˌmɒkrətaɪ'zeɪʃn] *s.* Demokratisierung *f*; **de·moc·ra·tize** [dɪ'mɒkrətaɪz] *v/t.* demokratisieren.

dé·mo·dé [ˌdeɪməʊ'deɪ] (*Fr.*), **de·mod·ed** [di:'məʊdɪd] *adj.* altmodisch, außer Mode.

de·mog·ra·pher [dɪ'mɒgrəfə] *s.* Demo'graph *m*; **de'mog·ra·phy** [-fɪ] *s.* Demogra'phie *f.*

de·mol·ish [dɪ'mɒlɪʃ] *v/t.* **1.** ab-, niederreißen; **2.** *Festung* schleifen; **3.** ✕ sprengen; **4.** *fig.* (*a. j-n*) vernichten, ka'puttmachen; **5.** *sport* F ‚über'fahren'; **dem·o·li·tion** [ˌdemə'lɪʃn] *s.* **1.** Abbruch *m*, Niederreißen *n*; **2.** Schleifen *n* (*Festung*); **3.** ✕ Spreng...: *~ bomb* Sprengbombe *f*; *~ squad* Sprengkommando *n*; **4.** Vernichtung *f.*

de·mon (*myth. oft daemon*) ['di:mən] **I** *s.* **1.** 'Dämon *m*, böser Geist, 'Satan *m* (*a. fig.*); **2.** *fig.* Teufelskerl *m*: *~ for work* ‚Wühler' *m*, unermüdlicher Arbeiter; **II** *adj.* **3.** dä'monisch, *fig. a.* wild, besessen.

de·mon·e·ti·za·tion [di:ˌmʌnɪtaɪ'zeɪʃn] *s.* Außer'kurssetzung *f*, Entwertung *f*; **de·mon·e·tize** [ˌdi:'mʌnɪtaɪz] *v/t.* außer Kurs setzen.

de·mo·ni·ac [dɪ'məʊnɪæk] **I** *adj.* **1.** dä'monisch, teuflisch; **2.** besessen, rasend, tobend; **II** *s.* **3.** Besessene(r *m*) *f*; **de·mo·ni·a·cal** [ˌdi:məʊ'naɪəkl] *adj.* → *demoniac* 1, 2; **de·mon·ic** [di:'mɒnɪk] *adj.* (□ *~ally*) dä'monisch, teuflisch; **de·mon·ism** ['di:mənɪzəm] *s.* Dä'monenglaube *m*; **de·mon·ize** ['di:mənaɪz] *v/t.* dämonisieren, *fig. a.* verteufeln; **de·mon·ol·o·gy** [ˌdi:mə'nɒlədʒɪ] *s.* Dä'monenlehre *f.*

de·mon·stra·ble ['demənstrəbl] *adj.* □ beweisbar, nachweislich; **dem·on·strate** ['demənstreɪt] **I** *v/t.* **1.** demonstrieren: a) be-, nachweisen, b) veranschaulichen, darlegen; **2.** vorführen; **II** *v/i.* **3.** demonstrieren, e-e Demonstrati'on veranstalten; **dem·on·stra·tion** [ˌdemən'streɪʃn] *s.* **1.** Demon'strierung *f*, Veranschaulichung *f*, Darstellung *f*; **2.** a) Beweis *m* (*of* für), b) Beweisführung *f*; **3.** Vorführung *f*, Demonstrati'on *f* (*to* vor *j-m*): *~ car* Vorführwa-

---

gen *m*; **4.** (Gefühls)Äußerung *f*, Bekundung *f*; **5.** Demonstrati'on *f* (*a. pol. u.* ✕), Kundgebung *f*; **6.** ✕ 'Täuschungsmaˌnöver *n*; **de·mon·stra·tive** [dɪ'mɒnstrətɪv] **I** *adj.* □ **1.** anschaulich (zeigend); über'zeugend, beweiskräftig: *be ~ of* → *demonstrate* 1; **2.** demonstra'tiv, ostenta'tiv, auffällig, betont; **3.** ausdrucks-, gefühlvoll; **4.** *ling.* Demonstrativ..., hinweisend: *~ pronoun*; **II** *s.* **5.** *ling.* Demonstra'tivum *n*; **dem·on·stra·tive·ness** [dɪ'mɒnstrətɪvnɪs] *s.* das Demonstra'tive *od.* Ostenta'tive, Betontheit *f*; **'dem·on·stra·tor** [-reɪtə] *s.* **1.** Beweisführer *m*, Erklärer *m*; **2.** ✝ a) Vorführer(in) *m*, b) 'Vorführˌmoˌdell *n*; **3.** *pol.* Demon'strant(in); **4.** *univ.* a) Assi'stent *m*, b) ✻ 'Prosektor *m.*

de·mor·al·i·za·tion [dɪˌmɒrəlaɪ'zeɪʃn] *s.* Demoralisati'on *f*: a) Sittenverfall *m*, Zuchtlosigkeit *f*, b) Entmutigung *f*, Demoralisierung *f*; **de·mor·al·ize** [dɪ'mɒrəlaɪz] *v/t.* demoralisieren: a) (sittlich) verderben, b) zersetzen, c) zermürben, entmutigen, d) die ('Kampf)Moˌral *od.* die Diszi'plin *der Truppe* unter'graben; **de·mor·al·iz·ing** [dɪ'mɒrəlaɪzɪŋ] *adj.* demoralisierend.

de·mote [ˌdi:'məʊt] *v/t.* **1.** degradieren; **2.** *ped. Am.* zu'rückversetzen.

de·moth(·ball) [ˌdi:'mɒθ(bɔ:l)] *v/t.* ✕ *Am. Flugzeuge etc.* ‚entmotten', wieder in Dienst stellen.

de·mo·tion [ˌdi:'məʊʃn] *s.* **1.** Degradierung *f*; **2.** *ped. Am.* Zu'rückversetzung *f.*

de·mo·ti·vate [ˌdi:'məʊtɪveɪt] *v/t.* demotivieren.

de·mount [ˌdi:'maʊnt] *v/t.* abmontieren, abnehmen; zerlegen; **de'mount·a·ble** [-təbl] *adj.* abmontierbar; zerlegbar.

de·mur [dɪ'mɜ:] **I** *v/i.* **1.** Einwendungen machen, Bedenken äußern (*to* gegen); zögern; **2.** *⚖* e-n Rechtseinwand erheben; **II** *s.* **3.** Einwand *m*, Bedenken *n*, Zögern *n*: *without ~* anstandslos, ohne Zögern.

de·mure [dɪ'mjʊə] *adj.* □ **1.** zimperlich, spröde; **2.** sittsam, prüde; **3.** zu'rückhaltend; **4.** gesetzt, ernst, nüchtern; **de'mure·ness** [-nɪs] *s.* **1.** Zimperlichkeit *f*; **2.** Zu'rückhaltung *f*; **3.** Gesetztheit *f.*

de·mur·rage [dɪ'mʌrɪdʒ] *s.* ✝ **1.** a) ⚓ 'Überliegezeit *f*, b) 🚢 zu langes Stehen (*bei der Entladung*); **2.** a) ⚓ ('Über-) Liegegeld *n*, b) 🚢 Wagenstandgeld *n*, c) Lagergeld *n.*

de·mur·rer [dɪ'mʌrə] *s.* *⚖* Rechtseinwand *m.*

de·my [dɪ'maɪ] *pl.* **-'mies** [-aɪz] *s.* **1.** Stipendi'at *m* (*Magdalen College, Oxford*); **2.** *ein Papierformat.*

den [den] *s.* **1.** Lager *n*, Bau *m*, Höhle *f* *wilder Tiere*: *lion's ~* Löwengrube *f*, *fig.* Höhle des Löwen; **2.** *fig.* Höhle *f*, Versteck *n*: *robber's ~* Räuberhöhle *f*, *~ of vice* Lasterhöhle; **3.** a) (gemütliches) Zimmer, ‚Bude' *f*, b) Arbeitszimmer *n*, c) *contp.* ‚Loch' *n*, Höhle *f.*

de·na·tion·al·ize [ˌdi:'næʃnəlaɪz] *v/t.* **1.** entnationalisieren, den natio'nalen Cha'rakter nehmen (*dat.*); **2.** *j-m* die Staatsbürgerschaft aberkennen; **3.** ✝ entstaatlichen, reprivatisieren.

de·nat·u·ral·ize [ˌdi:'nætʃrəlaɪz] *v/t.* **1.**

s-r wahren Na'tur entfremden; **2.** *j-n* denaturalisieren, ausbürgern.

de·na·ture [ˌdiːˈneɪtʃə] *v/t.* ⚓ denaturieren.

de·na·zi·fi·ca·tion [diːˌnɑːtsɪfɪˈkeɪʃn] *s. pol.* Entnazifizierung *f.*

den·dri·form [ˈdendrɪfɔːm] *adj.* baumförmig; **'den·droid** [-rɔɪd] *adj.* baumähnlich; **'den·dro·lite** [-rəlaɪt] *s.* Pflanzenversteinerung *f;* **den·drol·o·gy** [denˈdrɒlədʒɪ] *s.* Dendrolo'gie *f,* Baumkunde *f.*

dene[1] [diːn] *s.* Brit. (Sand)Düne *f.*

dene[2] [diːn] *s.* kleines Tal.

de·ni·a·ble [dɪˈnaɪəbl] *adj.* abzuleugnen(d), zu verneinen(d); **de·ni·al** [dɪˈnaɪəl] *s.* **1.** Ablehnung *f,* Verweigerung *f,* -sagung *f;* Absage *f,* abschlägige Antwort: **take no ~** sich nicht abweisen lassen; **2.** Verneinung *f,* Leugnen *n,* Ab-, Verleugnung *f:* **official ~** Dementi *n.*

de·nic·o·tin·ize [ˌdiːˈnɪkɒtɪnaɪz] *v/t.* entnikotisieren; **~d** nikotinfrei, -arm.

de·ni·er[1] [dɪˈnaɪə] *s.* **1.** Leugner(in); **2.** Verweigerer *m.*

de·nier[2] [ˈdenɪə] *s.* ⚓ Deni'er *m (Einheit für die Fadenstärke bei Seidengarn etc.).*

de·nier[3] [dɪˈnɪə] *s. hist.* Deni'er *m (Münze).*

den·i·grate [ˈdenɪɡreɪt] *v/t.* anschwärzen, verunglimpfen; **den·i·gra·tion** [ˌdenɪˈɡreɪʃn] *s.* Anschwärzung *f,* Verunglimpfung *f.*

den·im [ˈdenɪm] *s.* **1.** Köper *m;* **2.** *pl.* Overall *m od.* Jeans *pl.* aus Köper.

den·i·zen [ˈdenɪzn] *s.* **1.** Ein-, Bewohner *m (a. fig.);* **2.** *hist.* Brit. (teilweise) eingebürgerter Ausländer; **3.** *et.* Eingebürgertes *(Tier, Pflanze, Wort);* **4.** Stammgast *m.*

de·nom·i·nate [dɪˈnɒmɪneɪt] *v/t.* (be-) nennen, bezeichnen; **de·nom·i·na·tion** [dɪˌnɒmɪˈneɪʃn] *s.* **1.** Benennung *f,* Bezeichnung *f;* Name *m;* **2.** Gruppe *f,* Klasse *f;* **3.** (Maß- *etc.)*Einheit *f;* Nennwert *m (Banknoten):* **shares in small ~s** Aktien kleiner Stückelung; **4.** a) Konfessi'on *f,* Bekenntnis *n,* b) Sekte *f;* **de·nom·i·na·tion·al** [dɪˌnɒmɪˈneɪʃənl] *adj.* konfessio'nell, Konfessions..., Bekenntnis...: **~ school;** **de·nom·i·na·tion·al·ism** [dɪˌnɒmɪˈneɪʃnəlɪzəm] *s.* Prin'zip *n* des konfessio'nellen 'Unterrichts; **de·nom·i·na·tor** [dɪˈnɒmɪneɪtə] *s.* ⚓ Nenner *m:* **common ~** gemeinsamer Nenner *(a. fig.);* → **reduce** 11.

de·no·ta·tion [ˌdiːnəʊˈteɪʃn] *s.* **1.** Bezeichnung *f;* **2.** Bedeutung *f;* **3.** Be-'griffs,umfang *m;* **de·note** [dɪˈnəʊt] *v/t.* **1.** be-, kennzeichnen, anzeigen, andeuten; **2.** bedeuten.

dé·noue·ment [deɪˈnuːmɑ̃ːŋ] *(Fr.) s.* **1.** Lösung *f (des Knotens im Drama etc.);* **2.** Ausgang *m.*

de·nounce [dɪˈnaʊns] *v/t.* **1.** öffentlich anprangern, brandmarken, verurteilen; **2.** anzeigen, *contp.* denunzieren **(to** bei); **3.** *Vertrag* kündigen; **de'nounce·ment** [-mənt] *s.* **1.** (öffentliche) Anprangerung *od.* Verurteilung; **2.** Anzeige *f, contp.* Denunziati'on *f;* **3.** Kündigung *f (of gen.),* Rücktritt *m (vom Vertrag).*

dense [dens] *adj.* □ **1.** dicht *(a. phys.),* dick *(Nebel etc.);* **2.** gedrängt, eng; **3.** *fig.* beschränkt, schwer von Begriff; **4.**

---

phot. dicht, kräftig *(Negativ);* **'dense·ness** [-nɪs] *s.* **1.** Dichtheit *f,* Dichte *f;* **2.** *fig.* Beschränktheit *f,* Schwerfälligkeit *f;* **'den·si·ty** [-sətɪ] *s.* **1.** Dichte *f (a.* ⚓, *phys.),* Dichtheit *f:* **traffic ~** Verkehrsdichte; **2.** Gedrängtheit *f,* Enge *f;* **3.** *fig.* Beschränktheit *f,* Dummheit *f;* **4.** *phot.* Dichte *f,* Schwärzung *f.*

dent [dent] **I** *s.* Beule *f,* Einbeulung *f:* **make a ~ in** *(Ersparnisse etc.),* b) *j-s Stolz etc.* ,anknacksen'; **II** *v/t. u. v/i.* (sich) einbeulen: **~ s.o.'s image** *fig.* j-s Image schaden.

den·tal [ˈdentl] **I** *adj.* **1.** ⚕ Zahn...; zahnärztlich: **~ floss** Zahnseide *f;* **~ plate** Platte *f,* Zahnersatz *m;* **~ surgeon** Zahnarzt *m;* **~ technician** Zahntechniker(in); **2.** *ling.* Dental..., Zahn...: **~ sound** → 3; **II** *s.* **3.** *ling.* Den'tal(laut) *m;* **den·tate** [ˈdenteɪt] *adj.* ⚘, *zo.* gezähnt; **den·ta·tion** [denˈteɪʃn] *s.* ⚘, *zo.* Zähnung *f;* **den·ti·cle** [ˈdentɪkl] *s.* Zähnchen *n;* **den·tic·u·lat·ed** [denˈtɪkjʊleɪtɪd] *adj.* **1.** gezähnt; **2.** gezackt; **den·ti·form** [ˈdentɪfɔːm] *adj.* zahnförmig; **den·ti·frice** [ˈdentɪfrɪs] *s.* Zahnputzmittel *n;* **den·tils** [ˈdentɪlz] *s. pl.* △ Zahnschnitt *m;* **den·tine** [ˈdentiːn] *s.* ⚕ Den'tin *n,* Zahnbein *n;* **den·tist** [ˈdentɪst] *s.* Zahnarzt *m,* -ärztin *f;* **den·tist·ry** [ˈdentɪstrɪ] *s.* Zahnheilkunde *f;* **den·ti·tion** [denˈtɪʃn] *s.* ⚕ **1.** Zahnen *n (der Kinder);* **2.** 'Zahnformel *f,* -sy,stem *n;* **den·ture** [ˈdentʃə] *s.* **1.** *anat.* Gebiß *n;* **2.** a) künstliches Gebiß, ('Voll)Pro,these *f,* b) ('Teil)Pro,these *f.*

de·nu·cle·ar·ize [ˌdiːˈnjuːklɪəraɪz] *v/t.* a'tomwaffenfrei machen, e-e atomwaffenfreie Zone schaffen in *(dat.).*

de·nu·da·tion [ˌdiːnjuːˈdeɪʃn] *s.* **1.** Entblößung *f;* **2.** *geol.* Abtragung *f;* **de·nude** [dɪˈnjuːd] *v/t.* **1. (of)** entblößen (von), berauben *(gen.) (a. fig.);* **2.** *geol.* bloßlegen.

de·nun·ci·a·tion [dɪˌnʌnsɪˈeɪʃn] → **denouncement; de·nun·ci·a·tor** [dɪˈnʌnsɪeɪtə] *s.* Denunzi'ant(in); **de·nun·ci·a·to·ry** [dɪˈnʌnsɪətərɪ] *adj.* **1.** denunzierend; **2.** anprangernd, brandmarkend.

de·ny [dɪˈnaɪ] *v/t.* **1.** ab-, bestreiten, in Abrede stellen, dementieren, *(ab)*leugnen, verneinen: **it cannot be denied that ...,** **there is no ~ing (the fact) that ...** es läßt sich nicht *od.* es ist nicht zu leugnen *od.* bestreiten, daß; **I ~ saying so** ich bestreite, daß ich das gesagt habe; **~ a charge** e-e Beschuldigung zurückweisen; **2.** *Glauben, Freund* verleugnen; *Unterschrift* nicht anerkennen; **3.** *Bitte etc.* ablehnen; ⚖ *Antrag* abweisen; *j-m et.* abschlagen, verweigern, versagen: **~ o.s. the pleasure** sich das Vergnügen versagen; **he was denied the privilege** das Vorrecht wurde ihm versagt; **he was hard to ~** es war schwer, ihn abzuweisen; **she denied herself to him** sie versagte sich ihm; **4. ~ o.s. to s.o.** sich vor j-m verleugnen lassen.

de·o·dor·ant [diːˈəʊdərənt] **I** *s.* De(s)odo'rant *n;* **II** *adj.* de(s)odorierend; **de·o·dor·i·za·tion** [diːˌəʊdəraɪˈzeɪʃn] *s.* Desodorierung *f;* **de·o·dor·ize** [diːˈəʊdəraɪz] *v/t.* de(s)odorieren; **de'o·dor·iz·er** [-raɪzə] → **deodorant** I.

---

de·ox·i·dize [diːˈɒksɪdaɪz] *v/t.* ⚓ den Sauerstoff entziehen *(dat.).*

de·part [dɪˈpɑːt] *v/i.* **1. (for** nach) weg-, fortgehen, *bsd.* abreisen, abfahren; **2.** 🚂 *etc.* abgehen, abfahren, ✈ abfliegen; **3.** a. **~ (from) this life** 'hinscheiden, entschlafen, sterben; **4. (from)** abweichen (von *e-r Regel, der Wahrheit etc.),* *Plan etc.* ändern, aufgeben: **~ from one's word** sein Wort brechen; **de'part·ed** [-tɪd] *adj.* **1.** vergangen; **2.** verstorben: **the ~** der *od.* die Verstorbene, *coll.* die Verstorbenen; **de'part·ment** [-mənt] *s.* **1.** Fach *n,* Gebiet *m,* Res'sort *n,* Geschäftsbereich *m:* **that's your ~!** F das ist dein Ressort!; **2.** Abteilung *f:* **~ of German** *univ.* germanistische Abteilung; **export ~** ⚓ Exportabteilung; **~ store** Waren-, Kaufhaus *n;* **3.** *pol.* Departe'ment *n (in Frankreich);* **4.** Dienst-, Geschäftsstelle *f,* Amt *n:* **health ~** Gesundheitsamt; **5.** *pol.* Mini'sterium *n:* ⚖ **of Defense** *Am.* Verteidigungsministerium; ⚖ **of the Interior** *Am.* Innenministerium; **6.** ✕ Bereich *m,* Zone *f;* **de·part·men·tal** [ˌdiːpɑːtˈmentl] *adj.* **1.** Abteilungs...; Bezirks...; Fach...; **2.** Ministerial...; **de·part·men·tal·ize** [ˌdiːpɑːtˈmentəlaɪz] *v/t.* in (viele) Abteilungen gliedern.

de·par·ture [dɪˈpɑːtʃə] *s.* **1.** Weggang *m, bsd.* ✕ Abzug *m:* **take one's ~** sich verabschieden, weg-, fortgehen; **2.** a) Abreise *f,* b) 🚂 *etc.* Abfahrt *f,* ✈ Abflug *m:* **(time of) ~** Abfahrts- *od.* Abflugzeit *f;* **~ gate** Flugsteig *m;* **~ lounge** Abflughalle *f;* **~ platform** Abfahrtsbahnsteig *m;* **3.** Abweichen *n,* Abweichung *f (from* von *e-m Plan, e-r Regel etc.);* **4.** *fig.* Anfang *m,* Beginn *m:* **a new ~** a) neuer Anfang, b) ein neuer Weg, ein neues Verfahren; **point of ~** Ausgangspunkt *m;* **5.** 'Hinscheiden *n,* Tod *m.*

de·pend [dɪˈpend] *v/i.* **1. (on, upon)** abhängen (von), ankommen (auf *acc.):* **it ~s on the weather, it ~s on you; ~ing on the quantity used** je nach (der zu verwendenden) Menge; **~ing on whether** je nachdem, ob; **that ~s** F das kommt (ganz) darauf an, je nachdem; **2. (on, upon)** a) abhängig sein (von), b) angewiesen sein (auf *acc.):* **he ~s on my help;** **3.** sich verlassen **(on, upon** auf *acc.):* **you may ~ on that man; ~ upon it!** verlaß dich drauf!; **de·pend·a·bil·i·ty** [dɪˌpendəˈbɪlətɪ] *s.* Zuverlässigkeit *f;* **de'pend·a·ble** [-dəbl] *adj.* □ verläßlich, zuverlässig; **de·pend·ance** [-dəns] *Am.* → **dependence; de·pend·ant** [-dənt] **I** *s.* Abhängige(r *m) f, bsd.* (Fa'milien)Angehörige(r *m) f;* **II** *adj. Am.* → **dependent** I; **de'pend·ence** [-dəns] *s.* **1. (on, upon)** Abhängigkeit *f* (von), Angewiesensein *n* (auf *acc.);* Bedingtsein *n* (durch); **2.** Vertrauen *n,* Verlaß *m* **(on, upon** auf *acc.):* **3. in ~ on** in der Schwebe; **4.** Nebengebäude *n,* Depen'dance *f;* **de'pend·en·cy** [-dənsɪ] **1.** → **dependence** 1; **2.** *pol.* Schutzgebiet *n,* Kolo'nie *f;* **de'pend·ent** [-dənt] **I** *adj.* **1. (on, upon)** abhängig (von): a) angewiesen (auf *acc.),* b) bedingt (durch); **2.** vertrauend, sich verlassend **(on, upon** auf *acc.);* **3. (on)** 'untergeordnet *(dat.),* abhängig (von), unselbständig; **~**

clause *ling.* Nebensatz *m*; **4.** her'abhängend (*from* von); **II** *s.* **5.** *Am.* → **dependant** I.

de·peo·ple [ˌdiːˈpiːpl] *v/t.* entvölkern.

de·per·son·al·ize [ˌdiːˈpɜːsnəlaɪz] *v/t.* **1.** *psych.* entper'sönlichen; **2.** 'unper͵sönlich machen.

de·pict [dɪˈpɪkt] *v/t.* **1.** (ab)malen, zeichnen, darstellen; **2.** schildern, beschreiben, veranschaulichen.

dep·i·late [ˈdepɪleɪt] *v/t.* enthaaren, depilieren; **dep·i·la·tion** [ˌdepɪˈleɪʃn] *s.* Enthaarung *f*; **de·pil·a·to·ry** [dɪˈpɪlətərɪ] **I** *adj.* enthaarend; **II** *s.* Enthaarungsmittel *n.*

de·plane [ˌdiːˈpleɪn] *v/t. u. v/i.* aus dem Flugzeug ausladen (aussteigen).

de·plen·ish [dɪˈplenɪʃ] *v/t.* entleeren.

de·plete [dɪˈpliːt] *v/t.* **1.** (ent)leeren; **2.** Raubbau treiben mit; *Vorräte, Kräfte etc.* erschöpfen; *Bestand etc.* dezimieren: **~ a lake of fish** e-n See abfischen; **de·ple·tion** [dɪˈpliːʃn] *s.* **1.** Entleerung *f*; **2.** Raubbau *m*; Erschöpfung *f*; **♯** *a.* Erschöpfungszustand *m*; **♰** *a.* Sub'stanzverlust *m.*

de·plor·a·ble [dɪˈplɔːrəbl] *adj.* □ **1.** bedauerns-, beklagenswert; **2.** erbärmlich, kläglich; **de·plore** [dɪˈplɔː] *v/t.* beklagen: a) bedauern, b) miß'billigen, c) betrauern.

de·ploy [dɪˈplɔɪ] **I** *v/t.* **1.** ✕ a) aufmarschieren lassen, entwickeln, entfalten, b) *a. allg.* verteilen, *Raketen etc.* aufstellen; **2.** *Arbeitskräfte etc.* einsetzen; **3.** *fig.* anwenden, einsetzen; **II** *v/i.* **4.** sich entwickeln, sich entfalten, ausschwärmen; Ge'fechtsformati͵on annehmen; **III** *s.* **5.** → **de'ploy·ment** [-mənt] *s.* **1.** ✕ Entfaltung *f*, -wicklung *f*, Aufmarsch *m*; Gliederung *f*; Aufstellung *f*; **2.** **♰** *etc.* Einsatz *m*, Verteilung *f.*

de·poi·son [ˌdiːˈpɔɪzn] *v/t.* entgiften.

de·po·lar·ize [ˌdiːˈpəʊləraɪz] *v/t.* **1.** ⚡, *phys.* depolarisieren; **2.** *fig.* Überzeugung etc. erschüttern.

de·po·lit·i·cize [ˌdiːpəˈlɪtɪsaɪz] *v/t.* entpolitisieren.

de·pone [dɪˈpəʊn] → **depose** II; **de'po·nent** [-nənt] **I** *adj.* **1.** ~ **verb** *ling.* → 2; **II** *s.* **2.** *ling.* De'ponens *n*; **3.** ⚖ vereidigter Zeuge; *in Urkunden: der (die)* Erschienene.

de·pop·u·late [ˌdiːˈpɒpjʊleɪt] *v/t.* (*v/i.* sich) entvölkern; **de·pop·u·la·tion** [diːˌpɒpjʊˈleɪʃn] *s.* Entvölkerung *f.*

de·port [dɪˈpɔːt] *v/t.* **1.** (zwangsweise) fortschaffen; **2.** *pol.* a) deportieren, b) ausweisen, *Ausländer* abschieben; c) *hist.* verbannen; **3.** ~ *o.s.* sich *gut etc.* betragen *od.* benehmen; **de·por·ta·tion** [ˌdiːpɔːˈteɪʃn] *s.* Deportati'on *f*, Zwangsverschickung *f*; Ausweisung *f*; *hist.* Verbannung *f*; **de·por·tee** [ˌdiːpɔːˈtiː] *s.* Deportierte(r *m*) *f*; **de·port·ment** [-mənt] *s.* **1.** Benehmen *n*, Betragen *n*, Verhalten *n*; **2.** (Körper)Haltung *f.*

de·pos·a·ble [dɪˈpəʊzəbl] *adj.* absetzbar; **de·pos·al** [dɪˈpəʊzl] *s.* Absetzung *f*; **de·pose** [dɪˈpəʊz] **I** *v/t.* **1.** absetzen, entheben (*from gen.*); entthronen; **2.** ⚖ eidlich erklären, unter Eid zu Proto'koll geben; **II** *v/i.* (*bsd.* in Form e-r schriftlichen, beeideten Erklärung) aussagen *od.* bezeugen (**to s.th.** et.,

that daß).

de·pos·it [dɪˈpɒzɪt] **I** *v/t.* **1.** ab-, niedersetzen, ab-, niederlegen; *Eier* (ab)legen; **2.** 🜨, ⊙, *geol.* ablagern, -setzen, anschwemmen; **3.** *Geld* a) einzahlen, *a. Sache* hinter'legen, deponieren; über'geben, b) anzahlen; **II** *v/i.* **4.** 🜨 sich absetzen *od.* ablagern *od.* niederschlagen; **III** *s.* **5.** 🜨, ⊙ Ablagerung *f*, (Boden)Satz *m*, Niederschlag *m*, Sedi'ment *n*; Schicht *f*, Belag *m*; **6.** ✕, *geol.* Ablagerung *f*, Lager *n*, Flöz *n*; **7.** **♰** a) De'pot *n*: **place on ~** einzahlen, hinterlegen, b) Einzahlung *f*, Einlage *f*, Guthaben *n*: **~s** Depositen; **~ account** Termineinlagekonto *n*; **de·pos·i·tar·y** [-tərɪ] *s.* **1.** Deposi'tar *m*, Verwahrer(in); **2.** → **depot** 1.

dep·o·si·tion [ˌdepəˈzɪʃn] *s.* **1.** Amtsenthebung *f*; Absetzung *f* (*from* von); **2.** 🜨, ⊙, *geol.* Ablagerung *f*, Niederschlag *m*; **3.** ⚖ (Proto'koll *n od.* Abgabe *f* e-r beeideten) Erklärung *od.* Aussage; **4.** (Bild *n* der) Kreuzabnahme *f* Christi; **de·pos·i·tor** [dɪˈpɒzɪtə] *s.* **♰** a) Hinter'leger(in), b) Einzahler(in), c) Kontoinhaber(in); **de·pos·i·to·ry** [dɪˈpɒzɪtərɪ] *s.* **1.** a) Aufbewahrungsort *m*, b) → **depot** 1; **2.** *fig.* Fundgrube *f.*

de·pot [ˈdepəʊ] *s.* **1.** De'pot *n*, Lagerhaus *n*, -platz *m*, Niederlage *f*; **2.** *Am.* Bahnhof *m*; **3.** ✕ De'pot *n*: a) Gerätepark *m*, b) (Nachschub)Lager *n*, c) Sammelplatz *m*, d) Ersatztruppenteil *m*; **4.** **♯** De'pot *n.*

dep·ra·va·tion [ˌdeprəˈveɪʃn] → **depravity**; **de·prave** [dɪˈpreɪv] *v/t.* moralisch verderben; **de·praved** [dɪˈpreɪvd] *adj.* verderbt, verkommen, verworfen, schlecht; **de·prav·i·ty** [dɪˈprævətɪ] *s.* **1.** Verderbtheit *f*, Verworfenheit *f*; Schlechtigkeit *f*; **2.** böse Tat.

dep·re·cate [ˈdeprɪkeɪt] *v/t.* miß'billigen, verurteilen, verwerfen; **'dep·re·cat·ing** [-tɪŋ] *adj.* □ **1.** miß'billigend, ablehnend; **2.** entschuldigend; **3.** wegwerfend, (bescheiden) abwehrend; **dep·re·ca·tion** [ˌdeprɪˈkeɪʃn] *s.* 'Mißbilligung *f*; **'dep·re·ca·tor** [-tə] *s.* Gegner(in); **'dep·re·ca·to·ry** [-kətərɪ] → **deprecating**.

de·pre·ci·ate [dɪˈpriːʃɪeɪt] **I** *v/t.* **1.** a) geringschätzen, b) her'absetzen, -würdigen; **2.** a) *im Preis od.* Wert her'absetzen, b) abschreiben; **3.** **♰** *Währung* abwerten; **II** *v/i.* **4.** im Preis *od.* Wert sinken; **de·pre·ci·at·ing** [-tɪŋ] → **depreciatory**; **de·pre·ci·a·tion** [dɪˌpriːʃɪˈeɪʃn] *s.* **1.** a) Geringschätzung *f*, b) Her'absetzung *f*, -würdigung *f*; **2.** **♰** a) Wertminderung *f*, Kursverlust *m*, b) Abschreibung *f*, c) Abwertung *f*: **~ fund** Abschreibungsfond *m*; **de·pre·ci·a·to·ry** [-ʃjətərɪ] *adj.* geringschätzig, verächtlich, abschätzig.

dep·re·da·tion [ˌdeprɪˈdeɪʃn] *s. oft pl.* **1.** Plünderung *f*, Verwüstung *f*; **2.** *fig.* Raubzug *m*; **dep·re·da·tor** [ˈdeprɪdeɪtə] *s.* Plünderer *m.*

de·press [dɪˈpres] *v/t.* **1.** *j-n* deprimieren, bedrücken; *Stimmung* drücken; **2.** *Tätigkeit, Handel* niederdrücken; *Preis, Wert* (her'ab)drücken, senken: **~ the market** **♰** die Kurse drücken; **3.** *Leistung etc.* schwächen, her'absetzen; **4.** *Pedal, Taste etc.* (nieder)drücken; **de'pres·sant** [-snt] **I** *adj.* dämpfend,

beruhigend; **II** *s.* Depressi'onsmittel *n.*

de·pressed [dɪˈprest] *adj.* **1.** deprimiert, niedergeschlagen, bedrückt (*Person*), gedrückt (*Stimmung, a.* **♰** *Börse*); **2.** verringert, geschwächt (*Tätigkeit etc.*); **3.** **♰** flau (*Markt*), gedrückt (*Preis*), notleidend (*Industrie*); **~ a·re·a** *s.* Notstandsgebiet *n.*

de·press·ing [dɪˈpresɪŋ] *adj.* □ **1.** deprimierend, bedrückend; **2.** kläglich; **de'pres·sion** [-eʃn] *s.* **1.** Depressi'on *f*, Niedergeschlagenheit *f*, Ge-, Bedrücktheit *f*; Melancho'lie *f*; **2.** Senkung *f*, Vertiefung *f*; *geol.* Landsenke *f*; **3.** **♰** Fallen *n* (*Preise*); Wirtschaftskrise *f*, Depressi'on *f*, Flaute *f*, Tiefstand *m*; **4.** *ast., surv.* Depressi'on *f*; **5.** *meteor.* Tief(druckgebiet) *n*; **6.** Abnahme *f*, Schwächung *f*; **7.** **♂** Schwäche *f*, Entkräftung *f*; **de'pres·sive** [-sɪv] *adj.* deprimiert, *psych.* depres'siv.

dep·ri·va·tion [ˌdeprɪˈveɪʃn] *s.* **1.** Beraubung *f*, Entziehung *f*, Entzug *m*; **2.** (schmerzlicher) Verlust; **3.** Entbehrung *f*, Mangel *m*; **4.** *psych.* Deprivati'on *f*, (Liebes- *etc.*)Entzug *m*; **de·prive** [dɪˈpraɪv] *v/t.* **1.** (*of s.th.*) (*j-n od. et.* e-r Sache) berauben, (*j-m* et.) entziehen *od.* rauben *od.* nehmen: **be ~d of s.th.** et. entbehren (müssen); **~d child** *psych.* an Liebesentzug leidendes Kind; **~d persons** benachteiligte *od.* unterprivilegierte Personen; **2.** (*of s.th.*) *j-n* ausschließen (von et.), (*j-m* et.) vorenthalten; **3.** *eccl.* *j-n* absetzen.

depth [depθ] *s.* **1.** Tiefe *f*: **eight feet in ~** acht Fuß tief; **get out of one's ~** (sicheren) Grund unter den Füßen verlieren (*a. fig.*); **be out of one's ~** a) im *Wasser* nicht mehr stehen können, b) *fig.* ratlos *od.* unsicher sein, ͵schwimmen'; **it is beyond my ~** es geht über m-n Horizont; **2.** Tiefe *f* (*als* 3. *Dimension*): **~ of a cupboard**; **3.** a) *a.* **~ of focus** *od.* **field** Schärfentiefe *f*, b) *bsd. phot.* Tiefenschärfe *f*, c) Tiefe *f* (*von Farben, Tönen*); **4.** *oft pl.* Tiefe *f*, Mitte *f*, (*das*) Innerste (*a. fig.*): **in the ~ of night** mitten in der Nacht; **in the ~ of winter** mitten im Winter; **from the ~ of misery** aus tiefstem Elend; **5.** *fig.* a) Tiefe *f*: **~ of meaning**, b) tiefer Sinn, c) Tiefe *f*, Intensi'tät *f*: **~ of grief**, in ~ eingehend, tiefschürfend, d) (Gedanken)Tiefe *f*, Tiefgründigkeit *f*, e) Scharfsinn *m*, f) Dunkelheit *f*, Unklarheit *f*; **6.** ✕ Teufe *f*; **7.** *psych.* 'Unterbewußtsein *n*: **~ analysis** tiefenpsychologische Analyse; **~ interview** Tiefeninterview *n*; **~ psychology** Tiefenpsychologie *f*; **~ bomb, ~ charge** *s.* ✕ Wasserbombe *f.*

dep·u·rate [ˈdepjʊreɪt] *v/t.* 🜨, **♂**, ⊙ reinigen, läutern.

dep·u·ta·tion [ˌdepjʊˈteɪʃn] *s.* Deputati'on *f*, Abordnung *f*; **de·pute** [dɪˈpjuːt] *v/t.* **1.** abordnen, delegieren, deputieren; **2.** *Aufgabe etc.* über'tragen (**to** *dat.*); **dep·u·tize** [ˈdepjʊtaɪz] **I** *v/t.* (als Vertreter) ernennen, abordnen; **II** *v/i.* **~ for s.o.** *j-n* vertreten; **dep·u·ty** [ˈdepjʊtɪ] **I** *s.* **1.** (Stell)Vertreter(in), Beauftragte(r *m*) *f*; *pol.* Abgeordnete(r *m*) *f*; **II** *adj.* **3.** stellvertretend, Vize...: **~ chairman** stellvertretende(r) Vorsitzende(r), Vizepräsident(in).

de·rac·i·nate [dɪˈræsɪneɪt] *v/t.* entwur-

zeln (*a. fig.*); ausrotten, vernichten.
de·rail [dɪˈreɪl] *v/i. u. v/t.* entgleisen (lassen); **de'rail·ment** [-mənt] *s.* Entgleisung *f.*

de·range [dɪˈreɪndʒ] *v/t.* **1.** in Unordnung bringen, durchein'anderbringen; **2.** stören; **3.** verrückt machen, (geistig) zerrütten; **de'ranged** [-dʒd] *adj.* **1.** in Unordnung, gestört: *a ~ stomach* e-e Magenverstimmung; **2.** *⚕ a. mentally ~* geistesgestört; **de'range·ment** [-mənt] *s.* **1.** Unordnung *f*, Durchein-'ander *n*; **2.** Störung *f*; **3.** *⚕ a. mental ~* Geistesgestörtheit *f.*

de·ra·tion [diːˈræʃn] *v/t.* die Rationierung von ... aufheben, *Ware* freigeben.

Der·by [ˈdɑːbɪ] *s.* **1.** *Rennsport:* a) (*das englische*) Derby (*in Epsom*), b) *allg.* Derby *n* (*Pferderennen*); **2.** *⚲ sport* (*bsd.* Lo'kal)Derby *n*; **3.** *⚲ Am.* ˌMeˈlone' *f.*

der·e·lict [ˈderɪlɪkt] I *adj.* **1.** herrenlos, aufgegeben, verlassen; **2.** her'untergekommen, zerfallen, baufällig; **3.** nachlässig: *~ in duty* pflichtvergessen; II *s.* **4.** *⚓* herrenloses Gut; **5.** *⚓* a) aufgegebenes Schiff, b) treibendes Wrack; **6.** menschliches Wrack, *a.* Obdachlose(r *m*) *f*; **7.** Pflichtvergessene(r *m*) *f*; **der·e·lic·tion** [ˌderɪˈlɪkʃn] *s.* **1.** Aufgeben *n*, Preisgabe *f*; **2.** Verlassenheit *f*; **3.** Vernachlässigung *f*, Versäumnis *n*: *~ of duty* Pflichtversäumnis; **4.** Versagen *n*; **5.** Ver-, Zerfall *m*; **6.** *⚓* Besitzaufgabe *f*, b) Verlandung *f*, Landgewinn *m* in-'folge Rückgangs des Wasserspiegels.

de·re·strict [ˌdiːrɪˈstrɪkt] *v/t.* die Einschränkungsmaßnahmen aufheben für; **ˌde·re'stric·tion** [-kʃn] *s.* Aufhebung *f* der Einschränkungsmaßnahmen, *bsd.* der Geschwindigkeitsbegrenzung.

de·ride [dɪˈraɪd] *v/t.* verlachen, -höhnen, -spotten; **de'rid·er** [-də] *s.* Spötter *m*; **de'rid·ing·ly** [-dɪŋlɪ] *adv.* spöttisch.

de ri·gueur [dərɪˈgɜː] (*Fr.*) *pred. adj.* **1.** streng nach der Eti'kette; **2.** unerläßlich, ˌein Muß'.

de·ri·sion [dɪˈrɪʒn] *s.* Hohn *m*, Spott *m*: *hold in ~* verspotten; *bring into ~* zum Gespött machen; *be the ~ of s.o.* j-s Gespött sein; **de·ri·sive** [dɪˈraɪsɪv], **de·ri·so·ry** [dɪˈraɪsərɪ] *adj.* ☐ höhnisch, spöttisch.

de·riv·a·ble [dɪˈraɪvəbl] *adj.* **1.** ab-, herleitbar (*from* von); **2.** erreichbar, zu gewinnen(d) (*from* aus); **der·i·va·tion** [ˌderɪˈveɪʃn] *s.* **1.** Ab-, Herleitung *f* (*a. ling.*); **2.** Ursprung *m*, Herkunft *f*, Abstammung *f*; **de·riv·a·tive** [dɪˈrɪvətɪv] I *adj.* **1.** abgeleitet; **2.** sekun'där; II *s.* **3.** *et.* Ab- *od.* Hergeleitetes; **4.** *ling.* Ableitung *f*, abgeleitete Form (*od. ⚓* Funkti'on); **5.** *⚗* Deri'vat *n*, Abkömmling *m*; **de·rive** [dɪˈraɪv] *v/t.* **1.** (*from*) herleiten (von), zu'rückführen (auf *acc.*), verdanken (*dat.*): *be ~d from →* 4; *~d income* ⚕ abgeleitetes Einkommen; **2.** bekommen, erlangen, gewinnen: *~d from coffee* aus Kaffee gewonnen; *~ profit from* Nutzen ziehen aus; *~ pleasure from* Freude haben an (*dat.*); **3.** *⚗, ⚓, ling.* ableiten; II *v/i.* **4.** *~ from* (ab)stammen von, herrühren *od.* abgeleitet sein *od.* sich ableiten von.

derm [dɜːm], **der·ma** [ˈdɜːmə] *s. anat.* Haut *f*; **der·mal** [ˈdɜːml] *adj. anat.* Haut...; **der·ma·ti·tis** [ˌdɜːməˈtaɪtɪs] *s.*

⚔ Derma'titis *f*, Hautentzündung *f*; **der·ma·tol·o·gist** [ˌdɜːməˈtɒlədʒɪst] *s.* Dermato'loge *m*, Hautarzt *m*; **der·ma·tol·o·gy** [ˌdɜːməˈtɒlədʒɪ] *s. ⚔* Dermatolo'gie *f.*

der·o·gate [ˈderəgeɪt] I *v/i.* (*from*) **1.** Abbruch tun, schaden (*dat.*), beeinträchtigen, schmälern (*acc.*); **2.** abweichen (von *e-r Norm etc.*); II *v/t.* **3.** her'absetzen; **der·o·ga·tion** [ˌderəˈgeɪʃn] *s.* **1.** Beeinträchtigung *f*, Schmälerung *f*, Nachteil *m*; **2.** Her'absetzung *f*; **de·rog·a·to·ry** [dɪˈrɒgətərɪ] *adj.* **1.** (*to*) nachteilig (für), abträglich (*dat.*), schädlich (*dat. od.* für): *be ~* schaden, beeinträchtigen; **2.** abfällig, geringschätzig (*Worte*).

der·rick [ˈderɪk] *s.* **1.** ⚙ a) Mastenkran *m*, b) Ausleger *m*; **2.** ⚙ Bohrturm *m*; **3.** ⚓ Ladebaum *m.*

der·ring-do [ˌderɪŋˈduː] *s.* Verwegenheit *f*, Tollkühnheit *f.*

der·vish [ˈdɜːvɪʃ] *s.* Derwisch *m.*

de·sal·i·nate [diːˈsælɪneɪt] *v/t.* entsalzen.

des·cant I *s.* [ˈdeskænt] **1.** *poet.* Lied *n*, Weise *f*; **2.** *♪* a) Dis'kant *m*, b) variierte Melo'die; II *v/i.* [dɪˈskænt] **3.** sich auslassen (*on* über *acc.*); **4.** *♪* diskantieren.

de·scend [dɪˈsend] I *v/i.* **1.** her'unter-, hin'untersteigen, -gehen, -kommen, -fahren, -fallen, -sinken; ab-, aussteigen; *✈* einfahren; *✈* niedergehen, landen; **2.** sinken, fallen; sich senken (*Straße*), abfallen (*Gebirge*); **3.** *mst be ~ed* abstammen, herkommen (*from* von, aus); **4.** (*to*) zufallen (*dat.*), 'übergehen, sich vererben (auf *acc.*); **5.** (*to*) sich hergeben, sich erniedrigen (zu); **6.** (*to*) 'übergehen (zu), eingehen (auf *acc.*) *im Thema etc.*); **7.** (*on, upon*) sich stürzen (auf *acc.*), herfallen (über *acc.*), einfallen (in *acc.*); her'einbrechen (über *acc.*); *fig.* j-n 'über'fallen (*Besuch etc.*); **8.** *♪, ast.* fallen, absteigen; II *v/t.* **9.** *Treppe etc.* her'unter-, hin'untersteigen, -gehen *etc.*; **de'scend·ant** [-dənt] *s.* **1.** Nachkomme *m*, Abkömmling *m*; **2.** *ast.* Deszen'dent *m.*

de·scent [dɪˈsent] *s.* **1.** Her'unter-, Hin-'untersteigen *n*, Abstieg *m*; Talfahrt *f*; *✈* Einfahrt *f*; *✈* Landung *f* (*Fallschirm*)Absprung *m*; **2.** Abhang *m*, Abfall *m*, Senkung *f*, Gefälle *n*; **3.** *fig.* Abstieg *m*, Niedergang *m*, Fallen *n*, Sinken *n*; **4.** Abstammung *f*, Herkunft *f*, Geburt *f*; **5.** *⚖* Vererbung *f*, 'Übergang *m*, Über'tragung *f*; **6.** (*on, upon*) 'Überfall *m* (auf *acc.*), Einfall *m* (in *acc.*), Angriff *m* (auf *acc.*); **7.** *bibl.* Ausgießung *f* (*des Heiligen Geistes*); **8.** *~ from the cross paint.* Kreuzabnahme *f.*

de·scrib·a·ble [dɪˈskraɪbəbl] *adj.* zu beschreiben(d); **de·scribe** [dɪˈskraɪb] *v/t.* **1.** beschreiben, schildern; **2.** (*as*) bezeichnen (als), nennen (*acc.*); **3.** *bsd. ⚓ Kreis, Kurve* beschreiben; **de·scrip·tion** [dɪˈskrɪpʃn] *s.* **1.** Beschreibung *f* (*a. ⚓ etc.*), Darstellung *f*, Schilderung *f*: *beautiful beyond ~* unbeschreiblich *od.* unsagbar schön; **2.** Bezeichnung *f*; **3.** Art *f*, Sorte *f*: *of the worst ~* schlimmster Art; **de·scrip·tive** [dɪˈskrɪptɪv] *adj.* ☐ **1.** beschreibend, schildernd: *~ geometry* darstellende Geo-

metrie; *be ~ of* beschreiben, bezeichnen; **2.** anschaulich (geschrieben *od.* schreibend).

de·scry [dɪˈskraɪ] *v/t.* gewahren, wahrnehmen, erspähen, entdecken.

des·e·crate [ˈdesɪkreɪt] *v/t.* entweihen, -heiligen, schänden; **des·e·cra·tion** [ˌdesɪˈkreɪʃn] *s.* Entweihung *f*, -heiligung *f*, Schändung *f.*

de·seg·re·gate [ˌdiːˈsegrɪgeɪt] *v/t.* die Rassenschranken aufheben in (*dat.*); **de·seg·re·ga·tion** [ˌdiːsegrɪˈgeɪʃn] *s.* Aufhebung *f* der Rassentrennung.

de·sen·si·tize [ˌdiːˈsensɪtaɪz] *v/t.* **1.** *⚔* desensibilisieren, unempfindlich machen; **2.** *phot.* lichtunempfindlich machen.

des·ert¹ [ˈdɜːt] *s. oft pl.* **1.** Verdienst *n*; **2.** verdienter Lohn (*a. iro.*), Strafe *f*: *get one's ~s* s-n wohlverdienten Lohn empfangen.

des·ert² [ˈdezət] I *s.* **1.** Wüste *f*; **2.** Ödland *n*; **3.** *fig.* Öde *f*; Einöde *f*; **4.** *fig.* Öde *f*, Fadheit *f*; II *adj.* **5.** öde, wüst; verödet, verlassen; **6.** Wüsten...

de·sert³ [dɪˈzɜːt] *v/t.* **1.** verlassen; im Stich lassen; *⚖ Ehepartner* (böswillig) verlassen; **2.** untreu *od.* abtrünnig werden (*dat.*): *~ the colo(u)rs* ✕ fahnenflüchtig werden; II *v/i.* **3.** ✕ desertieren, fahnenflüchtig werden; 'überlaufen, -gehen (*to* zu); **de'sert·ed** [-tɪd] *adj.* **1.** verlassen, ausgestorben, menschenleer; **2.** verlassen, einsam; **de'sert·er** [-tə] *s.* **1.** ✕ a) Fahnenflüchtige(r) *m*, Deser'teur *m*, b) 'Überläufer *m*; **2.** *fig.* Abtrünnige(r *m*) *f*; **de'ser·tion** [-ɜːʃn] *s.* **1.** Verlassen *n*, Im'stichlassen *n*; **2.** Abtrünnigwerden *n*, Abfall *m* (*from* von); **3.** *⚖* böswilliges Verlassen; **4.** ✕ Fahnenflucht *f.*

de·serve [dɪˈzɜːv] I *v/t.* verdienen, verdient haben (*acc.*), würdig *od.* wert sein (*gen.*): *~ praise* Lob verdienen; II *v/i.* *~ well of* sich verdient gemacht haben um; *~ ill of* e-n schlechten Dienst erwiesen haben (*dat.*); **de'serv·ed·ly** [-vɪdlɪ] *adv.* verdientermaßen, mit Recht; **de'serv·ing** [-vɪŋ] *adj.* **1.** verdienstvoll, verdient (*Person*); **2.** verdienstlich, -voll (*Tat*); **3.** *be ~ of → deserve* I.

des·ha·bille [ˈdezæbiːl] → *dishabille*.

des·ic·cate [ˈdesɪkeɪt] *v/t. u. v/i.* (aus-)trocknen, ausdörren: *~d milk* Trockenmilch *f*; *~d fruit* Dörrobst *n*; **des·ic·ca·tion** [ˌdesɪˈkeɪʃn] *s.* (Aus)Trocknung *f*, Trockenwerden *n*; **'des·ic·ca·tor** [-tə] *s.* ⚙ 'Trockenappaˌrat *m.*

de·sid·er·a·tum [dɪˌzɪdəˈreɪtəm] *pl.* **-ta** [-tə] *s. et.* Erwünschtes, Erfordernis *n*, Bedürfnis *n.*

de·sign [dɪˈzaɪn] I *v/t.* **1.** entwerfen, (auf)zeichnen, skizzieren: *~ a dress* ein Kleid entwerfen; **2.** gestalten, ausführen, anlegen; **3.** *fig.* entwerfen, ausdenken, ersinnen: *~ed to do s.th.* dafür bestimmt *od.* darauf angelegt, et. zu tun (*Sache*); **4.** planen, beabsichtigen: *~ doing* (*od. to do*) beabsichtigen zu tun; **5.** bestimmen: a) vorsehen (*for* für, *as* als), b) ausersehen: *~ed to be a priest* zum Priester bestimmt; II *v/i.* **6.** Zeichner *od.* Konstruk'teur *m*. De'signer sein; III *s.* **7.** Entwurf *m*, Zeichnung *f*, Plan *m*, Skizze *f*; **8.** Muster *n*, Zeichnung *f*, Fi'gur *f*, Des'sin *n*: *~ floral ~* Blumenmuster; *registered ~* ⚖ Gebrauchsmuster; *protection of* ~*s* 🇹🇳 Musterschutz *m*; **9.** a) Gestaltung *f*, Formgebung *f*, De'sign *n*, b) Bauart *f*, Konstrukti'on *f*, Ausführung *f*, Mo'dell *n*; → *industrial design*; **10.** Anlage *f*, Anordnung *f*; **11.** Absicht *f*, Plan *m*; Zweck *m*, Ziel *n*: *by* ~ mit Absicht; **12.** böse Absicht, Anschlag *m*: *have* ~*s on* (*od. against*) et. im Schilde führen gegen, *a. iro.* e-n Anschlag vorhaben auf (*acc.*).

des·ig·nate ['dezɪɡneɪt] **I** *v/t.* **1.** bezeichnen, (be)nennen; **2.** kennzeichnen; **3.** berufen, ausersehen, bestimmen, ernennen (*for* zu); **II** *adj.* **4.** designiert, einstweilig ernannt: *bishop* ~; **des·ig·na·tion** [ˌdezɪɡˈneɪʃn] *s.* **1.** Bezeichnung *f*, Name *m*; **2.** Kennzeichnung *f*; **3.** Bestimmung *f*; **4.** einstweilige Ernennung *od.* Berufung.

de·signed [dɪˈzaɪnd] *adj.* □ **1.** (*for*) bestimmt *etc.* (für); → *design* 3, 4, 5; **2.** vorsätzlich, absichtlich; **de'sign·ed·ly** [-nɪdlɪ] *adv.* → *designed* 2; **de'sign·er** [-nə] *s.* **1.** Entwerfer(in): a) (Muster-)Zeichner(in), b) De'signer(in), (Form-)Gestalter(in), Gebrauchsgraphiker(in), c) ⚙ Konstruk'teur *m*; **2.** Ränkeschmied *m*, Intri'gant(in); **de'sign·ing** [-nɪŋ] *adj.* □ ränkevoll, intri'gant.

de·sir·a·bil·i·ty [dɪˌzaɪrəˈbɪlətɪ] *s.* Erwünschtheit *f*; **de·sir·a·ble** [dɪˈzaɪrəbl] *adj.* □ **1.** wünschenswert, erwünscht; **2.** begehrenswert, reizvoll; **de·sire** [dɪˈzaɪə] **I** *v/t.* **1.** wünschen, begehren, verlangen, wollen: *if* ~*d* auf Wunsch; *leaves much to be* ~*d* läßt viel zu wünschen übrig; **2.** *j-n* bitten, ersuchen; **II** *s.* **3.** Wunsch *m*, Verlangen *n*, Begehren *n* (*for* nach); **4.** Wunsch *m*, Bitte *f*: *at* (*od. by*) *s.o.'s* ~ auf (j-s) Wunsch; **5.** Lust *f*, Begierde *f*; **6.** *das* Gewünschte; **de·sir·ous** [dɪˈzaɪrəs] *adj.* □ (*of*) begierig, verlangend (nach), wünschend (*acc.*): *I am* ~ *to know* ich möchte (sehr) gern wissen; *the parties are* ~ *to …* (*in Verträgen*) die Parteien beabsichtigen, zu …

de·sist [dɪˈzɪst] *v/i.* abstehen, ablassen, Abstand nehmen (*from* von): ~ *from asking* aufhören zu fragen.

desk [desk] **I** *s.* **1.** Schreibtisch *m*; **2.** (Lese-, Schreib-, Noten-, Kirchen-, ✡ Schalt)Pult *n*; **3.** ♩ (Zahl)Kasse *f*: *pay at the* ~! zahlen Sie an der Kasse!; *first* ~ ♪ erstes Pult (*Orchester*); **4.** *eccl. bsd. Am.* Kanzel *f*; **5.** *Am.* Redakti'on *f*: *city* ~ Lokalredaktion; **6.** Auskunft (-sschalter *m*) *f*; **7.** Empfang *m*, Rezepti'on *f* (*im Hotel*): ~ *clerk Am.* Empfangschef *m*; **II** *adj.* **8.** Schreibtisch…, Büro…: ~ *work*, ~ *calender* Tischkalender *m*; ~ *sergeant* diensthabender (Polizei)Wachtmeister; ~ *set* Schreibzeug(garnitur *f*) *n*.

des·o·late I *adj.* □ ['desələt] **1.** wüst, unwirtlich, öde; verwüstet; **2.** verlassen, einsam; **3.** trostlos, *fig. a.* öde; **II** *v/t.* [-leɪt] **4.** verwüsten; **5.** einsam zu-'rücklassen; **6.** betrüben, bekümmern; **'des·o·late·ness** [-nɪs] → *desolation* 2, 3; **des·o·la·tion** [ˌdesəˈleɪʃn] *s.* **1.** Verwüstung *f*, -ödung *f*; **2.** Verlassenheit *f*, Einsamkeit *f*; **3.** Trostlosigkeit *f*, Elend *n*.

de·spair [dɪˈspeə] **I** *v/i.* (*of*) verzweifeln (an *dat.*), ohne Hoffnung sein, alle

Hoffnung aufgeben *od.* verlieren (auf *acc.*): *the patient's life is* ~*ed of* man bangt um das Leben des Kranken; **II** *s.* Verzweiflung *f* (*at* über *acc.*), Hoffnungslosigkeit *f*: *drive s.o. to* ~, *be s.o.'s* ~ j-n zur Verzweiflung bringen; **de'spair·ing** [-eərɪŋ] *adj.* □ verzweifelt.

des·patch *etc.* → *dispatch etc.*

des·per·a·do [ˌdespəˈrɑːdəʊ] *pl.* **-does**, **-dos** *s.* Despe'rado *m*.

des·per·ate ['despərət] *adj.* □ **1.** verzweifelt: *she was* ~ sie war (völlig) verzweifelt; *a* ~ *deed* e-e Verzweiflungstat; ~ *efforts* verzweifelte *od.* krampfhafte Anstrengungen; ~ *remedy* äußerstes Mittel; *be* ~ *for s.th. od. to get s.th.* et. verzweifelt *od.* ganz dringend brauchen, et. unbedingt haben wollen; **2.** verzweifelt, hoffnungs-, ausweglos: ~ *situation*; **3.** verzweifelt, despa'rat, zu allem fähig, zum Äußersten entschlossen (*Person*); **4.** F schrecklich: *a* ~ *fool*, ~*ly in love* wahnsinnig verliebt; *not* ~*ly* F a) nicht unbedingt, b) nicht übermäßig (*schön etc.*); **des·per·a·tion** [ˌdespəˈreɪʃn] *s.* **1.** (höchste) Verzweiflung, Hoffnungslosigkeit *f*; **2.** Rase'rei *f*, Verzweiflung *f*: *drive to* ~ rasend machen, zur Verzweiflung bringen.

des·pi·ca·ble ['despɪkəbl] *adj.* □ verächtlich, verachtenswert.

de·spise [dɪˈspaɪz] *v/t.* verachten, *Speise etc. a.* verschmähen: *not to be* ~*d* nicht zu verachten.

de·spite [dɪˈspaɪt] **I** *prp.* trotz (*gen.*), ungeachtet (*gen.*); **II** *s.* Bosheit *f*, Tücke *f*; Trotz *m*, Verachtung *f*: *in* ~ *of* → I.

de·spoil [dɪˈspɔɪl] *v/t.* plündern; berauben (*of gen.*); **de'spoil·ment** [-mənt], **de·spo·li·a·tion** [dɪˌspəʊlɪˈeɪʃn] *s.* Plünderung *f*, Beraubung *f*.

de·spond [dɪˈspɒnd] **I** *v/i.* verzagen; verzweifeln (*of* an *dat.*); **II** *s. obs.* Verzweiflung *f*; **de'spond·en·cy** [-dənsɪ] *s.* Verzagtheit *f*, Mutlosigkeit *f*; **de·'spond·ent** [-dənt] *adj.* □, **de·'spond·ing** [-dɪŋ] *adj.* □ verzagt, mutlos, kleinmütig.

des·pot ['despɒt] *s.* Des'pot *m*, Gewaltherrscher *m*; *fig.* Ty'rann *m*; **des·pot·ic**, **des·pot·i·cal** [deˈspɒtɪk(l)] *adj.* □ des'potisch, herrisch, ty'rannisch; **'des·pot·ism** [-pətɪzəm] *s.* Despo'tismus *m*, Tyran'nei *f*, Gewaltherrschaft *f*.

des·qua·mate ['deskwəmeɪt] *v/i.* **1.** ✱ sich abschuppen; **2.** sich häuten.

des·sert [dɪˈzɜːt] *s.* Des'sert *n*, Nachtisch *m*: ~ *spoon* Dessertlöffel *m*.

des·ti·na·tion [ˌdestɪˈneɪʃn] *s.* **1.** Bestimmungsort *m*; Reiseziel *n*: *country of* ~ ✈ Bestimmungsland *n*; **2.** Bestimmung *f*, Zweck *m*, Ziel *n*.

des·tine [dɪˈstɪn] *v/t.* bestimmen, vorsehen (*for* für, to zu tun); **'des·tined** [-nd] *adj.* bestimmt: ~ *for* unterwegs nach (*Schiff etc.*); *he was* ~ (*to inf.*) es war ihm beschieden (zu *inf.*), er sollte (*inf.*); **'des·ti·ny** [-nɪ] *s.* **1.** Schicksal *n*, Geschick *n*, Los *n*: *he met his* ~ sein Schicksal ereilte ihn; **2.** Vorsehung *f*; **3.** Verhängnis *n*, zwingende Notwendigkeit; **4.** *the Destinies* die Parzen (*Schicksalsgöttinnen*).

des·ti·tute ['destɪtjuːt] *adj.* **1.** verarmt, mittellos, notleidend; **2.** (*of*) ermangelnd, entblößt (*gen.*), ohne (*acc.*), bar

(*gen.*); **II** *s.* **3.** *the* ~ die Armen; **des·ti·tu·tion** [ˌdestɪˈtjuːʃn] *s.* **1.** Armut *f*, (bittere) Not, Elend *n*; **2.** (völliger) Mangel (*of* an *dat.*).

de·stroy [dɪˈstrɔɪ] *v/t.* **1.** zerstören, vernichten; **2.** zertrümmern, *Gebäude etc.* niederreißen; **3.** *et.* ruinieren, unbrauchbar machen; **3.** *j-n*, *e-e Armee etc.* vernichten, *Insekten etc. a.* vertilgen; **4.** töten; **5.** *fig. j-n*, *j-s Ruf*, *Gesundheit etc.* ruinieren, zu'grunde richten, *Hoffnungen etc.* zu'nichte machen, zerstören; **6.** F *j-n* ka'putt- *od.* fertigmachen; **de'stroy·er** [-ɔɪə] *s. a.* ✗, ⚓ Zerstörer *m*.

de·struct [dɪˈstrʌkt] **I** *v/t.* **1.** ✗ (aus Sicherheitsgründen) zerstören; **II** *v/i.* **2.** zerstört werden; **3.** sich selbst zerstören; **de'struct·i·ble** [-təbl] *adj.* zerstörbar; **de'struc·tion** [-kʃn] *s.* **1.** Zerstörung *f*, Vernichtung *f*; **2.** Abriß *m* (*e-s Gebäudes*); **3.** Tötung *f*; **de'struc·tive** [-tɪv] *adj.* □ **1.** zerstörend, vernichtend (*a. fig.*): *be* ~ *of* et. zerstören *od.* unter-'graben; **2.** zerstörerisch, destruk'tiv, schädlich, verderblich: ~ *to health* gesundheitsschädlich; **4.** rein negativ, destruk'tiv (*Kritik*); **de'struc·tive·ness** [-tɪvnɪs] *s.* **1.** zerstörende *od.* vernichtende Wirkung; **2.** *das* Destruk'tive, destruk'tive Eigenschaft; **de'struc·tor** [-tə] *s.* ⚙ (Müll)Verbrennungsofen *m*.

des·ue·tude [dɪˈsjuːɪtjuːd] *s.* Ungebräuchlichkeit *f*: *fall into* ~ außer Gebrauch kommen.

de·sul·fu·rize [diːˈsʌlfəraɪz] *v/t.* 🜊 entschwefeln.

des·ul·to·ri·ness ['desəltərɪnɪs] *s.* **1.** Zs.-hangs-, Plan-, Ziellosigkeit *f*; **2.** Flüchtigkeit *f*, Oberflächlichkeit *f*, Sprunghaftigkeit *f*; **des·ul·to·ry** ['desəltərɪ] *adj.* **1.** 'unzu,sammenhängend, planlos, ziellos, oberflächlich; **2.** abschweifend, sprunghaft; **3.** unruhig; **4.** vereinzelt, spo'radisch.

de·tach [dɪˈtætʃ] *v/t.* **1.** ab-, loslösen, losmachen, abtrennen, *a.* ⚙ abnehmen; **2.** absondern; befreien; **3.** ✗ abkommandieren; **II** *v/i.* **4.** sich (los)lösen; **de'tach·a·ble** [-tʃəbl] *adj.* abnehmbar (*a.* ⚙); abtrennbar; lose; **de·'tached** [-tʃt] *adj.*, **de'tached·ly** [-tʃlɪ] *adv.* **1.** getrennt, gesondert; **2.** einzeln, frei-, al'leinstehend (*Haus*); **3.** *fig.* a) objek'tiv, unvoreingenommen, b) uninteressiert, c) distanziert; **4.** *fig.* losgelöst, entrückt; **de'tach·ment** [-mənt] *s.* **1.** Absonderung *f*, Abtrennung *f*, Loslösung *f*; **2.** *fig.* (innerer) Abstand, Di'stanz *f*, Losgelöstsein *n*, (innere) Freiheit; **3.** *fig.* Objektivi'tät *f*, Unvoreingenommenheit *f*; **4.** Gleichgültigkeit *f* (*from* gegen); **5.** ✗ → *detail* 5 a u. b.

de·tail ['diːteɪl] **I** *s.* **1.** De'tail *n*: a) Einzelheit *f*, b) *a. pl. coll.* (nähere) Einzelheiten *pl.*: *in* ~ im einzelnen, ausführlich; *go* (*od. enter*) *into* ~(*s*) ins einzelne gehen, es ausführlich behandeln; **2.** Einzelteil *n*; **3.** 'Nebensache *f*, -umstand *m*, Kleinigkeit *f*; **4.** *Kunst etc.*: De'tail(darstellung *f*) *n*, b) Ausschnitt *m*; **5.** ✗ a) Ab'teilung *f*, Trupp *m*, b) ('Sonder)Kom,mando *n*, c) 'Abkomman,dierung *f*, d) Sonderauftrag *m*; **II** *v/t.* **6.** ausführlich berichten über (*acc.*), genau schildern; einzeln aufzählen *od.*

-führen; **7.** ✂ abkommandieren; **'de·tailed** [-ld] *adj.* ausführlich, genau, eingehend.

de·tain [dɪ'teɪn] *v/t.* **1.** *j-n* auf-, abhalten, zu'rück(be)halten, hindern; **2.** ⚖ *j-n* in (Unter'suchungs)Haft behalten; **3.** *et.* vorenthalten, einbehalten; **4.** *ped.* nachsitzen lassen; **de·tain·ee** [ˌdiːteɪ-'niː] *s.* ⚖ Häftling *m*; **de'tain·er** [-nə] *s.* ⚖ **1.** 'widerrechtliche Vorenthaltung; **2.** Anordnung *f* der Haftfortdauer.

de·tect [dɪ'tekt] *v/t.* **1.** entdecken; (her-'aus)finden, ermitteln; **2.** feststellen, wahrnehmen; **3.** aufdecken, enthüllen; **4.** ertappen (*in* bei); **5.** *Radio:* gleichrichten; **de'tect·a·ble** [-təbl] *adj.* feststellbar; **de'tec·ta·phone** [-təfəʊn] *s. teleph.* Abhörgerät *n*; **de'tec·tion** [-kʃn] *s.* **1.** Ent-, Aufdeckung *f*; Feststellung *f*; **2.** *Radio:* Gleichrichtung *f*; **3.** *coll.* Krimi'nalroˌmane *pl.*; **de'tec·tive** [-tɪv] **I** *adj.* Detektiv..., Kriminal...: ~ *force* Kriminalpolizei *f*; ~ *story* Kriminalroman *m*; *do* ~ *work bsd. fig.* Detektivarbeit leisten; **II** *s.* Detek-'tiv *m*, Krimi'nalbeamte(r) *m*, Ge'heimpoliˌzist *m*; **de'tec·tor** [-tə] *s.* **1.** Auf-, Entdecker *m*; **2.** ⚙ a) Sucher *m*, b) Anzeigevorrichtung *f*; **3.** ⚡ a) De'tektor *m*, b) Gleichrichter *m*.

de·tent [dɪ'tent] *s.* ⚙ Sperrhaken *m*, -klinke *f*, Sperre *f*; Auslösung *f*.

dé·tente [deɪ'tãːnt] (*Fr.*) *s. bsd. pol.* Entspannung *f*.

de·ten·tion [dɪ'tenʃn] *s.* **1.** Festnahme *f*; **2.** (*a.* Unter'suchungs)Haft *f*, Gewahrsam *m*, Ar'rest *m*: ~ *barracks* Militärgefängnis *n*; ~ *center Am.*, ~ *home Brit.* Jugendstrafanstalt *f*; ~ *colony* Strafkolonie *f*; **3.** *ped.* Nachsitzen *n*, Arrest *m*; **4.** Ab-, Zu'rückhaltung *f*; **5.** Einbehaltung *f*, Vorenthaltung *f*.

de·ter [dɪ'tɜː] *v/t.* abschrecken, abhalten (*from* von).

de·ter·gent [dɪ'tɜːdʒənt] **I** *adj.* reinigend; **II** *s.* Reinigungs-, Wasch-, Geschirrspülmittel *n*.

de·te·ri·o·rate [dɪ'tɪərɪəreɪt] **I** *v/i.* **1.** sich verschlechtern *od.* verschlimmern, schlecht(er) werden, verderben; **2.** an Wert verlieren; **II** *v/t.* **3.** verschlechtern; **4.** beeinträchtigen, im Wert mindern; **de·te·ri·o·ra·tion** [dɪˌtɪərɪə'reɪʃn] *s.* **1.** Verschlechterung *f*; Verfall *m*; **2.** Wertminderung *f*.

de·ter·ment [dɪ'tɜːmənt] *s.* **1.** Abschreckung *f*; **2.** → *deterrent* II.

de·ter·mi·na·ble [dɪ'tɜːmɪnəbl] *adj.* bestimmbar; **de'ter·mi·nant** [-nənt] **I** *adj.* **1.** bestimmend, entscheidend; **II** *s.* **2.** entscheidender Faktor; **3.** ✱, *biol.* Determi'nante *f*; **de'ter·mi·nate** [-nət] *adj.* □ bestimmt, fest(gesetzt), entschieden; **de·ter·mi·na·tion** [dɪˌtɜːmɪ-'neɪʃn] *s.* **1.** Ent-, Beschluß *m*; **2.** Entscheidung *f*; Bestimmung *f*, Festsetzung *f*; **3.** Bestimmung *f*, Ermittlung *f*, Feststellung *f*; **4.** Bestimmtheit *f*, Entschlossenheit *f*, Zielstrebigkeit *f*; feste Absicht; **5.** Ziel *n*, Begrenzung *f*; Ablauf *m*, Ende *n*; **6.** Richtung *f*, Neigung *f*, Drang *m*; **de'ter·mi·na·tive** [-nətɪv] **I** *adj.* □ **1.** (näher) bestimmend, einschränkend; **2.** entscheidend; **II** *s.* **3.** *et.* Entscheidendes *od.* Charakte'ristisches; **4.** *ling.* a) Determina'tiv *n*, b)

Bestimmungswort *n*; **de·ter·mine** [dɪ-'tɜːmɪn] **I** *v/t.* **1.** entscheiden; regeln; **2.** *et.* bestimmen, festsetzen; beschließen (*a. to do* zu tun, *that* daß); **3.** feststellen, ermitteln, her'ausfinden; **4.** *j-n* bestimmen, veranlassen (*to do* zu tun); **5.** *bsd.* ⚖ beendigen, aufheben; **II** *v/i.* **6.** (*on*) sich entscheiden (für), sich entschließen (zu); beschließen (*on doing* zu tun); **7.** *bsd.* ⚖ enden, ablaufen; **de'ter·mined** [-mɪnd] *adj.* □ (fest) entschlossen, fest, entschieden, bestimmt; **de'ter·min·er** [-mɪnə] *s. ling.* Bestimmungswort *n*; **de'ter·min·ism** [-mɪnɪzəm] *s. phls.* Determi'nismus *m*.

de·ter·rence [dɪ'terəns] *s.* Abschreckung *f*; **de'ter·rent** [-nt] **I** *adj.* abschreckend; **II** *s.* Abschreckungsmittel *n*.

de·test [dɪ'test] *v/t.* verabscheuen, hassen; **de'test·a·ble** [-təbl] *adj.* □ ab-'scheulich, hassenswert; **de·tes·ta·tion** [ˌdiːte'steɪʃn] *s.* (*of*) Verabscheuung *f* (*gen.*), Abscheu *m* (vor *dat.*): *hold in* ~ verabscheuen.

de·throne [dɪ'θrəʊn] *v/t.* entthronen (*a. fig.*); **de'throne·ment** [-mənt] *s.* Entthronung *f*.

det·o·nate ['detəneɪt] **I** *v/t.* explodieren lassen, zur Explosi'on bringen; **II** *v/i.* explodieren; *mot.* klopfen; **'det·o·nat·ing** [-tɪŋ] *adj.* ⚙ Spreng..., Zünd..., Knall...; **det·o·na·tion** [ˌdetə'neɪʃn] *s.* Detonati'on *f*, Knall *m*; **'det·o·na·tor** [-tə] *s.* ⚙ **1.** Bri'sanzsprengstoff *m*; **2.** Zünd-, Sprengkapsel *f*.

de·tour, dé·tour ['diːtʊə] **I** *s.* **1.** 'Umweg *m*; Abstecher *m*; **2.** a) 'Umleitung *f*, b) Um'gehungsstraße *f*; **3.** *fig.* 'Umschweif *m*; **II** *v/i.* **4.** e-n 'Umweg machen; **III** *v/t.* **5.** e-n 'Umweg machen um; **6.** *Verkehr* 'umleiten.

de·tract [dɪ'trækt] **I** *v/t.* Aufmerksamkeit *etc.* ablenken; **II** *v/i.* (*from*) a) Abbruch tun (*dat.*), beeinträchtigen, schmälern (*acc.*), b) her'absetzen; **de'trac·tion** [-kʃn] *s.* **1.** a) Beeinträchtigung *f*, Schmälerung *f*, b) Her'absetzung *f*; **2.** Verunglimpfung *f*; **de'trac·tor** [-tə] *s.* **1.** Kritiker *m*, Her'absetzer *m*; **2.** Verunglimpfer *m*.

de·train [ˌdiː'treɪn] 🚂, ✂ **I** *v/i.* aussteigen; **II** *v/t.* ausladen; **de'train·ment** [-mənt] *s.* **1.** Aussteigen *n*; **2.** Ausladen *n*.

det·ri·ment ['detrɪmənt] *s.* Schaden *m*, Nachteil *m*: *to the* ~ *of* zum Schaden *od.* Nachteil (*gen.*); *without* ~ *to* ohne Schaden für; *be a* ~ *to health* gesundheitsschädlich sein; **det·ri·men·tal** [ˌdetrɪ'mentl] *adj.* □ (*to*) schädlich, nachteilig (für), abträglich (*dat.*).

de·tri·tal [dɪ'traɪtl] *adj. geol.* Geröll..., Schutt...; **de'trit·ed** [-tɪd] *adj.* **1.** abgenützt; abgegriffen (*Münze*); *fig.* abgedroschen; **2.** *geol.* verwittert; **de·tri·tion** [dɪ'trɪʃn] *s. geol.* Ab-, Zerreibung *f*; **de'tri·tus** [-təs] *s. geol.* Geröll *n*, Schutt *m*.

de trop [də'trəʊ] (*Fr.*) *pred. adj.* 'überflüssig, zu'viel (des Guten).

deuce [djuːs] *s.* **1.** Würfeln, Kartenspiel: Zwei *f*; **2.** *Tennis:* Einstand *m*; **3.** F Teufel *m*: *who* (*what*) *the* ~? wer (was) zum Teufel?; *a* ~ *of a row* ein Mordskrach (*Lärm od. Streit*); *there's the* ~ *to pay* F das dicke Ende kommt

noch; *play the* ~ *with* Schindluder treiben mit *j-m*; **deuced** [-st] *adj.*, **'deuc·ed·ly** [-sɪdlɪ] *adv.* F verteufelt, verflixt.

deu·te·ri·um [djuː'tɪərɪəm] *s.* Deu'terium *n*, schwerer Wasserstoff.

Deu·ter·on·o·my [ˌdjuːtə'rɒnəmɪ] *s. bibl.* Deutero'nomium *n*, Fünftes Buch Mose.

de·val·u·ate [ˌdiː'væljʊeɪt] ✝ abwerten; **de·val·u·a·tion** [ˌdiːvæljʊ'eɪʃn] *s.* ✝ Abwertung *f*; **de·val·ue** [ˌdiː'væljuː] → *devaluate.*

dev·as·tate ['devəsteɪt] *v/t.* verwüsten, vernichten (*beide a. fig.*); **'dev·as·tat·ing** [-tɪŋ] *adj.* □ **1.** verheerend, vernichtend (*a. Kritik etc.*); **2.** F e'norm, phan'tastisch, 'umwerfend; **dev·as·ta·tion** [ˌdevə'steɪʃn] *s.* Verwüstung *f.*

de·vel·op [dɪ'veləp] **I** *v/t.* **1.** *allg.* Theorie, Kräfte, Tempo etc. entwickeln (*a.* ✱, ♪, *phot.*), Muskeln *etc.* a. bilden; Interesse *etc.* a. zeigen, an den Tag legen, Fähigkeiten *etc.* a. entfalten, Gedanken, Plan *etc.* a. ausarbeiten, gestalten (*into* zu); **2.** entwickeln, ausbauen: ~ *an industry;* **3.** Bodenschätze, Bauland erschließen, nutzbar machen; Altstadt sanieren; **4.** sich e-e Krankheit zuziehen, Fieber etc. bekommen; **II** *v/i.* **5.** sich entwickeln (*from* aus); sich entfalten: ~ *into* sich entwickeln zu, zu et. werden; **6.** zu'tage treten, sich zeigen; **de'vel·op·er** [-pə] *s.* **1.** *phot.* Entwickler *m*; **2.** *late a. psych.* Spätentwickler *m*; **3.** (Stadt)Planer *m*; **de'vel·op·ing** [-pɪŋ] *adj.:* ~ *bath phot.* Entwicklungsbad *n*; ~ *company* Bauträger *m*; ~ *country pol.* Entwicklungsland *n*; **de-'vel·op·ment** [-mənt] *s.* **1.** Entwicklung *f* (*a. phot.*); **2.** Entfaltung *f*, Entstehen *n*, Bildung *f*, Wachstum *n*; Schaffung *f*; **3.** Erschließung *f*, Nutzbarmachung *f*; Ausbau *m*, 'Umgestaltung *f*: ~ *area* Entwicklungs-, Notstandsgebiet *n*; *ripe for* ~ baureif; **4.** ⚘ ✝ Entwicklung(sabteilung) *f*; **5.** Darlegung *f*, Ausarbeitung *f*; 'Durchführung *f* (*a.* ♪); **de·vel·op·men·tal** [dɪˌveləp·'mentl] *adj.* Entwicklungs...

de·vi·ate ['diːvɪeɪt] **I** *v/i.* abweichen, abgehen, abkommen (*from* von); **II** *v/t.* ablenken.

de·vi·a·tion [ˌdiːvɪ'eɪʃn] *s.* **1.** Abweichung *f*, Abweichen *n* (*from* von); **2.** *bsd. phys., opt.* Ablenkung *f*; **3.** 🧭, ⚓ Abweichung *f*, Ablenkung *f*, Abtrieb *m*; **de·vi'a·tion·ism** [-ʃənɪzəm] *s. pol.* Abweichlertum *n*; **de·vi'a·tion·ist** [-ʃənɪst], **de·vi·a·tor** ['diːvɪeɪtə] *s. pol.* Abweichler(in).

de·vice [dɪ'vaɪs] *s.* **1.** Plan *m*, Einfall *m*, Erfindung *f*: *left to one's own* ~s sich selbst überlassen; **2.** Anschlag *m*, böse Absicht, Kniff *m*; **3.** ⚙ Vor-, Einrichtung *f*, Gerät *n*; *fig.* Behelf *m*, Kunstgriff *m*; **4.** Wahlspruch *m*, De'vise *f*; **5.** *her.* Sinn-, Wappenbild *n*; **6.** Muster *n*, Zeichnung *f.*

dev·il ['devl] **I** *s.* **1.** *the* ~, *a. the* ⚋ der Teufel: *between the* ~ *and the deep sea fig.* zwischen zwei Feuern, in auswegloser Lage; *like the* ~ F wie der Teufel, wie wahnsinnig; *go to the* ~ *sl.* zum Teufel *od.* vor die Hunde gehen; *go to the* ~*!* scher dich zum Teufel!; *play the* ~ *with* F Schindluder treiben

mit; *the ~ take the hindmost* den Letzten beißen die Hunde; *there's the ~ to pay* F das setzt was ab!; *the ~!* F a) (*verärgert*) zum Teufel!, zum Henker!, b) (*erstaunt*) Donnerwetter!; **2.** Teufel *m*, böser Geist, 'Satan *m* (*a. fig.*); → *due* 9; *tattoo*[1] 2; **3.** *fig.* Laster *n*, Übel *n*; **4.** *poor ~* armer Teufel *od.* Schlukker; **5.** *a.* *~ of a fellow* Teufelskerl *m*, toller Bursche; **6.** *a* (*od. the*) *~* F e-e verflixte Sache; *~ of a job* Heiden-, Mordsarbeit *f*; *who* (*what, how*) *the ~ ...* wer (was, wie) zum Teufel ...; *~ a one* kein einziger; **7.** Handlanger *m*, Laufbursche *m*; → *printer* 1; **8.** ⚒ As-'sessor m (*bei e-m barrister*); **9.** scharf gewürztes Gericht; **10.** ⊙ Reißwolf *m*; **II** *v/t.* **11.** F schikanieren, piesacken; **12.** scharf gewürzt braten: *devil(l)ed eggs* gefüllte Eier; **13.** ⊙ zerfasern, wolfen; **III** *v/i.* **14.** als As'sessor (*bei e-m barrister*) arbeiten; '*~-,dodg-er* s. F Prediger *m*; '*~-fish* s. Seeteufel *m*.
dev·il·ish ['devlɪʃ] **I** *adj.* □ **1.** teuflisch; **2.** F fürchterlich, höllisch, verteufelt; **II** *adv.* **3.** → 2.
,**dev·il-may-'care** *adj.* **1.** leichtsinnig; **2.** verwegen.
dev·il·ment ['devlmənt] *s.* **1.** Unfug *m*; **2.** Schurkenstreich *m*; **dev·il·ry** ['devlrɪ] *s.* **1.** Teufe'lei *f*, Untat *f*; **2.** 'Übermut *m*; **3.** Teufelsbande *f*; **4.** Teufelskunst *f*.
dev·il's ad·vo·cate ['devlz] *s. R.C.* Advo'catus *m* Di'aboli; '*~-bones* s. *pl.* Würfel(spiel *n*) *pl.*; *~ book* s. (des Teufels) ,Gebetbuch' *n* (*Spielkarten*); *~ darn·ing-nee·dle* s. *zo.* Li'belle *f*; *~ food cake* s. *Am.* schwere Schoko'ladentorte.
de·vi·ous ['di:vjəs] *adj.* □ **1.** weglos, irrig; **2.** gewunden (*a. fig.*): *~ path* Ab-, Umweg *m*; **3.** verschlagen, unredlich: *by ~ means* auf krummen Wegen, ,hinterherum'; *~ step* Fehltritt *m*; '**de·vi·ous·ness** [-nɪs] *s.* **1.** Abwegigkeit *f*; **2.** Gewundenheit *f*; **3.** Unaufrichtigkeit *f*, Verschlagenheit *f*.
de·vis·a·ble [dɪ'vaɪzəbl] *adj.* **1.** erdenkbar, -lich; **2.** ⚒ vermachbar; **de·vise** [dɪ'vaɪz] **I** *v/t.* **1.** ausdenken, ersinnen, erfinden, konstruieren; **2.** ⚒ *Grundbesitz* vermachen, hinter'lassen (*to dat.*); **II** *s.* ⚒ Vermächtnis *n*; **dev·i·see** [,devɪ'zi:] *s.* ⚒ Vermächtnisnehmer (-in); **de·vis·er** [dɪ'vaɪzə] *s.* Erfinder (-in); Planer(in); **de·vi·sor** [,devɪ'zɔː] *s.* ⚒ Erb-lasser(in).
de·vi·tal·ize [,di:'vaɪtəlaɪz] *v/t.* der Lebenskraft berauben, schwächen.
de·void [dɪ'vɔɪd] *adj.*: *~ of* ohne (*acc.*), leer an (*dat.*), frei von, bar (*gen.*), ...los: *~ of feeling* gefühllos.
de·voir [de'vwɑ:] (*Fr.*) *s. obs.* **1.** Pflicht *f*; **2.** *pl.* Höflichkeitsbezeigungen *pl.*, Artigkeiten *pl.*
dev·o·lu·tion [,di:və'lu:ʃn] *s.* **1.** Ab-, Verlauf *m*; **2.** *bsd.* ⚒ 'Übergang *m*, Über'tragung *f*; Heimfall *m*; *parl.* Über'weisung *f*; **3.** *pol.* ,Dezentralisati'on *f*, Regionalisierung *f*; **4.** *biol.* Entartung *f*.
de·volve [dɪ'vɒlv] **I** *v/t.* **1.** (*upon*) über-'tragen (*dat.*), abwälzen (auf *acc.*); **II** *v/i.* **2.** (*on, upon*) 'übergehen (auf *acc.*), zufallen (*dat.*); sich vererben auf (*acc.*); **3.** *j-m* obliegen.

De·vo·ni·an [de'vəunjən] **I** *adj.* **1.** Devonshire betreffend; **2.** *geol.* de'vonisch; **II** *s.* **3.** Bewohner(in) von Devonshire; **4.** *geol.* De'von *n*.
de·vote [dɪ'vəut] *v/t.* (*to dat.*) **1.** widmen, opfern, weihen, 'hingeben; **2.** *~ o.s.* sich widmen *od.* 'hingeben; sich verschreiben; **de'vot·ed** [-tɪd] *adj.* □ **1.** 'hingebungsvoll: a) aufopfernd, treu, b) anhänglich, liebevoll, zärtlich, c) eifrig, begeistert; **2.** todgeweiht; **de·vo·tee** [,devəu'ti:] *s.* **1.** begeisterter Anhänger; **2.** Verehrer *m*; Verfechter *m*; **3.** Frömmler *m*; **2.** Fa'natiker *m*, Eiferer *m*; **de'vo·tion** [-əuʃn] *s.* **1.** Widmung *f*; **2.** 'Hingabe *f*: a) Ergebenheit *f*, Treue *f*, b) (Auf)Opferung *f*, c) Eifer *m*, 'Hingebung *f*, d) Liebe *f*, Verehrung *f*, innige Zuneigung; **3.** *eccl.* a) Andacht *f*, Frömmigkeit *f*, b) *pl.* Gebet(e *pl.*) *n*; **de'vo·tion·al** [-əuʃənl] *adj.* □ **1.** andächtig, fromm; **2.** Andachts..., Erbauungs...
de·vour [dɪ'vauə] *v/t.* **1.** verschlingen, fressen; **2.** wegraffen; verzehren, vernichten; **3.** *fig. Buch* verschlingen; *mit Blicken* verschlingen *od.* verzehren; **4.** *j-n* verzehren (*Leidenschaft*): *be ~ed by* sich verzehren vor (*Gram etc.*); **de'vour·ing** [-ərɪŋ] *adj.* □ **1.** gierig; **2.** *fig.* verzehrend.
de·vout [dɪ'vaut] *adj.* □ **1.** fromm; **2.** *a. fig.* andächtig; **3.** innig, herzlich; **4.** sehnlich, eifrig; **de'vout·ness** [-nɪs] *s.* **1.** Frömmigkeit *f*; **2.** Andacht *f*, 'Hingabe *f*; **3.** Eifer *m*, Inbrunst *f*.
dew [dju:] *s.* **1.** Tau *m*; **2.** *fig.* Tau *m*: a) Frische *f*, b) Feuchtigkeit *f*, Tränen *pl.*; '*~-ber·ry* s. ♀ *e-e* Brombeere; '*~-drop* s. Tautropfen *m*.
dew·i·ness ['dju:ɪnɪs] *s.* Tauigkeit *f*, (Tau)Feuchtigkeit *f*.
'**dew·lap** s. **1.** *zo.* Wamme *f*; **2.** F (*altersbedingte*) Halsfalte; *~ point* s. *phys.* Taupunkt *m*; *~ worm* s. Angeln: Tauwurm *m*.
dew·y ['dju:ɪ] *adj.* □ **1.** taufeucht; *a. fig.* taufrisch; **2.** feucht; *poet.* um'flort (*Augen*); **3.** frisch, erfrischend; '*~-eyed* *adj. iro.* na'iv, ,blauäugig'.
dex·ter ['dekstə] *adj.* **1.** recht, rechts (-seitig); **2.** *her.* rechts (*vom Beschauer aus links*); **dex·ter·i·ty** [dek'sterətɪ] *s.* **1.** Geschicklichkeit *f*; Gewandtheit *f*; **2.** Rechtshändigkeit *f*; '**dex·ter·ous** [-tərəs] *adj.* □ **1.** gewandt, geschickt, be'hend, flink; **2.** rechtshändig; '**dex·tral** [-trəl] *adj.* □ **1.** rechtsseitig; **2.** rechtshändig.
dex·tro- [dekstrəʊ] *in Zssgn* (nach) rechts.
dex·trose [dekstrəus] *s.* 🜛 Dex'trose *f*, Traubenzucker *m*.
dex·trous [dekstrəs] → **dexterous**.
dhoo·ti ['du:tɪ], **dho·ti** ['dəutɪ] *pl.* **-tis** [-tɪz] *s.* (*Indien*) Lendentuch *n*.
di·a·be·tes [,daɪə'bi:ti:z] *s.* 🜛 Dia'betes *m*, Zuckerkrankheit *f*; **di·a·bet·ic** [,daɪə'betɪk] **I** *adj.* dia'betisch, zuckerkrank; **II** *s.* Dia'betiker(in), Zuckerkranke(r *m*) *f*.
di·a·ble·rie [dɪ'ɑ:blərɪ] *s.* Zaube'rei *f*, Hexe'rei *f*, Teufe'lei *f*.
di·a·bol·ic, **di·a·bol·i·cal** [,daɪə'bɒlɪk(l)] *adj.* □ dia'bolisch, teuflisch; **di·ab·o·lism** [daɪ'æbəlɪzəm] *s.* **1.** Teufe'lei *f*; **2.** Teufelskult *m*.

di·ac·id [daɪ'æsɪd] *adj.* zweisäurig.
di·ac·o·nate [daɪ'ækənɪt] *s. eccl.* Dia-ko'nat *n*.
di·a·crit·ic [,daɪə'krɪtɪk] **I** *adj.* dia'kritisch, unter'scheidend; **II** *s. ling.* dia-'kritisches Zeichen.
di·ac·tin·ic [,daɪæk'tɪnɪk] *adj. phys.* die ak'tinischen Strahlen 'durchlassend.
di·a·dem ['daɪədem] *s.* **1.** Dia'dem *n*, Stirnband *n*; **2.** Hoheit *f*, Herrscherwürde *f*, -gewalt *f*.
di·aer·e·sis [daɪ'ɪərɪsɪs] *s. ling.* a) Diä-'rese *f*, b) Trema *n*.
di·ag·nose [daɪəg'nəuz] *v/t.* 🜛 diagnostizieren, *fig. a.* bestimmen, feststellen; **di·ag·no·sis** [,daɪəg'nəusɪs] *pl.* **-ses** [-si:z] *s.* 🜛 Dia'gnose *f*, Befund *m*, *fig. a.* Beurteilung *f*, Bestimmung *f*; **di·ag·nos·tic** [,daɪəg'nɒstɪk] 🜛 **I** *adj.* (□ *~al·ly*) dia'gnostisch: *~ of fig.* sympto'matisch für; **II** *s.* a) Sym'ptom *n*, b) *pl. sg. konstr.* Dia'gnostik *f*; **di·ag·nos·ti·cian** [,daɪəgnɒs'tɪʃn] *s.* 🜛 Dia'gnostiker(in).
di·ag·o·nal [daɪ'ægənl] **I** *adj.* □ **1.** diago'nal; schräg(laufend), über Kreuz; **II** *s.* **2.** *a.* *~ line* A Diago'nale *f*; **3.** *a.* *~ cloth* Diago'nal *m*, schräggeripptes Gewebe.
di·a·gram ['daɪəgræm] *s.* Dia'gramm *n*, graphische Darstellung, Schaubild *n*, Plan *m*, Schema *n*: *wiring ~* ⚡ Schaltbild *n*, -plan *m*: *you need a ~?* *iro.* brauchst du e-e Zeichnung (dazu)?; **di·a·gram·mat·ic** [,daɪəgrə'mætɪk] *adj.* (□ *~ally*) diagram'matisch, graphisch, sche'matisch.
di·al ['daɪəl] **I** *s.* **1.** *a.* *~ plate* Zifferblatt *n* (*Uhr*); **2.** *a.* *~ plate* ⊙ Skala *f*, Skalen-, Ziffernscheibe *f*; **3.** *teleph.* Wähl-, Nummernscheibe *f*; **4.** *Radio:* Skalenscheibe *f*, Skala *f*: *~ light* Skalenbeleuchtung *f*; **5.** → *sundial*; **6.** *sl.* Vi'sage *f* (*Gesicht*); **II** *v/t.* **7.** *teleph.* wählen: *~ling code Brit.* Vorwahl(nummer) *f*; *~ tone Am.*, *~ling tone Brit.* Amtszeichen *n*.
di·a·lect ['daɪəlekt] *s.* Dia'lekt *m*, Mundart *f*; **di·a·lec·tal** [,daɪə'lektl] *adj.* □ dia'lektisch, mundartlich; **di·a·lec·tic** [,daɪə'lektɪk] **I** *adj.* □ **1.** *phls.* dia'lektisch; **2.** spitzfindig; **3.** *ling.* → *dialectal*; **II** *s.* **4.** *oft pl. phls.* Dia'lektik *f*; **5.** Spitzfindigkeit *f*; **di·a·lec·ti·cal** [,daɪə'lektɪkl] *adj.* □ **1.** → *dialectal*; **2.** → *dialectic* 1, 2; **di·a·lec·ti·cian** [,daɪəlek'tɪʃn] *s. phls.* Dia'lektiker(in).
di·a·logue, *Am. a.* **di·a·log** ['daɪəlɒg] *s.* Dia'log *m*, (Zwie)Gespräch *n*; *~ track* s. *Film:* Sprechband *n*.
di·al·y·sis [daɪ'ælɪsɪs] *s.* **1.** 🜛 Dia'lyse *f*; **2.** 🜛 Dia'lyse *f*, Blutwäsche *f*.
di·am·e·ter [daɪ'æmɪtə] *s.* **1.** A Dia'meter *m*, 'Durchmesser *m*; **2.** 'Durchmesser *m*, Dicke *f*, Stärke *f*: *inner ~* lichte Weite; **di·a·met·ri·cal** [,daɪə'metrɪkl] *adj.* □ **1.** dia'metrisch; **2.** *fig.* diame-'tral, genau entgegengesetzt.
di·a·mond ['daɪəmənd] *s.* **1.** *min.* Dia-'mant *m*: *black ~* a) schwarzer Dia-mant, b) *fig.* (Stein)Kohle *f*; *rough ~* a) ungeschliffener Diamant, b) *fig.* Mensch *m* mit gutem Kern u. rauher Schale; *it was ~ cut ~* es war Wurst wider Wurst, die beiden standen sich in nichts nach; **2.** ⊙ ('Glaser)Dia,mant *m*; **3.** A Raute *f*, 'Rhombus *m*, b) spitz-

gestelltes Viereck; **4.** *Kartenspiel*: Karo *n*; **5.** *Baseball*: a) Spielfeld *n*, b) Innenfeld *n*; **6.** *typ.* Dia'mant *f* (*Schriftgrad*); **II** *adj.* **7.** dia'manten, Diamant...; **8.** rhombisch, rautenförmig; **~ cut·ter** *s.* Dia'mantschleifer *m*; **~ drill** *s.* ☉ Dia'mantbohrer *m*; **~ field** *s.* Dia'mantenfeld *n*; **~ ju·bi·lee** *s.* dia'mantenes Jubi'läum; **~ mine** *s.* Dia'mantenmine *f*; **~ pane** *s.* rautenförmige Fensterscheibe; **'~-shaped** *adj.* rautenförmig; **~ wed·ding** *s.* dia'mantene Hochzeit.

di·an·thus [dar'ænθəs] *s.* ♀ Nelke *f.*

di·a·per ['darəpə] **I** *s.* **1.** Di'aper *m*, Gänseaugenstoff *m*; **2.** *a.* **~ pattern** Rauten-, Karomuster *n*; **3.** *Am.* (Baby-)Windel *f*; **4.** Monatsbinde *f*; **II** *v/t.* **5.** mit Rautenmuster verzieren; **~ rash** *s.* ⚕ Wundsein *n beim Säugling.*

di·aph·a·nous [dar'æfənəs] *adj.* 'durchsichtig, -scheinend.

di·a·pho·ret·ic [ˌdarəfə'retik] *adj. u. s.* ⚕ schweißtreibend(es Mittel).

di·a·phragm ['darəfræm] *s.* **1.** *anat.* Scheidewand *f, bsd.* Zwerchfell *n*; **2.** ⚕ Dia'phragma *n* (*Verhütungsmittel*); **3.** *teleph. etc.* Mem'bran(e) *f*; **4.** *opt., phot.* Blende *f*; **~ shut·ter** *s. phot.* Blendenverschluß *m*; **~ valve** *s.* Mem'branventil *n.*

di·a·rist ['darərist] *s.* Tagebuchschreiber(in); **'di·a·rize** [-raiz] **I** *v/i.* Tagebuch führen; **II** *v/t.* ins Tagebuch eintragen.

di·ar·rh(o)e·a [ˌdarə'rrə] *s.* ⚕ Diar'rhöe *f,* 'Durchfall *m.*

di·a·ry ['darəri] *s.* **1.** Tagebuch *n*: *keep a* ~ ein Tagebuch führen; **2.** 'Taschenkaˌlender *m*, (Vor)Merkbuch *n*, Ter'min-, No'tizbuch *n.*

Di·as·po·ra [dar'æspərə] *s. allg.* Di'aspora *f.*

di·as·to·le [dar'æstəli] *s.* ⚕ *u. Metrik*: Dia'stole *f.*

di·a·ther·my ['darəθɜːmi] *s.* ⚕ Diather'mie *f.*

di·ath·e·sis [dar'æθisis] *pl.* **-ses** [-siːz] *s.* ⚕ *u. fig.* Neigung *f,* Anlage *f.*

di·a·to·ma·ceous earth [ˌdarətə'merʃəs] *s. geol.* Kieselgur *f.*

di·a·ton·ic [ˌdarə'tɒnik] *adj.* ♪ dia'tonisch.

di·a·tribe ['darətraib] *s.* gehässiger Angriff, Hetze *f*, Hetzˌrede *f od. -schrift f.*

di·bas·ic [dar'beisik] *adj.* 🜄 zweibasisch.

dib·ber ['dibə] → **dibble** I.

dib·ble ['dibl] **I** *s.* Dibbelstock *m*, Pflanz-, Setzholz *n*; **II** *v/t. a.* **~ in** mit e-m Setzholz pflanzen; **III** *v/i.* mit e-m Setzholz Löcher machen, dibbeln.

dibs [dibz] *s.* **1.** *pl. sg. konstr. Brit.* Kinderspiel mit Steinchen etc.; **2.** F Recht *n* (**on** auf *acc.*); **3.** *Am. sl.* (ein paar) ,Kröten' *pl.* (*Geld*).

dice [dais] **I** *s. pl. von* **die²** 1 Würfel *pl.*, Würfelspiel *n*: *play* (*at*) ~ → II; *no* ~! *Am. sl.* ,da läuft nichts'!; → *load* 10; **II** *v/i.* würfeln, knobeln; **III** *v/t. Küche*: in Würfel schneiden.

dic·ey ['daisi] *adj.* F pre'kär, heikel.

di·chot·o·my [dar'kɒtəmi] *s.* Dicho'to'mie *f*: a) *bsd. Logik*: Zweiteilung *f e-s* Begriffs, b) ♀, *zo.* wieder'holte Gabelung.

di·chro·mat·ic [ˌdaikrəʊ'mætik] *adj.* **1.** dichro'matisch, zweifarbig; **2.** ⚕ di-

---

chro'mat.

dick [dik] *s.* **1.** *Brit. sl.* Kerl *m*; **2.** *Am. sl.* ,Schnüffler' *m*: *private* ~ Privatdetektiv *m*; **3.** V ,Schwanz' *m.*

dick·ens ['dikinz] *s. sl.* Teufel *m*: *what the ~!* was zum Teufel!; *a ~ of a mess* ein böser Schlamassel.

dick·er¹ ['dikə] *v/i.* feilschen, schachern (**for** um).

dick·er² ['dikə] *s.* ✝ zehn Stück.

dick·(e)y¹ ['diki] *s.* F **1.** Hemdbrust *f*; **2.** Bluseneinsatz *m*; **3.** *a.* **~ bow** ,Fliege' *f,* Schleife *f*; **4.** *a.* **~-bird** Vögelchen *n*, Piepmatz *m*; **5.** Rück-, Not-, Klappsitz *m*; **6.** *Brit.* F Esel *m.*

dick·(e)y² ['diki] *adj.* F wack(e)lig, ,mies': **~ heart** schwaches Herz.

di·cot·y·le·don [ˌdaikɒti'liːdən] *s.* ♀ Di'ko'tyle *f*, zweikeimblättrige Pflanze.

dic·ta ['diktə] *pl. von* **dictum.**

dic·tate [dik'teit] **I** *v/t.* (**to** *dat.*) **1.** Brief *etc.* diktieren; **2.** diktieren, vorschreiben, gebieten (*a. fig.*); **3.** auferlegen; **4.** eingeben; **II** *v/i.* **5.** diktieren, ein Dik'tat geben; **6.** diktieren, befehlen: *he will not be ~d to* er läßt sich keine Vorschriften machen; **III** *s.* ['diktett] **7.** Gebot *n*, Befehl *m*, Dik'tat *n*: *the ~s of reason* das Gebot der Vernunft; **dic-'ta·tion** [-eiʃn] *s.* **1.** Dik'tat *n*: a) Diktieren *n*, b) Dik'tatschreiben *n*, c) diktierter Text; **2.** Befehl(e *pl.*) *m*, Geheiß *n*; **dic'ta·tor** [-tə] *s.* Dik'tator *m*, Gewalthaber *m*; **dic·ta·to·ri·al** [ˌdiktə'tɔːriəl] *adj.* □ dikta'torisch; **dic'ta·torship** [-təʃip] *s.* Dikta'tur *f*; **dic'ta·tress** [-tris] *s.* Dikta'torin *f.*

dic·tion ['dikʃn] *s.* **1.** Dikti'on *f*, Ausdrucksweise *f*, Stil *m*, Sprache *f*; **2.** (deutliche) Aussprache.

dic·tion·ar·y ['dikʃənri] *s.* **1.** Wörterbuch *n*; **2.** (*bsd.* einsprachiges) enzyklo'pädisches Wörterbuch; **3.** Lexikon *n*, Enzyklopä'die *f*: *a walking* (*od. living*) ~ *fig.* ein wandelndes Lexikon.

dic·to·graph ['diktəgrɑːf] *s.* Abhörgerät *n* (*beim Telefon*).

dic·tum ['diktəm] *pl.* **-ta** [-tə], **-tums** *s.* **1.** Machtspruch *m*; **2.** ⚖ richterliches Diktum, (Aus)Spruch *m*; **3.** Spruch *m*, geflügeltes Wort.

did [did] *pret. von* **do¹.**

di·dac·tic [di'dæktik] *adj.* (□ **~ally**) **1.** di'daktisch, lehrhaft, belehrend: **~ play** *thea.* Lehrstück *n*; **~ poem** Lehrgedicht *n*; **2.** schulmeisterlich.

did·dle¹ ['didl] *v/t. sl.* beschwindeln, betrügen, übers Ohr hauen.

did·dle² ['didl] *v/i.* F zappeln.

did·n't ['didnt] F *für* **did not.**

didst [didst] *obs. 2. sg. pret. von* **do¹.**

die¹ [dai] **I** *v/i. u. p.pr.* **dy·ing** ['daiiŋ] **1.** sterben (**of** an): **~ of hunger** Hungers sterben, verhungern; **~ from a wound** an e-r Verwundung sterben; **~ a violent death** e-s gewaltsamen Todes sterben; **~ of** (*od.* **with**) **laughter** *fig.* sich totlachen; **~ of boredom** vor Lange(r)weile fast umkommen; **~ a beggar** als Bettler sterben; **~ hard** a) zählebig sein (*a. Sache*), ,nicht totzukriegen sein', b) nicht nachgeben (wollen); *never say ~!* nur nicht aufgeben!; → *bed* 1; *boot¹* 1; *ditch* 1; *harness* 1; **2.** eingehen (*Pflanze, Tier*), verenden (*Tier*); **3.** *fig.* ver-, 'untergehen, schwinden, aufhören, sich verlieren, verhallen, erlöschen, verges-

---

sen werden; **4.** *mst be dying* (**for**; **to** *inf.*) sich sehnen (nach; danach, zu *inf.*), brennen (auf *acc.*; darauf, zu *inf.*): *I am dying to* ... ich würde schrecklich gern; **II** *v/t.* **5.** e-s natürlichen *etc.* Todes sterben; *Zssgn mit adv.*:

die a·way *v/i.* **1.** schwächer werden, nachlassen, sich verlieren, schwinden; **2.** ohnmächtig werden; **~ down** *v/i.* **1.** → *die away* 1; **2.** ♀ (von oben) absterben; **~ off** *v/i.* 'hin-, wegsterben; **~ out** *v/i.* aussterben (*a. fig.*).

die² [dai] *s.* **1.** *pl.* **dice** Würfel *m*: *the ~ is cast* die Würfel sind gefallen; *straight as a* ~ a) pfeilgerade, b) *fig.* grundehrlich; → *dice; straight* 4; **2.** Würfelspiel *n*; **3.** *bsd. Küche*: Würfel *m*; **4.** *pl.* **dies** △ Würfel *m e-s Sockels*; **5.** *pl.* **dies** ☉ a) (Preß-, Spritz)Form *f*, Gesenk *n*: *lower* ~ Matrize *f*; *upper* ~ Patrize *f*, b) (Münz)Prägestempel *m*, c) Schneideisen *n*, Stanze *f*, d) Gußform *f.*

'die·a·way *adj.* schmachtend; **'~-cast** *v/t.* ☉ spritzgießen, spritzen; **~ cast·ing** *s.* ☉ Spritzguß *m*; **'~-hard I** *s.* **1.** unnachgiebiger Mensch, Dickschädel *m*; **2.** *pol.* hartnäckiger Reaktio'när; **3.** zählebige Sache; **II** *adj.* **4.** hartnäckig, zäh u. unnachgiebig; **5.** zählebig; **~ head** *s.* ☉ Schneidkopf *m.*

di·e·lec·tric [ˌdaii'lektrik] ⚡ **I** *s.* Die'lektrikum *n*; **II** *adj.* (□ **~ally**) die'lektrisch: **~ strength** Spannungs-, Durchschlagfestigkeit *f.*

di·en·ceph·a·lon [ˌdaiin'sefələn] *s. anat.* Zwischenhirn *n.*

di·er·e·sis → **diaeresis.**

Die·sel ['diːzl] **I** *s.* Diesel *m* (*Motor, Fahrzeug od. Kraftstoff*); **II** *adj.* Diesel...; **die·sel·ize** ['diːzəlaiz] *v/t.* ☉ auf Dieselbetrieb 'umstellen.

'die·sink·er *s.* ☉ Werkzeugmacher *m.*

di·e·sis ['daiisis] *pl.* **-ses** [-siːz] *s.* **1.** *typ.* Doppelkreuz *n*; **2.** ♪ Kreuz *n.*

di·es non [ˌdaii:'znɒn] *s.* ⚖ gerichtsfreier Tag.

die stock *s.* ☉ Schneidkluppe *f.*

di·et¹ ['daiət] *s.* **1.** *parl.* a) 'Unterhaus *n* (*in Japan etc.*), b) *hist.* Reichstag *m*; **2.** ⚖ *Scot.* Ge'richtstermin *m.*

di·et² ['daiət] **I** *s.* **1.** Nahrung *f*, Ernährung *f*, (*a. fig. geistige*) Kost: *vegetable* ~ vegetarische Kost; *full* (*low*) ~ reichliche (magere) Kost; **2.** ⚕ Di'ät *f*, Schon-, Krankenkost *f*: *be* (*put*) *on a* ~ auf Diät gesetzt sein, diät leben (müssen); **II** *v/t.* **3.** *j-n* auf Di'ät setzen: ~ *o.s.* → 4; **III** *v/i.* **4.** Di'ät halten; **'di·e·tar·y** [-təri] ⚕ **I** *adj.* **1.** diä'tetisch, Diät...; **II** *s.* **2.** Di'ätvorschrift *f*; **3.** 'Speise(rati,on) *f.*

di·e·tet·ic [ˌdaii'tetik] *adj.* (□ **~ally**) → *dietary* 1; **di·e'tet·ics** [-ks] *s. pl. sg. od. pl. konstr.* ⚕ Diä'tetik *f*, Diä'tkunde *f*; **di·e·ti·tian**, **di·e·ti·cian** [-'tiʃn] *s.* Diä'tetiker(in).

dif·fer ['difə] *v/i.* **1.** sich unter'scheiden, verschieden sein, abweichen (**from** von); **2.** (*mst* **with**, *a.* **from**) nicht über'einstimmen (mit), anderer Meinung sein (als): *I beg to* ~ ich bin (leider) anderer Meinung, **3.** uneinig sein (**on** über *acc.*); → *agree* 2; **dif·fer·ence** ['difrəns] *s.* **1.** 'Unterschied *m*, Verschiedenheit *f*: ~ *in price* Preisunterschied; ~ *of opinion* Meinungsverschiedenheit; *that makes a (great)* ~ a) das macht et. (*od.* viel) aus, b) das ändert die Sache; *it made all the* ~ das änderte die Sache vollkommen; *it makes no* ~ (*to me*) es ist (mir) gleich(gültig); *what's the* ~*?* was macht es schon aus?; **2.** 'Unterschied *m*, unter'scheidendes Merkmal: *the* ~ *between him and his brother*; **3.** 'Unterschied *m* (*in Menge*), Diffe'renz *f* (*a.* ✝, ⚕): *split the* ~ a) sich in die Differenz teilen, b) e-n Kompromiß schließen; **4.** Besonderheit *f*: *a film with a* ~ ein Film (von) ganz besonderer Art *od.* ‚mit Pfiff'; *holidays with a* ~ Ferien ‚mal anders'; **5.** Meinungsverschiedenheit *f*, Diffe-'renz *f*; **dif·fer·ent** ['dɪfrənt] *adj.* □ **1.** (*from, a. to*) verschieden (von), abweichend (von); anders (*pred.* als), ander (*attr.* als): *in two* ~ *countries* in zwei verschiedenen Ländern; *that's a* ~ *matter* das ist etwas anderes; *at* ~ *times* verschiedentlich, mehrmals; **2.** außergewöhnlich, besonder.

dif·fer·en·tial [ˌdɪfə'renʃl] **I** *adj.* □ **1.** 'unterschiedlich, charakte'ristisch, Unterscheidungs...; **2.** ⊜, ⚕, ⚕, *phys.* Differential...; **3.** ✝ gestaffelt, Differential..., Staffel...: ~ *tariff*; **II** *s.* **4.** ⊜, *mot.* Differenti'al-, Ausgleichsgetriebe *n*; **5.** ⚕ Differenti'al *n*; **6.** ('Preis-, 'Lohn- *etc.*)Gefälle *n*, (-)Diffe‚renz *f*; ~ **cal·cu·lus** *s.* ⚕ Differenti'alrechnung *f*; ~ **du·ty** *s.* ✝ Differenti'alzoll *m*; ~ **gear** *s.* ⊜ Differenti'al-, Ausgleichsgetriebe *n*; ~ **rate** *s.* ✝ 'Ausnahmeta‚rif *m*.

dif·fer·en·ti·ate [ˌdɪfə'renʃɪeɪt] **I** *v/t.* **1.** einen 'Unterschied machen zwischen (*dat.*), unter'scheiden; **2.** vonein'ander abgrenzen; unter'scheiden, trennen (*from* von): *be* ~*d* → 4; **II** *v/i.* **3.** e-n 'Unterschied machen, unter'scheiden, differenzieren (*between* zwischen *dat.*); **4.** sich unter'scheiden *od.* entfernen; sich verschieden entwickeln; **dif·fer·en·ti·a·tion** [ˌdɪfərenʃɪ'eɪʃn] *s.* Differenzierung *f*: a) Unter'scheidung *f*, b) (Auf)Teilung *f*, c) Spezialisierung *f*, d) ⚕ Ableitung *f*.

dif·fi·cult ['dɪfɪkəlt] *adj.* **1.** schwierig, schwer; **2.** beschwerlich, mühsam; **3.** schwierig, schwer zu behandeln(d); **'dif·fi·cul·ty** [-tɪ] *s.* **1.** Schwierigkeit *f*: a) Mühe *f*: *with* ~ schwer, mühsam; *have* (*od. find*) ~ *in doing s.th.* et. schwierig (zu tun) finden, b) schwierige Sache, c) Hindernis *n*, 'Widerstand *m*: *make difficulties* Schwierigkeiten bereiten; **2.** oft *pl.* (*a.* Geld)Schwierigkeiten *pl.*, (-)Verlegenheit *f*.

dif·fi·dence ['dɪfɪdəns] *s.* Schüchternheit *f*, mangelndes Selbstvertrauen; **'dif·fi·dent** [-nt] *adj.* □ schüchtern, ohne Selbstvertrauen, scheu: *be* ~ *about doing* sich scheuen zu tun, et. nur zaghaft *od.* zögernd tun.

dif·fract [dɪ'frækt] *v/t. phys.* beugen; **dif'frac·tion** [-kʃn] *s. phys.* Beugung *f*, Diffrakti'on *f*.

dif·fuse [dɪ'fju:z] **I** *v/t.* **1.** ausgießen, -schütten; **2.** *bsd. fig.* verbreiten; **3.** 🔥, *phys.*, *opt.* diffundieren: a) zerstreuen, b) vermischen, c) durch'dringen; **II** *v/i.* **4.** sich verbreiten; **5.** 🔥, *phys.* diffundieren: a) sich zerstreuen, b) sich vermischen, c) eindringen; **III** *adj.*

[dɪ'fju:s] □ **6.** dif'fus: a) weitschweifig, langatmig, b) unklar (*Gedanken etc.*), c) 🔥, *phys.* zerstreut: ~ *light* diffuses Licht; **7.** *fig.* verbreitet; **dif·fus·i·bil·i·ty** [dɪˌfju:zə'bɪlətɪ] *s. phys.* Diffusi'onsvermögen *n*; **dif'fus·i·ble** [-zəbl] *adj. phys.* diffusi'onsfähig; **dif·fu·sion** [dɪ'fju:ʒn] *s.* **1.** Ausgießen *n*; **2.** *fig.* Verbreitung *f*; **3.** Weitschweifigkeit *f*; **4.** 🔥, *phys.*, *a. sociol.* Diffusi'on *f*; **dif·fu·sive** [dɪ'fju:sɪv] *adj.* □ **1.** *bsd. fig.* sich verbreitend; **2.** *fig.* weitschweifig; **3.** 🔥, *phys.* Diffusions...; **dif·fu·sive·ness** [dɪ'fju:sɪvnɪs] *s.* **1.** *phys.* Diffusi'onsfähigkeit *f*; **2.** *fig.* Weitschweifigkeit *f*.

dig [dɪg] **I** *s.* **1.** Grabung *f*; **2.** F (archäo-'logische) Ausgrabung(sstätte); **3.** F Puff *m*, Stoß *m*: ~ *in the ribs* Rippenstoß; **4.** F *fig.* (Seiten)Hieb *m* (*at* auf *j-n*); **5.** *Am.* F ‚Büffler' *m*; **6.** *pl. Brit.* F ‚Bude' *f*. (*bsd. Studenten*)Zimmer *n*; **II** *v/t.* [*irr.*] **7.** Loch *etc.* graben; Boden 'umgraben; *Bodenfrüchte* ausgraben; **8.** *fig.* ‚ausgraben', ans Tageslicht bringen, her'ausfinden; **9.** F *j-m* e-n Stoß geben: ~ *spurs into a horse* e-m Pferd die Sporen geben; **10.** F a) ‚kapieren', b) ‚stehen auf', ein ‚Fan' sein von, c) sich ansehen *od.* anhören; **II** *v/i.* [*irr.*] **11.** graben (*for* nach); **12.** *fig.* a) forschen (*for* nach), b) sich gründlich beschäftigen (*into* mit); **13.** ~ *into* F a) ‚reinhauen' in *e-n Kuchen etc.*, b) sich einarbeiten in (*acc.*); **14.** *Am. sl.* ‚büffeln', ‚ochsen';
Zssgn mit adv.:

dig in *v/t.* **1.** eingraben (*a. fig.*); **2.** *dig o.s. in* sich eingraben, *fig. a.* sich verschanzen; **II** *v/i.* **3.** ✕ sich eingraben, sich verschanzen; ~ *out v/t.* **1.** ausgraben; **2.** → *dig* 8; ~ *up v/t.* **1.** 'umausgraben; **2.** → *dig* 8.

di·gest [dɪ'dʒest] **I** *v/t.* **1.** *Speisen* verdauen; **2.** *fig.* verdauen: a) (innerlich) verarbeiten, über'denken, in sich aufnehmen, b) ertragen, verwinden; **3.** ordnen, einteilen; **4.** 🔥 digerieren, ausziehen, auflösen; **II** *v/i.* **5.** sich verdauen lassen: ~ *well* leicht verdaulich sein; **6.** 🔥 sich auflösen; **III** *s.* ['daɪdʒest] **7.** (*of*) a) Auslese *f* (*a. Zeitschrift*), Auswahl *f* (aus), b) Abriß *m* (*gen.*), 'Überblick *m* (über *acc.*); **8.** ⚖ systematisierte Sammlung von Gerichtsentscheidungen; **di'gest·i·ble** [-təbl] *adj.* □ verdaulich, bekömmlich; **di'ges·tion** [-tʃən] *s.* **1.** Verdauung *f*: *easy of* ~ leichtverdaulich; **2.** *fig.* (innerliche) Verarbeitung *f*; **di'ges·tive** [-tɪv] **I** *adj.* □ **1.** verdauungsfördernd; **2.** bekömmlich; **3.** Verdauungs... (-*apparat*, -*trakt etc.*); **II** *s.* **4.** verdauungsförderndes Mittel.

dig·ger ['dɪgə] *s.* **1.** Gräber(in); **2.** → *gold digger*; **3.** 'Grabgerät *n*, -ma‚schine *f*; **4.** Erdarbeiter *m*; **5.** *a.* ~ *wasp* Grabwespe *f*; **6.** *sl.* Au'stralier *m od.* Neu'seeländer *m*; **'dig·gings** [-gɪŋz] *s. pl.* **1.** *sg. od. pl. konstr.* Goldbergwerk *n*; **2.** Aushub *m* (*Erde*); **3.** → *dig* 6.

dig·it ['dɪdʒɪt] *s.* **1.** *anat.*, *zo.* Finger *m od.* Zehe *f*; **2.** Fingerbreite *f* (*Maß*); **3.** *ast.* astro'nomischer Zoll (¹/₁₂ *des Sonnen- od. Monddurchmessers*); **4.** ⚕ a) eine der Ziffern von 0 bis 9, Einer *m*, b) Stelle *f*: *three-*~ *number* dreistellige

Zahl; **'dig·it·al** [-tl] **I** *adj.* **1.** Finger...; **2.** Digital...: ~ *clock*; ~ *computer* Digitalrechner *m*; **II** *s.* **3.** ♪ Taste *f*; **dig·i·tal·is** [ˌdɪdʒɪ'teɪlɪs] *s.* **1.** ⚘ Fingerhut *m*; **2.** 🎗 Digi'talis *n*; **'dig·i·tate, 'dig·i·tat·ed** [-teɪt(ɪd)] *adj.* **1.** ⚘ gefingert, handförmig; **2.** *zo.* gefingert.

dig·ni·fied ['dɪgnɪfaɪd] *adj.* würdevoll, würdig; **dig·ni·fy** ['dɪgnɪfaɪ] *v/t.* **1.** ehren, auszeichnen; Würde verleihen (*dat.*); **2.** zieren, schmücken; **3.** hochtrabend benennen.

dig·ni·tar·y ['dɪgnɪtərɪ] *s.* **1.** Würdenträger *m*; **2.** *eccl.* Prä'lat *m*; **dig·ni·ty** ['dɪgnɪtɪ] *s.* **1.** Würde *f*, würdevolles Auftreten; **2.** Würde *f*, (hoher) Rang, *a.* Ansehen *n*: *beneath my* ~ unter m-r Würde; *stand on one's* ~ sich nichts vergeben wollen; **3.** *fig.* Größe *f*: ~ *of soul* Seelengröße, -adel *m*.

di·graph ['daɪgrɑ:f] *s. ling.* Di'graph *m* (*Verbindung von zwei Buchstaben zu einem Laut*).

di·gress [daɪ'gres] *v/i.* abschweifen; **di'gres·sion** [-eʃn] *s.* Abschweifung *f*; **di'gres·sive** [-sɪv] *adj.* □ **1.** abschweifend; **2.** abwegig.

digs [dɪgz] → *dig* 6.

di·he·dral [daɪ'hi:drəl] **I** *adj.* **1.** di-'edrisch, zweiflächig: ~ *angle* ⚕ Flächenwinkel *m*; **2.** ✓ V-förmig; **II** *s.* **3.** ⚕ Di'eder *m*, Zweiflächner *m*; **4.** ✓ V-Form *f*, V-Stellung *f*.

dike[1] [daɪk] **I** *s.* **1.** Deich *m*, Damm *m*; **2.** Erdwall *m*, erhöhter Fahrdamm; **3.** *a. fig.* Schutzwall *m*, *fig.* Bollwerk *n*; **4.** a) Graben *m*, b) Wasserlauf *m*; **5.** *a.* ~ *rock geol.* Gangstock *m*; **II** *v/t.* **6.** eindämmen, -deichen.

dike[2] [daɪk] *v/t. a.* ~ *out od.* *up Am.* F aufputzen.

dike[3] [daɪk] *s. sl.* ‚Lesbe' *f*.

dik·tat [dɪk'tɑ:t] *s.* (*Ger.*) *pol.* Dik'tat *n*.

di·lap·i·date [dɪ'læpɪdeɪt] **I** *v/t.* **1.** *Haus etc.* verfallen lassen; **2.** vergeuden; **II** *v/i.* **3.** verfallen, baufällig werden; **'lap·i·dat·ed** [-tɪd] *adj.* **1.** verfallen, baufällig; **2.** klapp(e)rig (*Auto etc.*); **di·lap·i·da·tion** [dɪˌlæpɪ'deɪʃn] *s.* **1.** Verfall *m*, Baufälligkeit *f*; **2.** *geol.* Verwitterung..; **3.** *pl. Brit.* notwendige Repa-ra'turen (*zu Lasten des Mieters*).

di·lat·a·bil·i·ty [daɪˌleɪtə'bɪlətɪ] *s. phys.* Dehnbarkeit *f*, (Aus)Dehnungsvermögen *n*; **di·lat·a·ble** [daɪ'leɪtəbl] *adj. phys.* (aus)dehnbar.

dil·a·ta·tion [ˌdaɪleɪ'teɪʃn] *s.* **1.** *phys.* Ausdehnung *f*; **2.** 🎗 Erweiterung *f*.

di·late [daɪ'leɪt] **I** *v/t.* **1.** (aus)dehnen, (aus)weiten, erweitern: *with* ~*d eyes* mit aufgerissenen Augen; **II** *v/i.* **2.** sich (aus)dehnen *od.* (aus)weiten *od.* erweitern; **3.** *fig.* sich (ausführlich) verbreiten *od.* auslassen ([*up*]*on* über *acc.*); **di'la·tion** [-eɪʃn] *s.* → *dilatation*; **di'la·tor** [-tə] *s.* Di'lator *m*: a) *anat.* Dehnmuskel *m*, b) 🎗 Dehnsonde *f*.

dil·a·to·ri·ness ['dɪlətərɪnɪs] *s.* Saumseligkeit *f*, Verschleppung *f*; **dil·a·to·ry** ['dɪlətərɪ] *adj.* □ **1.** aufschiebend (*a.* ⚖), verzögernd, 'hinhaltend, Verzögerungs..., Verschleppungs...; Hinhalte...: ~ *tactics*; **2.** langsam, saumselig.

dil·do ['dɪldəʊ] *s.* Godemi'ché *m* (*künstlicher Penis*).

di·lem·ma [dɪ'lemə] *s.* Di'lemma *n*, Zwangslage *f*, Klemme *f*: *on the horns* *of a* ~ in e-r Zwickmühle.

dil·et·tan·te [ˌdɪlɪˈtæntɪ] **I** *pl.* **-ti** [-tiː], **-tes** [-tɪz] *s.* **1.** Dilet'tant(in): a) Nichtfachmann *m*, Ama'teur(in), b) *contp.* Stümper(in); **2.** Kunstliebhaber(in); **II** *adj.* **3.** → ˌdilˈetˈtantˈish [-tɪʃ] *adj.* □ diletˈtantisch; ˌdilˈetˈtantˈism [-tɪzəm] *s.* Dilettanˈtismus *m*.

dil·i·gence¹ [ˈdɪlɪʒɑ̃ːns] (*Fr.*) *s. hist.* Postkutsche *f*.

dil·i·gence² [ˈdɪlɪdʒəns] *s.* Fleiß *m*, Eifer *m*; *a.* ⚉ Sorgfalt *f*; **'dil·i·gent** [-nt] *adj.* □ **1.** fleißig, emsig; **2.** sorgfältig, gewissenhaft.

dill [dɪl] *s.* ♀ Dill *m*, Gurkenkraut *n*.

dil·ly-dal·ly [ˈdɪlɪdælɪ] *v/i.* F **1.** die Zeit vertrödeln, (herˈum)trödeln; **2.** zaudern, schwanken.

dil·u·ent [ˈdɪljʊənt] **I** *adj.* 🜊 verdünnend; **II** *s.* 🜋 Verdünnungsmittel *n*.

di·lute [daɪˈljuːt] **I** *v/t.* **1.** verdünnen, *bsd.* wässern; **2.** Farben dämpfen; **3.** *fig.* (ab)schwächen, verwässern: ~ *la-bo(u)r* Facharbeit in Arbeitsgänge zerlegen, deren Ausführung nur geringe Fachkenntnisse erfordert; **4.** verdünnt; **5.** *fig.* (ab)geschwächt, verwässert; **di'lut·ed** [-tɪd] *adj.* → dilute II; **dil·u·tee** [ˌdaɪljuːˈtiː] *s. zwischen dem angelernten u. dem Facharbeiter stehender Beschäftigter;* **di·lu·tion** [daɪˈluːʃn] *s.* **1.** Verdünnung *f*, Verwässerung *f*; **2.** verdünnte Lösung; **3.** *fig.* Abschwächung *f*, Verwässerung *f*: ~ *of labo(u)r* Zerlegung von Facharbeit in Arbeitsgänge, deren Ausführung nur geringe Fachkenntnisse erfordert.

di·lu·vi·al [daɪˈluːvjəl], **di·lu·vi·an** [-jən] *adj.* **1.** *geol.* diluvi'al, Eiszeit...; **2.** Überschwemmungs...; **3.** (Sint)Flut...; **di'lu·vi·um** [-jəm] *s. geol.* Di'luvium *n*.

dim [dɪm] **I** *adj.* □ **1.** (halb)dunkel, düster, trübe (*a. fig.*); **2.** undeutlich, verschwommen, schwach; **3.** blaß, matt (*Farbe*); **4.** F schwer von Begriff; **II** *v/t.* **5.** verdunkeln, verdüstern; trüben; **6.** *a.* ~ *out Licht* abblenden, dämpfen; **7.** mattieren; **III** *v/i.* **8.** sich verdunkeln; **9.** matt *od.* trübe werden; **10.** undeutlich werden; verblassen (*a. fig.*).

dime [daɪm] *s. Am.* Zehn'centstück *n*; *fig.* Groschen *m*: ~ *novel* Groschenroman *m*; ~ *store* billiges Warenhaus; **they are a ~ a dozen** a) sie sind spottbillig, b) es gibt jede Menge davon.

di·men·sion [dɪˈmenʃn] **I** *s.* **1.** Dimensi'on *f* (*a.* Ⓐ): a) Abmessung *f*, Maß *n*, Ausdehnung *f*, b) *pl. oft fig.* Ausmaß *n*, Größe *f*, 'Umfang *m*: *of vast ~s* riesengroß; **II** *v/t.* **2.** bemessen, dimensionieren: *amply ~ed* reichlich; **3.** mit Maßangaben versehen: ~*ed sketch* Maßskizze *f*; **di-'men·sion·al** [-ʃənl] *adj. mst in Zssgn* dimensio'nal.

di·min·ish [dɪˈmɪnɪʃ] **I** *v/t.* **1.** vermindern (*a.* ♪), verringern; **2.** verkleinern (*a.* Ⓐ), herˈabsetzen (*a. fig.*); **3.** (ab)schwächen; **4.** △ verjüngen; **II** *v/i.* **5.** sich vermindern, abnehmen: ~ *in value* an Wert verlieren.

dim·i·nu·tion [ˌdɪmɪˈnjuːʃn] *s.* **1.** Verminderung *f*, Verringerung *f*; Verkleinerung *f* (*a.* ♪); **2.** Abnahme *f*; **3.** △ Verjüngung *f*; **di·min·u·ti·val** [dɪˌmɪnjʊˈtaɪvl] *adj.* □ → *diminutive* 2; **di·min·u·tive** [dɪˈmɪnjʊtɪv] **I** *adj.* □ **1.** klein, winzig; **2.** *ling.* Diminutiv...,

Verkleinerungs...; **II** *s.* **3.** *ling.* Diminu'tiv(um) *n*, Verkleinerungsform *f od.* -silbe *f*.

dim·i·ty [ˈdɪmɪtɪ] *s.* Dimity *m*, Barchentköper *m*.

dim·mer [ˈdɪmə] *s.* **1.** Dimmer *m* (*Helligkeitseinsteller*); **2.** *pl. mot.* a) Abblendlicht *n*, b) Standlicht *n*: ~ *switch* Abblendschalter *m*; **dim·ness** [ˈdɪmnɪs] *s.* **1.** Dunkelheit *f*, Düsterkeit *f*; **2.** Mattheit *f*; **3.** Undeutlichkeit *f*.

di·mor·phic [daɪˈmɔːfɪk], **di·mor·phous** [-fəs] *adj.* diˈmorph, zweigestaltig.

'dim-out *s.* ✕ Teilverdunkelung *f*.

dim·ple [ˈdɪmpl] **I** *s.* **1.** Grübchen *n* (*Wange*); **2.** Vertiefung *f*; **3.** Kräuselung *f* (*Wasser*); **II** *v/t.* **4.** Grübchen machen in (*acc.*); **5.** *Wasser* kräuseln; **III** *v/i.* **6.** Grübchen bekommen; **7.** sich kräuseln (*Wasser*); **'dim·pled** [-ld], **'dimp·ly** [-lɪ] *adj.* **1.** mit Grübchen; **2.** gekräuselt (*Wasser*).

ˌdimˈwitˈted *adj. sl.* ˌdämlich'.

din [dɪn] **I** *s.* **1.** Lärm *m*, Getöse *n*; **2.** Geklirr *n* (*Waffen*), Gerassel *n*; **II** *v/t.* **3.** *durch Lärm* betäuben; **4.** *et.* dauernd (vor)predigen: ~ *s.th. into s.o.('s ears)* j-m et. einhämmern; **III** *v/i.* **5.** lärmen; **6.** dröhnen (*with* von).

dine [daɪn] **I** *v/i.* **1.** speisen, essen: ~ *in* (*out*) zu Hause (auswärts) essen; ~ *off* (*od. on*) *roast beef* Rostbraten essen; **II** *v/t.* **2.** *j-n* bei sich zu Gast haben, bewirten; **3.** für ... *Personen* Platz zum Essen haben, fassen (*Zimmer, Tisch*); **'din·er** [-nə] *s.* **1.** Tischgast *m*; **2.** 🚃 Speisewagen *m*; **3.** *Am.* Imbißstube *f*, 'Eßlo,kal *n*.

di·nette |daɪˈnet| *s.* Eßecke *f*.

ding [dɪŋ] **I** *v/t.* **1.** läuten; **2.** → *din* 4; **II** *v/i.* **3.** läuten.

ding-dong [ˌdɪŋˈdɒŋ] **I** *s.* Bimbam *n*; **II** *adj.*: *a ~ fight* ein hin u. her wogender Kampf.

din·ghy [ˈdɪŋɡɪ] *s.* **1.** ⚓ a) Dingi *n*, b) Beiboot *n*; **2.** Schlauchboot *n*.

din·gi·ness [ˈdɪndʒɪnɪs] *s.* **1.** trübe *od.* schmutzige Farbe; **2.** Schmuddeligkeit *f*; **3.** Schäbigkeit *f* (*a. fig.*); **4.** *fig.* Anrüchigkeit *f*.

din·gle [ˈdɪŋɡl] *s.* Waldschlucht *f*.

din·go [ˈdɪŋɡəʊ] *pl.* **-goes** *s. zo.* Dingo *m* (*Wildhund Australiens*).

ding·us [ˈdɪŋɡəs] *s. Am. sl.* **1.** Dingsda *n*; **2.** ˌDing' *m* (*Penis*).

din·gy [ˈdɪndʒɪ] *adj.* □ **1.** schmutzig, schmuddelig; **2.** schäbig (*a. fig.*); **3.** *fig.* anrüchig.

din·ing car [ˈdaɪnɪŋ] *s.* 🚃 Speisewagen *m*; ~ *hall s.* Speisesaal *m*; ~ *room s.* Speise-, Eßzimmer *n*; ~ *ta·ble s.* Eßtisch *m*.

din·kum [ˈdɪŋkəm] *adj. Austral.* F re'ell: ~ *oil* die volle Wahrheit.

dink·y [ˈdɪŋkɪ] *adj.* F **1.** *Brit.* zierlich, niedlich, nett; **2.** *Am.* klein.

din·ner [ˈdɪnə] *s.* **1.** Hauptmahlzeit *f*, Mittag-, Abendessen *n*: *after* ~ nach dem Essen, nach Tisch; *be at* ~ bei Tisch sein; *stay for* (*od. to*) ~ zum Essen bleiben; ~ *is ready* es (*od.* das Essen) ist angerichtet; *what are we having for* ~? was gibt es zum Essen?; **2.** Di'ner *n*, Festessen *n*: *at a* ~ bei *od.* auf e-m Diner; ~ *coat s. bsd. Am.* Smoking *m*; ~ *dance s.* Abendgesellschaft *f* mit Tanz; ~ *jack·et s.* Smoking *m*; ~ *pail s.*

Am. Eßgefäß *n*; ~ *par·ty s.* Tisch-, Abendgesellschaft *f*; ~ *ser·vice*, ~ *set s.* 'Speiser,vice *n*, Tafelgeschirr *n*; ~ *ta·ble s.* Eßtisch *m*; ~ *time s.* Tischzeit *f*; ~ *wag·on s.* Servierwagen *m*.

di·no·saur [ˈdaɪnəʊsɔː] *s. zo.* Dino'saurier *m*.

dint [dɪnt] **I** *s.* **1.** Beule *f*, Delle *f*; **2.** Strieme *f*; **3.** *by* ~ *of* kraft, vermöge, mittels (*alle gen.*); **II** *v/t.* **4.** einbeulen.

di·oc·e·san [daɪˈɒsɪsn] *eccl.* **I** *adj.* Diözesan...; **II** *s.* (Diöze'san)Bischof *m*; **di·o·cese** [ˈdaɪəsɪs] *s.* Diö'zese *f*.

di·ode [ˈdaɪəʊd] *s.* ⚡ **1.** Di'ode *f*, Zweipolröhre *f*; **2.** Kri'stalldi,ode *f*.

Di·o·nys·i·ac [ˌdaɪəˈnɪzɪæk], **Di·o·ny·sian** [-zɪən] *adj.* dio'nysisch.

di·op·ter *Am.*, **Brit.** **di·op·tre** [daɪˈɒptə] *s. phys.* Diop'trie *f*; **di·op·tric** [-trɪk] *phys.* **I** *adj.* **1.** di'optrisch, lichtbrechend; **II** *s.* **2.** → *diopter*; **3.** *pl. sg. konstr.* Di'optrik *f*, Brechungslehre *f*.

di·o·ra·ma [ˌdaɪəˈrɑːmə] *s.* Dio'rama *n* (*plastisch wirkendes Schaubild*).

Di·os·cu·ri [ˌdaɪəˈskjʊəraɪ] *s. pl.* Dios'kuren *pl.* (*Castor u. Pollux*).

di·ox·ide [daɪˈɒksaɪd] *s.* 🜋 'Di,oxyd *n*.

dip [dɪp] **I** *v/t.* **1.** (ein)tauchen (*in, into* in *acc.*): ~ *one's hand into one's pocket* in die Tasche greifen (*a. fig.* Geld ausgeben); **2.** färben; **3.** *Schafe etc.* dippen (*Desinfektionsbad*); **4.** *Kerzen* ziehen; **5.** ⚓ *Flagge* (zum Gruß) dippen, auf- u. niederholen; **6.** *a.* ~ *up* schöpfen (*from, out of* aus); **7.** *mot.* Scheinwerfer abblenden; **II** *v/i.* **8.** 'unter-, eintauchen; **9.** sich senken *od.* neigen (*Gelände, Waage, Magnetnadel*); **10.** ⚘ ab-, einfallen; **11.** nieder- u. wieder auffliegen; **12.** ✈ vor dem Steigen tiefer gehen; **13.** *fig.* hin'eingreifen: ~ *into* a) e-n Blick werfen in (*acc.*), sich flüchtig befassen mit, b) *Reserven* angreifen; ~ *into one's purse* (*od. pocket*) (tief) in die Tasche greifen; ~ *deep into the past* die Vergangenheit erforschen; **III** *s.* **14.** Eintauchen *n*; **15.** kurzes Bad(en); **16.** ✪ Farbbad *n*; Tauchbad *n*: ~ *brazing* Tauchlöten *n*; **17.** Desinfekti'onsbad *n* (*Schafe*); **18.** geschöpfte Flüssigkeit; **19.** *Am.* F Tunke *f*, Soße *f*; **20.** (gezogene) Kerze; **21.** Neigung *f*, Senkung *f*, Gefälle *n*; Neigungswinkel *m*; **22.** *geol.* Abdachung *f*; Einfallen *n*, Versinken *n*; **23.** schnelles Hin'ab(- u. Hin'auf)Fliegen; **24.** ✈ plötzliches Tiefergehen vor dem Steigen; **25.** ⚓ Dippen *n* (*kurzes Niederholen der Flagge*); **26.** *fig.* flüchtiger Blick, ˌAusflug' *m* (*in die Politik etc.*); **27.** Angreifen *n* (*into e-s Vorrats etc.*); **28.** *sl.* Taschendieb *m*.

diph·the·ri·a [dɪfˈθɪərɪə] *s.* 🜋 Diphthe'rie *f*.

diph·thong [ˈdɪfθɒŋ] *s. ling.* **1.** Diphˈthong *m*, 'Doppelvo,kal *m*; **2.** *die Ligatur* æ *od.* œ; **diph·thon·gal** [dɪfˈθɒŋɡl] *adj. ling.* diphˈthongisch; **diph·thong·i·za·tion** [ˌdɪfθɒŋɡaɪˈzeɪʃn] *s. ling.* Diphthongierung *f*.

di·ple·gi·a [daɪˈpliːdʒɪə] *s.* 🜋 Diple'gie *f*, doppelseitige Lähmung.

di·plo·ma [dɪˈpləʊmə] *s.* Di'plom *n*, (*a.* Ehren-, Sieger)Urkunde *f*; **di·plo·ma·cy** [-əsɪ] *s. pol.*, *a. fig.* Diploma'tie *f*; **di·plo·maed** [-məd] *adj.* diplomiert, Diplom...; **dip·lo·mat** [ˈdɪpləmæt] *s.*

pol., *a. fig.* Diplo'mat *m*; **dip·lo·mat·ic** [ˌdɪplə'mætɪk] *adj.* (□ ~*ally*) **1.** *pol.* diplo'matisch (*a. fig.*): ~ *body* (*od.* *corps*) diplomatisches Korps; ~ *service* diplomatischer Dienst; **2.** urkundlich; **dip·lo·mat·ics** [ˌdɪplə'mætɪks] *s. pl. sg. konstr.* Diplo'matik *f*, Urkundenlehre *f*; **di'plo·ma·tist** [-ətɪst] → **diplomat**; **di'plo·ma·tize** [-ətaɪz] *v/i.* diplo'matisch vorgehen.

di·po·lar [daɪ'pəʊlə] *adj.* ⚡ zweipolig; **di·pole** ['daɪpəʊl] *s.* Dipol *m*.

dip·per ['dɪpə] *s.* **1.** *orn.* Taucher *m*; **2.** Schöpflöffel *m*; **3.** ⚙ a) Baggereimer *m*, b) Bagger *m*; **4.** ⚙ Färber *m*, Beizer *m*; **5.** *ast.* ♉, *Big* ♉ *Am.* Großer Bär; *Little* ♉ *Am.* Kleiner Bär; **6.** *s. eccl. obs.* 'Wiedertäufer *m*; ~ **dredg·er** *s.* Löffelbagger *m*.

dip·ping ['dɪpɪŋ] *s.* **1.** ⚙ (Tauch)Bad *n*; **2.** *in Zssgn* Tauch...: ~ *electrode*; ~ *compass* Inklinationskompaß *m*; ~ *rod* Wünschelrute *f*.

dip·so·ma·ni·a [ˌdɪpsəʊ'meɪnjə] *s.* 🩺 Dipsoma'nie *f* (*periodisch auftretende Trunksucht*); **dip·so'ma·ni·ac** [-nɪæk] *s.* Dipso'mane *m*, Dipso'manin *f*.

'dip·stick *s. mot.* (Öl- *etc.*)Meßstab *m*; ~ **switch** *s. mot. Brit.* Abblendschalter *m*.

dip·ter·a ['dɪptərə] *s. pl. zo.* Zweiflügler *pl.*; **'dip·ter·al** [-rəl], **'dip·ter·ous** [-rəs] *adj.* zweiflügelig.

dip·tych ['dɪptɪk] *s.* Diptychon *n*.

dire ['daɪə] *adj.* **1.** gräßlich, entsetzlich, schrecklich; **2.** unheilvoll; **3.** äußerst, höchst: *be in ~ need of et.* ganz dringend brauchen.

di·rect [dɪ'rekt] **I** *v/t.* **1.** lenken, leiten, führen; beaufsichtigen; ♪ dirigieren; *Film, TV:* Re'gie führen bei: ~*ed by* unter der Regie von; **2.** *Aufmerksamkeit, Blicke* richten, lenken (*to, towards* auf *acc.*): *be ~ed to doing s.th.* darauf abzielen, et. zu tun (*Verfahren etc.*); **3.** *Worte etc.* richten, *Brief* richten, adressieren (*to* an *acc.*); **4.** anweisen, beauftragen; (An)Weisung geben (*dat.*): ~ *the jury as to the law* 🏛 den Geschworenen Rechtsbelehrung erteilen; **5.** anordnen, verfügen, bestimmen: ~ *s.th. to be done* anordnen, daß et. geschieht; *as ~ed* nach Vorschrift, laut Anordnung; **6.** befehlen; **7.** (*to*) den Weg zeigen (nach, zu), verweisen (an *acc.*); **II** *v/i.* **8.** befehlen, bestimmen; **9.** ♪ dirigieren; *Film, TV:* Re'gie führen; **III** *adj.* □ → *directly*; **10.** di'rekt, gerade; **11.** di'rekt, unmittelbar (*a.* ⚡, ⚖, *phys., pol.*): ~ *action* pol. direkte Aktion; ~ *advertising* Werbung *f* beim Konsumenten; ~ *costing* ✝ *Am.* Grenzkostenrechnung *f*; ~ *current* ⚡ Gleichstrom *m*; ~ *dial(l)ing teleph.* Durchwahl *f*; ~ *distance dialing teleph. Am.* Selbstwählfernverkehr *m*; ~ *evidence* 🏛 unmittelbarer Beweis; ~ *hit* Volltreffer *m*; ~ *line* direkte (Abstammungs)Linie; ~ *method* direkte Methode (*Sprachunterricht*): *the ~ opposite* das genaue Gegenteil; ~ *responsibility* persönliche Verantwortung; ~ *selling* ✝ Direktverkauf *m*; ~ *taxes* direkte Steuern; ~ *train* durchgehender Zug; **12.** gerade, offen, deutlich: ~ *answer*, ~ *question*; **13.** *ling.* ~ *method* direkte Methode; ~ *object* di-

rektes Objekt; ~ *speech* direkte Rede; **14.** *ast.* rechtläufig; **IV** *adv.* **15.** di'rekt, unmittelbar (*to* zu, an *acc.*).

di·rec·tion [dɪ'rekʃn] *s.* **1.** Richtung *f* (*a.* ☿, *phys., fig.*): *sense of* ~ Orts-, Orientierungssinn *m*; *in the* ~ *of* in (der) Richtung nach *od.* auf (*acc.*); *in all* ~*s* nach allen Richtungen *od.* Seiten; *in many* ~*s* in vieler Hinsicht; **2.** Leitung *f*, Führung *f*, Lenkung *f*: *under his* ~ unter s-r Leitung; **3.** Leitung *f*, Direkti'on *f*, Direk'torium *n*; **4.** *Film, TV:* Re'gie *f*; **5.** *mst pl.* (An)Weisung *f*, Anleitung *f*, Belehrung *f*, Anordnung *f*, Vorschrift *f*, Richtlinie *f*: *by* ~ *of* auf Anordnung von; *give* ~*s* Anweisungen *od.* Vorschriften geben; ~*s for use* Gebrauchsanweisung *f*; *full* ~*s inside* genaue Anweisung(en) anbei; **6.** Anschrift *f*, A'dresse *f* (*Brief*).

di·rec·tion·al [dɪ'rekʃənl] *adj.* **1.** Richtungs...; **2.** ⚡ Richt..., b) Peil...; ~ *aer·i·al, bsd. Am.* ~ *an·ten·na s.* ⚡ 'Richtˌtenne *f*, -strahler *m*; ~ *beam s.* ⚡ Richtstrahl *m*; ~ *ra·di·o s.* ⚡ **1.** Richtfunk *m*: ~ *beacon* ⚓ Richtfunkfeuer *n*; **2.** Peilfunk *m*; ~ *trans·mit·ter s.* ⚡ **1.** Richtfunksender *m*; **2.** Peilsender *m*.

di·rec·tion| **find·er** *s.* ⚡ (Funk)Peiler *m*, Peilempfänger *m*; ~ **find·ing** *s.* a) (Funk)Peilung *f*, Richtungsbestimmung *f*, b) Peilwesen *n*: ~ *set* Peilgerät *n*; ~ **in·di·ca·tor** *s.* **1.** *mot.* (Fahrt)Richtungsanzeiger *m*, Blinker *m*; **2.** ✈ Kursweiser *m*.

di·rec·tive [dɪ'rektɪv] *adj.* lenkend, leitend, richtunggebend; **II** *s.* Direk'tive *f*, (An)Weisung *f*, Vorschrift *f*; **di·rect·ly** [dɪ'rektlɪ] **I** *adv.* **1.** gerade, di'rekt; **2.** unmittelbar, di'rekt (*a.* ☿): ~ *proportional* direkt proportional; ~ *opposed* genau entgegengesetzt; **3.** *bsd. Brit.* [*F a.* 'dreklɪ] so'fort, gleich, bald; **II** *cj.* **4.** *bsd. Brit.* [*F a.* 'drekli] so'bald (als): *he entered* sobald er eintrat; **di·rect·ness** [-tnɪs] *s.* **1.** Di'rekt-, Geradheit *f*, gerade Richtung; **2.** Unmittelbarkeit *f*; **3.** Offenheit *f*, Deutlichkeit *f*.

di·rec·tor [dɪ'rektə] *s.* **1.** Di'rektor *m*, Leiter *m*, Vorsteher *m*; **2.** ✝ a) Di'rektor *m*: ~*general* Generaldirektor *m*, b) Mitglied *n* des Verwaltungsrats (*an AG*); → *board* 10; **3.** *Film etc.*: Regis'seur *m*; **4.** ♪ Diri'gent *m*; **5.** ✕ Kom'mandogerät *n*; **di·rec·to·rate** [-tərət] *s.* **1.** → *directorship*; **2.** Direk'torium *n*, Leitung *f*; **3.** ✝ a) Direk'torium *n*, b) Verwaltungsrat *m*; **di·rec·tor·ship** [-ʃɪp] *s.* Direk'torenposten *m*, -stelle *f*.

di·rec·to·ry [dɪ'rektərɪ] *s.* **1.** a) A'dreßbuch *n*, b) Tele'fonbuch *n*, c) Branchenverzeichnis *n*: ~ *enquiries, Am.* ~ *assistance* Tele'fonauskunft *f*; **2.** *eccl.* Gottesdienstordnung *f*; **3.** Leitfaden *m*; **4.** Direk'torium *n*; **5.** ♉ *hist.* Direk'torium *n* (*französische Revolution*).

di·rec·tress [dɪ'rektrɪs] *s.* Direk'torin *f*, Vorsteherin *f*, Leiterin *f*.

dire·ful ['daɪəfʊl] → **dire**.

dirge [dɜːdʒ] *s.* Klage-, Trauerlied *n*, Totenklage *f*.

dir·i·gi·ble ['dɪrɪdʒəbl] **I** *adj.* lenkbar; **II** *s.* lenkbares Luftschiff.

dirk [dɜːk] *s.* Dolch *m*.

dirn·dl ['dɜːndl] (*Ger.*) *s.* Dirndl(kleid) *n*.

dirt [dɜːt] *s.* **1.** Schmutz *m* (*a. fig.*), Kot *m*, Dreck *m*; **2.** Staub *m*, Boden *m*, (lockere) Erde; **3.** *fig.* Plunder *m*, Schund *m*; **4.** *fig.* unflätige Reden *pl.*; Gemeinheit(en *pl.*) *f*: *eat* ~ sich widerspruchslos demütigen; *fling* (*od.* *throw*) ~ *at s.o.* j-n in den Schmutz ziehen; *do s.o.* ~ *sl.* j-n ganz gemein reinlegen; *treat s.o. like* ~ j-n wie (den letzten) Dreck behandeln; ~-'cheap *adj. u. adv.* spottbillig.

dirt·i·ness ['dɜːtɪnɪs] *s.* **1.** Schmutz *m*, Schmutzigkeit *f* (*a. fig.*); **2.** Gemeinheit *f*, Niedertracht *f*.

dirt| **road** *s. Am.* unbefestigte Straße; ~ **track** *s. sport mot.* Aschenbahn *f*.

dirt·y ['dɜːtɪ] **I** *adj.* □ **1.** schmutzig, dreckig, Schmutz...: ~ *brown* schmutzigbraun; ~ *work* a) Schmutzarbeit *f*, b) *fig.* unsauberes Geschäft, Schurkerei *f*; **2.** *fig.* gemein, niederträchtig: *a ~ look* ein böser Blick; *a ~ lot* ein Lumpenpack; ~ *trick* Gemeinheit *f*; *do the ~ on s.o. Brit. sl.* j-n gemein behandeln; **3.** *fig.* schmutzig, unflätig, unanständig: *a ~ mind* schmutzige Gedanken *od.* Phantasie; **4.** schlecht, *bsd.* ⚓ stürmisch (*Wetter*); **II** *v/t.* **5.** beschmutzen, besudeln (*a. fig.*); **III** *v/i.* **6.** schmutzig werden; schmutzen.

dis·a·bil·i·ty [ˌdɪsə'bɪlətɪ] *s.* **1.** Unvermögen *n*, Unfähigkeit *f*; **2.** 🏛 Rechtsunfähigkeit *f*; **3.** Körperbeschädigung *f*, -behinderung *f*; Gebrechen *n*; Arbeits-, Erwerbsunfähigkeit *f*; Invalidi'tät *f*; ✕ → *disablement* 2; **4.** Unzulänglichkeit *f*; **5.** Benachteiligung *f*, Nachteil *m*; ~ **ben·e·fit** *s.* Invalidi'tätsrente *f*; ~ **in·sur·ance** *s.* Inva'lidenversicherung *f*; ~ **pen·sion** *s.* (Kriegs)Versehrtenrente *f*.

dis·a·ble [dɪs'eɪbl] *v/t.* **1.** unfähig machen, außer'stand setzen (*from doing s.th.* et. zu tun); **2.** unbrauchbar *od.* untauglich machen (*for* für, zu); **3.** ✕ a) dienstuntauglich machen, b) kampfunfähig machen; **5.** verkrüppeln; **5.** geschäfts- *od.* rechtsunfähig machen; **dis·a·bled** [-ld] *adj.* **1.** 🏛 geschäfts- *od.* rechtsunfähig; **2.** arbeits-, erwerbsunfähig, inva'lide; **3.** ✕ a) dienstuntauglich, b) kriegsversehrt: *a ~ ex-soldier* ein Kriegsversehrter, c) kampfunfähig; **4.** ✕ manövrierunfähig, seeuntüchtig; **5.** *mot.* fahruntüchtig: ~ *car*, **6.** unbrauchbar; **7.** (körperlich *od.* geistig) behindert; **dis'a·ble·ment** [-mənt] *s.* **1.** → *disability* 2, 3; **2.** ✕ a) (Dienst-)Untauglichkeit *f*, b) Kampfunfähigkeit *f*.

dis·a·buse [ˌdɪsə'bjuːz] *v/t.* aus dem Irrtum befreien, eines Besseren belehren, aufklären (*of s.th.* über *acc.*): ~ *o.s.* (*od. one's mind*) *of s.th.* sich von et. (*Irrtümlichem*) befreien, sich et. aus dem Kopf schlagen.

dis·ac·cord [ˌdɪsə'kɔːd] **I** *v/i.* nicht über'einstimmen; **II** *s.* Uneinigkeit *f*; 'Widerspruch *m*.

dis·ac·cus·tom [ˌdɪsə'kʌstəm] *v/t.* abgewöhnen (*s.o. to s.th.* j-m et.).

dis·ad·van·tage [ˌdɪsəd'vɑːntɪdʒ] *s.* Nachteil *m*, Schaden *m*: *be at a* ~, *labo(u)r under a* ~ im Nachteil sein; *to s.o.'s* ~ zu j-s Nachteil *od.* Schaden; *put s.o. at a* ~ j-n benachteiligen; *take s.o. at a* ~ j-s ungünstige Lage ausnutzen; *sell to* (*od. at* a) ~ mit Verlust

verkaufen; **dis·ad·van·ta·geous** [ˌdɪs-ædvɑːnˈteɪdʒəs] *adj.* □ nachteilig, ungünstig, unvorteilhaft, schädlich (**to** für).
dis·af·fect·ed [ˌdɪsəˈfektɪd] *adj.* □ **1.** (**to**, **towards**) unzufrieden (mit), abgeneigt (*dat.*); **2.** *pol.* unzuverlässig, untreu; ˌdis·afˈfec·tion [-kʃn] *s.* Unzufriedenheit *f* (**for** mit), (*a. pol.* Staats-) Verdrossenheit *f.*
dis·af·firm [ˌdɪsəˈfɜːm] *v/t.* **1.** (ab)leugnen; **2.** ✝ aufheben, 'umstoßen.
dis·af·for·est [ˌdɪsəˈfɒrɪst] *v/t.* **1.** ✝ e-m Wald den Schutz durch das Forstrecht nehmen; **2.** abholzen.
dis·ag·i·o [dɪsˈædʒɪəʊ] *s.* ✝ Disˈagio *n,* Abschlag *m.*
dis·a·gree [ˌdɪsəˈgriː] *v/i.* **1.** (**with**) nicht über'einstimmen (mit), im 'Widerspruch stehen (zu, mit); sich wider'sprechen; **2.** (**with**) anderer Meinung sein (als), nicht zustimmen (*dat.*); **3.** (**with**) nicht einverstanden sein (mit), gegen *et.* sein, ablehnen (*acc.*); **4.** (sich) streiten (**on** über *acc.*); **5.** (**with** *j-m*) schlecht bekommen, nicht zuträglich sein (*Essen etc.*); ˌdis·aˈgree·a·ble [-ˈgrɪəbl] *adj.* □ **1.** unangenehm, widerlich, lästig; **2.** unliebenswürdig, eklig; ˌdis·aˈgree·a·ble·ness [-ˈgrɪəblnɪs] *s.* **1.** Widerwärtigkeit *f;* **2.** Lästigkeit *f;* **3.** Unliebenswürdigkeit *f;* ˌdis·aˈgree·ment [-mənt] *s.* **1.** Unstimmigkeit *f,* Verschiedenheit *f,* 'Widerspruch *m;* **2.** Meinungsverschiedenheit *f,* 'Mißhelligkeit *f,* Streit *m.*
dis·al·low [ˌdɪsəˈlaʊ] *v/t.* **1.** nicht zulassen (*a.* ✝) *od.* erlauben, verweigern; **2.** nicht anerkennen, nicht gelten lassen, *sport a.* annullieren, nicht geben; ˌdisˈal·low·ance [-ˈlaʊəns] *s.* Nichtanerkennung *f, sport a.* Annullierung *f.*
dis·ap·pear [ˌdɪsəˈpɪə] *v/i.* **1.** verschwinden (**from** von, aus); **2.** verlorengehen, aufhören; ˌdis·apˈpear·ance [-ˈpɪərəns] *s.* **1.** Verschwinden *n;* **2.** ◎ Schwund *m;* ˌdis·apˈpear·ing [-ˈpɪərɪŋ] *adj.* **1.** verschwindend; **2.** versenkbar.
dis·ap·point [ˌdɪsəˈpɔɪnt] *v/t.* **1.** enttäuschen: *be ~ed* enttäuscht sein (*at od. with* über *acc., in* von *dat.*); *be ~ed of s.th.* um *et.* betrogen *od.* gebracht werden; **2.** *Hoffnung* (ent)täuschen, zuˈnichte machen; ˌdis·apˈpoint·ed [-tɪd] *adj.* □ enttäuscht; ˌdis·apˈpoint·ing [-tɪŋ] *adj.* □ enttäuschend; ˌdis·apˈpoint·ment [-mənt] *s.* **1.** Enttäuschung *f* (*a. von Hoffnungen etc.*): *to my ~* zu m-r Enttäuschung; **2.** Enttäuschung *f* (*enttäuschende Person od. Sache*).
dis·ap·pro·ba·tion [ˌdɪsæprəʊˈbeɪʃn] *s.* 'Mißbilligung *f.*
dis·ap·prov·al [ˌdɪsəˈpruːvl] *s.* (**of**) 'Mißbilligung *f* (*gen.*), 'Mißfallen *n* (über *acc.*); **dis·ap·prove** [ˌdɪsəˈpruːv] **I** *v/t.* miß'billigen, ablehnen; **II** *v/i.* daˈgegen sein: ~ *of* → I; ˌdis·apˈprov·ing·ly [-vɪŋlɪ] *adv.* miß'billigend.
dis·arm [dɪsˈɑːm] **I** *v/t.* **1.** entwaffnen (*a. fig.*); **2.** unschädlich machen; *Bomben etc.* entschärfen; **3.** besänftigen; **II** *v/i.* **4.** *pol.,* ✕ abrüsten; **dis·ar·ma·ment** [-məmənt] *s.* **1.** Entwaffnung *f;* **2.** *pol.,* ✕ Abrüstung *f;* **dis·arm·ing** [-mɪŋ] *adj.* □ *fig.* entwaffnend.
dis·ar·range [ˌdɪsəˈreɪndʒ] *v/t.* in Unordnung bringen; ˌdis·arˈrange·ment [-mənt] *s.* Verwirrung *f,* Unordnung *f.*
dis·ar·ray [ˌdɪsəˈreɪ] **I** *v/t.* in Unordnung bringen, durchein'anderbringen; **II** *s.* Unordnung *f:* *be in ~* a) in Unordnung sein, b) ✕ in Auflösung begriffen sein; *throw into ~* → I.
dis·as·sem·ble [ˌdɪsəˈsembl] *v/t.* ◎ auseinˈandernehmen, -montieren, zerlegen; ˌdis·asˈsem·bly [-blɪ] *s.* Zerlegung *f,* Abbau *m.*
dis·as·ter [dɪˈzɑːstə] *s.* Unglück *n* (**to** für), Unheil *n,* Kataˈstrophe *f:* ~ *area* Katastrophengebiet *n;* **dis·as·trous** [-trəs] *adj.* □ unglückselig, unheil-, verhängnisvoll, katastroˈphal, verheerend.
dis·a·vow [ˌdɪsəˈvaʊ] *v/t.* **1.** nicht anerkennen, abrücken *od.* sich lossagen von; **2.** in Abrede stellen, ableugnen; ˌdis·aˈvow·al *s.* **1.** Nichtanerkennung *f;* **2.** Ableugnung *f.*
dis·band [dɪsˈbænd] **I** *v/t.* ✕ *Truppen etc.* entlassen, auflösen; **II** *v/i. bsd.* ✕ sich auflösen; **disˈband·ment** [-mənt] *s.* ✕ Auflösung *f.*
dis·bar [dɪsˈbɑː] *v/t.* ✝ aus der Anwaltschaft ausschließen.
dis·be·lief [ˌdɪsbɪˈliːf] *s.* Unglaube *m,* Zweifel *m* (**in** an *dat.*); ˌdis·beˈlieve [-iːv] **I** *v/t. et.* nicht glauben, bezweifeln; *j-m* nicht glauben; **II** *v/i.* nicht glauben (**in** an *acc.*); ˌdis·beˈliev·er [-iːvə] *s. a. eccl.* Ungläubige(r *m*) *f,* Zweifler(in).
dis·bur·den [dɪsˈbɜːdn] *v/t. mst fig.* von e-r Bürde befreien, entlasten (**of** von): ~ *one's mind* sein Herz erleichtern.
dis·burse [dɪsˈbɜːs] *v/t.* **1.** be-, auszahlen; **2.** *Geld* auslegen; **disˈburse·ment** [-mənt] *s.* **1.** Auszahlung *f;* **2.** Auslage *f,* Verauslagung *f.*
disc [dɪsk] *s.* → **disk**.
dis·card [dɪˈskɑːd] **I** *v/t.* **1.** *Gewohnheit, Vorurteil etc.* ablegen, aufgeben, *Kleider etc.* ausscheiden, ausrangieren; **2.** *Freund* fallenlassen; **3.** *Karten* ablegen *od.* abwerfen; **II** *v/i.* **4.** *Kartenspiel:* Karten ablegen *od.* abwerfen; **III** *s.* [ˈdɪskɑːd] **5.** *Kartenspiel:* a) Ablegen *n,* b) abgeworfene Karte(n *pl.*); **6.** *et.* Abgelegtes, ausrangierte Sache: *go into the ~ Am.* a) in Vergessenheit geraten, b) außer Gebrauch kommen.
dis·cern [dɪˈsɜːn] *v/t.* **1.** wahrnehmen, erkennen; **2.** feststellen; **3.** *obs.* unter'scheiden (können); **disˈcern·i·ble** [-nəbl] *adj.* □ erkennbar, sichtbar; **disˈcern·ing** [-nɪŋ] *adj.* scharf(sichtig), kritisch (urteilend), klug; **disˈcern·ment** [-mənt] *s.* **1.** Scharfblick *m,* Urteilskraft *f;* **2.** Einsicht *f* (**of** in *acc.*); **3.** Wahrnehmen *n;* **4.** Wahrnehmungsvermögen *n.*
dis·charge [dɪsˈtʃɑːdʒ] **I** *v/t.* **1.** *Waren, Wagen* ab-, ausladen; *Schiff* aus-, entladen; *Personen* ausladen, absetzen; (*Schiffs*)*Ladung* löschen; **2.** ⚡ entladen; **3.** ausströmen (lassen), aussennen, -stoßen, ergießen; absondern: *matter* ✹ eitern; **4.** ✕ *Geschütz etc.* abfeuern, abschießen; **5.** entlassen, verabschieden, fortschicken; *Gefangene* ent-, freilassen; *Patienten* entlassen; **7.** *s-n Gefühlen* Luft machen, *s-n*
Zorn auslassen (**on** an *dat.*); *Flüche* ausstoßen; **8.** freisprechen, entlasten (**of** von); **9.** befreien, entbinden (**of, from** von); **10.** *Schulden* bezahlen, tilgen; *Wechsel* einlösen; *Verpflichtungen, Aufgabe* erfüllen; *s-n Verbindlichkeiten* nachkommen; *Schuldner* entlasten; *obs. Gläubiger* befriedigen; ✝ *Urteil etc.* aufheben: ~*ed bankrupt* entlasteter Gemeinschuldner; **11.** *Amt* ausüben, versehen; *Rolle* spielen; **12.** ~ *o.s.* sich ergießen, münden; **II** *v/i.* **13.** ⚡ sich entladen (*a. Gewehr*); **14.** sich ergießen, abfließen; **15.** ✹ eitern; **III** *s.* **16.** Ent-, Ausladung *f,* Löschen *n* (*Schiff, Waren*); **17.** ⚡ Entladung *f:* ~ *current* Entladestrom *m;* **18.** Ausfließen *n,* -strömen *n,* Abfluß *m;* Ausstoßen *n* (*Rauch*); **19.** Absonderung *f* (*Eiter*), Ausfluß *m;* **20.** Abfeuern *n* (*Geschütz etc.*); **21.** a) (Dienst)Entlassung *f,* b) (Entlassungs)Zeugnis *n;* **22.** Ent-, Freilassung *f;* **23.** ✝, ✝ Befreiung *f,* Entlastung *f;* Rehabilitatiˈon *f:* ~ *of a bankrupt* Aufhebung *f* des Konkursverfahrens; **24.** Erfüllung *f* (*Aufgabe*), Ausübung *f,* Ausführung *f;* **25.** Bezahlung *f,* Einlösung *f;* **26.** Quittung *f:* ~ *in full* vollständige Quittung; **disˈcharg·er** [-dʒə] *s.* ⚡ Entlader *m.*
dis·ci·ple [dɪˈsaɪpl] *s.* Jünger *m* (*bsd. bibl.; a. fig.*), Schüler *m;* **disˈci·ple·ship** [-ʃɪp] *s.* Jünger-, Anhängerschaft *f.*
dis·ci·pli·nar·i·an [ˌdɪsɪplɪˈneərɪən] *s.* Zuchtmeister *m,* strenger Lehrer *od.* Vorgesetzter; **dis·ci·pli·nar·y** [ˈdɪsɪplɪnərɪ] *adj.* **1.** erzieherisch, Zucht...; **2.** diszipliˈnarisch: ~ *action* Disziplinarverfahren *n;* ~ *punishment* Disziplinarstrafe *f;* ~ *transfer* Strafversetzung *f;* **dis·ci·pline** [ˈdɪsɪplɪn] **I** *s.* **1.** Schulung *f,* Erziehung *f;* **2.** Disziˈplin *f* (*a. eccl.*), Zucht *f;* 'Selbstdiszi,plin *f;* **3.** Bestrafung *f,* Züchtigung *f;* **4.** Disziˈplin *f,* Wissenszweig *m;* **II** *v/t.* **5.** schulen, erziehen; **6.** disziplinieren: a) an Disziˈplin gewöhnen, b) bestrafen: *well ~d* (wohl)diszipliniert; *badly ~d* disziplinlos, undiszipliniert.
dis·claim [dɪsˈkleɪm] *v/t.* **1.** abstreiten, in Abrede stellen; **2.** a) *et.* nicht anerkennen, b) *e-e Verantwortung* ablehnen, c) jede Verantwortung ablehnen für; **3.** wider'rufen, dementieren; verzichten auf (*acc.*), keinen Anspruch erheben auf (*acc.*), ✝ *a. Erbschaft* ausschlagen; **disˈclaim·er** [-mə] *s.* **1.** ✝ Verzicht(leistung *f*) *m,* Ausschlagung *f* (*e-r Erbschaft*); **2.** 'Widerruf *m,* Deˈmenti *n.*
dis·close [dɪsˈkləʊz] *v/t.* **1.** bekanntgeben, -machen; **2.** aufdecken, ans Licht bringen, enthüllen; **3.** zeigen, verraten, offenbaren; **disˈclo·sure** [-əʊʒə] *s.* **1.** Enthüllung *f;* **2.** Bekanntgabe *f,* Verlautbarung *f;* **3.** *Patentrecht:* Offenbarung *f.*
dis·co [ˈdɪskəʊ] *pl.* **-cos** *s.* F ‚Disko' *f* (*Diskothek*).
dis·cog·ra·phy [dɪsˈkɒgrəfɪ] *s.* Schallplattenverzeichnis *n.*
dis·col·o(u)r [dɪsˈkʌlə] *v/t.* **1.** verfärben; entfärben; **2.** *fig.* entstellen; **II** *v/i.* **3.** sich verfärben; **4.** verschießen; **dis·col·o(u)r·a·tion** [ˌdɪskʌləˈreɪʃn] *s.* **1.** Verfärbung *f;* Entfärbung *f;* **2.** ver-

schossene Stelle; **3.** Fleck *m*; **dis'col-o(u)red** [-əd] *adj.* verfärbt; verschossen.

dis·com·fit [dıs'kʌmfıt] *v/t.* **1.** aus der Fassung bringen, verwirren; **2.** *obs.* schlagen, besiegen; **3.** *j-s* Pläne durch'kreuzen; **dis'com·fi·ture** [-tʃə] *s.* **1.** *obs.* Niederlage *f*; **2.** Durch'kreuzung *f*; **3.** a) Verwirrung *f*, b) Verlegenheit *f*.

dis·com·fort [dıs'kʌmfət] *s.* **1.** Unbehagen *n*; **2.** Verdruß *m*; **3.** *körperliche* Beschwerde.

dis·com·mode [ˌdıskə'məʊd] *v/t.* belästigen, *j-m* zur Last fallen.

dis·com·pose [ˌdıskəm'pəʊz] *v/t.* **1.** in Unordnung bringen; **2.** → *disconcert* 1; **ˌdis·com'pos·ed·ly** [-zıdlı] *adj.* verwirrt; **ˌdis·com'po·sure** [-əʊʒə] *s.* Verwirrung *f*, Fassungslosigkeit *f*.

dis·con·cert [ˌdıskən'sɜːt] *v/t.* **1.** aus der Fassung bringen, verwirren; **2.** beunruhigen; **3.** durchein'anderbringen; **dis·con'cert·ed** [-tıd] *adj.* verwirrt; beunruhigt; **ˌdis·con'cert·ing** [-tıŋ] *adj.* beunruhigend, peinlich.

dis·con·nect [ˌdıskə'nekt] *v/t.* **1.** trennen (**with**, **from** von); **2.** ⊙ auskuppeln, *Kupplung* ausrücken; **3.** ⚡ trennen; *Gerät* ausstecken; **4.** *Gas, Strom, Telefon* abstellen; *Telefongespräch* unter'brechen, *Teilnehmer* trennen; **dis·con'nect·ed** [-tıd] *adj.* □ **1.** getrennt, losgelöst; **2.** zs.-hanglos; **ˌdis·con'nect·ing** [-tıŋ] *adj.* ⚡ Trenn..., Ausschalt...; **ˌdis·con'nec·tion** [-kʃn] *s.* **1.** Trennung *f* (*a.* ⚡); **2.** ⊙ Abstellung *f*; *teleph.* Unter'brechung *f*.

dis·con·so·late [dıs'kɒnsəlet] *adj.* □ untröstlich; trostlos (*a. fig.*).

dis·con·tent [ˌdıskən'tent] *s.* **1.** Unzufriedenheit *f* (**at**, **with** mit); **2.** Unzufriedene(r *m*) *f*; **dis·con'tent·ed** [-tıd] *adj.* □ unzufrieden (**with** mit); **ˌdis·con'tent·ment** [-mənt] → *discontent* 1.

dis·con·tin·u·ance [ˌdıskən'tınjʊəns], **ˌdis·con·tin·u·a·tion** [-nju'eıʃn] *s.* **1.** Unter'brechung *f*; **2.** Einstellung *f* (*a.* ⚖️ *des Verfahrens*); **3.** Aufgeben *n*; **dis·con·tin·ue** [ˌdıskən'tınju:] **I** *v/t.* unter'brechen, aussetzen; **2.** einstellen (*a.* ⚖️), aufgeben; **3.** *Zeitung* abbestellen; **4.** aufhören (*doing* zu tun); **II** *v/i.* **5.** aufhören; **ˌdis·con·ti'nu·i·ty** [-tı'nju:ətı] *s.* Diskontinui'tät *f*, Zs.-hanglosigkeit *f*; **ˌdis·con'tin·u·ous** [-jʊəs] *adj.* □ **1.** diskontinuierlich, unter'brochen, 'unzu,sammenhängend; **2.** sprunghaft.

dis·cord [dıs'kɔːd] *s.* **1.** Uneinigkeit *f*, Zwietracht *f*, Streit *m*; → *apple*; **2.** ♪ Disso'nanz *f*, 'Mißklang *m*; **3.** Lärm *m*; **dis·cord·ance** [dı'skɔːdəns] *s.* **1.** Uneinigkeit *f*; **2.** 'Mißklang *m*, Disso'nanz *f*; **dis·cord·ant** [dı'skɔːdənt] *adj.* □ **1.** uneinig, sich wider'sprechend; **2.** 'unhar,monisch; **3.** ♪ disso'nantisch, 'mißtönend.

dis·co·theque ['dıskəʊtek] *s.* Disko'thek *f*.

dis·count ['dıskaʊnt] **I** *s.* **1.** ✝ Preisnachlaß *m*, Abschlag *m*, Ra'batt *m*, Skonto *m, n*: **allow a ~** (e-n) Rabatt gewähren; **2.** ✝ a) Dis'kont *m*, Wechselzins *m*, b) → *discount rate*; **3.** ✝ Abzug *m* (*vom Nominalwert*): **at a ~** a) unter Pari, b) *fig.* unbeliebt, nicht ge-

schätzt *od.* gefragt; **sell at a ~** mit Verlust verkaufen; **4.** *fig.* Abzug *m*, Vorbehalt *m*, Abstriche *pl.*; **II** *v/t.* [a. dı'skaʊnt] **5.** ✝ e-n Abzug gewähren auf (*acc.*); **6.** *Wechsel* diskontieren; **7.** im Wert vermindern, beeinträchtigen; **8.** unberücksichtigt lassen; **9.** mit Vorsicht aufnehmen, nur teilweise glauben; **dis·count·a·ble** [dı'skaʊntəbl] *adj.* ✝ diskontierbar, diskontfähig.

dis·count| bank *s.* ✝ Dis'kontbank *f*; **~ bill** *s.* Dis'kontwechsel *m*; **~ bro·ker** *s.* ✝ Dis'kont-, Wechselmakler *m*.

dis·coun·te·nance [dı'skaʊntınəns] *v/t.* **1.** → *discomfit* 1; **2.** (offen) miß'billigen, ablehnen.

dis·count| house *s.* ✝ **1.** *Am.* Dis'count-, Dis'kontgeschäft *n*; **2.** *Brit.* Dis'kontbank *f*; **~ rate** *s.* ✝ Dis'kontsatz *m*; **~ shop**, **~ store** → *discount house* 1.

dis·cour·age [dı'skʌrıdʒ] *v/t.* **1.** entmutigen; **2.** abschrecken, abhalten, *j-m* abraten (**from** von; **from doing** *et.* zu tun); **3.** hemmen, beeinträchtigen; **4.** miß'billigen; **dis·cour·age·ment** [-'skʌrıdʒmənt] *s.* **1.** Entmutigung *f*; **2.** a) Abschreckung *f*, b) Abschreckungsmittel *n*; **3.** Hemmung *f*, Hindernis *n*, Schwierigkeit *f* (**to** für); **dis·cour·ag·ing** [-'skʌrıdʒıŋ] *adj.* □ entmutigend.

dis·course **I** *s.* ['dıskɔːs] **1.** Unter'haltung *f*, Gespräch *n*; **2.** Abhandlung *f*, *bsd.* Vortrag *m*, Dis'kurs *m*, Predigt *f*; Abhandlung *f*; **II** *v/i.* [dı'skɔːs] **3.** e-n Vortrag halten (**on** über *acc.*), *mst. fig.* predigen *od.* dozieren (**on** über *acc.*); **4.** sich unter'halten (**on** über *acc.*).

dis·cour·te·ous [dıs'kɜːtjəs] *adj.* □ unhöflich; **dis'cour·te·sy** [-tısı] *s.* Unhöflichkeit *f*.

dis·cov·er [dı'skʌvə] *v/t.* **1.** *Land etc.* entdecken; **2.** entdecken, ausfindig machen, erspähen; **3.** entdecken, (her-'aus)finden, (plötzlich) erkennen; **4.** aufdecken, enthüllen; **dis·cov·er·a·ble** [dı'skʌvərəbl] *adj.* **1.** zu entdecken(d); **2.** wahrnehmbar; **3.** feststellbar; **dis·cov·er·er** [dı'skʌvərə] *s.* Entdecker(in); **dis·cov·er·y** [dı'skʌvərı] *s.* **1.** Entdeckung *f* (*a. fig.*); **2.** Fund *m*; **3.** Feststellung *f*; **4.** Enthüllung *f*; **5. ~ of documents** ⚖️ Offenlegung *f* prozeßwichtiger Urkunden.

dis·cred·it [dıs'kredıt] **I** *v/t.* **1.** in Verruf *od.* 'Mißkre,dit bringen (**with** bei); ein schlechtes Licht werfen auf (*acc.*), diskreditieren; **2.** anzweifeln; keinen Glauben schenken (*dat.*); **II** *s.* **3.** schlechter Ruf, 'Mißkre,dit *m*, Schande *f*: **bring s.o. into ~**, **bring ~ on s.o.** → 1; **4.** Zweifel *m*: **throw ~ on** *et.* zweifelhaft erscheinen lassen; **dis'cred·it·a·ble** [-təbl] *adj.* □ schändlich; **dis'cred·it·ed** [-tıd] *adj.* **1.** verrufen, diskreditiert; **2.** unglaubwürdig.

dis·creet [dı'skriːt] *adj.* □ **1.** 'um-, vorsichtig, besonnen, verständig; **2.** dis'kret, taktvoll, verschwiegen.

dis·crep·an·cy [dı'skrepənsı] *s.* **1.** Diskre'panz *f*, Unstimmigkeit *f*, Verschiedenheit *f*; **2.** 'Widerspruch *m*, Zwiespalt *m*.

dis·crete [dı'skriːt] *adj.* □ **1.** getrennt, einzeln; **2.** unstet, unbeständig; **3.** Ⓐ unstetig, dis'kret.

dis·cre·tion [dı'skreʃn] *s.* **1.** 'Um-, Vor-

sicht *f*, Besonnenheit *f*, Klugheit *f*: **act with ~** vorsichtig handeln; **2.** Verfügungsfreiheit *f*, Machtbefugnis *f* (*od. years*) **of ~** Alter *n* der freien Willensbestimmung, Strafmündigkeit *f* (*14 Jahre*); **3.** Gutdünken *n*, Belieben *n*; (⚖️ freies) Ermessen: **at** (*your*) **~** nach (Ihrem) Belieben; **it is within your ~** es steht Ihnen frei; **use your own ~** handle nach eigenem Gutdünken *od.* Ermessen; **surrender at ~** bedingungslos kapitulieren; **4.** Diskreti'on *f*: a) Takt (-gefühl *n*) *m*, b) Zu'rückhaltung *f*, c) Verschwiegenheit *f*; **5.** Nachsicht *f*: **ask for ~**; **dis·cre·tion·ar·y** [dı'skreʃnərı] *adj.* □ dem eigenen Gutdünken über-'lassen, ins freie Ermessen gestellt, wahlfrei: **~ clause** ⚖️ Kannvorschrift *f*; **~ income** frei verfügbares Einkommen; **~ powers** unumschränkte Vollmacht, Handlungsfreiheit *f*.

dis·crim·i·nate [dı'skrımıneıt] **I** *v/i.* (scharf) unter'scheiden, e-n 'Unterschied machen: **~ between** unterschiedlich behandeln (*acc.*); **~ against** *s.o.* j-n benachteiligen *od.* diskriminieren; **~ in favo(u)r of** *s.o.* j-n begünstigen *od.* bevorzugen; **II** *v/t.* (scharf) unter'scheiden; abheben, absondern (**from** von); **dis·crim·i·nat·ing** [-'skrımıneıtıŋ] *adj.* □ **1.** unter'scheidend, charakte'ristisch; **2.** scharfsinnig, klug, urteilsfähig; anspruchsvoll; **3.** diskriminierend, benachteiligend; **4.** ✝ Differential..., Sonder...: **~ duty** Differentialzoll *m*; **5.** ⚡ Rückstrom...; Selektiv...; **dis·crim·i·na·tion** [dıˌskrımı'neıʃn] *s.* **1.** 'unterschiedliche Behandlung, Diskriminierung *f*: **~ against** (**in favo[u]r of**) *s.o.* Benachteiligung *f* (Begünstigung *f*) e-r Person; **2.** Scharfblick *m*, Urteilsfähigkeit *f*, Unter'scheidungsvermögen *n*; **dis·crim·i·na·tive** [dı'skrımınətıv] *adj.* □, **dis·crim·i·na·to·ry** [dı'skrımınətərı] *adj.* **1.** charakte'ristisch, unter'scheidend; **2.** 'unterschiedlich (behandelnd); Sonder..., Ausnahme...

dis·cur·sive [dı'skɜːsıv] *adj.* □ **1.** abschweifend, unbeständig; sprunghaft; **2.** weitschweifig, allgemein gehalten; **3.** *phls.* folgernd, diskur'siv.

dis·cus ['dıskəs] *s. sport* Diskus *m*: **~ throw** Diskuswerfen *n*; **~ thrower** Diskuswerfer *m*.

dis·cuss [dı'skʌs] *v/t.* **1.** diskutieren, besprechen, erörtern; **2.** sprechen *od.* reden über (*acc.*); **3.** F sich *e-e Flasche Wein etc.* zu Gemüte führen; **dis·cus·sion** [dı'skʌʃn] *s.* **1.** Diskussi'on *f*, Erörterung *f*, Besprechung *f*: **be under ~** zur Debatte stehen, erörtert werden; **matter for ~** Diskussionsthema *n*; **~ group** Diskussionsgruppe *f*; **2.** Behandlung *f* (*e-s Themas*).

dis·dain [dıs'deın] **I** *v/t.* **1.** verachten; *Essen etc.* verschmähen; **2.** es für unter s-r Würde halten (**doing**, **to do** zu tun); **II** *s.* **3.** Verachtung *f*, Geringschätzung *f*; **4.** Hochmut *m*; **dis'dain·ful** [-fʊl] *adj.* □ **1.** verachtungsvoll, geringschätzig: **be ~ of s.th.** *et.* verachten; **2.** hochmütig.

dis·ease [dı'ziːz] *s.* ⚕️, *biol. u. fig.* Krankheit *f*, Leiden *n*; **dis·eased** [dı'ziːzd] *adj.* **1.** krank, erkrankt; **2.** krankhaft.

dis·em·bark [ˌdɪsɪmˈbɑːk] **I** v/t. ausschiffen; **II** v/i. sich ausschiffen, von Bord od. an Land gehen; **dis·em·bar·ka·tion** [ˌdɪsembaːˈkeɪʃn] s. Ausschiffung f.
dis·em·bar·rass [ˌdɪsɪmˈbærəs] v/t. **1.** j-m aus e-r Verlegenheit helfen; **2.** (o.s. sich) befreien (of von).
dis·em·bod·i·ment [ˌdɪsɪmˈbɒdɪmənt] s. **1.** Entkörperlichung f; **2.** Befreiung f von der körperlichen Hülle; **dis·em·bod·y** [ˌdɪsɪmˈbɒdɪ] v/t. **1.** entkörperlichen: *disembodied voice* geisterhafte Stimme; **2.** Seele von der körperlichen Hülle befreien.
dis·em·bow·el [ˌdɪsɪmˈbaʊəl] v/t. **1.** ausnehmen, erlegtes Wild a. ausweiden; **2.** j-m den Bauch aufschlitzen.
dis·en·chant [ˌdɪsɪnˈtʃɑːnt] v/t. desillusionieren, ernüchtern: *be ~ed with* sich keinen Illusionen mehr hingeben über (acc.), enttäuscht sein von; **dis·en·'chant·ment** [-mənt] s. Ernüchterung f, Enttäuschung f.
dis·en·cum·ber [ˌdɪsɪnˈkʌmbə] v/t. **1.** befreien (of von e-r Last etc.) (a. fig.); **2.** ✝ entschulden; *Grundstück etc.* hypo'thekenfrei machen.
dis·en·fran·chise [ˌdɪsɪnˈfræntʃaɪz] → **disfranchise.**
dis·en·gage [ˌdɪsɪnˈɡeɪdʒ] **I** v/t. **1.** los-, freimachen, (los)lösen, befreien (from von); **2.** befreien, entbinden (from von); **3.** ⊙ loskuppeln, ausrücken, ausschalten: *~ the clutch* auskuppeln; **4.** ✗ abscheiden, entbinden; **II** v/i. **5.** sich freimachen, loskommen (from von); **6.** ✗ sich absetzen (vom Feind); **dis·en·'gaged** [-dʒd] adj. frei, nicht besetzt, abkömmlich; **dis·en·'gage·ment** [-mənt] s. **1.** Befreiung f; Loslösung f (a. ✗), Entbindung f (from); **2.** ✗ Absetzen n; pol. Disen'gagement n; **dis·en·'gag·ing** [-dʒɪŋ] adj.: ⊙ ~ *gear* Ausrück-, Auskuppelungsvorrichtung f; ~ *lever* Ausrückhebel m.
dis·en·tan·gle [ˌdɪsɪnˈtæŋɡl] **I** v/t. entwirren (a. fig.), lösen; fig. befreien; **II** v/i. sich lösen; fig. sich befreien; **dis·en·'tan·gle·ment** [-mənt] s. Loslösung f; Entwirrung f; Befreiung f.
dis·en·ti·tle [ˌdɪsɪnˈtaɪtl] v/t. j-m e-n Rechtsanspruch nehmen: *be ~d to* keinen Anspruch haben auf (acc.).
dis·e·qui·lib·ri·um [ˌdɪsekwɪˈlɪbrɪəm] s. bsd. fig. gestörtes Gleichgewicht, Ungleichgewicht n.
dis·es·tab·lish [ˌdɪsɪˈstæblɪʃ] v/t. **1.** abschaffen; **2.** Kirche vom Staat trennen; **dis·es·tab·lish·ment** [ˌdɪsɪˈstæblɪʃmənt] s.: ~ *of the Church* Trennung f von Kirche u. Staat.
dis·fa·vo(u)r [ˌdɪsˈfeɪvə] **I** s. 'Mißbilligung f, -fallen n; Ungnade f: *regard with* ~ mit Mißfallen betrachten; *be in* (*fall into*) ~ in Ungnade gefallen sein (fallen); **II** v/t. ungnädig behandeln; ablehnen.
dis·fig·ure [dɪsˈfɪɡə] v/t. **1.** entstellen, verunstalten; **2.** beeinträchtigen; Abbruch tun (dat.); **dis·'fig·ure·ment** [-mənt] s. Entstellung f, Verunstaltung f.
dis·fran·chise [ˌdɪsˈfræntʃaɪz] v/t. j-m die Bürgerrechte od. das Wahlrecht entziehen; **dis·'fran·chise·ment** [-tʃɪzmənt] s. Entziehung f der Bürger-

rechte etc.
dis·gorge [dɪsˈɡɔːdʒ] **I** v/t. **1.** ausspeien, -werfen, -stoßen, ergießen; **2.** widerwillig wieder her'ausgeben; **II** v/i. **3.** sich ergießen, sich entladen.
dis·grace [dɪsˈɡreɪs] **I** s. **1.** Schande f, Schmach f: *bring ~ on s.o.* → 4; **2.** Schande f, Schandfleck m (to für): *he is a ~ to the party*; **3.** Ungnade f: *be in ~ with* in Ungnade gefallen sein bei; **II** v/t. **4.** Schande bringen über (acc.), j-m Schande bereiten; **5.** j-m s-e Gunst entziehen; mit Schimpf entlassen: *be ~d* in Ungnade fallen; **6.** ~ *o.s.* a) sich blamieren, b) sich schändlich benehmen; **dis'grace·ful** [-fʊl] adj. □ schändlich, schimpflich, schmachvoll.
dis·grun·tle [dɪsˈɡrʌntl] v/t. Am. verärgern, verstimmen; **dis'grun·tled** [-ld] adj. verärgert, verstimmt (at über acc.), unwirsch.
dis·guise [dɪsˈɡaɪz] **I** v/t. **1.** verkleiden, maskieren; tarnen; **2.** Handschrift, Stimme verstellen; **3.** Gefühle, Wahrheit verhüllen, verbergen, verhehlen; tarnen; **II** s. **4.** Verkleidung f, a. fig. Maske f, Tarnung f: *in ~* maskiert, verkleidet, fig. verkappt; → *blessing*; **5.** Verstellung f; **6.** Vorwand m, Schein m; **dis'guised** [-zd] adj. verkleidet, maskiert etc.; fig. verkappt.
dis·gust [dɪsˈɡʌst] **I** s. **1.** (at, for) Ekel m (vor dat.), 'Widerwille m (gegen): *in* ~ mit Abscheu; **II** v/t. **2.** anekeln, anwidern; **3.** entrüsten, verärgern, empören; **dis'gust·ed** [-tɪd] adj. □ (with, at) **1.** angeekelt, angewidert (von): ~ *with life* lebensüberdrüssig; **2.** em'pört, entrüstet (über acc.); **dis'gust·ing** [-tɪŋ] adj. □ **1.** ekelhaft, widerlich, ab'scheulich; **2.** F schrecklich.
dish [dɪʃ] **I** s. **1.** Schüssel f, Platte f, Teller m; **2.** Gericht n, Speise f: *cold ~es* kalte Speisen; **3.** pl. Geschirr n: ~*cloth* Spül-, Brit. Geschirrtuch n; → *wash* 16; **4.** F a) ,dufte Puppe', b) ,dufter Typ', c) ,prima Sache'; **II** v/t. **5.** mst ~ *up* Speisen anrichten, auftragen; **6.** ~ *up* fig. auftischen; **7.** ~ *out* a) austeilen, b) sl. auftischen, von sich geben; **8.** sl. ,anschmieren', her'einlegen; **9.** sl. a) j-n ,erledigen', ,fertigmachen', b) et. restlos vermasseln; **10.** ⊙ schüsselartig wölben; vertiefen.
dis·ha·bille [ˌdɪsæˈbiːl] s. Negli'gé n, Morgenrock m: *in* ~ im Negligé.
dis·har·mo·ni·ous [ˌdɪshaːˈməʊnjəs] adj. □ dishar'monisch; **dis·har·mo·ny** [ˌdɪsˈhaːmənɪ] s. Disharmo'nie f, 'Mißklang m.
dis·heart·en [dɪsˈhaːtn] v/t. entmutigen, deprimieren; **dis'heart·en·ing** [-nɪŋ] adj. □ entmutigend, bedrückend.
dished [dɪʃt] adj. **1.** kon'kav gewölbt; ⊙ gestürzt (Räder); **2.** F ,erledigt', ,ka'putt'.
di·shev·el(l)ed [dɪˈʃevld] adj. **1.** zerzaust, wirr, aufgelöst (Haar); **2.** unordentlich, ungepflegt, schlampig.
dis·hon·est [dɪsˈɒnɪst] adj. □ unehrlich, unredlich; unlauter, betrügerisch; **dis·'hon·es·ty** [-tɪ] s. Unehrlichkeit f, Unredlichkeit f.
dis·hon·o·u)r [dɪsˈɒnə] **I** s. **1.** Unehre f, Schmach f, Schande f (to für); **2.** Beschimpfung f; **II** v/t. **3.** entehren (a. Frau); Schande bringen über (acc.); **4.**

schimpflich behandeln; **5.** sein Wort nicht einlösen; **6.** ✝ Scheck etc. nicht honorieren, nicht einlösen; **dis'hon·o(u)r·a·ble** [-nərəbl] adj. □ **1.** schimpflich, unehrenhaft: ~ *discharge* ✗ unehrenhafte Entlassung; **2.** ehrlos; **dis'hon·o(u)r·a·ble·ness** [-nərəblnɪs] s. **1.** Schändlichkeit f, Gemeinheit f; **2.** Ehrlosigkeit f.
dish·| rack s. Geschirrständer m; ~ *tow·el* s. '~,wash·er s. **1.** Tellerwäscher(in); **2.** Ge'schirr,spülma-,schine f; '~,wa·ter s. Spülwasser n.
dish·y [ˈdɪʃɪ] adj. sl. schick, ,toll': ~ *girl*.
dis·il·lu·sion [ˌdɪsɪˈluːʒn] **I** s. Ernüchterung f, Enttäuschung f; **II** v/t. ernüchtern, desillusionieren, von Illusi'onen befreien; **dis·il·lu·sion·ment** [-mənt] → *disillusion* I.
dis·in·cen·tive [ˌdɪsɪnˈsentɪv] **I** s. **1.** Abschreckungsmittel n: *be a ~ to* abschreckend wirken auf (acc.); **2.** ✝ leistungshemmender Faktor; **II** adj. **3.** abschreckend; **4.** ✝ leistungshemmend.
dis·in·cli·na·tion [ˌdɪsɪnklɪˈneɪʃn] s. Abneigung f (for, to gegen): ~ *to buy* Kaufunlust f; **dis·in·cline** [ˌdɪsɪnˈklaɪn] v/t. abgeneigt machen; **dis·in·'clined** [-ˈklaɪnd] adj. abgeneigt (to dat., to do zu tun).
dis·in·fect [ˌdɪsɪnˈfekt] v/t. desinfizieren, keimfrei machen; **dis·in·'fect·ant** [-tənt] **I** s. Desinfekti'onsmittel n; **II** adj. desinfizierend, keimtötend; **dis·in·'fec·tion** [-kʃən] s. Desinfekti'on f; **dis·in·'fec·tor** [-tə] s. Desinfekti'onsgerät n.
dis·in·fest [ˌdɪsɪnˈfest] v/t. von Ungeziefer etc. befreien, entwesen, entlausen.
dis·in·fla·tion [ˌdɪsɪnˈfleɪʃn] → *deflation* 2.
dis·in·gen·u·ous [ˌdɪsɪnˈdʒenjʊəs] adj. □ **1.** unaufrichtig; **2.** 'hinterhältig, arglistig; **dis·in·'gen·u·ous·ness** [-nɪs] s. **1.** Unredlichkeit f, Unaufrichtigkeit f; **2.** 'Hinterhältigkeit f.
dis·in·her·it [ˌdɪsɪnˈherɪt] v/t. enterben; **dis·in·'her·it·ance** [-təns] s. Enterbung f.
dis·in·hi·bi·tion [ˌdɪsɪnhɪˈbɪʃn] s. psych. Enthemmung f.
dis·in·te·grate [dɪsˈɪntɪɡreɪt] **I** v/t. **1.** (a. phys.) (in s-e Bestandteile) auflösen, aufspalten, zerkleinern; **2.** fig. auflösen, zersetzen, zerrütten; **II** v/i. **3.** sich (in s-e Bestandteile, fig. a. in nichts) auflösen, sich aufspalten, sich zersetzen; **4.** ver-, zerfallen (a. fig.); **dis·in·te·gra·tion** [dɪsˌɪntɪˈɡreɪʃn] s. **1.** (a. phys.) Auflösung f, Aufspaltung f, Zerstückelung f, Zertrümmerung f, Zersetzung f; **2.** Zerfall m (a. fig.); **3.** geol. Verwitterung f.
dis·in·ter [ˌdɪsɪnˈtɜː] v/t. Leiche exhumieren, ausgraben (a. fig.).
dis·in·ter·est·ed [dɪsˈɪntrəstɪd] adj. □ **1.** uneigennützig, selbstlos; **2.** objek'tiv, unvoreingenommen; **3.** unbeteiligt; **dis'in·ter·est·ed·ness** [-nɪs] s. **1.** Uneigennützigkeit f; **2.** Objektivi'tät f.
dis·in·ter·ment [ˌdɪsɪnˈtɜːmənt] s. **1.** Exhumierung f; **2.** Ausgrabung f (a. fig.).
dis·joint [dɪsˈdʒɔɪnt] v/t. **1.** ausein'andernehmen, zerlegen, zerstückeln; **2.** ✗ ver-, ausrenken; **3.** (ab)trennen; **4.** fig. in Unordnung od. aus den Fugen bringen; **dis'joint·ed** [-tɪd] adj. □ fig. zu-

'sammenhanglos, wirr.
dis·junc·tion [dɪs'dʒʌŋkʃn] s. Trennung
f; **dis'junc·tive** [-ktɪv] adj. □ **1.** (ab-)
trennend, ausschließend; **2.** ling., phls.
disjunk'tiv.
disk [dɪsk] s. **1.** allg. Scheibe f; **2.** ⚙
Scheibe f, La'melle f; Si'gnalscheibe f;
3. ♀, anat., zo. Scheibe f, anat. a.
Bandscheibe f; **slipped** ~ Bandschei-
benvorfall m; **4.** teleph. Wählscheibe f;
5. sport a) Diskus m, b) Eishockey:
Scheibe f, Puck m; **6.** (Schall)Platte f;
7. Computer: Platte f; ~ **brake** s. ⚙
Scheibenbremse f; ~ **clutch** s. mot.
Scheibenkupplung f; ~ **jock·ey** s. Diskjockey m; ~ **pack** s. Computer: Platten-
stapel m; ~ **valve** s. ⚙ 'Tellerven‚til n.
dis·like [dɪs'laɪk] **I** v/t. nicht leiden können, nicht mögen; et. nicht gern od.
(nur) ungern tun: **make o.s.** ~**d** sich
unbeliebt machen; **II** s. Abneigung f,
'Widerwille m (**to**, **of**, **for** gegen): **take**
a ~ **to** e-e Abneigung fassen gegen.
dis·lo·cate ['dɪsləʊkeɪt] v/t. **1.** verrük-
ken; a. Industrie, Truppen etc. verlagern; **2.** ✱ ver-, ausrenken: ~ **one's**
arm sich den Arm verrenken; **3.** fig.
erschüttern; **4.** geol. verwerfen; **dis·lo·**
ca·tion [‚dɪsləʊ'keɪʃn] s. **1.** Verrückung
f; Verlagerung f (a. ✕); **2.** ✱ Verrenkung f; **3.** fig. Erschütterung f; **4.** geol.
Verwerfung f.
dis·lodge [dɪs'lɒdʒ] v/t. **1.** entfernen,
her'ausnehmen, losreißen; **2.** vertreiben, verjagen, verdrängen; **3.** ✕ Feind
aus der Stellung werfen; **4.** ausquar-
tieren.
dis·loy·al [‚dɪs'lɔɪəl] adj. □ untreu, treulos, verräterisch; **‚dis·loy·al·ty** [-tɪ] s.
Untreue f, Treulosigkeit f.
dis·mal ['dɪzməl] **I** adj. □ **1.** düster, trübe, bedrückend, trostlos; **2.** furchtbar,
gräßlich; **II** s. **3. the** ~**s** der Trübsinn:
be in the ~**s** Trübsinn blasen; **'dis·**
mal·ly [-məlɪ] adv. **1.** düster etc.; **2.**
schmählich.
dis·man·tle [dɪs'mæntl] v/t. **1.** ab-, demontieren; Bau abbrechen, niederrei-
ßen; **2.** ausein'andernehmen, zerlegen;
3. ⚓ a) abtakeln, b) abwracken; **4.**
Festung schleifen; **5.** Haus (aus)räu-
men; **6.** unbrauchbar machen; **dis·**
'man·tle·ment [-mənt] s. **1.** Abbruch
m, Demon'tage f; Zerlegung f; **2.** ⚓
Abtakelung f; **3.** ✕ Schleifung f.
dis·may [dɪs'meɪ] **I** v/t. erschrecken, in
Schrecken versetzen, bestürzen, entset-
zen: **not** ~**ed** unbeirrt; **II** s. Schreck(en)
m, Entsetzen n, Bestürzung f.
dis·mem·ber [dɪs'membə] v/t. zergliedern, zerstückeln, verstümmeln (a.
fig.); **dis'mem·ber·ment** [-mənt] s.
Zerstückelung f etc.
dis·miss [dɪs'mɪs] v/t. **1.** entlassen, gehen lassen, verabschieden: ~**!** ✕ weg-
(ge)treten!; **2.** entlassen (**from** aus dem
Dienst), absetzen, abbauen; wegschik-
ken: **be** ~**ed from the service** ✕ aus
dem Heere etc. entlassen od. ausgestoßen werden; **3.** Thema etc. fallenlassen,
aufgeben, hin'weggehen über (acc.),
Vorschlag ab-, zu'rückweisen, Gedanken verbannen, von sich weisen; ✕✕
Klage abweisen: ~ **from one's mind** et.
aus s-n Gedanken verbannen; ~ **as ...**
als ... abtun, kurzerhand als ... betrachten; **dis'miss·al** [-sl] s. **1.** Entlassung f

(**from** aus); **2.** Aufgabe f, Abtun n; **3.**
✕✕ Abweisung f.
dis·mount [‚dɪs'maʊnt] **I** v/i. **1.** absteigen, absitzen (**from** von); **II** v/t. **2.** aus
dem Sattel heben; abwerfen (Pferd); **3.**
(ab)steigen von; **4.** abmontieren, ausbauen, ausein'andernehmen.
dis·o·be·di·ence [‚dɪsə'biːdjəns] s. **1.**
Ungehorsam m (**to** gegen), Gehorsamsverweigerung f; **civil** ~ pol. ziviler
od. bürgerlicher Ungehorsam; **2.**
Nichtbefolgung f; **‚dis·o'be·di·ent** [-nt]
adj. □ ungehorsam (**to** gegen); **dis·o·**
bey [‚dɪsə'beɪ] v/t. **1.** j-m nicht gehorchen, ungehorsam sein gegen j-n; **2.**
Gesetz etc. nicht befolgen, miß'achten,
Befehl a. verweigern: **I will not be** ~**ed**
ich dulde keinen Ungehorsam.
dis·o·blige [‚dɪsə'blaɪdʒ] v/t. **1.** ungefällig sein gegen j-n; **2.** j-n kränken; **‚dis·**
o'blig·ing [-dʒɪŋ] adj. □ ungefällig, unfreundlich.
dis·or·der [dɪs'ɔːdə] **I** s. **1.** Unordnung f,
Verwirrung f; **2.** (Ruhe)Störung f; Aufruhr m, Unruhe(n pl.) f; **3.** ungebührli-
ches Betragen; **4.** ✱ Störung f, Erkrankung f: **mental** ~ Geistesstörung; **II** v/t.
5. in Unordnung bringen, durchein'anderbringen, stören; **6.** den Magen verderben; **dis'or·dered** adj. **1.** in
Unordnung, durchein'ander (beide a.
fig.); **2.** gestört, (a. geistes)krank: **my**
stomach is ~ ich habe mir den Magen
verdorben; **dis'or·der·li·ness** [-lɪnɪs] s.
1. Unordentlichkeit f; **2.** Schlampigkeit
f; **3.** Unbotmäßigkeit f; **4.** Liederlichkeit f; **dis'or·der·ly** [-lɪ] adj. **1.** unordentlich, schlampig; **2.** ordnungs-, gesetzwidrig, aufrührerisch; **3.** Ärgernis
erregend: ~ **conduct** ✕✕ ordnungswid-
riges Verhalten, grober Unfug; ~
house mst Bordell n, a. Spielhölle f; ~
person Ruhestörer m.
dis·or·gan·i·za·tion [dɪs‚ɔːgənaɪ'zeɪʃn]
s. Desorganisati'on f, Auflösung f, Zerrüttung f, Unordnung f; **dis·or·gan·ize**
[dɪs'ɔːgənaɪz] v/t. auflösen, zerrütten, in
Unordnung bringen, desorganisieren;
dis·or·gan·ized [dɪs'ɔːgənaɪzd] adj. in
Unordnung, desorganisiert.
dis·o·ri·ent [dɪs'ɔːrɪent] v/t. a. psych. des-
orientieren; ~**ed** desorientiert, psych.
a. ‚gestört‚ la'bil; **dis'o·ri·en·tate**
[-teɪt] → **disorient**.
dis·own [dɪs'əʊn] v/t. **1.** nicht (als sein
eigen od. als gültig) anerkennen, nichts
zu tun haben wollen mit; **2.** ableugnen;
3. Kind verstoßen.
dis·par·age [dɪs'pærɪdʒ] v/t. **1.** in Verruf
bringen; **2.** her'absetzen, verächtlich
machen; **3.** verachten; **dis·par·age·**
ment [dɪs'pærɪdʒmənt] s. Her'absetzung f, Verächtlichmachung f; **no** ~ (in-
tended) ohne Ihnen nahetreten zu wollen; **dis·par·ag·ing** [dɪs'pærɪdʒɪŋ] adj.
□ gering-, abschätzig, verächtlich.
dis·pa·rate ['dɪspərət] **I** adj. □ un-
gleich(artig), (grund)verschieden, unvereinbar, dispa'rat; **II** s. pl. unverein-
bare Dinge pl.; **dis·par·i·ty** [dɪs'pærətɪ]
s. Verschiedenheit f; ~ **in age** (zu großer) Altersunterschied m.
dis·pas·sion·ate [dɪs'pæʃnət] adj. □
leidenschaftslos, ruhig, gelassen, sachlich, nüchtern.
dis·patch [dɪs'pætʃ] **I** v/t. **1.** j-n od. et.
(ab)senden, et. (ab)schicken, versen-

den, befördern, Telegramm aufgeben;
2. abfertigen (a. 🐎); **3.** rasch od.
prompt erledigen od. ausführen; **4.** ins
Jenseits befördern, töten; **5.** F ‚wegputzen', rasch aufessen; **II** s. **6.** Absendung
f, Versand m, Abfertigung f, Beförderung f; **7.** rasche Erledigung; **8.** Eile f,
Schnelligkeit f: **with** ~ eilends, prompt;
9. (oft verschlüsselte) (Eil)Botschaft;
10. Bericht m (e-s Korrespondenten);
11. pl. Kriegsberichte pl.: **mentioned**
in ~**es** ✕ im Kriegsbericht rühmend
erwähnt; **12.** Tötung f: **happy** ~ Hara-
kiri n; ~ **boat** s. Ku'rierboot n; ~ **box**
s., ~ **case** s. **1.** Ku'riertasche f; **2.** Brit.
Aktenkoffer m.
dis·patch·er [dɪ'spætʃə] s. **1.** 🐎 Fahr-
dienstleiter m; **2.** ✝ Am. Abteilungslei-
ter m für Produkti'onsplanung.
dis·patch goods s. pl. Eilgut n; ~ **note**
s. Pa'ketkarte f für 'Auslandspa‚ket; ~
rid·er s. ✕ Meldereiter m, -fahrer m.
dis·pel [dɪ'spel] v/t. Menge etc., a. fig.
Befürchtungen etc. zerstreuen, Nebel
zerteilen.
dis·pen·sa·ble [dɪ'spensəbl] adj. □ entbehrlich, verzichtbar; erläßlich; **dis·**
pen·sa·ry [dɪ'spensərɪ] s. **1.** 'Werks-
od. 'Krankenhausapo‚theke f; **2.** ✕ a)
Laza'rettapo‚theke f, b) '(Kranken)Re-
‚vier n; **dis·pen·sa·tion** [‚dɪspen'seɪʃn]
s. **1.** Aus-, Verteilung f; **2.** Gabe f; **3.**
göttliche Fügung; Fügung f (des Schicksals), Walten n (der Vorsehung); **4.** religi'öses Sy'stem; **5.** Regelung f, Sy'stem
n; **6.** ✕✕, eccl. (**with**, **from**) Dis'pens m,
Befreiung f (von) Erlaß m (gen.); **7.**
Verzicht m (**with** auf acc.); **dis·pense**
[dɪ'spens] **I** v/t. **1.** aus-, verteilen, Sakrament spenden; ~ **justice** Recht sprechen; **2.** Arzneien (nach Re'zept) zubereiten u. abgeben; **3.** dispensieren, entheben, befreien, entbinden (**from** von);
II v/i. **4.** Dis'pens erteilen; **5.** ~ **with** a)
verzichten auf (acc.), b) 'überflüssig
machen, auskommen ohne: **it can be**
~**d with** man kann darauf verzichten, es
ist entbehrlich; **dis·pens·er** [dɪ'spensə]
s. **1.** Ver-, Austeiler m; **2.** ⚙ Spender
m (Gerät): (Briefmarken- etc.)Auto-
'mat m; → **dis·pens·ing chem·ist**
[dɪ'spensɪŋ] s. Apo'theker(in).
dis·per·sal [dɪ'spɜːsl] s. **1.** (Zer)Streu-
ung f; Verbreitung f; Zersplitterung f;
2. ✕, a. ✈ Auflockerung f; ~ **a·pron** s.
✈ (ausein'andergezogener) Abstellplatz; ~ **a·re·a** s. **1.** ✈ → **dispersal**
apron; **2.** ✕ Auflockerungsgebiet n.
dis·perse [dɪ'spɜːs] **I** v/t. **1.** verstreuen;
2. → **dispel**; **3.** Nachrichten etc. verbreiten; **4.** 🔬, phys. dispergieren, zerstreuen; **5.** ✕ a) Formation auflockern,
b) versprengen; **II** v/i. **6.** sich zerstreu-
en (Menge); **7.** sich auflösen; **8.** sich
verteilen od. zersplittern; **dis·persed·**
ly [dɪ'spɜːsɪdlɪ] adv. verstreut, vereinzelt; **dis·per·sion** [dɪ'spɜːʃn] s. **1.** Zerstreuung f (a. fig.); Verteilung f (von
Nebel); **2.** a) 🔬, phys. Streuung f, b) →
pattern Trefferbild n, b) → **dispersal** 2; **3.**
🔬 Dispersi'on(sphase) f; ~ **agent** Dis-
persionsmittel n; ✕ ♀ Zerstreuung f,
Di'aspora f der Juden.
dis·pir·it [dɪ'spɪrɪt] v/t. entmutigen, niederdrücken, deprimieren; **dis·pir·it·ed**
[-tɪd] adj. □ niedergeschlagen, mutlos,
deprimiert.

dis·place [dɪs'pleɪs] v/t. **1.** versetzen, -rücken, -lagern, -schieben; **2.** verdrängen (a. ⚓); **3.** j-n ablösen, entlassen; **4.** ersetzen; **5.** verschleppen: ~d person hist. Verschleppte(r m) f; **dis'place·ment** [-mənt] s. **1.** Verlagerung f, Verschiebung f; **2.** Verdrängung f (a. ⚓, phys.); ⊚ Kolbenverdrängung f; **3.** Ersetzung f, Ersatz m; **4.** psych. Affektverlagerung f: ~ activity Übersprunghandlung f.

dis·play [dɪ'spleɪ] **I** v/t. **1.** entfalten: a) ausbreiten, b) fig. an den Tag legen, zeigen: ~ activity (strength etc.); **2.** (contp. protzig) zur Schau stellen, zeigen; **3.** ✝ ausstellen, -legen; **4.** typ. her'vorheben; **II** s. **5.** Entfaltung f (a. fig. von Tatkraft, Macht etc.); **6.** (a. protzige) Zur'schaustellung; **7.** ✝ Ausstellung f, (Waren)Auslage f, Dis'play n: be on ~ ausgestellt od. zu sehen sein; **8.** Aufwand m, Pomp m, Prunk m: make a great ~ a) großen Prunk entfalten, b) of s.th. et. (protzig) zur Schau stellen; **9.** Computer: Dis'play n: a) Sichtanzeige f, b) Sichtbildgerät n; **10.** typ. Her'vorhebung f; **III** adj. **11.** ✝ Ausstellungs..., Schau...: ~ advertising Displaywerbung f; ~ artist, ~man (Werbe)Dekorateur m; ~ box, ~ pack Schaupackung f; ~ case Schaukasten m, Vitrine f; ~ window Auslagefenster n; **12.** Computer: Display..., Sicht(bild)...: ~ unit → b; ~ be'hav·io(u)r s. zo. Imponiergehabe n.

dis·please [dɪs'pliːz] v/t. **1.** j-m miß'fallen; **2.** j-n ärgern, verstimmen; **3.** das Auge beleidigen; **dis'pleased** [-zd] adj. (at, with) unzufrieden (mit), ungehalten (über acc.); **dis'pleas·ing** [-zɪŋ] adj. □ unangenehm; **dis·pleas·ure** [dɪs'pleʒə] s. 'Mißfallen n (at über acc.): incur s.o.'s ~ j-s Unwillen erregen.

dis·port [dɪ'spɔːt] v/t.: ~ o.s. a) sich vergnügen od. amüsieren, b) her'umtollen, sich (ausgelassen) tummeln.

dis·pos·a·ble [dɪ'spəʊzəbl] **I** adj. **1.** (frei) verfügbar: ~ income; **2.** ✝ Einweg..., Wegwerf...: ~ package; **II** s. **3.** Einweg-, Wegwerfgegenstand m; **dis·pos·al** [dɪ'spəʊzl] s. **1.** Anordnung f, Aufstellung f (a. ✕); **2.** Verwendung f; **2.** Erledigung f: a) (endgültige) Regelung e-r Sache, b) Vernichtung f e-s Gegners etc.; **3.** Verfügung(srecht n) f (of über acc.): be at s.o.'s ~ j-m zur Verfügung stehen; place s.th. at s.o.'s ~ j-m et. zur Verfügung stellen; have the ~ of verfügen (können) über (acc.); **4.** ✝, ☆ a) 'Übergabe f, Über'tragung f, b) Veräußerung f, Verkauf m: for ~ zum Verkauf; **5.** Beseitigung f, (Müll- etc.) Abfuhr f, (-)Entsorgung f; **dis·pose** [dɪ'spəʊz] **I** v/t. **1.** anordnen, aufstellen (a. ✕); zu'rechtlegen, einrichten; ein-, verteilen; **2.** j-n bewegen, geneigt machen, veranlassen (to zu; to do zu tun); **II** v/i. **3.** verfügen, Verfügungen treffen; **4.** ~ of a) (frei) verfügen od. disponieren über (acc.), b) entscheiden über (acc.), lenken, c) (endgültig) erledigen: ~ of an affair, d) j-n od. et. abtun, abfertigen, e) loswerden, sich entledigen (gen.), f) wegschaffen, beseitigen: ~ of trash, g) e-n Gegner etc. erledigen, unschädlich machen, ver-

nichten, h) ✕ Bomben etc. entschärfen, i) verzehren, trinken: ~ of a bottle, j) über'geben, -'tragen: ~ of by will testamentarisch vermachen, letztwillig verfügen über (acc.); disposing mind ☆ Testierfähigkeit f, k) verkaufen, veräußern, ✝ a. absetzen, abstoßen, l) s-e Tochter verheiraten (to an acc.); **dis·posed** [dɪ'spəʊzd] adj. **1.** geneigt, bereit (to zu; to do zu tun); **2.** ✽ anfällig (to für); **3.** gelaunt, gesinnt: well-~ wohlgesinnt, ill-~ übelgesinnt (towards dat.); **dis·po·si·tion** [ˌdɪspə'zɪʃn] s. **1.** a) Veranlagung f, Disposition f, b) (Wesens)Art f; **2.** a) Neigung f, Hang m (to zu), b) ✽ Anfälligkeit f (to für); **3.** Stimmung f; **4.** Anordnung f, Aufstellung f (a. ✕); **5.** (of) a) Erledigung f (gen.), b) bsd. ✝ Entscheidung f (über acc.); **6.** (bsd. göttliche) Lenkung; **7.** pl. Dispositi'onen pl., Vorkehrungen pl.: make (one's) ~s (s-e) Vorkehrungen treffen, disponieren; **8.** → disposal 3.

dis·pos·sess [ˌdɪspə'zes] v/t. **1.** enteignen, aus dem Besitz (of gen.) setzen; **2.** Mieter zur Räumung zwingen; **3.** berauben (of gen.); **3.** sport j-m den Ball abnehmen; **dis·pos'ses·sion** [-eʃn] s. Enteignung f etc.

dis·praise [dɪs'preɪz] s. Her'absetzung f: in ~ geringschätzig.

dis·proof [ˌdɪs'pruːf] s. Wider'legung f.

dis·pro·por·tion [ˌdɪsprə'pɔːʃn] s. 'Mißverhältnis n; **dis·pro'por·tion·ate** [-ʃnət] adj. □ **1.** unverhältnismäßig (groß od. klein), in keinem Verhältnis stehend (to zu); **2.** über'trieben, unangemessen; **3.** unproportioniert.

dis·prove [ˌdɪs'pruːv] v/t. wider'legen.

dis·pu·ta·ble [dɪ'spjuːtəbl] adj. □ strittig; **dis·pu·tant** [dɪ'spjuːtənt] s. Dispu'tant m, Gegner m.

dis·pu·ta·tion [ˌdɪspjuː'teɪʃn] **1.** Dis'put m, Streitgespräch n, Wortwechsel m; **2.** Disputati'on f, wissenschaftliches Streitgespräch, **dis·pu'ta·tious** [-ʃəs] adj. □ streitsüchtig; **dis·pute** [dɪ'spjuːt] **I** v/i. **1.** streiten, Wissenschaftler: a. disputieren (on, about über acc.); **2.** (sich) streiten, zanken; **II** v/t. **3.** streiten od. disputieren über (acc.); **4.** in Zweifel ziehen, anzweifeln; **5.** kämpfen um, j-m et. streitig machen; **III** s. **6.** Dis'put m, Kontro'verse f: in (od. under) ~ umstritten, strittig; beyond (od. without) ~ unzweifelhaft, fraglos; **7.** (heftiger) Streit.

dis·qual·i·fi·ca·tion [ˌdɪsˌkwɒlɪfɪ'keɪʃn] s. **1.** Disqualifikati'on f, Disqualifizierung f; **2.** Untauglichkeit f, mangelnde Eignung od. Befähigung (for für); **3.** disqualifizierender 'Umstand; **4.** sport Disqualifikati'on f, Ausschluß m; **dis·qual·i·fy** [dɪs'kwɒlɪfaɪ] v/t. **1.** ungeeignet od. unfähig od. untauglich machen (for für): be disqualified for ungeeignet sein für; **2.** für unfähig od. untauglich od. nicht berechtigt erklären (for zu): ~ s.o. from (holding) public office j-m die Fähigkeit zur Ausübung e-s öffentlichen Amtes absprechen od. nehmen; ~ s.o. from driving j-m den Führerschein entziehen; **3.** sport disqualifizieren, ausschließen.

dis·qui·et [dɪs'kwaɪət] **I** v/t. beunruhigen; **II** s. Unruhe f, Besorgnis f; **dis-**

'qui·et·ing [-tɪŋ] adj. beunruhigend; **dis'qui·e·tude** [-aɪətjuːd] → disquiet II.

dis·qui·si·tion [ˌdɪskwɪ'zɪʃn] s. ausführliche Abhandlung od. Rede.

dis·rate [dɪs'reɪt] v/t. ⚓ degradieren.

dis·re·gard [ˌdɪsrɪ'gɑːd] **I** v/t. **1.** a) nicht beachten, ignorieren, außer acht lassen, b) absehen von, ausklammern; **2.** nicht befolgen, miß'achten; **II** s. **3.** Nichtbeachtung f, Ignorierung f (of, for gen.); **4.** 'Mißachtung f (of, for gen.); **5.** Gleichgültigkeit f (of, for gegen'über); **dis·re'gard·ful** [-fʊl] adj. □: be ~ of → disregard 1 a.

dis·rel·ish [ˌdɪs'relɪʃ] s. Abneigung f, 'Widerwille m (for gegen).

dis·re·mem·ber [ˌdɪsrɪ'membə] v/t. F et. vergessen (haben).

dis·re·pair [ˌdɪsrɪ'peə] s. Verfall m; Baufälligkeit f, schlechter (baulicher) Zustand: in (a state of) ~ baufällig; fall into ~ baufällig werden.

dis·rep·u·ta·ble [dɪs'repjʊtəbl] adj. □ verrufen, anrüchig; **dis·re·pute** [ˌdɪsrɪ'pjuːt] s. Verruf m, Verrufenheit f, schlechter Ruf: bring into ~ in Verruf bringen.

dis·re·spect [ˌdɪsrɪ'spekt] **I** s. **1.** Re'spektlosigkeit f (to, for gegenüber); **2.** Unhöflichkeit f (to gegen); **II** v/t. **3.** sich re'spektlos benehmen gegen'über; **4.** unhöflich behandeln; **dis·re'spect·ful** [-fʊl] adj. □ **1.** re'spektlos (to gegen); **2.** unhöflich (to zu).

dis·robe [dɪs'rəʊb] **I** v/t. entkleiden (a. fig.) (of gen.); **II** v/i. s-e Kleidung od. Amtstracht ablegen.

dis·root [dɪs'ruːt] v/t. **1.** entwurzeln, ausreißen; **2.** vertreiben.

dis·rupt [dɪs'rʌpt] **I** v/t. **1.** zerbrechen, sprengen, zertrümmern; **2.** zerreißen, (zer)spalten; **3.** unter'brechen, stören; **4.** zerrütten; **5.** Versammlung, Koalition etc. sprengen; **II** v/i. **6.** zerreißen; **7.** ✂ 'durchschlagen; **dis'rup·tion** [-pʃn] s. **1.** Zerreißung f, Zerschlagung f; Unter'brechung f; **2.** Zerrissenheit f, Spaltung f; **3.** Bruch m; **4.** Zerrüttung f; **dis'rup·tive** [-tɪv] adj. **1.** zerbrechend, zertrümmernd, zerreißend; **2.** zerrüttend; **3.** ✂ Durchschlags...(-festigkeit etc.): ~ discharge Durchschlag m.

dis·sat·is·fac·tion ['dɪsˌsætɪs'fækʃn] s. Unzufriedenheit f (at, with mit); **'dis·sat·is·fac·to·ry** [-ktəri] adj. unbefriedigend; **dis·sat·is·fied** ['dɪs'sætɪsfaɪd] adj. unzufrieden (with, at mit); **dis·sat·is·fy** ['dɪs'sætɪsfaɪ] v/t. nicht befriedigen, j-n verdrießen; j-m miß'fallen.

dis·sect [dɪ'sekt] v/t. **1.** zergliedern, zerlegen; **2.** a) ✽ sezieren, b) ✽, ♀, zo. präparieren; **3.** fig. zergliedern, analysieren; **dis'sec·tion** [-kʃn] s. **1.** Zergliederung f, fig. a. a) Aufgliederung f, b) (genaue) Ana'lyse; **2.** ✽ Sezieren n; **3.** ✽, ♀, zo. Präpa'rat n; **dis'sec·tor** [-tə] s. **1.** ✽ Sezierer m; **2.** ✽, ♀, zo. Präpa'rator m.

dis·seise, dis·seize [dɪs'siːz] v/t. ☆ j-m 'widerrechtlich den Besitz entziehen; **dis·sei·sin, dis·sei·zin** [-zɪn] s. ☆ 'widerrechtliche Besitzentziehung.

dis·sem·ble [dɪ'sembl] **I** v/t. **1.** verhehlen, verbergen, sich et. nicht anmerken lassen; **2.** vortäuschen, simulieren; **3.** *obs.* unbeachtet lassen; **II** *v/i.* **4.** sich verstellen, heucheln; **dis'sem·bler** [-lə] *s.* **1.** Heuchler(in); **2.** Simu'lant (-in).

dis·sem·i·nate [dɪ'semɪneɪt] *v/t.* **1.** *Saat* ausstreuen (*a. fig.*); **2.** *fig.* verbreiten: **~ ideas**; **~d sclerosis** ✻ multiple Sklerose; **dis·sem·i·na·tion** [dɪˌsemɪ'neɪʃn] *s.* Ausstreuung *f*; *fig. a.* Verbreitung *f*.

dis·sen·sion [dɪ'senʃn] *s.* Meinungsverschiedenheit(en *pl.*) *f*, Diffe'renz(en *pl.*) *f*.

dis·sent [dɪ'sent] **I** *v/i.* **1.** (*from*) anderer Meinung sein (als), nicht über'einstimmen (mit); **2.** *eccl.* von der Staatskirche abweichen; **II** *s.* **3.** Meinungsverschiedenheit *f*, andere Meinung; **4.** *eccl.* Abweichen *n* von der Staatskirche; **dis'sent·er** [-tə] *s.* **1.** Andersdenkende(r *m*) *f*; **2.** *eccl.* a) Dissi'dent *m*, b) *oft* ⌀ Dis'senter *m*, Nonkonfor'mist (-in); **dis'sen·tient** [-nʃiənt] **I** *adj.* andersdenkend, abweichend: **without a ~ vote** ohne Gegenstimme; **II** *s.* a) Andersdenkende(r *m*) *f*, b) Gegenstimme *f*: **with no ~** ohne Gegenstimme.

dis·ser·ta·tion [ˌdɪsə'teɪʃn] *s.* **1.** (wissenschaftliche) Abhandlung; **2.** Dissertati'on *f*.

dis·serv·ice [ˌdɪs'sɜːvɪs] *s.* (*to*) schlechter Dienst (an *dat.*): **do a ~** *j-m* e-n schlechten Dienst erweisen; **be of ~ to s.o.** *j-m* zum Nachteil gereichen.

dis·sev·er [dɪs'sevə] *v/t.* trennen, absondern, spalten.

dis·si·dence ['dɪsɪdəns] *s.* **1.** Meinungsverschiedenheit *f*; **2.** *pol.*, *eccl.* Dissi'dententum *n*; **'dis·si·dent** [-nt] **I** *adj.* **1.** andersdenkend, nicht über'einstimmend, abweichend; **II** *s.* **2.** Andersdenkende(r *m*) *f*; **3.** *eccl.* Dissi'dent(in), *pol. a.* Re'gimekritiker(in).

dis·sim·i·lar [ˌdɪ'sɪmɪlə] *adj.* □ (*to*) verschieden (von), unähnlich (*dat.*); **dis·sim·i·lar·i·ty** [ˌdɪsɪmɪ'lærətɪ] *s.* Verschiedenartigkeit *f*, Unähnlichkeit *f*; 'Unterschied *m*.

dis·sim·u·late [dɪ'sɪmjʊleɪt] **I** *v/t.* verbergen, verhehlen; **II** *v/i.* sich verstellen; heucheln; **dis·sim·u·la·tion** [dɪˌsɪmjʊ'leɪʃn] *s.* **1.** Verheimlichung *f*; **2.** Verstellung *f*, Heuche'lei *f*; **3.** ✻ Dissimulati'on *f*.

dis·si·pate ['dɪsɪpeɪt] **I** *v/t.* **1.** zerstreuen (*a. fig. u. phys.*); *Nebel* zerteilen; **2.** a) verschwenden, vergeuden, verzetteln, b) *Geld* 'durchbringen, verprassen; **3.** *fig.* verscheuchen, vertreiben; **4.** *phys.* a) *Hitze* ableiten, b) in 'Wärmeenergie 'umwandeln; **II** *v/i.* **5.** sich zerstreuen (*a. fig.*); sich zerteilen (*Nebel*); **6.** ein ausschweifendes Leben führen; **'dis·si·pat·ed** [-tɪd] *adj.* ausschweifend, zügellos; **dis·si·pa·tion** [ˌdɪsɪ'peɪʃn] *s.* **1.** Zerstreuung *f* (*a. fig. u. phys.*); **2.** Vergeudung *f*; **3.** Verprassen *n*, 'Durchbringen *n*; **4.** Ausschweifung(en *pl.*) *f*; zügelloses Leben; **5.** *phys.* a) Ableitung *f*, b) Dissipati'on *f*.

dis·so·ci·ate [dɪ'səʊʃɪeɪt] **I** *v/t.* **1.** trennen, loslösen, absondern (*from* von); **2.** ✻ dissoziieren; **3.** **~ o.s.** (*from*) sich lossagen *od.* distanzieren *od.* abrücken (von); **II** *v/i.* **4.** sich (ab)trennen *od.* loslösen; **5.** ✻ dissoziieren; **dis·so·ci·a·tion** [dɪˌsəʊsɪ'eɪʃn] *s.* (Ab-)

Trennung *f*, Loslösung *f*; **2.** Abrücken *n*; **3.** ✻, *psych.* Dissoziati'on *f*.

dis·sol·u·bil·i·ty [dɪˌsɒljʊ'bɪlətɪ] *s.* **1.** Löslichkeit *f*; **2.** Auflösbarkeit *f*, Trennbarkeit *f*; **dis·sol·u·ble** [dɪ'sɒljʊbl] *adj.* **1.** löslich; **2.** ⚙ auflösbar, trennbar.

dis·so·lute ['dɪsəluːt] *adj.* □ ausschweifend, zügellos; **'dis·so·lute·ness** [-nɪs] *s.* Ausschweifung *f*, Zügellosigkeit *f*.

dis·so·lu·tion [ˌdɪsə'luːʃn] *s.* **1.** Auflösung *f* (*a. parl.*, ✝; *a. Ehe*); ⚙ *a.* Aufhebung *f*; **2.** Zersetzung *f*; **3.** Zerstörung *f*, Vernichtung *f*; **4.** ✻ Lösung *f*.

dis·solv·a·ble [dɪ'zɒlvəbl] → **dissoluble**; **dis·solve** [dɪ'zɒlv] **I** *v/t.* **1.** auflösen (*a. fig.*, *Ehe*, *Parlament*, *Firma etc.*); *Ehe a.* scheiden; lösen (*a.* ✻): **~d in tears** in Tränen aufgelöst; **2.** ⚙ aufheben; **3.** auflösen, zersetzen; **4.** vernichten; **5.** *Geheimnis etc.* lösen; **6.** *Film:* über'blenden; **II** *v/i.* **7.** sich auflösen (*a. fig.*), zergehen, schmelzen; **8.** zerfallen; **9.** sich (in nichts) auflösen, verschwinden; **10.** *Film:* über'blenden, inein'ander 'übergehen; **III** *s.* **11.** *Film:* Über'blendung *f*; **dis'sol·vent** [-vənt] **I** *adj.* (auf)lösend; zersetzend; **II** *s.* ✻ Lösungsmittel *n*.

dis·so·nance ['dɪsənəns] *s.* Disso'nanz *f*: a) ♪ 'Mißklang *m* (*a. fig.*), b) *fig.* Unstimmigkeit *f*; **'dis·so·nant** [-nt] *adj.* □ **1.** ♪ disso'nant (*a. fig.*); **2.** 'mißtönend; **3.** *fig.* unstimmig.

dis·suade [dɪ'sweɪd] *v/t.* **1.** *j-m* abraten (*from* von); **2.** *j-n* abbringen (*from* von); **dis'sua·sion** [-eɪʒn] *s.* **1.** Abraten *n*; **2.** Abbringen *n*; **dis'sua·sive** [-eɪsɪv] *adj.* □ abratend.

dis·syl·lab·ic, **dis·syl·la·ble** → **disyllabic**, **disyllable**.

dis·sym·met·ri·cal [ˌdɪsɪ'metrɪkl] *adj.* 'unsymˌmetrisch; **dis·sym·met·ry** [ˌdɪ'sɪmɪtrɪ] *s.* Asymme'trie *f*.

dis·taff ['dɪstɑːf] *s.* (Spinn)Rocken *m*; *fig. das Reich der Frau:* **~ side** weibliche Linie e-r Familie.

dis·tance ['dɪstəns] **I** *s.* **1.** a) Entfernung *f*, b) Ferne *f*: **at a ~** a) in einiger Entfernung, b) von weitem; **in the ~** in der Ferne; **from a ~** aus einiger Entfernung; **at an equal ~** gleich weit (entfernt); **a good ~ off** ziemlich weit entfernt; **braking ~** *mot.* Bremsweg *m*; **stopping ~** *mot.* Anhalteweg *m*; **within striking ~** handgreiflich nahe, in erreichbarer Nähe; → **hail** II; **walking** II; **2.** Zwischenraum *m*, Abstand *m* (**between** zwischen); **3.** Entfernung *f*, Strecke *f*: **~ covered** zurückgelegte Strecke; **4.** zeitlicher Abstand, Zeitraum *m*; **5.** *fig.* Abstand *m*, Entfernung *f*, 'Unterschied *m*; **6.** *fig.* Di'stanz *f*, Abstand *m*, Re'serve *f*, Zu'rückhaltung *f*: **keep s.o. at a ~** *j-m* gegenüber reserviert sein, sich *j-n* vom Leib halten; **keep one's ~** den Abstand wahren, (die gebührende) Distanz halten; **7.** *paint. etc.* a) Perspek'tive *f*, b) *a. pl.* 'Hintergrund *m*, c) Ferne *f*; **8.** ♪ Inter'vall *n*; **9.** *sport* a) Di'stanz *f*, Strecke *f*, b) *fenc.*, *Boxen:* Di'stanz *f*: **~ race** Langstreckenlauf *m*; **~ runner** Langstreckenläufer(in); **II** *v/t.* **10.** über'holen, hinter sich lassen, *sport a.* distanzieren; **~d** *fig.* distanziert; **11.** *fig.* über'flügeln; **'dis·tant** [-nt] *adj.* □

---

1. entfernt (*a. fig.*), weit (*from* von); fern (*Ort od. Zeit*): **~ relation** entfernte(r) *od.* weitläufige(r) Verwandte(r); **~ resemblance** entfernte *od.* schwache Ähnlichkeit; **~ dream** vager Traum, schwache Aussicht; **2.** weit vonein'ander entfernt; **3.** zu'rückhaltend, kühl, distanziert; **4.** ⊙ Fern...: **~ control** Fernsteuerung *f*; **~ reading instrument** Fernmeßgerät *n*.

dis·taste [ˌdɪs'teɪst] *s.* (**for**) 'Widerwille *m*, Abneigung *f* (gegen), Ekel *m*, Abscheu *m* (vor *dat.*); **dis'taste·ful** [-fʊl] *adj.* □ **1.** ekelerregend; **2.** *fig.* a) unangenehm, zu'wider (**to** *dat.*), b) ekelhaft, widerlich.

dis·tem·per¹ [dɪ'stempə] **I** *s.* **1.** Tempera- *od.* Leimfarbe *f*; **2.** 'Temperamaleˌrei *f* (*a. Bild*); **II** *v/t.* **3.** mit Temperafarbe(n) (an)malen.

dis·tem·per² [dɪ'stempə] *s.* **1.** *vet.* a) Staupe *f* (*bei Hunden*), b) Druse *f* (*bei Pferden*); **2.** *obs.* a) üble Laune, b) Unpäßlichkeit *f*, c) po'litische Unruhe(r *pl.*).

dis·tend [dɪ'stend] **I** *v/t.* (aus)dehnen, weiten; aufblähen; **II** *v/i.* sich (aus)dehnen *etc.*; **dis·ten·si·ble** [dɪ'stensəbl] *adj.* (aus)dehnbar; **dis·ten·sion** [dɪ'stenʃn] *s.* (Aus)Dehnung *f*; Aufblähung *f*.

dis·tich ['dɪstɪk] *s.* **1.** Distichon *n* (*Verspaar*); **2.** gereimtes Verspaar.

dis·til, *Am.* **dis·till** [dɪ'stɪl] **I** *v/t.* **1.** ✻ a) ('um)destillieren, abziehen, b) abdestillieren (*from* aus), c) entgasen: **~(l)ing flask** Destillierkolben *m*; **2.** *Branntwein* brennen (*from* aus); **3.** her'abtropfen lassen: **be ~led** sich niederschlagen; **4.** *fig. das Wesentliche* her'ausdestilˌlieren, -arbeiten (*from* aus); **II** *v/i.* **5.** ✻ destillieren; **6.** (her'ab)tropfen; **7.** *fig.* sich her'auskristalliˌsieren; **dis·til·late** ['dɪstɪlət] *s.* ✻ Destil'lat *n*; **dis·til·la·tion** [ˌdɪstɪ'leɪʃn] *s.* **1.** ✻ Destillati'on *f*; **2.** Brennen *n* (*von Branntwein*); **3.** Ex'trakt *m*, Auszug *m*; **4.** *fig.* 'Quintesˌsenz *f*, Kern *m*; **dis·til·ler** [dɪ'stɪlə] *s.* Branntweinbrenner *m*; **dis·til·ler·y** [dɪ'stɪlərɪ] *s.* **1.** ✻ Destil'lierappaˌrat *m*; **2.** Destilla'teur *m*, ('Branntwein)Brenneˌrei *f*.

dis·tinct [dɪ'stɪŋkt] *adj.* □ → **distinctly**; **1.** ver-, unter'schieden: **as ~ from** im Unterschied zu, zum Unterschied von; **2.** einzeln, getrennt, (ab)gesondert; **3.** eigen, selbständig; **4.** ausgeprägt, charakte'ristisch; **5.** klar, eindeutig, bestimmt, entschieden, ausgesprochen, deutlich; **dis·tinc·tion** [dɪ'stɪŋkʃn] *s.* **1.** Unter'scheidung *f*: **a ~ without a difference** e-e spitzfindige Unterscheidung; **2.** 'Unterschied *m*: **in ~ from** (*od.* **to**) im Unterschied zu, zum Unterschied von; **draw** (*od.* **make**) **a ~ between** e-n Unterschied machen zwischen (*dat.*); **3.** Unter'scheidungsmerkmal *n*, Kennzeichen *n*; **4.** her'vorragende Eigenschaft; **5.** Auszeichnung *f*, Ehrung *f*; **6.** (hoher) Rang; **7.** Würde *f*, Vornehmheit *f*; **8.** Ruf *m*, Berühmtheit *f*; **dis·tinc·tive** [dɪ'stɪŋktɪv] *adj.* □ **1.** unter'scheidend, Unterscheidungs...; **2.** kenn-, bezeichnend, charakte'ristisch (**of** für), besonder; **3.** deutlich, ausgesprochen; **dis·tinc·tive·ness** [dɪ'stɪŋktɪvnɪs] *s.* **1.** Besonderheit *f*; **2.** →

distinctness 1; **dis·tinct·ly** [dɪ'stɪŋktlɪ] *adv.* deutlich, *fig. a.* ausgesprochen; **dis·tinct·ness** [dɪ'stɪŋktnɪs] *s.* **1.** Deutlichkeit *f*, Klarheit *f*; **2.** Verschiedenheit *f*; **3.** Verschiedenartigkeit *f*.
dis·tin·gué [dɪ'stæŋɡeɪ] (*Fr.*) *adj.* distingu'iert, vornehm.
dis·tin·guish [dɪ'stɪŋɡwɪʃ] **I** *v/t.* **1.** (*between*) unter'scheiden (zwischen), (*zwei Dinge etc.*) ausein'anderhalten: *as ~ed from* zum Unterschied von, im Unterschied zu; *be ~ed by* sich durch *et.* unterscheiden *od. weitS.* auszeichnen; **2.** wahrnehmen, erkennen; **3.** kennzeichnen, charakterisieren; *~ing mark* Merkmal *n*, Kennzeichen *n*; **4.** auszeichnen, rühmend her'vorheben: *~ o.s.* sich auszeichnen (*a. iro.*); **II** *v/i.* **5.** unter'scheiden, e-n 'Unterschied machen; **dis·tin·guish·a·ble** [dɪ'stɪŋɡwɪʃəbl] *adj.* □ **1.** unter'scheidbar; **2.** wahrnehmbar, erkennbar; **3.** kenntlich (*by* an *dat.*, durch); **dis·tin·guished** [dɪ'stɪŋɡwɪʃt] *adj.* **1.** → *distinguishable* 1, 2; **2.** bemerkenswert, berühmt (*for* wegen, *by* durch); **3.** vornehm; **4.** her'vorragend, ausgezeichnet.
dis·tort [dɪ'stɔːt] *v/t.* **1.** verdrehen (*a. fig.*); *a.* Gesicht verzerren (*a.* ⚙, ⚡ *u. fig.*); verrenken; ⚙ verformen; *~ing mirror* Vexier-, Zerrspiegel *m*; **2.** *fig.* Tatsachen *etc.* verdrehen, entstellen; **dis·tor·tion** [dɪ'stɔːʃn] *s.* **1.** Verdrehung *f* (*a. phys.*); Verrenkung *f*; Verzerrung *f* (*a.* ⚡, *phot.*); Verziehung *f*, Verwindung *f* (*a.* ⚙); **2.** *fig.* Entstellung *f*, Verzerrung *f*.
dis·tract [dɪ'strækt] *v/t.* **1.** *Aufmerksamkeit, Person etc.* ablenken; **2.** *j-n* zerstreuen; **3.** erregen, aufwühlen; **4.** beunruhigen, stören, quälen; **5.** rasend machen; **dis·tract·ed** [dɪ'stræktɪd] *adj.* □ **1.** verwirrt; **2.** beunruhigt; **3.** außer sich, von Sinnen: *~ with* (*od. by*) *pain* wahnsinnig vor Schmerzen; **dis·trac·tion** [dɪ'strækʃn] *s.* **1.** Ablenkung *f*, Zerstreuung *f*; **2.** Zerstreutheit *f*; **3.** Verwirrung *f*; **4.** Wahnsinn *m*, Rase'rei *f*: *drive s.o. to ~* j-n zur Raserei bringen; *love to ~* bis zum Wahnsinn lieben; **5.** oft *pl.* Ablenkung *f*, Zerstreuung *f*, Unter'haltung *f*.
dis·train [dɪ'streɪn] *v/i.:* ~ (*up*)*on* a) *j-n* pfänden, b) *et.* mit Beschlag belegen; **dis·train·ee** [ˌdɪstreɪ'niː] *s.* Pfandschuldner(in); **dis·train·er** [dɪ'streɪnə], **dis·train·or** [ˌdɪstreɪ'nɔː] *s.* Pfandgläubiger(in); **dis·traint** [dɪ'streɪnt] *s.* Beschlagnahme *f*.
dis·traught [dɪ'strɔːt] → *distracted*.
dis·tress [dɪ'stres] **I** *s.* **1.** Qual *f*, Pein *f*, Schmerz *m*; **2.** Leid *n*, Kummer *m*, Sorge *f*; **3.** Elend *n*; Not(lage) *f*; **4.** ⚓ Seenot *f*: ~ *call* Notruf *m*, SOS-Ruf *m*; ~ *rocket* Notrakete *f*; ~ *signal* Notsignal *n*; **5.** ⚖ a) Beschlagnahme *f*, b) mit Beschlag belegte Sache; **II** *v/t.* **6.** quälen, peinigen, bedrücken; beunruhigen; betrüben: ~ *o.s.* sich sorgen (*about* um); **7.** → *distrain*; **dis·tressed** [dɪ'strest] *adj.* **1.** (*about*) beunruhigt (über *acc.*, wegen), besorgt (um); **2.** bekümmert, betrübt; unglücklich; **3.** bedrängt, in Not, notleidend: ~ *area* *Brit.* Notstandsgebiet *n*; ~ *ships* Schiffe in Seenot; **4.** erschöpft; **dis·tress·ful** [dɪ'stresfʊl], **dis·tress·ing** [dɪ'stresɪŋ]

adj. □ **1.** quälend; **2.** bedrückend.
dis·trib·ut·a·ble [dɪ'strɪbjʊtəbl] *adj.* **1.** verteilbar; **2.** zu verteilen(d); **dis·trib·u·tar·y** [dɪ'strɪbjʊtərɪ] *s.* geogr. abzweigender Flußarm, *bsd.* Deltaarm *m*; **dis·trib·ute** [dɪ'strɪbjuːt] *v/t.* **1.** ver-, austeilen (*among* unter *acc.*, *to* an *acc.*); **2.** zuteilen (*to dat.*); **3.** ✝ a) Waren vertreiben, absetzen, b) *Filme* verleihen, c) *Dividende, Gewinne* ausschütten; **4.** *Post* zustellen; **5.** verbreiten; ausstreuen; *Farbe etc.* verteilen; **6.** auf-, einteilen; ✕ gliedern; **7.** *typ.* a) *Satz* ablegen, b) *Farbe* auftragen; **dis·trib·u·tee** [dɪˌstrɪbjʊ'tiː] *s.* **1.** Empfänger(in); **2.** ⚖ Erbe *m*, Erbin *f*; **dis·trib·ut·er** → *distributor*.
dis·trib·ut·ing | **a·gent** [dɪ'strɪbjʊtɪŋ] *s.* ✝ (Großhandels)Vertreter *m*; ~ **cen·ter** *Am.*, *Brit.* ~ **cen·tre** *s.* ✝ 'Absatz-, Ver'teilungsˌzentrum *n*.
dis·tri·bu·tion [ˌdɪstrɪ'bjuːʃn] *s.* **1.** Ver-, Austeilung *f*; **2.** ⚙, ⚡, ⚡ a) Verteilung *f*, b) Verzweigung *f*; **3.** Ver-, Ausbreitung *f*; **4.** Einteilung *f*, *a.* ✕ Gliederung *f*; **5.** a) Zuteilung *f*, b) Gabe *f*, Spende *f*; **6.** ✝ a) Vertrieb *m*, Absatz *m*, b) Verleih *m* (*von Filmen*), c) Ausschüttung *f* (*von Dividenden, Gewinnen*); **7.** Ausstreuen *n* (*von Samen*); **8.** Verteilen *n* (*von Farben etc.*); **9.** *typ.* a) Ablegen *n* (*des Satzes*), b) Auftragen *n* (*von Farbe*); **dis·trib·u·tive** [dɪ'strɪbjʊtɪv] **I** *adj.* □ **1.** aus-, zu-, verteilend; Verteilungs...: ~ *share* ⚖ gesetzlicher Erbteil; ~ *justice* *fig.* ausgleichende Gerechtigkeit; **2.** jeden einzelnen betreffend; **3.** ♉, *ling.* distribu'tiv, Distributiv...; **II** *s.* **4.** *ling.* Distribu'tivum *n*; **dis·trib·u·tor** [dɪ'strɪbjʊtə] *s.* **1.** Verteiler *m* (*a.* ⚙, ⚡); **2.** ✝ a) Großhändler *m*, Gene'ralverteiler *m*, b) *pl.* (Film)Verleih *m*; **3.** ⚙ Verteilerdüse *f*.
dis·trict ['dɪstrɪkt] *s.* **1.** Di'strikt *m*, (Verwaltungs)Bezirk *m*, Kreis *m*; **2.** (Stadt)Bezirk *m*, (-)Viertel *n*; **3.** Gegend *f*, Gebiet *n*, Landstrich *m*; ~ **at·tor·ney** *s.* *Am.* Staatsanwalt *m*; ♀ **Coun·cil** *s.* *Brit.* Bezirksamt *n*; ♀ **Court** *s.* ⚖ *Am.* (Bundes)Bezirksgericht *n*; ~ **heat·ing** *s.* Fernheizung *f*; ~ **judge** *s.* ⚖ *Am.* Richter *m* an e-m (Bundes)Bezirksgericht; ~ **nurse** *s.* Gemeindeschwester *f*.
dis·trust [dɪs'trʌst] **I** *s.* 'Mißtrauen *n*, Argwohn *m* (*of* gegen): *have a ~ of s.o.* j-m mißtrauen; **II** *v/t.* mißtrauen (*dat.*); **dis·trust·ful** [-fʊl] *adj.* □ 'mißtrauisch, argwöhnisch (*of* gegen): ~ *of o.s.* gehemmt, ohne Selbstvertrauen.
dis·turb [dɪs'tɜːb] **I** *v/t.* stören (*a.* ⚙, ♉, *meteor. etc.*): a) behindern, b) belästigen, c) beunruhigen, d) aufschrecken, -scheuchen, e) durchein'anderbringen, in Unordnung bringen: ~*ed at* beunruhigt über (*acc.*); ~ *the peace* ⚖ die öffentliche Sicherheit u. Ordnung stören; **II** *v/i.* stören; **dis·turb·ance** [dɪ'stɜːbəns] *s.* **1.** Störung *f* (*a.* ⚙, ⚡, ♉, ☀); **2.** Belästigung *f*; Beunruhigung *f*; Aufregung *f*; **3.** Unruhe *f*, Tu'mult *m*, Aufruhr *m*: ~ *of the peace* ⚖ öffentliche Ruhestörung; *cause* (*od. create*) *a* ~ ⚖ die öffentliche Sicherheit u. Ordnung stören; **4.** Verwirrung *f*; **5.** ~ *of possession* ⚖ Besitzstörung *f*; **dis·turb·er** [dɪ'stɜːbə]

s. Störenfried *m*, Unruhestifter(in); **dis·turb·ing** [dɪ'stɜːbɪŋ] *adj.* □ beunruhigend.
dis·un·ion [ˌdɪs'juːnjən] *s.* **1.** Trennung *f*, Spaltung *f*; **2.** Uneinigkeit *f*, Zwietracht *f*; **dis·u·nite** [ˌdɪsjuː'naɪt] *v/t. u. v/i.* (sich) trennen; *fig.* (sich) entzweien; **dis·u·nit·ed** [ˌdɪsjuː'naɪtɪd] *adj.* entzweit, verfeindet; **dis·u·ni·ty** [ˌdɪs'juːnətɪ] → *disunion* 2.
dis·use **I** *s.* [ˌdɪs'juːs] Nichtgebrauch *m*; Aufhören *n* e-s Brauchs: *fall into ~* außer Gebrauch kommen; **II** *v/t.* [ˌdɪs'juːz] nicht mehr gebrauchen; **dis·used** [ˌdɪs'juːzd] *adj.* **1.** ausgedient, nicht mehr benützt; **2.** stillgelegt (*Bergwerk etc.*), außer Betrieb.
dis·yl·lab·ic [ˌdɪsɪ'læbɪk] *adj.* (□ ~*ally*) zweisilbig; **di·syl·la·ble** [dɪ'sɪləbl] *s.* zweisilbiges Wort.
ditch [dɪtʃ] **I** *s.* **1.** (Straßen)Graben *m*: *last* ~ verzweifelter Kampf, Not(lage) *f*; *die in the last* ~ bis zum letzten Atemzug kämpfen (*a. fig.*); **2.** Abzugsgraben *m*; **3.** Bewässerungs-, Wassergraben *m*; **4.** ✈ *sl.* 'Bach' *m* (*Meer, Gewässer*); **II** *v/t.* **5.** mit e-m Graben versehen, Gräben ziehen durch; **6.** durch Abzugsgräben entwässern; **7.** F *Wagen* in den Straßengraben fahren: *be ~ed* im Straßengraben landen; **8.** *sl.* a) *Wagen etc.* stehenlassen, b) j-m entwischen, c) j-m den ,Laufpaß' geben, *j-n* ,sausen' lassen, d) *et.* ,wegschmeißen', e) *Am.* Schule schwänzen; **9.** ✈ *sl.* *Maschine* im ,Bach' landen; **III** *v/i.* **10.** Gräben ziehen *od.* ausbessern; **11.** ✈ *sl.* notlanden, notwassern; **'ditch·er** [-tʃə] *s.* **1.** Grabenbauer *m*; **2.** Grabbagger *m* (*Maschine*); → *dull* 4.
dith·er ['dɪðə] **I** *v/i.* **1.** bibbern, zittern; **2.** *fig.* schwanken (*between* zwischen *dat.*); **3.** aufgeregt sein; **II** *s.* **4.** *fig.* Schwanken *n*; **5.** Aufregung *f*: *be all of* (*od. in*) *a* ~ F aufgeregt sein, ,bibbern'.
dith·y·ramb ['dɪθɪræmb] *s.* **1.** Dithy'rambus *m*; **2.** Lobeshymne *f*; **dith·y·ram·bic** [ˌdɪθɪ'ræmbɪk] *adj.* dithy'rambisch; enthusi'astisch.
dit·to ['dɪtəʊ] (*abbr. do.*) **I** *adv.* dito, des'gleichen: ~ *marks* Ditozeichen *n*; *say ~ to s.o.* j-m beipflichten; **II** *s.* F Dupli'kat *n*, Ebenbild *n*.
dit·ty ['dɪtɪ] *s.* Liedchen *n*.
di·u·ret·ic [ˌdaɪjʊə'retɪk] **I** *adj.* diu'retisch, harntreibend; **II** *s.* harntreibendes Mittel, Diu'retikum *n*.
di·ur·nal [daɪ'ɜːnl] *adj.* □ **1.** täglich ('wiederkehrend); Tag(es)...; **2.** *zo.* 'tagakˌtiv, bei Tag auftretend.
di·va ['diːvə] *s.* Diva *f*.
di·va·gate ['daɪvəɡeɪt] *v/i.* abschweifen; **di·va·ga·tion** [ˌdaɪvə'ɡeɪʃn] *s.* Abschweifung *f*, Ex'kurs *m*.
di·va·lent ['daɪˌveɪlənt] *adj.* ♉ zweiwertig.
di·van [dɪ'væn] *s.* **1.** a) Diwan *m*, (Liege)Sofa *n*, b) *a.* ~ *bed* Bettcouch *f*; Diwan *m*: a) orientalischer Staatsrat, b) Regierungskanzlei, c) Gerichtssaal, d) öffentliches Gebäude; **3.** Diwan *m* (orientalische Gedichtsammlung).
di·var·i·cate [daɪ'værɪkeɪt] *v/i.* sich gabeln, sich spalten; abzweigen.
dive [daɪv] **I** *v/i.* **1.** tauchen (*for* nach, *into* in *acc.*); **2.** 'untertauchen; **3.** e-n

Kopf- *od.* Hechtsprung (*a. Torwart*) machen; **4.** *Wasserspringen*: springen; **5.** ✈ e-n Sturzflug machen; **6.** (hastig) hin'eingreifen *od.* fahren (*into* in *acc.*); **7.** sich stürzen, verschwinden (*into* in *acc.*); **8.** (*into*) sich vertiefen (in *ein Buch etc.*); **9.** fallen (*Thermometer etc.*); **II** *s.* **10.** ('Unter)Tauchen *n*, ⚓ *a.* Tauchfahrt *f*; **11.** Kopfsprung *m*; Hechtsprung *m* (*a. des Torwarts*); *make a* ~ → 3; *take a* ~ *sport sl.* a) *Fußball*: ‚e-e Schwalbe bauen', b) ‚sich (einfach) hinlegen' (*Boxer*); **12.** *Wasserspringen*: Sprung *m*; **13.** ✈ Sturzflug *m*; **14.** F Spe'lunke *f*, Kneipe *f*; '~·bomb *v/t. u. v/i.* im Sturzflug mit Bomben angreifen; ~ **bomb·er** *s.* Sturzkampfflugzeug *n*, Sturzbomber *m*, Stuka *m*.

div·er ['daɪvə] *s.* **1.** Taucher(in); *sport* Wasserspringer(in); **2.** *orn.* ein Tauchvogel *m*, *bsd.* Pinguin *m*.

di·verge [daɪ'vɜːdʒ] *v/i.* **1.** divergieren (*a.* ✵, *phys.*), ausein'andergehen, -laufen, sich trennen; abweichen; **2.** abzweigen (*from* von); **3.** verschiedener Meinung sein; **di·ver·gence** [-dʒəns], **di·ver·gen·cy** [-dʒənsɪ] *s.* **1.** ✵, *phys. etc.* Diver'genz *f*; **2.** Ausein'anderlaufen *n*; **3.** Abzweigung *f*; **4.** Abweichung *f*; **5.** Meinungsverschiedenheit *f*; **di·ver·gent** [-dʒənt] *adj.* □ **1.** divergierend (*a.* ✵, *phys. etc.*); **2.** ausein'andergehend, -laufend; **3.** abweichend.

di·vers ['daɪvɜːz] *adj. obs.* etliche.

di·verse [daɪ'vɜːs] *adj.* □ **1.** verschieden, ungleich; **2.** mannigfaltig; **di·ver·si·fi·ca·tion** [daɪˌvɜːsɪfɪ'keɪʃn] *s.* **1.** abwechslungsreiche Gestaltung; **2.** ✝ Diversifizierung *f*, Streuung *f*: ~ (*of products*) Verbreiterung *f* des Produktionsprogramms; ~ *of capital* Anlagenstreuung *f*; **3.** Verschiedenartigkeit *f*; **di·ver·si·fied** [-sɪfaɪd] *adj.* **1.** verschieden(artig); **2.** ✝ a) verteilt (*Risiko*), b) vielseitig angelegt (*Kapital*), c) diversifiziert (*Produktion*); **di·ver·si·fy** [-sɪfaɪ] *v/t.* **1.** verschieden(artig) *od.* abwechslungsreich gestalten, variieren; **2.** ✝ diversifizieren, streuen.

di·ver·sion [daɪ'vɜːʃn] *s.* **1.** Ablenkung *f*; **2.** ✕ 'Ablenkungsma‚növer *n* (*a. fig.*); **3.** *Brit.* 'Umleitung *f* (*Verkehr*); **4.** *fig.* Zerstreuung *f*, Zeitvertreib *m*; **di·ver·sion·ar·y** [-ʃnərɪ] *adj.* ✕ Ablenkungs...; **di·ver·sion·ist** *pol.* **I** *s.* Diversio'nist(in), Sabo'teur(in); **II** *adj.* diversio'nistisch.

di·ver·si·ty [daɪ'vɜːsətɪ] *s.* **1.** Verschiedenheit *f*, Ungleichheit *f*; **2.** Mannigfaltigkeit *f*.

di·vert [daɪ'vɜːt] *v/t.* **1.** ablenken, ableiten, abwenden (*from* von, *to* nach), lenken (*to* auf *acc.*); **2.** abbringen (*from* von); **3.** *Geld etc.* abzweigen (*to* für); **4.** *Brit. Verkehr* 'umleiten; **5.** zerstreuen, unter'halten; **di·vert·ing** [-tɪŋ] *adj.* □ unter'haltsam, amü'sant.

di·vest [daɪ'vest] *v/t.* **1.** entkleiden (*of gen.*); **2.** *fig.* entblößen, berauben (*of gen.*): ~ *s.o. of* j-m *ein Recht etc.* entziehen *od.* nehmen; ~ *o.s. of et.* ablegen, *et.* ab- *od.* aufgeben, sich *e-s Rechts etc.* entäußern; **di·vest·i·ture** [-tɪtʃə], **di·vest·ment** [-stmənt] *s. fig.* Entblößung *f*, Beraubung *f*.

di·vide [dɪ'vaɪd] **I** *v/t.* **1.** (ein)teilen (*in*,

into in *acc.*): *be* ~*d into* zerfallen in (*acc.*); **2.** ✵ teilen, dividieren (*by* durch); **3.** verteilen (*between*, *among* unter *acc. od. dat.*): ~ *s.th. with s.o.* et. mit j-m teilen; **4.** *a.* ~ *up* zerteilen, zerlegen; zerstückeln, spalten; **5.** entzweien, ausein'anderbringen; **6.** trennen, absondern, scheiden (*from* von): *Haar* scheiteln; **7.** *Brit. parl.* (im Hammelsprung) abstimmen lassen; **II** *v/i.* **8.** sich teilen; zerfallen (*in*, *into* in *acc.*); **9.** ✵ a) sich teilen lassen (*by* durch), b) aufgehen (*into* in *dat.*); **10.** sich trennen *od.* spalten; **11.** *parl.* im Hammelsprung abstimmen; **III** *s.* **12.** *Am.* Wasserscheide *f*; **13.** *fig.* Trennlinie *f*: *the Great* 2 der Tod; **di·vid·ed** [-dɪd] *adj.* geteilt (*a. fig.*): ~ *opinions* geteilte Meinungen; ~ *counsel* Uneinigkeit *f*; *his mind was* ~ er war unentschlossen; ~ *against themselves* unter sich uneins; ~ *highway Am.* Schnellstraße *f*; ~ *skirt* Hosenrock *m*.

div·i·dend ['dɪvɪdend] *s.* **1.** ✵ Divi'dend *m*; **2.** ✝ Divi'dende *f*, Gewinnanteil *m*: *Brit. cum* ~, *Am.* ~ *on* einschließlich Dividende; *Brit. ex* ~, *Am.* ~ *off* ausschließlich Dividende; *pay* ~*s fig.* sich bezahlt machen; **3.** ✝ Rate *f*, (Kon-'kurs)quote *f*; ~ *cou·pon*, ~ *war·rant* *s.* ✝ Divi'dendenschein *m*.

di·vid·er [dɪ'vaɪdə] *s.* **1.** (Ver)Teiler(in); **2.** *pl.* Stechzirkel *m*; **3.** Trennwand *f*; **di·vid·ing** [-dɪŋ] *adj.* Trennungs..., Scheide..., ⊕ Teil...

div·i·na·tion [ˌdɪvɪ'neɪʃn] *s.* **1.** Weissagung *f*, Wahrsagung *f*; **2.** (Vor)Ahnung *f*.

di·vine [dɪ'vaɪn] **I** *adj.* □ **1.** Gottes..., göttlich, heilig: ~ *service* Gottesdienst *m*; ~ *right of kings* Königtum *n* von Gottes Gnaden, Gottesgnadentum *n*; **2.** *fig.* F göttlich, himmlisch; **II** *s.* **3.** Geistliche(r) *m*; **4.** Theo'loge *m*; **III** *v/t.* **5.** (vor'aus)ahnen; erraten; **6.** weissagen, prophe'zeien: *divining rod* Wünschelrute *f*; **di·vin·er** [-nə] *s.* **1.** Wahrsager *m*; **2.** (Wünschel)Rutengänger *m*.

div·ing ['daɪvɪŋ] *s.* **1.** Tauchen *n*; **2.** *sport* Wasserspringen *n*; ~ *bell s.* Taucherglocke *f*; ~ *board s.* Sprungbrett *n*; ~ *duck s.* Tauchente *f*; ~ *dress* → *diving suit*; ~ *hel·met s.* Taucherhelm *m*; ~ *suit s.* Taucheranzug *m*; ~ *tow·er s.* Sprungturm *m*.

di·vin·i·ty [dɪ'vɪnətɪ] *s.* **1.** Göttlichkeit *f*, göttliches Wesen; **2.** Gottheit *f*: *the* 2 die Gottheit, Gott; **3.** Theolo'gie *f*; **4.** *a.* ~ *fudge Am.* ein Schaumgebäck; **div·i·nize** ['dɪvɪnaɪz] *v/t.* vergöttlichen.

di·vis·i·bil·i·ty [dɪˌvɪzɪ'bɪlətɪ] *s.* Teilbarkeit *f*; **di·vis·i·ble** [dɪ'vɪzəbl] *adj.* □ teilbar; **di·vi·sion** [dɪ'vɪʒn] *s.* **1.** (Auf-, Ein)Teilung *f* (*into* in *acc.*); ✵ Verteilung *f*, Gliederung *f*: ~ *of labo(u)r* Arbeitsteilung; ~ *into shares* ✝ Stückelung *f*; **2.** Trennung *f*, Grenze *f*, Scheidelinie *f*, -wand *f*; **3.** Teil *m*, Ab'teilung *f* (*a. e-s Amtes etc.*), Abschnitt *m*; **4.** Gruppe *f*, Klasse *f*; **5.** ✕ Divisi'on *f*; **6.** *sport* 'Liga *f*, (Spiel-, *Boxen etc.*: Gewichts)Klasse *f*; **7.** *pol.* Bezirk *m*; **8.** *parl.* (Abstimmung *f* durch) Hammelsprung *m*: *go into* ~ zur Abstimmung schreiten; *upon a* ~ nach Abstimmung; **9.** *fig.* Spaltung *f*, Kluft *f*; Uneinigkeit *f*, Dif'ferenz *f*; **10.** ✵ Divisi'on *f*, Dividieren

n; **di·vi·sion·al** [dɪ'vɪʒənl] *adj.* □ **1.** Trenn..., Scheide...: ~ *line*; **2.** Abteilungs...; **3.** ✕ Divisions...; **di·vi·sive** [dɪ'vaɪsɪv] *adj.* **1.** teilend; scheidend; **2.** entzweiend; trennend; **di·vi·sor** [dɪ'vaɪzə] *s.* ✵ Di'visor *m*, Teiler *m*.

di·vorce [dɪ'vɔːs] **I** *s.* **1.** ✟ (Ehe)Scheidung *f*: ~ *action*, ~ *suit* Scheidungsklage *f*, -prozeß *m*; *obtain a* ~ geschieden werden; *seek a* ~ auf Scheidung klagen; **2.** *fig.* (völlige) Trennung *f* (*from* von); **II** *v/t.* **3.** ✟ *Ehegatten* scheiden; **4.** ~ *one's husband* (*wife*) ✟ sich von s-m Manne (s-r Frau) scheiden lassen; **5.** *fig.* (völlig) trennen, scheiden, (los-) lösen (*from* von); **di·vor·cee** [dɪˌvɔː'siː] *s.* Geschiedene(r *m*) *f*.

div·ot ['dɪvət] *s.* **1.** *Scot.* Sode *f*, Rasenstück *n*; **2.** *Golf*: Divot *n*, Kote'lett *n*.

di·vul·ga·tion [ˌdaɪvʌl'geɪʃn] *s.* Enthüllung *f*, Preisgabe *f*.

di·vulge [daɪ'vʌldʒ] *v/t.* Geheimnis etc. enthüllen, preisgeben; **di·vulge·ment** [-mənt], **di·vul·gence** [-dʒəns] → *divulgation*.

div·vy ['dɪvɪ] *v/t. oft* ~ *up Am.* F verteilen.

dix·ie¹ ['dɪksɪ] *s.* ✕ *sl.* **1.** Kochgeschirr *n*; **2.** ‚Gulaschka‚none'.

Dix·ie² ['dɪksɪ] → *Dixieland*; '**Dix·ie·crat** [-kræt] *s. Am. pol.* Mitglied e-r Splittergruppe der Demokratischen Partei in den Südstaaten; '**Dix·ie·land** *s.* **1.** *Bezeichnung für den Süden der USA*; **2.** ♪ Dixieland *m*, Dixie *m.*

diz·zi·ness ['dɪzɪnɪs] *s.* Schwindel(anfall) *m*; Benommenheit *f*; **diz·zy** ['dɪzɪ] **I** *adj.* □ **1.** schwindlig: ~ *spell* Schwindelanfall *m*; **2.** schwindelnd, schwindelerregend: ~ *heights*; **3.** verwirrt, benommen; **4.** unbesonnen; **5.** F verrückt; **II** *v/t.* **6.** schwindlig machen; **7.** verwirren.

D-mark ['diː‚mɑːk] *s.* Deutsche Mark.

do¹ [duː; də] **I** *v/t.* [*irr.*] **1.** tun, machen: *what can I* ~ *for you?* womit kann ich dienen?; *what does he* ~ *for a living?* womit verdient er sein Brot?; ~ *right* recht tun; → *done* 1; **2.** tun, ausführen, sich beschäftigen mit, verrichten, voll'bringen, erledigen: ~ *business* Geschäfte machen; ~ *one's duty* s-e Pflicht tun; ~ *French* Französisch lernen; ~ *Shakespeare* Shakespeare durchnehmen *od.* behandeln; ~ *it into German* es ins Deutsche übersetzen; ~ *lecturing* Vorlesungen halten; *my work is done* m-e Arbeit ist getan *od.* fertig; *he had done working* er war mit der Arbeit fertig; ~ *60 miles per hour* 60 Meilen die Stunde fahren; *he did all the talking* er führte das große Wort; *it can't be done* es geht nicht; ~ *one's best* sein Bestes tun, sich alle Mühe geben; ~ *better* a) (et.) Besseres tun *od.* leisten, b) sich verbessern; → *done* 3; **3.** herstellen, anfertigen: ~ *a translation* e-e Übersetzung machen; ~ *a portrait* ein Porträt malen; **4.** *j-m et.* tun, zufügen, erweisen, gewähren: ~ *s.o. harm* j-m schaden; ~ *s.o. an injustice* j-m ein Unrecht zufügen, j-m unrecht tun; *these pills* ~ *me* (*no*) *good* diese Pillen helfen mir (nicht); **5.** bewirken, erreichen: *I did it* ich habe es geschafft; *now you've done it!* *b.s.* nun hast du es glücklich geschafft!; **6.**

herrichten, in Ordnung bringen, (zu-'recht)machen, *Speisen* zubereiten: **~ a room** ein Zimmer aufräumen *od.* ,machen'; **~ one's hair** sich das Haar machen, sich frisieren; **I'll ~ the flowers** ich werde die Blumen gießen; **7.** *Rolle etc.* spielen, ,machen': **~ Hamlet** den Hamlet spielen; **~ the host** den Wirt spielen; **~ the polite** den höflichen Mann markieren; **8.** genügen, passen, recht sein (*dat.*): **will this glass ~ you?** genügt Ihnen dieses Glas?; **9.** F erschöpfen, ermüden: **he was pretty well done** er war ,erledigt' (*am Ende s-r Kräfte*); **10.** F erledigen, abfertigen: **I'll ~ you next** ich nehme Sie als nächsten dran; **~ a town** e-e Stadt besichtigen *od.* ,erledigen'; **that has done me** das hat mich ,fertiggemacht' *od.* ruiniert; **~ 3 years in prison** *sl.* drei Jahre ,abbrummen'; **11.** F ,reinlegen', ,übers Ohr hauen', ,einseifen': **~ s.o. out of s.th.** j-n um et. betrügen *od.* bringen; **you have been done** (**brown**) du bist schön angeschmiert worden; **12.** F behandeln, versorgen, bewirten: **~ s.o. well** j-n gut versorgen; **~ o.s. well** sich gutgehen lassen, sich gütlich tun; **II** *v/i.* [*irr.*] **13.** handeln, vorgehen, tun, sich verhalten: **he did well to come** er tat gut daran zu kommen; **nothing ~ing!** a) es ist nichts los, b) F nichts zu machen!, ausgeschlossen!; **it's ~ or die now!** jetzt geht's ums Ganze!; **have done!** hör auf!, genug davon!; → **Rome; 14.** vor'ankommen, Leistungen voll'bringen: **~ well** a) es gut machen, Erfolg haben, b) gedeihen, gut verdienen (→ **15**); **~ badly** schlecht daran sein, schlecht *mit et.* fahren; **he did brilliantly at his examination** er hat ein glänzendes Examen gemacht; **15.** sich befinden: **~ well** a) gesund sein, b) in guten Verhältnissen leben, c) sich gut erholen; **how ~ you ~?** a) guten Tag!, b) *obs.* wie geht es Ihnen?, c) es freut mich (, Sie kennenzulernen); **16.** genügen, ausreichen, passen, recht sein: **will this quality ~?** reicht diese Qualität aus?; **that will ~** a) das genügt, b) genug davon!; **it will ~ tomorrow** es hat Zeit bis morgen; **that won't ~** a) das genügt nicht, b) das geht nicht (an); **that won't ~ with me** das verfängt bei mir nicht; **it won't ~ to be rude** mit Grobheit kommt man nicht weit(er), man darf nicht unhöflich sein; **I'll make it ~** ich werde damit (schon) auskommen *od.* reichen; **III** *v/aux.* **17.** *Verstärkung:* **I ~ like it** es gefällt mir sehr; **~ be quiet!** sei doch still!; **he did come** er ist tatsächlich gekommen; **they did go, but** sie sind zwar *od.* wohl gegangen, aber; **18.** *Umschreibung:* a) *in Fragesätzen:* **~ you know him? No, I don't** kennst du ihn? Nein (, ich kenne ihn nicht), b) *in mit not verneinten Sätzen:* **he did not** (*od.* **didn't**) **come** er ist nicht gekommen; **19.** *bei Umstellung nach hardly, little etc.:* **rarely does one see such things** solche Dinge sieht man selten; **20.** *statt Wiederholung des Verbs:* **you know as well as I ~** Sie wissen so gut wie ich; **did you buy it? – I did!** hast du es gekauft? – jawohl!; **I take a bath – so ~ I** ich nehme ein Bad – ich auch; **21.** **you learn Ger-**

man, don't you? du lernst Deutsch, nicht wahr?; **he doesn't work too hard, does he?** er arbeitet sich nicht tot, nicht wahr?;

Zssgn mit prp.:

do⌐ by *v/i.* behandeln, handeln an (*dat.*): **do well by s.o.** j-n gut *od.* anständig behandeln; **do** ([un]**to others**) **as you would be done by** was du nicht willst, daß man dir tu', das füg auch keinem andern zu; **~ for** *v/i.* **1.** passen *od.* sich eignen für *od.* als; ausreichen für; **2.** F j-m den Haushalt führen; **3.** sorgen für; **4.** F zu'grunde richten, ruinieren: **he is done for** er ist ,erledigt'; **~ to** → **do by**; **~ with** *v/t. u. v/i.* **1.** : **I can't do anything with him** (**it**) ich kann nichts mit ihm (damit) anfangen; **I have nothing to ~ it** ich habe nichts damit zu schaffen, es geht mich nichts an, es betrifft mich nicht; **I won't have anything to ~ you** ich will mit dir nichts zu schaffen haben; **2.** auskommen *od.* sich begnügen mit: **can you ~ bread and cheese for supper?** genügen dir Brot und Käse zum Abendessen?; **3.** er-, vertragen: **I can't ~ him and his cheek** ich kann ihn mit s-r Frechheit nicht ertragen; **4.** *mst* **could ~** (gut) gebrauchen können: **I could ~ the money**; **he could ~ a haircut** er müßte sich mal (wieder) die Haare schneiden lassen; **~ with·out** *v/i.* auskommen ohne, et. entbehren, verzichten auf (*acc.*): **we shall have to ~** wir müssen ohne (es) auskommen;

Zssgn mit adv.:

do⌐ a·way *v/i.* **1.** beseitigen, abschaffen, aufheben; **2.** *Geld* 'durchbringen; **3.** 'umbringen, töten; **~ down** *v/t.* F **1.** ,reinlegen', ,übers Ohr hauen', ,bescheißen'; **2.** ,her'untermachen'; **~ in** *v/t. sl.* **1.** j-n 'umbringen; **2.** → **do down** 1; **3.** j-n ,erledigen', ,schaffen'; **~ out** *v/t.* F *Zimmer etc.* säubern; **~ up** *v/t.* **1.** a) zs.-schnüren; b) *Päckchen* verschnüren, zu'rechtmachen, c) einpacken, d) *Kleid etc.* zumachen; **2.** das *Haar* hochstecken; **3.** herrichten, in Ordnung bringen; **4.** → **do in** 3.

do² [duː] *pl.* **dos, do's** [-z] *s.* **1.** *sl.* Schwindel *m*, ,Beschiß' *m*, fauler Zauber; **2.** *Brit.* F Fest *n*, ,Festivi'tät' *f*, ,große Sache'; **3.** **do's and don'ts** Gebote *pl. u.* Verbote *pl.*, Regeln *pl.*

do³ [dəʊ] *s.* ♪ do *n* (*Solmisationssilbe*).

do·a·ble ['duːəbl] *adj.* 'durchführ-, machbar; **'do-all** *s.* Fak'totum *n*.

doat [dəʊt] → **dote**.

doc [dɒk] F *abbr. für* **doctor**.

do·cent [dəʊ'sent] *s. Am.* Pri'vat‚do‚zent *m*.

doc·ile ['dəʊsaɪl] *adj.* □ **1.** fügsam, gefügig; **2.** gelehrig; **3.** fromm (*Pferd*); **do·cil·i·ty** [dəʊ'sɪlətɪ] *s.* **1.** Fügsamkeit *f*; **2.** Gelehrigkeit *f*.

dock¹ [dɒk] I *s.* **1.** Dock *n*: **dry ~, graving ~** Trockendock *n*; **wet ~** Dockhafen *m*; **put in ~** → 6; **2.** Hafenbecken *n*, Anlegeplatz *m*: **~ authorities** Hafenbehörde *f*; **~ dues** → **dockage¹**; **~ strike** Dockarbeiterstreik *m*; **3.** *pl.* Docks *pl.*, Dock-, Hafenanlagen *pl.*; **4.** *Am.* Kai *m*; **5.** 🐟 *Am.* Laderampe *f*; **II** *v/t.* **6.** *Schiff* (ein)docken; **7.** *Raumschiffe* koppeln; **III** *v/i.* **8.** ins Dock gehen,

docken; im Dock liegen; **9.** anlegen (*Schiff*); **10.** andocken (*Raumschiffe*).

dock² [dɒk] I *s.* **1.** Fleischteil *m* des Schwanzes; **2.** Schwanzstummel *m*; **3.** Schwanzriemen *m*; **4.** (Lohn- *etc.*)Kürzung *f*; **II** *v/t.* **5.** a) stutzen, b) den Schwanz stutzen *od.* kupieren (*dat.*); **6.** *fig.* beschneiden, kürzen.

dock³ [dɒk] *s.* ⚖ Anklagebank *f:* **be in the ~** auf der Anklagebank sitzen; **put in the ~** *fig.* anklagen.

dock⁴ [dɒk] *s.* ♣ Ampfer *m*.

dock·age¹ ['dɒkɪdʒ] *s.* ⚓ **1.** Dock-, Hafengebühren *pl.*, Kaigebühr *f*; **2.** Dokken *n*; **3.** → **dock¹** 3.

dock·age² ['dɒkɪdʒ] *s.* Kürzung *f*.

dock·er ['dɒkə] *s. Brit.* Dock-, Hafenarbeiter *m*.

dock·et ['dɒkɪt] I *s.* **1.** ⚖ a) Ge'richts-, Ter'minka‚lender *m*, b) *Brit.* 'Urteilsre‚gister *n*, c) *Am.* Pro'zeßliste *f*; **2.** Inhaltsangabe *f*, -vermerk *m*; **3.** *Am.* Tagesordnung *f*; **4.** ♦ a) A'dreßzettel *m*, Eti'kett *n*, b) *Brit.* Zollquittung *f*, c) *Brit.* Bestell-, Lieferschein *m*; **II** *v/t.* **5.** in e-e Liste eintragen (→ 1 b u. c); **6.** mit Inhaltsangabe *od.* Eti'kett versehen; **7.** *Am.* auf die Tagesordnung setzen.

dock·ing ['dɒkɪŋ] *s. Raumfahrt:* Andokken *n*, Kopp(e)lung *f*.

'dock|·land *s.* Hafenviertel *n*; **'~·mas·ter** *s.* 'Hafenkapi‚tän *m*, Dockmeister *m*; **'~·war·rant** *s.* ♦ Docklagerschein *m*; **~·work·er** → **docker; '~·yard** *s.* ⚓ **1.** Werft *f*; **2.** *Brit.* Ma'rinewerft *f*.

doc·tor ['dɒktə] I *s.* **1.** Doktor *m*, Arzt *m:* **~'s stuff** F Medizin *f*; **that's just what the ~ ordered** das ist genau das richtige; **doll ~** F Puppendoktor; **2.** *univ.* Doktor *m:* **≗ of Divinity** (**Laws**) Doktor der Theologie (Rechte); **take one's ~'s degree** (zum Doktor) promovieren; **Dear ~** Sehr geehrter Herr Doktor!; **3.** ≗ of the Church Kirchenvater *m*; **4.** ⚓ *sl.* Smutje *m*, Schiffskoch *m*; **5.** ⊙ Schaber *m*, Abstreichmesser *n*; **6.** *Angeln:* künstliche Fliege; **II** *v/t.* **7.** ,verarzten', ärztlich behandeln; **8.** F *Tier* kastrieren; **9.** ,ausbessern', ,zu'rechtflicken'; **10.** a. **~ up** a) *Wein etc.* (ver)panschen, b) *Abrechnungen etc.* ,frisieren' *od.*'fälschen; **III** *v/i.* **11.** F (als Arzt) praktizieren; **'doc·tor·al** [-tə-rəl] *adj.* Doktor(s)...: **~ candidate** Doktorand(in); **~ cap** Doktorhut *m*; **'doc·tor·ate** [-tərɪt] *s.* Dokto'rat *n*, Doktorwürde *f*.

doc·tri·naire [‚dɒktrɪ'neə] I *s.* Doktri'när *m*, Prin'zipienreiter *m*; **II** *adj.* doktri'när.

doc·tri·nal [dɒk'traɪnl] *adj.* □ lehrmäßig, Lehr...; *weitS* dog'matisch: **~ proposition** Lehrsatz *m*; **~ theology** Dogmatik *f*; **doc·trine** ['dɒktrɪn] *s.* **1.** Dok'trin *f*, Lehre *f*, Lehrmeinung *f*; **2.** *bsd. pol.* Dok'trin *f*, Grundsatz *m:* **party ~** Parteiprogramm *n*.

doc·u·dra·ma ['dɒkjʊ‚drɑːmə] *s.* Film, TV: Dokumen'tarspiel *n*.

doc·u·ment ['dɒkjʊmənt] I *s.* **1.** Doku-'ment *n*, Urkunde *f*, Schrift-, Aktenstück *n*, 'Unterlage *f*, *pl. a.* Akten *pl.*; **2.** Beweisstück *n*; **3.** (**shipping**) **~s** *pl.* ♦ Ver'lade-, 'Schiffspa‚piere *pl.*: **~s against acceptance** (**payment**) Dokumente gegen Akzept (Bezahlung); **II**

v/t. [-ment] **4.** dokumentieren (*a. fig.*), (urkundlich) belegen; **5.** *Buch etc.* mit (genauen) Beleghinweisen versehen; **6.** ✝ mit den notwendigen Pa'pieren versehen; **doc·u·men·ta·ry** [ˌdɒkjuˈmentərɪ] **I** *adj.* **1.** dokumen'tarisch, urkundlich: ~ *bill* ✝ Dokumententratte *f*; ~ *evidence* Urkundenbeweis *m*; **2.** *Film etc.*: Dokumentar..., Tatsachen...: ~ *film*, ~ *novel*; **II** *s.* Dokumen'tar-, Tatsachenfilm *m*; **doc·u·men·ta·tion** [ˌdɒkjumenˈteɪʃn] *s.* Dokumentati'on *f*: a) Urkunden-, Quellenbenutzung *f*, b) dokumen'tarischer Nachweis *od.* Beleg.

dod·der[1] ['dɒdə] *s.* ♀ Teufelszwirn *m*, Flachsseide *f*.

dod·der[2] ['dɒdə] *v/i.* F **1.** zittern (*vor Schwäche*); **2.** wack(e)lig gehen, wakkeln; **'dod·dered** [-əd] *adj.* **1.** astlos (*Baum*); **2.** altersschwach, tatterig; **'dod·der·ing** [-ərɪŋ], **'dod·der·y** [-ərɪ] *adj.* F se'nil, tatterig, vertrottelt.

do·dec·a·gon [dəʊˈdekəgən] *s.* ⊼ Zwölfeck *n*.

do·dec·a·he·dron [ˌdəʊdekəˈhedrən] *pl.* **-drons, dra** [-drə] *s.* ⊼ Dodeka'eder *n*, Zwölfflächner *m*; **,do·dec·a'syl·la·ble** [-ˈsɪləbl] *s.* zwölfsilbiger Vers.

dodge [dɒdʒ] **I** *v/i.* **1.** (rasch) zur Seite springen, ausweichen; **2.** a) schlüpfen, b) sich verstecken, c) flitzen; **3.** Ausflüchte gebrauchen, Winkelzüge machen; **4.** sich drücken; **II** *v/t.* **5.** ausweichen (*dat.*); **6.** F sich drücken vor, um'gehen, aus dem Weg gehen (*dat.*), vermeiden; **III** *s.* **7.** Sprung *m* zur Seite, rasches Ausweichen; **8.** Kniff *m*, Trick *m*: *be up to all the ~s* mit allen Wassern gewaschen sein; **dodg·em (car)** ['dɒdʒəm] *s.* (Auto)Scooter *m*; **'dodg·er** [-dʒə] *s.* **1.** ,Schlitzohr' *n*; **2.** Gauner *m*, Schwindler *m*; **3.** Drückeberger *m*; **4.** *Am.* Hand-, Re'klamezettel *m*; **'dodg·y** [-dʒɪ] *adj. Brit.* F **1.** vertrackt; **2.** ris'kant; **3.** nicht einwandfrei.

doe [dəʊ] *s. zo.* **1.** a) Damhirschkuh *f*, b) Rehgeiß *f*; **2.** *Weibchen der Hasen, Kaninchen etc.*

do·er ['duːə] *s.* ,Macher' *m*, Tatmensch *m*.

does [dʌz; dəz] *3. pres. sg. von* **do**[1].

'doe·skin [-s] a) Rehfell *n*, b) Rehleder *n*; **2.** Doeskin *n* (*ein Wollstoff*).

doest [dʌst] *obs. od. poet. 2. pres. sg. von* **do**[1]: *thou* ~ du tust.

doff [dɒf] *v/t.* **1.** *Kleider* ablegen, ausziehen; *Hut* lüften, ziehen; **2.** *fig. Gewohnheit* ablegen.

dog [dɒg] **I** *s.* **1.** *zo.* Hund *m*; **2.** *engS.* Rüde *m* (*männlicher Hund, Wolf* [*a.* **dog-wolf**], *Fuchs* [*a.* **dog-fox**] *etc.*); **3.** *oft dirty* ~ (gemeiner) Hund *m*, Schuft *m*; **4.** F Bursche *m*, Kerl *m*: *gay* ~ lustiger Vogel; *lucky* ~ Glückspilz *m*; *sly* ~ schlauer Fuchs; **5.** *ast.* a) *Greater* (*Lesser*) ⚹ Großer (Kleiner) Hund, b) → *Dog Star*, **6.** *the* ~s *Brit.* F das Windhundrennen; **7.** ⊕ a) Klaue *f*, Knagge *f*, b) Anschlag(bolzen) *m*, c) Bock *m*, Gestell *n*; **8.** ⚒ Hund *m*, Förderwagen *m*; **9.** → *fire-dog*.
Besondere Redewendungen:
not a ~'s chance nicht die geringste Chance; ~ *in the manger* Neidhammel *m*; ~*s of war* Kriegsfurien; ~*'s dinner* F Pfusch(arbeit *f*) *m*; ~ *does not eat* ~

eine Krähe hackt der anderen kein Auge aus; *go to the* ~*s* vor die Hunde gehen; *every* ~ *has his day* jeder hat einmal Glück im Leben; *help a lame* ~ *over a stile* j-m in der Not helfen; *lead a* ~*'s life* ein Hundeleben führen; *lead s.o. a* ~*'s life* j-m das Leben zur Hölle machen; *let sleeping* ~*s lie* a) schlafende Hunde soll man nicht wecken, laß die Finger davon, b) laß den Hund begraben sein, rühr nicht alte Geschichten auf; *put on* ~ F ,angeben', vornehm tun; *throw to the* ~*s* wegwerfen, vergeuden, *fig.* den Wölfen (zum Fraß) vorwerfen, opfern;
II *v/t.* **10.** *j-m* auf dem Fuße folgen, *j-n* verfolgen, jagen, *j-m* nachspüren: ~ *s.o.'s steps* j-m auf den Fersen bleiben; **11.** *fig.* verfolgen: ~*ged by bad luck.*

dog **bis·cuit** *s.* Hundekuchen *m*; **'~·cart** *s.* Dogcart *m* (*Wagen*); **'~·cheap** *adj. u. adv.* F spottbillig; ~ **col·lar** *s.* **1.** Hundehalsband *n*; **2.** F Kol'lar *n*, (steifer) Kragen *e-s Geistlichen*; ~ **days** *s.pl.* Hundstage *pl.*

doge [dəʊdʒ] *s. hist.* Doge *m*.

'dog-ear *s.* Eselsohr *n*; **'~-eared** *adj.* mit Eselsohren (*Buch*); ~ *end* *s. Brit.* F (Ziga'retten)Kippe *f*; **'~-fight** *s.* Handgemenge *n*, ✕ Einzel-, Nahkampf *m*; ✈ Kurven-, Luftkampf *m*; **'~-fish** *s.* kleiner Hai, *bsd.* Hundshai *m*.

dog·ged ['dɒgɪd] *adj.* ☐ verbissen, hartnäckig, zäh; **'dog·ged·ness** [-nɪs] *s.* Verbissenheit *f*, Zähigkeit *f*.

dog·ger ['dɒgə] *s.* ♨ Dogger *m* (*zweimastiges Fischerboot*).

dog·ger·el ['dɒgərəl] **I** *s.* Knittelvers *m*; **II** *adj.* holperig (*Vers etc.*).

dog·gie ['dɒgɪ] → *doggy* 1; ~ *bag* *s.* F Beutel *m* zum Mitnehmen von Essensresten (*im Restaurant*).

dog·gish ['dɒgɪʃ] *adj.* ☐ **1.** hundeartig, Hunde...; **2.** bissig, mürrisch.

dog·go ['dɒgəʊ] *adv.*: *lie* ~ a) sich nicht mucksen, b) sich versteckt halten.

dog·gone ['dɒgɒn] *adj. u. int. Am.* F verdammt.

dog·gy ['dɒgɪ] **I** *s.* **1.** Hündchen *n*, Wauwau *m*; **II** *adj.* **2.** hundeartig; **3.** hundeliebend; **4.** *Am.* F todschick.

'dog|·house *s.* Hundehütte *f*: *in the* ~ *Am.* F in Ungnade; ~ **Lat·in** *s.* 'Küchenla,tein *n*; ~ **lead** [liːd] *s.* Hundeleine *f*.

dog·ma ['dɒgmə] *pl.* **-mas, -ma·ta** [-mətə] *s.* **1.** *eccl.* Dogma *n*: a) Glaubenssatz *m*, b) 'Lehrsys,tem *n*; **2.** Lehrsatz *m*; **3.** *fig.* Dogma *n*, Grundsatz *m*; **dog·mat·ic** [dɒgˈmætɪk] *adj.* (☐ -*ally*) *eccl. u. fig. contp.* dog'matisch; **II** *pl. sg. konstr.* Dog'matik *f*; **'dog·ma·tism** [-ətɪzəm] *s. contp.* Dogma'tismus *m*; **'dog·ma·tist** [-ətɪst] *s. eccl. u. fig.* Dog'matiker *m*; **'dog·ma·tize** [-ətaɪz] **I** *v/i. bsd. contp.* dogmatisieren, dog'matische Behauptungen aufstellen (*on* über *acc.*); **II** *v/t.* dogmatisieren, zum Dogma erheben.

,do-'good·er *s.* F Weltverbesserer *m*, Humani'tätsa,postel *m*.

'dog|·pad·dle *v/i.* (wie ein Hund) paddeln; ~ **rac·ing** *s.* Hunderennen *n*; **'~·rose** *s.* ♀ Heckenrose *f*.

'dogs·bod·y ['dɒgz-] *s.* F ,Kuli' *m* (*der die Dreckarbeit machen muß*).

'dog|-show *s.* Hundeausstellung *f*; **'~·skin** *s.* Hundsleder *n*; ⚹ **Star** *s. ast.* Sirius *m*, Hundsstern *m*; ~ **tag** *s.* **1.** Hundemarke *f*; **2.** ✕ *Am. sl.* ,Hundemarke' *f* (*Erkennungsmarke*); ~ **tax** *s.* Hundesteuer *f*; **'~-tired** *adj.* F hundemüde; **'~-tooth** *s.* [*irr.*] △ 'Zahnorna-,ment *n*; **'~-trot** *s.* leichter Trab; **'~·watch** *s.* ♨ 'Plattfuß' *m* (*Wache*); **'~·wood** *s.* ♀ Hartriegel *m*.

doi·ly ['dɔɪlɪ] *s.* (Zier)Deckchen *n*.

do·ing ['duːɪŋ] *s.* **1.** Tun *n*: *that was your* ~ a) das hast du getan, b) es war deine Schuld; *that will take some* ~ das will erst getan sein; **2.** *pl.* a) Taten *pl.*, Tätigkeit *f*, b) Vorfälle *pl.*, Begebenheiten *pl.*, c) Treiben *n*, Betragen *n*: *fine* ~*s these!* das sind mir schöne Geschichten!; **3.** *pl. sg. konstr. Brit.* F ,Dingsbums' *n*.

doit [dɔɪt] *s.* Deut *m*: *not worth a* ~ keinen Pfifferling wert.

,do-it-your'self **I** *s.* Heimwerken *n*; **II** *adj.* Do-it-yourself..., Heimwerker...; **,do-it-your'self·er** [-fə] *s.* F Heimwerker *m*.

dol·drums ['dɒldrəmz] *s. pl.* **1.** *geogr.* a) Kalmengürtel *m*, -zone *f*, b) Kalmen *pl.*, äquatori'ale Windstillen *pl.*; **2.** Niedergeschlagenheit *f*, Trübsinn *m*: *in the* ~ a) deprimiert, Trübsal blasend, b) e-e Flaute durchmachend (*Geschäft etc.*).

dole [dəʊl] **I** *s.* **1.** milde Gabe, Almosen *n*; **2.** *bsd. Brit.* F ,Stempelgeld' *n*: *be* (*od.* **go**) *on the* ~ stempeln gehen; **II** *v/t.* **3.** *mst* ~ *out* sparsam aus-, verteilen.

dole·ful ['dəʊlfʊl] *adj.* ☐ traurig; trübselig; **'dole·ful·ness** [-nɪs] *s.* Trübseligkeit *f*.

dol·i·cho·ce·phal·ic [ˌdɒlɪkəʊseˈfælɪk] *adj.* langköpfig, -schädelig.

'do-,lit·tle *s.* F Faulpelz *m*.

doll [dɒl] **I** *s.* **1.** Puppe *f*: ~*'s house* Puppenstube *f*, -haus *n*; ~*'s pram bsd. Brit.* Puppenwagen *m*; ~*'s face fig.* Puppengesicht *n*; **2.** F ,Puppe' *f* (*Mädchen*); *Am. sl. allg.* Frau *f*; **II** *v/t. u. v/i.* ~ *up* F (sich) feinmachen: *all* ~*ed up* aufgedonnert.

dol·lar ['dɒlə] *s.* Dollar *m*: *the almighty* ~ das Geld, der Mammon; ~ *diplomacy* Dollardiplomatie *f*.

doll·ish ['dɒlɪʃ] *adj.* ☐ puppenhaft.

dol·lop ['dɒləp] *s.* F Klumpen *m*, ,Klacks' *m*; *Am.* ,Schuß' *m*: ~ *of brandy.*

doll·y ['dɒlɪ] **I** *s.* **1.** Püppchen *n*; **2.** ⊕ a) niedriger Trans'portkarren, b) *Film*: Kamerawagen *m*, c) 'Schmalspurloko-,mo,tive *f* (*an Baustellen*); **3.** ⊕ Nietkolben *m*; **4.** Wäschestampfer *m*, -stößel *m*; **5.** *Am.* Anhängerbock *m* (*Sattelschlepper*); **6.** *a.* ~ *bird* F Püppchen' *n* (*Mädchen*); **II** *adj.* **7.** puppenhaft; **III** *v/t.* **8.** ~ *in* (**out**) *Film*: die Kamera vorfahren (zu'rückfahren); ~ *shot* *s. Film*: Fahraufnahme *f*.

dol·man ['dɒlmən] *pl.* **-mans** *s.* **1.** Damenmantel *m* mit capeartigen Ärmeln: ~ *sleeve* capeartiger Ärmel; **2.** Dolman *m* (*Husarenjacke*).

dol·men ['dɒlmen] *s.* Dolmen *m* (*vorgeschichtliches Steingrabmal*).

dol·o·mite ['dɒləmaɪt] *s. min.* Dolo'mit *m*: *the* ~*s geogr.* die Dolomiten.

do·lor *Am.* → *dolour*; **dol·or·ous** ['dɒlərəs] *adj.* □ traurig, schmerzlich; **dolour** ['dɒlə] *s.* Leid *n*, Pein *f*, Qual *f*, Schmerz *m*.

dol·phin ['dɒlfin] *s.* **1.** *zo.* a) Del'phin *m*, b) Tümmler *m*; **2.** *ichth.* 'Goldma-,krele *f*; **3.** ⚓ a) Ankerboje *f*, b) Dalbe *f*.

dolt [dəʊlt] *s.* Dummkopf *m*, Tölpel *m*; **'dolt·ish** [-tɪʃ] *adj.* □ tölpelhaft, dumm.

do·main [dəʊˈmeɪn] *s.* **1.** Do'mäne *f*, Staatsgut *n*; **2.** Landbesitz *m*; Herrengut *n*; **3.** (*power of*) **eminent ~** *Am.* Enteignungsrecht *n des Staates*; **4.** *fig.* Do'mäne *f*, Gebiet *n*, Bereich *m*, Sphäre *f*, Reich *n*.

dome [dəʊm] *s.* **1.** *allg.* Kuppel *f*; **2.** Wölbung *f*; **3.** *obs.* Dom *m*, *poet. a.* stolzer Bau; **4.** ⊕ Haube *f*, Deckel *m*; **5.** *Am.* ˌBirne' *f* (*Kopf*); **domed** [-md] *adj.* gewölbt; kuppelförmig.

Domes·day Book ['duːmzdeɪ] *s.* Reichsgrundbuch Englands (1086).

'dome-shaped → *domed*.

do·mes·tic [dəʊˈmestɪk] **I** *adj.* (□ ~*ally*) **1.** häuslich, Haus..., Haushalts..., Familien..., Privat...: ~ *affairs* häusliche Angelegenheiten (→ 4); ~ *court Am.* Familiengericht *n*; ~ *drama thea.* bürgerliches Drama; ~ *economy* Hauswirtschaft(slehre) *f*; ~ *life* Fa'milienleben *n*; ~ *relations law* ⚏ *Am.* Familienrecht *n*; ~ *servant* → 6; **2.** häuslich (veranlagt): *a ~ man*; **3.** inländisch, Inland(s)..., einheimisch, Landes..., Innen..., Binnen...: ~ *bill* ⏧ Inlandswechsel *m*; ~ *goods* Inlandswaren; ~ *mail Am.* Inlandspost *f*; ~ *trade* Binnenhandel *m*; **4.** *pol.* inner, Innen...: ~ *affairs* innere *od.* innenpolitische Angelegenheiten (→ 1); ~ *policy* Innenpolitik *f*; **5.** zahm, Haus...: ~ *animal* Haustier *n*; **II** *s.* **6.** Hausangestellte(r *m*) *f*, Dienstbote *m*; **do'mes·ti·cate** [-keɪt] *v/t.* **1.** domestizieren *a*) zähmen, zu Haustieren machen, b) zu Kulturpflanzen machen; **2.** an häusliches Leben gewöhnen: *not ~d* a) nichts vom Haushalt verstehend, b) nicht am Familienleben hängend, ˌnicht ge-'zähmt'; **3.** *Wilde* zivilisieren; **do·mes·ti·ca·tion** [dəʊˌmestɪˈkeɪʃn] *s.* **1.** Domestizierung *f*: a) Zähmung *f*, b) ⚘ Kultivierung *f*; **2.** Gewöhnung *f* an häusliches Leben; **3.** Einbürgerung *f*; **do·mes·tic·i·ty** [ˌdəʊmeˈstɪsətɪ] *s.* **1.** (Neigung *f* zur) Häuslichkeit *f*; **2.** häusliches Leben; **3.** *pl.* häusliche Angelegenheiten *pl.*

dom·i·cile ['dɒmɪsaɪl], *Am. a.* **'dom·i·cil** [-sɪl] **I** *s.* **1.** a) (ständiger *od.* bürgerlich-rechtlicher) Wohnsitz, b) Wohnort *m*, c) Wohnung *f*; **2.** ⏧ Sitz *m* e-r Gesellschaft; **3.** *a. legal ~* ⚏ Gerichtsstand *m*; **II** *v/t.* **4.** ansässig *od.* wohnhaft machen, ansiedeln; **5.** ⏧ *Wechsel* domizilieren; **'dom·i·ciled** [-ld] *adj.* **1.** ansässig, wohnhaft; **2.** ~ *bill* ⏧ Domizilwechsel *m*; **dom·i·cil·i·ar·y** [ˌdɒmɪˈsɪljərɪ] *adj.* Haus..., Wohnungs...: ~ *arrest* Hausarrest *m*; ~ *visit* Hausuchung *f*; **dom·i·cil·i·ate** [ˌdɒmɪˈsɪljeɪt] *v/t.* ⏧ *Wechsel* domizilieren.

dom·i·nance ['dɒmɪnəns] *s.* **1.** (Vor-)Herrschaft *f*, (Vor)Herrschen *n*; **2.** Macht *f*; **3.** *biol.* Domi'nanz *f*; **'dom·i-**

nant [-nt] **I** *adj.* □ **1.** dominierend, vorherrschend; **2.** beherrschend: a) bestimmend, entscheidend: ~ *factor*, b) emˈporragend, weithin sichtbar; **3.** *biol.* domi'nant, überlagernd; **4.** ♪ Domi'nant...; **II** *s.* **5.** *biol.* vorherrschendes Merkmal; ♪, *a.* ⚘ Domi'nante *f*; **'dom·i·nate** [-neɪt] **I** *v/t.* beherrschen (*a. fig.*): a) herrschen über (*acc.*), b) emˈporragen über (*acc.*); **II** *v/i.* dominieren, (vor)herrschen: ~ *over* herrschen über (*acc.*).

dom·i·na·tion [ˌdɒmɪˈneɪʃn] *s.* (Vor-)Herrschaft *f*; **dom·i·neer** [ˌdɒmɪˈnɪə] *v/i.* **1.** den Herrn spielen, anmaßend auftreten; **2.** (*over*) des'potisch herrschen (über *acc.*), tyrannisieren (*acc.*); **dom·i'neer·ing** [-ˈnɪərɪŋ] *adj.* □ **1.** ty'rannisch, herrisch, gebieterisch; **2.** anmaßend.

do·min·i·cal [dəˈmɪnɪkl] *adj. eccl.* des Herrn (Jesu): ~ *day* Tag *m* des Herrn (Sonntag); ~ *prayer* das Gebet des Herrn (Vaterunser); ~ *year* Jahr *n* des Herrn.

Do·min·i·can [dəˈmɪnɪkən] *eccl.* **I** *adj.* **1.** *eccl.* Dominikaner..., domini'kanisch; **2.** *pol.* dominikanisch; **II** *s.* **3.** *a.* ~ *friar* Domini'kaner(mönch) *m*; **4.** *pol.* Domini'kaner(in) *m*.

dom·i·nie ['dɒmɪnɪ] *s.* **1.** *Scot.* Schulmeister *m*; **2.** (Herr) Pastor *m*.

do·min·ion [dəˈmɪnjən] *s.* **1.** (Ober-)Herrschaft *f*, (Regierungs)Gewalt *f*; **2.** ⚏ a) Eigentumsrecht *n*, b) (tatsächliche) Gewalt (*over* über *e-e Sache*); **3.** (Herrschafts)Gebiet *n*; **4.** a) *hist.* ⚘ Do'minion (*im Brit. Commonwealth*), b) *the* ⚘ *Am.* Kanada *n*.

dom·i·no ['dɒmɪnəʊ] *pl.* -**noes** *s.* **1.** a) *pl. sg. konstr.* Domino(spiel) *n*, b) Dominostein *m*; **2.** Domino *n* (*Maskenkostüm od. Person*); ~ *the·o·ry s. pol.* 'Dominotheoˌrie *f*.

don[1] [dɒn] *s.* **1.** ⚘ *span. Titel*; *weitS.* Spanier *m*; **2.** *Brit.* Universitätslehrer *m* (*Fellow od. Tutor*); **3.** Fachmann *m* (*at* in *dat.*, für).

don[2] [dɒn] *v/t. et.* anziehen, *den Hut* aufsetzen.

do·nate [dəʊˈneɪt] *v/t.* schenken (*a.* ⚏), stiften, *a. Blut etc.* spenden (*to s.o.* j-m); **do·na·tion** [-eɪʃn] *s.* Schenkung *f* (*u.* ⚏), Stiftung *f*, Gabe *f*, Geschenk *n*, Spende *f*.

done [dʌn] **I** *p.p. von do[1]*; **II** *adj.* **1.** getan: *well ~!* gut gemacht!, bravo!; *it isn't ~* so et. tut man nicht, das gehört sich nicht; *what is to be ~?* was ist zu tun?, was soll geschehen?; ~ *at ... in* Urkunden: gegeben in *der Stadt New York etc.*; **2.** erledigt (*a. fig.*): *get s.th.* ~ et. erledigen (lassen); *he gets things* ~ er bringt et. zuwege; **3.** gar: *is the meat ~ yet?*; *well* ~ durchgebraten, F fertig: *have ~ with* a) fertig sein mit (*a. fig.*), b) nicht mehr brauchen, c) nichts mehr zu tun haben wollen mit; **5.** *a.* ~ *up*, ~ *in* erschöpft, ˌerledigt', ˌfertig'; **6.** ~! abgemacht!

do·nee [dəʊˈniː] *s.* ⚏ Beschenkte(r *m*) *f*, Schenkungsempfänger(in).

dong [dɒŋ] *s. Am.* V ˌPimmel' *m* (Penis).

don·jon ['dɒndʒən] *s.* **1.** Don'jon *m*, Hauptturm *m*; **2.** Bergfried *m*, Burgturm *m*.

don·key ['dɒŋkɪ] *s.* **1.** Esel *m* (*a. fig.*): ~'s *years Brit.* F e-e ˌEwigkeit'; **2.** → *donkey engine*; **II** *adj.* **3.** ⊕ Hilfs...: ~ *pump*; ~ *en·gine* ⊕ kleine (*transportable*) 'Hilfsma,schine; '~work *s.* F Dreckarbeit *f*.

don·nish ['dɒnɪʃ] *adj.* **1.** gelehrt; **2.** belehrend.

do·nor ['dəʊnə] *s.* Geber *m*; Schenker *m* (*a.* ⚏); Spender *m* (*a.* ✿), Stifter *m*; ~ *card s.* Orˈganspenderausweis *m*.

'do-,noth·ing *s.* Faulenzer(in); **II** *adj.* faul, nichtstuerisch.

Don Quix·ote [ˌdɒnˈkwɪksət] *s.* Don Qui'chotte *m* (*weltfremder Idealist*).

don't [dəʊnt] **I** a) F *für do not*, b) *sl. für does not*; **II** *s.* F Verbot *n*; → *do[2]* 3; ~ *know s.* a) Unentschiedene(r *m*) *f*, b) j-d, der (*bei e-r Umfrage*) keine Meinung hat.

doo·dle ['duːdl] **I** *s.* gedankenlos hingezeichnete Fi'gur(en *pl.*), Gekritzel *n*; **II** *v/i. et.* (gedankenlos) 'hinkritzeln, ˌMännchen malen'.

doom [duːm] **I** *s.* **1.** Schicksal *n*; (*bsd. böses*) Geschick, Verhängnis *n*: *he met his ~* das Schicksal ereilte ihn; **2.** Verderben *n*, 'Untergang *m*, *a.* Tod *m*, *fig.* Todesurteil *n*; **3.** *obs.* Urteilsspruch *m*, Verdammung *f*; **4.** *the day of ~* das Jüngste Gericht; → *crack* 1; **II** *v/t.* **5.** verurteilen, verdammen (*to* zu): ~ *to death*; **doomed** [-md] *adj.* a) verloren, dem 'Untergang geweiht, b) *bsd. fig.* verdammt, verurteilt (*to* zu, *to do* zu tun): ~ *to failure* zum Scheitern verurteilt; *the ~ train* der Unglückszug *m*; **dooms·day** [-z-] *s.* *the* ⚘ das Jüngste Gericht: *till* ~ bis zum Jüngsten Tag; **Dooms·day Book** → *Domesday Book*; **'doom·ster** ['duːmstə] *s.* 'Weltuntergangsproˌphet *m*.

door [dɔː] *s.* **1.** Tür *f*: *out of* ~*s* draußen, im Freien; *within* ~*s* im Hause, drinnen; *from* ~ *to* ~ von Haus zu Haus; *delivered to your* ~ frei Haus (geliefert); *two* ~*s away* (*od. off*) zwei Häuser weiter; → *next* 1; **2.** Ein-, Zugang *m*, Tor *n*, Pforte *f* (*alle a. fig.*): *at death's* ~ am Rande des Grabes; *lay s.th. at s.o.'s* ~ j-m et. zur Last legen; *lay the blame at s.o.'s* ~ j-m die Schuld zuschieben; *close* (*od. bang, shut*) *the* ~ *on* a) j-n abweisen, b) et. unmöglich machen; *open a* ~ *to s.th.* et. ermöglichen, *b.s.* e-r Sache Tür u. Tor öffnen; *see* (*od. show*) *s.o. to the* ~ j-n zur Tür begleiten; *show s.o. the* ~ j-m die Tür weisen; *turn out of* ~*s* j-n hinauswerfen; → *darken* 1; '~·bell *s.* Türklingel *f*; ~ *han·dle s.* Türgriff *m*, -klinke *f*; '~,keep·er *s.* Pförtner *m*; '~ key child *s.* Schlüsselkind *n*; '~·knob *s.* Türgriff *m*; '~·knock·er *s.* Türklopfer *m*; '~·man [-mən] *s.* [*irr.*] (livrierter) Porti'er *m*; '~·mat *s.* Fußmatte *f*, Fußabstreifer *m* (*a. fig. contp.*); '~·nail *s.* Türnagel *m*; → *dead* 1; '~·plate *s.* Türschild *n*; '~·post *s.* Türpfosten *m*; '~·step *s.* (Haus)Türstufe *f*: *on s.o.'s* ~ vor j-s Tür (*a. fig.*); ~-to-' adj. Haus-zu-Haus...: ~ *selling* Verkauf *m* an der Haustür; '~·way *s.* **1.** Torweg *m*; **2.** Türöffnung *f*; **3.** *fig.* Zugang *m*; '~·yard *s. Am.* Vorgarten *m*.

dope [dəʊp] **I** *s.* **1.** Schmiere *f*, dicke Flüssigkeit; **2.** ✈ (Spann)Lack *m*, Firnis *m*; **3.** ◎ Schmiermittel *n*; Zusatz (-stoff) *m*; Ben'zinzusatzmittel *n*; **4.** *sl.* ‚Stoff' *m*, Rauschgift *n*; **5.** *sl.* Reiz-, Aufputschmittel *n*; **6.** *oft inside* ~ *sl.* Geheimtip(s *pl.*) *m*, Informati'on (-en *pl.*) *f*; **7.** *sl.* Trottel *m*, Idi'ot *m*; **II** *v/t.* **8.** ✔ lackieren, firnissen; **9.** ◎ *dem Benzin* ein Zusatzmittel beimischen; **10.** *sl. j-m* ‚Stoff' geben; **11.** *sl.* a) *sport* dopen: *doping test* Dopingkontrolle *f*, b) *e-m Pferd* ein leistungshemmendes Präpa'rat geben, c) *ein Getränk etc.* (mit e-m Betäubungsmittel) präparieren, d) *fig.* einschläfern, -lullen; **12.** *mst ~ out sl.* a) her'ausfinden, ausfindig machen, b) ausknobeln; '**~-fiend** *s. sl.* Rauschgiftsüchtige(r *m*) *f*.

dope·y ['dəupɪ] *adj. sl.* doof.

dor [dɔː], **dor·bee·tle** ['dɔːˌbiːtl] *s. zo.* **1.** Mist-, Roßkäfer *m*; **2.** Maikäfer *m*.

Do·ri·an ['dɔːrɪən] **I** *adj.* dorisch; **II** *s.* Dorier *m*; **Dor·ic** ['dɔrɪk] **I** *adj.* **1.** dorisch: ~ *order* △ dorische (Säulen)Ordnung; **2.** breit, grob (*Mundart*); **II** *s.* **3.** Dorisch *n*, dorischer Dia'lekt; **4.** breiter *od.* grober Dia'lekt.

dorm [dɔːm] *s.* F *für dormitory*.

dor·man·cy ['dɔːmənsɪ] *s.* Schlafzustand *m*, Ruhe(zustand *m*) *f* (*a.* ♀); '**dor·mant** [-nt] *adj.* **1.** schlafend (*a. her.*), ruhend (*a.* ♀), untätig (*a. Vulkan*); **2.** *zo.* Winterschlaf haltend; **3.** *fig.* a) schlummernd, la'tent, verborgen, b) unbenutzt, brachliegend: ~ *talent*, ~ *capital* ✝ totes Kapital: ~ *partner* ✝ stiller Teilhaber; ~ *title* ♖ ruhender *od.* nicht beanspruchter Titel; *lie* ~ ruhen, brachliegen.

dor·mer ['dɔːmə] *s.* △ **1.** (Dach)Gaupe *f*; **2.** *a.* ~ *window* stehendes Dachfenster.

dor·mi·to·ry ['dɔːmɪtrɪ] *s.* **1.** Schlafsaal *m*; **2.** (*bsd.* Stu'denten)Wohnheim *n*; ~ **sub·urb** *s.* Schlafstadt *f*.

dor·mouse ['dɔːmaus] *pl.* **-mice** [-maɪs] *s. zo.* Haselmaus *f*; → *sleep* 1.

dor·my ['dɔːmɪ] *adj.* Golf: dormy (*mit so viel Löchern führend, wie noch zu spielen sind*): *be* ~ *two* dormy 2 stehen.

dor·sal ['dɔːsl] *adj.* □ dor'sal (♀, *zo., anat., ling.*), Rücken...

do·ry¹ ['dɔːrɪ] *s.* Dory *n* (*Boot*).

do·ry² ['dɔːrɪ] → *John Dory*.

dos·age ['dəusɪdʒ] *s.* **1.** Dosierung *f*; **2.** → *dose* 1, 2; **dose** [dəus] **I** *s.* **1.** ✛ Dosis *f*, (Arz'nei)Gabe *f*; **2.** *fig.* Dosis *f*, ‚Schuß' *m*, Porti'on *f*; **3.** *a.* ~ *of clap* V Tripper *m*; **II** *v/t.* **4.** *Arznei* dosieren; **5.** *j-m* Arz'nei geben; **6.** *Wein* zuckern.

doss [dɒs] *Brit. sl.* **I** *s.* ‚Falle' *f*, ‚Klappe' *f*, Schlafplatz *m*; **II** *v/i.* ‚pennen'.

dos·ser¹ ['dɒsə] *s.* Rücken(trag)korb *m*.

dos·ser² ['dɒsə] *s. sl.* **1.** ‚Pennbruder' *m*; **2.** → *dosshouse*.

'**doss·house** *s. sl.* ‚Penne' *f* (*billige Pension*).

dos·si·er ['dɒsɪeɪ] *s.* Dossi'er *n*, Akten *pl.*, Akte *f*.

dost [dʌst; dəst] *obs. od. poet.* 2. *pres. sg. von do¹*.

dot¹ [dɒt] *s.* ♖ Mitgift *f*.

dot² [dɒt] **I** *s.* **1.** Punkt *m* (*a.* ♪), Tüpfelchen *n*: ~*s and dashes* Punkte u. Striche, *tel.* Morsezeichen; *come on the* ~ F auf den Glockenschlag pünktlich kommen; *since the year* ~ F seit e-r Ewigkeit; **2.** Tupfen *m*, Fleck *m*; **3.** *et.*

Winziges, Knirps *m*; **II** *v/t.* **4.** punktieren (*a.* ♪): ~*ted line*; *sign on the* ~*ted line* (*fig.* ohne weiteres) unterschreiben; **5.** mit dem i-Punkt versehen: ~ *the* (*od.* one's) *i's* [*and cross the* (*od.* one's) *t's*] *fig.* peinlich genau *od.* penibel sein; **6.** tüpfeln; **7.** über'säen, sprenkeln: ~*ted with flowers*; **8.** *sl.* ~ *s.o. one* j-m eine ‚knallen'.

dot·age ['dəutɪdʒ] *s.* **1.** Senili'tät *f*: *he is in his* ~ er ist kindisch *od.* senil geworden; **2.** *fig.* Affenliebe *f*, Vernarrtheit *f*; '**do·tard** [-təd] *s.* se'niler Mensch; **dote** [dəut] *v/i.* **1.** kindisch *od.* senil sein; **2.** (*on*) vernarrt sein (in *acc.*), abgöttisch lieben (*acc.*).

doth [dʌθ; dəθ] *obs. od. poet.* 3. *pres. sg. von do¹*.

dot·ing ['dəutɪŋ] *adj.* □ **1.** vernarrt (*on* in *acc.*): *he is a doting husband* er liebt s-e Frau abgöttisch; **2.** se'nil, kindisch.

dot·ter·el, dot·trel ['dɒtrəl] *s. orn.* Mo'ri'nell(regenpfeifer) *m*.

dot·ty ['dɒtɪ] *adj.* **1.** punktiert, getüpfelt; **2.** F wackelig; **3.** F ‚bekloppt'.

dou·ble ['dʌbl] **I** *adj.* □ **1.** doppelt, Doppel..., zweifach, gepaart: ~ *the amount* der doppelte *od.* zweifache Betrag; ~ *bottom* doppelter Boden (*Schiff, Koffer*); ~ *doors* Doppeltür *f*; ~ *taxation* Doppelbesteuerung *f*; ~ *width* doppelte Breite, doppelt breit; ~ *pneumonia* ✛ doppelseitige Lungenentzündung *f*; ~ *standard of morals fig.* doppelte *od.* doppelbödige Moral; ~ (*of*) *what it was* doppelt *od.* zweimal soviel wie vorher; **2.** Doppel..., verdoppelt, verstärkt: ~ *ale* Starkbier *n*; **3.** Doppel..., für zwei bestimmt: ~ *bed* Doppelbett *n*; ~ *room* Doppel-, Zweibettzimmer *n*; **4.** ♀ gefüllt (*Blume*); **5.** ♪ eine Ok'tave tiefer, Kontra...; **6.** zwiespältig, zweideutig, doppelsinnig; **7.** unaufrichtig, falsch: ~ *character*; **8.** gekrümmt, gebeugt; **II** *adv.* **9.** doppelt, noch einmal: *see* ~ *as long*; **10.** doppelt, zweifach: *see* ~ doppelt sehen; *play* (*at*) ~ *or quit*(*s*) alles aufs Spiel setzen; **11.** paarweise, zu zweit: *to sleep* ~; **III** *s.* **12.** das Doppelte *od.* Zweifache; **13.** Doppel *n*, Dupli'kat *n*: **14.** a) Gegenstück *n*, Ebenbild *n*, b) Double *n*, Doppelgänger *m*; **15.** Windung *f*, Falte *f*; **16.** Haken *m* (*bsd. Hase, a. Person*), plötzliche Kehrtwendung; **17.** *at the* ~ ✕ im Schnellschritt; **18.** *mst pl. sg. konstr. sport* Doppel *n*: *play a* ~*s* (*match*); *men's* ~*s* Herrendoppel; **19.** *sport* a) Doppelsieg *m*, b) Doppelniederlage *f*; **20.** Doppelwette *f*; **21.** *Film*: Double *n, thea.* zweite Besetzung; **22.** *Bridge etc.*: Doppel *n*; **IV** *v/t.* **23.** ver doppeln (*a.* ♪); **24.** um das Doppelte über'treffen; **25.** *oft* ~ *up* (‚um-, zs.-) falten, ‚um-, zs.-legen, ‚umschlagen; **26.** *Beine* 'überschlagen; *Faust* ballen; **27.** ♧ um'segeln, -‚schiffen; **28.** a) *Film, TV* als Double einspringen für, *j-n* doubeln, b) ~ *the parts of A. and B. thea. etc.* A. u. B. in e-r Doppelrolle spielen; **29.** *Spinnerei*: doublieren; *Karten*: *Gebot* doppeln; **V** *v/i.* **31.** sich verdoppeln; **32.** sich falten (lassen); **33.** a) plötzlich kehrtmachen, b) e-n Haken schlagen; **34.** *thea.* a) e-e Doppelrolle spielen, b) ~ *for* → 28a; **35.** ♪

zwei Instru'mente spielen; **36.** ✕ a) im Schnellschritt marschieren, b) F Tempo vorlegen; **37.** a) den Einsatz verdoppeln, b) *Bridge*: doppeln.

Zssgn mit adv.:

dou·ble| **back I** *v/t.* → *double* 25; **II** *v/i.* kehrtmachen; ~ *in v/t.* nach innen falten, einbiegen, -schlagen; ~ *up I v/t.* **1.** → *double* 25; **2.** (zs.-)krümmen; **II** *v/i.* **3.** → *double* 32; **4.** sich krümmen *od.* biegen (*a. fig. with* vor *Schmerz, Lachen*); **5.** das *Zimmer etc.* gemeinsam benutzen; ~ *on s.th.* sich (in) et. teilen.

,**dou·ble**|-'**act·ing** ,~-'**ac·tion** *adj.* ◎ doppeltwirkend; ~ **a·gent** *s. pol.* 'Doppela,gent *m*; '~-,**bar·rel**(**l**)**ed** *adj.* **1.** doppelläufig: ~ *gun* Doppelflinte *f*; **2.** zweideutig; **3.** zweifach: ~ *name* F Doppelname *m*; ~ **bass** [beɪs] → *contrabass*; '~-,**bed·ded** *adj.*: ~ *room* Zweibettzimmer *n*; ~ **bend** *s.* S-Kurve *f*; ~ **bill** *s.* Doppelveranstaltung *f*; ~'**breast·ed** *adj.* zweireihig (*Anzug*); ~'**check** *v/t.* genau nachprüfen; ~ **chin** *s.* Doppelkinn *n*; ~ **col·umn** *s.* Doppelspalte *f* (*Zeitung*): *in* ~*s* zweispaltig; ~'**cross** *v/t.* ein doppeltes *od.* falsches Spiel treiben mit, *bsd. den Partner* ‚beschmieren'; ~ **date** *s.* 'Doppelrendez-,vous *n* (*zweier Paare*); ~'**deal·er** *s.* falscher *od.* ‚linker' Kerl, Betrüger *m*; ~'**deal·ing I** *adj.* falsch, betrügerisch; **II** *s.* Betrug *m*, Gemeinheit *f*; ~'**deck·er** *s.* **1.** Doppeldecker *m* (*Schiff, Flugzeug, Omnibus*); **2.** a) zweistöckiges Haus *etc.*, b) E'tagenbett *n*, c) Ro'man *m* in zwei Bänden, d) *Am.* 'Doppelsandwich *n*; ~ **Dutch** *s.* F Kauderwelsch *n*; ~'**dyed** *adj.* **1.** zweimal gefärbt; **2.** *fig.* eingefleischt, Erz...: ~ *villain* Erzgauner *m*; ~ **ea·gle** *s.* **1.** *her.* Doppeladler *m*; **2.** *Am.* goldenes 20-*Dollar-Stück*; ~'**edged** *adj.* zweischneidig (*a. fig.*): ~ *sword*; ~ **en·ten·dre** [,du:blɑː'n'tɑ̃:ndrə] (*Fr.*) *s. allg.* Zweideutigkeit *f*; ~ **en·try** *s.* ✝ **1.** doppelte Buchung; **2.** doppelte Buchführung; ~ **ex·po·sure** *s. phot.* Doppelbelichtung *f*; '~-**faced** *adj.* heuchlerisch, scheinheilig, unaufrichtig; ~ **fault** *s. Tennis*: Doppelfehler *m*; ~ **fea·ture** *s. Film*: 'Doppelpro,gramm *n* (*zwei Spielfilme in jeder Vorstellung*); ~ **first** *s. univ. Brit.* mit Auszeichnung erworbener *honours degree* in zwei Fächern; '~,**gang·er** [-,gæŋə] *s. psych.* Doppelgänger *m*; ~ **har·ness** *s. fig.* Ehestand *m*, -joch *n*; ~ **in·dem·ni·ty** *s. Am.* Verdoppelung *f* der Versicherungssumme (*bei Unfalltod*); '~-'**joint·ed** *adj.* mit ‚Gummigelenken' (*Person*); ~ **life** *s.* Doppelleben *n*; ~ **mean·ing** *s.* Zweideutigkeit *f*; '~-'**mind·ed** *adj.* **1.** wankelmütig, unentschlossen; **2.** unaufrichtig; ~ **mur·der** *s.* Doppelmord *m*.

dou·ble·ness ['dʌblnɪs] *s.* **1.** *das* Doppelte *f*; **2.** Doppelzüngigkeit *f*, Falschheit *f*.

,**dou·ble**|-'**park** *v/t. u. v/i. mot.* in zweiter Reihe parken; ~'**quick** ✕ **I** *s.* → *double time*; **II** *adv.* F im Eiltempo; ~'**spaced** *adj.* zweizeilig, mit doppeltem Zeilenabstand; ~ **star** *s. ast.* Doppelstern *m*; '~-'**stop** ♪ **I** *s.* Doppelgriff *m* (*Streichinstrument*); **II** *v/t.* Doppelgriffe

spielen auf (*dat.*).
dou·blet ['dʌblɪt] *s.* **1.** *hist.* Wams *n*; **2.** Paar *n* (*Dinge*); **3.** Du'blette *f*: a) Dupli'kat *n*, b) *typ.* Doppelsatz *m*; **4.** *pl.* Pasch *m* (*beim Würfeln*).

¡dou·ble|-'take *s. sl.* „Spätzündung' *f* (*verzögerte Reaktion*): **I did a ~ when** ich stutzte zweimal, als; **~ talk** *s.* F doppeldeutiges Gerede, ‚Augenauswische-'rei' *f*; **~ tax·a·tion** *s.* ✝ Doppelbesteuerung *f*; **¦~-think** *s.* ‚Zwiedenken' *n*; **~ time** *s.* ✕ a) Schnellschritt *m*, b) (langsamer) Laufschritt: **in ~** F im Eiltempo, fix; **¡~-'tongued** *adj.* doppelzüngig, falsch; **¡~-'tracked** *adj.* 🚟 zweigleisig.

dou·bling ['dʌblɪŋ] *s.* **1.** Verdoppelung *f*; **2.** Faltung *f*; **3.** Haken(schlagen *n*) *m*; **4.** Trick *m*; **dou·bly** ['dʌblɪ] *adv.* doppelt.

doubt [daʊt] **I** *v/i.* **1.** zweifeln; schwanken, Bedenken haben; **2.** zweifeln (*of*, *about* an e-r Sache); (dar'an) zweifeln, (es) bezweifeln (**whether**, **if** ob; **that** daß; *neg. u. interrog.* **that**, **but that**, **but** daß): **I ~ whether he will come** ich zweifle, ob er kommen wird; **II** *v/t.* **3.** *et.* bezweifeln: **I ~ his honesty**, **I ~ it**, etc. miß'trauen (*dat.*), keinen Glauben schenken (*dat.*): **~ s.o.**; **~ s.o's words**; **III** *s.* **5.** Zweifel *m* (*of* an *dat.*, *about* hinsichtlich *gen.*; **that** daß): **no ~**, **without ~**, **beyond ~** zweifellos, gewiß; **I have no ~** ich zweifle nicht (daran), ich bezweifle es nicht; **be in ~ about** Zweifel haben an (*dat.*); **leave s.o. in no ~ about s.th.** j-n nicht im ungewissen über et. lassen; **→ benefit** 1; **6.** a) Bedenken *n*, Besorgnis *f*, (**about** wegen), b) Argwohn *m*: **raise ~s** Zweifel aufkommen lassen; **7.** Ungewißheit *f*: **be in ~** unschlüssig sein; **'doubt·er** [-tə] *s.* Zweifler(in); **'doubt·ful** [-fʊl] *adj.* □ **1.** zweifelnd, im Zweifel, unschlüssig: **be ~ of** (*od.* **about**) **s.th.** an e-r Sache zweifeln, im Zweifel über et. sein; **2.** zweifelhaft: a) unsicher, fraglich, unklar, b) fragwürdig, bedenklich, c) ungewiß, d) verdächtig, dubi'os; **'doubt·ful·ness** [-fʊlnɪs] *s.* **1.** Zweifelhaftigkeit *f*: a) Unsicherheit *f*, b) Fragwürdigkeit *f*, c) Ungewißheit *f*; **2.** Unschlüssigkeit *f*; **'doubt·ing** [-tɪŋ] *adj.* □ zweifelnd: a) schwankend, unschlüssig, b) 'mißtrauisch: ♀ **Thomas** ungläubiger Thomas; **'doubt·less** [-lɪs] *adv.* zweifellos, sicherlich.

dou·ceur [duːˈsɜː] (*Fr.*) *s.* **1.** (Geld)Geschenk *n*, Trinkgeld *n*; **2.** Bestechungsgeld *n*.

douche [duːʃ] **I** *s.* **1.** Dusche *f*, Brause *f*: **cold ~** *a. fig.* kalte Dusche; **2.** ✻ a) Spülung *f*, Dusche *f*, b) Irri'gator *m*; **II** *v/t. u. v/i.* **3.** (sich) (ab)duschen; **4.** ✻ (aus)spülen; **III** *v/i.* ✻ e-e Spülung machen.

dough [dəʊ] *s.* **1.** Teig *m* (*a. weitS.*); **2.** *bsd. Am. sl.* ‚Zaster' *m* (Geld); **¦~boy** *s.* **1.** Mehlkloß *m*; **2.** *a.* **¦~foot** *Am. sl.* Landser *m* (*Infanterist*); **¦~nut** *s.* Krapfen *m*, Ber'liner (Pfannkuchen) *m*.

dough·ty ['daʊtɪ] *adj.* □ *obs. od. poet.* mannhaft, tapfer.

dough·y ['dəʊɪ] *adj.* **1.** teigig (*a. fig.*); **2.** klitschig, nicht 'durchgebacken.

dour ['dʊə] *adj.* □ **1.** mürrisch; **2.** streng, hart; **3.** halsstarrig, stur.

douse [daʊs] *v/t.* **1.** a) ins Wasser tauchen, b) begießen; **2.** F *Licht* auslöschen; **3.** ♆ a) *Segel* laufen lassen, b) *Tau* loswerfen.

dove [dʌv] *s.* **1.** *orn.* Taube *f*: **~ of peace** Friedenstaube; **2.** Täubchen *n*, ‚Schatz' *m*; **3.** *eccl.* Taube *f* (*Symbol des Heiligen Geistes*); **4.** *pol.* ‚Taube' *f*: **~s and hawks** Tauben u. Falken; **'~col·o(u)r** *s.* Taubengrau *n*; **~cot(e)** ['dʌvkɒt] *s.* Taubenschlag *m*; **'~eyed** *adj.* sanftäugig; **'~like** *adj.* sanft.

'dove's-foot ['dʌvz-] *s.* ♀ Storchschnabel *m*.

'dove·tail **I** *s.* **1.** ⊕ Schwalbenschwanz *m*, Zinke *f*; **II** *v/t.* **2.** verschwalben, verzinken; **3.** *fig.* fest zs.-fügen, (inein'ander) verzahnen, verquicken; **4.** einfügen, -passen, -gliedern (**into** in *acc.*); **5.** passend zs.-setzen; einpassen (**into** in *acc.*; *a. zu*; **with** mit); angepaßt sein (**with** *dat.*); **III** *v/i.* **6.** genau passen (**into** in *acc.*; *a. zu*; **with** mit); angepaßt sein (**with** *dat.*); genau inein'andergreifen, -passen.

dow·a·ger ['daʊədʒə] *s.* **1.** Witwe *f* (*von Stande*): **queen ~** Königinwitwe; **~ duchess** Herzoginwitwe; **2.** Ma'trone *f*, würdevolle ältere Dame.

dow·di·ness ['daʊdɪnɪs] *s.* Schäbigkeit *f*, Schlampigkeit *f*; **dow·dy** ['daʊdɪ] **I** *adj.* □ **1.** schlechtgekleidet, 'unele,gant, schäbig, schlampig; **II** *s.* **2.** nachlässig gekleidete Frau; **3.** *Am.* (*ein*) Apfelauflauf *m*.

dow·el ['daʊəl] ⊕ **I** *s.* (Holz-, *a.* Wand-)Dübel *m*, Holzpflock *m*; **II** *v/t.* (ver)dübeln.

dow·er ['daʊə] **I** *s.* **1.** ⚖ Wittum *n*; **2.** *obs.* Mitgift *f*; **3.** Begabung *f*; **II** *v/t.* **4.** ausstatten (*a. fig.*).

Dow-Jones av·er·age *od.* **in·dex** [ˌdaʊˈdʒəʊnz] *s.* ✝ Dow-Jones-Index *m* (*Aktienindex der New Yorker Börse*).

down¹ [daʊn] *s.* **1.** a) Daunen *pl.*, flaumiges Gefieder, b) Daune *f*, Flaumfeder *f*: **~ quilt** Daunendecke *f*; **2.** Flaum *m* (*a.* ♀), feine Härchen *pl.*

down² [daʊn] *s.* **1.** a) Hügel *m*, b) Düne *f*; **2.** *pl.* waldloses, *bsd.* grasbewachsenes Hügelland.

down³ [daʊn] **I** *adv.* **1.** (*Richtung*) nach unten, her-, hin'unter, her-, hin'ab, abwärts, von Boden, nieder...: **~ from** von ... herab, von ... an, fort von; **~ to** bis (hinunter) zu; **~ to the last man** bis zum letzten Mann; **~ to our times** bis in unsere Zeit; **burn ~** niederbrennen; **~!** nieder!, *zum Hund:* leg dich!; **~ with the capitalists!** nieder mit den Kapitalisten!; **2.** *Brit.* a) nicht in London, b) nicht an der Universi'tät: **~ to the country** aufs Land, in die Provinz; **3.** *Am.* ins Geschäftsviertel, in die Stadt(-mitte); **4.** südwärts; **5.** angesetzt: **~ for Friday** für Freitag angesetzt; **~ for second reading** *parl.* zur zweiten Lesung angesetzt; **6.** (in) bar, so'fort: **pay ~** bar bezahlen; **one pound ~** ein Pfund sofort *od.* als Anzahlung; **7.** **be ~ on s.o.** F a) j-n ‚auf dem Kieker' haben, b) über j-n herfallen; **8.** (*Lage*, *Zustand*) unten; unten im Hause: **~ there** dort unten; **~ under** F in *od.* nach Australien *od.* Neuseeland; **~ in the country** auf dem Lande; **~ south** (unten) im Süden; **he is not ~ yet** er ist noch nicht unten *od.* (*morgens*) noch

nicht aufgestanden; **9.** 'untergegangen (*Gestirne*); **10.** her'abgelassen (*Haare*, *Vorhänge*); **11.** gefallen (*Preise*, *Temperatur etc.*); billiger (*Ware*); **12.** **he was two points ~** *sport* er lag zwei Punkte zurück; **he is £10 ~** *fig.* er hat 10 £ verloren; **13.** a) niedergestreckt, am Boden (liegend), b) *Boxen:* am Boden, ,unten': **~ and out** k.o., *fig.* (*a. physisch u. psychisch*) ,erledigt', ,kaputt', ,fix u. fertig': **~ with flu** mit Grippe im Bett; **14.** niedergeschlagen, deprimiert; **15.** her'untergekommen, in elenden Verhältnissen lebend: **~ at heels** abgerissen; **II** *adj.* **16.** abwärts gerichtet, nach unten, Abwärts...: **~ trend** fallende Tendenz; **17.** *Brit.* von London abfahrend *od.* kommend: **~ train**, **~ platform** Abfahrtsbahnsteig *m* (*in London*); **18.** *Am.* in Richtung Stadt(mitte), zum Geschäftsviertel (hin); **III** *prp.* **19.** her-, hin'unter, her-, hin'ab, entlang: **~ the hill** den Hügel hinunter; **~ the river** flußabwärts; *further* **~ the river** weiter unten am Fluß; **~ the road** die Straße entlang; **~ the middle** durch die Mitte; **~ (the) wind** ♆ mit dem Wind; **→ downtown**; **20.** (*Zeit*) durch: **~ the ages** durch alle Zeiten; **IV** *s.* **20.** Nieder-, Rückgang *m*; Tiefstand *m*; **22.** Depressi'on *f*, (seelischer) Tiefpunkt; **23.** F Groll *m*: **have a ~ on s.o.** j-n auf dem ‚Kieker' haben; **V** *v/t.* **24.** zu Fall bringen (*a. sport u. fig.*); niederschlagen; bezwingen; ruinieren; **25.** niederlegen: **~ tools** die Arbeit niederlegen, in den Streik treten; **26.** ⚡ abschießen, ‚runterholen'; **27.** F *ein Getränk* ‚runterkippen'.

¡down|-and-'out **I** *adj.* völlig ‚erledigt', ‚restlos fertig'; ganz ‚auf den Hund' gekommen; **3.** Pennbruder *m*; **¡~at-(the-)'heels** *adj. allg.* he'runtergekommen; **'~beat** **I** *s.* ♪ erster Schlag (*des Taktes*); **2. on the ~** *fig.* im Rückgang (begriffen); **II** *adj.* F pessi'mistisch; **'~cast** **I** *adj.* **1.** niedergeschlagen (*a. Augen*), deprimiert; **2.** ⊕ einziehend (*Schacht*); **II** *s.* **3.** ⊕ Wetterschacht *m*.

down·er ['daʊnə] *s. sl.* Beruhigungsmittel *n*.

'down|·fall *s.* **1.** *fig.* Sturz *m*; **2.** starker Regen- *od.* Schneefall; **3.** *fig.* Nieder-, 'Untergang *m*; **'~grade** *s.* **1.** Gefälle *n*; **2.** *fig.* Niedergang *m*: **on the ~** im Niedergang begriffen; **II** *v/t.* **3.** im Rang her'absetzen, degradieren; **4.** niedriger einstufen; **5.** ✝ in der Quali'tät herabsetzen, verschlechtern; **¡~'heart·ed** *adj.* niedergeschlagen, entmutigt; **¡~hill** **I** *adv.* abwärts, berg'ab (*beide a. fig.*): **he is going ~** *fig.* es geht bergab mit ihm; **II** *adj.* abschüssig: **~ race** *Ski-sport:* Abfahrtslauf *m*; **¡~hill·er** *s. Ski-sport:* Abfahrtsläufer(in).

Down·ing Street ['daʊnɪŋ] *s.* Downing Street *f* (*Amtssitz des Premiers od. brit. Regierung*).

down| pay·ment *s.* **1.** Barzahlung *f*; **2.** Anzahlung *f*; **'~pipe** *s.* ⊕ Fallrohr *n*; **'~pour** *s.* Regenguß *m*, Platzregen *m*; **'~right** **I** *adj.* **1.** völlig, abso'lut, to'tal: **a ~ lie** e-e glatte Lüge; **a ~ rogue** ein Erzschurke; **2.** offen(herzig), gerade, ehrlich, unverblümt, unzweideutig; **II** *adv.* **3.** völlig, ganz u. gar, durch u.

durch, ausgesprochen, to'tal; ~'**ri·ver** → **downstream**; ~'**stairs I** adv. **1.** (die Treppe) hin'unter od. her'unter, nach unten; **2.** a) unten (im Haus), b) e-e Treppe tiefer; **II** adj. **3.** im unteren Stockwerk (gelegen), unter; **III** s. **4.** pl. a, sg. konstr. unteres Stockwerk, 'Untergeschoß n; ~'**state** Am. **I** adv. **1.** in der od. die Pro'vinz; **II** s. (bsd. südliche) Pro'vinz (e-s Bundesstaates); ~'**stream I** adv. **1.** strom'abwärts; **2.** mit dem Strom; **II** adj. **3.** stromabwärts gelegen od. gerichtet; '~**stroke** s. **1.** Grundstrich m beim Schreiben; **2.** ⚙ Abwärts-, Leerhub m; '~**swing** s. Abwärtstrend m, Rückgang m; ~**to-earth** adj. rein sachlich, nüchtern; ~'**town** Am. **I** adv. **1.** im od. ins Geschäftsviertel, in der od. die Innenstadt; **II** adj. ['dauntaun] **2.** zum Geschäftsviertel, im Geschäftsviertel (gelegen od. tätig): ~ **Chicago** die Innenstadt od. City von Chicago; **3.** ins od. durchs Geschäftsviertel (fahrend etc.); **III** s. ['dauntaun] **4.** Geschäftsviertel n, Innenstadt f, City f; '~**trod·den** adj. unter'drückt; '~**turn** → **downswing**.

down·ward ['daunwəd] **I** adv. **1.** abwärts, hin'ab, hin'unter, nach unten; **2.** fig. abwärts, berg'ab; **3.** zeitlich: abwärts: **from … to** von… (herab) bis…; **II** adj. **4.** Abwärts… (a. ⚙, phys. u. fig.); fig. sinkend (Preise etc.); '**down·wards** [-wədz] → **downward** I.

down·y¹ ['dauni] adj. **1.** mit Daunen (od. Flaum) bedeckt; **2.** flaumig, weich; **3.** sl. gerieben, ausgekocht.

down·y² ['dauni] adj. sanft gewellt (u. mit Gras bewachsen).

dow·ry ['dauəri] s. **1.** Mitgift f, Aussteuer f; **2.** Gabe f, Ta'lent n.

dowse¹ [dauz] → **douse**.

dowse² [dauz] v/i. mit der Wünschelrute suchen; '**dows·er** [-zə] s. (Wünschel-) Rutengänger m; '**dows·ing-rod** [-zɪŋ] s. Wünschelrute f.

doy·en ['dɔɪən] s. (Fr.) **1.** Rangälteste(r) m; **2.** Doy'en m eines diplomatischen Korps; **3.** fig. Nestor m, Altmeister m.

doze [dəuz] **I** v/i. dösen, (halb) schlummern: ~ **off** einnicken; **II** s. a) Dösen n, b) Nickerchen n.

doz·en ['dʌzn] s. **1.** sg. u. pl. (vor Haupt- u. nach Zahlwörtern etc. außer nach some) Dutzend n: **two ~ eggs** 2 Dutzend Eier; **2.** Dutzend n (a. weitS.): ~**s of birds** Dutzende von Vögeln; **some ~s of children** einige Dutzend Kinder; ~**s of people** F ein Haufen Leute; ~**s of times** F x-mal, hundertmal; **by the ~,** in ~**s** zu Dutzenden, dutzendweise; **cheaper by the ~** im Dutzend billiger; **do one's daily ~** Frühgymnastik machen; **talk nineteen to the ~** Brit. reden wie ein Wasserfall; → **baker** 1.

doz·y ['dəuzi] adj. □ schläfrig, verschlafen, dösig.

drab¹ [dræb] **I** adj. gelbgrau, graubraun; fig. grau, trüb(e); düster (Farben etc.); freudlos (Dasein etc.); langweilig; **II** s. Gelbgrau n, Graubraun n.

drab² [dræb] **1.** Schlampe f. **2.** Dirne f, Hure f.

drab·ble ['dræbl] → **draggle** I.

drachm [dræm] s. **1.** → **drachma** 1; **2.** → **dram**.

drach·ma ['drækmə] pl. **-mas, -mae** [-miː] s. **1.** Drachme f; **2.** → **dram**.

Dra·co ['dreɪkəu] s. ast. Drache m; **Dra·co·ni·an** [drə'kəunjən], **Dra·con·ic** [drə'kɒnik] adj. dra'konisch, hart, äußerst streng.

draff [dræf] s. **1.** Bodensatz m; engS. Trester m; **2.** Vieh-, Schweinetrank m.

draft [drɑːft] **I** s. **1.** Skizze f, Zeichnung f; **2.** Entwurf m: a) Skizze f, b) ⊗, △ Riß m, c) Kon'zept m: ~ **agreement** Vertragsentwurf m; **3.** ✕ a) ('Sonder-) Kom,mando n, Abteilung f, b) Ersatz (-truppe f) m, c) Aushebung f, Einberufung f, Einziehung f: ~ **evader** Am. Drückeberger m; ~**exempt** Am. vom Wehrdienst befreit; **4.** ✝ a) Zahlungsanweisung f, b) Tratte f, (trassierter) Wechsel m, c) Scheck m, d) Ziehung f, Trassierung f: ~ (**payable**) **at sight** Sichttratte, -wechsel; **5.** ✝ Abhebung f, Entnahme f: **to make a ~ on** Geld abheben von; fig. (starke) Beanspruchung: **make a ~ on** in Anspruch nehmen (acc.); **7.** → **draught**; bsd. Am. → **draught** 1, 7, 8; **II** v/t. **8.** skizzieren, entwerfen; **9.** Schriftstück aufsetzen, abfassen; **10.** ✕ a) auswählen, abkommandieren, b) ✕ ausheben, -berufen (**into** zu); **draft·ee** [drɑːf'tiː] s. ✕ Am. Einberufene(r) m, Eingezogene(r) m; '**draft·er** [-tə] s. **1.** Urheber m, Verfasser m, Planer m; **2.** → **draftsman** 2.

draft·ing board ['drɑːftɪŋ] Zeichenbrett n; ~ **room** s. Am. ⚙ 'Zeichensaal, -bü‚ro n.

drafts·man ['drɑːftsmən] s. [irr.] **1.** (Konstrukti'ons-, Muster)Zeichner m; **2.** Entwerfer m, Verfasser m.

draft·y ['drɑːfti] adj. zugig.

drag [dræg] **I** s. **1.** ♣ a) Schleppnetz n, b) Dregganker m; **2.** ✗ a) schwere Egge, b) Mistharke f; **3.** ⊗ Baggerschaufel f; **4.** ⚙ a) Rollwagen m, b) Lastschlitten m, Schleife f; **5.** vierspännige Kutsche; **6.** Hemmschuh m (a. fig. **on** für); **7.** aer., phys. 'Luft‚widerstand m; **8.** hunt. a) Fährte f, Witterung f, b) Schleppe f (künstliche Fährte), c) Schleppjagd f; **9.** fig. schleppendes Verfahren; **10.** F mühsame Sache, ‚Schlauch‘ m; **11.** F a) fade Sache, ‚blöde‘ Sache: **what a ~!** so ein Mist!, c) fader od. ‚mieser‘ Kerl; **12.** Am. F Einfluß m, Beziehungen pl.; **13.** F Zug m (**at**, on an e-r Zigarette); **14.** F (bsd. von Transvestiten getragene) Frauenkleidung: ~ **queen** Homosexuelle(r) m in Frauenkleidung; **15.** Am. F Straße f; **16.** F für **drag race**; **II** v/t. **17.** schleppen, schleifen, zerren, ziehen: ~ **one's feet** schlurfen, fig. ‚langsam tun‘; ~ **the anchor** ♣ vor Anker treiben; **18.** mit e-m Schleppnetz absuchen (**for** nach) od. fangen od. finden; **19.** ausbaggern; **20.** fig. hi'neinziehen, -bringen (**into** in acc.); → **drag in**; **III** v/i. **21.** geschleppt werden; **22.** schleppen, schleifen, zerren; schlurfen (Füße); **23.** fig. zerren, ziehen (**at** an dat.); **24.** mit e-m Schleppnetz suchen, dreggen (**for** nach); **25.** → **drag on**; **26.** → **drag behind**; **27.** ✝ schleppend gehen; **28.** ♪ schleppen; ~ **a·long I** v/t. (weg-) schleppen; **II** v/i. sich da'hinschleppen; ~ **a·way** v/t. wegschleppen, -zerren;

drag o.s. away from iro. sich losreißen von; ~ **behind** v/i. a. fig. zu'rückbleiben, nachhinken; ~ **down** v/t. **1.** her-'unterziehen; **2.** fig. j-n ‚fertigmachen‘, zermürben; ~ **in** v/t. **1.** hin'einziehen; **2.** fig. a) j-n (mit) hin'einziehen, b) et. (krampfhaft) aufs Tapet bringen, bei den Haaren her'beiziehen; ~ **on** v/i. fig. a) sich da'hinschleppen, b) sich in die Länge ziehen, sich hinziehen (Rede etc.); ~ **out** v/t. **1.** in die Länge ziehen, hin'ausziehen; **2.** fig. et. aus j-m her-'ausholen; ~ **up** v/t. **1.** hochziehen; **2.** F Skandal etc. ausgraben; **3.** fig. Kind recht u. schlecht aufziehen.

drag| an·chor s. Treib-, Schleppanker m; ~ **chain** s. Hemmkette f.

drag·gle ['drægl] **I** v/t. **1.** beschmutzen; **II** v/i. **2.** nachschleifen; **3.** nachhinken; '**drag·gle-tail** s. Schlampe f.

'**drag|·hound** s. hunt. Jagdhund m für Schleppjagden; ~ **hunt** s. Schleppjagd f; '~**lift** s. Schlepplift m; '~**line** s. **1.** Schleppleine f, ✓ -seil n; **2.** Schürfkübelbagger m; '~**net** s. **1.** a) ♣ Schleppnetz n, b) hunt. Streichnetz n; **2.** fig. (Fahndungs)Netz n (der Polizei): ~ **operation** Großfahndung f.

drag·o·man ['drægəumən] pl. **-mans** od. **-men** s. hist. Dragoman m, Dolmetscher m.

drag·on ['drægən] s. **1.** Drache m, Lindwurm m, Schlange f: the old ~ Satan m; **2.** F ‚Drache(n)‘ m (zänkische Frau etc.); '~**fly** s. zo. Li'belle f; ~'**s teeth** s. pl. ✕ (Panzer)Höcker pl.; **2.** fig. Drachensaat f: **sow** ~ Zwietracht säen.

dra·goon [drə'guːn] **I** s. ✕ Dra'goner m; **II** v/t. fig. zwingen (**into** zu).

drag| race s. mot. Dragsterrennen n; '~**rope** s. **1.** Schleppseil n; **2.** ✓ a) Leitseil n, b) Vertauungsleine f; ~ **show** s. F Transve'stitenshow f.

drag·ster ['drægstə] s. mot. Dragster m (formelfreier Spezialrennwagen).

drain [dreɪn] **I** v/t. **1.** Land entwässern, dränieren, trockenlegen; **2.** ✗ a) Wunde von Eiter säubern, b) Eiter abziehen; **3.** a. ~ **off,** ~ **away** (Ab)Wasser etc. ableiten, -führen, -ziehen; **4.** austrinken, leeren; → **dreg** 1; **5.** Ort etc. kanalisieren; **6.** fig. aufzehren, verschlucken; Vorräte etc. erschöpfen, erschöpfen: ~**ed** fig. erschöpft, Person: a. ausgelaugt. **7.** (**of**) berauben (gen.), arm machen (an dat.); **II** v/i. **8.** a. ~ **off,** ~ **away** (langsam) abfließen, -tropfen; versickern; **9.** a. ~ **away** fig. da'hinverschwinden; **10.** (langsam) austrocknen; **11.** sich entwässern; **III** s. **12.** Ableitung f, Abfluß m, fig. a. Aderlaß m: **foreign** ~ ✝ Kapitalabwanderung f; → **brain drain**; **13.** Abflußrohr n, 'Abzugska‚nal m, Entwässerungsgraben m; Gosse f: **down the** ~ F ‚futsch‘, im Eimer‘; **go down the** ~ vor die Hunde gehen; **pour down the** ~ Geld zum Fenster hinauswerfen; **14.** pl. Kanalisati'on f; **15.** ✗ Drän m, Ka'nüle f; **16.** fig. (**on**) Belastung f, Beanspruchung f (gen.): **a great ~ on the purse** e-e schwere finanzielle Belastung.

drain·age ['dreɪnɪdʒ] s. **1.** Ableitung f, Abfluß m; Entleerung f; **2.** Entwässerung f, Trockenlegung f, a. ✗ Drai'nage f; **3.** Entwässerungsanlage f; **4.** Kanalisati'on f; **5.** Abwasser n; ~ **re·a,**

ba·sin s. Einzugsgebiet n e-s Flusses; '**~-tube** s. ♣ 'Abflußka‚nüle f.
drain cock s. ✿ Abflußhahn m.
drain·er ['dreɪnə] s. **1.** Abtropfgefäß n, Seiher m; **2.** → draining board.
drain·ing board ['dreɪnɪŋ] s. Abtropfbrett n.
'**drain-pipe** s. **1.** Abflußrohr n; **2.** pl. a. ~ **trousers** F Röhrenhose(n pl.) f.
drake [dreɪk] s. orn. Enterich m.
dram [dræm] s. **1.** Drachme f (Gewicht); **2.** ‚Schluck' m (Whisky etc.).
dra·ma ['drɑːmə] **I** s. **1.** Drama n: a) Schauspiel n, b) dra'matische Dichtung od. Litera'tur, Dra'matik f; **2.** Schauspielkunst f; **3.** fig. Drama n; **II** adj. **4.** Schauspiel…: ~ **school**.
dra·mat·ic [drə'mætɪk] adj. (□ ~**ally**) **1.** dra'matisch (a. ♪), Schauspiel…, Theater…: ~ **rights** Aufführungsrechte; ~ **school** Schauspielschule f; ~ **tenor** ♪ Heldentenor m; **2.** fig. dramatisch, spannend, aufregend, erregend; **3.** fig. drastisch: ~ **changes**; **dra·mat·ics** [-ks] s. pl. sg. od. pl. konstr. **1.** Dramatur'gie f; **2.** The'ater-, Ama'teuraufführungen pl.; **3.** contp. thea'tralisches Benehmen od. Getue.
dram·a·tis per·so·nae [‚drɑːmətɪs pɜː'səʊnaɪ] s. pl. **1.** Per'sonen pl. der Handlung; **2.** Rollenverzeichnis n.
dram·a·tist ['dræmətɪst] s. Dra'matiker m; **dram·a·ti·za·tion** [‚dræmətaɪ'zeɪʃn] s. Dramatisierung f (a. fig.), Bühnenbearbeitung f; **dram·a·tize** ['dræmətaɪz] **I** v/t. **1.** dramatisieren: a) für die Bühne bearbeiten, b) fig. aufbauschen; ~ **o.s.** sich aufspielen; **II** v/i. **2.** sich für die Bühne etc. bearbeiten lassen; **3.** fig. über'treiben; **dram·a·tur·gic** [‚dræmə'tɜːdʒɪk] adj. dramaturgisch; **dram·a·tur·gist** ['dræmə‚tɜːdʒɪst] s. Dramaturg m; **dram·a·tur·gy** ['dræmə‚tɜːdʒɪ] s. Dramatur'gie f.
drank [dræŋk] pret. von drink.
drape [dreɪp] **I** v/t. **1.** drapieren: a) (mit Stoff) behängen, b) in (schöne) Falten legen, c) et. hängen (over über acc.), (ein)hüllen (in in acc.); **II** v/i. **2.** sich fallen (Stoff etc.); '**drap·er** [-pə] s. Tuch-, Stoffhändler m: ~**'s** (shop) Textilgeschäft n; '**dra·per·y** [-pərɪ] s. **1.** dekora'tiver Behang, Drapierung f; **2.** Faltenwurf m; **3.** coll. Tex'tilien pl., Tex'til-, Webwaren pl., Stoffe pl.; **4.** Am. Vorhangstoffe pl., Vorhänge pl.
dras·tic ['dræstɪk] adj. (□ ~**ally**) drastisch (a. ♪), 'durchgreifend, rigo'ros.
drat [dræt] int. F: ~ **it** (you)! zum Teufel damit (mit dir)!; '**drat·ted** [-tɪd] adj. F verdammt.
draught [drɑːft] **I** s. **1.** Ziehen n, Zug m: ~ **animal** Zugtier n; **2.** Fischzug m (Fischen od. Fang); **3.** Abziehen n (aus dem Faß): **beer on** ~ Bier n vom Faß; ~ **beer** Brit. Faßbier n; **4.** Zug m, Schluck m: **a** ~ **of beer** ein Schluck Bier; **at a** (od. **one**) ~ auf 'einen Zug, mit 'einem Male; **5.** ♣ Arz'neitrank m; **6.** ♬ Tiefgang m; **7.** (Luft)Zug m, Zugluft f: **there is a** ~ es zieht; ~ **excluder** Dichtungsstreifen m (für Türen etc.); **feel the** ~ F ‚den Wind im Gesicht spüren', in (finanzi'eller) Bedrängnis sein; **8.** ✿ Zug m (Schornstein etc.); **9.** pl. sg. konstr. Brit. Damespiel n; **10.** → draft I; **II** v/t. **11.** → draft II; '**~-board** s.

Brit. Dame- od. Schachbrett n.
draughts·man s. [irr.] **1.** ['drɑːftsmæn] Brit. Damestein m; **2.** [-mən] → draftsman.
draught·y ['drɑːftɪ] adj. zugig.
draw [drɔː] **I** s. **1.** a. ✿ Ziehen n, Zug m: **quick on the** ~ F a) schnell (mit der Pistole), b) fig. ‚fix', schlagfertig; **2.** Ziehung f, Verlosung f; **3.** fig. Zugkraft f; **4.** a) Attrakti'on f, Glanznummer f (Person od. Sache), b) thea. Zugstück n, Schlager m; → box-office 2; **5.** sport Unentschieden n: **end in a** ~ unentschieden ausgehen; **II** v/t. [irr.] **1.** Wagen, Pistole, Schwert, Los, (Spiel)Karte, Zahn etc. ziehen; Gardine zuziehen od. aufziehen; Bier, Wein abziehen, -zapfen; Bogen(sehne) spannen: ~ **s.o. into talk** ins Gespräch ziehen; → **conclusion** 3, **bow²** 1, **parallel** 3; **7.** fig. anziehen, -locken, fesseln; her'vorrufen; j-n zu et. bewegen; sich et. zuziehen: **feel** ~**n to s.o.** sich zu j-m hingezogen fühlen; ~ **attention** die Aufmerksamkeit lenken (**to** auf acc.); ~ **an audience** Zuhörer anlocken; ~ **ruin upon o.s.** sich selbst sein Grab graben; ~ **tears from s.o.** j-n zu Tränen rühren; **8.** Gesicht verziehen; → **drawn** 2; **9.** holen, sich verschaffen; entnehmen: ~ **water** Wasser holen od. schöpfen; (a) **breath** Atem holen, fig. aufatmen; ~ **a sigh** (auf)seufzen; ~ **consolation** Trost schöpfen (**from** aus); ~ **inspiration** sich Anregung holen (**from** von, bei, durch); **10.** Mahlzeiten, ✗ Rationen in Empfang nehmen, a. Gehalt, Lohn beziehen; Geld holen, abheben, entnehmen; **11.** ziehen, auslosen: ~ **a prize** e-n Preis gewinnen, fig. Erfolg haben; ~ **bonds** ♣ Obligationen auslosen; **12.** fig. her'ausziehen, -bringen, her'aus-, entlocken: ~ **applause** Beifall entlocken (**from** dat.); ~ **information from s.o.** j-n ausforschen; ~ **a reply from s.o.** e-e Antwort aus j-m herausholen; **13.** ausfragen, -horchen (**s.o. on s.th** j-n über et.); j-n aus s-r Reserve her'auslocken: **he refused to be** ~**n** er ließ sich nicht aushorchen; **14.** zeichnen: ~ **a portrait**; ~ **a line** e-e Linie ziehen; → **it fine** fig. es zeitlich etc. gerade noch schaffen; → **line¹** 12; **15.** gestalten, darstellen, schildern; **16.** a. ~ **up** Schriftstück entwerfen, aufsetzen: ~ **a deed** e-e Urkunde aufsetzen; ~ **a cheque** (**Am. check**) e-n Scheck ausstellen; ~ **a bill** e-n Wechsel ziehen (**on** auf j-n); **17.** ♦ e-n Tiefgang von … haben; **18.** Tee ziehen lassen; **19.** geschlachtetes Tier ausnehmen, Wild a. ausweiden; **20.** hunt. Wald, Gelände durch'stöbern, abpirschen; Teich ausfischen; **21.** ✿ Draht ziehen; strecken, dehnen; **22.** ~ **the match** sport unentschieden spielen; **III** v/i. [irr.] **23.** ziehen (a. Tee, Schornstein); **24.** das Schwert, die Pistole etc. ziehen; zur Waffe greifen; **25.** sich (leicht etc.) ziehen lassen; **26.** zeichnen, malen; **27.** Lose ziehen, losen (**for** um); **28.** unentschieden spielen; **29.** sich (hin)begeben; sich nähern; ~ **close** (**to s.o.** j-m) näherrücken; ~ **round the table** sich um den Tisch versammeln; ~ **into the station** 🚂 in den Bahnhof einfahren; → **draw near**, **level** 11; **30.** ♣ (e-n

Wechsel) ziehen (**on** auf acc.); **31.** ~ **on** in Anspruch nehmen (acc.), her'anziehen (acc.), Gebrauch machen von, zu'rückgreifen auf (acc.); Kapital, Vorräte angreifen: ~ **on one's imagination** sich et. einfallen lassen;

Zssgn mit adv.:

draw| a·part v/i. **1.** sich lösen, abrükken (**from** von); **2.** sich ausein'anderleben; **II** v/t. **3.** → **a·side** v/t. j-n bei'seite nehmen, a. et. zur Seite ziehen; ~ **a·way** I v/t. **1.** weg-, zu'rückziehen; **2.** ablenken; **3.** weglocken; **II** v/i. **4.** (**from**) sich entfernen (von); abrücken (von); **5.** (**from**) e-n Vorsprung gewinnen (vor dat.), sich lösen (von); ~ **back** **I** v/t. **1.** Truppen, Vorhang etc. zu'rückziehen; **2.** ♣ Zoll zu'rückerhalten; **II** v/i. **3.** sich zu'rückziehen; ~ **down** v/t. her'abziehen, Jalousien her'unterlassen; ~ **in** I v/t. **1.** a. Luft einziehen; **2.** fig. j-n (mit) hin'einziehen; **3.** Ausgaben etc. einschränken; **II** v/i. **4.** einfahren (Zug); **5.** (an)halten (Auto); **6.** abnehmen, kürzer werden (Tage); **7.** sich einschränken; ~ **near** v/i. sich nähern (**to** dat.), her'anrücken; ~ **off** I v/t. **1.** ab-, zu'rückziehen; **2.** 🔫 ausziehen; **3.** abzapfen; **4.** Handschuhe etc. ausziehen; **5.** fig. ablenken; **II** v/i. **6.** sich zurückziehen; ~ **on** I v/t. **1.** anziehen; ~ **gloves**; **2.** fig. a) anziehen, anlocken, b) verursachen; **II** v/i. **3.** sich nähern; ~ **out** I v/t. **1.** her'ausziehen, -holen; **2.** fig. a) Aussage her'ausholen, -locken, b) j-n ausholen, -horchen; **3.** ✗ Truppen a) abkommandieren, b) aufstellen; **4.** fig. ausdehnen, hin'ausziehen, in die Länge ziehen; **II** v/i. **5.** länger werden (Tage); **6.** ausfahren (Zug); ~ **up** I v/t. **1.** her'aufziehen, aufrichten: **draw o.s. up** sich aufrichten; **2.** Truppen etc. aufstellen; **3.** a) → **draw** 16, b) ♣ Bilanz aufstellen, c) Plan etc. entwerfen; **4.** j-n innehalten lassen; **5.** Pferd zum Stehen bringen; **II** v/i. **6.** (an)halten; **7.** vorfahren (Wagen); **8.** aufmarschieren; **9.** (**with**, **to**) her'ankommen (an acc.), einholen (acc.).

'**draw|-back** s. **1.** Nachteil m, Hindernis n, ‚Haken' m; **2.** ♣ Zollrückvergütung f; '**~-bridge** s. Zugbrücke f; '**~-card** → drawing card.
draw·ee [drɔː'iː] s. ♣ Bezogene(r) m.
draw·er ['drɔːə] s. **1.** Zeichner m; **2.** ♣ Aussteller m e-s Wechsels; **3.** [drɔː] a) Schublade f, -fach n, pl. j-n. Kom'mode f; **4.** pl. [drɔːz] a. **pair of ~s** a) 'Unterhose f, b) (Damen)Schlüpfer m.
draw·ing ['drɔːɪŋ] s. **1.** Ziehen n; **2.** Zeichnen n: **out of** ~ verzeichnet; **3.** Zeichnung f, Skizze f; **4.** Ziehung f, Verlosung f; **5.** ♣ a) pl. Bezüge pl., Einnahmen pl., b) Abhebung f, c) Trassierung f (Wechsel); ~ **ac·count** s. ♣ **1.** Girokonto n; **2.** Spesenkonto n; ~ **block** s. Zeichenblock m; '**~-board** s. Reiß-, Zeichenbrett n: **back to the** ~! F wir müssen noch einmal von vorn anfangen!; ~ **card** s. thea. Am. Zugnummer f (Stück od. Person); ~ **com·pass·es** s. pl. (Reiß-, Zeichen-) Zirkel m; ~ **ink** s. (Auszieh)Tusche f; **pen** s. Reißfeder f; ~ **pen·cil** s. Zeichenstift m; ~ **pin** s. Brit. Reiß-, Heftzwecke f; ~ **pow·er** s. fig. Zugkraft f; ~ **room** s. **1.** Gesellschaftszimmer n, Sa-

'lon *m*: *not fit for a* ~ nicht ‚salonfähig‘; ~ **comedy** Salonkomödie *f*; **2.** Empfang *m* (*Brit. bsd.* bei Hofe); **3.** ⚓ *Am.* Pri'vatabteil *n*: ~ *car* Salonwagen *m*; ~ **set** *s.* Reißzeug *n*.

drawl [drɔːl] **I** *v/t. u. v/i.* gedehnt *od.* schleppend sprechen; **II** *s.* gedehntes Sprechen.

drawn [drɔːn] **I** *p.p. von* draw; **II** *adj.* **1.** gezogen (*a.* ⚙ Draht); **2.** *fig.* a) abgespannt, b) verhärmt (*Gesicht*): ~ *with pain* schmerzverzerrt; **3.** *sport:* unentschieden: ~ *match* Unentschieden *n*; ~ **but·ter** (**sauce**) *s.* Buttersoße *f*; ~ **work** *s.* Hohlsaumarbeit *f*.

draw| po·ker *s. Kartenspiel:* Draw Poker *n*; '~**string** *s.* Zug- *od.* Vorhangschnur *f*; ~ **well** *s.* Ziehbrunnen *m*.

dray [dreɪ] *a.* ~ **cart** *s.* Rollwagen *m*; ~ **horse** *s.* Zugpferd *n*; '~**man** [-mən] *s.* [*irr.*] Rollkutscher *m*.

dread [dred] **I** *v/t.* (sehr) fürchten, (große) Angst haben *od.* sich fürchten vor (*dat.*); **II** *s.* Furcht *f*, große Angst, Grauen *n* (*of* vor *dat.*); **III** *adj. poet.* → **dreadful** 1; '**dread·ed** [-dɪd] *adj.* gefürchtet; '**dread·ful** [-fʊl] *adj.* ☐ **1.** furchtbar, schrecklich (*beide a. fig.* F); → *penny dreadful*; **2.** F a) gräßlich, scheußlich, b) furchtbar groß *od.* lang, kolos'sal; '**dread·nought** *s.* **1.** ✠ Dreadnought *m*, Schlachtschiff *n*; **2.** dicker, wetterfester Stoff *od.* Mantel.

dream [driːm] **I** *s.* **1.** Traum *m*: *pleasant ~s!* F träume süß!; *wet ~* ‚feuchter Traum‘ (*Pollution*); **2.** Traum(zustand) *m*, Träume'rei *f*; **3.** *fig.* (Wunsch-) Traum *m*, Sehnsucht *f*, Ide'al *n*: ~ *factory* ‚Traumfabrik‘ *f*; ~ *job* Traumberuf *m*; **4.** *fig.* ‚Gedicht‘ *n*, Traum *m*: *a ~ of a hat* ein traumhaft schöner Hut; *a perfect ~* traumhaft schön; **II** *v/i.* [*a. irr.*] **5.** träumen (*of* von) (*a. fig.*); **6.** träumerisch *od.* verträumt sein; **7.** *mst neg.* ahnen: *I shouldn't ~ of such a thing* das würde mir nicht einmal im Traume einfallen; *I shouldn't ~ of doing that* ich würde nie daran denken, das zu tun; *he little dreamt that* er ahnte kaum, daß; **III** *v/t.* [*a. irr.*] **8.** träumen (*a. fig.*); **9.** ~ *away* verträumen; **10.** ~ *up* F sich et. einfallen lassen *od.* ausdenken; '**dream·boat** *s. sl.* a) ‚Schatz‘ *m*, b) ‚dufter Typ‘, c) Schwarm *m*, Ide'al *n*; '**dream·er** [-mə] *s.* Träumer(in) (*a. fig.*); '**dream·i·ness** [-mɪnɪs] *s.* **1.** Verträumtheit *f*; **2.** Traumhaftigkeit *f*, Verschwommenheit *f*; '**dream·ing** [-mɪŋ] → **dreamy** 1.

'**dream·land** *s.* Traumland *n*; '~**like** *adj.* traumhaft; ~ **read·er** *s.* Traumdeuter(in).

dreamt [dremt] *pret. u. p.p. von* **dream**.

dream world *s.* Traumwelt *f*.

dream·y [ˈdriːmɪ] *adj.* ☐ **1.** verträumt, träumerisch; **2.** traumhaft, verschwommen; **3.** F traumhaft (schön).

drear [drɪə] *adj. poet.* → **dreary**; '**drear·ie** [ˈdrɪərɪ] *s.* F fader *od.* ‚mieser‘ Typ; '**drear·i·ness** [ˈdrɪərɪnɪs] *s.* **1.** Tristheit *f*, Trostlosigkeit *f*; **2.** Langweiligkeit *f*; '**drear·y** [ˈdrɪərɪ] *adj.* ☐ **1.** *allg.* trist, trüb(selig); **2.** langweilig, fad(e); **3.** F ‚mies‘, ‚blöd‘.

dredge¹ [dredʒ] **I** *s.* **1.** ⚙ Bagger *m*; **2.**

Schleppnetz *n*; **II** *v/t.* **3.** ausbaggern; **4.** *oft* ~ *up* mit dem Schleppnetz fangen *od.* her'aufholen; **5.** *fig.* a) ~ *up Tatsachen* ausgraben, b) durch'forschen; **III** *v/i.* **6.** mit dem Schleppnetz fischen (*for* nach); **7.** ~ *for* suchen nach.

dredge² [dredʒ] *v/t.* (mit Mehl *etc.*) bestreuen.

dredg·er¹ [ˈdredʒə] *s.* **1.** ⚙ Bagger *m*; **2.** Schwimmbagger *m*; **3.** Schleppnetzfischer *m*.

dredg·er² [ˈdredʒə] *s.* (Mehl- *etc.*)Streuer *m*.

dreg [dreg] *s.* **1.** *mst pl.* (Boden)Satz *m*, Hefe *f*: *drain* (*od.* *drink*) *to the ~s Glas* bis zur Neige leeren; *not a ~* gar nichts; → *cup* 7; **2.** *mst pl. fig.* Abschaum *m* (*der Menschheit*), Hefe *f* (*des Volkes*): *the ~s of mankind*.

drench [drentʃ] **I** *v/t.* **1.** durch'nässen: *~ed in blood* blutgetränkt; *~ed with rain* vom Regen völlig durchnäßt; *~ed in tears* in Tränen gebadet; **2.** *vet.* Tieren Arz'nei einflößen; **II** *s.* **3.** (Regen)Guß *m*; **4.** *vet.* Arz'neitrank *m*; '**drench·er** [-tʃə] *s.* **1.** Regenguß *m*; **2.** *vet.* Gerät *n* zum Einflößen von Arz'neien.

Dres·den (**chi·na**) [ˈdrezdən] *s.* Meißner Porzel'lan *n*.

dress [dres] **I** *s.* **1.** Kleidung *f*, Anzug *m* (*a.* ✠); **2.** (Damen)Kleid *n*; **3.** Abend-, Gesellschaftskleidung *f*: *full ~* Gesellschaftsanzug *m*, Gala *f*; **4.** *fig.* Gewand *n*, Kleid *n*, Gestalt *f*; **II** *v/t.* **5.** be-, ankleiden, anziehen: ~ *o.s.* → 11; **6.** einkleiden; **7.** *thea.* mit Ko'stümen ausstatten: ~ *it* Kostümprobe abhalten; **8.** schmücken, *Schaufenster etc.* dekorieren: ~ *ship* ⚓ über die Toppen flaggen; **9.** zu'rechtmachen, herrichten, zubereiten, behandeln, bearbeiten; *Salat* anmachen; *Huhn etc.* koch- *od.* bratfertig machen; *Haare* frisieren; *Leder* zurichten; *Tuch* glätten, appretieren; *Erz etc.* aufbereiten; *Stein* behauen; *Flachs* hecheln; *Boden* düngen; ✚ *Wunde* behandeln, verbinden; **10.** ✠ (aus)richten; **III** *v/i.* **11.** sich ankleiden *od.* anziehen; **12.** Abend- *od.* Festkleidung anziehen, sich ‚in Gala werfen‘; **13.** sich (*geschmackvoll etc.*) kleiden: ~ *well* (*badly*); **14.** ✠ sich (aus)richten; ~ **down** *v/t.* **1.** *Pferd* striegeln; **2.** F j-m ‚eins auf den Deckel geben‘; ~ **up I** *v/t.* **1.** fein anziehen, herausputzen; **II** *v/i.* **2.** sich feinmachen, sich auftakeln; **3.** sich kostümieren *od.* verkleiden.

dres·sage [ˈdresɑːʒ] **I** *s. sport* Dres'sur (-reiten *n*) *f*; **II** *adj.* Dressur...

dress| cir·cle *s. thea.* erster Rang; ~ **clothes** *s. pl.* Gesellschaftskleidung *f*; ~ **coat** *s.* Frack *m*; ~ **de·sign·er** *s.* Modezeichner(in).

dress·er¹ [ˈdresə] *s.* **1.** *thea.* a) Ko'stümi'er *m*, b) Garderobi'ere *f*; j-d, der sich *sorgfältig etc.* kleidet; **3.** ✚ Operati'onsassi‚stent *m*; **4.** 'Schaufensterdeko‚ra‚teur *m*; **5.** ⚙ a) Zurichter *m*, Aufbereiter *m*, b) Appretierer *m*.

dress·er² [ˈdresə] *s.* **1.** a) Küchen-, Geschirrschrank *m*, b) Anrichte *f*; **2.** → *dressing table*.

dress·ing [ˈdresɪŋ] *s.* **1.** Ankleiden *n*; **2.** ⚙ a) (Nach)Bearbeitung *f*, Aufbereitung *f*, Zurichtung *f*; **3.** ⚙ Appre'tur *f*; **4.** Zubereitung *f von Speisen*; **5.** a)

Dressing *n* (*Salatsoße*), b) *Am.* Füllung *f*; **6.** ✚ a) Verbinden *n* (*Wunde*), b) Verband *m*; **7.** ✎ Dünger *m*; ~ **case** *s.* Toi'lettentasche *f*, 'Reisenecessaire *n*; ,~'**down** *s.* F Standpauke *f*, Rüffel *m*; ~ **gown** *s.* Schlaf-, Morgenrock *m*; ~ **room** *s.* **1.** Ankleidezimmer *n*; **2.** ('Künstler)Garde‚robe *f*; **3.** *sport* ('Umkleide)Ka‚bine *f*; ~ **sta·tion** *s.* ✠ (Feld)Verband(s)platz *m*; ~ **ta·ble** *s.* Fri'sierkom‚mode *f*.

'**dress·mak·er** *s.* (Damen)Schneider (-in); '~**mak·ing** *s.* Schneidern *n*; **pa·rade** *s.* **1.** Modevorführung *f*; **2.** Pa'rade *f* in 'Galauni‚form; ~ **pat·tern** *s.* Schnittmuster *n*; ~ **re·hears·al** *s. thea.* Gene'ralprobe *f* (*a. fig.*), Ko'stümprobe *f*; ~ **shield** *s.* Schweißblatt *n*; ~ **shirt** *s.* Frackhemd *n*; ~ **suit** *s.* Frackanzug *m*; ~ **u·ni·form** *s.* ✠ großer Dienstanzug *m*.

dress·y [ˈdresɪ] *adj.* **1.** ele'gant (gekleidet), weitS. modebewußt; **2.** geschniegelt; **3.** F schick, fesch (*Kleid*).

drew [druː] *pret. von* **draw**.

drib·ble [ˈdrɪbl] **I** *v/i.* **1.** tröpfeln (*a. fig.*); **2.** sabbern, geifern; **3.** *sport* dribbeln; **II** *v/t.* **4.** (her'ab)tröpfeln lassen, träufeln; **5.** *sport* ~ *the ball* (mit dem Ball) dribbeln.

drib·(b)let [ˈdrɪblɪt] *s.* kleine Menge; *by ~s fig.* in kleinen Mengen, kleckerweise.

dribs and drabs [ˌdrɪbzənˈdræbz] *s. pl.*: *in ~* F kleckerweise.

dried [draɪd] *adj.* getrocknet: ~ *cod* Stockfisch *m*; ~ *fruit* Dörrobst *n*; ~ *milk* Trockenmilch *f*.

dri·er¹ [ˈdraɪə] *s.* **1.** Trockenmittel *n*, Sikka'tiv *n*; **2.** 'Trockenappa‚rat *m*, Trockner *m*: *hair·~* Fön *m*.

dri·er² [ˈdraɪə] *comp. von* **dry**.

dri·est [ˈdraɪɪst] *sup. von* **dry**.

drift [drɪft] **I** *s.* **1.** Treiben *n*; **2.** *fig.* Abwanderung *f*: ~ *from the land* Landflucht *f*; **3.** ⚓, ✈ Abtrift *f*, -trieb *m*; **4.** *Ballistik:* Seitenabweichung *f*; **5.** Drift(strömung) *f* (*im Meer*); (Strömungs)Richtung *f*; **6.** *fig.* a) Strömung *f*, Ten'denz *f*, Lauf *m*, Richtung *f*, b) Absicht *f*, c) Gedankengang *m*, d) Sinn *m*: *the ~ of what he said* was er meinte *od.* sagen wollte; **7.** a) Treibholz *n*, b) Treibeis *n*, c) Schneegestöber *n*, Treibgut *n*; **9.** (Schnee)Verwehung *f*, (Schnee-, Sand)Wehe *f*; **10.** *geol.* Geschiebe *n*; **11.** *fig.* Einfluß *m*, (treibende) Kraft; **12.** (Sich)'Treibenlassen *n*, Ziellosigkeit *f*: *policy of ~*; **II** *v/i.* **13.** treiben (*a. fig. into* in e-n *Krieg etc.*), getrieben werden: *let things ~* den Dingen ihren Lauf lassen; ~ *away* a) abwandern, b) sich entfernen (*from* von); ~ *apart fig.* sich auseinanderleben; **14.** sich (willenlos) treiben lassen; **15.** *auf et.* zutreiben; **16.** gezogen werden, geraten *od.* (hinein)schlittern (*into* in *acc.*); **17.** sich häufen (*Sand*, *Schnee*); **III** *v/t.* **18.** (da'hin)treiben, (fort)tragen; **19.** aufhäufen, zs.-tragen; ~ **an·chor** *s.* ⚓ Treibanker *m*.

drift·er [ˈdrɪftə] *s.* **1.** zielloser Mensch, ‚Gammler‘ *m*; **2.** Treibnetzfischer(boot *n*) *m*.

drift| ice *s.* Treibeis *n*; ~ **net** *s.* Treibnetz *n*; '~**wood** *s.* Treibholz *n*.

drill¹ [drɪl] **I** *s.* **1.** ⚙ 'Bohrgerät *n*, -ma-

,schine *f*, Bohrer *m*: ~ **chuck** Bohrfutter *n*; **2.** Drill *m*: a) ✕ Exerzieren *n*, b) (*Luftschutz- etc.*)Übung *f*, c) *fig.* strenge Schulung, d) 'Ausbildung(sme,thode) *f*; **II** *v/t.* **3.** *Loch* bohren; **4.** ✕ *u. fig.* drillen, einexerzieren: ~ *him in Latin* ihm Lateinisch einpauken; **5.** *fig.* drillen, gründlich ausbilden; **III** *v/i.* **6.** (⊙ *engS.* ins Volle) bohren: ~ *for oil* nach Öl bohren; **7.** ✕ a) exerzieren (*a. fig.*), b) gedrillt *od.* ausgebildet werden.

drill² [drɪl] ♪ I *s.* **1.** (Saat)Rille *f*, Furche *f*; **2.** 'Drill-, 'Säma,schine *f*; **II** *v/t.* **3.** *Saat* in Reihen säen; **4.** *Land* in Reihen besäen.

drill³ [drɪl] *s.* Drill(ich) *m*, Drell *m*.

drill| **bit** *s.* ⊙ **1.** Bohrspitze *f*; **2.** Einsatzbohrer *m*; ~ **ground** *s.* ✕ Exerzierplatz *m*.

drill·ing ['drɪlɪŋ] *s.* **1.** Bohren *n*; **2.** Bohrung *f* (*for* nach *Öl etc.*); **3.** → *drill¹* 2; ~ **rig** *s.* Bohrinsel *f*.

'drill|**,mas·ter** *s.* **1.** ✕ Ausbilder *m*; **2.** *fig.* ,Einpauker' *m*; ~ **ser·geant** *s.* ✕ 'Ausbildungs,unteroffi,zier *m*.

dri·ly ['draɪlɪ] *adv. von* **dry** (*mst fig.*).

drink [drɪŋk] **I** *s.* **1.** a) Getränk *n*, b) Drink *m*, alko'holisches Getränk, c) *coll.* Getränke *pl.*: *have a* ~ et. trinken, e-n Drink nehmen; *have a* ~ *with s.o.* mit j-m ein Glas trinken; *a* ~ *of water* ein Schluck Wasser; *food and* ~ Essen *n* u. Getränke *pl.*; **2.** das Trinken, der Alkohol: *take to* ~ sich das Trinken angewöhnen; **3.** *sl. der* ,große Teich' (*Meer*); **II** *v/t.* [*irr.*] **4.** *Tee etc.* trinken; *Suppe* essen: ~ *s.o. under the table* j-n unter den Tisch trinken; **5.** trinken, saufen (*Tier*); **6.** trinken *od.* anstoßen auf (*acc.*); → *health* 3; **7.** (aus)trinken, leeren; → *cup* 7; **8.** *fig.* → *drink in*; **III** *v/i.* [*irr.*] **9.** trinken; **10.** saufen (*Tier*); **11.** trinken, *weitS. a.* ein Trinker sein; **12.** trinken *od.* anstoßen (*to* auf *acc.*): ~ *to s.o.* a. j-m zuprosten; ~ **a·way** *v/t.* **1.** *sein Geld etc.* vertrinken; **2.** *s-e Sorgen im Alkohol* ersäufen; ~ **in** *v/t. fig.* **1.** *Luft etc.* einsaugen, (tief) einatmen; **2.** *fig.* (hingerissen) in sich aufnehmen, verschlingen: ~ *s.o.'s words*; ~ **off**, ~ **up** *v/t.* austrinken.

drink·a·ble ['drɪŋkəbl] *adj.* trinkbar, Trink...; **drink·er** ['drɪŋkə] *s.* **1.** Trinkende(r *m*) *f*: *beer* ~ Biertrinker *m*; **2.** Trinker(in): *a heavy* ~.

drink·ing ['drɪŋkɪŋ] *s.* **1.** *allg.* Trinken *n*; **2.** → ~ **bout** *s.* Trinkgelage *n*; ~ **cup** *s.* Trinkbecher *m*; ~ **foun·tain** *s.* Trinkbrunnen *m*; ~ **song** *s.* Trinklied *n*; ~ **straw** *s.* Trinkhalm *m*; ~ **wa·ter** *s.* Trinkwasser *n*.

drip [drɪp] **I** *v/i.* **1.** (her'ab)tropfen, (-)tröpfeln; **2.** tropfen (*Wasserhahn*); **3.** triefen (*with* von, vor *dat.*) (*a. fig.*); **II** *v/t.* **4.** (her'ab)tröpfeln *od.* (her'ab)tropfen lassen; **III** *s.* **5.** → *dripping* 1, 2; **6.** △ Traufe *f*; **7.** ⊙ Tropfrohr *n*; **8.** ♂ a) 'Tropfinfusi,on *f*, b) Tropf *m*: *be on the* ~ am Tropf hängen; **9.** F ,Nulpe' *f*, ,Blödmann' *m*; ~ **cof·fee** *s. Am.* Filterkaffee *m*; |~'**dry** I *adj.* bügelfrei; II *v/t.* tropfnaß aufhängen; '~-**feed** *v/t.* ♂ parente'ral *od.* künstlich ernähren.

drip·ping ['drɪpɪŋ] **I** *s.* **1.** Tröpfeln *n*, Tropfen *n*; **2.** *a. pl.* her'abtröpfelnde Flüssigkeit; **2.** (abtropfendes) Braten-

---

fett: ~ *pan* Fettpfanne *f*; **II** *adj.* **4.** *a. fig.* triefend (*with* von); **5.** *a.* ~ *wet* triefend naß, tropfnaß.

'**drip·proof** *adj.* ⊙ tropfwassergeschützt.

drive [draɪv] **I** *s.* **1.** Fahrt *f*, *bsd.* Aus-, Spa'zierfahrt *f*: *take* (*od.* **go for**) *a* ~ → *drive out* II; *an hour's* ~ *away* e-e Autostunde entfernt; **2.** a) Fahrweg *m*, -straße *f*, b) (pri'vate) Auf-, Einfahrt *f*, c) Zufahrtsstraße *f*; **3.** a) (Zs.-)Treiben *n* (*von Vieh etc.*), b) zs.-getriebene Tiere; **4.** Treibjagd *f*; **5.** ⊙ a) Antrieb *m*: *rear(-wheel)* ~, b) *mot. a.* Steuerung *f*: *left-hand* ~; **6.** ✕ Vorstoß *m*; **7.** *sport* a) Schuß *m*, b) *Golf, Tennis*: Drive *m*, Treibschlag *m*; **8.** Tatkraft *f*, Schwung *m*, E'lan *m*, Dy'namik *f*; **9.** Trieb *m*, Drang *m*: *sexual* ~ Geschlechtstrieb; **10.** ('Sammel-, Ver'kaufs- *etc.*)Akti,on *f*, Kam'pagne *f*, (*bes.* Werbe)Feldzug *m*; **II** *v/t.* [*irr.*] **11.** *Vieh, Wild, Keil, etc.* treiben; *Ball* treiben, (weit) schlagen, schießen; *Nagel* einschlagen, treiben (*into* in *acc.*); *Pfahl* einrammen; *Schwert etc.* stoßen; *Tunnel* bohren; treiben: ~ *s.th. into s.o. fig.* j-m et. einbleuen; ~ *all before one fig.* jeden Widerstand überwinden, unaufhaltsam sein; ~ *home* 13; **12.** vertreiben, -jagen; **13.** *hunt.* jagen, treiben; **14.** (zur Arbeit) antreiben, hetzen: ~ *s.o. hard* a) j-n schinden, b) j-n in die Enge treiben; ~ *o.s.* (*hard*) sich abschinden *od.* antreiben; **15.** *fig.* j-n dazu bringen *od.* treiben *od.* veranlassen *od.* zwingen (*to* zu; *to do* zu tun): ~ *to despair* zur Verzweiflung treiben; ~ *s.o. mad* j-n verrückt machen; *driven by hunger* vom Hunger getrieben; **16.** *Wagen* fahren, lenken, steuern; **17.** *j-n od. et.* (im Auto) fahren, befördern; **18.** ⊙ (an-, be)treiben (*mst pass.*): *driven by steam* mit Dampf betrieben, mit Dampfantrieb; **19.** zielbewußt 'durchführen: ~ *a hard bargain* hart verhandeln; *he* ~*s* a roaring trade er treibt e-n schwunghaften Handel; **III** *v/i.* [*irr.*] **20.** (da'hin)treiben, getrieben werden: ~ *before the wind* → vor dem Winde treiben; **21.** eilen, stürmen, jagen; **22.** stoßen, schlagen; **23.** (e-n *od.* den Wagen) fahren: *can you* ~? können Sie Auto fahren?; **24.** *et. fig.* (ab)zielen auf (*acc.*): *what is he driving at?* was will *od.* meint er eigentlich?, worauf will er hinaus?; **25.** schwer arbeiten (*at* an *dat.*):

Zssgn mit adv.:

drive| **a·way** I *v/t. a. fig.* vertreiben, verjagen; II *v/i.* wegfahren; ~ **in** I *v/t.* **1.** *Pfahl* einrammen, *Nagel* einschlagen; **2.** *Vieh* eintreiben; II *v/i.* **3.** hin'einfahren; ~ **on** I *v/t.* vo'rantreiben (*a. fig.*); II *v/i.* weiterfahren; ~ **out** I *v/t.* aus-, vertreiben; II *v/i.* spazieren-, ausfahren; ~ **up** I *v/t.* *Preise* in die Höhe treiben; II *v/i.* vorfahren (*to* vor *dat.*).

'**drive-in** I *adj.* Auto..., Drive-in-...; II *s.* a) Auto-, Drive-in-Kino *n*, -rasthaus *n etc.*, b) Auto-, Drive-in-Schalter *m* e-r Bank.

driv·el ['drɪvl] I *v/i.* **1.** sabbern, geifern; **2.** dummes Zeug schwatzen, faseln; II *s.* **3.** Geschwätz *n*, Gefasel *n*, Fase'lei *f*; '**driv·el·(l)er** [-lə] *s.* (blöder) Schwätzer.

driv·en ['drɪvn] *p.p. von* **drive**.

---

driv·er ['draɪvə] *s.* **1.** (An)Treiber *m*; **2.** Fahrer *m*, Lenker *m*, b) (*Kran- etc.*, *Brit.* Lokomotiv)Führer *m*, c) Kutscher *m*; **3.** (Vieh)Treiber *m*; **4.** F Antreiber *m*, (Leute)Schinder *m*; **5.** ⊙ a) Treibrad *n*, Ritzel *n*, b) Mitnehmer *m*, c) Ramme *f*; **6.** *Golf*: Driver *m* (*Holzschläger I*); ~**'s cab** *s.* ⊙ Führerhaus *n*; ~**'s li·cense** *s. mot. Am.* Führerschein *m*; ~**'s seat** *s.* Fahrer-, Führersitz *m*: *in the* ~ *fig.* am Ruder.

drive| **shaft** → *driving shaft*; '~**·way** *s.* → *drive* 2; '~-**your,self** *adj. Am.* Selbstfahrer-: ~ *car* Mietwagen *m*.

driv·ing ['draɪvɪŋ] **I** *adj.* **1.** (an)treibend: ~ *force* treibende Kraft; ~ *rain* stürmischer Regen; **2.** a) ⊙ Antriebs..., Treib..., Trieb..., b) *TV* Treiber...(-*impulse etc.*); **3.** *mot.* Fahr...: ~ *comfort*; ~ *instructor* Fahrlehrer *m*; ~ *lessons* Fahrstunden; *take* ~ *lessons* Fahrunterricht nehmen, den Führerschein machen; ~ *licence Brit.* Führerschein *m*; ~ *mirror* Rückspiegel *m*; ~ *school* Fahrschule *f*; ~ *test* Fahrprüfung *f*; **II** *s.* **4.** Treiben *n*; **5.** (Auto)Fahren *n*; ~ **ax·le** *s.* Antriebsachse *f*; ~ **belt** *s.* Treibriemen *m*; '~-**gear** *s.* Triebwerk *n*, Getriebe *n*; ~ **i·ron** *s. Golf*: Driving-Iron *m* (*Eisenschläger Nr. 1*); ~ **pow·er** *s.* ⊙ Antriebskraft *f*, -leistung *f*; ~ **shaft** *s.* ⊙ Antriebswelle *f*; ~ **wheel** *s.* Triebrad *n*.

driz·zle ['drɪzl] **I** *v/i.* nieseln; **II** *s.* Niesel-, Sprühregen *m*; '**driz·zly** [-lɪ] *adj.* Niesel-, Sprüh...: ~ *rain*; *it was a* ~ *day* es nieselte den ganzen Tag.

droll [drəʊl] *adj.* □ drollig, spaßig, komisch; **droll·er·y** ['drəʊlərɪ] *s.* **1.** Posse *f*, Schwank *m*; **2.** Spaß *m*; **3.** Komik *f*, Spaßigkeit *f*.

drome [drəʊm] F *für* **aerodrome, airdrome**.

drom·e·dar·y ['drɒmədərɪ] *s. zo.* Drome'dar *n*.

drone¹ [drəʊn] *s.* **1.** *zo.* Drohne *f*; **2.** *fig.* Drohne *f*, Schma'rotzer *m*; **3.** ✕ ferngesteuertes Flugzeug *n*; 'Fernlenkra,kete *f*; **II** *v/i.* **4.** faulenzen; **III** *v/t.* **5.** ~ *away* vertrödeln.

drone² [drəʊn] **I** *v/i.* **1.** brummen, summen, dröhnen; **2.** *fig.* leiern, eintönig reden; **II** *v/t.* **3.** herleiern; **III** *s.* **4.** ♪ a) Bor'dun *m*, b) Baßpfeife *f* des Dudelsacks; **5.** Brummen *n*, Summen *n*; **6.** *fig.* a) Geleier *n*, b) einschläfernder Redner.

droop [dru:p] **I** *v/i.* **1.** (schlaff) her'abhängen *od.* -sinken; **2.** ermatten, erschlaffen; **3.** sinken, schwinden (*Mut etc.*), erlahmen (*Interesse etc.*); **4.** *fig.* den Kopf hängenlassen (*a. Blume*); **5.** ✝ abbröckeln (*Preise*); **II** *v/t.* **6.** (schlaff) her'abhängen lassen; **III** *s.* **7.** Her'abhängen *n*, Senken *n*; **8.** Erschlaffen *n*; '**droop·ing** [-pɪŋ] *adj.* □ **1.** (her'unter)hängend, schlaff (*a. fig.*); **2.** matt; **3.** welk.

drop [drɒp] **I** *s.* **1.** Tropfen *m*: *in* ~*s* tropfenweise (*a. fig.*); *a* ~ *in the bucket* (*od.* **ocean**) *fig.* ein Tropfen auf e-n heißen Stein; **2.** ♂ *mst pl.* Tropfen *pl.*; **3.** *fig.* a) Tropfen *m*, Tröpfchen *n*, b) Glas *n*, ,Gläs·chen' *n*: *he has had a* ~ *too much* er hat ein Glas *od.* eins über den Durst getrunken; **4.** Bon'bon *m*, *n*: *fruit* ~*s* Drops *pl.*; **5.** a) Fall *m*,

Fallen n: **at the ~ of a hat** F beim geringsten Anlaß; **get** od. **have the ~ on s.o.** F j-m (beim Ziehen e-r Waffe) zuvorkommen, fig. j-m gegenüber im Vorteil sein, b) Fall(tiefe f) m, 'Höhen-ˌunterschied m, c) steiler Abfall, Gefälle n; **6.** fig. Fall m, Sturz m, Rückgang m: **~ in prices** Preissturz, -rückgang; **~ in the temperature** Temperaturabfall, -sturz; **~ in the voltage** ½ Spannungsabfall; **7.** → **airdrop** I; **8.** ☼ a) (Fall-)Klappe f, -vorrichtung f, b) Falltür f, c) Vorrichtung f zum Her'ablassen von Lasten: (**letter**) ~ Am. (Brief)Einwurf m; **9.** thea. Vorhang m; **II** v/i. **10.** (her'ab)tropfen, (-)tröpfeln; **11.** (he'rab-, her'unter)fallen: **let ~** a) et. fallen lassen, b) ~ 26; **12.** (nieder-)sinken, fallen: **~ into a chair, ~ dead** tot umfallen; **~ dead!** sl. geh zum Teufel!; **ready** (od. **fit**) **to ~** zum Umfallen müde; **13.** fig. aufhören, ˌeinschlafen': **our correspondence ~ped; 14.** (ver-)fallen: **~ into a habit** in e-e Gewohnheit verfallen; **~ asleep** einschlafen; **15.** a) (ab)sinken, sich senken, b) sinken, fallen, her'untergehen (Preise, Thermometer etc.); **16.** sich senken (Stimme); **17.** sich legen (Wind); **18.** zufällig od. unerwartet kommen: **~ into the room; ~ across s.o. (s.th.)** zufällig auf j-n (et.) stoßen; **19.** zo. (Junge) werfen, bsd. a) lammen, b) kalben, c) fohlen; **III** v/t. **20.** (her'ab)tropfen od. (-)tröpfeln lassen; **21.** senken, her'ablassen; **22.** fallen lassen: **~ a book; 23.** (hin'ein)werfen (**into** in acc.); **24.** Bomben etc. (ab)werfen; **25.** ⚓ den Anker auswerfen; **26.** e-e Bemerkung fallenlassen: **~ a remark; ~ me a line!** schreibe mir ein paar Zeilen!; **27.** ein Thema, e-e Gewohnheit etc. fallenlassen: **~ a subject** (**habit** etc.); **28.** e-e Tätigkeit aufgeben, aufhören mit: **~ the correspondence** die Korrespondenz einstellen; **~ it!** hör auf damit!, laß das!; **29.** j-n fallenlassen, nichts mehr zu tun haben wollen mit; **30** Am. a) j-n entlassen, b) sport Spieler aus der Mannschaft nehmen; **31.** zo. Junge, bsd. Lämmer werfen; **32.** e-e Last, a. Passagiere absetzen; **33.** F Geld a) loswerden, b) verlieren; **34.** Buchstaben etc. auslassen: **one's aitches** a) das ˌh' nicht sprechen, b) fig. e-e vulgäre Aussprache haben; **35.** a) zu Fall bringen, zu Boden schlagen, b) F j-n ˌabknallen'; **36.** ab-, her'unterschießen: **~ a bird; 37.** die Augen od. die Stimme senken; **38.** sport e-n Punkt, ein Spiel abgeben (**to** gegen);
Zssgn mit adv.:
drop| a·round v/i. F vor'beikommen, (kurz) ˌher'einschauen'; **~ a·way** v/i. **1.** abfallen; **2.** immer weniger werden; (e-r nach dem anderen) weggehen; **~ back, ~ be·hind** v/i. **1.** zu'rückbleiben, -fallen; **2.** sich zu'rückfallen lassen; **~ down** v/i. **1.** her'abtröpfeln; **2.** her'unterfallen; **~ in** v/i. **1.** her'einkommen (a. fig. Aufträge etc.); **2.** (kurz) her'einschauen (**on** bei), ˌher'einschneien'; **~ off I** v/i. **1.** abfallen (a. ½); **2.** zu'rückgehen (Umsatz etc.), nachlassen (Interesse etc.); **3.** einschlafen, -nicken; **II** v/t. **4.** → **drop** 32; **~ out** v/i. **1.** her'ausfallen (**of** aus), b) ˌaussteigen' (**of** aus der

Politik, s-m Beruf etc.), a. die Schule, das Studium abbrechen.
drop| ball s. Fußball: Schiedsrichterball m; **~ cur·tain** s. thea. Vorhang m; 'ˌ~forge v/t. ☼ im Gesenk schmieden; **~ forg·ing** s. ☼ **1.** Gesenkschmieden n; **2.** Gesenkschmiedestück n; 'ˌ~head s. **1.** ☼ Versenkvorrichtung f; **2.** mot. Brit. a. **~ coupé** Kabrio'lett n; **~ kick** s. sport Dropkick m.
drop·let ['droplıt] s. Tröpfchen n.
drop| let·ter s. **1.** Am. postlagernder Brief; **2.** Ortsbrief m; 'ˌ~out s. Dropout m: a) ˌAussteiger' m aus der Gesellschaft, b) (Schul-, Studien)Abbrecher m, c) Computer: Sig'nalausfall m, d) Tonband: Schadstelle f.
drop·per ['dropə] s. Tropfglas n, Tropfenzähler m: **eye ~** Augentropfer m; '**drop·pings** [-pıŋz] s. pl. **1.** Mist m, tierischer Kot; **2.** (Ab)Fallwolle f.
drop| scene s. **1.** thea. (Zwischen)Vorhang m; **2.** fig. Fi'nale n, Schlußszene f; **~ seat** s. Klappsitz m; **~ shot** s. Tennis etc.: Stoppball m; **~ shut·ter** s. phot. Fallverschluß m.
drop·si·cal ['dropsıkl] adj. □ ⚕ **1.** wassersüchtig; **2.** ödema'tös.
'**drop-stitch** s. Fallmasche f.
drop·sy ['dropsı] s. ⚕ Wassersucht f.
dross [dros] s. **1.** ☼ Schlacke f; **2.** Abfall m, Unrat m; fig. wertloses Zeug.
drought [draut] s. Dürre f (a. fig. Mangel **of** an dat.): (Zeit f der) Trockenheit f; '**drought·y** [-tı] adj. **1.** trocken, dürr; **2.** regenlos.
drove[1] [drəuv] pret. von **drive.**
drove[2] [drəuv] s. **1.** (Vieh)Herde f; fig. Schar f: **in ~s** in hellen Scharen; '**dro·ver** [-və] s. Viehtreiber m.
drown [draun] **I** v/i. **1.** ertrinken; **II** v/t. **2.** ertränken, ersäufen: **be ~ed** → 1; **~ one's sorrows** s-e Sorgen (im Alkohol) ertränken; **3.** über'schwemmen (a. fig.): **~ed in tears** tränenüberströmt; **4.** a. **~ out** fig. übertönen.
drowse [drauz] **I** v/i. **1.** dösen: **~ off** eindösen; **II** v/t. **2.** schläfrig machen; **3.** mst **~ away** Zeit etc. verdösen; '**drow·si·ness** [-zınıs] s. Schläfrigkeit f; '**drow·sy** [-zı] adj. □ **1.** a) schläfrig, b) verschlafen (a. fig.); **2.** einschläfernd.
drub [drʌb] v/t. F **1.** (ver)prügeln: **~ s.th. into s.o.** j-m et. einbleuen; **2.** sport ˌüber'fahren'; '**drub·bing** [-bıŋ] s. F (Tracht f) Prügel pl.: **take a ~** a. sport Prügel beziehen, ˌüber'fahren werden'.
drudge [drʌdʒ] **I** s. **1.** fig. F Packesel m, Arbeitstier n, Kuli m; **2.** → **drudgery;** **II** v/i. **3.** sich (ab)placken, sich abschinden, schuften; '**drudg·er·y** [-dʒərı] s. Placke'rei f, Schinde'rei f; '**drudg·ing** [-dʒıŋ] adj. □ **1.** mühsam; **2.** stumpfsinnig.
drug [drʌg] **I** s. **1.** Arz'nei(mittel n) f, Medika'ment n: **be on a ~** ein Medikament (ständig) nehmen; **2.** Rauschgift n, Droge f (a. fig.): **be on ~s** → 8; **3.** ~ **on** (Am. a. **in**) **the market** ⊤ schwerverkäufliche Ware, a. Ladenhüter m; **II** v/t. **4.** j-m Medika'mente geben; **5.** j-n unter Drogen setzen; **6.** ein Betäubungsmittel beimischen (dat.); **7.** j-n betäuben (a. fig.): **~ged with sleep** schlaftrunken; **III** v/i. **8.** Drogen od. Rauschgift nehmen; **~ a·buse** s. **1.** 'Drogenˌmißbrauch m; **2.** Arz'neimit-

tel,mißbrauch m; **~ ad·dict** s. Drogenod. Rauschgiftsüchtige(r m) f; 'ˌ~-adˌdict·ed adj. **1.** drogen- od. rauschgiftsüchtig; **2.** arz'neimittelsüchtig; **~ ad·dic·tion** s. **1.** Drogen- od. Rauschgiftsucht f; **2.** Arz'neimittelsucht f; **~ de·pend·ence** s. Drogenabhängigkeit f.
drug·gist ['drʌgıst] s. Am. **1.** Apo'theker m; **2.** Inhaber(in) e-s Drugstores.
drug| ped·dler, 'ˌ~push·er s. Rauschgifthändler m, ˌPusher' m; **~ scene** s. Drogenszene f.
drug·ster ['drʌgstə] → **drug addict.**
'**drug·store** s. Am. **1.** Apo'theke f; **2.** Drugstore m (Drogerie, Kaufladen u. Imbißstube).
Dru·id ['dru:ıd] s. Dru'ide m; '**Dru·id·ess** [-dıs] s. Dru'idin f.
drum [drʌm] **I** s. **1.** ♪ Trommel f: **beat the ~** die Trommel schlagen od. (a. fig.) rühren, trommeln; **2.** pl. Schlagzeug n; **3.** Trommeln n (a. fig. des Regens etc.); **4.** ☼ Trommel f, Walze f, Zy'linder m; **5.** ✕ Trommel f (am Maschinengewehr etc.); **6.** Trommel f, trommelförmiger Behälter; **7.** anat. a) Mittelohr n, b) Trommelfell n; **8.** △ Säulentrommel f; **II** v/i. **9.** a. weitS. trommeln (**on** auf acc., **at** an acc.); **10.** (rhythmisch) dröhnen; **11.** fig. Am. die Trommel rühren (**for** für); **III** v/t. **12.** Rhythmus trommeln: **~ s.th. into s.o.** j-m et. einhämmern; **13.** trommeln auf (acc.); **~ out** v/t. j-n ausstoßen (**of** aus); **~ up** v/t. a) zs.-trommeln, (an)werben, ˌauf die Beine stellen', b) Am. sich et. einfallen lassen.
drum| brake s. Trommelbremse f; 'ˌfire s. ✕ Trommelfeuer n (a. fig.); 'ˌ~head s. **1.** ♪, anat. Trommelfell n; **2.** ~ **court martial** ✕ Standgericht n; **3.** ~ **service** ✕ Feldgottesdienst m; **~ ma·jor** s. ✕ 'Tambourmaˌjor m; **~ ma·jor·ette** s. 'Tambourmaˌjorin f.
drum·mer ['drʌmə] s. **1.** ♪ a) Trommler m, b) Schlagzeuger m; **2.** ⊤ Am. Handlungsreisende(r) m.
'**drum-stick** s. **1.** Trommelstock m, -schlegel m; **2.** 'Unterschenkel m (von zubereitetem Geflügel).
drunk [drʌŋk] **I** adj. mst pred. **1.** betrunken (**on** von): **get ~** sich betrinken; **~ as a lord** (od. **a fish**) total blau; **~ and incapable** volltrunken; **~ driving** ½ Trunkenheit f am Steuer; **2.** fig. (be-)trunken, berauscht (**with** vor, von): **~ with joy** freudetrunken; **II** s. **3.** sl. a) Betrunkene(r m) f, b) Säufer(in); **4.** a) Saufe'rei f, Besäufnis n, b) ˌAffe' m, Rausch m; **III** p.p. von **drink,** '**drunk·ard** [-kəd] s. Säufer m, Trunkenbold m; '**drunk·en** [-kən] adj. □ betrunken; fig. → **drunk** 2: **a ~ man** ein Betrunkener; **a ~ brawl** ein im Rausch angefangener Streit; **a ~ party** ein Saufgelage n; '**drunk·en·ness** [-kənnıs] s. Betrunkenheit f.
drupe [dru:p] s. ⚘ Steinfrucht f.
dry [draı] **I** adj. □ **1.** trocken: **not yet ~ behind the ears** noch nicht trocken hinter den Ohren; **~ cough** trockener Husten; **run ~** austrocknen, versiegen; → **dock**[1]; **2.** trocken, regenarm, niederschlagsarm: **~ country; ~ summer; 3.** dürr, ausgedörrt; **4.** ausgetrocknet; **5.** F durstig; **6.** durstig machend: **~ work; 7.** trockenstehend (Kuh); **8.** F

‚trocken': a) mit Alkoholverbot: *a ~ State*, b) ohne Alkohol: *a ~ party*, c) weg vom Alkohol: *he is now ~*; **9.** antialko'holisch: *~ law* Prohibitionsgesetz *n*; *go ~* das Alkoholverbot einführen; **10.** 'unproduk,tiv, ,ausgeschrieben': *~ writer*, **11.** herb, trocken (*Wein etc.*); **12.** *fig.* trocken, langweilig; nüchtern: *~ as dust* strohtrocken, sterbenslangweilig; *~ facts* nüchterne *od.* nackte Tatsachen; **13.** *fig.* trocken: *~ humo(u)r*, II *v/t.* **14.** (ab)trocknen: *~ one's hands* sich die Hände abtrocknen; **15.** *Obst* dörren; **16.** *a. ~ up* austrocknen; trockenlegen; III *v/i.* **17.** trocknen, trocken werden; **18.** *~ up* a) ein-, ver-, austrocknen, b) F versiegen, aufhören, c) F die ‚Klappe' halten: *~ up!*; IV *s.* **19.** Trockenheit *f*.

dry·ad ['draɪəd] *s.* Dry'ade *f*.

dry-as-dust ['draɪəzdʌst] I *s.* Stubengelehrte(r) *m*; II *adj.* strohtrocken, sterbenslangweilig.

dry\ bat·ter·y *s.* ⚡ 'Trockenbatte,rie *f*; *~ cell* ⚡ 'Trockenele,ment *n*; *,~-'clean v/t.* chemisch reinigen; *,~-'clean·er('s) s.* chemische Reinigung(sanstalt); *,~-'clean·ing s.* chemische Reinigung; *'~-cure v/t. Fleisch etc.* dörren *od.* einsalzen; *,~-'dock v/t.* ⚓ ins Trockendock bringen.

dry·er ['draɪə] → **drier¹**.

'dry\-farm *s.* Trockenfarm *f*; *'~-fly s.* Angeln: Trockenfliege *f*; *~ goods s. pl.* ✝ *Am.* Tex'tilien *pl.*; *~ ice s.* Trockeneis *n*.

dry·ing ['draɪɪŋ] *adj.* Trocken…

dry·ly → **drily**.

dry·ness ['draɪnɪs] *s.* Trockenheit *f*: a) trockener Zustand, b) Dürre *f*, c) Hu'morlosigkeit *f*, d) Langweiligkeit *f*.

'dry\-nurse I *s.* **1.** Säuglingsschwester *f*; II *v/t.* **2.** *Säuglinge* pflegen; **3.** F bemuttern (*a. fig.*); *'~-out farm s.* F Entziehungsheim *n*; *~ rot s.* **1.** Trockenfäule *f*; **2.** ♀ Hausschwamm *m*; **3.** *fig.* Verfall *m*; *~ run s.* ✕ *Am.* Übungsschießen *n* ohne scharfe Muniti'on; **2.** F Probe *f*, Test *m*; *'~-salt v/t.* dörren u. einsalzen; *,~-'shod adv.* trockenen Fußes.

du·al ['dju:əl] I *adj.* ☐ doppelt, Doppel…, Zwei…, ❂ *a.* Zwillings…: *~ carriageway Brit* Schnellstraße *f*; *~-income family* Doppelverdiener *pl.*; *~ nationality* doppelte Staatsangehörigkeit; *~-purpose* ❂ Doppel…, Zwei…, Mehrzweck…; II *s. ling. a. ~ number* 'Dual *m*, Du'alis *m*; *'du·al·ism* [-lɪzəm] *s.* Dua'lismus *m*; *du·al·i·ty* [dju:'ælətɪ] *s.* Duali'tät *f*, Zweiheit *f*.

dub [dʌb] *v/t.* **1.** *~ s.o. a knight* j-n zum Ritter schlagen; **2.** *fig. humor.* titulieren, nennen: *they ~bed him Fatty*; **3.** ❂ zurichten; **4.** *Leder* einfetten; **5.** a) *Film* synchronisieren, b) (nach)synchronisieren, c) *~ in* einsynchronisieren.

dub·bin ['dʌbɪn] *s.* Lederfett *n*.

dub·bing ['dʌbɪŋ] *s.* **1.** Ritterschlag *m*; **2.** *Film:* ('Nach)Synchronisati,on *f*; **3.** → **dubbin**.

du·bi·ous ['dju:bjəs] *adj.* ☐ **1.** zweifelhaft: a) unklar, zweideutig, b) ungewiß, unbestimmt, c) fragwürdig, dubi'os, d) unzuverlässig; **2.** a) im Zweifel (*of, about* über *acc.*), unsicher, b) un-

schlüssig; *'du·bi·ous·ness* [-nɪs] *s.* **1.** Zweifelhaftigkeit *f*; **2.** Ungewißheit *f*; **3.** Fragwürdigkeit *f*.

du·cal ['dju:kl] *adj.* herzoglich, Herzogs…

duc·at ['dʌkət] *s.* **1.** *hist.* Du'katen *m*; **2.** *pl. obs. sl.* ‚Mo'neten' *pl.*

duch·ess ['dʌtʃɪs] *s.* Herzogin *f*; **duch·y** ['dʌtʃɪ] *s.* Herzogtum *n*.

duck¹ [dʌk] *s.* **1.** *pl.* **ducks**, *coll.* **duck** *orn.* (*engS.* weibliche) Ente: *like a dying ~* (*in a thunderstorm*) F völlig verdattert; *take to s.th. like a ~ takes to water* F sich in et. sofort in s-m Element fühlen; *it ran off him like water off a ~'s back* F es ließ ihn völlig kalt; *play ~s and drakes* a) Steine (über das Wasser) hüpfen lassen, b) (*with*) *fig.* aasen (mit); **2.** Ente *f*, Entenfleisch *n*: *roast ~* Entenbraten *m*; **3.** F ‚(Gold-) Schatz' *m*, ‚Süße(r' *m*) *f*; **4.** F a) ‚Vogel' *m*, b) ‚Tante' *f*: *a funny old ~*; **5.** ✕ Am'phibien-Lastkraftwagen *m*; **6.** *Kricket:* Null *f*, null Punkte *pl.*

duck² [dʌk] I *v/i.* **1.** (rasch) 'untertauchen; **2.** (*a. fig.*) sich ducken (*to* vor *dat.*); **3.** *a. ~ out* F ‚verduften', verschwinden: *~ out of* → 5 c; II *v/t.* **4.** ('unter)tauchen; **5.** a) *den Kopf* ducken *od.* einziehen, b) *e-n Schlag* abducken, ausweichen (*dat.*), c) F sich ‚drücken' vor (*dat.*), ausweichen (*dat.*).

duck³ [dʌk] *s.* **1.** Segeltuch *n*; **2.** *pl.* Segeltuchhose *f*.

'duck\·bill *s.* **1.** *zo.* Schnabeltier *n*; **2.** ♀ *Brit.* roter Weizen; *'~-billed plat·y·pus* → **duckbill** 1; *'~-board s.* Laufbrett *n*.

duck·ie ['dʌkɪ] *s.* → **duck¹** 3.

duck·ing ['dʌkɪŋ] *s.:* *give s.o. a ~* j-n untertauchen; *get a ~* völlig durchnäßt werden.

duck·ling ['dʌklɪŋ] *s.* Entchen *n*.

duck shot *s.* Entenschrot *m, n*.

duck·y ['dʌkɪ] F I *s.* → **duck¹** 3; II *adj.* ‚goldig', ‚süß'.

duct [dʌkt] *s.* **1.** ❂ Röhre *f*, Leitung *f* (*a.* ⚡ *Kabel- etc.*)Ka'nal *m*; **2.** ♀, *anat.*, *zo.* Gang *m*, Ka'nal *m*; *'duc·tile* [-taɪl] *adj.* **1.** ❂ dehn-, streck-, schmied-, hämmerbar; **2.** biegsam, geschmeidig; **3.** fügsam; **duc·til·i·ty** [dʌk'tɪlətɪ] *s.* Dehnbarkeit *f etc.*; *'duct·less* [-lɪs] *adj.:* *~ gland anat.* endokrine Drüse, Hormondrüse *f*.

dud [dʌd] F I *s.* **1.** ✕ Blindgänger *m* (*a. fig. Person*); **2.** ‚Niete' *f*: a) Versager *m*, b) Reinfall *m*; **3.** *pl.* a) ‚Kla'motten' *pl.* (*Kleider*), b) Krempel *m*; **4.** *a. ~ cheque* (*Am.* **check**) ungedeckter Scheck; II *adj.* **5.** ‚mies', schlecht; **6.** gefälscht: *~ note* ,Blüte' *f*.

dude [dju:d] *s. Am.* a) Dandy *m*, b) Stadtmensch *m*, ‚Stadtfrack' *m*: *~ ranch* Ferienranch *f*.

dudg·eon ['dʌdʒən] *s.:* *in high ~* sehr aufgebracht.

due [dju:] I *adj.* ☐ → **duly**, **1.** ✝ fällig, so'fort zahlbar: *fall* (*od.* **become**) *~* fällig werden; *when ~* bei Verfall *od.* Fälligkeit; *~ date* Fälligkeitstag *m*; *the balance ~ to us from A.* der uns von A. geschuldete Saldo; **2.** *zeitlich* fällig, erwartet: *the train is ~ at …* der Zug ist um … fällig *od.* soll um … ankommen; *he is ~ to return today* er wird heute zurückerwartet; **3.** gebührend, angemessen, geziemend, gehörig: *it is*

~ to him (*to do*, *to say*) es steht ihm zu (zu tun, zu sagen) (→ *a.* 5); *hono(u)r to whom hono(u)r is ~* Ehre, wem Ehre gebührt; *with all ~ respect to you* bei aller dir schuldigen Achtung; *after ~ consideration* nach reiflicher Überlegung; *in ~ time* zur rechten *od.* gegebenen Zeit; → *care* 2, *course* 1, *form* 3; **4.** verpflichtet: *be ~ to go* gehen müssen *od.* sollen; **5.** *~ to* zuzuschreiben(d) (*dat.*), verursacht durch: *~ to an accident* auf einen Unfall *od.* Zufall zurückzuführen; *death was ~ to cancer* Krebs war die Todesursache; *it is ~ to him* es ist ihm zu verdanken; **6.** *~ to* (*inkorrekt statt owing to*) wegen (*gen.*), auf Grund *od.* in'folge von (*od. gen.*): *~ to his poverty*; **7.** *Am.* im Begriff *sein*; II *adv.* **8.** genau, gerade: *~ east* genau nach Osten; III *s.* **9.** *das* Gebührende, (An-)Recht *n*, Anspruch *m*: *it is my ~* es gebührt mir; *to give you your ~* um dir nicht unrecht zu tun; *give the devil his ~ fig.* selbst dem Teufel *od.* s-m Feind Gerechtigkeit widerfahren lassen; *give him his ~!* das muß man ihm lassen!; **10.** *pl.* Gebühren *pl.*, Abgaben *pl.*, Beitrag *m*.

du·el ['dju:əl] I *s. a. fig.* Du'ell *n*, (Zwei)Kampf *m*: *students' ~* Mensur *f*; II *v/i.* sich duellieren; *'du·el·ist* [-lɪst] *s.* Duel'lant *m*.

du·en·na [dju:'enə] *s.* Anstandsdame *f*.

du·et [dju:'et] *s.* **1.** ♪ Du'ett *n*, Duo *n*: *play a ~* ein Duo *od.* (*am Klavier*) vierhändig spielen; **2.** *fig.* Duo *n*, Paar *n*, ‚Pärchen' *n*.

duf·fel ['dʌfl] *s.* **1.** Düffel *m* (*Baumwollgewebe*): *~ coat* Dufflecoat *m*; **2.** *Am.* F Ausrüstung *f*: *~ bag* Matchbeutel *m*.

duff·er ['dʌfə] *s.* Trottel *m*.

duf·fle → **duffel**.

dug¹ [dʌg] *pret. u. p.p. von* **dig**.

dug² [dʌg] *s.* **1.** Zitze *f*.

du·gong ['du:gɒŋ] *s. zo.* Seekuh *f*.

'dug-out *s.* **1.** ✕ 'Unterstand *m*; **2.** Einbaum *m*.

duke [dju:k] *s.* Herzog *m*; *'duke·dom* [-dəm] *s.* **1.** Herzogswürde *f*; **2.** Herzogtum *n*.

dul·cet ['dʌlsɪt] *adj.* **1.** wohlklingend, einschmeichelnd: *in ~ tone* in süßem Ton; *'dul·ci·fy* [-sɪfaɪ] *v/t.* **1.** versüßen; **2.** *fig.* besänftigen; *'dul·ci·mer* [-sɪmə] *s.* ♪ **1.** Hackbrett *n*; **2.** Zimbal *n*.

dull [dʌl] I *adj.* ☐ **1.** dumm, schwer von Begriff; **2.** langsam, schwerfällig, träge; **3.** teilnahmslos, stumpf; **4.** langweilig, fade: *a ~ evening*; *~ as ditchwater* F stinklangweilig; **5.** schwach (*Licht etc.*, *a. Sehkraft*, *Gehör*); **6.** matt, trübe (*Farbe*, *Augen*); dumpf (*Klang*, *Schmerz*); glanz-, leblos; **7.** stumpf (*Klinge*); **8.** trübe (*Wetter*); blind (*Spiegel*); **9.** ge-, betrübt; **10.** ⚓ windstill; ✝ flau, still; *Börse:* lustlos; II *v/t.* **11.** *Klinge* stumpf machen; **12.** mattieren, glanzlos machen; trüben; **13.** *fig.* a) abstumpfen, b) dämpfen, schwächen, mildern; *Schmerz* betäuben; III *v/i.* **14.** abstumpfen (*a. fig.*); **15.** sich trüben; **16.** abflauen; *'dull·ard* [-ləd] *s.* Dummkopf *m*; *'dull·ish* [-lɪʃ] *adj.* ziemlich dumm *etc.*; *'dul(l)·ness* [-nɪs] *s.* **1.** Dummheit *f*, Dumpfheit *f*; **2.** Langweiligkeit *f*; **3.** Trägheit *f*, **4.**

Schwäche f; **5.** Mattheit f; Trübheit f; Stumpfheit f; **6.** ✝ Flaute f.

du·ly ['djuːlɪ] adv. **1.** ordnungsgemäß, vorschriftsmäßig, wie es sich gehört, richtig; **2.** gebührend, gehörig; **3.** rechtzeitig, pünktlich.

dumb [dʌm] adj. □ **1.** allg. stumm (a. fig.): ~ **animals** stumme Geschöpfe; **the ~ masses** fig. die stumme Masse; **strike s.o.** ~ j-m die Sprache verschlagen; **struck** ~ **with horror** sprachlos vor Entsetzen; → **deaf** 1; **2.** bsd. Am. F doof, blöd; **'~·bell** s. **1.** sport Hantel f; **2.** Am. sl. Trottel m; ~**'found** v/t. verblüffen, ~**'found·ed** adj. verblüfft, sprachlos; ~ **show** s. **1.** Gebärdenspiel n, stummes Spiel; **2.** Panto'mime f; ~**'wait·er** s. **1.** stummer Diener, Ser-'viertisch m; **2.** Speiseaufzug m.

dum·dum ['dʌmdʌm], a. ~ **bul·let** s. 'Dum·dum(geschoß) n.

dum·found etc. → **dumbfound** etc.

dum·my ['dʌmɪ] **I** s. **1.** allg. At'trappe f, ✝ a. Schau-, Leerpackung f; **2.** Kleider-, Schaufensterpuppe f; **3.** Puppe f, Fi'gur f (als Zielscheibe od. für Crashtests); **4.** ✝ etc. Strohmann m; **5.** (Karten-, bsd. Whistspiel n mit) Strohmann m; **6.** Am. F 'Blödmann' m; **7.** Am. vierseitige (Verkehrs)Ampel; **8.** Brit. (Baby)Schnuller m; **9.** typ. Blindband m; **II** adj. **10.** Schein...: ~ **candidates**; ~ **cartridge** ✗ Exerzierpatrone f; ~ **gun** Gewehr- od. Geschützattrappe f; ~ **warhead** blinder Gefechtskopf.

dump [dʌmp] **I** v/t. **1.** ('hin)plumpsen od. ('hin)fallen lassen, 'hinwerfen; **2.** abladen, schütten, auskippen: ~ **truck** mot. Kipper m; **3.** ✗ lagern, stapeln; **4.** ✝ zu Dumpingpreisen verkaufen, verschleudern; **5.** a) et. wegwerfen, ,abladen', Auto loswerden, b) j-n abschieben, loswerden; **II** s. **6.** Plumps m, dumpfer Schlag; **7.** (Schutt-, Müll)Abladeplatz m, Müllhalde f; **8.** ✗ Halde f; **9.** ✗ (Munitions- etc.)De'pot n, Stapelplatz m, (Nachschub)Lager n; **10.** sl. a) Bruchbude f (Haus); ,Drecklöch' n (Haus, Wohnung), b) (elendes) Kaff; **'~·cart** s. Kippkarren m, -wagen m.

dump·er (truck) ['dʌmpə] s. mot. Kipper m.

dump·ing ['dʌmpɪŋ] s. **1.** Schuttabladen n; **2.** ✝ Dumping n, Ausfuhr f zu Schleuderpreisen; ~ **ground** → **dump** 7.

dump·ling ['dʌmplɪŋ] s. **1.** Kloß m, Knödel m; **2.** F ,Dickerchen' n (Person).

dumps [dʌmps] s. pl.: **be (down) in the** ~ F ,down' od. deprimiert sein.

dump·y ['dʌmpɪ] adj. plump, unter'setzt.

dun¹ [dʌn] v/t. **1.** Schuldner mahnen, drängen: ~**ning letter** Zahlungsaufforderung f; **2.** bedrängen, belästigen.

dun² [dʌn] **I** adj. grau-, schwärzlichbraun; dunkel (a. fig.); **II** s. Braune(r) m (Pferd).

dunce [dʌns] s. **1.** Dummkopf m; **2.** ped. schlechter Schüler.

dun·der·head ['dʌndəhed] s. Schwachkopf m; **'dun·der,head·ed** [-dɪd] adj. schwachköpfig.

dune [djuːn] s. Düne f: ~ **buggy** mot. Strandbuggy m.

dung [dʌŋ] **I** s. Mist m, Dung m, Dünger m; (Tier)Kot m: ~ **beetle** Mistkäfer m;

~ **fork** Mistgabel f; ~ **heap**, ~ **hill** Misthaufen m; ~ **hill fowl** Hausgeflügel n; **II** v/t. düngen.

dun·ga·ree [ˌdʌŋgə'riː] s. **1.** grober Baumwollstoff; **2.** pl. Arbeitsanzug m, -hose f.

dun·geon ['dʌndʒən] s. Burgverlies n; Kerker m.

dunk [dʌŋk] v/i. u. v/t. eintunken; fig. (ein)tauchen.

dun·no [də'nəu] F für (**I**) **don't know**.

du·o ['djuːəu] pl. **-os** → **duet**.

duo- [djuːəu] in Zssgn zwei.

du·o·dec·i·mal [ˌdjuːəu'desɪml] adj. ✾ duodezi'mal; **,du·o'dec·i·mo** [-məu] pl. **-mos** s. typ. **1.** Duo'dezfor,mat n; **2.** Duo'dezband m.

du·o·de·nal [ˌdjuːəu'diːnl] adj.: ~ **ulcer** ☞ Zwölffingerdarmgeschwür n; **,du·o'de·num** [-nəm] s. anat. Zwölf'fingerdarm m.

du·o·logue ['djuːəlɒg] s. **1.** Zwiegespräch n; **2.** Duo'drama n.

dupe [djuːp] **I** s. **1.** Betrogene(r m) f, ,Lackierte(r' m) f: **be the** ~ **of s.o.** auf j-n hereinfallen; **2.** Gimpel m, Leichtgläubige(r m) f; **II** v/t. **3.** j-n ,reinlegen', ,anschmieren', hinters Licht führen.

du·ple ['djuːpl] adj. zweifach: ~ **ratio** ☞ doppeltes Verhältnis; ~ **time** ♪ Zweiertakt m; **'du·plex** [-leks] **I** adj. mst ⊕ doppelt, Doppel..., a. ⚡ Duplex...: ~ **apartment** → II b; ~ **burner** Doppelbrenner m; ~ **house** → II a; ~ **telegraphy** Gegensprech-, Duplextelegraphie f; **II** s. Am. a) 'Zweifa,milien-, Doppelhaus n, b) Maiso'nette f.

du·pli·cate ['djuːplɪkət] **I** adj. **1.** doppelt, Doppel...: ~ **proportion** ☞ doppeltes Verhältnis; **2.** genau gleich od. entsprechend, Duplikat...: ~ **key** Nachschlüssel m; ~ **part** Ersatzteil n; ~ **production** Reihen-, Serienfertigung f; **II** s. **3.** Dupli'kat n, Doppel n, Zweitschrift f; **4.** doppelte Ausfertigung: **in** ~; **5.** ✝ a) Se'kundawechsel m, b) Pfandschein m; **6.** Seitenstück n, Ko-'pie f; **III** v/t. [-keit] **7.** verdoppeln, im Dupli'kat herstellen; **8.** ein Dupli'kat anfertigen von; **9.** kopieren, abschreiben; **10.** ver'vielfältigen, 'umdrucken; **11.** fig. et. 'nachvollziehen; wieder'holen; **du·pli·ca·tion** [ˌdjuːplɪ'keɪʃn] s. **1.** Verdoppelung f; Ver'vielfältigung f; 'Umdruck m; **2.** Wieder'holung f; **'du·pli·ca·tor** [-keɪtə] s. Ver'vielfältigungsappa,rat m; **du·plic·i·ty** [djuː'plɪsətɪ] s. **1.** Doppelzüngigkeit f, Falschheit f; **2.** Duplizi'tät f.

du·ra·bil·i·ty [ˌdjuərə'bɪlətɪ] s. **1.** Dauer (-haftigkeit) f; **2.** Haltbarkeit f; **du·ra·ble** ['djuərəbl] **I** adj. □ **1.** dauerhaft; **2.** haltbar, ✝ a. langlebig: ~ **goods** → II s. pl. ✝ Gebrauchsgüter pl.

du·ral·u·min [djuə'ræljumɪn] s. Du'ral n, 'Duralu,min n.

du·ra·tion [djuə'reɪʃn] s. Dauer f: **for the** ~ a) bis zum Ende, b) F für die Dauer des Krieges.

du·ress [djuə'res] s. ☆☆ **1.** Zwang m (a. fig.), Nötigung f: **act under** ~ unter Zwang handeln; **2.** Freiheitsberaubung f.

dur·ing ['djuərɪŋ] prp. während: ~ **the night** während (od. in od. im Laufe) der Nacht.

durst [dɜːst] pret. obs. von **dare**.

dusk [dʌsk] **I** s. (Abend)Dämmerung f: **at** ~ bei Einbruch der Dunkelheit; **II** adj. poet. düster; **'dusk·y** [-kɪ] adj. □ **1.** dunkel (a. Hautfarbe); **2.** dunkelhäutig.

dust [dʌst] **I** s. **1.** Staub m: **bite the** ~ fig. ins Gras beißen; **raise a** ~ a) e-e Staubwolke aufwirbeln, b) fig. viel Staub aufwirbeln; **the** ~ **has settled** fig. die Aufregung hat sich gelegt; **shake the** ~ **off one's feet** fig. a) den Staub von seinen Füßen schütteln, b) entrüstet weggehen; **throw** ~ **in s.o.'s eyes** fig. j-m Sand in die Augen streuen; **in the** ~ fig. a) im Staube, gedemütigt, b) tot; **lick the** ~ fig. im Staube kriechen; ~ **dry** 12; **2.** Staub u. Asche f, sterbliche 'Überreste pl.: **turn to** ~ **and ashes** zu Staub u. Asche werden, zerfallen; **3.** Brit. a) Müll m, b) Kehricht m, n; **4.** ♀ Blütenstaub m; **5.** (Gold- etc.)Staub m; **6.** Bestäubungsmittel n, Pulver n; **II** v/t. **7.** abstauben; **8.** a. ~ **down** ausbürsten, -klopfen: **s.o.'s jacket** F j-n vermöbeln; **9.** bestreuen, (ein)pudern; **10.** Pulver etc. stäuben, streuen; **'~·bin** [-st-] s. Brit. Mülleimer m; **2.** Mülltonne f; ~ **bowl** s. Am. geogr. Trockengebiet n; **'~·cart** [-st-] s. Brit. Müllwagen m; ~ **cloth** s. Am. Staubtuch n; **'~·coat** [-st-] s. Staubmantel m; ~ **cov·er** s. **1.** 'Schutz,umschlag m (um Bücher); **2.** Schonbezug m.

dust·er ['dʌstə] s. **1.** Staubtuch n, -wedel m; **2.** Streudose f; **3.** Staubmantel m.

dust·ing ['dʌstɪŋ] s. **1.** Abstauben n; **2.** (Ein)Pudern n: ~ **powder** Körperpuder m; **3.** sl. Abreibung f, (Tracht f) Prügel pl.

dust| jack·et → **dust cover** 1; **'~·man** [-tmən] s. [irr.] Brit. Müllmann m; **'~·pan** [-st-] s. Kehrichtschaufel f; **'~·proof** adj. staubdicht; ~ **trap** s. ,Staubfänger' m; **'~·up** s. F **1.** ,Krach' m; **2.** (handgreifliche) Ausein'andersetzung.

dust·y ['dʌstɪ] adj. □ **1.** staubig; **2.** sandfarben; **3.** fig. verstaubt, fade: **not so** ~ F gar nicht so übel; **4.** vage, unklar.

Dutch [dʌtʃ] **I** adj. **1.** holländisch, niederländisch: **talk to s.o. like a** ~ **uncle** j-m e-e Standpauke halten; **2.** sl. deutsch; **II** adv. **3.** **go** ~ F getrennte Kasse machen; **4.** sl. **ling.** Niederländisch n, das Holländische: **that's all** ~ **to me** das sind für mich böhmische Dörfer; **5.** sl. Deutsch n; **6.** **the** ~ pl. a) die Holländer pl., b) sl. die Deutschen pl.: **that beats the** ~! F das ist ja die Höhe!; **7. be in** ~ **with s.o.** F bei j-m ,unten durch' sein; **8. my old** ~ sl. meine ,Alte' (Ehefrau); ~ **cour·age** s. F angetrunkener Mut.

'Dutch|·man [-mən] s. [irr.] **1.** Holländer m, Niederländer m: **I'm a** ~ **if** F ich lass' mich hängen, wenn; **... or I'm a** ~ F ... oder ich will Hans heißen; **2.** Am. sl. Deutsche(r) m; ~ **tile** s. glasierte Ofenkachel f; ~ **treat** s. F Essen n etc., bei dem jeder für sich bezahlt; **'~·wom·an** s. [irr.] Holländerin f, Niederländerin f.

du·te·ous ['djuːtjəs] → **dutiful**; **'du·ti·a·ble** [-jəbl] adj. zoll- od. steuerpflichtig; **'du·ti·ful** [-tɪful] adj. □ **1.** pflichttreu; **2.** gehorsam; **3.** pflichtgemäß.

du·ty ['dju:tɪ] *s.* **1.** Pflicht *f*, Schuldigkeit *f* (*to, towards* gegen['über]): *do one's* ~ s-e Pflicht tun (*by s.o.* an j-m); (*as*) *in* ~ *bound* a) pflichtgemäß, b) *a.* ~*bound* verpflichtet (*et. zu tun*); ~ *call* Pflichtbesuch *m*; **2.** Pflicht *f*, Aufgabe *f*, Amt *n*; **3.** (amtlicher) Dienst: *on* ~ diensthabend, -tuend, im Dienst; *be on* ~ Dienst haben, im Dienst sein; *be off* ~ dienstfrei haben; ~ *chemist* dienstbereite Apotheke; ~ *doctor* ⚕ Bereitschaftsarzt *m*: ~ *officer* ✕ Offizier *m* vom Dienst; ~ *solicitor* ⚖ *Brit.* Offizialverteidiger *m*; *do* ~ *for* a) *j-n* vertreten, b) *fig.* dienen *od.* benutzt werden als; **4.** Ehrerbietung *f*; **5.** ⊕ a) (Nutz-)Leistung *f*, b) Arbeitsweise *f*, c) Funkti'on *f*; **6.** ✝ a) Abgabe *f*, b) Gebühr *f*, c) Zoll *m*: ~ *on exports* Ausfuhrzoll; ~*-free* zollfrei; ~*-free shop* Duty-free-Shop *m*; ~*-paid* verzollt; *pay* ~ *on et.* verzollen *od.* versteuern.

du·um·vi·rate [dju:'ʌmvɪrət] *s.* Duumvi-'rat *n*.

dwarf [dwɔːf] **I** *pl. mst* **dwarv·es** [-vz] *s.* **1.** Zwerg(in) (*a. fig.*); **2.** ♀, *zo.* Zwergpflanze *f od.* -tier *n*; **II** *adj.* **3.** *bsd.* ♀, *zo.* Zwerg...; **III** *v/t.* **4.** verkümmern lassen, in der Entwicklung hindern *od.* hemmen (*beide a. fig.*); **5.** klein erscheinen lassen: *be* ~*ed by* verblassen neben (*dat.*); **6.** *fig.* in den Schatten stellen; **'dwarf·ish** [-fɪʃ] *adj.* ▢ zwergenhaft, winzig.

dwell [dwel] *v/i.* [*irr.*] **1.** wohnen, leben; **2.** *fig.* ~ *on* verweilen bei, näher eingehen auf (*acc.*), Nachdruck legen auf (*acc.*); **3.** ~ *on* ♪ *Ton* (aus)halten; **4.** ~ *in* begründet sein in (*dat.*); **'dwell·er** [-lə] *s. mst in Zssgn* Bewohner(in); **'dwell·ing** [-lɪŋ] *s. a.* ~ *place* Wohnung *f*, Wohnsitz *m*; ~ *house* Wohnhaus *n*; ~ *unit* Wohneinheit *f*.

dwelt [dwelt] *pret. u. p.p.* von **dwell**.

dwin·dle ['dwɪndl] *v/i.* abnehmen, schwinden, (zs.-)schrumpfen: ~ *away* dahinschwinden.

dye [daɪ] **I** *s.* **1.** Farbstoff *m*, Farbe *f*; **2.** ⊕ Färbeflüssigkeit *f*; **3.** (Haar)Färbemittel *n*; **4.** Färbung *f* (*a. fig.*): *of the deepest* ~ übelster Sorte; **II** *v/t.* **5.** färben: ~*d-in-the-wool* in der Wolle gefärbt, *fig.* waschecht, *Politiker etc.* durch und durch; **III** *v/i.* **6.** sich färben (lassen); **'dye·house** *s.* Färbe'rei *f*.

dy·er ['daɪə] *s.* Färber *m*; ~*'s oak s.* ♀ Färbereiche *f*.

'dye|-stuff *s.* Farbstoff *m*; **'~-works** *s. pl. oft sg. konstr.* Färbe'rei *f*.

dy·ing ['daɪɪŋ] *adj.* **1.** sterbend: *be* ~ im Sterben liegen; ~ *wish* letzter Wunsch; ~ *words* letzte Worte; *to my* ~ *day* bis an mein Lebensende; **2.** *a. fig.* aussterbend: ~ *tradition*; **3.** a) ersterbend (*Stimme*), b) verhallend; **4.** schmachtend (*Blick*).

dyke [daɪk] *s.* **1.** → *dike¹*; **2.** *sl.* ‚Lesbe' *f* (*Lesbierin*).

dy·nam·ic [daɪ'næmɪk] *adj.* (▢ ~*ally*) dy'namisch (*a. allg. fig.*); **dy'nam·ics** [-ks] *s. pl. sg. konstr.* **1.** Dy'namik *f*: a) *phys. Bewegungslehre*, b) *fig.* Schwung *m*, Kraft *f*; **2.** *fig.* Triebkraft *f*, treibende Kraft; **dy·na·mism** ['daɪnəmɪzəm] *s.* **1.** *phls.* Dyna'mismus *m*; **2.** dy'namische Kraft, Dy'namik *f*.

dy·na·mite ['daɪnəmaɪt] **I** *s.* **1.** Dyna'mit *n*; **2.** F a) Zündstoff *m*, 'hochbri,sante Sache, b) gefährliche Per'son *od.* Sache, c) ‚tolle' Person *od.* Sache, *e-e* ‚Wucht'; **II** *v/t.* **3.** (mit Dyna'mit) sprengen; **'dy·na·mit·er** [-tə] *s.* Sprengstoffattentäter *m*.

dy·na·mo ['daɪnəməʊ] *s.* **1.** ⚡ Dy'namo (-ma,schine *f*) *m*, 'Gleichstrom-, 'Lichtma,schine *f*; **2.** *fig.* ‚Ener'giebündel' *n*; **~-e·lec·tric** [,daɪnəməʊ'lektrɪk] *adj.* (▢ ~*ally*) *phys.* e'lektrody,namisch; **,dy·na'mom·e·ter** [-'mɒmɪtə] *s.* ⊕ Dynamo'meter *n*, Kraftmesser *m*.

dy·nas·tic [dɪ'næstɪk] *adj.* (▢ ~*ally*) dy-'nastisch; **dy·nas·ty** ['dɪnəstɪ] *s.* Dyna-'stie *f*, Herrscherhaus *n*.

dyne [daɪn] *s. phys.* Dyn *n* (*Krafteinheit*).

dys·en·ter·y ['dɪsntrɪ] *s.* Dysente'rie *f*, Ruhr *f*.

dys·func·tion [dɪs'fʌŋkʃn] *s.* ✻ Funkti'onsstörung *f*.

dys·lex·i·a [dɪs'leksɪə] *s.* ✻ Dysle'xie *f*, Lesestörung *f*.

dys·pep·si·a [dɪs'pepsɪə] *s.* ✻ Dyspe'psie *f*, Verdauungsstörung *f*; **dys'pep·tic** [-ptɪk] **I** *adj.* **1.** ✻ dys'peptisch; **2.** *fig.* mißgestimmt; **II** *s.* **3.** Dys'peptiker (-in).

dys·tro·phy ['dɪstrəfɪ] *s.* ✻ Dystro'phie *f*, Ernährungsstörung *f*.

E

E, e [iː] *s.* **1.** E *n*, e *n* (*Buchstabe*); **2.** ♪ E *n*, e *n* (*Note*); **3.** *ped. Am.* Fünf *f*, Mangelhaft *n* (*Note*).

each [iːtʃ] **I** *adj.* jeder, jede, jedes: **~ man** jeder (Mann); **~ one** jede(r) einzelne; **~ and every one** jeder einzelne, all u. jeder; **II** *pron.* (ein) jeder, (e-e) jede, (ein) jedes: **~ of us** jede(r) von uns; **~ has a car** jede(r) hat ein Auto; **~ other** einander, sich (gegenseitig); **III** *adv.* je, pro Per'son *od.* Stück: **a penny ~** je e-n Penny.

ea·ger ['iːgə] *adj.* ☐ **1.** eifrig: **~ beaver** F Übereifrige(r) *n*, „Arbeitspferd' *n*; **2.** (*for, after, to inf.*) begierig (auf *acc.*, nach, zu *inf.*), erpicht (auf *acc.*); **3.** begierig, gespannt: **an ~ look**; **4.** heftig (*Begierde etc.*); **'ea·ger·ness** [-nıs] *s.* Eifer *m*; Begierde *f*; Ungeduld *f*.

ea·gle ['iːgl] *s.* **1.** *orn.* Adler *m*; **2.** *Am.* goldenes Zehn'dollarstück; **3.** *pl.* ✕ Adler *m* (*Rangabzeichen e-s Obersten der US-Armee*); **4.** Golf: Eagle *n* (*zwei Schläge unter Par*); ˌ~'**eyed** *adj.* adleräugig, scharfsichtig; **~ owl** *s. orn.* Uhu *m*.

ea·glet ['iːglıt] *s. orn.* junger Adler.

ea·gre ['eıgə] *s.* Flutwelle *f*.

ear¹ [ıə] *s.* **1.** *anat.* Ohr *n*: **up to the ~s** F bis über die Ohren; **a word in your ~** ein Wort im Vertrauen; **be all ~s** ganz Ohr sein; **bring s.th. about one's ~s** sich et. einbrocken *od.* auf den Hals laden; **not to believe one's ~s** s-n Ohren nicht trauen; **his ~s were burning** ihm klangen die Ohren; **have one's ~ to the ground** F die Ohren offenhalten; **set by the ~s** gegeneinander aufhetzen; **fall on deaf ~s** auf taube Ohren stoßen; **turn a deaf ~ to** taub sein gegen; **it came to my ~s** es kam mir zu Ohren; **2.** *fig.* Gehör *n*, Ohr *n*: **by ~** nach dem Gehör; **play by ~** nach dem Gehör spielen, improvisieren; **play it by ~** *fig.* (es) von Fall zu Fall entscheiden, es darauf ankommen lassen; **have a good ~** ein feines Gehör haben; **an ~ for music** musikalisches Gehör, *weitS.* Sinn *m* für Musik; **3.** *fig.* Gehör *n*, Aufmerksamkeit *f*: **give** (*od.* **lend**) **one's ~ to s.o.** j-m Gehör schenken; **have s.o.'s ~** j-s Vertrauen genießen; **4.** Henkel *m*; Öse *f*, Öhr *n*.

ear² [ıə] *s.* (Getreide)Ähre *f*, (Mais-) Kolben *m*.

ear|·ache ['ıəreık] *s.* ⚕ Ohrenschmerzen *pl.*; ˌ~'**catch·er** *s.* eingängige Melo'die; '~**drops** *s. pl.* **1.** Ohrgehänge *n*; **2.** ⚕ Ohrentropfen *pl.*; '~**drum** *s. anat.* Trommelfell *n*; '~**ful** [-fʊl] *s.*: **get an ~** F ˌet. zu hören bekommen'.

earl [ɜːl] *s.* (brit.) Graf *m*: ♙ **Marshal** Großzeremonienmeister *m*; '**earl·dom** [-dəm] *s.* **1.** Grafenwürde *f*; **2.** *hist.* Grafschaft *f*.

ear·li·er ['ɜːlıə] *comp. von* **early**; **I** *adv.* früher, 'vorher; **II** *adj.* früher, vergangen; '**ear·li·est** [-ııst] *sup. von* **early**; **I** *adv.* am frühesten, frühestens; **II** *adj.* frühest: **at the ~** frühestens; → **convenience** 1; '**ear·li·ness** [-nıs] *s.* **1.** Frühe *f*, Frühzeitigkeit *f*; **2.** Frühaufstehen *n*.

'ear·lobe *s.* Ohrläppchen *n*.

ear·ly ['ɜːlı] **I** *adv.* **1.** früh(zeitig): **~ in the day** früh am Tag; **as ~ as May** schon im Mai; **~ on** a) schon früh(zeitig), b) bald; **2.** bald: **as ~ as possible** so bald wie möglich; **3.** am Anfang; **4.** zu früh: **he arrived five minutes ~**; **5.** früher: **he left five minutes ~**; **II** *adj.* **6.** früh(zeitig): **at an ~ hour** zu früher Stunde; **in his ~ days** in s-r Jugend; **it's ~ days yet** *fig.* es ist noch früh am Tage; **~ fruit** Frühobst *n*; **~ history** Frühgeschichte *f*, **~ riser** Frühaufsteher(in); → **bird** 1; **7.** anfänglich, Früh...: **the ~ Christians** die ersten Christen; **8.** vorzeitig, zu früh: **an ~ death**; **you are ~ today** du bist heute (et.) zu früh (dran); **9.** baldig, schnell: **an ~ reply**; **~ morn·ing tea** *s. e-e* Tasse Tee(, die morgens ans Bett gebracht wird); **~ warn·ing sys·tem** *s.* ✕ 'Frühwarnsysˌtem *n*.

'ear|·mark I *s.* **1.** Ohrmarke *f* (*Vieh*); **2.** *fig.* Kennzeichen *n*, Merkmal *n*; **3.** Eselsohr *n*; **II** *v/t.* **4.** kenn-, bezeichnen; **5.** *Geld etc.* bestimmen, vorsehen, zu-'rücklegen (*for* für): **~ed** zweckgebunden (*Mittel etc.*); '**~muff** *s.* Ohrenschützer *m*.

earn [ɜːn] *v/t.* **1.** *Geld etc.* verdienen (a. *fig.*): **~ed income** Arbeitseinkommen *n*; **~ing capacity** Ertragsfähigkeit *f*; **~ing power** a) Erwerbsfähigkeit *f*, b) Ertragsfähigkeit *f*; → **value** Ertragswert *m*; **a well-~ed rest** e-e wohlverdiente Ruhepause; **2.** *fig.* (sich) et. verdienen, *Lob etc.* ernten.

ear·nest¹ ['ɜːnıst] *s.* **1.** *a.* **~ money** Handgeld *n*, Anzahlung *f* (*of* auf *acc.*): **in ~** als Anzahlung; **2.** *fig.* Zeichen *n* (*des guten Willens etc.*); **3.** *fig.* Vorgeschmack *m*.

ear·nest² ['ɜːnıst] **I** *adj.* ☐ **1.** ernst; **2.** ernst-, gewissenhaft; **3.** ernstlich: a) ernst(gemeint), b) dringend, c) ehrlich, aufrichtig; **II** *s.* Ernst *m*: **in good ~** in vollem Ernst; **are you in ~?** ist das Ihr Ernst?; **be in ~ about s.th.** es ernst meinen mit et.; '**ear·nest·ness** [-nıs] *s.* Ernst(haftigkeit *f*) *m*.

earn·ings ['ɜːnıŋz] *s. pl.* Verdienst *m*: a)

Einkommen *n*, Lohn *m*, Gehalt *n*, b) Einnahmen *pl.*, Gewinn *m*.

'ear|·phone *s.* **1.** a) Ohrhörer *m* *od.* -muschel *f*, b) Kopfhörer *m*; **2.** a) Haarschnecke *f*, b) *pl.* 'Schneckenfriˌsur *f*; '**~piece** *s.* **1.** Ohrenklappe *f*; **2.** a) *teleph.* Hörmuschel *f*, b) → **earphone** 1; **3.** (Brillen)Bügel *m*; '**~pierc·ing** *adj.* ohrenzerreißend; '**~ring** *s.* Ohrring *m*; '**~shot** *s.*: **within** (**out of**) **~** in (außer) Hörweite; '**~split·ting** *adj.* ohrenzerreißend.

earth [ɜːθ] **I** *s.* **1.** Erde *f*, Erdball *m*, Welt *f*: **on ~** auf Erden, auf der Erde; **why on ~?** F warum in aller Welt?; **cost the ~** *fig.* ein Vermögen kosten; **2.** *das* (trockene) Land; Erde *f*, (Erd-) Boden *m*: **down to ~** *fig.* nüchtern, prosaisch, rea'listisch; **come back to ~** auf den Boden der Wirklichkeit zurückkehren; **3.** 🦊 Erde *f*: **rare ~s** seltene Erden; **4.** (*Fuchs- etc.*)Bau *m*: **run to ~** a) *hunt.* Fuchs etc. bis in s-n Bau verfolgen (*Hund, Frettchen*), b) *fig.* aufstöbern, herausfinden, a. j-n zur Strecke bringen; **gone to ~** *fig.* untergetaucht; **5.** ⚡ *Brit.* a) Erdung *f*, Erde *f*, Masse *f*, b) Erdschluß *m*; **II** *v/t.* **6.** *mst* **~ up** ☀ mit Erde bedecken, häufeln; **7.** ⚡ *Brit.* erden; '**~born** *adj.* staubgeboren, irdisch, sterblich; '**~bound** *adj.* erdgebunden.

earth·en ['ɜːθn] *adj.* irden, tönern, Ton...; '**~ware I** *s.* Steingut(geschirr) *n*, Töpferware *f*; **II** *adj.* Steingut..., Ton...

earth·i·ness ['ɜːθınıs] *fig.* Derbheit *f*, Urigkeit *f*.

earth·ling ['ɜːθlıŋ] *s.* a) Erdenbürger (-in), b) *Science Fiction:* Erdbewohner (-in); '**earth·ly** [-lı] *adj.* **1.** irdisch, weltlich: **~ joys**; **2.** F begreiflich: **no ~ reason** kein erfindlicher Grund; **of no ~ use** völlig unnütz; **you haven't an ~** (**chance**) du hast nicht die geringste Chance.

earth| moth·er *s. fig.* Urweib *n*; '**~ˌmov·ing** *adj.* ⚙ Erdbewegungs...: **~ equipment**; '**~quake** *s.* **1.** Erdbeben *n*; **2.** *fig.* 'Umwälzung *f*, Erschütterung *f*; '**~ˌshak·ing** *adj.* *fig.* welterschütternd; **~ trem·or** *s.* leichtes Erdbeben; '**~ward(s)** [-wəd(z)] *adv.* erdwärts; **~ wave** *s.* **1.** Bodenwelle *f*; **2.** Erdbebenwelle *f*; '**~worm** *s.* Regenwurm *m*.

earth·y ['ɜːθı] *adj.* **1.** erdig, Erd...; **2.** weltlich *od.* materi'ell (gesinnt); **3.** *fig.* a) grob, b) derb, ro'bust, urig (*Person, Humor etc.*).

ear| trum·pet *s.* ⚕ Hörrohr *n*; '**~wax** *s.* Ohrenschmalz *n*; '**~wig** *s. zo.* Ohrwurm *m*; ˌ~'**wit·ness** *s.* Ohrenzeuge *m*.

ease [iːz] **I** *s.* **1.** Bequemlichkeit *f*, Behagen *n*, Wohlgefühl *n*: *at* (*one's*) ~ a) ruhig, entspannt, gelöst, b) behaglich, c) gemächlich, d) ungeniert, ungezwungen, wie zu Hause; *take one's* ~ es sich bequem machen; *be* (*od. feel*) *at* ~ sich wohl *od.* wie zu Hause fühlen; **2.** Gemächlichkeit *f*, *innere* Ruhe, Sorglosigkeit *f*, Entspannung *f*: *ill at* ~ unbehaglich, unruhig; *put* (*od. set*) *s.o. at* ~ a) j-n beruhigen, b) j-m die Befangenheit nehmen; **3.** Ungezwungenheit *f*, Na-'türlichkeit *f*, Zwanglosigkeit *f*, Freiheit *f*: *live at* ~ in guten Verhältnissen leben; *at* ~*!* ✕ rührt euch!; **4.** Linderung *f*, Erleichterung *f*; **5.** Spielraum *m*, Weite *f*; **6.** Leichtigkeit *f*: *with* ~ bequem, mühelos; **7.** ✝ a) Nachgeben *n* (*Preise*), b) Flüssigkeit *f* (*Kapital*); **II** *v/t.* **8.** erleichtern, beruhigen: ~ *one's mind* sich erleichtern *od.* beruhigen; **9.** *Schmerzen* lindern; **10.** lockern, entspannen (*beide a. fig.*); **11.** sacht *od.* vorsichtig bewegen *od.* manövrieren: ~ *one's foot into the shoe* vorsichtig in den Schuh fahren; **12.** *mst* ~ *down die Fahrt etc.* verlangsamen, vermindern; **III** *v/i.* **13.** erleichtern; **14.** *mst* ~ *off od. up* a) nachlassen, sich abschwächen (*a.* ✝ *Preise*), b) sich entspannen (*Lage*); c) (*bei der Arbeit*) kürzertreten, d) weniger streng sein (*on* zu).

ea·sel ['iːzl] *s. paint.* Staffe'lei *f*.

ease·ment ['iːzmənt] *s.* ⚖ Grunddienstbarkeit *f*.

eas·i·ly ['iːzɪlɪ] *adv.* **1.** leicht, mühelos, bequem, glatt; **2.** a) sicher, durchaus, b) bei weitem; **'eas·i·ness** [-ɪnɪs] *s.* **1.** Leichtigkeit *f*. **2.** Ungezwungenheit *f*, Zwanglosigkeit *f*; **3.** Leichtfertigkeit *f*; **4.** Bequemlichkeit *f*.

east [iːst] **I** *s.* **1.** Osten *m*: (*to the*) ~ *of* östlich von; ~ *by north* ⚓ Ost zu Nord; **2.** *a.* ♐ Osten *m*: *the* ♐ a) *Brit.* Ostengland *m*, b) *Am.* die Oststaaten *pl.*, c) *pol.* der Osten, d) *der Orient*, e) *hist.* das Oströmische Reich; **3.** *poet.* Ost (-wind) *m*; **II** *adj.* **4.** Ost..., östlich; **III** *adv.* **5.** nach Osten, ostwärts; **6.** ~ *of* östlich von (*od. gen.*); '~**bound** *adj.* nach Osten fahrend *etc.*; ♐ *End s.* Eastend *n* (*Stadtteil Londons*); ¡♐-'**End·er** *s. Bewohner*(*in*) *des East End*.

East·er ['iːstə] *s.* Ostern *n od. pl.*, Osterfest *n*: *at* ~ an *od.* zu Ostern; ~ *Day* Oster(sonn)tag *m*; ~ *egg* Osterei *n*.

east·er·ly ['iːstəlɪ] **I** *adj.* östlich, Ost...; **II** *adv.* von *od.* nach Osten.

east·ern ['iːstən] *adj.* **1.** östlich, Ost...; **2.** ostwärts, Ost...; ♐ *Church s. die griechisch-ortho'doxe Kirche*; ♐ *Em·pire s. hist. das Oströmische Reich.*

east·ern·er ['iːstənə] *s.* **1.** Bewohner (-in) des Ostens e-s Landes; **2.** ♐ *Am.* Oststaatler(in).

'**East·er·tide**, ~ *time s.* Osterzeit *f*.

East In·di·a·man *s.* [*irr.*] *hist.* Ost'indienfahrer *m* (*Schiff*).

East Side *s. Am. Ostteil von Manhattan.*

east·ward ['iːstwəd] *adj. u. adv.* ostwärts, nach Osten, östlich; '~**wards** [-z] *adv.* → *eastward*.

eas·y ['iːzɪ] **I** *adj.* □ → *easily*, **1.** leicht, mühelos: *an* ~ *victory*; ~ *of access* leicht zugänglich *od.* erreichbar; **2.** leicht, einfach: *an* ~ *language*; *an* ~ *task*; ~ *money* leichtverdientes Geld (→ 11 c); **3.** *a.* ~ *in one's mind* ruhig,

---

unbesorgt (*about* um), unbeschwert, sorglos: *I'm* ~ F ich bin mit allem einverstanden; **4.** bequem, leicht, angenehm: *an* ~ *life*; *live in* ~ *circumstances*, F *be on* ~ *street* in guten Verhältnissen leben; *be* ~ *on the ear* (*eye*) F hübsch anzuhören (anzusehen) sein; **5.** frei von Schmerzen *od.* Beschwerden: *feel easier* sich besser fühlen; **6.** gemächlich, gemütlich: *an* ~ *walk*; **7.** nachsichtig (*on* mit); **8.** leicht, mäßig, erträglich: *an* ~ *penalty*; *on* ~ *terms* zu günstigen Bedingungen; *be* ~ *on et.* schonen *od.* nicht belasten; **9.** leichtfertig, b) lokker, frei (*Moral etc.*); **10.** ungezwungen, zwanglos, natürlich, frei: ~ *manners*; ~ *style* leichter *od.* flüssiger Stil; **11.** ✝ a) flau, lustlos (*Markt*), b) wenig gefragt (*Ware*), c) billig (*Geld*); **II** *adv.* **12.** leicht, bequem: ~ *to clean* leicht zu reinigen(d), pflegeleicht; *go* ~, *take it* ~ a) sich Zeit lassen, langsam tun, b) sich nicht aufregen; *take it* ~*!* a) immer mit der Ruhe!, b) keine Bange!; *go* ~ *on* a) j-n *od. et.* sachte anfassen, b) schonend *od.* sparsam umgehen mit; ~*!*, F ~ *does it!* sachte!, langsam!; *stand* ~*!* ✕ rührt euch!; *easier said than done* (das ist) leichter gesagt als getan; ~ *come*, ~ *go* wie gewonnen, so zerronnen; '~**care** *adj.* pflegeleicht; ~ *chair s.* Sessel *m*; '~**go·ing** *adj.* **1.** gelassen; **2.** unbeschwert; **3.** leichtlebig.

eat [iːt] **I** *s.* **1.** *pl.* F ¡Fres'salien' *pl.*, ¡Futter' *n*; **II** *v/t.* [*irr.*] **2.** essen (*Mensch*), fressen (*Tier*): ~ *s.o. out of house and home* j-n arm (fr)essen; ~ *one's words* alles(, was man gesagt hat,) zurücknehmen; *don't* ~ *me* F friß mich nur nicht (gleich) auf!; *what's* ~*ing him?* F was (für e-e Laus) ist ihm über die Leber gelaufen?, was hat er denn?; (*siehe auch die Verbindungen mit anderen Substantiven*); **3.** zerfressen, -nagen (*Säure etc.*) (*a.* (*dat.*)): ~*en by acid* von Säure zerfressen; **4.** fressen, nagen: ~ *holes into s.th.*; **5.** → *eat up*; **III** *v/i.* **6.** essen: ~ *well*; **7.** fressen (*Tier*); **8.** fressen, nagen (*a. fig.*): ~ *into* a) sich (hin)einfressen in (*acc.*), b) *Reserven etc.* angreifen, ein Loch reißen in (*acc.*): ~ *through s.th.* sich durch et. hindurchfressen; **9.** sich essen (lassen): *it* ~*s like beef*;

Zssgn mit adv.:

eat a·way I *v/t.* **1.** *geol.* a) erodieren, auswaschen, b) abtragen; **II** *v/i.* **2.** (tüchtig) zugreifen; **3.** ~ *at* → 1; ~ *out v/i.* auswärts essen, essen gehen; ~ *up v/t.* **1.** aufessen (*Mensch*), auffressen (*Tier*) (*beide a. v/i.*); **2.** *Reserven etc.* verschlingen, völlig aufbrauchen; **3.** j-n verzehren (*Gefühl*): *be eaten up with envy* vor Neid platzen; **4.** F a) ¡fressen', ¡schlucken' (*glauben*), b) j-s Worte verschlingen, c) *et.* mit den Augen verschlingen; **5.** F *Kilometer* ¡fressen' (*Auto*).

eat·a·ble ['iːtəbl] **I** *adj.* eß-, genießbar; **II** *s. mst pl.* Eßwaren *pl.*; **eat·en** ['iːtn] *p.p. von eat*; **eat·er** ['iːtə] *s.* Esser(in): *be a poor* ~ ein schwacher Esser sein.

eat·ing ['iːtɪŋ] **I** *s.* **1.** Essen *n*, Speise *f*; **II** *adj.* **2.** Eß...: ~ *apple*; **3.** *fig.* nagend; zehrend; ~ *house s.* Eßlo¡kal *n*.

eau de Co·logne [¡əʊdəkə'ləʊn] (*Fr.*) *s.* Kölnischwasser *n*.

---

eaves [iːvz] *s. pl.* **1.** Dachgesims *n*, -vorsprung *m*; **2.** Traufe *f*; '~**drop** *v/i.* (heimlich) lauschen *od.* horchen: ~ *on j-n*, *ein Gespräch* belauschen; '~**drop·per** *s.* Horcher(in), Lauscher(in): ~*s hear what they deserve* der Lauscher an der Wand hört s-e eigne Schand.

ebb [eb] **I** *s.* **1.** Ebbe *f*: ~ *and flow* Ebbe u. Flut, *fig. das Hin u. Her der Schlacht etc.*, *das Auf u. Ab der Wirtschaft etc.*; **2.** *fig.* Ebbe *f*, Tiefstand *m*: *at a low* ~ *fig.* auf e-m Tiefstand; **II** *v/i.* **3.** zu'rückgehen (*a. fig.*): ~ *and flow* steigen u. fallen, *fig. a.* kommen u. gehen; **4.** *a.* ~ *away fig.* verebben, abnehmen; ~ *tide* → *ebb* 1 u. 2.

eb·on ['ebən] *poet. für ebony*, '**eb·on·ite** [-naɪt] *s.* Ebo'nit *n* (*Hartkautschuk*); '**eb·on·ize** [-naɪz] *v/t.* schwarz beizen; '**eb·on·y** [-nɪ] **I** *s.* Ebenholz(baum *m*) *n*; **II** *adj.* a) aus Ebenholz, b) (tief-) schwarz.

e·bul·li·ence [ɪ'bʌljəns], **e·bul·li·en·cy** [-sɪ] *s.* **1.** Aufwallen *n* (*a. fig.*); **2.** *fig.* 'Überschäumen *n*, -schwenglichkeit *f*; **e·bul·li·ent** [-nt] *adj.* □ *fig.* sprudelnd, 'überschäumend (*with* von), 'überschwenglich; **eb·ul·li·tion** [¡ebə'lɪʃən] → *ebullience*.

ec·cen·tric [ɪk'sentrɪk] **I** *adj.* (□ ~*ally*) **1.** ⊙, ♉ ex'zentrisch; **2.** *ast.* nicht rund; **3.** *fig.* ex'zentrisch: a) wunderlich, über'spannt, verschroben, b) ausgefallen; **II** *s.* **4.** Ex'zentriker(in); **5.** ⊙ Ex'zenter *m*: ~ *wheel* Exzenterscheibe *f*; **ec·cen·tric·i·ty** [¡eksen'trɪsətɪ] *s.* ⊙, ♉ *u. fig.* Exzentrizi'tät, *fig. a.* Über'spanntheit *f*, Verschrobenheit *f*.

Ec·cle·si·as·tes [ɪ¡kliːzɪ'æstɪːz] *s. bibl.* Ekklesi'astes *m*, der Prediger Salomo; **ec¡cle·si'as·ti·cal** [-tɪkl] *adj.* □ kirchlich, geistlich: ~ *law* Kirchenrecht *n*; **ec¡cle·si·as·ti·cism** [-tɪsɪzəm] *s.* Kirchentum *n*; Kirchlichkeit *f*.

ech·e·lon ['eʃəlɒn] **I** *s.* **1.** ✕ a) Staffel (-ung) *f*, (Angriffs)Welle *f*: *in* ~ staffelförmig, b) ✈ 'Staffelflug *m*, -formati¡on *f*, c) (Befehls)Ebene *f*; **2.** *fig.* Rang *m*, Stufe *f*: *the upper* ~*s* die höheren Ränge; **II** *v/t.* **3.** staffeln, (staffelförmig) gliedern.

e·chi·no·derm [e'kaɪnədɜːm] *s. zo.* Stachelhäuter *m*.

ech·o ['ekəʊ] **I** *pl.* -**oes** *s.* **1.** *a. fig.* Echo *n*, 'Widerhall *m*: (*sympathetic*) ~ Anklang *m*; *find an* ~ ein (...) Echo finden, Anklang finden; *to the* ~ laut, schallend; **2.** *fig.* Echo *n* (*Person*); **3.** ♪ Wieder'holung *f*; **4.** ⚡, *TV*: Echo *n*, *Radar: a.* Schattenbild *n*; **5.** (genaue) Nachahmung *f*; **II** *v/i.* **6.** 'widerhallen (*with* von); **7.** hallen; **III** *v/t.* **8.** Ton zu'rückwerfen, 'widerhallen lassen; **9.** *fig.* 'Widerhall erwecken; **10.** *Worte* echoen; (*j-m*) *et.* nachbeten; **11.** echoen, nachahmen; ~ *sound·er s.* ⚓ Echolot *n*; ~ *sound·ing s.* ⚓ Echolotung *f*.

é·clair [eɪ'kleə] (*Fr.*) *s.* E'clair *n*.

é·clat ['eɪklɑː] (*Fr.*) *s.* **1.** glänzender Erfolg, allgemeiner Beifall, öffentliches Aufsehen *n*; **2.** *fig.* Auszeichnung *f*, Geltung *f*.

ec·lec·tic [e'klektɪk] **I** *adj.* (□ ~*ally*) ek'lektisch; **II** *s.* Ek'lektiker *m*; **ec·lec·ti·cism** [e'klektɪsɪzəm] *s. phls.* Eklekti-'zismus *m*.

e·clipse [ı'klıps] **I** s. **1.** ast. Verfinsterung f, Finsternis f: ~ of the moon Mondfinsternis; partial ~ partielle Finsternis; **2.** Verdunkelung f; **3.** fig. Schwinden n, Niedergang m: in ~ im Schwinden, a. in der Versenkung verschwunden; **II** v/t. **4.** ast. verfinstern; **5.** verdunkeln; **6.** fig. in den Schatten stellen, über'ragen.

ec·logue ['eklɒg] s. Ek'loge f, Hirtengedicht n.

eco- [i:kəʊ] in Zssgn öko'logisch, Umwelt...; Öko...; ¸e·co·ca'tas·tro·phe s. 'Umweltkata¸strophe f; **e·co·cide** ['i:kəʊsaɪd] s. 'Umweltzerstörung f.

ec·o·log·i·cal [¸i:kə'lɒdʒɪkl] adj. □ biol. öko'logisch, Umwelt...: ~ system → ecosystem; ¸ec·o'log·i·cal·ly [-kəlɪ] adv.: ~ harmful (od. noxious) umweltfeindlich; ~ beneficial umweltfreundlich; **e·col·o·gist** [i:'kɒlədʒɪst] s. biol. Öko'loge m; **e·col·o·gy** [i:'kɒlədʒɪ] s. biol. Ökolo'gie f.

e·co·no·met·rics [i¸kɒnə'metrɪks] s. pl. sg. konstr. Ökonome'trie f.

e·co·nom·ic [¸i:kə'nɒmɪk] **I** adj. (□ ~al·ly) **1.** (natio'nal)öko¸nomisch, (volks-) wirtschaftlich, Wirtschafts...: ~ geography Wirtschaftsgeographie f; ~ growth Wirtschaftswachstum n; ~ miracle Wirtschaftswunder n; ~ policy Wirtschaftspolitik f; ~ science → 3; **2.** wirtschaftlich, ren'tabel; **II** s. pl. sg. konstr. **3.** a) Natio'nalökono¸mie f, Volkswirtschaft(slehre) f, b) → economy 4; ¸e·co'nom·i·cal [-kl] adj. □ wirtschaftlich, sparsam, Person a. haushälterisch: be ~ with s.th. mit et. haushalten od. sparsam umgehen.

e·con·o·mist [ı'kɒnəmɪst] s. **1.** a. political ~ Volkswirt(schaftler) m, Natio'nalöko¸nom m; **2.** sparsamer Wirtschafter, guter Haushälter; **e'con·o·mize** [-maɪz] **I** v/t. **1.** sparsam 'umgehen mit, haushalten mit, sparen; **2.** nutzbar machen; **II** v/i. **3.** sparen: a) sparsam wirtschaften, Einsparungen machen: ~ on → 1, b) sich einschränken (in in dat.); **e'con·o·miz·er** [-maɪzə] s. **1.** haushälterischer Mensch; **2.** ⊗ Sparanlage f, bsd. Wasser-, Luftvorwärmer m; **e-con·o·my** [ı'kɒnəmɪ] **I** s. **1.** Sparsamkeit f, Wirtschaftlichkeit f; **2.** fig. sparsame Anwendung, Sparsamkeit f in den (künstlerischen) Mitteln: ~ of style knapper Stil; **3.** a) Sparmaßnahme f, b) Einsparung f, c) Ersparnis f; **4.** ✝ 'Wirtschaft(ssy¸stem n od. -lehre f) f: political ~ → economic 3a; **5.** Sy'stem n, Aufbau m, Gefüge n; **II** adj. **6.** Spar...: ~ bottle; ~ class ✈ Economyklasse f; ~ drive Sparmaßnahmen pl.; ~-priced preisgünstig, billig, Billig...

'e·co¸pol·i·cy s. 'Umweltpoli¸tik f; **'¸~sys·tem** s. biol. 'Ökosy¸stem n; **'¸~type** s. biol. Öko'typus m.

ec·ru ['eɪkru:] adj. e'krü, na'turfarben, ungebleicht (Stoff).

ec·sta·size ['ekstəsaɪz] v/t. (u. v/i.) in Ek'stase versetzen (geraten).

ec·sta·sy ['ekstəsɪ] s. **1.** Ek'stase f, Verzückung f, Rausch m, (Taumel m der) Begeisterung f: go into ecstasies over in Verzückung geraten über (acc.), hingerissen sein von; **2.** Aufregung f; **3.** ♣ Ek'stase f, krankhafte Erregung; **ec·stat·ic** [ık'stætɪk] adj. (□ ~ally) **1.**

ek'statisch, verzückt, begeistert, hingerissen; **2.** entzückend, hinreißend.

ec·to·blast ['ektəʊblɑ:st], **'ec·to·derm** [-dɜ:m] s. biol. Ekto'derm n, äußeres Keimblatt; **'ec·to·plasm** [-plæzəm] s. biol. u. Spiritismus: Ekto'plasma n.

ec·u·men·i·cal [¸i:kju:'menɪkl] adj. bsd. eccl. öku'menisch: ~ council a) R.C. ökumenisches Konzil, b) Weltkirchenrat m.

ec·ze·ma ['eksɪmə] s. ♣ Ek'zem n.

E-Day ['i:deɪ] s. pol. Tag des Beitritts Großbritanniens zur EWG.

ed·dy ['edɪ] **I** s. (Wasser-, Luft)Wirbel m, Strudel m (a. fig.); **II** v/i. (um'her-) wirbeln.

e·del·weiss ['eɪdlvaɪs] s. ♣ Edelweiß n.

e·de·ma [i:'di:mə] → oedema.

E·den ['i:dn] s. bibl. (der Garten) Eden n, das Para'dies (a. fig.).

edge [edʒ] **I** s. **1.** a) a. cutting ~ Schneide f, b) Schärfe f (der Klinge): the knife has no ~ das Messer schneidet nicht; put an ~ on s.th. et. schärfen od. schleifen; take the ~ off a) Messer etc. stumpf machen, b) fig. e-r Sache die Spitze abbrechen, die Schärfe nehmen; **2.** fig. Schärfe f, Spitze f, Heftigkeit f: give an ~ to s.th. et. verschärfen od. in Schwung bringen; not to put too fine an ~ on it kein Blatt vor den Mund nehmen; he is (od. his nerves are) on ~ er ist gereizt od. nervös; **3.** Ecke f, Zacke f, (scharfe) Kante; Grat m: ~ of a chair Stuhlkante; set (up) on ~ hochkant stellen; → tooth 1; **4.** Rand m, Saum m, Grenze f: the ~ of the lake der Rand od. das Ufer des Sees; ~ of a page Rand e-r (Buch)Seite; on the ~ of a) am Rande (der Verzweiflung etc.), an der Schwelle (gen.), kurz vor (dat.), b) im Begriff (of doing zu tun); **5.** Schnitt m (Buch); → gilt-edged 1; **6.** F Vorteil m: have the ~ on (od. over) s.o. e-n Vorteil gegenüber j-m haben, j-m ¸voraus' od. ¸über' sein; **II** v/t. **7.** schärfen, schleifen; **8.** um'säumen, um'randen; begrenzen, einfassen; **9.** ⊗ beschneiden, abkanten; **10.** langsam schieben, rücken, drängen: ~ o.s. into s.th. sich in et. (hinein)drängen; **III** v/i. **11.** sich wohin schieben od. drängen; Zssgn mit adv.:

edge¦ a·way v/i. **1.** (langsam) wegrükken; **2.** wegschleichen; **~ in I** v/t. einschieben; **II** v/i. sich hin'eindrängen od. -schieben; **~ off** → edge away; **~ on** v/t. j-n antreiben; **~ out** v/t. (v/i. sich) hin'ausdrängen.

edged [edʒd] adj. **1.** schneidend, scharf; **2.** in Zssgn ...schneidig; **3.** eingefaßt, gesäumt; **4.** in Zssgn ...randig; **~ tool** s. **1.** → edge tool; **2.** play with edge(d) tools fig. mit dem Feuer spielen.

edge¦ tool s. Schneidewerkzeug n; **'¸~ways** [-weɪz], **'¸~wise** [-waɪz] adv. a) seitlich, mit der Kante nach oben od. vorn, b) hochkant(ig): I couldn't get a word in ~ fig. ich bin kaum zu Wort gekommen.

edg·ing ['edʒɪŋ] s. Rand m, Besatz m, Einfassung f, Borte f; **edg·y** ['edʒɪ] adj. **1.** kantig, scharf; **2.** fig. ner'vös, gereizt; **3.** paint. scharflinig.

ed·i·bil·i·ty [¸edı'bılətɪ] s. Eß-, Genießbarkeit f; **ed·i·ble** ['edıbl] **I** adj. eß-, genießbar: ~ oil Speiseöl n; **II** s. pl.

Eßwaren pl.

e·dict ['i:dɪkt] s. Erlaß m, hist. E'dikt n.

ed·i·fi·ca·tion [¸edıfı'keıʃn] s. fig. Erbauung f.

ed·i·fice ['edıfıs] s. a. fig. Gebäude n, Bau m; **'ed·i·fy** [-faı] v/t. fig. erbauen, aufrichten; **'ed·i·fy·ing** [-faııŋ] adj. □ erbaulich (a. iro.).

ed·it ['edıt] v/t. **1.** Texte etc. a) her'ausgeben, edieren, b) redigieren, druckfertig machen; **2.** Zeitung als Her'ausgeber leiten; **3.** Buch etc. bearbeiten, zur Ver'öffentlichung fertigmachen; kürzen; Film, Tonband schneiden: ~ out a) her'ausstreichen, b) herausschneiden; ~ ing table TV Schneidetisch m; **4.** Computer: Daten aufbereiten; **5.** fig. zu'rechtstutzen; **e·di·tion** [ı'dıʃn] s. **1.** Ausgabe f: pocket ~ Taschen(buch)ausgabe; morning ~ Morgenausgabe (Zeitung); **2.** Auflage f: first ~ erste Auflage, Erstdruck m, -ausgabe f (Buch); run into 20 ~s 20 Auflagen erleben; **3.** fig. (kleinere etc.) Ausgabe f; **'ed·i·tor** [-tə] s. **1.** a. ~ in chief Her'ausgeber(in) (e-s Buchs etc.); **2.** Zeitung: a) a. ~ in chief 'Chefredak¸teur (-in), b) Redak'teur(in): the ~s die Redaktion; **3.** Film, TV: Cutter(in); **ed·i·to·ri·al** [¸edı'tɔ:rıəl] **I** adj. □ **1.** Herausgeber...; **2.** redaktio'nell, Redaktions...: ~ staff Redaktion f; **II** s. **3.** 'Leitar¸tikel m; **ed·i·to·ri·al·ize** [¸edı-'tɔ:rıəlaız] v/i. (e-n) 'Leitar¸tikel schreiben; **'ed·i·tor·ship** [-təʃıp] s. Positi'on f e-s Her'ausgebers od. ('Chef)Redak¸teurs; **'ed·i·tress** [-trıs] s. Her'ausgeberin f etc. (→ editor).

ed·u·cate ['edju:keıt] v/t. erziehen (a. weitS. to zu), unter'richten, (aus)bilden: he was ~d at ... er besuchte die (Hoch)Schule in ...; **'ed·u·cat·ed** [-tıd] adj. **1.** gebildet; **2.** an ~ guess e-e fundierte Annahme.

ed·u·ca·tion [¸edju:'keıʃn] s. **1.** Erziehung f (a. weitS. to zu demokratischem Denken etc.), (Aus)Bildung f; **2.** (erworbene) Bildung, Bildungsstand m: general ~ Allgemeinbildung f; **3.** Bildungs-, Schulwesen n; **4.** (Aus)Bildungsgang m; **5.** Päda'gogik f, Erziehungswissenschaft f; **¸ed·u'ca·tion·al** [-ʃəl] adj. □ **1.** erzieherisch, Erziehungs..., päda'gogisch, Unterrichts...: ~ film Lehrfilm m; ~ psychology Schulpsychologie f; ~ television Schulfernsehen n; ~ toys pädagogisch wertvolles Spielzeug; **2.** Bildungs...: ~ leave Bildungsurlaub m; ~ level Bildungsniveau n; ~ misery Bildungsnotstand m; **¸ed·u'ca·tion·al·ist** [-ʃəlıst], a. **¸ed·u'ca·tion·ist** [-ʃnıst] s. Päda'goge m, Päda'gogin f: a) Erzieher(in), b) Erziehungswissenschaftler(in); **ed·u·ca·tive** ['edju:kətıv] adj. **1.** erzieherisch, Erziehungs...; **2.** bildend, Bildungs...; **'ed·u·ca·tor** ['edju:keıtə] → educationalist.

e·duce [i:'dju:s] v/t. her'ausholen, entwickeln; **2.** Begriff ableiten; **3.** ♣ ausziehen, extrahieren.

ed·u·tain·ment [¸edju:'teınmənt] s. bildende Unter'haltung (pädagogisch wertvolle Spiele etc.).

Ed·war·di·an [ed'wɔ:djən] adj. aus od. im Stil der Zeit König Eduards (bsd. Eduards VII.).

eel [i:l] *s.* Aal *m*; **~ buck**, '**~-pot** *s.* Aalreuse *f*; '**~-spear** *s.* Aalgabel *f*; '**~-worm** *s. zo.* Älchen *n*, Fadenwurm *m*.

e'en [i:n] *poet.*→ **even**[1], [3].

e'er [eə] *poet.* → **ever**.

ee·rie, ee·ry ['ɪərɪ] *adj.* □ unheimlich, schaurig; '**ee·ri·ness** [-nɪs] *s.* Unheimlichkeit *f*.

eff [ef] *v/i.*: **~ off** V ,abhauen'; → **effing**.

ef·face ['feɪs] *v/t.* **1.** wegwischen, -reiben, löschen; **2.** *bsd. fig.* auslöschen, tilgen; **3.** in den Schatten stellen: **~ o.s.** sich (bescheiden) zurückhalten, sich im Hintergrund halten; **ef'face·a·ble** [-səbl] *adj.* auslöschbar; **ef'face·ment** [-mənt] *s.* Auslöschung *f*, Tilgung *f*, Streichung *f*.

ef·fect ['fekt] **I** *s.* **1.** Wirkung *f* (**on** auf *acc.*): **take ~** wirken (→ 4); **2.** (Ein-)Wirkung *f*, Einfluß *m*, Erfolg *m*, Folge *f*: **of no ~** nutzlos, vergeblich; **3.** (gezeigte) Wirkung, Eindruck *m*, Ef'fekt *m*: **general ~** Gesamteindruck; **have an ~ on** wirken auf (*acc.*); **calculated** *od.* **meant for ~** auf Effekt berechnet; **straining after ~** Effekthascherei *f*; **4.** Wirklichkeit *f*; ♈ (Rechts)Wirksamkeit *f*, (-)Kraft *f*, Gültigkeit *f*: **in ~** a) tatsächlich, eigentlich, im wesentlichen, b) ♨ *etc.* in Kraft, gültig; **with ~ from** mit Wirkung vom; **come into** (*od.* **take**) **~** wirksam werden, in Kraft treten; **carry into ~** ausführen, verwirklichen; **Inhalt** *m*, Sinn *m*, Absicht *f*; Nutzen *m*: **to the ~ that** des Inhalts, daß; **to this ~** diesbezüglich, in diesem Sinn; **words to this ~** derartige Worte; **6.** ♈ Leistung *f*, 'Nutzef,fekt *m*; **7.** *pl.* ⚕ a) Ef'fekten *pl.*, b) Vermögen(swerte *pl.*) *n*, Habe *f*, c) Barbestand *m*, d) (Bank)Guthaben *n*: **no ~s** ohne Deckung (*Scheck*); **II** *v/t.* **8.** be-, erwirken, verursachen; **9.** ausführen, erledigen, voll'ziehen, tätigen, bewerkstelligen: **~ an insurance** ⚕ e-e Versicherung abschließen; **~ payment** Zahlung leisten; **ef'fec·tive** [-tɪv] **I** *adj.* □ **1.** wirksam, erfolgreich, wirkungsvoll, kräftig: **~ range** ✗ wirksame Schußweite; **2.** eindrucks-, ef'fektvoll; **3.** (rechts)wirksam, rechtskräftig, gültig, in Kraft: **~ from** *od.* **as of** mit Wirkung vom; **~ immediately** mit sofortiger Wirkung; **~ date** Tag *m* des Inkrafttretens; **become ~** in Kraft treten; **4.** tatsächlich, effek'tiv, wirklich; **5.** ✗ diensttähig, kampffähig, einsatzbereit: **~ strength** → 7b; **6.** ♈ wirksam, nutzbar, Nutz...: **~ capacity** *od.* **output** Nutzleistung *f*; **II** *s. pl.* **7.** ✗ a) einsatzfähige Sol'daten *pl.*, b) Ist-Stärke *f*; **ef'fec·tive·ness** [-tɪvnɪs] *s.* Wirksamkeit *f*; **ef'fec·tu·al** [-tʃʊəl] *adj.* □ **1.** wirksam; **2.** → **effective** 3; **3.** wirklich, tatsächlich; **ef'fec·tu·ate** [-tjʊeɪt] → **effect** 8, 9.

ef·fem·i·na·cy ['feminəsɪ] *s.* **1.** Weichlichkeit *f*, Verweichlichung *f*; **2.** unmännliches Wesen; **ef'fem·i·nate** [-nət] *adj.* □ **1.** weichlich, verweichlicht; **2.** unmännlich, weibisch.

ef·fer·vesce [,efə'ves] *v/i.* **1.** (auf)brausen, moussieren, sprudeln, schäumen; **2.** *fig.* ('über)sprudeln, 'überschäumen; **ef·fer'ves·cence** [-sns] *s.* **1.** (Auf-) brausen *n*, Moussieren *n*; **2.** *fig.* ('Über)Sprudeln *n*, 'Überschäumen *n*; **ef·fer'ves·cent** [-snt] *adj.* **1.** spru-

delnd, schäumend; moussierend: **~ powder** Brausepulver *n*; **2.** *fig.* ('über-) sprudelnd, 'überschäumend.

ef·fete ['fi:t] *adj.* erschöpft, entkräftet, kraftlos, verbraucht.

ef·fi·ca·cious [,efi'keɪʃəs] *adj.* □ wirksam; **ef'fi·ca·cy** ['efikəsɪ] *s.* Wirksamkeit *f*.

ef·fi·cien·cy ['fɪʃənsɪ] *s. allg.* Effizi'enz *f*: a) Tüchtigkeit *f*, Leistungsfähigkeit *f* (*a. e-s Betriebs etc.*), b) Wirksamkeit *f*, ♈ (Nutz)Leistung *f*, Wirkungsgrad *m*, c) Tauglichkeit *f*, Brauchbarkeit *f*, d) ✝, ♈ Wirtschaftlichkeit *f*: **~ engineer**, **~ expert** ✝ Rationalisierungsfachmann *m*; **~ wages** leistungsbezogener Lohn; **~ apartment** *Am.* (Einzimmer)Appartement *n*; **ef'fi·cient** [-nt] *adj.* □ **1.** *allg.* effizi'ent: a) tüchtig, (*a.* ♈ leistungs)fähig, b) wirksam, c) gründlich, d) zügig, rasch, e) ratio'nell, wirtschaftlich, f) tauglich, gut funktionierend, ♈ *a.* leistungsstark; **2.** **~ cause** *phls.* wirkende Ursache.

ef·fi·gy ['efɪdʒɪ] *s.* Bild(nis) *n*: **burn s.o. in ~** j-n in effigie *od.* symbolisch verbrennen.

ef·fing ['efɪŋ] *adj.* V verdammt, Scheiß...

ef·flo·resce [,eflɔ:'res] *v/i.* **1.** *bsd. fig.* aufblühen, sich entfalten; **2.** ♒ ausblühen, -wittern; **ef·flo'res·cence** [-sns] *s.* **1.** *bsd. fig.* (Auf)Blühen *n*; **2.** Efflores'zenz: a) ♒ Ausblühen *n*, Beschlag *m*, b) ☞ Ausschlag *m*; **ef·flo'res·cent** [-snt] *adj.* **1.** *bsd. fig.* (auf)blühend; **2.** ♒ ausblühend.

ef·flu·ence ['efluəns] *s.* Ausfließen *n*, -strömen *n*; Ausfluß *m*; **ef'flu·ent** [-nt] **I** *adj.* **1.** ausfließend, -strömend; **II** *s.* **2.** Ausfluß *m*; **3.** Abwasser *n*.

ef·flux ['eflʌks] *s.* **1.** Ausfluß *m*, Ausströmen *n*; **2.** *fig.* Ablauf *m* (*der Zeit*).

ef·fort ['efət] *s.* **1.** Anstrengung *f*: a) Bemühung *f*, Versuch *m*, b) Mühe *f*: **make an ~** sich bemühen, sich anstrengen; **make every ~** sich alle Mühe geben; **put a lot of ~ into it** sich gewaltig anstrengen bei der Sache; **spare no ~** keine Mühe scheuen; **with an ~** mühsam; **2.** F Leistung *f*: **a good ~**; '**ef·fort·less** [-lɪs] *adj.* mühelos, leicht.

ef·fron·ter·y ['frʌntərɪ] *s.* Frechheit *f*, Unverschämtheit *f*.

ef·ful·gence ['fʌldʒəns] *s.* Glanz *m*; **ef'ful·gent** [-nt] *adj.* □ strahlend.

ef·fuse ['fju:z] *v/t.* **1.** ausgießen, ausströmen (lassen); **2.** *Licht etc.* verbreiten; **II** *v/i.* **3.** ausströmen; **III** *adj.* [-s] **4.** ♀ ausgebreitet; **ef·fu·sion** ['fju:ʒn] *s.* **1.** (Aus)Strömen *n*; Ausgießung *f*; Erguß *m* (*a. fig.*): **~ of blood** ☞ Bluterguß; **2.** *phys.* Effusi'on *f*; **3.** 'Überschwenglichkeit *f*; **ef'fu·sive** [-sɪv] *adj.* □ 'überschwenglich; **ef'fu·sive·ness** [-sɪvnɪs] → **effusion** 3.

e·gad ['gæd] *int. obs.* F o Gott!

e·gal·i·tar·i·an [ɪ,gælɪ'teərɪən] **I** *s.* Verfechter(in) des Egalita'rismus; **II** *adj.* egali'tär; **e,gal·i'tar·i·an·ism** [-nɪzəm] *s.* Egalita'rismus *m*.

egg[1] [eg] *s.* **1.** Ei *n*: **in the ~** *fig.* im Anfangsstadium; **a bad ~** *fig.* F ein übler Kerl; **as sure as ~s is** *od.* **are ~s** *sl.* todsicher; **have** (*od.* **put**) **all one's ~s in one basket** alles auf 'eine Karte setzen; **lay an ~** *thea. sl.* durchfallen; **lay an ~!** *sl.* ,leck mich'!; → **grand**

mother, **2.** *biol.* Eizelle *f*; **3.** ✗ *sl.* ,Ei' *n*, ,Koffer' *m* (*Bombe etc.*).

egg[2] [eg] *v/t. mst* **~ on** anstacheln.

'**egg·beat·er** *s.* **1.** *Küche:* Schneebesen *m*; **2.** *Am.* F Hubschrauber *m*; **~ coal** *s.* Nußkohle *f*; **~ co·sy**, *Am.* **~ co·zy** *s.* Eierwärmer *m*; '**~-cup** *s.* Eierbecher *m*; **~ flip** *s.* Eierflip *m*; '**~-head** *s.* F ,Eierkopf' *m* (*Intellektueller*); '**~-nog** → **egg flip**; '**~-plant** *s.* ♀ Eierfrucht *f*, Auber'gine *f*; **~ roll** *s.* Frühlingsrolle *f*; '**~-shaped** *adj.* eiförmig; '**~-shell** **I** *s.* Eierschale *f*; **~ china** Eierschalenporzellan *n*; **II** *adj.* zerbrechlich; '**~-spoon** *s.* Eierlöffel *m*; '**~-tim·er** *s.* Eieruhr *f*; '**~-whisk** *s. Küche:* Schneebesen *m*.

e·go ['egəʊ] *pl.* **-os** *s.* **1.** *psych.* Ich *n*, Selbst *n*, Ego *n*; **2.** Selbstgefühl *n*, -bewußtsein *n*, *a.* Stolz *m*, F Selbstsucht *f*, Selbstgefälligkeit *f*: **~ trip** F ,Egotrip' *m* (*geistige Selbstbefriedigung, Angeberei etc.*); **that will boost his ~** das wird ihm Auftrieb geben *od.* ,guttun'; **it feeds his ~** das stärkt sein Selbstbewußtsein; **his ~ was low** s-e Moral war gar Null. **e·go·cen·tric** [,egəʊ'sentrɪk] *adj.* ego'zentrisch, ichbezogen; **e·go·ism** ['egəʊɪzəm] *s.* Ego'ismus *m* (*a. phls.*), Selbstsucht *f*; **e·go·ist** ['egəʊɪst] *s.* **1.** Ego'ist(in); **2.** → **egotist** 1; **e·go·is·tic**, **e·go·is·ti·cal** [,egəʊ'ɪstɪk(l)] *adj.* □ ego'istisch; **e·go·ma·ni·a** [,egəʊ'meɪnjə] *s.* krankhafte Selbstsucht *od.* -gefälligkeit *f*; **e·go·tism** ['egəʊtɪzəm] *s.* **1.** Ego'tismus *m*: a) 'Selbstüber,hebung *f*, b) Ichbezogenheit *f*, c) Geltungsbedürfnis *n*; **2.** → **egoism**; **e·go·tist** ['egəʊtɪst] *s.* **1.** Ego'tist(in), geltungsdürftiger *od.* selbstgefälliger Mensch; **2.** → **egoist** 1; **e·go·tis·tic**, **e·go·tis·ti·cal** [,egəʊ'tɪstɪk(l)] *adj.* □ **1.** selbstgefällig, ego'tistisch, geltungsbedürftig; **2.** → **egoistic**.

e·gre·gious ['gri:dʒəs] *adj.* □ unerhört, ungeheuer(lich), kraß, Erz...

e·gress ['i:gres] *s.* **1.** Ausgang *m*; **2.** Ausgangsrecht *n*; **3.** *fig.* Ausweg *m*; **4.** *ast.* Austritt *m*; **e·gres·sion** [i:'greʃn] *s.* Ausgang *m*, -tritt *m*.

e·gret ['i:gret] *s.* **1.** *orn.* Silberreiher *m*; **2.** Reiherfeder *f*; **3.** ♀ Federkrone *f*.

E·gyp·tian [ɪ'dʒɪpʃn] **I** *adj.* ä'gyptisch: **~ cotton** Mako *f*, *m*, *a.* **II** *s.* Ä'gypter (-in); **3.** *ling.* Ä'gyptisch *n*.

E·gyp·to·log·i·cal [ɪ,dʒɪptə'lɒdʒɪkl] *adj.* ägypto'logisch; **E·gyp·tol·o·gist** [ɪ:dʒɪp'tɒlədʒɪst] *s.* Ägypto'loge *m*; **E·gyp·tol·o·gy** [ɪ:dʒɪp'tɒlədʒɪ] *s.* Ägyptolo'gie *f*.

eh [eɪ] *int.* **1.** eh?: a) wie (bitte)?, b) nicht wahr?; **2.** ei!, sieh da!

ei·der ['aɪdə] *s. orn. a.* **~ duck** Eiderente *f*; '**~-down** *s.* **1.** *coll.* Eiderdaunen *pl.*; **2.** Daunendecke *f*.

ei·det·ic [aɪ'detɪk] *psych.* **I** Ei'detiker (-in); **II** *adj.* ei'detisch.

eight [eɪt] *adj.* **1.** acht: **~-hour day** Achtstundentag *m*; **II** *s.* **2.** Acht *f* (*Zahl, Spielkarte etc.*): **have one over the ~** *sl.* e-n ,in der Krone' haben; **3.** *Rudern:* Achter *m* (*Boot od. Mannschaft*); **eight·een** [,eɪ'ti:n] **I** *adj.* achtzehn; **II** *s.* Achtzehn *f*; **eight·eenth** [,eɪ'ti:nθ] **I** *adj.* achtzehnt; **II** *s.* Achtzehntel *n*; '**eight·fold** *I adj. u. adv.* achtfach; **eighth** [eɪtθ] **I** *adj.* □ acht(er, e, es); **II** *s.* Achtel *n* (*a.* ♪); **eighth·ly**

['eɪtθlɪ] *adv.* achtens; **'eight·i·eth** [-tɪɪθ] **I** *adj.* achtzigst; **II** *s.* Achtzigstel *n*; **'eight·y** [-tɪ] **I** *adj.* achtzig; **II** *s.* Achtzig *f*: *the eighties* die achtziger Jahre (*eines Jahrhunderts*); *he is in his eighties* er ist in den Achtzigern.

Ein·stein·i·an [aɪn'staɪnjən] *adj.* Einsteinsch(er, -e, -es).

ei·ther ['aɪðə] **I** *adj.* **1.** jeder, jede, jedes (*von zweien*), beide: *on ~ side* auf beiden Seiten; *there is nothing in ~ bottle* beide Flaschen sind leer; **2.** (irgend)ein (*von zweien*): *~ way* auf die e-e od. andere Art; *~ half of the cake* (irgend-)eine Hälfte des Kuchens; **II** *pron.* **3.** (irgend)ein (*von zweien*): *~ of you can come* (irgend)einer von euch (beiden) kann kommen; *I didn't see ~* ich sah keinen (von beiden); **4.** beides: *~ is possible*; **III** *cj.* **5.** *~ ... or* entweder ... oder: *~ be quiet or go!* entweder sei still oder geh!; **6.** *neg.*: *~ ... or* weder ... noch: *it isn't good ~ for parent or child* es ist weder für Eltern noch Kinder gut; **IV** *adv.* **7.** *neg.*: *nor ... ~* (und) auch nicht, noch: *he could not hear nor speak ~* er konnte weder hören noch sprechen; *I shall not go ~* ich werde auch nicht gehen; *she sings, and not badly ~* sie singt, und gar nicht schlecht; **8.** *without ~ good or bad intentions* ohne gute oder schlechte Absichten; '*~or s.* Entweder-Oder *n*.

e·jac·u·late [ɪ'dʒækjʊleɪt] **I** *v/t.* **1.** *physiol.* Samen ausstoßen; **2.** *Worte* ausstoßen; **II** *v/i.* **3.** *physiol.* ejakulieren; **4.** *fig. aus-*, her'vorstoßen; **III** *s.* **5.** *physiol.* Ejaku'lat *n*; **e·jac·u·la·tion** [ɪˌdʒækju-'leɪʃn] *s.* **1.** ✻ Ejakulati'on *f*, Samenerguß *m*; **2.** a) Ausruf *m*, b) Stoßseufzer *m*, -gebet *n*; **e'jac·u·la·to·ry** [-lətərɪ] *adj.* **1.** ✻ Ejakulations...; **2.** hastig (ausgestoßen): *~ prayer* Stoßgebet *n*.

e·ject [ɪ'dʒekt] **I** *v/t.* **1.** (*from*) *j-n* hin-'ausverlieren (aus), vertreiben (aus, von); entlassen (aus); **2.** ♎ exmittieren, ausweisen (*from* aus); **3.** ✿ ausstoßen, -werfen; **II** *v/i.* **4.** ✔ den Schleudersitz betätigen; **e'jec·tion** [-kʃn] *s.* **1.** (*from* aus) Vertreibung *f*, Entfernung *f*; Entlassung *f*; **2.** ✿ Ausstoßung *f*, Auswerfen *n*: *~ seat ✔* Schleudersitz *m*; **e'ject·ment** [-mənt] *s.* **1.** → *ejection* 1; **2.** ♎ a) Räumungsklage *f*, b) Her'ausgabeklage *f*; **e'jec·tor** [-tə] *s.* **1.** Vertreiber *m*; **2.** ✿ a) 'Auswurfappaˌrat *m*, Strahlpumpe *f*, b) ✕ (Pa'tronenhülsen)Auswerfer *m*: *~ seat ✔* Schleudersitz *m*.

eke [iːk] *v/t.* *~ out* a) *Flüssigkeit, Vorrat etc.* strecken, b) *Einkommen* aufbessern, c) *~ out a living* sich (mühsam) durchschlagen.

el [el] *s.* **1.** L *n*, l *n* (*Buchstabe*); **2.** ✿ F Hochbahn *f*.

e·lab·o·rate I *adj.* [ɪ'læbərət] □ **1.** sorgfältig *od.* kunstvoll ausgeführt *od.* (aus)gearbeitet; **2.** ('wohl)durchˌdacht, (sorgfältig) ausgearbeitet: *an ~ report*; **3.** a) kunstvoll, kompliziert, b) 'umständlich; **II** *v/t.* [-bəreɪt] **4.** sorgfältig aus- *od.* her'ausarbeiten, ver'vollkommnen; **5.** *Theorie* entwickeln; **6.** genau darlegen; **III** *v/i.* **7.** *~ (up)on* ausführlich behandeln, sich verbreiten über (*acc.*); **e'lab·o·rate·ness** [-nɪs] *s.* **1.** sorgfältige *od.* kunstvolle Ausführung; **2.** a) Sorgfalt *f*, b) Kompliziert-

heit *f*, c) ausführliche Behandlung; **e·lab·o·ra·tion** [ɪˌlæbə'reɪʃn] *s.* **1.** → *elaborateness* 1; **2.** (Weiter)Entwicklung *f*.

é·lan [eɪ'lɑ̃ːŋ] (*Fr.*) *s.* E'lan *m*, Schwung *m*.

e·land ['iːlənd] *s.* 'Elenantiˌlope *f*.

e·lapse [ɪ'læps] *v/i.* vergehen, verstreichen (*Zeit*), ablaufen (*Frist*).

e·las·tic [ɪ'læstɪk] **I** *adj.* (□ *~ally*) **1.** e'lastisch: a) federnd, spannkräftig (*alle a. fig.*), b) dehnbar, biegsam, geschmeidig (*a. fig.*): *~ conscience* weites Gewissen; *an ~ word* ein dehnbarer Begriff; **2.** *phys.* a) elastisch, b) expansi'onsfähig (*Gas*), c) inkompres'sibel (*Flüssigkeit*): *~ force → elasticity*; **3.** Gummi...: *~ band*; *~ stocking* Gummistrumpf *m*; **II** *s.* **4.** Gummiband *n*, -zug *m*; **5.** Gummigewebe *n*, -stoff *m*; **e'las·ti·cat·ed** [-keɪtɪd] *adj.* mit Gummizug; **e·las·tic·i·ty** [ˌelæ'stɪsətɪ] *s.* Elastizi'tät *f*: a) Spannkraft *f* (*a. fig.*), b) Dehnbarkeit *f*, Biegsamkeit *f*, Geschmeidigkeit *f* (*a. fig.*).

e·late [ɪ'leɪt] *v/t.* **1.** mit Hochstimmung erfüllen, begeistern, freudig erregen; **2.** *j-m* Mut machen; **3.** *j-n* stolz machen; **e'lat·ed** [-tɪd] *adj.* □ **1.** in Hochstimmung, freudig erregt (*at* über *acc.*, *with* durch); **2.** stolz; **e'la·tion** [-eɪʃn] *s.* **1.** Hochstimmung, freudige Erregung; **2.** Stolz *m*.

el·bow ['elbəʊ] **I** *s.* **1.** Ell(en)bogen *m*: *at one's ~* a) in Reichweite, bei der Hand, b) *fig.* an s-r Seite; *out at ~s* a) schäbig (*Kleidung*), b) schäbig gekleidet, heruntergekommen (*Person*); *be up to the ~s in work* bis über die Ohren in der Arbeit stecken; *bend od. lift one's ~* F ‚einen heben'; **2.** Biegung *f*, Krümmung *f*, Ecke *f*, Knie *n*; **3.** ✿ Knie *n*; (Rohr)Krümmer *m*, Winkel (-stück *n*) *m*; **II** *v/t.* **4.** *mit dem Ellbogen* stoßen, drängen (*a. fig.*): *~ s.o. out* j-n hinausdrängen; *~ o.s. through* sich durchdrängeln; *~ one's way →* 5; **III** *v/i.* **5.** sich (mit den Ellbogen) e-n Weg bahnen (*through* durch); *~ chair* s. Arm-, Lehnstuhl *m*; *~ grease* s. *humor.* **1.** ‚Arm-, Knochenschmalz' *n* (*Kraft*); **2.** schwere Arbeit; '*~room* [-rʊm] *s.* Bewegungsfreiheit *f*, Spielraum *m* (*a. fig.*).

eld [eld] *s. obs.* **1.** (Greisen)Alter *n*; **2.** alte Zeiten *pl.*

eld·er¹ ['eldə] **I** *adj.* **1.** älter: *my ~ brother* mein älterer Bruder; **2.** rangälter: ⚋ *Statesman* *pol. u. fig.* ‚großer alter Mann'; **II** *s.* **3.** (der, die) Ältere: *he is my ~ by two years* er ist zwei Jahre älter als ich; *my ~s* ältere Leute als ich; **4.** Re'spektsperˌson *f*; **5.** *oft pl.* (Kirchen-, Gemeinde- *etc.*)Älteste(r) *m*.

eld·er² ['eldə] *s.* Ho'lunder *m*; **'eld·erˌber·ry** *s.* Ho'lunderbeere *f*.

eld·er·ly ['eldəlɪ] *adj.* ältlich: *an ~ couple* ein älteres Ehepaar; **eld·est** ['eldɪst] *adj.* ältest: *my ~ brother* mein ältester Bruder.

El Do·ra·do [ˌeldə'rɑːdəʊ] *pl.* **-dos** *s.* (El)Do'rado *n*.

e·lect [ɪ'lekt] **I** *v/t.* **1.** *j-n in ein Amt* wählen: *~ s.o. to an office*; **2.** *et.* wählen, sich entscheiden für: *~ to do s.th.* sich (dazu) entschließen *od.* es vorzie-

hen, et. zu tun; *he was ~ed president* er wurde zum Präsidenten gewählt; **3.** *eccl.* auserwählen; **II** *adj.* **4.** (*nachgestellt*) designiert, zukünftig: *bride ~* Zukünftige *f*, Braut *f*; *the president ~* der designierte Präsident; **5.** erlesen; **6.** *eccl.* (*von Gott*) auserwählt; **III** *s.* **7.** *eccl. u. fig. the ~* die Auserwählten *pl.*; **e'lec·tion** [-kʃn] *s. mst pol.* Wahl *f*: *~ campaign* Wahlkampf *m*, -feldzug *m*; *~ pledge* Wahlversprechen *n*; *~ returns* Wahlergebnisse; **e·lec·tion·eer** [ɪˌlekʃə'nɪə] *v/i. pol.* Wahlkampf betreiben: *~ for s.o.* für j-n Wahlpropaganda machen *od.* Stimmen werben; **e·lec·tion·eer·ing** [ɪˌlekʃə'nɪərɪŋ] *s. pol.* 'Wahlpropaˌganda *f*, -kampf *m*, -feldzug *m*; **e'lec·tive** [-tɪv] **I** *adj.* □ **1.** gewählt, durch Wahl, Wahl...; **2.** wahlberechtigt, wählend; **3.** *ped. Am.* wahlfrei, fakulta'tiv: *~ subject →* 4; **II** *s.* **4.** *ped. Am.* Wahlfach *n*; **e'lec·tor** [-tə] *s.* **1.** *pol.* a) Wähler(in), b) *Am.* Wahlmann *m*; **2.** ⚋ *hist.* Kurfürst *m*; **e'lec·tor·al** [-tərəl] *adj.* **1.** Wahl..., Wähler...: *~ college Am.* Wahlmänner *pl.* (*e-s Staates*); **2.** *hist.* Kurfürsten...; **e'lec·tor·ate** [-tərət] *s.* **1.** *pol.* Wähler (-schaft *f*) *pl.*; **2.** *hist.* a) Kurwürde *f*, b) Kurfürstentum *n*; **e'lec·tress** [-trɪs] *s.* **1.** Wählerin *f*; **2.** ⚋ *hist.* Kurfürstin *f*.

e·lec·tric [ɪ'lektrɪk] *adj.* (□ *~ally*) **1.** a) e'lektrisch: *~ cable* (*charge, current, light etc.*), b) Elektro...: *~ motor*, c) Elektrizitäts...: *~ works*, d) eˌlektro-'technisch; **2.** *fig.* a) elektrisierend: *an ~ effect*, b) spannungsgeladen: *~ atmosphere*; **e'lec·tri·cal** [-kl] → *electric* 1: *~ engineer* Elektroingenieur *m od.* -techniker *m*; *~ engineering* Elektrotechnik *f*.

e·lec·tric| arc *s.* Lichtbogen *m*; *~ art* *s.* Lichtkunst *f*; *~ blan·ket* *s.* Heizdecke *f*; *~ blue* *s.* Stahlblau *n*; *~ chair* *s.* ♨ e'lektrischer Stuhl; *~ cir·cuit* *s.* Stromkreis *m*; *~ cush·ion* *s.* Heizkissen *n*; *~* **eel** *s. zo.* Zitteraal *m*; *~ eye* *s.* **1.** Fotozelle *f*; **2.** magisches Auge; *~ gui·tar* *s.* e'lektrische Gi'tarre, 'E-Giˌtarre *f*.

e·lec·tri·cian [ɪˌlek'trɪʃn] *s.* E'lektriker *m*, Eˌlektro'techniker *m*.

e·lec·tric·i·ty [ɪˌlek'trɪsətɪ] *s.* Elektrizi-'tät *f*.

e·lec·tric| plant *s.* e'lektrische Anlage; *~ ray* *s. zo.* Zitterrochen *m*; *~ shock* *s.* **1.** e'lektrischer Schlag; **2.** ♨ E'lektroschock *m*; *~ steel* *s.* ✿ E'lektrostahl *m*; *~ storm* *s.* Gewittersturm *m*; *~ torch* *s.* (e'lektrische) Taschenlampe.

e·lec·tri·fi·ca·tion [ɪˌlektrɪfɪ'keɪʃn] *s.* **1.** Elektrisierung *f* (*a. fig.*); **2.** Elektrifizierung *f*; **e·lec·tri·fy** [ɪ'lektrɪfaɪ] *v/t.* **1.** elektrisieren (*a. fig.*), e'lektrisch laden; **2.** elektrifizieren; **3.** *fig.* anfeuern, erregen, begeistern.

e·lec·tro [ɪ'lektrəʊ] *pl.* **-tros** *s. typ.* F Gal'vano *n*, Kli'schee *n*.

electro- [ɪlektrəʊ] *in Zssgn* Elektro..., elektro..., e'lektrisch.

eˌlec·tro·a'nal·y·sis [ɪˌlektrəʊ-] *s.* ✻ Eˌlektroana'lyse *f*; '*~·car·di·o·gram* *s.* ✻ Eˌlektrokardio'gramm *n*, EK'G *n*; '*~·chem·is·try* *s.* Eˌlektroche'mie *f*.

e·lec·tro·cute [ɪ'lektrəkjuːt] *v/t.* **1.** *auf dem e'lektrischen Stuhl* hinrichten; **2.** durch elektrischen Strom töten; **e·lec·tro·cu·tion** [ɪˌlektrə'kjuːʃn] *s.* Hinrichtung f od. Tod m durch elektrischen Strom.

e·lec·trode [ɪ'lektrəʊd] s. ⚡ Elek'trode f.

e｜lec·tro｜dy·nam·ics s. pl. sg. konstr. E｜lektrody'namik f; **~·en·gi·neer·ing** s. E｜lektro'technik f; **~·ki·net·ics** s. pl. sg. konstr. E｜lektroki'netik f.

e·lec·trol·y·sis [ˌɪlek'trɒlɪsɪs] s. Elektro-'lyse f; **e·lec·tro·lyte** [ɪ'lektrəʊlaɪt] s. Elektro'lyt m.

e｜lec·tro｜'mag·net s. E｜lektroma'gnet m; **~·mag'net·ic** adj. (□ **~ally**) e｜lektroma'gnetisch; **~·me'chan·ics** s. pl. sg. konstr. E｜lektrome'chanik f.

e·lec·trom·e·ter [ˌɪlek'trɒmɪtə] s. E｜lektro'meter n.

e｜lec·tro｜'mo·tive adj. e｜lektromo'torisch; **~'mo·tor** s. E｜lektro'motor m.

e·lec·tron [ɪ'lektrɒn] phys. **I** s. Elektron n; **II** adj. Elektronen...: **~ micro·scope**; **e·lec·tron·ic** [ˌɪlek'trɒnɪk] adj. (□ **~ally**) elek'tronisch, Elektronen...: **~ flash** phot. Elektronenblitz m; **~ mu·sic** elektronische Musik; **e·lec·tron·ics** [ˌɪlek'trɒnɪks] s. pl. sg. konstr. Elek'tronik f (a. als Konstruktionsteil).

e·lec·tro｜·plate [ɪ'lektrəʊ-] **I** v/t. elektroplattieren, galvanisieren; **II** s. elektroplattierte Ware; **~·scope** [-əskəʊp] s. phys. E｜lektro'skop n; **~·scop·ic** [ˌɪlektrə'skɒpɪk] adj. (□ **~ally**) e｜lektro-'skopisch; **~·ther·a·py** [ˌɪlektrəʊ-] s. ⚕ E｜lektrothera'pie f; **~·type I** s. Gal-'vano n; **2.** gal｜vano'plastischer Druck; **II** v/t. **3.** gal｜vano'plastisch vervielfältigen.

el·e·gance ['elɪɡəns] s. allg. Ele'ganz f; **'el·e·gant** [-nt] adj. □ **1.** ele'gant: a) fein, geschmackvoll, vornehm (u. schön), b) gewählt, gepflegt, c) anmutig, d) geschickt, gekonnt; **2.** F erstklassig, ‚prima'.

el·e·gi·ac [ˌelɪ'dʒaɪək] **I** adj. e'legisch (a. fig. schwermütig), Klage...; **II** s. elegischer Vers; pl. elegisches Gedicht; **el·e·gize** ['elɪdʒaɪz] v/i. e-e Ele'gie schreiben (**upon** auf acc.); **el·e·gy** ['elɪdʒɪ] s. Ele'gie f, Klagelied n.

el·e·ment ['elɪmənt] s. **1.** allg. Ele'ment n: a) phls. Urstoff m, b) Grundbestandteil m, c) ⚗ Grundstoff m, d) ⚙ Bauteil n, e) Grundlage f; **2.** Grundtatsache f, wesentlicher Faktor. **an ~ of risk** ein gewisses Risiko; **~ of surprise** Überraschungsmoment n; **~ of uncertainty** Unsicherheitsfaktor; **3.** ♈ Tatbestandsmerkmal n; **4.** pl. Anfangsgründe pl., Anfänge pl., Grundlage(n pl.) f; **5.** pl. Na'turkräfte pl., Ele'mente pl.; **6.** ('Lebens)Ele｜ment n, gewohnte Um'gebung: **be in (out of) one's ~** (nicht) in s-m Element sein; **7.** fig. Körnchen n, Fünkchen n, Hauch m: **an ~ of truth** ein Körnchen Wahrheit; **8.** a) ✖ Truppenteil m, b) ✔ Rotte f; **9.** (Bevölkerungs-)Teil m, (kriminelle etc.) Ele'mente pl.; **el·e·men·tal** [ˌelɪ'mentl] adj. □ elemen'tar: a) ursprünglich, na'türlich, b) urgewaltig, c) wesentlich; **2.** Elementar..., (□ **~ally**) ... **el·e·men·ta·ry** [ˌelɪ'mentərɪ] adj. □ **1.** → **elemental** 1 u. 2; **2.** elemen'tar, Elementar..., Einführungs..., Anfangs..., grundlegend; **3.** elemen'tar, einfach; **4.** ⚗, ♈, phys. elemen'tar, Elementar...: **~ particle** Elementarteilchen n; **5.** ru-

dimen'tär, unentwickelt; **~ ed·u·ca·tion** s. **1.** Grundschul-, Volksschulbildung f; **2.** Volksschulwesen n; **~ school** s. Volks-, Grundschule f.

el·e·phant ['elɪfənt] s. **1.** zo. Ele'fant m: **~ seal** See-Elefant; **pink ~** F ‚weiße Mäuse' pl., Halluzinationen pl.; **white ~** fig. lästiger od. kostspieliger Besitz; **2.** ein Papierformat (711 × 584 mm); **el·e·phan·ti·a·sis** [ˌelɪfən'taɪəsɪs] s. ✗ Elefan'tiasis f; **el·e·phan·tine** [ˌelɪ'fæntaɪn] adj. **1.** ele'fantenartig, Elefanten...; **2.** fig. riesenhaft; **3.** plump, schwerfällig.

El·eu·sin·i·an [ˌeljuː'sɪnɪən] adj. antiq. eleu'sinisch.

el·e·vate ['elɪveɪt] v/t. **1.** hoch-, em'porheben; aufrichten; erhöhen; **2.** Blick erheben; Stimme heben; **3.** (to) j-n erheben (in den Adelsstand), befördern (zu e-m Posten); **4.** fig. j-n (seelisch) erheben, erbauen; **5.** erheitern; **6.** Niveau etc. heben; **7.** ✖ Geschützrohr erhöhen; **'el·e·vat·ed** [-tɪd] **I** adj. **1.** erhöht; Hoch...: **~ railway**, Am. **~ railroad** Hochbahn f; **2.** gehoben (Position, Stil etc.), erhaben (Gedanken); **3.** a) erheitert, b) F beschwipst; **II** s. **4.** Am. F Hochbahn f; **'el·e·vat·ing** [-tɪŋ] adj. **1.** bsd. ⚙ hebend, Hebe..., Höhen...; **2.** fig. a) erhebend, erbaulich, b) erheiternd; **el·e·va·tion** [ˌelɪ'veɪʃn] s. **1.** Hoch-, Em'porheben n; **2.** (Boden)Erhebung f, (An)Höhe f; **3.** Höhe f (a. ast.), (Grad m der) Erhöhung f; **4.** geogr. Meereshöhe f; **5.** ✖ Richthöhe f; **6.** ⚙ Aufstellung f, Errichtung f; **7.** △ Aufriß m: **front ~** Vorderansicht f; **8.** a) (to) Erhebung f (in den Adelsstand), Beförderung f (zu e-m Posten etc.), b) gehobene Positi'on; **9.** fig. (seelische) Erhebung, Erbauung f; **10.** fig. Hebung f (des Niveaus etc.); **11.** fig. Erhabenheit f, Gehobenheit f (des Stils etc.); **'el·e·va·tor** [-tə] s. **1.** ⚙ a) Hebe-, Förderwerk n, b) Hebewerk n, c) Am. Fahrstuhl m, Aufzug m; **2.** Getreidesilo m; **3.** ✔ Höhensteuer n, -ruder n; **4.** anat. Hebemuskel m.

e·lev·en [ɪ'levn] **I** adj. **1.** elf; **II** s. **2.** Elf f; **3.** sport Elf f; **e｜lev·en·'plus** s. ped. Brit. hist. im Alter von 11—12 Jahren abgelegte Prüfung, die über die schulische Weiterbildung entschied; **e'lev·en·ses** [-zɪz] s. pl. Brit. F zweites Frühstück; **e'lev·enth** [-nθ] **I** adj. □ **1.** elft; → **hour** 2; **II** s. **2.** (der, die, das) Elfte; **3.** Elftel n.

elf [elf] pl. **elves** [elvz] s. **1.** Elf m, Elfe f; **2.** Kobold m; **3.** fig. a) Knirps m, b) (kleiner) Racker; **elf·in** ['elfɪn] adj. Elfen..., Zwergen...; **II** s. → **elf**, **elf·ish** ['elfɪʃ] adj. **1.** elfenartig; **2.** schelmisch, koboldhaft.

'elf-lock s. Weichselzopf m, verfilztes Haar.

e·lic·it [ɪ'lɪsɪt] v/t. **1.** (from j-m, e-m Instrument etc.) et. entlocken; **2.** (from aus j-m) e-e Aussage etc. her'auslocken, -holen; **3.** e-e Reaktion auslösen, her'vorrufen; **4.** et. ans Licht bringen.

e·lide [ɪ'laɪd] v/t. ling. Vokal od. Silbe elidieren, auslassen.

el·i·gi·bil·i·ty [ˌelɪdʒə'bɪlətɪ] s. **1.** Eignung f, Befähigung f: **his eligibilities** s-e Vorzüge; **2.** Berechtigung f; **3.** Wählbarkeit f; **4.** Teilnahmeberechtigung f, sport a. Startberechtigung f;

el·i·gi·ble ['elɪdʒəbl] **I** adj. □ **1.** (for) in Frage kommend (für): a) geeignet, akzep'tabel (für), b) berechtigt, befähigt (zu), qualifiziert (für): **~ for a pension** pensionsberechtigt, c) wählbar; **2.** wünschenswert, vorteilhaft; **3.** teilnahmeberechtigt, sport a. startberechtigt; **II** s. **4.** F in Frage kommende Per'son od. Sache.

e·lim·i·nate [ɪ'lɪmɪneɪt] v/t. **1.** beseitigen, entfernen, ausmerzen, a. & eliminieren (from aus); **2.** ausscheiden (a. ⚕, physiol.), ausschließen, a. Gegner ausschalten: **be ~d** sport ausscheiden; **3.** fig. et. ausklammern, ignorieren; **e·lim·i·na·tion** [ɪˌlɪmɪ'neɪʃn] s. **1.** Beseitigung f, Entfernung f, Ausmerzung f, Eliminierung f; **2.** & Eliminati'on f; **3.** ⚕, physiol., a. sport Ausscheidung f: **~ contest** Ausscheidungs-, Qualifikationswettbewerb m; **4.** Ausschaltung f (e-s Gegners); **5.** fig. Ignorierung f; **e·'lim·i·na·tor** [-tə] s. Radio: Sieb-, Sperrkreis m.

e·li·sion [ɪ'lɪʒn] s. ling. Elisi'on f, Auslassung f (e-s Vokals od. e-r Silbe).

e·lite, **é·lite** [eɪ'liːt] (Fr.) s. E'lite f: a) Auslese f, (das) Beste, (die) Besten pl., b) Führungs-, Oberschicht f, c) ✖ E'lite-, Kerntruppe f; **e'lit·ism** [-tɪzəm] s. eli'täres Denken; **e'lit·ist** [-tɪst] adj. eli'tär.

e·lix·ir [ɪ'lɪksə] s. **1.** Eli'xier n, Zauber-, Heiltrank m: **~ of life** Lebenselixier; **2.** All'heilmittel n.

E·liz·a·be·than [ɪˌlɪzə'biːθn] **I** adj. elisabe'thanisch; **II** s. Zeitgenosse m E'lisabeths I. von England.

elk [elk] s. zo. **1.** Elch m, Elen m, n; **2.** Am. Elk m, Wa'piti m.

ell [el] s. Elle f; → **inch** 2.

el·lipse [ɪ'lɪps] s. **1.** & El'lipse f; **2.** → **el'lip·sis** [-sɪs] pl. **-ses** [-siːz] s. ling. El'lipse f, Auslassung f (a. typ.); **el'lip·soid** [-sɔɪd] s. & El'lipso'id n; **el'lip·tic**, **el'lip·ti·cal** [-ptɪk(l)] adj. □ **1.** & el'liptisch; **2.** ling. elliptisch, unvollständig (Satz).

elm [elm] s. ♣ Ulme f, Rüster f.

el·o·cu·tion [ˌelə'kjuːʃn] s. **1.** Vortrag(sweise f) m, Dikti'on f; **2.** Vortragskunst f; **3.** Sprechtechnik f; **el·o·cu·tion·ist** [-nɪst] s. **1.** Vortragskünstler(in); **2.** Sprecherzieher(in).

e·lon·gate ['iːlɒŋɡeɪt] **I** v/t. **1.** verlängern; bsd. ⚙ strecken, dehnen; **II** v/i. **2.** sich verlängern; **3.** ♀ spitz zulaufen; **III** adj. **4.** → **'e·lon·gat·ed** [-tɪd] adj. **1.** verlängert: **~ charge** ✖ gestreckte Ladung; **2.** lang u. dünn; **e·lon·ga·tion** [ˌiːlɒŋ'ɡeɪʃn] s. **1.** Verlängerung f; **2.** ⚙ Streckung f, Dehnung f; **2.** ast., phys. Elongati'on f.

e·lope [ɪ'ləʊp] v/i. (mit s-m od. s-r Geliebten) ‚durchbrennen': **~ with** a. die Geliebte entführen; **e'lope·ment** [-mənt] s. ‚Durchbrennen' n; Flucht f; Entführung f; **e'lop·er** [-pə] s. Ausreißer(in).

el·o·quence ['eləkwəns] s. Beredsamkeit f, Redegewandtheit f, -kunst f; **'el·o·quent** [-nt] adj. □ **1.** beredt, redegewandt; **2.** fig. a) sprechend, ausdrucksvoll, b) beredt, vielsagend (Blick etc.).

else [els] adv. **1.** (neg. u. interrog.) sonst, weiter, außerdem: **anything ~?**

sonst noch etwas?; *what ~ can we do?*; was können wir sonst (noch) tun?; *no one ~* sonst *od.* weiter niemand; *where ~?* wo anders?, wo sonst (noch)?; **2.** anderer, andere, anderes: *that's something ~* das ist et. anderes; *everybody ~* alle anderen *od.* übrigen; *somebody ~'s dog* der Hund e-s anderen; **3.** *oft or ~* oder, sonst, wenn nicht: *hurry, (or) ~ you will be late* beeile dich, oder du kommst zu spät *od.* sonst kommst du zu spät; *or ~!* (*drohend*) sonst passiert was!; *~where adv.* **1.** sonst-, anderswo; **2.** 'anderswo'hin.

e·lu·ci·date [ɪˈluːsɪdeɪt] *v/t.* Geheimnis *etc.* aufhellen, aufklären; *Text, Gründe etc.* erklären; **e·lu·ci·da·tion** [ɪˌluːsɪˈdeɪʃn] *s.* Erklärung *f*; Aufhellung *f*, -klärung *f*; **e·lu·ci·da·to·ry** [-tərɪ] *adj.* erklärend, aufhellend.

e·lude [ɪˈluːd] *v/t.* **1.** (geschickt) ausweichen, entgehen, sich entziehen (*dat.*); *Gesetz etc.* um'gehen; **2.** *fig. j-m* entgehen, *j-s* Aufmerksamkeit entgehen; **3.** sich nicht (er)fassen lassen von, sich entziehen (*dat.*): *it ~s definition* es läßt sich nicht definieren; **4.** *j-m* nicht einfallen; **e·lu·sion** [-uːʒn] *s.* **1.** (*of*) Ausweichen *n*, Entkommen *n* (vor *dat.*); Um'gehung *f* (*gen.*); **2.** Ausflucht *f*, List *f*; **e·lu·sive** [-uːsɪv] *adj.* □ **1.** ausweichend (*of dat.*, vor *dat.*); **2.** schwer zu fassen(d) (*Dieb etc.*); **3.** schwerfaßbar, schwer zu definieren(d) *od.* zu übersetzen(d); **4.** um'gehend; **5.** unzuverlässig; **e·lu·sive·ness** [-uːsɪvnɪs] *s.* **1.** Ausweichen *n* (*of* vor *dat.*), ausweichendes Verhalten; **2.** Unbestimmbarkeit *f*, Undefinierbarkeit *f*; **e·lu·so·ry** [-uːsərɪ] *adj.* **1.** trügerisch; **2.** → *elusive*.

e·lu·tri·ate [ɪˈluːtrɪeɪt] *v/t.* 🜂 (aus-) schlämmen.

el·ver [ˈelvə] *s. ichth.* junger Aal.

elves [elvz] *pl. von elf*, **'elv·ish** [-vɪʃ] → *elfish*.

E·ly·sian [ɪˈlɪzɪən] *adj.* e'lysisch, *fig. a.* para'diesisch; **E'ly·si·um** [-əm] *s.* E'lysium *n*, *fig. a.* Para'dies *n*.

em [em] *s.* **1.** M *n*, m *n* (*Buchstabe*); **2.** *typ.* Geviert *n*.

'em [əm] F *für* them: *let 'em*.

e·ma·ci·ate [ɪˈmeɪʃɪeɪt] *v/t.* **1.** auszehren, ausmergeln; **2.** Boden auslaugen; **e·ma·ci·at·ed** [-tɪd] *adj.* **1.** abgemagert, ausgezehrt, ausgemergelt; **2.** ausgelaugt (*Boden*); **e·ma·ci·a·tion** [ɪˌmeɪsɪˈeɪʃn] *s.* **1.** Auszehrung *f*, Abmagerung *f*; **2.** Auslaugung *f*.

em·a·nate [ˈemaneɪt] *v/i.* **1.** ausströmen (*Gas etc.*), ausstrahlen (*Licht*) (*from* von); **2.** *fig.* herrühren, ausgehen (*from* von); **em·a·na·tion** [ˌeməˈneɪʃn] *s.* **1.** Ausströmen *n*; **2.** Ausströmung *f*, Ausstrahlung *f* (*beide a. fig.*); **3.** Auswirkung *f*; **4.** *phls., psych., eccl.* Emanati'on *f*.

e·man·ci·pate [ɪˈmænsɪpeɪt] *v/t.* **1.** (*o.s.* sich) emanzipieren, unabhängig machen, befreien (*from* von); **2.** Sklaven freilassen; **e'man·ci·pat·ed** [-tɪd] *adj.* **1.** *allg.* emanzipiert: *an ~ woman, an ~ citizen* ein mündiger Bürger; **2.** freigelassen (*Sklave*); **e·man·ci·pa·tion** [ɪˌmænsɪˈpeɪʃn] *s.* **1.** Emanzipati'on *f*; **2.** Freilassung *f*, Befreiung *f* (*a. fig.*) (*from* von); **e·man·ci·pa·tion·ist** [ɪˌmænsɪˈpeɪʃnɪst] *s.* Befürworter(in)

der Emanzipati'on *od.* der Sklavenbefreiung; **e'man·ci·pa·to·ry** [-pətərɪ] *adj.* emanzipa'torisch.

e·mas·cu·late I *v/t.* [ɪˈmæskjʊleɪt] **1.** entmannen, kastrieren; **2.** *fig.* verweichlichen; **3.** entkräften, (ab)schwächen; verwässern; **4.** *Sprache* farb- *od.* kraftlos machen; **II** *adj.* [-lɪt] **5.** entmannt; **6.** verweichlicht; **7.** verwässert; **e·mas·cu·la·tion** [ɪˌmæskjuˈleɪʃn] *s.* **1.** Entmannung *f*; **2.** Verweichlichung *f*; **3.** Schwächung *f*; **4.** *fig.* Verwässerung *f* (*Text etc.*).

em·balm [ɪmˈbɑːm] *v/t.* **1.** einbalsamieren; **2.** *fig. j-s Andenken* bewahren *od.* pflegen: *be ~ed in* fortleben in (*dat.*); **em'balm·ment** [-mənt] *s.* Einbalsamierung *f*.

em·bank *f*. [ɪmˈbæŋk] *v/t.* eindämmen, -deichen; **em'bank·ment** [-mənt] *s.* **1.** Eindämmung *f*, -deichung *f*; **2.** (Erd-) Damm *m*; **3.** (Bahn-, Straßen)Damm *m*; **4.** gemauerte Uferstraße.

em·bar·go [emˈbɑːgəʊ] **I** *s.* **1.** ♪ Em'bargo *n*: a) (Schiffs)Beschlagnahme *f* (*durch den Staat*), b) Hafensperre *f*; **2.** 🌾 a) Handelssperre *f*, b) *a. allg.* Sperre *f*, Verbot *n*: *~ on imports* Einfuhrsperre; **II** *v/t.* **3.** *Handel, Hafen* sperren; Em'bargo verhängen über (*acc.*); **4.** beschlagnahmen.

em·bark [ɪmˈbɑːk] **I** *v/t.* **1.** ♪, ✈ Passagiere an Bord nehmen, ♪ *a.* einschiffen, *Waren a.* verladen (*for* nach); *Geld* investieren (*in* in *dat.*); **II** *v/i.* **3.** ♪ sich einschiffen (*for* nach), an Bord gehen, ✈ *fig.* (*on*) et.) anfangen *od.* unter'nehmen; **em·bar·ka·tion** [ˌembɑːˈkeɪʃn] *s.* ♪ Einschiffung *f*, (*von Waren*) *a.* Verladung *f* (*a. ✈*); ✈ Einsteigen *n*.

em·bar·ras de rich·esse(s) [ãːŋbɑˌraˈdɛriːˈʃes] (*Fr.*) *s.* die Qual der Wahl.

em·bar·rass [ɪmˈbærəs] *v/t.* **1.** *j-n* in Verlegenheit bringen *od.* in e-e peinliche Lage versetzen, verwirren; **2.** *j-n* behindern, *j-m* lästig sein; **3.** in Geldverlegenheit bringen; **4.** *et.* behindern, erschweren, komplizieren; **em'bar·rassed** [-st] *adj.* **1.** verlegen, peinlich berührt; **2.** 🌾 in Geldverlegenheit; **em'bar·rass·ing** [-sɪŋ] *adj.* □ unangenehm, peinlich (*to* dat.); **em'bar·rass·ment** [-mənt] *s.* **1.** Verlegenheit *f*; **2.** *bsd.* 🌾 Behinderung *f*, Störung *f*; **3.** Geldverlegenheit *f*.

em·bas·sy [ˈembəsɪ] *s.* **1.** Botschaft *f*: a) Botschaftsgebäude *n*, b) 'Botschaftsperso,nal *n*; **2.** diplo'matische Missi'on.

em·bat·tle [ɪmˈbætl] *v/t.* **1.** ✕ in Schlachtordnung aufstellen; *~d* kampfbereit (*a. fig.*); **2.** △ mit Zinnen versehen.

em·bed [ɪmˈbed] *v/t.* **1.** (ein)betten, (ein)lagern, eingraben; **2.** *im Gedächtnis etc.* verankern.

em·bel·lish [ɪmˈbelɪʃ] *v/t.* **1.** verschöne(r)n, schmücken, verzieren; **2.** *fig. Erzählung etc.* ausschmücken; *die Wahrheit* beschönigen; **em'bel·lish·ment** [-mənt] *s.* **1.** Verschönerung *f*, Schmuck *m*; **2.** *fig.* a) Ausschmückung *f*, b) Beschönigung *f*.

em·ber¹ [ˈembə] *s.* **1.** *mst pl.* glühende Kohle *od.* Asche; **2.** *pl. fig.* letzte Funken *pl.*

em·ber² [ˈembə] *adj.*: *~ days eccl.* Qua-

tember(fasten *n*) *pl.*

em·ber³ [ˈembə] *s. orn. a. ~goose* Eistaucher *m*.

em·bez·zle [ɪmˈbezl] *v/t.* veruntreuen, unter'schlagen; **em'bez·zle·ment** [-mənt] *s.* Veruntreuung *f*, Unter'schlagung *f*; **em'bez·zler** [-lə] *s.* Veruntreuer(in).

em·bit·ter [ɪmˈbɪtə] *v/t.* **1.** *j-n* verbittern; **2.** *et.* (noch) verschlimmern; **em'bit·ter·ment** [-mənt] *s.* **1.** Verbitterung *f*; **2.** Verschlimmerung *f*.

em·bla·zon [ɪmˈbleɪzn] *v/t.* **1.** he'raldisch schmücken *od.* darstellen; **2.** schmücken; **3.** *fig.* feiern, verherrlichen, groß her'ausstellen; **4.** 'auspo,saunen; **em'bla·zon·ment** [-mənt] *s.* Wappenschmuck *m*; **em'bla·zon·ry** [-rɪ] *s.* **1.** Wappenmale'rei *f*; **2.** Wappenschmuck *m*.

em·blem [ˈembləm] *s.* **1.** Em'blem *n*, Sym'bol *n*: *national ~* Hoheitszeichen *n*; **2.** Kennzeichen *n*; **3.** *fig.* Verkörperung *f*; **em·blem·at·ic, em·blem·at·i·cal** [ˌemblɪˈmætɪk(l)] *adj.* □ sym'bolisch, sinnbildlich.

em·bod·i·ment [ɪmˈbɒdɪmənt] *s.* **1.** Verkörperung *f*; **2.** Darstellung *f*; **3.** ⚙ Anwendungsform *f*; **4.** Einverleibung *f*; **em·bod·y** [ɪmˈbɒdɪ] *v/t.* **1.** kon'krete Form geben (*dat.*); **2.** verkörpern, darstellen; **3.** aufnehmen (*in* in *acc.*); **4.** um'fassen, in sich schließen.

em·bold·en [ɪmˈbəʊldən] *v/t.* ermutigen.

em·bo·lism [ˈembəlɪzəm] *s.* 🜨 Embo'lie *f*.

em·bon·point [ˌɔ̃ːmbɔ̃ːmˈpwæ̃ːŋ] (*Fr.*) *s.* Embon'point *m*, Beleibtheit *f*, ,Bäuchlein' *n*.

em·bos·om [ɪmˈbʊzəm] *v/t.* **1.** ans Herz drücken; **2.** *fig.* ins Herz schließen; **3.** *fig.* um'schließen.

em·boss [ɪmˈbɒs] *v/t.* ⚙ **1.** a) bosseln, erhaben *od.* in Reli'ef ausarbeiten, prägen, b) (mit dem Hammer) treiben; **2.** mit erhabener Arbeit schmücken; *Stoffe* gaufrieren; **em'bossed** [-st] *adj.* ⚙ a) erhaben gearbeitet, Relief..., getrieben, b) geprägt, gepreßt, c) gaufriert; **em'boss·ment** [-mənt] *s.* Reli'efarbeit *f*.

em·bou·chure [ˌɒmbʊˈʃʊə] (*Fr.*) *s.* **1.** Mündung *f* (*Fluß*); **2.** ♪ a) Mundstück *n* (*Blasinstrument*), b) Ansatz *m*.

em·brace [ɪmˈbreɪs] **I** *v/t.* **1.** um'armen, in die Arme schließen; **2.** um'schließen, um'geben, um'klammern; *a. fig.* einschließen, um'fassen; **3.** erfassen, (in sich) aufnehmen; **4.** *Religion, Angebot* annehmen; *Beruf, Gelegenheit* ergreifen; *Hoffnung* hegen; **II** *v/i.* **5.** sich um'armen; **III** *s.* **6.** Um'armung *f*.

em·bra·sure [ɪmˈbreɪʒə] *s.* **1.** △ Laibung *f*; **2.** ✕ Schießscharte *f*.

em·bro·ca·tion [ˌembrəʊˈkeɪʃn] *s.* 🜨 **1.** Einreibemittel *n*; **2.** Einreibung *f*.

em·broi·der [ɪmˈbrɔɪdə] *v/t.* **1.** *Muster* sticken; **2.** *Stoff* besticken, mit Sticke'rei verzieren; **3.** *fig. Bericht* ausschmücken, ,garnieren'.

em·broi·der·y [ɪmˈbrɔɪdərɪ] *s.* **1.** Sticke'rei *f*: *do ~* sticken; **2.** *fig.* Ausschmückung *f*; *~ cot·ton* Stickgarn *n*; *~ frame* Stickrahmen *m*.

em·broil [ɪmˈbrɔɪl] *v/t.* **1.** *j-n* verwickeln, hin'einziehen (*in* in *acc.*); **2.** *j-n* in Kon'flikt bringen (*with* mit); **3.** durchein-

'anderbringen, verwirren; **em'broil-ment** [-mənt] *s.* **1.** Verwicklung *f*; **2.** Verwirrung *f*.

em·bry·o ['embrɪəʊ] *pl.* **-os** *s. biol.* a) Embryo *m*, b) Fruchtkeim *m*: *in ~ fig.* im Keim, im Entstehen, im Werden; **em·bry·on·ic** [ˌembrɪ'ɒnɪk] *adj.* **1.** Embryo..., embryo'nal; **2.** *fig.* (noch) unentwickelt, keimend, rudimen'tär.

em·bus [ɪm'bʌs] ✕ **I** *v/t.* auf Kraftfahrzeuge verladen; **II** *v/i.* aufsitzen.

em·cee [em'siː] **I** *s.* Conférenci'er *m*; **II** *v/t.* (*u. v/i.*) als Conférencier leiten (fungieren).

e·mend [iː'mend] *v/t. Text* verbessern, korrigieren; **e·men·da·tion** [ˌiːmen-'deɪʃn] *s.* Verbesserung *f*, Korrek'tur *f*; **e·men·da·tor** ['iːmendeɪtə] *s.* (Text-) Verbesserer *m*; **e'mend·a·to·ry** [-dətərɪ] *adj.* (text)verbessernd.

em·er·ald ['emərəld] **I** *s.* **1.** Sma'ragd *m*; **2.** Smaragdgrün *n*; **3.** *typ.* Smaragd *m* (*e-e 6½-Punkt-Schrift*); **II** *adj.* **4.** sma'ragdgrün; **5.** mit Sma'ragden besetzt; ♀ **Isle** *s.* die Grüne Insel (*Irland*).

e·merge [ɪ'mɜːdʒ] *v/i.* **1.** *allg.* auftauchen: a) an die (Wasser)Oberfläche kommen, b) *a. fig.* zum Vorschein kommen, sich zeigen, c) *fig.* sich erheben (*Frage, Problem*), d) *fig.* auftreten, in Erscheinung treten; **2.** her'vor-, her'auskommen (*from* aus); **3.** sich her'ausstellen *od.* crgeben (*Tatsache*); **4.** (*als Sieger etc.*) her'vorgehen (*from* aus); **5.** *fig.* aufstreben; **e'mer·gence** [-dʒəns] *s.* Auftauchen *n*, *fig. a.* Auftreten *n*, Entstehen *n*.

e·mer·gen·cy [ɪ'mɜːdʒənsɪ] **I** *s.* Not(lage *f*, -fall *m*) *f*, kritische Lage, Krise *f*, unvorhergesehenes Ereignis, dringender Fall: *in an ~, in case of ~* im Notfall, notfalls; *state of ~* Notstand *m*, *pol. a.* Ausnahmezustand *m*; **II** *adj.* Not..., Behelfs..., (Aus)Hilfs...; *pol.* Notstands..., Soforthilfe..., **~ brake** *s.* Not-, *mot.* Handbremse *f*; **~ call** *s. teleph.* Notruf *m*; **~ de·cree** *s.* Notverordnung *f*; **~ door, ~ ex·it** *s.* Notausgang *m*; **~ hos·pi·tal** *s.* A'kutkrankenhaus *n*; **~ land·ing** *s.* ✈ Notlandung *f*; **~ laws** *s. pl. pol.* Notstandsgesetze *pl.*; **~ meet·ing** *s.* Dringlichkeitssitzung *f*; **~ num·ber** *s.* Notruf(nummer *f*) *m*; **~ pow·ers** *s. pl. pol.* Vollmachten *pl.* auf Grund e-s Notstandsgesetzes; **~ ra·tion** *s.* ✕ eiserne Rati'on; **~ ser·vice** *s.* Notdienst *m*; **~ ward** *s.* Notaufnahme *f*, 'Unfallstati̩on *f*.

e·mer·gent [ɪ'mɜːdʒənt] *adj.* □ **1.** auftauchend (*a. fig.*); **2.** *fig.* (jung u.) aufstrebend (*Land*): **~ country** *a.* Schwellenland *n*.

e·mer·i·tus [iː'merɪtəs] *adj.* emeritiert: **~ professor**.

em·er·y ['emərɪ] **I** *s. min.* Schmirgel *m*; **II** *v/t.* (ab)schmirgeln; **~ board** *s.* Sandblattnagelfeile *f*; **~ cloth** *s.* Schmirgelleinen *n*; **~ pa·per** *s.* 'Schmirgelpa̩pier *n*; **~ wheel** *s.* Schmirgelscheibe *f*.

e·met·ic [ɪ'metɪk] *pharm.* **I.** *adj.* e'metisch, Brechreiz erregend; **II** *s.* E'metikum *n*, Brechmittel *n* (*a. fig.*).

em·i·grant ['emɪgrənt] **I** *s.* Auswanderer *m*, Emi'grant(in); **II** *adj.* auswandernd, emigrierend, Auswanderungs...; **'em·i-grate** [-reɪt] *v/i.* emigrieren, auswandern; **em·i·gra·tion** [ˌemɪ'greɪʃn] *s.*

Auswanderung *f*, Emigrati'on *f*.

em·i·nence ['emɪnəns] *s.* **1.** Erhöhung *f*, (An)Höhe *f*; **2.** hohe Stellung, (hoher) Rang, Würde *f*; **3.** Ansehen *n*, Berühmtheit *f*, Bedeutung *f*; **4.** bedeutende Per'sönlichkeit; **5.** ♀ *R.C.* Emi'nenz *f* (*Kardinal*).

é·mi·nence grise [ˌeɪmiːnãːns'griːz] (*Fr.*) *s. pol.* graue Emi'nenz.

em·i·nent ['emɪnənt] *adj.* □ **1.** her'vorragend, ausgezeichnet, berühmt; **2.** emi'nent, bedeutend, außergewöhnlich; **3.** → **domain** 3; **'em·i·nent·ly** [-ntlɪ] *adv.* ganz besonders, in hohem Maße.

e·mir [e'mɪə] *s.* Emir *m*; **e'mir·ate** [-ərɪt] *s.* Emi'rat *n* (*Würde od. Land e-s Emirs*).

em·is·sar·y ['emɪsərɪ] *s.* **1.** Abgesandte(r) *m*, Emis'sär *m*; **2.** Ge'heima̩gent *m*.

e·mis·sion [ɪ'mɪʃn] *s.* **1.** Ausstrahlung *f* (*von Licht etc.*), Ausstoß *m* (*von Rauch etc.*), Aus-, Verströmen *n*, *phys.* Emissi'on *f*; **2.** *physiol.* Ausfluß *m*, (*bsd.* Samen)Erguß *m*; **3.** ✝ Ausgabe *f* (*von Banknoten*), *von Wertpapieren*: *a.* Emissi'on *f*; **e'mis·sive** [-ɪsɪv] *adj.* ausstrahlend; **e·mit** [ɪ'mɪt] *v/t.* **1.** *Lava, Rauch* ausstoßen, *Licht etc.* ausstrahlen, *Gas etc.* aus-, verströmen, *phys. Elektronen etc.* emittieren; **2.** a) *e-n Ton, a. e-e Meinung* von sich geben, b) *e-n Schrei etc.* ausstoßen; **3.** ✝ *Banknoten* ausgeben, *Wertpapiere a.* emittieren.

Em·my ['emɪ] *pl.* **-mys, -mies** *s. Am.* Emmy *m* (*Fernsehpreis*).

e·mol·li·ent [ɪ'mɒlɪənt] **I** *adj.* erweichend (*a. fig.*); **II** *s. pharm.* erweichendes Mittel, Weichmacher *m*.

e·mol·u·ment [ɪ'mɒljʊmənt] *s. mst pl.* Einkünfte *pl.*

e·mote [ɪ'məʊt] *v/i.* emotio'nal reagieren, e-n Gefühlsausbruch erleiden *od.* (*thea.*) mimen.

e·mo·tion [ɪ'məʊʃn] *s.* **1.** Emoti'on *f*, Gemütsbewegung *f*, (Gefühls)Regung *f*, Gefühl *n*; **2.** Gefühlswallung *f*, Erregung *f*, Leidenschaft *f*; **3.** Rührung *f*, Ergriffenheit *f*; **e·mo·tion·al** [-ʃənl] *adj.* □ → **emotionally**: **1.** emotio'nal, emotio'nell: a) gefühlsmäßig, -bedingt, b) Gefühls..., Gemüts..., seelisch, c) gcfühlsbctont, cmpfindsam; **2.** gcfühl-voll, rührselig; **3.** rührend, ergreifend; **e'mo·tion·al·ism** [-ʃənəlɪzəm] *s.* **1.** Gefühlsbetontheit *f*, Empfindsamkeit *f*; **2.** Gefühlsduse'lei; **3.** Gefühlsäußerung *f*; **e'mo·tion·al·ist** [-ʃənəlɪst] *s.* Gefühlsmensch *m*; **e·mo·tion·al·i·ty** [-ʃənæ'nælɪtɪ] *s.* Emotionali'tät *f*, emotio'nale Verhaltensweise; **e'mo·tion·al·ize** [-ʃnəlaɪz] **I** *v/t.* j-n *od. et.* emotionalisieren; **II** *v/i.* in Gefühlen schwelgen; **e'mo·tion·al·ly** [-ʃnəlɪ] *adv.* gefühlsmäßig, seelisch, emotio'nal, emotio-'nell: **~ disturbed** seelisch gestört; **e'mo·tion·less** [-lɪs] *adj.* ungerührt, gefühllos, kühl; **e'mo·tive** [-əʊtɪv] *adj.* □ **1.** gefühlsbedingt, emo'tiv; **2.** gefühlvoll; **3.** gefühlsbetont: **~ word** Reizwort *n*.

em·pale → **impale.**

em·pan·el [ɪm'pænl] *v/t.* in die Liste (*bsd.* der Geschworenen) eintragen: **~ the jury** *Am.* die Geschworenenliste aufstellen.

em·pa·thize ['empəθaɪz] *v/i.* Einfühlungsvermögen haben *od.* zeigen; sich einfühlen können (*with* in *acc.*); **'em·pa·thy** [-θɪ] *s.* Einfühlung(svermögen *n*) *f*, Empa'thie *f*.

em·pen·nage [ɪm'penɪdʒ] *s.* ✈ Leitwerk *n*.

em·per·or ['empərə] *s.* Kaiser *m*; **~ moth** *s. zo.* kleines Nachtpfauenauge.

em·pha·sis ['emfəsɪs] *s.* **1.** *ling.* Betonung *f*, Ton *m*, Ak'zent *m*; **2.** *fig.* Betonung *f*, Gewicht *n*, Nachdruck *m*, Schwerpunkt *m*: **lay ~ on s.th.** Gewicht *od.* Wert auf e-e Sache legen, *et.* hervorheben *od.* betonen; **give ~ to** → **'em·pha·size** [-saɪz] *v/t.* (nachdrücklich) betonen (*a. ling.*), Nachdruck verleihen (*dat.*), her'vorheben, unter'streichen; **em·phat·ic** [ɪm'fætɪk] *adj.* (□ **~ally**) nachdrücklich: a) betont, em'phatisch, ausdrücklich, deutlich, b) bestimmt, (ganz) entschieden.

em·phy·se·ma [ˌemfɪ'siːmə] *s.* ✸ Emphy'sem *n*.

em·pire ['empaɪə] **I** *s.* **1.** (Kaiser)Reich *n*: **the British** ♀ das Brit. Weltreich; ♀ **Day** *obs. brit.* Staatsfeiertag (*am 24. Mai, dem Geburtstag Königin Victorias*); **~ produce** Erzeugnis *n* aus dem brit. Weltreich; **2.** ✝ *u. fig.* Im'perium *n*: **tobacco ~**; **3.** Herrschaft *f* (**over** über *acc.*); **II** *adj.* **4.** Reichs...: **~ building** a) Schaffung *f* e-s Weltreichs, b) *fig.* Schaffung e-s eigenen Imperiums *od.* e-r Hausmacht; **5.** Empire..., im Em'pirestil: **~ furniture.**

em·pir·ic [em'pɪrɪk] **I** *s.* **1.** Em'piriker (-in), **2.** *obs.* Kurpfuscher *m*; **II** *adj.* **3.** → **em'pir·i·cal** [-kl] *adj.* □ em'pirisch, erfahrungsmäßig, Erfahrungs...; **em-'pir·i·cism** [-ɪsɪzəm] *s.* **1.** Empi'rismus *m*; **2.** *obs.* Kurpfusche'rei *f*; **em'pir·i·cist** [-ɪsɪst] *s.* **1.** Em'piriker(in); **2.** *phls.* Empi'rist(in).

em·place [ɪm'pleɪs] *v/t.* ✕ *Geschütz* in Stellung bringen; **em'place·ment** [-mənt] *s.* **1.** Aufstellung *f*; **2.** ✕ a) In'stellungbringen *n*, b) Geschützstellung *f*, c) Bettung *f*.

em·plane [ɪm'pleɪn] ✈ **I** *v/t.* Passagiere an Bord nehmen, *Waren a.* verladen (*for* nach); **II** *v/i.* an Bord gehen.

em·ploy [ɪm'plɔɪ] **I** *v/t.* **1.** j-n beschäftigen; an , einstellen, einsetzen: **be ~od in doing s.th.** damit beschäftigt sein, et. zu tun; **2.** an-, verwenden, gebrauchen; **II** *s.* **3.** a) → **employment** 1, b) Dienst (*e pl.*) *m*: **be in s.o.'s ~** in j-s Dienst(en) stehen, bei j-m angestellt *od.* beschäftigt sein; **em'ploy·a·ble** [-ɪəbl] *adj.* **1.** zu beschäftigen(d), anstellbar; **2.** arbeitsfähig; **3.** verwendbar; **em·ploy·é** [ɒm'plɔɪeɪ] *s.*, **em·ploy·ee** [ˌemplɔɪ'iː] *s.* Angestellte(r) *m* / *f*: **the ~s** a) die Belegschaft *e-s Betriebs*, b) die Arbeitnehmer(schaft *f*) *pl*; **em'ploy·er** [-ɔɪə] *s.* **1.** Arbeitgeber(in), Unter'nehmer(in), Chef(in), Dienstherr(in): **~'s contribution** Arbeitgeberanteil *m*; **~'s liability** Unternehmerhaftpflicht *f*; **~s' association** Arbeitgeberverband *m*; **2.** ✝ Auftraggeber(in).

em·ploy·ment [ɪm'plɔɪmənt] *s.* **1.** Beschäftigung *f* (*a. allg.*), Arbeit *f*, (An-) Stellung *f*, Arbeitsverhältnis *n*: **in ~** beschäftigt; *out of* ~ stellen-, arbeitslos; *full* ~ Vollbeschäftigung; **2.** Ein-, Anstellung *f*; **3.** Beruf *m*, Tätigkeit *f*, Geschäft *n*; **4.** Gebrauch *m*, Ver-, Anwendung *f*, Einsatz *m*; ~ **a·gen·cy**, ~ **bu·reau** *s.* 'Stellenvermittlung(sbü,ro *n*) *f*; ~ **ex·change** *s. Brit. obs.* Arbeitsamt *n*; ~ **mar·ket** *s.* Stellen-, Arbeitsmarkt *m*; ~ **ser·vice a·gen·cy** *s. Brit.* Arbeitsamt *n*.

em·poi·son [ɪm'pɔɪzn] *v/t.* **1.** *bsd. fig.* vergiften; **2.** verbittern.

em·po·ri·um [em'pɔːrɪəm] *s.* **1.** a) Handelszentrum *n*, b) Markt *m* (*Stadt*); **2.** Warenhaus *n*.

em·pow·er [ɪm'paʊə] *v/t.* **1.** bevollmächtigen, ermächtigen (*to* zu): *be ~ed to* befugt sein zu; **2.** befähigen (*to* zu).

em·press ['emprɪs] *s.* Kaiserin *f*.

emp·ti·ness ['emptɪnɪs] *s.* **1.** Leerheit *f*, Leere *f*; **2.** *fig.* Hohlheit *f*, Leere *f*.

emp·ty ['emptɪ] **I** *adj.* **1.** leer: ~ *of fig.* bar (*gen.*), ohne; ~ *of meaning* nichtssagend; *feel* ~ F ,Kohldampf haben'; *on an* ~ *stomach* auf nüchternen Magen; **2.** leer(stehend), unbewohnt; **3.** leer, unbeladen; **4.** *fig.* leer, hohl, nichtssagend; **II** *v/t.* **5.** (aus-, ent)leeren; **6.** *Glas etc.* leeren, austrinken; **7.** *Haus etc.* räumen; **8.** leeren, gießen, schütten (*into* in *acc.*); **9.** berauben (*of gen.*); **10.** ~ *itself*→ 12; **III** *v/i.* **11.** sich leeren; **12.** sich ergießen, münden (*into the sea* ins Meer); **IV** *s.* **13.** *pl.* ✝ Leergut *n*; ˌ~-'hand·ed *adj.* mit leeren Händen; ˌ~-'head·ed *adj.* hohlköpfig.

e·mu ['iːmjuː] *s. orn.* Emu *m*.

em·u·late ['emjʊleɪt] *v/t.* wetteifern mit; nacheifern (*dat.*), es gleichtun wollen (*dat.*); **em·u·la·tion** [ˌemjʊ'leɪʃn] *s.* Wetteifer *m*; Nacheifern *n* f.

e·mul·si·fy [ɪ'mʌlsɪfaɪ] *v/t.* emulgieren; **e'mul·sion** [-ʃn] *s.* ✇, ✢, *phot.* Emulsi'on *f*.

en [en] *s. typ.* Halbgeviert *n*.

en·a·ble [ɪ'neɪbl] *v/t.* **1.** *j-n* befähigen, in den Stand setzen, es *j-m* ermöglichen *od.* möglich machen (*to do* zu tun); **2.** *j-n* berechtigen, ermächtigen: *Enabling Act* Ermächtigungsgesetz *n*; **3.** *et.* möglich machen, ermöglichen: ~ *s.th. to be done* es ermöglichen, daß et. geschieht; *this ~s the housing to be detached* dadurch kann das Gehäuse abgenommen werden.

en·act [ɪ'nækt] *v/t.* **1.** ✝ a) *Gesetz* erlassen: *~ing clause* Einführungsklausel *f*, b) verfügen, verordnen, c) Gesetzeskraft verleihen (*dat.*); **2.** *thea.* a) *Stück* aufführen, inszenieren (*a. fig.*), b) *Person, Rolle* darstellen, spielen; **3.** *be ~ed fig.* stattfinden, über die Bühne *od.* vor sich gehen; **en·ac·tion** [ɪ'nækʃn], **en·act·ment** *s.* **1.** ✝ a) Erlassen *n* (*Gesetz*), b) Erhebung *f* zum Gesetz, c) Verfügung *f*, Verordnung *f*, Erlaß *m*; **2.** *thea.* a) Inszenierung *f* (*a. fig.*), b) Darstellung *f* (*e-r Rolle*).

en·am·el [ɪ'næml] **I** *s.* **1.** E'mail(le *f*) *n*, Schmelzglas *n*; **2.** Gla'sur *f* (*auf Töpferwaren*); **3.** *a.* ~ *ware* E'mailgeschirr *n*; **4.** Lack *m*; **5.** Nagellack *m*; **6.** E'mailmaleˌrei *f*; **7.** *anat.* Zahnschmelz *m*; **II** *v/t.* **8.** emaillieren; ~(*l*)*ing furnace* Emaillierofen *m*; **9.** glasieren; **10.** lakkieren; **11.** in E'mail malen; **en·am·el-**

(l)er [ɪ'næmlə] *s.* Email'leur *m*, Schmelzarbeiter *m*.

en·am·o·(u)r [ɪ'næmə] *v/t. mst pass.* verliebt machen: *be ~ed of* a) verliebt sein in (*acc.*), b) *fig.* sehr angetan sein von.

en bloc [ãːˌŋ'blɒk] (*Fr.*) en bloc, im ganzen, als Ganzes.

en·cae·ni·a [en'siːnjə] *s.* Gründungs-, Stiftungsfest *n*.

en·cage [ɪn'keɪdʒ] *v/t.* (in e-n Käfig) einsperren, einschließen.

en·camp [ɪn'kæmp] **I** *v/i.* sein Lager aufschlagen, *bsd.* ⚔ lagern; **II** *v/t. bsd.* ⚔ lagern lassen: *be ~ed* lagern; **en-'camp·ment** [-mənt] *s.* ⚔ **1.** (Feld)Lager *n*; **2.** Lagern *n*.

en·cap·su·late [ɪn'kæpsjʊleɪt] *v/t.* ein-, verkapseln; *fig.* kurz zs.-fassen.

en·case [ɪn'keɪs] *v/t.* **1.** einschließen; **2.** um'schließen, um'hüllen; **3.** ⚙ verkleiden, um'manteln.

en·cash [ɪn'kæʃ] *v/t. Brit. Scheck etc.* einlösen; **en'cash·ment** [-mənt] *s.* Einlösung *f*.

en·caus·tic [en'kɔːstɪk] *paint.* **I** *adj.* en'kaustisch, eingebrannt; **II** *s.* En'kaustik *f*; ~ *tile s.* buntglasierte Kachel.

en·ce·phal·ic [ˌenkeˈfælɪk] *adj.* ✽ Gehirn…; **en·ceph·a·li·tis** [-kefə'laɪtɪs] *s.* ✽ Gehirnentzündung *f*, Enzepha'litis *f*.

en·chant [ɪn'tʃɑːnt] *v/t.* **1.** verzaubern; *~ed wood* Zauberwald *m*; **2.** *fig.* bezaubern, entzücken; **en'chant·er** [-tə] *s.* Zauberer *m*; **en'chant·ing** [-tɪŋ] *adj.* □ bezaubernd, entzückend; **en'chant·ment** [-mənt] *s.* **1.** Zauber *m*, Zaube'rei *f*; Verzauberung *f*; **2.** *fig.* a) Zauber *m*, b) Bezauberung *f* c) Entzücken *n*; **en'chant·ress** [-trɪs] *s.* **1.** Zauberin *f*; **2.** *fig.* bezaubernde Frau.

en·chase [ɪn'tʃeɪs] *v/t.* **1.** *Edelstein* fassen; **2.** ziselieren; *~d work* getriebene Arbeit; **3.** (ein)gravieren.

en·ci·pher [ɪn'saɪfə] → *encode*.

en·cir·cle [ɪn'sɜːkl] *v/t.* **1.** um'geben, -'ringen; **2.** um'fassen, um'schlingen; **3.** einkreisen (*a. pol.*), um'zingeln, ⚔ *a.* einkesseln; **en'cir·cle·ment** [-mənt] *s.* Einkreisung *f* (*a. pol.*), Um'zingelung *f*, ⚔ *a.* Einkesselung *f*.

en·clasp [ɪn'klɑːsp] → *encircle* 2.

en·clave [ˈenkleɪv] **I** *s.* ['enkleɪv] En'klave *f*; **II** *v/t.* [en'kleɪv] *Gebiet* einschließen, um-'geben.

en·clit·ic [ɪn'klɪtɪk] *ling.* **I** *adj.* (□ *~ally*) en'klitisch; **II** *s.* enklitisches Wort, En-'klitikon *n*.

en·close [ɪn'kləʊz] *v/t.* **1.** (*in*) einschließen, ⚙ *a.* einkapseln (in *dat. od. acc.*), um'geben (mit); **2.** um'ringen; **3.** um-'fassen; **4.** *Land* einfried(ig)en, um'zäunen; **5.** beilegen, -fügen (*in a letter* e-m Brief); **en'closed** [-zd] *adj.* **1.** *a. adv.* an'bei, beiliegend, in der Anlage: ~ *please find* in der Anlage erhalten Sie; **2.** ⚙ geschlossen, gekapselt: ~ *motor*; **en'clo·sure** [-əʊʒə] *s.* **1.** Einschließung *f*; **2.** Einfried(ig)ung *f*, Um'zäunung *f*; **3.** eingehegtes Grundstück; **4.** Zaun *m*, Mauer *f*; **5.** Anlage *f* (*zu e-m Brief etc.*).

en·code [en'kəʊd] *v/t. Text* verschlüsseln, chiffrieren, kodieren.

en·co·mi·um [en'kəʊmjəm] *s.* Lobrede *f*, -lied *n*, Lobpreisung *f*.

en·com·pass [ɪn'kʌmpəs] *v/t.* **1.** um'geben (*with* mit); **2.** *fig.* um'fassen, ein-

schließen; **3.** *fig. j-s Ruin etc.* her'beiführen.

en·core [ɒŋˈkɔː] (*Fr.*) **I** *int.* **1.** da 'capo!, noch einmal!; **II** *s.* **2.** Da'kapo(ruf *m*) *n*; **3.** a) Wieder'holung *f*, b) Zugabe *f*: *he got an* ~ er mußte e-e Zugabe geben; **III** *v/t.* **4.** (durch Da'kaporufe) nochmals verlangen: ~ *a song*; **5.** *j-n* um e-e Zugabe bitten; **IV** *v/i.* da 'capo rufen.

en·coun·ter [ɪn'kaʊntə] **I** *v/t.* **1.** *j-m od. e-r Sache* begegnen, *j-n od. et.* treffen, auf *j-n, a.* auf *Fehler, Widerstand, Schwierigkeiten etc.* stoßen; **2.** mit *j-m* (*feindlich*) zs.-stoßen *od.* anein'andergeraten; **3.** entgegentreten (*dat.*); **II** *v/i.* **4.** sich begegnen; **III** *s.* **5.** Begegnung *f*; **6.** Zs.-stoß *m* (*a. fig.*), Gefecht *n*; **7.** *psych.* Trainingsgruppensitzung *f*: ~ *group* Trainingsgruppe *f*.

en·cour·age [ɪn'kʌrɪdʒ] *v/t.* **1.** *j-n* ermutigen, *j-m* Mut machen (*to* zu); *j-n* anfeuern, *j-m* zureden, **4.** *j-n* unter'stützen, bestärken (*in* in *dat.*); **5.** *et.* fördern, unter'stützen, begünstigen; **en'cour·age·ment** [-mənt] *s.* **1.** Ermutigung *f*, Ermunterung *f*, Ansporn *m* (*to* für); **2.** Anfeuerung *f*, Unterstützung *f*, Bestärkung *f*; **4.** Förderung *f*, Begünstigung *f*; **en'cour·ag·ing** [-dʒɪŋ] *adj.* □ **1.** ermutigend; **2.** hoffnungsvoll, vielversprechend.

en·croach [ɪn'krəʊtʃ] *v/i.* **1.** (*on, upon*) unbefugt eindringen *od.* -greifen (in *acc.*), sich 'Übergriffe leisten (in, auf *acc.*), (*j-s Recht*) verletzen; **2.** (*on, upon*) über Gebühr beanspruchen, mißbrauchen; zu weit gehen; **3.** (*on, upon*) *et.* beeinträchtigen, schmälern; **en'croach·ment** [-mənt] *s.* **1.** (*on, upon*) Eingriff *m* (in *acc.*), 'Übergriff *m* (in, *auf acc.*), Verletzung *f* (*gen.*); **2.** Beeinträchtigung *f*, Schmälerung *f* (*on, upon gen.*); **3.** 'Übergreifen *n*, Vordringen *n*.

en·crust [ɪn'krʌst] **I** *v/t.* **1.** ver-, über-'krusten; **2.** reich verzieren; **II** *v/i.* eine Kruste bilden; **en·crus'ta·tion** **1.** Krustenbildung *f*; **2.** reiche Verzierung.

en·cum·ber [ɪn'kʌmbə] *v/t.* **1.** belasten (*a. Grundstück etc.*): *~ed with mortgages* hypothekarisch belastet; *~ed with debts* (völlig) verschuldet; **2.** (be)hindern; **3.** *Räume* vollstopfen, über'laden; **en'cum·brance** [-brəns] *s.* **1.** Last *f*, Belastung *f*; **2.** Hindernis *n*, Behinderung *f*; **3.** ✝ (Grundstücks)Belastung *f*, Hypo'theken-, Schuldenlast *f*; **4.** (Fa'milien)Anhang *m*, *bsd.* Kinder *pl.*: *without* ~(*s*); **en'cum·branc·er** [-brənsə] *s.* ✝ Hypo'thekengläubiger (-in).

en·cy·clic, en·cy·cli·cal [en'sɪklɪk(l)] **I** *adj.* □ en'zyklisch; **II** *s. eccl.* (päpstliche) En'zyklika *f*.

en·cy·clo·p(a)e·di·a [enˌsaɪkləʊ'piːdjə] *s.* Enzyklopä'die *f*; **en·cy·clo'p(a)e·dic, en·cy·clo'p(a)e·di·cal** [-dɪk(l)] *adj.* enzyklo'pädisch, um'fassend.

en·cyst [en'sɪst] *v/t.* ✽, *zo.* ein-, verkapseln; **en'cyst·ment** [-mənt] *s.* ✽, *zo.* Ein-, Verkapselung *f*.

end [end] **I** *s.* **1.** (*örtlich*) Ende *n*: *begin at the wrong* ~ falsch herum anfangen; *from one* ~ *to another, from* ~ *to* ~ von Anfang bis (zum) Ende; *at the* ~ *of the letter* am Ende *od.* Schluß des

Briefes; **no ~ of** a) unendlich, unzählig, b) sehr viel(e); **no ~ of trouble** endlose Mühe *od.* Schereien; **no ~ of a fool** F Vollidiot *m*; **no ~ disappointed** F maßlos enttäuscht; **he thinks no ~ of himself** er ist grenzenlos eingebildet; **on ~** a) ununterbrochen, b) aufrecht, hochkant; **for hours on ~** stundenlang; **stand s.th. on ~** et. hochkant stellen; **my hair stood on ~** mir standen die Haare zu Berge; **at our** (*od.* **this**) **~** F bei uns, hier; **be at an ~** a) zu Ende sein, aussein, b) mit s-n Mitteln *od.* Kräften am Ende machen; **he is the** (*absolute*) **~!** F a) er ist das ,Letzte'!, b) er ist ,zum Brüllen'!; **it's the ~** F a) das ist das ,Letzte', b) es ist ,sagenhaft'; **2.** (äußerstes) Ende, *mst* entfernte Gegend: **the other ~ of the street** das andere Ende der Straße; **the ~ of the road** *fig.* das Ende; **to the ~s of the earth** bis ans Ende der Welt; **3.** ✪ Spitze *f*, Kopf(ende *n*) *m*, Stirnseite *f*: **~ to** ~ der Länge nach; **~ on** mit dem Ende *od.* der Spitze voran; **4.** (*zeitlich*) Ende *n*, Schluß *m*: **in the ~** am Ende, schließlich; **at the ~ of May** Ende Mai; **to the bitter ~** bis zum bitteren Ende; **to the ~ of time** bis in alle Ewigkeit; **without ~** unaufhörlich; **no ~ in sight** kein Ende abzusehen; **5.** Tod *m*, Ende *n*, 'Untergang *m*: **near one's ~** dem Tode nahe; **the ~ of the world** das Ende der Welt; **you'll be the ~ of me!** du bringst mich noch ins Grab!; **6.** Rest *m*, Endchen *n*, Stück(chen) *n*, Stummel *m*, Stumpf *m*: **the ~ of a pencil**; **7.** ⚓ Kabel-, Tauende *n*; **8.** Folge *f*, Ergebnis *n*: **the ~ of tho matter was that** die Folge (davon) war, daß; **9.** Ziel *n*, (End)Zweck *m*, Absicht *f*: **to this ~** zu diesem Zweck; **to no ~** vergebens; **gain one's ~s** s-n Zweck erreichen; **for one's own ~** zum eigenen Nutzen; **private ~s** Privatinteressen; **the ~ justifies the means** der Zweck heiligt die Mittel; **II** *v/t.* **10.** *a.* **~ off** beend(ig)en, zu Ende führen; e-r Sache ein Ende machen; **~ it all** F ,Schluß machen' (*sich umbringen*); **the dictionary to ~ all dictionaries** das beste Wörterbuch aller Zeiten; **11.** a) *a.* **~ up** et. ab-, beschließen, b) **den Rest s-r Tage** verbringen, s-e Tage beschließen; **III** *v/i.* **12.** *a.* **~ off** enden, aufhören, schließen: **all's well that ~s well** Ende gut, alles gut; **13.** *a.* **~ up** enden, ausgehen (*by, in, with* damit, daß): **~ happily** gut ausgehen; **he ~ed by boring me** schließlich langweilte er mich; **~ in disaster** mit e-m Fiasko enden; **14.** sterben; **15.** *a.* **~ up** a) enden, ,landen' (*in prison* im Gefängnis), b) enden (*as*

als): **he ~ed up as an actor** er wurde schließlich Schauspieler.

'end-all → **be-all**.

en·dan·ger [ɪn'deɪndʒə] *v/t.* gefährden, in Gefahr bringen.

en·dear [ɪn'dɪə] *v/t.* beliebt machen (**to** bei *j-m*): **~ o.s. to s.o.** a) j-s Zuneigung gewinnen, b) sich bei j-m lieb Kind machen; **en'dear·ing** [-ɪərɪŋ] *adj.* ☐ lieb, gewinnend, liebenswert; **en'dear·ment** [-mənt] *s.*: (**term of**) **~** Kosewort *n*, -name *m*; **words of ~** liebe *od.* zärtliche Worte.

en·deav·o(u)r [ɪn'devə] **I** *v/i.* (*after*) sich bemühen (um), streben (nach); **II** *v/t.* (ver)suchen, bemüht *od.* bestrebt sein (**to do s.th.** et. zu tun); **III** *s.* Bemühung *f*, Bestreben *n*, Anstrengung *f*: **to make every ~** sich nach Kräften bemühen.

en·dem·ic [en'demɪk] **I** *adj.* (☐ **~ally**) **1.** en'demisch: a) (ein)heimisch, b) ☢ örtlich begrenzt (auftretend), c) *zo.*, ⚘ *in e-m bestimmten Gebiet verbreitet*; **II** *s.* **2.** ⚘ en'demische Krankheit; **3.** a) *zo.* en'demisches Tier, b) en'demische Pflanze.

end game *s.* **1.** Schlußphase *f* (*e-s Spiels*); **2.** *Schach:* Endspiel *n*.

end·ing ['endɪŋ] *s.* **1.** Ende *n*, (Ab-)Schluß *m*: **happy ~** glückliches Ende, Happy-End *n*; **2.** *ling.* Endung *f*; **3.** *fig.* Ende *n*, Tod *m*.

en·dive ['endɪv] *s.* ⚘ ('Winter)En,divie *f*.

end·less ['endlɪs] *adj.* ☐ **1.** endlos, ohne Ende, un'endlich; **2.** ewig, unaufhörlich; **3.** un'endlich lang; **4.** ✪ endlos: **~ belt** endloses Band; **~ chain** endlose Kette, Raupenkette *f*, Paternosterwerk *n*; **~ paper** Endlos-, Rollenpapier *n*; **~ screw** Schraube *f* ohne Ende, Schnecke *f*; **'end·less·ness** [-nɪs] *s.* Un'endlichkeit *f*, Endlosigkeit *f*.

en·do·car·di·tis [,endəʊkɑ:'daɪtɪs] *s.* ☢ Herzinnenhautentzündung *f*, Endokar'ditis *f*; **en·do·car·di·um** [,endəʊ'kɑ:dɪəm] *s. anat.* innere Herzhaut, Endo'kard *n*; **en·do·carp** [endəʊ'kɑ:p] *s.* ⚘ Endo'karp *n* (*innere Fruchthaut*); **en·do·crane** ['endəʊkreɪn] *s. anat.* Schädelinnenfläche *f*, Endo'kranium *n*; **en·do·crine** ['endəʊkraɪn] *adj.* endo-'krin, mit innerer Sekreti'on: **~ glands** *s.* **en·dog·a·my** [en'dɒgəmɪ] *s. sociol.* Endoga'mie *f*; **en·dog·e·nous** [en'dɒdʒɪnəs] *adj.* ⚘ endo'gen; **en·do·par·a·site** [,endəʊ'pærəsaɪt] *s. zo.* Endopara'sit *m*; **en·do·plasm** ['endəʊplæzəm] *s. biol.* innere Proto'plasmaschicht, Endo'plasma *n*.

en·dorse [ɪn'dɔ:s] *v/t.* **1.** a) *Dokument* auf der Rückseite beschreiben, b) e-n Vermerk *od.* Zusatz machen auf (*dat.*), c) *bsd. Brit.* e-e Strafe vermerken auf (*e-m Führerschein*); **2.** ✝ *Scheck etc.* indossieren, girieren, b) *a.* **~ over** über-'tragen, -'weisen (**to** *j-m*), c) *e-e Zahlung* auf der Rückseite des Schecks *etc.* bestätigen; **3.** a) *e-n Plan etc.* billigen, gutheißen, b) sich e-r Ansicht *etc.* anschließen: **~ s.o.'s opinion** j-m beipflichten; **en·dor·see** [,endɔ:'si:] *s.* ✝ Indos'sat *m*, Indossa'tar *m*; Gi'rat *m*; **en'dorse·ment** [-mənt] *s.* **1.** Vermerk *m od.* Zusatz *m* (*auf der Rückseite von Dokumenten*); **2.** ✝ a) Indossa'ment *n*, Giro *n*, b) Über'tragung *f*: **~ in blank**

Blankogiro; **~ in full** Vollgiro; **3.** *fig.* Billigung *f*, Unter'stützung *f*; **en'dorser** [-sə] *s.* ✝ Indos'sant *m*, Gi'rant *m*: **preceding ~** Vormann *m*.

en·dow [ɪn'daʊ] *v/t.* **1.** dotieren, e-e Stiftung machen (*dat.*); **2.** et. stiften: **~ s.o. with s.th.** j-m et. stiften; **3.** *fig.* ausstatten (**with** mit *e-m Talent etc.*); **en'dowed** [-aʊd] *adj.* **1.** gestiftet: **well-~** wohlhabend; **~ school** mit Stiftungsgeldern finanzierte Schule; **2.** **~ with** *fig.* ausgestattet mit: **~ with many talents**; **she is well ~** *humor.* sie ist von der Natur reichlich ausgestattet; **en'dowment** [-mənt] *s.* **1.** a) Stiftung *f*, b) *pl.* Stiftungsgeld *n*: **~ insurance** (*Brit.* **assurance**) ✝ Versicherung *f* auf den Todes- u. Erlebensfall; **2.** *fig.* Begabung *f*, Ta'lent *n*, *mst pl.* (körperliche *od.* geistige) Vorzüge *pl.*

end| pa·per *s.* Vorsatzblatt *n*; **~ product** *s.* ✝ *u. fig.* 'Endpro,dukt *n*; **~ rhyme** *s.* Endreim *m*.

en·dur·a·ble [ɪn'djʊərəbl] *adj.* ☐ erträglich, leidlich.

en·dur·ance [ɪn'djʊərəns] **I** *s.* **1.** Dauer *f*; **2.** Dauerhaftigkeit *f*; **3.** a) Ertragen *n*, Aushalten *n*, Erdulden *n*, b) Ausdauer *f*, Geduld *f*, Standhaftigkeit *f*: **beyond** (*od.* **past**) **~** unerträglich, nicht auszuhalten(d); **4.** ✪ Dauerleistung *f*; Lebensdauer *f*; **II** *adj.* **5.** Dauer...; **~ flight** ✈ Dauerflug *m*; **~ limit** *s.* ✪ Belastungsgrenze *f*; **~ run** *s.* Dauerlauf *m*; **~ test** *s.* ✪ Belastungs-, Ermüdungsprobe *f*.

en·dure [ɪn'djʊə] **I** *v/i.* **1.** an-, fortdauern; **2.** 'durchhalten; **II** *v/t.* **3.** aushalten, ertragen, erdulden, 'durchmachen: **not to be ~d** unerträglich; **4.** *fig.* (*nur neg.*) ausstehen, leiden: **I cannot ~ him**; **en'dur·ing** [-ərɪŋ] *adj.* ☐ an-, fortdauernd, bleibend.

'end·ways [-weɪz], **'end·wise** [-waɪz] *adv.* **1.** mit dem Ende nach vorn *od.* oben; **2.** aufrecht; **3.** der Länge nach.

en·e·ma ['enɪmə] *s.* ☢ **1.** Kli'stier *n*, Einlauf *m*; **2.** Kli'stierspritze *f*.

en·e·my ['enəmɪ] **I** *s.* **1.** ✕ Feind *m*; **2.** Gegner *m*, Feind *m*: **the Old ☿** *bibl.* der Teufel, der böse Feind; **be one's own** (**worst**) **~** sich selbst (am meisten) schaden: im Wege stehen; **make an ~ of s.o.** sich j-n zum Feind machen; **she made no enemies** sie machte sich keine Feinde; **II** *adj.* **3.** feindlich, Feind...: **~ action** Feind-, Kriegseinwirkung *f*; **~ alien** feindlicher Ausländer; **~ country** Feindesland *n*; **~ property** ✝ Feindvermögen *n*.

en·er·get·ic [,enə'dʒetɪk] **I** *adj.* (☐ **~ally**) **1.** e'nergisch: a) tatkräftig, b) nachdrücklich; **2.** (sehr) wirksam; **3.** *phys.* ener'getisch; **II** *s. pl. sg. konstr.* **4.** *phys.* Ener'getik *f*; **en·er·gize** ['enədʒaɪz] **I** *v/t.* **1.** et. kräftigen, Ener'gie verleihen (*dat.*); *j-n* anspornen; **2.** ⚡, ✪, *phys.* erregen: **~d ⚡** unter Spannung (stehend); **II** *v/i.* **3.** energisch handeln.

en·er·gu·men [,enɜ:'gju:men] *s.* Enthusi'ast(in), Fa'natiker(in).

en·er·gy ['enədʒɪ] *s.* **1.** Ener'gie *f*: a) Kraft *f*, Nachdruck *m*, b) Tatkraft *f*; **2.** Wirksamkeit *f*, 'Durchschlagskraft *f*; **3.** ☢, *phys.*, *fig.* Kraft *f*, Leistung *f*: **~ crisis** Energiekrise *f*; **~-saving** energiesparend.

en·er·vate ['enɜːveɪt] *v/t.* a) entnerven, b) entkräften, schwächen (*alle a. fig.*); **en·er·va·tion** [ˌenɜːˈveɪʃn] *s.* **1.** Entnervung; **2.** Entkräftung *f,* Schwächung *f*; **3.** Schwäche *f.*

en·fee·ble [ɪnˈfiːbl] *v/t.* schwächen.

en·feoff [ɪnˈfef] *v/t. hist.* belehnen (**with** mit); **en'feoff·ment** [-mənt] *s.* **1.** Belehnung *f*; **2.** Lehnsbrief *m*; **3.** Lehen *n.*

en·fi·lade [ˌenfɪˈleɪd] ✕ **I** *s.* Flankenfeuer *n*; **II** *v/t.* (mit Flankenfeuer) bestreichen.

en·fold [ɪnˈfəʊld] *v/t.* **1.** *a. fig.* einhüllen (**in** in *acc.*), um'hüllen (**with** mit); **2.** um'fassen, -'armen; **3.** falten.

en·force [ɪnˈfɔːs] *v/t.* **1.** a) (mit Nachdruck) geltend machen: ~ *an argument,* b) Geltung verschaffen (*dat.*), *Gesetz etc.* 'durchführen, c) ✝ *Forderungen* (gerichtlich) geltend machen, *Schuld* beitreiben, d) ✠ Urteil voll-'strecken: ~ *a contract* (s-e) Rechte aus e-m Vertrag geltend machen; **2.** (**on, upon**) *et.* 'durchsetzen (bei *j-m*); *Gehorsam etc.* erzwingen (von *j-m*); **3.** (**on, upon** *dat.*) aufzwingen, auferlegen; **en'force·a·ble** [-səbl] *adj.* 'durchsetz-, erzwingbar; ✠ voll'streckbar, beitreibbar; (ein)klagbar; **en'forced** [-st] *adj.* □ erzwungen, aufgezwungen: ~ *sale* Zwangsverkauf *m*; **en'for·ced·ly** [-sɪdlɪ] *adv.* **1.** notgedrungen; **2.** zwangsweise, gezwungenermaßen; **en·'force·ment** [-mənt] *s.* **1.** Erzwingung *f*, 'Durchsetzung *f*; **2.** a) ✝ (gerichtliche) Geltendmachung, b) ✠ Voll'streckung *f*, Voll'zug *m*: ~ *officer* Vollzugsbeamte(r) *m.*

en·frame [ɪnˈfreɪm] *v/t.* einrahmen.

en·fran·chise [ɪnˈfræntʃaɪz] *v/t.* **1.** *j-m* die Bürgerrechte *od.* das Wahlrecht verleihen: *be ~d* das Wahlrecht erhalten; **2.** *e-r Stadt* po'litische Rechte gewähren; **3.** *Brit. e-m Ort* Vertretung im 'Unterhaus verleihen; **4.** *Sklaven* freilassen; **5.** befreien (*from* von); **en·'fran·chise·ment** [-tʃɪzmənt] *s.* **1.** Verleihung *f* der Bürgerrechte *od.* des Wahlrechts; **2.** Gewährung *f* po'litischer Rechte; **3.** Freilassung *f*, Befreiung *f.*

en·gage [ɪnˈgeɪdʒ] **I** *v/t.* **1.** (*o.s.* sich) (*vertraglich etc.*) verpflichten *od.* binden (*to do s.th.* et. zu tun); **2.** *become* (*od. get*) *~d* sich verloben (*to* mit); **3.** *j-n* an-, einstellen, *Künstler etc.* engagieren; **4.** a) *et.* mieten, *Zimmer* belegen, nehmen, b) *Platz etc.* (vor)bestellen, belegen; **5.** *j-n, j-s Kräfte etc.* in Anspruch nehmen, ~ *s.o.* **in** *conversation* j-n ins Gespräch ziehen; ~ *s.o.'s attention* j-s Aufmerksamkeit auf sich lenken *od.* in Anspruch nehmen; **6.** ✕ a) *Truppen* einsetzen, b) *Feind* angreifen, *Feindkräfte* binden; **7.** ⚙ einrasten lassen; *Kupplung etc.* einrücken, *e-n Gang* einlegen, -schalten; **II** *v/i.* **8.** sich verpflichten, es über'nehmen (*to do s.th.* et. zu tun); **9.** Gewähr leisten, garantieren, sich verbürgen (*that* daß); **10.** ✕ angreifen, den Kampf beginnen; ~ *in* sich beschäftigen *od.* befassen *od.* abgeben mit; **11.** ~ *in* sich beteiligen an (*dat.*), sich einlassen in *od.* auf (*acc.*); **12.** ⚙ inein'andergreifen, einrasten; **en'gaged** [-dʒd] *adj.* **1.** verpflichtet; **2.** *a.* ~ *to be married* ver-

lobt (*to* mit); **3.** beschäftigt, nicht abkömmlich, ‚besetzt‘: *are you ~?* sind Sie frei?; *be ~ in* (*od. on*) beschäftigt sein mit, arbeiten an (*dat.*); *deeply ~ in conversation* in ein Gespräch vertieft; *my time is fully ~* ich bin zeitlich völlig ausgelastet; **4.** *teleph. Brit.* besetzt: ~ *tone od. signal* Besetztzeichen *n*; **5.** ⚙ eingerückt, im Eingriff (stehend); **en·'gage·ment** [-mənt] *s.* **1.** (*vertragliche etc.*) Verpflichtung *f*: **without** ~ unverbindlich, ✝ *a.* freibleibend; *be under an ~ to s.o.* j-m (gegenüber) verpflichtet sein; ~*s* ✝ Zahlungsverpflichtungen *pl.*; **2.** Verabredung *f*: ~ *diary* Terminkalender *m*; **3.** Verlobung *f* (*to* mit): ~ *ring* Verlobungsring *m*; **4.** (An)Stellung *f*, Stelle *f*, Posten *m*; **5.** *thea.* Engage'ment *n*; **6.** Beschäftigung *f*, Tätigkeit *f*; **7.** ✕ Kampf(handlung *f*) *m*, Gefecht *n*; **8.** ⚙ Eingriff *m*; **en'gag·ing** [-dʒɪŋ] *adj.* □. **1.** einnehmend, gewinnend; **2.** ⚙ Ein- u. Ausrück…: ~ *gear.*

en·gen·der [ɪnˈdʒendə] *v/t. fig.* erzeugen, her'vorbringen, -rufen.

en·gine ['endʒɪn] **I** *s.* **1.** a) *allg.* Ma'schine *f*, b) Motor *m*, c) 🚂 Lokomo'tive *f*; **2.** ⚙ Holländer *m*, Stoffmühle *f*; **3.** Feuerspritze *f*; **II** *v/t.* **4.** mit Ma'schinen *od.* Mo'toren *od.* e-m Motor versehen: ~ *block s.* Motorblock *m*; ~ *build·er s.* Ma'schinenbauer *m*; ~ *driv·er s.* Lokomo'tivführer *m.*

en·gi·neer [ˌendʒɪˈnɪə] **I** *s.* **1.** a) Inge'nieur *m*, b) Techniker *m*, c) Me'chaniker *m*: ~*s teleph.* Stördienst *m*; **2.** *a. mechanical* ~ Ma'schinenbauer *m*, -inge‚nieur *m*; **3.** *a.* ⚓ Maschi'nist *m*; **4.** *Am.* Lokomo'tivführer *m*; **5.** ✕ Pio'nier *m*; **II** *v/t.* **6.** *Straßen, Brücken etc.* bauen, anlegen, konstruieren, errichten; **7.** *fig.* geschickt in die Wege leiten, ‚organisieren‘, ‚einfädeln‘, ‚deichseln‘; **III** *v/i.* **8.** als Inge'nieur tätig sein; **en·gi'neer·ing** [-ɪərɪŋ] *s.* **1.** Technik *f*, *engS.* Ingeni'eurwesen *n*; (*a. mechanical* ~) Ma'schinen- u. Gerätebau *m*: ~ *department* technische Abteilung, Konstruktionsbüro *n*; ~ *sciences* technische Wissenschaften; ~ *standards committee* Fachnormenausschuß *m*; ~ *works* Maschinenfabrik *f*; **2.** *social* ~ angewandte Sozialwissenschaft; **3.** ✕ Pio'nierwesen *n.*

en·gine | **fit·ter** *s.* Ma'schinenschlosser *m*, Mon'teur *m*; ~ *lathe s.* ⚙ Leitspindeldrehbank *f*; **'~·man** [-mən] *s.* [*irr.*] **1.** Maschi'nist *m*; **2.** Lokomo'tivführer *m*; ~ *room s.* Ma'schinenraum *m.*

en·gird [ɪnˈgɜːd], **en·gir·dle** [-dl] *v/t.* um'gürten, -'geben, -'schließen.

Eng·land·er ['ɪŋglǝndǝ] *s.* Engländer *m*: *Little* ~ *pol. hist.* Gegner der imperialistischen Politik.

Eng·lish ['ɪŋglɪʃ] **I** *adj.* **1.** englisch: ~ *disease,* ~ *sickness* ✝ ‚englische Krankheit‘; ~ *flute* ♪ Blockflöte *f*; ~ *studies pl.* Anglistik *f*; **II** *s.* **2.** the ~ die Engländer; **3.** *ling.* Englisch *n*, das Englische: ~ ~ britisches Englisch; *in* ~ auf englisch, im Englischen; *into* ~ ins Englische; *from (the)* ~ aus dem Englischen, *the King's (od. Queen's)* ~ gutes, reines Englisch; *in plain* ~ *fig.* ‚auf gut Deutsch‘, ‚im Klartext‘; **4.** *typ.* Mittel *f* (*Schriftgrad*); **Eng·lish·ism** ['ɪŋlɪʃɪzəm] *s. bsd. Am.* **1.** *ling.* Briti'zis-

mus *m*; **2.** englische Eigenart; **3.** Anglophi'lie *f*; **'Eng·lish·man** [-mən] *s.* [*irr.*] Engländer *m*; **'Eng·lish**‚**wom·an** *s.* [*irr.*] Engländerin *f.*

en·gorge [ɪnˈgɔːdʒ] *v/t.* **1.** gierig verschlingen; **2.** 🕸 *Gefäß etc.* anschoppen: ~*d kidney* Stauungsniere *f.*

en·graft [ɪnˈgrɑːft] *v/t.* **1.** (auf)pfropfen (**into** in *acc.*, **upon** auf *acc.*); **2.** *fig.* a) einfügen, b) verankern (*into* in *acc.*).

en·grained [ɪnˈgreɪnd] *adj. fig.* **1.** eingefleischt, unverbesserlich; **2.** eingewurzelt.

en·gram [ɪnˈgræm] *s. biol., psych.* En'gramm *n.*

en·grave [ɪnˈgreɪv] *v/t.* **1.** (ein)gravieren, (ein)meißeln, *in Holz:* (ein)schnitzen, einschneiden (**on** in, auf *acc.*); **2.** *it is ~d (up)on his memory* (*od. mind*) *fig.* es hat sich ihm tief eingeprägt; **en·'grav·er** [-və] *s.* Gra'veur *m*, (Kunst-) Stecher *m*: ~ (*on copper*) Kupferstecher *m*; **en'grav·ing** [-vɪŋ] *s.* **1.** Gravieren *n*, Gravierkunst *f*; **2.** (Kupfer-, Stahl)Stich *m*; Holzschnitt *m.*

en·gross [ɪnˈgrəʊs] *v/t.* **1.** ✠ a) *Urkunde* ausfertigen, b) e-e Reinschrift anfertigen von, c) in gesetzlicher *od.* rechtsgültiger Form ausdrücken, d) *parl. e-m Gesetzentwurf* die endgültige Fassung geben; **2.** ✝ a) *Ware* spekula'tiv aufkaufen, b) *den Markt* monopolisieren; **3.** *fig. j-s Aufmerksamkeit etc.* (ganz) in Anspruch nehmen; *et.* an sich reißen; **en'grossed** [-st] *adj.* vertieft, versunken (**in** in *acc.*); **en'gross·ing** [-sɪŋ] *adj.* **1.** fesselnd, spannend; **2.** voll in Anspruch nehmend; **en'gross·ment** [-mənt] *s.* **1.** ✠ Ausfertigung *f*, Reinschrift *f e-r Urkunde*; **2.** ✝ a) (spekula'tiver) Aufkauf, b) Monopolisierung *f*; **3.** Inanspruchnahme *f* (*of, with* durch).

en·gulf [ɪnˈgʌlf] *v/t.* **1.** über'fluten; **2.** verschlingen (*a. fig.*).

en·hance [ɪnˈhɑːns] *v/t.* **1.** erhöhen, vergrößern, steigern, heben; **2.** *et.* (vorteilhaft) zur Geltung bringen; **en'hancement** [-mənt] *s.* Steigerung *f*, Erhöhung *f*, Vergrößerung *f.*

e·nig·ma [ɪˈnɪgmə] *s.* Rätsel *n* (*a. fig.*); **e·nig·mat·ic, e·nig·mat·i·cal** [ˌenɪgˈmætɪk(l)] *adj.* □ rätselhaft, dunkel; **e·nig·ma·tize** [-ətaɪz] **I** *v/i.* in Rätseln sprechen; **II** *v/t. et.* in Dunkel hüllen, verschleiern.

en·join [ɪnˈdʒɔɪn] *v/t.* **1.** *et.* auferlegen, vorschreiben (**on s.o.** j-m); **2.** *j-m* befehlen, einschärfen, *j-n* (eindringlich) mahnen (*to do* zu tun); **3.** bestimmen, Anweisung(en) erteilen (*that* daß); **4.** ✠ unter'sagen (*s.th.* **on** *s.o.* j-m et.; *s.o. from doing s.th.* j-m, et. zu tun).

en·joy [ɪnˈdʒɔɪ] *v/t.* **1.** Vergnügen *od.* Gefallen finden *od.* Freude haben an (*dat.*), sich erfreuen an (*dat.*): *I ~ dancing* ich tanze gern, Tanzen macht mir Spaß; *did you ~ the play?* hat dir das (Theater)Stück gefallen?; ~ *o.s.* sich amüsieren *od.* gut unterhalten; *did you ~ yourself in London?* hat es dir in London gefallen?; ~ *yourself!* viel Spaß!; **2.** genießen, sich et. schmecken lassen: *I ~ my food* das Essen schmeckt mir; **3.** sich *e-s Besitzes* erfreuen, *et.* haben, besitzen, genießen; erleben: ~ *good health* sich e-r guten Gesundheit erfreuen; ~ *a right* ein Recht genießen *od.* haben; **en'joy·a·ble** [-ɔɪəbl] *adj.* □ **1.** brauch-, genießbar; **2.** angenehm, erfreulich, schön; **en'joy·ment** [-mənt] *s.* **1.** Genuß *m*, Vergnügen *n*, Gefallen *n*, Freude *f* (**of** an *dat.*); **2.** Genuß *m* (*e-s Besitzes od. Rechtes*), Besitz *m*: **quiet ~** ⚖ ruhiger Besitz; **3.** ⚖ Ausübung *f* (*e-s Rechts*).

en·kin·dle [ɪn'kɪndl] *v/t. fig.* entflammen, entzünden, entfachen.

en·lace [ɪn'leɪs] *v/t.* **1.** um'schlingen; **2.** verstricken.

en·large [ɪn'lɑːdʒ] **I** *v/t.* **1.** vergrößern (*a. phot.*), *Kenntnisse etc. a.* erweitern, *Einfluß etc. a.* ausdehnen: **~d and revised edition** erweiterte u. verbesserte Auflage; **~ the mind** den Gesichtskreis erweitern; **II** *v/i.* **2.** sich vergrößern *od.* ausdehnen *od.* erweitern, zunehmen; **3.** *phot.* sich vergrößern lassen; **4.** *fig.* sich verbreiten *od.* weitläufig auslassen (**upon** über *acc.*); **en'large·ment** [-mənt] *s.* **1.** Vergrößerung *f* (*a. phot.*), Erweiterung *f*, Ausdehnung *f*; ⚕ (Herz)Erweiterung *f*, (*Mandel- etc.*) Schwellung *f*; **2.** Erweiterungs-, Anbau *m*; **en'larg·er** [-dʒə] *s.* Vergrößerungsgerät *n*.

en·light·en [ɪn'laɪtn] *v/t. fig.* erleuchten, aufklären, belehren (**on**, **as to** über *acc.*); **en'light·ened** [-nd] *adj.* **1.** erleuchtet, aufgeklärt; **2.** verständig; **en·'light·en·ing** [-nɪŋ] *adj.* aufschlußreich; **en'light·en·ment** [-mənt] *s.* Aufklärung *f*, Erleuchtung *f*: (**Age of**) ⌾ *hist.* (Zeitalter *n* der) Aufklärung.

en·list [ɪn'lɪst] **I** *v/t.* **1.** *Soldaten* anwerben, *Rekruten* einstellen: **~ed men** *Am.* Unteroffiziere und Mannschaften; **2.** *fig. j-n* her'anziehen, gewinnen, engagieren (**in** für): **~ s.o.'s services** j-s Dienste in Anspruch nehmen; **II** *v/i.* **3.** ✗ sich anwerben lassen, Sol'dat werden, sich (freiwillig) melden; **4.** (**in**) mitwirken (bei), sich beteiligen (an *dat.*); **en'list·ment** [-mənt] *s.* **1.** ✗ (An)Werbung *f*, Einstellung *f*; **2.** ✗ *Am.* a) Eintritt *m* in den Wehrdienst, b) (Dauer *f* der) (Wehr)Dienstverpflichtung; **3.** *fig.* Gewinnung *f* (*zur Mitarbeit*), Her'an-, Hin'zuziehung *f* (*von Helfern*).

en·liv·en [ɪn'laɪvn] *v/t.* beleben, in Schwung bringen, ˌankurbeln'.

en masse [ɑ̃ːŋ'mæs] (*Fr.*) *adv.* **1.** in Massen; **2.** im großen; **3.** zu'sammen, als Ganzes.

en·mesh [ɪn'meʃ] *v/t.* **1.** in e-m Netz fangen; **2.** *fig.* verstricken.

en·mi·ty ['enmɪtɪ] *s.* Feindschaft *f*, -seligkeit *f*, Haß *m*: **at ~ with** verfeindet *od.* in Feindschaft mit; **bear no ~** nichts nachtragen.

en·no·ble [ɪ'nəʊbl] *v/t.* adeln (*a. fig.*), in den Adelsstand erheben; *fig.* veredeln, erhöhen; **en'no·ble·ment** [-mənt] *s.* **1.** Erhebung *f* in den Adelsstand; **2.** *fig.* Veredelung *f*.

en·nui [ɑ̃ː'nwiː] (*Fr.*) *s.* Langeweile *f*.

e·nor·mi·ty [ɪ'nɔːmətɪ] *s.* Ungeheuerlichkeit *f*: a) Enormi'tät *f*, b) Untat *f*, Greuel *m*, Frevel *m*; **e'nor·mous** [-məs] *adj.* □ e'norm, ungeheuer(lich), gewaltig, riesig. **e'nor·mous·ness** [-məsnɪs] *s.* Riesengröße *f*.

e·nough [ɪ'nʌf] **I** *adj.* genug, ausreichend: **~ bread**, **bread ~** genug Brot,

Brot genug; **not ~ sense** nicht genug Verstand; **this is ~ (for us)** das genügt (uns); **I was fool ~ to believe her** ich war so dumm u. glaubte ihr; **he was not man ~** (*od.* **~ of a man**) (**to** *inf.*) er war nicht Manns genug (zu *inf.*); **that's ~ to drive me mad** das macht mich (noch) wahnsinnig; **II** *s.* Genüge *f*, genügende Menge: **have** (**quite**) **~** (völlig) genug haben; **I've had ~**, **thank you** danke, ich bin satt; **I have ~ of it** ich bin (*od.* habe) es satt, ˌich bin bedient'; **~ of that!**, **~ said!** genug davon!, Schluß damit!; **~ and to spare** mehr als genug; **~ is as good as a feast** allzuviel ist ungesund; **III** *adv.* genug, genügend; ganz, recht, ziemlich: **it's a good ~ story** die Geschichte ist nicht übel; **he does not sleep ~** er schläft nicht genug; **be kind ~ to help me** sei so gut und hilf mir; **oddly ~** sonderbarerweise; **safe ~** durchaus sicher; **sure ~** tatsächlich, gewiß; **true ~** nur zu wahr; **well ~** recht *od.* ziemlich *od.* ganz gut; **he could do it well ~ (but ...)** er könnte es (zwar) recht gut, aber ...); **you know well ~** du weißt es (ganz) genau; **that's not good ~** das reicht nicht, das lasse ich nicht gelten.

en pas·sant [ɑ̃ːpæsɑ̃ːŋ] (*Fr.*) *adv.* en pas'sant: a) im Vor'beigehen, b) beiläufig, neben'her, -'bei.

en·plane [ɪn'pleɪn] → **emplane**.

en·quire *etc.* → **inquire** *etc.*

en·rage [ɪn'reɪdʒ] *v/t.* wütend machen; **en'raged** [-dʒd] *adj.* wütend, aufgebracht (**at**, **by** über *acc.*).

en·rapt [ɪn'ræpt] *adj.* hingerissen, entzückt; **en'rap·ture** [-tʃə] *v/t.* entzücken: **~d with** hingerissen von.

en·rich [ɪn'rɪtʃ] *v/t.* **1.** (*a. o.s.* sich) bereichern (*a. fig.*); wertvoll(er) machen; **2.** anreichern: a) ⚛, 🍴 veredeln, b) 🗝 ertragreich(er) machen, c) den Nährwert erhöhen; **3.** ausschmücken, verzieren; **4.** *fig.* a) *Geist* bereichern, b) *Wert* steigern; **en'rich·ment** [-mənt] *s.* **1.** Bereicherung *f* (*a. fig.*); **2.** ⚛, 🍴 Anreicherung *f*; **3.** *fig.* Befruchtung *f*; **4.** Ausschmückung *f*.

en·rol(l) [ɪn'rəʊl] **I** *v/t.* **1.** *j-s* Namen eintragen, -schreiben (**in** in *acc.*); *univ. j-n* immatrikulieren: **~ o.s.** → 5; **2.** a) *mst* ✗ (an)werben, b) ♣ anmustern, anheuern, c) *Arbeiter* einstellen: **be enrolled** eingestellt werden, in *e-e Firma* eintreten; **3.** als Mitglied aufnehmen: **~ o.s. in a society** e-r Gesellschaft beitreten; **4.** ⚖ registrieren, protokollieren; **II** *v/i.* **5.** sich einschreiben (lassen), *univ.* sich immatrikulieren: **~ for a course** e-n Kurs belegen; **en'rol(l)·ment** [-mənt] *s.* **1.** Eintragung *f*, -schreibung *f*; *univ.* Immatrikulati'on *f*; **2.** *bsd.* ✗ Anwerbung *f*, Einstellung *f*, Aufnahme *f*; **3.** Beitrittserklärung *f*; **4.** ⚖ Re'gister *n*.

en route [ɑ̃ːˈruːt] (*Fr.*) *adv.* unterwegs (**for** nach); auf der Reise (**from ... to** von ... nach).

ens [enz] *pl.* **entia** ['enʃɪə] (*Lat.*) *s. phls.* Ens *n*, Sein *n*, Wesen *n*.

en·sconce [ɪn'skɒns] *v/t.* **1.** (*mst* **~ o.s.** sich) verstecken, verbergen; **2.** **~ o.s.** es sich bequem machen (**in** *e-m Sessel etc.*).

en·sem·ble [ɑ̃ːn'sɑ̃ːmbl] (*Fr.*) *s.* **1.** das

Ganze, Gesamteindruck *m*; **2.** ♩, *thea.* En'semble *n*; **3.** *Mode:* En'semble *n*, Kom'plet *n*.

en·shrine [ɪn'ʃraɪn] *v/t.* **1.** in *e-n Schrein* einschließen; **2.** (als Heiligtum) bewahren; **3.** als Schrein dienen für.

en·shroud [ɪn'ʃraʊd] *v/t.* ein-, verhüllen (*a. fig.*).

en·sign ['ensaɪn; *bsd.* ✗ *u.* ♣ 'ensn] *s.* **1.** Fahne *f*, Stan'darte *f*, ♣ (Schiffs-)Flagge *f*, *bsd.* (Natio'nal)Flagge *f*: **white (red) ~** Flagge der brit. Kriegs- (Handels)marine; **blue ~** Flagge der brit. Flottenreserve; **2.** ['ensn] *hist. Brit.* Fähnrich *m*; **3.** ['ensn] ♣ *Am.* Leutnant *m* zur See; **4.** (Rang)Abzeichen *n*.

en·si·lage ['ensɪlɪdʒ] ✓ **I** *s.* **1.** Silierung *f*; **2.** Silo-, Gärfutter *n*; **II** *v/t.* **3.** → **ensile** [ɪn'saɪl] *v/t.* ✓ *Futterpflanzen* silieren.

en·slave [ɪn'sleɪv] *v/t.* versklaven, zum Sklaven machen (*a. fig.*): **be ~d by** *j-m od. e-r Sache* verfallen sein; **en'slave·ment** [-mənt] *s.* **1.** Versklavung *f*, Sklave'rei *f*; **2.** *fig.* (**to**) sklavische Abhängigkeit *f* (von), Bindung (an *acc.*), Hörigkeit *f*.

en·snare [ɪn'sneə] *v/t.* **1.** in *e-r Schlinge* fangen; **2.** *fig.* berücken, bestricken, um'garnen.

en·sue [ɪn'sjuː] *v/i.* **1.** 'darauf folgen, (nach)folgen; **2.** folgen, sich ergeben (**from** aus); **en'su·ing** [-ɪŋ] *adj.* (nach-)folgend.

en·sure [ɪn'ʃʊə] *v/t.* **1.** (**against**, **from**) (**o.s.** sich) sichern, sicherstellen (gegen), schützen (vor); **2.** Gewähr bieten für, garantieren (*et.*, **that** daß, **s.o. being** daß j-d ist); **3.** für *et.* sorgen: **~ that** dafür sorgen, daß.

en·tail [ɪn'teɪl] **I** *v/t.* **1.** ⚖ a) in ein Erbgut umwandeln, b) als Erbgut vererben (**on** auf *acc.*): **~ed estate** Erb-, Familiengut *n*; **~ed interest** beschränktes Eigentumsrecht; **2.** *fig.* a) mit sich bringen, zur Folge haben, nach sich ziehen, verursachen, b) erforderlich machen, erfordern; **II** *s.* **3.** ⚖ a) (Über'tragung *f* als) unveräußerliches Erbgut, b) (festgelegte) Erbfolge.

en·tan·gle [ɪn'tæŋgl] *v/t.* **1.** *Haare*, *Garn etc.* verwirren, ˌverfitzen'; **2.** (**o.s.** sich) verwickeln, -heddern (**in** in *acc.*); **3.** *fig.* verwickeln, verstricken: **~ o.s. in s.th.**, **become ~d in s.th.** in e-e Sache verwickelt werden; **become ~d with s.o.** sich mit j-m einlassen; **en'tan·gle·ment** [-mənt] *s.* **1.** *a. fig.* Verwicklung *f*, Verwirrung *f*, Verstrickung *f*; **2.** *fig.* Kompliziertheit *f*; **3.** Liebschaft *f*, Liai'son *f*; **4.** ✗ Drahtverhau *m*.

en·tente [ɑ̃ːn'tɑ̃ːnt] (*Fr.*) *s.* En'tente *f*, Bündnis *n*.

en·ter ['entə] **I** *v/t.* **1.** eintreten, -fahren, -steigen, (hin'ein)gehen, (-)kommen in (*acc.*), *Haus etc.* betreten; in *ein Land* einreisen; ✗ einrücken in (*acc.*); ♣, 🚢 einlaufen in (*acc.*): **~ the skull** in den Schädel eindringen (*Kugel etc.*); **the idea ~ed my head** (*od. mind*) mir kam der Gedanke, ich hatte die Idee; **2.** sich in *et.* begeben: **~ a hospital** ein Krankenhaus aufsuchen; **3.** eintreten in (*acc.*), beitreten (*dat.*), Mitglied werden (*gen.*): **~ s.o.'s service** in j-s Dienst treten; **~ a club** e-m Klub beitreten; **~ the university** sein Studium aufnehmen; ~ *the army* (*the Church*) Soldat (Geistlicher) werden; ~ *a profession* e-n Beruf ergreifen; **4.** eintragen, -schreiben; hin'einbringen; *j-n* aufnehmen, zulassen: ~ *one's name* sich einschreiben *od.* anmelden; ~ *s.o. at a school* j-n zur Schule anmelden; *be ~ed univ.* immatrikuliert werden; **5.** † (ver)buchen, eintragen: ~ *to s.o.'s debit* j-m *et.* in Rechnung stellen; ~ *credit* 2; ~ *up* Posten regelrecht verbuchen; **6.** *sport* melden, nennen (*for* für); **7.** ♣, † Schiff einklarieren; *Waren beim Zollamt deklarieren*; **8.** einreichen, -bringen, geltend machen: ~ *an action* ⚏ e-e Klage einreichen; ~ *a motion parl.* e-n Antrag einbringen; ~ *a protest* Protest erheben; **II** v/i. **9.** (ein)treten, her'ein-, hin'einkommen, -gehen; ✗ einrücken; eindringen: *I don't ~ in it fig.* ich habe damit nichts zu tun; ~*!* herein!; **10.** *sport* sich melden, nennen (*for* für, zu); **11.** *thea.* auftreten: ♫ *Hamlet* Hamlet tritt auf; *Zssgn mit prp.*:

en·ter|·in·to v/i. **1.** → *enter* 1, 2, 3; **2.** *Vertrag, Bündnis* eingehen, schließen: ~ *an obligation* e-e Verpflichtung eingehen; ~ *a partnership* sich assoziieren; **3.** *et.* beginnen, sich beteiligen an (*dat.*), eingehen auf (*acc.*), sich einlassen auf *od.* in (*acc.*): ~ *correspondence* in Briefwechsel treten; ~ *a joke* auf e-n Scherz eingehen; → *detail* 1; **4.** sich hin'einversetzen in (*acc.*): ~ *s.o.'s feelings* sich in j-n hineinversetzen, j-s Gefühle verstehen; ~ *the spirit* sich in den Geist e-r Sache einfühlen *od.* hineinversetzen; ~ *the spirit of the game* mitmachen; **5.** e-e Rolle spielen bei: *this did not ~ our plans* das war nicht eingeplant; ~ *on od.* ~ *up·on* v/i. **1.** ⚏ Besitz ergreifen von: ~ *an inheritance* e-e Erbschaft antreten; **2.** a) *Thema* anschneiden, b) sich in *ein Gespräch* einlassen; **3.** a) beginnen, in *ein* (*neues*) *Stadium od. ein neues Lebensjahr* eintreten, b) *Amt* antreten, *Laufbahn* einschlagen; **4.** in *ein neues Stadium* treten.

en·ter·ic [en'terık] *adj.* **1.** *anat.* en'terisch, Darm...: ~ *fever* (Unterleibs)Typhus *m*; **2.** ♣ darmlöslich: ~ *pill*; **en·ter·i·tis** [ˌentə'raıtıs] *s.* ♣ 'Darmkaˌtarrh *m*, Ente'ritis *f*; **en·ter·o·gas·tri·tis** [ˌentərəʊgæ'straıtıs] *s.* Magen-'Darm-Kaˌtarrh *m*; **en·ter·on** ['entərən] *pl.* **-ter·a** [-rə] *s.* Enteron *n*, (*bsd.* Dünn)Darm *m*.

en·ter·prise ['entəpraız] *s.* **1.** Unter'nehmen, -'nehmung *f*; **2.** † Unter'nehmen *n*, Betrieb *m*: *free ~* freies Unternehmertum, freie (Markt)Wirtschaft; *free ~ economist* Marktwirtschaftler *m*; **3.** Initia'tive *f*, Unter'nehmungsgeist *m*, -lust *f*; **'en·ter·pris·ing** [-zıŋ] *adj.* □ **1.** unter'nehmend, unter'nehmungslustig, mit Unter'nehmungsgeist; **2.** kühn, wagemutig.

en·ter·tain [ˌentə'teın] **I** v/t. **1.** (angenehm) unter'halten, amüsieren (*a. iro.*); **2.** *j-n* gastlich aufnehmen, bewirten, einladen; **3.** *Furcht, Hoffnung etc.* hegen; **4.** *Vorschlag etc.* in Erwägung ziehen, eingehen auf (*acc.*), nähertreten (*dat.*): ~ *an idea* sich mit e-m Gedanken tragen; **II** v/i. **5.** Gäste empfan-

gen, ein gastliches Haus führen: *they ~ a great deal* sie haben oft Gäste; **en·ter'tain·er** [-nə] *s.* **1.** Gastgeber(in); **2.** Unter'halter(in), *engS.* Enter'tainer (-in), Unter'haltungskünstler(in); **en·ter'tain·ing** [-nıŋ] *adj.* □ unter'haltend, -'haltsam, amü'sant; **en·ter'tain·ment** [-mənt] *s.* **1.** Unter'haltung *f*, Belustigung *f*: *place of* ~ Vergnügungsstätte *f*; ~ *tax* Vergnügungssteuer *f*; *much to his* ~ sehr zu s-r Belustigung; **2.** (öffentliche) Unterhaltung, *thea. etc.* a. Enter'tainment *m*: ~ *electronics* Unterhaltungselektronik *f*; ~ *industry* Unterhaltungsindustrie *f*; ~ *value* Unterhaltungswert *m*; **3.** Gastfreundschaft *f*, Bewirtung *f*: ~ *allowance* † Aufwandsentschädigung *f*; **4.** Fest *n*, Gesellschaft *f*.

en·thral(l) [ın'θrɔːl] v/t. **1.** *fig.* bezaubern, fesseln, in s-n Bann schlagen; **2.** *obs.* unter'jochen; **en'thrall·ing** [-lıŋ] *adj.* fesselnd, bezaubernd; **en'thral(l)·ment** [-mənt] *s.* **1.** Bezauberung *f*; **2.** *obs.* Unter'jochung *f*.

en·throne [ın'θrəʊn] v/t. auf den Thron setzen, *a. eccl. Bischof* inthronisieren: *be ~d fig.* thronen; **en'throne·ment** [-mənt] *s.* Inthronisati'on *f*.

en·thuse [ın'θjuːz] F **I** v/t. begeistern; **II** v/i. (*about*) begeistert sein (von), schwärmen (für, von); **en'thu·si·asm** [-zıæzəm] *s.* **1.** Enthusi'asmus *m*, Begeisterung *f* (*for* für, *about* über *acc.*); **2.** Schwärme'rei *f*; **en'thu·si·ast** [-zıæst] *s.* **1.** Enthusi'ast(in); **2.** Schwärmer(in); **en·thu·si·as·tic** [ınˌθjuːzı'æstık] *adj.* (□ ~*ally*) enthusi'astisch, begeistert (*about*, *over* über *acc.*): *become* (*od. get*) ~ in Begeisterung geraten.

en·tice [ın'taıs] v/t. **1.** locken: ~ *s.o. away* a) j-n weglocken (*from* von), b) † j-n abwerben; ~ *s.o.'s wife away* j-m s-e Frau abspenstig machen; **2.** verlocken, -leiten, -führen (*into s.th.* zu et., *to do od. into doing* zu tun); **en'tice·ment** [-mənt] *s.* **1.** (Ver-)Lockung *f*, (An)Reiz *m*; **2.** Verführung *f*, -leitung *f*; **en'tic·ing** [-sıŋ] *adj.* □ verlockend, verführerisch.

en·tire [ın'taıə] *adj.* □ → *entirely*; **1.** ganz, völlig, vollkommen, vollständig, vollzählig, kom'plett, Gesamt...; **2.** ganz, unversehrt, unbeschädigt; **3.** voll, ungeschmälert, uneingeschränkt: *he enjoys my* ~ *confidence*; **4.** nicht kastriert: ~ *horse* Hengst *m*; **II** *s.* **5.** das Ganze; **6.** nicht kastriertes Pferd, Hengst *m*; **7.** ♥ Ganzsache *f*; **en'tire·ly** [-lı] *adv.* **1.** völlig, gänzlich, ganz u. gar; **2.** ausschließlich: *it is ~ his fault*; **en'tire·ty** [-tı] *s.* das Ganze, Ganzheit *f*, Gesamtheit *f*: *in its* ~ in s-r Gesamtheit, als Ganzes.

en·ti·tle [ın'taıtl] v/t. **1.** *Buch etc.* betiteln: ~*d Buch etc.* mit dem Titel ...; **2.** *j-n* anreden, titulieren; **3.** (*to*) *j-n* berechtigen (zu), *j-m* ein Anrecht geben (auf *acc.*): *be ~d to* berechtigt sein zu, e-n (Rechts)Anspruch haben auf (*acc.*); ~*d to vote* stimm-, wahlberechtigt; **en'ti·tle·ment** [-mənt] *s.* (berechtigter) Anspruch; zustehender Betrag.

en·ti·ty ['entətı] *s.* **1.** Dasein *n*; **2.** Wesen *n*, Ding *n*; **3.** ⚏ 'Rechtsperˌsönlichkeit *f*: *legal* ~ juristische Person.

en·tomb [ın'tuːm] v/t. **1.** begraben, beerdigen; **2.** verschütten, lebendig begraben; **en'tomb·ment** [-mənt] *s.* Begräbnis *n*.

en·to·mo·log·i·cal [ˌentəmə'lɒdʒık(l)] *adj.* □ entomo'logisch, Insekten...; **en·to·mol·o·gist** [ˌentəʊ'mɒlədʒıst] *s.* Entomo'loge *m*; **en·to·mol·o·gy** [ˌentəʊ'mɒlədʒı] *s.* Entomolo'gie *f*, In'sektenkunde *f*.

en·tou·rage [ˌɒntu'rɑːʒ] (*Fr.*) *s.* Entou-'rage *f*: a) Um'gebung *f*, b) Gefolge *n*.

en·to·zo·on [ˌentəʊ'zəʊɒn] *pl.* **-zo·a** [-ə] *s. zo.* Ento'zoon *n* (*Parasit*).

entr'acte ['ɒntrækt] (*Fr.*) *s. thea.* Zwischenakt *m*, -spiel *n*.

en·trails ['entreılz] *s. pl.* **1.** *anat.* Eingeweide *pl.*; **2.** *fig.* das Innere.

en·train [ın'treın] ⚏ **I** v/i. einsteigen; **II** v/t. verladen.

en·trance¹ ['entrəns] *s.* **1.** a) Eintreten *n*, Eintritt *m*, b) ⚏, ♣ Einlaufen *n*, Einfahrt *f*, c) ✈ Einflug *m*: ~ *duty* † Eingangszoll *m*; *make one's* ~ eintreten, erscheinen (→ 4); **2.** Ein-, Zugang *f*: ~ (a. Hafen)Einfahrt *f*: ~ *hall* (Eingangs-, Vor)Halle *f*, Hausflur *m*; **3.** Einlaß *m*, Ein-, Zutritt *m*: ~ *fee* a) Eintritt(sgeld *n*) *m*, b) Aufnahmegebühr *f*; ~ *examination* Aufnahmeprüfung *f*; *no* ~*!* Zutritt verboten!; **4.** *thea.* Auftritt *m*: *make one's* ~ auftreten; **5.** (*on*, *upon*) Antritt *m* (*e-s Amtes, e-r Erbschaft etc.*); **6.** *fig.* Beginn *m* (*gen.*), Einstieg *m* (in *acc.*).

en·trance² [ın'trɑːns] v/t. in Verzükkung versetzen, hinreißen: ~*d* ver-, entzückt, hingerissen; ~*d with joy* freudetrunken; **en'trance·ment** [-mənt] *s.* Verzückung *f*; **en'tranc·ing** [-sıŋ] *adj.* hinreißend, bezaubernd.

en·trant ['entrənt] *s.* **1.** Eintretende(r *m*) *f*; **2.** neues Mitglied; **3.** Berufsanfänger(in) (*to* in *dat.*); **4.** *bsd. sport* Teilnehmer(in), Konkur'rent(in), *a.* Bewerber(in).

en·trap [ın'træp] v/t. **1.** (in e-r Falle) fangen; **2.** verführen, verleiten (*into* zu tun).

en·treat [ın'triːt] v/t. **1.** *j-n* dringend bitten *od.* ersuchen, anflehen; **2.** *et.* erflehen; **3.** *obs. od. bibl. j-n* behandeln; **en'treat·ing·ly** [-tıŋlı] *adv.* flehentlich; **en'treat·y** [-tı] *s.* dringende Bitte, Flehen *n*.

en·trée ['ɒntreı] (*Fr.*) *s.* **1.** *bsd. fig.* Zutritt *m* (*into* zu); **2.** *Küche:* a) En'tree *n*, Zwischengericht *n*, b) *Am.* Hauptgericht *n*; **3.** ♪ En'tree *n*.

en·tre·mets ['ɒntrəmeı] *pl.* 'ɒntrəmeız] (*Fr.*) *s.* a) Zwischengericht *n*, b) Süßspeise *f*.

en·trench [ın'trentʃ] v/t. ✗ mit Schützengräben durch'ziehen, befestigen: ~ *o.s.* sich verschanzen *od.* festsetzen (*beide a. fig.*); ~*ed fig.* eingewurzelt, verwurzelt; **en'trench·ment** [-mənt] *s.* ✗ **1.** Verschanzung *f*; **2.** *pl.* Schützengräben *pl.*

en·tre·pôt ['ɒntrəpəʊ] (*Fr.*) *s.* † **1.** Lager-, Stapelplatz *m*; **2.** (Waren-, Zoll-)Niederlage *f*.

en·tre·pre·neur [ˌɒntrəprə'nɜː] (*Fr.*) *s.* **1.** † Unter'nehmer *m*; **2.** *Am.* Veranstalter *m*; **en·tre·pre·neur·i·al** [-ɜːrıəl] *adj.* † unter'nehmerisch, Unternehmer...

en·tre·sol ['ɒntrəsɒl] (*Fr.*) *s.* △ Zwischen-, Halbgeschoß *n*.

en·trust [ɪn'trʌst] *v/t.* **1.** anvertrauen (*to dat.*); **2.** *j-n* betrauen (*with s.th.* mit et.).

en·try ['entrɪ] *s.* **1.** Zugang *m*, Zutritt *m*, Einreise *f*: ~ *permit* Einreisegenehmigung *f*; ~ *visa* Einreisevisum *n*; *no* ~*!* Kein Zutritt!, *mot.* Keine Einfahrt!; **2.** Eintritt *m*, -gang *m*, -fahrt *f*, -zug *m*, -rücken *n*; **3.** Eingang(stür *f*) *m*, Einfahrt(stor *n*) *f*; (Eingangs)Halle *f*; **4.** *thea.* Auftritt *m*; **5.** (Amts-, Dienst)Antritt *m*: ~ *into office* (*service*); **6.** ⚖ a) Besitzantritt *m*, -ergreifung *f* (*upon gen.*), b) Eindringen *n*, -bruch *m*; **7.** *fig.* Beitritt *m* (*to*, *into* zu); **8.** ✝, ⚓ Einklarierung *f*: ~ *inwards* Einfuhrdeklaration *f*; **9.** Eintragung *f*, Vermerk *m*; **10.** ✝ a) Buchung *f*: *credit* ~ Gutschrift *f*; *debit* ~ Lastschrift *f*; *make an* ~ (*of*) (*et.*) buchen, b) Posten *m*, c) Eingang *m* (*von Geldern*); **11.** Stichwort *n* (*Lexikon*); **12.** *bsd. sport* a) Meldung *f*, Nennung *f*, Teilnahme *f*: ~ *form* (An)Meldeformular *n*; ~ *fee* Nenngebühr *f*, Startgeld *n*, b) → *entrant* 4; '~-phone *s.* Sprechanlage *f*.

en·twine [ɪn'twaɪn] *v/t.* **1.** um'schlingen, um'winden, (ver)flechten (*a. fig.*); ~*d letters* verschlungene Buchstaben; **2.** winden, schlingen (*about* um).

en·twist [ɪn'twɪst] *v/t.* (ver)flechten, um'winden, verknüpfen.

e·nu·cle·ate [ɪ'nju:klɪeɪt] *v/t.* **1.** ✝ Tumor ausschälen; **2.** *fig.* erläutern, deutlich machen.

e·nu·mer·ate [ɪ'nju:məreɪt] *v/t.* **1.** aufzählen; **2.** spezifizieren; **e·nu·mer·a·tion** [ɪˌnju:mə'reɪʃn] *s.* **1.** Aufzählung *f*; **2.** Liste *f*, Verzeichnis *n*; **e'nu·mer·a·tor** [-tə] *s.* Zähler *m* (*bei Volkszählungen*).

e·nun·ci·ate [ɪ'nʌnsɪeɪt] *v/t.* **1.** (deutlich) ausdrücken, -sprechen; **2.** behaupten, erklären, formulieren; *Grundsatz* aufstellen; **e·nun·ci·a·tion** [ɪˌnʌnsɪ'eɪʃn] *s.* **1.** Ausdruck *m*; Ausdrucks-, Vortragsweise *f*; **2.** Erklärung *f*, Verkündung *f*; Aufstellung *f* (*e-s Grundsatzes*); **e'nun·ci·a·tive** [-nʃɪətɪv] *adj.*: *be* ~ *of s.th.* et. ausdrücken.

en·ure → *inure*.

en·vel·op [ɪn'veləp] **I** *v/t.* **1.** einwickeln, -schlagen, (ein)hüllen (*in* in *acc.*); **2.** *oft fig.* um-, ver'hüllen, um'geben; **3.** ✗ um'fassen, um'klammern; **II** *s.* **4.** *Am.* → **en·ve·lope** ['envələʊp] *s.* **1.** Decke *f*, Hülle *f* (*a. anat.*), 'Umschlag *m*; **2.** 'Brief,umschlag *m*; **3.** ✓ (Bal'lon)Hülle *f*; **4.** ♀ Kelch *m*; **en'vel·op·ment** [-mənt] *s.* **1.** Um'hüllung *f*, Hülle *f*; **2.** ✗ Um'fassung(sangriff *m*) *f*, Um'klammerung *f*.

en·ven·om [ɪn'venəm] *v/t.* **1.** vergiften (*a. fig.*); **2.** *fig.* a) verschärfen, b) mit Haß erfüllen.

en·vi·a·ble ['envɪəbl] *adj.* □ beneidenswert, zu beneiden(d); '**en·vi·er** [-vɪə] *s.* Neider(in); '**en·vi·ous** [-vɪəs] *adj.* □ (*of*) neidisch (auf *acc.*), 'mißgünstig (gegen): *be* ~ *of s.o. because of* j-n beneiden um.

en·vi·ron [ɪn'vaɪərən] *v/t.* um'geben (*a. fig.*); **en'vi·ron·ment** [-mənt] *s.* **1.** Um'gebung *f e-s Ortes*; **2.** *biol.*, ~*s pl.* ['Umwelt *f*, Mili'eu

n (*a.* ⚓): ~ *policy* Umweltpolitik *f*; **en·vi·ron·men·tal** [ɪnˌvaɪərən'mentl] *adj.* □ *biol.*, *psych.* Milieu..., Umwelt(s)...: ~ *pollution* Umweltverschmutzung *f*; ~ *protection* Umweltschutz *m*; **en·vi·ron·men·tal·ism** [ɪnˌvaɪərən'mentəlɪzəm] *s.* **1.** 'Umweltschutz(bewegung *f*) *m*; **2.** *sociol.* Environmenta'lismus *m*; **en·vi·ron·men·tal·ist** [ɪnˌvaɪərən'mentəlɪst] *s.* 'Umweltschützer(in); **en·vi·ron·men·tal·ly** [ɪnˌvaɪərən'mentəlɪ] *adv.* in bezug auf *od.* durch die Umwelt: ~ *beneficial* (*harmful*) umweltfreundlich (-feindlich); **en·vi·rons** [ɪn'vaɪərənz] *s. pl.* Um'gebung *f*, 'Umgegend *f*.

en·vis·age [ɪn'vɪzɪdʒ] *v/t.* **1.** in Aussicht nehmen, ins Auge fassen, gedenken (*doing* et. zu tun); **2.** sich et. vorstellen; **3.** *j-n*, et. begreifen (*as* als).

en·vi·sion [ɪn'vɪʒn] *v/t.* sich et. vorstellen.

en·voy¹ ['envɔɪ] *s.* Zueignungs-, Schlußstrophe *f* (*e-s Gedichts*).

en·voy² ['envɔɪ] *s.* **1.** *pol.* Gesandte(r) *m*; **2.** Abgesandte(r) *m*, Be'vollmächtigte(r) *m*.

en·vy ['envɪ] **I** *s.* **1.** (*of*) Neid *m* (auf *acc.*), 'Mißgunst *f* (gegen): *be eaten up with* ~ vor Neid platzen; → *green* 1; **2.** Gegenstand *m* des Neides: *his car is the* ~ *of all* alle beneiden ihn um sein Auto; **II** *v/t.* **3.** *j-n* (um et.) beneiden: *I* ~ (*him*) *his car* ich beneide ihn um sein Auto; **4.** *j-m* et. miß'gönnen.

en·wrap [ɪn'ræp] → *wrap* I.

en·zyme ['enzaɪm] *s.* ⚛ En'zym *n*, Ferment *n*.

e·o·cene ['i:əʊsi:n] *s. geol.* Eo'zän *n*; **e·o·lith·ic** [ˌi:əʊ'lɪθɪk] *adj. geol.* eo'lithisch.

e·on → *aeon*.

ep·au·let(te) ['epəʊlet] *s.* ✗ Epau'lette *f*, Achselschnur *f*, -stück *n*.

é·pée ['epeɪ] (*Fr.*) *s. fenc.* Degen *m*; **é·pee·ist** ['epeɪɪst] *s.* Degenfechter *m*.

ep·en·the·sis [e'penθɪsɪs] *s. ling.* Epen'these *f*, Lauteinfügung *f*.

e·pergne [ɪ'pɜ:n] (*Fr.*) *s.* Tafelaufsatz *m*.

e·phed·rin(e) ['ɪ'fedrɪn; ⚛ 'efɪdri:n] *s.* ⚛ Ephe'drin *n*.

e·phem·er·a [ɪ'femərə] *s.* **1.** *zo. u. fig.* Eintagsfliege *f*; **2.** *pl. von ephemeron*; **e'phem·er·al** [-rəl] *adj.* ephe'mer: a) eintägig, b) *fig.* flüchtig, kurzlebig; **e'phem·er·on** [-rɒn] *pl.* **-a** [-ə], **-ons** *s. zo. u. fig.* Eintagsfliege *f*.

E·phe·sian [ɪ'fi:ʒən] *s.* **1.** 'Epheser(in), *pl. bibl.* (Brief *m* des Paulus an die) 'Epheser *pl*.

ep·ic ['epɪk] **I** *adj.* (□ ~*ally*) **1.** episch: ~ *poem* Epos *n*; **2.** *fig.* heldenhaft, he'roisch, Helden...: ~ *laughter* homerisches Gelächter; **II** *s.* **3.** Epos *n*, Heldengedicht *n*; **4.** *allg.* episches Werk.

ep·i·cene ['episi:n] *adj. ling. u. fig.* beiderlei Geschlechts.

ep·i·cen·ter *Am.*, **ep·i·cen·tre** ['episentə] *Brit.*, **ep·i·cen·trum** [ˌepi'sentrəm] *s.* Epi'zentrum *n* (*Gebiet über dem Erdbebenherd*); **2.** *fig.* Mittelpunkt *m*.

ep·i·cure ['epɪˌkjʊə] *s.* Genießer *m*, Genußmensch *m*; Feinschmecker *m*; **ep·i·cu·re·an** [ˌepɪkjʊə'ri:ən] **I** *adj.* **1.** ♀ *phls.* epiku'reisch; **2.** a) genußsüchtig,

schwelgerisch, b) feinschmeckerisch; **II** *s.* **3.** ♀ *phls.* Epiku'reer *m*; **4.** → *epicure*; '**ep·i·cur·ism** [-kjʊərɪzəm] *s.* **1.** ♀ *phls.* Epiku'reismus *m*; **2.** Genußsucht *f*.

ep·i·cy·cle ['episaɪkl] *s.* 🜨, *ast.* Epi'zykel *m*; **ep·i·cy·clic** [ˌepi'saɪklɪk] *adj.* epi'zyklisch: ~ *gear* ⊕ Planetengetriebe *n*; **ep·i·cy·cloid** [ˌepi'saɪklɔɪd] *s.* 🜨 Epizyklo'ide *f*.

ep·i·dem·ic [ˌepi'demɪk] **I** *adj.* (□ ~*ally*) ✍ epi'demisch, seuchenartig, *fig. a.* grassierend; **II** *s.* ✍ Epide'mie *f*, Seuche *f* (*beide a. fig.*); **ep·i'dem·i·cal** [-kl] → *epidemic* I; **ep·i·de·mi·ol·o·gy** [ˌepidi:mɪ'ɒlədʒɪ] *s.* ✍ Epidemiolo'gie *f*.

ep·i·der·mis [ˌepi'dɜ:mɪs] *s. anat.* Epi'dermis *f*, Oberhaut *f*.

ep·i·gas·tri·um [ˌepi'gæstrɪəm] *s. anat.* Epi'gastrium *n*, Oberbauchgegend *f*, Magengrube *f*.

ep·i·glot·tis [ˌepi'glɒtɪs] *s. anat.* Epi'glottis *f*, Kehldeckel *m*.

ep·i·gone ['epigəʊn] *s.* Epi'gone *m*.

ep·i·gram ['epigræm] *s.* Epi'gramm *n*, Sinngedicht *n*, -spruch *m*; **ep·i·gram·mat·ic** [ˌepigrə'mætɪk] *adj.* (□ ~*ally*) **1.** epigram'matisch; **2.** kurz u. treffend, scharf pointiert; **ep·i·gram·ma·tist** [ˌepi'græmətɪst] *s.* Epigram'matiker *m*; **ep·i·gram·ma·tize** [ˌepi'græmətaɪz] **I** *v/t.* **1.** kurz u. treffend formulieren; **2.** ein Epi'gramm verfassen über *od.* auf (*acc.*); **II** *v/i.* **3.** Epi'gramme verfassen.

ep·i·graph ['epigrɑ:f] *s.* **1.** Epi'graph *n*, Inschrift *f*; **2.** Sinnspruch *m*, Motto *n*; **ep·i·graph·ic** [ˌepi'græfɪk] *adj.* epi'graphisch; **e·pig·ra·phist** [e'pɪgrəfɪst] *s.* Epi'graphiker *m*, Inschriftenforscher *m*.

ep·i·lep·sy ['epilepsɪ] *s.* ✍ Epilep'sie *f*; **ep·i·lep·tic** [ˌepi'leptɪk] **I** *adj.* epi'leptisch; **II** *s.* Epi'leptiker(in).

ep·i·logue, *Am. a.* **ep·i·log** ['epilɒg] *s.* **1.** Epi'log *m*: a) Nachwort *n*, b) *thea.* Schlußrede *f*, c) *fig.* Ausklang *m*, Nachspiel *n*, -lese *f*; **2.** *Radio*, *TV*: (Wort *n* zum) Tagesausklang *m*.

E·piph·a·ny [ɪ'pɪfənɪ] *s. eccl.* **1.** Epi'phanias *n*, Drei'königsfest *n*; **2.** ♀ Epipha'nie *f* (*göttliche Erscheinung*).

e·pis·co·pa·cy [ɪ'pɪskəpəsɪ] *s. eccl.* Episko'pat *m*, *n*: a) bischöfliche Verfassung, b) Gesamtheit *f* der Bischöfe, c) Amtstätigkeit *f* e-s Bischofs, d) Bischofsamt *n*, -würde *f*; **e·pis·co·pal** [-pl] *adj.* □ *eccl.* bischöflich, Bischofs...: ♀ *Church* Episkopalkirche *f*; **e·pis·co·pa·li·an** [ɪˌpɪskəʊ'peɪljən] **I** *adj.* **1.** bischöflich; **2.** zu e-r Episko'palkirche gehörig; **II** *s.* **3.** Mitglied *n* e-r Episko'palkirche; **e'pis·co·pate** [-kəʊpət] *s. eccl.* Episko'pat *m*, *n*: a) → *episcopacy* b *u.* d, b) Bistum *n*.

ep·i·sode ['episəʊd] *s. allg.* Epi'sode *f*: a) Neben-, Zwischenhandlung *f* (*im Drama etc.*), eingeflochtene Erzählung, b) (Neben)Ereignis *n*, Vorfall *m*, Erlebnis *n*, c) ♪ Zwischenspiel *n*; **ep·i·sod·ic**, **ep·i·sod·i·cal** [ˌepi'sɒdɪk(l)] *adj.* □ epi'sodisch.

e·pis·te·mol·o·gy [eˌpɪstiː'mɒlədʒɪ] *s. phls.* Er'kenntnistheoˌrie *f*.

e·pis·tle [ɪ'pɪsl] *s.* **1.** E'pistel *f*, Sendschreiben *n*; **2.** ♀ *u.* bibl. (*Römer- etc.*) Brief *m*, b) *eccl.* E'pistel *f* (*Auszug aus* a); **3.** E'pistel *f*, (*bsd.* langer) Brief;

e·pis·to·lar·y [-stələrɪ] adj. Brief...

ep·i·style ['epɪstaɪl] s. △ Epi'styl n, Tragbalken m.

ep·i·taph ['epɪtɑːf] s. **1.** Epi'taph n, Grabschrift f; **2.** Totengedicht n.

ep·i·the·li·um [ˌepɪ'θiːljəm] pl. **-ums** od. **-a** [-ə] s. anat. Epi'thel n.

ep·i·thet ['epɪθet] s. **1.** E'pitheton n, Beiwort n, Attri'but n; **2.** Beiname m.

ep·i·to·me [ɪ'pɪtəmɪ] s. **1.** Auszug m, Abriß m, (kurze) Inhaltsangabe od. Darstellung: **in ~** a) auszugsweise, b) in gedrängter Form; **2.** fig. (**of**) a) kleines Gegenstück (zu), Minia'tur f (gen.), b) Verkörperung f (gen.); **e'pit·o·mize** [-maɪz] v/t. e-n Auszug machen aus, et. kurz darstellen od. ausdrücken.

ep·i·zo·on [ˌepɪ'zəʊɒn] pl. **-a** [-ə] s. zo. Epi'zoon n; **ep·i·zo·ot·ic** [ˌepɪzəʊ'ɒtɪk] s. vet. Epizoo'tie f (Tierseuche).

e·poch ['iːpɒk] s. **1.** E'poche f (a. geol. u. ast.), Zeitalter n, -abschnitt m: **this marks an ~** dies ist ein Markstein od. Wendepunkt (in der Geschichte); **ep·och·al** [ˈepɒkl] adj. epo'chal: a) Epochen..., b) → **'e·poch-ˌmak·ing** adj. e'pochemachend, bahnbrechend.

ep·o·nym ['epəʊnɪm] s. Epo'nym n (Gattungsbezeichnung, die auf e-n Personennamen zurückgeht).

ep·o·pee ['epəʊpiː] s. **1.** → **epos**; **2.** epische Dichtung.

ep·os ['epɒs] s. **1.** Epos n, Heldengedicht n; **2.** (mündlich überlieferte) epische Dichtung.

Ep·som salt ['epsəm] s., oft pl. sg. konstr. Epsomer Bittersalz n.

eq·ua·bil·i·ty [ˌekwə'bɪlətɪ] s. **1.** Gleichmäßigkeit f; **2.** Gleichmut m; **eq·ua·ble** ['ekwəbl] adj. □ **1.** gleichförmig, -mäßig; **2.** ausgeglichen, gleichmütig, gelassen.

e·qual ['iːkwəl] **I** adj. □ → **equally**; **1.** gleich: **be ~ to** gleich sein, gleichen (dat.) (→ a. 2); **of ~ size, ~ in size** gleich groß; **with ~ courage** mit demselben Mut; **not ~ to** geringer als; **other things being ~** unter sonst gleichen Umständen; **2.** entsprechend: **~ to the demand; be ~ to** gleichkommen (dat.); → 1; **~ to new** wie neu; **3.** fähig, im'stande, gewachsen: **~ to do** fähig zu tun; **~ to a task** (**the occasion**) e-r Aufgabe (der Sache) gewachsen; **4.** aufgelegt, geneigt (**to** dat. od. zu): **~ to a cup of tea** e-r Tasse Tee nicht abgeneigt; **5.** gleichmäßig; **6.** gleichberechtigt, -wertig, ebenbürtig: **on ~ terms** a) unter gleichen Bedingungen, b) auf gleicher Stufe stehend (**with** mit); **~ opportunities** Chancengleichheit f; **~ rights for women** Gleichberechtigung f der Frau; **7.** gleichmütig, gelassen: **~ mind** Gleichmut m; **II** s. **8.** Gleichgestellte(r m) f, Ebenbürtige(r m) f: **your ~s** deinesgleichen; **~s in age** Altersgenossen; **he has no ~, he is without ~** er hat nicht od. sucht seinesgleichen; **be the ~ of** s.o. j-m ebenbürtig sein; **III** v/t. **9.** gleichen (dat.), gleichkommen (**in** an dat.): **not to be ~(l)ed** ohnegleichen (sein).

e·qual·i·tar·i·an [ɪˌkwɒlɪ'teərɪən] etc. → **egalitarian** etc.

e·qual·i·ty [iː'kwɒlətɪ] s. Gleichheit f: **~ (of rights)** Gleichberechtigung f; **~ of opportunity** Chancengleichheit f; **~ of votes** Stimmengleichheit f; **be on an ~**

with a) auf gleicher Stufe stehen mit (j-m), b) gleichbedeutend sein mit (et.); **~ sign, sign of ~** △ Gleichheitszeichen n; **e·qual·i·za·tion** [ˌiːkwəlaɪ'zeɪʃn] s. **1.** Gleichstellung f, -machung f; **2.** bsd. ✝ Ausgleich(ung f) m: **~ fund** Ausgleichsfonds m; **3.** a) ⊕ Abgleich m, b) ⚡, phot. Entzerrung f.

e·qual·ize ['iːkwəlaɪz] **I** v/t. **1.** gleichmachen, -stellen, -setzen, angleichen; **2.** ausgleichen, kompensieren; **3.** a) ⊕ abgleichen, b) ⚡, phot. entzerren; **II** v/i. **4.** sport ausgleichen, den Ausgleich erzielen; **'e·qual·iz·er** [-zə] s. **1.** ⊕ Stabili'sator m; **2.** ⚡ Entzerrer m; **3.** sport Ausgleichstreffer m od. -punkt m; **4.** sl. Schießeisen n; **'e·qual·ly** [-əlɪ] adv. ebenso, gleich(ermaßen), in gleicher Weise.

e·qua·nim·i·ty [ˌekwə'nɪmətɪ] s. Gleichmut m, Gelassenheit f.

e·quate [ɪ'kweɪt] **I** v/t. **1.** ausgleichen; **2.** j-n, et. gleichstellen, -setzen (**to, with** dat.); **3.** △ in die Form e-r Gleichung bringen; **4.** als gleich(wertig) ansehen od. behandeln; **II** v/i. **5.** gleichen, entsprechen (**with** dat.); **e'quat·ed** [-tɪd] adj. ✝ Staffel...: **~ calculation of interest** Staffelzinsrechnung f; **e'qua·tion** [-eɪʒn] s. **1.** Ausgleich m; **2.** Gleichheit f; **3.** △, ♎, ast. Gleichung f: **~ formula** Gleichungsformel f; **4.** sociol. Ge'samtkom‚plex m der Fak'toren u. Mo'tive menschlichen Verhaltens; **e'qua·tor** [-tə] s. Ä'quator m; **e·qua·to·ri·al** [ˌekwə'tɔːrɪəl] adj. □ äquatori'al.

eq·uer·ry ['ekwərɪ; ɪ'kwerɪ] s. Brit. **1.** königlicher Stallmeister; **2.** per'sönlicher Diener (e-s Mitglieds der königlichen Familie).

e·ques·tri·an [ɪ'kwestrɪən] **I** adj. Reit(er)...: **~ sports** Reitsport m; **~ statue** Reiterstandbild n; **II** s. (Kunst)Reiter (-in).

equi- [iːkwɪ] in Zssgn gleich.

ˌe·qui'an·gu·lar adj. △ gleichwink(e)lig; ˌ~'dis·tant adj. □ gleich weit entfernt, in gleichem Abstand (**from** von); ˌ~'lat·er·al bsd. △ **I** adj. gleichseitig: **~ triangle**; **II** s. gleichseitige Fi'gur.

e·qui·li·brate [ˌiːkwɪ'laɪbreɪt] v/t. **1.** ins Gleichgewicht bringen (a. fig.); **2.** ⊕ auswuchten; **3.** ⚡ abgleichen; **e·qui·li·bra·tion** [ˌiːkwɪlaɪ'breɪʃn] s. **1.** Gleichgewicht n; **2.** Herstellung f des Gleichgewichts; **e·quil·i·brist** [iː'kwɪlɪbrɪst] s. Äquili'brist(in), bsd. Seiltänzer(in); **e·qui·lib·ri·um** [-'lɪbrɪəm] s. phys. Gleichgewicht n (a. fig.), Ba'lance f.

e·quine ['iːkwaɪn] adj. Pferde...

e·qui·noc·tial [ˌiːkwɪ'nɒkʃl] **I** adj. **1.** Äquinoktial..., die Tagund'nachtgleiche betreffend: **~ point** → **equinox** 2; **II** s. **2.** **~ circle** od. **line** 'Himmels‚äquator m; **3.** pl. → **~ gale** s. Äquinokti'alsturm m.

e·qui·nox ['iːkwɪnɒks] s. **1.** Äqui'noktium n, Tagund'nachtgleiche f: **vernal ~** Frühlingsäquinoktium f; **2.** Äquinokti'alpunkt m.

e·quip [ɪ'kwɪp] v/t. **1.** ausrüsten, -statten (**with** mit) (a. ⊕, ✕, ⚓), Klinik etc. einrichten; **2.** fig. ausrüsten (**with** mit), j-m das (geistige) Rüstzeug geben (**for** für); **eq·ui·page** ['ekwɪpɪdʒ] s. **1.** Ausrüstung f (a. ✕, ⚓); **2.** obs. Ge-

brauchsgegenstände pl.; **3.** Equi'page f, Kutsche f; **e'quip·ment** [-mənt] s. **1.** ✕, ⚓ Ausrüstung f; **2.** a) a. ⊕ Ausrüstung f, -stattung f, b) mst pl. Ausrüstung(sgegenstände pl.) f, Materi'al n, c) ⊕ Einrichtung f, (Betriebs)Anlage (n pl.) f, Ma'schine(n pl.) f, Gerät n, Appara'tur f, d) ⛟ Am. rollendes Materi'al; **3.** fig. (geistiges) Rüstzeug.

e·qui·poise ['ekwɪpɔɪz] s. **1.** Gleichgewicht n (a. fig.); **2.** fig. Gegengewicht n (**to** zu); **II** v/t. **3.** im Gleichgewicht halten; **4.** ein Gegengewicht bilden zu.

eq·ui·ta·ble ['ekwɪtəbl] adj. □ **1.** gerecht, (recht u.) billig; **2.** 'unpar‚teiisch; **3.** ✠ a) auf dem Billigkeitsrecht beruhend, b) billigkeitsgerichtlich: **~ mortgage** ✝ Hypothek f nach dem Billigkeitsrecht; **'eq·ui·ta·ble·ness** [-nɪs] → **equity** 1; **'eq·ui·ty** [-tɪ] s. **1.** Billigkeit f, Gerechtigkeit f, 'Unpar‚teilichkeit f: **in ~** billiger-, gerechterweise; **2.** ✠ a) (ungeschriebenes) Billigkeitsrecht: **Court of** ⚖ Billigkeitsgericht n, b) Anspruch m nach dem Billigkeitsrecht; **3.** ✠ Wert m nach Abzug aller Belastungen, reiner Wert (e-s Hauses etc.); **4.** ✝ a) **~ capital** Eigenkapital n (e-r Gesellschaft), b) a. **~ security** Dividendenpapier n; **5.** ⚖ Brit. Gewerkschaft f der Schauspieler.

e·quiv·a·lence [ɪ'kwɪvələns] s. Gleichwertigkeit f (a. ♎); **e'quiv·a·lent** [-nt] **I** adj. □ **1.** gleichwertig, -bedeutend, entsprechend: **be ~ to** gleichkommen, entsprechen (dat.), den gleichen Wert haben wie; **2.** ♎, ♎ gleichwertig, äquiva'lent; **II** s. **3.** Gegenwert m (**of** von od. gen.); gleiche Menge; **4.** Gegen-, Seitenstück n (**of, to** zu); **5.** genaue Entsprechung, Äquiva'lent.

e·quiv·o·cal [ɪ'kwɪvəkl] adj. □ **1.** zweideutig, doppelsinnig; **2.** ungewiß, zweifelhaft; **3.** fragwürdig, verdächtig; **e'quiv·o·cal·ness** [-nɪs] s. Zweideutigkeit f; **e'quiv·o·cate** [-keɪt] v/i. zweideutig reden, Worte verdrehen; Ausflüchte machen; **e·quiv·o·ca·tion** [ɪˌkwɪvə'keɪʃn] s. Zweideutigkeit f; Ausflucht f; Wortverdrehung f; **e'quiv·o·ca·tor** [-keɪtə] s. Wortverdreher(in).

e·ra ['ɪərə] s. Ära f: a) Zeitrechnung f, b) E'poche f, Zeitalter n: **mark an ~** e-e Epoche einleiten.

e·rad·i·ca·ble [ɪ'rædɪkəbl] adj. ausrottbar, auszurotten(d); **e'rad·i·cate** [-keɪt] v/t. mst fig. ausrotten; **e·rad·i·ca·tion** [ɪˌrædɪ'keɪʃn] s. Ausrottung f.

e·rase [ɪ'reɪz] v/t. **1.** Farbe etc. abs., auskratzen; b) Schrift etc. ausstreichen, -radieren, a. Tonbandaufnahme löschen: **erasing head** Löschkopf m; **2.** fig. auslöschen, (aus)tilgen (from aus): **~ from one's memory** aus dem Gedächtnis löschen; **3.** a) vernichten, auslöschen, b) Am. sl. ‚kaltmachen' (töten); **e'ras·er** [-zə] s. **1.** Radiermesser n; **2.** Radiergummi m; **e·ra·sion** [ɪ'reɪʒn] s. **1.** → **erasure**; **2.** ✐ Auskratzung f; **e·ra·sure** [ɪ'reɪʒə] s. **1.** Ausradierung f, Tilgung f, Löschung f; **2.** ausradierte od. gelöschte Stelle.

ere [eə] poet. **I** cj. ehe, bevor; **II** prp. vor: **~ long** bald; **~ this** schon vorher; **~ now** vordem, bislang.

e·rect [ɪ'rekt] **I** v/t. **1.** aufrichten, -stellen; **2.** *Gebäude etc.* errichten, bauen; **3.** ⚙ aufstellen, montieren; **4.** *fig. Theorie* aufstellen; **5.** 🔧 einrichten, gründen; **6.** ⅄ *das Lot, e-e Senkrechte* fällen, errichten; **II** *adj.* □ **7.** aufgerichtet, aufrecht: *with head ~* erhobenen Hauptes; *stand ~(ly)* geradestehen, *fig.* standhaft bleiben; **8.** *physiol.* erigiert (*Penis*); **9.** zu Berge stehend, sich sträubend (*Haare*); **e'rec·tile** [-taıl] *adj.* **1.** aufrichtbar; **2.** aufgerichtet; **3.** *physiol.* erek'til, Schwell...: *~ tissue*; **e'rect·ing** [-tıŋ] *s.* **1.** ⚙ Aufbau *m,* Mon'tage *f;* **2.** *opt.* 'Bild,umkehrung *f;* **e'rec·tion** [-kʃn] *s.* **1.** Auf-, Errichtung *f,* Aufführung *f;* **2.** Bau *m,* Gebäude *n;* **3.** ⚙ Mon'tage *f;* **4.** *physiol.* Erekti'on *f;* **5.** 🔧 Gründung *f;* **e'rect·ness** [-nıs] *s.* **1.** aufrechte Haltung (*a. fig.*); **2.** *a. fig.* Geradheit *f;* **e'rec·tor** [-tə] *s.* **1.** Erbauer *m;* **2.** *anat.* E'rektor *m,* Aufrichtmuskel *m.*

er·e·mite ['erımaıt] *s.* Ere'mit *m,* Einsiedler *m.*

erg [ɜːg], **er·gon** ['ɜːgɒn] *s. phys.* Erg *n,* Ener'gieeinheit *f.*

er·go·nom·ics [ˌɜːgəʊ'nɒmıks] *s. pl. sg. konstr. sociol.* Ergono'mie *f,* Ergo'nomik *f* (*Lehre von den Leistungsmöglichkeiten des Menschen*).

er·got ['ɜːgət] *s.* ♀ Mutterkorn *n.*

er·i·ca ['erıkə] *s.* ♀ Erika *f.*

Er·in ['ıərın] *npr. poet.* Erin *n,* Irland *n.*

er·mine ['ɜːmın] *s.* **1.** *zo.* Herme'lin *n* (*a. her.*); **2.** Herme'lin(pelz) *m.*

erne, *Am. a.* **ern** [ɜː] *s. orn.* Seeadler *m.*

e·rode [ı'rəʊd] *v/t.* **1.** an-, zer-, wegfressen; **2.** *geol.* erodieren, auswaschen; **3.** ⚙ *u. fig.* verschleißen; **4.** *fig.* aushöhlen, unter'graben.

e·ro·gen·ic [ˌerəʊ'dʒenık], **e·rog·e·nous** [ı'rɒdʒınəs] *adj. physiol.* ero'gen: *~ zone.*

e·ro·sion [ı'rəʊʒn] *s.* **1.** Zerfressen *n;* **2.** *geol.* Erosi'on *f,* Auswaschung *f;* Verwitterung *f;* **3.** ⚙ Verschleiß *m,* Abnützung *f,* Schwund *m;* **4.** *fig.* Aushöhlung *f;* **e'ro·sive** [-əʊsıv] *adj.* ätzend, zerfressend.

e·rot·ic [ı'rɒtık] **I** *adj.* (□ *~ally*) e'rotisch; **II** *s.* E'rotiker(in); **e'rot·i·ca** [-kə] *pl.* E'rotika *pl.*; **e'rot·i·cism** [-ısızəm] *s.* E'rotik *f.*

err [ɜː] *v/i.* **1.** (sich) irren: *~ on the safe side, ~ on the side of caution* übervorsichtig sein; *to ~ is human* Irren ist menschlich; **2.** falsch sein, fehlgehen (*Urteil*); **3.** (mo'ralisch) auf Abwege geraten.

er·rand ['erənd] *s.* Botengang *m,* Auftrag *m:* *go on* (*od. run*) *an ~* e-n (Boten)Gang *od.* e-e Besorgung machen, e-n Auftrag ausführen; '*~·boy s.* Laufbursche *m.*

er·rant ['erənt] *adj.* **1.** um'herziehend, (-)wandernd, fahrend: *~ knight;* **2.** *fig.* a) fehlgeleitet, auf Ab- *od.* Irrwegen, b) abtrünnig, fremdgehend (*Ehepartner*); '**er·rant·ry** [-trı] *s.* Um'herziehen *n;* **2.** *hist.* fahrendes Rittertum.

er·ra·ta [e'rɑːtə] *s.* → *erratum.*

er·rat·ic [ı'rætık] *adj.* (□ *~ally*) **1.** (um-'her)wandernd, (-)ziehend; **2.** *geol.,* ⚒ er'ratisch: *~ block, ~ boulder* erratischer Block, Findling *m;* **3.** ungleich-, unregelmäßig, regel-, ziellos; **4.** unstet, unberechenbar, sprunghaft.

er·ra·tum [e'rɑːtəm] *pl.* **-ta** [-tə] *s.* **1.** Druckfehler *m;* **2.** *pl.* Druckfehlerverzeichnis *n,* Er'rata *pl.*

err·ing ['ɜːrıŋ] *adj.* □ **1.** → *erroneous;* **2.** a) irrend, sündig, b) → *errant* 2.

er·ro·ne·ous [ı'rəʊnjəs] *adj.* □ irrig, irrtümlich, unrichtig, falsch; **er'ro·ne·ous·ly** [-lı] *adv.* irrtümlicherweise, fälschlich, aus Versehen.

er·ror ['erə] *s.* **1.** Irrtum *m,* Fehler *m,* Versehen *n:* *in ~* irrtümlicherweise; *be in ~* sich irren; *~s (and omissions) excepted* ✝ Irrtümer (u. Auslassungen) vorbehalten; *~ of omission* Unterlassungssünde *f;* *~ of judg(e)ment* Trugschluß *m,* irrige Ansicht, falsche Beurteilung; **2.** ⅄, *ast.* Fehler *m,* Abweichung *f;* *~ rate* Fehlerquote *f;* *~ in range* ✗ Längenabweichung; **3.** 🔧 a) Tatsachen- *od.* Rechtsirrtum *m:* *~ in law* (*in fact*), b) Formfehler *m,* Verfahrensmangel *m:* *writ of ~* Revisionsbefehl *m;* **4.** Fehltritt *m,* Vergehen *n.*

er·satz ['eəzæts] (*Ger.*) **I** *s.* Ersatz(stoff) *m;* **II** *adj.* Ersatz...

Erse [ɜːs] *ling.* **I** *adj.* **1.** gälisch; **2.** irisch; **II** *s.* **3.** Gälisch *n;* **4.** Irisch *n.*

erst·while ['ɜːstwaıl] **I** *adv.* ehedem, früher; **II** *adj.* ehemalig, früher.

e·ruc·tate [ı'rʌkteıt] *v/i.* aufstoßen, rülpsen; **e·ruc·ta·tion** [ˌiːrʌk'teıʃn] *s.* Aufstoßen *n,* Rülpsen *n.*

er·u·dite ['eruːdaıt] *adj.* □ gelehrt (*a. Abhandlung etc.*), belesen; **er·u·di·tion** [ˌeruː'dıʃn] *s.* Gelehrsamkeit *f,* Belesenheit *f.*

e·rupt [ı'rʌpt] *v/i.* **1.** ausbrechen (*Vulkan, a. Ausschlag, Streit etc.*); **2.** *geol.* her'vorbrechen, cruptieren (*Lava etc.*); **3.** 'durchbrechen (*Zähne*); **4.** plötzlich auftauchen: *~ into the room* ins Zimmer platzen; **5.** *fig.* (zornig) losbrechen, ,explodieren'; **e'rup·tion** [-pʃn] *s.* **1.** Ausbruch *m* (*e-s Vulkans, Streits etc.*); **2.** Her'vorbrechen *n, geol.* Erupti'on *f;* **3.** 'Durchbruch *m* (*der Zähne*); **4.** ✗ Erupti'on *f:* a) Ausbruch *m* e-s Ausschlags, b) Ausschlag *m;* **5.** (Wut- *etc.*)Ausbruch *m;* **e'rup·tive** [-tıv] *adj.* □ **1.** *geol.* erup'tiv: *~ rock* Eruptivgestein; **2.** ✗ von Ausschlag begleitet.

er·y·sip·e·las [ˌerı'sıpıləs] *s.* ✗ (Wund-) Rose *f;* '**er·y·sip·e·loid** [-lɔıd] *s.* ✗ (Schweine)Rotlauf *m.*

es·ca·lade [ˌeskə'leıd] ✗ *hist.* **I** *s.* Eska-'lade *f,* Mauerersteigung *f* (*mit Leitern*), Erstürmung *f;* **II** *v/t.* mit Sturmleitern ersteigen.

es·ca·late ['eskəleıt] **I** *v/t.* **1.** *Krieg etc.* eskalieren (*stufenweise verschärfen*); **2.** *Erwartungen, Preise etc.* höherschrauben; **II** *v/i.* **3.** eskalieren; **4.** steigen, in die Höhe gehen (*Preise etc.*); **es·ca·la·tion** [ˌeskə'leıʃn] *s.* **1.** ✗, *pol.* Eskalati'on *f;* **2.** ✝ *Am.* Anpassung *f* der Löhne *od.* Preise an gestiegene (Lebenshaltungs)Kosten; '**es·ca·la·tor** ['eskəleıtə] *s.* **1.** Rolltreppe *f;* **2.** *a. ~ clause* ✝ (Preis-, Lohn)Gleitklausel *f.*

es·ca·lope ['eskələʊp] *s.* (*bsd.* Wiener) Schnitzel *n.*

es·ca·pade [ˌeskə'peıd] *s.* Eska'pade *f:* a) toller Streich, b) ,Seitensprung' *m.*

es·cape [ı'skeıp] **I** *v/t.* **1.** *j-m* entfliehen, -kommen, -rinnen; **2.** *e-r Sache* entgehen, -rinnen, *et.* vermeiden: *he just ~d being killed* er entging knapp dem To-

de; *I cannot ~ the impression* ich kann mich des Eindrucks nicht erwehren; **3.** *fig. j-m* entgehen, über'sehen *od.* nicht verstanden werden von *j-m:* *that fact ~d me* diese Tatsache entging mir; *the sense ~s me* der Sinn leuchtet mir nicht ein; *it ~d my notice* ich bemerkte es nicht; **4.** (*dem Gedächtnis*) entfallen: *his name ~s me* sein Name ist mir entfallen; **5.** entfahren, -schlüpfen: *an oath ~d him;* **II** *v/i.* **6.** (*from*) (ent)fliehen, entkommen, -rinnen, -laufen, -wischen, -weichen (aus, von), flüchten, ausbrechen (aus); **7.** (*oft from*) sich retten (vor *dat.*), (ungestraft *od.* mit dem Leben) da'vonkommen; **8.** a) ausfließen, b) entweichen, ausströmen (*Gas etc.*); **III** *v.* **9.** Entrinnen *n,* -weichen *n,* -kommen *n,* Flucht *f* (*from* aus, von): *have a narrow ~* mit knapper Not davon- *od.* entkommen; *that was a narrow ~!* das war knapp!, das hätte ins Auge gehen können!; *make one's ~* entkommen, sich aus dem Staub machen; **10.** Rettung *f* (*from* vor *dat.*): (*way of*) *~* Ausweg *m;* **11.** Fluchtmittel *n;* → *fire escape;* **12.** Ausströmen *n,* Entweichen *n;* **13.** *fig.* (Mittel *n* der) Entspannung *f od.* Zerstreuung *f,* Unter'haltung *f:* *~ reading* Unterhaltungslektüre *f;* *~ art·ist s.* **1.** Entfesselungskünstler *m;* **2.** Ausbrecherkönig *m;* *~ car s.* Fluchtwagen *m;* *~ chute s.* ✈ Notrutsche *f;* *~ clause s.* Befreiungsklausel *f.*

es·ca·pee [ˌeskeı'piː] *s.* entwichener Strafgefangener, Ausbrecher *m.*

es·cape | hatch *s.* **1.** a) ⚓ Notluke *f,* b) ✈ Notausstieg *m;* **2.** *fig.* ,Schlupfloch' *n;* *~ mech·a·nism s. psych.* 'Abwehrmecha,nismus *m.*

es·cape·ment [ı'skeıpmənt] *s.* **1.** Hemmung *f* (*der Uhr*); **2.** Vorschub *m* (*der Schreibmaschine*); *~ wheel s.* **1.** Hemmungsrad *n* (*der Uhr*); **2.** Schaltrad *n* (*der Schreibmaschine*).

es·cape | pipe *s.* **1.** Abflußrohr *n;* **2.** Abzugsrohr *n* (*für Gase*); *~·proof adj.* ausbruchssicher; *~ route s.* Fluchtweg *m;* *~ shaft s.* Rettungsschacht *m;* *~ valve s.* 'Sicherheitsven,til *n.*

es·cap·ism [ı'skeıpızəm] *s. psych.* Eska-'pismus *m,* Wirklichkeitsflucht *f;* **es·cap·ist** [ı'skeıpıst] **I** *s.* j-d, der vor der Reali'tät zu fliehen sucht; **II** *adj.* eska-'pistisch, *weitS.* Zerstreuungs.., Unterhaltungs...: *~ literature.*

es·ca·pol·o·gist [ˌeskeı'pɒlədʒıst] *s.* **1.** → *escape artist* 1; **2.** j-d, der sich immer wieder geschickt herauswindet.

es·carp·ment [ı'skɑːpmənt] *s.* **1.** ✗ Böschung *f;* **2.** *geol.* Steilabbruch *m.*

es·cha·to·log·i·cal [ˌeskətə'lɒdʒıkl] *adj. eccl.* eschato'logisch; **es·cha·tol·o·gy** [ˌeskə'tɒlədʒı] *s.* Eschatolo'gie *f.*

es·cheat [ıs'tʃiːt] 🔧 **I** *s.* **1.** Heimfall *m* (*an den Staat*); **2.** Heimfallsgut *n;* **3.** Heimfallsrecht *n;* **II** *v/i.* an'heimfallen; **III** *v/t.* **5.** (als Heimfallsgut) einziehen.

es·chew [ıs'tʃuː] *v/t. et.* (ver)meiden, scheuen, sich enthalten (*gen.*).

es·cort **I** *s.* ['eskɔːt] **1.** ✗ Es'korte *f,* Bedeckung *f,* Begleitmannschaft *f;* **2.** *vessel* ⚓ Geleitschiff *n;* → *fighter* ✈ Begleitjäger *m;* **3.** *fig.* a) Geleit *n,*

Schutz *m*, b) Begleitung *f*, Gefolge *n*, c) Begleiter(in): ~ *agency* Begleitagentur *f*; **II** *v/t.* [ɪˈskɔːt] **4.** ✕ eskortieren; **5.** ✓, ⚓ Geleit(schutz) geben (*dat.*); **6.** *fig.* a) geleiten, b) begleiten.

es·cri·toire [ˌeskriˈtwɑː] (*Fr.*) *s.* Schreibpult *n*.

es·crow [eˈskrəʊ] *s.* ⚖ bei e-m Dritten (als Treuhänder) hinterlegte Vertragsurkunde, die erst bei Erfüllung e-r Bedingung in Kraft tritt.

es·cutch·eon [ɪˈskʌtʃən] *s.* **1.** Wappen (-schild *m*) *n*: *a blot on his* ~ *fig.* ein Fleck auf s-r (weißen) Weste; **2.** ⚙ a) (Deck)Schild *n* (*e-s Schlosses*), b) Abdeckung *f* (*e-s Schalters*); **3.** *zo.* Spiegel *m*, Schild *m*.

Es·ki·mo [ˈeskiməʊ] *pl.* **-mos** *s.* **1.** Eskimo *m*; **2.** Eskimosprache *f*.

e·soph·a·gus [iːˈsɒfəgəs] → *oesophagus*.

es·o·ter·ic [ˌesəʊˈterɪk] *adj.* (□ **~ally**) eso'terisch: a) *phls.* nur für Eingeweihte bestimmt, b) geheim, pri'vat.

es·pal·ier [ɪˈspæljə] *s.* **1.** Spa'lier *n*; **2.** Spa'lierbaum *m*.

es·pe·cial [ɪˈspeʃl] *adj.* □ besonder: a) her'vorragend, b) Haupt..., hauptsächlich, spezi'ell; **es·pe·cial·ly** [ɪˈspeʃəlɪ] *adv.* besonders, hauptsächlich: *more ~* ganz besonders.

Es·pe·ran·tist [ˌespəˈræntɪst] *s. ling.* Esperan'tist(in); **Es·pe·ran·to** [ˌespəˈræntəʊ] *s.* Espe'ranto *n*.

es·pi·o·nage [ˌespɪəˈnɑːʒ] *s.* Spio'nage *f*: *industrial ~* Werkspionage.

es·pla·nade [ˌespləˈneɪd] *s.* **1.** Espla'nade *f* (*a.* ✕ *hist.*), großer freier Platz; **2.** (*bsd.* 'Strand)Prome₁nade *f*.

es·pous·al [ɪˈspaʊzl] *s.* **1.** (*of*) Eintreten *n*, Par'teinahme *f* (für); Annahme *f* (*gen.*); **2.** *pl. obs.* a) Vermählung *f*, b) Verlobung *f*; **es·pouse** [ɪˈspaʊz] *v/t.* **1.** Par'tei ergreifen für, eintreten für, sich *e-r Sache* verschreiben, *e-n Glauben* annehmen; **2.** *obs.* a) sich vermählen mit, zur Frau nehmen, b) (*to*) zur Frau geben (*dat.*), c) (*o.s.* sich) verloben (*to* mit).

es·pres·so [eˈspresəʊ] (*Ital.*) *s.* **1.** Es'presso *m*; **2.** Es'pressoma₁schine *f*; ~ **bar**, ~ **ca·fé** *s.* Es'presso(bar *f*) *n*.

es·prit [eˈspriː] (*Fr.*) *s.* Es'prit *m*, Geist *m*, Witz *m*; ~ **de corps** [ˌespriːdəˈkɔː] (*Fr.*) *s.* Korpsgeist *m*.

es·py [ɪˈspaɪ] *v/t.* erspähen.

Es·qui·mau [ˈeskiməʊ] *pl.* **-maux** [-məʊz] → *Eskimo*.

es·quire [ɪˈskwaɪə] *s.* **1.** *Brit. obs.* → *squire* 1; **2.** *abbr.* **Esq.** (ohne *Mr.*, *Dr. etc.* auf Briefen dem Namen nachgestellt): *John Smith, Esq.* Herrn John Smith.

ess [es] *s.* **1.** S *n*, s *n*; **2.** S-Form *f*.

es·say I *s.* [ˈeseɪ] **1.** Essay *m*, *n*, Abhandlung *f*, Aufsatz *m*; **2.** Versuch *m*; **II** *v/t. u. v/i.* [eˈseɪ] **3.** versuchen; **'es·say·ist** [-ɪst] *s.* Essay'ist(in).

es·sence [ˈesns] *s.* **1.** *phls.* a) Es'senz *f*, Wesen *n*, b) Sub'stanz *f*, abso'lutes Sein; **2.** *fig.* Es'senz *f*, *das* Wesentliche, Kern *m*: *of the* ~ von entscheidender Bedeutung; **3.** Es'senz *f*, Ex'trakt *m*.

es·sen·tial [ɪˈsenʃl] **I** *adj.* □ → *essentially*; **1.** wesentlich; **2.** wichtig, unentbehrlich, erforderlich; lebenswichtig: ~ *goods*; **3.** ♠ ä'therisch: ~ *oil*; **II** *s.* *mst*

---

pl. **4.** *das* Wesentliche *od.* Wichtigste, Hauptsache *f*; wesentliche Punkte *pl.*; unentbehrliche Sache *od.* Per'son; **es·sen·ti·al·i·ty** [ɪˌsenʃɪˈælətɪ] → *essential* 4; **es'sen·tial·ly** [-lɪ] *adv.* im wesentlichen, eigentlich, in der Hauptsache; in hohem Maße.

es·tab·lish [ɪˈstæblɪʃ] *v/t.* **1.** ein-, errichten, gründen; einführen; *Regierung* bilden; *Gesetz* erlassen; *Rekord, Theorie* aufstellen; † *Konto* eröffnen; **2.** *j-n* einsetzen, 'unterbringen; † etablieren: ~ *o.s.* sich niederlassen *od.* einrichten, † *u. fig.* sich etablieren; **3.** *Kirche* verstaatlichen; **4.** feststellen, festsetzen; *s-e Identität etc.* nachweisen; **5.** Geltung verschaffen (*dat.*); *Forderung, Ansicht* 'durchsetzen; *Ordnung* schaffen; **6.** *Verbindung* herstellen; **7.** begründen: ~ *one's reputation* sich e-n Namen machen; **es·tab·lished** [ɪˈstæblɪʃt] *adj.* **1.** bestehend; **2.** feststehend, festbegründet, unzweifelhaft; **3.** planmäßig (*Beamter*): *the ~ staff* das Stammpersonal; **4.** ⚘ *Church* Staatskirche *f*; **es·tab·lish·ment** [ɪˈstæblɪʃmənt] *s.* **1.** Er-, Einrichtung *f*; Einsetzung *f*; Gründung *f*, Einführung *f*, Schaffung *f*; **2.** Feststellung *f*, -setzung *f*; **3.** (*großer*) Haushalt; † Unter'nehmen *n*, Firma *f*: *keep a large* ~ a) ein großes Haus führen, b) ein bedeutendes Unternehmen leiten; **4.** Anstalt *f*, Insti'tut *n*; **5.** organisierte Körperschaft: *civil* ~ Beamtenschaft *f*; *military* ~ stehendes Heer; *naval* ~ Flotte *f*; **6.** festes Perso'nal, Perso'nal-*od.* ✕ Mannschaftsbestand *m*; Sollstärke *f*: *peace* ~ Friedensstärke; *war* ~ Kriegsstärke; **7.** Staatskirche *f*; **8.** *the* ⚘ *das* Establishment (*etablierte Macht, herrschende Schicht, konventionelle Gesellschaft*).

es·tate [ɪˈsteɪt] *s.* **1.** Stand *m*, Klasse *f*, Rang *m*: *the Three* ⚘*s* (*of the Realm*) *Brit.* die drei (*gesetzgebenden*) Stände; *third* ~ *Fr. hist.* dritter Stand, Bürgertum *n*; *fourth* ~ *humor.* Presse *f*; **2.** *obs.* (Zu)Stand *m*: *man's* ~ *bibl.* Mannesalter; **3.** ⚖ a) Besitz *m*, Vermögen *n*; → *personal* 1, *real* 3, b) (Kon'kurs-*etc.*)Masse *f*, Nachlaß *m*; **4.** ⚖ Besitzrecht *n*, Nutznießung *f*; **5.** Grundbesitz *m*, Besitzung *f*, Gut *n*: *family* ~ Familienbesitz *m*; **6.** (Wohn)Siedlung *f*; **7.** → *estate car*, ~ *a·gent* *s. Brit.* **1.** Grundstücksmakler *m*; **2.** Grundstücksverwalter *m*; ~·**bot·tled** *adj.* auf dem (Wein)Gut abgefüllt; *als Aufschrift*: Gutsabfüllung!; ~ *car* *s. Brit.* Kombiwagen *m*; ~ **du·ty** *s. Brit. obs.*, ~ **tax** *s. Am.* Erbschaftsteuer *f*.

es·teem [ɪˈstiːm] **I** *v/t.* **1.** achten, (hoch-) schätzen; **2.** erachten *od.* ansehen als, halten für; **II** *s.* **3.** Wertschätzung *f*, Achtung *f*: *to hold in* (*high*) ~ achten.

es·ter [ˈestə] *s.* ♠ Ester *m*.

Es·ther [ˈestə] *npr. u. s. bibl.* (das Buch) Esther *f*.

es·thete *etc.* → *aesthete etc.*

Es·tho·ni·an [eˈstəʊnjən] **I** *s.* **1.** Este *m*, Estin *f*; **2.** *ling.* Estnisch *n*; **II** *adj.* **3.** estnisch, estländisch.

es·ti·ma·ble [ˈestɪməbl] *adj.* □ achtens-, schätzenswert; **es·ti·mate I** *v/t.* [ˈestɪmeɪt] **1.** (ab-, ein)schätzen, taxieren, veranschlagen (*at* auf *acc.*): *an* ~*d 200 buyers* schätzungsweise 200 Käufer; **2.**

---

bewerten, beurteilen; **II** *s.* [ˈestɪmɪt] **3.** (Ab-, Ein)Schätzung *f*, Veranschlagung *f*, (Kosten)Anschlag *m*: *rough* ~ grober Überschlag; *at a rough* ~ grob geschätzt; **4.** *the* ⚘*s pl. pol.* der (Staats-) Haushaltsplan; **5.** Bewertung *f*, Beurteilung *f*: *form an* ~ *of et.* beurteilen *od.* einschätzen; **es·ti·ma·tion** [ˌestɪˈmeɪʃn] *s.* **1.** Urteil *n*, Meinung *f*: *in my* ~ nach m-r Ansicht; **2.** Bewertung *f*, Schätzung *f*; **3.** Achtung *f*: *hold in* (*high*) ~ hochschätzen.

es·ti·val → *aestival*.

es·top [ɪˈstɒp] *s.* ⚖ rechtshemmenden Einwand erheben gegen, hindern (*from* an *dat.*, *from doing* zu tun); **es·top·pel** [ɪˈstɒpl] *s.* ⚖ Ausschluß *m* e-r Klage *od.* Einrede.

es·trange [ɪˈstreɪndʒ] *v/t.* *j-n* entfremden (*from dat.*): *become* ~*d* a) sich entfremden (*from dat.*), b) sich auseinanderleben; **es·tranged** [ɪˈstreɪndʒd] *adj.* **1.** *an* ~ *couple* ein Paar, das sich auseinandergelebt hat; **2.** ⚖ getrennt lebend: *his* ~ *wife* s-e von ihm getrennt lebende Frau; *she is* ~ *from her husband* sie lebt von ihrem Mann getrennt; **es·trange·ment** [ɪˈstreɪndʒmənt] *s.* Entfremdung *f* (*from* von).

es·tro·gen [ˈestrədʒən] *s. biol.*, ♠ Östro'gen *n*.

es·tu·ar·y [ˈestjʊərɪ] *s.* **1.** (den Gezeiten ausgesetzte) Flußmündung; **2.** Meeresarm *m*, -bucht *f*.

et cet·er·a [ɪtˈsetərə] *abbr. etc.*, *&c.* (*Lat.*) und so weiter; **et'cet·er·a** *s.* **1.** (*lange etc.*) Reihe; **2.** *pl.* allerlei Dinge.

etch [etʃ] *v/t. u. v/i.* **1.** ätzen; **2.** a) kupferstechen, b) radieren; **3.** schneiden, kratzen (*on* in *acc.*): *sharply* ~*ed features fig.* scharf geschnittene Gesichtszüge: *the event was* ~*ed on* (*od. in*) *his memory* das Ereignis hatte sich s-m Gedächtnis (tief) eingeprägt; **4.** *fig.* (klar *etc.*) zeichnen, (gut *etc.*) her'ausarbeiten; **etch·er** [ˈetʃə] *s.* **1.** Kupferstecher *m*; **2.** Radierer *m*; **etch·ing** [ˈetʃɪŋ] *s.* **1.** Ätzen *etc.* (→ *etch* 1, 2); **2.** a) Radierung *f*, b) Kupferstich *m*: *come up and see my* ~*s humor.* wollen Sie sich m-e Briefmarkensammlung ansehen?

e·ter·nal [ɪˈtɜːnl] **I** *adj.* □ **1.** ewig, immerwährend: *the* ⚘ *City* die Ewige Stadt (*Rom*); **2.** unab'änderlich; **3.** F ewig, unaufhörlich; **II** *s.* **4.** *the* ⚘ Gott *m*; **5.** *pl.* ewige Dinge *pl.*; **e·ter·nal·ize** [-nəlaɪz] *v/t.* verewigen; **e·ter·ni·ty** [-nətɪ] *s.* **1.** Ewigkeit *f* (*a.* F *fig.* lange Zeit): *from here to* ~, *to all* ~ bis in alle Ewigkeit; **2.** *eccl.* a) *das* Jenseits, b) *pl.* ewige Wahrheiten; **e·ter·nize** [-naɪz] → *eternalize*.

eth·ane [ˈeθeɪn] *s.* ♠ Äthan *n*; **'eth·ene** [ˈeθiːn] *s.* Äthen *n*, Äthy'len *n*; **eth·e·nol** [ˈeθənɒl] *s.* Vi'nylalko₁hol *m*; **eth·e·nyl** [ˈeθənɪl] *s.* Äthyli'den *n*.

e·ther [ˈiːθə] *s.* **1.** ♠ Äther *m*; **2.** *poet.* Äther *m*, Himmel *m*; **e·the·re·al** [iːˈθɪərɪəl] *adj.* □ **1.** ♠ a) ätherartig, b) ä'therisch; **2.** ä'therisch, himmlisch; vergeistigt; **e·the·re·al·ize** [iːˈθɪərɪəlaɪz] *v/t.* **1.** ♠ ätherisieren; **2.** vergeistigen, verklären; **'e·ther·ize** [-əraɪz] *v/t.* □ **1.** ♠ in Äther verwandeln; **2.** ✚ mit Äther narkotisieren.

eth·ic [ˈeθɪk] **I** *adj.* **1.** → *ethical*; **II** *s.* **2.**

pl. sg. konstr. Sittenlehre *f*, Ethik *f*; **3.** *pl.* Sittlichkeit *f*, Mo'ral *f*, Ethos *n*: *pro-fessional* ~*s* Standesehre *f*, Berufs-ethos; **'eth·i·cal** [-kl] *adj.* □ **1.** *phls.*, *a. ling.* ethisch; **2.** ethisch, mo'ralisch, sittlich; **3.** von ethischen Grundsätzen (geleitet); **4.** dem Berufsethos entsprechend; **5.** *pharm.* re'zeptpflichtig; **'eth·i·cist** [-ısıst] *s.* Ethiker *m*.

E·thi·o·pi·an [i:θι'əʊpjən] **I** *adj.* äthi'opisch; **II** *s.* Äthi'opier(in).

eth·nic ['eθnık] **I** *adj.* □ **1.** ethnisch, völkisch, Volks...: ~ *group* Volksgruppe *f*; ~ *German* Volksdeutsche(r *m*) *f*; ~ *joke* Witz *m* auf Kosten e-r bestimmten Volksgruppe; **II** *s.* **2.** Angehörige(r *m*) *f* e-r (homo'genen) Volksgruppe; **3.** *pl.* sprachliche *od.* kultu'relle Zugehörigkeit; **'eth·ni·cal** [-kl] → *ethnic* I; **eth·nog·ra·pher** [eθ'nɒgrəfə] *s.* Eth-no'graph *m*; **eth·no·graph·ic** [ˌeθnəʊ-'græfık] *adj.* □ ethno'graphisch, völkerkundlich; **eth·nog·ra·phy** [eθ'nɒgrəfı] *s.* Ethnogra'phie *f*, (beschreibende) Völkerkunde; **eth·no·log·i·cal** [ˌeθnəʊ'lɒdʒıkl] *adj.* □ ethno'logisch; **eth·nol·o·gist** [eθ'nɒlədʒıst] *s.* Ethno-'loge *m*, Völkerkundler *m*; **eth·nol·o·gy** [eθ'nɒlədʒı] *s.* Ethnolo'gie *f*, (vergleichende) Völkerkunde.

e·thol·o·gist [i:'θɒlədʒıst] *s.* Etho'loge *m*, (Tier)Verhaltensforscher *m*; **e'thol·o·gy** [-dʒı] *s.* Etholo'gie *f*, Verhaltensforschung *f*.

e·thos ['i:θɒs] *s.* **1.** Ethos *n*, Cha'rakter *m*, Wesensart *f*, Geist *m*, sittlicher Gehalt (*e-r Kultur*); **2.** ethischer Wert.

eth·yl ['eθıl; ﹖ 'i:θaıl] *s.* ﹖ Ä'thyl *n*: ~ *alcohol* Äthylalkohol *m*; **eth·yl·ene** ['eθıli:n] *s.* Äthy'len *n*, Kohlenwasserstoffgas *n*.

et·i·quette ['etıket] *s.* Eti'kette *f*: a) Zeremoni'ell *n*, b) Anstandsregeln *pl.*, (gute) 'Umgangsformen *pl.*

E·ton| col·lar ['i:tn] *s.* breiter, steifer 'Umlegekragen; ~ **Col·lege** *s.* berühmte englische Public School; ~ *crop s.* Herrenschnitt *m* (*für Damen*).

E·to·ni·an [i:'təʊnjən] **I** *adj.* Eton...; **II** *s.* Schüler *m* des *Eton College*.

E·ton jack·et *s.* schwarze, kurze Jacke der Etonschüler.

E·trus·can [ı'trʌskən] **I** *adj.* **1.** e'truskisch; **II** *s.* **2.** E'trusker(in); **3.** *ling.* E'truskisch *n*.

et·y·mo·log·ic [ˌetɪ-məˈlɒdʒɪk(l)] *adj.* □ etymo'logisch; **et·y·mo·log·i·cal** [ˌetɪ-məˈlɒdʒɪk(l)] *adj.* □ etymo'logisch; **et·y·mol·o·gist** [ˌetɪˈmɒlədʒɪst] *s.* Etymo'loge *m*; **et·y·mol·o·gy** [ˌetɪˈmɒlə-dʒı] *s. allg.* Etymolo'gie *f*; **et·y·mon** ['etımɒn] *s.* Etymon *n*, Stammwort *n*.

eu·ca·lyp·tus [ˌju:kəˈlıptəs] *s.* ♀ Euka-'lyptus *m*.

Eu·cha·rist ['ju:kərıst] *s. eccl.* Eucha-'stie *f*: a) *die Feier des heiligen Abendmahls*, b) *die eucharistische Gabe* (*Brot u. Wein*).

eu·chre ['ju:kə] *v/t. Am.* F prellen, betrügen.

Eu·clid ['ju:klıd] *s.* die (Eu'klidische) Geome'trie.

eu·gen·ic [ju:'dʒenık] **I** *adj.* (□ ~*ally*) eu'genisch; **II** *s. pl. sg. konstr.* Eu'genik *f* (*Erbhygiene*); **eu·ge·nist** ['ju:dʒınıst] *s.* Eu'geniker *m*.

eu·lo·gist ['ju:lədʒıst] *s.* Lobredner(in); **eu·lo·gis·tic** [ju:lə'dʒıstık] *adj.* (□

~*ally*) preisend, lobend; **'eu·lo·gize** [-dʒaız] *v/t.* loben, preisen, rühmen; **'eu·lo·gy** [-dʒı] *s.* **1.** Lob(preisung *f*) *n*; **2.** Lobrede *f od.* -schrift *f*.

eu·nuch ['ju:nək] *s.* Eu'nuch *m*, *weitS. a.* Ka'strat *m*.

eu·pep·sia [ju:'pepsıə] *s.* ﹖ nor'male Verdauung; **eu·pep·tic** [-ptık] *adj.* **1.** ﹖ gut verdauend; **2.** *fig.* gutgelaunt.

eu·phe·mism ['ju:fımızəm] *s.* Euphe-'mismus *m*, beschönigender Ausdruck, sprachliche Verhüllung; **eu·phe·mis-tic** [ˌju:fı'mıstık] *adj.* (□ ~*ally*) euphe-'mistisch, beschönigend, verhüllend.

eu·phon·ic [ju:'fɒnık] *adj.* (□ ~*ally*) eu-'phonisch, wohlklingend; **eu·pho·ny** ['ju:fənı] *s.* Eupho'nie *f*, Wohlklang *m*.

eu·phor·bi·a [ju:'fɔ:bjə] *s.* ♀ Wolfsmilch *f*.

eu·pho·ri·a [ju:'fɔ:rıə] *s.* ﹖ *u. fig.* Eu-pho'rie *f*; **eu'phor·ic** [-'fɒrık] *adj.* (□ ~*ally*) eu'phorisch; **eu·pho·ry** ['ju:fərı] → *euphoria*.

eu·phu·ism ['ju:fju:ızəm] *s.* Euphu'is-mus *m* (*schwülstiger Stil od. Ausdruck*); **eu·phu·is·tic** [ˌju:fju:'ıstık] *adj.* (□ ~*ally*) euphu'istisch, schwülstig.

Eu·rail·pass ['jʊəreılpɑ:s] *s.* ✈ Eu'rail-paß *m*.

Eur·a·sian [jʊə'reıʒən] **I** *s.* Eu'rasier (-in); **II** *adj.* eu'rasisch.

Euro- [jʊərəʊ] *in Zssgn* euro'päisch; Euro...

'Eu·ro|·cheque *s.* ✈ Eurocheque *m*, -scheck *m*: ~ *card* Eurocheque-Karte *f*; ﹐~**'com·mun·ism** *s.* 'Eurokommuˌnis-mus *m*; ~**crat** ['jʊərəʊkræt] *s.* Euro-'krat *m*; **'~ˌdol·lar** *s.* ✈ Eurodollar *m*.

Eu·ro·pe·an [ˌjʊərə'pi:ən] **I** *adj.* euro'pä-isch: ~ (*Economic*) *Community* Euro-päische (Wirtschafts)Gemeinschaft; ~ *Parliament* Europaparlament *n*; ~ *plan Am.* Hotelzimmer-Vermietung *f* ohne Verpflegung; **II** *s.* Euro'päer(in); **Eu·ro·pe·an·ism** [-nızəm] *s.* Euro-'päertum *n*; **Eu·ro·pe·an·ize** [-naız] *v/t.* europäisieren.

Eu·ro·vi·sion ['jʊərəʊˌvıʒn] *s. u. adj.* TV Eurovision(s...) *f*.

Eu·sta·chi·an tube [ju:'steıʃjən] *s. anat.* Eu'stachische Röhre, 'Ohrtromˌpete *f*.

eu·tha·na·si·a [ˌju:θə'neızjə] *s.* **1.** sanfter *od.* leichter Tod; **2.** Euthana'sie *f*: *active* (*passive*) ~ ﹖ aktive (passive) Sterbehilfe.

e·vac·u·ant [ı'vækjʊənt] **I** *adj.* abführend; **II** *s.* Abführmittel *n*; **e·vac·u·ate** [ı'vækjʊeıt] *v/t.* **1.** ent-, ausleeren: ~ *the bowels* a) den Darm entleeren, b) abführen; **2.** a) Luft etc. her'auspumpen, b) Gefäß luftleer pumpen; **3.** a) Personen evakuieren, b) ✗ Truppen verlegen, c) Verwundete etc. abtransportieren, d) Gebiet evakuieren, *a.* Haus räumen; **e·vac·u·a·tion** [ıˌvækju'eıʃn] *s.* **1.** Aus-, Entleerung *f*; **2.** ﹖ a) Stuhlgang *m*, b) Stuhl *m*, Kot *m*; **3.** a) Evaku-ierung *f*, b) ✗ Verlegung *f* (*von Truppen*), 'Abtransˌport *m*, c) Räumung *f*; **e·vac·u·ee** [ıˌvækju:'i:] *s.* Evakuierte(r *m*) *f*.

e·vade [ı'veıd] *v/t.* **1.** ausweichen (*dat.*); **2.** *j-m* entkommen; **3.** sich e-r Sache entziehen, e-r Sache entgehen, ausweichen, *et.* um'gehen, vermeiden; sich e-r Pflicht etc. entziehen, ﹩ Steuern hinter-

'ziehen: ~ *a question* e-r Frage ausweichen; ~ *definition* sich nicht definieren lassen; *the ~s* *the* *Sache entzieht*; → *tax evader*.

e·val·u·ate [ı'væljʊeıt] *v/t.* **1.** auswerten; **2.** bewerten, beurteilen; **3.** abschätzen; **4.** berechnen; **e·val·u·a·tion** [ıˌvæl-jʊ'eıʃn] *s.* **1.** Auswertung *f*; **2.** Bewertung *f*, Beurteilung *f*; **3.** Schätzung *f*; **4.** Berechnung *f*.

ev·a·nesce [ˌi:və'nes] *v/i.* sich verflüchtigen; schwinden; **ev·a·nes·cence** [-sns] *s.* (Da'hin)Schwinden *n*, Verflüchtigung *f*; **ev·a·nes·cent** [-snt] *adj.* □ **1.** (ver-, da'hin)schwindend, flüchtig; **2.** vergänglich.

e·van·gel·ic [ˌi:væn'dʒelık] *adj.* (□ ~*al-ly*) **1.** die Evan'gelien betreffend, Evan-gelien...; **2.** evan'gelisch; **e·van'gel·i-cal** [-kl] *adj.* □ → *evangelic*.

e·van·ge·lism [ı'vændʒəlızəm] *s.* Ver-kündigung *f* des Evan'geliums; **e·van-ge·list** [-lıst] *s.* **1.** Evange'list *m*; **2.** Evange'list *m*, Erweckungs-, Wander-prediger *m*; **3.** Patri'arch *m* der Mormo-nen; **e·van·ge·lize** [-laız] **I** *v/i.* das Evan'gelium verkünden; **II** *v/t.* (zum Christentum) bekehren.

e·vap·o·rate [ı'væpəreıt] **I** *v/i.* **1.** ver-dampfen, -dunsten, sich verflüchtigen; **2.** *fig.* verfliegen, sich verflüchtigen (*a.* F *abhauen*); **II** *v/t.* **3.** verdampfen *od.* verdunsten lassen; **4.** ✿ ab-, eindamp-fen, evaporieren: ~*d milk* Kondens-milch *f*; **e·vap·o·ra·tion** [ıˌvæpə'reıʃn] *s.* **1.** Verdampfung *f*, -dunstung *f*; **2.** *fig.* Verflüchtigung *f*, Verfliegen *n*; **e·vap·o·ra·tor** [-tə] *s.* ✿ Abdampfvor-richtung *f*, Verdampfer *m*.

e·va·sion [ı'veıʒn] *s.* **1.** Entkommen *n*, -rinnen *n*; **2.** Ausweichen *n*, Um'geh-ung *f*, Vermeidung *f*; → *tax evasion*; **3.** Ausflucht *f*, Ausrede *f*.

e·va·sive [ı'veısıv] *adj.* □ **1.** ausweichend: ~ *answer*, ~ *action* Ausweich-manöver *n*; *be* ~ *fig.* ausweichen; **2.** schwer faßbar *od.* feststellbar; **e'va-sive·ness** [-nıs] *s.* ausweichendes Verhalten.

Eve¹ [i:v] *npr. bibl.* Eva *f*: *daughter of* ~ Evastochter *f* (*typische Frau*).

eve² [i:v] *s.* **1.** *poet.* Abend *m*; **2.** *mst* 𝓔 Vorabend *m*, -tag *m* (*e-s Festes*); **3.** *fig.* Vorabend *m*: *on the* ~ *of* am Vorabend von (*od. gen.*); *be on the* ~ *of* kurz vor (*dat.*) stehen.

e·ven¹ ['i:vn] *adv.* **1.** so'gar, selbst, auch: ~ *the king* sogar der König; *he* ~ *kissed her* er küßte sie sogar; ~ *if*, ~ *though* selbst wenn, wenn auch; ~ *now* a) selbst jetzt, noch jetzt, b) eben *od.* gerade jetzt, c) schon jetzt; *not* ~ *now* selbst jetzt noch nicht, nicht einmal jetzt; *or* ~ oder auch (nur), oder gar; *without* ~ *looking* ohne auch nur hin-zusehen; **2.** *vor comp.* noch: ~ *better* (sogar) noch besser; **3.** *nach neg.*: *not* ~ nicht einmal; *I never* ~ *saw it* ich habe es nicht einmal gesehen; **4.** gerade, eben: ~ *as I expected* gerade *od.* genau wie ich erwartete; ~ *as he spoke* gerade als er sprach; ~ *so* dennoch, trotzdem, immerhin, selbst dann.

e·ven² ['i:vn] **I** *adj.* □ **1.** eben, flach, gerade; **2.** waag(e)recht, horizon'tal; → *keel* 1; **3.** in gleicher Höhe (*with* mit): ~ *with the ground* dem Boden gleich;

4. gleich: ~ *chances* gleiche Chancen; *stand an ~ chance of winning* e-e echte Siegeschance haben; ~ *money* gleicher Einsatz (*Wette*); ~ *bet* Wette *f* mit gleichem Einsatz; *of ~ date* † gleichen Datums; **5.** † a) ausgeglichen, schuldenfrei, b) ohne Gewinn od. Verlust: *be ~ with s.o.* mit j-m quitt sein; *get ~ with s.o.* mit j-m abrechnen *od.* quitt werden, *fig. a.* es j-m heimzahlen; → *break even*; **6.** gleich-, regelmäßig; im Gleichgewicht (*a. fig.*); **7.** ausgeglichen, ruhig (*Gemüt etc.*): ~ *voice* ruhige *od.* kühle Stimme; **8.** gerecht, unpar, teiisch; **9.** a) gerade (*Zahl*), b) geradzahlig (*Schwingungen etc.*), c) rund, voll (*Summe*): ~ *page* (Buch)Seite *f* mit gerader Zahl; *an ~ dozen* genau ein Dutzend; **II** *v/t.* **11.** (ein)ebnen, glätten; **12.** *a.* ~ *out* ausgleichen; **13.** ~ *up* † *Rechnung* aus-, begleichen, *Konten* abstimmen; **III** *v/i.* **14.** *mst.* ~ *out* eben werden; **15.** *a.* ~ *out* sich ausgleichen; **16.** ~ *up on* mit j-m quitt werden.

e·ven³ ['i:vn] *s. poet.* Abend *m*.

e·ven-'hand·ed *adj.* 'unpar,teiisch, objek'tiv.

eve·ning ['i:vnɪŋ] *s.* **1.** Abend *m*: *in the ~* abends, am Abend; *on the ~ of* am Abend (*gen.*); *this* (*tomorrow*) ~ heute (morgen) abend; **2.** 'Abend(unter,haltung *f*) *m*, Gesellschaftsabend *m*; **3.** *fig.* Ende *n, bsd.* (*a. ~ of life*) Lebensabend *m*; ~ *class·es s. pl. ped.* 'Abendunter,richt *m*; ~ *dress s.* **1.** Abendkleid *n*; **2.** Gesellschaftsanzug *m, bsd.* a) Frack *m*, b) Smoking *m*; ~ *pa·per s.* Abendzeitung *f*; ~ *school* → *night-school*; ~ *shirt s.* Frackhemd *n*; ~ *star s.* Abendstern *m*.

e·ven·ness ['i:vnnɪs] *s.* **1.** Ebenheit *f*, Geradheit *f*; **2.** Gleichmäßigkeit *f*; **3.** Gleichheit *f*; **4.** Gelassenheit *f*, Seelenruhe *f*, Ausgeglichenheit *f*.

'e·ven·song *s.* Abendandacht *f*.

e·vent [ɪ'vent] *s.* **1.** Ereignis *n*, Vorfall *m*, Begebenheit *f*: (*quite*) *an ~* ein großes Ereignis; *after the ~* hinterher, im nachhinein; *before the ~* vorher, im voraus; **2.** Ergebnis *n*, Ausgang *m*: *in the ~* schließlich; **3.** Fall *m*, 'Umstand *m*: *in either ~* in jedem Fall; *in any ~* auf jeden Fall; *at all ~s* auf alle Fälle, jedenfalls; *in the ~ of* im Falle (*gen. od.* daß); **4.** *bsd. sport* a) Veranstaltung *f*, b) Diszi'plin *f* (*Sportart*), c) Wettbewerb *m*, -kampf *m*.

e·ven-'tem·pered *adj.* ausgeglichen, gelassen, ruhig.

e·vent·ful [ɪ'ventfʊl] *adj.* **1.** ereignisreich; **2.** denkwürdig, bedeutsam.

'e·ven·tide *s. poet.* (*at ~* zur) Abendzeit *f*.

e·ven·tu·al [ɪ'ventʃʊəl] *adj.* □ → *eventually*; **1.** schließlich: *this led to his ~ dismissal* dies führte schließlich *od.* letzten Endes zu s-r Entlassung; **2.** *obs.* eventu'ell, etwaig; **e·ven·tu·al·i·ty** [ɪ,ventʃʊ'ælətɪ] *s.* Möglichkeit *f*, Eventuali'tät *f*; **e·ven·tu·al·ly** [-lɪ] *adv.* schließlich, endlich; **e·ven·tu·ate** [-ʃʊeɪt] *v/i.* **1.** ausgehen, enden (*in* in *dat.*); **2.** die Folge sein (*from gen.*).

ev·er ['evə] *adv.* **1.** immer, ständig, unaufhörlich: *for ~* (*and ~*), *for ~ and a day* für immer (u. ewig); ~ *and again*

(*obs. anon*) dann u. wann, hin u. wieder; ~ *since*, ~ *after* seit der Zeit, seitdem; *yours ~ ...* Viele Grüße, Dein(e) *od.* Ihr(e) ...; **2.** *vor comp.* immer: ~ *larger* immer größer; ~ *increasing* ständig zunehmend; **3.** *neg., interrog., konditional*: je(mals): *do you ~ see him?* siehst du ihn jemals?; *if I ~ meet him* falls ich ihn je treffe; *did you ~?* F hast du Töne?, na, so was!; *the fastest ~* F der (die, das) Schnellste aller Zeiten; **4.** nur, irgend, über'haupt: *as soon as ~ I can* sobald ich nur kann; *what ~ do you mean?* was (in aller Welt) meinst du denn (eigentlich)?; *how ~ did he manage?* wie hat er es nur fertiggebracht?; *hardly ~, seldom if ~* fast niemals; **5.** ~ *so* sehr, noch so: ~ *so simple* ganz einfach; ~ *so long* e-e Ewigkeit; ~ *so many* sehr viele; *thank you ~ so much!* tausend Dank!; *if I were ~ so rich* wenn ich noch so reich wäre; ~ *such a nice man* wirklich ein netter Mann.

'ev·er|·glade *s. Am.* sumpfiges Flußgebiet; *'~green* **I** *adj.* **1.** immergrün; **2.** unverwüstlich, nie veraltend, immer wieder gern gehört: ~ *song* → 4; **II** *s.* **3.** ♀ a) immergrüne Pflanze, b) Immergrün *n*; **4.** Evergreen *m, n* (*Schlager*); *,~'last·ing* **I** *adj.* □ **1.** immerwährend, ewig (*a. Gott, Schnee*): ~ *flower* → 5; **2.** *fig.* F unaufhörlich, endlos; **3.** dauerhaft, unbegrenzt haltbar, unverwüstlich; **II** *s.* **4.** Ewigkeit *f*; **5.** ♀ Immor'telle *f*, Strohblume *f*; *,~'more* *adv.* **1.** immerfort: *for ~* in Ewigkeit; **2.** je(mals) wieder.

ev·er·y ['evrɪ] *adj.* **1.** jeder, jede, jedes, all: *he has read ~ book on this subject*; ~ *other* a) jeder andere, b) → *other* 6; ~ *day* jeden Tag, alle Tage, täglich; ~ *four days* alle vier Tage; ~ *fourth day* jeden vierten Tag; ~ *now and then* (*od.* again), ~ *so often* F gelegentlich, hin u. wieder; ~ *bit* (*of it*) ganz, völlig: ~ *bit as good* genauso gut; ~ *time* a) jedesmal(, wenn), sooft, b) jederzeit, F a. allemal; **2.** jeder, jede, jedes (einzelne *od.* erdenkliche), all: *her ~ wish* jeder ihrer Wünsche, alle ihre Wünsche; *have ~ reason* allen Grund haben; *their ~ liberty* ihre ganze Freiheit; *'~body pron.* jeder(mann); *'~day adj.* **1.** (all)täglich; **2.** Alltags...; **3.** (mittel)mäßig; *'~one, ~ one pron.* jeder(mann): *in ~'s mouth* in aller Munde; *'2·man s. bsd. thea.* Jedermann *m*; *'~thing pron.* **1.** alles: ~ *new* alles Neue; **2.** F die Hauptsache, alles: *speed is ~*; *he* (*it*) *has ~* F er (es) hat alles *od.* ist ,phantastisch'; *'~where adv.* 'überall, allenthalben.

e·vict [ɪ'vɪkt] *v/t.* ⚖ **1.** j-n zur Räumung zwingen; *fig.* j-n gewaltsam vertreiben; **2.** wieder in Besitz nehmen; **e·vic·tion** [-kʃn] *s.* ⚖ **1.** Zwangsräumung *f*, Her'aussetzung *f*: ~ *order* Räumungsbefehl *m*; **2.** Wiederinbe'sitznahme *f*.

ev·i·dence ['evɪdəns] **I** *s.* **1.** ⚖ a) Be-'weis(mittel *n*, -stück *n*, -materi,al *n*) *m*, Beweise *pl.*, Beweis *n* der Beweisaufnahme *f*, b) 'Unterlage *f*, Beleg *m*, c) (Zeugen)Aussage *f*, Zeugnis *n*: *a piece of ~* ein Beweisstück; *medical ~* Aussage *f od.* Gutachten *n* des medizinischen Sachverständigen; *for lack of ~*

mangels Beweises; *in ~ of* zum Beweis (*gen.*); *offer in ~* Beweisantritt *m*; *on the ~* auf Grund des Beweismaterials; *admit in ~* als Beweis zulassen; *call s.o. in ~* j-n als Zeugen benennen; *give od. bear ~* (*of*) (als Zeuge) aussagen (über *acc.*), *fig.* zeugen (von); *hear ~* Zeugen vernehmen; *hearing od. taking of ~* Beweisaufnahme *f*; *turn King's* (*od.* *Queen's, Am. State's*) ~ als Kronzeuge auftreten; **2.** Augenscheinlichkeit *f*, Klarheit *f*: *in ~* sichtbar, er-, offensichtlich; *be much in ~* stark in Erscheinung treten, deutlich feststellbar sein; stark vertreten sein; **3.** (An)Zeichen *n*, Spur *f*: *there is no ~* es ist nicht ersichtlich *od.* feststellbar, nichts deutet darauf hin; **II** *v/t.* **4.** dartun, be-, nachweisen, zeigen; **'ev·i·dent** [-nt] *adj.* □ → *evidently*; augenscheinlich, einleuchtend, offensichtlich, klar (ersichtlich); **ev·i·den·tial** [,evɪ-'denʃl] *adj.* □, **ev·i·den·tia·ry** [,evɪ-'denʃərɪ] *adj.* **1.** ⚖ beweiserheblich; Beweis...(-kraft, -wert); **2.** über'zeugend: *be ~ of et.* (klar) beweisen; **'ev·i·dent·ly** [-ntlɪ] *adv.* offensichtlich, zweifellos.

e·vil ['i:vl] **I** *adj.* □ **1.** übel, böse, schlimm: ~ *eye* a) böser Blick, b) schlimmer Einfluß; *the 2 One* der Teufel; ~ *repute* schlechter Ruf; ~ *spirit* böser Geist; **2.** gottlos, boshaft, schlecht: ~ *tongue* Lästerzunge *f*; **3.** unglücklich: ~ *day* Unglückstag *m*; *fall on ~ days* ins Unglück geraten; **II** *s.* **4.** Übel *n*, Unglück *n*: *the lesser of two ~s*, *the lesser* das geringere Übel; **5.** *das* Böse, Sünde *f*, Verderbtheit *f*: *do ~* Böses tun; *the powers of ~* die Mächte der Finsternis; *the social ~* die Prostitution; *,~-dis'posed* → *evil-minded*; *,~·'do·er s.* Übeltäter(in); *,~'mind·ed adj.* übelgesinnt, bösartig; *,~·'speak·ing adj.* verleumderisch.

e·vince [ɪ'vɪns] *v/t.* dartun, be-, erweisen, bekunden, zeigen.

e·vis·cer·ate [ɪ'vɪsəreɪt] *v/t.* **1.** *Tier* ausnehmen, *hunt. a.* ausweiden; **2.** *fig. et.* inhalts- *od.* bedeutungslos machen; **e·vis·cer·a·tion** [ɪ,vɪsə'reɪʃn] *s.* Ausweidung *f*.

ev·o·ca·tion [,evəʊ'keɪʃn] *s.* **1.** (Geister)Beschwörung *f*; **2.** *fig.* (*of*) a) Wachrufen *n* (*gen.*), b) Erinnerung *f* (an *acc.*); **3.** plastische Schilderung; **e·voc·a·tive** [ɪ'vɒkətɪv] *adj.* **1.** *be ~ of* erinnern an (*acc.*); **2.** sinnträchtig, beziehungsreich.

e·voke [ɪ'vəʊk] *v/t.* **1.** *Geister* her'beirufen, beschwören; **2.** *fig.* her'vor-, wachrufen, wecken.

ev·o·lu·tion [,i:və'lu:ʃn] *s.* **1.** Entwicklung *f*, Entfaltung *f*, (Her'aus)Bildung *f*; **2.** *biol.* Evoluti'on *f*: *theory of ~* Evolutionstheorie *f*; **3.** Folge *f* (Handlungs)Ablauf *m*; **4.** ✕ Ma'növer *n*, Bewegung *f*; **5.** *phys.* (Gas- *etc.*) Entwicklung *f*; **6.** ♣ Wurzelziehen *n*; **ev·o·lu·tion·a·ry** [-nərɪ] *adj.* Entwicklungs..., *biol.* Evolutions...; **ev·o·lu·tion·ist** [-ʃənɪst] **I** *s.* Anhänger(in) der (biologischen) Entwicklungslehre; **II** *adj.* die Entwicklungslehre betreffend.

e·volve [ɪ'vɒlv] **I** *v/t.* **1.** entwickeln, entfalten, her'ausarbeiten; **2.** *Gas, Wärme* aus-, verströmen; **II** *v/i.* **3.** sich entwik-keln *od.* entfalten (*into* zu); **4.** entstehen (*from* aus).

ewe [juː] *s. zo.* Mutterschaf *n*; **~ lamb** *s. zo.* Schaflamm *n.*

ew·er [ˈjuːə] *s.* Wasserkrug *m.*

ex¹ [eks] *prp.* **1.** ✝ a) aus, ab, von: **~ factory** ab Fabrik; **~ works** ab Werk; → *ex officio*, b) ohne, exklu'sive: **~ all** ausschließlich aller Rechte; **~ dividend** ohne Dividende; **2.** → *ex cathedra etc.*

ex² [eks] *s.* X *n*, x *n* (*Buchstabe*).

ex- [eks] *in Zssgn* Ex…, ehemalig; Alt…

ex·ac·er·bate [ekˈsæsəbeɪt] *v/t.* **1.** *j-n* verärgern; **2.** *et.* verschlimmern; **ex·ac·er·ba·tion** [ek͵sæsəˈbeɪʃn] *s.* **1.** Verärgerung *f*; **2.** Verschlimmerung *f.*

ex·act [ɪɡˈzækt] **I** *adj.* □ → *exactly*; **1.** ex'akt, genau, (genau) richtig: **the ~ time** die genaue Zeit; **the ~ sciences** die exakten Wissenschaften; **2.** streng, genau: **~ rules**; **3.** me'thodisch, gewissenhaft, sorgfältig (*Person*); **4.** genau, tatsächlich: **his ~ words**; **II** *v/t.* **5.** Gehorsam, *Geld etc.* fordern, verlangen; **6.** Zahlung eintreiben, einfordern; **7.** *Geschick etc.* erfordern; **ex'act·ing** [-tɪŋ] *adj.* **1.** streng, genau; **2.** anspruchsvoll: **an ~ customer**, **be ~** hohe Anforderungen stellen; **3.** hart, aufreibend (*Aufgabe etc.*); **ex'ac·tion** [-kʃn] *s.* **1.** Fordern *n*; **2.** Eintreiben *n*; **3.** (unmäßige) Forderung; **ex'ac·ti·tude** [-tɪtjuːd] → *exactness*; **ex'act·ly** [-lɪ] *adv.* **1.** genau, ex'akt; **2.** sorgfältig; **3.** *als Antwort*: genau, ganz recht, du sagst (Sie sagen) es: **not ~** a) nicht ganz, b) *iro.* nicht gerade *od.* eben *schön etc.*; **4.** wo, wann *etc.* eigentlich; **ex'act·ness** [-nɪs] *s.* **1.** Ex'aktheit *f*, Genauigkeit *f*, Richtigkeit *f*; **2.** Sorgfalt *f.*

ex·ag·ger·ate [ɪɡˈzædʒəreɪt] **I** *v/t.* **1.** über'treiben, über'trieben darstellen; aufbauschen; **2.** 'überbewerten; **3.** 'überbetonen; **II** *v/i.* **4.** übertreiben; **ex·ag·ger·at·ed** [-tɪd] *adj.* □ über'trieben, -'zogen; **ex·ag·ger·a·tion** [ɪɡ͵zædʒəˈreɪʃn] *s.* Über'treibung *f.*

ex·alt [ɪɡˈzɔːlt] *v/t.* **1.** *im Rang* erheben, erhöhen (*to* zu); **2.** (lob)preisen, verherrlichen: **~ to the skies** in den Himmel heben; **3.** verstärken (*a. fig.*); **ex·al·ta·tion** [͵eɡzɔːlˈteɪʃn] *s.* **1.** Erhebung *f*: **2 of the Cross** *eccl.* Kreuzerhöhung *f*; **2.** Begeisterung *f*, Ek'stase *f*, Erregung *f*; **ex·alt·ed** [-tɪd] *adj.* **1.** gehoben: **~ style**; **2.** hoch: **~ rank**; **~ ideal**; **3.** begeistert; **4.** über'trieben hoch: **have an ~ opinion of o.s.**

ex·am [ɪɡˈzæm] F *für examination* 2.

ex·am·i·na·tion [ɪɡ͵zæmɪˈneɪʃn] *s.* **1.** Unter'suchung *f* (*a. ✻*), Prüfung *f* (*of, into gen.*); Besichtigung *f*, 'Durchsicht *f*: (*up*)*on ~* bei näherer Prüfung; **be under ~** geprüft *od.* erwogen werden (→ *a.* 3); **2.** *ped.* Prüfung *f*, Ex'amen *n*: **~ paper** Prüfungsarbeit *f*, -aufgabe(n *pl.*) *f*; **take** (*od.* **go in for**) **an ~** sich e-r Prüfung unterziehen; **3.** *✝* a) *Zivilprozeß*: Vernehmung *f*, b) *Strafprozeß*: Verhör *n*: **be under ~** vernommen werden (→ *a.* 1).

ex·am·ine [ɪɡˈzæmɪn] **I** *v/t.* **1.** untersuchen (*a. ✻*), prüfen (*a. ped.*), examinieren, besichtigen, 'durchsehen, revidieren: **~ one's conscience** sein Gewissen prüfen; **2.** *✝✝* vernehmen, *Straftäter* verhören; **II** *v/i.* **3. ~ into s.th.** et.

untersuchen; **ex·am·i·nee** [ɪɡ͵zæmɪˈniː] *s.* Prüfling *m*, (ˈPrüfungs)Kandi͵dat(in); **ex·am·in·er** [-nə] *s.* **1.** *allg.* Prüfer(in); **2.** *✝✝* beauftragter Richter; **ex·am·in·ing bod·y** [-nɪŋ] *s.* Prüfungsausschuß *m.*

ex·am·ple [ɪɡˈzɑːmpl] *s.* **1.** Beispiel *n* (*of* für): **for ~** zum Beispiel; **without ~** beispiellos, ohnegleichen; **2.** Vorbild *n*, Beispiel *n*: **hold up as an ~** als Beispiel hinstellen; **set a good ~** ein gutes Beispiel geben; **take an ~ by** sich ein Beispiel nehmen an (*dat.*); **3.** warnendes Beispiel: **let this be an ~ to you** laß dir das e-e Warnung sein; **make an ~ of s.o.** an j-m ein Exempel statuieren.

ex·as·per·ate [ɪɡˈzæspəreɪt] *v/t.* ärgern, wütend machen, aufbringen; **ex'as·per·at·ed** [-tɪd] *adj.* aufgebracht, erbost; **ex'as·per·at·ing** [-tɪŋ] *adj.* □ ärgerlich, zum Verzweifeln; **ex·as·per·a·tion** [ɪɡ͵zæspəˈreɪʃn] *s.* Wut *f*: **in ~** wütend.

ex ca·the·dra [͵eksəˈθiːdrə] **I** *adj.* maßgeblich, autorita'tiv; **II** *adv.* ex 'cathedra; maßgeblich.

ex·ca·vate [ˈekskəveɪt] *v/t.* **1.** ausgraben (*a. fig.*), ausschachten, -höhlen; **2.** *Zahnmedizin*: exkavieren; **ex·ca·va·tion** [͵ekskəˈveɪʃn] *s.* **1.** Ausgrabung *f*; **2.** Ausschachtung *f*, Aushöhlung *f*: Aushub *m*; **3.** *geol.* Auskolkung *f*; **4.** *Zahnmedizin*: Exkavati'on *f*; **ex·ca·va·tor** [-tə] *s.* **1.** Ausgräber *m*; **2.** Erdarbeiter *m*; **3.** ✿ (Trocken)Bagger *m.*

ex·ceed [ɪkˈsiːd] **I** *v/t.* **1.** über'schreiten, -'steigen (*a. fig.*); **2.** *fig.* a) hin'ausgehen über (*acc.*), b) *j-n, et.* über'treffen; **II** *v/i.* **3.** zu weit gehen, das Maß über'schreiten; **4.** her'ausragen; **ex'ceed·ing** [-dɪŋ] *adj.* □ → *exceedingly*; außer'ordentlich, äußerst; **2.** mehr als, über: **not ~** (von) höchstens; **ex'ceed·ing·ly** [-dɪŋlɪ] *adv.* 'überaus, äußerst, außerordentlich.

ex·cel [ɪkˈsel] **I** *v/t.* über'treffen (*o.s.* sich selbst); **II** *v/i.* sich auszeichnen, her'vorragen (*in od. at* in *dat.*).

ex·cel·lence [ˈeksələns] *s.* **1.** Vor'trefflichkeit *f*, vor'zügliche Leistung; '**Ex·cel·len·cy** [-sɪ] *s.* Exzel'lenz *f* (*Titel*): **Your ~** Eure Exzellenz; '**ex·cel·lent** [-nt] *adj.* □ vor'züglich, ausgezeichnet, her'vorragend.

ex·cel·si·or [ekˈselsɪɔː] *s.* **1.** *Am.* Holzwolle *f*; **2.** *typ.* Bril'lant *f* (*Schriftgrad*).

ex·cept [ɪkˈsept] **I** *v/t.* **1.** ausnehmen, -schließen (*from* von, aus); **2.** sich *et.* vorbehalten; → *error* 1; **II** *v/i.* **3.** Einwendungen machen, Einspruch erheben (*against* gegen); **III** *prp.* **4.** ausgenommen, außer, mit Ausnahme von (*od. gen.*): **~ for** abgesehen von, bis auf (*acc.*); **IV** *cj.* **5.** es sei denn, daß, außer, wenn – nur *that* außer, daß; **ex'cept·ing** [-tɪŋ] *prp.* (*nach* always *od.* neg.) ausgenommen, außer; **ex'cep·tion** [-pʃn] *s.* **1.** Ausnahme *f*: **by way of ~** ausnahmsweise; **with the ~ of** mit Ausnahme von (*od. gen.*), außer, bis auf (*acc.*); **without ~** ohne Ausnahme, ausnahmslos; **make no ~(s)** keine Ausnahme machen; **an ~ to the rule** e-e Ausnahme von der Regel; **2.** Einwendung *f*, Einwand *m*, Einspruch *m* (*a. ✝✝ Rechtsmittelvorbehalt*): **take ~ to** a) Einwendungen machen *od.* protestieren gegen,

b) Anstoß nehmen an (*dat.*); **ex'cep·tion·a·ble** [-pʃnəbl] *adj.* □ **1.** anfechtbar; **2.** anstößig; **ex'cep·tion·al** [-pʃənl] *adj.* □ → *exceptionally*; **1.** außergewöhnlich, Ausnahme…, Sonder…: **~ case** Ausnahmefall *m*; **2.** ungewöhnlich (gut); **ex'cep·tion·al·ly** [-pʃnəlɪ] *adv.* **1.** ausnahmsweise; **2.** außergewöhnlich.

ex·cerpt I *v/t.* [ekˈsɜːpt] **1.** Textstelle exzerpieren, ausziehen; **II** *s.* [ˈeksɜːpt] **2.** Ex'zerpt *n*, Auszug *m*; **3.** Sonder(ab)druck *m.*

ex·cess [ɪkˈses] *s.* **1.** 'Übermaß *n*, -fluß *m* (*of* an *dat.*): **~ of …** zuviel …; **carry to ~** übertreiben, *et.* zu weit treiben; **2.** Ex'zeß *m*, Unmäßigkeit *f*, Ausschweifung *f*; *mst pl.* Ausschreitungen *pl.*: **drink to ~** übermäßig trinken; **3.** 'Überschuß *m* (*a.* ✚, 🌣), Mehrsumme *f*: **in ~ of** mehr als, über …; **be in ~ of** überschreiten, -steigen; **~ of exports** Ausfuhrüberschuß *m*; **~ bag·gage** ✈ *Am.* 'Übergepäck *n*; **~ cost** *s.* Mehrkosten *pl.*; **~ cur·rent** *s.* ⚡ 'Überstrom *m*; **~ fare** *s.* (Fahrpreis)Zuschlag *m*; **~ freight** *s.* 'Überfracht *f.*

ex·ces·sive [ɪkˈsesɪv] *adj.* □ 'übermäßig, über'trieben; unangemessen hoch (*Strafe etc.*).

ex·cess| lug·gage *s.* ✈ 'Übergepäck *n*; **~ post·age** *s.* Nachporto *n*, -gebühr *f*; **~ prof·its tax** *s. Am.* Mehrgewinnsteuer *f*; **~ volt·age** *s.* ⚡ 'Überspannung *f*; **~ weight** *s.* Mehrgewicht *n.*

ex·change [ɪksˈtʃeɪndʒ] **I** *v/t.* **1.** (*for*) aus-, 'umtauschen (gegen), vertauschen (mit); **2.** *Geld* eintauschen, ('um)wechseln (*for* gegen); **3.** (*gegenseitig*) Blicke, Küsse, Plätze tauschen; Grüße, Gedanken, Gefangene *etc.* austauschen; *Worte, Schüsse etc.* wechseln: **~ blows** sich prügeln; **4.** ersetzen (*for* durch); **5.** ✿ auswechseln; **II** *v/i.* **6. ~ for** wert sein: **2.50 D-marks ~ for one dollar**; **III** *s.* **7.** Tausch *m* (*a. Schach*), Aus-, 'Umtausch *m*, Auswechselung *f*, Tauschhandel *m*: **in ~** als Ersatz, dafür; **in ~ for** gegen, im Entgelt für; **~ of letters** Schriftwechsel *m*; **~ of blows** Schlagwechsel *m*, *Boxen: a.* Schlagabtausch *m*; **~ of shots** Schußwechsel *m*; **~ of views** Meinungsaustausch; **8.** ✚ a) ('Um)Wechseln *n*, Wechselverkehr *m*: **money ~** Geldwechsel *m*, b) → *bill²* 3, c) → *rate¹* 2, d) **foreign ~** Devisen *pl.*, Valuta *f*, e) Wechselstube *f*; **9.** ✚ Börse *f*; **10.** (Fernsprech)Amt *n*, Vermittlung *f*; **ex'change·a·ble** [-dʒəbl] *adj.* **1.** (aus)tausch-, auswechselbar (*for* gegen); **2.** Tausch…

ex·change| bro·ker *s.* **1.** Wechselmakler *m*; **2.** De'visenmakler *m*; **~ con·trol** *s.* De'visenbewirtschaftung *f*, -kon͵trolle *f*; **~ list** *s.* ✚ Kurszettel *m*; **~ of·fice** *s.* Wechselstube *f*; **~ rate** *s.* ✚ 'Umrechnungs-, Wechselkurs *m*; **~ reg·u·la·tions** *s. pl.* ✚ De'visenbestimmungen *pl.*; **~ re·stric·tions** *s. pl.* ✚ De'visenbeschränkungen *pl.*; **~ stu·dent** *s.* 'Austauschstu͵dent(in).

ex·cheq·uer [ɪksˈtʃekə] *s.* **1.** *Brit.* Schatzamt *n*, Staatskasse *f*, Fiskus *m*: **the 2** das Finanzministerium; **~ bill** *obs.* Schatzwechsel *m*; **~ bond** Schatzanweisung *f*; **2.** ✝ (Geschäfts)Kasse *f.*

ex·cis·a·ble [ekˈsaɪzəbl] *adj.* (verbrauchs)steuerpflichtig.

ex·cise¹ I *v/t.* [ek'saɪz] besteuern; **II** *s.* ['eksaɪz] *a.* ~ *duty* Verbrauchssteuer *f*; ~*man* Steuereinnehmer *m*.

ex·cise² [ek'saɪz] *v/t.* ✽ her'ausschneiden, entfernen; **ex·ci·sion** [ek'sɪʒn] *s.* **1.** ✽ Exzisi'on *f*, Ausschneidung *f*; **2.** Ausmerzung *f*.

ex·cit·a·bil·i·ty [ɪk₁saɪtə'bɪlətɪ] *s.* Reizbar-, Erregbarkeit *f*, Nervosi'tät *f*; **ex·cit·a·ble** [ɪk'saɪtəbl] *adj.* reiz-, erregbar, ner'vös; **ex·cit·ant** ['eksɪtənt] *s.* ✽ Reizmittel *n*, 'Stimulans *n*; **ex·ci·ta·tion** [₁eksɪ'teɪʃn] *s.* **1.** *a.* ⚡, 🐟 Erregung *f*; **2.** ✽ Reiz *m*, 'Stimulus *m*.

ex·cite [ɪk'saɪt] *v/t.* **1.** *j-n* er-, aufregen: *get ~d* (*over*) sich aufregen (über *acc.*); **2.** *j-n* an-, aufreizen, aufstacheln; **3.** *j-n* (*sexuell*) erregen; **4.** *Interesse etc.* erregen, erwecken, her'vorrufen; **5.** ✽ *Nerv* reizen; **6.** ⚡ erregen; **7.** *phot.* lichtempfindlich machen; **ex·cit·ed** [-tɪd] *adj.* ☐ erregt; aufgeregt; **ex·cite·ment** [-mənt] *s.* **1.** Er-, Aufregung *f*; **2.** Reizung *f*; **ex·cit·er** [-tə] *s.* ⚡ Erreger *m*; **ex·cit·ing** [-tɪŋ] *adj.* **1.** erregend; aufregend; spannend, anregend, toll; **2.** ⚡ Erreger...

ex·claim [ɪk'skleɪm] **I** *v/i.* **1.** ausrufen, (auf)schreien; **2.** eifern, wettern (*against* gegen); **II** *v/t.* **3.** ausrufen.

ex·cla·ma·tion [₁eksklə'meɪʃn] *s.* **1.** Ausruf *m*, (Auf)Schrei *m*; **2.** *a.* ~ *mark*, *note of* ~, *Am.* *point of* ~ Ausrufe-, Ausrufungszeichen *n*; **3.** heftiger Pro'test; **4.** *ling.* a) Ausrufesatz *m*, b) Interjekti'on *f*; **ex·clam·a·to·ry** [ek'sklæmətərɪ] *adj.* **1.** exklama'torisch: ~ *style*; **2.** Ausrufe...: ~ *sentence*.

ex·clave ['ekskleɪv] *s.* Ex'klave *f*.

ex·clude [ɪk'sklu:d] *v/t.* ausschließen (*from* von): *not excluding myself* mich selbst nicht ausgenommen; **ex-'clu·sion** [-u:ʒən] *s.* **1.** Ausschließung *f*, Ausschluß *m* (*from* von): *to the* ~ *of* unter Ausschluß von; **2.** ⊕ Absperrung *f*.

ex·clu·sive [ɪk'sklu:sɪv] **I** *adj.* ☐ → *exclusively*; **1.** ausschließend: ~ *of* ausschließlich (*gen.*), abgesehen von, ohne; *be* ~ *of et.* ausschließen; **2.** a) ausschließlich, al'leinig, Allein..., Sonder...: ~ *agent* Alleinvertreter *m*; ~ *rights* ausschließliche Rechte; *be* ~ *to* beschränkt sein auf (*acc.*), b) Exklusiv...: ~ *contract* (*report etc.*); **3.** exklu'siv: a) vornehm, b) anspruchsvoll; **4.** unnahbar; **II** *s.* **5.** Exklu'sivbericht *m*; **ex·clu·sive·ly** [-lɪ] *adv.* ausschließlich, nur; **ex·clu·sive·ness** [-nɪs] *s.* Exklusivi'tät *f*.

ex·cog·i·tate [eks'kɒdʒɪteɪt] *v/t.* (sich) *et.* ausdenken, ersinnen.

ex·com·mu·ni·cate [₁ekskə'mju:nɪkeɪt] *v/t. R.C.* exkommunizieren; **ex·com·mu·ni·ca·tion** ['ekskə₁mju:nɪ'keɪʃn] *s.* Exkommunikati'on *f*.

ex·co·ri·ate [eks'kɔ:rɪeɪt] *v/t.* **1.** die Haut abziehen von; *Baum* abrinden; **2.** *Haut* wund reiben, abschürfen; **3.** heftig angreifen, vernichtend kritisieren; **ex·co·ri·a·tion** [eks₁kɔ:rɪ'eɪʃn] *s.* **1.** (Haut)Abschürfung *f*; **2.** Wundreiben *n*.

ex·cre·ment ['ekskrɪmənt] *s. oft pl.* Kot *m*, Exkre'mente *pl.*

ex·cres·cence [ɪk'skresns] *s.* **1.** Auswuchs *m* (*a. fig.*); **2.** 🐟 Wucherung *f*; **ex·cres·cent** [-nt] *adj.* **1.** auswachsend; wuchernd; **2.** *fig.* 'überflüssig; **3.** *ling.* eingeschoben.

ex·cre·ta [ek'skri:tə] *s. pl.* Ex'krete *pl.*; **ex·crete** [ek'skri:t] *v/t.* absondern, ausscheiden; **ex·cre·tion** [-i:ʃn] *s.* **1.** Ausscheidung *f*; **2.** Ex'kret *n*.

ex·cru·ci·ate [ɪk'skru:ʃɪeɪt] *v/t. fig.* quälen; **ex·cru·ci·at·ing** [-tɪŋ] *adj.* ☐ **1.** qualvoll, heftig; **2.** F schauderhaft, unerträglich.

ex·cul·pate ['ekskʌlpeɪt] *v/t.* reinwaschen, rechtfertigen, freisprechen (*from* von); **ex·cul·pa·tion** [₁ekskʌl'peɪʃn] *s.* Entschuldigung *f*, Rechtfertigung *f*, Entlastung *f*.

ex·cur·sion [ɪk'skɜ:ʃn] *s.* **1.** (*a.* wissenschaftliche) Exkursi'on, Ausflug *m*, Abstecher *m*, Streifzug *m* (*alle a. fig.*): ~ *train* Sonder-, Ausflugszug *m*; **2.** Abschweifung *f*; **3.** Abweichung *f* (*a. ast.*); **ex·cur·sion·ist** [-ʃnɪst] *s.* Ausflügler (-in); **ex·cur·sive** [-ɜ:sɪv] *adj.* ☐ **1.** abschweifend; **2.** weitschweifig; **3.** sprunghaft; **ex·cur·sus** [-ɜ:səs] *pl.* **-sus·es** *s.* Ex'kurs *m* (*Erörterung od. Abschweifung*).

ex·cus·a·ble [ɪk'skju:zəbl] *adj.* ☐ entschuldbar, verzeihlich.

ex·cuse I *v/t.* [ɪk'skju:z] **1.** *j-n od. et.* entschuldigen, *j-m et.* verzeihen: ~ *me* a) entschuldigen Sie!, b) aber erlauben Sie mal!; ~ *me for being late*, ~ *my being late* verzeih, daß ich zu spät komme; *please* ~ *my mistake* bitte entschuldige m-n Irrtum; **2.** Nachsicht mit *j-m* haben; **3.** *et.* entschuldigen, über'sehen; **4.** *et.* entschuldigen, e-e Entschuldigung für *et.* sein, rechtfertigen: *that does not* ~ *your conduct*; **5.** (*from*) *j-n* befreien (von), *j-m et.* erlassen: ~ *s.o. from attendance*; ~*d from duty* vom Dienst befreit; *he begs to be* ~*d* er läßt sich entschuldigen; *I must be* ~*d from doing this* ich muß es leider ablehnen, dies zu tun; **6.** *j-m et.* erlassen; **II** *s.* [-kju:s] **7.** Entschuldigung *f*: *offer* (*od. make*) *an* ~ sich entschuldigen; *please make my* ~*s to her* bitte entschuldige mich bei ihr; **8.** Rechtfertigung *f*: *there is no* ~ *for his conduct* sein Benehmen ist nicht zu entschuldigen; **9.** Vorwand *m*, Ausrede *f*, Ausflucht *f*; **10.** dürftiger Ersatz: *a poor* ~ *for a car* e-e armselige ,Kutsche'; **ex·cuse-me** *s.* Tanz *m* mit Abklatschen.

₁ex·di·rec·to·ry *adj.*: ~ *number* *teleph.* Geheimnummer *f*.

ex·e·at ['eksɪæt] (*Lat.*) *s. Brit.* (kurzer) Urlaub (*für Studenten*).

ex·e·cra·ble ['eksɪkrəbl] *adj.* ☐ abscheulich, scheußlich; **ex·e·crate** ['eksɪkreɪt] **I** *v/t.* **1.** verfluchen, verwünschen; **2.** verabscheuen; **II** *v/i.* **3.** fluchen; **ex·e·cra·tion** [₁eksɪ'kreɪʃn] *s.* **1.** Verwünschung *f*, Fluch *m*; **2.** Abscheu *m*: *hold in* ~ verabscheuen.

ex·e·cu·tant [ɪg'zekjʊtənt] *s.* Ausführende(r *m*) *f*, *bsd.* ♪ Vortragende(r *m*) *f*; **ex·e·cute** ['eksɪkju:t] *v/t.* **1.** aus-, 'durchführen, verrichten, tätigen; *Amt* ausüben; **3.** ♪, *thea.* vortragen, spielen; **4.** ⚖ a) *Urkunde* (rechtsgültig) ausfertigen, durch 'Unterschrift, Siegel *etc.* voll'ziehen, b) *Urteil* voll'strecken,

wuchs *m* (*a. fig.*); **2.** 🐟 Wucherung *f*;

bsd. j-n hinrichten, c) *j-n* pfänden; **ex·e·cu·tion** [₁eksɪ'kju:ʃn] *s.* **1.** Aus-, 'Durchführung *f*, Verrichtung *f*: *carry into* ~ ausführen; **2.** (*Art u. Weise der*) Ausführung: a) ♪ Vortrag *m*, Spiel *n*, Technik *f*, b) *Kunst, Literatur*: Darstellung *f*, Stil *m*; **3.** ⚖ a) Ausfertigung *f*, b) Errichtung *f* (*e-s Testaments*), c) Voll'ziehung *f*, ('Urteils-, *a.* 'Zwangs-) Voll₁streckung *f*, Pfändung *f*, d) Hinrichtung *f*: *sale under* ~ Zwangsversteigerung *f*; *levy* ~ *against a company* die Zwangsvollstreckung in das Vermögen e-r Gesellschaft betreiben; **ex·e·cu·tion·er** [eksɪ'kju:ʃnə] *s.* **1.** Henker *m*, Scharfrichter *m*; **2.** *sport* Voll'strecker *m*; **ex·ec·u·tive** [-tɪv] **I** *adj.* ☐ **1.** ausübend, voll'ziehend, *pol.* Exekutiv...: ~ *officer* Verwaltungsbeamte(r) *m*; ~ *power* → 3; **2.** ✞ geschäftsführend, leitend: ~ *board* Vorstand *m*; ~ *committee* Exekutivausschuß *m*; ~ *floor* Chefetage *f*; ~ *functions* Führungsaufgaben; ~ *post* leitende Stellung; ~ *staff* leitende Angestellte *pl.*; **II** *s.* **3.** Exeku'tive *f*, voll'ziehende Gewalt (*im Staat*); **4.** *a. senior* ~ ✞ leitender Angestellter; **5.** ⚔ *Am.* stellvertretender Komman'deur; **ex·ec·u·tor** [-tə] *s.* ⚖ Testa'ments₁strecker *m*, Erbschaftsverwalter *m*: *literary* ~ Nachlaßverwalter e-s Autors; **ex·ec·u·to·ry** [-tərɪ] *adj.* **1.** ⚖ bedingt, erfüllungsbedürftig: ~ *contract*; **2.** Ausführungs...; **ex·ec·u·trix** [-trɪks] *s.* ⚖ Testa'ments-voll₁streckerin *f*.

ex·e·ge·sis [₁eksɪ'dʒi:sɪs] *s.* Exe'gese *f*, (Bibel-)Auslegung *f*; **ex·e·gete** ['eksɪ-dʒi:t] *s.* Exe'get *m*; **₁ex·e'get·ic** [-'dʒetɪk] **I** *adj.* ☐ exe'getisch, auslegend; **II** *s. pl. sg. konstr.* Exe'getik *f*.

ex·em·plar [ɪg'zemplə] *s.* **1.** Muster(beispiel) *n*, Vorbild *n*; **2.** typisches Beispiel; **3.** *typ.* (Druck)Vorlage *f*; **ex·em·pla·ry** [-ərɪ] *adj.* ☐ **1.** exem'plarisch: a) beispiel-, musterhaft, b) warnend, abschreckend, dra'konisch (*Strafe etc.*); **2.** typisch, Muster...

ex·em·pli·fi·ca·tion [ɪg₁zemplɪfɪ'keɪʃn] *s.* **1.** Erläuterung *f* durch Beispiele; Veranschaulichung *f*; **2.** Beleg *m*, Beispiel *n*, Muster *n*; **3.** ⚖ beglaubigte Abschrift, Ausfertigung *f*; **ex·em·pli·fy** [ɪg'zemplɪfaɪ] *v/t.* **1.** veranschaulichen: a) durch Beispiele erläutern, b) als Beispiel dienen für; **2.** ⚖ e-e beglaubigte Abschrift machen von.

ex·empt [ɪg'zempt] **I** *v/t.* **1.** *j-n* befreien, ausnehmen (*from* von *Steuern, Verpflichtungen etc.*): ~*ed amount* ✞ (Steuer)Freibetrag *m*; **2.** ⚔ (*vom Wehrdienst*) freistellen; **II** *adj.* befreit, ausgenommen, frei (*from* von): ~ *from taxes* steuerfrei; **ex·emp·tion** [-pʃn] *s.* **1.** Befreiung *f*, Freisein *n* (*from* von): ~ *from taxes* Steuerfreiheit *f*, ~ *from liability* ⚖ Haftungsausschluß *m*; **2.** ⚔ Freistellung *f* (*vom Wehrdienst*); **3.** *pl.* ⚖ unpfändbare Gegenstände *pl. od.* Beträge *pl.*; **4.** Sonderstellung *f*, Vorrechte *pl.*

ex·er·cise ['eksəsaɪz] **I** *s.* **1.** Ausübung *f* (*e-s Amtes, der Pflicht, e-r Kunst, e-s Rechts, der Macht etc.*), Gebrauch *m*, Anwendung *f*; **2.** *oft pl.* (*körperliche od. geistige*) Übung, (*körperliche*) Bewegung, *sport* (Turn)Übung *f*: *do* *one's* ~s Gymnastik machen; *take* ~ sich Bewegung machen; ~ *therapy* Bewegungstherapie *f*; *physical* ~ Leibesübungen *pl.*; (*military*) ~ a) Exerzieren *n*, b) Manöver *n*; (*religious*) ~ Gottesdienst *m*, Andacht *f*; **3.** Übungsarbeit *f*, Schulaufgabe *f*; **~-book** Schul-, Schreibheft *n*; **4.** ♪ Übung(sstück *n*) *f*; **5.** *pl. Am.* Feier(lichkeiten *pl.*) *f*; **II** *v/t.* **6.** *ein Amt, ein Recht, Macht, Einfluß* ausüben, *Einfluß, Recht, Macht* geltend machen, *et.* anwenden; *Geduld* üben; **7.** *Körper, Geist* üben, trainieren; **8.** *j-n* üben, ausbilden; **9.** *s-e Glieder, Tiere* bewegen; **10.** *j-n, j-s Geist* stark beschäftigen, plagen, beunruhigen: *be* ~d beunruhigt sein (*about* über *acc.*); **III** *v/i.* **11.** sich Bewegung machen; **12.** *sport* trainieren; **13.** ✕ exerzieren.

ex·ert [ɪgˈzɜːt] *v/t.* gebrauchen, anwenden; *Druck, Einfluß etc.* ausüben (*on* auf *acc.*); *Autorität* geltend machen: ~ *o.s.* sich anstrengen; **exˈer·tion** [-ɜːʃn] *s.* **1.** Anwendung *f*, Ausübung *f*; **2.** Anstrengung *f*: a) Straˈpaze *f*, b) Bemühung *f*.

ex·e·unt [ˈeksɪʌnt] (*Lat.*) *thea.* (sie gehen) ab: ~ *omnes* alle ab.

ex·fo·li·ate [eksˈfəʊlɪeɪt] *v/i. mst* ⚹ abblättern, sich abschälen; **ex·fo·li·aˈtion** [eksˌfəʊliˈeɪʃn] *s.* Abblätterung *f*.

ex·ha·la·tion [ˌekshəˈleɪʃn] *s.* **1.** Ausatmen *n*; **2.** Verströmen *n*; **3.** a) Gas *n*, b) Rauch *m*, c) Geruch *m*, Ausdünstung *f*; **ex·hale** [eksˈheɪl] **I** *v/t.* **1.** ausatmen; **2.** *Gas, Geruch etc.* verströmen, *Rauch* ausstoßen; **II** *v/i.* **3.** ausströmen; **4.** ausatmen.

ex·haust [ɪgˈzɔːst] **I** *v/t.* **1.** *mst* ⚙ a) (ent)leeren, b) luftleer pumpen, c) *Luft, Wasser etc.* her'auspumpen, *Gas* auspuffen, d) absaugen; **2.** *allg.* erschöpfen: a) *Boden* ausmergeln, b) *Bergwerk etc.* völlig abbauen, c) *Vorräte ver-*, aufbrauchen, d) *j-n* ermüden, entkräften, e) *j-s Kräfte* strapazieren; **3.** *Thema* erschöpfend behandeln; *alle Möglichkeiten* ausschöpfen; **II** *v/i.* **4.** ausströmen; **5.** sich entleeren. **⚙** a) Dampfaustritt *m*, b) *a.* ~ *gas* Abgas *n*, c) Auspuffgase *pl.*; **7.** *mot.* Auspuff *m*: ~ *box* Auspufftopf *m*; ~ *brake* Motorbremse *f*; ~ *fumes* Abgase; **8.** → exhauster; **ex·haust·ed** [-tɪd] *adj.* **1.** aufgebraucht, zu Ende, erschöpft (*Vorräte*), vergriffen (*Auflage*), abgelaufen (*Frist, Versicherung*); **2.** *fig.* erschöpft, ermattet; **exˈhaust·er** [-tə] *s.* ⚙ (Ent-)Lüfter *m*, Absaugevorrichtung *f*, Exˈhaustor *m*; **exˈhaust·ing** [-tɪŋ] *adj.* ermüdend, anstrengend, strapaziˈös; **exˈhaus·tion** [-tʃn] *s.* **1.** ⚙ a) (Ent-)Leerung *f*, b) Herˈauspumpen *n*, c) Absaugung *f*; **2.** Ausströmen *n* (*von Dampf etc.*); **3.** Erschöpfung *f* (*völliger*) Verbrauch; **4.** *fig.* Erschöpfung *f*, Ermüdung *f*, Entkräftung *f*; **5.** ⚖ Approximatiˈon *f* (*von Flächen etc.*) □ **1.** *fig.* erschöpfend; **2.** → exhausting.

exˈhaust **pipe** *s.* ⚙ Auspuffrohr *n*; ~ **pol·lu·tion** *s.* Luftverschmutzung *f* durch Abgase; ~ **steam** *s.* ⚙ Abdampf *m*; ~ **stroke** *s.* ⚙ Auspuffhub *m*; ~ **valve** *s.* ⚙ ˈAuslaßvenˌtil *n*.

ex·hib·it [ɪgˈzɪbɪt] **I** *v/t.* **1.** ausstellen, zur Schau stellen: ~ *goods*; **2.** *fig.* zeigen, an den Tag legen, entfalten; **3.** ☆ vor-

legen; **II** *v/i.* **4.** ausstellen; **III** *s.* **5.** Ausstellungstück *n*, Expoˈnat *n*; **6.** ☆ a) Eingabe *f*, b) Beweisstück *n*, Beleg *m*, c) Anlage *f zu e-m Schriftsatz.*

ex·hi·bi·tion [ˌeksɪˈbɪʃn] *s.* **1.** a) Ausstellung *f*, Schau *f*: *be on* ~ ausgestellt sein, zu sehen sein, b) Vorführung *f*: ~ *contest sport* Schaukampf *m*; *make an* ~ *of o.s.* sich lächerlich *od.* zum Gespött machen, ˈauffallen; **2.** *fig.* Zurˈschaustellung *f*, Bekundung *f*; **3.** ☆ Vorlage *f*, Beibringung *f* (*von Beweisen etc.*); **4.** *Brit. univ.* Stiˈpendium *n*; **ex·hiˈbi·tion·er** [-ʃnə] *s. Brit. univ.* Stipendiˈat *m*; **ex·hiˈbi·tion·ism** [-ˈʃnɪzəm] *s. psych. u. fig.* Exhibitioˈnismus *m*; **ex·hiˈbi·tion·ist** [-ˈʃnɪst] *psych. u. fig.* **I** *s.* Exhibitioˈnist *m*; **II** *adj.* exhibitioˈnistisch; **ex·hibˈi·tor** [ɪgˈzɪbɪtə] *s.* **1.** Aussteller *m*; **2.** Kinobesitzer *m*.

ex·hil·a·rant [ɪgˈzɪlərənt] → **exhilarating**; **ex·hil·a·rate** [ɪgˈzɪləreɪt] *v/t.* **1.** erheitern; **2.** beleben, erfrischen; **exˈhil·a·rat·ed** [-tɪd] *adj.* erheitert, heiter, amüsiert; **exˈhil·a·rat·ing** [-tɪŋ] *adj.* □ erheiternd, erfrischend, amüˈsant; **ex·hil·a·raˈtion** [ɪgˌzɪləˈreɪʃn] *s.* **1.** Erheiterung *f*; **2.** Heiterkeit *f.*

ex·hort [ɪgˈzɔːt] *v/t.* ermahnen; **ex·hor·ta·tion** [ˌegzɔːˈteɪʃn] *s.* Ermahnung *f.*

ex·hu·ma·tion [ˌekshjuːˈmeɪʃn] *s.* Exhumierung *f*; **ex·hume** [eksˈhjuːm] *v/t.* **1.** *Leiche* exhumieren; **2.** *fig.* ausgraben.

ex·i·gence [ˈeksɪdʒəns], **ex·i·gen·cy** [-dʒənsɪ; ɪgˈzɪ-] *s.* **1.** Dringlichkeit *f*; **2.** Not(lage) *f*; **3.** *mst pl.* (An)Forderung *f*; **exˈi·gent** [-nt] *adj.* **1.** dringend, kritisch; **2.** anspruchsvoll.

ex·i·gu·i·ty [ˌeksɪˈgjuːətɪ] *s.* Dürftigkeit *f*; **ex·ig·u·ous** [egˈzɪgjʊəs] *adj.* dürftig.

ex·ile [ˈeksaɪl] **I** *s.* **1.** a) Ex'il *n*, b) Verbannung *f*: *government in* ~ Exilregierung *f*; *the* ☆ *bibl.* die Babylonische Gefangenschaft; **2.** a) im Ex'il Lebende(r *m*) *f*, b) Verbannte(r *m*) *f*; **II** *v/t.* **3.** a) exilieren, b) verbannen (*from* aus), in die Verbannung schicken.

ex·ist [ɪgˈzɪst] *v/i.* **1.** existieren, vor'handen sein, dasein: *do such things* ~? gibt es so etwas?; *right to* ~ Existenzberechtigung *f*; **2.** sich finden, vorkommen (*in* in *dat.*); **3.** (*on*) existieren, leben (von); **exˈist·ence** [-təns] *s.* **1.** Exiˈstenz *f*, Vorˈhandenscin *n*, Vorkommen *n*: *call into* ~ ins Leben rufen; *be in* ~ bestehen, existieren; *remain in* ~ weiterbestehen; **2.** Exiˈstenz *f*, Leben *n*, Dasein *n*: *a wretched* ~ ein kümmerliches Dasein; **3.** Exiˈstenz *f*, (Fort-)Bestand *m*; **exˈist·ent** [-tənt] *adj.* **1.** existierend, bestehend, vorˈhanden, lebend; **2.** gegenwärtig.

ex·is·ten·tial [ˌegzɪˈstenʃl] *adj.* **1.** Existenz...; **2.** *phls.* Existential...; **ex·isˈten·tial·ism** [-ʃəlɪzəm] *s.* Existentiaˈlismus *m*, Exiˈstenzphiloˌsophie *f*; **ex·isˈten·tial·ist** [-ʃəlɪst] *s.* Existentiaˈlist (-in).

ex·ist·ing [ɪgˈzɪstɪŋ] → **existent**.

ex·it [ˈeksɪt] **I** *s.* **1.** Abgang *m*: a) *thea.* Abtreten *n* (*von der Bühne*), b) *fig.* Tod *m*: *make one's* ~ → 6a, 7; **2.** (a. Not)Ausgang *m*; **3.** ⚙ Abzug *m*, -fluß *m*, Austritt *m*; **4.** Ausreise *f*: ~ *permit* Ausreisegenehmigung *f*; ~ *visa* Ausreisevisum *n*; **5.** (Autobahn)Ausfahrt *f*; **II** *v/i.* **6.** *thea.* a) abgehen, abtreten, b)

Bühnenanweisung: (*er, sie* geht) ab: ☒ *Romeo*; **7.** *fig.* sterben.

ex li·bris [eksˈlaɪbrɪs] (*Lat.*) *s.* Exˈlibris *n*, Bücherzeichen *n*.

ex·o·bi·ol·o·gy [ˌeksəʊ-] *s.* Exo-, Ektobioloˈgie *f.*

ex·o·carp [ˈeksəʊkɑːp] *s.* ♀ Exoˈkarp *n*, äußere Fruchthaut.

ex·o·crine [ˈeksəʊkraɪn] *physiol.* **I** *adj.* **1.** exoˈkrin; **II** *s.* **2.** äußere Sekretiˈon; **3.** exoˈkrine Drüse.

ex·o·don·ti·a [ˌeksəʊˈdɒnʃɪə] *s.*, **ex·oˈdon·tics** [-ntɪks] *s. pl. sg. konstr.* ˈZahnchirurˌgie *f.*

ex·o·dus [ˈeksədəs] *s.* **1.** a) *bibl. u. fig.* Auszug *m*, b) ☒ *bibl.* Exodus *m*, Zweites Buch Mose; **2.** *fig.* Ab-, Auswanderung *f*, Massenflucht *f*; Aufbruch *m*: ~ *of capital* † Kapitalabwanderung; *rural* ~ Landflucht.

ex of·fi·ci·o [ˌeksəˈfɪʃɪəʊ] (*Lat.*) **I** *adv.* von Amts wegen; **II** *adj.* Amts..., amtlich.

ex·on·er·ate [ɪgˈzɒnəreɪt] *v/t.* **1.** *Angeklagten etc.*, *a. Schuldner* entlasten (*from* von); **2.** *j-n* befreien, entbinden (*from* von); **ex·on·er·a·tion** [ɪgˌzɒnəˈreɪʃn] *s.* **1.** Entlastung *f*; **2.** Befreiung *f.*

ex·or·bi·tance [ɪgˈzɔːbɪtəns] *s.* Maßlosigkeit *f*; **exˈor·bi·tant** [-nt] *adj.* □ maßlos, überˈtrieben, unverschämt: ~ *price* Wucherpreis *m.*

ex·or·cism [ˈeksɔːsɪzəm] *s.* Exorˈzismus *m*, Teufelsaustreibung *f*, Geisterbeschwörung *f*; **ˈex·or·cist** [-ɪst] *s.* Exorˈzist *m*, Teufelsaustreiber *m*, Geisterbeschwörer *m*; **ˈex·or·cize** [-saɪz] *v/t. Teufel* austreiben, *Geister* beschwören, bannen.

ex·or·di·um [ekˈsɔːdjəm] *s.* Einleitung *f*, Anfang *m* (*e-r Rede*).

ex·o·ter·ic [ˌeksəʊˈterɪk] *adj.* (□ *~ally*) exoˈterisch, für Außenstehende bestimmt, gemeinverständlich.

ex·ot·ic [ɪgˈzɒtɪk] *adj.* (□ *~ally*) exˈotisch: a) aus-, fremdländisch, b) fremdartig, biˈzarr; **exˈot·i·ca** [-kə] *s. pl.* Eˈxotika *pl.* (*fremdländische Kunstwerke*).

ex·pand [ɪkˈspænd] **I** *v/t.* **1.** ausbreiten, -spannen, entfalten; **2.** ♣, *phys. u. fig.* ausdehnen, -weiten, erweitern: *~ed metal* Streckmeˈtall *n*; *~ed plastics* Schaumkunststoffe; *~ed program(me)* erweitertes Programm; **3.** Abkürzung ausschreiben; **II** *v/i.* **4.** sich ausdehnen *od.* -dehnen; sich erweitern (*a. fig.*): *his heart ~ed with joy* sein Herz schwoll vor Freude; **5.** *fig.* sich entwickeln, aufblühen (*into* zu); größer werden; **6.** *fig.* a) *vor Stolz, Freude etc.* ˌaufblühen‚, b) aus sich herˈausgehen; **exˈpand·er** [-də] *s. sport* Exˈpander *m*; **exˈpand·ing** [-dɪŋ] *adj.* sich (aus)dehnend, dehnbar; **exˈpanse** [-ns] *s.* weiter Raum, weite Fläche, Weite *f*, Ausdehnung *f*; *orn.* Spannweite *f*; **exˈpan·sion** [-nʃn] *s.* **1.** Ausbreitung *f*, Erweiterung *f*, Zunahme *f*; († Industrie-, Produktions-, *a.* Kredit)Ausweitung *f*; *pol.* Expansiˈon *f*: ~ *ego* → *psych.* gesteigertes Selbstgefühl; **2.** *a.* ⚙, *phys.* (Aus)Dehnung *f*, Expansiˈon *f*: ~ *engine* Expansionsmaschine *f*; ~ *stroke mot.* Arbeitstakt *m*, Expansionshub *m*; **3.** ˈUmfang *m*, Raum *m*, Weite *f*;

ex·pan·sion·ism [-nʃənɪzəm] s. Expansi'onspoli‚tik f; **ex'pan·sion·ist** [-nʃənɪst] I s. Anhänger(in) der Expansi'onspoli‚tik; II adj. Expansions...; **ex-'pan·sive** [-nsɪv] adj. □ **1.** ausdehnungsfähig, ausdehnend, (Aus)Dehnungs...; **2.** ausgedehnt, weit, um'fassend; **3.** fig. mitteilsam, aufgeschlossen; **4.** fig. 'überschwenglich; **ex'pan·sive·ness** [-nsɪvnɪs] s. **1.** Ausdehnungsvermögen n; **2.** fig. a) Mitteilsamkeit f, Aufgeschlossenheit f, b) 'Überschwenglichkeit f.

ex par·te [‚eks'pɑːtɪ] (Lat.) adj. u. adv. ⅟⅟ einseitig (Prozeßhandlung).

ex·pa·ti·ate [ek'speɪʃɪeɪt] v/i. sich weitläufig auslassen od. verbreiten (on über acc.); **ex·pa·ti·a·tion** [ek‚speɪʃɪ'eɪʃn] s. weitläufige Erörterung, Erguß m, ‚Salm‘ m.

ex·pa·tri·ate I v/t. [eks'pætrɪeɪt] **1.** ausbürgern, expatriieren, j-m die Staatsangehörigkeit aberkennen: ~ o.s. auswandern, s-e Staatsangehörigkeit aufgeben; II adj. [-ɪət] **2.** verbannt, ausgebürgert; **3.** ständig im Ausland lebend; III s. [-ɪət] **4.** Ausgebürgerte(r m) f; **5.** (freiwillig) im Ex'il od. ständig im Ausland Lebende(r m) f; **ex·pa·tri·a·tion** [eks‚pætrɪ'eɪʃn] s. **1.** Ausbürgerung f; Aberkennung f der Staatsangehörigkeit; **2.** Auswanderung f; **3.** Aufgabe f s-r Staatsangehörigkeit.

ex·pect [ɪk'spekt] v/t. **1.** j-n erwarten: I ~ him to dinner ich erwarte ihn zum Essen; **2.** et. erwarten od. vor'hersehen; entgegensehen (dat.): I did not ~ that question auf diese Frage war ich nicht gefaßt od. vorbereitet; **3.** erwarten, hoffen, rechnen auf (acc.): I ~ you to come ich erwarte, daß du kommst; ~ (that) he will come ich erwarte, daß er kommt; **4.** et. von j-m erwarten, verlangen: you ~ too much from him; **5.** F annehmen, denken, vermuten: that is hardly to be ~ed das ist kaum anzunehmen; I ~ so ich denke ja (od. schon); **ex'pect·ance** [-təns], **ex'pect·an·cy** [-tənsɪ] s. (of) **1.** Erwartung f (gen.); Hoffnung f, Aussicht f (auf acc.); **2.** ⅟, ⅟⅟ Anwartschaft f (auf acc.); **ex'pect·ant** [-tənt] I adj. □ **1.** erwartend: be ~ of et. erwarten; ~ heir a) ⅟⅟ Erb(schafts)anwärter(in), b) Thronanwärter m; **2.** erwartungsvoll; **3.** zu erwarten(d); **4.** schwanger: ~ mother werdende Mutter, Schwangere f; II s. **5.** ⅟⅟ Anwärter(in) (of auf acc.); **ex·pec·ta·tion** [‚ekspek'teɪʃn] s. **1.** Erwartung f, Erwarten n: beyond (contrary to) ~ über (wider) Erwarten; according to ~ erwartungsgemäß; come up to ~ den Erwartungen entsprechen; **2.** Gegenstand m der Erwartung; **3.** oft pl. Hoffnung f, Aussicht f: ~ of life Lebenserwartung f; **ex'pect·ing** [-tɪŋ] adj.: she is ~ F sie ist in anderen Umständen.

ex·pec·to·rant [ek'spektərənt] adj. u. s. pharm. schleimlösend(es Mittel); **ex·pec·to·rate** [ek'spektəreɪt] I v/t. ausspucken, -husten; II v/i. a) (aus-) spucken, b) Blut spucken; **ex·pec·to·ra·tion** [ek‚spektə'reɪʃn] s. **1.** Auswerfen n, Aushusten n, -spucken n; **2.** Auswurf m.

ex·pe·di·ence [ɪk'spiːdjəns], **ex'pe-**

di·en·cy [-sɪ] s. **1.** Ratsamkeit f, Zweckmäßigkeit f; **2.** Nützlichkeit f, Zweckdienlichkeit f; **3.** Eigennutz m; **ex'pe·di·ent** [-nt] I adj. □ **1.** ratsam, angebracht; **2.** zweckmäßig, -dienlich, praktisch, nützlich, vorteilhaft; **3.** eigennützig; II s. **4.** (Hilfs)Mittel n, (Not)Behelf m.

ex·pe·dite ['ekspɪdaɪt] v/t. **1.** beschleunigen, fördern; **2.** schnell ausführen; **3.** befördern, expedieren.

ex·pe·di·tion [‚ekspɪ'dɪʃn] s. **1.** Eile f, Schnelligkeit f; **2.** (Forschungs)Reise f, Expediti'on f; **3.** ✗ Feldzug m; **‚ex·pe-'di·tion·ar·y** [-ʃnərɪ] adj. Expeditions...: ~ force Expeditionskorps n; **‚ex·pe'di·tious** [-ʃəs] adj. □ schnell, rasch, prompt.

ex·pel [ɪk'spel] v/t. (from) **1.** vertreiben, wegjagen (aus, von); **2.** ausstoßen, -schließen, hi'nauswerfen (aus); **3.** aus-, verweisen, verbannen (aus); **4.** Rauch etc. ausstoßen (aus); **ex·pel·lee** [‚ekspe'liː] s. (Heimat)Vertriebene(r m) f.

ex·pend [ɪk'spend] v/t. **1.** Geld ausgeben; **2.** Mühe, Zeit etc. ver-, aufwenden (on für); **3.** verbrauchen; **ex'pend·a·ble** [-dəbl] I adj. **1.** verbrauchbar, Verbrauchs...; **2.** entbehrlich; **3.** ✗ (im Notfall) zu opfern(d); II s. **4.** mst pl. entbehrliches; **5.** ✗ verlorener Haufen; **ex'pend·i·ture** [-dɪtʃə] s. **1.** Aufwand m, Verbrauch m (of an dat.); **2.** (Geld)Ausgabe(n pl.) f, (Kosten-)Aufwand m, Auslage(n pl.) f, Kosten pl.: cash ~ ⅟ Barauslagen.

ex·pense [ɪk'spens] s. **1.** → expenditure 2; **2.** pl. Unkosten pl., Spesen pl.: ~ account ⅟ Spesenkonto n; ~ allowance ⅟ Aufwandsentschädigung f Spesenvergütung f; travel(l)ing ~s Reisespesen; and all ~s paid und alle Unkosten od. Spesen (werden) vergütet; at an ~ mit e-m Aufwand von; at great ~ mit großen Kosten; at my ~ auf m-e Kosten, für m-e Rechnung; they laughed at my ~ fig. sie lachten auf m-e Kosten; at the ~ of his health auf Kosten s-r Gesundheit; go to great ~ sich in (große) (Un)Kosten stürzen; put s.o. to great ~ j-n in große (Un-) Kosten stürzen; spare no ~ keine Kosten scheuen; **ex'pen·sive** [-sɪv] adj. □ teuer, kostspielig, aufwendig.

ex·pe·ri·ence [ɪk'spɪərɪəns] I s. **1.** a) Erfahrung f, (Lebens)Praxis f, b) Erfahrenheit f, (praktische) Erfahrung, Praxis f, praktische Kenntnisse pl., Fach-Sachkenntnis f: by (od. from) ~ aus (eigener) Erfahrung; in my ~ nach m-n Erfahrungen, m-s Wissens; ~ in cooking Kochkenntnisse; business ~ Geschäftserfahrung, -routine f; driving ~ Fahrpraxis f; previous ~ Vorkenntnisse; **2.** Erlebnis n: I had a strange ~; **3.** Vorkommnis n, Geschehnis n; **4.** Am. eccl. religi'öse Erweckung; II v/t. **5.** erfahren: a) kennenlernen, b) erleben, c) erleiden, Schlimmes 'durchmachen, Vergnügen etc. empfinden: ~ kindness Freundlichkeit erfahren; ~ difficulties auf Schwierigkeiten stoßen; **ex'pe·ri·enced** [-st] adj. erfahren, routiniert, bewandert, (fach-, sach)kundig.

ex·pe·ri·en·tial·ism [ɪk‚spɪərɪ'enʃəlɪzəm] s. phls. Empi'rismus m.

ex·per·i·ment I s. [ɪk'sperɪmənt] Versuch m, Experi'ment n; II v/i. [-ment] experimentieren, Versuche anstellen (on, upon an dat.; with mit): ~ with s.th. a. et. erproben.

ex·per·i·men·tal [ek‚sperɪ'mentl] adj. □ **1.** phys. Versuchs..., experimen'tell, Experimental...: ~ animal Versuchstier n; ~ physics Experimentalphysik f; ~ station Versuchsanstalt f; **2.** experimentierfreudig; **3.** Erfahrungs...; **ex-‚per·i'men·tal·ist** [-təlɪst] s. Experimen'tator m; **ex‚per·i'men·tal·ly** [-təlɪ] adv. experimen'tell, versuchsweise; **ex-per·i·men·ta·tion** [ek‚sperɪmen'teɪʃn] s. Experimentieren n.

ex·pert ['ekspɜːt] I adj [pred. a. ɪk'spɜːt] □ **1.** erfahren, kundig; **2.** geschickt, gewandt (at, in in dat.); **3.** fachmännisch, fach-, sachkundig; Fach...(-ingenieur, -wissen etc.); **4.** Sachverständigen...: ~ opinion (Sachverständigen-) Gutachten n; ~ witness ⅟⅟ Sachverständige(r m) f; II s. **5.** a) Fachmann m, Ex'perte m, b) Sachverständige(r m) f, Gutachter(in) (at, in in dat.; on s.th. [auf dem Gebiet] e-r Sache; **ex·per·tise** [‚ekspɜː'tiːz] s. **1.** Exper'tise f, (Sachverständigen)Gutachten n; **2.** Sach-, Fachkenntnis f; **3.** (fachmännisches) Können; **'ex·pert·ness** [-nɪs] s. **1.** Erfahrenheit f; **2.** Geschicklichkeit f.

ex·pi·a·ble ['ekspɪəbl] adj. sühnbar; **ex-pi·ate** [-ɪeɪt] v/t. sühnen, wieder'gutmachen, (ab)büßen; **ex·pi·a·tion** [‚ekspɪ'eɪʃn] s. Sühne f, Buße f: in ~ of s.th. um et. zu sühnen, als Sühne für et.; **'ex·pi·a·to·ry** [-ɪətərɪ] adj. sühnend, Sühn(e)..., Buß...: be ~ of et. sühnen.

ex·pi·ra·tion [‚ekspɪ'reɪʃn] s. **1.** Ausatmen n; **2.** fig. Ablauf m (e-r Frist, e-s Vertrags), Ende n; **3.** ⅟ a) Fälligwerden n, b) Verfall m (e-s Wechsels): ~ date Verfallsdatum n; **ex·pi·ra·to·ry** [ɪk'spaɪərətərɪ] adj. Ausatmungs...

ex·pire [ɪk'spaɪə] v/i. **1.** ausatmen, -hauchen (a. v/t.); **2.** sein Leben aushauchen, verscheiden; **3.** ablaufen (Frist, Vertrag etc.), erlöschen (Patent, Recht etc.), enden, ungültig werden, verfallen; **4.** ⅟ fällig werden; **ex'pired** [-əd] adj. ungültig, verfallen, erloschen; **ex·'pi·ry** [-ərɪ] → expiration 2, 3.

ex·plain [ɪk'spleɪn] I v/t. **1.** erklären, erläutern, ausein'andersetzen (s.th. to s.o. j-m et.): ~ s.th. away a) sich aus et. herausreden, b) e-e einleuchtende Erklärung für et. finden; **2.** erklären, begründen, rechtfertigen: ~ o.s. a) sich erklären, b) sich rechtfertigen; II v/i. **3.** es erklären: you have got a little ~ing to do da müßtest du (mir, uns) schon einiges erklären; **ex'plain·a·ble** [-nəbl] adj. ~ explicable; **ex·pla·na·tion** [‚eksplə'neɪʃn] s. **1.** Erklärung f, Erläuterung f (for, of für): in ~ of als Erklärung für; make some ~ e-e Erklärung abgeben; **2.** Er-, Aufklärung f, Verständigung f; **ex·plan·a·to·ry** [ɪk'splænətərɪ] adj. □ erklärend, erläuternd.

ex·ple·tive [ek'spliːtɪv] I adj. **1.** ausfüllend, (Aus)Füll...; II s. **2.** ling. Füllwort n; **3.** Füllsel n, Lückenbüßer m; **4.** a) Fluch m, b) Kraftausdruck m.

ex·pli·ca·ble [ɪk'splɪkəbl] adj. erklärbar, erklärlich; **ex·pli·cate** ['eksplɪkeɪt] v/t.

1. explizieren, erklären; **2.** *Theorie etc.* entwickeln; **ex·pli·ca·tion** [ˌeksplɪ'keɪʃn] *s.* **1.** Erklärung *f,* Erläuterung *f;* **2.** Entwicklung *f.*

ex·plic·it [ɪk'splɪsɪt] *adj.* □ **1.** deutlich, klar, ausdrücklich; **2.** offen, deutlich (*Person*) (*on* in bezug auf *acc.*); **3.** ⅋ expli'zit.

ex·plode [ɪk'spləʊd] **I** *v/t.* **1.** a) zur Explosi'on bringen, explodieren lassen, b) (in die Luft) sprengen; **2.** *fig.* a) *Plan etc.* über den Haufen werfen, zum Platzen bringen, zu'nichte machen: ∼ *a myth* e-e Illusion zerstören, b) *Theorie etc.* wider'legen, *e-m Gerücht etc.* den Boden entziehen; **II** *v/i.* **3.** a) explodieren, ✕ *a.* krepieren (*Granate etc.*), b) in die Luft fliegen; **4.** *fig.* ausbrechen (*into, with* in *acc.*), ,platzen' (*with* vor *dat.*): ∼ *with fury* vor Wut platzen, ,explodieren'; ∼ *with laughter* in schallendes Gelächter ausbrechen; **5.** *fig.* sprunghaft ansteigen, sich explosi'onsartig vermehren; **ex'plod·ed view** [-dɪd] *s.* ⊕ Darstellung *f* e-r Maschine *etc.* in zerlegter Anordnung.

ex·ploit I *v/t.* [ɪk'splɔɪt] **1.** *et.* auswerten; *kommerziell* verwerten; ✕ *etc.* ausbeuten, abbauen; **2.** *fig. b.s. et. od. j-n* ausbeuten, -nutzen; *et.* ausschlachten, Kapi'tal schlagen aus; **II** *s.* ['eksplɔɪt] **3.** (Helden)Tat *f,* **4.** Großtat *f,* große Leistung; **ex·ploi·ta·tion** [ˌeksplɔɪ'teɪʃn] *s.* ☨ (*Patent- etc.*)Verwertung *f;* ⊕ Ausnutzung *f,* -beutung *f* (*beide a. fig. b.s.*); ✕ Abbau *m,* Gewinnung *f;* **ex'ploi·ter** [-tə] *s.* Ausbeuter *m* (*a. fig.*).

ex·plo·ra·tion [ˌeksplə'reɪʃn] *s.* **1.** Erforschung *f* (*e-s Landes*); **2.** Unter'suchung *f.*

ex·plor·a·tive [ek'splɔrətɪv], **ex'plor·a·to·ry** [-tərɪ] *adj.* **1.** (er)forschend, Forschungs...; **2.** Erkundungs..., untersuchend, sondierend; ⊕ *etc.* Versuchs..., Probe...: ∼ *drilling*; ∼ *talks* Sondierungsgespräche; **ex·plore** [ɪk'splɔː] *v/t.* **1.** *Land* erforschen; **2.** erforschen, erkunden, unter'suchen (*a.* ⚮); sondieren; **ex'plor·er** [ɪk'splɔːrə] *s.* Forscher *m,* Forschungsreisende(r *m*) *f.*

ex·plo·sion [ɪk'spləʊʒn] *s.* **1.** a) Explosi'on *f* (*a. ling.*), Entladung *f,* b) Knall *m,* Detonati'on *f;* **2.** *fig.:* *population* ∼, **3.** *fig.* Zerstörung *f,* Widerlegung *f;* **4.** *fig.* (*Wut- etc.*)Ausbruch *m.*

ex·plo·sive [ɪk'spləʊsɪv] **I** *adj.* □ **1.** explo'siv, Knall..., Spreng..., Explosions...; **2.** *fig.* jähzornig, aufbrausend; **II** *s.* **3.** Explo'siv-, Sprengstoff *m;* **4.** *ling.* →*plosive* II; ∼ *charge s.* Sprengladung *f;* ∼ *cot·ton s.* Schießbaumwolle *f;* ∼ *flame s.* Stichflamme *f;* ∼ *force s.* Sprengkraft *f.*

ex·po·nent [ek'spəʊnənt] *s.* **1.** ⅋ Expo'nent *m,* Hochzahl *f;* **2.** *fig.* Expo'nent (-in): a) Repräsen'tant(in), Vertreter (-in), b) Verfechter(in); **3.** Inter'pret (-in); **ex·po·nen·tial** [ˌekspəʊ'nenʃl] ⅋ **I** *adj.* Exponential...; **II** *s.* Exponenti'algröße *f.*

ex·port I *v/t. u. v/i.* [ek'spɔːt] **1.** exportieren, ausführen; **II** *s.* ['ekspɔːt] **2.** Ex'port *m,* Ausfuhr(handel *m*) *f;* **3.** Ex'port-, 'Ausfuhrar,tikel *m;* **4.** *pl.* a) (Ge'samt)Ex,port *m,* (-)Ausfuhr *f,* b) Ex'portgüter *pl.;* **III** *adj.* ['ekspɔːt]

Ausfuhr..., Export...: ∼ *duty* Ausfuhrzoll *m;* ∼ *license,* ∼ *permit* Ausfuhrgenehmigung *f;* ∼ *trade* Export-, Ausfuhr-, Außenhandel *m;* **ex'port·a·ble** [-təbl] *adj.* ex'portfähig, zur Ausfuhr geeignet; **ex·por·ta·tion** [ˌekspɔː'teɪʃn] *s.* Ausfuhr *f,* Ex'port *m;* **ex'port·er** [-tə] *s.* Expor'teur *m.*

ex·pose [ɪk'spəʊz] **I** *v/t.* **1.** *Kind* aussetzen; **2.** *Waren* ausstellen (*for sale* zum Verkauf); **3.** *fig.* e-r Gefahr, e-m Übel aussetzen, preisgeben: ∼ *o.s.* sich exponieren; ∼ *o.s. to ridicule* sich lächerlich machen; **4.** *fig. a) (o.s.* sich) bloßstellen, b) *j-n* entlarven, c) *et.* aufdecken, enthüllen; **5.** *et.* darlegen, ausein'andersetzen; **6.** entblößen (*a.* ✕), enthüllen, zeigen; **7.** *phot.* belichten; **II** *s.* **8.** *Am.* → *exposé* 2.

ex·po·sé [ek'spəʊzeɪ] (*Fr.*) *s.* **1.** Expo'sé *n,* Darlegung *f;* **2.** Enthüllung *f,* Entlarvung *f.*

ex·posed [ɪk'spəʊzd] *adj.* **1.** *pred.* ausgesetzt (*to dat.*); **2.** unverdeckt, offen (-liegend); **3.** ungeschützt, exponiert; **4.** *phot.* belichtet.

ex·po·si·tion [ˌekspəʊ'zɪʃn] *s.* **1.** Ausstellung *f,* Schau *f;* **2.** Darlegung(en *pl.*) *f,* Ausführung(en *pl.*) *f;* **3.** *thea. u.* ♪ Expositi'on *f;* **ex·pos·i·tor** [ek'spɒzɪtə] *s.* Erklärer *m;* **ex·pos·i·to·ry** [ek'spɒzɪtərɪ] *adj.* erklärend.

ex·pos·tu·late [ɪk'spɒstjʊleɪt] *v/i.* **1.** protestieren; **2.** ∼ *with j-m* ernste Vorhaltungen machen, *j-n* zu'rechtweisen; **ex·pos·tu·la·tion** [ɪkˌspɒstjʊ'leɪʃn] *s.* **1.** Pro'test *m;* **2.** ernste Vorhaltung, Verweis *m.*

ex·po·sure [ɪk'spəʊʒə] *s.* **1.** (Kindes-) Aussetzung *f;* **2.** Aussetzen *n,* Preisgabe *f;* **3.** Ausgesetztsein *n,* Preisgegebensein *n* (*to dat.*): *death from* ∼ Tod *m* durch Erfrieren *od.* vor Entkräftung *etc.;* **4.** Entblößung *f:* *indecent* ∼ unsittliche (Selbst)Entblößung; **5.** *fig.* a) Bloßstellung *f,* b) Entlarvung *f,* c) Enthüllung *f,* Aufdeckung *f;* **6.** *phot.* Belichtung *f:* ∼ *meter* Belichtungsmesser *m;* ∼ *time* ∼ Zeitaufnahme *f;* ∼ *value* Lichtwert *m* (*e-s Films*); **7.** Lage *f* (*e-s Gebäudes*): *southern* ∼ Südlage.

ex·pound [ɪk'spaʊnd] *v/t.* **1.** erklären, erläutern; *Theorie* entwickeln; **2.** auslegen.

ex·press [ɪk'spres] **I** *v/t.* **1.** *obs.* Saft auspressen, ausdrücken; **2.** *fig.* ausdrücken, äußern, zum Ausdruck bringen: ∼ *o.s.* sich äußern, sich erklären; *be* ∼*ed* zum Ausdruck kommen; **3.** bezeichnen, bedeuten, darstellen; **4.** *Gefühle etc.* offen'baren, zeigen, bekunden; **5.** a) *Brit.* durch Eilboten *od.* als Eilgut schicken, b) *bsd. Am.* durch ein ('Schnell)Trans,porter,nehmen befördern lassen; **II** *adj.* □ → *expressly,* **6.** ausdrücklich, bestimmt, deutlich, eindeutig; **7.** besonder: *for the* ∼ *purpose* eigens zu dem Zweck; **8.** Ex'preß..., Schnell..., Eil...; **III** *adv.* **9.** → *expressly,* **10.** *Brit.* durch Eilboten, per Ex'preß, als Eilgut; **IV** *s.* **11.** *Brit.* a) Eilbote *m,* b) Eilbeförderung *f* (*a.* Eilbrief *m,* -gut *n*); **12.** 🚊 D-Zug *m;* **13.** *Am.* → *express company;* **ex'press·age** [-sɪdʒ] *s. Am.* **1.** Beförderung *f* durch ein ('Schnell)Trans,porter,unter,nehmen; **2.** Eilfracht(gebühr) *f.*

ex·press| com·pa·ny *s. Am.* ('Schnell-) Trans,porter,unter,nehmen *n;* ∼ **de·liv·er·y** *s.* a) *Brit.* Eilzustellung *f,* b) → *expressage* 1; ∼ **goods** *s. pl.* Eilfracht *f,* -gut *n.*

ex·pres·sion [ɪk'spreʃn] *s.* **1.** Ausdruck *m,* Äußerung *f:* *find* ∼ *in* sich äußern in (*dat.*); *give* ∼ *to* Ausdruck verleihen (*dat.*); *beyond* ∼ unsagbar; **2.** Redensart *f,* Ausdruck *m;* **3.** Ausdrucksweise *f,* Dikti'on *f;* **4.** Ausdruck(skraft *f*) *m:* *with* ∼ mit Gefühl, ausdrucksvoll; **5.** (Gesichts)Ausdruck *m;* **6.** ⅋ Ausdruck *m,* Formel *f;* **ex'pres·sion·ism** [-ʃnɪzəm] *s.* Expressio'nismus *m;* **ex'pres·sion·ist** [-ʃnɪst] **I** *s.* Expressio'nist(in); **II** *adj.* expressio'nistisch; **ex'pres·sion·less** [-lɪs] *adj.* ausdruckslos.

ex·pres·sive [ɪk'spresɪv] *adj.* □ **1.** ausdrückend (*of acc.*): *be* ∼ *of et.* ausdrükken; **2.** ausdrucksvoll; **3.** Ausdrucks...; **ex'pres·sive·ness** [-nɪs] *s.* **1.** Ausdruckskraft *f;* **2.** *das* Ausdrucksvolle; **ex'press·ly** [-slɪ] *adv.* **1.** ausdrücklich; **2.** eigens, besonders.

ex'press|·man [-mæn] *s.* [*irr.*] *Am.* Angestellte(r) *m* e-s ('Schnell)Trans,porter,unter,nehmens; ∼ *train s.* D-Zug *m;* ∼·*way s. bsd. Am.* Schnellstraße *f.*

ex·pro·pri·ate [eks'prəʊprɪeɪt] *v/t.* ☞ *j-n od. et.* enteignen; **ex·pro·pri·a·tion** [eksˌprəʊprɪ'eɪʃn] *s.* ☞ Enteignung *f.*

ex·pul·sion [ɪk'spʌlʃn] *s.* (*from*) **1.** Vertreibung *f* (aus); **2.** *pol.* Ausweisung *f,* Verbannung *f,* Abschiebung *f* (aus); **3.** Ausstoßung *f* (aus), Ausschließung (aus, von): ∼ *from school;* **4.** 🗲 Austreibung *f;* **ex'pul·sive** [-lsɪv] *adj.* aus-, vertreibend.

ex·punge [ek'spʌndʒ] *v/t.* **1.** (aus)streichen; *a. fig.* löschen (*from* aus); **2.** *fig.* ausmerzen, vernichten.

ex·pur·gate ['ekspɜːgeɪt] *v/t. Buch etc.* (von anstößigen Stellen) reinigen; ∼*d version* gereinigte Version; **ex·pur·gation** [ˌekspɜː'geɪʃn] *s.* Reinigung *f.*

ex·qui·site ['ekskwɪzɪt] *adj.* □ **1.** köstlich, (aus)erlesen, vor'züglich, ausgezeichnet, exqui'sit; **2.** gepflegt, fein: ∼ *taste;* **3.** äußerst fein: *an* ∼ *ear,* **4.** äußerst, höchst; **5.** heftig: ∼ *pain;* ∼ *pleasure* großes Vergnügen.

ex·serv·ice·man [eks'sɜːvɪsmən] *s.* [*irr.*] ehemaliger Sol'dat, Vete'ran *m.*

ex·tant [ek'stænt] *adj.* (noch) vor'handen *od.* bestehend.

ex·tem·po·ra·ne·ous [ekˌstempə'reɪnɪəs], **ex·tem·po·rar·y** [ɪk'stempərərɪ] *adj.* □ improvisiert, extemporiert, unvorbereitet, aus dem Stegreif: ∼ *translation* Stegreifübersetzung *f;* **ex·tem·po·re** [ek'stempərɪ] **I** *adj. u. adv.* → *extemporaneous;* **II** *s.* Improvisati'on *f,* Stegreifgedicht *n,* unvorbereitete Rede; **ex·tem·po·rize** [ɪk'stempəraɪz] *v/t. u. v/i.* aus dem Stegreif *od.* unvorbereitet reden *od.* dichten *od.* spielen, improvisieren; **ex·tem·po·riz·er** [ɪk'stempəraɪzə] *s.* Improvi'sator *m,* Stegreifdichter *m.*

ex·tend [ɪk'stend] **I** *v/t.* **1.** (aus)dehnen, ausbreiten; **2.** verlängern; **3.** vergrößern, erweitern, ausbauen: ∼ *a factory;* **4.** *Seil etc.* spannen, ziehen; **5.** *Hand etc.* ausstrecken; **6.** *Nahrungsmittel* strecken; **7.** *fig.* e-n Besuch, s-e Macht *etc.* ausdehnen (*to* auf *acc.*), e-e

Frist, s-n Paß, e-n Vertrag etc. verlängern, ☂ a. prolongieren; **8.** (*to, towards* dat.) a) *Gunst, Hilfe etc.* gewähren, *Gutes* erweisen, b) s-n *Dank, Glückwunsch etc.* aussprechen, e-e *Einladung* schicken, c) e-n *Gruß* entbieten; **9.** ✓ *Fahrgestell* ausfahren; **10.** ✕ ausschwärmen lassen; **11.** *Abkürzungen* voll ausschreiben; *Kurzschrift* in Normalschrift über'tragen; **12.** *sport* das Letzte her'ausholen aus (e-m *Pferd etc.*): ~ *o.s.* sich völlig ausgeben; **II** v/i. **13.** sich ausdehnen *od.* erstrecken, reichen (*to* bis zu); hin'ausgehen (*beyond* über acc.); **14.** ✕ ausschwärmen; **ex'tend·ed** [-dɪd] adj. **1.** ausgedehnt (a. Zeitraum); **2.** ausgestreckt: ~ *hands*; **3.** verlängert; **4.** ausgebreitet; typ. breit: ~ *formation* ✕ auseinandergezogene Formation; ~ *order* ✕ geöffnete Ordnung; **5.** groß, um'fassend: ~ *family* Großfamilie f.

ex·ten·si·bil·i·ty [ɪkˌstensəˈbɪlətɪ] s. (Aus)Dehnbarkeit f; **ex·ten·si·ble** [ɪkˈstensəbl] adj. (aus)dehnbar, (aus-) streckbar; ausziehbar (*Tisch*): ~ *table* Ausziehtisch m.

ex·ten·sion [ɪkˈstenʃn] s. **1.** Ausdehnung f (a. fig.; *to* auf acc.); Ausbreitung f; (*Frist- Kredit- etc.*)Verlängerung f, ☂ a. Prolongati'on f: ~ *of leave* Nachurlaub m; **2.** ⚙ Dehnung f, Streckung f (a. 🞉); **3.** fig. Vergrößerung f, Erweiterung f, Ausbau m; **4.** ausdehnung f, 'Umfang m; **5.** △ Anbau m (*Gebäude*); **6.** teleph. Nebenanschluß m, a. Appa'rat m; **7.** phot. (Kamera-) Auszug m; ~ **band·age** s. ✚ Streckverband m; ~ **board** s. teleph. 'Hauszentrale f; ~ **cord** s., ~ **flex** s. ✦ Verlängerungskabel n; ~ **lad·der** s. Ausziehleiter f; ~ **ta·ble** s. Am. Ausziehtisch m.

ex·ten·sive [ɪkˈstensɪv] adj. □ ausgedehnt (a. ☙ u. fig.), um'fassend; eingehend; exten'siv (a. ✎); **ex'ten·sive·ness** [-nɪs] s. Ausdehnung f, 'Umfang m; **ex'ten·sor** [-sə] s. anat. Streckmuskel m.

ex·tent [ɪkˈstent] s. **1.** Ausdehnung f, Länge f, Weite f, Höhe f, Größe f; **2.** ☙ u. fig. Bereich m; **3.** Raum m, Strecke f; **4.** fig. 'Umfang m, (Aus)Maß n, Grad m: *to the* ~ *of* bis zum Betrag od. zur Höhe von; *to some* (od. *a certain*) ~ in gewissem Grade, einigermaßen; *to the full* ~ in vollem Umfang, völlig.

ex·ten·u·ate [ekˈstenjʊeɪt] v/t. **1.** abschwächen, mildern: *extenuating circumstances* ⚖ mildernde Umstände; **2.** beschönigen, bemänteln; **ex'ten·u·a·tion** [ekˌstenjuˈeɪʃn] s. **1.** Abschwächung f, Milderung f; **2.** Beschönigung f.

ex·te·ri·or [ekˈstɪərɪə] **I** adj. **1.** äußer, Außen...: ~ *angle* Außenwinkel m; ~ *to* abseits von, außerhalb (gen.); **2.** von außen (ein)wirkend od. kommend; **3.** pol. auswärtig: ~ *possessions*; ~ *policy*; **II.** s. **4.** *das* Äußere: a) Außenseite f, b) äußere Erscheinung f (e-r *Person*), c) pol. auswärtige Angelegenheiten pl.; **5.** Film: Außenaufnahme f.

ex·ter·mi·nant [ɪkˈstɜːmɪnənt] s. Vertilgungsmittel n; **ex·ter·mi·nate** [ɪkˈstɜːmɪneɪt] v/t. ausrotten (a. fig.), *Ungeziefer etc.* a. vertilgen; **ex·ter·mi·na·tion** [ɪkˌstɜːmɪˈneɪʃn] s. Ausrottung f, Vertil-

gung f: ~ *camp* hist. Vernichtungslager n; **ex'ter·mi·na·tor** [-tə] s. **1.** Kammerjäger m; **2.** → **exterminant**.

ex·tern [ekˈstɜːn] s. **1.** Ex'terne(r m) f (e-s *Internats*); **2.** Am. ex'terner 'Krankenhausarzt od. -assi,stent; **ex'ter·nal** [-nl] **I** adj. □ → **externally**; **1.** äußer, äußerlich, Außen...: ~ *angle* ℞ Außenwinkel m; ~ *ear* äußeres Ohr; *for* ~ *use* ✚ zum äußerlichen Gebrauch, äußerlich; ~ *to* außerhalb (gen.); ~ *world* Außenwelt f; **2.** von außen (ein)wirkend od. kommend; **3.** (äußerlich) wahrnehmbar; **4.** ☂, pol. auswärtig, Außen..., Auslands...: ~ *affairs* auswärtige Angelegenheiten f; ~ *loan* Auslandsanleihe f; ~ *trade* Außenhandel m; **5.** ☤ außerbetrieblich, Fremd...; **II.** s. **6.** mst pl. das Äußere; **7.** pl. Äußerlichkeiten pl., Nebensächlichkeiten pl.; **ex'ter·nal·ize** [-nəlaɪz] v/t. psych. **1.** objektivieren; **2.** Konflikte nach außen verlagern; **ex'ter·nal·ly** [-nəlɪ] adv. äußerlich, von außen.

ex·ter·ri·to·ri·al [ˈeksˌterɪˈtɔːrɪəl] etc. → **extraterritorial** etc.

ex·tinct [ɪkˈstɪŋkt] adj. **1.** erloschen (a. fig. Titel etc., geol. Vulkan); **2.** ausgestorben (*Pflanze, Tier etc.*), 'untergegangen (*Rasse, Reich etc.*); nicht mehr existierend; **3.** abgeschafft, aufgehoben; **ex'tinc·tion** [-kʃn] s. **1.** Erlöschen n; **2.** Aussterben n, 'Untergang m; **3.** (Aus)Löschen n; **4.** Vernichtung f; **5.** Abschaffung f; **6.** Tilgung f; **7.** ⚡, phys. Löschung f.

ex·tin·guish [ɪkˈstɪŋgwɪʃ] v/t. **1.** Feuer, Lichter aus)löschen; **2.** fig. Leben, Gefühl auslöschen, ersticken, töten; **3.** vernichten; **4.** fig. in den Schatten stellen; **5.** fig. j-n zum Schweigen bringen; **6.** (a. ⚖) abschaffen, aufheben; **7.** Schuld tilgen; **ex'tin·guish·er** [-ʃə] s. **1.** Löschgerät n; **2.** Löschhütchen n (für Kerzen); **3.** Glut-, Ziga'rettentöter m.

ex·tir·pate [ˈekstɜːpeɪt] v/t. **1.** (mit den Wurzeln) ausreißen; **2.** fig. ausmerzen, ausrotten; **3.** ✚ exstirpieren, entfernen.

ex·tol, Am. a. **ex·toll** [ɪkˈstəʊl] v/t. (lob)preisen, rühmen.

ex·tort [ɪkˈstɔːt] v/t. (*from*) a) et. erpressen, erzwingen (von), b) a. *Bewunderung etc.* abringen, abnötigen (dat.).

ex·tor·tion [ɪkˈstɔːʃn] s. **1.** Erpressung f; **2.** Wucher m; **ex'tor·tion·ate** [-nət] adj. **1.** erpresserisch; **2.** unmäßig, Wucher...; **ex'tor·tion·er** [-ʃnə], **ex'tor·tion·ist** [-nɪst] s. **1.** Erpresser m; **2.** Wucherer m.

ex·tra [ˈekstrə] **I** adj. **1.** zusätzlich, Extra..., Sonder..., Neben...: ~ *charge* Zuschlag m; ~ *charges* Nebenkosten; ~ *dividend* Extra-, Zusatzdividende f; ~ *pay* Zulage f; ~ *time* sport (Spiel-) Verlängerung f; *if you pay an* ~ *two pounds* wenn Sie noch zwei Pfund zulegen; **2.** besonder, außergewöhnlich; besonders gut: *it is nothing* ~ es ist nichts Besonderes; **II** adv. **3.** extra, besonders: ~ *high*; ~ *late*; *be charged for* ~ gesondert berechnet werden; **III** s. **4.** et. Außergewöhnliches, bsd. **1.** Sonderarbeit f, -leistung f, b) bsd. mot. Extra n, c) Sonderberechnung f, Zuschlag m: *heating and light are* ~*s* Heizung u. Licht werden gesondert be-

rechnet; **5.** pl. Nebenkosten pl.; **6.** Extrablatt n (*Zeitung*); **7.** Aushilfskraft f; **8.** thea., Film: Sta'tist(in).

ex·tract I v/t. [ɪkˈstrækt] **1.** her'ausziehen, -holen (*from* aus); **2.** extrahieren: a) ✚ *Zahn(wurzel)* ziehen, b) 🝆 ausscheiden, -ziehen, c) *Metall etc.* gewinnen, d) ℞ *Wurzel* ziehen; **3.** *Honig etc.* schleudern; **4.** *Beispiele etc.* ausziehen, exzerpieren (*from a text* aus e-m Text); **5.** fig. (*from*) et. her'ausholen (aus), entlocken (dat.); **6.** fig. ab-, herleiten; **II** s. [ˈekstrækt] **7.** a. 🝆 Auszug m, Ex'trakt m: ~ *of beef* Fleischextrakt; ~ *of account* Kontoauszug m; **ex'trac·tion** [-kʃn] s. **1.** Her'ausziehen n; **2.** Extrakti'on f: a) ✚ Ziehen n (e-s Zahns), b) 🝆 Ausziehen n, Ausscheidung f, Gewinnung f, c) ℞ Ziehen n (*Wurzel*); **3.** fig. Entlockung f; **4.** Abstammung f, Herkunft f; **ex'trac·tive** [-tɪv] adj.: ~ *industry* Industrie f zur Gewinnung von Naturprodukten; **ex'trac·tor** [-tə] s. **1.** ⚙, ✕ Auszieher m, -werfer m; **2.** ✚ (Geburts-, Zahn-, Wurzel)Zange f; **3.** Trockenschleuder f.

ex·tra·cur·ric·u·lar [ˌekstrəkəˈrɪkjʊlə] adj. **1.** ped., univ. außerhalb des Stunden- od. Lehrplans; **2.** außerplanmäßig.

ex·tra·dit·a·ble [ˈekstrədaɪtəbl] adj. **1.** auszuliefern(d): ~ *criminal*; **2.** auslieferungsfähig: ~ *offence*; **ex·tra·dite** [ˈekstrədaɪt] v/t. ausliefern; **ex·tra·di·tion** [ˌekstrəˈdɪʃn] s. Auslieferung f: *request for* ~ Auslieferungsantrag m.

ex·tra·ju·di·cial [ˌekstrədʒuːˈdɪʃəl] adj. ⚖ außergerichtlich; **ex·tra·mar·i·tal** [ˌekstrəˈmærɪtl] adj. außerehelich; **ex·tra·mu·ral** [ˌekstrəˈmjʊərəl] adj. außerhalb der Mauern (e-r *Stadt od. Universität*): ~ *courses* Hochschulkurse außerhalb der Universität; ~ *student* Gasthörer(in).

ex·tra·ne·ous [ekˈstreɪnjəs] adj. □ **1.** fremd (*to* dat.); **2.** unwesentlich; **3.** ☙ ~ *to* nicht gehören zu.

ex·traor·di·nar·i·ly [ɪkˈstrɔːdnrəlɪ] adv., **ex·traor·di·nar·y** [ɪkˈstrɔːdnrɪ] adj. **1.** außerordentlich: *ambassador* ~ Sonderbotschafter m; **2.** ungewöhnlich, seltsam, merkwürdig.

ex·trap·o·late [ekˈstræpəʊleɪt] v/t. extrapolieren.

ex·tra·sen·so·ry [ˌekstrəˈsensərɪ] adj. psych. außersinnlich: ~ *perception* außersinnliche Wahrnehmung; **ex·tra·ter·res·trial** [ˌekstrətəˈrestrɪəl] adj. außerirdisch; **ex·tra·ter·ri·to·ri·al** [ˌekstrəˌterɪˈtɔːrɪəl] adj. exterritori'al; **ex·tra·ter·ri·to·ri·al·i·ty** [ˌekstrəˌterɪˌtɔːrɪˈælɪtɪ] s. Exterritoriali'tät f; ~ *time* s. sport (Spiel)Verlängerung f.

ex·trav·a·gance [ɪkˈstrævəgəns] s. **1.** Verschwendung f; **2.** Ausschweifung f, Zügellosigkeit f; 'Übermut m; **3.** Extrava'ganz f, 'Übermaß n, Über'triebenheit f, Über'spanntheit f; **ex'trav·a·gant** [-nt] adj. □ **1.** verschwenderisch; **2.** ausschweifend, zügellos; **3.** extrava'gant, über'trieben, -'spannt; **ex·trav·a·gan·za** [ekˌstrævəˈgænzə] s. **1.** phan'tastisches Werk (*Musik od. Literatur*); **2.** Ausstattungsstück n.

ex·treme [ɪkˈstriːm] **I** adj. □ → *extremely*; **1.** äußerst, weitest, letzt: ~ *border* äußerster Rand; ~ *value* Extremwert m; → *unction* 3 c; **2.** äußerst, höchst, außergewöhnlich, über'trieben: ~ *case* äußerster (Not)Fall; ~ *meas-*

ure drastische *od.* radikale Maßnahme; **~ necessity** zwingende Notwendigkeit; **~ old age** hohes Greisenalter; **~ penalty** höchste Strafe, *a.* Todesstrafe *f*; **3.** *pol.* ex'trem, radi'kal: **~ Left** äußerste Linke; **~ views**; **II** *s.* **4.** äußerstes Ende: **at the other ~** am entgegengesetzten Ende; **5.** *das* Äußerste, höchster Grad, Ex'trem *n*: **awkward in the ~** äußerst peinlich; **go to ~s** vor nichts zurückschrecken; **go to the other ~** ins andere Extrem fallen; **6.** Übermaß *n*, Über'triebenheit *f*: **carry s.th. to an ~** et. zu weit treiben; **7.** Gegensatz *m*: **~s meet** Extreme berühren sich; **8.** *pl. obs.* äußerste Not; **ex'treme·ly** [-lɪ] *adv.* äußerst, höchst; **ex'trem·ism** [-mɪzəm] *s.* Extre'mismus *m*, Radika'lismus *m*; **ex'trem·ist** [-mɪst] *s.* **I** Extre'mist(in), Radi'kale(r *m*) *f*; **II** *adj.* extre'mistisch; **ex'trem·i·ty** [-remətɪ] *s.* **1.** *das* Äußerste, äußerstes Ende, äußerste Grenze: **to the last ~** bis zum Äußersten; **drive s.o. to extremities** j-n zum Äußersten treiben; **resort to extremities** zu drastischen Mitteln greifen; **2.** *fig.* a) höchster Grad: **~ of joy** Übermaß der Freude, b) äußerste Not, verzweifelte Situation: **reduced to extremities** in größter Not, c) verzweifelter Gedanke; **3.** *pl.* Gliedmaßen *pl.*, Extremi'täten *pl.*

ex·tri·cate ['ekstrɪkeɪt] *v/t.* **1.** (*from*) her'auswinden, -ziehen (aus), befreien (aus, von): **~ o.s.** sich befreien; **2.** 🜋 Gas frei machen; **ex·tri·ca·tion** [‚ekstrɪ'keɪʃn] *s.* **1.** Befreiung *f*; **2.** 🜋 Freimachen *n*.

ex·trin·sic [ek'strɪnsɪk] *adj.* (□ **~ally**) **1.** äußer; **2.** a) nicht zur Sache gehörig, b) unwesentlich: **be ~ to s.th.** nicht zu et. gehören.

ex·tro·ver·sion [‚ekstrəʊ'vɜːʃn] *s.* *psych.* Extro- *od.* Extraversi'on *f*; **ex·tro·vert** ['ekstrəʊvɜːt] *psych.* **I** *s.* Extro- *od.* Extraver'tierte(r *m*) *f*; **II** *adj.* extro- *od.* extraver'tiert.

ex·trude [ek'struːd] **I** *v/t.* **1.** ausstoßen, (her)'auspressen; **2.** ⊙ strangpressen; **II** *v/i.* **3.** vorstehen; **ex'tru·sion** [-uːʒn] *s.* **1.** Ausstoßung *f*; **2.** ⊙ a) Strangpressen *n*, b) Strangpreßling *m*.

ex·u·ber·ance [ɪg'zjuːbərəns] *s.* **1.** (*of*) ('Über)Fülle (von *od. gen.*), Reichtum *m* (an *dat.*); **2.** 'Überschwang *m*; Ausgelassenheit *f*; **3.** (Wort)Schwall *m*; **ex·'u·ber·ant** [-nt] *adj.* □ **1.** üppig,

('über)reichlich; **2.** *fig.* a) 'überschwenglich, b) ('über)sprudelnd, ausgelassen; **3.** *fig.* (äußerst) fruchtbar.

ex·ude [ɪg'zjuːd] **I** *v/t.* **1.** ausschwitzen, absondern; **2.** *fig.* von sich geben, verströmen; **II** *v/i.* **3.** *a. fig.* ausströmen (*from* aus, von).

ex·ult [ɪg'zʌlt] *v/i.* froh'locken, jubeln, triumphieren (*at*, *over*, *in* über *acc.*); **ex'ult·ant** [-tənt] *adj.* □ froh'lockend, jubelnd, triumphierend; **ex·ul·ta·tion** [‚egzʌl'teɪʃn] *s.* Jubel *m*, Froh'locken *n*.

ex·urb ['eksɜːb] *s.* *Am.* (vornehmes) Einzugsgebiet (*e-r Großstadt*); **ex·ur·ban·ite** [ɪg'zɜːbənaɪt] *s.* *Am.* Bewohner(in) e-s *exurb*; **ex·ur·bia** [ɪg'zɜːbɪə] *s.* die (vornehmen) Außenbezirke *pl.*

eye [aɪ] **I** *s.* **1.** Auge *n*: **an ~ for an ~** *bibl.* Auge um Auge; **under my ~s** vor m-n Augen; **up to the ~s in work** bis über die Ohren in Arbeit; **with one's ~s shut** mit geschlossenen Augen (*a. fig.*); **be all ~s** ganz Auge sein; **cry one's ~s out** sich die Augen ausweinen; **2.** *fig.* Blick *m*, Gesichtssinn *m*, Auge(nmerk) *n*: **with an ~ to** a) im Hinblick auf (*acc.*), b) mit der Absicht zu (*inf.*); **cast an ~ over** e-n Blick werfen auf (*acc.*); **catch** (*od.* **strike**) **the ~** ins Auge fallen; **she caught his ~** sie fiel ihm auf; **catch the Speaker's ~** *parl.* das Wort erhalten; **do s.o. in the ~** F j-n ‚reinlegen' *od.* ‚übers Ohr hauen'; **give an ~ to s.th.** et. anblicken, ein Auge auf et. haben; **give s.o. the** (**glad**) **~** j-m e-n einladenden Blick zuwerfen; **have an ~ for** e-n Sinn *od.* Blick *od.* ein (offenes) Auge haben für: **he has an ~ for beauty** er hat Sinn für Schönheit; **have an ~ to s.th.** a) ein Auge auf et. haben, b) auf et. achten; **keep an ~ on** ein (wachsames) Auge haben auf (*acc.*); **make ~s at** j-m verliebte Blicke zuwerfen; → **meet 9**; **open s.o.'s ~s** (**to s.th.**) j-m die Augen öffnen (für et.); **that made him open his ~s** das verschlug ihm die Sprache; **you can see that with half an ~** das sieht doch ein Blinder!; **set** (*od.* **clap**) **~s on** zu Gesicht bekommen; **close one's ~s to** die Augen verschließen vor (*dat.*); **my ~!** F denkste!, von wegen!, Quatsch!; **3.** Ansicht *f*: **in the ~s of** nach Ansicht von; **see ~ to ~ with s.o.** mit j-m übereinstimmen; **4.** Öhr *n* (*Nadel*); Öse *f*; **5.** ♀ Auge *n*, Knospe *f*; **6.**

zo. Auge *n* (*Schmetterling*, *Pfauenschweif*); **7.** 🜂 rundes Fenster; **8.** Auge *n*, windstilles Zentrum *e-s Sturms*; **II** *v/t.* **9.** ansehen, betrachten, (scharf) beobachten, ins Auge fassen: **~ s.o. from top to toe** j-n von oben bis unten mustern.

'eye|-ap‚peal *s.* optische Wirkung, attrak'tive Gestaltung; **'~·ball** *s.* Augapfel *m*; **'~·black** *s.* Wimperntusche *f*; **'~·brow** *s.* Augenbraue *f*: **~ pencil** Augenbrauenstift *m*; **raise one's ~s** *fig.* die Stirn runzeln; **cause raised ~s** Aufsehen *od.* Mißfallen erregen; **'~-‚catch·er** *s.* Blickfang *m*; **'~-‚catch·ing** *adj.* ins Auge fallend, auffallend.

eyed [aɪd] *adj. in Zssgn* …äugig; mit (…) Ösen.

'eye·ful *s.* F **1.** ‚toller Anblick'; **2.** ‚tolle Frau'; **3.** **get an ~ of this!** sieh dir das mal an!; **'~·glass** *s.* **1.** Mon'okel *n*; **2.** *opt.* Oku'lar *n*; **3.** *pl. a.* **pair of ~es** *bsd. Am.* Brille *f*; **'~·hole** *s.* **1.** Augenhöhle *f*; **2.** Guckloch *n*; **'~·lash** *s. mst pl.* Augenwimper *f*; → **bat⁸**; **~ lens** *s.* Oku'larlinse *f*.

eye·let ['aɪlɪt] *s.* **1.** Öse *f*; **2.** Loch *n*.

eye|·lev·el *s.* (**on ~** in) Augenhöhe *f*; **'~·lid** *s.* Augenlid *n*; → **bat⁸**; **~ lin·er** *s.* Eyeliner *m*; **'~-‚o·pen·er** *s.* **1.** *fig.* Über'raschung *f*, Entdeckung *f*: **that was an ~ to me** das hat mir die Augen geöffnet; **2.** *Am.* F (*bsd. alkoholischer*) ‚Muntermacher'; **'~·piece** *s. opt.* Oku'lar *n*; **~ rhyme** *s.* Augenreim *m*; **'~·shade** *s.* Sonnenschild *m*; **~ shad·ow** *s.* Lidschatten *m*; **'~·shot** *s.*: (**with**)**in** (**beyond** *od.* **out of**) **~** in (außer) Sichtweite; **'~·sight** *s.* Augenlicht *n*, Sehkraft *f*: **poor ~** schwache Augen *pl.*; **~ sock·et** *s. anat.* Augenhöhle *f*; **'~ sore** *s. fig.* Schandfleck *m*, et. Häßliches; **'~·strain** *s.* Über'anstrengung *f* der Augen; **'~·tooth** *s.* [*irr.*] *anat.* Augen-, Eckzahn *m*: **he'd give his eyeteeth for it** er würde alles darum geben; **'~·wash** *s.* **1.** *pharm.* Augenwasser *n*; **2.** *fig.* a) ‚Quatsch' *m*, b) Augen(aus)wische'rei *f*; **'~·wit·ness I** *s.* Augenzeuge *m*; **II** *v/t.* Augenzeuge sein *od.* werden von (*od. gen.*).

ey·rie ['aɪərɪ] *s. orn.* Horst *m*.

E·zo·ki·el, **E·ze·chi·el** [ɪ'ziːkjəl] *npr. u. s. bibl.* (*das Buch*) He'sekiel *m od.* E'zechiel *m*; **Ez·ra** ['ezrə] *npr. u. s. bibl.* (*das Buch*) Esra *m od.* Esdras *m*.

F

F, f [ef] *s.* **1.** F *n*, f *n* (*Buchstabe*); **2.** ♪ F *n*, f *n* (*Note*); **3.** ♀ ped. Sechs f, Ungenügend *n* (*Note*).

fab [fæb] *adj. sl.* → **fabulous** 2.

Fa·bi·an ['feɪbjən] **I** *adj.* **1.** Hinhalte...,
Verzögerungs...: ~ *tactics*; **2.** *pol.* die
Fabian Society betreffend; **II** *s.* **3.** *pol.*
Fabier(in); **'Fa·bi·an·ism** [-nɪzəm] *s.*
Poli'tik f der → **Fa·bi·an So·ci·e·ty** *s.*
(*sozialistische*) Gesellschaft der Fabier.

fa·ble ['feɪbl] *s.* **1.** Fabel f (*a. e-s Dramas*); Sage f, Märchen *n*; **2.** *coll.* a)
Fabeln *pl.*, b) Sagen *pl.*; **3.** *fig.* ‚Märchen' *n*; **'fa·bled** [-ld] *adj.* **1.** legen'där;
2. (frei) erfunden.

fab·ric ['fæbrɪk] *s.* **1.** Bau m (*a. fig*);
Gebilde *n*; **2.** *fig.* a) Gefüge *n*, Struk'tur
f, b) Sy'stem *n*; **3.** Stoff *m*, Gewebe *n*;
❂ Leinwand f, Reifengewebe *n*: ~
gloves Stoffhandschuhe; **'fab·ri·cate**
[-keɪt] *v/t.* **1.** fabrizieren, herstellen,
(an)fertigen; **2.** *fig.* ‚fabrizieren': a) erfinden, b) fälschen; **fab·ri·ca·tion**
[ˌfæbrɪ'keɪʃn] *s.* **1.** Herstellung f, Fabrikati'on f; **2.** *fig.* Erfindung f, ‚Märchen'
n, Lüge f; **3.** Fälschung f; **'fab·ri·ca·tor**
[-keɪtə] *s.* **1.** Hersteller *m*; **2.** *fig. b.s.*
Erfinder *m*, Urheber *m* e-r Lüge etc.,
Lügner *m*; **3.** Fälscher *m*.

fab·u·list ['fæbjʊlɪst] *s.* **1.** Fabeldichter
(-in); **2.** Schwindler(in); **'fab·u·lous**
[-ləs] *adj.* □ **1.** legen'där, Sagen..., Fabel...; **2.** *fig.* F fabel-, sagenhaft, ‚toll'.

fa·çade [fə'sɑːd] (*Fr.*) *s.* △ Fas'sade f
(*a. fig.*), Vorderseite f.

face [feɪs] **I** *s.* **1.** Gesicht *n*, Angesicht *n*,
Antlitz *n* (*a. fig.*): *for s.o.'s fair* ~ *iro.*
um j-s schönen Augen willen; *in* (*the*) ~
of a) angesichts (*gen.*), gegenüber
(*dat.*), b) trotz (*gen. od. dat.*); *in the* ~
of danger angesichts der Gefahr; *to*
s.o.'s ~ j-m ins Gesicht *sagen etc.*; *to*
~ von Angesicht zu Angesicht; ~ *to*
with Auge in Auge mit, gegenüber, vor
(*dat.*); *fly in the* ~ *of* a) *j-m* ins Gesicht
fahren, b) *fig.* sich offen widersetzen
(*dat.*), trotzen (*dat.*); *I couldn't look*
him in the ~ ich konnte ihm (vor
Scham) nicht in die Augen sehen; *do*
(*up*) *one's* ~, F *put one's* ~ *on* sich
‚anmalen' (*schminken*); *set one's* ~
against s.th. sich e-r Sache widersetzen, sich gegen et. wenden; *show*
one's ~ sich blicken lassen; *shut the*
door in s.o.'s ~ j-m die Tür vor der
Nase zuschlagen; **2.** (Gesichts)Aus-
druck *m*, Aussehen *n*, Miene f: *make*
(*od. pull*) *a* ~ (*od.* ~*s*) ein Gesicht (*od.*
e-e Grimasse) machen *od.* schneiden;
make (*od. pull*) *a long* ~ *fig.* ein langes
Gesicht machen; *put a bold* ~ *on* a) e-r
Sache gelassen entgegensehen, b) sich

et. Unangenehmes etc. nicht anmerken
lassen; *put a good* (*od. brave*) ~ *on*
the matter gute Miene zum bösen
Spiel machen; **3.** *fig.* Stirn f, Unverfrorenheit f, Frechheit f: *have the* ~ *to inf.*
die Stirn haben zu *inf.*; **4.** Ansehen *n*:
save (*one's*) ~ das Gesicht wahren;
lose ~ das Gesicht verlieren; *loss of* ~
Prestigeverlust *m*; **5.** *das Äußere*, Gestalt f, Erscheinung f, Anschein *m*: *on*
the ~ *of it* auf den ersten Blick, oberflächlich betrachtet, vordergründig;
put a new ~ *on s.th.* et. in neuem *od.*
anderem Licht erscheinen lassen; **6.**
Ober-, Außenfläche f, Fläche f (*a. Å*),
Seite f; ❂ Stirnfläche f; ❂ (Amboß-,
Hammer)Bahn f: *the* ~ *of the earth* die
Erdoberfläche, die Welt; **7.** Oberseite
f; rechte Seite (*Stoff etc.*): *lying on its* ~
nach unten gekehrt liegend; **8.** Fas'sade
f, Vorderseite f; **9.** Bildseite f (*Spielkarte*): *typ.* Bild *n* (*Type*); Zifferblatt *n*
(*Uhr*); **10.** Wand f (*Berg etc.*, ⚒ Kohlenflöz*): *at the* ~ ⚒ am (Abbau)Stoß,
vor Ort; **II** *v/t.* **11.** ansehen, *j-m* ins
Gesicht sehen *od.* das Gesicht zuwenden; **12.** gegen'überstehen, -liegen,
-sitzen, -treten (*dat.*); nach *Osten etc.*
blicken *od.* liegen (*Raum*): *the man*
facing me der Mann mir gegenüber;
the house ~*s the sea* das Haus liegt
nach dem Meer zu; *the window* ~*s the*
street das Fenster geht auf die Straße;
the room ~*s east* das Zimmer liegt
nach Osten; **13.** (mutig) entgegentreten *od.* begegnen (*dat.*), ins Auge sehen (*dat.*), die Stirn bieten (*dat.*): ~ *the*
enemy, ~ *death* dem Tod ins Auge
blicken; ~ *it out* die Sache durchstehen;
~ *s.o. off Am.* es auf e-e Kraft- *od.*
Machtprobe mit *j-m* ankommen lassen;
→ *music* 1; **14.** *oft* be ~*d with* sich e-r
Gefahr etc. gegen'übersehen, gegen-
'überstehen (*dat.*): *he was* ~*d with ru-*
in er stand vor dem Nichts; **15.** et. hinnehmen, sich mit et. abfinden: ~ *the*
facts; *let's* ~ *it*, ...! seien wir ehrlich,
...!; **16.** 'umkehren, -wenden; *Spielkarten* aufdecken; **17.** *Schneiderei*: besetzen, einfassen, mit Aufschlägen versehen; **18.** ❂ verkleiden, verblenden,
über'ziehen; **19.** ❂ *Stirnflächen* bearbeiten, (plan)schleifen, glätten; **III** *v/i.*
20. *bsd.* ✕ *about* kehrtmachen (*a.*
fig.): *left* ~! *Am.* links um!; *right about*
~! rechts um kehrt!; **21.** ~ *off Eis-*
hockey: das Bully ausführen; **22.** ~ *up*
to → 13, 15.

'face·|·a,bout → **about-face**; ~ **brick** *s.*
△ Verblendstein *m*; ~ **card** *s.* *Karten-*
spiel: Bild(karte f) *n*; **'~·cloth** *s.*
Waschlappen *m*; ~ **cream** *s.* Gesichts-

creme f.
-faced [feɪst] *adj.* *in Zssgn* mit e-m ...
Gesicht.
'face·|·down *s.* *Am.* Kraft-, Machtprobe
f; ~ **flan·nel** → **facecloth**; ~ **grind-**
ing *s.* ❂ Planschleifen *n*; **'~·guard** *s.*
Schutzmaske f; **'~·lathe** *s.* ❂ Plandrehbank f.
face·less ['feɪslɪs] *adj.* gesichtslos, *fig. a.*
ano'nym.
'face·|·lift **I** *s.* → **face-lifting**; **II** *v/t.* *fig.*
verschönern; **'~·lift·ing** *s.* **1.** Gesichts-
straffung f, Facelifting *n*; **2.** *fig.* Verschönerung f, Renovierung f; **'~·off** *s.*
1. *Eishockey*: Bully *n*: ~ *circle* Anspiel-
kreis *m*; **2.** → **facedown**; ~ **pack** *s.*
Gesichtspackung f, -maske f.
fac·er ['feɪsə] *s.* **1.** Schlag *m* ins Gesicht
(*a. fig.*); **2.** *fig.* Schlag *m* (ins Kon'tor);
3. *Brit.* F ‚harte Nuß'.
'face·,sav·ing *adj.*: ~ *excuse* Ausrede
f, um das Gesicht zu wahren.
fac·et ['fæsɪt] **I** *s.* **1.** a) Fa'cette f (*a. fig.*),
b) Schliff-, Kri'stallfläche f; **2.** *fig.* Seite
f, A'spekt *m*; **II** *v/t.* **3.** facettieren: ~*ed*
eye zo. Facettenauge *n*.
fa·ce·tious [fə'siːʃəs] *adj.* □ scherzhaft,
witzig, drollig, spaßig; **fa'ce·tious-**
ness [-nɪs] *s.* Scherzhaftigkeit f *etc.*
'face·|·to-'face *adj.* **1.** per'sönlich; **2.** di-
'rekt; ~ **tow·el** *s.* (Gesichts)Handtuch
n; ~ **val·ue** *s.* **1.** ✝ Nenn-, Nomi'nal-
wert *m*; **2.** scheinbarer Wert, *das Äuße-*
re: *take s.th. at its* ~ et. für bare Münze nehmen *od.* unbesehen glauben.
fa·ci·a ['feɪʃə] *s.* *Brit.* **1.** Firmen-, La-
denschild *n*; **2.** a) **board**, ~ **panel**
mot. Arma'turenbrett *n*.
fa·cial ['feɪʃl] **I** *adj.* □ a) Gesichts...: ~
pack Gesichtspackung f, b) des Ge-
sichts, im Gesicht; **II** *s.* *Kosmetik*: Ge-
sichtsbehandlung f.
-fa·cient [feɪʃənt] *in Zssgn* verursachend, machend.
fac·ile ['fæsaɪl] *adj.* □ **1.** leicht (zu tun
od. zu meistern *etc.*); **2.** *fig.* oberflächlich; **3.** flüssig (*Stil*).
fa·cil·i·tate [fə'sɪlɪteɪt] *v/t.* erleichtern,
fördern; **fa·cil·i·ta·tion** [fəsɪlɪ'teɪʃn] *s.*
Erleichterung f, Förderung f; **fa'cil·i·ty**
[-tɪ] *s.* **1.** Leichtigkeit f (*der Ausführung*
etc.); **2.** Oberflächlichkeit f; **3.** Flüssigkeit f (*des Stils*); **4.** (günstige) Gelegenheit f, Möglichkeit f (*for* für, zu); **5.** *mst*
pl. Einrichtung(en *pl.*) f, Anlage(n *pl.*)
f; **6.** *mst pl.* Erleichterung(en *pl.*) f,
Vorteil(e *pl.*) *m*, Vergünstigung(en *pl.*)
f, Annehmlichkeit(en *pl.*) f.
fac·ing ['feɪsɪŋ] *s.* **1.** ✕ Wendung f,
Schwenkung f: *go through one's* ~*s*
fig. zeigen (müssen), was man kann;
put s.o. through his ~*s* *fig.* j-n auf

Herz u. Nieren prüfen; **2.** Außen-, Oberschicht *f*, Belag *m*, 'Überzug *m*; **3.** ⚙ Plandrehen *n*: ~ *lathe* Plandrehbank *f*; **4.** △ a) Verkleidung *f*, -blendung *f*, b) Bewurf *m*: ~ *brick* Verblendstein *m*; **5.** *a.* ~ *sand* ⊕ feingesiebter Formsand; **6.** *Schneiderei:* a) Aufschlag *m*, b) Besatz *m*, Einfassung *f*: ~*s* ✕ (Uniform-) Aufschläge.

fac·sim·i·le [fæk'sɪmɪlɪ] **I** *s.* **1.** Fak'simile *n*, Reprodukti'on *f*; **2.** *a.* ~ *transmission od.* **broadcast(ing** *↯, tel.* Bildfunk *m*: ~ *apparatus* Bildfunkgerät *n*; **II** *v/t.* **3.** faksimilieren.

fact [fækt] *s.* **1.** Tatsache *f*, Wirklichkeit *f*, Wahrheit *f*: ~ *and fancy* Dichtung u. Wahrheit; ~*s and figures* genaue Daten; *naked* (*od.* *hard*) ~*s* nackte Tatsachen; *in* (*point of*) ~ in der Tat, tatsächlich, genau gesagt; *it is a* ~ es stimmt, es ist e-e Tatsache; *founded on* ~ auf Tatsachen beruhend; *the* ~ (*of the matter*) *is* Tatsache ist *od.* die Sache ist die (*that* daß); *know s.th. for a* ~ et. (ganz) sicher wissen; *tell the* ~*s of life to a child* ein Kind (sexuell) aufklären; **2.** 🜚 a) Tatsache *f*: *in* ~ *and law* in tatsächlicher u. rechtlicher Hinsicht; *the* ~*s* (*of the case*) der Tatbestand *m*, die Tatumstände *pl.*, der Sachverhalt *m*, b) Tat *f*: *before* (*after*) *the* ~ vor (nach) begangener Tat; → *accessory* 7; '~**find·ing** *adj.* Untersuchungs...: ~ *committee*; ~ *tour* Informationsreise *f*.

fac·tion ['fækʃn] *s.* **1.** Fakti'on *f*, Splittergruppe *f*; **2.** Zwietracht *f*; **'fac·tion·al·ism** [-ʃnəlɪzəm] *s.* Par'teigeist *m*; **'fac·tion·ist** [-ʃənɪst] *s.* Par'teigänger *m*; **'fac·tious** [-ʃəs] *adj.* □ **1.** vom Par'teigeist beseelt, fakti'ös; **2.** aufrührerisch.

fac·ti·tious [fæk'tɪʃəs] *adj.* □ gekünstelt, künstlich.

fac·ti·tive ['fæktɪtɪv] *adj. ling.* fakti'tiv, bewirkend: ~ *verb*.

fac·tor ['fæktə] *s.* **1.** *fig.* Faktor *m* (*a.* ♈, ♂, *phys.*), (mitwirkender) 'Umstand, Mo'ment *n*, Ele'ment *n*: *safety* ~ Sicherheitsfaktor; **2.** *biol.* Erbfaktor *m*; **3.** ♈ a) (Handels)Vertreter *m*, Kommissio'när *m*, b) Am. Finan'zierungskommissio,när *m*; **4.** 🜚 *Scot.* (Guts-) Verwalter *m*; **'fac·tor·ing** [-tərɪŋ] *s.* ♈ Factoring *n* (*Absatzfinanzierung u. Kreditrisikoabsicherung*); **'fac·to·ry** [-tərɪ] *s.* **1.** Fa'brik *f*: ⚖ *Acts* Arbeiterschutzgesetze; ~ *cost* Herstellungskosten *pl.*; ~ *expenses* Gemeinkosten; ~ *hand* Fabrikarbeiter *m*; ~ *ship* Fabrikschiff *n*; ~*-made* fabrikmäßig hergestellt, Fabrik... (*-ware etc.*); **2.** ♈ Handelsniederlassung *f*, Fakto'rei *f*.

fac·to·tum [fæk'təʊtəm] *s.* Fak'totum *n*, ,Mädchen *n* für alles'.

fac·tu·al ['fæktjʊəl] *adj.* □ **1.** tatsächlich: ~ *situation* Sachlage *f*, -verhalt *m*; **2.** Tatsachen...: ~ *report*; **3.** sachlich.

fac·ul·ta·tive ['fækltətɪv] *adj.* fakulta-'tiv, wahlfrei: ~ *subject ped.* Wahlfach *n*; **fac·ul·ty** ['fæklti] *s.* **1.** Fähigkeit *f*, Vermögen *n*, Kraft *f*: ~ *of hearing* Hörvermögen *n*; **2.** Gabe *f*, Anlage *f*, Ta-'lent *n*, Fähigkeit *f*: (*mental*) *faculties* Geisteskräfte; **3.** *univ.* a) Fakul'tät *f*, Abteilung *f*, b) (Mitglieder *pl.* e-r) Fakul'tät, Lehrkörper *m*, c) (Ver'wal-

---

tungs)Perso,nal *n* (*a. e-r Schule*): *the medical* ~ die medizinische Fakultät, *weitS.* die Mediziner *pl.*; **4.** 🜚 Ermäch-tigung *f*, Befugnis *f* (*for* zu, für).

fad [fæd] *s.* **1.** Mode(torheit) *f*; **2.** ,Fim-mel' *m*, Ma'rotte *f*; **'fad·dish** [-dɪʃ] **1.** Mode..., vor'übergehend; **2.** ex'zentrisch: ~ *woman* Frau, die jede Mode (-torheit) mitmacht.

fade [feɪd] **I** *v/i.* **1.** (ver)welken; **2.** verschießen, -blassen, ver-, ausbleichen (*Farbe etc.*); **3.** *a.* ~ *away* verklingen (*Lied, Stimme etc.*), abklingen (*Schmerzen etc.*), verblassen (*Erinnerung*), schwinden, zerrinnen (*Hoffnungen etc.*), verrauchen (*Zorn etc.*), sich auflösen (*Menge*), (in der Ferne *etc.*) verschwinden, immer weniger werden, 🎬 immer schwächer werden (*Person*); **4.** *Radio:* schwinden (*Ton, Sender*); **5.** ⚙ nachlassen (*Bremsen*); **6.** nachlassen, abbauen (*Sportler*); **7.** *bsd. Am.* F ,verduften'; **8.** *Film, Radio:* über'blenden: ~ *in* (*od. up*) auf- *od.* eingeblendet werden; ~ (*out*) aus- *od.* abgeblendet werden; **II** *v/t.* **9.** (ver)welken lassen; **10.** *Farbe etc.* ausbleichen; **11.** *a.* ~ *out Ton, Bild* aus- *od.* abblenden: ~ *in* (*od. up*) auf- *od.* einblenden; **'fad·ed** [-dɪd] *adj.* □ **1.** welk, verwelkt, -blüht (*alle a. fig. Schönheit etc.*); **2.** verblaßt, verblichen, -schossen; **'fade·in** *s. Film, Radio, TV:* Auf-, Einblendung *f*; **'fade·less** [-lɪs] *adj.* □ **1.** licht-, farbecht; **2.** *fig.* unvergänglich; **'fade·out** *s. Film, Radio, TV:* Aus-, Abblendung *f*: *do a* ~ *sl.* ,sich verziehen'; **2.** *phys.* Ausschwingen *n*; **'fad·er** [-də] *s. Radio, TV:* Auf- *od.* Abblendregler *m*; **'fad·ing** [-dɪŋ] **I** *adj.* **1.** (ver)welkend (*a. fig.*); **2.** ausbleichend (*Farbe*); **3.** matt, schwindend; **4.** *fig.* vergänglich; **II** *s.* **5.** (Ver)Welken *n*; **6.** Verblassen *n*, Ausbleichen *n*; **7.** *Radio:* Fading *n*, Schwund *m*: ~ *control* Schwundregelung *f*; **8.** ⚙ Fading *n* (*Nachlassen der Bremswirkung*).

fae·cal ['fiːkl] *adj.* fä'kal, Kot...: ~ *matter* Kot *m*; **fae·ces** ['fiːsiːz] *s. pl.* Fä'kalien *pl.*, Kot *m*.

fa·er·ie, fa·er·y ['feɪərɪ] **I** *s. obs.* **1.** → *fairy* 1; **2.** Märchenland *n*; **II** *adj.* **3.** Feen..., Märchen...

fag¹ [fæg] *s. sl.* **1.** ,Glimmstengel' *m*, Ziga'rette *f*; **2.** → *fag(g)ot* 5.

fag² [fæg] **I** *v/i.* **1.** *Brit.* sich (ab)schinden; **2.** ~ *for s.o. Brit. ped.* e-m älteren Schüler Dienste leisten; **II** *v/t.* **3.** *a.* ~ *out* F ermüdigen, erschöpfen; **4.** *Brit. ped.* sich von *e-m jüngeren Schüler* bedienen lassen; **III** *s.* **5.** Placke'rei *f*, Schinde'rei *f*; **6.** Erschöpfung *f*; **7.** *Brit. ped.* ,Diener' *m* (→ 2).

fag³ [fæg] → *fag(g)ot* 5.

fag·'end *s.* **1.** Ende *n*, Schluß *m*; **2.** letzter *od.* schäbiger Rest; **3.** *Brit. sl.* (Ziga'retten)Kippe *f*.

fag·ging ['fægɪŋ] *s. a.* ~ *system Brit. ped.* die Sitte, daß jüngere Schüler den älteren Dienste leisten müssen.

fag·(g)ot ['fægət] *s.* **1.** Reisigbündel *n*; **2.** Fa'schine *f*; **3.** ⚙ a) Bündel *n* Stahlstangen, b) 'Schweißpa,ket *n*; **4.** *Brit. Küche:* Frika'delle *f* aus Inne'reien; **5.** *sl.* ,Homo' *m*, (Schwule(r) *m*.

Fahr·en·heit ['færənhaɪt] *s.*: *10°* ~ zehn Grad Fahrenheit, 10° F.

---

fa·ience [faɪ'ɑ̃ːns] (*Fr.*) *s.* Fay'ence *f*.

fail [feɪl] **I** *v/i.* **1.** versagen (*Stimme, Herz, Motor etc.*, *a. fig. Person*); aufhören, zu Ende gehen, nicht (aus)reichen, versiegen (*Vorrat*); **2.** miß'raten (*Ernte*), nicht aufgehen (*Saat*); **3.** nachlassen, schwächer werden, schwinden, abnehmen: *his health* ~*ed* s-e Gesundheit ließ nach; **4.** unter'lassen, versäumen, vernachlässigen: *he* ~*ed to come* er kam nicht; *he never* ~*s to come* er kommt immer; *don't* ~ *to come!* komm ja (*od.* bestimmt)!; *he cannot* ~ *to win* er muß (einfach) gewinnen; ~ *in one's duty* s-e Pflicht versäumen; *he* ~*s in perseverance* es fehlt ihm an Ausdauer; **5.** a) s-n Zweck verfehlen, miß'lingen, fehlschlagen, Schiffbruch erleiden, b) es nicht fertigbringen *od.* schaffen (zu *inf.*): *the plan* ~*ed* der Plan scheiterte; *if everything else* ~*s* wenn alle Stränge reißen; *I* ~ *to see why* ich sehe nicht ein, warum; *he* ~*ed in his attempt* der Versuch mißlang ihm; *it* ~*ed in its effect* die erhoffte Wirkung blieb aus; *a* ~*ed husband* als Ehemann ein Versager; *a* ~*ed artist* ein verkrachter Künstler; **6.** *ped.* 'durchfallen (*in* in *dat.*); **7.** ♈ Bank'rott machen, in Kon'kurs geraten; **II** *v/t.* **8.** im Stich lassen, enttäuschen: *I will never* ~ *you*; *my courage* ~*ed me* mir sank der Mut; *words* ~ *me* mir fehlen die Worte; **9.** *j-m* fehlen; **10.** *ped.* a) *j-n* 'durchfallen lassen (*in der Prüfung*), b) 'durchfallen in (*der Prüfung*); **III** *s.* **11.** *he got a* ~ *in biology ped.* er ist in Biologie durchgefallen; **12.** *without* ~ ganz bestimmt, unbedingt; **'fail·ing** [-lɪŋ] **I** *adj.*: *never* ~ nie versagend, unfehlbar; **II** *prp.* in Ermangelung (*gen.*), ohne: ~ *this* andernfalls; ~ *which* widrigenfalls; **III** *s.* Mangel *m*, Schwäche *f*, Fehler *m*, De'fekt *m*.

'fail·safe, '~-proof *adj.* pannensicher (*a. fig.*).

fail·ure ['feɪljə] *s.* **1.** Fehlen *n*; **2.** Ausbleiben *n*, Versagen *n*; **3.** Unter'lassung *f*, Versäumnis *n*: ~ *to comply* Nichtbefolgung *f*; ~ *to pay* Nichtzahlung *f*; **4.** Fehlschlag(en *n*) *m*, Scheitern *n*, Miß-'lingen *n*, 'Mißerfolg *m*: *crop* ~ Mißernte *f*; **5.** *fig.* Zs.-bruch *m*, Schiffbruch *m*; ♈ Bank'rott *m*, Kon'kurs *m*: *meet with* ~ → *fail* 5; **6.** ♂, ⚙ (*Herz-, Nieren-etc.*)Versagen *n*, Störung *f*, De'fekt *m*, ⚙ a) Panne *f*; **7.** Abnahme *f*, Versiegen *n*; **8.** *ped.* 'Durchfallen *n* (*in der Prüfung*); **9.** a) Versager *m*, ,Niete' *f* (*Person od. Sache*), b) ,Reinfall' *m*, ,Pleite' *f* (*Sache*).

faint [feɪnt] **I** *adj.* □ **1.** schwach, matt, kraftlos: *feel* ~ sich matt *od.* e-r Ohnmacht nahe fühlen; **2.** schwach, matt (*Ton, Farbe, a. fig.*): *a* ~ *effort, I haven't got the* ~*est idea* ich habe nicht die leiseste Ahnung; ~ *hope* schwache Hoffnung; **3.** furchtsam; **II** *s.* **4.** (*dead* ~ tiefe) Ohnmacht; **III** *v/i.* **5.** schwach *od.* matt werden (*with* vor *dat.*); **6.** in Ohnmacht fallen (*with* vor *dat.*): ~*ing fit* Ohnmachtsanfall *m*; '~**heart** *s.* Feigling *m*; '~**-heart·ed** *adj.* □ feig(e), furchtsam.

faint·ness ['feɪntnɪs] *s.* **1.** Schwäche *f* (*a. fig.*), Mattigkeit *f*: ~ *of heart* Feigheit *f*, Furchtsamkeit *f*; **2.** Ohnmachtsgefühl *n*.

fair¹ [feə] **I** adj. □ → **fairly**; **1.** schön, hübsch, lieblich: *the ~ sex* das schöne Geschlecht; **2.** a) hell (*Haut, Haar*), blond (*Haar*), zart (*Teint, Haut*), b) hellhäutig; **3.** rein, sauber, tadel-, makellos, *fig. a.* unbescholten: *~ name* guter Ruf; **4.** *fig.* schön, gefällig: *give s.o. ~ words* j-n mit schönen Worten abspeisen; **5.** deutlich, leserlich: *~ copy* Reinschrift f; **6.** klar, heiter (*Himmel*), schön, trocken (*Wetter, Tag*): *set ~* beständig; **7.** frei, unbehindert: *~ game* jagdbares Wild, *bsd. fig.* Freiwild n (*to* für); **8.** günstig (*Wind*), aussichtsreich, gut: *~ chance* reelle Chance; *be in a ~ way to* auf dem besten Wege sein zu; **9.** anständig: a) *bsd. sport* fair, b) ehrlich, offen, aufrichtig, c) 'unpar,teiisch, fair: *~ price* angemessener Preis; *~ and square* offen u. ehrlich, anständig; *~ play* a) faires Spiel, b) *fig.* Anständigkeit f, Fairneß f; *by ~ means or foul* so oder so; *~ is ~* Gerechtigkeit muß sein!; *~ enough!* in Ordnung!; *all's ~ in love and war* im Krieg u. in der Liebe ist alles erlaubt; **10.** leidlich, ziemlich gut, einigermaßen gut, nicht übel: *be a ~ judge* ein recht gutes Urteil haben (*of* über *acc.*); *~ to middling* gut bis mittelmäßig, *iro.* ,mittelprächtig'; *~ average* guter Durchschnitt; **11.** ansehnlich, beträchtlich, ganz schön: *a ~ sum*; **II** adv. → *a. fairly*; **12.** schön, gut, freundlich, höflich; **13.** rein, sauber, leserlich; **14.** günstig: *bid* (*od. promise*) *~* a) sich gut anlassen, zu Hoffnungen berechtigen, b) Aussicht haben, versprechen (*to inf.* zu *inf.*); **15.** anständig, fair: *play ~* fair spielen, *a. fig.* sich an die Spielregeln halten; **16.** genau: *~ in the face* mitten ins Gesicht; **17.** völlig; **III** v/t. **18.** ✿ zurichten, glätten; **19.** *Flugzeug etc.* verkleiden.

fair² [feə] s. **1.** a) Jahrmarkt m, b) Volksfest n; **2.** Messe f, Ausstellung f: *at the industrial ~* auf der Industriemesse; **3.** Ba'sar m.

'fair|-faced adj.: *~ concrete* △ Sichtbeton m; **'~-ground** s. **1.** Messegelände n; **2.** Rummelplatz m; **,~-'haired** adj. blond: *~ boy fig. iro.* Liebling m (*des Chefs etc.*).

fair·ing¹ ['feərɪŋ] s. ✈ Verkleidung f.

fair·ing² ['feərɪŋ] s. *obs.* Jahrmarktsgeschenk n.

fair·ly ['feəlɪ] adv. **1.** ehrlich; **2.** anständig(erweise); **3.** gerecht(erweise); **4.** ziemlich; **5.** leidlich; **6.** völlig; **7.** geradezu; **8.** deutlich; **9.** genau.

,fair-'mind·ed adj. aufrichtig, gerecht (denkend).

fair·ness ['feənɪs] s. **1.** Schönheit f; **2.** a) Blondheit f, b) Hellhäutigkeit f; **3.** Klarheit f (*des Himmels*); **4.** Anständigkeit f: a) *bsd. sport* Fairneß f, b) Ehrlichkeit f, c) Gerechtigkeit f: *in ~* gerechterweise; *in ~ to him* um ihm Gerechtigkeit widerfahren zu lassen; ✿, ✝ Lauterkeit f (*des Wettbewerbs etc.*).

,fair-'spo·ken adj. freundlich, höflich; **'~·way** s. **1.** ✿ Fahrwasser n, -rinne f; **2.** Golf: Fairway m; **'~·weath·er** adj. Schönwetter...: *~ friends fig.* Freunde nur in guten Zeiten.

fair·y ['feərɪ] **I** s. **1.** Fee f, Elf(e f) m; **2.** *sl.* ,Homo' m, Schwule(r) m; **II** adj. □

3. feenhaft (*a. fig.*): *~ godmother fig.* gute Fee; **'~·land** s. Feen-, Märchenland n; *~ tale* s. Märchen n (*a. fig.*).

faith [feɪθ] s. **1.** (*in*) Glaube(n) m (an *acc.*), Vertrauen n (auf *acc.*, zu): *have od. put ~ in* a) Glauben schenken (*dat.*), b) Vertrauen haben zu; *on the ~ of* im Vertrauen auf (*acc.*); **2.** *eccl.* (*überzeugter*) Glaube(n), b) Glaube(nsbekenntnis n) m: *the Christian ~*; **3.** Treue f, Redlichkeit f: *breach of ~* Treu-, Vertrauensbruch m; *in good ~* in gutem Glauben, gutgläubig (*a. ᵗᵗ*); *in bad ~* in böser Absicht, arglistig (*a. ᵗᵗ*), ᵗᵗ bösgläubig; **4.** Versprechen n: *keep one's ~* (sein) Wort halten; *~ cure → faith healing*.

faith·ful ['feɪθfʊl] **I** adj. □ **1.** treu (*to dat.*); **2.** (pflicht)getreu; **3.** ehrlich, aufrichtig; **4.** gewissenhaft; **5.** (wahrheits-od. wort)getreu, genau; **6.** glaubwürdig, zuverlässig; **7.** *eccl.* gläubig; **II** s. **8.** *the ~ eccl.* die Gläubigen pl.; **9.** pl. treue Anhänger pl.; **'faith·ful·ly** [-fʊlɪ] adv. **1.** treu, ergeben: *Yours ~* Mit freundlichen Grüßen; **2.** → *faithful* 2–5; **3.** F nachdrücklich: *promise ~* fest versprechen; **'faith·ful·ness** [-nɪs] s. **1.** (*a.* Pflicht)Treue f; **2.** Ehrlichkeit f; **3.** Gewissenhaftigkeit f; **4.** Genauigkeit f; **5.** Glaubwürdigkeit f.

faith| heal·er s. Gesundbeter(in); *~ heal·ing* s. Gesundbeten n.

faith·less ['feɪθlɪs] adj. □ **1.** *eccl.* ungläubig; **2.** treulos; **3.** unehrlich.

fake [feɪk] F **I** v/t. **1.** nachmachen, fälschen; *Presse etc.: Foto etc.* ,türken'; **2.** *Bilanz etc.* ,frisieren'; **3.** vortäuschen; **4.** *sport* a) *Gegner* täuschen, b) *Schlag etc.* antäuschen; **II** s. **5.** Fälschung f, Nachahmung f; **6.** Schwindel m; **7.** Schwindler m, ,Schauspieler' m, j-d, der nicht ,echt' ist; **III** adj. **8.** nachgemacht, gefälscht; **9.** falsch; **10.** vorgetäuscht; **'fak·er** s. **1.** Fälscher m; **2.** Simu'lant(in); **3.** → *fake* 7.

fa·kir ['feɪˌkɪə] s. **1.** Fakir m; **2.** *Am.* F → *fake* 7.

fal·con ['fɔːlkən] s. *orn.* Falke m; **'fal·con·er** [-nə] s. *hunt.* Falkner m; **'fal·con·ry** [-kənrɪ] s. **1.** Falkne'rei f; **2.** Falkenbeize f, -jagd f.

fall [fɔːl] **I** s. **1.** Fall(en n) m, Sturz m: *have a (bad) ~* (schwer) stürzen; *ride for a ~* a) verwegen reiten, b) *fig.* das Schicksal herausfordern; **2.** a) (Ab)Fallen n (*der Blätter etc.*), b) *Am.* Herbst m; **3.** Fallen n (*des Vorhangs*); **4.** Fall m, Faltenwurf m (*von Stoff*); **5.** *phys.* a) *a. free ~* freier Fall, Fallhöhe f, -strecke f; **6.** a) (Regen-, Schnee)Fall m, b) Regen-, Schneemenge f; **7.** Zs.-fallen n, Einsturz m (*e-s Hauses*); **8.** Fallen n, Sinken n, Abnehmen n (*Temperatur, Flut, Preis*): *heavy ~ in prices* Kurs-, Preissturz m; *speculate on the ~* auf Baisse spekulieren; **9.** Abfallen n, Gefälle n, Neigung f (*des Geländes*); **10.** Fall m (*a. e-r Festung etc.*), Sturz m, Nieder-, 'Untergang m, Abstieg m, Verfall m, Ende n; **11.** Fall m, Fehltritt: *the ᴥ (of man) bibl.* der (erste) Sündenfall m; **12.** *mst pl.* Wasserfall m; **13.** Wurf m (*Lämmer etc.*); **14.** *Ringen:* Niederwurf m: *win by ~* Schultersieg m; *try a ~ with s.o. fig.* sich mit j-m messen; **II** v/i. [*irr.*] **15.** fallen: *the ~*

curtain ~s der Vorhang fällt; **16.** (ab)fallen (*Blätter etc.*); **17.** (he'runter)fallen, abstürzen: *he fell to his death* er stürzte tödlich ab; **18.** ('um-, hin-, nieder)fallen, zu Boden fallen, zu Fall kommen; **19.** 'umfallen, -stürzen (*Baum etc.*); **20.** (*in Falten od. Locken*) her'abfallen; **21.** *fig. allg.* fallen: a) (*im Kampf*) getötet werden, b) erobert werden (*Stadt etc.*), c) gestürzt werden (*Regierung*), d) e-n Fehltritt begehen (*Frau*); **22.** *fig.* fallen (*Preis, Temperatur, Flut*), abnehmen, sinken: *his courage fell* ihm sank der Mut; *his face fell* er machte ein langes Gesicht; **23.** abfallen, sich senken (*Gelände*); **24.** (*in Stücke*) zerfallen; **25.** (*zeitlich*) fallen: *Easter ~s late this year*, **26.** her'einbrechen (*Nacht*); **27.** *fig.* fallen (*Worte etc.*); **28.** *krank, fällig etc.* werden: *~ ill* (*due*).

Zssgn mit prp.:

fall| a·mong v/i. unter ... (*acc.*) geraten *od.* fallen: *~ the thieves bibl. u. fig.* unter die Räuber fallen; *~ be·hind* v/i. zu'rückbleiben hinter (*acc.*) (*a. fig.*); *~ for* v/i. F auf et. *od.* j-n reinfallen, *a.* sich in j-n ,verknallen'; *~ from* v/i. abfallen von, abtrünnig *od.* untreu werden (*dat.*): *~ grace* sündigen, b) in Ungnade fallen; *~ in·to* v/i. **1.** kommen *od.* geraten *od.* verfallen in (*acc.*): *~ disuse* außer Gebrauch kommen; *~ a habit* in e-e Gewohnheit verfallen; *~ line¹* 9; **2.** in *Teile* zerfallen: *~ ruin* zerfallen; **3.** münden in (*acc.*) (*Fluß*); **4.** fallen in (*ein Gebiet od. Fach*); *~ on* v/i. **1.** treffen, fallen auf (*acc.*) (*a. Blick etc.*); **2.** herfallen über (*acc.*), über'fallen (*acc.*); **3.** in et. geraten: *~ evil days* e-e schlimme Zeit durchmachen müssen; *~ o·ver* v/i. fallen über (*acc.*): *o.s. to do s.th.* F sich ,fast umbringen', et. zu tun; *~ to* v/i. **1.** mit et. beginnen; *~ work;* **2.** fallen an (*acc.*), j-m zufallen *od.* obliegen (*to do* zu tun); *~ un·der* v/i. *fig.* **1.** unter *ein Gesetz etc.* fallen, zu et. gehören; **2.** *der Kritik etc.* unter'liegen; *~ with·in → fall into* 4.

Zssgn mit adv.:

fall| a·stern v/i. ⚓ zu'rückbleiben; *~ a·way* v/i. **1.** → *fall* 23; **2.** → *fall off* 1; *~ back* v/i. zu'rückweichen: *~ (up)on fig.* zurückgreifen auf (*acc.*); **2.** → *be·hind* v/i. *a. fig.* zu'rückbleiben, -fallen: *~ with* in Rückstand *od.* Verzug geraten mit; *~ down* v/i. **1.** hin-, hin'unterfallen; **2.** 'umfallen, einstürzen; **3.** (*ehrfürchtig*) auf die Knie sinken, niederfallen; **4.** F (*on*) a) versagen (bei), b) Pech haben (mit); *~ in* v/i. **1.** einfallen, -stürzen; **2.** ✕ antreten; **3.** *fig.* a) sich anschließen (*Person*), b) sich einfügen (*Sache*); **4.** ✝ ablaufen, fällig werden; **5.** *~ with* (*zufällig*) treffen (*acc.*), stoßen auf (*acc.*); **6.** *~ with* a) zustimmen (*dat.*), b) passen zu, entsprechen (*dat.*), c) sich anpassen (*dat.*); *~ off* v/i. *fig.* **1.** zu'rückgehen, sinken, nachlassen, abnehmen; **2.** (*from*) abfallen (von), abtrünnig werden (*dat.*); **3.** ⚓ (*vom Strich*) abfallen; **4.** ✓ abrutschen; *~ out* v/i. **1.** her'ausfallen; **2.** ausfallen, sich erweisen als; **3.** sich ereignen; **4.** ✕ wegtreten; **5.** sich streiten *od.* entzweien; *~ o·ver* v/i. 'umfallen, -kippen; *~ backwards* F sich ,fast umbringen' (*et. zu tun*); **~ through** *v/i.* **1.** 'durchfallen (*a. fig.*); **2.** *fig.* a) miß'lingen, b) ins Wasser fallen; **~ to** *v/i.* **1.** zufallen (*Tür*); **2.** ‚reinhauen', (tüchtig) zugreifen (*beim Essen*); **3.** handgemein werden.

fal·la·cious [fə'leɪʃəs] *adj.* □ trügerisch: a) irreführend, b) irrig, falsch; **fal·la·cy** ['fæləsɪ] *s.* **1.** Trugschluß *m*, Irrtum *m*: *popular* ~ weitverbreiteter Irrtum; **2.** Unlogik *f*; **3.** Täuschung *f*.

fall·en ['fɔːlən] **I** *p.p. von fall*; **II** *adj. allg.* gefallen: a) gestürzt (*a. fig.*), b) entehrt (*Frau*), c) (*im Kriege*) getötet, d) erobert (*Stadt etc.*): ~ *angel* gefallener Engel; **III** *s. coll.* *the* ~ die Gefallenen *pl.*; **~ arch·es** *s. pl.* Senkfüße *pl.*

fall guy *s. Am.* F **1.** a) Opfer *n* (*e-s Betrügers*), b) ‚Gimpel' *m*; **2.** Sündenbock *m*.

fal·li·bil·i·ty [ˌfælə'bɪlətɪ] *s.* Fehlbarkeit *f*; **fal·li·ble** ['fæləbl] *adj.* □ fehlbar.

fall·ing|-a·way ['fɔːlɪŋ] *s.* Rückgang *m*, Abnahme *f*, Sinken *n*; **~ sick·ness** *s.* 🩺 Fallsucht *f*; **~ star** *s.* Sternschnuppe *f*.

Fal·lo·pi·an tubes [fə'ləʊpɪən] *s. pl. anat.* Eileiter *pl.*

'fall·out *s.* **1.** *phys.* radioak'tiver Niederschlag, Fall'out *m*; **2.** *fig.* a) 'Nebenpro₁dukt *n*, b) (böse) Auswirkung(en *pl.*).

fal·low¹ ['fæləʊ] **I** *adj.* brach(liegend): *lie* ~ brachliegen; **II** *s.* Brache *f*: a) Brachfeld *n*, b) Brachliegen *n*.

fal·low² ['fæləʊ] *adj.* falb, fahl, braungelb; **'~-deer** [-ləʊd-] *s. zo.* Damhirsch *m*, -wild *n*.

false [fɔːls] **I** *adj.* □ *allg.* falsch: a) unrichtig, fehlerhaft, irrig, b) unwahr, c) (*to*) treulos (gegen), untreu (*dat.*), d) irreführend, vorgetäuscht, trügerisch, 'hinterhältig, e) gefälscht, unecht, künstlich, f) Schein..., fälschlich (so genannt), g) 'widerrechtlich, rechtswidrig: ~ *alarm* blinder Alarm (*a. fig.*); ~ *ceiling* △ Zwischendecke *f*; ~ *coin* Falschgeld *n*; ~ *hair* falsche Haare; ~ *imprisonment* 🏛 Freiheitsberaubung *f*; ~ *key* Nachschlüssel *m*; ~ *pregnancy* 🩺 Scheinschwangerschaft *f*; ~ *shame* falsche Scham; ~ *start* Fehlstart *m*; ~ *step* Fehltritt *m*; ~ *tears* Krokodilstränen; ~ *teeth* falsche Zähne; **II** *adv.* falsch, unaufrichtig: *play s.o. ~* ein falsches Spiel mit j-m treiben; **'false-'heart·ed** *adj.* falsch, treulos; **'false-hood** [-hʊd] *s.* **1.** Unwahrheit *f*, Lüge *f*; **2.** Falschheit *f*; **'false-ness** [-nɪs] *s. allg.* Falschheit *f*.

fal·set·to [fɔːl'setəʊ] *pl.* **-tos** *s.* Fistelstimme *f*, ♪ *a.* Fal'sett(stimme *f*) *n*.

fal·sies ['fɔːlsɪz] *s. pl.* F Schaumgummieinlagen *pl.* (*im Büstenhalter*).

fal·si·fi·ca·tion [ˌfɔːlsɪfɪ'keɪʃn] *s.* (Ver-)Fälschung *f*; **fal·si·fi·er** ['fɔːlsɪfaɪə] *s.* Fälscher(in); **fal·si·fy** ['fɔːlsɪfaɪ] *v/t.* **1.** fälschen; **2.** verfälschen, falsch *od.* irreführend darstellen; **3.** *Hoffnungen* enttäuschen; **fal·si·ty** ['fɔːlsɪtɪ] *s.* **1.** Irrtum *m*, Unrichtigkeit *f*; **2.** Lüge *f*, Unwahrheit *f*.

falt·boat ['fɔːltbəʊt] *s.* Faltboot *n*.

fal·ter ['fɔːltə] **I** *v/i.* schwanken: a) taumeln, b) zögern, zaudern, c) stocken (*a. Stimme*): *his courage ~ed* der Mut verließ ihn; **II** *v/t. et.* stammeln; **'fal-**

ter·ing [-tərɪŋ] *adj.* □ *allg.* schwankend (→ *falter* I).

fame [feɪm] *s.* **1.** Ruhm *m*, (guter) Ruf, Berühmtheit *f*: *of ill ~* berüchtigt; *house of ill ~* Freudenhaus *n*; **2.** *obs.* Gerücht *n*; **famed** [-md] *adj.* berühmt, bekannt (*for wegen gen.*, für).

fa·mil·iar [fə'mɪljə] **I** *adj.* □ **1.** vertraut: a) gewohnt: *a ~ sight*, b) bekannt: *a ~ face*, c) geläufig: *a ~ expression*; ~ *quotations* geflügelte Worte; **2.** vertraut, bekannt (*with* mit): *be ~ with a. et.* gut kennen; *make o.s. ~ with* a) sich mit j-m bekannt machen, b) sich mit *et.* vertraut machen; *the name is ~ to me* der Name ist mir vertraut; **3.** vertraut, in'tim, eng: *a ~ friend*; *be on ~ terms with s.o.* mit j-m gut bekannt sein; (*too*) ~ *contp.* allzu familiär, plump-vertraulich; **4.** ungezwungen, familiär; **II** *s.* **5.** Vertraute(r *m*) *f*; **6.** *a.* ~ *spirit* Schutzgeist *m*; **fa·mil·i·ar·i·ty** [fəˌmɪlɪ'ærətɪ] *s.* **1.** Vertrautheit *f*, Bekanntschaft *f* (*with* mit); **2.** a) famili'ärer Ton, Ungezwungenheit *f*, Vertraulichkeit *f*, b) *contp.* plumpe Vertraulichkeit; **fa·mil·iar·i·za·tion** [fəˌmɪljəraɪ'zeɪʃn] *s.* (*with*) Vertrautmachen *n od.* -werden *n* (mit), Gewöhnung *f* (an *acc.*); **fa·mil·iar·ize** [-əraɪz] *v/t.* (*with*) vertraut *od.* bekannt machen (mit), gewöhnen (an *acc.*).

fam·i·ly ['fæməlɪ] **I** *s.* **1.** Fa'milie *f* (*a. biol. u. fig.*): ~ *of nations* Völkerfamilie; *she was living as one of the ~* sie gehörte zur Familie, sie hatte Familienanschluß; **2.** Fa'milie *f*: a) Geschlecht *n*, Sippe *f*, *a.* Verwandtschaft *f*, b) Ab-, Herkunft *f*: *of (good) ~* aus gutem *od.* vornehmem Hause; **3.** *ling.* ('Sprach-)Fa₁milie *f*; **4.** A· Schar *f*; **II** *adj.* **5.** Familien...: ~ *business* (*tradition etc.*); ~ *doctor* Hausarzt *m*; ~ *environment* häusliches Milieu; ~ *warmth* Nestwärme *f*; *in a ~ way* zwanglos; *be in the ~ way* F in anderen Umständen sein; **al·low·ance** *s.* Kindergeld *n*; **~ cir·cle** *s.* **1.** Fa'milienkreis *m*; **2.** *thea. Am.* oberer Rang; **~ court** *s.* 🏛 Fa'miliengericht *n*; **~ man** *s.* [*irr.*] **1.** Mann *m* mit Fa'milie, Fa'milienvater *m*; **2.** häuslicher Mensch; **~ plan·ning** *s.* Fa'milienplanung *f*; **~ skel·e·ton** *s.* streng gehütetes Fa'miliengeheimnis; **~ tree** *s.* Stammbaum *m*.

fam·ine ['fæmɪn] *s.* **1.** Hungersnot *f*; **2.** Mangel *m*, Knappheit *f* (*of an dat.*); **3.** Hunger *m* (*a. fig.*).

fam·ish ['fæmɪʃ] **I** *v/i.* **1.** *obs.* verhungern: *be ~ing* F am Verhungern sein; **2.** darben; **II** *v/t. obs.* verhungern lassen: *he ate as if ~ed* er aß, als ob er am Verhungern wäre.

fa·mous ['feɪməs] *adj.* □ **1.** berühmt (*for wegen gen.*, für); **2.** F fa'mos, ausgezeichnet, prima.

fan¹ [fæn] **I** *s.* **1.** Fächer *m*: ~ *dance*; ~ *aerial* ⚡ Fächerantenne *f*; **2.** ☢ *a.* Venti'lator *m*, Lüfter *m*, b) *a.* ~ *blower* (Flügelrad)Gebläse *n*, c) ♂ (Worfel-)Schwinge *f*, d) ⚓ Flügel *m*, Schraubenblatt *n*; **II** *v/t.* **3.** Luft fächeln, **4.** um'fächeln, *j-m* Luft zufächeln; **5.** *Feuer* anfachen: ~ *the flame fig.* Öl ins Feuer gießen; **6.** *fig.* entfachen; (*an*)wedeln; **7.** ♂ worfeln, schwingen; **III** *v/i.* **8.** *oft* ~ *out* a) sich (fächerförmig) ausbreiten,

b) ⚔ ausschwärmen.

fan² [fæn] *s.* F Fan *m*, begeisterter Anhänger: ~ *club* Fanclub *m*; ~ *mail* Verehrerpost *f*.

fa·nat·ic [fə'nætɪk] **I** *s.* Fa'natiker(in); **II** *adj.* → **fa·nat·i·cal** [-kl] *adj.* □ fa'natisch; **fa·nat·i·cism** [-ɪsɪzəm] *s.* Fana'tismus *m*.

fan·ci·er ['fænsɪə] *s.* (Tier-, Blumenetc.)Liebhaber(in) *od.* Züchter(in); **'fan·ci·ful** [-ɪfʊl] *adj.* □ **1.** (allzu) phanta'siereich, schrullig, wunderlich (*Person*); **2.** bi'zarr, ausgefallen (*Sache*); **3.** eingebildet, unwirklich; **4.** phan'tastisch, wirklichkeitsfremd.

fan·cy ['fænsɪ] **I** *s.* **1.** Phanta'sie *f*: a) Einbildungskraft *f*, b) Phanta'sievorstellung *f*, c) (bloße) Einbildung; **2.** I'dee *f*, plötzlicher Einfall *m*: *I have a ~ that* ich habe so e-e Idee, daß; **3.** Laune *f*, Grille *f*; **4.** (individu'eller) Geschmack; **5.** (*for*) Neigung *f* (zu), Vorliebe *f* (für), Gefallen *n* (an *dat.*): *have a ~ for* gern haben (wollen) (*acc.*), Lust haben zu *od.* auf (*acc.*); *take a ~ to* Gefallen finden an (*dat.*), sympathisch finden (*acc.*); *take (od. catch) s.o.'s ~* j-m gefallen; *just as the ~ takes you* nach Lust u. Laune; **6.** *coll. the ~* die (*Sport-, Tier- etc.*)Liebhaberwelt; **II** *adj.* **7.** Phantasie..., phan'tastisch: ~ *name* Phantasiename *m*; ~ *price* Phantasie-, Liebhaberpreis *m*; **8.** Mode...: ~ *article*; **9.** (reich) verziert, bunt, kunstvoll, ausgefallen, extrafein: ~ *cakes* feines Gebäck; ~ *car* schicker Wagen; ~ *dog* Hund *m* aus e-r Liebhaberzucht; ~ *foods* Delikatessen; ~ *words contp.* geschwollene Ausdrucke; **III** *v/t.* **10.** sich *j-n od. et.* vorstellen: ~ (*that*)! a) stell dir vor!, b) sieh mal einer an!, nanu!; ~ *meeting you here!* nanu, du hier?; **11.** glauben, denken, annehmen; **12.** ~ *o.s.* sich einbilden (*to be* zu sein), sich halten für: ~ *o.s. (very important)* sich sehr wichtig vorkommen; **13.** gern haben *od.* mögen: *I don't ~ this suit* dieser Anzug gefällt mir nicht; **14.** Lust haben (auf *acc.*; *doing* zu tun): *I could ~ an icecream* ich hätte Lust auf ein Eis; **15.** ~ *up Am.* F aufputzen, ‚Pfiff geben' (*dat.*); ~ *ball s.* Ko'stümfest *n*, Maskenball *m*; ~ *dress* s. ('Masken)Ko₁stüm *n*; **~-'dress** *adj.*: ~ *ball* → *fancy ball*; **~-'free** *adj.* frei u. ungebunden; ~ *goods* *s. pl.* **1.** 'Modear₁tikel *pl.*; **2.** kleine Ge-'schenkar₁tikel *pl.*, *a.* Nippes *pl.*; ~ *man* *s.* [*irr.*] *sl.* **1.** ‚Louis' *m*, Zuhälter *m*; **2.** Liebhaber *m*; ~ *pants s. Am. sl.* **1.** ‚feiner Pinkel'; **2.** ‚Waschlappen' *m*; ~ *wom·an s.* [*irr.*] **1.** Geliebte *f*; **2.** Prostituierte *f*; **~-work** *s.* feine (Hand-)Arbeit.

fan·dan·gle [fæn'dæŋl] *s.* F ‚Firlefanz' *m*.

fane [feɪn] *s. poet.* Tempel *m*.

fan·fare ['fænfeə] *s.* ♪ Fan'fare *f*, Tusch *m*: *with much ~ fig.* mit großem Tamtam.

fang [fæŋ] *s.* **1.** *zo.* a) Fang(zahn) *m* (*Raubtier*), b) Hauer *m* (*Eber*), c) Giftzahn *m* (*Schlange*); **2.** *pl.* F Zähne *pl.*, ‚Beißer' *pl.*; **3.** *anat.* Zahnwurzel *f*; **4.** ⚙ Dorn *m*.

fan| heat·er *s.* Heizlüfter *m*; **'~-light** *s.* △ (fächerförmiges) (Tür)Fenster,

Oberlicht *n*.

fan·ner ['fænə] *s*. ⊙ Gebläse *n*.

fan·ny ['fænɪ] *s*. **1.** *Am*. *sl*. ‚Arsch' *m*; **2.** *Brit*. V ‚Möse' *f*.

fan·ta·sia [fæn'teɪzjə] *s*. ♪ Fanta'sia *f*; **fan·ta·size** ['fæntəsaɪz] *v/i*. **1.** phantasieren (*about* von); **2.** (mit offenen Augen) träumen; **fan'tas·tic** [-'tæstɪk] *adj*. (□ **~ally**) *allg*. phan'tastisch: a) unwirklich, b) verstiegen, über'spannt, c) ab'surd, aus der Luft gegriffen, d) F ‚toll'; **fan·ta·sy** ['fæntəsɪ] *s*. **1.** Phanta-'sie *f*: a) Einbildungskraft *f*, b) Phanta-'sievorstellung *f*, c) (Tag-, Wach)Traum *m*, d) Hirngespinst *n*; **2.** ♪ Fanta'sia *f*.

fan| trac·er·y *s*. △ Fächermaßwerk *n*; **~ vault·ing** *s*. △ Fächergewölbe *n*.

far [fɑː] **I** *adj*. **1.** fern, (weit) entfernt, weit; **2.** (*vom Sprecher aus*) entfernter: *at the ~ end* am anderen Ende; **3.** weit vorgerückt, fortgeschritten (*in* in *dat*.); **II** *adv*. **4.** weit, fern: *~ away*, *~ off* weit weg, weit entfernt; *from* ~ von weit her; *~ and near* nah u. fern, überall; *~ and wide* weit und breit; *~ and away the best* a) bei weitem *od*. mit Abstand das Beste, b) bei weitem am besten; *as ~ as* a) soweit *od*. soviel (wie), insofern als, b) bis (nach); *as ~ as that goes* was das betrifft; *as ~ back as 1907* schon (im Jahre) 1907; *in as* (*od*. *so*) *~ as* insofern als; *so ~* bisher, bis jetzt; *so ~ so good* so weit, so gut; *~ from* weit entfernt von, keineswegs; *~ from completed* noch lange *od*. längst nicht fertig, *~ from rich* alles andere als reich; *~ from it!* keineswegs!, ganz u. gar nicht!; *I am ~ from believing it* ich bin weit davon entfernt, es zu glauben; *~ into* bis weit *od*. hoch *od*. tief in (*acc*.); *~ into the night* bis spät *od*. tief in die Nacht; *~ out* a) weit draußen *od*. hinaus, b) F ‚toll': *be ~ out* weit danebenliegen (*mit e-r Vermutung etc*.); *~ up* hoch oben; *~ be it from me* (*to inf*.) es liegt mir fern (zu *inf*.); *go ~* a) weit *od*. lange (aus)reichen, b) es weit bringen; *ten dollars don't go ~* mit 10 Dollar kommt man nicht weit; *go too ~* *fig*. zu weit gehen; *that went ~ to convince me* das hat mich beinahe überzeugt; *I will go so ~ as to say* ich will sogar behaupten; **5.** *a*. *by ~* weit(aus), bei weitem, sehr viel, ganz: *~ better* viel besser; (*by*) *~ the best* a) weitaus der (die, das) beste, b) bei weitem am besten.

far·ad ['færəd] *s*. ⚡ Fa'rad *n*.

'far·a·way *adj*. **1.** → *far* 1; **2.** *fig*. verträumt, versonnen, (geistes)abwesend.

farce [fɑːs] *s*. **1.** *thea*. Posse *f*, Schwank *m*; **2.** *fig*. Farce *f*, ‚The'ater' *n*; **'far·ci·cal** [-sɪkl] *adj*. □ **1.** possenhaft, Possen...; **2.** *fig*. ab'surd.

fare [feə] **I** *s*. **1.** a) Fahrpreis *m*, -geld *n*, b) Flugpreis *m*: *what's the ~?* was kostet die Fahrt *od*. der Flug?; *~ stage Brit*. Fahrpreiszone *f*, Teilstrecke *f* (*Bus etc*.); *any more ~s?* noch jemand zugestiegen?; **2.** Fahrgast *m* (*bsd*. *e-s Taxis*); **3.** Kost *f* (*a*. *fig*.), Verpflegung *f*, Nahrung *f*: *slender ~* magere Kost; *literary ~* literarische Kost, geistiges ‚Menü'; **II** *v/i*. **4.** sich befinden; (er)gehen: *how did you ~?* wie ist es dir ergangen?; *he ~d ill*, *it ~d ill with him* er war schlecht d(a)ran; *we ~d no bet-*

ter uns ist es nicht besser ergangen; *~ alike* in der gleichen Lage sein; **5.** *poet*. reisen, sich aufmachen: *~ thee well! leb wohl!*

Far East *s*.: *the ~* der Ferne Osten.

,fare'well I *int*. lebe(n Sie) wohl!, lebt wohl!; **II** *s*. Lebe'wohl *n*, Abschiedsgruß *m*: *bid s.o. ~* j-m Lebewohl sagen; *make one's ~s* sich verabschieden; *take one's ~ of* Abschied nehmen von (*a*. *fig*.); *~ to* adieu ..., nie wieder ...; **III** *adj*. Abschieds...

,far|-'famed *adj*. 'weithin berühmt; **,~-'fetched** *adj*. *fig*. weithergeholt, an den Haaren her'beigezogen; **,~-'flung** *adj*. **1.** weit(ausgedehnt); **2.** *fig*. weitgespannt; **3.** weitentfernt; **,~-'go·ing** → *far-reaching*.

fa·ri·na [fə'raɪnə] *s*. **1.** (feines) Mehl; **2.** ⚘ Stärke *f*; **3.** *Brit*. ♀ Blütenstaub *m*; **4.** *zo*. Staub *m*; **far·i·na·ceous** [,færɪ'neɪʃəs] *adj*. Mehl..., Stärke...

farm [fɑːm] **I** *s*. **1.** (Bauern)Hof *m*, landwirtschaftlicher Betrieb, Gut(shof *m*) *n*, Farm *f*; **2.** (*Geflügel- etc*.)Farm *f*; **3.** *obs*. Bauernhaus *n*; **4.** *bsd*. *Am*. a) Sana'torium *n*, b) Entziehungsanstalt *f*; **II** *v/t*. **5.** Land bebauen, bewirtschaften; **6.** *Geflügel etc*. züchten; **7.** pachten; **8.** *oft* *~ out* verpachten, in Pacht geben (*to*. *s.o*. j-m *od*. an j-n); **9.** *mst* *~ out* a) *Kinder* in Pflege geben, b) ✝ *Arbeit* vergeben (*to* an *acc*.); **III** *v/i*. **10.** Landwirt sein; **'farm·er** [-mə] *s*. **1.** (Groß-) Bauer *m*, Landwirt *m*, Farmer *m*; **2.** Pächter *m*; **3.** (*Geflügel- etc*.)Züchter *m*.

farm| hand *s*. Landarbeiter(in); **'~-house** *s*. Bauern-, Gutshaus *n*: *~ bread* Landbrot *n*; *~ butter* Landbutter *f*.

farm·ing ['fɑːmɪŋ] *s*. **1.** Landwirtschaft; **2.** (*Geflügel- etc*.)Zucht *f*.

farm| la·bo·u·r·er → *farm hand*; **~ land** *s*. Ackerland *n*; **'~-stead** *s*. Bauernhof *m*, Gehöft *n*; **~ work·er** → *farm hand*; **'~-yard** *s*. Wirtschaftshof *m* (*e-s Bauernhofs*).

far·o ['feərəʊ] *s*. Phar(a)o *n* (*Kartenglücksspiel*).

far-off [,fɑː'rɒf] → *far* 1, *faraway* 2.

far-out [,fɑː'raʊt] *adj*. *sl*. **1.** ‚toll', ‚super'; **2.** ‚verrückt'.

far·ra·go [fə'rɑːɡəʊ] *pl*. **-gos**, *Am*. **-goes** *s*. Kunterbunt *n* (*of* aus, von).

,far-'reach·ing *adj*. **1.** *bsd*. *fig*. weitreichend; **2.** *fig*. folgenschwer, tiefgreifend.

far·ri·er ['færɪə] *s*. Hufschmied *m*; ✗ Beschlagmeister *m*.

far·row ['færəʊ] **I** *s*. Wurf *m* Ferkel: *with* ~ trächtig (*Sau*); **II** *v/i*. ferkeln; **III** *v/t*. *Ferkel* werfen.

,far|'see·ing *adj*. *fig*. weitblickend; **,~-'sight·ed** *adj*. **1.** *fig*. → *farseeing*; **2.** ⚕ weitsichtig; **'~-sight·ed·ness** *s*. **1.** *fig*. Weitblick *m*, 'Umsicht *f*; **2.** ⚕ Weitsichtigkeit *f*.

fart [fɑːt] V **I** *s*. Furz *m*; **II** *v/i*. furzen: *~ around* *fig*. herumalbern, -blödeln.

far·ther ['fɑːðə] **I** *adj*. **1.** *comp*. *von* *far*; **2.** → *further* 3, 4; **3.** entfernter (*vom Sprecher aus*): *the ~ shore* das gegenüberliegende Ufer; *at the ~ end* am anderen Ende; **II** *adv*. **4.** weiter: *so far and no ~* bis hierher u. nicht weiter; **5.** → *further* 1, 2; **'far·ther·most** → *farthest* 2; **'far·thest** [-ðɪst] *adj*. **1.** *sup*.

von *far*; **2.** entferntest, weitest; **II** *adv*. **3.** am weitesten, am entferntesten.

far·thing ['fɑːðɪŋ] *s*. *Brit*. *hist*. Farthing *m* (¼ *Penny*): *not worth a* (*brass*) ~ *fig*. keinen (roten) Heller wert; *it doesn't matter a* ~ das macht gar nichts.

Far West *s*. *Am*. Gebiet der Rocky Mountains u. der pazifischen Küste.

fas·ci·a ['feɪʃə] *pl*. **-ae** [-ʃiː] *s*. **1.** Binde *f*, (Quer)Band *n*; **2.** *zo*. Farbstreifen *m*; **3.** ['fæʃɪə] *anat*. Muskelhaut *f*; **4.** △ a) Gurtsims *m*, b) Bund *m* (*von Säulenschäften*); **5.** ⚒ (Bauch- *etc*.)Binde *f*; **6.** → *facia*.

fas·ci·cle ['fæsɪkl] *s*. **1.** *a*. ♀ Bündel *n*, Büschel *n*; **2.** Fas'zikel *m*: a) (Teil)Lieferung *f*, Einzelheft *n* (*Buch*), b) Aktenbündel *n*; **fas·cic·u·lar** [fə'sɪkjʊlə], **fas·cic·u·late** [fə'sɪkjʊlət] *adj*. büschelförmig.

fas·ci·nate ['fæsɪneɪt] *v/t*. **1.** faszinieren: a) bezaubern, b) fesseln, packen, gefangennehmen; *~d* fasziniert, (wie) gebannt; **2.** hypnotisieren; **'fas·ci·nat·ing** [-tɪŋ] *adj*. □ faszinierend: a) hinreißend, b) fesselnd, spannend; **fas·ci·na·tion** [,fæsɪ'neɪʃn] *s*. **1.** Faszinati'on *f*, Bezauberung *f*; **2.** Zauber *m*, Reiz *m*.

Fas·cism ['fæʃɪzəm] *s*. *pol*. Fa'schismus *m*; **'Fas·cist** [-ɪst] **I** *s*. Fa'schist *m*; **II** *adj*. fa'schistisch.

fash·ion ['fæʃn] **I** *s*. **1.** Mode *f*: *come into* ~ in Mode kommen; *set the* ~ die Mode diktieren, *fig*. den Ton angeben; *it is* (*all*) *the* ~ es ist (große) Mode; *in the English* ~ nach englischer Mode (*od*. Art, → 2); *out of* ~ aus der Mode, unmodern; *~ designer* Modedesigner(in); **2.** Sitte *f*, Brauch *m*, Art *f* (u. Weise *f*), Stil *m*, Ma'nier *f*: *behave in a strange* ~ sich sonderbar benehmen; *after their* ~ nach ihrer Weise; *after* (*od*. *in*) *a* ~ schlecht u. recht, ‚so lala'; *an artist after a* ~ so etwas wie ein Künstler; **3.** (feine) Lebensart, feste Ma'nieren *pl*.: *a man of* ~; **4.** Machart *f*, Form *f* (Zu)Schnitt *m*, Fas'son *f*; **II** *v/t*. **5.** herstellen, machen; **6.** bilden, formen, gestalten; **7.** anpassen; **III** *adv*. **8.** wie: *horse-*~ nach Pferdeart, wie ein Pferd; **fash·ion·a·ble** ['fæʃnəbl] **I** *adj*. □ **1.** modisch, mo'dern; **2.** vornehm, ele'gant; **3.** in Mode, Mode...: *~ complaint* Modekrankheit *f*; **II** *s*. **4.** *the* ~*s* die elegante Welt, die Schickeria.

'fash·ion·,mon·ger *s*. Modenarr *m*; **~ pa·rade** *s*. Mode(n)schau *f*; **~ plate** *s*. **1.** Modebild *n*, -blatt *n*; **2.** F ‚superelegante' Per'son; **~ show** *s*. Mode(n)schau *f*.

fast¹ [fɑːst] **I** *adj*. **1.** schnell, geschwind, rasch: *~ train* Schnell-, D-Zug *m*; *my watch is* ~ m-e Uhr geht vor: *pull a* ~ *one on s.o*. F j-m ‚reinlegen'; **2.** ‚schnell' (*hohe Geschwindigkeit gestattend*): *~ road*; *~ tennis-court*; *~ lane* *mot*. Überholspur *f*; **3.** *phot*. lichtstark; **4.** flott, leichtlebig; *~* ‚schnell': **5.** *and furious* Schlag auf Schlag; **6.** häufig, reichlich, stark; **7.** leichtsinnig: *live* ~ ein flottes Leben führen.

fast² [fɑːst] **I** *adj*. **1.** fest(gemacht), befestigt, unbeweglich; fest zs.-haltend: *make* ~ festmachen, befestigen, *Tür* (fest) verschließen; *~ friend* treuer Freund; **2.** beständig, haltbar: *~ col-*

o(u)r (wasch)echte Farbe; ~ to light lichtecht; **II** adv. **3.** fest, sicher: be ~ asleep fest schlafen; stuck ~ festgefahren; play ~ and loose Schindluder treiben (with mit).

fast³ [faːst] bsd. eccl. **I** v/i. **1.** fasten; **II** s. **2.** Fasten n: break one's ~ das Fasten brechen, a. frühstücken; **3.** Fastenzeit f.

'fast·back s. mot. (Wagen m mit) Fließheck n; ~ breed·er (re·ac·tor) s. phys. schneller Brüter.

fas·ten ['faːsn] **I** v/t. **1.** befestigen, festmachen, -binden (to, on an dat.); **2.** a. ~ up (fest) zumachen, (ver-, ab)schließen, zuknöpfen, ver-, zuschnüren; zs.-fügen, verbinden: ~ with nails zunageln; ~ down a) befestigen, b) F j-n ,festnageln' (to auf acc.); **3.** Augen heften, a. s-e Aufmerksamkeit richten (on auf acc.); **4.** ~ (up)on fig. a) j-m e-n Spitznamen ,anhängen', geben, b) j-m et. ,anhängen' od. ,in die Schuhe schieben'; **II** v/i. **5.** sich schließen od. festmachen lassen; **6.** ~ (up)on a) sich heften od. klammern an (acc.), b) fig. sich stürzen auf (acc.), ,einhaken' bei, aufs Korn nehmen (acc.); **'fas·ten·er** [-nə] s. Befestigung(smittel n, -vorrichtung f), Verschluß m, Halter m, Druckknopf m; **'fas·ten·ing** [-nɪŋ] s. **1.** → fastener; **2.** Befestigung f, Sicherung f, Halterung f.

'fast-food res·tau·rant s. Schnellimbiß m, -gaststätte f.

fas·tid·i·ous [fæs'tɪdɪəs] adj. □ anspruchsvoll, heikel, wählerisch; **fas'tid·i·ous·ness** [-nɪs] s. anspruchsvolles Wesen.

fast·ing cure ['faːstɪŋ] s. Fasten-, Hungerkur f.

'fast,mov·ing adj. **1.** schnell; **2.** fig. tempogeladen, spannend.

fast·ness¹ ['faːstnɪs] s. **1.** obs. Schnelligkeit f; **2.** fig. Leichtlebigkeit f.

fast·ness² ['faːstnɪs] s. **1.** Feste f, Festung f; **2.** Zufluchtsort m; **3.** 'Widerstandsfähigkeit f, Beständigkeit f (to gegen), Echtheit f (von Farben): ~ to light Lichtechtheit f.

'fast-talk v/t. F j-n beschwatzen (into doing s.th. et. zu tun).

fat [fæt] **I** adj. □ → fatly; **1.** dick, beleibt, fett, feist: ~ stock Mastvieh n; ~ type typ. Fettdruck m; **2.** fett, fetthaltig, fettig, ölig: ~ coal Fettkohle f; **3.** fig. ,dick': ~ bank account; ~ purse; **4.** fig. fett, einträglich: a ~ job ein lukrativer Posten; a ~ lot it helps! sl. iro. das hilft mir (uns) herzlich wenig; a ~ chance sl. herzlich wenig Aussicht (-en); **II** s. **5.** a. ♔, biol. Fett n: run to ~ Fett ansetzen; the ~ is in the fire der Teufel ist los; **6.** the ~ das Beste: live on (od. off) the ~ of the land in Saus u. Braus leben; **III** v/t. **7.** a. ~ up mästen: kill the ~ted calf a) bibl. das gemästete Kalb schlachten, b) ein Willkommensfest geben.

fa·tal ['feɪtl] adj. □ **1.** tödlich, todbringend, mit tödlichem Ausgang: a ~ accident ein tödlicher Unfall; **2.** unheilvoll, verhängnisvoll (to für): ~ mistake; **3.** schicksalhaft, entscheidend; **4.** Schicksals...: ~ thread Lebensfaden m; **'fa·tal·ism** [-təlɪzəm] s. Fata'lismus m;

'fa·tal·ist [-təlɪst] s. Fata'list m; **fa·tal·is·tic** [ˌfeɪtə'lɪstɪk] adj. (□ ~ally) fata'listisch.

fa·tal·i·ty [fə'tælətɪ] s. **1.** Verhängnis n, Unglück n; **2.** Schicksalhaftigkeit f; **3.** tödlicher Ausgang od. Verlauf; **4.** Todesfall m, -opfer n.

fa·ta mor·ga·na [ˌfaːtəmɔː'gaːnə] s. Fata Mor'gana f.

fate [feɪt] s. **1.** Schicksal n, Geschick n, Los n: he met his ~ das Schicksal ereilte ihn; he met his ~ calmly er sah s-m Schicksal ruhig entgegen; seal s.o.'s ~ j-s Schicksal besiegeln; **2.** Verhängnis n, Verderben n, 'Untergang m: go to one's ~ den Tod finden; **3.** Schicksalsgöttin f: the ⚹s die Parzen; **'fat·ed** [-tɪd] adj. vom Schicksal (dazu) bestimmt: they were ~ to meet es war ihnen bestimmt, sich zu begegnen; **2.** dem 'Untergang geweiht; **'fate·ful** [-fʊl] adj. □ **1.** schicksalhaft; **2.** verhängnisvoll; **3.** schicksalsschwer.

'fat|-head s. F ,Blödmann' m; '~-,head·ed adj. dämlich, doof.

fa·ther ['faːðə] **I** s. **1.** Vater m: like ~ like son der Apfel fällt nicht weit vom Stamm; ⚹ Time Chronos m, die Zeit; **2.** ⚹ (Gott)Vater m; **3.** eccl. a) Pastor m, b) R.C. Pater m, c) R.C. Vater m (Bischof, Abt): the Holy ⚹ der Heilige Vater; ~ confessor Beichtvater; ⚹ of the Church Kirchenvater; **4.** mst pl. Ahn m, Vorfahr m: be gathered to one's ~s zu s-n Vätern versammelt werden; **5.** fig. Vater m, Urheber m: the ~ of chemistry; ⚹ of the House Brit. dienstältestes Parlamentsmitglied; the wish was ~ to the thought der Wunsch war der Vater des Gedankens; **6.** pl. Stadt-, Landesväter pl.: the ⚹s of the Constitution die Gründer der USA; **7.** väterlicher Freund (to gen.); **II** v/t. **8.** Kind zeugen; **9.** et. ins Leben rufen, her'vorbringen; **10.** wie ein Vater sein zu j-m; **11.** die Vaterschaft (gen.) anerkennen; **12.** fig. a) die Urheberschaft (gen.) anerkennen, b) die Schuld für et. zuschreiben (on, upon dat.); ⚹ Christ·mas s. Brit. Weihnachtsmann m; ~ fig·ure s. psych. 'Vaterfigur f.

'fa·ther·hood ['faːðəhʊd] s. Vaterschaft f; **'fa·ther-in-law** [-ɔɪn-] s. Schwiegervater m; **'fa·ther·land** s. Vaterland n: the ⚹ Deutschland n; **'fa·ther·less** [-lɪs] adj. vaterlos; **'fa·ther·li·ness** [-lɪnɪs] s. Väterlichkeit f; **'fa·ther·ly** [-lɪ] adj. u. adv. väterlich.

fath·om ['fæðəm] **I** s. **1.** a) ♔ Faden m (Tiefenmaß: 1,83 m), b) obs. u. fig. Klafter m, n, c) ⚒ Raummaß (= 1,17 m³); **II** v/t. **2.** ♔ (aus)loten (a. fig.); **3.** fig. ergründen; **'fath·om·less** [-lɪs] adj. □ unergründlich (a. fig.); **fath·om line** s. ♔ Lotleine f.

fa·tigue [fə'tiːg] **I** s. **1.** Ermüdung f (a. ⚙), Erschöpfung f (a. ♪ des Bodens): ~ strength ⚙ Dauerfestigkeit f; ~ test ⚙ Ermüdungsprobe f; **2.** schwere Arbeit, Mühsal f, Stra'paze f; ✕ a) a. ~ duty Arbeitsdienst m: ~ detail, ~ party Arbeitskommando n, b) pl. a. ~ clothes, ~ dress Arbeits-, Drillichanzug m; **II** v/t. u. v/i. **4.** ermüden (a. ⚙); **fa'ti·guing** [-gɪŋ] adj. □ ermüdend, anstrengend.

fat·less ['fætlɪs] adj. ohne Fett, mager; **'fat·ling** [-lɪŋ] s. junges Masttier; **'fat·ly** [-lɪ] adv. fig. reichlich; **'fat·ness** [-nɪs] s. Fettheit f: a) Beleibtheit f, b) Fettigkeit f, Fetthaltigkeit f; **'fat·ten** [-tn] **I** v/t. **1.** fett od. dick machen; **~ing** dickmachend; **2.** Tier, F a. Person mästen; **3.** Land düngen; **II** v/i. **4.** fett od. dick werden; **5.** sich mästen (on von); **'fat·tish** [-tɪʃ] adj. etwas fett, dicklich; **'fat·ty** [-tɪ] **I** adj. a. ♔, ♪ fetthaltig, fettig, Fett...: ~ acid Fettsäure f; ~ degeneration Verfettung f; ~ heart Herzverfettung; ~ tissue Fettgewebe n; **II** s. F Dickerchen n.

fa·tu·i·ty [fə'tjuːətɪ] s. Albernheit f; **fat·u·ous** ['fætjʊəs] adj. □ albern, dumm.

fau·cal ['fɔːkl] adj. Kehl..., Rachen...; **fau·ces** ['fɔːsiːz] s. pl. mst sg. konstr. anat. Rachen m.

fau·cet ['fɔːsɪt] s. ⊕ Am. a) (Wasser-) Hahn m, b) (Faß)Zapfen m.

faugh [fɔː] int. pfui!

fault [fɔːlt] **I** s. **1.** Schuld f, Verschulden n: it is not his ~ er hat od. trägt od. ihn trifft keine Schuld, es ist nicht s-e Schuld; be at ~ schuld(ig) sein, die Schuld tragen (→ 4a); **2.** Fehler m, (a. Sach)Mangel m: find ~ nörgeln, kritteln; find ~ with et. auszusetzen haben an (dat.), herumnörgeln an (dat.); to a ~ allzu(sehr), ein bißchen zu ordnungsliebend etc.; **3.** (Cha'rakter)Fehler m: inspite of all his ~s; **4.** a) Fehler m, Irrtum m: be at ~ sich irren, hunt. u. fig. a. auf der falschen Fährte sein, b) Vergehen n, Fehltritt m; **5.** ⊕ De'fekt m: a) Fehler m, Störung f, ⚡ Erd-, Leitungsfehler m; **6.** Tennis etc.: Fehler m; **7.** geol. Verwerfung f; **II** v/t. **8.** etwas auszusetzen haben an (dat.): he (it) can't be ~ed an ihm (daran) ist nichts auszusetzen; **9.** et. ,verpatzen'; **III** v/i. **10.** e-n Fehler machen; **'~find·er** s. Nörgler(in), Krittler(in); **'~find·ing I** s. Kritte'lei f, Nörge'lei f; **II** adj. nörgelerisch, kritt(e)lig.

fault·i·ness ['fɔːltɪnɪs] s. Fehlerhaftigkeit f; **'fault·less** [-lɪs] adj. □ einwand-, fehlerfrei, untadelig; **'fault·less·ness** [-tlɪsnɪs] s. Fehler-, Tadellosigkeit f; **'fault·y** [-tɪ] adj. □ fehlerhaft, schlecht, ⊕ a. de'fekt: ~ design Fehlkonstruktion f.

faun [fɔːn] s. myth. u. fig. Faun m.

fau·na ['fɔːnə] s. Fauna f, (a. Abhandlung f über e-e) Tierwelt f.

faux pas [ˌfəʊ'paː] pl. **pas** [paːz] s. Faux'pas m.

fa·vo(u)r ['feɪvə] **I** s. **1.** Gunst f, Wohlwollen n: be (od. stand) high in s.o.'s ~ bei j-m in besonderer Gunst stehen od. gut angeschrieben sein; be in ~ (with) angesehen sein (bei), begehrt sein (von); find ~ Gefallen od. Anklang finden; find ~ with s.o. (od. in s.o.'s eyes) Gnade vor j-s Augen finden, j-m gefallen; grant s.o. a ~ j-m e-n Gefallen tun; grant s.o. one's ~s j-m s-e Gunst gewähren; grant s.o. one's ~s j-m s-e Gunst gewähren (Frau); by ~ of a) mit gütiger Erlaubnis (gen.) od. von, b) überreicht von (Brief); in ~ of für, a. ♪ zugunsten von (od. gen.); who is in ~ (of it)? wer ist dafür?; out of ~ a) in Ungnade (gefallen), b) nicht mehr gefragt od. beliebt; **2.** Gefallen m, Gefälligkeit f: as a ~ aus Gefälligkeit; by ~

of mit gütiger Erlaubnis von, durch gütige Vermittlung von; *do me a* ~ tu mir e-n Gefallen; *ask s.o. a* ~ j-n um e-n Gefallen bitten; *we request the* ~ *of your company* wir laden Sie höflich ein; **3.** Begünstigung *f*, Bevorzugung *f*: *show* ~ *to s.o.* j-n bevorzugen; *under* ~ *of night* im Schutze der Nacht; **4.** † *obs.* Schreiben *n*; **5.** a) kleines (*auf e-r Party etc. verteiltes*) Geschenk, b) 'Scherzar,tikel *m*; **6.** (Par'tei- *etc.*)Abzeichen *n*; **II** *v/t.* **7.** günstig gesinnt sein (*dat.*), *j-m* wohlwollen *od.* gewogen sein; **8.** begünstigen: a) bevorzugen, vorziehen, *a. sport* favorisieren, b) günstig sein für, fördern, c) eintreten für, für *et.* sein; **9.** einverstanden sein (*with* mit); **10.** *j-n* beehren *od.* erfreuen (*with* mit); **11.** *j-m* ähnlich sein; **12.** schonen: ~ *one's leg*; **'fa·vo(u)r·a·ble** [-vərəbl] *adj.* □ **1.** wohlgesinnt, gewogen, geneigt (*to dat.*); **2.** *allg.* günstig: a) vorteilhaft (*to, for* für), b) befriedigend, gut, c) positiv, zustimmend: ~ *answer* *od.* vielversprechend; **'fa·vo(u)red** [-vəd] *adj.* begünstigt: *the* ~ *few* die Auserwählten; → *most-favo(u)red-nation clause*; **'fa·vo(u)r·ite** [-vərɪt] **I** *s.* **1.** Liebling *m* (*a. fig. Schriftsteller, Schallplatte etc.*), *contp.* Günstling *m*: *be s.o.'s* (*great*) ~ bei j-m (sehr) beliebt sein; *that book is a great* ~ *of mine* dieses Buch liebe ich sehr; **2.** *sport* Favo'rit(in); **II** *adj.* **3.** Lieblings...: ~ *dish* Leibgericht *n*; **'fa·vo(u)r·it·ism** [-vərɪtɪzəm] *s.* Günstlings-, Vetternwirtschaft *f*.

fawn¹ [fɔːn] **I** *s.* **1.** *zo.* Damkitz *n*, Rehkalb *n*; **2.** Rehbraun *n*; **II** *adj.* **3.** a. ~ *colo(u)red* rehbraun; **III** *v/t.* **4.** *ein Kitz* setzen.

fawn² [fɔːn] *v/i.* **1.** schwänzeln, wedeln; **2.** *fig.* (*upon*) schar'wenzeln (um), katzbuckeln (vor *j-m*); **'fawn·ing** [-nɪŋ] *adj.* □ *fig.* kriecherisch, schmeichlerisch.

fay [feɪ] *s. poet.* Fee *f*.

faze [feɪz] *v/t.* F *j-n* durchein'anderbringen: *not to* ~ *s.o.* j-n kaltlassen.

fe·al·ty ['fiːəltɪ] *s.* **1.** *hist.* Lehenstreue *f*; **2.** *fig.* Treue *f*.

fear [fɪə] **I** *s.* **1.** Furcht *f*, Angst *f* (*of* vor *dat.*, *that od.* *lest* daß ...): *be in* ~ *of* → 6; *in* ~ *of one's life* in Todesangst; *for* ~ *of* a) aus Furcht vor (*dat.*) *od.* daß, b) um nicht, damit nicht; *for* ~ *of losing it* um es nicht zu verlieren; *without* ~ *or favo(u)r* ganz objektiv *od.* unparteiisch; *no* ~! keine Bange!; **2.** *pl.* Befürchtung *f*, Bedenken *n*; **3.** Sorge *f*, Besorgnis *f* (*for* um); **4.** Gefahr *f*, Risiko *n*: *there is not much* ~ *of that* das ist kaum zu befürchten; **5.** Scheu *f*, Ehrfurcht *f* (*of* vor): ~ *of God* Gottesfurcht; *put the* ~ *of God into s.o.* j-m e-n heiligen Schrecken einjagen; **II** *v/t.* **6.** fürchten, sich fürchten vor (*dat.*), Angst haben vor (*dat.*); **7.** *et.* befürchten: ~ *the worst*; **8.** *Gott* fürchten; **III** *v/i.* **9.** sich fürchten, Angst haben; **10.** besorgt sein (*for* um): *never* ~! sei unbesorgt!; **'fear·ful** [-fʊl] *adj.* □ **1.** furchtbar, fürchterlich, schrecklich (*alle a. fig.* F); **2.** furchtsam, angsterfüllt, bange (*of* vor *dat.*); **3.** besorgt, in (großer) Sorge (*of* um, *that od.* *lest* daß); **4.** ehrfürchtig; **'fear·less** [-lɪs]

adj. □ furchtlos, unerschrocken; **'fear·less·ness** [-lɪsnɪs] *s.* Furchtlosigkeit *f*; **'fear·some** [-səm] *adj.* □ *mst humor.* furchterregend, schrecklich, gräßlich.

fea·si·bil·i·ty [ˌfiːzə'bɪlətɪ] *s.* 'Durchführbarkeit *f*, Machbarkeit *f*; **fea·si·ble** ['fiːzəbl] *adj.* □ aus-, 'durchführbar, machbar, möglich.

feast [fiːst] **I** *s.* **1.** *eccl.* Fest(tag *m*) *n*, Feiertag *m*; **2.** Festmahl *n*, -essen *n*; → *enough* II; **3.** (Hoch)Genuß *m*: *a* ~ *for the eyes* e-e Augenweide; **II** *v/t.* **4.** (festlich) bewirten; **5.** ergötzen: ~ *one's eyes on* s-e Augen weiden an (*dat.*); **III** *v/i.* **6.** (*on*) schmausen (von), sich gütlich tun (an *dat.*); schwelgen (in *acc.*); **7.** (*on*) sich weiden (an *dat.*), schwelgen (in *dat.*).

feat [fiːt] *s.* **1.** Helden-, Großtat *f*: ~ *of arms* Waffentat; **2.** (*technische etc.*) Großtat, große Leistung; **3.** a) Kunst-, Meisterstück *n*, b) Kraftakt *m*.

feath·er ['feðə] **I** *s.* **1.** Feder *f*, *pl.* Gefieder *n*: *in fine* (*od. full*) ~ F a) (bei) bester Laune, b) in Hochform; *that is a* ~ *in his cap* darauf kann er stolz sein; *that will make the* ~*s fly* da werden die Fetzen fliegen; *you might have knocked me down with a* ~ ich war einfach ,platt' (*erstaunt*); → *bird* 1, *fur* 3, *white feather*; **2.** Pfeilfeder *f*; **3.** Schaumkrone *f* (*e-r Welle*); **II** *v/t.* **4.** mit Federn versehen *od.* schmücken; *Pfeil* fiedern; **5.** *Rudern:* *Riemen* flach drehen; '~**-bed** **I** *s.* **1.** Ma'tratze *f* mit Federfüllung; **2.** *fig.* ,gemütliche Sache'; **II** *v/t.* **3.** verhätscheln; **III** *v/i.* **4.** unnötige Arbeitskräfte einstellen; '~**bedding** *s.* (*gewerkschaftlich geforderte*) 'Überbesetzung mit Arbeitskräften; '~**brained** *adj.* **1.** schwachköpfig; **2.** leichtsinnig; '~**dust·er** *s.* Staubwedel *m*.

feath·ered ['feðəd] *adj.* gefiedert: ~ *tribe*(*s*) Vogelwelt *f*.

feath·er·ing ['feðərɪŋ] *s.* **1.** Gefieder *n*; **2.** Befiederung *f*; **3.** ✓ Segelstellung *f* (*Propeller*).

'feath·er·weight **I** *s.* **1.** *sport* Federgewicht(ler *m*) *n*; **2.** ,Leichtgewicht' *n* (*Person*); **3.** *fig. contp.* a) ,Würstchen' *n* (*Person*), b) ,kleine Fische' *pl.* (*et. Belangloses*); **II** *adj.* **4.** Federgewichts...

feath·er·y ['feðərɪ] *adj.* feder(n)artig.

fea·ture ['fiːtʃə] **I** *s.* **1.** (Gesichts)Zug *m*; **2.** Merkmal *n*, Charakte'ristikum *n*, (Haupt)Eigenschaft *f*; Hauptpunkt *m*, -teil *m*, Besonderheit *f*; **3.** (Gesichts-)Punkt *m*, Seite *f*; **4.** '(Haupt)Attrakti,on *f*, Darbietung *f*; **5.** a. ~ *film* a) Spielfilm *m*, b) Hauptfilm *m*; **6.** a. ~ *program*(*me*) *Radio, TV:* Feature *n*, (aktu'eller) Dokumen'tarbericht; **7.** a. ~ *article*, ~ *story* Feature *n*, Spezi'alar,tikel *m e-r Zeitung*; **II** *v/t.* **8.** kennzeichnen, bezeichnend sein für; **9.** (als Besonderheit) haben *od.* aufweisen, sich auszeichnen durch; **10.** (groß her'aus-) bringen, her'ausstellen; (als Hauptschlager) zeigen *od.* bringen; *Film etc.*: in der Hauptrolle zeigen: *a film featuring X* ein Film mit X in der Hauptrolle; **'fea·ture-length** *adj.* mit Spielfilmlänge; **'fea·ture·less** [-lɪs] *adj.* nichtssagend.

feb·ri·fuge ['febrɪfjuːdʒ] *s.* ✣ Fiebermit-

tel *n*; **fe·brile** ['fiːbraɪl] *adj.* fiebrig, Fieber...

Feb·ru·ar·y ['februərɪ] *s.* Februar *m*: *in* ~ im Februar.

fe·cal *etc.* → *faecal etc.*

feck·less ['feklɪs] *adj.* □ **1.** schwach, kraftlos; **2.** hilflos; **3.** zwecklos.

fe·cund ['fiːkənd] *adj.* fruchtbar, produk'tiv (*beide a fig.*); **'fe·cun·date** [-deɪt] *v/t.* fruchtbar machen; befruchten (*a. biol.*); **fe·cun·da·tion** [ˌfiːkən'deɪʃn] *s.* Befruchtung *f*; **fe·cun·di·ty** [fɪ'kʌndətɪ] *s.* Fruchtbarkeit *f*, Produktivi'tät *f*.

fed¹ [fed] *pret. u. p.p. von* feed.

fed² [fed] *s. Am.* F **1.** FB'I-A,gent *m*; **2.** *mst.* ⒉ (*die*) 'Bundes,regierung.

fed·er·al ['fedərəl] *adj.* □ *pol.* **1.** föde-ra'tiv; **2.** *mst* ⒉ Bundes...: a) bundesstaatlich, den Bund *od.* die 'Bundesre,gierung betreffend, b) *USA* Unions...: ~ *government* Bundesregierung *f*; ~ *jurisdiction* Bundesgerichtsbarkeit *f*; *the* ⒉ *Republic* (*of Germany*) die Bundesrepublik (Deutschland); ⒉ *State Am.* Bundesstaat *m*, (Einzel)Staat *m*; **3.** ⒉ *Am. hist.* föderaʼlistisch; **II** *s.* **4.** (*Am. hist.* ⒉) Föderaʼlist *m*; ⒉ **Bu·reau of In·ves·ti·ga·tion** *s. amer.* Bundeskrimiʼnalamt *n od.* -poliˌzei *f* (*abbr.* FBI).

fed·er·al·ism ['fedərəlɪzəm] *s. pol.* Föderaʼlismus *m*; **'fed·er·al·ist** [-ɪst] **I** *adj.* föderaʼlistisch; **II** *s.* Föderaʼlist *m*; **'fed·er·al·ize** [-laɪz] → *federate* I.

fed·er·ate ['fedəreɪt] **I** *v/t. u. v/i.* (sich) föderalisieren, (sich) zu e-m (Staaten-) Bund vereinigen; **II** *adj.* [-rət] föderiert, verbündet; **fed·er·a·tion** [ˌfedə-'reɪʃn] *s.* **1.** Föderatiʼon *f*: a) po'litischer Zs.-schluß, b) Staatenbund *m*; **2.** Bundesstaat *m*; **3.** † (Zen'tral-, Dach-) Verband *m*; **'fed·er·a·tive** [-rətɪv] *adj.* □ → *federal* 1.

fe·do·ra [fɪ'dɔːrə] *s. Am.* (weicher) Filzhut.

fee [fiː] **I** *s.* **1.** Gebühr *f*: a) ('Anwalts- *etc.*)Hono,rar *n*, Vergütung *f*, b) amtliche Gebühr, Taxe *f*, c) (Mitglieds)Beitrag *m*, d) (*admission od. entrance*) ~ Eintrittsgeld *n*, e) Trinkgeld *n*: *doctor's* ~ Arztrechnung *f*; *school* ~(*s*) Schulgeld *n*; **2.** *Fußball:* Trans'fersumme *f*; **3.** *hist.* Lehn(s)gut *n*; **4.** ᵗᵗ Eigentum(srecht) *n*: ~ *simple* (unbeschränktes) Eigentumsrecht, Grundeigentum; ~ *tail* erbrechtlich gebundenes Grundeigentum; *hold land in* ~ Land zu eigen haben; **II** *v/t.* **5.** *j-m* e-e Gebühr *etc.* bezahlen.

fee·ble ['fiːbl] *adj.* □ *allg.* schwach, *fig. a.* lahm, kläglich (*Versuch, Ausrede etc.*), matt (*Lächeln, Stimme*); **'fee·ble·'mind·ed** *adj.* schwachsinnig; **'fee·ble·ness** [-nɪs] *s.* Schwäche *f*.

feed [fiːd] *v/t.* [*irr.*] **1.** Nahrung zuführen (*dat.*), *Tier, Kind, Kranken* füttern (*on, with* mit), *e-m Menschen* zu essen geben, *e-m Tier* zu fressen geben, *Vieh* weiden lassen: ~ (*at the breast*) *Säugling* stillen; ~ *up* a) *Vieh* mästen, b) *j-n* ,hochpäppeln'; *be fed up with* F *et.* satt haben, ,die Nase voll haben' von; *I'm fed up to the teeth with him* (*it*) F (es) ,steht mir bis hierher'; ~ *the fishes* a) ,die Fische füttern' (*bei Seekrankheit*), b) ertrinken; ~ *a cold* bei Erkältung tüchtig essen; **2.** *Familie etc.* ernähren (**on** von), erhalten; **3.** versorgen (**with** mit); **4.** ⚙ a) *Maschine* speisen, beschicken, b) *Material* zuführen, *Werkstück* vorschieben, *Daten in e-n Computer* eingeben: ~ **back** a) ⚡ rückkoppeln, b) *fig.* zu'rückleiten (**to** an *acc.*); **5.** *Feuer* unter'halten; **6.** *fig.* a) *Gefühl, Hoffnung etc.* nähren, Nahrung geben (*dat.*), b) befriedigen: ~ **one's vanity**, ~ **one's eyes** on s-e Augen weiden an (*dat.*); **7.** *thea.* F *j-m* Stichworte liefern; **8.** *sport* F *j-n* 'bedienen', mit Bällen 'füttern'; **9.** *oft* ~ **down**, ~ **close** *Wiese* abweiden lassen; **II** *v/i.* [*irr.*] **10.** a) fressen (*Tier*), b) F 'futtern' (*Mensch*); **11.** sich ernähren, leben (**on** von); **III** *s.* **12.** Fütterung *f*; F Mahlzeit *f*; **13.** Futter *n*, Nahrung *f*: off one's ~ ohne Appetit; **out at** ~ auf der Weide; **14.** ⚙ a) Speisung *f*, Beschickung *f*, (Materi'al)Zuführung *f*, b) (Werkzeug)Vorschub *m*; **15.** Zufuhr *f*, Ladung *f*; Beschickungsgut *n*; '~**back** ⚡ *u. fig.* Feedback *n*; ~ **bag** *s. Am.* Futtersack *m*.

feed·er ['fi:də] *s.* **1.** *a heavy* ~ ein starker Esser (*Mensch*) *od.* Fresser (*Tier*); **2.** ⚙ a) Beschickungsvorrichtung *f*, b) ⚡ Speiseleitung *f*, Feeder *m*; **3.** *Verkehr:* Zubringerlinie *f*, -strecke *f*: ~ (**road**) Zubringerstraße *f*; **4.** Bewässerungs-, Zuflußgraben *m*; Nebenfluß *m*; **5.** *Brit.* a) Lätzchen *n*, b) (Saug)Flasche *f*; **6.** *thea. Am.* F Stichwortgeber *m*; ~ **line** *s.* **1.** *Verkehr:* Zubringerlinie *f*; **2.** → **feeder** 2 b.

feed hop·per *s.* Fülltrichter *m*.

feed·ing ['fi:dɪŋ] **I** *s.* **1.** Fütterung *f*; **2.** Ernährung *f*; **3.** ⚙ → **feed** 14 a; **II** *adj.* **4.** Zufuhr...; ~ **bot·tle** *s.* (Saug)Flasche *f*; ~ **cup** *s.* 🖋 Schnabeltasse *f*.

feed pipe *s.* Zuleitungsrohr *n*.

feel [fi:l] **I** *v/t.* [*irr.*] **1.** (an-, be)fühlen, betasten; *just ~ my hand* fühl mal m-e Hand (an); ~ **one's way** sich vortasten (*a. fig.*), *fig.* vorsichtig vorgehen, sondieren; ~ *s.o.* **up** *sl.* j-n 'abgrapschen' *od.* 'befummeln'; **2.** a) fühlen, (ver-)spüren, wahrnehmen, merken, b) empfinden: ~ **the cold**; ~ **pleasure** Freude *od.* Lust empfinden; *he felt the loss deeply* der Verlust traf ihn schwer; ~ *s.o.'s wrath* j-s Zorn zu spüren bekommen; *make itself felt* spürbar werden, zu spüren sein; *a (long-)felt want* ein dringendes Bedürfnis, ein (längst) spürbarer Mangel; **3.** a) ahnen, spüren, b) glauben, c) halten für: *I ~ it (to be) my duty* ich halte es für m-e Pflicht; **4.** *a.* ~ **out** *et.* sondieren, *j-m* 'auf den Zahn fühlen'; **II** *v/i.* **5.** fühlen: a) empfinden, b) durch Tasten feststellen *od.* festzustellen suchen (**whether**, **if** ob; **how** wie); **6.** ~ **for** a) tasten nach, b) suchen nach, c) *et.* herauszufinden suchen; **7.** sich fühlen, sich befinden, sich vorkommen wie, sein: *I ~ cold* frieren; *I ~ cold* mir ist kalt; ~ **ill** sich krank fühlen; ~ **certain** sicher sein; ~ **quite o.s. again** wieder 'auf dem Posten' sein; ~ **like** (**doing**) *s.th.* Lust haben zu *et.* (*od.* et. zu tun); ~ **up to** *s.th.* a) sich e-r Sache gewachsen fühlen, b) sich in der Lage fühlen zu et., c) in (der) Stimmung sein zu et.; **8.** ~ **for** (*od.* **with**) *s.o.* Mitgefühl mit j-m haben; *we ~ with you* wir

fühlen mit dir (*od.* euch); **9.** das Gefühl *od.* den Eindruck haben, finden, meinen, glauben (*that* daß): *I ~ that* ich finde, daß...; *how do you ~ about it?* was meinst du dazu: *it is felt in London* in London ist man der Ansicht; ~ **strongly** a) entschiedene Ansichten haben, b) sich erregen (**about** über *acc.*); **10.** sich *weich etc.* anfühlen: *velvet ~s soft*; **11.** *impers. I know how it ~s to be hungry* ich weiß, was es heißt, hungrig zu sein; **III** *s.* **12.** Gefühl *n* (*wie sich et. anfühlt*): *a sticky ~*; **13.** (An-)Fühlen *n*: *soft to the ~* weich anzufühlen; *let me have a ~* laß mich mal fühlen; **14.** Gefühl *n*: a) Empfindung *f*, Eindruck *m*, b) Stimmung *f*, Atmo'sphäre *f*, c) feiner In'stinkt, 'Riecher' *m* (*for* für): *clutch ~ mot.* Gefühl für richtiges Kuppeln.

feel·er ['fi:lə] *s.* **1.** *zo.* Fühler *m* (*a. fig.*): *put* (*od.* *throw*) **out a** ~ s-e Fühler ausstrecken, sondieren; **2.** ⚙ a) Dorn *m*, Fühler *m*, b) Taster *m*; **'feel·ing** [-lɪŋ] **I** *s.* **1.** Gefühl *n*, Gefühlssinn *m*; **2.** Gefühl(szustand *m*), Stimmung *f*: *bad* (*od.* *ill*) ~ Groll *m*, böses Blut, Feindseligkeit *f*; *good* ~ a) gutes Gefühl, b) Wohlwollen *n*; *no hard ~s!* F a) nicht böse sein!, b) (das) macht nichts!; **3.** *pl.* Gefühle *pl.*, Empfindlichkeit *f*: *hurt s.o.'s ~s* j-s Gefühle *od.* j-n verletzen; **4.** Feingefühl, Empfindsamkeit: *have a ~ for* Gefühl haben für; **5.** (Gefühls)Eindruck *m*: *I have a ~ that* ich habe (so) das Gefühl, daß; **6.** Gefühl *n*, Gesinnung *f*, Ansicht *f*: *strong ~s* a) starke Überzeugung, b) Erregung *f*; **7.** Auf-, Erregung *f*, Rührung *f*: *with* ~ a) mit Gefühl, gefühlvoll, b) mit Nachdruck, c) erbittert; *~s ran high* die Gemüter erhitzten sich; **8.** (Vor)Gefühl *n*, Ahnung *f*; **II** *adj.* □ **9.** fühlend, Gefühls...; **10.** gefühlvoll: a) mitfühlend, b) voll Gefühl, lebhaft.

feet [fi:t] *pl. von* **foot**.

feign [feɪn] **I** *v/t.* **1.** *et.* vortäuschen, *Krankheit a.* simulieren: ~ **death** sich totstellen; **2.** *e-e Ausrede etc.* erfinden; **II** *v/i.* **3.** sich verstellen, so tun als ob, simulieren; **'feign·ed·ly** [-nɪdlɪ] *adv.* zum Schein.

feint¹ [feɪnt] **I** *s.* **1.** *sport* Finte *f* (*a. fig.*); **2.** ⚔ Scheinangriff *m*, 'Täuschungsma,növer *n* (*a. fig.*); **II** *v/i.* **3.** *sport* fintieren: ~ **at** (*od.* **upon**) *j-n* täuschen; **III** *v/t.* **4.** *sport Schlag etc.* antäuschen.

feint² [feɪnt] *adj. typ.* schwach: ~ **lines**.

feld·spar ['feldspɑ:] *s. min.* Feldspat *m*.

fe·lic·i·tate [fɪ'lɪsɪtet] *v/t.* (**on**) beglückwünschen, *j-m* gratulieren (zu); **fe·lic·i·ta·tion** [fɪˌlɪsɪ'teɪʃn] *s.* Glückwunsch *m*; **fe'lic·i·tous** [-təs] *adj.* □ glücklich (gewählt), treffend (*Ausdruck etc.*); **fe'lic·i·ty** [-tɪ] *s.* **1.** Glück(seligkeit *f*) *n*; **2.** a) glücklicher Einfall, b) glücklicher Griff, c) treffender Ausdruck.

fe·line ['fi:laɪn] *adj.* **1.** Katzen...; **2.** katzenartig, -haft: ~ **grace**; **3.** *fig.* falsch, tückisch; **II** *s.* **4.** Katze *f*.

fell¹ [fel] *pret. von* **fall**.

fell² [fel] *v/t. Baum* fällen, *Gegner a.* niederstrecken.

fell³ [fel] *adj. poet.* **1.** grausam, wild, mörderisch; **2.** tödlich.

fell⁴ [fel] *s.* **1.** Balg *m*, Tierfell *n*; Vlies *n*; **2.** struppiges Haar.

fell⁵ [fel] *s. Brit.* **1.** Hügel *m*, Berg *m*; **2.** Moorland *n*.

fel·lah ['felə] *pl.* **-lahs**, **fel·la·heen** [ˌfelə'hi:n] (*Arab.*) *s.* Fel'lache *m*.

fell·er ['felə] F → **fellow** 4.

fel·loe ['feləʊ] *s.* (Rad)Felge *f*.

fel·low ['feləʊ] **I** *s.* **1.** Gefährte *m*, Gefährtin *f*, Genosse *m*, Genossin *f*, Kame'rad(in): *~s in misery* Leidensgenossen; **2.** Mitmensch *m*, Zeitgenosse *m*; **3.** Ebenbürtige(r *m*) *f*: *he will never have his* ~ er wird nie seinesgleichen finden; **4.** F Kerl *m*, Bursche *m*, 'Mensch' *m*, 'Typ' *m*: *my dear* ~ mein lieber Freund!; *good* ~ guter Kerl; *old ~!* alter Knabe!; *a ~ man*, einer; **5.** *der* (*die, das*) Da'zugehörige, *der* (*die, das*) andere *e-s Paares*: *where is the ~ of this shoe?*; **6.** Fellow *m*: a) Mitglied *n* e-s College (*Dozent, der im College wohnt*), b) Inhaber(in) e-s 'Forschungs,sti,pendiums, c) *Am.* Stu'dent(in) höheren Se'mesters, c) Mitglied *n* e-r gelehrten *etc.* Gesellschaft; **II** *adj.* **7.** Mit...: ~ **being** Mitmensch *m*; ~ **citizen** Mitbürger *m*; ~ **countryman** Landsmann *m*; ~ **feeling** a) Zs.-gehörigkeitsgefühl *n*, b) Mitgefühl *n*; ~ **student** Studienkollege *m*, -kollegin *f*, Kommilitone *m*, Kommilitonin *f*; ~ **travel(l)er** a) Mitreisende(r *m*) *f*, b) *pol.* Mitläufer(in), Sympathisant(in), *bsd.* Kommunistenfreund (-in).

fel·low·ship ['feləʊʃɪp] *s.* **1.** *oft good* ~ a) Kame'radschaft(lichkeit) *f*, b) Geselligkeit *f*; **2.** (geistige *etc.*) Gemeinschaft, Verbundenheit *f*; **3.** Gemein-, Gesellschaft *f*, Gruppe *f*; **4.** *univ.* a) die Stellung *f* e-s Fellows *pl.*, b) *Brit.* Stellung *f* e-s Fellow, c) Sti'p·ndienfonds *m*, d) 'Forschungs,sti,pendium *n*.

fel·on¹ ['felən] *s.* Nagelgeschwür *n*.

fel·on² ['felən] *s.* (Schwer)Verbrecher *m*; **fe·lo·ni·ous** [fə'ləʊnjəs] *adj.* □ ⚖ verbrecherisch; **'fel·o·ny** [-nɪ] *s.* ⚖ *Am.* Verbrechen *n*, *Brit. obs.* Schwerverbrechen *n*.

fel·spar ['felspɑ:] → **feldspar**.

felt¹ [felt] *pret. u. p.p. von* **feel**.

felt² [felt] *s.* Filz *m*; **II** *adj.* Filz...: ~ **tip(ped) pen**, ~ **tip** Filzschreiber *m*, -stift *m*; **III** *v/t. u. v/i.* (sich) verfilzen; **'felt·ing** [-tɪŋ] *s.* Filzstoff *m*.

fe·male ['fi:meɪl] **I** *adj.* **1.** weiblich (*a.* ♀): ~ **dog** Hündin *f*; ~ **student** Studentin *f*; **2.** weiblich, Frauen...: ~ **dress** Frauenkleidung (*f*); **3.** ⚙ Hohl...; ~ **screw** Schraubenmutter *f*; ~ **thread** Muttergewinde *n*; **II** *s.* **4.** a) Frau *f*, b) Mädchen *n*, c) *contp.* Weibsbild *n*, -stück *n*; **5.** *zo.* Weibchen *n*; **6.** ♀ weibliche Pflanze.

feme **cov·ert** [fi:m] *s.* ⚖ verheiratete Frau; ~ **sole** *s.* ⚖ a) unverheiratete Frau, b) vermögensrechtlich selbständige Ehefrau: ~ **trader** selbständige Geschäftsfrau.

fem·i·nine ['femɪnɪn] **I** *adj.* □ **1.** weiblich (*a. ling.*); **2.** weiblich, Frauen...: ~ **voice**; **3.** fraulich, sanft, zart; **4.** weibisch, femi'nin; **II** *s.* **5.** *ling.* Femininum *n*.

fem·i·nin·i·ty [ˌfemɪ'nɪnətɪ] *s.* **1.** Fraulich-, Weiblichkeit *f*; **2.** weibische *od.* femi'nine Art; **3.** *coll. (die)* (holde) Weiblichkeit; **fem·i·nism** ['femɪnɪzəm] *s.* Femi'nismus *m*; Frauenrechtsbewegung *f*; **fem·i·nist** ['femɪnɪst] *s.* Frauenrechtler(in), Femi'nist(in).

fem·o·ral ['femərəl] *adj. anat.* Oberschenkel(knochen)...; **fe·mur** ['fiːmə] *pl.* **-murs** *od.* **fem·o·ra** ['femərə] *s.* Oberschenkel(knochen) *m.*

fen [fen] *s.* Fenn *n*: a) Marschland *n*, b) (Flach)Moor *n*: **the ~s** die Niederungen in *East Anglia*.

fence [fens] **I** *s.* **1.** Zaun *m*, Einzäunung *f*, Gehege *n*: **mend one's ~s** *Am. pol.* s-e angeschlagene Position festigen; *sit on the ~* a) sich abwartend *od.* neutral verhalten, b) unschlüssig sein; **2.** *Reitsport*: Hindernis *n*; **3.** *sport* das Fechten; **4.** *sl.* a) Hehler *m*, b) Hehlernest *n*; **II** *v/t.* **5.** *a.* ~ **in** einzäunen, einfriedigen: ~ **in** (*od.* **round, off**) um'zäunen; ~ **off** abzäunen; **6.** ~ **in** einsperren; **7.** *fig.* schützen, sichern (**from** vor *dat.*): ~ **off** *Fragen etc.* abwehren, parieren; **8.** *sl.* Diebesbeute an e-n Hehler verkaufen; **III** *v/i.* **9.** fechten; **10.** *fig.* Ausflüchte machen, ausweichen; **11.** *sl.* Hehle'rei treiben; ~ **month** *s. hunt. Brit.* Schonzeit *f.*

fenc·er ['fensə] *s. sport* **1.** Fechter(in); **2.** Springpferd *n.*

fence sea·son → **fence month.**

fenc·ing ['fensɪŋ] *s.* **1.** *sport* Fechten *n*; **2.** *fig.* ausweichendes Verhalten, Ausflüchte *pl.*; **3.** a) Zaun *m*, b) Zäune *pl.*, c) 'Zaunmateri₁al *n.*

fend [fend] **I** *v/t.* **1.** ~ **off** abwehren; **II** *v/i.* **2.** sich wehren; **3.** ~ **for** sorgen für: ~ **for o.s.** für sich selbst sorgen, sich ganz allein durchs Leben schlagen; **'fend·er** [-də] *s.* **1.** ◎ Schutzvorrichtung *f*; **2.** *rail. etc.* Puffer *m*; **3.** *mot. Am.* Kotflügel *m*: ~ **bender** F (Unfall *m* mit) Blechschaden *m*; **4.** Schutzblech *n am Fahrrad*; **5.** ⚓ Fender *m*; **6.** Ka'minvorsetzer *m*, -gitter *n.*

fen·es·tra·tion [₁fenɪ'streɪʃn] *s.* **1.** △ Fensteranordnung *f*; **2.** ⚘ 'Fensterung(soperati₁on) *f.*

fen fire *s.* Irrlicht *n.*

Fe·ni·an ['fiːnjən] *hist.* **I.** *s.* Fenier *m*; **II** *adj.* fenisch; **'Fe·ni·an·ism** [-nɪzəm] *s.* Feniertum *n.*

fen·nel ['fenl] *s.* ♀ Fenchel *m.*

feoff [fef] → **fief**; **feoff·ee** [fe'fiː] *s.* ⚖ Belehnte(r) *m*: ~ **in** (*od.* **of**) **trust** Treuhänder(in); **feoff·er** ['fefə], **feof·for** [fe'fɔː] *s.* ⚖ Lehnsherr *m.*

fe·ral ['fɪərəl] *adj.* **1.** wild(lebend); **2.** *fig.* wild, bar'barisch.

fer·e·to·ry ['ferɪtərɪ] *s.* Re'liquienschrein *m.*

fer·ment [fə'ment] **I** *v/t.* **1.** in Gärung bringen, *fig. a.* in Wallung bringen, erregen; **II** *v/i.* **2.** gären (*a. fig.*); **III** *s.* ['fɜːment] **3.** ⚗ Fer'ment *n*, Gärstoff *m*; **4.** ⚗ Gärung *f*, *fig. a.* (innere) Unruhe, Aufruhr *m*: **the country was in a state of ~** es gärte im Land; **fer·men·ta·tion** [₁fɜːmen'teɪʃn] *s.* **1.** ⚗ Fermentati'on *f*, Gärung *f (a. fig.)*; **2.** *fig.* Aufruhr *m*, (innere) Unruhe.

fern [fɜːn] *s.* ♀ Farn(kraut *n*) *m*; **'fern·y** [-nɪ] *adj.* **1.** farnartig; **2.** voller Farnkraut.

fe·ro·cious [fə'rəʊʃəs] *adj.* □ **1.** wild, grausam, grimmig, heftig; **2.** *Am.* F a) ,toll', b) *contp.* ,grausam'; **fe·roc·i·ty** [fə'rɒsətɪ] *s.* Grausamkeit *f*, Wildheit *f.*

fer·re·ous ['ferɪəs] *adj.* eisenhaltig.

fer·ret ['ferɪt] **I** *s.* **1.** *zo.* Frettchen *n*; **2.** *fig.* ,Spürhund' *m* (*Person*); **II** *v/i.* **3.** *hunt.* mit Frettchen jagen; **4.** ~ **about** her'umsuchen (**for** nach); **III** *v/t.* **5.** ~ **out** *fig. et.* aufspüren, -stöbern, her'ausfinden.

fer·ric ['ferɪk] *adj.* ⚗ Eisen...; **fer·ri·cy·a·nide** [₁ferɪ'saɪənaɪd] *s.* Cy'aneisenverbindung *f*; **fer·rif·er·ous** [fe'rɪfərəs] *adj.* ⚗ eisenhaltig.

Fer·ris wheel ['ferɪs] *s.* Riesenrad *n.*

ferro- [ferəʊ] *in Zssgn* Eisen...; **₁~·'con·crete** *s.* 'Eisenbe₁ton *m*; **'~·type** *s. phot.* Ferroty'pie *f.*

fer·rous ['ferəs] *adj.* eisenhaltig, Eisen...

fer·rule ['feruːl] *s.* **1.** ◎ Stockzwinge *f*; **2.** Muffe *f.*

fer·ry ['ferɪ] **I** *s.* **1.** Fähre *f*, Fährschiff *n*, -boot *n*; **2.** *a.* ~ **service** Fährdienst *m*; **3.** ✈ Über'führungsdienst *m* (*von der Fabrik zum Flugplatz*); **4.** *Raumfahrt*: (Lande)Fähre *f*; **II** *v/t.* **5.** 'übersetzen; *bsd.* ✈ über'führen; befördern; **III** *v/i.* **6.** 'übersetzen; **'~·boat** → **ferry** 1; ~ **bridge** *s.* **1.** Tra'jekt *m*, *n*, Eisenbahnfähre *f*; **2.** Landungsbrücke *f*; **'~·man** [-mən] *s.* [*irr.*] Fährmann *m.*

fer·tile ['fɜːtaɪl] *adj.* □ **1.** *a. fig.* fruchtbar, produk'tiv, reich (**in, of** an *dat.*); **2.** *fig.* schöpferisch; **fer·til·i·ty** [fə'tɪlətɪ] *s. a. fig.* Fruchtbarkeit *f*, Reichtum *m*; **fer·ti·li·za·tion** [₁fɜːtɪlaɪ'zeɪʃn] *s.* **1.** Fruchtbarmachen *n*; **2.** *biol. u. fig.* Befruchtung *f*; **3.** ✍ Düngung *f*; **'fer·ti·lize** [-tɪlaɪz] *v/t.* **1.** fruchtbar machen; **2.** *biol. u. fig.* befruchten; **3.** ✍ düngen; **'fer·ti·liz·er** [-tɪlaɪzə] *s.* (Kunst)Dünger *m*, Düngemittel *n.*

fer·ule ['feruːl] **I** *s.* (flaches) Line'al (*zur Züchtigung*), (Zucht)Rute *f (a. fig.)*; **II** *v/t.* züchtigen.

fer·ven·cy ['fɜːvənsɪ] → **fervo(u)r** 1; **'fer·vent** [-nt] *adj.* □ **1.** *fig.* glühend, feurig, inbrünstig, leidenschaftlich; **2.** (glühend)heiß; **'fer·vid** [-vɪd] *adj.* □ → **fervent** 1; **'fer·vo(u)r** [-və] *s.* **1.** *fig.* Glut *f*, Feuer(eifer *m*) *n*, Leidenschaft *f*, Inbrunst *f*; **2.** Glut *f*, Hitze *f.*

fess(e) [fes] *s. her.* (Quer)Balken *m.*

fes·tal ['festl] *adj.* □ festlich, Fest...

fes·ter ['festə] **I** *v/i.* **1.** schwären, eitern: **~ing sore** Eiterbeule *f (a. fig.)*; **2.** verwesen, verfaulen; **3.** *fig.* gären: ~ **in s.o.'s mind** an j-m nagen *od.* fressen; **II** *s.* **4.** a) Schwäre *f*, eiternde Wunde, b) Geschwür *n.*

fes·ti·val ['festəvl] **I** *s.* **1.** Fest(tag *m*) *n*, Feier *f*; **2.** Festspiele *pl.*, 'Festival *n*; **II** *adj.* **3.** festlich, Fest...; **4.** Festspiel...; **'fes·tive** [-tɪv] *adj.* □ **1.** festlich, Fest...; **2.** fröhlich, gesellig; **fes·tiv·i·ty** [fe'stɪvətɪ] *s.* **1.** *oft pl.* Fest(lichkeit *f*) *n*; **2.** festliche Stimmung.

fes·toon [fe'stuːn] **I** *s.* Gir'lande *f*; **II** *v/t.* mit Gir'landen schmücken.

fe·tal ['fiːtl] *etc.* → **foetal** *etc.*

fetch [fetʃ] **I** *v/t.* **1.** (her'bei)holen, (her)bringen: ~ **a doctor** e-n Arzt holen; ~ **s.o. round** F j-n ,rumkriegen'; **2.** *et. od. j-n* abholen; **3.** *Atem* holen: ~ **a sigh** (auf)seufzen; ~ **tears** (ein paar) Tränen hervorlocken; **4.** ~ **up** *et.* erbrechen; **5.** apportieren (*Hund*); **6.** *Preis etc.* (ein)bringen, erzielen; **7.** *fig.* fesseln, anziehen, für sich einnehmen; **8.** *j-m e-n Schlag* versetzen: ~ **s.o. one** j-m

,eine langen' *od.* ,runterhauen'; **9.** ⚓ erreichen; **II** *v/i.* **10.** ~ **and carry for s.o.** j-s Handlanger sein, j-n bedienen; **11.** ~ **up** F ,landen' (**at, in** in *dat.*); **'fetch·ing** [-tʃɪŋ] *adj.* F reizend, bezaubernd.

fête [feɪt] **I** *s.* Fest(lichkeit *f*) *n*; **II** *v/t. j-n od. et.* feiern.

fet·id ['fetɪd] *adj.* □ stinkend.

fe·tish ['fiːtɪʃ] *s.* Fetisch *m*; **'fe·tish·ism** [-ʃɪzəm] *s.* Fetischkult *m*, *a. psych.* Feti'schismus *m*; **'fet·ish·ist** [-ʃɪst] *s.* Feti'schist *m.*

fet·lock ['fetlɒk] *s. zo.* **1.** Behang *m*; **2.** *a.* ~ **joint** Fesselgelenk *n (des Pferdes)*.

fet·ter ['fetə] **I** *s.* **1.** (Fuß)Fessel *f*; **2.** *pl. fig.* Fesseln *pl.*; **II** *v/t.* **3.** fesseln, *fig. a.* hemmen, behindern.

fet·tle ['fetl] *s.* Verfassung *f*, Zustand *m*: **in good** (*od.* **fine**) ~ (gut) in Form.

fe·tus ['fiːtəs] → **foetus.**

feu [fjuː] *s.* ⚖ *Scot.* Lehen *n.*

feud¹ [fjuːd] *s.* **1.** Fehde *f*: **be at ~ with** mit *j-m* in Fehde liegen; **II** *v/i.* sich befehden.

feud² [fjuːd] *s.* ⚖ Lehen *n*, Lehn(s)gut *n*; **'feu·dal** [-dl] *adj.* ⚖ Feudal..., Lehns..., feu'dal; **'feu·dal·ism** [-dəlɪzəm] *s.* Feuda'lismus *m*; **feu·dal·i·ty** [fjuː'dælɪtɪ] *s.* **1.** Lehenswesen *n*; **2.** Lehnbarkeit *f*; **'feu·da·to·ry** [-dətərɪ] **I** *s.* Lehnsmann *m*, Va'sall *m*; **II** *adj.* Lehns...

feuil·le·ton ['fɜːɪtɔ̃:ŋ] (*Fr.*) *s.* Feuille'ton *n*, kultu'reller Teil (*e-r Zeitung*).

fe·ver ['fiːvə] **I** *s.* **1.** ✠ Fieber *n*: ~ **heat** a) Fieberhitze *f*, b) *fig.* → 2; **2.** *fig.* Fieber *n*, fieberhafte Aufregung, *a.* Sucht *f*, Rausch *m*: **gold ~**; **in a ~ of excitement** in fieberhafter Aufregung; **reach ~ pitch** den Höhe- *od.* Siedepunkt erreichen; **work at ~ pitch** fieberhaft arbeiten; **II** *v/i.* **3.** fiebern (*a. fig. for* nach); **'fe·vered** [-əd] *adj.* **1.** fiebernd, fiebrig; **2.** *fig.* fieberhaft, aufgeregt; **'fe·ver·ish** [-vərɪʃ] *adj.* □ **1.** fieberkrank, fiebrig, Fieber...; **2.** *fig.* fieberhaft; **'fe·ver·ish·ness** [-vərɪʃnɪs] *s.* Fieberhaftigkeit *f (a. fig.)*.

few [fjuː] *adj. u. s. (pl.)* **1.** (*Ggs.* **many**) wenige: ~ **persons**; **some ~** einige wenige; **his friends are ~** er hat (nur) wenige Freunde; **no ~er than** nicht weniger als; ~ **and far between** (sehr) dünn gesät; **the lucky ~** die wenigen Glücklichen; **2.** **a ~** (*Ggs.* **none**) einige, ein paar: **a ~ days** einige Tage; **not a ~** nicht wenige, viele; **a good ~** e-e ganze Menge; **only a ~** nur wenige; **every ~ days** alle paar Tage; **have a ~** F ein paar ,kippen'; **'few·ness** [-nɪs] *s.* geringe Anzahl.

fey [feɪ] *adj. Scot.* **1.** todgeweiht; **2.** 'übermütig; **3.** 'übersinnlich.

fez [fez] *s.* Fes *m.*

fi·an·cé [fɪ'ɑ̃:ŋseɪ] (*Fr.*) *s.* Verlobte(r) *m*; **fi·an·cée** [-seɪ] (*Fr.*) *s.* Verlobte *f.*

fi·as·co [fɪ'æskəʊ] *pl.* **-cos** *s.* Fi'asko *n.*

fi·at [fɪ'æet] *s.* **1.** ⚖ *Brit.* Gerichtsschluß *m*; **2.** Befehl *m*, Erlaß *m*; **3.** Ermächtigung *f*; ~ **mon·ey** *s. Am.* Pa'piergeld *n* ohne Deckung.

fib [fɪb] **I** *s.* kleine Lüge, Schwinde'lei *f*, Flunke'rei *f*: **tell a ~** → **II** *v/i.* schwindeln, flunkern; **'fib·ber** [-bə] *s.* F Flunkerer *m*, Schwindler *m.*

fi·ber *Am.*, **fi·bre** ['faɪbə] *Brit.* *s.* **1.** ◎, *biol.* Faser *f*, Fiber *f*; **2.** Faserstoff *m*, -gefüge *n*, Tex'tur *f*; **3.** *fig.* a) Struk'tur *f*, b) Schlag *m*, Cha'rakter *m*: *moral ~* ‚Rückgrat *n*‘; *of coarse ~* grobschlächtig; **'~·board** *s.* ⊚ Holzfaserplatte *f*; **'~·glass** *s.* ⊚ Fiberglas *n*.

fi·bril ['faɪbrɪl] *s.* **1.** Fäserchen *n*; **2.** ♀ Wurzelfaser *f*; **'fi·brin** [-brɪn] *s.* **1.** Fi'brin *n*, Blutfaserstoff *m*; **2.** *a.* *plant ~* Pflanzenfaserstoff *m*; **'fi·broid** [-brɔɪd] **I** *adj.* faserartig, Faser...; **II** *s.* → **fi·bro·ma** [faɪ'brəʊmə] *pl.* **-ma·ta** [-mətə] *s.* ⚕ Fib'rom *n*; Fasergeschwulst *f*; **fi·bro·si·tis** [ˌfaɪbrəʊ'saɪtɪs] *s.* ⚕ Bindegewebsentzündung *f*; **'fi·brous** [-brəs] *adj.* ☐ **1.** faserig, Faser...; **2.** ⊚ sehnig (*Metall*).

fib·u·la ['fɪbjʊlə] *pl.* **-lae** [-liː] *s.* **1.** *anat.* Wadenbein *n*; **2.** *antiq.* Fibel *f*, Spange *f*.

fiche [fiːʃ] *s.* Fiche *n*, *m* (*Mikrodatenkarte*).

fick·le ['fɪkl] *adj.* unbeständig, launisch, *Person a.* wankelmütig; **'fick·le·ness** [-nɪs] *s.* Unbeständigkeit *f*, Wankelmut *m*.

fic·tile ['fɪktaɪl] *adj.* **1.** formbar; **2.** tönern, irden: *~ art* Töpferkunst *f*; *~ ware* Steingut *n*.

fic·tion ['fɪkʃn] *s.* **1.** (freie) Erfindung, Dichtung *f*; *contp.* ‚Märchen‘ *n*; **2.** a) Belle'tristik *f*, 'Prosa-, Ro'manlitera₁tur *f*: *work of ~*, b) *coll.* Ro'mane *pl.*, Prosa *f* (*e-s Autors*); **3.** ⚖ Fikti'on *f*; **'fic·tion·al** [-ʃənl] *adj.* **1.** erdichtet; **2.** Roman...

fic·ti·tious [fɪk'tɪʃəs] *adj.* ☐ **1.** (frei) erfunden, fik'tiv; **2.** unwirklich, Phantasie..., Roman...; **3.** ⚖ *etc.* fik'tiv: a) angenommen: *~ name*, b) fingiert, falsch, Schein...: *~ bill* ✝ Kellerwechsel *m*; **fic'ti·tious·ness** [-nɪs] *s.* das Fik'tive; Unechtheit *f*.

fid·dle ['fɪdl] **I** *s.* **1.** ♪ Fiedel *f*, Geige *f*: *play first* (*second*) *~ fig.* die erste (zweite) Geige spielen; → *fit*¹ 5; **2.** *Brit.* F a) Schwindel *m*, Betrug *m*, Schiebung *f*, b) Manipulati'on *f*; **II** *v/i.* **3.** F fiedeln, geigen; **4.** *a. ~ about* (*od. around*) her'umtrödeln; **5.** (*with*) spielen (mit), her'umfingern (an *dat.*), *contp.* her'umpfuschen (an *dat.*); **III** *v/t.* **6.** F fiedeln; **7.** *~ away* F Zeit vertrödeln; **8.** *Brit.* F ‚frisieren‘, manipulieren; **IV** *int.* **9.** Quatsch!; **₁~-de-'dee** [-dɪ'diː] → *fiddle* 9; **'~-₁fad·dle** [-ₗfædl] **I** *s.* **1.** Lap'palie *f*; **2.** Unsinn *m*; **II** *v/i.* **3.** dummes Zeug reden; **4.** die Zeit vertrödeln; **'~ed** (-)fuchteln mit;

fid·dler ['fɪdlə] *s.* **1.** Geiger(in): *pay the ~ Am.* F ‚blechen‘; **2.** *Brit.* F Schwindler *m*.

'fid·dle·stick **I** *s.* Geigenbogen *m*; **II** *int.* **~s!** F Quatsch!

fid·dling ['fɪdlɪŋ] *adj.* F läppisch, geringfügig, ‚poplig‘.

fi·del·i·ty [fɪ'delətɪ] *s.* **1.** (*a.* eheliche) Treue (*to* gegenüber, zu); **2.** Genauigkeit *f*, genaue Über'einstimmung (*od.* 'Wiedergabe: *with ~* wortgetreu; **3.** ♫ 'Wiedergabe(güte) *f*, Klangtreue *f*.

fidg·et ['fɪdʒɪt] **I** *s.* **1.** *mst* ner'vöse Unruhe, Zappe'lei *f*; **2.** ‚Zappelphilipp‘ *m*, Zapp(e)ler *m*; **II** *v/t.* **3.** ner'vös *od.* zapp(e)lig machen; **III** *v/i.* **4.** (her-'um)zappeln, zapp(e)lig sein; **5.** *~ with* (herum)spielen *od.* (-)fuchteln mit;

'fidg·et·i·ness [-tɪnɪs] *s.* Zapp(e)ligkeit *f*, Nervosi'tät *f*; **'fidg·et·y** [-tɪ] *adj.* ner'vös, zappelig: *~ Philipp* → *fidget* 2.

fi·du·ci·ar·y [fɪ'djuːʃjərɪ] ⚖ **I** *s.* **1.** Treuhänder(in); **II** *adj.* **2.** treuhänderisch, Treuhand..., Treuhänder...; **3.** ✝ ungedeckt (*Noten*).

fie [faɪ] *int. oft ~ upon you!* pfui(, schäm dich)!

fief [fiːf] *s.* Lehen *n*, Lehn(s)gut *n*.

field [fiːld] **I** *s.* **1.** ↙ Feld *n*; **2.** ✗ a) (Gold-, Öl- *etc.*)Feld *n*, b) (Gruben-) Feld *n*, (Kohlen)Flöz *n*: *coal ~*; **3.** *fig.* Bereich *m*, (Sach-, Fach)Gebiet *n*: *in the ~ of art* auf dem Gebiet der Kunst; *in his ~* auf s-m Gebiet, in s-m Fach; *~ of activity* Tätigkeitsbereich; *~ of application* Anwendungsbereich; **4.** a) (weite) Fläche, b) ♣, ♞, *phys., a. her.* Feld *n*: *~ of force* Kraftfeld; *~ of vision* Blick-, Gesichtsfeld, *fig.* Gesichtskreis *m*, Horizont *m*; **5.** *sport* a) Spielfeld *n*, (Sport)Platz *m*: *take the ~* einlaufen, auf den Platz kommen (→ 6), b) Feld *n* (*geschlossene Gruppe*), c) Teilnehmer(feld *n*) *pl.*, Besetzung *f*, *fig.* Wettbewerbsteilnehmer *pl.*: *fair ~ and no favo(u)r* gleiche Bedingungen für alle; *play the ~* F sich keine Chance entgehen lassen (*in der Liebe*), d) *Baseball, Kricket:* 'Fängerpar₁tei *f*; **6.** ✗ a) *poet.* (Schlacht)Feld *n*, (Feld)Schlacht *f*, b) Feld *n*, Front *f*: *in the ~* an der Front, im Felde; *hold* (*od. keep*) *the ~* sich behaupten; *take the ~* ins Feld rücken, den Kampf eröffnen; *win the ~* den Sieg davontragen; **7.** ✗ Feld *n* (*im Geschützrohr*); **8.** ⚡ (Operati'ons)Feld *n*; **9.** *TV* Feld *n*, Rasterbild *n*; **10.** a) *bsd. psych., sociol.* Praxis *f*, Wirklichkeit *f*, b) ✝ Außendienst *m*, (praktischer) Einsatz: *~ service, field study, fieldwork* 2–4 *etc.*; **II** *v/t.* **11.** *sport* Mannschaft, Spieler aufs Feld schicken; **12.** *Baseball, Kricket:* a) *den Ball* aufnehmen u. zu'rückwerfen, b) *Spieler* im Feld aufstellen; **13.** *fig. e-e Frage etc.* kontern; **III** *v/i.* **14.** *Kricket etc.:* bei der 'Fängerpar₁tei sein.

field| am·bu·lance *s.* ✗ Sanka *m*, Sani'tätswagen *m*; *~ coil* *s.* ⚡ Feldspule *f*; *~ day* *s.* **1.** ✗ a) Felddienstübung *f*, b) 'Truppenpa₁rade *f*; **2.** *Am.* a) *ped.* Sportfest *n*, b) Exkursi'onstag *m*; *have a ~ fig.* a) s-n großen Tag haben, b) e-n Mordsspaß haben (*with* mit).

field·er ['fiːldə] *s. Kricket etc.:* a) Fänger *m*, b) Feldspieler *m*, c) *pl.* 'Fängerpar₁tei *f*.

field| e·vent *s. sport* technische Diszi'plin, *pl.* 'Wurfdiszi₁plinen *pl.*; *~ glass*(·es *pl.*) *s.* Fernglas *n*, Feldstecher *m*; *~ goal* *s. Basketball:* Feldkorb *m*; *~ gun* *s.* ✗ Feldgeschütz *n*; *~ hos·pi·tal* *s.* ✗ 'Feldlaza₁rett *n*; *~ kitch·en* *s.* ✗ Feldküche *f*; ♀ *Mar·shal* *s.* [*irr.*] Feldmarschall *m*; **'~-mouse** *s.* [*irr.*] Feldmaus *f*; *~ of·fi·cer* *s.* ✗ 'Stabsoffi₁zier *m*; *~ pack* *s.* ✗ Marschgepäck *n*, Tor'nister *m*; *~ re·search* *s.* ✝ *etc.* Feldforschung *f*; *~ ser·vice* *s.* ✝ Außendienst *m*.

fields·man ['fiːldzmən] *s.* [*irr.*] → *fielder* a, b.

field| sports *s. pl.* Sport *m* im Freien (*bsd. Jagen, Fischen*); *~ stud·y* *s.* Feldstudie *f*; *~ test* *s.* praktischer Versuch;

~ train·ing *s.* ✗ Geländeausbildung *f*; **'~·work** *s.* **1.** ✗ Feldschanze *f*; **2.** praktische (wissenschaftliche) Arbeit, *a.* Arbeit *f* im Gelände; **3.** ✝ Außendienst *m*, -einsatz *m*; **4.** *Markt-, Meinungsforschung:* Feldarbeit *f*; **'~·work·er** *s.* **1.** ✝ Außendienstmitarbeiter(in); **2.** Inter'viewer(in), Befrager(in).

fiend [fiːnd] *s.* **1.** a) *fig.* Satan *m*, Teufel *m*, b) Dämon *m*, *fig. a.* Unhold *m*; **2.** *bsd. in Zssgn:* a) Süchtige(r *m*) *f*: *opium ~*, b) Fa'natiker(in), Narr *m*, Fex *m*: → *fresh-air fiend*, c) *Am. sl.* ‚Ka'none‘ *f* (*at* in *dat.*); **'fiend·ish** [-dɪʃ] *adj.* ☐ teuflisch, unmenschlich; *fig.* F verteufelt, ‚gemein‘; **'fiend·ish·ness** [-dɪʃnɪs] *s.* teuflische Bosheit; *fig.* Gemeinheit *f*.

fierce [fɪəs] *adj.* ☐ **1.** wild, grimmig, wütend (*alle a. fig.*); **2.** heftig, scharf; **3.** grell; **'fierce·ness** [-nɪs] *s.* Wildheit *f*, Grimmigkeit *f*; Schärfe *f*, Heftigkeit *f*.

fi·er·y ['faɪərɪ] *adj.* ☐ **1.** brennend, glühend (*a. fig.*); **2.** *fig.* feurig, hitzig, heftig; **3.** feuerrot; **4.** feuergefährlich; **5.** Feuer...

fife [faɪf] ♪ **I** *s.* **1.** (Quer)Pfeife *f*; **2.** → *fifer*; **II** *v/t. u. v/i.* **3.** (*auf der Querpfeife*) pfeifen; **'fif·er** [-fə] *s.* (Quer)Pfeifer *m*.

fif·teen [ˌfɪf'tiːn] **I** *adj.* **1.** fünfzehn; **II** *s.* **2.** Fünfzehn *f*; **3.** *Rugby:* Fünfzehn *f*; **'fif·teenth** [-nθ] **I** *adj.* **1.** fünfzehnt; **II** *s.* **2.** der (die, das) Fünfzehnte; **3.** Fünfzehntel *n*.

fifth [fɪfθ] **I** *adj.* ☐ **1.** fünft; **II** *s.* **2.** der (die, das) Fünfte; **3.** Fünftel *n*; **4.** ♪ Quinte *f*; *~ col·umn* *s. pol.* Fünfte Ko'lonne.

fifth·ly ['fɪfθlɪ] *adv.* fünftens.

fifth wheel *s.* **1.** *mot.* a) Ersatzrad *n*, b) Drehschemel(ring) *m* (*Sattelschlepper*); **2.** *fig.* fünftes Rad am Wagen.

fif·ti·eth ['fɪftɪɪθ] **I** *adj.* **1.** fünfzigst; **II** *s.* **2.** der (die, das) Fünfzigste; **3.** Fünfzigstel *n*; **'fif·ty** ['fɪftɪ] **I** *adj.* fünfzig; **II** *s.* Fünfzig *f*: *in the fifties* in den fünfziger Jahren (*e-s Jahrhunderts*); *he is in his fifties* er ist in den Fünfzigern; **'fif·ty-'fif·ty** *adj. u. adv.* F fifty-fifty, ‚halbe-halbe‘.

fig¹ [fɪg] *s.* ♀ Feige *f*: *I don't care a ~* (*for it*) F das ist mir schnuppe!; **2.** Feigenbaum *m*.

fig² [fɪg] *s.* F **1.** Kleidung *f*, Gala *f*: *in full ~* in voller Gala; **2.** Zustand *m*: *in good ~* gut in Form; **II** *v/t.* **3.** *~ out* her'ausputzen.

fight [faɪt] **I** *s.* **1.** Kampf *m* (*a. fig.*), Gefecht *n*: *make a ~ of it, put up a ~* kämpfen, sich wehren; *put up a good ~* sich tapfer schlagen; **2.** a) Schläge'rei *f*, Raufe'rei *f*, b) *sport* (Box)Kampf *m*: *have a ~* → 12; *make a ~ for* kämpfen um; **3.** Kampf(es)lust *f*, -fähigkeit *f*: *show ~* sich zur Wehr setzen; *there is no ~ left in him* er ist kampfmüde *od.* ‚fertig‘; **4.** Streit *m*, Kon'flikt *m*; **II** *v/t.* [*irr.*] **5.** *j-n od. et.* bekämpfen, bekriegen, kämpfen mit *od.* gegen, sich schlagen mit, *sport a.* boxen gegen; *fig.* ankämpfen gegen (*e-e schlechte Gewohnheit etc.*): *~ back* (*od. down*) *fig.* Tränen, Enttäuschung unterdrücken; *~ off j-n od. et.* abwehren, *a. e-e Erkältung etc.* bekämpfen; **6.** *e-n Krieg, e-n Pro-*

zeß führen, *e-e Schlacht* schlagen *od.* austragen, *e-e Sache* ausfechten: **~ a duel** sich duellieren; **~ an election** kandidieren; **~ it out** es (untereinander) ausfechten; **7.** *et.* verfechten, sich einsetzen für; **8.** *et.* erkämpfen: **~ one's way** sich durchschlagen; **9.** ✕ *Truppen etc.* kommandieren, (im Kampf) führen; **III** *v/i.* [*irr.*] **10.** kämpfen (**with** *od.* **against** mit *od.* gegen, **for** um): **~ against** *s.th.* gegen et. ankämpfen; **~ back** sich zur Wehr setzen; **11.** boxen; **12.** sich raufen *od.* prügeln *od.* schlagen.

fight·er ['faɪtə] *s.* **1.** Kämpfer *m*, Streiter *m*; **2.** Schläger *m*, Raufbold *m*; **3.** *sport* (*bsd.* Offen'siv)Boxer *m*; **4.** *a.* **~ plane** ✕, ✈ Jagdflugzeug *n*, Jäger *m*: **~** *a.* **~ bomber** Jagdbomber *m*; **~ group** *Brit.* Jagdgruppe *f*, *Am.* Jagdgeschwader *n*; **~-interceptor** Abfangjäger *m*; **~ pilot** Jagdflieger *m.*

fight·ing [~tɪŋ] **I** *s.* Kampf *m*, Kämpfe *pl*; **II** *adj.* Kampf...; streitlustig; **~ chance** *s.* *e-e* re'elle Chance (*wenn man sich anstrengt*); **~ cock** *s.* Kampfhahn *m* (*a. fig.*): **live like a ~** in Saus u. Braus leben.

fig leaf *s.* Feigenblatt *n* (*a. fig.*).

fig·ment ['fɪgmənt] *s.* **1.** *oft* **~ of the imagination** Phanta'siepro,dukt *n*, reine Einbildung; **2.** ‚Märchen' *n*, (pure) Erfindung.

fig tree *s.* Feigenbaum *m.*

fig·ur·a·tive ['fɪgjʊrətɪv] *adj.* □ **1.** *ling.* bildlich, über'tragen, fi'gürlich, meta-'phorisch; **2.** bilderreich (*Stil*); **3.** sym'bolisch.

fig·ure ['fɪgə] **I** *s.* **1.** Fi'gur *f*, Form *f*, Gestalt *f*, Aussehen *n*: **keep one's ~** schlank bleiben; **2.** *fig.* Fi'gur *f*, Per'son *f*, Per'sönlichkeit *f*, (bemerkenswerte) Erscheinung: **a public ~** *e-e* Persönlichkeit des öffentlichen Lebens; **~ of fun** komische Figur; **cut** (*od.* **make**) **a poor ~** *e-e* traurige Figur abgeben; **3.** Darstellung *f* (*bsd. des menschlichen Körpers*), Bild *n*, Statue *f*; **4.** *a.* ⊕, ✕ Fi'gur *f*, *weitS. a.* Zeichnung *f*, Dia-'gramm *n*; *a.* Abbildung *f*, Illustrati'on *f* (*in e-m Buch etc.*); **5.** *Tanz, Eiskunstlauf etc.*: Fi'gur *f*; **6.** (Stoff)Muster *n*; **7.** *a.* **~ of speech** *a.*) ('Rede-, 'Sprach)Fi-,gur *f*, *b*) Me'tapher *f*, Bild *n*; **8.** ♪ *a*) Fi'gur *f*, *b*) (Baß)Bezifferung *f*; **9.** Zahl(zeichen *n*) *f*, Ziffer *f*: **run into three ~s** in die Hunderte gehen; **be good at ~s** ein guter Rechner sein; **10.** Preis *m*, Summe *f*: **at a low ~** billig; **II** *v/t.* **11.** gestalten, formen; **12.** bildlich darstellen, abbilden; **13.** *a.* **~ to o.s.** sich *et.* vorstellen; **14.** verzieren (*a.* ♪); ⊕ mustern; **15. ~ out** F *a*) ausrechnen, *b*) ausknobeln, ‚rauskriegen', *c*) ‚kapieren': **I can't ~ him out** ich werde aus ihm nicht schlau; **III** *v/i.* **16. ~ out at** sich belaufen auf (*acc.*); **17. ~ on** *Am.* F *a*) rechnen mit, *b*) sich verlassen auf (*acc.*); **18.** erscheinen, vorkommen, *e-e* Rolle spielen: **~ large** *e-e* große Rolle spielen; **~ on a list** auf *e-r* Liste stehen; **19.** F (genau) passen: **that ~s!** das ist klar!; **~ dance** *s.* Fi'gurentanz *m*; '**~-head** *s.* ♣ Gali'onsfi,gur *f*, *fig. a.* ‚Aushängeschild' *n*; **~ skat·er** *s.* *sport* (Eis)Kunstläufer(in); **~ skat·ing** *s.* *sport* Eiskunstlauf *m.*

---

fig·u·rine ['fɪgjʊri:n] *s.* Statu'ette *f*, Fi-gu'rine *f.*

fil·a·ment ['fɪləmənt] *s.* **1.** Faden *m* (*a. anat.*); Faser *f*; **2.** ♀ Staubfaden *m*; **3.** ⚡ (Glüh-, Heiz)Faden *m*: **~ battery** Heizbatterie *f.*

fil·bert ['fɪlbət] *s.* ♀ **1.** Haselnußstrauch *m*; **2.** Haselnuß *f.*

filch [fɪltʃ] *v/t.* F ‚klauen' (*stehlen*).

file¹ [faɪl] **I** *s.* **1.** Aufreihdraht *m*, -faden *m*; **2.** (Akten-, Brief-, Doku'menten*etc.*)Ordner *m*, Sammelmappe *f*, *a.* Kar'tei(kasten *m*) *f*; **3.** *a*) Akte(nstück *n*) *f*, *a.* Dossi'er *n* (*der Polizei etc.*): **~ number** Aktenzeichen *n*, *b*) Akten (-bündel *n*, -stoß *m*) *pl.*, *c*) Ablage *f* abgelegte Briefe *pl. od.* Pa'piere *pl.*: **on ~** bei den Akten, *d*) Computer: Da'tei *f*, *e*) Liste *f*, Verzeichnis *n*; **4.** ✕ Reihe *f*; **5.** Reihe *f* (*Personen od. Sachen hintereinander*); **II** *v/t.* **6.** Briefe *etc.* ablegen, einordnen, ab-, einheften, zu den Akten nehmen; **7.** Antrag, ⚖ Klage einreichen; **III** *v/i.* **8.** hinterein'ander *od.* ✕ in Reihe (hi'nein-, hin'aus- *etc.*)marschieren.

file² [faɪl] **I** *s.* **1.** ⊕ Feile *f*; **II** *v/t.* **2.** ⊕ feilen; **3.** Stil feilen, glätten.

fi·let ['fɪlt] (*Fr.*) *s.* **1.** *Küche:* Fi'let *n*; **2.** *a.* **~ lace** Fi'let *n*, Netz(sticke'rei *f*) *n.*

fil·i·al ['fɪljəl] *adj.* □ kindlich, Kindes-, Sohnes..., Tochter...; **fil·i·a·tion** [,fɪli-'eɪʃn] *s.* **1.** Kindschaft(sverhältnis *n*) *f*: **~ proceeding** 𝕥𝕥 *Am.* Vaterschaftsprozeß *m*; **2.** Abstammung *f*; **3.** Herkunftsfeststellung *f*; **4.** Verzweigung *f.*

fil·i·bus·ter ['fɪlɪbʌstə] **I** *s.* **1.** *hist.* Freibeuter *m*; **2.** *parl. Am. a*) Obstrukti'on *f*, Verschleppungstaktik *f*, *b*) Obstrukti'onspo,litiker *m*; **II** *v/i.* **3.** *parl. Am.* Obstrukti'on treiben; **III** *v/t.* **4.** Antrag *etc.* durch Obstrukti'on zu Fall bringen.

fil·i·gree ['fɪlɪgri:] *s.* Fili'gran(arbeit *f*) *n.*

fil·ing| **cab·i·net** ['faɪlɪŋ] *s.* Aktenschrank *m*; **~ card** *s.* Kar'teikarte *f.*

fil·ings ['faɪlɪŋz] *s. pl.* Feilspäne *pl.*

Fil·i·pi·no [,fɪlɪ'pi:nəʊ] **I** *pl.* **-nos** *s.* Fili-'pino *m*; **II** *adj.* philip'pinisch.

fill [fɪl] **I** *v/t.* **1.** *eat one's* ~ sich satt essen; **have one's ~ of s.th.** genug von et. haben; **weep one's ~** sich ausweinen; **2.** Füllung *f* (*Material od. Menge*): **a ~ of petrol** *mot.* *e-e* Tankfüllung; **II** *v/t.* **3.** (an-, aus-, 'voll)füllen: **~ s.o.'s glass** j-m einschenken; **~ the sails** die Segel (auf)blähen; **4.** ab-, einfüllen: **~ wine into bottles**; **5.** (*mit Nahrung*) sättigen; **6.** Pfeife stopfen; **7.** Zahn füllen, plombieren; **8.** die Straßen, ein Stadion etc. füllen; **9.** *a. fig.* erfüllen: **smoke ~ed the room**; **grief ~ed his heart**; **~ed with fear** angsterfüllt; **10.** Amt, Posten *a*) besetzen, *b*) ausfüllen, bekleiden: **~ s.o.'s place** j-s Stelle einnehmen, j-n ersetzen; **11.** Auftrag ausführen: **an order**, → **bill²** 4; **III** *v/i.* **12.** sich füllen, (*Segel*) sich (auf)blähen; **~ in** *v/t.* **1.** Loch etc. auf-, ausfüllen; **2.** *Brit.* Formular ausfüllen; **3.** *a*) Namen *etc.* einsetzen, *b*) Fehlendes ergänzen; **4.** **fill s.o. in** F (**on** über *acc.*) j-n ins Bild setzen, j-n informieren; **II** *v/i.* **5.** einspringen (**for s.o.** für j-n); **~ out I** *v/t.* **1.** *bsd. Am.* Formular ausfüllen; **2.** Bericht etc. abrunden; **II** *v/i.* **3.** fülliger werden (*Figur*), (*Person a.*) zunehmen, (*Gesicht*) voller werden; **~ up I** *v/t.* **1.**

---

auf-, 'vollfüllen: **~ her up!** F volltanken, bitte; **2.** → **fill in** 2; **II** *v/i.* **3.** sich füllen.

fill·er ['fɪlə] *s.* **1.** Füllvorrichtung *f*, *a.* 'Abfüllma,schine *f*, Trichter *m*: **~ cap** *mot.* Tankverschluß *m*; **2.** Füllstoff *m*, Zusatzmittel *n*; **3.** *paint.* Spachtel(masse *f*) *m*, Füller *m*; **4.** *fig.* Füllsel *n*, Füller *m*; **5.** *ling.* Füllwort *n*; **6.** Sprengladung *f.*

fil·let ['fɪlt] *s.* **1.** Stirn-, Haarband *n*; **2.** Leiste *f*, Band *n*; **3.** Zierstreifen *m*, Fi-'let *n* (*am Buch*); **4.** △ Leiste *f*, Rippe *f*; **5.** *Küche:* Fi'let *n*; **6.** ⊕ *a*) Hohlkehle *f*, *b*) Schweißnaht *f*; **II** *v/t.* **7.** mit *e-m* Haarband *od. e-r* Leiste *etc.* schmücken; **8.** *Küche:* *a*) filetieren, *b*) als Fi'let zubereiten.

fill·ing ['fɪlɪŋ] **I** *s.* **1.** Füllung *f*, Füllmasse *f*, Einlage *f*, Füllsel *n*; **2.** (Zahn)Plombe *f*, (-)Füllung *f*; **3.** *das* 'Voll-, Aus-, Auffüllen, Füllung *f*: **~ machine** Abfüllma-schine *f*; **~ station** *Am.* Tankstelle *f*; **II** *adj.* **4.** sättigend.

fil·lip ['fɪlɪp] **I** *s.* **1.** Schnalzer *m* (*mit Finger u. Daumen*); **2.** Klaps *m*; **3.** *fig.* Ansporn *m*, Auftrieb *m*: **give a ~ to →** 6; **II** *v/t.* **4.** schnippen, schnipsen; **5.** *j-m* e-n Klaps geben; **6.** *fig.* anspornen, in Schwung bringen.

fil·ly ['fɪlɪ] *s.* **1.** *zo.* Stutenfohlen *n*; **2.** *fig.* ‚wilde Hummel' (*Mädchen*).

film [fɪlm] **I** *s.* **1.** Mem'bran(e) *f*, Häutchen *n*, Film *m*; **2.** *phot.* Film *m*; **3.** Film *m*: **the ~s** die Filmindustrie, der Film, das Kino; **be in ~s** beim Film sein; **shoot a ~** e-n Film drehen; **4.** (hauch)dünne Schicht, 'Überzug *m* (*Zellophan- etc.*)Haut *f*; **5.** (hauch)dünnes Gewebe, *a.* Faser *f*; **6.** Trübung *f* (*des Auges*), Schleier *f*; **II** *v/t.* **7.** (mit *e-m* Häutchen *etc.*) über'ziehen; **8.** *a*) Szene *etc.* filmen: **~ed report** Filmbericht *m*, *b*) Roman *etc.* verfilmen; **III** *v/i.* **9.** *a.* **~ over** sich mit *e-m* Häutchen über'ziehen; **10.** *a*) sich (gut) verfilmen lassen, *b*) e-n Film drehen, filmen; **~ li·brar·y** *s.* 'Filmar,chiv *n*; **~ mak·er** *s.* Filmemacher *m*; **~ pack** *s.* *phot.* Filmpack *m*; **~ reel** *s.* Filmspule *f*; '**~-set** [*irr.*] *typ.* im Foto- *od.* Filmsatz herstellen; **~ star** *s.* Filmstar *m*; **~ strip** *s.* **1.** Bildstreifen *m*; **2.** Bildband *n*; **~ ver·sion** *s.* Verfilmung *f.*

film·y ['fɪlmɪ] *adj.* □ **1.** mit *e-m* Häutchen bedeckt; **2.** duftig, zart, hauchdünn; **3.** trübe, verschleiert (*Auge*).

fil·ter ['fɪltə] **I** *s.* **1.** Filter *m*, Seihtuch *n*, Seiher *m*; **2.** ♞, ⊕, ⚡, *phot.*, *phys.*, *tel.* Filter *n*; **3.** *mot. Brit.* grüner Pfeil (*für Abbieger*); **II** *v/t.* **4.** filtern: *a*) ('durch)seihen, *b*) filtrieren: **~ off** (*out*) ab- (heraus)filtern; **III** *v/i.* **5.** 'durchsickern, (*Licht a.*) 'durchscheinen, -dringen; **6.** *fig.* **~ out** *od.* **through** 'durchsickern (*Nachrichten etc.*); *weitS.* **into** einsickern *od.* -dringen in (*acc.*); **7.** **~ out** langsam *od.* grüppchenweise herauskommen (**of** aus); **8.** *mot. Brit. a*) die Spur wechseln, *b*) sich einordnen (**to the left** links), *c*) abbiegen (*bei grünem Pfeil*); **~ bag** *s.* Filtertüte *f*; **~ bed** *s.* **1.** Kläranlage *f*, -becken *n*; **2.** Filterschicht *f*; **~ char·coal** *s.* Filterkohle *f*; **~ cir·cuit** *s.* ⚡ Siebkreis *m*; **~ pa·per** *s.* 'Filterpa,pier *n*; **~ tip** *s.* Filter(mundstück *n*) *m*; **2.** 'Filterziga,rette *f*; '**~-tipped** mit Filter, Filter...: **~ cigarette**.

filth [filθ] s. **1.** Schmutz m, Dreck m; **2.** fig. Schmutz m, Schweine'rei(en pl.) f; **3.** a) unflätige Sprache, b) unflätige Ausdrücke pl., Unflat m; **'filth·i·ness** [-θınıs] s. Schmutzigkeit f (a. fig.); **'filth·y** [-θı] **I** adj. □ **1.** schmutzig, dreckig, fig. a. schweinisch; **2.** fig. unflätig; **3.** F ekelhaft, scheußlich: ~ mood; ~ weather a. ‚Sauwetter' n; **II** adv. **4.** F ‚unheimlich', ‚furchtbar': ~ rich stinkreich.

fil·trate ['filtreit] **I** v/t. filtrieren; **II** s. Fil'trat n; **fil'tra·tion** [fil'treiʃn] s. Filtrati'on f.

fin¹ [fin] s. **1.** zo. Flosse f, Finne f; **2.** ♣ Kielflosse f; **3.** ✈ a) (Seiten)Flosse f, b) ⚔ Steuerschwanz m (e-r Bombe); **4.** ⊚ a) Grat m, (Guß)Naht f, b) (Kühl)Rippe f; **5.** Schwimmflosse f; **6.** sl. ‚Flosse' f (Hand).

fin² [fin] s. Am. sl. Fünf'dollarschein m.

fi·na·gle [fi'neigl] F **I** v/t. **1.** et. her'ausschinden; **2.** (sich) et. ergaunern; **3.** j-n betrügen, begaunern; **II** v/i. **4.** gaunern, mogeln.

fi·nal ['fainl] **I** adj. □ → **finally 1.** letzt, schließlich; **2.** endgültig, End...; Schluß...: ~ assembly ⊚ Endmontage f; ~ date Schlußtermin m; ~ examination Abschlußprüfung f; ~ score sport Schlußstand m; ~ speech ⚖ Schlußplädoyer n; ~ storage Endlagerung f (von Atommüll etc.); ~ whistle sport Schlußpfiff m; **3.** endgültig: a) 'unwider,ruflich, b) entscheidend, c) ⚖ rechtskräftig: after ~ judg(e)ment nach Rechtskraft des Urteils; **4.** per'fekt; **5.** ling. a) auslautend, End...; Schluß..., b) Absichts..., Final...: ~ clause; **II** s. **6.** a. pl. Fi'nale n, Endkampf m od. -runde f od. -spiel n od. -lauf m; **7.** mst pl. univ. 'Schluß,xamen n, -prüfung f; **8.** F Spätausgabe f (e-r Zeitung); **fi·na·le** [fi'nɑːlı] s. Fi'nale n: a) ♪ (mst schneller Schlußsatz, b) thea. Schluß(szene f) m (bsd. Oper), c) fig. (dra'matisches) Ende; **'fi·nal·ist** [-nə- list] s. **1.** sport Fina'list(in), Endspiel-, Endkampf-, Endrundenteilnehmer(in); **2.** univ. Ex'amenskandi,dat(in); **fi·nal·i·ty** [fai'nælətı] s. **1.** Endgültigkeit f; **2.** Entschiedenheit f; **'fi·nal·ize** [-nəlaiz] v/t. **1.** be-, voll'enden, (endgültig) erledigen, abschließen; **2.** endgültige Form geben (dat.); **'fi·nal·ly** [-nəlı] adv. **1.** endlich, schließlich, zu'letzt; **2.** zum (Ab)Schluß; **3.** endgültig, defini'tiv.

fi·nance [fai'næns] **I** s. **1.** Fi'nanz f, Fi-'nanzwesen n, -wirtschaft f, -wissenschaft f; **2.** pl. Fi'nanzen pl., Einkünfte pl., Vermögenslage f; **II** v/t. **3.** finanzieren; ~ act s. pol. Steuergesetz n; ~ bill s. **1.** pol. Fi'nanzvorlage f; **2.** ✝ Fi-'nanzwechsel m; ~ com·pa·ny s. ✝ Finanzierungsgesellschaft f; ~ house s. ✝ Brit. 'Kundenkre,ditbank f.

fi·nan·cial [fai'nænʃl] adj. □ finanzi'ell, Finanz..., Geld..., Fiskal...: ~ aid Finanzhilfe f; ~ backer Geldgeber m; ~ columns Handels-, Wirtschaftsteil m; ~ paper Börsen-, Handelsblatt n; ~ plan Finanzierungsplan m; ~ policy Finanzpolitik f; ~ situation (od. condition) Vermögenslage f; ~ standing Kreditwürdigkeit f; ~ statement ✝ Bilanz f; ~ year a) ✝ Geschäftsjahr n, b) parl. Haushalts-, Rechnungsjahr n; **fi-**

'nan·cier [-nsıə] **I** s. **1.** Finanzi'er m; **2.** Fi'nanz(fach)mann m; **II** v/t. **3.** finanzieren; **III** v/i. **4.** (bsd. skrupellose) Geldgeschäfte machen.

finch [fintʃ] s. orn. Fink m.

find [faind] **I** v/t. [irr.] **1.** finden; **2.** finden, (an)treffen, stoßen auf (acc.): I found him in ich traf ihn zu Hause an; ~ a good reception e-e gute Aufnahme finden; **3.** entdecken, bemerken, sehen, feststellen, (her'aus)finden: he found that ... er stellte fest od. fand, daß; I ~ it easy ich finde es leicht; ~ one's way den Weg finden (to nach, zu), sich zurechtfinden (in in dat.); ~ its way into fig. hineingeraten in (acc.) (Sache); ~ o.s. a) sich wo od. wie befinden, b) sich sehen: ~ o.s. surrounded, c) sich finden, sich voll entfalten, s-e Fähigkeiten erkennen, d) zu sich selbst finden (→ 5); I found myself telling a lie ich ertappte mich bei e-r Lüge; **4.** finden: a) beschaffen, auftreiben, b) j-n versorgen, verschaffen, c) Zeit etc. aufbringen, **5.** j-n versorgen, ausstatten (in mit): be well found in clothes; all found freie Station, freie Unterkunft u. Verpflegung, ~ o.s. sich selbst versorgen; **6.** ⚖ (be)finden für, erklären (für): he was found guilty; **7.** ~ out a) et. herausfinden, -bekommen, b) j-n ertappen, entlarven, durch'schauen; **II** v/i. [irr.] **8.** ⚖ (be)finden, (für Recht) erkennen (that daß): ~ for the defendant a) die Klage abweisen, b) Strafprozeß: den Angeklagten freisprechen; ~ against the defendant a) der Klage stattgeben, b) Strafprozeß: den Angeklagten verurteilen; **III** s. **9.** Fund m, Entdeckung f; **'find·er** [-də] s. **1.** Finder m, Entdecker m: ~s keepers F wer etwas findet, darf es (auch) behalten; ~'s reward Finderlohn m; **2.** phot. Sucher m; **'find·ing** [-diŋ] s. **1.** Fund m, Entdeckung f; **2.** mst pl. phys. etc. Befund m (a. ✚), Festellung(en pl.) f, Erkenntnis(se pl.) f; **3.** ⚖ Festellung f, der Geschworenen: a. Spruch m: ~s of fact Tatsachenfeststellungen; **4.** pl. Werkzeuge pl. od. Materi'al n (von Handwerkern).

fine¹ [fain] **I** adj. □ **1.** allg. fein: a) dünn, zart, zierlich: ~ china, b) scharf: a ~ edge, c) feiner Feinsilber n; gold 24 carats ~ 24karätiges Gold, d) aus kleinsten Teilchen bestehend: ~ sand, e) schön: a ~ ship; ~ weather, f) vornehm, edel: a ~ man, g) geschmackvoll, gepflegt, ele'gant, h) angenehm, lieblich: a ~ scent, i) feinsinnig: a ~ distinction feiner Unterschied; **2.** prächtig, großartig: a ~ view; a ~ musician; a ~ fellow ein feiner od. prächtiger Kerl (→ 3); **3.** F, a. iro. fein, schön: that's all very ~ but ... das ist ja alles gut u. schön, aber ...; a ~ fellow you are! contp. du bist mir ein schöner Genosse!; that's ~ with me! in Ordnung!; **4.** ⚓ fein, genau, Fein...; **II** F adv. **5.** F ein: vornehm (a. contp.): talk ~, b) sehr gut, ‚bestens': that will suit me ~ das paßt mir ausgezeichnet; **6.** knapp (od. run) it ~ ins Gedränge (bsd. in Zeitnot) kommen; **III** v/t. **7.** ~ away, ~ down fein(er) machen, abschleifen, zuspitzen; **8.** oft ~ down Wein etc. läutern, klären; **9.** metall.

frischen; **IV** v/i. **10.** ~ away, ~ down, ~ off fein(er) werden, abnehmen, sich abschleifen; **11.** sich klären.

fine² [fain] **I** s. **1.** ⚖ Geldstrafe f, Bußgeld n; **2.** in ~ a) schließlich, b) kurz'um; **II** v/t. **3.** mit e-r Geldstrafe od. e-m Bußgeld belegen: he was ~d £2 er mußte 2 Pfund (Strafe) bezahlen.

fine| ad·just·ment s. ⚓ Feineinstellung f; ~ arts s. pl. (die) schönen Künste pl.; **'~-bore** v/t. ⚓ präzisi'onsbohren; ~ cut s. Feinschnitt m (Tabak); **,~-'draw** v/t. [irr. → draw] **1.** fein zs.-nähen, kunststopfen; **2.** ⚓ Draht fein ausziehen; **,~-'drawn** → fine-spun.

fine·ness ['fainnis] s. allg. Feinheit f; **'fin·er·y** [-nərı] s. **1.** Putz m, Staat m; **2.** ⚓ a) Frischofen m, b) Frische'rei f; **fines** [fainz] s. pl. ⚓ Grus m, feingesiebtes Materi'al; **,fine-'spun** adj. feingesponnen (a. fig.).

fi·nesse [fi'nes] **I** s. **1.** Fi'nesse f: a) Spitzfindigkeit f, b) (kleiner) Kunstgriff, Kniff m; **2.** Raffi'nesse f, Schlauheit f; **3.** Kartenspiel: Schneiden n; **II** v/i. **4.** Kartenspiel: schneiden; **5.** ‚tricksen', Kniffe anwenden.

,fine-'tooth(ed) adj. fein(gezahnt): ~ comb Staubkamm m; go over s.th. with a ~ comb a) et. genau durchsuchen, b) et. genau unter die Lupe nehmen; ~ tun·ing s. Radio: Feinabstimmung f.

fin·ger ['fiŋgə] **I** s. **1.** Finger m: first, second, third ~ Zeige-, Mittel-, Ringfinger; fourth (od. little) ~ kleiner Finger; get (od. pull) one's ~ out Brit. F ‚Dampf dahintermachen'; have a (od. one's) ~ in the pie die Hand im Spiel haben; keep one's ~s crossed for s.o. j-m den Daumen drücken od. halten; lay (od. put) one's ~ on s.th. fig. den Finger auf et. legen; not to lay a ~ on s.o. j-m kein Härchen krümmen, j-n nicht anrühren; not to lift (od. raise, stir) a ~ keinen Finger rühren; put the ~ on s.o. → 10; twist (od. wrap, wind) s.o. (a)round one's little ~ j-n um den (kleinen) Finger wickeln; work one's ~s to the bone (for s.o.) sich (für) j-n) die Finger abarbeiten; → a. Verbindungen mit anderen Verben u. Substantiven; **2.** Finger(ling) m (am Handschuh); **3.** (Uhr)Zeiger m; **4.** Fingerbreit m; schmaler Streifen; schmales Stück; **6.** ⚓ Daumen m, Greifer m; **7.** sl. → finger man; **II** v/t. **8.** a) betasten, befühlen, b) her'umfingern an (dat.), spielen mit; **9.** ♪ a) et. mit den Fingern spielen, b) Noten mit Fingersatz versehen; **10.** Am. F a) j-n verpfeifen, b) j-n beschatten, c) Opfer ausspähen; **III** v/i. **11.** her'umfingern (at an dat.), spielen (with mit); **'~-board** s. ♪ a) Griffbrett n, b) Klavia'tur f, c) Manu'al n (der Orgel); ~ bowl s. Fingerschale f; **'~-breadth** s. Fingerbreit m.

-fin·gered [fiŋgəd] adj. in Zssgn mit ... Fingern, ...fing(e)rig.

fin·ger·ing ['fiŋgəriŋ] s. ♪ Fingersatz m.

fin·ger| man s. Spitzel m (e-r Bande); **'~-mark** s. Fingerabdruck m (Schmutzfleck); **'~-nail** s. Fingernagel m; ~ nut s. ⚓ Flügelmutter f; **'~-paint I** s. Fingerfarbe f; **II** v/t. u. v/i. mit Fingerfarben malen; ~ post s. **1.** Wegweiser m; **2.** fig. Fingerzeig m; **'~-print I** s. Fingerabdruck *m*; **II** *v/t.* von *j-m* Fingerabdrücke machen; '**~·stall** *s.* Fingerling *m*; '**~·tip** *s. mst fig.* Fingerspitze *f*: **have at one's ~s** *Kenntnisse* parat haben; **to one's ~s** durch u. durch.

fin·i·cal ['fɪnɪkl] *adj.* □, '**fin·ick·ing** [-kɪŋ], '**fin·ick·y** [-kɪ] *adj.* **1.** über'trieben genau, pe'dantisch; **2.** heikel, ‚pingelig'; **3.** affek'tiert, geziert; **4.** knifflig.

fi·nis ['fɪnɪs] (*Lat.*) *s.* Ende *n.*

fin·ish ['fɪnɪʃ] **I** *s.* **1.** Ende *n*, Schluß *m*; **2.** *sport* a) Endspurt *m*, Finish *n*, b) Ziel *n*, c) Endkampf *m*, Entscheidung *f*: **be in at the ~** in die Endrunde kommen, *fig.* das Ende miterleben; **3.** Voll'endung *f*, letzter Schliff, Ele'ganz *f*; **4.** ⊕ a) (äußerliche) Ausführung, Bearbeitung(sgüte) *f*, Oberflächenbeschaffenheit *f*, b) ('Lack- *etc.*),Überzug *m*, c) Poli'tur *f*, d) Appre'tur *f*; **5.** gute Ausführung *od.* Verarbeitung; **6.** △ a) Ausbau *m*, b) Verputz *m*; **II** *v/t.* **7.** *a.* **~ off** voll'enden, beendigen, fertigstellen, erledigen, zu Ende führen: **~ a task**; **~ a book** ein Buch auslesen *od.* zu Ende lesen; **8.** *a.* **~ off** (*od.* **up**) a) *Vorräte* auf-, verbrauchen, b) aufessen *od.* austrinken; **9.** *a.* **~ off** a) *j-n* ‚erledigen', *j-m* den Rest geben' (*töten od. erschöpfen od. ruinieren*), b) *bsd. e-m Tier* den Gnadenschuß *od.* -stoß geben; **10.** a) *a.* **~ off** (*od.* **~ up**) *et.* vervollkommnen, *e-r Sache* den letzten Schliff geben, b) *j-m* feine Lebensart beibringen; **11.** ⊕ nach-, fertigbearbeiten, *Papier* glätten, *Stoff* zurichten, appretieren, *Möbel etc.* polieren; **III** *v/i.* **12.** *a.* **~ off** (*od.* **up**) enden, schließen, aufhören (*with* mit): **have you ~ed?** bist du fertig?; **he ~ed by saying** abschließend *od.* zum Abschluß sagte er; **13.** *a.* **~ up** enden, im *Gefängnis etc.* ‚landen'; **14.** enden, zu Ende gehen; **15.** *a.* **~ with** mit *j-m od. et.* Schluß machen: **I'm ~ed with him!** mit ihm bin ich fertig!; **have ~ed with s.o.** (*od.* **s.th.**) *j-n* (*et.*) nicht mehr brauchen; **I haven't ~ed with you yet!** ich bin noch nicht fertig mit dir!; **16.** *sport* einlaufen, durchs Ziel gehen: **~ third** *a.* Dritter werden, den dritten Platz belegen, *allg.* als dritter fertig sein.

fin·ished ['fɪnɪʃt] *adj.* **1.** beendet, fertig: **half-~ products** Halbfabrikate; **~ goods** Fertigwaren; **~ part** Fertigteil *n*; **2.** *fig.* F ‚erledigt' (*erschöpft od. ruiniert od. todgeweiht*): **he is ~** *a.* mit ihm ist es aus!; **3.** voll'endet, voll'kommen; '**fin·ish·er** [-ʃə] *s.* **1.** ⊕ a) Fertigbearbeiter *m*; Appretierer *m*, b) Ma'schine *f* zur Fertigbearbeitung, *z.B.* Fertigwalzwerk *n*; **2.** F vernichtender Schlag, ‚K.-'o.-Schlag' *m*; **3. strong ~** *sport* (starker) Spurtläufer.

fin·ish·ing ['fɪnɪʃɪŋ] **I** *s.* **1.** Voll'enden *n*, Fertigmachen *n*, -stellen *n*; **2.** ⊕ a) Fertigbearbeitung *f*, b) (abschließende) Oberflächenbehandlung *f*, *z.B.* Hochglanzpolieren *n*, c) Veredelung, d) Appre'tur *f* (*von Stoffen*); **3.** *sport* Abschluß *m*; **II** *adj.* **4.** abschließend; → **touch** 3; **~ a·gent** *s.* ⊕ Appre'turmittel *n*; **~ in·dus·try** *s.* Ver'edelungsindu-,strie *f*, verarbeitende Indu'strie; **~ lathe** *s.* ⊕ Fertigdrehbank *f*; **~ line** *s. sport* Ziellinie *f*; **~ mill** *s.* ⊕ **1.** Feinwalzwerk *n*; **2.** Schlichtfräser *m*; **~ post** *s. sport* Zielpfosten *m*; **~ school** *s.*

'Mädchenpensio,nat *n* (*zur Vorbereitung auf das gesellschaftliche Leben*).

fi·nite ['faɪnaɪt] *adj.* **1.** begrenzt, endlich (*a.* Å); **2.** *ling.* fi'nit: **~ form** *a.* Personalform *f*; **~ verb** Verbum *n* finitum.

fink [fɪŋk] *Am. sl.* **I** *s.* **1.** Streikbrecher *m*; **2.** Spitzel *m*; **3.** ‚Dreckskerl' *m*; **II** *v/i.* **4.** **~ on** *j-n* verpfeifen; **5.** **~ out** sich drücken, ‚aussteigen'.

Finn [fɪn] *s.* Finne *m*, Finnin *f.*

fin·nan had·dock ['fɪnən] *s.* geräucherter Schellfisch.

finned [fɪnd] *adj.* **1.** *ichth.* mit Flossen; **2.** ⊕ gerippt; **fin·ner** ['fɪnə] *s. zo.* Finnwal *m.*

Finn·ish ['fɪnɪʃ] **I** *adj.* finnisch; **II** *s. ling.* Finnisch *n.*

fin·ny ['fɪnɪ] *adj.* **1.** → **finned** 1; **2.** Flossen..., Fisch...

fiord [fɪ'ɔːd] *s. geogr.* Fjord *m.*

fir [fɜː] *s.* **1.** ♀ Tanne *f*, Fichte *f*; **2.** Tannen-, Fichtenholz *n*; **~ cone** *s.* Tannenzapfen *m.*

fire ['faɪə] **I** *s.* **1.** Feuer *n* (*a. Edelstein*): **~ and brimstone** a) *bibl.* Feuer u. Schwefel *m*, b) *eccl.* Hölle *f* u. Verdammnis *f*; **be on ~** brennen, in Flammen stehen, *fig.* Feuer u. Flamme sein; **catch ~** Feuer fangen, in Brand geraten, *fig.* in Hitze geraten; **go through ~ and water for s.o.** *fig.* für *j-n* durchs Feuer gehen; **play with ~** *fig.* mit dem Feuer spielen; **pull s.th. out of the ~** *fig. et.* aus dem Feuer reißen; **set on ~**, **set ~ to** anzünden, in Brand stecken; Feuer *n* (*im Ofen etc.*): **on a slow ~** bei schwachem Feuer (*kochen*); **3.** Brand *m*, Feuer(sbrunst *f*) *n*: **where's the ~?** F wo brennt's?; **4.** *Brit.* Heizgerät *n*; **5.** *fig.* Feuer *n*, Glut *f*, Leidenschaft *f*, Begeisterung *f*; **6.** ✕ Feuer *n*, Beschuß *m*: **blank ~** blindes Schießen; **come under ~** unter Beschuß geraten (*a. fig.*); **come under ~ from s.o.** *fig.* in *j-s* Schußlinie geraten; **hang ~** schwer losgehen (*Schußwaffe*), *fig.* auf sich warten lassen (*Sache*); **hold one's ~** *fig.* sich zurückhalten; **miss ~** versagen (*Schußwaffe*), *fig.* fehlschlagen; **II** *v/t.* **7.** anzünden, in Brand stecken; **8.** *Kessel* heizen, *Ofen* (be)feuern, beheizen: **~ up inflation** *fig.* die Inflation ‚anheizen'; **9.** *Ziegel* brennen; **10.** *Tee* feuern; **11.** *fig. j-n*, *j-s* Gefühle entflammen, *j-n* in Begeisterung versetzen, *j-s* Phantasie beflügeln; **12.** *a.* **~ off** a) *Schußwaffe* abfeuern, b) *Schuß* abfeuern, -geben, c) *Sprengladung*, *Rakete* zünden; **13.** *a.* **~ off** *fig.* a) *Fragen etc.* abschießen, b) *j-n* mit *Fragen* bombardieren; **14.** *Motor* anlassen; **15.** F *j-n* ‚feuern', ‚rausschmeißen'; **III** *v/i.* **16.** Feuer fangen, (an)brennen; **17.** ✕ feuern, schießen (*at, on* auf *acc.*): **~ away!** F schieß los!; **18.** zünden (*Motor*); **19.** *a.* **~ up** ‚hochgehen', wütend werden.

fire a·larm *s.* **1.** 'Feuera,larm *m*; Feuermelder *m*; '**~·arm** [-ɑːm] *s.* Feuer-, Schußwaffe *f*: **~ certificate** *Brit.* Waffenschein *m*; '**~·ball** *s.* **1.** *hist.* ✕ *u. ast.* Feuerkugel *f*; **2.** Feuerball *m* (*Sonne*, *Explosion etc.*); **3.** Kugelblitz *m*; **~ bal·loon** *s.* 'Heißluftbal,lon *m*; '**~·brand** *s.* **1.** brennendes Holzscheit; **2.** *fig.* Unruhestifter *m*, Aufwiegler *m*; '**~·brick** *s.* feuerfester Ziegel, Scha'mottestein *m*; **~ bri·gade** *s. Brit.* Feu-

erwehr *f* (*a. fig. pol. etc.*); '**~·bug** *s. sl.* ‚Feuerteufel' *m*; **~ clay** *s.* feuerfester Ton, Scha'motte *f*; **~ com·pa·ny** *s.* **1.** *Am.* Feuerwehr *f*; **2.** → *fire-office*; **~ con·trol** *s.* **1.** ✕ Feuerleitung *f*; **2.** Brandbekämpfung *f*; '**~,crack·er** *s.* Frosch *m* (*Knallkörper*); '**~·damp** *s.* ✕ schlagende Wetter *pl.*, Grubengas *n*; **~ de·part·ment** *s. Am.* Feuerwehr *f*; '**~·dog** *s.* Ka'minbock *m*; '**~·,drag·on** *s.* feuerspeiender Drache; **~ drill** *s.* **1.** 'Feuera,larmübung *f*; **2.** Feuerwehrübung *f*; '**~,eat·er** [-ɔ,iː-] *s.* **1.** Feuerschlucker *m*; **2.** *fig.* ‚Eisenfresser' *m*; **~ en·gine** *s.* **1.** Feuerspritze *f*; **2.** Löschfahrzeug *n*; **~ es·cape** *s.* Feuerleiter *f*, -treppe *f*; **~ ex·tin·guish·er** *s.* Feuerlöscher *m*; **~ fight·er** *s.* Feuerwehrmann *m*; *pl.* Löschmannschaft *f*; '**~,fight·ing I** *s.* Brandbekämpfung *f*; **II** *adj.* Lösch..., Feuerwehr...; '**~·fly** *s.* Glühwürmchen *n*; '**~·guard** *s.* **1.** Ka'mingitter *n*; **2.** Brandwache *f od.* -wart *m*; '**~·hose** *s.* Feuerwehrschlauch *m*; **~ lane** *f* Feuerschneise *f*; '**~·man** [-mən] *s.* [*irr.*] **1.** Feuerwehrmann *m*; *pl.* Löschmannschaft *f*; **2.** Heizer *m*; '**~,of·fice** [-ɔr,ɒ] *s. Brit.* Feuerversicherung(sanstalt) *f*; '**~·place** *s.* (offener) Ka'min; '**~·plug** *s.* ⊕ Hy'drant *m*; **~ point** *s.* Flammpunkt *m*; **~ pol·i·cy** *s. Brit.* 'Feuerversicherungspo,lice *f*; **~ pow·er** *s.* ✕ Feuerkraft *f*; '**~·proof I** *adj.* feuerfest, -sicher: **~ curtain** *thea.* eiserner Vorhang; **II** *v/t.* feuerfest machen; **~ rais·er** *s. Brit.* Brandstifter(in); **~ ser·vice** *s. Brit.* Feuerwehr *f*; **~ ship** *s.* ♆ Brander *m*; '**~·side** *s.* **1.** (offener) Ka'min *m*: **~ chat** Plauderei *f* am Kamin; **2.** *fig.* häuslicher Herd, Da'heim *n*; **~ sta·tion** *s.* Feuerwehrwache *f*; '**~·storm** *s.* Feuersturm *m*; '**~·trap** *s.* ‚Mausefalle' *f* (*Gebäude ohne genügende Notausgänge*); **~ wall** *s.* Brandmauer *f*; '**~,warden** *s. Am.* **1.** Brandmeister *m*; **2.** Brandwache *f*; '**~,watch·er** *s. Brit.* Brandwache *f*, Luftschutzwart *m*; '**~,wa·ter** *s.* F ‚Feuerwasser' *n* (*Schnaps etc.*); '**~·wood** *s.* Brennholz *n*; '**~·works** *s. pl.* Feuerwerk *n* (*a. fig.*): **a ~ of wit**; **there were ~** da flogen die Fetzen.

fir·ing ['faɪərɪŋ] *s.* **1.** ✕ (Ab)Feuern *n*; **2.** ⊕ Zünden *n*; **3.** a) Heizen *n*, b) Feuerung *f*, c) 'Brennmateri,al *n*; **~ line** *s.* ✕ Feuerlinie *f*, -stellung *f*; Kampffront *f*: **be in** (*Am.* **on**) **the ~** *fig.* in der Schußlinie stehen; **~ or·der** *s.* **1.** ✕ Schießbefehl *m*; **2.** *mot.* Zündfolge *f*; **~ par·ty**, **~ squad** *s.* ✕ a) 'Ehrensa,lutkom,mando *n*, b) Exekuti'onskom-,mando *n.*

fir·kin ['fɜːkɪn] *s.* **1.** (Holz)Fäßchen *n*; **2.** Viertelfaß *n* (*Hohlmaß = etwa 40 l*).

firm¹ [fɜːm] **I** *adj.* □ **1.** fest, stark, hart; **2.** ♥ fest: **~ offer, ~ market**; **3.** fest, beständig; **4.** standhaft, fest, entschlossen, bestimmt: **be ~ with s.o.** *j-m* gegenüber hart sein; **II** *adv.* **5.** fest: **stand ~** *fig.* festbleiben; **III** *v/t.* **6.** *a.* **~ up** fest machen; **IV** *v/i.* **7.** *a.* **~ up** fest werden; **8.** *a.* **~ up** ♥ anziehen (*Preise*), sich erholen (*Markt*).

firm² [fɜːm] *s.* Firma *f*: a) Firmenname *m*, b) Unter'nehmen *n*, Geschäft *n*, Betrieb *m.*

fir·ma·ment ['fɜːməmənt] *s.* Firma'ment

n, Himmelsgewölbe *n*.
firm·ness ['fɜ:mnɪs] *s.* **1.** Festigkeit *f*, Entschlossenheit *f*, Beständigkeit *f*; **2.** † Festigkeit *f*, Stabili'tät *f*.
fir nee·dle *s.* Tannennadel *f*.
first [fɜ:st] **I** *adj.* □ → *firstly*; **1.** erst: *at ~ hand* aus erster Hand, direkt; *in the ~ place* zuerst, an erster Stelle; *~ thing (in the morning)* (morgens) als allererstes; *~ things ~!* das Wichtigste zuerst!; *he doesn't know the ~ thing* er hat keine (blasse) Ahnung; → *cousin*; **2.** erst, best, bedeutendst, führend: *~ officer* ⚓ Erster Offizier; *~ quality* beste *od.* prima Qualität; **II** *adv.* **3.** zu'erst, voran: *head ~* (mit dem) Kopf voraus; **4.** zum erstenmal; **5.** eher, lieber; **6.** *a.* *~ off* F (zu)'erst (einmal): *I must ~ do that*; **7.** zu'erst, als erst(er, -e, -es), an erster Stelle: *~ come, ~ served* wer zuerst kommt, mahlt zuerst; *~ or last* früher oder später; *~ and last* a) vor allen Dingen, b) im großen ganzen; *~ of all* zuallererst, vor allen Dingen; → 8; **III** *s.* **8.** (*der, die, das*) Erste *od.* (*fig.*) Beste: *be ~ among equals* Primus inter pares sein; *at ~* zuerst, anfangs, zunächst; *from the ~* von Anfang an; *from ~ to last* durchweg, von A bis Z; **9.** ♪ erste Stimme; **10.** *mot.* (*der*) erste Gang; **11.** *der* (Monats)Erste; **12.** 🐎 F erste Klasse; **13.** *univ. Brit.* akademischer Grad erster Klasse; **14.** *pl.* † Ware(n *pl.*) *f* erster Quali'tät, erste Wahl; **15.** *~ of exchange* † Primawechsel *m*; *~ aid* *s.* Erste Hilfe: *render ~* Erste Hilfe leisten; ˌ~'aid *adj.* Erste-Hilfe-...: *~ kit* Verbandskasten *m*; *~ post od.* **station** Sanitätswache *f*, Unfallstation *f*, *~ bid* *s.* † Erstgebot *n*; ˈ~-born **I** *adj.* erstgeboren; **II** *s.* (*der, die, das*) Erstgeborene; *~ cause* *s. phls.* Urgrund *m* aller Dinge, Gott *m*; *~ class* *s.* **1.** 🐎 *etc.* erste Klasse; **2.** *univ. Brit.* → *first* 13; ˌ~'class *adj. u. adv.* **1.** erstklassig, ausgezeichnet; F prima; **2.** 🐎 *etc.* erster Klasse: *~ mail* a) *Am.* Briefpost *f*, b) *Brit.* bevorzugt beförderte Inlandspost; *~ cost* *s.* † Selbstkosten(preis *m*) *pl.*, Gestehungskosten *pl.*, Einkaufspreis *m*; *~ floor* *s.* **1.** *Brit.* erste(r) Stock, erste E'tage; **2.** *Am.* Erdgeschoß *n*; *~ fruits* *s. pl.* 🌿 Erstlinge *pl.*; **2.** *fig.* a) erste Erfolge *pl.*, b) Erstlingswerk(e *pl.*) *n*; ˌ~-gen·er'a·tion *adj.* Computer *etc.* der ersten Generati'on; ˌ~'hand *adj. u. adv.* aus erster Hand, di'rekt; *~ la·dy* *s.* First Lady *f*: a) *Gattin e-s Staatsoberhauptes*, b) *führende Persönlichkeit*: *the ~ of jazz*; *~ lieu·ten·ant* *s.* ✕ Oberleutnant *m*.
first·ling ['fɜ:stlɪŋ] *s.* Erstling *m*; **first·ly** ['fɜ:stlɪ] *adv.* erstens, zu'erst (einmal).
first name *s.* Vorname *m*; *~ night* *s. thea.* Erst-, Uraufführung *f*, Premi'ere *f*; ˌ~'night·er *s.* Premi'erenbesucher (-in); *~ pa·pers* *s. pl. Am.* (*erster*) Antrag *e-s* Ausländers auf amer. Staatsangehörigkeit; *~ per·son* *s.* **1.** *ling.* erste Per'son; **2.** Ich-Form *f* (*in Romanen etc.*); *~ prin·ci·ples* *s. pl.* 'Grundprin·zipien *pl.*; ˌ~'rate → *first-class* 1; *~ ser·geant* *s.* ✕ *Am.* Hauptfeldwebel *m*; *~ strike* *s.* ✕ (ato'marer) Erstschlag; ˌ~'time *adj.*: *~ voter* Erstwähler(in).
firth [fɜ:θ] *s.* Meeresarm *m*, Förde *f*.

fir tree *s.* Tanne(nbaum *m*) *f*.
fis·cal ['fɪskl] *adj.* □ fis'kalisch, steuerlich, Finanz...: *~ policy* Finanzpolitik *f*; *~ stamp* Banderole *f*; *~ year* a) *Am.* Geschäftsjahr *n*, b) *parl. Am.* Haushalts-, Rechnungsjahr *n*, c) *Brit.* Steuerjahr *n*.
fish [fɪʃ] **I** *pl.* **fish** *od.* (*Fischarten*) **fishes** *s.* **1.** Fisch *m*: *fried ~* Bratfisch; *drink like a ~* saufen wie ein Loch; *like a ~ out of water* wie ein Fisch auf dem Trockenen; *I have other ~ to fry* ich habe Wichtigeres zu tun; *all is ~ that comes to his net* er nimmt unbesehen alles (mit); *a pretty kettle of ~* F e-e schöne Bescherung; *neither ~ nor flesh* (*nor good red herring*), *neither ~ nor fowl* F weder Fisch noch Fleisch, nichts Halbes und nichts Ganzes; *there are plenty more ~ in the sea* F es gibt noch mehr davon auf der Welt; *loose ~* F lockerer Vogel; *queer ~* F komischer Kauz; → *feed* 1; **2.** *ast.* the ♓(es *pl.*) die Fische *pl.*: *be (a) ♓es* Fisch sein; **II** *v/t.* **3.** fischen, Fische fangen, angeln; **4.** a) fischen *od.* angeln in (*dat.*), b) Fluß *etc.* abfischen, absuchen: *~ up j-n* auffischen; **5.** *fig. a.* *~ out* her'vorkramen, -holen, -ziehen; **6.** ⚓ verlaschen; **III** *v/i.* **7.** (*for*) fischen, angeln (*auf acc.*); **8.** *~ for fig.* a) fischen nach: *~ for compliments*, b) aussein auf (*acc.*): *~ for information*; **9.** *a.* *~ around* kramen (*for* nach).
fish| and chips *s. Brit.* Bratfisch m u. Pommes 'frites; *~ ball* *s.* 'Fischfrika·delle *f*, -klops *m*; *~ bas·ket* *s.* (Fisch-) Reuse *f*; ˈ~bone *s.* (Fisch)Gräte *f*; *~ bowl* *s.* Goldfischglas *n*; *~ cake* → *fish ball*; *~ eat·ers* *s. pl.* Fischbesteck *n*.
fish·er ['fɪʃə] *s.* **1.** Fischer *m*, Angler *m*; **2.** *zo.* Fischfänger *m*; ˈ**fish·er·man** [-mən] *s.* [*irr.*] **1.** (*a.* Sport)Fischer *m*; **2.** Fischdampfer *m*; ˈ**fish·er·y** [-ərɪ] *s.* **1.** Fische'rei *f*, Fischfang *m*; **2.** Fischzuchtanlage *f*; **3.** Fischgründe *pl.*, Fanggebiet *n*.
ˈ**fish|-eye (lens)** *s. phot.* 'Fischauge(n·objek,tiv) *n*; *~ fin·gers* *s. pl.* Küche: Fischstäbchen *pl.*; ˈ~ **flour** *s.* Fischmehl *n*; ˈ~-**glue** *s.* Fischleim *m*; ˈ~-**hook** *s.* Angelhaken *m*.
fish·ing ['fɪʃɪŋ] *s.* **1.** Fischen *n*, Angeln *n*; **2.** › *fishery* 1, 3; *~ boat* *s.* Fischerboot *n*; *~ grounds* *s. pl.* → *fishery* 3; *~ in·dus·try* *s.* Fische'rei(gewerbe *n*) *f*; ˈ~-**line** *s.* Angelschnur *f*; ˈ~-**net** *s.* Fischnetz *n*; *~ pole* *s.*, *~ rod* *s.* Angelrute *f*; *~ tack·le* *s.* Angel- *od.* Fische-'reigeräte *pl.*; *~ vil·lage* *s.* Fischerdorf *n*.
fish| lad·der *s.* Fischleiter *f*, -treppe *f*; *~ meal* *s.* Fischmehl *n*; ˈ~**mon·ger** *s. Brit.* Fischhändler *m*; ˈ~**net** *adj.* Netz...: *~ shirt*, *~ stockings*; *~ oil* *s.* Fischtran *m*; ˈ~-**plate** *s.* 🚂 Lasche *f*; ˈ~-**pond** *s.* Fischteich *m*; ˈ~-**pot** *s.* Fischreuse *f*; ˈ~-**slice** *s.* Fischheber *m*; *~ stor·y* *s. Am.* F ,Seemannsgarn' *n*; *~ tank* *s.* A'quarium *n*; ˈ~-**wife** *s.* [*irr.*] Fischhändlerin *f*: *swear like a ~* keifen wie ein Fischweib.
fish·y ['fɪʃɪ] *adj.* □ **1.** fischartig, Fisch...: *~ eyes fig.* Fischaugen; **2.** fischreich; **3.** F ,faul', verdächtig: *there's s.th. ~ a·bout it* daran ist irgend etwas faul.
fis·sile ['fɪsaɪl] *adj. bsd. phys.* spaltbar;

fis·sion ['fɪʃn] *s.* **1.** *phys.* Spaltung *f* (*a. fig.*): *~ bomb* Atombombe *f*; **2.** *biol.* (Zell)Teilung *f*; **fis·sion·a·ble** ['fɪʃ-nəbl] → *fissile*.
fis·sip·a·rous [fɪ'sɪpərəs] *adj. biol.* sich durch Teilung vermehrend, fissi'par.
fis·sure ['fɪʃə] *s.* Spalt(e *f*) *m*, Riß *m* (*a.* 🪨), Ritz(e *f*) *m*, Sprung *m*; ˈ**fis·sured** [-əd] *adj.* gespalten, rissig (*a.* ⚙); 🪨 schrundig.
fist [fɪst] **I** *s.* **1.** Faust *f*: *~ law* Faustrecht *n*; **2.** *humor.* a) ‚Pfote' *f*, Hand *f*, b) ‚Klaue' *f*, Handschrift *f* (*a. fig.*); **3.** F Versuch *m* (*at* mit); **II** *v/t.* **4.** mit der Faust schlagen; **5.** packen.
-fist·ed [fɪstɪd] *adj. in Zssgn* mit e-r ... Faust *od.* Hand, mit ... Fäusten.
ˈ**fist·ful** [-fʊl] *s.* (*e-e*) Handvoll.
fist·ic, **fist·i·cal** ['fɪstɪk(l)] *adj. sport* Box...; ˈ**fist·i·cuffs** [-kʌfs] *s. pl.* Faustschläge *pl.*, Schläge'rei *f*.
fis·tu·la ['fɪstjʊlə] *s.* 🩺 Fistel *f*.
fit¹ [fɪt] **I** *adj.* □ **1.** a) passend, geeignet, b) fähig, tauglich: *~ for service* dienstfähig, (-)tauglich; *~ to drink* trinkbar; *~ to drive* fahrtüchtig; *~ to eat* eß-, genießbar; *laugh ~ to burst* F vor Lachen beinahe platzen; *~ to kill* F wie verrückt; *he was ~ to be tied Am.* F er hatte eine Stinkwut; *he is not ~ for the job* er ist für den Posten nicht geeignet; → *drop* 12; **2.** wert, würdig: *not to be ~ to inf.* es nicht verdienen zu *inf.*; *not ~ to be seen* nicht präsentabel od. vorzeigbar; **3.** angemessen, angebracht: *more than ~* über Gebühr; *see* (*od. think*) *~* es für richtig *od.* angebracht halten (*to do* zu tun); **4.** schicklich, geziemend: *it is not ~ for us to do so* es gehört sich *od.* ziemt sich nicht, daß wir das tun; **5.** a) gesund, fit, (gut) in Form: *keep ~* sich in Form *od.* fit halten; *as ~ as a fiddle* a) kerngesund, b) quietschvergnügt; **II** *s.* **6.** Paßform *f*, Sitz *m* (*Kleid*): *it is a bad* (*perfect*) *~* es sitzt schlecht (tadellos); *it is a tight ~* es sitzt stramm, *fig.* es ist sehr knapp bemessen; **7.** ⚙ Passung *f*; **III** *v/t.* **8.** passend *od.* geeignet machen (*for* für), anpassen (*to an acc.*); **9.** passen für *od.* auf (*j-n*), *e-r Sache* angemessen *od.* angepaßt sein: *the key ~s the lock* der Schlüssel paßt (ins Schloß); *the description ~s him* die Beschreibung trifft auf ihn zu; *the name ~s him* der Name paßt zu ihm; *~ the facts* (mit den Tatsachen überein)stimmen; *~ the occasion* (*Redew.*) dem Anlaß entsprechen; **10.** *j-m* passen (*Kleid etc.*); **11.** sich eignen für; **12.** *j-n* befähigen (*for* für; *to do* zu tun); **13.** *j-n* vorbereiten, ausbilden (*for* für); **14.** *a.* ⚙ ausrüsten, -statten, einrichten, versehen (*with* mit); **15.** ⚙ a) einpassen, -bauen (*into* in *acc.*), b) anbringen (*to an dat.*), c) → *fit up* 2; **16.** a) an *j-m* Maß nehmen, b) *Kleid etc.* anprobieren; **IV** *v/i.* **17.** passen: a) sitzen (*Kleid*), b) angemessen sein, c) sich eignen; **18.** *~ into* passen in (*acc.*), sich einfügen in (*acc.*): *~ in* **I** *v/t.* einfügen, -passen, *a. fig.* *j-n od. et.* einschieben; **II** *v/i.* (*with*) passen (in *acc.*), über'einstimmen (mit); *~ on* *v/t.* **1.** *Kleid etc.* anprobieren; **2.** anbringen, (an)montieren (*to an acc.*); *~ out* → *fit¹* 14; *~ up* *v/t.* **1.** → *fit¹* 14; **2.** ⚙ aufstellen, mon-

tieren.

fit² [fɪt] s. **1.** ♬ u. fig. Anfall m, Ausbruch m: ~ of coughing Hustenanfall; ~ of anger Wutanfall; ~ of laughter Lachkrampf m; have a ~ F ‚Zustände‘ od. e-n Lachkrampf kriegen; give s.o. a ~ F a) j-m e-n Schrecken einjagen, b) j-n ‚auf die Palme bringen‘; **2.** (plötzliche) Anwandlung, Laune f: ~ of generosity Anwandlung von Großzügigkeit, Spendierlaune; by ~s (and starts) a) stoß-, ruckweise, b) spo'radisch.

fitch [fɪtʃ], **fitch·ew** ['fɪtʃuː] s. zo. Iltis m.

fit·ful ['fɪtfʊl] adj. □ unstet, unbeständig, veränderlich; sprung-, launenhaft; **fit·ment** ['fɪtmənt] s. **1.** Einrichtungsgegenstand m; pl. Ausstattung f, Einrichtung f; **2.** Am. (Tropf- etc.)Vorrichtung f; **fit·ness** ['fɪtnɪs] s. **1.** Eignung f, Fähig-, Tauglichkeit f: ~ test Eignungsprüfung f (→ 5); **2.** Zweckmäßigkeit f; **3.** Angemessenheit f; **4.** Schicklichkeit f; **5.** a) Gesundheit f, b) (gute) Form, Fitneß f: ~ room Fitneßraum m; ~ test sport Fitneßtest m; ~ trail Am. Trimmpfad m; **fit·ted** ['fɪtɪd] adj. **1.** passend, geeignet; **2.** nach Maß (gearbeitet), zugeschnitten: ~ carpet Teppichboden m; ~ coat taillierter Mantel; **3.** Einbau...: ~ kitchen; **fit·ter** ['fɪtə] s. **1.** Ausrüster m, Einrichter m; **2.** Schneider(in); **3.** ⊕ Mon'teur m, Me'chaniker m; Installa'teur m; (Ma'schinen)Schlosser m; **fit·ting** ['fɪtɪŋ] **I** adj. □ **1.** a) passend, geeignet, b) angemessen, c) schicklich; **II** s. **2.** Anprobe f; **3.** ⊕ Einpassen n, -bauen n; **4.** ⊕ Mon'tage f, Installieren n, Aufstellung f: ~ shop Montagehalle f; **5.** pl. ⊕ Beschläge pl., Zubehör n, Arma'turen pl., Ausstattungsgegenstände pl.; **6.** ⊕ a) Paßarbeit f, b) Paßteil n, c) Bau-, Zubehörteil n, d) (Rohr)Verbindung f, e) Einrichtung f, Ausrüstung f, -stattung f; **'fit-up** s. thea. Brit. F **1.** provi'sorische Bühne; **2.** a. ~ company (kleine) Wanderbühne.

five [faɪv] **I** adj. fünf; ~-and-ten Am. billiges Kaufhaus; ~-day week Fünftagewoche f; ~-finger exercise ♪ Fünffingerübung f, fig. Kinderspiel n; ~o'clock shadow Anflug m von Bartstoppeln am Nachmittag; ~-year plan Fünfjahresplan m; **II** s. Fünf f: the ~ of hearts die Herzfünf (Spielkarte); **'five-fold** adj. u. adv. fünffach; **'fiv·er** [-və] s. F Brit. Fünf'pfund-, Am. Fünf'dollarschein m; **fives** [-vz] s. pl. sg. konstr. sport Brit. ein Wandballspiel n.

fix [fɪks] **I** v/t. **1.** befestigen, festmachen, anheften, anbringen (to an acc.); → bayonet I; **2.** fig. verankern: ~ s.th. in s.o.'s mind j-m et. einprägen; **3.** fig. Termin, Preis etc. festsetzen, -legen (at auf acc.), bestimmen, verabreden; **4.** Blick, s-e Aufmerksamkeit etc. richten, heften, Hoffnung setzen (on auf acc.); **5.** j-s Aufmerksamkeit fesseln; **6.** j-n, et. fixieren, anstarren; **7.** die Schuld etc. zuschreiben (on dat.); **8.** ✔, ♣ die Posi'tion bestimmen von (od. gen.); **9.** phot. fixieren; **10.** (zur mikro'skopischen Unter'suchung) präparieren; **11.** ⊕ Werkstücke feststellen; **12.** reparieren, instand setzen; **13.** bsd. Am. et.

zu'rechtmachen, Essen zubereiten: ~ s.o. a drink j-m e-n Drink mixen; ~ one's face sich schminken; ~ one's hair sich frisieren; **14.** a. ~ up et. arrangieren, regeln, a. in Ordnung bringen, Streit beilegen; **15.** F a) e-n Wahlkampf etc. (vorher) ‚arrangieren‘, manipulieren, b) j-n ‚schmieren‘, bestechen; **16.** F es j-m ‚besorgen‘ od. ‚geben‘; **17.** mst ~ up a) j-n 'unterbringen, b) with j-m et. besorgen; **18.** mst ~ up Vertrag (ab)schließen; **II** v/i. **19.** ⚕ fest werden, erstarren; **20.** sich festsetzen; **21.** ~ (up)on a) sich entscheiden od. entschließen für od. zu, et. wählen, b) → 3; **22.** Am. F vorhaben, planen: it's ~ing to rain es wird gleich regnen; **23.** sl. ‚fixen‘ (Drogensüchtiger); **III** s. **24.** F üble Lage, ‚Klemme‘ f, ‚Patsche‘ f; **25.** F a) Schiebung f, b) Bestechung f; **26.** ✔, ♣ a) Standort m, Positi'on f, b) Ortung f; **27.** sl. ‚Fix‘ m, ‚Schuß‘ m (Drogeninjektion): give o.s. a ~ sich ‚e-n Schuß setzen‘; **fix·ate** ['fɪkseɪt] v/t. **1.** → fix 1; **2.** Am. j-n, et. fixieren; **3.** fig. erstarren od. stagnieren lassen; be ~d on psych. fixiert sein auf (acc.); **fix·a·tion** [fɪk'seɪʃn] s. **1.** Fi'xierung f, Befestigung f; **2.** Festlegung f; **3.** psych. a) → fixed idea, b) (Mutter- etc.)Bindung f, (-)Fi'xierung f; **'fix·a·tive** [-sətɪv] **I** s. Fixa'tiv n, Fi'xiermittel n; **II** adj. Fixier...

fixed [fɪkst] adj. □ → fixedly; **1.** fest (-angebracht), befestigt, (orts)fest, Fest...(antenne etc.); starr (Geschütz, Kupplung etc.): ~ of purpose fig. zielstrebig; **2.** ⚓ gebunden: ~ oil; **3.** starr (Blick), unverwandt (Aufmerksamkeit); **4.** bsd. ✝ fest(gelegt, -stehend): ~ assets feste Anlagen, Anlagevermögen n; ~ capital ✝ Anlagekapital n; ~ cost feste Kosten, Fixkosten pl.; ~ income festes Einkommen; ~ price fester Preis, Festpreis m, a. gebundener Preis; **5.** F abgekartet, manipuliert; **6.** F (gut etc.) versorgt od. versehen (for mit); ~ i·de·a s. psych. fixe I'dee, Zwangsvorstellung f; ~ 'in·ter·est (-,bear·ing) adj. ✝ festverzinslich.

fix·ed·ly ['fɪksɪdlɪ] adv. starr, unverwandt.

fixed| point s. A Fixpunkt m; ~ sight s. ✕ 'Standvi,sier n; ~ star s. Fixstern m; ~'wing air·craft s. ✈ Starrflügler m.

fix·er ['fɪksə] s. **1.** phot. Fi'xiermittel n; **2.** F ‚Organi'sator‘ m, Manipu'lator m; **3.** sl. ‚Dealer‘ m; **'fix·ing** [-ksɪŋ] s. **1.** Befestigen n, Anbringen n: ~ bolt Haltebolzen m; ~ screw Stellschraube f; **2.** Repara'tur f; **3.** phot. Fixieren n; **4.** pl. bsd. Am. a) Geräte pl., b) Zubehör m, c) Zutaten pl., fig. a. Drum u. Dran n; **'fix·i·ty** [-ksətɪ] s. Festigkeit f, Beständigkeit f: ~ of purpose Zielstrebigkeit f; **'fix·ture** [-kstʃə] s. **1.** feste Anlage, Installati'onsteil m: lighting ~ Beleuchtungskörper m; **2.** Inven'tarstück n, ☇ festes Inven'tar od. Zubehör: be a ~ humor. zum (lebenden) Inventar gehören; ~s and fittings bewegliche u. unbewegliche Einrichtungsgegenstände; **3.** ⊕ Spannvorrichtung f, -futter n; **4.** bsd. sport Brit. (Ter'min m für e-e) Veranstaltung f.

fizz [fɪz] **I** v/i. **1.** zischen; **2.** moussieren, sprudeln; **3.** fig. sprühen (with vor

dat.); **II** s. **4.** Zischen n; **5.** Sprudeln n; **6.** a) Sprudel m, b) Fizz m (Mischgetränk), c) F ‚Schampus‘ m (Sekt); **'fiz·zle** [-zl] **I** s. **1.** → fizz 4; **2.** F ‚Pleite‘ f, Mißerfolg m; **II** v/i. **3.** → fizz 1; **4.** a. ~ out fig. verpuffen, im Sand verlaufen; **'fiz·zy** [-zɪ] adj. **1.** zischend; **2.** sprudelnd, moussierend.

fjord [fjɔːd] → fiord.

flab·ber·gast ['flæbəgɑːst] v/t. F verblüffen: I was ~ed ich war ‚platt‘.

flab·bi·ness ['flæbɪnɪs] s. **1.** Schlaffheit f (a. fig.); **2.** Schwammigkeit f; **flab·by** ['flæbɪ] adj. □ **1.** schlaff; **2.** schwammig; **3.** fig. ‚schlapp‘, ‚schlaff‘, schwach.

flac·cid ['flæksɪd] adj. → flabby; **flac·cid·i·ty** [flæk'sɪdətɪ] → flabbiness.

flack¹ [flæk] → flak.

flack² [flæk] s. Am. sl. 'Presse,agent m.

flag¹ [flæg] **I** s. **1.** Fahne f, Flagge f: ~ of convenience ♣ Billigflagge f; hoist (od. fly) one's ~ a) die Fahne aufziehen, b) das Kommando übernehmen (Admiral); strike one's ~ a) die Flagge streichen, fig. a. kapitulieren, b) das Kommando abgeben (Admiral); keep the ~ flying fig. die Fahne hochhalten; **2.** → flagship; **3.** sport (Markierungs-)Fähnchen n; **4.** a) (Kar'tei)Reiter m, b) Lesezeichen n; **5.** hunt. Fahne f (Schwanz); **6.** typ. Im'pressum n (e-r Zeitung); **II** v/t. **7.** beflaggen; **8.** sport Strecke ausflaggen; et. signalisieren: ~ offside Fußball: Abseits winken; **10.** ~ down Fahrzeug anhalten, Taxi herbeiwinken, sport Rennen, Fahrer abwinken.

flag² [flæg] s. ♀ gelbe od. blaue Schwertlilie.

flag³ [flæg] v/i. **1.** schlaff her'abhängen; **2.** fig. nachlassen, erlahmen, ermatten; **3.** langweilig werden.

flag⁴ [flæg] **I** s. (Stein)Platte f, Fliese f; **II** v/t. mit (Stein)Platten od. Fliesen belegen.

flag| cap·tain s. Komman'dant m des Flaggschiffs; ~ day s. **1.** Brit. Opfertag m (Straßensammlung); **2.** ☉ Am. Jahrestag m der Natio'nalflagge (14. Juni).

flag·el·lant ['flædʒələnt] **I** s. eccl. Geißler m, Flagel'lant m (a. psych.); **II** adj. geißelnd (a. fig.); **'flag·el·late** [-leɪt] **I** v/t. geißeln (a. fig.); **II** s. zo. Geißeltierchen n; **flag·el·la·tion** [,flædʒə'leɪʃn] s. Geißelung f (a. fig.).

flag·eo·let [,flædʒəʊ'let] s. ♪ Flageo'lett n.

flag·ging¹ ['flægɪŋ] adj. erlahmend.

flag·ging² ['flægɪŋ] s. collect. a) (Stein)Platten pl., b) Fliesen pl., c) gefliester Boden.

flag| lieu·ten·ant s. ♣ Brit. Flaggleutnant m; ~ of·fi·cer s. ♣ 'Flaggoffi,zier m.

flag·on ['flægən] s. **1.** bauchige (Wein-) Flasche; **2.** (Deckel)Krug m.

fla·gran·cy ['fleɪgrənsɪ] s. **1.** Schamlosigkeit f, Ungeheuerlichkeit f; **2.** Kraßheit f; **'fla·grant** [-nt] adj. □ **1.** schamlos, schändlich, ungeheuerlich; **2.** kraß, ekla'tant, schreiend.

'flag|·ship s. ♣ Flaggschiff n (a. fig.); fig. Aushängeschild n; '~·staff, '~·stick s. Fahnenstange f, -mast m, Flaggenmast, ♣ Flaggenstock m; ~ sta·tion s. ☖ Am. Bedarfshaltestelle f; '~·stone

→ **flag**[4] I; ~ **stop** → **flag station**; '~-
,wav·er s. F Hur'rapatri,ot m; '~-,wav-
ing I s. Hur'rapatrio,tismus m; II adj.
hur'rapatri,otisch.

flail [fleɪl] I s. **1.** ✐ Dreschflegel m; II
v/t. **2.** dreschen; **3.** wild einschlagen auf
j-n; **4.** ~ one's arms mit den Armen
fuchteln.

flair [fleə] s. **1.** (besondere) Begabung,
Ta'lent n; **2.** (feines) Gespür (for für).

flak [flæk] (Ger.) s. **1.** ✕ Flak f: a)
'Fliegerabwehr(ka,none od. -truppe) f,
b) Flakfeuer n; **2.** fig. F (heftiger) ,Be-
schuß', ,Zunder' m (Kritik etc.).

flake [fleɪk] I s. **1.** (Schnee-, Seifen-, Ha-
fer- etc.)Flocke f; **2.** dünne Schicht,
Schuppe f, Blättchen n; **3.** Fetzen m,
Splitter m; **4.** Am. sl. ,Spinner' m; II
v/t. **5.** abblättern; **6.** flockig machen;
III v/i. **7.** in Flocken fallen; **8.** ~ off
abblättern, sich abschälen; **9.** ~ out F a)
,'umkippen' (ohnmächtig werden), b)
,einpennen', c) ,sich verziehen'; **flaked**
[-kt] adj. flockig, Blättchen..., Flok-
ken...; '**flak·y** [-kɪ] adj. **1.** flockig; **2.**
blätterig: ~ pastry Blätterteig m; **3.**
Am. sl. verrückt.

flam·beau ['flæmbəʊ] pl. **-x** [-z] od. **-s** s.
1. Fackel f; **2.** Leuchter m.

flam·boy·ance [flæm'bɔɪəns] s. **1.** Extrava'ganz f; **2.** über'ladener Schmuck;
3. Grellheit f; **4.** fig. a) Bom'bast m, b)
Großartigkeit f; **flam'boy·ant** [-nt] adj.
□ **1.** extrava'gant; **2.** grell, leuchtend;
3. farbenprächtig; **4.** fig. flammend; **5.**
auffallend; **6.** über'laden (a. Stil); **7.**
bom'bastisch, pom'pös; **8.** △ wellig: ~
style Flammenstil m.

flame [fleɪm] I s. **1.** Flamme f: be in ~s
in Flammen stehen; **2.** fig. Feuer n,
Flamme f, Glut f, Leidenschaft f, Heftigkeit f: fan the ~ Öl ins Feuer gießen;
3. Leuchten n, Glanz m; **4.** F ,Flamme'
f, ,Angebetete' f: an old ~ of mine; II
v/i. **5.** lodern: ~ up a) auflodern, b) in
Flammen aufgehen, c) fig. aufbrausen;
6. leuchten, (rot) glühen: her eyes ~d
with anger ihre Augen flammten vor
Wut; her cheeks ~d red ihr Gesicht
flammte; ~ cut·ter s. ⊕ Schneidbrenner m; '~-proof adj. tech. **1.** feuerfest;
2. explosi'onsgeschützt; '~-,throw·er s.
✕ Flammenwerfer m.

flam·ing ['fleɪmɪŋ] adj. **1.** lodernd (a.
Farben etc.), brennend; **2.** fig. glühend,
leidenschaftlich; **3.** Brit. F a) verdammt: you ~ idiot!, b) gewaltig,
Mords...: a ~ row ein ,Mordskrach'.

flam·ma·ble ['flæməbl] → **inflammable**.

flan [flæn] s. Obst-, Käsekuchen m.

flange [flændʒ] ⊕ I s. **1.** Flansch m; **2.**
Rad-, Spurkranz m; II v/t. **3.** (an)flan-
schen: ~d motor Flanschmotor m; ~d
rim umbördelter Rand.

flank [flæŋk] I s. **1.** Flanke f, Weiche f
(der Tiere); **2.** Seite f, Flanke f (e-r
Person); **3.** Seite f (e-s Gebäudes etc.):
~ clearance ⊕ Flankenspiel n; **4.** ✕
Flanke f, Flügel m (beide a. fig.): turn
the ~ (of) die Flanke (gen.) aufrollen;
II v/t. **5.** flankieren, seitlich stehen von,
säumen, um'geben; **6.** ✕ flankieren,
die Flanke (gen.) decken od. angreifen;
7. flankieren, (seitwärts) um'gehen; III
v/i. **8.** angrenzen, -stoßen; seitlich liegen; '**flank·ing** [-kɪŋ] adj. seitlich; an-

grenzend; ✕ Flanken..., Flankie-
rungs...: ~ fire; ~ march Flanken-
marsch m.

flan·nel ['flænl] I s. **1.** Fla'nell m: ~-
mouthed Am. fig. (aal)glatt; **2.** pl. Fla-
'nellkleidung f, bsd. Fla'nellhose f; **3.**
pl. Fla'nell,unterwäsche f od. -,unterho-
se f; **4.** Brit. Waschlappen m; **5.** Brit. F
,Schmus' m; II v/t. **6.** mit Fla'nell bekleiden; **7.** mit Fla'nell abreiben; III v/i.
8. Brit. ,Schmus' reden.

flan·nel·et(te) [,flænl'et] s. 'Baumwoll-
fla,nell m.

flap [flæp] I s. **1.** Schlag m, Klaps m; **2.**
Flügelschlag m; **3.** (Verschluß)Klappe f
(Tasche, Briefkasten, Buchumschlag
etc.); **4.** (Tisch-, Fliegen-, ✈ Lande-)
Klappe f; Falltür f; **5.** Lasche f (Schuh,
Karton); **6.** weiche Krempe; **7.** ☞
Hautlappen m; **8.** F Aufregung f: be
(all) in a ~ (ganz) aus dem Häuschen
sein; don't get into a ~! reg dich nicht
auf!; II v/t. **9.** e-n Klaps od. Schlag geben (dat.); **10.** auf u. ab (od. hin u.
her) bewegen, mit den Flügeln etc.
schlagen; III v/i. **11.** flattern; **12.** flattern, mit den Flügeln schlagen: ~ off
davonflattern; **13.** klatschen, schlagen
(against gegen); **14.** F sich aufregen;
15. Am. F ,quasseln'; '~-,doo·dle s. F
Quatsch m; '~-eared adj. schlapp-
ohrig; '~-jack s. bsd. Am. Pfannkuchen
m.

flap·per ['flæpə] s. **1.** Fliegenklappe f; **2.**
Klappe f, her'abhängendes Stück; **3.**
zo. (breite) Flosse f; **4.** sl. ,Flosse' f
(Hand); **5.** sl. hist. ,irre Type' (Mädchen in den 20er Jahren).

flare [fleə] I s. **1.** (auf)flackerndes Licht;
Aufflackern n, -leuchten n, Lodern n;
2. a) Leuchtfeuer n, b) 'Licht-, 'Feuer-
si,gnal n, c) ✕ Leuchtkugel f od. -bom-
be f; **3.** → flare-up f; **4.** Mode:
Schlag m: with a ~ ausgestellt (Rock),
Hose a. mit Schlag; II v/i. **5.** flackern,
lodern, leuchten: ~ up a) aufflammen,
-flackern, -lodern (alle a. fig.), b) a. ~
out fig. aufbrausen; **6.** ausgestellt sein
(Rock etc.); III v/t. **7.** flackern lassen;
8. aufflammen lassen; **9.** mit Licht od.
Feuer signalisieren; **10.** flattern lassen;
11. Mode: ausstellen (Rock etc.), bauschen (~ a. 4); ~ **pis·tol** s. ✕ 'Leucht-
pı,stole f; ,~-'up [-ər'ʌp] s. **1.** Auttlak-
kern n, -lodern n (a. fig.); **2.** fig. a)
Aufbrausen n, Wutausbruch m, b)
,Krach' m, (plötzlicher) Streit.

flash [flæʃ] I s. **1.** Aufblitzen n, Blitz m,
Strahl m: ~ of fire Feuergarbe f; ~ of
hope fig. Hoffnungsstrahl m; ~ of wit
Geistesblitz; like a ~ fig. wie der Blitz;
catch a ~ of fig. e-n Blick erhaschen
von; give s.o. a ~ mot. j-n anblinken;
2. Stichflamme f: a ~ in the pan fig. a)
,Eintagsfliege' f, b) ein ,Strohfeu-
er'; **3.** Augenblick m: in a ~ im Nu,
blitzartig, -schnell; for a ~ e-n Augenblick lang; **4.** Radio etc.: 'Durchsage f,
Kurzmeldung f; **5.** ✕ Brit. (Uni'form-)
Abzeichen n; **6.** phot. F Blitz(licht n)
m; **7.** bsd. Am. F Taschenlampe f; **8.** sl.
,Flash' m (Drogenwirkung); II v/i. **9.** a.
~ on aufleuchten od. (auf)blitzen lassen: he ~ed a light in my face er
leuchtete mir (plötzlich) ins Gesicht; ~
one's lights mot. die Lichthupe betätigen; his eyes ~ed fire s-e Augen

sprühten Feuer od. blitzten; ~ s.o. a
glance j-m e-n Blick zuwerfen; **10.**
(mit Licht) signalisieren; **11.** F et. zük-
ken od. kurz zeigen (at s.o. j-m): ~ a
badge; **12.** F zur Schau tragen, protzen
mit; **13.** Nachricht (per Funk etc.)
'durchgeben; III v/i. **14.** aufflammen,
(auf)blitzen: zucken (Blitz, Licht-
schein); **15.** blinken; **16.** sich blitzartig
bewegen, rasen, flitzen: ~ by vorbeira-
sen, fig. wie im Flug(e) vergehen; it
~ed across (od. through) his mind
that plötzlich schoß es ihm durch den
Kopf, daß; ~ out fig. aufbrausen; **17.** ~
back zurückblenden (im Film etc.) (to
auf acc.); IV adj. **18.** F → flashy; **19.** F
a) geschniegelt, ,aufgedonnert' (Person), b) protzig; **20.** F falsch, gefälscht;
21. in Zssgn Schnell...: '~-back s. **1.**
Rückblende f (Film, Roman etc.); **2.** ☼
(Flammen)Rückschlag m; ~ bomb s.
✕, phot. Blitzlichtbombe f; ~ bulb s.
phot. Blitzlicht(lampe f) n; ~ card s. **1.**
Illustrati'onstafel f; **2.** sport Wertungs-
tafel f; ~ cube s. phot. Blitzwürfel m.

flash·er ['flæʃə] s. **1.** mot. Lichthupe f;
2. Brit. F Exhibitio'nist m.

flash| flood s. plötzliche Überschwem-
mung; ~ gun s. phot. Blitzleuchte f,
Elek'tronenblitzgerät n; ~ lamp s.
flash bulb; '~-light s. **1.** ⚓ Leuchtfeuer
n; **2.** phot. Blitzlicht n; **3.** Am. Taschenlampe f; **4.** blinkendes Re'klame-
licht; '~-,o·ver s. ⚡ Überschlag m; ~
point s. phys. Flammpunkt m; ~ welding s. ☼ Abschmelzschweißen n.

flash·y ['flæʃɪ] adj. □ protzig, auffällig,
grell, ,knallig'.

flask [flɑːsk] s. **1.** (Taschen-, Reise-,
Feld)Flasche f; **2.** ☼ Kolben m, Flasche
f; **3.** ☼ Formkasten m.

flat[1] [flæt] I s. **1.** Fläche f, Ebene f; **2.**
flache Seite: ~ of the hand Handfläche
f; **3.** Flachland n, Niederung f; **4.** Untiefe f, Flach n; **5.** ♪ B n; **6.** thea. Ku'lisse f; **7.** mot. ,Plattfuß' m, Reifenpanne
f; **8.** → flatcar, **9.** the ~ Pferdesport:
die Flachrennen pl.; **10.** pl. flache
Schuhe; II adj. **11.** flach, eben; platt (a.
Reifen); ra'sant (Flugbahn): ~ feet
Plattfüße; the ~ hand die flache od.
offene Hand; ~ nose platte Nase; as ~
as a pancake F flach wie ein Brett
(Mädchen); **12.** hingestreckt, flach am
Boden liegend: knock ~ umhauen; lay
~ dem Erdboden gleichmachen; **13.**
entschieden, glatt: a ~ refusal; and
that's ~ und damit basta!; **14.** fade,
schal (Bier etc.); **15.** a. ♥ lustlos, flau;
16. a) langweilig, fad(e), ,lahm', b)
flach, oberflächlich; **17.** a) einheitlich:
~ price (od. rate) Einheitspreis m, b)
pau'schal: ~ fee Pauschalgebühr f; →
flat price, flat rate; **18.** paint., phot. a)
matt, b) kon'trastlos; **19.** klanglos
(Stimme); **20.** ♪ a) erniedrigt (Note), b)
mit B-Vorzeichen (Tonart); **21.** leer
(Batterie); III adv. **22.** flach: fall ~ a)
der Länge nach hinfallen, b) fig. F ,da-
nebengehen' (mißglücken) od. s-e Wirkung verfehlen), thea. etc. ,durchfal-
len'; **23.** genau: in 10 seconds ~; in
nothing ~ blitzschnell; **24.** eindeutig;
25. entschieden, kate'gorisch; **26.** ♪ a)
um e-n halben Ton niedriger, b) zu tief:
sing ~; **27.** ohne Zinsen; **28.** F völlig: ~
broke ,total pleite'; **29.** ~ out F auf

Hochtouren, ,volle Pulle' (fahren, arbeiten etc.); **30. ~ out** F ,to'tal erledigt'.
flat² [flæt] s. Brit. (E'tagen)Wohnung f.
'flat|-bed trail·er s. mot. Tiefladeanhänger m; **'~·boat** s. ♣ Prahm m; **'~·car** s. 🚃 Am. Plattformwagen m; **~ cost** s. ✝ Selbstkosten(preis m) pl.; **'~·fish** s. Plattfisch m; **'~·foot** s. [irr.] **1.** ✻ Platt-, Senkfuß m; **2.** pl. a. **~s** sl. ,Bulle' m (Polizist); **,~·'foot·ed** adj. **1.** ✻ plattfüßig: **be ~** Plattfüße haben; **2.** ⚙ standfest; **3.** F ,eisern', entschieden; **4.** Brit. F linkisch, unbeholfen; **'~·hunt** v/i.: **go ~ing** Brit. auf Wohnungssuche gehen; **'~·i·ron** s. **1.** Bügeleisen n; **2.** ⚙ Flacheisen n.
flat·let ['flætlıt] s. Brit. Kleinwohnung f.
flat·ly ['flætlı] adv. kate'gorisch, rundweg.
'flat·mate s. Brit. Mitbewohner(in).
flat·ness ['flætnıs] s. **1.** Flachheit f; **2.** Plattheit f, Eintönigkeit f; **3.** Entschiedenheit f; **4.** ✝ Flauheit f.
'flat|-nosed pli·ers s. pl. ⚙ Flachzange f; **~ price** s. ✝ Pau'schalpreis m; **~ race** s. Flachrennen n; **~ rate** s. Einheits-, Pau'schalsatz m; **~ sea·son** s. 'Flachrennsai‚son f.
flat·ten ['flætn] **I** v/t. **1.** flach od. eben od. glatt machen, (ein)ebnen, planieren: **~ o.s. against s.th.** sich (platt) an et. drücken; **2.** ⚙ a) abflachen (a. ✈), b) ausbeulen, flach hämmern; **3.** dem Erdboden gleichmachen; **4.** F Gegner ‚flachlegen', weitS. ,fertigmachen'; **5.** ♪ Note um e-n halben Ton erniedrigen; **6.** paint. Farben dämpfen, a. ⚙ grundieren; **II** v/i. **7.** flach od. eben werden; **~ out I** v/t. **1.** → flatten 2; **2.** ✈ Flugzeug (vor der Landung) aufrichten; **II** v/i. **3.** → flatten 7; **4.** ✈ ausschweben.
flat·ter ['flætə] v/t. **1.** j-m schmeicheln: **be ~ed** sich geschmeichelt fühlen (**at**, **by** durch); **~ s.o. into doing s.th.** j-n so lange umschmeicheln, bis er et. tut; **2.** fig. j-m schmeicheln (Bild etc.): **the picture ~s him** das Bild ist geschmeichelt; **3.** fig. dem Ohr, j-s Eitelkeit etc. schmeicheln, wohltun; **4.** **~ o.s.** a) sich schmeicheln od. einbilden (**that** daß), b) sich beglückwünschen (**on** zu); **'flat·ter·er** [-ərə] s. Schmeichler(in); **'flat·ter·ing** [-ərıŋ] adj. □ schmeichelhaft: a) schmeichlerisch, b) geschmeichelt (Bild etc.); **'flat·ter·y** [-ərı] s. Schmeiche'lei f.
flat·tie ['flætı] → flatfoot 2.
'flat·top s. ♣ Am. F Flugzeugträger m.
flat·u·lence ['flætjʊləns], **'flat·u·len·cy** [-sı] s. **1.** ✻ Blähung(en pl.) f; **2.** fig. a) Hohlheit f, b) Schwülstigkeit f; **'flat·u·lent** [-nt] adj. □ **1.** blähend; **2.** fig. a) hohl, b) schwülstig.
'flat·ware s. Am. **1.** (Tisch-, Eß)Besteck n; **2.** flaches (Eß)Geschirr.
flaunt [flɔ:nt] **I** v/t. **1.** zur Schau stellen, protzen mit: **~ o.s.** → 3; **2.** Am. e-n Befehl etc. miß'achten; **II** v/i. **3.** (her'um)stolzieren, paradieren; **4.** a) stolz wehen, b) prangen.
flau·tist ['flɔ:tɪst] s. ♪ Flötenspieler(in).
fla·vo(u)r ['fleıvə] **I** s. **1.** (Wohl)Geschmack m, A'roma n, a. Geschmacksrichtung f: **~ enhancer** Aromazusatz m; **~-enhancing** geschmacksverbessernd; **2.** Würze f, A'roma n, aro'mati-

scher Geschmacksstoff, ('Würz)Es‚senz f; **3.** fig. Beigeschmack m, Anflug m; **II** v/t. **4.** würzen (a. fig.), Geschmack geben (dat.); **III** v/i. **5.** **~ of** schmecken od. riechen nach (a. fig. contp.); **'fla·vo(u)red** [-əd] adj. würzig, schmackhaft; in Zssgn mit … Geschmack; **'fla·vo(u)r·ing** [-vərıŋ] s. → flavo(u)r 2; **'fla·vo(u)r·less** [-lıs] adj. ohne Geschmack, fad(e), schal.
flaw [flɔ:] **I** s. **1.** Fehler m: a) Mangel m, Makel m, b) ⚙, ✝ fehlerhafte Stelle, De'fekt m (a. fig.), Fabrikati'onsfehler m; **2.** Sprung m, Riß m, Bruch m; **3.** Blase f, Wolke f (im Edelstein); **4.** 🔨 a) Formfehler m, b) Fehler m im Recht; **5.** fig. schwacher Punkt, Mangel m; **II** v/t. **6.** brüchig od. rissig machen; **7.** fig. Fehler aufzeigen in (dat.); **8.** verunstalten; **'flaw·less** [-lıs] adj. □ fehler-, einwandfrei, tadellos; lupenrein (Edelstein).
flax [flæks] s. ♀ **1.** Flachs m, Lein m; **2.** Flachs(faser f) m; **flax·en** ['flæksən] adj. **1.** Flachs…; **2.** flachsartig; **3.** flachsen, flachsfarben: **~-haired** flachsblond; **'flax·seed** s. ♀ Leinsamen m.
flay [fleı] v/t. **1.** Tier abhäuten, hunt. abbalgen: **~ s.o. alive** F a) kein gutes Haar an j-m lassen, b) j-n ‚zur Schnecke' machen; **2.** et. schälen; **3.** j-n auspeitschen; **4.** F j-n ausplündern od. ,ausnehmen'.
flea [fli:] s. zo. Floh m: **send s.o. away with a ~ in his ear** j-m ,heimleuchten'; **'~·bag** s. sl. **1.** a) ,Flohkiste' f (Bett), b) Schlafsack m; **2.** ,Schlampe' f; **'~·bite** s. **1.** Flohbiß m; **2.** Baga'telle f; **'~·bit·ten** adj. **1.** von Flöhen zerbissen; **2.** rötlich gesprenkelt (Pferd etc.); **~ mar·ket** s. Flohmarkt m.
fleck [flek] **I** s. **1.** Licht-, Farbfleck m; **2.** a) (Haut)Fleck m, b) Sommersprosse f; **3.** (Staub- etc.)Teilchen n: **~ of dust**; **~ of mud** Dreckspritzer m; **~ of snow** Schneeflocke f; **II** v/t. **4.** → **'fleck·er** [-kə] v/t. sprenkeln.
flec·tion ['flekʃn] etc. Am. → flexion etc.
fled [fled] pret. u. p.p. von flee.
fledge [fledʒ] **I** v/t. Pfeil etc. befiedern, mit Federn versehen; **II** v/i. orn. flügge werden: **~d** flügge; **'fledg(e)·ling** [-dʒlıŋ] s. **1.** eben flügge gewordener Vogel; **2.** fig. Grünschnabel m, Anfänger m.
flee [fli:] **I** v/i. [irr.] **1.** fliehen, flüchten (**before**, **from** vor dat.; **from** aus, von): **~ from justice** sich der Strafverfolgung entziehen; **2.** eilen; **3.** **~ from** → 5; **II** v/t. **4.** fliehen aus: **~ the country**, **5.** aus dem Weg gehen (dat.), meiden.
fleece [fli:s] **I** s. **1.** Vlies n, Schaffell n; **2.** a. **~ wool** Schur(wolle) f; **3.** fig. dikkes Gewebe, Flausch m; **4.** (Haar)Pelz m; **5.** Schnee- od. Wolkendecke f; **II** v/t. **6.** fig. schröpfen (**of** um), ,rupfen'; **7.** bedecken; **'fleec·y** [-sı] adj. wollig, weich: **~ cloud** Schäfchenwolke f.
fleet¹ [fli:t] s. **1.** (bsd. Kriegs)Flotte f: ♀ **Admiral** Am. Großadmiral m; **merchant ~** Handelsflotte; **2.** ✈ Gruppe f, Geschwader n; **3.** **~ (of cars)** Wagenpark m.
fleet² [fli:t] adj. □ **1.** schnell, flink: **~ of foot**, **~-footed** schnellfüßig; **2.** poet. → fleeting.

fleet·ing ['fli:tıŋ] adj. □ (schnell) da'hineilend, flüchtig, vergänglich: **~ time**; **~ glimpse** flüchtiger (An)Blick od. Eindruck; **'fleet·ness** [-tnıs] s. **1.** Schnelligkeit f; **2.** Flüchtigkeit f.
Fleet Street s. Fleet Street f: a) das Londoner Presseviertel, b) fig. die (Londoner) Presse.
Flem·ing ['flemıŋ] s. Flame m, Flamin f, Flämin f; **'Flem·ish** [-mıʃ] **I** s. **1.** the ~ die Flamen pl.; **2.** ling. Flämisch n; **II** adj. **3.** flämisch.
flench [flentʃ], **flense** [flenz] v/t. **1.** a) den Wal flensen, b) den Walspeck abziehen; **2.** Seehund häuten.
flesh [fleʃ] **I** s. **1.** Fleisch n: **my own ~ and blood** mein eigen Fleisch u. Blut; **more than ~ and blood can bear** einfach unerträglich; **in ~** obs. korpulent, dick; **lose ~** abmagern, abnehmen; **put on ~** Fett ansetzen, zunehmen; **press (the) ~** Am. F Hände schütteln; **(bare) ~** iro. (nacktes) Fleisch, ,Fleischbeschau' f; → **creep** 4; **2.** Körper m, Leib m: **in the ~** leibhaftig, (höchst)persönlich, weitS. in natura; **become one ~** 'ein Leib u. 'eine Seele werden; **3.** a) sündiges Fleisch, b) Fleischeslust f: **pleasures of the ~** Freuden des Fleisches; **4.** Menschheit f: **go the way of all ~** den Weg allen Fleisches gehen; **5.** (Frucht)Fleisch n; **II** v/t. **6.** Jagdhund Fleisch kosten lassen; **7.** Tierhaut ausfleischen; **8.** mst **~ out** fig. Gesetz etc. ,mit Fleisch versehen', Sub'stanz verleihen (dat.); **'~·col·o(u)r** s. Fleischfarbe f; **'~·col·o(u)red** adj. fleischfarben.
flesh·ings ['fleʃıŋz] s. pl. fleischfarbene Strumpfhose f; **flesh·ly** ['fleʃlı] adj. fleischlich: a) leiblich, b) sinnlich; **2.** irdisch, menschlich.
'flesh|-pot s.: **the ~s of Egypt** fig. die Fleischtöpfe Ägyptens; **~ tights** → fleshings; **~ tints** s. pl. paint. Fleischtöne pl.; **~ wound** s. Fleischwunde f.
flesh·y ['fleʃı] adj. **1.** fleischig (a. Früchte etc.), dick; **2.** fleischartig.
fleur-de-lis [ˌflɜ:də'li:] pl. **fleurs-de-lis** [ˌflɜ:də'li:z] (Fr.) s. **1.** her. Lilie f; **2.** königliches Wappen Frankreichs.
flew [flu:] pret. von fly¹.
flews [flu:z] s. pl. Lefzen pl.
flex [fleks] v/t. anat. beugen, biegen: **~ one's knees**; **~ one's muscles** die Muskeln anspannen, s-e Muskeln spielen lassen (a. fig.); **II** s. ⚡ bsd. Brit. (Anschluß-, Verlängerungs)Kabel n.
flex·i·bil·i·ty [ˌfleksə'bılətı] s. **1.** Biegsamkeit f, Elastizi'tät f; **2.** fig. Flexibili'tät f, Wendigkeit f, Beweglichkeit f; **flex·i·ble** ['fleksəbl] adj. □ **1.** fle'xibel: a) biegsam, e'lastisch, b) fig. wendig, anpassungsfähig, geschmeidig: **~ car** mot. wendiger Wagen; **~ drive shaft** ⚙ Kardanwelle f; **~ gun** schwenkbares Geschütz; **~ metal tube** Metallschlauch m; **~ policy** flexible Politik; **~ working hours** gleitende Arbeitszeit; **2.** lenkbar, folg-, fügsam; **'flex·ile** [-ksıl] adj. flexible; **'flex·ion** [-kʃn] s. **1.** bsd. anat. Biegen n, Beugung f; **2.** ling. Flexi'on f, Beugung f; **'flex·ion·al** [-kʃənl] adj. ling. flektiert, Flexions…, Beugungs…; **'flex·or** [-ksə] s. anat. Beuger m, Beugemuskel m; **'Flex·time** (Warenzeichen) s. ✝ gleitende Arbeitszeit.
flib·ber·ti·gib·bet [ˌflıbətı'dʒıbıt] s. a)

Klatschbase *f*, b) ‚verrückte Nudel'.

flick¹ [flɪk] **I** *s.* **1.** leichter, schneller Schlag, Klaps *m*; **2.** a) Schnipser *m*, (Finger)Schnalzen *n*, b) (Peitschen-)Schnalzen *n*, (-)Knall *m*: *a ~ of the wrist* schnelle Drehung des Handgelenks; **II** *v/t.* **3.** schnippen, schnipsen; e-n Klaps geben (*dat.*); *Schalter* an- *od.* ausknipsen; *Messer* (auf)schnappen lassen; **III** *v/i.* **4.** schnellen; **5.** *~ through Buch etc.* 'durchblättern.

flick² [flɪk] *s.* F a) Film *m*, b) *pl.* ‚Kintopp' *m*, Kino *n*.

flick·er ['flɪkə] *s.* **1.** Flackern *n*: *a ~ of hope* ein Hoffnungsfunke; **2.** Zucken *n*; **3.** *TV* Flimmern *n*; **4.** Flattern *n*; **II** *v/i.* **5.** *a. fig.* (auf)flackern; **6.** zucken; **7.** *TV* flimmern; **8.** huschen (*over* über *acc.*) (*Augen*).

flick knife *s.* [*irr.*] *Brit.* Schnappmesser *n*.

fli·er ['flaɪə] *s.* **1.** etwas, das fliegt (*Vogel, Insekt, etc.*); **2.** ✈ Flieger *m*: a) Pi'lot *m*, b) ‚Vogel' *m* (*Flugzeug*); **3.** Flieger *m* (*Trapezkünstler*); **4.** *Am.* a) Ex'preß(zug) *m*, b) Schnell(auto)bus *m*; **5.** ۞ Schwungrad *n*; **6.** *take a ~* F a) e-n Riesensatz machen, b) *Am.* sich auf e-e gewagte Sache einlassen; **7.** *Am.* Flugblatt *n*, Re'klamezettel *m*; **8.** F *für flying start.*

flight¹ [flaɪt] *s.* Flucht *f*: *put to ~* in die Flucht schlagen; *take* (*to*) *~* die Flucht ergreifen; *~ of capital* ✝ Kapitalflucht; *~ capital* Fluchtkapital *n*.

flight² [flaɪt] *s.* **1.** Flug *m*, Fliegen *n*: *in ~* im Flug; **2.** ✈ a) Flug *m*, b) Flug(strecke *f*) *m*; **3.** Schwarm *m* (*Vögel od. Insekten*), Flug *m*, Schar *f* (*Vögel*): *in the first ~ fig.* an der Spitze; **4.** ✈, ✕ a) Schwarm *m* (4 *Flugzeuge*), b) Kette *f* (3 *Flugzeuge*); **5.** (*Geschoß-, Pfeil- etc.*) Hagel *m*; **6.** (*Gedanken- etc.*)Flug *m*, Schwung *m*; **7.** *~ of stairs* (*od.* *steps*) Treppe *f*; *~* **at·tend·ant** *s.* Flugbegleiter(in); *~* **deck** *s.* **1.** ⚓ Flugdeck *n*; **2.** ✈ Cockpit *n*; *~* **en·gi·neer** *s.* 'Bordingeni₁eur *m*; '**~-·feath·er** *s.* *orn.* Schwungfeder *f*.

flight·i·ness ['flaɪtɪnɪs] *s.* **1.** Flatterhaftigkeit *f*; **2.** Leichtsinn *m*.

flight| in·struc·tor *s.* ✈ Fluglehrer *m*; *~* **lane** *s.* ✈ Flugschneise *f*; *~* **lieu·ten·ant** *s.* *Brit.* (Flic₁ger)Hauptmann *m*; *~* **me·chan·ic** *s.* 'Bordme₁chaniker *m*; *~* **path** *s.* **1.** ✈ Flugroute *f*; **2.** *Ballistik*: Flugbahn *f*; *~* **re·cord·er** *s.* ✈ Flugschreiber *m*; '**~-test** *v/t.* im Flug erproben; *~ed* flugerprobt; *~* **tick·et** *s.* Flugticket *n*; '**~-·worth·y** *adj.* flugtauglich (*Person*); fluggeeignet (*Maschine*).

flight·y ['flaɪtɪ] *adj.* □ **1.** flatterhaft, launisch, fahrig; **2.** leichtsinnig.

flim·flam ['flɪmflæm] **I** *s.* **1.** Quatsch *m*; **2.** ‚fauler Zauber', Trick(*s pl.*) *m*; **II** *v/t.* *j-n* ‚reinlegen'.

flim·si·ness ['flɪmzɪnɪs] *s.* **1.** Dünnheit *f*; **2.** *fig.* Fadenscheinigkeit *f*; **3.** Dürftigkeit *f*; **flim·sy** ['flɪmzɪ] **I** *adj.* □ **1.** (hauch)dünn, zart, leicht, schwach; **2.** *fig.* dürftig, 'durchsichtig, schwach, fadenscheinig: *a ~ excuse*; **II** *s.* **3.** a) 'Durchschlag-, 'Kohlepa₁pier *n*, b) 'Durchschlag *m*; **4.** *pl.* F ‚Reizwäsche' *f*.

flinch¹ [flɪntʃ] *v/i.* **1.** zu'rückschrecken (*from, at* vor *dat.*); **2.** (zu'rück)zucken, zs.-fahren (*vor Schmerz etc.*): *without*

~ing ohne mit der Wimper zu zucken.

flinch² [flɪntʃ] → **flench**.

fling [flɪŋ] **I** *s.* **1.** Wurf *m*: (*at*) *full ~* mit voller Wucht; **2.** Ausschlagen *n* (*des Pferdes*); **3.** *fig.* F Versuch *m*: *have a ~ at s.th.* es mit et. probieren; *have a ~ at s.o.* über *j-n* herfallen, gegen *j-n* sticheln; **4.** *have one's* (*od. a*) *~* sich austoben; **5.** *ein schottischer Tanz*; **II** *v/t.* [*irr.*] **6.** schleudern, werfen: *~ open Tür* aufreißen; *~ s.th. in s.o.'s teeth fig.* j-m et. ins Gesicht schleudern; *~ o.s. at s.o.* a) sich auf *j-n* stürzen, b) *fig.* sich j-m an den Hals werfen; *~ o.s. into s.th.* sich in *od.* auf e-e Sache stürzen; **III** *v/i.* [*irr.*] **7.** eilen, stürzen (*out of the room* aus dem Zimmer); **8.** *~ out* (*at*) ausschlagen (nach) (*Pferd*); *Zssgn mit adv.:*

fling| a·way *v/t.* **1.** wegwerfen; **2.** *fig. Zeit, Geld* vergeuden, verschwenden (*on* für et., *an j-n*); *~* **back** *v/t. Kopf* zu'rückwerfen; *~* **down** *v/t.* zu Boden werfen; *~* **off I** *v/t. Kleider, a. Joch, Skrupel* abwerfen; **2.** *Verfolger* abschütteln; **3.** *Gedicht etc.* ‚hinhauen'; *Bemerkung* fallenlassen; **II** *v/i.* **5.** davonstürzen; *~* **on** *v/t.* (sich) *Kleider* 'überwerfen; *~* **out I** *v/t. j-n* hin'auswerfen; **2.** *et.* wegwerfen; **3.** *Worte* her'vorstoßen; **4.** *Arme* (plötzlich) ausstrecken; **II** *v/i.* **5.** → **fling** 7, 8.

flint [flɪnt] *s.* **1.** *min.* Flint *m*, Feuerstein *m* (*a. des Feuerzeugs*); **2.** → *~* **glass** *s.* ۞ Flintglas *n*; '**~-·lock** *s.* ✕ *hist.* Steinschloß(gewehr) *n*.

flint·y ['flɪntɪ] *adj.* □ **1.** aus Feuerstein; **2.** kieselartig; **3.** *fig.* hart(herzig).

flip¹ [flɪp] **I** *v/t.* **1.** schnipsen, schnellen: *~ off* wegschnipsen; *~* (*over*) *Buchseiten, Schallplatte etc.* wenden, *a. Spion* 'umdrehen; *~ a coin* e-e Münze hochwerfen (*zum Losen*); **2.** *~ one's lid* (*od. top*) → 5; **II** *v/i.* **3.** schnipsen; **4.** *~ through Buch etc.* 'durchblättern; **5.** *a. ~ out sl.* ‚ausflippen', ‚durchdrehen'; **III** *s.* **6.** Schnipser *m*; **7.** *sport* Salto *m*; **8.** ✈ *Brit.* F kurzer Rundflug; **IV** *adj.* **9.** F a) → **flippant**, b) gut aufgelegt.

flip² [flɪp] *s.* Flip *m* (*alkoholisches Mischgetränk mit Ei*).

flip-flap ['flɪpflæp] → '**flip-flop** [-flɒp] *s.* **1.** Klappern *n*; **2.** *sport* Flic(k)flac(k) *m*, 'Hand₁stand₁überschlag *m*; *~ circuit* ½ Flipflopschaltung *f*; **4.** 'Zehensan₁dale *f*; **II** *v/i.* **5.** klappern; **6.** *sport* e-n Flic(k)flac(k) machen.

flip·pan·cy ['flɪpənsɪ] *s.* **1.** ‚Schnoddrigkeit' *f*, vorlaute Art; **2.** Leichtfertigkeit *f*, Frivoli'tät *f*; '**flip·pant** [-nt] *adj.* □ **1.** ‚schnodd₁rig', vorlaut, frech; **2.** fri'vol, leichtfertig.

flip·per ['flɪpə] *s.* **1.** *zo.* (Schwimm)Flosse *f*; **2.** *sport* Schwimmflosse *f*; **3.** *sl.* ‚Flosse' *f* (*Hand*).

flirt [flɜːt] **I** *v/t.* **1.** schnipsen; **2.** wedeln mit: *~ a fan*; **II** *v/i.* **3.** her'umflattern; **4.** flirten (*with* mit) (*a. fig. pol. etc.*): *~ with death* mit dem Leben spielen; **5.** *mit e-r Idee* spielen, liebäugeln; **III** *s.* **6.** a) ko'kette Frau, b) Schäker *m*; **7.** → **flir·ta·tion** [flɜː'teɪʃn] *s.* **1.** Flirten *n*; Liebäugeln *n*; **flir·ta·tious** [flɜː'teɪʃəs] *adj.* (gern) flirtend, ko'kett.

flit [flɪt] **I** *v/i.* **1.** flitzen, huschen, sausen; **2.** (um'her)flattern; **3.** verfliegen (*Zeit*); **4.** *Brit.* F heimlich ausziehen; **II**

~ **5.** *a. moonlight ~* *Brit.* F Auszug *m* bei Nacht u. Nebel.

flitch [flɪtʃ] *s.* **1.** *a. ~ of bacon* gesalzene *od.* geräucherte Speckseite; **2.** Heilbuttschnitte *f*; **3.** Walspeckstück *n*.

fliv·ver ['flɪvə] *s. Am. sl.* **1.** kleine ‚Blechkiste' (*Auto, Flugzeug*); **2.** ‚Pleite' *f* (*Mißerfolg*).

float [fləʊt] **I** *v/i.* **1.** (im Wasser) treiben, schwimmen; **2.** ⚓ flott sein *od.* werden; **3.** schweben, treiben, gleiten; **4.** ✝ 'umlaufen, in 'Umlauf sein; ✝ gegründet werden; **5.** (ziellos) her'umwandern; **6.** *Am.* häufig den Wohnsitz *od.* Arbeitsplatz wechseln; **II** *v/t.* **7.** schwimmen *od.* treiben lassen; *Baumstämme* flößen; **8.** ⚓ flottmachen; **9.** schwemmen, tragen (*Wasser*) (*a. fig.*); **10.** über'schwemmen (*a. fig.*); **11.** *fig. Verhandlungen etc.* in Gang bringen, lancieren; *Gerücht etc.* in 'Umlauf setzen; **12.** ✝ a) *Gesellschaft* gründen, b) *Anleihe* auflegen, c) *Wertpapiere* in 'Umlauf bringen; **13.** ✝ floaten, den Wechselkurs (*gen.*) freigeben; **III** *s.* **14.** Floß *n*; **15.** schwimmende Landebrücke; **16.** *Angeln*: (Kork)Schwimmer *m*; **17.** *ichth.* Schwimmblase *f*; **18.** ۞, ✈ Schwimmer *m*; **19.** *a. ~ board* (Rad-)Schaufel *f*; **20.** a) niedriger Plattformwagen (*für Güter*), b) Festwagen *m* (*bei Umzügen etc.*); **21.** ۞ a) Raspel *f*, b) Pflasterkelle *f*; **22.** *pl. thea.* Rampenlicht *n*; **23.** *Brit.* Notgroschen *m*; '**float·a·ble** [-təbl] *adj.* **1.** schwimmfähig; **2.** flößbar (*Fluß*); '**float·age**, **float·a·tion** → **flotage**, **flotation**.

float bridge *s.* Floßbrücke *f*.

float·er ['fləʊtə] *s.* **1.** ✝ Gründer *m* e-r Firma; **2.** ✝ *Brit.* erstklassiges 'Wertpa₁pier; **3.** *Am.* F ‚Zugvogel' *m* (*j-d, der ständig Wohnsitz od. Arbeitsplatz wechselt*); **4.** Springer *m* (*im Betrieb*); **5.** *pol.* a) Wechselwähler *m*, b) *Wähler, der s-e Stimme illegal in mehreren Wahlbezirken abgibt*; **6.** *Am. sl.* Wasserleiche *f*.

float·ing ['fləʊtɪŋ] **I** *adj.* □ **1.** schwimmend, treibend, Schwimm..., Treib...; **2.** schwebend (*a. fig.*); **3.** lose, beweglich; **4.** schwankend; **5.** ohne festen Wohnsitz, wandernd; **6.** ✝ a) 'umlaufend (*Geld etc.*), b) schwebend (*Schuld*), c) flüssig (*Kapital*), d) fle'xibel (*Wechselkurs*), e) frei konvertierbar (*Währung*); **II** *s.* **7.** ✝ Floating *n*, Freigabe *f* des Wechselkurses; *~* **an·chor** *s.* ⚓ Treibanker *m*; *~* **as·sets** *s. pl.* ✝ flüssige Ak'tiva *pl.*; *~* **ax·le** *s.* ۞ Schwingachse *f*; *~* **bridge** *s.* Tonnen-, Floßbrücke *f*; *~* **cap·i·tal** *s.* ✝ 'Umlaufvermögen *n*; *~* **crane** *s.* ۞ Schwimmkran *m*; *~* **dec·i·mal point** → **floating point**; *~* **dock** *s.* ⚓ Schwimmdock *n*; *~* **ice** *s.* Treibeis *n*; *~* **kid·ney** *s.* 🐾 Wanderniere *f*; *~* **light** *s.* ⚓ Leuchtboje *f* *od.* -schiff *n*; *~* **mine** *s.* ✕ Treibmine *f*; *~* **point** *s. Computer etc.*: Fließkomma *n*; *~* **pol·i·cy** *s.* ✝ Pau'schalpo₁lice *f*; *~* **rib** *s. anat.* falsche Rippe; *~* **trade** *s.* ✝ Seefrachthandel *m*; *~* **vote** (*od.* **voters** *pl.*) *s. pol.* Wechselwähler *pl.*

'**float·plane** *s.* ✈ Schwimmerflugzeug *n*; *~* **switch** *s.* ۞ Schwimmschalter *m*; *~* **valve** *s.* ۞ 'Schwimmerven₁til *n*.

floc·cose ['flɒkəʊs], '**floc·cu·lent** [-kjʊlənt] *adj.* flockig, wollig; '**floc·cus** [-kəs] *pl.* **-ci** [-ksaɪ] *s.* **1.** Flocke *f*; **2.**

Büschel *n*; **3.** *orn.* Flaum *m*.

flock¹ [flɒk] **I** *s.* **1.** Herde *f* (*bsd. Schafe*); **2.** Schwarm *m*, *hunt.* Flug *m* (*Vögel*); **3.** Menge *f*, Schar *f* (*Personen*): **come in ~s** (in Scharen) herbeiströmen; **4.** *eccl.* Herde *f*, Gemeinde *f*; **II** *v/i.* **5.** *fig.* strömen: **~ to a place** zu e-m Ort (hin)strömen; **~ to s.o.** j-m zuströmen, in Scharen zu j-m kommen; **~ together** zs.-strömen.

flock² [flɒk] *s.* **1.** (Woll)Flocke *f*; **2.** *sg. od. pl.* a) Wollabfall *m*, b) Wollpulver *n* (*für Tapeten etc.*): **~ (wall)paper** Velourstapete *f*.

floe [fləʊ] *s.* Treibeis *n*, Eisscholle *f*.

flog [flɒg] *v/t.* **1.** prügeln, schlagen: **~ a dead horse** a) s-e Zeit verschwenden, b) offene Türen einrennen; **~ s.th. to death** *fig.* et. zu Tode reiten; **2.** auspeitschen; **3.** **~ s.th. into s.o.** j-m et. einbleuen; **~ s.th. out of s.o.** j-m et. austreiben; **4.** *Brit.* F et. ,verscheuern‘, ,verkloppen‘; **'flog·ging** [-ɡɪŋ] *s.* **1.** Tracht *f* Prügel; **2.** Prügelstrafe *f*.

flood [flʌd] **I** *s.* **1.** Flut *f* (*a. Ggs. Ebbe*): **on the ~** mit der (*od.* bei) Flut; **2.** Über'schwemmung *f* (*a. fig.*), Hochwasser *n*: **the** ℒ *bibl.* die Sintflut; **3.** *fig.* Flut *f*, Strom *m*, Schwall *m* (*von Briefen, Worten etc.*): **a ~ of tears** ein Tränenstrom; **II** *v/t.* **4.** über'schwemmen, -'fluten (*a. fig.*): **~ the market** ✝ den Markt überschwemmen; **5.** unter Wasser setzen; **6.** ♣ fluten; **7.** *mot. den Motor* ,absaufen‘ lassen; **8.** *Fluß* anschwellen lassen; **9.** *fig.* strömen in (*acc.*), sich ergießen über (*acc.*); **III** *v/i.* **10.** *a. fig.* fluten, strömen, sich ergießen: **~ in** hereinströmen; **11.** a) anschwellen (*Fluß*), b) über die Ufer treten; **12.** 'überlaufen (*Bad etc.*); **13.** über'schwemmt werden; **~ con·trol** *s.* Hochwasserschutz *m*; **~ dis·as·ter** *s.* 'Hochwasserkata,strophe *f*; **'~·gate** *s.* Schleusentor *n*, *fig.* Schleuse *f*: **open the ~s to** *fig.* Tür u. Tor öffnen (*dat.*).

flood·ing [ˈflʌdɪŋ] *s.* **1.** Über'schwemmung *f*; **2.** ♂ Gebärmutterblutung *f*.

'flood·light I *s.* **1.** Scheinwerfer-, Flutlicht *n*; **2.** *a.* **~ projector** Scheinwerfer *m*: **under ~s** bei Flutlicht; **II** *v/t.* [*irr.* → **light¹**] (mit Scheinwerfern) beleuchten *od.* anstrahlen: **floodlit** in Flutlicht getaucht; **floodlit match** *sport* Flutlichtspiel *n*; **'~·mark** *s.* Hochwasserstandszeichen *n*; **'~·tide** *s.* Flut(zeit) *f*.

floor [flɔː] **I** *s.* **1.** (Fuß)Boden *m*: **mop** (*od.* **wipe**) **the ~ with s.o.** j-n ,fertigmachen‘, mit j-m ,Schlitten fahren‘; **2.** Tanzfläche *f*: **take the ~** auf die Tanzfläche gehen (→ 3); **3.** *parl.* Sitzungs-, Ple'narsaal *m*: **cross the ~** zur Gegenpartei übergehen; **admit to the ~** j-m das Wort erteilen; **get** (**have** *od.* **hold**) **the ~** das Wort erhalten (haben); **take the ~** das Wort ergreifen (→ 2); **4.** ✝ Börsensaal *m*; **5.** Stock(werk *n*) *m*, Geschoß *n*; → **first floor** etc.; **6.** (Meeres- etc.)Boden *m*, Grund *m*, (Fluß-, Tal-etc., ⚒ Strecken)Sohle *f*; **7.** Minimum *n*: **price ~**; **cost ~** Mindestkosten *pl.*; **II** *v/t.* **8.** e-n (Fuß)Boden legen in (*dat.*); **9.** zu Boden strecken, niederschlagen; **10.** F a) j-n ,umhauen‘: **~ed** sprachlos, ,platt‘, b) j-n ,schaffen‘; **11.** *Am. das Gaspedal etc.* voll 'durchtreten; **'~·cloth** *s.* Scheuertuch *n*; **~ cov·er·ing**

s. Fußbodenbelag *m*.

floor·er [ˈflɔːrə] *s.* F **1.** vernichtender Schlag, *fig. a.* ,Schlag *m* ins Kon'tor‘; **2.** ,harte Nuß‘, knifflige Frage.

floor ex·er·cis·es *s. pl.* Bodenturnen *n*.

floor·ing [ˈflɔːrɪŋ] *s.* **1.** (Fuß)Boden *m*; **2.** Bodenbelag *m*.

floor| lamp *s.* Stehlampe *f*; **~ lead·er** *s. pol. Am.* Frakti'onsvorsitzende(r) *m*; **~ man·ag·er** *s.* **1.** ✝ Ab'teilungsleiter *m* (*in e-m Kaufhaus*); **2.** *pol. Am.* Geschäftsführer *m* (*e-r Partei*); **3.** *TV* Aufnahmeleiter *m*; **~ plan** *s.* **1.** Grundriß *m* (*e-s Stockwerks*); **2.** Raumverteilungsplan *m* (*auf e-r Messe etc.*); **~ show** *s.* Varie'tévorstellung *f* (*in e-m Nachtklub etc.*); **~ space** *s.* Bodenfläche *f*; **~ tile** *s.* Fußbodenfliese *f*; **'~·walk·er** *s.* (aufsichtführender) Ab'teilungsleiter (*in e-m Kaufhaus*).

floo·zie [ˈfluːzɪ] *s. Am. sl.* ,Flittchen‘ *n*.

flop [flɒp] **I** *v/i.* **1.** ('hin)plumpsen; **2.** (*into*) sich (in *e-n Sessel etc.*) plumpsen lassen; **3.** a) zappeln, b) flattern; **4.** F a) *ped., thea. etc.* ,'durchfallen‘, b) *allg.* e-e ,Pleite‘ sein, ,da'nebengehen‘; **II** *v/t.* **5.** ('hin)plumpsen lassen; **III** *s.* **6.** Plumps *m*; **7.** F a) *thea. etc.* ,'Durchfall‘ *m*, ,Flop‘ *m*, b) ,Pleite‘ *f*, ,Reinfall‘ *m*, c) Versager *m*, ,Niete‘ *f* (*Person*); **IV** *adv. u. int.* **8.** plumps; **'flop·house** *s. Am. sl.* ,Penne‘ *f*, (billige) ,Absteige‘; **'flop·py** [-ɪ] *adj.* □ schlaff, schlotterig: **~ ears** Schlappohren; **~ hat** Schlapphut *m*; **~ disk** *Computer:* Diskette *f*.

flo·ra [ˈflɔːrə] *pl.* **-ras**, *a.* **-rae** [-riː] *s.* **1.** Flora *f* (*a. Abhandlung f über e-e*) Pflanzenwelt *f*; **2.** *physiol.* (*Darm- etc.*) Flora *f*; **'flo·ral** [-rəl] *adj.* □ Blumen..., Blüten..., *a.* geblümt: **~ design** Blumenmuster *n*; **~ emblem** Wappenblume *f*.

Flor·en·tine [ˈflɒrəntaɪn] **I** *adj.* floren'tinisch, Florentiner...; **II** *s.* Floren'tiner(in).

flo·res·cence [flɒˈresns] *s.* ❀ Blüte (-zeit) *f* (*a. fig.*); **flo·ret** [ˈflɔːrɪt] *s.* Blümchen *n*.

flo·ri·cul·tur·e [ˈflɔːrɪkʌltʃə] *s.* Blumenzucht *f*.

flor·id [ˈflɒrɪd] *adj.* □ **1.** rot, gerötet: **~ complexion** blühend (*Gesundheit*); **3.** über'laden: a) blumig (*Stil*), b) 'übermäßig verziert; **4.** ♪ figuriert; **5.** ♂ stark ausgeprägt (*Krankheit*).

Flo·rid·i·an [flɒˈrɪdɪən] *adj.* Florida...; **II** *s.* Bewohner(in) von Florida.

flor·in [ˈflɒrɪn] *s.* **1.** *Brit. hist.* Zwei'schillingstück *n*; **2.** *obs.* (*bsd.* niederländischer) Gulden.

flo·rist [ˈflɒrɪst] *s.* Blumenhändler(in), -züchter(in).

floss¹ [flɒs] *s.* **1.** Ko'kon-, Seidenwolle *f*; **2.** Flo'rettgarn *n*; **3.** *a.* **~ silk** Schappe-, Flo'rettseide *f*; **4.** ❀ Seidenbaumwolle *f*; **5.** Flaum *m*, seidige Sub'stanz; **6.** *a.* **dental ~** Zahnseide *f*.

floss² [flɒs] *s.* ⚙ **1.** Glasschlacke *f*; **2.** *a.* **~ hole** Schlackenloch *n*.

floss·y [ˈflɒsɪ] *adj.* **1.** flo'rettseiden; **2.** seidig; **3.** *Am. sl.* ,schick‘.

flo·tage [ˈfləʊtɪdʒ] *s.* **1.** Schwimmen *n*; **2.** Schwimmfähigkeit *f*; **3.** *et.* Schwimmendes *od.* Treibendes, Treibgut *n*.

flo·ta·tion [fləʊˈteɪʃn] *s.* **1.** → **flotage** 1; **2.** Schweben *n*; **3.** ✝ a) Gründung *f*

(*e-r Gesellschaft*), b) In'umlaufbringung *f* (*von Wertpapieren etc.*), c) Auflegung *f* (*e-r Anleihe*); **4.** ✿ Flotati'on *f*.

flo·til·la [fləʊˈtɪlə] *s.* ♣ Flot'tille *f*.

flot·sam [ˈflɒtsəm] *a.* **~ and jet·sam 1.** ♣ Strand-, Treibgut *n*; **2.** *fig.* Strandgut *n* des Lebens; **3.** *fig.* 'Überbleibsel *pl.*, Krimskrams *m*.

flounce¹ [flaʊns] *v/i.* **1.** erregt stürmen *od.* stürzen *od.* **2.** stolzieren; **3.** sich herumwerfen, zappeln.

flounce² [flaʊns] **I** *s.* Vo'lant *m*, Besatz *m*; Falbel *f*; **II** *v/t.* mit Vo'lants besetzen.

floun·der¹ [ˈflaʊndə] *v/i.* **1.** zappeln, strampeln, *fig. a.* sich (ab)quälen; **2.** taumeln, stolpern, um'hertappen; **3.** *fig.* sich verhaspeln, nicht weiterwissen, *a. sport* ins ,Schwimmen‘ kommen.

floun·der² [ˈflaʊndə] *s. ichth.* Flunder *f*.

flour [ˈflaʊə] **I** *s.* **1.** Mehl *n*; **2.** feines Pulver, Mehl *n*; **II** *v/t.* **3.** *Am.* (zu Mehl) mahlen; **4.** mit Mehl bestreuen.

flour·ish [ˈflʌrɪʃ] **I** *v/i.* **1.** gedeihen, *fig. a.* blühen, florieren; **2.** auf der Höhe s-r Macht *od.* s-s Ruhmes sein; **3.** wirken, erfolgreich sein (*Künstler etc.*); **4.** prahlen; **5.** sich geschraubt ausdrücken; **6.** sich auffällig benehmen; **7.** Schnörkel *od.* Floskeln machen; **8.** ♪ a) phantasieren, b) e-n Tusch spielen; **II** *v/t.* **9.** schwingen, schwenken; **10.** zur Schau stellen, protzen mit; **11.** (aus)schmükken; **III** *s.* **12.** Schwingen *n*, Schwenken *n*; **13.** Schwung *m*, schwungvolle Gebärde; **14.** Schnörkel *m*; **15.** Floskel *f*; **16.** ♪ a) bravou'röse Pas'sage, b) Tusch *m*: **~ of trumpets** Trompetenstoß *m*, Fanfare *f*, *fig.* (großes) Trara; **'flour·ish·ing** [-ʃɪŋ] *adj.* □ blühend, gedeihend, florierend: **~ trade** schwunghafter Handel.

flour·y [ˈflaʊərɪ] *adj.* mehlig.

flout [flaʊt] **I** *v/t.* **1.** verspotten, -höhnen; **2.** *Befehl, Ratschlag etc.* miß'achten, *Angebot etc.* ausschlagen; **II** *v/i.* **3.** spotten (*at* über *acc.*), höhnen.

flow [fləʊ] **I** *v/i.* **1.** fließen, strömen, fluten, rinnen, laufen (*alle a. fig.*): **~ freely** in Strömen fließen (*Sekt etc.*); **2.** *fig.* da'hinfließen, gleiten; **3.** ♣ steigen (*Flut*); **4.** wallen (*Haar, Kleid etc.*), lose he'rabhängen; **5.** *fig.* (**from**) herrühren (von), entspringen (*dat.*); **6.** *fig.* (**with**) reich sein (an *dat.*), 'überfließen (vor *dat.*), voll sein (von); **II** *v/t.* **7.** über'fluten, -'schwemmen; **III** *s.* **8.** Fließen *n*, Strömen *n* (*beide a. fig.*), Rinnen *n*: **~ characteristics** *phys.* Strömungsbild *n*; **~ chart** (*od.* **sheet**) *Computer*, ✝ Flußdiagramm *n*; **~ pattern** *phys.* Stromlinienbild *n*; **~ production**, **~ system** ✝ Fließbandfertigung *f*; **9.** Fluß *m*, Strom *m* (*beide a. fig.*): **~ of traffic** Verkehrsfluß, -strom; **10.** Zustrom *m*; **11.** Wallen *n*; **12.** *fig.* (*Wort- etc.*)Schwall *m*, Erguß *m* (*a. von Gefühlen*); **13.** *physiol.* F Peri'ode *f*.

flow·er [ˈflaʊə] **I** *s.* **1.** Blume *f*: **say it with ~s!** laßt Blumen sprechen!; **2.** ❀ a) Blüte *f*, b) Blütenpflanze *f*, c) Blüte (-zeit) *f* (*a. fig.*): **be in ~** in Blüte stehen, blühen; **in the ~ of his life** in der Blüte s-r Jahre; **3.** *fig.* das Beste *od.* Feinste, Auslese *f*, E'lite *f*; **4.** *fig.* Blüte *f*, Zierde *f*; **5.** ('Blumen)Orna,ment *n*, (-)Verzierung *f*: **~s of speech** Floskeln; **6.** *typ.* Vi'gnette *f*; **7.** *pl.* 🌺 Blumen *pl.*: **~s of sulphur** Schwefelblumen *pl.*, -blüte *f*; **II** *v/i.* **8.** blühen, *fig. a.* in höchster Blüte stehen; **III** *v/t.* **9.** mit Blumen(mustern) verzieren, blüme(l)n; **~ bed** *s.* Blumenbeet *n*; **~ child** *s.* [*irr.*] ‚Blumenkind‘ *n* (*Hippie*).

flow·ered ['flauəd] *adj.* **1.** mit Blumen geschmückt; **2.** geblümt; **3.** *in Zssgn* ...blütig.

flow·er girl *s.* **1.** Blumenmädchen *n*; **2.** *Am.* blumenstreuendes Mädchen (*bei e-r Hochzeit*).

flow·er·ing ['flauərıŋ] **I** *adj.* blühend, Blüten...: **~ plant** Blütenpflanze *f*; **II** *s.* Blüte(zeit) *f*.

flow·er| peop·le *s.* ‚Blumenkinder‘ *pl.* (Hippies); **~ piece** *s. paint.* Blumenstück *n*; **'~pot** *s.* Blumentopf *m*; **~ show** *s.* Blumenausstellung *f*.

flow·er·y ['flauərı] *adj.* **1.** blumen-, blütenreich; **2.** geblümt; **3.** *fig.* blumig.

flow·ing ['fləuıŋ] *adj.* □ **1.** fließend, strömend; **2.** *fig.* flüssig (*Stil etc.*); **3.** wallend (*Bart, Kleid*); **4.** wehend, flatternd (*Haar etc.*).

'flow,me·ter *s.* ⊕ 'Durchflußmesser *m*.

flown [fləun] *p.p. von* **fly¹**.

flu [flu:] *s.* 🌡 F Grippe *f*.

flub [flʌb] *Am. sl.* **I** *s.* (grober) Schnitzer; **II** *v/i.* (e-n groben) Schnitzer machen, patzen.

flub·dub ['flʌbdʌb] *s. Am. sl.* Geschwafel *n*, ‚Quatsch‘ *m*.

fluc·tu·ate ['flʌktjʊeɪt] *v/i.* schwanken: a) fluktuieren (*a.* ♥), sich (ständig) verändern, b) *fig.* unschlüssig sein; **'fluc·tu·at·ing** [-tɪŋ] *adj.* schwankend: a) fluktuierend, b) unschlüssig; **fluc·tu·a·tion** [ˌflʌktjʊ'eɪʃn] *s.* **1.** Schwankung *f*, Fluktuati'on *f* (*beide a.* ♥, ⚡, *phys.*): **cyclical ~** ✿ Konjunkturschwankung; **2.** *fig.* Schwanken *n*.

flue¹ [flu:] *s.* **1.** ⊛ a) Rauchfang *m*, Esse *f*, b) Abzugsrohr *n*, (Feuerungs)Zug *m*: **~ gas** Rauch-, Abgas *n*, c) Heizröhre *f*, d) Flammrohr *n*, 'Feuerka,nal *m*; **2.** ♪ a) a. **~ pipe** Lippenpfeife *f*, b) Kernspalt *m der Orgelpfeife*.

flue² [flu:] *s.* Flusen *pl.*, Staubflocken *pl.*

flue³ [flu:] *s.* ⚓ Schleppnetz *n*.

flu·en·cy ['fluːənsɪ] *s.* Fluß *m* (*der Rede etc.*), Flüssigkeit *f* (*des Stils etc.*); Gewandtheit *f*; **'flu·ent** [-nt] *adj.* □ **1.** fließend, geläufig: **speak ~ German, be ~ in German** fließend deutsch sprechen; **2.** flüssig, ele'gant (*Stil etc.*), gewandt (*Redner etc.*).

fluff [flʌf] **I** *s.* **1.** Staubflocke *f*, Fussel(n *pl.*) *f*; **2.** Flaum *m* (*a. erster Bartwuchs*); **3.** F *sport, thea. etc.* ‚Patzer‘ *m*; **4.** *Am.* Schaumspeise *f*; **5.** *thea. Am.* F ‚leichte Kost‘; **6.** *oft* **bit of ~** F ‚Betthäschen‘ *n*, ‚Mieze‘ *f*; **II** *v/t.* **7. ~ out, ~ up** *s.*) Federn aufplustern, b) *Kissen etc.* aufschütteln; **8.** F *bsd. thea., sport* ‚verpatzen‘; **III** *v/i.* **9.** F *thea., sport* ‚patzen‘; **'fluf·fy** [-fɪ] *adj.* **1.** flaumig; **2.** *thea. Am.* F leicht, anspruchslos.

flu·id ['fluːɪd] **I** *s.* **1.** Flüssigkeit *f*; **II** *adj.* **2.** flüssig; **3.** *fig.* → **fluent; 4.** *fig.* fließend, veränderlich; **~ cou·pling, ~ clutch** *s.* ⊕ hy'draulische Kupplung; **~ drive** *s.* ⊕ Flüssigkeitsgetriebe *n*.

flu·id·i·ty [fluː'ɪdətɪ] *s.* **1.** *phys.* a) flüssiger Zustand, Flüssigkeit(sgrad *m*) *f*, b) Gasförmigkeit *f*; **2.** *fig.* Veränderlich-

keit *f*; **3.** Flüssigkeit *f des Stils etc.*

flu·id| me·chan·ics *s. pl. sg. konstr. phys.* 'Strömungsme,chanik *f*; **~ ounce** *s.* Hohlmaß: a) *Brit.* = 28,4 *ccm*, b) *Am.* = 29,6 *ccm*; **~ pres·sure** *s.* ⊕, *phys.* hy'draulischer Druck.

fluke¹ [flu:k] *s.* **1.** ⚓ Ankerflügel *m*; **2.** ⊕ Bohrlöffel *m*; **3.** 'Widerhaken *m*; **4.** Schwanzflosse *f* (*des Wals*); **5.** *zo.* Leber-egel *m*.

fluke² [flu:k] *s.* **1.** ‚Dusel‘ *m*, ‚Schwein‘ *n*: **~ hit** Zufallstreffer *m*; **2.** *Billard*: glücklicher Stoß; **'fluk·(e)y** [-kɪ] *adj. sl.* **1.** Glücks..., Zufalls...; **2.** unsicher.

flume [flu:m] **I** *s.* **1.** Klamm *f*; **2.** künstlicher Wasserlauf, Ka'nal *m*; **II** *v/t.* **3.** durch e-n Kanal flößen.

flum·mer·y ['flʌmərɪ] *s.* **1.** *Küche:* a) (Hafer)Mehl *n*, b) Flammeri *m* (*Süßspeise*); **2.** F a) *fig.* leere Schmeiche'lei, b) ‚Quatsch‘ *m*.

flum·mox ['flʌməks] *v/t. sl.* verblüffen, aus der Fassung bringen.

flung [flʌŋ] *pret. u. p.p. von* **fling**.

flunk [flʌŋk] *ped. Am. sl.* **I** *v/t.* **1.** ‚durchrauschen‘ *od.* ‚durchrasseln‘ lassen; **2.** *oft* **~ out** von der Schule ‚werfen‘; **3.** ‚durchrasseln‘ in (*e-r Prüfung, e-m Fach*); **II** *v/i.* **4.** ‚durchrasseln‘, ‚durchrauschen‘; **III** *s.* **5.** 'Durchfallen *n*.

flunk·(e)y ['flʌŋkɪ] *s.* **1.** *oft contp.* La'kai *m*; **2.** *contp.* Kriecher *m*, Speichellecker *m*; **3.** *Am.* Handlanger *m*; **'flunk-(e)y·ism** [-ɪzəm] *s.* Speichelleckerei *f*.

flu·or ['fluːɔː] → **fluorspar**.

flu·o·resce [ˌfluə'res] *v/i.* 🌡, *phys.* fluoreszieren; **flu·o'res·cence** [-sns] *s.* 🌡, *phys.* Fluores'zenz *f*; **flu·o'res·cent** [-snt] *adj.* fluoreszierend: **~ lamp** Leuchtstofflampe *f*, **~ screen** Leuchtschirm *m*; **~ tube** Leucht(stoff)röhre *f*.

flu·or·ic [fluː'ɒrɪk] *adj.* 🌡 Fluor...: **~ acid** Flußsäure *f*; **flu·o·ri·date** ['fluːərɪdeɪt] *v/t. Trinkwasser* fluorieren; **flu·o·ride** ['fluəraɪd] *s.* 🌡 Fluo'rid *n*; **flu·o·rine** ['fluəriːn] *s.* 🌡 Fluor *n*; **flu·o·rite** ['fluəraɪt] *s.* → **fluorspar, flu·o·ro·scope** ['fluərəskəup] *s.* ✚ Fluoro'skop *n*, Röntgenbildschirm *m*; **flu·o·ro·scop·ic** [ˌfluərə'skɒpɪk] *adj.*: **~ screen** → **fluoroscope; 'flu·or·spar** *s. min.* Flußspat *m*, Fluo'rit *n*.

flur·ry ['flʌrɪ] **I** *s.* **1.** a) Windstoß *m*, b) (Regen-, Schnee)Schauer *m*; **2.** *fig.* Hagel *m*, Wirbel *m* von *Schlägen etc.*; **3.** *fig.* Aufregung *f*, Unruhe *f*: **in a ~** aufgeregt; **4.** Hast *f*; **5.** ♥ kurze, plötzliche Belebung (*an der Börse*); **II** *v/t.* **6.** beunruhigen.

flush¹ [flʌʃ] **I** *v/i.* (aufgeregt) auffliegen; **II** *v/t. Vögel* aufscheuchen.

flush² [flʌʃ] **I** *s.* **1.** a) Erröten *n*, b) Röte *f*; **2.** (Wasser)Schwall *m*, Strom *m*; **3.** a) (Aus)Spülung *f*, b) (Wasser)Spülung *f* (*im WC*); **4.** (Gefühls)Aufwallung *f*, Hochgefühl *n*, Erregung *f*: **~ of anger** Wutanfall *m*; **~ of success** Triumphgefühl *n*; **~ of victory** Siegestaumel *m*; **5.** Glanz *m*, Blüte *f* (*der Jugend etc.*); **6.** 🌡 Wallung *f*, (Fieber)Hitze *f*; → **hot flushes; II** *v/t.* **7.** j-n erröten lassen; **8.** *a.* **~ out** (aus)spülen: **~ down** hinunterspülen; **~ the toilet** spülen; **9.** unter Wasser setzen; **10.** erregen, erhitzen: **~ed with anger** wutentbrannt; **~ed with joy** außer sich vor Freude; **III** *v/i.*

11. erröten, rot werden (**with** vor *dat.*); **12.** strömen, schießen (*a. Blut*); **13.** spülen (*WC etc.*).

flush³ [flʌʃ] **I** *adj.* **1.** eben, auf gleicher Höhe; **2.** ⊕ fluchtgerecht, glatt (anliegend), bündig (abschließend) (**with** mit) (*alle a. adv.*); **3.** a) ⊕ versenkt, Senk...: **~ screw**, b) ⚡ Unterputz...: **~ socket**; **4.** ('über)voll (**with** von); **5.** blühend, frisch; **6. ~** (**with money**) F gut bei Kasse; **~ with one's money** verschwenderisch; **II** *v/t.* **7.** ebnen, bündig machen; **8.** ⊕ Fugen ausstreichen.

flush⁴ [flʌʃ] *Poker:* Flush *m*; → **royal** 1, **straight flush.**

flus·ter ['flʌstə] **I** *v/t.* durchein'anderbringen, aufregen, ner'vös machen; **II** *v/i.* a) ner'vös werden, durchein'anderkommen, b) sich aufregen; **III** *s.* → **flutter** 8.

flute [fluːt] **I** *s.* **1.** ♪ a) Flöte *f*, b) → **flutist**, c) a. **~ stop** 'Flötenre,gister *n* (*Orgel*); **2.** △, ⊕ Rille *f*, Riefe *f*, Hohlkehle *f*; **3.** ⊕ (Span-)Nut *f*; **4.** Rüsche *f*; **II** *v/i.* **5.** Flöte spielen, flöten (*a. fig.*); **III** *v/t.* **6.** *et.* auf der Flöte spielen, flöten (*a. fig.*); **7.** △, ⊕ riefen, riffeln, auskehlen, kannelieren; *Stoff* kräuseln; **'flut·ed** [-tɪd] *adj.* **1.** flötenartig, sanft; **2.** gerieft, gerillt; **'flut·ing** [-tɪŋ] *s.* **1.** △ Riffelung *f*; **2.** Falten *pl.*, Rüschen *pl.*; **3.** Flöten *n* (*a. fig.*); **'flut·ist** [-tɪst] *s.* Flö'tist(in).

flut·ter ['flʌtə] **I** *v/i.* **1.** flattern (*a.* 🌡 *Herz*), wehen; **2.** a) aufgeregt hin- und herrennen, b) aufgeregt sein; **3.** zittern; **4.** flackern; **II** *v/t.* **5.** schwenken, flattern lassen, wedeln mit, mit *den Flügeln* schlagen, mit *den Augendeckeln* ‚klimpern‘; **6.** → **fluster** I; **III** *s.* **7.** Flattern *n* (*a.* 🌡 *Puls etc.*); **8.** Aufregung *f*, Tumult *m*: **all in a ~** ganz durcheinander; **9.** *Brit.* F kleine Spekulati'on *od.* Wette; **10.** *Schwimmen:* Kraulbeinschlag *m*.

flu·vi·al ['fluːvjəl] *adj.* fluvi'al, Fluß..., in Flüssen vorkommend.

flux [flʌks] *s.* **1.** Fließen *n*, Fluß *m* (*a.* ⚡, *phys.*); **2.** Ausfluß *m* (*a.* ✿); **3.** Strom *m* (*a. fig.*), Flut *f* (*a. fig.*): **~ and reflux** Flut u. Ebbe (*a. fig.*); **~ of words** Wortschwall *m*; **4.** ständige Bewegung; Wandel *m*: **in (a state of) ~** im Fluß; **5.** ⊕ Fluß-, Schmelzmittel *n*, Zuschlag *m*; **'flux·ion·al** [-kʃənl] *adj.* **1.** fließend, veränderlich; **2.** ⚡ Fluxions...

fly¹ [flaɪ] **I** *s.* **1.** Fliegen *n*, Flug *m* (*a.* ✈): **on the ~** im Fluge; **2.** *Brit. hist.* Einspänner *m*, Droschke *f*; **3.** a) Knopfleiste *f*, b) Hosenklappe *f*, -schlitz *m*; **4.** Zelttür *f*; **5.** ⊕ → **flywheel; 6.** Unruh *f* (*Uhr*); **7.** *pl. thea.* Sof'fitten *pl.*; **II** *v/i.* [*irr.*] **8.** fliegen: **~ blind** (*od.* **on instruments**) ✈ blindfliegen; **~ high** (*od.* **at high game**) *fig.* hoch hinauswollen; → **let¹** *Redew.*; **9.** flattern, wehen; **10.** verfliegen (*Zeit*), zerrinnen (*Geld*); **11.** stieben, fliegen (*Funken etc.*): **~ to pieces** zerspringen, bersten, reißen; **12.** stürmen, stürzen, sausen: **~ to arms** zu den Waffen eilen; **he flew into her arms** er flog in ihre Arme; **send s.o. ~ing** a) j-n fortjagen, b) j-n zu Boden schleudern; **send things ~ing** Sachen umherwerfen; **~ at s.o.** auf j-n losgehen; **I must ~!** F ich muß schleunigst weiter!; → **temper** 3; **13.** (*nur* *pres., inf. u. p.pr.*) fliehen; **III** *v/t.* [*irr.*] **14.** fliegen lassen: ~ *hawks hunt.* mit Falken jagen; → *kite* 1; **15.** ✈ a) *Flugzeug* fliegen, führen, b) *j-n, et.* (hin)fliegen, im Flugzeug befördern, c) *Strecke* fliegen, d) *Ozean etc.* über'fliegen; **16.** *Fahne, Flagge* a) führen, b) hissen, wehen lassen; **17.** *Zaun etc.* im Sprung nehmen; **18.** (*nur pres., inf. u. p.pr.*) a) fliehen aus, b) fliehen vor (*dat.*), meiden; ~ *in* ✈ *v/t. u. v/i.* einfliegen; ~ *off* *v/i.* **1.** fortfliegen; **2.** fortstürmen; **3.** abspringen (*Knopf*); ~ *o.pen v/i.* auffliegen (*Tür etc.*); ~ *out v/i.* **1.** ausfliegen; **2.** hin'ausstürzen; **3.** wütend werden: ~ *at s.o.* auf j-n losgehen.

fly² [flaɪ] *s.* **1.** *zo.* Fliege *f*: *a ~ in the ointment* ein Haar in der Suppe; *break a ~ on the wheel* mit Kanonen nach Spatzen schießen; *no flies on him (od. it)* F ,den legt man nicht so schnell aufs Kreuz'; *they died (od. dropped) like flies* sie starben wie die Fliegen; *he wouldn't hurt (od. harm) a ~* er tut keiner Fliege was zuleide; *I would like to be a ~ on the wall* da würde ich gern ,Mäuschen spielen'; **2.** *Angeln:* (künstliche) (Angel)Fliege: *cast a ~* e-e Angel auswerfen.

fly³ [flaɪ] *adj. sl.* gerissen, raffiniert.

fly·a·ble ['flaɪəbl] *adj.* ✈ **1.** flugtüchtig; **2.** ~ *weather* Flugwetter *n.*

fly| a·gar·ic *s.* ⚘ Fliegenpilz *m;* '~·a·way *adj.* **1.** flatternd; **2.** flatterhaft; **3.** *Am.* flugbereit; '~·blow *s.* Fliegenei *n,* -dreck *m;* '~·blown *adj.* **1.** von Fliegen beschmutzt; **2.** *fig.* besudelt; '~·by *s.* **1.** ✈ Vorbeiflug *m;* **2.** *Raumfahrt:* Flyby *n* (*Navigationstechnik*); '~·by-night F I *s.* **1.** *zo.* Nachtschwärmer *m;* **2.** a) Schuldner, der sich heimlich *od.* bei der Nacht aus dem Staub macht, b) ✝ zweifelhafter Kunde; **II** *adj.* **3.** ✝ zweifelhaft, anrüchig; '~·catch·er *s.* **1.** Fliegenfänger *m;* **2.** *orn.* Fliegenschnäpper *m.*

fly·er → **flier.**

'fly-fish *v/i.* mit (künstlichen) Fliegen angeln.

fly·ing ['flaɪɪŋ] I *adj.* **1.** fliegend, Flug...; **2.** flatternd, fliegend, wehend; → *colour* 10; **3.** kurz, flüchtig: ~ *visit* Stippvisite *f;* **4.** *sport* a) fliegend: → *flying start,* b) mit Anlauf: ~ *jump;* **5.** schnell; **6.** fliehend, flüchtig; **II** *s.* **7.** a) Fliegen *n,* Flug *m,* b) Fliege'rei *f,* Flugwesen *n;* ~ *boat s.* ✈ Flugboot *n;* ~ *bomb s.* ✕ fliegende Bombe, Ra'ketenbombe *f;* ~ *bridge s.* **1.** Rollfähre *f;* **2.** ⚓ Laufbrücke *f;* ~ *but·tress s.* △ Strebebogen *m;* ~ *cir·cus s.* ✈ **1.** ✕ rotierende 'Staffelformati͵on (*im Einsatz*); **2.** Schaufliegergruppe *f;* ~ *col·umn s.* ✕ fliegende *od.* schnelle Ko'lonne; ~ *ex·hi·bi·tion s.* Wanderausstellung *f;* ~ *field s.* (kleiner) Flugplatz; ~ *fish s.* Fliegender Fisch; ~ *fox s. zo.* Flughund *m;* ~ *lane s.* ✈ (Ein-) Flugschneise *f;* ♀ *Of·fi·cer s.* ✈ *Brit.* Oberleutnant *m der RAF;* ~ *range s.* ✈ Akti͵onsradius *m;* ~ *sau·cer s.* fliegende 'Untertasse; ~ *school s.* Fliegerschule *f;* ~ *speed s.* Fluggeschwindigkeit *f;* ~ *squad s. Brit.* 'Überfallkom͵mando *n* (*Polizei*); ~ *squad·ron s.* **1.** ✈ (Flieger)Staffel *f;* **2.** *Am.* a) fliegende Ko'lonne, b) 'Rollkom͵mando *n;* ~

start *s. sport* fliegender Start: *get off to a ~* glänzend wegkommen, *a. fig.* e-n glänzenden Start haben; ~ *u·nit s.* ✈ fliegender Verband; ~ *weight s.* ✈ Fluggewicht *n;* ~ *wing s.* Nurflügelflugzeug *n.*

'fly|·leaf *s. typ.* Vorsatz-, Deckblatt *n;* '~·o·ver *s.* **1.** → *fly-past;* **2.** *Brit.* ('Straßen-, 'Eisenbahn)Über͵führung *f;* '~·pa·per *s.* Fliegenfänger *m;* '~·past *s.* ✈ 'Luftpa͵rade *f;* '~·rod *s.* Angelrute *f* (*für künstliche Fliegen*); ~ *sheet s.* **1.** Flug-, Re'klameblatt *n;* **2.** ('Zelt͵)Überdach *n;* '**fly͵swat·ter** *s.* Fliegenklappe *f,* -klatsche *f;* '~·weight *sport* I *s.* Fliegengewicht(ler *m*) *n;* **II** *adj.* Fliegengewichts...; '~·wheel *s.* ⚙ Schwungrad *n.*

'f·num·ber *s. phot.* **1.** Blende *f* (*Einstellung*); **2.** Lichtstärke *f* (*vom Objektiv*).

foal [fəʊl] *zo.* I *s.* Fohlen *n,* Füllen *n: in* (*od. with*) ~ trächtig (*Stute*); **II** *v/t.* Fohlen werfen; **III** *v/i.* fohlen, werfen; '~·foot *pl.* '~·foots ⚘ Huflattich *m.*

foam [fəʊm] I *s.* Schaum *m;* **II** *v/i.* schäumen (*with rage fig.* vor Wut): *he ~ed at the mouth* der Schaum stand ihm vor dem Mund, *fig. a.* er schäumte vor Wut; **III** *v/t.* schäumen: *~ed concrete* Schaumbeton *m;* *~ed plastic* Schaumstoff *m;* ~ *ex·tin·guish·er s.* Schaum(feuer)löscher *m;* ~ *rub·ber s.* Schaumgummi *n, m.*

foam·y ['fəʊmɪ] *adj.* schäumend.

fob¹ [fɒb] *s.* **1.** Uhrtasche *f* (*im Hosenbund*); **2.** *a.* ~ *chain* Chate'laine *f* (*Uhrband,* -kette).

fob² [fɒb] *v/t.* **1.** ~ *off s.th. on s.o.* j-m et. ,andrehen' *od.* ,aufhängen'; **2.** ~ *s.o. off* j-n abspeisen, *j-n* abwimmeln (*with* mit).

fob³, f.o.b., F.O.B. *abbr. für free on board* (→ *free* 13).

fo·cal ['fəʊkl] *adj.* **1.** ✎, *phys., opt.* im Brennpunkt stehend (*a. fig.*), fo'kal, Brenn(punkt)...: ~ *distance, ~ length* Brennweite *f;* ~ *plane* Brennebene *f;* ~ *point* Brennpunkt *m* (*a. fig.*); **2.** ✹ fo'kal, Herd...; '**fo·cal·ize** [-kəlaɪz] → *focus* 4, 5.

fo'c's'le ['fəʊksl] → **forecastle.**

fo·cus ['fəʊkəs] *pl.* -cus·es, -ci [-saɪ] I *s.* **1.** a) ✎, ⚙, *phys.* Brennpunkt *m,* Fokus *m,* b) *TV* Lichtpunkt *m,* c) *phys.* Brennweite *f,* d) *opt.* Scharfeinstellung *f: in ~* scharf eingestellt, *fig.* klar und richtig; *out of ~* unscharf, verschwommen (*a. fig.*); *bring into ~* → 4, 5; ~ *control* Scharfeinstellung *f* (*Vorrichtung*); **2.** *fig.* Brenn-, Mittelpunkt *m: be the ~ of attention* im Mittelpunkt des Interesses stehen; *bring* (*in*)*to ~ in* den Brennpunkt rücken; **3.** Herd *m* (*e-s Erdbebens, Aufruhrs etc.*), ✹ *a.* Fokus *m;* **II** *v/t.* **4.** *opt., phot.* fokussieren, (*v/i.* sich) scharf einstellen; **5.** *phys.* (*v/i.* sich) im Brennpunkt vereinigen, (sich) sammeln; **6.** ~ *on fig.* (*v/i.* sich) konzentrieren *od.* richten auf (*acc.*).

fo·cus·(s)ing| lens ['fəʊkəsɪŋ] *s.* Sammellinse *f;* ~ *scale s. phot.* Entfernungsskala *f;* ~ *screen s. phot.* Mattscheibe *f.*

fod·der ['fɒdə] *s.* (Trocken)Futter *n; humor.* ,Futter' *n;* **II** *v/t.* Vieh füttern.

foe [fəʊ] *s.* Feind *m* (*a. fig.*); *a. sport u. fig.* Gegner *m,* 'Widersacher *m* (*to gen.*).

foe·tal ['fiːtl] *adj.* ✎ fö'tal; **foe·tus** ['fiːtəs] *s.* ✎ Fötus *m.*

fog [fɒg] I *s.* **1.** (dichter) Nebel; **2.** a) Dunst *m,* b) Dunkelheit *f;* **3.** *fig.* a) Nebel *m,* Verschwommenheit *f,* b) Verwirrung *f: in a ~* (völlig) ratlos; **4.** ⚙ (abgesprühter) Nebel; **5.** *phot.* Schleier *m;* **II** *v/t.* **6.** in Nebel hüllen, einnebeln; **7.** *fig.* verdunkeln, verwirren; **8.** *phot.* verschleiern; **III** *v/i.* **9.** neb(e)lig werden; (sich) beschlagen (*Scheibe etc.*); '~·bank *s.* Nebelbank *f;* '~·bound *adj.* **1.** in dichten Nebel eingehüllt; **2.** *be* ~ ⚓, ✈ wegen Nebels festsitzen.

fo·gey → **fogy.**

fog·gi·ness ['fɒgɪnɪs] *s.* **1.** Nebligkeit *f;* **2.** Verschwommenheit *f,* Unklarheit *f;* '**fog·gy** [-gɪ] *adj.* ☐ **1.** neb(e)lig; **2.** trüb, dunstig; **3.** *fig.* a) nebelhaft, verschwommen, unklar, b) benebelt (*with* vor *dat.*): *I haven't got the foggiest* (*idea*) F ,ich habe keinen blassen Schimmer'; **4.** *phot.* verschleiert.

'fog|·horn *s.* Nebelhorn *n;* '~·light *s. mot.* Nebelscheinwerfer *m.*

fo·gy ['fəʊgɪ] *s. mst old* ~ ,alter Knacker'; '**fo·gy·ish** [-ɪʃ] *adj.* verknöchert, verkalkt, altmodisch.

foi·ble ['fɔɪbl] *s. fig.* Faible *n,* (kleine) Schwäche *f.*

foil¹ [fɔɪl] *v/t.* **1.** a) vereiteln, durch'kreuzen, zu'nichte machen, b) *j-m* e-n Strich durch die Rechnung machen; **2.** *hunt.* Spur verwischen.

foil² [fɔɪl] I *s.* **1.** ⚙ (Me'tall- *od.* Kunststoff)Folie *f,* 'Blattme͵tall *n;* **2.** (Spiegel)Belag *m;* **3.** Folie *f,* 'Unterlage *f* (*für Edelsteine*); **4.** *fig.* Folie *f,* 'Hintergrund *m: serve as a ~ to* als Folie dienen (*dat.*); **5.** △ Blattverzierung *f;* **II** *v/t.* **6.** ⚙ mit Me'tallfolie belegen; **7.** △ mit Blätterwerk verzieren.

foil³ [fɔɪl] *s. fenc.* **1.** Flo'rett *n;* **2.** *pl.* Flo'rettfechten *n.*

foils·man ['fɔɪlzmən] *s.* [*irr.*] *fenc.* Flo'rettfechter *m.*

foist [fɔɪst] *v/t.* **1.** ~ *s.th. on s.o.* a) j-m et. ,andrehen', b) j-m et. aufhalsen; **2.** einschmuggeln.

fold¹ [fəʊld] I *v/t.* **1.** falten: ~ *cloth* (*one's hands*); *~ed mountains geol.* Faltengebirge *n;* ~ *one's arms* die Arme verschränken; **2.** *oft* ~ *up* zs.-falten, -legen, -klappen; **3.** *a.* ~ *down* a) 'umbiegen, kniffen, b) her'unterklappen: ~ *back Bettdecke etc.* zurückschlagen, *Stuhllehne etc.* zurückklappen; **4.** ⚙ falzen; **5.** einhüllen, um'schließen: ~ *in one's arms* in die Arme schließen; ~ *Küche: in Ei etc.* einrühren, 'unterziehen; **II** *v/i.* **7.** sich falten *od.* zs.-legen *od.* zs.-klappen (lassen); **8.** *mst* ~ *up* F a) zs.-brechen (*a. fig.*), b) ✝ ,zumachen' (müssen), ,eingehen' (*Firma etc.*): ~ *up with laughter* sich biegen vor Lachen; **III** *s.* **9.** Falte *f;* Windung *f;* 'Umschlag *m;* **10.** ⚙ Falz *m,* Kniff *m;* **11.** *typ.* Bogen *m;* **12.** *geol.* Bodenfalte *f.*

fold² [fəʊld] I *s.* **1.** (Schaf)Hürde *f,* Pferch *m;* **2.** Schafherde; **3.** *eccl.* a) (Schoß *m* der) Kirche, b) Herde *f,* Gemeinde *f;* **4.** *fig.* Schoß *m* der Fa'milie *od.* Par'tei: *return to the ~;* **II** *v/t.* **5.** *Schafe* einpferchen.

-fold [-fəʊld] *in Zssgn* ...fach, ...fältig.

'fold·a·way adj. zs.-klappbar, Klapp...: ~ **bed**; '~·**boat** s. Faltboot n.

fold·er ['fəʊldə] s. **1.** 'Faltpro,spekt m, -blatt n, Bro'schüre f, Heft n; **2.** Aktendeckel m, Mappe f, Schnellhefter m; **3.** ✿ 'Falzma,schine f, -bein n; **4.** Falzer m (Person).

fold·ing ['fəʊldɪŋ] adj. zs.-legbar, zs.-klappbar, aufklappbar, Falt..., Klapp...; ~ **bed** s. Klappbett n; ~ **bi·cy·cle** s. Klapp(fahr)rad n; ~ **boat** s. Faltboot n; ~ **cam·er·a** s. 'Klapp,kamera f; ~ **car·ton** s. Faltschachtel f; ~ **chair** s. Klappstuhl m; ~ **doors** s. pl. Flügeltür f; ~ **gate** s. zweiflügeliges Tor; ~ **hat** s. Klapphut m; ~ **lad·der** s. Klappleiter f; ~ **rule** s. zs.-legbarer Zollstock; ~ **screen** s. spanische Wand; ~ **ta·ble** s. Klapptisch m; ~ **top** s. mot. Rolldach n.

fo·li·a·ceous [,fəʊlɪ'eɪʃəs] adj. blattartig; blätt(e)rig, Blätter...; **fo·li·age** ['fəʊlɪɪdʒ] s. **1.** Laub(werk) n, Blätter pl.: ~ **plant** Blattpflanze f; **2.** △ Blattverzierung f; **fo·li·aged** ['fəʊlɪɪdʒd] adj. **1.** in Zssgn ...blätt(e)rig; **2.** △ mit Blätterwerk verziert.

fo·li·ate ['fəʊlɪeɪt] I v/t. **1.** △ mit Blätterwerk verzieren; ~d **capital** Blätterkapitell n; **2.** ✿ mit Folie belegen; II v/i. **3.** ♀ Blätter treiben; **4.** sich in Blätter spalten; III adj. [-ɪət] **5.** belaubt; **6.** blattartig; **fo·li·a·tion** [,fəʊlɪ'eɪʃn] s. **1.** ♀ Blattbildung f, -wuchs m, Belaubung f; **2.** △ (Verzierung f mit) Blätterwerk n; **3.** ✿ Foliierung f; Folie f; **4.** Paginierung f (Buch); **5.** geol. Schieferung f.

fo·li·o ['fəʊlɪəʊ] I pl. **-os** s. **1.** (Folio-) Blatt n; **2.** 'Folio(for,mat) n; **3.** a. ~ **volume** Foli'ant m; **4.** nur vorderseitig numeriertes Blatt; **5.** Seitenzahl f (Buch); **6.** ♀ Kontobuchseite; II v/t. **7.** Buch etc. paginieren.

folk [fəʊk] I pl. **folk, folks** s. **1.** pl. (die) Leute pl.: **poor** ~; ~s **say** die Leute sagen; **2.** pl. (nur ~s) F m-e etc. ,Leute' pl. (Familie); **3.** obs. Volk n, Nati'on f; **4.** F ,Folk' m (Volksmusik); II adj. **5.** Volks...: ~ **dance**.

folk·lore ['fəʊklɔ:] s. Folk'lore f: a) Volkskunde f, b) Volkstum n (Bräuche etc.); '**folk,lor·ism** [-,lɔ:rɪzəm] → **folklore** a; '**folk,lor·ist** [-,lɔ:rɪst] s. Folk'lorist m, Volkskundler m; ,**folk·lor'is·tic** [-lɔ:'rɪstɪk] adj. folklo'ristisch.

folk song s. **1.** Volkslied n; **2.** Folksong m (bsd. sozialkritisches Lied).

folk·sy ['fəʊksɪ] adj. **1.** F gesellig, 'umgänglich; **2.** volkstümlich, contp. a. volkstümelnd.

fol·li·cle ['fɒlɪkl] s. **1.** ♀ Fruchtbalg m; **2.** anat. a) Fol'likel n, Drüsenbalg m, b) Haarbalg m.

fol·low ['fɒləʊ] I s. **1.** Billard: Nachläufer m; II v/t. **2.** allg. folgen (dat.): a) (zeitlich u. räumlich) nachfolgen (dat.), sich anschließen (dat.): ~ **s.o. close** j-m auf dem Fuß folgen; a **dinner ~ed by a dance** ein Essen mit anschließendem Tanz, b) verfolgen (acc.), entlanggehen, -führen (acc.) (Straße), c) (zeitlich) folgen auf (acc.), nachfolgen (dat.): ~ **one's father as manager** s-m Vater als Direktor (nach)folgen, d) nachgehen (dat.), verfolgen (acc.), sich widmen (dat.), betreiben (acc.), Beruf ausüben: ~ **one's pleasure** s-m Ver-

gnügen nachgehen; ~ **the sea** (the law) Seemann (Jurist) sein, e) befolgen, beachten, die Mode mitmachen, sich richten nach (Sache): ~ **my advice**, f) j-m als Führer od. Vorbild folgen, sich bekennen zu, zustimmen (dat.): **I cannot ~ your view** Ihren Ansichten kann ich nicht zustimmen, g) folgen können (dat.), verstehen (acc.): **do you ~ me?** können Sie mir folgen?, h) (mit dem Auge od. geistig) verfolgen, beobachten (acc.): ~ **a tennis match**; ~ **events**; **3.** verfolgen (acc.), ✕ a. nachstoßen (dat.): ~ **the enemy**; III v/i. **4.** (räumlich od. zeitlich) (nach)folgen, sich anschließen: ~ (**up**)**on** folgen auf (acc.); **I** ~ed **after him** ich folgte ihm nach; **as** ~ wie folgt, folgendermaßen; **letter to** ~ Brief folgt; **5.** mst impers. folgen, sich ergeben (**from** aus): **it** ~**s from this** hieraus folgt; **it does not** ~ **that** dies besagt nicht, daß; **so what** ~**s?** und was folgt daraus?; **it doesn't** ~**!** das ist nicht unbedingt so!

Zssgn mit adv.:

fol·low| a·bout v/t. überall('hin) folgen (dat.); ~ **on** v/i. gleich weitermachen od. -gehen; ~ **out** v/t. Plan etc. 'durchziehen; ~ **through** I v/t. → **follow out**; II v/i. bsd. Golf: 'durchschwingen; ~ **up** I v/t. **1.** (eifrig od. 'energisch weiter-)verfolgen, e-r Sache nachgehen; auf e-n Brief, Schlag etc. e-n anderen folgen lassen, nachstoßen mit; **2.** fig. e-n Vorteil ausnutzen; II v/i. **3.** ✕ nachstoßen (a. fig. **with** mit); **4.** ♀ nachfassen.

fol·low·er ['fɒləʊə] s. **1.** obs. Verfolger (-in); **2.** a) Anhänger m (pol., sport etc.), Jünger m, Schüler m, b) pl. → **following** 1; **3.** hist. Gefolgsmann m; **4.** Begleiter m; **5.** pol. Mitläufer(in); '**fol·low·ing** [-əʊɪŋ] I s. **1.** a) Gefolge n, Anhang m, b) Gefolgschaft f, Anhänger pl.; **2.** **the** ~ a) das Folgende, b) die Folgenden pl.; II adj. **3.** folgend; III prp. **4.** im Anschluß an (acc.).

,**fol·low·-my·'lead·er** [-əʊmɪ-] s. Kinderspiel, bei dem jede Aktion des Anführers nachgemacht werden muß; ~**through** s. **1.** bsd. Golf: 'Durchschwung m; **2.** fig. 'Durchführung f; '~**up** I s. **1.** Weiterverfolgen n e-r Sache; **2.** Ausnutzung f e-s Vorteils; **3.** ✕ Nachstoßen n (a. fig.); **4.** bsd. ♀ Nachfassen n; **5.** Radio, TV etc.: Fortsetzung f (**to** gen.); **6.** ♫ Nachbehandlung f; II adj. **7.** weiter, Nach...: ~ **advertising** Nachfaßwerbung f; ~ **conference** Nachfolgekonferenz f; ~ **file** Wiedervorlagemappe f; ~ **letter** Nachfaßschreiben n; ~ **order** Anschlußauftrag m; ~ **question** Zusatzfrage f.

fol·ly ['fɒlɪ] s. **1.** Narr-, Torheit f, Narre-'tei f; **2.** **Follies** pl. (sg. konstr.) thea. Re'vue f.

fo·ment [fəʊ'ment] v/t. **1.** ♀ bähen, mit warmen 'Umschlägen behandeln; **2.** fig. anfachen, schüren, aufhetzen (zu); **fo·men·ta·tion** [,fəʊmen'teɪʃn] s. **1.** ♀ Bähung f; heißer 'Umschlag; **2.** fig. Aufhetzung f, -wiegelung f; **fo'ment·er** [-tə] s. Aufwiegler(in), Schürer(in).

fond [fɒnd] adj. □ → **fondly**, **1.** zärtlich, liebevoll; **2.** töricht, (allzu) kühn, über'trieben: ~ **hope**; **it went beyond my** ~**est dreams** es übertraf m-e kühnsten Träume; **3.** **be** ~ **of** j-n od. et. lie-

ben, mögen, gern haben: **be** ~ **of smoking** gern rauchen.

fon·dant ['fɒndənt] s. Fon'dant m.

fon·dle ['fɒndl] v/t. (liebevoll) streicheln, hätscheln; '**fond·ly** [-lɪ] adv. **1.** → **fond** 1; **2.** **I** ~ **hoped that ...** ich war so töricht zu hoffen, daß ...; '**fond·ness** [-dnɪs] s. **1.** Zärtlichkeit f; **2.** Liebe f, Zuneigung (**of** zu); **3.** Vorliebe (**for** für).

font [fɒnt] s. **1.** eccl. Taufstein m, -becken n: ~ **name** Taufname m; **2.** Ölbehälter m (Lampe); **3.** poet. Quelle f, Brunnen m.

fon·ta·nel(le) [,fɒntə'nel] s. anat. Fonta-'nelle f.

food [fu:d] s. **1.** Essen n, Kost f, Nahrung f, Verpflegung f: ~ **and drink** Essen u. Trinken; ~ **plant** Nahrungspflanze f; **2.** Nahrungs-, Lebensmittel pl.: ~ **analyst** Lebensmittelchemiker(in); ~ **poisoning** Lebensmittelvergiftung f; **3.** Futter n; **4.** fig. Nahrung f, Stoff m: ~ **for thought** Stoff zum Nachdenken; '~**stuff** → **food** 2.

fool¹ [fu:l] I s. **1.** Narr m, Närrin f, Dummkopf m, ,Idi'ot(in)': **he is no** ~ er ist nicht dumm; **he is nobody's** ~ er läßt sich nichts vormachen; **he is a** ~ **for** Fer ist ganz verrückt auf (acc.); **I am a** ~ **to him** ich bin ein Waisenknabe gegen ihn; **make a** ~ **of** → 4; **make a** ~ **of o.s.** sich lächerlich machen, sich blamieren; (Hof)Narr m, Hans'wurst m: **play the** ~ → 8; II adj. **3.** Am. F blöd, ,doof': **a** ~ **question**; III v/t. **4.** j-n zum Narren od. zum besten haben; **5.** betrügen (**out of** um), täuschen; verleiten (**into doing** zu tun); **6.** ~ **away** Zeit etc. vergeuden; IV v/i. **7.** Spaß machen, spaßen: **he was only** ~**ing** Am. er tat ja nur so (als ob); **8.** ~ **about**, ~ **around** her'umalbern, Unsinn od. Faxen machen; **9.** (her'um)spielen (**with** mit, an dat.).

fool² [fu:l] s. bsd. Brit. Süßspeise aus Obstpüree u. Sahne.

fool·er·y ['fu:lərɪ] s. → **folly** 1.

'**fool,har·di·ness** s. Tollkühnheit f; '~**har·dy** adj. tollkühn, verwegen.

fool·ing ['fu:lɪŋ] s. Dummheit(en pl.) f, Unfug m, Spiele'rei f; '**fool·ish** [-lɪʃ] adj. □ dumm, töricht: a) albern, läppisch, b) unklug; '**fool·ish·ness** [-lɪʃnɪs] s. Dumm-, Tor-, Albernheit f; '**fool·proof** adj. **1.** kinderleicht, idi'otensicher; **2.** ✿ betriebssicher; **3.** todsicher.

fools·cap ['fu:lskæp] s. Schreib- u. Druckpapierformat (34,2×43,1 cm).

fool's| er·rand [fu:lz] s. 'Metzgergang' m; ~ **par·a·dise** s. Wolken'kuckucksheim n: **live in a** ~ sich Illusionen hingeben.

foot [fʊt] I pl. **feet** [fi:t] s. **1.** Fuß m: **on** ~ a) zu Fuß, b) fig. im Gange; **on one's feet** auf den Beinen (a. fig.); **my** ~ (od. **feet)!** F von wegen!, Quatsch!; **it is wet under** ~ der Boden ist naß; **carry** (od. **sweep**) **s.o. off his feet** a) j-n begeistern, b) j-s Herz im Sturm erobern; **fall on one's feet** fig. immer auf die Füße fallen; **get on** (od. **to**) **one's feet** aufstehen; **find one's feet** a) gehen lernen od. können, b) sich ,finden', sich ,freischwimmen', c) wissen, was man tun soll od. kann, d) festen Boden unter den Füßen haben; *have one ~ in the grave* mit einem Fuß im Grabe stehen; *put one's ~ down* a) energisch werden, ein Machtwort sprechen, b) *mot.* Gas geben; *put one's ~ in it, Am. a. put one's ~ in one's mouth* F ins Fettnäpfchen treten, sich danebenbenehmen; *put one's best ~ forward* a) sein Bestes geben, sich mächtig anstrengen, b) sich von der besten Seite zeigen; *put s.o. (od. s.th.) on his (its) feet* fig. j-n (*od. et.*) wieder auf die Beine bringen; *put od. set a (od. one's) ~ wrong* et. Falsches tun *od.* sagen; *set on ~ et.* in Gang bringen *od.* in die Wege leiten; *set ~ on od. in* betreten; *tread under ~* mit Füßen treten (*mst fig.*); → *cold* 3; **2.** Fuß *m* (*0,3048 m*): *3 feet long* 3 Fuß lang; **3.** *fig.* Fuß *m* (*Berg, Glas, Säule, Seite, Strumpf, Treppe*): *at the ~ of the page* unten auf *od.* am Fuß der Seite; **4.** Fußende *n* (*Bett, Tisch etc.*); **5.** ✗ & *m*) *hist.* Fußvolk *n*: *500* ~ 500 Fußsoldaten, b) Infante'rie *f*: *the 4th* ~ Infanterieregiment Nr. 4; **6.** Versfuß *m*; **7.** Schritt *m*, Tritt *m*: *a heavy* ~; **8.** *pl.* ~s Bodensatz *m*; **II** *v/t.* **9.** ~ *it* F a) ,tippeln', zu Fuß gehen, b) tanzen; **10.** e-n Fuß anstricken an (*acc.*); **11.** bezahlen, begleichen; ~ *the bill*; **12.** *mst* ~ *up* zs.-zählen, addieren.

foot·age ['fʊtɪdʒ] *s.* **1.** Gesamtlänge *f*, -maß *n* (*in Fuß*); **2.** Filmmeter *pl.*

'foot-and-'mouth dis·ease *s. vet.* Maul- u. Klauenseuche *f*; **'~ball** *s. sport* a) Fußball(spiel *n*) *m*: b) *Am.* Football(spiel *n*) *m*: ~ *match* (*team*) Fußballspiel *n* (-mannschaft *f*); **~ pools** *pl.* Fußballtoto *n*; **'~ball·er** *s.* Fußballspieler *m*, Fußballer *m*; **'~bath** *s.* Fußbad *n*; **'~boy** *s.* **1.** Laufbursche *m*; **2.** Page *m*; ~ **brake** *s.* Fußbremse *f*; **'~bridge** *s.* Fußgängerbrücke *f*, (Lauf-)Steg *m*; ~ **can·dle** *s. phys.* Foot-candle *f* (*Lichteinheit*); ~ **con·trol** *s.* ⚙ Fußsteuerung *f*, -schaltung *f*; ~ **drop** *s.* ⚕ Spitzfuß *m*.

foot·ed ['fʊtɪd] *adj. mst in Zssgn* mit ... Füßen, ...füßig; **'foot·er** [-tə] *s.* **1.** *in Zssgn* ... Fuß groß *od.* lang: *a six-~* ein sechs Fuß großer Mensch; **2.** *Brit. sl.* Fußball(spiel *n*) *m*.

'foot·fall *s.* Schritt *m*, Tritt *m* (*Geräusch*); **~ fault** *s. Tennis:* Fußfehler *m*; **'~gear** *s.* Schuhwerk *n*; ~ **guard** *s.* Fußschutz *m*; **'~hill** *s.* **1.** Vorberg *m*; **2.** *pl.* Ausläufer *pl.* e-s Gebirges; **'~hold** *s.* Stand *m*, Raum *m* zum Stehen; *fig.* Halt *m*, Stütze *f*; ('Ausgangs)Basis *f*, (-)Positi₁on *f*: *gain a ~* (festen) Fuß fassen.

foot·ing ['fʊtɪŋ] *s.* **1.** → *foothold: lose (od. miss) one's ~* ausgleiten, den Halt verlieren; **2.** Aufsetzen *n* der Füße.

foo·tle ['fu:tl] F **I** *v/i.* **1.** *oft* ~ *around* her'umtrödeln; **2.** a) her'umalbern, b) ,Stuß' reden; **II** *v/t.* **3.** ~ *away* Zeit, *Geld etc.* vergeuden, *Chance* vertun; **III** *s.* **4.** ,Stuß' *m*.

'foot·lights *s. pl. thea.* **1.** Rampenlicht (-er *pl.*) *n*; **2.** Bühne *f* (*a. Schauspielerberuf*).

foo·tling ['fu:tlɪŋ] *adj. sl.* albern, läppisch.

'foot·loose *adj.* (völlig) ungebunden *od.* frei; **'~man** [-mən] *s.* [*irr.*] La'kai

m, Diener *m*; **'~mark** *s.* Fußspur *f*; **'~note** *s.* Fußnote *f*; ₁~'op·er·at·ed *adj.* mit Fußantrieb, Tret..., Fuß...; **'~pad** *s. obs.* Straßenräuber *m*; ~ **pas·sen·ger** *s.* Fußgänger(in); **'~path** *s.* **1.** (Fuß)Pfad *m*; **2.** Bürgersteig *m*; ~ **pound** *s.* Foot-pound *n* (*Arbeitsu. Energie-Einheit*); **'~,pound·al** [-₁paʊndl] *n* Foot-poundal *n* (*¹/₃₂ Foot-pound*); **'~print** *s.* Fußabdruck *m*, -spur *f*; **'~race** *s.* Wettlauf *m*; **'~rest** *s.* Fußstütze *f*, -raste *f*; ~ **rule** *s.* Zollstock *m*; **'~sore** *adj.* fußkrank; **~ switch** *s.* ⚙ Fußschalter *m*; **'~way** *s.* Fußweg *m*; **'~wear** → *footgear*; **'~work** *s. sport* Beinarbeit *f*.

foo·zle ['fu:zl] *sl.* **I** *v/t.* ‚verpatzen'; **II** *v/i.* ‚patzen', ‚Mist bauen'; **III** *s.* Murks *m*; ‚Patzer' *m*.

fop [fɒp] *s.* Stutzer *m*, Geck *m*, ‚Fatzke' *m*; **'fop·per·y** [-pərɪ] *s.* Affigkeit *f*; **'fop·pish** [-pɪʃ] *adj.* □ geckenhaft, affig.

for [fɔ:; fə] **I** *prp.* **1.** *allg.* für: *a gift ~ him*; *it is good ~ you*; *I am ~ the plan*; *an eye ~ beauty* Sinn für das Schöne; *it was very awkward ~ her* es war sehr peinlich für sie, es war ihr sehr unangenehm; *he spoilt their weekend ~ them* er verdarb ihnen das ganze Wochenende; *~ and against* für u. wider; **2.** für, (mit der Absicht) zu, um (...willen): *apply ~ the post* sich um die Stellung bewerben; *die ~ a cause* für e-e Sache sterben; *go ~ a walk* spazierengehen; *come ~ dinner* zum Essen kommen; *what ~?* wozu?, wofür?; **3.** (*Wunsch, Ziel*) nach, auf (*acc.*): *a claim ~ s.th.* ein Anspruch auf e-e Sache; *the desire ~ s.th.* der Wunsch *od.* das Verlangen nach et.; *call ~ s.o.* nach j-m rufen; *wait ~ s.th.* auf etwas warten; *oh, ~ a car!* ach, hätte ich doch e-n Wagen!; **4.** a) (*passend od. geeignet*) für, b) (*bestimmt*) für *od.* zu: *tools ~ cutting* Werkzeuge zum Schneiden, Schneidewerkzeuge; *the right man ~ the job* der richtige Mann für diesen Posten; **5.** (*Mittel*) gegen: *a remedy ~ influenza*; *treat s.o. ~ cancer* j-n gegen *od.* auf Krebs behandeln; *there is nothing ~ it but to give in* es bleibt nichts (anderes) übrig, als nachzugeben; **6.** (*als Belohnung*) für: *a medal ~ bravery*; **7.** (*als Entgelt*) für, gegen, um: *I sold it ~ £10* ich verkaufte es für 10 Pfund; **8.** (*im Tausch*) für: *I exchanged the knife ~ a pencil*; **9.** (*Betrag, Menge*) über (*acc.*): *a postal order ~ £20*; **10.** (*Grund*) aus, vor (*dat.*), wegen (*gen. od. dat.*): ~ *this reason* aus diesem Grund; ~ *fun* aus *od.* zum Spaß; *die ~ grief* aus *od.* vor Gram sterben; *weep ~ joy* vor Freude weinen; *I can't see ~ the fog* ich kann nichts sehen wegen des Nebels *od.* vor lauter Nebel; **11.** (*als Strafe etc.*) für, wegen: *punished ~ theft* (*od.* Diebstahl, wegen: *were it not ~ his energy* wenn er nicht so energisch wäre, dank s-r Energie; **13.** für, in Anbetracht (*gen.*), im Verhältnis zu: *he is tall ~ his age* er ist groß für sein Alter; *it is rather cold*

~ *July* es ist ziemlich kalt für Juli; ~ *a foreigner he speaks rather well* für e-n Ausländer spricht er recht gut; **14.** (*zeitlich*) für, während (*gen.*), (*acc.*), für die Dauer von, seit: ~ *a week* e-e Woche (lang); *come ~ a week* komme auf *od.* für e-e Woche; ~ *hours* stundenlang; ~ *some time past* seit längerer Zeit; *the first picture ~ two months* der erste Film in *od.* seit zwei Monaten; **15.** (*Strecke*) weit, lang: *run ~ a mile* e-e Meile (weit) laufen; **16.** nach, auf (*acc.*), in Richtung auf (*acc.*): *the train ~ London* der Zug nach London; *the passengers ~ Rome* die nach Rom reisenden Passagiere; *start ~ Paris* nach Paris abreisen; *now ~ it!* *Brit.* F jetzt (nichts wie) los *od.* drauf!, ran!; **17.** für, an Stelle von (*od. gen.*), (an)'statt: *he appeared ~ his brother*; **18.** für, in Vertretung *od.* im Auftrage *od.* im Namen von (*od. gen.*): *act ~ s.o.*; **19.** für, als: *example* als *od.* zum Beispiel; *books ~ presents* Bücher als Geschenk; *take that ~ an answer* nimm das als Antwort; **20.** trotz (*gen. od. dat.*): ~ *that* trotz alledem; ~ *all his wealth* trotz s-s ganzen Reichtums, bei allem Reichtum; ~ *all you may say* sage, was du willst; **21.** was ... betrifft: *as ~ me* was mich betrifft *od.* an(be)langt; *as ~ that matter* was das betrifft; ~ *all I know* soviel ich weiß; **22.** nach *od.* vor *inf.*: *it is too heavy ~ me to lift* es ist so schwer, daß ich es nicht heben kann; es ist zu schwer für mich; *he ran too fast ~ me to catch him* er rannte zu schnell, als daß ich ihn hätte einholen können; *it is impossible ~ me to come* es ist mir unmöglich zu kommen, ich kann unmöglich kommen; *it seemed useless ~ him to continue* es erschien sinnlos, daß er noch weitermachen sollte; **23.** *mit s. od. pron. u. inf.*: *it is time ~ you to go home* es ist Zeit, daß du heimgehst; *it is ~ you to decide* die Entscheidung liegt bei Ihnen; *he called ~ the girl to bring him tea* er rief nach dem Mädchen, damit es ihm Tee bringe; *don't wait ~ him to turn up yet* wartet nicht darauf, daß er noch wartet, bis der Regen aufhört!; *there is no need ~ anyone to know* es braucht niemand zu wissen; *I should be sorry ~ you to think that* es täte mir leid, wenn du das dächtest; *he brought some papers ~ me to sign* er brachte mir einige Papiere zur Unterschrift; **24.** (*ethischer Dativ*): *that's a wine ~ you* das ist vielleicht ein Weinchen, das nenne ich e-n Wein; *that's gratitude ~ you!* a) das ist (wahre) Dankbarkeit!, b) *iro.* von wegen Dankbarkeit!; **25.** *Am.* nach: *he was named ~ his father*; *cj.* **26.** a) denn, weil, b) nämlich; **III** *s.* **27.** Für *n*.

for·age ['fɒrɪdʒ] **I** *s.* **1.** (Vieh)Futter *n*; **2.** Nahrungssuche *f*; **3.** ✗ 'Überfall *m*; **II** *v/i.* **4.** (nach) Nahrung *od.* Futter suchen; **5.** *fig.* her'umstöbern, -kramen (*for* nach); **6.** ✗ e-n 'Überfall machen; **III** *v/t.* **7.** mit Nahrung *od.* Futter versorgen; **8.** *obs.* (aus)plündern; ~ **cap** *s.* ✗ Feldmütze *f*.

for·ay ['fɒreɪ] **I** *s.* **1.** a) Beute-, Raubzug

m, b) ✕ Ein-, 'Überfall *m*; **2.** *fig.* ‚Ausflug' *m* (*into* in *acc.*); **II** *v/i.* **3.** plündern; **4.** einfallen (*into* in *acc.*).

for·bade [fə'bæd], *a.* **for'bad** [-'bæd] *pret. von* **forbid**.

for·bear¹ ['fɔːbeə] *s.* Vorfahr *m*.

for·bear² [fɔː'beə] **I** *v/t.* [*irr.*] **1.** unter-'lassen, Abstand nehmen von, sich enthalten (*gen.*): *I cannot ~ laughing* ich muß (einfach) lachen; **II** *v/i.* [*irr.*] **2.** Abstand nehmen (*from* von); es unterlassen; **3.** nachsichtig sein (*with* mit); **for'bear·ance** [-eərəns] *s.* **1.** Unter-'lassung *f*; **2.** Geduld *f*, Nachsicht *f*; **for'bear·ing** [-eərɪŋ] *adj.* □ nachsichtig, geduldig.

for·bid [fə'bɪd] **I** *v/t.* [*irr.*] **1.** verbieten, unter'sagen (*j-m et. od. zu tun*); **2.** unmöglich machen, ausschließen; **II** *v/i.* **3.** *God ~!* Gott behüte!; **for'bid·den** [-dn] *p.p. von* **forbid** *u. adj.* verboten: *~ fruit fig.* verbotene Frucht; *2 City hist. die Verbotene Stadt (in Peking)*; **for'bid·ding** [-dɪŋ] *adj.* □ **1.** abschreckend, abstoßend, scheußlich; **2.** bedrohlich, gefährlich; **3.** ‚unmöglich', unerträglich.

for·bore [fɔː'bɔː] *pret. von* **forbear²**; **for'borne** [-ɔːn] *p.p. von* **forbear²**.

force [fɔːs] **I** *s.* **1.** (*a. fig. geistige, politische etc.*) Kraft (*a. phys.*), Stärke *f* (*a. Charakter*), Wucht *f*: *join ~s* a) sich zs.-tun, b) ✕ s-e Streitkräfte vereinigen; **2.** Gewalt *f*, Macht *f*: *by ~* a) gewaltsam, b) zwangsweise; *by ~ of arms* mit Waffengewalt; **3.** Zwang *m* (*a. ✝*), Druck *m*: *~ of circumstances* Zwang der Verhältnisse; **4.** Einfluß *m*, Wirkung *f*, Wert *m*; Nachdruck *m*, Über-'zeugungskraft *f*: *by ~ of* vermittels; *~ of habit* Macht *f* der Gewohnheit; *lend ~ to* Nachdruck verleihen (*dat.*); **5.** ✝ (Rechts)Gültigkeit *f*, (-)Kraft *f*: *in ~* in Kraft, geltend; *come* (*put*) *into ~* in Kraft treten (setzen); **6.** *ling.* Bedeutung *f*, Gehalt *m*; **7.** ✕ Streit-, Kriegsmacht *f*, Truppe(n *pl.*) *f*, Verband *m*: *the* (*armed*) *~s* die Streitkräfte; *labo(u)r* ~ Arbeitskräfte *pl.*, Belegschaft *f*; *a strong ~ of police* ein starkes Polizeiaufgebot; **8.** *the 2 Brit.* die Poli'zei; **9.** F Menge *f*: *in ~* in großer Zahl *od.* Menge; *the police came out in ~* die Polizei rückte in voller Stärke aus; **II** *v/t.* **10.** zwingen, nötigen: *~ s.o.'s hand* j-n (zum Handeln) zwingen; *one's way* sich durchzwängen; *~ s.th. from s.o.* j-m et. entreißen; **11.** erzwingen, forcieren, 'durchsetzen: *~ a smile* gezwungen lächeln; **12.** treiben, drängen; *Preise* hochtreiben: *~ s.th. on s.o.* j-m et. aufdrängen *od.* -zwingen; **13.** ✓ treiben, hochzüchten; **14.** forcieren, beschleunigen: *~ the pace*; **15.** *j-m, a. e-r Frau, a. fig. dem Sinn etc.* Gewalt antun; *Ausdruck* zu Tode hetzen; **16.** *Tür etc.* aufbrechen, (-)sprengen; **17.** ✕ erstürmen; über'wältigen; **18.** *~ down* a) ✓ zur Landung zwingen, b) *Essen* hin'unterwürgen.

forced [fɔːst] *adj.* □ **1.** erzwungen, forciert, Zwangs...: *~ lubrication* → *force feed*; *~ labo(u)r* ✝ Zwangsarbeit *f*; *~ landing* ✓ Notlandung *f*; *~ loan* ✝ Zwangsanleihe *f*; *~ march* ✕ Eil-, Gewaltmarsch *m*; *~ sale* ✝ Zwangsverkauf *m*, -versteigerung *f*; **2.** forciert, gekünstelt, gezwungen (*Lächeln etc.*);

---

manieriert (*Stil etc.*); **'forc·ed·ly** [-sɪdlɪ] *adv.* → *forced*.

force|feed *s.* ⊙ Druckschmierung *f*; **'~feed** *v/t.* [*irr.* → *feed*] *j-n* zwangsernähren; *~ field s. phys.* Kräftefeld *n*.

force·ful ['fɔːsfʊl] *adj.* □ **1.** kräftig, wuchtig (*a. fig.*); **2.** eindringlich, -drucksvoll; zwingend, über'zeugend (*Argumente etc.*); **'force·ful·ness** [-nɪs] *s.* Eindringlichkeit *f*, Wucht *f*.

'force-land I *v/t.* ✓ zur Notlandung zwingen; **II** *v/i.* notlanden.

force ma·jeure [ˌfɔːsmæˈʒɜː] (*Fr.*) *s.* ✝ höhere Gewalt.

'force-meat *s. Küche:* Farce *f*, (Fleisch-) Füllung *f*.

for·ceps ['fɔːseps] *s. sg. u. pl.* ✻ a) Zange *f*, b) Pin'zette *f*: *~ delivery* ✻ Zangengeburt *f*.

force pump *s.* ⊙ Druckpumpe *f*.

for·ci·ble ['fɔːsəbl] *adj.* □ **1.** gewaltsam: *~ feeding* Zwangsernährung *f*; **2.** → *forceful.*

forc·ing| bed ['fɔːsɪŋ], *~ frame s.* ✓ Früh-, Mistbeet *n*; *~ house s.* Treibhaus *n*.

ford [fɔːd] **I** *s.* Furt *f*; **II** *v/i.* 'durchwaten; **III** *v/t.* durch'waten; **'ford·a·ble** [-dəbl] *adj.* seicht.

fore [fɔː] **I** *adj.* vorder, Vorder..., Vor...; früher; **II** *s.* Vorderteil *m*, *n*, -seite *f*, Front *f*: *to the ~* a) bei der *od.* zur Hand, zur Stelle, b) am Leben, c) im Vordergrund: *come to the ~* a) hervortreten, in den Vordergrund treten, b) sich hervortun; **III** *int.* Golf: Achtung!

,fore-and-'aft [-ɔːrə-] *adj.* ⚓ längsschiffs: *~ sail* Stagsegel *n*.

fore·arm¹ ['fɔːrɑːm] *s.* 'Unterarm *m*.

fore·arm² [fɔːr'ɑːm] *v/t.*: *~ o.s.* sich wappnen; → *forewarn.*

'fore|·bear → forbear¹; **,~bode** [-'bəʊd] *v/t.* **1.** vor'hersagen, prophe'zeien; **2.** ahnen lassen, deuten auf (*acc.*); **3.** ein böses Omen sein für; **4.** *Schlimmes* ahnen, vor'aussehen; **,~bod·ing** [-'bəʊdɪŋ] *s.* **1.** (böses) Vorzeichen *od.* Omen; **2.** (böse) Ahnung; **3.** Prophe'zeiung *f*; **'~cast I** *v/t.* [*irr.* → *cast*] **1.** vor'aussagen, vor'hersehen; **2.** vor'ausberechnen, im vor'aus schätzen *od.* planen; **3.** *Wetter etc.* vor'hersagen; **II** *s.* **4.** Vor'her-, Vor'aussage *f*: *weather ~* Wetterbericht *m*, -vorhersage; **~castle** ['fəʊksl] *s.* ⚓ Back *f*, Vorderdeck *n*; **'~check·ing** *s. sport* Forechecking *n*, frühes Stören; **'~close** *v/t.* **1.** ✝ ausschließen (*of* von e-m Rechtsanspruch); **2.** *~ a mortgage* a) e-e Hypothekenforderung geltend machen, b) e-e Hypothek (gerichtlich) für verfallen erklären, c) *Am.* aus e-r Hypothek die Zwangsvollstreckung betreiben; für verfallen erklären; **3.** (ver)hindern; **4.** *Frage etc.* vor'wegnehmen; **'~clo·sure** *s.* ✝ a) (gerichtliche) Verfallserklärung (*e-r Hypothek*), b) *Am.* Zwangsvollstreckung *f*: *~ action* Ausschlußklage *f*; *~ sale Am.* Zwangsversteigerung *f*; **'~deck** *s.* ⚓ Vorderdeck *f*; **'~doom** *v/t.*: *~ed* (*to failure*) *fig.* von vornherein zum Scheitern verurteilt, totgeboren; **'~fa·ther** *s.* Ahn *m*, Vorfahr *m*; **'~fin·ger** *s.* Zeigefinger *m*; **'~foot** *s.* [*irr.*] **1.** *zo.* Vorderfuß *m*; **2.** ⚓ Stevenanlauf *m*; **'~front** *s.* vorderste Reihe

---

(*a. fig.*): *in the ~ of the battle* ✕ in vorderster Linie; *be in the ~ of s.o.'s mind* j-n (geistig) sehr beschäftigen; **,~'gath·er → forgather**; **,~'go** *v/t. u. v/i.* [*irr.* → *go*] **1.** vor'angehen (*dat.*), zeitlich *a.* vor'hergehen (*dat.*): *~ing* vor'hergehend, vorerwähnt, vorig; **2.** → *forgo*; **'~gone** *adj.*: *~ conclusion* ausgemachte Sache, Selbstverständlichkeit *f*; *his success was a ~ conclusion* sein Erfolg stand von vornherein fest *od.* war ‚vorprogrammiert'; **'~ground** *s.* Vordergrund *m* (*a. fig.*); **'~hand I** *s.* **1.** Vorderhand *f* (*Pferd*); **2.** *sport* Vorhand(schlag *m*) *f*; **II** *adj.* **3.** *sport* Vorhand...

fore·head ['fɒrɪd] *s.* Stirn *f*.

'fore·hold *s.* ⚓ vorderer Laderaum.

for·eign ['fɒrən] *adj.* **1.** fremd, ausländisch, auswärtig, Auslands..., Außen...: *~ affairs pol.* auswärtige Angelegenheiten; *~ aid* Auslandshilfe *f*; *~ born* im Ausland geboren; *~ bill (of exchange)* ✝ Auslandswechsel *m*; *~ control* Überfremdung *f*; *~ country*, *~ countries* Ausland *n*; *~ currency* a) ausländische Währung, b) ✝ Devisen *pl.*; *~ department* Auslandsabteilung *f*; *~ language* Fremdsprache *f*; *~-language* a) fremdsprachig, b) fremdsprachlich, Fremdsprachen...; *2 Legion* ✕ Fremdenlegion *f*; *~ minister pol.* Außenminister *m*; *2 Office Brit.* Außenministerium *n*; *~-owned* in ausländischem Besitz (befindlich); *~ policy* Außenpolitik *f*; *2 Secretary Brit.* Außenminister *m*; *~ trade* ✝ Außenhandel *m*; *~ word* a) Fremdwort *n*, b) Lehnwort *n*; *~ worker* Gastarbeiter(in); **2.** fremd (*to dat.*): *~ body* (*od. matter*) Fremdkörper *m*; *that is ~ to his nature* das ist ihm wesensfremd; **3.** *~ to* nicht gehörig *od.* passend zu.

for·eign·er ['fɒrənə] *s.* **1.** Ausländer (-in); **2.** *et.* Ausländisches (*z. B. Schiff*, *Produkt etc.*).

fore|'judge *v/t.* im vor'aus *od.* voreilig entscheiden *od.* beurteilen; **,~'know** *v/t.* [*irr.* → *know*] vor'herwissen, vor'aussehen; **,~'knowl·edge** *s.* Vor'herwissen *n*, vor'herige Kenntnis; **'~la·dy** *Am.* → *forewoman*; **'~land** [-lənd] *s.* Vorland *n*, Vorgebirge *n*, Landspitze *f*; **'~leg** *s.* Vorderbein *n*; **'~lock** *s.* Stirnlocke *f*, -haar *n*: *take time by the ~* die Gelegenheit beim Schopfe fassen; **'~man** [-mən] *s.* [*irr.*] **1.** Werkmeister *m*, Vorarbeiter *m*, △ Po'lier *m*; Aufseher *m*; **2.** ✝ Obmann *m* der Geschworenen; **'~mast** [-mɑːst; ⚓ -məst] *s.* ⚓ Fockmast *m*; **'~most I** *adj.* vorderst; erst, best, vornehmst; **II** *adv.* zu'erst: *first and ~* zuallererst; *feet ~* mit den Füßen voran; **'~name** *s.* Vorname *m*; **'~noon** *s.* Vormittag *m*.

fo·ren·sic [fə'rensɪk] *adj.* (□ *~ally*) fo'rensisch, Gerichts...: *~ medicine.*

,fore·or'dain [-ɔːrə-] *v/t.* vor'herbestimmen; **,~·or·di'na·tion** [-ɔːrɔː-] *s. eccl.* Vor'herbestimmung *f*; **'~part** *s.* **1.** Vorderteil *m*; **2.** Anfang *m*; **'~play** *s.* (*sexuelles*) Vorspiel; **'~run·ner** *s. fig.* **1.** Vorläufer *m*; **2.** Vorbote *m*, Anzeichen *n*; **'~sail** [-seɪl; ⚓ -sl] *s.* ⚓ Focksegel *n*; **,~'see** *v/t.* [*irr.* → *see¹*] vor'aussehen *od.* -wissen; **,~'see·a·ble** [-'siːəbl] *adj.* vor'auszusehen(d), absehbar: *in* the ~ future in absehbarer Zeit; ~'shad·ow v/t. ahnen lassen, (drohend) ankündigen; '~·sheet s. ♣ 1. Fockschot f; 2. pl. Vorderboot n; '~·shore s. Uferland n, (Küsten)Vorland n; ~'short·en v/t. Figuren in Verkürzung od. perspek'tivisch zeichnen; '~·sight s. 1. a) Weitblick m, b) (weise) Vor'aussicht; → hindsight 2; 2. Blick m in die Zukunft; 3. ✕ (Vi'sier)Korn n; '~·skin s. anat. Vorhaut f.

for·est ['fɒrɪst] I s. Wald m (a. fig. von Masten etc.), Forst m: ~ fire Waldbrand m; II v/t. aufforsten.

fore|'stall v/t. 1. j-m zu'vorkommen; 2. e-r Sache vorbeugen, et. vereiteln; 3. Einwand etc. vor'wegnehmen; 4. ✝ (spekula'tiv) aufkaufen; '~·stay s. ♣ Fockstag n.

for·est·ed ['fɒrɪstɪd] adj. bewaldet; 'for·est·er [-tə] s. 1. Förster m; 2. Waldbewohner m (a. Tier); 'for·est·ry [-trɪ] s. 1. Forstwirtschaft f, -wesen f; 2. Wälder pl.

'fore|·taste s. Vorgeschmack m; ~'tell v/t. [irr. → tell] 1. vor'her-, vor'aussagen; 2. andeuten, ahnen lassen; '~·thought → foresight 1; '~·top [-tɒp; ♣ -təp] s. ♣ Fock-, Vormars m; ~·top'gal·lant s. ♣ Vorbramsegel n: ~ mast Vorbramstenge f; '~·top·mast [-mɑːst; ♣ -məst] s. ♣ Fock-, Vormarsstenge f; '~·top·sail [-seɪl; ♣ -sl] s. ♣ Vormarssegel n.

for·ev·er, for·ev·er [fə'revə] adv. 1. a. ~ and ever für od. auf immer, für alle Zeit; 2. andauernd, ständig, unaufhörlich; 3. F ,ewig' (lang): for ev·er more, for'ev·er·more adv. für immer u. ewig.

fore|'warn v/t. vorher warnen (of vor dat.): ~ed is forearmed gewarnt sein heißt gewappnet sein; '~·wom·an s. [irr.] 1. Vorarbeiterin f, Aufseherin f; 2. ⚖ Obmännin f der Geschworenen; '~·word s. Vorwort n; '~·yard s. ♣ Fockrahe f.

for·feit ['fɔːfɪt] I s. 1. (Geld-, a. Vertrags)Strafe f, Buße f: pay the ~ of one's life mit s-m Leben bezahlen; 2. Verlust m, Einbuße f; 3. verwirktes Pfand: pay a ~ ein Pfand geben; 4. pl. Pfänderspiel n; II v/t. 5. verwirken, verlieren, einbüßen, verscherzen; III adj. 6. verwirkt, verfallen; 'for·fei·ture [-tʃə] s. Verlust m, Verwirkung f, Verfallen n, Einziehung f, Entzug m.

for·fend [fɔː'fend] v/t. 1. obs. verhüten: God ~! Gott behüte!; 2. Am. schützen, sichern (from vor dat.).

for·gath·er [fɔː'gæðə] v/i. zs.-kommen, sich treffen; verkehren (with mit).

for·gave [fə'geɪv] pret. von forgive.

forge[1] [fɔːdʒ] v/i.: ~ ahead a) sich (mühsam) vor'ankämpfen, sich Bahn brechen, b) fig. (allmählich) Fortschritte machen, c) (sich) nach vorn drängen, a. sport sich an die Spitze setzen.

forge[2] [fɔːdʒ] I s. 1. Schmiede f (a. fig.); 2. ☼ a) Schmiedefeuer n, -esse f, b) Glühofen m, c) Hammerwerk n: ~ lathe Schmiededrehbank f; II v/t. 3. schmieden (a. fig.); 4. fig. ausersinnen, schaffen, b) erfinden, sich ausdenken; 5. fälschen: ~ a document; 'forge·a·ble [-dʒəbl] adj. schmiedbar; 'forg·er [-dʒə] s. 1. Schmied m; 2. Erfinder m, Erschaffer m; 3. Fälscher m: ~ (of

coin) Falschmünzer m; 'for·ger·y [-dʒərɪ] s. 1. Fälschen n: ~ of a document ⚖ Urkundenfälschung f; 2. Fälschung f, Falsifi'kat n.

for·get [fə'get] I v/t. [irr.] 1. vergessen, nicht denken an (acc.), nicht bedenken, sich nicht erinnern an (acc.): I ~ his name sein Name ist mir entfallen; 2. vergessen, verlernen: I have forgotten my French; 3. vergessen, unter'lassen: ~ it! F a) vergiß es!, schon gut!, b) iro. das kannst du vergessen!; don't you ~ it merk dir das!; 4. ~ o.s. a) (nur) an andere denken, b) sich vergessen, ,aus der Rolle fallen'; II v/i. [irr.] 5. vergessen: ~ about it! denk nicht mehr daran!; I ~! das ist mir entfallen!; for'get·ful [-fʊl] adj. □ 1. vergeßlich; 2. achtlos, nachlässig (of gegenüber): ~ of one's duties pflichtvergessen; for'get·ful·ness [-fʊlnɪs] s. 1. Vergeßlichkeit f; 2. Achtlosigkeit f.

for'get-me-not s. ♣ Ver'gißmeinnicht n.

for·giv·a·ble [fə'gɪvəbl] adj. verzeihlich, entschuldbar; for·give [fə'gɪv] v/t. [irr.] 1. verzeihen, vergeben; 2. j-m e-e Schuld etc. erlassen; for'giv·en [-vn] p.p. von forgive; for'give·ness [-vnɪs] s. 1. Verzeihung f, -gebung f; 2. Versöhnlichkeit f; for'giv·ing [-vɪŋ] adj. □ 1. versöhnlich, nachsichtig; 2. verzeihend.

for·go [fɔː'gəʊ] v/t. [irr. → go] verzichten auf (acc.).

for·got [fə'gɒt] pret. [u. p.p. obs.] von forget; for'got·ten [-tn] p.p. von forget.

fork [fɔːk] I s. 1. (Eß-, Heu-, Mist- etc.) Gabel f (a. ☼); 2. ♪ (Stimm)Gabel f; 3. Gabelung f, Abzweigung f; 4. Am. a) Zs.-fluß m, b) oft pl. Gebiet n an e-r Flußgabelung; II v/t. 5. gabelförmig machen, gabeln; 6. mit e-r Gabel aufladen od. 'umgraben od. wenden; 7. Schach: zwei Figuren gleichzeitig angreifen; III v/i. 8. sich gabeln od. spalten; ~ out, ~ over, ~ up v/t. u. v/i. ,blechen' (zahlen); forked [-kt] adj. gabelförmig, gegabelt, gespalten; zickzackförmig (Blitz); 'fork-lift (truck) s. ☼ Gabelstapler m.

for·lorn [fə'lɔːn] adj. 1. verlassen, einsam; 2. verzweifelt, hilflos; unglücklich, elend; ~ hope s. 1. aussichtsloses Unter'nehmen; 3. ✕ a) letzte (verzweifelte) Hoffnung; 3. ✕ a) verlorener Haufen od. Posten, b) 'Himmelfahrtskom·mando n.

form [fɔːm] I s. 1. Form f, Gestalt f, Fi'gur f; 2. ☼ Form f, Fas'son f, Mo'dell n, Scha'blone f; △ Schalung f; 3. Form f, Art f, Me'thode f, (An)Ordnung f, Schema n: in due ~ vorschriftsmäßig; 4. Form f, Fassung f (Wort, Text, a. ling.), Formel f (Gebet etc.); 5. phls. Wesen n, Na'tur f; 6. 'Umgangsform f, Ma'nieren pl., Benehmen n: good (bad) ~ guter (schlechter) Ton; it is good (bad) ~ es gehört od. schickt sich (nicht); 7. Formblatt n, Formu'lar n: printed ~ Vordruck m; ~ letter Schemabrief m; 8. Formali'tät f, Äußerlichkeit f: matter of ~ Formsache f; mere ~ bloße Förmlichkeit; 9. Form f, (körperliche od. geistige) Verfassung: in (od. on) ~ (gut) in Form; off (od. out

of) ~ nicht in Form; 10. Brit. a) (Schul-) Bank f, b) (Schul)Klasse f: ~ master (mistress) Klassenlehrer(in); 11. typ. → forme; II v/t. 12. formen, bilden (a. ling.); schaffen, gestalten (into zu, after nach); Regierung bilden, Gesellschaft etc. gründen; 13. den Charakter etc. formen, bilden; 14. a) e-n Teil etc. bilden, ausmachen, b) dienen als; 15. anordnen, zs.-stellen; 16. ✕ formieren, aufstellen; 17. e-n Plan fassen, entwerfen; 18. sich e-e Meinung bilden; 19. e-e Freundschaft etc. schließen; 20. e-e Gewohnheit annehmen; 21. ☼ formen; III v/i. 22. sich formen od. bilden od. gestalten, Form annehmen, entstehen; 23. a. ~ up ✕ sich formieren od. aufstellen, antreten.

-form [-fɔːm] in Zssgn ...förmig.

for·mal ['fɔːml] I adj. □ → formally; 1. förmlich, for'mell: a) offizi'ell: ~ call Höflichkeitsbesuch m, b) feierlich: ~ event → 5; ~ dress → 6, c) steif, 'unper·sönlich, d) (peinlich) genau, pe'dantisch (die Form wahrend), e) formgerecht, vorschriftsmäßig: ~ contract förmlicher Vertrag; 2. for'mal, for'mell: a) rein äußerlich, b) rein gewohnheitsmäßig, c) scheinbar, Schein...; 3. for'mal: a) herkömmlich, konventio'nell: ~ style, b) schulmäßig, streng me'thodisch, c) Form...: ~ defect ⚖ Formfehler m; 4. regelmäßig: ~ garden architektonischer Garten; II s. Am. 5. Veranstaltung, für die Gesellschaftskleidung vorgeschrieben ist; 6. Gesellschafts-, Abendanzug m od. -kleid n.

form·al·de·hyde [fɔː'mældɪhaɪd] s. ☼ Formalde'hyd m; for·ma·lin ['fɔːməlɪn] s. ☼ Forma'lin n.

for·mal·ism ['fɔːməlɪzəm] s. allg. Forma'lismus m; 'for·mal·ist [-lɪst] s. Forma'list m; for·mal·is·tic [ˌfɔːmə'lɪstɪk] adj. forma'listisch; for·mal·i·ty [fɔː'mælətɪ] s. 1. Förmlichkeit: a) Herkömmlichkeit f, b) Zeremo'nie f, c) das Offizi'elle, d) Steifheit f, e) Umständlichkeit f: without ~ ohne viel Umstände (zu machen); 2. Formali'tät f: a) Formsache f, b) Formvorschrift f: for the sake of ~ aus formellen Gründen; 3. Äußerlichkeit f, leere Geste; 'for·mal·ize [-laɪz] v/t. 1. zur bloßen Formsache machen; 2. formalisieren, feste Form geben (dat.); 'for·mal·ly [-əlɪ] adv. 1. for'mell, in aller Form; 2. → formal.

for·mat ['fɔːmæt] I s. 1. typ. a) Aufmachung f, b) For'mat n; 2. Ein-, Ausrichtung f; II v/t. 3. Computer: formatieren.

for·ma·tion [fɔː'meɪʃn] s. 1. Bildung f: a) Formung f, Gestaltung f, b) Entstehung f, Entwicklung f: ~ of gas Gasbildung f, c) Gründung f: ~ of a company, d) Gebilde n: word ~s Wortbildungen; 2. Anordnung f, Zs.-setzung f, Struk'tur f; 3. ✈, ✕, sport Forma'tion f, Aufstellung f: ~ flight Formations-, Verbandsflug m; 4. geol. Formati'on f; form·a·tive ['fɔːmətɪv] I adj. 1. formend, gestaltend, bildend; 2. Entwicklungs...: ~ years of a person; 3. ling. formbildend: ~ element → 5; 4. ♣, zo. morpho'gen; II s. 5. ling. Forma'tiv n.

forme [fɔːm] s. typ. (Druck)Form f.

form·er¹ ['fɔːmə] *s.* **1.** Former *m* (*a.* ☺), Gestalter *m*; **2.** *ped. Brit.* in Zssgn Schüler(in) der … Klasse; **3.** ✓ Spant *m*.

for·mer² ['fɔːmə] *adj.* □ **1.** früher, vorig, ehe-, vormalig, vergangen: *in* ~ *times* vormals, einst; *he is his* ~ *self again* er ist wieder (ganz) der alte; *the* ~ *Mrs. A.* die frühere Frau A.; **2.** *the* ~ *sg. u. pl.* ersterwähnt, -genannt, erster: *the* ~ *..., the latter ...* der erstere…, der letztere; **'for·mer·ly** [-lɪ] *adv.* früher, vor-, ehemals: *Mrs. A., ~ B.* a) Frau A., geborene B., b) Frau A., ehemalige Frau B.

'form,fit·ting *adj.* **1.** enganliegend: ~ *dress*; **2.** körpergerecht: ~ *chair*.

for·mic ac·id ['fɔːmɪk] *s.* 🦋 Ameisensäure *f*.

for·mi·da·ble ['fɔːmɪdəbl] *adj.* □ **1.** schrecklich, furchterregend; **2.** gewaltig, ungeheuer, e'norm; **3.** beachtlich, ernstzunehmend: ~ *opponent*; **4.** äußerst schwierig: ~ *problem*.

form·ing ['fɔːmɪŋ] *s.* **1.** Formen *n*; **2.** ☺ (Ver)Formen *n*, Fassonieren *n*; **form·less** ['fɔːmlɪs] *adj.* □ formlos.

for·mu·la ['fɔːmjʊlə] *pl.* **-las, -lae** [-liː] *s.* **1.** 🦋, ⚗ etc., *a.* mot. Formel *f*, *pharm. u. fig. a.* Re'zept *n*; **2.** Formel *f*, fester Wortlaut; **3.** *contp.* a) ,Schema F', b) (leere) Phrase; **'for·mu·lar·y** [-ərɪ] *s.* **1.** Formelsammlung *f*, -buch *n* (*bsd. eccl.*); **2.** *pharm.* Re'zeptbuch *n*; **'for·mu·late** [-leɪt] *v/t.* formulieren; **for·mu·la·tion** [ˌfɔːmjʊ'leɪʃn] *s.* Formulierung *f*, Fassung *f*.

'form·work *s.* △ (Ver)Schalung *f*, Schalungen *pl*.

for·ni·cate ['fɔːnɪkeɪt] *v/i.* unerlaubten außerehelichen Geschlechtsverkehr haben; *bibl. u. weitS.* Unzucht treiben, huren; **for·ni·ca·tion** [ˌfɔːnɪ'keɪʃn] *s.* ⚖ unerlaubter außerehelicher Geschlechtsverkehr; *weitS.* Unzucht *f*, Hure'rei *f*; **'for·ni·ca·tor** [-tə] *s.* j-d, der unerlaubten außerehelichen Geschlechtsverkehr hat; *weitS.* Wüstling *m*.

for·rad·er ['fɔrədə] *adv.*: *get no* ~ *Brit.* F nicht vom Fleck kommen.

for·sake [fə'seɪk] *v/t.* [*irr.*] **1.** j-n verlassen, im Stich lassen; **2.** *et.* aufgeben; **for'sak·en** [-kən] **I** *p.p. von* **forsake**; **II** *adj.* (gott)verlassen, einsam; **for'sook** [-'sʊk] *pret. von* **forsake**.

for·sooth [fə'suːθ] *adv.* iro. wahrlich, für'wahr.

for·swear [fɔː'sweə] *v/t.* [*irr.* → **swear**] **1.** eidlich bestreiten; **2.** unter Pro'test zu'rückweisen; **3.** abschwören (*dat.*), feierlich entsagen (*dat.*); feierlich geloben (*es nie wieder zu tun etc.*); **4.** ~ *o.s.* e-n Meineid leisten; **for'sworn** [-'swɔːn] **I** *p.p. von* **forswear**; **II** *adj.* meineidig.

for·syth·i·a [fɔː'saɪθjə] *s.* 🌼 For'sythie *f*.

fort [fɔːt] *s.* ✕ Fort *n*, Feste *f*, Festungswerk *n*: *hold the* ~ *fig.* ,die Stellung halten'.

forte¹ ['fɔːteɪ] *s. fig.* j-s Stärke *f*, starke Seite.

for·te² ['fɔːtɪ] *adv.* ♪ forte, laut.

forth [fɔːθ] *adv.* **1.** her'vor, vor, her; → *bring forth etc.*; **2.** her'aus, hinaus; **3.** (dr)außen; **4.** vo'ran, vorwärts; **5.** weiter: *and so* ~ und so weiter; *from that*

day ~ von diesem Tag an; **6.** weg, fort; ˌ~'com·ing *adj.* **1.** bevorstehend, kommend; **2.** erscheinend, unter'wegs: *be* ~ erfolgen, sich einstellen; **3.** in Kürze erscheinend (*Buch*) *od.* anlaufend (*Film*); **4.** bereitstehend, verfügbar; **5.** zu'vor-, entgegenkommend (*Person*); **6.** mitteilsam; **'~·right** *adj. u. adv.* offen (und ehrlich), gerade(her'aus); ˌ~'with [-'wɪθ] *adv.* so'fort, (so)'gleich, unverzüglich.

for·ti·eth ['fɔːtɪθ] **I** *adj.* **1.** vierzigst; **II** *s.* **2.** Vierzigste(r *m*) *f*, *n*; **3.** Vierzigstel *n*.

for·ti·fi·a·ble ['fɔːtɪfaɪəbl] *adj.* zu befestigen(d); **for·ti·fi·ca·tion** [ˌfɔːtɪfɪ'keɪʃn] *s.* **1.** ✕ a) Befestigung *f*, b) Befestigung(sanlage) *f*, c) Festung *f*; **2.** (*a.* geistige *od.* mo'ralische) Stärkung; **3.** a) Verstärkung *f* (*a.* ☺), b) Anreicherung *f*; **4.** *fig.* Unter'mauerung *f*; **'for·ti·fi·er** [-faɪə] *s.* Stärkungsmittel *n*; **for·ti·fy** ['fɔːtɪfaɪ] *v/t.* **1.** (*a.* geistig *od.* mo'ralisch) kräftigen, **2.** ☺ verstärken; *Nahrungsmittel* anreichern; *Wein etc.* verstärken; **3.** ✕ befestigen; **4.** bekräftigen, stützen, unter'mauern; **5.** bestärken, ermutigen.

for·tis·si·mo [fɔː'tɪsɪməʊ] *adv.* ♪ sehr stark *od.* laut, for'tissimo.

for·ti·tude ['fɔːtɪtjuːd] *s.* (seelische) Kraft: *bear s.th. with* ~ *et.* mit Fassung *od.* tapfer ertragen.

fort·night ['fɔːtnaɪt] *s. bsd. Brit.* vierzehn Tage: *this day* ~ a) heute in 14 Tagen, b) heute vor 14 Tagen; *a* ~*'s holiday* ein vierzehntägiger Urlaub; **'fort·night·ly** [-lɪ] *bsd. Brit.* **I** *adj.* vierzehntägig, halbmonatlich, Halbmonats…; **II** *adv.* alle 14 Tage; **III** *s.* Halbmonatsschrift *f*.

For·tran ['fɔːtræn] *s.* FORTRAN *n* (*Computersprache*).

for·tress ['fɔːtrɪs] *s.* ✕ Festung *f*, *fig. a.* Bollwerk *n*.

for·tu·i·tous [fɔː'tjuːɪtəs] *adj.* □ zufällig; **for'tu·i·ty** [-tɪ] *s.* Zufall *m*, Zufälligkeit *f*.

for·tu·nate ['fɔːtʃnət] *adj.* □ **1.** glücklich: *be* ~ a) Glück haben (*Person*), b) ein (wahres) Glück sein (*Sache*); *how* ~*!* welch ein Glück!, wie gut!; **2.** glückverheißend; günstig; vom Glück begünstigt (*Leben*); **'for·tu·nate·ly** [-lɪ] *adv.* glücklicherweise, zum Glück.

for·tune ['fɔːtʃuːn] *s.* **1.** Glück(sfall *m*) *n*, (glücklicher) Zufall: *good* ~ Gück; *ill* ~ Unglück; *try one's* ~ sein Glück versuchen; *make one's* ~ sein Glück machen; **2.** *a.* ♀ *myth.* For'tuna *f*, Glücksgöttin *f*: ~ *favo(u)red him* das Glück war ihm hold; **3.** Schicksal *n*, Geschick *n*, Los *m*: *tell* (*od. read*) ~*s* wahrsagen; *read s.o.'s* ~ j-m die Karten legen *od.* aus der Hand lesen; *have one's* ~ *told* sich wahrsagen lassen; **4.** Vermögen *n*: *make a* ~ ein Vermögen verdienen; *come into a* ~ ein Vermögen erben; *marry a* ~ e-e gute Partie machen; *a small* ~ F ein kleines Vermögen (*viel Geld*); **'~·hunt·er** ['fɔːtʃən-] *s.* Mitgiftjäger *m*; **'~·tell·er** ['fɔːtʃən-] *s.* Wahrsager(in); **'~·tell·ing** ['fɔːtʃən-] *s.* Wahrsage'rei *f*.

for·ty ['fɔːtɪ] **I** *adj.* **1.** vierzig: *the* ⚹ *Thieves* die 40 Räuber (*1001 Nacht*); → *wink* 4; **II** *s.* **2.** Vierzig: *he is in his forties* er ist in den Vierzigern; *in the*

forties in den vierziger Jahren (*e-s Jahrhunderts*); **3.** *the Forties* die See zwischen Schottlands Nord'ost- u. Norwegens Süd'westküste; **4.** *the roaring forties* stürmischer Teil des Ozeans (zwischen dem 39. u. 50. Breitengrad).

fo·rum ['fɔːrəm] *s.* **1.** *antiq. u. fig.* Forum *n*; **2.** Gericht *n*, Tribu'nal *n* (*a. fig.*); *engS.* ⚖ Gerichtsort *m*, örtliche Zuständigkeit; **3.** Forum *n*, (öffentliche) Diskussi'on(sveranstaltung).

for·ward ['fɔːwəd] **I** *adv.* **1.** vor, nach vorn, vorwärts, vor'an, vor'aus, weiter: *from this day* ~ von heute an; *freight* ~ ✝ Fracht gegen Nachnahme; *buy* ~ ✝ auf Termin kaufen; *go* ~ *fig.* Fortschritte machen, vorankommen; *help* ~ weiterhelfen (*dat.*); → *bring* ~ (*carry, come, etc.*) **forward**; **II** *adj.* □ **2.** vorwärts *od.* nach vorn gerichtet, Vorwärts…: *a* ~ *motion*; ~ *defence* ✕ Vorwärtsverteidigung *f*; ~ *planning* Vorausplanung *f*; ~ *speed* mot. Vorwärtsgang *m*; ~ *strategy* ✕ Vorwärtsstrategie *f*; **3.** vorder; **4.** a) ♀ frühreif (*a. fig. Kind*), b) zeitig (*Frühling etc.*); **5.** *a.* zo. a) hochträchtig, b) gutentwickelt; **6.** *fig.* a) fortgeschritten, b) fortschrittlich; **7.** *fig.* vorlaut, dreist; **8.** *fig.* a) vorschnell, -eilig, b) schnell bereit (*to do s.th.* et. zu tun); **9.** ✝ auf Ziel *od.* Zeit, Termin…: ~ *business* (*market, sale, etc.*); ~ *rate* Terminkurs *m*, Kurs *m* für Termingeschäfte; **III** *s.* **10.** *sport* Stürmer *m*: ~ *line* Sturm(reihe *f*) *m*; **IV** *v/t.* **11.** a) fördern, begünstigen, b) beschleunigen; **12.** befördern, schikken, verladen; **13.** *Brief etc.* nachsenden, weiterbefördern.

for·ward·er ['fɔːwədə] *s.* Spedi'teur; **'for·ward·ing** [-dɪŋ] **I** *s.* Versand *m*; **II** *adj.* Versand…: ~ *charges*, ~ *instructions*; ~ *agent* Spedi'teur *m*; ~ *note* Frachtbrief *m*; ~ *address* Nachsendeadresse *f*; **'for·ward-,look·ing** *adj.* vor'ausschauend, fortschrittlich; **'for·ward·ness** [-dnɪs] *s.* **1.** Frühzeitigkeit *f*, Frühreife *f* (*a.* ♀); **2.** Dreistigkeit *f*, vorlaute Art; **3.** Voreiligkeit *f*.

for·wards ['fɔːwədz] → **forward** I.

fosse [fɒs] *s.* **1.** (Burg-, Wall)Graben *m*; **2.** *anat.* Grube *f*.

fos·sil ['fɒsl] **I** *s.* **1.** *geol.* Fos'sil *n*; Versteinerung *f*; **2.** F ,Fos'sil' *n*: a) verkalkter *od.* verknöcherter Mensch, b) *et.* ,Vorsintflutliches'; **II** *adj.* **3.** fos'sil, versteinert: ~ *fuel* fossiler Brennstoff; ~ *oil* Erd-, Steinöl *n*; **4.** F a) verknöchert, verkalkt (*Person*), b) vorsintflutlich (*Sache*); **fos·sil·if·er·ous** [ˌfɒsɪ'lɪfərəs] *adj.* fos'silienhaltig; **fos·sil·i·za·tion** [ˌfɒsɪlaɪ'zeɪʃn] *s.* **1.** Versteinerung *f*; **2.** F Verknöcherung *f*; **'fos·sil·ize** [-sɪlaɪz] **I** *v/t. geol.* versteinern; **II** *v/i.* versteinern; *fig.* verknöchern, verkalken.

fos·so·ri·al [fɒ'sɔːrɪəl] *adj. zo.* grabend, Grab…

fos·ter ['fɒstə] **I** *v/t.* **1.** *Kind etc.* a) aufziehen, b) in Pflege haben *od.* geben; **2.** *et.* fördern; begünstigen, protegieren; **3.** *Wunsch etc.* hegen, nähren; **II** *adj.* **4.** Pflege…: ~ *child* (*father, mother etc.*).

fos·ter·ling ['fɒstəlɪŋ] *s.* Pflegekind *n*.

fought [fɔːt] *pret. u. p.p. von* **fight**.

foul [faʊl] **I** *adj.* □ **1.** a) stinkend, widerlich, übelriechend (*a. Atem*), b) verpestet, schlecht (*Luft*), c) faul, verdorben (*Lebensmittel etc.*); **2.** schmutzig, verschmutzt; **3.** verstopft; **4.** voll Unkraut, überwachsen; **5.** schlecht, stürmisch (*Wetter etc.*), widrig (*Wind*); **6.** ⚓ a) unklar (*Taue etc.*), b) in Kollisi'on (geratend) (*of* mit); **7.** *fig.* a) widerlich, ekelhaft, b) abscheulich, gemein: ~ *deed* ruchlose Tat, c) schädlich, gefährlich: ~ *tongue* böse Zunge, d) schmutzig, zotig, unflätig: ~ *language*; **8.** F scheußlich; **9.** unehrlich, betrügerisch; **10.** *sport* unfair, regelwidrig; **11.** *typ.* a) unsauber (*Druck etc.*), b) voller Fehler *od.* Änderungen; **II** *adv.* **12.** auf gemeine Art, gemein (*etc.* → 7–10): *play* ~ *sport* foul spielen; *play s.o.* ~ j-m übel mitspielen; **13.** *fall* ~ *of* ⚓ zs.-stoßen mit (*a. fig.*); **III** *s.* **14.** *through fair and* ~ durch dick u. dünn; **15.** ⚓ Zs.-stoß *m*; **16.** *sport* a) Foul *n*, Regelverstoß *m*, b) → *foul shot*; **IV** *v/t.* **17.** *a.* ~ *up* a) beschmutzen (*a. fig.*), verschmutzen, verunreinigen, b) verstopfen; **18.** *sport* foulen; **19.** ⚓ zs.-stoßen mit; **20.** *a.* ~ *up* sich verwickeln in (*dat.*) *od.* mit; **21.** ~ *up* F a) ,vermasseln‘, ,versauen‘, b) durchein'anderbringen; **V** *v/i.* **22.** schmutzig werden; **23.** ⚓ zs.-stoßen (*with* mit); **24.** sich verwickeln; **25.** *sport* foulen, ein Foul begehen; **26.** ~ *up* F a) ,Mist bauen‘, ,patzen‘, b) durchein'anderkommen.

'foul-mouthed *adj.* unflätig; ~ *play s.* **1.** *sport* unfaires Spiel, Unsportlichkeit *f*; **2.** (Gewalt)Verbrechen *n*, *bsd.* Mord *m*; ~ *shot s.* *Basketball:* Freiwurf *m*; '~,**spo·ken** → *foul-mouthed*.

found¹ [faʊnd] *pret. u. p.p. von* **find**.

found² [faʊnd] *v/t.* ⚙ schmelzen; gießen.

found³ [faʊnd] *fig.* **I** *v/t.* **1.** gründen, errichten; **2.** begründen, einrichten, ins Leben rufen, *Schule etc.* stiften: ♀*ing Fathers Am.* Staatsmänner aus der Zeit der Unabhängigkeitserklärung; **3.** *fig.* gründen, stützen (*on* auf *acc.*): *be* ~*ed on* → 4; *well-*~*ed* wohlbegründet, fundiert; **II** *v/i.* **4.** (*on*) sich stützen (auf *acc.*), beruhen, sich gründen (auf *dat.*); **foun·da·tion** [faʊn'deɪʃn] *s.* **1.** oft *pl.* △ Grundmauer *f*, Funda'ment *n* (*a. fig.*); *Unterbau m*, -lage *f*, Bettung *f* (*Straße etc.*); **2.** Grund(lage *f*) *m*, Basis *f*: *without* (*any*) ~ (völlig) unbegründet; *shaken to the* ~*s* in den Grundfesten erschüttert; *lay the* ~*s of* den Grund(stock) legen zu; **3.** Gründung *f*, Errichtung *f*; **4.** (gemeinnützige) Stiftung: *be on the* ~ Geld aus der Stiftung erhalten; **5.** Ursprung *m*, Beginn *m*; **6.** steifes (Zwischen)Futter: ~ *muslin* Steifleinen *n*; **7.** *a.* ~ *garment* a) Mieder (-waren) *pl.*; **8.** *a.* ~ *cream* Kosmetik: Grundierung *f*; ~ *stone* s. Grundstein *m* (*a. fig.*); → *lay¹* 5.

found·er¹ ['faʊndə] *s.* Gründer *m*, Stifter *m*: ~*s' shares* ♦ Gründeraktien.

found·er² ['faʊndə] *s.* ⚙ Gießer *m*.

found·er³ ['faʊndə] **I** *v/i.* **1.** ⚓ sinken, 'untergehen; **2.** einstürzen, -fallen; **3.** *fig.* scheitern; **4.** *vet.* a) lahmen, b) zs.-brechen (*Pferd*); **5.** steckenbleiben; **II** *v/t.* **6.** *Pferd* lahm reiten; **7.** *Schiff* zum Sinken bringen.

found·ling ['faʊndlɪŋ] *s.* Findling *m*,

Findelkind *n*: ~ *hospital* Findelhaus *n*.

found·ress ['faʊndrɪs] *s.* Gründerin *f*, Stifterin *f*.

found·ry ['faʊndrɪ] *s.* ⚙ Gieße'rei *f*.

fount¹ [faʊnt] *s. typ.* (Setzkasten *m* mit) Schriftsatz *m*.

fount² [faʊnt] → *fountain* 2, 4a.

foun·tain ['faʊntɪn] *s.* **1.** Fon'täne *f*: a) Springbrunnen *m*, b) (Wasser)Strahl *m*; **2.** Quelle *f*, *fig. a.* Born *m*: ♀ *of Youth* Jungbrunnen *m*; **3.** a) (Trink-) Brunnen *m*, b) → *soda fountain*; **4.** ⚙ a) (Öl-, Tinten- *etc.*)Behälter *m*, b) Reser'voir *n*; ~**·head** *s.* Quelle *f* (*a. fig.*); *fig.* Urquell *m*; '~·**pen** *s.* Füll(feder)- halter *m*.

four [fɔ:] **I** *adj.* **1.** vier; **II** *s.* **2.** Vier *f* (*Zahl, Spielkarte etc.*): *the* ~ *of hearts* die Herzvier; *by* ~*s* immer vier (auf einmal); *on all* ~*s* a) auf allen vieren, b) *fig.* stimmend, richtig; *be on all* ~*s with* übereinstimmen mit, genau entsprechen (*dat.*); **3.** *Rudern:* Vierer *m* (*Boot od. Mannschaft*); ~**·'cor·nered** *adj.* viereckig, mit vier Ecken; '~-**cy·cle** *adj.:* ~ *engine* ⚙ Viertaktmotor *m*; '~-**eyes** *s. pl. sg. konstr.* F ,Brillenschlange‘ *f*; ~ *flush s. Poker:* unvollständige Hand; '~·**flush·er** *s. Am.* Bluffer *m*, ,falscher Fuffziger‘; '~·**fold** *adj. u. adv.* vierfach; ~·'**four** (*time*) *s.* ♪ Vier'vierteltakt *m*; ~·'**hand·ed** *adj.* ♪, *zo.* vierhändig; ♀ **Hun·dred** *s.: the* ~ *Am.* die Hautevolee (*e-r Gemeinde*); ~·**in-hand** [-ɔ:rɪn-] *s.* **1.** Vierspänner *m*; **2.** Viergespann *n*; ~·'**leaf(ed) clo·ver** *s.* ♀ vierblätt(e)riges Kleeblatt; '~·**legged** *adj.* vierbeinig; ~·**let·ter word** *s.* unanständiges Wort; ~·'**oar** [-ɔ:rɔ:] *s.* Vierer *m* (*Boot*); '~·**part** *adj.* ♪ vierstimmig (*Satz*); '~·**pence** [-pəns] *s. Brit. hist.* Vierpencestück *n*; '~·**post·er** *s.* **1.** Himmelbett *n*; **2.** ⚓ *sl.* Viermaster *m*; ~·**'score** *adj. obs.* achtzig; '~·**seat·er** *s. mot.* Viersitzer *m*; '~·**some** [-səm] *s. Golf:* Vierer *m*; *fig. humor.* ,Quar'tett‘ *n*; ~·'**speed gear** *s.* ⚙ Vierganggetriebe *n*; ~·'**square** *adj. u. adv.* **1.** qua'dratisch; **2.** *fig.* a) fest, unerschütterlich, b) grob, barsch; ~·'**star** *adj.* Viersterne…: ~ *general*; ~ *hotel*; ~·'**stroke** *adj.:* ~ *engine* ⚙ Viertaktmotor *m*.

four·teen [ˌfɔ:'ti:n] **I** *adj.* vierzehn; **II** *s.* Vierzehn *f*; **four'teenth** [-nθ] **I** *adj.* vierzehnt; **II** *s.* a) (*der, die, das*) Vierzehnte, b) Vierzehntel *n*.

fourth [fɔ:θ] **I** *adj.* □ **1.** viert; **2.** viertel; **II** *s.* **3.** (*der, die, das*) Vierte; **4.** Viertel *n*; **5.** ♪ Quarte *f*; **6.** *the* ♀ (*of July*) *Am.* der Vierte (Juli), der Unabhängigkeitstag; '**fourth·ly** [-lɪ] *adv.* viertens.

ˌ**four·**|**-way** *adj.:* ~ *switch* ⚡ Vierfach-, Vierwegeschalter *m*; ~·'**wheel** *adj.* vierräd(e)rig: Vierrad…(*-antrieb, -bremse*).

fowl [faʊl] **I** *pl.* **fowls**, *coll. mst* **fowl** *s.* **1.** Haushuhn *n od.* -ente *f*, a. Truthahn *m*; *coll.* Geflügel *n* (*a. Fleisch*), Hühner *pl.*: ~ *house* Hühnerstall *m*; ~ *pest* Hühnerpest *f*; ~ *pox* Geflügelpocken *pl*; ~ *run* Hühnerhof *m*, Auslauf *m*; **2.** *selten* Vogel *m*, Vögel *pl.*: *the* ~(*s*) *of the air bibl.* die Vögel unter dem Himmel; **II** *v/i.* **3.** Vögel fangen *od.* schießen; '**fowl·er** [-lə] *s.* Vogelfänger *m*; '**fowl·ing** [-lɪŋ] *s.* Vogelfang *m*, -jagd *f*:

~·**piece** Vogelflinte *f*; ~·**shot** Hühnerschrot *n*.

fox [fɒks] **I** *s.* **1.** *zo.* Fuchs *m*: *set the* ~ *to keep the geese* den Bock zum Gärtner machen; ~ *and geese* Wolf u. Schafe (*ein Brettspiel*); **2.** (*sly old*) ~ *fig.* (schlauer) Fuchs; **3.** Fuchspelz(kragen) *m*; **II** *v/t.* **4.** *sl.* über'listen, ,reinlegen‘; **III** *v/i.* **5.** stockfleckig werden (*Papier*); ~ *brush s. hunt.* Lunte *f*, Fuchsschwanz *m*; '~·**glove** *s.* ♀ Fingerhut *m*; '~·**hole** *s.* **1.** Fuchsbau *m*; **2.** ✕ Schützenloch *n*; '~·**hunt**, '~·**hunt·ing** *s.* Fuchsjagd *f*; ~ *mark s.* Stockfleck *m*; '~·**tail** *s.* **1.** Fuchsschwanz *m*; **2.** ♀ Fuchsschwanzgras *n*; ~·'**ter·ri·er** *s. zo.* Foxterrier *m*; '~·**trot** *s. u. v/i.* Foxtrott *m* (tanzen).

fox·y ['fɒksɪ] *adj.* **1.** gerissen, listig; **2.** fuchsrot; **3.** stockfleckig (*Papier*).

foy·er ['fɔɪeɪ] (*Fr.*) *s. allg.* Fo'yer *n*.

fra·cas ['fræka:] *pl.* ~ [-ka:z] *s.* Aufruhr *m*, Spek'takel *m*.

frac·tion ['frækʃn] *s.* **1.** ♈ Bruch *m*: ~ *bar*, ~ *line*, ~ *stroke* Bruchstrich *m*; **2.** Bruchteil *m*, Frag'ment *n*; Stückchen *n*, *ein bißchen*: *not by a* ~ nicht im geringsten; *by a* ~ *of an inch* um ein Haar; ~ *of a share* ♦ Teilaktie *f*; **3.** ♌ *eccl.* Brechen *n des Brotes*; '**frac·tion·al** [-ʃənl] *adj.* **1.** *a.* ♈ Bruch…, gebrochen: ~ *amount* Teilbetrag *m*; ~ *currency* Scheidemünze *f*; ~ *part* Bruchteil *m*; **2.** *fig.* unbedeutend, mini'mal; **3.** ♒ fraktioniert, teilweise; '**frac·tion·ar·y** [-ʃnərɪ] *adj.* Bruch(stück)…, Teil…; '**frac·tion·ate** [-ʃəneɪt] *v/t.* ♒ fraktionieren.

frac·tious ['frækʃəs] *adj.* □ **1.** mürrisch, zänkisch, reizbar; **2.** störrisch; '**frac·tious·ness** [-nɪs] *s.* **1.** Reizbarkeit *f*; **2.** 'Widerspenstigkeit *f*.

frac·ture ['fræktʃə] **I** *s.* **1.** ✚ Frak'tur *f*, Bruch *m* (*a. fig.*); **2.** *min.* Bruchfläche *f*; **3.** *ling.* Brechung *f*; **II** *v/t.* **4.** (zer)brechen: ~ *one's arm* sich den Arm brechen; ~*d skull* Schädelbruch *m*; **III** *v/i.* **5.** (zer)brechen.

frag·ile ['frædʒaɪl] *adj.* **1.** zerbrechlich (*a. fig.*); **2.** ⚙ brüchig; **3.** *fig.* schwach, zart (*Gesundheit etc.*), gebrechlich (*Person*); **fra·gil·i·ty** [frə'dʒɪlətɪ] *s.* **1.** Zerbrechlichkeit *f*; **2.** Brüchigkeit *f*; **3.** *fig.* Ge-, Zerbrechlichkeit *f*, Zartheit *f*.

frag·ment ['frægmənt] *s.* **1.** Bruchstück *n* (*a.* ⚙), -teil *m*; **2.** Stück *n*, Brocken *m*, Splitter *m* (*a.* ✕), Fetzen *m*; 'Überrest *m*; **3.** (lite'rarisches *etc.*) Frag'ment; **frag·men·tal** [fræg'mentl] *adj.* **1.** *geol.* Trümmer…; **2.** → '**frag·men·tar·y** [-tərɪ] *adj.* **1.** zerstückelt, aus Stücken bestehend; **2.** fragmen'tarisch, unvollständig, bruchstückhaft; **frag·men·ta·tion** [ˌfrægmen'teɪʃn] *s.* Zerstückelung *f*, -splitterung *f*: ~ *bomb* ✕ Splitterbombe *f*.

fra·grance ['freɪgrəns] *s.* Wohlgeruch *m*, Duft *m*, A'roma *n*; '**fra·grant** [-nt] *adj.* □ **1.** wohlriechend, duftend: *be* ~ *with* duften nach; **2.** *fig.* angenehm, köstlich.

frail [freɪl] *adj.* □ **1.** zerbrechlich; **2.** a) zart, schwach, b) gebrechlich, c) (*charakterlich*) schwach, d) schwach, seicht (*Buch etc.*); '**frail·ty** [-tɪ] *s.* **1.** Zerbrechlichkeit *f*; **2.** a) Zartheit *f*, b) Gebrechlichkeit *f*; **3.** a) Schwachheit *f*,

fraise [freiz] *s.* **1.** ✗ Pali'sade *f;* **2.** ⊘ Bohrfräse *f.*

fram·b(o)e·si·a [fræm'bi:ziə] *s.* ⚕ Frambö'sie *f (tropische Hautkrankheit).*

frame [freim] **I** *s.* **1.** (*Bilder-, Fenster-* etc.)Rahmen *m* (*a.* ⊘, *mot.*): ~ *aerial* Rahmenantenne *f;* **2.** (*a. Brillen-, Schirm-, Wagen*)Gestell *n,* Gerüst *n;* **3.** Einfassung *f;* **4.** △ a) Balkenwerk *n:* ~ *house* Holz- *od.* Fachwerkhaus *n,* b) Gerippe *n,* Ske'lett *n:* **steel** ~; **5.** *typ.* ('Setz)Re,gal *n;* **6.** ♩ Stator *m;* **7.** ✒, ♣ a) Spant *n, m,* b) Gerippe *n;* **8.** *TV* a) Abtastfeld *n,* b) Raster(bild *n) m;* **9.** *Film:* Einzelbild *n;* **10.** *Comic strips:* Bild *n;* **11.** ✒ verglaster Treibbeetkasten; **12.** *Weberei:* ('Spinn-, 'Web)Ma,schine *f;* **13.** a) Rahmen(erzählung *f) m,* b) 'Hintergrund *m;* **14.** Körper(bau) *m,* Fi'gur *f:* **the mortal** ~ die sterbliche Hülle; **15.** *fig.* Rahmen *m,* Sy'stem *n:* **within the ~ of** im Rahmen (*gen.*); **16.** *bsd.* ~ *of mind* (Gemüts)Verfassung *f,* (-)Zustand *m,* Stimmung *f;* **17.** → *frame-up;* **II** *v/t.* **18.** zs.-fügen, -setzen; **19.** a) *Bild etc.* (ein)rahmen, (-)fassen, b) *fig.* um'rahmen; **20.** *et.* ersinnen, entwerfen, *Plan* schmieden, *Gedicht etc.* machen, verfertigen, *Politik etc.* abstecken; **21.** *Worte, a. Entschuldigung etc.* formu^{li}eren; **22.** gestalten, formen, bilden; **23.** anpassen (**to** *dat.*); **24.** *a.* ~ *up sl.* a) *et.* ,drehen', ,schaukeln', b) *j-m et.* ,anhängen', *j-n* ,reinhängen': ~ *a match* ein Spiel (vorher) absprechen; **framed** [-md] *adj.* **1.** gerahmt; **2.** △ Fachwerk...; **3.** ♣, ✒ in Spanten; **'fram·er** [-mə] *s.* **1.** (Bilder-) Rahmer *m;* **2.** *fig.* Gestalter *m,* Entwerfer *m.*

frame|saw *s.* ⊘ Spannsäge *f;* ~ **sto·ry,** ~ **tale** *s.* Rahmenerzählung *f;* ~ **tent** *s.* Steilwandzelt *n;* **'~-up** *s.* F **1.** Kom'plott *n,* In'trige *f;* Falle *f;* **2.** abgekartetes Spiel, Schwindel *m;* **'~·work** *s.* **1.** ⊘, *a.* ✒ *u. biol.* Gerüst *n,* Gerippe *n;* **2.** △ Fachwerk *n,* Gebälk *n;* **3.** ⛁ Gestell *n;* **4.** *fig.* Rahmen *m,* Gefüge *n,* Sy'stem *n:* **within the ~ of** im Rahmen (*gen.*).

franc [fræŋk] *s.* **1.** Franc *m (Währungseinheit Frankreichs etc.);* **2.** Franken *m (Währungseinheit der Schweiz).*

fran·chise ['fræntʃaiz] *s.* **1.** *pol.* a) Wahl-, Stimmrecht *n,* b) Bürgerrecht(e *pl.*) *n;* **2.** *Am.* Privi'leg *n;* **3.** *hist.* Gerechtsame *f;* **4.** ♣ *sport* Konzessi'on *f,* b) Al'leinverkaufsrecht *n,* c) 'Rechtsper,sönlichkeit *f,* d) Franchise *n,* Franchising *n (Vertriebsart);* **5.** Versicherung *f.*

Fran·cis·can [fræn'siskən] **I** *s.* Franzis-'kaner(mönch) *m;* **II** *adj.* Franziskaner...

Fran·co-Ger·man [,fræŋkəʊ'dʒɜ:mən] *adj.:* **the ~ War** der Deutsch-Französische Krieg (*1870/71*).

Fran·co·ni·an [fræŋ'kəʊnjən] *adj.* fränkisch.

Fran·co|·phile ['fræŋkəʊfail], '~·phil [-fil] **I** *s.* Franko'phile *m,* Fran'zosenfreund *m;* **II** *adj.* franko'phil; '~·phobe [-fəʊb] **I** *s.* Fran'zosenhasser *m,* -feind *m;* **II** *adj.* fran'zosenfeindlich.

fran·gi·ble ['frændʒibl] *adj.* zerbrechlich.

fran·gi·pane ['frændʒipein] *s.* Art Man-

---

delcreme *f.*

Fran·glais ['frã:ŋglei] (*Fr.*) *s. stark anglisiertes Französisch.*

Frank¹ [fræŋk] *s. hist.* Franke *m.*

frank² [fræŋk] **I** *adj.* □ → *frankly;* **1.** offen, aufrichtig, frei(mütig); **II** *s.* **2.** ✎ *hist.* a) Freivermerk *m,* b) Portofreiheit *f;* **III** *v/t.* **3.** *Brief* (*a.* mit der Ma'schine) frankieren; *~ing machine* Frankiermaschine *f;* **4.** *j-m* (freien) Zutritt verschaffen; **5.** *et.* amtlich freigeben.

frank³ [fræŋk] *Am.* F *für* **frank·furt·er** ['fræŋkfɜ:tə] *s.* Frankfurter (Würstchen *n) f.*

frank·in·cense ['fræŋkin,sens] *s.* Weihrauch *m.*

Frank·ish ['fræŋkiʃ] *adj. hist.* fränkisch.

frank·lin ['fræŋklin] *s. hist.* **1.** Freisasse *m;* **2.** kleiner Landbesitzer.

frank·ly ['fræŋkli] *adv.* **1.** → *frank²* 1; **2.** frei her'aus, frank u. frei; **3.** *a.* ~ *speaking* offen gestanden *od.* gesagt; **'frank·ness** [-nis] *s.* Offenheit *f,* Freimütigkeit *f.*

fran·tic ['fræntik] *adj.* □ (*mst* ~*ally*) **1.** wild, außer sich, rasend (**with** *od. dat.*); wütend; **2.** verzweifelt: ~ *efforts;* **3.** hektisch: *a ~ search.*

frap·pé ['fræpei] (*Fr.*) **I** *adj.* eisgekühlt; **II** *s.* Frap'pé *m (Getränk).*

frat [fræt] *sl.* → *fraternity* 3.

fra·ter·nal [frə'tɜ:nl] **I** *adj.* □ **1.** brüderlich, Bruder...; **2.** *biol.* zweieiig: ~ *twins;* **II** *s.* **3.** *a.* ~ *association* = ~ *society Am.* Verein *m* zur Förderung gemeinsamer Interessen; **fra'ter·ni·ty** [-nəti] *s.* **1.** Brüderlichkeit *f;* **2.** Vereinigung *f,* Zunft *f,* Gilde *f:* **the angling** ~ die Zunft der Angler; **the legal** ~ die Juristen *pl.;* **3.** *Am.* Stu'dentenverbindung *f;* **frat·er·ni·za·tion** [,frætənai-'zeiʃn] *s.* Verbrüderung *f;* **frat·er·nize** ['frætənaiz] *v/i.* sich verbrüdern, *bsd.* ✗ fraternisieren.

frat·ri·cid·al [,frætri'saidl] *adj.* brudermörderisch: ~ *war* Bruderkrieg *m;* **frat·ri·cide** ['frætrisaid] *s.* **1.** Bruder-, Geschwistermord *m;* **2.** Bruder-, Geschwistermörder *m.*

fraud [frɔ:d] *s.* **1.** ⟂ Betrug *m,* arglistige Täuschung: **by** ~ arglistig; **obtain by** ~ sich *et.* erschleichen; ~ *department* Betrugsdezernat *n;* **2.** Schwindel *m;* **3.** F a) Schwindler *m,* ,falscher Fuffziger', b) ,Schauspieler' *m,* j-d, der nicht ,echt' ist; **'fraud·u·lence** [-djuləns] *s.* Betrüge'rei *f;* **'fraud·u·lent** [-djulənt] *adj.* □ betrügerisch, arglistig: ~ *bankruptcy* betrügerischer Bankrott; ~ *conversion* Unterschlagung *f;* ~ *preference* Gläubigerbegünstigung *f;* ~ *representation* Vorspiegelung *f* falscher Tatsachen.

fraught [frɔ:t] *adj.* **1.** *mst fig.* (**with**) voll (von), beladen (mit): ~ *with danger* gefahrvoll; ~ *with meaning* bedeutungsschwer, -schwanger; ~ *with sorrow* kummerbeladen; **2.** F a) schlimm, b) ,schwer im Druck'.

fray¹ [frei] *s.* **1.** (lauter) Streit; **2.** a) Schläge'rei *f,* b) ✗ *u. fig.* Kampf *m:* **eager for the** ~ kampflustig.

fray² [frei] **I** *v/t.* **1.** *a.* ~ *out Stoff etc.* abtragen, 'durchscheuern, ausfransen, *a. fig.* abnutzen: ~*ed nerves* strapazierte Nerven; ~*ed at the edges fig.* sehr mitgenommen; ~*ed temper fig.* gereizte Stimmung; **2.** *Geweih* fegen; **II**

---

v/i. **3.** *a.* ~ *out* sich abnutzen (*a. fig.*), sich ausfransen *od.* 'durchscheuern; **4.** *fig.* sich ereifern: *tempers began to* ~ die Stimmung wurde gereizt.

fraz·zle ['fræzl] **I** *v/t.* **1.** ausfransen; **2.** *oft* ~ *out* F *j-n* ,fix u. fertig' machen; **II** *v/i.* **3.** sich ausfransen *od.* 'durchscheuern; **III** *s.* **4.** Franse *f:* *worn to a* ~ F ,fix u. fertig'; *work o.s. to a* ~ F sich ,kaputtmachen' (vor Arbeit); *burnt to a* ~ total verkohlt.

freak [fri:k] **I** *s.* **1.** 'Mißbildung *f,* (*Mensch, Tier*) *a.* 'Mißgeburt *f,* Monstrosi'tät *f:* ~ *of nature* Laune *f* der Natur, *contp.* Monstrum *n;* ~ *show* Monstrositätenkabinett *n;* **2.** Grille *f,* Laune *f;* **3.** ,verrückte' *od.* ,irre' Sache; **4.** *sl.* ,Freak' *m:* a) ,irrer Typ', *contp.* ,Ausgeflippte(r' *m) f,* Spinner' *m,* b) (*Jazz-, Computer- etc.*)Narr *m,* c) Süchtige(r *m) f:* *pill* ~; **II** *adj.* **5.** → *freakish;* **III** *v/i.* **6.** ~ *out sl.* ,ausflippen' (*Süchtiger, a. allg. fig.*); **IV** *v/t.* **7.** *sl. j-n* ,ausflippen' lassen; **'freak·ish** [-kiʃ] *adj.* □ **1.** launisch, unberechenbar; **2.** ,verrückt', ,irr'; **'freak-out** *s. sl.* **1.** ,Horrortrip' *m;* **2.** ,Ausflippen' *n.*

freck·le ['frekl] **I** *s.* **1.** Sommersprosse *f;* **2.** Fleck(chen *n) m;* **II** *v/t.* **3.** tüpfeln, sprenkeln; **III** *v/i.* **4.** Sommersprossen bekommen; **'freck·led** [-ld] *adj.* sommersprossig.

free [fri:] **I** *adj.* □ (→ *a.* 18) **1.** frei: a) unabhängig, b) selbständig, c) ungebunden, d) ungehindert, e) uneingeschränkt, f) in Freiheit (befindlich): *a ~ man;* *the ⚨ World;* ~ *elections;* *you are ~ to go* es steht dir frei zu gehen; **2.** frei: a) *unbeschäftigt:* *I am ~ after 5 o'clock,* b) *ohne Verpflichtungen:* *a ~ evening,* c) nicht besetzt: *this room is* ~; **3.** frei: a) nicht wörtlich: *a ~ translation,* b) *nicht an Regeln gebunden:* ~ *verse;* ~ *skating sport* Kür(laufen *n) f,* c) frei gestaltet: *a ~ version;* **4.** (*from, of*) frei (von), ohne (*acc.*): ~ *from error* fehlerfrei; ~ *from infection* frei von ansteckenden Krankheiten; ~ *from pain* schmerzfrei; ~ *of debt* schuldenfrei; ~ *and unencumbered* ⟂ unbelastet, hypothekenfrei; ~ *of taxes* steuerfrei; **5.** ⛁ frei, nicht gebunden; **6.** frei, los(e); **7.** frei, unbefangen, ungezwungen: ~ *manners;* **8.** a) offen(herzig), freimütig, b) unverblümt, c) unverschämt: *make ~ with* sich Freiheiten herausnehmen gegen *j-n;* **9.** allzu frei, unanständig: ~ *talk;* **10.** freigebig, großzügig: *be ~ with s.th.;* **11.** leicht, flott, zügig; **12.** (kosten-, gebühren-) frei, kostenlos, unentgeltlich, gratis, zum Nulltarif: ~ *copy* Freiexemplar *n;* ~ *fares* Nulltarif *m;* ~ *gift* ✝ Zugabe *f,* Gratisprobe *f;* ~ *ticket* a) Freikarte *f,* b) Freifahrschein *m;* **13.** ✝ frei (*Klausel*): ~ *on board* frei an Bord; ~ *on rail* frei Waggon; ~ *domicile* frei Haus; **14.** ✝ frei verfügbar: ~ *assets;* **15.** öffentlich: ~ *library* Volksbibliothek *f;* *be (made) ~ of s.th.* freien Zutritt zu et. haben; **16.** willig, bereit; **17.** *Turnen:* ohne Geräte: ~ *gymnastics* Freiübungen; **II** *adv.* **18.** *allg.* frei (→ I): *go* ~ frei ausgehen; *run* ~ ⊘ leer laufen (*Maschine*); **III** *v/t.* **19.** a) *fig.* befreien (*from* von, aus); **20.** freilassen; **21.** entlasten (*from, of* von).

free| ar·e·a s. *fig.* Freiraum *m*; **~ back** s. *sport* Libero *m*; **'~·board** s. ✧ Freibord *n*; **'~·boot·er** s. Freibeuter *m*; ☿ **Church** s. Freikirche *f*; **'~-·cut·ting** *adj.*: **~ steel** ☉ Automatenstahl *m*.

freed·man ['fri:dmæn] s. [*irr.*] Freigelassene(r) *m*.

free·dom ['fri:dəm] s. **1.** a) Freiheit *f*, b) Unabhängigkeit *f*: **~ of the press** Pressefreiheit; **~ of the seas** Freiheit der Meere; **~ of the city** (*od.* **town**) Ehrenbürgerrecht; **~ from taxation** Steuerfreiheit; **~ fighter** Freiheitskämpfer (-in); **2.** freier Zutritt, freie Benutzung; **3.** Freimütigkeit *f*, Offenheit *f*; **4.** Zwanglosigkeit *f*; **5.** Aufdringlichkeit *f*, (plumpe) Vertraulichkeit; **6.** *phls.* Willensfreiheit *f*, Selbstbestimmung *f*.

free| en·er·gy s. *phys.* freie *od.* ungebundene Ener'gie; **~ en·ter·prise** s. freies Unter'nehmertum; **~ fall** s. ✓ *phys.* freier Fall; **~ fight** s. ('Massen-) Schläge₁rei *f*; **'~-for₁all** [-ər₁ɔ:l] F **1.** → **free fight**; **2.** wildes ₁Gerangel'; **~ hand** s.: **give s.o. a ~** j-m freie Hand lassen; **'~·hand** *adj.* **1.** Freihand...; freihändig: **~ drawing**; **2.** *fig.* a) frei, b) ausschweifend; **₁~'hand·ed** *adj.* **1.** freigebig, großzügig; **2.** → **freehand**; **₁~'heart·ed** *adj.* **1.** freimütig, offen (-herzig); **2.** → **freehanded** 1; **'~·hold** s. (volles) Eigentumsrecht an Grundbesitz: **~ flat** *Brit.* Eigentumswohnung *f*; **'~·hold·er** s. Grund- u. Hauseigentümer *m*; **~ kick** s. *Fußball:* Freistoß *m*: **(in)direct ~**; **~ la·bo·(u)r** s. nichtorganisierte Arbeiter(schaft *f*) *pl.*; **'~·lance** I s. **1.** a) freier Schriftsteller *od.* Journa'list (*etc.*), Freiberufler *m*; freischaffender Künstler, b) freier Mitarbeiter; **2.** *pol.* Unabhängige(r) *m*, Par'teilose(r) *m*; **II** *adj.* **3.** freiberuflich (tätig), freischaffend; **III** *v/i.* **4.** freiberuflich tätig sein; **'~·lanc·er** → **freelance** 1; **~ list** s. **1.** Liste *f* zollfreier Ar'tikel; **2.** Liste *f* der Empfänger von 'Freikarten *od.* -exem₁plaren; **~ liv·er** s. Schlemmer *m*, Genießer *m*; **'~₁load·er** s. *Am.* F ₁Schnorrer' *m*; **~ love** s. freie Liebe; **~ man** s. [*irr.*] *Fußball:* freier Mann, Libero *m*; **'~·man** s. [*irr.*] **1.** [-mæn] freier Mann; **2.** [-mən] (Ehren)Bürger *m* (*Stadt*); **~ mar·ket** s. ♀ freier Markt: **~ economy** freie Marktwirtschaft; **2.** *Börse:* Freiverkehr *m*; **'₂₁ma·son** s. Freimaurer *m*: **~s' lodge** Freimaurerloge *f*; **'₂₁ma·son·ry** s. **1.** Freimaure'rei *f*; **2.** *fig.* Zs.-gehörigkeitsgefühl *n*; **~ play** s. **1.** ☉ Spiel *n*; **2.** *fig.* freie Hand; **~ port** s. Freihafen *m*; **'~-·range** *adj.:* **~ hens** Freilandhühner; **~ ride** → **free-loader**; **~ share** s. ☂ Freiaktie *f*.

free·si·a ['fri:zjə] s. ♀ Freesie *f*.

free| speech s. Redefreiheit *f*; **₁~-·spoken** *adj.* offen, freimütig; **₁~'standing** *adj.*: **~ exercises** Freiübungen *pl.*; **~ sculpture** Freiplastik *f*; **~ state** s. Freistaat *m*; **₁~·style** *sport* I s. Freistil (-schwimmen *n etc.*) *m*; **II** *adj.* Freistil..., Kür...: **~ skating** Kür(laufen *n*) *f*; **₁~'think·er** s. Freidenker *m*, Freigeist *m*; **₁~'think·ing** s., **~ thought** s. Freidenke'rei *f*, -geiste'rei *f*; **~ throw** s. *Basketball:* Freiwurf *m*; **₁~'trade a·re·a** s. Freihandelszone *f*; **₁~'trad·er** s. Anhänger *m* des Freihandels; **~ vote** s. *parl.* Abstimmung *f* ohne Frakti'ons-

zwang; **'~·way** s. *Am.* gebührenfreie Schnellstraße; **₁~'wheel** ☉ I s. Freilauf *m*; **II** *v/i.* im Freilauf fahren; **₁~'wheel·ing** *adj.* F **1.** sorglos; **2.** frei u. ungebunden; **~ will** s. freier Wille, Willensfreiheit *f*.

freeze [fri:z] I *v/i.* [*irr.*] → **frozen**; **1.** frieren (*a. impers.*): **it is freezing hard** es friert stark; **I am freezing** mir ist eiskalt; **~ to death** erfrieren; **2.** gefrieren; **3.** *a.* **~ up** (*od.* **over**) ein-, zufrieren, vereisen; **4.** an-, festfrieren: **~ on to** *sl.* sich wie eine Klette an j-n heften; **5.** (*vor Kälte, fig. vor Schreck etc.*) erstarren, eisig werden (*Person, Gesicht*): **it made my blood ~** es ließ mir das Blut in den Adern erstarren; **~!** *sl.* keine Bewegung!; **II** *v/t.* [*irr.*] **6.** zum Gefrieren bringen: **I was frozen** mir war eiskalt; **7.** erfrieren lassen; **8.** *Fleisch etc.* einfrieren, tiefkühlen; ⚕ vereisen; **9.** *a. fig.* erstarren lassen, *fig. a.* lähmen: **~ out** *Am.* F j-n hinausekeln, kaltstellen; **10.** ☂ *Guthaben etc.* sperren, *a. Preise etc.*, *pol.* diplomatische Beziehungen einfrieren: **~ prices** (**wages**) *a.* e-n Preis- (Lohn)stopp einführen; **III** s. **11.** Gefrieren *n*; **12.** Erstarrung *f*; **13.** 'Frost(peri₁ode *f*) *m*, Kälte(welle) *f*; **14.** ⚕, *pol.* Einfrieren *n*, ☂ *a.* (Preis-, Lohn)Stopp *m*: **~ on wages**; **put a ~ on** → 10; **₁~-·dry** *v/t.* gefriertrocknen; **~ dry·er** s. Gefriertrockner *m*.

freez·er ['fri:zə] s. **1.** Ge'frierma₁schine *f od.* -kammer *f*; **2.** Tiefkühlgerät *n*; **3.** Gefrierfach *n* (*Kühlschrank*); **'freeze-up** s. starker Frost; **'freez·ing** [-zɪŋ] I *adj.* ☉ **1.** ☉ Gefrier..., Kälte...; **~ compartment** → **freezer** 3; **below ~ point** unter dem Gefrierpunkt, unter Null; **2.** eisig; **3.** kalt, unnahbar; **II** s. **4.** Einfrieren *n* (*a.* ⚕, *pol.*); **5.** *a.* ⚕ Vereisung *f*; **6.** Erstarrung *f*.

freight [freit] I s. **1.** Fracht *f*, Beförderung *f*; **2.** (*Am. a.* ✓, 🚂, *mot.*) Fracht(gut *n*) *f*, Ladung *f*: **~ and carriage** *Brit.* See- und Landfracht; **3.** Fracht(gebühr) *f*: **~ forward** Fracht gegen Nachnahme; **4.** *Am.* → **freight train**; **II** *v/t.* **5.** Schiff, *Am. a.* Güterwagen *etc.* befrachten, beladen; **6.** *Güter* verfrachten; **'freight·age** [-tɪdʒ] s. **1.** Trans'port *m*; **2.** → **freight** 2, 3.

freight| bill s. ☂ *Am.* Frachtbrief *m*; **~ car** s. *Am.* Güterwagen *m*.

freight·er ['freitə] s. **1.** a) Frachtschiff *n*, Frachter *m*, b) Trans'portflugzeug *n*; **2.** a) Befrachter *m*, Reeder *m*, b) Ab-, Verlader *m*.

'freight₁lin·er s. *Brit.* Con'tainerzug *m*; **~ rate** s. ☂ Frachtsatz *m*; **~ sta·tion** s. *Am.* Güterbahnhof *m*; **~ train** s. *Am.* Güterzug *m*.

French [frentʃ] I *adj.* **1.** fran'zösisch: **~ master** Französischlehrer; **II** s. **2. the ~** die Franzosen *pl.*; **3.** *ling.* Fran'zösisch *n*: **in ~** a) auf französisch, b) im Französischen; **~ beans** s. *pl.* grüne Bohnen *pl.*; **~ Ca·na·di·an** I s. **1.** 'Frankoka₁nadier(in); **2.** *ling.* ka'nadisches Fran'zösisch; **II** *adj.* **3.** 'frankoka₁nadisch; **~ chalk** s. Schneiderkreide *f*; **~ doors** *Am.* → **French windows**; **~ dress·ing** s. French Dressing *n* (*Salatsoße aus Öl, Essig, Senf u. Gewürzen*); **~ fried po·ta·toes**, F **~ fries** [fraiz] s. *pl. Am.* Pommes 'frites *pl.*; **~**

horn s. ♪ (Wald)Horn *n*; **~ kiss** s. Zungenkuß *m*; **~ leave** s.: **take ~** sich (auf) französisch empfehlen; **~ let·ter** s. F ₁Pa'riser' *m* (*Kondom*); **~ loaf** s. [*irr.*] Ba'guette *f*; **'~·man** [-mən] s. [*irr.*] Fran'zose *m*; **~ mar·i·gold** s. ♀ Studentenblume *f*; **~ pol·ish** s. 'Schellackpolitur *f*; **~ roof** s. ⌂ Man'sardendach *n*; **~ win·dows** s. *pl.* Ter'rassen-, Bal'kontür *f*; **'~·wom·an** s. [*irr.*] Fran'zösin *f*.

fre·net·ic [frə'netɪk] *adj.* (☐ **~ally**) → **frenzied**.

fren·zied ['frenzɪd] *adj.* **1.** fre'netisch (*Geschrei etc.*), rasend: **~ applause**; **2.** a) außer sich, rasend (**with** vor *dat.*), b) wild, hektisch; **fren·zy** ['frenzɪ] I s. **1.** Wahnsinn *m*, Rase'rei *f*: **in a ~ of hate** rasend vor Haß; **2.** wilde Aufregung; **3.** Verzückung *f*, Ek'stase *f*; **4.** Wirbel *m*, Hektik *f*; **II** *v/t.* **5.** rasend machen.

fre·quen·cy ['fri:kwənsɪ] s. **1.** Häufigkeit *f* (*a.* ⚕, *biol.*); **2.** *phys.* Fre'quenz *f*, Schwingungszahl *f*: **high ~** Hochfrequenz; **~ band** s. ⚡ Fre'quenzband *n*; **~ chang·er**, **~ con·vert·er** s. ⚡, *phys.* Fre'quenzwandler *m*; **~ curve** s. ⚕, *biol.* Häufigkeitskurve *f*; **~ mod·u·la·tion** s. *phys.* Fre'quenzmodulati₁on *f*; **~ range** s. Fre'quenzbereich *m*.

fre·quent I *adj.* ☐ ['fri:kwənt] **1.** häufig, (häufig) wieder-'holt: **be ~** häufig vorkommen; **he is a ~ visitor** er kommt häufig zu Besuch; **2.** ⚡ beschleunigt (*Puls*); **II** *v/t.* [frɪ'kwent] **3.** häufig *od.* oft be-, aufsuchen, frequentieren; **fre·quen·ta·tive** [frɪ'kwentətɪv] *ling.* I *adj.* frequenta'tiv; **II** s. Frequenta'tiv(um) *n*; **fre·quent·er** [frɪ'kwentə] s. (fleißiger) Besucher, Stammgast *m*; **'fre·quent·ly** [-lɪ] *adv.* oft, häufig.

fres·co ['freskəʊ] I *pl.* **-cos**, **-coes** s. a) 'Freskoma₁le₁rei *f*, b) Fresko(gemälde) *n*; **II** *v/t.* in Fresko (be)malen.

fresh [freʃ] I *adj.* ☐ (→ *a.* 8); **1.** *allg.* frisch; **2.** neu: **~ evidence**; **~ news**; **~ arrival** Neuankömmling *m*; **make a ~ start** neu anfangen; **take a ~ look at et.** noch einmal *od.* von e-r anderen Seite betrachten; **3.** frisch: a) zusätzlich: **~ supplies**, b) *nicht alt:* **~ eggs**, c) *nicht eingemacht:* **~ vegetables** *a.* Frischgemüse *n*; **~ meat** Frischfleisch *n*; **~ herrings** grüne Heringe, d) sauber, rein: **~ shirt**; **4.** frisch: a) blühend, gesund: **~ complexion**, b) ausgeruht, erholt: (**as**) **~ as a daisy** quicklebendig; **5.** frisch: a) unverbraucht, b) erfrischend, c) kräftig: **~ wind**, d) kühl; **6.** *fig.* ₁grün', unerfahren; **7.** F frech, ₁pampig': **don't get ~ with me!** werd (mir) ja nicht frech!; **II** *adv.* **8.** frisch: **~ from** frisch *od.* direkt von *od.* aus; **III** s. **9.** Frische *f*, Kühle *f*: **~ of the day** der Tagesanfang; **10.** → **freshet**.

₁fresh-'air fiend s. F 'Frischluftfa₁natiker(in), -a₁postel *m*.

fresh·en ['freʃn] I *v/t. a.* **~ up** **1.** *j-n* erfrischen; **~ o.s. up** → 4; **2.** *fig. et.* auffrischen, ₁aufpolieren'; **II** *v/i. mst* **~ up** **3.** frisch werden, aufleben; **4.** sich frisch machen; **5.** auffrischen (*Wind*); **'fresh·er** [-ʃə] *Brit.* F → **freshman**; **'fresh·et** [-ʃɪt] s. Hochwasser *n*, Flut *f* (*a. fig.*); **'fresh·man** [-mən] s. [*irr.*] Stu'dent *m* im ersten Se'mester; **'fresh·ness** [-ʃnɪs] s. Frische *f*; Neuheit *f*; Unerfahrenheit *f*.

fresh| **wa·ter** *s*. Süßwasser *n*; '~**wa·ter** *adj*. **1.** Süßwasser...: ~ *fish*; **2.** *Am*. Provinz...: ~ *college*.

fret[1] [fret] *s*. ♪ Bund *m*, Griffleiste *f*.

fret[2] [fret] **I** *s*. ⚠ *etc*. **1.** durch'brochene Verzierung; **2.** Gitterwerk *n*; **II** *v/t*. **3.** durch'brochen *od*. gitterförmig verzieren.

fret[3] [fret] **I** *v/t*. **1.** ⊙, 🦌 an-, zerfressen, angreifen; **2.** abnutzen, -scheuern; **3.** *j-n* ärgern, reizen; **II** *v/i*. **4.** a) sich ärgern: ~ *and fume* vor Wut schäumen, b) sich Sorgen machen; **III** *s*. **5.** Ärger *m*, Verärgerung *f*; '**fret·ful** [-fʊl] *adj*. ☐ ärgerlich, gereizt.

fret| **saw** *s*. ⊙ Laubsäge *f*; '~**work** *s*. **1.** ⚠ *etc*. Gitterwerk *n*; **2.** Laubsägearbeit *f*.

Freud·i·an ['frɔɪdjən] **I** *s*. Freudi'aner (-in); **II** *adj*. freudi'anisch, Freudsch: ~ *slip psych*. Freudsche Fehlleistung.

fri·a·ble ['fraɪəbl] *adj*. bröck(e)lig, krümelig.

fri·ar ['fraɪə] *s*. *eccl*. (*bsd*. Bettel-) Mönch *m*: *Black* ♂ Dominikaner *m*; *Grey* ♂ Franziskaner *m*; *White* ♂ Karmeliter *m*; '**fri·ar·y** [-ərɪ] *s*. Mönchskloster *n*.

fric·as·see ['frɪkəsi:] (*Fr*.) **I** *s*. Frikas'see *n*; **II** *v/t*. [ˌfrɪkə'si:] frikassieren.

fric·a·tive ['frɪkətɪv] *ling*. **I** *adj*. Reibe...; **II** *s*. Reibelaut *m*.

fric·tion ['frɪkʃn] **I** *s*. **1.** ⊙, *phys*. Reibung *f*, Frikti'on *f*; **2.** *bsd*. ♣ Einreibung *f*; **3.** *fig*. Reibungen *pl*., Reibe'rei *f*, Spannung *f*, 'Mißhelligkeit *f*; **II** *adj*. **4.** ⊙, *phys*. Reibungs...: ~ *brake*; ~ *clutch*; ~ *drive* Friktionsantrieb *m*; ~ *gear(ing)* Friktionsgetriebe *n*; ~ *match* Streichholz *n*; ~ *surface* Lauffläche *f*; ~ *tape Am*. Isolierband *n*; '**fric·tion·al** [-ʃənl] *adj*. **1.** Reibungs..., Friktions...; **2.** ~ *unemployment* temporäre Arbeitslosigkeit; '**fric·tion·less** [-lɪs] *adj*. ⊙ reibungsfrei, -arm.

Fri·day ['fraɪdɪ] *s*. Freitag *m*: *on* ~ am Freitag; *on* ~*s* freitags; → *Good Friday, girl Friday*.

fridge [frɪdʒ] *s*. *Brit*. F Kühlschrank *m*.

fried [fraɪd] *adj*. **1.** gebraten; → *fry*[2] 1; **2.** *Am. sl*. ‚blau', besoffen; '~**cake** *s*. *Am*. Krapfen *m*.

friend [frend] *s*. **1.** Freund(in): ~ *at court* ,Vetter' (*einflußreicher Freund*); ~ *of the court* ♣ sachverständiger Beistand (*des Gerichts*); → *next* 1; *be* ~*s with s.o.* mit j-m befreundet sein; *make* ~*s with* mit j-m Freundschaft schließen; *a* ~ *in need is a* ~ *indeed* der wahre Freund zeigt sich erst in der Not; **2.** Bekannte(r *m*) *f*; **3.** Helfer(in), Förderer *m*; **4.** Hilfe *f*, Freund(in); **5.** *Brit*. a) *my honourable* ~ *parl*. mein Herr Kollege *m*. Vorredner (*Anrede*), b) *my learned* ~ ♣ mein verehrter Herr Kollege; **6.** *Society of* ♂*s* Gesellschaft der Freunde, *die* Quäker; '**friend·less** [-lɪs] *adj*. ohne Freunde; '**friend·li·ness** [-lɪnɪs] *s*. Freund(schaft)lichkeit *f*, freundschaftliche Gesinnung; '**friend·ly** [-lɪ] **I** *adj*. **1.** freundlich; **2.** freundschaftlich, Freundschafts...: ~ *match sport* Freundschaftsspiel *n*; *a* ~ *nation* e-e befreundete Nation; **3.** wohlwollend, -gesinnt: ~ *neutrality pol*. wohlwollende Neutra-

lität; ♂ *Society* Versicherungsverein *m* auf Gegenseitigkeit; ~ *troops* ✕ eigene Truppen; **4.** günstig; **II** *s*. **5.** *sport* F '**friend·ship** [-ʃɪp] *s*. **1.** Freundschaft *f*; **2.** → *friendliness*.

fri·er → *fryer*.

Frie·sian ['fri:zjən] → *Frisian*.

frieze[1] [fri:z] **I** *s*. **1.** ⚠ Fries *m*; **2.** Zierstreifen *m* (*Tapete etc*.); **II** *v/t*. **3.** mit e-m Fries versehen.

frieze[2] [fri:z] *s*. Fries *m* (*Wollzeug*).

frig [frɪg] V **I** *v/t*. ,ficken'; **II** *v/i*. ,wichsen'.

frig·ate ['frɪgɪt] *s*. ⚓ Fre'gatte *f*.

frige [frɪdʒ] → *fridge*.

fright [fraɪt] **I** *s*. Scheck(en) *m*, Entsetzen *n*: *get* (*od*. *have*) *a* ~ erschrecken; *give s.o. a* ~ j-n erschrecken; *take* ~ a) erschrecken, b) scheuen (*Pferd*); *get off with a* ~ mit dem Schrecken davonkommen; *he looked a* ~ F er sah ,verboten' aus; **II** *v/t*. *poet*. → *frighten*; '**fright·en** [-tn] *v/t*. **1.** a) *j-n* erschrekken (*s.o. to death* j-n zu Tode), *j-m* e-n Schrecken einjagen, b) *j-m* Angst einjagen: ~ *s.o. into doing s.th.* j-n so einschüchtern, daß er et. tut; *I was* ~*ed* ich erschrak *od*. bekam Angst (*of* vor *dat*.); **2.** ~ *away* vertreiben, -scheuchen; **3.** *he* ~*s easily* a) er ist sehr schreckhaft, b) dem kann man leicht Angst einjagen; '**fright·ened** [-tnd] *adj*. erschreckt, erschrocken, verängstigt; '**fright·en·ing** [-tnɪŋ] *adj*. ☐ erschreckend; '**fright·ful** [-fʊl] *adj*. ☐ furchtbar, schrecklich, entsetzlich, gräßlich, scheußlich (*alle a*. F *fig*.); '**fright·ful·ly** [-flɪ] *adv*. furchtbar (*etc*.); '**fright·ful·ness** [-fʊlnɪs] *s*. **1.** Schrecklichkeit *f*; **2.** Schreckensherrschaft *f*, Terror *m*.

frig·id ['frɪdʒɪd] *adj*. ☐ **1.** kalt, frostig, eisig (*alle a. fig*.): ~ *zone geogr*. kalte Zone; **2.** *fig*. kühl, steif; **3.** *psych*. fri'gid, gefühlskalt; **fri·gid·i·ty** [frɪ'dʒɪdətɪ] *s*. Kälte *f*, Frostigkeit *f* (*a. fig*.); *psych*. Frigidi'tät *f*.

frill [frɪl] **I** *s*. **1.** (Hals-, Hand)Krause *f*, Rüsche *f*; **2.** Pa'pierkrause *f*, Man'schette *f*; **3.** *zo*., *orn*. Kragen *m*; **4.** *mst pl. contp*. ,Verzierungen' *pl*., Kinkerlitzchen *pl*., ‚Mätzchen' *pl*., Firlefanz' *m*: *put on* ~*s fig*. ,auf vornehm machen', sich aufplustern; *without* ~*s* ,ohne Kinkerlitzchen', schlicht; **II** *v/t*. **5.** mit e-r Krause besetzen; **6.** kräuseln; **III** *v/i*. **7.** *phot*. sich kräuseln; '**frill·ies** [-lɪz] *s. pl. Brit*. F ,Reizwäsche' *f*, ,Spitzen'unterwäsche *f*.

fringe [frɪndʒ] **I** *s*. **1.** Franse *f*, Besatz *m*; **2.** Rand *m*, Einfassung *f*, Um'randung *f*; **3.** 'Ponyfri,sur *f*; **4.** a) Randbezirk *m*, -gebiet *n* (*a. fig*.), b) *fig*. Rand(zone *f*) *m*, Grenze *f*: ~*s of civilization*, c) → *fringe group*; → *lunatic* I; **II** *v/t*. **5.** mit Fransen besetzen; **6.** (um)'säumen; ~ **ben·e·fits** *s. pl*. (Gehalts-, Lohn)Nebenleistungen *pl*.

fringed [frɪndʒd] *adj*. gefranst.

fringe group *s. sociol*. Randgruppe *f*.

frip·per·y ['frɪpərɪ] *s*. **1.** Putz *m*, Flitterkram *m*; **2.** Tand *m*, Plunder *m*; **3.** *fig*. → *frill* 4.

Fri·sian ['frɪzɪən] **I** *s*. **1.** Friese *m*, Friesin *f*; **2.** *ling*. Friesisch *n*; **II** *adj*. **3.** friesisch.

frisk [frɪsk] **I** *v/i*. **1.** her'umtollen, -hüpfen; **II** *v/t*. **2.** wedeln mit; **3.** *j-n* ,filzen', *a. et*. durch'suchen; **III** *s*. **4.** a) Ausgelassenheit *f*, b) Freudensprung *m*; **5.** F ,Filzen' *n*; '**frisk·i·ness** [-kɪnɪs] *s*. Lustigkeit *f*, Ausgelassenheit *f*; '**frisk·y** [-kɪ] *adj*. ☐ lebhaft, munter, ausgelassen.

fris·son ['fri:sɔ̃:ŋ] (*Fr*.) *s*. (leichter) Schauer.

frit [frɪt] *v/t*. ⊙ fritten, schmelzen.

frith [frɪθ] → *firth*.

frit·ter[1] ['frɪtə] *s*. Bei'gnet *m* (*Gebäck*).

frit·ter[2] ['frɪtə] *v/t*. **1.** *mst* ~ *away* verplempern, vergeuden; **2.** a) zerfetzen, b) in Streifen schneiden, *Küche*: schnetzeln.

fritz [frɪts] *s. Am. sl*.: *on the* ~ kaputt, ,im Eimer'.

friv·ol ['frɪvl] **I** *v/i*. (he'rum)tändeln; **II** *v/t*. ~ *away* → *fritter*[2] 1; **fri·vol·i·ty** [frɪ'vɒlətɪ] *s*. Frivoli'tät *f*: a) Leichtsinn(igkeit *f*) *m*, Oberflächlichkeit *f*, b) Leichtfertigkeit *f* (*Rede od. Handlung*); '**friv·o·lous** [-vələs] *adj*. ☐ **1.** fri'vol, leichtsinnig, -fertig; **2.** nicht ernst zu nehmen(d); **3.** 🐿 schika'nös.

frizz[1] [frɪz] **I** *v/t. u. v/i*. (sich) kräuseln; **II** *s*. gekräuseltes Haar.

frizz[2] [frɪz] *v/t*. → *frizzle*[1] I.

friz·zle[1] ['frɪzl] **I** *v/i*. brutzeln; **II** *v/t*. (braun) rösten.

friz·zle[2] ['frɪzl] → *frizz*[1]; '**friz·zly** [-lɪ], '**friz·zy** [-zɪ] *adj*. kraus, gekräuselt.

fro [frəʊ] *adv*.: *to and* ~ hin u. her, auf u. ab.

frock [frɒk] *s*. **1.** (Mönchs)Kutte *f*; **2.** (Damen)Kleid *n*; **3.** ♣ Wolljacke *f*; **4.** Kinderkleid *n*, Kittel *m*; **5.** Gehrock *m*; **6.** (Arbeits)Kittel *m*; **II** *v/t*. **7.** mit e-m geistlichen Amt bekleiden; **8.** mit e-m Kittel bekleiden; ~ **coat** *s*. Gehrock *m*.

frog [frɒg] *s*. **1.** *zo*. Frosch *m*: *have a* ~ *in the throat* e-n Frosch im Hals haben, heiser sein; **2.** Schnurbesatz *m*, -verschluß *m* (*Rock*); **3.** ✕ Quaste *f*, Säbeltasche *f*; **4.** 🐴 Herz-, Kreuzungsstück *n*; **5.** 🎵 Oberleitungsweiche *f*; **6.** *zo*. Strahl *m* (*Pferdehuf*); **7.** *Am. sl*. Bizeps *m*; **8.** ♀ *sl. contp*. ,'Scheißfran,zose' *m*; ~ *kick s*. Schwimmen: Grätschstoß *m*; '~**man** [-mən] *s*. [*irr*.] Froschmann *m*, ✕ Kampfschwimmer *m*; '~**march** *v/t*. *j-n* (mit dem Gesicht nach unten) fortschleppen; ~*'s legs s. pl*. Froschschenkel *pl*.; ~ *spawn s*. **1.** *zo*. Froschlaich *m*; **2.** ♀ Froschlaichalge *f*.

frol·ic ['frɒlɪk] **I** *s*. **1.** Her'umtollen *n*, Ausgelassenheit *f*; **2.** Jux *m*, Spaß *m*, Streich *m*; **II** *v/i. pret. u. p.p. '**frol·icked** [-kt] **3.** her'umtollen, -toben; '**frol·ic·some** [-səm] *adj*. 'übermütig, ausgelassen.

from [from; frəm] *prp*. von, von ... her, aus, aus ... her'aus: a) *Ort, Herkunft*: *a gift* ~ *his son* ein Geschenk von s-m Sohn; ~ *outside* (*od. without*) von (dr)außen; *the train* ~ *X* der Zug von *od*. aus X; *he is* ~ *Kent* er ist *od*. stammt aus Kent; *auf Sendungen*: ~ ... Absender ...; b) *Zeit*: ~ *2 to 4 o'clock* von 2 bis 4 Uhr; ~ *now* von jetzt an; ~ *a child* von Kindheit an, c) *Entfernung*: *6 miles* ~ *Rome* 6 Meilen von Rom (entfernt); *far* ~ *the truth* weit von der Wahrheit entfernt, d) *Fortnehmen*:

stolen ~ the shop (the table) aus dem Laden (vom Tisch) gestohlen; take it ~ him! nimm es ihm weg!, e) Anzahl: ~ six to eight boats sechs bis acht Boote, f) Wandlung: ~ bad to worse immer schlimmer, g) Unterscheidung: he does not know black ~ white er kann Schwarz u. Weiß nicht unterscheiden, h) Quelle, Grund: ~ my point of view von meinem Standpunkt (aus); ~ what he said nach dem, was er sagte; painted ~ life nach dem Leben gemalt; he died ~ hunger er verhungerte; ~ a·bove adv. von oben; ~ a·cross adv. u. prp. von jenseits (gen.), von der anderen Seite (gen.); ~ a·mong prp. aus ... her'aus; ~ be·fore prp. aus der Zeit vor (dat.); ~ be·neath adv. von unten; prp. unter (dat.) ... her'vor od. her'aus; ~ be·tween prp. zwischen (dat.) ... her'vor; ~ be·yond adv. u. prp. von jenseits (gen.); ~ in·side adv. von innen; prp. aus ... her'aus: ~ the house aus dem Inneren des Hauses (heraus); ~ out of prp. aus ... her'aus; ~ un·der → from beneath.

frond [frɒnd] s. ♀ (Farn)Wedel m.

front [frʌnt] I s. 1. allg. Vorder-, Stirnseite f, Front f; 2. △ (Vorder)Front f, Fas'sade f; 3. Vorderteil n; 4. ✕ a) Front f, Kampflinie f, -gebiet n, b) Frontbreite f: at the ~ an der Front; on all ~s an allen Fronten (a. fig.); 5. Vordergrund f, Spitze f: in ~ an der od. die Spitze, vorn, davor; in ~ of vor (dat.); to the ~ nach vorn; come to the ~ fig. in den Vordergrund treten; up ~ a) vorn, fig. a. an der Spitze, b) nach vorn, fig. a. an die Spitze; 6. (Straßen-, Wasser)Front f: the ~ Brit. die Strandpromenade; 7. fig. Front f: a) (bsd. politische) Organisati'on, b) Sektor m: on the economic ~ an der wirtschaftlichen Front; 8. a) ‚Strohmann' m, b) ‚Aushängeschild' n (e-r Interessengruppe od. Geheimorganisation etc.); 9. F ‚Fas'sade' f: put up a ~ a) sich Allüren geben, b) ‚Theater spielen'; show a bold ~ kühn auftreten; maintain a ~ den Schein wahren; 10. poet. a) Stirn f, b) Antlitz n; 11. fig. Frechheit f: have the ~ to (inf.) die Stirn haben zu (inf.); 12. Hemdbrust f; 13. (falsche) Stirnlocken pl.; 14. meteor. Front f: cold ~; II adj. 15. Front..., Vorder...: ~ entrance; ~ row vorder(st)e Reihe; ~ tooth Vorderzahn m; 16. ~ man ‚Strohmann' m; 17. ling. Vorderzungen...; III v/t. 18. gegen'überstehen, -liegen (dat.): the house ~s the sea das Haus liegt (nach) dem Meer zu; the windows ~ the street die Fenster gehen auf die Straße; 19. j-m entgegen-, gegen'übertreten, j-m die Stirn bieten; 20. mit e-r Front od. Vorderseite versehen; 21. als Front od. Vorderseite dienen für; 22. ling. palatalisieren; 23. TV Brit. Programm moderieren; IV v/i. 24. ~ on od. to[wards]) → 18; 25. ~ for als ‚Strohmann' od. ‚Aushängeschild' fungieren für.

front·age ['frʌntɪdʒ] s. 1. (Vorder)Front f (e-s Hauses): ~ line Bau(flucht)linie f; ~ road Am. Parallelstraße zu e-r Schnellstraße (mit Wohnhäusern, Geschäften etc.); have a ~ on → front 18; 2. Land n an der Straßen- od. Wasser-

front; 3. Grundstück n zwischen der Vorderfront e-s Hauses u. der Straße; 4. ✕ Front- od. Angriffsbreite f.

fron·tal ['frʌntl] I adj. 1. fron'tal, Vorder..., Front...: ~ attack (collision) Frontalangriff m (-zs.-stoß m); ~ axle ✪ Vorderachse f; 2. ✪, anat. Stirn...; II s. 3. eccl. Ante'pendium n; 4. △ Ziergiebel m; ~ bone s. Stirnbein n; ~ si·nus s. Stirn(bein)höhle f.

front| bench s. parl. vordere Sitzreihe (für Regierung u. Oppositionsführer); ˌ~-'bench·er s. parl. führendes Frakti'onsmitglied; ~ door s. Haus-, Vordertür f; ~ drive s. mot. Frontantrieb m; ˌ~-'end col·li·sion s. mot. Auffahrunfall m; ~ en·gine s. Frontmotor m.

fron·tier ['frʌnˌtɪə] I s. 1. (Landes)Grenze f; 2. Am. Grenzgebiet n, Grenze f (zum Wilden Westen): new ~s fig. neue Ziele; 3. fig. oft pl. Grenze f, Grenzbereich m; Neuland n; II adj. 4. Grenz...: ~ town, 'fron'tiers·man [-ˌɪəzmən] s. [irr.] Am. hist. Grenzbewohner m.

fron·tis·piece ['frʌntɪspiːs] s. Fronti'spiz n: a) Titelbild n (Buch), b) △ Giebelseite f od. -feld n.

front·let ['frʌntlɪt] s. 1. zo. Stirn f; 2. Stirnband n.

front| line s. ✕ Kampffront f, Front(linie) f; '~-line adj.: ~ officer Frontoffizier m; ~ page s. Titelseite f (Zeitung); '~-page adj.: ~ news wichtige od. aktuelle Nachricht(en); ~ pas·sen·ger s. mot. Beifahrer(in); ˌ~-'run·ner s. 1. sport a) Spitzenreiter m (a. fig.), b) Favo'rit(in); 2. pol. 'Spitzenkandi,dat(in); 3. Tempoläufer m; ~ seat s. Vordersitz m; ~ sight s. ✕ Korn n; ~ view s. Vorderansicht f; ~-wheel adj.: ~ drive ✪ Vorderradantrieb m.

frosh [frɒʃ] s. sg. u. pl. Am. → freshman.

frost [frɒst] I s. 1. Frost m: 10 degrees of ~ Brit. 10 Grad Kälte; 2. Eisblumen pl., Reif m; 3. fig. Kühle f, Kälte f, Frostigkeit f; 4. sl. ‚Reinfall' m; ‚Pleite' f; II v/t. 5. mit Reif od. Eis über'ziehen; 6. ✪ Glas mattieren; 7. Küche: a) glasieren, mit Zuckerguß über'ziehen, b) mit (Puder)Zucker bestreuen; 8. Frostschäden verursachen bei; 9. j-n sehr kühl behandeln; '~·bite s. ✪ Erfrierung f; '~·bit·ten adj. ✿ erfroren.

frost·ed ['frɒstɪd] adj. 1. bereift, über'froren; 2. ✪ mattiert: ~ glass Matt-, Milchglas n; 3. ✿ erfroren; 4. mit Zuckerguß, glasiert; 'frost·i·ness [-tɪnɪs] s. Frost m, eisige Kälte (a. fig.); 'frost·ing [-tɪŋ] s. 1. Zuckerguß m, Gla'sur f; 2. ✪ Mattierung f; 'frost·work s. Eisblumen pl.; 'frost·y [-tɪ] adj. □ 1. eisig, frostig (a. fig.); 2. mit Reif od. Eis bedeckt; 3. eisgrau: ~ hair.

froth [frɒθ] I s. 1. Schaum m; 2. ✿ (Blasen)Schaum m; 3. fig. ‚Firlefanz' m; II v/t. 4. a) zum Schäumen bringen, b) zu Schaum schlagen; III v/i. 5. schäumen (a. fig. vor Wut); 'froth·i·ness [-θɪnɪs] s. 1. Schäumen n, Schaum m; 2. fig. Seicht-, Hohlheit f; 'froth·y [-θɪ] adj. □ 1. schaumig od. schäumend; 2. fig. seicht, hohl.

frou-frou ['fruːfruː] (Fr.) s. 1. Knistern n, Rascheln n (von Seide); 2. Flitter m.

fro·ward ['frəʊəd] adj. □ obs. eigen-

sinnig.

frown [fraʊn] I v/i. a) die Stirn runzeln (at über acc.; a. fig.), b) finster dreinschauen: ~ (up)on stirnrunzelnd od. finster betrachten, fig. mißbilligen (acc.); II v/t. ~ down j-n durch finstere Blicke einschüchtern; III s. Stirnrunzeln n; finsterer Blick; 'frown·ing [-nɪŋ] adj. □ 1. stirnrunzelnd; 2. a) miß'billigend, b) finster (Blick); 3. bedrohlich.

frowst [fraʊst] F I s. ‚Mief' m; II v/i. im ‚Mief' hocken; 'frowst·y [-tɪ] adj. muffig, ‚miefig'.

frowz·i·ness ['fraʊzɪnɪs] s. 1. Schlampigkeit f; Ungepflegtheit f; 2. muffiger Geruch; frowz·y ['fraʊzɪ] adj. □ 1. schlampig, ungepflegt; 2. muffig.

froze [frəʊz] pret. von freeze; 'fro·zen [-zn] I p.p. von freeze; II adj. 1. (ein-, zu)gefroren; 2. erfroren; 3. gefroren, Gefrier...: ~ food Tiefkühlkost f; ~ meat Gefrierfleisch n; 4. eisig, frostig (a. fig.); 5. kalt, teilnahms-, gefühllos; 6. ✞ eingefroren: a) festliegend: ~ capital, b) gestoppt: ~ prices; ~ wages; 7. ~ facts Am. unumstößliche Tatsachen.

fruc·ti·fi·ca·tion [ˌfrʌktɪfɪˈkeɪʃn] s. ♀ 1. Fruchtbildung f; 2. Befruchtung f; **fruc·ti·fy** ['frʌktɪfaɪ] ♀ I v/i. Früchte tragen (a. fig.); II v/t. befruchten (a. fig.); **fruc·tose** ['frʌktəʊs] s. Fruchtzucker m.

fru·gal ['fruːgl] adj. □ 1. sparsam, haushälterisch (of mit); 2. genügsam, bescheiden; 3. einfach, spärlich, fru'gal: ~ meal; **fru·gal·i·ty** [fruːˈgælətɪ] s. Sparsamkeit f; Genügsamkeit f; Einfachheit f.

fru·giv·o·rous [fruːˈdʒɪvərəs] adj. zo. fruchtfressend.

fruit [fruːt] I s. 1. ♀ a) Frucht f, b) Samenkapsel f; 2. coll. a) Früchte pl.: bear ~ Früchte tragen (a. fig.), b) Obst n; 3. bibl. Nachkommen(schaft f) pl.: ~ of the body Leibesfrucht f; 4. mst pl. fig. Frucht f, Früchte pl., Ergebnis n, Erfolg m, Gewinn m; 5. sl. ‚Spinner' m; 6. Am. sl. ‚Homo' m; II v/i. 7. ♀ (Früchte) tragen; **fruit·ar·i·an** [fruːˈteərɪən] s. Obstesser(in), Rohköstler(in).

'fruit|·cake s. 1. englischer Kuchen; 2. Brit. sl. ‚Spinner' m; ~ cock·tail s. Früchtecocktail m; ~ cup s. Früchtebecher m.

fruit·er·er ['fruːtərə] s. Obsthändler m; 'fruit·ful [-tfʊl] adj. □ 1. fruchtbar (a. fig.); 2. fig. erfolgreich; 'fruit·ful·ness [-tfʊlnɪs] s. Fruchtbarkeit f.

fru·i·tion [fruːˈɪʃn] s. Erfüllung f, Verwirklichung f: come to ~ sich verwirklichen, Früchte tragen.

fruit| jar s. Einweckglas n; ~ juice s. Obstsaft m; ~ knife s. [irr.] Obstmesser n.

fruit·less ['fruːtlɪs] adj. □ 1. unfruchtbar; 2. fig. frucht-, erfolglos, vergeblich.

fruit| ma·chine s. Brit. F 'Spielauto,mat m; ~ pulp s. Fruchtfleisch n; ~ sal·ad s. 1. 'Obstsa,lat m; 2. fig. humor. Sa-'metta' n, Ordenspracht f; ~ tree s. Obstbaum m.

fruit·y ['fruːtɪ] adj. 1. fruchtartig; 2. fruchtig (Wein); 3. so'nor (Stimme); 4.

Brit. sl. ‚saftig‘, ‚gepfeffert‘ (*Witz*); **5.** *Am.* F ‚schmalzig‘.

fru·men·ta·ceous [ˌfruːmənˈteɪʃəs] *adj.* getreideartig, Getreide…

frump [frʌmp] *s. a.* **old** ~ ‚alte Schachtel‘, ‚Spiˈnatwachtel‘ *f*; **'frump·ish** [-pɪʃ], **'frump·y** [-pɪ] *adj.* **1.** altmodisch; **2.** schlampig, ungepflegt.

frus·trate [frʌsˈtreɪt] *v/t.* **1.** *et.* vereiteln, durch'kreuzen, zu'nichte machen; **2.** *j-n od. et.* hemmen, (be)hindern, *j-n* einengen, *j-n* am Fortkommen hindern; **3.** *j-m* die *od.* jede Hoffnung *od.* Aussicht nehmen, *j-n* zu'rückwerfen: *I was ~d in my efforts* meine Bemühungen wurden vereitelt; **4.** frustrieren: a) *j-n* entmutigen, b) *j-n* enttäuschen, c) mit Minderwertigkeitsgefühlen erfüllen; **frus'trat·ed** [-tɪd] *adj.* **1.** vereitelt, gescheitert: ~ *plans*; **2.** gescheitert (*Person*), ‚verhindert‘ (*Maler etc.*); **3.** frustriert: a) entmutigt, b) enttäuscht, c) voller Minderwertigkeitsgefühle; **frus·'trat·ing** [-tɪŋ] *adj.* frustrierend, enttäuschend, entmutigend; **frus'tra·tion** [-eɪʃn] *s.* **1.** Vereitelung *f*; **2.** Behinderung *f*, Hemmung *f*; **3.** Enttäuschung *f*, 'Mißerfolg *m*, Rückschlag *m*; **4.** *psych. u. allg.* Frustrati'on *f*: a) Enttäuschung *f*, b) *a.* **sense of** ~ *das* Gefühl, ein Versager zu sein, Minderwertigkcitsgefühle *pl.*, Niedergeschlagenheit *f*; **5.** aussichtslose Sache (*to* für).

frus·tum [ˈfrʌstəm] *pl.* **-tums** *od.* **-ta** [-tə] *s.* ᴀ Stumpf *m*: ~ *of a cone* Kegelstumpf.

fry[1] [fraɪ] *s. pl.* **1.** a) junge Fische *pl.*, b) Fischrogen *m*; **2.** *small* ~ a) ‚junges Gemüse‘, Kinder *pl.*, b) kleine (*unbedeutende*) Leute *pl.*, c) ‚kleine Fische‘ *pl.*, Lappalien *pl.*

fry[2] [fraɪ] **I** *v/t.* **1.** braten: *fried potatoes* Bratkartoffeln; **2.** *Am. sl.* auf dem e'lektrischen Stuhl hinrichten; **II** *v/i.* **3.** braten, schmoren; **4.** *Am. sl.* auf dem e'lektrischen Stuhl hingerichtet werden; **III** *s.* **5.** Gebratenes *n*, *bsd.* gebratene Inne'reien *pl.*; **6.** *Am. bsd. in Zssgn:* Brat-, Grillfest *n*: *fish* ~; **fry·er** [ˈfraɪə] *s.* **1.** j-d, der *et.* brät: *he is a fish-*~ er hat ein Fischrestaurant; **2.** (*Fisch- etc.*)Bratpfanne *f*; **3.** *et.* zum Braten Geeignetes, Brathühnchen *n*; **fry·ing pan** [ˈfraɪɪŋ] *s.* Bratpfanne *f*: *jump out of the* ~ *into the fire* vom Regen in die Traufe kommen.

fuch·sia [ˈfjuːʃə] *s.* ♀ Fuchsie *f*.

fuch·sine [ˈfuːksiːn] *s.* ᴀ Fuch'sin *n*.

fuck [fʌk] V **I** *v/t.* **1.** ‚ficken‘, ‚vögeln‘: ~ *it!* ‚Scheiße‘!; ~ *you!*, *get ~ed!* a) du Scheißkerl!, b) leck mich am Arsch!; ~ *up et.* ‚versauen‘ *od.* ‚vermasseln‘: (*all*) ~*ed up* (total) ‚im Arsch‘; **II** *v/i.* **3.** ‚ficken‘, ‚vögeln‘; **4.** ~ *around* fig. her-'umgammeln; ~ *off!* verpiß dich!; **III** *s.* **5.** ‚Fick‘ *m*: *I don't give a* ~ fig. das ist mir ‚scheißegal‘; ~*!* ‚Scheiße‘!; **'fuck·er** [-kə] *s.* V **1.** ‚Ficker‘ *m*; **2.** ‚(Scheiß-)Kerl‘ *m*: *poor* ~ armes Schwein; **'fuck·ing** [-kɪŋ] V **I** *adj.* verdammt, Scheiß… (*oft nur verstärkend*); **II** *adv.* verdammt: ~ *cold* ‚verdammt‘ gut; ~ *good* ‚unheimlich‘ gut, ‚sagenhaft‘.

fud·dle [ˈfʌdl] F **I** *v/t.* **1.** berauschen: ~ *o.s.* → 3; **2.** verwirren; **II** *v/i.* **3.** saufen, sich ‚vollaufen lassen‘; **III** *s.* **4.** Verwirrung *f*: *get in a* ~ durcheinanderkom-

men; **'fud·dled** [-ld] *adj.* F **1.** ‚benebelt‘; **2.** verwirrt.

fud·dy-dud·dy [ˈfʌdɪˌdʌdɪ] F **I** *s.* ‚verkalkter Trottel‘; **II** *adj.* ‚verkalkt‘.

fudge [fʌdʒ] F **I** *v/t.* **1.** *oft* ~ *up* zu'rechtpfuschen, zs.-stoppeln; **2.** ‚frisieren‘, fälschen; **II** *v/i.* **3.** ‚blöd da'herreden‘; **4.** ~ *on e-m Problem etc.* ausweichen; **III** *s.* **5.** ‚Quatsch‘ *m*, Blödsinn *m*; **6.** *Zeitung:* (Maˈschine *f od.* Spalte *f* für) letzte Meldungen *pl.*; **7.** *Küche:* (Art) Fon'dant *m*.

fu·el [ˈfjʊəl] **I** *s.* Brennstoff *m*: a) 'Brenn-, 'Heizmateriˌal *n*, b) Betriebs-, Treib-, Kraftstoff *m*: *add* ~ *to the flames* (*od. fire*) fig. Öl ins Feuer gießen; *add* ~ *to* fig. *et.* schüren; **II** *v/i.* Brennstoff nehmen; *a.* ~ *up* (auf)tanken, ♣ bunkern; **III** *v/t.* mit Brennstoff versehen, ✈ *a.* betanken; ♣ *Öl* bunkern: *fuelled with* be- *od.* getrieben mit; ~-'air mix·ture *s. mot.* Kraftstoff-Luft-Gemisch *n*; ~ e·con·o·my *s.* sparsamer Kraftstoffverbrauch; ~ **feed** *s.* Brennstoffzuleitung *f*; ~ **gas** *s.* Heizgas *n*; ~ **ga(u)ge** *s. mot.* Kraftstoffmesser *m*, Ben'zinuhr *f*; ~-ˌguzz·ling *adj.* F ‚ben'zinfressend‘ (*Motor etc.*); ~ **in·jec·tion en·gine** *s.* Einspritzmotor *m*; ~ **jet** *s.* Kraftstoffdüse *f*; ~ **oil** *s.* Heizöl *n*; ~ **pump** *s. mot.* Kraftstoff-, Ben'zinpumpe *f*; ~ **rod** *s. Kernphysik:* Brennstab *m*.

fug [fʌg] *s.* F ‚Mief‘ *m*.

fu·ga·cious [fjuːˈɡeɪʃəs] *adj.* kurzlebig (*a.* ♀), flüchtig, vergänglich.

fug·gy [ˈfʌɡɪ] *adj.* F ‚miefig‘.

fu·gi·tive [ˈfjuːdʒɪtɪv] **I** *s.* a) Flüchtige(r *m*) *f*, b) *pol. etc.* Flüchtling *m*, c) Ausreißer *m*: ~ *from justice* flüchtiger Rechtsbrecher; **II** *adj.* flüchtig, *fig. a.* vergänglich, kurzlebig.

fu·gle·man [ˈfjuːɡlmæn] *s.* [*irr.*] (An-, Wort)Führer *m*.

fugue [fjuːɡ] *s.* **1.** ♪ Fuge *f*; **2.** *psych.* Fu'gue *f*; **II** *v/t. u. v/i.* **3.** ♪ fugieren.

ful·crum [ˈfʌlkrəm] *pl.* **-cra** [-krə] *s.* **1.** *phys.* Dreh-, Hebe-, Stützpunkt *m*; **2.** *fig.* Angelpunkt *m*.

ful·fil(l) [fʊlˈfɪl] *v/t.* **1.** *allg.* erfüllen; **2.** voll'bringen, -'ziehen, ausführen; **ful-'fil(l)·ment** [-mənt] *s.* Erfüllung *f*.

ful·gent [ˈfʌldʒənt] *adj.* □ *poet.* strahlend, glänzend; **ful·gu·rant** [ˈfʌlɡjʊərənt] *adj.* (auf)blitzend.

full[1] [fʊl] **I** *adj.* □ → *fully*, **1.** *allg.* voll: ~ *of* voll von, voller *Fische etc.*, *fig. a.* a) reich an (*dat.*), b) (ganz) erfüllt von: ~ *of plans* voller Pläne; ~ *of o.s.* (ganz) von sich eingenommen; *a* ~ *heart* ein (über)volles Herz; **2.** voll, ganz: *a* ~ *mile*; *a* ~ *hour* e-e volle *od.* ‚geschlagene‘ Stunde; **3.** voll, rund, vollschlank; **4.** weit(geschnitten): *a* ~ *skirt*; **5.** voll, kräftig: *a* ~ *colo(u)r*; ~ *voice*; **6.** schwer, vollmundig: ~ *wine*; **7.** voll besetzt: ~ *up* (voll) besetzt (*Bus etc.*); *house* ~*!* *thea.* ausverkauft!; **8.** ausführlich, genau, voll(ständig): ~ *details* genau, reichlich: *a* ~ *meal*; **10.** a) voll, unbeschränkt: ~ *power* Vollmacht *f*, b) voll (-berechtigt): ~ *member*, **11.** echt, voll (*Bruder etc.*): *a* ~ *sister* e-e leibliche Schwester; **12.** F ‚voll‘: a) *a.* ~ *up* satt, b) betrunken; **II** *adv.* **13.** völlig, gänzlich, ganz: *know* ~ *well that* ganz genau wissen, daß; **14.** gerade, genau, di'rekt: ~ *in*

the face; **15.** ~ *out* mit Vollgas *fahren*, auf Hochtouren *arbeiten*; **III** *s.* **16.** *in* ~ voll(ständig); *write in* ~ *et.* ausschreiben; *to the* ~ vollständig, bis ins kleinste, total; *at the* ~ auf dem Höhepunkt *od.* Höchststand.

full[2] [fʊl] *v/t.* ⊛ *Tuch* walken.

full ‖ *age s.:* *of* ~ *z̴t̴z* mündig, volljährig; **'~·back** *s.* a) *Fußball, Hockey:* Verteidiger *m*, b) *Rugby:* Schlußspieler *m*; ~ **blood** *s. biol.* Vollblut *n*; **'~·blood·ed** *adj.* **1.** reinrassig, Vollblut…; **2.** *fig.* Vollblut…: ~ *socialist*; **'~·blown** *adj.* **1.** ♀ ganz aufgeblüht; **2.** *fig.* a) voll entwickelt, ausgereift, b) F → *fully fledged* 2, 3; ~ **board** *s.* 'Vollpensiˌon *f*; **'~·bod·ied** *adj.* **1.** schwer, üppig; **2.** schwer, vollmundig: ~ *wine*; **'~·bottomed** *adj.* **1.** breit, mit großem Boden: ~ *wig* Allongeperücke *f*; **2.** ♣ mit großem Laderaum; **'~·bound** *adj.* Ganzleder…, Ganzleinen…: ~ *book*; ~ **dress** *s.* **1.** Gesellschaftsanzug *m*; **2.** ✗ 'Galaniˌform *f*; **'~·dress** *adj.* **1.** Gala…: ~ *uniform*; **2.** ~ *rehearsal* → *dress rehearsal*; **3.** *fig.* groß angelegt, um'fassend.

ful·ler [ˈfʊlə] *s.* ⊛ **1.** (Tuch)Walker *m*; **2.** (halb)runder Setzhammer; **~'s earth** *s. min.* Fullererde *f*.

ˌ**full**‖'**face** *s.* **1.** En-'face-Bild *n*, Vorderansicht *f*; **2.** *typ.* (halb)fette Schrift; **II** *adj.* **3.** en face; **4.** *typ.* (halb)fett; **~-'faced** *adj.* **1.** mit vollem Gesicht, pausbäckig; **2.** *typ.* fett; **~-'fash·ioned** *Am.* → *fully fashioned*; **~-'fledged** → *fully fledged*; ~ **gal·lop** *s.:* *at* ~ in vollem *od.* gestrecktem Galopp; **~-'grown** *adj.* ausgewachsen; ~ **hand** → *full house* 2; **~-'heart·ed** *adj.* rückhaltlos, voll; ~ **house** *s.* **1.** *thea. etc.* volles Haus; **2.** *Poker:* Full house *n*; **~-'length** *adj.* **1.** in voller Größe, lebensgroß: ~ *portrait*; **2.** bodenlang (*Kleid*); **3.** abendfüllend (*Film*); ~ **load** *s.* **2.** ⊛, ✈ Gesamtgewicht *n*; **2.** ⚡ Vollast *f*; **~·nel·son** *s. Ringen:* Doppelnelson *m*.

full·ness [ˈfʊlnɪs] *s.* **1.** Fülle *f*: *in the* ~ *of time* zur gegebenen Zeit; **2.** *fig.* ('Über)Fülle *f* (*des Herzens*); **3.** Körperfülle *f*; **4.** Sattheit *f* (*a. Farben*); **5.** ♪ Klangfülle *f*; **6.** Weite *f* (*Kleid*).

ˌ**full·'page** *adj.* ganzseitig; ~ **pro·fes·sor** *s. Am. univ.* Ordi'narius *m*; **~'rigged** *adj.* **1.** ♣ vollgetakelt; **2.** voll ausgerüstet; ~ **scale** *s.* ⊛ na'türliche Größe; **~-'scale** *adj.* **1.** in na'türlicher Größe; **2.** *fig.* großangelegt, um'fassend: ~ *attack* ✗ Großangriff *m*; ~ *test* Großversuch *m*; ~ *war* regelrechter Krieg; ~ **stop** *s.* **1.** (Schluß)Punkt *m*; **2.** *fig.* Schluß *m*, Ende *n*, Stillstand *m*; **~·time I** *adj.* ♀ hauptberuflich (tätig): ~ *job* Ganztagsstellung *f*, -beschäftigung *f*; **II** *adv.* ganztags; **'~·tim·er** ganztägig Beschäftigte(r *m*) *f*; **~·track** *adj.:* ~ *vehicle* ⊛ Vollketten-, Raupenfahrzeug *n*; **~·view** *adj.* ✗ Vollsicht…

ful·ly [ˈfʊlɪ] *adv.* voll, völlig, gänzlich, ausführlich: ~ *ten minutes* volle zehn Minuten; ~ *automatic* vollautomatisch; ~ *entitled* vollberechtigt; **~-fashioned** *adj.* mit (voller) Paßform (*Strümpfe etc.*); **~ fledged** *adj.* **1.** flügge (*Vogel*); **2.** *fig.* richtig(gehend): *a* ~ *pilot*; **3.** *fig.* ‚ausgewachsen‘: *a* ~

scandal.

ful·mar ['fʊlmə] *s. orn.* Fulmar *m*, Eissturmvogel *m*.

ful·mi·nant ['fʌlmɪnənt] *adj.* **1.** krachend; **2.** ✿ plötzlich ausbrechend; **ful·mi·nate** ['fʌlmɪneɪt] **I** *v/i.* **1.** donnern, explodieren (*a. fig.*); **2.** *fig.* (los)donnern, wettern; **II** *v/t.* **3.** zur Explosi'on bringen; **4.** *fig.* Befehle *etc.* donnern; **III** *s.* **5.** ⚗ Fulmi'nat *n*: ~ *of mercury* Knallquecksilber *n*; **'ful·mi·nat·ing** [-neɪtɪŋ] *adj.* **1.** ⚗ explodierend, Knall...: ~ *powder* Knallpulver *n*; **2.** *fig.* donnernd, wetternd; **3.** → *fulminant* 2; **ful·mi·na·tion** [,fʌlmɪ'neɪʃn] *s.* **1.** Explosi'on *f*, Knall *m*; **2.** *fig.* Donnern *n*, Wettern *n*.

ful·ness *bsd. Am.* → *fullness.*

ful·some ['fʊlsəm] *adj.* ☐ **1.** über'trieben: ~ *flattery*; **2.** *obs.* widerlich.

ful·vous ['fʌlvəs] *adj.* rötlichgelb.

fum·ble ['fʌmbl] **I** *v/i.* **1.** *a.* ~ *around* a) um'hertappen, -tasten (*for* nach): ~ *for* tappen *od.* suchen nach, b) (her'um-)fummeln (*at* an *dat.*); **2.** (*with*) ungeschickt 'umgehen (mit), sich ungeschickt anstellen (bei); **3.** *sport* ,patzen'; **II** *v/t.* **4.** ,verpatzen'; **5.** ~ *out et.* mühsam (her'vor)stammeln; **III** *s.* **6.** (Her'um)Tappen *n*, (-)Fummeln *n*; **7.** *sport* ,Patzer' *m*; **'fum·bler** [-lə] *s.* Stümper *m*, ,Patzer' *m*; **'fum·bling** [-lɪŋ] *adj.* ☐ tappend; täppisch, ungeschickt.

fume [fjuːm] **I** *s.* **1.** *oft pl.* a) (*unangenehmer*) Dampf, Rauch(gas *n*) *m*, Schwade *f*, b) Dunst *m*, Nebel *m*; **2.** *fig.* Koller *m*, Erregung *f*, Wut *f*; **3.** *fig.* Schall *m* u. Rauch *m*; **II** *v/t.* **4.** *Holz* räuchern, dunkler machen, beizen: ~*d oak* dunkles Eichenholz; **III** *v/i.* **5.** rauchen, dunsten, dampfen; **6.** *fig.* wüten (*at* gegen), (vor Wut) schäumen: *fuming with anger* kochend vor Wut.

fu·mi·gant ['fjuːmɪɡənt] *s.* Ausräucherungsmittel *n*; **fu·mi·gate** ['fjuːmɪɡeɪt] *v/t.* ausräuchern; **fu·mi·ga·tion** [,fjuːmɪ'ɡeɪʃn] *s.* Ausräucherung *f*; **'fu·mi·ga·tor** [-ɡeɪtə] *s.* 'Ausräucherappa,rat *m*.

fun [fʌn] **I** *s.* Scherz *m*, Spaß *m*, Ulk *m*: *for* (*od. in*) ~ aus *od.* zum Spaß; *for the* ~ *of it* spaßeshalber, zum Spaß; *it's not all* ~ *and games* es ist gar nicht so rosig; *it is* ~ es macht Spaß; *he* (*it*) *is great* ~ F er (es) ist sehr amüsant *od.* lustig; *have* ~! viel Spaß!; *make* ~ *of s.o.* sich über j-n lustig machen; *I don't see the* ~ *of it* ich finde das (gar) nicht komisch; **II** *adj.* lustig, spaßig: ~ *man* → *funster.*

func·tion ['fʌŋkʃn] **I** *s.* **1.** Funkti'on *f* (*a.* ⚗, ☯, *biol.*, *ling.*, *phys.*): a) Aufgabe *f*, b) Zweck *m*, c) Tätigkeit *f*, d) Arbeits-, Wirkungsweise *f*, e) Amt *n*, f) (Amts-)Pflicht *f*, Obliegenheit *f*: *out of* ~ ☯ außer Betrieb, kaputt; **2.** a) feierlicher *od.* festlicher Anlaß, Feier *f*, Zeremo-'nie *f*, b) Veranstaltung *f*, (gesellschaftliches) Fest; **II** *v/i.* **3.** fungieren, tätig sein; **4.** ☯ *etc.* funktionieren, arbeiten. **func·tion·al** ['fʌŋkʃənl] *adj.* ☐ → *functionally;* **1.** amtlich, dienstlich; **2.** a) ⚗, ☯ funktio'nell, Funktions...: ~ *disorder* ✿ Funktionsstörung *f*, b) funk·ti'onsfähig, -tüchtig; **3.** sachlich, praktisch, zweckbetont, -mäßig: ~ *building*

Zweckbau *m*; **'func·tion·al·ism** [-ʃnə-lɪzəm] *s.* **1.** △, *psych.* Funktiona'lismus *m*; **2.** Zweckmäßigkeit *f*; **'func·tion·al·ize** [-ʃnəlaɪz] *v/t.* funktionstüchtig machen, wirksam gestalten; **'func·tion·al·ly** [-ʃnlɪ] *adv.* in funktioneller Hinsicht; **'func·tion·ar·y** [-ʃnərɪ] *s.* Funktio'när *m*.

fund [fʌnd] **I** *s.* **1.** a) Kapi'tal *n*, Geldsumme *f*, b) *zweckgebunden:* Fonds *m*: *relief* ~ Hilfsfonds; *strike* ~ Streikfonds; **2.** *pl.* (Bar-, Geld)Mittel *pl.*, Gelder *pl.*: *be in* ~*s* (gut) bei Kasse sein; *no* ~*s* ✝ kein Guthaben, keine Deckung; *public* ~*s* öffentliche Gelder; **3.** ⚗*s pl.* a) *Brit.* fundierte 'Staatspa,piere *pl.*, Kon'sols *pl.*, b) *Am.* Ef-'fekten *pl.*; **4.** *fig.* Vorrat *m*, Schatz *m*, Fülle *f*, Grundstock *m* (*of* von, an *dat.*); **II** *v/t.* **5.** ✝ a) in 'Staatspa,pieren anlegen, b) fundieren, konsolidieren: ~*ed debt* fundierte Schuld; ~ *rais·er s.* Veranstaltung zum Aufbringen von Geldmitteln, *bsd.* Wohltätigkeitsveranstaltung *f.*

fun·da·ment ['fʌndəmənt] *s.* **1.** △ u. *fig.* Funda'ment *n*; **2.** *humor.* die ,vier Buchstaben' *pl.*, Gesäß *n.*

fun·da·men·tal [,fʌndə'mentl] **I** *adj.* ☐ → *fundamentally;* **1.** fundamen'tal, grundlegend, wesentlich (*to* für), Haupt...; **2.** grundsätzlich, Grund..., elemen'tar: ~ *colo(u)r* Grund-, Primärfarbe *f*; ~ *particle phys.* Elementarteilchen *n*; ~ *research* Grundlagenforschung *f*; ~ *tone* ♪ Grundton *m*; ~ *truth(s)* Grundwahrheit(en) *f*; **II** *s.* **3.** *oft pl.* 'Grundlage *f*, -prin,zip *n*, -begriff *m*; **4.** ♪ Grundton *m*; **'fun·da·men·tal·ism** [-təlɪzəm] *s.* *eccl.* Fundamenta'lismus *m*, streng wörtliche Bibelgläubigkeit; **,fun·da·men·tal·ly** [-təlɪ] *adv.* im Grunde, im wesentlichen.

fu·ner·al ['fjuːnərəl] **I** *s.* **1.** Begräbnis *n*, Beerdigung *f*, Bestattung *f*: *that's your* ~*! sl.* das ist deine Sache!; **2.** *a.* ~ *procession* Leichenzug *m*; **3.** *Am.* Trauerfeier *f*; **II** *adj.* **4.** Begräbnis..., Leichen..., Trauer...; Grab...: ~ *director* Bestattungsunternehmer *m*; ~ *home* (*od. parlor*) *Am.* Leichenhalle *f*; ~ *march* ♪ Trauermarsch *m*; ~ *pile,* ~ *pyre* Scheiterhaufen *m*; ~ *service* Trauergottesdienst *m*; ~ *urn* Totenurne *f*; **'fu·ner·ar·y** [-nərərɪ], **fu·ne·re·al** [fjuː'nɪərɪəl] *adj.* ☐ **1.** Begräbnis..., Leichen... Trauer...; **2.** *fig.* düster, wie bei e-m Begräbnis.

'fun·fair *s. Brit.* Vergnügungspark *m*, Rummelplatz *m.*

fun·gal ['fʌŋɡl] *adj.* Pilz...; **fun·gi** ['fʌŋɡaɪ] *pl. von fungus.*

fun·gi·ble ['fʌndʒɪbl] *adj.* ♌ vertretbar (*Sache*): ~ *goods* Fungibilien *pl.*

fun·gi·cid·al [,fʌndʒɪ'saɪdl] *adj.* pilztötend; **fun·gi·cide** ['fʌndʒɪsaɪd] *s.* pilztötendes Mittel; **fun·goid** ['fʌŋɡɔɪd] *adj.*, **fun·gous** ['fʌŋɡəs] *adj.* pilz-, schwammartig, *a.* schwammig; **fungus** ['fʌŋɡəs] *pl.* **fun·gi** ['fʌŋɡaɪ] *od.* **-gus·es** *s.* **1.** ♧ Pilz *m*, Schwamm *m*; **2.** ✿ Auswuchs *m*, schwammige Geschwulst; **3.** *humor.* Bart *m.*

fu·nic·u·lar [fjuː'nɪkjʊlə] **I** *adj.* Seil..., Ketten...; **II** *s. a.* ~ *railway* (Draht-) Seilbahn *f.*

funk [fʌŋk] F **I** *s.* **1.** ,Schiß' *m*, ,Bammel'

m, Angst *f*: *be in a blue* ~ a) ,schwer Schiß haben' (*of* vor *dat.*), b) völlig ,down' sein; ~ *hole* ✖ a) ,Heldenkeller' *m*, Unterstand *m*, b) *fig.* Druckposten *m*; **2.** feiger Kerl; **3.** Drückeberger *m*; **II** *v/i.* **4.** ,Schiß' haben *od.* bekommen; **5.** ,kneifen', sich drücken; **III** *v/t.* **6.** ,Schiß' haben vor (*dat.*); **7.** ,kneifen' vor (*dat.*), sich drücken vor (*dat.*) *od.* um; **'funk·y** [-kɪ] *adj.* feig(e).

fun·nel ['fʌnl] **I** *s.* **1.** Trichter *m*; **2.** ⚓, ✇ Schornstein *m*; **3.** ☯ Luftschacht *m*; **4.** Vul'kanschlot *m*; **II** *v/t.* **5.** eintrichtern, -füllen; **6.** *fig.* schleusen.

fun·nies ['fʌnɪz] *s. pl.* F **1.** Comic strips *pl.*, Comics *pl.*; **2.** Witzseite *f.*

fun·ny ['fʌnɪ] *adj.* ☐ **1.** *a.* ~ *haha* komisch, drollig, lustig, ulkig; **2.** ,komisch': a) ~ *peculiar* sonderbar, merkwürdig, b) F unwohl, c) F zweifelhaft, faul: *the* ~ *thing is that* das Merkwürdige ist, daß; *funnily enough* merkwürdigerweise; ~ *business f*, ,faule Sache', ,krumme Tour'; ~ *bone s.* Musi'kantenknochen *m*; ~ *farm s. Am.* ,Klapsmühle' *f*; **'~·man** [-mən] *s.* [*irr.*] Komiker *m*; ~ *pa·per s. Am.* Comic-Teil *m* e-r Zeitung.

fun·ster ['fʌnstə] *s.* F Spaßvogel *m.*

fur [fɜː] **I** *s.* **1.** Pelz *m*, Fell *n*: *make the* ~ *fly* ,Stunk' machen; **2.** a) Pelzbesatz *m*, b) *a.* ~ *coat* Pelzmantel *m*, c) *pl.* Pelzwerk *n*, -kleidung *f*, Rauchwaren *pl.*; **3.** *coll.* Pelztiere *pl.*: ~ *and feather* Haarwild u. Federwild *n*; **4.** ✿ (Zungen)Belag *m*; **5.** ☯ Kesselstein *m*; **II** *v/t.* **6.** mit Pelz besetzen *od.* füttern; **7.** ☯ mit Kesselstein über'ziehen; **III** *v/i.* **8.** ☯ Kesselstein ansetzen.

fur·be·low ['fɜːbɪləʊ] *s.* **1.** Falbel *f*; Faltensaum *m*; **2.** *pl. contp.* ,Firlefanz' *m.*

fur·bish ['fɜːbɪʃ] *v/t.* **1.** polieren; **2.** *oft* ~ *up* herrichten, renovieren; **3.** *mst* ~ *up fig.* ,aufpolieren', auffrischen.

fur·cate ['fɜːkeɪt] **I** *adj.* gabelförmig, gegabelt, gespalten; **II** *v/i.* sich gabeln *od.* teilen; **fur·ca·tion** [fɜː'keɪʃn] *s.* Gabelung *f.*

fu·ri·ous ['fjʊərɪəs] *adj.* ☐ **1.** wütend; **2.** wild, aufbrausend: ~ *temper*; **3.** wild, heftig, furi'os: *a* ~ *attack.*

furl [fɜːl] *v/t. Fahne, Segel* aufrollen; *Schirm* zs.-rollen.

fur·long ['fɜːlɒŋ] *s.* Achtelmeile *f* (*201,17 m*).

fur·lough ['fɜːləʊ] *bsd.* ✖ **I** *s.* (Heimat-) Urlaub *m*; **II** *v/t.* beurlauben.

fur·nace ['fɜːnɪs] *s.* **1.** ☯ (Schmelz-, Brenn-, Hoch)Ofen *m*: *enamel(l)ing* ~ Farbenschmelzofen; **2.** ☯ (Heiz)Kessel *m*, Feuerung *f*; **3.** *fig.* ,Backofen' *m*, glühendheißer Raum *od.* Ort; **4.** *fig.* Feuerprobe *f*, harte Prüfung: *tried in the* ~ gründlich erprobt.

fur·nish ['fɜːnɪʃ] *v/t.* **1.** ausstatten, -rüsten, versehen, -sorgen (*with* mit); *Wohnung* einrichten, ausstatten, möblieren: ~*ed room* möbliertes Zimmer; **3.** *allg. a.* Beweise *etc.* liefern, beschaffen, er- *od.* beibringen; **'fur·nish·er** [-ʃə] *s.* **1.** Liefe'rant *m*; **2.** *Am.* Herrenausstatter *m*; **'fur·nish·ing** [-ʃɪŋ] *s.* **1.** Ausrüstung *f*, -stattung *f*; **2.** Einrichtung *f*, Mobili'ar *n*: *soft* ~*s* Möbelstoffe; **3.** *pl. Am.* ('Herren)Be,kleidungsar-,tikel *pl.*; **4.** ☯ a) Zubehör *n*, *m*, b) Beschläge *pl.*

fur·ni·ture ['fɜːnɪtʃə] s. **1.** Möbel pl., Einrichtung f, Mobili'ar n: *piece of* ~ Möbel(stück) n; ~ *remover* Möbelspediteur m od. -packer m; ~ *van* Möbelwagen m; **2.** Ausrüstung f, -stattung f; **3.** Inhalt m, Bestand m; **4.** geistiges Rüstzeug, Wissen n; **5.** ⊕ Zubehör n, m.

fu·ror ['fjuːrɔː] s. Am., **fu·ro·re** [fjuə-'rɔːrɪ] s. **1.** Ek'stase f, Begeisterungstaumel m; **2.** Wut f; **3.** Fu'rore m, Aufsehen: *create a* ~ Furore machen.

furred [fɜːd] adj. **1.** mit Pelz besetzt od. bekleidet; **2.** ✸ belegt (Zunge); **3.** ⊕ mit Kesselstein belegt.

fur·ri·er ['fʌrɪə] s. Kürschner m, Pelzhändler m; **'fur·ri·er·y** [-ərɪ] s. **1.** Pelzwerk n; **2.** Kürschne'rei f.

fur·row ['fʌrəu] **I** s. **1.** ✗ Furche f; **2.** Bodenfalte f; **3.** ⊕ Rille f; **4.** Runzel f, Furche f (a. anat.); **II** v/t. **5.** pflügen; **6.** ⊕ riefen, auskehlen; **7.** Wasser durch'furchen; **III** v/i. **9.** sich furchen (Stirn etc.).

fur·ry ['fɜːrɪ] adj. **1.** pelzartig, Pelz...; **2.** → furred 2.

fur seal s. zo. Bärenrobbe f.

fur·ther ['fɜːðə] **I** adv. **1.** comp. von far weiter, ferner, entfernter: *no* ~ nicht weiter; *I'll see you* ~ first F ich werde dir was husten!; **2.** ferner, weiterhin, über'dies, außerdem; **II** adj. **3.** weiter, ferner, entfernter: *the* ~ *end* das andere Ende; **4.** fig. weiter: ~ *education* Brit. Fort-, Weiterbildung f; ~ *particulars* weitere Einzelheiten, Näheres; *until* ~ *notice* bis auf weiteres; *anything* ~? (sonst) noch etwas?; **III** v/t. **5.** fördern, unter'stützen; **'fur·ther·ance** [-ðərəns] s. Förderung f, Unter'stützung f; **,fur·ther'more** adv. ferner, über'dies, außerdem; **'fur·ther·most** adj. **1.** fernst, weitest; **2.** äußerst; **furthest** ['fɜːðɪst] adj. u. adv. **1.** sup. von far, **2.** fig. weitest, meist: *at the* ~ höchstens; **3.** am weitesten.

fur·tive ['fɜːtɪv] adj. □ **1.** heimlich, verstohlen; **2.** heimlichtuerisch; **'fur·tive·ness** [-nɪs] s. Heimlichkeit f, Verstohlenheit f.

fu·run·cle ['fjuərʌŋkl] s. ✸ Fu'runkel m; **fu·run·cu·lo·sis** [fjuˌrʌŋkju'ləusɪs] s. ✸ Furunku'lose f.

fu·ry ['fjuərɪ] s. **1.** (wilder) Zorn m, Wut f; **2.** Wildheit f, Heftigkeit f: *like* ~ wie toll; **3.** ♀ antiq. Furie f; **4.** fig. Furie f

(böses Weib etc.).

furze [fɜːz] s. ♀ Stechginster m.

fuse [fjuːz] **I** s. **1.** ✗ Zünder m: ~ *cord* Abreißschnur f; **2.** ϟ (Schmelz)Sicherung f: ~ *box* Sicherungsdose f, -kasten m; ~ *wire* Sicherungsdraht m; *he blew a* ~ ihm ist die Sicherung durchgebrannt (a. fig. F); *he has a short* ~ Am. F bei ihm brennt leicht die Sicherung durch; **II** v/t. **3.** ✗ Zünder anbringen an (dat.); **4.** ϟ (ab)sichern; **5.** phys., ⊕ (ver)schmelzen; **6.** fig. verschmelzen, vereinigen, ✝ a. fusionieren; **III** v/i. **7.** ϟ 'durchbrennen; **8.** ⊕ schmelzen; **9.** fig. verschmelzen, ✝ a. fusionieren.

fu·se·lage ['fjuːzɪlɑːʒ] s. ✈ (Flugzeug-) Rumpf m.

fu·sel (oil) ['fjuːzl] s. Fuselöl n.

fu·si·ble ['fjuːzəbl] adj. schmelzbar, -flüssig: ~ *cut-out* ϟ Schmelzsicherung f.

fu·sil ['fjuːzɪl] s. ✗ hist. Steinschloßflinte f, Mus'kete f; **fu·sil·ier**, Am. a. **fu·sil·eer** [ˌfjuːzɪ'lɪə] s. ✗ Füsi'lier m; **fu·sil·lade** [ˌfjuːzɪ'leɪd] **I** s. **1.** ✗ Salve f; **2.** Exekuti'onskom,mando n; **3.** fig. Hagel m; **II** v/t. **4.** ✗ unter Salvenfeuer nehmen; **5.** (standrechtlich) erschießen, füsilieren.

fus·ing ['fjuːzɪŋ] s. ⊕ Schmelzen n: ~ *burner* Schneidbrenner m; ~ *point* Schmelzpunkt m; **fu·sion** ['fjuːʒn] s. **1.** ⊕ Schmelzen n: ~ *welding* Schmelzschweißen n; **2.** Schmelzmasse f; **3.** biol., opt., Kernphysik: Fusi'on f (Verschmelzung): ~ *bomb* Wasserstoffbombe f; ~ *reactor* Fusionsreaktor m; **4.** fig. Verschmelzung f, Vereinigung f; Zs.-schluß m, Fusi'on f (a. ✝, pol.).

fuss [fʌs] **I** s. **1.** a) (unnötige) Aufregung, b) Hektik f; **2.** ,Wirbel‘ m, ,The'ater‘ m: *make a* ~ → 5, b) a. *kick up a* ~ ,Krach schlagen‘; *a lot of* ~ *about nothing* viel Lärm um nichts; **3.** Ärger m, Unannehmlichkeiten pl. (*about* über acc.): *don't* ~! nur keine Aufregung!, schon gut!; **5.** viel ,Wirbel‘ od. ,Wind‘ machen (*about*, *of*, *over* um j-n od. et.); **6.** sich (viel) Umstände machen (*over* mit e-m Gast etc.): ~ *over s.o.* a. j-n bemuttern; ~ *about* (od. *around*) ,herumfuhrwerken‘; **7.** heikel sein; **III** v/t. **8.** j-n ner'vös machen; **'fuss,budg·et** Am. → fusspot; **fuss·i·ness** ['fʌsɪnɪs] s. **1.** (unnötige)

Aufregung; **2.** Hektik f; **3.** Kleinlichkeit f; **4.** heikle Art; **'fuss·pot** s. F Umstands-, Kleinigkeitskrämer m, ,pingeliger‘ Kerl; **fuss·y** ['fʌsɪ] adj. □ **1.** a) aufgeregt, b) hektisch; **2.** kleinlich, ,pingelig‘; **3.** heikel, wählerisch, ,eigen‘ (*about* hinsichtlich gen., mit).

fus·tian ['fʌstɪən] **I** s. **1.** Barchent m; **2.** fig. Schwulst m; **II** adj. **3.** Barchent...; **4.** fig. schwülstig.

fus·ti·ga·tion [ˌfʌstɪ'geɪʃn] s. humor. Tracht f Prügel.

fust·i·ness ['fʌstɪnɪs] s. **1.** Moder(geruch) m; **2.** fig. Rückständigkeit f; **fust·y** ['fʌstɪ] adj. **1.** mod(e)rig, muffig; **2.** a) verstaubt, antiquiert, b) rückständig.

fu·tile ['fjuːtaɪl] adj. □ nutz-, sinn-, zweck-, aussichtslos, vergeblich; **fu·til·i·ty** [fjuː'tɪlətɪ] s. Zweck-, Nutz-, Wert-, Sinnlosigkeit f.

fu·ture ['fjuːtʃə] **I** s. **1.** Zukunft f: *in* ~ in Zukunft, künftig; *in the near* ~ in der nahen Zukunft, bald; *for the* ~ für die Zukunft, künftig; *have no* ~ keine Zukunft haben; *there is no* ~ *in that!* das hat keine Zukunft!; **2.** ling. Fu'tur(um) n, Zukunft f: ~ *perfect* Futurum exactum, zweite Zukunft; **3.** pl. ✝ a) Ter'mingeschäfte pl., b) Ter'minwaren pl.; **II** adj. **4.** (zu)künftig, Zukunfts...; **5.** ling. fu'turisch: ~ *tense* → 2; **6.** ✝ Termin...; ~ *life* s. Leben n nach dem Tode.

fu·tur·ism ['fjuːtʃərɪzəm] s. Kunst: Fu'turismus m; **'fu·tur·ist** [-ɪst] **I.** adj. **1.** futu'ristisch; **II.** s. **2.** Futu'rist m; **3.** → *futurologist*; **fu·tu·ri·ty** [fjuː'tjuərətɪ] s. **1.** Zukunft f; **2.** zukünftiges Ereignis; **3.** Zukünftigkeit f.

fu·tur·ol·o·gist [ˌfjuːtʃə'rɒlədʒɪst] s. Futuro'loge m, Zukunftsforscher m; **fu·tur'ol·o·gy** [-dʒɪ] s. Futurolo'gie f, Zukunftsforschung f.

fuze Am. → fuse.

fuzz [fʌz] **I** s. **1.** (feiner) Flaum m; **2.** Fusseln pl., Fäserchen pl.; **3.** F a) Wuschelhaar(e pl.) n, b) ,Zottelbart‘ m; **4.** sl. a) ,Bulle‘ m (Polizist), b) *the* ~ coll. die Bullen (die Polizei); **II** v/t. **5.** zerfasern; **6.** fig. ,benebeln‘; **III** v/i. **7.** zerfasern; **'fuzz·y** [-zɪ] adj. □ **1.** flaumig; **2.** faserig, fusselig; **3.** kraus, struppig (Haar); **4.** verschwommen; **5.** benommen.

fyl·fot ['fɪlfɒt] s. Hakenkreuz n.

G

G, g [dʒiː] *s.* **1.** G *n*, g *n* (*Buchstabe*); **2.** ♪ G *n*, g *n* (*Note*): **G flat** Ges *n*, ges *n*; **G sharp** Gis *n*, gis *n*; **3.** *G Am. sl.* ‚Riese' *m* (*1000 Dollar*).

gab [gæb] F **I** *s.* ‚Gequassel' *n*, Geschwätz *n*: **stop your ~!** halt den Mund!; **the gift of the ~** ein gutes Mundwerk; **II** *v/i.* ‚quasseln'.

gab·ar·dine ['gæbədiːn] *s.* Gabardine *m* (*feiner Wollstoff*).

gab·ble ['gæbl] **I** *v/i.* **1.** plappern; **2.** schnattern; **II** *v/t.* **3.** *et.* plappern; **4.** *et.* ‚her'unterleiern'; **III** *s.* **5.** ‚Gebrabbel' *n*; **6.** Geschnatter *n*; **'gab·bler** [-lə] *s.* Schwätzer(in); **'gab·by** [-bɪ] *adj.* F geschwätzig.

gab·er·dine → gabardine.

gab·fest ['gæbfest] *s. Am.* F ‚Quasse'lei' *f.*

ga·bi·on ['geɪbjən] *s.* ✕ Schanzkorb *m*.

ga·ble ['geɪbl] *s.* △ **1.** Giebel *m*; **2.** *a.* **~ end** Giebelwand *f*; **'ga·bled** [-ld] *adj.* giebelig, Giebel...; **'ga·blet** [-lɪt] *s.* giebelförmiger Aufsatz (*über Fenstern*), Ziergiebel *m*.

gad¹ [gæd] **I** *v/i. mst* **~ about** sich her'umtreiben, ‚rumsausen'; **II** *s.* **be on the ~** → I.

gad² [gæd] *int.*: (**by**) **~!** *obs.* bei Gott!

'gad·a·bout *s.* Her'umtreiber(in); **'~·fly** *s.* **1.** *zo.* Viehbremse *f*; **2.** *fig.* Störenfried *m*, lästiger Mensch.

gadg·et ['gædʒɪt] *s.* F **1.** a) Appa'rat *m*, Gerät *n*, Vorrichtung *f*, b) *iro.* ‚Appa'rätchen' *n*, ‚Kinkerlitzchen' *n*, technische Spiele'rei; **2.** ‚Dingsbums' *n*; **3.** *fig.* ‚Dreh' *m*, Kniff *m*; **gad·ge·teer** [ˌgædʒɪ'tɪə] *s.* F Liebhaber *m* von technischen Spiele'reien *od.* Neuerungen; **'gad·get·ry** [-trɪ] *s.* **1.** a) Appa'rate *pl.*, b) *iro.* technische Spiele'reien *pl.*; **2.** Beschäftigung *f* mit technischen Spiele'reien; **'gad·get·y** [-tɪ] *adj.* F **1.** raffiniert (konstruiert); **2.** Apparate...; **3.** versessen auf technische Spiele'reien.

Ga·dhel·ic [gæ'delɪk] → Gaelic.

gad·wall ['gædwɔːl] *s. orn.* Schnatterente *f*.

Gael [geɪl] *s.* Gäle *m*; **'Gael·ic** [-lɪk] **I** *s. ling.* Gälisch *n*, das Gälische; **II** *adj.* gälisch.

gaff¹ [gæf] *s.* **1.** *Fischen*: Landungshaken *m*; **2.** ⚓ Gaffel *f*; **3.** Stahlsporn *m*; **4.** *Am. sl.* ‚Schlauch' *m*: **stand the ~** durchhalten; **5.** *Am. sl.* Schwindel *m*; **6.** *sl.* ‚Quatsch' *m*: **blow the ~** alles verraten, ‚plaudern'.

gaff² [gæf] *s. Brit. sl. a.* **penny ~** Varie'té *n*, ‚Schmiere' *f*.

gaffe [gæf] *s.* Faux'pas *m*, (grobe) Taktlosigkeit.

gaf·fer ['gæfə] *s.* **1.** *humor.* ‚Opa' *m*; **2.**

Brit. F a) Chef *m*, b) Vorarbeiter *m*.

gag [gæg] **I** *v/t.* **1.** knebeln, *fig. a.* mundtot machen; **2.** zum Würgen reizen; **3.** *a.* **~ up** *thea.* mit Gags spicken; **II** *v/i.* **4.** würgen (**on** an *dat.*); **5.** *thea. etc.* F Gags anbringen, *allg.* witzeln; **III** *s.* **6.** Knebel *m*, *fig. a.* Knebelung *f*; **7.** ⚙ Mundsperrer *m*; **8.** *parl.* Schluß *m* der De'batte; **9.** *thea. u. allg.* F Gag *m*: a) witziger Einfall, komische Po'inte, ‚Knüller' *m*, b) Jux *m*, Ulk *m*, c) Trick *m*.

ga·ga ['gɑːgɑː] *adj. sl.* a) vertrottelt, b) ‚plem'plem': **go ~ over** in Verzückung geraten über (*acc.*).

gag bit *s.* Zaumgebiß *n*.

gage¹ [geɪdʒ] **I** *s.* **1.** *hist. u. fig.* Fehdehandschuh *m*; **2.** ('Unter)Pfand *n*; **II** *v/t.* **3.** *obs.* zum Pfand geben.

gage² [geɪdʒ] → gauge.

gage³ [geɪdʒ] → greengage.

gag·gle ['gægl] **I** *v/i.* **1.** schnattern; **II** *s.* **2.** Geschnatter *n*; **3.** a) Gänseherde *f*, b) F schnatternde Schar: **a ~ of girls**.

gag·man ['gægmən] *s.* [*irr.*] *thea. etc.* Gagman *m* (*Pointenerfinder etc.*).

gai·e·ty ['geɪtɪ] *s.* **1.** Frohsinn *m*, Fröhlich-, Lustigkeit *f*; **2.** *oft pl.* Lustbarkeit *f*, Fest *n*; **3.** *fig.* (Farben)Pracht *f*.

gai·ly ['geɪlɪ] *adv.* **1.** → gay 1, 2; **2.** unbekümmert, sorglos.

gain [geɪn] **I** *v/t.* **1.** *j-n* Lebensunterhalt *etc.* verdienen; **2.** gewinnen: **~ time**; **3.** *das Ufer etc.* erreichen; **4.** *fig.* erreichen, erlangen, erringen: **~ wealth** Reichtümer erwerben; **~ experience** Erfahrung(en) sammeln; **~ admission** Einlaß finden; **5.** *j-m et.* einbringen, -tragen; **6.** zunehmen an (*dat.*): **~ strength (speed)** kräftiger (schneller) werden; **he ~ed 10 pounds (in weight)** er nahm 10 Pfund zu; **7.** **~ over** *j-n* für sich gewinnen; **8.** vorgehen um *2 Minuten etc.* (*Uhr*); **II** *v/i.* **9.** besser *od.* kräftiger werden; **10.** ♱ Gewinn *od.* Pro'fit machen; **11.** (an Wert) gewinnen, im Ansehen steigen, besser zur Geltung kommen; **12.** zunehmen (**in** an *dat.*): **~ (in weight)** (an Gewicht) zunehmen; **13.** (**on**, **upon**) a) näher her'ankommen (an *dat.*), (an) Boden gewinnen, aufholen (gegen'über), b) s-n Vorsprung vergrößern (vor *dat.*, gegen'über); **14.** (**on**, **upon**) ‚übergreifen (auf *acc.*); **15.** vorgehen (*Uhr*); **III** *s.* **16.** Gewinn *m*, Vorteil *m*, Nutzen *m* (**to** für); **17.** Zunahme *f*, Steigerung *f*: **~ in weight** Gewichtszunahme; **18.** ♱ a) Gewinn *m*, Pro'fit *m*: **for ~** ⚖ gewerbsmäßig, in gewinnsüchtiger Absicht, b) Wertzuwachs *m*; **19.** ⚡, *phys.* Verstärkung *f*: **~ control** Lautstärkeregelung *f*;

'gain·er [-nə] *s.* **1.** Gewinner *m*; **2.** *sport* Auerbach(sprung) *m*: **full ~** Auerbachsalto *m*; **half ~** Auerbachkopfsprung *m*; **'gain·ful** [-fʊl] *adj.* □ einträglich, gewinnbringend: **~ occupation** Erwerbstätigkeit *f*; **~ly employed** erwerbstätig; **'gain·ings** [-nɪŋz] *s. pl.* Gewinn(e *pl.*) *m*, Einkünfte *pl.*, Pro'fit *m*; **'gain·less** [-lɪs] *adj.* **1.** unvorteilhaft, ohne Gewinn; **2.** nutzlos.

gain·say [ˌgeɪn'seɪ] *v/t.* [*irr.* → say] *obs.* **1.** *et.* bestreiten, leugnen: **there is no ~ing that** das läßt sich nicht leugnen; **2.** *j-m* wider'sprechen.

gainst, 'gainst [geɪnst] *poet. abbr. für* against.

gait [geɪt] *s.* Gangart *f* (*a. fig. Tempo*), Gang *m*.

gai·ter ['geɪtə] *s.* **1.** Ga'masche *f*; **2.** *Am.* Zugstiefel *m*.

gal¹ [gæl] *s.* F Mädchen *n*.

gal² [gæl] *s. phys.* Gal *n* (*Einheit der Beschleunigung*).

ga·la ['gɑːlə] **I** *adj.* **1.** festlich, Gala...; **II** *s.* **2.** *a.* **~ occasion** festlicher Anlaß, Fest *n*; **3.** Galaveranstaltung *f*; **4.** *sport Brit.* (Schwimm- *etc.*)Fest *n*.

ga·lac·tic [gə'læktɪk] *adj.* **1.** ga'laktisch, *ast.* Milchstraßen...; **2.** *physiol.* Milch...

Ga·la·tians [gə'leɪʃjənz] *s. pl. bibl.* (Brief *m* des Paulus an die) Galater *pl.*

gal·ax·y ['gæləksɪ] *s.* **1.** *ast.* Milchstraße *f*, Gala'xie *f*: **the ♂** die Milchstraße, die Galaxis; **2.** *fig.* Schar *f* (*prominenter etc. Personen*).

gale¹ [geɪl] *s.* Sturm *m*; steife Brise: **force** Sturmstärke *f*; **~ of laughter** Lachsalve *f*.

gale² [geɪl] *s.* ♣ Heidemyrthe *f*.

ga·le·na [gə'liːnə] *s. min.* Gale'nit *m*, Bleiglanz *m*.

Ga·li·cian [gə'lɪʃɪən] **I** *adj.* ga'lizisch; **II** *s.* Ga'lizier(in).

Gal·i·le·an¹ [ˌgælɪ'liːən] **I** *adj.* **1.** galiläisch; **II** *s.* **2.** Gali'läer(in); **3.** **the ~** der Gali'läer (*Christus*); **4.** Christ(in).

Gal·i·le·an² [ˌgælɪ'liːən] *adj.* gali'leisch: **~ telescope**.

gal·i·lee ['gælɪliː] *s.* △ Vorhalle *f*.

gal·i·pot ['gælɪpɒt] *s.* Gali'pot-, Fichtenharz *n*.

gall¹ [gɔːl] *s.* **1.** *obs.* a) *anat.* Gallenblase *f*, b) *physiol.* Galle(nflüssigkeit) *f*; **2.** *fig.* Galle *f*: a) Bitterkeit *f*, Erbitterung *f*, b) Bosheit *f*; **3.** F Frechheit *f*.

gall² [gɔːl] **I** *s.* **1.** wund geriebene Stelle; **2.** *fig.* a) Ärger *m*, b) Ärgernis *n*; **II** *v/t.* **3.** wund reiben; **4.** (ver)ärgern; **III** *v/i.* **5.** reiben, scheuern; **6.** sich wund reiben; **7.** sich ärgern.

gall³ [gɔːl] *s.* ♣ Galle *f*.

gal·lant ['gælənt] **I** adj. □ **1.** tapfer, heldenhaft; **2.** prächtig, stattlich; **3.** ga-'lant: a) höflich, ritterlich, b) amou'rös, Liebes...; **II** s. **4.** Kava'lier m; **5.** Verehrer m; **6.** Geliebte(r) m; **'gal·lant·ry** [-trɪ] s. **1.** Tapferkeit f; **2.** Galante'rie f, Ritterlichkeit f; **3.** heldenhafte Tat; **4.** Liebe'lei f.

gall| blad·der s. anat. Gallenblase f; ~ **duct** s. anat. Gallengang m.

gal·le·on ['gælɪən] s. ♣ hist. Gale'one f.

gal·ler·y ['gælərɪ] s. **1.** △ a) Gale'rie f, b) Em'pore f (in Kirchen); **2.** thea. dritter Rang, a. weitS. Gale'rie f: **play to the** ~ für die Galerie spielen, fig. a. nach Effekt haschen; **3.** ('Kunst-, Ge-'mälde)Gale,rie f; **4.** a) ⚓ Laufgang m, b) ⚙ Laufsteg m, c) ⚔ u. ⚒ Stollen m, d) → **shooting-gallery; 5.** fig. Gale'rie f, Schar f (Personen).

gal·ley ['gælɪ] s. **1.** ⚓ a) Ga'leere f, b) Langboot n; **2.** ⚓ Kom'büse f, Küche f; **3.** typ. Setzschiff n; **4.** a. ~ **proof** typ. Fahne f; ~ **slave** s. **1.** Ga'leerensklave m; **2.** fig. Sklave m, „Kuli" m; **~·'west** adv.: **knock** ~ Am. F a) j-n zs.-schlagen, b) fig. j-n ‚umhauen', c) et. (total) ‚kaputtmachen'.

'gall·fly s. zo. Gallwespe f.

gal·lic¹ ['gælɪk] adj.: ~ **acid** 🔬 Gallussäure f.

Gal·lic² ['gælɪk] adj. **1.** gallisch; **2.** fran'zösisch; **'Gal·li·cism** [-ɪsɪzəm] s. ling. Galli'zismus m, französische Spracheigenheit; **'Gal·li·cize** [-ɪsaɪz] v/t. französi(si)eren.

gal·li·na·ceous [,gælɪ'neɪʃəs] adj. orn. hühnerartig.

gall·ing ['gɔ:lɪŋ] adj. ärgerlich (Sache).

gal·li·pot¹ → **galipot.**

gal·li·pot² ['gælɪpɒt] s. Salbentopf m, Medika'mentenbehälter m.

gal·li·vant [,gælɪ'vænt] v/i. **1.** sich amüsieren; **2.** ~ **around** sich her'umtreiben.

'gall·nut s. ♀ Gallapfel m.

gal·lon ['gælən] s. Gal'lone f (Hohlmaß; Brit. 4,5459 l, Am. 3,7853 l).

gal·loon [gə'lu:n] s. Tresse f.

gal·lop ['gæləp] **I** v/i. **1.** galoppieren; **2.** F ‚sausen': ~ **through s.th.** et. ‚im Galopp' erledigen; ~ **through a book** ein Buch durchfliegen; **~ing consumption (inflation)** galoppierende Schwindsucht (Inflation); **II** v/t. **3.** galoppieren lassen; **III** s. **4.** Ga'lopp m (a. fig.): **at full** ~ in gestrecktem Galopp; **gal·lo·pade** [,gælə'peɪd] → **galop.**

Gal·lo·phile ['gæləʊfaɪl], **'Gal·lo·phil** [-fɪl] s. Fran'zosenfreund m; **'Gal·lo·phobe** [-fəʊb] s. Fran'zosenhasser m.

gal·lows ['gæləʊz] s. pl. mst sg. konstr. **1.** Galgen m; **2.** galgenähnliches Gestell, Galgen m; ~ **bird** s. F Galgenvogel m; ~ **hu·mo(u)r** s. 'Galgenhu,mor m; ~ **tree** → **gallows** 1.

'gall·stone s. 🔬 Gallenstein m.

Gal·lup poll ['gæləp] s. 'Meinungs,umfrage f.

gal·lus·es ['gæləsɪz] s. pl. Am. F Hosenträger pl.

gal·op ['gæləp] **I** s. Ga'lopp m (Tanz); **II** v/i. e-n Ga'lopp tanzen.

ga·lore [gə'lɔ:] adv. F ‚in rauhen Mengen': **whisk(e)y** ~ a. jede Menge Whisky.

ga·losh [gə'lɒʃ] s. mst pl. 'Über-, Gummischuh m, Ga'losche f.

ga·lumph [gə'lʌmf] v/i. F stapfen, trapsen.

gal·van·ic [gæl'vænɪk] adj. (□ ~**ally**) ↯, phys. gal'vanisch; fig. F elektrisierend; **gal·va·nism** ['gælvənɪzəm] s. **1.** phys. Galva'nismus m; **2.** ✳ Galvanisati'on f; **gal·va·ni·za·tion** [,gælvənaɪ'zeɪʃn] s. ✳, 🔬 Galvanisierung f; **gal·va·nize** ['gælvənaɪz] v/t. **1.** ⚙ galvanisieren, (feuer)verzinken; **2.** ✳ mit Gleichstrom behandeln; **3.** fig. F j-n elektrisieren: ~ **into action** j-n schlagartig aktiv werden lassen; **gal·va·nom·e·ter** [,gælvə'nɒmɪtə] s. phys. Galvano'meter n; **gal·va·no·plas·tic** [,gælvənəʊ'plæstɪk] adj. ⚙ galvano'plastisch; **gal·va·no·plas·tics** [,gælvənəʊ'plæstɪks] s. pl. sg. konstr., **gal·va·no·plas·ty** [,gælvənəʊ'plæstɪ] s. Galvano'plastik f, E,lektroty'pie f; **gal·va·no·scope** ['gælvənəʊskəʊp] s. phys. Galvano'skop n.

gam·bit ['gæmbɪt] s. **1.** Schach: Gam'bit n, Eröffnung f; **2.** fig. a) erster Schritt, Einleitung f, b) (raffinierter) Trick.

gam·ble ['gæmbl] **I** v/i. **1.** (um Geld) spielen: ~ **with s.th.** fig. et. aufs Spiel setzen; **you can** ~ **on that** darauf kannst du wetten; **she** ~**d on his coming** sie verließ sich darauf, daß er kommen würde; **2.** Börse: spekulieren; **II** v/t. **3.** ~ **away** verspielen (a. fig.); **4.** (als Einsatz) setzen (**on** auf acc.), fig. aufs Spiel setzen; **III** s. **5.** Glücksspiel n, Ha'sardspiel n (a. fig.); **6.** fig. Wagnis n, Risiko n; **'gam·bler** [-blə] s. Spieler(in); fig. Hasar'deur m; **'gam·bling** [-blɪŋ] s. Spielen n: ~ **den** Spielhölle f; ~ **debt** Spielschuld f.

gam·boge [gæm'bu:ʒ] s. ⚘ Gummigutt n.

gam·bol ['gæmbl] **I** v/i. her'umtanzen, Luftsprünge machen; **II** s. Freuden-, Luftsprung m.

game¹ [geɪm] **I** s. **1.** Spiel n, Zeitvertreib m, Sport m: ⚾s pl. (Olympische etc.) Spiele, ped. Sport; ~ **of golf** Golfspiel; ~ **of skill** Geschicklichkeitsspiel; **play the** ~ a. fig. sich an die Spielregeln halten; **play a good** ~ gut spielen; **play** ~**s with s.o.** fig. mit j-m sein Spiel treiben; **play a losing** ~ auf der Verliererstraße sein; **be on (off) one's** ~ gut (nicht) in Form sein; **the** ~ **is yours** du hast gewonnen; **2.** sport (einzelnes) Spiel, Par'tie f (Schach etc.); Tennis: Spiel n (in e-m Satz): ~, **set and match** Tennis: Spiel, Satz u. Sieg; **3.** Scherz m, Ulk m: **make** ~ **of** sich lustig machen über (acc.); **4.** Spiel n, Unter'nehmen n, Plan m: **the** ~ **is up** das Spiel ist aus od. verloren; **give the** ~ **away** F sich od. alles verraten; **play a double** ~ ein doppeltes Spiel treiben; **play a waiting** ~ e-e abwartende Haltung einnehmen; **I know his (little)** ~ ich weiß, was er im Schilde führt; **see through s.o.'s** ~ j-s Spiel od. j-n durchschauen; **beat s.o. at his own** ~ j-n mit s-n eigenen Waffen schlagen; **two can play at this** ~! das kann ich auch!; **5.** pl. fig. Schliche pl., Tricks pl.; **6.** Spiel n (Geräte etc.); **7.** F Branche f, Geschäft n: **he is in the advertising** ~ er macht in Werbung; **she's on the** ~ ‚sie geht auf den Strich'; **8.** hunt. Wild n: **big** ~ Großwild; **fly at higher** ~ höher hinaus wollen; **9.** Wildbret n: ~ **pie** Wildpastete f; **II** adj. □

10. Jagd..., Wild...; **11.** schneidig, mutig; **12.** a) aufgelegt (**for** zu), b) bereit (**for** zu, **to do** zu tun): **I am** ~! ich bin dabei!, ich mache mit!; **III** v/i. **13.** (um Geld) spielen; **IV** v/t. **14.** ~ **away** verspielen.

game² [geɪm] adj. F lahm: **a** ~ **leg.**

game| bag s. Jagdtasche f; ~ **bird** s. Jagdvogel m; **'~·cock** s. Kampfhahn m (a. fig.); ~ **fish** s. Sportfisch m; ~ **fowl** s. **1.** Federwild n; **2.** Kampfhahn m; **'~·keep·er** s. Brit. Wildhüter m; ~ **li·cence** s. Brit. Jagdschein m.

game·ness ['geɪmnɪs] s. Mut m, Schneid m.

game| park s. Wildpark m; ~ **plan** s. Am. fig. ‚Schlachtplan' m; ~ **point** s. sport a) entscheidender Punkt, b) Tennis: Spielball m, c) Tischtennis: Satzball m; ~ **pre·serve** s. Wildgehege n.

games·man·ship ['geɪmzmənʃɪp] s. bsd. sport die Kunst, mit allen (gerade noch erlaubten) Tricks zu gewinnen.

games| mas·ter [geɪmz] s. ped. Brit. Sportlehrer m; ~ **mis·tress** s. ped. Brit. Sportlehrerin f.

game·some ['geɪmsəm] adj. □ lustig, ausgelassen.

game·ster ['geɪmstə] s. Spieler(in) (um Geld).

gam·ete [gæ'mi:t] s. biol. Ga'met m (Keimzelle).

game ward·en s. Jagdaufseher m.

gam·in ['gæmɪn] s. Gassenjunge m.

gam·ing ['geɪmɪŋ] s. Spielen n (um Geld): ~ **laws** Gesetze über Glücksspiele u. Wetten; ~ **house** s. Spielhölle f, 'Spielka,sino n; ~ **ta·ble** s. Spieltisch m.

gam·ma ['gæmə] s. **1.** Gamma n (griech. Buchstabe): ~ **rays** phys. Gammastrahlen; **2.** phot. Kon'trastgrad m; **3.** ped. Brit. Drei f, Befriedigend n.

gam·mer ['gæmə] s. Brit. F ‚Oma' f.

gam·mon¹ ['gæmən] s. **1.** (schwach)geräucherter Schinken; **2.** unteres Stück e-r Speckseite.

gam·mon² ['gæmən] s. ⚓ Bugsprietzurring f.

gam·mon³ ['gæmən] **I** s. **1.** Humbug m: a) Schwindel m, b) ‚Quatsch' m; **II** v/i. **2.** ‚quatschen', Unsinn reden; **3.** sich verstellen, so tun als ob; **III** v/t. **4.** j-n ‚reinlegen'.

gamp [gæmp] s. Brit. F (großer) Regenschirm, ‚Fa'miliendach' n.

gam·ut ['gæmət] s. **1.** ♪ Tonleiter f; **2.** fig. Skala f: **run the whole** ~ **of emotion** von e-m Gefühl ins andere taumeln.

gam·y ['geɪmɪ] adj. **1.** nach Wild riechend od. schmeckend: ~ **taste** a) Wildgeschmack m, b) Hautgout m; **2.** F schneidig, mutig.

gan·der ['gændə] s. **1.** Gänserich m; → **sauce** 1; **2.** fig. F ‚Esel' m, Dussel m; **3.** sl. Blick m: **take a** ~ **at** sich (rasch) et. angucken.

gang [gæŋ] **I** s. **1.** ('Arbeiter)Ko,lonne f, (-)Trupp m; **2.** Gang f, (Verbrecher-)Bande f; **3.** contp. Bande f, Horde f, Clique f; **4.** ⚙ Satz m (Werkzeuge): ~ **of tools;** **II** v/i. **5.** mst ~ **up** sich zs.-rotten (**on, against** gegen).

'gang·bang s. sl. a) Geschlechtsverkehr mehrerer Männer nacheinander mit 'einer Frau, b) Vergewaltigung e-r Frau *durch mehrere Männer nacheinander*; '**~board** *s.* ♣ Laufplanke *f*; **~ boss** → *ganger*; **~ cut·ter** *s.* ⚙ Satz-, Mehrfachfräser *m*.

gang·er ['gæŋə] *s.* Vorarbeiter *m*, Kapo *m*.

'**gang·land** *s.* ,'Unterwelt' *f*.

gan·gling ['gæŋglɪŋ] *adj.* schlaksig.

gan·gli·on ['gæŋglɪən] *pl.* -a [-ə] *s.* **1.** *anat.* Ganglion *n*, Nervenknoten *m*; **~ cell** Ganglienzelle *f*; **2.** ⚕ 'Überbein *n*; **3.** *fig.* Knoten-, Mittelpunkt *m*, Zentrum *n*.

'**gang**|·**plank** → *gangway* 2b; **~ rape** → *gangbang* b.

gan·grene ['gæŋgriːn] **I** *s.* **1.** ⚕ Brand *m*, Gan'grän *n*; **2.** *fig.* Fäulnis *f*, sittlicher Verfall; **II** *v/t. u. v/i.* **3.** ⚕ brandig machen (werden); '**gan·gre·nous** [-rɪnəs] *adj.* ⚕ brandig.

gang saw *s.* ⚙ Gattersäge *f*.

gang·ster ['gæŋstə] *s.* Gangster *m*.

'**gang·way** **I** *s.* **1.** 'Durchgang *m*, Pas'sage *f*; **2.** a) ♣ Fallreep *n*, b) ♣ Gangway *f*, Landungsbrücke *f*, c) ✈ Gangway *f*; **3.** *Brit. thea. etc.* (Zwischen)Gang *m*; **4.** ✕ Strecke *f*; **5.** ⚙ a) Schräge *f*, Rutsche *f*, b) Laufbühne *f*; **II** *int.* **6.** Platz (machen) (, bitte)!

gan·net ['gænɪt] *s. orn.* Tölpel *m*.

gant·let ['gæntlɪt] → *gauntlet*¹.

gan·try ['gæntrɪ] *s.* **1.** ⚙ Faßlager *n*; **2.** *a.* **~ bridge** ⚙ Kranbrücke *f*: **~ crane** Portalkran *m*; **3.** a) 🚂 Si'gnalbrücke *f*, b) *mot.* Schilderbrücke *f*; **4.** *a.* **~ scaffold** *Raumfahrt:* Mon'tageturm *m*.

Gan·y·mede ['gænɪmiːd] *s.* **1.** *a.* ♒ Mundschenk *m*; **2.** *ast.* Gany'med *m*.

gaol [dʒeɪl] *bsd. Brit.* → *jail etc.*

gap [gæp] *s.* **1.** Lücke *f*, Spalt *m*, Öffnung *f*; **2.** ✕ Bresche *f*, Gasse *f*; **3.** (Berg)Schlucht *f*; **4.** *fig.* a) Lücke *f*, b) Zwischenraum *m*, -zeit *f*, c) Unter'brechung *f*, d) Kluft *f*, 'Unterschied *m*: *close the* **~** die Lücke schließen; *fill* (*od. stop*) *a* **~** e-e Lücke ausfüllen; *leave a* **~** e-e Lücke hinterlassen; *dollar* **~** ✝ Dollarlücke; *rocket* **~** Raketenlücke; **~** *in one's education* Bildungslücke; **5.** ⚡ Funkenstrecke *f*.

gape [geɪp] **I** *v/i.* **1.** den Mund aufreißen (*vor Staunen etc.*), staunen: *stand gaping* Maulaffen feilhalten; **2.** starren, glotzen, gaffen: **~** *at s.o.* j-n anstarren; **3.** gähnen; **4.** *fig.* klaffen, gähnen, sich öffnen *od.* auftun; **II** *s.* **5.** Gaffen *n*, Glotzen *n*; **6.** Staunen *n*; **7.** Gähnen *n*; **8.** *the* **~s** *pl. sg. konstr.* a) *vet.* Schnabelsperre *f*, b) *humor.* Gähnkrampf *m*; '**gap·ing** [-pɪŋ] *adj.* □ **1.** gaffend, glotzend; **2.** klaffend (*Wunde*), gähnend (*Abgrund*).

gap·py ['gæpɪ] *adj.* lückenhaft (*a. fig.*).

ga·rage ['gærɑːʒ] **I** *s.* **1.** Ga'rage *f*; **2.** Repara'turwerkstätte *f*, Tankstelle *f*; **II** *v/t.* **3.** *Auto* a) in e-r Ga'rage ab- *od.* 'unterstellen, b) in die Ga'rage fahren.

garb [gɑːb] **I** *s.* Tracht *f*, Gewand *n* (*a. fig.*); **II** *v/t.* kleiden.

gar·bage ['gɑːbɪdʒ] *s.* **1.** *Am.* Abfall *m*, Müll *m*: **~ can** Mülleimer *m*, -tonne *f*; **~ chute** Müllschlucker *m*; **2.** *fig.* a) Schund *m*, b) ,Abschaum' *m*; **3.** *Computer:* wertlose Daten *pl.*

gar·ble ['gɑːbl] *v/t. Text etc.* a) durcheinander'bringen, b) verstümmeln, entstellen, ,frisieren'.

gar·den ['gɑːdn] **I** *s.* **1.** Garten *m*; **2.** *fig.* Garten *m*, fruchtbare Gegend: *the* **~** *of England* die Grafschaft Kent; **3.** *mst pl.* Gartenanlagen *pl.*, Park *m*: *botanical* **~(s)** botanischer Garten; **II** *v/i.* **4.** gärtnern, im Garten arbeiten; **5.** Gartenbau treiben; **III** *adj.* **6.** Garten...: **~** *plants*; **~ cit·y** *s. Brit.* Gartenstadt *f*; **~ cress** *s.* ♀ Gartenkresse *f*.

gar·den·er ['gɑːdnə] *s.* Gärtner(in).

gar·den| **frame** *s.* glasgedeckter Pflanzenkasten; **~ gnome** *s.* Gartenzwerg *m*.

gar·de·ni·a [gɑː'diːnjə] *s.* ♀ Gar'denie *f*.

gar·den·ing ['gɑːdnɪŋ] *s.* **1.** Gartenbau *m*; **2.** Gartenarbeit *f*.

gar·den| **mo(u)ld** *s.* Blumen(topf)erde *f*; **~ par·ty** *s.* Gartenfest *n*, -party *f*; **~ path** *s.*: *lead s.o. up the* **~** *fig.* j-n hinters Licht führen; ♘ **State** *s. Am.* (*Beiname für*) New Jersey *n*; **~ stuff** *s.* Gartenerzeugnisse *pl.*; **~ sub·urb** *s. Brit.* Gartenvorstadt *f*; **~ truck** *Am.* → *garden stuff*; **~ white** *s. zo.* Weißling *m*.

gar·gan·tu·an [gɑː'gæntjʊən] *adj.* riesig, gewaltig, ungeheuer.

gar·gle ['gɑːgl] **I** *v/t.* **1.** a) gurgeln mit: **~** *salt water*, b) **~** *one's throat* → 3; **2.** *Worte* (her'vor)gurgeln; **II** *v/i.* **3.** gurgeln; **III** *s.* **4.** Gurgeln *n*; **5.** Gurgelmittel *n*.

gar·goyle ['gɑːgɔɪl] *s.* **1.** △ Wasserspeier *m*; **2.** *fig.* Scheusal *n*.

gar·ish ['geərɪʃ] *adj.* □ grell, schreiend, aufdringlich, protzig.

gar·land ['gɑːlənd] **I** *s.* **1.** Gir'lande *f* (*a.* △), Blumengewinde *n*, -gehänge *n*; (*a. fig.* Sieges)Kranz *m*; **2.** *fig.* (*bsd.* Gedicht)Sammlung *f*; **II** *v/t.* **3.** bekränzen.

gar·lic ['gɑːlɪk] *s.* ♀ Knoblauch *m*; '**gar·lick·y** [-kɪ] *adj.* **1.** knoblauchartig; **2.** nach Knoblauch schmeckend *od.* riechend.

gar·ment ['gɑːmənt] *s.* **1.** Kleidungsstück *n*, *pl.* a. Kleider *pl.*; **2.** *fig.* Gewand *n*, Hülle *f*.

gar·ner ['gɑːnə] **I** *s.* **1.** *obs.* Getreidespeicher *m*; **2.** *fig.* Speicher *m*, Vorrat *m* (*of* an *dat.*); **II** *v/t.* **3.** a) speichern (*a. fig.*), b) aufbewahren, c) sammeln (*a. fig.*), d) erlangen, erwerben.

gar·net ['gɑːnɪt] *s. min.* Gra'nat *m*; **II** *adj.* gra'natrot.

gar·nish ['gɑːnɪʃ] **I** *v/t.* **1.** schmücken, verzieren; **2.** *Küche:* garnieren (*a. fig. iro.*); **3.** *tt* a) *Forderung beim Drittschuldner* pfänden, b) *dem Drittschuldner* ein Zahlungsverbot zustellen; **II** *s.* **4.** Orna'ment *n*, Verzierung *f*; **5.** *Küche:* Garnierung *f* (*a. fig. iro.*); **gar·nish·ee** [ˌgɑːnɪ'ʃiː] *tt* **I** *s.* Drittschuldner *m*; **II** *v/t.* → *garnish* 3; '**gar·nish·ment** [-mənt] *s.* **1.** → *garnish* 4; **2.** *tt* a) (Forderungs)Pfändung *f*, b) Zahlungsverbot *n* an den Drittschuldner, *Brit.* Mitteilung *f* an den Pro'zeßgegner; '**gar·ni·ture** [-ɪtʃə] *s.* **1.** → *garnish* 4; **2.** Zubehör *n*, *m*, Ausstattung *f*.

ga·rotte → *garrot(t)e.*

gar·ret ['gærət] *s.* a) Dachstube *f*, Man'sarde *f*, b) Dachgeschoß *n*.

gar·ri·son ['gærɪsn] ✕ **I** *s.* **1.** Garni'son *f* (*Standort od. stationierte Truppen*); **II** *v/t.* **2.** Ort mit e-r Garni'son belegen; **3.** *Truppen* in Garni'son legen: *be* **~ed** in Garnison liegen; **~ cap** *s.* Feldmütze *f*;

~ com·mand·er *s.* 'Standortkomman,dant *m*; **~ town** *s.* Garni'sonsstadt *f*.

gar·rot(t)e [gə'rɒt] **I** *s.* **1.** ('Hinrichtung *f* durch die) Ga(r)'rotte *f*; **2.** Erdrosselung *f*; **II** *v/t.* **3.** ga(r)rottieren; **4.** erdrosseln.

gar·ru·li·ty [gæ'ruːlətɪ] *s.* Geschwätzigkeit *f*; **gar·ru·lous** ['gærʊləs] *adj.* □ geschwätzig.

gar·ter ['gɑːtə] **I** *s.* **1.** a) Strumpfband *n*, b) Sockenhalter *m*, c) *Am.* Strumpfhalter *m*, Straps *m*: **~ belt** Hüfthalter *m*, -gürtel *m*; **2.** *the* ♘ a) *a. the Order of the* ♘ der Hosenbandorden (*der höchste brit. Orden*), b) der Hosenbandorden (*Abzeichen*), c) die Mitgliedschaft des Hosenbandordens; **II** *v/t.* **3.** mit e-m Strumpfband *etc.* befestigen *od.* versehen.

gas [gæs] **I** *s.* **1.** ♠ Gas *n*; **2.** (Leucht-) Gas *n*; **3.** ✕ Grubengas *n*; **4.** ⚕ Lachgas *n*; **5.** ✕ (Gift)Gas *n*, (Gas)Kampfstoff *m*: **~ shell** Gasgranate *f*; **6.** *mot.* F a) *Am.* Ben'zin *n*, ,Sprit' *m*, b) 'Gas(pe,dal) *n*: *step on the* **~** Gas geben, ,auf die Tube drücken' (*beide a. fig.*); **7.** *sl.* a) ,Gequatsche' *n*, b) ,Gaudi' *f*, Mordsspaß *m*: *it's a* (*real*) **~!** (das ist) zum Brüllen!, *weitS.* große Klasse!; **II** *v/t.* **8.** mit Gas versorgen *od.* füllen; **9.** ⚕ begasen; **10.** vergasen, mit Gas töten *od.* vernichten; **11.** **~** *up mot. Auto* volltanken; **III** *v/i.* **12.** *mst* **~** *up Am.* F (auf-) tanken; **13.** F ,quatschen'; '**~·bag** *s.* ⚙ Gassack *m*, -zelle *f*; **2.** F ,Quatscher' *m*; **~ bomb** *s.* ✕ Kampfstoffbombe *f*; **~ bot·tle** *s.* ⚙ Gas-, Stahlflasche *f*; **~ burn·er** *s.* Gasbrenner *m*; **~ cham·ber** *s.* **1.** Gaskammer *f* (*zur Hinrichtung*); **2.** ✕ Gasprüfraum *m*; **~ coal** *s.* Gaskohle *f*; **~ coke** *s.* (Gas)Koks *m*; **~ cook·er** *s.* Gasherd *m*; **~ cyl·in·der** *s.* Gasflasche *f*; **~ en·gine** *s.* 'Gasmotor *m*, -ma,schine *f*.

gas·e·ous ['gæsjəs] *adj.* **1.** ♠ a) gasartig, -förmig, b) Gas...; **2.** *fig.* leer.

gas| **field** *s.* (Erd)Gasfeld *n*; '**~·fired** *adj.* mit Gasfeuerung, gasbeheizt; **~ fit·ter** *s.* 'Gasinstalla,teur *m*; **~ fit·ting** *s.* **1.** 'Gasinstallati,on *f*; **2.** *pl.* 'Gasarma,turen *pl.*; **~ gan·grene** *s.* ⚕ Gasbrand *m*.

gash [gæʃ] **I** *s.* **1.** klaffende Wunde, tiefer Schnitt *od.* Riß; **2.** Spalte *f*; **II** *v/t.* **3.** j-m e-e klaffende Wunde beibringen.

gas| **heat·er** *s.* Gasofen *m*; **~ heat·ing** *s.* Gasheizung *f*.

gas·i·fi·ca·tion [ˌgæsɪfɪ'keɪʃn] *s.* ♠ Vergasung *f*; **gas·i·fy** ['gæsɪfaɪ] **I** *v/t.* vergasen, in Gas verwandeln; **II** *v/i.* zu Gas werden.

gas jet *s.* Gasflamme *f*, -brenner *m*.

gas·ket ['gæskɪt] *s.* ⚙ 'Dichtung(sman,schette *f*, -sring *m*) *f*: *blow a* **~** *fig.* ,durchdrehen'.

'**gas**|·**light** *s.* Gaslicht *n*, -lampe *f*; '**~·light·er** *s.* **1.** Gasfeuerzeug *n*; **2.** Gasanzünder *m*; **~ main** *s.* (Haupt-) Gasleitung *f*; '**~·man** [-mæn] *s.* [*irr.*] **1.** 'Gasinstalla,teur *m*; **2.** Gasmann *m*, -ableser *m*; **~ man·tle** *s.* (Gas)Glühstrumpf *m*; **~ mask** *s.* ✕ Gasmaske *f*; **~ me·ter** *s.* ⚙ Gasuhr *f*, -zähler *m*; **~ mo·tor** → *gas engine*.

gas·o·lene, gas·o·line ['gæsəʊliːn] *s.* **1.** ♠ Gaso'lin *n*, Gasäther *m*; **2.** *Am.* Ben'zin *n*: **~** *ga(u)ge* Kraftstoffmesser

m, Benzinuhr *f*.
gas·om·e·ter [gæ'sɒmɪtə] *s.* Gaso'meter *m*, Gasbehälter *m*.
gas ov·en *s.* Gasherd *m*.
gasp [gɑːsp] **I** *v/i.* keuchen (*a. Maschine etc.*): ~ **for breath** nach Luft schnappen; **it made me** ~ mir stockte der Atem (*vor Erstaunen*); ~ **for s.th.** *fig.* nach et. lechzen; **II** *v/t. a.* ~ **out** Worte (her'vor)keuchen: ~ **one's life out** sein Leben aushauchen; **III** *s.* a) Keuchen *n*, b) Laut *m* des Erstaunens *od.* Erschreckens: **at one's last** ~ in den letzten Zügen (liegend), *fig.* ,am Eingehen'; '**gasp·er** [-pə] *s. Brit. sl.* ,Stäbchen' *n* (*Zigarette*).
gas| **pipe** *s.* Gasrohr *n*; '~·**proof** *adj.* gasdicht; ~ **pump** *s. mot. Am.* Zapfsäule *f*; ~ **range** *s. Am.* Gasherd *m*; ~ **ring** *s.* Gasbrenner *m*, -kocher *m*.
gassed [gæst] *adj.* vergast, gaskrank, -vergiftet; **gas·ser** ['gæsə] *s.* **1.** Gas freigebende Ölquelle; **2.** F ,Quatscher' *m*; **gas·sing** ['gæsɪŋ] *s.* **1.** ⊙ Behandlung *f* mit Gas; **2.** Vergasung *f*; **3.** F ,Quatschen' *n*.
gas| **sta·tion** *s. Am.* Tankstelle *f*; ~ **stove** *s.* Gasherd *m od.* -ofen *m*; ~ **tank** *s.* Gas- *od. Am.* F Ben'zinbehälter *m*; ~ **tar** *s.* Steinkohlenteer *m*.
gas·ter·o·pod ['gæstərəpɒd] → **gastropod.**
'**gas·tight** *adj.* gasdicht.
gas·tric ['gæstrɪk] *adj.* □ **1.** ↗ gastrisch, Magen...: ~ **acid** Magensäure *f*; ~ **flu** Darmgrippe *f*; ~ **juice** Magensaft *m*; ~ **ulcer** Magengeschwür *n*; **gas·tri·tis** [gæ'straɪtɪs] *s.* ↗ Ga'stritis *f*, Magenschleimhautentzündung *f*; **gas·tro·en·ter·i·tis** [ˌgæstrəʊentə'raɪtɪs] *s.* ↗ Gastroente'ritis *f*, 'Magen-'Darm-Ka,tarrh *m*; **gas·tro·in·tes·ti·nal** [ˌgæstrəʊɪn'testɪnl] ↗ gastrointesti'nal.
gas·trol·o·gist [gæ'strɒlədʒɪst] *s.* **1.** ↗ Facharzt *m* für Magenkrankheiten; **2.** *humor.* Kochkünstler *m*.
gas·tro·nome ['gæstrənəʊm], **gas·tron·o·mer** [gæ'strɒnəmə] *s.* Feinschmecker *m*; **gas·tro·nom·ic**, **gas·tro·nom·i·cal** [ˌgæstrə'nɒmɪk(l)] *adj.* □ feinschmeckerisch; **gas·tron·o·mist** [gæ-'strɒnəmɪst] → **gastronome**; **gas·tron·o·my** [gæ'strɒnəmɪ] *s.* **1.** Gastro·no'mie *f*, höhere Kochkunst; **2.** *fig.* Küche *f*: **the Italian** ~.
gas·tro·pod ['gæstrəpɒd] *s. zo.* Gastro·'pode *m*, Schnecke *f*.
gas·tro·scope ['gæstrəʊskəʊp] *s.* ↗ Magenspiegel *m*.
gas| **weld·ing** *s.* ⊙ Gasschweißen *n*; '~·**works** *s. pl. sg. konstr.* Gaswerk *n*.
gat [gæt] *s. Am. sl.* ,Ka'none' *f*, ,Ballermann' *m*, ,Schießeisen' *n*.
gate [geɪt] **I** *s.* **1.** Tor *n*, Pforte *f*, *fig. a.* Zugang *m*, Weg *m* (*zu* zu): **crash the** ~ → **gatecrash**; **2.** a) 🚪 Sperre *f*, Schranke *f*, b) ✈ Flugsteig *m*; **3.** (enger) Eingang, (schmale) 'Durchfahrt; **4.** (Gebirgs)Paß *m*; **5.** ⊙ (Schleusen-) Tor *n*; **6.** *sport*: a) Slalom: Tor *n*, b) → **starting gate**; **7.** *sport* a) Besucherzahl *f*, b) (Gesamt)Einnahmen *pl.*, Kasse *f*; **8.** ⊙ Schieber *m*, Ven'til *n*; **9.** Gießerei: (Einguß)Trichter *m*, Anschnitt *m*; **10.** *phot.* Bild-, Filmfenster *n*; **11.** ↯ 'Tor·im₁puls *m*; **12.** *TV* Ausblendstufe *f*; **13.** *Am.* F a) ,Rausschmiß' *m*, b) ,Laufpaß'

m: **get the** ~ ,gefeuert' werden; **give s.o. the** ~ a) j-n ,feuern', b) j-m den Laufpaß geben; **II** *v/t.* **14.** *ped., univ. Brit.* j-m den Ausgang sperren: **he was** ~**d** er erhielt Ausgangsverbot; '~·**crash** *v/i.* (*u. v/t.*) F a) uneingeladen kommen *od.* gehen (zu *e-r Party etc.*), b) sich (ohne zu bezahlen) einschmuggeln (in *e-e Veranstaltung*); '~·**crash·er** *s.* F Eindringling *m*: a) uneingeladener Gast, b) *j-d, der sich in e-e Veranstaltung einschmuggelt*; '~·**keep·er** *s.* **1.** Pförtner *m*; **2.** 🚪 Bahn-, Schrankenwärter *m*; '~·**leg(ged) ta·ble** *s.* Klapptisch *m*; '~·**mon·ey** → **gate** 7b; '~·**post** *s.* Tor-, Türpfosten *m*: **between you and me and the** ~ im Vertrauen *od.* unter uns (gesagt); '~·**way** *s.* **1.** Torweg *m*, Einfahrt *f*; **2.** *fig.* Tor *n*, Zugang *m*.
gath·er ['gæðə] **I** *v/t.* **1.** Personen versammeln; → **father** 4; **2.** Dinge (an-)sammeln, anhäufen: ~ **wealth**; ~ **experience** Erfahrung(en) sammeln; ~ **facts** Fakten zs.-tragen, Material sammeln; ~ **strength** Kräfte sammeln; **3.** a) ernten, sammeln, b) *Blumen, Obst etc.* pflücken; **4.** *a.* ~ **up** aufsammeln, -lesen, -heben: ~ **together** zs.-raffen; ~ **o.s. together** sich zs.-raffen; ~ **s.o. in one's arms** j-n in s-e Arme schließen; **5.** erwerben, gewinnen, ansetzen: ~ **dust** verstauben; ~ **speed** Geschwindigkeit aufnehmen, schneller werden; ~ **way** ↓ in Fahrt kommen (*a. fig.*), *fig.* sich durchsetzen; **6.** *fig.* folgern (*a. A*); schließen (**from** aus); **7.** *Näherei*: raffen, kräuseln, zs.-ziehen; → **brow** 1; **8.** ~ **up** a) *Kleid etc.* aufnehmen, zs.-raffen, b) *die Beine* einziehen; **II** *v/i.* **9.** sich versammeln *od.* scharen (**round s.o.** um j-n); **10.** sich (an)sammeln, sich häufen; **11.** sich zs.-ziehen *od.* -ballen (*Wolken, Gewitter*); **12.** anwachsen, sich entwickeln, zunehmen; **13.** ↗ a) reifen (*Abszeß*), b) eitern (*Wunde*); '**gath·er·er** [-ərə] *s.* **1.** Erntearbeiter(in), Schnitter(in), Winzer *m*; **2.** (Ein)Sammler *m*; Geldeinnehmer *m*; '**gath·er·ing** [-ðərɪŋ] *s.* **1.** Sammeln *n*; **2.** Sammlung *f*; **3.** a) (Menschen)Ansammlung *f*, b) Versammlung *f*, Zs.-kunft *f*; **4.** ↗ a) Reifen *n*, b) Eitern *n*; **5.** K.abuchbinderei: Lage *f*.
gat·ing ['geɪtɪŋ] *s.* **1.** ↯ a) Austastung *f*, b) (Sig'nal)Auswertung *f*; **2.** *ped., univ. Brit.* Ausgangsverbot *n*.
gauche [gəʊʃ] *adj.* **1.** linkisch; **2.** taktlos; **gau·che·rie** ['gəʊʃəriː] *s.* **1.** linkische Art; **2.** Taktlosigkeit *f*.
Gau·cho ['gaʊtʃəʊ] *pl.* **-chos** *s.* Gaucho *m*.
gaud [gɔːd] *s.* **1.** billiger Schmuck, Flitterkram *m*; **2.** *oft pl.* (über'triebener) Prunk; '**gaud·i·ness** [-dɪnɪs] *s.* **1.** → **gaud**; **2.** Protzigkeit *f*, Geschmacklosigkeit *f*; '**gaud·y** [-dɪ] **I** *adj.* □ (farben)prächtig, auffällig (bunt), *Farben*: grell, schreiend, *Einrichtung etc.*: protzig; **II** *s. ped., univ. Brit.* jährliches Festessen.
gauf·fer → **goffer.**
gauge [geɪdʒ] **I** *s.* **1.** Nor'mal-, Eichmaß *n*; **2.** ⊙ Meßgerät *n*, Messer *m*, Anzeiger *m*: bsd. a) Pegel *m*, Wasserstandsanzeiger *m*, b) Mano'meter *n*, Druckmesser *m*, c) Lehre *f*, d) Maß-, Zollstab *m*, e) *typ.* Zeilenmaß *n*; **3.** ⊙ (Blech-, Draht)Stärke *f*; **4.** *Strumpfherstellung*:

Gauge *n* (*Maschenzahl*); **5.** ✗ Ka'liber *n*; **6.** 🚢 Spur(weite) *f*; **7.** ⚓ *oft* **gage** Abstand *m*, Lage *f*: **have the lee** (**weather**) ~ zu Lee (Luv) liegen (*Schiff*); **8.** 'Umfang *m*, Inhalt *m*: **take the** ~ **of** → 12; **9.** *fig.* Maßstab *m*, Norm *f*; **II** *v/t.* **10.** (ab)lehren, (ab-, aus)messen; **11.** eichen, justieren; **12.** *fig.* (ab)schätzen, beurteilen; ~ **lathe** *s.* Präzisi'onsdrehbank *f*.
gaug·er ['geɪdʒə] *s.* Eichmeister *m*.
gaug·ing ['geɪdʒɪŋ] *s.* ⊙ Eichung *f*, Messung *f*: ~ **office** Eichamt *n*.
Gaul [gɔːl] *s.* **1.** Gallier *m*; **2.** Fran'zose *m*; '**Gaul·ish** [-lɪʃ] **I** *adj.* gallisch; **II** *s. ling.* Gallisch *n*.
Gaull·ism ['gɔːlɪzəm] *s. pol.* Gaull'ismus *m*.
gaunt [gɔːnt] *adj.* □ **1.** a) hager, mager, b) ausgemergelt; **2.** verlassen, öde; **3.** kahl.
gaunt·let¹ ['gɔːntlɪt] *s.* **1.** ✗ *hist.* Panzerhandschuh *m*; **2.** *fig.* Fehdehandschuh *m*: **fling** (*od.* **throw**) **down the** ~ (**to s.o.**) (j-m) den Fehdehandschuh hinwerfen, (j-n) herausfordern; **pick** (*od.* **take**) **up the** ~ die Herausforderung annehmen; **3.** Schutzhandschuh *m*.
gaunt·let² ['gɔːntlɪt] *s.*: **run the** ~ Spießruten laufen (*a. fig.*); **run the** ~ **of s.th.** et. durchstehen müssen.
gaun·try ['gɔːntrɪ] → **gantry.**
gauss [gaʊs] *s. phys.* Gauß *n*.
gauze [gɔːz] *s.* **1.** Gaze *f*, ↗ *a.* (Verbands)Mull *m*: ~ **bandage** Mull-, Gazebinde *f*; **2.** *fig.* Dunst *m*, Schleier *m*; '**gauz·y** [-zɪ] *adj.* gazeartig, hauchdünn.
ga·vage ['gævaːʒ] *s.* ↗ künstliche Sonderernährung.
gave [geɪv] *pret. von* **give.**
gav·el ['gævl] *s.* **1.** Hammer *m e-s* Auktionators, Vorsitzenden etc.; **2.** (Maurer)Schlegel *m*.
ga·vot(te) [gə'vɒt] *s.* ♪ Ga'votte *f*.
gawk [gɔːk] **I** *s. contp.* (Bauern)Lackel *m*; **II** *v/i.* → **gawp**; '**gawk·y** [-kɪ] *adj. contp.* ,blöd(e)', trottelhaft.
gawp [gɔːp] *v/i.* glotzen: ~ **at** anglotzen.
gay [geɪ] *adj.* □ → **gaily**; **1.** lustig, fröhlich; **2.** a) bunt, (farben)prächtig: ~ **with** belebt von, geschmückt mit, b) fröhlich, lebhaft (*Farben*); **3.** flott, *Person*: *a.* lebenslustig: **a** ~ **dog** ein ,lockerer Vogel'; **4.** liederlich; **5.** *Am. sl.* ,pampig', frech; **6.** F homosexu'ell, ,schwul', Schwulen...: ♀ *Lib*(**eration**) die Schwulenbewegung.
gaze [geɪz] **I** *v/i.* starren: ~ **at** anstarren; ~ (**up**)**on** ansichtig werden (*gen.*); **II** *s.* (starrer) Blick, Starren *n*.
ga·ze·bo [gə'ziːbəʊ] *s.* Gebäude *n* mit schönem Ausblick, Aussichtspunkt *m*.
ga·zelle [gə'zel] *s. zo.* Ga'zelle *f*.
gaz·er ['geɪzə] *s.* Gaffer *m*.
ga·zette [gə'zet] *s.* **1.** Zeitung *f*; **2.** *Brit.* Amtsblatt *n*, Staatsanzeiger *m*; **II** *v/t.* **3.** *Brit.* im Amtsblatt bekanntgeben *od.* veröffentlichen; **gaz·et·teer** [ˌgæzə'tɪə] *s.* alpha'betisches Ortsverzeichnis (mit Ortsbeschreibung).
gear [gɪə] **I** *s.* **1.** ⊙ *a.* Zahnrad *n*, *a. pl.* Getriebe *n*, Triebwerk *n*; **2.** ⊙ a) Über'setzung *f*, b) *mot. etc.* Gang *m*: **first** (**second**, *etc.*) ~; **in high** ~ in e-m hohen *od.* schnellen Gang; **get into** (**high**) ~ *fig.* in Fahrt *od.* Schwung

kommen; *in low* (*od. bottom*) ~ im ersten Gang; (*in*) *top* ~ im höchsten Gang; *change* (*Am. shift*) ~(*s*) schalten; *change into second* ~ den zweiten Gang einlegen, c) *pl.* Gangschaltung *f* (*e-s Fahrrads*); **3.** ◎ Eingriff *m*: *in* ~ a) eingerückt, eingeschaltet, b) *fig.* funktionierend, in Ordnung; *in* ~ *with* im Eingriff stehend mit; *out of* ~ a) ausgerückt, ausgeschaltet, b) *fig.* in Unordnung, nicht funktionierend; *throw out of* ~ ausrücken, -schalten, *fig.* durcheinanderbringen; **4.** ✂, ⚓ *etc. mst in Zssgn* Vorrichtung *f*, Gerät *n*; → *landing gear etc.*; **5.** Ausrüstung *f*, Gerät *n*, Werkzeug(e *pl.*) *n*, Zubehör *n*: *fishing* ~ Angelgerät *n*, -zeug *n*; **6.** F a) Hausrat *m*, b) Habseligkeiten *pl.*, Sachen *pl.*, c) Aufzug *m*, Kleidung *f*; **7.** (*Pferde- etc.*)Geschirr *n*; **II** *v/t.* **8.** ◎ a) mit e-m Getriebe versehen, b) über'setzen, c) in Gang setzen (*a. fig.*): ~ *up* ins Schnelle übersetzen, *fig.* steigern, verstärken; **9.** *fig.* (*to, for*) einstellen *od.* abstimmen (auf *acc.*), anpassen (*dat. od.* an *acc.*); **10.** ausrüsten; **11.** *a.* ~ *up* *Tiere* anschirren; **III** *v/i.* **12.** ◎ a) eingreifen (*into, with* in *acc.*), b) inein'andergreifen; **13.** ~ *up* (*down*) *mot.* hin-'auf- (her'unter)schalten; **14.** *fig.* (*with*) passen (zu), eingerichtet *od.* abgestimmt sein (auf *acc.*).
'**gear**|·**box** *s.* ◎ Getriebe(gehäuse) *n*; ~ **change** *s. Brit. mot.* (Gang)Schaltung *f*; ~ **cut·ter** *s.* Zahnradfräser *m*; ~ **drive** → *gearing* 1.
gear·ed [ɡɪəd] *adj.* ◎ verzahnt; Getriebe...; **gear·ing** ['ɡɪərɪŋ] *s.* ◎ **1.** (Zahnrad)Getriebe *n*, Vorgelege *n*; **2.** Über-'setzung *f* (*e-s Getriebes*); Transmissi'on *f*; **3.** Verzahnung *f*.
gear| **le·ver** *s.* Schalthebel *m*; ~ **ra·tio** *s.* Über'setzung(sverhältnis *n*) *f*; ~ **rim** *s.* Zahnkranz *m*; ~ **shaft** *s.* Getriebe-, Schaltwelle *f*; ~ **shift** *s. Am.* a) → *gear change*, b) → *gear lever*; '~·**wheel** *s.* Getriebe-, Zahnrad *n*.
geck·o ['ɡekəʊ] *pl.* -**os**, -**oes** *s. zo.* Gecko *m* (*Echse*).
gee[1] [dʒiː] *s.* G *n*, g *n* (*Buchstabe*).
gee[2] [dʒiː] **I** *s.* **1.** *Kindersprache*: ,Hotte-'hü' *n* (*Pferd*); **II** *int.* **2.** *a.* ~ *up*! a) hott! (*nach rechts*), b) hü(h), hott! (*schneller*); **3.** *Am.* F na so was!, Mann!
geese [ɡiːs] *pl. von goose.*
gee| **whiz** [ˌdʒiːˈwɪz] → *gee*[2] 3; '~-**whiz** *adj. Am.* F **1.** ,toll', Super...; **2.** Sensations...
gee·zer ['ɡiːzə] *s.* F komischer (alter) Kauz, ,Opa' *m*.
Gei·ger count·er ['ɡaɪɡə] *s. phys.* Geigerzähler *m*.
gei·sha ['ɡeɪʃə] *s.* Geisha *f*.
gel [dʒel] **I** *s.* **1.** Gel *n*; **II** *v/i.* **2.** gelieren; **3.** → *jell* 3.
gel·a·tin(e) [ˌdʒelə'tiːn] *s.* **1.** Gela'tine *f*, **2.** Gal'lerte *f*; **3.** *a. blasting* ~ 'Sprenggela₁tine *f*; **gel·at·i·nize** [dʒə'lætɪnaɪz] *v/i. u. v/t.* gelatinieren (lassen); **ge·lat·i·nous** [dʒə'lætɪnəs] *adj.* gallertartig.
geld [ɡeld] *v/t. Tier* kastrieren, verschneiden; '**geld·ing** [-dɪŋ] *s.* kastriertes Tier, *bsd.* Wallach *m*.
gel·id ['dʒelɪd] *adj.* □ eisig.
gel·ig·nite ['dʒelɪɡnaɪt] *s.* ◎ Gela'tinedyna₁mit *n*.
gem [dʒem] **I** *s.* **1.** Edelstein *m*; **2.** Gem-

me *f*; **3.** *fig.* Perle *f*, Ju'wel *n*, Glanz-, Prachtstück *n*: ~ *rôle thea.* Glanzrolle *f*; **4.** *Am.* Brötchen *n*; **5.** *typ. e-e 3½-Punkt-Schrift*; **II** *v/t.* **6.** mit Edelsteinen schmücken.
gem·i·nate I *adj.* ['dʒemɪnət] paarweise, Doppel...; **II** *v/t. u. v/i.* [-neɪt] (sich) verdoppeln (*a. ling.*); **gem·i·na·tion** [ˌdʒemɪ'neɪʃn] *s.* Verdoppelung *f* (*a. ling.*).
Gem·i·ni ['dʒemɪnaɪ] *s. pl. ast.* Zwillinge *pl.*
gem·ma ['dʒemə] *pl.* **-mae** [-miː] *s.* **1.** ♀ a) Gemme *f*, Brutkörper *m*, b) Blattknospe *f*; **2.** *biol.* Knospe *f*, Gemme *f*; '**gem·mate** [-meɪt] *adj. biol.* sich durch Knospung fortpflanzend; **gem·ma·tion** [dʒe'meɪʃn] *s.* **1.** ♀ Knospenbildung *f*; **2.** *biol.* Fortpflanzung *f* durch Knospen; **gem·mif·er·ous** [dʒe'mɪfərəs] *adj.* **1.** edelsteinhaltig; **2.** *biol.* → *gemmate.*
gems·bok ['ɡemzbɒk] *s. zo.* 'Gemsan-ti₁lope *f*.
gen [dʒen] *Brit. sl.* **I** *s.* Informati'on(en *pl.*) *f*; **II** *v/t. u. v/i.*: ~ *up* (sich) informieren.
gen·der ['dʒendə] *s. ling.* Genus *n*, Geschlecht *n* (*a. humor. von Personen*).
gene [dʒiːn] *s. biol.* Gen *n*, Erbfaktor *m*: ~ *pool* Erbmasse *f*; ~ *technology* Gentechnologie *f*.
gen·e·a·log·i·cal [ˌdʒiːnjə'lɒdʒɪkl] *adj.* □ genea'logisch: ~ *tree* Stammbaum *m*.
gen·e·al·o·gist [ˌdʒiːnɪ'ælədʒɪst] *s.* Genea'loge *m*, Ahnenforscher *m*; ₁**gene·al·o·gize** [-dʒaɪz] *v/i.* Stammbaumforschung treiben; ₁**gen·e·al·o·gy** [-dʒɪ] *s.* Genealo'gie *f*: a) Ahnenforschung *f*, b) Ahnentafel *f*, c) Abstammung *f*.
gen·e·ra ['dʒenərə] *pl. von genus.*
gen·er·al ['dʒenərəl] **I** *adj.* □ → *generally*; **1.** allgemein, um'fassend: ~ *knowledge* (*medicine*) Allgemeinbildung *f* (-medizin *f*); ~ *outlook* allgemeine Aussichten; *the* ~ *public* die breite Öffentlichkeit; **2.** allgemein (*nicht spezifisch*): ~ *dealer Brit.* Gemischtwarenhändler *m*; *the* ~ *reader* der Durchschnittsleser; ~ *store* Gemischtwarenhandlung *f*; ~ *term* Allgemeinbegriff *m*; *in* ~ *terms* allgemein (ausgedrückt); **3.** allgemein (üblich), gängig, verbreitet: ~ *practice*; *as a* ~ *rule* meistens; **4.** allgemein gehalten, ungefähr: *a* ~ *idea* e-e ungefähre Vorstellung; ~ *resemblance* vage Ähnlichkeit; *in a* ~ *way* in großen Zügen, in gewisser Weise; **5.** allgemein, General...; *Haupt...*: ~ *agent* ✝ Generalvertreter *m*; ~ *manager* ✝ Generaldirektor *m*; ~ *meeting* ✝ General-, Hauptversammlung *f*; **6.** (*Amtstiteln nachgestellt*) *mst* General...: *consul* ~ Generalkonsul *m*; **II** *s.* **7.** ✕ a) Gene'ral *m*, b) Heerführer *m*, Feldherr *m*, Stra'tege *m*; **8.** ✕ *Am.* a) (Vier-'Sterne-)Gene-₁ral *m* (*zweithöchster Offiziersrang*), b) ~ *of the army* Fünf-'Sterne-Gene₁ral *m* (*höchster Offiziersrang*); **9.** *eccl.* ('Ordens)Gene₁ral *m*; **10.** *the* ~ das Allgemeine: ℒ (*Überschrift*) Allgemeines; *in* ~ im allgemeinen.
gen·er·al| **ac·cept·ance** *s.* ✝ uneingeschränktes Ak'zept; ℒ **As·sem·bly** *s.* **1.** *pol.* Voll-, Gene'ralversammlung *f* (*der*

UNO); **2.** *pol. Am.* Parla'ment *n* (*einiger Einzelstaaten*); **3.** *eccl.* oberstes Gericht der schottischen Kirche; ~ **car·go** *s.* ✝, ⚓ Stückgut(ladung *f*) *n*; ℒ **Cer·tif·i·cate of Ed·u·ca·tion** *s. ped. Brit.*: ~ *O level etwa*: mittlere Reife; ~ *A level etwa*: Abitur *n*; ~ **de·liv·er·y** *s.* ✝ *Am.* **1.** (Ausgabestelle *f* für) postlagernde Sendungen *pl.*; **2.** ,postlagernd'; ~ **e·lec·tion** *s. pol.* allgemeine Wahlen *pl.*; ~ **head·quar·ters** *s. pl. mst sg. konstr.* ✕ Großes Hauptquartier; ~ **hos·pi·tal** *s.* allgemeines Krankenhaus.
gen·er·al·is·si·mo [ˌdʒenərə'lɪsɪməʊ] *pl.* -**mos** *s.* ✕ Genera'lissimus *m*, Oberbefehlshaber *m*.
gen·er·al·ist ['dʒenərəlɪst] *s.* Genera'list *m* (*Ggs. Spezialist*).
gen·er·al·i·ty [ˌdʒenə'rælətɪ] *s.* **1.** *pl.* allgemeine Redensarten *pl.*, Gemeinplätze *pl.*; **2.** Allgemeingültigkeit *f*; **3.** allgemeine Regel; **4.** Unbestimmtheit *f*; **5.** *obs.* Mehrzahl *f*, große Masse; **gen·er·al·i·za·tion** [ˌdʒenərəlaɪ'zeɪʃn] *s.* Verallgemeinerung *f*; **gen·er·al·ize** ['dʒenərəlaɪz] **I** *v/t.* **1.** verallgemeinern; **2.** auf e-e allgemeine Formel bringen; **3.** *paint.* in großen Zügen darstellen; **II** *v/i.* **4.** verallgemeinern; **gen·er·al·ly** ['dʒenərəlɪ] *adv.* **1.** *oft* ~ *speaking* allgemein, im allgemeinen, im großen u. ganzen; **2.** allgemein; **3.** gewöhnlich, meistens.
gen·er·al| **med·i·cine** *s.* Allge'meinmedi₁zin *f*; ~ **meet·ing** *s.* ✝ Gene'ral-, Hauptversammlung *f*; ~ **of·fi·cer** *s.* ✕ Gene'ral *m*, Offi'zier *m* im Gene'ralsrang; ~ **par·don** *s.* (Gene'ral)Amne-₁stie *f*; ℒ **Post Of·fice** *s.* Hauptpostamt *n*; ~ **prac·ti·tion·er** *s.* Arzt *m* für Allge'meinmedi₁zin, praktischer Arzt; ,~-'**pur·pose** *adj.* ◎ Mehrzweck..., Universal...
gen·er·al·ship ['dʒenərəlʃɪp] *s.* **1.** ✕ Gene'ralsrang *m*; **2.** Strate'gie *f*: a) ✕ Feldherrnkunst *f*, b) *a. allg.* geschickte Taktik.
gen·er·al| **staff** *s.* ✕ Gene'ralstab *m*: ~ *chief of* ~ Generalstabschef *m*; ~ **strike** *s.* ✝ Gene'ralstreik *m*.
gen·er·ate ['dʒenəreɪt] *v/t.* **1.** *bsd.* 🜂, *phys.* erzeugen (*a.* ✕), *Gas, Rauch* entwickeln, *a.* ⚡ bilden; **2.** *biol.* zeugen; **3.** *fig.* erzeugen, her'vorrufen, bewirken, verursachen.
gen·er·at·ing sta·tion ['dʒenəreɪtɪŋ] *s.* ⚡ Kraftwerk *n*.
gen·er·a·tion [ˌdʒenə'reɪʃn] *s.* **1.** Generati'on *f*: *the rising* ~ die junge (*od.* heranwachsende) Generation; ~ *gap* Generationsunterschied *m*, Generationenkonflikt *m*; **2.** Generati'on *f*, Menschenalter *n* (*etwa 33 Jahre*): ~*s* F e-e Ewigkeit; **3.** ◎, 🜂 Generati'on *f*: *a new* ~ *of cars*; **4.** *biol.* Entwicklungsstufe *f*; **5.** Zeugung *f*, Fortpflanzung *f*; **6.** *bsd.* 🜂, ⚡, *phys.* Erzeugung *f* (*a.* ✕); Entwicklung *f*; **7.** Entstehung *f*; **gen·er·a·tion·al** [-ʃənl] *adj.* Generations...: ~ *conflict*; **gen·er·a·tive** ['dʒenərətɪv] *adj.* **1.** *biol.* Zeugungs..., Fortpflanzungs..., Geschlechts...; **2.** *biol.* fruchtbar; **3.** *ling.* genera'tiv: ~ *grammar*; **gen·er·a·tor** ['dʒenəreɪtə] *s.* **1.** ⚡ Gene'rator *m*, Stromerzeuger *m*, Dy'namo₁maschine *f*; **2.** ◎ a) Gaserzeuger *m*:

~ gas Generatorgas *n*, b) Dampferzeuger *m*, -kessel *m*; **3.** ☉ (Ab)Wälzfräser *m*; **4.** 🦌 Entwickler *m*; **5.** ♪ Grundton *m*.

ge·ner·ic [dʒɪˈnerɪk] *adj.* (□ **~ally**) **1.** allgemein, gene'rell; **2.** ge'nerisch, Gattungs...: **~ term** *od.* **name** Gattungsname *m*, Oberbegriff *m*.

gen·er·os·i·ty [ˌdʒenəˈrɒsətɪ] *s.* **1.** Großzügigkeit *f*: a) Freigebigkeit *f*, b) Edelmut *m*, Hochherzigkeit *f*; **2.** edle Tat; **3.** Fülle *f*; **gen·er·ous** [ˈdʒenərəs] *adj.* □ **1.** großzügig: a) freigebig, b) edel, hochherzig; **2.** reichlich, üppig: **~ mouth** volle Lippen *pl.*; **3.** vollmundig, gehaltvoll (*Wein*); fruchtbar (*Boden*).

gen·e·sis [ˈdʒenɪsɪs] *s.* **1.** Genesis *f*, Ge'nese *f*, Entstehung *f*; **2.** ♗ *bibl.* Genesis *f*, Erstes Buch Mose; **3.** Ursprung *m*.

gen·et [ˈdʒenɪt] *s.* **1.** *zo.* Ge'nette *f*, Ginsterkatze *f*; **2.** Ge'nettepelz *m*.

ge·net·ic [dʒɪˈnetɪk] **I** *adj.* (□ **~ally**) **1.** *bsd. biol.* ge'netisch: a) entwicklungsgeschichtlich, b) Vererbungs..., Erb...: **~ code** genetischer Kode; **~ engineering** Genmanipulation *f*; **II** *s. pl. biol.* **2.** *sg. konstr.* Ge'netik *f*, Vererbungslehre *f*; **3.** ge'netische Formen *pl.* u. Erscheinungen *pl.*; **gen·et·i·cist** [-ɪsɪst] *s. biol.* Ge'netiker *m*.

ge·nette [dʒɪˈnet] → **genet**.

ge·ne·va¹ [dʒɪˈniːvə] *s.* Ge'never *m*, Wa'cholderschnaps *m*.

Ge·ne·va² [dʒɪˈniːvə] **I** *npr.* Genf *n*; **II** *adj.* Genfer(...); **~ bands** *s. pl. eccl.* Beffchen *n*; **~ Con·ven·tion** *s. pol.*, ✗ Genfer Konventi'on *f*; **~ cross** → **red** 1; **~ drive** *s.* ☉ Mal'teserkreuzantrieb *m*; **~ gown** *s. eccl.* Ta'lar *m*.

ge·ni·al [ˈdʒiːnjəl] *adj.* □ **1.** freundlich (*a. fig. Klima etc.*), herzlich: **in ~ company** in angenehmer Gesellschaft; **2.** belebend, anregend; **ge·ni·al·i·ty** [ˌdʒiːnɪˈælətɪ] *s.* **1.** Freundlichkeit *f*, Herzlichkeit *f*; **2.** Milde *f* (*Klima*).

ge·nie [ˈdʒiːnɪ] *s.* dienstbarer Geist, Dschinn *m*.

ge·ni·i [ˈdʒiːnɪaɪ] *pl. von* **genie** *u.* **genius** 4.

gen·i·tal [ˈdʒenɪtl] *adj.* Zeugungs..., Geschlechts..., geni'tal: **~ gland** Keimdrüse *f*; **'gen·i·tals** [-lz] *s. pl.* Geni'talien *pl.*, Geschlechtsteile *pl.*

gen·i·ti·val [ˌdʒenɪˈtaɪvl] *adj.* Genitiv..., genitivisch; **gen·i·tive** [ˈdʒenɪtɪv] *s. a.* **~ case** *ling.* Genitiv *m*, zweiter Fall.

gen·i·to·u·ri·nar·y [ˌdʒenɪtəʊˈjʊərɪnərɪ] *adj.* ✗ urogeni'tal.

ge·ni·us [ˈdʒiːnjəs] *pl.* **'ge·ni·us·es** *s.* **1.** Ge'nie *n*: a) geni'aler Mensch, b) (*ohne pl.*) Geniali'tät *f*, geni'ale Schöpferkraft; **2.** Begabung *f*, Gabe *f*; **3.** Genius *m*, Geist *m*, Seele *f*, *das Eigentümliche* (*e-r Nation etc.*): **~ of a period** Zeitgeist; **4.** *pl.* **'ge·ni·i** [-nɪaɪ] *antiq.* Genius *m*, Schutzgeist *m*: **good** (**evil**) **~** guter (böser) Geist (*a. fig.*); **~ lo·ci** [ˈləʊsaɪ] (*Lat.*) *s.* a) Genius *m* loci, Schutzgeist *m* e-s Ortes, b) Atmo'sphäre *f* e-s Ortes.

gen·o·blast [ˈdʒenəʊblɑːst] *s. biol.* reife Geschlechtszelle.

gen·o·cide [ˈdʒenəʊsaɪd] *s.* Geno'zid *m*, *n*, Völker-, Gruppenmord *m*.

Gen·o·ese [ˌdʒenəʊˈiːz] **I** *s.* Genu'eser (-in); **II** *adj.* genu'esisch, Genueser...

gen·o·type [ˈdʒenəʊtaɪp] *s. biol.* Geno-

'typ(us) *m*.

gen·re [ˈʒɑːŋrə] (*Fr.*) *s.* **1.** Genre *n*, (*a.* Litera'tur)Gattung *f*: **~ painting** Genremalerei *f*; **2.** Form *f*, Stil *m*.

gent [dʒent] *s.* **1.** F *für* **gentleman**; **2.** *pl. sg. konstr.* F ‚Herrenklo' *n*; **3.** *Am.* F ‚Knabe', *m*, Kerl *m*.

gen·teel [dʒenˈtiːl] *adj.* □ **1.** *obs.* vornehm; **2.** vornehm tuend, geziert, affek'tiert; **3.** ele'gant, fein.

gen·tian [ˈdʒenʃən] *s.* ♗ Enzian *m*; **~ bit·ter** *s. pharm.* 'Enziantink‚tur *f*.

gen·tile [ˈdʒentaɪl] **I** *s.* **1.** Nichtjude *m*, -jüdin *f*, *bsd.* Christ(in); **2.** Heide *m*, Heidin *f*; **3.** 'Nichtmor‚mone *m*, -mor‚monin *f*; **II** *adj.* **4.** nichtjüdisch, *bsd.* christlich; **5.** heidnisch; **6.** 'nichtmor‚monisch.

gen·til·i·ty [dʒenˈtɪlətɪ] *s.* **1.** *obs.* vornehme Herkunft; **2.** Vornehmheit *f*; **3.** Vornehmtue'rei *f*.

gen·tle [ˈdʒentl] *adj.* □ **1.** freundlich, sanft, gütig, liebenswürdig: **~ reader** geneigter Leser; **2.** milde, ruhig, mäßig, leicht, sanft, zart: **~ blow** leichter Schlag; **~ craft** Angelsport *m*; **~ hint** zarter Wink; **~ rebuke** sanfter Tadel; **the ~ sex** das zarte Geschlecht; **~ slope** sanfter Abhang; **3.** zahm, fromm (*Tier*); **4.** edel, vornehm: **of ~ birth** von vornehmer Geburt; **'~·folk(s)** *s. pl.* vornchme Leute *pl.*

gen·tle·man [ˈdʒentlmən] *s.* [*irr.*] **1.** Gentleman *m*: a) Ehrenmann *m*, b) Mann *m* von Lebensart u. Cha'rakter: **~'s** (*od.* **gentlemen's**) **agreement** Gentleman's (*od.* Gentlemen's) Agreement *n*, ✝ Vereinbarung *f* auf Treu u. Glauben; **~'s** Vertrauensmann *m*/Diener *m*; **2.** Herr *m*: **gentlemen** a) (*Anrede*) m-e Herren!, b) *in Briefen:* Sehr geehrte Herren (*oft unübersetzt*); **~ farmer** Gutsbesitzer *m*; **~ friend** Freund *m* e-r Dame; **~ rider** Herrenreiter *m*; **Gentlemen('s)** Herren(toilette *f*) *pl.*; **3.** *Titel von Hofbeamten:* **~ in waiting** Kämmerer *m*; **~-at-arms** Leibgardist *m*; **4.** *obs.* Privati'er *m*; **5.** *hist.* a) Mann *m* von Stand, b) Edelmann *m*; **'~·like** → **gentlemanly**; **'gen·tle·man·li·ness** [-lɪnɪs] *s.* **1.** vornehmes *od.* feines Wesen, Vornehmheit *f*; **2.** gebildetes *od.* feines Bcnehmen; **'gen·tle·man·ly** [-lɪ] *adj.* ‚gentlemanlike', vornehm, fein.

gen·tle·ness [ˈdʒentlnɪs] *s.* **1.** Freundlichkeit *f*, Güte *f*, Milde *f*, Sanftheit *f*; **2.** *obs.* Vornehmheit *f*.

'gen·tle‚wom·an *s.* [*irr.*] Dame *f* (von Lebensart u. Cha'rakter; von Stand *od.* Bildung); **'gen·tle‚wom·an·like**, **'gen·tle‚wom·an·ly** [-lɪ] *adj.* damenhaft, vornehm.

gen·tly [ˈdʒentlɪ] *adv. von* **gentle**.

gen·try [ˈdʒentrɪ] *s.* **1.** Oberschicht *f*; **2.** *Brit.* Gentry *f*, niederer Adel; **3.** *a. pl. konstr.* F Leute *pl.*, Sippschaft *f*.

gen·u·flect [ˈdʒenjuːflekt] *v/i.* (*bsd. eccl.*) knien, die Knie beugen, *contp.* e-n Kniefall machen (*before* vor *dat.*); **gen·u·flec·tion**, *Brit.* a. **gen·u·flex·ion** [ˌdʒenjuːˈflekʃn] *s.* Kniebeugung *f*; *fig.* Kniefall *m*.

gen·u·ine [ˈdʒenjʊɪn] *adj.* □ echt: a) au'thentisch, b) ernsthaft (*Angebot etc.*), c) aufrichtig (*Mitgefühl etc.*), d) ungekünstelt (*Lachen etc.*); **'gen·u·ine·ness** [-nɪs] *s.* Echtheit *f*.

---

ge·nus [ˈdʒiːnəs] *pl.* **gen·er·a** [ˈdʒenərə] *s.* **1.** ♗, *zo.*, *phls.* Gattung *f*; **2.** *fig.* Art *f*, Klasse *f*.

ge·o·cen·tric [ˌdʒiːəʊˈsentrɪk] *adj. ast.* geo'zentrisch; **ge·o·chem·is·try** [-ˈkemɪstrɪ] *s.* Geoche'mie *f*; **ge·o·cy·clic** [-ˈsaɪklɪk] *adj. ast.* geo'zyklisch.

ge·ode [ˈdʒiːəʊd] *s. min. allg.* Ge'ode *f*.

ge·o·des·ic, **ge·o·des·i·cal** [ˌdʒiːəʊˈdesɪk(l)] *adj.* □ geo'dätisch; **ge·od·e·sist** [dʒiːˈɒdɪsɪst] *s.* Geo'dät *m*; **ge·od·e·sy** [dʒiːˈɒdɪsɪ] *s.* Geodä'sie *f* (*Erdvermessung*); **ge·o·det·ic**, **ge·o·det·i·cal** [-etɪk(l)] *adj.* geo'dätisch.

ge·og·ra·pher [dʒɪˈɒɡrəfə] *s.* Geo'graph (-in); **ge·o·graph·ic**, **ge·o·graph·i·cal** [dʒɪəˈɡræfɪk(l)] *adj.* □ geo'graphisch: **geographical mile**; **ge·og·ra·phy** [-fɪ] *s.* **1.** Geogra'phie *f*, Erdkunde *f*; **2.** geo'graphische Abhandlung; **3.** geo'graphische Beschaffenheit.

ge·o·log·ic, **ge·o·log·i·cal** [ˌdʒɪəˈlɒdʒɪk(l)] *adj.* □ geo'logisch; **ge·ol·o·gist** [dʒɪˈɒlədʒɪst] *s.* Geo'loge *m*, Geo'login *f*; **ge·ol·o·gize** [dʒɪˈɒlədʒaɪz] **I** *v/i.* geo'logische Studien betreiben; **II** *v/t.* geo'logisch unter'suchen; **ge·ol·o·gy** [dʒɪˈɒlədʒɪ] *s.* **1.** Geolo'gie *f*; **2.** geo'logische Abhandlung; **3.** geo'logische Beschaffenheit.

ge·o·mag·net·ism [ˌdʒɪəʊˈmæɡnɪtɪzəm] *s. phys.* 'Erdmagne‚tismus *m*.

ge·o·man·cy [ˈdʒɪəʊmænsɪ] *s.* Geoman'tie *f*, Geo'mantik *f* (*Art Wahrsagerei*).

ge·om·e·ter [dʒɪˈɒmɪtə] *s.* **1.** *obs.* Geo'meter *m*; **2.** Ex'perte *m* auf dem Gebiet der Geome'trie; **3.** *zo.* Spannerraupe *f*; **ge·o·met·ric**, **ge·o·met·ri·cal** [ˌdʒɪəʊˈmetrɪk(l)] *adj.* □ geo'metrisch; **ge·om·e·tri·cian** [ˌdʒɪəʊmeˈtrɪʃn] → **geometer** 1, 2; **ge·om·e·try** [-mətrɪ] *s.* **1.** Geome'trie *f*; **2.** geo'metrische Abhandlung.

ge·o·phys·i·cal [ˌdʒiːəʊˈfɪzɪkl] *adj.* geophysi'kalisch; **ge·o·phys·ics** [-ks] *s. pl.*, *oft sg. konstr.* Geophy'sik *f*.

ge·o·pol·i·tics [ˌdʒiːəʊˈpɒlɪtɪks] *s. pl.*, *oft sg. konstr.* Geopoli'tik *f*.

George [dʒɔːdʒ] *s.*: **St ~** der heilige Georg (*Schutzpatron Englands*): **St ~'s Cross** Georgskreuz *n*; **~ Cross** *od.* **Medal** ✗ *Brit.* Georgskreuz *n* (*Orden*); **by ~!** a) beim Zeus!, b) Mann!; **let ~ do it!** *Am. sl.* soll's machen, wer Lust hat!

geor·gette [dʒɔːˈdʒet] *Am.* ℧ *s.* Geor'gette *m* (*Seidenkrepp*).

Geor·gi·an [ˈdʒɔːdʒɪən] **I** *adj.* **1.** georgi'anisch: a) *aus der Zeit der Könige Georg I.–IV.* (*1714–1830*), b) *aus der Zeit der Könige Georg V. u. VI.* (*1910–52*); **2.** geor'ginisch (*den Staat Georgia, USA, betreffend*); **3.** ge'orgisch (*die Sowjetrepublik Georgien betreffend*); **II** *s.* **4.** Ge'orgier(in).

ge·o·sci·ence [ˌdʒiːəʊˈsaɪəns] *s.* Geowissenschaft *f*.

ge·ra·ni·um [dʒɪˈreɪnjəm] *s.* ♗ **1.** Storchschnabel *m*; **2.** Ge'ranie *f*.

ger·fal·con [ˈdʒɜːˌfɔːlkən] *s. orn.* G(i)erfalke *m*.

ger·i·at·ric [ˌdʒerɪˈætrɪk] **I** *adj.* 🦯 geri'atrisch; **II** *s. humor.* Greis *m*; **ger·i·a·tri·cian** [ˌdʒerɪəˈtrɪʃn] *s.* Geri'ater *m*, Facharzt *m* für Alterskrankheiten; **ger·i·at·rics** [-ks] *s. pl.*, *oft sg. konstr.* Geri'atrie *f*.

germ [dʒɜːm] **I** s. **1.** ♀, biol. Keim m (a. fig. Ansatz, Ursprung); **2.** a) biol. Mi-'krobe f, b) ✵ Keim m, Ba'zillus m, Bak'terie f, Krankheitserreger m; **II** v/i. u. v/t. **3.** keimen (lassen).

ger·man¹ ['dʒɜːmən] adj. leiblich: **brother** ~ leiblicher Bruder.

Ger·man² ['dʒɜːmən] **I** adj. **1.** deutsch; **II** s. **2.** Deutsche(r m) f; **3.** ling. Deutsch n, das Deutsche: **in** ~ a) auf deutsch, b) im Deutschen; **into** ~ ins Deutsche; **from** (**the**) ~ aus dem Deutschen.

Ger·man-A'mer·i·can I adj. 'deutsch-ameri,kanisch; **II** s. 'Deutschameri,kaner(in).

ger·man·der [dʒɜː'mændə] s. ♀ **1.** Ga-'mander m; **2.** a. ~ **speedwell** Ga'manderehrenpreis m.

ger·mane [dʒɜː'meɪn] adj. (**to**) gehörig (zu), zs.-hängend (mit), betreffend (acc.), passend (zu).

Ger·man·ic¹ [dʒɜː'mænɪk] **I** adj. **1.** ger-'manisch; **2.** deutsch; **II** s. **3.** ling. das Ger'manische.

ger·man·ic² [dʒɜː'mænɪk] adj. ✵ Ger-'manium... → **acid**.

Ger·man·ism ['dʒɜːmənɪzəm] s. **1.** ling. Germa'nismus m, deutsche Spracheigenheit; **2.** (typisch) deutsche Art; **3.** et. typisch Deutsches; **4.** Deutschfreundlichkeit f; **'Ger·man·ist** [-ɪst] s. Germa'nist(in); **Ger·man·i·ty** [dʒɜː'mænɪtɪ] s. → **Germanism** 2.

ger·ma·ni·um [dʒɜː'meɪnjəm] s. ✵ Ger-'manium n.

Ger·man·i·za·tion [ˌdʒɜːmənaɪ'zeɪʃn] s. Germanisierung f, Eindeutschung f; **Ger·man·ize** ['dʒɜːmənaɪz] **I** v/t. germanisieren, eindeutschen; **II** v/i. deutsch werden.

Ger·man mea·sles s. pl. sg. konstr. ✵ Röteln pl.

Ger·man·o·phil [dʒɜː'mænəfɪl], **Ger-'man·o·phile** [-faɪl] **I** adj. deutschfreundlich; **II** s. Deutschfreundliche(r m) f; **Ger'man·o·phobe** [-fəʊb] s. Deutschenhasser(in); **Ger·man·o·pho·bi·a** [dʒɜːˌmænə'fəʊbjə] s. Deutschfeindlichkeit f.

Ger·man| po·lice dog, ~ **shep·herd** (**dog**) s. Am. Deutscher Schäferhund; ~ **sil·ver** s. Neusilber n; ~ **steel** s. ⊙ Schmelzstahl m; ~ **text**, ~ **type** s. typ. Frak'tur(schrift) f.

germ| car·ri·er s. ✵ Keim-, Ba'zillenträger m; ~ **cell** s. biol. Keimzelle f.

ger·men ['dʒɜːmɪn] s. ♀ Fruchtknoten m.

ger·mi·cid·al [ˌdʒɜːmɪ'saɪdl] adj. keimtötend; **ger·mi·cide** ['dʒɜːmɪsaɪd] adj. u. s. keimtötend(es Mittel).

ger·mi·nal ['dʒɜːmɪnl] adj. □ **1.** biol. Keim(zellen)...; **2.** ✵ Keim..., Bakterien...; **3.** fig. keimend, im Keim befindlich: ~ **ideas**; **'ger·mi·nant** [-nənt] adj. keimend (a. fig.); **'ger·mi·nate** [-neɪt] ♀ **I** v/i. keimen (a. fig. sich entwickeln); **II** v/t. zum Keimen bringen, keimen lassen (a. fig.); **ger·mi·na·tion** [ˌdʒɜːmɪ'neɪʃn] s. ♀ Keimen n (a. fig.); **'ger·mi·na·tive** [-nətɪv] adj. ♀ **1.** Keim...; **2.** (keim)entwicklungsfähig.

'germ|·proof adj. keimsicher, -frei; ~ **war·fare** s. ✗ Bak'terienkrieg m, bio-'logische Kriegführung.

ge·ron·toc·ra·cy [ˌdʒɜːrɒn'tɒkrəsɪ] s.

Gerontokra'tie f, Altenherrschaft f.

ger·on·tol·o·gist [ˌdʒɜːrɒn'tɒlədʒɪst] Geronto'loge m; **ger·on'tol·o·gy** [-dʒɪ] → **geriatrics**.

ger·ry·man·der ['dʒerɪmændə] **I** v/t. **1.** pol. die Wahlbezirksgrenzen in e m Gebiet manipulieren; **2.** Fakten manipulieren, verfälschen; **II** s. **3.** pol. manipulierte Wahlbezirksabgrenzung.

ger·und ['dʒerənd] s. ling. Ge'rundium n; **ge·run·di·al** [dʒɪ'rʌndjəl] adj. ling. Gerundial...; **ger·un·di·val** [ˌdʒerən-'daɪvl] adj. ling. Gerundiv..., gerun'divisch; **ge·run·dive** [dʒɪ'rʌndɪv] s. ling. Gerun'div n.

ges·ta·tion [dʒes'teɪʃn] s. **1.** a) Schwangerschaft f, b) zo. Trächtigkeit f; **2.** fig. Reifen n.

ges·ta·to·ri·al chair [ˌdʒestə'tɔːrɪəl] s. Tragsessel m des Papstes.

ges·tic·u·late [dʒe'stɪkjʊleɪt] v/i. gestikulieren, (her'um)fuchteln; **ges·tic·u·la·tion** [dʒeˌstɪkjʊ'leɪʃn] s. **1.** Gestikulati'on f, Gestik f, Gebärdenspiel n, Gesten pl.; **2.** lebhafte Geste; **ges·tic·u·la·to·ry** [-lətərɪ] adj. gestikulierend.

ges·ture ['dʒestʃə] **I** s. **1.** Gebärde f, Geste f: ~ **of friendship** fig. freundschaftliche Geste; **2.** Gebärdenspiel n; **II** v/i. **3.** → **gesticulate**.

get [get] **I** v/t. [irr.] **1.** bekommen, erhalten, ‚kriegen': ~ **it** F ‚sein Fett kriegen', etwas ‚erleben'; ~ **a** (**radio**) **station** e-n Sender (rein)bekommen od. (-)kriegen; **2.** a) ~ **s.th.** (**for o.s.**), **get o.s. s.th.** sich et. verschaffen od. besorgen, et. erwerben od. kaufen od. finden: ~ (**o.s.**) **a car**, b) ~ **s.o. s.th.**, ~ **s.th. for s.o.** j-m et. besorgen od. verschaffen; **3.** Ruhm etc. erlangen, erringen, erwerben, Sieg erringen, erzielen, Reichtum erwerben, kommen zu, Wissen, Erfahrung erwerben, sich aneignen; **4.** Kohle etc. gewinnen, fördern; **5.** erwischen: a) (zu fassen) kriegen, packen, fangen, b) ertappen, c) treffen, d) sl. ‚kriegen', ‚erledigen' (abschießen, töten): (**I've**) **got him!** (ich) hab' ihn!; **he'll ~ you yet!** er kriegt dich doch (noch)!; **he's got it bad(ly)** F allg. ,ihn hat's bös erwischt'; **you've got me there!** F da bin ich überfragt!, da muß ich passen!; **that ~s me!** F a) das kapier' ich nicht!, b) das geht mir auf die Nerven!, c) das geht mir unter die Haut od. an die Nieren!; **6.** a) holen: ~ **help** (**a doctor**, etc.), b) bringen, holen: ~ **me the book**, c) ('hin)bringen, wohin schaffen: ~ **me to the hospital!**; **7.** (a. telefonisch etc.) erreichen; **8. have got** a) haben: **I've got enough money**, b) (mit inf.) müssen: **we have got to do it**; **it's got to be wrong** es muß falsch sein; **9.** machen, werden lassen: ~ **o.s. dirty** sich schmutzig machen; ~ **one's feet wet** nasse Füße bekommen; ~ **s.o. nervous** j-n nervös machen; **10.** (mit p.p.) lassen: ~ **one's hair cut** sich die Haare schneiden lassen; ~ **the door shut** die Tür zubekommen; ~ **things done** etwas zuwege bringen; **11.** (mit inf. od. pres. p.) dazu bringen od. bewegen: ~ **s.o. to talk** j-n zum Sprechen bringen; ~ **the machine to work**, ~ **the machine working** die Maschine in Gang bringen; → **go** 21; **12.** a) machen, zubereiten: ~ **dinner**, b) Brit. F essen, zu

sich nehmen: ~ **breakfast** frühstücken; **13.** F ‚kapieren', verstehen (a. hören): **I didn't ~ that!**; **I don't ~ him** ich versteh' nicht, was er will; **don't ~ me wrong!** versteh mich nicht falsch!; **got it?** kapiert?; ~ **that!** iron. a) was sagst du dazu?, b) sieh (od. hör) dir das (bloß mal) an!; **II** v/i. **14.** kommen, gelangen: ~ **home** nach Hause kommen, zu Hause ankommen; ~ **into debt** (**into a rage**) in Schulden (in Wut) geraten; ~ **somewhere** F weiterkommen, Erfolg haben; **now we are ~ting somewhere!** jetzt kommen wir der Sache schon näher!; ~ **nowhere**, **not to ~ anywhere** nicht weiterkommen; **that will ~ us nowhere!** so kommen wir nicht weiter!; **15.** (mit adj. od. p.p.) werden: ~ **old**; ~ **better** a) besser werden, sich (ver)bessern, b) sich erholen; ~ **caught** gefangen od. erwischt werden; ~ **tired** müde werden, ermüden; **16.** (mit inf.) dahin kommen: ~ **to like it** daran Gefallen finden, es allmählich mögen; ~ **to know** kennenlernen; **how did you ~ to know that?** wie hast du das erfahren?; ~ **to be friends** Freunde werden; **17.** (mit pres. p.) anfangen, beginnen: **they got quarrel(l)ing**, ~ **talking** a) ins Gespräch kommen, b) zu reden anfangen; → **go** 21; **18.** sl. ‚abhauen': ~**!** hau ab!;

Zssgn mit prp.:

get| a·round v/i. F **1.** et. um'gehen; **2.** a) j-n ‚her'umkriegen', b) j-n ‚reinlegen'; ~ **at** v/i. **1.** (her'an)kommen an (acc.), erreichen: **I can't ~ my books**; **2.** an j-n ,rankommen', j-m beikommen; **3.** et. ‚kriegen', ‚auftreiben'; **4.** et. her'ausbekommen, e-r Sache auf den Grund kommen; **5.** sagen wollen: **what is he getting at?** worauf will er hinaus?; **6.** j-n ,schmieren', bestechen; **be·hind** v/i. **1.** sich stellen hinter (acc.), fig. a. j-n unterstützen; **2.** ‚rückstehen hinter (dat.); ~ **off** v/i. **1.** a) absteigen von, b) aussteigen aus; **2.** freikommen von; ~ **on** v/i. a) Pferd, Wagen etc. besteigen, b) einsteigen in (acc.): ~ **to one's feet** sich erheben; ~ **to** F hinter et. od. hinter j-s Schliche kommen; ~ **out of** v/i. **1.** her'aussteigen, -kommen, -gelangen aus; **2.** e-e Gewohnheit ablegen: ~ **smoking** sich das Rauchen abgewöhnen; **3.** fig. aus e-r Sache ‚aussteigen'; sich her'auswinden aus: ~ **from under** F sich rauswinden; **4.** sich drücken vor (dat.); **5.** Geld etc. aus j-m ,her'ausholen'; **6.** et. bei e-r Sache ‚kriegen'; ~ **o·ver** v/i. **1.** (hin-'über)kommen über (acc.); **2.** fig. hin-'wegkommen über (acc.); **3.** et. über'stehen; ~ **round** → **get around**; ~ **through** v/i. **1.** kommen durch (e-e Prüfung, den Winter etc.); **2.** Geld ‚durchbringen'; **3.** et. erledigen; ~ **to** v/i. **1.** kommen nach, erreichen; **2.** a) machen an (acc.), b) (zufällig) dazu kommen: **we got to talking about it** wir kamen darauf zu sprechen;

Zssgn mit adv.:

get| a·bout v/i. **1.** her'umgehen; **2.** he'rumkommen; **3.** (wieder) auf den Beinen sein (nach Krankheit); **4.** her'umsprechen od. verbreiten (Gerücht); ~ **a·cross I** v/i. **1.** fig. ,ankommen': a) ‚einschlagen', Anklang finden:

the play got across, b) sich verständlich machen; **2.** (*to j-m*) klarwerden; **II** *v/t.* **3.** e-r Sache Wirkung *od.* Erfolg verschaffen, *et.* an den Mann bringen: *get an idea across*; **4.** *et.* klarmachen; **~ a·head** *v/i.* F vorankommen, Fortschritte machen: **~** *of s.o.* j-n überholen *od.* überflügeln; **~ a·long** *v/i.* **1.** auskommen (*with* mit *j-m*); **2.** zu'recht-, auskommen (*with* mit *et.*); **3.** → *get on* 1; **4.** weitergehen: *~!* verschwinde!; **~ with you!** F a) verschwinde!, b) jetzt hör aber auf!; **5.** älter werden; **~ a·way** *v/i.* **1.** loskommen, sich losmachen: *you can't ~ from that* a) darüber kannst du dich hinwegsetzen, b) das mußt du doch einsehen; *you can't ~ from the fact that* man kommt um die Tatsache nicht herum; **2.** *bsd. sport* ‚wegkommen‘: a) starten, b) sich lösen; **3.** → *get along* 4; **4.** entkommen, entwischen: *he won't ~ with that* damit kommt er nicht durch; *he gets away with everything* (*od. with murder*) er kann sich alles erlauben; **~ back I** *v/t.* **1.** zu'rückbekommen: *get one's own back* F sich rächen; *get one's own back on s.o.* → 3; **II** *v/i.* **2.** zu'rückkommen; **3. ~** *at s.o.* F sich an j-m rächen; **~ be·hind** *v/i.* zu'rückbleiben; in Rückstand kommen; **~ by** *v/i.* **1.** vor'bei-, 'durchkommen; **2.** aus-, zu'rechtkommen; ‚es schaffen‘; **~ down I** *v/i.* **1.** her'unterkommen, -steigen; **2.** aus-, absteigen; **3. ~** *to s.th.* sich an et. (*her'an*) machen; → *business* 5; **II** *v/t.* **4.** her'unterholen, -schaffen; **5.** aufschreiben; **6.** *Essen etc.* r∪nterkriegen; **7.** *fig.* j-n ‚fertigmachen‘; **~ in I** *v/t.* **1.** hin'einbringen, -schaffen, -bekommen; **2.** *Ernte* einbringen; **3.** einfügen; **4.** *Bemerkung, Schlag etc.* (hin)'zuziehen; **II** *v/i.* **6.** hin'ein- *od.* her'eingelangen, -kommen; **7.** einsteigen; **8.** *pol.* (ins Parla'ment *etc.*) gewählt werden; **9. ~** *on* F mitmachen bei; **10. ~ with s.o.** sich mit j-m anfreunden; **~ off I** *v/t.* **1.** *Kleid etc.* ausziehen; **2.** losbekommen, -kriegen; **3.** *Brief etc.* ‚loslassen‘; **II** *v/i.* **4.** abreisen; **5.** ✔ abheben; **6.** (*from*) absteigen (von), aussteigen (aus): *tell s.o. where to* ~ F j-m ‚Bescheid stoßen‘; **7.** da'vonkommen: **~** *cheaply* a) billig wegkommen, b) mit e-m blauen Auge davonkommen; **8.** entkommen; **9.** (*von der Arbeit*) wegkommen; **~ on I** *v/i.* **1.** vor'ankommen (*a. fig.*): **~** *in life* a) es zu et. bringen, b) *a.* ~ (*in years*) älter werden; *be getting on for sixty* auf die Sechzig zugehen; **~ without** ohne et. auskommen; *let's* **~ with it!** machen wir weiter!; *it was getting on* es wurde spät; **2.** → *get along* 1, 2; **3. ~** *to* F a) *Brit.* sich in Verbindung setzen mit, *teleph.* j-n anrufen, b) *et.* ‚spitzkriegen‘, c) j-m auf die Schliche kommen; **II** *v/t.* **4.** *et.* vor'antreiben; **~ out I** *v/t.* **1.** her'ausbekommen, -kriegen (*a. fig.*); **2.** a) her'ausholen, b) hin'ausschaffen; **3.** *Worte* her'ausbringen; **II** *v/i.* **4.** a) aussteigen, b) her'auskommen, c) hin'ausgehen: *~!*raus!; **~ from under** *Am.* F mit heiler Haut davonkommen; **5.** *fig.* F ‚aussteigen‘; **6.** → *get out of* (*Zssgn mit prp.*); **~ round** *v/i.* dazu kommen (*to doing s.th.* et. zu tun); **~ through I** *v/t.* **1.** 'durchbringen, -bekommen (*a. fig.*); **2.** *et.* hinter sich brin-

gen; **3.** (*to j-m*) *et.* klarmachen; **II** *v/i.* **4.** *a. fig., a. ped., teleph.* 'durchkommen; **5.** (*with*) fertig werden mit, (*et.*) ‚schaffen‘; **6.** (*to j-m*) klarwerden; **~ to·geth·er I** *v/t.* **1.** zs.-bringen; **2.** zs.-tragen; **3.** *get it together* F ‚es in Ordnung bringen‘; **II** *v/i.* **4.** zs.-1. hin'aufbringen, -schaffen; **2.** ins Werk setzen; **3.** veranstalten, organisieren; **4.** (ein)richten, vorbereiten; **5.** konstruieren, zs.-basteln; **6.** (*o.s.* sich) her'ausputzen; **7.** *Buch etc.* ausstatten; *Waren* (hübsch) aufmachen; **8.** *thea.* einstudieren; **9.** F ‚büffeln‘; **II** *v/i.* **10.** aufstehen.

get-at-a-ble [get'ætəbl] *adj.* **1.** erreichbar (*Ort od. Sache*); **2.** zugänglich (*Ort od. Person*); **'~·a·way** *s.* **1.** F Flucht *f*, Entkommen *n*: **~** *car* Fluchtwagen *m*; *make one's* **~** entkommen, entwischen, sich aus dem Staub machen; **2.** ✔, *sport* Start *m*; **3.** *mot.* Anzugsvermögen *n*; **'~·off** *s.* ✔ Abheben *n*.

get·ter [getə] *s.* ⚒ Hauer *m*.

'get·to·geth·er *s.* Zs.-kunft *f*, zwangloses Bei'sammensein; **~·'tough** *adj. Am.* F hart, aggres'siv: **~** *policy*; **'~·up** *s.* **1.** Aufbau *m*, Anordnung *f*; **2.** Aufmachung *f*: a) Ausstattung *f*, b) ‚Aufzug‘ *m*, Kleidung *f*; **3.** *thea.* Inszenierung *f*.

gew·gaw ['gju:gɔ:] *s.* **1.** → *gimcrack* I; **2.** *fig.* Lap'palie *f*, Kleinigkeit *f*.

gey·ser *s.* **1.** ['gaizə] Geysir *m*, heiße Quelle; **2.** ['gi:zə] *Brit.* ('Gas-) Durchlauferhitzer *m*.

ghast·li·ness ['gɑ:stlinis] *s.* **1.** Grausigkeit *f*; schreckliches Aussehen; **2.** Totenblässe *f*; **ghast·ly** ['gɑ:stli] **I** *adj.* **1.** gräßlich, greulich, entsetzlich (*alle a. fig.* F); **2.** gespenstisch; **3.** totenbleich; **4.** verzerrt (*Lächeln*); **II** *adv.* **5.** gräßlich *etc.*: **~** *pale* totenblaß.

gher·kin ['gɜ:kın] *s.* Essig-, Gewürzgurke *f*.

ghet·to ['getəu] *pl.* **-tos** *s. hist. u. sociol.* G(h)etto *n*.

ghost [gəust] **I** *s.* **1.** Geist *m*, Gespenst *n*: *lay a* **~** e-n Geist beschwören; *lay the* ~*s of the past fig.* Vergangenheitsbewältigung betreiben; *the* ~ *walks thea. sl.* es gibt Geld; **2.** Geist *m*, Seele *f* (*nur noch in*): *give* (*od. yield*) *up the* ~ den Geist aufgeben (*a. fig.* F); **3.** *fig.* Spur *f*, Schatten *m*: *not the* ~ *of a chance* F nicht die geringste Chance; *the* ~ *of a smile* der Anflug e-s Lächelns; **4.** → *ghost writer*; **5.** *opt. TV* Doppelbild *n*; **II** *v/t.* **6.** j-n verfolgen (*Erinnerungen etc.*); **7.** *Buch etc.* als Ghostwriter schreiben; **II** *v/i.* **8.** Ghostwriter sein (*for* für); **'~·like** → *ghostly*.

ghost·li·ness ['gəustlinis] *s.* Geisterhaftigkeit *f*; **ghost·ly** ['gəustli] *adj.* geisterhaft, gespenstisch.

ghost story *s.* Geister-, Gespenstergeschichte *f*; **~ town** *s. Am.* Geisterstadt *f*, verödete Stadt; **~ train** *s.* Geisterbahn *f*; **~ word** *s.* Ghostword *n* (*falsche Wortbildung*); **'~·write** → *ghost* 7, 8; **~ writ·er** *s.* Ghostwriter *m*.

ghoul [gu:l] *s.* **1.** Ghul *m* (*leichenfressender Dämon*); **2.** *fig.* Unhold *m* (*Person mit makabren Gelüsten*), *z.B.* Grabschänder *m*; **ghoul·ish** [-lıʃ] *adj.* □ **1.** ghulenhaft; **2.** greulich, ma'kaber.

G.I. [ˌdʒi:'aı] (*von Government Issue*) ✘ *Am.* F I *s.* ‚G'I‘ *m* (*US-Soldat*); **II** *adj.* GI-..., Kommiß...; *weitS.* vorschriftsmäßig.

gi·ant ['dʒaıənt] **I** *s.* Riese *m*, *fig. a.* Gi'gant *m*, Ko'loß *m*; **II** *adj.* riesenhaft, riesig; *a.* ⚘, *zo.* Riesen...: **~** *slalom* Riesenslalom *m*; **~** *stride* Riesenschritt *m*; **~**('s) *stride* Rundlauf *m* (*Turngerät*); **~** *wheel* Riesenrad *n*; **'gi·ant·ess** [-tes] *s.* Riesin *f*.

gib [gıb] *s.* ⊕ **1.** Keil *m*, Bolzen *m*; **2.** 'Führungsline,al *n* (*e-r Werkzeugmaschine*); **3.** Ausleger *m* (*e-s Krans*).

gib·ber ['dʒıbə] *v/i.* schnattern, quatschen; **'gib·ber·ish** [-ərıʃ] *s.* Geschnatter *n*; Geschwätz, ‚Geschwafel‘ *n*.

gib·bet ['dʒıbıt] **I** *s.* **1.** Galgen *m*; **2.** ⊕ Kran- *od.* Querbalken *m*; **II** *v/t.* **3.** j-n hängen; **4.** *fig.* anprangern, bloßstellen.

gib·bon ['gıbən] *s. zo.* Gibbon *m*.

gib·bous ['gıbəs] *adj.* **1.** gewölbt; **2.** buck(e)lig.

gibe [dʒaıb] **I** *v/t.* verhöhnen, verspotten; **II** *v/i.* spotten (*at* über *acc.*); **III** *s.* höhnische Bemerkung, Stiche'lei *f*, Seitenhieb *m*.

gib·lets ['dʒıblıts] *s. pl.* Inne'reien *pl.*, *bsd.* Hühner-, Gänseklein *n*.

gid·di·ness ['gıdınıs] *s.* **1.** Schwindel (-gefühl *n*) *m*; **2.** *fig.* a) Leichtsinn *m*, Flatterhaftigkeit *f*, b) Wankelmütigkeit *f*; **gid·dy** ['gıdı] *adj.* □ **1.** schwind(e)lig: *I am* (*od. feel*) **~** mir ist schwind(e)lig; **2.** *a. fig.* schwindelerregend, schwindelnd; **3.** *fig.* a) leichtsinnig, flatterhaft, b) ‚verrückt‘, ‚wild‘.

gie [gi:] *Scot. für* **give**.

gift [gıft] **I** *s.* **1.** Geschenk *n*, Gabe *f*: *make a* **~** *of et.* schenken; *I wouldn't have it as a* ~ das nähme ich nicht (mal) geschenkt; *it's a* ~*!* das ist ja geschenkt (*billig*)!; **2.** ⅋⅍ Schenkung *f*; **3.** ⅋⅍ Verleihungsrecht *n*: *the office is in his* ~ er kann dieses Amt verleihen; **4.** *fig.* Begabung *f*, Gabe *f*, Ta'lent *n* (*for, of* für): **~** *for languages* Sprachbegabung; *of many* ~*s* vielseitig begabt; → *gab* I; **II** *v/t.* **5.** (be)schenken; **'gift·ed** [-tıd] *adj.* begabt, talen'tiert.

gift horse *s.:* *don't look a* ~ *in the mouth* e-m geschenkten Gaul schaut man nicht ins Maul; **~ shop** *s.* Ge'schenkar,tikelladen *m*; **~ tax** *s.* Schenkungssteuer *f*; **~ to·ken**, **~ vouch·er** *s.* Geschenkgutschein *m*; **'~·wrap** *v/t.* geschenkmäßig verpacken; **'~-,wrap·ping** *s.* Ge'schenkpa,pier *n*.

gig¹ [gıg] *s.* **1.** ♣ Gig(boot *n*) *f*; **2.** Gig *f* (*Ruderboot*); **3.** Gig *n* (*zweirädriger, offener Einspänner*); **4.** Fischspeer *m*; **5.** ⊕ ('Tuch),Rauhma,schine *f*.

gig² [gıg] *s.* ♪ F a) Engage'ment *n*, b) Auftritt *m*.

gi·gan·tic [dʒaı'gæntık] *adj.* (□ **~ally**) gi'gantisch: a) riesenhaft, Riesen..., b) riesig, ungeheuer (groß).

gig·gle ['gıgl] **I** *v/i. u. v/t.* kichern; **II** *s.* Gekicher *n*, Kichern *n*; **'gig·gly** [-lı] *adj.* ständig kichernd.

gig·o·lo ['ʒıgələu] *pl.* **-los** *s.* Gigolo *m*.

Gil·ber·ti·an [gıl'bɜ:tjən] *adj.* in der Art (*des Humors*) von W. S. Gilbert; *fig.* komisch, possenhaft.

gild¹ [gıld] → **guild.**

gild² [gɪld] *v/t.* [*irr.*] **1.** vergolden; **2.** *fig.* a) verschöne(r)n, (aus)schmücken, b) über'tünchen, verbrämen, c) versüßen; ~ *the pill* die bittere Pille versüßen; **'gild·ed** [-dɪd] *adj.* vergoldet, golden (*a. fig.*): ~ *cage fig.* goldener Käfig, ~ *youth* Jeunesse dorée *f*; **'gild·er** [-də] *s.* Vergolder *m*; **'gild·ing** [-dɪŋ] *s.* **1.** Vergoldung *f*; **2.** *fig.* Verschönerung *f etc.* (→ *gild²* 2).

gill¹ [ɡɪl] *s.* **1.** *ichth.* Kieme *f*; **2.** *pl.* Doppelkinn *n*: *rosy* (*green*) *about the* ~*s* rosig, frischaussehend (grün im Gesicht); **3.** *orn.* Kehllappen *m*; **4.** ♀ La-'melle *f*: ~ *fungus* Blätterpilz *m*; **5.** ❂ (Heiz-, Kühl)Rippe *f*.

gill² [ɡɪl] *s. Scot.* **1.** waldige Schlucht; **2.** Gebirgsbach *m*.

gill³ [dʒɪl] *s.* Viertelpinte *f* (*Brit.* 0,14, *Am.* 0,12 Liter).

Gill⁴ [dʒɪl] *s. obs.* Liebste *f*.

gil·ly·flow·er ['dʒɪlɪˌflaʊə] *s.* ♀ **1.** Gartennelke *f*; **2.** Lev'koje *f*; **3.** Goldlack *m*.

gilt [ɡɪlt] **I** *pret. u. p.p. von gild²*; **II** *adj.* **1.** → *gilded*; **III** *s.* **2.** Vergoldung *f*; **3.** *fig.* Reiz *m*: *take the ~ off the ginger-bread* der Sache den Reiz nehmen; **~ edged** *adj.* **1.** mit Goldschnitt; **2.** ~ *securities* ♦ mündelsichere (Wert)Papiere *pl.*

gim·bals ['dʒɪmbəlz] *s. pl.* ❂ Kar'danringe *pl.*, -aufhängung *f*.

gim·crack ['dʒɪmkræk] **I** *s.* **1.** wertloser *od.* kitschiger Gegenstand *od.* Schmuck, (*a.* technische) Spiele'rei, ‚Mätzchen' *n*; **2.** *pl.* → *gimcrackery*; **II** *adj.* **3.** wertlos, kitschig; **'gim·crack·er·y** [-kərɪ] *s.* Plunder *m*, ,Kinkerlitzchen' *pl.*

gim·let ['ɡɪmlɪt] *s.* **1.** ❂ Handbohrer *m*: ~ *eyes fig.* stechende Augen; **2.** *Am.* ein Cocktail.

gim·mick ['ɡɪmɪk] *s.* F **1.** → *gadget*; **2.** *fig.* ‚Dreh' *m*, (Re'klame- *etc.*)Masche *f*; ,Aufhänger' *m*, ,Knüller' *m*, *a.* Gimmick *m*, *n*; **'gim·mick·ry** [-krɪ] *s.* F (technische) Mätzchen *pl.*

gimp [ɡɪmp] *s.* Schneiderei: Gimpe *f*.

gin¹ [dʒɪn] *s.* Gin *m*, Wa'choldernschnaps *m*: ~ *and it* Gin u. Wermut *m*; ~ *and tonic* Gin Tonic *m*.

gin² [dʒɪn] **I** *s.* **1.** *a.* *cotton* ~ ❂ Ent'körnungsma,schine *f*; **2.** ❂ Hebezeug *n*, Winde *f*, ⚓ Spill *n*; **3.** ❂ Göpel *m*, 'Förderma,schine *f*; **4.** *hunt.* Falle *f*, Schlinge *f*; **II** *v/t.* **5.** *Baumwolle* entkörnen; **6.** mit e-r Schlinge fangen.

gin·ger ['dʒɪndʒə] **I** *s.* **1.** ♀ Ingwer *m*; **2.** Rötlich(gelb) *n*, Ingwerfarbe *f*; **3.** F a) ‚Mumm' *m*, Schneid *m* (*e-r Person*), b) Schwung *m*, ‚Schmiß' *m* (*a. e-r Sache*), c) ‚Pfeffer' *m*, ‚Pfiff' *m* (*e-r Geschichte etc.*); **II** *adj.* **4.** rötlich(gelb); **5.** F schwungvoll, ,schmissig'; **III** *v/t.* **6.** mit Ingwer würzen; **7.** *a.* ~ *up fig.* a) *et.* ,ankurbeln', b) *j-n* aufmöbeln, c) *j-n* ‚scharfmachen', d) *e-m Film etc.* ,Pfiff' geben; ~ *ale*, ~ *beer s.* Ginger-ale *n*, 'Ingwerlimo,nade *f*; **'~·bread I** *s.* **1.** Ingwer-, Pfefferkuchen *m*; → *gilt* 3; **2.** *fig. contp.* über'ladene Verzierung, Kitsch *m*; **II** *adj.* **3.** kitschig, über'laden; **~ group** *s. pol. Brit.* Gruppe *f* von Scharfmachern.

gin·ger·ly ['dʒɪndʒəlɪ] *adv. u. adj.* sachte, behutsam; zimperlich.

'gin·ger|·nut *s.* Ingwerkeks *m*; ~ *pop s.* F *für* **ginger ale**; '~·**snap** *s.* Ingwerwaffel *f*; ~ *wine s.* Ingwerwein *m*.

gin·ger·y ['dʒɪndʒərɪ] *adj.* **1.** Ingwer...; **2.** → *ginger* 4; **3.** *fig.* a) → *ginger* 5, b) beißend.

ging·ham ['ɡɪŋəm] *s.* Gingham *m*, Gingan *m* (*Baumwollstoff*).

gin·gi·vi·tis [ˌdʒɪndʒɪ'vaɪtɪs] *s.* ♣ Zahnfleischentzündung *f*.

gink·go ['ɡɪŋkəʊ] *pl.* **-gos** *od.* **-goes** *s.* ♀ Gingko *m* (*Baum*).

gin mill *s. Am.* F Kneipe *f*.

gin·ner·y ['dʒɪnərɪ] *s.* Entkörnungswerk *n* (*für Baumwolle*).

gin| pal·ace *s.* auffällig dekoriertes Wirtshaus; ~ *rum·my s. Form des Rommés*; ~ *sling s. Am.* Mischgetränk *n* mit Gin.

gip·sy ['dʒɪpsɪ] **I** *s.* **1.** Zi'geuner(in) (*a. fig.*); **2.** Zi'geunersprache *f*; **II** *adj.* **3.** zi'geunerhaft, Zigeuner...; **III** *v/i.* **4.** ein Zi'geunerleben führen; **'gip·sy·dom** [-dəm] *s.* **1.** Zi'geunertum *n*; **2.** *coll.* Zi'geuner *pl.*

gi·raffe [dʒɪ'rɑ:f] *s. zo.* Gi'raffe *f*.

gird [ɡɜ:d] *v/t.* [*irr.*] **1.** *obs. j-n* (um)'gürten; **2.** *Kleid etc.* gürten, mit e-m Gürtel halten; **3.** *oft* ~ *on Schwert etc.* 'umgürten, an-, 'umlegen: ~ *s.th. on s.o.* j-m *et.* umgürten; ~ *o.s.* (*up*), ~ (*up*) *one's loins fig.* sich rüsten *od.* wappnen; **5.** binden (*to* an *acc.*); **6.** um'geben, -'schließen: *sea-girt* meerumschlungen; **7.** *fig.* ausstatten, -rüsten.

gird·er ['ɡɜ:də] *s.* ❂ (Längs)Träger *m*: ~ *bridge* Balken-, Trägerbrücke *f*.

gir·dle ['ɡɜ:dl] **I** *s.* **1.** Gürtel *m*, Gurt *m*; **2.** Hüfthalter *m*, -gürtel *m*; **3.** *anat. in Zssgn* (Knochen)Gürtel *m*; **4.** *fig.* Gürtel *m* (*Umkreis, Umgebung*); **II** *v/t.* **5.** um'gürten; **6.** um'geben, einschließen; **7.** *Baum* ringeln.

girl [ɡɜ:l] *s.* **1.** Mädchen *n*: *a German* ~ e-e junge Deutsche; *~'s name* weiblicher Vorname; *my eldest* ~ m-e älteste Tochter; *the* ~*s* F a) die Töchter *pl.* des Hauses, b) die Damen *pl.*; **2.** (Dienst-)Mädchen *n*; **3.** F ,Mädchen' *n* (*e-s jungen Mannes*); ~ *Fri·day s.* (unentbehrliche) Gehilfin, ‚rechte Hand' (*des Chefs, bsd. Sekretärin*); '~**friend** *s.* Freundin *f*; ~ *guide s. Brit.* Pfadfinderin *f*.

girl·hood ['ɡɜ:lhʊd] *s.* Mädchenzeit *f*, -jahre *pl.*, Jugend(zeit) *f*; **'girl·ie** [-lɪ] *s.* F Mädchen *n*: ~ *mag*(*azine*) ,Titten u. Po'-Magazin *n*; **'girl·ish** [-lɪʃ] *adj.* □ mädchenhaft; **'girl·ish·ness** [-lɪʃnɪs] *s.* das Mädchenhafte; **girl scout** *s. Am.* Pfadfinderin *f*.

gi·ro ['dʒaɪrəʊ] *s.* (*der*) Postscheckdienst (*in England*): ~ *account* Postscheckkonto *n*.

girt¹ [ɡɜ:t] *pret. u. p.p. von gird*.

girt² [ɡɜ:t] **I** *s.* 'Umfang *m*; **II** *v/t.* den 'Umfang messen von; **III** *v/i.* messen (*an Umfang*).

girth [ɡɜ:θ] **I** *s.* **1.** 'Umfang *m*; **2.** 'Körper,umfang *m*; **3.** (Sattel-, Pack)Gurt *m*; **4.** ❂ Tragriemen *m*, Gurt *m*; **II** *v/t.* **5.** *Pferd* gürten; **6.** an-, aufschnallen; **7.** a) → *gird* 6, b) → *girt²* II.

gis·mo → *gizmo*.

gist [dʒɪst] *s.* **1.** *das* Wesentliche, Hauptpunkt *m*, -inhalt *m*, Kern *m der Sache*;

2. ♣ Grundlage *f*: ~ *of action* Klagegrund *m*.

give [ɡɪv] **I** *s.* **1.** *fig.* a) Nachgiebigkeit *f*, b) Elastizi'tät *f*; → *give and take*; Elastizi'tät *f* (*des Fußbodens etc.*); **II** *v/t.* [*irr.*] **3.** geben, (über)'reichen; schenken: *he gave me a book*; ~ *a present* ein Geschenk machen; ~ *s.o. a blow* j-m e-n Schlag versetzen; ~ *it to him!* F gib's ihm!, gib ihm Saures (*Strafe, Schelte*)!; ~ *me Mozart any time* a) Mozart geht mir über alles, b) da lobe ich mir (doch) Mozart; ~ *as good as one gets* (*od. takes*) mit gleicher Münze zurückzahlen; ~ *or take* plus/minus; **4.** geben, zahlen: *how much did you* ~ *for that hat?*; **5.** (ab-, weiter)geben, über'tragen; (zu)erteilen, an-, zuweisen; verleihen: *she gave me her bag to carry* sie gab mir ihre Tasche zu tragen; ~ *s.o. a part in a play* j-m e-e Rolle in e-m Stück geben; ~ *s.o. a title* j-m e-n Titel verleihen; **6.** hingeben, widmen, schenken: ~ *one's attention to* s-e Aufmerksamkeit widmen (*dat.*); ~ *one's mind to s.th.* sich e-r Sache widmen; ~ *one's life* sein Leben hingeben *od.* opfern (*for* für); **7.** geben, (dar)bieten, reichen: *he gave me his hand*; *do* ~ *us a song* singen Sie uns doch bitte ein Lied; **8.** gewähren, liefern, geben: *cows* ~ *milk* Kühe geben *od.* liefern Milch; ~ *no result* kein Ergebnis zeitigen; *it was not* ~*n him to inf.* es war ihm nicht gegeben *od.* vergönnt, zu *inf.*; **9.** verursachen: ~ *pleasure* Vergnügen bereiten *od.* machen; ~ *pain* Schmerzen bereiten, weh tun; **10.** zugeben, -gestehen, erlauben: *just* ~ *me 24 hours* gib mir nur 24 Stunden (Zeit); *I* ~ *you till tomorrow!* ich gebe dir noch bis morgen Zeit!; *I* ~ *you that point* in diesem Punkt gebe ich dir recht; **11.** ausführen, äußern, vortragen: ~ *a cry* e-n Schrei ausstoßen, aufschreien; ~ *a loud laugh* laut auflachen; ~ *s.o. a look* j-m e-n Blick zuwerfen, j-n anblicken; ~ *a party* e-e Party geben; ~ *a play* ein Stück geben *od.* aufführen; ~ *a lecture* e-n Vortrag halten; ~ *one's name* s-n Namen nennen *od.* angeben; **12.** beschreiben, mitteilen, geben: ~ *us the facts*; (*come on,*) ~ *it! Am.* F sag schon!, raus mit der Sprache!; **III** *v/i.* [*irr.*] **13.** geben, schenken, spenden (*to dat.*): ~ *generously*; ~ *and take fig.* geben u. nehmen, einander entgegenkommen; **14.** nachgeben (*a.* ♣ *Preise*), -lassen; nachgeben; versagen: ~ *under pressure* unter Druck nachgeben; *his knees gave under him* s-e Knie versagten; *what* ~*s? sl.* was ist los?; *s.th.'s got to* ~ *sl.* es muß (doch) was passieren; **15.** a) nachgeben, (*Fußboden etc.*) *a.* federn, b) sich dehnen (*Schuhe etc.*): ~ *but not to break* sich biegen, aber nicht brechen; *the chair* ~*s comfortably* der Stuhl federt angenehm; *the foundations are giving* das Fundament senkt sich; **16.** a) führen (*into* in *acc.*; *on* auf *acc.*, nach) (*Straße etc.*), b) gehen (*on* [-*to*] nach) (*Fenster etc.*);

Zssgn mit adv.:

give| a·way *v/t.* **1.** weg-, hergeben, verschenken (*a. fig. u. sport den Sieg etc.*); → *bride*; **2.** *Preise* verteilen; **3.**

aufgeben, opfern, preisgeben; **4.** verraten: *his accent gives him away*; *give o.s. away* sich verraten od. verplappern; → *show* 14; ~ **back** v/t. **1.** zu'rückgeben; **2.** *Blick* erwidern; ~ **forth** v/t. **1.** → *give off*; **2.** *Ansicht etc.* äußern; **3.** veröffentlichen, bekanntgeben; ~ **in** I v/t. **1.** *Gesuch etc.* einreichen, abgeben; **II** v/i. **2.** (*to dat.*) a) nachgeben (*dat.*), b) sich anschließen (*dat.*); **3.** aufgeben, sich geschlagen geben; ~ **off** v/t. *Dampf etc.* abgeben, *Gas, Wärme etc.* aus-, verströmen, *Rauch etc.* ausstoßen, *Geruch* verbreiten, ausströmen; ~ **out** I v/t. **1.** ausgeben, aus-, verteilen; **2.** bekanntgeben: *give it out that* a) verkünden, daß, b) behaupten, daß; **3.** → *give off*; **II** v/i. **4.** zu Ende gehen (*Kräfte, Vorrat*): *his strength gave out* die Kräfte verließen ihn; **5.** versagen (*Kräfte, Maschine etc.*); ~ **o·ver** I v/t. **1.** über'geben (*to dat.*); **2.** *et.* aufgeben: ~ *doing s.th.* aufhören, et. zu tun; **3.** *give o.s. over to* sich *der Verzweiflung etc.* hingeben, verfallen (*dat.*): *give o.s. over to drink*; **II** v/i. **4.** aufhören; ~ **up** I v/t. **1.** aufgeben, aufhören mit, *et.* sein lassen: ~ *smoking* das Rauchen aufgeben; **2.** (*als aussichtslos*) aufgeben: ~ *a plan*; *he was given up by the doctors*; **3.** j-n ausliefern: *give o.s. up* sich (freiwillig) stellen (*to the police* der Polizei); **4.** *et.* abgeben, abtreten (*to an acc.*); **5.** *give o.s. up to* a) → *give over* 3, b) sich *e-r Sache* widmen; **II** v/i. **6.** (es) aufgeben, sich geschlagen geben, *weitS. a.* resignieren.

give| **and take** s. **1.** (*ein*) Geben u. Nehmen, beiderseitiges Nachgeben, Kompro'miß(bereitschaft *f*) *m*; **2.** Meinungsaustausch *m*; |**'~-and-'take** [-vənt] *adj.* Kompromiß..., Ausgleichs...; **'~·a·way** I s. **1.** (ungewolltes) Verraten, Verplappern *n*; **2.** ✝ a) Werbegeschenk *n*, b) kostenlos verteilte Zeitung; **3.** *a.* ~ *show* TV Quiz(sendung *f*) *n*, Preisraten *n*; **II** *adj.* **4.** ~ *price* Schleuderpreis *m*.

giv·en ['gɪvn] I *p.p. von* **give**; **II** *adj.* **1.** gegeben, bestimmt: *at a* ~ *time* zur festgesetzten Zeit; *under the* ~ *conditions* unter den gegebenen Umständen; **2.** ~ *to* a) ergeben, verfallen (*dat.*): ~ *to drinking*, b) neigend zu: ~ *to boasting*; **3.** ✝, *phls.* gegeben, bekannt; **4.** vor'ausgesetzt: ~ *health* Gesundheit vorausgesetzt; **5.** in Anbetracht (*gen.*): ~ *his temperament*; **6.** *auf Dokumenten:* gegeben, ausgefertigt (*am*): ~ *this 10th day of May*; ~ *name* s. *Am.* Vorname *m*.

giv·er ['gɪvə] s. **1.** Geber(in), Spender (-in); **2.** ✝ (*Wechsel*)Aussteller *m*.

giz·mo ['gɪzməʊ] s. *Am.* F ‚Dingsbums‘ *n*.

giz·zard ['gɪzəd] s. **1.** *ichth., orn.* Muskelmagen *m*; **2.** F Magen *m*: *that sticks in my* ~.

gla·brous ['gleɪbrəs] *adj.* ♀, *zo.* kahl.

gla·cé ['glæseɪ] (*Fr.*) *adj.* **1.** glasiert, mit Zuckerguß; **2.** kandiert; **3.** Glacé..., Glanz... (*Leder, Stoff*).

gla·cial ['gleɪsjəl] *adj.* **1.** *geol.* Eis..., Gletscher...: ~ *epoch* od. *period* Eiszeit *f*; ~ *man* Eiszeitmensch *m*; **2.** 🕇 Eis...: ~ *acetic acid* Eisessig *m*; **3.** ei

sig (*a. fig.*); **gla·ci·a·tion** [ˌglæsɪˈeɪʃn] s. **1.** Vereisung *f*; **2.** Vergletscherung *f*.

gla·cier ['glæsjə] s. Gletscher *m*.

glac·i·ol·o·gy [ˌglæsɪˈɒlədʒɪ] s. Glaziolo'gie *f*, Gletscherkunde *f*.

gla·cis ['glæsɪs; *pl.* -sɪz] s. **1.** Abdachung *f*; **2.** ✗ Gla'cis *n*.

glad [glæd] *adj.* □ → *gladly*; **1.** (*pred.*) froh, erfreut (*of, at* über *acc.*): *I am* ~ *of it* ich freue mich darüber, es freut mich; *I am* ~ *to hear* (*to say*) es freut mich zu hören (sagen zu können); *I am* ~ *to come* ich komme gern; *I should be* ~ *to know* ich möchte gern wissen; **2.** freudig, froh, fröhlich, erfreulich: *give s.o. the* ~ *eye sl.* j-m e-n einladenden Blick zuwerfen, j-m schöne Augen machen; *give s.o. the* ~ *hand* → *gladhand*; ~ *rags* F ‚Sonntagsstaat‘ *m*; ~ *news* frohe Kunde; **'glad·den** [-dn] v/t. erfreuen.

glade [gleɪd] s. Lichtung *f*, Schneise *f*.

'glad-hand v/t. F j-n herzlich od. 'überschwenglich begrüßen.

glad·i·a·tor ['glædɪeɪtə] s. Gladi'ator *m*; *fig.* Streiter *m*, Kämpfer *m*; **glad·i·a·to·ri·al** [ˌglædɪəˈtɔːrɪəl] *adj.* Gladiatoren...

glad·i·o·lus [ˌglædɪˈəʊləs] *pl.* -**li** [-laɪ] *od.* -**lus·es** s. ♀ Gladi'ole *f*.

glad·ly ['glædlɪ] *adv.* mit Freuden, gern(e); **glad·ness** ['glædnɪs] s. Freude *f*, Fröhlichkeit *f*; **glad·some** ['glædsəm] *adj.* □ *obs.* **1.** erfreulich; **2.** freudig, fröhlich.

Glad·stone (**bag**) ['glædstən] s. zweiteilige leichte Reisetasche.

glair [gleə] I s. **1.** Eiweiß *n*; **2.** Eiweißleim *m*; **3.** eiweißartige Sub'stanz; **II** v/t. **4.** mit Eiweiß(leim) bestreichen.

glaive [gleɪv] s. *poet.* (Breit)Schwert *n*.

glam·or *Am.* → *glamour.*

glam·or·ize ['glæməraɪz] v/t. **1.** (mit viel Re'klame *etc.*) verherrlichen; **2.** e-n besonderen Zauber verleihen (*dat.*); **'glam·or·ous** [-rəs] *adj.* bezaubernd (*schön*), zauberhaft; **glam·our** ['glæmə] I s. **1.** Zauber *m*, Glanz *m*, bezaubernde Schönheit: ~ *boy* a) Schönling *m*, b) ‚toller Kerl‘; ~ *girl* Glamourgirl *n*, (Re'klame-, Film)Schönheit *f*; *cast a* ~ *over* bezaubern, j-n in s-n Bann schlagen; **2.** falscher Glanz; **II** v/t. **3.** bezaubern.

glance¹ [glɑːns] I v/i. **1.** e-n Blick werfen, (rasch *od.* flüchtig) blicken (*at* auf *acc.*): ~ *over* (*od.* through) *a letter* e-n Brief überfliegen; **2.** (auf)blitzen, (auf-) leuchten; **3.** ~ *off* abgleiten (von) (*Messer etc.*), abprallen (von) (*Kugel etc.*): *hit* (*od.* strike) s.o. *a glancing blow* j-n (mit einem Schlag) streifen; **4.** (*at*) *Thema* flüchtig berühren *od.* streifen, *bsd.* anspielen (auf *acc.*); **II** v/t. **5.** ~ *one's eye over* (*od.* through) s.th. **I** s. **6.** flüchtiger Blick (*at* auf *acc.*): *at a* ~ mit 'einem Blick; *at first* ~ auf den ersten Blick; *take a* ~ *at* → 1; **7.** (Auf-) Blitzen *n*, (Auf)Leuchten *n*; **8.** Abprallen *n*, Abgleiten *n*; **9.** (*at*) flüchtige Erwähnung (*gen.*), Anspielung *f* (auf *acc.*).

glance² [glɑːns] s. *min.* Blende *f*, Glanz *m*: *lead* ~ Bleiglanz.

gland¹ [glænd] s. *biol.* Drüse *f*.

gland² [glænd] s. ⚙ **1.** Dichtungsstutzen *m*; **2.** Stopfbuchse *f*.

glan·dered ['glændəd] *adj.* *vet.* rotzkrank; **'glan·der·ous** [-dərəs] *adj.* **1.** Rotz...; **2.** rotzkrank; **glan·ders** ['glændəz] *s. pl. sg. konstr.* Rotz(krankheit *f*) *m* (*der Pferde*)

glan·du·lar ['glændjʊlə] *adj.* *biol.* drüsig, Drüsen...: ~ *fever* (Pfeiffersches) Drüsenfieber; **'glan·du·lous** [-əs] → *glandular.*

glans [glænz] *pl.* **'glan·des** [-diːz] s. *anat.* Eichel *f*.

glare¹ [gleə] I v/i. **1.** grell leuchten *od.* sein, *Farben: a.* schreiend sein; → *glaring*; **2.** wütend starren: ~ *at* s.o. j-n wütend anstarren; **II** s. **3.** blendendes Licht, greller Schein, grelles Leuchten: *be in the full* ~ *of publicity* im Scheinwerferlicht der Öffentlichkeit stehen; **4.** *fig. das* Grelle *od.* Schreiende; **5.** wütender Blick.

glare² [gleə] *Am.* I s. spiegelglatte Fläche: *a* ~ *of ice*; **II** *adj.* spiegelglatt: ~ *ice* Glatteis *n*.

glar·ing ['gleərɪŋ] *adj.* □ **1.** grell (*Sonne etc.*), *Farben: a.* schreiend; **2.** *fig.* kraß, ekla'tant (*Fehler etc.*), (himmel)schreiend (*Unrecht etc.*); **3.** wütend, funkelnd (*Blick*).

glass [glɑːs] I s. **1.** Glas *n*: *broken* ~ Glasscherben *pl.*; **2.** → *glassware*; **3.** a) (Trink)Glas *n*, b) Glas(gefäß) *n*; **4.** Glas(voll) *n*: *a* ~ *too much* ein Gläschen zuviel; **5.** Glas(scheibe *f*) *n*; **6.** Spiegel *m*; **7.** *opt.* a) Lupe *f*, Vergrößerungsglas *n*, b) *pl. a.* *pair of* ~*es* Brille *f*, c) Linse *f*, Augenglas *n*, d) (Fern- *od.* Opern)Glas *n*, e) Mikro'skop *n*; **8.** Uhrglas *n*; **9.** a) Thermo'meter *n*, b) Baro'meter *n*; **10.** Sanduhr *f*; **II** v/t. **11.** verglasen: ~ *in* einglasen; ~ **bead** Glasperle *f*; ~ **block** s. △ Glaziegel *m*; ~ **blow·er** s. Glasbläser *m*; ~ **blow·ing** s. Glasbläse'rei *f*; ~ **brick** → *glass block*; ~ **case** s. Glasschrank *m*, Vi'trine *f*; ~ **cloth** s. ⚙ Glas(faser)gewebe *n*; **2.** Gläsertuch *n*; ~ **cul·ture** s. 'Treibhauskul,tur *f*; ~ **cut·ter** s. **1.** Glasschleifer *m*; **2.** ⚙ Glasschneider *m* (*Werkzeug*); ~ **eye** s. Glasauge *n*; ~ **fi·bre** s. Glasfaser *f*, -fiber *f*.

glass·ful ['glɑːsfʊl] *pl.* -**fuls** s. ein Glasvoll *n*.

'glass|·house s. **1.** → *glasswork* 2; **2.** Treibhaus *n*: *people who live in* ~*s should not throw stones* wer im Glashaus sitzt, soll nicht mit Steinen werfen; **3.** ✗ *Brit. sl.* ‚Bau‘ *m* (*Gefängnis*); ~ **jaw** s. Boxen: F ‚Glaskinn‘ *n*; ~ **pa·per** s. 'Glaspa,pier *n*; **'~·ware** s. Glas(waren *pl.*) *n*, Glasgeschirr *n*, -sachen *pl.*; ~ **wool** s. ⚙ Glaswolle *f*; **'~·work** s. ⚙ **1.** Glas(waren)herstellung *f*, *pl. mst sg. konstr.* 'Glashütte *f*, -fa,brik *f*.

glass·y ['glɑːsɪ] *adj.* □ **1.** gläsern, glasartig, glasig; **2.** glasig (*Auge*).

Glas·we·gian [glæsˈwiːdʒən] I *adj.* aus Glasgow; **II** s. Glasgower(in).

Glau·ber('s) salt ['glɔːbə(z)] s. Glaubersalz *n*.

glau·co·ma [glɔːˈkəʊmə] s. 🟎 Glau'kom *n*, grüner Star; **glau·cous** ['glɔːkəs] *adj.* graugrün.

glaze [gleɪz] I v/t. **1.** verglasen, mit Glasscheiben versehen: ~ *in* einglasen; **2.** polieren, glätten; **3.** ⚙, *a. Küche:* glasieren, mit Gla'sur über'ziehen; **4.** *paint.* lasieren; **5.** ⚙ *Papier* satinieren;

6. *Augen* glasig machen; **II** *v/i.* **7.** e-e Gla'sur *od.* Poli'tur annehmen, blank werden; **8.** glasig werden (*Augen*); **III** *s.* **9.** Poli'tur *f,* Glätte *f,* Glanz *m;* **10.** a) Gla'sur *f* (*a. auf Kuchen etc.*), b) Gla-'surmasse *f;* **11.** La'sur *f;* **12.** ⊛ Satinie-rung *f;* **13.** Glasigkeit *f;* **14.** a) Eis-schicht *f,* b) ⤳ Vereisung *f,* c) *Am.* Glatteis *n;* **glazed** [-zd] *adj.* **1.** ver-glast, Glas...: ~ *veranda;* **2.** ⊛ glatt, blank, poliert, Glanz...: ~ *paper* Glanzpapier *n;* ~ *tile* Kachel *f;* **3.** gla-siert; **4.** lasiert; **5.** satiniert; **6.** poliert; **7.** glasig (*Augen*); **8.** vereist: ~ *frost Brit.* Glatteis *n;* **'glaz·er** [-zə] *s.* ⊛ **1.** Glasierer *m;* **2.** Polierer *m;* **3.** Satinie-rer *m;* **4.** Polier-, Schmirgelscheibe *f;* **'gla·zier** [-zjə] *s.* Glaser *m;* **'glaz·ing** [-zɪŋ] *s.* **1.** a) Verglasen *n,* b) Glaserar-beit *f;* **2.** Fenster(scheiben) *pl.;* **3.** ⊛ *u.* *Küche:* a) Gla'sur *f,* b) Glasieren *n;* **4.** a) Poli'tur *f,* b) Polieren *n;* **5.** Satinieren *n;* **6.** *paint.* a) La'sur *f,* b) Lasieren *n;* **'glaz·y** [-zɪ] *adj.* **1.** glasig, glasiert; **2.** glanzlos, glasig (*Auge*).

gleam [gliːm] **I** *s.* schwacher Schein, Schimmer *m* (*a. fig.*): ~ *of hope* Hoff-nungsschimmer; *the ~ in his eye* das Funkeln s-r Augen; **II** *v/i.* glänzen, leuchten, schimmern, *Augen a.* funkeln.

glean [gliːn] **I** *v/t.* **1.** *Ähren* (auf-, nach-) lesen, *Feld* sauber lesen; **2.** *fig.* sam-meln, zs.-tragen, *a.* her'ausfinden: ~ *from* schließen *od.* entnehmen aus; **II** *v/i.* **3.** Ähren lesen; **'glean·er** [-nə] *s.* Ährenleser *m; fig.* Sammler *m;* **'glean-ings** [-nɪŋz] *s. pl.* **1.** ⤳ Nachlese *f;* **2.** *fig.* das Gesammelte.

glebe [gliːb] *s.* **1.** ⚰, *eccl.* Pfarrland *n;* **2.** *poet.* (Erd)Scholle *f,* Feld *n.*

glede [gliːd] *s. orn.* Gabelweihe *f.*

glee [gliː] *s.* **1.** Fröhlichkeit *f,* Ausgelas-senheit *f;* **2.** (*a.* Schaden)Freude *f,* Froh'locken *n;* **3.** ♪ *hist.* Glee *m* (*gesel-liges Lied*): ~ *club bsd. Am.* Gesang-verein *m;* **'glee·ful** [-fʊl] *adj.* □ **1.** aus-gelassen, fröhlich; **2.** schadenfroh, froh'lockend; **'glee·man** [-mən] *s.* [*irr.*] *hist.* fahrender Sänger.

glen [glen] *s.* Bergschlucht *f,* Klamm *f.*

glen·gar·ry [glen'gærɪ] *s.* Mütze *f der Hochlandschotten.*

glib [glɪb] *adj.* □ **1.** a) zungen-, schlag-fertig, b) gewandt, 'fix': *a ~ tongue* e-e glatte Zunge; **2.** oberflächlich; **'glib-ness** [-nɪs] *s.* **1.** Zungen-, Schlagfertig-keit *f;* Gewandtheit *f;* **2.** Glätte *f,* Ober-flächlichkeit *f.*

glide [glaɪd] **I** *v/i.* **1.** gleiten (*a. fig.*): ~ *along* dahingleiten, -fliegen (*a. Zeit*); ~ *out* hinausgleiten, -schweben (*Person*); **2.** ⤳ a) gleiten, e-n Gleitflug machen, b) segeln; **II** *s.* **3.** (Da'hin)Gleiten *n;* **4.** ⤳ a) Gleitflug *m,* b) Segelflug *m:* ~ *path* Gleitweg *m;* **5.** → *glissade* 2; **6.** *ling.* Gleitlaut *m;* **'glid·er** [-də] *s.* **1.** ⚓ Gleitboot *n;* **2.** ⤳ a) Segelflugzeug *n,* b) *a.* ~ *pilot* Segelflieger(in); **3.** *Ski-sport:* Gleiter(in); **'glid·ing** [-dɪŋ] *s.* **1.** Gleiten *n;* **2.** ⤳ a) → *glide* 3, b) das Segelfliegen.

glim·mer [ˈglɪmə] **I** *v/i.* **1.** glimmen, schimmern; **II** *s.* **2.** a) Glimmen *n,* b) *a. fig.* Schimmer *m,* (schwacher) Schein: *a ~ of hope* ein Hoffnungsschimmer; **3.** *min.* Glimmer *m.*

glimpse [glɪmps] **I** *s.* **1.** flüchtiger (An-) Blick: *catch a ~ of →* 4; **2.** (*of*) flüchti-ger Eindruck (von), kurzer Einblick (in *acc.*); **3.** *fig.* Schimmer *m,* schwache Ahnung; **II** *v/t.* **4.** *j-n, et.* (nur) flüchtig zu sehen bekommen, e-n flüchtigen Blick erhaschen von; **III** *v/i.* **5.** flüchtig blicken (*at* auf *acc.*).

glint [glɪnt] **I** *s.* Schimmer *m,* Schein *m,* Glitzern *n;* **II** *v/i.* schimmern, glitzern, blinken.

glis·sade [glɪˈsɑːd] **I** *s.* **1.** *mount.* Ab-fahrt *f;* **2.** *Tanz:* Glis'sade *f,* Gleitschritt *m;* **II** *v/i.* **3.** *mount.* abfahren; **4.** *Tanz:* Gleitschritte machen.

glis·ten [ˈglɪsn] **I** *v/i.* glitzern, glänzen; **II** *s.* Glitzern *n,* Glanz *m.*

glit·ter [ˈglɪtə] **I** *v/i.* **1.** glitzern, funkeln, *a. fig.* strahlen, glänzen; → *gold* 1; **II** *s.* **2.** Glitzern *n* (*etc.*), Glanz *m;* **3.** *fig.* Pracht *f,* Prunk *m,* Glanz *m;* **'glit-ter·ing** [-tərɪŋ] *adj.* □ **1.** glitzernd (*etc.*); **2.** glanzvoll, prächtig.

gloat [gləʊt] *v/i.:* ~ *over* sich weiden an (*dat.*): a) verzückt betrachten (*acc.*), b) sich hämisch *od.* diebisch freuen über (*acc.*); **'gloat·ing** [-tɪŋ] *adj.* □ schaden-froh, hämisch.

glob [glɒb] *s.* F ‚Klacks' *m,* ‚Klecks' *m.*

glob·al [ˈgləʊbl] *adj.* glo'bal: a) 'weltum-‚fassend, Welt...,) b) um'fassend, pau-'schal, Gesamt...; **'glo·bate** [-beɪt] *adj.* kugelförmig.

globe [gləʊb] **I** *s.* **1.** Kugel *f:* ~ *of the eye* Augapfel *m;* **2.** Pla'net *m: the ~* der Erdball, die Erdkugel, die Erde; **3.** *geogr.* Globus *m;* **4.** a) Lampenglocke *f,* b) Goldfischglas *n;* **5.** *hist.* Reichs-apfel *m;* **II** *v/t. u. v/i.* **6.** kugelförmig machen (werden); ~ *ar·ti·choke s.* ⚘ Arti'schocke *f;* '~·**fish** *s.* Kugelfisch *m;* '~·**trot·ter** *s.* Weltenbummler(in), Globetrotter(in); '~·**trot·ting I** *s.* Glo-betrotten *n;* **II** *adj.* Weltenbummler..., Globetrotten...

glo·bose [ˈgləʊbəʊs] → *globular* 1; **glo-bos·i·ty** [gləʊˈbɒsətɪ] *s.* Kugelform *f,* -gestalt *f;* **glob·u·lar** [ˈglɒbjʊlə] *adj.* □ **1.** kugelförmig; ~ *lightning* Kugelblitz *m;* **2.** aus Kügelchen (bestehend); **glob-ule** [ˈglɒbjuːl] *s.* Kügelchen *n.*

glom·er·ate [ˈglɒmərət] *adj.* (zs.-)ge-ballt, knäuelförmig; **glom·er·a·tion** [‚glɒməˈreɪʃn] *s.* Zs.-ballung *f,* Knäuel *m, n.*

gloom [gluːm] **I** *s.* **1.** *a. fig.* Dunkel *n,* Düsterkeit *f;* **2.** *fig.* düstere Stimmung, Schwermut *f,* Trübsinn *m: cast a ~ over* e-n Schatten werfen über (*acc.*); **II** *v/i.* **3.** traurig *od.* verdrießlich *od.* dü-ster blicken *od.* aussehen; **4.** sich ver-düstern; **'gloom·i·ness** [-mɪnɪs] *s.* **1.** → *gloom* 1, 2; **2.** *fig.* Hoffnungslosigkeit *f;* **'gloom·y** [-mɪ] *adj.* □ **1.** *a. fig.* dü-ster, trübe; **2.** schwermütig, trübsinnig, düster, traurig; **3.** hoffnungslos.

glo·ri·fi·ca·tion [‚glɔːrɪfɪˈkeɪʃn] *s.* **1.** Verherrlichung *f;* **2.** *eccl.* a) Verklärung *f,* b) Lobpreisung *f;* **3.** *Brit.* F lautes Fest; **glo·ri·fied** [ˈglɔːrɪfaɪd] *adj.* F ‚bes-ser': *a ~ barn; a ~ office boy;* **glo·ri·fy** [ˈglɔːrɪfaɪ] *v/t.* **1.** verherrlichen; **2.** *eccl.* a) lobpreisen, b) verklären; **3.** erstrah-len lassen, e-e Zierde sein (*gen.*); **4.** F ‚aufmotzen', ‚hochjubeln'; → *glori-fied.*

glo·ri·ole [ˈglɔːrɪəʊl] *s.* Glori'ole *f,* Heili-

genschein *m.*

glo·ri·ous [ˈglɔːrɪəs] *adj.* □ **1.** ruhmvoll, -reich, glorreich; **2.** herrlich, prächtig, wunderbar (*alle a.* F *fig.*): *a ~ mess iro.* ein schönes Chaos.

glo·ry [ˈglɔːrɪ] **I** *s.* **1.** Ruhm *m,* Ehre *f: covered in ~* ruhmbedeckt; ~ *be!* F a) juchhu!, b) Donnerwetter!; → *Old Glory;* **2.** Stolz *m,* Zierde *f,* Glanz (-punkt) *m;* **3.** *eccl.* Verehrung *f,* Lob-preisung *f;* **4.** Herrlichkeit *f,* Glanz *m,* Pracht *f,* Glorie *f;* höchste Blüte; **5.** *eccl.* a) himmlische Herrlichkeit, b) Himmel *m: gone to ~* F in die ewigen Jagdgründe eingegangen (*tot*); *send to ~* F *j-n* ins Jenseits befördern; **6.** → *gloriole;* **II** *v/i.* **7.** sich freuen, trium-phieren, froh'locken (*in* über *acc.*); **8.** (*in*) sich sonnen (*in dat.*), sich rühmen (*gen.*); '~·**hole** *s.* F a) Rumpelkammer *f od.* -kiste *f;* b) Kramschublade *f.*

gloss¹ [glɒs] **I** *s.* **1.** Glanz *m:* ~ *paint* Glanzlack *m;* **2.** *fig.* äußerer Glanz; **II** *v/t.* **3.** glänzend machen; **4.** *mst* ~ *over fig.* a) beschönigen, b) vertuschen.

gloss² [glɒs] **I** *s.* **1.** (Rand)Glosse *f,* Er-läuterung *f,* Anmerkung *f;* **2.** Kommen-'tar *m,* Auslegung *f;* **II** *v/t.* **3.** glossie-ren; **4.** *oft* ~ *over* (absichtlich) irrefüh-rend deuten; **'glos·sa·ry** [-sərɪ] *s.* Glos-'sar *n.*

gloss·eme [glɒˈsiːm] *s. ling.* Glos'sem *n.*

gloss·i·ness [ˈglɒsɪnɪs] *s.* Glanz *m;* **gloss·y** [ˈglɒsɪ] **I** *adj.* □ **1.** glänzend: ~ *paper* (Hoch)Glanzpapier *n;* **2.** auf ('Hoch)Glanzpa‚pier gedruckt, Hoch-glanz...: ~ *magazine,* → *glossy* 4; **3.** a) raffi-niert, b) prächtig (aufgemacht); **II** *s.* **4.** 'Hochglanzmaga‚zin *n.*

glot·tal [ˈglɒtl] *adj.* **1.** *anat.* Stimmrit-zen...: ~ *chink → glottis;* **2.** *ling.* glot-'tal: ~ *stop* Knacklaut *m;* **glot·tis** [ˈglɒtɪs] *s. anat.* Stimmritze *f.*

glove [glʌv] **I** *s.* **1.** Handschuh *m: fit* (*s.o.*) *like a ~* a) (j-m) wie angegossen sitzen, b) *fig.* (auf j-n) haargenau pas-sen; *take the ~s off* Ernst machen, ‚massiv werden'; *with the ~s off, with-out ~s* unsanft, rücksichts-, schonungs-los; **2.** *sport* (Box-, Fecht-, Reit- *etc.*) Handschuh *m;* **3.** *fling* (*od.* throw) *down the ~* (*to s.o.*) *fig.* (j-m) den Fehdehandschuh hinwerfen, (j-n) her-ausfordern; *pick* (*od.* take) *up the ~* die Herausforderung annehmen; **II** *v/t.* **4.** mit Handschuhen bekleiden: ~*d* be-handschuht; ~ *box,* ~ *com·part·ment s. mot.* Handschuhfach *n;* ~ *pup·pet s.* Handpuppe *f.*

glow [gləʊ] **I** *v/i.* **1.** glühen; **2.** *fig.* glü-hen: a) leuchten, strahlen, b) brennen (*Gesicht*); **3.** *fig.* (er)glühen, brennen (*with* vor *dat.*): ~ *with anger* vor Zorn glühen; **II** *s.* **4.** Glühen *n,* Glut *f: in a ~* glühend; **5.** *fig.* Glut *f:* a) Glühen *n,* Leuchten *n,* b) Hitze *f,* Röte *f* (*im Ge-sicht etc.*): *in a ~, all of a ~* glühend, ganz gerötet, c) Feuer *n,* Leidenschaft *f.*

glow·er [ˈglaʊə] *v/i.* finster (drein)blik-ken: ~ *at* finster anblicken.

glow·ing [ˈgləʊɪŋ] *adj.* □ **1.** glühend; **2.** *fig.* glühend: a) leuchtend, strahlend, b) brennend, c) 'überschwenglich, be-geistert: *a ~ account; in ~ colo(u)rs* in glühenden *od.* leuchtenden Farben

schildern etc.
glow| plug *s. mot.* Glühkerze *f;* '**~worm** *s.* Glühwürmchen *n.*
gloze [gləʊz] → **gloss¹** 4.
glu·cose ['glu:kəʊs] *s.* 🜚 Glu'kose *f,* Glu'cose *f,* Traubenzucker *m.*
glue [glu:] **I** *s.* **1.** Leim *m;* **2.** Klebstoff *m;* **II** *v/t.* **3.** leimen, kleben (**on** auf *acc.,* **to** an *acc.*): ~ (**together**) zs.-kleben; **4.** *fig.* (**to**) heften (auf *acc.*), drücken (an *acc.,* gegen): *she remained ~d to her mother* sie 'klebte' an ihrer Mutter; *~d to his TV set* er saß wie angewachsen vor dem Bildschirm; **glue·y** ['glu:ɪ] *adj.* klebrig.
glum [glʌm] *adj.* □ **1.** verdrossen; **2.** bedrückt, niedergeschlagen.
glume [glu:m] *s.* ♣ Spelze *f.*
glut [glʌt] **I** *v/t.* **1.** *den Hunger* stillen; **2.** über'sättigen (*a. fig.*): ~ *o.s.* **on** (*od.* **with**) sich überessen mit *od.* an (*dat.*); **3.** † *Markt* über'schwemmen; **4.** verstopfen; **II** *s.* **5.** Über'sättigung *f;* **6.** † 'Überangebot *n,* Schwemme *f:* ~ *of eggs; a* ~ *in the market* e-e Marktschwemme.
glu·tam·ic ac·id [glu:'tæmɪk] *s.* 🜚 Glu-ta'minsäure *f.*
glu·ten ['glu:tən] *s.* 🜚 Kleber *m,* Glu-'ten *n;* '**glu·ti·nous** [-tɪnəs] *adj.* □ klebrig.
glut·ton ['glʌtn] *s.* **1.** Vielfraß *m* (*a. zo.*); **2.** *fig. ein* Unersättlicher: *a* ~ *for books* ein Bücherwurm, e-e Leseratte; *a* ~ *for work* ein Arbeitstier; '**glut·ton·ous** [-nəs] *adj.* □ gefräßig, unersättlich (*a. fig.*); '**glut·ton·y** [-nɪ] *s.* Gefräßigkeit *f,* Unersättlichkeit *f* (*a. fig.*).
glyc·er·in(e) ['glɪsəriːn], '**glyc·er·ol** [-rɒl] *s.* 🜚 Glyze'rin *n.*
glyph [glɪf] *s.* △ Glypte *f,* Glyphe *f:* a) (verti'kale) Furche *od.* Rille, b) Skulp-'tur *f.*
glyp·tic ['glɪptɪk] **I** *adj.* Steinschneide...; **II** *s. pl. sg. konstr.* Glyptik *f,* Steinschneidekunst *f;* **glyp·tog·ra·phy** [glɪp-'tɒɡrəfɪ] *s.* Glyptogra'phie *f:* a) Steinschneidekunst *f,* b) Gemmenkunde *f.*
G-man ['dʒi:mæn] *s.* [*irr.*] F G-Mann *m,* FB'I-A₁gent *m.*
gnarled [nɑ:ld] *adj.* **1.** knorrig (*Baum, a. Hand, Person etc.*); **2.** *fig.* mürrisch, ruppig.
gnash [næʃ] *v/t.* **1.** *et.* knirschend beißen; **2.** ~ *one's teeth* mit den Zähnen knirschen (*vor Wut etc.*): *wailing and* ~*ing of teeth* Heulen u. Zähneklappern *n;* '**gnash·ers** [-ʃəz] *s. pl.* F 'dritte Zähne' *pl.*
gnat [næt] *s. zo.* **~** (Stech)Mücke *f:* **strain at a** ~ *fig.* Haarspalterei betreiben; **2.** *Am.* Kriebelmücke *f.*
gnaw [nɔ:] **I** *v/t.* **1.** nagen an (*dat.*) (*a. fig.*), ab-, zernagen; **2.** zerfressen (*Säure etc.*); **3.** *fig.* quälen, zermürben; **II** *v/i.* **4.** nagen: ~ *at* → 1; **5.** ~ *into* sich einfressen in (*acc.*); **6.** *fig.* nagen, zermürben; **gnaw·er** ['nɔ:ə] *s. zo.* Nagetier *n;* **gnaw·ing** ['nɔ:ɪŋ] **I** *adj.* nagend (*a. fig.*); **II** *s.* Nagen *n* (*a. fig.*); *fig.* Qual *f.*
gneiss [naɪs] *s. geol.* Gneis *m.*
gnome¹ [nəʊm] *s.* **1.** Gnom *m,* Zwerg *m* (*beide a. contp. Person*), Kobold *m;* **2.** Gartenzwerg *m.*
gnome² ['nəʊmi:] *s.* Gnome *f,* Sinnspruch *m.*

gnom·ish ['nəʊmɪʃ] *adj.* gnomenhaft, zwergenhaft.
gno·sis ['nəʊsɪs] *s. phls.* Gnosis *f;* **Gnos·tic** ['nɒstɪk] **I** *adj.* gnostisch; **II** *s.* Gnostiker *m;* **Gnos·ti·cism** ['nɒstɪsɪzəm] *s.* Gnosti'zismus *m.*
gnu [nu:] *s. zo.* Gnu *n.*
go [ɡəʊ] **I** *pl.* **goes** [ɡəʊz] *s.* **1.** Gehen *n:* **on the** ~ F ständig in Bewegung, immer 'auf Achse'; *from the word* ~ F von Anfang an; *it's a* ~*!* abgemacht!; **2.** F Schwung *m,* 'Schmiß' *m: he is full of* ~ er hat Schwung, er ist voller Leben *od.* sehr unternehmungslustig; **3.** F Mode *f:* **be all the** ~ große Mode sein; **4.** F Erfolg *m: make a* ~ *of it* es zu e-m Erfolg machen, bei *od.* mit et. Erfolg haben; *it's no* ~*!* es geht nicht!, nichts zu machen!; **5.** F Versuch *m:* **have a** ~ *at it!* probier's doch mal!; *at one* ~ auf 'einen Schlag, auf Anhieb; *at the first* ~ gleich beim ersten Versuch; *it's your* ~*!* du bist an der Reihe *od.* dran!; **6.** F 'Geschichte' *f: what a* ~*!* 'ne schöne Geschichte *od.* Bescherung!; *it was a near* ~ es ging gerade noch (mal) gut!; **7.** F a) Porti'on *f* (*e-r Speise*), b) Glas *n: his third* ~ *of brandy* sein dritter Kognak; **8.** Anfall *m* (*e-r Krankheit*): *my second* ~ *of influenza* m-e zweite Grippe; **II** *adj.* **9.** 🜚 F: *you are* ~ (*for take-off*)*!* alles klar (zum Start)!; **III** *v/i.* [*irr.*] **10.** gehen, fahren, reisen, sich begeben (**to** nach): ~ *on foot* zu Fuß gehen; ~ *by train* mit dem Zug fahren; ~ *by plane* (*od.* **air**) mit dem Flugzeug reisen, fliegen; ~ *to Paris* nach Paris gehen; *there he goes!* da (ja)!; *who goes there?* ✕ wer da?; **11.** verkehren, fahren (*Bus, Zug etc.*); **12.** (fort)gehen, abfahren, abreisen (**to** nach): *don't* ~ *yet* geh noch nicht (fort)!; *let me* ~*!* a) laß mich gehen!, b) laß mich los!; **13.** anfangen, loslegen: ~*!* *sport* los!; *go to it!* mach dich dran!, los!; *here you* ~ *again!* F jetzt fängst du schon wieder an!; *here we* ~ *again* F jetzt geht das schon wieder los!; *just* ~ *and try it!* versuch's doch mal!; *here goes!* also los!, jetzt geht's los!; **14.** gehen, führen: *this road goes to York;* **15.** sich erstrecken, reichen, gehen (**to** bis): *the belt doesn't* ~ *round her waist* der Gürtel geht *od.* reicht nicht um ihre Taille; *it goes a long way* es reicht lange (aus); *as far as it goes* bis zu e-m gewissen Grade, soweit man das sagen kann; **16.** *fig.* gehen: ~ *as far as to say* so weit gehen zu sagen; *let it* ~ *at that!* laß es dabei bewenden!; ~ *all out* F sich ins Zeug legen (**for** für); *s. die Verbindungen mit anderen Stichwörtern;* **17.** ⤶ (**into**) gehen in (*acc.*), enthalten sein (in *dat.*): *3 into 10 goes twice;* **18.** gehen, passen (**in, into** in *acc.*): *it does not* ~ *into my pocket;* **19.** gehören (**in, into** in *acc.,* **on** auf *acc.*): *the books* ~ *on this shelf* die Bücher gehören *od.* kommen auf dieses Regal; **20.** ~ *to* gehen an (*acc.*) (*Siegerpreis etc.*), zufallen (*dat.*) (*Erbe*); **21.** 🜚 *u. fig.* gehen, laufen, funktionieren: *get* ~*ing* 🜚 in Gang kommen (*Person, Party etc.*), *Person: a.* loslegen; *get s.th.* (*od.* **s.o.**) ~*ing* et. (*Maschine, Projekt etc.*) in Gang brin-

gen, et. (*Party etc.*) (*od.* j-n) in Schwung *od.* Fahrt bringen; *keep* ~*ing* 🜚 weiterlaufen, *fig.* weitermachen (*Person*); *that hope kept her* ~*ing* diese Hoffnung hielt sie aufrecht; *this sum will keep you* ~*ing* diese Summe wird dir (fürs erste) weiterhelfen; **22.** *kalt, schlecht, verrückt etc.* werden: ~ *blind* erblinden; ~ *Conservative* zu den Konservativen übergehen; ~ *decimal* das Dezimalsystem einführen; **23.** (gewöhnlich) *in e-m Zustand* sein, sich befinden: ~ *armed* bewaffnet sein; ~ *in rags* (ständig) in Lumpen herumlaufen; ~ *hungry* hungern; **24.** ~ *by* (*od.* [*up*]**on**) sich halten an (*acc.*), gehen *od.* sich richten *od.* urteilen nach: *have nothing to* ~ (*up*)**on** keine Anhaltspunkte haben; ~*ing by her clothes* ihrer Kleidung nach (zu urteilen); **25.** 'umgehen, im 'Umlauf sein, kursieren (*Gerüchte etc.*): *the story goes* es heißt, man erzählt sich; **26.** gelten (**for** für): *what he says goes* F was er sagt, gilt; *that goes for you too!* das gilt auch für dich!; *it goes without saying* das versteht sich von selbst; **27.** ~ *by the name of* a) unter dem Namen ... laufen, b) auf den Namen ... hören (*Hund*); **28.** im allgemeinen sein: *as men* ~ wie Männer eben (nun einmal) sind; **29.** vergehen, verstreichen: *how time goes!; one minute to* ~ noch e-e Minute; **30.** † (weg)gehen, verkauft werden: *the coats went for £60;* **31.** (**on, in**) ausgegeben werden (für), aufgehen (in *dat.*) (*Geld*): *all his money went in drink;* **32.** dazu beitragen, dienen (**to** zu): *it goes to show* dies zeigt, daran erkennt man; *this only goes to show you the truth* dies dient nur dazu, Ihnen die Wahrheit zu zeigen; **33.** (aus)gehen, verlaufen, sich entwickeln *od.* gestalten: *it went well* es ging gut (aus), es lief (alles) gut; *things have gone badly with me* es ist mir schlecht ergangen; *the decision went against him* die Entscheidung fiel zu s-n Ungunsten aus; ~ *big* F ein Riesenerfolg sein; **34.** ~ *with* gehen *od.* sich vertragen mit, passen zu: *black goes well with yellow;* **35.** ertönen, läuten (*Glocke*), schlagen (*Uhr*): *the door bell went* es klingelte; *bang went the gun* die Kanone machte bumm; **36.** lauten (*Worte etc.*), gehen: *this is how the tune goes* so geht die Melodie; **37.** gehen, verschwinden, abgeschafft werden: *my hat is gone!* mein Hut ist weg!; *he must* ~ er muß weg; *these laws must* ~ diese Gesetze müssen weg; *warmongering must* ~*!* Schluß mit der Kriegshetze!; **38.** (da-'hin)schwinden: *his strength is* ~*ing; my eyesight is* ~*ing* m-e Augen werden immer schlechter; *trade is* ~*ing* der Handel kommt zum Erliegen; *the shoes are* ~*ing* die Schuhe gehen (langsam) kaputt; **39.** sterben: *he is* (*dead and*) *gone* er ist tot; **40.** (*pres. p. mit inf.*) zum Ausdruck e-r Zukunft, *e-r Absicht od. et. Unabänderlichem: it is* ~*ing to rain* es wird (gleich *od.* bald) regnen; *he is* ~*ing to read it* er wird *od.* will es (bald) lesen; *she is* ~*ing to have a baby* sie bekommt ein Kind; *I was* (*just*) ~*ing to do it* ich wollte es eben tun, ich war gerade dabei *od.* im Begriff, es zu tun; **41.** (*mit nachfolgendem Gerundium*) *mst* gehen: ~ **swimming** schwimmen gehen; *he goes frightening people* er erschreckt immer die Leute; **42.** (da'ran)gehen, sich anschicken: *he went to find him* er ging ihn suchen; *he went and sold it* F er hat es doch tatsächlich verkauft; **43.** erlaubt sein: *everything goes here* hier ist alles erlaubt; *anything goes!* F alles ist ‚drin‘ (*möglich*); **44.** *pizzas to ~!Am.* Pizzas zum Mitnehmen!; **IV** *v/t.* [*irr.*] **45.** *e-n Betrag* wetten, setzen (*on* auf *acc.*); **46.** ~ *it* F a) (mächtig) rangehen, sich dahinterklemmen, b) es toll treiben, ‚auf den Putz hauen‘: ~ *it alone* es ganz allein(e) machen; ~ *it!* ran!, feste!, drauf!;

Zssgn mit prp.:

go|a·bout *v/i.* in Angriff nehmen, sich machen an (*acc.*), anpacken (*acc.*); ~ **aft·er** *v/i.* **1.** nachlaufen (*dat.*); **2.** → *go for* 4; ~ **a·gainst** *v/i.* wider'streben (*dat.*), *j-s Prinzipien* zu'widerlaufen; ~ **at** *v/i.* **1.** losgehen auf (*acc.*); **2.** → *go about*; ~ **be·hind** *v/i.* unter'suchen, auf den Grund gehen (*dat.*); ~ **be·tween** *v/i.* vermitteln zwischen (*dat.*); ~ **be·yond** *v/i. fig.* über'schreiten, *Erwartungen etc.* über'treffen; ~ **by** *v/i.* **1.** sich richten nach, sich halten an (*acc.*), urteilen nach; **2.** *auf e-n Namen* hören; ~ **for** *v/i.* **1.** holen (gehen); **2.** *e-n Spaziergang etc.* machen; **3.** gelten als *od.* für; **4.** streben nach, sich bemühen um; **5.** F losgehen auf (*acc.*), sich stürzen auf (*acc.*), *fig.* herziehen über (*acc.*); **6.** *sl.* ‚stehen‘ auf (*dat.*); ~ **in·to** *v/i.* **1.** hin'eingehen in (*acc.*); **2.** eintreten in (*ein Geschäft etc.*): ~ *business* Kaufmann werden; **3.** (genau) unter'suchen *od.* prüfen; eingehen auf (*acc.*); **4.** geraten in (*acc.*): ~ *a faint* in Ohnmacht fallen; ~ *off* *v/i.* **1.** abgehen von; **2.** *j-n, et.* nicht mehr mögen *od.* wollen; ~ **on** *v/i.* **1.** sich stützen auf (*acc.*); **2.** sich richten nach, sich halten an (*acc.*), urteilen nach: *I have nothing to* ~ ich habe keine Anhaltspunkte; ~ **o·ver** → *go through* 1, 2, 3; ~ **through** *v/i.* **1.** 'durchgehen, -nehmen, -sprechen; **2.** (gründlich) über'prüfen *od.* unter'suchen; **3.** 'durchsehen, -gehen, -lesen; **4.** durch'suchen; **5.** a) 'durchmachen, erleiden, b) erleben; **6.** *Vermögen* 'durchbringen; ~ **with** *v/i.* **1.** begleiten; **2.** gehören zu; **3.** über'einstimmen mit; **4.** passen zu; **5.** mit *j-m* ‚gehen‘; ~ **without** *v/i.* **1.** auskommen ohne, sich behelfen ohne; **2.** verzichten auf (*acc.*);

Zssgn mit adv.:

go|a·bout *v/i.* **1.** um'hergehen, -fahren, -reisen; **2.** a) kursieren, im 'Umlauf sein (*Gerüchte etc.*), b) 'umgehen (*Grippe etc.*); **3.** ♻ wenden; ~ **a·head** *v/i.* **1.** vorwärts-, vor'angehen: ~*! fig.* los!, nur zu!; ~ *with* a) weitermachen mit, b) Ernst machen mit, durchführen; **2.** (erfolgreich) vor'ankommen; **3.** *bsd. sport* sich an die Spitze setzen; ~ **a·long** *v/i.* **1.** weitergehen; **2.** *fig.* weitermachen; **3.** mitgehen, -kommen (*with* mit); **4.** ~ *with* einverstanden sein mit, mitmachen bei; ~ **a·round** *v/i.* **1.** → *go about* 1, 2; **2.** → *go round*; ~ **back** *v/i.* **1.** zu'rückgehen; ~ *to fig.* zurückgehen

auf (*acc.*), zurückreichen bis; **2.** ~ *on fig.* a) *j-n* im Stich lassen, b) *sein Wort etc.* nicht halten, c) *Entscheidung* rückgängig machen; ~ **by** *v/i.* **1.** vor'beigehen (*a. Chance etc.*), -fahren; **2.** vergehen (*Zeit*): *in days gone by* in längst vergangenen Tagen; ~ **down** *v/i.* **1.** hin'untergehen; ~ *in history fig.* in die Geschichte eingehen; **2.** 'untergehen (*Schiff, Sonne etc.*); **3.** zu Boden gehen (*Boxer etc.*); **4.** *thea.* fallen (*Vorhang*); **5.** zu'rückgehen, sinken, fallen (*Fieber, Preise etc.*); **6.** a) sich im Niedergang befinden, b) zugrunde gehen; **7.** *sport* absteigen; **8.** ‚(runter)rutschen‘ (*Essen*); **9.** *fig.* (*with*) a) Anklang finden, ‚ankommen‘ (bei): *it went down well with him*, b) ‚geschluckt‘ werden: *that won't* ~ *with me* das nehme ich dir nicht ab; **10.** *Brit.* London verlassen; **11.** *univ. Brit.* a) die Universi'tät verlassen, b) in die Ferien gehen; ~ **in** *v/i.* **1.** hin'eingehen: ~ *and win!* auf in den Kampf!; **2.** ~ *for* a) sich befassen mit, betreiben, *Sport etc.* treiben, b) mitmachen bei, c) *ein Examen* machen, d) hinarbeiten auf (*acc.*), e) sich einsetzen für, f) sich begeistern für; ~ **off** *v/i.* **1.** fort-, weggehen, -laufen; (*Zug etc.*) abfahren; *thea.* abgehen; **2.** losgehen (*Gewehr, Sprengladung etc.*); **3.** (*into*) los-, her'ausplatzen (mit), ausbrechen (in *Gelächter etc.*); **4.** nachlassen, sich verschlechtern; **5.** (*gut etc.*) von'statten gehen; **6.** a) einschlafen, b) ohnmächtig werden; **7.** verderben, schlecht werden (*Essen etc.*), sauer werden (*Milch*); **8.** ausgehen (*Licht etc.*); ~ **on** *v/i.* **1.** weitergehen *od.* -fahren; **2.** weitermachen, fortfahren (*with* mit; *doing* zu tun): ~*!* a) (mach) weiter!, b) *iro.* hör auf!, ach komm!; ~ *reading* weiterlesen; **3.** fortdauern, weitergehen; **4.** vor sich gehen, vorgehen, passieren; **5.** sich ‚aufführen‘: *don't* ~ *like that!* hör schon auf damit!; **6.** F a) unaufhörlich reden (*about* über *acc.*, von), b) ständig her'umnörgeln (*at* an *dat.*); **7.** angehen (*Licht etc.*); **8.** ~ *for* gehen auf (*acc.*), bald sein: *it's going on for five o'clock*; ~ **out** *v/i.* **1.** ausgehen: a) spazierengehen, b) zu Veranstaltungen *od.* Gesellschaften gehen, c) erlöschen (*Feuer, Licht*): ~ *fishing* fischen (*od.* zum Fischen) gehen; **2.** in den Streik treten; **3.** aus der Mode kommen; **4.** *pol.* abgelöst werden; **5.** *sport* ausscheiden; **6.** zu'rückgehen (*Flut*); **7.** ~ *to j-m* entgegenschlagen (*Herz*), sich *j-m* zuwenden (*Sympathie*); ~ **o·ver** *v/i.* **1.** hin'übergehen (*to* zu); **2.** 'übertreten, -gehen (*to* zu *e-r anderen Partei etc.*); **3.** vertagt werden; **4.** ~ *big* F ein Bombenerfolg sein; ~ **round** *v/i.* **1.** her'umgehen (*a. fig. j-m im Kopf*); **2.** (für alle) (aus)reichen: *there is enough (of it) to* ~; ~ **through** *v/i.* **1.** 'durchgehen, angenommen werden (*Antrag*); **2.** ~ *with* 'durchführen; ~ **to·geth·er** *v/i.* **1.** zs.-passen (*Farben etc.*); **2.** F mitein'ander ‚gehen‘ (*Liebespaar*); ~ **un·der** *v/i.* **1.** 'untergehen (*a. fig.*); **2.** ‚eingehen‘ (*Firma etc.*), ‚ka'puttgehen‘; ~ **up** *v/i.* **1.** hin'aufgehen (*a. fig.*); **2.** *fig.* steigen (*Fieber, Preise etc.*); **3.** *thea.* hochgehen (*Vorhang*); **4.** gebaut werden; **5.** *Brit.* nach London fahren; **6.** *Brit.* (zum

Se'mesteranfang) zur Universi'tät gehen; **7.** *sport* aufsteigen.

goad [ɡəʊd] **I** *s.* **1.** Stachelstock *m des Viehtreibers*; **2.** *fig.* Stachel *m*; Ansporn *m*; **II** *v/t.* **3.** antreiben; **4.** *mst* ~ *on fig. j-n* an-, aufstacheln, (an)treiben (*into doing s.th.* dazu, et. zu tun).

'go·a·head I *adj.* **1.** voller Unter'nehmungsgeist *od.* Initia'tive, zielstrebig; **II** *s.* **2.** (Mensch *m* mit) Unter'nehmungsgeist *od.* Initia'tive; **3.** *get the* ~ (*on*) ‚grünes Licht‘ bekommen (für); *give s.o. the* ~ *j-m* ‚grünes Licht‘ geben.

goal [ɡəʊl] *s.* **1.** Ziel *n* (*a. fig.*); **2.** *sport* a) Ziel *n*, b) (*Fußball- etc.*)Tor *n*, c) Tor(erfolg *m*, -schuß *m*) *n*: *score a* ~ ein Tor schießen; ~ *a·re·a s. sport* Torraum *m*; '~**get·ter** *s.* Torjäger *m*.

goal·ie ['ɡəʊlɪ] F → *goalkeeper*.

'goal|keep·er *s. sport* Tormann *m*, -wart *m*, -hüter(in); ~ **kick** *s.* (Tor-)Abstoß *m*; ~ **line** *s.* a) Torlinie *f*, b) Torauslinie *f*, c) *Rugby:* Mallinie *f*; '~**mouth** *s.* Torraum *m*; ~ **post** *s.* Torpfosten *m*.

'go-as-you-'please *adj.* ungebunden.

goat [ɡəʊt] *s.* **1.** a) Ziege *f*, b) *a. he-* Ziegenbock *m*: *play the (giddy)* ~ *fig.* herumkaspern; *get s.o.'s* ~ *sl. j-n* ‚auf die Palme bringen‘; **2.** *fig.* (geiler) Bock; **3.** F Sündenbock *m*; **4.** ♌ *ast.* → *Capricorn*; **goat·ee** [ɡəʊ'tiː] *s.* Spitzbart *m*; **'goat·herd** *s.* Ziegenhirt *m*; **'goat·ish** [-tɪʃ] *adj.* □ **1.** bockig; **2.** *fig.* geil.

'goat|'s-beard *s.* ♀ Bocks- *od.* Geißod. Ziegenbart *m*; '~**skin** *s.* Ziegenleder(flasche *f*) *n*; '~**suck·er** *s. orn.* Ziegenmelker *m*.

gob¹ [ɡɒb] *s.* F **1.** (*a.* Schleim)Klumpen *m*; **2.** *oft pl.* ‚Haufen‘ *m*, Menge *f*.

gob² [ɡɒb] *s.* ♫ *Am. sl.* ‚Blaujacke‘ *f*, Ma'trose *m* (*US-Kriegsmarine*).

gob·bet ['ɡɒbɪt] *s.* Brocken *m*.

gob·ble¹ ['ɡɒbl] **I** *v/t. mst* ~ *up* verschlingen (*a. fig.*); **II** *v/i.* gierig essen.

gob·ble² ['ɡɒbl] **I** *v/i.* kollern (*Truthahn*); **II** *s.* Kollern *n*.

gob·ble·dy·gook ['ɡɒbldɪɡuːk] *s.* F **1.** ‚Be'amtenchi,nesisch‘ *n*; **2.** (Be'rufs-) Jar,gon *m*; **3.** ‚Geschwafel‘ *n*.

gob·bler¹ ['ɡɒblə] *s.* Fresser(in).

gob·bler² ['ɡɒblə] *s.* Truthahn *m*, Puter *m*.

Gob·e·lin ['ɡəʊbəlɪn] **I** *adj.* Gobelin...; **II** *s.* Gobe'lin *m*.

'go-be,tween *s.* **1.** Mittelsmann *m*, Vermittler(in); **2.** Makler(in); **3.** Kuppler(in).

gob·let ['ɡɒblɪt] *s.* **1.** *obs.* Po'kal *m*; **2.** Kelchglas *n*.

gob·lin ['ɡɒblɪn] *s.* Kobold *m*.

go·by ['ɡəʊbɪ] *s. ichth.* Meergrundel *f*.

go-by ['ɡəʊbaɪ] *s.: give s.o. the* ~ F *j-n* ‚schneiden‘ *od.* ignorieren; *give s.th. the* ~ F die Finger von et. lassen.

'go-cart *s.* **1.** Laufstuhl *m* (*Gehhilfe für Kinder*); **2.** Sportwagen *m* (*für Kinder*); **3.** Handwagen *m*; **4.** → *go-kart*.

god [ɡɒd] *s.* **1.** Gott(heit *f*) *m*; Götze *m*, Abgott *m*: ~ *of love* Liebesgott, Amor *m*; *ye* ~*s!* F heiliger Strohsack!; *a sight for the* ~*s* ein Bild für (die) Götter; **2.** ♌ Gott *m*: ♌*'s acre* Gottesacker *m*; *house of* ♌ Gotteshaus *n*; *play* ~ den lieben Gott spielen; ♌ *forbid!* Gott behüte!; 2 *help him* Gott sei ihm gnädig; *so help me* 2 so wahr mir Gott helfe; 2 *knows* f, ‚O'lymp' m; ‚~·'aw·ful *adj.* F scheußlich, ‚beschissen'; '~·child *s.* [*irr.*] Patenkind *n*; '~·damn(ed) *adj., adv. u. int.* (gott)verdammt.

god·des ['gɒdɪs] *s.* Göttin *f* (*a. fig.*).

'god|,fa·ther I *s.* Pate *m* (*a. fig.*), Patenonkel *m*, Taufzeuge *m*: *stand ~ to* → II *v/t. a. fig.* Pate stehen bei, aus der Taufe heben; '~,fear·ing *adj.* gottesfürchtig; '~·for,sak·en *adj. contp.* gottverlassen.

god·head ['gɒdhed] *s.* Gottheit *f*; 'god·less [-lɪs] *adj.* ohne Gott; *fig.* gottlos; 'god·like *adj.* 1. gottähnlich, göttlich; 2. göttergleich; 'god·li·ness [-lɪnɪs] *s.* Frömmigkeit *f*; Gottesfurcht *f*; 'god·ly [-lɪ] *adj.* fromm.

'god|,moth·er *s.* Patin *f*, Patentante *f*; '~·par·ent *s.* Pate *m*, Patin *f*; '~·send *s. fig.* Geschenk *n* des Himmels, Glücksfall *m*, Segen *m*; '~·son *s.* Patensohn *m*; ‚~·'speed *s.*: *bid s.o. ~* j-m viel Glück *od.* glückliche Reise wünschen.

go·er ['gəʊə] *s.* 1. *be a good ~* gut laufen (*bsd. Pferd*); 2. *in Zssgn mst* ...besucher(in), ...gänger(in).

gof·fer ['gəʊfə] I *v/t.* kräuseln, plissieren; II *s.* Plis'see *n*.

‚go·'get·ter *s.* F j-d, der weiß, was er will; Draufgänger *m*.

gog·gle ['gɒgl] I *v/i.* 1. stieren, glotzen; II *s.* 2. stierer Blick; 3. *pl.* Schutzbrille *f*; '~·box *s. bsd. Brit.* F ‚Glotze' *f* (*Fernseher*).

go-go ['gəʊgəʊ] *adj.* 1. *~ girl* Go-go-Girl *n*; 2. *fig.* a) schwungvoll, b) schick.

Goid·el·ic [gɔɪ'delɪk] → *Gaelic*.

go-in ['gəʊɪn] *s.* Go-'In *n*.

go·ing ['gəʊɪŋ] I *s.* 1. (Weg)Gehen *n*, Abreise *f*; 2. Straßenzustand *m*, (*Pferdesport*) Geläuf *n*; 3. Tempo *n*: *good ~* ein flottes Tempo; *rough* (*od. heavy*) *~* e-e Schinderei; *while the ~ is good* a) solange noch Zeit ist, b) solange es noch gut läuft; II *adj.* 4. in Betrieb, arbeitend: *a ~ concern* ein gutgehendes Geschäft; 5. vor'handen: *still ~* noch zu haben; *the best beer ~* das beste Bier, das es gibt; *~, ~, gone!* (*Auktion*) zum ersten, zum zweiten, zum dritten!; ‚go·ing-'o·ver *s.* F 1. Über'prüfung *f*; 2. a) Tracht *f* Prügel, b) Standpauke *f*; ‚go·ings-'on *s. pl.* F *mst b.s.* Vorgänge *pl.*, Treiben *n*: *strange ~* merkwürdige Dinge.

goi·ter *Am.*, **goi·tre** *Brit* ['gɔɪtə] *s.* & Kropf *m*; 'goi·trous [-trəs] *adj.* 1. kropfartig; 2. mit e-m Kropf (behaftet).

go-kart ['gəʊkɑ:t] *s. mot.* Go-Kart *m*.

gold [gəʊld] I *s.* 1. Gold *n*: *all is not ~ that glitters* es ist nicht alles Gold, was glänzt; *a heart of ~* ein goldenes Herz; *worth one's weight in ~* unbezahlbar, nicht mit Gold aufzuwiegen; → *good* 8; 2. Gold(münzen *pl.*) *n*; 3. Geld *n*, Reichtum *m*; 4. Goldfarbe *f*; II *adj.* 5. aus Gold, golden, Gold...: ~

dollar Golddollar *m*; *~ watch* goldene Uhr; *~ back·ing s.* † Golddeckung *f*; *~ bar s.* † Goldbarren *m*; *~ bloc s.* † Goldblock(länder *pl.*) *m*; *~ brick Am.* F I *s.* 1. falscher Goldbarren; 2. *fig.* a) wertlose Sache, b) Schwindel *m*, ‚Beschiß'; *~ sell s.o. a ~* → 4; 3. Drückeberger *m*; II *v/t.* 4. *j-n* ‚übers Ohr hauen'; *~ bul·lion s.* Gold *n* in Barren; '~,dig·ger *s.* 1. Goldgräber *m*; 2. *sl. Frau, die nur hinter dem Geld der Männer her ist*; *~ dust s.* Goldstaub *m*.

gold·en ['gəʊldən] *adj.* 1. *mst fig.* golden: *~ days*; *~ disc* goldene Schallplatte; *~ opportunity* einmalige Gelegenheit; 2. goldgelb, golden (*Haar etc.*); *~ age s.* das Goldene Zeitalter; *~ calf s. bibl. u. fig.* das Goldene Kalb; *~ ea·gle s. orn.* Gold-, Steinadler *m*; 2 *Fleece s. myth.* das Goldene Vlies; *~ handshake s.* F 1. Abfindung *f* bei Entlassung; 2. ,'Umschlag' *m* (*mit e-m Geldgeschenk der Firma*); *~ mean s.* die goldene Mitte, *der* goldene Mittelweg; *~ o·ri·ole s. orn.* Pi'rol *m*; *~ pheas·ant s. orn.* 'Goldfa,san *m*; *~ rule s.* 1. *bibl.* goldene Sittenregel; 2. *fig.* goldene Regel; *~ sec·tion s.* Goldener Schnitt; *~ wed·ding s.* goldene Hochzeit.

gold| *fe·ver s.* Goldfieber *n*, -rausch *m*; '~·field *s.* Goldfeld *n*; '~·finch *s. orn.* Stieglitz *m*, Distelfink *m*; '~·fish *s.* Goldfisch *m*; '~·foil *s.* Blattgold *n*; '~,ham·mer *s. orn.* Goldammer *f*; *~ lace s.* Goldtresse *f*, -borte *f*; *~ leaf s.* Blattgold *n*; *~ med·al s.* 'Goldme,daille *f*; *~ med·al·(l)ist s. sport* 'Goldme,daillengewinner(in); *~ mine s.* Goldbergwerk *n*; Goldgrube *f* (*a. fig.*); *~ plate s.* goldenes Tafelgeschirr; '~·plat·ed *adj.* vergoldet; *~ point s.* † Goldpunkt *m*; *~ rush* → *gold fever*; '~·smith *s.* Goldschmied *m*; '~·stand·ard *s.* Goldwährung *f*; 2 *Stick s. Brit.* Oberst *m* der königlichen Leibgarde.

golf [gɒlf] *sport* I *s.* Golf(spiel) *n*; II *v/i.* Golf spielen; *~ ball s.* 1. Golfball *m*; 2. Kugelkopf *m* (*der Schreibmaschine*); *~ club s.* 1. Golfschläger *m*; 2. Golfklub *m*.

golf·er ['gɒlfə] *s.* Golfspieler(in).

golf links *s. pl., a. sg. konstr.* Golfplatz *m*.

Go·li·ath [gəʊ'laɪəθ] *s. fig.* Goliath *m*, Riese *m*, Hüne *m*.

gol·li·wog(g) ['gɒlɪwɒg] *s.* 1. gro'teske schwarze Puppe; 2. *fig.* ‚Vogelscheuche' *f* (*Person*).

gol·ly ['gɒlɪ] *int. a. by ~!* F Menschenskind!, Mann!

go·losh [gə'lɒʃ] → *galosh*.

Go·mor·rah, Go·mor·rha [gə'mɒrə] *s. fig.* Go'morr(h)a *n*, Sündenpfuhl *m*.

gon·ad ['gəʊnæd] *s.* & Keim-, Geschlechtsdrüse *f*.

gon·do·la ['gɒndələ] *s.* 1. Gondel *f* (*a. e-s Ballons, e-r Seilbahn etc.*); 2. *Am.* flaches Flußboot; 3. *a. ~ car* 🚃 *Am.* offener Güterwagen; **gon·do·lier** [,gɒndə'lɪə] *s.* Gondoli'ere *m*.

gone [gɒn] I *p.p. von go*; II *adj.* 1. weg(gegangen), fort: *he is ~, be ~!* fort mit dir!; *I must be ~* ich muß weg; 2. verloren, verschwunden, weg, da'hin; 3. ‚hin', ‚futsch': a) weg, verbraucht, b) ka'putt, c) ruiniert, d) tot; *a ~ case* ein hoffnungsloser Fall; *a ~ man* → *goner*;

a ~ feeling ein Schwächegefühl; *all his money is ~* sein ganzes Geld ist weg *od.* ‚futsch'; 4. mehr als, älter als, über: *he is ~ forty*, 5. F (*on*) ganz ‚weg' (von): a) begeistert (von), b) ‚verknallt' (in *acc.*); 6. *sl.* ‚high', ‚weg'; 7. *she's four months ~* F sie ist im 4. Monat; **gon·er** ['gɒnə] *s.* 'Todeskandi,dat *m*: *he is a ~* F er ist ‚erledigt' (*a. weitS.*).

gon·fa·lon ['gɒnfələn] *s.* Banner *n*.

gong [gɒŋ] I *s.* 1. Gong *m*; 2. ✕ *Brit. sl.* Orden *m*; II *v/t.* 3. *Brit. Auto* durch 'Gongsi,gnal stoppen (*Polizei*).

go·ni·om·e·ter [,gəʊnɪ'ɒmɪtə] *s.* ⚡ *u. Radio:* Winkelmesser *m*.

gon·o·coc·cus [,gɒnəʊ'kɒkəs] *pl.* -coc·ci [-'kɒkaɪ] *s.* ♒ Gono'kokkus *m*.

gon·or·rhoe·a, *Am. mst* **gon·or·rhe·a** [,gɒnə'rɪə] *s.* ♒ Gonor'rhöe *f*, Tripper *m*.

goo [gu:] *s. sl.* 1. Schmiere *f*, klebriges Zeug; 2. *fig.* sentimen'taler Kitsch, ‚Schmalz' *m*.

good [gʊd] I *adj.* 1. gut, angenehm, erfreulich: *~ news*; *it is ~ to be rich* es ist angenehm, reich zu sein; *~ morning* (*evening*)! guten Morgen (Abend)!; *~ afternoon!* guten Tag! (*nachmittags*); *~ night!* a) gute Nacht! (*a.* F *fig.*), b) guten Abend!; *have a ~ time* sich amüsieren; (*it's a*) *~ thing that* es ist gut, daß; *be ~ eating* gut schmecken; 2. gut, geeignet, nützlich, günstig, zuträglich: *is this ~ to eat?* kann man das essen?; *milk is ~ for children* Milch ist gut für Kinder; *~ for gout* gut für *od.* gegen Gicht; *that's ~ for you!* a. *iro.* das tut dir gut!; *get in ~ with s.o.* sich mit j-m gut stellen; *what is it ~ for?* wofür ist es gut?, wozu dient es?; 3. befriedigend, reichlich, beträchtlich: *a ~ hour* e-e gute Stunde; *a ~ day's journey* e-e gute Tagereise; *a ~ many* ziemlich viele; *a ~ threshing* e-e ordentliche Tracht Prügel; *~ money sl.* hoher Lohn; 4. (*vor adj.*) *verstärkend: a ~ long time* sehr lange (Zeit); *~ old age* hohes Alter; *~ and angry* F äußerst erbost; 5. gut, tugendhaft: *lead a ~ life* ein rechtschaffenes Leben führen; *a ~ deed* e-e gute Tat; 6. gut, gewissenhaft: *a ~ father and husband* ein guter Vater und Gatte; 7. gut, gütig, lieb: *be ~ to the poor* gut zu den Armen; *it is ~ of you to help me* es ist nett (von Ihnen), daß Sie mir helfen; *be ~ enough* (*od. so ~ as*) *to fetch it* sei so gut und hole es; *be ~ enough to hold your tongue!* halt gefälligst deinen Mund!; *my ~ man* F mein Lieber!; 8. artig, lieb, brav (*Kind*): *be a ~ boy*; *as ~ as gold* a) kreuzbrav, b) goldrichtig; 9. gut, geschickt, tüchtig (*at in dat.*): *a ~ rider* ein guter Reiter; *he is ~ at golf* er spielt gut Golf; 10. gut, geachtet: *of ~ family* aus guter Familie; 11. gültig (*a.* †), echt: *a ~ reason* ein triftiger Grund; *tell false money from ~* falsches Geld von echtem unterscheiden; *a ~ Republican* ein guter *od.* überzeugter Republikaner; *be as ~ as* auf dasselbe hinauslaufen; *as ~ as finished* so gut wie fertig; *he has as ~ as promised* er hat es so gut wie versprochen; 12. gut, genießbar, frisch: *a ~ egg*; *is this fish still ~?*; 13. gut, gesund, kräftig: *in ~ health* bei guter Gesundheit, gesund; *be ~ for* ‚gut' sein für, fähig *od.* geeignet sein zu; *I am ~ for another mile* ich schaffe noch eine Meile; *he is always ~ for a surprise* er ist immer für e-e Überraschung gut; *I am ~ for a walk* ich habe Lust zu e-m Spaziergang; **14.** *bsd.* † gut, sicher, zuverlässig: *a ~ firm* e-e gute *od.* zahlungsfähige Firma; *~ debts* sichere Schulden; *be ~ for any amount* für jeden Betrag gut sein; **II** *s.* **15.** *das* Gute, Gutes *n*, Wohl *n*: *the common ~* das Gemeinwohl; *do s.o. ~* a) j-m Gutes tun, b) j-m gut-, wohltun; *he is up to no ~* er führt nichts Gutes im Schilde; *it comes to no ~* es führt zu nichts Gutem; **16.** Nutzen *m*, Vorteil *m*: *for his ~* zu s-m Nutzen; *he is too nice for his own ~* er ist viel zu nett; *what is the ~ of it?, what ~ is it?* was nützt es?, wozu soll das gut sein?; *it's no ~* a) es taugt nichts, b) es ist zwecklos; *it is no ~ trying* es hat keinen Wert *od.* Sinn, es zu versuchen; *much ~ may it do you iro.* wohl bekomm's!; *for ~* (*and all*) für immer, endgültig, ein für allemal; *to the ~* obendrein, extra, † als Gewinn *od.* Kreditsaldo; *it's all to the ~* es ist nur zu s-m *etc.* Besten; **17.** *the ~ pl.* die Guten *pl. od.* Rechtschaffenen *pl.*; **18.** *pl.* (bewegliche) Habe: *~s and chattles* Hab u. Gut *n*; F *j-s* ‚Siebensachen' *pl.*; **19.** *pl.* Güter *pl.*, Waren *pl.*, Gegenstände *pl.*: *by ~s* † *Brit.* als Frachtgut; → *deliver* 5.

Good| Book *s. die* Bibel; ‚~'by(e) [-'baɪ] **I** *s.* **1.** Abschiedsgruß *m*: *say ~ to* j-m auf Wiedersehen sagen, sich von j-m verabschieden; *you may say ~ to that!* F das kannst du vergessen!; **2.** Abschied *m*; **II** *adj.* Abschieds...: *~ kiss*; **III** *int.* [‚gʊd'baɪ] **3.** auf Wiedersehen!, adi'eu!, a'de!: *then ~ democracy!* *fig. iron.* dann ade Demokratie!; ‚~'fel·low·ship *s.* gute Kame'radschaft, Ka·me'radschaftlichkeit *f*; ‚~-for-noth·ing **I** ['gʊdfə‚nʌθɪŋ] *adj.* nichtsnutzig; **II** [‚gʊdfə'n-] *s.* Taugenichts *m*, Nichtsnutz *m*; ♀ **Fri·day** *s. eccl.* Kar'freitag *m*; **~ hu·mo(u)r** *s.* gute Laune; ‚~'hu·mo(u)red *adj.* □ **1.** bei guter Laune, gutaufgelegt; **2.** gutmütig.

good·ish ['gʊdɪʃ] *adj.* **1.** ziemlich gut; **2.** ziemlich (*Menge*); **good·li·ness** ['gʊdlɪnɪs] *s.* **1.** Güte *f*, Wert *m*; **2.** Anmut *f*; **3.** Schönheit *f*.

‚good-'look·ing *adj.* gutaussehend, hübsch, schön; *~ looks s. pl.* gutes Aussehen, Schönheit *f*.

good·ly ['gʊdlɪ] *adj.* **1.** schön, anmutig; **2.** beträchtlich, ansehnlich; **3.** *oft iro.* glänzend, prächtig.

'good|·man [-mæn] *s. [irr.] obs.* Hausvater *m*, Ehemann *m*; ♀ **Death** Freund Hein *m*; ‚~'na·tured *adj.* □ gutmütig, gefällig; ‚~-'neigh·bo(u)r·li·ness *s.* gutnachbarliches Verhältnis; ♀ **Neigh·bo(u)r pol·i·cy** *s.* Poli'tik *f* der guten Nachbarschaft.

good·ness ['gʊdnɪs] *s.* **1.** Tugend *f*, Frömmigkeit *f*; **2.** Güte *f*, Freundlichkeit *f*; **3.** Wert *m*, Güte *f*; *engS. das* Wertvolle *od.* Nahrhafte *n*; *~ gracious!, my ~!* du meine Güte!, du lieber Gott!; *~ knows* weiß der Himmel!; *for ~' sake* um Himmels willen; *thank ~!* Gott sei Dank!; *I wish to ~* wollte

Gott.

goods| a·gent *s.* † ('Bahn)Spedi‚teur *m*; *~ en·gine* *s. Brit.* 'Güterzugloko·mo‚tive *f*; *~ lift* *s. Brit.* Lastenaufzug *m*.

good speed *Am.* → **godspeed**.

goods| sta·tion *s. Brit.* Güterbahnhof *m*; *~ train* *s. Brit.* Güterzug *m*; *~ van* *s. mot. Brit.* Lieferwagen *m*; *~ wag·on* *s. Brit.* Güterwagen *m*; *~ yard* *s. Brit.* Güter(bahn)hof *m*.

‚good|-'tem·pered *adj.* □ gutartig, -mütig, ausgeglichen; ‚~-'time Char·lie ['tʃɑːlɪ] *s. Am.* F lebenslustiger *od.* vergnügungssüchtiger Mensch; ‚~'will *s.* **1.** Wohlwollen *n*, guter Wille, Verständigungsbereitschaft *f*: *~ tour* *pol.* Goodwillreise *f*; *~ visit* Freundschaftsbesuch *m*; **2.** *mst good will* † a) Goodwill *m*, (ide'eller) Firmen- *od.* Geschäftswert (*guter Ruf, Kundenstamm etc.*).

good·y ['gʊdɪ] F **I** *s.* **1.** Bon'bon *m*, *n*, *pl.* Süßigkeiten *pl.*, gute Sachen; **2.** *fig.* ‚klasse Ding'; **3.** *Film etc.:* Gute(r *m*) *f* (*Ggs Schurke*); **4.** Tugendbold *m*, Mukker *m*; **II** *adj.* **5.** frömmelnd, ‚mora'linsauer'; **III** *int.* **6.** prima!, ‚Klasse'!; '~‚good·y → goody 4, 5, 6.

goo·ey ['guːɪ] *adj. sl.* klebrig, schmierig.

goof [guːf] F **I** *s.* **1.** ‚Pfeife' *f*, Idi'ot *m*; **2.** ‚Schnitzer' *m*, ‚Patzer' *m*; **II** *v/t.* **3.** *oft ~ up* ‚vermasseln'; **III** *v/i.* **4.** ‚Mist bauen'; **5.** *oft ~ around* ‚her'umspinnen'.

'go-off *s.* Start *m*: *at the first ~* (gleich) beim ersten Mal; auf Anhieb.

'goof·y ['guːfɪ] *adj.* □ *sl.* ‚doof', ‚bekloppt'.

gook [gʊk] *s. Am. sl. contp.* ‚Schlitzau·ge' *n* (*Asiate*).

goon [guːn] *s. sl.* **1.** *Am.* angeheuerter Schläger; **2.** → **goof** 1.

goose [guːs] **I** *pl.* **geese** [giːs] *s.* **1.** *orn.* Gans *f*: *cook s.o.'s ~* F es j-m ‚besorgen', j-n ‚fertigmachen'; *he's cooked his ~ with me* F bei mir ist er ‚untendurch'; *all his geese are swans* bei ihm ist immer alles besser als bei andern; *kill the ~ that lays the golden eggs* das Huhn schlachten, das goldene Eier legt; → *sauce* 1; **2.** Gans *f*, Gänsebraten *m*; **3.** *fig.* a) Dummkopf *m*, b) (dumme) Gans; **4.** (*pl.* **goos·es**) Schneiderbügeleisen *n*; **II** *v/t.* **5.** F j-n (in den ‚Po') zwicken.

goose-ber·ry ['gʊzbərɪ] *s.* **1.** ♀ Stachelbeere *f*: *play ~* F den Anstandswauwau spielen; **2.** *a. ~ wine* Stachelbeerwein *m*; *~ fool* *s.* Stachelbeercreme *f* (*Speise*).

goose| bumps *s. pl.*, *~ flesh* *s. fig.* Gänsehaut *f*; '~·neck *s.* ⊕ Schwanenhals *m*; *~ pim·ples* *s. pl.* → **goose bumps**; '~-quill *s.* Gänsekiel *m*; '~-skin → **goose bumps**; '~-step *s.* ✕ Pa'rade-, Stechschritt *m*.

goos·ey ['guːsɪ] *s. fig.* Gäns-chen *n*.

go·pher¹ ['gəʊfə] *s. Am. zo.* a) Taschenratte *f*, b) Ziesel *m*, c) Gopherschildkröte *f*, d) *a. ~ snake* Schildkrötenschlange *f*.

go·pher² → **goffer**.

go·pher³ ['gəʊfə] *s. bibl.* Baum, *aus dessen Holz Noah die Arche baute*; '~-wood *s. Am.* ♀ Gelbholz *n*.

Gor·di·an ['gɔːdjən] *adj.*: *cut the ~ knot* den gordischen Knoten durchhauen.

gore¹ [gɔː] *s.* (*bsd.* geronnenes) Blut.

gore² [gɔː] **I** *s.* **1.** Zwickel *m*, Keil(stück *n*) *m*; **II** *v/t.* **2.** keilförmig zuschneiden; **3.** e-n Zwickel einsetzen in (*acc.*).

gore³ [gɔː] *v/t.* (*mit den Hörnern*) durch'bohren, aufspießen.

gorge [gɔːdʒ] **I** *s.* **1.** enge (Fels-)Schlucht; **2.** *rhet.* Kehle *f*, Schlund *m*: *my ~ rises at it* *fig.* mir wird übel davon *od.* dabei; **3.** Schlemme'rei *f*, Völle'rei *f*; **4.** △ Hohlkehle *f*; **II** *v/i.* **5.** schlemmen: *~ on* (*od.* *with*) → 7; **III** *v/t.* **6.** gierig verschlingen; **7.** *~ o.s. on* (*od.* *with*) sich vollfressen mit, *et.* in sich hineinschlingen.

gor·geous ['gɔːdʒəs] *adj.* □ **1.** prächtig, prachtvoll (*beide a. fig.* F); **2.** F großartig, wunderbar, ‚toll'.

Gor·gon ['gɔːgən] *s.* **1.** *myth.* Gorgo *f*; **2.** a) häßliches *od.* abstoßendes Weib, b) ‚Drachen' *m*; **gor·go·ni·an** [gɔː'gəʊnjən] *adj.* **1.** Gorgonen...; **2.** schauerlich.

go·ril·la [gə'rɪlə] *s. zo.* Go'rilla *m*; **2.** *Am. sl.* ‚Gorilla' *m*: a) Leibwächter *m* e-s Gangsters *etc.*, b) Scheusal *n*.

gor·mand·ize ['gɔːməndaɪz] **I** *v/t. et.* gierig verschlingen; **II** *v/i.* schlemmen; **'gor·mand·iz·er** [-zə] *s.* Schlemmer (-in).

gorse [gɔːs] *s.* ♀ *Brit.* Stechginster *m*.

gor·y ['gɔːrɪ] *adj.* **1.** *poet.* a) blutbefleckt, voll Blut, b) blutig: *~ battle*; **2.** *fig.* blutrünstig.

gosh [gɒʃ] *int.* F Mensch!, Mann!

gos·hawk ['gɒshɔːk] *s. orn.* Hühnerhabicht *m*.

gos·ling ['gɒzlɪŋ] *s.* **1.** junge Gans, Gäns-chen *n*; **2.** *fig.* Grünschnabel *m*.

‚go-'slow *s.* † *Brit.* Bummelstreik *m*.

gos·pel ['gɒspl] *s. eccl. a.* ♀ Evan'gelium *n* (*a. fig.*): *take s.th. for ~* et. für bare Münze nehmen; *~ song* Gospelsong *m*; *~ truth* *fig.* absolute Wahrheit; **'gos·pel·(l)er** [-pələ] *s.* Vorleser *m* des Evan'geliums: *hot ~* a) religiöser Eiferer, b) fa'natischer Befürworter.

gos·sa·mer ['gɒsəmə] **I** *s.* **1.** Alt'weibersommer *m*, Spinnfäden *pl.*; **2.** a) feine Gaze, b) hauchdünner Stoff; **3.** *et.* sehr Zartes u. Dünnes; **II** *adj.* **4.** leicht u. zart, hauchdünn.

gos·sip ['gɒsɪp] **I** *s.* **1.** Klatsch *m*, Tratsch *m*: *~ column* Klatschspalte *f*; *~ columnist* Klatschkolumnist(in); **2.** Plaude'rei *f*, Schwatz *m*, Plausch *m*; **3.** Klatschbase *f*; **II** *v/i.* **4.** klatschen, tratschen; **5.** plaudern; **'gos·sip·y** [-pɪ] *adj.* **1.** klatschhaft, -süchtig; **2.** schwatzhaft; **3.** im Plauderton (geschrieben).

got [gɒt] *pret. u. p.p. von* **get**.

Goth [gɒθ] *s.* **1.** Gote *m*; **2.** *fig.* Bar'bar *m*.

Go·tham ['gəʊθəm, 'gɒ-] *s. Am.* (*Spitzname für*) New York; **'Go·tham·ite** *s.* [-maɪt] *humor.* New Yorker(in).

Goth·ic ['gɒθɪk] **I** *adj.* **1.** gotisch; **2.** *fig.* bar'barisch, roh; **3.** *typ.* a) *Brit.* gotisch, b) *Am.* Grotesk...; **4.** *Literat.:* a) ba'rock, ro'mantisch, b) Schauer...: *~ novel*; **II** *s.* **5.** *ling.* Gotisch *n*; **6.** △ Gotik *f*, gotischer (Bau)Stil; **7.** *typ.* a) *Brit.* Frak'tur *f*, gotische Schrift, b) *Am.* Gro'tesk *f*; **Goth·i·cism** ['gɒθɪsɪzəm] *s.* **1.** Gotik *f*; **2.** *fig.* Barba'rei *f*, 'Unkul‚tur *f*.

‚go-to-'meet·ing *adj.* F Sonntags..., Ausgeh...: *~ suit*. New Yorker(in).

got·ten ['gɒtn] *obs. od. Am. p.p. von get.*

gou·ache [gʊ'ɑːʃ] (*Fr.*) *s. paint.* Gou·'ache *f.*

gouge [gaʊdʒ] **I** *s.* **1.** ⊕ Hohlmeißel *m*; **2.** Rille *f*, Furche *f*; **3.** *Am.* F a) Gaune·'rei *f*, b) Erpressung *f*; **II** *v/t.* **4.** *a.* ~ *out* ⊕ ausmeißeln, -höhlen, -stechen; **5.** ~ *out s.o.'s eye* a) j-m den Finger ins Auge stoßen, b) j-m ein Auge ausdrükken *od.* -stechen; **6.** *Am.* F a) *j-n* über·'vorteilen, b) *e-e Summe* erpressen.

gou·lash ['guːlæʃ] *s.* Gulasch *n*: ~ *communism pol. contp.* Gulaschkommunismus *m.*

gourd [gʊəd] *s.* **1.** ♣ Flaschenkürbis *m*; **2.** Kürbisflasche *f.*

gour·mand ['gʊəmənd] **I** *s.* **1.** Schlemmer *m*, Gour'mand *m*; **2.** → *gourmet*; **II** *adj.* **3.** schlemmerisch.

gour·met ['gʊəmeɪ] *s.* Feinschmecker *m*, Gour'met *m.*

gout [gaʊt] *s.* **1.** ⚕ Gicht *f*; **2.** ⚘ Gicht *f* (*Weizenkrankheit*): ~*fly zo.* gelbe Halmfliege; **'gout·y** [-tɪ] *adj.* □ ⚘ **1.** gichtkrank; **2.** zur Gicht neigend; **3.** gichtisch, Gicht...: ~ *concretion* Gichtknoten *m.*

gov·ern ['gʌvn] **I** *v/t.* **1.** regieren (*a. ling.*); beherrschen (*a. fig.*); **2.** leiten, führen, verwalten, lenken; **3.** *fig.* regeln, bestimmen, maßgebend sein für, leiten: ~*ed by circumstances* durch die Umstände bestimmt; *I was ~ed by* ich ließ mich leiten von ...; **4.** beherrschen, zügeln; **5.** ⊕ regeln, steuern; **II** *v/i.* **6.** regieren, herrschen (*a. fig.*); **'gov·ern·ance** [-nəns] *s.* **1.** Regierungsgewalt *f od.* -'form *f*, **2.** *fig.* Herrschaft *f*, Gewalt *f*, Kon'trolle *f* (*of* über *acc.*); **'gov·ern·ess** [-nɪs] *f v/s.* Erzieherin *f*, Gouver'nante *f*; **II** *v/i.* Erzieherin sein; **'gov·ern·ing** [-nɪŋ] *adj.* **1.** regierend, Regierungs...; **2.** leitend, Vorstands...: ~ *body* Vorstand *m*, Leitung *f*; **3.** *fig.* leitend, Leit...: ~ *idea* Leitgedanke *m*; **gov·ern·ment** ['gʌvnmənt] *s.* **1.** a) Regierung *f*, Herrschaft *f*, Kon'trolle *f* (*of, over* über *acc.*), b) Regierungsgewalt *f*, c) Leitung *f*, Verwaltung *f*; **2.** Re'gierung(sform *f*, -ssy,stem *n*) *f*; **3.** (*e-s bestimmten Landes*) *mst* ⚌ die Regierung: *the British* ⚌; ~ *agency* Regierungsstelle *f*, (-)Behörde *f*; ~ *bill parl.* Regierungsvorlage *f*; ~ *spokesman* Regierungssprecher *m*; **4.** Staat *m*: ~ *bonds*, ~ *securities* a) Staatsanleihen, -papiere, b) *Am.* Bundesanleihen; ~ *employee* Angestellte(r *m*) *f* des öffentlichen Dienstes; ~ *grant* staatlicher Zuschuß; ~ *issue Am. von der Regierung gestellte Ausrüstung*; ~ *monopoly* Staatsmonopol *n*; **5.** *univ.* Politolo'gie *f*; **6.** *ling.* Rekti'on *f*; **gov·ern·men·tal** [ˌgʌvn'mentl] *adj.* □ Regierungs..., Staats..., staatlich; **gov·ern·men·tal·ize** [ˌgʌvn'mentəlaɪz] *v/t.* unter staatliche Kon'trolle bringen.

ˌgov·ern·ment|-in-'ex·ile *pl.* **ˌ~s-in-'ex·ile** *s. pol.* E'xilregierung *f*; **'~-owned** *adj.* staatseigen; **'~-run** *adj.* staatlich (*Rundfunk etc.*).

gov·er·nor ['gʌvnə] *s.* **1.** Gouver'neur *m* (*a. e-s Staates der USA*): ~ *general* Generalgouverneur; **2.** ✕ Komman'dant *m*; **3.** a) *allg.* Di'rektor *m*, Leiter *m*, Vorsitzende(r) *m*, b) Präsi'dent *m*

(*e-r Bank*), c) *Brit.* Ge'fängnisdi,rektor *m*, d) *pl.* Vorstand *m*, Direk'torium *n*; **4.** F *der* ,Alte': a) ,alter Herr' (*Vater*), b) Chef *m* (*a. als Anrede*); **5.** ⊕ Regler *m*: ~ *valve* Reglerventil *n*; **'gov·er·nor·ship** [-ʃɪp] *s.* **1.** Gouver'neursamt *n*; **2.** Amtszeit *f e-s* Gouver'neurs.

gown [gaʊn] **I** *s.* **1.** Kleid *n*; **2.** *bsd.* ✝ʒ *u. univ.* Ta'lar *m*, Robe *f*; **3.** *coll.* Stu'denten(schaft *f*) *pl. u.* Hochschullehrer *pl.* (*e-r Universitätsstadt*): *town and* ~ Stadt u. Universität; **II** *v/t.* **4.** mit e-m Ta'lar *etc.* bekleiden; **gowns·man** ['gaʊnzmən] *s.* [*irr.*] Robenträger *m* (*Anwalt, Richter, Geistlicher etc.*).

goy [gɔɪ] *s.* ,Goi' *m* (*jiddisch für Nichtjude*).

grab [græb] **I** *v/t.* **1.** (*hastig od.* gierig) ergreifen, an sich reißen, fassen, pakken, (sich) ,schnappen'; **2.** *fig.* a) sich ,schnappen', an sich reißen, b) *e-e Gelegenheit* beim Schopf ergreifen; **3.** F *Publikum* packen, fesseln; **II** *v/i.* **4.** ~ *at* (hastig *od.* gierig) greifen *od.* ,schnappen' nach; **III** *s.* **5.** (hastiger *od.* gieriger) Griff (*for* nach): *make a ~ at* → 1 u. 4; *be up for* ~*s* F für jeden zu haben *od.* zu gewinnen sein; **6.** *fig.* Griff (*for* nach *der Macht etc.*); **7.** ⊕ (Bagger-, Kran)Greifer *m*: ~ *crane* Greiferkran *m*; ~ *dredge(r)* Greiferbagger *m*; ~ *handle* Haltegriff *m*; ~ *bag s. Am.* **1.** ,Grabbelsack' *m*; **2.** *fig.* Sammel'surium *n.*

grab·ber ['græbə] *s.* Habgierige(r *m*) *f*, ,Raffke' *m.*

grab·ble ['græbl] *v/i.* tasten, tappen, suchen (*for* nach).

grab raid *s.* 'Raub,überfall *m.*

grace [greɪs] **I** *s.* **1.** Anmut *f*, Grazie *f*, Liebreiz *m*, Charme *m*: *the three* ⚌*s myth.* die drei Grazien; **2.** Anstand *m*, Takt *m*, Schicklichkeit *f*: *have the* ~ *to do* den Anstand haben zu tun; *with* ~ mit Anstand *od.* Würde *od.* ,Grazie' (→ *a.* 3); **3.** Bereitwilligkeit *f*: *with a good* ~ bereitwillig, gern; *with a bad* ~ widerwillig, (nur) ungern; **4.** *mst pl.* gute Eigenschaft, schöner Zug: *social* ~*s* feine Lebensart; **5.** Gunst *f*, Wohlwollen *n*, Huld *f*, Gnade *f*: *be in s.o.'s good* ~*s* in j-s Gunst stehen, bei j-m gut angeschrieben sein; *be in s.o.'s bad* ~*s* bei j m in Ungnade sein; *fall from* ~ in Ungnade fallen; *by way of* ~ ✝ʒ auf dem Gnadenwege; *act of* ~ Gnadenakt *m*; **6.** *by the* ~ *of God* von Gottes Gnaden; *in the year of* ~ im Jahre des Heils; **7.** *eccl.* a) *state of* ~ Stand *m* der Gnade, b) Tugend *f*: ~ *of charity* (Tugend *der*) Nächstenliebe *f*, c) *say* ~ das Tischgebet sprechen; **8.** ✝, ✝ʒ Aufschub *m*, (Zahlungs-, Nach)Frist *f*: *days of* ~ Respekttage *pl.*; *grant s.o. a week's* ~ j-m e-e Woche Aufschub gewähren; **9.** ⚌ (*Eure, Seine, Ihre*) Gnaden *pl.* (*Titel*): *Your* ⚌ a) Eure Hoheit (*Herzogin*), b) Eure Exzellenz (*Erzbischof*); **10.** *a.* ~ *note* ♪ Verzierung *f*; **II** *v/t.* **11.** zieren, schmücken; **12.** *fig.* a) zieren, b) (be)ehren, auszeichnen; **'grace·ful** [-fʊl] *adj.* □ **1.** anmutig, grazi'ös, reizend, ele'gant; **2.** geziemend, takt-, würdevoll: ~*ly fig.* mit Anstand *od.* Würde *alt werden etc.*; **'grace·ful·ness** [-fʊlnɪs] *s.* Anmut *f*, Grazie *f*; **'grace·less** [-lɪs] *adj.* □ **1.**

'ungrazi,ös, reizlos, 'unele,gant; **2.** *obs.* verworfen.

grac·ile ['græsaɪl] *adj.* zierlich, gra'zil, zart(gliedrig).

gra·cious ['greɪʃəs] **I** *adj.* □ **1.** gnädig, huldvoll, wohlwollend; **2.** *poet.* gütig, freundlich; **3.** *eccl.* gnädig, barmherzig (*Gott*); **4.** *obs.* für *graceful* 1; **5.** a) angenehm, b) geschmackvoll, schön: ~ *living* elegantes Leben, kultivierter Luxus; **II** *int.* **6.** ~ *me!*, ~ *goodness!*, *good* ~*!* du meine Güte!, lieber Himmel!; **'gra·cious·ness** [-nɪs] *s.* **1.** Gnade *f*, *eccl. a.* Barm'herzigkeit *f*; **2.** *poet.* Güte *f*, Freundlichkeit *f.*

grad [græd] *s.* F Stu'dent(in).

gra·date [grə'deɪt] **I** *v/t. Farben* abstufen, inein'ander 'übergehen lassen, abtönen; **II** *v/i.* stufenweise (inein'ander) 'übergehen; **gra·da·tion** [grə'deɪʃn] *s.* **1.** Abstufung *f*: a) Abtönung *f*, b) Staffelung *f*; **2.** Stufenleiter *f*, -folge *f*; **3.** *ling.* Ablaut *m.*

grade [greɪd] **I** *s.* **1.** Grad *m*, Stufe *f*, Klasse *f*; **2.** ✕ *Am.* Dienstgrad *m*; **3.** (*höherer etc.*) (Be'amten)Dienst; **4.** Art *f*, Gattung *f*, Sorte *f*; Quali'tät *f*, Güte *f*, Klasse *f*: ⚌ *A* ✝ (Güte)Klasse A (→ 6); **5.** Steigung *f*, Gefälle *n*, Neigung *f*, Ni'veau *n* (*a. fig.*): ~ *crossing* (schienengleicher) Bahnübergang; *at* ~ *Am.* auf gleicher Höhe; *on the up* ~ aufwärts (-gehend); im Aufstieg; *make the* ~ ,es schaffen'; **6.** *ped. Am.* a) (Schüler *pl.* e-r) Klasse *f*, b) Note *f*, Zen'sur *f*, c) *pl.* (Grund)Schule *f*: ~ *A* (Note *f*) Schr Gut *n* (→ 4); **II** *v/t.* **7.** sortieren, einteilen, -reihen, -stufen, staffeln; **8.** *ped.* benoten, zensieren; **9.** ~ *up* verbessern, veredeln; ~ (*up*) Vieh (auf)kreuzen; **10.** *Gelände* planieren; **11.** *ling.* ablauten; **12.** → *gradate* I; **'grad·er** [-də] *s.* **1.** a) Sortierer(in), b) Sor'tiermaschine *f*; **2.** ⊕ Pla'niermaschine *f*; **3.** *Am. ped. in Zssgn* ...kläßler *m*: *fourth* ~ Viertkläßler *m.*

grade school *s. Am.* Grundschule *f.*

gra·di·ent ['greɪdjənt] **I** *s.* **1.** Neigung *f*, Steigung *f*, Gefälle *n* (*des Geländes etc.*); **2.** ⚛ Gradi'ent *m* (*a. meteor.*), Gefälle *n*; **II** *adj.* **3.** gehend, schreitend; **4.** *zo.* Geh..., Lauf...

grad·u·al ['grædjʊəl] **I** *adj.* □ all'mählich, schritt-, stufenweise, langsam (fortschreitend), gradu'ell; **II** *s. eccl.* Gradu'ale *n*; **'grad·u·al·ly** [-əlɪ] *adv.* a) nach u. nach, b) → *gradual* I.

grad·u·ate ['grædjʊət] **I** *s.* **1.** *univ.* a) 'Hochschulabsol,vent(in), Aka'demiker (-in), b) Graduierte(r *m*) *f* (*bsd. Inhaber*[*in*] *des niedrigsten akademischen Grades*), c) *Am.* Stu'dent(in) an e-r *graduate school*; **2.** *ped. Am.* ('Schul-) Absol,vent(in): *high-school* ~ etwa Abiturient(in); **3.** *fig. Am.* ,Pro'dukt' *n* (*e-r Anstalt etc.*); **4.** *Am.* Meßgefäß *n*; **II** *adj.* **5.** *univ.* a) Akademiker..., b) graduiert: ~ *student* a) → b) für Graduierte: ~ *course* (Fach)Kurs *m* an e-r *graduate school*; **6.** *Am.* staatlich geprüft, Diplom...: ~ *nurse*; **7.** → *graduated* 1; **III** *v/t.* **8.** ⊕ mit e-r Maßeinteilung versehen, in Grade einteilen, *a.* ⚗ gradieren; **9.** abstufen, staffeln; **10.** *univ.* graduieren, j-m e-n (*bsd. den niedrigsten*) aka'demischen Grad verleihen; **11.** *ped. Am.* a) *oft be*

~*d from* die Abschlußprüfung bestehen an (*e-r Schule*), absolvieren, her'vorgehen aus, b) *j-n* (*in die nächste Klasse*) versetzen; **IV** *v/i.* [-djʊeɪt] **12.** *univ.* graduieren, e-n (*bsd. den niedrigsten*) aka'demischen Grad erwerben (*from* an *dat.*); **13.** *ped. Am.* die Abschlußprüfung bestehen: ~ *from* → 11a; **14.** sich staffeln, sich abstufen: ~ *into* a) sich entwickeln zu, b) allmählich übergehen in (*acc.*); **'grad·u·at·ed** [-jʊeɪtɪd] *adj.* **1.** abgestuft, gestaffelt; **2.** ⊕ graduiert, mit e-r Gradeinteilung: ~ *dial* Skalenscheibe *f*; **grad·u·ate school** *s. univ. Am.* a) höhere 'Fachse,mester *pl.* (*mit Studienziel 'Magister'*), b) Univer-sität(seinrichtung) zur Erlangung höhe-rer akademischer Grade; **grad·u·a·tion** [,grædjʊ'eɪʃn] *s.* **1.** Abstufung *f*, Staffe-lung *f*; **2.** ⊕ a) Gradeinteilung *f*, b) Grad-, Teilstrich(e *pl.*) *m*; **3.** 🎇 Gra-dierung *f*; **4.** *univ.* Graduierung *f*, Er-teilung *f od.* Erlangung *f* e-s aka'demi-schen Grades; **5.** *ped. Am.* a) Absolvie-ren *n* (*from e-r Schule*), b) Schluß-, Verleihungsfeier *f*.

Graeco- [griːkəʊ] *in Zssgn* griechisch, gräko...

graf·fi·to [grə'fiːtəʊ] *pl.* **-ti** [-tɪ] *s.* **1.** (S)Graf'fito *m, n*, Kratzmale'rei *f*; **2.** *pl.* Wandkritze'leien *pl.*, Graf'fiti *pl.*

graft [grɑːft] **I** *s.* **1.** 💈 a) Pfropfreis *n*, b) veredelte Pflanze; c) Pfropfstelle *f*; **2.** 🜋 a) Transplan'tat *n*, b) Transplanta-ti'on *f*; **3.** *bsd. Am.* F a) Korrupti'on *f*, b) Bestechungs-, Schmiergelder *pl.*; **II** *v/t.* **4.** 💈 a) *Zweig* pfropfen, b) *Pflanze* okulieren, veredeln; **5.** 🜋 *Gewebe* transplantieren, verpflanzen; **6.** *fig.* (*in*, [*up*]*on*) a) et. aufpfropfen (*dat.*), b) *Ideen etc.* einimpfen (*dat.*), c) über-'tragen (auf *acc.*); **III** *v/i.* **7.** *bsd. Am.* F a) sich (durch 'Amts,mißbrauch) berei-chern, b) Schmiergelder zahlen; **'graft·er** [-tə] *s.* a) Pfropfer *m*, b) Pfropf-messer *n*; **2.** *bsd. Am.* F kor'rupter Be-'amter *od.* Po'litiker *etc.*

Grail [greɪl] *s. eccl.* Gral *m*.

grain [greɪn] **I** *s.* **1.** ♥ (Samen-, *bsd.* Getreide)Korn *n*; **2.** *coll.* Getreide *n*, Korn *n*; **3.** Körnchen *n*, (*Sand- etc.*) Korn *n*: *of fine* ~ feinkörnig; → *salt* 1; **4.** *fig.* Spur *f, ein* bißchen: *a ~ of truth* ein Körnchen Wahrheit; *not a ~ of hope* kein Funke Hoffnung; **5.** 🜊 Gran *n* (*Gewicht*); **6.** a) Faser(ung) *f*, Mase-rung *f* (*Holz*), b) Narbe *f* (*Leder*), c) Korn *n*, Narbe *f* (*Papier*), d) metall. Korn *n*, Körnung *f*, e) Strich *m* (*Tuch*), f) *min.* Korn *n*, Gefüge *n*: ~ (*side*) Narbenseite *f* (*Leder*); *it goes against the* ~ (*with me*) *fig.* es geht mir gegen den Strich; **7.** *hist.* Coche'nille *f* (*Farb-stoff*): *dyed in* ~ a) im Rohzustand ge-färbt, b) a. *fig.* waschecht; **8.** *phot.* a) Korn *n*, b) Körnigkeit *f* (*Film*); **II** *v/t.* **9.** körnen, granulieren; **10.** ⊕ *Leder:* a) enthaaren, b) körnen, narben; **11.** ⊕ *Holz etc.* (*künstlich*) masern, ädern; **12.** ⊕ a) *Papier* narben, b) in der Wolle färben; ~ **al·co·hol** *s.* 🜋 Ä'thylalkohol *m*; ~ **leath·er** *s.* genarbtes Leder.

gram¹ [græm] → **chickpea**.

gram² [græm] *Am.* → **gramme**.

gram·i·na·ceous [,græmɪ'neɪʃəs], **gra-min·e·ous** [grə'mɪnɪəs] *adj.* ♥ grasar-tig, Gras...; **gram·i·niv·o·rous** [,græ-

mɪ'nɪvərəs] *adj.* grasfressend.

gram·mar ['græmə] *s.* **1.** Gram'matik *f* (*a. Lehrbuch*): *bad* ~ ungrammatisch; **2.** *fig.* Grundbegriffe *pl.*; **gram·mar·i·an** [grə'meəriən] *s.* **1.** Gram'matiker (-in); **2.** Verfasser(in) e-r Gram'matik; **gram·mar school** *s.* **1.** *Brit.* höhere Schule, etwa Gym'nasium *n*; **2.** *Am. et-wa* Grundschule *f*; **gram·mat·i·cal** [grə'mætɪkl] *adj.* ☐ gram'matisch, grammati'kalisch: *not* ~ grammatisch falsch.

gramme [græm] *s.* Gramm *n*.

gram mol·e·cule *s. phys.* 'Gramm-mole,kül *n*.

Gram·my ['græmɪ] *s.* Grammy *m* (*amer. Schallplattenpreis*).

gram·o·phone ['græməfəʊn] *s.* a) Grammo'phon *n*, b) Plattenspieler *m*; ~ **rec·ord** *s.* Schallplatte *f*.

gram·pus ['græmpəs] *s. zo.* Schwertwal *m*: *blow like a* ~ *fig.* wie ein Nilpferd schnaufen.

gran·a·ry ['grænərɪ] *s.* Kornkammer *f* (*a. fig.*), Kornspeicher *m*.

grand [grænd] **I** *adj.* ☐ **1.** großartig, gewaltig, grandi'os, eindrucksvoll, prächtig: *in* ~ *style* großartig; **2.** (*geistig etc.*) groß, bedeutend, über'ragend; **3.** erhaben (*Stil etc.*); **4.** (*gesellschaftlich*) groß, hochstehend, vornehm, distin-guiert: ~ *air* Vornehmheit *f*, Würde *f*, *iro.* Gran'dezza *f*; *do the* ~ den vorneh-men Herrn spielen; *..., he said ...ly ...*, sagte er großartig; **5.** Haupt...: ~ *ques-tion*; ~ *staircase* Haupttreppe *f*; ~ *to-tal* Gesamtsumme *f*; **6.** F großartig, prächtig: *a* ~ *idea*; *have a* ~ *time* sich glänzend amüsieren; **II** *s.* **7.** ♪ Flügel *m*; **8.** *pl.* **grand** *Am. sl.* ,Riese' *m* (*1000 Dollar*).

gran·dad → **granddad**.

gran·dam ['grændæm] *s.* **1.** Großmutter *f*; **2.** alte Dame.

'grand·aunt *s.* Großtante *f*; **'~·child** [-ntʃ-] *s.* [*irr.*] Enkel(in); **'~·dad** [-ndæd] *s.* ,Opa' *m* (*a. alter Mann*); **'~·daugh·ter** [-nd,ɔː-] *s.* Enkelin *f*; **'~·du·cal** [-nd'd-] *adj.* großherzoglich; **Duch·ess** [-ndd-] *s.* Großherzogin *f*; **Duch·y** *s.* Großherzogtum *n*; **Duke** *s.* **1.** Großherzog *m*; **2.** *hist.* (*russischer*) Großfürst.

gran·dee [græn'diː] *s.* Grande *m*.

gran·deur ['grændʒə] *s.* **1.** Großartig-keit *f* (*a. iro.*); **2.** Größe *f*, Erhabenheit *f*; **3.** Vornehmheit *f*, Hoheit *f*, Würde *f*: *delusions of* ~ Größenwahnsinn *m*; **4.** Herrlichkeit *f*, Pracht *f*.

'grand,fa·ther ['grænd,f-] *s.* Großvater *m*: ~('s) *clock* Standuhr *f*; ~('s) *chair* Ohrensessel *m*; **'grand,fa·ther·ly** [-lɪ] *adj.* großväterlich (*a. fig.*).

gran·dil·o·quence [græn'dɪləkwəns] *s.* **1.** (*Rede*)Schwulst *m*, Bom'bast *m*; **2.** Großspreche'rei *f*; **gran·dil·o·quent** [-nt] *adj.* ☐ **1.** schwülstig, hochtrabend, ,geschwollen'; **2.** großsprecherisch.

gran·di·ose ['grændɪəʊs] *adj.* ☐ **1.** großartig, grandi'os; **2.** pom'pös, prunkvoll; **3.** schwülstig, hochtrabend, bom'bastisch.

grand| ju·ry *s.* 🜋 *Am.* Anklagejury *f* (*Geschworene, die die Eröffnung des Hauptverfahrens beschließen od. ableh-nen*); ~ **lar·ce·ny** *s.* 🜋 *Am.* schwerer Diebstahl; **~·ma** ['grænmɑː], **~·mam-**

mɪ'nɪvərəs] *adj.* grasfressend.

ma ['grænmə,mɑː] *s.* F 'Großma,ma *f*, ,Oma' *f*; ~ **mas·ter** *s.* **1.** *Schach:* Groß-meister *m*; **2.** *Grand Master* Großmei-ster *m* (*der Freimaurer etc.*); **'~·moth·er** [-n,m-] *s.* Großmutter *f*: *teach your* ~ *to suck eggs!* das Ei will klüger sein als die Henne!; **'~·moth·er·ly** [-lɪ] *adj.* großmütterlich (*a. fig.*); **⚲ Na·tion·al** *s.* *Pferdesport:* Grand National *n* (*Hinder-nisrennen auf der Aintree-Rennbahn bei Liverpool*); **'~·neph·ew** [-n,n-] *s.* Groß-neffe *m*.

grand·ness ['grændnɪs] → **grandeur**.

'grand niece [-nniːs] *s.* Großnichte *f*; ~ **old man** *s.* ,großer alter Mann' (*e-r Berufsgruppe etc.*); **⚲ Old Par·ty**, *abbr.* **GOP** *s. pol. Am.* die Republi'kanische Par'tei der USA; ~ **op·er·a** *s.* ♪ große Oper; **~·pa** ['grænpɑː], **~·pa·pa** ['græn-pə,pɑː] *s.* ,Opa' *m*, 'Großpa,pa *m*; **'~·par·ent** [-n,p-] *s.* **1.** Großvater *m od.* -mutter *f*; **2.** *pl.* Großeltern *pl.*; ~ **pi·an·o** *s.* ♪ (Kon'zert)Flügel *m*; **'~·sire** [-n,s-] *s. obs.* **1.** alter Herr; **2.** Großva-ter *m*; **'~·son** [-ns-] *s.* Enkel *m*; ~ **slam** *s.* **1.** *Tennis:* Grand Slam *m*; **2.** → **slam²**; **'~·stand** [-nds-] **I** *s. sport* 'Haupttri,büne *f*: *play to the* ~ → III; **II** *adj.* Haupttribünen...: ~ *seat*; ~ *play* F Effekthascherei *f*; ~ *finish* packendes Finish; **III** *v/i. Am.* F sich in Szene set-zen, ,e-e Schau abziehen'; ~ *tour* s. *hist.* Bildungs-, Kava'liersreise *f*; **'~·un·cle** *s.* Großonkel *m*.

grange [greɪndʒ] *s.* **1.** Farm *f*; **2.** kleiner Gutshof *od.* Landsitz.

gra·nif·er·ous [grə'nɪfərəs] *adj.* ♥ kör-nertragend.

gran·ite ['grænɪt] **I** *s. min.* Gra'nit *m* (*a. fig.*): *bite on* ~ *fig.* auf Granit beißen; **II** *adj.* Granit...; *fig.* hart, eisern, un-beugsam; **gra·nit·ic** [græ'nɪtɪk] → **granite** II.

gra·niv·o·rous [grə'nɪvərəs] *adj.* körner-fressend.

gran·nie, gran·ny ['grænɪ] *s.* F **1.** ,Oma' *f*: ~ *glasses* Nickelbrille *f*; **2.** *a.* ~('s) *knot* ⚓ Alt'weiberknoten *m*.

grant [grɑːnt] **I** *v/t.* **1.** bewilligen, ge-währen (*s.o. a credit etc.* j-m e-n Kre-dit *etc.*): *it was not ~ed to her* es war ihr nicht vergönnt; *God* ~ *that* gebe Gott, daß; **2.** *e-e Erlaubnis etc.* geben, erteilen; **3.** *e-e Bitte etc.* erfüllen, (*a.* 🜋 *e-m Antrag etc.*) stattgeben; **4.** 🜋 über-'tragen, -'eignen, verleihen, *Patent* er-teilen; **5.** zugeben, zugestehen, einräu-men: *I ~ you that ...* ich gebe zu, daß ...; ~*ed, but* zugegeben, aber; ~*ed that ...* a) zugegeben, daß, b) angenommen, daß; *take for ~ed* a) et. als erwiesen annehmen, b) *et.* als selbstverständlich betrachten, c) gar nicht mehr wissen, was man *in j-m* hat; **II** *s.* **6.** a) Bewilli-gung *f*, Gewährung *f*, b) Zuschuß *m*, Unter'stützung *f*, Subventi'on *f*; **7.** (Ausbildungs-, Studien)Beihilfe *f*, Sti-'pendium *n*; **8.** 🜋 a) Verleihung *f* e-s Rechts, Erteilung *f* e-s Patents *etc.*, b) (urkundliche) Über'tragung (*to* auf *acc.*); **9.** *Am.* zugewiesenes Amt; **gran·tee** [grɑːn'tiː] *s.* 🜋 Begünstigte(r *m*); **2.** 🜋 a) Zessio'nar(in), Rechts-nachfolger(in), b) Privile'gierte(r *m*) *f*; **,grant-in-'aid** *pl.* **,grants-in-'aid** *s.* a) *Brit.* Re'gierungszuschuß *m* an Kom-'munen, b) *Am.* Bundeszuschuß *m* an

Einzelstaaten; **gran·tor** [grɑːˈntɔ:] *s.* ᵇⁿ a) Ze'dent(in), b) Li'zenzgeber(in).

gran·u·lar [ˈgrænjʊlə] *adj.* **1.** gekörnt, körnig; **2.** granuliert; **ˈgran·u·late** [-leɪt] **I** *v/t.* **1.** körnen, granulieren; **2.** *Leder* rauhen, narben; **II** *v/i.* körnig werden; **ˈgran·u·lat·ed** [-leɪtɪd] *adj.* **1.** gekörnt, körnig, granuliert (*a.* ᵇ⃗): ~ *sugar* Kristallzucker *m*; **2.** gerauht; **gran·u·la·tion** [ˌgrænjʊˈleɪʃn] *s.* **1.** ⚙ Körnen *n*, Granulieren *n*; **2.** Körnigkeit *f*; **3.** ⚕ Granulati'on *f*; **ˈgran·ule** [-juːl] *s.* Körnchen *n*; **ˈgran·u·lous** [-ləs] → *granular.*

grape [greɪp] *s.* **1.** Weintraube *f*, -beere *f*: *the* (*juice of the*) ~ der Saft der Reben (*Wein*); *but that's just sour ~s fig.* aber ihm (*etc.*) hängen die Trauben zu hoch; → *bunch* 1; **2.** → *grapevine* 1; **3.** *pl. vet.* a) Mauke *f*, b) 'Rindertuberku,lose *f*; ~ *cure s.* ᵇ Traubenkur *f*; **ˈ~·fruit** *s.* ♥ Grapefruit *f*, Pampelmuse *f*; ~ *juice s.* Traubensaft *m*; **ˈ~·louse** *s.* [*irr.*] *zo.* Reblaus *f*; **ˈ~·shot** *s.* ⚔ Kar-ˈtätsche *f*; **ˈ~·stone** *s.* (Wein)Trauben-kern *m*; ~ *sug·ar s.* Traubenzucker *m*; **ˈ~·vine** *s.* **1.** ♥ Weinstock *m*; **2.** F a) Gerücht *n*, b) *a.* ~ *telegraph* ,Busch-trommel' *f*, 'Nachrichtensy,stem *n*: *hear s.th. on the* ~ et. gerüchteweise hören.

graph [græf] *s.* **1.** Schaubild *n*, Dia-'gramm *n*, graphische Darstellung, Kurvenblatt *n*, -bild *n*; **2.** *bild.* ⅄ Kurve *f*: ~ *paper* Millimeterpapier *n*; **3.** *ling.* Graph *m*; **ˈgraph·ic** [-fɪk] **I** *adj.* (□ **~ally**) **1.** anschaulich, plastisch, leben-dig (geschildert *od.* schildernd); **2.** gra-phisch, zeichnerisch: ~ *arts* → 4; ~ *art-ist* Graphiker(in); **3.** Schrift..., Schreib...; **II** *s. pl. sg. konstr.* **4.** Gra-phik, graphische Kunst; **5.** technisches Zeichnen; **6.** graphische Darstellung (*als Fach*); **ˈgraph·i·cal** [-fɪkl] *adj.* □ → *graphic* I.

graph·ite [ˈgræfaɪt] *s. min.* Gra'phit *m*, Reißblei *n*; **gra·phit·ic** [grəˈfɪtɪk] *adj.* Graphit...

graph·o·log·i·cal [ˌgræfəˈlɒdʒɪkl] *adj.* □ grapho'logisch; **graph·ol·o·gist** [græ-ˈfɒlədʒɪst] *s.* Grapho'loge *m*; **graph·ol·o·gy** [græˈfɒlədʒɪ] *s.* Gra'pholo'gie *f*, Handschriftendeutung *f*.

grap·nel [ˈgræpnl] *s.* **1.** ⚓ a) Enterha-ken *m*, b) Dregganker *m*, Dregge *f*; **2.** ⚙ a) Ankereisen *n*, b) (Greif)Haken *m*, Greifer *m*.

grap·ple [ˈgræpl] **I** *s.* **1.** → *grapnel* 1 a u. 2 b; **2.** a) Griff *m* (*a. beim Ringen etc.*), b) Handgemenge *n*, Kampf *m*; **II** *v/t.* **3.** ⚓ entern; **4.** ⚙ verankern, ver-klammern; **5.** packen, fassen; **III** *v/i.* **6.** e-n Enterhaken *od.* Greifer gebrau-chen; **7.** ringen, kämpfen (*a. fig.*): ~ *with s.th. fig.* sich mit et. herum-schlagen.

grap·pling| hook, **~ i·ron** [ˈgræplɪŋ] → *grapnel* 1 a u. 2 b.

grasp [grɑːsp] **I** *v/t.* **1.** packen, fassen, (er)greifen; → *nettle* 1; **2.** an sich rei-ßen; **3.** *fig.* verstehen, begreifen, (er-)fassen; **II** *v/i.* **4.** zugreifen, zupacken: ~ *at* greifen nach; → *shadow* 2, *straw* 1; **6.** ~ *at fig.* streben nach; **III** *s.* **7.** Griff *m*; **8.** a) Reichweite *f*, b) *fig.* Macht *f*, Gewalt *f*, Zugriff *m*: *within one's* ~ in Reichweite, *fig. a.* greifbar

nahe; *within the* ~ *of* in der Gewalt von (*od. gen.*); **9.** *fig.* Verständnis *n*, Auf-fassungsgabe *f*: *it is within his* ~ das kann er begreifen; *it is beyond his* ~ es geht über seinen Verstand; *have a good* ~ *of s.th.* et. gut beherrschen; **ˈgrasp·ing** [-pɪŋ] *adj.* □ habgierig.

grass [grɑːs] **I** *s.* **1.** ♥ Gras *n*: *hear the* ~ *grow fig.* das Gras wachsen hören; *not to let the* ~ *grow under one's feet* nicht lange fackeln, keine Zeit ver-schwenden; **2.** Gras *n*, Rasen *m*: *keep off the* ~ Betreten des Rasens verbo-ten!; **3.** Grasland *n*, Weide *f*: *be* (*od. turn*) *out to* ~ a) auf der Weide sein, b) F im Ruhestand sein; *put* (*od. turn*) *out to* ~ a) *Vieh* auf die Weide treiben, b) *bsd. e-m Rennpferd* das Gnadenbrot geben, c) F *j-n* in Rente schicken; **4.** *sl.* ,Grass' *n*, Marihu'ana *n*; **II** *v/t.* **5.** a) *a.* ~ *down* mit Gras besäen, b) *a.* ~ *over* mit Ra-sen bedecken; **6.** *Vieh* weiden (lassen); **7.** *Wäsche* auf dem Rasen bleichen; **8.** *Vogel* abschießen; **9.** *sport Gegner* zu Fall bringen; **III** *v/i.* **10.** grasen, wei-den; **11.** *Brit. sl.* ,singen': ~ *on s.o.* j-n ,verpfeifen'; ~ **blade** *s.* Grashalm *m*; ~ **court** *s. Tennis:* Rasenplatz *m*; ˌ~·ˈgreen *adj.* grasgrün; **ˈ~·grown** *adj.* mit Gras bewachsen; **ˈ~·hop·per** *s. zo.* (Feld)Heuschrecke *f*, Grashüpfer *m*; **2.** ⅄, ⚔ Leichtflugzeug *n*; **ˈ~·land** *s.* Weide(land *n*) *f*; **ˈ~·plot** *s.* Rasen-platz *m*; ~ **roots** *s. pl.* **1.** *fig.* Wurzel *f*; **2.** *pol.* a) Basis *f* (*e-r Partei*), b) ländli-che Bezirke *od.* Landbevölkerung *f*; **ˈ~·roots** *adj. pol.* a) (an) der Basis (*e-r Partei*), b) bodenständig: ~ *democra-cy*; ~ **snake** *s. zo.* Ringelnatter *f*; ~ **wid·ow** *s.* **1.** Strohwitwe *f*; **2.** *Am.* ge-schiedene *od.* getrennt lebende Frau; ~ **wid·ow·er** *s.* **1.** Strohwitwer *m*; **2.** *Am.* geschiedener *od.* getrennt lebender Mann.

grass·y [ˈgrɑːsɪ] *adj.* grasbedeckt, gra-sig, Gras...

grate¹ [greɪt] **I** *v/t.* **1.** *Käse etc.* reiben, *Gemüse etc. a.* raspeln; **2.** a) knirschen mit: ~ *one's teeth*, b) kratzen mit, c) quietschen mit; **II** *v/i.* **4.** knirschen *od.* kratzen *od.* quietschen; **5.** weh tun ([*up*]*on s.o.* j-m): ~ *on s.o.'s nerves* an j-s Nerven zerren; ~ *on the ear* dem Ohr weh tun; ~ *on s.o.'s ears* j-m in den Ohren weh tun.

grate² [greɪt] *s.* **1.** Gitter *n*; **2.** (Feuer-, ⚙ Kessel)Rost *m*; **3.** Ka'min *m*; **4.** *Wasserbau:* Fangrechen *m*; **ˈgrat·ed** [-tɪd] *adj.* vergittert.

grate·ful [ˈgreɪtfʊl] *adj.* □ **1.** dankbar (*to s.o. for s.th.* j-m für et.): *a* ~ *letter* ein Dank(es)brief; **2.** *fig.* dankbar (*Aufgabe etc.*); **3.** angenehm, wohltu-end, will'kommen (*to s.o.* j-m); **ˈgrate-ful·ness** [-nɪs] *s.* Dankbarkeit *f*.

grat·er [ˈgreɪtə] *s.* Reibe *f*, Reibeisen *n*, Raspel *f*.

grat·i·cule [ˈgrætɪkjuːl] *s.* ⚙ **1.** a) (Grad)Netz *n*, Koordi'natensy,stem *n*, b) mit e-m Netz versehene Zeichnung; **2.** Fadenkreuz *n*.

grat·i·fi·ca·tion [ˌgrætɪfɪˈkeɪʃn] *s.* **1.** Be-friedigung *f*: a) Zu'friedenstellung *f*, b) Genugtuung *f* (*at über acc.*); **2.** Freude *f*, Vergnügen *n*, Genuß *m*; **3.** *obs.* Gra-tifikati'on *f*; **grat·i·fy** [ˈgrætɪfaɪ] *v/t.* **1.**

befriedigen: ~ *one's thirst for knowl-edge* s-n Wissensdurst stillen; **2.** *j-m* gefällig sein; **3.** erfreuen: *be gratified* sich freuen; *I am gratified to hear* ich höre mit Genugtuung *od.* Befriedi-gung; **grat·i·fy·ing** [ˈgrætɪfaɪɪŋ] *adj.* □ erfreulich, befriedigend (*to* für).

gra·tin [ˈgrætɛ̃] (*Fr.*) *s.* **1.** Bratkruste *f*: *au* ~ gratiniert, überbacken; **2.** Gra'tin *n*, gratinierte Speise.

grat·ing¹ [ˈgreɪtɪŋ] *adj.* □ **1.** kratzend, knirschend; **2.** krächzend, heiser; **3.** unangenehm.

grat·ing² [ˈgreɪtɪŋ] *s.* **1.** Gitter *n* (*a. phys.*), Gitterwerk *n*; **2.** ⚙ (Balken-, Lauf)Rost *m*; **3.** ⚓ Gräting *f*.

gra·tis [ˈgreɪtɪs] **I** *adv.* gratis, unentgelt-lich, um'sonst; **II** *adj.* unentgeltlich, frei, Gratis...

grat·i·tude [ˈgrætɪtjuːd] *s.* Dankbarkeit *f*: *in* ~ *for* aus Dankbarkeit für.

gra·tu·i·tous [grəˈtjuːɪtəs] *adj.* □ **1.** → *gratis* II; **2.** ᵇⁿ ohne Gegenleistung, freiwillig, unverlangt; **4.** grundlos, un-berechtigt, unverdient; **gra·tu·i·ty** [-tɪ] *s.* **1.** (Geld)Geschenk *n*, Gratifikati'on *f*, Sondervergütung *f*, Zuwendung *f*; **2.** Trinkgeld *n*.

gra·va·men [grəˈveɪmen] *s.* **1.** ᵇⁿ a) (Haupt)Beschwerdegrund *m*, b) *das* Belastende *e-r Anklage*; **2.** *bsd. eccl.* Beschwerde *f*.

grave¹ [greɪv] *s.* **1.** Grab *n*: *dig one's own* ~ sein eigenes Grab schaufeln; *have one foot in the* ~ mit einem Bein im Grab stehen; *rise from the* ~ (von den Toten) auferstehen; *turn in one's* ~ sich im Grabe umdrehen; **2.** *fig.* Grab *n*, Tod *m*, Ende *n*.

grave² [greɪv] **I** *adj.* □ **1.** ernst: a) feier-lich, b) bedenklich: ~ *illness* (*voice, etc.*), c) gewichtig, schwerwiegend, d) gesetzt, würdevoll, e) schwer, tief: ~ *thoughts*; **2.** dunkel, gedämpft (*Far-be*); **3.** *ling.* fallend: ~ *accent* → 5; **4.** tief (*Ton*); **II** *s.* **5.** *ling.* Gravis *m*, Ac-'cent *m* grave.

grave³ [greɪv] *v/t.* [*irr.*] *obs.* **1.** *Figur* (ein)schnitzen, (-)meißeln; **2.** *fig.* ein-graben, -prägen.

grave⁴ [greɪv] *v/t.* ⚓ *Schiffsboden* reini-gen u. teeren.

ˈgrave·dig·ger *s.* Totengräber *m* (*a. zo. u. fig.*).

grav·el [ˈgrævl] **I** *s.* **1.** Kies *m*: ~ *pit* Kiesgrube *f*; **2.** Schotter *m*; **3.** *geol.* Geröll *n*; **4.** ᵇ Harngrieß *m*; **II** *v/t.* **5.** a) mit Kies bestreuen, b) beschottern; **6.** *fig.* verwirren, verblüffen.

grav·en [ˈgreɪvn] *p.p.* von *grave³ u. adj.* geschnitzt: ~ *image* Götzenbild *n*.

grav·er [ˈgreɪvə] → *graving tool.*

Graves' dis·ease [greɪvz] *s.* ᵇ Base-dowsche Krankheit.

ˈgrave·side *s.*: *at the* ~ am Grab; **ˈ~·stone** *s.* Grabstein *m*; **ˈ~·yard** *s.* Fried-, Kirchhof *m*.

grav·id [ˈgrævɪd] *adj.* a) schwanger, b) trächtig (*Tier*).

gra·vim·e·ter [grəˈvɪmɪtə] *s. phys.* Gra-vi'meter *n*: a) Dichtemesser *m*, b) Schweremesser *m*.

grav·ing| dock [ˈgreɪvɪŋ] *s.* ⚓ Trocken-dock *n*; ~ **tool** *s.* ⚙ Grabstichel *m*.

grav·i·tate [ˈgrævɪteɪt] *v/i.* **1.** sich (durch Schwerkraft) fortbewegen; **2.** *a. fig.* gravieren, (hin)streben (*towards* zu, nach); **3.** *fig.* sich hingezogen fühlen, tendieren, (hin)neigen (*to*, *towards zu*); **4.** sinken, fallen; **grav·i·ta·tion** [ˌɡrævɪ'teɪʃn] *s.* **1.** *phys.* Gravitati'on *f*: a) Schwerkraft *f*, b) Gravitieren *n*; **2.** *fig.* Neigung *f*, Hang *m*, Ten'denz *f*; **grav·i·ta·tion·al** [ˌɡrævɪ'teɪʃənl] *adj. phys.* Gravitations...: **~ force** Schwerkraft *f*; **~ field** Schwerefeld *n*; **~ pull** Anziehungskraft *f*.

grav·i·ty ['ɡrævətɪ] **I** *s.* **1.** Ernst *m*: a) Feierlichkeit *f*, b) Bedenklichkeit *f*, c) Gesetztheit *f*, d) Schwere *f*; **2.** ♪ Tiefe *f* (*Ton*); **3.** *phys.* a) *a.* **force of ~** Gravitati'on *f*, Schwerkraft *f*, b) (Erd)Schwere *f*, c) Erdbeschleunigung; → **centre** 1, **specific** 8; **II** *adj.* **4.** *phys.*, ◎ Schwerkraft...: **~ drive**, **~ feed** Gefällezuführung *f*; **~ tank** Falltank *m*.

gra·vure [ɡrə'vjʊə] *s.* Gra'vüre *f*.

gra·vy ['ɡreɪvɪ] *s.* **1.** Braten-, Fleischsaft *m*; **2.** (Fleisch-, Braten)Soße *f*; **3.** *sl.* a) lukra'tive Sache, b) (unverhoffter) Gewinn: **that's pure ~!** das ist ja phantastisch!; **~ beef** *s.* Saftbraten *m*; **~ boat** *s.* Sauci'ere *f*, Soßenschüssel *f*; **~ train** *s.: get on the ~** *sl.* a) leicht ans große Geld kommen, b) ein Stück vom ‚Kuchen' abkriegen.

gray etc. bsd. Am. → **grey** etc.

graze¹ [ɡreɪz] **I** *v/t.* **1.** *Vieh* weiden (lassen); **2.** abweiden, -grasen; **II** *v/i.* **3.** weiden, grasen (*Vieh*): **grazing ground** Weideland *n*.

graze² [ɡreɪz] **I** *v/t.* **1.** streifen: a) leicht berühren, b) schrammen; **2.** ⚓ (ab-)schürfen, (auf)schrammen; **II** *v/i.* **3.** streifen; **III** *s.* **4.** Streifen *n*; **5.** ⚓ Abschürfung *f*, Schramme *f*; **6.** *a.* **grazing shot** Streifschuß *m*.

gra·zier ['ɡreɪzjə] *s.* Viehzüchter *m*.

grease I *s.* [ɡriːs] **1.** (*zerlassenes*) Fett, Schmalz *n*; **2.** ◎ Schmierfett *n*, -mittel *n*, Schmiere *f*; **3.** a) Wollfett *n*, b) Schweißwolle *f*; **4.** *vet.* (Flechten)Mauke *f* (*Pferd*); **5.** *hunt.* Feist *n*: **in ~ of pride** (*od. prime*) fett (*Wild*); **II** *v/t.* [ɡriːz] **6.** ◎ (ein)fetten, (ab)schmieren; → **lightning** I; **7.** beschmieren; **8.** F *j-n* ‚schmieren', bestechen; **~ cup** *s.* ◎ Stauferbüchse *f*; **~ gun** *s.* ◎ (Ab-)Schmierpresse *f*; **~ mon·key** *s.* ✔, *mot.* (*bsd.* 'Auto-, 'Flugzeug)Me‚chaniker *m*; **~ paint** *s. thea.* (Fett)Schminke *f*; **'~·proof** *adj.* fettabstoßend.

greas·er ['ɡriːzə] *s.* **1.** Schmierer *m*, Öler *m*; **2.** ◎ Schmiervorrichtung *f*; **3.** *Brit.* F 'Autome‚chaniker *m*; **4.** *Brit.* F *contp.* ‚Schleimscheißer' *m*; **5.** *Am. contp.* Mexi'kaner *m*.

greas·i·ness ['ɡriːzɪnɪs] *s.* **1.** Fettig-, Öligkeit *f*; **2.** Schmierigkeit *f*; **3.** Schlüpfrigkeit *f*; **4.** *fig.* Aalglätte *f*; **greas·y** ['ɡriːzɪ] *adj.* □ **1.** fettig, schmierig, ölig; **2.** schmierig, beschmiert; **3.** glitschig, schlüpfrig; **4.** ungewaschen (*Wolle*); **5.** *fig.* a) aalglatt, b) ölig, c) schmierig.

great [ɡreɪt] **I** *adj.* □ → **greatly**; **1.** groß, beträchtlich: *a ~ number* e-e große Anzahl; *a ~ many* sehr viele; *the ~ majority* die große Mehrheit; *live to a ~ age* ein hohes Alter erreichen; **2.** groß, Haupt...: *to a ~ extent* in hohem Maße; *~ friends* dicke Freunde; **3.** groß, bedeutend, berühmt: *a ~ poet*; *a ~ city* e-e bedeutende Stadt; *~ issues*

wichtige Probleme; **4.** hochstehend, vornehm, berühmt: *a ~ family*; *the ~ world* die gute Gesellschaft; **5.** großartig, vor'züglich, wertvoll: *a ~ opportunity* e-e vorzügliche Gelegenheit; *it is a ~ thing to be healthy* es ist viel wert, gesund zu sein; **6.** erhaben, hoch: *~ thoughts*; **7.** eifrig: *a ~ reader*; **8.** groß(geschrieben); **9.** *nur pred.* a) gut: *he is ~ at golf* er spielt (sehr) gut Golf, er ist ‚ganz groß' im Golfspielen, b) interessiert: *he is ~ on dogs* er ist ein großer Hundeliebhaber; **10.** F großartig, wunderbar, prima: *we had a ~ time* wir haben uns herrlich amüsiert, es war sagenhaft (schön); *the ~ thing is that ...* das Großartige (daran) ist, daß; **11.** *in Verwandtschaftsbezeichnungen:* a) Groß..., b) (*vor grand...*) Ur...; **12.** *als Beiname: the ♀ Elector* der Große Kurfürst; *Frederick the ♀* Friedrich der Große; **II** *s.* **13.** *the ~ pl.* die Großen *pl.*, die Promi'nenten *pl.*; **14.** *pl. Brit. univ.* 'Schlußex‚amen *n* für den Grad des B.A. (*Oxford*).

great-'aunt *s.* Großtante *f*; **♀ Char·ter** → **Magna C(h)arta**; **~ cir·cle** *s.* ♈ Großkreis *m* (*e-r Kugel*); **'~·coat** *s.* (Herren)Mantel *m*; **♀ Dane** *s. zo.* Dänische Dogge; **~ di·vide** *s.* **1.** *geogr.* Hauptwasserscheide *f*: *the Great Divide* die Rocky Mountains; *cross the ~ fig.* die Schwelle des Todes überschreiten; **2.** *fig.* Krise *f*, entscheidende Phase.

Great·er Lon·don ['ɡreɪtə] *s.* Groß-London *n*.

great-'grand·child *s.* Urenkel(in); **~·'grand‚daugh·ter** *s.* Urenkelin *f*; **~·'grand‚fa·ther** *s.* Urgroßvater *m*; **~·'grand‚moth·er** *s.* Urgroßmutter *f*; **~·'grand‚par·ents** *s. pl.* Urgroßeltern *pl.*; **~·'grand·son** *s.* Urenkel *m*; **~ gross** *s.* zwölf Gros *pl.*; **~·'heart·ed** *adj.* **1.** beherzt; **2.** hochherzig; **♀ Lakes** *s. pl.* die Großen Seen *pl.* (*USA*).

great·ly ['ɡreɪtlɪ] *adv.* sehr, höchst, außerordentlich, 'überaus.

Great Mo·gul ['məʊɡʌl] *s. hist.* Großmogul *m*; **♀·'neph·ew** *s.* Großneffe *m*.

great·ness ['ɡreɪtnɪs] *s.* **1.** Größe *f*, Erhabenheit *f*: *~ of mind* Geistesgröße; **2.** Größe *f*, Bedeutung *f*, Wichtigkeit *f*, Rang *m*; **3.** Ausmaß *n*.

great-'niece *s.* Großnichte *f*; **♀ Plains** *s. pl. Am.* Präriegebiete im Westen der *USA*; **♀ Pow·ers** *s. pl. pol.* Großmächte *pl.*; **♀ Seal** *s. Brit. hist.* Großsiegel *n*; **~ tit** *s. orn.* Kohlmeise *f*; **~·'un·cle** *s.* Großonkel *m*; **♀ Wall** (*of Chi·na*) *s. die* Chi'nesische Mauer; **♀ War** *s.* (*bsd. der* Erste) Weltkrieg.

greave [ɡriːv] *s. hist.* Beinschiene *f*.

greaves [ɡriːvz] *s. pl.* Grieben *pl.*

grebe [ɡriːb] *s. orn.* (See)Taucher *m*.

Gre·cian ['ɡriːʃn] **I** *adj.* **1.** (*bsd.* klassisch) griechisch; **II** *s.* **2.** Grieche *m*, Griechin *f*; **3.** Grä'zist *m*.

greed [ɡriːd] *s.* Gier *f* (*for* nach); Habgier *f*, -sucht *f*: *~ for power* Machtgier; **'greed·i·ness** [-dɪnɪs] *s.* **1.** Gierigkeit *f*; **2.** Gefräßigkeit *f*; **'greed·y** [-dɪ] *adj.* □ **1.** gierig (*for* auf *acc.*, nach): *~ for power* machtgierig; **2.** habgierig; **3.** gefräßig, gierig.

Greek [ɡriːk] **I** *s.* **1.** Grieche *m*, Griechin *f*: *when ~ meets ~ fig.* wenn zwei

Ebenbürtige sich miteinander messen; **2.** *ling.* Griechisch *n*, das Griechische: *that's ~ to me* das sind für mich böhmische Dörfer; **II** *adj.* **3.** griechisch; **~ Church** *s.* ‚griechisch-ortho'doxe *od.* -ka'tholische Kirche; **~ cross** *s.* griechisches Kreuz; **~ gift** *s. fig.* Danaergeschenk *n*; **~ Or·tho·dox Church** → **Greek Church**.

green [ɡriːn] **I** *adj.* □ **1.** *allg.* grün (*a. weitS.* grünend, schneefrei, unreif): **~ apples** (*fields*); **~ food**, **~ vegetables** → **13**; **~ with envy** grün *od.* gelb vor Neid; **~ with fear** schreckensbleich; **2.** grün, frisch: **~ fish**; **~ wine** neuer Wein; **3.** roh, frisch, Frisch...: **~ meat**; **~ coffee** Rohkaffee *m*; **4.** ◎ nicht fertigverarbeitet: **~ ceramics** ungebrannte Töpferwaren; **~ hide** ungegerbtes Fell; **~ ore** Roherz *n*; **5.** ◎ fa'brikneu: **~ assembly** Erstmontage *f*; **~ run** Einfahren *n*, erster Lauf; **6.** *fig.* frisch: a) neu, b) lebendig: **~ memories**; **7.** *fig.* grün, unerfahren, na'iv: *a ~ youth*; **~ in years** jung an Jahren; **8.** jugendlich: *~ old age* rüstiges Alter; **II** *s.* **9.** Grün *n*, grüne Farbe: *the lights are at ~ mot.* die Ampel steht auf Grün; *at ~* bei Grün; **10.** Grünfläche *f*, Rasen(platz) *m*: **~ village ~** Dorfanger *m*, -wiese *f*; **11.** Golfplatz *m*; **12.** *pl.* Grün *n*, grünes Laub; **13.** *mst pl.* grünes Gemüse, Blattgemüse *n*; **14.** *fig.* Jugendfrische *f*; **15.** *sl.* ‚Kies' *m* (*Geld*); **III** *v/t.* **16.** grün machen *od.* färben; **IV** *v/i.* **17.** grün werden, grünen.

'green·back *s.* **1.** *Am.* F Dollarschein *m*; **2.** *zo.* Laubfrosch *m*; **~ belt** *s.* Grüngürtel *m* (*um e-e Stadt*); **~ cheese** *s.* **1.** unreifer Käse; **2.** Molkenkäse *m*; **3.** Kräuterkäse *m*; **~ cloth** *s. bsd. Am.* **1.** Spieltisch *m*; **2.** Billardtisch *m*; **~ crop** *s.* ✔ Grünfutter *n*.

green·er·y ['ɡriːnərɪ] *s.* **1.** Grün *n*, Laub *n*; **2.** → **greenhouse** 1.

'green-eyed *adj. fig.* eifersüchtig, neidisch: *the ~ monster* die Eifersucht; **'~·finch** *s. orn.* Grünfink *m*; **~ fin·gers** *s. pl.* F gärtnerische Begabung: *he has ~* bei ihm gedeihen alle Pflanzen, ‚er hat einen grünen Daumen'; **'~·fly** *s. zo. Brit.* grüne Blattlaus; **'~·gage** *s.* Reine-'claude *f*; **'~·gro·cer** *s.* Obst- u. Gemüsehändler *m*; **'~·gro·cer·y** *s.* **1.** Obst- u. Gemüsehandlung *f*; **2.** *pl.* Obst *n* u. Gemüse *n*; **'~·horn** *s.* F **1.** ‚Greenhorn' *n*, Grünschnabel *m*, (unerfahrener) Neuling; **2.** Gimpel *m*; **'~·house** *s.* **1.** Treib-, Gewächshaus *n*; **2.** ✔ F Vollsichtkanzel *f*.

green·ish ['ɡriːnɪʃ] *adj.* grünlich.

Green·land·er ['ɡriːnləndə] *s.* Grönländer(in).

green light *s.* grünes Licht (*bsd. der Verkehrsampel*; *a. fig.* Genehmigung): *give s.o. the ~ fig.* j-m grünes Licht geben; **~ lung** *s. Brit.* ‚grüne Lunge', Grünflächen *pl.*; **'~·man** [-mən] *s.* [*irr.*] Platzmeister *m* (*Golfplatz*).

green·ness ['ɡriːnnɪs] *s.* **1.** Grün *n*, das Grüne; **2.** *fig.* Frische *f*, Munterkeit *f*, Kraft *f*; **3.** *fig.* Unreife *f*, Unerfahrenheit *f*.

green pound *s.* ✝ grünes Pfund (*EG-Verrechnungseinheit*); **'~·room** [-rʊm] *s. thea.* 'Künstlerzimmer *n*, -garde‚robe *f*; **'~·sick·ness** *s.* ⚕ Bleichsucht *f*;

'~-stick (frac·ture) s. ⚔ Knickbruch m; '~-stuff s. 1. Grünfutter n; 2. grünes Gemüse; '~-sward s. Rasen m; ~ ta·ble s. Konfe'renztisch m; ~ tea s. grüner Tee; ~ thumb Am. → green fingers.

Green·wich (Mean) Time ['grɪnɪdʒ] s. Greenwicher Zeit.

greet [gri:t] v/t. 1. grüßen; 2. begrüßen, empfangen; 3. fig. dem Auge begegnen, ans Ohr dringen, sich j-m bieten (Anblick); 4. e-e Nachricht etc. freudig etc. aufnehmen; 'greet·ing [-tɪŋ] s. 1. Gruß m, Begrüßung f; 2. pl. a) Grüße pl., b) Glückwünsche pl.: ~s card Glückwunschkarte f.

gre·gar·i·ous [grɪ'geərɪəs] adj. □ 1. gesellig; 2. zo. in Herden od. Scharen lebend, Herden...; 3. ♀ traubenartig wachsend; gre'gar·i·ous·ness [-nɪs] s. 1. Geselligkeit f; 2. zo. Zs.-leben n in Herden.

Gre·go·ri·an [grɪ'gɔ:rɪən] adj. Gregori'anisch: ~ calendar, ~ chant ♪ Gregorianischer Gesang.

greige [greɪʒ] adj. u. s. ◎ na'turfarben(e Stoffe pl.).

grem·lin ['gremlɪn] s. sl. böser Geist, Kobold m (der Maschinenschaden etc. anrichtet).

gre·nade [grɪ'neɪd] s. 1. ✕ Ge'wehr-, 'Handgra,nate f; 2. 'Tränengaspa,trone f; gren·a·dier [,grenə'dɪə] s. ✕ Grena'dier m.

gres·so·ri·al [gre'sɔ:rɪəl] adj. orn., zo. Schreit..., Stelz...: ~ birds.

Gret·na Green mar·riage ['gretnə] s. Heirat f in Gretna Green (Schottland).

grew [gru:] pret. von grow.

grey [greɪ] I adj. □ 1. grau; 2. grau (-haarig), ergraut: grow ~ → 8; 3. farblos, blaß; 4. trübe, düster, grau: a ~ day; ~ prospects trübe Aussichten; 5. ◎ neu'tral, farblos, na'turfarben: ~ cloth ungebleichter Baumwollstoff; II s. 6. Grau n, graue Farbe: dressed in ~ grau od. in Grau gekleidet; 7. zo. Grauschimmel m; III v/i. 8. grau werden, ergrauen: ~ing angegraut (Haare); ~ a·re·a s. 1. Statistik: Grauzone f; 2. Brit. Gebiet n mit hoher Arbeitslosigkeit; '~-back s. 1. zo. Grauwal m; 2. Am. F ,Graurock' m (Soldat der Südstaaten im Bürgerkrieg); ~ crow s. orn. Nebelkrähe f; '~-fish s. ein Hai(fisch) m; ~ goose → greylag; ,~-'head·ed adj. 1. grauköpfig; 2. fig. alterfahren; '~-hen s. orn. Birk-, Haselhuhn n; '~-hound s. Windhund m; ~-racing Windhundrennen n.

grey·ish ['greɪʃ] adj. gräulich, Grau...; grey·lag ['greɪlæg] s. orn. Grau-, Wildgans f.

grey| mar·ket s. ✝ grauer Markt; ~ mat·ter s. 1. ✝ graue (Hirnrinden-)Sub,stanz; 2. F ,Grips' m, ,Grütze' f (Verstand); ~ mul·let s. ichth. Meeräsche f.

grey·ness ['greɪnɪs] s. 1. Grau n; 2. fig. Trübheit f, Düsterkeit f.

grey squir·rel s. zo. Grauhörnchen n.

grid [grɪd] s. 1. Gitter n, Rost m; 2. ⚡ a) Bleiplatte f, b) Gitter n (in Elektronenröhre); 3. ⚡ etc. Versorgungsnetz n; 4. Gitternetz n auf Landkarten; ~ded map Gitternetzkarte f; 5. → gridiron 1, 4, 6; ~ bi·as s. ⚡ Gittervorspannung

f; ~ cir·cuit s. ⚡ Gitterkreis m.

grid·dle ['grɪdl] s. 1. Kuchen-, Backblech n: ~ cake Pfannkuchen m; be on the ~ F ,in die Mangel genommen werden'; 2. ◎ Drahtsieb n.

'grid,i·ron s. 1. Bratrost m; 2. ◎ Gitterrost m; 3. Netz(werk) n (Leitungen, Bahnlinien etc.); 4. ♪ Balkenrost m; 5. thea. Schnürboden m; 6. American Football: F Spielfeld n.

grid| leak s. ⚡ 'Gitter(ableit),widerstand m; ~ line s. Gitternetzlinie f (auf Landkarten); ~ plate s. ⚡ Gitterplatte f; ~ square s. 'Planqua,drat n.

grief [gri:f] s. Gram m, Kummer m, Leid n, Schmerz m: bring to ~ zu Fall bringen, zugrunde richten; come to ~ a) zu Schaden kommen, verunglücken, b) zugrunde gehen, c) fehlschlagen, scheitern: good ~! F meine Güte!; '~,strick·en adj. kummervoll.

griev·ance ['gri:vns] s. 1. Beschwerde (-grund m) f, (Grund m zur) Klage f: ~ committee Schlichtungsausschuß m; 2. Mißstand m; 3. Groll m; 4. Unzufriedenheit f; grieve [gri:v] I v/t. betrüben, bekümmern, j-m weh tun; II v/i. bekümmert sein, sich grämen (at, about über acc., wegen; for um); 'griev·ous [-vəs] adj. □ 1. schmerzlich, bitter, quälend; 2. schwer, schlimm: ~ er·ror; ~ bodily harm ♣ schwere Körperverletzung; 3. bedauerlich; 'griev·ous·ness [-vəsnɪs] s. das Schmerzliche etc.

grif·fin[1] ['grɪfɪn] s. 1. myth., her. Greif m; 2. → griffon[1].

grif·fin[2] ['grɪfɪn] s. Neuankömmling m (im Orient).

grif·fon[1] ['grɪfən] a. → vul·ture s. orn. Weißköpfiger Geier.

grif·fon[2] ['grɪfən] s. 1. → griffin[1] 1; 2. Grif'fon m (ein Vorstehhund).

grift·er ['grɪftə] s. Am. sl. Gauner m.

grill[1] [grɪl] I s. 1. Grill m, (Brat)Rost m; 2. Grillen n; 3. Gegrillte(s) n; 4. → grillroom; II v/t. 5. Fleisch etc. grillen; 6. ~ o.s. sich (in der Sonne) grillen; 7. a. give a ~ing F j-n ,in die Mangel nehmen', ,ausquetschen' (bsd. Polizei); III v/i. 8. gegrillt werden.

grill[2] [grɪl] → grille.

grille [grɪl] s. 1. Tür-, Fenster-, Schaltergitter n; 2. Gitterfenster n, Sprechgitter n; 3. mot. (Kühler)Grill m; grilled [-ld] adj. vergittert.

grill·er ['grɪlə] → grill[1] 1; 'grill,room s. Grill(room) m.

grilse [grɪls] s., a. pl. ichth. junger Lachs.

grim [grɪm] adj. □ 1. grimmig: a) zornig, wütend, b) erbittert, verbissen: ~ struggle, c) hart, schlimm, grausam; 2. schrecklich, grausig: ~ accident.

gri·mace [grɪ'meɪs] I s. Gri'masse f, Fratze f: make a ~, make ~s → II v/i. e-e Gri'masse od. Gri'massen schneiden, das Gesicht verzerren od. verziehen.

gri·mal·kin [grɪ'mælkɪn] s. 1. (alte) Katze; 2. alte Hexe (Frau).

grime [graɪm] I s. (zäher) Schmutz od. Ruß, II v/t. beschmutzen; 'grim·i·ness [-mɪnɪs] s. Schmutzigkeit f.

Grimm's law [grɪmz] s. ling. (Gesetz n der) Lautverschiebung f.

grim·ness ['grɪmnɪs] s. 1. Grimmigkeit f, Schrecklichkeit f; Grausamkeit f, Härte

f; Verbissenheit f.

grim·y ['graɪmɪ] adj. □ schmutzig, rußig.

grin [grɪn] I v/i. grinsen, feixen, oft nur (verschmitzt) lächeln: ~ at s.o. j-n angrinsen od. anlächeln; ~ to o.s. in sich hineingrinsen; ~ and bear it a) gute Miene zum bösen Spiel machen, b) die Zähne zs.-beißen; II v/t. et. grinsend sagen; III s. Grinsen n, (verschmitztes) Lächeln.

grind [graɪnd] I v/t. [irr.] 1. Messer etc. schleifen, wetzen, schärfen; Glas schleifen: ~ in Ventile einschleifen; → ax 1; 2. a. ~ down (zer)mahlen, zerreiben, -kleinern, -stoßen, -stampfen, schroten; 3. Kaffee, Korn, Mehl etc. mahlen; 4. ◎ schmirgeln, glätten, polieren; 5. ~ down abwetzen; → 2 u. 11; 6. ~ one's teeth mit den Zähnen knirschen; 7. knirschend (hinein)bohren; 8. Leierkasten etc. drehen; 9. ~ out a) Zeitungsartikel etc. her'unterschreiben, b) ♪ her'unterspielen; 10. ~ out et. mühsam her'vorbringen; 11. a. ~ down fig. (unter')drücken, schinden, quälen: ~ the faces of the poor die Armen (gnadenlos) ausbeuten; 12. ~ s.th. into s.o. F j-m et. ,einpauken'; II v/i. [irr.] 13. mahlen; 14. knirschen; 15. F sich abplagen od. abschinden; 16. ped. F ,pauken', ,ochsen', ,büffeln'; III s. 17. F Schinde'rei f: the daily ~; 18. ped. F a) ,Pauken' n, ,Büffeln' n, b) Streber(in), ,Büffler(in)'; 19. Brit. sl. ,Nummer' f (Koitus); 'grind·er [-də] s. 1. (Messer-, Scheren-, Glas)Schleifer m; 2. Schleifstein m; 3. oberer Mühlstein; 4. ◎ a) 'Schleifma,schine f, b) Mahlwerk n, Mühle f, c) Quetschwerk n; 5. a) (Kaffee)Mühle f, b) a. meat ~ Fleischwolf m; 6. anat. a) Backenzahn m, b) pl. sl. Zähne pl.; 'grind·ing [-dɪŋ] I s. 1. Mahlen n; 2. Schleifen n; 3. Knirschen n; II adj. 4. mahlend (etc. → grind I u. II); 5. Mahl..., Schleif...: ~ mill a) Mahlwerk n, Mühle f, b) Schleif-, Reibmühle f; ~ paste Schleifpaste f; 6. ~ work ,Schinderei' f.

'grind·stone [-nds-] s. Schleifstein m: keep s.o.'s nose to the ~ fig. j-n hart od. schwer arbeiten lassen; keep one's nose to the ~ schwer arbeiten, sich ranhalten; get back to the ~ sich wieder an die Arbeit machen.

grin·go ['grɪŋgəu] pl. -gos s. Gringo m (lateinamer. Spottname für Ausländer, bsd. Angelsachsen).

grip [grɪp] I s. 1. Griff m (a. die Art, et. zu packen): come to ~s with a) aneinandergeraten mit, b) fig. sich auseinandersetzen mit, et. in Angriff nehmen; be at ~s with a) in e-n Kampf verwickelt sein mit, b) fig. sich auseinandersetzen od. ernsthaft beschäftigen mit e-r Sache; 2. fig. a) Griff m, Halt m, b) Herrschaft f, Gewalt f, Zugriff m, c) Verständnis n, ,Durchblick' m: in the ~ of in den Klauen od. in der Gewalt (gen.); get a ~ on in s-e Gewalt od. (geistig) in den Griff bekommen; have a ~ on et. in der Gewalt haben, f; Zuhörer etc. fesseln, gepackt halten; have a (good) ~ on die Lage, e-e Materie etc. (sicher) beherrschen, die Situation etc. (klar) erfassen; lose one's ~ a) die Herrschaft verlieren (of über acc.),

b) (*bsd. geistig*) nachlassen; **3.** (*bestimmter*) Händedruck *m* (*z.B. der Freimaurer*); **4.** (Hand)Griff *m* (*Koffer etc.*); **5.** Haarspange *f*; **6.** ◎ Greifer *m*, Klemme *f*; **7.** ◎ Griffigkeit *f* (*a. von Autoreifen*); **8.** *thea.* Ku'lissenschieber *m*; **9.** Reisetasche *f*; **II** *v/t.* **10.** packen, ergreifen; **11.** *fig. j-n* packen: a) ergreifen (*Furcht, Spannung*), b) *Leser, Zuhörer etc.* fesseln; **12.** *fig.* begreifen, verstehen; **13.** ◎ festklemmen; **III** *v/i.* **14.** Halt finden; **15.** *fig.* packen, fesseln; **~ brake** *s.* ◎ Handbremse *f*.

gripe [graɪp] **I** *v/t.* **1.** zwicken: *be ~d* Bauchschmerzen *od.* e-e Kolik haben; **2.** ⊕ *Boot etc.* sichern; **II** *v/i.* **3.** F nörgeln, ‚meckern'; **III** *s.* **4.** *pl.* ✗ Bauchweh *n*, Kolik *f*; **5.** F (Grund *m* zur) ‚Mecke'rei' *f*; **6.** *pl.* ⊕ Seile *pl.* zum Festmachen.

grip·per ['grɪpə] *s.* ◎ Greifer *m*, Halter *m*; **'grip·ping** [-pɪŋ] *adj.* **1.** *fig.* fesselnd, packend, spannend; **2.** ◎ Greif..., Klemm...: **~ lever** Spannhebel *m*; **~ tool** Spannwerkzeug *n*.

'grip·sack *s. Am.* Reisetasche *f*.

gris·kin ['grɪskɪn] *s. Brit. Küche:* Rippenstück *n*.

gris·ly ['grɪslɪ] *adj.* gräßlich.

grist [grɪst] *s.* **1.** Mahlgut *n*, -korn *n*: *that's ~ to his mill* das ist Wasser auf s-e Mühle; *bring ~ to the mill* Gewinn bringen; *all is ~ to his mill* er weiß aus allem Kapital zu schlagen; **2.** Malzschrot *m*, *n*; **3.** *Am.* ('Grundlagen)Materi‚al *n*; **4.** Stärke *f*, Dicke *f* (*Garn od. Tau*).

gris·tle ['grɪsl] *s.* Knorpel *m*; **'gris·tly** [-lɪ] *adj.* knorpelig.

grit [grɪt] **I** *s.* **1.** *geol.* a) grober Sand, Kies *m*, b) *a.* **~ stone** grober Sandstein; **2.** *fig.* Mut *m*, ‚Mumm' *m*; **3.** *pl.* Haferschrot *m*, *n*, -grütze *f*; **II** *v/i.* **4.** knirschen, mahlen; **III** *v/t.* **5. ~ one's teeth** a) die Zähne zs.-beißen, b) mit den Zähnen knirschen; **'grit·ty** [-tɪ] *adj.* **1.** sandig, kiesig; **2.** *fig.* F mutig.

griz·zle¹ ['grɪzl] *v/i. Brit.* F **1.** quengeln; **2.** sich beklagen.

griz·zle² ['grɪzl] *s.* **1.** graue Farbe, Grau *n*; **2.** graues Haar; **'griz·zled** [-ld] *adj.* grau(haarig); **'griz·zly** [-lɪ] **I** *adj.* → **grizzled**; **II** *s. a.* **~ bear** Grizzly(bär) *m*, Graubär *m*.

groan [grəʊn] **I** *v/i.* **1.** stöhnen, ächzen (*with* vor; *a. fig. leiden beneath, under* unter *dat.*); **2.** ächzen, knarren (*Tür etc.*): *a ~ing board* (*od. table*) ein überladener Tisch; **II** *v/t.* **3.** ächzen, unter Stöhnen äußern; **4. ~ down** durch Laute des Unmuts zum Schweigen bringen; **III** *s.* **5.** Stöhnen *n*, Ächzen *n*: *give a ~* → 1; **6.** Laut *m* des Unmuts.

groats [grəʊts] *s. pl.* Hafergrütze *f*.

gro·cer ['grəʊsə] *s.* Lebensmittelhändler *m*; **'gro·cer·y** [-sərɪ] *s.* **1.** Lebensmittelgeschäft *n*; **2.** *mst pl.* Lebensmittel *pl.*; **3.** Lebensmittelhandel *m*; **gro·ce·te·ri·a** [ˌgrəʊsə'tɪərɪə] *s. Am.* Lebensmittelgeschäft *n* mit Selbstbedienung.

grog [grɒg] **I** *s.* Grog *m*; **II** *v/i.* Grog trinken.

grog·gi·ness ['grɒgɪnɪs] *s.* **1.** F Betrunkenheit *f*, ‚Schwips' *m*; **2.** Wack(e)ligkeit *f*; **3.** *a. Boxen:* Benommenheit *f*, (halbe) Betäubung; **'grog·gy** [-gɪ] *adj.* **1.** groggy: a) *Boxen:* angeschlagen, b) F

erschöpft, ‚ka'putt', c) F wacklig (auf den Beinen); **2.** wacklig; **3.** morsch.

groin [grɔɪn] *s.* **1.** *anat.* Leiste *f*, Leistengegend *f*; **2.** △ Grat(bogen) *m*, Rippe *f*; **3.** ◎ Buhne *f*; **groined** [-nd] *adj.* gerippt: **~ vault** Kreuzgewölbe *n*.

grom·met ['grɒmɪt] → **grummet**.

groom [gru:m] **I** *s.* **1.** Pferdepfleger *m*, Stallbursche *m*; **2.** Bräutigam *m*; **3.** *Brit.* Diener *m*, königlicher Be'amter; → **bedchamber**, **II** *v/t.* **4.** *Pferd* striegeln, pflegen; **5.** *Person, Kleidung* pflegen: *well-~ed* gepflegt; **6.** *fig.* a) *j-n* aufbauen (*for presidency* als zukünftigen Präsidenten), lancieren, b) *j-n als Nachfolger etc.* ‚her'anziehen'; **grooms·man** ['gru:mzmən] *s.* [*irr.*] *Am.* → **best man**.

groove [gru:v] **I** *s.* **1.** Rinne *f*, Furche *f* (*a. anat.*): *in the ~ sl. obs.* a) ‚groß in Form', b) *Am.* in Mode; **2.** ◎ a) Rinne *f*, Furche *f*, b) Nut *f*, Hohlkehle *f*, Rille *f*, c) Kerbe *f*; **3.** Rille *f* (*e-r Schallplatte*); **4.** ◎ Zug *m* (*in Gewehren etc.*); **5.** *fig.* a) gewohntes Geleise, b) altes Geleise, alter Trott, Scha'blone *f*, Rou'tine *f*: *get into a ~* in e-e Gewohnheit *od.* e-n (immer gleichen) Trott verfallen; *run* (*od.* work) *in a ~* sich in e-m ausgefahrenen Geleise bewegen; **6.** *sl.* ‚klasse Sache'; *it's a ~!* das ist klasse! **II** *v/t.* **7.** ◎ a) auskehlen, rillen, falzen, nuten, kerben, b) *Gewehrlauf etc.* ziehen; **III** *v/i. sl.* **8.** Spaß haben (*with* bei *od.* mit); **9.** Spaß machen, ‚(große) Klasse sein'; **grooved** [-vd] *adj.* gerillt; genutet; **'groov·y** [-vɪ] *adj.* **1.** scha'blonenhaft; **2.** *sl.* ‚toll', ‚klasse'.

grope [grəʊp] **I** *v/i.* **1.** tasten (*for* nach): **~ about** herumtasten, -tappen, -suchen; *~ in the dark bsd. fig.* im dunkeln tappen; **~ for** (*od.* after) *a solution* nach e-r Lösung suchen; **II** *v/t.* **2.** tastend suchen: **~ one's way** sich vorwärtstasten; **3.** F *Mädchen* ‚befummeln'; **'grop·ing·ly** [-pɪŋlɪ] *adv.* tastend: a) tappend, b) *fig.* vorsichtig, unsicher.

gros·beak ['grəʊsbi:k] *s. orn.* Kernbeißer *m*.

gros·grain ['grəʊgreɪn] *adj. u. s.* grob gerippt(es Seidentuch).

gross [grəʊs] **I** *adj.* □ → **grossly**, **1.** dick, feist, plump; **2.** grob(körnig); **3.** roh, grob, derb; **4.** schwer, grob (*Fehler, Pflichtverletzung etc.*): **~ negligence** ✝✝ grobe Fahrlässigkeit; **5.** schwerfällig; **6.** dicht, stark, üppig: **~ vegetation**; **7.** a) derb, grob, unfein, b) unanständig; **8.** brutto, Brutto..., Roh..., Gesamt...: **~ amount** Gesamtbetrag *m*; **~ national product** Bruttosozialprodukt *n*; **~ profit** Rohgewinn *m*; **~ register(ed) ton** Bruttoregistertonne *f*; **~ tonnage** Bruttotonnengehalt *m*; **~ weight** Bruttogewicht *n*; **II** *s.* **9.** *das* Ganze, *die* Masse: *in* (*the*) *~* im ganzen, in Bausch u. Bogen; **10.** *pl.* *gross* Gros *m* (12 *Dutzend*); **III** *v/t.* **11.** brutto verdienen *od.* einnehmen *od.* (*Film etc.*) einspielen; **'gross·ly** [-lɪ] *adv.* äußerst, maßlos, ungeheuerlich; ✝✝ *etc.* grob: **~ negligent**; **'gross·ness** [-nɪs] *s.* **1.** Schwere *f*, Ungeheuerlichkeit *f*; **2.** Roheit *f*, Derbheit *f*, Grobheit *f*; **3.** Anstößigkeit *f*, Unanständigkeit *f*; **4.** Dicke *f*; **5.** Plumpheit *f*.

gro·tesque [grəʊ'tesk] **I** *adj.* □ **1.** gro-'tesk (*a. Kunst*); **II** *s.* **2.** *das* Gro'teske; **3.** *Kunst:* Gro'teske *f*, gro'teske Fi'gur; **gro·tesque·ness** [-nɪs] *s. das* Gro-'teske.

grot·to ['grɒtəʊ] *pl.* **-toes** *od.* **-tos** *s.* Höhle *f*, Grotte *f*.

grot·ty ['grɒtɪ] *adj. Brit. sl.* **1.** ‚mies'; **2.** gräßlich, eklig.

grouch [graʊtʃ] F **I** *v/i.* **1.** nörgeln, ‚meckern', **II** *s.* **2.** a) ‚miese' Laune, b) *have a ~* → 1; **3.** a) ‚Meckerfritze' *m*, b) ‚Miesepeter' *m*; **'grouch·y** [-tʃɪ] *adj.* □ F a) ‚sauer', ‚grantig', b) nörglerisch.

ground¹ [graʊnd] **I** *s.* **1.** (Erd)Boden *m*, Erde *f*, Grund *m*: *above ~* a) oberirdisch, ✗ über Tage, b) am Leben; *below ~* ✗ unter Tage, b) unter der Erde, tot; *down to the ~ fig.* völlig, total, restlos; *from the ~ up Am.* F von Grund auf; *break new* (*od.* fresh) *~* Land urbar machen, *a. fig.* Neuland erschließen; *cut the ~ from under s.o.'s feet* j-m den Boden unter den Füßen wegziehen; *fall to the ~* zu Boden fallen, *fig.* sich zerschlagen, ins Wasser fallen; *fall on stony ~ fig.* auf taube Ohren stoßen; *get off the ~* a) *v/t. fig. et.* in Gang bringen, *et.* verwirklichen, b) *v/i.* ✈ abheben, c) *v/i. fig.* in Gang kommen, verwirklicht werden; *go to ~* im Bau verschwinden (*Fuchs*), *fig.* ‚untertauchen' (*Verbrecher*); *play s.o. into the ~ sport* F j-n in Grund u. Boden spielen; **2.** Boden *m*, Grund *m*, Gebiet *n* (*a. fig.*), Strecke *f*, Gelände *n*: *on German ~* auf deutschem Boden; *be on safe ~* sich auf sicherem Boden bewegen; *be forbidden ~ fig.* tabu sein; *cover much ~* e-e große Strecke zurücklegen, *fig.* viel umfassen, weit reichen; *cover the ~ well fig.* nichts außer acht lassen, alles in Betracht ziehen; *gain ~* (an) Boden gewinnen, *fig. a.* um sich greifen, Fuß fassen; *give* (*od.* lose) *~* (an) Boden verlieren (*a. fig.*); *go over the ~ fig.* die Sache durchsprechen, alles gründlich prüfen; *hold* (*od.* stand) *one's ~* standhalten, nicht weichen, sich *od.* s-n Standpunkt behaupten; *shift one's ~* seinen Standpunkt ändern, umschwenken; **3.** Grundbesitz *m*, Grund *m* u. Boden *m*, Lände'reien *pl.*; **4.** Gebiet *n*, Grund *m*, *bsd. sport* Platz *m*: *cricket-~*; **5.** *hunting-~* Jagd (-gebiet *n*) *f*; **6.** *pl.* (Garten)Anlagen *pl.*: *standing in its own ~* von einem umgeben (*Haus*); **7.** Meeresboden *m*, (Meeres)Grund *m*: *take ~* auflaufen, stranden; **8.** *pl.* Bodensatz *m* (*Kaffee etc.*); **9.** Grundierung *f*, Grund(farbe *f*) *m*, Grund(fläche *f*) *m*; **10.** *a. pl.* Grundlage *f* (*a. fig.*); **11.** *fig.* (Beweg-) Grund *m*: *~ for divorce* Scheidungsgrund; *on the ~(s) of* auf Grund (*gen.*), wegen (*gen.*); *on the ~(s) that* mit der Begründung, daß; *on medical ~s* aus gesundheitlichen Gründen; *have no ~(s) for* keinen Grund haben für (*od.* zu *inf.*); **12.** ⚡ Erde *f*, Erdung *f*, Erdschluß *m*: *~ cable* Massekabel *n*; **13.** *thea.* Par'terre *n*; **II** *v/t.* **14.** niederlegen, -setzen; → *arm²* 1; **15.** ⚓ *Schiff* auf Grund setzen; **16.** ⚡ erden; **17.** ◎, *paint.* grundieren; **18.** a) *e-m Flugzeug od. Piloten* Startverbot erteilen, b) *mot. Am. j-m* die Fahrerlaubnis entziehen;

be ~ed a. nicht (ab)fliegen od. starten können od. dürfen, (*Passagiere*) a. festsitzen; **19.** fig. (*on, in*) gründen, stützen (auf *acc.*), begründen (in *dat.*): **~ed in fact** auf Tatsachen beruhend; **be ~ed in** → 22; **20.** (*in*) j-n einführen (in *acc.*), j-m die Anfangsgründe beibringen (*gen.*): **well ~ed in** mit guten (Vor-)Kenntnissen in (*od. gen.*); III v/i. **21.** ♻ stranden, auflaufen; **22.** (*on, upon*) beruhen (auf *dat.*), sich gründen (auf *acc.*).

ground² [graʊnd] **I** *pret. u. p.p. von* **grind**; **II** adj. **1.** gemahlen; **~ coffee**; **2.** matt(geschliffen); → **ground glass**.

ground·age ['graʊndɪdʒ] s. ♻ Brit. Hafengebühr f, Ankergeld n.

ground|-'air adj. ✓ Boden-Bord-...; **~ a·lert** s. ✓, ✗ A'larm-, Startbereitschaft f; **~ an·gling** s. Grundangeln n; **~ at·tack** s. ✓ Angriff m auf Erdziele, Tiefangriff m; **~ bass** s. ♪ Grundbaß m; **~ box** s. ♀ Zwergbuchsbaum m; **~ clear·ance** s. mot. Bodenfreiheit f; **~ col·o(u)r** s. Grundfarbe f; **~ con·nec·tion** → **ground¹** 12; **'~-con,trolled ap·proach** s. ✓ GC'A-Anflug m (*per Bodenradar*); **~ crew** s. ✓ 'Bodenperso,nal n; **'~-fish** s. ichth. Grundfisch m; **~ fish·ing** s. ichth. → **~ floor** s. Brit. Erdgeschoß n: **get in on the** ~ F a) ✝ sich zu den Gründerbedingungen beteiligen, b) von Anfang an mit dabeisein, c) ganz unten anfangen (*in e-r Firma etc.*); **~ fog** s. Bodennebel m; **~ forc·es** s. pl. ✗ Bodentruppen pl., Landstreitkräfte pl.; **~ form** s. ling. a) Grundform f, b) Wurzel f, c) Stamm m; **~ frost** s. Bodenfrost m; **~ glass** s. **1.** Mattglas n; **2.** phot. Mattscheibe f; **~ game** s. hunt. Brit. Niederwild n; **~ hog** s. zo. Amer. Murmeltier n; **~ host·ess** s. ✓ Groundhostess f; **~ ice** s. geol. Grundeis n.

ground·ing ['graʊndɪŋ] s. **1.** Funda-'ment n, 'Unterbau m; **2.** a) Grundierung f, b) Grundfarbe f; **3.** ♻ Stranden n; **4.** ⚡ Erdung f; **5.** a) 'Anfangs,unterricht m, Einführung f, b) (Vor)Kenntnisse pl.

ground·less ['graʊndlɪs] adj. □ grundlos, unbegründet.

ground| lev·el s. phys. Bodennähe f; **~ line** s. Å Grundlinie f; **'~-man** [-ndmæn] s. [irr.] sport Platzwart m; **~ note** s. ♪ Grundton m; **'~-nut** [-ndn-] s. Erdnuß f; **~ plan** s. **1.** △ Grundriß m; **2.** fig. (erster) Entwurf, Kon'zept n; **~ plane** s. Horizon'talebene f; **~ plate** s. **1.** △ Grundplatte f; **2.** ⚡ Erdplatte f; **~ rule** s. Grundregel f; **~ sea** s. ♻ Grundsee f; **~ sheet** s. **1.** Zeltboden m; **2.** sport Regenplane f (*für das Spielfeld*); **'~-man** [-ndzmən] → **groundman**; **~ speed** s. ✓ Geschwindigkeit f über Grund; **~ staff** → **ground crew**; **~ sta·tion** s. 'Bodenstati,on f; **~ swell** s. **1.** (Grund)Dünung f; **2.** fig. Anschwellen n; **'~-to-'air** adj. a) ✓ Boden-Bord-...: **~ communication**, b) ✗ Boden-Luft-...: **~ weapon**; **'~-wa·ter lev·el** s. geol. Grundwasserspiegel m; **~ wave** s. ⚡, phys. Bodenwelle f; **'~-work** s. **1.** △ a) Erdarbeit f, b) 'Unterbau m, Funda'ment n (*a. fig.*); **2.** fig. Grundlage(n pl.) f; **3.** paint. etc. Grund m.

---

group [gruːp] **I** s. **1.** allg., a. 🐾, ☿, ♪, biol., sociol. etc. Gruppe f; **2.** fig. Gruppe f, Kreis m; **3.** parl. a) Gruppe f (*Partei mit zu wenig Abgeordneten für e-e Fraktion*, b) Frakti'on f; **4.** ✝ Gruppe f, Kon'zern m; **5.** ✗ a) Gruppe f, b) Kampfgruppe f (*2 od. mehr Bataillone*); **6.** ✓ a) Brit. Geschwader n: **~ captain** Oberst m (*der RAF*), b) Am. Gruppe f; **7.** ♪ a) Instru'menten- od. Stimmgruppe f, b) Notengruppe f; **II** v/t. **8.** gruppieren, anordnen; **9.** klassifizieren, einordnen; **III** v/i. **10.** sich gruppieren; **~ drive** s. ☉ Gruppenantrieb m; **~ dy·nam·ics** s. pl. sg. konstr. sociol., psych. 'Gruppendy,namik f.

group·ie ['gruːpɪ] s. ‚Groupie' n (*weiblicher Fan*).

group| sex s. Gruppensex m; **~ ther·a·py** s. psych. 'Gruppenthera,pie f; **~ work** s. sociol. Gruppenarbeit f.

grouse¹ [graʊs] s. sg. u. pl. orn. **1.** Waldhuhn n; **2.** Schottisches Moorhuhn.

grouse² [graʊs] **I** v/i. (*about*) meckern (über *acc.*), nörgeln (an *dat.*, über *acc.*); **II** s. Nörge'lei f, Gemecker n; **'grous·er** [-sə] s. ‚Meckerfritze' m.

grout [graʊt] **I** s. **1.** ☉ Vergußmörtel m; **2.** Schrotmehl n; **3.** pl. Hafergrütze f; **II** v/t. **4.** Fugen ausstreichen.

grove [grəʊv] s. Hain m, Gehölz n.

grov·el ['grɒvl] v/i. **1.** am Boden kriechen; **2.** ~ **before** (od. **to**) s.o. fig. vor j-m kriechen, vor j-m zu Kreuze kriechen; **3.** ~ **in** schwelgen in (*dat.*), frönen (*dat.*); **'grov·el·(l)er** [-lə] s. fig. Kriecher m, Speichellecker m; **'grov·el·(l)ing** [-lɪŋ] adj. □ fig. kriecherisch, unter'würfig.

grow [grəʊ] **I** v/i. [irr.] **1.** wachsen; **2.** ♀ wachsen, vorkommen; **3.** wachsen: a) größer od. stärker werden, sich entwickeln, b) fig. anwachsen, zunehmen (**in** an *dat.*); **4.** (all'mählich) werden: ~ **rich**, ~ **less** sich vermindern; ~ **light** hell(er) werden, sich aufklären; **II** v/t. [irr.] **5.** (an)bauen, züchten, ziehen: ~ **apples**; **6.** (sich) wachsen lassen: ~ **one's hair long**, ~ **a beard** sich e-n Bart stehen lassen; Zssgn mit adv. u. prp.:

grow| a·way v/i.: ~ **from** sich j-m entfremden; ~ **from** → **grow out of**; ~ **in·to** v/i. **1.** hin'einwachsen in (*acc.*) (*a. fig.*); **2.** werden zu, sich entwickeln zu; ~ **on** v/i. **1.** Einfluß od. Macht gewinnen über (*acc.*): **the habit grows on one** man gewöhnt sich immer mehr daran; **2.** j-m lieb werden od. ans Herz wachsen; ~ **out of** v/i. **1.** her'auswachsen aus: ~ **one's clothes**; **2.** fig. entwachsen (*dat.*), über'winden (*acc.*), ablegen: ~ **a habit**; **3.** erwachsen od. entstehen aus, e-e Folge sein (*gen.*); ~ **up** v/i. **1.** auf-, her'anwachsen: ~ (*into*) **beauty** sich zu e-r Schönheit entwickeln; ~ **into** erwachsen werden: ~**!** sei kein Kindskopf!; **3.** sich einbürgern (*Brauch etc.*); **4.** sich entwickeln, entstehen; **up·on** → **grow on**.

grow·er ['grəʊə] s. **1.** (schnell etc.) wachsende Pflanze: **a fast ~**; **2.** Züchter m, Pflanzer m, Erzeuger m, in Zssgn ...bauer m; **grow·ing** ['grəʊɪŋ] **I** adj. □ **1.** wachsend (a. fig. zunehmend); **II** s. **2.** Anbau m; **3.** Wachstum

---

n: ~ **pains** a) Wachstumsschmerzen, b) fig. Anfangsschwierigkeiten, ‚Kinderkrankheiten'.

growl [graʊl] **I** v/i. **1.** knurren (*Hund etc.*), brummen (*Bär*) (*beide a. fig. Person*): ~ **at** j-n anknurren; **2.** (g)rollen (*Donner*); **II** v/t. **3.** Worte knurren; **III** s. **4.** Knurren n, Brummen n; **5.** (G)Rollen n; **'growl·er** [-lə] s. **1.** knurriger Hund; **2.** fig. ‚Brummbär' m; **3.** ichth. Knurrfisch m; **4.** ⚡ Prüfspule f; **5.** kleiner Eisberg.

grown [grəʊn] **I** p.p. von **grow**; **II** adj. **1.** gewachsen; → **full-grown**; **2.** erwachsen: ~ **man** Erwachsene(r) m; **3.** a. ~ **over** be-, über'wachsen; **~-up I** adj. [ˌgrəʊn'ʌp] **1.** erwachsen; **2.** a) für Erwachsene: ~ **books**, b) Erwachsenen...: ~ **clothes**; **II** s. ['grəʊnʌp] **3.** Erwachsene(r m) f.

growth [grəʊθ] s. **1.** Wachsen n, Wachstum n (a. fig. u. ✝); **2.** Wuchs m, Größe f; **3.** Anwachsen n, Zunahme f, Zuwachs m; **4.** fig. Entwicklung f; **5.** a) Anbau m, b) Pro'dukt n, Erzeugnis n: **of one's own** ~ selbstgezogen; **6.** ♀ Schößling m, Trieb m; **7.** ✿ Gewächs n, Wucherung f; ~ **in·dus·try** s. ✝ 'Wachstumsindu,strie f; ~ **rate** s. ✝ Wachstumsrate f.

groyne [grɔɪn] s. Brit. ☉ Buhne f.

grub [grʌb] **I** v/i. **1.** a) graben, wühlen, b) jäten, c) roden; **2.** ‚wühlen', schwer arbeiten; **3.** fig. stöbern, wühlen, kramen; **4.** sl. ‚futtern', essen; **II** v/t. **5.** a) aufwühlen, b) 'umgraben, c) roden; **6.** oft ~ **up** a) ausjäten, b) (mit den Wurzeln) ausgraben, c) fig. ausgraben, aufstöbern; **III** s. **7.** zo. Made f, Larve f; **8.** fig. Arbeitstier n; **9.** sl. ‚Futter' n (*Essen*).

grub·ber ['grʌbə] s. **1.** ✓ a) Rodehacke f, -werkzeug n, b) Eggenpflug m; **2.** → **grub** 8; **'grub·by** [-bɪ] adj. **1.** schmudelig; **2.** madig.

'grub·stake s. Am. ✗ e-m Schürfer gegen Gewinnbeteiligung gegebene Ausrüstung u. Verpflegung; ⚓ **Street I** s. fig. armselige Lite'raten pl.; **II** adj. (lite'rarisch) minderwertig, ‚dritter Garni'tur'.

grudge [grʌdʒ] **I** v/t. **1.** (**s.o. s.th.**, **s.th. to s.o.**) (j-m et.) miß'gönnen od. nicht gönnen, (j-m um et.) beneiden; **2.** ~ **doing s.th.** et. nur widerwillig od. ungern tun; **II** s. **3.** Groll m: **bear s.o. a** ~, **have a** ~ **against s.o.** e-n Groll gegen j-n hegen; **'grudg·er** [-dʒə] s. Neider m; **'grudg·ing** [-dʒɪŋ] adj. □ **1.** neidisch, 'mißgünstig; **2.** 'widerwillig, ungern (*getan od. gegeben*): **she was very ~ in her thanks** sie bedankte sich nur sehr widerwillig.

gru·el ['gruəl] s. Haferschleim m; Schleimsuppe f; **'gru·el·(l)ing** [-lɪŋ] **I** adj. fig. mörderisch, aufreibend, zermürbend; **II** s. Brit. F a) harte Strafe od. Behandlung, b) Stra'paze f, ‚Schlauch' m.

grue·some ['gruːsəm] adj. □ grausig, grauenhaft, schauerlich.

gruff [grʌf] adj. □ **1.** schroff, barsch, ruppig; **2.** rauh (*Stimme*); **'gruff·ness** [-nɪs] s. **1.** Barsch-, Schroffheit f; **2.** Rauheit f.

grum·ble ['grʌmbl] **I** v/i. **1.** a) murren, schimpfen (**at, about, over** über *acc.*, wegen), b) knurren, brummen; **2.**

(g)rollen (*Donner*); **II** *s.* **3.** Murren *n*, Knurren *n*; **4.** (G)Rollen *n*; '**grum·bler** [-lə] *s.* Brummbär *m*, Nörgler *m*; '**grum·bling** [-lıŋ] *adj.* □ **1.** brummig; **2.** murrend.

grume [gru:m] *s.* (*bsd.* Blut)Klümpchen *n*.

grum·met ['grʌmıt] *s. Brit.* **1.** ⚓ Seilschlinge *f*; **2.** ⚙ (Me'tall)Öse *f*.

gru·mous ['gru:məs] *adj.* geronnen, dick, klumpig (*Blut etc.*).

grump [grʌmp] *s. Am.* F **1.** → ***grumbler***; **2.** *pl.* Mißmut *m*: ***have the ~s*** mißmutig sein; **grump·y** ['grʌmpı] *adj.* □ mürrisch, mißmutig.

Grun·dy ['grʌndı] *s.* engstirnige, sittenstrenge Per'son: ***Mrs. ~*** *a.* ,die Leute' *pl.* (*die gefürchtete öffentliche Meinung*): ***what will Mrs. ~ say?***

grunt [grʌnt] **I** *v/i. u. v/t.* **1.** grunzen; **2.** *fig.* murren, brummen; **3.** ächzen, stöhnen (***with*** vor *dat.*); **II** *s.* **4.** Grunzen *n*; **5.** → ***growler*** 3.

gryph·on ['grıfən] → ***griffin***[1] 1.

'**G-string** *s.* **1.** ♪ G-Saite *f*; **2.** a) ,letzte Hülle' (*e-r Stripteasetänzerin*), b) Tanga *m* (*Mini-Bikini*).

gua·na ['gwɑ:nɑ:] → ***iguana***.

gua·no ['gwɑ:nəʊ] *s.* Gu'ano *m*.

guar·an·tee [ˌgærən'ti:] **I** *s.* **1.** Garan'tie *f*: a) Bürgschaft *f*, Sicherheit *f*, b) Gewähr *f*, Zusicherung *f*, c) Garan'tiefrist *f*: ***~ (card)*** Garantieschein *m*; ***there is a one-year ~ on this camera*** die Kamera hat ein Jahr Garantie; **2.** Kauti'on *f*, Sicherheit(sleistung) *f*, Pfand(summe *f*) *n*; **3.** Bürge *m*, Bürgin *f*; **4.** Sicherheitsempfänger(in); **II** *v/t.* **5.** (sich ver-) bürgen für, Garan'tie leisten für; **6.** *et.* garantieren, gewährleisten, sicherstellen, verbürgen; **7.** schützen, sichern (***from, against*** vor *dat.*, gegen); ˌ**guar·an'tor** [-'tɔ:] *s. bsd.* ⚖ Bürge *m*, Bürgin *f*, Ga'rant(in); **guar·an·ty** ['gærəntı] → ***guarantee*** 1, 2, 3.

guard [gɑ:d] **I** *v/t.* **1.** (***against, from***) (be)hüten, (be)schützen, bewahren (vor *dat.*), sichern (gegen): ***~ one's interests*** *fig.* s-e Interessen wahren; ***~ your tongue!*** hüte deine Zunge!; **2.** bewachen, beaufsichtigen; **3.** ⚙ (ab)sichern; **4.** *Schach*: *Figur* decken; **II** *v/i.* **5.** (***against***) auf der Hut sein, sich hüten *od.* schützen *od.* in acht nehmen (vor *dat.*), vorbeugen (*dat.*); **III** *s.* **6.** a) ⚔ *etc.* Wache *f*, (Wach)Posten *m*, b) Wächter *m*, c) Aufseher *m*, Wärter *m*; **7.** ⚔ a) Wachmannschaft *f*, Wache *f*, b) Garde *f*, Leibwache *f*: ***~ of hono(u)r*** Ehrenwache *f*, c) ***2s*** *pl. Brit.* 'Garde (-korps *n*, -regiˌment *n*) *f*; **8.** 🚂 a) *Brit.* Schaffner *m*, b) *Am.* Bahnwärter *m*; **9.** Bewachung *f*, Aufsicht *f*: ***keep under close ~*** scharf bewachen; ***be on ~*** auf Wache sein; ***stand*** (***mount, relieve, keep***) ***~*** Wache stehen (beziehen, ablösen, halten); **10.** *fenc.*, *Boxen etc.*, *a. Schach*: Deckung *f*: ***lower one's ~*** die Deckung herunternehmen, *fig.* sich e-e Blöße geben, nicht aufpassen; **11.** *fig.* Wachsamkeit *f*: ***on one's ~*** auf der Hut, vorsichtig; ***off one's ~*** nicht auf der Hut, unachtsam; ***put s.o. on his ~*** j-n warnen; ***throw s.o. off his ~*** j-n überrumpeln; **12.** ⚙ Schutzvorrichtung *f*, -gitter *n*, -blech *n*; **13.** a) Stichblatt *n* (*am Degen*), b) Bügel *m* (*am Gewehr*); **14.** *fig.* Vorsichtsmaßnahme *f*, Sicherung *f*; ***~ boat*** *s.* ⚓ Wachboot *n*; ***~ book*** *s.* **1.** *Brit.* Sammelalbum *n*; **2.** ⚔ Wachbuch *n*; ***~ chain*** *s.* Sicherheitskette *f*; ***~ dog*** *s.* Wachhund *m*; ***~ du·ty*** *s.* Wachdienst *m*: ***be on ~*** Wache haben.

guard·ed ['gɑ:dıd] *adj.* □ *fig.* vorsichtig, zu'rückhaltend: ***~ hope*** gewisse Hoffnung; ***~ optimism*** gedämpfter Optimismus; '**guard·ed·ness** [-nıs] *s.* Vorsicht *f*, Zu'rückhaltung *f*.

'**guard·house** *s.* ⚔ **1.** 'Wachloˌkal *n*, -haus *n*; **2.** Ar'restloˌkal *n*.

guard·i·an ['gɑ:djən] *s.* **1.** Hüter *m*, Wächter *m*: ***~ angel*** Schutzengel *m*; ***~ of the law*** Gesetzeshüter; **2.** ⚖ Vormund *m*: ***~ ad litem*** Prozeßvertreter *m* (*für Minderjährige od. Geschäftsunfähige*); '**guard·i·an·ship** [-ʃıp] *s.* **1.** ⚖ Vormundschaft *f*: ***be*** (***place***) ***under ~*** unter Vormundschaft stehen (stellen); **2.** *fig.* Schutz *m*, Obhut *f*.

'**guard|·rail** *s.* **1.** Handlauf *m*; **2.** *mot.* Leitplanke *f*; '**~s·man** [-dzmən] *s.* [*irr.*] ⚔ **1.** → ***guard*** 6a; **2.** Gar'dist *m*; **3.** *Am.* Natio'nalgarˌdist *m*.

Gua·te·ma·lan [ˌgwætı'mɑ:lən] **I** *adj.* guatemal'tekisch; **II** *s.* Guatemal'teke *m*, -'tekin *f*.

gua·va ['gwɑ:və] *s.* ♀ Gua'jave *f*.

gu·ber·na·to·ri·al [ˌgju:bənə'tɔ:rıəl] *adj. bsd. Am.* Gouverneurs…

gudg·eon[1] ['gʌdʒən] *s.* **1.** *ichth.* Gründling *m*; **2.** *fig.* Gimpel *m*.

gudg·eon[2] ['gʌdʒən] *s.* **1.** ⚙ Zapfen *m*, Bolzen *m*: ***~ pin*** Kolbenbolzen; **2.** ⚓ Ruderöse *f*.

guel·der rose ['geldə] *s.* ♀ Schneeball *m*.

Guelph, **Guelf** [gwelf] *s.* Welfe *m*, Welfin *f*; '**Guelph·ic**, '**Guelf·ic** [-fık] *adj.* welfisch.

guer·don ['gɜ:dən] *poet.* **I** *s.* Sold *m*, Lohn *m*; **II** *v/t.* belohnen.

gue·ril·la → ***guerrilla***.

Guern·sey ['gɜ:nzı] *s.* **1.** Guernsey (-rind) *n*; **2.** *a.* ***2*** ⚓ 'Wollpulˌlover *m*.

guer·ril·la [gə'rılə] *s.* ⚔ **1.** Gue'rilla *m*, Parti'san *m*; **2.** *mst* ***~ war***(***fare***) Gue'rillakrieg *m*, *fig.* Kleinkrieg *m*.

guess [ges] **I** *v/t.* **1.** erraten: ***~ a riddle***; ***~ s.o.'s thoughts***; ***~ who!*** rate mal, wer!; **2.** (ab)schätzen (***at*** auf): ***~ s.o.'s age***; **3.** ahnen, vermuten; **4.** *bsd. Am.* F glauben, denken, meinen, ahnen; **II** *v/i.* **5.** schätzen (***at s.th.*** et.); **6.** a) raten, b) her'umraten (***at, about*** an *dat.*): ***keep s.o. ~ing*** j-n im unklaren *od.* ungewissen lassen; ***~ing game*** Ratespiel *n*; **III** *s.* **7.** Schätzung *f*, Vermutung *f*, Annahme *f*: ***my ~ is that*** ich schätze *od.* vermute, daß; ***that's anybody's ~*** das weiß niemand; ***your ~ is as good as mine*** ich kann auch nur raten; ***a good ~!*** gut geraten *od.* geschätzt; ***at a ~*** bei bloßer Schätzung; ***at a rough ~*** grob geschätzt; ***by ~*** schätzungsweise; ***by ~ and by god*** F ,nach Gefühl u. Wellenschlag'; ***make*** (*od.* ***take***) ***a ~*** raten, schätzen; ***miss one's ~*** ,danebenhauen', falsch raten; ***~ rope*** → ***guest rope***; ***~ stick*** *s. Am. sl.* **1.** Rechenschieber *m*; **2.** Maßstab *m*.

guess·ti·mate F **I** *s.* ['gestımət] grobe Schätzung, bloße Rate'rei; **II** *v/t.* [-meıt] ,über den Daumen peilen'.

'**guess·work** *s.* (bloße) Rate'rei, (reine) Vermutung(en *pl.*).

guest [gest] **I** *s.* **1.** Gast *m*: ***paying ~*** (Pensions)Gast; ***~ of hono(u)r*** Ehrengast; ***be my ~!*** aber bitte(, ja)!; **2.** ♀, *zo.* Einmieter *m* (*Parasit*); **II** *v/i.* **3.** *bsd. Am. thea.* gastieren, als Gast mitwirken (***on*** bei); ***~ book*** *s.* Gästebuch *n*; ***~ con·duc·tor*** *s.* ♪ 'Gastdiriˌgent *m*; '**~·house** *s.* Pensi'on *f*; Gästehaus *n*; ***~ room*** [rʊm] *s.* Gästezimmer *n*; ***~ rope***, ***~ warp*** ['ges-] *s.* ⚓ **1.** Schlepptrosse *f*; **2.** Bootstau *n*.

guf·faw [gʌ'fɔ:] **I** *s.* schallendes Gelächter; **II** *v/i.* laut lachen.

guid·a·ble ['gaıdəbl] *adj.* lenkbar, lenksam; '**guid·ance** [-dns] *s.* **1.** Leitung *f*, Führung *f*; **2.** Anleitung *f*, Belehrung *f*, Unter'weisung *f*: ***for your ~*** zu Ihrer Orientierung; **3.** (*Berufs-, Ehe- etc.*)Beratung *f*, Führung *f*: ***~ counselor*** a) Berufs-, Studienberater *m*, b) Heilpädagoge *m*.

guide [gaıd] **I** *v/t.* **1.** *j-n* führen, geleiten, *j-m* den Weg zeigen; **2.** ⚙ *u. fig.* lenken, leiten, führen, steuern; **3.** *et.*, *a. j-n* bestimmen: ***~ s.o.'s actions*** (***life, etc.***); ***be ~d by*** sich leiten lassen von, folgen (*dat.*), bestimmt sein von; **4.** anleiten, belehren, beraten(d zur Seite stehen *dat.*); **II** *s.* **5.** Führer(in), Leiter (-in); **6.** (Reise-, Fremden-, Berg- *etc.*) Führer *m*; **7.** (Reise- *etc.*)Führer *m* (***to*** durch, von) (*Buch*); **8.** (***to***) Leitfaden *m*, Handbuch *n* (*gen.*); **9.** Berater (-in); **10.** *fig.* Richtschnur *f*, Anhaltspunkt *m*: ***if that*** (***he***) ***is any ~*** wenn man sich danach (nach ihm) überhaupt richten kann; **11.** → ***girl guide***; **12.** a) Wegweiser *m*, b) 'Wegmarˌkierung(szeichen *n*) *f*; **13.** ⚙ Führung *f*; ***~ bar*** *s.* ⚙ Führungsschiene *f*; ***~ beam*** *s.* ✈ (Funk)Leitstrahl *m*; ***~ blade*** *s.* ⚙ Leitschaufel *f* (*Turbine*); ***~ block*** *s.* ⚙ Führungsschlitten *m*; '**~·book** → ***guide*** 7.

guid·ed ['gaıdıd] *adj.* **1.** (fern)gelenkt: ***~ missile*** ⚔ Fernlenkgeschoß *n*, Fernlenkkörper *m*; **2.** geführt: ***~ tour*** Führung *f*.

guide| dog *s.* Blindenhund *m*; '**~·line** *s.* **1.** ✈ Schleppseil *n*; **2.** (***on*** *gen.*) Richtlinie *f*, -schnur *f*; '**~·post** *s.* Wegweiser *m*; ***~ pul·ley*** *s.* ⚙ Leit-, 'Umlenkrolle *f*; ***~ rail*** *s.* → ***guide bar***; ***~ rod*** *s.* ⚙ Führungsstange *f*; ***~ rope*** *s.* ✈ Schlepptau *n*; '**~·way** *s.* ⚙ Führungsbahn *f*.

guid·ing ['gaıdıŋ] *adj.* führend, leitend, Lenk…: ***~ principle*** Leitprinzip *n*; ***~ rule*** *s.* Richtlinie *f*; ***~ star*** *s.* Leitstern *m*.

gui·don ['gaıdən] *s.* **1.** Wimpel *m*, Fähnchen *n*, Stan'darte *f*; **2.** Stan'dartenträger *m*.

guild [gıld] *s.* **1.** Gilde *f*, Zunft *f*, Innung *f*; **2.** Vereinigung *f*.

guil·der ['gıldə] *s.* Gulden *m*.

ˌ**guild'hall** *s.* **1.** *hist.* Gilden-, Zunfthaus *n*; **2.** Rathaus *n*: ***the 2*** *das Rathaus der City von London*.

guile [gaıl] *s.* (Arg)List *f*, Tücke *f*; '**guile·ful** [-fʊl] *adj.* □ arglistig, tückisch; '**guile·less** [-lıs] *adj.* □ arglos, ohne Falsch, treuherzig, harmlos; '**guile·less·ness** [-lısnıs] *s.* Harm-, Arglosigkeit *f*.

guil·lo·tine [ˌgılə'ti:n] **I** *s.* **1.** Guillo'tine *f*, Fallbeil *n*; **2.** ⚙ Pa'pierˌschneidema-

ˌschine f; **3.** *Brit. parl.* Befristung f der De'batte; **II** v/t. **4.** guillotinieren, durch die Guillo'tine hinrichten.

guilt [gɪlt] s. Schuld f (a. ⁊ː): *joint ~* Mitschuld; *~ complex* Schuldkomplex m; **'guilt·i·ness** [-tɪnɪs] s. **1.** Schuld f; **2.** Schuldbewußtsein n, -gefühl n; **'guilt·less** [-lɪs] adj. □ **1.** schuldlos, unschuldig (*of* an dat.); **2.** fig. (*of*) a) unwissend, unerfahren (in dat.): *be ~ of s.th.* et. nicht kennen (a. fig.), b) frei od. unberührt (von), ohne (acc.); **'guilt·y** [-tɪ] adj. □ **1.** schuldig (*of* gen.): *find* (*not*) ~ für (un)schuldig erklären (*on a charge* e-r Anklage); **2.** schuldbewußt, -beladen: *a ~ con-science* ein schlechtes Gewissen.

guin·ea ['gɪnɪ] s. *Brit.* Gui'nee f (£1.05); **2.** → ~ *fowl* s., ~ *hen* s. Perl-huhn n; ~ *pig* s. **1.** Meerschweinchen n; **2.** fig. Ver'suchska̱ninchen n.

guise [gaɪz] s. **1.** Gestalt f, Erscheinung f, Aufmachung f: *in the ~ of* als … (verkleidet); **2.** fig. Maske f, (Deck-) Mantel m: *under the ~ of* in der Maske (gen.), unter dem Deckmantel (gen.).

gui·tar [gɪ'tɑː] s. ♪ Gi'tarre f; **gui'tar·ist** [-rɪst] s. Gitar'rist(in), Gi'tarrenspie-ler(in).

gulch [gʌlʃ] s. *Am.* (Berg)Schlucht f.

gulf [gʌlf] **I** s. **1.** Golf m, Meerbusen m, Bucht f; **2.** a. fig. Abgrund m, Schlund m; **3.** fig. Kluft f; **4.** Strudel m; **II** v/t. **5.** fig. verschlingen.

gull¹ [gʌl] s. orn. Möwe f.

gull² [gʌl] **I** v/t. über'tölpeln; **II** s. Gim-pel m, Trottel m.

gul·let ['gʌlɪt] s. **1.** anat. Schlund m, Speiseröhre f; **2.** Gurgel f, Kehle f; **3.** Wasserrinne f; **4.** ⚙ 'Förderka̱nal m.

gul·li·bil·i·ty [ˌgʌlə'bɪlətɪ] s. Leichtgläu-bigkeit f, Einfalt f; **gul·li·ble** ['gʌləbl] adj. leichtgläubig, na'iv.

gul·ly ['gʌlɪ] s. **1.** (Wasser)Rinne f; **2.** ⚙ a) Gully m, Sinkkasten m, Senkloch n, b) a. ~ *drain* 'Abzugska̱nal m; ~ *hole* Abflußloch n.

gulp [gʌlp] **I** v/t. mst ~ *down* **1.** Speise hin'unterschlingen, Getränk hin'unter-stürzen; **2.** Tränen etc. hin'unterschluk-ken, unter'drücken; **II** v/i. **3.** (a. vor Rührung etc.) schlucken; **4.** würgen; **III** s. (großer) Schluck: *at one ~* auf 'einen Zug.

gum¹ [gʌm] s. mst pl. anat. Zahnfleisch n.

gum² [gʌm] **I** s. **1.** ♀, ⚙ a) Gummi n, m, b) Gummiharz n, c) Kautschuk m; **2.** Klebstoff m, bsd. Gummilösung f; **3.** → a) *chewing gum*, b) *gum arabic*, c) *gum elastic*, *gum tree*; **4.** ♀ Gummi-mifluß m (*Baumkrankheit*); **5.** 'Gummi (-boṉbon) m, n; **6.** pl. Am. Gummi-schuhe pl.; **II** v/t. **7.** gummieren; **8.** (an-, ver)kleben; **9.** ~ *up* a) verkleben, b) F et. ˌvermasseln'; **III** v/i. **10.** ♀ Gummi absondern (*Baum*).

gum³ [gʌm], a. ⚔ s.: *my ~!*, *by ~!* heiliger Strohsack!

gum| am·mo·ni·ac s. ♠, ⚕ Ammo-ni'akgummi n, m; ~ **ar·a·bic** s. Gum-mia'rabikum n; **'~drop** → *gum²* 5; ~ **e·las-tic** s. Gummie'lastikum n, Kautschuk m.

gum·my ['gʌmɪ] adj. **1.** gummiartig, klebrig; **2.** Gummi…; **3.** gummihaltig.

gump·tion ['gʌmpʃn] s. F **1.** ˌKöpfchen' n, ˌGrütze', f, ˌGrips' m; **2.** ˌMumm' m, Schneid m.

gum| res·in s. ♀ Schleim-, Gummiharz n; **'~shield** s. Boxen: Zahnschutz m; **'~shoe** s. Am. **1.** F a) 'Gummi̱über-schuh m, b) Tennis-, Turnschuh m; **2.** sl. ˌSchnüffler' m (Detektiv, Polizist); **tree** s. ♀ **1.** Gummibaum m: *be up a ~* sl. in der Klemme sein od. sitzen; **2.** Euka'lyptus(baum) m; **3.** Tu'pelobaum m; **4.** Amberbaum m; **'~wood** s. Holz n des Gummibaums (etc. → *gum tree*).

gun [gʌn] **I** s. **1.** ✖ Geschütz n, Ka'none f (a. fig.): *bring up one's big ~s* schweres Geschütz auffahren (a. fig.); *go great ~s* F ˌschwer in Fahrt sein'; *stick to one's ~s* fig. festbleiben, nicht weichen od. nachgeben; *a big ~* sl. ˌe-e große Kanone', ˌein großes Tier'; **2.** (engS. Jagd)Gewehr n, Flinte f, Büchse f; **3.** ˌKa'none' f, Pi'stole f, Re'volver m; **4.** sport: a) 'Startpis̱tole f, b) Start-schuß m: *jump the ~* e-n Fehlstart ver-ursachen, fig. voreilig handeln; **5.** Ka-'nonen-, Sa'lutschuß m; **6.** Schütze m, Jäger m; **7.** ✈, ⚙ a) Drosselklappe f, b) Drosselhebel m: *give the engine the ~* Vollgas geben; **II** v/i. **8.** auf die Jagd gehen; schießen; **9.** ~ *for* es abge-sehen haben auf j-n od. et.; **III** v/t. **10.** a) schießen auf (acc.), b) erschießen, c) mst ~ *down* niederschießen; **11.** oft ~ *up* mot. F ˌauf Touren bringen': ~ *the car up* (Voll)Gas geben.

gun| bar·rel s. ✖ **1.** Geschützrohr n; **2.** Gewehrlauf m; ~ **bat·tle** s. Feuerge-fecht n, Schieße'rei f; **'~boat** s. ♠ Ka-nonenboot n: ~ *diplomacy*; ~ **cam·er·a** s. ✈, ✖ 'Foto-M̱G n; ~ **car·riage** s. ✖ La'fette f; ~ **cot·ton** s. Schießbaum-wolle f; ~ **dog** s. Jagdhund m; **'~fight** → *gun battle*; **'~fire** s. ✖ Geschütz-feuer n; **'~ˌhap·py** adj. schießwütig; ~ **har·poon** s. ♠ Ge'schützhaṟpune f.

gunk [gʌŋk] Am. F **I** s. klebriges Zeug; **II** v/t. ~ *up* verkleben.

gun| li·cence, *Am.* ~ li·cense s. Waf-fenschein m; **'~lock** s. Gewehrschloß n; **'~man** [-mən] s. [irr.] Bewaffnete(r) m; Re'volverheld m; **'~ˌmet·al** s. Rot-guß m; ~ **moll** s. Am. sl. Gangsterbraut f; ~ **mount** s. ✖ La'fette f.

gun·ner ['gʌnə] s. ✖ a) Kano'nier m, Artille'rist m, b) Richtschütze m (Pan-zer etc.), c) M'G-Schütze m, Gewehr-führer m; **2.** ✈ Bordschütze m; **gun-ner·y** ['gʌnərɪ] s. ✖ Schieß-, Geschütz-wesen n: ~ *officer* Artillerieoffizier m.

gun·ny ['gʌnɪ] s. Juteleinwand f: ~ (*bag*) Jutesack m.

gun| pit s. ✖ **1.** Geschützstand m; **2.** ✈ Kanzel f; **'~play** → *gun battle*; **'~point** s.: *at* ~ mit vorgehaltener (Schuß)Waffe; **'~ˌpow·der** s. Schieß-pulver n: ⚔ *Plot* hist. Pulververschwö-rung f (in London 1605); **'~room** [-rʊm] s. Brit. ♠, ✖ Ka'dettenmesse f; **'~run·ner** s. Waffenschmuggler m; **'~ˌrun·ning** s. Waffenschmuggel m.

gun·sel ['gʌnsl] Am. sl. **1.** → *gunman*; **2.** ˌFiesling' m; **3.** Trottel m.

'gun|ship s. ✈, ✖ Kampfhubschrauber m; **'~shot** **1.** (Ka'nonen-, Gewehr-) Schuß m: ~ *wound* Schußwunde f; **2.** *within* (*out of*) ~ in (außer) Schußweite (a. fig.); **'~shy** adj. **1.** hunt. schuß-

scheu (Hund etc.); **2.** Am. F 'mißtrau-isch; **'~ˌsling·er** s. Am. F → *gunman*; **'~smith** s. Büchsenmacher m; ~ **tur-ret** s. ✖ **1.** Geschützturm m; **2.** ✈ Waffendrehstand m.

gun·wale ['gʌnl] s. **1.** ♠ Schandeckel m; **2.** Dollbord n (am Ruderboot).

gur·gi·ta·tion [ˌgɜːdʒɪ'teɪʃn] s. (Auf-) Wallen n, Strudeln n.

gur·gle ['gɜːgl] v/i. gurgeln: a) gluckern (Wasser), b) glucksen (Stimme, Person, Wasser etc.).

Gur·kha ['gɜːkə] s. Gurkha m, f (Mit-glied e-s indischen Volksstamms).

gu·ru ['gʊruː] s. Guru m (a. fig.).

gush [gʌʃ] **I** v/i. **1.** her'vorströmen, -schießen, sich ergießen (*from* aus); **2.** 'überströmen (*with* von); **3.** (*over*) fig. F schwärmen (von), sich 'überschweng-lich od. verzückt äußern (über acc.); **II** s. **4.** Schwall m, Strom m, Erguß m (alle a. fig.); **5.** F Schwärme'rei f, 'Über-schwenglichkeit f, (Gefühls)Erguß m; **'gush·er** [-ʃə] s. **1.** Springquelle f (Erd-öl); **2.** F Schwärmer(in); **'gush·ing** [-ʃɪŋ] adj. □ **1.** ('über)strömend; **2.** → **'gush·y** [-ʃɪ] adj. überschwenglich, schwärmerisch.

gus·set ['gʌsɪt] **I** s. **1.** Näherei etc.: Zwickel m, Keil m; **2.** ⚙ Winkelstück n, Eckblech n; **II** v/t. **3.** e-n Zwickel etc. einsetzen in (acc.).

gust [gʌst] s. **1.** Windstoß m, Bö f; **2.** fig. (Gefühls)Ausbruch m, Sturm m (der Leidenschaft etc.).

gus·ta·tion [gʌ'steɪʃn] s. **1.** Geschmack m, Geschmackssinn m; **2.** Schmecken n; **gus·ta·to·ry** ['gʌstətərɪ] adj. Ge-schmacks…

gus·to ['gʌstəʊ] s. Begeisterung f, Ge-nuß m, Gusto m.

gust·y ['gʌstɪ] adj. □ **1.** böig, stürmisch; **2.** fig. ungestüm.

gut [gʌt] **I** s. **1.** pl. Eingeweide pl., Ge-därme pl.: *I hate his ~s* F ich hasse ihn wie die Pest; **2.** anat. a) 'Darm(ka̱nal) m, b) (bestimmter) Darm; **3.** a. pl. F Bauch m; **4.** (präparierter) Darm; **5.** a) Engpaß m, b) enge 'Durchfahrt, Meer-enge f; **6.** pl. F a) *das Innere*: *the ~s of a machine*, b) Kern m, *das* Wesentli-che, c) Gehalt m, Sub'stanz f: *it has no ~s in it* es steckt nichts dahinter; **7.** pl. ˌMumm' m, Schneid m; **II** v/t. **8.** Fisch etc. ausnehmen, -weiden; **9.** Haus etc. a) ausrauben, b) ausbrennen: *~ted by fire* völlig ausgebrannt; **10.** fig. Buch etc. ˌausschlachten'; **III** adj. **11.** F in-stink'tiv, von innen her'aus, a. leiden-schaftlich: *a ~ reaction*; **12.** von ent-scheidender Bedeutung: *a ~ problem*; **'gut·less** [-lɪs] adj. ˌschlaff': a) ohne Schneid, b) ˌmüde': *a ~ enterprise*; **'gut·sy** [-tsɪ] adj. mutig, schneidig.

gut·ta-per·cha [ˌgʌtə'pɜːtʃə] s. **1.** ↱ Gutta m; **2.** ♀, ⚙ Gutta'percha n.

gut·ter ['gʌtə] **I** s. **1.** Dachrinne f; **2.** Gosse f, Rinnstein m; **3.** fig. contp. Gosse f: *language of the ~*; *take s.o. out of the ~* j-n aus der Gosse auflesen; **4.** (Abfluß-, Wasser)Rinne f; **5.** ⚙ Ril-le f, Hohlkehlfuge f, Furche f; **6.** Ku-gelfangrinne f (der Bowlingbahn); **II** v/t. **7.** furchen, aushöhlen; **III** v/i. **8.** rinnen, strömen; **9.** tropfen (Kerze); **IV** adj. **10.** vul'gär, schmutzig, Schmutz…; ~ **press** s. Skan'dal-, Sensati'onspresse *f*; **'∼·snipe** *s.* Gassenkind *n*.

gut·tur·al ['gʌtərəl] **I** *adj.* □ **1.** Kehl...,
guttu'ral (*beide a. ling.*), kehlig; **2.**
rauh, heiser; **II** *s.* **3.** *ling.* Kehllaut *m*,
Guttu'ral *m*.

guv [gʌv], **guv·nor, guv'nor** ['gʌvnə] *sl.*
> *governor* 4.

guy¹ [gaɪ] **I** *s.* **1.** F ,Typ' *m*, Kerl *m*,
,Bursche' *m*; **2.** ,Vogelscheuche' *f*,
'Schießbudenfi,gur' *f*; **3.** Zielscheibe *f*
des Spotts; **4.** *Brit.* Spottfigur des *Guy
Fawkes* (*die am* **Guy Fawkes Day** *verbrannt wird*); **II** *v/t.* **5.** F *j-n* lächerlich
machen, verulken.

guy² [gaɪ] **I** *s.* **1.** *a.* **∼ rope** Halteseil *n*,
-tau *n*; **2.** a) ⚙ (Ab)Spannseil *n* (*e-s
Mastes*): **∼ wire** Spanndraht *m*, b) ⚓
Gei(tau *n*) *f*; **3.** Spannschnur *f* (*Zelt*); **II**
v/t. **4.** mit e-m Tau *etc.* sichern, verspannen.

Guy Fawkes Day [,gaɪ'fɔːks] *s. Brit. der
Jahrestag des* **Gunpowder Plot** (*5. November*).

guz·zle ['gʌzl] *v/t.* **1.** *a. v/i.* a) ,saufen',
b) ,fressen'; **2.** oft **∼ away** Geld verprassen, *bsd.* ,versaufen'.

gybe [dʒaɪb] *v/t. u. v/i.* ⚓ *Brit.* (sich)
'umlegen (*Segel beim Kreuzen*).

gym [dʒɪm] *s. sl. abbr. für* **gymnasium**

u. **gymnastics**: **∼ shoe** Turnschuh *m*.

gym·kha·na [dʒɪm'kɑːnə] *s.* Gym'khana
f (*Geschicklichkeitswettbewerb für Reiter, a. Austragungsort*).

gym·na·si·um [dʒɪm'neɪzjəm] *pl.* **-si-
ums, -si·a** [-zjə] *s.* **1.** Turnhalle *f*; **2.**
ped. (*deutsches*) Gym'nasium; **gym-
nast** ['dʒɪmnæst] *s.* (Kunst)Turner(in);
gym'nas·tic [-'næstɪk] *I adj.* **1.** (□ **∼al-
ly**) gym'nastisch, turnerisch, Turn...,
Gymnastik...; **II** *s.* **2.** *pl. sg. konstr.*
Turnen *n*, Gym'nastik *f*: **mental ∼s**
,Gehirnakrobatik' *f*; **3.** *mst pl.* Turn-,
Gym'nastikübung *f*.

gyn·ae·co·log·ic, gyn·ae·co·log·i·cal
[,gaɪnɪkə'lɒdʒɪk(l)] *adj.* ⚕ gynäko'logisch; **gyn·ae·col·o·gist** [,gaɪnɪ'kɒlə-
dʒɪst] *s.* ⚕ Gynäko'loge *m*, -'login *f*,
Frauenarzt *m*, Frauenärztin *f*; **gyn-
ae·col·o·gy** [,gaɪnɪ'kɒlədʒɪ] *s.* ⚕ Gynäkolo'gie *f*.

gyp [dʒɪp] *sl.* **I** *v/i. u. v/t.* **1.** ,beschei-
ßen', ,neppen'; **II** *s.* **2.** a) ,Beschiß'
m, b) ,Nepp' *m*; **3.** *give s.o.* **∼** *j-n*
,fertigmachen'; **'∼-joint** *s. sl.* 'Nepplo-
,kal *n*.

gyp·se·ous ['dʒɪpsɪəs] *adj. min.* gipsar-
tig, Gips...; **gyp·sum** ['dʒɪpsəm] *s.
min.* Gips *m*.

gyp·sy ['dʒɪpsɪ] *etc. bsd. Am.* → **gipsy**
etc.

gy·rate I *v/i.* [,dʒaɪə'reɪt] kreisen, sich
(im Kreis) drehen, wirbeln; **II** *adj.*
['dʒaɪərɪt] gewunden; ,**gy'ra·tion** [-eɪ-
ʃən] *s.* **1.** Kreisbewegung *f*, Drehung *f*;
2. *anat., zo.* Windung *f*; **gy·ra·to·ry**
['dʒaɪərətərɪ] *adj.* kreisend, sich (im
Kreis) drehend.

gyr·fal·con ['dʒɜ:,fɔ:lkən] → **gerfalcon**.

gy·ro-com·pass ['dʒaɪərəʊ,kʌmpəs] *s.*
⚓, *phys.* Kreiselkompaß *m*; '**gy·ro-
graph** [-əʊgrɑːf] *s.* ⊙ Um'drehungs-
zähler *m*.

gy·ro ho·ri·zon ['dʒaɪərəʊ] *s. ast.,* ✈
künstlicher Hori'zont.

gy·ro·pi·lot ['dʒaɪərəʊ,paɪlət] *s.* ✈ Auto-
pi'lot *m*; '**gy·ro·plane** [-rəpleɪn] *s.* ✈
Tragschrauber *m*; '**gy·ro·scope** [-rə-
skəʊp] *s.* **1.** *phys.* Gyro'skop *n*, Kreisel
m; **2.** ⚓, ✕ Ge'radlaufappa,rat *m* (*Torpedo*); **gy·ro·scop·ic** [,dʒaɪərə'skɒpɪk]
adj. (□ **∼ally**) Kreisel..., gyro'skopisch;
gy·ro·sta·bi·liz·er [,dʒaɪərəʊ'steɪbɪlaɪ-
zə] *s.* ⚓, ✈ (Stabilisier-, Lage)Kreisel
m; '**gy·ro·stat** [-rəʊstæt] *s.* Gyro'stat
m.

gyve [dʒaɪv] *obs. od. poet.* **I** *s. mst pl.*
(*bsd.* Fuß)Fessel *f*; **II** *v/t.* fesseln.

H

H, h [eɪtʃ] *s.* H *n*, h *n* (*Buchstabe*).
ha [hɑː] *int.* ha!, ah!
ha·be·as cor·pus [ˌheɪbjəsˈkɔːpəs] (*Lat.*) *s. a.* **writ of ~** ⚖ Vorführungsbefehl *m* zur Haftprüfung: ⚖ *Act* Habeas-Corpus-Akte *f* (*1679*).
hab·er·dash·er [ˈhæbədæʃə] *s.* **1.** Kurzwarenhändler(in); **2.** *Am.* Herrenausstatter *m*; **ˈhab·er·dash·er·y** [-ərɪ] *s.* **1.** a) Kurzwaren *pl.*, b) Kurzwarengeschäft *n*; **2.** *Am.* a) 'Herrenbe,kleidungsar,tikel *pl.*, b) Herrenmodengeschäft *n*.
ha·bil·i·ments [həˈbɪlɪmənts] *s. pl.* (Amts)Kleidung *f*, Kleider *pl.*
hab·it [ˈhæbɪt] *s.* **1.** (An)Gewohnheit *f*: *out of ~* aus Gewohnheit; *the force of ~* die Macht der Gewohnheit; *be in the ~ of doing s.th.* pflegen *od.* die (An-)Gewohnheit haben, et. zu tun; *get* (*od. fall*) *into a ~* sich et. angewöhnen; *break o.s. of a ~* sich et. abgewöhnen; *make a ~ of s.th.* et. zur Gewohnheit werden lassen; **2.** *oft ~ of mind* Geistesverfassung *f*; **3.** *psych.* Habit *n*, *a. m*; **4.** 🦢 Sucht *f*; **5.** (Amts-, Berufs-) Kleidung *f*, Tracht *f*; **6.** ♀ Habitus *m*, Wachstumsart *f*; **7.** *zo.* Lebensweise *f*.
hab·it·a·ble [ˈhæbɪtəbl] *adj.* □ bewohnbar; **hab·i·tant** *s.* **1.** [ˈhæbɪtənt] Einwohner(in); **2.** [ˈhæbɪtɑ̃ːŋ] a) 'Franko-ka,nadier *m*, b) Einwohner *m* fran'zösischer Abkunft (*in Louisiana*); **hab·i·tat** [ˈhæbɪtæt] *s.* ♀, *zo.* Habi'tat *m*, Heimat *f*, Stand-, Fundort *m*; **hab·i·ta·tion** [ˌhæbɪˈteɪʃn] *s.* Wohnen *n*; Wohnung *f*, Behausung *f*, Aufenthalt *m*: *unfit for human ~* unbewohnbar.
ˈhab·it·ˌform·ing *adj.* **1.** zur Gewohnheit werdend; **2.** 🦢 suchterzeugend: *~ drug* Suchtmittel *n*.
ha·bit·u·al [həˈbɪtjʊəl] *adj.* □ **1.** gewohnt, üblich, ständig; **2.** gewohnheitsmäßig, Gewohnheits…, *contp. a.* no'torisch: *~ criminal* Gewohnheitsverbrecher *m*; *~ drinker* Gewohnheitstrinker (-in); **ha·bit·u·ate** [-jʊeɪt] *v/t.* **1.** (*o.s.* sich) gewöhnen (*to* an *acc.*; *to doing s.th.* daran, et. zu tun); **2.** *Am.* F frequentieren, häufig besuchen; **ha·bit·u·é** [-jʊeɪ] *s.* ständiger Besucher, Stammgast *m*.
ha·chures [hæˈʃjʊə] *s. pl.* Schraffierung *f*, Schraf'fur *f*.
hack¹ [hæk] **I** *v/t.* **1.** (zer)hacken: *~ off* abhacken (von); *~ out fig.* grob darstellen, ˌhinhauen'; *~ to pieces* (od. *bits*) in Stücke hacken, *fig.* ˌkaputtmachen'; **2.** (ein)kerben; **3.** ⚒ Boden (auf-, los-) hacken; **4.** ⚙ *Steine* behauen; **5.** *sport* *j-n* (gegen das Schienbein) treten; **II** *v/i.* **6.** hacken: *~ at* hacken nach, b) ein-

hauen auf (*acc.*); **7.** trocken u. stoßweise husten: *~ing cough* → 12; **8.** *sport* treten, ˌholzen'; **III** *s.* **9.** Hieb *m*; **10.** Kerbe *f*; **11.** *sport* a) Tritt *m* (gegen das Schienbein), b) Trittwunde *f*; **12.** trockener, stoßweiser Husten.
hack² [hæk] **I** *s.* **1.** a) Reit- *od.* Kutschpferd *n*, b) Mietpferd *n*, Gaul *m*, Klepper *m*; **2.** *Am.* a) (Miets)Droschke *f*, b) F Taxi *n*, c) → *hackie*; **3.** a) Lohnschreiber *m*, Schriftsteller, der auf Bestellung arbeitet, b) Schreiberling *m*; **II** *adj.* **4.** *~ writer* → 3; **5.** einfallslos, mittelmäßig; **6.** → *hackneyed*; **III** *v/i.* **7.** *Brit.* ausreiten; **8.** *Am.* F a) in e-m Taxi fahren *od.* ein Taxi fahren; **9.** auf Bestellung arbeiten (*Schriftsteller*).
hack·er [ˈhækə] *s. Computer:* Hacker *m*.
hack·ie [ˈhækɪ] *s. Am.* F Taxifahrer *m*.
hack·le [ˈhækl] **I** *s.* **1.** ⚙ Hechel *f*; **2.** a) *orn.* (lange) Nackenfeder(n *pl.*), b) *pl.* (aufstellbare) Rücken- u. Halshaare *pl.* (*Hund*): *this got his ~s up* (*od.* *his ~s rose at this*) das brachte ihn in Wut; **II** *v/t.* **3.** ⚙ hecheln.
hack·ney [ˈhæknɪ] *s.* **1.** → *hack²* 1; **2.** *a. ~ carriage* Droschke *f*; **ˈhack·neyed** [-ɪd] *adj. fig.* abgenutzt, abgedroschen.
ˈhack·saw *s.* ⚙ Bügelsäge *f*.
had [hæd, həd] *pret. u. p.p. von* **have**.
had·dock [ˈhædək] *s.* Schellfisch *m*.
Ha·des [ˈheɪdiːz] *s.* **1.** *antiq.* Hades *m*, 'Unterwelt *f*; **2.** F Hölle *f*.
hae·mal [ˈhiːml] *adj. anat.* Blut(gefäß)…; **hae·mat·ic** [hiːˈmætɪk] **I** *adj.* a) blutgefüllt, b) Blut…, c) blutbildend; **II** *s.* 🦢 Hä'matikum *n*, blutbildendes Mittel; **haem·a·tite** [ˈhemətaɪt] *s. min.* Häma'tit *m*; **hae·ma·tol·o·gy** [ˌhemə-ˈtɒlədʒɪ] *s.* 🦢 Hämatolo'gie *f*; **hae·mo·glo·bin** [ˌhiːməʊˈgləʊbɪn] *s.* Hämoglo'bin *n*, roter Blutfarbstoff; **hae·mo·phile** [ˈhiːməʊfaɪl] *s.* 🦢 Bluter *m*; **hae·mo·phil·i·a** [ˌhiːməʊˈfɪlɪə] *s.* 🦢 Bluterkrankheit *f*, Hämophi'lie *f*; **hae·mo·phil·i·ac** [ˌhiːməʊˈfɪlɪæk] → *haemophile*; **haem·or·rhage** [ˈhemərɪdʒ] *s.* (*cerebral ~* Gehirn)Blutung *f*; **haem·or·rhoids** [ˈhemərɔɪdz] *s. pl.* 🦢 Hämorrho'iden *pl.*
haft [hɑːft] *s.* Griff *m*, Heft *n*, Stiel *m*.
hag [hæg] *s.* ˌalte Vettel', Hexe *f*.
hag·gard [ˈhægəd] **I** *adj.* □ **1.** wild, verstört: *~ look*, **2.** a) abgehärmt, b) sorgenvoll, gequält, c) abgespannt, d) abgezehrt, hager; **3.** *~ falcon* → 4; **II** *s.* **4.** Falke, der ausgewachsen gefangen wurde.
hag·gle [ˈhægl] *v/i.* (*about, over*) schachern, feilschen, handeln (um); **ˈhag·gler** [-lə] *s.* Feilscher(in).

hag·i·og·ra·phy [ˌhægɪˈɒgrəfɪ] *s.* Hagiogra'phie *f* (*Erforschung u. Beschreibung von Heiligenleben*); **ˌhag·i·ol·a·try** [-ˈɒlətrɪ] *s.* Heiligenverehrung *f*.
ˈhag·ˌrid·den *adj.* **1.** gepeinigt, gequält; **2.** *be ~ humor.* von Frauen schikaniert werden.
Hague| Con·ven·tions [heɪg] *s. pl. pol.* die Haager Abkommen *pl*; **~ Tri·bu·nal** *s. pol.* der Haager Schiedshof.
hail¹ [heɪl] **I** *s.* **1.** Hagel *m* (*a. fig. von Geschossen, Flüchen etc.*); **II** *v/i.* **2.** *impers.* hageln: *it is ~ing* es hagelt; **3.** *a. ~ down fig.* (*on* auf *acc.*) (nieder)hageln, (nieder)prasseln; **III** *v/t.* **4.** *a. ~ down fig.* (nieder)hageln *od.* (-)prasseln lassen (*on* auf *acc.*).
hail² [heɪl] **I** *v/t.* **1.** freudig *od.* mit Beifall begrüßen, zujubeln (*dat.*); **2.** *j-n, a. Taxi* her'beirufen *od.* -winken; **3.** *fig. et.* begrüßen, begeistert aufnehmen; **II** *v/i.* **4.** *bsd.* ♩ rufen, sich melden; **5.** (her)stammen, (-)kommen (*from* von *od.* aus); **III** *int.* **6.** heil!; **IV** *s.* **7.** Gruß *m*, Zuruf *m*: *within ~* (*od.* *~ing distance*) in Ruf- *od.* Hörweite, *fig.* greifbar nahe; **ˈhail·er** *s. Am.* Mega'phon *n*.
ˈhail-, fel·low-, well-ˈmet [-ləʊ-] **I** *s.* a) umgänglicher Mensch, b) *contp.* plump-vertraulicher Kerl; **II** *adj.* a) umgänglich, b) *contp.* plump-vertraulich, c) *~ with* (sehr) vertraut *od.* auf du u. du mit; **ˈ~stone** *s.* Hagelkorn *n*, -schloße *f*; **ˈ~storm** *s.* Hagelschauer *m*.
hair [heə] *s.* **1.** ein Haar *n*: *by a ~ fig.* ganz knapp *gewinnen etc.*; *to a ~* haargenau; *it turned on a ~* es hing an e-m Faden; *without turning a ~* ohne mit der Wimper zu zucken, kaltblütig; *split ~s* Haarspalterei treiben; *not to harm* (*od. hurt*) *a ~ on s.o.'s head* j-m kein Haar krümmen; **2.** *coll.* Haar *n*, Haare *pl.*: *comb s.o.'s ~ for him* (*od. her*) F *fig.* j-m gehörig den Kopf waschen; *do one's ~* sich die Haare machen; *get in s.o.'s ~* F j-m auf die Nerven fallen; *have s.o. by the short ~s* F j-n in der Hand haben; *have one's ~ cut* sich die Haare schneiden lassen; *have a ~ of the dog* (*that bit you*) F e-n Schluck Alkohol trinken, um s-n ˌKater' zu vertreiben; *let one's ~ down* a) sein Haar aufmachen, b) *fig.* sich ungeniert benehmen, c) aus sich herausgehen, d) sein Herz ausschütten; *my ~ stood on end* mir sträubten sich die Haare; *keep s.o. out of one's ~* F sich j-n vom Leib halten; *keep your ~ on!* F nur keine Aufregung; *tear one's ~* sich die Haare raufen; **3.** ♀ Haar *n*; **4.** Härchen *n*, Fäserchen *n*; **ˈ~breadth** *s.*: *by a ~* um Haaresbreite; *escape by a ~* mit knap-

per Not davonkommen; '**~brush** s. **1.** Haarbürste f; **2.** Haarpinsel m; ~ **clippers** s. pl. 'Haarschneidema‚schine f; '**~cloth** s. Haartuch n; **~‚com·pass·es** s. pl. a. pair of ~ Haar(strich)zirkel m; '**~‚curl·ing** adj. F **1.** grausig; **2.** haarsträubend; '**~cut** s. Haarschnitt m, weitS. Fri'sur f: have a ~ sich die Haare schneiden lassen; '**~do** pl. '**~dos** s. F Fri'sur f; '**~‚dress·er** s. Fri'seur m, Fri'seuse f; '**~‚dress·ing** s. Frisieren n: ~ **salon** Friseursalon m; '**~‚dri·er** s. Haartrockner m: a) Fön m, b) Trockenhaube f.

haired [heəd] adj. **1.** behaart; **2.** in Zssgn ...haarig.

hair| fol·li·cle s. anat. Haarbalg m; '**~grip** s. Haarklammer f.

hair·i·ness ['heərɪnɪs] s. Behaartheit f; **hair·less** ['heəlɪs] adj. unbehaart, haarlos, kahl.

'**hair·line** s. **1.** Haaransatz m; **2.** a) feiner Streifen (Stoffmuster), b) feingestreifter Stoff; **3.** Haarseil n; **4.** a. ~ **crack** ⊙ Haarriß m; **5.** opt. Fadenkreuz n; **6.**→ hair stroke; ~ **mat·tress** s. 'Roßhaarma‚tratze f; ~ **net** s. Haarnetz n; ~ **oil** s. Haaröl n; '**~piece** s. Haarteil n, für Männer Tou'pet n; '**~pin** s. **1.** Haarnadel f; **2.** a. ~ bend Haarnadelkurve f; '**~‚rais·er** s. F et. Haarsträubendes, z.B. Horrorfilm m; '**~‚rais·ing** adj. F haarsträubend; ~ **re·stor·er** s. Haarwuchsmittel n.

hair's breadth → hairbreadth.

hair| shirt s. härenes Hemd; ~ **sieve** s. Haarsieb n; ~ **slide** s. Haarspange f; '**~‚split·ter** s. fig. Haarspalter(in); '**~‚split·ting I** s. Haarspalte'rei f; **II** adj. haarspalterisch; '**~spring** s. ⊙ Haar-, Unruhfeder f; ~ **stroke** s. Haarstrich m (Schrift); '**~style** s. Fri'sur f; ~ **styl·ist** s. Hair-Stylist m, 'Damenfri‚seur m; '**~‚trig·ger I** s. **1.** Stecher m (am Gewehr); **II** adj. F **2.** äußerst reizbar (Person); **3.** la'bil; **4.** prompt.

hair·y ['heərɪ] adj. **1.** haarig, behaart; **2.** Haar...; **3.** F ‚haarig', schwierig.

hake [heɪk] s. ichth. Seehecht m.

ha·la·tion [hə'leɪʃn] s. phot. Halo-, Lichthofbildung f.

hal·berd ['hælbɜːd] s. ✗ hist. Helle'barde f; **hal·berd·ier** [‚hælbə'dɪə] s. Hellebar'dier m.

hal·cy·on ['hælsɪən] **I** s. orn. Eisvogel m; **II** adj. halky'onisch, friedlich; ~ **days** s. pl. **1.** halky'onische Tage pl.: a) Tage pl. der Ruhe (auf dem Meer), b) fig. Tage glücklicher Ruhe; **2.** fig. glückliche Zeit.

hale [heɪl] adj. gesund, kräftig: ~ and hearty gesund u. munter.

half [hɑːf] **I** pl. **halves** s. **1.** Hälfte f: an hour and a ~ anderthalb Stunden; ~ (of) the girls die Hälfte der Mädchen; ~ the amount die halbe Menge od. Summe; cut in halves (od. ~) in zwei Hälften od. Teile schneiden, entzweischneiden, halbieren; do s.th. by halves et. nur halb tun; do things by halves halbe Sachen machen; not to do things by halves Nägel mit Köpfen machen; go halves with s.o. (gleichmäßig) mit j-m teilen, mit j-m (bei et.) halbpart machen; too clever by ~ überschlau; a game and a ~ F ein ‚Bombenspiel'; not good enough by ~

lange nicht gut genug; torn in ~ fig. hin- u. hergerissen; → better¹ 1; **2.** sport: a) Halbzeit f, (Spiel)Hälfte f, b) (Spielfeld)Hälfte f, c) Golf: Gleichstand m, d) → halfback; **3.** Fahrkarte f zum halben Preis; **4.** kleines Bier (halbes Pint); **II** adj. **5.** halb: a ~ mile, mst ~ a mile e-e halbe Meile; ~ an hour, a ~ hour e-e halbe Stunde; two pounds and a ~ zweieinhalb Pfund; a ~ share ein halber Anteil, e-e Hälfte; ~ knowledge Halbwissen n; at ~ the price zum halben Preis; that's ~ the battle damit ist es halb gewonnen; → mind 5, eye 2; **III** adv. **6.** halb, zur Hälfte: ~ full; my work is ~ done; ~ as much halb so viel; ~ as much again anderthalbmal soviel; ~ past ten halb elf (Uhr); **7.** halb(wegs), nahezu, fast: ~ dead halbtot; not ~ bad F gar nicht übel; be ~ inclined beinahe geneigt sein; he ~ wished (suspected) er wünschte (vermutete) fast.

‚**half|-and-'half** [-fənd'h-] **I** s. Halb-u.-halb-Mischung f; **II** adj. halb-u.-'halb; **III** adv. halb u. halb; '**~back** s. **1.** obs. Fußball etc.: Läufer m; **2.** Rugby: Halbspieler m; ‚**~baked** adj. fig. F **1.** ‚grün', unreif, unerfahren; **2.** unausgegoren, nicht durch'dacht (Plan etc.); **3.** blöd; ~ **bind·ing** s. Halb(leder)band m; '**~blood** s. **1.** Halbbürtigkeit f: brother of the ~ Halbbruder m; **2.** → half-breed; ‚**~'blood·ed** → half-bred 1; ~ **board** s. Hotel: 'Halbpensi‚on f; ‚**~'bound** adj. im Halbband (Buch); '**~bred I** adj. halbblütig, Halbblut...; **II** s. Halbblut(tier) n; '**~breed I** s. **1.** Mischling m, Halbblut n (a. Tier); **2.** Am. Me'stize m; **3.** ♀ Kreuzung f; **II** adj. **4.** → half-bred; '**~‚broth·er** s. Halbbruder m; '**~caste** → half-breed 1 u. half-bred; '**~cloth** adj. in Halbleinen gebunden, Halbleinen...; ~ **cock** s.: go off at ~ F a) ‚hochgehen', wütend werden, b) ‚da'nebengehen'; ~ **crown** s. Brit. obs. Halbkronenstück n (Wert: 2s.6d.); ~ **deck** s. ♣ Halbdeck n; ~ **face** s. paint., phot. Pro'fil n; ‚**~'heart·ed** adj. □ halbherzig; ~ **hol·i·day** s. halber Feier- od. Urlaubstag; ~ **hose** s. coll., pl. konstr. a) Halb-, Kniestrümpfe pl., b) Socken pl.; ‚**~'hour I** s. halbe Stunde; **II** adj. halbstündig, halbstündlich; **III** adv. → ‚~'hour·ly adv. jede od. alle halbe Stunde, halbstündlich; ‚**~'life (pe·ri·od)** s. ♠, phys. Halbwertzeit f; ‚**~'mast** s.: fly at ~ auf halbmast od. ♣ halbstock(s) setzen (v/i. wehen); ~ **meas·ure** s. Halbheit f, halbe Sache; ~ **moon** s. **1.** Halbmond m; **2.** (Nagel)Möndchen n; ~ **mourn·ing** s. Halbtrauer f; ~ **nel·son** s. Ringen: Halbnelson m; ‚**~'or·phan** s. Halbwaise f; ~ **pay** s. **1.** halbes Gehalt; **2.** ✗ Halbsold m; Ruhegeld n: on ~ außer Dienst; **~pen·ny** ['heɪpnɪ] s. **1.** pl. **half·pence** ['heɪpəns] halber Penny: three halfpence, a penny ~ einundhalb Pennies; turn up again like a bad ~ immer wieder auftauchen; **2.** pl. **half·pen·nies** ['heɪpnɪz] Halbpennystück n; '**~pint** s. **1.** halbes Pint (bsd. Bier); **2.** F ‚halbe Porti'on'; ‚**~seas-'o·ver** adj. F ‚angesäuselt'; '**~‚sis·ter** s. Halbschwester f; ‚**~'staff** → half-

mast; ~ **term** s. univ. Brit. kurze Ferien in der Mitte e-s Trimesters; ‚**~'tide** s. ♣ Gezeitenmitte f; ‚**~'tim·bered** adj. △ Fachwerk...; ~ **time** s. **1.** halbe Arbeitszeit; **2.** sport Halbzeit f; ‚**~'time I** adj. **1.** Halbtags...: ~ job; **2.** sport Halbzeit...: ~ score Halbzeitstand m; **II** adv. **3.** halbtags; ‚**~'tim·er** s. Halbtagsbeschäftigte(r m) f; ~ **ti·tle** s. Schmutztitel m; '**~tone** s. ♩, paint., typ. Halbton m: ~ engraving Autotypie f; ~ **process** Halbtonverfahren n; ~ **track I** s. **1.** ⊙ Halbkettenantrieb m; **2.** Halbkettenfahrzeug n; **II** adj. **3.** Halbketten...; ‚**~'truth** s. Halbwahrheit f; ‚**~'vol·ley** s. sport Halbvolley m, Halbflugball m; ‚**~'way I** adj. **1.** auf halbem Weg od. in der Mitte (liegend): ~ measures halbe Maßnahmen; **II** adv. **2.** auf halbem Weg, in der Mitte; → meet 4; **3.** teilweise, halb(wegs); ‚**~'way house** s. **1.** auf halbem Weg gelegenes Gasthaus; **2.** fig. a) 'Zwischenstufe f, -stati‚on f, b) Kompro'miß m, n; **3.** Rehabilitati'onszentrum n; '**~wit** s. Schwachkopf m, -sinnige(r m) f, Trottel m; ‚**~'wit·ted** adj. schwachsinnig, blöd; ‚**~'year·ly** adv. halbjährlich.

hal·i·but ['hælɪbət] s. Heilbutt m. **hal·ide** ['hælaɪd] s. ♠ Haloge'nid n. **hal·i·to·sis** [‚hælɪ'təʊsɪs] s. Hali'tose f, (übler) Mundgeruch.

hall [hɔːl] s. **1.** Halle f, Saal m; **2.** a) Diele f, Flur m, b) (Empfangs-, Vor-) Halle f, Vesti'bül n; **3.** a) (Versammlungs)Halle f, b) großes (öffentliches) Gebäude: ≌ of Fame Ruhmeshalle; **4.** hist. Gilden-, Zunfthaus n; **5.** Brit. Herrenhaus n (e-s Landguts); **6.** univ. a) a. ~ of residence Stu'dentenheim n, b) Brit. (Essen n im) Speisesaal m, c) Am. Insti'tut n: Science 2; **7.** hist. a) Schloß n, Stammsitz m, b) Fürsten-, Königssaal m, c) Festsaal m; ~ **clock** s. Standuhr f.

hal·le·lu·jah, hal·le·lu·iah [‚hælɪ'luːjə] **I** s. Halle'luja n; **II** int. halle'luja! **hal·liard** ['hæljəd] → halyard.

'**hall·mark I** s. **1.** Feingehaltsstempel m (der Londoner Goldschmiedeinnung) **2.** fig. (Güte)Stempel m, Gepräge n, (Kenn)Zeichen n; **II** v/t. **3.** Gold od. Silber stempeln; **4.** fig. kennzeichnen, stempeln.

hal·lo [hə'ləʊ] bsd. Brit. für hello. **hal·loo** [hə'luː] **I** int. hallo!, he!; **II** s. Hallo n; **III** v/i. (hallo) rufen od. schreien: don't ~ till you are out of the wood! freu dich nicht zu früh!

hal·low¹ ['hæləʊ] v/t. heiligen: a) weihen, b) als heilig verehren: ~ed be Thy name geheiligt werde Dein Name.

hal·low² ['hæləʊ] → halloo.

Hal·low·e·en [‚hæləʊ'iːn] s. Abend m vor Aller'heiligen; **Hal·low·mas** ['hæləʊmæs] s. obs. Aller'heiligen(fest) n.

hall| por·ter s. bsd. Brit. Ho'tel-, Hausdiener m; '**~stand** s. a) Am. a. ~ tree Garde'robenständer m, b) 'Flurgarde‚robe f.

hal·lu·ci·nate [hə'luːsɪneɪt] v/i. halluzinieren; **hal·lu·ci·na·tion** [hə‚luːsɪ'neɪʃn] s. Halluzinati'on f; **hal·lu·ci·na·to·ry** [hə'luːsɪnətərɪ] adj. halluzina'torisch; **hal·lu·ci·no·gen** [hə'luːsɪnədʒen] s. ♣ Halluzino'gen n.

'**hall·way** s. Am. **1.** (Eingangs)Halle f,

Diele f; **2.** Korridor m.
halm [hɑːm] → **haulm**.
hal·ma ['hælmə] s. Halma(spiel) n.
ha·lo ['heɪləʊ] pl. **ha·loes, ha·los** s. **1.** Heiligen-, Glorienschein m, Nimbus m (a. fig.); **2.** ast. Halo m, Ring m, Hof m; **3.** allg. Ring m, (phot. Licht)Hof m; **'ha·loed** [-əʊd] adj. mit e-m Heiligenschein etc. um'geben.
hal·o·gen ['hælədʒen] s. 🜊 Halo'gen n, Salzbildner m: **~ lamp** Halogenlampe f, mot. -scheinwerfer m.
halt[1] [hɔːlt] **I** s. **1.** a) Halt m, Pause f, Rast f, Aufenthalt m, a. fig. Stillstand m: **call a ~ (to)** (fig. Ein)Halt gebieten (dat.); **bring to a ~** → 3; **come to a ~** → 4; **2.** 🚋 Brit. (Bedarfs-)Haltestelle f, Haltepunkt m; **II** v/t. **3.** a) haltmachen lassen, anhalten (lassen), a. fig. zum Halten od. Stehen bringen; **III** v/i. **4.** a) anhalten, haltmachen, b) a. fig. zum Stehen od. Stillstand kommen: **~!** halt!
halt[2] [hɔːlt] v/i. **1.** obs. hinken; **2.** fig. ,hinken' (Vergleich etc.), (Vers etc.) a. holpern; **3.** zögern, schwanken, stocken.
hal·ter ['hɔːltə] **I** s. **1.** Halfter f, m, n; **2.** Strick m (zum Hängen); **3.** rückenfreies Oberteil od. Kleid mit Nackenband; **II** v/t. **4.** Pferd (an)halftern; **5.** j-n hängen; **'~·neck** → halter 3.
halt·ing ['hɔːltɪŋ] adj. □ **1.** obs. hinkend; **2.** fig. a) hinkend, b) holp(e)rig; **3.** stockend; **4.** zögernd, schwankend.
halve [hɑːv] v/t. **1.** halbieren: a) zu gleichen Hälften teilen, b) auf die Hälfte reduzieren; **2.** verblatten.
halves [hɑːvz] pl. von half.
hal·yard ['hæljəd] s. ⚓ Fall n.
ham [hæm] **I** s. **1.** Schinken m: **~ and eggs** Schinken mit (Spiegel)Ei; **2.** anat. (hinterer) Oberschenkel, Gesäßbacke f, pl. Gesäß n; **3.** F a) a. **~ actor** über'trieben od. miserabel spielender Schauspieler, 'Schmierenkomödi,ant (-in), b) fig. contp. ,Schauspieler(in)', c) Stümper(in); **4.** F Ama'teurfunker m; **II** v/t. **5.** F a) e-e Rolle über'trieben od. mise'rabel spielen: **~ it up** → 6, b) et. verkitschen; **III** v/i. **6.** über'trieben od. mise'rabel spielen, wie ein 'Schmierenkomödi,ant auftreten.
ham·burg·er ['hæmbɜːɡə] s. **1.** Am. Rinderhack n; **2.** a) a. 🜨 **steak** Frika'delle f, b) Hamburger m.
Ham·burg steak ['hæmbɜːɡ] → hamburger 2a.
hames [heɪmz] s. pl. Kummet n.
'ham|-,fist·ed, '~-,hand·ed adj. F ungeschickt, tolpatschig.
ha·mite[1] ['heɪmaɪt] s. zo. Ammo'nit m.
Ham·ite[2] ['hæmaɪt] s. Ha'mit(in).
ham·let ['hæmlɪt] s. Weiler m, Flecken m, Dörfchen n.
ham·mer ['hæmə] **I** s. **1.** Hammer m (a. anat.): **come** (od. **go**) **under the ~** unter den Hammer kommen, versteigert werden; **go at it ~ and tongs** F a) ,mächtig rangehen', b) (sich) streiten, daß die Fetzen fliegen; **~ and divider** pol. Hammer u. Zirkel (Symbol der DDR); **~ and sickle** pol. Hammer u. Sichel (Symbol der UdSSR); **2.** Hammer m (Klavier etc.); **3.** sport Hammer m; **4.** 🜨 a) e-r Hammer(werk n) m, b) Hahn m (e-r Feuerwaffe); **II** v/t. **5.** (ein-)

hämmern, (ein)schlagen: **~ an idea into s.o.'s head** fig. j-m e-e Idee einhämmern od. -bleuen; **6.** a. **~ out** a) Metall hämmern, bearbeiten, formen, b) fig. ausarbeiten, schmieden, c) Differenzen ,ausbügeln'; **7.** a. **~ together** zs.-hämmern, -zimmern; **8.** F a) vernichtend schlagen, sport a. ,über'fahren', b) besiegen; **9.** Börse: Brit. für zahlungsunfähig erklären; **III** v/i. **10.** hämmern (a. Puls etc.): **~ at** einhämmern auf (acc.); **~ away** drauflosshämmern, -arbeiten; **~ away (at)** fig. sich abmühen (mit); **~ blow** s. Hammerschlag m; **~ drill** s. 🜨 Schlagbohrer m.
ham·mered ['hæməd] adj. 🜨 gehämmert, getrieben, Treib...
ham·mer| face s. 🜨 Hammerbahn f; **~ forg·ing** s. 🜨 Reckschmieden n; **'~,hard·en** v/t. 🜨 kalthämmern; **'~·head** s. **1.** ichth. Hammerhai m; **2.** 🜨 (Hammer)Kopf m; **~·less** ['hæməlɪs] adj. mit verdecktem Schlaghammer (Gewehr); **'~·lock** s. Ringen: Hammerlock m (Griff); **~ scale** s. 🜨 (Eisen)Hammerschlag m, Zunder m; **'~·smith** s. 🜨 Hammerschmied m; **~ throw** s. sport Hammerwerfen n; **~ throw·er** s. sport Hammerwerfer m; **'~·toe** s. 🜨 Hammerzehe f.
ham·mock ['hæmək] s. Hängematte f.
ham·per[1] ['hæmpə] v/t. **1.** (be)hindern, hemmen; **2.** stören.
ham·per[2] ['hæmpə] s. **1.** (Pack-, Trag-)Korb m; **2.** Geschenkkorb m, ,Freßkorb' m.
ham·ster ['hæmstə] s. zo. Hamster m.
'ham·string s. **1.** anat. Kniesehne f; **2.** zo. A'chillessehne f; **II** v/t. [irr. → **string**] **3.** (durch Zerschneiden der Kniesehnen) lähmen; **4.** fig. lähmen.
hand [hænd] s. **1.** Hand f (a. fig.): **~s off!** Hände weg!; **~s up!** Hände hoch!; **be in good ~s** fig. in guten Händen sein; **fall into s.o.'s ~s** j-m in die Hände fallen; **give** (od. **lend**) **a ~(helping)** (j-m) helfen; **give s.o. a ~ up** j-m auf die Beine helfen; **I am entirely in your ~s** ich bin ganz in Ihrer Hand; **I have his fate in my ~s** sein Schicksal liegt in m-r Hand; **he asked for her ~** er hielt um ihre Hand an; **get a big ~** F starken Applaus bekommen; → Bes. Redew.; **2.** zo. a) Hand f (Affe), b) Vorderfuß m (Pferd), c) Schere f (Krebs); **3.** pl. Hände pl., Besitz m: **change ~s** → Bes. Redew.; **4.** (gute od. glückliche) Hand, Geschick m: **he has a ~ for horses** er versteht es, mit Pferden umzugehen; **5.** oft in Zssgn Arbeiter m, Mann (a. pl.), pl. Leute pl., ⚓ Ma'trose: **all ~s on deck!** alle Mann an Deck!; **6.** Fachmann m, Routini'er m: **an old ~** a. ein alter ,Hase' od. Praktikus; **a good ~ at** sehr geschickt in (dat.), in guter Golfspieler etc.; **7.** Handschrift f: **a legible ~**; **8.** Unterschrift f: **set one's ~ to a document**; **9.** Handbreit f (4 engl. Zoll) (nur für die Größe e-s Pferdes); **10.** Kartenspiel: a) Spieler m, b) Blatt n, Karten pl.: **show one's ~** → Bes. Redew., c) Runde f, Spiel n; **11.** (Uhr-)Zeiger m; **12.** Seite f (a. fig.): **on the right ~** rechter Hand, rechts; **on every ~** überall, ringsum; **on all ~s** a) überall, b) von allen Seiten; **on the one ~, on the other ~** einerseits ... andererseits;

13. Büschel m, n, Bündel n (Früchte), Hand f (Bananen); **14.** Fußball: Handspiel n: **~s!** Hand!;
Besondere Redewendungen:
~ and foot a) an Händen u. Füßen (fesseln), b) fig. hinten u. vorn (bedienen); **be ~ in glove (with)** a) im Herz u. 'eine Seele sein (mit), b) b.s. unter 'einer Decke stecken (mit); **~s down** mühelos, spielend (gewinnen etc.); **~ in ~** Hand in Hand (a. fig.); **~ over fist** a) Hand über Hand (klettern etc.), b) schnell, spielend, c) zusehends; **~ to ~** Mann gegen Mann (kämpfen); **at ~** a) nahe, bei der Hand, b) nahe (bevorstehend), c) zur Hand, bereit, d) vorliegend; **at first (second) ~** aus erster (zweiter) Hand; **at the ~s of s.o.** schlechte Behandlung etc. seitens j-s, durch j-n; **by ~** a) mit der Hand, b) durch Boten, c) mit der Flasche (ein Kind ernähren); **made by ~** handgefertigt, Handarbeit; **take s.o. by the ~** a) j-n bei der Hand nehmen, b) F j-n unter s-e Fittiche nehmen; **from ~ to mouth** von der Hand in den Mund (leben); **in ~** a) in der Hand, b) zur Verfügung, vorrätig, vorhanden, d) in Bearbeitung, e) fig. in der Hand od. Gewalt, f) im Gange; **the matter in ~** die vorliegende Sache; **the stock in ~** der Warenbestand; **have the situation well in ~** die Lage gut im Griff haben; **take in ~** a) et. in die Hand od. in Angriff nehmen, b) F j-n unter s-e Fittiche nehmen; **on ~** a) verfügbar, vorrätig, b) vorliegend, c) bevorstehend, d) Am. zur Stelle; **have s.th. on one's ~s** et. auf dem Hals haben; **out of ~** a) kurzerhand, ohne weiteres, b) außer Kontrolle, nicht mehr zu bändigen; **get out of ~** a) außer Rand u. Band geraten, Party etc.; **to ~** zur Hand; **come to ~** eingehen, eintreffen (Brief etc.); **under ~** a) unter Kontrolle, b) unter der Hand, heimlich; **with a heavy ~** mit harter Hand, streng; **with a high ~** selbstherrlich, willkürlich; **change ~s** in andere Hände übergehen, den Besitzer wechseln; **force s.o.'s ~** j-n zum Handeln zwingen; **get s.th. off one's ~s** et. loswerden; **have a ~ in s.th.** beteiligt sein an e-r Sache, b.s. a. die Hand im Spiel haben bei e-r Sache; **have one's ~ in** in Übung sein; **hold ~s** Händchen halten; **hold** (od. **stay**) **one's ~** sich zurückhalten; **join ~s** sich die Hände reichen, fig. a. sich verbünden od. zs.-tun; **keep one's ~ in** sich in Übung halten; **keep a firm ~ on** unter strenger Zucht halten; **lay (one's) ~ on** a) anfassen, b) ergreifen, habhaft werden (gen.), erwischen, c) gewaltsam Hand an j-n legen, d) eccl. ordinieren; **I can't lay my ~s on it** ich kann es nicht finden; **play into s.o.'s ~s** j-m in die Hände arbeiten; **put one's ~s on** a) finden, b) sich erinnern an (acc.); **shake ~s** sich die Hände schütteln; **shake ~s with s.o., shake s.o. by the ~** j-m die Hand schütteln od. geben; **show one's ~** fig. s-e Karten aufdecken; **take a ~ at a game** bei e-m Spiel mitmachen; **try one's ~ at s.th.** et. versuchen, es mit et. probieren; **wash one's ~s of it** a) (in dieser Sache) s-e

Hände in Unschuld waschen, b) nichts mit der Sache zu tun haben wollen; *I wash my ~s of him* mit ihm will ich nichts mehr zu tun haben; → *off hand*;
II *v/t.* **15.** ein-, aushändigen, (über)'geben, (-)'reichen (*s.o. s.th., s.th. to s.o.* j-m et.): *you have got to ~ it to him* F das muß man ihm lassen (*anerkennend*); **16.** *j-m* helfen: *~ s.o. into* (*out of*) *the car*;
Zssgn mit adv.:
hand| a·round *v/t.* her'umreichen; **~ back** *v/t.* zu'rückgeben; **~ down** *v/t.* **1.** *et.* her'unter- *od.* hin'unterreichen; *j-n* hin'untergeleiten; **3.** vererben, hin-ter'lassen (*to dat.*); **4.** (*to*) *fig.* weitergeben (an *acc.*), über'liefern (*dat.*); **5.** ✠ a) *Urteil etc.* verkünden, b) *Entscheidung e-s höheren Gerichts* e-m 'untergeordneten Gericht über'mitteln; **~ in** *v/t.* **1.** *et.* hin'ein- *od.* her'einreichen; **2.** abgeben, *Bericht, Gesuch etc.* einreichen; **~ on** *v/t.* **1.** weiterreichen, -geben; **2.** → *hand down* 3; **~ out** *v/t.* **1.** ausgeben, -teilen, verteilen (*to* an *acc.*); **2.** *Ratschläge etc.* verteilen; **3.** verschenken; **~ o·ver** *v/t.* (*to dat.*) **1.** über'geben; **2.** über'lassen; **3.** (her)geben, aushändigen; **~** *j-n der Polizei etc.* über'geben; **~ up** *v/t.* hin'auf- *od.* her'aufreichen (*to dat.*).

'hand|·bag [-nდb-] *s.* **1.** (Damen)Handtasche *f*; **2.** Handtasche *f*, -koffer *m*; **'~·ball** [-nდb-] *s. sport* Handball(spiel *n*) *m*; **'~·bar·row** [-nდ₁b-] *s.* **1.** → *handcart*; **2.** Trage *f* (*Person od.* Sache), ,Nervensäge' *f*; **'~·bill** [-nდb-] *s.* Hand-, Re'klamezettel *m*, Flugblatt *n*; **'~·book** [-nდb-] *s.* **1.** Handbuch *n*; **2.** Reiseführer *m* (*of* durch, von); **~ brake** *s.* ⊙ Handbremse *f*; **'~·breadth** [-nდb-] *s.* Handbreit *f*; **'~·cart** [-nდk-] *s.* Handkarre(n *m*) *f*; **'~·clasp** [-nდk-] *Am.* → *handshake*; **'~·craft** [-nდk-] **I** *s. mst pl.* Handschellen *pl.*; **II** *v/t. j-m* Handschellen anlegen: *~ed* in Handschellen; **~ drill** *s.* ⊙ Handbohrer *m*.
-handed [hændɪd] *in Zssgn* ...händig, mit ... Händen.
'hand|·ful [-nდfʊl] *s.* **1.** Handvoll *f* (*a. fig. Personen*); **2.** F ,Plage *f* (*Person od.* Sache), ,Nervensäge' *f*: *he is a ~* er macht einem ganz schön zu schaffen; **'~·glass** [-nდg-] *s.* **1.** Handspiegel *m*; **2.** (Lese)Lupe *f*; **~ gre·nade** *s.* ✕ 'Handgra₁nate *f*; **'~·grip** [-nდg-] *s.* **1.** Händedruck *m*; **2.** *a.* ⊙ Griff *m*; **3.** *come to ~s* handgemein werden; **'~·held** *adj. Film:* tragbar (*Kamera*); **'~·hold** *s.* Halt *m*, Griff *m*.
hand·i·cap ['hændɪkæp] **I** *s.* Handikap *n:* a) *sport* Vorgabe *f*, b) Vorgaberennen *n od.* -spiel *n*, c) *fig.* Behinderung *f*, Hindernis *n*, Nachteil *m*, Erschwerung *f* (*to* für); **II** *v/t. sport* (*a. körperlich od. geistig*) (be)hindern, benachteiligen, belasten: *~ped* behindert (*etc.*), gehandikapt.
hand·i·craft ['hændɪkrɑːft] *s.* **1.** Handfertigkeit *f*; **2.** (*bsd. Kunst*)Handwerk *n*.
hand·i·ness ['hændɪnɪs] *s.* **1.** Geschick (-lichkeit *f*) *n*; **2.** Handlichkeit *f*; **3.** Nützlichkeit *f*.
hand·i·work ['hændɪwɜːk] *s.* **1.** Hand-

arbeit *f*; **2.** Werk *n*.
hand·ker·chief ['hæŋkətʃɪf] *s.* Taschentuch *n*.
'hand-,knit(·ted) *adj.* handgestrickt.
han·dle ['hændl] **I** *s.* **1.** Griff *m*, Stiel *m*; Henkel *m* (*Topf*); Klinke *f* (*Tür*); Schwengel *m* (*Pumpe*); ⊙ Kurbel *f:* *a ~ to one's name* F ein Titel; *fly off the ~* ,hochgehen', wütend werden; **2.** *fig.* a) Handhabe *f*, b) Vorwand *m*; **II** *v/t.* **3.** anfassen, berühren; **4.** handhaben, hantieren mit, *Maschine* bedienen: *~ with care! glass!* Vorsicht, Glas!; **5.** a) *ein Thema etc.* behandeln, *e-e Sache a.* handhaben, b) *et.* erledigen, 'durchführen, abwickeln, c) mit *et. od. j-m* fertigwerden, *et.* deichseln: *I can ~ it* (*him*) damit (mit ihm) werde ich fertig; **6.** *j-n* behandeln, 'umgehen mit; **7.** a) *e-n Boxer* betreuen, trainieren, b) *Tier* dressieren (u. vorführen); **8.** sich beschäftigen mit; **9.** *Güter* befördern, weiterleiten; **10.** ✠ Handel treiben mit; **III** *v/i.* **11.** sich *leicht etc.* handhaben lassen; **12.** sich *weich etc.* anfühlen; **'~·bar** *s.* Lenkstange *f*.
hand·ler ['hændlə] *s.* **1.** Dres'seur *m*, Abrichter *m*; **2.** *Boxen:* a) Trainer *m*, b) Betreuer *m*, Sekun'dant *m*.
han·dling ['hændlɪŋ] *s.* **1.** Berühren *n*; **2.** Handhabung *f*; **3.** Führung *f*; **4.** *a. weitS.* Behandlung *f*; **5.** ✠ Beförderung *f*; **~ charg·es** *s. pl.* ✠ 'Umschlagspesen *pl.*
'hand|·loom *s.* Handwebstuhl *m*; **~ lug·gage** *s.* Handgepäck *n*; **₁~·'made** [-nდm-] *adj.* von Hand gemacht, handgefertigt, Hand...; handgeschöpft (*Papier*): *~ paper* Büttenpapier *n*; **'~·maid** (*-en*) [-nდm-] *s.* **1.** *obs. u. fig.* Dienerin *f*, Magd *f*; **2.** *fig.* Gehilfe *m*, Handlanger(in); **'~-me-₁down I** *adj.* **1.** fertig *od.* von der Stange (gekauft), Konfektions...; **2.** abgelegt, getragen; **II** *s.* **3.** Konfekti'onsanzug *m*, Kleid *n* von der Stange, *pl.* Konfekti'onskleidung *f*; **4.** abgelegtes Kleidungsstück; **₁~-'op·er·at·ed** *adj.* ⊙ mit Handantrieb, handbedient, Hand...; **~ or·gan** *s.* ♪ Drehorgel *f*; **'~·out** *s.* **1.** Almosen *n* (*fig.*), (milde) Gabe, *weitS.* (*Wahl- etc.*) Geschenk *n*; **2.** Pro'spekt *m*, Hand-, Werbezettel *m*; **3.** Handout *n* (*Informationsunterlage*); **'~·pick** *v/t.* **1.** mit der Hand pflücken *od.* auslesen: *~ed* handverlesen; **2.** F sorgsam auswählen; **'~·rail** *s.* Handlauf *m*, Geländer *f*; **'~·saw** *s.* Handsäge *f*; **~'s breadth** *s.* Handbreit *f*.
hand·sel ['hænsl] *s. obs.* **1.** Neujahrs-, *od.* Einstandsgeschenk *n*; **2.** Morgengabe *f*; Hand-, Angeld *n*.
'hand|·set *s. teleph.* Hörer *m*; **'~·shake** *s.* Händedruck *m*; **'~-signed** *adj.* handsigniert.
hand·some ['hænsəm] *adj.* □ **1.** hübsch, schön, gutaussehend, stattlich; **2.** beträchtlich, ansehnlich, stattlich: *a ~ sum*; **3.** großzügig, nobel, ,anständig': *is that ~ does* edel ist, wer edel handelt; *come down ~ly* sich großzügig zeigen; **4.** *Am.* geschickt; **'hand·some·ness** [-nɪs] *s.* **1.** Schönheit *f*, Stattlichkeit *f*, gutes Aussehen; **2.** Beträchtlichkeit *f*; **3.** Großzügigkeit *f*.
'hand|·spike *s.* ⊕, ⊙ Handspake *f*, Hebestange *f*; **'~·spring** *s. sport* 'Hand-

stand₁überschlag *m*; **'~·stand** *s. sport* Handstand *m*; **₁~-to·'hand** *adj.* Mann gegen Mann: *~ combat* Nahkampf *m*; **₁~-to-'mouth** *adj.* kümmerlich: *lead a ~ existence* von der Hand in den Mund leben; **'~·wheel** *s.* ⊙ Hand-, Stellrad *n*; **'~₁writ·ing** *s.* **1.** (Hand)Schrift *f*; **~ expert** ⚖ Schriftsachverständige(r *m*) *f*; **2.** *et.* Handgeschriebenes.
hand·y ['hændɪ] *adj.* □ **1.** zur Hand, bei der Hand, greifbar, leicht erreichbar; **2.** geschickt, gewandt; **3.** handlich, praktisch; **4.** nützlich: *come in ~* (sehr) gelegen kommen; **~ man** *s.* [*irr.*] Mädchen *n* für alles, Fak'totum *n*.

hang [hæŋ] **I** *s.* **1.** Hängen *n*, Fall *m*, Sitz *m* (*Kleid etc.*); **2.** F a) Sinn *m*, Bedeutung *f*, b) (richtige) Handhabung: *get the ~ of s.th.* et. ka'pieren, den ,Dreh' rauskriegen; **3.** *I don't care a ~* F das ist mir völlig ,schnuppe'; **II** *v/t. pret. u. p.p.* **hung** [hʌŋ] *nur 9 mst* **hanged**; **4.** (*on*) aufhängen (an *dat.*), hängen (an *acc.*): *~ s.th. on a hook*; *~ the head* den Kopf hängen lassen *od.* senken; **5.** (*zum Trocknen etc.*) aufhängen: *hung beef* gedörrtes Rindfleisch; **6.** *Tür* einhängen; **7.** *Tapete* ankleben; **8.** behängen: *hung with flags*; **9.** (auf-)hängen: *~ o.s.* sich erhängen; *I'll be ~ed first* F eher lasse ich mich hängen!; *I'll be ~ed if* F ,ich will mich hängen lassen', wenn; *~ it* (*all*)! F zum Henker damit!; **10.** → *fire* 6; **III** *v/i.* **11.** hängen, baumeln (*by*, *on* an *dat.*); → *balance* 2, *thread* 1; **12.** (her'ab)hängen, fallen (*Kleid etc.*); **13.** hängen gelassen werden: *he deserves to ~*; *let s.th. go ~* F sich den Teufel um et. scheren; *let it go ~!* F zum Henker damit!; **14.** (*on*) sich hängen (an *dat.*), sich klammern (an *acc.*): *~ on s.o.'s lips* (*words*) *fig.* an j-s Lippen (Worten) hängen; **15.** (*on*) hängen (an *dat.*), abhängen (von); **16.** sich senken *od.* neigen;
Zssgn mit prp.:
hang| a·bout, **~ a·round** *v/i.* her'umlungern *od.* sich her'umtreiben in (*dat.*) *od.* bei; **~ on** → *hang* 14, 15; **~ o·ver** *v/i.* **1.** *fig.* hängen *od.* schweben über (*dat.*), drohen (*dat.*); **2.** sich neigen über (*acc.*); **3.** aufragen über (*acc.*);
Zssgn mit adv.:
hang| a·bout, **~ a·round** *v/i.* **1.** her'umlungern, sich her'umtreiben; **2.** trödeln; **3.** warten; **~ back** *v/i.* **1.** zögern; **2.** → **~ be·hind** *v/i.* zu'rückbleiben, -hängen; **~ down** *v/i.* her'unterhängen; **~ on** *v/i.* **1.** (*to*) *a. fig.* sich klammern (an *acc.*), festhalten (*acc.*), nicht loslassen *od.* aufgeben; **2.** *teleph.* am Appa'rat bleiben; **3.** nicht nachlassen, ,dranbleiben'; **4.** warten; **~ out I** *v/t.* **1.** (hin-*od.* her')aushängen; **II** *v/i.* **2.** her'aushängen; **3.** ausgehängt sein; **4.** F a) hausen, sich aufhalten, b) sich her'umtreiben; **~ o·ver I** *v/i.* andauern; **II** *v/t.*: *be hung over* F e-n ,Kater' haben; **~ to·geth·er** *v/i.* **1.** zs.-halten (*Personen*); **2.** zs.-hängen, verknüpft sein; **~ up I** *v/t.* **1.** aufhängen; **2.** aufschieben, hin'ausziehen: *be hung up* aufgehalten werden; **3.** *be hung up on* F a) im Komplex haben wegen, ,es haben' mit, b) besessen sein von; **II** *v/i.* **4.** *teleph.* (den Hörer) auflegen, einhängen: *she*

hung up on me! sie legte einfach auf!
hang·ar ['hæŋə] s. Hangar m, Flugzeug-halle f, -schuppen m.
'**hang·dog I** s. **1.** Galgenvogel m, -strick m; **II** adj. **2.** gemein; **3.** jämmerlich: ~ *look* Armesündermiene f.
hang·er ['hæŋə] s. **1.** a) (Auf)Hänger m, b) Ankleber m, c) Tapezierer m; **2.** a) Kleiderbügel m, b) Aufhänger m (a. ☺), Schlaufe f; **3.** a) Hirschfänger m, b) kurzer Säbel.
,**hang·er-'on** [-ər'ɒn] pl. ,**hang·ers-'on** s. contp. **1.** Anhänger m, pl. a. Anhang m; **2.** ,Klette' f.
hang glid·er s. sport **1.** Hängegleiter m, (Flug)Drachen m; **2.** Drachenflie-ger(in).
hang·ing ['hæŋɪŋ] **I** s. **1.** (Auf)Hängen n; **2.** (Er)Hängen n: *execution by* ~ Hinrichtung f durch den Strang; **3.** mst pl. Wandbehang m, Ta'pete f, Vorhang m; **II** adj. **4.** a) (her'ab)hängend, Hänge..., b) hängend, abschüssig, ter'ras-senförmig: ~ *gardens*; **5.** a ~ *matter* e-e Sache, die e-n an den Galgen bringt; a ~ *judge* ein Richter, der mit der Todesstrafe rasch bei der Hand ist; ~ **com·mit·tee** s. Hängeausschuß m (bei Gemäldeausstellungen).
'**hang·man** [-mən] s. [irr.] Henker m; '~**nail** s. ♣ Niednagel m; '~**out** s. F **1.** ,Bude' f, Wohnung f; **2.** Treffpunkt m, 'Stammlo,kal n; '~,**o·ver** s. **1.** 'Über-bleibsel n; **2.** F ,Katzenjammer' m (a. fig.), ,Kater' m; '~**up** s. F **1.** a) Kom-'plex m, b) Fimmel m: *have a* ~ *about* → hang up 3; **2.** Pro'blem n.
hank [hæŋk] s. **1.** Strang m, Docke f (Garn etc.); **2.** Hank n (ein Garnmaß); **3.** ♣ Legel m.
han·ker ['hæŋkə] v/i. sich sehnen (after, for nach); '**han·ker·ing** [-ərɪŋ] s. Sehn-sucht f, Verlangen n (after, for nach).
han·ky, a. **han·kie** ['hæŋkɪ] F → *hand-kerchief.*
han·ky-pan·ky [,hæŋkɪ'pæŋkɪ] s. sl. **1.** Hokus'pokus m; **2.** ,fauler Zauber', ,Mätzchen' n od. pl., Trick(s pl.) m; **3.** ,Techtelmechtel' n.
Han·o·ve·ri·an [,hænəʊ'vɪərɪən] **I** adj. han'nover(i)sch; pol. hist. hannove'ra-nisch; **II** s. Hannove'raner(in).
Han·sard ['hænsəd] s. parl. Brit. Parla-'mentsproto,koll n.
hanse [hæns] s. hist. **1.** Kaufmannsgilde f; **2.** ♀ Hanse f, Hansa f; **Han·se·at·ic** [,hænsɪ'ætɪk] adj. hanse'atisch, Hanse...: the ~ **League** die Hanse.
han·sel → **handsel.**
han·som (cab) ['hænsəm] s. Hansom m (zweirädrige Kutsche).
hap [hæp] obs. **I** s. a) Zufall m, b) Glücksfall m; **II** v/i. → **happen**; ,**hap-'haz·ard** [-'hæzəd] **I** adj. u. adv. plan-, wahllos, willkürlich; **II** s.: at ~ aufs Ge-ratewohl; '**hap·less** [-lɪs] adj. □ glück-los, unglücklich.
hap·pen ['hæpən] v/i. **1.** geschehen, sich ereignen, vorkommen, -fallen, passie-ren, stattfinden, vor sich gehen: *what has* ~*ed?* was ist geschehen od. pas-siert?; *... and nothing* ~*ed* ... u. nichts geschah; **2.** impers. zufällig geschehen, sich zufällig ergeben, sich (gerade) tref-fen: *it* ~*ed that* es traf od. ergab sich, daß; *as it* ~*s* a) wie es sich gerade trifft, b) wie es nun einmal so ist; **3.** ~ *to inf.*:

we ~*ed to hear it* wir hörten es zufäl-lig; *it* ~*ed to be hot* zufällig war es heiß; **4.** ~ *to* geschehen mit (od. dat.), passieren (dat.), zustoßen (dat.), wer-den aus: *what is going to* ~ *to his plan?* was wird aus s-m Plan?; *if any-thing should* ~ *to me* sollte mir et. zustoßen; **5.** ~ *(up)on* a) zufällig begeg-nen (dat.) od. treffen (acc.), b) zufällig stoßen (auf acc.) od. finden (acc.); **6.** ~ *along* F zufällig kommen; ~ *in* F ,her-einschneien'; **hap·pen·ing** ['hæpnɪŋ] s. **1.** a) Ereignis n, b) Eintreten n e-s Er-eignisses; **2.** thea. u. humor. Happening n: ~ *artist* Happenist m; **hap·pen-stance** ['hæpənstæns] s. Am. F Zufall m.
hap·pi·ly ['hæpɪlɪ] adv. **1.** glücklich; **2.** glücklicherweise, zum Glück; '**hap·pi-ness** [-ɪnɪs] s. **1.** Glück n (Gefühl); **2.** glückliche Wahl (e-s Ausdrucks etc.), glückliche Formulierung; **hap·py** ['hæ-pɪ] adj. □ **happily; 1.** allg. glücklich: a) glückselig, b) beglückt, erfreut (at, about über acc.): *I am* ~ *to see you* es freut mich, Sie zu sehen; *I would be* ~ *to do that* ich würde das sehr od. lie-bend gern tun; *I am quite* ~ (, thank you)! (danke,) ich bin wunschlos glück-lich!, c) voller Glück: ~ *days*, d) erfreu-lich: ~ *event* freudiges Ereignis, e) glückverheißend: ~ *news*, f) gut, treff-lich: ~ *idea*, g) geglückt, treffend, pas-send: a ~ *phrase*; **2.** in Glückwün-schen: ~ *new year!* gutes neues Jahr!; **3.** F beschwipst, ,angesäuselt'; **4.** in Zssgn a) F wirr (im Kopf), benommen: → **slaphappy**, b) begeistert, ,ver-rückt', -freudig, -lustig: → **trigger-happy.**
hap·py| dis·patch s. euphem. Hara'kiri n; ,~**go-'luck·y** [-ɡəʊ-] adj. u. adv. un-bekümmert, sorglos, leichtfertig, lässig.
hap·tic ['hæptɪk] adj. haptisch.
har·a·kir·i [,hærə'kɪrɪ] s. Hara'kiri n (a. fig.).
ha·rangue [hə'ræŋ] **I** s. **1.** Ansprache f, (flammende) Rede; **2.** Ti'rade f; **3.** Strafpredigt f; **II** v/i. **4.** e-e (bom'basti-sche od. flammende) Rede halten (v/t. vor dat.); **5.** e-e Strafpredigt halten (v/t. j-m).
har·ass ['hærəs] v/t. **1.** a) (ständig) belä-stigen, schikanieren, quälen, b) aufrei-ben, zermürben: ~*ed* mitgenommen, (von Sorgen) gequält, (viel) geplagt; **2.** ✕ stören: ~*ing fire* Störfeuer n; '**har-ass·ment** [-mənt] s. **1.** Belästigung f; **2.** Schikanieren n, Schi'kane(n pl.) f; **3.** ✕ 'Störma,növer pl.
har·bin·ger ['hɑ:bɪndʒə] **I** s. fig. a) Vor-läufer m, b) Vorbote m: the ~ of *spring*; **II** v/t. fig. ankündigen.
har·bo(u)r ['hɑ:bə] **I** s. **1.** Hafen m; **2.** fig. Zufluchtsort m, 'Unterschlupf m; **II** v/t. **3.** beherbergen, Schutz od. Zu-flucht gewähren (dat.); **4.** verbergen, verstecken: ~ *criminals*; **5.** Gedanken, Groll etc. hegen: ~ *thoughts of re-venge*; **III** v/i. **6.** ♣ (im Hafen) vor Anker gehen; ~ *bar* s. Sandbank f vor dem Hafen; ~ *dues* s. pl. Hafengebüh-ren pl.; ~ *mas·ter* s. Hafenmeister m; ~ *seal* s. zo. Gemeiner Seehund.
hard [hɑ:d] **I** adj. **1.** allg. hart (a. Farbe, Stimme etc.); **2.** fest: ~ *knot*; **3.** schwer, schwierig: a) mühsam, anstrengend,

hart: ~ *work*, b) schwer zu bewälti-gen(d): ~ *problems* schwierige Proble-me; ~ *to believe* kaum zu glauben; ~ *to imagine* schwer vorstellbar; ~ *to please* schwer zufriedenzustellen(d), ,schwierig' (Kunde etc.); **4.** hart, zäh, 'widerstandsfähig: *in* ~ *condition* sport konditionsstark, fit; a ~ *customer* F ein schwieriger ,Kunde', ein zäher Bur-sche; → *nail* Bes. Redew.; **5.** hart, an-gestrengt: ~ *studies*; **6.** hart arbeitend, fleißig: a ~ *worker*, *try one's* ~*est* sich alle Mühe geben; **7.** heftig, stark: a ~ *rain*; a ~ *blow* ein harter od. schwerer Schlag (a. fig. to für); *be* ~ *on Kleidung etc.* (sehr) strapazieren (→ 8); **8.** hart: a) streng, rauh: ~ *climate* (*winter*), b) fig. hartherzig, gefühllos, streng, c) nüchtern, kühl (überlegend): a ~ *busi-nessman*, d) drückend: *be* ~ *on s.o.* j-n hart anfassen od. behandeln; *it is* ~ *on him* es ist hart für ihn; *the* ~ *facts* die harten od. nackten Tatsachen; ♥~ *sell(ing)* aggressive Verkaufstaktik; ~ *times* schwere Zeiten; *have a* ~ *time* Schlimmes durchmachen (müssen); *he had a* ~ *time doing it* es fiel ihm schwer, dies zu tun; *give s.o. a* ~ *time* j-m hart zusetzen, j-m das Leben sauer machen; **9.** a) sauer, herb (Getränk), b) hart (Droge), Getränk: a. stark, 'hoch-pro,zentig; **10.** phys. hart: ~ *water*, ~ *X rays*; ~ *wheat* ✎ Hartweizen m; **11.** ♥ hart (Währung etc.): ~ *dollars*; ~ *pric-es* harte od. starre Preise; **12.** Phone-tik: a) hart, stimmlos, b) nicht palatali-siert; **13.** ~ *up* a) schlecht bei Kasse, in (Geld)Schwierigkeiten, b) in Verlegen-heit (*for* um); **II** adv. **14.** hart, fest; **15.** fig. hart, schwer: *work* ~; *brake* ~ scharf bremsen; *drink* ~ ein starker Trinker sein; *it will go* ~ *with him* es wird unangenehm für ihn sein; *hit s.o.* ~ a) j-m e-n harten Schlag versetzen, b) fig. ein harter Schlag für j-n sein; ~ *hit* schwer betroffen; *be* ~ *pressed*, *be* ~ *put to it* in schwerer Bedrängnis sein; *look* ~ *at* scharf ansehen; *try* ~ sich alle Mühe geben; → *die*[1] / **16.** nah(e), dicht: ~ *by* ganz in der Nähe; ~ *on* (od. *after*) gleich nach; ~ *aport* ♣ hart Backbord; **III** s. **17.** *get* (*have*) a ~ *on* V e-n Ständer' kriegen (haben).
,**hard|-and-'fast** adj. fest, bindend, 'un-umstößlich: a ~ *rule*; '~**back** → *hard-cover* II; '~**ball** s. Am. Baseball(spiel n) m; '~**bit·ten** adj. verbissen, hart-näckig; **2.** → *hard-boiled* 2a; '~**board** s. Hartfaserplatte f; ,~-'**boiled** adj. **1.** hart(gekocht): a ~ *egg*; **2.** F ,knall-hart': a) ,abgebrüht', ,hartgesotten', b) ,ausgekocht', gerissen, c) von hartem Rea'lismus: ~ *fiction*; ~ *case* s. **1.** Här-tefall m; **2.** schwieriger Mensch; **3.** ,schwerer Junge' (Verbrecher); ~ *cash* s. ♥ **1.** a) Hartgeld n, b) Bargeld n: *pay in* ~ (in) bar (be)zahlen; **2.** klingende Münze; ~ *coal* s. Anthra'zit m, Stein-kohle f; ~ *core* s. **1.** Brit. Schotter m; **2.** fig. harter Kern (e-r Bande etc.); ,~-'**core** adj. fig. **1.** zum harten Kern ge-hörend; **2.** hart: ~ *pornography*; ~ *court* s. Tennis: Hartplatz m; '~**cov·er I** adj. gebunden: ~ *edition*; **II** s. Hard cover n, gebundene Ausgabe; ~ *cur-ren·cy* s. ♥ harte Währung.
hard·en ['hɑ:dn] **I** v/t. **1.** härten (a. ☺),

hart *od.* härter machen; **2.** *fig.* hart *od.* gefühllos machen, verhärten: **~ed** verstockt, ‚abgebrüht‘; *a ~ed sinner* ein verstockter Sünder; **3.** bestärken; **4.** abhärten (**to** gegen); **II** *v/i.* **5.** hart werden, erhärten; **6.** *fig.* hart *od.* gefühllos werden, sich verhärten; **7.** *fig.* sich abhärten (**to** gegen); **8.** a) ✝ *u. fig.* sich festigen, b) ✝ anziehen, steigen (*Preise*); **'hard·en·er** [-nə] *s.* Härtemittel *n*, Härter *m*; **'hard·en·ing** [-nɪŋ] **I** *s.* **1.** Härten *n*, Härtung *f* (*a.* ◉): **~ of the arteries** Arterienverkalkung *f*; **2.** → *hardener*, **II** *adj.* **3.** Härte...

‚hard|-'fea·tured *adj.* mit harten *od.* groben Gesichtszügen; **~ fi·ber**, *Brit.* **~ fi·bre** *s.* ◉ Hartfaser *f*; **~ goods** *s. pl.* ✝ *Am.* Gebrauchsgüter *pl.*; **~ hat** *s.* **1.** *Brit.* Me'lone *f* (*Hut*); **2.** a) Schutzhelm *m*, b) F Bauarbeiter *m*; **3.** *Brit.* 'Erzreaktio‚när *m*; **‚~-'head·ed** *adj.* **1.** praktisch, nüchtern, rea'listisch; **2.** *Am.* starrköpfig, stur; **‚~-'heart·ed** *adj.* ☐ hart(herzig); **‚~-'hit·ting** *adj.* *fig.* hart, aggres'siv.

har·di·hood ['hɑːdɪhʊd], **'har·di·ness** [-ɪnɪs] *s.* **1.** Ausdauer *f*, Zähigkeit *f*; **2.** ✿ Winterfestigkeit *f*; **3.** Kühnheit *f*: a) Tapferkeit *f*, b) Verwegenheit *f*, c) Dreistigkeit *f*.

hard| la·bo(u)r *s.* ⚷ Zwangsarbeit *f*; **~ line** *s.* **1.** *bsd. pol.* harte Linie, harter Kurs: *follow od. adopt a ~* e-n harten Kurs einschlagen; **2.** *pl. Brit.* ‚Pech‘ *n* (**on** für); **‚~-'line** *adj. bsd. pol.* hart, kompro'mißlos; **‚~-'lin·er** *s. bsd. pol.* j-d, der e-n harten Kurs einschlägt; **‚~-'luck sto·ry** *s. contp.*, ‚Jammergeschichte‘ *f*.

hard·ly ['hɑːdlɪ] *adv.* **1.** kaum, fast nicht: **~ ever** fast nie; *I ~ know her* ich kenne sie kaum; **2.** (wohl) kaum, schwerlich; **3.** mühsam, mit Mühe; **4.** hart, streng.

hard| mon·ey → *hard cash*; **‚~-'mouthed** *adj.* **1.** hartmäulig (*Pferd*); **2.** *fig.* starrköpfig.

hard·ness ['hɑːdnɪs] *s.* **1.** Härte *f* (*a. fig.*); **2.** Schwierigkeit *f*; **3.** Hartherzigkeit *f*; **4.** 'Widerstandsfähigkeit *f*; **5.** Strenge *f*, Härte *f*.

‚hard|-'nosed F → a) *hard-boiled* 2a, b) *hard-headed* 2; **~ pan** *s.* **1.** *geol.* Ortstein *m*; **2.** harter Boden; **3.** *fig.* a) Grund(lage *f*) *m*, b) Kern *m* (der Sache); **‚~-'press·ed** *adj.* (hart)bedrängt, unter Druck stehend; **~ rock** *s.* ♪ Hardrock *m*; **~ rub·ber** *s.* Hartgummi *m*; **~ sci·ence** *s.* (*e-e*) ex'akte Wissenschaft; **‚~-'set** *adj.* **1.** hartbedrängt; **2.** streng, starr; **3.** angebrütet (*Ei*); **'~-shell** *adj.* **1.** *zo.* hartschalig; **2.** *Am.* f ‚eisern‘.

hard·ship ['hɑːdʃɪp] *s.* **1.** Not *f*, Elend *n*; **2.** *a.* ⚷ Härte *f*: *work ~ on s.o.* e-e Härte bedeuten für j-n; **~ case** Härtefall *m*.

hard| shoul·der *s. mot. Brit.* Standspur *f*; **~ sol·der** *s.* ◉ Hartlot *n*; **'~-‚sol·der** *v/t. u. v/i.* hartlöten; **~ tack** *s.* Schiffszwieback *m*; **'~-top** *s. mot. Standard,* *m*: a) *festes, abnehmbares Autodach*, b) *Auto mit* a; **'~-ware** *s.* **1.** a) Me'tall-, Eisenwaren *pl.*, b) Haushaltswaren *pl.*; **2.** *Computer, a.* Sprachlabor: Hardware *f*; **3.** *a.* **military** **~** Waffen *pl.* u. mili'tärische Ausrüstung; **4.** *Am. sl.* Schießeisen *n od. pl.*; **'~-wood** *s.* Hartholz *n*, *bsd.* Laubbaumholz *n*; **‚~-**

'work·ing *adj.* fleißig, hart arbeitend.

har·dy ['hɑːdɪ] *adj.* ☐ **1.** a) zäh, ro'bust, b) abgehärtet; **2.** ✿ winterfest: **~ annu·al** a) winterfeste Pflanze, b) *humor.* Frage, die jedes Jahr wieder aktuell wird; **3.** kühn: a) tapfer, b) verwegen, c) dreist.

hare [heə] *s. zo.* Hase *m*: *run with the ~ and hunt with the hounds fig.* es mit beiden Seiten halten; *start a ~ fig.* vom Thema ablenken; **~ and hounds** Schnitzeljagd *f*; **'~-bell** *s.* ✿ Glockenblume *f*; **'~-brained** *adj.* ‚verrückt‘; **'~-foot** *s.* [*irr.*] ✿ **1.** Balsabaum *m*; **2.** Ackerklee *m*; **'~-lip** *s.* ⚕ Hasenscharte *f*.

ha·rem ['hɑːriːm] *s.* Harem *m*.

'hare's-foot → *harefoot*.

har·i·cot ['hærɪkəʊ] *s.* **1.** *a.* **~ bean** Gartenbohne *f*; **2.** 'Hammelra‚gout *n*.

hark [hɑːk] *v/i.* **1.** *obs. u. poet.* horchen: **~ at him!** *Brit.* F hör dir ihn (*od.* den) an!; **2.** **~ back** a) *hunt.* auf der Fährte zu'rückgehen (*Hund*), b) *fig.* zu'rückgreifen, -kommen, (*a. zeitlich*) zu'rückgehen (**to** auf *acc.*); **hark·en** ['hɑːkən] → *hearken*.

har·le·quin ['hɑːlɪkwɪn] **I** *s.* Harlekin *m*, Hans'wurst *m*; **II** *adj.* bunt, scheckig; **har·le·quin·ade** [‚hɑːlɪkwɪ'neɪd] *s.* Harleki'nade *f*, Possenspiel *n*.

har·lot ['hɑːlət] *obs.* Hure *f*, Metze *f*; **'har·lot·ry** [-rɪ] *s.* Hure'rei *f*.

harm [hɑːm] **I** *s.* **1.** Schaden *m*: *bodily ~* körperlicher Schaden, ⚷ Körperverletzung *f*; *come to ~* zu Schaden kommen; *do ~ to s.o.* j-m schaden, j-m et. antun; (*there is*) *no ~ done!* es ist nichts (Schlimmes) passiert!; *it does more ~ than good* es schadet mehr, als daß es nützt; *there is no ~ in doing (s.th.)* es kann *od.* könnte nicht schaden, (et.) zu tun; *mean no ~* es nicht böse meinen; *keep out of ~'s way* die Gefahr meiden; *out of ~'s way* a) in Sicherheit, b) in sicherer Entfernung; **2.** Unrecht *n*, Übel *n*; **II** *v/t.* **3.** schaden (*dat.*), j-n verletzen (*a. fig.*); **'harm·ful** [-fʊl] *adj.* ☐ nachteilig, schädlich (**to** für): **~ publications** ⚷ jugendgefährdende Schriften; **'harm·ful·ness** [-fʊlnɪs] *s.* Schädlichkeit *f*; **'harm·less** [-lɪs] *adj.* ☐ **1.** harmlos: a) unschädlich, ungefährlich, b) unschuldig, arglos, c) unverfänglich; **2.** *keep* (*od.* *save*) *s.o.* **~** ⚷ j-n schadlos halten; **'harm·less·ness** [-lɪsnɪs] *s.* Harmlosigkeit *f*.

har·mon·ic [hɑː'mɒnɪk] **I** *adj.* (☐ **~ally**) **1.** ♪, ♪, phys. har'monisch (*a. fig.*); **II** *s.* **2.** ♪, phys. Har'monische *f*: a) Oberton *m*, b) Oberwelle *f*; **3.** *pl. oft sg. konstr.* ♪ Harmo'nielehre *f*; **har·mon·i·ca** [-kə] *s.* **1.** *hist.* 'Glashar‚monika *f*; **2.** 'Mundhar‚monika *f*; **har·mo·ni·ous** [-'məʊnjəs] *adj.* ☐ har'monisch: a) ebenmäßig, b) wohlklingend, c) über'einstimmend, d) einträchtig; **har·mo·ni·ous·ness** [-'məʊnjəsnɪs] *s.* Harmo'nie *f*; **har·mo·ni·um** [-'məʊnjəm] *s.* ♪ Har'monium *n*; **har·mo·nize** ['hɑːmə‚naɪz] **I** *v/i.* **1.** harmonieren (*a.* ♪), zs.-passen, in Einklang sein (**with** mit); **II** *v/t.* **2.** (with)harmonisieren, in Einklang bringen (mit); **3.** versöhnen; **4.** ♪ harmonisieren, mehrstimmig setzen; **har·mo·ny** ['hɑːmənɪ] *s.* **1.** Harmo'nie *f*: a) Wohlklang *m*, b) Eben-, Gleich-

maß *n*, c) Einklang *m*, Eintracht *f*; **2.** ♪ Harmo'nie *f*.

har·ness ['hɑːnɪs] **I** *s.* **1.** (Pferde- *etc.*) Geschirr *n*: *in ~ fig.* in der (täglichen) Tretmühle; *die in ~* in den Sielen sterben; **~ horse** *Am.* Traber(pferd *n*) *m*; **~ race** *Am.* Trabrennen *n*; **2.** a) *mot. etc.* (Sicherheits)Gurt *m* (*für Kinder*), b) (Fallschirm)Gurtwerk *n*; **3.** Laufgeschirr *n für Kinder*; **4.** *Am. sl.* (Arbeits-)Kluft *f*, Uni'form *f* (*e-s Polizisten etc.*); **5.** ⚔ *hist.* Harnisch *m*; **II** *v/t.* **6.** *Pferd etc.* a) anschirren, b) anspannen (**to** an *acc.*); **7.** *fig. Naturkräfte etc.* nutzbar machen.

harp [hɑːp] **I** *s.* **1.** ♪ Harfe *f*; **II** *v/i.* **2.** (die) Harfe spielen; **3.** *fig.* (**on**, **upon**) her'umreiten (auf *dat.*), dauernd reden (von); **→ string** 5; **'harp·er** [-pə], **'harp·ist** [-pɪst] *s.* Harfe'nist(in).

har·poon [hɑː'puːn] **I** *s.* Har'pune *f*: **~ gun** Harpunengeschütz *n*; **II** *v/t.* harpu'nieren.

harp·si·chord ['hɑːpsɪkɔːd] *s.* ♪ Cembalo *n*.

har·py ['hɑːpɪ] *s.* **1.** *antiq.* Har'pyie *f*; **2.** *fig.* a) ‚Geier‘ *m*, Blutsauger *m*, b) Hexe *f* (*Frau*).

har·que·bus ['hɑːkwɪbəs] *s.* ⚔ *hist.* Hakenbüchse *f*, Arke'buse *f*.

har·ri·dan ['hærɪdən] *s.* alte Vettel.

har·ri·er [1] ['hærɪə] *s.* **1.** Verwüster *m*; Plünderer *m*; **2.** *orn.* Weihe *f*.

har·ri·er [2] ['hærɪə] *s.* **1.** *hunt.* Hund *m* für die Hasenjagd; **2.** *sport* Querfeld'einläufer(in).

Har·ro·vi·an [hə'rəʊvjən] *s.* Schüler *m* (*der Public School*) von Harrow.

har·row ['hærəʊ] **I** *s.* **1.** ✿ Egge *f*: *under the ~ fig.* in großer Not; **II** *v/t.* **2.** ✿ eggen; **3.** *fig.* quälen, peinigen; *Gefühl* verletzen; **'har·row·ing** [-əʊɪŋ] *adj.* ☐ quälend, qualvoll, schrecklich.

har·rumph [hə'rʌmpf] *v/i.* **1.** sich (gewichtig) räuspern; **2.** mißbilligend schnauben.

har·ry [1] ['hærɪ] *v/t.* **1.** verwüsten; **2.** plündern; **3.** quälen, peinigen.

Har·ry [2] ['hærɪ] *s.* **old ~** der Teufel; *play old ~ with* Schindluder treiben mit, ‚zur Sau‘ machen.

harsh [hɑːʃ] *adj.* ☐ **1.** *allg.* hart: a) rauh: **~ cloth**, b) rauh, scharf: **~ voice**, **~ note**, c) grell: **~ colo(u)r**, d) barsch, schroff: **~ words**, e) streng: **~ penalty**; **2.** herb, scharf, sauer: **~ taste**; **'harsh·ness** [-nɪs] *s.* Härte *f*.

hart [hɑːt] *s.* Hirsch *m* (*nach dem 5. Jahr*): **~ of ten** Zehnender *m*.

har·te·beest ['hɑːtɪbiːst] *s. zo.* 'Kuhanti‚lope *f*.

'harts·horn *s.* ⚕ Hirschhorn *n*: **salt of ~** Hirschhornsalz *n*.

har·um-scar·um [‚heərəm'skeərəm] **I** *adj.* F **1.** leichtsinnig, ‚verrückt‘; **2.** flatterhaft; **II** *s.* **3.** leichtsinniger *etc.* Mensch.

har·vest ['hɑːvɪst] **I** *s.* **1.** Ernte *f*: a) Ernten *n*, b) Erntezeit *f*, c) (Ernte)Ertrag *m*; **2.** *fig.* Ertrag *m*, Früchte *pl.*; **II** *v/t.* **3.** ernten, *fig. a.* einheimsen; **4.** *Ernte* einbringen; **5.** *fig.* sammeln; **III** *v/i.* **6.** die Ernte einbringen; **'harvest·er** [-tə] *s.* **1.** Erntearbeiter(in) *m*; **2.** a) 'Mäh-, 'Erntema‚schine *f*, b) Mähbinder *m*: **combined ~** Mähdrescher *m*.

har·vest| fes·ti·val s. Ernte'dankfest n; **~ home** s. **1.** Ernte(zeit) f; **2.** Erntefest n; **3.** Erntelied n; **~ moon** s. Vollmond m (im September).

has [hæz; həz] 3. sg. pres. von have; **'~-been** s. F **1.** et. Über'holtes; **2.** ,ausrangierte' Per'son, j-d, der s-e Glanzzeit hinter sich hat.

hash¹ [hæʃ] **I** v/t. **1.** Fleisch (zer)hacken; **2.** a. **~ up** fig. et. ,vermasseln', verpatzen; **II** s. **3.** Küche: Ha'schee n; **4.** fig. et. Aufgewärmtes, ,Aufguß' m: old ~ ,ein alter Hut'; **5.** fig. Kuddelmuddel n: make a ~ of → 2; settle s.o.'s ~ F es j-m ,besorgen'.

hash² [hæʃ] s. F ,Hasch' n (Haschisch).

hash·eesh, hash·ish ['hæʃiːʃ] s. Haschisch n.

has·n't ['hæznt] F für has not.

hasp [hɑːsp] **I** s. **1.** ⚙ a) Haspe f, Spange f, b) Schließband n; **2.** Haspel f, Spule f (für Garn); **II** v/t. **3.** mit e-r Haspe etc. verschließen, zuhaken.

has·sle ['hæsl] s. F **I** s. **1.** a) ,Krach' m, b) Schläge'rei f; **2.** Mühe f, ,Zirkus' m; **II** v/i. **3.** ,Krach' haben od. sich prügeln; **III** v/t. **4.** Am. drangsalieren.

has·sock ['hæsək] s. **1.** Knie-, Betkissen n; **2.** Grasbüschel n.

hast [hæst] obs. 2. sg. pres. von have.

haste [heist] s. **1.** Eile f, Schnelligkeit f; **2.** Hast f, Eile f: make ~ sich beeilen; in ~ in Eile, hastig; more ~, less speed eile mit Weile; ~ makes waste in der Eile geht alles schief; **'has·ten** [-sn] **I** v/t. a) j-n antreiben, b) et. beschleunigen; **II** v/i. sich beeilen, eilen, hasten: I ~ to add that … ich muß gleich hinzufügen, daß; **'hast·i·ness** [-tɪnɪs] s. **1.** Eile f, Hastigkeit f, Über'eilung f, Voreiligkeit f; **2.** Heftigkeit f, Hitze f, ('Über-) Eifer m; **'hast·y** [-tɪ] adj. □ **1.** eilig, hastig, über'stürzt; **2.** voreilig, -schnell, über'eilt; **3.** heftig, hitzig.

hat [hæt] s. Hut m: my ~! sl. von wegen!, daß ich nicht lache; a bad ~ Brit. F ein übler Kunde; ~ in hand demütig, unterwürfig; keep it under your ~! behalte es für dich!, sprich nicht darüber!; pass (od. send) the ~ round den Hut herumgehen lassen, e-e Sammlung veranstalten; take one's ~ off to s.o. s-n Hut vor j-m ziehen (a. fig.); ~s off (to him)! Hut ab (vor ihm)!; I'll eat my ~ if F ich freß' e-n Besen, wenn; produce out of a ~ hervorzaubern; talk through one's ~ F dummes Zeug reden; throw (od. toss) one's ~ in the ring F ,s-n Hut in den Ring werfen' (sich zum Kampf stellen od. kandidieren); → drop 5.

hat·a·ble ['heitəbl] → hateful.

hatch¹ [hætʃ] s. **1.** ⚓, ✈ Luke f: down the ~es! sl. ,runter damit'!, prost!; **2.** ⚓ Lukendeckel m; **3.** Bodenluke f, -tür f; **4.** Halbtür f; **5.** ⚓ 'Durchreiche f (für Speisen).

hatch² [hætʃ] **I** v/t. **1.** a. ~ out Eier, Junge ausbrüten: the ~ed, matched and dispatched → 7; **2.** a. ~ out fig. aushecken, -brüten, -denken; **II** v/i. **3.** Junge ausbrüten; **4.** a. ~ out aus dem Ei ausschlüpfen; **5.** fig. sich entwickeln; **III** s. **6.** Brut f; **7.** ~es, matches, and dispatches F Familienanzeigen pl.

hatch³ [hætʃ] **I** v/t. schraffieren; **II** s. Schraf'fur f.

'hatch·back s. mot. (Wagen m mit) Hecktür f.

'hat-check girl s. Am. Garde'robenfräulein n.

hatch·el ['hætʃl] **I** s. **1.** (Flachs- etc.)Hechel f; **II** v/t. **2.** hecheln; **3.** fig. quälen, piesacken.

hatch·er ['hætʃə] s. **1.** Bruthenne f; 'Brutappa,rat m; **2.** fig. Aushecker(in), Planer(in); **'hatch·er·y** [-ərɪ] s. Brutplatz m.

hatch·et ['hætʃɪt] s. (a. Kriegs)Beil n: bury (take up) the ~ fig. das Kriegsbeil begraben (ausgraben); **'~-face** s. scharfgeschnittenes Gesicht; **~ job** s. F **1.** ,Hinrichtung' f, ,Abschuß' m; **2.** ,Verriß' m (Kritik); **~ man** s. F **1.** ,Henker' m, Killer m; **2.** ,Zuchtmeister' m.

hatch·ing¹ ['hætʃɪŋ] s. **1.** Ausbrüten n; **2.** Ausschlüpfen n; **3.** Brut f; **4.** fig. Aushecken n.

hatch·ing² ['hætʃɪŋ] s. Schraffierung f.

'hatch·way → hatch¹ 1-3.

hate [heit] **I** v/t. **1.** hassen (like poison wie die Pest): ~d verhaßt; **2.** verabscheuen, hassen, nicht ausstehen können; **3.** nicht mögen od. wollen, sehr ungern tun: I ~ to do it ich tue es (nur) sehr ungern, es ist mir äußerst peinlich; I ~ to think of it bei dem (bloßen) Gedanken wird mir schlecht; **II** s. **4.** Haß m (of, for auf acc., gegen): full of ~, with ~ haßerfüllt; ~ object Haßobjekt n; ~ tunes fig. Haßgesänge pl.; **5.** et. Verhaßtes: that's my pet ~ F das ist mir ein Greuel od. in tiefster Seele verhaßt; **6.** Abscheu m (of, for vor dat., gegen); **'hate·a·ble** [-təbl], **'hate·ful** [-fʊl] adj. □ hassenswert, verhaßt, abscheulich; **'hat·er** [-tə] s. Hasser(in); **'hate,mong·er** s. (Auf)Hetzer m.

hath [hæθ; həθ] obs. 3. sg. pres. von have.

hat·less ['hætlɪs] adj. ohne Hut, barhäuptig.

'hat|·pin s. Hutnadel f; **'~-rack** s. Hutablage f.

ha·tred ['heitrid] s. (of, for, against) a) Haß m (gegen, auf acc.), b) Abscheu m (vor dat.).

hat stand s. Hutständer m.

hat·ter ['hætə] s. Hutmacher m, -händler m: as mad as a ~ total verrückt.

hat| tree s. Am. Hutständer m; **~ trick** s. sport Hat-Trick m: score a ~ e-n Hat-Trick erzielen.

haugh·ti·ness ['hɔːtɪnɪs] s. Hochmut m, Über'heblichkeit f, Arro'ganz f; **haugh·ty** ['hɔːtɪ] adj. □ hochmütig, -näsig, überheblich, arro'gant.

haul [hɔːl] **I** s. **1.** Ziehen n, Zerren n, Schleppen n; **2.** kräftiger Zug, Ruck m; **3.** Fischzug m, fig. a. Fang m, Beute f: make a big ~ e-n guten Fang od. reiche Beute machen; **4.** a) Beförderung f, Trans'port m, b) (Trans'port)Strecke f: it was quite a ~ home der Heimweg zog sich ganz schön hin; in (od. over) the long ~ auf lange Sicht, c) Ladung f: a ~ of coal; **II** v/t. **5.** ziehen, zerren, schleppen; → coal 2; **6.** befördern, transportieren; **7.** ⚒ fördern; **8.** her-'aufholen, (mit e-m Netz) fangen; **9.** ⚓ a) Brassen anholen, b) her'umholen, anluven: ~ the wind an den Wind gehen, fig. sich zurückziehen; **III** v/i. **10.**

ziehen, zerren (on, at an dat.); **11.** mit dem Schleppnetz fischen; **12.** 'umspringen (Wind); **13.** ⚓ a) abdrehen, b) an den Wind gehen, c) fig. s-e Meinung ändern; **~ down** v/t. **1.** Flagge ein- od. niederholen; **2.** et. her'unterschleppen od. -ziehen; ~ in v/t. ⚓ Tau einholen; **~ off** v/i. **1.** ⚓ abdrehen; **2.** Am. F ausholen; **~ round** → haul 12; **~ up** v/t. **1.** → haul 9b; **2.** F sich j-n ,vorknöpfen'; **3.** F a) j-n vor den ,Kadi' schleppen, b) j-n ,schleppen' (before vor e-n Vorgesetzten etc.).

haul·age ['hɔːlɪdʒ] s. **1.** Ziehen n, Schleppen n; **2.** a) Trans'port m, Beförderung f: ~ contractor → hauler 2, b) Trans'portkosten pl.; **3.** ⚒ Förderung f; **'haul·er** [-lə], Brit. **'haul·ier** [-ljə] s. **1.** ⚒ Schlepper m; **2.** Trans'portunter-,nehmer m, Spedi'teur m.

haulm [hɔːm] s. ♀ **1.** Halm m, Stengel m; **2.** coll. Brit. Halme pl., Stengel pl., (Bohnen- etc.)Stroh n.

haunch [hɔːntʃ] s. **1.** Hüfte f; **2.** pl. Gesäß n; **3.** zo. Keule f; **4.** Küche: Lendenstück n, Keule f.

haunt [hɔːnt] **I** v/t. **1.** 'umgehen od. spuken in (dat.): this place is ~ed hier spukt es; **2.** fig. a) verfolgen, quälen, b) j-m nicht mehr aus dem Kopf gehen; **3.** frequentieren, häufig besuchen; **II** v/i. **4.** ständig verkehren (with mit); **III** s. **5.** häufig besuchter Ort, bsd. Lieblingsplatz m: holiday ~ beliebter Ferienort; **6.** a) Treffpunkt m, b) Schlupfwinkel m; **7.** zo. a) Lager n, b) Futterplatz m; **'haunt·ed** [-tɪd] adj.: a ~ house ein Haus, in dem es spukt; he was a ~ man er fand keine Ruhe mehr; ~ed eyes gehetzter Blick; **'haunt·ing** [-tɪŋ] adj. □ **1.** quälend, beklemmend; **2.** unvergeßlich: ~ beauty betörende Schönheit; a ~ melody e-e Melodie, die einen verfolgt.

haut·boy ['əʊbɔɪ] obs. → oboe.

hau·teur [əʊ'tɜː] s. Hochmut m, Arro'ganz f.

Ha·van·a [hə'vænə] s. Ha'vanna(zi,garre) f.

have [hæv; həv] **I** v/t. [irr.] **1.** allg. haben, besitzen: he has a house (a friend, a good memory); you ~ my word for it ich gebe Ihnen mein Wort darauf; let me ~ a sample gib od. schicke od. besorge mir ein Muster; ~ got → get 8; **2.** haben, erleben: we had a nice time wir hatten es schön; **3.** a) ein Kind bekommen: she had a baby in March, b) zo. Junge werfen; **4.** Gefühle, e-n Verdacht etc. haben, hegen; **5.** behalten, haben: may I ~ it?; **6.** erhalten, bekommen: we had no news from her, (not) to be had (nicht) zu haben, (nicht) erhältlich; **7.** (erfahren) haben, wissen: I ~ it from my friend; I ~ it from a reliable source ich habe es aus verläßlicher Quelle (erfahren); I ~ it! ich hab's!; → rumo(u)r 1; **8.** Speisen etc. zu sich nehmen, einnehmen, essen od. trinken: what will you ~? was nehmen Sie?; I had a glass of wine ich trank ein Glas Wein; ~ another sandwich! nehmen Sie noch ein Sandwich!; ~ a cigar e-e Zigarre rauchen; ~ a smoke? wollen Sie (eine) rauchen?; → breakfast I, dinner 1, etc.; **9.** haben, ausführen, (mit)machen: ~ a discus-

sion e-e Diskussion haben *od.* abhalten; **~ a walk** e-n Spaziergang machen; **10.** können, beherrschen: **she has no French** sie kann kein Französisch; **11.** (be)sagen, behaupten: **as Mr. B has it** wie Herr B. sagt; **he will ~ it that** er behauptet steif und fest, daß; **12.** sagen, ausdrücken: **as Byron has it** wie Byron sagt, wie es bei Byron heißt; **13.** haben, dulden, zulassen: **I won't ~ it!, I am not having that!** ich dulde es nicht!, ich will es nicht (haben); **I won't ~ it mentioned** ich will nicht, daß es erwähnt wird; **he wasn't having any** F er ließ sich auf nichts ein; **14.** haben, erleiden: **~ an accident**; **15.** *Brit.* F j-n ‚reinlegen‘, ‚übers Ohr hauen‘: **you've been had!** man hat dich reingelegt; **16.** (*vor inf.*) müssen: **I ~ to go** now; **he will ~ to do it**; **we ~ to obey** wir haben zu *od.* müssen gehorchen; **it has to be done** es muß getan werden; **17.** (*mit Objekt u. p.p.*) lassen: **I had a suit made** ich ließ mir e-n Anzug machen; **they had him shot** sie ließen ihn erschießen; **18.** (*mit Objekt u. p.p. zum Ausdruck des Passivs*): **I had my arm broken** ich brach mir den Arm; **he had a son born to him** ihm wurde ein Sohn geboren; **~ a tooth out** sich e-n Zahn ziehen lassen; **19.** (*mit Objekt u. inf.*) (veran)lassen: **~ them come here at once!** laß sie sofort hierherkommen!; **I had him sit down** ich ließ ihn Platz nehmen; **20.** (*mit Objekt u. inf.*) es erleben (müssen), daß: **I had all my friends turn against me**; **21.** *in Wendungen wie:* **he has had it** F er ist ‚erledigt‘ (*a. tot*) *od.* ‚fertig‘; **the car has had it** F das Auto ist ‚hin‘ *od.* ‚im Eimer‘; **he had me there** da hatte er mich (an m-r schwachen Stelle *etc.*) erwischt; **I would ~ you to know it** ich möchte, daß Sie es wissen; **let s.o. ~ it** ‚es‘ j-m besorgen *od.* geben‘, j-n ‚fertigmachen‘; **~ it in for s.o.** F j-n ‚auf dem Kieker haben‘; **I did'nt know he had it in him** ich wußte gar nicht, daß er das Zeug dazu hat; **~ it off (with s.o.)** *Brit. sl.* (mit j-m) ‚bumsen‘; **you are having me on!** F du nimmst mich (doch) auf den Arm!; **~ it out with s.o.** die Sache mit j-m endgültig bereinigen; **~ nothing on s.o.** F a) j-m nichts anhaben können, nichts gegen j-n in der Hand haben, b) j-m in keiner Weise überlegen sein; **I ~ nothing on tonight** ich habe heute abend nichts vor; **~ it (all) over s.o.** F j-m (haushoch) überlegen sein; **~ what it takes** das Zeug dazu haben; **II** *v/i.* **22.** würde, täte (*mit as well, rather, better, best etc.*): **you had better go!** es wäre besser, du gingest!; **you had best go!** du tätest am besten daran zu gehen; **III** *v/aux.* **23.** haben: **I ~ seen** ich habe gesehen; **24.** (*bei vielen v/i.*) sein: **I ~ been** ich bin gewesen; **IV** *s.* **25. the ~s and the ~nots** die Begüterten u. die Habenichtse; **26.** *Brit.* F Trick *m.*

have·lock [ˈhævlɒk] *s. Am.* über den Nacken her'abhängender 'Mützen·‚überzug (*Sonnenschutz*).

ha·ven [ˈheɪvn] *s.* **1.** *mst fig.* (sicherer) Hafen; **2.** Zufluchtsort *m*, A'syl *n*, O'ase *f.*

'have-not → *have* 25.

---

hav·er·sack [ˈhævəsæk] *s. bsd.* ✕ Pro-vi'anttasche *f.*

hav·ings [ˈhævɪŋz] *s. pl.* Habe *f.*

hav·oc [ˈhævək] *s.* Verwüstung *f*, Zer-störung *f*: **cause ~** große Zerstörungen anrichten *od.* (*a. fig.*) ein Chaos verur-sachen, schrecklich wüten; **play ~ with**, **make ~ of** *et.* verwüsten *od.* zerstören, *fig.* verheerend wirken auf (*acc.*), übel zurichten.

haw¹ [hɔː] *s.* ♀ **1.** Mehlbeere *f* (*Weiß-dornfrucht*); **2. →** *hawthorn.*

haw² [hɔː] **I** *int.* hm!, äh; **II** *v/i.* hm ma-chen, sich räuspern; stockend spre-chen.

Ha·wai·ian [həˈwaɪən] **I** *adj.* ha'waiisch: **~ guitar** Hawaiigitarre *f*; **II** *s.* Hawai'ia-ner(in).

'haw·finch *s. orn.* Kernbeißer *m.*

haw-haw **I** *int.* [ˌhɔːˈhɔː] ha'ha!; **II** *s.* [ˈhɔːhɔː] (lautes) Ha'ha *n.*

hawk¹ [hɔːk] **I** *s.* **1.** *orn.* a) Falke *m*, b) Habicht *m*; **2.** *fig.* Halsabschneider *m*, Wucherer *m*; **3.** *pol.* ‚Falke‘ *m*: **the ~s and the doves** die Falken u. die Tau-ben; **II** *v/i.* **4.** (*mit Falken*) Jagd machen (**at** auf *acc.*); **III** *v/t.* **5.** jagen.

hawk² [hɔːk] *v/t.* **1.** a) hausieren (gehen) mit (*a. fig.*), b) auf der Straße verkau-fen; **2.** a. **~ about** Gerücht *etc.* ver-breiten.

hawk³ [hɔːk] **I** *v/i.* sich räuspern; **II** *v/t.* oft **~ up** aushusten; **III** *s.* Räuspern *n.*

hawk⁴ [hɔːk] *s.* Mörtelbrett *n.*

hawk·er¹ [ˈhɔːkə] **→** *falconer.*

hawk·er² [ˈhɔːkə] *s.* **1.** Hausierer(in); **2.** Straßenhändler(in).

'hawk-eyed *adj.* mit Falkenaugen, scharfsichtig.

hawk·ing [ˈhɔːkɪŋ] **→** *falconry.*

hawk| moth *s. zo.* Schwärmer *m*; **~ nose** *s.* Adlernase *f.*

hawse [hɔːz] *s.* ♆ (Anker)Klüse *f*; **'haw·ser** [-zə] *s.* Trosse *f.*

'haw·thorn *s.* ♀ Weiß- *od.* Rot- *od.* Ha-gedorn *m.*

hay [heɪ] *s.* **1.** Heu *n*: **make ~** Heu ma-chen; **make ~ of s.th.** *fig. et.* durchein-anderbringen *od.* zunichte machen; **make ~ while the sun shines** *fig.* das Eisen schmieden, solange es heiß ist; **hit the ~** *sl.* ‚sich in die Falle hauen‘; **2.** *sl.* Marihu'ana *n*; **'~cock** *s.* Heuscho-ber *m*; **~ fe·ver** *s.* ♥ Heufieber *n*, -schnupfen *m*; **~ field** *s.* Wiese *f* (*zum Mähen*); **'~fork** *s.* Heugabel *f*; **'~loft** *s.* Heuboden *m*; **'~mak·er** *s.* **1.** Heuma-cher *m*; **2.** ✈, ☢ Heuwender *m*; **3.** *sl.* Boxen: ‚Heumacher‘ *m*, wilder Schwin-ger; **'~rick** *s.* Heumiete *f*; **'~seed** *s.* **1.** Grassamen *m*; **2.** *Am.* F ‚Bauer‘ *m*; **'~stack →** *hayrick*; **'~wire** *adj. sl.* a) ka'putt, b) (hoffnungslos) durchein'an-der, c) verrückt (*Person*): **go ~** a) ka-puttgehen (*Sache*), b) ‚schiefgehen‘, durcheinandergeraten (*Sache*), c) über-schnappen.

haz·ard [ˈhæzəd] **I** *s.* **1.** Gefahr *f*, Wag-nis *n*, Risiko *n* (*a. Versicherung*): **health ~** Gesundheitsrisiko *n*; **~ bonus** Gefahrenzulage *f*; **at all ~s** unter allen Umständen; **at the ~ of one's life** un-ter Lebensgefahr; **2.** Zufall *m*: **by ~** zufällig; **3.** (*game of*) **~** Glücks-, Ha-'sardspiel *n*; **4.** *Golf:* Hindernis *n*; **5.** *Brit.* Billard: **losing ~** Verläufer *m*; **winning ~** Treffer *m*; **6.** *pl.* Launen *pl.*

(*des Wetters*); **II** *v/t.* **7.** riskieren, wa-gen, aufs Spiel setzen; **8.** zu sagen wa-gen, riskieren: **~ a remark**; **9.** sich e-r Gefahr *etc.* aussetzen; **'haz·ard·ous** [-dəs] *adj.* □ gewagt, ris'kant, gefähr-lich, unsicher.

haze¹ [heɪz] *s.* **1.** Dunst(schleier) *m*, fei-ner Nebel; **2.** *fig.* Nebel *m*, Schleier *m*: **his mind was in a ~** a) er war wie betäubt, b) er ‚blickte nicht mehr durch‘.

haze² [heɪz] *v/t. Am.* **1.** piesacken, schi-kanieren; **2.** beschimpfen.

ha·zel [ˈheɪzl] **I** *s.* **1.** ♀ Hasel(nuß)-strauch *m*; **2.** (Hasel)Nußbraun *n*; **II** *adj.* (hasel)nußbraun; **'~·nut** *s.* ♀ Ha-selnuß *f.*

ha·zi·ness [ˈheɪzɪnɪs] *s.* **1.** Dunstigkeit *f*; **2.** *fig.* Unklarheit *f*, Verschwommen-heit *f*; **ha·zy** [ˈheɪzɪ] *adj.* □ **1.** dunstig, diesig, leicht nebelig; **2.** *fig.* ver-schwommen, nebelhaft: **a ~ idea**; **be ~ about** nur e-e vage Vorstellung haben von; **3.** benommen.

H-bomb [ˈeɪtʃbɒm] *s.* ✕ H-Bombe *f* (*Wasserstoffbombe*).

he [hiː; hɪ] **I** *pron.* **1.** er; **2. ~ who** wer; derjenige, welcher; **II** *s.* **3.** ‚Er‘ *m*: a) Junge *m od.* Mann *m*, b) *zo.* Männchen *n*; **III** *adj.* **4.** *in Zssgn* männlich, …männchen; **~-goat** Ziegenbock *m.*

head [hed] **I** *v/t.* **1.** die Spitze bilden von (*od. gen.*), anführen, an der Spitze *od.* an erster Stelle stehen von (*od. gen.*): **~ a list**; **2.** vor'an-, vor'ausgehen (*dat.*); **3.** (an)führen, leiten: **~ed by** unter der Leitung von; **4.** lenken, steuern: **~ off** a) ‚um-, ablenken, b) abfangen, c) *fig.* abwenden, verhindern; **5.** betiteln; **6.** *bsd. Pflanzen* köpfen, *Bäume* kappen; **7.** *Fußball:* (**~ in** ein)köpfen; **II** *v/i.* **8.** a) gehen, fahren, b) (*for*) zu-, losge-hen, -steuern (auf *acc.*): **he is ~ing for trouble** er wird noch Ärger kriegen; **9.** ♆ Kurs halten, zusteuern (**for** auf *acc.*); **10.** sich entwickeln: **~ (up)** (ein)köpfen ansetzen (*Kohl etc.*); **11.** entspringen (*Fluß*); **III** *s.* **12.** Kopf *m*: **back of the ~** Hinterkopf; **have a ~** F e-n ‚Brumm-schädel‘ haben; **win by a ~** um e-e Kopflänge *od.* (*a. fig.*) um e-e Nasen-länge gewinnen; **→** *Bes. Redew.*; **13.** *poet. u. fig.* Haupt *n*: **~ of the family** Haupt der Familie, Familienoberhaupt; **~s of state** Staatsoberhäupter *pl.*; **14.** Kopf *m*, Verstand *m*, *a.* Begabung *f* (**for** für): **he has a (good) ~ for languages** er ist (sehr) sprachbegabt; **two ~s are better than one** zwei Köp-fe wissen mehr als einer; **15.** Spitze *f*, führende Stellung: **at the ~ of** an der Spitze (*gen.*); **16.** a) (An)Führer *m*, Leiter *m*, b) Chef *m*, c) Vorstand *m*, Vorsteher *m*, d) Di'rektor *m*, Direk'to-rin *f* (*e-r Schule*): **17.** Kopf(ende *n*) *m*, oberes Ende, oberer Teil *od.* Rand, Spitze *f*, *a.* oberer Absatz (*e-r Treppe*); **~s or tails?** Kopf oder Wappen?; **18.** Kopf *m* (*e-r Brücke od. Mole*); oberes *od.* unteres Ende (*e-s Sees*); Boden *m* (*e-s Fasses*); **19.** Kopf *m*, Spitze *f*, vor-deres Ende, Vorderteil *m*, *n*, ♆ Bug *m*; **20.** Kopf *m*, (einzelne) Per'son: **a pound a ~** ein Pfund pro Person *od.* pro Kopf; **21.** a) (*pl. ~*) Stück *n* (*Vieh*):

50 ~ of cattle, b) *Brit.* Anzahl *f*, Herde *f*; **22.** (Haupt)Haar *n*: **a fine ~ of hair** schönes, volles Haar; **23.** ♀ a) (*Salat- etc.*)Kopf *m*, b) (*Baum*)Krone *f*, Wipfel *m*; **24.** *anat.* Kopf *m* (*e-s Knochens etc.*); **25.** ♣ 'Durchbruchsstelle *f* (*e-s Geschwürs*); **26.** Vorgebirge *n*, Landspitze *f*, Kap *n*; **27.** *hunt.* Geweih *n*; **28.** Schaum(krone *f*) *m* (*vom Bier etc.*); **29.** *Brit.* Rahm *m*, Sahne *f*; **30.** Quelle *f* (*e-s Flusses*); **31.** a) 'Überschrift *f*, Titelkopf *m*, b) Abschnitt *m*, Ka'pitel *n*, c) (Haupt)Punkt *m* (*e-r Rede etc.*), d) Ru'brik *f*, Katego'rie *f*, e) *typ.* (Titel-) Kopf *m*; **32.** *ling.* Oberbegriff *m*; **33.** ⚙ a) Stauwasser *n*, b) Staudamm *m*; **34.** *phys.*, ⚙ a) Gefälle *n*, b) Druckhöhe *f*, c) (Dampf- *etc.*)Druck *m*, d) Säule(nhöhe) *f*: **~ of water** Wassersäule; **35.** ⚙ a) Spindelkopf *m*, b) Spindelbank *f*, c) Sup'port *m* (*e-r Bohrbank*), d) (Gewinde)Schneidkopf *m*, e) Kopf-, Deckplatte *f*; **36.** (Wagen-, Kutschen-) Dach *n*; **37.** → **heading**; **IV** *adj.* **38.** Kopf...; **39.** Spitzen..., Vorder...; **40.** Chef..., Haupt..., Ober..., Spitzen..., führend, oberst: **~ cook** Chefkoch *m*; *Besondere Redewendungen:* **that is** (*od.* **goes**) **above** (*od.* **over**) **my ~** das ist zu hoch für mich, das geht über m-n Horizont; **talk above s.o.'s ~** über j-s Kopf hinwegreden; **by ~ and shoulders** an den Haaren (*herbeizie- hen*); (**by**) **~ and shoulders** um Haupteslänge (*größer etc.*), weitaus; **~ and shoulders above s.o.** j-m haushoch überlegen; **from ~ to foot** von Kopf bis Fuß; **off** (*od.* **out of**) **one's ~** F ,übergeschnappt'; **I can do that** (**standing**) **on my ~** F das kann ich im Schlaf, das mach' ich ,mit links'; **on this ~** in diesem Punkt; **out of one's own ~** von sich aus; **over s.o.'s ~** *fig.* über j-s Kopf hinweg; **~ over heels** a) kopfüber (*stürzen*), b) bis über beide Ohren (*verliebt*), c) **in debt** bis über die Ohren in Schulden (*stecken*); **~ first** (*od.* **foremost**) → **headlong**; **bite s.o.'s ~ off** F j-m ,den Kopf abreißen'; **bring to a ~** zum Ausbruch *od.* zur Entscheidung *od.* ,zum Klappen' bringen; **come to a ~** a) ♣ aufbrechen, eitern, b) sich zuspitzen, zur Entscheidung *od.* ,zum Klappen' kommen; **it entered my ~** es fiel mir ein; **gather ~** überhandnehmen, immer stärker werden; **give a horse his ~** e-m Pferd die Zügel schießen lassen; **give s.o. his ~** j-m s-n Willen lassen, j-n gewähren *od.* machen lassen; **give** (**s.o.**) **~** Am. V (j-m e-n) ,blasen'; **go to the ~** zu Kopfe steigen; **have** (*od.* **be**) **an old ~ on young shoulders** für sein Alter (schon) sehr reif sein; **keep one's ~** kühlen Kopf bewahren; **keep one's ~ above water** sich über Wasser halten (*a. fig.*); **knock s.th. on the ~** F et. (*e-n Plan etc.*) ,über den Haufen werfen'; **laugh** (**shout**) **one's ~ off** sich halb totlachen (sich die Lunge aus dem Hals schreien); **lose one's ~** *fig.* den Kopf verlieren; **make ~** gut vorankommen; **make ~ against** sich entgegenstemmen (*dat.*); **I cannot make ~ or tail of it** ich kann daraus nicht schlau werden; **put s.th. into s.o.'s ~** j-m et. in den Kopf setzen; **put that out of your ~** schlag dir das aus

dem Kopf; **they put their ~s together** sie steckten ihre Köpfe zusammen; **take s.th. into one's ~** sich et. in den Kopf setzen; **talk one's ~ off** reden wie ein Wasserfall; **talk s.o.'s ~ off** ,j-m ein Loch in den Bauch reden'; **turn s.o.'s ~** j-m den Kopf verdrehen.

'head·ache *s.* **1.** Kopfschmerzen *pl.*, -weh *n*; **2.** F *et.*, *was Kopfzerbrechen od. Sorgen macht*, schwieriges Pro'blem, Sorge *f*; **'~,ach·y** *adj.* F **1.** an Kopfschmerzen leidend; **2.** Kopfschmerzen verursachend; **'~·band** *s.* Stirnband *n*; **'~·board** *s.* Kopfbrett *n* (*Bett*); **'~·boy** *s. Brit. ped.* Schulsprecher *m*; **'~·cheese** *s. Am.* Preßkopf *m* (*Sülzwurst*); **~ clerk** *s.* Bü'rochef *m*; **'~- dress** *s.* **1.** Kopfschmuck *m*; **2.** Fri'sur *f.*

-headed [hedɪd] *in Zssgn* ...köpfig.

head·ed ['hedɪd] *adj.* **1.** mit e-m Kopf *etc.* (versehen); **2.** mit e-r 'Überschrift (versehen), betitelt.

head·er ['hedə] *s.* **1.** △, ⚙ a) Schlußstein *m*, b) Binder *m*; **2. take a ~** a) *sport* e-n Kopfsprung machen, b) kopfüber *die Treppe etc. hinunter*-stürzen; **3.** *Fußball*: Kopfball *m*, -stoß *m*.

head'first, **~'fore·most** → **headlong**; **'~·gear** *s.* **1.** Kopfbedeckung *f*; **2.** Kopfgestell *n*, Zaumzeug *n* (*vom Pferd*); **3.** ⚒ Fördergerüst *n*; **'~·hunt·er** *s.* Kopfjäger *m*.

head·i·ness ['hedɪnɪs] *s.* **1.** Unbesonnenheit *f*, Ungestüm *n*; **2.** *das Berauschende* (*a. fig.*).

head·ing ['hedɪŋ] *s.* **1.** a) Kopfstück *n*, -ende *n*, b) Vorderende *n*, -teil *n*; **2.** 'Überschrift *f*, Titel(zeile *f*) *m*; **3.** Brief-kopf *m*; **4.** (Rechnungs)Posten *m*; **5.** Thema *n*, Punkt *m*; **6.** ⚒ Stollen *m*; **7.** a) ✈ Steuerkurs *m*, b) ♂ Kompaßkurs *m*; **8.** *Fußball*: Kopfballspiel *n*; **~ stone** *s.* △ Schlußstein *m*.

'head·lamp → **headlight**; **'~·land** *s.* **1.** ♂ Rain *m*; **2.** [-lənd] Landspitze *f*, -zunge *f*.

head·less ['hedlɪs] *adj.* **1.** kopflos (*a. fig.*), ohne Kopf; **2.** *fig.* führerlos.

'head·light *s.* **1.** *mot. etc.* Scheinwerfer *m*: **~ flasher** Lichthupe *f*; **2.** ♂ Mast-, Topplicht *n*; **'~·line** *I s.* **1.** a) 'Überschrift *f*, b) *Zeitung*: Schlagzeile *f*, c) *pl. a.* **~ news** *Radio, TV*: (*das*) Wichtigste in Schlagzeilen: **hit** (*od.* **make**) **the ~s** Schlagzeilen machen; **II** *v/t.* **2.** e-e Schlagzeile widmen (*dat.*); **3.** *fig.* groß her'ausstellen; **'~·lin·er** *s. Am.* **1.** *thea. etc.* Star *m*; **2.** promi'nente Per-'sönlichkeit; **'~·lock** *s.* *Ringen*: Kopfzange *f*; **'~·long** **I** *adv.* **1.** kopf'über, mit dem Kopf vor'an; **2.** *fig.* Hals über Kopf, blindlings; **II** *adj.* **3.** mit dem Kopf vor'an: **a ~ fall**; **4.** *fig.* über'stürzt, unbesonnen, ungestüm; **~ louse** *s.* Kopflaus *f*; **'~·man** *s.* [*irr.*] **1.** ['hedmæn] Führer *m*; **2.** Häuptling *m*; **3.** [,hed-'mæn] Vorarbeiter *m*; **'~·mas·ter** *s.* Schulleiter *m*, Di'rektor *m*; **'~'mis·tress** *s.* Schulleiterin *f*, Direk'torin *f*; **~ mon·ey** *s.* Kopfgeld *n*; **~ of·fice** *s.* Hauptbü,ro *n*, -geschäftsstelle *f*, -sitz *m*, Zen'trale *f*; **'~'on** *adj. u. adv.* **1.** fron'tal: **~ collision** Frontalzusammenstoß *m*; **2.** di'rekt; **'~·phone** *s. mst pl.* Kopfhörer *m*; **'~·piece** *s.* **1.** Kopfbedeckung *f*; **2.** Oberteil *n*, *bsd.* a) Tür-

sturz *m*, b) Kopfbrett *n* (*Bett*); **3.** *typ.* 'Titelvi,gnette *f*; **'~'quar·ters** *s. pl. oft sg. konstr.* **1.** ✕ a) 'Hauptquar,tier *n*, b) Stab *m*, c) Kom'mandostelle *f*, d) 'Oberkom,mando *n*; **2.** *allg.* (*Feuerwehr-, Partei- etc.*)Zen'trale *f*, (Poli'zei-) Prä,sidium *n*; **3.** → **head office**; **'~·rest**, **~ re·straint** *s.* Kopfstütze *f*; **'~·room** [-rʊm] *s.* lichte Höhe; **'~·sail** *s.* ♂ Fockmastsegel *n*; **'~·set** *s.* Kopfhörer *m*.

head·ship ['hedʃɪp] *s.* (oberste) Leitung, Führung *f*.

head'shrink·er ['hed,ʃrɪŋkə] *s.* F Psychoana'lytiker(in); **'~·spring** *s.* **1.** Hauptquelle *f*; **2.** *fig.* Quelle *f*, Ursprung *m*; **3.** *sport* Kopfkippe *f*; **'~·stall** → **headgear** *s.*; **'~·stand** *s.* Kopfstand *m*; **~ start** *s.* **1.** *sport* a) Vorgabe *f*, b) Vorsprung *m* (*a. fig.*); **2.** *fig.* guter Start; **'~·stock** *s.* ⚙ **1.** Spindelstock *m*; **2.** Triebwerkgestell *n*; **'~·stone** *s.* **1.** △ a) Eck-, Grundstein *m* (*a. fig.*), b) Schlußstein *m*; **2.** Grabstein *m*; **'~·strong** *adj.* eigensinnig, halsstarrig; **~ tax** *s.* Kopf-, *bsd.* Einwanderungssteuer *f* (*USA*); **'~·to-'head** *adj. Am.* **1.** Mann gegen Mann; **2.** Kopf-an-Kopf...: **~ race**; **~ voice** *s.* Kopfstimme *f*; **'~·wait·er** *s.* Oberkellner *m*; **'~·wa·ter** *s. mst pl.* Oberlauf *m*, Quellgebiet *n* (*Fluß*); **'~·way** *s.* **1.** ♂ a) Fahrt *f* vor'aus, b) Fahrt *f*, Geschwindigkeit *f*; **2.** *fig.* Fortschritt(e *pl.*) *m*: **make ~** vorankommen, Fortschritte machen; **3.** △ lichte Höhe; **4.** ⚒ *Brit.* Hauptstollen *m*; **5.** ♂ Zugfolge *f*, -abstand *m*; **~ wind** *s.* Gegenwind *m*; **'~·work** *s.* geistige Arbeit; **'~,work·er** *s.* Geistes-, Kopfarbeiter *m*.

head·y ['hedɪ] *adj.* □ **1.** unbesonnen, ungestüm; **2.** a) berauschend (*Getränk*; *a. fig.*), b) berauscht (**with** von); **3.** *Am.* F schlau.

heal [hi:l] **I** *v/t.* **1.** *a. fig.* heilen, kurieren (**of** von) **2.** *fig.* versöhnen, *Streit etc.* beilegen; **II** *v/i.* **3.** *oft* **~ up**, **~ over** (zu)heilen; **'heal·er** [-lə] *s.* **1.** Heil(end)er *m*, *bsd.* Gesundbeter(in); **2.** *fig.*: **time is a great ~** die Zeit heilt alle Wunden; **'heal·ing** [-lɪŋ] **I** *s.* Heilung *f*; **II** *adj.* □ heilsam, heilend, Heil(ungs)...

health [helθ] *s.* **1.** Gesundheit *f*: **~ care** Gesundheitsfürsorge *f*; **~ centre** (*Am. center*) Ärztezentrum *n*; **~ certificate** ärztliches Attest; **~ club** Fitneßclub *m*; **~ food** Reformkost *f*: **~ food shop** (*od. store*) Reformhaus *n*; **~ freak** Gesundheitsfanatiker(in); **~ insurance** Krankenversicherung *f*; **~ officer** *Am.* a) Be-amte(r) *m* des Gesundheitsamtes, b) ♂ Hafen-, Quarantänearzt *m*; **~ resort** Kurort *m*; **~ service** Gesundheitsdienst *m*; **~ visitor** Gesundheitsfürsorger(in); **2.** *a.* **state of ~** Gesundheitszustand *m*: **ill ~**; **in good ~** gesund, bei guter Gesundheit; **3.** Gesundheit *f*, Wohl *n*: **drink** (**to**) **s.o.'s ~** auf j-s Wohl trinken; **your ~!** auf Ihr Wohl!; **here is to the ~ of the host** im Prosit dem Gastgeber!; **'health·ful** [-fʊl] *adj.* □ **~ healthy** 1, 2; **'health·y** [-θɪ] *adj.* □ **1.** *allg.* gesund (*a. fig.*): **~ body** (**climate**, **economy**, *etc.*); **2.** gesund(heitsfördernd), heilsam, bekömmlich; **3.** F gesund, kräftig: **~ appetite**; **4. not ~** F ,nicht gesund', schlecht, gefährlich.

heap [hi:p] **I** s. **1.** Haufe(n) m: *in ~s* haufenweise; *be struck all of a ~* F ‚platt' od. sprachlos sein; *fall in a ~* (in sich) zs.-sacken; **2.** F Haufen m, Menge f: *~s of time* e-e od. jede Menge Zeit; *~s of times* unzählige Male; *~s better* sehr viel besser; **3.** sl. ‚Schlitten' m (*Auto*); **II** v/t. **4.** häufen: *a ~ed spoonful* ein gehäufter Löffel(voll); *~ up* anhäufen, *fig. a.* aufhäufen; *~ insults* (*praises*) (*up*)*on s.o.* j-n mit Beschimpfungen (Lob) überschütten; → *coal* 2; **5.** beladen, schütten.

hear [hɪə] [*irr.*] **I** v/t. **1.** hören: *I ~ him laugh*(*ing*) ich höre ihn lachen; *make o.s. ~d* sich Gehör verschaffen; *let's ~ it for him!* Am. F Beifall für ihn!; **2.** (an)hören: *~ a concert* sich ein Konzert anhören; **3.** j-m zuhören, j-n anhören: *~ s.o. out* j-n ausreden lassen; **4.** hören od. achten auf (*acc.*), j-s Rat folgen: *do you ~ me?* hast du (mich) verstanden?; **5.** *Bitte etc.* erhören; **6.** *ped. Aufgabe od. Schüler* abhören; **7.** *et.* hören, erfahren (*about, of* über *acc.*); **8.** a) verhören, vernehmen, b) *Sachverständige etc.* anhören, c) (über) *e-n Fall* verhandeln; → *evidence* 1; **II** v/i. **9.** hören: *~! ~! parl.* hört! hört! (*a. iro.*), bravo!, sehr richtig!; **10.** hören, erfahren, Nachricht erhalten (*from* von; *of, about* von; *that* daß): *you'll ~ of this!* F das wirst du mir büßen!; *I won't ~ of it* ich erlaube od. dulde es nicht; *he would not ~ of it* er wollte davon nichts hören od. wissen;

heard [hɜ:d] *pret. u. p.p. von* **hear**;
'hear·er [-ərə] s. (Zu)Hörer(in);
'hear·ing [-ərɪŋ] s. **1.** Hören n: within (*out of*) ~ in (außer) Hörweite; *in his ~* in s-r Gegenwart, solange er noch in Hörweite ist; **2.** Gehör(sinn m) n: *~ aid* Hörhilfe f, -gerät n; *~ spectacles* pl. Hörbrille f; *hard of ~* schwerhörig; **3.** a) Anhören n, b) Gehör n, c) Audi'enz f: *gain a ~* sich Gehör verschaffen; *give s.o. a ~* j-n anhören; **4.** *thea. etc.* Hörprobe f; **5.** ɹ̄ɹ a) Vernehmung f, b) a. *preliminary ~* 'Voruntersuchung f, c) (mündliche) Verhandlung, Ter'min m; **6.** *bsd. pol.* Hearing n, Anhörung f.

heark·en ['hɑ:kən] v/i. poet. (*to*) a) horchen (auf *acc.*), b) Beachtung schenken (*dat.*).

'hear·say s. **1.** (*by ~* vom) Hörensagen n; **2.** a. *~ evidence* ɹ̄ɹ Beweis(e pl.) m vom Hörensagen, mittelbarer Beweis: *~ rule* Regel über den grundsätzlichen Ausschluß aller Beweise vom Hörensagen.

hearse [hɜ:s] s. Leichenwagen m.

heart [hɑ:t] s. **1.** anat. a) Herz n, b) Herzhälfte f; **2.** fig. Herz n: a) Seele f, Gemüt n, b) Liebe f, Zuneigung f, c) (Mit)Gefühl n, d) Mut m, e) Gewissen n: *change of ~* Gesinnungswandel m; *affairs of the ~* Herzensangelegenheiten; → *Bes. Redew.*; **3.** Herz n, (*das*) Innere, Kern m, Mitte f: *in the ~ of* inmitten (*gen.*), mitten in (*dat.*), im Herzen (*des Landes etc.*); **4.** Kern m, (*das*) Wesentliche: *go to the ~ of s.th.* zum Kern e-r Sache vorstoßen, e-r Sache auf den Grund gehen; *the ~ of the matter* der Kern der Sache, des Pudels

Kern; **5.** Liebling m, Schatz m, *mein Herz*; **6.** *Kartenspiel:* a) Herz n, Cœur n, b) pl. Herz n, Cœur n (*Farbe*): *king of ~s* Herzkönig m; **7.** ♣ Herz n (*Salat, Kohl*): *~ of oak* a) Kernholz n der Eiche, b) fig. Standhaftigkeit f;

Besondere Redewendungen:

~ and soul mit Leib u. Seele; *~'s desire* Herzenswunsch m; *after my* (*own*) *~* ganz nach m-m Herzen od. Geschmack od. Wunsch; *at ~* im Innersten, im Grunde (m-s etc. Herzens); (*have, learn*) *by ~* auswendig (wissen, lernen); *from one's ~* von Herzen; *in one's ~* (*of ~s*) a) im Grunde s-s Herzens, b) insgeheim; *in good ~ ♪* in gutem Zustand (*Boden*), fig. a. in guter Verfassung, gesund, a. guten Mutes; *to one's ~'s content* nach Herzenslust; *with all my ~* von od. mit ganzem Herzen; *with a heavy ~* schweren Herzens; *bless my ~!* du meine Güte!; *it breaks my ~* es bricht mir das Herz; *you are breaking my ~!* iro. ich fang' gleich an zu weinen!; *cross my ~!* Hand aufs Herz!; *eat one's ~ out* sich vor Gram verzehren; *not to have the ~ to do s.th.* es nicht übers Herz bringen, et. zu tun; *go to s.o.'s ~* j-m zu Herzen gehen; *my ~ goes out to* ich empfinde tiefes Mitleid mit; *have a ~!* hab Erbarmen!; *have no ~* kein Herz od. Mitgefühl haben; *I have your health at ~* deine Gesundheit liegt mir am Herzen; *I had my ~ in my mouth* das Herz schlug mir bis zum Halse, ich war zu Tode erschrocken; *have one's ~ in the right place* das Herz auf dem rechten Fleck haben; *his ~ is not in his work* er ist nicht mit ganzem Herzen dabei; *lose ~* den Mut verlieren; *lose one's ~ to s.o.* sein Herz an j-n verlieren; *open one's ~* a) (*to s.o.* j-m) sein Herz ausschütten, b) großmütig sein; *clasp s.o. to one's ~* j-n ans Herz od. an die Brust drücken; *put one's ~ into s.th.* mit Leib u. Seele bei et. sein; *set one's ~ on* sein Herz hängen an (*acc.*); *my ~ sank into my boots* das Herz rutschte mir in die Hose(n); *take ~* Mut fassen; *I took ~ from that* das machte mir Mut; *take s.th. to ~* sich et. zu Herzen nehmen; *wear one's ~ on one's sleeve* das Herz auf der Zunge tragen.

'heart|**·ache** s. Kummer m; *~ ac·tion* s. physiol. Herztätigkeit f; *~ at·tack* s. ♥ Herzanfall m; *'~·beat* s. **1.** physiol. Herzschlag m (*Pulsieren*); **2.** fig. Am. Herzstück n; *'~·break* s. (Herze)Leid n, Gram m; *'~·break·ing* adj. herzzerreißend; *'~·bro·ken* adj. (ganz) gebrochen, todunglücklich, untröstlich; *'~·burn* s. ♥ Sodbrennen n; *~ con·di·tion*, *~ dis·ease* s. ♥ Herzleiden n.

-hearted [hɑ:tɪd] in Zssgn ...herzig, ...mütig.

heart·en ['hɑ:tn] v/t. ermutigen, aufmuntern; **'heart·en·ing** [-nɪŋ] adj. ermutigend.

heart| **fail·ure** s. ♥ a) Herzversagen n, b) 'Herzinsuffizi,enz f; *'~·felt* adj. tiefempfunden, herzlich, aufrichtig, innig.

hearth [hɑ:θ] s. **1.** Ka'min(platte f, -sohle f) m; **2.** Herd m, Feuerstelle f; **3.** ⊙ a) Schmiedeherd m, Esse f, b) Herd m, Hochofengestell n; **4.** fig. a. *~ and home* häuslicher Herd, Heim n;

'~·stone s. **1.** → *hearth* 1 u. 4; **2.** Scheuerstein m.

heart·i·ly ['hɑ:tɪlɪ] adv. **1.** herzlich: a) von Herzen, innig, b) iro. äußerst, gründlich: *dislike s.o. ~*; **2.** herzhaft, kräftig, tüchtig: *eat ~*; **'heart·i·ness** [-nɪs] s. **1.** Herzlichkeit f: a) Innigkeit f, b) Aufrichtigkeit f; **2.** Herzhaftigkeit f, Kräftigkeit f.

'heart·land s. Herz-, Kernland n.

heart·less ['hɑ:tlɪs] adj. □ herzlos, grausam, gefühllos; **'heart·less·ness** [-nɪs] s. Herzlosigkeit f.

‚heart·lung ma·chine s. ♥ 'Herz-'Lungen-Ma‚schine f: *put on the ~* an die Herz-Lungen-Maschine anschließen; *~ pace·mak·er* s. ♥ Herzschrittmacher m; *~ rate* s. physiol. 'Herzfre‚quenz f; *'~·rend·ing* adj. herzzerreißend; *~ rot* s. Kernfäule f (*Baum*); *'~'s-blood* s. Herzblut n; *'~·search·ing* s. Gewissenserforschung f; *~ shake* s. Kernriß m (*Baum*); *'~·shaped* adj. herzförmig; *'~·sick* adj. tiefbetrübt, todunglücklich; *'~·sore* adj. tiefbetrübt, todunglücklich; *'~·strings* pl. fig. Herz n, innerste Gefühle pl.: *pull at s.o.'s ~* j-m das Herz zerreißen; j-n tief rühren; *play on s.o.'s ~* mit j-s Gefühlen spielen; *~ sur·ger·y* s. ♥ 'Herzchirur‚gie f; *'~·throb* s. **1.** physiol. Herzschlag m; **2.** F Schatz m, Schwarm m; *‚~-to-'~* adj. offen, aufrichtig: *~ talk*; *~ trans·plant* s. ♥ Herzverpflanzung f; *'~·warm·ing* adj. **1.** herzerfrischend; **2.** bewegend; *'~·whole* adj. **1.** (noch) ungebunden, frei; **2.** aufrichtig, rückhaltlos.

heart·y ['hɑ:tɪ] **I** adj. □ → *heartily*, **1.** herzlich: a) von Herzen kommend, warm, innig, b) aufrichtig, tiefempfunden, c) iro. ‚gründlich': *dislike*; **2.** a) munter, b) e'nergisch, c) begeistert, d) herzlich, jovi'al; **3.** herzhaft, kräftig: *~ appetite* (*meal, kick*); **4.** gesund, kräftig; **5.** fruchtbar (*Boden*); **II** s. **6.** sport Brit. F dy'namischer Spieler; **7.** F Ma'trose m: *my hearties* meine Jungs.

heat [hi:t] **I** s. **1.** Hitze f: a) große Wärme, b) heißes Wetter; **2.** Wärme f (a. phys.); **3.** a) Erhitztheit f (*des Körpers*), b) (bsd. Fieber)Hitze f; **4.** (Glüh-) Hitze f, Glut f; **5.** Schärfe f (*von Gewürzen etc.*); **6.** fig. a) Ungestüm n, b) Zorn m, Wut f, c) Leidenschaft(lichkeit) f, Erregtheit f, d) Eifer m: *in the ~ of the moment* im Eifer des Gefechts; *in the ~ of passion* ɹ̄ɹ im Affekt; *at one ~* in 'einem Zug, auf 'einen Schlag; **7.** sport a) (Einzel)Lauf m, b) a. *preliminary ~* Vorlauf m, c) 'Durchgang m, Runde f; **8.** zo. Brunst f, bsd. a) Läufigkeit f (*e-r Hündin*), b) Rolligkeit f (*e-r Katze*), c) Rossen n (*e-r Stute*), d) Stieren n (*e-r Kuh*): *in* (od. *on*) *~* brünstig; *a bitch in ~* e-e läufige Hündin; **9.** metall. a) Schmelzgang m, b) Charge f; **10.** F Druck m: *turn on the ~* Druck machen; *turn* (od. *put*) *the ~ on s.o.* j-n unter Druck setzen; *the ~ is on* es herrscht ‚dicke Luft'; *the ~ is off* es hat sich wieder beruhigt; **11.** *the ~* Am. F die ‚Bullen' pl. (*Polizei*); **II** v/t. **12.** a. *~ up* erhitzen (*a. fig.*), heiß machen, *Speisen a.* aufwärmen; **13.** *Haus etc.* heizen; **14.** *~ up* fig. Diskussion, Konjunktur etc. anheizen; **III** v/i. **15.** sich erhitzen (*a. fig.*).

heat·a·ble ['hi:təbl] *adj.* **1.** erhitzbar; **2.** heizbar.

heat| ap·o·plex·y → *heatstroke*; **~ bar·ri·er** *s.* ✔ Hitzemauer *f*, -schwelle *f*.

heat·ed ['hi:tɪd] *adj.* ☐ erhitzt: a) heiß geworden, b) *fig.* erhitzt *od.* erregt (*with* von), hitzig: **~ debate**.

heat·er ['hi:tə] *s.* **1.** Heizgerät *n*, -körper *m*, (Heiz)Ofen *m*; **2.** ⚡ Heizfaden *m*; **3.** (Plätt)Bolzen *m*; **4.** *sl.* ‚Ka'none' *f*, ‚Ballermann' *m* (*Pistole etc.*); **~ plug** *s. mot. Brit.* Glühkerze *f*.

heath [hi:θ] *s.* **1.** *bsd. Brit.* Heide(land *n*) *f*; **2.** ♀ a) Erika *f*, b) Heidekraut *n*; **'~-bell** *s.* ♀ Heide(blüte) *f*.

hea·then ['hi:ðn] **I** *s.* **1.** Heide *m*, Heidin *f*; **2.** *fig.* Bar'bar *m*; **II** *adj.* **3.** heidnisch, Heiden...; **4.** bar'barisch, unzivilisiert; **'hea·then·dom** [-dəm] *s.* **1.** Heidentum *n*; **2.** *die* Heiden *pl.*; **'hea·then·ish** [-ðənɪʃ] *adj. → heathen* 3 u. 4; **'hea·then·ism** [-ðənɪzəm] *s.* **1.** Heidentum *n*; **2.** Barba'rei *f*.

heath·er ['heðə] → *heath* 2; **'~-bell** *s.* ♀ Glockenheide *f*; **'~-,mix·ture** *s.* gesprenkelter Wollstoff.

heat·ing ['hi:tɪŋ] **I** *s.* **1.** Heizung *f*; **2.** ⚙ a) Beheizung *f*, b) Heißwerden *n*, -laufen *n*; **3.** *phys.* Erwärmung *f*; **4.** Erhitzung *f* (*a. fig.*); **II** *adj.* **5.** heizend, *phys.* erwärmend; **6.** Heiz...: **~ battery** (*costs, oil, etc.*); **~ system** Heizung *f*; **~ jack·et** *s.* ⚙ Heizmantel *m*; **~ pad** *s.* Heizkissen *n*; **~ sur·face** *s.* ⚙ Heizfläche *f*.

heat| in·su·la·tion *s.* ⚙ Wärmedämmung *f*; **'~·proof** *adj.* hitzebeständig; **~ pro·stra·tion** *s.* ✻ Hitzschlag *m*; **~ pump** *s.* ⚙ Wärmepumpe *f*; **~ rash** *s.* ✻ Hitzausschlag *m*; **'~·re,sist·ing** → *heatproof*; **'~-seal** *v/t.* Kunststoffe heißsiegeln; **~ shield** *s.* Raumfahrt: Hitzeschild *m*; **~ spot** *s.* ✻ Hitzebläschen *n*; **'~·stroke** *s.* ✻ Hitzschlag *m*; **'~-treat** *v/t.* ⚙ wärmebehandeln (*a. ✻*); **~ u·nit** *s. phys.* Wärmeeinheit *f*; **~ wave** *s.* Hitzewelle *f*.

heave [hi:v] **I** *v/t.* (⚓ [*irr.*] *pret. u. p.p.* **hove** [həʊv]) **1.** (hoch)heben, (-)wuchten, (-)stemmen, (-)hieven: **~ coal** Kohlen schleppen; **~ s.o. into a post** *fig.* j-n auf e-n Posten ‚hieven'; **2.** hochziehen, -winden; **3.** F schmei-ßen, schleudern; **4.** ⚓ hieven; *den Anker* lichten: **~ the lead** (*log*) loten (loggen); **~ to** beidrehen; **5.** ausstoßen: **~ a sigh**; **6.** F ‚(aus)kotzen', erbrechen; **7.** aufschwellen, dehnen; **8.** heben u. senken; **II** *v/i.* (⚓ [*irr.*] *pret. u. p.p.* **hove** [həʊv]) **9.** sich heben u. senken, wogen (*a. Busen*): **~ and set** ⚓ stampfen (*Schiff*); **10.** keuchen; **11.** F a) ‚kotzen', sich über'geben, b) würgen, Brechreiz haben: **his stomach** *od.* ihm hob sich der Magen; **12.** ⚓ a) hieven, ziehen (*at* an *dat.*): **~ ho!** holt auf!, *allg.* hau ruck!, b) treiben: **~ in(to) sight** in Sicht kommen, *fig. humor.* ‚aufkreuzen'; **~ to** beidrehen; **III** *s.* **13.** Heben *n*, Hub *m*, (mächtiger) Ruck *m*; **14.** Hochziehen *n*, -winden *n*; **15.** Wurf *m*; **16.** *Ringen:* Hebegriff *m*; **17.** Wogen *n*: **~ of the sea** ⚓ Seegang *m*; **18.** *geol.* Verwerfung *f*; **19.** *pl. sg. konstr. vet.* Dämpfigkeit *f*; **,~·'ho** [-'həʊ] *s.:* **give s.o. the** (**old**) **~** F a) j-n ‚rausschmei-

ßen', b) j-m ‚den Laufpaß geben'.

heav·en ['hevn] *s.* **1.** Himmel(reich *n*) *m*: **go to ~** in den Himmel kommen; **move ~ and earth** *fig.* Himmel u. Hölle in Bewegung setzen; **to ~, to high ~s** F zum Himmel *stinken etc.*; **in the seventh ~** (*of delight*) *fig.* im siebten Himmel; **2.** *fig.* Himmel *m*, Para'dies *n*: **a ~ on earth**; **it was ~** es war himmlisch; **3.** ⚲ Himmel *m*, Gott *m*, Vorsehung *f*: **the ~s** die himmlischen Mächte; **4. by ~!**, (**good**) **~s!** du lieber Himmel!; **for ~'s sake** um Himmels willen!; **~ forbid!** Gott behüte!; **thank ~!** Gott sei Dank!; **~ knows what ...** weiß der Himmel, was ...; **5.** *mst pl.* Himmel *m*, Firma'ment *n*: **the northern ~s** der nördliche (Sternen)Himmel; **6.** Himmel *m*, Klima *n*, Zone *f*.

heav·en·ly ['hevnlɪ] *adj.* himmlisch: a) Himmels...: **~ body** Himmelskörper *m*, b) göttlich, 'überirdisch: **~ hosts** himmlische Heerscharen, c) F himmlisch, wunderbar.

'heav·en|-sent *adj.* (wie) vom Himmel gesandt: **it was a ~ opportunity** es kam wie gerufen; **'~·ward** [-wəd] **I** *adv.* himmelwärts; **II** *adj.* gen Himmel gerichtet; **'~·wards** [-wədz] → *heavenward* I.

,heav·i·er-than-'air [,hevɪə-] *adj.* schwerer als Luft (*Flugzeug*).

heav·i·ly ['hevɪlɪ] *adv.* **1.** schwer (*etc.* → *heavy*): **suffer ~** schwere (finanzielle) Verluste erleiden; **2.** mit schwerer Stimme; **'heav·i·ness** [-mɪs] *s.* **1.** Schwere *f* (*a. fig.*); **2.** Gewicht *n*, Last *f*; **3.** Massigkeit *f*; **4.** Bedrückung *f*, Schwermut *f*; **5.** Schwerfälligkeit *f*; **6.** Schläfrigkeit *f*; **7.** Langweiligkeit *f*.

heav·y ['hevɪ] **I** *adj.* ☐ → *heavily*. **1.** *allg.* schwer (*a. ✻, phys.*): **~ load**; **~ steps**; **~ benzene** Schwerbenzin *n*; **~ industry** Schwerindustrie *f*; **with a ~ heart** schweren Herzens; **2.** ✗ schwer: **~ artillery** (*bomber, cruiser*); **bring up one's** (*od. the*) **~ guns** *fig.* F schweres Geschütz auffahren; **3.** schwer: a) heftig, stark: **~ fall** schwerer Sturz; **~ losses** schwere Verluste; **~ rain** starker Regen; **~ traffic** starker Verkehr, *a.* schwere Fahrzeuge *pl.*, b) massig: **~ body**, c) wuchtig: **~ blow**, d) hart: **~ fine** hohe Geldstrafe; **4.** groß, beträchtlich: **~ buyer** Großabnehmer *m*; **~ orders** große Aufträge; **5.** schwer, stark, 'übermäßig: **~ drinker** (*eater*) starker Trinker (Esser); **6.** schwer: a) stark, 'hochpro,zentig: **~ beer** Starkbier *n*, b) stark, betäubend: **~ perfume**, c) schwerverdaulich: **~ food**; **7.** drükkend, lastend: **a ~ silence**; **8.** *meteor.* a) schwer: **~ clouds**, b) finster, trüb: **~ sky**, c) drückend: **~ air**, **9.** schwer: a) schwierig, mühsam: **a ~ task**, b) schwer verständlich: **a ~ book**; **10.** (**with** a) (schwer)beladen (mit), b) *fig.* über'laden (mit), voll (von); **11.** schwerfällig: **~ style**; **12.** langweilig, stumpfsinnig; **13.** begriffsstutzig (*Person*); **14.** schläfrig, benommen (**with** von): **~ with sleep** schlaftrunken; **15.** ernst, düster (*thea. etc. role*): 'übervoll *od.* übstreng: **a ~ husband**; **17.** ✈ flau, schleppend; **18.** unwegsam, lehmig: **~ road**; **19.** grob: **~ features**; **20.** a) a. **~ with child** (hoch)schwanger, b) *typ.* fett(gedruckt) zo. trächtig; **21.** *typ.* fett(gedruckt) **II**

adv. **22.** schwer (*etc.*): **hang ~** dahinschleichen (*Zeit*); **time was hanging ~ on my hands** die Zeit wurde mir lang; **lie ~ on s.o.** schwer auf j-m lasten; **III** *s.* **23.** *thea. etc.* a) Schurke *m*, b) würdiger älterer Herr; **24.** *sport* F Schwergewichtler *m*; **25.** *pl. Am.* F warme 'Unterwäsche *f*; **26.** *Am.* F ‚schwerer Junge' (*Verbrecher*); **27.** ✗ schwere Artille'rie; **,~·'armed** *adj.* ✗ schwerbewaffnet; **~ chem·i·cals** *s. pl.* 'Schwerche,mi,kalien *pl.*; **~ con·crete** *s.* 'Schwerbe,ton *m*; **~ cur·rent** *s.* ⚡ Starkstrom *m*; **,~·'du·ty** *adj.* ⚙ Hochleistungs...; **2.** strapazierfähig; **,~·'hand·ed** *adj.* **1.** *a. fig.* plump, unbeholfen; **2.** drückend; **,~·'heart·ed** *adj.* niedergeschlagen, bedrückt; **~ hy·dro·gen** *s.* ⚙ schwerer Wasserstoff; **~ met·al** *s.* 'Schwerme,tall *n*; **~ oil** *s.* ⚙ Schweröl *n*; **~ plate** *s.* Grobblech *n*; **~ spar** *s. min.* Schwerspat *m*; **~ type** *s. typ.* Fettdruck *m*; **~ wa·ter** *s.* ⚛ schweres Wasser; **'~-weight** **I** *s.* **1.** *sport* Schwergewicht (-ler *m*) *n*; **2.** ‚Schwergewicht' *n* (*Person od. Sache*); **3.** F Promi'nente(r) *m*, ‚großes Tier'; **II** *adj.* **4.** *sport* Schwergewichts...; **5.** schwer (*a. fig.*).

heb·dom·a·dal [heb'dɒmədl] *adj.* wöchentlich: ⚲ **Council** wöchentlich zs.-tretender Rat der Universität Oxford.

He·bra·ic [hi:'breɪɪk] *adj.* (☐ **~ally**) he-'bräisch; **He·bra·ism** ['hi:breɪzəm] *s.* **1.** *ling.* Hebra'ismus *m*; **2.** *das* Jüdische; **He·bra·ist** ['hi:breɪst] *s.* Hebra-'ist(in).

He·brew ['hi:bru:] **I** *s.* **1.** He'bräer(in), Jude *m*, Jüdin *f*; **2.** *ling.* He'bräisch *n*; **3.** F Kauderwelsch *n*; **4.** *pl. sg. konstr. bibl.* (Brief *m* an die) He'bräer *pl.*; **II** *adj.* **5.** he'bräisch.

Heb·ri·de·an [,hebrɪ'di:ən] **I** *adj.* he'bridisch; **II** *s.* Bewohner(in) der He-'briden.

hec·a·tomb ['hekətu:m] *s.* Heka'tombe *f* (*bsd. fig. gewaltige Menschenverluste*).

heck [hek] *s.* F Hölle *f*: **a ~ of a row** ein Höllenlärm; **what the ~?** was zum Teufel?; → *a. hell* 2.

heck·le ['hekl] *v/t.* **1.** *Flachs* hecheln; **2.** a) j-n ‚piesacken', b) *e-m Redner* durch Zwischenfragen zusetzen, ‚in die Zange nehmen'; **'heck·ler** [-lə] *s.* Zwischenru-fer *m*.

hec·tare ['hekta:] *s.* Hektar *n*, *m*.

hec·tic ['hektɪk] *adj.* **1.** hektisch, schwindsüchtig: **~ fever** Schwindsucht *f*; **~ flush** hektische Röte; **2.** F fieberhaft, aufgeregt, hektisch: **have a ~ time** keinen Augenblick Ruhe haben.

hec·to·gram(me) ['hektəʊgræm] *s.* Hekto'gramm *n*; **'hec·to·graph** [-grɑ:f] **I** *s.* Hekto'graph *m*; **II** *v/t.* hektographieren; **'hec·to,li·ter** *Am.*, **'hec·to,li·tre** *Brit.* [-,li:tə] *s.* Hektoliter *m*, *n*.

hec·tor ['hektə] **I** *s.* Ty'rann *m*; **II** *v/t.* tyrannisieren, schikanieren: **~ about** (*od. around*) *j-n* herumkommandieren, einhacken auf (*acc.*); **III** *v/i.* her'umkommandieren.

he'd [hi:d] F *für* a) **he would**, b) **he had**.

hedge [hedʒ] *s.* **1.** Hecke *f*, *bsd.* Hekkenzaun *m*; **2.** *fig.* Kette *f*, Absperrung *f*: **a ~ of police**; **3.** *fig.* (Ab)Sicherung *f* (**against** gegen); **4.** ✻ Hedge-, Dekkungsgeschäft *n*; **II** *adj.* **5.** *fig.* drittrangig, schlecht; **III** *v/t.* **6.** *a.* **~ in** (*od.* **round**) a) mit e-r Hecke um'geben, einzäunen, b) *fig.* **~ about** (*od.* **around**) *fig. et.* behindern, c) *fig. j-n* einengen: **~ off** *a. fig.* abgrenzen (**against** gegen); **7.** a) (ab)sichern (**against** gegen) gegen den Verlust e-r *Wette etc.* sichern: **~ a bet**, **~ one's bets** *fig.* auf Nummer Sicher gehen; **IV** *v/i.* **8.** *fig.* ausweichen, sich nicht festlegen (wollen), sich winden, ,kneifen'; **9.** sich vorsichtig äußern; **10.** sich (ab)sichern (**against** gegen); **~ cut·ter** *s.* Heckenschere *f*; **~hog** ['hedʒhɒg] *s.* **1.** *zo.* a) Igel *m*, b) *Am.* Stachelschwein *n*; **2.** ♀ stachelige Samenkapsel; **3.** ✕ a) Igelstellung *f*, b) Drahtigel *m*, c) ⚓ Wasserbombenwerfer *m*; **'~hop** *v/i.* **F** dicht über dem Boden fliegen; **'~hop·per** *s.* ✈ *sl.* Tiefflieger *m*; **~ law·yer** *s.* 'Winkeladvo,kat *m*.

hedg·er ['hedʒə] *s.* **1.** Heckengärtner *m*; **2.** *j-d, der sich nicht festlegen will.*

'hedge|·row *s.* Hecke *f*; **~ school** *s.* *Brit.* Klippschule *f*; **~ shears** *s. pl. a.* pair of **~** Heckenschere *f*.

he·don·ic [hi:'dɒnɪk] *adj.* hedo'nistisch; **he·don·ism** ['hi:dəʊnɪzəm] *s. phls.* Hedo'nismus *m*; **he·don·ist** ['hi:dəʊnɪst] *s.* Hedo'nist *m*; **he·do·nis·tic** [,hi:də'nɪstɪk] *adj.* hedo'nistisch.

hee·bie-jee·bies [,hi:bɪ'dʒi:bɪz] *s. pl.* **F:** **it gives me the ~, I get the ~** dabei wird's mir ganz ,anders', da krieg' ich ,Zustände'.

heed [hi:d] **I** *v/t.* beachten, achtgeben auf (*acc.*); **II** *v/i.* achtgeben; **III** *s.* Beachtung *f*: **give** (*od.* **pay**) **~ to**, **take ~ of** → I; **take ~** → II; **'heed·ful** [-fʊl] *adj.* □ achtsam: **be ~ of** → **heed** I; **'heed·less** [-lɪs] *adj.* □ achtlos, unachtsam: **be ~ of** keine Beachtung schenken (*dat.*); **'heed·less·ness** [-lɪsnɪs] *s.* Achtlosigkeit *f*, Unachtsamkeit *f*.

hee·haw [,hi:'hɔ:] **I** *s.* **1.** 'I'ah *n* (*Eselsschrei*); **2.** *fig.* wieherndes Gelächter; **II** *v/i.* **3.** 'i'ahen; **4.** *fig.* wiehern(d lachen).

heel¹ [hi:l] **I** *v/t.* **1.** Absätze machen auf (*acc.*); **2.** Fersen anstricken an (*acc.*); **3.** *Fußball:* **den Ball mit dem Absatz kicken**; **II** *s.* **4.** Ferse *f*: **~ of the hand** *Am.* Handballen *m*; **5.** Absatz *m*, Hacken *m* (*vom Schuh*); **6.** Ferse *f* (*Strumpf, Golfschläger*); **7.** Fuß *m*, Ende *n*, Rest *m*, *bsd.* (Brot)Kanten *f*; **8.** vorspringender Teil, Sporn *m*; **9.** *Am. sl.* ,Scheißkerl' *m*;
Besondere Redewendungen:
~ of Achilles Achillesferse *f*; **at** (*od.* **on**) **s.o.'s ~s** j-m auf den Fersen, dicht hinter j-m; **on the ~s of s.th.** *fig.* unmittelbar auf et. folgend, gleich nach et.; **down at ~** a) mit schiefen Absätzen, b) *a.* **out at ~s** *fig.* heruntergekommen (*Person, Hotel etc.*); abgerissen, schäbig; **under the ~ of** *fig.* unter j-s Knute; **bring to ~** j-n gefügig *od.* ,kirre' machen; **come to ~** a) bei Fuß gehen (*Hund*), b) gefügig werden, ,spuren'; **cool** (*od.* **kick**) **one's ~s** ungeduldig warten; **dig** (*od.* **stick**) **one's ~s in** **F** ,sich auf die Hinterbeine stellen'; **drag one's ~s** *fig.* sich Zeit lassen; **kick up one's ~s** **F** ,auf den Putz hauen'; **lay s.o. by the ~s** j-n zur Strecke bringen, j-n dingfest machen; **show a clean pair of ~s, take to one's ~s**

Fersengeld geben, die Beine in die Hand nehmen; **tread on s.o.'s ~s** j-m auf die Hacken treten; **turn on one's ~s** (auf dem Absatz) kehrtmachen.

heel² [hi:l] *v/t. u. v/i. a.* **~ over** (sich) auf die Seite legen (*Schiff*), krängen.

,heel|-and-'toe walk·ing *s. sport* Gehen *n*; **'~ball** *s.* Polierwachs *n*; **~ bone** *s. anat.* Fersenbein *n*.

heeled [hi:ld] *adj.* **1.** mit e-r Ferse *od.* e-m Absatz (versehen); **2.** → **well-heeled**; **'heel·er** [-lə] *s. pol. Am.* Handlanger *m*, ,La'kai' *m*.

'heel·tap *s.* **1.** Absatzfleck *m*; **2.** letzter Rest, Neige *f* (*im Glas*): **no ~s!** ex!

heft [heft] *v/t.* **1.** hochheben; **2.** in der Hand wiegen; **'heft·y** [-tɪ] *adj.* **F 1.** schwer; **2.** kräftig, stämmig; **3.** ,mächtig', ,saftig', gewaltig: **~ blow** (**prices**).

He·ge·li·an [heɪ'gi:ljən] *s. phls.* Hegeli'aner *m*.

he·gem·o·ny [hɪ'gemənɪ] *s. pol.* Hegemo'nie *f*.

heif·er ['hefə] *s.* Färse *f*, junge Kuh.

heigh [heɪ] *int.* hei!; he(da)!; **,~-'ho** [-'həʊ] *int.* ach jeh!; oh!

height [haɪt] *s.* **1.** Höhe *f* (*a. ast.*): **10 feet in ~** 10 Fuß hoch; **~ of fall** Fallhöhe *f*; **2.** (Körper)Größe *f*: **what is your ~?** wie groß sind Sie?; **3.** Anhöhe *f*, Erhebung *f*; **4.** *fig.* Höhe(punkt *m*) *f*, Gipfel *m*: **at its ~** auf s-m (ihrem) *od.* dem Höhepunkt; **at the ~ of summer** (*of* **the season**) im Hochsommer (in der Hochsaison); **the ~ of folly** der Gipfel der Torheit; **dressed in the ~ of fashion** nach der neuesten Mode gekleidet; **'height·en** [-tn] **I** *v/t.* **1.** erhöhen (*a. fig.*); **2.** *fig.* vergrößern, -stärken, steigern, heben, vertiefen; **3.** her'vorheben; **II** *v/i.* **4.** wachsen, (an)steigen.

height| find·er, **~ ga(u)ge** *s.* ✈ Höhenmesser *m*.

hei·nous ['heɪnəs] *adj.* □ ab'scheulich, gräßlich; **'hei·nous·ness** [-nɪs] *s.* Ab'scheulichkeit *f*.

heir [eə] *s.* **1.** ♄ *u. fig.* Erbe *m* (**to** *od.* **of s.o.** j-s): **~ to the throne** Thronfolger *m*; **~-at-law**, **~ general**, **~ apparent** gesetzlicher Erbe; **~ presumptive** mutmaßlicher Erbe; **~ of the body** leiblicher Erbe; **heir·dom** ['eədəm] *s.* **heirship**; **heir·ess** ['eərɪs] *s.* (*bsd.* reiche) Erbin; **heir·loom** ['eəlu:m] *s.* (Fa'milien)Erbstück *n*; **heir·ship** ['eəʃɪp] *s.* **1.** Erbrecht *n*; **2.** Erbschaft *f*, Erbe *n*.

heist [haɪst] *Am. sl.* **I** *s.* a) ,Ding' *n* (*Raubüberfall od. Diebstahl*), b) Beute *f*; **II** *v/t.* über'fallen, ,klauen'; erbeuten.

held [held] *pret. u. p.p. von* **hold²**.

he·li·an·thus [,hi:lɪ'ænθəs] *s.* ♀ Sonnenblume *f*.

hel·i·borne ['helɪbɔ:n] *adj.* im Hubschrauber befördert.

hel·i·bus ['helɪbʌs] *s.* ✈ Hubschrauber *m* für Per'sonenbeförderung, Lufttaxi *n*.

hel·i·cal ['helɪkl] *adj.* □ spi'ralen-, schrauben-, schneckenförmig: **~ gear** ⚙ Schrägstirnrad *n*; **~ spring** Schraubenfeder *f*; **~ staircase** Wendeltreppe *f*.

hel·i·ces ['helɪsi:z] *pl. von* **helix**.

hel·i·cop·ter ['helɪkɒptə] ✈ **I** *s.* Hubschrauber *m*, Heli'kopter *m*: **~ gunship** Kampfhubschrauber; **II** *v/i. u. v/t.* mit dem Hubschrauber fliegen *od.* beför-

dern.

helio- [hi:lɪəʊ-] *in Zssgn* Sonnen...

he·li·o·cen·tric [,hi:lɪəʊ'sentrɪk] *adj. ast.* helio'zentrisch; **he·li·o·chro·my** ['hi:lɪəʊ,krəʊmɪ] *s.* 'Farbfotogra,fie *f*; **he·li·o·gram** ['hi:lɪəʊgræm] *s.* Helio'gramm *n*; **he·li·o·graph** ['hi:lɪəʊgrɑ:f] **I** *s.* Helio'graph *m*; **II** *v/t.* heliographieren; **he·li·o·gra·vure** [,hi:lɪəʊgrə'vjʊə] *s. typ.* Heliogra'vüre *f*. **he·li·o·trope** ['heljətrəʊp] *s.* ♀, *min.* Helio'trop *n*.

he·li·o·type ['hi:lɪətaɪp] *s. typ.* Lichtdruck *m*.

hel·i·pad ['helɪpæd], **'hel·i·port** [-pɔ:t] *s.* Heli'port *m*, Hubschrauberlandeplatz *m*.

he·li·um ['hi:ljəm] *s.* ♫ Helium *n*.

he·lix ['hi:lɪks] *pl.* **hel·i·ces** ['helɪsi:z] *s.* **1.** Spi'rale *f*; **2.** ♈ Schneckenlinie *f*; **3.** *anat.* Helix *f*, Ohrleiste *f*; **4.** △ Schnecke *f*; **5.** *zo.* Helix *f* (*Schnecke*); **6.** ♈ Helix *f* (*Molekülstruktur*).

hell [hel] **I** *s.* **1.** Hölle *f* (*a. fig.*): **it was ~** es war die reinste Hölle; **catch** (*od.* **get**) **~** F ,eins aufs Dach kriegen'; **come ~ or high water** F (ganz) egal, was passiert, unter allen Umständen; **give s.o. ~** F j-m ,die Hölle heiß machen'; **~ for leather** F was das Zeug hält, wie verrückt; **there will be ~ to pay** F das werden wir schwer büßen müssen; **raise ~** F ein 'Mordskrach schlagen'; **suffer ~** (**on earth**) die Hölle auf Erden haben; **2.** F (*verstärkend*) Hölle *f*, Teufel *m*: **a ~ of a noise** ein Höllenlärm; **be in a ~ of a temper** e-e ,Stinklaune' haben; ,Mordswut' *od.* e-e ,Stinklaune' haben; **a** (*od.* **one**) **~ of a** (**good**) **car** ein ,verdammt' guter Wagen; **a ~ of a guy** ein prima Kerl; **go to ~!** ,scher dich zum Teufel'!, *a.* ,du kannst mich mal!'; **get the ~ out of here!** mach, daß du rauskommst!; **like ~** wie verrückt (*arbeiten etc.*); **like** (*od.* **the**) **~ you did!** ,en Dreck' hast du (getan)!; **what the ~ ...?** was zum Teufel ...?; **what the ~!** ach, was!; **~'s bells** → 6; **3.** F Spaß *m*: **for the ~ of it** aus Spaß an der Freud; **the ~ of it is that ...** das Komische *od.* Tolle daran ist, daß; **4.** Spielhölle *f*; **5.** *typ.* De'fektenkasten *m*; **II** *int.* **6.** F a) *Brit. sl. a.* **bloody ~!** verdammt!, b) (*überrascht*) Teufel, Teufel!, Mann!; **~, I didn't know** (**that**)! Mann, das hab' ich nicht gewußt!

he'll [hi:l] F *für* **he will**.

'hell|·bend·er *s.* **1.** *zo.* Schlammteufel *m*; **2.** *Am.* F ,wilder Bursche'; **'~bent** *adj.* F **1.** **be ~ on** (**doing**) **s.th.** ganz versessen sein auf et. (darauf, et. zu tun); **2.** ,verrückt', wild, leichtsinnig; **'~broth** *s.* Hexen-, Zaubertrank *m*; **'~cat** *s.* (wilde) Hexe, Xan'thippe *f*.

hel·le·bore ['helɪbɔ:] *s.* ♀ Nieswurz *f*.

Hel·lene ['heli:n] *s.* Hel'lene *m*, Grieche *m*; **Hel·len·ic** [he'li:nɪk] *adj.* hel'lenisch, griechisch; **Hel·len·ism** ['helɪnɪzəm] *s.* Helle'nismus *m*, Griechentum *n*; **Hel·len·ist** ['helɪnɪst] *s.* Helle'nist *m*; **Hel·len·is·tic** [,helɪ'nɪstɪk] *adj.* helle'nistisch; **Hel·len·ize** ['helɪnaɪz] *v/t. u. v/i.* (sich) hellenisieren.

,hell|·fire *s.* **1.** Höllenfeuer *n*; **2.** *fig.* Höllenqualen *pl.*; **'~hound** *s.* **1.** Höllenhund *m*; **2.** *fig.* Teufel *m*.

hel·lion ['heljən] *s.* F Range *f*, *m*, Bengel

m.

hell·ish ['helɪʃ] *adj.* □ **1.** höllisch (*a. fig.* F); **2.** F ,verteufelt', ,scheußlich'.

hel·lo [hə'ləʊ] **I** *int.* **1.** hal'lo!, *überrascht: a.* na'nu!; **II** *pl.* **-los** *s.* **2.** Hal'lo *n*; **3.** Gruß *m*: **say** ~ (**to s.o.**) (j-m) guten Tag sagen; **III** *v/i.* **4.** hal'lo rufen.

hell-uv·a ['heləvə] *adj. u. adv.* F ,mordsmäßig', ,toll': **a** ~ **noise** ein Höllenlärm; **a** ~ **guy** a) ein prima Kerl, b) ein toller Kerl.

helm¹ [helm] *s.* **1.** ⚓ a) Ruder *n*, Steuer *n*, b) Ruderpinne *f*: **the ship answers the** ~ das Schiff gehorcht dem Ruder; **2.** *fig.* Ruder *n*, Führung *f*: ~ **of State** Staatsruder; **at the** ~ am Ruder *od.* an der Macht; **take the** ~ das Ruder übernehmen.

helm² [helm] *s. obs.* Helm *m*; **helmed** [-md] *adj. obs.* behelmt.

hel·met ['helmɪt] *s.* **1.** ⚔ Helm *m*; **2.** (Schutz-, Sturz-, Tropen-, Taucher-) Helm *m*; **3.** ♀ Kelch *m*; **'hel·met·ed** [-tɪd] *adj.* behelmt.

helms·man ['helmzmən] *s.* [*irr.*] ⚓ Steuermann *m* (*a. fig.*).

Hel·ot ['helət] *s. hist.* He'lot(e) *m*, *fig. (mst ⚐) a.* Sklave *m*; **'hel·ot·ry** [-trɪ] *s.* **1.** He'lotentum *n*; **2.** *coll.* He'loten *pl.*

help [help] **I** *s.* **1.** Hilfe *f*, Beistand *m*, Mit-, Beihilfe *f*: **by** (*od.* **with**) **the** ~ **of** mit Hilfe von; *he came to my* ~ er kam mir zu Hilfe; *it* (*she*) *is a great* ~ es (sie) ist e-e große Hilfe; *can I be of any* ~ (*to you*)? kann ich Ihnen (irgendwie) helfen *od.* behilflich sein?; **2.** Abhilfe *f*: *there is no* ~ *for it* da kann man nichts machen, es läßt sich nicht ändern; **3.** Hilfsmittel *n*; **4.** a) Gehilfe *m*, Gehilfin *f*, (*bsd.* Haus)Angestellte(r *m*) *f*, (*bsd.* Land)Arbeiter(in): *domestic* ~ Hausgehilfin, b) *coll.* ('Dienst)Perso,nal *n*, (Hilfs)Kräfte *pl.*; **II** *v/t.* **5.** *j-m* helfen *od.* beistehen *od.* behilflich sein, *j-n* unter'stützen (*in od.* **with s.th.** bei et.): *can I* ~ *you?* a) kann ich Ihnen behilflich sein?, b) werden Sie schon bedient?; *so* ~ *me* (*I did,* etc.)! Ehrenwort!; → *god* 2; **6.** fördern, beitragen zu; **7.** lindern, helfen *od.* Abhilfe schaffen bei; **8.** ~ *s.o. to s.th.* a) j-m zu et. verhelfen, b) (*bsd. bei Tisch*) j-m et. reichen *od.* geben; ~ *o.s.* sich bedienen, zugreifen; ~ *o.s. to* a) sich bedienen mit, sich et. nehmen, b) sich *et.* aneignen *od.* nehmen (*a. iro. stehlen*); **9.** *mit can*: abhelfen (*dat.*), et. verhindern, vermeiden, ändern: *I can't* ~ *it* a) ich kann's nicht ändern, b) ich kann nichts dafür; *it can't be* ~ed da kann man nichts machen, es läßt sich nicht ändern; (*not*) *if I can* ~ *it* (nicht,) wenn ich es vermeiden kann; *how could I* ~ *it?* a) was konnte ich dagegen tun?, b) was konnte ich dafür?; *I can't* ~ *it* a) ich kann es nicht ändern, b) ich kann nichts dafür; *she can't* ~ *her freckles* für ihre Sommersprossen kann sie nichts; *don't be late if you can* ~ *it* komme möglichst nicht zu spät!; *I could not* ~ *laughing* ich mußte einfach lachen; *I can't* ~ *feeling* ich werde das Gefühl nicht los; *I can't* ~ *myself* ich kann nicht anders; **III** *v/i.* **10.** helfen: *every little* ~s jede Kleinigkeit hilft; **11.** *don't stay longer than you can* ~*!* bleib nicht länger als nötig!;

Zssgn mit adv.:

help| down *v/t.* **1.** *j-m* her'unter-, hin'unterhelfen; **2.** *fig.* zum 'Untergang (*gen.*) beitragen; ~ **in** *v/t. j-m* hin'einhelfen; ~ **off** *v/t.* **1.** → **help on** 1; **2.** *help s.o. off with his coat* j-m aus dem Mantel helfen; ~ **on** *v/t.* **1.** weiter-, forthelfen (*dat.*); **2.** *help s.o. on with his coat* j-m in den Mantel helfen; ~ **out I** *v/t.* **1.** *j-m* her'aus-, hin'aushelfen (*of* aus); **2.** *fig. j-m* aus der Not helfen; **3.** *fig. j-m* aushelfen, *j-n* unter'stützen; **II** *v/i.* **4.** aushelfen (*with* bei, mit); **5.** helfen, nützlich sein; ~ **through** *v/t. j-m* (hin)'durch-, hin'weghelfen; ~ **up** *v/t. j-m* her'auf-, hin'aufhelfen.

help·er ['helpə] *s.* **1.** Helfer(in); **2.** Gehilfe *m*, Gehilfin *f*; → **help** 4; **help·ful** ['helpfʊl] *adj.* □ **1.** hilfsbereit, behilflich (**to** *dat.*); **2.** hilfreich, nützlich (**to** *dat.*); **help·ful·ness** ['helpfʊlnɪs] *s.* **1.** Hilfsbereitschaft *f*; **2.** Nützlichkeit *f*; **help·ing** ['helpɪŋ] **I** *adj.* helfend, hilfreich: *lend* (*s.o.*) *a* ~ *hand* (j-m) helfen *od.* behilflich sein; **II** *s.* Porti'on *f* (*e-r Speise*): *have* (*od. take*) *a second* ~ sich noch mal (davon) nehmen; **help·less** ['helplɪs] *adj.* □ *allg.* hilflos: *be* ~ *with laughter* sich totlachen; **help·less·ness** ['helplɪsnɪs] *s.* Hilflosigkeit *f*.

'help·mate, 'help·meet *s. obs.* Gehilfe *m*, Gehilfin *f*, (Ehe)Gefährte *m*, (Ehe-)Gefährtin *f*, Gattin *f*.

hel·ter-skel·ter [,heltə'skeltə] **I** *adv.* Hals über Kopf, in wilder Hast; **II** *adj.* hastig, über'stürzt; **III** *s.* Durchein'ander *m*, wilde Hast.

helve [helv] *s.* Griff *m*, Stiel *m*: *throw the* ~ *after the hatchet fig.* das Kind mit dem Bade ausschütten.

Hel·ve·tian [hel'viːʃjən] **I** *adj.* hel'vetisch, schweizerisch; **II** *s.* Hel'vetier (-in), Schweizer(in).

hem¹ [hem] **I** *s.* **1.** (Kleider-, Rock- etc.) Saum *m*; **2.** Rand *m*; **3.** Einfassung *f*; **II** *v/t.* **4.** *Kleid etc.* säumen; **5.** ~ **in, about, ~ around** um'randen, einfassen; **6.** ~ **in** a) ⚔ einschließen, b) *fig.* einengen.

hem² [hm] **I** *int.* hm!, hem!; **II** *s.* H(e)m *n*, Räuspern *n*; **III** *v/i.* ,hm' machen, sich räuspern, stocken (*im Reden*): ~ *and haw* herumstottern, -drucksen.

he·mal etc. → **haemal** etc.

'he-man *s.* [*irr.*] F ,He-man' *m*, ,richtiger' Mann, sehr männlicher Typ.

he·mat·ic etc. → **haematic** etc.

hem·i·ple·gi·a [,hemɪ'pliːdʒɪə] *s.* ⚕ einseitige Lähmung, Hemiple'gie *f*.

hem·i·sphere ['hemɪsfɪə] *s. bsd. geogr.* Halbkugel *f*, Hemi'sphäre *f* (*a. anat. des Großhirns*); **hem·i·spher·i·cal** [,hemɪ'sferɪkl], *a.* **hem·i·spher·ic** [,hemɪ'sferɪk] *adj.* hemi'sphärisch, halbkugelig.

'hem·line *s.* (Kleider)Saum *m*: ~s are going up again die Kleider werden wieder kürzer.

hem·lock ['hemlɒk] *s.* **1.** ♀ Schierling *m*; **2.** *fig.* Schierlings-, Giftbecher *m*; **3.** *a.* ~ **fir,** ~ **spruce** Hemlock-, Schierlingstanne *f*.

he·mo·glo·bin, he·mo·phil·i·a, hem·or·rhage, hem·or·rhoids etc. → **haemo...**

hemp [hemp] *s.* **1.** ♀ Hanf *m*; **2.** Hanf

(-faser *f*) *m*; **3.** 'Hanfnar,kotikum *n*, *bsd.* Haschisch *n*; **'hemp·en** [-pən] *adj.* hanfen, Hanf...

'hem-stitch I *s.* Hohlsaum(stich) *m*; **II** *v/t.* mit Hohlsaum nähen.

hen [hen] *s.* **1.** *orn.* Henne *f*, Huhn *n*: ~'s egg Hühnerei *n*; **2.** Weibchen *n* (*von Vögeln, a. Krebs u. Hummer*); **3.** F a) (aufgeregte) ,Wachtel', b) Klatschbase *f*; **'~·bane** *f*, *pharm.* 'Bilsenkraut(ex,trakt *m*) *n*.

hence [hens] *adv.* **1.** *a. from* ~ (*räumlich*) von hier, von hinnen, fort: ~ *with it!* weg damit!; *go* ~ von hinnen gehen (*sterben*); **2.** *zeitlich:* von jetzt an, binnen: *a week* ~ in *od.* nach einer Woche; **3.** folglich, daher, deshalb; **4.** hieraus, daraus: ~ *it follows that* daraus folgt, daß; ,~'forth, ,~'for·ward(s) *adv.* von nun an, fort'an, künftig.

hench·man ['hentʃmən] *s.* [*irr.*] *bsd. pol.* a) Gefolgsmann *m*, b) *contp.* Handlanger *m*, *j-s* ,Krea'tur' *f*.

'hen| ·coop *s.* Hühnerstall *m*; ~ **har·ri·er** *s. orn.* Kornweihe *f*; ~ **hawk** *s. orn. Am.* Hühnerbussard *m*; ,~'heart·ed *adj.* feig(e).

hen·na ['henə] *s.* **1.** ♀ Hennastrauch *m*; **2.** Henna *f* (*Färbemittel*); **'hen·naed** [-nəd] *adj.* mit Henna gefärbt.

'hen| ·par·ty *s.* F Kaffeeklatsch *m*; '~·pecked [-pekt] *adj.* F unter dem Pan'toffel stehend: ~ *husband* Pantoffelheld *m*; '~·roost *s.* Hühnerstange *f od.* -stall *m*.

hen·ry ['henrɪ] *pl.* **-rys, -ries** *s.* ⚡, *phys.* Henry *n* (*Induktionseinheit*).

hep [hep] → **hip⁴**.

he·pat·ic [hɪ'pætɪk] *adj.* ⚕ he'patisch, Leber...; **hep·a·ti·tis** [,hepə'taɪtɪs] *s.* ⚕ Leberentzündung *f*, Hepa'titis *f*; **hep·a·tol·o·gist** [,hepə'tɒlədʒɪst] *s.* ⚕ Hepato'loge *m*.

'hep·cat *s. sl. obs.* Jazz-, *bsd.* Swingmusiker *m od.* -freund *m*.

hep·ta·gon ['heptəgən] *s.* ⚕ Siebeneck *n*, Hepta'gon *n*; **hep·tag·o·nal** [hep'tægənl] *adj.* ⚕ siebeneckig; **hep·ta·he·dron** [,heptə'hedrən] *pl.* **-drons** *od.* **-dra** [-drə] *s.* ⚕ Hepta'eder *n*.

hep·tath·lete [hep'tæθliːt] *s. sport* Siebenkämpferin *f*; **hep·tath·lon** [hep'tæθlɒn] *s.* Siebenkampf *m*.

her [hɜː; hə] **I** *pron.* **1.** a) sie (*acc. von she*), b) ihr (*dat. von she*); **2.** F sie (*nom.*): *it's* ~ sie ist es; **II** *poss. adj.* **3.** ihr, ihre; **III** *refl. pron.* **4.** sich: *she looked about* ~ sie sah um sich.

her·ald ['herəld] **I** *s.* **1.** *hist.* a) Herold *m*, b) Wappenherold *m*; **2.** *fig.* Verkünder *m*; **3.** *fig.* (Vor)Bote *m*; **II** *v/t.* **4.** verkünden, ankündigen (*a. fig.*); **5.** *a.* ~ *in* a) einführen, b) einleiten.

he·ral·dic [he'rældɪk] *adj.* he'raldisch, Wappen...; **her·al·dry** ['herəldrɪ] *s.* **1.** He'raldik *f*, Wappenkunde *f*; **2.** a) Wappen *n*, b) he'raldische Sym'bole *pl.*

herb [hɜːb] *s.* ♀ a) Kraut *n*, b) Heilkraut *n*, c) Küchenkraut *n*: ~ *tea* Kräutertee *m*; **her·ba·ceous** [hɜː'beɪʃəs] *adj.* ♀ krautartig, Kraut...: ~ *border* (Stauden)Rabatte *f*; **'herb·age** [-bɪdʒ] *s.* **1.** *coll.* Kräuter *pl.*, Gras *m*; **2.** ⚖ *Brit.* Weiderecht *n*; **'herb·al** [-bl] **I** *adj.* Kräuter..., Pflanzen...; **II** *s.* Pflanzenbuch *n*; **'herb·al·ist** [-bəlɪst] *s.* **1.** Kräuter-, Pflanzenkenner(in); **2.** Kräutersammler(in), -händler(in); **3.** Herba-'list(in), Kräuterheilkundige(r *m*) *f*; **her·bar·i·um** [hɜːˈbeərɪəm] *s.* Her'barium *n*.

her·bi·vore [ˈhɜːbɪvɔː] *s. zo.* Pflanzenfresser *m*; **her·biv·o·rous** [hɜːˈbɪvərəs] *adj.* pflanzenfressend.

Her·cu·le·an [ˌhɜːkjuˈliːən] *adj.* her'kulisch (*a. fig. riesenstark*), Herkules...: *the ~ labo(u)rs* die Arbeiten des Herkules; *a ~ labo(u)r fig.* e-e Herkulesarbeit; **Her·cu·les** [ˈhɜːkjuliːz] *s. myth., ast. u. fig.* Herkules *m*.

herd [hɜːd] **I** *s.* **1.** Herde *f*, (*wildlebender Tiere a.*) Rudel *n*; **2.** *contp.* Herde *f*, Masse *f* (*Menschen*): *the common* (*od. vulgar*) *~* die Masse (Mensch), die große Masse; **3.** *in Zssgn* Hirt(in); **II** *v/t.* **4.** *Vieh* hüten; **5.** (*~ together* zs.-)treiben; **III** *v/i.* **6.** *a. ~ together* a) in Herden gehen *od.* leben, b) sich zs.-drängen; **7.** sich zs.-tun (*among, with* mit); **'~·book** *s.* ↙ Herdbuch *n*; **~ in·stinct** *s.* 'Herden,instinkt *m*, -trieb *m* (*a. fig.*); **'~s·man** [-dzmən] *s.* [*irr.*] **1.** *Brit.* Hirt *m*; **2.** Herdenbesitzer *m*.

here [hɪə] **I** *adv.* **1.** hier: *I am ~* a) ich bin hier, b) ich bin da (*anwesend*); *~ and there* a) hier u. da, da u. dort, b) hierhin u. dorthin, c) hin u. wieder, hie u. da; *~ and now* hier u. jetzt *od.* heute; *~, there and everywhere* (all)überall; *that's neither ~ nor there* a) das gehört nicht zur Sache, b) das besagt nichts; *we are leaving ~ today* wir reisen heute von hier ab; *~ goes* F also los!; *~'s to you!* auf dein Wohl!; *~ you are!* hier (bitte)! (*da hast du es*); *this ~ man sl.* dieser Mann hier; **2.** (hier)her, hierhin: *bring it ~!* bring es hierher!; *come ~!* komm her!; *this belongs ~* das gehört hierher *od.* hierhin; **II** *s.* **3.** *the ~ and now* a) das Hier u. Heute, b) das Diesseits; **'~·a,bout(s)** [-ərə-] *adv.* hier her'um, in dieser Gegend; **,~'af·ter** [-ərˈɑː-] **I** *adv.* **1.** her'nach, nachher; **2.** in Zukunft; **II** *s.* **3.** Zukunft *f*; **4.** (*das*) Jenseits; **,~'by** *adv.* 'hierdurch, hiermit.

he·red·i·ta·ble [hɪˈredɪtəbl] → *heritable*; **her·e·dit·a·ment** [ˌherɪˈdɪtəmənt] *s.* ✠ a) *Brit.* Grundstück *n* (als Bemessungsgrundlage für die Kommu'nalabgaben), b) *Am.* vererbliche Vermögensgegenstand; **he·red·i·tar·y** [-tərɪ] *adj.* ☐ **1.** erblich, er-, vererbt, Erb...: *~ disease* ✞ Erbkrankheit *f*; *~ portion* ✞ Pflichtteil *m*, *n*; *~ succession* Am. Erbfolge *f*; *~ taint* ✞ erbliche Belastung; **2.** *fig.* Erb..., alt'hergebracht: *~ enemy* Erbfeind *m*; **he·red·i·ty** [-tɪ] *s. biol.* **1.** Vererbbarkeit *f*, Erblichkeit *f*; **2.** ererbte Anlagen *pl.*, Erbmasse *f*.

here'from *adv.* hieraus; **,~'in** [-ərˈɪ-] *adv.* hierin; **,~·in·a'bove** *adv.* im vorstehenden, oben (*erwähnt*); **,~·in'af·ter** *adv.* nachstehend, im folgenden; **,~'of** *adv.* hiervon, dessen.

her·e·sy [ˈherəsɪ] *s.* Ketze'rei *f*, Häre'sie *f*; **'her·e·tic** [-ətɪk] **I** *s.* Ketzer(in); **II** *adj.* → **he·ret·i·cal** [hɪˈretɪkl] *adj.* ☐ ketzerisch.

here'to [-'tuː] *adv.* **1.** hierzu; **2.** bis'her; **,~·to'fore** [-tu-] *adv.* vordem, ehemals; **,~'un·der** [-ərˈʌ-] **1.** → *hereinafter*; **2.** ✞ kraft dieses (*Vertrags etc.*); **,~'un·to** [-ərˈʌ-] → *hereto*; **,~·up'on** [-ərə-] *adv.* hierauf, darauf('hin); **,~'with** → *here-*

by.

her·it·a·ble [ˈherɪtəbl] *adj.* ☐ **1.** erblich, vererbbar; **2.** erbfähig; **'her·it·age** [-ɪtɪdʒ] *s.* **1.** Erbe *n*: a) Erbschaft *f*, Erbgut *n*, b) *ererbtes Recht etc.*; **2.** *bibl.* (*das*) Volk Israel; **'her·i·tor** [-ɪtə] *s.* ✞ Erbe *m*.

her·maph·ro·dite [hɜːˈmæfrədaɪt] *s. biol.* Hermaphro'dit *m*, Zwitter *m*; **her·maph·ro·dit·ism** [-daɪtɪzəm] *s. biol.* Hermaphrodi'tismus *m*, Zwittertum *n od.* -bildung *f*.

her·met·ic [hɜːˈmetɪk] *adj.* (☐ **~ally**) her'metisch (*a. fig.*), luftdicht: *~ seal* luftdichter Verschluß.

her·mit [ˈhɜːmɪt] *s.* Einsiedler *m* (*a. fig.*), Ere'mit *m*; **'her·mit·age** [-tɪdʒ] *s.* Einsiede'lei *f*, Klause *f*. **'her·mit-crab** *s. zo.* Einsiedlerkrebs *m*.

her·ni·a [ˈhɜːnjə] *s.* ✚ Bruch *m*, Hernie *f*; **'her·ni·al** [-jəl] *adj.*: *~ truss* ✚ Bruchband *n*.

he·ro [ˈhɪərəʊ] *pl.* **-roes** *s.* **1.** Held *m*; **2.** *thea. etc.* Held *m*, 'Hauptper,son *f*; **3.** *antiq.* Heros *m*, Halbgott *m*.

he·ro·ic [hɪˈrəʊɪk] **I** *adj.* (☐ **~ally**) he'roisch (*a. paint. etc.*), heldenmütig, -haft, Helden...: *~ age* Heldenzeitalter *n*; *~ couplet* heroisches Reimpaar; *~ poem* →4b; *~ tenor* ♪ Heldentenor *m*; *~ verse* →4a; **2.** a) erhaben, b) hochtrabend (*Stil*); **3.** ✚ drastisch, Radikal...; **II** *s.* **4.** a) he'roisches Versmaß, b) he'roisches Gedicht; **5.** *pl.* bom'bastische Worte.

her·o·in [ˈherəʊɪn] *s.* Hero'in *n*.

her·o·ine [ˈherəʊɪn] *s.* **1.** Heldin *f* (*a. thea. etc.*); **2.** *antiq.* Halbgöttin *f*; **'her·o·ism** [-ɪzəm] *s.* Heldentum *n*, Hero'ismus *m*; **he·ro·ize** [ˈhɪərəʊaɪz] **I** *v/t.* heroisieren, zum Helden machen; **II** *v/i.* den Helden spielen.

her·on [ˈherən] *s. orn.* Reiher *m*; **'her·on·ry** [-rɪ] *s.* Reiherhorst *m*.

he·ro 'wor·ship *s.* **1.** Heldenverehrung *f*; **2.** Schwärme'rei *f*; **'~-,wor·ship** *v/t.* **1.** als Helden verehren; **2.** schwärmen für.

her·pes [ˈhɜːpiːz] *s.* ✚ Herpes *m*, Bläschenausschlag *m*.

her·pe·tol·o·gy [ˌhɜːpɪˈtɒlədʒɪ] *s.* Herpetolo'gie *f*, Rep'tilienkunde *f*.

her·ring [ˈherɪŋ] *s. ichth.* Hering *m*; **'~-bone I** *s.* **1.** *a.* **~ design**, **~ pattern** Fischgrätenmuster *n*; **2.** fischgrätenartige Anordnung; **3.** *Stickerei:* **~** (**stitch**) Fischgrätenstich *m*; **4.** *Skilauf:* Grätenschritt *m*; **II** *v/t.* **5.** mit e-m Fischgrätenmuster nähen; **III** *v/i.* **6.** *Skilauf:* im Grätenschritt steigen; **~ pond** *s. humor. der* ,Große Teich' (*Atlantik*).

hers [hɜːz] *poss. pron.* ihrer (ihre, ihres), der (die, das) ihre *od.* ihrige: *my mother and ~* meine u. ihre Mutter; *it is ~* es gehört ihr; *a friend of ~* e-e Freundin von ihr.

her·self [hɜːˈself; hə-] *pron.* **1.** *refl.* sich: *she hurt ~*; **2.** sich (*selbst*): *she wants it for ~*; **3.** *verstärkend:* sie (*nom. od. acc.*) *od.* ihr (*dat.*) selbst: *she ~ did it, she did it ~* sie selbst hat es getan, sie hat es selbst getan; *by ~* allein, ohne Hilfe, von selbst; **4.** *she is not quite ~* a) sie ist nicht ganz normal, b) sie ist nicht auf der Höhe; *she is ~ again* sie ist wieder die alte.

hertz [hɜːts] *s. phys.* Hertz *n*; **Hertz·i·an**

[ˈhɜːtsɪən] *adj. phys.* Hertzsch: *~ waves* Hertzsche Wellen.

he's [hiːz; hɪz] F *für* a) *he is*, b) *he has*.

hes·i·tance [ˈhezɪtəns], **'hes·i·tan·cy** [-sɪ] *s.* Zögern *n*, Unschlüssigkeit *f*; **'hes·i·tant** [-nt] *adj.* **1.** zögernd, unschlüssig; **2.** *beim Sprechen:* stockend; **'hes·i·tate** [-teɪt] *v/i.* **1.** zögern, zaudern, unschlüssig sein, Bedenken haben (*to inf.* zu *inf.*): *not to ~ at* nicht zurückschrecken vor (*dat.*); **2.** (*beim Sprechen*) stocken; **'hes·i·tat·ing·ly** [-teɪtɪŋlɪ] *adv.* zögernd; **hes·i·ta·tion** [ˌhezɪˈteɪʃən] *s.* **1.** Zögern *n*, Zaudern *n*, Unschlüssigkeit *f*: *without any ~* ohne (auch nur) zu zögern, bedenkenlos; **2.** Stocken *n*.

Hes·si·an [ˈhesɪən] **I** *adj.* **1.** hessisch; **II** *s.* **2.** Hesse *m*, Hessin *f*; **3.** ℒ Juteleinen *n* (*für Säcke etc.*); **~ boots** *s. pl.* Schaftstiefel *pl.*

het [het] *adj.*: *~ up* F ganz ,aus dem Häuschen'.

he·tae·ra [hɪˈtɪərə] *pl.* **-rae** [-riː], **he·tai·ra** [-ˈtaɪrə] *pl.* **-rai** [-raɪ] *s. antiq.* He'täre *f*.

hetero- [hetərəʊ] *in Zssgn* anders, verschieden, fremd.

het·er·o [ˈhetərəʊ] *pl.* **-os** F ,Hetero' *m* (*Heterosexuelle[r]*).

het·er·o·clite [ˈhetərəʊklaɪt] *ling.* **I** *adj.* hetero'klitisch; **II** *s.* Hete'rokliton *n*; **het·er·o·dox** [ˈhetərəʊdɒks] *adj.* **1.** *eccl.* hetero'dox, anders-, irrgläubig; **2.** *fig.* 'unkonventio,nell; **het·er·o·dox·y** [ˈhetərəʊdɒksɪ] *s.* Andersgläubigkeit *f*, Irrglaube *m*; **'het·er·o·dyne** [-əʊdaɪn] *adj. Radio:* **~ receiver** Überlagerungsempfänger *m*, Super(het) *m*; **het·er·o·ge·ne·i·ty** [ˌhetərəʊdʒɪˈniːətɪ] *s.* Verschiedenartigkeit *f*; **het·er·o·ge·ne·ous** [ˌhetərəʊˈdʒiːnjəs] *adj.* ☐ hetero'gen, ungleichartig, verschiedenartig: *~ number* A gemischte Zahl; **het·er·on·o·mous** [ˌhetəˈrɒnɪməs] *adj.* hetero'nom: a) unselbständig, b) *biol.* ungleichartig; **het·er·on·o·my** [ˌhetəˈrɒnɪmɪ] *s.* Heterono'mie *f*; **het·er·o·sex·u·al** [ˌhetərəʊˈseksjuəl] **I** *adj.* heterosexu'ell; **II** *s.* Heterosexu'elle(r *m*) *f*.

hew [hjuː] *v/t.* [*irr.*] hauen, hacken; *Steine* behauen; *Bäume* fällen; **~ down** *v/t.* 'um-, niederhauen, fällen; **~ out** *v/t.* **1.** aushauen; **2.** *fig.* (mühsam) schaffen: *a path for o.s.* sich s-n Weg bahnen.

hew·er [ˈhjuːə] *s.* **1.** (Holz-, Stein)Hauer *m*: **~s of wood and drawers of water** a) *bibl.* Holzhauer u. Wasserträger, b) einfache Leute; **2.** ⚒ Hauer *m*; **hewn** [hjuːn] *p.p. von hew.*

hex [heks] *Am.* F **I** *s.* **1.** Hexe *f*; **2.** Zauber *m*: *put the ~ on* → **II** *v/t.* **3.** *j-n* behexen; *et.* ,verhexen'.

hexa- [heksə] *in Zssgn* sechs; **hex·a·gon** [ˈheksəgən] *s.* A Hexa'gon *n*, Sechseck *n*: **~ voltage** ⚡ Sechseckspannung *f*; **hex·ag·o·nal** [hekˈsægənl] *adj.* sechseckig; **'hex·a·gram** [-græm] *s.* Hexa'gramm *n* (*Sechsstern*); **hex·a·he·dral** [ˌheksəˈhedrəl] *adj.* A sechsflächig; **hex·a·he·dron** [ˌheksəˈhedrən] *pl.* **-drons** *od.* **-dra** [-drə] *s.* A Hexa'eder *n*; **hex·am·e·ter** [hekˈsæmɪtə] **I** *s.* He'xameter *m*; **II** *adj.* hexa'metrisch.

hey [heɪ] *int.* **1.** he!, heda!; **2.** erstaunt: he!, Mann!; **3.** hei; → *presto* I.

hey·day [ˈheɪdeɪ] *s.* Höhepunkt *m*, Blüte(zeit) f, Gipfel m: *in the ~ of his power* auf dem Gipfel s-r Macht.

H-hour ['eɪtʃ,aʊə] s. ⚔ die Stunde X (*Zeitpunkt für den Beginn e-r militärischen Aktion*).

hi [haɪ] *int.* **1.** he!, heda!; **2.** hal'lo!, F *als Begrüßung: a.* ‚Tag'!

hi·a·tus [haɪ'eɪtəs] s. **1.** Lücke f, Spalt m, Kluft f; **2.** *anat., ling.* Hi'atus m.

hi·ber·nate ['haɪbəneɪt] *v/i.* überwintern: a) *zo.* Winterschlaf halten, b) den Winter verbringen; **hi·ber·na·tion** [,haɪbə'neɪʃn] s. Winterschlaf m, Über'winterung f.

Hi·ber·ni·an [haɪ'bɜːnjən] *poet.* **I** *adj.* irisch; **II** s. Irländer(in).

hi·bis·cus [hɪ'bɪskəs] s. ♀ Eibisch m.

hic·cough ['hɪkʌp] **I** s. Schluk-ken m, Schluckauf m: *have the ~s →* **II** *v/i.* den Schluckauf haben.

hick [hɪk] s. *Am.* F ‚Bauer' m, 'Hinterwäldler m: *~ girl* Bauerntrampel m, n; *~ town* ‚(Provinz)Nest' n, Kaff n.

hick·o·ry ['hɪkərɪ] s. ♀ **1.** Hickory (-baum) m; **2.** Hickoryholz n od. -stock m.

hid [hɪd] *pret. u. p.p. von* hide[1]; **hid·den** ['hɪdn] **I** *p.p. von* hide[1]; **II** *adj.* □ verborgen, versteckt, geheim.

hide[1] [haɪd] **I** *v/t.* [*irr.*] (*from*) verbergen (*dat. od.* vor *dat.*): a) verstecken (vor *dat.*), b) verheimlichen (*dat. od.* vor *dat.*), c) verhüllen: *~ from view* den Blicken entziehen; **II** *v/i.* [*irr.*] a. *~ out* sich verstecken (*a. fig.* **behind** hinter *dat.*).

hide[2] [haɪd] **I** s. **1.** Haut f, Fell n (*beide a. fig.*): *save one's ~* die eigene Haut retten; *tan s.o.'s ~* F j-m das Fell gerben; *I'll have his ~ for this!* ⊢ das soll er mir bitter büßen!; **II** *v/t.* **2.** abhäuten; **3.** F *j-n* ‚verdreschen'.

hide[3] [haɪd] s. Hufe f (*altes engl. Feldmaß, 60–120 acres*).

hide-and-seek s. Versteckspiel n: *play ~* Versteck spielen (*a. fig.*); **'~·a·way** → hideout; **'~·bound** *adj. fig.* engstirnig, beschränkt, borniert.

hid·e·ous ['hɪdɪəs] *adj.* □ ab'scheulich, scheußlich, schrecklich (*alle a.* F *fig.*); **'hid·e·ous·ness** [-nɪs] s. Scheußlichkeit f etc.

'hide·out s. **1.** Versteck n; **2.** Zufluchtsort m.

hid·ing[1] ['haɪdɪŋ] s. Versteck n: *be in ~* sich versteckt halten.

hid·ing[2] ['haɪdɪŋ] s. F Tracht f Prügel, ‚Dresche' f.

hie [haɪ] *v/i. obs. od. humor.* eilen.

hi·er·arch ['haɪərɑːk] s. *eccl.* 'Hierarch m, Oberpriester m; **hi·er·ar·chic,** **hi·er·ar·chi·cal** [,haɪə'rɑːkɪk(l)] *adj.* □ hier'archisch; **'hi·er·arch·y** [-kɪ] s. Hierar'chie f.

hi·er·o·glyph ['haɪərəʊglɪf] s. **1.** Hiero·'glyphe f; **2.** *pl. mst sg. konstr.* Hiero·'glyphenschrift f; **3.** *pl. humor.* Hiero·'glyphen *pl.*, unleserliches Gekritzel; **hi·er·o·glyph·ic** [,haɪərəʊ'glɪfɪk] **I** *adj.* (□ ~*ally*) **1.** hiero'glyphisch; **2.** rätselhaft; **3.** unleserlich; **II** s. **4.** → *hieroglyph* 1–3; **hi·er·o·glyph·i·cal** [,haɪərəʊ'glɪfɪkl] *adj.* □ → *hieroglyphic* 1–3.

hi·fi [,haɪ'faɪ] F **I** s. **1.** → high fidelity; **2.** Hi-Fi-Anlage f; **II** *adj.* **3.** Hi-Fi-...

hig·gle ['hɪgl] → haggle.

hig·gle·dy-pig·gle·dy [,hɪgldɪ'pɪgldɪ] F **I** *adv.* drunter u. drüber, (wie Kraut u. Rüben) durchein'ander; **II** s. Durchein'ander n, Tohuwa'bohu n.

high [haɪ] **I** *adj.* (□ → *highly*) (→ *higher, highest*) **1.** hoch: *ten feet ~*; *a ~ tower*; **2.** hoch(gelegen): ♋ *Asia* Hochasien n; *~ latitude geogr.* hohe Breite; *the ~est floor* das oberste Stockwerk; **3.** hoch (*Grad*): *~ prices* (*temperature*); *~ favo(u)r* hohe Gunst; *~ praise* großes Lob; *~ speed* hohe Geschwindigkeit, ⚓ hohe Fahrt, äußerste Kraft; → *gear* 2a; **4.** stark, heftig: *~ wind*; *~ words* heftige Worte; **5.** hoch (im Rang), Hoch..., Ober..., Haupt...: *~ commissioner* Hoher Kommissar; *the Most* ♋ der Allerhöchste (*Gott*); **6.** hoch, bedeutend, wichtig: *~ aims* hohe Ziele; *~ politics* hohe Politik; **7.** hoch (*Stellung*), vornehm, edel: *of ~ birth*; *~ society* High-Society f, die vornehme Welt; *~ and low* hoch u. niedrig; **8.** hoch, erhaben, edel; **9.** hoch, gut, erstklassig: *~ quality*; *~ performance* Hochleistung f; **10.** hoch, Hoch... (*auf dem Höhepunkt*): ♋ *Middle Ages* Hochmittelalter n; *~ period* Glanzzeit f; **11.** hoch, fortgeschritten (*Zeit*): *~ summer* Hochsommer m; *~ antiquity* fernes od. tiefes Altertum; *it is ~ time* es ist höchste Zeit; → *noon*; **12.** *ling.* a) Hoch... (*Sprache*), b) hoch (*Laut*); **13.** a) hoch, b) schrill: *~ voice*; **14.** hoch (*im Kurs*), teuer; **15.** → *high and mighty*; **16.** ex'trem, eifrig: *a ~ Tory*; **17.** lebhaft (*Farbe*): *~ complexion* a) rosiger Teint, b) gerötetes Gesicht; **18.** erregend, spannend: *~ adventure*; **19.** a) heiter: *in ~ spirits* (in) gehobener Stimmung, b) F ‚blau' (*betrunken*), c) F ‚high' (*im Drogenrausch od. fig. in euphorischer Stimmung*); **20.** F ‚scharf', erpicht (*on* auf *acc.*); **21.** *Küche:* angegangen, mit Haut'gout; **II** *adv.* **22.** hoch: *aim ~ fig.* sich hohe Ziele setzen; *run ~* a) hochgehen (*Wellen*), b) toben (*Gefühle*); *feelings ran ~* die Gemüter erhitzten sich; *play ~* hoch od. mit hohem Einsatz spielen; *pay ~* teuer bezahlen; *search ~ and low* überall suchen; **23.** üppig: *live ~*; **III** s. **24.** (An-)Höhe f: *on ~* a) hoch oben, droben, b) hoch (hinauf), c) im od. zum Himmel: *from on ~* a) von oben, b) vom Himmel; **25.** *meteor.* Hoch(druckgebiet) n; **26.** ⚙ a) höchster Gang, b) Gelände-gang m: *shift into ~* den höchsten Gang einlegen; **27.** *fig.* Höchststand m: *reach a new ~*; **28.** F *für* high school; **29.** *he's still got his ~* F er ist immer noch ‚high'.

high al·tar s. *eccl.* 'Hochal,tar m; **'~·al·ti·tude** *adj.* ✈ Höhen...: *~ flight*; *~ nausea* Höhenkrankheit f; **~ and dry** *adj.* hoch u. trocken, auf dem trockenen: *leave s.o. ~ fig.* j-n im Stich lassen; **~ and might·y** *adj.* F anmaßend, arro'gant; **'~·ball** *Am.* F **1.** Highball m (*Whisky-Cocktail*); **2.** 🛱 a) Freie-'Fahrt-Si,gnal n, b) Schnellzug m; **II** *v/i. u. v/t.* **3.** F mit vollem Tempo fahren; **~ beam** s. *mot. Am.* Fernlicht n; **'~·bind·er** s. *Am.* F **1.** Gangster m; **2.** Gauner m; **3.** Rowdy m; **'~·blown** *adj. fig.* großspurig, aufgeblasen; **'~·born** *adj.* hochgeboren; **'~·boy** s. *Am.* Kom'mo-

de f mit Aufsatz; **'~·bred** *adj.* vornehm, wohlerzogen; **'~·brow** *oft contp.* **I** s. Intellektu'elle(r m) f; **II** *adj. a.* **'~·browed** (betont) intellektu'ell, (geistig) anspruchsvoll, ‚hochgestochen'; ♋ **Church** **I** s. High-Church f, angli'kanische Hochkirche; **II** *adj.* hochkirchlich, der High-Church; **'~·class** *adj.* **1.** erstklassig; **2.** der High-Society; **~ command** s. ♋ 'Oberkom,mando n; ♋ **Court (of Jus·tice)** s. *Brit.* oberstes (*erstinstanzliches*) Zi'vilgericht; **~ day** s.: *~s and holidays* Fest- u. Feiertage; **~ div·ing** s. Turmspringen n; **'~·du·ty** *adj.* ⚙ Hochleistungs...

high·er ['haɪə] **I** *comp. von* **high**; **II** *adj.* höher (*a. fig.* Bildung, Rang etc.), Ober...: *the ~ mammals* die höheren Säugetiere; *~ mathematics* höhere Mathematik; **III** *adv.* höher, mehr: *bid ~*; **'~·up** [-ərʌ-] s. F ‚höheres Tier'.

high·est ['haɪɪst] **I** *sup. von* **high**; **II** *adj.* höchst (*a. fig.*), Höchst...: *~ bidder* Meistbietende(r m) f; **III** *adv.* am höchsten: *~ possible* höchstmöglich; **IV** s. (*das*) Höchste: *at its ~* auf dem Höhepunkt.

high ex·plo·sive s. 'hochexplo,siver od. 'hochbri,santer Sprengstoff; **'~·ex'plo·sive** *adj.* 'hochexplo,siv: *~ bomb* Sprengbombe f; **'~·fa'lu·tin** [-fə'luːtɪn], **'~·fa'lu·ting** [-tɪŋ] *adj. u. s.* hochtra-bend(es Geschwätz); **~ farm·ing** s. ⚘ inten'sive Bodenbewirtschaftung; **~ fi·del·i·ty** s. Radio: 'High-Fi'delity f (*hohe Wiedergabequalität*), Hi-Fi n; **'~·fi'del·i·ty** *adj.* High-Fidelity-, Hi-Fi-...; **~ fi·nance** s. 'Hochfi,nanz f; **'~·fli·er** → highflyer; **'~·flown** *adj.* **1.** bom'bastisch, hochtrabend; **2.** hochgesteckt (*Ziele etc.*), hochfliegend (*Pläne*); **'~·fly·er** s. **1.** Erfolgsmensch m; **2.** Ehrgeizling m, ‚Aufsteiger' m; **'~·fly·ing** *adj.* **1.** hochfliegend; **2.** → high-flown; **~ fre·quen·cy** s. ⚡ 'Hochfre,quenz f; **'~·fre·quen·cy** *adj.* ⚡ Hochfrequenz...; ♋ **Ger·man** s. *ling.* Hochdeutsch n; **'~·grade** *adj.* erstklassig, hochwertig; **~ hand** s.: *with a ~ →* **'~·hand·ed** *adj.* □ anmaßend, selbstherrlich, eigenmächtig; **~ hat** s. Zy'linder m (*Hut*); **'~·hat** **I** s. Snob m, hochnäsiger Mensch; **II** *adj.* hochnäsig; **III** *v/t.* j-n von oben her'ab behandeln; **'~·heeled** *adj.* hochhackig (*Schuhe*); **~ jump** s. *sport* Hochsprung m: *be for the ~ Brit.* F ,dran' sein; **'~·land** [-lənd] **I** s. Hoch-, Bergland n: *the ~s of Scotland* das schottische Hochland; **II** *adj.* hochländisch, Hochland...; **'♋·land·er** [-ləndə] s. (*bsd. schottische[r]*) Hochländer(in); **'~·lev·el** *adj.* **1.** hoch: *~ railway* Hochbahn f; **2.** *fig.* auf hoher Ebene, Spitzen...: *~ talks*; *~ officials* hohe Beamte; **~ life** s. Highlife n (*exklusives Leben der vornehmen Welt*); **'~·light** **I** s. **1.** *paint., phot.* (Schlag)Licht n; **2.** *fig.* Höhe-, Glanzpunkt m; **3.** *pl.* (*Opern-etc.*)Querschnitt m (*Schallplatte etc.*); **II** *v/t.* **4.** *fig.* ein Schlaglicht werfen auf (*acc.*), her'vorheben, groß her'ausstellen; **5.** *fig.* den Höhepunkt (*gen.*) bilden.

high·ly ['haɪlɪ] *adv.* hoch, höchst, äußerst, sehr: *~ gifted* hochbegabt; *~ placed* hochgestellt; *~ strung →* **high-strung**; *~ paid* a) hochbezahlt, b) teuer bezahlt; *think ~ of* viel halten von.

High| Mass *s. eccl.* Hochamt *n*; ͵2-**'mind·ed** *adj.* hochgesinnt; ͵2-**'mind·ed·ness** *s.* hohe Gesinnung; ͵2-**'necked** *adj.* hochgeschlossen (*Kleid*).

high·ness ['haɪnɪs] *s.* **1.** *mst fig.* Höhe *f*; **2.** 2 Hoheit *f* (*in Titeln*); **3.** Haut'gout *m* (*von Fleisch etc.*).

͵high|-'pitched *adj.* **1.** hoch (*Ton etc.*); **2.** △ steil; **3.** exaltiert: a) über'spannt, b) über'dreht, aufgeregt; ~ **point** *s.* Höhepunkt *m*; ͵~-'**pow·er(ed)** *adj.* **1.** ☉ Hochleistungs..., Groß..., stark; **2.** *fig.* dy'namisch; ͵~-'**pres·sure I** *adj.* **1.** ☉ *u. meteor.* Hochdruck...: ~ *area* Hoch (-druckgebiet) *n*; ~ *engine* Hochdruckmaschine *f*; **2.** F a) aufdringlich, aggres-'siv, b) dy'namisch: ~ *salesman*; **II** *v/t.* **3.** F *Kunden* ͵beknien', ͵bearbeiten'; ͵~-'**priced** *adj.* teuer; ~ **priest** *s.* Hohe'priester *m* (*a. fig.*); ͵~-'**prin·ci·pled** *adj.* von hohen Grundsätzen; ͵~-'**proof** *adj.* stark alko'holisch; '~-͵**rank·ing** *adj.*: ~ *officer* hoher Offizier; ~ **re·lief** *s.* 'Hochreli͵ef *n*; '~-**rise I** *adj.* Hoch (-haus)...: ~ *building* → **II** *s.* Hochhaus *n*; '~-**road** *s.* Hauptstraße *f*: *the ~ to success* fig. der sicherste Weg zum Erfolg; ~ **school** *s. Am.* High-School *f* (*weiterführende Schule*); ͵~-'**sea** *adj.* Hochsee...; ~ **sea·son** *s.* 'Hochsai͵son *f*; ~ **sign** *s. Am.* (*bsd.* warnendes) Zeichen; '~-͵**sound·ing** *adj.* hochtönend, -trabend; ͵~-'**speed** *adj.* **1.** ☉ a) schnellaufend: ~ *motor*, b) Schnell..., Hochleistungs...: ~ *regulator*, ~ *steel* Schnellarbeitsstahl *m*; **2.** *phot.* a) hochempfindlich: ~ *film*, b) lichtstark: ~ *lens*; ͵~-'**spir·it·ed** *adj.* lebhaft, tempera'mentvoll; ~ **spir·its** *s. pl.* fröhliche Laune, gehobene Stimmung; ~ **spot** F → *highlight* 2; ~ **street** *s.* Hauptstraße *f*; ͵~-'**strung** *adj.* reizbar, (äußerst) ner'vös; ~ **ta·ble** *s. Brit. univ.* erhöhte Speisetafel (*für Dozenten etc.*); '~-**tail** *v/i. a.* ~ *it Am.* F (da'hin-, da'von)rasen, (-)flitzen; ~ **tea** *s. bsd. Brit.* frühes Abendessen; ~ **tech** [tek] → *high technology*; ͵~-'**tech** *adj.* 'hochtechno͵logisch; ~ **tech·nol·o·gy** *s.* 'Hochtechno͵logie *f*; ~ **ten·sion** *s.* ☉ Hochspannung *f*; ͵~-'**ten·sion** *adj.* ↯ Hochspannungs...; ~ **tide** *s.* **1.** Hochwasser *n* (*höchster Flutwasserstand*); **2.** *fig.* Höhepunkt *m*; ͵~-'**toned** *adj.* **1.** *fig.* erhaben; **2.** vornehm; ~ **trea·son** *s.* Hochverrat *m*; '~-**up** *s.* F ͵hohes Tier'; ~ **volt·age** → *high tension*; ~ **wa·ter** → *high tide* 1; ͵~-'**wa·ter mark** *s.* a) Hochwasserstandsmarke *f*, b) *fig.* Höchststand *m*; '~-**way** *s.* Haupt(verkehrs)straße *f*, Highway *m*: *Federal ~ Am.* Bundesstraße *f*; 2 *Code Brit.* Straßenverkehrsordnung *f*; ~ *robbery* a) Straßenraub *m*, b) F *der* ͵reinste Nepp'; *the ~ to success* der sicherste Weg zum Erfolg; *all the ~s and byways* a) alle Wege, b) sämtliche Spielarten; '~-**way·man** [-mən] *s.* [*irr.*] Straßenräuber *m*.

hi·jack ['haɪdʒæk] **I** *v/t.* **1.** *Flugzeug* entführen; **2.** *Geldtransport etc.* über'fallen u. ausrauben; **II** *s.* **3.** Flugzeugentführung *f*; **4.** 'Überfall *m* (*auf Geldtransport etc.*); '**hi·jack·er** [-kə] *s.* **1.** Flugzeugentführer *m*, 'Luftpi͵rat *m*; **2.** Räu-

ber *m*; '**hi·jack·ing** [-kɪŋ] → *hijack* II.

hike [haɪk] **I** *v/i.* **1.** wandern; **2.** marschieren; **3.** hochrutschen (*Kleidungsstück*); **II** *v/t.* **4.** *mst* ~ *up* hochziehen; **5.** *Am. Preise etc.* (drastisch) erhöhen; **III** *s.* **6.** a) Wanderung *f*, b) ✕ Geländemarsch *m*; **7.** *Am.* (drastische) Erhöhung: *a ~ in prices*; '**hik·er** [-kə] *s.* Wanderer *m*.

hi·lar·i·ous [hɪ'leərɪəs] *adj.* □ vergnügt, 'übermütig, ausgelassen; **hi·lar·i·ty** [hɪ'lærətɪ] *s.* Ausgelassenheit *f*, 'Übermütigkeit *f*.

Hil·a·ry term ['hɪlərɪ] *s. Brit.* **1.** ⚖ Gerichtstermine in der Zeit vom 11. Januar bis Mittwoch vor Ostern; **2.** *univ.* 'Frühjahrsse͵mester *n*.

hill [hɪl] **I** *s.* **1.** Hügel *m*, Anhöhe *f*, kleiner Berg: *up ~ and down dale* bergauf u. bergab; *be over the ~* a) s-e besten Jahre hinter sich haben, b) *bsd. ⚘* über den Berg sein; → *old* 3; **2.** (Erd- *etc.*)Haufen *m*; **II** *v/t.* **3.** *a.* ~ *up ⚘ Pflanzen* häufeln; '~-**bil·ly** *s. Am.* F *contp.* Hinterwäldler *m*: ~ *music* Hillbilly-Musik *f*; ~ **climb** *s. mot., Radsport:* Bergrennen *n*; '~-͵**climb·ing a·bil·i·ty** *s. mot.* Steigfähigkeit *f*.

hill·i·ness ['hɪlɪnɪs] *s.* Hügeligkeit *f*.

hill·ock ['hɪlək] *s.* kleiner Hügel.

͵**hill'side** *s.* Hang *m*, (Berg)Abhang *m*; ͵~-'**top** *s.* Bergspitze *f*.

hill·y ['hɪlɪ] *adj.* hügelig.

hilt [hɪlt] *s.* Heft *n*, Griff *m* (*Schwert etc.*): *up to the ~* a) bis ans Heft, b) *fig.* total; *armed to the ~* bis an die Zähne bewaffnet; *back s.o. up to the ~* j-n voll (u. ganz) unterstützen; *prove up to the ~* unwiderleglich beweisen.

him [hɪm] *pron.* **1.** a) ihn (*acc.*), b) ihm (*dat.*); **2.** F er (*nom.*): *it's ~* er ist es; **3.** den(jenigen), wer: *I saw ~ who did it*; **4.** *refl.* sich: *he looked about ~* er sah um sich.

Hi·ma·la·yan [͵hɪmə'leɪən] *adj.* Himalaja...

him'self *pron.* **1.** *refl.* sich: *he cut ~*; **2.** sich (selbst): *he needs it for ~*; **3.** *verstärkend:* (er *od.* ihn *od.* ihm) selbst: *he ~ said it, he said it ~* er selbst sagte es, er sagte es selbst; *by ~* allein, ohne Hilfe, von selbst; **4.** *he is not quite ~* a) er ist nicht ganz normal, b) er ist nicht auf der Höhe; *he is ~ again* er ist wieder (ganz) der alte.

hind¹ [haɪnd] *s. zo.* Hindin *f*, Hirschkuh *f*.

hind² [haɪnd] *adj.* hinter, Hinter...: ~ *leg* Hinterbein *n*; *talk the ~ legs off a donkey* F unaufhörlich reden; ~ *wheel* Hinterrad *n*.

hind·er¹ ['haɪndə] *comp. von hind².*

hin·der² ['hɪndə] **I** *v/t.* **1.** aufhalten; **2.** (*from*) hindern (an *dat.*), abhalten (von): *~ed in one's work* bei der Arbeit behindert *od.* gestört; **II** *v/i.* **3.** im Wege *od.* hinderlich sein, hindern.

Hin·di ['hɪndɪ] *s. ling.* Hindi *n*.

͵**hind'most** [-nd-] *sup. von hind².*

͵**hind'quar·ter** *s.* **1.** 'Hinterviertel *n* (*vom Schlachttier*); **2.** *pl.* a) 'Hinterteil *n*, Gesäß *n*, b) 'Hinterhand *f* (*vom Pferd*).

hin·drance ['hɪndrəns] *s.* **1.** Hinderung *f*; **2.** Hindernis *n* (*to* für).

'**hind'sight** *s.* **1.** ✕ Vi'sier *n*; **2.** *fig.* späte Einsicht: *by ~, with the wisdom*

of ~ ͵im nachhinein', hinterher; *foresight is better than ~* Vorsicht ist besser als Nachsicht; *~ is easier than foresight* hinterher ist man immer klüger (als vorher), *contp. a.* hinterher kann man leicht klüger sein (als vorher).

Hin·du [͵hɪn'du:] **I** *s.* **1.** Hindu *m*; **2.** Inder *m*; **II** *adj.* **3.** Hindu...; **Hin·du·ism** ['hɪndu:ɪzəm] *s.* Hindu'ismus *m*; **Hin·du·sta·ni** [͵hɪndu'sta:nɪ] **I** *s. ling.* Hindu'stani *n*; **II** *adj.* hindu'stanisch.

hinge [hɪndʒ] **I** *s.* **1.** ☉ Schar'nier *n*, Gelenk *n*, (Tür)Angel *f*: *off its ~s* aus den Angeln, *fig. a.* aus den Fugen; **2.** *fig.* Angelpunkt *m*; **II** *v/t.* **3.** mit Scharnieren *etc.* versehen; **4.** *Tür etc.* einhängen; **III** *v/i.* **5.** *fig.*: ~ *on* a) sich drehen um, b) abhängen von, ankommen auf (*acc.*); **hinged** [-dʒd] *adj.* (um ein Gelenk) drehbar, auf-, her'unter-, zs.-klappbar, Scharnier...; **hinge joint** *s.* **1.** → *hinge* 1; **2.** *anat.* Schar'niergelenk *n*.

hin·ny ['hɪnɪ] *s. zo.* Maulesel *m*.

hint [hɪnt] **I** *s.* **1.** Wink *m*: a) Andeutung *f*, b) Tip *m*, Hinweis *m*, Fingerzeig *m*: *broad ~* Wink mit dem Zaunpfahl; *take a* (*od. the*) ~ den Wink verstehen; *drop a* ~ e-e Andeutung machen; **2.** Anspielung *f* (*at* auf *acc.*); **3.** Anflug *m*, Spur *f* (*of* von); **II** *v/t.* **4.** andeuten, *et.* zu verstehen geben; **III** *v/i.* **5.** (*at*) e-e Andeutung machen (von), anspielen (auf *acc.*).

hin·ter·land ['hɪntəlænd] *s.* **1.** 'Hinterland *n*; **2.** Einzugsgebiet *n*.

hip¹ [hɪp] *s. anat.* Hüfte *f*: *have s.o. on the ~ fig.* j-n in der Hand haben; **2.** → *hip joint*; **3.** △ a) Walm *m*, b) Walmsparren *m*.

hip² [hɪp] *s.* ⚘ Hagebutte *f*.

hip³ [hɪp] *int.*: ~, ~, *hurrah!* hipp, hipp, hurra!

hip⁴ [hɪp] *adj. sl.* **1.** *be ~* ͵voll dabei' (*in der Mode etc.*); **2.** *be ~ to* im Bilde *od.* auf dem laufenden sein über (*acc.*); *get ~ to et.* ͵spitzkriegen'.

'**hip|-bath** *s.* Sitzbad *n*; ͵~-'**bone** *s. anat.* Hüftbein *n*; ~ **flask** *s.* Taschenflasche *f*, ͵Flachmann' *m*; ~ **joint** *s. anat.* Hüftgelenk *n*.

hipped¹ [hɪpt] *adj.* **1.** *in Zssgn* mit ... Hüften; **2.** △ Walm...: ~ *roof*.

hipped² [hɪpt] *adj. Am. sl.* versessen, ͵scharf' (*on* auf *acc.*).

hip·pie ['hɪpɪ] *s.* Hippie *m*.

hip·po ['hɪpəʊ] *pl.* **-pos** *s.* F *für hippopotamus.*

hip·po·cam·pus [͵hɪpəʊ'kæmpəs] *pl.* **-pi** [-paɪ] *s.* **1.** *myth.* Hippo'kamp *m*; **2.** *ichth.* Seepferdchen *n*; **3.** *anat.* Ammonshorn *n* (*des Gehirns*).

hip pock·et *s.* Gesäßtasche *f*.

Hip·po·crat·ic [͵hɪpəʊ'krætɪk] *s.* hippo'kratisch: ~ *face*; ~ *oath*.

hip·po·drome ['hɪpədrəʊm] *s.* **1.** Hippo'drom *n*, Reitbahn *f*; **2.** a) Zirkus *m*, b) Varie'té(the͵ater) *n*; **3.** *sport Am. sl.* ͵Schiebung' *f*.

hip·po·griff, hip·po·gryph ['hɪpəgrɪf] *s.* Hippo'gryph *m* (*Fabeltier*).

hip·po·pot·a·mus [͵hɪpə'pɒtəməs] *pl.* **-mus·es, -mi** [-maɪ] *s. zo.* Fluß-, Nilpferd *n*.

hip·py ['hɪpɪ] → *hippie.*

'**hip·shot** *adj.* **1.** mit verrenkter Hüfte;

2. *fig.* (lenden)lahm.
hip·ster ['hɪpstə] *s. sl.* **1.** ,cooler Typ';
2. *pl. a.* **~ trousers** *Brit.* Hüfthose *f.*
hir·a·ble ['haɪərəbl] *adj.* mietbar.
hire ['haɪə] **I** *v/t.* **1.** *et.* mieten, *Flugzeug*
chartern: **~d** *car* Leih-, Mietwagen *m*;
~d *airplane* Charterflugzeug *n*; **2.** *a.* **~**
on a) *j-n* ein-, anstellen, b) *bsd.* ♣ anheuern, c) *j-n* engagieren: **~d** *killer* bezahlter *od.* gekaufter Mörder, Killer *m*;
3. *mst* **~ out** vermieten; **4.** **~ o.s. out**
e-e Beschäftigung annehmen (*to* bei);
II *s.* **5.** Miete *f*: *on* (*od. for*) **~** a) miet-
weise, b) zu vermieten(d); *for* **~** frei
(*Taxi*), **take** (*let*) *a car on* **~** ein Auto
(ver)mieten; **~** *car* Leih-, Mietwagen
m; **6.** Entgelt *n*, Lohn *m*.
hire·ling ['haɪəlɪŋ] *mst contp.* **I** *s.* Mietling *m*; **II** *adj.* a) käuflich, b) *b.s.* ange-
heuert.
hire pur·chase *s. bsd. Brit.* ♣ Abzah-
lungs-, Teilzahlungs-, Ratenkauf *m*:
buy on **~** auf Abzahlung kaufen; **,~-**
'**pur·chase** *adj.*: **~** *agreement* Abzah-
lungsvertrag *m*; **~** *system* Teilzahlungssystem *n*.
hir·er ['haɪərə] *s.* **1.** Mieter(in); **2.** Ver-
mieter(in).
hir·sute ['hɜːsjuːt] *adj.* **1.** haarig, zottig,
struppig; **2.** ♀, *zo.* rauhhaarig, borstig.
his [hɪz] *poss. pron.* **1.** sein, seine: **~**
family; **2.** seiner (seine, seines), der
(die, das) seine *od.* seinige: *my father*
and **~** mein u. sein Vater; *this hat is* **~**
das ist sein Hut, dieser Hut gehört ihm;
a book of **~** eines seiner Bücher, ein
Buch von ihm.
hiss [hɪs] **I** *v/i.* **1.** zischen; **II** *v/t.* **2.** auszischen, -pfeifen; **3.** zischeln; **III** *s.* **4.**
Zischen *n.*
hist [sːt] *int.* sch!, pst!
his·tol·o·gist [hɪ'stɒlədʒɪst] *s.* ♣ Histo-
'loge *m*; **his'tol·o·gy** [-dʒɪ] *s.* ♣ Histo-
lo'gie *f*, Gewebelehre *f*; **his'tol·y·sis**
[-lɪsɪs] *s.* ♣, *biol.* Histo'lyse *f*, Gewebs-
zerfall *m.*
his·to·ri·an [hɪ'stɔːrɪən] *s.* Hi'storiker
(-in), Geschichtsforscher(in); **his·tor·**
ic [hɪ'stɒrɪk] *adj.* (□ **~ally**) **1.** hi'storisch, geschichtlich (berühmt *od.* bedeutsam): **~** *buildings*; *a* **~** *speech*; **2.**
→ **his·tor·i·cal** [hɪ'stɒrɪkl] *adj.* □ **1.**
hi'storisch: a) geschichtlich (belegt *od.*
über'liefert): **a(n)** **~** *event*, b) Ge
schichts...: **~** *science*, c) geschichtlich
orientiert: **~** *materialism* historischer
Materialismus, d) geschichtlich(en Inhalts): **~** *novel* historischer Roman; **2.**
→ *historic* 1; **3.** *ling.* hi'storisch: **~**
present; **his·to·ric·i·ty** [,hɪstɒ'rɪsətɪ] *s.*
Geschichtlichkeit *f*; **his·to·ried** [-stɔː-
rɪd] → *historic* 1; **his·to·ri·og·ra·pher**
[,hɪstɔːrɪ'ɒɡrəfə] *s.* Historio'graph *m*,
Geschichtsschreiber *m*; **his·to·ri·og·**
ra·phy [,hɪstɔːrɪ'ɒɡrəfɪ] *s.* Geschichts-
schreibung *f.*
his·to·ry ['hɪstərɪ] *s.* **1.** Geschichte *f*: a)
geschichtliche Vergangenheit *f*, Entwicklung, b) (*ohne art.*) Geschichtswis-
senschaft *f*: **~** *book* Geschichtsbuch *n*;
ancient (*modern*) **~** alte (neuere) Geschichte; **~** *of art* Kunstgeschichte; *go*
down in **~** *as* als ... in die Geschichte
eingehen; *make* **~** Geschichte machen;
→ *natural history*; **2.** Werdegang *m*
(*a.* ⚙), Entwicklung *f*, (Entwicklungs-)
Geschichte *f*; **3.** *allg., a.* ♣ Vorge-

schichte *f*, Vergangenheit *f*: (*case*) **~**
Krankengeschichte *f*, Anamnese *f*;
have a **~**; **4.** (*a.* Lebens)Beschreibung
f, Darstellung *f*; **5.** *paint.* Hi'storienbild
n; **6.** hi'storisches Drama.
his·tri·on·ic [,hɪstrɪ'ɒnɪk] **I** *adj.* (□ **~al-**
ly) **1.** Schauspiel(er)..., schauspiele-
risch; **2.** thea'tralisch; **II** *s.* **3.** *pl. a. sg.*
konstr. a) Schauspielkunst *f*, b) *contp.*
Schauspie'lerei *f*, thea'tralisches Getue.
hit [hɪt] **I** *s.* **1.** Schlag *m*, Hieb *m* (*a. fig.*);
2. *a. sport u. fig.* Treffer *m*: *make a* **~**
a) e-n Treffer erzielen, b) *fig.* gut ankommen (*with* bei); **3.** Glücksfall *m*,
Erfolg *m*; **4.** *thea., Buch etc.*: Schlager
m, ,Knüller' *m*, Hit *m*: *song* **~** Schlager, Hit; *he* (*it*) *was a great* **~** (*with*)
er (es) war ein großer Erfolg (bei); **5.**
(Seiten)Hieb *m*, Spitze *f* (*at* gegen); **6.**
bsd. Am. sl. ,Abschuß' *m*, Ermordung
f; **II** *v/t.* [*irr.*] **7.** schlagen, stoßen; *Auto*
etc. rammen: **~** *one's head against*
s.th. mit dem Kopf gegen et. stoßen; **8.**
treffen (*a. fig.*): *be* **~** *by a bullet*; *when*
it **~s** *you fig.* wenn es dich packt;
you've **~** *it fig.* du hast es getroffen
(*ganz recht*); **9.** (*seelisch*) treffen: *be*
hard (*od. badly*) **~** schwer getroffen
sein (*by* durch); **10.** stoßen *od.* kommen auf (*acc.*), treffen, finden: **~** *the*
right road; *a* **~** *a mine* ♣, ✗ auf e-e
Mine laufen; **~** *the solution* die Lösung
finden; **11.** *fig.* geißeln, scharf kritisieren; **12.** erreichen, *et.* ,schaffen': *the*
car **~s** *100 mph*; *prices* **~** *an all-time*
high die Preise erreichten e-e Rekord-
höhe; **~** *the town* in der Stadt ankommen; **III** *v/i.* [*irr.*] **13.** treffen; **14.**
schlagen (*at* nach); **15.** stoßen, schlagen (*against* gegen); **16.** **~** (*up*)*on* →
10; **~** *back v/i.* zu'rückschlagen (*a.*
fig.): **~** *at s.o.* j-m Kontra geben; **~** *off*
v/t. **1.** treffend *od.* über'zeugend darstellen *od.* schildern; *die Ähnlichkeit*
genau treffen; **2.** *hit it off with s.o.* sich
bestens vertragen *od.* glänzend auskommen mit j-m; **~** *out v/i.* um sich
schlagen: **~** *at* auf j-n einschlagen, *fig.*
über *j-n od. et.* losziehen.
,hit|-and-'miss *adj.* **1.** mit wechselndem
Erfolg; **2.** → *hit-or-miss*; **,~-and-'run**
I *adj.* **1.** **~** *accident* → 3; **~** *driver*
(unfall)flüchtiger Fahrer; **2.** kurz(le-
big); **II** *s.* **3.** Unfall *m* mit Fahrerflucht.
hitch [hɪtʃ] **I** *s.* **1.** Ruck *m*, Zug *m*; **2.** ♣
Stich *m*, Knoten *m*; **3.** ,Haken' *m*:
there is a **~** (*somewhere*) die Sache
hat (irgendwo) e-n Haken; *without a* **~**
reibungslos, glatt; **II** *v/t.* **4.** (ruckartig)
ziehen: **~** *up one's trousers* s-e Hosen
hochziehen; **5.** befestigen, festhaken,
ankoppeln, *Pferd* anspannen: *get* **~ed**
→ 8; **III** *v/i.* **6.** hinken; **7.** sich festhaken; **8.** *a.* **~** *up* F heiraten; **9.** → '**~·hike**
v/i. F ,per Anhalter' fahren, trampen;
'**,~·hik·er** *s.* F Anhalter(in), Tramper
(-in).
hi-tech [,haɪ'tek] → *high-tech.*
hith·er ['hɪðə] **I** *adv.* hierher: **~** *and*
thither hierhin u. dorthin, hin und her;
II *adj.* diesseitig: *the* **~** *side* die nähere
Seite; **2.** *India* Vorderindien *n*; **,~'to**
[-'tuː] *adv.* bis'her, bis jetzt.
Hit·ler·ism ['hɪtlərɪzəm] *s.* Na'zismus *m*;
'**Hit·ler·ite** [-raɪt] **I** *s.* Nazi *m*; **II** *adj.*
na'zistisch.
hit| list *s. sl.* Abschußliste *f* (*a. fig.*); **~**

man *s.* [*irr.*] *Am. sl.* Killer *m*; '**~-off** *s.*
treffende Nachahmung, über'zeugende
Darstellung; **~ or miss** *adv.* aufs Gerate'wohl; **,~-or·'miss** *adj.* **1.** sorglos,
unbekümmert; **2.** aufs Gerate'wohl getan; **~ pa·rade** *s.* 'Hitpa,rade *f.*
Hit·tite ['hɪtaɪt] *s. hist.* He'thiter *m.*
hive [haɪv] **I** *s.* **1.** Bienenkorb *m*, -stock
m; **2.** Bienenvolk *n*, -schwarm *m*; **3.**
fig. a. **~** *of activity* das reinste Bienenhaus, b) Sammelpunkt *m*, c)
Schwarm *m* (*von Menschen*); **II** *v/t.* **4.**
Bienen in e-n Stock bringen; **5.** *Honig*
im Bienenstock sammeln; **6.** *a.* **~** *up*
fig. a) sammeln, b) auf die Seite legen;
7. **~** *off* a) Amt etc. abtrennen (*from*
von), b) reprivatisieren; **III** *v/i.* **8.** in
den Stock fliegen (*Bienen*): **~** *off fig.* a)
abschwenken, b) sich selbständig ma-
chen; **9.** sich zs.-drängen.
hives [haɪvz] *s. pl. sg. od. pl. konstr.* ♣
Nesselausschlag *m.*
ho [həʊ] *int.* **1.** halt!, holla!, heda!; **2.**
na'nu!; **3.** *contp.* ha'ha!, pah!; **4.** *west-*
ward **~!** auf nach Westen!; *land* **~!** ♣
Land in Sicht!
hoar [hɔː] *adj. obs.* **1.** → *hoary*; **2.** (*vom*
Frost) bereift, weiß.
hoard [hɔːd] **I** *s.* a) Hort *m*, Schatz *m*, b)
Vorrat *m* (*of an dat.*); **II** *v/t. u. v/i. a.* **~**
up horten, hamstern; '**hoard·er** [-də] *s.*
Hamsterer *m.*
hoard·ing ['hɔːdɪŋ] *s.* **1.** Bau-, Bretter-
zaun *m*; **2.** *Brit.* Re'klamewand *f.*
,hoar'frost *s.* (Rauh)Reif *m.*
hoarse [hɔːs] *adj.* □ heiser; '**hoarse-**
ness [-nɪs] *s.* Heiserkeit *f.*
hoar·y ['hɔːrɪ] *adj.* □ **1.** weißlich; **2.** a)
(alters)grau, ergraut, b) *fig.* altersgrau,
(ur)alt, ehrwürdig.
hoax [həʊks] **I** *s.* **1.** Falschmeldung *f*,
(Zeitungs)Ente *f*; **2.** Schabernack *m*,
Streich *m*; **II** *v/t.* **3.** j-n zum besten haben, j-m e-n Bären aufbinden *od.* et.
weismachen.
hob¹ [hɒb] **I** *s.* **1.** Ka'mineinsatz *m*, -vor-
sprung *m* (*für Kessel etc.*); **2.** → *hob-*
nail; **3.** ⚙ a) (Ab)Wälzfräser *m*, b)
Strehlbohrer *m*; **II** *v/t.* **4.** ⚙ abwälzen,
verzahnen: **~bing machine** → 3a.
hob² [hɒb] *s.* Kobold *m*: *play* (*od.*
raise) **~** *with* Schinduler treiben mit.
hob·ble ['hɒbl] **I** *v/i.* **1.** humpeln, hoppeln, *a. fig.* hinken, holpern; **II** *v/t.* **2.**
e-m Pferd etc. die Vorderbeine fesseln;
3. hindern; **III** *s.* **4.** Humpeln *n.*
hob·ble·de·hoy [,hɒbldɪ'hɔɪ] *s.* F (junger) Tolpatsch *m*, Flegel.
hob·by ['hɒbɪ] *s. fig.* Steckenpferd *n*,
Liebhabe'rei *f*, Hobby *n*; '**~-horse** *s.* **1.**
Steckenpferd *n* (*a. fig.*); **2.** Schaukelpferd *n*; **3.** Karus'sellpferd *n*; '**hob·by-**
ist [-ɪst] *s.* Hobby'ist *m*, *engS. a.* Bastler *m*, Heimwerker *m.*
hob·gob·lin ['hɒbɡɒblɪn] *s.* **1.** Kobold
m; **2.** *fig.* (Schreck)Gespenst *n.*
'**hob·nail** *s.* grober Schuhnagel; '**hob-**
nailed *adj.* **1.** genagelt; **2.** *fig.* ungehobelt; '**hob·nail(ed) liv·er** *s.* ♣ Säufer-
leber *f.*
'**hob·nob** *v/i.* **1.** in'tim *od.* ,auf du u. du'
sein, freundschaftlich verkehren (*with*
mit); **2.** plaudern (*with* mit).
ho·bo ['həʊbəʊ] *pl.* **-bos, -boes** *s. Am.*
1. Wanderarbeiter *m*; **2.** Landstreicher
m, Tippelbruder *m.*
Hob·son's choice ['hɒbsnz] *s.*: *it's* **~**

man hat keine andere Wahl.

hock¹ [hɒk] **I** s. **1.** zo. Sprung-, Fessel-gelenk n (der Huftiere); **2.** Hachse f (beim Schlachttier); **II** v/t. **3.** → hamstring 3.

hock² [hɒk] s. **1.** weißer Rheinwein; **2.** trockener Weißwein.

hock³ [hɒk] **F I** s.: in ~ a) verschuldet, b) versetzt, verpfändet, c) Am. im ‚Knast‘; **II** v/t. versetzen, verpfänden.

hock·ey ['hɒkɪ] s. a) Hockey n, b) bsd. Am. Eishockey n: ~ **stick** Hockeyschläger m.

'hock·shop s. sl. Pfandhaus n.

ho·cus ['həʊkəs] v/t. **1.** betrügen; **2.** j-n betäuben; **3.** e-m Getränk ein Betäubungsmittel beimischen; |~-'**po·cus** [-'pəʊkəs] s. Hokus'pokus m: a) Zauberformel, b) Schwindel m, fauler Zauber.

hod [hɒd] s. **1.** △ Mörteltrog m, Steinbrett n (zum Tragen): ~ **carrier** → hodman 1; **2.** Kohleneimer m.

hodge·podge ['hɒdʒpɒdʒ] bsd. Am. → hotchpotch.

'hod·man [-mən] s. [irr.] **1.** △ Mörtel-, Ziegelträger m; **2.** Handlanger m.

ho·dom·e·ter [hɒ'dɒmɪtə] s. Hodo'meter n, Wegmesser m, Schrittzähler m.

hoe [həʊ] ✗ **I** s. Hacke f; **II** v/t. Boden hacken; Unkraut aushacken: a **long row to** ~ e-e schwere Aufgabe.

hog [hɒg] **I** s. **1.** (Haus-, Schlacht-)Schwein n, Am. allg. (a. Wild)Schwein n: **go the whole** ~ F aufs Ganze gehen, ganze Arbeit leisten; **2.** F a) Vielfraß m, b) Flegel m, c) Schmutzfink m, Ferkel n; **3.** ⚓ Scheuerbesen; **4.** ⊛ Am. (Reiß)Wolf m; **5.** → hogget; **II** v/t. **6.** den Rücken krümmen; **7.** scheren, stutzen; **8.** (gierig) verschlingen, ‚fressen‘, fig. a. an sich reißen, mit Beschlag belegen: ~ **the road** → 10; **III** v/i. **9.** den Rücken krümmen; **10.** F rücksichtslos in der (Fahrbahn)Mitte fahren; '~-**back** s. langer u. scharfer Gebirgskamm; **chol·er·a** s. vet. Am. Schweinepest f.

hog·get ['hɒgɪt] s. Brit. noch ungeschorenes einjähriges Schaf.

hog·gish ['hɒgɪʃ] adj. □ a) schweinisch, b) rücksichtslos, c) gierig, gefräßig.

hog·ma·nay ['hɒgməneɪ] s. Scot. Sil've-ster m, n.

hog| mane s. gestutzte Pferdemähne; '~-**s-back** → hogback.

hogs·head ['hɒgzhed] s. **1.** Hohlmaß, etwa 240 l; **2.** großes Faß.

'hog|·skin s. Schweinsleder n; '~-**tie** v/t. **1.** e-m Tier alle vier Füße zs.-binden; **2.** fig. lähmen, (be)hindern; '~-**wash** s. **1.** Schweinefutter n; **2.** contp. ‚Spülwasser‘ n (Getränk); **3.** Quatsch m, ‚Mist‘ m.

hoi(c)k [hɒɪk] v/t. ✓ hochreißen.

hoicks [hɒɪks] int. hunt. hussa! (Hetzruf an Hunde).

hoi pol·loi [ˌhɔɪ'pɒlɔɪ] (Greek) s. **1.** the ~ die (breite) Masse, der Pöbel; **2.** Am. sl. ‚Tam'tam‘ n (about um).

hoist¹ [hɔɪst] obs. p.p.: ~ **with one's own petard** fig. in der eigenen Falle gefangen.

hoist² [hɔɪst] **I** v/t. **1.** hochziehen, -win-den, hieven, heben; **2.** Flagge, Segel hissen; **3.** Am. sl. ‚klauen‘; **4.** ~ **a few** Am. sl. ein paar ‚heben‘; **II** s. **5.** (La-sten)Aufzug m, Hebezeug n, Kran m,

hoist·ing| cage ['hɔɪstɪŋ] s. ✗ Förder-korb m; ~ **crane** s. ⊛ Hebekran m; ~ **en·gine** s. **1.** ⊛ Hebewerk n; **2.** ✗ 'Förderma,schine f.

hoi·ty-toi·ty [ˌhɔɪtɪ'tɔɪtɪ] **I** adj. **1.** hoch-näsig; **2.** leichtsinnig; **II** s. **3.** Hochnä-sigkeit f.

ho·k(e)y-po·k(e)y [ˌhəʊkɪ'pəʊkɪ] s. **1.** sl. → hocus-pocus; **2.** Speiseeis n.

ho·kum ['həʊkəm] s. sl. **1.** thea. ‚Mätz-chen‘ pl., Kitsch m; **2.** ‚Krampf‘ m, Quatsch m.

hold¹ [həʊld] s. ⚓, ✈ Lade-, Fracht-raum m.

hold² [həʊld] **I** s. **1.** Halt m, Griff m: catch (od. get, lay, seize, take) ~ of s.th. et. ergreifen (in die Hand bekommen od. zu fassen bekommen od. erwischen); get ~ of s.o. j-n erwischen; get ~ of o.s. fig. sich in die Gewalt bekommen; keep ~ of festhalten; let go one's ~ of loslassen; miss one's ~ danebengreifen; take ~ fig. sich festsetzen, Wurzel fassen; **2.** Halt m, Stütze f: afford no ~ keinen Halt bieten; **3.** Ringen: Griff m: (with) no ~s barred fig. mit harten Bandagen (kämpfen); **4.** (on, over, of) Gewalt f, Macht f (über acc.), Einfluß (auf acc.): get a ~ on s.o. j-n unter s-n Einfluß od. in s-e Macht bekommen; have a (firm) ~ on s.o. j-n in s-r Gewalt haben, j-n beherr-schen; **5.** Am. Einhalt m: put a ~ on s.th. et. stoppen; **6.** Raumfahrt: Unter-'brechung f des Countdown; **II** v/t. [irr.] **7.** (fest)halten; **8.** sich die Nase, die Ohren zuhalten: ~ **one's nose (ears)**; **9.** Gewicht, Last etc. tragen, (aus)halten; **10.** in e-m Zustand halten: ~ o.s. erect sich geradehalten; ~ **(o.s.) ready** (sich) bereithalten; **11.** (zu'rück-, ein-)behalten: ~ **the shipment** die Sendung zurück(be)halten; ~ **everything!** sofort aufhören!; **12.** zu'rück-, abhalten (from von et., from doing s.th. davon, et. zu tun); **13.** an-, aufhalten, im Zau-me halten: **there is no ~ing him** er ist nicht zu halten od. zu bändigen; ~ **the enemy** den Feind aufhalten; **14.** Am. a) j-n festnehmen: **12 persons were held**, b) in Haft halten; **15.** sport sich erfolgreich verteidigen gegen den Geg-ner; **16.** j-n festlegen (to auf acc.): ~ **s.o. to his word** j-n beim Wort neh-men; **17.** a) Versammlung, Wahl etc. abhalten, b) Fest etc. veranstalten, c) sport Meisterschaft etc. austragen; **18.** (beibe)halten: ~ **the course**; **19.** Alko-hol vertragen: ~ **one's liquor well** e-e ganze Menge vertragen; **20.** ✗ u. fig. Stellung halten, behaupten: ~ **one's own** sich behaupten (**with** gegen); ~ **the stage** a) sich halten (Theaterstück), b) fig. die Szene beherrschen, im Mit-telpunkt stehen; → **fort; 21.** inneha-ben: a) besitzen: ~ **land (shares, etc.)**, b) Amt bekleiden, c) Titel führen, d) Platz etc. einnehmen, e) Rekord halten; **22.** fassen: a) enthalten: **the tank ~s 10 gallons**, b) Platz bieten für, 'unter-bringen (können): **the hotel ~s 500 guests; the place ~s many memo-ries** der Ort ist voll von Erinnerungen; **life ~s many surprises** das Leben ist voller Überraschungen; **what the fu-ture ~s** was die Zukunft bringt; **23.**

Bewunderung etc. hegen, a. Vorurteile etc. haben (for für); **24.** behaupten, meinen: ~ (the view) that die Ansicht vertreten od. der Ansicht sein, daß; **25.** halten für: **I** ~ **him to be a fool; it is held to be true** man hält es für wahr; **26.** ⅋ entscheiden (that daß); **27.** fig. fesseln: ~ **the audience;** ~ **s.o.'s at-tention; 28.** ~ **to** Am. beschränken auf (acc.); **29.** ~ **against** j-m et. vorwerfen od. verübeln; **30.** ♪ Ton (aus)halten; **III** v/i. [irr.] **31.** (stand)halten: **will the bridge ~?; 32.** (sich) festhalten (**by, to** an dat.); **33.** sich verhalten: ~ **still** still-halten; **34.** a. ~ **good** (weiterhin) gel-ten, gültig sein od. bleiben: **the prom-ise still ~s** das Versprechen gilt noch; **35.** anhalten, andauern: **the fine weather held; my luck held** das Glück blieb mir treu; **36.** einhalten: ~**!** halt!; **37.** ~ **by** (od. **to**) j-m od. e-r Sache treu bleiben; **38.** ~ **with** es halten mit j-m, für j-n od. et. sein;

Zssgn mit adv.:

hold| back I v/t. **1.** zu'rückhalten; **2.** → hold in; **3.** verschweigen; **II** v/i. **4.** sich zu'rückhalten (a. fig.); **5.** nicht mit der Sprache her-'ausrücken; ~ **down** v/t. **1.** niederhal-ten, fig. a. unter'drücken; **2.** F a) e-n Posten (inne)haben, b) sich in e-r Stel-lung halten; ~ **forth I** v/t. **1.** (an)bieten; **2.** in Aussicht stellen; **II** v/i. **3.** sich auslassen od. verbreiten (on über acc.); **4.** Am. stattfinden; ~ **in I** v/t. im Zaum halten, zu'rückhalten: **hold o.s. in** a) → II, b) den Bauch einziehen; **II** v/i. sich zu'rückhalten; ~ **off I** v/t. **1.** a) ab-, fernhalten, b) abwehren; **2.** et. auf-schieben, j-n hinhalten; **II** v/i. **3.** sich fernhalten (from von); **4.** a) zögern, b) warten; **5.** ausbleiben; ~ **on** v/i. **1.** a. fig. (a. sich) festhalten (**to** an dat.); **2.** aus-, 'durchhalten; **3.** andauern, -hal-ten; **4.** teleph. am Appa'rat bleiben; **5.** ~**!** immer langsam!, halt!; **6.** ~ **to** et. behalten; ~ **out I** v/t. **1.** die Hand etc. ausstrecken: **hold s.th. out to s.o.** j-m et. hinhalten; **2.** in Aussicht stellen: ~ **little hope** wenig Hoffnung äußern od. haben; **3.** hold o.s. out as Am. sich ausgeben (against gegen); **7.** ~ on s.o. j-m et. vorenthalten od. verheimli-chen; **8.** ~ **for** F bestehen auf (dat.); ~ **o·ver** v/t. **1.** et. vertagen, -schieben (until auf acc.); **2.** ⅋ prolongieren; Amt etc. (weiter) behalten; **4.** thea. etc. j-s Engage'ment verlängern (for um); ~ **to·geth·er** v/t. u. v/i. zs.-halten (a. fig.); ~ **up I** v/t. **1.** (hoch)heben; **2.** hochhalten: ~ **to view** den Blicken dar-bieten; **3.** halten, stützen, tragen; **4.** aufrechterhalten; **5.** ~ **as** als Beispiel etc. hinstellen; **6.** j-n od. et. aufhalten, et. verzögern; **7.** j-n, e-e Bank etc. über-'fallen; **II** v/i. **8.** → hold out 5, 6; **9.** sich halten (Preise, Wetter); **10.** sich be-wahrheiten.

'hold|·all s. Reisetasche f; '~-**back** s. Hindernis n.

hold·er ['həʊldə] s. **1.** oft in Zssgn Hal-ter m, Behälter m; **2.** ⊛ a) Halter(ung f) m, b) Zwinge f; **3.** ⚡ (Lampen)Fas-sung f; **4.** Pächter m; **5.** ✝ Inhaber(in) (e-s Patents, Schecks etc.), Besitzer(in):

previous ~ Vorbesitzer *m*; **6.** *sport* Inhaber(in) (*e-s Rekords, Titels etc.*).
'**hold·fast** *s.* **1.** ✪ Klammer *f*, Zwinge *f*, Haken *m*, Kluppe *f*; **2.** ♀ Haftscheibe *f*.
hold·ing ['həʊldɪŋ] *s.* **1.** (Fest)Halten *n*; **2.** ♟ a) Pachtgut *n*, b) Pacht *f*, c) Grundbesitz *m*; **3.** *oft pl.* a) Besitz *m*, Bestand *m* (*an Effekten etc.*), b) (Aktien)Anteil *m*, (-)Beteiligung *f*: *large steel* ~*s* ♟ großer Besitz von Stahl-(werks)aktien; **4.** ♀ a) Vorrat *m*, b) Guthaben *n*; **5.** ♟ (gerichtliche) Entscheidung; ~ *at·tack s.* ✕ Fesselungsangriff *m*; ~ *com·pa·ny s.* ♟ Dach-, Holdinggesellschaft *f*; ~ *pat·tern s.* ✈ Warteschleife *f*.
'**hold**|,**o·ver** *s.* **1.** ,'Überbleibsel' *n* (*Amtsträger etc.*); **2.** *Film etc.*: a) Verlängerung *f*, b) *Künstler etc., dessen Engagement verlängert worden ist*; '~**-up** *s.* **1.** Verzögerung *f*, (*a.* Verkehrs)Stockung *f*; **2.** (bewaffneter) ('Raub),Überfall.
hole [həʊl] **I** *s.* **1.** Loch *n*: *be in a* ~ *fig.* in der Klemme sitzen; *make a* ~ *in fig.* ein Loch reißen in (*Vorräte*); *pick* ~*s in fig.* a) an *e-r Sache* herumkritteln, b) *Argument etc.* zerpflücken, c) *j-m* am Zeug flicken; *full of* ~*s fig.* fehlerhaft, ‚wack(e)lig‘ (*Theorie etc.*); *like a* ~ *in the head* F *unnötig* wie ein Kropf; **2.** Loch *n*, Grube *f*; **3.** Höhle *f*, Bau *m* (*Tier*); **4.** *fig.* ‚Loch‘ *n*: a) (Bruch)Bude *f*, b) ,Kaff‘ *n*, c) Schlupfwinkel *m*; **5.** *Golf*: a) Hole *n*, Loch *n*, b) (Spiel)Bahn *f*: ~ *in one* As *n*; **II** *v/t.* **6.** ein Loch machen in (*acc.*), durch'löchern; **7.** ✕ schrämen; **8.** *Tier* in s-e Höhle treiben; **9.** *Golf*: Ball einlochen; **III** *v/i.* **10.** *mst* ~ *up* a) sich in die Höhle verkriechen (*Tier*), b) *Am.* F sich verstecken od. -kriechen; **11.** *a.* ~ *out Golf*: einlochen.
,**hole-and-'cor·ner** [-nd'k-] *adj.* **1.** heimlich, versteckt; **2.** anrüchig; **3.** armselig.
hol·i·day ['hɒlədɪ] **I** *s.* **1.** (*public* ~ gesetzlicher) Feiertag; **2.** freier Tag, Ruhetag *m*: *have a* ~ e-n freien Tag haben (→ 3); *have a* ~ *from* sich von et. erholen können; **3.** *mst pl. bsd. Brit.* Ferien *pl.*, Urlaub *m*: *the Easter* ~*s* die Osterferien; *be on* ~ im Urlaub sein; *go on* ~ in Urlaub gehen; *have a* ~ Urlaub haben (→ 2); *take a* ~ Urlaub nehmen *od.* machen; ~*s with pay* bezahlter Urlaub; **II** *adj.* **4.** Feiertags...: ~ *clothes* Festtagskleidung *f*; **5.** *bsd. Brit.* Ferien-, Urlaubs...: ~ *camp* Feriendorf *n*; ~ *course* Ferienkurs *m*; **III** *v/i.* **6.** *bsd. Brit.* Ferien *od.* Urlaub machen; '~**,mak·er** *s. bsd. Brit.* Urlauber(in).
,**ho·li·er-than-'thou** [,həʊlɪə-] *Am.* F **I** *s.* ,Phari'säer‘ *m*; **II** *adj.* phari'säisch.
ho·li·ness ['həʊlɪnɪs] *s.* Heiligkeit *f*: *His* ♙ Seine Heiligkeit (*Papst*).
ho·lism ['həʊlɪzəm] *s. phls.* Ho'lismus *m* (*Ganzheitstheorie*); **ho·lis·tic** [həʊ'lɪstɪk] *adj.* ho'listisch.
Hol·lands ['hɒləndz], *a.* **Hol·land gin** *s.* Ge'never *m*.
hol·ler ['hɒlə] *v/i. u. v/t.* F brüllen.
hol·low ['hɒləʊ] **I** *s.* **1.** Höhle *f*, (Aus-)Höhlung *f*, Hohlraum *m*: ~ *of the hand* hohle Hand; ~ *of the knee* Kniekehle *f*; *have s.o. in the* ~ *of one's hand fig.* j-n völlig in der Hand haben; **2.** Vertiefung *f*, Mulde *f*, Senke *f*; **3.** ✪ a) Hohl-

kehle *f*, b) (Guß)Blase *f*; **II** *adj.* □ → *a.* III; **4.** hohl, Hohl...; **5.** hohl, dumpf (*Ton, Stimme*); **6.** *fig.* a) hohl, leer: *feel* ~ Hunger haben, b) falsch: *promises*; ~ *victory* wertloser Sieg; **7.** hohl: a) eingefallen (*Wangen*), b) tiefliegend (*Augen*); **III** *adv.* **8.** hohl: *ring* ~ hohl *od.* unglaubwürdig klingen; *beat s.o.* ~ F j-n vernichtend schlagen; **IV** *v/t.* **9.** *oft* ~ *out* aushöhlen, -kehlen; ~ *bit s.* ✪ Hohlmeißel *m*, -bohrer *m*; ~ *charge s.* ✕ Haft-Hohlladung *f*; ,~**'cheeked** *adj.* hohlwangig; '~**-eyed** *adj.* hohläugig; ,~**-'ground** *adj.* ✪ hohlgeschliffen.
hol·low·ness ['hɒləʊnɪs] *s.* **1.** Hohlheit *f*; **2.** Dumpfheit *f*; **3.** *fig.* a) Hohlheit *f*, Leere *f*, b) Falschheit *f*.
hol·low | **square** *s.* ✕ Kar'ree *n*; ~ *tile s.* ✪ Hohlziegel *m*; '~**-ware** *s.* tiefes (Küchen)Geschirr (*Töpfe etc.*).
hol·ly ['hɒlɪ] *s.* **1.** ♀ Stechpalme *f*; **2.** Stechpalmenzweige *pl.*
'**hol·ly·hock** *s.* ♀ Stockrose *f*.
hol·o·caust ['hɒləkɔːst] *s.* **1.** Massenvernichtung *f*, (*engS.* 'Brand)Kata,strophe *f*: *the* ♙ *pol. hist.* der Holocaust; **2.** Brandopfer *n*.
hol·o|·cene ['hɒləʊsiːn] *s. geol.* Holo-'zän *n*, Al'luvium *n*; '~**-gram** [-əʊgræm] *s. phys.* Holo'gramm *n*; '~**-graph** [-əʊgrɑːf; -əʊgræf] *adj. u. s.* ♟ eigenhändig geschriebene(e Urkunde).
hols [hɒlz] *s. pl. Brit.* F für *holiday* 3.
hol·ster ['həʊlstə] *s.* (Pi'stolen)Halfter *f, n.*
ho·ly ['həʊlɪ] **I** *adj.* □ **1.** heilig, (*Hostie etc.*) geweiht: ~ *cow* (*od. smoke*)! F ,heiliger Bimbam‘!; **2.** fromm; **3.** gottgefällig; **II** *s.* **4.** *the* ~ *of holies bibl.* das Allerheiligste; ♙ **Al·li·ance** *s. hist.* die Heilige Alli'anz; ~ **bread** *s.* Abendmahlsbrot *n*, Hostie *f*; ♙ **City** *s.* die Heilige Stadt; ~ **day** *s.* kirchlicher Feiertag; ♙ **Fa·ther** *s.* der Heilige Vater; ♙ **Ghost** *s.* der Heilige Geist; ♙ **Land** *s.* das Heilige Land; ♙ **Of·fice** *s. R.C.* a) *hist.* die Inquisiti'on, b) *das Heilige Of-* 'fizium; ♙ **Ro·man Em·pire** *s. hist.* das Heilige Römische Reich; ♙ **Sat·ur·day** *s.* Kar'samstag *m*; ♙ **Scrip·ture** *s.* die Heilige Schrift; ♙ **See** *s.* der Heilige Stuhl; ♙ **Spir·it** → *Holy Ghost*; ~ **ter·ror** *s.* F ,Nervensäge‘ *f*; ♙ **Thurs·day** *s.* **1.** *R.C.* Grün'donnerstag *m*; **2.** (*anglikanische Kirche*) Himmelfahrtstag *m*; ♙ **Trin·i·ty** *s.* die Heilige Drei'einigkeit *od.* Drei'faltigkeit; ~ **wa·ter** *s. R.C.* Weihwasser *n*; ♙ **Week** *s.* Karwoche *f*; ♙ **Writ** → *Holy Scripture.*
hom·age ['hɒmɪdʒ] *s.* **1.** *hist. u. fig.* Huldigung *f*: *do* (*od. render*) ~ huldigen (*to dat.*); **2.** *fig.* Reve'renz *f*: *pay* ~ *to* Anerkennung zollen (*dat.*), (s-e) Hochachtung bezeigen (*dat.*).
Hom·burg (hat) ['hɒmbɜːg] *s.* Homburg *m* (*Herrenfilzhut*).
home [həʊm] **I** *s.* **1.** Heim *n*: a) Haus *n*, (*eigene*) Wohnung, b) Zu'hause *n*, Da-'heim *n*, c) Elternhaus *n*: *at* ~ zu Hause, daheim (*a. sport*) (→ 2); *at* ~ *in* (*od. on, with*) *fig.* bewandert in (*dat.*), vertraut mit (*e-m Fachgebiet etc.*); *not at* ~ (*to s.o.*) nicht zu sprechen (für j-n); *feel at* ~ sich wie zu Hause fühlen; *make o.s. at* ~ es sich bequem machen; tun, als ob man zu Hause wäre; *make*

one's ~ *at* sich niederlassen in (*dat.*); *away from* ~ abwesend, verreist, *bsd. sport* auswärts; **2.** Heimat *f* (*a.* ♀, *zo. u. fig.*), Geburts-, Heimatland *n*: *at* ~ a) im Lande, in der Heimat, b) im Inland, daheim; *at* ~ *and abroad* im In- u. Ausland; *a letter from* ~ ein Brief von Zuhause; **3.** (ständiger *od.* jetziger) Wohnort, Heimatort *m*: *last* ~ letzte Ruhestätte; **4.** Heim *n*, Anstalt *f*: ~ *for the aged* Altenheim; ~ *for the blind* Blindenheim, -anstalt; **5.** *sport* a) Ziel *n*, b) → *home plate*, c) Heimspiel *n*, d) Heimsieg *m*; **II** *adj.* **6.** Heim...: a) häuslich, Familien..., b) zu Hause ausgeübt: ~ *life* häusliches Leben, Familienleben *n*; ~ *remedy* Hausmittel *n*; ~*baked* selbstgebacken; Heimat...: ~ *ad·dress* (*city, port etc.*); ~ *fleet* ♙ Flotte *f* in Heimatgewässern; **8.** einheimisch, inländisch, Inland(s)..., Binnen...: ~ *affairs pol.* innere Angelegenheiten; ~ *market* Inlands-, Binnenhandel *m*; **9.** *sport* a) Heim...: ~ *advantage* (*match, win, etc.*): ~ *strength* Heimstärke *f*, b) Ziel...; **10.** a) (wohl)gezielt, wirkungsvoll (*Schlag etc.*), b) *fig.* treffend, beißend (*Bemerkung etc.*); → *home thrust, home truth*; **III** *adv.* **11.** heim, nach Hause: *the way* ~ der Heimweg; *go* ~ nach Hause gehen (→ 13); → *write* 10; **12.** zu Hause, (wieder) da'heim; **13.** a) ins Ziel, b) im Ziel, c) d) bis zum Ausgangspunkt, d) ganz, soweit wie möglich: *drive a nail* ~ e-n Nagel fest einschlagen; *drive* (*od. bring*) *s.th.* ~ *to s.o.* j-m et. klarmachen *od.* beibringen *od.* vor Augen führen; *drive a charge* ~ *to s.o.* j-n überführen; *go* (*od. get, strike*) ~ ,sitzen‘, s-e Wirkung tun; *the thrust went* ~ der Hieb saß; **IV** *v/i.* **14.** zu'rückkehren; **15.** ✈ a) (*per Leitstrahl*) das Ziel anfliegen, b) *mst* ~ *in on ein Ziel* auto'matisch ansteuern (*Rakete*); **V** *v/t.* **16.** Flugzeug (*per Radar*) einweisen, ,her'unterholen'.
,**home**|**-and-'home** *adj. sport Am.* im Vor- u. Rückspiel ausgetragen: ~ *match*; '~**,bod·y** *s.* häuslicher Mensch, *contp.* Stubenhocker(in); '~**-bound** *adj.* ans Haus gefesselt: ~ *invalid*; ,~**'bred** *adj.* **1.** einheimisch; **2.** *obs.* hausbacken; '~**-brew** *s.* selbstgebrautes Getränk (*bsd.* Bier); '~**-,com·ing** *s.* Heimkehr *f*; ~ **con·tents** *s. pl.* Hausrat *m*; ~ **Coun·ties** *s. pl. die um London liegenden Grafschaften*; ~ **e·co·nom·ics** *s. pl. sg. konstr.* Hauswirtschaft(slehre) *f*; ~ **front** *s.* Heimatfront *f*; ~ **ground** *s. sport* eigener Platz; *fig.* vertrautes Gelände; ♙ **Guard** *s.* Bürgerwehr *f*; '~**,keep·ing** *adj.* häuslich, *contp.* stubenhockerisch; '~**-land** *s.* **1.** Heimat-, Vater-, Mutterland *n*; **2.** *pol.* Homeland *n*, Heimstatt *f* (*in Südafrika*).
home·less ['həʊmlɪs] *adj.* **1.** heimatlos; **2.** obdachlos; '**home·like** *adj.* wie zu Hause, gemütlich; **home·li·ness** ['həʊmlɪnɪs] *s.* **1.** Einfachheit *f*, Schlichtheit *f*; **2.** Gemütlichkeit *f*; **3.** *Am.* Reizlosigkeit *f*; **home·ly** ['həʊmlɪ] *adj.* **1.** → *homelike*; **2.** freundlich; **3.** einfach, hausbacken; **4.** *Am.* reizlos: *a* ~ *girl.*
,**home**|'**made** *adj.* **1.** selbstgemacht, Hausmacher...; **2.** selbstgebastelt; ~

bomb; **3.** ✝ a) einheimisch, im Inland hergestellt: ~ **goods**, b) hausgemacht: ~ **inflation**; '~**·mak·er** s. Am. **1.** Hausfrau f; **2.** Fa'milienpflegerin f; '~**·mak·ing** s. Am. Haushaltsführung f; ~ **mar·ket** s. ✝ Inlandsmarkt m; ~ **me·chan·ic** s. Heimwerker m; ~ **mov·ie** s. Heimkino n.

homeo- etc. → **homoeo-** etc.

home| of·fice s. **1.** ☌ Brit. 'Innenmini₁sterium n; **2.** bsd. ✝ Am. Hauptsitz m; ~ **perm** s. F Heim-Dauerwelle f; ~ **plate** s. Baseball: Heimbase n.

hom·er ['həʊmə] s. F für **home run**.

Ho·mer·ic [həʊ'merɪk] adj. ho'merisch: ~ **laughter**.

home| rule s. pol. a) 'Selbstre₁gierung f, b) ☌ hist. Homerule f (in Irland); ~ **run** s. Baseball: Homerun m (Lauf über alle 4 Male); ☌ **Sec·re·tar·y** s. Brit. 'Innenmi₁nister m; '~**·sick** adj.: **be** ~ Heimweh haben; '~**·sick·ness** s. Heimweh n; '~**·spun** adj. **1.** a) zu Hause gesponnen, b) Homespun...: ~ **clothing**; **2.** fig. schlicht, einfach; **II** s. **3.** Homespun n (Streichgarn[gewebe]); '~**·stead** s. **1.** Heimstätte f, Gehöft n; **2.** ☆ Am. Heimstätte f (Grundparzelle od. gegen Zugriff von Gläubigern geschützter Grundbesitz); ~ **straight**, ~ **stretch** s. sport Zielgerade s: **be on the** ~ fig. kurz vor dem Ziel stehen; ~ **thrust** s. fig. wohlgezielter Hieb; ~ **truth** s. harte Wahrheit, unbequeme Tatsache; '~**·ward** [-wəd] **I** adv. heimwärts, nach Hause; **II** adj. Heim..., Rück...; → **bound²**; '~**·wards** [-wədz] → **homeward** I; '~**·work** s. **1.** ped. Hausaufgabe(n pl.) f, Schularbeiten pl.: **do one's** ~ s-e Hausaufgaben machen (a. fig. sich gründlich vorbereiten); **2.** ✝ Heimarbeit f; '~**·work·er** s. ✝ Heimarbeiter (-in); '~**·wreck·er** s. j-d, der e-e Ehe zerstört.

hom·ey Am. für **homy**.

hom·i·cid·al [₁hɒmɪ'saɪdl] adj. **1.** mörderisch, mordlustig; **2.** Mord..., Totschlags...; **hom·i·cide** ['hɒmɪsaɪd] s. **1.** allg. Tötung f, engS. a) Mord m, b) Totschlag m: ~ **by misadventure** Am. Unfall m mit Todesfolge; ~ **(squad)** Mordkommission f; **2.** Mörder(in), Totschläger(in).

hom·i·ly ['hɒmɪlɪ] s. **1.** Homi'lie f, Predigt f; **2.** fig. Mo'ralpredigt f.

hom·ing ['həʊmɪŋ] **I** adj. **1.** heimkehrend: ~ **pigeon** Brieftaube f; ~ **instinct** zo. Heimkehrvermögen n; **2.** ✕ zielansteuernd (Rakete etc.); **II** s. ✓ **3.** a) Zielflug m, b) Zielpeilung f, c) Rückflug m: ~ **beacon** Zielflugfunkfeuer n; ~ **device** Zielfluggerät n.

hom·i·nid ['hɒmɪnɪd] zo. **I** adj. menschenartig; **II** s. Homi'nide m, menschenartiges Wesen; '**hom·i·noid** [-nɔɪd] adj. u. s. menschenähnlich(es Tier).

hom·i·ny ['hɒmɪnɪ] s. Am. **1.** Maismehl n; **2.** Maisbrei m.

ho·mo ['həʊməʊ] s. F ‚Homo' m.

homo- [həʊməʊ; hɒmə(ʊ)], **homoeo-** [həʊmɪəʊ] in Zssgn gleich(artig).

ho·moe·o·path ['həʊmɪəʊpæθ] s. ⚕ Homöo'path(in); **ho·moe·o·path·ic** [₁həʊmɪəʊ'pæθɪk] adj. (□ **~ally**) ⚕ homöo'pathisch; **ho·moe·op·a·thist** [₁həʊmɪ'ɒpəθɪst] → **homoeopath**; ho-

moe·op·a·thy [₁həʊmɪ'ɒpəθɪ] s. ⚕ Homöopa'thie f.

ho·mo·e·rot·ic [₁həʊməʊ'rɒtɪk] adj. homoe'rotisch.

ho·mo·ge·ne·i·ty [₁hɒməʊdʒe'niːətɪ] s. Homogeni'tät f, Gleichartigkeit f; **ho·mo·ge·ne·ous** [₁hɒmə(ʊ)'dʒiːnjəs] adj. □ homo'gen: a) gleichartig, b) einheitlich; **ho·mo·gen·e·sis** [₁hɒmə(ʊ)'dʒenɪsɪs] s. biol. Homoge'nese f; **ho·mog·e·nize** [hɒ'mɒdʒənaɪz] v/t. homogenisieren.

ho·mol·o·gate [hɒ'mɒləgeɪt] v/t. **1.** ⚖ a) genehmigen, b) beglaubigen, bestätigen; **2.** Ski- u. Motorsport: homologieren; **ho'mol·o·gous** [-gəs] adj. ⚕, ⚗, biol. homo'log.

hom·o·nym ['hɒmə(ʊ)nɪm] s. ling. Homo'nym n (a. biol.), gleichlautendes Wort; **ho·mo·nym·ic** [₁hɒmə(ʊ)'nɪmɪk], **ho·mon·y·mous** [hɒ'mɒnɪməs] adj. homo'nym.

ho·mo·phile ['hɒməʊfaɪl] **I** s. Homo'phile(r m) f; **II** adj. homo'phil.

hom·o·phone ['hɒməʊfəʊn] s. ling. Homo'phon n; **ho·mo·phon·ic** [₁hɒmə(ʊ)'fɒnɪk] adj. ♪, ling. homo'phon.

ho·mop·ter·a [həʊ'mɒptərə] s. pl. zo. Gleichflügler pl. (Insekten).

ho·mo·sex·u·al [₁hɒməʊ'seksjʊəl] **I** s. Homosexu'elle(r m) f; **II** adj. homosexu'ell; **ho·mo·sex·u·al·i·ty** [₁hɒmə(ʊ)₁seksjʊ'ælɪtɪ] s. Homosexuali'tät f.

ho·mun·cu·lar [hɒ'mʌŋkjʊlə] adj. ho'munkulusähnlich; **ho'mun·cule** [-kjuːl], **ho'mun·cu·lus** [-kjʊləs] pl. **-li** [-laɪ] s. **1.** Ho'munkulus m (künstlich erzeugter Mensch); **2.** Menschlein n, Knirps m.

hom·y ['həʊmɪ] adj. F gemütlich.

hone [həʊn] **I** s. **1.** (feiner) Schleifstein; **II** v/t. **2.** honen, fein-, ziehschleifen; **3.** fig. a) schärfen, b) (aus)feilen.

hon·est ['ɒnɪst] adj. □ **1.** ehrlich: a) redlich, rechtschaffen, anständig, b) offen, aufrichtig; **2.** humor. wacker, bieder; **3.** ehrlich verdient; **4.** obs. ehrbar (Frau); '**hon·est·ly** [-lɪ] **I** adv. → **honest**; **II** int. F a) offen gesagt, b) wirklich!, c) empört: nein (od. also) wirklich!; '**hon·es·ty** [-tɪ] s. **1.** Ehrlichkeit f: a) Rechtschaffenheit f: ~ **is the best policy** ehrlich währt am längsten, b) Aufrichtigkeit f; **2.** obs. Ehrbarkeit f; **3.** ♀ 'Mondvi₁ole f.

hon·ey ['hʌnɪ] s. **1.** Honig m (a. fig.); **2.** ♀ Nektar m; **3.** F bsd. Am. a) Anrede: ‚Schatz' m, Süße(r m) f, b) Am. ‚süßes' od. ‚schickes' Ding: **a ~ of a car** ein ‚klasse' Wagen; '~**·bag** s. zo. Honigmagen m der Bienen; '~**·bee** s. zo. Honigbiene f; '~**·bun(ch)** [-bʌn(tʃ)] → **honey** 3 a.

'**hon·ey·comb** [-kəʊm] **I** s. **1.** Honigwabe f; **2.** Waffelmuster n (Gewebe): ~ **(quilt)** Waffeldecke f; **3.** ⚙ Lunker m, (Guß)Blase f; **4.** in Zssgn ⚙ Waben... (-kühler, -spule etc.): ~ **stomach** zo. Netzmagen m; **II** v/t. **5.** (wabenartig) durch'löchern, fig. durch'setzen (with mit); '**hon·ey·combed** [-kəʊmd] adj. **1.** durch'löchert, löcherig, zellig; **2.** ⚙ blasig; **3.** fig. (with) a) durch'setzt (mit), b) unter'graben (durch).

'**hon·ey| dew** s. **1.** ♀ Honigtau m, Blatt-

moe·op·a·thy [₁həʊmɪ'ɒpəθɪ] s. ♣ Homöopa'thie f.

honig m: ~ **melon** Honigmelone f; **2.** gesüßter Tabak; '~**·eat·er** s. orn. Honigfresser m.

hon·eyed ['hʌnɪd] adj. **1.** voller Honig; **2.** a. fig. honigsüß.

hon·ey| ex·trac·tor s. Honigschleuder f; ~ **flow** s. (Bienen)Tracht f; '~**·moon** **I** s. **1.** Flitterwochen pl., Honigmond m (a. iro. fig.); **2.** Hochzeitsreise f; **II** v/i. **3.** a) die Flitterwochen verbringen, b) s-e Hochzeitsreise machen; '~**·moon·er** s. a) ‚Flitterwöchner' m, b) Hochzeitsreisende(r m) f; ~ **sac** s. zo. Honigmagen m; '~**·suck·le** s. ♀ Geißblatt n.

hon·ied ['hʌnɪd] → **honeyed**.

honk [hɒŋk] **I** s. **1.** Schrei m (der Wildgans); **2.** 'Hupensi₁gnal n; **II** v/i. **3.** schreien; **4.** hupen.

honk·y-tonk ['hɒŋkɪtɒŋk] s. Am. sl. ‚Spe'lunke' f.

hon·or etc. Am. → **honour** etc.

hon·o·rar·i·um [₁ɒnə'reərɪəm] pl. **-rar·i·a** [-'reərɪə], **-rar·i·ums** s. (freiwillig gezahltes) Hono'rar; **hon·or·ar·y** ['ɒnərərɪ] adj. **1.** ehrend; **2.** Ehren...: ~ **doc·tor (member**, etc.); ~ **debt** Ehrenschuld f; ~ **degree** ehrenhalber verliehener akademischer Grad; **3.** ehrenamtlich: ~ **secretary**; **hon·or·if·ic** [₁ɒnə'rɪfɪk] **I** adj. (□ **~ally**) ehrend, Ehren...; **II** s. Ehrung f, Ehrentitel m.

hon·our ['ɒnə] **I** s. **1.** Ehre f: (**sense of**) ~ Ehrgefühl n; (**up)on my** ~!, Brit. F **bright!** Ehrenwort!; **man of** ~ Ehrenmann m; **point of** ~ Ehrensache f; **do s.o.** ~ j-m zur Ehre gereichen, j-m Ehre machen; **do s.o. the** ~ **of doing s.th.** j-m die Ehre erweisen, et. zu tun; **he is an** ~ **to his parents** (**to his school**) er macht s-n Eltern Ehre (er ist e-e Zierde s-r Schule); **put s.o. on his** ~ j-n bei s-r Ehre packen; (**in**) ~ **bound**, **on one's** ~ moralisch verpflichtet; **to his** ~ **it must be said** zu s-r Ehre muß gesagt werden; (**there is**) ~ **among thieves** (es gibt so etwas wie) Ganovenehre f; **may I have the** ~ (**of the next dance**)? darf ich (um den nächsten Tanz) bitten?; **2.** Ehrung f, Ehre(n pl.) f: a) Ehrerbietung f, Ehrenbezeigung f, b) Hochachtung f, c) Auszeichnung f, (Ehren)Titel m, Ehrenamt n, -zeichen n: **in s.o.'s** ~ zu j-s zu Ehren; **hold** (od. **have**) **in** ~ in Ehren halten; **pay s.o. the last** (od. **funeral**) ~**s** j-m die letzte Ehre erweisen; **milita·ry** ~**s** militärische Ehren; ~**s list** Brit. Liste f der Titelverleihungen (zum Geburtstag des Herrschers etc.) (→ 3); ~ **due** 3; **3.** pl. univ. besondere Auszeichnung: ~**s degree** akademischer Grad mit Prüfung in e-m Spezialfach; ~**s list** Liste f der Studenten, die auf e-n **hon·ours degree** hinarbeiten; ~**s man** Brit., ~**s student** Am. Student, der e-n **honours degree** anstrebt od. innehat; **4.** pl. Hon'neurs pl.: **do the** ~**s** die Honneurs machen, als Gastgeber(in) fungieren; **5.** Kartenspiel: Bild n; Golf: Ehre f (Berechtigung zum 1. Schlag): **it is his** ~ er hat die Ehre; **7.** **Your** (**His**) ~**s** obs. Euer (Seine) Gnaden; **II** v/t. **8.** ehren; **9.** ehren, auszeichnen (**with** mit); **10.** beehren (**with** mit); **11.** j-m zur Ehre gereichen od. Ehre machen; **12.** e-r Einladung etc. Folge leisten; **13.** ✝ a) Scheck etc. honorieren, einlösen, b) *Schuld* begleichen, c) *Vertrag* erfüllen; **hon·our·a·ble** [ˈɒnərəbl] *adj.* □ **1.** achtbar, ehrenwert; **2.** rechtschaffen: *an ~ man* ein Ehrenmann; **3.** ehrenhaft, ehrlich (*Absicht etc.*); **4.** ehrenvoll, rühmlich; **5.** ♋ (*der od. die*) Ehrenwerte (*in Großbritannien: Adelstitel od. Titel der Ehrendamen des Hofes, der Mitglieder des Unterhauses, der Bürgermeister; in USA: Titel der Mitglieder des Kongresses, hoher Beamter, der Richter u. Bürgermeister*): *Right* ♋ (*der*) Sehr Ehrenwerte; → *friend* 5.

hooch [huːtʃ] *s. Am.* F ‚Fusel‘ *m.*

hood [hʊd] **I** *s.* **1.** Ka'puze *f* (*a. univ. am Talar*); **2.** ♥ Helm *m*; **3.** *orn., zo.* Haube *f*, Schopf *m*; Brillenzeichnung *f* der Kobra; **4.** *mot.* a) *Brit.* Verdeck *n*, b) *Am.* (Motor)Haube *f*; **5.** ⚙ a) Kappe *f*, (Schutz)Haube *f*, b) Abzug(shaube *f*) *m* (*für Gas etc.*); **6.** → *hoodlum*; **II** *v/t.* **7.** *j-m* e-e Ka'puze aufsetzen; **8.** be-, verdecken.

hood·ed [ˈhʊdɪd] *adj.* **1.** mit e-r Ka'puze bekleidet; **2.** ver-, bedeckt, verhüllt (*a. Augen*); **3.** *orn.* mit e-r Haube; *~ crow s. orn.* Nebelkrähe *f*; *~ seal s. zo.* Mützenrobbe *f*; *~ snake s. zo.* Kobra *f.*

hood·lum [ˈhuːdləm] *s.* F **1.** Rowdy *m*, ‚Schläger‘ *m*; **2.** Ga'nove *m*, Gangster *m.*

hoo·doo [ˈhuːduː] **I** *s. Am.* **1.** → *voodoo* I; **2.** a) Unglücksbringer *m*, b) Unglück *n*, Pech *n*; **II** *v/t.* **3.** a) verhexen, b) *j-m* Unglück bringen; **III** *adj.* **4.** Unglücks...

hood·wink *v/t.* **1.** *obs.* die Augen verbinden (*dat.*); **2.** *fig.* hinters Licht führen, reinlegen.

hoo·ey [ˈhuːɪ] *s. sl.* Quatsch *m*, Blödsinn *m.*

hoof [huːf] *pl.* **hoofs, hooves** [huːvz] **I** *s.* **1.** *zo.* a) Huf *m*, b) Fuß *m*: *on the ~* lebend (*Schlachtvieh*); **2.** *humor.* ‚Pedal‘ *n*, Fuß *m*; **3.** Huftier *n*; **II** *v/t.* **4.** F ‚Strecke ‚tippeln‘: *~ it* → 6, 7; **5.** *~ out j-n* ‚rausschmeißen‘; **III** *v/i.* **6.** F ‚tippeln‘, marschieren; **7.** F tanzen; *~ and-'mouth dis·ease s. vet.* Maul- u. Klauenseuche *f.*

hoofed [huːft] *adj.* gehuft, Huf...; **'hoof·er** [-fə] *s. Am. sl.* Berufstänzer (-in), *bsd.* Rc'vuegirl *n.*

hoo·ha [ˈhuːhɑː] *s.* F ‚Tam'tam‘ *n.*

hook [hʊk] **I** *s.* **1.** Haken *m* (*a. ⚜*): *~ and eye* Haken u. Öse; *~ and ladder Am.* Gerätewagen *m* der Feuerwehr; *by ~ or* (*by*) *crook* mit allen Mitteln, so oder so; *on one's own ~ Am.* F auf eigene Faust; **2.** ⚙ a) (Klammer-, Dreh)Haken *m*, b) (Tür)Angel *f*, Haspe *f*; **3.** Angelhaken *m*: *be off the ~* F ‚aus dem Schneider‘ sein; *get s.o. off the ~* F *j-m* ‚aus der Patsche‘ helfen, *j-n* ‚herauspauken‘; *get o.s. off the ~* sich aus der ‚Schlinge‘ ziehen; *have s.o. on the ~* F *j-n* ‚zappeln‘ lassen; *that lets him off the ~* damit ist er raus aus der Sache; *fall for s.o.* (*s.th.*) *~, line and sinker* voll auf *j-n* (et.) ‚abfahren‘; *swallow s.th. ~, line and sinker* et. voll u. ganz ‚schlucken‘; **4.** ⚓ Sichel *f*; **5.** a) scharfe Krümmung, b) gekrümmte Landspitze; **6.** *pl. sl.* ‚Griffel‘ *pl.* (*Finger*); **7.** ♪ Notenfähnchen *n*; **8.** *sport:* a) *Boxen:* Haken *m*: *~ to the body* Körperhaken, b)

Golf: Hook *m* (*Kurvschlag*); **II** *v/t.* **9.** an-, ein-, fest-, zuhaken; **10.** fangen, (sich) angeln (*a. fig.* F): *~ a husband* sich e-n Mann angeln; *he is ~ed* F a) er zappelt im Netz, er ist ‚dran‘ od. ‚geliefert‘, b) → *hooked* 3; **11.** *sl.* ‚klauen‘, stehlen; **12.** krümmen; **13.** aufspießen, **14.** a) *Boxen: j-m* e-n Haken versetzen, b) *Golf: Ball* mit (e-m) Hook schlagen, c) (*Eis*)*Hockey: Gegner* haken; **15.** *~ it* F ‚verduften‘; **III** *v/i.* **16.** sich zuhaken lassen; **17.** sich festhaken (*to* an *dat.*); *~ on* **I** *v/t.* **1.** ein-, anhaken; **II** *v/i.* **2.** → *hook* 17; **3.** sich einhängen (*to s.o.* bei *j-m*); *~ up v/t.* **1.** → *hook on* 1; **2.** zuhaken; **3.** ⚙ a) *Gerät* zs.-bauen, b) anschließen; **4.** *Radio, TV:* a) zs.-schalten, b) zuschalten (*with dat.*).

hook·a(h) [ˈhʊkə] *s.* Huka *f* (*orientalische Wasserpfeife*).

hooked [hʊkt] *adj.* **1.** krumm, hakenförmig, Haken...; **2.** mit (e-m) Haken (versehen); **3.** F a) (*on*) süchtig (nach): *~ on heroin* (*television*) heroin- (*fernseh*)süchtig, b) → *hook* 10.

hook·er [ˈhʊkə] *s.* **1.** ⚓ a) Huker *m*, Fischerboot *n*, b) *contp.* ‚alter Kahn‘; **2.** *sl.* ‚Nutte‘ *f.*

hook·ey *s.* → *hooky.*

'hook|-nosed *adj.* mit e-r Hakennase; **'~-up** *s.* **1.** *Radio, TV:* a) Zs.-, Konfe-'renzschaltung *f*, b) Zuschaltung *f*; **2.** ⚡ a) Schaltbild *n*, -schema *n*, b) Blockschaltung *f*; **3.** ⚙ Zs.-bau *m*; **4.** F a) Zs.-schluß *m*, Bündnis *n*, b) Absprache *f*; **'~-worm** *s. zo.* Hakenwurm *m.*

hook·y [ˈhʊkɪ] *s.: play ~ Am.* F (*bsd. die Schule*) schwänzen.

hoo·li·gan [ˈhuːlɪgən] *s.* Rowdy *m*; **'hoo·li·gan·ism** [-nɪzəm] *s.* Rowdytum *n.*

hoop¹ [huːp] **I** *s.* **1.** *allg.* Reif(en) *m* (*a. als Schmuck, bei Kinderspielen, im Zirkus etc.*): *~* (*skirt*) Reifrock *m*; *go through the ~* (*s*) ‚durch die Mangel gedreht werden‘; **2.** ⚙ a) (Faß)Reif(en) *m*, b) (Stahl)Band *n*, Ring *m*: *~ iron* Bandeisen *n*, c) Öse *f*, d) Bügel *m*; **3.** (Finger)Ring *m*; **4.** *Basketball:* Korbring *m*; **5.** *Krocket:* Tor *n*; **II** *v/t.* **6.** *Faß* binden; **7.** um'geben, -'fassen; **8.** *Basketball: Punkte* erzielen.

hoop² [huːp] → *whoop.*

hoop·er¹ [ˈhuːpə] *s.* Böttcher *m*, Küfer *m*, Faßbinder *m.*

hoop·er² [ˈhuːpə], *~ swan s. orn.* Singschwan *m.*

hoo·poe [ˈhuːpuː] *s. orn.* Wiedehopf *m.*

hoo·ray [huˈreɪ] → *hurrah.*

hoos(e)·gow [ˈhuːsgaʊ] *s. Am. sl.* ‚Kittchen‘ *n*, ‚Knast‘ *m.*

hoot [huːt] **I** *v/i.* **1.** (höhnisch) johlen: *~ at s.o.* *j-n* verhöhnen; **2.** schreien (*Eule*); **3.** *Brit.* a) hupen (*Auto*), b) pfeifen (*Zug etc.*), c) heulen (*Sirene etc.*); **II** *v/t.* **4.** et. johlen; **5.** *a. ~ down* niederschreien, auspfeifen; **6.** *~ out, ~ off* durch Gejohle vertreiben; **III** *s.* **7.** (*johlender*) Schrei (*a. der Eule*), *pl.* Johlen *n*: *it's not worth a ~* F es ist keinen Pfifferling wert; *I don't care two ~s* das ist mir völlig ‚piepe‘; **8.** Hupen *n* (*Auto*); Heulen *n* (*Sirene*); **'hoot·er** [-tə] *s.* **1.** Johler(in); **2.** *a) mot.* Hupe *f*, b) Si'rene *f*, Pfeife *f.*

Hoo·ver [ˈhuːvə] (*Fabrikmarke*) **I** *s.*

Staubsauger *m*; **II** *v/t. mst* ♋ (ab)saugen; **III** *v/i.* (staub)saugen.

hooves [huːvz] *pl. von hoof.*

hop¹ [hɒp] **I** *v/i.* **1.** hüpfen, hopsen: *~ on* → 5; *~ off* F ‚abschwirren‘; *~ to it Am.* F sich (*an die Arbeit*) ‚ranmachen‘; **2.** F ‚schwofen‘, tanzen; **3.** F a) ‚flitzen‘, sausen, b) rasch *wohin* fahren *od.* fliegen; **II** *v/t.* **4.** hüpfen *od.* springen über (*acc.*): *~ it* ‚abschwirren‘; **5.** F a) (auf-)springen auf (*acc.*), b) einsteigen in (*acc.*): *~ a train*; **6.** ✈ über'fliegen, -'queren; **7.** *Am. Ball* hüpfen lassen; **8.** *Am.* F bedienen in (*dat.*); **III** *s.* **9.** Sprung *m*, Hops(er) *m*: *~, step, and jump sport* Dreisprung *m*; *be on the ~* F ‚auf Trab‘ sein; *keep s.o. on the ~* F *j-n* ‚in Trab halten‘; *catch s.o. on the ~* F *j-n* erwischen *od.* überraschen; **10.** F ‚Schwof‘ *m*, Tanz *m*; **11.** *bsd.* ✈ F ‚Sprung‘ *m*, Abstecher *m*: *only a short ~* nur ein Katzensprung.

hop² [hɒp] **I** *s.* **1.** ♥ a) Hopfen *m*, b) *pl.* Hopfen(blüten *pl.*) *m*: *pick ~s* → 4; **2.** *sl.* Rauschgift *n*, *engS.* Opium *n*; **II** *v/t.* **3.** *Bier* hopfen; **4.** *~ up sl.* a) (*durch e-e Droge*) ‚high‘ machen, b) aufputschen (*a. fig.*), c) *Am. Auto etc.* ‚frisieren‘; **III** *v/i.* **5.** Hopfen zupfen; **'~-bind, '~-bine** *s.* Hopfenranke *f*; *~ dri·er s.* Hopfendarre *f.*

hope [həʊp] **I** *s.* **1.** Hoffnung *f* (*of* auf *acc.*): *live in ~* (*s*) (immer noch) hoffen, die Hoffnung nicht aufgeben; *in the ~ of ger.* in der Hoffnung zu *inf.*; *past ~* hoffnungs-, aussichtslos; *he is past all ~* für ihn gibt es keine Hoffnung mehr; **2.** Hoffnung *f*: a) Zuversicht *f*, b) *no of success* keine Aussicht auf Erfolg; *not a ~* F keine Chance; **3.** Hoffnung *f* (*Person od. Sache*): *she is our only ~*; → *white hope*; **4.** → *forlorn hope*; **II** *v/i.* **5.** hoffen (*for* auf *acc.*): *~ against ~* die Hoffnung nicht aufgeben, verzweifelt hoffen; *~ for the best* das Beste hoffen; *I ~ so* hoffentlich, ich hoffe (es); *the ~d-for result* das erhoffte Ergebnis; **III** *v/t.* **6.** hoffen: *~ chest s. Am.* F Aussteuertruhe *f.*

hope·ful [ˈhəʊpfʊl] **I** *adj.* □ **1.** hoffnungs-, erwartungsvoll: *be ~ of et.* hoffen; *be ~ about* optimistisch sein hinsichtlich (*gen.*); **2.** (*a. iro.*) vielversprechend; **II** *s.* **3.** *a. iro.* a) hoffnungsvoller *od.* vielversprechender (junger) Mensch, b) ‚Opti'mist‘ *m*; **'hope·ful·ly** [-fʊlɪ] *adv.* **1.** → *hopeful* 1; **2.** hoffentlich; **'hope·ful·ness** [-nɪs] *s.* Opti'mismus *m.*

hope·less [ˈhəʊplɪs] *adj.* □ hoffnungslos: a) verzweifelt, b) aussichtslos, c) unheilbar, d) mise'rabel, e) F unverbesserlich: *a ~ drunkard*; **'hope·less·ly** [-lɪ] *adv.* **1.** → *hopeless*; **2.** F heillos, to'tal; **'hope·less·ness** [-nɪs] *s.* Hoffnungslosigkeit *f.*

hop-o'-my-thumb [ˌhɒpəmɪˈθʌm] *s.* Knirps *m*, Zwerg *m.*

hop·per [ˈhɒpə] *s.* **1.** Hüpfende(r *m*) *f*; **2.** F Tänzer(in); **3.** *zo.* hüpfendes In'sekt, *bsd.* Käsemade *f*; **4.** ⚙ a) Fülltrichter *m*, b) (Schüttgut-, Vorrats)Behälter *m*, c) *a. ~*(*-bottom*) *car* 🚃 Fallboden-, Selbstentladewagen *m*, d) Spülkasten *m*, e) *Computer:* Karteneingabefach *n.*

hop·ping mad [ˈhɒpɪŋ] *adj.: be ~* F e-e

‚Stinkwut' (im Bauch) haben.
'hop|·scotch *s.* Himmel-und-Hölle-Spiel *n*; **'~·vine** → *hop-bind.*
Ho·rae ['hɔːriː] *s. pl. myth.* Horen *pl.*
Ho·ra·tian [hə'reɪʃjən] *adj.* ho'razisch: ~ *ode.*
horde [hɔːd] **I** *s.* Horde *f*, (wilder) Haufen; **II** *v/i.* e-e Horde bilden; in Horden zs.-leben.
ho·ri·zon [hə'raɪzn] *s.* (*a. fig. geistiger*) Hori'zont, Gesichtskreis *m*: *apparent* (*od.* **sensible**, **visible**) ~ scheinbarer Horizont; **celestial** (*od.* **rational**, **true**) ~ wahrer Horizont; *on the* ~ am Horizont (auftauchend *od.* sichtbar).
hor·i·zon·tal [hɒrɪ'zɒntl] **I** *adj.* □ horizon'tal, waag(e)recht, ☼ *a.* liegend (*Motor*, *Ventil etc.*), *a.* Seiten... (*bsd. Steuerung*); ~ *line* → **II** *s.* ∦ Horizon'tale *f*, Waag(e)rechte *f*; ~ *bar s.* Turnen: Reck *n*; ~ **com·bi·na·tion** *s.* ✝ Hori-zon'talverflechtung *f*, -kon,zern *m*; ~ **plane** *s.* ∦ Horizon'talebene *f*; ~ **pro·jec·tion** *s.* ∦ Horizon'talprojekti,on *f*: ~ *plane* Grundrißebene *f*; ~ **rud·der** *s.* ⚓ Horizon'tal(steuer)ruder *n*, Tiefenruder *n*; ~ **sec·tion** *s.* ✪ Horizon'talschnitt *m.*
hor·mo·nal [hɔː'məʊnl] *adj. biol.* hor-mo'nal, Hormon...; **hor·mone** ['hɔː-məʊn] *s.* Hor'mon *n.*
horn [hɔːn] **I** *s.* **1.** *zo.* a) Horn *n*, b) *pl.* Geweih *n*; → *dilemma*; **2.** *zo.* a) Horn *n* (*Nashorn*), b) Fühler *m* (*Insekt*), c) Fühlhorn *n* (*Schnecke*): *draw* (*od.* **pull**) *in one's* ~*s fig.* die Hörner einziehen, ,zurückstecken'; **3.** *pl. fig.* Hörner *pl.* (*des betrogenen Ehemanns*): *put* ~*s on s.o.* j-m Hörner aufsetzen; **4.** (Pulver-, Trink)Horn *n*: ~ *of plenty* Füllhorn; **5.** ♪ a) Horn *n*, b) F'Blasinstru,ment *n*: *blow one's own* ~ *fig.* ins eigene Horn stoßen; **6.** a) *mot.* Hupe *f*, b) ✪ Si'gnalhorn *n*; **7.** a) (Schall)Trichter *m*, b) ✠ Hornstrahler *m*; **8.** 'Horn(sub,stanz *f*) *n*: ~ *handle* Horngriff *m*; **9.** Horn *n* (*hornförmige Sache*), *bsd.* a) Bergspitze *f*, b) Spitze *f* (*der Mondsichel*), c) Schuhlöffel *m*: *the* ♋ (*das*) Kap Horn; **10.** Sattelknopf *m*; **11.** V ‚Ständer' *m*: ~ *pill* Aphrodisiakum *n*; **II** *v/t.* **12.** a) mit den Hörnern stoßen, b) auf die Hörner nehmen; **III** *v/i.* **13.** ~ *in sl.* sich einmischen *od.* -drängen (*on* in *acc.*); **'~·beam** *s.* ♀ Hain-, Weißbuche *f*; **'~·blende** *s.* min. Hornblende *f.*
horned [hɔːnd; *poet.* 'hɔːnɪd] *adj.* gehörnt, Horn...: ~ *cattle* Hornvieh *n*; ~ *owl s.* Ohreule *f.*
hor·net ['hɔːnɪt] *s. zo.* Hor'nisse *f*: *bring a* ~*'s nest about one's ears*, *stir up a* ~*'s nest fig.* in ein Wespennest stechen.
'horn|·fly *s. zo.* Hornfliege *f*; **'~·less** [-lɪs] *adj.* hornlos, ohne Hörner; **'~·pipe** *s.* ♪ Hornpipe *f* (*Blasinstrument od. alter Tanz*); **~·'rimmed** *adj.* mit Hornfassung: ~ *spectacles* Hornbrille *f*; **'~·swog·gle** [-,swɒgl] *v/t. sl.* j-n ,reinlegen'.
horn·y ['hɔːnɪ] *adj.* **1.** hornig, schwielig: ~*-handed* mit schwieligen Händen; **2.** aus Horn, Horn...; **3.** V geil, ,scharf'.
hor·o·loge ['hɒrələdʒ] *s.* ♀ Zeitmesser *m*, (Sonnen- *etc.*)Uhr *f.*
hor·o·scope ['hɒrəskəʊp] *s.* Horo'skop *n*: *cast a* ~ ein Horoskop stellen; **'hor-**

o·scop·er [-pə] *s.* Horo'skopsteller(in).
hor·ren·dous [hɒ'rendəs] □ → *horrific.*
hor·ri·ble ['hɒrəbl] *adj.* □, **hor·rid** ['hɒrɪd] *adj.* □ schrecklich, fürchterlich, entsetzlich, gräßlich, scheußlich, ab'scheulich; **'hor·ri·ble·ness** [-nɪs] *s.*, **hor·rid·ness** ['hɒrɪdnɪs] *s.* Schrecklichkeit *etc.*
hor·rif·ic [hɒ'rɪfɪk] *adj.* (□ ~*ally*) **1.** schrecklich, entsetzlich; **2.** hor'rend; **hor·ri·fy** ['hɒrɪfaɪ] *v/t.* entsetzen.
hor·ror ['hɒrə] **I** *s.* **1.** Grau(s)en *n*, Entsetzen *n*: *seized with* ~ von Grauen gepackt; *have the* ~*s* F a) ‚weiße Mäuse' sehen, b) ‚am Boden zerstört' sein; **2.** (*of*) 'Widerwille *m* (gegen), Abscheu *m* (vor *dat.*): *have a* ~ *of* e-n Horror haben vor (*dat.*); **3.** a) Schrecken *m*, Greuel *m*, b) Greueltat *f*: *the* ~*s of war* die Schrecken des Krieges; *scene of* ~ Schreckensszene *f*; **4.** Entsetzlichkeit *f*, (*das*) Schauerliche; **5.** F Greuel *m* (*Person od. Sache*), Scheusal *n*, Ekel *n* (*Person*); **II** *adj.* **6.** Grusel..., Horror...: ~ *film*, **'~·strick·en**, **'~·struck** *adj.* von Schrecken *od.* Grauen gepackt.
hors d'oeu·vre [ɔː'dɜːvrə] *pl.* **hors d'oeu·vres** [ɔː'dɜːvrəz] *s.* Hors'd'œuvre *n*, Vorspeise *f.*
horse [hɔːs] **I** *s.* **1.** *zo.* Pferd *n*, Roß *n*, Gaul *m*: *to* ~! ✗ aufgesessen!; *a dark* ~ *fig.* ein unbeschriebenes Blatt; *that's a* ~ *of another colo(u)r fig.* das ist etwas ganz anderes; *straight from the* ~*'s mouth* a) aus erster Hand, b) aus berufenem Mund; *back the wrong* ~ aufs falsche Pferd setzen; *wild* ~*s will not drag me there!* keine zehn Pferde kriegen mich dorthin!; *flog a dead* ~ a) offene Türen einrennen, b) sich unnötig mühen; *give the* ~ *its head* die Zügel schießen lassen; *hold your* ~*s!* F immer mit der Ruhe!; *get on* (*od. mount*) *one's high* ~ sich aufs hohe Roß setzen; *ride* (*od. be on*) *one's high* ~ auf dem *od.* s-m hohen Roß sitzen; *spur a willing* ~ j-n unnötig antreiben; *work like a* ~ wie ein Pferd arbeiten *od.* schuften; *you can lead a* ~ *to the water but you can't make it drink* man kann niemanden zu s-m Glück zwingen; **2.** a) Hengst *m*, b) Wallach *m*; **3.** *coll.* ✗ Kavalle'rie *f*, Reite'rei *f*: *1000* ~ 1000 Reiter; ~ *and foot* Kavallerie u. Infanterie, die ganze Armee; **4.** ✪ (Säge- *etc.*)Bock *m*, Ständer *m*, Gestell *n*; **5.** *Turnen*: Pferd *n*; **6.** *Schach*: F Pferd *n*, Springer *m*; **7.** *sl.* Hero'in *n*; **II** *v/t.* **8.** mit Pferden versehen: a) *Truppen* beritten machen, b) *Wagen* bespannen; **9.** auf ein Pferd setzen *od.* laden; **III** *v/i.* **10.** aufsitzen, aufs Pferd steigen; **11.** rossen (*Stute*); **12.** ~ *around* F Blödsinn treiben; **~·and-'bug·gy** *adj. Am.* ,vorsintflutlich'; ~ **ar·til·ler·y** *s.* ✗ berittene Artille'rie; **'~·back** *s.*: *on* ~ zu Pferd(e); *go on* ~ reiten; ~ **bean** *s.* Saubohne *f*; ~ **chest·nut** *s.* ♀ 'Roßka,stanie *f*; ~ **cop·er** *s. Brit.* Pferdehändler *m.*
horsed [hɔːst] *adj.* **1.** beritten (*Person*); **2.** (mit Pferden) bespannt.
horse| **deal·er** *s.* Pferdehändler *m*; ~ **doc·tor** *s.* **1.** Tierarzt *m*; **2.** F ‚Vieh-

doktor' *m* (*schlechter Arzt*); **'~·drawn** *adj.* von Pferden gezogen, Pferde...; **'~·flesh** *s.* **1.** Pferdefleisch *n*; **2.** *coll.* Pferde *pl.*; **'~·fly** *s. zo.* (Pferde)Bremse *f*; ♑ **Guards** *s. pl. Brit.* 'Gardekavalle,riebri,gade *f*; **'~·hair** *s.* Roß-, Pferdehaar *n*; ~ **lat·i·tudes** *s. pl. geogr.* Roßbreiten *pl.*; **'~·laugh** *s.* wieherndes Gelächter; ~ **mack·er·el** *s.* **1.** Thunfisch *m*; **2.** 'Roßma,krele *f*; **'~·man** [-mən] *s.* [*irr.*] **1.** (geübter) Reiter; **2.** Pferdezüchter *m*; **'~·man·ship** [-mənʃɪp] *s.* Reitkunst *f*; ~ **op·er·a** *s.* F Western *m* (*Film*); **'~·play** *s.* ‚Blödsinn' *m*, Unfug *m*; **'~·pond** *s.* Pferdeschwemme *f*; **'~·pow·er** *s. pl.* (*abbr. h.p.*) *phys.* Pferdestärke *f* (= *1,01 PS*); **~·race** *s.* Pferderennen *n*; **'~·rac·ing** *s.* Pferderennen *n od. pl.*; **'~·rad·ish** *s.* ♀ Meerrettich *m*; ~ **sense** *s.* F gesunder Menschenverstand; **'~·shit** *s.* V ,Scheiß (-dreck)' *m*; **'~·shoe** ['hɔːʃʃuː] **I** *s.* **1.** Hufeisen *n*; **2.** *pl. sg. konstr. Am.* Hufeisenwerfen *n*; **II** *adj.* **3.** Hufeisen..., hufeisenförmig: ~ *bend* (Straßen *etc.*) Schleife *f*; ~ *magnet* Hufeisenmagnet *m*; ~ *table* in Hufeisenform aufgestellte Tische; ~ *show s.* Reit- u. Springturnier *n*; **'~·tail** *s.* **1.** Pferdeschwanz *m* (*a. fig. Mädchenfrisur*), Roßschweif *m* (*a. hist. als türkisches Rangabzeichen od. Feldzeichen*); **2.** ♀ Schachtelhalm *m*; ~ **trad·ing** *s.* **1.** Pferdehandel *m*; **2.** *pol.* F ‚Kuhhandel' *m*; **'~·whip I** *s.* Reitpeitsche *f*; **II** *v/t.* (aus)peitschen; **'~·wom·an** *s.* [*irr.*] (geübte) Reiterin.
hors·y ['hɔːsɪ] *adj.* □ **1.** pferdenärrisch; **2.** Pferde...: ~ *face*, ~ *smell*, ~ *talk* Gespräch *n* über Pferde.
hor·ta·tive ['hɔːtətɪv], **'hor·ta·to·ry** [-tə-rɪ] *adj.* **1.** mahnend; **2.** anspornend.
hor·ti·cul·tur·al [ˌhɔːtɪ'kʌltʃərəl] *adj.* Gartenbau...: ~ *show* Gartenschau *f*; **hor·ti·cul·ture** ['hɔːtɪkʌltʃə] *s.* Gartenbau *m*; **'hor·ti'cul·tur·ist** [-ərɪst] *s.* 'Gartenbaux,perte *m.*
ho·san·na [həʊ'zænə] **I** *int.* hosi'anna!; **II** *s.* Hosi'anna *n.*
hose [həʊz] **I** *s.* **1.** *coll.*, *pl. konstr.* Strümpfe *pl.*; **2.** *hist.* (Knie)Hose *f*; **3.** *pl. a.* **hoses** Schlauch *m*: *garden* ~ Gartenschlauch; **4.** ☼ Tülle *f*; **II** *v/t.* **5.** (mit e-m Schlauch) spritzen: ~ *down* abspritzen.
Ho·se·a [həʊ'zɪə] *npr. u. s. bibl.* (das Buch) Ho'sea *m od.* O'see *m.*
hose| **pipe** *s.* Schlauch(leitung *f*) *m*; **'~·proof** *adj.* ☼ schwallwassergeschützt.
ho·sier ['həʊzɪə] *s.* Strumpfwarenhändler (-in); **'ho·sier·y** [-rɪ] *s. coll.* Strumpfwaren *pl.*
hos·pice ['hɒspɪs] *s.* **1.** *hist.* Hos'piz *n*, Herberge *f*; **2.** Sterbeklinik *f.*
hos·pi·ta·ble ['hɒspɪtəbl] *adj.* □ **1.** gastfreundlich, (*a. Haus etc.*) gastlich; **2.** *fig.* freundlich: ~ *climate*; **3.** (*to*) empfänglich (für), aufgeschlossen (*dat.*).
hos·pi·tal ['hɒspɪtl] *s.* **1.** Krankenhaus *n*, Klinik *f*, Hospi'tal *n*: ~ *fever* klassisches Fleckfieber; ~ *nurse* Kranken(haus)schwester *f*; ~ *social worker* Krankenhausfürsorgerin *f*; ~ *tent* Sanitätszelt *n*; **2.** ✗ Laza'rett *n*: ~ *ship* (*train*) Lazarettschiff *n* (-zug *m*); **3.** Tierklinik *f*; **4.** *hist.* Spi'tal *n*: a) Armenhaus *n*, b) Altersheim *n*, c) Erziehungsheim *n*; **5.** *hist.* Herberge *f*, Hos-

'**piz** n; **6.** humor. Repara'turwerkstatt f: **dolls'** ~ Puppenklinik f.

hos·pi·tal·i·ty [ˌhɒspɪˈtælətɪ] s. Gastfreundschaft f, Gastlichkeit f.

hos·pi·tal·i·za·tion [ˌhɒspɪtəlaɪˈzeɪʃn] s. **1.** Aufnahme f od. Einweisung f in ein Krankenhaus; **2.** Krankenhausaufenthalt m, -behandlung f; **hos·pi·tal·ize** [ˈhɒspɪtəlaɪz] v/t. **1.** ins Krankenhaus einliefern od. einweisen; **2.** im Krankenhaus behandeln.

Hos·pi·tal·(l)er [ˈhɒspɪtlə] s. **1.** hist. Hospita'liter m, Johan'niter m; **2.** Barm'herziger Bruder.

host¹ [həʊst] s. **1.** (Un)Menge f, Masse f: **a ~ of questions** e-e Unmenge Fragen; **2.** poet. (Kriegs)Heer n: **the ~ of heaven** a) die Gestirne, b) die himmlischen Heerscharen; **the Lord of ℒs** bibl. der Herr der Heerscharen.

host² [həʊst] s. **I.** ~ **1.** Gastgeber m, Hausherr m: ~ **country** Gastland n, sport etc. Gastgeberland n; **2.** (Gast)Wirt m: **reckon without one's ~** fig. die Rechnung ohne den Wirt machen; **3.** TV etc.: a) Talk-, Showmaster m, b) Mode'rator m: **your ~ was ...** durch die Sendung führte (Sie) ...; **4.** biol. Wirt m, Wirtstier n od. -pflanze f; **II** v/t. **5.** a) TV etc.: Sendung moderieren, b) Veranstaltung ausrichten.

host³, oft ℒ [həʊst] s. eccl. Hostie f.

hos·tage [ˈhɒstɪdʒ] s. **1.** Geisel f: **take (hold) s.o. ~** j-n als Geisel nehmen (behalten); **taking of ~s** Geiselnahme f; **2.** fig. (Unter)Pfand n.

hos·tel [ˈhɒstl] s. **1.** mst **youth ~** Jugendherberge f; **2.** (Studenten-, Arbeiteretc.)Wohnheim n; **3.** → **'hos·tel·ry** [-rɪ] s. obs. Wirtshaus n.

host·ess [ˈhəʊstɪs] s. **1.** Gastgeberin f; **2.** (Gast)Wirtin f; **3.** ✈ Ho'steß f, Stewar'deß f; **4.** Ho'steß f (Betreuerin, Führerin); **5.** Animier-, Tischdame f.

hos·tile [ˈhɒstaɪl] adj. □ **1.** feindlich, Feind(es)...; **2.** (**to**) fig. a) feindselig (gegen), feindlich gesinnt (dat.), b) stark abgeneigt (dat.); **hos·til·i·ty** [hɒˈstɪlətɪ] s. **1.** Feindschaft f, Feindseligkeit f (**to** gegen); **2.** Feindseligkeit f (Handlung); **3.** pl. ✗ Feindseligkeiten pl., Krieg(shandlungen pl.) m.

hos·tler [ˈɒslə] → **ostler**.

hot [hɒt] **I** adj. □ **1.** heiß (a. fig.): ~ **climate**; ~ **tears**; **I am** ~ mir ist heiß, ich bin erhitzt; **get** ~ sich erhitzen (a. fig. u. ⊛); ~ **under the collar** F wütend; **I went** ~ **and cold** es überlief mich heiß u. kalt; ~ **scent** hunt. warme od. frische Fährte (a. fig.); **2.** warm, heiß: ~ **meal**; ~ **and** ~ ganz heiß, direkt vom Feuer; **3.** a) scharf (Gewürz), b) scharf (gewürzt): **a ~ dish**; **4.** fig. heiß, hitzig, heftig: **a ~ fight**; ~ **words** heftige Worte; **grow** ~ sich erhitzen (**over** über acc.); **5.** leidenschaftlich, feurig: **a ~ temper** ein hitziges Temperament; **be ~ for** (od. **on**) F ,scharf' sein auf (acc.); **6.** wütend, erbost: **all ~ and bothered** ganz ,aus dem Häuschen'; **7.** ,heiß': a) zo. brünstig, b) F geil, ,scharf' (Person, Film etc.); **8.** ,heiß' (im Suchspiel): **you are getting ~ter!** a) (es wird) schon heißer!, b) fig. du kommst der Sache schon näher!; **9.** ganz neu od. frisch, ,noch warm': ~ **from the press** frisch aus der Presse (Nachrichten), so-

eben erschienen (Buch); **10.** F a) ,toll' (großartig): **he** (**it**) **is not so ~!** er (es) ist nicht so toll!; ~ **stuff** a) ,dolles Ding', b) toller Kerl: **be ~ at** (od. **on**) ,ganz groß' sein in (e-m Fach); **11.** ,heiß' (vielversprechend): **a ~ tip**; ~ **favo(u)rite** bsd. sport heißer od. hoher Favorit; **12.** ,heiß' (Jazz etc.): ~ **music**; **13.** gefährlich: **make it ~ for s.o.** j-m die Hölle heiß machen, j-m ,einheizen'; **the place was getting too ~ for him** ihm wurde der Boden zu heiß (unter den Füßen); **be in ~ water** in ,Schwulitäten' sein; **get into ~ water** a) j-n in ,Schwulitäten' bringen, b) in ,Schwulitäten' geraten, ,Ärger kriegen': ~ **goods** ,heiße Ware', b) (von der Polizei) gesucht; **15.** a) ⚡ stromführend: → **hot line**, **hot wire**, b) phys. F ,heiß' (radioaktiv); **16.** ⊛, ⚡ Heiß..., Warm..., Glüh...; **II** adv. **18.** heiß: **the sun shines ~**; **get it ~** (**and strong**) F ,eins aufs Dach kriegen', sein ,Fett' bekommen; **give it s.o. ~** (**and strong**) F j-m die Hölle heiß machen, j-m ,einheizen'; → **blow⁴** 4; **III** v/t. **18.** mst ~ **up** heiß machen; **19.** ~ **up** F a) Auto, Motor ,frisieren', ,aufmotzen', b) ,anheizen', c) Schwung bringen in (acc.), et. ,aufmöbeln'; **IV** v/i. **20.** mst ~ **up** heiß werden; **21.** ~ **up** F a) sich verschärfen, b) schwungvoller werden.

hot air s. **1.** ⊛ Heißluft f; **2.** sl. ,heiße Luft', (leeres) Geschwätz; **~-'air** adj. ⊛ Heißluft...: ~ **artist** F ,Windmacher' m; ~ **bath** ✓ Mist-, Frühbeet n; **2.** fig. Brutstätte f; ~ **oath·ode** ⚡ 'Glühka-,thode f.

hotch·pot [ˈhɒtʃpɒt] s. ⚖ Vereinigung f des Nachlasses zwecks gleicher Verteilung.

hotch·potch [ˈhɒtʃpɒtʃ] s. **1.** Eintopf (-gericht n) m, bsd. Gemüse(suppe f) n mit Hammelfleisch; **2.** fig. Mischmasch m.

hot dog s. Hot dog m, a. m.

ho·tel [həʊˈtel] s. Ho'tel n: ~ **register** Fremdenbuch n; **ho·tel·ier** [həʊˈteliə], **ho'tel·keep·er** s. Hoteli'er m, Ho'telbesitzer(in) od. -di,rektor m, -direk,torin f.

hot flush·es s. pl. ✿ fliegende Hitze; **'~-foot** F **I** adv. schleunigst; **II** v/i. a. ~ **it** rennen, flitzen; **'~-gal·va·nize** v/t. ⊛ feuerverzinken; **2.** fig. ,heiß' ↯ Erweckungsprediger m; **'~-head** s. Hitzkopf m; **'~-head·ed** adj. hitzköpfig; **'~-house** s. ✿ Gewächshaus n; ~ **line** s. bsd. pol. ,heißer Draht'; ~ **mon·ey** s. ✝ Hot money n, ,heißes Geld'.

hot·ness [ˈhɒtnɪs] s. Hitze f.

'hot·plate s. **1.** Koch-, Heizplatte f; **2.** Warmhalteplatte f; ~ **pot** s. Eintopf m; **'~-press I** s. **1.** Heißpresse f; **2.** Dekatierpresse f; **II** v/t. **3.** heiß pressen; **4.** Tuch dekatieren; **5.** Papier satinieren; ~ **rod** s. Am. sl. ,frisierter' Wagen; ~ **rod·der** [ˈrɒdə] s. Am. sl. **1.** Fahrer m e-s **hot rod**; **2.** a) ,Raser' m, b) Verkehrsrowdy m; ~ **seat** s. sl. **1.** ✈ Schleudersitz m (a. fig.); **2.** Am. e'lektrischer Stuhl; **'~-shot I** s. Am. sl. **1.** ,großes Tier'; **2.** bsd. sport ,Ka'none' f, ,As' n; **3.** ✈, mot. ,Ra'kete' f; **II** adj. **4.**

,groß', ,toll'; ~ **spot** s. **1.** pol. Krisenherd m; **2.** F ,heißes Ding' (Nachtklub etc.); ~ **spring** s. heiße Quelle, Ther'malquelle f; **'~-spur** s. Heißsporn m; ~ **tube** s. ⊛ Heiz-, Glührohr n; ~ **war** s. heißer Krieg; **~-'wa·ter** adj. Heißwasser...: ~ **heating**; ~ **bottle** Wärmflasche f; ~ **wire** s. **1.** ⚡ a) stromführender Draht, b) Hitzdraht m; **2.** bsd. pol. ,heißer Draht'.

hound¹ [haʊnd] **I** s. **1.** Jagdhund m: **ride to** (od. **follow the**) ~**s** an e-r Parforcejagd (bsd. Fuchsjagd) teilnehmen; **2.** sl. ,Hund' m, Schurke m; **3.** Am. sl. Fa'natiker(in): **movie ~** Kinonarr m; **4.** Verfolger m (Schnitzeljagd); **II** v/t. **5.** mst fig. jagen, hetzen, drängen, verfolgen: ~ **down** zur Strecke bringen; **6.** a. ~ **on** (auf)hetzen, antreiben.

hound² [haʊnd] s. **1.** ♻ Mastbacke f; **2.** pl. ♻ Seiten-, Diago'nalstreben pl. (an Fahrzeugen).

hour [aʊə] s. **1.** Stunde f: **by the ~** stundenweise; **for ~s** (**and ~s**) stundenlang; **on the ~** (jeweils) zur vollen Stunde; **an ~'s work** e-e Stunde Arbeit; **10 minutes past the ~** 10 Minuten nach voll; **2.** (Tages)Zeit f: **at 14.20 ~s** um 14 Uhr 20; **at all ~s** zu jeder Zeit; **at an early ~** früh, zu früher Stunde; **at the eleventh ~** fig. in letzter Minute, fünf Minuten vor zwölf; **keep early ~s** früh schlafen gehen (u. früh aufstehen); **sleep till all ~s** ,bis in die Puppen' schlafen; **the small ~s** die frühen Morgenstunden; **3.** Zeitpunkt m, Stunde f: ~ **of death** Todesstunde; **his ~ has come** s-e Stunde ist gekommen, b) a. **his** (**last**) ~ **has struck** s-c letzte Stunde od. sein letztes Stündlein ist gekommen od. hat geschlagen; **question of the ~** aktuelle Frage; **4.** pl. (Arbeits-)Zeit f, (Arbeits-, Geschäfts-, Dienst-)Stunden pl.: **after ~s** a) nach Geschäftsschluß, b) nach der Arbeit, c) fig. zu spät; **5.** pl. eccl. a) Stundenbuch n, b) R.C. Stundengebete pl.; **6.** ℒs pl. myth. Horen pl.; **'~-cir·cle** s. ast. Stundenkreis m; **'~-glass** s. Stundenglas m, bsd. Sanduhr f; **'~-hand** s. Stundenzeiger m.

hou·ri [ˈhʊərɪ] s. **1.** Huri f (mohammedanische Paradiesjungfrau); **2.** fig. üppige Schönheit (Frau).

hour·ly [ˈaʊəlɪ] adv. u. adj. **1.** stündlich: ~ **wage** Stundenlohn m; **2.** ständig, dauernd: **in ~ fear**.

house [haʊs] **I** pl. **hous·es** [ˈhaʊzɪz] s. **1.** Haus n (Gebäude u. Hausbewohner): **a ~ on fire** ganz ,toll', prima'; → **safe** 3; **2.** Wohnhaus n, Wohnung f, Heim n; Haushalt m: ~ **and home** Haus u. Hof; **keep ~** a) das Haus hüten, b) (**for s.o.** j-m) den Haushalt führen; **put** (od. **set**) **one's ~ in order** s-e Angelegenheiten ordnen, sein Haus bestellen; → **open** 10; **3.** Fa'milie f, Geschlecht n, (bsd. Fürsten)Haus n: **the ℒ of Hanover**; **4.** univ. Brit. Haus n: a) Wohngebäude n (e-s College, a. ped. e-s Internats), b) College n; **5.** thea. a) (Schauspiel)Haus n: **full** ~ volles Haus, b) Zuhörer pl.; → **bring down** 8, c) Vorstellung f: **the second** ~ die zweite Vorstellung (des Tages); **6.** mst ℒ parl. Haus n, Kammer f, Parla'ment n: **the ℒ** a) → **House of Com-**

mons (*Lords*, *Representatives*), b) *coll.* das Haus (*die Abgeordneten*); **enter the** ⊇ Parlamentsmitglied werden; **there is a** ⊇ es ist Parlamentssitzung; **no** ⊇ das Haus ist nicht beschlußfähig; **7.** ♰ Haus *n*, Firma *f*: **the** ⊇ die Londoner Börse; **on the ~** auf Kosten des Hauses (*a. weitS. des Wirts od. Gastgebers*); **8.** *ast.* a) Haus *n*, b) Tierkreiszeichen *n*; **II** *v/t.* [hauz] **9.** 'unterbringen (*a.* ☉); **10.** aufnehmen, beherbergen; **11.** Platz haben für; **III** *v/i.* [hauz] **12.** hausen, wohnen.

house| a·gent *s. Brit.* Häusermakler *m*; **~ ar·rest** *s.* 'Hausar₁rest *m*; **'~·boat** *s.* Hausboot *n*; **'~·bod·y →** *homebody*; **'~·bound** *adj.* ans Haus gefesselt; **'~·break** *v/t. Am.* **1.** Hund etc. stubenrein machen; **2.** F *fig.* a) j-m Manieren beibringen, b) j-n ,kirre' machen; **'~·break·er** *s.* **1.** ♱ Einbrecher *m*; **2.** 'Abbruchunter₁nehmer *m*; **'~·break·ing** *s.* **1.** ♱ Einbruch(sdiebstahl) *m*; **2.** Abbruch(arbeiten *pl.*) *m*; **'~·bro·ken** *adj.* stubenrein (*Hund etc.*); **'~·clean** *v/i.* **1.** Hausputz machen; **2.** (*a. v/t.*) *Am.* F gründlich aufräumen (in *dat.*); **'~·,clean·ing** *s.* **1.** Hausputz *m*; **2.** *Am.* F 'Säuberungsakti₁on *f*; **'~·coat** *s.* Hauskleid *n*, Morgenrock *m*; **'~·craft** *s. Brit.* Hauswirtschaftslehre *f*; **~ de·tec·tive** *s.* 'Hausdetek₁tiv *m* (*Hotel etc.*); **~ dog** *s.* Haushund *m*; **'~·fly** *s. zo.* Stubenfliege *f*.

house·hold ['haushəuld] **I** *s.* **1.** Haushalt *m*; **2. the** ⊇ *Brit.* die königliche Hofhaltung: ⊇ **Brigade**, ⊇ **Troops** Gardetruppen *pl.*; **II** *adj.* **3.** Haushalts…, häuslich: **~ gods** a) *antiq.* Hausgötter *pl.*, b) *fig.* heiliggehaltene Dinge *pl.*; **~ remedy** ♱ Hausmittel *n*; **~ soap** Haushaltsseife *f*; **4.** all'täglich: **a ~ word** (*od. name*) ein (fester *od.* geläufiger) Begriff; **'house,hold·er** *s.* **1.** Haushaltsvorstand *m*; **2.** Haus- *od.* Wohnungsinhaber *m*.

'house|-,hunt·ing *s.* F Wohnungssuche *f*; **'~,hus·band** *s.* Hausmann *m*; **'~·keep** *v/i.* den Haushalt führen (**for** *s.o.* j-m); **'~,keep·er** *s.* **1.** Haushälterin *f*, Wirtschafterin *f*; **2.** Hausmeister(in); **'~,keep·ing** *s.* Haushaltung *f*, -wirtschaft *f*: **~** (*money*) Wirtschaftsgeld *n*; **'~·maid** *s.* Hausgehilfin *f*: **~'s knee** ♱ Knieschleimbeutelentzündung *f*; **'~,mas·ter** *s. ped. Brit.* Heimleiter *m* (*Lehrer, der für ein Wohngebäude e-s Internats zuständig ist*); **'~·mate** *s.* Hausgenosse *m*, -genossin *f*; **'~,mis·tress** *s. ped. Brit.* Heimleiterin *f* (*in e-m Internat*); ⊇ **of Com·mons** *s. parl. Brit.* 'Unterhaus *n*; ⊇ **of Lords** *s. parl. Brit.* Oberhaus *n*; ⊇ **of Rep·re·sent·a·tives** *s. parl. Am.* Repräsen'tantenhaus *n* (*Unterhaus des US-Kongresses*); **~ or·gan** *s.* ♱ Hauszeitung *f*; **~ paint·er** *s.* Maler *m*, Anstreicher *m*; **~ par·ty** *s.* mehrtägige Party (*bsd. in e-m Landhaus*); **'~·phone** *s. Am.* 'Haustele₁fon *n*; **~ phy·si·cian** *s.* **1.** Hausarzt *m* (*im Hotel etc.*); **2.** *im Krankenhaus wohnender Arzt*; **~ plant** *s.* ♀ Zimmerpflanze *f*; **'~·proud** *adj.* über'trieben ordentlich, pe'nibel (*Hausfrau*); **'~·room** [-rʊm] *s.*: **give s.o. ~** j-n (in sein Haus) aufnehmen; **he wouldn't give it ~** *fig.* er nähme es nicht einmal geschenkt; **~**

search *s.* ♱♱ Haussuchung *f*; **'~-to-'house** *adj.* von Haus zu Haus: **~ collection** Haussammlung *f*; **~ selling** Verkauf *m* an der Haustür; **'~-top** *s.* Dach *n*: **proclaim** (*od.* **shout**) **from the ~s** öffentlich verkünden, *et.* ,an die große Glocke hängen'; **'~-trained** *adj.* stubenrein (*Hund etc.*); **'~,warm·ing** (**par·ty**) *s.* Einzugsparty *f* (*im neuen Haus*).

'house·wife *s.* [*irr.*] **1.** Hausfrau *f*; **2.** ['hʌzɪf] *Brit.* 'Nähe,tui *n*, Nähzeug *n*; **'house,wife·ly** [-,waiflɪ] *adj.* hausfraulich; **'house·wif·er·y** [-'wɪfərɪ] **→** *housekeeping*; **'house·work** *s.* Haus-(halts)arbeit *f*.

hous·ing¹ ['hauzɪŋ] *s.* **1.** 'Unterbringung *f*; **2.** 'Unterkunft *f*, Obdach *n*; **3.** Wohnung *f*, *coll.* Häuser *pl.*: **~ development**, **~ estate** Wohnsiedlung *f*; **~ development scheme** Wohnungsbauprojekt *n*; **~ shortage** Wohnungsnot *f*; **~ situation** Lage *f* auf dem Wohnungsmarkt; **~ unit** Wohneinheit *f*; **4.** Wohnungsbau *m od.* -beschaffung *f*; **5.** ☉ a) Gehäuse *n*, b) Gerüst *n*, c) Nut *f*. **hous·ing²** ['hauzɪŋ] *s.* Satteldecke *f*.

hove [həuv] *pret. u. p.p. von* **heave**. **hov·el** ['hɒvl] *s.* **1.** Schuppen *m*; **2.** *contp.* ,Bruchbude' *f*, ,Loch' *n*. **hov·el·(l)er** ['hɒvlə] *s.* ♱ **1.** Bergungsboot *n*; **2.** Berger *m*. **hov·er** ['hɒvə] *v/i.* **1.** schweben (*a. fig.*); **2.** sich her'umtreiben *od.* aufhalten (**about** in der Nähe *gen.*); **3.** zögern, schwanken; **'~·craft** *s. sg. u. pl.* Hovercraft *n*, Luftkissenfahrzeug *n*; **'~·train** *s.* Hovertrain *m*, Schwebezug *m*.

how [hau] **I** *adv.* **1.** (*fragend*) wie: **~ are you?** wie geht es Ihnen?; **~ do you do?** (*bei der Vorstellung*) guten Tag!; **~ about ...?** wie steht's mit …?; **~ about a cup of tea?** wie wäre es mit e-r Tasse Tee?; **~ about it?** (na,) wie wär's?; **~ is it that ...?** wie kommt es, daß …?; **~ now?** was soll das bedeuten?; **~ much?** wieviel?; **~ many?** wie viele?, wieviel?; **~ much is it?** was kostet es?; **~ do you know?** woher wissen Sie das?; **~ ever do you do it?** wie machen Sie das nur?; **2.** (*ausrufend*) wie: **~ absurd!**, **and ~!** F und wie!; **here's ~!** F auf Ihr Wohl!; **3.** (*relativ*) wie: **I know ~ far it is** ich weiß, wie weit es ist; **he knows ~ to ride** er kann reiten; **I know ~ to do it** ich weiß, wie man es macht; **II** *s.* **4.** Wie *n*: **the ~ and the why** das Wie u. Warum.

how·be·it [,hau'biːɪt] *obs.* **I** *adv.* nichtsdesto'weniger; **II** *cj.* ob'gleich, ob-'schon.

how·dah ['haudə] *s.* (*mst gedeckter*) Sitz auf dem Rücken e-s Ele'fanten.

how-do-you-do [,haudjʊ'duː], **how-d'ye-do** [-djə'duː] *s.* F: **a nice ~** e-e schöne ,Bescherung'.

how·ev·er [hau'evə] **I** *adv.* **1.** wie auch (immer), wenn auch noch so: **~ good**; **~ it (may) be** wie dem auch sei; **~ you do it** wie du es auch machst; **2.** F wie … bloß *od.* denn nur: **~ did you do it?**; **II** *cj.* **3.** je'doch, dennoch, doch, aber, in'des.

how·itz·er ['hauitsə] *s.* Hau'bitze *f*.

howl [haul] **I** *v/i.* **1.** heulen (*Wölfe, Wind etc.*); **2.** brüllen, schreien (**with** *vor dat.*); **3.** F ,heulen', weinen; **4.** pfeifen (*Wind, Radio etc.*); **II** *v/t.* **5.** brüllen,

schreien: **~ down** j-n niederschreien; **III** *s.* **6.** Heulen *n*, Geheul *n*; **7.** a) Schrei *m*: **~s of laughter** brüllendes Gelächter, b) Gebrüll *n*, Geschrei *n*: **be a ~** F ,zum Brüllen' sein; **'howl·er** [-lə] *s.* **1.** Heuler(in); **2.** *zo.* Brüllaffe *m*; **3.** F grober Schnitzer, ,Heuler' *m*; **'howl·ing** [-lɪŋ] *adj.* **1.** heulend, brüllend; **2.** F ,toll', Mords…

how·so·ev·er [,hausəu'evə] **→** **however** 1.

,how-to-'do-it book *s.* Bastelbuch *n*.

hoy¹ [hɔɪ] *s.* ♱ Leichter *m*.

hoy² [hɔɪ] **I** *int.* **1.** he!, hoi!; **2.** ♱ a'hoi!; **II** *s.* **3.** He(ruf *m*) *n*.

hoy·den ['hɔɪdn] *s.* Range *f*, Wildfang *m* (*Mädchen*); **'hoy·den·ish** [-nɪʃ] *adj.* wild, ausgelassen.

hub [hʌb] *s.* **1.** (Rad)Nabe *f*: **~·cap** *mot.* Radkappe *f*; **2.** *fig.* Mittel-, Angelpunkt *m*, Zentrum *n*: **~ of the universe** Mittelpunkt der Welt (*bsd. fig.*); **3. the** ⊇ *Am.* (*Spitzname für*) Boston *n*.

hub·bub ['hʌbʌb] *s.* **1.** Stimmengewirr *n*; **2.** Lärm *m*, Tu'mult *m*.

hub·by ['hʌbɪ] *s.* F ,Männe' *m*, (Ehe-)Mann *m*.

hu·bris ['hjuːbrɪs] (*Greek*) *s.* Hybris *f*, freche Selbstüber,hebung.

huck·le ['hʌkl] *s.* **1.** *anat.* Hüfte *f*; **2.** Buckel *m*; **'~·ber·ry** ♀ Heidelbeere *f*; **'~·bone** *s. anat.* **1.** Hüftknochen *m*; **2.** Fußknöchel *m*.

huck·ster ['hʌkstə] **I** *s.* **1.** **→** **hawker²**; **2.** *contp.* Krämer(seele *f*) *m*, Feilscher *m*; **3.** *Am. sl.* ,Re'klamefritze' *m* (*Werbefachmann*); **II** *v/i.* **4.** hökern; hausieren; **5.** feilschen (**over** um).

hud·dle ['hʌdl] **I** *v/t.* **1.** a) *mst* **~ together** (*od.* **up**) zs.-werfen, auf e-n Haufen werfen, b) *wohin* stopfen; **2.** **~ o.s.** (**up**) **→** 6; **~d up** zs.-gekauert; **3.** *mst* **together** (*od.* **up**) *Brit.* Bericht etc. a) ,hinhauen', b) zs.-stoppeln; **4.** **~ on** sich ein Kleid etc. 'überwerfen, schlüpfen in (*acc.*); **5.** *fig.* vertuschen; **II** *v/i.* **6.** **~ up** sich zs.-)kauern; **7.** a) **~ together** (*od.* **up**) sich zs.-drängen; **8.** **~** (**up**) **against** (*od.* **to**) sich kuscheln *od.* schmiegen an (*acc.*); **III** *s.* **9.** a) (wirrer) Haufen, b) Wirrwarr *m*; **10. go into a ~** F a) die Köpfe zs.-stecken, ,Kriegsrat halten', b) **with o.s.** ,mal nachdenken', mit sich zu Rate gehen.

hue¹ [hjuː] *s.*: **~ and cry** a. *fig.* (Zeter-)Geschrei *n*, Gezeter *n*; **raise a ~ and cry** ein Zetergeschrei erheben, lautstark protestieren (**against** gegen).

hue² [hjuː] *s.* Farbe *f*, (Farb)Ton *m*; Färbung *f* (*a. fig.*); **hued** [hjuːd] *adj. in Zssgn* …farbig, …farben.

huff [hʌf] **I** *v/t.* **1.** a) ärgern, verstimmen, b) kränken, c) ,piesacken': **~ s.o. into s.th.** j-n zu et. zwingen; **easily ~ed** leicht ,eingeschnappt', sehr übelnehmerisch; **2.** *Damespiel:* Stein wegnehmen; **II** *v/i.* **3.** a) sich ärgern, b) ,einschnappen'; **4.** a. **~ and puff** a) schnaufen, pusten, b) (vor Wut) schnauben; **III** *s.* **5.** Ärger *m*, Verstimmung *f*: **be in a ~** verstimmt *od.* ,eingeschnappt' sein; **huff·i·ness** ['hʌfɪnɪs] *s.* **1.** übelnehmerisches Wesen; **2.** Verärgerung *f*, Verstimmung *f*; **huff·ish** ['hʌfɪʃ], **huff·y** ['hʌfɪ] *adj.* □ **1.** übelnehmerisch; **2.** verärgert, ,eingeschnappt'.

hug [hʌg] **I** *v/t.* **1.** um'armen, an sich

drücken: ~ o.s. sich beglückwünschen (on, over zu); **2.** *fig.* (zäh) festhalten an (*e-r Meinung etc.*); **3.** sich dicht halten an (*acc.*): ~ *the coast* (*the side of the road*) sich dicht an die Küste (an den Straßenrand) halten; *the car ~s the road well mot.* der Wagen hat e-e gute Straßenlage; **II** *v/i.* **4.** ein'ander *od.* sich um'armen; **III** *s.* **5.** Um'armung *f*: *give s.o. a* ~ j-n umarmen.

huge [hju:dʒ] *adj.* □ riesig, ungeheuer, e'norm, gewaltig, mächtig (*alle a. fig.*); **'huge·ly** [-lɪ] *adv.* gewaltig, ungeheuer, ungemein; **'huge·ness** [-nɪs] *s.* ungeheure Größe.

hug·ger·mug·ger ['hʌgə,mʌgə] **I** *s.* **1.** ‚Kuddelmuddel' *m, n*; **2.** Heimlichtue'rei *f*; **II** *adj. u. adv.* **3.** unordentlich; **4.** heimlich, verstohlen; **III** *v/t.* **5.** vertuschen, verbergen.

Hu·gue·not ['hju:gənɒt] *s.* Huge'notte *m*, Huge'nottin *f*.

huh [hʌ] *int.* **1.** wie?, was?; **2.** ha(ha)!

hu·la ['hu:lə], **hu·la-'hu·la** *s.* Hula *f, m* (*Tanz der Eingeborenen auf Hawaii*).

hulk [hʌlk] *s.* **1.** ♣ Hulk *f, m*; **2.** Ko'loß *m* (*Sache od. Person*): *a ~ of a man* a. ein Riesenkerl, ein ungeschlachter Kerl; **'hulk·ing** [-kɪŋ], **'hulk·y** *adj.* **1.** ungeschlacht; **2.** sperrig, klotzig.

hull[1] [hʌl] **I** *s.* ♣ Schale *f*, Hülle *f* (*beide a. weitS.*), Hülse *f*; **II** *v/t.* schälen, enthülsen: *~ed barley* Graupen *pl.*

hull[2] [hʌl] **I** *s.* ♣, ✈ Rumpf *m*: *~ down* weit entfernt (*Schiff*); **II** *v/t.* ♣ den Rumpf treffen *od.* durch'schießen.

hul·la·ba·loo [,hʌləbə'lu:] *s.* Lärm *m*, Tu'mult *m*, Trubel *m*.

hul·lo [hə'ləʊ] → **hello**.

hum [hʌm] **I** *v/i.* **1.** summen (*Bienen, Draht, Person etc.*); **2.** ♫ brummen; **3.** ~ *and ha*(w) a) ‚herumdrucksen', b) (hin u. her) schwanken; **4.** *a.* ~ *with activity* F voller Leben *od.* Aktivi'tät sein: *make things* ~ die Sache in Schwung bringen; **5.** ‚muffeln', stinken; **II** *v/t.* **6.** summen; **III** *s.* **7.** Summen *n*; **8.** ♫ Brummen *n*; **9.** [*a. mm*] Hm *n*: ~*s and ha*(w)*s* verlegenes Geräusper.

hu·man ['hju:mən] **I** *adj.* □ → **humanly**; **1.** menschlich (*a. weitS. Person, Charakter etc.*), Menschen..., Human... (*-medizin etc.*): ~ *nature* menschliche Natur; ~ *engineering* a) angewandte Betriebspsychologie, Arbeitsplatzgestaltung *f*, b) menschengerechte Gestaltung (*von Maschinen etc.*) zwecks optimaler Leistung; ~ *interest* das menschlich Ansprechende; ~*-interest story* ergreifende *od.* ein menschliches Schicksal schildernde Geschichte; ~ *relations* zwischenmenschliche Beziehungen, (✝ innerbetriebliche) Kontaktpflege; ~ *rights* Menschenrechte; ~ *touch* menschliche Note; *that's only* ~ das ist doch menschlich; *I am only* ~ *iro.* ich bin auch nur ein Mensch; ~ *err* 1; **2.** → **humane** 1; **II** *s.* **3.** Mensch *m*; **hu·mane** [hju:'meɪn] *adj.* □ **1.** hu'man, menschlich: ♫ *Society* Gesellschaft *f* zur Verhinderung von Grausamkeiten an Tieren; **2.** → **humanistic** 1; **hu·mane·ness** [hju:'meɪnnɪs] *s.* Humani'tät *f*, Menschlichkeit *f*.

hu·man·ism ['hju:mənɪzəm] *s.* **1.** *oft* ♫ Huma'nismus *m*; **2.** a) → **humane-**

ness, b) → **humanitarianism**; **'hu·man·ist** [-ɪst] **I** *s.* **1.** Huma'nist(in); **2.** → **humanitarian** II; **II** *adj.* → **human·is·tic** [,hju:mə'nɪstɪk] *adj.* (□ ~*ally*) **1.** huma'nistisch: ~ *education*; **2.** a) → **humane** 1, b) → **hu·man·i·tar·i·an** [hju:,mænɪ'teərɪən] **I** *adj.* humani'tär, menschenfreundlich, Humanitäts...; **II** *s.* Menschenfreund *m*; **hu·man·i·tar·i·an·ism** [hju:,mænɪ'teərɪə-nɪzəm] *s.* Menschenfreundlichkeit *f*, humani'täre Gesinnung; **hu·man·i·ty** [hju:'mænɪtɪ] *s.* **1.** die Menschheit; **2.** Menschsein *n*, menschliche Na'tur; **3.** Humani'tät *f*, Menschlichkeit *f*; **4.** *pl.* a) klassische Litera'tur, b) 'Altphilolo‚gie *f*, c) Geisteswissenschaften *pl.*

hu·man·i·za·tion [,hju:mənaɪ'zeɪʃn] *s.* **1.** Humanisierung *f*; **2.** Vermenschlichung *f*, Personifizierung *f*; **hu·man·ize** ['hju:mənaɪz] *v/t.* **1.** humanisieren, hu'maner gestalten; **2.** vermenschlichen, personifizieren.

hu·man·kind *s.* die Menschheit, das Menschengeschlecht; **'hu·man·ly** [-lɪ] *adv.* **1.** menschlich; **2.** nach menschlichen Begriffen: ~ *possible* menschenmöglich; ~ *speaking* menschlich gesehen; **3.** hu'man, menschlich.

hum·ble ['hʌmbl] **I** *adj.* □ bescheiden: a) demütig: *in my ~ opinion* nach m-r unmaßgeblichen Meinung; *my ~ self* meine Wenigkeit; *Your ~ servant* obs. Ihr ergebener Diener; *eat ~ pie fig.* klein beigeben, zu Kreuze kriechen, b) anspruchslos, einfach, c) niedrig, dürftig, ärmlich: *of ~ birth* von niedriger Geburt; **II** *v/t.* demütigen, erniedrigen; **'hum·ble·ness** [-nɪs] *s.* Demut *f*, Bescheidenheit *f*.

hum·bug ['hʌmbʌg] **I** *s.* **1.** ‚Humbug' *m*: a) Schwindel *m*, Betrug *m*, b) Unsinn *m*, ‚Mumpitz' *m*; **2.** Schwindler *m*, *bsd.* Hochstapler *m*, a. Scharlatan *m*; **3.** *a. mint* ~ *Brit.* 'Pfefferminzbon‚bon *m, n*; **II** *v/t.* **4.** betrügen, ‚reinlegen'.

hum·ding·er [hʌm'dɪŋə] *s. sl.* **1.** ‚toller Bursche'; **2.** ‚tolles Ding'.

hum·drum ['hʌmdrʌm] **I** *adj.* **1.** eintönig, langweilig, fad; **II** *s.* **2.** Eintönigkeit *f*, Langweiligkeit *f*; **3.** langweilige Sache *od.* Per'son.

hu·mec·tant [hju:'mektənt] *s.* 🜄 Feuchthaltemittel *n*.

hu·mer·al ['hju:mərəl] *adj. anat.* **1.** Oberarmknochen...; **2.** Schulter...; **hu·mer·us** ['hju:mərəs] *pl.* **-i** [-aɪ] *s.* Oberarm(knochen) *m*.

hu·mid ['hju:mɪd] *adj.* feucht; **hu·mid·i·fi·er** [hju:'mɪdɪfaɪə] *s.* Befeuchter *m*; **hu·mid·i·fy** [hju:'mɪdɪfaɪ] *v/t.* befeuchten; **hu·mid·i·ty** [hju:'mɪdɪtɪ] *s.* Feuchtigkeit(sgehalt *m*) *f*.

hu·mi·dor ['hju:mɪdɔ:] *s.* Feuchthaltebehälter *m*.

hu·mil·i·ate [hju:'mɪlɪeɪt] *v/t.* erniedrigen, demütigen; **hu·mil·i·at·ing** [-tɪŋ] *adj.* demütigend, erniedrigend; **hu·mil·i·a·tion** [hju:,mɪlɪ'eɪʃn] *s.* Erniedrigung *f*, Demütigung *f*; **hu·mil·i·ty** [-ətɪ] *s.* Demut *f*, Humbleness.

hum·ming ['hʌmɪŋ] *adj.* **1.** summend; **2.** ♫ brummend; **3.** F a) lebhaft, schwungvoll, b) geschäftig; **'~·bird** *s. orn.* Kolibri *m*; **'~·top** *s.* Brummkreisel *m*.

hum·mock ['hʌmək] *s.* **1.** Hügel *m*; **2.** Eishügel *m*.

hu·mor *etc. Am.* → **humour** *etc.*

hu·mor·esque [,hju:mə'resk] *s.* ♪ Humo'reske *f*; **hu·mor·ist** ['hju:mərɪst] *s.* **1.** Humo'rist(in); **2.** Spaßvogel *m*; **,hu·mor·is·tic** [-'rɪstɪk] *adj.* hu·mo'ristisch; **hu·mor·ous** ['hju:mərəs] *adj.* □ hu'morvoll, hu'morig, lustig; **hu·mor·ous·ness** ['hju:mərəsnɪs] *s.* hu'morvolle Art, (*das*) Hu'morvolle, Komik *f*.

hu·mour ['hju:mə] **I** *s.* **1.** Gemütsart *f*, Tempera'ment *n*; **2.** Stimmung *f*, Laune *f*: *in the ~ for* aufgelegt zu; *in a good* (*bad*) ~ (bei) guter (schlechter) Laune; *out of* ~ schlecht gelaunt; **3.** Hu'mor *m*, Spaß *m*; Komik *f*, *das* Komische (*e-r Situation etc.*); **4.** *a.* **sense of** ~ (Sinn *m* für) Humor *m*; **5.** Spaß *m*; **6.** *physiol.* a) Körperflüssigkeit *f*, b) *obs.* Körpersaft *m*; **II** *v/t.* **7.** a) j-m s-n Willen tun *od.* lassen, b) j-n *od. et.* hinnehmen, mit Geduld ertragen; **'hu·mo(u)r·less** [-lɪs] *adj.* hu'morlos.

hump [hʌmp] **I** *s.* **1.** Buckel *m*, *bsd. des Kamels*: Höcker *m*; **2.** kleiner Hügel: *be over the* ~ *fig.* über den Berg sein; **3.** *Brit.* F a) Trübsinn *m*, b) Stinklaune *f*: *give s.o. the* ~ → 6; **II** *v/t.* **4.** *oft* ~ *up* (zu e-m Buckel) krümmen: ~ *one's back* e-n Buckel machen; **5.** a) sich *et.* aufladen, b) schleppen, tragen: ~ *o.s.* (*od. it*) *Am. sl.* sich ‚ranhalten' (*anstrengen*); **6.** *Brit.* F a) *j-n* trübsinnig machen, b) *j-m* ‚auf den Wecker fallen'; **7.** V ,bumsen' (*a. v/i.*); **'~·back** *s.* **1.** Buckel *m*; **2.** Bucklige(r *m*) *f*; **3.** *zo.* Buckelwal *m*; **'~·backed** *adj.* bucklig.

humped [hʌmpt] *adj.* **1.** bucklig, höckerig; **2.** holp(e)rig.

humph [mm; hʌmf] *int.* hm!, *contp.* pff!

hump·ty-dump·ty [,hʌmptɪ'dʌmptɪ] *s.* ‚Dickerchen'.

hump·y ['hʌmpɪ] → **humped**.

hu·mus ['hju:məs] *s.* Humus *m*.

Hun [hʌn] *s.* **1.** Hunne *m*, Hunnin *f*; **2.** *fig.* Wan'dale *m*, Bar'bar *m*; **3.** F *contp.* Deutsche(r) *m*.

hunch [hʌntʃ] **I** *s.* **1.** → **hump** 1; **2.** Klumpen *m*; **3.** *a.* ~ F das *od.* so ein Gefühl, e-n *od.* den Verdacht (*that* daß): *play a* ~ e-r Intuition folgen; **II** *v/t.* **4.** *a.* ~ *up* → **hump** 4: ~ *one's shoulders* die Schultern hochziehen; **5.** *a.* ~ *up* (sich) kauern; **'~·book** → **humpback** 1 *u.* 2; **'~·backed** → **humpbacked**.

hun·dred ['hʌndrəd] **I** *adj.* **1.** hundert: *a* (*od. one*) ~ (ein)hundert; *several* ~ *men* mehrere hundert Mann; *a* ~ *and one* hundert(erlei), zahllose; **II** *s.* **2.** Hundert *n* (*a. Zahl*): *by the* ~ hundertweise; *several* ~ mehrere Hundert; ~*s of times* hundertmal; ~*s of thousands* Hunderttausende; ~*s and* ~*s* viele Hunderte u. aber Hunderte; **3.** ♣ Hunderter *m*; **4.** *hist. Brit.* Bezirk *m*, Hundertschaft *f*; **5.** ~*s and thousands* Liebesperlen *pl.* (*auf Gebäck etc.*); **'~·fold I** *adj. u. adv.* hundertfach, -fältig; **II** *s.* das Hundertfache; **'~·per‚cent** *adj.* 'hundertpro‚zentig; **'~·cent·er** *s. pol. Am.* 'Hurrapatri‚ot *m*.

hun·dredth ['hʌndrədθ] **I** *adj.* **1.** hundertst; **II** *s.* **2.** Hundertste(r *m*) *f*; **3.** Hundertstel *n*.

'hun·dred·weight *s.* a) *in England* 112 *lbs.*, b) *in USA* 100 *lbs.*, c) *a.* **metric** ~

Zentner *m.*

hung [hʌŋ] *pret. u. p.p. von* **hang.**

Hun·gar·i·an [hʌŋˈgeərɪən] **I** *adj.* **1.** ungarisch; **II** *s.* **2.** Ungar(in); **3.** *ling.* Ungarisch *n.*

hun·ger [ˈhʌŋgə] **I** *s.* **1.** Hunger *m:* ~ *is the best sauce* Hunger ist der beste Koch; **2.** *fig.* Hunger *m*, Verlangen *n*, Durst *m* (*for*, *after* nach); **II** *v/i.* **3.** hungern, Hunger haben; **4.** *fig.* hungern (*for*, *after* nach); **III** *v/t.* **5.** aushungern; durch Hunger zwingen (*into* zu); ~ **march** *s.* Hungermarsch *m;* ~ **strike** *s.* Hungerstreik *m.*

hun·gry [ˈhʌŋgrɪ] *adj.* □ **1.** hungrig: *be* (*od. feel*) ~ hungrig sein, Hunger haben: *go* ~ hungern; ~ *as a hunter* (*od. bear*) hungrig wie ein Wolf; **2.** *fig.* hungrig (*for* nach): ~ *for knowledge* wissensdurstig; **3.** ⚲ karg, mager (*Boden*).

hunk [hʌŋk] *s.* F großes Stück, (dicker) Brocken.

hunk·y·do·ry [ˌhʌŋkɪˈdɔːrɪ] *adj. Am. sl.* **1.** ‚klasse', prima; **2.** bestens, ‚in Butter'.

hunt [hʌnt] **I** *s.* **1.** Jagd *f*, Jagen *n:* *the* ~ *is up* die Jagd hat begonnen; **2.** 'Jagd (-re‚vier *n*) *f;* **3.** Jagd(gesellschaft) *f;* **4.** *fig.* Jagd *f:* a) Verfolgung *f*, b) Suche *f* (*for* nach); **II** *v/t.* **5.** (*a. fig. j-n*) jagen, Jagd machen auf (*acc.*), hetzen: ~*ed look fig.* gehetzter Blick; ~ *down* erlegen, *a. fig.* zur Strecke bringen; ~ *out* a) hinausjagen, b) *a.* ~ *up* aufstöbern, -spüren, -treiben, *weitS.* forschen nach; **6.** *Revier* durch'jagen, -'stöbern, -'suchen (*a. fig.*) (*for* nach); **7.** jagen mit (*Hunden, Pferden etc.*); **8.** *Radar, TV:* abtasten; **III** *v/i.* **9.** jagen: ~ *for* Jagd machen auf (*acc.*) (*a. fig.*); **10.** ~ *after* (*od. for*) a) suchen nach, b) jagen, streben nach; **11.** ⚙ flattern; **'hunt·er** [-tə] *s.* **1.** Jäger *m* (*a. fig. u. fig.*): ~*·killer satellite* ✕ Killersatellit *m;* **2.** Jagdhund *m od.* -pferd *n;* **3.** Sprungdeckeluhr *f.*

hunt·ing [ˈhʌntɪŋ] **I** *s.* **1.** Jagd *f*, Jagen *n;* **2.** → **hunt** 4; **3.** *Radar, TV:* Abtastvorrichtung *f;* **II** *adj.* **4.** Jagd...; ~ *box* → *hunting lodge;* ~ *cat* → *cheetah;* ~ *crop s.* Jagdpeitsche *f;* ~ *ground s.* 'Jagde‚vier *n*, -gebiet *n* (*a. fig.*): *the happy* ~*s* die ewigen Jagdgründe; ~ *horn s.* Hift-, Jagdhorn *n;* ~ *leop·ard* → *cheetah;* ~ *li·cence, Am.* ~ *license s.* Jagdschein *m;* ~ *lodge s.* Jagdhütte *f;* ~ *sea·son s.* Jagdzeit *f.*

hunt·ress [ˈhʌntrɪs] *s.* Jägerin *f.*

hunts·man [ˈhʌntsmən] *s.* [*irr.*] **1.** Jäger *m*, Weidmann *m;* **2.** Rüdemeister *m;* **'hunts·man·ship** [-ʃɪp] *s.* Jäge'rei *f*, Weidwerk *n.*

hur·dle [ˈhɜːdl] **I** *s.* **1.** *sport u. fig.* a) Hürde *f*, b) *Hindernislauf, Pferdesport:* Hindernis *n:* *take* (*od. pass*) *the* ~ *a. fig.* die Hürde nehmen; **2.** Hürde *f*, (Weiden-, Draht-)Geflecht *n;* **3.** Fa'schine *f*, Gitter *n;* **II** *v/t.* **4.** mit Hürden um'geben, um'zäunen; **5.** *ein Hindernis* über'springen; **6.** *fig. e-e Schwierigkeit* über'winden; **III** *v/i.* **7.** *sport:* e-n Hürden- *od.* Hindernislauf *od.* (*Pferdesport*) ein Hindernisrennen bestreiten; **'hur·dler** [-lə] *s.* a) Hürdenläufer (-in), b) Hindernisläufer *m;* **'hur·dle·race** *s. sport* a) Hürdenlauf *m*, b) Hin-

dernislauf *m*, c) *Pferdesport:* Hindernisrennen *n.*

hur·dy-gur·dy [ˈhɜːdɪˌɡɜːdɪ] *s.* ♪ a) Drehleier *f*, b) Leierkasten *m.*

hurl [hɜːl] **I** *v/t.* **1.** schleudern (*a. fig.*): ~ *abuse at s.o.* j-m Beleidigungen ins Gesicht schleudern; ~ *o.s.* sich stürzen (*on* auf *acc.*); **II** *v/i.* **2.** *sport* Hurling spielen; **III** *s.* **3.** Schleudern *n;* **'hurl·er** [-lə] *s. sport* Hurlingspieler *m;* **'hurl·ey** [-lɪ] *s. sport* **1.** → *hurling;* **2.** Hurlingstock *m;* **'hurl·ing** [-lɪŋ] *s. sport* Hurling (-spiel) *n* (*Art Hockey*).

hurl·y-burl·y [ˈhɜːlɪˌbɜːlɪ] **I** *s.* Tu'mult *m*, Aufruhr *m;* Wirrwarr *m;* **II** *adj.* turbu-'lent.

hur·rah [hʊˈrɑː] **I** *int.* hur'ra!: ~ *for ...!* hoch *od.* es lebe ...!; **II** *s.* Hur'ra(ruf *m*) *n.*

hur·ray [hʊˈreɪ] → *hurrah.*

hur·ri·cane [ˈhʌrɪkən] *s.* a) Hurrikan *m*, Wirbelsturm *m*, b) Or'kan *m*, *fig. a.* Sturm *m;* ~ *deck s.* ⚓ Sturmdeck *n;* ~ *lamp s.* 'Sturmla‚terne *f.*

hur·ried [ˈhʌrɪd] *adj.* □ eilig, hastig, schnell, über'eilt; **'hur·ri·er** [-lə] *s. Brit.* ☒ Fördermann *m.*

hur·ry [ˈhʌrɪ] **I** *s.* **1.** Hast *f*, Eile *f:* *in a* ~ eilig, hastig; *be in a* ~ es eilig haben (*to do s.th.* et. zu tun); *there is no* ~ es eilt nicht, es hat keine Eile; *in my* ~ *I forgot ...* vor lauter Eile vergaß ich ...; *you will not beat that in a* ~ F das machst du nicht so bald *od.* leicht nach; *the* ~ *of daily life* die Hetze des Alltags; *in the* ~ *of business* im Drang der Geschäfte; **II** *v/t.* **2.** schnell *od.* eilig befördern *od.* bringen: ~ *through fig. Gesetzesvorlage etc.* durchpeitschen; **3.** *oft* ~ *up* (*od. on*) a) *j-n* antreiben, b) *et.* beschleunigen; **4.** *et.* über'eilen; **III** *v/i.* **5.** eilen, hasten: ~ *over s.th.* et. hastig *od.* flüchtig erledigen; **6.** *oft* ~ *up* sich beeilen: ~ *up!* beeil(e) dich!, (mach) schnell!; ~·*'scur·ry* [-ˈskʌrɪ] → *helter-skelter;* ~·*up adj. Am.* **1.** eilig, Eil...: ~ *job;* **2.** hastig: ~ *breakfast.*

hurst [hɜːst] *s.* **1.** (*obs. außer in Ortsnamen*) Forst *m;* **2.** *obs.* bewaldeter Hügel; **3.** *obs.* Sandbank *f.*

hurt [hɜːt] **I** *v/t.* [*irr.*] **1.** verletzen, verwunden (*beide a. fig.*): ~ *s.o.'s feelings; feel* ~ gekränkt *od.* verletzt sein; → *fly²* 1; **2.** schmerzen, weh tun (*dat.*) (*beide a. fig.*); drücken (*Schuh*); **3.** *j-m* schaden *od.* Schaden zufügen: *it won't* ~ *you to inf.* F du stirbst nicht gleich, wenn du; **4.** *et.* beschädigen; **II** *v/i.* [*irr.*] **5.** schmerzen, weh tun (*a. fig.*); **6.** schaden: *that won't* ~ *das schadet nichts;* **7.** F Schmerzen haben, *a. fig.* leiden (*from* an *dat.*); **III** *s.* **8.** Schmerz *m* (*a. fig.*); **9.** Verletzung *f;* **10.** Kränkung *f;* **11.** Schaden *m*, Nachteil *m;* **'hurt·ful** [-fʊl] *adj.* □ **1.** verletzend; **2.** schmerzlich; **3.** schädlich, nachteilig (*to* für).

hur·tle [ˈhɜːtl] **I** *v/i.* **1.** *obs.* (*against* zs.-prallen (mit), prallen, krachen (gegen); **2.** sausen, rasen; **3.** rasseln, poltern; **II** *v/t.* **4.** → *hurl* 1.

'hur·tle·ber·ry *s.* ⚘ Heidelbeere *f.*

hus·band [ˈhʌzbənd] **I** *s.* (Ehe)Mann *m*, Gatte *m*, Gemahl *m;* **II** *v/t.* haushälterisch *od.* sparsam 'umgehen mit, haushalten mit; **'hus·band·man** [-ndmən] *s.* [*irr.*] *obs.* Bauer *m;* **'hus·band·ry** [-rɪ] *s.* **1.** Landwirtschaft *f;* **2.** Haushal-

ten *n.*

hush [hʌʃ] **I** *int.* **1.** still!, pst!; **II** *v/t.* **2.** zum Schweigen *od.* zur Ruhe bringen; **3.** *fig.* besänftigen, beruhigen; **4.** *mst* ~ *up* vertuschen; **III** *v/i.* **5.** still werden; **IV** *s.* **6.** Stille *f*, Ruhe *f;* **'hush·a·by** [-ʃəbaɪ] *int.* eiapo'peia!; **hushed** [-ʃt] *adj.* lautlos, still.

hush'-'hush *adj.* geheim(gehalten), Geheim...‚ heimlich; **'~·mon·ey** *s.* Schweigegeld *n.*

husk [hʌsk] **I** *s.* **1.** ⚘ Hülse *f*, Schale *f*, Schote *f*, *Am. mst* Maishülse *f;* **2.** *fig.* (leere) Hülle, Schale *f;* **II** *v/t.* **3.** enthülsen, schälen; **'husk·er** [-kə] *s.* **1.** Enthülser(in); **2.** 'Schälma‚schine *f;* **'husk·i·ly** [-kɪlɪ] *adv.* mit rauher *od.* heiserer Stimme; **'husk·i·ness** [-kɪnɪs] *s.* Heiserkeit *f*, Rauheit *f;* **'husk·ing** [-kɪŋ] *s.* **1.** Enthülsen *n*, Schälen *n;* **2.** *a.* ~ *bee Am.* geselliges Maisschälen.

husk·y¹ [ˈhʌskɪ] **I** *adj.* □ **1.** hülsig; **2.** ausgedörrt; **3.** rauh, heiser; **4.** F stämmig, kräftig; **II** *s.* **5.** F stämmiger Kerl.

hus·ky² [ˈhʌskɪ] *s. zo.* Husky *m*, Eskimohund *m.*

hus·sar [hʊˈzɑː] *s.* ✕ Hu'sar *m.*

Huss·ite [ˈhʌsaɪt] *s. hist.* Hus'sit *m.*

hus·sy [ˈhʌsɪ] *s.* **1.** Range *f*, ‚Fratz' *m;* **2.** ‚leichtes Mädchen', ‚Flittchen' *n.*

hus·tings [ˈhʌstɪŋz] *s. pl. mst sg. konstr. pol.* a) Wahlkampf *m*, b) Wahl(en *pl.*) *f.*

hus·tle [ˈhʌsl] **I** *v/t.* **1.** a) stoßen, drängen, b) (an)rempeln; **2.** a) hetzen, (an-) treiben, b) drängen (*into doing s.th.* dazu, et. zu tun); **3.** rasch *wohin* schaffen *od.* ‚verfrachten'; **4.** sich beeilen mit; **5.** ~ *up Am.* F ‚herzaubern'; **6.** *Am.* F a) *et.* ergattern, b) sich *et.* ergaunern; **II** *v/i.* **7.** sich drängen, hasten, hetzen, sich beeilen; **8.** *Am.* F a) mit Hochdruck arbeiten, b) ‚rangehen', Dampf da'hinter machen; **9.** *Am. sl.* a) ‚klauen', b) Betrüge'reien begehen, c) betteln, d) auf Kundschaft ausgehen (*a. Prostituierte*), e) ‚schwer hinterm Geld her sein'; **III** *s.* **10.** *mst* ~ *and bustle a.*) Gedränge *n*, b) Gehetze *n*, c) ‚Betrieb' *m;* **11.** *Am.* F Gaune'rei *f;* **'hus·tler** [-lə] *s.* **1.** F rühriger Mensch, ‚Wühler' *m;* **2.** *bsd. Am.* F a) ‚Nutte' *f*, Prostitu-'ierte *f*, b) (kleiner) Gauner.

hut [hʌt] **I** *s.* **1.** Hütte *f;* **2.** ✕ Ba'racke *f;* **II** *v/t. u. v/i.* **3.** in Ba'racken *od.* Hütten 'unterbringen (wohnen): ~*ted camp* Baracken-lager *n.*

hutch [hʌtʃ] *s.* **1.** Kiste *f*, Kasten *m;* **2.** Trog *m;* **3.** (kleiner) Stall, Käfig *m*, Verschlag *m;* **4.** ☒ Hund *m;* **5.** F Hütte *f.*

hut·ment [ˈhʌtmənt] *s.* ✕ **1.** 'Unterbringung *f* in Ba'racken; **2.** Ba'racken-lager *n.*

huz·za [hʊˈzɑː] *obs.* → *hurrah.*

hy·a·cinth [ˈhaɪəsɪnθ] *s.* **1.** ⚘ Hya'zinthe *f;* **2.** *min.* Hya'zinth *m.*

hy·ae·na → *hyena.*

hy·brid [ˈhaɪbrɪd] **I** *s.* **1.** *biol.* Hy'bride *f*, *m*, Mischling *m*, Bastard *m*, Kreuzung *f;* **2.** *ling.* Mischwort *n;* **II** *adj.* **3.** hy-'brid: a) *biol.* Misch..., Bastard..., Zwitter..., b) *fig.* ungleichartig, gemischt; **'hy·brid·ism** [-dɪzəm], **hy·brid·i·ty** [haɪˈbrɪdətɪ] *s. biol.* Mischbildung *f*, Kreuzung *f;* **hy·brid·i·za·tion** [ˌhaɪbrɪdaɪˈzeɪʃn] *s.* Kreuzung *f;* **'hy-**

brid·ize [-daɪz] *v/t.* (*v/i.* sich) kreuzen.
Hy·dra ['haɪdrə] *s.* **1.** Hydra *f:* a) *myth.* vielköpfige *Schlange,* b) *ast.* Wasserschlange *f;* **2.** ♌ *fig.* Hydra *f* (*kaum auszurottendes Übel*); **3.** ♌ *zo.* 'Süßwasserpo₁lyp *m.*
hy·dran·ge·a [haɪ'dreɪndʒə] *s.* ⚘ Hor'tensie *f.*
hy·drant ['haɪdrənt] *s.* Hy'drant *m.*
hy·drate ['haɪdreɪt] 🜍 **I** *s.* Hy'drat *n;* **II** *v/t.* hydratisieren; '**hy·drat·ed** [-tɪd] *adj.* 🜍, *min.* hy'drathaltig; **hy·dra·tion** [haɪ'dreɪʃn] *s.* 🜍 Hydra(ta)ti'on *f.*
hy·drau·lic [haɪ'drɔːlɪk] **I** *adj.* (□ *~ally*) ☉, *phys.* hy'draulisch: a) (Druck-) Wasser...: **~ clutch** (*jack, press*) hydraulische Kupplung (Winde, Presse); **~ power** (*pressure*) Wasserkraft *f* (*-druck m*), b) unter Wasser erhärtend: **~ cement** hydraulischer Mörtel, Wassermörtel *m;* **II** *s. pl. sg. konstr. phys.* Hy'draulik *f* (*Wissenschaft*); **~ brake** *s. mot.* hy'draulische Bremse, Flüssigkeitsbremse *f;* **~ dock** *s.* ⚓ Schwimmdock *n;* **~ en·gi·neer** *s.* 'Wasserbauingeni₁eur *m;* **~ en·gi·neer·ing** *s.* Wasserbau *m.*
hy·dric ['haɪdrɪk] *adj.* 🜍 Wasserstoff...: **~ oxide** Wasser *n;* '**hy·dride** [-raɪd] *s.* 🜍 Hy'drid *n.*
hy·dro ['haɪdrəʊ] *pl.* **-dros** *s.* F **1.** ✓ → **hydroplane** 1; **2.** 🌱 *Brit.* F Ho'tel *n* mit hydro'pathischen Einrichtungen.
hydro- [haɪdrəʊ] *in Zssgn* a) Wasser..., b) ...wasserstoff *m.*
'**hy·dro|·bomb** *s.* ✗ 'Lufttor₁pedo *m;* ₁~'**car·bon** *s.* 🜍 Kohlenwasserstoff *m;* ₁~'**cel·lu·lose** *s.* 🜍 'Hydrozellu₁lose *f;* ₁~'**ce·phal·ic** [-əʊse'fælɪk], ₁~'**ceph·a·lous** [-əʊ'sefələs] *adj.* 🌱 mit e-m Wasserkopf; ₁~'**ceph·a·lus** [-əʊ'sefələs] *s.* 🌱 Wasserkopf *m;* ₁~'**chlo·ric** *adj.* 🜍 salzsauer: **~ acid** Salzsäure *f,* Chlorwasserstoff *m;* ₁~'**chlo·ride** *s.* 🜍 'Chlorhy₁drat *n;* ₁~'**cy·an·ic ac·id** *s.* 🜍 Blausäure *f,* Zy'anwasserstoffsäure *f;* ₁~'**dy·nam·ic** *adj. phys.* hydrody'namisch; ₁~'**dy·nam·ics** *s. pl. mst sg. konstr. phys.* Hydrody'namik *f;* ₁~'**e·lec·tric** *adj.* ☉ hydroe'lektrisch: **~ power station** (*od.* **plant**) Wasserkraftwerk *n;* ₁~'**ex·tract** *v/t.* ☉ zentrifugieren, entwässern; ₁~'**flu·or·ic ac·id** *s.* 🜍 Flußsäure *f;* '**~·foil** *s.* ⚓ Tragflügel(boot *n*) *m.*
hy·dro·gen ['haɪdrədʒən] *s.* 🜍 Wasserstoff *m:* **~ bomb;** **~ cylinder** Wasserstoffflasche *f;* **~ peroxide** Wasserstoffsuperoxyd *n;* **~ sulphide** Schwefelwasserstoff; '**hy·dro·gen·ate** [-dʒɪneɪt] *v/t.* 🜍 **1.** hydrieren; **2.** Öl härten; **hy·dro·gen·a·tion** [₁haɪdrədʒɪ'neɪʃn] *s.* 🜍 **1.** Hydrierung *f;* **2.** (Öl)Härtung *f;* '**hy·dro·gen·ize** [-ədʒɪnaɪz] → **hydrogenate;** **hy·drog·e·nous** [haɪ'drɒdʒɪnəs] *adj.* 🜍 wasserstoffhaltig, Wasserstoff...
hy·dro·graph·ic [₁haɪdrəʊ'græfɪk] *adj.* (□ *~ally*) hydro'graphisch: **~ map** ⚓ Seekarte *f;* **~ office** (*od.* **department**) ⚓ Seewarte *f;* **hy·drog·ra·phy** [haɪ'drɒgrəfɪ] *s.* **1.** Hydrogra'phie *f,* Gewässerkunde *f;* **2.** Gewässer *pl.* (*e-r Landkarte*).
hy·dro·log·ic, **hy·dro·log·i·cal** [₁haɪdrəʊ'lɒdʒɪk(l)] *adj.* □ hydro'logisch; **hy·drol·o·gy** [haɪ'drɒlədʒɪ] *s.* Hydrolo'gie *f.*

hy·drol·y·sis [haɪ'drɒlɪsɪs] *pl.* **-ses** [-siːz] *s.* 🜍 Hydro'lyse *f;* **hy·dro·lyt·ic** [₁haɪdrəʊ'lɪtɪk] *adj.* hydro'lytisch; **hy·dro·lyze** ['haɪdrəlaɪz] *v/t.* hydrolysieren.
hy·drom·e·ter [haɪ'drɒmɪtə] *s. phys.* Hydro'meter *n.*
hy·dro·path ['haɪdrəʊpæθ] → **hydropathist;** **hy·dro·path·ic** [₁haɪdrəʊ'pæθɪk] 🌱 *adj.* hydro'pathisch, Wasserkur...; **hy·drop·a·thist** [haɪ'drɒpəθɪst] *s.* 🌱 Hydro'path *m,* Kneipparzt *m;* **hy·drop·a·thy** [haɪ'drɒpəθɪ] *s.* 🌱 Hydrothera'pie *f.*
hy·dro|·pho·bi·a [₁haɪdrəʊ'fəʊbjə] *s.* **1.** 🌱 a) *a. psych.* Wasserscheu *f,* b) Tollwut *f;* **~·phyte** ['haɪdrəʊfaɪt] *s.* ⚘ Wasserpflanze *f;* **~·plane** ['haɪdrəʊpleɪn] **I** *s.* **1.** ✓ Wasserflugzeug *n;* **2.** ✓ Gleitfläche *f* (*e-s Wasserflugzeugs*); **3.** ⚓ Tragflügelboot *n;* **4.** ⚓ Tiefenruder *n* (*e-s U-Boots*); **II** *v/i.* **5.** *Am.* → **aquaplane** 3; ₁~'**pon·ics** [-'pɒnɪks] *s. pl. sg. konstr.* 'Hydro-, 'Wasserkul₁tur *f;* ₁~'**qui·none** [-kwɪ'nəʊn] *s. phot.* Hydrochi'non *n;* **~·scope** ['haɪdrəskəʊp] *s.* ☉ Unter'wassersichtgerät *n;* **~·sphere** ['haɪdrəsfɪə] *s.* Hydro'sphäre *f* (*die Wasserhülle der Erde*); ₁~'**stat·ic** [-'stætɪk] *adj.* hydro'statisch; ₁~'**stat·ics** [-'stætɪks] *s. pl. sg. konstr.* Hydro'statik *f;* ₁~'**ther·a·py** [-'θerəpɪ] *s.* 🌱 Hydrothera'pie *f.*
hy·drous ['haɪdrəs] *adj.* 🜍 wasserhaltig.
hy·drox·ide [haɪ'drɒksaɪd] *s.* 🜍 Hydro'xyd *n:* **~ of sodium** Ätznatron *n.*
hy·e·na [haɪ'iːnə] *s. zo.* Hy'äne *f:* **laugh like a ~** F sich schieflachen.
hy·giene ['haɪdʒiːn] *s.* **1.** Hygi'ene *f,* Gesundheitspflege *f:* **personal ~** Körperpflege; **dental** (**food, sex**) **~** Zahn-(Nahrungs-, Sexual)hygiene; **2.** → **hygienic** II; **hy·gi·en·ic** [haɪ'dʒiːnɪk] **I** *adj.* (□ *~ally*) hygi'enisch; sani'tär; **II** *s. pl. sg. konstr.* Hygi'ene *f,* Gesundheitslehre *f;* '**hy·gi·en·ist** [-nɪst] *s.* Hygi'eniker(in).
hy·gro·graph ['haɪgrəgrɑːf] *s. meteor.* Hygro'graph *m,* selbstregistrierender Luftfeuchtigkeitsmesser; **hy·grom·e·ter** [haɪ'grɒmɪtə] *s. meteor.* Hygro'meter *n,* Luftfeuchtigkeitsmesser *m;* **hy·gro·met·ric** [₁haɪgrəʊ'metrɪk] *adj.* hygro'metrisch; **hy·grom·e·try** [haɪ'grɒmɪtrɪ] *s.* Hygrome'trie *f,* Luftfeuchtigkeitsmessung *f;* '**hy·gro·scope** [-əskəʊp] *s. meteor.* Hygro'skop *n,* Feuchtigkeitsanzeiger *m;* **hy·gro·scop·ic** [₁haɪgrəʊ'skɒpɪk] *adj.* hygro'skopisch, Feuchtigkeit anzeigend *od. a.* anziehend.
hy·ing ['haɪɪŋ] *pres.p. von* **hie.**
hy·men ['haɪmen] *s.* **1.** *anat.* Hymen *n,* Jungfernhäutchen *n;* **2.** *poet.* Ehe *f,* Hochzeit *f;* **3.** ♌ *myth.* Hymen *m,* Gott *m der Ehe.*
hy·me·nop·ter·a [₁haɪmə'nɒptərə] *s. pl. zo.* Hautflügler *pl.*
hymn [hɪm] **I** *s.* Hymne *f* (*a. fig.* Loblied, *-gesang*), Kirchenlied *n,* Cho'ral *m;* **II** *v/t.* (*lob*)preisen; **III** *v/i.* Hymnen singen; **hym·nal** ['hɪmnəl] **I** *adj.* hymnisch, Hymnen...; **II** *s.* → '**hymn-book** *s.* Gesangbuch *n;* **hym·nic** ['hɪmnɪk] *adj.* hymnenartig; '**hym·no·dy** [-nəʊdɪ] *s.* **1.** Hymnensingen *n;* **2.** Hymnendichtung *f;* **3.** *coll.* Hymnen *pl.*

hy·oid (**bone**) ['haɪɔɪd] *s. anat.* Zungenbein *n.*
hype[1] [haɪp] *sl.* **I** *s.* **1.** ,Spritze' *f,* ,Schuß' *m* (*Rauschgift*); **2.** ,Fixer(in)'; **II** *v/i.* **3.** *mst* **~ up** ,sich e-n Schuß setzen'; **III** *v/t.* **4. be ~d up** ,high' sein (*a. fig.*).
hype[2] [haɪp] *sl.* **I** *s.* Trick *m,* ,Beschiß' *m;* **II** *v/t. j-n* austricksen, ,bescheißen'.
₁**hy·per·a'cid·i·ty** [₁haɪpərə-] *s.* 🌱 Über-'säuerung *f* (*des Magens*).
hy·per·bo·la [haɪ'pɜːbələ] *s.* ᴀ Hy'perbel *f* (*Kegelschnitt*); **hy'per·bo·le** [-lɪ] *s. rhet.* Hy'perbel *f,* Über'treibung *f;* **hy·per·bol·ic,** **hy·per·bol·i·cal** [₁haɪpə-'bɒlɪk(l)] *adj.* □ ᴀ, *rhet.* hyper'bolisch.
hy·per·bo·re·an [₁haɪpəbɔː'riːən] **I** *s. myth.* Hyperbo'reer *m;* **II** *adj.* hyperbo-'reisch; ₁**hy·per·cor'rect** [₁haɪpə-] *adj.* 'hyperkor₁rekt (*a. ling.*); ₁**hy·per'crit·i·cal** [₁haɪpə-] *adj.* □ hyperkritisch, allzu kritisch; '**hy·per₁mar·ket** ['haɪpə-] *s.* Groß-, Verbrauchermarkt *m;* **hy·per·me·tro·pi·a** [₁haɪpəmɪ'trəʊpɪə], **hy·per·o·pi·a** [₁haɪpə'rəʊpɪə] *s.* 🌱 'Übersichtigkeit *f;* ₁**hy·per'sen·si·tive** [₁haɪpə-] *adj.* 'überempfindlich; ₁**hy·per'son·ic** [₁haɪpə-] *adj. phys.* hyper'sonisch (*etwa über fünffache Schallgeschwindigkeit*); ₁**hy·per'ten·sion** [₁haɪpə-] *s.* 🌱 Hyperto-'nie *f,* erhöhter Blutdruck.
hy·per·troph·ic [₁haɪpə'trɒfɪk], **hy·per·tro·phied** [haɪ'pɜːtrəʊfɪd] *adj.* 🌱, *biol. u. fig.* hyper'troph; **hy·per·tro·phy** [haɪ'pɜːtrəʊfɪ] *s.* 🌱, *biol. u. fig.* **I** *s.* Hypertro'phie *f;* **II** *v/t.* (*v/i.* sich) 'übermäßig vergrößern.
hy·phen ['haɪfn] **I** *s.* **1.** Bindestrich *m;* **2.** Trennungszeichen *n;* **II** *v/t.* **3.** → '**hy·phen·ate** [-fəneɪt] *v/t.* mit Bindestrich schreiben: **~d American** ,Bindestrich-amerikaner' *m;* **hy·phen·a·tion** [₁haɪfə-'neɪʃn] *s.* a) Schreibung *f* mit Bindestrich, b) (Silben)Trennung *f.*
hyp·noid ['hɪpnɔɪd] *adj.* hypno'id, hyp-'nose- *od.* schlafähnlich.
hyp·no·sis [hɪp'nəʊsɪs] *pl.* **-ses** [-siːz] *s.* 🌱 Hyp'nose *f;* ₁**hyp·no'ther·a·py** [₁hɪpnəʊ-] *s. psych.* Hypnothera'pie *f;* **hyp'not·ic** [-'nɒtɪk] **I** *adj.* (□ *~ally*) **1.** hyp'notisch; **2.** einschläfernd; **II** *s.* **4.** Hyp'notikum *n,* Schlafmittel *n;* **5.** a) Hypnotisierte(r *m*) *f,* b) *j-d, der hypnotisierbar ist;* **hyp·no·tism** ['hɪpnətɪzəm] *s.* 🌱 **1.** Hypno-'tismus *m;* **2.** a) Hyp'nose *f,* b) Hypnotisierung *f;* **hyp·no·tist** ['hɪpnətɪst] *s.* Hypnoti'seur *m;* **hyp·no·ti·za·tion** [₁hɪpnətaɪ'zeɪʃn] *s.* Hypnotisierung *f;* **hyp·no·tize** ['hɪpnətaɪz] *v/t.* 🌱 hypnotisieren (*a. fig.*).
hy·po[1] ['haɪpəʊ] *s.* 🜍, *phot.* Fixiersalz *n,* 'Natriumthiosul₁fat *n.*
hy·po[2] ['haɪpəʊ] *pl.* **-pos** *s.* F → a) **hypodermic injection,** b) **hypodermic syringe.**
hy·po·chon·dri·a [₁haɪpəʊ'kɒndrɪə] *s.* 🌱 Hypochon'drie *f;* ₁**hy·po'chon·dri·ac** [-ɪæk] *adj.* 🌱 hypo'chondrisch; **II** *s.* Hypo'chonder *m.*
hy·poc·ri·sy [hɪ'pɒkrəsɪ] *s.* Heuche'lei *f,* Scheinheiligkeit *f;* **hyp·o·crite** ['hɪpəkrɪt] *s.* Hypo'krit *m,* Heuchler(in), Scheinheilige(r *m*) *f;* **hyp·o·crit·i·cal** [₁hɪpəʊ'krɪtɪkl] *adj.* □ heuchlerisch, scheinheilig.
hy·po·der·mic [₁haɪpəʊ'dɜːmɪk] 🌱 **I** *adj.* (□ *~ally*) **1.** subku'tan, hypoder'mal,

unter der *od.* die Haut; **II** *s.* **2.** → **hy·podermic injection**; **3.** → **hypodermic syringe**; **4.** subku'tan angewandtes Mittel; **~ in·jec·tion** *s.* ✵ subku'tane Injekti'on; **~ nee·dle** *s.* ✵ Nadel *f* für e-e subku'tane Spritze; **~ syr·inge** *s.* ✵ Spritze *f* zur subku'tanen Injekti'on.

hy·po|·phos·phate [ˌhaɪpəʊˈfɒsfeɪt] *s.* ✹ 'Hypophosˌphat *n*; **~·phos·phor·ic ac·id** [ˌhaɪpəʊfɒsˈfɒrɪk] *s.* ✹ Hypo-, 'Unterphosphorsäure *f.*

hy·poph·y·sis [haɪˈpɒfɪsɪs] *pl.* **-ses** [-siːz] *s. anat.* Hirnanhangdrüse *f*, Hy·po'physe *f.*

hy·pos·ta·sis [haɪˈpɒstəsɪs] *pl.* **-ses** [-siːz] *s.* **1.** *phls.* Hypo'stase *f:* a) Grundlage *f*, Sub'stanz *f*, b) Vergegenständlichung *f* (*e-s Begriffs*); **2.** ✹, *biol.* Hypo'stase *f.*

hy·po|·sul·fite, *bsd. Brit.* **~·sul·phite** [ˌhaɪpəʊˈsʌlfaɪt] *s.* ✹ **1.** Hyposul'fit *n*, 'unterschwefligsaures Salz; **2.** → **hy-**

po¹; **~·sul·fu·rous**, *bsd. Brit.* **~·sul·phu·rous** [ˌhaɪpəʊˈsʌlfərəs] *adj.* ✹ 'unterschweflig.

hy·po·tac·tic [ˌhaɪpəʊˈtæktɪk] *adj. ling.* hypo'taktisch, 'unterordnend.

hy·po·ten·sion [ˌhaɪpəʊˈtenʃn] *s.* ✹ zu niedriger Blutdruck, Hypoto'nie *f.*

hy·pot·e·nuse [haɪˈpɒtənjuːz] *s.* Å Hypote'nuse *f.*

hy·poth·ec [ˈhaɪpəθɪk] *s.* ✹✹ *Scot.* Hypo'thek *f;* **hy·poth·e·car·y** [haɪˈpɒθɪkərɪ] *adj.* ✹✹ hypothe'karisch: **~ debts** Hypothekenschulden; **~ value** Beleihungswert *m;* **hy·poth·e·cate** [haɪˈpɒθɪkeɪt] *v/t.* **1.** ✹✹ Grundstück etc. hypothe'karisch belasten; **2.** *Schiff* verbodmen; **3.** ✟ *Effekten* lombardieren; **hy·poth·e·ca·tion** [haɪˌpɒθɪˈkeɪʃn] *s.* **1.** ✹✹ hypothe'karische Belastung (*Grundstück etc.*); **2.** Verbodmung *f* (*Schiff*); **3.** ✟ Lombardierung *f* (*Effekten*).

hy·poth·e·sis [haɪˈpɒθɪsɪs] *pl.* **-ses**

[-siːz] *s.* Hypo'these *f:* a) Annahme *f*, Vor'aussetzung *f:* **working ~** Arbeitshypothese, b) (bloße) Vermutung; **hy·'poth·e·size** [-saɪz] **I** *v/i.* e-e Hypo'these aufstellen; **II** *v/t.* vor'aussetzen, annehmen, vermuten; **hy·po·thet·ic**, **hy·po·thet·i·cal** [ˌhaɪpəʊˈθetɪk(l)] *adj.* ☐ hypo'thetisch.

hyp·som·e·try [hɪpˈsɒmɪtrɪ] *s. geogr.* Höhenmessung *f.*

hys·sop [ˈhɪsəp] *s.* **1.** ♀ Ysop *m;* **2.** *R.C.* Weihwedel *m.*

hys·te·ri·a [hɪˈstɪərɪə] *s.* ✵ *u. fig.* Hyste'rie *f;* **hys·ter·ic** [hɪˈsterɪk] ✵ **I** *s.* **1.** Hy'steriker(in); **2.** *pl. mst sg. konstr.* Hyste'rie *f*, hy'sterischer Anfall: **go (off) into ~s** a) e-n hysterischen Anfall bekommen, hysterisch werden, b) F e-n Lachkrampf bekommen; **II** *adj.* (☐ **~ally**) **3.** → **hys·ter·i·cal** [hɪˈsterɪkl] *adj.* ☐ ✵ *u. fig.* hy'sterisch.

I

I¹, i [aɪ] s. I n, i n (*Buchstabe*).
I² [aɪ] **I** pron. ich; **II** pl. **I's** s. das Ich.
i·am·bic [aɪˈæmbɪk] **I** adj. jambisch; **II** s.
a) Jambus m (*Versfuß*), b) jambischer
Vers; **i'am·bus** [-bəs] pl. **-bi** [-baɪ],
-bus·es s. Jambus m.
'I-beam s. ⊙ Doppel-T-Träger m; I-
Formstahl m: ~ **section** I-Profil n.
I·be·ri·an [aɪˈbɪərɪən] **I** s. **1.** I'berer(in);
2. ling. I'berisch n; **II** adj. **3.** i'berisch;
4. die i'berische Halbinsel betreffend;
Ibero- [-rəʊ] in Zssgn Ibero...; ~
America Lateinamerika n.
i·bex [ˈaɪbeks] s. zo. Steinbock m.
i·bi·dem [ɪˈbaɪdem], a. **ib·id** [ˈɪbɪd]
(*Lat.*) adv. ebenda (*bsd. für Textstelle
etc.*).
i·bis [ˈaɪbɪs] s. zo. Ibis m.
ice [aɪs] **I** s. **1.** Eis n: **broken** ~ Eisstücke
pl.; **dry** ~ Trockeneis (*feste Kohlensäu-
re*); **break the** ~ fig. das Eis brechen;
skate on (*od. over*) **thin** ~ fig. a) ein
gefährliches Spiel treiben, b) ein heikles Thema berühren; **cut no** ~ F keinen
Eindruck machen, ,nicht ziehen'; **that
cuts no** ~ **with me** F das zieht bei mir
nicht; **keep** (*od. put*) **on** ~ F et. od. j-n
,auf Eis legen'; **2.** a) Am. Gefrorenes n
aus Fruchtsaft u. Zuckerwasser, b)
Brit. (Speise)Eis n, c) → **icing** 2; **3.** sl.
Dia'manten pl., ,Klunkern' pl.; **II** v/t.
4. mit Eis bedecken; **5.** in Eis verwandeln, vereisen; **6.** mit od. in Eis kühlen;
7. über'zuckern, glasieren; **8.** sl. j-n
,umlegen'; **III** v/i. **9.** gefrieren: ~ **up**
(*od. over*) zufrieren, vereisen.
ice|age s. geol. Eiszeit f; ~ **ax(e)** s.
mount. Eispickel m; ~ **bag** s. Am. Eis-
beutel m; **'~·berg** [-bɜːg] s. Eisberg m
(*a. fig. sl. Person*): **the tip of the** ~ die
Spitze des Eisbergs (*a. fig.*); **'~·blink** s.
Eisblink m; **'~·boat** s. **1.** Eissegler m,
Segelschlitten m; **2.** Eisbrecher m;
'~·bound adj. eingefroren (*Schiff*); zu-
gefroren (*Hafen*); vereist (*Straße*);
'~·box s. **1.** bsd. Am. Eis-, Kühlschrank m; **2.** Brit. Eisfach n; **3.** Eisbox
f; **4.** F ,Eiskeller' m (*Raum*); **'~·break-
er** s. ⚓ Eisbrecher m (*a. an Brücken*);
'~·cap s. (*bsd. arktische*) Eisdecke; ~
cream s. (Speise)Eis n, Eiscreme f:
vanilla ~ Vanilleeis; **'~·cream** adj.
Eis...: ~ **bar** od. **parlo(u)r** Eisdiele f; ~
cone Eistüte f; ~ **soda** Eis n in Sodawasser (*mit Sirup etc.*); ~ **cube** s. Eis-
würfel m.
iced [aɪst] adj. **1.** mit Eis bedeckt, vereist; **2.** eisgekühlt; **3.** gefroren; **4.** glasiert, mit 'Zuckergla,sur od. -guß.
ice|fall s. gefrorener Wasserfall; ~ **fern**
s. Eisblume(n pl.) f; ~ **floe** s. Eisscholle
f; ~ **foot** s. [irr.] (arktischer) Eisgürtel;

~ **fox** s. zo. Po'larfuchs m; **'~·free** adj.
eis-, vereisungsfrei; ~ **hock·ey** s. Eishockey n; ~ **house** s. Kühlhaus n.
Ice·land·er [ˈaɪsləndə] s. Isländer(in);
Ice·lan·dic [aɪsˈlændɪk] **I** adj. isländisch; **II** s. ling. Isländisch n.
ice| lol·ly s. Brit. Eis n am Stiel; ~ **ma-
chine** s. 'Eis-, 'Kälte,schine f;
'~·man [-mæn] s. [irr.] Am. Eismann
m, Eisverkäufer m; ~ **pack** s. **1.** Pack-
eis n; **2.** ✻ 'Eis,umschlag m, -beutel m;
3. Kühlbeutel m (*in Kühltaschen etc.*);
~ **pick** s. Eishacke f; ~ **plant** s. ♀ Eis-
kraut n; ~ **rink** s. (Kunst)Eisbahn f; ~
run s. Eis-, Rodelbahn f; ~ **show** s.
'Eisre,vue f; **'~·skate I** s. Schlittschuh
m; **II** v/i. Schlittschuh laufen; ~ **wa·ter**
s. **1.** Eiswasser n; **2.** Schmelzwasser n;
~ **yacht** → **iceboat** 1.
ich·thy·o·log·i·cal [ˌɪkθɪəˈlɒdʒɪkl] adj.
ichthyo'logisch; **ich·thy·ol·o·gy** [ˌɪkθɪ-
ˈɒlədʒɪ] s. Ichthyolo'gie f, Fischkunde f;
ich·thy·oph·a·gous [ˌɪkθɪˈɒfəgəs] adj.
fisch(fr)essend; **ich·thy·o'sau·rus**
[-ˈsɔːrəs] pl. **-ri** [-raɪ] s. zo. Ichthyo'saurier m.
i·ci·cle [ˈaɪsɪkl] s. Eiszapfen m.
i·ci·ly [ˈaɪsɪlɪ] adv. eisig (*a. fig.*); **'i·ci-
ness** [-nɪs] s. **1.** Eiseskälte f (*a. fig.*),
eisige Kälte; **2.** Vereisung f (*Straße
etc.*).
ic·ing [ˈaɪsɪŋ] s. **1.** Eisschicht f; Vereisung f; **2.** Zuckerguß m: ~ **sugar** Brit.
Puder-, Staubzucker m; **3.** Eishockey:
unerlaubter Weitschuß.
i·con [ˈaɪkɒn] s. I'kone f, Heiligenbild n;
i·con·o·clasm [aɪˈkɒnəʊklæzəm] s. Bil-
derstürme'rei f (*a. fig.*); **i·con·o·clast**
[aɪˈkɒnəʊklæst] s. Bilderstürmer m (*a.
fig.*); **i·con·o·clas·tic** [aɪˌkɒnəʊˈklæs-
tɪk] adj. bilderstürmend; fig. bilderstür-
merisch; **i·co·nog·ra·phy** [ˌaɪkəˈnɒgrə-
fɪ] s. Ikonogra'phie f; **i·co·nol·a·try** [ˌaɪ-
kəˈnɒlətrɪ] s. Bilderverehrung f; **i·co-
nol·o·gy** [ˌaɪkəˈnɒlədʒɪ] s. Ikonolo'gie
f; **i·con·o·scope** [aɪˈkɒnəskəʊp] s. TV
Ikono'skop n, Bildwandlerröhre f.
ic·tus [ˈɪktəs] s. 'Versak,zent m.
i·cy [ˈaɪsɪ] adj. □ **1.** eisig (*a. fig.*): ~ **cold**
eiskalt; **2.** vereist, eisig, gefroren.
id [ɪd] s. **1.** psych. Es n; **2.** biol. Id n
(*Erbeinheit*).
I'd [aɪd] F für a) **I would, I should**, b) **I
had**.
i·de·a [aɪˈdɪə] s. **1.** I'dee f (*a. phls., ♪*): a)
Vorstellung f, Begriff m, Ahnung f, b)
Gedanke m: **form an** ~ **of** sich e-n Begriff machen von, sich et. vorstellen; **I
have an** ~ **that** ich habe so das Gefühl,
daß; (**I've**) **no** ~! (ich habe) keine Ahnung!; **he hasn't the faintest** ~ er hat
nicht die leiseste Ahnung; **the very** ~!,

what an ~! contp. was für e-e Idee!,
(na,) so was!, unmöglich!; **the very** ~
makes me sick! bei dem bloßen Gedanken (daran) wird mir schlecht!; **you
have no** ~ **how ...** du kannst dir nicht
vorstellen, wie ...; **could you give me
an** ~ **of where** (*etc.*) ...? können Sie mir
ungefähr sagen, wo (*etc.*) ...?; **that's
not my** ~ **of fun** unter Spaß stell' ich
mir was andres vor; **it is my** ~ **that** ich
bin der Ansicht, daß; **the** ~ **entered
my mind** mir kam der Gedanke; **2.**
I'dee f: a) Einfall m, Gedanke m, b)
Absicht f, Zweck m: **not a bad** ~ keine
schlechte Idee; **the** ~ **is** der Zweck der
Sache ist ...; **that's the** ~! genau (darum dreht sich's)!; **what's the big** ~? F
was soll denn das?; **whose bright** ~
was that? wer hat sich denn das ausgedacht?; **put** ~**s into s.o.'s head** j-m e-n
Floh ins Ohr setzen; **have** ~**s** F ,Rosi-
nen' im Kopf haben; **don't get** ~**s a-
bout ...** mach dir keine Hoffnungen auf
(*acc.*); ~**s man** Ideenentwickler m;
i'de·aed, i'de·a'd [-əd] adj. i'deen-
reich, voller I'deen.
i·de·al [aɪˈdɪəl] **I** adj. □ → **ideally**; **1.**
ide'al (*a. phls.*), voll'endet, voll'kom-
men, vorbildlich, Muster...; **2.** ide'ell:
a) Ideen..., b) auf Ide'alen beruhend,
c) (nur) eingebildet; **3.** ⅌ ide'al, unei-
gentlich: ~ **number**; **II** s. **4.** Ide'al n,
Wunsch-, Vorbild n; **5.** das Ide'elle
(*Ggs. das Wirkliche*); **i'de·al·ism** [-lɪ-
zəm] s. Idea'lismus m; **i'de·al·ist** [-lɪst]
s. Idea'list(in); **i·de·al·is·tic** [aɪˌdɪəˈlɪs-
tɪk] adj. (□ ~**ally**) idea'listisch; **i·de·al-
i·za·tion** [aɪˌdɪəlaɪˈzeɪʃn] s. Idealisie-
rung f; **i'de·al·ize** [-laɪz] v/t. u. v/i. idea-
lisieren; **i'de·al·ly** [-lɪ] adv. **1.** ide'al(erweise), am besten; **2.** ide'ell, geistig; **3.**
im Geiste.
i·dée fixe [ˌiːdeɪˈfiːks] (*Fr.*) s. fixe I'dee.
i·dem [ˈaɪdem] **I** s. der'selbe (*Verfasser*),
das'selbe (Buch *etc.*); **II** adv. beim selben Verfasser.
i·den·tic [aɪˈdentɪk] adj. → **identical**; ~
note pol. gleichlautende Note; **i'den-
ti·cal** [-kl] adj. □ (**with**) a) i'dentisch
(mit), (genau) gleich (*dat.*): ~ **twins**
eineiige Zwillinge, b) (der-, die-, das-)
'selbe (wie), c) gleichbedeutend (mit),
-lautend (wie).
i·den·ti·fi·a·ble [aɪˈdentɪfaɪəbl] adj.
identifizier-, feststell-, erkennbar;
i·den·ti·fi·ca·tion [aɪˌdentɪfɪˈkeɪʃn] s.
1. Identifizierung f: a) Gleichsetzung f
(**with** mit), b) Feststellung f der Identi-
'tät, Erkennung f: ~ **mark** Kennzeichen
n; ~ **papers**, ~ **card** = **identity card**; ~
disk, Am. ~ **tag** ⚔ Erkennungsmarke
f; ~ **parade** 🕵 Gegenüberstellung f

(zur Identifizierung e-s Verdächtigen); **2.** Legitimati'on f, Ausweis m; **3.** *Funk, Radar*: Kennung f; **i·den·ti·fy** [aɪ'dentɪfaɪ] **I** v/t. **1.** identifizieren, gleichsetzen, als i'dentisch betrachten (*with* mit): ~ *o.s. with* → 5; **2.** identifizieren, erkennen, die Identi'tät feststellen von (*od. gen.*); **3.** *biol.* die Art feststellen von (*od. gen.*); **4.** ausweisen, legitimieren; **II** v/i. **5.** ~ *with od. to* sich identifizieren mit.

i·den·ti·kit [aɪ'dentɪkɪt] s. ᛒ Phan'tombild(gerät) n.

i·den·ti·ty [aɪ'dentətɪ] s. Identi'tät f: a) Gleichheit f, b) Per'sönlichkeit f: *loss of* ~ Identitätsverlust m; *mistaken* ~ Personenverwechslung f; *establish s.o.'s* ~ → *identify* 2; *prove one's* ~ sich ausweisen; *reveal one's* ~ sich zu erkennen geben; ~ *card* s. (Perso'nal-) Ausweis m, Kenn-, Ausweiskarte f; ~ *cri·sis* s. psych. Identi'tätskrise f.

id·e·o·gram ['ɪdɪəʊgræm], **id·e·o·graph** [-grɑːf] s. Ideo'gramm n, Begriffszeichen n.

id·e·o·log·ic, id·e·o·log·i·cal [ˌaɪdɪə'lɒdʒɪk(l)] adj. ideo'logisch; **id·e·ol·o·gist** [ˌaɪdɪ'ɒlədʒɪst] s. **1.** Ideo'loge m; **2.** Theo'retiker m; **id·e·o·lo·gize** [ˌaɪdɪ'ɒlədʒaɪz] v/t. ideologisieren; **id·e·ol·o·gy** [ˌaɪdɪ'ɒlədʒɪ] s. **1.** Ideolo'gie f, Denkweise f; **2.** Begriffslehre f; **3.** reine Theo'rie.

ides [aɪdz] s. pl. antiq. Iden pl.

id·i·o·cy ['ɪdɪəsɪ] s. Idio'tie f: a) (ᛒ hochgradiger) Schwachsinn, b) F Dummheit f, Blödsinn m.

id·i·om ['ɪdɪəm] s. ling. **1.** Idi'om n, Sondersprache f, Mundart f; **2.** Ausdrucksweise f, Sprache f; **3.** Sprachgebrauch m, -eigentümlichkeit f; **4.** idio'matische Wendung, Redewendung f; **id·i·o·mat·ic** [ˌɪdɪə'mætɪk] adj. (□ ~ally) ling. **1.** idio'matisch, spracheigentümlich; **2.** sprachrichtig, -üblich.

id·i·o·plasm ['ɪdɪəplæzəm] s. biol. Idio'plasma n, Erbmasse f.

id·i·o·syn·cra·sy [ˌɪdɪə'sɪŋkrəsɪ] s. Idiosynkra'sie f: a) per'sönliche Eigenart od. Veranlagung od. Neigung, b) ᛒ krankhafte Abneigung.

id·i·ot ['ɪdɪət] s. Idi'ot m: a) ᛒ Schwachsinnige(r m) f, b) F Dummkopf m: ~ *card TV* ,Neger' m; **id·i·ot·ic** [ˌɪdɪ'ɒtɪk] adj. (□ ~ally) idi'otisch: a) F dumm, blödsinnig, b) ᛒ geistesschwach, schwachsinnig.

i·dle ['aɪdl] **I** adj. (□ *idly*) **1.** untätig, müßig: *the* ~ *rich* die reichen Müßiggänger; **2.** unbeschäftigt, arbeitslos; **3.** ⊙ a) außer Betrieb, stillstehend, b) im Leerlauf, Leerlauf...: ~ *current* a) Leerlaufstrom m, b) Blindstrom m; ~ *motion* Leergang m; ~ *pulley* → *idler* 2 b; ~ *wheel* → *idler* 2 a; *lie* ~ stilliegen; *run* ~ → 9; **4.** ᛒ 'unprodukˌtiv, brachliegend (a. ♪), tot (*Kapital*); **5.** ruhig, still, ungenutzt: ~ *hours* Mußestunden; **6.** faul, träge: ~ *fellow* Faulenzer m; **7.** a) nutz-, zweck-, sinnlos, vergeblich, b) leer (*Worte etc.*), c) müßig (*Mutmaßungen etc.*): ~ *talk* leeres od. müßiges Gerede; *it would be* ~ *to* inf. es wäre müßig od. sinnlos zu inf.; **II** v/i. **8.** faulenzen: ~ *about* herumtrödeln; **9.** ⊙ leer laufen, im Leerlauf sein; **III** v/t. **10.** mst ~ *away* vertrödeln, ver-

bummeln, müßig zubringen; **'i·dled** [-ld] adj. → *idle* 2; **'i·dle·ness** [-nɪs] s. **1.** Untätigkeit f, Muße f; **2.** Faulheit f, Müßiggang m; **3.** a) Leere f, Hohlheit f, b) Müßigkeit f, Nutz-, Zwecklosigkeit f, Vergeblichkeit f; **'i·dler** [-lə] s. **1.** Faulenzer(in), Müßiggänger(in); **2.** a) Zwischenrad n, b) Leerlaufrolle f; **'i·dling** [-lɪŋ] s. **1.** Nichtstun n, Müßiggang m; **2.** ⊙ Leerlauf m; **'i·dly** [-lɪ] adv. → *idle*.

i·dol ['aɪdl] s. I'dol n, Abgott m (beide a. fig.); Götze m, Götzenbild n: *make an* ~ *of* → *idolize*.

i·dol·a·ter [aɪ'dɒlətə] s. **1.** Götzendiener m; **2.** fig. Anbeter m, Verehrer m; **i'dol·a·tress** [-trɪs] s. Götzendienerin f; **i'dol·a·trous** [-trəs] adj. □ **1.** fig. abgöttisch; **2.** Götzen...; **i'dol·a·try** [-trɪ] s. **1.** Abgötte'rei f, Götzendienst m; **2.** fig. Vergötterung f; **i·dol·i·za·tion** [ˌaɪdələr'zeɪʃn] s. **1.** Abgötte'rei f; **2.** fig. Vergötterung f; **i·dol·ize** ['aɪdəlaɪz] v/t. fig. abgöttisch verehren, vergöttern, anbeten.

i·dyl(l) ['ɪdɪl] s. **1.** I'dylle f, Hirtengedicht n; **2.** fig. I'dyll n; **i·dyl·lic** [aɪ'dɪlɪk] (□ ~ally) i'dyllisch.

if [ɪf] **I** cj. **1.** wenn, falls: ~ *I were you* wenn ich Sie wäre, (ich) an Ihrer Stelle; ~ *and when bsd.* ᛒ falls, im Falle (, daß); *any* wenn überhaupt einer (*od.* eine *od.* eines *od.* etwas), falls etwa *od.* je; ~ *anything* a) wenn überhaupt etwas, b) wenn überhaupt (, *dann ist das Buch dicker etc.*); ~ *not* wenn *od.* falls nicht; ~ *so* wenn ja, *bsd.* in *Formularen: a.* zutreffendenfalls; ~ *only to prove* und wäre es auch nur, um zu beweisen; → *I know Jim* so wie ich Jim kenne; → *as if*; **2.** wenn auch: *he is nice* ~ *a bit silly*; **3.** ob: *try* ~ *you can do it!*; *I don't know* ~ *he will agree*; **4.** *ausrufend:* ~ *I had only known!* hätte ich (das) nur gewußt!; **II** s. **5.** Wenn n: *without* ~s *or buts* ohne Wenn u. Aber.

ig·loo, a. **i·glu** ['ɪgluː] s. Iglu m.

ig·ne·ous ['ɪgnɪəs] adj. glühend: ~ *rock* Erstarrungsgestein n, magmatisches Gestein.

ig·nis fat·u·us [ˌɪgnɪs'fætjʊəs] (*Lat.*) s. **1.** Irrlicht n; **2.** fig. Trugbild n.

ig·nite [ɪg'naɪt] **I** v/t. **1.** an-, entzünden; **2.** ♪, mot. zünden; **II** v/i. **3.** sich entzünden, Feuer fangen; **4.** ♪, mot. zünden; **ig'nit·er** [-tə] s. Zündvorrichtung f, Zünder m.

ig·ni·tion [ɪg'nɪʃn] s. **1.** An-, Entzünden n; **2.** ♪, mot. Zündung f; **3.** ♫ Erhitzung f; ~ *charge* s. ⊙ Zündladung f; ~ *coil* s. ♪ Zündspule f; ~ *de·lay* s. ⊙ Zündverzögerung f; ~ *key* s. mot. Zündschlüssel m; ~ *lock* s. ⊙ Zündschloß n; ~ *point* s. Zünd-, Flammpunkt m; ~ *spark* s. ♪ Zündfunke m; ~ *tim·ing* s. Zündeinstellung f; ~ *tube* s. ♫ Glührohr n.

ig·no·ble [ɪg'nəʊbl] adj. □ **1.** gemein, unedel, niedrig; **2.** schmachvoll, schändlich; **3.** von niedriger Geburt.

ig·no·min·i·ous [ˌɪgnəʊ'mɪnɪəs] adj. □ schändlich, schimpflich; **ig·no·min·y** ['ɪgnəmɪnɪ] s. **1.** Schmach f, Schande f; **2.** Schändlichkeit f.

ig·no·ra·mus [ˌɪgnə'reɪməs] pl. **-mus·es** s. Igno'rant(in), Nichtswisser(in).

ig·no·rance ['ɪgnərəns] s. Unwissenheit f: a) Unkenntnis f (*of* gen.), b) contr. Igno'ranz f, Beschränktheit f: ~ *of the law is no excuse* Unkenntnis schützt vor Strafe nicht; **'ig·no·rant** [-nt] adj. □ **1.** unkundig, nicht kennend od. wissend: *be* ~ *of et.* nicht wissen od. kennen, nichts wissen von; **2.** unwissend, ungebildet; **'ig·no·rant·ly** [-ntlɪ] adv. unwissentlich; **ig·nore** [ɪg'nɔː] v/t. **1.** ignorieren, nicht beachten od. berücksichtigen, keine No'tiz nehmen von; **2.** ᛒ *Am. Klage* verwerfen, abweisen.

i·gua·na [ɪ'gwɑːnə] s. zo. Legu'an m.

i·kon ['aɪkɒn] → *icon*.

il·e·um ['ɪlɪəm] s. anat. Ileum n, Krummdarm m; **'il·e·us** [-əs] s. ♪ Darmverschluß m.

i·lex ['aɪleks] s. ♣ **1.** Stechpalme f; **2.** Stecheiche f.

il·i·ac ['ɪlɪæk] adj. Darmbein...

Il·i·ad ['ɪlɪəd] s.Ilias f, Ili'ade f: *an* ~ *of woes* fig. e-e endlose Leidensgeschichte.

il·i·um ['ɪlɪəm] pl. **il·i·a** [-ə] s. anat. a) Darmbein n, b) Hüfte f.

ilk [ɪlk] s. **1.** *of that* ~ Scot. gleichnamigen Ortes: *Kinloch of that* ~ = *Kinloch of Kinloch*; **2.** Art f, Sorte f: *people of that* ~ solche Leute.

ill [ɪl] **I** adj. **1.** (nur pred.) krank: *be taken* ~, *fall od. take* ~ erkranken (*with, of* an dat.); *be* ~ *with a cold* e-e Erkältung haben; ~ *with fear* krank vor Angst; **2.** (*moralisch*) schlecht, böse, übel; → *fame* 1; **3.** böse, feindlich: ~ *blood* böses Blut; *with an* ~ *grace* widerwillig, ungern; ~ *humo(u)r od.* *temper* üble Laune; ~ *treatment* schlechte Behandlung, Mißhandlung f; ~ *will* Feindschaft f, Groll m; *I bear him no* ~ *will* ich trage ihm nichts nach; → *feeling* 2; **4.** nachteilig; ungünstig, schlecht, übel: ~ *effect* üble Folge od. Wirkung; *it's an* ~ *wind* (*that blows nobody good*) et. Gutes ist an allem; → *health* 2, *luck* 1, *omen* I, *weed* 1; **5.** schlecht, unbefriedigend, fehlerhaft: ~ *breeding* a) schlechte Erziehung b) Ungezogenheit f; ~ *management* Mißwirtschaft f; ~ *success* Mißerfolg m, Fehlschlag m; **II** adj. **6.** schlecht, übel: ~ *at ease* unruhig, unbehaglich, verlegen; **7.** böse, feindlich: *take s.th.* ~ übelnehmen; *speak* (*think*) ~ *of s.o.* schlecht von j-m sprechen (denken); **8.** ungünstig: *it went* ~ *with him* es erging ihm schlecht; *it* ~ *becomes you* es steht dir schlecht an; **9.** ungenügend, schlecht: ~*-equipped*; **10.** schwerlich, kaum: *I can* ~ *afford it* ich kann es mir kaum leisten; **III** s. **11.** Übel n, 'Mißgeschick n, Ungemach n; **12.** a. fig. Leiden n, Krankheit f; **13.** *das* Böse, Übel n.

I'll [aɪl] F für *I shall, I will*.

ˌill'-ad·vised adj. □ **1.** schlechtberaten; **2.** unbesonnen, unklug; ~*-af'fect·ed* → *ill-disposed*; ~*-as'sort·ed* adj. schlecht zs.-passend, zs.-gewürfelt; ~*'bred* adj. schlecht erzogen, ungezogen; ~*-con'sid·ered* adj. unüberlegt, unbedacht, unklug; ~*-dis'posed* adj. übelgesinnt (*towards* dat.).

il·le·gal [ɪ'liːgl] adj. □ **1.** 'ille,gal, ungesetzlich, gesetzwidrig, 'widerrechtlich, unerlaubt, verboten; **il·le·gal·i·ty** [ˌɪli:'gælətı] *s.* Gesetzwidrigkeit *f:* a) Ungesetzlichkeit *f*, Illegali'tät *f*, b) gesetzwidrige Handlung.

il·leg·i·bil·i·ty [ı,ledʒı'bılətı] *s.* Unleserlichkeit *f*; **il·leg·i·ble** [ı'ledʒəbl] *adj.* □ unleserlich.

il·le·git·i·ma·cy [,ılı'dʒıtıməsı] *s.* **1.** Unrechtmäßigkeit *f*; **2.** Unehelichkeit *f*, uneheliche Geburt(en *pl.*); **,il·le'git·i·mate** [-mət] *adj.* □ **1.** unrechtmäßig, rechtswidrig; **2.** außer-, unehelich, illegi'tim; **3.** 'inkor,rekt, falsch; **4.** unzulässig, illegi'tim; **5.** unlogisch.

,ill-'fat·ed *adj.* unselig: a) unglücklich, Unglücks..., b) verhängnisvoll, unglückselig; **,~-'fa·vo(u)red** *adj.* □ unschön; **,~-'found·ed** *adj.* unbegründet, fragwürdig; **,~-'got·ten** *adj.* unrechtmäßig (erworben); **,~-'hu·mo(u)red** *adj.* übelgelaunt.

il·lib·er·al [ı'lıbərəl] *adj.* □ **1.** knauserig; **2.** engherzig, -stirnig; **3.** *pol.* 'illibe,ral; **il'lib·er·al·ism** [-rəlızəm] *s. pol.* 'illibe,raler Standpunkt; **il·lib·er·al·i·ty** [ı,lıbə'rælətı] *s.* **1.** Knause'rei *f*; **2.** Engherzigkeit *f.*

il·lic·it [ı'lısıt] *adj.* □ → *illegal*: **~** *trade* Schleich-, Schwarzhandel *m*; **~** *work* Schwarzarbeit *f.*

il·lit·er·a·cy [ı'lıtərəsı] *s.* **1.** Unbildung *f*; **2.** Analpha'betentum *n*; **il'lit·er·ate** [-rət] **I** *adj.* **1.** ungebildet, unwissend; **2.** analpha'betisch, des Lesens u. Schreibens unkundig: *he is* **~** er ist Analphabet; **3.** primi'tiv, unkultiviert: **~** *style*; **4.** fehlerhaft, voller Fehler; **II** *s.* **5.** Ungebildete(r *m*) *f*; **6.** Analpha-'bet(in).

,ill-'judged *adj.* unbedacht, unklug; **,~-'man·nered** *adj.* ungehobelt, ungezogen, mit schlechten 'Umgangsformen; **,~-'matched** *adj.* schlecht zs.-passend; **,~-'na·tured** *adj.* □ **1.** unfreundlich, boshaft; **2.** verärgert.

ill·ness ['ılnıs] *s.* Krankheit *f.*

il·log·i·cal [ı'lodʒıkl] *adj.* □ unlogisch; **il·log·i·cal·i·ty** [ı,lodʒı'kælətı] *s.* Unlogik *f.*

,ill-'o·mened → *ill-fated*; **,~-'starred** *adj.* unglücklich, unselig, vom Unglück verfolgt, unter e-m ungünstigen Stern (stehend); **,~-'tem·pered** *adj.* schlechtgelaunt, übellaunig, mürrisch; **,~-'timed** *adj.* ungelegen, unpassend, 'inoppor,tun; zeitlich schlecht gewählt; **,~-'treat** *v/t.* miß'handeln; schlecht behandeln.

il·lu·mi·nant [ı'lju:mınənt] **I** *adj.* (er)leuchtend, aufhellend; **II** *s.* Beleuchtungskörper *m.*

il·lu·mi·nate [ı'lju:mıneıt] **I** *v/t.* **1.** be-, erleuchten, erhellen; **2.** illuminieren, festlich beleuchten; **3.** *fig.* a) erläutern, erhellen, erklären, aufhellen, b) *j-n* erleuchten; **4.** *Bücher etc.* ausmalen, illuminieren; **5.** *fig.* Glanz verleihen (*dat.*); **II** *v/i.* **6.** sich erhellen; **il'lu·mi·nat·ed** [-tıd] *adj.* beleuchtet, leuchtend, Leucht..., Licht...: **~** *advertising* Leuchtreklame *f*; **il'lu·mi·nat·ing** [-tıŋ] *adj.* **1.** leuchtend, Leucht..., Beleuchtungs...: **~** *gas* Leuchtgas *n*; **~** *power* Leuchtkraft *f*; **2.** *fig.* aufschlußreich, erhellend; **il·lu·mi·na·tion** [ı,lju:mı-'neıʃn] *s.* **1.** Be-, Erleuchtung *f*; **2.** *oft pl.* Illuminati'on *f*, Festbeleuchtung *f*; **3.** *fig.* a) Erläuterung *f*, Erhellung *f*, b)

Erleuchtung *f*; **4.** *a. fig.* Licht *n* u. Glanz *m*; **5.** Illuminati'on *f*, Kolorierung *f*, Verzierung *f* (*von Büchern etc.*); **il'lu·mi·na·tive** [-nətıv] → *illuminating*.

il·lu·mine [ı'lju:mın] *v/t.* → *illuminate* 1–3.

,ill-'use [-'ju:z] → *ill-treat*.

il·lu·sion [ı'lu:ʒn] *s.* Illusi'on *f:* a) (Sinnes)Täuschung *f*; → *optical*, b) Wahn *m*, Einbildung *f*, falsche Vorstellung, trügerische Hoffnung, c) Trugbild *n*, d) Blendwerk *n*: *be under an* **~** e-r Täuschung unterliegen, sich Illusionen machen; *be under the* **~** *that* sich einbilden, daß; **il'lu·sion·ism** [-ʒənızəm] *s. bsd. phls.* Illusio'nismus *m*; **il'lu·sion·ist** [-ʒənıst] *s.* Illusio'nist *m* (*a. phls.*): a) Schwärmer(in), Träumer(in), b) Zauberkünstler *m.*

il·lu·sive [ı'lu:sıv] *adj.* □ illu'sorisch, trügerisch; **il'lu·sive·ness** [-nıs] *s.* **1.** *das* Illu'sorische, Schein *m*; **2.** Täuschung *f*; **il'lu·so·ry** [-sərı] *adj.* □ → *illusive*.

il·lus·trate ['ıləstreıt] *v/t.* **1.** erläutern, erklären, veranschaulichen; **2.** illustrieren, bebildern; **il·lus·tra·tion** [,ılə-'streıʃn] *s.* Illustrati'on *f:* a) Erläuterung *f*, Erklärung *f*, Veranschaulichung *f:* *in* **~** *of* zur Veranschaulichung (*gen.*), b) Beispiel *n*, c) Bebildern *n*, Illustrieren *n*, d) Abbildung *f*, Bild *n*; **'il·lus·tra·tive** [-rətıv] *adj.* □ erläuternd, veranschaulichend, Anschauungs..., Beispiel...: *be* **~** *of* → *illustrate* 1; **'il·lus·tra·tor** [-tə] *s. allg.* Illu'strator *m.*

il·lus·tri·ous [ı'lʌstrıəs] *adj.* □ il'luster, berühmt, erhaben, erlaucht, glänzend.

I'm [aım] F *für* **I am**.

im·age ['ımıdʒ] *s.* **1.** Bild(nis) *n*; **2.** a) Standbild *n*, Bildsäule *f*, b) Heiligenbild *n*, c) Götzenbild *n*: **~-worship** Bilderanbetung *f*, *fig.* Götzendienst *m*; → *graven*; **3.** A, *opt.*, *phys.* Bild *n*: **~** *converter tube* TV Bildwandlerröhre *f*; **4.** Ab-, Ebenbild *n*: *the* (*very*) **~** *of his father* ganz der Vater; **5.** bildlicher Ausdruck, Vergleich *m*, Me'tapher *f*: *speak in* **~s** in Bildern reden; **6.** a) Vorstellung *f*, I'dee *f*, (geistiges) Bild, b) Image *n* (*Persönlichkeitsbild*): *the* **~** *of a politician*; **~** *building* Imagepflege *f*; **7.** Verkörperung *f*; **'im·age·ry** [-dʒərı] *s.* **1.** Bilder *pl.*, Bildwerk(e *pl.*) *n*; **2.** Bilder(sprache *f*) *pl.*, Meta'phorik *f*; **3.** geistige Bilder *pl.*, Vorstellungen *pl.*

im·ag·i·na·ble ['ımædʒınəbl] *adj.* □ vorstellbar, erdenklich, denkbar: *the finest weather* **~** das denkbar schönste Wetter; **im'ag·i·nar·y** [-dʒınərı] *adj.* □ **1.** imagi'när (*a.* A), nur in der Vorstellung vorhanden, eingebildet, (nur) gedacht, Schein..., Phantasie...; **2.** (frei) erfunden, imagi'när; **3.** ✝ fingiert.

im·ag·i·na·tion [ı,mædʒı'neıʃn] *s.* **1.** Phanta'sie *f*, Vorstellungs-, Einbildungskraft *f*, Einfallsreichtum *m:* *a man of* **~** ein phantasievoller *od.* ideenreicher Mann; *he has no* **~** er ist phantasielos; *use your* **~!** laß dir was einfallen!; **2.** Einfälle *pl.*, I'deenreichtum *m*; **3.** Vorstellung *f*, Einbildung *f:* *in* (*my etc.*) **~** in der Vorstellung, im Geiste; *pure* **~** reine Einbildung; **im·ag·i·na·tive** [ı'mædʒmətıv] *adj.* □ **1.** phanta-

'siereich, erfinderisch, einfallsreich: **~** *faculty* → *imagination* 1; **2.** phan'tastisch, phanta'sievoll: **~** *story*; **3.** *contp.* ,erdichtet'; **im·ag·i·na·tive·ness** [ı'mædʒmətıvnıs] → *imagination* 1; **im·ag·ine** [ı'mædʒın] **I** *v/t.* **1.** sich *od. et.* vorstellen *od.* denken: *I* **~** *him as a tall man*; *you can't* **~** *my joy*; *you can't* **~** *how ...* du kannst dir nicht vorstellen *od.* du machst dir kein Bild, wie ...; **2.** sich *et.* (*Unwirkliches*) einbilden: *you are imagining things!* du bildest dir das (alles) nur ein!; **3.** F glauben, denken, sich einbilden: *don't* **~** *that I am satisfied*; **~** *to be* halten für; **II** *v/i.* **4.** sich vorstellen *od.* denken: *just* **~!** F stell dir vor!, denk (dir) nur!

i·ma·go [ı'meıgəʊ] *pl.* **-goes** *od.* **i·mag·i·nes** [ı'meıdʒıni:z] *s.* **1.** *zo.* vollentwickeltes Insekt; **2.** *psych.* I'mago *n.*

im·bal·ance [,ım'bæləns] *s.* **1.** Unausgewogenheit *f*, Unausgeglichenheit *f*; **2.** *bsd.* ✽ gestörtes Gleichgewicht (*im Körperhaushalt etc.*); **3.** *bsd. pol.* Ungleichgewicht *n.*

im·be·cile ['ımbısi:l] **I** *adj.* □ **1.** ✽ geistesschwach; **2.** *contp.* dumm, idi'otisch; **II** *s.* **3.** ✽ Schwachsinnige(r *m*) *f*; **4.** *contp.* Idi'ot *m*, ,Blödmann' *m*; **im·be·cil·i·ty** [,ımbı'sılətı] *s.* **1.** ✽ Schwachsinn *m*; **2.** *contp.* Idio'tie *f*, Blödheit *f.*

im·bibe [ım'baıb] **I** *v/t.* **1.** *humor.* trinken; **2.** *fig.* Ideen etc. in sich aufnehmen, aufsaugen; **II** *v/i.* **3.** *humor.* trinken, bechern.

im·bro·glio [ım'brəʊlıəʊ] *pl.* **-glios** *s.* **1.** Verwicklung *f*, Verwirrung *f*, Komplikati'on *f*, verzwickte Lage; **2.** a) ernstes 'Mißverständnis, b) heftige Ausein'andersetzung.

im·brue [ım'bru:] *v/t. mst fig.* (*with*, *in*) baden (in *dat.*), tränken, *a.* beflecken (mit).

im·bue [ım'bju:] *v/t. fig.* erfüllen (*with* mit): **~d** *with* erfüllt *od.* durchdrungen von.

im·i·ta·ble ['ımıtəbl] *adj.* nachahmbar; **im·i·tate** ['ımıteıt] *v/t.* **1.** *j-s* *od. j-s* Stimme, *Benehmen etc. od. et.* nachahmen, -machen, imitieren; **2.** *et.* imitieren, nachmachen, kopieren, *a.* fälschen; **3.** ähneln (*dat.*); **'im·i·tat·ed** [-teıtıd] *adj.* imitiert, unecht, künstlich; **im·i·ta·tion** [,ımı'teıʃn] **I** *s.* **1.** Nachahmung *f*, Imitati'on *f:* *do an* **~** *of* → *imitate* 1; **2.** Nachbildung *f*, -ahmung *f*, *das* Nachgeahmte, Imitati'on *f*, Ko'pie *f*; **3.** Fälschung *f*; **II** *adj.* **4.** unecht, künstlich, Kunst..., Imitations...: **~** *leather* Kunstleder *n*; **'im·i·ta·tive** [-tətıv] *adj.* □ **1.** nachahmend, -bildend; auf Nachahmung *fremder Vorbilder* beruhend: *be* **~** *of* → *imitate* 1; **2.** nachgemacht, -geahmt (*of dat.*); **3.** *ling.* lautmalend: *an* **~** *word*; **'im·i·ta·tor** [-teıtə] *s.* Nachahmer *m*, Imi'tator *m.*

im·mac·u·late [ı'mækjʊlıt] *adj.* □ **1.** *fig.* unbefleckt, makellos, rein: ⚭ *Conception* R.C. Unbefleckte Empfängnis; **2.** untadelig, tadellos, einwandfrei; **3.** fleckenlos, sauber.

im·ma·nence ['ımənəns], **'im·ma·nen·cy** [-sı] *s. phls.*, *eccl.* Imma'nenz *f*, Innewohnen *n*; **'im·ma·nent** [-nt] *adj.* imma'nent, innewohnend.

im·ma·te·ri·al [,ımə'tıərıəl] *adj.* **1.** un-

körperlich, unstofflich; **2.** unwesentlich, (a. 🕱) unerheblich, belanglos;
im·ma'te·ri·al·ism [-lɪzəm] s. Immate-
ria'lismus m.
im·ma·ture [ˌɪmə'tjʊə] adj. □ unreif,
unentwickelt (a. fig.); **im·ma'tu·ri·ty**
[-'tjʊərətɪ] s. Unreife f.
im·meas·ur·a·ble [ɪ'meʒərəbl] adj. □
unermeßlich, grenzenlos, riesig.
im·me·di·a·cy [ɪ'miːdjəsɪ] s. **1.** Unmittelbarkeit f, Di'rektheit f; **2.** Unverzüg-
lichkeit f; **im·me·di·ate** [ɪ'miːdjət] adj.
□ **1.** Raum: unmittelbar, nächst(gelegen): ~ contact unmittelbare Berührung; ~ vicinity nächste Umgebung; **2.**
Zeit: unverzüglich, so'fortig, 'umgehend: ~ answer, ~ steps Sofortmaß-
nahmen; ~ objective Nahziel n; ~ future nächste Zukunft; **3.** augenblicklich, derzeitig: ~ plans; **4.** di'rekt, unmittelbar; **5.** nächst (Verwandtschaft):
my ~ family m-e nächsten Angehöri-
gen; **im·me·di·ate·ly** [-jətlɪ] **I** adv. **1.**
unmittelbar, di'rekt; **2.** so'fort, 'umgehend, unverzüglich, gleich, unmittelbar; **II** cj. **3.** bsd. Brit. so'bald (als).
im·me·mo·ri·al [ˌɪmɪ'mɔːrɪəl] adj. □ un-
(vor)denklich, uralt: from time ~ seit
un(vor)denklichen Zeiten.
im·mense [ɪ'mens] adj. □ **1.** unermeßlich, ungeheuer, riesig, im'mens; **2.** F
gewaltig, e'norm, ‚riesig': enjoy o.s.
~ly; **im'men·si·ty** [-sətɪ] s. Unermeßlichkeit f.
im·merse [ɪ'mɜːs] v/t. **1.** (ein)tauchen
(a. 🕱), versenken; **2.** fig. (o.s. sich)
vertiefen od. versenken (in in acc.); **3.**
fig. verwickeln, verstricken (in in acc.);
im'mersed [-st] adj. fig. (in) versunken, vertieft (in acc.); **im·mer·sion**
[ɪ'mɜː.ʃn] s. **1.** Ein-, 'Untertauchen n: ~
heater a) Tauchsieder m, b) Boiler m;
2. fig. Versunkenheit f, Vertieftsein n;
3. eccl. Immersi'onstaufe f; **4.** ast. Immersi'on f.
im·mi·grant ['ɪmɪɡrənt] **I** s. Einwanderer m, Einwanderin f, Immi'grant(in);
II adj. a) einwandernd, b) ausländisch,
Fremd...: ~ workers; 'im·mi·grate
[-ɡreɪt] **I** v/i. einwandern, immi'grieren
(into, to in acc., nach); **II** v/t. ansiedeln
(into in dat.); **im·mi·gra·tion** [ˌɪmɪ-
'ɡreɪʃn] s. Einwanderung f, Immigra-
ti'on f: ~ officer Beamte(r) m der Ein-
wanderungsbehörde.
im·mi·nence ['ɪmɪnəns] s. **1.** nahes Bevorstehen; **2.** drohende Gefahr, Drohen n; 'im·mi·nent [-nt] adj. □ nahe
bevorstehend, a. drohend.
im·mis·ci·ble [ɪ'mɪsəbl] adj. □ unver-
mischbar.
im·mo·bile [ɪ'məʊbaɪl] adj. unbeweglich: a) bewegungslos, b) starr, fest;
im·mo·bil·i·ty [ˌɪməʊ'bɪlətɪ] s. Unbeweglichkeit f; **im·mo·bi·li·za·tion**
[ɪˌməʊbɪlaɪ'zeɪʃn] s. **1.** Unbeweglichma-
chen n; 🕱 Ruhigstellung f, Immobilisie-
rung f; **2.** 🕈 a) Einziehung f (von Münzen), b) Festlegung f (von Kapital); **im-
'mo·bi·lize** [-bɪlaɪz] v/t. **1.** unbeweglich
machen; 🕱 ruhigstellen; ✕ außer Gefecht setzen: ~d bewegungsunfähig (a.
Auto etc.); **2.** 🕈 a) Münzen aus dem
Verkehr ziehen, b) Kapital festlegen.
im·mod·er·ate [ɪ'mɒdərət] adj. □ unmäßig, maßlos, über'trieben, -'zogen.
im·mod·est [ɪ'mɒdɪst] adj. □ unbe-

scheiden, anmaßend; **2.** schamlos, unanständig; **im'mod·es·ty** [-tɪ] s. **1.** Un-
bescheidenheit f, Frechheit f; **2.** Unanständigkeit f.
im·mo·late ['ɪməʊleɪt] v/t. **1.** opfern,
zum Opfer bringen (a. fig.); **2.** schlachten (a. fig.); **im·mo·la·tion** [ˌɪməʊ-
'leɪʃn] s. a. fig. Opferung f, Opfer n.
im·mor·al [ɪ'mɒrəl] adj. □ **1.** 'unmo‚ralisch, unsittlich; **2.** 🕱 sittenwidrig, unsittlich; **im·mo·ral·i·ty** [ˌɪmə'rælətɪ] s.
'Unmo‚ral f, Sittenlosigkeit f, Unsitt-
lichkeit f (a. Handlung).
im·mor·tal [ɪ'mɔːtl] adj. □ **1.** unsterblich (a. fig.); **2.** ewig, unvergänglich; **II**
s. **3.** Unsterbliche(r m) f (a. fig.); **im-
mor·tal·i·ty** [ˌɪmɔː'tælətɪ] s. **1.** Unsterb-
lichkeit f (a. fig.); **2.** Unvergänglichkeit
f; **im'mor·tal·ize** [-təlaɪz] v/t. unsterblich machen, verewigen.
im·mor·telle [ˌɪmɔː'tel] s. ♀ Immor'telle
f, Strohblume f.
im·mov·a·bil·i·ty [ɪˌmuːvə'bɪlətɪ] s. **1.**
Unbeweglichkeit f; **2.** fig. Unerschütterlichkeit f; **im·mov·a·ble** [ɪ'muːvəbl]
I adj. □ **1.** unbeweglich: a) ortsfest: ~
property → 4, b) unbewegt, bewegungslos; **2.** zeitlich unveränderlich: ~
feast unbeweglicher Feiertag; **3.** fig.
fest, unerschütterlich, unnachgiebig; **II**
s. **4.** pl. 🕱 unbewegliches Eigentum,
Immo'bilien pl., Liegenschaften pl.
im·mune [ɪ'mjuːn] **I** adj. **1.** 🕱 u. fig.
(from, against, to) im'mun (gegen),
unempfänglich (für); **2.** (from,
against, to) geschützt, gefeit (gegen),
frei (von); **II** s. **3.** im'mune Per'son;
im'mu·ni·ty [-nətɪ] s. **1.** allg. Immuni-
'tät f: a) 🕱 u. fig. Unempfänglichkeit f,
b) 🕱 Freiheit f, Befreiung f (from von
Strafe, Steuer); **2.** 🕱 Privi'leg n, Son-
derrecht n; **3.** Freisein n (from von);
im·mu·ni·za·tion [ˌɪmjuːnaɪ'zeɪʃn] s. 🕱
Immunisierung f; **im·mu·nize** ['ɪmjuː-
naɪz] v/t. immunisieren; im'mun machen (against gegen), schützen (vor
dat.); **im·mu·no·gen** [ɪ'mjuːnəʊdʒen]
s. 🕱 Antigen n; **im·mu·nol·o·gy**
[ˌɪmjuː'nɒlədʒɪ] s. 🕱 Immuni'tätsfor-
schung f, -lehre f.
im·mure [ɪ'mjʊə] v/t. **1.** einsperren,
-schließen, -kerkern: ~ o.s. sich abschließen; **2.** einmauern.
im·mu·ta·bil·i·ty [ɪˌmjuːtə'bɪlətɪ] s. a.
biol. Unveränderlichkeit f; **im·mu·ta-
ble** [ɪ'mjuːtəbl] adj. □ unveränderlich,
unwandelbar.
imp [ɪmp] s. **1.** Teufelchen n, Kobold m;
2. humor. Schlingel m, Racker m.
im·pact [ɪm'impækt] **I** s. **1.** An-, Zs.-prall
m, Auftreffen n; **2.** bsd. ✕ Auf-, Einschlag m: ~ fuse Aufschlagzünder m;
3. ⚙, phys. a) Stoß m, Schlag m, b)
Wucht f: ~ extrusion Schlagstrangpres-
sen n; ~ strength ⚙ (Kerb)Schlagfe-
stigkeit f; **4.** fig. a) (heftige) (Ein)Wir-
kung, Auswirkung pl., (starker) Einfluß (on auf acc.), b) (starker) Eindruck (on auf acc.), c) Wucht f, Gewalt
f, d) (on) Belastung f (gen.), Druck m
(auf acc.): make an ~ (on) ‚einschlagen' od. e-n starken Eindruck hinterlassen (bei), sich mächtig auswirken (auf
acc.); **II** v/t. [ɪm'pækt] **5.** zs.-pressen; a.
🕱 einkeilen, -klemmen.
im·pair [ɪm'peə] v/t. **1.** verschlechtern;
2. beeinträchtigen: a) nachteilig beein-

flussen, schwächen, b) (ver)mindern,
schmälern; **im'pair·ment** [-mənt] s.
Verschlechterung f; Beeinträchtigung f,
Verminderung f, Schädigung f, Schmälerung f.
im·pale [ɪm'peɪl] v/t. **1.** hist. pfählen; **2.**
aufspießen, durch'bohren; **3.** her. zwei
Wappen durch e-n senkrechten Pfahl
verbinden.
im·pal·pa·ble [ɪm'pælpəbl] adj. □ **1.**
unfühlbar; **2.** äußerst fein; **3.** kaum
(er)faßbar, nicht greifbar.
im·pan·el [ɪm'pænl] → empanel.
im·par·i·syl·lab·ic [ˌɪmˌpærɪ'læbɪk] adj.
u. s. ling. ungleichsilbig(es Wort).
im·par·i·ty [ɪm'pærətɪ] s. Ungleichheit f.
im·part [ɪm'pɑːt] v/t. **1.** (to dat.) geben:
a) gewähren, zukommen lassen, b) e-e
Eigenschaft etc. verleihen; **2.** mitteilen:
a) kundtun (to dat.): ~ news, b) vermitteln (to dat.): ~ knowledge, c) a.
phys. übertragen (to auf acc.): ~ a motion.
im·par·tial [ɪm'pɑːʃl] adj. □ 'unpar-
‚teiisch, unvoreingenommen, unbefangen; **im·par·ti·al·i·ty** ['ɪmˌpɑːʃɪ'ælətɪ] s.
'Unpar‚teilichkeit f, Unvoreingenommenheit f.
im·pass·a·ble [ɪm'pɑːsəbl] adj. □ unpassierbar.
im·passe [æm'pɑːs] (Fr.) s. Sackgasse f,
fig. a. ausweglose Situati'on: reach an
~ fig. in e-e Sackgasse geraten, e-n toten Punkt erreichen; break the ~ aus
der Sackgasse herauskommen.
im·pas·si·ble [ɪm'pæsɪbl] adj. □ (to) gefühllos (gegen), unempfindlich (für).
im·pas·sioned [ɪm'pæʃnd] adj. leidenschaftlich.
im·pas·sive [ɪm'pæsɪv] adj. □ **1.** teil-
nahms-, leidenschaftslos, ungerührt; **2.**
gelassen; **3.** unbewegt: → face.
im·paste [ɪm'peɪst] v/t. **1.** zu e-m Teig
kneten; **2.** paint. Farben dick auftragen, pa'stos malen; **im·pas·to** [ɪm'pæs-
təʊ] s. paint. Im'pasto m.
im·pa·tience [ɪm'peɪʃns] s. **1.** Ungeduld
f; **2.** (of) Unduldsamkeit f, Abneigung f
(gegen['über]), Unwille m (über acc.);
im'pa·tient [-nt] adj. □ **1.** ungeduldig;
2. (of) unduldsam (gegen), ungehalten
(über acc.), unzufrieden (mit): be ~ of
nicht (v)ertragen können (acc.), nichts
übrig haben für; **3.** begierig (for nach,
to do zu tun): be ~ for et. nicht erwarten können; be ~ to do it darauf brennen, es zu tun.
im·peach [ɪm'piːtʃ] v/t. **1.** j-n anklagen,
beschuldigen (of, with gen.); **2.** 🕱 Beamten etc. (wegen e-s Amtsvergehens)
anklagen; **3.** anzweifeln, anfechten, in
Frage stellen: ~ a witness die Glaubwürdigkeit e-s Zeugen anzweifeln; **4.**
angreifen, her'absetzen, tadeln, be-
mängeln; **im'peach·a·ble** [-tʃəbl] adj.
anklag-, anfecht-, bestreitbar; **im-
'peach·ment** [-mənt] s. **1.** Anklage f,
Beschuldigung f; **2.** (öffentliche) Anklage e-s Ministers etc. wegen Amtsmiß-
brauchs, Hochverrats etc.; **3.** Anfechtung f, Bestreitung f der Glaubwürdigkeit od. Gültigkeit; **4.** In'fragestellung
f; **5.** Vorwurf m, Tadel m.
im·pec·ca·bil·i·ty [ɪmˌpekə'bɪlətɪ] s. **1.**
Sündlosigkeit f; **2.** Fehler-, Tadellosigkeit f; **im·pec·ca·ble** [ɪm'pekəbl] adj.
□ **1.** sünd(en)los, rein; **2.** tadellos, un-

tadelig, einwandfrei.

im·pe·cu·ni·os·i·ty ['ɪmpɪˌkjuːnɪ'ɒsətɪ] s. Mittellosigkeit f, Armut f; **im·pe·cu·ni·ous** [ˌɪmpɪ'kjuːnjəs] adj. mittellos, arm.

im·ped·ance [ɪm'piːdəns] s. ⚡ Impe'danz f, 'Scheinˌwiderstand m.

im·pede [ɪm'piːd] v/t. **1.** j-n (be)hindern; **2.** et. erschweren, verhindern; **im·ped·i·ment** [ɪm'pedɪmənt] s. **1.** Be-, Verhinderung f; **2.** Hindernis n (to für), ✠ Behinderung f: ~ in one's speech Sprachfehler m; **3.** ⚥ (bsd. Ehe)Hindernis n, Hinderungsgrund m; **im·ped·i·men·ta** [ɪmˌpedɪ'mentə] s. pl. **1.** ✕ Gepäck n, Troß m; **2.** fig. Last f, (hinderliches) Gepäck, j-s ˌSiebensachenˈ pl.

im·pel [ɪm'pel] v/t. **1.** (an-, vorwärts)treiben, drängen; **2.** zwingen, nötigen: I felt ~led ich sah mich gezwungen od. veranlaßt, ich fühlte mich genötigt; **im'pel·lent** [-lənt] **I** adj. (an)treibend, Trieb...; **II** s. Triebkraft f, Antrieb m; **im'pel·ler** [-lə] s. ⚙ a) Flügel-, Laufrad n, b) Kreisel m (e-r Pumpe), c) ✈ Laderlaufrad n.

im·pend [ɪm'pend] v/i. **1.** hängen, schweben (over über dat.); **2.** fig. a) unmittelbar bevorstehen, b) (over) drohend schweben (über dat.), drohen (dat.); **im'pend·ing** [-dɪŋ] adj. nahe bevorstehend, drohend.

im·pen·e·tra·bil·i·ty [ɪmˌpenɪtrə'bɪlətɪ] s. **1.** 'Undurchˌdringlichkeit f; **2.** fig. Unerforschlichkeit f, Unergründlichkeit f; **im·pen·e·tra·ble** [ɪm'penɪtrəbl] adj. □ **1.** 'undurchˌdringlich (by für); **2.** unergründlich, unerforschlich; **3.** fig. (to, by) unempfänglich (für), unzugänglich (dat.).

im·pen·i·tence [ɪm'penɪtəns], **im'pen·i·ten·cy** [-sɪ] s. Unbußfertigkeit f, Verstocktheit f; **im'pen·i·tent** [-nt] adj. □ unbußfertig, verstockt, reuelos.

im·per·a·ti·val [ɪmˌperə'taɪvl] → imperative 3; **im·per·a·tive** [ɪm'perətɪv] **I** adj. □ **1.** befehlend, gebieterisch, herrisch; **2.** 'unumˌgänglich, zwingend, dringend (nötig), unbedingt erforderlich; **3.** ling. impera'tivisch, Imperativ..., Befehls...: ~ mood → 5; **II** s. **4.** Befehl m, Gebot n; **5.** ling. Imperativ m, Befehlsform f.

im·per·cep·ti·bil·i·ty ['ɪmpəˌseptə'bɪlətɪ] s. Unwahrnehmbarkeit f; Unmerklichkeit f; **im·per·cep·ti·ble** [ˌɪmpə'septəbl] adj. □ **1.** nicht wahrnehmbar, unbemerkbar, unsichtbar, unhörbar; **2.** unmerklich; **3.** verschwindend klein.

im·per·fect [ɪm'pɜːfɪkt] **I** adj. □ **1.** 'unvollˌständig, 'unvollˌendet; **2.** 'unvollˌkommen (a. ♀, ♪): ~ rhyme unreiner Reim; **3.** mangel-, fehlerhaft; **4.** ling. ~ tense → 5; **II** s. **5.** ling. Imperfekt n, 'unvollˌendete Vergangenheit; **im·per·fec·tion** [ˌɪmpə'fekʃn] s. **1.** 'Unvollˌkommenheit f, Mangelhaftigkeit f; **2.** Mangel m, Fehler m.

im·per·fo·rate [ɪm'pɜːfərət] adj. **1.** bsd. anat. ohne Öffnung; **2.** nicht perforiert, ungezähnt (Briefmarke).

im·pe·ri·al [ɪm'pɪərɪəl] **I** adj. □ **1.** kaiserlich, Kaiser...; **2.** Reichs...; **3.** das brit. Weltreich betreffend, Empire...: ⊆ Conference Empire-Konferenz f; **4.** Brit. gesetzlich (Maße u. Gewichte): ~ gallon (= 4,55 Liter); **5.** großartig,

herrlich; **II** s. **6.** Kaiserliche(r) m (Soldat, Anhänger); **7.** Knebelbart m; **8.** Imperi'al(paˌpier) n (Format: brit. 22×30 in., amer. 23×31 in.); **im'pe·ri·al·ism** [-lɪzəm] s. pol. Imperia'lismus m; **im'pe·ri·al·ist** [-lɪst] **I** s. **1.** pol. Imperia'list m; **2.** Kaiserliche(r) m; **II** adj. **3.** imperia'listisch; **4.** kaiserlich, kaisertreu; **im·pe·ri·al·is·tic** [ɪmˌpɪərɪə'lɪstɪk] adj. (□ ~ally) → imperialist 3, 4.

im·per·il [ɪm'perɪl] v/t. gefährden.

im·pe·ri·ous [ɪm'pɪərɪəs] adj. □ **1.** herrisch, anmaßend, gebieterisch; **2.** dringend, zwingend; **im'pe·ri·ous·ness** [-nɪs] s. **1.** Herrschsucht f, Anmaßung f, herrisches Wesen; **2.** Dringlichkeit f.

im·per·ish·a·ble [ɪm'perɪʃəbl] adj. □ unvergänglich, ewig.

im·per·ma·nence [ɪm'pɜːmənəns], **im'per·ma·nen·cy** [-sɪ] s. Unbeständigkeit f, Vergänglichkeit f; **im'per·ma·nent** [-nt] adj. unbeständig, vor'übergehend, nicht von Dauer.

im·per·me·a·bil·i·ty [ɪmˌpɜːmjə'bɪlətɪ] s. 'Unˌdurchlässigkeit f; **im·per·me·a·ble** [ɪm'pɜːmjəbl] adj. □ 'unˌdurchlässig (to für): ~ (to water) wasserdicht.

im·per·mis·si·ble [ˌɪmpə'mɪsəbl] adj. unzulässig, unerlaubt.

im·per·son·al [ɪm'pɜːsnl] adj. a. ling. 'unperˌsönlich: ~ account ✞ Sachkonto n; **im·per·son·al·i·ty** [ɪmˌpɜːsə'nælətɪ] s. 'Unperˌsönlichkcit f.

im·per·son·ate [ɪm'pɜːsəneɪt] v/t. **1.** personifizieren, verkörpern; **2.** imitieren, nachahmen; **3.** sich ausgeben als od. 'auftreten als; **im·per·son·a·tion** [ɪmˌpɜːsə'neɪʃn] s. **1.** Personifikati'on f, Verkörperung f; **2.** Nachahmung f, Imitati'on f; **3.** (betrügerisches od. scherzhaftes) Auftreten (of als); **im'per·son·a·tor** [-tə] s. **1.** thea. a) Imi'tator m, b) Darsteller(in); **2.** Betrüger(in), Hochstapler(in).

im·per·ti·nence [ɪm'pɜːtɪnəns] s. Unverschämtheit f, Frechheit f; **im'per·ti·nent** [-nt] adj. □ **1.** unverschämt, frech; **2.** ⚥ nicht zur Sache gehörig, unerheblich; **3.** nebensächlich; **4.** unangebracht.

im·per·turb·a·bil·i·ty ['ɪmpəˌtɜːbə'bɪlətɪ] s. Unerschütterlichkeit f, Gelassenheit f, Gleichmut m; **im·per·turb·a·ble** [ˌɪmpə'tɜːbəbl] adj. □ unerschütterlich, gelassen.

im·per·vi·ous [ɪm'pɜːvjəs] adj. □ **1.** 'unˌdurchˌdringlich (to für), 'unˌdurchlässig: ~ to rain regendicht; **2.** fig. (to) unzugänglich (für od. dat.), unempfindlich (gegen); taub (gegen); **im·per·vi·ous·ness** [-nɪs] s. **1.** 'Unˌdurchˌdringlichkeit f, -lässigkeit f; **2.** fig. Unzugänglichkeit f, Unempfindlichkeit f.

im·pe·tig·i·nous [ˌɪmpɪ'tɪdʒɪnəs] adj. ✠ pustelartig; **im·pe·ti·go** [-'taɪgəʊ] s. ✠ Impe'tigo m.

im·pet·u·os·i·ty [ɪmˌpetjʊ'ɒsətɪ] s. **1.** Heftigkeit f, Ungestüm n; **2.** impul'sive Handlung; **im·pet·u·ous** [ɪm'petjʊəs] adj. □ heftig, ungestüm; hitzig, über'eilt, impul'siv; **im·pet·u·ous·ness** [ɪm'petjʊəsnɪs] → impetuosity.

im·pe·tus ['ɪmpɪtəs] s. **1.** phys. Stoß-, Triebkraft f, Schwung m; **2.** fig. Antrieb m, Anstoß m, Schwung m: give a fresh ~ to Auftrieb od. neuen Schwung verleihen (dat.).

im·pi·e·ty [ɪm'paɪətɪ] s. **1.** Gottlosigkeit f; **2.** Pie'tätlosigkeit f.

im·pinge [ɪm'pɪndʒ] v/i. **1.** (on, upon) stoßen (an acc., gegen), zs.-stoßen (mit), auftreffen (auf acc.); **2.** fallen, einwirken (on auf acc.): ~ on the eye; ~ on the ear ans Ohr dringen; **3.** (on) sich auswirken (auf acc.), beeinflussen (acc.); **4.** (on) ('widerrechtlich) eingreifen (in acc.), verstoßen (gegen Rechte etc.).

im·pi·ous ['ɪmpɪəs] adj. □ **1.** gottlos, ruchlos; **2.** pie'tätlos; **3.** re'spektlos.

imp·ish ['ɪmpɪʃ] adj. □ schelmisch, spitzbübisch, verschmitzt.

im·pla·ca·bil·i·ty [ɪmˌplækə'bɪlətɪ] s. Unversöhnlichkeit f, Unerbittlichkeit f; **im·pla·ca·ble** [ɪm'plækəbl] adj. □ unversöhnlich, unerbittlich.

im·plant [ɪm'plɑːnt] v/t. fig. einimpfen, a. ✠ einpflanzen (in dat.); **im·plan·ta·tion** [ˌɪmplɑːn'teɪʃn] s. **1.** fig. Einimpfung f; **2.** mst fig. od. ✠ Einpflanzung f.

im·plau·si·ble [ɪm'plɔːzəbl] adj. nicht plau'sibel, unwahrscheinlich, unglaubwürdig, -haft, wenig über'zeugend.

im·ple·ment I s. ['ɪmplɪmənt] **1.** Werkzeug n (a. fig.), Gerät n; **2.** ⚥ Scot. Erfüllung f (e-s Vertrages); **II** v/t. [-ment] **3.** aus-, 'durchführen; **4.** in Kraft setzen; **5.** ergänzen; **6.** ⚥ Scot. Vertrag erfüllen; **im·ple·men·tal** [ˌɪmplɪ'mentl], **im·ple·men·ta·ry** [ˌɪmplɪ'mentərɪ] adj. Ausführungs...: ~ orders Ausführungsbestimmungen; **im·ple·men·ta·tion** [ˌɪmplɪmen'teɪʃn] s. Erfüllung f, Aus-, 'Durchführung f.

im·pli·cate ['ɪmplɪkeɪt] v/t. **1.** fig. verwickeln, hin'einziehen (in in acc.), in Zs.-hang od. Verbindung bringen (with mit): ~d in verwickelt in (acc.), betroffen von; **2.** fig. a) → imply 1, b) zur Folge haben; **im·pli·ca·tion** [ˌɪmplɪ'keɪʃn] s. **1.** Verwicklung f, Verflechtung f, (enge) Verbindung, Zs.-hang m; **2.** (eigentliche) Bedeutung; Andeutung f; **3.** Konse'quenz f, Folge f, Folgerung f, Auswirkung f: by ~ a) als (natürliche) Folgerung od. Folge, b) implizite, durch sinngemäße Auslegung, ohne weiteres.

im·plic·it [ɪm'plɪsɪt] adj. □ **1.** (mit od. stillschweigend) inbegriffen, stillschweigend, unausgesprochen; **2.** abso-'lut, vorbehalt-, bedingungslos: ~ faith (obedience) blinder Glaube (Gehorsam); **im·plic·it·ly** [-lɪ] adv. **1.** im'plizite, stillschweigend, ohne weiteres; **2.** unbedingt; **im·plic·it·ness** [-nɪs] s. **1.** Mit'inbegriffensein n; Selbstverständlichkeit f; **2.** Unbedingtheit f.

im·plied [ɪm'plaɪd] adj. (stillschweigend od. mit) inbegriffen, einbezogen, sinngemäß (darin) enthalten, impliziert: ~ condition.

im·plode [ɪm'pləʊd] v/i. phys. implodieren.

im·plore [ɪm'plɔː] v/t. **1.** j-n anflehen, beschwören; **2.** et. erflehen, erbitten; **im'plor·ing** [-ɔːrɪŋ] adj. □ flehentlich, inständig.

im·plo·sion [ɪm'pləʊʒn] s. phys. Implosi'on f.

im·ply [ɪm'plaɪ] v/t. **1.** einbeziehen, in sich schließen, (stillschweigend) be-in-halten; **2.** mit sich bringen, dar'auf hinauslaufen: that implies daraus ergibt sich, das bedeutet; **3.** besagen, bedeuten, schließen lassen auf (*acc.*); **4.** andeuten, ˈdurchblicken lassen, implizieren.

im·po·lite [ɪmpəˈlaɪt] *adj.* □ unhöflich, grob.

im·pol·i·tic [ɪmˈpɒlətɪk] *adj.* □ ˈundiploˌmatisch, unklug.

im·pon·der·a·ble [ɪmˈpɒndərəbl] **I** *adj.* unwägbar (*a. phys.*), unberechenbar; **II** *s. pl.* Imponderaˈbilien *pl.*, Unwägbarkeiten *pl.*

im·port I *v/t.* [ɪmˈpɔːt] **1.** ✝ importieren, einführen: ***~ing country*** Einfuhrland *n*; **2.** *fig.* einführen, hinˈeinbringen; **3.** bedeuten, besagen; **II** *s.* [ˈɪmpɔːt] **4.** ✝ Einfuhr *f*, Imˈport *m*; *pl.* ˈEinfuhrwaren *pl.*, -arˌtikel *pl.*; ***~ bounty*** Einfuhrprämie *f*; ***~ duty*** Einfuhrzoll *m*; ***~ licence*** (*Am.* ***license***), ***~ permit*** Einfuhrgenehmigung *f*; ***~ quota*** Einfuhrkontingent *n*; ***~ tariff*** Einfuhrzoll *m*; **5.** Bedeutung *f*, Sinn *m*; **6.** Wichtigkeit *f*, Bedeutung *f*, Tragweite *f*; **imˈport·a·ble** [-təbl] *adj.* ✝ einführbar, importierbar.

im·por·tance [ɪmˈpɔːtns] *s.* **1.** Wichtigkeit *f*, Bedeutung *f*: ***attach ~ to*** Bedeutung beimessen (*dat.*); ***conscious*** (*od.* ***full***) ***of one's own ~*** → ***important*** 3; ***it is of no ~*** es ist unwichtig, es hat keine Bedeutung; **2.** Einfluß *m*, Ansehen *n*, Gewicht *n*: ***a person of ~*** e-e gewichtige Persönlichkeit; **imˈpor·tant** [-nt] *adj.* □ **1.** wichtig, wesentlich, bedeutend (***to*** für); **2.** herˈvorragend, bedeutend, angesehen, einflußreich; **3.** wichtigtuerisch, eingebildet, von s-r eigenen Wichtigkeit erfüllt.

im·por·ta·tion [ˌɪmpɔːˈteɪʃn] *s.* ✝ **1.** Imˈport *m*, Einfuhr *f*; **2.** Einfuhrware(n *pl.*) *f*; **im·port·er** [ɪmˈpɔːtə] *s.* ✝ Imporˈteur *m.*

im·por·tu·nate [ɪmˈpɔːtjʊnət] *adj.* □ lästig, zu-, aufdringlich; **im·por·tune** [ɪmpɔːˈtjuːn] *v/t.* dauernd (mit Bitten) belästigen, behelligen; **im·por·tu·ni·ty** [ˌɪmpɔːˈtjuːnətɪ] *s.* Aufdringlichkeit *f*, Hartnäckigkeit *f.*

im·pose [ɪmˈpəʊz] **I** *v/t.* **1.** *Pflicht, Steuer etc.* auferlegen, aufbürden (***on, upon*** *dat.*): ***~ a tax on s.th.*** et. besteuern, et. mit e-r Steuer belegen; ***~ a penalty on s.o.*** e-e Strafe verhängen gegen j-n, j-n mit e-r Strafe belegen; ***~ law and order*** Recht u. Ordnung schaffen; **2.** ***~ s.th. on s.o.*** a) j-m et. aufdrängen, b) j-m et. ‚andrehen'; ***~ o.s. on s.o.*** → 7; **3.** *typ. Kolumnen* ausschießen; **4.** *eccl. die Hände* (segnend) auflegen; **II** *v/i.* **5.** (***upon***) beeindrucken (*acc.*), imponieren (*dat.*); **6.** ausnutzen, mißˈbrauchen (***on*** *acc.*): ***~ on s.o.'s kindness***; **7.** ***~ on s.o.*** sich j-m aufdrängen, j-m zur Last fallen; **8.** betrügen, hinterˈgehen (***on s.o.*** j-n); **imˈpos·ing** [-zɪŋ] *adj.* □ eindrucksvoll, imponierend, impoˈsant; **im·po·si·tion** [ˌɪmpəˈzɪʃn] *s.* **1.** Auferlegung *f*, Aufbürdung *f* (*von Steuern, Pflichten etc.*), Verhängung *f* (*e-r Strafe*): ***~ of taxes*** Besteuerung *f*; **2.** Last *f*, Belastung *f*; Auflage *f*, Pflicht *f*; **3.** Abgabe *f*, Steuer *f*; **4.** *ped. Brit.* Strafarbeit *f*; **5.** (schamlose) Ausnutzung (***on*** *gen.*), Zumutung *f*; **6.** Überˈvorteilung *f*, Schwindel *m*; **7.** *eccl.* (*Hand*)Auflegen *n*; **8.** *typ.* a) Ausschießen *n*, b) Forˈmatmachen *n.*

im·pos·si·bil·i·ty [ɪmˌpɒsəˈbɪlətɪ] *s.* Unmöglichkeit *f*; **im·pos·si·ble** [ɪmˈpɒsəbl] *adj.* □ **1.** *allg.* unmöglich: a) unausführbar, b) ausgeschlossen, c) unglaublich: ***it is ~ for me to do that*** ich kann das unmöglich tun; **2.** F ‚unmöglich': ***you are ~!***; **im·pos·si·bly** [ɪmˈpɒsəblɪ] *adv.* **1.** unmöglich; **2.** unglaublich: ***~ young.***

im·post [ˈɪmpəʊst] **I** *s.* **1.** ✝ Auflage *f*, Abgabe *f*, Steuer *f*, *bsd.* Einfuhrzoll *m*; **2.** *sl. Pferderennen*: Handicap-Ausgleichsgewicht *n*; **II** *v/t.* **3.** *Am. Importwaren* zwecks Zollfestsetzung klassifizieren.

im·pos·tor [ɪmˈpɒstə] *s.* Betrüger(in), Schwindler(in), Hochstapler(in); **imˈpos·ture** [-tʃə] *s.* Betrug *m*, Schwindel *m*, Hochstapeˈlei *f.*

im·po·tence [ˈɪmpətəns], **ˈim·po·ten·cy** [-sɪ] *s.* **1.** a) Unvermögen *n*, Unfähigkeit *f*, b) Hilf-, Machtlosigkeit *f*, Ohnmacht *f*; **2.** Schwäche *f*, Kraftlosigkeit *f*; **3.** ⚕ Impotenz *f*; **ˈim·po·tent** [-nt] *adj.* □ **1.** a) unfähig, b) macht-, hilflos, ohnmächtig; **2.** schwach, kraftlos; **3.** ⚕ impotent.

im·pound [ɪmˈpaʊnd] *v/t.* **1.** *bsd. Vieh* einpferchen, einsperren; **2.** *Wasser* sammeln, stauen; **3.** ⚖ a) beschlagnahmen, b) sicherstellen, in (gerichtliche *od.* behördliche) Verwahrung nehmen.

im·pov·er·ish [ɪmˈpɒvərɪʃ] *v/t.* **1.** arm *od.* ärmer machen: ***be ~ed*** verarmen, verarmt sein; **2.** *Land etc.* auspowern, *Boden etc.* auslaugen; **3.** *fig.* a) ärmer machen, *kulturell etc.* verarmen lassen, b) *e-r Sache* den Reiz nehmen; **imˈpov·er·ish·ment** [-mənt] *s. a. fig.* Verarmung *f*; Auslaugung *f.*

im·prac·ti·ca·bil·i·ty [ɪmˌpræktɪkəˈbɪlətɪ] *s.* **1.** ˈUndurchˌführbarkeit *f*, Unmöglichkeit *f*; **2.** Unbrauchbarkeit *f*; **3.** Unpassierbarkeit *f* (*e-r Straße etc.*); **im·prac·ti·ca·ble** [ɪmˈpræktɪkəbl] *adj.* □ **1.** ˈundurchˌführbar, unmöglich; **2.** unbrauchbar; **3.** unpassierbar, unbefahrbar (*Straße*); **4.** unlenksam, störrisch (*Person*).

im·prac·ti·cal [ɪmˈpræktɪkl] *adj.* **1.** unpraktisch; **2.** (rein) theoˈretisch, sinnlos; **3.** → ***impracticable.***

im·pre·cate [ˈɪmprɪkeɪt] *v/t. Schlimmes* herˈabwünschen (***on, upon*** auf *acc.*): ***~ curses on s.o.*** j-n verfluchen; **im·pre·ca·tion** [ˌɪmprɪˈkeɪʃn] *s.* Verwünschung *f*, Fluch *m*; **ˈim·pre·ca·to·ry** [-tərɪ] *adj.* Verwünschungs…

im·preg·na·bil·i·ty [ɪmˌpregnəˈbɪlətɪ] *s.* ˈUnüberˌwindlichkeit *f etc.* (→ ***impregnable***); **im·preg·na·ble** [ɪmˈpregnəbl] *adj.* □ **1.** ˈunüberˌwindlich, unbezwinglich, uneinnehmbar (*Festung*); **2.** unerschütterlich (***to*** gegenüber); **im·preg·nate I** *v/t.* [ˈɪmpregneɪt] **1.** *biol.* a) schwängern (*a. fig.*), b) befruchten (*a. fig.*); **2.** sättigen, durchˈdringen; ⚙ tränken, imprägnieren; **3.** *fig. et. od. j-n* durchˈdringen, erfüllen; **4.** *paint.* grundieren; **II** *adj.* [ɪmˈpregnɪt] **5.** *biol.* a) geschwängert, schwanger, b) befruchtet; **6.** *fig.* (***with***) voll (von), durchˈdrungen (von); **im·preg·na·tion** [ˌɪmpregˈneɪʃn] *s.* **1.** *biol.* a) Schwängerung *f*, b) Befruchtung *f*; **2.** Imprägnierung *f*, (Durch)ˈTränkung *f*, Sättigung *f*; **3.** *fig.* Befruchtung *f*, Durchˈdringung *f*, Erfüllung *f.*

im·pre·sa·ri·o [ˌɪmprɪˈsɑːrɪəʊ] *pl.* **-os** *s.* **1.** Impreˈsario *m*; **2.** (Theˈater- *etc.*)Diˌrektor *m.*

im·pre·scrip·ti·ble [ˌɪmprɪˈskrɪptəbl] *adj.* ⚖ a) unverjährbar, b) *a. fig.* unveräußerlich: ***~ rights.***

im·press[1] **I** *v/t.* [ɪmˈpres] **1.** beeindrucken, Eindruck machen auf (*acc.*), imponieren (*dat.*): ***be favo(u)rably ~ed by*** e-n guten Eindruck erhalten *od.* haben von; ***I am not ~ed*** das imponiert mir gar nicht; ***he is not easily ~ed*** er läßt sich nicht so leicht beeindrucken; **2.** *j-n* erfüllen, durchˈdringen (***with*** mit); **3.** einprägen, -schärfen, klarmachen (***on, upon*** *dat.*); **4.** (auf)drücken (***on*** auf *acc.*), eindrücken; **5.** aufprägen, -drucken; **6.** *fig.* verleihen, erteilen (***upon*** *dat.*); **II** *v/i.* **7.** Eindruck machen, imponieren; **III** *s.* [ˈɪmpres] **8.** Prägung *f*; **9.** Abdruck *m*, Stempel *m*; **10.** *fig.* Gepräge *n.*

im·press[2] [ɪmˈpres] *v/t.* **1.** requirieren, beschlagnahmen; **2.** *bsd.* ⚓ (zum Dienst) pressen.

im·press·i·ble [ɪmˈpresəbl] → ***impressionable.***

im·pres·sion [ɪmˈpreʃn] *s.* **1.** Eindruck *m*: ***make a*** (***good***) ***~*** (***on s.o.***) (auf j-n) (e-n guten) Eindruck machen; ***give s.o. a wrong ~*** bei j-m e-n falschen Eindruck erwecken; ***leave s.o. with an ~*** bei j-m e-n Eindruck hinterlassen; ***first ~s are often wrong*** der erste Eindruck täuscht oft; **2.** Eindruck *m*, Vermutung *f*, Ahnung *f*: ***I have an ~*** (*od.* ***I am under the ~***) ***that*** ich habe den Eindruck, daß; **3.** Abdruck *m* (*a.* ⚕), Prägung *f*; **4.** Ab-, Aufdruck *m*; **5.** *typ.* a) Abzug *m*, b) (*bsd.* unveränderte) Auflage (*Buch*): ***new ~*** Neudruck *m*, -auflage *f*; **6.** *fig.* Nachahmung *f*: ***do*** (*od.* ***give***) ***an ~ of s.o.*** j-n imitieren; **imˈpres·sion·a·ble** [-ʃnəbl] **1.** für Eindrücke empfänglich; **2.** leicht zu beeindrucken(d), beeinflußbar, empfänglich; **imˈpres·sion·ism** [-ʃnɪzəm] *s.* Impressioˈnismus *m*; **imˈpres·sion·ist** [-ʃnɪst] **I** *s.* Impressioˈnist(in); **II** *adj.* → **im·pres·sion·is·tic** [ɪmˌpreʃəˈnɪstɪk] *adj.* (□ ***~ally***) impressioˈnistisch.

im·pres·sive [ɪmˈpresɪv] *adj.* □ eindrucksvoll, impoˈsant; **imˈpres·sive·ness** [-nɪs] *s. das* Eindrucksvolle *etc.*

im·pri·ma·tur [ˌɪmprɪˈmeɪtə] *s.* **1.** Impriˈmatur *n*, Druckerlaubnis *f*; **2.** *fig.* Zustimmung *f*, Billigung *f.*

im·print I *s.* [ˈɪmprɪnt] **1.** Ab-, Aufdruck *m*; **2.** Aufdruck *m*, Stempel *m*; **3.** *typ.* Imˈpressum *n*, Erscheinungs-, Druckvermerk *m*; **4.** *fig.* Stempel *m*, Gepräge *n*; *psych.* Prägung *f*; **II** *v/t.* [ɪmˈprɪnt] ([***up***]***on***) **5.** *typ.* aufdrucken (auf *acc.*); **6.** prägen (auf *acc.*); **7.** *fig.* einprägen (*dat.*); **8.** *Kuß* (auf)drücken (auf *acc.*).

im·pris·on [ɪmˈprɪzn] *v/t.* **1.** ins Gefängnis werfen, einsperren, inhaftieren; **2.** *fig.* a) einsperren, -schließen, gefangenhalten, b) beschränken; **imˈpris·on·ment** [-mənt] *s.* **1.** Einkerkerung *f*, Haft *f*, Gefangenschaft *f* (*a. fig.*); **2.** (***sentence of***) ***~*** ⚖ Freiheitsstrafe *f*; → ***false*** I.

im·prob·a·bil·i·ty [ɪmˌprɒbəˈbɪlətɪ] *s.* Unwahrscheinlichkeit *f*; **im·prob·a·ble**

[ɪm'prɒbəbl] *adj.* □ **1.** unwahrscheinlich; **2.** unglaubwürdig.

im·pro·bi·ty [ɪm'prəubətɪ] *s.* Unredlichkeit *f*, Unehrlichkeit *f*.

im·promp·tu [ɪm'prɒmptju:] **I** *s.* Impromp'tu *n* (*a.* ♪), Improvisati'on *f*; **II** *adj. u. adv.* improvisiert, aus dem Stegreif, Stegreif...

im·prop·er [ɪm'prɒpə] *adj.* □ **1.** ungeeignet, unpassend, untauglich (**to** für); **2.** unschicklich, ungehörig (*Benehmen*); **3.** a) unrichtig, falsch, b) unsachgemäß, c) unvorschriftsmäßig, d) 'mißbräuchlich: ~ **use** Mißbrauch *m*; **4.** ⅍ unecht: ~ **fraction**, ~ **integral** uneigentliches Integral; **im·pro·pri·e·ty** [ˌɪmprə'praɪətɪ] *s.* **1.** Ungeeignetheit *f*, Untauglichkeit *f*; **2.** Unschicklichkeit *f*, Ungehörigkeit *f*; **3.** Unrichtigkeit *f*, *a. ling.* falscher Gebrauch.

im·prov·a·ble [ɪm'pru:vəbl] *adj.* **1.** verbesserungsfähig; **2.** ♪ anbaufähig, kultivierbar; **im·prove** [ɪm'pru:v] **I** *v/t.* **1.** *allg., a.* ⊕ verbessern; **2.** verfeinern; **3.** verschönern; **4.** *Wert etc.* erhöhen, steigern; **5.** vor'anbringen, ausbauen; **6.** *Kenntnisse* erweitern: ~ **one's mind** sich weiterbilden; **7.** *Gehalt* aufbessern; **8.** *Am. Land* a) erschließen, im Wert steigern, b) kultivieren, meliorieren; **9.** ausnützen; → **occasion** 3; **II** *v/i.* **10.** sich (ver)bessern, besser werden, Fortschritte machen, sich erholen (*gesundheitlich od.* ⅍ *Preise*): ~ **in strength** kräftiger werden; ~ **on acquaintance** bei näherer Bekanntschaft gewinnen; **the patient is improving** dem Patienten geht es besser; **11.** ~ **on** *od.* **upon** a) verbessern, b) über'treffen: **not to be ~d upon** nicht zu übertreffen(d); **im·prove·ment** [-mənt] *s.* **1.** (Ver-)Besserung *f*, Ver'vollkommnung *f*, Verschönerung *f*: ~ **in health** Besserung der Gesundheit; ~ **of one's mind** (Weiter)Bildung *f*; ~ **of one's knowledge** Erweiterung *f* des Wissens; **2.** Verfeinerung *f*, Veredelung *f*: ~ **industry** Veredelungsindustrie *f*; **3.** Erhöhung *f*, Steigerung *f*, ⅍ *a.* Erholung *f*, Steigen *n*; **4.** Meliorati'on *f*: a) ♪ Bodenverbesserung *f*, b) Erschließung *f*, c) *Am.* Wertverbesserung *f* (*Grundstück etc.*); **5.** Verbesserung *f* (*a. Patent*), Fortschritt(e *pl.*) *m*, Neuerung *f*, Gewinn *m*: **an ~ on** *od.* **upon** e-e Verbesserung gegenüber; **im·prov·er** [-və] *s.* **1.** Verbesserer *m*; **2.** ⊕ Verbesserungsmittel *n*; **3.** ⅍ Volon'tär *m*.

im·prov·i·dence [ɪm'prɒvɪdəns] *s.* **1.** Unbedachtsamkeit *f*; **2.** Unvorsichtigkeit *f*, Leichtsinn *m*; **im·prov·i·dent** [-nt] *adj.* □ **1.** unbedacht; **2.** unvorsichtig, leichtsinnig (**of** mit).

im·prov·ing [ɪm'pru:vɪŋ] *adj.* □ **1.** (sich) bessernd; **2.** förderlich.

im·pro·vi·sa·tion [ˌɪmprəvaɪ'zeɪʃn] *s.* Improvisati'on *f* (*a.* ♪): a) unvorbereitete Veranstaltung, 'Stegreifrede *f*, -komposi,ti,on *f etc.*, b) Behelfsmaßnahme *f*, c) behelfsmäßige Vorrichtung; **im·prov·i·sa·tor** [ɪm'prɒvɪzeɪtə] *s.* Improvi'sator *m*; **im·pro·vise** ['ɪmprəvaɪz] *v/t. u. v/i. allg.* improvisieren: a) aus dem Stegreif *od.* unvorbereitet tun, b) rasch *od.* behelfsmäßig herstellen, aus dem Boden stampfen; **im·pro·vised** ['ɪmprəvaɪzd] *adj.* improvisiert: a) unvorbereitet,

Stegreif..., b) behelfsmäßig; **im·pro·vis·er** ['ɪmprəvaɪzə] *s.* Improvi'sator *m*.

im·pru·dence [ɪm'pru:dəns] *s.* Unklugheit *f*, Unvorsichtigkeit *f*; **im'pru·dent** [-nt] *adj.* □ unklug.

im·pu·dence ['ɪmpjudəns] *s.* Unverschämtheit *f*, Frechheit *f*; **'im·pu·dent** [-nt] *adj.* □ unverschämt.

im·pugn [ɪm'pju:n] *v/t.* bestreiten, anfechten, angreifen; **im'pugn·a·ble** [-nəbl] *adj.* bestreit-, anfechtbar; **im'pugn·ment** [-mənt] *s.* Anfechtung *f*, Einwand *m*.

im·pulse ['ɪmpʌls] *s.* **1.** Antrieb *m*, Stoß *m*, Triebkraft *f*; **2.** *fig.* Im'puls *m*: a) Anstoß *m*, Anreiz *m*, b) Anregung *f*, c) plötzliche Regung *od.* Eingebung: **act on** ~ spontan *od.* impulsiv handeln; **on the ~ of the moment** e-r plötzlichen Regung folgend; ~ **buying** ✝ Impulskauf *m*; ~ **goods** ✝ Waren, die impulsiv gekauft werden; **3.** ♌, ♂, ♄, *phys.* Im'puls *m*: ~ **relais** ♄ Stromstoßrelais *n*.

im·pul·sion [ɪm'pʌlʃn] *s.* **1.** Stoß *m*, Antrieb *m*; Triebkraft *f*; **2.** *fig.* Im'puls *m*, Antrieb *m*; **im'pul·sive** [-lsɪv] *adj.* □ **1.** (an)treibend, Trieb...; **2.** *fig.* impul'siv, leidenschaftlich; **im'pul·sive·ness** [-lsɪvnɪs] *s.* impul'sive Art, Leidenschaftlichkeit *f*.

im·pu·ni·ty [ɪm'pju:nətɪ] *s.* Straflosigkeit *f*: **with** ~ straflos, ungestraft.

im·pure [ɪm'pjuə] *adj.* □ **1.** unrein: a) schmutzig, unsauber, b) verfälscht, mit Beimischungen, c) *fig.* gemischt, nicht einheitlich (*Stil*), d) *fig.* fehlerhaft; **2.** *fig.* unrein (*a. eccl.*), schmutzig, unanständig; **im·pu·ri·ty** [ɪm'pjuərətɪ] *s.* **1.** Unreinheit *f*, Unsauberkeit *f*; **2.** Unanständigkeit *f*; **3.** ⊕ Verunreinigung *f*, Schmutz(teilchen *n*) *m*, Fremdkörper *m*.

im·put·a·ble [ɪm'pju:təbl] *adj.* zuzuschreiben(d), beizumessen(d) (**to** *dat.*); **im·pu·ta·tion** [ˌɪmpju:'teɪʃn] *s.* **1.** Zuschreibung *f*, Unter'stellung *f*; **2.** Be-, Anschuldigung *f*, Bezichtigung *f*; **3.** Makel *m*, (Schand)Fleck *m*; **im'put·a·tive** [-ətɪv] *adj.* □ **1.** zuschreibend; **2.** beschuldigend; **3.** unter'stellt; **im·pute** [ɪm'pju:t] *v/t.* (**to**) zuschreiben, zur Last legen, anlasten (*dat.*).

in [ɪn] **I** *prp.* **1.** *räumlich:* a) *auf die Frage* wo? in (*dat.*), an (*dat.*), auf (*dat.*): ~ **London** in London; ~ **here** hier drin (-nen); ~ **the** (*od.* **one's**) **head** im Kopf; ~ **the dark** im Dunkeln; ~ **the sky** am Himmel; ~ **the street** auf der Straße; ~ **the country** (**field**) *od.* **b**) *auf die Frage wohin?* in (*acc.*): **put it** ~ **your pocket!** steck(e) es in deine Tasche!; **2.** *zeitlich:* in (*dat.*), an (*dat.*), unter (*dat.*), bei, während, zu: ~ **May** im Mai; ~ **the evening** am Abend; ~ **the beginning** am *od.* im Anfang; ~ **a week('s time)** in *od.* binnen einer Woche; ~ **1960** (*in Jahre*) 1960; ~ **his sleep** während er schlief, im Schlaf; ~ **life** zu Lebzeiten; **not** ~ **years** seit Jahren nicht (mehr); ~ **between meals** zwischen den Mahlzeiten; **3.** *Zustand, Beschaffenheit, Art u. Weise:* in (*dat.*), auf (*acc.*), mit: ~ **a rage** in Wut; ~ **trouble** in Not; ~ **tears** in Tränen (aufgelöst), unter Tränen; **good health** bei guter Gesundheit; ~

(**the**) **rain** im *od.* bei Regen; ~ **German** auf deutsch; ~ **a loud voice** mit lauter Stimme; ~ **order** der Reihe nach; ~ **a whisper** flüsternd; ~ **a word** mit 'einem Wort; ~ **this way** in dieser *od.* auf diese Weise; ~ **a train** in der Bahn; **4.** *im Besitz, in der Macht:* in (*dat.*), bei, an (*dat.*): **it is not** ~ **him** es liegt ihm nicht; **he has** (**not**) **got it** ~ **him** er hat (nicht) das Zeug dazu; **5.** *Zahl, Maß:* in (*dat.*), aus, von, zu: ~ **twos** zu zweien; ~ **dozens** zu Dutzenden, dutzendweise; **one** ~ **ten** eine(r) *od.* ein(e)s von *od.* unter zehn, jede(r) *od.* jedes zehnte; **6.** *Beteiligung:* in (*dat.*), an (*dat.*), bei: ~ **the army** beim Militär; ~ **society** in der Gesellschaft; **shares** ~ **a company** Aktien e-r Gesellschaft; ~ **the university** an der Universität; **be** ~ **it** beteiligt sein; **he isn't** ~ **it** er gehört nicht dazu; **there is something** (**nothing**) ~ **it** a) es ist et. (nichts) d(a)ran, b) es lohnt sich (nicht); **he is** ~ **there too** er ist auch mit dabei, er ,mischt auch mit'; **7.** *Richtung:* in (*acc.*), auf (*acc.*): **trust** ~ **s.o.** auf j-n vertrauen; **8.** *Zweck:* in (*dat.*), zu, als: ~ **my defence** zu m-r Verteidigung; ~ **reply to** in Beantwortung (*gen.*), als Antwort auf (*acc.*); **9.** *Grund:* in (*dat.*), aus, wegen, zu: ~ **despair** in *od.* aus Verzweiflung; ~ **his hono(u)r** ihm zu Ehren; **10.** *Tätigkeit:* in (*dat.*), bei, auf (*dat.*): ~ **reading** beim Lesen; ~ **saying this** indem ich dies sage; ~ **search of** auf der Suche nach; **11.** *Material, Kleidung:* in (*dat.*), mit, aus, durch: ~ **bronze** aus Bronze; **written** ~ **pencil** mit Bleistift geschrieben; **12.** *Hinsicht, Beziehung:* in (*dat.*), an (*dat.*), in bezug auf (*acc.*): ~ **size** an Größe; **a foot** ~ **length** einen Fuß lang; ~ **that** weil, insofern als; **13.** *Bücher etc.:* in (*dat.*), bei: ~ **Shakespeare** bei Shakespeare; **14.** nach, gemäß: ~ **my opinion** m-r Meinung nach; **II** *adv.* **15.** innen, drinnen: ~ **among** mitten unter; ~ **between** dazwischen, zwischendurch; **be** ~ **for s.th.** et. zu erwarten *od.* gewärtigen haben; **he is** ~ **for a shock** er wird nicht schlecht erschrecken; **I am** ~ **for an examination** mir steht e-e Prüfung bevor; **now you're** ~ **for it** jetzt bist du ,dran', jetzt kannst du dich auf et. gefaßt machen; **have it** ~ **for s.o.** es auf j-n abgesehen haben, j-n auf dem ,Kieker' haben; **be well** ~ **with s.o.** mit j-m gut stehen; **breed** ~ **and** ~ Inzucht treiben; ~**-and-**~ **breeding** Inzucht *f*; ~ **and out** a) bald drinnen, bald draußen, b) hin u. her; **16.** hin'ein, her'ein, nach innen: **walk** ~ hineingehen; **come** ~! herein!; **the way** ~ der Eingang; ~ **with you!** hinein mir dir!; **17.** da'zu, als Zugabe: **throw** ~ zusätzlich geben; **III** *adj.* **18.** zu Hause; im Zimmer: **Mr. B. is not** ~ Herr B. ist nicht zu Hause; **19.** da, angekommen: **the post is** ~; **the harvest is** ~ die Ernte ist eingebracht; **20.** a) drin, b) F ,in', in Mode, c) *sport* am Spiel, ,dran', d) *pol.* an der Macht, im Amt, am Ruder: ~ **party** *pol.* Regierungspartei *f*; **an** ~ **restaurant** ein Restaurant, das gerade ,in' ist; **the** ~ **thing is to wear a wig** es ist ,in' *od.* gerade Mode, e-e Perücke zu tragen; ~ **side** Kricket: Schlägerpartei *f*; **be** ~ **on it** F eingeweiht sein; **IV** *s.* **21.** *pl.* Re'gierungspar‚tei *f*; **22.** *know the* ~*s and outs of s.th.* genau Bescheid wissen bei e-r Sache.

in-¹ [ɪn] *in Zssgn* in..., innen, hinein..., Hin..., ein...

in-² [ɪn] *in Zssgn* un..., Un..., nicht.

in·a·bil·i·ty [ɪnə'bɪlətɪ] *s.* Unfähigkeit *f*: ~ *to pay* ✝ Zahlungsunfähigkeit, Insolvenz *f*.

in·ac·ces·si·bil·i·ty ['ɪnæk‚sesə'bɪlətɪ] *s.* Unzugänglichkeit *f etc.*; **in·ac·ces·si·ble** [‚ɪnæk'sesəbl] *adj.* □ unzugänglich: a) unerreichbar, b) un'nahbar (*to* für *od. dat.*) (*Person*).

in·ac·cu·ra·cy [ɪn'ækjurəsɪ] *s.* **1.** Ungenauigkeit *f*; **2.** Fehler *m*, Irrtum *m*; **in'ac·cu·rate** [-rət] *adj.* □ **1.** ungenau; **2.** irrig, falsch.

in·ac·tion [ɪn'ækʃn] *s.* **1.** Untätigkeit *f*, Passivi'tät *f*; **2.** Trägheit *f*; **3.** Ruhe *f*; **in'ac·tive** [-ktɪv] *adj.* □ **1.** untätig; **2.** träge (*a. phys.*), müßig; **3.** ✝ flau, lustlos: ~ *market*, ~ *account* umsatzloses Konto; ~ *capital* brachliegendes Kapital; **4.** 🎖 unwirksam, neu'tral; **5.** ✕ nicht ak'tiv, außer Dienst; **in·ac·tiv·i·ty** [‚ɪnæk'tɪvətɪ] *s.* **1.** Untätigkeit *f*; **2.** Trägheit *f* (*a. phys.*); **3.** ✝ Unbelebtheit *f*, Lustlosigkeit *f*; **4.** 🎖 Unwirksamkeit *f*.

in·a·dapt·a·bil·i·ty ['ɪnə‚dæptə'bɪlətɪ] *s.* **1.** Mangel *m* an Anpassungsfähigkeit; **2.** Unanwendbarkeit *f* (*to auf acc.*, für); **in·a·dapt·a·ble** [‚ɪnə'dæptəbl] *adj.* **1.** nicht anpassungsfähig; **2.** (*to*) unanwendbar (auf *acc.*), untauglich (für).

in·ad·e·qua·cy [ɪn'ædɪkwəsɪ] *s.* Unzulänglichkeit *f etc.*; **in'ad·e·quate** [-kwət] *adj.* □ unzulänglich, mangelhaft; unangemessen.

in·ad·mis·si·bil·i·ty ['ɪnəd‚mɪsə'bɪlətɪ] *s.* Unzulässigkeit *f*; **in·ad·mis·si·ble** [‚ɪnəd'mɪsəbl] *adj.* □ unzulässig, nicht statthaft.

in·ad·vert·ence [‚ɪnəd'vɜːtəns], **in·ad·'vert·en·cy** [-sɪ] *s.* **1.** Unachtsamkeit *f*; **2.** Unabsichtlichkeit *f*; Versehen *n*; **in·ad'vert·ent** [-nt] *adj.* □ **1.** unachtsam; nachlässig; **2.** unabsichtlich, versehentlich.

in·ad·vis·a·bil·i·ty ['ɪnəd‚vaɪzə'bɪlətɪ] *s.* Unratsamkeit *f*; **in·ad·vis·a·ble** [‚ɪnəd'vaɪzəbl] *adj.* nicht ratsam.

in·al·ien·a·ble [ɪn'eɪljənəbl] *adj.* □ unveräußerlich: ~ *rights*.

in·al·ter·a·ble [ɪn'ɔːltərəbl] *adj.* □ unveränderlich, unabänderlich.

in·am·o·ra·ta [ɪn‚æmə'rɑːtə] *s.* Geliebte *f*; **in‚am·o'ra·to** [-təu] *pl.* **-tos** *s.* Geliebte(r) *m*.

in|-and-'in → *in* 15; **~-and-'out** *adj.* wechselhaft, schwankend.

in·ane [ɪ'neɪn] *adj.* □ hohl, geistlos, albern.

in·an·i·mate [ɪn'ænɪmət] *adj.* □ **1.** leblos, unbelebt; **2.** unbeseelt; **3.** *fig.* langweilig, fad(e); **4.** ✝ flau, matt; **in·an·i·ma·tion** [ɪ‚ænɪ'meɪʃn] *s.* Leblosigkeit *f*, Unbelebtheit *f*.

in·a·ni·tion [‚ɪnə'nɪʃn] *s.* **1.** ⚕ Entkräftung *f*; **2.** (mo'ralische) Schwäche, Leere *f*.

in·an·i·ty [ɪ'nænətɪ] *s.* Geistlosigkeit *f*, Albernheit *f*: a) geistige Leere, Hohl-, Seichtheit *f*, b) dumme Bemerkung, *pl.* dummes Geschwätz.

in·ap·pli·ca·bil·i·ty ['ɪn‚æplɪkə'bɪlətɪ] *s.* Unanwendbarkeit *f*; **in·ap·pli·ca·ble** [ɪn'æplɪkəbl] *adj.* □ (*to*) unanwendbar, nicht anwendbar *od.* zutreffend (auf *acc.*); ungeeignet (für).

in·ap·po·site [ɪn'æpəzɪt] *adj.* □ unangebracht, unpassend.

in·ap·pre·ci·a·ble [‚ɪnə'priːʃəbl] *adj.* □ unmerklich, unbedeutend.

in·ap·pro·pri·ate [‚ɪnə'prəuprɪət] *adj.* □ **1.** unpassend: a) ungeeignet (*to, for* für), b) unangebracht, ungehörig; **2.** unangemessen (*to dat.*); **in·ap'pro·pri·ate·ness** [-nɪs] *s.* **1.** Ungeeignetheit *f*; **2.** Ungehörigkeit *f*; **3.** Unangemessenheit *f*.

in·apt [ɪn'æpt] *adj.* □ **1.** unpassend, ungeeignet; **2.** ungeschickt, untauglich; unfähig; **in'apt·i·tude** [-tɪtjuːd], **in'apt·ness** [-nɪs] *s.* **1.** Ungeeignetheit *f*; **2.** Ungeschicklichkeit *f*, Untauglichkeit *f*; **3.** Unfähigkeit *f*.

in·ar·tic·u·late [‚ɪnɑː'tɪkjulət] *adj.* □ **1.** unartikuliert, undeutlich, unklar, schwer zu verstehen(d), unverständlich; **2.** undeutlich sprechend; **3.** unfähig, sich (deutlich) auszudrücken, wenig wortgewandt: *he is* ~ a) er kann sich nicht ausdrücken, b) er ‚kriegt den Mund nicht auf'; ~ *with rage* sprachlos vor Wut; **4.** *zo.* ungegliedert.

in·ar·tis·tic [‚ɪnɑː'tɪstɪk] *adj.* (□ ~*ally*) unkünstlerisch.

in·as·much [‚ɪnəz'mʌtʃ] *cj.*: ~ *as* **1.** da (ja), weil; **2.** *obs.* in'sofern als.

in·at·ten·tion [‚ɪnə'tenʃn] *s.* **1.** Unaufmerksamkeit *f*, Unachtsamkeit *f* (*to* gegenüber); **2.** Gleichgültigkeit *f* (*to* gegen); **in·at'ten·tive** [-ntɪv] *adj.* □ **1.** unaufmerksam (*to* gegenüber); **2.** gleichgültig (*to* gegen), nachlässig.

in·au·di·bil·i·ty [ɪn‚ɔːdə'bɪlətɪ] *s.* Unhörbarkeit *f*; **in·au·di·ble** [ɪn'ɔːdəbl] *adj.* □ unhörbar.

in·au·gu·ral [ɪ'nɔːgjurəl] **I** *adj.* Einführungs..., Einweihungs..., Antritts..., Eröffnungs...: ~ *speech* → **II** *s.* Eröffnungs- *od.* Antrittsrede *f*; **in·au·gu·rate** [ɪ'nɔːgjureɪt] *v/t.* **1.** (feierlich) einführen *od.* einsetzen; **2.** einweihen, eröffnen; **3.** beginnen, einleiten: ~ *a new era*; **in·au·gu·ra·tion** [ɪ‚nɔːgju-'reɪʃn] *s.* **1.** (feierliche) Amtseinsetzung, -einführung *f*: **♌ Day** *Am.* Tag *m* des Amtsantritts des Präsidenten; **2.** Einweihung *f*, Eröffnung *f*; **3.** Beginn *m*.

in·aus·pi·cious [‚ɪnɔː'spɪʃəs] *adj.* □ **1.** ungünstig, unheilvoll, -drohend; **2.** unglücklich; **in·aus'pi·cious·ness** [-nɪs] *s.* üble Vorbedeutung, Ungünstigkeit *f*.

in·be·'tween **I** *s.* **1.** Mittel-, Zwischending; **2.** a) Mittelsmann *m*, b) ✝ Zwischenhändler *m*; **II** *adj.* **3.** Zwischen...

in·board ['ɪnbɔːd] ⚓ **I** *adj.* Innenbord...: ~ *engine* → **III**; **II** *adv.* (b)innenbords; **III** *s.* Innenbordmotor *m*.

in·born [‚ɪn'bɔːn] *adj.* angeboren.

in·bred [‚ɪn'bred] *adj.* **1.** angeboren, ererbt; **2.** durch Inzucht erzeugt, Inzucht...

in·breed [‚ɪn'briːd] *v/t.* (*irr.* → *breed*) durch Inzucht züchten; **in'breed·ing** [-dɪŋ] *s.* Inzucht *f*.

in·cal·cu·la·bil·i·ty [ɪn‚kælkjulə'bɪlətɪ] *s.* Unberechenbarkeit *f*; **in·cal·cu·la·ble** [ɪn'kælkjuləbl] *adj.* □ **1.** unberechen-

bar (*a. fig. Person etc.*); **2.** unermeßlich.

in·can·des·cence [‚ɪnkæn'desns] *s.* **1.** Weißglühen *n*, -glut *f*; **2.** Erglühen *n* (*a. fig.*); **in·can'des·cent** [-nt] *adj.* □ **1.** weißglühend; **2.** ⊙ Glüh...: ~ *bulb* ≠ Glühbirne *f*; ~ *burner phys.* Glühlichtbrenner *m*; ~ *filament* ≠ Glühfaden *m*; ~ *lamp* ≠ Glühlampe *f*; ~ *light phys.* Glühlicht *n*; **3.** *fig.* leuchtend, strahlend.

in·can·ta·tion [‚ɪnkæn'teɪʃn] *s.* **1.** Beschwörung *f*; **2.** Zauber(spruch) *m*, Zauberformel *f*.

in·ca·pa·bil·i·ty [ɪn‚keɪpə'bɪlətɪ] *s.* Unfähigkeit *f*, Unvermögen *n*; **in·ca·pa·ble** [ɪn'keɪpəbl] *adj.* □ **1.** unfähig: a) untüchtig, b) unbegabt; **2.** nicht fähig (*of gen.*, *of doing* zu tun), nicht im'stande (*of doing* zu tun): ~ *of a crime* e-s Verbrechens nicht fähig; ~ *of working* arbeitsunfähig; **3.** (*physisch*) hilflos: *drunk and* ~ volltrunken; **4.** ungeeignet (*of* für): ~ *of improvement* nicht verbesserungsfähig; ~ *of solution* unlösbar.

in·ca·pac·i·tate [‚ɪnkə'pæsɪteɪt] *v/t.* **1.** unfähig *od.* untauglich machen (*for s.th.* für et., *from doing* zu tun); Gegner außer Gefecht setzen; hindern (*from doing* an *dat.*, zu tun); **2.** 🎓 (geschäfts)unfähig erklären; **in·ca·'pac·i·tat·ed** [-tɪd] *adj.* **1.** erwerbs-, arbeitsunfähig; **2.** (körperlich *od.* geistig) behindert; **3.** (*legally*) ~ 🎓 geschäftsunfähig; **in·ca'pac·i·ty** [-tɪ] *s.* **1.** Unfähigkeit *f*, Untauglichkeit *f* (*for* für, zu; *for doing* zu tun): ~ (*for work*) Arbeits-, Erwerbs-, Berufsunfähigkeit *f*; **2.** a. *legal* ~ 🎓 Geschäftsunfähigkeit *f*: *to sue Am.* mangelnde Prozeßfähigkeit.

in·cap·su·late [ɪn'kæpsjuleɪt] → *encapsulate*.

in·car·cer·ate [ɪn'kɑːsəreɪt] *v/t.* **1.** einkerkern, einsperren (*a. fig.*); **2.** ⚕ Bruch einklemmen; **in·car·cer·a·tion** [ɪn‚kɑːsə'reɪʃn] *s.* **1.** Einkerkerung *f*, Einsperrung *f* (*a. fig.*); **2.** ⚕ Einklemmung *f*.

in·car·nate I *v/t.* ['ɪnkɑːneɪt] **1.** verkörpern; **2.** feste Form *od.* Gestalt geben (*dat.*); **II** *adj.* [ɪn'kɑːneɪt] **3.** *eccl.* fleischgeworden, in Menschengestalt; **4.** *fig.* leib'haftig: *a devil* ~ ein Teufel in Menschengestalt; *innocence* ~ die personifizierte Unschuld, die Unschuld in Person; **in·car·na·tion** [‚ɪnkɑː'neɪʃn] *s.* Inkarnati'on *f*: a) ♌ *eccl.* Menschwerdung *f*, b) *fig.* Inbegriff *m*, Verkörperung *f*.

in·case → *encase*.

in·cau·tious [ɪn'kɔːʃəs] *adj.* □ unvorsichtig, unbedacht.

in·cen·di·a·rism [ɪn'sendjərɪzəm] *s.* **1.** Brandstiftung *f*; **2.** *fig.* Aufwiegelung *f*, Aufhetzung *f*; **in·cen·di·a·ry** [ɪn'sendjərɪ] **I** *adj.* **1.** Feuer..., Brand...: ~ *bomb* → 5 a; ~ *bullet* → 5 b; **2.** ✕ Brandstiftungs...: ~ *action* Brandstiftung *f*; **3.** *fig.* aufwiegelnd, -hetzend: ~ *speech* Hetzrede *f*; **II** *s.* **4.** Brandstifter(in); **5.** ✕ a) Brandbombe *f*, Brandgeschoß *n*; **6.** *fig.* Unruhestifter *m*, Hetzer *m*.

in·cense¹ [ɪn'sens] *v/t.* erzürnen; ~*d* zornig, aufgebracht.

in·cense² ['ɪnsens] **I** *s.* **1.** Weihrauch *m*:

~-burner *eccl.* Räucherfaß *n*, -vase *f*; **2.** Duft *m*; **3.** *fig.* ‚Weihrauch' *m*, Lobhude'lei *f*; **II** *v/t.* **4.** (mit Weihrauch) beräuchern; **5.** durch'duften; **6.** *fig. j-n* beweihräuchern.

in·cen·so·ry ['ɪnsensərɪ] *s. eccl.* Weihrauchfaß *n*.

in·cen·tive [ɪn'sentɪv] **I** *adj.* anspornend, antreibend, anreizend: ~ *bonus* (*pay*) ⊤ Leistungsprämie *f* (-lohn *m*); **II** *s.* Ansporn *m*, (⊤ Leistungs)Anreiz *m*: *buying* ~ Kaufanreiz.

in·cep·tion [ɪn'sepʃn] *s.* Beginn *m*, Anfang *m*; **in'cep·tive** [-ptɪv] *adj.* beginnend, anfangend, anfänglich, Anfangs...: ~ *verb ling.* inchoatives Verb.

in·cer·ti·tude [ɪn'sɜ:tɪtju:d] *s.* Ungewißheit *f*, Unsicherheit *f*.

in·ces·sant [ɪn'sesnt] *adj.* □ unaufhörlich, unablässig, ständig.

in·cest ['ɪnsest] *s.* Blutschande *f*, In'zest *m*; **in·ces·tu·ous** [ɪn'sestjʊəs] *adj.* □ blutschänderisch, inzestu'ös.

inch [ɪntʃ] **I** *s.* Zoll *m* (= *2,54 cm*), *fig. a.* Zenti'meter *m od.* Milli'meter *m*: *every* ~ *a soldier* jeder Zoll ein Soldat; ~ *by* ~, *by* ~es Zentimeter um Zentimeter, zentimeterweise, langsam; *not to yield an* ~ nicht einen Zoll weichen *od.* nachgeben; *he came within an* ~ *of winning* er hätte um ein Haar gewonnen; *I came within an* ~ *of being killed* ich wurde um ein Haar getötet, ich bin dem Tod um Haaresbreite entgangen; *thrashed within an* ~ *of his life* fast zu Tode geprügelt; *give him an* ~ *and he'll take a yard* (*od. ell*) gibt man ihm den kleinen Finger, so nimmt er die ganze Hand; **II** *adj.* ...zöllig: *a two-~ rope*; **III** *v/t.* langsam *od.* zenti'meterweise schieben *od.* manövrieren; **IV** *v/i.* sich ganz langsam *od.* zentimeterweise (vorwärts- *etc.*)schieben; **inched** [ɪntʃt] *adj. in Zssgn* ...zöllig.

in·cho·ate ['ɪnkəveɪt] *adj.* **1.** angefangen, anfangend, Anfangs...; **2.** 'unvoll‚ständig, rudimen'tär; **'in·cho·a·tive** [-tɪv] **I** *adj.* **1.** → *inchoate* 1; **2.** *ling.* inchoa'tiv; **II** *s.* **3.** *ling.* inchoa'tives Verb.

in·ci·dence ['ɪnsɪdəns] *s.* **1.** Ein-, Auftreten *n*, Vorkommen *n*; **2.** Häufigkeit *f*, Verbreitung *f*: ~ *of divorces* Scheidungsquote *f*, -rate *f*; **3.** a) Auftreffen *n* (*upon* auf *acc.*) (*a. phys.*), b) *phys.* Einfall(en *n*) *m* (*von Strahlen*); → *angle*[1] 1; **4.** ⊤ Anfall *m* (*e-r Steuer*): ~ *of taxation* Verteilung *f* der Steuerlast, Steuerbelastung *f*; **'in·ci·dent** [-nt] **I** *adj.* **1.** (*to*) a) vorkommend (bei *od.* in *dat.*), b) → *incidental* 4; **2.** *bsd. phys.* ein-, auffallend, auftreffend (*Strahlen etc.*); **II** *s.* **3.** Vorfall *m*, Ereignis *n*, Vorkommnis *n*, *a. pol.* Zwischenfall *m*: *full of* ~ ereignisreich; **4.** 'Neben‚umstand *m*, -sache *f*; Epi'sode *f*, Zwischenhandlung *f* (*im Drama etc.*); **6.** ☫ a) (Neben)Folge *f* (*of* aus), b) 'Nebensache *f*, -‚umstand *m*.

in·ci·den·tal [‚ɪnsɪ'dentl] **I** *adj.* □ **1.** beiläufig, nebensächlich, Neben...: ~ *earnings* Nebenverdienst *m*; ~ *expenses* → 7; ~ *music* Begleit-, Bühnenmusik *f*, musikalischer Hintergrund; **2.** gelegentlich; **3.** zufällig; **4.** (*to*) gehörig (zu), verbunden (*od.* zs.-hängend (mit): *be* ~ *to* gehören zu,

verbunden sein mit; *the expenses* ~ *thereto* die dabei entstehenden *od.* damit verbundenen Unkosten; **5.** folgend (*upon* auf *acc.*), nachher auftretend: ~ *images psych.* Nachbilder; **II** *s.* **6.** 'Neben‚umstand *m*, -sächlichkeit *f*; **7.** *pl.* ⊤ Nebenausgaben *pl.*, -spesen *pl.*; **,in·ci·'den·tal·ly** [-tlɪ] *adv.* **1.** beiläufig, neben'bei; **2.** zufällig; **3.** gelegentlich; **4.** neben'bei bemerkt, übrigens.

in·cin·er·ate [ɪn'sɪnəreɪt] *v/t.* verbrennen, *bsd. Leiche* einäschern; **in·cin·er·a·tion** [ɪn‚sɪnə'reɪʃn] *s.* Verbrennung *f*, Einäscherung *f*; **in'cin·er·a·tor** [-tə] *s.* Verbrennungsofen *m*, -anlage *f*.

in·cip·i·ence [ɪn'sɪpɪəns], **in'cip·i·en·cy** [-sɪ] *s.* Anfang *m*; Anfangsstadium *n*; **in'cip·i·ent** [-nt] *adj.* □ beginnend, cinleitend, Anfangs...; **in'cip·i·ent·ly** [-ntlɪ] *adv.* anfänglich, anfangs.

in·cise [ɪn'saɪz] *v/t.* **1.** einschneiden in (*acc.*), aufschneiden (*a. ✷*): ~*d wound* Schnittwunde *f*; **2.** einritzen, -schnitzen, -kerben, -gravieren; **in·ci·sion** [ɪn'sɪʒn] *s.* (Ein)Schnitt *m* (*a. ✷*), Kerbe *f*; **in'ci·sive** [-aɪsɪv] *adj.* □ *fig.* **1.** scharf: a) 'durchdringend: ~ *intellect*, b) beißend: ~ *irony*, c) prä'gnant: ~ *style*; **2.** *anat.* Schneide(zahn)...; **in'ci·sive·ness** [-aɪsɪvnɪs] *s. fig.* Schärfe *f*, Prä'gnanz *f*; **in'ci·sor** [-zə] *s. anat.* Schneidezahn *m*.

in·ci·ta·tion [‚ɪnsaɪ'teɪʃn] *s.* **1.** Anregung *f*, Ansporn *m*, Antrieb *m*; **2.** → *incitement* 2; **in·cite** [ɪn'saɪt] *v/t.* **1.** anregen (*a. ✷*), anspornen, anstacheln; **2.** aufhetzen, -wiegeln, ☫ *a.* anstiften (*to* zu); **in·cite·ment** [ɪn'saɪtmənt] *s.* **1.** → *incitation* 1; **2.** Aufhetzung *f*, -wiegelung *f*, ☫ *a.* Anstiftung *f* (*to commit a crime* zu e-m Verbrechen).

in·ci·vil·i·ty [‚ɪnsɪ'vɪlɪtɪ] *s.* Unhöflichkeit *f*, Grobheit *f*.

in·ci·vism ['ɪnsɪvɪzəm] *s.* Mangel *m* an staatsbürgerlicher Gesinnung.

'in-‚clear·ing *s.* ⊤ *Brit.* Gesamtbetrag *m* der auf e-e Bank laufenden Schecks, Abrechnungsbetrag *m*.

in·clem·en·cy [ɪn'klemənsɪ] *s.* Rauheit *f*, Unfreundlichkeit *f*: ~ *of the weather a.* Unbilden *pl.* der Witterung; **in'clem·ent** [-nt] *adj.* □ **1.** rauh, unfreundlich, streng (*Klima etc.*); **2.** hart, grausam.

in·clin·a·ble [ɪn'klaɪnəbl] *adj.* **1.** (hin-) neigend, tendierend (*to* zu); **2.** ◎ schrägstellbar.

in·cli·na·tion [‚ɪnklɪ'neɪʃn] *s.* **1.** *fig.* Neigung *f*, Vorliebe *f*, Hang *m* (*to*, *for* zu): ~ *to buy* ⊤ Kauflust *f*; ~ *to stoutness* Neigung *od.* Anlage *f* zur Korpulenz; **2.** *fig.* Zuneigung *f* (*for* zu); **3.** ☌, *phys.* a) Neigung *f*, Schrägstellung *f*, Senkung *f*, b) Abhang *m*, c) Neigungswinkel *m*, Gefälle *n*; **4.** *ast., phys.* Inklinati'on *f*; **in·cline** [ɪn'klaɪn] **I** *v/i.* **1.** sich neigen (*to*, *towards* nach), (schräg) abfallen; **2.** sich neigen (*Tag*); **3.** *fig.* neigen (*to*, *toward* zu): ~ *to an opinion*; ~ *to s.th.* dazu neigen, et. zu tun; **4.** Anlage haben, neigen (*to* zu): ~ *to corpulence*; ~ *to red* ins Rötliche spielen; **5.** *fig.* (*to*) sich hingezogen fühlen (zu), gewogen sein (*dat.*); **II** *v/t.* **6.** *Kopf etc.* neigen: ~ *one's ear to s.o. fig.* j-m sein Ohr leihen; **7.** *fig. j-n* bewegen, (dazu) veranlassen (*to* zu; *to do* zu tun): *this* ~*s me to doubt* dies läßt mich zwei-

feln; *this* ~*s me to go* im Hinblick darauf möchte ich lieber gehen; **III** *s.* **8.** Neigung *f*, Schräge *f*, Abhang *m*, Gefälle *n*; **in·clined** [ɪn'klaɪnd] *adj.* **1.** geneigt, aufgelegt (*to* zu): *be* ~ dazu neigen, (dazu) aufgelegt sein (*to do* zu tun); **2.** (dazu) neigend *od.* veranlagt (*to* zu); **3.** geneigt, gewogen, wohlgesinnt (*to dat.*); **4.** geneigt, schräg, schief, abschüssig: ~ *plane phys.* schiefe Ebene; **in·cli·nom·e·ter** [‚ɪnklɪ'nɒmɪtə] *s.* **1.** Inklinati'onskompaß *m*, -nadel *f*; **2.** ✈ Neigungsmesser *m*.

in·close [ɪn'kləʊz] → *enclose*.

in·clude [ɪn'klu:d] *v/t.* **1.** (in sich *od.* mit) einschließen, um'fassen, enthalten, be-inhalten: *all* ~*d* alles inbegriffen *od.* inklusive; *tax* ~*d* einschließlich *od.* inklusive Steuer; **2.** einschließen, betreffen, gelten für: *that* ~*s you, too!*; ~ *me out! humor.* ohne mich!; **3.** einbeziehen, -schließen (*in* in *acc.*), rechnen (*among* unter *acc.*, zu); **4.** aufnehmen (*in* in *e-e Gruppe, Liste etc.*), erfassen; **5.** *j-n* (*in s-m Testament*) bedenken; **in·'cluding** [-dɪŋ] *prp.* einschließlich (*gen.*), *bsd.* ⊤ inklu'sive (*Verpackung etc.*), *Gebühren etc.* (mit) inbegriffen, mit: *not* ~ ausschließlich (*gen.*), *bsd.* ⊤ exklusive; *up to and* ~ bis einschließlich; **in'clu·sion** [-u:ʒn] *s.* **1.** Einbeziehung *f*, Einschluß *m* (*a. biol., min. etc.*) (*in* in *acc.*): *with the* ~ *of* → *including*; **2.** Aufnahme *f* (*in* in *acc.*); **in'clu·sive** [-u:sɪv] *adj.* □ **1.** einschließlich, inklu'sive (*of gen.*): *be* ~ *of* einschließen; (*to*) *Friday* ~ (bis) einschließlich Freitag; **2.** alles einschließend *od.* enthaltend, ⊤ Inklusiv..., Pauschal...: ~ *price*.

in·cog·ni·to [ɪn'kɒgnɪtəʊ] **I** *adv.* **1.** in'kognito, unter fremdem Namen: *travel* ~; **2.** ano'nym: *do good* ~; **II** *pl.* **-tos** *s.* **3.** In'kognito *n*; **4.** j-d, der in'kognito auftritt.

in·co·her·ence [‚ɪnkəʊ'hɪərəns] *s.* Zs.-hang(s)losigkeit *f*, Wirr-, Verwirrtheit *f*; **‚in·co'her·ent** [-nt] *adj.* □ zs.-hanglos, wirr (*a. Person*).

in·com·bus·ti·ble [‚ɪnkəm'bʌstəbl] *adj.* □ unverbrennbar.

in·come ['ɪŋkʌm] *s.* ⊤ Einkommen *n*, Einkünfte *pl.* (*from* aus): ~ *bond* Schuldverschreibung *f* mit gewinnabhängiger Verzinsung *f*; ~ *bracket od. group* Einkommensstufe *f*; ~ *return Am.* Rendite *f*; ~ *statement Am.* Gewinn- u. Verlustrechnung *f*; ~ *tax* Einkommensteuer *f*; ~ *tax return* Einkommensteuererklärung *f*; *live within* (*beyond*) *one's* ~ s-n Verhältnissen entsprechend (über s-e Verhältnisse) leben.

in·com·er ['ɪn‚kʌmə] *s.* **1.** (Neu)Ankömmling *m*; **2.** ⊤ (Rechts)Nachfolger(in).

in·com·ing ['ɪn‚kʌmɪŋ] **I** *adj.* **1.** her'einkommend: *the* ~ *tide* die Flut; **2.** ankommend (*Telefongespräch, Zug etc.*); **3.** nachfolgend, neu (*Regierung, Präsident, Mieter etc.*); **4.** ⊤ eingehend (*Post etc.*): ~ *goods od. stocks* Wareneingang *m*, -eingänge *pl.*; ~ *orders* Auftragseingang *m*; **II** *s.* **5.** Ankommen *n*, Ankunft *f*; Eingang *m*; **6.** *pl.* ⊤ Eingänge *pl.*, Einkünfte *pl.*

in·com·men·su·ra·ble [‚ɪnkə'menʃərəbl] **I** adj. □ **1.** ✶ a) inkommensu'ra-bel, b) 'irratio,nal; **2.** nicht vergleich-bar; **3.** völlig unverhältnismäßig, in kei-nem Verhältnis stehend (**with** zu); **II** s. **4.** ✶ inkommensu'rable Größe; **in-com·men·su·rate** [,ɪnkə'menʃərət] adj. □ **1.** (**to**) unangemessen (dat.), unvereinbar (mit); **2.** → **incommensurable** I.

in·com·mode [,ɪnkə'məʊd] v/t. j-m lä-stig fallen, j-n belästigen, stören; ,**in-com'mo·di·ous** [-djəs] adj. □ unbe-quem: a) lästig (**to** dat. od. für), b) beengt.

in·com·mu·ni·ca·ble [,ɪnkə'mju:nɪkəbl] adj. □ nicht mitteilbar, nicht auszu-drücken(d); **in·com·mu·ni·ca·do** [,ɪn-kəmju:nɪ'kɑ:dəʊ] adj. vom Verkehr mit der Außenwelt abgeschnitten, ✶ a. in Einzel- od. Isolierhaft; ,**in·com'mu·ni·ca·tive** [-ətɪv] adj. □ nicht mitteilsam, zu'rückhaltend, reserviert.

in·com·pa·ra·ble [ɪn'kɒmpərəbl] adj. □ **1.** nicht zu vergleichen(d) (**with**, **to** mit); **2.** unvergleichlich, einzigartig; **in·com·pa·ra·bly** [-blɪ] adv. unvergleich-lich.

in·com·pat·i·bil·i·ty ['ɪnkəm,pætə'bɪlətɪ] s. Unverträglichkeit f (a. ✶): a) Unver-einbarkeit f, 'Widersprüchlichkeit f, b) (charakterliche) Gegensätzlichkeit f; **in-com·pat·i·ble** [,ɪnkəm'pætəbl] adj. □ **1.** unver'einbar, 'widersprüchlich, ein-'ander wider'sprechend; **2.** unverträg-lich: a) nicht zs.-passend (a. Personen), b) ✶ inkompa'tibel (Medikamente etc.).

in·com·pe·tence [ɪn'kɒmpɪtəns], **in-'com·pe·ten·cy** [-sɪ] s. **1.** Unfähigkeit f, Untüchtigkeit f; **2.** bsd. ✶ a) Unzu-ständigkeit f, b) Unbefugtheit f, c) Un-zulässigkeit f (e-r Aussage etc.), d) Am. Unzurechnungsfähigkeit f; **3.** Unzu-länglichkeit f; **in'com·pe·tent** [-nt] adj. □ **1.** unfähig, untauglich, ungeeig-net; **2.** ✶ a) unbefugt, b) unzuständig, 'inkompe,tent, c) Am. unzurechnungs-fähig, geschäftsunfähig, d) unzulässig (a. Beweis, Zeuge); **3.** unzulänglich, mangelhaft.

in·com·plete [,ɪnkəm'pli:t] adj. □ **1.** 'unvoll,ständig, 'unvoll,endet; **2.** 'un-voll,kommen, lücken-, mangelhaft.

in·com·pre·hen·si·bil·i·ty [,ɪnkɒmprɪ-hensə'bɪlətɪ] s. Unbegreiflichkeit f; **in-com·pre·hen·si·ble** [,ɪnkɒmprɪ'hen-səbl] adj. □ unbegreiflich.

in·con·ceiv·a·ble [,ɪnkən'si:vəbl] adj. □ **1.** unbegreiflich, unfaßbar; **2.** undenk-bar, unvorstellbar.

in·con·clu·sive [,ɪnkən'klu:sɪv] adj. □ **1.** nicht über'zeugend od. schlüssig, oh-ne Beweiskraft; **2.** ergebnislos; ,**in-con'clu·sive·ness** [-nɪs] s. **1.** Mangel m an Beweiskraft; **2.** Ergebnislosigkeit f.

in·con·dite [ɪn'kɒndaɪt] adj. schlecht ge-macht, mangelhaft; roh, grob.

in·con·gru·i·ty [,ɪnkɒŋ'gru:ətɪ] s. **1.** Nichtüber'einstimmung f, a) 'Mißver-hältnis n, b) Unver'einbarkeit f; **2.** 'Wi-dersinnigkeit f; **3.** Unangemessenheit f; **4.** ✶ 'Inkongru,enz f; **in·con·gru·ous** [ɪn'kɒŋgrʊəs] adj. □ **1.** nicht zuein'an-der passend, nicht über'einstimmend, unver'einbar (**to**, **with** mit); **2.** 'wider-sinnig, ungereimt; **3.** unangemessen, ungehörig; **4.** ✶ 'inkongru,ent, nicht

deckungsgleich.

in·con·se·quence [ɪn'kɒnsɪkwəns] s. **1.** 'Inkonse,quenz f, Unlogik f, Folgewid-rigkeit f; **2.** Belanglosigkeit f; **in'con·se·quent** [-nt] adj. □ **1.** 'inkonse-,quent, folgewidrig, unlogisch; **2.** nicht zur Sache gehörig, 'irrele,vant; **3.** be-langlos, unwichtig; **in·con·se·quen·tial** [,ɪnkɒnsɪ'kwenʃl] → **inconse-quent**.

in·con·sid·er·a·ble [,ɪnkən'sɪdərəbl] adj. □ unbedeutend, unerheblich, be-langlos, gering(fügig).

in·con·sid·er·ate [,ɪnkən'sɪdərət] adj. □ **1.** rücksichtslos, taktlos (**towards** ge-gen); **2.** 'unüber,legt; ,**in·con'sid·er·ate·ness** [-nɪs] s. **1.** Rücksichtslosig-keit f; **2.** Unbesonnenheit f.

in·con·sist·en·cy [,ɪnkən'sɪstənsɪ] s. **1.** (innerer) 'Widerspruch, Unver'einbar-keit f; **2.** 'Inkonse,quenz f, Folgewidrig-keit f; **3.** Unbeständigkeit f, Wankel-mut m; ,**in·con'sist·ent** [-nt] adj. □ **1.** unver'einbar, (ein'ander) wider'spre-chend, gegensätzlich; **2.** 'inkonse-,quent, folgewidrig, ungereimt; **3.** un-beständig, Person: a. 'inkonse,quent.

in·con·sol·a·ble [,ɪnkən'səʊləbl] adj. □ untröstlich.

in·con·spic·u·ous [,ɪnkən'spɪkjʊəs] adj. □ unauffällig: **make o.s. ~** sich mög-lichst unauffällig verhalten.

in·con·stan·cy [ɪn'kɒnstənsɪ] s. **1.** Un-beständigkeit f, Veränderlichkeit f; **2.** Wankelmut m, Treulosigkeit f; **3.** Un-gleichförmigkeit f; **in'con·stant** [-nt] adj. □ **1.** unbeständig, unstet; **2.** wan-kelmütig; **3.** ungleichförmig.

in·con·test·a·ble [,ɪnkən'testəbl] adj. □ **1.** unbestreitbar, unanfechtbar; **2.** 'un-umstößlich, 'unwider,leglich.

in·con·ti·nence [ɪn'kɒntɪnəns] s. **1.** (bsd. sexu'elle) Unmäßigkeit f, Zügello-sigkeit f, Unkeuschheit f; **2.** Nicht'hal-tenkönnen n, ✶ a. 'Inkonti,nenz f: ~ **of speech** Geschwätzigkeit f; ~ **of urine** ✶ Harnfluß m; **in'con·ti·nent** [-nt] adj. □ **1.** ausschweifend, zügellos, un-keusch; **2.** unauf'hörlich; **3.** nicht im-'stande et. zu'rückzuhalten od. bei sich zu behalten (a. ✶).

in·con·tro·vert·i·ble [,ɪnkɒntrə'vɜ:təbl] adj. □ unbestreitbar, unstrittig, unbe-stritten.

in·con·ven·ience [,ɪnkən'vi:njəns] **I** s. Unbequemlichkeit f, Lästigkeit f, Un-annehmlichkeit f, Schwierigkeit f: **put s.o. to great ~** j-m große Ungelegen-heiten bereiten; **II** v/t. belästigen, stö-ren, j-m lästig sein, j-m Unannehmlich-keiten bereiten; **in·con'ven·ient** [-nt] adj. □ **1.** unbequem, lästig, störend, beschwerlich; **2.** Zeit, Lage etc.: ungün-stig, ,ungeschickt'.

in·con·vert·i·bil·i·ty ['ɪnkən,vɜ:tə'bɪlətɪ] s. **1.** Unverwandelbarkeit f; **2.** ✶ a) Nichtkonver'tierbarkeit f, Nicht'um-wandelbarkeit f (Guthaben), b) Nicht-'einlösbarkeit f (Papiergeld), c) Nicht-'umsetzbarkeit f (Waren); **in·con·vert-i·ble** [,ɪnkən'vɜ:təbl] adj. □ **1.** unver-wandelbar; **2.** ✶ a) nicht 'umwandel-bar, nicht konvertierbar; b) nicht ein-lösbar, c) nicht 'umsetzbar.

in·cor·po·rate [ɪn'kɔ:pəreɪt] **I** v/t. **1.** ver-einigen, verbinden, zs.-schließen; **2.** (**in**, **into**) einverleiben (dat.), Staatsge-

biet a. eingliedern; einbauen, integrie-ren (in acc.); **3.** Stadt eingemeinden; **4.** (**in**, **into**) als Mitglied aufnehmen (in acc.); **5.** ✶ als Körperschaft od. Am. als Aktiengesellschaft (amtlich) eintra-gen; 'Rechtsper,sönlichkeit verleihen (dat.); gründen, inkorporieren lassen; **6.** aufnehmen, enthalten, einschließen; **7.** ⚙, 🜍 (ver)mischen; **II** v/i. **8.** sich verbinden od. vereinigen; **9.** ✶ e-e Körperschaft etc. bilden; **10.** ⚙, 🜍 sich vermischen; **III** adj. [-pərət] **11.** → **in-'cor·po·rat·ed** [-tɪd] adj. **1.** ✝, ✶ a) (als Körperschaft) (amtlich) eingetra-gen, inkorporiert, b) Am. als Aktienge-sellschaft eingetragen: ~ **bank** Am. Ak-tienbank f; ~ **company** Brit. rechtsfähi-ge (Handels)Gesellschaft, Am. Aktien-gesellschaft f; **2.** (**in**, **into**) a) eng ver-bunden, zs.-geschlossen (mit), b) ein-verleibt (dat.); **3.** eingemeindet; **in-cor·po·ra·tion** [ɪn,kɔ:pə'reɪʃn] s. **1.** Vereinigung f, Verbindung f; **2.** Ein-verleibung f, Eingliederung f, Aufnah-me f (**into** in acc.); **3.** Eingemeindung f; **4.** ✶ a) Bildung f od. Gründung f e-r Körperschaft od. (Am.) e-r Aktienge-sellschaft: **articles of ~** Am. Satzung f (e-r AG); **certificate of ~** Korpora-tionsurkunde f, Am. Gründungsurkun-de f (e-r AG), b) amtliche Eintragung; **in'cor·po·ra·tor** [-tə] s. Am. Grün-dungsmitglied n.

in·cor·po·re·al [,ɪnkɔ:'pɔ:rɪəl] adj. □ **1.** unkörperlich, immateri'ell, geistig; **2.** ✶ nicht greifbar: ~ **hereditaments** vererbliche Rechte; ~ **rights** Immate-rialgüterrechte (z. B. Patente).

in·cor·rect [,ɪnkə'rekt] adj. □ **1.** unrich-tig, ungenau, irrig, falsch; **2.** 'inkor-,rekt, ungehörig (Betragen); ,**in·cor-'rect·ness** [-nɪs] s. **1.** Unrichtigkeit f; **2.** Unschicklichkeit f.

in·cor·ri·gi·bil·i·ty [ɪn,kɒrɪdʒə'bɪlətɪ] s. Unverbesserlichkeit f; **in·cor·ri·gi·ble** [ɪn'kɒrɪdʒəbl] adj. □ unverbesserlich.

in·cor·rupt·i·bil·i·ty ['ɪnkə,rʌptə'bɪlətɪ] s. **1.** Unbestechlichkeit f; **2.** Unver-derblichkeit f; **in·cor·rupt·i·ble** [,ɪnkə-'rʌptəbl] adj. □ **1.** unbestechlich, red-lich; **2.** unverderblich, unvergänglich; **in·cor·rup·tion** ['ɪnkə,rʌpʃn] s. **1.** Un-bestechlichkeit f; **2.** Unverdorbenheit f; **3.** bibl. Unvergänglichkeit f.

in·crease [ɪn'kri:s] **I** v/i. **1.** zunehmen, sich vermehren, größer werden, (an-) wachsen: ~ **in size** an Größe zuneh-men; ~**d demand** Mehrbedarf m; **2.** steigen (Preise); sich steigern od. ver-größern od. verstärken od. erhöhen; **II** v/t. **3.** vergrößern, verstärken, vermeh-ren, erhöhen, steigern: ~ **tenfold** ver-zehnfachen; **III** s. ['ɪnkri:s] **4.** Vergrö-ßerung f, Vermehrung f, Verstärkung f, Erhöhung f, Zunahme f, (An)Wachsen n, Zuwachs m, Wachstum n, Steigen n, Steigerung f, Erhöhung f: **be on the ~** zunehmen, wachsen; ~ **in wages** ✝ Lohnerhöhung f, -steigerung f; ~ **of trade** Zunahme od. Aufschwung m des Handels; **5.** Ertrag m, Gewinn m; **in-'creas·ing·ly** [-sɪŋlɪ] adv. immer mehr: ~ **clear** immer klarer.

in·cred·i·bil·i·ty [ɪn,kredɪ'bɪlətɪ] s. **1.** Unglaubhaftigkeit f; **2.** Un'glaublich-keit f; **in·cred·i·ble** [ɪn'kredəbl] adj. □ **1.** unglaublich, unvor'stellbar (a. fig.

unerhört, äußerst); **2.** unglaubhaft.

in·cre·du·li·ty [ˌɪnkrɪˈdjuːlətɪ] _s._ Ungläubigkeit _f_; **in·cred·u·lous** [ɪnˈkredjʊləs] _adj._ □ ungläubig.

in·cre·ment [ˈɪnkrɪmənt] _s._ **1.** Zuwachs _m_, Zunahme _f_; **2.** ♥ (Gewinn-, Wert-) Zuwachs _m_, Mehrertrag _m_, -einnahme _f_; **3.** Å Zuwachs _m_, Inkre'ment _n_, bsd. positives Differenti'al.

in·crim·i·nate [ɪnˈkrɪmɪneɪt] _v/t._ beschuldigen, belasten; _~ o.s._ sich (selbst) belasten; **in'crim·i·nat·ing** [-tɪŋ] _adj._ belastend; **in·crim·i·na·tion** [ɪnˌkrɪmɪˈneɪʃn] _s._ Beschuldigung _f_, Belastung _f_; **in'crim·i·na·to·ry** [-nətərɪ] → _incriminating._

in·crust [ɪnˈkrʌst] → _encrust._

in·crus·ta·tion [ˌɪnkrʌsˈteɪʃn] _s._ **1.** Verkrustung _f_ (a. _fig._); **2.** ⚙ a) Inkrusta-ti'on _f_, Kruste _f_, b) Kesselstein(bildung _f_) _m_; **3.** Verkleidung _f_, Belag _m_ (_Wand_); **4.** Einlegearbeit _f_.

in·cu·bate [ˈɪnkjʊbeɪt] **I** _v/t._ **1.** Ei ausbrüten (_a. künstlich_); **2.** Bakterien im Brutschrank züchten; **3.** _fig._ ausbrüten, aushecken; **II** _v/i._ **4.** brüten; **in·cu·ba·tion** [ˌɪnkjʊˈbeɪʃn] _s._ **1.** Ausbrütung _f_, Brüten _n_; **2.** ☞ Inkubati'on _f_: _~ period_ Inkubationszeit _f_; **'in·cu·ba·tor** [-tə] _s._ a) ☞ Brutkasten _m_, Inku'bator _m_ (_für Babys_), b) Brutschrank _m_ (_für Bakterien_), c) 'Brutappa‚rat _m_ (_für Küken, Eier_).

in·cu·bus [ˈɪŋkjʊbəs] _s._ **1.** ☞ Alp(drücken _n_) _m_; **2.** _fig._ a) Alpdruck _m_, b) Schreckgespenst _n_.

in·cul·cate [ˈɪnkʌlkeɪt] _v/t._ einprägen, einschärfen, einimpfen (_on_, _in s.o._ j-m); **in·cul·ca·tion** [ˌɪnkʌlˈkeɪʃn] _s._ Einschärfung _f_.

in·cul·pate [ˈɪnkʌlpeɪt] _v/t._ **1.** an-, beschuldigen, anklagen; **2.** belasten; **in·cul·pa·tion** [ˌɪnkʌlˈpeɪʃn] _s._ **1.** An-, Beschuldigung _f_; **2.** Vorwurf _m_.

in·cult [ɪnˈkʌlt] _adj._ 'unkulti‚viert, roh, grob.

in·cum·ben·cy [ɪnˈkʌmbənsɪ] _s._ **1.** a) Innehaben _n_ e-s Amtes, b) Amtszeit _f_, c) Amt(sbereich _m_) _n_; **2.** _eccl. Brit._ (Besitz _m_ e-r) Pfründe _f_; **3.** _fig._ Obliegenheit _f_; **in'cum·bent** [-nt] **I** _adj._ □ **1.** obliegend: _it is ~ upon him_ es ist s-e Pflicht; **2.** amtierend _Bürgermeister etc._: ~ _mayor_; **II** _s._ **3.** Amtsinhaber(in); **4.** _eccl. Brit._ Pfründeninhaber _m_.

in·cu·nab·u·la [ˌɪnkjuːˈnæbjʊlə] _s. pl._ Inku'nabeln _pl._, Wiegendrucke _pl._

in·cur [ɪnˈkɜː] _v/t._ sich _et._ zuziehen; auf sich laden _od._ ziehen, geraten in (_acc._): ~ _displeasure_ Mißfallen erregen; ~ _debts_ Schulden machen; ~ _losses_ Verluste erleiden; ~ _liabilities_ Verpflichtungen eingehen.

in·cur·a·bil·i·ty [ɪnˌkjʊərəˈbɪlətɪ] _s._ Unheilbarkeit _f_; **in·cur·a·ble** [ɪnˈkjʊərəbl] **I** _adj._ □ unheilbar; **II** _s._ unheilbar Kranke(r _m_) _f_.

in·cu·ri·ous [ɪnˈkjʊərɪəs] _adj._ □ **1.** nicht neugierig, gleichgültig, uninteressiert; **2.** 'uninteres‚sant.

in·cur·sion [ɪnˈkɜːʃn] _s._ **1.** (feindlicher) Einfall, Raubzug _m_; **2.** Eindringen _n_ (a. _fig._); **3.** _fig._ Einbruch _m_, -griff _m_.

in·curve [ˌɪnˈkɜːv] _v/t._ (nach innen) krümmen, (ein)biegen.

in·debt·ed [ɪnˈdetɪd] _adj._ **1.** verschuldet; **2.** zu Dank verpflichtet: _I am ~ to you_

for ich habe Ihnen zu danken für; **in'debt·ed·ness** [-nɪs] _s._ **1.** Verschuldung _f_, Schulden _pl._; **2.** Dankesschuld _f_, Verpflichtung _f_.

in·de·cen·cy [ɪnˈdiːsnsɪ] _s._ **1.** Unanständigkeit _f_, Anstößigkeit _f_; **2.** Zote _f_; **in'de·cent** [-nt] _adj._ □ **1.** unanständig, anstößig; _a._ ☞ unsittlich, unzüchtig; **2.** ungebührlich: ~ _haste_ unziemliche Hast.

in·de·ci·pher·a·ble [ˌɪndɪˈsaɪfərəbl] _adj._ nicht zu entziffern(d).

in·de·ci·sion [ˌɪndɪˈsɪʒn] _s._ Unentschlossenheit _f_, Unschlüssigkeit _f_; **in·de·ci·sive** [-ˈsaɪsɪv] _adj._ □ **1.** nicht entscheidend: _an ~ battle_; **2.** unentschlossen, unschlüssig, schwankend; **3.** unbestimmt.

in·de·clin·a·ble [ˌɪndɪˈklaɪnəbl] _adj. ling._ undeklinierbar.

in·dec·o·rous [ɪnˈdekərəs] _adj._ □ unschicklich, unanständig, ungehörig; **in·de·co·rum** [ˌɪndɪˈkɔːrəm] _s._ Unschicklichkeit _f_.

in·deed [ɪnˈdiːd] _adv._ **1.** in der Tat, tatsächlich, wirklich: _it is very lovely ~_ es ist wirklich (sehr) hübsch; _if ~_ wenn überhaupt; _if ~ he were right_ falls er wirklich recht haben sollte; _we think, ~ we know this is wrong_ wir glauben, ja wir wissen (sogar), daß dies falsch ist; _I am quite sure_ ich bin (mir) sogar ganz sicher; _yes, ~!_ ja tatsächlich! (→ 3); _did you ~?_ tatsächlich?, ach wirklich?; _you, ~!_ iro. ausgerechnet du!; Du? daß ich nicht lache!; _what ~!_ iro. na, was wohl?; _thank you very much ~!_ vielen herzlichen Dank!; _this is ~ an exception_ das ist allerdings _od._ freilich e-e Ausnahme; **2.** zwar, wohl: _it is ~ a good plan, but ...;_ **3.** (_in Antworten_) a) _yes ~_ a) allerdings(!), aber sicher(!), und ob(!), b) aber gern!, ja doch!, c) ach wirklich?, was Sie nicht sagen; ~ _you may not!_ aber ja nicht!, kommt nicht in Frage!

in·de·fat·i·ga·ble [ˌɪndɪˈfætɪgəbl] _adj._ □ unermüdlich.

in·de·fea·si·ble [ˌɪndɪˈfiːzəbl] _adj._ □ ☞ unverletzlich, unantastbar.

in·de·fen·si·ble [ˌɪndɪˈfensəbl] _adj._ □ unhaltbar: a) ✗ nicht zu verteidigen(d), b) _fig._ nicht zu rechtfertigen(d), unentschuldbar.

in·de·fin·a·ble [ˌɪndɪˈfaɪnəbl] _adj._ □ undefinierbar: a) unbestimmbar, b) unbestimmt.

in·def·i·nite [ɪnˈdefnət] _adj._ □ **1.** unbestimmt (_a. ling._); **2.** unbegrenzt, unbeschränkt; **3.** unklar, undeutlich, ungenau; **in'def·i·nite·ly** [-lɪ] _adv._ **1.** auf unbestimmte Zeit; **2.** unbegrenzt; **in'def·i·nite·ness** [-nɪs] _s._ **1.** Unbestimmtheit _f_; a) Ungenauigkeit _f_.

in·del·i·ble [ɪnˈdeləbl] _adj._ □ unauslöschlich (a. _fig._); untilgbar: ~ _ink_ Zeichen-, Kopiertinte _f_; ~ _pencil_ Tintenstift _m_.

in·del·i·ca·cy [ɪnˈdelɪkəsɪ] _s._ **1.** Unanständigkeit _f_, Unfeinheit _f_; **2.** Taktlosigkeit _f_; **in'del·i·cate** [-kət] _adj._ □ **1.** unanständig, -fein; **2.** taktlos.

in·dem·ni·fi·ca·tion [ɪnˌdemnɪfɪˈkeɪʃn] _s._ **1.** ♥ a) → _indemnity_ 1 a, b) Entschädigung _f_, Schadloshaltung _f_, Ersatzleistung _f_, c) → _indemnity_ 1 c; **2.** ☞ Sicherstellung _f_ (_gegen Strafe_); **in·dem-**

ni·fy [ɪnˈdemnɪfaɪ] _v/t._ **1.** entschädigen, schadlos halten (_for_ für); **2.** sicherstellen, sichern (_from_, _against_ gegen); **3.** ☞ _parl._ a) j-m Entlastung erteilen, b) j-m Straflosigkeit zusichern; **in·dem·ni·ty** [ɪnˈdemnətɪ] _s._ a) Sicherstellung _f_ (_gegen Verlust od. Schaden_), Garan'tie(versprechen _n_) _f_, b) → _indemnification_ 1 b, c) Entschädigung(sbetrag _m_) _f_, Abfindung _f_: ~ _against liability_ Haftungsausschluß _m_; ~ _bond_, _letter of ~_ Ausfallbürgschaft _f_; ~ _insurance_ Schadensversicherung _f_; → _double indemnity_; **2.** ☞, _parl._ Indemni'tät _f_.

in·dent¹ [ɪnˈdent] **I** _v/t._ **1.** (ein-, aus-) kerben, auszacken: ~_ed coastline_ zerklüftete Küste; **2.** ⚙ (ver)zahnen; **3.** _typ._ Zeile einrücken; **4.** ☞ Vertrag mit Doppel ausfertigen; **5.** ♥ Waren bestellen; **II** _v/i._ **6.** (_upon s.o. for s.th._) (et. bei j-m) bestellen, (et. von j-m) anfordern; **III** _s._ ['ɪndent] **7.** Kerbe _f_, Einschnitt _m_, Auszackung _f_; **8.** _typ._ Einzug _m_; **9.** ☞ Vertragsurkunde _f_; **10.** ♥ (Auslands)Auftrag _m_; **11.** ✗ _Brit._ Anforderung _f_ (_von Vorräten_).

in·dent² **I** _v/t._ [ɪnˈdent] eindrücken, einprägen; **II** _s._ ['ɪndent] Delle _f_, Vertiefung _f_.

in·den·ta·tion [ˌɪndenˈteɪʃn] _s._ **1.** Einschnitt _m_, Einkerbung _f_; Auszackung _f_, Zickzacklinie _f_; **2.** ⚙ Zahnung _f_; **3.** Einbuchtung _f_; Bucht _f_; **4.** _typ._ a) Einzug _m_, b) Absatz _m_; **5.** Vertiefung _f_, Delle _f_; **in·dent·ed** [ɪnˈdentɪd] _adj._ **1.** (aus)gezackt; **2.** ♥ vertraglich verpflichtet; **in·den·tion** [ɪnˈdenʃn] → _indentation_ 1, 2, 4; **in·den·ture** [ɪnˈdentʃə] **I** _s._ **1.** Vertrag _m_ od. Urkunde _f_ (im Dupli'kat); **2.** ♥, ☞ Lehrvertrag _m_, -brief _m_: _take up one's ~s_ ausgelernt haben; **3.** amtliche Liste; **4.** → _indentation_ 1, 2; **II** _v/t._ **5.** ♥, ☞ durch (_bsd._ Lehr)Vertrag binden, vertraglich verpflichten.

in·de·pend·ence [ˌɪndɪˈpendəns] _s._ **1.** Unabhängigkeit _f_ (_on_, _of_ von): 2 _Day_ _Am._ Unabhängigkeitstag _m_ (4. Juli); **2.** Selbständigkeit _f_; **3.** hinreichendes Aus- _od._ Einkommen; **in·de'pend·en·cy** [-sɪ] _s._ **1.** → _independence_; **2.** 2 → _Congregationalism_; **in·de'pend·ent** [-nt] **I** _adj._ □ **1.** unabhängig (_of_ von) (a. Å, _ling._), selbständig (a. _Person_): ~ _clause_ ling. Hauptsatz _m_; **2.** a) selbständig, -sicher, -bewußt, b) eigenmächtig, -ständig; **3.** _pol._ unabhängig (_Staat_), _Abgeordneter:_ a. par'teilos, _parl._ frakti'onslos; **4.** vonein'ander unabhängig: _the various decisions were_ ~; _we arrived ~ly at the same results_ wir kamen zu diesem Ergebnis voneinander zu denselben Ergebnissen; **5.** finanzi'ell unabhängig: ~ _gentleman_, _man of ~ means_ Mann _m_ mit Privateinkommen, Privatier _m_; **6.** eigen, Einzel...: ~ _axle_ ⚙ Schwingachse _f_; ~ _fire_ ✗ Einzel-, Schützenfeuer _n_; ~ _suspension_ mot. Einzelaufhängung _f_; **II** _s._ **7.** 2 _pol._ Unabhängige(r _m_) _f_, Par'teilose(r _m_) _f_, _parl._ frakti'onsloser Abgeordneter; **8.** 2 → _Congregationalist._

in·depth _adj._ tiefschürfend, eingehend: ~ _interview_ Tiefeninterview _n_, Intensivbefragung _f_.

in·de·scrib·a·ble [ˌɪndɪˈskraɪbəbl] *adj.*
□ **1.** unbeschreiblich; **2.** unbestimmt,
undefinierbar.

in·de·struct·i·bil·i·ty [ˈɪndɪˌstrʌktəˈbɪlə-
tɪ] *s.* Unzerstörbarkeit *f*; **in·de·struct-
i·ble** [ˌɪndɪˈstrʌktəbl] *adj.* □ unzerstör-
bar, (*a.* ✝) unverwüstlich.

in·de·ter·mi·na·ble [ˌɪndɪˈtɜːmɪnəbl]
adj. □ unbestimmbar, nicht bestimm-
bar; **in·de·ter·mi·nate** [-nət] *adj.* □ **1.**
unbestimmt (*a.* Ⓐ), unentschieden, ungewiß, nicht festgelegt; unklar, vage; **2.**
→ **indeterminable**: *of* ~ *sex*; ~ *sentence* ꜩ (Freiheits)Strafe *f* von unbestimmter Dauer; **in·de·ter·mi·na·tion**
[ˈɪndɪˌtɜːmɪˈneɪʃn] *s.* **1.** Unbestimmtheit
f; **2.** Ungewißheit *f*; **3.** Unentschlossenheit *f*; **in·de·ter·min·ism** [-mɪnɪzəm] *s.*
phls. Indetermi'nismus *m*, Lehre *f* von
der Willensfreiheit *f*.

in·dex [ˈɪndeks] **I** *pl.* **'in·dex·es, in·di-
ces** [ˈɪndɪsiːz] *s.* **1.** Inhalts-, Stichwort-
verzeichnis *n*, Ta'belle *f*, ('Sach)ReꞬgi-
ster *n*, Index *m*; **2.** *a.* ~ *file* Kar'tei *f*: ~
card Karteikarte *f*; **3.** ☉ *a.* b) (An)Zeiger
m, b) (Einstell)Marke *f*, Strich *m*, c)
Zunge *f* (*Waage*); **4.** *typ.* Hand(zeichen
n) *f*; **5.** *fig.* a) (An)Zeichen *n* (*of* für,
von *od.* gen.), b) (*to*) Fingerzeig *m*
(für), Hinweis *m* (auf *acc.*); **6.** *Statistik:*
Indexziffer *f*, Vergleichs-, Meßzahl *f*, ✝
Index *m*: *cost of living* ~ Lebensko-
sten-, Lebenshaltungsindex; *share
price* ~ Aktienindex; **7.** Ⓐ a) Index *m*,
Kennziffer *f*, b) Expo'nent *m*: ~ *of refraction phys.* Brechungsindex *od.* -ex-
ponent; **8.** *bsd. eccl.* Index *m* (*verbotener Bücher*); **9.** → *index finger*, **II** *v/t.*
10. mit e-m Inhaltsverzeichnis versehen; **11.** in ein Verzeichnis aufnehmen;
12. *eccl.* auf den Index setzen; **13.** ☉ a)
Revolverkopf etc. schalten: ~*ing disc*
Schaltscheibe *f*, b) *in Maßeinheiten* einteilen; ~ **fin·ger** *s.* Zeigefinger *m*; '~-
linked *adj.* indexgebunden: ~ *pension*; ~ *wage* Indexlohn *m*; ~ **num·ber**
→ *index* 6.

In·di·aꜝ **ink** [ˈɪndjə] → *Indian ink*;
'~-**man** [-mən] *s.* [*irr.*] (Ost)'Indienfahrer *m* (*Schiff*).

In·di·an [ˈɪndjən] **I** *adj.* **1.** (ost)'indisch;
2. *bsd. Am.* indi'anisch; **3.** *Am.*
Mais...; **II** *s.* **4.** a) Inder(in), b) Ost'in-
dier(in); **5.** *bsd. Am.* Indi'aner(in); ~
club *s. sport* (Schwing)Keule *f*; ~ **corn**
s. Mais *m*; ~ **file** *s.*: *in* ~ im Gänse-
marsch; ~ **giv·er** *s. Am.* F *j-d, der s-e
Geschenke zurückverlangt*; ~ **ink** *s.* chi-
'nesische Tusche; ~ **meal** *s.* Maismehl
n; ~ **pa·per** → *India paper*; ~ **sum·
mer** *s.* Alt'weiber-, Spät-, Nachsom-
mer *m*.

In·di·aꜝ **pa·per** *s.* 'DünndruckpaꞬpier *n*;
Ɡ'~-**rub·ber** *s.* **1.** Kautschuk *m*, Gummi
n, m: ~ *ball* Gummiball *m*; ~ *tree*; **2.**
Radiergummi *m*.

In·dic [ˈɪndɪk] *adj. ling.* indisch (*den indischen Zweig der indo-iranischen Spra-
chen betreffend*).

in·di·cate [ˈɪndɪkeɪt] *v/t.* **1.** anzeigen, angeben, bezeichnen, kennzeichnen; **2.** a)
Person: andeuten, (an)zeigen, zu verstehen geben, b) *Sache:* hindeuten *od.*
hinweisen auf (*acc.*), erkennen lassen
(*acc.*), *a.* ☉ anzeigen; **3.** ✶ indizieren,
erfordern: *be* ~*d* indiziert sein, *fig.* angezeigt *od.* angebracht sein; **in·di·ca-**

tion [ˌɪndɪˈkeɪʃn] *s.* **1.** Anzeige *f*, Angabe *f*, Bezeichnung *f*; **2.** (*of*) a) (An-)
Zeichen *n* (für), b) Hinweis *m* (auf
acc.), c) (kurze) Andeutung: *give* ~ *of
et.* anzeigen; *there is every* ~ alles deutet darauf hin (*that* daß); **3.** ✶ a) Indi-
kati'on *f*, b) Sym'ptom *n* (*a. fig.*); **4.** ☉
a) Anzeige *f*, b) Grad *m*, Stand *m*; **in·
dic·a·tive** [ɪnˈdɪkətɪv] **I** *adj.* □ **1.** anzeigend, andeutend, hinweisend: *be* ~ *of*
→ *indicate* 2; **2.** *ling.* 'indika,tivisch: ~
mood → 3; **II** *s.* **3.** *ling.* Indikativ *m*,
Wirklichkeitsform *f*; **'in·di·ca·tor** [-tə]
s. **1.** Anzeiger *m*; **2.** ☉ a) Zeiger *m*, b)
Anzeiger *m*, Anzeige- *od.* Ablesegerät
n, Zähler *m*, (Leistungs)Messer *m*, c)
Schauzeichen *n*, d) *mot.* Richtungsanzeiger *m*, e) *a.* ~ *telegraph* 'Zeigertele-
Ɡgraph *m*; **3.** ꜩ Indi'kator *m*; **4.** *fig.* →
index 5 *u.* 6; **in·dic·a·to·ry** [ɪnˈdɪkətərɪ]
→ *indicative* 1.

in·di·ces [ˈɪndɪsiːz] *pl. von* **index**.

in·di·ci·um [ɪnˈdɪʃɪəm] *pl.* -**ci·a** [-ʃɪə] *s.*
꙳ *Am.* aufgedruckter Freimachungs-
vermerk.

in·dict [ɪnˈdaɪt] *v/t.* ꜩ anklagen (*for* wegen); **in'dict·a·ble** [-təbl] *adj.* ꜩ strafrechtlich verfolgbar: ~ *offence* schwur-
gerichtlich abzuurteilende Straftat,
Verbrechen *n*; **in'dict·ment** [-mənt] **1.**
(for'melle) Anklage (*vor e-m Geschwo-
renengericht*); **2.** a) Anklagebeschluß *m*
(*der grand jury*), b) (*Am. a. bill of* ~)
Anklageschrift *f*.

in·dif·fer·ence [ɪnˈdɪfrəns] *s.* **1.** (*to*)
Gleichgültigkeit *f* (gegen), Inter'esselo-
sigkeit *f* (gegen'über); **2.** Unwichtigkeit
f: *it is a matter of complete* ~ *to me*
das ist mir völlig gleichgültig; **3.** Mittelmäßigkeit *f*; **4.** Unwichtigkeit *f*; **in'dif-
fer·ent** [-nt] *adj.* □ **1.** (*to*) gleichgültig
(gegen), inter'esselos (gegen'über); **2.**
'unparꞬteiisch; **3.** mittelmäßig, leidlich:
~ *quality*, **4.** mäßig, nicht besonders
gut: *a very* ~ *cook*; **5.** unwichtig; **6.** ✶,
♁, *phys.* neu'tral, indiffe'rent; **in'dif-
fer·ent·ism** [-ntɪzəm] *s.* (Neigung *f*
zur) Gleichgültigkeit *f*.

in·di·gence [ˈɪndɪdʒəns] *s.* Armut *f*,
Mittellosigkeit *f*.

in·di·gene [ˈɪndɪdʒiːn] *s.* **1.** Eingebore-
ne(r *m*) *f*; **2.** a) einheimisches Tier, b)
einheimische Pflanze; **in·dig·e·nize**
[ɪnˈdɪdʒɪnaɪz] *v/t. Am.* **1.** *a. fig.* heimisch machen, einbürgern; **2.** (nur) mit
einheimischem Personal besetzen; **in·
dig·e·nous** [ɪnˈdɪdʒɪnəs] *adj.* □ **1.** *a.* ♁,
zo. einheimisch (*to* in *dat.*); **2.** *fig.* angeboren (*to dat.*).

in·di·gent [ˈɪndɪdʒənt] *adj.* □ arm, bedürftig, mittellos.

in·di·gest·ed [ˌɪndɪˈdʒestɪd] *adj. mst fig.*
unverdaut; wirr; 'undurchꞬdacht; **in·di-
gest·i·bil·i·ty** [ˈɪndɪˌdʒestəˈbɪlətɪ] *s.* Un-
verdaulichkeit *f*; **Ɡin·diˈgest·i·ble**
[-təbl] *adj.* □ unverdaulich (*a. fig.*);
Ɡin·diˈges·tion [-tʃn] *s.* ✶ Magenverstimmung *f*, verdorbener Magen.

in·dig·nant [ɪnˈdɪgnənt] *adj.* □ (*at,
with*) entrüstet, ungehalten, empört
(über *acc.*), peinlich berührt (von); **in·
dig·na·tion** [ˌɪndɪgˈneɪʃn] *s.* Entrüstung
f, Unwille *m*, Empörung *f* (*at* über
acc.): ~ *meeting* Protestkundgebung *f*.

in·dig·ni·ty [ɪnˈdɪgnətɪ] *s.* Schmach *f*,
Demütigung *f*, Kränkung *f*.

in·di·go [ˈɪndɪgəʊ] *pl.* -**gos** *s.* Indigo *m*:

~-**blue** indigoblau; **in·di·got·ic** [ˌɪndɪ-
ˈgɒtɪk] *adj.* Indigo...

in·di·rect [ˌɪndɪˈrekt] *adj.* □ **1.** 'indi-
Ꞑrekt: ~ *lighting*, ~ *tax*, ~ *cost* ✝ Gemeinkosten *pl.*; **2.** nicht di'rekt *od.* gerade: ~ *route* Umweg *m*; ~ *means*
Umwege, Umschweife; **3.** *fig.* krumm,
unredlich; **4.** *ling.* 'indiꞒrekt, abhängig:
~ *object* indirektes Objekt, Dativob-
jekt *n*; ~ *question* indirekte Frage; ~
speech indirekte Rede; **in·di·rec·tion**
[ˌɪndɪˈrekʃn] *s.* **1.** 'Umweg *m* (*a. fig. b.s.*
unlautere Methode): *by* ~ a) indirekt,
auf Umwegen, b) *fig.* hinten herum,
unehrlich; **2.** Unehrlichkeit *f*; **3.** Anspielung *f*; **Ɡin·diˈrect·ness** [-nɪs] *s.* **1.**
'indiꞒrekte Art u. Weise; **2.** → *indirec-
tion*.

in·dis·cern·i·ble [ˌɪndɪˈsɜːnəbl] *adj.*
nicht wahrnehmbar, unmerklich.

in·dis·ci·pline [ɪnˈdɪsɪplɪn] *s.* Diszi'plin-,
Zuchtlosigkeit *f*.

in·dis·cov·er·a·ble [ˌɪndɪˈskʌvərəbl] *adj.*
□ nicht zu entdecken(d).

in·dis·creet [ˌɪndɪˈskriːt] *adj.* □ **1.** 'in-
disꞒkret; **2.** taktlos; **3.** 'unüberꞒlegt.

in·dis·crete [ˌɪndɪˈskriːt] *adj.* homo'gen,
kom'pakt, zs.-hängend.

in·dis·cre·tion [ˌɪndɪˈskreʃn] *s.* **1.** Indiskreti'on *f*; **2.** Taktlosigkeit *f*; **3.** 'Un-
überꞒlegtheit *f*.

in·dis·crim·i·nate [ˌɪndɪˈskrɪmɪnət] *adj.*
□ **1.** wahllos, blind, 'unterschiedslos;
2. kri'tiklos, unkritisch; **3.** willkürlich;
in·dis·crim·i·na·tion [ˈɪndɪˌskrɪmɪ-
ˈneɪʃn] *s.* **1.** Wahl-, Kri'tiklosigkeit *f*,
Mangel *m* an Urteilskraft; **2.** 'Unter-
schiedslosigkeit *f*.

in·dis·pen·sa·bil·i·ty [ˈɪndɪˌspensəˈbɪlə-
tɪ] *s.* Unerläßlichkeit *f*, Unentbehr-
lichkeit *f*; **in·dis·pen·sa·ble** [ˌɪndɪ-
ˈspensəbl] *adj.* □ **1.** unerläßlich, unentbehrlich (*for, to* für); **2.** ✗ unab-
kömmlich; **3.** unbedingt einzuhalten(d)
od. zu erfüllen(d) (*Pflicht etc.*).

in·dis·pose [ˌɪndɪˈspəʊz] *v/t.* **1.** untauglich machen (*for* zu); **2.** unpäßlich machen, indisponieren; **3.** abgeneigt machen (*to do* zu tun), einnehmen (*towards* gegen); **Ɡin·disˈposed** [-zd] *adj.*
1. indisponiert, unpäßlich; **2.** (*towards, from*) a) nicht aufgelegt (zu),
abgeneigt (*dat.*), b) eingenommen (gegen), abgeneigt (*dat.*); **in·dis·po·si-
tion** [ˌɪndɪspəˈzɪʃn] *s.* **1.** Unpäßlichkeit
f; **2.** Abneigung *f*, 'Widerwille *m* (*to,
towards* gegen).

in·dis·pu·ta·bil·i·ty [ˈɪndɪˌspjuːtəˈbɪlətɪ]
s. Unbestreitbarkeit *f*, Unstrittigkeit *f*;
in·dis·pu·ta·ble [ˌɪndɪˈspjuːtəbl] *adj.*
□ **1.** unbestreitbar, unstrittig, nicht zu
bestreiten(d); **2.** unbestritten.

in·dis·sol·u·bil·i·ty [ˈɪndɪˌsɒljʊˈbɪlətɪ] *s.*
Unauflösbarkeit *f*; **in·dis·sol·u·ble**
[ˌɪndɪˈsɒljʊbl] *adj.* □ **1.** unauflösbar,
-lich; **2.** unzertrennlich; **3.** ꜩ unlöslich.

in·dis·tinct [ˌɪndɪˈstɪŋkt] *adj.* □ **1.** undeutlich; **2.** unklar, verworren, verschwommen; **Ɡin·disˈtinc·tive** [-tɪv]
adj. □ ausdruckslos, nichtssagend; **Ɡin·
disˈtinct·ness** [-nɪs] *s.* Undeutlichkeit
f etc.

in·dis·tin·guish·a·ble [ˌɪndɪˈstɪŋgwɪ-
ʃəbl] *adj.* □ **1.** nicht zu unter'schei-
den(d) (*from* von); **2.** nicht wahrnehmbar *od.* erkennbar; **3.** unmerklich.

in·dite [ɪnˈdaɪt] *v/t.* ver-, abfassen.

in·di·vid·u·al [ˌɪndɪˈvɪdjʊəl] **I** *adj.* □ → ***individually***; **1.** einzeln, Einzel...: ***each ~ word***; ***~ case*** Einzelfall *m*; ***~ consumer*** Einzelverbraucher *m*; ***~ drive*** ⚙ Einzelantrieb *m*; **2.** für ˈeine Perˈson bestimmt, eigen, perˈsönlich, einzel: ***~ credit*** Personalkredit *m*; ***~ property*** Privatvermögen *n*; ***~ psychology*** Individualpsychologie *f*; ***~ traffic*** Individualverkehr *m*; ***give ~ attention to*** individuell behandeln, s-e persönliche Aufmerksamkeit schenken (*dat.*); **3.** individuˈell, perˈsönlich, eigen(tümlich), charakteˈristisch: ***an ~ style***; **4.** verschieden: ***five ~ cups***; **II** *s.* **5.** ˈEinzelperˌson *f*, Indiˈviduum *n*, Einzelne(r) *m*; **6.** *mst contp.* Perˈson *f*, Indiˈviduum *n*; **7.** ⚖ naˈtürliche Perˈson *f*; ˌ**in·diˈvid·u·al·ism** [-lɪzəm] *s.* **1.** Individuaˈlismus *m*; **2.** Egoˈismus *m*; ˌ**in·diˈvid·u·al·ist** [-lɪst] **I** *s.* Individuaˈlist(in); **II** *adj.* → **in·di·vid·u·al·is·tic** [ˈɪndɪˌvɪdjʊəˈlɪstɪk] *adj.* (□ ***~ally***) individuaˈlistisch; **in·di·vid·u·al·i·ty** [ˈɪndɪˌvɪdjʊˈælətɪ] *s.* **1.** Individualiˈtät *f*, (perˈsönliche) Eigenart; **2.** *phls.* individuˈelle Exiˈstenz; **3.** → ***individual*** 5; **in·di·vid·u·al·i·za·tion** [ˈɪndɪˌvɪdjʊəlaɪˈzeɪʃn] *s.* **1.** Individualisierung *f*; **2.** Einzelbetrachtung *f*; ˌ**in·diˈvid·u·al·ize** [-laɪz] *v/t.* **1.** individualisieren, individuˈell gestalten *od.* behandeln, e-e individuˈelle *od.* eigene Note verleihen (*dat.*); **2.** einzeln betrachten; ˌ**in·diˈvid·u·al·ly** [-əlɪ] *adv.* **1.** einzeln, (jeder, jede, jedes) für sich; **2.** einzeln betrachtet, für sich genommen; **3.** perˈsönlich; ˌ**in·diˈvid·u·ate** [-jʊeɪt] *v/t.* **1.** → ***individualize*** 1; **2.** charakterisieren; **3.** unterˈscheiden (***from*** von).

in·di·vis·i·bil·i·ty [ˈɪndɪˌvɪzɪˈbɪlətɪ] *s.* Unteilbarkeit *f*; **in·di·vis·i·ble** [ˌɪndɪˈvɪzəbl] **I** *adj.* □ unteilbar; **II** *s.* ⚗ unteilbare Größe.

In·do-Chi·nese [ˌɪndəʊtʃaɪˈniːz] *adj.* indochiˈnesisch, ˈhinterindisch.

in·doc·ile [ɪnˈdəʊsaɪl] *adj.* **1.** ungelehrig; **2.** störrisch, unlenksam; **in·do·cil·i·ty** [ˌɪndəʊˈsɪlətɪ] *s.* **1.** Ungelehrigkeit *f*; **2.** Unlenksamkeit *f*.

in·doc·tri·nate [ɪnˈdɒktrɪneɪt] *v/t.* **1.** unterˈweisen, schulen (***in*** in *dat.*); *pol.* indoktrinieren; **2.** *j-m et.* einprägen, -bleuen, -impfen; **3.** durchˈdringen (***with*** mit); **in·doc·tri·na·tion** [ɪnˌdɒktrɪˈneɪʃn] *s.* Unterˈweisung *f*, Belehrung *f*, Schulung *f*; *pol.* Indoktrinatiˈon *f*, poˈlitische Schulung, ideoˈlogischer Drill; **inˈdoc·tri·na·tor** [-tə] *s.* Lehrer *m*, Instrukˈteur *m*.

ˈ**In·do|-ˌEu·roˈpe·an** [ˌɪndəʊ-] *ling.* **I** *adj.* **1.** ˈindogerˈmanisch; **II** *s.* **2.** *ling.* ˈIndogerˈmanisch *n*; **3.** ˈIndogerˈmane *m*, -gerˈmanin *f*; ˌ**~-Gerˈman·ic** → ***Indo-European*** 1 *u.* 2; ˌ**~-Iˈra·ni·an** *ling.* **I** *adj.* ˈindoiˈranisch, arisch; **II** *s.* ˈIndoiˈranisch *n*, Arisch *n*.

in·do·lence [ˈɪndələns] *s.* Indoˈlenz *f*: a) Trägheit *f*, b) Lässigkeit *f*, c) ⚕ Schmerzlosigkeit *f*; ˈ**in·do·lent** [-nt] *adj.* □ indoˈlent: a) träge, b) lässig, c) ⚕ schmerzlos.

in·dom·i·ta·ble [ɪnˈdɒmɪtəbl] *adj.* □ **1.** unbezähmbar, nicht ˈunterzukriegen(d); **2.** unbeugsam.

In·do·ne·sian [ˌɪndəʊˈniːzjən] **I** *adj.* indoˈnesisch; **II** *s.* Indoˈnesier(in).

in·door [ˈɪndɔː] *adj.* im *od.* zu Hause, Haus..., Zimmer..., Innen..., *sport* Hallen...: ***~ aerial*** ϟ Zimmer-, Innenantenne *f*; ***~ dress*** Hauskleid(ung *f*) *n*; ***~ games*** a) Spiele fürs Haus, b) *sport* Hallenspiele; ***~ swimming pool*** Hallenbad *n*; **in·doors** [ˌɪnˈdɔːz] *adv.* **1.** im *od.* zu Hause, drin(nen); **2.** ins Haus.

in·dorse [ɪnˈdɔːs] *etc.* → ***endorse*** *etc.*

in·du·bi·ta·ble [ɪnˈdjuːbɪtəbl] *adj.* □ unzweifelhaft, zweifellos.

in·duce [ɪnˈdjuːs] *v/t.* **1.** *j-n* veranlassen, bewegen, (dazu) bringen, überˈreden (***to do*** zu tun); **2.** herˈbeiführen, verursachen, bewirken, herˈvorrufen, führen zu: ***~ a birth*** ⚕ e-e Geburt einleiten; ***~d sleep*** künstlicher Schlaf; **3.** ϟ *Kernphysik, a. Logik*: induzieren: ***~ current*** Induktionsstrom *m*; **inˈduce·ment** [-mənt] *s.* **1.** a) Veranlassung *f*, Überˈredung *f*, b) Verleitung (***to*** zu); **2.** Anlaß *m*, Beweggrund *m*; **3.** *a.* ☤ Anreiz *m* (***to*** zu); **4.** Herˈbeiführung *f*.

in·duct [ɪnˈdʌkt] *v/t.* **1.** *in ein Amt etc.* einführen, -setzen; **2.** *j-n* einweihen (***to*** in *acc.*); **3.** ⚔ *Am. zum Militär* einberufen; **inˈduct·ance** [-təns] *s.* ϟ **1.** Indukˈtanz *f*, indukˈtiver (ˈSchein)ˌWiderstand; **2.** ˈSelbstinduktiˌon *f*: ***~ coil*** Drosselspule *f*; **in·duc·tee** [ˌɪndʌkˈtiː] *s.* ⚔ *Am.* Einberufene(r) *m*, Reˈkrut *m*; **inˈduc·tion** [-kʃn] *s.* **1.** Einführung, -setzung *f* (*in ein Amt*); **2.** ⚙ Zuführung *f*, Einlaß *m*: ***~ pipe*** Einlaßrohr *n*; **3.** Herˈbeiführung *f*, Auslösung *f*; **4.** Einleitung *f*, Beginn *m*; **5.** ⚔ *Am.* Einberufung *f*: ***~ order*** Einberufungsbefehl *m*; **6.** Anführung *f* (*Beweise etc.*); **7.** ϟ Induktiˈon *f*, sekunˈdäre Erregung: ***~ coil*** (***current***) Induktionsspule *f* (-strom *m*); ***~ motor*** Induktions-, Drehstrommotor *m*; **8.** ⚗, *phys.*, *phls.* Induktiˈon *f*: ***~ accelerator*** Elektronenbeschleuniger *m*; **inˈduc·tive** [-tɪv] *adj.* □ **1.** ϟ, *phys.*, *phls.* indukˈtiv, Induktions...; **2.** ⚕ e-e Reaktiˈon herˈvorrufend; **inˈduc·tor** [-tə] *s.* ϟ, *biol.* Inˈduktor *m*.

in·dulge [ɪnˈdʌldʒ] **I** *v/t.* **1.** *e-r Neigung etc.* nachgeben, frönen, sich hingeben, freien Lauf lassen; **2.** nachsichtig sein gegen: ***~ s.o. in s.th.*** j-m et. nachsehen; **3.** *j-m* nachgeben (***in*** in *dat.*): ***~ o.s. in*** → 7; **4.** *j-m* gefällig sein; **5.** *j-n* verwöhnen; **II** *v/i.* **6.** sich hingeben, frönen (***in*** *dat.*); **7.** ***~ in*** sich *et.* gönnen *od.* genehmigen *od.* leisten, *a.* sich gütlich tun an (*dat.*), *et.* essen *od.* trinken; **8.** F a) sich ‚einen genehmigen', b) sich e-e Zigarette *etc.* gönnen *od.* ‚genehmigen'; **inˈdul·gence** [-dʒəns] *s.* **1.** Nachsicht *f*, Milde *f* (***to***, ***of*** gegenüber); **2.** Nachgiebigkeit *f*; **3.** Gefälligkeit *f*; **4.** Verwöhnung *f*; **5.** Befriedigung *f* (*e-r Begierde etc.*); **6.** (***in***) Frönen *n* (*dat.*), Schwelgen *n* (in *dat.*), Genießen *n* (*gen.*): (***excessive***) ***~ in drink*** übermäßiger Alkoholgenuß; **7.** Wohlleben *n*, Genußsucht *f*; **8.** Schwäche *f*, Leidenschaft *f* (***of*** für); **9.** *R.C.* Ablaß *m*: ***sale of ~s*** Ablaßhandel *m*; **inˈdul·genced** [-dʒənst] *adj.*: ***~ prayer*** *R.C.* Ablaßgebet *n*; **inˈdul·gent** [-dʒənt] *adj.* □ (***to***) nachsichtig, mild (gegen); schonend, sanft (mit).

in·du·rate [ˈɪndjʊəreɪt] **I** *v/t.* **1.** (ver)härten, hart machen; **2.** *fig.* a) abstumpfen, b) abhärten (***against***, ***to*** gegen); **II** *v/i.* **3.** sich verhärten: a) hart werden, b) *fig.* gefühllos werden, abstumpfen; **4.** abgehärtet werden; **in·du·ra·tion** [ˌɪndjʊəˈreɪʃn] *s.* **1.** (Ver)Härtung *f*; **2.** *fig.* Abstumpfung *f*; **3.** Verstocktheit *f*.

in·dus·tri·al [ɪnˈdʌstrɪəl] **I** *adj.* □ **1.** industriˈell, gewerblich, Industrie..., Fabrik..., Gewerbe..., Wirtschafts..., Betriebs..., Werks...: ***~ accident*** Betriebsunfall *m*; ***~ waste*** Industrieabfälle *pl.*; **II** *s.* **2.** Industriˈelle(r) *m*; **3.** *pl.* Induˈstrieaktien *pl.*, -paˌpiere *pl.*; ***~ action*** *s.* Arbeitskampf(maßnahmen *pl.*) *m*; ***~ a·re·a*** *s.* Induˈstriegebiet *n*, -gelände *n*; ***~ de·sign*** *s.* Induˈstriedeˌsign *n*; ***~ de·sign·er*** *s.* Induˈstriedeˌsigner *m*; ***~ dis·pute*** *s.* Arbeitsstreitigkeit *f*; ***~ en·gi·neer·ing*** *s.* Inˈdustrial engiˈneering *n* (*Rationalisierung von Arbeitsprozessen*); ***~ es·pi·o·nage*** *s.* ˈWerk-, Induˈstriespioˌnage *f*; ***~ es·tate*** *s.* *Brit.* Induˈstriegebiet *n*; ***~ goods*** *s. pl.* Induˈstrieproˌdukte *pl.*, Investitiˈonsgüter *pl.*; ***~ in·ju·ry*** *s.* a) Berufsschaden *m*, b) Arbeitsunfall *m*.

in·dus·tri·al·ism [ɪnˈdʌstrɪəlɪzəm] *s.* Industriaˈlismus *m*; **inˈdus·tri·al·ist** [-ɪst] → ***industrial*** 2; **inˈdus·tri·al·i·za·tion** [ɪnˌdʌstrɪəlaɪˈzeɪʃn] *s.* Industrialisierung *f*; **inˈdus·tri·al·ize** [-aɪz] *v/t.* industrialisieren.

in·dus·tri·al| man·age·ment *s.* Betriebsführung *f*; ***~ med·i·cine*** *s.* Beˈtriebsmediˌzin *f*; ***~ na·tion*** *s.* Induˈstriestaat *m*; ***~ park*** *s.* *Am.* Induˈstriegebiet *n* (*e-r Stadt*); ***~ part·ner·ship*** *s.* ☤ *Am.* Gewinnbeteiligung *f* der Arbeitnehmer; ***~ prop·er·ty*** *s.* gewerbliches Eigentum; ***~ psy·chol·o·gy*** *s.* Beˈtriebspsycholoˌgie *f*; ***~ re·la·tions*** *s. pl.* Beziehungen *pl.* zwischen Arbeitgeber u. Arbeitnehmern *od.* Gewerkschaften; ***~ re·la·tions court*** *s.* *Am.* Arbeitsgericht *n*; ♀ ***Rev·o·lu·tion*** *s.* *die* industriˈelle Revolutiˈon; ***~ school*** *s.* *Brit.* Gewerbeschule *f*; ***~ stocks*** *s. pl.* Induˈstriepaˌpiere *pl.*; ***~ town*** *s.* Induˈstriestadt *f*; ***~ tri·bu·nal*** *s.* Arbeitsgericht *n*.

in·dus·tri·ous [ɪnˈdʌstrɪəs] *adj.* □ fleißig, arbeitsam, emsig.

in·dus·try [ˈɪndəstrɪ] *s.* **1.** a) Induˈstrie *f* (*e-s Landes etc.*), b) Induˈstrie(zweig *m*) *f*, Gewerbe(zweig *m*) *n*, Branche *f*: ***the steel ~*** die Stahlindustrie; ***tourist ~*** Touˈristik *f*, Fremdenverkehrswesen *n*; **2.** Unterˈnehmer(schaft *f*) *pl.*, Arbeitgeber *pl.*; **3.** Fleiß *m*, Arbeitseifer *m*.

in·dwell [ˌɪnˈdwel] [*irr.* → ***dwell***] **I** *v/t.* **1.** bewohnen; **II** *v/i.* (***in***) **2.** wohnen (in *dat.*); **3.** *fig.* innewohnen (*dat.*); **in·dwell·er** [ˈɪnˌdwelə] *s. poet.* Bewohner(in).

in·e·bri·ate **I** *v/t.* [ɪˈniːbrɪeɪt] **1.** betrunken machen; **2.** *fig.* berauschen, trunken machen: ***~d by success*** vom Erfolg berauscht; **II** *s.* [-ɪət] **3.** Betrunkene(r) *m*; **4.** Alkoˈholiker(in); **III** *adj.* [-ɪət] **5.** betrunken; **6.** *fig.* berauscht; **in·e·bri·a·tion** [ɪˌniːbrɪˈeɪʃn], **in·e·bri·e·ty** [ˌɪniːˈbraɪətɪ] *s.* Trunkenheit *f* (*a. fig.*), betrunkener Zustand.

in·ed·i·bil·i·ty [ɪnˌedɪˈbɪlətɪ] *s.* Ungenießbarkeit *f*; **in·ed·i·ble** [ɪnˈedɪbl] *adj.* ungenießbar, nicht eßbar.

in·ed·it·ed [ɪnˈedɪtɪd] *adj.* **1.** unveröffentlicht; **2.** ohne Veränderungen her-'ausgegeben, nicht redigiert.

in·ef·fa·ble [ɪnˈefəbl] *adj.* □ **1.** unaus-sprechlich, unbeschreiblich; **2.** (unsag-bar) erhaben.

in·ef·face·a·ble [ˌɪnɪˈfeɪsəbl] *adj.* □ un-auslöschlich.

in·ef·fec·tive [ˌɪnɪˈfektɪv] *adj.* □ **1.** un-wirksam (*a.* ♃), wirkungslos; **2.** frucht-, erfolglos; **3.** unfähig, untaug-lich; **4.** (*bsd. künstlerisch*) nicht wir-kungsvoll; ˌin·efˈfec·tive·ness [-nɪs] *s.* **1.** Wirkungslosigkeit *f*; **2.** Erfolglosig-keit *f*.

in·ef·fec·tu·al [ˌɪnɪˈfektjʊəl] *adj.* □ **1.** → *ineffective* 1 *u.* 2; **2.** kraftlos; ˌin·efˈfec·tu·al·ness [-nɪs] *s.* **1.** → *ineffec-tiveness*; **2.** Nutzlosigkeit *f*; **3.** Schwä-che *f*.

in·ef·fi·ca·cious [ˌɪnefɪˈkeɪʃəs] → *inef-fective* 1, 2; **in·ef·fi·ca·cy** [ɪnˈefɪkəsɪ] → *ineffectiveness*.

in·ef·fi·cien·cy [ˌɪnɪˈfɪʃnsɪ] *s.* **1.** Wir-kungslosigkeit *f*, 'Ineffizi,enz *f*: ~ *of a remedy*; **2.** Unfähigkeit *f*, Inkompe-'tenz *f*, Leistungsschwäche *f* (*e-r Per-son*); **3.** 'unratio,nelles Arbeiten *etc.*, Unwirtschaftlichkeit *f*, 'Unproduktivi-,tät *f*, 'Ineffizi,enz *f*: ~ *of a method*; ˌin·efˈfi·cient [-nt] *adj.* □ **1.** unwirksam, wirkungslos, 'ineffizi,ent; **2.** unfähig, untauglich, untüchtig, 'inkompe,tent; **3.** 'ineffizi,ent: a) leistungsschwach, b) 'unratio,nell, 'unproduk,tiv.

in·e·las·tic [ˌɪnɪˈlæstɪk] *adj.* **1.** 'une,la-stisch (*a. fig.*); **2.** *fig.* starr, nicht fleˈxi-bel; ˌin·e·lasˈtic·i·ty [ˌɪnɪlæsˈtɪsətɪ] *s.* **1.** Mangel *m* an Elastiziˈtät; **2.** *fig.* Starr-heit *f*, Mangel *m* an Flexibiliˈtät.

in·el·e·gance [ɪnˈelɪgəns] *s.* **1.** 'Unele-,ganz *f*, Mangel *m* an Eleˈganz (*a. fig.*); **2.** *fig.* a) Derbheit *f*, Geschmacklosig-keit *f*, b) Unbeholfenheit *f*; **in·el·e-gant** [-nt] *adj.* □ **1.** 'unele,gant, ohne Eleˈganz (*a. fig.*); **2.** *fig.* a) derb, ge-schmacklos, b) unbeholfen, plump.

in·el·i·gi·bil·i·ty [ˌɪn,elɪdʒəˈbɪlətɪ] *s.* **1.** Untauglichkeit *f*, mangelnde Eignung; **2.** Unwählbarkeit *f*, Unfähigkeit *f* (in ein Amt gewählt zu werden *etc.*); **3.** mangelnde Berechtigung; **in·el·i·gi·ble** [ɪnˈelɪdʒəbl] **I** *adj.* □ **1.** ungeeignet, nicht in Frage kommend (*for* für): ~ *for military service* (wehr)untauglich; **2.** unwählbar; **3.** ♃ unfähig, nicht qualifi-ziert: ~ *to hold an office*; **4.** (*for*) nicht berechtigt (zu), keinen Anspruch ha-bend (auf *acc.*): ~ *for a grant*, ~ *to vote* nicht wahlberechtigt; **5.** a) uner-wünscht, b) unpassend; **II** *s.* **6.** ungeeig-nete *od.* nicht in Frage kommende Perˈson.

in·e·luc·ta·ble [ˌɪnɪˈlʌktəbl] *adj.* unver-meidlich: unentrinnbár.

in·ept [ɪˈnept] *adj.* □ **1.** unpassend; **2.** ungeschickt; **3.** albern, dumm; **in·ept-i·tude** [-tɪtjuːd], **in·ept·ness** [-nɪs] *s.* **1.** Ungeeignetheit *f*; **2.** Ungeschicktheit *f*; **3.** Albernheit *f*, Dummheit *f*.

in·e·qual·i·ty [ˌɪnɪˈkwɒlətɪ] *s.* **1.** Un-gleichheit *f* (*a.* Å, *sociol.*), Verschie-denheit *f*; **2.** Ungleichmäßigkeit *f*, Un-regelmäßigkeit *f*; **3.** Unebenheit *f* (*a. fig.*); **4.** *ast.* Abweichung *f*.

in·eq·ui·ta·ble [ɪnˈekwɪtəbl] *adj.* □ un-gerecht, unbillig; **inˈeq·ui·ty** [-kwətɪ] *s.* Ungerechtigkeit *f*, Unbilligkeit *f*.

in·e·rad·i·ca·ble [ˌɪnɪˈrædɪkəbl] *adj.* □ *fig.* unausrottbar; tiefsitzend, tief ein-gewurzelt.

in·e·ras·a·ble [ˌɪnɪˈreɪzəbl] *adj.* □ un-auslöschbar, unauslöschlich.

in·ert [ɪˈnɜːt] *adj.* □ **1.** *phys.* träge: ~ *mass*; **2.** ♠ ˈinak,tiv: ~ *gas* Inert-, Edelgas *n*; **3.** unwirksam; **4.** *fig.* träge, untätig, schwerfällig, schlaff; **in·er·tia** [ɪˈnɜːʃjə] *s.* **1.** *phys.* (Massen)Trägheit *f*, Beharrungsvermögen *n*: ~ *starter mot.* Schwungkraftanlasser *m*; **2.** *fig.* Träg-, Faulheit *f*; **3.** ♠ Inerˈtie *f*, Reak-tiˈonsträgheit *f*; **in·er·tial** [ɪˈnɜːʃjəl] *adj.* *phys.* Trägheits...; **inˈert·ness** [-nɪs] *s.* Trägheit *f*.

in·es·cap·a·ble [ˌɪnɪˈskeɪpəbl] *adj.* □ unvermeidlich: a) unentrinnbar, unab-wendbar, b) unweigerlich.

in·es·sen·tial [ˌɪnɪˈsenʃl] **I** *adj.* unwe-sentlich, nebensächlich; **II** *s. et.* Unwe-sentliches, Nebensache *f*.

in·es·ti·ma·ble [ɪnˈestɪməbl] *adj.* □ un-schätzbar, unbezahlbar.

in·ev·i·ta·bil·i·ty [ɪn,evɪtəˈbɪlətɪ] *s.* Un-vermeidlichkeit *f*; **in·ev·i·ta·ble** [ɪnˈevɪ-təbl] **I** *adj.* □ unvermeidlich: a) unent-rinnbar: ~ *fate*, b) zwangsläufig, unwei-gerlich, c) *iro.* obliˈgat; **II** *s. the* ~ das Unvermeidliche; **in·ev·i·ta·ble·ness** [ɪnˈevɪtəblnɪs] → *inevitability*.

in·ex·act [ˌɪnɪgˈzækt] *adj.* □ ungenau; ˌin·exˈact·i·tude [-tɪtjuːd] *s.*, ˌin·exˈact·ness [-nɪs] *s.* Ungenauigkeit *f*.

in·ex·cus·a·ble [ˌɪnɪkˈskjuːzəbl] *adj.* □ **1.** unverzeihlich; **2.** unverantwortlich; ˌin·exˈcus·a·bly [-blɪ] *adv.* unverzeih-lich(erweise).

in·ex·haust·i·bil·i·ty [ˈɪnɪg,zɔːstəˈbɪlətɪ] *s.* **1.** Unerschöpflichkeit *f*; **2.** Uner-müdlichkeit *f*; **in·ex·haust·i·ble** [ˌɪnɪg-ˈzɔːstəbl] *adj.* □ **1.** unerschöpflich; **2.** unermüdlich.

in·ex·o·ra·bil·i·ty [ɪn,eksərəˈbɪlətɪ] *s.* Unerbittlichkeit *f*; **in·ex·o·ra·ble** [ɪn-ˈeksərəbl] *adj.* □ unerbittlich.

in·ex·pe·di·en·cy [ˌɪnɪkˈspiːdjənsɪ] *s.* **1.** Unzweckmäßigkeit *f*; **2.** Unklugheit *f*; ˌin·exˈpe·di·ent [-nt] *adj.* □ **1.** unge-eignet, unzweckmäßig, nicht ratsam; **2.** unklug.

in·ex·pen·sive [ˌɪnɪkˈspensɪv] *adj.* nicht teuer, preiswert, billig.

in·ex·pe·ri·ence [ˌɪnɪkˈspɪərɪəns] *s.* Un-erfahrenheit *f*; ˌin·exˈpe·ri·enced [-st] *adj.* unerfahren: ~ *hand* Nichtfach-mann *m*.

in·ex·pert [ɪnˈekspɜːt] *adj.* □ **1.** unge-übt, unerfahren (*in* in *dat.*); **2.** unge-schickt; **3.** unsachgemäß.

in·ex·pi·a·ble [ɪnˈekspɪəbl] *adj.* □ **1.** un-sühnbar; **2.** unversöhnlich.

in·ex·pli·ca·ble [ˌɪnɪkˈsplɪkəbl] *adj.* □ unerklärlich, unverständlich; ˌin·exˈpli-ca·bly [-blɪ] *adv.* unerklärlich(er-weise).

in·ex·plic·it [ˌɪnɪkˈsplɪsɪt] *adj.* □ nicht deutlich ausgedrückt, nur angedeutet; unklar.

in·ex·plo·sive [ˌɪnɪkˈspləʊsɪv] *adj.* nicht exploˈsiv, explosiˈonssicher.

in·ex·press·i·ble [ˌɪnɪkˈspresəbl] *adj.* □ unaussprechlich, unsäglich.

in·ex·pres·sive [ˌɪnɪkˈspresɪv] *adj.* □ **1.** ausdruckslos, nichtssagend; **2.** in-haltlos.

in ex·ten·so [ˌɪnɪkˈstensəʊ] (*Lat.*) *adv.*

vollständig, ungekürzt; ausführlich.

in·ex·tin·guish·a·ble [ˌɪnɪkˈstɪŋgwɪʃəbl] *adj.* □ **1.** un(aus)löschbar; **2.** *fig.* un-auslöschlich.

in·ex·tri·ca·ble [ɪnˈekstrɪkəbl] *adj.* □ **1.** unentwirrbar, un(auf)lösbar; **2.** gänz-lich verworren.

in·fal·li·bil·i·ty [ɪn,fælə ˈbɪlətɪ] *s.* Unfehl-barkeit *f* (*a. eccl.*); **in·fal·li·ble** [ɪnˈfæ-ləbl] *adj.* □ unfehlbar.

in·fa·mous [ˈɪnfəməs] *adj.* □ **1.** verru-fen, berüchtigt (*for* wegen); **2.** schänd-lich, niederträchtig, gemein, inˈfam; **3.** F miseˈrabel, ˌsaumäßig; **4.** ehrlos: a) ♃ der bürgerlichen Ehrenrechte verlu-stig, b) entehrend, ehrenrührig: ~ *con-duct*; ˈin·fa·mous·ness [-nɪs] → *infa-my* 2; **in·fa·my** [-mɪ] *s.* **1.** Ehrlosigkeit *f*, Schande *f*; **2.** Verrufenheit *f*; Schänd-lichkeit *f*, Niedertracht *f*; **3.** ♃ Verlust *m* der bürgerlichen Ehrenrechte.

in·fan·cy [ˈɪnfənsɪ] *s.* **1.** frühe Kindheit, Säuglingsalter *n*; **2.** ♃ Minderjährig-keit *f*; **3.** *fig.* Anfangsstadium *n*: *in its* ~ in den Anfängen *od.* ˌKinderschuhen' (steckend); **in·fant** [ɪnˈfænt] **I** *s.* **1.** Säug-ling *m*, Baby *n*, kleines Kind; **2.** ♃ Minderjährige(r *m*) *f*; **II** *adj.* **3.** Säug-lings..., Kleinkinder...: ~ *mortality* Säuglingssterblichkeit *f*; ~ *prodigy* Wunderkind *n*; ~ *school* Brit. etwa Vorschule *f*; ~ *welfare* Säuglingsfürsor-ge *f*; ~ *Jesus* das Jesuskind; *his* ~ *son* sein kleiner Sohn; **4.** ♃ minderjährig; **5.** *fig.* jung, in den Anfängen (befind-lich).

in·fan·ta [ɪnˈfæntə] *s.* Inˈfantin *f*; **in·fan-te** [-tɪ] *s.* Inˈfant *m*.

in·fan·ti·cide [ɪnˈfæntɪsaɪd] *s.* **1.** Kindes-tötung *f*; **2.** Kindesmörder(in).

in·fan·tile [ˈɪnfəntaɪl] *adj.* **1.** kindlich, Kinder..., Kindes...; **2.** jugendlich; **3.** infanˈtil, kindisch; ~ (**spi·nal**) **pa·ral·y-sis** *s.* ♣ (spiˈnale) Kinderlähmung.

in·fan·try [ˈɪnfəntrɪ] *s.* ✕ Infanteˈrie *f*, Fußtruppen *pl.*; **'~·man** [-mən] *s.* [*irr.*] ✕ Infanteˈrist *m*.

in·farct [ɪnˈfɑːkt] *s.* ♣ Inˈfarkt *m*: *car-diac* ~ Herzinfarkt; **in·farc·tion** [-kʃn] *s.* Inˈfarkt(bildung *f*) *m*.

in·fat·u·ate [ɪnˈfætjʊeɪt] *v/t.* betören, verblenden (*with* durch); **in·fat·u·at·ed** [-tɪd] *adj.* □ **1.** betört, verblendet (*with* durch); **2.** vernarrt (*with* in *acc.*); **in·fat·u·a·tion** [ɪn,fætjʊˈeɪʃn] *s.* Verblen-dung *f*; Verliebt-, Vernarrtheit *f*.

in·fect [ɪnˈfekt] *v/t.* **1.** ♣ infizieren, an-stecken (*with* mit, *by* durch): *become* ~*ed* sich anstecken; **2.** *Sitten* verder-ben; *Luft* verpesten; **3.** *fig.* j-n anstek-ken, beeinflussen; *die Stimmung* (*s.o. with s.th.* j-m et.); **in·fec·tion** [-kʃn] *s.* **1.** ♣ Infektiˈon *f*, Ansteckung *f*: *catch an* ~ angesteckt werden, sich anstek-ken; **2.** Ansteckungskeim *m*, Gift *n*; **3.** *fig.* Ansteckung *f*: a) Vergiftung *f*, (*a.* schlechter) Einfluß, Einwirkung *f*; **in·fec·tious** [-kʃəs] *adj.* □ ♣ anstek-kend (*a. fig.* Lachen, Optimismus *etc.*), infektiˈös, überˈtragbar; **in·fec·tious-ness** [-kʃəsnɪs] *s.* das Ansteckende: a) ♣ Überˈtragbarkeit *f*, b) *fig.* Einfluß *m*.

in·fe·lic·i·tous [ˌɪnfɪˈlɪsɪtəs] *adj.* □ **1.** un-glücklich; **2.** unglücklich (gewählt), un-geschickt (*Worte, Stil*); ˌin·feˈlic·i·ty [-tɪ] *s.* **1.** Unglücklichkeit *f*; **2.** Unglück *n*, Elend *n*; **3.** unglücklicher *od.* ungeschickter Ausdruck *etc.*

in·fer [ɪnˈfɜː] *v/t.* **1.** schließen, folgern, ableiten (*from* aus); **2.** schließen lassen auf (*acc.*), an-, bedeuten; **in·fer·a·ble** [-ɜːrəbl] *adj.* zu schließen(d), zu folgern(d), ableitbar (*from* aus); **in·fer·ence** [ˈɪnfərəns] *s.* (Schluß)Folgerung *f,* (Rück)Schluß *m:* **make ~s** Schlüsse ziehen; **in·fer·en·tial** [ˌɪnfəˈrenʃl] *adj.* □ **1.** zu folgern(d); **2.** folgernd; **3.** gefolgert; **in·fer·en·tial·ly** [ˌɪnfəˈrenʃəlɪ] *adv.* durch Schlußfolgerung.

in·fe·ri·or [ɪnˈfɪərɪə] **I** *adj.* **1.** (*to*) 'untergeordnet (*dat.*); niedriger, geringer, geringwertiger (als): **be ~ to s.o.** j-m nachstehen; **he is ~ to none** er nimmt es mit jedem auf; **2.** geringer, schwächer (*to* als); **3.** 'untergeordnet, unter, nieder, zweitrangig: **the ~ classes** die unteren Klassen; **~ court** ✠ niederer Gerichtshof; **4.** minderwertig, gering, (mittel)mäßig: **~ quality,** **5.** unter, tiefer gelegen, Unter...; **6.** *typ.* tiefstehend (*z. B. H₂*); **7. ~ planet** *ast.* unterer Planet (*zwischen Erde u. Sonne*); **II** *s.* **8.** 'Untergeordnete(r *m*) *f,* Unter'gebene(r *m*) *f;* **9.** Geringere(r *m*) *f,* Schwächere(r *m*) *f.*

in·fe·ri·or·i·ty [ɪnˌfɪərɪˈɒrətɪ] *s.* **1.** Minderwertigkeit *f:* **~ complex (feeling)** *psych.* Minderwertigkeitskomplex *m* (-gefühl *n*); **2.** (*a.* zahlen- *od.* mengenmäßige) Unter'legenheit; **3.** geringerer Stand *od.* Wert.

in·fer·nal [ɪnˈfɜːnl] *adj.* □ **1.** höllisch, Höllen...: **~ machine** Höllenmaschine *f;* **~ regions** Unterwelt *f;* **2.** *fig.* teuflisch; **3.** F gräßlich, höllisch; **in·fer·no** [-nəʊ] *pl.* **-nos** *s.* In'ferno *n,* Hölle *f.*

in·fer·tile [ɪnˈfɜːtaɪl] *adj.* unfruchtbar; **in·fer·til·i·ty** [ˌɪnfəˈtɪlətɪ] *s.* Unfruchtbarkeit *f.*

in·fest [ɪnˈfest] *v/t.* **1.** heimsuchen, *Ort* unsicher machen; **2.** plagen, verseuchen: **~ed with** geplagt von, verseucht durch; **3.** *fig.* über'laufen, -'schwemmen, -'fallen, sich festsetzen in (*dat.*): **be ~ed with** wimmeln von; **in·fes·ta·tion** [ˌɪnfeˈsteɪʃn] *s.* **1.** Heimsuchung *f,* (Land)Plage *f;* Belästigung *f;* **2.** *fig.* Über'schwemmung *f.*

in·feu·da·tion [ˌɪnfjuːˈdeɪʃn] *s.* ✠, *hist.* **1.** Belehnung *f;* **2. ~ of tithes** Zehntverleihung *f* an Laien.

in·fi·del [ˈɪnfɪdəl] *eccl.* **I** *s.* Ungläubige(r *m*) *f;* **II** *adj.* ungläubig; **in·fi·del·i·ty** [ˌɪnfɪˈdelətɪ] *s.* **1.** Ungläubigkeit *f;* **2.** (*bsd.* eheliche) Untreue.

in·field [ˈɪnfiːld] *s.* **1.** ⚹ a) dem Hof nahes Feld, b) Ackerland *n;* **2.** *Kricket:* a) inneres Spielfeld, b) die dort stehenden Fänger; **3.** *Baseball:* (Spieler *pl.* im) Innenfeld *n.*

in·fight·ing [ˈɪnˌfaɪtɪŋ] *s.* **1.** *Boxen:* Nahkampf *m,* Infight *m;* **2.** *fig.* Gerangel *n,* Hickhack *n.*

in·fil·trate [ˈɪnfɪltreɪt] **I** *v/t.* **1.** (*a.* ✗) einsickern in (*acc.*), 'durchsickern durch; **2.** durch'setzen, -'tränken; **3.** eindringen lassen, einschmuggeln (*into* in *acc.*); **4.** *pol.* a) unter'wandern (*acc.*), b) *Agenten etc.* einschleusen (*into* in *acc.*); **II** *v/i.* **5.** *a. fig.* einsickern, eindringen; **6.** *pol.* (*into*) sich einschleusen (in *acc.*), unter'wandern (*acc.*); **in·fil·tra·tion** [ˌɪnfɪlˈtreɪʃn] *s.* **1.** Einsickern *n* (*a.* ✗); Eindringen *n;* **2.**

Durch'tränkung *f;* **3.** *pol.* Unter'wanderung *f:* **~ of agents** Einschleusen *n* von Agenten; **'in·fil·tra·tor** [-tə] *s. pol.* Unter'wanderer *m.*

in·fi·nite [ˈɪnfɪnət] **I** *adj.* □ **1.** un'endlich, endlos, unbegrenzt; **2.** ungeheuer, 'allum,fassend; **3.** *mit s. pl.* unzählige *pl.;* **4. ~ verb** *ling.* Verbum *n* infinitum; **II** *s.* **5.** *das* Un'endliche, un'endlicher Raum; **6. the ☲** Gott *m;* **'in·fi·nite·ly** [-lɪ] *adv.* **1.** un'endlich; ungeheuer; **2. ~ variable** ⚙ stufenlos (regelbar).

in·fin·i·tes·i·mal [ˌɪnfɪnɪˈtesɪml] **I** *adj.* □ winzig, un'endlich klein; **II** *s.* un'endlich kleine Menge; **~ cal·cu·lus** ⚹ Infinitesi'malrechnung *f.*

in·fin·i·ti·val [ɪnˌfɪnɪˈtaɪvl] *adj. ling.* infinitivisch, Infinitiv...; **in·fin·i·tive** [ɪnˈfɪnətɪv] *ling.* **I** *s.* Infinitiv *m,* Nennform *f;* **II** *adj.* infinitivisch: **~ mood** Infinitiv *m.*

in·fin·i·tude [ɪnˈfɪnɪtjuːd] → **infinity** 1 *u.* 2; **in·fin·i·ty** [-ətɪ] *s.* **1.** Un'endlichkeit *f,* Unbegrenztheit *f,* Unermeßlichkeit *f;* **2.** un'endliche Größe *od.* Zahl; **3.** ⚹ un'endliche Menge *od.* Größe, *das* Un'endliche: **to ~** ad infinitum.

in·firm [ɪnˈfɜːm] *adj.* □ **1.** schwach, gebrechlich; **2.** *a.* **~ of purpose** wankelmütig, unentschlossen, willensschwach; **in·fir·ma·ry** [-mərɪ] *s.* **1.** Krankenhaus *n;* **2.** Krankenzimmer *n* (*in Internaten etc.*); ✗ ('Kranken)Re,vier *n;* **in·fir·mi·ty** [-mətɪ] *s.* **1.** Gebrechlichkeit *f,* (Alters)Schwäche *f;* Krankheit *f;* **2.** *a.* **~ of purpose** Cha'rakterschwäche *f,* Unentschlossenheit *f.*

in·fix I *v/t.* [ɪnˈfɪks] **1.** eintreiben, befestigen; **2.** *fig.* einprägen (**in** *dat.*); **3.** *ling.* einfügen; **II** *s.* [ˈɪnfɪks] **4.** *ling.* In'fix *n,* Einfügung *f.*

in·flame [ɪnˈfleɪm] **I** *v/t.* **1.** *mst* ✗ entzünden; **2.** *fig.* erregen, entflammen, reizen: **~d with rage** wutentbrannt; **II** *v/i.* **3.** sich entzünden (*a.* ✗), Feuer fangen; **4.** *fig.* entbrennen (**with** *dat.,* von); sich erhitzen, in Wut geraten; **in'flamed** [-md] *adj.* entzündet; *fig.* erregt.

in·flam·ma·bil·i·ty [ɪnˌflæməˈbɪlətɪ] *s.* **1.** Brennbarkeit *f,* Entzündlichkeit *f;* **2.** *fig.* Erregbarkeit *f,* Jähzorn *m;* **in·flam·ma·ble** [ɪnˈflæməbl] **I** *adj.* **1.** brennbar, leicht entzündlich; **2.** feuergefährlich; **3.** *fig.* reizbar, jähzornig, hitzig; **II** *s.* **4.** *pl.* Zündstoffe *pl.;* **in·flam·ma·tion** [ˌɪnfləˈmeɪʃn] *s.* **1.** ✗ Entzündung *f;* **2.** Aufflammen *n;* **3.** *fig.* Erregung *f,* Aufregung *f;* **in·flam·ma·to·ry** [ɪnˈflæmətərɪ] *adj.* **1.** ✗ Entzündungs...; **2.** *fig.* aufrührerisch, Hetz...: **~ speech.**

in·flat·a·ble [ɪnˈfleɪtəbl] *adj.* aufblasbar: **~ boat** Schlauchboot *n;* **in·flate** [ɪnˈfleɪt] *v/t.* **1.** aufblasen, aufblähen (*beide a. fig.*), mit Luft *etc.* füllen, *Reifen etc.* aufpumpen; **2.** ✝ *Preise* hochtreiben, 'übermäßig steigern; **in·flat·ed** [-tɪd] *adj.* **1.** aufgebläht, aufgeblasen (*beide a. fig. Person*): **~ with pride** stolzgeschwellt; **2.** *fig.* geschwollen (*Stil*); **3.** über'höht (*Preise*); **in'fla·tion** [-ɪʃn] *s.* **1.** Inflati'on *f:* **creeping (galloping) ~** schleichende (galoppierende) Inflation; **rate of ~** Inflationsrate *f;* **2.** *fig.* Dünkel *m,* Aufgeblasenheit *f;* **3.** *fig.* Schwülstigkeit *f;* **in'fla·tion·ar·y** [-eɪʃnərɪ] *adj.* ✝ inflatio'när, infla-

---

tio'nistisch, Inflations...: **~ period** Inflationszeit *f;* **in'fla·tion·ism** [-eɪʃnɪzəm] *s.* ✝ Inflatio'nismus *m;* **in'fla·tion·ist** [-eɪʃnɪst] *s.* Anhänger *m* des Inflatio'nismus.

in·flect [ɪnˈflekt] *v/t.* **1.** (nach innen) biegen; **2.** *ling.* flektieren, beugen, abwandeln; **in'flec·tion** [-kʃn] *etc.* → **inflexion** *etc.*

in·flex·i·bil·i·ty [ɪnˌfleksəˈbɪlətɪ] *s.* **1.** Unbiegsamkeit *f;* **2.** Unbeugsamkeit *f;* **in·flex·i·ble** [ɪnˈfleksəbl] *adj.* □ **1.** 'une,lastisch, unbiegsam; **2.** *fig.* a) unbeugsam, starr, b) unerbittlich.

in·flex·ion [ɪnˈflekʃn] *n*] *s.* **1.** Biegung *f,* Krümmung *f;* **2.** (me'lodische) Modulati'on; **3.** (Ton)Veränderung *f der Stimme, weitS.* feine Nu'ance; **4.** *ling.* Flexi'on *f,* Beugung *f,* Abwandlung *f;* **in·'flex·ion·al** [-ʃənl] *adj. ling.* flektierend, Flexions...

in·flict [ɪnˈflɪkt] *v/t.* **1.** *Leid etc.* zufügen; *Wunde, Niederlage* beibringen; *Schlag* versetzen, *Strafe* auferlegen, zudiktieren (**on, upon** *dat.*); **2.** aufbürden (**on, upon** *dat.*): **~ o.s. on s.o.** sich j-m aufdrängen; **in'flic·tion** [-kʃn] *s.* **1.** Zufügung *f,* Auferlegung *f;* Verhängung *f* (*Strafe*); **2.** *Last f,* Plage *f;* **3.** Heimsuchung *f,* Strafe *f.*

in·flo·res·cence [ˌɪnflɔːˈresns] *s.* **1.** ♀ a) Blütenstand *m,* b) *coll.* Blüten *pl.;* **2.** *a. fig.* Aufblühen *n,* Blüte *f.*

in·flow [ˈɪnfləʊ] → **influx** 1.

in·flu·ence [ˈɪnfluəns] **I** *s.* **1.** Einfluß *m,* (Ein)Wirkung *f* (**on, upon, over** auf *acc.,* **with** bei); **2.** Beeinflussung *f:* **be under s.o.'s ~** unter j-s Einfluß stehen; **under the ~ of drink** unter Alkoholeinfluß; **under the ~** F ,blau'; **2.** Einfluß *m,* Macht *f:* **bring one's ~ to bear** s-n Einfluß geltend machen; **II** *v/t.* **3.** beeinflussen, (ein)wirken *od.* Einfluß ausüben auf (*acc.*); **4.** bewegen, bestimmen; **in·flu·en·tial** [ˌɪnfluˈenʃl] *adj.* □ **1.** einflußreich; maßgeblich; **2.** von (großem) Einfluß (**on** auf *acc.;* **in** in *dat.*).

in·flu·en·za [ˌɪnfluˈenzə] *s.* ✗ Influ'enza *f,* Grippe *f.*

in·flux [ˈɪnflʌks] *s.* **1.** Einfließen *n,* Zustrom *m,* Zufluß *m;* **2.** ✝ (*Kapital- etc.*) Zufluß *m,* (Waren)Zufuhr *f;* **3.** Mündung *f* (*Fluß*); **4.** *fig.* Zustrom *m:* **~ of visitors** Besucherstrom *m.*

in·fo [ˈɪnfəʊ] *s.* F Informati'on *f.*

in·fold [ɪnˈfəʊld] → **enfold.**

in·form [ɪnˈfɔːm] **I** *v/t.* (**of**) informieren (über *acc.*), verständigen, benachrichtigen, in Kenntnis setzen, unter'richten (von), j-m mitteilen (*acc.*): **~ o.s. of s.th.** sich über et. informieren; **keep s.o. ~ed** j-n auf dem laufenden halten; **~ s.o. that** j-n davon in Kenntnis setzen, daß; **II** *v/i.* **~ against s.o.** j-n anzeigen *od.* denunzieren.

in·for·mal [ɪnˈfɔːml] *adj.* □ **1.** zwanglos, ungezwungen, nicht för'mell *od.* förmlich; **2.** 'inoffizi,ell: **~ visit (talks);** **3.** *ling.* Umgangs...: **~ speech;** **4.** ✠ formlos: a) formfrei: **~ contract,** b) formwidrig; **in·for·mal·i·ty** [ˌɪnfɔːˈmælətɪ] *s.* **1.** Zwanglosigkeit *f,* Ungezwungenheit *f;* **2.** ✠ a) Formlosigkeit *f,* b) Formfehler *m.*

in·form·ant [ɪnˈfɔːmənt] *s.* **1.** Gewährsmann *m,* Infor'mant(in), (Informa-

ti'ons)Quelle *f*; **2.** → *informer*.
in·for·ma·tics [ˌɪnfə'mætɪks] *s. pl. oft sg. konstr.* Infor'matik *f*.
in·for·ma·tion [ˌɪnfə'meɪʃn] *s.* **1.** Nachricht *f*, Mitteilung *f*, Meldung *f*, Informati'on *f* (*a. Computer*): ~ *bureau*, ~ *office* Auskunftsstelle *f*, Auskunftei *f*; ~ *desk* Auskunft(sschalter *m*) *f*; ~ *flow* Informationsfluß *m*; ~ *science* Informatik *f*; **2.** Auskunft *f*, Bescheid *m*, Kenntnis *f*: *give* ~ Auskunft geben; *we have no* ~ wir sind nicht unterrichtet (*as to* über *acc.*); **3.** Erkundigungen *pl.*: *gather* ~ sich erkundigen, Auskünfte einholen; **4.** Unter'weisung *f*: *for your* ~ zu Ihrer Kenntnisnahme; **5.** Einzelheiten *pl.*, Angaben *pl.*; **6.** ɪ̃ɪ̃ Anklage *f*, Anzeige *f*: *lodge* ~ *against s.o.* Anklage erheben gegen j-n, j-n anzeigen; ˌin·for'ma·tion·al [-ʃənl] *adj.* informa'torisch, Informations...
in·form·a·tive [ɪn'fɔ:mətɪv] *adj.* **1.** informa'tiv, lehr-, aufschlußreich; **2.** mitteilsam; **in'form·a·to·ry** [-tərɪ] *adj.* → a) *informational*, b) *informative* 1; **in'formed** [-md] *adj.* **1.** infor'miert, (gut) unter'richtet: ~ *quarters* unterrichtete Kreise; **2.** a) sachkundig, b) sachlich begründet *od.* einwandfrei, fun'diert; **3.** gebildet; **in'form·er** [-mə] *s.* **1.** Infor'mant(in), Denunzi'ant(in): (*common*) ~, (*police*) ~ Spitzel *m*; **2.** ɪ̃ɪ̃ Anzeigeerstatter(in).
in·fra ['ɪnfrə] *adv.* unten: *vide* (*od. see*) ~ siehe unten (*in Büchern*).
infra- [ɪnfrə] *in Zssgn* unter(halb).
in·frac·tion [ɪn'frækʃn] → *infringement*.
in·fra dig [ˌɪnfrə'dɪg] (*Lat. abbr.*) *adv. u. adj.* F unter m-r (*etc.*) Würde, unwürdig.
in·fran·gi·ble [ɪn'frændʒɪbl] *adj.* unzerbrechlich; *fig.* unverletzlich.
ˌin·fra'red *adj. phys.* infrarot; ~'son·ic *adj.* Infraschall..., unter der Schallgrenze liegend.
'in·fra.struc·ture *s. allg.* 'Infrastruk,tur *f*.
in·fre·quen·cy [ɪn'fri:kwənsɪ] *s.* Seltenheit *f*; **in'fre·quent** [-nt] *adj.* □ **1.** selten; **2.** spärlich, dünn gesät.
in·fringe [ɪn'frɪndʒ] **I** *v/t.* Gesetz, Eid *etc.* brechen, verletzen, verstoßen gegen; **II** *v/i.* (*on*, *upon*) Rechte *etc.* verletzen, eingreifen (in *acc.*); **in'fringement** [-mənt] *s.* (*on*, *upon*) (Rechts- *etc.*, *a. Patent*)Verletzung *f* (Rechts-, Vertrags)Bruch *m*, Über'tretung *f* (*gen.*); Verstoß *m* (gegen).
in·fu·ri·ate [ɪn'fjʊərɪeɪt] *v/t.* wütend *od.* rasend machen; **in'fu·ri·at·ing** [-tɪŋ] *adj.* aufreizend, rasend machend.
in·fuse [ɪn'fju:z] *v/t.* **1.** aufgießen, -brühen, ziehen lassen: ~ *tea* Tee aufgießen; **2.** *fig.* einflößen (*into* dat.); **3.** erfüllen (*with* mit); **in'fus·er** [-zə] *s.*: (*tea*) ~ Tee-Ei *n*; **in'fu·si·ble** [-zəbl] *adj.* 🔥 unschmelzbar; **in'fu·sion** [-ʒn] *s.* **1.** Aufgießen *n*, -brühen *n*; **2.** Aufguß *m*, (Kräuter- *etc.*)Tee *m*; 🌿 Infusi'on *f*; **4.** *fig.* Einflößung *f*; **5.** *fig.* a) Beimischung *f*, b) Zufluß *m*.
in·fu·so·ri·a [ˌɪnfju:'zɔ:rɪə] *s. pl. zo.* Infu'sorien *pl.*, Wimpertierchen *pl.*; ˌin·fu'so·ri·al [-əl] *adj. zo.* Infusorien...: ~ *earth min.* Infusorienerde *f*, Kieselgur *f*; ˌin·fu'so·ri·an [-ən] *zo.* **I** *s.* Wimper-

tierchen *n*, Infu'sorium *n*; **II** *adj.* → *infusorial*.
in·gen·ious [ɪn'dʒi:njəs] *adj.* □ geni'al: a) erfinderisch, findig, b) geistreich, klug, c) sinn-, kunstvoll, raffiniert: ~ *design*; **in'gen·ious·ness** [-nɪs] → *ingenuity*.
in·gé·nue ['ænʒeɪnju:] *s.* **1.** na'ives Mädchen, ,Unschuld' *f*; **2.** *thea.* Na'ive *f*.
in·ge·nu·i·ty [ˌɪndʒɪ'nju:ətɪ] *s.* **1.** Geniali'tät *f*, Erfindungsgabe *f*, Einfallsreichtum *m*, Findigkeit *f*, Geschicklichkeit *f*, Bril'lanz *f*; **2.** Raffi'nesse *f*, geni'ale Ausführung *etc.*
in·gen·u·ous [ɪn'dʒenjʊəs] *adj.* □ **1.** offen(herzig), treuherzig, unbefangen, aufrichtig; **2.** na'iv, einfältig, unschuldig; **in'gen·u·ous·ness** [-nɪs] *s.* **1.** Offenheit *f*, Treuherzigkeit *f*; **2.** Naivi'tät *f*.
in·gest [ɪn'dʒest] *v/t.* Nahrung aufnehmen; **in'ges·tion** [-tʃn] *s.* Nahrungsaufnahme *f*.
in·glo·ri·ous [ɪn'glɔ:rɪəs] *adj.* □ **1.** unrühmlich, schimpflich; **2.** *obs.* ruhmlos.
in·go·ing ['ɪnˌgəʊɪŋ] *adj.* **1.** eintretend; **2.** neu (*Beamter, Mieter etc.*).
in·got ['ɪŋgət] *s.* ⊗ Barren *m*, Stange *f*, Block *m*: ~ *of gold* Goldbarren *m*; ~ *of steel* Stahlblock *m*; ~ *iron* Flußstahl *m*, -eisen *n*.
in·graft [ɪn'grɑ:ft] → *engraft*.
in·grain [ɪn'greɪn] **I** *v/t.* [ˌɪn'greɪn] **1.** *obs.* in der Wolle *od.* Faser (*farbecht*) färben; **2.** *fig.* tief verwurzeln; **II** *adj.* [*attr.* 'ɪŋgreɪn; *pred.* ˌɪn'greɪn] **3.** → ˌin'grained [-nd] *adj. fig.* **1.** tief verwurzelt: ~ *prejudice*; **2.** eingefleischt: ~ *habit*; **3.** unverbesserlich.
in·grate [ɪn'greɪt] *obs.* **I** *adj.* undankbar; **II** *s.* Undankbare(r *m*) *f*.
in·gra·ti·ate [ɪn'greɪʃɪeɪt] *v/t.*: ~ *o.s. with s.o.* sich bei j-m einschmeicheln; **in'gra·ti·at·ing** [-tɪŋ] *adj.* □ schmeichlerisch.
in·grat·i·tude [ɪn'grætɪtju:d] *s.* Undank (-barkeit *f*) *m*.
in·gre·di·ent [ɪn'gri:djənt] *s.* 🔥, Küche *u. fig.* Bestandteil *m*, Zutat *f*; *fig. a.* (Charakter- *etc.*)Merkmal *n*.
in·gress ['ɪngres] *s.* **1.** Eintritt *m* (*a. ast.*), Eintreten *n* (*into* in *acc.*); **2.** Zutritt *m*, Zugang (*into* zu); **3.** Zustrom *m*: ~ *of visitors*.
'in·group *s. sociol.* Ingroup *f*.
in·grow·ing ['ɪnˌgrəʊɪŋ] *adj.*, **'in·grown** *adj.* ✳ eingewachsen: *an* ~ *nail*.
in·gui·nal ['ɪŋgwɪnl] *adj.* ✳ Leisten...
in·gur·gi·tate [ɪn'gɜ:dʒɪteɪt] *v/t. bsd. fig.* verschlingen, schlucken.
in·hab·it [ɪn'hæbɪt] *v/t.* bewohnen, wohnen *od.* (*a. zo.*) leben in (*dat.*); **in'hab·it·a·ble** [-təbl] *adj.* bewohnbar; **in'hab·it·ant** [-tənt] *s.* **1.** Bewohner (-in) (*e-s Hauses etc.*), **2.** Einwohner (-in) (*e-s Orts, e-s Landes*).
in·ha·la·tion [ˌɪnhə'leɪʃn] *s.* **1.** Einatmung *f*; **2.** ✳ Inhalati'on *f*; **in·hale** [ɪn'heɪl] **I** *v/t.* **1.** einatmen, inhalieren; **II** *v/i.* inhalieren, *beim Rauchen*: a. Lungenzüge machen; **in·hal·er** [ɪn'heɪlə] *s.* **1.** ✳ Inhalati'onsappa,rat *m*; **2.** j-d, der inhaliert.
in·har·mo·ni·ous [ˌɪnhɑ:'məʊnjəs] *adj.* □ 'unhar,monisch: a) 'mißtönend, b) *fig.* uneinig.
in·here [ɪn'hɪə] *v/i.* **1.** innewohnen: a)

anhaften (*in s.o.* j-m), b) eigen sein (*in s.th.* e-r Sache); **2.** enthalten sein (*in* in *dat.*); **in'her·ence** [-ərəns] *s.* Innewohnen *n*, Anhaften *n*; *phls.* Inhä'renz *f*; **in'her·ent** [-ərənt] *adj.* □ **1.** innewohnend, eigen, anhaftend (*alle: in* dat.): ~ *defect* (*od. vice*) ɪ̃ɪ̃ innerer Fehler; **2.** eingewurzelt; **3.** *phls.* inhä'rent; **in'her·ent·ly** [-ərəntlɪ] *adv.* von Na'tur aus, schon an sich.
in·her·it [ɪn'herɪt] **I** *v/t.* **1.** ɪ̃ɪ̃, *biol.*, *fig.* erben; **2.** *biol.*, *fig.* ererben; **II** *v/i.* **3.** ɪ̃ɪ̃ erben, Erbe sein; **in'her·it·a·ble** [-təbl] *adj.* **1.** ɪ̃ɪ̃, *biol.*, *fig.* vererbbar, erblich (*Sache*), **2.** erbfähig, -berechtigt (*Person*); **in'her·it·ance** [-təns] *s.* **1.** ɪ̃ɪ̃, *fig.* Erbe *n*, Erbschaft *f*, Erbteil *n*: ~ *tax Am.* Erbschaftssteuer *f*; **2.** ɪ̃ɪ̃, *biol.* Vererbung *f*: *by* ~ durch Vererbung, erblich; **in'her·it·ed** [-tɪd] *adj.* ererbt, Erb... (*a. ling.*); **in'her·i·tor** [-tə] *s.* Erbe *m* (*a. fig.*); **in'her·i·tress** [-trɪs], **in'her·i·trix** [-trɪks] *s.* Erbin *f*.
in·hib·it [ɪn'hɪbɪt] *v/t.* **1.** *et.*, *psych.* j-n hemmen: ~*ed* gehemmt; **2.** (*from*) j-n abhalten (von), hindern (an *dat.*): ~ *s.o. from doing s.th.* j-n daran hindern, et. zu tun; **in·hi·bi·tion** [ˌɪnhɪ'bɪʃn] *s.* **1.** Hemmung *f* (*a.* ✳ *u. psych.*); **2.** Unter'sagung *f*, Verbot *n*; **3.** ɪ̃ɪ̃ Unter'sagungsbefehl *m* (*e-e Sache weiterzuverfolgen*); **in'hib·i·tor** [-tə] *s.* ✳, ⊗ Hemmstoff *m*, (Korrosions- *etc.*) Schutzmittel *n*; **in'hib·i·to·ry** [-tərɪ] *adj.* **1.** hemmend, Hemmungs... (*a.* ✳ *u. psych.*), hindernd; **2.** unter'sagend, verbietend.
in·hos·pi·ta·ble [ɪn'hɒspɪtəbl] *adj.* □ ungastlich: a) nicht gastfreundlich, b) unwirtlich: ~ *climate*; **in·hos·pi·tal·i·ty** [ɪnˌhɒspɪ'tælətɪ] *s.* Ungastlichkeit *f*: a) mangelnde Gastfreundschaft *f*, b) Unwirtlichkeit *f*.
in·hu·man [ɪn'hju:mən] *adj.* □, **in·hu·mane** [ɪnˌhju:'meɪn] *adj.* □ unmenschlich, 'inhu,man; **in·hu·man·i·ty** [ɪnhju:'mænətɪ] *s.* Unmenschlichkeit *f*.
in·hume [ɪn'hju:m] *v/t.* beerdigen, bestatten.
in·im·i·cal [ɪ'nɪmɪkl] *adj.* □ (*to*) **1.** feindlich (gegen); **2.** schädlich, nachteilig (für).
in·im·i·ta·ble [ɪ'nɪmɪtəbl] *adj.* □ unnachahmlich, einzigartig.
in·iq·ui·tous [ɪ'nɪkwɪtəs] *adj.* □ **1.** ungerecht; **2.** frevelhaft; **3.** böse, lasterhaft, schlecht; **4.** gemein, niederträchtig; **in'iq·ui·ty** [-tɪ] *s.* **1.** Ungerechtigkeit *f*; **2.** Niederträchtigkeit *f*; **3.** Schandtat *f*, Frevel *m*; **4.** Sünde *f*, Laster *n*.
in·i·tial [ɪ'nɪʃl] **I** *adj.* □ **1.** anfänglich, Anfangs..., Ausgangs..., erst, ursprünglich: ~ *advertising* ✝ Einführungswerbung *f*; ~ *capital expenditure* ✝ Anlagekosten *pl.*; ~ *material* ✝ Ausgangsmaterial *n*; ~ *position* ⊗, ✗ *etc.* Ausgangsstellung *f*; ~ *salary* Anfangsgehalt *n*; ~ *stages* Anfangsstadium *n*; **2.** *ling.* anlautend; **II** *s.* **3.** (großer) Anfangsbuchstabe, Initi'ale *f*; **4.** *pl.* Mono'gramm *n*; **5.** *ling.* Anlaut *m*; **III** *v/t.* **6.** mit Initi'alen versehen *od.* unter'zeichnen, paraphieren; **7.** mit e-m Mono'gramm versehen; **in'i·tial·ly** [-ʃəlɪ] *adv.* am *od.* zu Anfang, anfänglich, zu'erst.
in·i·ti·ate I *v/t.* [ɪ'nɪʃɪeɪt] **1.** beginnen,

einleiten, -führen, ins Leben rufen; **2.** *j-n* einweihen, -arbeiten, -führen (*into, in* in *acc.*); **3.** *j-n* einführen, aufnehmen (*into* in *acc.*); **4.** *pol.* als erster beantragen; *Gesetzesvorlage* einbringen; **II** *adj.* [-ɪət] **5.** → *initiated*; **III** *s.* [-ɪət] **6.** Eingeweihte(r *m*) *f*, Kenner(in); **7.** Eingeführte(r *m*) *f*; **8.** Neuling *m*, Anfänger (-in); **in·i·ti·at·ed** [-tɪd] *adj.* eingeführt, eingeweiht: *the* ~ die Eingeweihten *pl.*; **in·i·ti·a·tion** [ɪˌnɪʃɪˈeɪʃn] *s.* **1.** Einleitung *f*, Beginn *m*; **2.** (feierliche) Einführung, -setzung *f*, Aufnahme *f* (*into* in *acc.*); **3.** Einweihung *f*, Weihe *f*.

in·i·ti·a·tive [ɪˈnɪʃɪətɪv] **I** *s.* **1.** Initia'tive *f*: a) erster Schritt *od.* Anstoß, Anregung *f*: *take the* ~ die Initiative ergreifen, den ersten Schritt tun; *on s.o.'s* ~ auf j-s Anregung hin; *on one's own* ~ aus eigenem Antrieb, b) Unter'nehmungsgeist *m*; **2.** *pol.* (Ge'setzes)Initia-ₜtive *f*; **II** *adj.* **3.** einleitend; **4.** beginnend.

in·i·ti·a·tor [ɪˈnɪʃɪeɪtə] *s.* **1.** Initi'ator *m*, Urheber *m*, Anreger *m*; **2.** ✂ (Initi'al-)Zündladung *f*; **3.** ⚗ reakti'onsauslösende Sub'stanz; **in·i·ti·a·to·ry** [-ɪətərɪ] *adj.* **1.** einleitend; **2.** einweihend, Einweihungs...

in·ject [ɪnˈdʒekt] *v/t.* **1.** ✶ a) (a. ⚙) einspritzen, b) ausspritzen (*with* mit), c) e-e Einspritzung machen in (*acc.*); **2.** *fig.* einflößen, einimpfen (*into dat.*); **3.** *Bemerkung* einwerfen.

in·jec·tion [ɪnˈdʒekʃn] *s.* ✶ Injekti'on *f*: a) Einspritzung *f* (a. ⚙), Spritze *f*, b) *das Eingespritzte*, c) Einlauf *m*; d) Ausspritzung *f* (*e-r Wunde etc.*): ~ *of money fig.* ₜSpritze‚ *f*, Geldzuschuß *m*; ~ **cock** *s.* Einspritzhahn *m*; ~ **die** *s.* Spritzform *f*; ~ **mo(u)ld·ing** *s.* Spritzguß(verfahren *n*) *m*; ~ **noz·zle** *s.* Einspritzdüse *f*; ~ **syr·inge** *s.* ✶ Injekti'onsspritze *f*.

in·jec·tor [ɪnˈdʒektə] *s.* ⚙ In'jektor *m*, Dampfstrahlpumpe *f*.

in·ju·di·cious [ˌɪndʒuːˈdɪʃəs] *adj.* □ unklug, 'unüber‚legt.

In·jun [ˈɪndʒən] *s. Am. humor.* Indi'aner *m*: *honest* ~! Ehrenwort!

in·junc·tion [ɪnˈdʒʌŋkʃn] *s.* **1.** ⚖ gerichtliche Verfügung, *bsd.* (gerichtlicher) Unter'lassungsbefehl: *interim* ~ einstweilige Verfügung; **2.** ausdrücklicher Befehl.

in·jure [ˈɪndʒə] *v/t.* **1.** verletzen, beschädigen, verwunden: ~ *one's leg* sich am Bein verletzen; **2.** *fig. j-n, j-s Stolz etc.* kränken, verletzen; **3.** schaden (*dat.*), schädigen, beeinträchtigen; **in·jured** [-əd] *adj.* **1.** verletzt: *the* ~ die Verletzten; **2.** geschädigt: *the* ~ *party* der Geschädigte; **3.** gekränkt, verletzt: ~ *innocence* gekränkte Unschuld; **in·ju·ri·ous** [ɪnˈdʒʊərɪəs] *adj.* □ **1.** schädlich, nachteilig (*to* für): *be* ~ (*to*) schaden (*dat.*); **2.** beleidigend, verletzend (*Worte*); **in·ju·ry** [ˈɪndʒərɪ] *s.* **1.** Verletzung *f*, Wunde *f* (*to* an *dat.*): ~ *to the head* Kopfverletzung, -wunde; *time sport* Nachspielzeit *f*; **2.** (Be)Schädigung *f* (*to gen.*), Schaden *m* (a. ⚖): ~ *to person* (*property*) Personen-(Sach)schaden; **3.** *fig.* Verletzung *f*, Kränkung *f* (*to gen.*); **4.** Unrecht *n*.

in·jus·tice [ɪnˈdʒʌstɪs] *s.* Unrecht *n*, Un-

gerechtigkeit *f*: *do s.o. an* ~ j-m ein Unrecht antun.

ink [ɪŋk] **I** *s.* **1.** Tinte *f*: *copying* ~ Kopiertinte *f*; **2.** Tusche *f*: ~ *drawing* Tuschzeichnung *f*; → *Indian ink*; **3.** *typ.* (Druck)Farbe *f*; → *printer* **1**; **4.** *zo.* Tinte *f*, Sepia *f*; **II** *v/t.* **5.** mit Tinte schwärzen *od.* beschmieren; **6.** *typ. Druckwalzen* einfärben; **7.** ~ *in mit Tusche* ausziehen, tuschieren; **8.** ~ *out mit Tinte* unleserlich machen, ausstreichen; ~ **bag** → *ink sac*; ~ **blot** *s.* Tintenklecks *m*.

ink·er [ˈɪŋkə] *s.* **1.** → *inking-roller*; **2.** *typ.* Tuscher(in).

ink·ing [ˈɪŋkɪŋ] *s. typ.* Einfärben *n*; ~ **pad** *s.* Einschwärzballen *m*; '~-ˌroll·er *s.* Auftrag-, Farbwalze *f*.

ink·ling [ˈɪŋklɪŋ] *s.* **1.** Andeutung *f*, Wink *m*; **2.** dunkle Ahnung: *get an* ~ *of s.th.* et. merken, ₜWind von et. bekommen‚; *not the least* ~ nicht die leiseste Ahnung.

ink| pad *s.* Farb-, Stempelkissen *n*; ~ **pot** *s.* Tintenfaß *n*; ~ **sac** *s. zo.* Tintenbeutel *m*; '~-ˌstand *s.* Tintenfaß *n*; ~ **well** *s.* (eingelassenes) Tintenfaß.

ink·y [ˈɪŋkɪ] *adj.* **1.** tiefschwarz; **2.** voll Tinte, tintig.

in·laid [ˌɪnˈleɪd; *attr.* ˈɪnleɪd] *adj.* eingelegt, Einlege..., Mosaik...: ~ *floor* Parkett(fußboden *m*) *n*; ~ *table* Tisch *m* mit Einlegearbeit; ~ *work* Einlegearbeit *f*.

in·land [ˈɪnlənd] **I** *s.* **1.** In-, Binnenland *n*; **II** *adj.* **2.** binnenländisch, Binnen...: ~ *town* Stadt im Binnenland; **3.** inländisch, einheimisch, Inland..., Landes...; **III** *adv.* [ɪnˈlænd] **4.** im Innern des Landes; **5.** ins Innere des Landes, landeinwärts; ~ **bill** (**of ex·change**) [ˈɪnlənd] *s.* ✶ Inlandwechsel *m*; ~ **du·ty** *s.* ✶ Binnenzoll *m*.

in·land·er [ˈɪnləndə] *s.* Binnenländer(in).

'**in·land**| **mail** *s. Brit.* Inlandspost *f*; ~ **nav·i·ga·tion** *s.* Binnenschiffahrt *f*; ~ **prod·uce** *s.* ✶ 'Landesproˌdukte *pl.*; ~ **rev·e·nue** *s.* ✶ *Brit.* a) Steueraufkommen *n*, b) ⦿ Steuerbehörde *f*; ~ **trade** *s.* ✶ Binnenhandel *m*; ~ **wa·ters**, ~ **wa·ter·ways** *s. pl.* Binnengewässer *pl.*

in-laws [ˈɪnlɔːz] *s. pl.* **1.** angeheiratete Verwandte *pl.*; **2.** Schwiegereltern *pl.*

in·lay I *v/t.* [*irr.* → *lay*] [ɪnˈleɪ] **1.** einlegen: ~ *with ivory*; **2.** furnieren; **3.** täfeln, parkettieren, auslegen; **II** *s.* [ˈɪnleɪ] **4.** Einlegearbeit *f*, In'tarsia *f*; **5.** ✶ (Zahn)Füllung *f*, Plombe *f*.

in·let [ˈɪnlet] *s.* **1.** Meeresarm *m*, schmale Bucht; **2.** Eingang *m* (a. ⚙), Einlaß *m* (a. ⚙): ~ *valve* ⚙ Einlaßventil *n*; **3.** Einsatz(stück *n*) *m*.

'**in-line en·gine** *s.* Reihenmotor *m*.

in·ly·ing [ˈɪnˌlaɪɪŋ] *adj.* innen liegend, Innen..., inner.

in·mate [ˈɪnmeɪt] *s.* **1.** Insasse *m*, Insassin *f* (*bsd. e-r Anstalt etc.*); **2.** *obs.* Hausgenosse *m*, -genossin *f*; **3.** Bewohner(in) (a. *fig.*).

in·most [ˈɪnməʊst] *adj.* **1.** (a. *fig.*) innerst; **2.** *fig.* tiefst, geheimst.

inn [ɪn] *s.* **1.** Gasthaus *n*, -hof *m*; **2.** Wirtshaus *n*; **3.** *Inns pl.* **of Court** *die* (Gebäude *pl.* der) vier Rechtsschulen in London.

in·nards [ˈɪnədz] *s. pl.* F das Innere, *bsd.* a) die Eingeweide *pl.* (a. *fig.*), b) Küche: die Inne'reien *pl.*

in·nate [ɪˈneɪt] *adj.* □ angeboren, eigen (*in dat.*); ˌin·nate·ly [-lɪ] *adv.* von Na·'tur (aus).

in·ner [ˈɪnə] **I** *adj.* **1.** inner, inwendig, Innen...: ~ *door* Innentür *f*; **2.** *fig.* inner, vertraut: *the* ~ *circle* der engere Kreis (*von Freunden etc.*); **3.** geistig, seelisch, inner(lich): ~ *life* das Innen-od. Seelenleben; **4.** verborgen, geheim; **II** *s.* **5.** (Treffer *m* in das) Schwarze (*e-r Schießscheibe*); ~ **man** *s.* [*irr.*] innerer Mensch: a) Seele *f*, Geist *m*, b) *humor.* der Magen *m*: *refresh the* ~ sich stärken.

'**in·ner·most** → *inmost*.

in·ner| **span** *s.* △ lichte Weite; ~ **sur·face** *s.* Innenfläche *f*, -seite *f*; ~ **tube** *s.* ⦿ (Luft)Schlauch *m e-s Reifens*.

in·ner·vate [ˈɪnɜːveɪt] *v/t.* **1.** ✶ innervieren, mit Nerven versorgen; **2.** anregen, beleben.

in·ning [ˈɪnɪŋ] *s.* **1.** *Brit.* ~*s pl. sg. konstr.*, *Am.* ~ *sg.*: *have one's* ~(*s*) a) *Kricket, Baseball*: dran od. am Spiel od. am Schlagen sein, b) *fig.* an der Reihe sein, *pol.* an der Macht od. am Ruder sein; **2.** *pl. Brit.* Gelegenheit *f*, Glück *n*, Chance *f*.

'**inn·keep·er** *s.* Gastwirt(in).

in·no·cence [ˈɪnəsəns] *s.* **1.** *allg.* Unschuld *f*: a) ⚖ *etc.* Schuldlosigkeit *f* (*of* an *dat.*), b) Keuschheit *f*, c) Harmlosigkeit *f*, d) Arglosigkeit *f*, Naivi'tät *f*, Einfalt *f*; **2.** Unwissenheit *f*; '**in·no·cent** [-snt] **I** *adj.* □ **1.** unschuldig: a) schuldlos (*of* an *dat.*): ~ *air* Unschuldsmiene *f*, b) keusch, rein, c) harmlos, d) arglos, na'iv, einfältig; **2.** harmlos: an ~ *sport*; **3.** unbeabsichtigt: *an* ~ *deception*; **4.** unwissend: *he is* ~ *of such things* er hat noch nichts von solchen Dingen gehört; **5.** ⚖ a) → 1 a, b) gutgläubig, c) le'gal; **6.** (*of*) frei (von), bar (*gen.*), ohne (*acc.*): ~ *of conceit* frei von (jedem) Dünkel; ~ *of reason* bar aller Vernunft; *he is* ~ *of Latin* er kann kein Wort Latein; **II** *s.* **7.** Unschuldige(r *m*) *f*: *the slaughter of the* ⦿*s* a) *bibl.* der bethlehemitische Kindermord, b) *parl. sl.* das Über'bordwerfen von Vorlagen am Sessi'onsende; **8.** ₜUnschuld‚ *f*, na'iver Mensch, Einfaltspinsel *m*; **9.** Igno·'rant(in), Nichtswisser(in).

in·noc·u·ous [ɪˈnɒkjʊəs] *adj.* □ unschädlich, harmlos.

in·no·vate [ˈɪnəʊveɪt] *v/i.* Neuerungen einführen *od.* vornehmen; **in·no·va·tion** [ˌɪnəʊˈveɪʃn] *s.* Neuerung *f*, a. ⚚ Innovati'on *f*; '**in·no·va·tor** [-tə] *s.* Neuerer *m*.

in·nox·ious [ɪˈnɒkʃəs] *adj.* □ unschädlich.

in·nu·en·do [ˌɪnjuːˈendəʊ] *pl.* **-does** *s.* **1.** (versteckte) Andeutung *od.* (boshafte) Anspielung, Anzüglichkeit *f*; **2.** Unter'stellung *f*.

in·nu·mer·a·ble [ɪˈnjuːmərəbl] *adj.* □ unzählig, zahllos.

in·ob·serv·ance [ˌɪnəbˈzɜːvəns] *s.* **1.** Unaufmerksamkeit *f*, Unachtsamkeit *f*; **2.** Nichteinhaltung *f*, -beachtung *f*.

in·oc·u·late [ɪˈnɒkjʊleɪt] *v/t.* **1.** ✶ a) *Serum etc.* einimpfen (*on, into s.o.* j-m), b) *j-n* impfen (*against* gegen); **2.** ~

with *fig. j-m et.* einimpfen, *j-n* erfüllen mit; **3.** ♀ okulieren; **in·oc·u·la·tion** [ɪˌnɒkjuˈleɪʃn] *s.* **1.** ♂ a) Impfung *f*: ~ **gun** Impfpistole *f*; **preventive** ~ Schutzimpfung, b) Einimpfung *f* (*a. fig.*); **2.** ♀ Okulierung *f*.

in·o·dor·ous [ɪnˈəʊdərəs] *adj.* □ geruchlos.

in·of·fen·sive [ˌɪnəˈfensɪv] *adj.* □ harmlos.

in·of·fi·cious [ˌɪnəˈfɪʃəs] *adj.* ✝✝ pflichtwidrig.

in·op·er·a·ble [ɪnˈɒpərəbl] *adj.* ♂ inope-'rabel, nicht operierbar.

in·op·er·a·tive [ɪnˈɒpərətɪv] *adj.* **1.** unwirksam: a) wirkungslos, b) ✝✝ ungültig, nicht in Kraft; **2.** a) außer Betrieb, b) nicht einsatzfähig.

in·op·por·tune [ɪnˈɒpətjuːn] *adj.* □ 'inoppor,tun, unangebracht, zur Unzeit (*geschehen etc.*), ungelegen.

in·or·di·nate [ɪnˈnɔːdɪnət] *adj.* □ **1.** 'übermäßig, über'trieben, maßlos; **2.** ungeordnet; **3.** unbeherrscht.

in·or·gan·ic [ɪnɔːˈgænɪk] *adj.* (□ ~ally) 'un-, ♀ 'anor,ganisch.

in·os·cu·late [ɪˈnɒskjuleɪt] *mst* ♂ **I** *v/t.* vereinigen (**with** mit), einmünden lassen (**into** in *acc.*); **II** *v/i.* sich vereinigen; eng verbunden sein.

in·pa·tient [ˈɪnˌpeɪʃnt] *s.* 'Anstaltspati,ent(in), statio'närer Pati'ent: ~ **treatment** stationäre Behandlung.

in·pay·ment [ˈɪnˌpeɪmənt] *s.* ✝ Einzahlung *f*.

in·phase [ˈɪnfeɪz] *adj.* ♩ gleichphasig.

in·plant [ɪnˈplɑːnt] *adj.* ✝ innerbetrieblich, (be'triebs)in,tern.

in·pour·ing [ˈɪnˌpɔːrɪŋ] **I** *adj.* (her-) 'einströmend; **II** *s.* (Her)'Einströmen *n*.

in·put [ˈɪnpʊt] *s.* Input *m*: a) ✝ eingesetzte Produkti'onsmittel *pl.*: ~**output analysis** Input-Output-Analyse *f*, b) ⚙ eingespeiste Menge, ♩ zugeführte Spannung *od.* Leistung, (Leistungs-) Aufnahme *f*, 'Eingsener,gie *f*: ~ **amplifier** *Radio:* Eingangsverstärker *m*; ~ **circuit** ♩ Eingangsstromkreis *m*; ~ **impedance** ♩ Eingangswiderstand *m*, d) *Computer:* (Daten-, Pro'gramm)Eingabe *f*.

in·quest [ˈɪnkwest] *s.* ✝✝ a) gerichtliche Unter'suchung, b) a. **coroner's** ~ Gerichtsverhandlung *f* zur Feststellung der Todesursache (*bei ungeklärten Todesfällen*), c) Unter'suchungsergebnis *n*, Befund *m*; **2.** genaue Prüfung, Nachforschung *f*.

in·qui·e·tude [ɪnˈkwaɪətjuːd] *s.* Unruhe *f*, Besorgnis *f*.

in·quire [ɪnˈkwaɪə] **I** *v/t.* **1.** sich erkundigen nach, fragen nach, erfragen: ~ **the price**; ~ **one's way** sich nach dem Weg erkundigen; **II** *v/i.* **2.** fragen, sich erkundigen (**of s.o.** bei j-m; **for** nach; **about** über *acc.*, wegen): ~ **after s.o.** sich nach j-m *od.* nach j-s Befinden erkundigen; ~ **within!** Näheres im Hause (zu erfragen)!; **3.** ~ **into** unter'suchen, erforschen; **in'quir·er** [-ərə] *s.* **1.** Fragesteller(in), Nachfragende(r *m*) *f*; **2.** Unter'suchende(r *m*) *f*; **in'quir·ing** [-ərɪŋ] *adj.* □ forschend, fragend; neugierig.

in·quir·y [ɪnˈkwaɪərɪ] *s.* **1.** Erkundigung *f*, (An-, Nach)Frage *f*: **on** ~ auf Nachfrage *od.* Anfrage; **make inquiries** Er-

kundigungen einziehen (**of s.o.** bei j-m; **about** über *acc.*, wegen); **Inquiries** *pl.* Auskunft(sstelle) *f*; **2.** Unter'suchung *f*, Prüfung *f* (**into** *gen.*); (Nach)Forschung *f*: **board of** ~ Untersuchungsausschuß *m*; ~ **of·fice** *s.* 'Auskunft(sbü,ro *n*) *f*.

in·qui·si·tion [ˌɪnkwɪˈzɪʃn] *s.* **1.** (gerichtliche *od.* amtliche) Unter'suchung; **2.** *R.C.* a) *hist.* Inquisiti'on *f*, Ketzergericht *n*, b) Kongregati'on *f* des heiligen Of'fiziums; **3.** *fig.* strenges Verhör; **in·qui·si·tion·al** [-ʃənl] *adj.* **1.** Untersuchungs...; **2.** *R.C.* Inquisitions...; **3.** → **inquisitorial** 3.

in·quis·i·tive [ɪnˈkwɪzɪtɪv] *adj.* □ **1.** wißbegierig; **2.** neugierig, naseweis; **in·quis·i·tive·ness** [-nɪs] *s.* **1.** Wißbegierde *f*; **2.** Neugier(de) *f*; **in·quis·i·tor** [-tə] *s. R.C.* Inqui'sitor *m*: **Grand ♀** Großinquisitor; **in·quis·i·to·ri·al** [ɪnˌkwɪzɪˈtɔːrɪəl] *adj.* □ **1.** ✝✝ Untersuchungs...; **2.** *R.C.* Inquisitions...; **3.** inquisi'torisch, streng (verhörend); **4.** aufdringlich fragend, neugierig.

in|·re [ˌɪnˈreɪ] (*Lat.*) *prp.* ✝✝ in Sachen, betrifft; ~ **rem** [ˌɪnˈrem] (*Lat.*) ✝✝ dinglich: ~ **action**.

in·road [ˈɪnrəʊd] *s.* **1.** Angriff *m*, 'Überfall *m* (**on** *auf acc.*), Einfall *m* (**in**, **on** in *acc.*); **2.** *fig.* (**on**, **into**) Eingriff *m* (in *acc.*), Übergriff *m* (auf *acc.*), 'übermäßige In'anspruchnahme (*gen.*); **3.** Eindringen *n*: **make an** ~ **into** *fig.* e-n Einbruch erzielen in (*dat.*).

in·rush [ˈɪnrʌʃ] *s.* (Her)'Einströmen *n*, Zustrom *m*.

in·sa·lu·bri·ous [ˌɪnsəˈluːbrɪəs] *adj.* ungesund; **in·sa·lu·bri·ty** [-ətɪ] *s.* Gesundheitsschädlichkeit *f*.

in·sane [ɪnˈseɪn] *adj.* □ wahn-, irrsinnig: a) ♂ geisteskrank; → **asylum** 1, b) *fig.* verrückt, toll.

in·san·i·tar·y [ɪnˈsænɪtərɪ] *adj.* 'unhygi,enisch, gesundheitsschädlich.

in·san·i·ty [ɪnˈsænɪtɪ] *s.* Irr-, Wahnsinn *m*: a) ♂ Geisteskrankheit *f*, b) *fig.* Verrücktheit *f*.

in·sa·ti·a·bil·i·ty [ɪnˌseɪʃjəˈbɪlɪtɪ] *s.* Unersättlichkeit *f*; **in·sa·ti·a·ble** [ɪnˈseɪʃjəbl], **in·sa·ti·ate** [ɪnˈseɪʃɪət] *adj.* unersättlich (*a. fig.*).

in·scribe [ɪnˈskraɪb] *v/t.* **1.** (ein-, auf-) schreiben; **2.** beschriften, mit e-r Inschrift versehen; **3.** *bsd.* ✝ eintragen: ~**d stock** *Brit.* Namensaktien *pl.*; **4.** *Buch etc.* widmen (**to** *dat.*); **5.** *fig.* (fest) einprägen (**in** *dat.*).

in·scrip·tion [ɪnˈskrɪpʃn] *s.* **1.** Beschriftung *f*; In-, Aufschrift *f*; **2.** Eintragung *f*, Registrierung *f* (*bsd. von Aktien*); **3.** Zueignung *f*, Widmung *f* (*Buch etc.*); **4.** △ Einzeichnung *f*; **5.** ✝ *Brit.* (Ausgabe *f* von) Namensaktien *pl.*; **in·scrip·tion·al** [-ʃənl], **in·scrip·tive** [-ptɪv] *adj.* Inschriften...

in·scru·ta·bil·i·ty [ɪnˌskruːtəˈbɪlɪtɪ] *s.* Unergründlichkeit *f*; **in·scru·ta·ble** [ɪnˈskruːtəbl] *adj.* □ unergründlich; ~ **face** undurchdringliches Gesicht.

in·sect [ˈɪnsekt] *s.* **1.** *zo.* In'sekt *n*, Kerbtier *n*; **2.** *contp.* 'Wurm' *m*, Giftzwerg' *m* (*Person*); **in·sec·ti·cide** [ɪnˈsektɪsaɪd] *s.* In'sektengift *n*, Insekti-'zid *n*; **in·sec·ti·vore** [ɪnˈsektɪvɔː] *s.* In'sektenfresser *m*; **in·sec·tiv·o·rous** [ˌɪnsekˈtɪvərəs] *adj. zo.* in'sektenfres-

send.

in·sect pow·der *s.* In'sektenpulver *n*.

in·se·cure [ˌɪnsɪˈkjʊə] *adj.* □ **1.** unsicher: a) ungesichert, pre'kär, b) ungewiß, zweifelhaft; **2.** *psych.* unsicher, verunsichert: **make s.o. feel** ~ j-n verunsichern; **in·se·cu·ri·ty** [-ʊərətɪ] *s.* **1.** Unsicherheit *f*; **2.** Ungewißheit *f*.

in·sem·i·nate [ɪnˈsemɪneɪt] *v/t.* **1.** (ein-, aus)säen; **2.** *biol.* (*bsd.* künstlich) befruchten; **3.** *fig.* einimpfen; **in·sem·i·na·tion** [ɪnˌsemɪˈneɪʃn] *s.* **1.** (Ein)Säen *n*; **2.** *biol.* Befruchtung *f*: **artificial** ~ künstliche Befruchtung.

in·sen·sate [ɪnˈsenseɪt] *adj.* □ **1.** leb-, empfindungs-, gefühllos; **2.** unsinnig, unvernünftig; **3.** → **insensible** 3.

in·sen·si·bil·i·ty [ɪnˌsensəˈbɪlətɪ] *s.* (**to**) **1.** (*a. fig.*) Gefühllosigkeit *f* (gegen), Unempfindlichkeit *f* (für); **2.** Bewußtlosigkeit *f*; **3.** Gleichgültigkeit *f* (gegen), Unempfänglichkeit *f* (für); Stumpfheit *f*; **in·sen·si·ble** [ɪnˈsensəbl] *adj.* □ **1.** unempfindlich, gefühllos (**to** gegen): ~ **from cold** vor Kälte gefühllos; **2.** bewußtlos; **3.** (**of**, **to**) unempfänglich (für), gleichgültig (gegen); **4.** be ~ **of** nicht (an)erkennen (*acc.*); **5.** unmerklich; **in·sen·si·bly** [ɪnˈsensəblɪ] *adv.* unmerklich.

in·sen·si·tive [ɪnˈsensətɪv] *adj.* (**to**) **1.** *a. phys.*, ⚙ unempfindlich (gegen); **2.** unempfänglich (für), gefühllos (gegen); **in·sen·si·tive·ness** [-nɪs] *s.* Unempfindlichkeit *f*; Unempfänglichkeit *f*.

in·sen·ti·ent [ɪnˈsenʃnt] → **insensible** 1.

in·sep·a·ra·bil·i·ty [ɪnˌsepərəˈbɪlətɪ] *s.* **1.** Untrennbarkeit *f*; **2.** Unzertrennlichkeit *f*; **in·sep·a·ra·ble** [ɪnˈsepərəbl] *adj.* □ **1.** untrennbar (*a. ling.*); **2.** unzertrennlich; **II** *s.* **3.** *pl.* die Unzertrennlichen *pl.*

in·sert I *v/t.* [ɪnˈsɜːt] **1.** einfügen, -setzen, -schieben, *Worte a.* einschalten, *Instrument etc.* einführen, *Schlüssel etc.* (hin'ein)stecken (**in**, **into** in *acc.*); **2.** ♩ ein-, zwischenschalten; **3.** *Münze* einwerfen; **4.** *Anzeige (in e-e Zeitung)* setzen, *ein Inserat* aufgeben; **II** *s.* [ˈɪnsɜːt] **5.** → **insertion** 2–4; **in·ser·tion** [-ɜːʃn] *s.* **1.** a) Einfügen *n* (*etc.* → **insert**), b) Einfügung *f*, Ein-, Zusatz *m*, Einschaltung *f* (*a.* ♩); Einwurf *m* (*Münze*); **2.** (Zeitungs)Beilage *f*; **3.** (Spitzen- *etc.*) Einsatz *m*; **4.** Inse'rat *n*, Anzeige *f*.

'in·,ser·vice *adj.* während der Dienstzeit: ~ **training** betriebliche Berufsförderung.

in·set I *s.* [ˈɪnset] **1.** → **insertion** 1 b, 2, 3; **2.** Eckeinsatz *m*, Nebenbild *n*, -karte *f*; **II** *v/t.* [ɪnˈset] (*irr.* → **set**) [ˌɪnˈset] *pret. u. p.p.* *Brit. a.* **in·set·ted** [ˌɪnˈsetɪd] **3.** einfügen, -setzen.

in·shore [ˌɪnˈʃɔː] **I** *adj.* **1.** an *od.* nahe der Küste: ~ **fishing** Küstenfischerei *f*; **II** *adv.* **2.** a) küstenwärts, b) nahe der Küste; **3.** ~ **of** näher der Küste als: ~ **of a ship** zwischen Schiff und Küste.

in·side [ˌɪnˈsaɪd] **I** *s.* **1.** Innenseite *f*, -fläche *f*, innere Seite: **on the** ~ innen; **s.o. on the** ~ *fig.* → **insider** 1; **2.** das Innere: **from the** ~ von innen; ~ **out** Innere nach außen, umgestülpt, *Kleidung:* verkehrt herum, links; **turn** ~ **out** (völlig) umkrempeln, durcheinanderbringen, 'auf den Kopf stellen'; **know** ~

out in- u. auswendig kennen; **3.** F ‚Eingeweide‘ *pl.*: *pain in one's* ~ Bauchod. Leibschmerzen; **II** *adj.* **4.** inner, inwendig, Innen...: ~ *diameter* lichter Durchmesser, lichte Weite; ~ *information* interne Informationen *pl.*, Informationen *pl.* aus erster Quelle; ~ *job* F Tat *f* e-s Eingeweihten od. Insiders; ~ *lane* sport Innenbahn *f*; ~ *story* Inside-Story *f* (*Bericht aus interner Sicht*); **III** *adv.* **5.** im Innern, innen, drin(nen); **6.** nach innen, hin'ein, her'ein: *go* ~; *put s.o.* ~ F j-n ‚einlochen‘; **7.** ~ *of* a) innerhalb (*gen.*), binnen: ~ *of a week*, b) *Am.* → 8; **IV** *prp.* **8.** innerhalb (*gen.*), im Innern (*gen.*), in (*dat.*): *be* ~ *the house*; **9.** in (*acc.*) ... (hin'ein od. her-'ein): *go* ~ *the house*; **in·sid·er** [ɪn'saɪdə] *s.* **1.** Eingeweihte(r *m*) *f*, Insider *m*; **2.** Zugehörige(r *m*) *f*, Mitglied *n*.

in·sid·i·ous [ɪn'sɪdɪəs] *adj.* □ **1.** heimtückisch, 'hinterhältig, tückisch; **2.** 🐍 tückisch, schleichend; **in·sid·i·ous·ness** [-nɪs] *s.* 'Hinterlist *f*, Tücke *f*.

in·sight [ɪn'saɪt] *s.* (*into*) **1.** Einblick *m* (in *acc.*); **2.** Verständnis *n* (für), Kenntnis (*gen.*).

in·sig·ni·a [ɪn'sɪgnɪə] *s. pl.* In'signien *pl.*, Ab-, Ehrenzeichen *pl.*

in·sig·nif·i·cance [ˌɪnsɪg'nɪfɪkəns] *s.*, **in·sig·nif·i·can·cy** [-sɪ] *s.* Bedeutungslosigkeit *f*, Unwichtigkeit *f*, Belanglosigkeit *f*, Geringfügigkeit *f*; **in·sig·'nif·i·cant** [-nt] *adj.* □ **1.** bedeutungs-, belanglos, unwichtig; geringfügig, unbedeutend; nichtssagend; **2.** verächtlich.

in·sin·cere [ˌɪnsɪn'sɪə] *adj.* □ unaufrichtig, falsch; **in·sin·cer·i·ty** [-'serətɪ] *s.* Unaufrichtigkeit *f*.

in·sin·u·ate [ɪn'sɪnjʊeɪt] *v/t.* **1.** andeuten, anspielen auf (*acc.*): *what are you insinuating?* was wollen Sie damit sagen?; **2.** j-m *et.* zu verstehen geben, *et.* vorsichtig beibringen; **3.** ~ *o.s. into s.o.'s favo(u)r* sich bei j-m einschmeicheln; **in·sin·u·at·ing** [-tɪŋ] *adj.* □ **1.** anzüglich; **2.** schmeichlerisch; **in·sin·u·a·tion** [ɪnˌsɪnjʊ'eɪʃn] *s.* **1.** Anspielung *f*, (versteckte) Andeutung *f*; **2.** Schmeiche'leien *pl.*

in·sip·id [ɪn'sɪpɪd] *adj.* □ **1.** fade, geschmacklos, schal; **2.** *fig.* fade, abgeschmackt, geistlos; **in·si·pid·i·ty** [ˌɪnsɪ'pɪdətɪ] *s.* Geschmacklosigkeit *f*, Fadheit *f*, *fig. a.* Abgeschmacktheit *f*.

in·sist [ɪn'sɪst] *v/i.* **1.** (*on*) bestehen (auf *dat.*), dringen (auf *acc.*), verlangen (*acc.*), insis'tieren (auf *dat.*): *I* ~ *on doing it* ich bestehe darauf, es zu tun; *if you* ~*!* wenn Sie darauf bestehen!; **2.** (*on*) beharren (auf *dat.*, bei), bleiben (bei); **3.** beteuern (on *acc.*); **4.** (*on*) her'vorheben, nachdrücklich betonen (*acc.*); **5.** es sich nicht nehmen lassen (*on doing* zu tun); **6.** ~ *on doing* immer wieder *umfallen etc.* (*Sache*); **in·'sist·ence** [-təns], **in·'sist·en·cy** [-tənsɪ] *s.* **1.** Bestehen *n*, Beharren *n* (*on, upon* auf *dat.*); **2.** (*on*) Beteuerung *f* (*gen.*), Beharren (auf *dat.*); **3.** (*on, upon*) Betonung *f* (*gen.*); Nachdruck *m* (auf *dat.*); **4.** Beharrlichkeit *f*, Hartnäckigkeit *f*; **in·'sist·ent** [-tənt] *adj.* □ **1.** beharrlich, dauernd, hartnäckig, drängend; **2.** *be* ~ *on* → *insist*

1–3; **3.** eindringlich, nachdrücklich, dringend; **4.** aufdringlich, grell (*Farbe, Ton*).

in·so·bri·e·ty [ˌɪnsəʊ'braɪətɪ] *s.* Unmäßigkeit *f* (*engS.* im Trinken).

in·so'far → *far* 4.

in·so·la·tion [ˌɪnsəʊ'leɪʃn] *s.* Sonnenbestrahlung *f*; Sonnenbad *n*.

in·sole ['ɪnsəʊl] *s.* **1.** Brandsohle *f*; **2.** Einlegesohle *f*.

in·so·lence ['ɪnsələns] *s.* **1.** Überheblichkeit *f*; **2.** Unverschämtheit *f*, Frechheit *f*; **'in·so·lent** [-nt] *adj.* □ **1.** anmaßend; **2.** unverschämt.

in·sol·u·bil·i·ty [ɪnˌsɒljʊ'bɪlətɪ] *s.* **1.** Un(auf)löslichkeit *f*; **2.** *fig.* Unlösbarkeit *f*; **in·sol·u·ble** [ɪn'sɒljʊbl] **I** *adj.* □ **1.** un(auf)löslich; **2.** unlösbar, unerklärlich; **II** *s.* **3.** 🜍 unlösliche Sub'stanz.

in·sol·ven·cy [ɪn'sɒlvənsɪ] *s.* ✝ **1.** Zahlungsunfähigkeit *f*, Insol'venz *f*; **2.** Kon'kurs *m*; **in·sol·vent** [-nt] **I** *adj.* ✝ **1.** zahlungsunfähig, insol'vent; **2.** *bsd. fig.* (*moralisch etc.*) bank'rott; **3.** Konkurs...: ~ *estate* konkursreifer Nachlaß; **II** *s.* **4.** zahlungsunfähiger Schuldner.

in·som·ni·a [ɪn'sɒmnɪə] *s.* 🟐 Schlaflosigkeit *f*; **in·som·ni·ac** [-æk] *s.* 🟐 an Schlaflosigkeit Leidende(r *m*) *f*.

in·so·much [ˌɪnsəʊ'mʌtʃ] *adv.* **1.** so (sehr), dermaßen (*that* daß); **2.** → *inasmuch.*

in·sou·ci·ance [ɪn'su:sjəns] *s.* Sorglosigkeit *f* (*etc.* →) **in·'sou·ci·ant** [-nt] *adj.* sorglos, unbekümmert, gleichgültig, lässig.

in·spect [ɪn'spekt] *v/t.* **1.** unter'suchen, prüfen, nachsehen; **2.** besichtigen, sich (genau) ansehen, inspizieren; **3.** beaufsichtigen; **in·spec·tion** [-kʃn] *s.* **1.** Besichtigung *f*; An-, 'Durchsicht *f*; Einsicht(nahme) *f* (*von Akten etc.*): *for your* ~ zur Ansicht; *free* ~ Besichtigung ohne Kaufzwang; *be* (*laid*) *open to* ~ zur Einsicht ausliegen; **2.** Unter'suchung *f*, Prüfung *f*, Kon'trolle *f*: ~ *hole* 🟐 Schauloch *n*; ~ *lamp* 🟐 Ableuchtlampe *f*; **3.** Besichtigung *f*, Inspekti'on *f*; **4.** Aufsicht *f*; **5.** 🗡 Ap'pell *m*; **in·'spec·tor** [-tə] *s.* **1.** In'spektor *m*; Kon'trol'leur *m* (*Bus etc.*), Aufseher *m*, Aufsichtsbeamte(r) *m*: ~ *customs* ~ Zollinspektor *m*; ~ *of schools* Schulinspektor *m*; ~ *of weights and measures* Eichinspektor *m*; **2.** (Poli'zei)Inspektor *m*, (-)Kommis'sar *m*; **3.** 🗡 Inspek'teur *m*; **in·'spec·to·ral** [-tərəl] *adj.* Inspektor(en)...; Aufsichts...; **in·'spec·tor·ate** [-tərət] *s.* Inspekto'rat *n*: a) Aufsichtsbezirk *m*, b) Aufsichtsbehörde *f*, c) Aufseheramt *n*; **in·spec·to·ri·al** [ˌɪnspek'tɔːrɪəl] → *inspectoral*; **in·'spec·tor·ship** [-təʃɪp] **1.** In'spektoramt *n*; **2.** Aufsicht *f*.

in·spi·ra·tion [ˌɪnspə'reɪʃn] *s.* **1.** *eccl.* göttliche Eingebung, Erleuchtung *f*; **2.** Inspirati'on *f*, Eingebung *f*, (plötzlicher) Einfall *m*; **3.** *et.* Inspirierendes *n*; **4.** Anregung *f*: *at the* ~ *of* auf j-s Veranlassung; **5.** Begeisterung *f*; **in·spi·ra·tor** ['ɪnspəreɪtə] *s.* 🟐 Inha'lator *m*; **in·spir·a·to·ry** [ɪn'spaɪərətərɪ] *adj.* (Ein-) Atmungs...

in·spire [ɪn'spaɪə] *v/t.* **1.** begeistern, anfeuern; **2.** anregen, veranlassen; **3.** (*in s.o.*) Gefühl *etc.* einflößen, eingeben

(j-m); erwecken, erregen (in j-m); **4.** *fig.* a) erleuchten, b) beseelen, erfüllen (*with* mit), c) inspirieren; **5.** einatmen; **in'spired** [-əd] *adj.* **1.** *bsd. eccl.* erleuchtet; eingegeben; **2.** schöpferisch, einfallsreich; **3.** begeistert; **4.** a) glänzend, her'vorragend, b) schwungvoll; **5.** von ‚oben‘ (*von der Regierung etc.*) veranlaßt; **in'spir·er** [-ərə] *s.* Anreger (-in); **in'spir·ing** [-ərɪŋ] *adj.* □ anregend, begeisternd, inspirierend.

in·spir·it [ɪn'spɪrɪt] *v/t.* beleben, beseelen, anfeuern, ermutigen.

in·sta·bil·i·ty [ˌɪnstə'bɪlətɪ] *s. mst fig.* **1.** Instabili'tät *f*, Unsicherheit *f*; **2.** Labili'tät *f*, Unbeständigkeit *f*.

in·stall [ɪn'stɔːl] *v/t.* **1.** 🟐 a) installieren, montieren, aufstellen, einbauen, b) einrichten, (an)legen, anbringen; **2.** j-n bestallen; *in ein Amt einsetzen*, -führen; **3.** ~ *o.s.* sich niederlassen; **in·stal·la·tion** [ˌɪnstə'leɪʃn] *s.* **1.** 🟐 a) Installierung *f*, Einrichtung *f*, Einbau *m*, b) (*fertige*) Anlage *od.* Einrichtung; **2.** (Amts)Einsetzung *f*, Bestallung *f*.

in·stal(l)·ment[1] [ɪn'stɔːlmənt] → *installation.*

in·stal(l)·ment[2] [ɪn'stɔːlmənt] *s.* **1.** ✝ Rate *f*, Teil-, Ab-, Abschlags-, Ratenzahlung *f*: *by* ~*s* in Raten; *first* ~ Anzahlung *f*; ~ *credit* Teilzahlungskredit *m*; ~ *plan* Teilzahlungssystem *n*; *buy on the* ~ *plan* auf Raten kaufen, ‚abstottern‘; **2.** (Teil)Lieferung *f* (*Buch etc.*); **3.** Fortsetzung *f* (*Roman etc.*), *Radio, TV*: a. (Sende)Folge *f*.

in·stance ['ɪnstəns] **I** *s.* **1.** (*einzelner*) Fall, Beispiel *n*: *in this* ~ in diesem (*besonderen*) Fall; *for* ~ zum Beispiel: *as an* ~ *of s.th.* als Beispiel für et.; **2.** Bitte *f*, Ersuchen *n*: *at his* ~ auf sein Drängen od. Betreiben od. s-e Veranlassung; **3.** 🖃 In'stanz *f*: *court of the first* ~ Gericht *n* erster Instanz; *in the last* ~ in letzter Instanz; *fig.* letztlich; *in the first* ~ *fig.* in erster Linie, zuerst; **II** *v/t.* **4.** als Beispiel anführen; **5.** mit Beispielen belegen; **'in·stan·cy** [-sɪ] *s.* Dringlichkeit *f*.

in·stant ['ɪnstənt] **I** *s.* **1.** Mo'ment *m*: a) (kurzer) Augenblick *m*, b) (genauer) Zeitpunkt; *in an* ~, *on the* ~ sofort, augenblicklich, im Nu; *at this* ~ in diesem Augenblick; *this* ~ sofort, augenblicklich; **II** *adj.* □ → *instantly*; **2.** so'fortig, augenblicklich: ~ *camera phot.* Instant-, Sofortbildkamera *f*; ~ *coffee* Pulverkaffee *m*; ~ *meal* Fertig-, Schnellgericht *n*; **3.** *abbr. inst.*: *the 10th* ~ der 10. dieses Monats; **4.** dringend.

in·stan·ta·ne·ous [ˌɪnstən'teɪnjəs] *adj.* □ **1.** so'fortig, unverzüglich, augenblicklich: *death was* ~ der Tod trat auf der Stelle ein; **2.** gleichzeitig (*Ereignisse*); **3.** *phys.*, 🟐 momen'tan, Augenblicks...: ~ *photo* Momentaufnahme *f*; ~ *shutter phot.* Momentverschluß *m*; **in·stan·ta·ne·ous·ly** [-lɪ] *adv.* so'fort, unverzüglich; auf der Stelle; **in·stan·ta·ne·ous·ness** [-nɪs] *s.* Augenblicklichkeit *f*; Blitzesschnelle *f*.

in·stan·ter [ɪn'stæntə] *adv.* so'fort.

in·stant·ly ['ɪnstəntlɪ] *adv.* so'fort, unverzüglich, augenblicklich.

in·state [ɪn'steɪt] *v/t. in ein Amt* einsetzen.

in·stead [ɪn'sted] *adv.* **1.** ~ *of* (an)statt (*gen.*), an Stelle von: ~ *of me* statt meiner, an meiner Statt *od.* Stelle; ~ *of going* (an)statt zu gehen; ~ *of at work* statt bei der Arbeit; **2.** statt dessen: *she sent the boy ~*.

in·step ['ɪnstep] *s.* Rist *m*, Spann *m* (*Fuß*): ~ *raiser* Plattfußeinlage *f*; *high in the ~* F hochnäsig.

in·sti·gate ['ɪnstɪgeɪt] *v/t.* **1.** an-, aufreizen, aufhetzen, anstiften (*to* zu, *to do* zu tun); **2.** *et.* (*Böses*) anstiften, anfachen; **in·sti·ga·tion** [ˌɪnstɪ'geɪʃn] *s.* **1.** Anstiftung *f*, Aufhetzung *f*, -reizung *f*; **2.** Anregung *f*: *at the ~ of* auf Betreiben *od.* Veranlassung von (*od. gen.*); **'in·sti·ga·tor** [-tə] *s.* Anstifter(in), (Auf)Hetzer(in).

in·stil(l) [ɪn'stɪl] *v/t.* **1.** einträufeln, -tröpfeln; **2.** *fig.* (*into*) a) *j-m* einflößen, -impfen, beibringen, b) *et.* durch'dringen (mit), einfließen lassen (in *acc.*); **in·stil·la·tion** [ˌɪnstɪ'leɪʃn], **in·'stil(l)·ment** [-mənt] *s.* **1.** Einträufelung *f*; **2.** *fig.* Einflößung *f*, Einimpfung *f*.

in·stinct **I** *s.* ['ɪnstɪŋkt] **1.** In'stinkt *m*, (Na'tur)Trieb *m*: *by ~*, *on ~*, *from ~* instinktiv; **2.** a) instink'tives Gefühl, (sicherer) In'stinkt, b) Begabung *f* (*for* für); **II** *adj.* [ɪn'stɪŋkt] **3.** belebt, durch'drungen, erfüllt (*with* von); **in·stinc·tive** [ɪn'stɪŋktɪv] *adj.* ☐ instink'tiv: a) in'stinkt-, triebmäßig, Instinkt..., b) unwillkürlich, c) angeboren.

in·sti·tute ['ɪnstɪtjuːt] **I** *s.* **1.** Insti'tut *n*, Anstalt *f*; **2.** (gelehrte *etc.*) Gesellschaft; **3.** Insti'tut *n* (*Gebäude*); **4.** *pl. bsd.* ♱ Grundgesetze *pl.*, -lehren *pl.*; **II** *v/t.* **5.** ein-, errichten, gründen; einführen; **6.** einleiten, in Gang setzen: ~ *an inquiry* e-e Untersuchung einleiten; ~ *legal proceedings* Klage erheben, das Verfahren einleiten (*against* gegen); **7.** *bsd. eccl. j-n* einsetzen, einführen.

in·sti·tu·tion [ˌɪnstɪ'tjuːʃn] *s.* **1.** Insti'tut *n*, Anstalt *f*, Einrichtung *f*, Stiftung *f*, Gesellschaft *f*; **2.** Insti'tut *n* (*Gebäude*); **3.** Institu'tion *f*, Einrichtung *f*, (über'kommene) Sitte, Brauch *m*; **4.** Ordnung *f*, Recht *n*, Satzung *f*; **5.** F a) alte Gewohnheit, b) vertraute Sache, feste Einrichtung, c) allbekannte Per'son; **6.** Ein-, Errichtung *f*, Gründung *f*; **7.** *eccl.* Einsetzung *f*; **in·sti·tu·tion·al** [-ʃənl] *adj.* **1.** Institutions..., Instituts..., Anstalts...; **2.** ♱ *Am.* ~ *advertising* Repräsentationswerbung *f*; **in·sti·tu·tion·al·ize** [-ʃənlaɪz] *v/t.* **1.** *et.* institutionalisieren; **2.** *j-n* in e-e Anstalt einweisen.

in·struct [ɪn'strʌkt] *v/t.* **1.** (be)lehren, unter'weisen, -'richten, schulen, ausbilden (*in* in *dat.*); **2.** informieren, unter'richten; **3.** instruieren (*a.* ♱♱), anweisen, beauftragen; **in·struc·tion** [-kʃn] *s.* **1.** Belehrung *f*, Schulung *f*, Ausbildung *f*, 'Unterricht *m*: *private* ~ Privatunterricht; *course of* ~ Lehrgang *m*, Kursus *m*; **2.** *pl.* Auftrag *m*, Vorschrift (-en *pl.*) *f*, (An)Weisung(en *pl.*) *f*, Verhaltungsmaßregeln *pl.*, Instruktionen *pl.*, (*a.* Betriebs)Anleitung *f*: *according to* ~*s* auftrags-, weisungsgemäß, vorschriftsmäßig; ~*s for use* Gebrauchsanweisung; **3.** *Am.* ♱♱ *mst pl.* Rechtsbelehrung *f*; **4.** ✗ *mst pl.* Dienstanwei-

sung *f*, Instrukti'on *f*; **in·struc·tion·al** [-kʃənl] *adj.* Unterrichts..., Erziehungs..., Ausbildungs..., Lehr...: ~ *film* Lehrfilm *m*; ~ *staff* Lehrkörper *m*; **in·struc·tive** [-tɪv] *adj.* ☐ belehrend; lehr-, aufschlußreich; **in·struc·tive·ness** [-tɪvnɪs] *s.* das Belehrende; **in·'struc·tor** [-tə] *s.* **1.** Lehrer *m*; **2.** Ausbilder *m* (*a.* ✗); **3.** *univ. Am.* Do'zent *m*; **in·struc·tress** [-trɪs] *s.* Lehrerin *f*.

in·stru·ment ['ɪnstrʊmənt] **I** *s.* **1.** Instru'ment *n* (*a.* ♪): a) (feines) Werkzeug *n*, b) Appa'rat *m*, (*bsd.* Meß)Gerät *n*; **2.** *pl.* ♪ Besteck *n*; **3.** ♱, ♱♱ a) Doku'ment *n*, Urkunde *f*, 'Wertpa,pier *n*: ~ *of payment* Zahlungsmittel *n*; ~ *payable to bearer* ♱ Inhaberpapier; ~ *to order* Orderpapier, Instrumen'tarium *n*: *the* ~*s of credit policy*; **4.** *fig.* Werkzeug *n*: a) (Hilfs)Mittel *n*, b) Handlanger(in); **II** *v/t.* **5.** *j-n* instrumentieren; **III** *adj.* **6.** ✪ Instrumenten...: ~ *board*, ~ *panel* a) Schalt-, Armaturenbrett *n*, b) ✈ Instrumentenbrett *n*; ~ *maker* Apparatebauer *m*, Feinmechaniker *m*; **7.** ✈ Blind..., Instrumenten...: ~ *flying*; ~ *landing*; **in·stru·men·tal** [ˌɪnstrʊ'mentl] *adj.* ☐ → *instrumentally*; **1.** behilflich, dienlich, förderlich: *be* ~ *in ger.* behilflich sein *od.* wesentlich dazu beitragen, daß; e-e gewichtige Rolle spielen bei; **2.** ♪ Instrumental...; **3.** mit Instrumenten ausgeführt: ~ *operation*; ~ *error* ✪ Instrumentenfehler *m*; **4.** ~ *case ling.* Instrumental(is) *m*; **in·stru·men·tal·ist** [ˌɪnstrʊ'mentəlɪst] *s.* ♪ Instrumenta'list(in); **in·stru·men·tal·i·ty** [ˌɪnstrʊmen'tælətɪ] *s.* **1.** Mitwirkung *f*, Mithilfe *f*: *through his* ~; **2.** (Hilfs)Mittel *n*; Einrichtung *f*; **in·stru·men·tal·ly** [ˌɪnstrʊ'mentəlɪ] *adv.* durch Instrumente; **in·stru·men·ta·tion** [ˌɪnstrʊmen'teɪʃn] *s.* ♪ Instrumentati'on *f*.

in·sub·or·di·nate [ˌɪnsə'bɔːdnət] *adj.* unbotmäßig, wider'setzlich, aufsässig; **in·sub·or·di·na·tion** ['ɪnsəˌbɔːdɪ'neɪʃn] *s.* Unbotmäßigkeit *f etc.*; Gehorsamsverweigerung *f*, Auflehnung *f*.

in·sub·stan·tial [ˌɪnsəb'stænʃl] *adj.* **1.** sub'stanzlos, unkörperlich; **2.** unwirklich; **3.** wenig nahrhaft.

in·suf·fer·a·ble [ɪn'sʌfərəbl] *adj.* ☐ unerträglich, unausstehlich.

in·suf·fi·cien·cy [ˌɪnsə'fɪʃnsɪ] *s.* **1.** Unzulänglichkeit *f*, Mangel(haftigkeit *f*) *m*; Untauglichkeit *f*; **2.** ♱ Insuffizi'enz *f*; **in·suf·fi·cient** [-nt] *adj.* ☐ **1.** unzulänglich, unzureichend, ungenügend; **2.** untauglich, mangelhaft, unfähig.

in·suf·flate ['ɪnsʌfleɪt] *v/t.* **1.** *a.* ♱, ✪ (hin)'einblasen; **2.** *R.C.* anhauchen; **'in·suf·fla·tor** [-tə] *s.* ✪, ♱ 'Einblaseappa,rat *m*.

in·su·lant ['ɪnsjʊlənt] *s.* ✪ Iso'lierstoff *m*, -materi,al *n*.

in·su·lar ['ɪnsjʊlə] *adj.* ☐ **1.** inselartig, insu'lar, Insel...; **2.** *fig.* isoliert, abgeschlossen; **3.** *fig.* engstirnig, beschränkt; **in·su·lar·i·ty** [ˌɪnsjʊ'lærətɪ] *s.* **1.** insu'lare Lage; **2.** *fig.* Abgeschlossenheit *f*; **3.** *fig.* Engstirnigkeit *f*, Beschränktheit *f*.

in·su·late ['ɪnsjʊleɪt] *v/t.* ⚡, ✪ isolieren (*a. fig. absondern*); **in·su·lat·ing** [-tɪŋ] *adj.* isolierend, Isolier...: ~ *compound* ⚡ Isoliermasse *f*; ~ *joint* ⚡ Isolierkupp-

lung *f*; ~ *switch* Trennschalter *m*; ~ *tape* ⚡ Isolierband *m*; **in·su·la·tion** [ˌɪnsjʊ'leɪʃn] *s.* Isolierung *f*; **'in·su·la·tor** [-tə] *s.* **1.** ⚡ Iso'lator *m*; **2.** Isolierer *m* (*Arbeiter*).

in·su·lin ['ɪnsjʊlɪn] *s.* ♪ Insu'lin *n*.

in·sult **I** *v/t.* [ɪn'sʌlt] beleidigen, beschimpfen; **II** *s.* ['ɪnsʌlt] (*to*) Beleidigung *f* (für) (*durch Wort od. Tat*), Beschimpfung *f* (*gen.*): *offer an ~ to →* I; **in·sult·ing** [-tɪŋ] *adj.* ☐ **1.** beleidigend, beschimpfend: ~ *language* Schimpfworte *pl.*; **2.** unverschämt, frech.

in·su·per·a·ble [ɪn'sjuːpərəbl] *adj.* ☐ 'unüber,windlich.

in·sup·port·a·ble [ˌɪnsə'pɔːtəbl] *adj.* ☐ unerträglich, unaus'stehlich.

in·sur·a·bil·i·ty [ɪnˌʃʊərə'bɪlətɪ] *s.* ♱ Versicherungsfähigkeit *f*; **in·sur·a·ble** [ɪn'ʃʊərəbl] *adj.* ☐ ♱ **1.** versicherungsfähig, versicherbar: ~ *value* Versicherungswert *m*; **2.** versicherungspflichtig.

in·sur·ance [ɪn'ʃʊərəns] **I** *s.* **1.** ♱ Versicherung *f*: *buy* ~ sich versichern (lassen); *carry* ~ versichert sein; *effect* (*od. take out*) *an* ~ e-e Versicherung abschließen; **2.** ♱ a) Ver'sicherungs-,lice *f*, b) Versicherungsprämie *f*; **II** *adj.* Versicherungs...: ~ *agent* (broker, company, premium, value); ~ *benefit* Versicherungsleistung *f*; ~ *certificate* Versicherungsschein *m*; ~ *claim* Versicherungsanspruch *m*; ~ *coverage* Versicherungsschutz *m*; ~ *fraud* Versicherungsbetrug *m*; ~ *office* Versicherungsanstalt *f*; ~ *policy* Versicherungspolice *f*, -schein *m*; *take out an* ~ *policy* e-e Versicherung abschließen, sich versichern (lassen); **in·sur·ant** [-nt] → *insured* II.

in·sure [ɪn'ʃʊə] *v/t.* **1.** ♱ versichern (*against* gegen; *for* mit *e-r Summe*): ~ *oneself* (*one's life, one's house*); **2.** → *ensure*; **in·sured** [-ʊəd] ♱ **I** *adj.*: *the* ~ *party →* II; **II** *s. the* ~ der *od.* die Versicherte, Versicherungsnehmer(in); **in·sur·er** [-ʊərə] *s.* ♱ Versicherer *m*, Versicherungsträger(in): *the* ~*s* die Versicherungsgesellschaft *f*.

in·sur·gent [ɪn'sɜːdʒənt] **I** *adj.* aufrührerisch, aufständisch; re'bellisch (*a. fig.*); **II** *s.* Aufrührer *m*, Aufständische(r) *m*; Re'bell *m* (*a. pol. gegen die Partei*).

in·sur·mount·a·ble [ˌɪnsə'maʊntəbl] *adj.* ☐ 'unüber,steigbar; *fig.* 'unüber,windlich.

in·sur·rec·tion [ˌɪnsə'rekʃn] *s.* Aufruhr *m*, Aufstand *m*, Erhebung *f*, Empörung *f*; **in·sur·rec·tion·al** [-ʃənl], **in·sur·rec·tion·ar·y** [-ʃnərɪ] → *insurgent* I; **in·sur·rec·tion·ist** [-ʃnɪst] → *insurgent* II.

in·sus·cep·ti·bil·i·ty ['ɪnsəˌseptə'bɪlətɪ] *s.* Unempfänglichkeit *f*, Unzugänglichkeit *f* (*to* für); **in·sus·cep·ti·ble** [ˌɪnsə'septəbl] *adj.* **1.** (*of*) nicht fähig (zu), ungeeignet (für, zu); **2.** (*of, to*) unempfänglich (für), unzugänglich (*dat.*).

in·tact [ɪn'tækt] *adj.* **1.** in'takt, heil, unversehrt; **2.** unberührt, unangetastet.

in·tagl·io [ɪn'tɑːlɪəʊ] *pl.* **-ios** *s.* **1.** In'taglio *n* (*Gemme mit eingeschnittenem Bild*); **2.** eingraviertes Bild; **3.** In'taglioverfahren *n*, -arbeit *f*; **4.** *typ. Am.* Tiefdruck *m*.

in·take ['ɪnteɪk] *s.* **1.** ✪ a) Einlaß(öffnung f) m: ~ **valve** Einlaßventil n; ~ **stroke** mot. Saughub m, b) aufgenommene Ener'gie; **2.** Einnehmen n, Ein-, Ansaugen n; **3.** (Neu)Aufnahme f, Zustrom m, aufgenommene Menge: ~ **of food** Nahrungsaufnahme.

in·tan·gi·bil·i·ty [ɪnˌtændʒə'bɪlətɪ] s. Nichtgreifbarkeit f, Unkörperlichkeit f; **in·tan·gi·ble** [ɪn'tændʒəbl] I adj. □ **1.** nicht greifbar, immateri'ell (a. ✝), unkörperlich; **2.** fig. vage, unklar, unbestimmt; **3.** fig. unfaßbar; II s. **4.** pl. ✝ immateri'elle Werte.

in·tar·si·a [ɪn'tɑːsɪə] s. Am. In'tarsia f, Einlegearbeit f.

in·te·ger ['ɪntɪdʒə] s. **1.** A ganze Zahl; **2.** → **integral** 5; **'in·te·gral** [-ɪgrəl] I adj. □ **1.** (zur Vollständigkeit) unerläßlich, integrierend, wesentlich, ◎ (fest) eingebaut, e-e Einheit bildend (**with** mit), integriert: **an ~ part**; **2.** ganz, vollständig: **an ~ whole** → 5; **3.** → **intact** 2; **4.** A a) ganz(zahlig), b) Integral...: ~ **calculus** Integralrechnung f; II s. **5.** ein vollständiges od. einheitliches Ganzes; **6.** A Inte'gral n; **'in·te·grand** [-ɪgrænd] s. A Inte'grand m; **'in·te·grant** [-ɪgrənt] → **integral** 1.

in·te·grate ['ɪntɪgreɪt] v/t. **1.** integrieren (a. A, ◎), zu e-m Ganzen zs.-fassen, zs.-schließen, vereinigen, vereinheitlichen; **2.** vervollständigen; **3.** eingliedern, integrieren (**within** in acc.); **4.** ⨎ zählen (Meßgerät); **5.** Am. Schule etc. für Farbige zugänglich machen; **'in·te·grat·ed** [-tɪd] adj. **1.** einheitlich, geschlossen, zs.-gefaßt, integriert; ✝ Verbund...: ~ **economy** ⨎ zs.-hängend; **3.** ◎ eingebaut, integriert (Schaltung, Datenverarbeitung etc.): ~ **circuit** ⨎ integrierter Schaltkreis; **4.** ohne Rassentrennung: ~ **school**; **in·te·gra·tion** [ˌɪntɪ'greɪʃn] s. **1.** Zs.-schluß m, Vereinigung f, Integrati'on f, Vereinheitlichung f; **2.** Vervollständigung f; Eingliederung f; **4.** A Integrati'on f; **5.** Am. Aufhebung f der Rassenschranken; **in·te·gra·tion·ist** [ˌɪntɪ'greɪʃnɪst] s. Am. Verfechter(in) rassischer Gleichberechtigung.

in·teg·ri·ty [ɪn'tegrətɪ] s. **1.** Rechtschaffenheit f, (cha'rakterliche) Sauberkeit f, (mo'ralische) Integri'tät f; **2.** Vollständigkeit f, Unversehrtheit f; **3.** Reinheit f; **4.** A Integri'tät f, Ganzzahligkeit f.

in·teg·u·ment [ɪn'tegjumənt] s. anat. biol. Hülle f, Decke f, Haut f, Integu'ment n.

in·tel·lect ['ɪntəlekt] s. **1.** Verstand m, Intel'lekt m, Denkvermögen n; **2.** kluger Kopf; coll. große Geister pl., Intelli'genz f; **in·tel·lec·tu·al** [ˌɪntə'lektjuəl] I adj. □ → **intellectually; 1.** intellektu'ell: a) verstandesmäßig, Verstandes..., geistig, Geistes..., b) verstandesbetont, (geistig) anspruchsvoll: ~ **power** Geisteskraft f; **2.** intelli'gent; II s. **3.** Intellektu'elle(r m) f, Verstandesmensch m; **in·tel·lec·tu·al·ist** [ˌɪntə'lektjuəlɪst] → **intellectual** 3; **in·tel·lec·tu·al·i·ty** ['ɪntəˌlektjuˈælətɪ] s. Intellektuali'tät f, Verstandesmäßigkeit f; Geisteskraft f; **in·tel·lec·tu·al·ly** [ˌɪntə'lektjuəlɪ] adv. verstandesmäßig, mit dem Verstand.

in·tel·li·gence [ɪn'telɪdʒəns] s. **1.** Intelli'genz f: a) Klugheit f, Verstand m, b) scharfer Verstand, rasche Auffassungs-

gabe, c) → **intellect** 2: ~ **quotient** (**test**) Intelligenzquotient m (-test m); **2.** Einsicht f, Verständnis n; **3.** Nachricht f, Mitteilung f, Informati'on f, Auskunft f; ⚔ 'Nachrichtenmateri,al n; **4.** a. ~ **office**, ~ **service**, ⚹ **Department** ⚔ (geheimer) Nachrichtendienst: ~ **officer** Abwehr-, Nachrichtenoffizier m; **5.** ~ **with the enemy** (verräterische) Beziehungen pl. zum Feind; **in'tel·li·genc·er** [-sə] s. **1.** Berichterstatter (-in); **2.** A'gent(in), Spi'on(in); **in'tel·li·gent** [-nt] adj. □ **1.** intelli'gent, klug, gescheit; **2.** vernünftig: a) verständig, einsichtsvoll, b) vernunftbegabt; **in·tel·li·gent·si·a**, **in·tel·li·gent·zi·a** [ɪnˌtelɪ'dʒentsɪə] s. pl. konstr. coll. die Intelli'genz, die Intellektu'ellen pl.; **in·tel·li·gi·bil·i·ty** [ɪnˌtelɪdʒə'bɪlətɪ] s. Verständlichkeit f; **in'tel·li·gi·ble** [-dʒəbl] □ verständlich, klar (**to** für od. dat.).

in·tem·per·ance [ɪn'tempərəns] s. Unmäßigkeit f, Zügellosigkeit f, bsd. Trunksucht f; **in'tem·per·ate** [-rət] adj. □ **1.** unmäßig, maßlos; **2.** ausschweifend, zügellos; unbeherrscht; **3.** trunksüchtig.

in·tend [ɪn'tend] v/t. **1.** beabsichtigen, vorhaben, planen, im Sinne haben (**s.th.** et.; **to do** od. **doing** zu tun); bestimmen (**for** für, zu): **our son is ~ed for the navy** unser Sohn soll (einmal) zur Marine gehen; **what is it ~ed for?** was ist der Sinn (od. Zweck) der Sache?, was soll das?; **3.** sagen wollen, meinen: **what do you ~ by this?**; **4.** bedeuten, sein sollen: **it was ~ed for a compliment** es sollte ein Kompliment sein; **5.** wollen, wünschen; **in'tend·ant** [-dənt] s. Verwalter m; **in'tend·ed** [-dɪd] I adj. □ **1.** beabsichtigt, gewünscht; **2.** absichtlich; **3.** F zukünftig: **my ~ wife**; II s. **4.** F Verlobte(r m) f: **her ~** ihr Zukünftiger; **in'tend·ing** [-dɪŋ] adj. angehend, zukünftig; ...lustig, ...willig: ~ **buyer** ✝ (Kauf)Interessent (-in), Kaufwillige(r).

in·tense [ɪn'tens] adj. □ **1.** inten'siv: a) stark, heftig: ~ **heat** (**longing** etc.), b) hell, grell: ~ **light**, c) tief, satt: ~ **colo(u)rs**, d) angespannt: ~ **study**, e) (an-)gespannt, konzentriert: ~ **look**, f) sehnlich, dringend, g) eindringlich: ~ **style**; **2.** leidenschaftlich, stark gefühlsbetont; **in'tense·ly** [-lɪ] adv. **1.** äußerst, höchst; **2.** → **intense**; **in'tense·ness** [-nɪs] s. Intensi'tät f: a) Stärke f, Heftigkeit f, b) Anspannung f, Angestrengtheit f, c) Feuereifer m, d) Leidenschaftlichkeit f, e) Eindringlichkeit f; **in·ten·si·fi·ca·tion** [ɪnˌtensɪfɪ'keɪʃn] s. Verstärkung f (a. phot.); **in'ten·si·fi·er** [-sɪfaɪə] s. a. ◎, phot. Verstärker m; **in'ten·si·fy** [-sɪfaɪ] I v/t. verstärken (a. phot.), steigern; II v/i. sich verstärken.

in·ten·sion [ɪn'tenʃn] s. **1.** Verstärkung f; **2.** intenseness a u. b; **3.** (Begriffs)Inhalt m.

in·ten·si·ty [ɪn'tensətɪ] s. Intensi'tät f: a) (hoher) Grad, Stärke f, Heftigkeit f, b) ⨎, phys. (Laut-, Licht-, Strometc.)Stärke f, Grad m, c) → **intenseness**; **in'ten·sive** [-sɪv] I adj. □ **1.** inten'siv: a) stark, heftig, b) gründlich, erschöpfend: ~ **study**, ~ **course** ped. Intensivkurs m; **2.** verstärkend (a. ling.); **3.** ⚕ a) stark wirkend, b) ~ **care**

unit Intensivstation f; **4.** ✝ inten'siv: a) ertragssteigernd, b) (arbeits-, lohn-, kosten- etc.)inten'siv; II s. **5.** bsd. ling. verstärkendes Ele'ment.

in·tent [ɪn'tent] I s. **1.** Absicht f, Vorsatz m, Zweck m: **criminal ~** ⚖ Vorsatz, (verbrecherische) Absicht; **with ~ to defraud** in betrügerischer Absicht; **to all ~s and purposes** a) in jeder Hinsicht, durchaus, b) im Grunde, eigentlich, c) praktisch, sozusagen; **declaration of ~** Absichtserklärung f; II adj. □ **2.** erpicht, versessen (**on** auf acc.); **3.** (**on**) bedacht (auf acc.), eifrig beschäftigt (mit); **4.** aufmerksam, gespannt, eifrig.

in·ten·tion [ɪn'tenʃn] s. **1.** Absicht f, Vorhaben n, Vorsatz m, Plan m (**to do** od. **of doing** zu tun): **with the best (of) ~s** in bester Absicht; **2.** pl. F (Heirats)Absichten pl.; **3.** Zweck m (a. eccl.), Ziel n; **4.** Sinn m, Bedeutung f; **in'ten·tion·al** [-ʃən] adj. □ **1.** absichtlich, vorsätzlich; **2.** beabsichtigt; **in'ten·tioned** [-nd] adj. in Zssgn ...gesinnt: **well-~** gutgesinnt, wohlmeinend.

in·tent·ness [ɪn'tentnɪs] s. gespannte Aufmerksamkeit, Eifer m: ~ **of purpose** Zielstrebigkeit f.

in·ter [ɪn'tɜː] v/t. beerdigen.

inter- [ɪntə] in Zssgn zwischen, Zwischen...; unter; gegen-, wechselseitig, ein'ander, Wechsel...

'in·ter·act¹ [-ərækt] s. thea. Zwischenakt m, -spiel n.

ˌin·ter·act² [-ər'ækt] v/i. aufein'ander wirken, sich gegenseitig beeinflussen; **ˌin·ter·ac·tion** [-ər'ækʃn] s. Wechselwirkung f, Interakti'on f.

ˌin·ter'breed biol. I v/t. [irr. → **breed**] durch Kreuzung züchten, kreuzen; II v/i. [irr. → **breed**] a) sich kreuzen, b) Inzucht betreiben.

in·ter·ca·lar·y [ɪn'tɜːkələrɪ] adj. eingeschaltet, eingeschoben; Schalt...: ~ **day** Schalttag m; **in'ter·ca·late** [ɪn'tɜːkəleɪt] v/t. einschieben, einschalten; **in·ter·ca·la·tion** [ɪnˌtɜːkə'leɪʃn] s. **1.** Einschiebung f, Einschaltung f; **2.** Einlage f.

in·ter·cede [ˌɪntə'siːd] v/i. sich verwenden, sich ins Mittel legen, Fürsprache einlegen, intervenieren (**with** bei, **for** für); bitten (**with** bei j-m, **for** um et.); **ˌin·ter'ced·er** [-də] s. Fürsprecher(in).

in·ter·cept I v/t. [ˌɪntə'sept] **1.** Brief, Meldung, Flugzeug, Boten etc. abfangen; **2.** Meldung auffangen mit-, abhören; **3.** unter'brechen, abschneiden; **4.** den Weg abschneiden (dat.); **5.** Sicht versperren; **6.** A a) abschneiden, b) einschließen; II s. ['ɪntəsept] **7.** A Abschnitt m; **8.** aufgefangene Meldung; **ˌin·ter'cep·tion** [-pʃn] s. **1.** Ab-, Auffangen n (Meldung etc.); **2.** Ab-, Mithören n (Meldung); ~ **service** Abhör-, Horchdienst m; **3.** Abfangen n (Flugzeug, Boten): ~ **flight** Sperrflug m; ~ **plane** → **interceptor** 2; **4.** Unter'brechung f, Abschneiden n; **5.** Aufhalten n, Hinderung f; **ˌin·ter'cep·tor** [-tə] s. **1.** Auffänger m; **2.** a. ~ **plane** ✈ ⚔ Abfangjäger m.

in·ter·ces·sion [ˌɪntə'seʃn] s. Fürbitte f (a. eccl.), Fürsprache f: **make ~ to s.o. for** bei j-m Fürsprache einlegen für, sich bei j-m verwenden für; (*service of*) ~ Bittgottesdienst *m*; ˌin·ter'ces·sor [-esə] *s.* Fürsprecher(in), Vermittler(in) (*with* bei); ˌin·ter'ces·so·ry [-esərɪ] *adj.* fürsprechend.

in·ter·change [ˌɪntəˈtʃeɪndʒ] I *v/t.* 1. unterein'ander austauschen, auswechseln; 2. vertauschen, auswechseln (*a.* ⚙); einander abwechseln lassen; II *v/i.* 3. abwechseln (*with* mit), aufein'anderfolgen; III *s.* 4. Austausch *m*; Aus-, Abwechslung *f*; Wechsel *m*, Aufein'anderfolge *f*; 5. ✞ Tauschhandel *m*; 6. *Am.* (Straßen)Kreuzung *f*; (Autobahn-) Kreuz *n*; in·ter·change·a·bil·i·ty [ˌɪntəˌtʃeɪndʒəˈbɪlətɪ] *s.* Auswechselbarkeit *f*; in·ter'change·a·ble [-dʒəbl] *adj.* □ 1. austauschbar, auswechselbar (*a.* ⚙, ✞); 2. (mitein'ander) abwechselnd.

ˌin·ter·col'le·gi·ate *adj.* zwischen verschiedenen Colleges (bestehend).

in·ter·com ['ɪntəkɒm] *s.* 1. ✈, ⚓ Bordverständigung(sanlage) *f*; 2. (Gegen-, Haus)Sprechanlage *f*, (Werk- *etc.*)Rufanlage *f*.

ˌin·ter·com'mu·ni·cate *v/i.* 1. mitein'ander verkehren *od.* in Verbindung stehen; 2. → communicate 4; 'in·ter·com,mu·ni'ca·tion *s.* gegenseitige Verbindung, gegenseitiger Verkehr: ~ system → intercom.

ˌin·ter'com·pa·ny *adj.* zwischenbetrieblich.

ˌin·ter·con'nect I *v/t.* mitein'ander verbinden, ⚡ *a.* zs.-schalten; II *v/i.* mitein'ander verbunden werden *od.* sein, *fig. a.* in Zs.-hang (miteinander) stehen; ˌin·ter·con'nec·tion 1. (gegenseitige) Verbindung, *fig. a.* Zs.-hang *m*; 2. ⚡ a) Zs.-Schaltung *f*, b) verkettete Schaltung.

'in·ter,con·ti·nen·tal *adj.* interkontinen'tal, Interkontinental...

'in·ter·course *s.* 1. 'Umgang *m*, Verkehr *m* (*with* mit); 2. ✞ Geschäftsverkehr *m*; 3. *a.* sexual ~ (Geschlechts-) Verkehr *m*.

ˌin·ter'cross I *v/t.* 1. ein'ander kreuzen lassen; 2. ♀, *zo.* kreuzen; II *v/i.* 3. sich kreuzen (*a.* ♀, *zo.*).

'in·ter·cut *s. Film etc.*: Einblendung *f*.

'in·ter·de,nom·i'na·tion·al *adj.* interkonfessio'nell.

ˌin·ter·de'pend *v/i.* vonein'ander abhängen; ˌin·ter·de'pend·ence, ˌin·ter·de'pend·en·cy *s.* gegenseitige Abhängigkeit; ˌin·ter·de'pend·ent *adj.* □ vonein'ander abhängig, eng zs.-hängend *od.* verflochten, inein'andergreifend.

in·ter·dict I *s.* ['ɪntədɪkt] 1. Verbot *n*; 2. *eccl.* Inter'dikt *n*; II *v/t.* [ˌɪntəˈdɪkt] 3. (amtlich) unter'sagen, verbieten (*to s.o.* j-m): ~ *s.o. from s.th.* j-n von et. ausschließen, j-m et. entziehen *od.* verbieten; 4. *eccl.* mit dem Inter'dikt belegen; ˌin·ter'dic·tion → interdict 1, 2.

in·ter·est ['ɪntrɪst] I *s.* 1. (*in*) Inter'esse *n* (an *dat.*, für), (An)Teilnahme *f* (an *dat.*): take an ~ in s.th. sich für et. interessieren; 2. Reiz *m*, Inter'esse *n*: be of ~ (to) interessant *od.* reizvoll sein (für), interessieren (*acc.*); 3. Wichtigkeit *f*, Bedeutung *f*: be of little ~ von geringer Bedeutung sein; of great ~ von großem Interesse; 4. *bsd.* ✞ Betei-

ligung *f*, Anteil *m* (*in* an *dat.*): have an ~ in s.th. an *od.* bei et. (*bsd.* finanziell) beteiligt sein; 5. ✞ Interes'senten *pl.*, Kreise *pl.*: the banking ~ die Bankkreise *pl.*; the landed ~ die Grundbesitzer *pl.*; 6. Inter'esse *n*, Vorteil *m*, Nutzen *m*, Gewinn *m*: be in (*od.* to) the ~(s) of im Interesse von ... liegen; in your ~ zu Ihrem Vorteil; look after one's ~s s-e Interessen wahren; study s.o.'s ~(s) j-s Vorteil im Auge haben; 7. Einfluß *m*, Macht *f*: have ~ with Einfluß haben bei; 8. (An)Recht *n*, Anspruch *m* (*in* auf *acc.*); 9. Gesichtspunkt *m*, Seite *f* (*in* e-r Geschichte etc.): → human I; 10. (*nie pl.*) ✞ Zins(en *pl.*) *m*: and (*od.* plus) ~ zuzüglich Zinsen; ex ~ ohne Zinsen; free of ~ zinslos; bear (*od.* yield) ~ Zinsen tragen, sich verzinsen; ~ (rate) ✞ Zinsfuß *m*, -satz *m*; ~ account a) Zinsrechnung *f*, b) Zinsenkonto *n*; ~ certificate Zinsenvergütungsschein *m*; ~ pro and contra Soll- u. Habenzinsen *pl.*; ~ coupon (*od.* ticket, warrant) Zinscoupon *m*, -schein *m*; 11. *fig.* Zinsen *pl.*: return a blow with ~ e-n Schlag mit Zins u. Zinseszinsen zurückgeben; II *v/t.* 12. interessieren (*in* für), j-s Inter'esse *od.* Teilnahme erwecken (*in s.th.* an e-r Sache; *for s.o.* für j-n): ~ o.s. in sich interessieren für, Anteil nehmen an (*dat.*); 13. interessieren, anziehen, reizen, fesseln; 14. angehen, betreffen: everyone is ~ed in this dies geht jeden an; 15. *bsd.* ✞ beteiligen (*in* an *dat.*); 16. gewinnen (*in* für).

in·ter·est·ed ['ɪntrɪstɪd] *adj.* □ 1. interessiert, Anteil nehmend (*in* an *dat.*); aufmerksam: be ~ in sich interessieren für; I was ~ to know es interessierte mich zu wissen; 2. *bsd.* ✞ beteiligt (*in* an *dat.*, bei): the parties ~ die Beteiligten; 3. voreingenommen, par'teiisch; 4. eigennützig: ~ motives; 'in·ter·est·ed·ly [-lɪ] *adv.* mit Inter'esse, aufmerksam; 'in·ter·est·ing [-tɪŋ] *adj.* □ interes'sant, fesselnd, anziehend: in an ~ condition *obs.* in anderen Umständen (*schwanger*); 'in·ter·est·ing·ly [-tɪŋlɪ] *adv.* interes'santerweise.

'in·ter·face *s.* Zwischen-, Grenzfläche *f*; ⚡ Schnittstelle *f*.

in·ter·fere [ˌɪntəˈfɪə] *v/i.* 1. sich einmischen, da'zwischentreten, -kommen; dreinreden; sich Freiheiten her'ausnehmen; 2. eingreifen, -schreiten: it is time to ~; 3. *a.* ⚙ stören, hindern; 4. zs.-stoßen (*a. fig.*), aufein'anderprallen; 5. *phys.* aufein'andertreffen, sich kreuzen *od.* über'lagern; ⚡ stören; 6. ~ with a) j-n stören, unter'brechen, (be-)hindern, belästigen, b) et. stören, beeinträchtigen, sich einmischen in (*acc.*), störend einwirken auf (*acc.*); 7. ~ in eingreifen in (*acc.*), sich befassen mit *od.* kümmern um; ˌin·ter'fer·ence [-ɪərəns] *s.* 1. Einmischung *f* (*in* in *acc.*), Eingreifen *n* (*with* in *acc.*); 2. Störung *f*, Hinderung *f*, Beeinträchtigung *f* (*with* gen.); 3. Zs.-stoß(en *n*) *m* (*a. fig.*); 4. *Am. sport* Abschirmen *n*: run ~ a) den balltragenden Stürmer abschirmen, b) (*for s.o.*) *fig.* (j-m) Schützenhilfe leisten; 5. ⚡, *phys.* a) Interfe'renz *f*, Über'lagerung *f*, b) Störung *f*: reception ~ Empfangsstörung *f*; ~

suppression Entstörung *f*; in·ter·fe·ren·tial [ˌɪntəfəˈrenʃl] *adj. phys.* Interferenz...; ˌin·ter'fer·ing [-ɪərɪŋ] *adj.* □ 1. störend, lästig: be always ~ F sich ständig einmischen; 2. kollidierend, entgegenstehend: ~ claim.

ˌin·ter'gla·cial *adj. geol.* zwischeneiszeitlich, interglazi'al.

in·ter·im ['ɪntərɪm] I *s.* 1. Zwischenzeit *f*: in the ~ in der Zwischenzeit, einstweilen, vorläufig; 2. Interim *n*, einstweilige Regelung; 3. ♫ *hist.* Interim *n*; II *adj.* 4. einstweilig, vorläufig, Übergangs..., Interims..., Zwischen...: ~ report Zwischenbericht *m*; → injunction 1; ~ aid *s.* Über'brückungshilfe *f*; ~ bal·ance (sheet) *s.* ✞ 'Zwischenbilanz *f*, -abschluß *m*; ~ cer·tif·i·cate *s.* ✞ Interimsschein *m*; ~ cred·it *s.* 'Zwischenkre,dit *m*; ~ div·i·dend *s.* ✞ 'Interimsdivi,dende *f*.

in·te·ri·or [ɪnˈtɪərɪə] I *adj.* 1. inner, innengelegen; Innen... (*a.* 🎨): ~ decoration, ~ design a) Innenausstattung *f*, b) Innenarchitektur *f*; ~ decorator, ~ designer a) Innenausstatter(in), b) Innenarchitekt(in); 2. binnenländisch, Binnen...; 3. inländisch, Inlands...; 4. innerlich, geistig: ~ monologue *Literatur:* innerer Monolog; II *s.* 5. das Innere (*a.* 🎨), Innenraum *m*; 6. *das* Innere, Binnenland *n*; 7. *phot.* Innenaufnahme *f*; 8. *das* Innere, wahres Wesen; 9. *pol.* innere Angelegenheiten *pl.*: Department of the ♫ *Am.* Innenministerium *n*.

in·ter·ject [ˌɪntəˈdʒekt] *v/t.* 1. Bemerkung da'zwischen-, einwerfen; da'zwischenrufen; 2. einschieben, einschalten; ˌin·ter'jec·tion [-kʃn] *s.* 1. Aus-, Zwischenruf *m*; 2. *ling.* Interjekti'on *f*; ˌin·ter'jec·tion·al [-kʃənl] *adj.* □, ˌin·ter'jec·to·ry [-tərɪ] *adj.* da'zwischengeworfen, eingeschoben, Zwischen...

ˌin·ter'lace I *v/t.* 1. inein'ander-, verflechten, verschlingen; 2. durch'flechten, verweben (*a. fig.*); 3. (ver)mischen; 4. *Computer:* verschachteln; II *v/i.* 5. sich verflechten *od.* kreuzen: interlacing arches △ verschränkte Bogen; III *s.* 6. *TV* Zwischenzeile *f*.

'in·ter'lan·guage *s.* Verkehrssprache *f*.

ˌin·ter'lard *v/t. fig.* spicken, durch'setzen (*with* mit).

'in·ter·leaf *s.* [*irr.*] leeres Zwischenblatt; ˌin·ter'leave *v/t.* 1. *Bücher* durch'schießen; 2. *Computer:* verschachteln.

ˌin·ter'line *v/t.* 1. zwischen die Zeilen schreiben *od.* setzen, einfügen; 2. *typ.* Zeilen durch'schießen; 3. *Kleidungsstück* mit e-m Zwischenfutter versehen; ˌin·ter'lin·e·ar *adj.* 1. da'zwischengeschrieben, zwischenzeilig, Interlinear...; 2. ~ space *typ.* Durchschuß *m*; 'in·ter,lin·e'a·tion *s.* das Da'zwischengeschriebene.

ˌin·ter'link I *v/t.* verketten (*a.* ⚡); II *s.* ['ɪntəlɪŋk] Binde-, Zwischenglied *n*.

ˌin·ter'lock I *v/i.* inein'andergreifen (*a. fig.*): ~ing directorate ✞ Schachtelaufsichtsrat *m*; 2. 🎬 verblockt sein: ~ing signals Blocksignale *pl.*; II *v/t.* 3. zs.-schließen, inein'anderschachteln; inein'anderhaken, verzahnen; 5. ⚙, 🎬 verblocken: ~ing plant Stellwerk *n*.

in·ter·lo·cu·tion [ˌɪntələˈkjuːʃn] *s.* Gespräch *n*, Unter'redung *f*; in·ter·loc·u-

tor [ˌɪntəˈlɒkjʊtə] s. Gesprächspartner (-in); **in·ter·loc·u·to·ry** [ˌɪntəˈlɒkjʊtərɪ] adj. **1.** in Gesprächsform; Gesprächs...; **2.** ᵗᶻᵗ vorläufig, Zwischen...: ~ *injunction* einstweilige Verfügung.

in·ter·lop·er [ˈɪntələʊpə] s. **1.** Eindringling m; **2.** ✝ Schleichhändler m.

in·ter·lude [ˈɪntəluːd] s. **1.** Zwischenspiel n (a. ♪ u. fig.); **2.** Pause f; **3.** Zwischenzeit f; **4.** Epiˈsode f.

ˌin·terˈmar·riage s. **1.** Mischehe f (zwischen verschiedenen Konfessionen, Rassen etc.); **2.** Heirat f untereinˈander od. zwischen nahen Blutsverwandten; **ˌin·terˈmar·ry** v/i. **1.** untereinˈander heiraten (Stämme etc.), Mischehen eingehen; **2.** innerhalb der Faˈmilie heiraten.

ˌin·terˈmed·dle v/i. sich einmischen (**with**, **in** in acc.).

in·ter·me·di·ar·y [ˌɪntəˈmiːdjərɪ] **I** adj. **1.** → *intermediate* 1; **2.** vermittelnd; **II** s. **3.** Vermittler(in); **4.** ✝ Zwischenhändler m; **ˌin·terˈme·di·ate** [-jət] **I** adj. □ **1.** daˈzwischenliegend, Zwischen..., Mittel...: ~ *between* liegend zwischen; ~ *colo(u)r* (**credit**, **product**, **stage**, **trade**) Zwischenfarbe f (-kredit m, -produkt n, -stadium n, -handel m); ~ *examination* → 4; **II** s. **2.** Zwischenglied n, -form f, -stück m; **3.** 🜍 ˈZwischenproˌdukt n; **4.** Zwischenprüfung f; **5.** Vermittler(in), Mittelsmann m.

in·ter·ment [ɪnˈtɜːmənt] s. Beerdigung f, Beisetzung f.

in·ter·mez·zo [ˌɪntəˈmetsəʊ] pl. **-mez·zi** [-tsiː] od. **-mez·zos** s. Interˈmezzo n, Zwischenspiel n.

in·ter·mi·na·ble [ɪnˈtɜːmɪnəbl] adj. □ **1.** grenzenlos, endlos; **2.** langwierig.

ˌin·terˈmin·gle → *intermix*.

ˌin·terˈmis·sion s. Unterˈbrechung f, Aussetzen n; Pause f: **without** ~ pausenlos, unaufhörlich, ständig.

in·ter·mit [ˌɪntəˈmɪt] **I** v/t. unterˈbrechen, aussetzen mit; **II** v/i. aussetzen, nachlassen; **ˌin·terˈmit·tence** [-təns] s. Aussetzen n, Unterˈbrechung f; **ˌin·terˈmit·tent** [-tənt] adj. □ mit Unterˈbrechungen, stoßweise; (zeitweilig) aussetzend, periˈodisch, intermittierend: **be** ~ aussetzen; ~ *fever* ✿ Wechselfieber n; ~ *light* ⚓ Blinkfeuer n.

ˌin·terˈmix I v/t. vermischen; **II** v/i. sich vermischen; **ˌin·terˈmix·ture** s. **1.** Mischung f; **2.** Beimischung f, Zusatz m.

in·tern¹ **I** v/t. internieren; **II** s. [ˈɪntɜːn] Am. Internierte(r m) f.

in·tern² [ˈɪntɜːn] Am. **I** s. ✿ Assiˈstenzarzt m, a. ped. Praktiˈkant(in); **II** v/i. als Assiˈstenzarzt (in e-r Klinik) tätig sein.

in·ter·nal [ɪnˈtɜːnl] **I** adj. □ **1.** inner, inwendig: ~ *organs* anat. innere Organe; ~ *diameter* Innendurchmesser m; **2.** ✿ innerlich anzuwenden(d), einzunehmen(d): ~ *remedy*; **3.** inner(lich), geistig; **4.** einheimisch, in-, binnenländisch, Inlands..., Innen..., Binnen...: ~ *loan* ✝ Inlandsanleihe f; ~ *trade* Binnenhandel m; **5.** pol. inner, Innen...: ~ *affairs* innere Angelegenheiten; **6.** ped. inˈtern, im College etc. wohnend; **7.** ✝ etc. (beˈtriebs)inˌtern, innerbetrieblich; **II** s. **8.** pl. anat. innere Orˈgane; **9.** innere Naˈtur; ~**comˈbus·tion en·gine** ☉ Verbrennungs-, Exploˈsionsmotor m.

in·ter·na·lize [ɪnˈtɜːnəlaɪz] v/t. psych. et. verinnerlichen, in sich aufnehmen.

in·ter·nal| med·i·cine s. ✿ innere Mediˈzin; ~ **rev·e·nue** s. Am. Steuerkommen n: ♊ *Office* Finanzamt n; ~ **rhyme** s. Binnenreim m; ~ **spe·cial·ist** s. ✿ Interˈnist m, Facharzt m für innere Krankheiten; ~ **thread** s. ☉ Innengewinde n.

ˌin·terˈna·tion·al adj. □ **1.** internatioˈnal, zwischenstaatlich: ~ *candle* phys. Internationale Kerze (Lichtstärke); **2.** Welt..., Völker...; **II** s. **3.** sport a) Internatioˈnale(r m) f, Natioˈnalspieler (-in), b) F internatioˈnaler Vergleichskampf; Länderspiel n; **4.** ♊ pol. Internatioˈnale f; **5.** pl. ✝ internatioˈnal gehandelte ˈWertpaˌpiere pl.; **In·ter·na·tio·nale** [ˌɪntɒnæʃˈɒnɑːl] s. Internatioˈnale f (Kampflied); **ˌin·terˈna·tion·al·ism** s. **1.** Internatioˈlismus m; **2.** internatioˈnale Zs.-arbeit; **ˌin·terˈna·tion·al·ist** s. **1.** Internatioˈlist m, Anhänger m des Internatioˈlismus; **2.** ᵗᶻᵗ Völkerrechtler m; **3.** → *international* 3a; **ˈin·terˌna·tioˈnal·i·ty** s. internatioˈnaler Chaˈrakter; **ˌin·terˈna·tion·al·ize** v/t. **1.** internationalisieren; **2.** internatioˈnaler Konˈtrolle unterˈwerfen.

in·ter·na·tion·al| law s. Völkerrecht n; ♊ **Mon·e·tar·y Fund** s. Internatioˈnaler Währungsfonds; ~ **mon·ey or·der** s. Auslandspostanweisung f; ~ **re·ply cou·pon** s. internatioˈnaler Antwortschein.

in·terne [ˈɪntɜːn] → *intern²* I.

in·ter·ne·cine [ˌɪntəˈniːsaɪn] adj. **1.** gegenseitige Tötung bewirkend: ~ *duel*; ~ *war* gegenseitiger Vernichtungskrieg; **2.** mörderisch, vernichtend.

in·tern·ee [ˌɪntɜːˈniː] s. Internierte(r m) f; **in·tern·ment** [ɪnˈtɜːnmənt] s. Internierung f: ~ *camp* Internierungslager n.

ˈin·terˌoceˈan·ic [-ərˌəʊ-] adj. interozeˈanisch, zwischen (zwei) Weltmeeren liegend, (zwei) Weltmeere verbindend.

in·ter·pel·late [ɪnˈtɜːpeleɪt] v/t. pol. e-e Anfrage richten an (acc.); **in·ter·pel·la·tion** [ɪnˌtɜːpeˈleɪʃn] s. pol. Interpellaˈtiˈon f.

ˌin·terˈpen·e·trate I v/t. völlig durchˈdringen; **II** v/i. sich gegenseitig durchˈdringen.

in·ter·phone [ˈɪntəfəʊn] → *intercom*.

ˌin·terˈplan·e·tar·y adj. interplaneˈtarisch.

ˌin·terˈplay s. Wechselwirkung f, -spiel n.

In·ter·pol [ˈɪntəpɒl] s. Interpol f (Internationale kriminalpolizeiliche Organisation).

in·ter·po·late [ɪnˈtɜːpəʊleɪt] v/t. **1.** interpolieren; et. einschalten, -fügen; **2.** (durch Einschiebungen) ändern, bsd. verfälschen; **3.** Ⱥ interpolieren; **in·ter·po·la·tion** [ɪnˌtɜːpəʊˈleɪʃn] s. Interpolaˈtiˈon f; Ⱥ, Einschaltung f, Einschiebung f (in e-n Text).

ˌin·terˈpose I v/t. **1.** daˈzwischenstellen, -legen, -bringen; ☉ zwischenschalten; **2.** et. in den Weg legen; **3.** Bemerkung einwerfen, einflechten; Einwand etc. vorbringen, Veto einlegen; **II** v/i. **4.** daˈzwischenkommen, -treten; **5.** vermitteln, intervenieren; **6.** (sich) unterˈbrechen (im Reden); **in·ter·po·si·tion** [ɪn-

tɜːpəˈzɪʃn] s. **1.** Eingreifen n; **2.** Vermittlung f, Einfügung f, Einschaltung f (a. ☉).

in·ter·pret [ɪnˈtɜːprɪt] **I** v/t. **1.** interpretieren, auslegen, deuten; ansehen (**as** als); bsd. Ⱥ auswerten; **2.** dolmetschen; **3.** ♪, thea. etc. interpretieren, ˈwiedergeben, darstellen; **II** v/i. **4.** dolmetschen, als Dolmetscher fungieren; **in·ter·pre·ta·tion** [ɪnˌtɜːprɪˈteɪʃn] s. **1.** Erklärung f, Auslegung f, Deutung f; Auswertung f; **2.** (mündliche) ˈWiedergabe, Überˈsetzung f; **3.** ♪, thea. etc. Darstellung f, ˈWiedergabe f; Auffassung f, Interpretatiˈon f e-r Rolle etc.; **in·ter·pret·er** [-tə] s. **1.** Erklärer(in), Ausleger(in), Interˈpret(in); **2.** Dolmetscher(in); **3.** Computer: Interpreˈtierproˌgramm n; **in·ter·pret·er·ship** [-təʃɪp] s. Dolmetscherstellung f.

ˌin·terˈra·cial adj. **1.** verschiedenen Rassen gemeinsam, interˈrassisch; **2.** zwischenrassisch: ~ *tension(s)* Rassenspannungen.

in·ter·reg·num [ˌɪntəˈregnəm] pl. **-na** [-nə], **-nums** s. **1.** Interregnum n: a) herrscherlose Zeit, b) Zwischenregierung f; **2.** Pause f, Unterˈbrechung f.

ˌin·terˈre·late I v/t. zueinˈander in Beziehung bringen; **II** v/i. zueinˈander in Beziehung stehen, zs.-hängen; **ˌin·terˈre·lat·ed** adj. in Wechselbeziehung stehend, (unterein'ander) zs.-hängend; **ˌin·terˈre·la·tion** s. Wechselbeziehung f.

in·ter·ro·gate [ɪnˈterəʊgeɪt] v/t. **1.** (be-)fragen; **2.** ausfragen, vernehmen, verhören; **in·ter·ro·ga·tion** [ɪnˌterəʊˈgeɪʃn] s. **1.** Frage f (a. ling.), Befragung f: ~ *mark*, *point of* ~ ling. Fragezeichen n; **2.** Vernehmung f, Verhör n: ~ *officer* Vernehmungsoffizier m, -beamter m; **in·ter·rog·a·tive** [ˌɪntəˈrɒgətɪv] **I** adj. □ fragend, Frage...: ~ *pronoun* → II; **II** s. ling. Fragefürwort n; **in·ter·ro·ga·tor** [-tə] s. **1.** Fragesteller (-in); **2.** Vernehmungsbeamte(r) m; **3.** pol. Interpelˈlant m; **in·ter·rog·a·to·ry** [ˌɪntəˈrɒgətərɪ] **I** adj. □ fragend, Frage...; **II** s. **2.** Frage(stellung) f; **3.** ᵗᶻᵗ Beweisfrage f (vor der Verhandlung).

in·ter·rupt [ˌɪntəˈrʌpt] v/t. **1.** allg., a. ⚡ unterˈbrechen, a. j-m ins Wort fallen; **2.** aufhalten, stören, hindern; **in·ter·ˈrupt·ed** [-tɪd] adj. □ unterˈbrochen (a. ⚡, ☉, ♀); **in·terˈrupt·ed·ly** [-tɪdlɪ] adv. mit Unterˈbrechungen; **in·terˈrupt·er** [-tə] s. **1.** Unterˈbrecher m (a. ⚡, ☉); **2.** Zwischenrufer(in); Störer(in); **in·terˈrup·tion** [-pʃn] s. **1.** Unterˈbrechung f (a. ⚡), Stockung f: *without* ~ ununterbrochen; **2.** (☉ Betriebs)Störung f.

in·ter·sect [ˌɪntəˈsekt] **I** v/t. (durch-)ˈschneiden; **II** v/i. sich schneiden od. kreuzen (a. Ⱥ); **ˌin·terˈsec·tion** [-kʃn] s. **1.** Durchˈschneiden n; **2.** Schnitt-, Kreuzungspunkt m; **3.** Ⱥ a) Schnitt m, b) a. *point of* ~ Schnittpunkt m, c) a. *line of* ~ Schnittlinie f; **4.** Am. (Straßen- etc.)Kreuzung f; **5.** ⚟ Vierung f.

ˈin·terˈsex s. biol. Interˈsex n (geschlechtliche Zwischenform); **ˌin·terˈsex·u·al** adj. zwischengeschlechtlich.

ˌin·terˈspace I s. Zwischenraum m, -zeit f; **II** v/t. Raum lassen zwischen (dat.); trennen.

in·ter·sperse [ˌɪntəˈspɜːs] v/t. **1.** einstreuen, hier und da einfügen (*among* zwischen *acc.*); **2.** durch'setzen (*with* mit).

'**in·ter·state** *adj. Am.* zwischenstaatlich, zwischen den US.-Bundesstaaten (bestehend *etc.*).

,**in·ter'stel·lar** *adj.* interstel'lar.

in·ter·stice [ɪn'tɜ:stɪs] *s.* **1.** Zwischenraum *m*; **2.** Lücke *f*, Spalte *f*; **in·ter·sti·tial** [,ɪntə'stɪʃl] *adj.* in Zwischenräumen (gelegen), zwischenräumlich, Zwischen...

,**in·ter'trib·al** *adj.* zwischen verschiedenen Stämmen (vorkommend).

,**in·ter'twine** *v/t. u. v/i.* (sich) verflechten *od.* verschlingen.

,**in·ter'ur·ban** [-ər'ɜ:-] *adj.* Überland...: ~ *bus.*

in·ter·val ['ɪntəvl] *s.* **1.** Zwischenraum *m*, -zeit *f*, Abstand *m*: *at* ~*s* dann und wann, periodisch; → *lucid* 1; **2.** Pause *f* (*a. thea. etc.*): ~ *signal* Radio: Pausenzeichen *n*; **3.** ♪ Inter'vall *n*, Tonabstand *m*; ~ *train·ing* *s. sport* Inter'valltraining *n*.

in·ter·vene [,ɪntə'vi:n] *v/i.* **1.** (*zeitlich*) da'zwischenliegen, liegen zwischen (*dat.*); **2.** sich (in'zwischen) ereignen, (plötzlich) eintreten; **3.** (*unerwartet*) da'zwischenkommen: *if nothing* ~*s*; **4.** sich einmischen (*in* in *acc.*), einschreiten; **5.** (*helfend*) eingreifen, vermitteln; sich verwenden (*with s.o.* bei j-m); **6.** *bsd.* ♱, ⚖ intervenieren; ,**in·ter'ven·tion** [-'venʃn] *s.* **1.** Da'zwischenliegen *n*, -kommen *n*; **2.** Vermittlung *f*; **3.** Eingreifen *n*, -schreiten *n*, -mischung *f*; **4.** ♱, *pol.* (⚖ 'Neben)Interventi,on *f*; **5.** Einspruch *m*; ,**in·ter'ven·tion·ist** [-'venʃnɪst] *s. pol.* Befürworter *m* e-r Interventi'on, Interventio'nist *m*.

in·ter·view ['ɪntəvju:] **I** *s.* **1.** Inter'view *n*; **2.** Unter'redung *f*, (♱ *a.* Vorstellungs)Gespräch *n* (~*s* Sprechzeiten, -stunden *pl.*); **II** *v/t.* **3.** inter'viewen, ein Inter'view *od.* e-e Unter'redung haben mit, ein Gespräch führen mit; **in·ter·view·ee** [,ɪntəvju:'i:] *s.* Inter'viewte(r *m*) *f*; *a.* Kandi'dat(in) (*für e-e Stelle*); '**in·ter·view·er** [-ju:ə] *s.* Inter'viewer(in); Leiter(in) e-s Vorstellungsgesprächs.

'**in·ter·war** *adj.*: *the* ~ *period* die Zeit zwischen den (Welt)Kriegen.

,**in·ter'weave** *v/t.* [*irr.* → *weave*] **1.** verweben, verflechten (*a. fig.*); **2.** vermengen; **3.** durch'weben, -'flechten, -'wirken.

,**in·ter'zon·al** *adj.* Interzonen...

in·tes·ta·cy [ɪn'testəsɪ] *s.* ⚖ Fehlen *n* e-s Testa'ments; **in'tes·tate** [-teɪt] **I** *adj.* **1.** ohne Hinter'lassung e-s Testa'ments: *die* ~; **2.** nicht testamen'tarisch geregelt: ~ *estate*; ~ *succession* gesetzliche Erbfolge; **II** *s.* **3.** Erb·lasser(in), der (*od.* die) kein Testa'ment hinter'lassen hat.

in·tes·ti·nal [ɪn'testɪnl] *adj.* ⚕ Darm...: ~ *flora* Darmflora *f*; **in·tes·tine** [ɪn'testɪn] **I** *s. anat.* Darm *m*; *pl.* Gedärme *pl.*, Eingeweide *pl.*: *large* ~ Dickdarm; *small* ~ Dünndarm; **II** *adj.* inner, einheimisch: ~ *war* Bürgerkrieg *m*.

in·thral(l) [ɪn'θrɔ:l] *Am.* → *enthral(l)*.

in·throne [ɪn'θrəʊn] *Am.* → *enthrone*.

in·ti·ma·cy ['ɪntɪməsɪ] *s.* **1.** Intimi'tät *f*: a) Vertrautheit *f*, vertrauter 'Umgang,

b) (*contp. plumpe*) Vertraulichkeit; **2.** in'time (*sexuelle*) Beziehungen *pl.*

in·ti·mate¹ ['ɪntɪmət] **I** *adj.* ☐ **1.** vertraut, innig, in'tim: *on* ~ *terms* auf vertrautem Fuß; **2.** eng, nah; **3.** per'sönlich; **4.** in'tim, in geschlechtlichen Beziehungen (stehend) (*with* mit); **5.** gründlich: ~ *knowledge*; **6.** ⊙, ♨ innig: ~ *contact*; ~ *mixture*; **II** *s.* **7.** Vertraute(r *m*) *f*, Intimus *m*.

in·ti·mate² ['ɪntɪmeɪt] *v/t.* **1.** andeuten, zu verstehen geben; **2.** nahelegen; **3.** ankündigen, mitteilen; **in·ti·ma·tion** [,ɪntɪ'meɪʃn] *s.* **1.** Andeutung *f*, Wink *m*; **2.** Mitteilung *f*.

in·tim·i·date [ɪn'tɪmɪdeɪt] *v/t.* einschüchtern, abschrecken, bange machen; **in·tim·i·da·tion** [ɪn,tɪmɪ'deɪʃn] *s.* Einschüchterung *f*; ⚖ Nötigung *f*.

in·ti·tle [ɪn'taɪtl] *Am.* → *entitle*.

in·to ['ɪntʊ; 'ɪntə] *prp.* **1.** in (*acc.*), in (*acc.*) ... hin'ein: *go* ~ *the house*; *get* ~ *debt* in Schulden geraten; *flog* ~ *obedience* durch Prügel zum Gehorsam bringen; *translate* ~ *English* ins Englische übersetzen; *far* ~ *the night* tief in die Nacht; *she is* ~ *her thirties* sie ist Anfang dreißig; *Socialist* ~ *Conservative* die Verwandlung e-s Sozialisten in einen Konservativen; **2.** Zustandsänderung: zu: *make water* ~ *ice* Wasser zu Eis machen; *turn* ~ *cash* zu Geld machen; *grow* ~ *a man* ein Mann werden; **3.** Ⓐ in: *divide* ~ *10 parts* in 10 Teile teilen; *4* ~ *20 goes five times* 4 geht in 20 fünfmal; **4.** *be* ~ *s.th.* F a) auf (*acc.*) et. ,stehen', b) et. ,am Wikkel' haben: *he is* ~ *modern art now* F er ,hat es' jetzt (*beschäftigt sich*) mit moderner Kunst.

in·tol·er·a·ble [ɪn'tɒlərəbl] *adj.* ☐ unerträglich; **in'tol·er·a·ble·ness** [-nɪs] *s.* Unerträglichkeit *f*; **in'tol·er·ance** [-lərəns] *s.* **1.** 'Intole,ranz *f*, Unduldsamkeit *f* (*of* gegen); **2.** ⚕ 'Überempfindlichkeit *f* (*of* gegen); **in'tol·er·ant** [-lərənt] *adj.* ☐ **1.** unduldsam, 'intole,rant (*of* gegen); **2.** *be* ~ *of* nicht (v)ertragen können.

in·tomb [ɪn'tu:m] *Am.* → *entomb*.

in·to·nate ['ɪntəʊneɪt] *v/t.* → *intone*; **in·to·na·tion** [,ɪntəʊ'neɪʃn] *s.* **1.** *ling.* Intonati'on *f*, Tonfall *m*; **2.** ♪ Intonati'on *f*: a) Anstimmen *n*, b) Psalmodieren *n*, c) Tonansatz *m*; **in·tone** [ɪn'təʊn] *v/t.* **1.** ♪ anstimmen, intonieren; **2.** ♪ psalmodieren; **3.** (mit *e-m bestimmten* Tonfall) (aus)sprechen.

in to·to [,ɪn'təʊtəʊ] (*Lat.*) *adv.* **1.** im ganzen, insgesamt; **2.** vollständig.

in·tox·i·cant [ɪn'tɒksɪkənt] **I** *adj.* berauschend; **II** *s.* berauschendes Getränk, Rauschmittel *n*; **in'tox·i·cate** [-keɪt] *v/t.* (*a. fig.*) berauschen, (be)trunken machen: ~*d with* berauscht *od.* trunken von *Wein*, *Liebe etc.*; **in·tox·i·ca·tion** [ɪn,tɒksɪ'keɪʃn] *s. a. fig.* Rausch *m*, Trunkenheit *f*.

intra- [ɪntrə] *in Zssgn* innerhalb.

,**in·tra'car·di·ac** *adj.* ⚕ im Herz'innern, intrakardi'al.

in·trac·ta·bil·i·ty [ɪn,træktə'bɪlətɪ] *s.* Unlenksamkeit *f*, 'Widerspenstigkeit *f*; **in·trac·ta·ble** [ɪn'træktəbl] *adj.* ☐ **1.** unlenksam, störrisch, halsstarrig; **2.** schwer zu bearbeiten(d) *od.* zu handhaben(d), 'widerspenstig'.

in·tra·dos [ɪn'treɪdɒs] *s.* △ Laibung *f*.

in·tra·mu·ral [,ɪntrə'mjʊərəl] *adj.* **1.** innerhalb der Mauern (*e-r Stadt, e-s Hauses etc.*) befindlich; **2.** innerhalb der Universi'tät.

,**in·tra'mus·cu·lar** *adj.* ⚕ intramusku'lär.

in·tran·si·gence [ɪn'trænsɪdʒəns] *s.* Unnachgiebigkeit *f*, Intransi'genz *f*; **in'tran·si·gent** [-nt] *adj. bsd. pol.* unnachgiebig, starr, intransi'gent.

in·tran·si·tive [ɪn'trænsɪtɪv] **I** *adj.* ☐ *ling.* intransitiv (*a.* Ⓐ); **II** *s. ling.* Intransitiv *n*.

in·trant ['ɪntrənt] *s.* Neueintretende(r *m*) *f*, (*ein Amt*) Antretende(r *m*) *f*.

,**in·tra'state** *adj.* innerstaatlich, *Am.* innerhalb e-s Bundesstaates.

,**in·tra've·nous** *adj.* ⚕ intrave'nös.

in·trench [ɪn'trentʃ] → *entrench*.

in·trep·id [ɪn'trepɪd] *adj.* ☐ unerschrocken; **in·tre·pid·i·ty** [,ɪntrɪ'pɪdətɪ] *s.* Unerschrockenheit *f*.

in·tri·ca·cy ['ɪntrɪkəsɪ] *s.* **1.** Kompliziertheit *f*, Kniffligkeit *f*; **2.** Komplikati'on *f*, Schwierigkeit *f*; '**in·tri·cate** [-kət] *adj.* ☐ verwickelt, kompliziert, knifflig, schwierig.

in·trigue [ɪn'tri:g] **I** *v/i.* **1.** intrigieren, Ränke schmieden; **2.** ein Verhältnis haben (*with* mit); **II** *v/t.* **3.** fesseln, faszinieren; **4.** neugierig machen; **5.** verblüffen; **III** *s.* **6.** In'trige *f*: a) Ränkespiel *n*, *pl.* Ränke *pl.*, Machenschaften *pl.*, b) Verwicklung *f* (*im Drama etc.*); **in'tri·guer** [-gə] *s.* Intri'gant(in); **in'tri·guing** [-gɪŋ] *adj.* ☐ **1.** fesselnd, faszinierend; **2.** verblüffend; **3.** intrigierend, ränkevoll.

in·trin·sic [ɪn'trɪnsɪk] *adj.* (☐ ~*ally*) inner, wahr, eigentlich, wirklich, wesentlich, imma'nent: ~ *value* innerer Wert; **in'trin·si·cal·ly** [-kəlɪ] *adv.* wirklich, eigentlich; an sich: ~ *safe* ⚡ eigensicher.

in·tro·duce [,ɪntrə'dju:s] *v/t.* **1.** einführen: ~ *a new method*; **2.** einleiten, eröffnen, anfangen; **3.** (*into* in *acc.*) et. (her'ein)bringen; *Instrument etc.* einführen, -setzen; *Seuche* einschleppen; *parl. Gesetzesvorlage* einbringen; **4.** *Thema, Frage* anschneiden, aufwerfen; **5.** j-n (hin'ein)führen, (-)geleiten (*into* in *acc.*); **6.** (*to*) j-n einführen (in *acc.*), bekannt machen (mit *et.*); **7.** (*to*) j-n bekannt machen (mit j-m), vorstellen (*dat.*); ,**in·tro'duc·tion** [-'dʌkʃn] *s.* **1.** Einführung *f*; **2.** Einleitung *f*, Anbahnung *f*; **3.** Einleitung *f*, Vorrede *f*, -wort *n*; **4.** Leitfaden *m*, Anleitung *f*; **5.** Einführung *f* (*Instrument*); Einschleppung *f* (*Seuche*); *pol.* Einbringung *f* (*Gesetz*); **6.** Vorstellung *f*: *letter of* ~ Empfehlungsbrief *m*; ,**in·tro'duc·to·ry** ['-dʌktərɪ] *adj.* einleitend, Einleitungs..., Vor...

in·tro·mis·sion [,ɪntrəʊ'mɪʃn] *s.* **1.** Einführung *f*; **2.** Zulassung *f*.

in·tro·spect [,ɪntrəʊ'spekt] *v/t.* sich (innerlich) prüfen; ,**in·tro'spec·tion** [-kʃn] *s.* Selbstbeobachtung *f*, Innenschau *f*, Introspekti'on *f*; ,**in·tro'spec·tive** [-tɪv] *adj.* ☐ introspek'tiv, selbstprüfend, nach innen gewandt.

in·tro·ver·sion [,ɪntrəʊ'vɜ:ʃn] *s.* **1.** Einwärtskehren *n*; **2.** *psych.* Introversi'on *f*, Introvertiertheit *f*; **in·tro·vert I** *s.*

['ɪntrəʊvɜ:t] *psych.* introvertierter Mensch; **II** *v/t.* [ˌɪntrəʊ'vɜ:t] nach innen richten, einwärtskehren; *psych.* introvertieren.

in·trude [ɪn'tru:d] **I** *v/t.* **1.** *fig.* (unnötigerweise) hi'neinbringen: ~ *one's own ideas into the argument*; **2.** ~ *s.th. upon s.o.* j-m et. aufdrängen; ~ *o.s. upon s.o.* sich j-m aufdrängen; **II** *v/i.* **3.** sich eindrängen *od.* einmischen (*into* in *acc.*), sich aufdrängen (*upon dat.*); **4.** (*upon*) j-n stören, belästigen: *am I intruding?* störe ich?; **in'trud·er** [-də] *s.* **1.** Eindringling *m*; **2.** Zudringliche(r *m*) *f*, Störenfried *m*; **3.** ✈ Störflugzeug *n*; **in'tru·sion** [-u:ʒn] *s.* **1.** Eindrängen *n*, Eindringen *n*; **2.** Einmischung *f*; **3.** Zu-, Aufdringlichkeit *f*; **4.** Belästigung *f* (*upon gen.*); **5.** ⚖ Besitzstörung *f*; **in'tru·sive** [-u:sɪv] *adj.* □ **1.** auf-, zudringlich, lästig; **2.** *geol.* eingedrungen; **3.** *ling.* 'unetymo,logisch (eingedrungen); **in'tru·sive·ness** [-u:sɪvnɪs] → *intrusion* 3.

in·tu·it [ɪn'tju:ɪt] *v/t. u. v/i.* intui'tiv erfassen *od.* wissen; **in·tu·i·tion** [ˌɪntju:'ɪʃn] *s.* Intuiti'on *f*: a) unmittelbare Erkenntnis, b) Eingebung *f*, Ahnung *f*; **in·tu·i·tive** [ɪn'tju:ɪtɪv] *adj.* □ intui'tiv.

in·tu·mes·cence [ˌɪntju:'mesns] *s.* **1.** Anschwellen *n*; **2.** ⚕ Anschwellung *f*, Geschwulst *f*; **,in·tu'mes·cent** [-nt] *adj.* (an)schwellend.

in·twine [ɪn'twaɪn] *Am.* → *entwine*.

in·un·date ['ɪnʌndeɪt] *v/t.* über'schwemmen (*a. fig.*); **in·un·da·tion** [ˌɪnʌn'deɪʃn] *s.* Über'schwemmung *f*, Flut *f* (*a. fig.*).

in·ure [ɪ'njʊə] **I** *v/t. mst pass.* (*to*) abhärten (gegen), gewöhnen (an *acc.*); **II** *v/i. bsd.* wirksam *od.* gültig *od.* angewendet werden.

in·vade [ɪn'veɪd] *v/t.* **1.** einfallen *od.* eindringen *od.* einbrechen in (*acc.*); **2.** über'fallen, angreifen; **3.** *fig.* über'laufen, -'schwemmen, sich ausbreiten über (*acc.*); **4.** eindringen in (*acc.*), 'übergreifen auf (*acc.*); **5.** *fig.* erfüllen, ergreifen, befallen: *fear ~d all*; **6.** *fig.* verstoßen gegen, verletzen, antasten, eingreifen in (*acc.*); **in'vad·er** [-də] *s.* Eindringling *m*, Angreifer(in); *pl.* ⚔ Inva'soren *pl.*

in·va·lid¹ ['ɪnvəlɪd] **I** *adj.* **1.** a) krank, leidend, b) inva'lide, c) ✗ dienstunfähig; **2.** Kranken...: ~ *chair* Rollstuhl *m*; ~ *diet* Krankenkost *f*; **II** *s.* **3.** Kranke(r *m*) *f*; **4.** Inva'lide *m*; **III** *v/t.* [ˌɪnvə'li:d] **5.** zum Inva'liden machen; **6.** *a.* ~ *out* ✗ dienstuntauglich erklären *od.* als dienstuntauglich entlassen: *be ~ed out* als Invalide (aus dem Heer) entlassen werden.

in·val·id² [ɪn'vælɪd] *adj.* □ **1.** (rechts)ungültig, null u. nichtig; **2.** nichtig, nicht stichhaltig (*Argumente*); **in'val·i·date** [-deɪt] *v/t.* **1.** außer Kraft setzen: a) (für) ungültig erklären, 'umstoßen, b) ungültig *od.* unwirksam machen; **2.** *Argument etc.* entkräften; **in·val·i·da·tion** [ɪnˌvælɪ'deɪʃn] *s.* **1.** Ungültigkeitserklärung *f*; **2.** Entkräftung *f*.

in·va·lid·ism ['ɪnvəlɪdɪzm] *s.* ⚕ Invali'di'tät *f*.

in·va·lid·i·ty [ˌɪnvə'lɪdətɪ] *s.* **1.** *bsd.* ⚖ Ungültigkeit *f*, Nichtigkeit *f*; **2.** ⚕ *Am.*

Invalidi'tät *f*.

in·val·u·a·ble [ɪn'væljʊəbl] *adj.* □ unschätzbar, unbezahlbar, von unschätzbarem Wert.

in·var·i·a·bil·i·ty [ɪnˌveərɪə'bɪlətɪ] *s.* Unveränderlichkeit *f*; **in·var·i·a·ble** [ɪn'veərɪəbl] **I** *adj.* □ unveränderlich, gleichbleibend; kon'stant (*a.* A); **II** *s.* A Kon'stante *f*; **in·var·i·a·bly** [ɪn'veərɪəblɪ] *adv.* stets, ausnahmslos.

in·va·sion [ɪn'veɪʒn] *s.* **1.** (*of*) Invasi'on *f* (*gen.*): a) ✗ *u. fig.* Einfall *m* (in *acc.*), 'Überfall *m* (auf *acc.*), b) Eindringen *n*, Einbruch *m* (in *acc.*); **2.** Andrang *m* (*of* zu); **3.** *fig.* (*of*) Eingriff *m* (in *acc.*), Verletzung *f* (*gen.*); **4.** ⚕ Anfall *m*; **in·'va·sive** [-eɪsɪv] *adj.* **1.** ✗ Invasions..., angreifend; **2.** (gewaltsam) eingreifend (*of* in *acc.*); **3.** zudringlich.

in·vec·tive [ɪn'vektɪv] *s.* Schmähung(en *pl.*) *f*, Beschimpfung *f*; *pl.* Schimpfworte *pl.*

in·veigh [ɪn'veɪ] *v/i.* (*against*) schimpfen (über, auf *acc.*), herziehen (über *acc.*).

in·vei·gle [ɪn'veɪgl] *v/t.* (*into*) **1.** verleiten, verführen (zu): ~ *s.o. into doing s.th.* j-n dazu verleiten, et. zu tun; **2.** locken (in *acc.*); **in'vei·gle·ment** [-mənt] *s.* Verleitung *f etc.*

in·vent [ɪn'vent] *v/t.* **1.** erfinden, ersinnen; **2.** *fig.* erfinden, erdichten; **in·ven·tion** [-nʃn] *s.* **1.** Erfindung *f* (*a. fig.*); **2.** (Gegenstand *m etc.* der) Erfindung *f*; **3.** Erfindungsgabe *f*; **4.** *contp.* Märchen *n*; **in·ven·tive** [-tɪv] *adj.* □ **1.** erfinderisch (*of* in *dat.*); Erfindungs...; **2.** schöpferisch, einfallsreich, origi'nell; **in·ven·tive·ness** [-tɪvnɪs] → *invention* 3; **in·ven·tor** [-tə] *s.* Erfinder(in).

in·ven·to·ry ['ɪnvəntrɪ] *a.* ✝ *s.* **1.** a) Inven'tar *n*, Bestandsverzeichnis, (-)Liste *f*, b) *Am.* Bestandsaufnahme *f*, Inven'tur *f*; **2.** Inven'tar *n*, Lagerbestand *m*, Vorräte *pl.*: *take* ~ Inventur machen; **II** *v/t.* **3.** inventarisieren: a) e-e Bestandsaufnahme machen von, b) im Inven'tar verzeichnen.

in·verse [ɪn'vɜ:s] **I** *adj.* □ 'umgekehrt, entgegengesetzt; A in'vers, rezi'prok: ~*ly proportional* umgekehrt proportional; **II** *s.* 'Umkehrung *f*, Gegenteil *n*; **in·ver·sion** [ɪn'vɜ:ʃn] *s.* **1.** 'Umkehrung *f* (*a.* ♩); **2.** 🜪, A, *ling., meteor.* Inversi'on *f*, *psych. a.* Homosexuali'tät *f*.

in·vert [ɪn'vɜ:t] **I** *v/t.* **1.** 'umkehren (*a.* ♩), 'umdrehen, 'umwenden (*a.* ♫); **2.** *ling.* 'umstellen; **3.** 🜪 invertieren; **II** *s.* ['ɪnvɜ:t] **4.** △ 'umgekehrter Bogen; **5.** ◈ Sohle *f* (*Schleuse etc.*); **6.** *psych.* In-vertierte(r *m*) *f* a) Homosexu'elle(r *m*), b) Lesbierin *f*, c) Transsexu'elle(r *m*) *f*.

in·ver·te·brate [ɪn'vɜ:tɪbrət] **I** *adj.* **1.** *zo.* wirbellos; **2.** *fig.* rückgratlos; **II** *s.* **3.** *zo.* wirbelloses Tier: *the ~s* die Wirbellosen.

in·vert·ed [ɪn'vɜ:tɪd] *adj.* **1.** 'umgekehrt; 'umgestellt; **2.** *psych.* invertiert, homosexu'ell; **3.** ◈ hängend: ~ *cylinders*; ~ *engine* Hängemotor *m*; ~ *com·mas* *s. pl.* Anführungszeichen *pl.*, ,Gänsefüßchen' *pl.*; ~ *flight* *s.* ✈ Rückenflug *m*; ~ *im·age* *s. phys.* Kehrbild *n*.

in·vest [ɪn'vest] **I** *v/t.* **1.** ✝ investieren, anlegen (*in* in *dat.*); **2.** (*with, in* mit) bekleiden (*a. fig.*); bedecken, um'hül-

len; **3.** (*with*) kleiden (in *acc.*), ausstatten (mit *Befugnissen etc.*); um'geben (mit); **4.** (in Amt u. Würden) einsetzen; **5.** ✗ einschließen, belagern; **II** *v/i.* **6.** investieren (*in* in *dat.*); **7.** ~ *in* F ,sein Geld investieren' in (*dat.*).

in·ves·ti·gate [ɪn'vestɪgeɪt] **I** *v/t.* unter'suchen, erforschen; ermitteln; **II** *v/i.* (*into*) nachforschen (nach), Ermittlungen anstellen (über *acc.*); **in·ves·ti·ga·tion** [ɪnˌvestɪ'geɪʃn] *s.* **1.** Unter'suchung *f*, Nachforschung *f*; *pl.* Ermittlung(en *pl.*) *f*, Re'cherchen *pl.*; **2.** *wissenschaftliche* (Er)Forschung *f*; **in·ves·ti·ga·tive** [-tɪv] *adj.* recherchierend, Untersuchungs...: ~ *journalism* Enthüllungsjournalismus *m*; ~ *reporter* recherchierender Reporter; **in·ves·ti·ga·tor** [-tə] *s.* **1.** Unter'suchende(r) *m*, (Er-, Nach-)Forscher(in); **2.** Unter'suchungsbeamte(r) *m*; **3.** Prüfer(in).

in·ves·ti·ture [ɪn'vestɪtʃə] *s.* **1.** Investi'tur *f*, (feierliche) Amtseinsetzung *f*; **2.** Belehnung *f*; **3.** *fig.* Ausstattung *f*.

in·vest·ment [ɪn'vesmənt] *s.* **1.** ✝ a) Investierung *f*, b) Investiti'on(en *pl.*) *f*, (Kapi'tal-, Geld)Anlage *f*, Anlagewerte *pl.*: *that's a good* ~ das ist e-e gute Geldanlage, *fig.* das lohnt sich *od.* macht sich bezahlt; **2.** ✝ Einlage *f*, Beteiligung *f* (*e-s Gesellschafters*); **3.** Ausstattung *f* (*with* mit); **4.** *biol.* (Außen-, Schutz)Haut *f*; **5.** ✗ *obs.* Belagerung *f*; **6.** → *investiture* 1; ~ *ad·vis·er* *s.* Anlageberater *m*; ~ *bank* *s.* Investiti'ons-, In'vestmentbank *f*; ~ *bank·ing* *s.* Ef'fektenbankgeschäft *n*; ~ *bonds* *s. pl.* festverzinsliche 'Anlagepa,piere *pl.*; ~ *com·pan·y* *s.* Kapi'talanlage-, In'vestmentgesellschaft *f*; ~ *cred·it* *s.* Investi-ti'onskre,dit *m*; ~ *fund* *s.* **1.** Anlagefonds *m*; **2.** *pl.* Investiti'onsmittel (*pl.*); ~ *goods* *s. pl.* Investiti'onsgüter *pl.*; ~ *shares* *s. pl.*, ~ *stocks* *s. pl.* 'Anlagepa,piere *pl.*, -werte *pl.*; ~ *trust* → *investment company*: ~ *certificate* Anteilschein *m*, Investmentzertifikat *n*.

in·ves·tor [ɪn'vestə] *s.* ✝ In'vestor *m*, Geld-, Kapi'talanleger *m*.

in·vet·er·a·cy [ɪn'vetərəsɪ] *s.* Unausrottbarkeit *f*, *a.* ⚕ Hartnäckigkeit *f*; **in'vet·er·ate** [-rɪt] *adj.* □ **1.** eingewurzelt; **2.** ⚕ hartnäckig; **3.** eingefleischt, unverbesserlich.

in·vid·i·ous [ɪn'vɪdɪəs] *adj.* □ **1.** verhaßt, ärgerlich; **2.** gehässig, boshaft, gemein; **in'vid·i·ous·ness** [-nɪs] *s.* **1.** das Ärgerliche; **2.** Gehässigkeit *f*, Bosheit *f*, Gemeinheit *f*.

in·vig·i·la·tion [ɪnˌvɪdʒɪ'leɪʃn] *s. ped. Brit.* Aufsicht *f*.

in·vig·or·ate [ɪn'vɪgəreɪt] *v/t.* stärken, kräftigen, beleben, *bsd. fig.* erfrischen: *invigorating* stärkend *etc.*; **in·vig·or·a·tion** [ɪnˌvɪgə'reɪʃn] *s.* Kräftigung *f*, Belebung *f*.

in·vin·ci·bil·i·ty [ɪnˌvɪnsɪ'bɪlətɪ] *s.* Unbesiegbarkeit *f etc.*; **in·vin·ci·ble** [ɪn'vɪnsəbl] *adj.* □ unbesiegbar, 'unüber,windlich.

in·vi·o·la·bil·i·ty [ɪnˌvaɪələ'bɪlətɪ] *s.* Unverletzlichkeit *f*, Unantastbarkeit *f*; **in·vi·o·la·ble** [ɪn'vaɪələbl] *adj.* □ unverletzlich, unantastbar, heilig; **in·vi·o·late** [ɪn'vaɪələt] *adj.* □ **1.** unverletzt, unversehrt, nicht gebrochen (*Gesetz etc.*); **2.** unangetastet.

in·vis·i·bil·i·ty [ɪnˌvɪzə'bɪlətɪ] s. Unsichtbarkeit f; **in·vis·i·ble** [ɪn'vɪzəbl] adj. □ unsichtbar (**to** für): ~ **ink**; ~ **exports**; ~ **mending** Kunststopfen n; **he was** ~ fig. er ließ sich nicht sehen.

in·vi·ta·tion [ˌɪnvɪ'teɪʃn] s. **1.** Einladung f (**to s.o.** an j-n): ~ **to tea** Einladung zum Tee; **2.** Aufforderung f, Ersuchen n; **3.** ~ **to bid** † Ausschreibung f; **in·vite** [ɪn'vaɪt] v/t. **1.** einladen: ~ **s.o.** in j-n hereinbitten; **2.** j-n auffordern, bitten (**to do** zu tun); **3.** et. erbitten, ersuchen um, auffordern zu et.; † ausschreiben; **4.** Kritik, Gefahr etc. her-'ausfordern, sich aussetzen (dat.); **5.** a) einladen zu, ermutigen zu, b) (ver)lokken (**to do** zu tun); **in·vit·ing** [ɪn'vaɪtɪŋ] adj. □ einladend, (ver)lockend.

in·vo·ca·tion [ˌɪnvəʊ'keɪʃn] s. **1.** Anrufung f; **2.** eccl. Bittgebet n.

in·voice ['ɪnvɔɪs] † **I** s. Fak'tura f, (Waren-, Begleit)Rechnung f: **as per** ~ laut Rechnung; ~ **clerk** Fakturist(in); **II** v/t. fakturieren, in Rechnung stellen.

in·voke [ɪn'vəʊk] v/t. **1.** anrufen, anflehen, flehen zu; **2.** flehen um, erflehen; **3.** fig. zu Hilfe rufen, sich berufen auf (acc.), anführen, zitieren; **4.** Geist beschwören.

in·vol·un·tar·i·ness [ɪn'vɒləntərɪnɪs] s. **1.** Unfreiwilligkeit f; **2.** 'Unwill₊kürlichkeit f; **in·vol·un·tar·y** [ɪn'vɒləntərɪ] adj. □ **1.** unfreiwillig; **2.** 'unwill₊kürlich; **3.** unabsichtlich.

in·vo·lute ['ɪnvəluːt] **I** adj. **1.** ♀ eingerollt; **2.** zo. mit engen Windungen; **3.** fig. verwickelt; **II** s. **4.** & Evol'vente f; **in·vo·lu·tion** [ˌɪnvə'luːʃn] s. **1.** ♀ Einrollung f; **2.** Involuti'on f: a) biol. Rückbildung f, b) & Potenzierung f; **3.** Verwicklung f, Verwirrung f.

in·volve [ɪn'vɒlv] (→ a. **involved**) v/t. **1.** um'fassen, einschließen, involvieren; **2.** nach sich ziehen, zur Folge haben, mit sich bringen, verbunden sein mit, bedeuten: ~ **great expense**; **this would** ~ (**our**) **living abroad** das würde bedeuten, daß wir im Ausland leben müßten; **3.** nötig machen, erfordern: ~ **hard work**; **4.** betreffen: a) angehen: **the plan** ~**s all employees**, b) beteiligen (**in**, **with** an dat.): **the number of persons** ~**d**, c) sich handeln od. drehen um, gehen um, zum Gegenstand haben: **the case** ~**d some grave offences**, d) in Mitleidenschaft ziehen: **diseases that** ~ **the nervous system**; **it wouldn't** ~ **you** du hättest nichts damit zu tun; **5.** verwickeln, -stricken, hin'einziehen (**in** in acc.): ~**d in a lawsuit** in e-n Rechtsstreit verwickelt; ~**d in an accident** in e-n Unfall verwikkelt, an e-m Unfall beteiligt; **I am not getting** ~**d in this!** ich lasse mich da nicht hineinziehen!; **6.** j-n (seelisch, persönlich) engagieren (**in** in dat.): ~ **o.s. with s.o.** sich mit j-m einlassen; **be** ~**d with s.o.** a) mit j-m zu tun haben, b) zu j-m e-e (enge) Beziehung haben, erotisch: a. mit j-m ein Verhältnis haben, es mit j-m ,haben'; **she was** ~**d with several men**; **7.** j-n in Schwierigkeiten bringen (**with** mit); **8.** et. komplizieren, verwirren; **in'volved** [-vd] adj. (→ a. **involve**) **1.** a) kompliziert, b) verworren: **an** ~ **sentence**; **2.** betroffen, beteiligt: **the persons** ~; **3.** be

~ a) → **involve** 4 c, b) mitspielen (**in** bei e-r Sache), c) auf dem Spiel stehen, gehen um: **the national prestige was** ~; **4.** (**in**) verwickelt, verstrickt (in acc.), beteiligt (an dat.); **5.** einbegriffen; **6.** (**in**, **with**) a) stark beschäftigt (mit), versunken (in acc.), b) (stark) interessiert (an dat.); **7.** (seelisch, innerlich) engagiert: **emotionally** ~; **be deeply** ~ **with a girl** e-e enge Beziehung zu e-m Mädchen haben, stark empfinden für ein Mädchen; **in'volve·ment** [-mənt] s. **1.** Verwicklung f, -strickung f (**in** in acc.); **2.** Beteiligung f (**in** an dat.); **3.** Betroffensein n; **4.** (seelisches od. persönliches) Engagement; **5.** (**with**) a) (innere) Beziehung (zu), b) (sexuelles) Verhältnis (mit), c) Umgang (mit); **6.** Kompliziertheit f; **7.** komplizierte Sache, Schwierigkeit f.

in·vul·ner·a·bil·i·ty [ɪnˌvʌlnərə'bɪlətɪ] s. **1.** Unverwundbarkeit f; **2.** fig. Unanfechtbarkeit f; **in·vul·ner·a·ble** [ɪn'vʌlnərəbl] adj. □ **1.** unverwundbar, ungefährdet, gefeit (**to** gegen); **2.** fig. unanfechtbar.

in·ward ['ɪnwəd] **I** adj. □ **1.** inner(lich), Innen...; nach innen gehend: ~ **parts** anat. innere Organe; **the** ~ **nature** der Kern, das eigentliche Wesen; **2.** fig. seelisch, geistig, inner(lich); **3.** ~ **duty** † Eingangszoll m; ~ **journey** ♨ Heimfahrt f, -reise f; ~ **mail** eingehende Post; **II** s. **4.** das Innere (a. fig.); **5.** pl. ['ɪnədz] F a) innere Or'gane pl., Eingeweide pl., b) Küche: Inne'reien pl.; **III** adv. → **inwards**; nach innen; **7.** im Innern (a. fig.); '**in·ward·ly** [-lɪ] adv. **1.** innerlich, im Innern (a. fig.); nach innen; **2.** im stillen, insgeheim, für sich, leise; '**in·ward·ness** [-nɪs] s. **1.** Innerlichkeit f; **2.** innere Na'tur, wahre Bedeutung; '**in·wards** [-dz] → **inward** 6, 7.

in·weave [ɪn'wiːv] v/t. [irr. → **weave**] **1.** einweben (**into** in acc.); **2.** fig. ein-, verflechten.

in·wrought [ɪn'rɔːt] adj. **1.** eingewoben, eingearbeitet; **2.** verziert; **3.** fig. (eng) verflochten.

i·o·date ['aɪəʊdeɪt] s. ♠ Jo'dat n; **i·od·ic** [aɪ'ɒdɪk] adj. ♠ jodhaltig, Jod...; '**i·o·dide** [-daɪd] s. ♠ Jo'did n; '**i·o·dine** [-diːn] s. Jod n: **tincture of** ~ Jodtinktur f; '**i·o·dism** [-dɪzəm] s. Jodvergiftung f; '**i·o·dize** [-daɪz] v/t. jodieren, mit Jod behandeln.

i·on ['aɪən] s. phys. I'on n.

I·o·ni·an [aɪ'əʊnjən] **I** adj. i'onisch; **II** s. I'onier(in).

I·on·ic[1] [aɪ'ɒnɪk] adj. i'onisch: ~ **order** ionische Säulenordnung.

i·on·ic[2] [aɪ'ɒnɪk] adj. phys. i'onisch: ~ **centrifuge** Ionenschleuder f; ~ **migration** Ionenwanderung f.

i·o·ni·um [aɪ'əʊnɪəm] s. ♠ I'onium n.

i·on·i·za·tion [ˌaɪənaɪ'zeɪʃn] s. phys. Ionisierung f; **i·on·ize** ['aɪənaɪz] phys. **I** v/t. ionisieren; **II** v/i. in I'onen zerfallen; **i·on·o·sphere** [aɪ'ɒnəˌsfɪə] s. phys. Iono'sphäre f.

i·o·ta [aɪ'əʊtə] s. Jota n (griech. Buchstabe): **not an** ~ fig. kein Jota od. bißchen.

IOU [ˌaɪəʊ'juː] s. Schuldschein m (= **I owe you**).

ip·so fac·to [ˌɪpsəʊ'fæktəʊ] (Lat.) gerade (od. al'lein) durch diese Tatsache,

eo ipso.

I·ra·ni·an [ɪ'reɪnjən] **I** adj. **1.** i'ranisch, persisch; **II** s. **2.** I'ranier(in), Perser (-in); **3.** ling. I'ranisch n, Persisch n.

I·ra·qi [ɪ'rɑːkɪ] **I** s. **1.** I'raker(in); **2.** ling. I'rakisch n; **II** adj. **3.** i'rakisch.

i·ras·ci·bil·i·ty [ɪˌræsə'bɪlətɪ] s. Jähzorn m, Reizbarkeit f; **i·ras·ci·ble** [ɪ'ræsəbl] adj. □ jähzornig, reizbar.

i·rate [aɪ'reɪt] adj. zornig, wütend.

ire ['aɪə] s. poet. Zorn m, Wut f; '**ire·ful** [-fʊl] adj. □ poet. zornig.

ir·i·des·cence [ˌɪrɪ'desns] s. Schillern n; ˌ**ir·i·des·cent** [-nt] adj. schillernd, irisierend.

i·rid·i·um [aɪ'rɪdɪəm] s. ♠ I'ridium n.

i·ris ['aɪərɪs] s. **1.** anat. Regenbogenhaut f, Iris f; **2.** ♀ Schwertlilie f.

I·rish ['aɪərɪʃ] **I** adj. **1.** irisch: **the** ~ **Free State** obs. der Irische Freistaat; → **bull**[3]; **II** s. **2.** ling. Irisch n; **3.** **the** ~ pl. die Iren pl., die Irländer pl.; '**I·rish·ism** [-ˌsɪzəm] s. irische (Sprach)Eigentümlichkeit.

'**I·rish|·man** [-mən] s. [irr.] Ire m, Irländer m; ~ **stew** s. Küche: Irish Stew n; ~ **ter·ri·er** s. Irischer Terrier; '~**wom·an** s. [irr.] Irin f, Irländerin f.

irk [ɜːk] v/t. ärgern, verdrießen; '**irk·some** [-səm] adj. □ **1.** ärgerlich, verdrießlich; **2.** lästig.

i·ron ['aɪən] **I** s. **1.** Eisen n: **have** (**too**) **many** ~**s in the fire** (zu) viele Eisen im Feuer haben; **rule with a rod of** ~ od. **with an** ~ **hand** mit eiserner Faust regieren; **strike while the** ~ **is hot** das Eisen schmieden, solange es heiß ist; **a man of** ~ ein harter Mann; **he is made of** ~ er hat e-e eiserne Gesundheit; **2.** Brandeisen n, -stempel m; **3.** (Bügel-, Plätt)Eisen n; **4.** Steigbügel m; **5.** Golf: Eisen n (Schläger); **6.** ♣ 'Eisen (-präpaˌrat) n: **take** ~ Eisen einnehmen; **7.** pl. Hand-, Fußschellen pl., Eisen pl.: **put in** ~**s** → 14; **8.** pl. ♣ Beinschiene f (Stützapparat): **put s.o.'s leg in** ~**s** j-m das Bein schienen; **II** adj. **9.** eisern, Eisen...: ~ **bar** Eisenstange f; **10.** fig. eisern: a) hart, kräftig: ~ **constitution** eiserne Gesundheit; ~ **frame** kräftiger Körper(bau), b) ehern, hart, grausam: ~ **fist** od. **hand** eiserne Faust (→ 1); **there was an** ~ **fist in a velvet glove** bei all s-r Freundlichkeit war mit ihm doch nicht zu spaßen, c) unbeugsam, unerschütterlich: ~ **discipline** eiserne Zucht; ~ **will** eiserner Wille; **III** v/t. **11.** bügeln, plätten; **12.** ~ **out** a) glätten, einebnen, glattwalzen, b) fig. ˌausbügeln', in Ordnung bringen; **13.** ❂ mit Eisen beschlagen; **14.** fesseln, in Eisen legen.

I·ron│ Age s. Eisenzeit f; ~ **Chan·cel·lor** s.: **the** ~ der Eiserne Kanzler (Bismarck); '**2·clad I** adj. **1.** gepanzert (Schiff), eisenverkleidet, -bewehrt, mit Eisenmantel; **2.** fig. eisern, starr, streng; **3.** fig. unangreifbar, abso'lut stichhaltig: ~ **argument**; **II** s. **4.** hist. Panzerschiff n; **2 con·crete** s. ❂ 'Eisenbeˌton m; ~ **Cross** s. ✠ Eisernes Kreuz (Auszeichnung); ~ **Cur·tain** s. pol. ˌEiserner Vorhang': ~ **countries** die Länder pl. hinter dem Eisernen Vorhang; ~ **Duke** s.: **the** ~ der Eiserne Herzog (Wellington); **2 found·ry** s. Eisengieße'rei f; **2 horse** s. F obs.

‚Dampfroß' *n* (*Lokomotive*).

i·ron·ic, i·ron·i·cal [aɪˈrɒnɪk(l)] *adj.* **1.** iˈronisch, spöttelnd, spöttisch; **2.** *Situation etc.*: seltsam, ‚komisch', paradox; **i'ron·i·cal·ly** [-ɪkəlɪ] *adv.* **1.** iˈronisch(erweise); **2.** komischerweise; **i·ro·nize** [ˈaɪərənaɪz] **I** *v/t. et.* ironisieren; **II** *v/i.* iˈronisch sein, spötteln.

i·ron·ing board [ˈaɪənɪŋ] *s.* Bügel-, Plättbrett *n.*

i·ron| lung *s.* ⚕ eiserne Lunge; '**~·mas·ter** *s. Brit.* 'Eisenfabri‚kant *m, obs.* Eisenhüttenbesitzer *m;* '**~·mon·ger** *s. bsd. Brit.* Eisenwaren-, Me'tallwarenhändler(in); '**~·mon·ger·y** *s. bsd. Brit.* **1.** Eisen-, Me'tallwaren *pl.;* **2.** Eisenwaren-, Me'tallwarenhandlung *f;* **~ ore** *s. metall.* Eisenerz *n;* **~ ox·ide** *s.* 🜇 'Eiseno‚xyd *n;* **~ ra·tion** *s.* ✕ eiserne Rati'on; '**~·sides** *s.* **1.** *sg.* Mann *m* von großer Tapferkeit; **2.** *pl. hist.* Cromwells Reite'rei *f od.* Heer *n;* **3.** → **iron·clad** 4; '**~·ware** *s.* Eisen-, Me'tallwaren *pl.;* '**~·work** *s.* ⚙ 'Eisenbeschlag *m,* -konstrukti‚on *f;* '**~·works** *s. pl. sg. konstr.* Eisenhütte *f.*

i·ron·y¹ [ˈaɪənɪ] *adj.* **1.** eisern; **2.** eisenhaltig (*Erde*); **3.** eisenartig.

i·ro·ny² [ˈaɪərənɪ] *s.* **1.** Iro'nie *f:* **~ of fate** *fig.* Ironie des Schicksals; ***tragic ~*** tragische Ironie; ***the ~ of it!*** *fig.* welche Ironie (des Schicksals)!; **2.** i'ronische Bemerkung, Spötte'lei *f.*

Ir·o·quois [ˈɪrəkwɔɪ] *pl.* **-quois** [-kwɔɪz] *s.* Iro'kese *m,* Iro'kesin *f.*

ir·ra·di·ance [ɪˈreɪdjəns] *s.* **1.** (An-, Aus-, Be)Strahlen *n;* **2.** Strahlenglanz *m;* **ir'ra·di·ant** [-nt] *adj. a. fig.* strahlend (***with*** vor *dat.*); **ir'ra·di·ate** [-dɪeɪt] *v/t.* **1.** bestrahlen (*a.* ☢), erleuchten; **2.** ausstrahlen; **3.** *fig. Gesicht etc.* aufheitern, verklären; **4.** *fig. etc.* erhellen, Licht werfen auf (*acc.*); **ir·ra·di·a·tion** [ɪˌreɪdɪˈeɪʃn] *s.* **1.** (Aus)Strahlen *n,* Leuchten *n;* **2.** *phys. a)* 'Strahlungsintensi‚tät *f, b)* spe'zifische 'Strahlungsener‚gie; **3.** Irradiati'on *f: a) phot.* Belichtung *f, b)* ✴ Bestrahlung *f,* Durch'leuchtung *f;* **4.** *fig.* Erhellung *f.*

ir·ra·tion·al [ɪˈræʃənl] **I** *adj.* □ **1.** unvernünftig: *a)* vernunftlos: **~ animal,** *b)* 'irratio‚nal (*a.* ♒, *phls.*), vernunftwidrig, unsinnig; **II** *s.* **2.** ♒ 'Irratio‚nalzahl *f;* **3.** *the* **~** → **ir·ra·tion·al·i·ty** [ɪˌræʃəˈnælətɪ] *s.* Irrationali'tät *f* (*a.* ♒, *phls.*), *das* 'Irratio‚nale, Unvernunft *f,* Unsinnigkeit *f.*

ir·re·but·ta·ble [ˌɪrɪˈbʌtəbl] *adj.* 'unwider‚legbar.

ir·re·claim·a·ble [ˌɪrɪˈkleɪməbl] *adj.* □ **1.** unverbesserlich; **2.** ✔ unbebaubar; **3.** 'unwieder‚bringlich.

ir·rec·og·niz·a·ble [ɪˈrekəgnaɪzəbl] *adj.* □ nicht 'wiederzuer‚kennen(d), unkenntlich.

ir·rec·on·cil·a·bil·i·ty [ɪˌrekənsaɪləˈbɪlətɪ] *s.* **1.** Unvereinbarkeit *f* (**to, with** mit); **2.** Unversöhnlichkeit *f;* **ir·rec·on·cil·a·ble** [ɪˈrekənsaɪləbl] **I** *adj.* □ **1.** unvereinbar (**to, with** mit); **2.** unversöhnlich; **II** *s.* **3.** *pol.* unversöhnlicher Gegner.

ir·re·cov·er·a·ble [ˌɪrɪˈkʌvərəbl] *adj.* □ **1.** unrettbar (verloren), 'unwieder‚bringlich, unersetzlich: **~ debt** nicht beitreibbare (Schuld)Forderung; **2.** unheilbar, nicht wieder'gutzumachen(d).

ir·re·deem·a·ble [ˌɪrɪˈdiːməbl] *adj.* □ **1.** nicht rückkaufbar; **2.** ✝ nicht (in Gold) einlösbar (*Papiergeld*); **3.** ✝ *a)* untilgbar; **~ loan,** *b)* nicht ablösbar, unkündbar (*Schuldverschreibung etc.*); **4.** unrettbar (verloren), unverbesserlich, hoffnungslos.

ir·re·den·tism [ˌɪrɪˈdentɪzəm] *s. pol.* Irreden'tismus *m;* **ir·re'den·tist** [-ɪst] *pol.* **I** *s.* Irreden'tist *m;* **II** *adj.* irreden'tistisch.

ir·re·duc·i·ble [ˌɪrɪˈdjuːsəbl] *adj.* □ **1.** nicht zu vereinfachen(d); **2.** nicht reduzierbar, nicht zu vermindern(d): *the* **~ minimum** das äußerste Mindestmaß.

ir·re·fran·gi·ble [ˌɪrɪˈfrændʒəbl] *adj.* **1.** unverletzlich, nicht zu über'treten(d); **2.** *opt.* unbrechbar.

ir·re·fu·ta·ble [ɪˈrefjuˈtəbl] *adj.* □ 'unwider‚legbar, nicht zu wider'legen(d).

ir·re·gard·less [ˌɪrɪˈgɑːdlɪs] *adj. Am.* F **~ of** ohne sich zu kümmern um.

ir·reg·u·lar [ɪˈregjulə] **I** *adj.* □ **1.** unregelmäßig (*a.* ♀, *ling, a. Zähne etc.*), ungleichmäßig, uneinheitlich; **2.** ungeordnet, unordentlich; **3.** ungehörig, ungebührlich; **4.** regel-, vorschriftswidrig; **5.** ungesetzlich, ungültig; **6.** uneben: 'unsyste‚matisch; **7.** ✕ 'irregu‚lär; **II** *s.* **8.** *pl.* Parti'sanen *f,* Freischärler *pl.;* **ir·reg·u·lar·i·ty** [ɪˌregjuˈlærətɪ] *s.* **1.** Unregelmäßigkeit *f* (*a. ling.*), Ungleichmäßigkeit *f;* **2.** Regelwidrigkeit *f;* 🜨 Formfehler *m,* Verfahrensmangel *m;* **3.** Ungehörigkeit *f;* **4.** Unebenheit *f;* **5.** Unordnung *f;* **6.** Vergehen *n,* Verstoß *m;* **7.** *pl.* ✝ *Am.* Ausschußware(n *pl.) f.*

ir·rel·e·vance [ɪˈreləvəns], **ir·rel·e·van·cy** [-sɪ] *s.* 'Irrele‚vanz *f,* Unerheblichkeit *f,* Belanglosigkeit *f,* Unwesentlichkeit *f;* **ir'rel·e·vant** [-nt] *adj.* □ 'irrele‚vant, belanglos, unerheblich (**to** für) (*alle a.* 🜨), nicht zur Sache gehörig.

ir·re·li·gion [ˌɪrɪˈlɪdʒən] *s.* Religi'onslosigkeit *f,* Unglaube *m;* Gottlosigkeit *f;* **ir·re'li·gious** [-dʒəs] *adj.* □ **1.** 'irreligi‚ös, ungläubig, gottlos; **2.** religi'onsfeindlich.

ir·re·me·di·a·ble [ˌɪrɪˈmiːdjəbl] *adj.* □ **1.** unheilbar; **2.** unabänderlich; **3.** → **irreparable.**

ir·re·mis·si·ble [ˌɪrɪˈmɪsəbl] *adj.* **1.** unverzeihlich; **2.** unerläßlich.

ir·re·mov·a·ble [ˌɪrɪˈmuːvəbl] *adj.* □ **1.** nicht zu entfernen(d): unbeweglich (*a. fig.*); **2.** unabsetzbar.

ir·rep·a·ra·ble [ɪˈrepərəbl] *adj.* □ **1.** 'irrepa‚rabel, nicht wieder'gutzumachen(d); **2.** unersetzlich; **3.** unheilbar (*a.* ✴).

ir·re·place·a·ble [ˌɪrɪˈpleɪsəbl] *adj.* unersetzlich, unersetzbar.

ir·re·press·i·ble [ˌɪrɪˈpresəbl] *adj.* □ **1.** unbezähmbar, unbändig; **2.** *Person: a)* nicht 'unterzukriegen(d), unverwüstlich, *b)* tempera'mentvoll.

ir·re·proach·a·ble [ˌɪrɪˈprəutʃəbl] *adj.* □ untadelig, einwandfrei, tadellos.

ir·re·sist·i·bil·i·ty [ˈɪrɪˌzɪstəˈbɪlətɪ] *s.* 'Unwider‚stehlichkeit *f;* **ir·re·sist·i·ble** [ˌɪrɪˈzɪstəbl] *adj.* □ **1.** 'unwider‚stehlich (*a. fig. Charme etc.*); **2.** unaufhaltsam.

ir·res·o·lute [ɪˈrezəluːt] *adj.* □ unentschlossen, schwankend (*a.* ✴); **ir'res·o·lute·ness** [-nɪs], **ir·res·o·lu·tion** [ˈɪˌrezəˈluːʃn] *s.* Unentschlossenheit *f.*

ir·re·spec·tive [ˌɪrɪˈspektɪv] *adj.* □: **~ of** ohne Rücksicht auf (*acc.*), ungeachtet (*gen.*), abgesehen von.

ir·re·spon·si·bil·i·ty [ˈɪrɪˌspɒnsəˈbɪlətɪ] *s.* **1.** Unverantwortlichkeit *f;* **2.** Verantwortungslosigkeit *f;* **ir·re·spon·si·ble** [ˌɪrɪˈspɒnsəbl] *adj.* □ **1.** unverantwortlich (*Handlung*); **2.** verantwortungslos (*Person*); **3.** 🜨 unzurechnungsfähig.

ir·re·spon·sive [ˌɪrɪˈspɒnsɪv] *adj.* **1.** teilnahms-, verständnislos, gleichgültig (**to** gegenüber); **2.** unempfänglich (**to** für); **be ~ to** *a.* nicht reagieren auf (*acc.*).

ir·re·triev·a·ble [ˌɪrɪˈtriːvəbl] *adj.* □ **1.** 'unwieder‚bringlich, unrettbar (verloren): **~ breakdown of marriage** 🜨 unheilbare Zerrüttung der Ehe; **2.** unersetzlich; **3.** nicht wieder'gutzumachen(d); **ir·re'triev·a·bly** [-əblɪ] *adv.:* **~ broken down** 🜨 unheilbar zerrüttet (*Ehe*).

ir·rev·er·ence [ɪˈrevərəns] *s.* **1.** Unehrerbietigkeit *f,* Re'spekt-, Pie'tätlosigkeit *f;* **2.** 'Mißachtung *f;* **ir'rev·er·ent** [-nt] *adj.* □ re'spektlos, ehrfurchtslos, pie'tätlos.

ir·re·vers·i·bil·i·ty [ˈɪrɪˌvɜːsəˈbɪlətɪ] *s.* **1.** Nicht'umkehrbarkeit *f;* **2.** 'Unwider‚ruflichkeit *f;* **ir·re·vers·i·ble** [ˌɪrɪˈvɜːsəbl] *adj.* □ **1.** nicht 'umkehrbar; **2.** ⚙ nur in 'einer Richtung (laufend); **3.** 🜇, ♒, *phys.* irrever'sibel; **4.** 'unwider‚ruflich.

ir·rev·o·ca·bil·i·ty [ɪˌrevəkəˈbɪlətɪ] *s.* 'Unwider‚ruflichkeit *f;* **ir·rev·o·ca·ble** [ɪˈrevəkəbl] *adj.* □ 'unwider‚ruflich (*a.* ✝), endgültig.

ir·ri·ga·ble [ˈɪrɪgəbl] *adj.* ✔ bewässerungsfähig; **ir·ri·gate** [ˈɪrɪgeɪt] *v/t.* **1.** ✔ bewässern, berieseln; **2.** ✴ spülen; **ir·ri·ga·tion** [ˌɪrɪˈgeɪʃn] *s.* **1.** ✔ Bewässerung *f,* Berieselung *f;* **2.** ✴ Spülung *f.*

ir·ri·ta·bil·i·ty [ˌɪrɪtəˈbɪlətɪ] *s.* Reizbarkeit *f* (*a.* ✴); **ir·ri·ta·ble** [ˈɪrɪtəbl] *adj.* □ **1.** reizbar; **2.** gereizt, ✴ *a.* empfindlich.

ir·ri·tant [ˈɪrɪtənt] **I** *adj.* Reiz erzeugend, Reiz...; **II** *s. a)* Reizmittel *n* (*a. fig.*), *b)* ✕ Reiz(kampf)stoff *m.*

ir·ri·tate¹ [ˈɪrɪteɪt] *v/t.* reizen (*a.* ✴), (ver)ärgern, irritieren: **~d at** (*od.* **by** *od.* **with**) ärgerlich über (*acc.*).

ir·ri·tate² [ˈɪrɪteɪt] *v/t. Scot.* 🜨 für nichtig erklären.

ir·ri·tat·ing [ˈɪrɪteɪtɪŋ] *adj.* □ irritierend, aufreizend; ärgerlich, lästig; **ir·ri·ta·tion** [ˌɪrɪˈteɪʃn] *s.* **1.** Reizung *f,* Ärger *m;* **2.** ✴ Reizung *f,* Reizzustand *m.*

ir·rupt [ɪˈrʌpt] *v/i.* eindringen, hereinbrechen; **ir'rup·tion** [-pʃn] *s.* Einbruch *m: a)* Eindringen *n,* (plötzliches) Her'einbrechen, *b)* (feindlicher) Einfall, 'Überfall *m;* **ir'rup·tive** [-tɪv] *adj.* her'einbrechend.

is [ɪz] **3.** *sg. pres. von* **be.**

I·sa·iah [aɪˈzaɪə], *a.* **I·sa·ias** [-əs] *npr. u. s. bibl.* (das Buch) Je'saja *m od.* I'saias *m.*

is·chi·ad·ic [ˌɪskɪˈædɪk] *mst* **is·chi·at·ic** [-ˈætɪk] *adj.* **1.** *anat.* Hüft-, Sitzbein...; **2.** ✴ ischi'atisch.

i·sin·glass [ˈaɪzɪŋglɑːs] *s.* Hausenblase *f,* Fischleim *m.*

Is·lam [ˈɪzlɑːm] *s.* Is'lam *m;* **Is·lam·ic** [ɪzˈlæmɪk] *adj.* is'lamisch; **Is·lam·ize** [ˈɪzləmaɪz] *v/t.* islamisieren.

is·land [ˈaɪlənd] *s.* **1.** Insel *f* (*a. fig. u.*

#); **2.** Verkehrsinsel *f*; **'is·land·er** [-də] *s.* Inselbewohner(in), Insu'laner (-in).

isle [aɪl] *s. poet. u. in npr.* (kleine) Insel, *poet.* Eiland *n*.

ism ['ɪzəm] *s.* Ismus *m* (*bloße Theorie*).

is·n't ['ɪznt] F *für* **is not**.

i·so·bar ['aɪsəʊbɑː] *s.* **1.** *meteor.* Iso'bare *f*; **2.** *phys.* Iso'bar *n*.

i·so·chro·mat·ic [,aɪsəʊkrəʊ'mætɪk] *adj. phys.* isochro'matisch, gleichfarbig.

i·so·late ['aɪsəleɪt] *v/t.* **1.** isolieren, absondern, abschließen (*from* von); **2.** *#, #, ↯, phys.* isolieren; **3.** *fig.* genau bestimmen; **'i·so·lat·ed** [-tɪd] *adj.* **1.** isoliert (*a.* ⊗), (ab)gesondert, al'leinstehend, vereinzelt: **~ case** Einzelfall *m*; **2.** einsam, abgeschieden; **i·so·la·tion** [,aɪsə'leɪʃn] *s. #, ⊗, pol., fig.* Isolierung *f*, Isolati'on *f*: **~ ward** Isolierstation *f*; *in* ~ *fig.* einzeln, für sich (*betrachtet*); **i·so·la·tion·ism** [,aɪsə-'leɪʃnɪzəm] *s. pol.* Isolatio'nismus *m*; **i·so·la·tion·ist** [,aɪsə'leɪʃnɪst] *s. pol.* Isolatio'nist *m*.

i·so·mer ['aɪsəʊmə:] *s.* 🜊 Iso'mer *n*; **i·so·mer·ic** [,aɪsəʊ'merɪk] *adj.* 🜊 iso'mer.

i·so·met·ric [,aɪsəʊ'metrɪk] ↯ I *adj.* iso-'metrisch; II *s. pl. sg. konstr.* Isome'trie *f* (*a. Muskeltraining*).

i·sos·ce·les [aɪ'sɒsɪliːz] *adj.* ↯ gleichschenk(e)lig (*Dreieck*).

i·so·therm ['aɪsəʊθɜːm] *s.* Iso'therme *f*; **i·so·ther·mal** [,aɪsəʊ'θɜːml] *adj.* iso-'thermisch, gleich warm: **~ line** → **isotherm**.

i·so·tope ['aɪsəʊtəʊp] *s.* 🜊, *phys.* Iso-'top *n*.

Is·ra·el ['ɪzreɪəl] *s. bibl.* (das Volk) Israel *n*; **Is·rae·li** [ɪz'reɪlɪ] I *adj.* isra'elisch; II *s.* Isra'eli *m*; **Is·ra·el·ite** ['ɪzrɪəlaɪt] I *s.* Israe'lit(in); II *adj.* israe'litisch, jüdisch.

is·su·a·ble ['ɪʃuːəbl] *adj.* **1.** auszugeben(d); **2.** † emittierbar; **3.** ⚮ zu veröffentlichen(d); **'is·su·ance** [-əns] *s.* (Her)'Ausgabe *f*; Ver-, Erteilung *f*.

is·sue ['ɪʃuː] I *s.* **1.** Ausgabe *f*, Aus-, Erteilung *f*, Erlaß *m* (*Befehl*); **2.** Aus-, Her'ausgabe *f*; **3.** † a) (Ef'fekten-) Emissi,on *f*, (Aktien)Ausgabe *f*, Auflegen *n* (*Anleihe*); Ausstellung *f* (*Dokument*): **date of ~** Ausstellungsdatum *n*, Ausgabetag *m*; **bank of ~** Emissionsbank *f*, b) 'Wertpa,piere *pl.* der'selben Emissi'on; **4.** *bsd.* ⚮ Lieferung *f*, Ausgabe *f*, Zu-, Verteilung *f*; **5.** Ausgabe *f*: a) Veröffentlichung *f*, Auflage *f* (*Buch*), b) Nummer *f* (*Zeitung*); **6.** Streitfall *m*, (Streit)Frage *f*, Pro'blem *n*: *at ~* a) strittig, zur Debatte stehend, b) uneinig; **point at ~** strittige Frage; **evade the ~** ausweichen; **join** *od.* **take ~ with s.o.** sich mit j-m auf e-n Streit *od.* e-e Auseinandersetzung einlassen; **7.** (Kern)Punkt *m*, Fall *m*, Sachverhalt *m*: **~ of fact** (*law*) ⚮ Tatsachen-

(Rechts)frage *f*; **side ~** Nebenpunkt *m*; **the whole ~** F das Ganze; **raise an ~** e-n Fall *od.* Sachverhalt anschneiden; **8.** Ergebnis *n*, Ausgang *m*, (Ab)Schluß *m*: *in the ~* schließlich; **bring to an ~** entscheiden; **force an ~** e-e Entscheidung erzwingen; **9.** Abkömmlinge *pl.*, leibliche Nachkommenschaft: **die without ~** ohne direkte Nachkommen sterben; **10.** *bsd.* ⚮ Ab-, Ausfluß *m*; **11.** Öffnung *f*, Mündung *f*; *fig.* Ausweg *m*; II *v/t.* **12.** *Befehle etc.* ausgeben, erteilen; **13.** † *Banknoten* ausgeben, in 'Umlauf setzen; *Anleihe* auflegen; *Dokumente* ausstellen; **~d capital** effektiv ausgegebenes (Aktien)Kapital; **14.** *Bücher* her'ausgeben, publizieren; **15.** ⚮ a) ausgeben, liefern, ver-, zuteilen, b) ausrüsten, beliefern (*with* mit); III *v/i.* **16.** her'auskommen, -strömen; her'vorbrechen; **17.** (*from*) herrühren (von), entspringen (*dat.*); **18.** her'auskommen, her'ausgegeben werden (*Schriften etc.*); **19.** ergehen, erteilt werden (*Befehl etc.*); **20.** enden (*in* in *dat.*).

is·sue·less ['ɪʃuːlɪs] *adj.* ohne Nachkommen.

is·su·er ['ɪʃuːə] *s.* † **1.** Aussteller(in); **2.** Ausgeber(in).

isth·mus ['ɪsməs] *s.* **1.** *geogr.* Isthmus *m*, Landenge *f*; **2.** *#* Verengung *f*.

it¹ [ɪt] I *pron.* **1.** es (*nom. od. acc.*): *do you believe it?* glaubst du es?; **2.** *auf deutsches s. bezogen* (*nom., dat., acc.*) *m* er, ihm, ihn; *f* sie, ihr, sie; *n* es, ihm, es; *refl.* (*dat., acc.*) sich; **3.** *unpersönliches od. grammatisches Subjekt*: *it rains* es regnet; *what time is it?* wieviel Uhr ist es?; *it is I* (F *me*) ich bin es; *it was my parents* es waren m-e Eltern; **4.** *unbestimmtes Objekt* (*oft unübersetzt*): *foot it* zu Fuß gehen; *I take it that* ich nehme an, daß; **5.** *verstärkend*: *it is for this reason that* gerade aus diesem Grunde ...; **6.** *nach prp.*: *at it* daran; *with it* damit *etc.*; *please see to it that* bitte sorge dafür, daß; II *s.* **7.** F ,das Nonplus'ultra', ,ganz große Klasse': *he thinks he's it*; **8.** F a) das gewisse Etwas, *bsd.* 'Sex-Ap,peal *m*, b) Sex *m*, Geschlechtsverkehr *m*; **9.** F *that's it!* a) das ist es (ja)!, b) das wär's (gewesen)!; F *this is it!* gleich geht's los!

it² [ɪt] *a.* ♎ *abbr. für* **Italian**: *gin and it* Gin mit (italienischem) Wermut.

I·tal·ian [ɪ'tæljən] I *adj.* **1.** itali'enisch: *~ handwriting* lateinische Schreibschrift; II *s.* **2.** Itali'ener(in); **3.** *ling.* Itali'enisch *n*; **I·tal·ian·ate** [-neɪt] *adj.* italianisiert, nach itali'enischer Art; **I·tal·ian·ism** [-nɪzəm] *s.* itali'enische (Sprach-*etc.*)Eigenheit.

i·tal·ic [ɪ'tælɪk] I *adj.* **1.** *typ.* kur'siv; **2.** ♎ *ling.* i'talisch; II *s. pl.* **3.** *typ.* Kur'sivschrift *f*; **i·tal·i·cize** [-saɪz] *typ. v/t.* **1.** in Kur'siv drucken; **2.** durch Kur'sivschrift her'vorheben.

itch [ɪtʃ] I *s.* **1.** Jucken *n*; **2.** *#* Krätze *f*; **3.** *fig.* brennendes Verlangen, Sucht *f* (*for* nach): *I have an ~ to do s.th.* es ,juckt' mich, et. zu tun; II *v/i.* **4.** jukken; **5.** *fig.* (*for*) brennen (auf *acc.*): *I am ~ing to do s.th.* es ,juckt' mich, et. zu tun; *my fingers ~ to do it* es juckt mir (*od.* mich) in den Fingern, es zu tun; **itch·ing** ['ɪtʃɪŋ] I *s.* **1.** → **itch** 1, 3; II *adj.* **2.** juckend; **3.** F a) ,scharf', begierig, *a.* geil, b) ner'vös; **itch·y** ['ɪtʃɪ] *adj.* **1.** juckend; **2.** *#* krätzig; **3.** → **itching** 3.

i·tem ['aɪtəm] I *s.* **1.** Punkt *m* (*der Tagesordnung etc.*); Gegenstand *m*, Stück *n*; Einzelheit *f*, De'tail *n*; † (Buchungs-, Rechnungs)Posten *m*; ('Waren)Ar,tikel *m*; **2.** ('Presse)No,tiz *f*, (kurzer) Ar'tikel; II *adv. obs.* **3.** des'gleichen, ferner; **'i·tem·ize** [-maɪz] *v/t.* (einzeln) aufführen, spezifizieren.

it·er·ate ['ɪtəreɪt] *v/t.* wieder'holen; **it·er·a·tion** [,ɪtə'reɪʃn] *s.* Wieder'holung *f*; **'it·er·a·tive** [-rətɪv] *adj.* (sich) wieder-'holend; *ling.* itera'tiv.

i·tin·er·a·cy [ɪ'tɪnərəsɪ], **i'tin·er·an·cy** [-ənsɪ] *s.* Um'herreisen *n*, -ziehen *n*; **i'tin·er·ant** [-ənt] *adj.* ☐ (beruflich) reisend *od.* um'herziehend, Reise...; Wander...: *~ trade* Wandergewerbe *n*; **i'tin·er·ar·y** [aɪ'tɪnərərɪ] I *s.* **1.** Reiseroute *f*, -plan *m*; **2.** Reisebericht *m*; **3.** Reiseführer *m* (*Buch*); **4.** Straßenkarte *f*; II *adj.* **5.** Reise...; **i·tin·er·ate** [ɪ'tɪnəreɪt] *v/i.* (um'her)reisen.

its [ɪts] *pron.* sein, ihr, dessen, deren: *the house and ~ roof* das Haus u. sein (*od.* dessen) Dach.

it's [ɪts] F *für* a) *it is*, b) *it has*.

it·self [ɪt'self] *pron.* **1.** *refl.* sich: *the dog hides ~*; **2.** sich (selbst): *the kitten wants it for ~*; **3.** *verstärkend*: selbst: *like innocence ~* wie die Unschuld selbst; *by ~* (für sich) allein, von selbst; *in ~* an sich (betrachtet); **4.** al'lein (schon), schon: *the garden ~ measures two acres*.

I've [aɪv] F *für* **I have**.

i·vied ['aɪvɪd] *adj.* 'efeuum,rankt, mit Efeu bewachsen.

i·vo·ry ['aɪvərɪ] I *s.* **1.** Elfenbein *n*; **2.** Stoßzahn *m* (*des Elefanten*); **3.** 'Elfenbeinschnitze,rei *f*; **4.** *pl. sl. a)* obs. ,Beißer' *pl.*, Gebiß *n*, b) (*Spiel*)Würfel *pl.*, c) Billardkugeln *pl.*, d) (Kla'vier)Tasten *pl.*: *tickle the ivories* (auf dem Klavier) klimpern; II *adj.* **5.** elfenbeinern, Elfenbein...; **6.** elfenbeinfarben; **~ nut** *s.* ♀ Steinnuß *f*; **~ tow·er** *s. fig.* Elfenbeinturm *m*: *live in an ~* im Elfenbeinturm sitzen.

i·vy ['aɪvɪ] *s.* ♀ Efeu *m*; ♎ **League** *s.* die acht Eliteuniversitäten im Osten der U.S.A.

iz·zard ['ɪzəd] *s.*: *from A to ~* von A bis Z.

J

J, j [dʒeɪ] *s.* J *n*, j *n*, Jot *n* (*Buchstabe*).

jab [dʒæb] **I** *v/t.* **1.** (hin'ein)stechen, (-)stoßen; **II** *s.* **2.** Stich *m*, Stoß *m*; **3.** *Boxen:* Jab *m*, (kurze) Gerade; **4.** ✶ F Spritze *f*.

jab·ber ['dʒæbə] **I** *v/t. u. v/i.* **1.** schnattern, quasseln, schwatzen; **2.** nuscheln, undeutlich sprechen; **II** *s.* **3.** Geplapper *n*, Geschnatter *n*.

jack [dʒæk] **I** *s.* **1.** Mann *m*, Bursche *m*: *every man* ~ F jeder einzelne, alle (ohne Ausnahme); **2.** *Kartenspiel:* Bube *m*; **3.** ⊙ Hebevorrichtung *f*, Winde *f*: *car* ~ Wagenheber *m*; **4.** *Brit. Bowls-Spiel:* Zielkugel *f*; **5.** *zo.* a) Männchen *n* einiger *Tiere*, b) → **jackass** 1; **6.** ⚓ Gösch *f*, Bugflagge *f*; **7.** ⚷ a) Klinke *f*, b) Steckdose *f*; **8.** *Am. sl.* ‚Zaster' *m* (*Geld*); **II** *v/t.* **9.** *mst* ~ *up* hochheben, -winden; *Auto* aufbocken; *fig.* F *Preise* hochtreiben; **10.** ~ *in* F *et.* ‚aufstecken', ‚hinschmeißen'; **III** *v/i.* **11.** ~ *off Am.* V ‚wichsen'.

jack·al ['dʒækɔːl] *s.* **1.** *zo.* Scha'kal *m*; **2.** *contp.* Handlanger *m*.

jack·a·napes ['dʒækəneɪps] *s.* **1.** Geck *m*, Laffe *m*; **2.** Frechdachs *m*, (kleiner) Schlingel.

jack·ass ['dʒækæs] *s.* **1.** (männlicher) Esel *m*; **2.** *fig. contp.* ‚Esel' *m*.

'jack·boot *s.* Schaftstiefel *m*; **'~·daw** *s. orn.* Dohle *f*.

jack·et ['dʒækɪt] **I** *s.* **1.** Jacke *f*, Jac'kett *n*; → *dust* 8; **2.** ⊙ Mantel *m*, Um'mantelung *f*, Hülle *f*, Um'wicklung *f*; **3.** ⚔ (Geschoß-, *a.* Rohr)Mantel *m*; **4.** Buchhülle *f*, 'Schutz₁umschlag *m*; *Am. a.* (Schallplatten)Hülle *f*; **5.** Haut *f*, Schale *f*: *potatoes* (*boiled*) *in their* ~*s*, *a.* ~ *potatoes* Pellkartoffeln; **II** *v/t.* **6.** ⊙ um'manteln, verkleiden, verschalen; ~ **crown** *s.* ✶ Jacketkrone *f*.

Jack| Frost *s.* Väterchen *n* Frost; **'♀₁ham·mer** *s.* Preßlufthammer *m*; **'♀-in₁of·fice** wichtigtuerischer Beamter; **'♀-in-the-box** *pl.* **'♀-in-the-₁box·es** *s.* Schachtelmännchen *n* (*Kinderspielzeug*): *like a* ~ *fig.* wie ein Hampelmann; ~ **Ketch** [ketʃ] *s. Brit. obs.* der Henker; **'♀-knife** *s.* [*irr.*] **1.** Klappmesser *n*; **2.** *a.* ~ *dive sport* Hechtbeuge *f* (*Kopfsprung*); **II** *v/t.* **3.** *a. v/i.* wie ein Taschenmesser zs.-klappen; **III** *v/i.* **4.** *sport* hechten; **5.** *mot.* sich querstellen (*Anhänger e-s Lastzugs*); **'♀-of-'all-trades** *s.* Aller'weltskerl *m*, Hans-'dampf *m* in allen Gassen; Fak'totum *n*; **'♀-o'-'lan·tern** *pl.* **'♀-o'-'lan·terns** [₁dʒækəʊ-] **1.** Irrlicht *n* (*a. fig.*); **2.** 'Kürbis₁la₁terne *f*; ♀ **plane** *s.* ⊙ Schrupphobel *m*; **'♀-pot** *s.* *Poker, Glücksspiel:* Jackpot *m*, *weitS. u. fig.*

Haupttreffer *m*, *das* große Los, *fig. a.* ‚Schlager', Bombenerfolg *m*: *hit the* ~ F *fig.* a) den Jackpot gewinnen, b) den Haupttreffer machen, c) großen Erfolg haben, den Vogel abschießen, d) ‚schwer absahnen'; ~ **Ro·bin·son** *s.:* *before you could say* ~ F im Nu, im Handumdrehen; **'♀·straw** *s.* Mi'kadostäbchen *n*, b) *pl.* Mi'kadospiel *n*; ♀ **tar** *s.* ⚓ F Ma'trose *m*; **'♀·₁tow·el** *s.* Rollhandtuch *n*.

Jac·o·be·an [₁dʒækəʊ'biːən] *adj.* aus der Zeit Jakobs I.: ~ *furniture*.

Jac·o·bin ['dʒækəʊbɪn] *s.* **1.** *hist.* Jako'biner *m*, *fig. pol. a.* radi'kaler 'Umstürzler, Revolutio'när *m*; **2.** *orn.* Jako'binertaube *f*; **'Jac·o·bite** [-baɪt] *s. hist.* Jako'bit *m*.

Ja·cob's lad·der ['dʒeɪkəbz] *s.* **1.** *bibl.*, *a.* ♀ Jakobs-, Himmelsleiter *f*; **2.** ⚓ Lotsentreppe *f*.

Ja·cuz·zi [dʒə'kuːzi] *s. Warenzeichen:* Whirlpool *m* (*Unterwassermassagebecken*).

jade¹ [dʒeɪd] *s.* **1.** *min.* Jade *m*; **2.** Jadegrün *n*.

jade² [dʒeɪd] *s.* **1.** Schindmähre *f*, Klepper *m*; **2.** Weibsstück *n*; **'jad·ed** [-dɪd] *adj.* **1.** erschöpft, abgespannt; **2.** über'sättigt, abgestumpft; **3.** schal (geworden): ~ *pleasures*.

jag [dʒæɡ] **I** *s.* **1.** Zacke *f*, Kerbe *f*; Zahn *m*; Auszackung *f*; Schlitz *m*, Riß *m*; **2.** *sl.* a) Schwips *m*, Rausch *m*: *have a* ~ *on* ‚e-n in der Krone haben', b) Sauftour *f*, Saufe'rei *f*, c) *bsd. fig.* Orgie *f*: *go on a* ~ ‚einen draufmachen'; *crying* ~ ‚heulendes Elend'; **3.** *et.* auszakken, einkerben; **4.** zackig schneiden *od.* reißen; **'jag·ged** [-ɡɪd] *adj.* □ **1.** zackig; schartig; **2.** schroff, zerklüftet; **3.** rauh, grob (*a. fig.*); **4.** *Am. sl.* ‚blau', besoffen.

jag·uar ['dʒæɡjʊə] *s. zo.* Jaguar *m*.

Jah [dʒɑː], **Jah·ve(h)** ['jɑːveɪ] *s.* Je'hova *m*.

jail [dʒeɪl] **I** *s.* **1.** Gefängnis *n*, Strafanstalt *f*; **2.** Gefängnis(haft *f*) *n*; **II** *v/t.* **3.** ins Gefängnis werfen, einsperren, inhaftieren; **'~·bird** *s.* F ‚Zuchthäusler' *m*, *engS.* ‚Knastbruder' *m*; **'~·break** *s.* Ausbruch *m* (aus dem Gefängnis); **'~·break·er** *s.* Ausbrecher *m*.

jail·er ['dʒeɪlə] *s.* (Gefängnis)Aufseher *m*, (-)Wärter *m*, *obs. u. fig.* Kerkermeister *m*.

jake [dʒeɪk] *Am.* F **I** *s.* **1.** Bauernlackel *m*, *weitS.* ‚Knülch' *m*; **2.** ‚Pinke' *f* (*Geld*); **II** *adj.* **3.** ‚bestens', in Ordnung: *everything's* ~.

ja·lop·(p)y [dʒə'lɒpɪ] *s.* F ‚alte Kiste' (*Auto, Flugzeug*).

jal·ou·sie ['ʒæluːziː] *s.* Jalou'sie *f*.

jam¹ [dʒæm] **I** *v/t.* **1.** *a.* ~ *in* a) (hin'ein)zwängen, -stopfen, -quetschen, *Menschen a.* (-)pferchen, b) einklemmen, -keilen; **2.** (zs.-, zer)quetschen; *Finger etc.* einklemmen, sich *et.* quetschen; **3.** *et.* pressen, (heftig) drücken, *Knie etc.* rammen (*into* in *acc.*): ~ (*one's foot*) *on the brakes* heftig auf die Bremse treten; **4.** verstopfen, -sperren, blockieren: *a road* ~*med with cars*, ~*med with people* von Menschen verstopft, gedrängt voll; **5.** ⊙ verklemmen, blockieren; **6.** *Funk:* (*durch Störsender*) stören; **II** *v/i.* **7.** eingeklemmt sein, festsitzen; **8.** *a.* ~ *in* sich (hin'ein)quetschen, (-)zwängen, (-)drängen; **9.** ⊙ (sich ver)klemmen; ⚔ Ladehemmung haben; **10.** *Jazz:* (frei) improvisieren; **III** *v/i.* **11.** Gedränge *n*, Gewühl *n*; **12.** Verstopfung *f*, Stauung *f*; (*Verkehrs*)Stockung *f*, (-)Stau *m*: *traffic* ~; **13.** ⊙ Blockierung *f*, Klemmen *n*; ⚔ Ladehemmung *f*; **14.** F ‚Klemme' *f*: *be in a* ~ in der Klemme *od.* Patsche sitzen; *get s.o. out of a* ~ j-m aus der Klemme *od.* Patsche helfen.

jam² [dʒæm] *s.* **1.** Marme'lade *f*: ~ *jar* Marmeladeglas *n*; **2.** *Brit.* F ‚schicke Sache': *money for* ~ leichtverdientes Geld; ~ *tomorrow iro.* schöne Versprechungen *od.* Aussichten; *that's* ~ *for him* das ist ein Kinderspiel für ihn.

Ja·mai·can [dʒə'meɪkən] **I** *adj.* jamai'kanisch; **II** *s.* Jamai'kaner(in); **Ja·mai·ca rum** [dʒə'meɪkə] *s.* Ja'maika-Rum *m*.

jamb [dʒæm] *s.* (Tür-, Fenster)Pfosten *m*.

jam·bo·ree [₁dʒæmbə'riː] *s.* **1.** Pfadfindertreffen *n*; **2.** F ‚rauschendes Fest', ‚tolle Party'.

jam·mer ['dʒæmə] *s.* *Radio:* Störsender *m*; **'jam·ming** [-mɪŋ] *s.* **1.** ⊙ Klemmung *f*; Hemmung *f*; **2.** *Radio:* Störung *f*: ~ *station* Störsender *m*; **'jam·my** [-mɪ] *adj. Brit. sl.* **1.** prima, ‚Klasse'; **2.** glücklich, Glücks...: ~ *fellow* Glückspilz *m*.

jam·'packed *adj.* F vollgestopft, *Bus etc.* ‚knallvoll'; ~ *roll s.* Bis'kuitrolle *f*; ~ **ses·sion** *s.* Jam Session *f* (*Jazzimprovisation*).

Jane [dʒeɪn] **I** *npr.* Johanna *f*; **II** *s. a.* ♀ *sl.* ‚Weib' *n*.

jan·gle ['dʒæŋɡl] **I** *v/i.* **1.** a) klirren, klimpern, b) bimmeln (*Glocken*); **2.** schimpfen; **II** *v/t.* **3.** a) klirren *od.* klimpern mit, b) bimmeln lassen; **4.** ~ *s.o.'s nerves* j-m auf die Nerven gehen; **III** *s.* **5.** a) Klirren *n*, Klimpern *n*, b) Bimmeln n; **6.** Gekreisch n, laute Streite'rei.

jan·i·tor ['dʒænɪtə] s. **1.** Pförtner m; **2.** bsd. Am. Hausmeister m.

Jan·u·ar·y ['dʒænjʊərɪ] s. Januar m: in ~ im Januar.

Ja·nus ['dʒeɪnəs] s. myth. Janus m; '~faced adj. janusköpfig.

Jap [dʒæp] F contp. I s. „Japs' m (Japaner); II adj. ja'panisch.

ja·pan [dʒə'pæn] I s. **1.** Japanlack m; **2.** lackierte Arbeit (in japanischer Art); II v/t. **3.** mit Japanlack über'ziehen, lakkieren.

Jap·a·nese [,dʒæpə'niːz] I adj. **1.** ja'panisch; II s. **2.** Ja'paner(in); **3.** the ~ pl. die Japaner; **4.** ling. Ja'panisch n, das Ja'panische.

jar¹ [dʒɑː] s. **1.** a) (irdenes od. gläsernes) Gefäß, Topf m (ohne Henkel), b) (Einmach)Glas n; **2.** Brit. F „Bierchen' n.

jar² [dʒɑː] I v/i. **1.** kreischen, quietschen, kratzen (Metall etc.), durch Mark u. Bein gehen; **2.** ♪ dissonieren; **3.** (on, upon) das Ohr, ein Gefühl beleidigen, verletzen, weh tun (dat.): ~ on the ear, ~ on the nerves auf die Nerven gehen; **4.** sich „beißen', nicht harmonieren (Farben etc.); **5.** fig. sich nicht vertragen (Ideen etc.), im 'Widerspruch stehen (with zu), sich wider'sprechen: ~ring opinions widerstreitende Meinungen; **6.** schwirren, vibrieren; II v/t. **7.** kreischen od. quietschen lassen, ein unangenehmes Geräusch erzeugen mit; **8.** a) erschüttern, e-n Stoß versetzen (dat.), b) 'durchrütteln, c) sich das Knie etc. anstoßen od. stauchen; **9.** fig. a) erschüttern, e-n Schock versetzen (dat.), b) → **3**; III s. **10.** Kreischen n, Quietschen n, unangenehmes Geräusch; **11.** Ruck m, Stoß m, Erschütterung f (a. fig.); fig. Schock m, Schlag m; **12.** ♪ u. fig. 'Mißton m; **13.** fig. 'Widerstreit m.

jar·di·nière [,ʒɑːdɪ'njeə] (Fr.) s. **1.** Jardini'ere f: a) Blumenständer m, b) Blumenmenschale f; **2.** Küche: a) Gar'nierung f, b) (Fleisch)Gericht n à la jardinière.

jar·gon ['dʒɑːgən] s. allg. Jar'gon m: a) Kauderwelsch n, b) Fach-, Berufssprache f, c) Mischsprache f, d) ungepflegte Ausdrucksweise.

jar·ring ['dʒɑːrɪŋ] adj. □ **1.** 'mißtönend, kreischend, schrill, unangenehm, „nervtötend': a ~ note ein Mißton od. -klang (a. fig.); **2.** nicht harmonierend, Farben: a. sich beißend; → a. **jar²** 5.

jas·min(e) ['dʒæsmɪn] s. ♥ Jas'min m.

jas·per ['dʒæspə] s. min. Jaspis m.

jaun·dice ['dʒɔːndɪs] s. **1.** ♣ Gelbsucht f; **2.** fig. a) Neid m, Eifersucht f, b) Feindseligkeit f; **'jaun·diced** [-st] adj. **1.** ♣ gelbsüchtig; **2.** fig. voreingenommen, neidisch, eifersüchtig, scheel.

jaunt [dʒɔːnt] I s. Ausflug m, Spritztour f: go for (od. on) a ~ → II v/i. e-e Spritztour od. e-n Ausflug machen; **'jaun·ti·ness** [-tɪnɪs] s. Flottheit f, „Feschheit' f: a) Munterkeit f, „Spritzigkeit' f, Schwung m, b) flotte Ele'ganz; **'jaunt·ing-car** [-tɪŋ] s. leichter, zweirädriger Wagen; **'jaun·ty** [-tɪ] adj. □ fesch, flott: a) munter, „spritzig', b) keck, ele'gant: with one's hat at a ~ angle den Hut keck über dem Ohr.

Ja·va ['dʒɑːvə] s. Am. F Kaffee m; **Ja**

va·nese [,dʒɑːvə'niːz] I adj. **1.** ja'vanisch; II s. **2.** Ja'vaner(in): the ~ die Javaner; **3.** ling. Ja'vanisch n, das Ja'vanische.

jave·lin ['dʒævlɪn] s. **1.** a. sport Speer m; **2.** the ~ → throw(·ing) s. sport Speerwerfen n; ~ throw·er s. Speerwerfer(in).

jaw [dʒɔː] I s. **1.** anat., zo. Kiefer m, Kinnbacken m, -lade f: lower ~ Unterkiefer; upper ~ Oberkiefer; **2.** mst pl. Mund m, Maul n: hold your ~!, none of your ~! F halt's Maul!; **3.** mst pl. Schlund m, Rachen m (a. fig.): ~s of death der Rachen des Todes; **4.** ⊕ (Klemm)Backe f, Backen m; Klaue f: ~ clutch Klauenkupplung f; **5.** sl. a) (freches) Geschwätz, Frechheit f, b) Schwatz m, „Tratsch' m, c) Mo'ralpredigt f; II v/i. **6.** sl. a) „quatschen', „tratschen', b) schimpfen; III v/t. **7.** ~ out sl. j-n „anschnauzen'; '~bone s. **1.** anat., zo. Kiefer(knochen) m, Kinnlade f; **2.** Am. sl. (on-~auf) Kre'dit m; '~break·er s. F Zungenbrecher m (Wort); '~break·ing adj. F zungenbrecherisch; ~ chuck s. ⊕ Backenfutter n.

jay [dʒeɪ] s. **1.** orn. Eichelhäher m; **2.** fig. „Trottel' m; '~walk v/i. verkehrswidrig über die Straße gehen; '~walk·er s. unachtsamer Fußgänger.

jazz [dʒæz] I s. **1.** 'Jazz(mu,sik f) m: ~ band Jazzkapelle f; **2.** sl. a) „Gequatsche' n, „blödes Zeug', b) „Quatsch' m, „Krampf' m: and all that ~ und all der Mist; II v/t. **3.** mst ~ up F a) verjazzen, b) fig. et. „aufmöbeln'; III v/i. **4.** jazzen; **5.** Am. sl. „vögeln'; **'jazz·er** [-zə] s. F Jazzmusiker m; **'jazz·y** [-zɪ] adj. F **1.** Jazz...; **2.** fig. a) „knallig', b) „toll', todschick.

jeal·ous ['dʒeləs] adj. □ **1.** eifersüchtig (of auf acc.): a ~ wife; **2.** (of) neidisch (auf acc.), 'mißgünstig (gegen): she is ~ of his fortune sie beneidet ihn um od. mißgönnt ihm s-n Reichtum; **3.** 'mißtrauisch (of gegen); **4.** (of) besorgt (um), bedacht (auf acc.); **5.** bibl. eifernd (Gott); **'jeal·ous·y** [-sɪ] s. **1.** Eifersucht f (of auf acc.); pl. Eifersüchte'leien; **2.** (of) Neid m (auf acc.), 'Mißgunst f (gegen); **3.** Achtsamkeit f (of auf acc.).

jean s. **1.** [dʒeɪn] Art Baumwollköper m; **2.** pl. [dʒiːnz] Jeans pl.

jeep [dʒiːp] (Fabrikmarke) s. Jeep m: a) ⚔ Art Kübelwagen m, b) kleines geländegängiges Mehrzweckfahrzeug.

jeer [dʒɪə] I v/i. spotten, höhnen (at über acc.); II s. Hohn m, Stiche'lei f; **'jeer·ing** [-ɪərɪŋ] I s. Verhöhnung f; II adj. □ höhnisch.

Je·ho·vah [dʒɪ'həʊvə] s. bibl. Je'hovah m; ~'s Wit·ness·es s. pl. Zeugen pl. Jehovas.

je·june [dʒɪ'dʒuːn] adj. □ **1.** mager, ohne Nährwert: ~ food; **2.** trocken: a) dürr (Boden), b) fig. fade, nüchtern; **3.** fig. simpel, na'iv.

jell [dʒel] Am. F I s. **1.** → jelly 1-3; II v/i. **2.** → jelly II; **3.** fig. sich (her'aus-) kristallisieren, Gestalt annehmen; **4.** „zum Klappen kommen' (Geschäft etc.).

jel·lied ['dʒelɪd] adj. **1.** gallertartig, eingedickt; **2.** in Ge'lee od. As'pik: ~ eel.

jel·ly ['dʒelɪ] I s. **1.** Gallert(e f) n, Gal'lerte f,

Küche: a. Ge'lee n, Sülze f, As'pik n; **2.** a) Ge'lee n (Marmelade), b) Götterspeise f, „Wackelpeter' m, c) (rote etc.) Grütze (Süßspeise); **3.** gallertartige od. „schwabbelige' Masse, Brei m: beat s.o. into a ~ F j-n „zu Brei schlagen'; **4.** Brit. sl. Dyna'mit n; II v/t. **5.** zum Gelieren od. Erstarren bringen, eindikken; **6.** Küche: in Sülze od. As'pik od. Ge'lee (ein)legen; III v/i. **7.** gelieren, Ge'lee bilden; **8.** erstarren; ~ ba·by s. Gummibärchen n; '~bean s. 'Weingummi(bon,bon) n; '~fish s. **1.** Qualle f; **2.** fig. „Waschlappen' m.

jel·lo ['dʒeləʊ] s. Am. → jelly 2.

jem·my ['dʒemɪ] I s. Brecheisen n; II v/t. mit dem Brecheisen öffnen, aufstemmen.

jen·ny ['dʒenɪ] s. **1.** → spinning-jenny; **2.** ⊕ Laufkran m; **3.** zo. Weibchen n; ~ ass s. Eselin f; ~ wren s. orn. (weiblicher) Zaunkönig.

jeop·ard·ize ['dʒepədaɪz] v/t. gefährden, aufs Spiel setzen; **'jeop·ard·y** [-dɪ] s. Gefahr f, Gefährdung f, Risiko n: put in → jeopardize; no one shall be put twice in ~ for the same offence ᵗᵗ niemand darf wegen derselben Straftat zweimal vor Gericht gestellt werden.

jer·e·mi·ad [,dʒerɪ'maɪəd] s. Jeremi'ade f, Klagelied n; **Jer·e·mi·ah** [,dʒerɪ'maɪə] npr. u. s. **1.** bibl. (das Buch) Jere'mia(s) m; **2.** fig. 'Unglückspro,phet m, Schwarzseher m; **Jer·e·mi·as** [-əs] → **Jeremiah** 1.

jerk¹ [dʒɜːk] I s. **1.** a) Ruck m, plötzlicher Stoß od. Schlag od. Zug, b) Satz m, Sprung m, Auffahren n: by a ~ ruck-, sprung-, stoßweise; with a ~ plötzlich, mit e-m Ruck; give s.th. a ~ → **5**; put a ~ in it sl. tüchtig rangehen; **2.** ⚕ Zuckung f, Zucken n, (bsd. 'Knie-) Re,flex m; **3.** pl. Brit. mst physical ~s sl. Freiübungen; Gym'nastik f; **4.** Am. sl. a) „Blödmann' m, „Knülch' m, b) → soda jerker; II v/t. **5.** schnellen; ruckweise od. ruckartig od. plötzlich ziehen od. reißen od. stoßen etc.: ~ o.s. free sich losreißen; III v/i. **6.** (zs.-)zucken; **7.** (hoch- etc.)schnellen; **8.** sich ruckweise bewegen: ~ to a stop ruckartig anhalten; **9.** ~ off sl. „sich ,wichsen'.

jerk² [dʒɜːk] v/t. Fleisch in Streifen schneiden u. dörren.

jer·kin ['dʒɜːkɪn] s. **1.** ärmellose Jacke; **2.** hist. (Leder)Wams m.

'jerk,wa·ter Am. F I s. **1.** a. ~ town kleines „Kaff'; **2.** a. ~ train Bummelzug m; II adj. **3.** unbedeutend, armselig.

jerk·y ['dʒɜːkɪ] adj. □ **1.** ruckartig, stoß-, ruckweise; krampfhaft; **2.** Am. F „blöd'.

jer·o·bo·am [,dʒerə'bəʊəm] s. Brit. Riesenweinflasche f.

jer·ry ['dʒerɪ] s. Brit. F **1.** Nachttopf m; **2.** ⚔ a) Deutsche(r) m, deutscher Sol'dat b) die Deutschen pl.; '~build·er s. F Bauschwindler m; '~built adj. F unsolide gebaut: ~ house „Bruchbude' f; ~ can s. Brit. F Ben'zinka,nister m.

jer·sey ['dʒɜːzɪ] s. **1.** a) wollene Strickjacke, b) 'Unterjacke f; **2.** Jersey m (Stoffart); **3.** ♀ zo. Jerseyrind n.

jes·sa·mine ['dʒesəmɪn] → jasmin(e).

jest [dʒest] I s. **1.** Scherz m, Spaß m, Witz m: in ~ im Spaß; make a ~ of witzeln über (*acc.*); **2.** Zielscheibe *f* des Witzes *od.* Spotts: *standing* ~ Zielscheibe ständigen Gelächters; **II** *v/i.* **3.** scherzen, spaßen, ulken; **'jest·er** [-tə] *s.* **1.** Spaßmacher *m*, -vogel *m*; **2.** *hist.* (Hof)Narr *m*; **'jest·ing** [-tɪŋ] *adj.* □ scherzend, spaßhaft: *no* ~ *matter* nicht zum Spaßen; **'jest·ing·ly** [-tɪŋlɪ] *adv.* im *od.* zum Spaß.

Jes·u·it ['dʒezjʊɪt] *s. eccl.* Jesu'it *m*; **Jes-u·it·i·cal** [ˌdʒezjʊ'ɪtɪkl] *adj.* □ *eccl.* jesu'itisch, Jesuiten...; **'Jes·u·it·ry** [-rɪ] *s.* a) Jesui'tismus *m*, b) *contp.* Spitzfindigkeit *f*.

jet¹ [dʒet] **I** *s. min.* Ga'gat *m*, Pechkohle *f*, Jett *m*, *n*; **II** *adj. a.* ~**-black** tiefpech-, kohlschwarz.

jet² [dʒet] **I** *s.* **1.** (*Feuer-, Wasser-* etc.) Strahl *m*, Strom *m*: ~ *of flame* Stichflamme *f*; **2.** ⚙ Strahlrohr *n*, Düse *f*; **3.** → a) *jet engine*, b) *jet plane*; **II** *v/t.* **4.** ausspritzen, -strahlen, her'vorstoßen; **III** *v/i.* **5.** her'vorschießen, ausströmen; **6.** mit Düsenflugzeug reisen, 'jetten'; ~ **age** ✈ Düsenzeitalter *n*; ~ **bomb·er** ✈ Düsenbomber *m*; ~ **en·gine** ⚙ Düsen-, Strahltriebwerk *n*; ~ **fight·er** *s.* ✈ Düsenjäger *m*; ~ **lag** *s.* (physische) Prob'leme *pl.* durch die Zeitumstellung (*nach langen Flugreisen*); ~ **lin·er** *s.* ✈ Düsenverkehrsflugzeug *n*; ~ **plane** *s.* ✈ Düsenflugzeug *n*, F ,Düse' *f*, Jet *m*; ~**-pro'pelled**, *abbr.* ~**-'prop** *adj.* ✈ mit Düsenantrieb; ~ **pro·pul·sion** *s.* ⚙, ✈ Düsen-, Rückstoß-, Strahlantrieb *m*.

jet·sam ['dʒetsəm] *s.* ⚓ **1.** Seewurfgut *n*, über Bord geworfene Ladung; **2.** Strandgut *n*; → *flotsam*.

jet|set *s.* Jet-set *m*; **'~-,set·ter** *s.* Angehörige(r *m*) *f* des Jet-set.

jet·ti·son ['dʒetɪsn] **I** *s.* **1.** ⚓ Über'bordwerfen *n von Ladung*, Seewurf *m*; **2.** ✈ Notwurf *m*; **II** *v/t.* **3.** ⚓ über Bord werfen; **4.** ✈ im Notwurf abwerfen; **5.** *fig.* Pläne etc. über Bord werfen; *alte Kleider etc.* wegwerfen, *Personen* fallenlassen; **6.** *Raketenstufe* absprengen; **'jet·ti·son·a·ble** [-nəbl] *adj.* ✈ abwerfbar, Abwurf...(*-behälter etc.*): ~ *seat* Schleudersitz *m*.

jet·ton ['dʒetn] *s.* Je'ton *m*.

jet tur·bine *s.* 'Strahltur,bine *f*.

jot·ty ['dʒetɪ] *s.* ⚓ **1.** Landungsbrücke *f*, -steg *m*; **2.** Hafendamm *m*, Mole *f*; **3.** Strömungsbrecher *m* (*Brücke*).

Jew [dʒu:] *s.* Jude *m*, Jüdin *f*; **'~-,bait·er** *s.* Judenhetzer *m*; **'~-,bait·ing** *s.* Judenverfolgung *f*, -hetze *f*.

jew·el ['dʒu:əl] **I** *s.* **1.** Ju'wel *n*, Edelstein *m*, *weitS.* Schmuckstück *n*: ~ *box*, ~ *case* Schmuckkästchen *f*; **2.** *fig.* Ju'wel *n*, Perle *f*; **3.** Stein *m* (*e-r Uhr*); **II** *v/t.* **4.** mit Ju'welen schmücken *od.* versehen, mit Edelsteinen besetzen; **5.** *Uhr* mit Steinen versehen; **'jew·el·(l)er** [-lə] *s.* Juwe'lier *m*; **'jew·el·ler·y**, *bsd. Am.* **'jew·el·ry** [-lrɪ] *s.* 1. Ju'welen *pl.*; **2.** Schmuck(sachen *pl.*) *m*.

Jew·ess ['dʒu:ɪs] *s.* Jüdin *f*; **'Jew·ish** [-ɪʃ] *adj.* □ jüdisch, Juden...; **Jew·ry** ['dʒʊərɪ] *s.* **1.** die Juden *pl.*, (*world* ~) das (Welt)Judentum; **2.** *hist.* Judenviertel *n*, G(h)etto *n*.

,Jew's|-'harp *s.* ♪ Judasohr *n*; **,~-'harp** *s.* ♪ Maultrommel *f*.

jib¹ [dʒɪb] *s.* **1.** ⚓ Klüver *m*: ~ *boom*

Klüverbaum *m*; *the cut of his* ~ F s-e äußere Erscheinung *od.* sein Auftreten; **2.** ⚙ Ausleger *m* (*e-s Krans*).

jib² [dʒɪb] *v/i.* **1.** scheuen, bocken (*at* vor *dat.*) (*Pferd*); **2.** *Brit. fig.* (*at*) a) scheuen, zu'rückweichen (vor *dat.*), b) sich sträuben (gegen), c) störrisch *od.* bokkig sein.

jibe¹ [dʒaɪb] *Am.* → *gybe*.

jibe² [dʒaɪb] → *gibe*.

jibe³ [dʒaɪb] *v/i. Am.* F über'einstimmen, sich entsprechen.

jif·fy ['dʒɪfɪ], *a.* **jiff** [dʒɪf] *s.* F Augenblick *m*: *in a* ~ im Nu; *wait a* ~*!* (einen) Moment!

jig¹ [dʒɪg] **I** *s.* **1.** ⚙ Spann-, Bohrvorrichtung *f*; **2.** ⚒ a) Kohlenwippe *f*, b) 'Setzma,schine *f*; **II** *v/t.* **3.** mit e-r Einstellvorrichtung *od.* Schab'lone herstellen. **4.** ⚒ *Erze* setzen, scheiden.

jig² [dʒɪg] **I** *s.* **1.** ♪ Gigue *f* (*a. Tanz*); **2.** *Am. sl.* ,Schwof' *m*, Tanzparty *f*: *the* ~ *is up fig.* das Spiel ist aus; **3.** *fig.* Freudentanz *m*; **II** *v/t.* **4.** schütteln; **III** *v/i.* **5.** e-e Gigue tanzen; **6.** hopsen, tanzen.

jig·ger ['dʒɪgə] *s.* **1.** Giguetänzer *m*; ⚓ a) Be'san(mast) *m*, b) Handtalje *f*; **3.** *Golf:* Jigger *m* (*Schläger, mst Nr. 4*); **4.** a) Schnapsglas *n*, b) ,Schnäps-chen' *n*; **5.** *Am.* F Dings(bums) *n*, Appa'rat *m*; **6.** *a.* ~ *flea* Sandfloh *m*; **jig·gered** ['dʒɪgəd] *adj.*: *well, I'm* ~ (*if*) hol mich der Teufel (, wenn).

jig·ger·y-pok·er·y [ˌdʒɪgərɪ'pəʊkərɪ] *s. Brit.* F fauler Zauber, ,Schmu' *m*.

jig·gle ['dʒɪgl] **I** *v/t.* (leicht) rütteln; **II** *v/i.* wippen, hüpfen, wackeln.

'jig·saw *s.* ⚙ **1.** Laubsäge *f*; **2.** 'Schweifsäge(ma,schine) *f*; **3.** → ~ *puz·zle* *s.* Puzzle(spiel) *n*.

Jill [dʒɪl] → *Gill⁴*.

jilt [dʒɪlt] *v/t.* a) *e-m Liebhaber* den Laufpaß geben, b) *ein Mädchen* sitzenlassen.

Jim Crow [ˌdʒɪm'krəʊ] *s. Am.* F **1.** *contp.* ,Nigger' *m*; **2.** 'Rassendiskrimi,nierung *f*: ~ *car* 🚃 Wagen *m* für Farbige.

jim-jams ['dʒɪmdʒæmz] *s. pl. sl.* **1.** De-'lirium *n* tremens; **2.** a) Nervenflattern *n*, b) Gänsehaut *f*.

jim·my ['dʒɪmɪ] → *jemmy*.

jin·gle ['dʒɪŋgl] **I** *v/i.* **1.** klimpern, klirren, klingeln; **II** *v/t.* **2.** klingeln lassen, klimpern (mit), bimmeln (mit); **III** *s.* **3.** Geklingel *n*, Klimpern *n*; **4.** (eingängiges) Liedchen *od.* Vers-chen, *a.* Werbesong *m od.* -spruch *m*.

jin·go ['dʒɪŋgəʊ] **I** *pl.* **-goes** *s.* **1.** *pol.* Chauvi'nist(in); **2.** → *jingoism*; **II** *int.* **3.** *by* ~*!* beim Zeus!; **'jin·go·ism** [-əʊɪzəm] *s. pol.* Chauvi'nismus *m*, Hur'rapatrio,tismus *m*; **jin·go·is·tic** [ˌdʒɪŋgəʊ'ɪstɪk] *adj.* chauvi'nistisch.

jink [dʒɪŋk] **I** *s.* **1.** 'Ausweichma,növer *n*; **2.** *high* ~*s* ,Highlife' *n*, ,tolle Party'; **II** *v/i. u. v/t.* geschickt ausweichen.

jin·rik·i·sha, *a.* **jin·rick·sha** [dʒɪn'rɪkʃə] *s.* Riksha *f*.

jinn [dʒɪn] *pl. von* **jin·nee** [dʒɪ'ni:] *s.* Dschinn *m* (*islamischer Geist*).

jinx [dʒɪŋks] *Am.* **I** *s.* **1.** Unheilbringer *m*; *weitS.* Unglück *n*, Pech *n* (*for* für): *there is a* ~ *on it!* das ist wie verhext!; *put a* ~ *on* → 3b; **2.** Unheil *n*; **II** *v/t.* **3.** a) Unglück bringen (*dat.*), b) *et.* ,verhexen'.

---

jit·ter ['dʒɪtə] F **I** *v/i.* ner'vös sein, ,Bammel' haben, ,bibbern'; **II** *s.:* *the* ~*s pl.* a) ,Bammel' *m* (*Angst*), b) ,Zustände' *pl.*, ,Tatterich' *m* (*Nervosität*); **'jit·ter·bug** [-bʌg] *s.* **1.** Jitterbug *m* (*Tanz*); **2.** *fig.* Nervenbündel *n*; **'jit·ter·y** [-ərɪ] *adj.* F nervös, ,bibbernd'.

jiu·jit·su [dʒjuː'dʒɪtsuː] → *jujitsu*.

jive [dʒaɪv] **I** *s.* **1.** ♪ Jive *m*, (*Art*) 'Swingmu,sik *f od.* -tanz *m*; **2.** *Am. sl.* Gequassel *n*; **II** *v/i.* **3.** Jive *od.* Swing tanzen *od.* spielen.

job¹ [dʒɒb] **I** *s.* **1.** *ein Stück* Arbeit *f*: *a* ~ *of work* e-e Arbeit; *a good* ~ *of work* e-e saubere Arbeit; *be paid by the* ~ pro Auftrag bezahlt werden; *odd* ~*s* Gelegenheitsarbeiten; *make a good* ~ *of it* gute Arbeit leisten, s-e Sache gut machen; *it was quite a* ~ es war (gar) nicht so einfach, es war e-e Mordsarbeit; *I had a* ~ *to do it* das war ganz schön schwer (für mich); *on the* ~ an der Arbeit, ,dran', b) in Aktion, c) ,auf Draht'; **2.** Stück-, Ak'kordarbeit *f*: *by the* ~ im Akkord; **3.** Stellung *f*, Tätigkeit *f*, Arbeit *f*, Job *m*: *a* ~ *as a typist*; *out of a* ~ stellungslos; *know one's* ~ s-e Sache verstehen; *on the* ~ *training* Ausbildung *f* am Arbeitsplatz; *create new* ~*s* neue Arbeitsplätze schaffen; ~*s for the boys* *pol.* F Vetternwirtschaft *f*; *this is not everybody's* ~ dies liegt nicht jedem; **4.** Aufgabe *f*, Pflicht *f*, Sache *f*: *it is your* ~ *to do it* es ist deine Sache; **5.** F Sache *f*, Angelegenheit *f*, Lage *f*: *a good* ~ (*too*)*!* ein (wahres) Glück!; *make the best of a bad* ~ a) retten, was zu retten ist, b) gute Miene zum bösen Spiel machen; *I gave it up as a bad* ~ ich steckte es (als aussichtslos) auf; *I gave him up as a bad* ~ ich ließ ihn fallen (*weil er nichts taugte etc.*); *just the* ~*!* genau das Richtige!; **6.** *sl.* a) Pro'fitgeschäft *n*, Schiebung *f*, ,krumme Tour', b) ,Ding' *n* (*Verbrechen*): *pull a* ~ ein Ding drehen; *do his* ~ *for him* ihn ,fertigmachen'; **7.** *bsd. Am.* F ,Dings' *n*, ,Appa'rat' *m* (*a. Auto etc.*), b) ,Nummer' *f*, ,Type' *f* (*Person*): *he's a tough* ~ er ist ein unangenehmer Kerl; **II** *v/i.* **8.** Gelegenheitsarbeiten machen, ,jobben'; **9.** im Ak'kord arbeiten; **10.** Zwischenhandel treiben; **11.** Maklergeschäfte treiben, mit Aktien handeln; **12.** ,schieben', in die eigene Tasche arbeiten; **III** *v/t.* **13.** *a.* ~ *out* ✂ a) *Arbeit* im Ak'kord vergeben, b) *Auftrag* (weiter)vergeben; **14.** spekulieren mit; **15.** als Zwischenhändler verkaufen; **16.** veruntreuen; *Amt* miß'brauchen: ~ *s.o. into a post* j-m e-n Posten zuschanzen.

Job² [dʒəʊb] *npr. bibl.* Hiob *m*, Job *m*: (*the Book of*) ~ (das Buch) Hiob *od.* Job; *patience of* ~ e-e Engelsgeduld: *that would try the patience of* ~ das würde selbst e-n Engel zur Verzweiflung treiben; ~*'s comforter* schlechter Tröster (*der alles noch verschlimmert*); ~*'s news*, ~*'s post* Hiobsbotschaft *f*.

job a·nal·y·sis *s.* 'Arbeitsplatzana,lyse *f*.

job·ber ['dʒɒbə] *s.* **1.** Gelegenheitsarbeiter *m*; **2.** Ak'kordarbeiter *m*; **3.** ✝ Zwischen-, *Am.* Großhändler *m*; **4.** *Brit. Börse:* Jobber *m* (*der auf eigene Rechnung Geschäfte tätigt*); **5.** *Am.* 'Börsenspeku,lant *m*; **6.** Geschäftemacher *m*, ‚Schieber‘ *m*, *a*. kor'rupter Beamter; **'job·ber·y** [-ərɪ] *s*. **1.** *b.s.* ‚Schiebung‘ *f*, Korrupti'on *f*; **2.** 'Amts‚mißbrauch *m*; **'job·bing** [-bɪŋ] *s*. **1.** Gelegenheitsarbeit *f*; **2.** Ak'kordarbeit *f*; **3.** *Börse*: *Brit.* Ef'fektenhandel *m*, *a*. Spekulati'on(sgeschäfte *pl.*) *f*; **4.** Zwischen-, *Am.* Großhandel *m*; **5.** ‚Schiebung‘ *f*.

job| cre·a·tion *s*. Schaffung *f* von Arbeitsplätzen; **~ scheme** (*od.* **program[me]**) Arbeitsbeschaffungsprogramm *n*; **~ de·scrip·tion** *s*. Arbeits(platz)-, Tätigkeitsbeschreibung *f*; **~ e·val·u·a·tion** *s*. Arbeits(platz)bewertung *f*; **~ hop·ping** *s*. häufiger Stellenwechsel (*zur Verbesserung des Einkommens*); **~ hunt·er** *s*. Stellungsuchende(r *m*) *f*; **~ kil·ler** *s*. Jobkiller *m* (*arbeitsplatzvernichtende Maschine etc.*); **'~·less** [-lɪs] *I adj.* arbeitslos; **II** *s*.: the **~** *pl.* die Arbeitslosen *pl.*; **~ line** *s*. **lot** *s*. ♣ **1.** Gelegenheitskauf *m*; **2.** Ramsch-, Par'tieware(n *pl.*) *f*; **~ mar·ket** *s*. Arbeitsmarkt *m*; **~ print·ing** *s*. Akzi'denzdruck *m*; **~ ro·ta·tion** *s*. turnusmäßiger Arbeitsplatztausch; **~ se·cu·ri·ty** *s*. Sicherheit *f* des Arbeitsplatzes; **~ shar·ing** *s*. Jobsharing *n*, Arbeitsplatzteilung *f*; **~ work** *s*. **1.** Ak'kordarbeit *f*; **2.** → *job printing*.

jock·ey ['dʒɒkɪ] *I* *s*. Jockey *m*, Jockei *m*; **II** *v/t.* a) manipulieren, b) betrügen (**out of** um): **~ into s.th.** in et. hineinmanövrieren, zu et. verleiten; **~ s.o. into a position** j-m durch Protektion e-e Stellung verschaffen, ‚j-n lancieren‘; **III** *v/i.* **~ for** ‚rangeln‘ um (*a. fig.*): **~ for position** *sport u. fig.* sich e-e gute (Ausgangs)Position zu schaffen suchen.

'jock·strap ['dʒɒk-] *s*. *bsd.* *sport* Suspen'sorium *n*.

jo·cose [dʒəʊ'kəʊs] *adj.* □ **1.** scherzhaft, komisch, drollig; **2.** heiter, ausgelassen.

joc·u·lar ['dʒɒkjʊlə] *adj.* □ **1.** scherzhaft, witzig; **2.** lustig, heiter; **joc·u·lar·i·ty** [‚dʒɒkjʊ'lærətɪ] *s*. **1.** Scherzhaftigkeit *f*; **2.** Heiterkeit *f*.

joc·und ['dʒɒkənd] *adj.* □ lustig, fröhlich, heiter; **jo·cun·di·ty** [dʒəʊ'kʌndɪtɪ] *s*. Lustigkeit *f*.

jodh·purs ['dʒɒdpəz] *s. pl.* Reithose(n *pl.*) *f*.

jog [dʒɒg] *I* *v/t.* **1.** (an)stoßen, rütteln, ‚stupsen‘; **2.** *fig.* aufrütteln: **~ s.o.'s memory** j-s Gedächtnis nachhelfen; **II** *v/i.* **3.** *a.* **~ on**, **~ along** (da'hin)trotten, (-)zuckeln; **4.** sich auf den Weg machen, ‚loszuckeln‘; **5.** *fig. a.* **~ on** *a*) weiterwursteln, b) s-n Lauf nehmen; **6.** *sport* ‚joggen‘, im Trimmtrab laufen; **III** *s*. **7.** (leichter) Stoß; **8.** Rütteln *n*; **9.** → *jogtrot* **I**; **'jog·ging** [-gɪŋ] *s*. ‚Jogging‘ *n*, Trimmtrab *m*.

jog·gle ['dʒɒgl] *I* *v/t.* **1.** leicht schütteln *od.* rütteln; **2.** ◎ verschränken, verzahnen; **II** *v/i.* **3.** sich schütteln, wackeln; **III** *s*. **4.** Stoß *m*, Rütteln *n*; **5.** ◎ Verzahnung *f*, Nut *f* u. Feder *f*.

'jog·trot *I* *s*. **1.** gemächlicher Trab, Trott *m*; **2.** *fig.* Trott *m*: a) Schlendrian *m*, b) Eintönigkeit *f*; **II** *v/i.* **3.** → *jog* 3.

john¹ [dʒɒn] *s. Am. sl.* Klo *n*.

John² [dʒɒn] *npr. u. s. bibl.* Jo'hannes (-evan‚gelium *n*) *m*: **~ the Baptist** Johannes der Täufer; (**the Epistles of**) **~**

die Johannesbriefe; **~ Bull** *s*. John Bull: *a*) *England*, b) *der (typische) Engländer*; **~ Doe** [dəʊ] *s*.: **~ and Richard Roe** ♣ A. und B. (*fiktive Parteien*); **~ Do·ry** ['dɔːrɪ] *s. ichth.* Heringskönig *m*; **~ Han·cock** ['hænkɒk] *s. Am.* F *j-s* ‚Friedrich Wilhelm‘ *m* (*Unterschrift*).

john·ny ['dʒɒnɪ] *s. Brit.* F Bursche *m*, Typ *m*, ‚Knülch‘ *m*; **‚2-come-'late·ly** *s. Am.* F **1.** Neuankömmling *m*, Neuling *m*; **2.** *fig.* ‚Spätzünder‘ *m*; **2 on the spot** *s. Am.* F a) j-d, der ‚auf Draht‘ ist, b) Retter *m* in der Not.

John·so·ni·an [dʒɒn'səʊnjən] *adj.* **1.** Johnsonsch (*Samuel Johnson od. s-n Stil betreffend*); **2.** pom'pös, hochtrabend.

join [dʒɔɪn] *I* *v/t.* **1.** *et.* verbinden, -einigen, zs.-fügen (**to, on to** mit): **~ hands** a) die Hände falten, b) sich die Hand reichen (*a. fig.*), c) *fig.* sich zs.-tun; **2.** *Personen* vereinigen, zs.-bringen (**with, to** mit): **~ in marriage** verheiraten; **~ in friendship** freundschaftlich verbinden; **3.** *fig.* verbinden, -ein(ig)en: **~ prayers** gemeinsam beten; → *battle* 2, *force* 1, *issue* 6; **4.** sich anschließen (*dat. od.* an *acc.*), stoßen *od.* sich gesellen zu, sich einfinden bei: **~ s.o. in (doing) s.th.** et. zusammen mit j-m tun; **~ s.o. in a walk** (gemeinsam) mit j-m e-n Spaziergang machen, sich j-m auf e-m Spaziergang anschließen; **~ one's regiment** zu s-m Regiment stoßen; **~ one's ship** an Bord s-s Schiffes gehen; **may I ~ you?** a) darf ich mich Ihnen anschließen *od.* Ihnen Gesellschaft leisten, b) darf ich mitmachen?; **I'll ~ you soon!** ich komme bald (nach)!; **will you ~ me in a drink?** trinken Sie ein Glas mit mir?; → *majority* 1; **5.** e-m Klub, e-r Partei etc. beitreten, eintreten in (*acc.*): **~ the army** ins Heer eintreten, Soldat werden; **~ a firm as a partner** in e-e Firma als Teilhaber eintreten; **6.** a) teilnehmen *od.* sich beteiligen an (*dat.*), mitmachen bei, b) sich einlassen auf (*acc.*), den *Kampf* aufnehmen: **~ an action** jur. e-m Prozeß beitreten; **~ a treaty** e-m (Staats)Vertrag beitreten; **7.** sich vereinigen mit, zs.-kommen mit, (ein-)münden in (*acc.*) (*Fluß, Straße*); **8.** *math.* Punkte verbinden; **9.** (an)grenzen an (*acc.*); **II** *v/i.* **10.** sich vereinigen *od.* verbinden, zs.-kommen, sich treffen (**with** mit); **11.** a) **~ in** (*s.th.*) → 6 a, b) **~ with s.o. in s.th.** sich j-m bei et. anschließen, et. gemeinsam tun mit j-m: **~ in everybody!** alle mitmachen!; **12.** anein'andergrenzen, sich berühren; **13.** **~ up** Sol'dat werden, zum Mili'tär gehen; **III** *s*. **14.** Verbindungsstelle *f*, -linie *f*, Naht *f*, Fuge *f*.

join·der ['dʒɔɪndə] *s*. **1.** Verbindung *f*; **2.** ♣ a) a. **~ of actions** (objek'tive) Klagehäufung, b) a. **~ of parties** Streitgenossenschaft *f*, c) **~ of issue** Einlassung *f* (auf die Klage).

join·er ['dʒɔɪnə] *s*. Tischler *m*, Schreiner *m*: **~'s bench** Hobelbank *f*; **'join·er·y** [-ərɪ] *s*. **1.** Tischlerhandwerk *n*, Schrei·ne'rei *f*; **2.** Tischlerarbeit *f*.

joint [dʒɔɪnt] *I* *s*. **1.** Verbindung(sstelle) *f*, *bsd.* a) *Tischlerei etc.*: Fuge *f*, Stoß *m*, b) (Löt)Naht *f*, Nahtstelle *f*, c) Falz *m* (*der Buchdecke*), d) *anat.*, *biol.*, ♀, ◎ Gelenk *n*: **out of ~** ausgerenkt, *bsd. fig.*

aus den Fugen; → *nose Bes. Redew.*; **2.** Verbindungsstück *n*, Bindeglied *n*; **3.** Hauptstück *n* (*e-s Schlachttiers*), Braten(stück *n*) *m*; **4.** *sl.* ‚Bude‘, ‚Laden‘ *m*: a) Lo'kal *n*, ‚Schuppen‘ *m*, *contp.* ‚Bumslo‚kal‘ *n*, Spe'lunke *f*, b) Gebäude; **5.** *sl.* Joint *m* (*Marihuanazigarette*); **II** *adj.* (□ → *jointly*) **6.** gemeinsam, gemeinschaftlich (*a.* ♣): **~ invention**; **~ liability**; **~ effort**; **~ efforts** vereinte Kräfte *od.* Anstrengungen; **~ and several** ♣ gesamtschuldnerisch, solidarisch, zur gesamten Hand (→ *jointly*); **~ and several creditor (debtor)** Gesamtgläubiger *m* (-schuldner *m*): **take ~ action** gemeinsam vorgehen, zs.-wirken; **7.** *bsd.* ♣ Mit..., Neben...: **~ heir** Miterbe *m*; **~ offender** Mittäter *m*; **~ plaintiff** Mitkläger *m*; **8.** vereint, zs.-hängend; **III** *v/t.* **9.** verbinden, zs.-fügen; **10.** ◎ a) fugen, stoßen, verbinden, -zapfen, b) *Fugen* verstreichen; **~ ac·count** *s*. ♣ Gemeinschaftskonto *n*: **on** (*od.* **for**) **~** auf *od.* für gemeinsame Rechnung; **~ ad·ven·ture** → *joint venture*; **~ cap·i·tal** *s*. ♣ Ge'sellschaftskapi‚tal *n*; **~ com·mit·tee** *s*. *pol.* gemischter Ausschuß; **~ cred·it** *s*. ♣ Konsorti'alkre‚dit *m*; **~ cred·i·tor** *s*. ♣ Gesamthandgläubiger *m*; **~ debt** *s*. ♣ gemeinsame Verbindlichkeit(en *pl.*) *f*, Gesamthandschuld *f*; **~ debt·or** *s*. ♣ Mitschuldner *m*, Gesamthandschuldner *m*.

joint·ed ['dʒɔɪntɪd] *adj.* **1.** verbunden; **2.** gegliedert, mit Gelenken (versehen): **~ doll** Gliederpuppe *f*.

joint·ly ['dʒɔɪntlɪ] *adv.* gemeinschaftlich: **~ and severally** a) gemeinsam u. jeder für sich, b) solidarisch, zur gesamten Hand, gesamtschuldnerisch.

joint| own·er *s*. ♣ Miteigentümer(in), Mitinhaber(in); **~ own·er·ship** *s*. Miteigentum *n*; **~ res·o·lu·tion** *s*. *pol.* gemeinsame Resoluti'on; **~ stock** *s*. ♣ Ge'sellschafts-, 'Aktienkapi‚tal *n*; **‚~-'stock bank** *s*. Genossenschafts-, Aktienbank *f*; **‚~-'stock com·pa·ny** *s*. **1.** *Brit.* Aktiengesellschaft *f*; **2.** *Am.* offene Handelsgesellschaft auf Aktien; **‚~-'stock cor·po·ra·tion** *s. Am.* Aktiengesellschaft *f*; **~ ten·an·cy** *s*. ♣ Mitbesitz *m*, -pacht *f*; **~ un·der·tak·ing**, **~ ven·ture** *s*. ♣ **1.** Ge'meinschaftsunter‚nehmen *n*; **2.** Gelegenheitsgesellschaft *f*.

joist [dʒɔɪst] △ *I* *s*. (Quer)Balken *m*; (Quer-, Pro'fil)Träger *m*; **II** *v/t.* mit Pro'filträgern belegen.

joke [dʒəʊk] *I* *s*. **1.** Witz *m*: **practical ~** Schabernack *m*, Streich *m*; **play a practical ~ on s.o.** j-m einen Streich spielen; **crack ~s** Witze reißen; **2.** Scherz *m*, Spaß *m*: **in ~** zum Scherz; **he cannot take** (*od.* **see**) **a ~** er versteht keinen Spaß; **I don't see the ~!** was soll daran so witzig sein?; **it's no ~!** a) (das ist) kein Witz!, b) das ist keine Kleinigkeit *od.* kein Spaß!; **the ~ was on me** der Spaß ging auf m-e Kosten; **II** *v/i.* **3.** Witze *od.* Spaß machen, scherzen, flachsen: **I'm not joking!** ich meine das ernst; **you must be joking!** soll das ein Witz sein?; **'jok·er** [-kə] *s*. **1.** Spaßvogel *m*, Witzbold *m*; **2.** *sl.* Kerl *m*, ‚Heini‘ *m*; **3.** Joker *m* (*Spielkarte*) (*a. fig.*). **4.** *Am. sl. mst pol.* 'Hintertür‚klausel‘ *f*;

'**jok·ing** [-kɪŋ] s. Scherzen n: ~ **apart!** Scherz beiseite!

jol·li·fi·ca·tion [ˌdʒɒlɪfɪˈkeɪʃn] s. F (feucht)fröhliches Fest, Festivi'tät f; **jol·li·ness** [ˈdʒɒlɪnɪs], mst **jol·li·ty** [ˈdʒɒlətɪ] s. **1.** Fröhlichkeit f; **2.** Fest n.

jol·ly [ˈdʒɒlɪ] **I** adj. □ **1.** lustig, fi'del, vergnügt; **2.** F angeheitert, beschwipst; **3.** Brit. F a) nett, hübsch: **a ~ room**, b) iro. ˌschön', ˌfurchtbar': **he must be a ~ fool** er muß (ja) ganz schön blöd sein; **II** adv. **4.** Brit. F ziemlich, ˌmächtig', ˌfurchtbar': **~ late**; **~ nice** ˌunheimlich' nett; **~ good** a. iro. (ist ja) Klasse!; **a ~ good fellow** ein ˌprima' Kerl; **I ~ well told him** ich hab' es ihm (doch) ganz deutlich gesagt; **you'll ~ well (have to) do it!** du mußt (es tun), ob du willst oder nicht; **you ~ well know** du weißt das ganz genau; **III** v/t. F **5.** mst **~ along** od. **up** j-n bei Laune halten od. aufmuntern: **~ s.o. into doing s.th.** j-n zu e-r Sache ˌbequatschen'; **6.** j-n ˌveräppeln'.

jol·ly boat [ˈdʒɒlɪ] s. ♆ Jolle f.

Jol·ly Rog·er [ˈrɒdʒə] s. Totenkopf-, Pi'ratenflagge f.

jolt [dʒəʊlt] **I** v/t. **1.** (ˌdurch)rütteln, stoßen; **2.** Am. Boxen: (Gegner) erschüttern (a. fig.); **3.** fig. j-m e-n Schock versetzen; **4.** j-n aufrütteln; **II** v/i. **5.** rütteln, holpern (Fahrzeug); **III** s. **6.** Ruck m, Stoß m, Rütteln n; **7.** Schock m; **8.** (harter) Schlag; **9.** F a) Wirkung f (e-r Droge etc.), b) ˌSchuß' m (Kognak, Droge).

Jo·nah [ˈdʒəʊnə] npr. u. s. **1.** bibl. (das Buch) Jonas m; **2.** fig. Unheilbringer m; '**Jo·nas** [-əs] → Jonah 1.

josh [dʒɒʃ] sl. **I** v/t. ˌaufziehen', veräppeln; **II** s. Hänse'lei f.

Josh·u·a [ˈdʒɒʃwə] npr. u. s. bibl. (das Buch) Josua m od. Josue m.

joss| house [dʒɒs] s. chi'nesischer Tempel; **~ stick** s. Räucherstäbchen n.

jos·tle [ˈdʒɒsl] **I** v/i. drängeln: **~ against → II** v/t. anrempeln, schubsen; **III** s. a) Gedränge n, Dränge'lei f, b) Rempe'lei f.

Jos·u·e [ˈdʒɒzjʊi:] → Joshua.

jot [dʒɒt] **I** s.: **not a ~** nicht ein bißchen; **there's not a ~ of truth in it** da ist überhaupt nichts Wahres dran; **II** v/t. mst **~ down** schnell hinschreiben od. notieren od. hinwerfen; '**jot·ter** [-tə] s. No'tizbuch n; '**jot·ting** [-tɪŋ] s. (kurze) No'tiz.

joule [dʒu:l] s. phys. Joule n.

jounce [dʒaʊns] → jolt 1, 6, 7.

jour·nal [ˈdʒɜ:nl] s. **1.** Jour'nal n, Zeitschrift f, Zeitung f; **2.** Tagebuch n; **3.** ♀ Jour'nal n, Memori'al n; **4.** ♦s pl. parl. Brit. Proto'kollbuch n; **5.** ♆ Logbuch n; **6.** ⊙ (Achs-, Lager)Zapfen m: **~ bearing** od. **box** Achs-, Zapfenlager n; **~ stick** s. Räucherstäbchen n; **jour·nal·ese** [ˌdʒɜ:nəˈli:z] s. contp. Zeitungsstil m; '**jour·nal·ism** [-nəlɪzəm] s. Journa'lismus m; '**jour·nal·ist** [-nəlɪst] s. Journa'list(in); **jour·nal·is·tic** [ˌdʒɜ:nəˈlɪstɪk] adj. journa'listisch.

jour·ney [ˈdʒɜ:nɪ] **I** s. **1.** Reise f: **go on a ~** verreisen; **bus ~** Busfahrt f; **~'s end** Ende n der Reise, fig. ˌEndstation' f, a. Tod m; **2.** Reise f, Strecke f, Route f, Weg m, Fahrt f, Gang m: **it's a day's ~ from here** es ist e-e Tagereise von hier, man braucht e-n Tag, um hier dort-

hin zu kommen; **II** v/i. **3.** reisen; wandern; '**~·man** [-mən] s. [irr.] (Handwerks)Geselle m: **~ baker** Bäckergeselle.

joust [dʒaʊst] hist. **I** s. Turnier n; **II** v/i. im Turnier kämpfen; fig. e-n Strauß ausfechten.

Jove [dʒəʊv] npr. Jupiter m: **by ~!** a) Donnerwetter!, b) beim Zeus!

jo·vi·al [ˈdʒəʊvjəl] adj. □ **1.** jovi'al (a. contp.), freundlich, aufgeräumt, gemütlich: **a ~ fellow**; **2.** freundlich, nett: **a ~ welcome**; **3.** heiter, vergnügt, lustig; **jo·vi·al·i·ty** [ˌdʒəʊvɪˈælətɪ] s. Joviali'tät f, Freundlichkeit f, Fröhlichkeit f.

jowl [dʒaʊl] s. **1.** (ˌUnter)Kiefer m; **2.** (mst feiste od. Hänge)Backe f; → **cheek** 1; **3.** zo. Wamme f.

joy [dʒɔɪ] s. **1.** Freude f (at über acc., in, of an dat.): **to my (great) ~** zu m-r (großen) Freude; **leap for ~** vor Freude hüpfen; **tears of ~** Freudentränen; **it gives me great ~** es macht mir große Freude; **my children are a great ~ to me** m-e Kinder machen mir viel Freude; **wish s.o. ~ (of)** j-m Glück wünschen (zu); **I wish you ~!** iro. (na, dann) viel Spaß!); **2.** Brit. F Erfolg m: **I didn't have any ~!** ich hatte keinen Erfolg!, es hat nicht geklappt!; '**joy·ful** [-fʊl] adj. □ **1.** freudig, erfreut, froh: **be ~** sich freuen; **2.** erfreulich, froh; '**joyful·ness** [-fʊlnɪs] s. Freude f, Fröhlichkeit f; '**joy·less** [-lɪs] adj. □ freudlos; **joy·ous** [ˈdʒɔɪəs] adj. □ → joyful.

joy| ride s. F Vergnügungsfahrt f, (wilde) Spritztour (bsd. in e-m gestohlenen Auto); '**~·stick** s. **1.** ✈ F Steuerknüppel m; **2.** Computer: Joystick m.

ju·bi·lant [ˈdʒu:bɪlənt] adj. □ jubelnd, froh'lockend, (glück)strahlend (a. Gesicht): **be ~** → jubilate 1; **ju·bi·late I** v/i. [ˈdʒu:bɪleɪt] **1.** jubeln, jubilieren, überglücklich sein, triumphieren; **II** ♫ [ˌdʒu:bɪˈlɑ:tɪ] (Lat.) s. eccl. **2.** (Sonntag m) Jubi'late m (3. Sonntag nach Ostern); **3.** Jubi'latepsalm m; **ju·bi·la·tion** [ˌdʒu:bɪˈleɪʃn] s. Jubel m.

ju·bi·lee [ˈdʒu:bɪli:] s. **1.** (bsd. fünfzigjähriges) Jubi'läum n: **silver ~** fünfundzwanzigjähriges Jubiläum; **2.** R.C. Jubel-, Ablaßjahr n.

Ju·da·ic [dʒu:ˈdeɪɪk] adj. ju'daisch, jüdisch; **Ju·da·ism** [ˈdʒu:deɪɪzəm] s. **1.** Juda'ismus m; **2.** das Judentum; **Ju·da·ize** [ˈdʒu:deɪaɪz] v/t. judaisieren, jüdisch machen.

Ju·das [ˈdʒu:dəs] **I** npr. bibl. Judas m (a. fig. Verräter): **~ kiss** Judaskuß m; **II** ♫ s. Guckloch n, ˌSpi'on' m.

Jude [dʒu:d] npr. u. s. bibl. Judas m: **(the Epistle of) ~** der Judasbrief.

jud·der [ˈdʒu:də] v/i. **1.** rütteln, wackeln; **2.** vibrieren.

judge [dʒʌdʒ] **I** s. **1.** ♃♃ Richter m; **2.** mst Preis-, sport a. Kampfrichter m; **3.** Kenner m: **a (good) ~ of wine** ein Weinkenner; **I am no ~ of** ich kann es nicht beurteilen; **I am no ~ of music, but** ich verstehe (zwar) nicht viel von Musik, aber; **I'll be the ~ of that** das müssen Sie mich schon beurteilen lassen; **4.** bibl. a) Richter m, b) ♫s pl. sg. konstr. (das Buch der) Richter pl.; **II** v/t. **5.** ♃♃ ein Urteil fällen od. Recht sprechen über (acc.), e-n Fall verhandeln (acc.); **6.** entscheiden (s.th. et.; that daß); **7.** beurteilen,

bewerten, einschätzen (by nach); **8.** a) Preis-, sport Kampfrichter sein bei, b) Leistungen etc. (als Preisrichter etc.) bewerten; **9.** betrachten als, halten für; **III** v/i. **10.** ♃♃ urteilen, Recht sprechen; **11.** fig. richten; **12.** urteilen (by, from nach; of über acc.): **~ for yourself!** urteilen Sie selbst!; **judging by his words** s-n Worten nach zu urteilen; **how can I ~?** wie soll 'ich das beurteilen?; **13.** schließen (from, by aus); **14.** Preis-, sport Kampfrichter sein; **15.** a) denken, vermuten, b) **~ of** sich et. vorstellen; **~ ad·vo·cate** s. ✕ Kriegsgerichtsrat m; '**~-made law** s. auf richterlicher Entscheidung beruhendes Recht, geschöpftes Recht.

judg(e)·ment [ˈdʒʌdʒmənt] s. **1.** ♃♃ (Gerichts)Urteil n, gerichtliche Entscheidung: **~ by default** Versäumnisurteil; **give (od. deliver, render, pronounce) ~** ein Urteil erlassen od. verkünden (on über acc.); **pass ~** ein Urteil fällen (on über acc.); **sit in ~ on a case** Richter sein in e-m Fall; **sit in ~ on s.o.** über j-n zu Gericht sitzen; → **error** 1; **2.** Beurteilung f, Bewertung f (a. sport etc.), Urteil n; **3.** Urteilsvermögen n: **man of ~** urteilsfähiger Mann; **use your best ~!** handeln Sie nach Ihrem besten Ermessen; **4.** Urteil n, Ansicht f, Meinung f: **form a ~** sich ein Urteil bilden; **against my better ~** wider besseres Wissen; **give one's ~ on s.th.** sein Urteil über et. abgeben; **in my ~** meines Erachtens; **5.** Schätzung f: **~ of distance**; **6.** göttliches (Straf)Gericht, Strafe f (Gottes): **the Last ♫, the Day of ♫, ♫ Day** das Jüngste Gericht; **cred·i·tor** s. ♃♃ Voll'streckungsgläubiger(in); **~ debt** s. ♃♃ voll'streckbare Forderung, durch Urteil festgestellte Schuld; **~ debt·or** s. ♃♃ Vollstreckungsschuldner(in); '**~-proof** adj. ♃♃ unpfändbar.

judge·ship [ˈdʒʌdʒʃɪp] s. Richteramt n.

ju·di·ca·ture [ˈdʒu:dɪkətʃə] s. **1.** Rechtsprechung f, Rechtspflege f; **2.** Gerichtswesen n, Ju'stiz(verwaltung) f; → **supreme** 1; **3.** coll. Richter(stand m, -schaft f) pl.; **ju·di·cial** [dʒu:ˈdɪʃl] adj. □ **1.** ♃♃ gerichtlich, Justiz..., Gerichts...: **~ error** Justizirrtum m; **~ murder** Justizmord m; **~ proceedings** Gerichtsverfahren n; **~ office** Richteramt n, richterliches Amt; **~ power** richterliche Gewalt; **~ separation** gerichtliche Trennung der Ehe; **~ system** Gerichtswesen n; **2.** ♃♃ Richter..., richterlich; **3.** klar urteilend, kritisch; **ju·di·ci·ar·y** [dʒu:ˈdɪʃɪərɪ] ♃♃ **I** s. **1.** → judicature 2, 3; **2.** Am. richterliche Gewalt; **II** adj. **3.** richterlich, rechtsprechend, gerichtlich: **♫ Committee** Am. parl. Rechtsausschuß m.

ju·di·cious [dʒu:ˈdɪʃəs] adj. □ **1.** vernünftig, klug; **2.** ˌwohlüberˌlegt, verständnisvoll; **ju·di·cious·ness** [-nɪs] s. Klugheit f, Einsicht f.

ju·do [ˈdʒu:dəʊ] s. sport Judo n; '**ju·do·ka** [-əʊkɑ:] s. Ju'doka m.

Ju·dy [ˈdʒu:dɪ] npr. → Punch[4].

jug[1] [dʒʌg] **I** s. **1.** Krug m, Kanne f, Kännchen n; **2.** sl. ˌKittchen' n, ˌKnast' m; **II** v/t. **3.** schmoren od. dämpfen: **~ged hare** Hasenpfeffer m; **4.** sl. ˌeinlochen'.

jug[2] [dʒʌg] **I** v/i. schlagen (Nachtigall); **II** s. Nachtigallenschlag m.

'jug·ful [-fʊl] pl. -fuls s. ein Krug(voll) m.

jug·ger·naut ['dʒʌgənɔːt] s. 1. Moloch m: the ~ of war, 2. Brit. schwerer 'Brummi', Schwerlastwagen m, Lastzug m.

jug·gins ['dʒʌgɪnz] s. sl. Trottel m.

jug·gle ['dʒʌgl] I v/i. 1. jonglieren; 2. ~ with fig. (mit) et. jonglieren, et. manipulieren: ~ with facts; ~ with one's accounts s-e Konten ‚frisieren'; ~ with words mit Worten spielen od. ‚jonglieren', Worte verdrehen; II v/t. 3. jonglieren mit; 4. → 2; 'jug·gler [-lə] s. 1. Jon'gleur m; 2. Schwindler m; 'jug·gler·y [-lərɪ] s. 1. Jonglieren n; 2. Taschenspiele'rei f; 3. Schwindel m, Hokus'pokus m.

Ju·go·slav [ˌjuːgəʊ'slɑːv] I s. Jugo'slawe m, Jugo'slawin f; II adj. jugo'slawisch.

jug·u·lar ['dʒʌgjʊlə] anat. I adj. Kehl..., Gurgel...; II s. a. ~ vein Hals-, Drosselader f; 'ju·gu·late [-leɪt] v/t. fig. abwürgen.

juice [dʒuːs] s. 1. Saft m (a. fig.): orange ~; ~ extractor Entsafter m; body ~s Körpersäfte; stew in one's own ~ F im eigenen Saft schmoren; 2. sl. a) ⚡ ‚Saft' m, Strom m, b) mot. Sprit m, c) Am. ‚Zeug' n, Whisky m; 3. fig. Kern m, Sub'stanz f, Es'senz f; 'juic·i·ness [-sɪnɪs] s. Saftigkeit f; 'juic·y [-sɪ] adj. 1. saftig (a. fig.); 2. F a) ‚saftig', ‚gepfeffert': ~ scandal, b) pi'kant, schlüpfrig: ~ story, c) interessant, ‚mit Pfiff'; 3. Am. F lukra'tiv: ~ contract; 4. sl. ‚scharf', ‚dufte': ~ girl.

ju·jit·su [dʒuː'dʒɪtsuː] s. sport Jiu-Jitsu n.

ju·jube ['dʒuːdʒuːb] s. 1. ♀ Ju'jube f, Brustbeere f; 2. pharm. 'Brustbon₁bon m, n.

ju·jut·su [dʒuː'dʒʊtsuː] → jujitsu.

'juke|·box ['dʒuːk-] s. Jukebox f (Musikautomat); '~-joint s. Am. sl. ‚Bumslo₁kal' n, ‚Jukebox-Bude' f.

ju·lep ['dʒuːlep] s. 1. süßliches (Arz'nei)Getränk; 2. Am. Julep m (alkoholisches Eisgetränk).

Jul·ian ['dʒuːljən] adj. juli'anisch: the ~ calendar der Julianische Kalender.

Ju·ly [dʒuː'laɪ] s. Juli m: in ~ im Juli.

jum·ble ['dʒʌmbl] I v/t. 1. a. ~ together, ~ up zs.-werfen, in Unordnung bringen, (wahllos) vermischen, durchein'anderwürfeln; II v/i. 2. a. ~ together, ~ up durchein'andergeraten, -gerüttelt werden; III s. 3. Durchein'ander n, Wirrwarr m; 4. Ramsch m: ~ sale Brit. Wohltätigkeitsbasar m; ~ shop Ramschladen m.

jum·bo ['dʒʌmbəʊ] s. 1. Ko'loß m: ~-sized riesig; 2. → jum·bo jet s. ✈ Jumbo(-Jet) m.

jump [dʒʌmp] I s. 1. Sprung m (a. fig.), Satz m: make (od. take) a ~ e-n Sprung machen; by ~s fig. sprungweise; (always) on the ~ F (immer) auf den Beinen od. in Eile; keep s.o. on the ~ j-n in Trab halten; get the ~ on s.o. F j-m zuvorkommen, j-m den Rang ablaufen; have the ~ on s.o. F j-m gegenüber im Vorteil sein; be (stay) one ~ ahead fig. (immer) e-n Schritt voraus sein (of dat.); give a ~ → 15; give s.o. a ~ F j-n erschrecken; 2. (Fallschirm)Absprung m; ~ area Absprunggebiet n; 3. sport (Hoch-od.

Weit)Sprung m: high (long od. Am. broad) ~; 4. bsd. Reitsport: Hindernis n: take the ~; 5. sprunghaftes Anwachsen, Em'porschnellen n (in prices der Preise etc.): ~ in production rapider Produktionsanstieg; 6. (plötzlicher) Ruck; 7. fig. Sprung m: a) abrupter 'Übergang, b) Über'springen n, -'gehen n, Auslassen n (von Buchseiten etc.); 8. a) Film: Sprung m (Überblenden etc.), b) Computer: (Pro'gramm)Sprung m; 9. Damespiel: Schlagen n; 10. a) Rückstoß m (e-r Feuerwaffe), b) ✗ Abgangsfehler m; 11. V ‚Nummer' f (Koitus); II v/i. 12. springen: ~ at (od. to) fig. sich stürzen auf (acc.), sofort zugreifen bei e-m Angebot, Vorschlag etc., (sofort) aufgreifen, einhaken bei e-r Frage etc.; ~ at the chance die Gelegenheit beim Schopf ergreifen, mit beiden Händen zugreifen; → conclusion 3; ~ down s.o.'s throat F j-n ‚anschnauzen'; ~ off a) abspringen (von s-m Fahrrad etc.), b) Am. F loslegen; ~ on s.o. F a) über j-n herfallen, b) j-m ‚aufs Dach' steigen; ~ out of one's skin aus der Haut fahren; ~ to it F ‚(d)rangehen', zupacken; ~ to it! ran!, mach schon!; ~ up aufspringen (onto auf acc.); 13. (mit dem Fallschirm) (ab-) springen; 14. hopsen, hüpfen: ~ up and down; ~ for joy e-n Freudensprung od. Freudensprünge machen; his heart ~ed for joy das Herz hüpfte ihm im Leibe; 15. zs.-zucken, -fahren, aufschrecken, hochfahren (at bei): the noise made him ~ der Lärm schreckte ihn auf od. ließ ihn zs.-zucken; 16. fig. ab'rupt übergehen, -wechseln (to zu): ~ from one topic to another; 17. a) rütteln (Wagen etc.), b) gerüttelt werden, schaukeln, wackeln; 18. fig. sprunghaft ansteigen, em'porschnellen (Preise etc.); 19. ⊛ springen (Filmstreifen, Schreibmaschine etc.); 20. Damespiel: schlagen; 21. Bridge: (unvermittelt) hoch reizen; 22. pochen, pulsieren; 23. F voller Leben sein: the place is ~ing dort ist ‚schwer was los'; the party was ~ing die Party war ‚schwer in Fahrt'; III v/t. 24. (hin'weg)springen über (acc.): ~ the fence; ~ the rails entgleisen (Zug); 25. fig. über'springen, auslassen: ~ a few lines; ~ the lights F bei Rot über die Kreuzung fahren; ~ the queue Brit. sich vordrängeln, aus der Reihe tanzen (a. fig.); → gun 4; 26. springen lassen: he ~ed his horse over the ditch er setzte mit dem Pferd über den Graben; 27. Damespiel: schlagen; 28. Bridge: (zu) hoch reizen; 29. sl. ‚abhauen' von: ~ ship (town); → bail¹ 1; 30. a) aufspringen auf (acc.), b) abspringen von (e-m fahrenden Zug); 31. schaukeln: ~ a baby on one's knee; 32. F j-n überfallen, über j-n herfallen; 33. em'porschnellen lassen, hochtreiben: ~ prices; 34. Am. F j-n (plötzlich) im Rang befördern; 35. V Frau ‚bumsen'; 36. → jump-start.

jump ball s. Basketball: Sprungball m.

jumped-up [ˌdʒʌmpt'ʌp] adj. F 1. (parve'nühaft) hochnäsig, ‚hochgestochen'; 2. improvisiert.

jump·er¹ ['dʒʌmpə] s. 1. Springer(in): high ~ sport Hochspringer(in); 2. Springpferd n; 3. ⊛ Steinbohrer m;

Bohrmeißel m; 4. ⚡ Kurzschlußbrücke f.

jump·er² ['dʒʌmpə] s. 1. (Am. ärmelloser) Pullover m; 2. bsd. Am. Trägerkleid n, -rock m; 3. (Kinder)Spielhose f.

jump·i·ness ['dʒʌmpɪnɪs] s. Nervosi'tät f.

jump·ing ['dʒʌmpɪŋ] s. 1. Springen n: ~ pole Sprungstab m, -stange f; ~ test Reitsport: (Jagd)Springen n; 2. Skisport: Sprunglauf m, Springen n; ~ bean s. ♀ Springende Bohne; ~ jack s. Hampelmann m; ~ off place s. 1. fig. Sprungbrett n, Ausgangspunkt m; 2. Am. F Ende n der Welt.

jump| jet s. ✈ (Düsen)Senkrechtstarter m; ~ leads s. pl. mot. Starthilfekabel n; '~-off s. Reitsport: Stechen n; ~ seat s. Not-, Klappsitz m; '~-start v/t. Auto mittels Starthilfekabel anlassen; ~ suit s. Overall m; ~ turn s. Skisport: 'Umsprung m.

jump·y ['dʒʌmpɪ] adj. ner'vös.

junc·tion ['dʒʌŋkʃn] s. 1. Verbindung(spunkt m) f, Vereinigung f, Zs.-treffen n; Treffpunkt m; Anschluß m (a. ⊛); (Straßen)Kreuzung f, (-)Einmündung f; 2. ➏ a) Knotenpunkt m, b) 'Anschlußstati₁on f; 3. Berührung f; ~ box s. ⚡ Abzweig-, Anschlußdose f; ~ line s. ➏ Verbindungs-, Nebenbahn f.

junc·ture ['dʒʌŋktʃə] s. (kritischer) Augenblick od. Zeitpunkt: at this ~ in diesem Augenblick, an dieser Stelle.

June [dʒuːn] s. Juni m: in ~ im Juni.

jun·gle ['dʒʌŋgl] s. Dschungel m, n (a. fig.): ~ fever Dschungelfieber n; law of the ~ Faustrecht n; 2. (undurchdringliches) Dickicht (a. fig.); fig. Gewirr n: ~ gym Klettergerüst n (für Kinder); 'jun·gled [-ld] adj. mit Dschungel(n) bedeckt, verdschungelt.

jun·ior ['dʒuːnjə] I adj. 1. junior (mst nach Familiennamen u. abgekürzt zu Jr., jr., Jun., jun.): George Smith jr.; Smith ~ Smith II (von Schülern); jünger (im Amt), 'untergeordnet, zweiter: ~ clerk a) untere(r) Büroangestellte(r), b) zweiter Buchhalter, c) jur. Brit. Anwaltspraktikant m, d) kleiner Angestellter; ~ counsel (od. barrister) jur. Brit. → barrister (als Vorstufe zum King's Counsel); ~ partner jüngerer Teilhaber, fig. der kleinere Partner; ~ staff untere Angestellte pl.; 3. später, jünger, nachfolgend: ~ forms ped. Brit. die Unterklassen, die Unterstufe; ~ school Brit. Grundschule f; 4. jur. rangjünger, (im Rang) nachstehend: ~ mortgage; 5. sport Junioren..., Jugend...: ~ championship; 6. Am. Kinder..., Jugend...: ~ books; 7. jugendlich, jung: ~ citizens Jungbürger pl.; ~ skin; 8. Am. F kleiner(er, es): a ~ hurricane; II s. 9. Jüngere(r m) f: he is my ~ by 2 years, he is 2 years my ~ er ist (um) 2 Jahre jünger als ich; my ~s Leute, die jünger sind als ich; 10. univ. Am. Stu'dent m a) im vorletzten Jahr vor s-r Graduierung, b) im 3. Jahr an e-m senior college, c) im 1. Jahr an e-m junior college; 11. a. ♀ (ohne art) a) Junior m (Sohn mit dem Vornamen des Vaters), b) allg. der Sohn, der Junge, c) Am. F Kleine(r) m; 12. Jugendliche(r m) f, Her'anwachsende(r *m*) *f*: **~ miss** *Am.* ‚junge Dame' (*Mädchen*); **13.** 'Untergeordnete(r *m*) *f* (im Amt), jüngere(r) Angestellte(r): ***he is my ~ in this office*** a) er untersteht mir in diesem Amt, b) er ist in dieses Amt nach mir eingetreten; **14.** *Bridge*: Junior *m* (*Spieler, der rechts vom Alleinspieler sitzt*); **~ col·lege** *s. Am.* Juni'orencollege *n* (*umfaßt die untersten Hochschuljahrgänge, etwa 16- bis 18jährige Studenten*); **~ high (school)** *s. Am.* (*Art*) Aufbauschule *f* (*für die **high school***) (*dritt- u. viertletzte Klasse der Grundschule u. erste Klasse der **high school***).

jun·ior·i·ty [ˌdʒuːnɪ'ɒrətɪ] *s.* **1.** geringeres Alter *od.* Dienstalter; **2.** 'untergeordnete Stellung, niedrigerer Rang.

ju·ni·per ['dʒuːnɪpə] *s.* Wa'cholder *m.*

junk¹ [dʒʌŋk] **I** *s.* **1.** Trödel *m*, alter Kram, Plunder *m*: **~ *food*** *bsd. Am.* Nahrung *f* mit geringem Nährwert; **~ *market*** Trödel-, Flohmarkt *m*; **~ *dealer*** Trödler *m*, Altwarenhändler *m*; **~ *shop*** Trödelladen *m*; **~ *yard*** Schrottplatz *m*; **2.** *contp.* Schund *m*, ‚Mist' *m*, ‚Schrott' *m*; **3.** *sl.* ‚Stoff' *m* (*Rauschgift*); **II** *v/t.* **4.** *Am.* F a) wegwerfen, b) verschrotten, c) *fig.* zum alten Eisen *od.* über Bord werfen.

junk² [dʒʌŋk] *s.* Dschunke *f.*

jun·ket ['dʒʌŋkɪt] **I** *s.* **1.** a) Sahnequark *m*, b) Quarkspeise *f* mit Sahne; **2.** Festivi'tät *f*, Fete *f*; **3.** *Am.* F sogenannte Dienstreise, Vergnügungsreise *f* auf öffentliche Kosten; **II** *v/i.* **4.** feiern, es sich wohl sein lassen.

junk·ie ['dʒʌŋkɪ] *s. sl.* ‚Fixer' *m*, Rauschgiftsüchtige(r *m*) *f.*

Ju·no·esque [ˌdʒuːnəʊ'esk] *adj.* ju'nonisch.

jun·ta ['dʒʌntə] (*Span.*) *s.* **1.** *pol.* (*bsd.* Mili'tär)Junta *f*; **2.** → **'jun·to** [-təʊ] *pl.* **-tos** *s.* Clique *f.*

Ju·pi·ter ['dʒuːpɪtə] *s. myth. u. ast.* Jupiter *m.*

Ju·ras·sic [ˌdʒʊə'ræsɪk] *geol.* **I** *adj.* Jura..., ju'rassisch: **~ *period***; **II** *s.* 'Juraformatiˌon *f.*

ju·rat ['dʒʊəræt] *s. Brit.* **1.** *hist.* Stadtrat *m* (*Person*) in den ***Cinque Ports***; **2.** Richter *m auf den Kanalinseln*; **3.** ⚖ Bekräftigungsformel *f* unter eidesstattlichen Erklärungen.

ju·rid·i·cal [ˌdʒʊə'rɪdɪkl] *adj.* □ **1.** gerichtlich, Gerichts...; **2.** ju'ristisch, Rechts...: **~ *person*** *Am.* juristische Person.

ju·ris·dic·tion [ˌdʒʊərɪs'dɪkʃn] *s.* **1.** Rechtsprechung *f*; **2.** a) Gerichtsbarkeit *f*, b) (*örtliche u. sachliche*) Zuständigkeit (***of, over*** für): ***come under the ~ of*** unter die Zuständigkeit fallen (*gen.*); ***have ~ over*** zuständig sein für; **3.** a) Gerichtsbezirk *m*, b) Zuständigkeitsbereich *m*; **ju·ris'dic·tion·al** [-ʃənl] *adj.* Gerichtsbarkeits..., Zuständigkeits...; **ju·ris·pru·dence** [ˌdʒʊərɪs'pruːdəns] *s.* Rechtswissenschaft *f*, Jurispru'denz *f*; **ju·rist** ['dʒʊərɪst] *s.* **1.** Ju'rist(in); **2.** *Brit.* Stu'dent *m* der Rechte; **3.** *Am.* Rechtsanwalt *m*; **ju·ris·tic, ju·ris·ti·cal** [ˌdʒʊə'rɪstɪk(l)] *adj.* □ ju'ristisch, Rechts...

ju·ror ['dʒʊərə] *s.* **1.** ⚖ Geschworene(r *m*) *f*; **2.** Preisrichter(in).

ju·ry¹ ['dʒʊərɪ] *s.* **1.** ⚖ *die* Geschworenen *pl.*, Ju'ry *f*: ***trial by ~, ~ trial*** Schwurgerichtsverfahren *n*; ***sit on the ~*** Geschworene(r) sein; **2.** Ju'ry *f*, Preisrichterausschuß *m*, *sport a.* Kampfgericht *n*; **3.** Sachverständigenausschuß *m.*

ju·ry² ['dʒʊərɪ] *adj.* ⚓, ✈ Ersatz..., Hilfs..., Not...

ju·ry| box *s.* ⚖ Geschworenenbank *f*; **'~·man** [-mən] *s.* [*irr.*] ⚖ Geschworene(r) *m*; **~ pan·el** *s.* ⚖ Geschworenenliste *f.*

jus [dʒʌs] *pl.* **ju·ra** ['dʒʊərə] (*Lat.*) *s.* Recht *n.*

jus·sive ['dʒʌsɪv] *adj. ling.* Befehls..., impera'tivisch.

just [dʒʌst] **I** *adj.* □ → II *u.* ***justly***; **1.** gerecht (***to*** gegen): ***be ~ to s.o.*** j-n gerecht behandeln; **2.** gerecht, richtig, angemessen, gehörig: ***it was only ~*** es war nur recht u. billig; **~ *reward*** gerechter *od.* (wohl)verdienter Lohn; **3.** rechtmäßig, wohlbegründet: ***a ~ claim***; **4.** berechtigt, gerechtfertigt, (wohl)begründet: **~ *indignation***; **5.** a) genau, kor'rekt, b) wahr, richtig; **6.** *bibl.* gerecht, rechtschaffen: ***the ~*** die Gerechten *pl.*; **7.** ♪ rein; **II** *adv.* **8.** *zeitlich*: a) gerade, (so)'eben: ***they have ~ left***; **~ *before I came*** kurz *od.* knapp bevor ich kam; **~ *after breakfast*** kurz *od.* gleich nach dem Frühstück; **~ *now*** eben erst, soeben (→ b), b) genau, gerade (*zu diesem Zeitpunkt*): **~ *as*** gerade als, genau in dem Augenblick als (→ 9); ***I was ~ going to say*** ich wollte gerade sagen; **~ *now*** a) gerade jetzt, b) jetzt gleich (→ a); **~ *then*** a) gerade damals, b) gerade in diesem Augenblick; **~ *five o'clock*** genau fünf Uhr; **9.** *örtlich u. fig.*: genau: **~ *there***; **~ *round the corner*** gleich um die Ecke; **~ *as*** ebenso wie; **~ *as good*** genausogut; **~ *about*** a) (so *od.* in) etwa, b) so ziemlich, c) so gerade, eben (noch); **~ *about here*** ungefähr hier, hier herum; **~ *so!*** ganz recht!; ***that's ~ it!*** das ist es ja gerade *od.* eben!; ***that's ~ like you!*** das sieht dir (ganz) ähnlich!; ***that's ~ what I thought!*** (genau) das hab' ich mir (doch) gedacht!; **~ *what do you mean (by that)?*** was (genau) wollen Sie damit sagen?; **~ *how many are they?*** wie viele sind es genau?; ***it's ~ as well*** (es ist) vielleicht besser *od.* ganz gut so; ***we might ~ as well go!*** da können wir genausogut auch gehen!; **10.** gerade (noch), ganz knapp, mit knapper Not: ***we ~ managed***; ***the bullet ~ missed him*** die Kugel ging ganz knapp an ihm vorbei; **~ *possible*** immerhin möglich, nicht unmöglich; **~ *too late*** gerade zu spät; **11.** nur, lediglich, bloß: **~ *in case*** nur für den Fall; **~ *the two of us*** nur wir beide; **~ *for the fun of it*** nur zum Spaß; **~ *a moment!*** (nur) e-n Augenblick!, *a. iro.* Moment (mal)!; **~ *give her a book*** schenk ihr doch einfach ein Buch; **12.** *vor imp.* a) doch, mal, b) nur: **~ *tell me*** sag (mir) mal, sag mir nur *od.* bloß; **~ *sit down, please!*** setzen Sie sich doch bitte; **~ *think!*** denk mal!; **~ *try!*** versuch's doch (mal)!; **13.** F einfach, wirklich: **~ *wonderful***.

jus·tice ['dʒʌstɪs] *s.* **1.** Gerechtigkeit *f* (***to*** gegen); **2.** Rechtmäßigkeit *f*, Berechtigung *f*, Recht *n*: ***with ~*** mit *od.* zu Recht; **3.** Gerechtigkeit *f*, gerechter Lohn: ***do ~ to*** a) *j-m od. e-r Sache* Gerechtigkeit widerfahren lassen, gerecht werden (*dat.*), b) *et.* (recht) zu würdigen wissen, *a. e-r Speise, dem Wein* tüchtig zusprechen; ***the picture did ~ to her beauty*** das Bild wurde ihrer Schönheit gerecht; ***do o.s. ~*** a) sein wahres Können zeigen, b) sich selbst gerecht werden; **~ *was done*** der Gerechtigkeit wurde Genüge getan; ***in ~ to him*** um ihm gerecht zu werden, fairerweise; **4.** ⚖ Gerechtigkeit *f*, Recht *n*, Ju'stiz *f*: ***administer ~*** Recht sprechen; ***flee from ~*** sich der verdienten Strafe (durch die Flucht) entziehen; ***bring to ~*** vor Gericht bringen; ***in ~*** von Rechts wegen; **5.** Richter *m*: ***Mr. ~ X.*** (*Anrede in England*); **~ *of the peace*** Friedensrichter (*Laienrichter*); **'jus·tice·ship** [-ʃɪp] *s.* Richteramt *n.*

jus·ti·ci·a·ble [dʒʌ'stɪʃɪəbl] *adj.* ⚖ justiti'abel, gerichtlicher Entscheidung unter'worfen; **jus'ti·ci·ar·y** [-ɪərɪ] ⚖ **I** *s.* Richter *m*; **II** *adj.* Justiz..., gerichtlich.

jus·ti·fi·a·ble ['dʒʌstɪfaɪəbl] *adj.* □ zu rechtfertigen(d), berechtigt, vertretbar, entschuldbar; **'jus·ti·fi·a·bly** [-lɪ] *adv.* berechtigterweise.

jus·ti·fi·ca·tion [ˌdʒʌstɪfɪ'keɪʃn] *s.* **1.** Rechtfertigung *f*: ***in ~ of*** zur Rechtfertigung von (*od. gen.*); **2.** Berechtigung *f*: ***with ~*** berechtigterweise, mit Recht; **3.** *typ.* Justierung *f*, Ausschluß *m*; **jus·ti·fi·ca·to·ry** ['dʒʌstɪfɪkeɪtərɪ] *adj.* rechtfertigend, Rechtfertigungs...; **jus·ti·fy** ['dʒʌstɪfaɪ] *v/t.* **1.** rechtfertigen (***before*** *od.* ***to s.o.*** vor j-m, j-m gegenüber); ***be justified in doing s.th.*** et. mit gutem Recht tun; ein Recht haben, et. zu tun; berechtigt sein, et. zu tun; **2.** a) gutheißen, b) entschuldigen, c) *j-m* recht geben; **3.** *eccl.* rechtfertigen, von Sündenschuld freisprechen; **4.** ⚙ richtigstellen, richten, justieren; **5.** *typ.* ausschließen.

just·ly ['dʒʌstlɪ] *adv.* **1.** richtig; **2.** mit *od.* zu Recht, gerechterweise; **3.** verdientermaßen; **'just·ness** [-tnɪs] *s.* **1.** Gerechtigkeit *f*; **2.** Rechtmäßigkeit *f*; **3.** Richtigkeit *f*; **4.** Genauigkeit *f.*

jut [dʒʌt] **I** *v/i. a.* **~ *out*** vorspringen, her'ausragen: **~ *into s.th.*** in et. hineinragen; **II** *s.* Vorsprung *m.*

jute¹ [dʒuːt] ⚘ Jute *f.*

Jute² [dʒuːt] *s.* Jüte *m*; **Jut·land** ['dʒʌtlənd] *npr.* Jütland *n*: ***the Battle of ~*** *hist.* die Skagerrakschlacht.

ju·ve·nes·cence [ˌdʒuːvə'nesns] *s.* **1.** Verjüngung *f*; **2.** Jugend *f.*

ju·ve·nile ['dʒuːvənaɪl] **I** *adj.* **1.** jugendlich, jung, Jugend...: **~ *book*** Jugendbuch *n*; **~ *court*** Jugendgericht *n*; **~ *delinquency*** Jugendkriminalität *f*; **~ *delinquent*** *od.* ***offender*** jugendlicher Täter; **II** *s.* **2.** Jugendliche(r *m*) *f*; **3.** *thea.* jugendlicher Liebhaber; **4.** Jugendbuch *n*; **ju·ve·ni·li·a** [ˌdʒuːvə'nɪlɪə] *pl.* **1.** Jugendwerke *pl.* (*e-s Autors etc.*); **2.** Werke *pl.* für die Jugend; **ju·ve·nil·i·ty** [ˌdʒuːvə'nɪlətɪ] *s.* **1.** Jugendlichkeit *f*; **2.** jugendlicher Leichtsinn; **3.** *pl.* Kinde'reien *pl.*; **4.** *coll.* (*die*) Jugend.

jux·ta·pose [ˌdʒʌkstə'pəʊz] *v/t.* nebenein'anderstellen: **~*d to*** angrenzend an (*acc.*); **jux·ta·po·si·tion** [ˌdʒʌkstəpə'zɪʃn] *s.* Nebenein'anderstellung *f*, -liegen *n.*

K

K, k [keɪ] s. K n, k n (Buchstabe).
kab·(b)a·la [kəˈbɑːlə] → ca(b)bala.
ka·di [ˈkɑːdɪ] → cadi.
ka·ke·mo·no [ˌkækɪˈməʊnəʊ] pl. -nos s. Kake'mono n (japanisches Rollbild).
kale [keɪl] s. **1.** ♀ Kohl m, bsd. Grün-, Blattkohl m; (curly) ~ Krauskohl m; **2.** Kohlsuppe f; **3.** Am. sl. ,Zaster' m.
ka·lei·do·scope [kəˈlaɪdəskəʊp] s. Ka'leido'skop n (a. fig.); **ka·lei·do·scop·ic, ka·lei·do·scop·i·cal** [kəˌlaɪdəˈskɒpɪk(l)] adj. □ kaleido'skopisch.
'kale·yard s. Scot. Gemüsegarten m; ~ **school** s. schottische Heimatdichtung.
Kan·a·ka [ˈkænəkə, kəˈnækə] s. Ka'nake m (Südseeinsulaner, a. contp.).
kan·ga·roo [ˌkæŋgəˈruː] pl. -roos s. zo. Känguruh n; ~ **court** s. Am. sl. **1.** 'illeˌgales Gericht (z. B. unter Sträflingen); **2.** kor'ruptes Gericht.
Kant·i·an [ˈkæntɪən] phls. **I** adj. kantisch; **II** s. Kanti'aner(in).
ka·o·lin(e) [ˈkeɪəlɪn] s. min. Kao'lin n.
ka·ra·te [kəˈrɑːtɪ] s. Ka'rate n; ~ **chop** s. Ka'rateschlag m.
kar·ma [ˈkɑːmə] s. **1.** Buddhismus etc.: Karma n; **2.** allg. Schicksal n.
kat·a·bat·ic wind [ˌkætəˈbætɪk] s. Fallwind m, kata'batischer Wind.
kay·ak [ˈkaɪæk] s. Kajak m, n: **two-seat-er** ~ sport Kajakzweier m.
kay·o [ˈkeɪˈəʊ] F für knock out od. knockout.
ke·bab [kəˈbæb] s. Ke'bab n (orientalisches Fleischspießgericht).
keck [kek] v/i. würgen, (sich) erbrechen (müssen).
kedge [kedʒ] ♪ **I** v/t. warpen, verholen; **II** s. a. ~ **anchor** Wurf-, Warpanker m.
kedg·er·ee [ˌkedʒəˈriː] s. Brit. Ind. Ked-ge'ree n (Reisgericht mit Fisch, Eiern, Zwiebeln etc.).
keel [kiːl] **I** s. **1.** ♪ Kiel m: on an even ~ im Gleichgewicht, fig. a. gleichmäßig, ruhig: be on an even ~ again fig. wieder im Lot sein; **2.** poet. Schiff n; **3.** Kiel m: a) ✓ Längsträger m, b) ♀ Längsrippe f; **II** v/t. **4.** ~ over a) ('um-)kippen, kentern lassen, b) kiel'oben legen; **III** v/i. **5.** ~ over 'umschlagen, -kippen (a. fig.), kentern; kiel'oben liegen; **6.** F ,umkippen' (Person etc.); **'keel·age** [-lɪdʒ] s. ♪ Kielgeld n, Hafengebühren pl.; **'keel·haul** v/t. **1.** j-n kielholen; **2.** fig. j-n ,zs.-stauchen'; **keel·son** [ˈkelsn] → kelson.
keen¹ [kiːn] adj. □ → keenly; **1.** scharf (geschliffen): ~ edge scharfe Schneide; **2.** scharf (Wind), schneidend (Kälte); **3.** beißend (Spott); **4.** scharf, 'durchdringend: ~ glance (smell); **5.** grell (Licht), schrill (Ton); **6.** heftig, stark

(Schmerzen); **7.** scharf (Augen), fein (Sinne): be ~-eyed (~-eared) scharfe Augen (ein feines Gehör) haben; **8.** fein, ausgeprägt (Gefühl; of für): a ~ sense of literature; **9.** heftig, stark, groß (Freude etc.): ~ desire heftiges Verlangen, heißer Wunsch; ~ interest starkes od. lebhaftes Interesse; ~ competition scharfe Konkurrenz; **10.** a. ~-witted scharfsinnig; a ~ mind ein scharfer Verstand; **11.** eifrig, begeistert, leidenschaftlich: a ~ swimmer; ~ on begeistert von, sehr interessiert an (dat.); he is ~ on dancing er ist ein begeisterter Tänzer; he is very ~ F er ist ,schwer auf Draht'; you shouldn't be too ~! du solltest dich etwas zurückhalten!; (→ a. 13); **12.** (stark) interessiert (Bewerber etc.); **13.** F erpicht, versessen, ,scharf' (on, about auf acc.): he is ~ on doing (od. to do) it er ist sehr darauf erpicht od. scharf darauf, es zu tun, es liegt ihm (sehr) viel daran, es zu tun; I am not ~ on it ich habe wenig Lust dazu, ich mache mir nichts daraus, es liegt mir nichts daran, ich lege keinen (gesteigerten) Wert darauf; I am not ~ on sweets ich mag keine Süßigkeiten; I am not ~ on that idea ich bin nicht gerade begeistert von dieser Idee; as ~ as mustard (on) F ganz versessen (auf acc.), Feuer u. Flamme (für); **14.** Brit. F niedrig, gut: ~ prices; **15.** Am. F ,prima', ,prächtig'.
keen² [kiːn] Ir. **I** s. Totenklage f; **II** v/i. wehklagen; **III** v/t. beklagen.
keen-'edged adj. **1.** → keen¹ 1; **2.** fig. messerscharf.
keen·ly [ˈkiːnlɪ] adv. **1.** scharf (etc. → keen¹); **2.** ungemein, äußerst, sehr; **'keen·ness** [-nnɪs] s. **1.** Schärfe f (a. fig.); **2.** Heftigkeit f; **3.** Eifer m, starkes Inter'esse, Begeisterung f; **4.** Scharfsinn m; **5.** Feinheit f; **6.** fig. Bitterkeit f.
keep [kiːp] **I** s. **1.** a) Burgverlies n, b) Bergfried m; **2.** a) ('Lebens-)Unterhalt m, b) 'Unterkunft f u. Verpflegung f: earn one's ~ s-n Lebensunterhalt verdienen; **3.** 'Unterhaltskosten pl.: the ~ of a horse; **4.** Obhut f, Verwahrung f; **5.** for ~s F auf od. für immer, endgültig; **II** v/t. [irr.] **6.** (be)halten, haben: ~ the ticket in your hand behalte die Karte in der Hand!; he kept his hands in his pockets er hatte die Hände in den Taschen; **7.** j-n od. et. lassen, (in e-m gewissen Zustand) (er)halten: ~ apart getrennt halten, auseinanderhalten; ~ a door closed e-e Tür geschlossen halten; ~ s.th. dry et. trocken halten od. vor Nässe schützen; ~ s.o. from

doing s.th. j-n davon abhalten, et. zu tun; ~ s.th. to o.s. et. für sich behalten; ~ s.o. informed j-n auf dem laufenden halten; ~ s.o. waiting j-n warten lassen; ~ s.th. going et. in Gang halten; ~ s.o. going a) j-n finanziell unterstützen, b) j-n am Leben erhalten; ~ s.th. a secret et. geheimhalten (from s.o. vor j-m); **8.** fig. (er)halten, (be)wahren: ~ one's balance das od. sein Gleichgewicht (be)halten od. wahren; ~ one's distance Abstand halten od. bewahren; **9.** (im Besitz) behalten: you may ~ the book; ~ the change! behalten Sie den Rest (des Geldes)!; ~ your seat! bleiben Sie (doch) sitzen!; **10.** fig. halten, sich halten od. behaupten in od. auf (dat.): ~ the stage sich auf der Bühne behaupten; **11.** j-n aufhalten: don't let me ~ you! laß dich nicht aufhalten!; **12.** (fest)halten, bewachen: ~ s.o. (a) prisoner (od. in prison) j-n gefangenhalten; ~ s.o. for lunch j-n zum Mittagessen dabehalten; she ~s him here sie hält ihn hier fest, er bleibt ihretwegen hier; ~ (the) goal sport das Tor hüten, im Tor stehen; **13.** aufheben, (auf)bewahren: I ~ all my old letters; ~ a secret ein Geheimnis bewahren; ~ for a later date für später od. für e-n späteren Zeitpunkt aufheben; **14.** (aufrechter)halten, unter'halten: ~ an eye on s.o. j-n im Auge behalten; ~ good relations with s.o. zu j-m gute Beziehungen unterhalten; **15.** pflegen, (er)halten: ~ in (good) repair in gutem Zustand erhalten; a well-kept garden ein gutgepflegter Garten; **16.** e-e Ware führen, auf Lager haben: we don't ~ this article; **17.** Schriftstücke führen, halten: ~ a diary; ~ (the) books Buch führen; ~ a record of s.th. über (acc.) et. Buch führen od. Aufzeichnungen machen; **18.** ein Geschäft etc. führen, verwalten, vorstehen (dat.): ~ a shop ein (Laden)Geschäft führen od. betreiben; **19.** ein Amt etc. innehaben: ~ a post; **20.** Am. e-e Versammlung etc. (ab)halten: ~ an assembly; **21.** ein Versprechen etc. (ein)halten, einlösen: ~ a promise; ~ an appointment e-e Verabredung einhalten; **22.** das Bett, Haus, Zimmer hüten, bleiben in (dat.): ~ one's bed (house, room); **23.** Vorschriften etc. be(ob)achten, (ein)halten, befolgen: ~ the rules; **24.** ein Fest begehen, feiern: ~ Christmas; **25.** ernähren, er-, unter'halten, sorgen für: have a family to ~; **26.** (bei sich) haben, halten, beherbergen: ~ boarders; **27.** sich halten od. zulegen: ~ a maid ein Hausmädchen haben od. (sich) halten;

a kept woman e-e Mätresse; **~ *a car*** sich e-n Wagen halten, ein Auto haben; **28.** (be)schützen: *God ~ you!*; **III** *v/i.* [*irr.*] **29.** bleiben: **~ *in bed***; **~ *at home***; **~ *in sight*** in Sicht(weite) bleiben; **~ *out of danger*** sich außer Gefahr halten; **~** (*to the*) *left* sich links halten, links fahren *od.* gehen; **~ *straight on*** (immer) geradeaus gehen; → *clear* 6; **30.** sich halten, (*in e-m gewissen Zustand*) bleiben: **~ *cool*** kühl bleiben (*a. fig.*); **~ *quiet!*** sei still!; **~ *to o.s.*** für sich bleiben, sich zurückhalten; **~ *friends*** (weiterhin) Freunde bleiben; **~ *in good health*** gesund bleiben; ***the milk*** (***weather***) ***will ~*** die Milch (das Wetter) wird sich halten; ***the weather ~s fine*** das Wetter bleibt schön; ***that*** (***matter***) ***will ~*** F diese Sache hat Zeit *od.* eilt nicht; ***how are you ~ing?*** wie geht es dir?; **31.** *mit ger.* weiter...: **~ *going*** a) weitergehen, b) weitermachen; **~** (***on***) ***laughing*** weiterlachen, nicht aufhören zu lachen, dauernd *od.* unaufhörlich lachen; **~ *smiling!*** immer nur lächeln!, Kopf hoch!

Zssgn mit prp. u. adv.:

keep| a·head *v/i.* an der Spitze *od.* vorn(e) bleiben; **~ *of*** j-m vorausbleiben; **~ *at it!*** weitermachen mit: **~ *it!*** bleib dran!, weiter so!; **2. ~ *s.o.*** j-n nicht in Ruhe lassen, j-m ständig zusetzen, j-n dauernd ‚bearbeiten'; **~ a·way** **I** *v/i.* wegbleiben, sich fernhalten (*from* von); im Hintergrund bleiben; **II** *v/t.* fernhalten (*from* von); **~ back I** *v/t.* **1.** *allg.* zurückhalten: a) fernhalten, b) *fig.* *Geld etc.* einbehalten, **2.** *et.* verschweigen (*from s.o.* j-m); **2.** j-n, *et.* aufhalten; *et.* verzögern; *Schüler* dabehalten; **II** *v/i.* **3.** im Hintergrund bleiben; **~ down I** *v/t.* **1.** unten halten, *Kopf a.* ducken, **2.** *fig. Preise etc.* niedrig halten, be-, einschränken; **3.** *fig.* nicht aufkommen lassen, unter'drücken; **4.** *Essen etc.* bei sich behalten; *Schüler* (eine Klasse) wiederholen lassen; **II** *v/i.* **6.** unten bleiben; **7.** sich geduckt halten; **~ from I** *v/t.* **1.** ab-, zu'rück-, fernhalten von, hindern an (*dat.*), bewahren vor (*dat.*): *he kept me from work* er hielt mich von m-r Arbeit ab; *he kept me from danger* er bewahrte mich vor Gefahr; *I kept him from knowing too much* ich verhinderte, daß er zuviel erfuhr; **2.** vorenthalten, verschweigen: *you are keeping s.th. from me* du verschweigst mir et.; **II** *v/i.* **3.** sich fernhalten von, sich enthalten (*gen.*), *et.* unterlassen *od.* nicht tun: *I couldn't ~ laughing* ich mußte einfach lachen; **~ in I** *v/t.* **1.** nicht außer Haus lassen, *bsd. Schüler* nachsitzen lassen; **2.** *Gefühle etc.* im Zaume halten; **3.** *Feuer* nicht ausgehen lassen; *Bauch* einziehen; **II** *v/i.* **5.** (dr)innen bleiben; **6.** anbleiben (*Feuer*); **7. ~ *with*** gut Freund bleiben mit, sich gut stellen mit; **~ off I** *v/t.* fernhalten (von); *die Hände* weglassen (von); **II** *v/i.* sich fernhalten (von), *a. Getränk etc.* meiden: *if the rain keeps off* wenn es nicht regnet; **~ *the grass!*** Betreten des Rasens verboten; **~ on I** *v/t.* **1.** *Kleider* anbehalten; *Hut* aufbehalten; **2.** *Angestellte etc.* behalten, weiterbeschäftigen; **II** *v/i.* **3.** *mit ger.* weiter...: **~ *doing***

s.th. a) *et.* weiter tun, b) *et.* immer wieder tun, c) *et.* dauernd tun; → *keep* 31; **4. ~ *at s.o.*** an j-m her'umnörgeln, auf j-n ‚einhacken'; **5.** weitergehen *od.* -fahren: *keep straight on!* immer geradeaus!; **~ out I** *v/t.* **1.** nicht her'einlassen, abhalten: **~ *s.o.*** (*the light etc.*); **2.** schützen *od.* bewahren vor (*dat.*), j-n *a.* her'aushalten aus (*e-r Sache*); **II** *v/i.* **3.** draußen bleiben, nicht her'einkommen, *Zimmer etc.* nicht betreten: **~!** a) bleib draußen!, b) „Zutritt verboten"; **4. ~ *of*** sich her'aushalten aus, *et.* meiden: **~ *of debt*** keine Schulden machen; **~ *of sight*** sich nicht sehen lassen; **~ *of mischief!*** mach keine Dummheiten!; ***you ~ of this!*** halten Sie sich da raus!; **~ to I** *v/t.* **1.** *keep s.o. to his promise* j-n auf sein Versprechen festnageln; *keep s.th. to a minimum* et. auf ein Minimum beschränken; **2.** *keep o.s. to o.s.* für sich bleiben, Gesellschaft meiden; **II** *v/i.* **3.** festhalten an (*dat.*), bleiben bei: **~ *one's word***; **~ *the rules*** an den Regeln festhalten, die Vorschriften einhalten; **~ *the subject*** (*od. point*) bleiben Sie beim Thema!; **4.** bleiben in (*dat.*) *od.* auf (*acc.*) *etc.*: **~ *one's bed*** (*od. room*) im Bett (in s-m Zimmer) bleiben; **~ *the left!*** halten Sie sich links!; **~ *o.s.*** → 2; **~ to·geth·er I** *v/t.* zu'sammenhalten; **II** *v/i.* a) zu'sammenbleiben, b) zu'sammenhalten (*Freunde etc.*); **~ un·der** *v/t.* **1.** j-n unter'drücken, unten halten: *you won't keep him under* den kriegst du nicht klein; **2.** j-n unter Nar'kose halten; **3.** *Gefühle* unter'drücken, zügeln; **4.** *Feuer* unter Kon'trolle halten; **~ up I** *v/t.* **1.** aufrecht (*a. über Wasser*) halten, hochhalten; **2.** *fig. Freundschaft, Moral etc.* aufrechterhalten; *Preise etc.* a. hoch halten, *et.* beibehalten, *Sitte etc.* weiterpflegen; *Tempo etc.* halten: **~ *a correspondence*** in Briefwechsel bleiben; **~ *it up!*** (nur) weiter so!; **3.** *Haus etc.* unter'halten, in'stand halten; **4.** j-n am Schlafen (-gehen) hindern; **II** *v/i.* **5.** andauern, -halten, nicht nachlassen; **6.** *lange etc.* aufbleiben: *we ~ late*; **7. ~ *with*** a) mit j-m *od. et.* Schritt halten, *fig. a.* mithalten (können), b) j-m, e-r *Sache* folgen können, c) sich auf dem laufenden halten über (*acc.*), d) in Kon'takt bleiben mit j-m: **~ *with the times*** mit der Zeit gehen; **~ *with the Joneses*** den Nachbarn nicht nachstehen wollen.

keep·er ['kiːpə] *s.* **1.** Wächter *m*, Aufseher *m*, (Gefangenen-, Irren-, Tier-, Park-, Leuchtturm)Wärter *m*, Betreuer (-in) *m(s ich als my brother's ~?)*; ... **~?** *bibl.* soll ich m-s Bruders Hüter sein?; **2.** Verwahrer *m*, Verwalter *m*: *Lord 𝔈 of the Great Seal* Großsiegelbewahrer *m*; **3.** *mst in Zssgn:* a) Inhaber(in), Besitzer (-in): → *innkeeper etc.*, b) Halter(in), Züchter(in): → *beekeeper*, c) j-d, der *et.* besorgt, betreut *od.* verteidigt: (*goal*) **~** *sport* Torwart *m*; **4.** 𝔈 a) Schutzring *m*, b) Verschluß *m*, Schieber *m*, c) 𝔈 Ma'gnetanker *m*; **5.** *be a good* **~** nicht leicht faulen (*Obst, Fisch etc.*); **6.** *sport abbr. für wicket-~*.

‚keep-'fresh bag *s.* Frischhaltebeutel *m*.

keep·ing ['kiːpɪŋ] **I** *s.* **1.** Verwahrung *f*, Aufsicht *f*, Pflege *f*, (Ob)Hut *f*: *in safe*

~ in guter Obhut, sicher verwahrt; *have in one's* **~** in Verwahrung *od.* unter s-r Obhut haben; *put s.th. in s.o.'s* **~** j-m et. zur Aufbewahrung geben; **2.** 'Unterhalt *m*; **3.** *be in* (*out of*) **~** *with* mit et. (nicht) in Einklang stehen *od.* (nicht) übereinstimmen, e-r *Sache* (nicht) entsprechen: *in* **~** *with the times* zeitgemäß; **4.** Gewahrsam *m*, Haft *f*; **II** *adj.* **5.** haltbar: **~** *apples* Winteräpfel.

keep·sake ['kiːpseɪk] *s.* Andenken *n* (*Geschenk etc.*): *as* (*od. for*) *a* **~** zum Andenken.

kef·ir ['kefɪə] *s.* Kefir *m* (*Getränk aus gegorener Milch*).

keg [keg] *s.* **1.** kleines Faß, Fäßchen *n*; **2.** *Brit.* (Alu'minium)Behälter *m* für Bier: **~** (*beer*) Bier *n* vom Faß; **3.** *Am.* Gewichtseinheit für Nägel = 45,3 kg.

kelp [kelp] *s.* ♀ **1.** *ein* Seetang *m*; **2.** Kelp *n*, Seetangasche *f*.

kel·pie ['kelpɪ] *s. Scot.* Nix *m*, Wassergeist *m* in Pferdegestalt.

kel·son ['kelsn] *s.* ⚓ Kielschwein *n*.

kel·vin ['kelvɪn] *s. phys.* Kelvin *n*: **~** *temperature* Kelvintemperatur *f*, thermody'namische Temperatur.

Kelt·ic ['keltɪk] → *Celtic*.

ken [ken] **I** *s.* **1.** Gesichtskreis *m*, *fig. a.* Hori'zont *m*: *that is beyond* (*od. outside*) *my* **~** das entzieht sich m-r Kenntnis; **2.** (Wissens)Gebiet *n*; **II** *v/t.* **3.** *bsd. Scot.* kennen, verstehen, wissen.

ken·nel ['kenl] **I** *s.* **1.** Hundehütte *f*; **2.** *pl. mst sg. konstr.* a) Hundezwinger *m*, b) Hunde-, Tierheim *n*; **3.** *a. fig.* Meute *f*, Pack *m* (*Hunde*); **4.** *fig.* ‚Loch' *n*, armselige Behausung; **II** *v/t.* **5.** in e-r Hundehütte *od.* in e-m (Hunde)Zwinger halten.

Ken·tuck·y Der·by [ken'tʌkɪ] *s. sport* das wichtigste amer. Pferderennen (*für Dreijährige*).

kep·i ['keɪpɪ] *s.* ✕ Käppi *n*.

kept [kept] **I** *pret. u. p.p. von keep*; **II** *adj.:* **~** *woman* Mä'tresse *f*; *she is a ~ woman a.* sie läßt sich aushalten.

kerb [kɜːb] *s.* **1.** Bord-, Randstein *m*, Bord-, Straßenkante *f*: **~** *drill* Verkehrserziehung *f* für Fußgänger; **2.** *on the* **~** ✝ im Freiverkehr; **~ mar·ket** ✝ Freiverkehrsmarkt *m*, Nachbörse *f*: **~ price** Freiverkehrskurs *m*; **‚~-stone** → *kerb* 1: **~ *broker*** Freiverkehrsmakler *m*.

ker·chief ['kɜːtʃɪf] *s.* Hals-, Kopftuch *n*.

ker·fuf·fle [kə'fʌfl] *s. Brit.* F **1.** Lärm *m*, Krach *m*; **2.** *a.* *fuss and* **~** ‚The'ater' *n*, ‚Gedöns' *n*.

ker·mess, ‚ker·mis ['kɜːmɪs], **'ker·mis** [-mɪs] *s.* **1.** Kirmes *f*, Kirchweih *f*; **2.** *Am.* 'Wohltätigkeitsba,sar *m*.

ker·nel ['kɜːnl] *s.* **1.** (Nuß- *etc.*)Kern *m*; **2.** (Hafer-, Mais- *etc.*)Korn *n*; **3.** *fig.* Kern *m*, das Innerste, Wesen *n*; **4.** ⚙ (Guß- *etc.*)Kern *m*.

ker·o·sene, ker·o·sine ['kerəsiːn] *s.* ✈ Kero'sin *n*.

kes·trel ['kestrəl] *s.* Turmfalke *m*.

ketch [ketʃ] *s.* ⚓ Ketsch *f* (*zweimastiger Segler*).

ketch·up ['ketʃəp] *s.* Ketchup *m, n*.

ket·tle ['ketl] *s.* (Koch)Kessel *m*: *put the* **~** *on* (Tee- *etc.*)Wasser aufstellen; *a pretty* (*od. nice*) **~** *of fish* F e-e schöne Bescherung; **'~·drum** *s.* ♪ (Kessel)Pauke *f*; '~₁**drum·mer** *s.* ♪ (Kessel)Pauker *m.*

key [kiː] **I** *s.* **1.** Schlüssel *m*: *false ~* Nachschlüssel *m*, Dietrich *m*; *power of the ~s R.C.* Schlüsselgewalt *f*; *turn the ~* abschließen; **2.** *fig.* Schlüssel *m*, Lösung *f* (*to* zu): *the ~ to a problem* (*riddle etc.*); *the ~ to success* der Schlüssel zum Erfolg; **3.** *fig.* Schlüssel *m*: a) *Buch mit Lösungen*, b) Zeichenerklärung *f* (*auf e-r Landkarte etc.*), c) Übersetzung(sschlüssel *m*) *f*, d) Code (-schlüssel) *m*; **4.** Kennwort *n*, Chiffre *f* (*in Inseraten etc.*); **5.** ♪ a) Taste *f*, b) Klappe *f* (*an Blasinstrumenten*), c) Tonart *f*: *major* (*minor*) *~* Dur *n* (Moll *n*); *in the ~ of C minor* in c-Moll; *sing off ~* falsch singen; *in ~ with fig.* in Einklang mit, d) → *key signature*; **6.** *fig.* Ton(art *f*) *m*: *in a high* (*low*) *~* laut (leise); *all in the same ~* alles im selben Ton(fall), monoton; *in a low ~* a) *paint. phot.* matt (getönt), in matten Farben (gehalten), b) *fig.* ,lahm', ,müde'; **7.** ⊕ a) Keil *m*, Splint *m*, Bolzen *m*, b) Schraubenschlüssel *m*, c) Taste *f* (*der Schreibmaschine etc.*); **8.** ⚡ a) Taste *f*, Druckknopf *m*, b) Taster *m*, 'Tastkon₁takt *m*; **9.** *tel.* Taster *m*, Geber *m*; **10.** *typ.* Setz-, Schließkeil *m*; **11.** △ Keil *m*, Schlußstein *m*; **12.** ✕ Schlüsselstellung *f*, Macht *f* (*to* über *acc.*); **II** *adj.* **13.** *fig.* 'Schlüssel...: *~ position* Schlüsselstellung *f*, -position *f*; *~ official* Beamter in e-r 'Schlüsselstellung; **III** *v/t.* **14.** a. *~ in*, *~ on* ver-, festkeilen; **15.** a) *tel.* tasten, geben, b) *Computer etc.*: tasten: *~ in* eintasten, -geben; **16.** ♪ stimmen: *~ the strings*; **17.** (*to*, *for*) anpassen (an *acc.*), abstimmen (auf *acc.*); **18.** *fig.*: *~ up* a) *j-n* in nervöse Spannung versetzen, b) *allg. et.* steigern: *~ed up* (an)gespannt, überreizt, ,überdreht'; **19.** mit e-m Kennwort versehen; '~·**board I** *s.* **1.** ♪ a) Klavia'tur *f*, Tasta'tur *f* (*Klavier*), b) Manu'al *n* (*Orgel*): *~ instruments*, *~s pl.* Tasteninstrumente; **2.** Tasten *pl.*, Tasta'tur *f* (*Schreibmaschine etc.*); **II** *v/t.* **3.** *Computer etc.*: eintasten, -geben; *~* **bu·gle** *s.* ♪ Klappenhorn *n*; *~* **date** *s.* Stichtag *m*; *~* **fos·sil** *s.* 'Leitfos₁sil *n*; '~·**hole** *s.* **1.** Schlüsselloch *n*: *~ report fig.* Bericht *m* mit intimen Einzelheiten; **2.** *Am. F Basketball*: Freiwurfraum *m*; *~* **in·dus·try** *s.* 'Schlüsselindu₁strie *f*; *~* **man**, *a.* '~·**man** [-mæn] *s.* [*irr.*] 'Schlüsselfi₁gur *f*, Mann *m* in e-r 'Schlüsselposi·ti₁on; *~* **map** *s.* 'Übersichtskarte *f*; *~* **mon·ey** *s.* Abstandssumme *f*, ('Miet-) Kauti₁on *f*; '~·**move** *s. Schach*: Schlüsselzug *m*; '~·**note I** *s.* **1.** ♪ Grundton *m*; **2.** *fig.* Grundton *m*, -gedanke *m*, Leitgedanke *m*, Hauptthema *n*; **3.** *pol. Am.* Par'teilinie *f*, -pro₁gramm *n*: *~ address* programmatische Rede; *~ speaker* → *keynoter*; **II** *v/t.* **4.** *pol. Am.* a) e-e program'matische Rede halten auf (*e-m Parteitag etc.*), b) program'matisch verkünden, c) als Grundgedanken enthalten; **5.** kennzeichnen; '~·**not·er** *s. pol. Am.* Hauptsprecher *m*, po'litischer Pro'grammredner *m*; *~* **punch** *s.* ⊕ (Karten-, Tasta'tur)Locher *m*; '~·**punch op·er·a·tor** *s.* Locher(in); *~* **ring** *s.* Schlüsselring *m*; *~* **sig·na·ture** *s.* ♪ Vorzeichen *n od. pl.*; '~·**stone** *s.* **1.** △

Schlußstein *m*; **2.** *fig.* Grundpfeiler *m*, Funda'ment *n*; *~* **stroke** *s.* Anschlag *m*; '~·**way** *s.* ⊕ Keilnut *f*; *~* **wit·ness** *s.* ⅞ Hauptzeuge *m*; *~* **word** *s.* Schlüssel-, Stichwort *n*.

kha·ki ['kɑːkɪ] **I** *s.* **1.** Khaki *n*; **2.** a) Khakistoff *m*, b) 'Khakiuni₁form *f*; **II** *adj.* **3.** khaki, staubfarben.

khan¹ [kɑːn] → *caravansary*.

khan² [kɑːn] *s.* Khan *m* (*orientalischer Fürstentitel*); '**khan·ate** [-neɪt] *s.* Kha·'nat *n* (*Land e-s Khans*).

khe·dive [kɪˈdiːv] *s.* Khe'dive *m*.

kib·butz [kɪˈbuːts] *pl.* **kib'butz·im** [-tsɪm] *s.* Kib'buz *m*.

khi [kaɪ] *s.* Chi *n* (*griech. Buchstabe*).

kibe [kaɪb] *s.* ⚕ offene Frostbeule.

kib·itz ['kɪbɪts] *v/i.* ,kiebitzen'; '**kib·itz·er** [-tsə] *s.* F **1.** Kiebitz *m* (*Zuschauer, bsd. beim Kartenspiel*); **2.** *fig.* Besserwisser *m.*

ki·bosh ['kaɪbɒʃ] *s.*: *put the ~ on sl. et.* ,ka'puttmachen' *od.* ,vermasseln'.

kick [kɪk] **I** *s.* **1.** (Fuß)Tritt *m* (*a. fig.*), Stoß *m*: *give s.o. od. s.th. a ~* → 9; *get the ~* ,(raus)fliegen' (*entlassen werden*); *what he needs is a ~ in the pants* er braucht mal e-n kräftigen Tritt in den Hintern; **2.** Rückstoß *m* (*Schußwaffe*); **3.** *Fußball*: Schuß *m*; **4.** *Schwimmen*: Beinschlag *m*; **5.** F (Stoß)Kraft *f*, Ener'gie *f*, E'lan *m*: *give a ~ to et.* in Schwung bringen, *e-r Sache* ,Pfiff' verleihen; *he has no ~ left* er hat keinen Schwung mehr; *a novel with a ~* ein Roman mit ,Pfiff'; **6.** F (Nerven)Kitzel *m*: *get a ~ out of s.th.* an et. mächtig Spaß haben; *just for ~s* nur zum Spaß; **7.** (*berauschende*) Wirkung: *this cocktail has got a ~* der Cocktail ,hat es aber in sich'; **8.** *Am.* F a) Groll *m*, b) (Grund *m* zur) Beschwerde *f*; **II** *v/t.* **9.** (mit dem Fuß) stoßen *od.* treten, e-n Fußtritt versetzen (*dat.*): *~ s.o.'s behind* j-m in den Hintern treten; *~ s.o. downstairs* j-n die Treppe hinunterwerfen; *~ upstairs fig.* j-n durch Beförderung kaltstellen; *I felt like ~ing myself* ich hätte mich ohrfeigen können; **10.** *sport* a) Ball treten, kicken, b) *Tor, Freistoß etc.* schießen: *~ a goal*; **11.** *sl.* ,runterkommen' von (*e-m Rauschgift, e-r Gewohnheit*); **III** *v/i.* **12.** (mit dem Fuß) stoßen *od.* treten: *~ at* treten nach; **13.** um sich treten; **14.** strampeln (*bsd. Baby*); **15.** das Bein hochwerfen (*Tänzer*); **16.** ausschlagen (*Pferd*); **17.** zu'rückstoßen, -prallen (*Schußwaffe*); **18.** *mot.* ,stottern'; **19.** F a) ,meutern', sich mit Händen u. Füßen wehren, (*against, at* gegen), b) ,meckern', nörgeln (*about* über *acc.*); **20.** → *kick off* 3; *~* **a·bout** *od.* *~* **a·round I** *v/t.* **1.** Ball he'rumkicken; **2.** F *j-n* he'rumstoßen, schikanieren; **3.** a) *Idee etc.* ,beschwatzen', diskutieren, b) ,spielen' *od.* sich befassen mit; **II** *v/i.* **4.** F her'umreisen; **5.** F ,rumliegen' (*Sache*); *~* **in I** *v/t.* **1.** *Tür etc.* eintreten; **2.** *sl.* beisteuern; **II** *v/i.* **3.** *sl.* beisteuern; *~* **off I** *v/i.* **1.** *Fußball*: anstoßen, den Anstoß ausführen; **2.** F losgelen (*with* mit); **3.** *Am. sl.* ,abkratzen' (*sterben*); **II** *v/t.* **4.** wegschleudern; **5.** F *et.* starten, in Gang setzen; *~* **out** *v/t.* **1.** *Fußball*: ins Aus schießen; **2.** *sl.* ,rausschmeißen'; *~* **up** *v/t.* hochschleudern;

Staub aufwirbeln; → *heel* Redew., *row³* I.

'**kick·back** *s.* **1.** F heftige Reakti'on; **2.** *Am. sl.* a) *allg.* Provisi'on *f*, Anteil *m*, b) (geheime) Rückvergütung *f*, c) Schmiergeld *n.*

'**kick·down** *s. mot.* Kickdown *m* (*Durchtreten des Gaspedals*).

kick·er ['kɪkə] *s.* **1.** (Aus)Schläger *m* (*Pferd*); **2.** *Brit.* a) Kicker *m*, Fußballspieler *m*, b) *Rugby*: Kicker *m* (*Spezialist für Frei- und Strafstöße*); **3.** ,Meckerer' *m*, Queru'lant(in).

'**kick·off** *s.* **1.** *Fußball*: Anstoß *m*; **2.** F Start *m*, Anfang *m*; '~·**start** *v/t. mot.* anlassen; '~·**start·er** *s. mot.* Kickstarter *m*, Tretanlasser *m*; *~* **turn** *s.* Skisport: Spitzkehre *f.*

kid¹ [kɪd] **I** *s.* **1.** *zo.* Zicklein *n*, Kitz(e *f*) *n*; **2.** a. *~ leather* Ziegen-, Gla'céleder *n*; → *kid glove*; **3.** F ,Kleine(r' *m*) *f*, Kind *m*, Junge *m*, Mädchen *n*: *my ~ brother* mein kleiner Bruder; *that's ~ stuff!* das ist was für (kleine) Kinder!; **II** *v/i.* **4.** zickeln.

kid² [kɪd] F **I** *v/t. j-n* a) ,verkohlen', ,aufziehen', ,auf den Arm nehmen': *don't ~ me* erzähl mir doch keine Märchen; *don't ~ yourself* mach dir doch nichts vor; **II** *v/i.* a) albern, Jux machen, b) schwindeln: *he was only ~ding* er hat (ja) nur Spaß gemacht; *no ~ding!* im Ernst!, ehrlich!; *you are ~ding!* das sagst du doch nur so!

kid·dy ['kɪdɪ] → *kid¹* 3.

kid glove *s.* Gla'céhandschuh *m* (*a. fig.*): *handle with ~s fig.* mit Samt *od.* Glacéhandschuhen anfassen; '~·**glove** *adj. fig.* **1.** anspruchsvoll, wählerisch; **2.** sanft, diplo'matisch.

kid·nap ['kɪdnæp] *v/t.* kidnappen, entführen; '**kid·nap·(p)er** [-pə] *s.* Kidnapper(in), Entführer(in); '**kid·nap·(p)ing** [-pɪŋ] *s.* Kidnapping *n*, Entführung *f*, Menschenraub *m.*

kid·ney ['kɪdnɪ] *s.* **1.** *anat.* Niere *f* (*a. als Speise*); **2.** *fig.* Art *f*, Schlag *m*, Sorte *f*: *a man of the same ~* ein Mann von gleichen Schlag; *~* **bean** *s.* ♀ Weiße Bohne; *~* **ma·chine** *s.* ⚕ künstliche Niere; '~·**shaped** *adj.* nierenförmig; *~* **stone** *s.* ⚕ Nierenstein *m.*

kill [kɪl] **I** *v/t.* **1.** (*o.s.* sich) töten, 'umbringen: *~ off* abschlachten, ausrotten, vertilgen, beseitigen, ,abmurksen'; *~ two birds with one stone fig.* zwei Fliegen mit e-r Klappe schlagen; *be ~ed* getötet werden, ums Leben kommen, umkommen, sterben; *be ~ed in action* ✕ (im Krieg *od.* im Kampf) fallen; **2.** *Tiere* schlachten; **3.** *hunt.* erlegen, schießen; **4.** ✕ abschießen, zerstören, vernichten, *Schiff* versenken; **5.** töten, *j-s* Tod verursachen: *his reckless driving will ~ him one day* sein leichtsinniges Fahren wird ihn noch das Leben kosten; *the job* (*etc.*) *is ~ing me* die Arbeit (*etc.*) bringt mich (noch) um; *the sight nearly ~ed me* der Anblick war zum Totlachen; **6.** a) zu'grunde richten, ruinieren, ka'puttmachen, b) *Knospen etc.* vernichten, zerstören; **7.** *fig.* wider'rufen, ungültig machen, streichen; **8.** *fig. Gefühle* (ab)töten, ersticken; **9.** *Schmerzen* stillen; **10.** unwirksam machen, *Wirkung etc.* aufheben; *Farben* übertönen, ,erschlagen'; **11.**

Geräusche schlucken; **12.** *fig. ein Gesetz etc.* zu Fall bringen, *e-n Plan* durch-'kreuzen; **13.** durch Kri'tik vernichten; **14.** *sport den Ball* töten; **15.** *Zeit* totschlagen: ∼ *time*; **16.** a) *e-e Maschine etc.* abstellen, abschalten, *den Motor a.* ,abwürgen', b) *Lichter* ausschalten; **17.** F a) *e-e Flasche etc.* austrinken, b) *e-e Zigarette* ausdrücken; **II** *v/i.* **18.** töten: a) den Tod verursachen *od.* her'beiführen, b) morden; **19.** F unwider'stehlich *od.* hinreißend sein, e-n tollen Eindruck machen: *dressed to* ∼ todschick gekleidet, *contp.* aufgedonnert; **III** *s.* **20.** *bsd. hunt.* a) Tötung *f* (*des Wildes*), Abschuß *m*, b) erlegtes Wild, Strecke *f*: *be in at the* ∼ *fig.* am Schluß dabei sein; **21.** a) ✕ Zerstörung *f*, b) ✈ Abschuß *m*, c) ⚓ Versenkung *f*.

kill·er ['kɪlə] *s.* **1.** Mörder *m*, Killer *m*; **2.** *a. fig.* Schlächter *m*; **3.** tödliche Krankheit *etc.*; *et.*, das e-n umbringt; **4.** *bsd. in Zssgn* Vertilgungsmittel *n*; **5.** *Am.* F a) schicke *od.* ,tolle' Frau, b) ,toller' Bursche, c) ,tolle' Sache, d) mörderischer Schlag; ∼ **in·stinct** *s.* 'Killerinstinkt *m*; ∼ **whale** *s. zo.* Schwertwal *m*.

kill·ing ['kɪlɪŋ] **I** *s.* **1.** a) Tötung *f*, Morden *n*, b) Mord(fall) *m*: *three more* ∼*s in London*; **2.** Schlachten *n*; **3.** *hunt.* Erlegen *n*; **4.** *make a* ∼ e-n Riesengewinn machen; **II** *adj.* □ **5.** tödlich, vernichtend, mörderisch (*a. fig.*): *a* ∼ *glance* ein vernichtender Blick; *a* ∼ *pace* ein mörderisches Tempo; **6.** *a.* ∼*ly funny* F urkomisch, zum Brüllen.

'kill·joy *s.* Spielverderber(in), Störenfried *m*, Miesmacher(in); '∼**-time** *adj.* zum Zeitvertreib *gctan etc.*

kiln [kɪln] *s.* Brenn-, Trocken-, Röst-, Darrofen *m*, Darre *f*; '∼**-dry** *v/t.* im *Ofen*) dörren, darren, brennen, rösten.

ki·lo ['ki:ləʊ] *s.* Kilo *n*.

kil·o·|gram(me) ['kɪləʊgræm] *s.* Kilo-'gramm *n*, Kilo *n*; ∼**gram·me·tre** *Brit.* [ˌkɪləʊ-græm'mi:tə] *s.* 'Meterkiloˌgramm *n*; ∼**hertz** ['kɪləʊhɜːts] *s.* ⚡, *phys.* Kilo-'hertz *m*; ∼**·li·ter** *Am.*, ∼**·li·tre** *Brit.* ['kɪləʊˌli:tə] *s.* Kilo'liter *m*, *n*; ∼**·me·ter** *Am.*, ∼**·me·tre** *Brit.* ['kɪləʊˌmi:tə] *s.* Kilo'meter *m*; ∼**·met·ric**, ∼**·met·ri·cal** [ˌkɪləʊ'metrɪk(l)] *adj.* kilo'metrisch; ∼**ton** ['kɪləʊʌn] *s.* **1.** 1000 Tonnen *pl.*; **2.** *phys.* Sprengkraft, *die 1000 Tonnen TNT entspricht*; ∼**volt** ['kɪləʊvəʊlt] *s.* ⚡ Kilo'volt *n*; ∼**watt** ['kɪləʊwɒt] *s.* ⚡ Kilo'watt *n*: ∼ *hour* Kilowattstunde *f*.

kilt [kɪlt] **I** *s.* **1.** Kilt *m*, Schottenrock *m*; **II** *v/t.* **2.** aufschürzen; **3.** fälteln, plissieren; **'kilt·ed** [-tɪd] *adj.* mit e-m Kilt (bekleidet).

ki·mo·no [kɪ'məʊnəʊ] *pl.* -**nos** *s.* Kimono *m*.

kin [kɪn] **I** *s.* **1.** Fa'milie *f*, Sippe *f*; **2.** *coll. pl. konstr.* (Bluts)Verwandtschaft *f*, Verwandte *pl.*; → *kith*, *next* 1; **II** *adj.* **3.** (*to*) verwandt (mit), ähnlich (*dat.*).

kind¹ [kaɪnd] *s.* **1.** Art *f*: a) Typ *m*, Gattung *f*, b) Sorte *f*, c) Beschaffenheit *f*: *all* ∼*s of* alle möglichen, alle Arten von; *all of a* ∼ (**with**) von der gleichen Art (wie); *the only one of its* ∼ das einzige s-r Art; *two of a* ∼ zwei von derselben Sorte; *what* ∼ *of ...?* was für ein ...?; *nothing of the* ∼ keineswegs ;

nichts dergleichen; *you'll do nothing of the* ∼ *a.* das wirst du schön bleibenlassen; *these* ∼ (*of people*) F diese Art Menschen; *he is not that* ∼ *of person* F er ist nicht so (einer); *your* ∼ Leute wie Sie; *I know your* ∼ Ihre Sorte *od.* Ihren Typ kenne ich; *s.th. of the* ∼ etwas Derartiges, so etwas; *that* ∼ *of* (*a*) *book* so ein Buch; *I haven't got that* ∼ *of money* F soviel Geld hab' ich nicht; *he felt a* ∼ *of compunction* er empfand so etwas wie Reue; *I* ∼ *of expected it* F ich hatte es halb *od.* irgendwie erwartet; *I* ∼ *of promised it* F ich habe es so halb u. halb versprochen; *he is* ∼ *of funny* F er ist etwas *od.* ein bißchen komisch; *I was* ∼ *of disappointed* F ich war schon ein bißchen enttäuscht; *I had* ∼ *of thought that ...* F ich hatte eigentlich *od.* fast gedacht, daß; *that's not my* ∼ *of film* F solche Filme sind nicht mein Fall; *in* ∼ a) *Natu'ralien pl.*, Waren *pl.*: *pay in* ∼; *I shall pay him in* ∼! *fig.* dem werd' ich es in gleicher Münze zurückzahlen; **3.** *eccl.* Gestalt *f* (*von Brot u. Wein beim Abendmahl*).

kind² [kaɪnd] *adj.* □ → *kindly* II; **1.** gütig, freundlich, liebenswürdig, nett, lieb, gut (*to s.o. zu* j-m): *be so* ∼ *as to* (*inf.*) seien Sie bitte so gut *od.* freundlich, zu (*inf.*); *would you be* ∼ *enough to* wären Sie (vielleicht) so nett *od.* gut, zu *inf.*; *that was very* ∼ *of you* das war wirklich nett *od.* lieb von dir; **2.** gutartig, fromm (*Pferd*).

kin·der·gar·ten ['kɪndəˌgɑːtn] *s.* a) Kindergarten *n*, b) Vorschule *f*.

kind-'heart·ed [ˌkaɪnd'hɑːtɪd] *adj.* gütig, gutherzig; **kind-'heart·ed·ness** [-nɪs] *s.* (Herzens)Güte *f*.

kin·dle ['kɪndl] **I** *v/t.* **1.** an-, entzünden; **2.** *fig.* entflammen, -zünden, -fachen, *Interesse etc.* wecken; **3.** erleuchten; **II** *v/i.* **4.** *a. fig.* Feuer fangen, aufflammen; **5.** *fig.* (*at*) a) sich erregen (über *acc.*), b) sich begeistern (für).

kind·li·ness ['kaɪndlɪnɪs] → *kindness*.

kin·dling ['kɪndlɪŋ] *s.* Anmach-, Anzündholz *n*.

kind·ly ['kaɪndlɪ] **I** *adj.* **1.** → *kind²*; **II** *adv.* **2.** gütig, freundlich; **3.** F freundlicherweise, liebenswürdig(erweise), gütig(st), freundlich(st): ∼ *toll me* sagen Sie mir bitte; *take* ∼ *to* sich befreunden mit, sich hingezogen fühlen zu, liebgewinnen; *he didn't take* ∼ *to that* das hat ihm gar nicht gefallen, das paßte ihm gar nicht; *will you* ∼ *shut up!* *iro.* willst du gefälligst den Mund halten!; **'kind·ness** [-dnɪs] *s.* **1.** Güte *f*, Freundlichkeit *f*, Liebenswürdigkeit *f*: *out of the* ∼ *of one's heart* aus reiner (Herzens)Güte; *please, have the* ∼ *to* bitte, seien Sie so freundlich, zu *inf.*; **2.** Gefälligkeit *f*: *do s.o. a* ∼ j-m e-n Gefallen tun.

kin·dred ['kɪndrɪd] **I** *s.* **1.** (Bluts)Verwandtschaft *f*; **2.** *coll. pl. konstr.* Verwandte *pl.*, Verwandtschaft *f*, Fa'milie *f*; **II** *adj.* **3.** (bluts)verwandt; **4.** *fig.* verwandt, ähnlich, gleichartig: ∼ *languages*; ∼ *spirit* Gleichgesinnte(r *m*) *f*; *he and I are* ∼ *spirits* er u. ich sind geistesverwandt *od.* verwandte Seelen.

kin·e·mat·ic, **kin·e·mat·i·cal** [ˌkɪnɪ'mætɪk(l)] *adj. phys.* kine'matisch; **kin·e-**

'mat·ics [-ks] *s. pl. sg. konstr. phys.* Kine'matik *f*, Bewegungslehre *f*.

ki·net·ic [kaɪ'netɪk] *adj. phys.* ki'netisch: ∼ *energy*; **ki·net·ics** [-ks] *s. pl. sg. konstr. phys.* Ki'netik *f*, Bewegungslehre *f*.

king [kɪŋ] **I** *s.* **1.** König *m*: ∼ *of beasts* König der Tiere (*Löwe*); → *King's Counsel etc.*; **2.** a) ♗ *of* ♗s *eccl. der König der Könige* (*Gott, Christus*), b) (*Book of*) ♗s *bibl.* (*das Buch der*) Könige *pl.*; **3.** a) *Kartenspiel, Schach:* König *m*, b) *Damespiel:* Dame *f*; **4.** *fig.* König *m*, Ma'gnat *m*: *oil* ∼; **II** *v/i.* **5.** ∼ *it* König sein, den König spielen, herrschen (*over* über *acc.*).

king·dom ['kɪŋdəm] *s.* **1.** Königreich *n*; **2.** *a.* ♗ *of heaven* Himmelreich *n*, das Reich Gottes; *send s.o. to* ∼ *come* F j-n ins Jenseits befördern; *till* ∼ *come* F bis in alle Ewigkeit; **3.** *fig.* (Na'tur-)Reich *n*: *animal* (*vegetable, mineral*) ∼ Tier- (Pflanzen-, Mineral)reich *n*.

'king·fish·er *s. orn.* Eisvogel *m*; ♗ **James Bi·ble** *od.* **Ver·sion** *s. autorisierte englische Bibelübersetzung.*

king·let ['kɪŋlɪt] *s.* unbedeutender König, Duo'dezfürst *m*.

'king·ly [-lɪ] *adj. u. adv.* königlich, maje'stätisch.

'king·|mak·er *s. bsd. fig.* Königsmacher *m*; '∼**·pin** *s.* **1.** ⚙ Achsschenkelbolzen *m*; **2.** *Kegelspiel:* König *m*; **3.** F a) der ,Hauptmacher', der wichtigste Mann, b) *die* Hauptsache, *der* Dreh- u. Angelpunkt; ♗**'s Bench** (**Di·vi·sion**) *s.* ⚖ Abteilung *des* **High Court of Justice**, *zuständig für* a) *Zivilsachen* (*Obligations- und Deliktsrecht, Handels-, Steuer- u. Seesachen*), b) *Strafsachen* (*als oberste Instanz für* **summary offences**); ♗**'s Coun·sel** *s.* ⚖ *Brit.* Anwalt *m* der Krone; ♗**'s Eng·lish** → **English** 3; ∼**'s ev·i·dence** → **evidence** 1.

king·ship ['kɪŋʃɪp] *s.* Königtum *n*.

'king-size(d) *adj.* 'überˌdurchschnittlich groß, Riesen..., *fig.* F *a.* Mords...: ∼ *cigarettes* King-size-Zigaretten.

King's Speech *s. Brit.* Thronrede *f*.

kink [kɪŋk] **I** *s.* **1.** *bsd.* ⚓ Kink *f*, Knick *m*, Schleife *f* (*Draht, Tau*); **2.** (Muskel-)Zerrung *f od.* (-)Krampf *m*; **3.** *fig.* a) Schrulle *f*, Tick *m*, b) ,Macke' *f*, De-'fekt *m*; **4.** *Brit.* F Abartigkeit *f*; **II** *v/i.* **5.** e-e Kink *etc.* haben (→ 1); **III** *v/t.* **6.** knicken, knoten, verknäueln; **'kink·y** [-kɪ] *adj.* **1.** voller Kinken, verdreht (*Tau etc.*); **2.** wirr, kraus (*Haar*); **3.** F a) spleenig, ,irre', ausgefallen, ,verrückt', b) *Brit.* per'vers, abartig.

kins·folk ['kɪnzfəʊk] *s. pl.* Verwandtschaft *f*, (Bluts)Verwandte *pl.*

kin·ship ['kɪnʃɪp] *s.* **1.** (Bluts)Verwandtschaft *f*; **2.** *fig.* Verwandtschaft *f*.

kins·man ['kɪnzmən] *s.* [*irr.*] (Bluts-)Verwandte(r) *m*, Angehörige(r) *m*; ∼**·wom·an** ['kɪnzˌwʊmən] *s.* [*irr.*] (Bluts)Verwandte *f*, Angehörige *f*.

ki·osk ['ki:ɒsk] *s.* **1.** Kiosk *m*, Verkaufsstand *m*; **2.** *Brit.* Tele'fonzelle *f*.

kip [kɪp] *sl.* **1.** Schläfchen *n*; **2.** ,Falle' *f*, ,Klappe' *f* (*Bett*); **II** *v/i.* **3.** a) ,pennen' (*schlafen*), b) *mst* ∼ *down* sich ,hinhauen'.

kip·per ['kɪpə] **I** *s.* **1.** Räucherhering *m*, Bückling *m*; **2.** Lachs *m* (*während der*

Laichzeit); **II** *v/t.* **3.** *Heringe* einsalzen u. räuchern: ~ed herring → 1.
Kir·ghiz ['kɜːgɪz] *s.* Kir'gise *m.*
kirk [kɜːk] *s. Scot.* Kirche *f.*
Kirsch [kɪəʃ] *s.* Kirsch(wasser *n*) *m.*
kiss [kɪs] **I** *s.* **1.** Kuß *m*: ~ of death *fig.* Todesstoß *m*; ~ of life Mund-zu-Mund-Beatmung *f*; **blow** (*od.* **throw**) **a ~ to s.o.** j-m e-e Kußhand zuwerfen; **2.** leichte Berührung (*zweier Billardbälle etc.*); **3.** *Am.* Bai'ser *n* (*Zuckergebäck*); **4.** Zuckerplätzchen *n*; **II** *v/t.* **5.** küssen: ~ **away** Tränen fortküssen; ~ **s.o. good night** j-m e-n Gutenachtkuß geben; **you can ~ your money good-bye!** F dein Geld hast du gesehen!; ~ **one's hand to s.o.** j-m e-e Kußhand zuwerfen; ~ **s.o.'s hand** j-m die Hand küssen; → **book** 1, **rod** 2; **6.** *fig.* leicht berühren; **III** *v/i.* **7.** sich küssen: ~ **and make up** sich mit e-m Kuß versöhnen; **8.** *fig.* sich leicht berühren; **'kiss·a·ble** *adj.* küssenswert; **kiss curl** *s. Brit.* Schmachtlocke *f*; **'kiss·er** [-sə] *s. sl.* ,Fresse' *f* (*Mund od. Gesicht*).
kiss·ing gate ['kɪsɪŋ] *s.* kleines Schwingtor (*das immer nur eine Person durchläßt*).
'kiss|-off *s. Am. sl.* **1.** Ende *n* (*a. Tod*); **2.** ,Rausschmiß' *m*; **'~-proof** *adj.* kußecht, -fest.
kit [kɪt] **I** *s.* **1.** (Angel-, Reit- *etc.*)Ausrüstung *f*: **gym ~** Sportsachen *pl.*, -zeug *n*; **2.** ✕ a) Mon'tur *f*, b) Gepäck *n*; **3.** a) Arbeitsgerät *n*, Werkzeug(e *pl.*) *n*, b) Werkzeugkasten *m*, -tasche *f*, Flickzeug *n*, c) Baukasten *m*, d) Bastelsatz *m*, e) *allg.* Behälter *m*: **first-aid ~** Verbandskasten *m*; **4.** *Zeitungswesen:* Pressemappe *f*; **5.** F a) Kram *m*, Zeug *n*, ,Sachen' *pl.*, b) Sippe *f*, ,Blase' *f*: **the whole ~** (**and caboodle**) der ganze Kram *od.* der ganze ,Verein'; **II** *v/t.* **6.** ~ **out** *od.* **up** ausstatten (**with** mit); **'~-bag** *s.* **1.** Reisetasche *f*; **2.** ✕ Kleider-, Seesack *m.*
kitch·en ['kɪtʃɪn] **I** *s.* Küche *f*; **II** *adj.* Küchen..., Haushalts...; **kitch·en·et(te)** [ˌkɪtʃɪ'net] *s.* Kleinküche *f*, Kochnische *f*.
kitch·en| foil *s.* Haushalts- *od.* Alufolie *f*; ~ **gar·den** *s.* Gemüsegarten *m*; **'~-maid** *s.* Küchenmädchen *n*; ~ **mid·den** *s.* vorgeschichtlicher (Küchen-)Abfallhaufen; ~ **po·lice** *s.* ✕ *Am.* Küchendienst *m*; ~ **range** *s.* Küchen-, Kochherd *m*; ~ **scales** *s. pl.* Küchenwaage *f*; ~ **sink** *s.* Ausguß *m*, Spülstein *m*, ,Spüle' *f*: **everything but the ~** *humor.* alles, der ganze Krempel; ~ **dra·ma** *thea.* realistisches Sozialdrama; **'~-ware** *s.* Küchengeschirr *n od.* -geräte *pl.*
kite [kaɪt] *s.* **1.** (Pa'pier-, Stoff)Drachen *m*: **fly a ~** a) e-n Drachen steigen lassen, b) *fig.* e-n Versuchsballon loslassen, c) → **2**; **2.** *orn.* Gabelweihe *f*; **3.** ✝ F Gefälligkeits-, Kellerwechsel *m*: **fly a ~** Wechselreiterei betreiben; → **1**; **4.** ✈ *sl.* ,Kiste' *f*, ,Mühle' *f* (*Flugzeug*); **5.** ⚓ **mark** *Brit.* (amtliches) Gütezeichen; **bal·loon** *s.* ✕ 'Fessel-, 'Drachenbal,lon *m*; **'~-fly·ing** *s.* **1.** Steigenlassen *n* e-s Drachens; **2.** *fig.* Loslassen *n* e-s Versuchsbal,lons, Sondieren *n*; **3.** ✝ F Wechselreite'rei *f*.

kith [kɪθ] *s.*: ~ **and kin** (Bekannte u.) Verwandte *pl.*; **with ~ and kin** mit Kind u. Kegel.
kitsch [kɪtʃ] *s.* Kitsch *m.*
kit·ten ['kɪtn] **I** *s.* Kätzchen *n*, junge Katze: **have ~s** F ,Zustände' kriegen; **II** *v/i.* Junge werfen (*Katze*); **'kit·ten·ish** [-nɪʃ] *adj.* **1.** wie ein Kätzchen (geartet); **2.** (kindlich) verspielt *od.* ausgelassen.
kit·ty¹ ['kɪtɪ] *s.* Mieze *f*, Kätzchen *n.*
kit·ty² ['kɪtɪ] *s.* **1.** *Kartenspiel:* (Spiel-)Kasse *f*; **2.** (gemeinsame) Kasse.
ki·wi ['kiːwiː] *s.* **1.** *orn.* Kiwi *m*; **2.** ⚘ Kiwi *f.*
klax·on ['klæksn] *s.* (Auto)Hupe *f.*
klep·to·ma·ni·a [ˌkleptəʊ'meɪnjə] *s. psych.* Kleptoma'nie *f*; **klep·to'ma·ni·ac** [-niæk] **I** Klepto'mane *m*, Klepto'manin *f*; **II** *adj.* klepto'manisch.
klieg light [kliːg] *s. Film:* Jupiterlampe *f.*
klutz [klʌts] *s. Am. sl.* ,Trottel' *m.*
knack [næk] *s.* **1.** Trick *m*, Kniff *m*, ,Dreh' *m*; **2.** Geschick(lichkeit *f*) *n*, Kunst *f*, Ta'lent *n*: **the ~ of writing** die Kunst des Schreibens; **have the ~ of s.th.** den Dreh von et. heraushaben, wissen, wie man et. macht; **I've lost the ~** ich krieg' es nicht mehr hin.
knack·er ['nækə] *s.* **1.** *Brit.* Abdecker *m*, Schinder *m*; **2.** 'Abbruchunter,nehmer *m*; **'knack·ered** *adj. Brit. sl.* (ganz) ,ka'putt', ,to'tal geschafft'.
knag [næg] *s.* Knorren *m*, Ast *m* (*im Holz*).
knap·sack ['næpsæk] *s.* **1.** ✕ Tor'nister *m*; **2.** Rucksack *m*, Ranzen *m.*
knave [neɪv] *s.* **1.** *obs.* Schurke *m*, Schuft *m*, Spitzbube *m*; **2.** *Kartenspiel:* Bube *m*, Unter *m*; **'knav·er·y** [-vərɪ] *s. obs.* **1.** Schurke'rei *f*; **2.** Gaune'rei *f*; **'knav·ish** [-vɪʃ] *adj.* □ *obs.* schurkisch.
knead [niːd] *v/t.* **1.** kneten; **2.** ('durch-)kneten, massieren; **3.** *fig.* formen (*into* zu); **'knead·ing-trough** [-dɪŋ] *s.* Backtrog *m.*
knee [niː] **I** *s.* **1.** Knie *n*: **on one's** (**bended**) ~**s** auf den Knien, kniefällig; **bend** (*od.* **bow**) **the ~ to** niederknien vor (*dat.*); **bring s.o. to his ~s** j-n auf *od.* in die Knie zwingen; **give a ~ to s.o.** j-n unterstützen; **go on one's ~s to** a) niederknien vor (*dat.*), b) *fig.* j-n kniefällig bitten; **2.** ⊙ a) Knie(stück) *n*, Winkel *m*, b) Knie(rohr) *n*, (Rohr-)Krümmer *m*; **II** *v/t.* **3.** mit dem Knie stoßen; **4.** F *Hose an den Knien* ausbeulen; ~ **bend(·ing)** *s.* Kniebeuge *f*; ~ **breech·es** *s. pl.* Kniehose(n *pl.*) *f*; **'~-cap** *s. anat.* Kniescheibe *f*; Knieleder *n*, -schützer *m*; **'~-'deep** *adj.* knietief, bis an die Knie (reichend); **'~-'high** **1.** ~ **knee-deep**; **'~-hole desk** *s.* Schreibtisch *m* mit Öffnung für die Knie; ~ **jerk** *s.* ✻ 'Knie(sehnen)re,flex *m*; **'~-joint** *s. anat.*, ⊙ Kniegelenk *n.*
kneel [niːl] *v/i.* [*irr.*] ~ **down** (nieder)knien (**to** vor *dat.*).
'knee|-length *adj.* knielang: ~ **skirt** kniefreier Rock; ~ **pad** *s.* Knieschützer *m*; **'~-pan** *s.* → **kneecap** 1; ~ **pipe** *s.* Knierohr *n*; ~ **shot** *s. Film:* 'Halbto,tale *f.*
knell [nel] **I** *s.* **1.** Totenglocke *f*, Grabgeläute *n* (*a. fig.*): **sound the ~ of →** 3; **2.**

fig. Vorbote *m*, Ankündigung *f*; **II** *v/i.* **3.** läuten; **III** *v/t.* **4.** (*bsd. durch Läuten*) a) bekanntgeben, b) zs.-rufen.
knelt [nelt] *pret. u. p.p. von* **kneel.**
knew [njuː] *pret von* **know.**
Knick·er·bock·er ['nɪkəbɒkə] *s.* **1.** (*Spitzname für den*) New Yorker; **2.** **₂s** *pl.* Knickerbocker *pl.* (*Hose*).
knick·ers ['nɪkəz] *s. pl. Brit.* (Damen-)Schlüpfer *m*: **get one's ~ in a twist** *humor.* sich ,ins Hemd machen'; **~!** Quatsch!, ,Mist'!
knick-knack ['nɪknæk] *s.* **1.** a) Nippsache *f*, b) billiger Schmuck; **2.** Spiele'reien *f*, Schnickschnack *m.*
knife [naɪf] **I** *pl.* **knives** [naɪvz] *s.* **1.** Messer *n* (*a.* ⊙, ✤): **play a good ~ and fork** ein starker Esser sein; **before you can say "~"** ehe man sich's versieht; **have** (**got**) **one's ~ into s.o.** j-n ,gefressen' haben, es auf j-n abgesehen haben; **war to the ~** Krieg bis aufs Messer; **be** (**go**) **under the ~** F unterm Messer (*des Chirurgen*) sein (unters Messer kommen); **turn the ~ in the wound**) *fig.* Salz in die Wunde streuen; **watch s.o. like a ~** F j-n scharf beobachten; **II** *v/t.* **2.** mit e-m Messer bearbeiten; **3.** a) einstechen auf (*acc.*), mit e-m Messer stechen, b) erstechen, erdolchen; **4.** *Am. sl. bsd. pol.* j-m in den Rücken fallen, j-n ,abschießen'; **'~-edge** *s.* **1.** (Messer)Schneide *f*: **on a ~** *fig.* sehr aufgeregt (**about** wegen); **be balanced on a ~** *fig.* auf des Messers Schneide stehen; **2.** ⊙ Waageschneide *f*; **'~-edged** *adj.* messerscharf; **grind·er** *s.* **1.** Scheren-, Messerschleifer *m*; **2.** Schleifrad *n*, -stein *m*; ~ **rest** *s.* Messerbänkchen *n.*
knif·ing ['naɪfɪŋ] *s.* Messersteche'rei *f.*
knight [naɪt] **I** *s.* **1.** *hist.* Ritter *m*, Edelmann *m*; **2.** *Brit.* Ritter *m* (*niederster, nicht erblicher Adelstitel; Anrede:* **Sir** *u. Vorname*): **2.** Ritter *m* e-s Ordens; ⚜ **of the Bath** Ritter des Bath-Ordens; ⚜ **of the Garter** Ritter des Hosenbandordens; ~ **of the pen** *humor.* Ritter der Feder (*Schriftsteller*); → **Hospital(l)er** 1; **4.** *fig.* Ritter *m*, Kava'lier *m*; **5.** *Schach:* Springer *m*, Pferd *n*; **II** *v/t.* **6.** a) zum Ritter schlagen, b) adeln, in den Ritterstand erheben; **'knight·age** [-tɪdʒ] *s.* **1.** *coll.* Ritterschaft *f*; **2.** Ritterstand *m*; **3.** Ritterliste *f.*
knight|·er·rant *pl.* **~s bach·e·lor** *s.* Ritter *m* (*Mitglied des niedersten englischen Ritterordens*); ~ **er·rant** *pl.* **~s er·rant** *s.* **1.** fahrender Ritter; **2.** *fig.* ,Don Qui'xote' *m*; **~-'er·rant·ry** *s.* **1.** fahrendes Rittertum; **2.** *fig.* a) Abenteuerlust *f*, unstetes Leben, b) Donquichotte'rie *f.*
knight·hood ['naɪthʊd] *s.* **1.** Rittertum *n*, -würde *f*, -stand *m*: **receive a ~** in den Ritterstand erhoben werden; **2.** *coll.* Ritterschaft *f.*
Knight·ly ['naɪtlɪ] *adj. u. adv.* ritterlich.
Knight Tem·plar → **Templar** 1 *u.* 2.
knit [nɪt] **I** *v/t.* [*irr.*] **1.** a) stricken, b) ⊙ wirken: ~ **two, purl two** zwei rechts, zwei links (stricken); **2.** *a.* ~ **together** zs.-fügen, verbinden, verknüpfen, vereinigen (*alle a. fig.*); → **close-knit, well-knit; 3.** ~ **up** a) fest verbinden, b) ab-, beschließen; **4.** *Stirn* runzeln, *Augenbrauen* zs.-ziehen; **II** *v/i.* [*irr.*] **5.** a)

stricken, b) ◎ wirken; **6.** *a.* **~ up** sich (eng) verbinden *od.* zs.-fügen (*a. fig.*), zs.-wachsen (*Knochen etc.*); **III** *s.* **7.** Strickart *f*; **'knit·ted** [-tɪd] *adj.* gestrickt, Strick..., Wirk...; **'knit·ter** [-tə] *s.* **1.** Stricker(in); **2.** ◎ 'Strick-, 'Wirkma‚schine *f*.

knit·ting ['nɪtɪŋ] *s.* **1.** a) Stricken *n*, b) ◎ Wirken *n*; **2.** Strickzeug *n*, -arbeit *f*; **~ ma·chine** *s.* 'Strickma‚schine *f*; **~ nee·dle** *s.* Stricknadel *f*.

'knit·wear *s.* Strick-, Wirkwaren *pl.*

knives [naɪvz] *pl. von* knife.

knob [nɒb] *s.* **1.** (runder) Griff, Knopf *m*, Knauf *m*: **with ~s on** *sl.* (na) und ob!, und wie!; *and the same to you with* (**brass**) *~s on! sl.* das kann man erst recht von dir behaupten!; **2.** Knorren *m*, Ast *m* (*im Holz*); **3.** Buckel *m*, Beule *f*, Höcker *m*; **4.** Stück(chen) *n* (*Zucker etc.*); **5.** △ Knauf *m*; **6.** *Am. sl.* ‚Birne‘ *f* (*Kopf*); **7.** *Brit.* V ‚Schwanz‘ *m* (*Penis*); **'knob·bly** [-blɪ] *adj.* ‚knubbelig‘: **~ knees** ‚Knubbelknie‘ *pl.*; **'knob·by** [-bɪ] *adj.* **1.** knorrig; **2.** knoten-, knopf-, knaufartig.

knock [nɒk] **I** *s.* **1.** Schlag *m*, Stoß *m*: *he has had* (*od.* **taken**) *a few ~s fig.* F er hat ein paar Nackenschläge eingesteckt; *take the ~ sl.* ‚schwer bluten müssen‘; *the table has had a few ~s* F der Tisch hat ein paar Schrammen abgekriegt; **2.** Klopfen *n*, Pochen *n*: *there is a ~* (*at the door*) es klopft; *I'll give you a ~ at six Brit.* F ich klopfe um sechs (an Ihre Tür) (*zum Wecken*); **II** *v/t.* **3.** schlagen, stoßen **~ s.o. cold** *od.* **knock out** 2; **~ the bottom out of s.th.**, **~ s.th. on the head** *fig.* F et. zunichte machen, *Pläne* über den Haufen werfen; **~ s.o. sideways** (*od. for a loop*) F j-n ‚glatt umhauen‘; **~ one's head against** a) mit dem Kopf stoßen gegen, b) die Stirn bieten (*dat.*); **~ s.th. into s.o.** j-m et. einhämmern *od.* einbleuen; **~ spots off s.o.** (**s.th.**) F j-m (e-r Sache) haushoch überlegen sein; **4.** klopfen, schlagen; **5.** F her'untermachen, herziehen über (*acc.*), kritisieren: *don't ~ him* (**so hard**)*!* mach ihn nicht (allzu) schlecht!; **6.** F *j-n* ‚umhauen‘, ‚umwerfen, sprachlos machen; **III** *v/i.* **7.** schlagen, klopfen, pochen (**at the door** an die Tür): **~ before entering!** bitte anklopfen!; **8.** stoßen, schlagen, prallen (**against**, **into** gegen *od.* auf *acc.*); **9.** ◎ a) rattern, rütteln (*Maschine*), b) klopfen (*Motor, Brennstoff*);

Zssgn mit adv.:

knock| a·bout, *bsd. Am.* **~ a·round I** *v/t.* **1.** her'umstoßen (*a. fig. schikanieren*); **2.** verprügeln; **3.** übel zurichten; **II** *v/i.* **4.** F sich her'umtreiben (**with** mit); **5.** her'umziehen; **6.** ‚rumliegen‘ (*Sache*); **~ back** *v/t. Brit.* F **1.** *Whisky etc.*‚hinter die Binde gießen‘, ‚kippen‘; **2.** *j-n et.* kosten: *that has ~ed me back a few pounds*; **3.** *fig. j-n* ‚umhauen‘, ‚umwerfen‘; **~ down** *v/t.* **1.** niederschlagen, zu Boden schlagen (*a. fig.*); **2.** → **knock over** 2; **3.** *Haus* abreißen; **4.** ◎ zerlegen, ausein'andernehmen; **5.** ✝ a) *bei Auktionen*: (**to s.o.** j-m) *et.* zuschlagen, b) F mit *dem Preis* ‚runtergehen‘, c) F *j-n* unterhandeln (**to** auf *acc.*); **~ off** *v/t.* **1.** her'unter-, abschlagen, weghauen; **2.** F

aufhören mit: **~ work** → 7; *knock it off! sl.* hör doch auf damit!; **3.** F a) *et.* rasch erledigen, b) *et.* ‚hinhauen‘, ‚aus dem Ärmel schütteln‘; **4.** ✝ *vom Preis* abziehen: *he knocked £10 off the bill* er hat £10 (von der Rechnung) nachgelassen; **5.** F a) *Brit.* ‚klauen‘, stehlen, b) *Bank etc.* ausrauben, c) *j-n* ‚umlegen‘ (*töten*); **6.** V *Mädchen* ‚bumsen‘; **II** *v/i.* **7.** F Feierabend machen; **~ out** *v/t.* **1.** (her)'ausschlagen, -klopfen; **2.** *sport* a) *Boxen*: k.o. schlagen, niederschlagen, b) *Gegner* ausschalten; **3.** F *j-n* ‚umhauen‘: a) verblüffen, b) erschöpfen, c) ‚ins Land der Träume schicken‘ (*Droge etc.*); **4.** ✗ abschießen; **5.** F *Melodie* ‚runterspielen, -hacken‘; **~ o·ver** *v/t.* **1.** ‚umwerfen (*a. fig.*), ‚umstoßen; **2.** über'fahren; **~ to·geth·er** *v/t.* **1.** schnell zs.-bauen *od.* -basteln, *Essen etc.* rasch zu'rechtmachen; **2.** anein'anderstoßen: *knock people's heads together fig.* die Leute zur Vernunft bringen; **~ up I** *v/t.* **1.** (*durch Klopfen*) wecken; **2.** F *Essen etc.* rasch ‚auf die Beine stellen‘ *od.* zu'rechtmachen; **3.** F *Haus etc.* rasch ‚hinstellen‘; **4.** *Brit.* F *Geld* ‚machen‘ (*verdienen*); **5.** *j-n* ‚fertigmachen‘ *od.* ‚schaffen‘ (*erschöpfen*); **6.** V *Am.* e-r Frau ein Kind machen, *e-e Frau* ‚anbumsen‘; **II** *v/i.* **7.** *Tennis etc.*: sich warm- *od.* einspielen.

'knock|·a·bout I *adj.* **1.** *thea.* F Radau-‚ Klamauk...‘; **2.** Alltags..., strapa'zierfähig: **~ clothes**; **~ car** Gebrauchswagen *m*; **‚~'down I** *adj.* **1.** niederschmetternd (*a. fig.*): **~ blow** a) Schlag *m*, der *j-n* umwirft, b) *Boxen*: Niederschlag *m*, c) *fig.* Nackenschlag *m*, schwcrer Schlag; **2.** ◎ zerlegbar, zs.-legbar; **3.** ✝ äußerst, niedrigst: **~ price** Schleuderpreis *m*; **II** *s.* **4.** ✝ Preissenkung *f*; **5.** F zerlegbares Möbelstück *od.* Gerät; **6.** *give s.o. a ~ to s.o. Am.* F j-n j-m vorstellen.

knock·er ['nɒkə] *s.* **1.** (Tür)Klopfer *m*; **2.** *sl.* Nörgler *m*, Krittler *m*; **3.** *pl.* V ‚Titten‘ *pl.*; **'knock·ing** ['nɒkɪŋ] *s.* **1.** Klopfen *n* (*a. mot.*); **2.** F Kri'tik *f* (*of* an *dat.*): *he has taken a bad ~* er wurde schwer in die Pfanne gehauen.

‚knock|·'kneed *adj.* X-beinig; **'~-knees** *s. pl.* X-Beine *pl.*; **'~-out I** *s.* **1.** *Boxen*: Knockout *m*, K. 'o. *m*, Niederschlag *m*; **2.** *fig.* vernichtende Niederlage, tödlicher Schlag, *das* ‚Aus‘ (*for* für *j-n*); **3.** F großartige *od.* ‚tolle‘ Sache *od.* Per'son: *she's a real ~* sie sieht toll aus; **II** *adj.* **4.** *Boxen*: K.-o.-...: **~ blow** K.-o.-Schlag *m*; **~ system** K.-o.-System *n*; **~ match** Ausscheidungsspiel *n*; **5.** *fig.* vernichtend; **6.** *Am. sl.* Betäubungs...: **~ pill**; **'~-proof** *adj. mot.* klopffest; **~ rat·ing** *s. mot.* Ok'tanzahl *f*; **‚~'up** *s. sport* Einspielen *n*.

knoll [nəʊl] *s.* Hügel *m*, Kuppe *f*.

knot [nɒt] **I** *s.* **1.** Knoten *m*: *tie s.o.* (**up**) *into ~s fig.* F j-n ‚fertigmachen‘; *his stomach was in a ~* sein Magen krampfte sich zusammen; **2.** Schleife *f*, Schlinge *f*, ✗ *a.* Achselstück *n*; **3.** Knorren *m*, Ast *m* (*im Holz*); **4.** ✿ Knoten *m*, Knospe *f*, Auge *n*; **5.** ⚓ Knoten *m*: a) Stich *m* (*im Tau*), b) Seemeile *f* (*1,853 km/h*); **6.** *fig.* Schwierigkeit *f*, Pro'blem *n*: *cut the ~* den Knoten 'durchhauen; **7.** *fig.* Band *n*

der Ehe etc.: *tie the ~* den Bund fürs Leben schließen; **8.** Knäuel *m*, *n*, Haufen *m* (*Menschen etc.*); **9.** ✹ (*Gicht-etc.*)Knoten *m*; **II** *v/t.* **10.** (ver)knoten, (ver)knüpfen; **11.** *fig.* verwickeln, verwirren; **III** *v/i.* **12.** (e-n) Knoten bilden; **13.** *fig.* sich verwickeln; **'~-hole** *s.* Astloch *n*.

knot·ted ['nɒtɪd] *adj.* **1.** ver-, geknotet; **2.** → **'knot·ty** [-tɪ] *adj.* **1.** knorrig (*Holz*); **2.** knotig, *fig.* verzwickt, schwierig, kompliziert.

knout [naʊt] *s.* Knute *f*.

know [nəʊ] **I** *v/t.* [*irr.*] **1.** *allg.* wissen: *come to ~* erfahren, hören; *he ~s what to do* er weiß, was zu tun ist; *~ what's what*, *~ all about it* genau Bescheid wissen; (*and*) *don't I ~ it!* und ob ich das weiß!; *he wouldn't ~* (*that*) er kann das nicht *od.* kaum wissen; *I wouldn't ~!* das kann ich leider nicht sagen!; *iro.* weiß ich doch nicht!; *for all I ~* a) soviel ich weiß, b) was weiß ich?; *I would have you ~ that* ich möchte betonen *od.* Ihnen klarmachen, daß; *I have never ~n him to lie* m-s Wissens hat er nie gelogen; *what do you ~!* F na, so was!; **2.** (es) können *od.* verstehen (*how to do zu tun*): *do you ~ how to do it?* wissen Sie, wie man das macht?, können Sie das?; *he ~s how to treat children* er versteht mit Kindern umzugehen; *do you ~ how to drive a car?* können Sie Auto fahren?; *he ~s* (*some*) *German* er kann (etwas) Deutsch; **3.** kennen, vertraut sein mit: *I have ~n him for years* ich kenne ihn (schon) seit Jahren; *he ~s a thing or two* F ‚er ist nicht von gestern‘, er weiß (ganz gut) Bescheid; *get to ~* a) *j-n, et.* kennenlernen, b) *et.* erfahren, herausfinden; *after I first knew him* nachdem ich s-e Bekanntschaft gemacht hatte; **4.** erfahren, erleben: *he has ~n better days* er hat bessere Tage gesehen; *I have ~n it to happen* ich habe das schon erlebt; → **known** II, **mind** 4; **5.** (‘wieder)erkennen, unter'scheiden: *I should ~ him anywhere* ich würde ihn überall erkennen; *~ one from the other* e-n vom anderen unterscheiden (können), die beiden auseinanderhalten können; *before you ~ where you are* im Handumdrehen; *I don't ~ whether I shall ~ him again* ich weiß nicht, ob ich ihn wiederkennen werde; **6.** *Bibl.* (*geschlechtlich*) erkennen; **II** *v/i.* [*irr.*] **7.** wissen (*of* von, um), im Bilde sein *od.* Bescheid wissen (*about* über *acc.*), sich auskennen (*about* in *dat.*), et. verstehen (*about* von); *I ~ of s.o. who* ich weiß *od.* kenne j-n, der; *let me ~* (*about it*) laß es mich wissen, sag mir Bescheid (darüber); *I ~ better!* so dumm bin ich nicht!; *I ~ better than to say that* ich werde mich hüten, das zu sagen; *you ought to ~ better* (**than that**) das sollten Sie besser wissen, so dumm werden Sie doch nicht sein; *he ought to ~ better than to go swimming after a big meal* er sollte so viel Verstand haben zu wissen, daß man nach e-m reichlichen Mahl nicht baden geht; *they don't ~ any better* sie kennen's nicht anders; *not that I ~ of* F nicht daß ich wüßte; *do* (*od.* **don't**) *you ~?* F nicht wahr?; *you ~* (*oft un-*

übersetzt) a) weißt du, wissen Sie, b) nämlich, c) schon, na ja; **III** s. **8.** *be in the* ~ Bescheid wissen, im Bilde *od.* eingeweiht sein.

know·a·ble ['nəʊəbl] *adj.* was man wissen kann.

'know|-(it-)all s. Besserwisser *m*, ‚Klugscheißer' *m*; **'~-how** s. Know-'how *n*: a) Sachkenntnis *f*, Fachwissen *n*, (praktische, *bsd.* technische) Erfahrung, b) ☺ Herstellungsverfahren *pl.*

know·ing ['nəʊɪŋ] **I** *adj.* □ **1.** intelli-'gent, geschickt; **2.** verständnisvoll, wissend: ~ *smile*; *with a* ~ *hand* mit kundiger Hand; **3.** schlau, raffiniert: *a* ~ *one* ein Schlauberger; **II** s. **4.** Wissen *n*: *there is no* ~ man kann nie wissen; **'know·ing·ly** [-lɪ] *adv.* **1.** schlau, klug; **2.** verständnisvoll, wissend; **3.** wissentlich, bewußt, absichtlich.

knowl·edge ['nɒlɪdʒ] s. *nur sg.* **1.** Kenntnis *f*, Wissen *n*: *have* ~ *of* Kenntnis haben von, wissen (*acc.*); *have no* ~ *of* nichts wissen von *od.* über (*acc.*); *without my* ~ ohne mein Wissen; *the* ~ *of the victory* die Kunde *od.* Nachricht vom Siege; *it has come to my* ~ es ist mir zu Ohren gekommen, ich habe erfahren; *to* (*the best of*) *my* ~ m-s Wissens, soviel ich weiß; *to the best of my* ~ *and belief* nach bestem Wissen u. Gewissen; *not to my* ~ nicht daß ich wüßte; ~ *of life* Lebenserfahrung *f*; → *carnal*; **2.** Wissen *n*, Kenntnisse *pl.*: *a good* ~ *of German* gute Deutschkenntnisse; *my* ~ *of Dickens* was ich von Dickens kenne; **'knowl·edge·a·ble**

[-dʒəbl] *adj.* kenntnisreich, (gut) unter-'richtet: *he is very* ~ *about wines* er weiß gut Bescheid über Weine, er ist ein Weinkenner.

known [nəʊn] **I** *p.p. von know*; **II** *adj.* bekannt: ~ *quantity* A̷ bekannte Größe; *make* ~ bekanntmachen; *make o.s.* ~ *to s.o.* F sich j-m vorstellen; ~ *to all* allbekannt; *the* ~ *facts* die anerkannten Tatsachen.

knuck·le ['nʌkl] **I** s. **1.** Fingergelenk *n*, -knöchel *m*: *a rap over the* ~*s fig.* ein Verweis, e-e Rüge; **2.** (Kalbs- *od.* Schweins)Haxe (*od.* Hachse) *f*: *near the* ~ *fig.* F reichlich ‚gewagt' (*Witz etc.*); **II** *v/i.* **3.** ~ *down*, ~ *under* sich beugen, sich unter'werfen (*to dat.*), klein beigeben, sich fügen; **4.** ~ *down to s.th.* sich an et. ‚ranmachen', sich hinter et. ‚klemmen': ~ *down to work* sich an die Arbeit machen; **'~·bone** s. *anat.*, *zo.* Knöchelbein *n*; **'~·dust·er** s. Schlagring *m*; ~ *joint* s. **1.** *anat.* Knöchel-, Fingergelenk *n*; **2.** ☺ Kar'dan-, Kreuzgelenk *n.*

knurl [nɜ:l] **I** s. **1.** Knoten *m*, Ast *m*, Buckel *m*; **2.** ☺ Rändelrad *n*; **II** *v/t.* **3.** rändeln, kordeln; ~*ed screw* Rändelschraube *f.*

KO [ˌkeɪ'əʊ] → *knockout* 1 *u. knock out.*

ko·a·la [kəʊ'ɑ:lə] s. *zo.* Ko'ala(bär) *m.*

kohl·ra·bi [ˌkəʊl'rɑ:bɪ] s. ♥ Kohl'rabi *m.*

kol·khoz, kol·khos [kɒl'hɔ:z] s. Kol-chos *m, n*, Kol'chose *f.*

kook [kʊk] s. *Am.* F ‚komischer Typ', ‚Spinner' *m*; **kook·y** ['kʊkɪ] *adj. Am.* F

‚irr', verrückt.

ko·pe(c)k ['kəʊpek] → *copeck.*

Ko·ran [kɒ'rɑ:n] s. Ko'ran *m.*

Ko·re·an [kə'rɪən] **I** s. Kore'aner(in); **II** *adj.* kore'anisch.

ko·sher ['kəʊʃə] *adj.* koscher: ~ *food*; ~ *restaurant*; *not quite* ~ *fig.* F nicht ganz koscher.

ko·tow [ˌkəʊ'taʊ], **kow·tow** [ˌkaʊ'taʊ] *s.* Ko'tau *m*, unter'würfige Ehrenbezei-gung; **II** *v/i. a. fig.* e-n Ko'tau machen: ~ *to s.o.* e-n Kotau machen (*fig. a.* kriechen) vor j-m.

kraal [krɑ:l; *in Südafrika mst* krɔ:l] s. *S.Afr.* Kral *m.*

kraft [krɑ:ft], *a.* ~ *pa·per* s. *Am.* braunes 'Packpaˌpier.

kraut [kraʊt] *sl. contp.* **I** s. Deutsche(r *m*) *f*; **II** *adj.* deutsch.

Krem·lin ['kremlɪn] *npr.* Kreml *m*; **Krem·lin·ol·o·gist** [ˌkremlɪ'nɒlədʒɪst] s. Sowjeto'loge *m*, Kremlforscher(in).

ku·dos ['kju:dɒs] s. F Ruhm *m*, Ehre *f.*

Ku-Klux-Klan [ˌkju:klʌks'klæn] s. *Am. pol.* 'Ku-Klux-'Klan *m* (*rassistischer amer. Geheimbund*).

ku·lak ['ku:læk] (*Russ.*) s. Ku'lak *m*, Großbauer *m.*

kum·quat ['kʌmkwɒt] s. ♥ Kumquat *f.*

kung fu [ˌkʌŋ'fu:; ˌkʊŋ-] s. Kung'fu *n* (*chines. Kampfsport*).

Kurd [kɜ:d] s. Kurde *m*, Kurdin *f*; **'Kurd·ish** [-ɪʃ] *adj.* kurdisch.

kur·saal ['kʊəzɑ:l] s. (*Ger.*) Kursaal *m*, -haus *n.*

Kyr·i·e ['kɪri:eɪ], ~ *e·le·i·son* [ə'leɪsɒn] s. *eccl.* Kyrie (e'leison) *n.*

L

L, l [el] *s.* L *n*, l *n* (*Buchstabe*).
laa·ger ['lɑːgə] *s. S.Afr.* Lager *n*, *bsd.* Wagenburg *f.*
lab [læb] *s.* F La'bor *n.*
la·bel ['leɪbl] **I** *s.* **1.** Eti'kett *n* (*a. fig.*), (Klebe-, Anhänge)Zettel *m od.* (-) Schild(chen) *n*, Anhänger *m*, Aufkleber *m*; **2.** *fig.* a) Bezeichnung *f*, b) (Kenn)Zeichen *n*, Signa'tur *f*; **3.** Aufschrift *f*, Beschriftung *f*; **4.** Label *n*, 'Schallplatteneti‚kett *n od.* F -firma *f*; **5.** *Computer*: Label *n* (*Markierung in e-m Programm*); **6.** △ Kranzleiste *f*; **II** *v/t.* **7.** etikettieren, mit e-m Zettel *od.* Schild(chen) versehen; **8.** beschriften, mit e-r Aufschrift versehen: ~(*l*)ed *"poison"* mit der Aufschrift „Gift"; **9.** *a.* ~ *as fig.* als ... bezeichnen, zu ... stempeln, abstempeln als; **'la·bel·(l)er** [-lə] *s.* Etiket'tierma‚schine *f.*
la·bi·a ['leɪbɪə] *pl. von* labium.
la·bi·al ['leɪbjəl] **I** *adj. anat., ling.* Lippen..., labi'al; **II** *s.* Lippenlaut *m*, La·bi'al *m.*
la·bile ['leɪbaɪl] *adj. allg.* la'bil.
la·bi·o·den·tal [‚leɪbɪəʊ'dentl] *ling.* **I** *adj.* labioden'tal; **II** *s.* Labioden'tal *m*, Lippenzahnlaut *m.*
la·bi·um ['leɪbɪəm] *pl.* **-bi·a** [-bɪə] *s. anat.* Labium *n*, (*bsd.* Scham)Lippe *f.*
la·bor *etc. Am.* → labour *etc.*
lab·o·ra·to·ry [*Brit.* lə'bɒrətərɪ; *Am.* 'læbrə‚tɔːrɪ] *s.* **1.** Labora'torium *n*: ~ *assistant* Laborant(in); ~ *technician* Chemotechniker(in); ~ *stage* Versuchsstadium *n*; **2.** *fig.* Werkstätte *f.*
la·bo·ri·ous [lə'bɔːrɪəs] *adj.* □ mühsam: a) anstrengend, schwierig, b) 'umständlich, schwerfällig (*Stil etc.*).
la·bor un·ion *s. Am.* Gewerkschaft *f.*
la·bour ['leɪbə] *Brit.* **I** *s.* **1.** a) (*bsd.* schwere) Arbeit, b) Anstrengung *f*, Mühe *f*: ~ *of Hercules* Herkulesarbeit *f*; ~ *of love* Liebesdienst *m*, gern *od.* unentgeltlich getane Arbeit; → *hard labo(u)r*, **2.** a) Arbeiterschaft *f*, Arbeiter(klasse *f*) *pl.*, b) Arbeiter *pl.*, Arbeitskräfte *pl.*: *cheap* ~; *shortage of* ~ Arbeitskräftemangel *m*; → *skilled* 2; **3.** ♀ (*ohne Artikel*) → **Labour Party**; **4.** ♂ Wehen *pl.*: *be in* ~ in den Wehen liegen; **II** *v/i.* **5.** arbeiten (*at an dat.*); **6.** sich anstrengen (*to inf.* zu *inf.*), sich abmühen (*at, with* mit; *for* um *acc.*); **7.** *a.* ~ *along* sich mühsam fortbewegen *od.* da'hinschleppen, sich (da'hin)quälen; **8.** stampfen, schlingern (*Schiff*); **9.** (*under*) zu leiden haben (unter *dat.*), zu kämpfen haben (mit *Schwierigkeiten etc.*), kranken (an *dat.*); → *delusion* 2; **10.** ♂ in den Wehen liegen; **III** *v/t.* **11.** ausführlich eingehen auf (*acc.*), einge-

hend behandeln, *iro.* ‚breittreten', her'umreiten auf (*dat.*): *I need not* ~ *the point*; ~ *camp* *s.* Arbeitslager *n*; ♀ **Day** *s.* Tag *m* der Arbeit; ~ *dis·pute* *s.* ♀ Arbeitskampf *m.*
la·bo(u)red ['leɪbəd] *adj.* **1.** → **laborious**; **2.** → **labo(u)ring** 2; **'la·bo(u)r·er** [-ərə] *s.* (*bsd. ungelernter*) Arbeiter.
La·bour Ex·change *s. Brit. obs.* Arbeitsamt *n.*
la·bo(u)r force *s.* Arbeitskräfte *pl.*, Belegschaft *f* (*e-s Betriebs*).
la·bo(u)r·ing ['leɪbərɪŋ] *adj.* **1.** arbeitend, werktätig: *the* ~ *classes*; **2.** mühsam, schwer (*Atem*).
'la·bo(u)r-in‚ten·sive *adj.* ♂ 'arbeitsin‚tensiv.
la·bour·ite ['leɪbəraɪt] *s. Brit.* Anhänger (-in) *od.* Mitglied *n* der **Labour Party**.
la·bo(u)r| lead·er *s.* Arbeiterführer *m*; ~ *mar·ket* *s.* Arbeitsmarkt *m*; ~ *pains* *s. pl.* ♂ Wehen *pl.*
La·bour Par·ty *s. Brit. pol.* die Labour Party.
la·bo(u)r| re·la·tions *s. pl.* Beziehungen *pl.* zwischen Arbeitgeber(n) u. Arbeitnehmern; **'~-‚sav·ing** *adj.* arbeitssparend.
Lab·ra·dor (dog) ['læbrədɔː] *s. zo.* Neu'fundländer *m* (*Hund*).
la·bur·num [lə'bɜːnəm] *s.* ♀ Goldregen *m.*
lab·y·rinth ['læbərɪnθ] *s.* **1.** Laby'rinth *n*, Irrgarten *m* (*beide a. fig.*); **2.** *fig.* Wirrwarr *m*, Durchein'ander *n*; **3.** *anat.* Laby'rinth *n*, inneres Ohr; **lab·y·rin·thine** [‚læbə'rɪnθaɪn] *adj.* laby'rinthisch (*a. fig.*).
lac¹ [læk] *s.* Gummilack *m*, Lackharz *n.*
lac² [læk] *s. Brit. Ind.* Lak *n* (*100000*, *mst Rupien*).
lace [leɪs] **I** *s.* **1.** Spitze *f* (*Stoff*); **2.** Litze *f*, Borte *f*, Tresse *f*, Schnur *f*: *gold* ~; **3.** Schnürband *n*, -senkel *m*: → *laced* 1; **4.** Schnur *f*, Band *n*; **II** *v/t.* **5.** *a.* ~ *up* (zu-, zs.-)schnüren; **6.** *j-n*, *j-s* Taille schnüren; **7.** ~ *s.o.* F → 14; **8.** *Finger etc.* ineinanderschlingen; **9.** mit Spitzen *od.* Litzen besetzen; Schnürsenkel einziehen in; **10.** mit Streifenmuster verzieren; **11.** *fig.* durch'setzen (*with* mit): *a story* ~*d with jokes*; **12.** e-n Schuß Alkohol zugeben (*dat.*); **III** *v/i.* **13.** *a.* ~ *up* sich schnüren (lassen); **14.** ~ *into* F a) auf *j-n* einprügeln, b) *j-n* anbrüllen; **laced** [-st] *adj.* **1.** geschnürt, Schnür...: ~ *boot* Schnürstiefel *m*; **2.** mit e-m Schuß Alkohol, ‚mit Schuß': ~ *coffee*.
lace| pa·per *s.* Pa'pierspitzen *pl.*; ~ *pil·low* *s.* Klöppelkissen *n.*
lac·er·ate ['læsəreɪt] *v/t.* **1.** a) aufreißen, -schlitzen, zerfetzen, -kratzen, b) zer-

fleischen, zerreißen; **2.** *fig. j-n, j-s* Gefühle zutiefst verletzen; **lac·er·a·tion** [‚læsə'reɪʃn] *s.* **1.** Zerreißung *f*, Zerfleischung *f* (*a. fig.*); **2.** ♂ Schnitt-, Riß-, Fleischwunde *f*, Riß *m.*
'lace|-up (shoe) *s.* Schnürschuh *m*; **'~-work** *s.* **1.** Spitzenarbeit *f*, -muster *n*; **2.** *weitS.* Fili'gran(muster) *n.*
lach·ry·mal ['lækrɪml] **I** *adj.* **1.** Tränen...: ~ *gland*; **II** *s.* **2.** *pl. anat.* 'Tränenappa‚rat *m*; **3.** *hist.* Tränenkrug *m*; **'lach·ry·mose** [-məʊs] *adj.* □ **1.** weinerlich; **2.** *fig.* rührselig: ~ *story*.
lac·ing ['leɪsɪŋ] *s.* **1.** Litzen *pl.*, Tressen *pl.*; **2.** → *lace* 3; **3.** ‚Schuß' *m* (*Alkohol*); **4.** Tracht *f* Prügel.
lack [læk] **I** *s.* (*of*) Mangel *m* (an *dat.*), Fehlen *n* (von): *for* ~ *of time* aus Zeitmangel; *there was no* ~ *of* es fehlte nicht *od.* da war kein Mangel an (*dat.*); **II** *v/t.* Mangel haben an (*dat.*), *et.* nicht haben *od.* besitzen: *he* ~*s time* ihm fehlt es an (der nötigen) Zeit, er hat keine Zeit; **III** *v/i.*: *be* ~*ing* fehlen, nicht vorhanden sein; *wine was not* ~*ing* an Wein fehlte es nicht; *he* ~*ed for nothing* es fehlte ihm an nichts; *be* ~*ing in* → II.
lack·a·dai·si·cal [‚lækə'deɪzɪkl] *adj.* □ **1.** lustlos, gelangweilt, gleichgültig; **2.** schlaff, lasch.
lack·ey ['lækɪ] *s. bsd. fig. contp.* La'kai *m.*
'lack|‚lus·ter *Am.*, **'~‚lus·tre** *Brit. adj.* glanzlos, matt, *fig. a.* farblos.
la·con·ic [lə'kɒnɪk] *adj.* (□ ~*ally*) **1.** la'konisch, kurz u. treffend; **2.** wortkarg; **lac·o·nism** ['lækənɪzəm] *s.* Lako'nismus *m*: a) La'konik *f*, la'konische Kürze, b) la'konischer Ausspruch.
lac·quer ['lækə] **I** *s.* **1.** (Farb)Lack *m*, (Lack)Firnis *m*; **2.** a) (Nagel)Lack *m*, b) Haarspray *m*; **3.** *a.* ~ *ware* Lackarbeit *f*, -waren *pl.*; **II** *v/t.* **4.** lackieren.
la·crosse [lə'krɒs] *s.* La'crosse *n* (*Ballspiel*): ~ *stick* La'crosseschläger *m.*
lac·tate ['lækteɪt] **I** *v/t. physiol.* Milch absondern; **II** *s.* ♫ Lak'tat *n*; **lac·ta·tion** [læk'teɪʃn] *s.* Laktati'on *f*: a) Milchabsonderung *f*, b) Stillen *n*, c) Stillzeit *f*; **'lac·te·al** [-tɪəl] **I** *adj.* Milch..., milchähnlich; **II** *s. pl.* Milch-, Lymphgefäße *pl.*; **'lac·tic** [-tɪk] *adj.* Milch...: ~ *acid* Milchsäure *f*; **lac·tif·er·ous** [læk'tɪfərəs] *adj.* milchführend: ~ *duct* Milchgang *m*; **lac·tom·e·ter** [læk'tɒmɪtə] *s.* Lakto'meter *n*, Milchwaage *f*; **'lac·tose** [-təʊs] *s.* Lak'tose *f*, Milchzucker *m.*
la·cu·na [lə'kjuːnə] *pl.* **-nae** [-niː] *od.* **-nas** *s.* Lücke *f*, La'kune *f*: a) *anat.* Spalt *m*, Hohlraum *m*, b) (Text- *etc.*)

Lücke *f*; **la'cu·nar** [-nə] *s.* ⚠ Kas'settendecke *f.*

la·cus·trine [lə'kʌstraɪn] *adj.* See…: ~ **dwellings** Pfahlbauten.

lac·y ['leɪsɪ] *adj.* spitzenartig, Spitzen…

lad [læd] *s.* **1.** (junger) Kerl *od.* Bursche, Junge *m*: *he's just a ~!* er ist (doch) noch ein Junge!; *come on, ~s!* los, Jungs!; *he's a bit of a ~* F *Brit.* er ist ein ziemlicher Draufgänger *od.* Schwerenöter; **2.** *Brit.* Stallbursche *m.*

lad·der ['lædə] **I** *s.* **1.** Leiter *f (a. fig.)*: *the social ~ fig.* die gesellschaftliche Stufenleiter; *the ~ of fame* die (Stufen-) Leiter des Ruhms; *kick down the ~* die Leute loswerden wollen, die e-m beim Aufstieg geholfen haben; **2.** *Brit.* Laufmasche *f*; **3.** *Tischtennis etc.*: Ta'belle *f*; **II** *v/i.* **4.** *Brit.* Laufmaschen bekommen (*Strumpf*); **III** *v/t.* **5.** *Brit.* zerreißen: ~ **one's stockings** sich e-e Laufmasche holen; '**~·proof** *adj. Brit.* (lauf)maschenfest (*Strumpf*).

lad·die ['lædɪ] *s. bsd. Scot.* F Bürschchen *n.*

lade [leɪd] *p.p. a.* '**lad·en** [-dn] *v/t.* **1.** (be)laden, befrachten; **2.** *Waren* ver-, aufladen; '**lad·en** [-dn] **I** *p.p. von* **lade**; **II** *adj.* (**with**) *a. fig.* beladen *od.* befrachtet (mit), voll (von), voller: ~ *with fruit* (schwer) beladen mit Obst.

la-di-da(h) [ˌlɑ:dɪ'dɑ:] *adj. Brit.* F affektiert, vornehmtuerisch, 'affig'.

la·dies'| choice *s.* Damenwahl *f (beim Tanz)*; ~ **man** *s.* [*irr.*] Frauenheld *m*, Char'meur *m*; ~ **room** → *lady* 6.

lad·ing ['leɪdɪŋ] *s.* **1.** (Ver)Laden *n*; **2.** Ladung *f*; → *bill²* 3.

la·dle ['leɪdl] **I** *s.* **1.** Schöpflöffel *m*, (Schöpf-, Suppen)Kelle *f*; **2.** ⊙ Gießkelle *f*, -löffel *m*; **3.** Schaufel *f (am Wasserrad)*; **II** *v/t.* **4.** *a.* ~ *out* (aus)schöpfen, *a.* F *fig. Lob etc.* austeilen.

la·dy ['leɪdɪ] **I** *s.* **1.** Dame *f*: *she is no* (*od. not a*) ~ sie ist keine Dame; *an English ~* e-e Engländerin; *young ~* junge Dame, junges Mädchen; *young ~! iro.* (mein) liebes Fräulein!; *his young ~* F s-e (kleine) Freundin; *my* (*dear*) ~ (verehrte) gnädige Frau; *ladies and gentlemen* m-e (sehr verehrten) Damen u. Herren; **2.** Lady *f (Titel)*: *my ~!* Mylady!, gnädige Frau; **3.** *obs. od.* F (*außer wenn auf e-e Lady angewandt*) Gattin *f*, Gemahlin *f*: *the old ~* F a) die alte Dame (*Mutter*), b) m-e *etc.* 'Alte' (*Frau*); **4.** Herrin *f*, Gebieterin *f*: ~ *of the house* Hausherrin, Dame *f* des Hauses; *our sovereign ~ Brit.* die Königin; **5.** *Our 2* Unsere Liebe Frau, die Mutter Gottes: *Church of Our 2* Marien-, (Lieb)Frauenkirche *f*; **6.** *Ladies pl. sg. konstr.* 'Damentoi,lette *f*, ,Damen' *n*; **II** *adj.* **7.** weiblich: ~ *doctor* Ärztin *f*; ~ *friend* Freundin *f*; ~ *mayoress* Frau *f* (Ober)Bürgermeister; ~ *dog humor.* ,Hundedame' *f.* '**la·dy·bird** *s. zo.* Ma'rienkäfer(chen *n*) *m*; *2* **Boun·ti·ful** *s. fig.* gute Fee; '**~·bug** *Am.* → *ladybird*; *2* **Day** *s. eccl.* Ma'riä Verkündigung *f*; '**~·fin·ger** *s.* Löffelbiskuit *n*; ,**~-in-'wait·ing** *s.* Hofdame *f*; '**~·kill·er** *s.* F Herzensbrecher *m*, Ladykiller *m*; '**~·like** *adj.* damenhaft, vornehm; ~ *love s. obs.* Geliebte *f*; *2* **of the Bed·cham·ber** *s. Brit.* königliche Kammerfrau, Hofdame *f.*

la·dy·ship ['leɪdɪʃɪp] *s.* Ladyschaft *f* (*Stand u. Anrede*): *her* (*your*) ~ ihre (*Eure*) Ladyschaft.

la·dy's| maid *s.* Kammerzofe *f*; '**~-,slipper** *s.* ♀ Frauenschuh *m.*

lag¹ [læg] **I** *v/i.* **1.** *mst* ~ *behind a. fig.* zu'rückbleiben, nicht mitkommen, nach-, hinter'herhinken; **2.** *mst* ~ *behind* a) sich verzögern, b) zögern, c) ⚡ nacheilen; **II** *s.* **3.** Zu'rückbleiben *n*, Rückstand *m*, Verzögerung *f (a.* ⊙, *phys.)*: *cultural ~* kultureller Rückstand; **4.** 'Zeitabstand *m*, -,unterschied *m*; **5.** ⚡ negative Phasenverschiebung, (Phasen)Nacheilung *f.*

lag² [læg] *s. Brit. sl.* **1.** ,Knastschieber' *m*, ,Knacki' *m*; **2.** *do a ~* ,(im Knast) sitzen'.

lag³ [læg] **I** *s.* **1.** (Faß)Daube *f*; **2.** ⊙ Verschalungsbrett *n*; **II** *v/t.* **3.** mit Dauben versehen; **4.** ⊙ *Rohre etc.* isolieren, um'wickeln.

lag·an ['lægən] *s.* ♒, ⚓ versenktes (Wrack)Gut.

la·ger (**beer**) ['lɑ:gə] *s.* Lagerbier *n (ein helles Bier).*

lag·gard ['lægəd] **I** *adj.* □ **1.** langsam, bummelig, faul; **II** *s.* **2.** ,Trödler(in)', Bummler(in); **3.** Nachzügler(in).

lag·ging ['lægɪŋ] *s.* ⊙ **1.** Verkleidung *f*, Verschalung *f*; **2.** a) Isolierung *f*, b) Iso'liermateri,al *n.*

la·goon [lə'gu:n] *s.* La'gune *f.*

la·ic, la·i·cal ['leɪk(l)] *adj.* weltlich, Laien…; '**la·i·cize** [-ɪsaɪz] *v/t.* säkularisieren.

laid [leɪd] *pret. u. p.p. von lay¹*: ~ *up* → *lay up* 4; '**~·back** *adj. Am.* **1.** entspannend; **2.** entspannt, ruhig.

lain [leɪn] *p.p. von lie².*

lair [leə] *s.* **1.** *zo.* a) Lager *n*, b) Höhle *f*, Bau *m (des Wildes)*; **2.** *allg.* Lager(statt *f*) *n*; **3.** F *fig.* a) Versteck *n*, b) Zuflucht(sort *m*) *f.*

laird [leəd] *s. Scot.* Gutsherr *m.*

lais·sez-faire [ˌleɪseɪ'feə] (*Fr.*) *s.* Laissez-'faire *n (Gewährenlassen, Nichteinmischung).*

la·i·ty ['leɪətɪ] *s.* **1.** Laienstand *m*, Laien *pl. (Ggs. Geistlichkeit)*; **2.** Laien *pl.*, Nichtfachleute *pl.*

lake¹ [leɪk] *s.* **1.** (*bsd.* rote) Pig'mentfarbe, Farblack *m*; **2.** Beizenfarbstoff *m.*

lake² [leɪk] *s.* (Binnen)See *m*: *the Great 2* der große Teich (*der Atlantische Ozean*); *the Great 2s* die Großen Seen (*an der Grenze zwischen USA u. Kanada*); *the ~s* → *2* **Dis·trict** *s.* das Seengebiet (*im Nordwesten Englands*); ~ **dwell·er** *s.* Pfahlbauer *m*; ~ **dwell·ing** *s.* Pfahlbau *m*; '*2·land* → *Lake District*; *2* **po·et** *s.* Seendichter *m (e-r der 3 Dichter der Lake school)*; *2* **school** *s.* Seeschule *f (die Dichter Southey, Coleridge u. Wordsworth).*

lam¹ [læm] *sl.* **I** *v/t.* verdreschen, ,vermöbeln'; **II** *v/i.*: ~ *into* a) → I, b) *fig.* auf j-n ,einhauen'.

lam² [læm] *Am. sl.* **I** *s.*: *on the ~* im ,Abhauen' (begriffen), auf der Flucht (*vor der Polizei*); *take it on the ~* → **II** *v/i.* ,türmen', ,Leine ziehen'.

la·ma ['lɑ:mə] *s. eccl.* Lama *m*; '**la·maism** [-əɪzəm] *s. eccl.* Lamaismus *m*; '**lama·ser·y** [-əsərɪ] *s.* Lamakloster *n.*

lamb [læm] **I** *s.* **1.** Lamm *n*: *in* (*od. with*) ~ trächtig (*Schaf*); *like a ~ fig.* wie ein Lamm, lammfromm; *like a ~ to the slaughter fig.* wie ein Lamm zur Schlachtbank; **2.** Lamm(fleisch) *n*; **3.** *the 2 (of God) eccl.* das Lamm (Gottes); **4.** F Schätzchen *n*; **II** *v/i.* **5.** lammen: *~ing time* Lammzeit *f.*

lam·baste [læm'beɪst] *v/t. sl.* **1.** ,vermöbeln' (*verprügeln*); **2.** *fig.* ,her'unterputzen', ,zs.-stauchen'.

lam·ben·cy ['læmbənsɪ] *s.* **1.** Züngeln *n* (*e-r Flamme*); **2.** *fig.* (*geistreiches*) Funkeln, Sprühen *n*; '**lam·bent** [-nt] *adj.* □ **1.** züngelnd, flackernd; **2.** sanft strahlend; **3.** *fig.* sprühend, funkelnd (*Witz*).

lamb·kin ['læmkɪn] *s.* **1.** Lämmchen *n*; **2.** *fig.* ,Schätzchen' *n.*

'**lamb·skin** *s.* **1.** Lammfell *n*; **2.** Schafleder *n.*

lamb's| tails *s. pl.* ♀ **1.** *Brit.* Haselkätzchen *pl.*; **2.** *Am.* Weiden-, Palmkätzchen *pl.*; ~ **wool** *s.* Lammwolle *f.*

lame [leɪm] **I** *adj.* □ **1.** lahm, hinkend: ~ *in* (*od. of*) *one leg* auf 'einem Bein lahm; **2.** *fig.* ,lahm', ,müde': ~ *efforts*; ~ *story*; ~ *excuse* faule Ausrede; ~ *verses* holprige *od.* hinkende Verse; *v/t.* **3.** lahm machen, lähmen (*a. fig.*); ~ *duck s.* F **1.** Körperbehinderte(r *m*) *f*; **2.** ,Versager' *m*, ,Niete' *f*; **3.** ♦ ruinierter ('Börsen)Speku,lant; **4.** *Am. pol. nicht wiedergewählter Amtsinhaber, bsd. Kongreßmitglied od. Präsident, bis zum Ende s-r Amtsperiode.*

la·mel·la [lə'melə] *pl.* **-lae** [-li:] *s. allg.* La'melle *f*, Plättchen *n*; **la'mel·lar** [-lə], **lam·el·late** ['læməleɪt] *adj.* la'mellenartig, Lamellen…

lame·ness ['leɪmnɪs] *s.* **1.** Lahmheit *f (a. fig., contp.)*; **2.** *fig.* Schwäche *f*; **3.** Hinken *n (von Versen).*

la·ment [lə'ment] **I** *v/i.* **1.** jammern, (weh)klagen, lamentieren (*for od. over* um); **2.** trauern (*for od. over* um); **II** *v/t.* **3.** bejammern, beklagen, bedauern, betrauern; **III** *s.* **4.** Jammer *m*, Wehklage *f*, Klage(lied *n*) *f*; **lam·enta·ble** ['læməntəbl] *adj.* □ **1.** beklagenswert, bedauerlich; **2.** *contp.* erbärmlich, kläglich, jämmerlich (schlecht); **lam·en·ta·tion** [ˌlæmen'teɪʃn] *s.* **1.** Jammern *n*, Lamentieren *n*, (Weh)Klage *f*, *iro. a.* La'mento *n*; **2.** *2s* (*of Jeremiah*) *pl. mst sg. konstr. bibl.* Klagelieder *pl.* Jere'miae.

lam·i·na ['læmɪnə] *pl.* **-nae** [-ni:] *s.* **1.** Plättchen *n*, Blättchen *n*; **2.** (dünne) Schicht; **3.** ♀ Blattspreite *f*; '**lam·i·nal** [-nl], '**lam·i·nar** [-nə] *adj.* **1.** blätterig; **2.** (blättchenartig) geschichtet; **3.** *phys.* lami'nar: ~ *flow* Laminarströmung *f*; '**lam·i·nate** [-neɪt] **I** *v/t.* **1.** ⊙ a) auswalzen, strecken, b) in Blättchen aufspalten, c) schichten; **2.** mit Plättchen belegen, mit Folie über'ziehen; **II** *v/i.* **3.** sich in Plättchen *od.* Schichten spalten; **III** *s.* **4.** ⊙ (Plastik-, Verbund)Folie *f*; **IV** *adj.* **5.** → *laminar.* **lam·i·nat·ed** ['læmɪneɪtɪd] *adj.* la'mellenartig, Lamellen…; ⊙ *a.* blättrig *od.* geschichtet: ~ *glass* Verbundglas *n*; ~ *material* Schichtstoff *m*; ~ *paper* Hartpapier *n*; ~ *sheet* Schichtplatte *f*; ~ *spring* Blattfeder *f*; ~ *wood* Sperr-, Preßholz *n*; **lam·i·na·tion** [ˌlæmɪ'neɪʃn] *s.* **1.** ⊙ a) Lamellierung *f*, b) Streckung *f*, c) Schichtung *f*; **2.** 'Blätterstruk,tur *f.*

lam·mer·gei·er, lam·mer·gey·er ['læməgaıə] s. orn. Lämmergeier m.

lamp [læmp] s. **1.** Lampe f; (Straßenetc.)La'terne f: smell of the ~ nach ,saurem Schweiß riechen', mehr Fleiß als Talent verraten; **2.** ⚡ Lampe f: a) Glühbirne f, b) Leuchte f; **3.** fig. Leuchte f, Licht n; '~·black s. Lampenruß m, -schwarz n; ~ chim·ney s. 'Lampenzy,linder m; '~·light s. (by ~ bei) Lampenlicht n.

lam·poon [læm'puːn] **I** s. Spott- od. Schmähschrift f, Pam'phlet n, Sa'tire f; **II** v/t. (schriftlich) verspotten, -höhnen; **lam'poon·er** [-nə], **lam'poon·ist** [-nıst] s. Pamphle'tist(in).

'lamp·post s. La'ternenpfahl m: between you and me and the ~ F (ganz) unter uns (gesagt).

lam·prey ['læmprı] s. ichth. Lam'prete f, Neunauge n.

'lamp·shade s. Lampenschirm m.

Lan·cas·tri·an [læŋ'kæstrıən] Brit. **I** s. **1.** Bewohner(in) der Stadt od. Grafschaft Lancaster; **2.** hist. Angehörige(r m) f od. Anhänger(in) des Hauses Lancaster; **II** adj. **3.** Lancaster...

lance [lɑːns] **I** s. **1.** Lanze f, Speer m: break a ~ for (od. on behalf of) s.o. e-e Lanze für j-n brechen; **2.** → lancer 1; **3.** → lancet 1; **II** v/t. **4.** mit e-r Lanze durch'bohren; **5.** ⚕ mit e-r Lan'zette öffnen: ~ a boil ein Geschwür (fig. e-c Eiterbeule) aufstechen; ~ cor·po·ral s. ✕ Brit. Ober-, Hauptgefreite(r) m.

lanc·er ['lɑːnsə] s. **1.** ✕ hist. U'lan m; **2.** pl. sg. konstr. Lanci'er m (Tanz).

lan·cet ['lɑːnsıt] s. **1.** ⚕ Lan'zette f; **2.** △ a) a. ~ arch Spitzbogen m, b) a. ~ window Spitzbogenfenster n.

land [lænd] **I** s. **1.** Land n (Ggs. Meer, Wasser): by ~ auf dem Landweg; by ~ and by sea zu Wasser u. zu Lande; make ~ ⚓ Land sichten; see how the ~ lies sehen, wie der Hase läuft, die Lage ,peilen'; **2.** Land n, Boden m: live off the ~ a) von den Früchten des Landes leben, b) sich aus der Natur ernähren (Soldaten etc.); **3.** Land n, Grund m u. Boden m, Grundbesitz m, Lände'reien pl.; **4.** Land n (Staat, Region): faroff ~s ferne Länder; **5.** fig. Land n, Reich n: ~ of dreams Reich der Träume; **II** v/i. **6.** ⚓, ✈ landen; ⚓ anlegen; **7.** landen, an Land gehen, aussteigen; **8.** landen, (an-)kommen: he ~ed in a ditch er landete in e-m Graben; ~ on one's feet auf die Füße fallen (a. fig.); ~ (up) in prison im Gefängnis landen; **9.** sport durchs Ziel gehen; **III** v/t. **10.** Personen, Waren, Flugzeug landen; Schiffsgüter landen, löschen, ausladen; Fisch(fang) an Land bringen; **11.** bsd. Fahrgäste absetzen; **12.** j-n in Schwierigkeiten etc. bringen, verwickeln: ~ s.o. in difficulties; ~ s.o. with s.th. j-m et. aufhalsen od. einbrocken; ~ o.s. (od. be ~ed) in (hinein)geraten in (acc.); **13.** F a) e-n Schlag od. Treffer landen: I ~ed him one ich hab' ihm eine geknallt od. ,verpaßt'; F j-n od. et. ,erwischen', (sich) ,schnappen', ,kriegen': ~ a prize sich e-n Preis ,holen'; ~ a good contract e-n guten Kontrakt ,an Land ziehen'.

land a·gent s. **1.** Grundstücksmakler m;

2. Brit. Gutsverwalter m.

lan·dau ['lændɔː] s. Landauer m (Kutsche).

land| **bank** s. 'Bodenkre,dit-, Hypo'thekenbank f; ~ car·riage s. 'Landtrans,port m, -fracht f; ~ crab s. zo. Landkrabbe f.

land·ed ['lændıd] adj. Land..., Grund...: estate, ~ property Grundbesitz m, -eigentum n; ~ gentry Landadel m; ~ proprietor Grundbesitzer (-in); the ~ interest coll. die Grundbesitzer.

'land·fall s. ⚓ Landkennung f, Sichten n von Land; ~ forc·es s. pl. ✕ Landstreitkräfte pl.; '~·grave [-ndg-] s. hist. (deutscher) Landgraf; '~·hold·er s. Grundbesitzer m od. -pächter m.

land·ing ['lændıŋ] s. **1.** ⚓ Landen n, Landung f: a) Anlegen n (e-s Schiffs), b) Ausschiffung f (von Personen), c) Ausladen n, Löschen n (der Fracht); **2.** ⚓ Lande-, Anlegeplatz m; **3.** ✈ Landung f; **4.** △ Treppenabsatz m; ~ beam s. ✈ Landeleitstrahl m; ~ card s. Einreisekarte f; ~ craft s. ⚓, ✕ Landungsboot n; ~ field s. ✈ Landeplatz m, -bahn f; ~ flap s. ✈ Landeklappe f; ~ gear s. ✈ Fahrgestell n, -werk n; ~ net s. Hamen m, Kescher m; ~ par·ty s. ✕ 'Landungstrupp m, -kom,mando n; ~ place → landing 2; ~ stage s. ⚓ Landungsbrücke f, -steg m; ~ strip, ~ track → air strip.

'land·la·dy ['læn,l-] s. (Haus-, Gast-, Pensi'ons)Wirtin f.

land·less ['lændlıs] adj. ohne Grundbesitz.

'land·locked adj. 'landum,schlossen, ohne Zugang zum Meer: ~ country Binnenstaat m; '~·lop·er [-,ləupə] s. Landstreicher m; '~·lord [-lænl-] s. **1.** Grundbesitzer m; **2.** Hauseigentümer m; **3.** Hauswirt m, ⚓ a. Hauswirtin f; **4.** (Gast)Wirt m; '~·lub·ber s. ⚓ ,Landratte' f; '~·mark [-ndm-] s. **1.** Grenzstein m; **2.** ⚓ Seezeichen n; **3.** ✕ Gelände-, Orientierungspunkt m; **4.** Wahrzeichen n (e-r Stadt etc.); **5.** fig. Meilen-, Markstein m, Wendepunkt m: a ~ in history; '~·mine [-ndm-] s. ✕ Landmine f; ~ of·fice s. Am. Grundbuchamt n; ~ of·fice busi·ness s. Am. ⌐ ,Bombengeschäft' n; '~·own·er s. Land-, Grundbesitzer(in); ~ re·form s. 'Bodenre,form f; ~ reg·is·ter s. Grundbuch n.

land·scape ['lænskeıp] **I** s. **1.** Landschaft f (a. paint.); **2.** Landschaftsmale'rei f; **II** v/i. **3.** landschaftlich od. gärtnerisch gestalten, anlegen; ~ ar·chi·tect s. **1.** 'Landschaftsarchi,tekt(in); **2.** → ~ gar·den·er s. Landschaftsgärtner (-in), 'Gartenarchi,tekt(in); ~ gar·dening s. Landschaftsgärtne'rei f; ~ paint·er → land·scap·ist ['læn,skeıpıst] s. Landschaftsmaler(in).

'land·slide [-nds-] s. **1.** Erdrutsch m; **2.** a. ~ victory pol. fig. ,Erdrutsch' m, über'wältigender (Wahl)Sieg; '~·slip [-nds-] Brit. → landslide 1; ~ sur·vey·or s. Geo'meter m, Land(ver)messer m; ~ swell [-nds-] s. ⚓ einlaufende Dünung f; ~ tax s. obs. Grundsteuer f; ~ tor·toise s. zo. Landschildkröte f; '~·wait·er s. Brit. 'Zollin,spektor m.

land·ward ['lændwəd] **I** adj. land('ein)

wärts (gelegen); **II** adv. a. 'land·wards [-dz] land(ein)wärts.

lane [leın] s. **1.** (Feld)Weg m, (Hecken-) Pfad m; **2.** Gasse f: a) Gäßchen n, Sträßchen n, b) 'Durchgang m: form a ~ Spalier stehen, e-e Gasse bilden; **3.** Schneise f; **4.** ⚓ Fahrrinne f, (Fahrt-) Route f; **5.** ✈ (Flug)Schneise f; **6.** mot. (Fahr)Spur f: get in ~! bitte einordnen!; **7.** sport (einzelne) Bahn (e-s Läufers, Schwimmers etc.).

lang·syne [læŋ'saın] Scot. **I** adv. vor langer Zeit; **II** s. längst vergangene Zeit; → auld lang syne.

lan·guage ['læŋgwıdʒ] s. **1.** Sprache f: foreign ~s Fremdsprachen; ~ of flowers fig. Blumensprache; talk the same ~ a. fig. dieselbe Sprache sprechen; **2.** Sprache f, Ausdrucks-, Redeweise f, Worte pl.: bad ~ ordinäre Ausdrücke, Schimpfworte; strong ~ a) Kraftausdrücke, b) harte Worte od. Sprache; **3.** Sprache f, Stil m; **4.** (Fach)Sprache f: medical ~; **5.** sl. ordi'näre Sprache: ~, Sir! ich verbitte mir solche (gemeinen) Ausdrücke!; ~ bar·ri·er s. Sprachschranke f; ~ lab·o·ra·to·ry s. ped. 'Sprachla,bor n.

lan·guid ['læŋgwıd] adj. □ **1.** schwach, matt, schlaff; **2.** schleppend, träge; **3.** gelangweilt, lustlos, lau; **4.** lässig, träge; **5.** ✝ flau, lustlos (Markt).

lan·guish ['læŋgwıʃ] v/i. **1.** ermatten, erschlaffen, erlahmen (a. fig. Interesse, Konversation); **2.** (ver)schmachten, da'hinsiechen, -welken: ~ in prison im Gefängnis schmachten; **3.** da'niederliegen (Handel, Industrie etc.); **4.** schmachtend blicken; **5.** schmachten (for nach); **6.** Sehnsucht haben, sich härmen (for nach); 'lan·guish·ing [-ʃıŋ] adj. □ **1.** ermattend, erlahmend (a. fig.); **2.** (ver)schmachtend, (da'hin-) siechend, leidend; **3.** sehnsuchtsvoll, schmachtend (Blick); **4.** lustlos, träge (a. ✝), langsam; **5.** langsam (Tod), schleichend (Krankheit).

lan·guor ['læŋgə] s. **1.** Mattigkeit f, Schlaffheit f; **2.** Trägheit f, Schläfrigkeit f; **3.** Stumpfheit f, Gleichgültigkeit f, Lauheit f; **4.** Stille f, Schwüle f; 'lan·guor·ous [-ərəs] adj. □ **1.** matt; **2.** schlaff, träge; **3.** stumpf, gleichgültig; **4.** schläfrig, wohlig; **5.** schmelzend (Musik etc.); **6.** (a. sinnlich) schwül.

lank [læŋk] adj. □ **1.** lang u. dünn, schlank, mager; **2.** glatt, strähnig (Haar); 'lank·i·ness [-kınıs] s. Schlaksigkeit f; 'lank·y [-kı] adj. hoch aufgeschossen, schlaksig.

lan·o·lin(e) ['lænəʊlın (-liːn)] s. ♠ Lano'lin n, Wollfett n.

lan·tern ['læntən] s. **1.** La'terne f; **2.** Leuchtkammer f (e-s Leuchtturms); **3.** △ La'terne f (durchbrochener Dachaufsatz); '~·jawed adj. hohlwangig; ~ jaws s. pl. eingefallene Wangen pl.; ~ slide s. obs. Dia(posi'tiv) n, Lichtbild n: ~ lecture Lichtbildervortrag m.

lan·yard ['lænjəd] s. **1.** ⚓ Taljereep n; **2.** ✕ a) obs. Abzugsleine f (Kanone), b) Traggurt m (Pistole), c) (Achsel-) Schnur f; **3.** Schleife f.

lap¹ [læp] s. **1.** Schoß m (e-s Kleides od. des Körpers; a. fig.): sit on s.o.'s ~; in the ~ of the church; drop into s.o.'s ~ j-m in den Schoß fallen; in Fortune's ~

im Schoß des Glücks; *it is in the ~ of the gods* es liegt im Schoß der Götter; *live in the ~ of luxury* ein Luxusleben führen; **2.** (Kleider- *etc.*)Zipfel *m*.

lap² [læp] **I** *v/t.* **1.** falten, wickeln (*round*, *about* um); **2.** einwickeln, -schlagen, -hüllen; **3.** *a. fig.* um'hüllen, (ein)betten, (-)hüllen: *~ped in luxury* von Luxus umgeben; **4.** überein'anderlegen, über'lappt anordnen; **5.** *sport* a) *Gegner* über'runden, b) *e-e Strecke* zu-'rücklegen (*in 1 Minute etc.*); **II** *v/i.* **6.** sich winden *od.* legen (*round* um); **7.** hin'ausragen, -gehen (*a. fig.*; *over* über *acc.*); **8.** über'lappen; **9.** *sport* die *od.* s-e Runde drehen *od.* laufen (*at* in e-r Zeit von); **III** *s.* **10.** ⚙ Wickelung *f*, Windung *f*, Lage *f*; **11.** Über'lappung *f*, 'Überstand *m*; **12.** 'überstehender Teil, Vorstoß *m*; **13.** *Buchbinderei*: Falz *m*; **14.** *sport* Runde *f*; **15.** E'tappe *f* (*e-r Reise*, *a. fig.*).

lap³ [læp] **I** *v/t.* **1.** *a.* ~ *up* auflecken; **2.** ~ *up* a) *Suppe etc.* gierig (hin'unter-) schlürfen, b) F *et.* ,fressen' (*glauben*), c) F *et.* gierig (in sich) aufnehmen, *et.* liebend gern hören *etc.*: *they ~ped it up* es ging ihnen ,runter wie Öl'; **3.** plätschern gegen; **II** *v/i.* **4.** lecken, schlekken, schlürfen; **5.** plätschern; **III** *s.* **6.** Lecken *n*; **7.** Plätschern *n*.

'lap-dog *s.* Schoßhund *m*.

la·pel [lə'pel] *s.* (Rock)Aufschlag *m*, Re-'vers *n*, *m*.

lap·i·dar·y ['læpɪdərɪ] **I** *s.* **1.** Edelsteinschneider *m*; **II** *adj.* **2.** Stein...; **3.** Steinschleiferei...; **4.** (Stein)Inschriften...; **5.** in Stein gehauen; **6.** *fig.* wuchtig, lapi'dar.

lap·is laz·u·li [ˌlæpɪs'læzjʊlaɪ] *s. min.* Lapis'lazuli *m*.

Lap·land·er ['læplændə] → *Lapp* I.

Lapp [læp] **I** *s.* Lappe *m*, Lappin *f*, Lappländer(in); **II** *adj.* lappisch.

lap·pet ['læpɪt] *s.* **1.** Zipfel *m*; **2.** *anat.*, *zo.* Hautlappen *m*.

Lap·pish ['læpɪʃ] → *Lapp* II.

lapse [læps] **I** *s.* **1.** Lapsus *m*, Fehler *m*, Versehen *n*: *~ of the pen* Schreibfehler *m*; *~ of justice* Justizirrtum *m*; *~ of taste* Geschmacksverirrung *f*; **2.** Fehltritt *m*, Vergehen *n*, Entgleisung *f*: *~ from duty* Pflichtversäumnis *n*; *~ from faith* Abfall *m* vom Glauben; **3.** Absinken *n*, Abgleiten *n*, Verfall(en *n*) *m* (*into* in *acc.*); **4.** a) Ablauf *m*, Vergehen *n* (*e-r Zeit*), b) ⚖ (Frist)Ablauf *m*, c) Zeitspanne *f*; **5.** ⚖ a) Verfall *m*, Erlöschen *n* *e-s Anspruchs etc.*, b) Heimfall *m* (*von Erbteilen etc.*); **6.** Aufhören, Verschwinden *n*, Aussterben *n*; **II** *v/i.* **7.** a) verstreichen (*Zeit*), b) ablaufen (*Frist*); **8.** verfallen (*into* in *acc.*): ~ *into silence*; **9.** absinken, abgleiten, verfallen (*into* in *Barbarei etc.*); **10.** e-n Fehltritt tun, (mo'ralisch) entgleisen, sündigen; **11.** abfallen (*from faith* vom Glauben); ~ *from duty* s-e Pflicht versäumen; **12.** ,einschlafen', aufhören (*Beziehung*, *Unterhaltung etc.*); **13.** ⚖ a) verfallen, erlöschen (*Recht etc.*), b) heimfallen (*to* an *acc.*).

lap·wing ['læpwɪŋ] *s. orn.* Kiebitz *m*.

lar·board ['lɑːbəd] ⚓ *obs.* **I** *s.* Backbord *n*; **II** *adj.* Backbord...

lar·ce·ner ['lɑːsənə] **lar·ce·nist** [-nɪst]

s. ⚖ Dieb *m*; **'lar·ce·ny** [-nɪ] *s.* ⚖ Diebstahl *m*.

larch [lɑːtʃ] *s.* ♀ Lärche *f*.

lard [lɑːd] **I** *s.* **1.** Schweinefett *n*, -schmalz *n*; **II** *v/t.* **2.** *Fleisch* spicken: *~ing needle* (*od.* **pin**) Spicknadel *f*; **3.** *fig.* spicken (*with* mit); **'lard·er** [-də] *s.* Speisekammer *f*, -schrank *m*.

large [lɑːdʒ] **I** *adj.* □ → *largely*; **1.** groß: *a ~ room* (*horse*, *rock*, *etc.*); (*as*) ~ *as life* in (voller) Lebensgröße (*a. humor.*); ~*r than life* überlebensgroß; **2.** groß (*beträchtlich*): *a ~ business* (*family*, *sum*, *etc.*); *a ~ meal* e-e reichliche Mahlzeit; ~ *farmer* Großbauer *m*; ~ *producer* Großerzeuger *m*; **3.** um'fassend, ausgedehnt, weit(gehend): ~ *powers* umfassende Vollmachten; **4.** *obs.* großzügig; → *a. large-minded*; **II** *adv.* **5.** groß: *write ~*; *it was written ~ all over his face fig.* es stand ihm (deutlich) im Gesicht geschrieben; **6.** großspurig: *talk ~* ,große Töne spucken'; **III** *s.* **7.** *at ~* a) auf freiem Fuß, in Freiheit: *set s.o. at ~* j-n auf freien Fuß setzen, b) (sehr) ausführlich: *discuss s.th. at ~*, c) ganz allgemein, d) in der Gesamtheit: *the nation at ~*; *talk at ~* ins Blaue hineinreden; **8.** *in* (*the*) ~ a) im großen, in großem Maßstab, b) im ganzen; *|~-*'**hand·ed** *adj. fig.* freigebig; *|~-*'**heart·ed** *adj. fig.* großherzig.

large·ly ['lɑːdʒlɪ] *adv.* **1.** in hohem Maße, großen-, größtenteils; **2.** weitgehend, im wesentlichen; **3.** reichlich; **4.** allgemein.

large·mind·ed *adj.* vorurteilslos, tole-'rant, aufgeschlossen.

large·ness ['lɑːdʒnɪs] *s.* **1.** Größe *f*; **2.** Größe *f*, Weite *f*, 'Umfang *m*; **3.** Großzügigkeit *f*, Freigebigkeit *f*; **4.** Großmütigkeit *f*.

'large-scale *adj.* groß(angelegt), 'umfangreich, ausgedehnt, Groß...: ~ *attack* ✕ Großangriff *m*; ~ *experiment* Großversuch *m*; ~ *manufacture* Serienherstellung *f*; *a ~ map* e-e Karte in großem Maßstab.

lar·gess(e) [lɑː'dʒes] *s.* **1.** Freigebigkeit *f*; **2.** a) Gabe *f*, reiches Geschenk, b) reiche Geschenke *pl.*

larg·ish ['lɑːdʒɪʃ] *adj.* ziemlich groß.

lar·i·at ['lærɪət] *s.* Lasso *m*, *n*.

lark¹ [lɑːk] *s. orn.* Lerche *f*: *rise with the ~* mit den Hühnern aufstehen.

lark² [lɑːk] F **I** *s.* **1.** Jux *m*, Ulk *m*, Spaß *m*: *for a ~* zum Spaß, aus Jux; *have a ~* s-n Spaß haben *od.* treiben; *what a ~!* ist ja lustig *od.* ,zum Brüllen'!; **2.** a) ,Ding' *n*, Sache *f*, b) Quatsch *m*; **II** *v/i.* **3.** *a.* ~ *about* od. *around* her'umalbern, -blödeln.

lark·spur ['lɑːkspɜː] *s.* ♀ Rittersporn *m*.

lar·ri·kin ['lærɪkɪn] *s. bsd. Austral.* (jugendlicher) Rowdy.

lar·va ['lɑːvə] *pl.* **-vae** [-viː] *s. zo.* Larve *f*; **'lar·val** [-vl] *adj. zo.* Larven...; **'lar·vi·cide** [-vɪsaɪd] *s.* Raupenvertilgungsmittel *n*.

la·ryn·ge·al [ˌlærɪn'dʒiːəl] *adj.* Kehlkopf...; **lar·yn'gi·tis** [-'dʒaɪtɪs] *s.* ✚ Kehlkopfentzündung *f*.

la·ryn·go·scope [lə'rɪŋgəskəʊp] *s.* ✚ Kehlkopfspiegel *m*.

lar·ynx ['lærɪŋks] *s. anat.* Kehlkopf *m*.

las·civ·i·ous [lə'sɪvɪəs] *adj.* □ las'ziv: a)

geil, lüstern, b) schlüpfrig: ~ *story*.

la·ser ['leɪzə] *s. phys.* Laser *m*; ~ *beam* *s. phys.* Laserstrahl *m*.

lash¹ [læʃ] **I** *s.* **1.** a) Peitschenschnur *f*, b) Peitsche(nende *n*) *f*; **2.** Peitschen-, Rutenhieb *m*: *the ~ of her tongue fig.* ihre scharfe Zunge; **3.** Peitschen *n* (*a. fig. des Regens*, *des Sturms etc.*); **4.** *fig.* (Peitschen)Hieb *m*; **5.** (Augen)Wimper *f*; **II** *v/t.* **6.** *j-n* peitschen, schlagen, auspeitschen: ~ *the tail* mit dem Schwanz um sich schlagen; ~ *the sea* das Meer peitschen (*Sturm*); **7.** peitschen *od.* schlagen an (*acc.*) *od.* gegen (*Regen etc.*); **8.** *fig.* geißeln, abkanzeln; **9.** heftig (an)treiben: ~ *the audience into a fury* das Publikum aufpeitschen; ~ *o.s. into a fury* sich in e-e Wut hineingern; **III** *v/i.* **10.** *a. fig.* peitschen, schlagen: ~ *about* (wild) um sich schlagen; ~ *into s.o.* a) auf j-n einschlagen, b) *fig.* j-n wild attackieren; **11.** *fig.* peitschen, (*Regen*) *a.* prasseln: ~ *down* niederprasseln; **12.** ~ *out* a) (wild) um sich schlagen, b) ausschlagen (*Pferd*) (*at*) vom Leder ziehen (gegen), ,einhauen' (auf *j-n*); **13.** ~ *out on* F a) (mit *Geld*) ,auf den Putz hauen' bei *et.*, b) sich *j-m* gegenüber spendabel zeigen.

lash² [læʃ] *v/t. a.* ~ *down* festbinden, -zurren (*to*, *on* an *dat.*).

lash·ing¹ ['læʃɪŋ] *s.* **1.** a) Auspeitschung *f*, b) Prügel *pl.*; **2.** *pl. Brit.* F Masse(n *pl.*) *f* (*Speise etc.*).

lash·ing² ['læʃɪŋ] *s.* **1.** Anbinden *n*; **2.** ⚓ Laschung *f*, Tau(werk) *n*.

lass [læs] *s. bsd. Brit.* **1.** Mädchen *n*; **2.** ,Schatz' *m*; **las·sie** ['læsɪ] → *lass*.

las·si·tude ['læsɪtjuːd] *s.* Mattigkeit *f*.

las·so [læ'suː] **I** *pl.* **-so(e)s** *s.* Lasso *m*, *n*; **II** *v/t.* mit e-m Lasso fangen.

last¹ [lɑːst] **I** *adj.* □ → *lastly*; **1.** letzt: ~ *but one* vorletzt; ~ *but two* drittletzt; *for the ~ time* zum letzten Male; *to the ~ man* bis auf den letzten Mann; **2.** letzt, vorig: ~ *Monday*, *Monday* ~ (am) letzten *od.* vorigen Montag; ~ *night* a) gestern abend, b) in der vergangenen Nacht; ~ *week* in der letzten *od.* vorigen Woche; *the week before* ~ (die) vorletzte Woche; *this day* ~ *week* heute vor e-r Woche; *on May 6th* ~ am vergangenen 6. Mai; **3.** neuest, letzt: *the ~ news*; *the ~ thing in jazz* das Neueste im Jazz; **4.** letzt, al-'lein übrigbleibend: *the ~ hope* die letzte (verbleibende) Hoffnung; *my ~ pound* mein letztes Pfund; **5.** letzt, endgültig, entscheidend; → *word* 1; **6.** äußerst: *of the ~ importance* von höchster Bedeutung; *this is my ~ price* dies ist mein äußerster *od.* niedrigster Preis; **7.** letzt, am wenigsten erwartet *od.* geeignet, unwahrscheinlich: *the ~ man I would choose* der letzte, den ich wählen würde; *he is the ~ person I expected to see* mit ihm hatte ich am wenigsten gerechnet; *this is the ~ thing to happen* das ist völlig unwahrscheinlich; **8.** *contp.* ,letzt', mise'rabelst; **II** *adv.* **9.** zu'letzt, als letzter, -e, -es, an letzter Stelle: ~ *of all* ganz zu letzt, zu allerletzt; ~ *but not least* nicht zuletzt, nicht zu vergessen; **10.** zu'letzt, das letztemal, zum letzten Male: *I ~ met him in Berlin*; **11.** zu guter Letzt; **12.** *in Zssgn*: *~-mentioned* letzterwähnt, -genannt; **III** *s.* **13.** *at* ~ a) endlich, b) schließlich, zuletzt; *at long* ~ schließlich (doch noch); **14.** *der (die, das)* Letzte: *the* ~ *of the Mohicans* der letzte Mohikaner; *he was the* ~ *to arrive* er traf als letzter ein; *he would be the* ~ *to do that* er wäre der letzte, der so etwas täte; **15.** *der (die, das)* Letztgenannte *od.* Letzte; **16.** F a) letzte Erwähnung, b) letzter (An)Blick, c) letztes Mal: *breathe one's* ~ s-n letzten Atemzug tun; *hear the* ~ *of* zum letzten Male (*od.* nichts mehr) hören von *et. od. j-m*; *we shall never hear the* ~ *of this* das werden wir noch lang zu hören kriegen; *look one's* ~ *on s.th.* e-n (aller)letzten Blick auf et. werfen; *we shall never see the* ~ *of that man* den (Mann) werden wir nie mehr los; **17.** Ende *n*: *to the* ~ a) bis zum äußersten, b) bis zum Ende (*od.* Tod).

last² [lɑːst] **I** *v/i.* **1.** (an-, fort)dauern, währen: *too good to* ~ zu schön, um lange zu währen *od.* um wahr zu sein; *it won't* ~ es wird nicht lange anhalten *od.* so bleiben; **2.** bestehen: *as long as the world* ~s; **3.** 'durch-, aushalten: *he won't* ~ *much longer* er wird's nicht mehr lange machen; **4.** (sich) halten: *the paint will* ~; **.** *well* haltbar sein; **5.** (aus)reichen, genügen: *while the money* ~s solange das Geld reicht; *I must make my money* ~ ich muß mit m-m Gelde auskommen; **II** *v/t.* **6.** a. ~ *out j-m* reichen: *it will* ~ *us a week*; **7.** *mst* ~ *out* a) über'dauern, b) 'durchhalten, c) (es mindestens) ebenso lange aushalten wie.

last³ [lɑːst] *s.* Leisten *m*: *put on the* ~ über den Leisten schlagen; *stick to your* ~*!* fig. (Schuster) bleib bei deinem Leisten!

last-'ditch *adj.*: ~ *stand* ein letzter (verzweifelter) Widerstand *od.* Versuch.

last·ing ['lɑːstɪŋ] **I** *adj.* □ dauerhaft, dauernd, anhaltend, *Material etc.* a. haltbar: ~ *impression* nachhaltiger Eindruck; **II** *s.* Lasting *n* (*fester Kammgarnstoff*); **'last·ing·ness** [-nɪs] *s.* Dauer(haftigkeit) *f*, Haltbarkeit *f*.

last·ly ['lɑːstlɪ] *adv.* zu'letzt, schließlich, am Ende, zum Schluß.

latch [lætʃ] **I** *s.* **1.** Klinke *f*, (Schnapp-)Riegel *m*: *on the* ~ nur eingeklinkt (*Tür*); **2.** Schnappschloß *n*; **II** *v/t.* **3.** ein-, zuklinken; **III** *v/i.* **4.** sich einklinken, einschnappen; **5.** ~ *on to* F a) sich (wie e-e Klette) an *j-n* hängen, b) e-e *Idee* (gierig) aufgreifen, c) *et.* kapieren *od.* spitzkriegen.

'latch·key *s.* **1.** Drücker *m*, Schlüssel *m* (*für ein Schnappschloß*); **2.** Haus- *od.* Wohnungsschlüssel *m*: ~ *child* Schlüsselkind *n*.

late [leɪt] **I** *adj.* □ → *lately*; **1.** spät: *at a* ~ *hour* zu später Stunde, spät (*beide a. fig.*); *on Monday at the* ~*st* spätestens am Montag; *it is* (*getting*) ~ es ist (schon) spät; *at a* ~*r time* später, zu e-m späteren Zeitpunkt; → *latest* 1; **2.** vorgerückt, spät, Spät...: ~ *edition* (*programme*, *summer*) Spätausgabe *f* (-programm *n*, -sommer *m*); ♗ *Latin* Spätlatein *n*; *the* ~ *18th century* das späte 18. Jahrhundert; *in the* ~ *eighties* gegen Ende der achtziger Jahre; *a*

man in his ~ *eighties* ein Endachtziger; *in* ~ *May* Ende Mai; **3.** verspätet, zu spät: *be* ~ zu spät kommen (*for s.th.* zu et.), sich verspäten, spät dran sein, 🖬 *etc.* Verspätung haben: *be* ~ *for dinner* zu spät zum Essen kommen; *he was* ~ *with the rent* er bezahlte s-e Miete mit Verspätung *od.* zu spät; **4.** letzt, jüngst, neu: *the* ~ *war* der letzte Krieg; *of* ~ *years* in den letzten Jahren; **5.** a) letzt, früher, ehemalig, b) verstorben: *the* ~ *headmaster* der letzte *od.* der verstorbene Schuldirektor; *the* ~ *government* die letzte *od.* vorige Regierung; *my* ~ *residence* m-e frühere Wohnung; ~ *of Oxford* früher in Oxford (wohnhaft); **II** *adv.* **6.** spät: *of* ~ in letzter Zeit, neuerdings; *as* ~ *as last year* erst *od.* noch letztes Jahr; *until as* ~ *as 1984* noch bis 1984; *better* ~ *than never* lieber spät als gar nicht; ~ *into the night* bis spät in die Nacht; *sit* (*od.* *stay*) *up* ~ bis spät in die Nacht *od.* lange aufbleiben; *it's a bit* ~ F es ist schon ein bißchen spät dafür; (*even*) ~ *in life* (auch noch) in hohem Alter; *not* ~*r than* spätestens, nicht später als; ~*r on* später, nachher; *see you* ~*r!* bis später!, bis bald!; ~ *in the day* F reichlich spät, 'ein bißchen' spät; **7.** zu spät: *come* ~; *the train arrived 20 minutes* ~ der Zug hatte 20 Minuten Verspätung; **'~-,com·er** *s.* Zu'spätgekommene(r *m*) *f*, Nachzügler(in), *fig. a.* e-e Neuerscheinung, *et.* Neues: *he is a* ~ *in this field* fig. er ist neu in diesem (Fach)Gebiet.

late·ly ['leɪtlɪ] *adv.* **1.** vor kurzem, kürzlich; **2.** in letzter Zeit, seit einiger Zeit, neuerdings.

la·ten·cy ['leɪtənsɪ] *s.* La'tenz *f*, Verborgenheit *f*.

late·ness ['leɪtnɪs] *s.* **1.** späte Zeit, spätes Stadium: *the* ~ *of the hour* die vorgerückte Stunde; **2.** Verspätung *f*, Zu-'spätkommen *n*.

la·tent ['leɪtənt] *adj.* □ la'tent (*a.* ✴, *phys.*, *psych.*), verborgen: ~ *abilities*; ~ *buds* unentwickelte Knospen; ~ *heat phys.* latente *od.* gebundene Wärme; ~ *period* Latenzstadium *n od.* -zeit *f*.

lat·er ['leɪtə] *comp. von late.*

lat·er·al ['lætərəl] **I** *adj.* □ **1.** seitlich, Seiten..., Neben..., Quer...: ~ *angle* (**view**, **wind**) Seitenwinkel *m* (-ansicht *f*, -wind *m*); ~ *branch* Seitenlinie *f* (*e-s Stammbaums*); ~ *thinking* unorthodoxe Denkmethode(n *pl.*) *f*; **2.** *anat.*, *ling.* late'ral; **II** *s.* **3.** Seitenteil *n*, -stück *n*; **4.** *ling.* Late'ral *m*; **'lat·er·al·ly** [-rəlɪ] *adv.* seitlich, seitwärts; von der Seite.

Lat·er·an ['lætərən] *s.* Late'ran *m*.

lat·est ['leɪtɪst] **I** *sup. von late;* **II** *adj.* **1.** spätest; **2.** neuest: *the* ~ *fashion* (*news*, *etc.*); **3.** letzt: *he was the* ~ *to come* er kam als letzter; **III** *adv.* **4.** am spätesten: *he came* ~ er kam als letzter; **IV** *s.* **5.** (*der, die, das*) Neueste: *at the* ~ spätestens.

la·tex ['leɪteks] *s.* ♣ Milchsaft *m*, Latex *m*.

lath [lɑːθ] *s.* **1.** Latte *f*, Leiste *f*: → *thin* 2; **2.** *coll.* Latten(werk *n*) *pl.*

lathe [leɪð] *s.* ⚙ **1.** Drehbank *f*: ~ *tool* Drehstahl *m*; ~ *tooling* Bearbeitung *f* auf der Drehbank; **2.** Töpferscheibe *f*.

lath·er ['lɑːðə] **I** *s.* **1.** (Seifen)Schaum *m*;

2. Schweiß *m* (*bsd. e-s Pferdes*): *in a* ~ schweißgebadet; *be in a* ~ *about s.th.* F sich über et. aufregen; **II** *v/t.* **3.** einseifen; **III** *v/i.* **4.** schäumen.

Lat·in ['lætɪn] **I** *s.* **1.** *ling.* La'tein(isch) *n*, das Lateinische; **2.** *antiq.* a) La'tiner *m*, b) Römer *m*; **3.** Ro'mane *m*, Ro'manin *f*, Südländer(in); **II** *adj.* **4.** *ling.* la'teinisch, Latein...; **5.** a) ro'manisch: *the* ~ *peoples;* b) südländisch: ~ *temperament;* **6.** *eccl.* römisch-ka'tholisch: ~ *Church;* **7.** la'tinisch; **,~-A'mer·i·can I** *adj.* la'teinameri₁kanisch; **II** *s.* La'teinameri₁kaner(in).

Lat·in·ism ['lætɪnɪzəm] *s.* Lati'nismus *m*; **'Lat·in·ist** [-nɪst] *s.* Lati'nist(in), **,La·'tein·er** *m*; **Lat·in·i·za·tion** [,lætɪnaɪ-'zeɪʃn] *s.* Latinisierung *f*; **'Lat·in·ize** [-naɪz] *v/t.* latinisieren; **La·ti·no** [lə'tiːnəʊ] *pl.* -**nos** *s. Am.* F (*US-*)Einwohner (-in) *lateinamerikanischer Abkunft.*

lat·ish ['leɪtɪʃ] *adj.* etwas spät.

lat·i·tude ['lætɪtjuːd] *s.* **1.** *ast.*, *geogr.* Breite *f*: *degree of* ~ Breitengrad *m*; *in* ~ *40° N.* auf dem 40. Grad nördlicher Breite; **2.** *pl. geogr.* Breiten *pl.*, Gegenden *pl.*: *low* ~s niedere Breiten; *cold* ~s kalte Gegenden; **3.** *fig.* a) Spielraum *m*, Freiheit *f*: *allow s.o. great* ~ j-m große Freiheit gewähren, b) großzügige Auslegung (*e-s Begriffs etc.*); **4.** *phot.* Belichtungsspielraum *m*; **lat·i·tu·di·nal** [,lætɪ'tjuːdɪnl] *adj. geogr.* Breiten...

lat·i·tu·di·nar·i·an [,lætɪtjuːdɪ'neərɪən] **I** *adj.* libe'ral, tole'rant, *eccl. a.* freisinnig; **II** *s. bsd. eccl.* Freigeist *m*; **,lat·i·tu·di'nar·i·an·ism** [-nɪzəm] *s. eccl.* Liberali'tät *f*, Tole'ranz *f*.

la·trine [lə'triːn] *s.* La'trine *f*.

lat·ter ['lætə] **I** *adj.* □ → *latterly;* **1.** *von zweien:* letzter: *the* ~ *name* der letztere *od.* letztgenannte Name; **2.** neuer, jünger: *in these* ~ *days* in der jüngsten Zeit; **3.** letzt, später: *the* ~ *years of one's life;* *the* ~ *half of June* die zweite Junihälfte; *the* ~ *part of the book* die zweite Hälfte des Buches; **II** *s.* **4.** *the* ~ a) der (das) letztere, b) der letzteren *pl.*; **'~-day** *adj.* aus neuester Zeit, mo'dern; **'~-day saints** *s. pl. eccl.* die Heiligen *pl.* der letzten Tage (*Mormonen*).

lat·ter·ly ['lætəlɪ] *adv.* **1.** in letzter Zeit, neuerdings; **2.** am Ende.

lat·tice ['lætɪs] **I** *s.* **1.** Gitter(werk) *n*; **2.** Gitterfenster *n od.* -tür *f*; **3.** Gitter(muster *n*); **II** *v/t.* **4.** vergittern; ~ *bridge* ⚙ Gitterbrücke *f*; ~ *frame*, ~ *gird·er* ⚙ Gitter-, Fachwerkträger *m*; ~ *window* s. Gitter-, Rautenfenster *n*; **'~-work** → *lattice* 1.

Lat·vi·an ['lætvɪən] **I** *adj.* **1.** lettisch; **II** *s.* **2.** Lette *m*, Lettin *f*; **3.** *ling.* Lettisch *n*.

laud [lɔːd] **I** *s.* Lobgesang *m*; **II** *v/t.* loben, preisen, rühmen; **'laud·a·ble** [-dəbl] *adj.* □ löblich, lobenswert.

lau·da·num ['lɒdnəm] *s. pharm.* Lau'danum *n*, 'Opiumtink₁tur *f*.

lau·da·tion [lɔː'deɪʃn] *s.* Lob *n*; **laud·a·to·ry** ['lɔːdətərɪ] *adj.* lobend, Belobigungs..., Lob...

laugh [lɑːf] **I** *s.* **1.** Lachen *n*, Gelächter *n*, *thea. etc. a.* ,Lacher' *m*, *contp.* (*böse etc.*) Lache: *with a* ~ lachend; *have a good* ~ *at s.th.* herzlich über e-e Sache lachen; *have the* ~ *of s.o.* über j-n (am Ende) triumphieren; *have the* ~ *on*

one's side die Lacher auf s-r Seite haben; *the ~ was on me* der Scherz ging auf m-e Kosten; *raise a ~* Gelächter erregen, e-n Lacherfolg erzielen; *what a ~!* (das) ist ja zum Brüllen!; *he (it) is a ~* F er (es) ist doch zum Lachen; *just for ~s* nur zum Spaß; **II** *v/i.* **2.** lachen (*a. fig.*): *to make s.o. ~* j-n zum Lachen bringen; *don't make me ~!* iro. daß ich nicht lache!; *he ~s best who ~s last* wer zuletzt lacht, lacht am besten; → *wrong* 2; **3.** *fig.* lachen, strahlen (*Himmel etc.*); **III** *v/t.* **4.** lachend äußern: *~ a bitter ~* bitter lachen; → *court* 9;
Zssgn mit adv. u. prp.:

~ at v/i. lachen *od.* sich lustig machen über *j-n od. e-e Sache*, *j-n* auslachen; *~ a·way* **I** *v/t.* **1.** → *laugh off*; **2.** *Sorgen etc.* durch Lachen verscheuchen; **3.** *Zeit* mit Scherzen verbringen; **II** *v/i.* **4.** drauf'loslachen, lachen u. lachen; *~ down v/t.* j-n durch Gelächter zum Schweigen bringen *od.* mit Lachen über'tönen, auslachen; *~ off v/t. et.* lachend *od.* mit e-m Scherz abtun.

laugh·a·ble ['lɑːfəbl] *adj.* □ lachhaft, lächerlich, komisch.
laugh·ing ['lɑːfɪŋ] **I** *s.* **1.** Lachen *n*, Gelächter *n*; **II** *adj.* □ **2.** lachend; **3.** lustig: *it is no ~ matter* das ist nicht zum Lachen; **4.** *fig.* lachend, strahlend: *a ~ sky*; *~ gas* ♒ Lachgas *n*; *~ gull* s. orn. Lachmöwe *f*; *~ hy·e·na* s. zo. 'Flecken,hy,äne *f*; *~ jack·ass* s. orn. Rieseneisvogel *m*; '*~-stock* s. Gegenstand *m* des Gelächters, Zielscheibe *f* des Spottes: *make a ~ of o.s.* sich lächerlich machen.
laugh·ter ['lɑːftə] *s.* Lachen *n*, Gelächter *n*.
launch [lɔːntʃ] **I** *v/t.* **1.** *Boot* aussetzen, ins Wasser lassen; **2.** *Schiff* a) vom Stapel lassen, b) taufen: *be ~ed* vom Stapel laufen *od.* getauft werden; **3.** ✔ katapultieren, abschießen; **4.** *Torpedo, Geschoß* abschießen, *Rakete a.* starten; **5.** *et.* schleudern, werfen: *~ o.s. into* → 12; **6.** *Rede, Kritik, Protest etc.*, *a. e-n Schlag* vom Stapel lassen, loslassen; **7.** *et.* in Gang bringen, einleiten, starten, lancieren; **8.** *et.* lancieren: a) *Produkt, Buch, Film etc.* her'ausbringen, b) *Anleihe* auflegen, *Aktien* ausgeben; **9.** *j-n* lancieren, (gut) einführen, *j-m* ,Starthilfe' geben; **10.** ✕ *Truppen* einsetzen, an e-e Front *etc.* schicken *od.* werfen; **II** *v/i.* **11.** *mst ~ out, ~ forth* losfahren, starten: *~ out on a journey* sich auf e-e Reise begeben; **12.** *~ out (into) fig.* a) sich (in *die Arbeit, e-e Debatte etc.*) stürzen, b) loslegen (mit *e-r Rede, e-r Tätigkeit etc.*), c) (*et.*) anpacken, (*e-e Karriere, ein Projekt etc.*) starten: *~ out into* → *a.* 6; **13.** *~ out* a) e-n Wortschwall von sich geben, b) F viel Geld springen lassen; **III** *s.* **14.** ⚓ Barʹkasse *f*; **15.** → *launching*; '**launch·er** [-tʃə] *s.* **1.** ✕ a) (Raʹketen)Werfer *m*, b) Abschußvorrichtung *f* (*Fernlenkgeschosse*); **2.** ✔ Kataʹpult *m, n*, Startschleuder *f*.
launch·ing ['lɔːntʃɪŋ] *s.* **1.** ⚓ a) Stapellauf *m*, b) Aussetzen *n* (*von Booten*); **2.** Abschuß *m, e-r Rakete*: a. Start *m*; **3.** ✕ Kataʹpultstart *m*; **4.** *fig.* a) Starten *m*, In-ʹGang-Setzen *n*, b) Start *m*, c) Ein-

satz *m*; **5.** Lancierung *f*, Einführung *f* (*e-s Produkts etc.*), Herausgabe *f* (*e-s Buches etc.*); *~ pad, ~ plat·form* s. Abschußrampe *f* (*e-r Rakete*); *~ rope* s. ✔ Startseil *n*; *~ site* s. ✕ (Raʹketen-) ,Abschuß,basis *f*; *~ ve·hi·cle* s. 'Startra-,kete *f*.
laun·der ['lɔːndə] **I** *v/t. Wäsche* waschen (u. bügeln); F *fig. illegal erworbenes Geld* ,waschen'; **II** *v/i.* sich (*leicht etc.*) waschen lassen; **laun·der·ette** [,lɔːndə'ret] *s.* 'Waschsa,lon *m*; '**laun·dress** [-drɪs] *s.* Wäscherin *f*.
laun·dry ['lɔːndrɪ] *s.* **1.** Wäsche'rei *f*; **2.** F (schmutzige *od.* frisch gereinigte) Wäsche; *~ list* **1.** Wäschezettel *m*; **2.** *Am.* F lange Liste.
lau·re·ate ['lɔːrɪət] **I** *adj.* **1.** lorbeergekrönt, -geschmückt; -bekränzt; **II** *s.* **2.** *mst poet* ~ Hofdichter *m*; **3.** Preisträger *m*.
lau·rel ['lɒrəl] *s.* **1.** ♀ Lorbeer(baum) *m*; **2.** *mst pl. fig.* Lorbeeren *pl.*, Ehren *pl.*, Ruhm *m*: *look to one's ~s* sich behaupten wollen; *reap* (*od.* win *od.* gain) *~s* Lorbeeren ernten; *rest on one's ~s* sich auf s-n Lorbeeren ausruhen; '**lau·rel(l)ed** [-ld] *adj.* **1.** lorbeergekrönt; **2.** preisgekrönt.
lav [læv] *s. Brit.* F ,Kloʹ *n*.
la·va ['lɑːvə] *s. geol.* Lava *f*.
lav·a·to·ry ['lævətərɪ] *s.* Toiʹlette *f*: *pub·lic ~ a.* (öffentliche) Bedürfnisanstalt.
lav·en·der ['lævəndə] **I** *s.* **1.** ♀ Laʹvendel *m* (*a. Farbe*); **2.** Laʹvendel(wasser) *n*; **II** *adj.* **3.** laʹvendelfarben.
lav·ish ['lævɪʃ] **I** *adj.* □ a) großzügig, reich, fürstlich, üppig (*Geschenke etc.*), b) reich, 'überschwenglich (*Lob etc.*), c) großzügig, verschwenderisch (*of* mit, *in* in *dat.*) (*Person*): *be ~ of* (*od.* with) um sich werfen mit, nicht geizen mit, verschwenderisch umgehen mit; **II** *v/t.* verschwenden, verschwenderisch (aus-) geben: *~ s.th. on s.o.* j-n mit et. überhäufen; '**lav·ish·ness** [-nɪs] *s.* Großzügigkeit *f* (*etc.*); Verschwendung(ssucht) *f*.
law [lɔː] *s.* **1.** (*objektives*) Recht, (*das*) Gesetz *od.* (*die*) Gesetze *pl.*: *by* (*od.* in, *under the*) *~* nach dem Gesetz, von Rechts wegen, gesetzlich; *under German ~* nach deutschem Recht; *contrary to ~* gesetz-, rechtswidrig; *~ and order* Recht (*od.* Ruhe) u. Ordnung, *contp.* ,Law and order'; *become* (*od.* pass into) *~* Gesetz *od.* rechtskräftig werden; *lay down the ~* (alles) bestimmen, das Sagen haben; *take the ~ into one's own hands* zur Selbsthilfe greifen; *his word is the ~* was er sagt, gilt; **2.** Recht *n*: a) 'Rechtssy,stem *n*: *the English ~*, b) (*einzelnes*) Rechtsgebiet: *~ of nations* Völkerrecht; **3.** (*einzelnes*) Gesetz: *Election* ⚖; *he is a ~ unto himself* er tut, was er will; *is there a ~ against it? iro.* ist das (etwa) verboten?; **4.** Rechtswissenschaft *f*, Jura *pl.*: *read* (*od.* study, take) *~* Jura studieren; *be in the ~* Jurist sein; *practise ~* e-e Anwaltspraxis ausüben; **5.** Gericht *n*, Rechtsweg *m*: *go to ~* vor Gericht gehen, den Rechtsweg beschreiten, prozessieren; *go to ~ with s.o.* j-n verklagen, gegen j-n prozessieren; **6.** *the ~* F die Polizei: *call in the ~*; **7.** (*künstlerisches etc.*) Gesetz: *the ~s of poetry*;

8. (*Spiel*)Regel *f*: *the ~s of the game*; **9.** a) (Naʹtur)Gesetz *n*, b) (wissenschaftliches) Gesetz: *the ~ of gravity*, c) (Lehr)Satz *m*: *~ of sines* Sinussatz; **10.** *eccl.* a) (göttliches) Gesetz, *coll. die* Gebote (Gottes), b) *the* ⚖ (*of Moses*) das Gesetz (des Moses), c) *the* ⚖ das Alte Testament; **11.** *hunt.*, *sport* Vorgabe *f*; '*~-a,bid·ing adj.* gesetzestreu, ordnungsliebend: *~ citizen*; '*~,break·er* s. Geʹsetzesüber,treter(in); *~ court* s. Gericht(shof *m*) *n*.
law·ful ['lɔːful] *adj.* □ **1.** gesetzlich, leʹgal; **2.** rechtmäßig, legiʹtim: *~ son* ehelicher *od.* legitimer Sohn; **3.** rechtsgültig, gesetzlich anerkannt: *~ marriage* gültige Ehe; '**law·ful·ness** [-nɪs] *s.* Gesetzlichkeit *f*, Legaliʹtät *f*; Rechtsgültigkeit *f*.
'**law,giv·er** *s.* Gesetzgeber *m*.
law·less ['lɔːlɪs] *adj.* □ **1.** gesetzlos (*Land, Person*); **2.** gesetzwidrig, unrechtmäßig; '**law·less·ness** [-nɪs] *s.* **1.** Gesetzlosigkeit *f*; **2.** Gesetzwidrigkeit *f*.
Law Lord *s.* Mitglied *n* des brit. Oberhauses mit richterlicher Funkti'on.
lawn¹ [lɔːn] *s.* Rasen *m*.
lawn² [lɔːn] *s.* Liʹnon *m*, Baʹtist *m*.
lawn| **mow·er** s. Rasenmäher *m*; *~ sprin·kler* s. Rasensprenger *m*; *~ ten·nis* s. Rasentennis *n*.
law| **of·fice** s. 'Anwaltskanz,lei *f*, -praxis *f*; *~ of·fi·cer* s. ⚖ Ju'stizbeamte(r) *m*; **2.** *Brit.* für a) **Attorney General**, *Solicitor General*; *~ re·ports* s. pl. Urteilsammlung *f*, Sammlung *f* von richterlichen Entscheidungen; *~ school* s. **1.** 'Rechtsakade,mie *f*; **2.** *univ. Am.* ju'ristische Fakul'tät; *~ stu·dent* s. 'Jurastu,dent(in); '*~-suit* s. ⚖ a) Proʹzeß *m*, Verfahren *n*, b) Klage *f*: *bring a ~* e-n Prozeß anstrengen, Klage einreichen (*against* gegen).
law·yer ['lɔːjə] *s.* **1.** (Rechts)Anwalt *m*, (-)Anwältin *f*; **2.** Rechtsberater(in); **3.** Ju'rist(in).
lax [læks] *adj.* □ **1.** lax, locker, (nach-) lässig (*about* hinsichtlich *gen.*, mit): *~ morals* lockere Sitten; **2.** lose, schlaff, locker; **3.** unklar, verschwommen; **4.** *Phonetik*: schlaff artikuliert; **5.** *~ bowels* a) offener Leib, b) 'Durchfall *m*; **lax·a·tive** ['læksətɪv] ♒ **I** *s.* Abführmittel *n*; **II** *adj.* abführend; **lax·i·ty** ['læksətɪ], '**lax·ness** [-nɪs] *s.* **1.** Laxheit *f*, Lässigkeit *f*; **2.** Schlaffheit *f*, Lockerheit *f* (*a. fig.*); **3.** Verschwommenheit *f*.
lay¹ [leɪ] **I** *s.* **1.** *bsd. geogr.* Lage *f*: *the ~ of the land fig.* die Lage; **2.** Schicht *f*, Lage *f*; **3.** Schlag *m* (*Tauwerk*); **4.** V a) ,Nummer' *f* (*Koitus*), b) *she is an easy ~* die ist gleich ,dabei'; *she is a good ~* sie ,bumst' gut; **II** *v/t.* [*irr.*] **5.** *allg.* legen: *~ it on the table*; *~ a cable* ein Kabel (ver)legen; *~ a bridge* e-e Brücke schlagen; *~ eggs* Eier legen; *~ the foundation(s) of fig.* den Grund(stock) legen zu; *~ the foundation-stone* den Grundstein legen; → *die Verbindungen mit den entsprechenden Substantiven etc.*; **6.** *fig.* legen, setzen: *~ stress on* Nachdruck legen auf (*acc.*), betonen; *~ an ambush* e-n Hinterhalt legen; *~ the ax(e) to a tree* die Axt an e-n Baum legen; *the scene is laid in Rome* der Schauplatz *od.* Ort der Handlung ist Rom, *thea.* das Stück

etc. spielt in Rom; **7.** anordnen, herrichten: **~ the table** (*od.* **the cloth**) den Tisch decken; **~ the fire** das Feuer (*im Kamin*) anlegen; **8.** belegen, bedecken: **~ the floor with a carpet**; **9.** (*before*) vorlegen (*dat.*), bringen (*vor acc.*): **~ one's case before a commission**; **10.** geltend machen, erheben: **~ an information against s.o.** Klage erheben *od.* (*Straf*)Anzeige erstatten gegen; **11.** a) *Strafe etc.* verhängen, b) *Steuern* auferlegen; **12.** *Schuld etc.* zuschreiben, zur Last legen: **~ a mistake to s.o.**(*'s charge*) j-m e-n Fehler zur Last legen; **13.** *Schaden* festsetzen (**at** auf *acc.*); **14.** a) *et.* wetten, b) setzen auf (*acc.*); **15.** *e-n Plan* schmieden; **16.** 'umlegen, niederwerfen: **~ s.o. low** (*od.* **in the dust**) j-n zu Boden strecken; **17.** *Getreide etc.* zu Boden drücken; **18.** *Wind, Wogen etc.* beruhigen, besänftigen: **the wind is laid** der Wind hat sich gelegt; **19.** *Staub* löschen; **20.** *Geist* bannen, beschwören; → **ghost** 1; **21.** ⚓ *Kurs* nehmen auf (*acc.*), ansteuern; **22.** ✗ *Geschütz* richten; **23.** V 'umlegen', ,bumsen'; **III** *v/i.* [*irr.*] **24.** (Eier) legen; **25.** wetten; **26.** zuschlagen: **~ about one** um sich schlagen; **~ into s.o.** *sl.* auf j-n einschlagen; **~ to** (mächtig) ,rangehen' an *e-e Sache*; **27.** (*fälschlich für* **lie²** II) liegen: *Zssgn mit adv.:*

lay|a·bout *v/i.* (heftig) um sich schlagen; **~ a·side**, **~ by** *v/t.* **1.** bei'seite legen; **2.** *fig.* a) aufgeben, b) ,ausklammern'; **3.** *Geld etc.* beiseite *od.* auf die ,hohe Kante' legen, zu'rücklegen; **~ down I** *v/t.* **1.** hinlegen; **2.** *Amt, Waffen etc.* niederlegen; **3.** *sein Leben* hingeben, opfern; **4.** *Geld* hinter'legen; **5.** *Grundsatz, Regeln etc.* aufstellen, festlegen, -setzen, vorschreiben, *Bedingung in e-m Vertrag* niederlegen, verankern; → **law** 1; **6.** a) die Grundlagen legen für, b) planen, entwerfen; **7.** ✓ besäen *od.* bepflanzen (**in**, **to**, **under**, **with** mit); **8.** *Wein etc.* (ein)lagern; **II** *v/i.* **9.** *fälschlich für* **lie down** 1; **~ in** *v/t.* sich eindecken mit, einlagern; *Vorrat* anlegen; **~ off I** *v/t.* **1.** *Arbeiter* (vor'übergehend) entlassen; **2.** *die Arbeit* einstellen; **3.** *das Rauchen etc.* aufgeben: **~ smoking**; **4.** in Ruhe lassen: **~ (it)!** hör auf (damit)!; **II** *v/i.* **5.** aufhören; **~ on I** *v/t.* **1.** *Steuer etc.* auferlegen; **2.** *Peitsche* gebrauchen; **3.** *Farbe etc.* auftragen: **lay it on** a) (**thick**) *fig.* ,dick auftragen', übertreiben, b) e-e ,saftige' Rechnung stellen, c) draufschlagen; **4.** a) *Gas etc.* installieren, b) *Haus* ans (*Gas- etc.*)Netz anschließen; **5.** F a) auftischen, b) bieten, sorgen für, c) veranstalten, arrangieren; **II** *v/i.* **6.** zuschlagen, angreifen; **~ o·pen** *v/t.* **1.** bloßlegen; **2.** *fig.* a) aufdecken, b) offenlegen; **~ out** *v/t.* **1.** ausbreiten; **2.** *Toten* aufbahren; **3.** *Geld* ausgeben; *allg.* gestalten, *Garten etc.* anlegen, *et.* entwerfen, planen, anordnen, *typ.* aufmachen, das *Layout e-r Zeitschrift etc.* machen; **5.** *sl.* a) j-n zs.-schlagen, j-n ,'umlegen', ,kaltmachen'; **6.** **~ o.s. out** F sich ,mächtig anhalten'; **~ o·ver** *Am.* **I** *v/t.* zu'rückstellen; **II** *v/i.* Aufenthalt haben, 'Zwischenstati,on machen; **~ to** *v/i.* ⚓ beidrehen; **~ up** *v/t.* **1.** →

lay in; **2.** ansammeln, anhäufen; **3.** a) ⚓ *Schiff* auflegen, außer Dienst stellen, b) *mot.* stillegen; **4.** **be laid up** (**with**) bettlägerig sein (wegen), im Bett liegen (mit *Grippe etc.*).

lay² [leɪ] *pret. von* **lie²**.

lay³ [leɪ] *adj.* Laien...: a) *eccl.* weltlich; b) laienhaft, nicht fachmännisch: **to the ~ mind** für den Laien(verstand).

lay⁴ [leɪ] *s. obs.* **1.** Bal'lade *f*; **2.** Lied *n*.

'lay|·a·bout *s. bsd. Brit.* F Faulenzer *m*; **~ broth·er** *s. eccl.* Laienbruder *m*; **'~-by** *s. mot. Brit.* a) Rastplatz *m*, Parkplatz *m*, b) Parkbucht *f* (*Landstraße*); **~ days** *s. pl.* ⚓ Liegetage *pl.*, -zeit *f*; **'~-down** → **lie-down**.

lay·er I [leə] *s.* **1.** Schicht *f*, Lage *f*: **in ~s** schicht-, lagenweise; **2.** Leger *m*, *in Zssgn* ...leger *m*; **3.** Leg(e)henne *f*: **this hen is a good ~** diese Henne legt gut; **4.** ✓ Ableger *m*; **5.** ✗ 'Höhenrichtkano,nier *m*; **II** *v/t.* **6.** ✓ durch Ableger vermehren; **7.** über'lagern, schichtweise legen; **'~-cake** *s.* Schichttorte *f*.

lay·ette [leɪ'et] *s.* Babyausstattung *f*.

lay fig·ure *s.* **1.** Gliederpuppe *f* (*als Modell*); **2.** *fig.* Mario'nette *f*, Null *f*.

lay·ing ['leɪɪŋ] *s.* **1.** Legen *n* (*etc.* → **lay¹** II u. III): **~ on of hands** Handauflegen *n*; **2.** Gelege *n* (*Eier*); **3.** △ Bewurf *m*, Putz *m*.

lay| judge *s.* Laienrichter(in); **'~-man** [-mən] *s.* [*irr.*] **1.** Laie *m* (*Ggs. Geistlicher*); **2.** Laie *m*, Nichtfachmann *m*; **'~-off** *s.* **1.** (vor'übergehende) Entlassung; **2.** Feierschicht *f*; **'~-out** *s.* **1.** Planung *f*, Anordnung *f*, Anlage *f*; **2.** Plan *m*, Entwurf *m*; **3.** *typ.*, *a. Elektronik:* Layout *n*: **~ man** Layouter *m*; **4.** Aufmachung *f* (*e-r Zeitschrift etc.*); **'~-sis·ter** *s.* Laienschwester *f*; **'~-wom·an** *s.* [*irr.*] Laiin *f.*

laze [leɪz] **I** *v/i.* **~ a·round** faulenzen, bummeln, auf der faulen Haut liegen; **II** *v/t.* **~ away** Zeit verbummeln; **III** *s.:* **have a ~** → I; **la·zi·ness** ['leɪzɪnɪs] *s.* Faulheit *f*, Trägheit *f.*

la·zy ['leɪzɪ] *adj.* □ träg(e): a) faul, b) langsam, sich langsam bewegend; **'~-bones** *s.* F Faulpelz *m.*

'ld [d] F *für* **would** *od.* **should**.

lea [liː] *s. poet.* Flur *f*, Aue *f.*

leach [liːtʃ] **I** *v/t.* **1.** 'durchsickern lassen; **2.** (aus)laugen; **II** *v/i.* **3.** 'durchsickern.

lead¹ [liːd] **I** *s.* **1.** Führung *f*, Leitung *f*: **under s.o.'s ~**; **2.** Führung *f*, Spitze *f*: **be in the ~**, **have the ~** an der Spitze stehen, führen(d sein), *sport etc.* in Führung *od.* vorn liegen; **take the ~** a) *a. sport* die Führung übernehmen, an die Spitze setzen; b) die Initiative ergreifen, c) vorangehen, neue Wege weisen; **3.** *bsd. sport* a) Führung *f*: **have a two-goal ~** mit zwei Toren führen, b) Vorsprung *m*: **one minute's ~** 'eine Minute Vorsprung (**over s.o.** vor j-m); **4.** Vorbild *n*, Beispiel *n*: **give s.o. a ~** j-m mit gutem Beispiel vorangehen; **follow s.o.'s ~** j-s Beispiel folgen; **5.** Hinweis *m*, Fingerzeig *m*, Anhaltspunkt *m*, Spur *f*: **the police have several ~s**; **6.** *Kartenspiel:* a) Vorhand *f*: **your ~!** Sie spielen aus!, b) zu'erst ausgespielte Karte; **7.** *thea.* a) Hauptrolle *f*, b) Hauptdarsteller(in); **8.** ♪ Eröffnung *f*, Auftakt *m*, b) *Jazz etc.:* Lead *n*, Führungsstimme *f* (*Trompete etc.*); **9.**

Zeitung: a) → **lead story**, b) (zs.-fassende) Einleitung; **10.** (Hunde)Leine *f*; **11.** ∮ a) Leiter *m*, b) (Zu)Leitung *f*, c) *a. phase ~* Voreilung *f*; **12.** ⊕ Steigung *f* (*e-s Gewindes*); **13.** ✗ Vorhalt *m*; **II** *v/t.* [*irr.*] **14.** führen: **~ the way** vorangehen; **this is ~ing us nowhere** das bringt uns nicht weiter; → **nose** *Redew.*; **15.** j-n führen, bringen (**to** nach, zu) (*a. Straße etc.*); → **temptation**; **16.** (an)führen, an der Spitze stehen von, *a. Orchester etc.* leiten, *Armee* führen *od.* befehligen: **~ the field** *sport* das Feld anführen, vorn liegen; **17.** j-n dazu bringen, bewegen, verleiten (**to do s.th.** et. zu tun): **this led me to believe** das machte mich glauben(, *daß*); **18.** a) j-m ein elendes *etc. Leben* führen: **~ s.o. a dog's life** j-m das Leben zur Hölle machen; **19.** *Karte, Farbe etc.* aus-, anspielen; **20.** *Kabel etc.* führen, legen; **III** *v/i.* [*irr.*] **21.** führen: a) vor'angehen, den Weg weisen (*a. fig.*), b) die erste Stelle einnehmen, c) *sport* in Führung liegen (**by** mit 7 Metern *etc.*): **~ by points** nach Punkten führen; **22.** **~ to** a) führen *od.* gehen zu *od.* nach (*Straße etc.*), b) *fig.* führen zu: **this is ~ing nowhere** das führt zu nichts; **23.** *Kartenspiel:* ausspielen (**with s.th.** *et.*): **who ~s?**; **24.** *Boxen:* angreifen (mit der Linken *od.* Rechten): **he ~s with his right** s-e Führungshand ist die Rechte, er ist Rechtsausleger; **~ with one's chin** *fig.* das Schicksal herausfordern; *Zssgn mit adv.:*

lead|a·stray *v/t.* in die Irre führen, *fig. a.* irre-, verführen; **~ a·way** *v/t.* **1.** a) j-n wegführen, b) → **lead off** 1; **2.** *fig.* j-n abbringen (**from** von e-m Thema *etc.*); **3.** **be led away** sich verleiten lassen; **~ in** *v/i.* **4.** ~ **from** e-m Thema *etc.* wegführen; **~ off I** *v/t.* **1.** j-n abführen; **2.** *fig.* einleiten, eröffnen; **II** *v/i.* **3.** den Anfang machen; **~ on I** *v/i.* vor'angehen; **II** *v/t.* *fig.* a) j-n hinters Licht führen, b) j-n auf den Arm nehmen, c) j-n an der Nase herumführen; **~ up I** *v/t.* (**to**) a) (hin'auf)führen (auf *acc.*), b) (hin'über)führen (zu); **II** *v/i.* a) (all'mählich) führen zu, 'überleiten zu, *et.* einleiten: **what is he leading up to?** worauf will er hinaus?

lead² [led] **I** *s.* **1.** 🜛 Blei *n*; **2.** ⚓ Senkblei *n*, Lot *n*: **cast** (*od.* **heave**) **the ~** loten; **3.** Blei *n*, Kugeln *pl.* (*Geschosse*); **4.** Gra'phit *m*, Reißblei *n*; **5.** (Bleistift)Mine *f*; **6.** *typ.* 'Durchschuß *m*; **7.** Bleifassung *f* (*Fenster*); **8.** *pl. Brit.* a) bleierne Dachplatten *pl.*, b) Bleidach *n*; **II** *v/t.* **9.** verbleien; **10.** mit Blei beschweren; **11.** *typ.* durch'schießen; **~ con·tent** *s.* 🜛 Bleigehalt *m* (*im Benzin*).

lead·en ['ledn] *adj.* bleiern (*a. fig. Glieder, Schlaf etc.*; *a. bleigrau*), Blei...

lead·er ['liːdə] *s.* **1.** Führer(in), Erste(r *m*) *f*, *sport a.* Ta'bellenführer *m*; **2.** (An)Führer(in), (*pol. Partei-*, *Fraktions-*, *Oppositions-*, ✗ *bsd. Zug-*, *Gruppen*)Führer *m*: **⌐ of the House** *parl.* Vorsitzende(r *m*) des Unterhauses; **3.** ♪ a) Kon'zertmeister *m*, erster Violi'nist, b) Führungsstimme *f* (*erster Sopran od. Bläser etc.*), c) *Am.* (Or-

'chester-, Chor)Leiter *m*, Diri'gent *m*; **4.** Leiter(in) (*e-s Projekts etc.*); **5.** Leitpferd *n od.* -hund *m*; **6.** ⚖ *Brit.* erster Anwalt (*mst Kronanwalt*): **~ for the defence** Hauptverteidiger *m*; **7.** *bsd. Brit.* 'Leitar,tikel *m* (*Zeitung*): **~ writer** Leitartikler *m*; **8.** *allg. fig.* ,Spitzenreiter' *m*, *pl. a.* Spitzengruppe *f*; **9.** ✝ a) 'Lockar,tikel *m*, b) 'Spitzenar,tikel *m*, führendes Pro'dukt, c) *pl. Börse:* führende Werte *pl.*, d) *Statistik:* Index *m*; **10.** ⚓ Leit-, Haupttrieb *m*; **11.** *anat.* Sehne *f*; **12.** Startband *n* (*e-s Films etc.*); **13.** *typ.* Leit-, Ta'bellenpunkt *m*.

lead·er·ship ['li:dəʃɪp] *s.* **1.** Führung *f*, Leitung *f*; **2.** 'Führungsquali,täten *pl.*

,lead-'in [,li:d-] **I** *adj.* **1.** ⚡ Zuleitungs..., *a. fig.* Einführungs...; **II** *s.* **2.** (An'tennen- *etc.*)Zuleitung *f*; **3.** *fig.* Einleitung *f*.

lead·ing ['li:dɪŋ] führend: a) erst, vorderst: **the ~ car**, b) *fig.* Haupt...: **~ part** *thea.* Hauptrolle *f*; **~ product** Spitzenprodukt *n*, c) tonangebend, maßgeblich: **~ citizen** prominenter Bürger; **~ ar·ti·cle** → **leader** 7, 9 a, b; **~ case** *s.* ⚖ Präze'denzfall *m*; **~ la·dy** *s.* Hauptdarstellerin *f*; **~ light** *s.* F *fig.* ,Leuchte' *f* (*Person*); **~ man** *s.* [*irr.*] Hauptdarsteller *m*; **~ note** *s.* ♪ Leitton *m*; **~ ques·tion** *s.* ⚖ Sugge'stivfrage *f*; **~ reins**, *Am.* **~ strings** *s. pl.* **1.** Leitzügel *m*; **2.** Gängelband *n* (*a. fig.*): **in ~** *fig.* a) in den Kinderschuhen (steckend), b) am Gängelband.

lead| pen·cil [led] *s.* Bleistift *m*; **~ poi·son·ing** *s.* ⚖ Bleivergiftung *f*.

lead sto·ry [li:d] *s. Zeitung:* 'Hauptar,tikel *m*, ,Aufmacher' *m*.

leaf [li:f] **I** *pl.* **leaves** [li:vz] *s.* **1.** ⚓ (*a.* Blumen)Blatt *n*, *pl. a.* Laub *n*: **in ~** belaubt, grün; **come into ~** ausschlagen, grün werden; **2.** *coll.* a) Teeblätter *pl.*, b) Tabakblätter *pl.*; **3.** Blatt *n* (*im Buch*): **take a ~ out of s.o.'s book** *fig.* sich an j-m ein Beispiel nehmen; **turn over a new ~** *fig.* ein neues Leben beginnen; **4.** ⚙ a) Flügel *m* (*Tür, Fenster etc.*), b) Klappe *od.* Ausziehplatte *f* (*Tisch*), c) ✕ (*Visier*)Klappe *f*; **5.** ⚙ Blatt *n*, (dünne) Folie: **gold ~** Blattgold *n*; **6.** ⚙ Blatt *n* (*Feder*); **II** *v/t. u. v/i.* **7.** **~ through** 'durchblättern.

leaf·age ['li:fɪdʒ] *s.* Laub(werk) *n*.

leaf| bud *s.* Blattknospe *f*; **~ green** *s.* ⚓ Blattgrün *n* (*a. Farbe*).

leaf·less ['li:flɪs] *adj.* blätterlos, entblättert, kahl.

leaf·let ['li:flɪt] *s.* **1.** ⚓ Blättchen *n*; **2.** a) Flugblatt *n*, b) Hand-, Re'klamezettel *m*, c) Merkblatt *n*, d) Pro'spekt *m*, e) Bro'schüre *f*.

leaf spring *s.* ⚙ Blattfeder *f*.

leaf·y ['li:fɪ] *adj.* **1.** belaubt, grün; **2.** Laub...; **3.** blattartig, Blatt...

league[1] [li:g] *s.* **1.** Liga *f*, Bund *m*: ☾ **of Nations** *hist.* Völkerbund; **2.** Bündnis *n*, Bund *m*: **be in ~ with** im Bunde sein mit, unter 'einer Decke stecken mit; **be in ~ against s.o.** sich gegen j-n verbünden; **3.** *sport* Liga *f*: **he is not in the same ~ (with me)** *fig.* da (an mich) kommt er nicht ran.

league[2] [li:g] *s. obs.* Wegstunde *f*, Meile *f* (*etwa 4 km*).

leak [li:k] **I** *s.* **1.** a) ⚓ Leck *n*, b) undichte Stelle, Loch *n*: **spring a ~** ein Leck

etc. bekommen; **take a ~** *sl.* ,pinkeln' (gehen), c) → **leakage** 1; **2.** *fig.* a) ,undichte Stelle' (*in e-m Amt etc.*), b) 'Durchsickern *n* (*von Informationen*), c) gezielte Indiskreti'on: **a ~ to the press** a. e-e der Presse zugespielte Information *etc.*; **3.** ⚡ a) Streuung(sverluste *pl.*) *f*, b) Fehlerstelle *f*; **II** *v/i.* **4.** lecken (*a.* ⚡ streuen), leck *od.* undicht sein, *Eimer etc. a.* (aus)laufen, tropfen; **5.** *a.* **~ out** a) ausströmen, entweichen (*Gas*), b) auslaufen, sickern, tropfen (*Flüssigkeit*), c) 'durchsickern (*a. fig. Nachricht etc.*); **III** *v/t. a.* **~ out 6.** 'durchlassen: **the container ~ed (out) oil** aus dem Behälter lief Öl aus; **7.** *fig. Nachricht etc.* 'durchsickern lassen: **~ s.th. (out) to** j-m et. zuspielen.

leak·age ['li:kɪdʒ] *s.* **1.** a) Lecken *n*, Auslaufen *n*, -strömen *n*, -treten *n*, b) → **leak** 1 a *u.* 2; **2.** *a. fig.* Schwund *m*, Verlust *m*; **3.** ✝ Lec'kage *f*; **~ cur·rent** *s.* ⚡ Leck-, Ableitstrom *m*.

leak·y ['li:kɪ] *adj.* leck, undicht.

lean[1] [li:n] *adj.* **1.** a) mager (*a. fig. Ernte, Fleisch, Jahre, Lohn etc.*), schmal, hager, b) schlank; **2.** ⚙ Mager... (*-kohle etc.*), Spar... (*-beton, -gemisch etc.*).

lean[2] [li:n] **I** *v/i.* [*irr.*] **1.** sich neigen (**to** nach), *Person a.* sich beugen (**over** über *acc.*), (sich) lehnen (**against** gegen, **an** *acc.*), sich stützen (**on** auf *acc.*): **~ back** sich zurücklehnen; **~ over** sich (vor)neigen *od.* (vor)beugen; **~ over backward(s)** F sich ,fast umbringen' (*et. zu tun*); **~ to(ward)** *s.th. fig. zu* et. (hin)neigen *od.* tendieren; **2.** **~ on** *fig.* a) sich auf j-n verlassen, b) F j-n unter Druck setzen; **II** *v/t.* [*irr.*] **3.** neigen, beugen; **4.** lehnen (**against** gegen, **an** *acc.*), (auf)stützen (**on, upon** auf *acc.*); **III** *s.* **5.** Hang *m*, Neigung *f* (**to** nach); **'lean·ing** [-nɪŋ] **I** *adj.* sich neigend, geneigt, schief: **~ tower** schiefer Turm; **II** *s.* Neigung *f*, Ten'denz *f* (*a. fig.* **to·wards** zu).

lean·ness ['li:nnɪs] *s.* Magerkeit *f* (*a. fig. der Ernte, Jahre etc.*).

leant [lent] *bsd. Brit. pret. u. p.p. von* **lean[2]**.

'lean-to [-tu:] **I** *pl.* **-tos** *s.* Anbau *m od.* Schuppen (*mit Pultdach*); **II** *adj.* angebaut, Anbau..., sich anlehnend.

leap [li:p] **I** *v/i.* [*irr.*] **1.** springen: **look before you ~** erst wägen, dann wagen; **ready to ~ and strike** sprungbereit; **~ for joy** vor Freude hüpfen (*a. Herz*); **2.** *fig.* a) springen, b) sich stürzen, c) *a.* **~ up** (auf)lodern (*Flammen*), d) *a.* **~ up** hochschnellen (*Preise etc.*): **~ into view** plötzlich sichtbar werden *od.* auftauchen; **~ at** sich (förmlich) auf e-e Gelegenheit *etc.* stürzen; **~ into fame** mit 'einem Schlag berühmt werden; **~ to a conclusion** voreilig e-n Schluß ziehen; **~ to the eye, ~ out** ins Auge springen; **II** *v/t.* [*irr.*] **3.** über'springen (*a. fig.*), springen über (*acc.*); **4.** *Pferd etc.* springen lassen (**over** über *acc.*); **III** *s.* **5.** Sprung *m* (*a. fig.*): **a ~ in the dark** *fig.* ein Sprung ins Ungewisse; **a great ~ forward** *fig.* ein großer Sprung *od.* Schritt nach vorn; **by ~s (and bounds)** *fig.* sprunghaft; **'~-frog** **I** *s.* Bockspringen *n*; **II** *v/i.* bockspringen; **III** *v/t.* bockspringen über (*acc.*), e-n Bocksprung machen über (*acc.*).

leapt [lept] *pret. u. p.p. von* **leap**.

leap year *s.* Schaltjahr *n*.

learn [lɜːn] **I** *v/t.* [*irr.*] **1.** (er)lernen; **2.** (**from**) a) erfahren, hören (von), b) ersehen, entnehmen (aus *e-m Brief etc.*); **3.** *sl.* ,lernen' (*lehren*); **II** *v/i.* [*irr.*] **4.** lernen: **he will never ~!** er lernt es nie!; **5.** erfahren, hören (**of, about** von); **'learn·ed** [-nɪd] *adj.* □ gelehrt, *Buch etc.*: *a.* wissenschaftlich, *Beruf etc.*: aka'demisch; **'learn·er** [-nə] *s.* **1.** Anfänger(in); **2.** (*a. mot.* Fahr)Schüler (-in), Lernende(r *m*) *f*: **slow ~** Lernschwache(r *m*) *f*; **'learn·ing** [-nɪŋ] *s.* **1.** Gelehrsamkeit *f*, Gelehrtheit *f*, Wissen *n*: **man of ~** Gelehrte(r) *m*; **2.** (Er)Lernen *n*; **learnt** [-nt] *pret. u. p.p. von* **learn**.

lease [li:s] **I** *s.* **1.** Pacht-, Mietvertrag *m*; **2.** a) Verpachtung *f* (**to** an *acc.*), b) Pacht *f*, Miete *f*, c) → **leasing**: **a new ~ of life** *fig.* ein neues Leben, noch e-e (Lebens)Frist (*nach Krankheit etc.*); **put out to** (*od.* **To let out on**) **~** → 5; **take s.th. on ~, take a ~ of s.th.** → by (*od.* on) ~ auf Pacht; **3.** Pachtbesitz *m*, -grundstück *n*; **4.** Pacht- *od.* Mietzeit *f od.* -verhältnis *n*; **II** *v/t.* **5.** *a.* **~ out** verpachten *od.* vermieten (**to** an *acc.*); **6.** pachten *od.* mieten, *Investitionsgüter a.* leasen.

'lease·hold [-shəʊ-] **I** *s.* **1.** Pacht- *od.* Mietbesitz *m*, Pacht- *od.* Mietgrundstück *n*, Pachtland *n*; **II** *adj.* **2.** gepachtet, Pacht...; **'~·hold·er** *s.* Pächter(in), Mieter(in).

leas·er ['li:sə] *s.* Pächter(in), Mieter(in), *von Investitionsgütern etc.: a.* Leasingnehmer(in).

leash [li:ʃ] **I** *s.* **1.** (Koppel-, Hunde)Leine *f*: **hold in ~** a) → 4, b) *fig.* im Zaum halten; **strain at the ~** a) an der Leine zerren, b) *fig.* vor Ungeduld platzen; **2.** *hunt.* Koppel *f* (*drei Hunde, Füchse etc.*); **II** *v/t.* **3.** (zs.-)koppeln; **4.** an der Leine halten.

leas·ing ['li:sɪŋ] *s.* **1.** Pachten *n*, Mieten *n*; **2.** Verpachten *n od.* Vermieten *n*, *von Investitionsgütern etc.: a.* Leasing *n*.

least [li:st] **I** *adj.* (*sup. von* **little**) geringst: a) kleinst, wenigst, mindest, b) unbedeutendst; **II** *s.* *das Mindeste*, *das* Wenigste: **at (the) ~** mindestens, wenigstens, zum mindesten; **at the very ~** allermindestens; **not in the ~** nicht im geringsten *od.* mindesten; **say the ~ (of it)** gelinde gesagt; **~ said soonest mended** je weniger Worte (darüber) desto besser; **that's the ~ of my worries** das ist m-e geringste Sorge; **III** *adv.* am wenigsten: **~ of all** am allerwenigsten; **not ~** nicht zuletzt; **the ~ complicated solution** die unkomplizierteste Lösung; **with the ~ possible effort** mit möglichst geringer Anstrengung.

leath·er ['leðə] **I** *s.* **1.** Leder *n* (*a. fig. humor. Haut; sport sl.* Ball): **~ goods** Lederwaren *pl.* ; **2.** Lederball *m*, -lappen *m*, -riemen *m etc.*; **3.** *pl.* a) Lederhose(n *pl.*) *f*, b) 'Lederga,maschen *pl.*; **II** *v/t.* **4.** mit Leder über'ziehen; **5.** F ,versohlen'; **'~·neck** *s.* ✕ *Am.* F ,Ledernacken' *m*, Ma'rineinfante,rist *m* (*des U.S. Marine Corps*).

leath·er·y ['leðərɪ] *adj.* ledern, zäh.

leave[1] [li:v] **I** *v/t.* [*irr.*] **1.** *allg.* verlassen:

a) von *j-m od. e-m Ort* weggehen, b) abreisen *od.* abfahren *od.* abfliegen von (**for** nach), c) von *der Schule* abgehen, d) *j-n od. et.* im Stich lassen, *et.* aufgeben; **2.** lassen: **~** *open* offenlassen; *it* **~s me cold** F es läßt mich kalt; **~** *it at that* F es dabei belassen *od.* (bewenden) lassen; **~** *things as they are* die Dinge so lassen, wie sie sind; → *leave alone*; **3.** (übrig)lassen: *I* **~** *it to you* (*to decide*); **6 from 8 ~s 2** 8 minus 6 ist 2; *be left* übrig sein, (übrig-) bleiben; *there's nothing left for us but to go* uns bleibt nichts übrig, als zu gehen; **4.** *Narbe etc.* zu'rücklassen, *Eindruck, Nachricht, Spur etc.* hinter'lassen: **~** *s.o. wondering whether* j-n im Zweifel darüber lassen, ob; **~** *s.o. to himself* j-n sich selbst überlassen; **5.** *s-n Schirm etc.* stehen- *od.* liegenlassen, vergessen; **6.** über'lassen, an'heimstellen (*to dat.*): **~** *it to me!* überlaß das mir!, laß mich das *od.* nur machen; **~** *nothing to accident* nichts dem Zufall überlassen; **7.** (*nach dem Tode*) hinter'lassen, zu'rücklassen: *he* **~** *s a wife and five children*; **8.** vermachen, vererben (*to s.o.* j-m); **9.** (*auf der Fahrt*) links *od. rechts* liegen lassen: **~** *the mill on the left*; **10.** aufhören mit, (unter')lassen, *Arbeit etc.* einstellen; **II** *v/i. [irr.]* **11.** (fort-, weg-) gehen, (ab)reisen *od.* (ab)fahren *od.* (ab)fliegen (**for** nach); **12.** gehen, die Stellung aufgeben;

Zssgn mit adv.:

leave| *a·bout v/t.* her'umliegen lassen; **~** *a·lone v/t.* **1.** al'lein lassen; **2.** *j-n od. et.* in Ruhe lassen; *et.* auf sich beruhen lassen: *leave well alone* die Finger davon lassen; **~** *a·side v/t.* bei'seite lassen; **~** *be·hind v/t.* **1.** da-, zu'rücklassen; **2.** → *leave¹* 4, 5; **3.** *Gegner etc.* hinter sich lassen; **~** *off I v/t.* **1.** weglassen; **2.** *Kleid etc.* a) nicht anziehen, b) ablegen, nicht mehr tragen; **3.** aufhören mit, *die Arbeit* einstellen; **4.** *Gewohnheit etc.* aufgeben; **II** *v/i.* **5.** aufhören; **~** *on v/t. Kleid etc.* anbehalten, *a. Licht etc.* anlassen; **~** *out v/t.* **1.** aus-, weglassen; **2.** draußen lassen; **3.** *j-n* ausschließen (*of* von): *leave her out of this!* laß sie aus dem Spiel!; **~** *o·ver v/t.* (*als Rest*) übriglassen: *be left over* übrig(geblieben) sein.

leave² [liːv] *s.* **1.** Erlaubnis *f*, Genehmigung *f*: *ask* **~** *of s.o.* j-n um Erlaubnis bitten; *take* **~** *to say* sich zu sagen erlauben; *by your* **~!** mit Verlaub!; *without so much as a by your* **~** *iro.* mir nichts, dir nichts; **2.** *a.* **~** *of absence* Urlaub *m:* (*go on*) **~** auf Urlaub (gehen); *a man on* **~** ein Urlauber; **3.** Abschied *m:* *take* (*one's*) **~** sich verabschieden, Abschied nehmen (*of s.o.* von j-m); *have taken* **~** *of one's senses* nicht (mehr) ganz bei Trost sein.

leav·en [ˈlevn] **I** *s.* **1.** a) Sauerteig *m* (*a. fig.*), b) Hefe *f*, c) → *leavening*; **II** *v/t.* **2.** *Teig* a) säuern, b) (auf)gehen lassen; **3.** *fig.* durch'setzen, -'dringen; **'leav·en·ing** [-ɪŋ] *s.* Treibmittel *n*, Gär(ungs)stoff *m*.

leaves [liːvz] *pl. von leaf*.

'leave-,tak·ing *s.* Abschied(nehmen *n*) *m*.

leav·ing cer·tif·i·cate [ˈliːvɪŋ] *s.* Ab-

---

gangszeugnis *n*.

leav·ings [ˈliːvɪŋz] *s. pl.* **1.** 'Überbleibsel *pl.*, Reste *pl.*; **2.** Abfall *m*.

Leb·a·nese [ˌlebəˈniːz] **I** *adj.* liba'nesisch; **II** *s.* a) Liba'nese *m*, Liba'nesin *f*, b) *pl.* Liba'nesen *pl.*

lech·er [ˈletʃə] *s.* Wüstling *m*, *humor.* ‚Lustmolch' *m*; **lech·er·ous** [ˈletʃərəs] *adj.* □ lüstern, geil; **'lech·er·y** [-ərɪ] *s.* Lüsternheit *f*, Geilheit *f*.

lec·tern [ˈlektɜːn] *s. eccl.* (Lese- *od.* Chor)Pult *n*.

lec·ture [ˈlektʃə] **I** *s.* **1.** Vortrag *m*; *univ.* Vorlesung *f*, Kol'leg *n* (*on* über *acc.*, *to* vor *dat.*): **~** *room* Vortrags-, *univ.* Hörsaal *m*; **~** *tour* Vortragsreise *f*; **2.** Strafpredigt *f*: *give* (*od.* *read*) *s.o. a* **~** → 5; **II** *v/i.* **3.** e-n Vortrag *od.* Vorträge halten (**to s.o. on s.th.** vor j-m über e-e Sache); **4.** *univ.* e-e Vorlesung *od.* Vorlesungen halten, lesen (**on** über *acc.*); **III** *v/t.* **5.** *j-m* e-e Strafpredigt *od.* Standpauke halten; **'lec·tur·er** [-tʃərə] *s.* **1.** Vortragende(r *m*) *f*; **2.** *univ.* Do'zent(in), Hochschullehrer(in); **3.** *Church of England:* Hilfsprediger *m*; **'lec·ture·ship** [-ʃɪp] *s. univ.* Dozen'tur *f*, Lehrauftrag *m*.

led [led] *pret. u. p.p. von lead¹.*

ledge [ledʒ] *s.* **1.** Leiste *f*, Kante *f*; **2.** a) (Fenster)Sims *m od. n*, b) (Fenster-) Brett *n*; **3.** (Fels)Gesims *n*, (-)Vorsprung *m*; **4.** Felsbank *f*, Riff *n*.

ledg·er [ˈledʒə] *s.* **1.** Hauptbuch *n*; **2.** △ Querbalken *m*, Sturz *m* (*e-s Gerüsts*); **3.** große Steinplatte; **~** *line s.* **1.** Angelleine *f* mit festliegendem Köder; **2.** ♪ Hilfslinie *f*.

lee [liː] *s.* **1.** (wind)geschützte Stelle; **2.** Windschattenseite *f*; **3.** ♣ Lee(seite) *f*.

leech [liːtʃ] *s.* **1.** *zo.* Blutegel *m:* *stick like a* **~** *to s.o.* fig. wie e-e Klette an j-m hängen; **2.** *fig.* Blutsauger *m*, Schma'rotzer *m*.

leek [liːk] *s.* ♀ (Breit)Lauch *m*, Porree *m*.

leer [lɪə] **I** *s.* (lüsterner *od.* gehässiger *od.* boshafter) (Seiten)Blick, anzügliches Grinsen; **II** *v/i.* (lüstern *etc.*) schielen (*at* nach); anzüglich grinsen; **leer·y** [ˈlɪərɪ] *adj. sl.* **1.** schlau; **2.** argwöhnisch (*of* gegenüber).

lees [liːz] *s. pl.* Bodensatz *m*, Hefe *f* (*a. fig.*): *drink* (*od.* *drain*) *to the* **~** *bsd. fig.* bis zur Neige leeren.

lee| shore *s.* ♣ Leeküste *f*; **~** *side s.* ♣ Leeseite *f*.

lee·ward [ˈliːwəd; ♣ ˈluːəd] **I** *adj.* Lee...; **II** *s.* Lee(seite) *f:* *to* **~** → III *adv.* leewärts.

'lee·way *s.* **1.** ♣, *a.* ✈ Abtrift *f:* *make* **~** abtreiben; **2.** *fig.* Rückstand *m:* *make up* **~** (den Rückstand) aufholen, (das Versäumte) nachholen; **3.** *fig.* Spielraum *m*.

left¹ [left] *pret. u. p.p. von leave¹.*

left² [left] **I** *adj.* **1.** link (*a. pol.*); **II** *adv.* **2.** links: *move* **~** nach links rücken; *turn* **~** links abbiegen; **~** *turn!* ✕ links um!; **III** *s.* **3.** Linke *f* (*a. pol.*), linke Seite: *on* (*od.* *to*) *the* **~** (*of*) links (von), linker Hand (von); *on our* **~** zu unserer Linken, links von uns; *to the* **~** nach links; *keep to the* **~** sich links halten, links fahren; *the* **~** *of the party pol.* der linke Flügel der Partei; **4.** *Boxen:* a) Linke *f* (*Faust*), b) Linke(r *m*) *f*

(*Schlag*); **'~-hand** *adj.* **1.** link; **2.** → *left-handed* 1–4; **,~-'hand·ed** *adj.* □ **1.** linkshändig: *a* **~** *person* → *lefthander* 1; **2.** linkshändig, link (*Schlag etc.*); **3.** link, linksseitig; **4.** ⊕ linksgängig, -läufig, Links...: **~** *drive* Linkssteuerung *f*; **~** *screw* linksgängige Schraube; **5.** zweifelhaft, fragwürdig: **~** *compliments*; **6.** linkisch, ungeschickt; **7.** *hist.* morga'natisch, zur linken Hand (*Ehe*); **,~-'hand·er** *s.* **1.** Linkshänder(in); **2.** *Boxen:* Linke *f*.

left·ist [ˈleftɪst] *pol.* **I** *s.* Linke(r *m*) *f*, 'Linkspo,litiker(in), -stehende(r *m*) *f*; **II** *adj.* linksgerichtet, -stehend, Links...

,left-'lug·gage lock·er *s. Brit.* (Gepäck)Schließfach *n*; **,~-'lug·gage (of·fice)** *s. Brit.* Gepäckaufbewahrung(sstelle) *f*; **'~-,o·ver I** *adj.* übrig(geblieben); **II** *s.* 'Überbleibsel *n*, (*bsd.* Speise)Rest *m*.

'left-wing *adj. pol.* dem linken Flügel angehörend, Links..., *Person:* a. linksgerichtet, -stehend; **'~-,wing·er** *s.* **1.** → *leftist* I; **2.** *sport* Linksaußen *m*.

leg [leg] **I** *s.* **1.** a) Bein *n*, b) 'Unterschenkel *m;* → *Bes. Redew.;* **2.** (*Hammel- etc.*)Keule *f:* **~** *of mutton*; **3.** a) Bein *n* (*Hose, Strumpf*), b) Schaft *m* (*Stiefel*); **4.** a) Bein *n* (*Tisch etc.*), b) Stütze *f*, c) Schenkel *m* (*Zirkel etc.*, *a.* △ *Dreieck*); **5.** E'tappe *f*, Abschnitt *m*, Teilstrecke *f*; **6.** *sport* a) E'tappe *f*, Teilstrecke *f*, b) Runde *f*, c) 'Durchgang *m*, Lauf *m;* **II** *v/i.* **7.** *mst* **~** *it* a) tippeln, marschieren, b) rennen;

Besondere Redewendungen:

on one's **~s** a) stehend (*bsd. um e-e Rede zu halten*), b) auf den Beinen (*Ggs. bettlägerig*); *be on one's last* **~s** es nicht mehr lange machen, ‚am Eingehen' sein, auf dem letzten Loch pfeifen; *find one's* **~s** s-e Beine gebrauchen lernen, *fig.* sich finden; *give s.o. a* **~** *up* j-m (hin)aufhelfen, *fig.* j-m unter die Arme greifen; *have not a* **~** *to stand on fig.* keinerlei Beweise *od.* keine Chance haben; *pull s.o.'s* **~** F j-n ‚auf den Arm nehmen' *od.* aufziehen; *shake a* **~** a) F das Tanzbein schwingen, b) *sl.* ‚Tempo machen'; *stand on one's own* **~s** auf eigenen Füßen stehen; *stretch one's* **~s** sich die Beine vertreten.

leg·a·cy [ˈlegəsɪ] *s.* ⚖ Le'gat *n*, Vermächtnis *n* (*a. fig.*), *fig. a.* Erbe *n*, *contp.* Hinter'lassenschaft *f*.

le·gal [ˈliːgl] *adj.* □ **1.** gesetzlich, rechtlich: **~** *holiday* gesetzlicher Feiertag; **~** *reserves* ♥ gesetzliche Rücklagen; **2.** le'gal: a) (rechtlich *od.* gesetzlich) zulässig, gesetzmäßig, b) rechtsgültig: **~** *claim*; *not* **~** gesetzlich verboten *od.* nicht zulässig; *make* **~** legalisieren; **3.** Rechts..., ju'ristisch: **~** *adviser* Rechtsberater(in); **~** *aid* Prozeßkostenhilfe *f;* **~** *capacity* Geschäftsfähigkeit *f;* **~** *entity* juristische Person; **~** *force* Rechtskraft *f;* **~** *position* Rechtslage *f;* **~** *remedy* Rechtsmittel *n;* **4.** gerichtlich: *a* **~** *decision;* *take* **~** *action* (*od.* *steps*) *against s.o.* gegen j-n gerichtlich vorgehen; **le·gal·ese** [ˌliːgəˈliːz] *s.* Ju'ristensprache *f*, -jar,gon *m*; **le·gal·i·ty** [liːˈgælətɪ] *s.* Legali'tät *f*, Gesetzlichkeit *f*, Rechtmäßigkeit *f*, Zulässigkeit *f*.

le·gal·i·za·tion [ˌliːgəlaɪˈzeɪʃn] *s.* Legalisierung f; **le·gal·ize** ['li:gəlaɪz] v/t. legalisieren, rechtskräftig machen, a. amtlich beglaubigen, beurkunden.

leg·ate¹ ['legɪt] s. (päpstlicher) Le'gat.

le·gate² [lɪ'geɪt] v/t. (testamen'tarisch) vermachen.

leg·a·tee [ˌlegə'ti:] s. t¹t Lega'tar(in), Vermächtnisnehmer(in).

le·ga·tion [lɪ'geɪʃn] s. pol. Gesandtschaft f, Vertretung f.

leg·a·tor [ˌlegə'tɔ:; Am. lɪ'geɪtə] s. t¹t Vermächtnisgeber(in), Erb-lasser(in).

leg·end ['ledʒənd] s. **1.** Sage f, (a. 'Heiligen)Le¸gende f; **2.** Le'gende f: a) erläuternder Text, Beschriftung f, 'Bild-¸unterschrift f, b) Zeichenerklärung f (auf Karten etc.), c) Inschrift f; **3.** fig. legen'däre Gestalt od. Sache, Mythus m; **'leg·end·ar·y** [-dərɪ] adj. legen'där: a) sagenhaft, Sagen..., b) berühmt.

leg·er·de·main [ˌledʒədə'meɪn] s. Taschenspiele'rei f, a. fig. (Taschenspieler)Trick m.

-legged [legd] adj. bsd. in Zssgn mit (...) Beinen, ...beinig; **leg·gings** ['legɪnz] pl.; **2.** 'Überhose f; **leg·gy** ['legɪ] adj. langbeinig.

leg·i·bil·i·ty [ˌledʒɪ'bɪlətɪ] s. Leserlichkeit f; **leg·i·ble** ['ledʒəbl] adj. □ (gut) leserlich.

le·gion ['li:dʒən] s. **1.** antiq. ✕ Legi'on f (a. fig. Unzahl): their name is ~ fig. ihre Zahl ist Legion; **2.** Legi'on f, (bsd. Frontkämpfer)Verband m: the American (British) ⌖, ⌖ of Hono(u)r französische Ehrenlegion; the (Foreign) ⌖ die (französische) Fremdenlegion; **'legion·ar·y** [-dʒənərɪ] **I** adj. Legions...; **II** s. Legio'när m; **le·gion·naire** [ˌli:dʒə'neə] s. ('Fremden- etc.)Legio¸när m.

leg·is·late ['ledʒɪsleɪt] **I** v/i. Gesetze erlassen; **II** v/t. durch Gesetze bewirken od. schaffen: ~ away durch Gesetze abschaffen; **leg·is·la·tion** [ˌledʒɪs'leɪʃn] s. Gesetzgebung f (a. weitS. [erlassene] Gesetze pl.); **'leg·is·la·tive** [-lətɪv] **I** adj. □ **1.** gesetzgebend, legisla'tiv; **2.** Legislatur..., Gesetzgebungs...; **II** s. **3.** → legislature; **'leg·is·la·tor** [-leɪtə] s. Gesetzgeber m; **'leg·is·la·ture** [-leɪtʃə] s. Legisla'tive f, gesetzgebende Körperschaft.

le·git [lɪ'dʒɪt] sl. für legitimate I, legitimate drama.

le·git·i·ma·cy [lɪ'dʒɪtɪməsɪ] s. **1.** Legitimi'tät f: a) Rechtmäßigkeit f, b) Ehelichkeit f: ~ of birth, c) Berechtigung f, Gültigkeit f; **2.** (Folge)Richtigkeit f.

le·git·i·mate [lɪ'dʒɪtɪmət] **I** adj. □ **1.** legi'tim: a) gesetzmäßig, gesetzlich, b) rechtmäßig, berechtigt (Forderung etc.), c) ehelich: ~ birth; ~ son; **2.** (folge)richtig, begründet, einwandfrei; **II** v/t. [-meɪt] **3.** legitimieren: a) für gesetzmäßig erklären, b) ehelich machen; **4.** als (rechts)gültig anerkennen; **5.** rechtfertigen; ~ dra·ma s. **1.** lite'rarisch wertvolles Drama; **2.** echtes Drama (Ggs. Film etc.).

le·git·i·ma·tion [lɪˌdʒɪtɪ'meɪʃn] s. Legitimati'on f: a) Legitimierung f, a. Ehelichkeitserklärung f, b) 'Ausweis(pa¸piere pl.) m; **le·git·i·ma·tize** [lɪ'dʒɪtɪ-mətaɪz], **le·git·i·mize** [lɪ'dʒɪtɪmaɪz] → legitimate 3, 4, 5.

leg·less [legd] adj. ohne Beine,

beinlos.

'leg|·man s. [irr.] bsd. Am. **1.** Re'porter m (im Außendienst); **2.** ¸Laufbursche' m; **'~-pull** s. F Veräppelung f, Scherz m; **'~-room** [-rʊm] s. mot. Beinfreiheit f; **'~-show** s. F ¸Beinchenschau' f, Re'vue f.

leg·ume ['legju:m] s. **1.** ♀ a) Hülsenfrucht f, b) Hülse f (Frucht); **2.** mst pl. a) Hülsenfrüchte pl. (als Gemüse), b) Gemüse n; **le·gu·mi·nous** [le'gju:mɪ-nəs] adj. Hülsen...; hülsentragend.

'leg·work s. F Laufe'rei f.

lei·sure ['leʒə] **I** s. **1.** Muße f, Freizeit f: at ~ → leisurely; be at ~ Zeit od. Muße haben; at your ~ wenn es Ihnen (gerade) paßt; **2.** → leisureliness; **II** adj. Muße..., frei: ~ hours; ~ activities Freizeitbeschäftigungen pl., -gestaltung f; ~ industry Freizeitindustrie f; ~ time Freizeit f; ~ wear Freizeit(be)kleidung f; **'lei·sured** [-əd] adj. frei, unbeschäftigt, müßig: the ~ classes die begüterten Klassen; **'lei·sure·li·ness** [-lɪnɪs] s. Gemächlichkeit f, Gemütlichkeit f; **'lei·sure·ly** [-lɪ] adj. u. adv. gemächlich, gemütlich.

leit·mo·tiv, a. **leit·mo·tif** ['laɪtməʊˌti:f] s. bsd. ♩ 'Leitmo¸tiv n.

lem·ming ['lemɪŋ] s. zo. Lemming m.

lem·on ['lemən] **I** s. **1.** Zi'trone f; **2.** Zi'tronenbaum m; **3.** Zi'tronengelb n; **4.** sl. ¸Niete' f: a) ¸Flasche' f (Person), b) ¸Gurke' f (Sache): hand s.o. a ~ j-n schwer drankriegen'; **II** adj. **5.** zi'tronengelb; **lem·on·ade** [ˌlemə'neɪd] s. Zi'tronenlimo¸nade f.

lem·on| dab s. ichth. Rotzunge f; ~ sole s. ichth. Seezunge f; ~ squash s. Brit. Zi'tronenlimo¸nade f; ~ squeez·er s. Zi'tronenpresse f.

le·mur ['li:mə] s. zo. Le'mur(e) m, Maki m.

lem·u·res ['lemjʊri:z] s. pl. myth. Le'muren pl. (Gespenster).

lend [lend] v/t. [irr.] **1.** (aus-, ver)leihen: ~ s.o. money (od. money to s.o.) j-m Geld leihen, an j-n Geld verleihen; **2.** fig. Würde etc. verleihen (to dat.); **3.** Hilfe etc. leisten, gewähren: ~ itself to sich eignen zu od. für (Sache); → ear¹ 3, hand 1; **4.** s-n Namen hergeben (to zu): ~ o.s. to sich hergeben zu; **lend·er** ['lendə] s. Aus-, Verleiher(in), Geld-, Kre'ditgeber(in); **lend·ing li·brar·y** ['lendɪŋ] s. 'Leihbüche¸rei f.

¸Lend-'Lease Act s. hist. Leih-Pacht-Gesetz n (1941).

length [leŋθ] s. **1.** allg. Länge f: a) als Maß, a. Stück n (Stoff etc.): two feet in ~ 2 Fuß lang, b) (a. lange) Strecke, c) 'Umfang m (Buch, Liste etc.), d) (a. lange) Dauer (a. Phonetik); **2.** sport Länge f (Vorsprung): win by a ~ mit e-r Länge (Vorsprung) siegen; Besondere Redewendungen: at ~ a) lang, ausführlich, b) endlich, schließlich; at full ~ a) in allen Einzelheiten, ganz ausführlich, b) der Länge nach (hinfallen); at great (some) ~ sehr (ziemlich) ausführlich; for any ~ of time für längere Zeit; (over all) the ~ and breadth of France in ganz Frankreich (herum); go (to) great ~s a) sehr weit gehen, b) sich sehr bemühen; he went (to) the ~ of asserting er ging so weit zu behaupten; go (to)

all ~s aufs Ganze gehen, vor nichts zurückschrecken; go any ~ alles (Erdenkliche) tun.

length·en ['leŋθən] **I** v/t. **1.** verlängern, länger machen; **2.** ausdehnen; **3.** Wein etc. strecken; **II** v/i. **4.** sich verlängern, länger werden; **5.** ~ out sich in die Länge ziehen; **'length·en·ing** [-θənɪŋ] s. Verlängerung f.

length·i·ness ['leŋθɪnɪs] s. Langatmigkeit f, Weitschweifigkeit f.

'length·ways [-weɪz], Am. **'length·wise** adv. der Länge nach, längs.

length·y ['leŋθɪ] adj. □ **1.** (sehr) lang; **2.** fig. ermüdend od. 'übermäßig lang, langatmig.

le·ni·en·cy ['li:njənsɪ], a. **le·ni·ence** ['li:njəns] s. Milde f, Nachsicht f; **le·ni·ent** [-nt] adj. □ mild(e), nachsichtig (to[wards] gegen'über).

lens [lenz] s. **1.** anat. Linse f (a. phys., ⚙); **2.** opt. a) Linse f, b) Lupe f, (Vergrößerungs)Glas n; **3.** phot. Objek'tiv n, ¸Linse' f: ~ aperture Blende f; ~ screen Gegenlichtblende f.

lent¹ [lent] pret. u. p.p. von lend.

Lent² [lent] s. Fasten(zeit f) pl.

len·tic·u·lar [len'tɪkjʊlə] adj. □ **1.** linsenförmig, bsd. anat. Linsen...; **2.** phys. bikon'vex.

len·til ['lentɪl] s. ♀ Linse f.

Lent| lil·y s. ♀ Nar'zisse f; ~ term s. Brit. 'Frühjahrstri¸mester n.

Le·o ['li:əʊ] s. ast. Löwe m.

le·o·nine ['li:əʊnaɪn] adj. Löwen...

leop·ard ['lepəd] s. zo. Leo'pard m: black ~ Schwarzer Panther; the ~ can't change its spots fig. die Katze läßt das Mausen nicht; ~ cat s. zo. Ben'galkatze f.

le·o·tard ['li:əʊtɑ:d] s. Tri'kot(anzug m) n, sport Gym'nastikanzug m.

lep·er ['lepə] s. **1.** Leprakranke(r m) f; **2.** fig. Aussätzige(r m) f.

lep·i·dop·ter·ous [ˌlepɪ'dɒptərəs] adj. Schmetterlings...

lep·re·chaun ['leprəkɔ:n] s. Ir. Kobold m.

lep·ro·sy ['leprəsɪ] s. ♣ Lepra f; **'lep·rous** [-əs] adj. a) leprakrank, b) le'prös, Lepra...

les·bi·an ['lezbɪən] **I** adj. lesbisch; **II** s. Lesbierin f; **'les·bi·an·ism** [-nɪzəm] s. lesbische Liebe, Lesbia'nismus m.

lese-maj·es·ty [ˌli:z'mædʒɪstɪ] s. **1.** a. fig. Maje'stätsbeleidigung f; **2.** Hochverrat m.

le·sion ['li:ʒn] s. **1.** Verletzung f, Wunde f; **2.** krankhafte Veränderung (e-s Organs).

less [les] **I** adv. (comp. von little) weniger (than als): a ~ known (od. known) author ein weniger bekannter Autor; ~ and ~ immer weniger od. seltener; still (od. much) ~ noch viel weniger, geschweige denn; the ~ so as (dies) um so weniger, als; **II** adj. (comp. von little) geringer, kleiner, weniger: in ~ time in kürzerer Zeit; of ~ importance (value) von geringerer Bedeutung (von geringerem Wert); no ~ a person than Churchill, a. Churchill, no ~ kein Geringerer als Churchill; **III** s. weniger, e-e kleinere Menge od. Zahl, ein geringeres (Aus)Maß: for ~ billiger; do with ~ mit weniger auskommen; little ~ than robbery so gut wie *od.* schon fast Raub; **nothing ~ than** zumindest; **nothing ~ than a disaster** e-e echte Katastrophe; **~ of that!** hör auf damit!; **IV** *prp.* weniger, minus, † abzüglich.

les·see ['le'si:] *s.* Pächter(in) *od.* Mieter (-in), *von Investitionsgütern etc.*: *a.* Leasingnehmer(in).

less·en ['lesn] **I** *v/i.* sich vermindern *od.* verringern, abnehmen, geringer werden, nachlassen; **II** *v/t.* vermindern, -ringern, -kleinern; *fig.* her'absetzen, schmälern; **'less·en·ing** [-nɪŋ] *s.* Nachlassen *n*, Abnahme *f*, Verringerung *f*, -minderung *f*.

less·er ['lesə] *adj.* (*nur attr.*) kleiner, geringer; unbedeutender.

les·son ['lesn] *s.* **1.** Lekti'on *f* (*a. fig. Denkzettel, Strafe*), Übungsstück *n*, (*a.* Haus)Aufgabe *f*; **2.** (Lehr-, 'Unterrichts)Stunde *f*; *pl.* 'Unterricht *m*, Stunden *pl.*; **give ~s** Unterricht erteilen; **take ~s from s.o.** Stunden *od.* Unterricht bei j-m nehmen; **3.** *fig.* Lehre *f*: **this was a ~ to me** das war mir e-e Lehre; **let this be a ~ to you** laß dir das zur Lehre *od.* Warnung dienen; **he has learnt his ~** er hat s-e Lektion gelernt; **4.** *eccl.* Lesung *f*.

les·sor ['lesɔ:] *s.* Verpächter(in) *od.* Vermieter(in), *von Investitionsgütern etc.*: *a.* Leasinggeber(in).

lest [lest] *cj.* **1.** (*mst mit folgendem should konstr.*) daß *od.* da'mit nicht; aus Furcht, daß; **2.** (*nach Ausdrücken des Befürchtens*) daß: **fear ~**.

let¹ [let] **I** *s.* **1.** *Brit.* F Vermietung *f*, b) Mietwohnung *f*, Mietshaus *n*: **get a ~ for** c-n Mieter finden für; **II** *v/t.* [*irr.*] **2.** lassen, j-m erlauben: **~ him talk!** laß ihn reden!; **~ me help you** lassen Sie mich Ihnen helfen; **~ s.o. know** j-n wissen lassen *od.* Bescheid sagen; **~ into** a) (her)einlassen in (*acc.*), b) j-n einweihen in *ein Geheimnis*, c) *Stück Stoff etc.* einsetzen in (*acc.*); **~ s.o. off a penalty** j-m e-e Strafe erlassen; **~ s.o. off a promise** j-n von e-m Versprechen entbinden; **3.** vermieten (**to** an *acc.*, **for** auf *ein Jahr etc.*): **"to ~"** „zu vermieten"; **4.** *Arbeit etc.* vergeben (**to** an j-n); **III** *v/aux.* [*irr.*] **5.** lassen, mögen, sollen (*zur Umschreibung des Imperativs der 1. u. 2. Person*): **~ us go! Yos, ~'s!** gehen wir! Ja, gehen wir! (*od.* Ja, einverstanden!); **~ them go there at once!** er soll sofort hingehen!; **~'s not** (F **don't let's**) **quarrel!** wir wollen doch nicht streiten!; (*just*) **~ them try** das sollen sie nur versuchen; **~ me see!** Moment mal!; **~ A be equal to B** nehmen wir an, A ist gleich B; **~ it be known that** man soll *od.* alle sollen wissen, daß; **IV** *v/i.* [*irr.*] **6.** sich vermieten (lassen) (**at, for** für):
Besondere Redewendungen:
~ alone a) geschweige denn, ganz zu schweigen von, b) → **let alone**; **~ loose** loslassen; **~ be** a) *et.* sein lassen, die Finger lassen von, b) *et. od. j-n* in Ruhe lassen; **~ fall** a) (*a. fig. Bemerkung*) fallen lassen, b) *A Senkrechte* fällen (**on, upon** auf *acc.*); **~ fly** a) *et.* abschießen, *fig. et.* vom Stapel lassen, b) (*v/i.*) schießen (**at** auf *acc.*), c) *fig.* vom Leder ziehen, grob werden; **~ go** a) loslassen, fahren lassen, b) *et.* sausen lassen,

c) drauf'los rasen *od.* schießen *etc.*, d) loslegen; **~ o.s. go** a) sich gehenlassen, b) aus sich herausgehen; **~ go of s.th.** *et.* loslassen; **~ it go at that** laß es dabei bewenden;
Zssgn mit adv.:
let| a·lone *v/t.* **1.** al'lein lassen, verlassen; **2.** *j-n od. et.* in Ruhe lassen; *et.* sein lassen; die Finger von *et.* lassen (*a. fig.*): **let well alone** lieber die Finger davon lassen; **~ down** *v/t.* **1.** hin'unter *od.* her'unterlassen: **let s.o. down gently** mit j-m glimpflich verfahren; **2.** a) *j-n* im Stich lassen (**on** bei), b) *j-n* enttäuschen, c) *j-n* blamieren; **3.** die Luft aus *e-m Reifen* lassen; **~ in** *v/t.* **1.** (her)'einlassen; **2.** *Stück etc.* einlassen, -setzen; **3.** einweihen (**on** in *acc.*); **4.** **let s.o. in for** j-m *et.* aufhalsen *od.* einbrocken; **let o.s. in for** sich *et.* einbrocken *od.* einhandeln, sich auf *et.* einlassen; **~ off** *v/t.* **1.** *Sprengladung etc.* loslassen, *Gewehr etc.* abfeuern; *Gas etc.* ablassen; → **steam** 1; **2.** *Witz etc.* vom Stapel lassen; **3.** *j-n* laufen *od.* gehen lassen, *mit e-r Geldstrafe etc.* da'vonkommen lassen; **~ on** F **I** *v/i.* **1.** ‚plaudern' (*Geheimnis verraten*); **2.** vorgeben, so tun als ob; **II** *v/t.* **3.** ‚ausplaudern', verraten; **4.** sich *et.* anmerken lassen; **~ out** *v/t.* **1.** hin'aus- *od.* her-'auslassen; **2.** *Kleid* auslassen; **3.** *Geheimnis* ausplaudern; **4.** → **let¹** 3, 4; **~ up** *v/i.* F **1.** a) nachlassen, b) aufhören; **2.** **~ on** ablassen von, *j-n* in Ruhe lassen.

let² [let] *s.* **1.** *Tennis:* Netzaufschlag *m*, Netz(ball *m*) *m*; **2.** **without ~ or hindrance** völlig unbehindert.

'let-down *s.* **1.** Nachlassen *n*; **2.** F Enttäuschung *f*; **3.** ✈ Her'untergehen *n*.

le·thal ['li:θl] *adj.* **1.** tödlich, todbringend; **2.** Todes...

le·thar·gic, le·thar·gi·cal [lɪ'θɑ:dʒɪk(l)] *adj.* ☐ **1.** *thargisch:* a) ✿ schlafsüchtig, b) teilnahmslos, stumpf, träg(e); **2.** ✿ Schlafsucht *f*.

leth·ar·gy ['leθədʒɪ] *s.* Lethar'gie *f*: a) Teilnahmslosigkeit *f*, Stumpfheit *f*, b) ✿ Schlafsucht *f*.

Le·the ['li:θi:] *s.* **1.** Lethe *f* (*Fluß des Vergessens im Hades*); **2.** *poet.* Vergessen(heit *f*) *n*.

Lett [let] → **Latvian**.

let·ter ['letə] **I** *s.* **1.** Buchstabe *m* (*a. fig.* buchstäblicher Sinn): **to the ~** *fig.* buchstabengetreu, (ganz) exakt; **the ~ of the law** der Buchstabe des Gesetzes; **in ~ and in spirit** dem Buchstaben u. dem Sinne nach; **2.** Brief *m*, Schreiben *n* (**to** an *acc.*): **by ~** brieflich, schriftlich; **~ of application** Bewerbungsschreiben; **~ of attorney** ⚖ Vollmacht *f*; **~ of credit** † Akkreditiv *n*; **3.** *pl.* Urkunde *f*: **~s of administration** ⚖ Nachlaßverwalter-Zeugnis *n*; **~s testamentary** Testamentsvollstrecker-Zeugnis *n*; **~s** (*od.* **~**) **of credence, ~s credential** *pol.* Beglaubigungsschreiben *n*; **~s patent** † (*sg. od. pl. konstr.*) Patent(urkunde *f*) *n*; **4.** *typ.* a) Letter *f*, Type *f*, b) *coll.* Lettern *pl.*, Typen *pl.*, c) Schrift(art) *f*; **5.** *pl.* a) (schöne) Litera'tur, b) Bildung *f*, c) Wissenschaft *f*: **man of ~s** a) Literat *m*, b) Gelehrter *m*; **II** *v/t.* **6.** beschriften; mit Buchstaben bezeichnen; *Buch* betiteln.

let·ter| bomb *s.* Briefbombe *f*; **'~box** *s.*

bsd. Brit. Briefkasten *m*; **~ card** *s.* Briefkarte *f*.

let·tered ['letəd] *adj.* **1.** a) (lite'rarisch) gebildet, b) gelehrt; **2.** beschriftet, bedruckt.

let·ter| file *s.* Briefordner *m*; **'~-,founder** *s. typ.* Schriftgießer *m*.

'let·ter·head *s.* **1.** (gedruckter) Briefkopf; **2.** 'Kopfpa,pier *n*.

let·ter·ing ['letərɪŋ] *s.* Aufdruck *m*, Beschriftung *f*.

,let·ter-'per·fect *adj.* **1.** *thea.* rollensicher; **2.** *allg.* buchstabengetreu.

'let·ter|·press *s. typ.* **1.** (Druck)Text *m*; **2.** Hoch-, Buchdruck *m*; **~ scales** *s. pl.* Briefwaage *f*; **'~·weight** *s.* Briefbeschwerer *m*.

Let·tish ['letɪʃ] → **Latvian**.

let·tuce ['letɪs] *s.* ✿ (*bsd.* 'Kopf)Sa,lat *m*.

'let-up *s.* F Nachlassen *n*, Aufhören *n*, Unter'brechung *f*: **without ~** unaufhörlich.

leu·co·cyte ['lju:kəʊsaɪt] *s. physiol.* Leuko'zyte *f*, weißes Blutkörperchen.

leu·co·ma [lju:'kəʊmə] *s.* ✿ Leu'kom *n* (*Hornhauttrübung*).

leu·k(a)e·mi·a [lju:'ki:mɪə] *s.* ✿ Leukä'mie *f*.

Le·van·tine ['levəntaɪn] **I** *s.* Levan'tiner (-in); **II** *adj.* levan'tinisch.

lev·ee¹ ['levɪ] *s.* (Ufer-, Schutz)Damm *m*, (Fluß)Deich *m*.

lev·ee² ['levɪ] *s.* **1.** *hist.* Le'ver *n*, Morgenempfang *m* (*e-s Fürsten*); **2.** *Brit.* Nachmittagsempfang *m*; **3.** *allg.* Empfang *m*.

lev·el ['levl] **I** *s.* **1.** Ebene *f* (*a. geogr.*), ebene Fläche; **2.** Horizon'tale *f*, Waagrechte *f*; **3.** Höhe *f* (*a. geogr.*), (*Meeres-, Wasser-, physiol.* Alkohol-, *Blutzucker etc.*)Spiegel *m*, (*Geräusch-, Wasser*)Pegel *m*: **on a ~** (**with**) auf gleicher Höhe (mit); **he's on the ~** F a) er ist ‚in Ordnung', b) er meint es ehrlich; **4.** *fig.* (*a. geistiges*) Ni'veau, Stand *m*, Grad *m*, Stufe *f*: **high ~ of education; the ~ of prices** das Preisniveau; **low production ~** niedriger Produktionsstand; **come down to the ~ of others** sich auf das Niveau anderer begeben; **sink to the ~ of cut-throat practices** auf das Niveau von Halsabschneidern absinken; **find one's ~** *fig.* den Platz einnehmen, der e-m zukommt, **5.** (*politische etc.*) Ebene: **a conference at** (*od.* **on**) **the highest ~** e- Konferenz auf höchster Ebene; **6.** ⊛ a) Li'belle *f*, b) Wasserwaage *f*; **7.** ⊛, *surv.* Nivel'lierinstru,ment *n*; **8.** ⚒ a) Sohle *f*, b) Sohlenstrecke *f*; **II** *adj.* **9.** eben: **a ~ road**; **10.** horizon'tal, waag(e)recht; **11.** gleich (*a. fig.*): **~ crossing** schienengleicher Übergang; **a ~ teaspoon(ful)** ein gestrichener Teelöffel (voll); **~** (**with**) a) auf gleicher Höhe (mit), b) gleich hoch (wie); **draw ~ with** j-n einholen, *fig. a.* mit j-m gleichziehen; **~ with the ground** a) zu ebener Erde, b) in Bodenhöhe; **make ~ with the ground** dem Erdboden gleichmachen; **12.** ausgeglichen: **~ race** a. Kopf-an-Kopf-Rennen *n*; **~ stress** *ling.* schwebende Betonung; **~ temperature** gleichbleibende Temperatur; **13.** a) vernünftig, b) ausgeglichen (*Person*), c) kühl, ruhig (*a. Stimme*), d) ausgewogen (*Urteil*); **14.** F ‚anständig', ehrlich, fair; **III** *v/t.*

15. (ein)ebnen, planieren: ~ (*with the ground*) dem Erdboden gleichmachen; **16.** *j-n* zu Boden schlagen; **17.** *fig.* a) gleichmachen, nivellieren, ‚einebnen‘, b) *Unterschiede* aufheben, c) ausgleichen; **18.** in horizon'tale Lage bringen; **19.** (*at*, *against*) a) *Waffe*, *Blick*, a. *Kritik etc.* richten (auf *acc.*), b) *Anklage* erheben (gegen); **IV** *v/i.* **20.** zielen (*at* auf *acc.*); **21.** ~ *with s.o.* F j-m gegenüber ehrlich sein; ~ *down* *v/t.* **1.** *Löhne*, *Preise etc.* nach unten angleichen; **2.** auf ein tieferes Ni'veau her'abdrücken; ~ *off* *od.* **out I** *v/t.* (*v/i.* das Flugzeug) abfangen *od.* aufrichten; **II** *v/i.* *fig.* sich einpendeln (*at* bei); ~ *up* *v/t.* **1.** (nach oben) angleichen; **2.** auf ein höheres Ni'veau heben.

‚lev·el-'head·ed *adj.* vernünftig, nüchtern, klar.

lev·el·(l)er ['levlə] *s. sociol.* ‚Gleichmacher‘ *m* (*Faktor*).

le·ver ['li:və] **I** *s.* **1.** ☉, *phys.* a) Hebel *m*, b) Brechstange *f*; **2.** ☉ Anker *m* (*der Uhr*): ~ *escapement* Ankerhemmung *f*; ~ *watch* Ankeruhr *f*; **3.** *fig.* Druckmittel *n*; **II** *v/t.* **4.** hebeln, mit e-m Hebel bewegen, (hoch- *etc.*)stemmen: ~ *up*; **'le·ver·age** [-vərɪdʒ] *s.* **1.** ☉ Hebelkraft *f*, -wirkung *f*; **2.** *fig.* a) Einfluß *m*, b) Druckmittel *n*: *put* ~ *on s.o.* j-n unter Druck setzen.

lev·er·et ['levərɪt] *s.* Junghase *m*, Häschen *n*.

le·vi·a·than [lɪ'vaɪəθn] *s. bibl.* Levi'athan *m*, (See)Ungeheuer *n*; *fig.* Ungetüm *n*, Gi'gant *m*.

lev·i·tate ['levɪteɪt] *v/i. u. v/t.* (frei) schweben (lassen); **lev·i·ta·tion** [ˌlevɪ'teɪʃn] *s.* Levitati'on *f*, (freies) Schweben.

lev·i·ty ['levətɪ] *s.* Leichtfertigkeit *f*, Frivoli'tät *f*.

lev·y ['levɪ] **I** *s.* **1.** ✝ a) Erhebung *f* (*von Steuern etc.*), b) Abgabe *f*: *capital* ~ Kapitalabgabe, c) Beitrag *m*, 'Umlage *f*; **2.** ⚖ Voll'streckungsvoll‚zug *m*; **3.** ✕ a) Aushebung *f*, b) *a. pl.* ausgehobene Truppen *pl.*, Aufgebot *n*; **II** *v/t.* **4.** *Steuern etc.* erheben, a. *Geldstrafe* auferlegen (*on dat.*); **5.** a) beschlagnahmen, b) *Beschlagnahme* 'durchführen; **6.** ✕ a) *Truppen* ausheben, b) *Krieg* anfangen *od.* führen ([*up*]*on* gegen).

lewd [lu:d] *adj.* ☐ **1.** lüstern, geil; **2.** unanständig, schmutzig; **'lewd·ness** [-nɪs] *s.* **1.** Lüsternheit *f*; **2.** Unanständigkeit *f*.

lex·i·cal ['leksɪkl] *adj.* ☐ lexi'kalisch; **lex·i·cog·ra·pher** [ˌleksɪ'kɒɡrəfə] *s.* Lexiko'graph(in), Wörterbuchverfasser (-in); **lex·i·co·graph·ic**, **lex·i·co·graph·i·cal** [ˌleksɪkəʊ'ɡræfɪk(l)] *adj.* ☐ lexiko'graphisch; **lex·i·cog·ra·phy** [ˌleksɪ'kɒɡrəfɪ] *s.* Lexikogra'phie *f*; **lex·i·col·o·gy** [ˌleksɪ'kɒlədʒɪ] *s.* Lexikolo'gie *f*; **lex·i·con** [-kən] *s.* Lexikon *n*.

li·a·bil·i·ty [ˌlaɪə'bɪlətɪ] *s.* **1.** ✝, *a.)* Verpflichtung *f*, Verbindlichkeit *f*, Schuld *f*, *Bilanz*: Passivposten *m*, *pl.* Pas'siva *pl.*, b) Haftung *f*, Haftpflicht *f*, Haftbarkeit *f*; ~ *insurance* Haftpflichtversicherung *f*; → *limited* I, c) (*Beitrags-*, *Schadensersatz- etc.*)Pflicht *f*: ~ *for damages*, *criminal* ~ strafrechtliche Verantwortung; **3.** Ausgesetztsein *n*, Unter'wor-

fensein *n* (*to s.th.* e-r Sache): ~ *to penalty* Strafbarkeit *f*; **4.** (*to*) Hang *m* (zu), Anfälligkeit *f* (für).

li·a·ble ['laɪəbl] *adj.* **1.** ✝, ⚖ verantwortlich, haftbar, -pflichtig (*for* für): *be* ~ *for* haften für; *hold s.o.* ~ j-n haftbar machen; **2.** verpflichtet (*for* zu); (*steuer- etc.*)pflichtig: ~ *to* (*od. for*) *military service* wehrpflichtig; **3.** (*to*) neigend (zu), ausgesetzt (*dat.*), unter-'worfen (*dat.*): *be* ~ *to* a) e-r Sache ausgesetzt sein *od.* unterliegen, b) (*mit inf.*) leicht *et.* tun (können), in Gefahr sein *vergessen etc.* zu werden, c) (*mit inf.*) *et.* wahrscheinlich *tun*: *be* ~ *to a fine* e-r Geldstrafe unterliegen; ~ *to prosecution* strafbar.

li·aise [lɪ'eɪz] *v/i.* (*with*) als Verbindungsmann fungieren (zu), die Verbindung aufrechterhalten (mit).

li·ai·son [lɪ'eɪzɔ̃:]ŋ, ✕ -zən] (*Fr.*) *s.* **1.** Zs.-arbeit *f*, Verbindung *f*: ~ *officer* a) ✕ Verbindungsoffizier *m*, b) Verbindungsmann *m*; **2.** Liai'son *f*: a) (Liebes-)Verhältnis *n*, b) *ling.* Bindung *f*.

li·a·na [lɪ'ɑ:nə] *s.* ♀ Li'ane *f*.

li·ar ['laɪə] *s.* Lügner(in).

Li·as ['laɪəs] *s. geol.* Lias *m*, *f*, schwarzer Jura.

li·ba·tion [laɪ'beɪʃn] *s.* **1.** Trankopfer *n*; **2.** *humor.* Zeche'rei *f*.

li·bel ['laɪbl] **I** *s.* **1.** ⚖ a) Verleumdung *f*, üble Nachrede, Beleidigung *f* (*durch e-e Veröffentlichung*) (*of*, *on gen.*), b) Klageschrift *f*; **2.** *allg.* (*on*) Verleumdung *f* (*gen.*), Beleidigung *f* (*gen.*), Hohn *m* (auf *acc.*); **II** *v/t.* **3.** ⚖ (schriftlich *etc.*) verleumden; **4.** *allg.* verunglimpfen; **'li·bel·(l)ant** [-lənt] *s.* ⚖ Kläger(in); **li·bel·(l)ee** [ˌlaɪbə'li:] *s.* ⚖ Beklagte(r *m*) *f*; **'li·bel·(l)ous** [-bləs] *adj.* ☐ verleumderisch.

lib·er·al ['lɪbərəl] **I** *adj.* ☐ **1.** libe'ral, frei(sinnig), vorurteilslos aufgeschlossen; **2.** großzügig: a) freigebig (*of* mit), b) reichlich (bemessen): *a* ~ *gift* ein großzügiges Geschenk; *a* ~ *quantity* e-e reichliche Menge, c) frei, weitherzig: ~ *interpretation*, d) allgemein(bildend): ~ *education* allgemeinbildende Erziehung *od.* (gute) Allgemeinbildung; ~ *profession* freier Beruf; **3.** *mst* ⚖ *pol.* libe'ral: ⚖ *Party*; **II** *s.* **4.** *oft* ⚖ *pol.* Libe'rale(r *m*) *f*; ~ *arts* *s. pl.* Geisteswissenschaften *pl.* (*Philosophie*, *Literatur*, *Sprachen*, *Soziologie etc.*).

lib·er·al·ism ['lɪbərəlɪzəm] *s.* **1.** → *liberality* b; **2.** ⚖ *pol.* Libera'lismus *m*; **lib·er·al·i·ty** [ˌlɪbə'rælətɪ] *s.* Großzügigkeit *f*: a) Freigebigkeit *f*, b) libe'rale Einstellung, Liberali'tät *f*; **lib·er·al·i·za·tion** [ˌlɪbərəlaɪ'zeɪʃn] *s.* ✝, *pol.* Liberalisierung *f*; **'lib·er·al·ize** [-laɪz] *v/t.* ✝, *pol.* liberalisieren.

lib·er·ate ['lɪbəreɪt] *v/t.* **1.** befreien (*from* von) (*a. fig.*); **2.** 🜍 freisetzen; ~ *profession* → *liberal* I; **lib·er·a·tion** [ˌlɪbə'reɪʃn] *s.* **1.** Befreiung *f*; **2.** 🜍 Freisetzen *n od.* -werden *n*; **'lib·er·a·tor** [-tə] *s.* Befreier *m*.

Li·be·ri·an [laɪ'bɪərɪən] **I** *s.* Li'berier(in); **II** *adj.* li'berisch.

lib·er·tin·age ['lɪbətɪnɪdʒ] → *libertinism*; **'lib·er·tine** [-əti:n] *s.* Wüstling *m*; **'lib·er·tin·ism** [-tɪnɪzəm] *s.* Sittenlosigkeit *f*, Liberti'nismus *m*.

lib·er·ty ['lɪbətɪ] *s.* **1.** Freiheit *f*: a) persönliche *etc.* Freiheit: *religious* ~ Reli-

gionsfreiheit, b) freie Wahl, Erlaubnis *f*: *large* ~ *of action* weitgehende Handlungsfreiheit, c) *mst pl.* Privi'leg *n*, (Vor)Recht *n*, d) *b.s.* Ungehörigkeit *f*, Frechheit *f*; **2.** *hist. Brit.* Freibezirk *m* (*e-r Stadt*); *Besondere Redewendungen*: *at* ~ a) in Freiheit, frei, b) berechtigt, c) unbenützt; *be at* ~ *to do s.th.* et. tun dürfen; *you are* ~ *to go* es steht Ihnen frei zu gehen, Sie können gehen; *set at* ~ in Freiheit setzen, freilassen; *take the* ~ *to do* (*od. of doing*) *s.th.* sich die Freiheit nehmen, et. zu tun; *take liberties with* a) sich Freiheiten gegen *j-n* herausnehmen, b) willkürlich mit *et.* umgehen.

li·bid·i·nous [lɪ'bɪdɪnəs] *adj.* ☐ lüstern, triebhaft, *psych.* libidi'nös, wollüstig; **li·bi·do** [lɪ'bi:dəʊ] *s. psych.* Li'bido *f*.

Li·bra ['laɪbrə] *s. ast.* Waage *f*; **'Li·bran** [-rən] *s.* Waage(mensch *m*) *f*.

li·brar·i·an [laɪ'breərɪən] *s.* Bibliothe'kar (-in); **li'brar·i·an·ship** [-ʃɪp] *s.* **1.** Bibliothe'karsstelle *f*; **2.** Biblio'thekswissenschaft *f*.

li·brar·y ['laɪbrərɪ] *s.* **1.** Biblio'thek *f*: a) öffentliche Büche'rei, b) *private* Büchersammlung, c) Studierzimmer *n*, d) Buchreihe *f*; **2.** Schallplattensammlung *f*; ~ *sci·ence* → *librarianship* 2.

li·bret·to [lɪ'bretəʊ] *s.* ♪ Li'bretto *n*, Text(buch *n*) *m*.

Lib·y·an ['lɪbɪən] *adj.* libysch; **II** *s.* Libyer(in).

lice [laɪs] *pl. von louse*.

li·cence ['laɪsəns] **I** *s.* **1.** Erlaubnis *f*, Genehmigung *f*; **2.** (*a.* ✝ *Export-*, *Herstellungs-*, *Patent-*, *Verkaufs*)Li'zenz *f*, Konzessi'on *f*, behördliche Genehmigung, *z. B.* Schankerlaubnis *f*; amtlicher Zulassungsschein, Zulassung *f*, (*Führer-*, *Jagd-*, *Waffen- etc.*)Schein *m*: ~ *fee* Lizenz- *od.* Konzessionsgebühr *f*; ~ *holder* Führerscheininhaber *m*; ~ *number* *mot.* Kraftfahrzeug- *od.* Kfz-Nummer *f*; ~ *plate* *mot.* amtliches *od.* polizeiliches Kennzeichen, Nummernschild *n*; ~ *to practise medicine* (ärztliche) Approbation; **3.** Heiratserlaubnis *f*; **4.** (*künstlerische*, *dichterische*) Freiheit; **5.** Zügellosigkeit *f*; **II** *v/t.* **6.** → *license* I; **'li·cense** [-ns] **I** *v/t.* **1.** *j-m* e-e (behördliche) Genehmigung *od.* e-e Li'zenz *od.* e-e Konzessi'on erteilen; **2.** *et.* lizenzieren, konzessionieren, (amtlich) genehmigen *od.* zulassen; **3.** *Buch* zur Veröffentlichung *od. Theaterstück* zur Aufführung freigeben; **4.** *j-n* ermächtigen; **II** *s.* **5.** *Am.* → *licence* I; **'li·censed** [-st] *adj.* **1.** konzessioniert, lizenziert, amtlich zugelassen: ~ *house* (*od. premises*) Lokal *n* mit Schankkonzession; **2.** Lizenz...: ~ *construction* Lizenzbau *m*; **3.** privilegiert; **li·cen·see** [ˌlaɪsən'si:] *s.* **1.** Li'zenznehmer(in); **2.** Konzessi'onsinhaber(in); **'li·cens·er** [-sə] *s.* Li'zenzgeber *m*, Konzessi'onserteiler *m*; **li·cen·ti·ate** [laɪ'senʃɪət] *s. univ.* **1.** Lizenti'at *m*; **2.** (*Grad*) Lizenti'at *n*.

li·cen·tious [laɪ'senʃəs] *adj.* ☐ unzüchtig, ausschweifend, lasterhaft.

li·chen ['laɪkən] *s.* ♀, 🜓 Flechte *f*.

lich gate [lɪtʃ] *s. überdachtes* Friedhofstor.

lick [lɪk] **I** *v/t.* **1.** (be-, ab)lecken, lecken

an (*dat.*): ~ *off* ablecken; ~ *up* auflekken; ~ *one's lips* sich die Lippen lekken; ~ *s.o.'s boots fig.* vor j-m kriechen; ~ *into shape fig.* in die richtige Form bringen, zurechtbiegen, -stutzen; → *dust* 1; **2.** F a) j-n ‚verdreschen', b) schlagen, besiegen, c) über'treffen, ‚schlagen': *this* ~*s everything!*, d) et. ‚schaffen', fertigwerden mit e-m *Problem*: *we have got it* ~*ed!*; **II** v/i. **3.** lecken (*at* an dat.), *fig. a.* a) plätschern (*Welle*), b) züngeln (*Flamme*); **III** s. **4.** Lecken n: *give s.th. a* ~ an et. lecken; *a* ~ *and a promise* e-e flüchtige Arbeit etc., bsd. e-e ‚Katzenwäsche'; **5.** (*ein*) bißchen: *a* ~ *of paint*; *he didn't do a* ~ *of work Am.* F er hat keinen Strich getan; **6.** F a) Schlag m, b) ‚Tempo' n: (*at*) *full* ~ mit größter Geschwindigkeit; **7.** Salzlecke f.

‚**lick·e·ty-'split** [ˌlɪkətɪ-] adv. Am. F wie der Blitz.

lick·ing ['lɪkɪŋ] s. **1.** Lecken n; **2.** F (Tracht f) Prügel pl., Abreibung f (a. fig. Niederlage).

'**lick·spit·tle** s. Speichellecker m.

lic·o·rice ['lɪkərɪs] → *liquorice*.

lid [lɪd] s. **1.** Deckel m (a. F Hut): *put the* ~ *on th. Brit.* F a) e-r Sache die Krone aufsetzen, b) et. endgültig ‚erledigen'; *clamp* (od. *put*) *the* ~ *on s.th. Am.* a) et. verbieten, b) scharf vorgehen gegen et., c) et. (*Nachricht etc.*) sperren; **2.** (Augen)Lid n.

li·do ['liːdəʊ] s. Brit. Frei- od. Strandbad n.

lie[1] [laɪ] **I** s. Lüge f, Schwindel m: *tell a* ~ (od. *lies*) lügen; → *white lie*; *give s.o. the* ~ j-n der Lüge bezichtigen; *give the* ~ *to* et. od. j-n Lügen strafen; *he lived a* ~ sein Leben war e-e einzige Lüge; **II** v/i. lügen: ~ *to s.o.* a) j-n belügen, j-n anlügen, b) j-m vorlügen (*that* daß).

lie[2] [laɪ] **I** s. **1.** Lage f (a. fig.): *the* ~ *of the land Brit. fig.* die Lage (der Dinge); **II** v/i. [*irr.*] **2.** allg. liegen: a) im Bett, *im Hinterhalt, in Trümmern etc.* liegen, b) ausgebreitet, *tot etc.* daliegen, c) begraben sein, ruhen, d) gelegen sein, sich befinden, e) lasten (*on* auf der Seele, im Magen etc.), f) begründet liegen, bestehen (*in* in dat.): ~ *dying* im Sterben liegen; ~ *behind fig.* a) hinter j-m liegen (*Erlebnis etc.*), b) dahinterstecken (*Motiv etc.*); ~ *in s.o.'s way* j-m zur Hand od. möglich sein, in j-s Fach schlagen; *his talents do not* ~ *that way* dazu hat er kein Talent; ~ *on s.o.* et. j-m obliegen; ~ *under a suspicion* unter e-m Verdacht stehen; ~ *under a sentence of death* zum Tode verurteilt sein; ~ *with s.o. obs. od. bibl.* j-m beischlafen, mit j-m schlafen; *as far as* ~*s with me* soweit es in m-n Kräften steht; *it* ~*s with you to do it* es liegt an dir, es zu tun; **3.** sich (hin)legen: ~ *on your back!* leg dich auf den Rücken!; **4.** führen, verlaufen (*Straße etc.*); **5.** zulässig sein (*Klage etc.*): *appeal* ~*s to the Supreme Court* Rechtsmittel können beim Obersten Gericht eingelegt werden;

Zssgn mit adv.:

lie| back v/i. sich zu'rücklegen; *fig.* die Hände in den Schoß legen; ~ *down* v/i. **1.** sich hinlegen; **2.** ~ *under, take lying*

down Beleidigung etc. widerspruchslos hinnehmen, sich et. gefallen lassen: *we won't take that lying down!* das lassen wir uns nicht (so einfach) bieten!; ~ *in* v/i. **1.** im Bett bleiben; **2.** im Wochenbett liegen; ~ *off* v/i. **1.** ♢ vom Land etc. abhalten; **2.** *fig.* pausieren; ~ *low* v/i. sich versteckt halten; ~ *o·ver* v/i. liegenbleiben, aufgeschoben werden; ~ *to* v/i. ♢ beiliegen; ~ *up* v/i. **1.** ruhen (a. fig.); **2.** das Bett od. das Zimmer hüten (müssen); **3.** außer Betrieb sein.

lied [liːd] pl. **lie·der** ['liːdə] (*Ger.*) s. ♪ (*deutsches Kunst*)Lied.

lie de·tec·tor s. 'Lügen,tektor m.

lie-down s. F Schläfchen n.

lief [liːf] adv. obs. gern: ~*er than* lieber als; *I had* (od. *would*) *as* ~ ... ich würde eher *sterben etc.*, ich ginge etc. ebensogern.

liege [liːdʒ] **I** s. **1.** a. ~ *lord* Leh(e)nsherr m; **2.** a. ~*man* Leh(e)nsmann m; **II** adj. **3.** Leh(e)ns...

lien [lɪən] s. 🕮 (*on*) Pfandrecht n (an dat.), Zu'rückbehaltungsrecht n (auf acc.).

lieu [ljuː] s.: *in* ~ *of* an Stelle von (od. gen.), anstatt (gen.); *in* ~ (*of that*) statt dessen.

lieu·ten·an·cy [Brit. lef'tenənsɪ; Am. luː't-] s. ⚔, ♢ Leutnantsrang m.

lieu·ten·ant [Brit. lef'tenənt; Am. luː't-] s. **1.** ⚔, ♢ a) allg. Leutnant m, b) Brit. (Am. *first* ~) Oberleutnant m, c) ♢ (Am. a. ~ *senior grade*) Kapi-'tänleutnant m: *junior grade Am.* Oberleutnant zur See; **2.** Statthalter m; **3.** *fig.* rechte Hand, ‚Adju'tant'; ~ *colo·nel* s. ⚔ Oberst'leutnant m; ~ *com·mand·er* s. ♢ Kor'vettenkapi,tän m; ~ *gen·er·al* s. ⚔ Gene'ralleutnant m; ~ *gov·er·nor* s. 'Vizegouver,neur m (*im brit. Commonwealth od. e-s amer. Bundesstaates*).

life [laɪf] pl. **lives** [laɪvz] s. **1.** (*organisches*) Leben n; → *large* 1; **2.** Leben n: a) Lebenserscheinungen pl., b) Lebewesen pl.: *there is no* ~ *on the moon*; *plant* ~ Pflanzen(welt f) pl.; **3.** (Menschen)Leben n: *they lost their lives* sie kamen ums Leben; *three lives were lost* drei Menschenleben sind zu beklagen; ~ *and limb* Leib u. Leben; **4.** Leben n (*e-s Einzelwesens*): *it is a matter of* ~ *and death* es geht um Leben oder Tod; *early in* ~ in jungen Jahren, (schon) früh; **5.** Leben n, Lebenszeit f, a. ☉ Lebensdauer f: *all his* ~ sein ganzes Leben (lang); **6.** Leben(skraft f) n: *there is still* ~ *in the old dog yet!* humor. so alt u. klapprig bin ich (od. ist er) noch gar nicht!; **7.** a) Bestehen n, b) 🕮, ⚕ Gültigkeitsdauer f, Laufzeit f: *the* ~ *of a contract* (*an insurance, patent, etc.*), c) parl. Legisla'turperi,ode f; **8.** Lebensweise f, -führung f, -wandel m; Leben n: *lead an honest* ~ ein ehrbares Leben führen; *lead the* ~ *of Riley* F leben wie Gott in Frankreich; **9.** Leben n, Welt f (*menschliches Tun u. Treiben*): *in Canada* das Leben in Kanada; *see* ~ das Leben kennenlernen od. genießen, die Welt sehen; **10.** Leben n, Lebhaftigkeit f, Lebendigkeit f: *put* ~ *into s.th.* e-e Sache beleben, Leben in et. bringen; *he was the* ~ *and soul of* er war die Seele des

Unternehmens etc., er brachte Leben in die *Party etc.*; **11.** Leben(sbeschreibung f) n, Biogra'phie f: *the* ℒ *of Churchill*; **12.** Versicherungswesen: Lebensversicherung(en pl.) f;

Besondere Redewendungen:

for ~ a) fürs (ganze) Leben, b) bsd. 🕮 u. pol. lebenslänglich, auf Lebenszeit, c) a. *for one's* ~, *for dear* ~ ums (liebe) Leben *rennen etc.*; *not for the* ~ *of me* F nicht um alles in der Welt; *not on your* ~! nie(mals)!; *never in my* ~ meiner Lebtag (noch) nicht; *to the* ~ lebensecht, naturgetreu; *bring to* ~ lebendig werden lassen; *bring s.o. back to* ~ j-n wiederbeleben od. ins Leben zurückrufen; *come to* ~ fig. lebendig werden, *Person*: a. munter werden; *seek s.o.'s* ~ j-m nach dem Leben trachten; *save s.o.'s* ~ j-m das Leben retten, fig. humor. j-n ‚retten'; *sell one's* ~ *dearly fig.* sein Leben teuer verkaufen; *such is* ~ so ist das Leben!; *take s.o.'s* (*one's own*) ~ j-m (sich [selbst]) das Leben nehmen; *this is the* ~! F Mann, ist das ein Leben!

‚**life|-and-'death** [-fən'd-] adj. Kampf etc. auf Leben u. Tod; ~ **an·nu·i·ty** s. Leibrente f; ~ **as·sur·ance** s. Brit. Lebensversicherung f; '~**belt** s. Rettungsgürtel m; '~**blood** s. Herzblut n (a. fig.); '~**boat** s. ♢ Rettungsboot n; ~ **buoy** s. Rettungsboje f; ~ **cy·cle** s. **1.** Lebenszyklus m; **2.** Lebensphase f; ~ **ex·pect·an·cy** s. Lebenserwartung f; ~ **force** s. Lebenskraft f, lebensspendende Kraft; '~-**giv·ing** adj. lebensspendend, belebend; '~**guard** s. **1.** ⚔ Leibgarde f; **2.** Rettungsschwimmer m, Bademeister m; ℒ **Guards** s. pl. ⚔ Leibgarde f (zu Pferde); 'Gardekavalle,rie f; ~ **in·sur·ance** s. Lebensversicherung f; ~ **in·ter·est** s. 🕮 lebenslänglicher Nießbrauch; ~ **jack·et** s. Schwimmweste f.

life·less ['laɪflɪs] adj. □ leblos: a) tot, b) unbelebt, c) fig. matt, schwunglos, ‚lahm', ⚕ lustlos (Börse).

'**life|·like** adj. lebenswahr, -echt, na'turgetreu; '~**line** s. **1.** ♢ Rettungsleine f; **2.** Si'gnalleine f (*für Taucher*); **3.** fig. a) Lebensader f (*Versorgungsweg*), b) lebenswichtige Sache, ‚Rettungsanker' m; **4.** Lebenslinie f (*in der Hand*); '~**long** adj. lebenslänglich; ~ **mem·ber** s. Mitglied n auf Lebenszeit; ~ **of·fice** s. Brit. Lebensversicherungsgesellschaft f; ~ **pre·serv·er** s. **1.** Am. ♢ Schwimmweste f, Rettungsgürtel m; **2.** Totschläger m (Waffe).

lif·er ['laɪfə] s. sl. **1.** Lebenslängliche(r m) f (*Strafgefangene[r]*); **2.** → *life sentence*; **3.** Am. Be'rufssol,dat m.

life| raft s. Rettungsfloß n; ~ **sav·er** s. **1.** Lebensretter(in); **2.** → *lifeguard* 2; **3.** fig. a) ‚rettender Engel', b) die ‚Rettung' (Sache); ~ **sen·tence** s. 🕮 lebenslängliche Freiheitsstrafe; '~**size(d)** adj. lebensgroß, in Lebensgröße; ~ **span** s. Leben(sspanne f, -zeit f) n; ~ **style** s. Lebensstil m; '~-**sup,port sy·stem** s. 🚀, ☉ 'Lebenserhaltungs,sy,stem n; ~ **ta·ble** s. 'Sterblichkeitsta,belle f; '~-**time I** s. Lebenszeit f, Leben n, a. ☉ Lebensdauer f: *the chance of a* ~ e-e einmalige Chance; **II** adj. lebenslänglich, Lebens...; ~ **vest** s. Rettungs-, Schwimmweste *f*; ~-'**work** *s.* Lebenswerk *n.*

lift [lɪft] **I** *s.* **1.** (Auf-, Hoch)Heben *n*; **2.** stolze *etc.* Kopfhaltung; **3.** ⚙ a) Hub (-höhe *f*) *m*, b) Hubkraft *f*; **4.** ✈ a) Auftrieb *m*, b) Luftbrücke *f*; **5.** *fig.* a) Hilfe *f*, b) (innerer) Auftrieb *m*: *give s.o. a ~* a) j-m helfen, b) j-m Auftrieb geben, j-n aufmuntern, c) j-n (im Auto) mitnehmen; **6.** a) *Brit.* Lift *m*, Aufzug *m*, Fahrstuhl *m*, b) (Ski-, Sessel)Lift *m*; **II** *v/t.* **7.** *a.* ~ *up* (auf-, em'por-, hoch-)heben; *Augen, Stimme etc.* erheben: ~ *s.th. down et.* herunterheben; *not to ~ a finger* keinen Finger rühren; **8.** *fig.* a) (geistig *od.* sittlich) heben, b) *aus der Armut etc.* em'porheben, c) *a.* ~ *up* (*innerlich*) erheben, aufmuntern; **9.** *Preise* erhöhen; **10.** *Kartoffeln* ausgraben, ernten; **11.** ‚mitgehen lassen‘, ‚klauen‘, stehlen (*a. fig.* plagiieren); **12.** *Gesicht etc.* liften, straffen: *have one's face ~ed* sich das Gesicht liften lassen; **13.** *Blockade, Verbot, Zensur etc.* aufheben; **III** *v/i.* **14.** sich heben (*a. Nebel*); sich (hoch)heben lassen: ~ *off* ✈ abheben, starten; '**lift·er** [-tə] *s.* **1.** (*sport* Gewicht)Heber *m*; **2.** ⚙ a) Hebegerät *n*, b) Nocken *m*, c) Stößel *m*; **3.** ‚Langfinger‘ *m* (*Dieb*).

lift·ing ['lɪftɪŋ] *adj.* Hebe..., Hub...; ~ **jack** *s.* ⚙ Hebewinde *f*, *mot.* Wagenheber *m.*

'**lift-off** *s.* **1.** Start *m* (*Rakete*); **2.** Abheben *n* (*Flugzeug*).

lig·a·ment ['lɪɡəmənt] *s. anat.* Liga'ment *n*, Band *n.*

lig·a·ture ['lɪɡə.tʃʊə] **I** *s.* **1.** Binde *f*, Band *n*; **2.** *typ. u.* ♪ Liga'tur *f*; **3.** ⚕ Abbindungsschnur *f*, Bindung *f*; **II** *v/t.* **4.** ver-, ⚕ abbinden.

light¹ [laɪt] **I** *s.* **1.** *allg.* Licht *n* (*Helligkeit, Schein, Beleuchtung, Lichtquelle, Lampe, Tageslicht, fig. Aspekt, Erleuchtung*): *by the ~ of a candle* beim Schein e-r Kerze, bei Kerzenlicht; *bring* (*come*) *to ~ fig.* ans Licht *od.* an den Tag bringen (kommen); *cast* (*od.* *shed, throw*) *a ~ on s.th. fig.* Licht auf et. werfen; *place* (*od.* *put*) *in a favo(u)rable ~ fig.* in ein günstiges Licht stellen *od.* rücken; *see the ~ eccl.* erleuchtet werden; *see the ~* (*of day*) *fig.* bekannt *od.* veröffentlicht werden; *I see the ~!* mir geht ein Licht auf!; (*seen*) *in the ~ of these facts* im Lichte *od.* angesichts dieser Tatsachen; *show s.th. in a different ~* et. in e-m anderen Licht erscheinen lassen; *hide one's ~ under a bushel fig.* sein Licht unter den Scheffel stellen; *let there be ~! Bibl.* es werde Licht; *he went out like a ~* F er war sofort ‚weg‘ (*eingeschlafen*); **2.** Licht *n*: a) Lampe *f*, *a. pl.* Beleuchtung *f* (*beide a. mot. etc.*): *~s out* ✕ Zapfenstreich *m*; *~s out!* Lichter aus!, b) (Verkehrs)Ampel *f*; → *green light, red* 1; **3.** ⚓ a) Leuchtfeuer *n*, b) Leuchtturm *m*; **4.** Feuer *n* (*zum Anzünden*), *a.* Streichholz *n*: *put a ~ to s.th.* et. anzünden; *strike a ~* ein Streichholz anzünden; *will you give me a ~?* darf ich Sie um Feuer bitten?; **5.** *fig.* Leuchte *f* (*Person*): *a shining ~* e-e Leuchte, ein großes Licht; **6.** Lichtöffnung *f*, bsd. Fenster *n*, Oberlicht *n*; **7.** *paint.* a) Licht *n*, heller Teil (*e-s Ge-*

mäldes); **8.** *fig.* Verstand *m*, geistige Fähigkeiten *pl.*: *according to his ~s* so gut er es eben versteht; **9.** *pl. sl.* Augen *pl.*; **II** *adj.* **10.** hell: ~*-red* hellrot; **III** *v/t.* [*irr.*] **11.** *a.* ~ *up* anzünden; **12.** *oft* ~ *up* beleuchten, erhellen (*a. das Gesicht*); ~ *up Augen etc.* aufleuchten lassen; **13.** *j-m* leuchten; **IV** *v/i.* [*irr.*] **14.** *a.* ~ *up* sich entzünden, angehen (*Feuer, Licht*); **15.** *mst* ~ *up fig.* sich erhellen, strahlen (*Gesicht*), aufleuchten (*Augen etc.*); **16.** ~ *up* a) die Pfeife *etc.* anzünden, sich e-e Zigarette anstecken, b) Licht machen.

light² [laɪt] **I** *adj.* □ → *lightly*; **1.** *allg.* leicht (*z. B. Last; Kleidung; Mahlzeit, Wein, Zigarre*; ✕ *Infanterie,* ⚓ *Kreuzer etc.; Hand, Schritt, Schlaf; Regen, Wind; Arbeit, Fehler, Strafe; Charakter; Musik, Roman*): ~ *of foot* leichtfüßig; *a ~ girl* ein ‚leichtes‘ Mädchen; ~ *current* ⚡ Schwachstrom *m*; ~ *metal* Leichtmetall *n*; ~ *literature* (*od.* *reading*) Unterhaltungsliteratur *f*; ~ *railway* Kleinbahn *f*; ~ *in the head* benommen; ~ *on one's feet* leichtfüßig; *with a ~ heart* leichten Herzens; *no ~ matter* keine Kleinigkeit; *make ~ of* a) *et.* auf die leichte Schulter nehmen, b) bagatellisieren; **2.** zu leicht: ~ *weights* Untergewichte; **3.** locker (*Brot, Erde, Schnee*); **4.** sorglos, unbeschwert, heiter; **5.** *a.* leicht beladen, b) unbeladen; **II** *adv.* **6.** leicht: *travel ~* mit leichtem Gepäck reisen.

light³ [laɪt] *v/i.* [*irr.*] **1.** fallen (*on* auf *acc.*); **2.** sich niederlassen (*on* auf *dat.*) (*Vogel etc.*); **3.** ~ (*up*)*on fig.* (zufällig) stoßen auf (*acc.*); **4.** ~ *out sl.* ‚verduften‘; **5.** ~ *into* F herfallen über *j-n.*

light bar·ri·er *s.* ⚡ Lichtschranke *f*.

light·en¹ ['laɪtn] **I** *v/i.* **1.** hell werden, sich erhellen; **2.** blitzen; **II** *v/t.* **3.** erhellen.

light·en² ['laɪtn] **I** *v/t.* **1.** leichter machen, erleichtern (*beide a. fig.*); **2.** *Schiff* (ab)leichtern; **3.** aufheitern; **II** *v/i.* **4.** leichter werden (*a. fig. Herz etc.*).

light·er¹ ['laɪtə] *s.* Anzünder *m* (*a. Gerät*); (Taschen)Feuerzeug *n.*

light·er² ['laɪtə] *s.* ⚓ Leichter(schiff *n*) *m*, Prahm *m*; '**light·er·age** [-ərɪdʒ] *s.* Leichtergeld *n.*

,**light·er-than-'air** *adj.*: ~ *craft* Luftfahrzeug *n* leichter als Luft.

'**light|-.fin·gered** *adj.* **1.** geschickt; **2.** langfingerig, diebisch; '~-.**foot·ed** *adj.* leicht-, schnellfüßig; ,~-'**head·ed** *adj.* **1.** leichtsinnig, -fertig; **2.** übermütig, ausgelassen; **3.** a) wirr, leicht verrückt, b) schwind(e)lig; ,~-'**heart·ed** *adj.* □ fröhlich, heiter, unbeschwert; ~ **heav·y·weight** *s. sport* Halbschwergewicht (-ler *m*) *n*; '~-**house** *s.* Leuchtturm *m.*

light·ing ['laɪtɪŋ] *s.* **1.** Beleuchtung *f*; ~ *effects* Lichteffekte; ~ *point* ⚡ Brennstelle *f*; **2.** Anzünden *n*; ,~-'**up time** *s.* Zeit *f* des Einschaltens der Straßenbeleuchtung *od.* (*mot.*) der Scheinwerfer.

light·ly ['laɪtlɪ] *adv.* **1.** *allg.* leicht: ~ *come ~ go* wie gewonnen, so zerronnen; **2.** gelassen, leicht; **3.** leichtfertig; **4.** leichthin; **5.** geringschätzig.

light·ness ['laɪtnɪs] *s.* **1.** Leichtheit *f*, Leichtigkeit *f* (*a. fig.*); **2.** Leichtverdau-

lichkeit *f*; **3.** Milde *f*; **4.** Behendigkeit *f*; **5.** Heiterkeit *f*; **6.** Leichtfertigkeit *f*, Leichtsinn *m*, Oberflächlichkeit *f.*

light·ning ['laɪtnɪŋ] **I** *s.* Blitz *m*: *struck by* ~ vom Blitz getroffen; *like* ~ (*greased*) ~ *fig.* wie der *od.* ein geölter Blitz; **II** *adj.* blitzschnell, Schnell...: ~ *artist* Schnellzeichner *m*; *with* ~ *speed* mit Blitzesschnelle; ~ **ar·rest·er** *s.* ⚡ Blitzschutzsicherung *f*; ~ **bug** *s. Am.* Leuchtkäfer *m*; ~ **con·duc·tor**, ~ **rod** *s.* Blitzableiter *m*; ~ **strike** *s.* Blitzstreik *m.*

light| oil *s.* ⚙ Leichtöl *n*; ~ **pen** *s. Computer:* Lichtgriffel *m.*

lights [laɪts] *s. pl.* (Tier)Lunge *f.*

'**light|-ship** *s.* ⚓ Feuer-, Leuchtschiff *n*; ~ **source** *s.* ⚡, *phys.* Lichtquelle *f*; '~-**weight** **I** *adj.* leicht; **II** *s. sport* Leichtgewicht(ler *m*) *n*; F *fig.* a) ‚kein großes Licht‘, b) unbedeutender Mensch; '~-**year** *s. ast.* Lichtjahr *n.*

lig·ne·ous ['lɪɡnɪəs] *adj.* holzig, holzartig, Holz...; '**lig·ni·fy** [-nɪfaɪ] **I** *v/t.* in Holz verwandeln; **II** *v/i.* verholzen; '**lig·nin** [-nɪn] *s.* 🜂 Li'gnin *n*, Holzstoff *m*; '**lig·nite** [-naɪt] *s.* Braunkohle *f*, bsd. Li'gnit *m.*

lik·a·ble ['laɪkəbl] *adj.* liebenswert, sym'pathisch, nett.

like¹ [laɪk] **I** *adj. u. prp.* **1.** gleich (*dat.*), wie (*a. adv.*): *a man ~ you* ein Mann wie du; ~ *a man* wie ein Mann; *what is he ~?* a) wie sieht er aus?, b) wie ist er?; *he is ~ that* er ist nun mal so; *he is just ~ his brother* er ist genau (so) wie sein Bruder; *that's just ~ him!* das sieht ihm ähnlich!; *that's just ~ a woman!* typisch Frau!; *what does it look ~?* wie sieht es aus?; *it looks ~ rain* es sieht nach Regen aus; *feel ~ (doing) s.th.* zu et. aufgelegt sein, Lust haben, et. zu tun, et. gern tun wollen; *a fool ~ that* ein derartiger *od.* so ein Dummkopf; *a thing ~ that* so etwas; *I saw one ~ it* ich sah ein ähnliches (*Auto etc.*); *there is nothing ~* es geht nichts über (*acc.*); *it is nothing ~ as bad as that* es ist bei weitem nicht so schlimm; *something ~ 100 tons* so etwa 100 Tonnen; *this is something ~!* F das läßt sich hören!; *that's more ~ it!* das läßt sich (schon) eher hören!; ~ *master, ~ man* wie der Herr, so's Gescherr; **2.** gleich: *a ~ amount* ein gleicher Betrag; *in ~ manner* a) auf gleiche Weise, b) gleichermaßen; **3.** ähnlich: *the portrait is not ~* das Porträt ist nicht ähnlich; *as ~ as two eggs* ähnlich wie ein Ei dem anderen; **4.** ähnlich, gleich-, derartig: *... and other ~ problems* ... und andere derartige Probleme; **5.** F *od. obs.* (*a. adv.*) wahr'scheinlich: *he is ~ to pass his exam* er wird sein Examen wahrscheinlich bestehen; ~ *enough, as ~ as not* höchstwahrscheinlich; **6.** *sl. oder so*: *let's go to the cinema ~*; **II** *cj.* **7.** *sl.* (*fälschlich für as*) wie: ~ *I said*; ~ *who?* wie wer, zum Beispiel?; **8.** *dial.* als ob; **III** *s.* **9.** *der* (*die, das*) Gleiche: *his ~* seinesgleichen; *the ~* der-, desgleichen; *and the ~* und dergleichen; *the ~(s) of* so etwas wie, solche wie; *the ~(s) of that* so etwas, etwas derartiges; *the ~s of you* F Leute wie Sie.

like² [laɪk] **I** *v/t.* (gern) mögen: a) gern

haben, (gut) leiden können, lieben, b) gern essen, trinken *etc.*: **~ doing** (*od.* **to do**) gern tun; **much ~d** sehr beliebt; **I ~ it** es gefällt mir; **I ~ him** ich hab' ihn gern, ich mag ihn (gern), ich kann ihn gut leiden; **I ~ fast cars** mir gefallen *od.* ich habe Spaß an schnellen Autos; **how do you ~ it?** wie gefällt es dir?, wie findest du es?; **we ~ it here** es gefällt uns hier; **I ~ that!** *iro.* so was hab' ich gern!; **what do you ~ better?** was hast du lieber?, was gefällt dir besser?; **I should ~ to know** ich möchte gerne wissen; **I should ~ you to be here** ich hätte gern, daß du hier wär(e)st; **~ it or not** ob du willst oder nicht; **~ it or lump it!** F wenn du nicht willst, dann laß es eben bleiben!; **I ~ steak, but it doesn't ~ me** *humor.* ich esse Beefsteak gern, aber es bekommt mir nicht; **II** *v/i.* wollen: (**just**) **as you ~** (ganz) wie du willst; **if you ~** wenn du willst; **III** *s.* Neigung *f*, Vorliebe *f*: **~s and dislikes** Neigungen u. Abneigungen.

-like [laɪk] *in Zssgn* wie, ...artig, ...ähnlich, ...mäßig.

like·a·ble → likable.

like·li·hood ['laɪklɪhʊd] *s.* Wahrscheinlichkeit *f*: **in all ~** aller Wahrscheinlichkeit nach; **there is a strong ~ of his succeeding** es ist sehr wahrscheinlich, daß es ihm gelingt; **like·ly** ['laɪklɪ] **I** *adj.* **1.** wahr'scheinlich, vor'aussichtlich: **~ schwerlich, kaum**; **it is not ~** (**that**) **he will come, he is not ~ to come** es ist nicht wahrscheinlich, daß er kommen wird; **which is his most ~ route?** welchen Weg wird er voraussichtlich *od.* am ehesten einschlagen?; **this is not ~ to happen** das wird wahrscheinlich nicht geschehen; **not ~!** *iro.* wohl kaum!; **2.** glaubhaft: **a ~ story!** *iro.* wer's glaubt, wird selig!; **3.** a) möglich, b) geeignet, in Frage kommend, c) aussichtsreich, d) vielversprechend: **a ~ candidate**; **a ~ explanation** e-e mögliche Erklärung; **a ~ place** ein möglicher Ort (*wo sich et. befindet etc.*); **II** *adv.* **4.** wahr'scheinlich: **as ~ as not, very ~** höchstwahrscheinlich.

like-'mind·ed *adj.* gleichgesinnt: **be ~ with s.o.** mit j-m übereinstimmen.

lik·en ['laɪkən] *v/t.* vergleichen (**to** mit).

like·ness ['laɪknɪs] *s.* **1.** Ähnlichkeit *f* (**to** mit); **2.** Gleichheit *f*; **3.** Gestalt *f*, Form *f*; **4.** Bild *n*, Por'trät *n*: **to have one's ~ taken** sich malen *od.* fotografieren lassen; **5.** Abbild *n* (**of** *gen.*).

'like·wise *adv. u. cj.* eben-, gleichfalls; des'gleichen, ebenso.

lik·ing ['laɪkɪŋ] *s.* **1.** Zuneigung *f*: **have** (**take**) **a ~ for** (*od.* **to**) **s.o.** zu j-m eine Zuneigung haben (fassen), an j-m Gefallen haben (finden); **2.** (**for**) Gefallen *n* (an *dat.*), Neigung *f* (zu), Geschmack *m* (an *dat.*): **be greatly to s.o.'s ~** j-m sehr zusagen; **this is not to my ~** das ist nicht nach meinem Geschmack; **it's too big for my ~** es ist mir (einfach) zu groß.

li·lac ['laɪlək] **I** *s.* **1.** ♀ Spanischer Flieder; **2.** Lila *n* (*Farbe*); **II** *adj.* **3.** lila(-farben).

Lil·li·pu·tian [ˌlɪlɪ'pju:ʃjən] **I** *adj.* **1.** a) winzig, zwergenhaft, b) Liliput..., Klein(st)...; **II** *s.* **2.** Lilipu'taner(in); **3.**

Zwerg *m*.

lilt [lɪlt] **I** *s.* **1.** fröhliches Lied; **2.** rhythmischer Schwung; **3.** a) singender Tonfall, b) fröhlicher Klang: **a ~ in her voice**; **II** *v/t. u. v/i.* **4.** trällern.

lil·y [lɪlɪ] *s.* ♀ Lilie *f*: **~ of the valley** Maiglöckchen *n*; **paint the ~** *fig.* schönfärben; **~-'liv·ered** *adj.* feig(e).

limb [lɪm] *s.* **1.** *anat.* Glied *n, pl.* Glieder *pl.*, Gliedmaßen *pl.*; **2.** Ast *m*: **out on a ~ F** in e-r gefährlichen Lage; **3.** *fig.* a) Glied *n*, Teil *m*, b) Arm *m*, c) *ling.* (Satz)Glied *n*, d) ⚉ Absatz *m*; **4.** F ,Satansbraten' *m*.

lim·ber¹ ['lɪmbə] **I** *adj.* geschmeidig (*a. fig.*), gelenkig; **II** *v/t. u. v/i.* **~ up** (sich) geschmeidig machen, (sich) lockern, *v/i. a.* Lockerungsübungen machen, sich warm machen *od.* spielen.

lim·ber² ['lɪmbə] **I** *s.* ✕ Protze *f*; **II** *v/t. u. v/i. mst* **~ up** ✕ aufprotzen.

lim·bo ['lɪmbəʊ] *s.* **1.** *eccl.* Vorhölle *f*; **2.** Gefängnis *n*; **3.** *fig.* a) ,Rumpelkammer' *f*, b) Vergessenheit *f*, c) Schwebe(-zustand *m*) *f*: **be in a ~** ,in der Luft hängen' (*Person od. Sache*).

lime¹ [laɪm] **I** *s.* **1.** 🜊 Kalk *m*; **2.** ↙ Kalkdünger *m*; **3.** Vogelleim *m*; **II** *v/t.* **4.** kalken, mit Kalk düngen.

lime² [laɪm] *s.* ♀ Linde *f*.

lime³ [laɪm] *s.* ♀ Li'mone *f*, Limo'nelle *f*.

'lime·kiln *s.* Kalkofen *m*; **'~·light** *s.* **1.** ☼ Kalklicht *n*; **2.** *fig.* (**be in the ~** im) Rampenlicht *n od.* (im) Licht *n* der Öffentlichkeit *od.* (im) Mittelpunkt *m* des (öffentlichen) Inter'esses (stehen).

li·men ['laɪmen] *s. psych.* (Bewußtseins-*od.* Reiz)Schwelle *f*.

lime pit *s.* **1.** Kalkbruch *m*; **2.** Kalkgrube *f*; **3.** *Gerberei:* Äscher *m*.

Lim·er·ick ['lɪmərɪk] *s.* Limerick *m* (5-zeiliger Nonsensvers).

'lime·stone *s. min.* Kalkstein *m*; **~ tree** *s.* ♀ Linde(nbaum *m*) *f*.

lim·ey ['laɪmɪ] *s. Am. sl.* ,Tommy' *m* (*Brite*).

lim·it ['lɪmɪt] **I** *s.* **1.** *bsd. fig.* a) Grenze *f*, Schranke *f*, b) Begrenzung *f*, Beschränkung *f* (*on gen.*): **within ~s** in Grenzen, bis zu e-m gewissen Grade; **without ~** ohne Grenzen, grenzen-, schrankenlos; **there is a ~ to everything** alles hat seine Grenzen; **there is no ~ to his ambition** sein Ehrgeiz kennt keine Grenzen; **off ~s** *Am.* Zutritt verboten (**to** für); **that's my ~!** a) mehr schaffe ich nicht!, b) höher kann ich nicht gehen!; **that's the ~!** F das ist (doch) die Höhe!; **he is the ~!** F er ist unglaublich *od.* unmöglich!; **go to the ~** F bis zum Äußersten gehen, *sport* über die Runden kommen; → **speed limit**; **2.** ♣, ☼ Grenze *f*, Grenzwert *m*; **3.** zeitliche Begrenzung, Frist *f*: **extreme ~** ♣ äußerster Termin; **4.** ♣ a) Höchstbetrag *m*, b) Limit *n*, Preisgrenze *f*: **lowest ~** äußerster *od.* letzter Preis; **II** *v/t.* **5.** begrenzen, beschränken, einschränken (**to** auf *acc.*); *Preise* limitieren: **~ o.s. to** sich beschränken auf (*acc.*); **lim·i·ta·tion** [ˌlɪmɪ'teɪʃn] *s.* **1.** *fig.* Grenze *f*: **know one's ~s** s-e Grenzen kennen; **2.** Begrenzung *f*, Ein-, Beschränkung *f*; **3.** (**statutory period of**) **~** ⚉ Verjährung(sfrist) *f*: **be barred by the statute of ~** verjähren *od.* verjährt sein; **'lim·it·ed** [-tɪd] *I adj.* beschränkt, begrenzt (**to**

auf *acc.*): **~** (**express**) **train** → **II**; **~ in time** zeitlich begrenzt; **~** (**liability**) **company ✝** *Brit.* Aktiengesellschaft *f*; **~ monarchy** konstitutionelle Monarchie; **~ partner ✝** Kommanditist(in); **~ partnership** ✝ Kommanditgesellschaft; **II** *s.* Schnellzug *m od.* Bus *m* mit Platzkarten; **'lim·it·less** [-lɪs] *adj.* grenzenlos.

lim·net·ic [lɪm'netɪk] *adj.* Süßwasser...

lim·ou·sine ['lɪmuːziːn] *s. mot.* **1.** *Brit.* Wagen *m* mit Glastrennscheibe; **2.** *Am.* Kleinbus *m*.

limp¹ [lɪmp] *adj.* □ **1.** schlaff, schlapp (*a. fig.* kraftlos, schwach): **go ~** erschlaffen, *Person: a.* ,abschlaffen'; **2.** biegsam, weich: **~ book cover**.

limp² [lɪmp] **I** *v/i.* **1.** hinken (*a. fig.* Vers *etc.*), humpeln; **2.** sich schleppen (*a. Schiff etc.*); **II** *s.* **3.** Hinken *n*: **walk with a ~** → 1.

lim·pet ['lɪmpɪt] *zo.* Napfschnecke *f*: **like a ~** *fig.* wie e-e Klette; **~ mine** *s.* ✕ Haftmine *f*.

lim·pid ['lɪmpɪd] *adj.* □ 'durchsichtig, klar (*a. fig. Stil etc.*), hell, rein; **lim·pid·i·ty** [lɪm'pɪdətɪ], **'lim·pid·ness** [-nɪs] *s.* 'Durchsichtigkeit *f*, Klarheit *f*.

limp·ness ['lɪmpnɪs] *s.* Schlaff-, Schlappheit *f*.

limp·y ['laɪmɪ] *adj.* **1.** Kalk..., kalkig: a) kalkhaltig, b) kalkartig; **2.** gekalkt.

lin·age ['laɪnɪdʒ] *s.* **1.** → **alignment**; **2.** a) Zeilenzahl *f*, b) 'Zeilenhono,rar *n*.

linch·pin ['lɪntʃpɪn] *s.* ☼ Lünse *f*, Vorstecker *m*, Achsnagel *m*.

lin·den ['lɪndən] *s.* ♀ Linde *f*.

line¹ [laɪn] **I** *s.* **1.** Linie *f*, Strich *m*; **2.** a) (*Hand- etc.*)Linie *f*: **~ of fate** Schicksalslinie *f*, b) Falte *f*, Runzel *f*, c) Zug *m* (*im Gesicht*); **3.** Zeile *f*: **drop s.o. a ~** j-m ein paar Zeilen schreiben; **read between the ~s** zwischen den Zeilen lesen; **4.** TV (Bild)Zeile *f*; **5.** a) Vers *m*, b) *pl. Brit. ped.* Strafarbeit *f*, c) *thea. etc.* Rolle *f*, Text *m*; **6.** *pl.* F Trauschein *m*; **7.** F a) Informati'on *f*, Hinweis *m*: **get a ~ on** e-e Information erhalten über (*acc.*); **8.** *Am.* F a) ,Platte' *f* (*Geschwätz*), b) ,Tour' *f*, ,Masche' *f* (*Trick*); **9.** Linie *f*, Richtung *f*: **~ of attack** Angriffsrichtung, *fig.* Taktik *f*; **~ of fire** ✕ Schußlinie *f*; **~ of sight** a) Blickrichtung *f*, b) *a.* **~ of vision** Gesichtslinie, -achse *f*; **he said s.th. along these ~s** er sagte etwas in dieser Richtung; **~ of resistance** ✕; **10.** *fig. pl.* Grundsätze *pl.*, Richtlinie(n *pl.*) *f*, Grundzüge *pl.*: **along these ~s** a) nach diesen Grundsätzen, b) folgendermaßen; **along general ~s** ganz allgemein, in großen Zügen; **11.** Art *f* (u. Weise), Me'thode *f*: **~ of approach** Art, et. anzupacken, Methode *f*; **~ of argument** (Art der) Argumentation *f*; **~ of reasoning** Denkmethode *f*, -weise *f*; **take a strong ~** energisch auftreten *od.* werden (**with s.o.** j-m gegenüber); **take the ~ that** den Standpunkt vertreten, daß; **don't take that ~ with me!** komm mir ja nicht so! → **hard line** 1; **12.** Grenze *f*, Grenzlinie *f*: **draw the ~** (**at**) *fig.* die Grenze ziehen (bei); **I draw the ~ at that!** da hört es bei mir auf; **lay** (*od.* **put**) **on the ~** *fig.* sein Leben, s-n Ruf *etc.* aufs Spiel setzen; **be on the ~** auf dem Spiel stehen; **I'll lay it**

on the ~ for you! F das kann ich Ihnen genau sagen!; **13.** *pl.* a) Linien(führung *f*) *pl.*, Kon'turen *pl.*, Form *f*, b) Riß *m*, Entwurf *m*; **14.** a) Reihe *f*, Kette *f*, b) *bsd. Am.* (Menschen-, *a.* Auto)Schlange *f*: **stand in ~ (for)** anstehen (*for*), Schlange stehen (nach); **drive in ~** *mot.* Kolonne fahren; **be in ~ for** *fig.* Aussichten haben auf (*acc.*) *od.* Anwärter sein für; **15.** Übereinstimmung *f*: **be in (out of) ~** (nicht) übereinstimmen *od.* im Einklang sein (**with** mit); **bring** (*od.* **get**) **into ~** a) in Einklang bringen (**with** mit), b) *j-n* ,auf Vordermann' bringen, c) *pol.* gleichschalten; **fall into ~** sich einordnen, *fig.* sich anschließen (**with** *j-m*); **toe the ~** ,spuren', sich der (*Partei- etc.*)Disziplin beugen; **in ~ of duty** *bsd.* ✕ in Ausübung des Dienstes; **16.** a) (Abstammungs)Linie *f*, b) Fa'milie *f*, Geschlecht *n*: **the male ~** die männliche Linie; **in the direct ~** in di'rekter Linie; **17.** *pl.* Los *n*, Geschick *n*: **hard ~s** F Pech *n*; **18.** Fach *n*, Gebiet *n*, Sparte *f*: **~ (of business)** Branche *f*, Geschäftszweig *m*; **that's not in my ~** das schlägt nicht in mein Fach, das liegt mir nicht; **that's more in my ~** das liegt mir schon eher; **19.** (Verkehrs-, Eisenbahn- *etc.*)Linie *f*, Strecke *f*, Route *f*, engS. Gleis *n*: **ship of the ~** Linienschiff *n*; **~s of communications** ✕ rückwärtige Verbindungen; **he was at the end of the ~** *fig.* er war am Ende; **that's the end of the ~!** *fig.* Endstation!; **20.** (*Eisenbahn-, Luftverkehrs-, Autobus*)Gesellschaft *f*; **21.** a) ♫, *od.* Leitung *f, bsd.* Tele'fon- *od.* Tele'grafenleitung *f*: **the ~ is engaged** (*Am. busy*) die Leitung ist besetzt; **hold the ~!** bleiben Sie am Apparat!; **three ~s** 3 Anschlüsse; → **hot line**; **22.** ⊙ (Fertigungs)Straße *f*; **23.** ♀ a) Sorte *f*, Warengattung *f*, b) Posten *m*, Par'tie *f*, c) Ar'tikel(serie *f*) *m od. pl.*; **24.** ✕ a) Linie *f*: **behind the enemy's ~s** hinter den feindlichen Linien; **~ of battle** vorderste Linie, Kampflinie, b) Front *f*: **go up the ~** an die Front gehen; **all along the ~,** (**all**) **down the ~** *fig.* auf der ganzen Linie, voll (u. ganz); **go down the ~ for** *Am.* F sich voll einsetzen für; c) Linie *f* (*Formation beim Antreten*), d) Fronttruppe *f*: **the ~s** die Linienregimenter; **25.** *geogr.* Längen- *od.* Breitenkreis *m*: **the ⊜ der** Äquator; **26.** ♣ Linie *f*: **~ abreast** Dwarslinie; **~ ahead** Kiellinie; **27.** (Wäsche)Leine *f*, (starke) Schnur, Seil *n*, Tau *n*; **28.** *teleph.* a) Draht *m*, b) Kabel *n*; **29.** Angelschnur *f*; **II** *v/i.* **30.** → **line up** 1, 2; **III** *v/t.* **31.** linieren; **32.** zeichnen, skizzieren; **33.** Gesicht (durch)'furchen; **34.** *Straße etc.* säumen: **soldiers ~d the street** Soldaten bildeten an der Straße Spalier; **~ in** *v/t.* einzeichnen; **~ off** *v/t.* abgrenzen; **~ through** *v/t.* 'durchstreichen; **~ up I** *v/i.* **1.** sich in e-r Linie *od.* Reihe aufstellen; **2.** Schlange stehen; **3.** *fig.* sich zs.-schließen; **II** *v/t.* **4.** in Linie *od.* in e-r Reihe aufstellen; **5.** aufstellen; **6.** *fig.* F et. ,auf die Beine stellen', organisieren, arrangieren.

line² [laɪn] *v/t.* **1.** *Kleid etc.* füttern; **2.** ⊙ ausfüttern, -gießen, -kleiden, -schlagen, (innen) über'ziehen: **~ one's (own) pockets** in die eigene Tasche

arbeiten, sich bereichern.

lin·e·age ['lɪnɪɪdʒ] *s.* **1.** (geradlinige) Abstammung; **2.** Stammbaum *m*; **3.** Geschlecht *n*, Fa'milie *f*.

lin·e·al ['lɪnɪəl] *adj.* □ geradlinig, in di'rekter Linie, di'rekt (*Abstammung, Nachkomme*).

lin·e·a·ment ['lɪnɪəmənt] *s.* (Gesichts-, *fig.* Cha'rakter)Zug *m*.

lin·e·ar ['lɪnɪə] *adj.* □ **1.** Linien..., geradlinig, *bsd.* ♈, ⊙, *phys.* line'ar (*Gleichung, Elektrode, Perspektive etc.*), Linear...; **2.** Längen...(-ausdehnung, -maß *etc.*); **3.** Linien..., Strich..., strichförmig.

line│ block *s.* → **line etching**; **~ draw·ing** *s.* Strichzeichnung *f*; **~ etch·ing** *s. Kunst:* Strichätzung *f*; **'~-man** [-mən] *s.* [*irr.*] *Am.* **1.** ✇ Streckenarbeiter *m*; **2.** → **linesman** 1.

lin·en ['lɪnɪn] **I** *s.* **1.** Leinen *n*, Leinwand *f*, Linnen *n*; **2.** (Bett-, 'Unter- *etc.*)Wäsche *f*: **wash one's dirty ~ in public** *fig.* s-e schmutzige Wäsche vor allen Leuten waschen; **II** *adj.* **3.** leinen, Leinen...: **~ closet** (*od.* **cupboard**) Wäscheschrank *m*.

lin·er¹ ['laɪnə] *s.* **1.** ⊙ Futter *n*, Buchse *f*; **2.** Einsatz(stück *n*) *m*.

lin·er² ['laɪnə] *s.* **1.** ♣ Linienschiff *n*; **2.** → **air liner**.

lines·man ['laɪnzmən] *s.* [*irr.*] **1.** ♫ (Fernmelde)Techniker *m*, engS. Störungssucher *m*; **2.** ✇ Streckenwärter *m*; **3.** *sport* Linienrichter *m*.

'line-up *s.* **1.** *sport* (Mannschafts)Aufstellung *f*, Aufgebot *n*; **2.** Gruppierung *f*; **3.** *Am.* ,Schlange' *f*.

lin·ger ['lɪŋgə] *v/i.* **1.** (*a. fig.*) (noch) verweilen, (zu'rück)bleiben (*beide a. Gefühl, Geschmack, Erinnerung etc.*), sich aufhalten; *fig. a.* nachklingen (*Töne, Gefühl etc.*): **~ on** *fig.* (noch) fortleben *od.* -bestehen (*Brauch etc.*); **~ on a subject** bei e-m Thema verweilen; **2.** a) zögern, b) trödeln, c) da'hinsiechen (*Kranker*); **4.** sich hinziehen *od.* -schleppen.

lin·ge·rie [læ:nʒəri:] (*Fr.*) *s.* ('Damen-) Unterwäsche *f*.

lin·ger·ing ['lɪŋgərɪŋ] *adj.* □ **1.** a) verweilend, b) langsam, zögernd; **2.** (zu'rück)bleibend, nachklingend (*Ton, Gefühl etc.*); **3.** schleppend; **4.** schleichend (*Krankheit*); **5.** lang: a) sehnsüchtig, b) innig, c) prüfend: **a ~ look**.

lin·go ['lɪŋgəʊ] *pl.* **-goes** [-gəʊz] *s.* Kauderwelsch *n*, engS. *a.* ('Fach)Jar,gon *m*.

lin·gua fran·ca [,lɪŋgwə'fræŋkə] *s.* Verkehrssprache *f*.

lin·gual ['lɪŋgwəl] **I** *adj.* Zungen...; **II** *s.* Zungenlaut *m*.

lin·guist ['lɪŋgwɪst] *s.* **1.** Sprachforscher (-in), Lingu'ist(in); **2.** Fremdsprachler (-in), Sprachkundige(r *m*) *f*: **he is a good ~** er ist sehr sprachbegabt; **lin·guis·tic** [lɪŋ'gwɪstɪk] *adj.* (□ **~ally**) **1.** sprachwissenschaftlich, lingu'istisch; **2.** Sprach(en)...; **lin·guis·tics** [lɪŋ'gwɪstɪks] *s. pl.* (*mst sg. konstr.*) Sprachwissenschaft *f*, Lingu'istik *f*.

lin·i·ment ['lɪnɪmənt] *s.* ✚ Einreibemittel *n*.

lin·ing ['laɪnɪŋ] *s.* **1.** Futter(stoff *m*) *n*, (Aus)Fütterung *f* (*von Kleidern etc.*); **2.** ⊙ Futter *n*, Ver-, Auskleidung *f*; Ausmauerung *f* (*Brems- etc.*)Belag *m*; →

silver lining.

link [lɪŋk] **I** *s.* **1.** (Ketten)Glied *n*; **2.** *fig.* a) Glied *n* (*in e-r Kette von Ereignissen etc.*), b) Bindeglied *n*; → **missing** 1; **3.** freundschaftliche *etc.* Bande *pl.*; **4.** Verbindung *f*, -knüpfung *f*, Zs.-hang *m* (**between** zwischen); **5.** Man'schettenknopf *m*; **6.** ⊙ Glied *n* (*a.* ♄), Verbindungsstück *n*, Gelenk *n*; **7.** *tel.* a) Strekkenabschnitt *m*, b) Über'tragungsweg *m*; **8.** *TV* a) Verbindungsstrecke *f*, → **linkup** 3; **9.** *surv.* Meßkettenglied *n*; **10.** → **links**; **II** *v/t.* **11.** *a.* **~ up** *od.* **together** (**with**) a) verbinden, -knüpfen (mit), b) mitein'ander in Verbindung *od.* Zs.-hang bringen, c) anein'anderkoppeln: **be ~ed** (**with**) zs.-hängen *od.* in Zs.-hang stehen (mit); **~ed** ♄ gekoppelt (*a. biol. Gene*); **III** *v/i.* **12.** (**with**) a) sich verbinden (lassen) (mit), b) verknüpft sein (mit).

link·age ['lɪŋkɪdʒ] *s.* **1.** Verkettung *f*, *Computer: a.* Pro'grammverbindung *f*; **2.** ⊙ Gestänge *n*, Gelenkviereck *n*; **3.** ♄, *biol.* Koppelung *f*, (*a. phys.* Atom- *etc.*)Bindung *f*.

links [lɪŋks] *s. pl.* **1.** *bsd. Scot.* Dünen *pl.*; **2.** (*a. sg. konstr.*) Golfplatz *m*.

'link-up *s.* **1.** → **link** 4; **2.** (Anein'ander-) Koppeln *n*; **3.** *Radio, TV:* Zs.-schaltung *f*.

linn [lɪn] *s. bsd. Scot.* **1.** Teich *m*; **2.** Wasserfall *m*.

lin·net ['lɪnɪt] *s. orn.* Hänfling *m*.

li·no ['laɪnəʊ] *abbr. für* **linoleum**; **li·no-cut** ['laɪnəʊkʌt] *s.* Lin'olschnitt *m*.

li·no·le·um [lɪ'nəʊljəm] *s.* Lin'oleum *n*.

lin·o·type ['laɪnəʊtaɪp] *s. typ.* **1.** *a.* ⊙ Linotype *f* (*Markenname für e-e Zeilensetz- u. -gießmaschine*); **2.** ('Setzma,schinen)Zeile *f*.

lin·seed ['lɪnsi:d] *s.* ♀ Leinsamen *m*; **~ cake** *s.* Leinkuchen *m*; **~ oil** *s.* Leinöl *n*.

lint [lɪnt] **I** *s.* **1.** ✚ Schar'pie *f*, Zupflinnen *n*; **2.** *Am.* Fussel *f*; **II** *v/i.* **3.** *Am.* Fusseln bilden, fusseln.

lin·tel ['lɪntl] *s.* ◬ (Tür-, Fenster)Sturz *m*.

li·on ['laɪən] *s.* **1.** *zo.* Löwe *m* (*a. fig. Held; a. ast.* ♌): **go into the ~'s share** *fig.* der Löwenanteil; **go into the ~'s den** *fig.* sich in die Höhle des Löwen wagen; **2.** ,Größe' *f*, Berühmtheit *f* (*Person*); **3.** *pl.* Sehenswürdigkeiten *pl.* (*e-s Ortes*); **'li·on·ess** [-nes] *s.* Löwin *f*; **'li·on-heart·ed** *adj.* furchtlos, mutig; **li·on-ize** ['laɪənaɪz] *v/t. j-n* feiern, zum Helden des Tages machen.

lip [lɪp] *s.* **1.** Lippe *f*: **hang on s.o.'s ~** an *j-s* Lippen hängen; **keep a stiff upper ~** Haltung bewahren; **lick** (*od.* **smack**) **one's ~s** sich die Lippen lekken; → **bite** 7; **2.** F Unverschämtheit *f*: **none of your ~!** keine Frechheiten!; **3.** Rand *m* (*Wunde, Schale, Krater etc.*); **4.** Tülle *f*, Schnauze *f* (*Krug etc.*).

'lip-read *v/t. u. v/i.* [*irr.* → **read**] von den Lippen ablesen; **'~-read·ing** *s.* Lippenlesen *n*; **~ ser·vice** *s.* Lippendienst *m*: **pay ~ to** ein Lippenbekenntnis ablegen zu *e-r Idee etc.*; **'~-stick** *s.* Lippenstift *m*.

li·quate ['laɪkweɪt] *v/t. metall.* (aus)seigern.

liq·ue·fa·cient [,lɪkwɪ'feɪʃnt] **I** *s.* Verflüssigungsmittel *n*; **II** *adj.* verflüssigend; **‚liq·ue'fac·tion** [-'fækʃn] *s.* Verflüssigung *f*; **liq·ue·fi·a·ble** ['lɪkwɪfaɪəbl] *adj.* schmelzbar; **liq·ue·fy** ['lɪkwɪfaɪ] *v/t. u. v/i.* (sich) verflüssigen; schmelzen; **li·ques·cent** [lɪ'kwesnt] *adj.* sich (leicht) verflüssigend, schmelzend.

li·queur [lɪ'kjʊə] *s.* Li'kör *m.*

liq·uid ['lɪkwɪd] **I** *adj.* □ **1.** flüssig; Flüssigkeits...: **~ measure** Flüssigkeitsmaß *n*; **~ crystal** Flüssigkristall *m*; **~ crystal display** Flüssigkristallanzeige *f*; **2.** a) klar, hell u. glänzend, b) feucht (schimmernd): **~ eyes**; **~ sky**; **3.** perlend, wohltönend; **4.** *ling.* li'quid, fließend: **~ sound** → 7; **5.** ✝ li'quid, flüssig: **~ assets**; **II** *s.* **6.** Flüssigkeit *f*; **7.** *Phonetik*: Liquida *f*, Fließlaut *m.*

liq·ui·date ['lɪkwɪdeɪt] *v/t.* **1.** a) *Schulden etc.* tilgen, b) *Schuldbetrag* feststellen; **2.** *Konten* abrechnen, saldieren; **3.** ✝ *Unternehmen* liquidieren; **4.** ✝ *Wertpapier* flüssigmachen, realisieren; **5.** *j-n* liquidieren (*umbringen*); **liq·ui·da·tion** [‚lɪkwɪ'deɪʃn] *s.* **1.** ✝ a) Liquidati'on *f*, Abwicklung *f* (*Unternehmen*): **go into ~** in Liquidation treten, b) Tilgung *f* (*von Schulden*), c) Abrechnung *f*, d) Realisierung *f*; **2.** *fig.* Liquidierung *f*, Beseitigung *f*; **'liq·ui·da·tor** [-tə] *s.* ✝ Liqui'dator *m*, Abwickler *m.*

li·quid·i·ty [lɪ'kwɪdətɪ] *s.* **1.** flüssiger Zustand; **2.** ✝ Liquidi'tät *f*, (Geld)Flüssigkeit *f.*

liq·uor ['lɪkə] **I** *s.* **1.** alko'holisches Getränk, *coll.* Spiritu'osen *pl.*, Alkohol *m* (*bsd.* Branntwein u. Whisky): **in ~, the worse for ~** betrunken; **2.** Flüssigkeit *f*; *pharm.* Arz'neilösung *f*; **3.** ☉ a) Lauge *f*, b) Flotte *f* (*Färbebad*); **II** *v/i.* **4.** *mst* **~ up** ‚einen heben'; **III** *v/t.* **5.** **get ~ed up** sich ‚vollaufen' lassen; **cab·i·net** *s.* Hausbar *f.*

liq·uo·rice ['lɪkərɪs] *s.* La'kritze *f.*

lisp [lɪsp] **I** *v/i.* **1.** (*a. v/t. et.*) lispeln, mit der Zunge anstoßen; **2.** stammeln; **II** *s.* **3.** Lispeln *n*, Anstoßen *n* (mit der Zunge).

lis·some, *a.* **lis·som** ['lɪsəm] *adj.* **1.** geschmeidig; **2.** wendig, a'gil.

list¹ [lɪst] **I** *s.* Liste *f*, Verzeichnis *n*: **on the ~** auf der Liste; **~ price** ✝ Listenpreis *m*; **II** *v/t.* a) verzeichnen, aufführen, erfassen, katalogisieren; in e-e Liste eintragen, b) aufzählen; **~ed** *Am.* ✝ amtlich notiert, börsenfähig (*Wertpapier*).

list² [lɪst] *s.* **1.** Saum *m*, Rand *m*; **2.** *Weberei*: Salband *n*, Webekante *f*; **3.** (Sal)Leiste *f*; *pl. aof. hist.* a) Schranken *pl.* (*e-s Turnierplatzes*), b) Kampfplatz *m* (*a. fig.*): **enter the ~s** *fig.* in die Schranken treten, zum Kampf antreten.

list³ [lɪst] ⚓ **I** *s.* Schlagseite *f*; **II** *v/i.* Schlagseite haben.

lis·ten ['lɪsn] *v/i.* **1.** horchen, hören, lauschen (**to** auf *acc.*): **~ to** a) *j-m* zuhören, *j-n* anhören, b) auf *j-n od. j-s* Rat hören, *j-m* Gehör schenken, c) e-m Rat *etc.* folgen; **~!** hör mal (zu)!; **~ for** auf *et. od. j-n* horchen (*warten*); → **reason** 1; **2.** **~ in** a) Radio hören, b) (*am Telefon etc.*) mithören *od.* mit anhören (**on s.th. et.**): **~ in to** *et.* im Radio hören; **'lis·ten·er** [-nə] *s.* **1.** Horcher(in), Lauscher(in); **2.** Zuhörer(in); **3.** *Radio*:

Hörer(in).

lis·ten·ing post ['lɪsnɪŋ] *s.* ✕ **1.** Horchposten *m* (*a. fig.*); **2.** Abhörstelle *f.*

list·less ['lɪstlɪs] *adj.* □ lustlos, teilnahmslos, matt, a'pathisch.

lists [lɪsts] → **list²** 4.

lit [lɪt] **I** *pret. u. p.p.* von **light¹** *u.* **light³**; **II** *adj. mst* **~ up** *sl.* ‚blau' (*betrunken*).

lit·a·ny ['lɪtənɪ] *s. eccl. u. fig.* Lita'nei *f.*

li·ter ['liːtə] *Am.* → **litre.**

lit·er·a·cy ['lɪtərəsɪ] *s.* **1.** Fähigkeit *f* zu lesen u. zu schreiben; **2.** (lite'rarische) Bildung, Belesenheit *f*; **'lit·er·al** [-rəl] **I** *adj.* □ **1.** wörtlich, wortgetreu: **~ translation**; **2.** wörtlich, buchstäblich, eigentlich: **~ sense**; **3.** nüchtern, wahrheitsgetreu: **~ account**; **the ~ truth** die reine Wahrheit; **4.** *fig.* buchstäblich: **~ annihilation**; **a ~ disaster** e-e wahre *od.* echte Katastrophe; **5.** pe'dantisch, pro'saisch (*Person*); **6.** Buchstaben..., Schreib...: **~ error** → 7; **II** *s.* **7.** Schreibod. Druckfehler *m*; **'lit·er·al·ism** [-əlɪzəm], **'lit·er·al·ness** [-rəlnɪs] *s.* **1.** Festhalten *n* am Buchstaben, *bsd.* strenge *od.* allzu wörtliche Über'setzung *od.* Auslegung, Buchstabenglaube *m*; **2.** *Kunst*: Rea'lismus *m.*

lit·er·ar·y ['lɪtərərɪ] *adj.* □ **1.** lite'rarisch, Literatur...: **~ historian** Literaturhistoriker(in); **~ history** Literaturgeschichte *f*; **~ language** Schriftsprache *f*; **2.** schriftstellerisch: **a ~ man** ein Literat, ein Schriftsteller; **~ property** geistiges Eigentum; **3.** lite'rarisch gebildet; **4.** gewählt: **a ~ expression**; **lit·er·ate** ['lɪtərət] **I** *adj.* **1.** des Lesens u. Schreibens kundig; **2.** (lite'rarisch) gebildet; **3.** lite'rarisch; **II** *s.* **4.** j-d, der Lesen u. Schreiben kann; **5.** Gebildete(r *m*) *f*; **lit·e·ra·ti** [‚lɪtə'rɑːtiː] *s. pl.* **1.** Lite'raten *pl.*; **2.** die Gelehrten *pl.*; **lit·e·ra·tim** [‚lɪtə'rɑːtɪm] (*Lat.*) *adv.* buchstäblich, (wort)wörtlich; **lit·er·a·ture** ['lɪtərətʃə] *s.* **1.** Litera'tur *f*, Schrifttum *n*; **2.** Schriftstelle'rei *f*; **3.** Druckschriften *pl.*, *bsd.* Pro'spekte *pl.*, 'Unterlagen *pl.*

lithe [laɪð] *adj.* □ geschmeidig; **'lithe·ness** [-nɪs] *s.* Geschmeidigkeit *f.*

lith·o·chro·mat·ic [‚lɪθəʊkrəʊ'mætɪk] *adj.* Farben-, Buntdruck...

lith·o·graph ['lɪθəʊgrɑːf] **I** *s.* Lithogra'phie *f*, Steindruck *m* (*Erzeugnis*); **II** *v/t. u. v/i.* lithographieren; **li·thog·ra·pher** [lɪ'θɒgrəfə] *s.* Litho'graph *m*; **lith·o·graph·ic** [‚lɪθəʊ'græfɪk] *adj.* (□ **~ally**) litho'graphisch, Steindruck...; **li·thog·ra·phy** [lɪ'θɒgrəfɪ] *s.* Lithogra'phie *f*, Steindruck *m.*

Lith·u·a·ni·an [‚lɪθjuː'eɪnjən] **I** *s.* **1.** Litauer(in); **2.** *ling.* Litauisch *n*; **II** *adj.* **3.** litauisch.

lit·i·gant ['lɪtɪgənt] ⚖ **I** *s.* Pro'zeßführende(r *m*) *f*, (streitende) Par'tei; **II** *adj.* streitend, pro'zeßführend; **lit·i·gate** ['lɪtɪgeɪt] *v/i.* (*u. v/t.*) prozessieren (um), streiten (um); **lit·i·ga·tion** [‚lɪtɪ'geɪʃn] *s.* Prozeß *m*, Pro'zeß *m*; **li·ti·gious** [lɪ'tɪdʒəs] *adj.* □ **1.** ⚖ a) Prozeß..., b) strittig, streitig; **2.** pro'zeßsüchtig.

lit·mus ['lɪtməs] 🜊 Lackmus *n*; **'~·pa·per** 'Lackmuspa‚pier *n.*

li·tre ['liːtə] *s. Brit.* Liter *m, n.*

lit·ter ['lɪtə] **I** *s.* **1.** Sänfte *f*; **2.** Trage *f*; **3.** Streu *f*; **4.** her'umliegende Sachen *pl.*, *bsd.* (her'umliegendes) Pa'pier u. Ab-

fälle *pl.*; **5.** Wust *m*, Unordnung *f*; **6.** *zo.* Wurf *m Ferkel etc.*; **II** *v/t.* **7.** *mst* **~ down** a) Streu legen für *Tiere*, b) *Stall*, *Boden* einstreuen, c) *Pflanzen* abdecken; **8.** a) verunreinigen, b) unordentlich verstreuen, her'umliegen lassen, c) *Zimmer* in Unordnung bringen, d) *oft* **~ up** (unordentlich) her'umliegen in (*dat.*) *od.* auf (*dat.*): **be ~ed with** übersät sein mit (*a. fig.*); **9.** *zo.* Junge werfen; **III** *v/i.* **10.** (Junge) werfen.

lit·tle ['lɪtl] **I** *adj.* **1.** klein: **a ~ house** ein kleines Haus, ein Häuschen; **a ~ one** ein Kleines (*Kind*); **our ~ ones** unsere Kleinen; **the ~ people** die Elfen; **~ things** Kleinigkeiten *pl.*; **2.** kurz (*Strecke od. Zeit*); **3.** wenig: **~ hope**; **a ~ honey** ein wenig *od.* ein bißchen Honig; **4.** klein, gering(fügig), unbedeutend: **of ~ interest** von geringem Interesse; **5.** klein(lich), beschränkt, engstirnig: **~ minds** Kleingeister *pl.*; **6.** gemein, erbärmlich; **7.** *iro.* klein: **her poor ~ efforts**; **his ~ ways** s-e kleinen Eigenarten *od.* Schliche; **II** *adv.* **8.** wenig, kaum, nicht sehr: **he ~ knows** er ahnt ja nicht (*that* daß); **we see ~ of her** wir sehen sie nur sehr selten; **make ~ of** *et.* bagatellisieren; **think ~ of** wenig halten von; **III** *s.* **9.** Kleinigkeit *f*, *das* Wenige, *ein* bißchen: **a ~** ein wenig, ein bißchen; **not a ~** nicht wenig; **after a ~** nach e-m Weilchen; **for a ~** für ein Weilchen; **a ~ rash** ein bißchen voreilig; **~ by ~** nach und nach; **~ or nothing** so gut wie nichts; **what ~ I have seen** das wenige, das ich gesehen habe; **every ~ helps** auch der kleinste Beitrag hilft; **'lit·tle·ness** [-nɪs] *s.* **1.** Kleinheit *f*; **2.** Geringfügigkeit *f*, Bedeutungslosigkeit *f*; **3.** Kleinlichkeit *f*; **4.** Beschränktheit *f.*

lit·to·ral ['lɪtərəl] **I** *adj.* a) Küsten..., b) Ufer...; **II** *s.* Küstenland *n*, -strich *m.*

li·tur·gic, li·tur·gi·cal [lɪ'tɜːdʒɪk(l)] *adj.* □ li'turgisch; **lit·ur·gy** ['lɪtədʒɪ] *s. eccl.* Litur'gie *f.*

liv·a·ble ['lɪvəbl] *adj.* **1.** *a.* **~-in** wohnlich; **2.** *mst* **~-with** 'umgänglich (*Person*); **3.** erträglich.

live¹ [lɪv] **I** *v/i.* **1.** *allg.* leben: **~ to a great age** ein hohes Alter erreichen; **~ to be eighty** 80 Jahre alt werden; **~ to see** *et.* erreichen; **~ off** leben von, sich ernähren von; *b.s.* auf *j-s* Kosten leben; **~ on** a) weiter-, fortleben, b) *a.* **~ by** leben *od.* sich ernähren von; **~ through s.th.** *et.* mit- *od.* durchmachen, *et.* miterleben; **~ with** a) *a. iro.* mit *der Atombombe etc.* leben, b) *bsd. sport* F mit *e-m Gegner etc.* mithalten; **we ~ and learn!** man lernt nie aus!; **~ and let ~** leben u. leben lassen; **he will ~ to regret it!** das wird er noch bereuen!; **2.** (über)'leben, am Leben bleiben: **the patient will ~!**; **3.** leben, wohnen: **in a town**; **4.** leben, ein *ehrliches etc.* Leben führen: **~ well** gut leben; **~ to o.s.** (ganz) für sich leben; **5.** leben, Leben genießen: **she wanted to ~** sie wollte (*et.*)leben; **(then) you haven't ~d!** humor. du weißt ja gar nicht, was du versäumt hast!; **II** *v/t.* **6.** ein *anständiges etc.* Leben führen *od.* leben: **~ one's own life** sein eigenes Leben leben; **7.** (vor)leben, im Leben verwirklichen: **he ~d a lie** sein Leben war e-e einzige Lüge; *Zssgn mit adv.*:

live| down *v/t. et.* (durch tadellosen Lebenswandel) vergessen machen, sich reinwaschen *od.* rehabilitieren von: *I will never live it down* das wird man mir nie vergessen; **~ in** *v/i.* im Haus *od.* Heim *etc.* wohnen, nicht außerhalb wohnen; **~ out** *v/i.* außerhalb wohnen; **~ to·geth·er** *v/i.* zu'sammen leben *od.* wohnen; **~ up I** *v/i.*: **~ to** *den Anforderungen, Erwartungen etc.* entsprechen, *a. s-m Ruf* gerecht werden; *sein Versprechen* halten; **II** *v/t.*: *live it up* ,auf den Putz hauen', ,toll leben'.

live² [laɪv] **I** *adj.* (nur attr.) **1.** le'bendig: a) lebend: **~** *animals*, b) *fig.* lebhaft (*a. Debatte etc.*); rührig, tätig, e'nergisch (*Person*); **2.** aktu'ell: *a* **~** *question*; **3.** glühend (*Kohle etc.*) (*a. fig.*); ✗ scharf (*Munition*); ungebraucht (*Streichholz*); ⚡ stromführend, geladen: **~** *wire fig.* ,Energiebündel' *n*; **~** *load* ⊙ Nutzlast *f*; **~** *steam* ⊙ Frischdampf *m*; **4.** *Radio, TV*: di'rekt, live, Direkt..., Original..., Live-...: **~** *broadcast* Live-Sendung *f*, Direktübertragung *f*; **5.** ⊙ a) Trieb..., b) angetrieben; **II** *adv.* **6.** *Radio, TV*: di'rekt, live: *the game will be broadcast* **~**.

-lived [lɪvd] *in Zssgn* ...lebig.

live·li·hood [ˈlaɪvlɪhʊd] *s.* 'Lebens,unterhalt *m*, Auskommen *n*: *earn* (*od. make*) *a* (*od. one's*) **~** sein Brot *od.* s-n Lebensunterhalt verdienen.

live·li·ness [ˈlaɪvlɪnɪs] *s.* **1.** Lebhaftigkeit *f*; **2.** Le'bendigkeit *f*.

live·long [ˈlɪvlɒŋ] *adj. poet.*: *all the* **~** *day* den lieben langen Tag.

live·ly [ˈlaɪvlɪ] *adj.* □ **1.** *allg.* lebhaft, le'bendig (*Person, Geist, Gespräch, Rhythmus, Gefühl, Erinnerung, Farbe, Beschreibung etc.*): **~** *hope* starke Hoffnung; **2.** kräftig, vi'tal; **3.** lebhaft, aufregend (*Zeit*): *make it* (*od. things*) **~** *for j-m* (tüchtig) einheizen; *we had a* **~** *time* es war ,schwer was los'; **4.** flott (*Tempo*).

liv·en [ˈlaɪvn] *mst* **~** *up* **I** *v/t.* beleben, Leben *od.* Schwung bringen in (*acc.*); **II** *v/i.* sich beleben, in Schwung kommen.

liv·er¹ [ˈlɪvə] *s. anat.* Leber *f*.

liv·er² [ˈlɪvə] *s.*: *be a fast* **~** ein flottes Leben führen; *be a good* **~** ,gut leben'.

liv·er·ied [ˈlɪvərɪd] *adj.* livriert.

liv·er·ish [ˈlɪvərɪʃ] *adj.* F **1.** *be* **~** es an der Leber haben; **2.** reizbar, mürrisch.

Liv·er·pud·li·an [ˌlɪvəˈpʌdlɪən] **I** *adj.* aus *od.* von Liverpool; **II** *s.* Liverpooler(in).

'liv·er·wort *s.* ♀ Leberblümchen *n*.

liv·er·y [ˈlɪvərɪ] *s.* **1.** Li'vree *f*; **2.** (*bsd. Amts- od.* Gilden)Tracht *f*; *fig.* (*a. zo. Winter- etc.*)Kleid *n*; **3.** → *livery company*; **4.** Pflege *f* u. 'Unterbringung *f* (*von Pferden*) gegen Bezahlung: *at* **~** in Futter *stehen etc.*; **5.** *Am.* → *livery stable*; **6.** a) 'Übergabe *f*, Über'tragung *f*, b) *Brit.* 'Übergabe *f* von vom Vormundschaftsgericht freigegebenem Eigentum; **~** *com·pa·ny s.* (Handels-) Zunft *f* der *City of London*; **'~·man** [-mən] *s.* [*irr.*] Zunftmitglied *n*; **~** *serv·ant s.* livrierter Diener; **~** *sta·ble s.* Mietstall *m*.

lives [laɪvz] *pl. von* **life**.

'live·stock [ˈlaɪv-] *s.* Vieh(bestand *m*) *n*, lebendes Inven'tar.

liv·id [ˈlɪvɪd] *adj.* □ **1.** bläulich; bleifarben, graublau; **2.** fahl, aschgrau, blaß (*with* vor *dat.*); **3.** *Brit.* F ,fuchsteufelswild'; **liv·id·i·ty** [lɪˈvɪdətɪ], **'liv·id·ness** [-nɪs] *s.* Fahlheit *f*, Blässe *f*.

liv·ing [ˈlɪvɪŋ] **I** *adj.* □ **1.** lebend (*a.* Sprachen), le'bendig (*a. fig. Glaube, Gott etc.*): *no man* **~** kein Sterblicher; *not a* **~** *soul* keine Menschenseele; *while* **~** zu Lebzeiten; *the greatest of* **~** *statesmen* der größte lebende Staatsmann; **~** *death* trostloses Dasein; *within* **~** *memory* seit Menschengedenken; **2.** glühend (*Kohle*); **3.** gewachsen (*Fels*); **4.** Lebens...: **~** *conditions*; **II** *s.* **5.** *the* **~** die Lebenden; **6.** (das) Leben; **7.** Leben *n*, Lebensweise *f*, -führung *f*: *good* **~** üppiges Leben; **8.** 'Lebens,unterhalt *m*: *make a* **~** s-n Lebensunterhalt verdienen (*as* als, *out of* durch); **9.** Leben *n*, Wohnen *n*; **10.** *eccl. Brit.* Pfründe *f*; **~** *room* [rʊm] *s.* Wohnzimmer *n*; **~** *space s.* **1.** Wohnraum *m*, -fläche *f*; **2.** *pol.* Lebensraum *m*; **~** *wage s.* ausreichender Lohn.

lix·iv·i·ate [lɪkˈsɪvɪeɪt] *v/t.* auslaugen.

liz·ard [ˈlɪzəd] *s.* **1.** *zo.* a) Eidechse *f*, b) Echse *f*; **2.** Eidechsenleder *n*.

'll [l; əl] F *für* will 1, 2, 4 *od.* shall.

lla·ma [ˈlɑːmə] *s. zo.* Lama(wolle *f*) *n*.

lo [ləʊ] *int. obs.* siehe!, seht!: **~** *and behold!* *oft humor.* sieh(e) da!

loach [ləʊtʃ] *s. ichth.* Schmerle *f*.

load [ləʊd] **I** *s.* **1.** Last *f* (*a. phys.*); **2.** *fig.* Last *f*, Bürde *f*: *take a* **~** *off s.o.'s mind* j-m e-e Last von der Seele nehmen; *that takes a* **~** *off my mind!* da fällt mir ein Stein vom Herzen!; **3.** Ladung *f* (*a. e-r Schußwaffe*; *a. Am. sl.* Menge Alkohol), Fracht *f*, Fuhre *f*: *a bus~ of tourists* ein Bus voll(er) Touristen; *have a* **~** *on Am. sl.* ,schwer geladen' haben; *get a* **~** *of this!* F hör mal gut zu!; **~** *s of* F e-e Unmasse *od.* massenhaft *od.* jede Menge *Geld, Fehler etc.*; **4.** *fig.* Belastung *f* (*work*) **~** (Arbeits)Pensum *n*; **5.** ⊙, ⚡, ✈ a) Last *f*, (Arbeits)Belastung *f*, b) Leistung *f*: **~** *capacity* a) Ladefähigkeit *f*, b) Tragfähigkeit *f*, c) ⚡ Belastbarkeit *f*; **II** *v/t.* **6.** beladen; **7.** *Güter, Schußwaffe etc.* laden; aufladen: **~** *the camera phot.* e-n Film einlegen; **8.** *fig. j-n* über'häufen (*with mit Arbeit, Geschenken, Vorwürfen etc.*): *he's ~ed sl.* a) er hat Geld wie Heu, b) er hat ,schwer geladen' *od.* ist ,blau'; **9.** *den Magen* über'laden; **10.** beschweren: **~** *dice* Würfel präparieren: **~** *the dice fig.* die Karten zinken; *the dice are ~ed against him fig.* er hat kaum e-e Chance; **~ed question** Fangfrage *f*; **11.** *Wein* verfälschen; **III** *v/i.* **12.** *a.* **~** *up* (auf-, ein)laden.

load·er [ˈləʊdə] *s.* **1.** (Ver)Lader *m*; **2.** Verladevorrichtung *f*; **3.** *hunt.* Lader *m*; **4.** ✗ Ladeschütze *m*.

load·ing [ˈləʊdɪŋ] *s.* **1.** (Be-, Auf)Laden *n*; **2.** a) Laden *n* (*e-r Schußwaffe*), b) Einlegen *n* e-s Films (*in die Kamera*); **3.** Ladung *f*, Fracht *f*; **4.** ⊙, ⚡, ✈ Belastung *f*; **5.** *Versicherung*: Verwaltungskostenanteil *m* (*der Prämie*); **~** *bridge s.* Verlade-, ✈ Fluggastbrücke *f*; **~** *coil s.* ⚡ Belastungsspule *f*.

load| line *s.* ⚓ Lade(wasser)linie *f*;

'~·star → *lodestar*; **'~·stone** → *lodestone*.

loaf¹ [ləʊf] *pl.* **loaves** [ləʊvz] *s.* **1.** Laib *m* (*Brot*), *weitS.* Brot *n*: *half a* **~** *is better than no bread* (etwas ist) besser als gar nichts; **2.** Zuckerhut *m*: **~** *sugar* Hutzucker *m*; **3.** *a. meat* **~** Hackbraten *m*; **4.** *Brit. sl.* ,Birne' *f*: *use your* **~** denk mal ein bißchen (nach)!

loaf² [ləʊf] **I** *v/i. a.* **~** *about* (*od. around*) her'umlungern, bummeln; faulenzen; **II** *v/t.* **~** *away* Zeit verbummeln; **'loaf·er** [-fə] *s.* **1.** Faulenzer *m*, Nichtstuer *m*; Her'umtreiber(in); **2.** *Am.* Mokas'sin *m* (*Schuh*).

loam [ləʊm] *s.* Lehm(boden) *m*; **'loam·y** [-mɪ] *adj.* lehmig, Lehm...

loan [ləʊn] **I** *s.* **1.** (Ver)Leihen *n*, Ausleihung *f*: *as a* **~**, *on* **~** leihweise; *it's on* **~**, *it's a* **~** es ist geliehen; *ask for the* **~** *of s.th.* et. leihweise erbitten; *put out to* **~** verleihen; **2.** Anleihe *f* (*a. fig.*): *take up a* **~** *on* e-e Anleihe aufnehmen auf *e-e Sache*; *government* **~** Staatsanleihe; **3.** Darlehen *n*, Kredit *m*: **~** *on securities* Lombarddarlehen; *bankrate for ~s* Lombardsatz *m*; Leihgabe *f* (*für e-e Ausstellung*); **II** *v/t. u. v/i.* **5.** (ver-, aus)leihen (*to dat.*); **~** *bank s.* Darlehensbank *f*; **~** *of·fice s.* Darlehenskasse *f*; **~** *shark s.* F ,Kre'dithai' *m*; **~** *trans·la·tion s. ling.* 'Lehnüber,setzung *f*; **~** *word s. ling.* Lehnwort *n*.

loath [ləʊθ] *adj.* (nur pred.) abgeneigt, nicht willens: *be* **~** *to do s.th.* et. nur sehr ungern tun; *nothing* **~** durchaus nicht abgeneigt.

loathe [ləʊð] *v/t. et. od. j-n* verabscheuen, hassen, nicht ausstehen können; **'loath·ing** [-ðɪŋ] *s.* Abscheu *m*, Ekel *m*; **'loath·ing·ly** [-ðɪŋlɪ] *adv.* mit Abscheu *od.* Ekel; **'loath·some** [-səm] *adj.* □ widerlich, ab'scheulich, verhaßt; ekelhaft, eklig.

loaves [ləʊvz] *pl. von* **loaf¹**.

lob [lɒb] **I** *s.* **1.** *Tennis*: Lob *m*; **II** *v/t.* **2.** *den Ball* lobben; **3.** (*engS. et.* von unten her) werfen.

lob·by [ˈlɒbɪ] **I** *s.* **1.** a) Vor-, Eingangshalle *f*, Vesti'bül *n*, *bsd. thea., Hotel*: Foy'er *n*, b) Wandelgang *m*, -halle *f*, Korridor *m*, *parl. a.* Lobby *f*; **2.** *pol.* Lobby *f*, (Vertreter *pl.* e-r) Inter'essengruppe *f*; **II** *v/t. u. v/i.* **3.** (auf Abgeordnete) Einfluß nehmen: **~** *for* (mit Hilfe e-r Lobby) für die Annahme *e-s Antrags etc.* arbeiten; **~** (*through*) *Gesetzesantrag* mit Hilfe e-r Lobby durchbringen; **'lob·by·ist** [-ɪst] *s. pol.* Lobby'ist(in).

lobe [ləʊb] *s.* ♀, *anat.* Lappen *m*: **~** *of the ear* Ohrläppchen *n*; **lobed** [-bd] *adj.* gelappt, lappig.

lob·ster [ˈlɒbstə] *s. zo.* **1.** Hummer *m*: *as red as a* **~** *fig.* krebsrot; **2.** (*spiny*) Languste *f*.

lob·ule [ˈlɒbjuːl] *s.* ♀, *anat.* Läppchen *n*.

lo·cal [ˈləʊkl] **I** *adj.* □ **1.** lo'kal, örtlich, Lokal..., Orts...: **~** *authorities pl.*, **~** *government* Gemeinde-, Stadt-, Kommunalverwaltung *f*; **~** *call teleph.* Ortsgespräch *n*; **~** *news* Lokalnachrichten *pl.*; **~** *politics* Lokalpolitik *f*; **~** *time* Ortszeit *f*; **~** *traffic* Lokal-, Orts-, Nahverkehr *m*; **~** *train* → 5; **2.** Orts..., ortsansässig: a) hiesig, b) dortig: *the* **~**

doctor, **3.** lo'kal, örtlich, Lokal...: ~ **an(a)esthesia** → 10; ~ **colo(u)r** fig. Lokalkolorit n; **a ~ custom** ein ortsüblicher Brauch; ~ **expression** ortsgebundener Ausdruck; **4.** Brit. (als Postvermerk) Ortsdienst!; **II** s. **5.** Vororts-, Nahverkehrszug m; **6.** Am. Zeitung: Lo'kalnachricht f; **7.** Am. Ortsgruppe f (e-r Gewerkschaft etc.); **8.** pl. Ortsansässige pl.; **9.** Brit. F Ortsgasthaus n, a. Stammkneipe f; **10.** ♣ Lo'kalanästhe,sie f, örtliche Betäubung.

lo·cale [ləʊˈkɑːl] s. Schauplatz m, Ort m (e-s Ereignisses etc.).

lo·cal·ism [ˈləʊkəlɪzəm] s. Provinzia'lismus m: a) ling. örtliche (Sprach)Eigentümlichkeit, b) provinzi'elle Borniertheit, c) Lo'kalpatrio,tismus m.

lo·cal·i·ty [ləʊˈkælətɪ] s. **1.** a) Ort m: **sense of ~** Ortssinn m, b) Gegend f; **2.** (örtliche) Lage.

lo·cal·i·za·tion [,ləʊkəlaɪˈzeɪʃn] s. Lokalisierung f, örtliche Bestimmung od. Festlegung od. Begrenzung; **lo·cal·ize** [ˈləʊkəlaɪz] v/t. **1.** lokalisieren: a) örtlich festlegen od. fixieren, b) (örtlich) begrenzen (**to** auf acc.); **2.** Lo'kalkolo,rit geben (dat.).

lo·cate [ləʊˈkeɪt] **I** v/t. **1.** ausfindig machen, die örtliche Lage od. den Aufenthalt ermitteln von (od. gen.); **2.** a) ♣ etc. orten, b) ✗ Ziel etc. ausmachen; **3.** Büro etc. errichten, einrichten; **4.** a) (an e-m bestimmten Ort) an- od. 'unterbringen, b) an e-n Ort verlegen: **be ~d** gelegen sein, wo liegen od. sich befinden; **II** v/i. **5.** Am. F sich niederlassen; **lo·ca·tion** [-eɪʃn] s. **1.** Lage f: a) Platz m, Stelle f, b) Standort m, Ort m, Örtlichkeit f; **2.** Ausfindigmachen n, Lokalisierung f, ♣ etc. Ortung f; **3.** Am. a) Grundstück n, b) angewiesenes Land; **4.** Film: Gelände n für Außenaufnahmen, Drehort m: **on ~** auf Außenaufnahme; ~ **shots** Außenaufnahmen pl.; **5.** Niederlassung f, Siedlung f: **6.** Computer: 'Speicherstelle f, -,dresse f.

loc·a·tive [ˈlɒkətɪv] ling. **I** adj. Lokativ...: ~ **case** → **II** s. Lokativ m, Ortsfall m.

loch [lɒk; lɒx] s. Scot. **1.** See m; **2.** Bucht f.

lo·ci [ˈləʊsaɪ] pl. u. gen. von **locus**.

lock¹ [lɒk] **I** s. **1.** (Tür- etc.)Schloß n: **under ~ and key** a) hinter Schloß u. Riegel (Person), b) unter Verschluß (Sache); **2.** Verschluß m, Schließe f; **3.** Sperrvorrichtung f; **4.** (Gewehr- etc.) Schloß n: ~, **stock, and barrel** a) ganz u. gar, voll und ganz, mit Stumpf u. Stiel, b) mit allem Drum u. Dran, c) mit Sack u. Pack; **5.** a) Schleuse(nkammer) f, b) Luft-, Druckschleuse f; **6.** Knäuel m, n, Stau m (von Fahrzeugen); **7.** mot. bsd. Brit. Einschlag m (der Vorderräder); **8.** Ringen: Fessel(griff m) f; **II** v/t. **9.** (ab-, zu-, ver)schließen, zusperren, verriegeln; **10.** a. ~ **up** j-n einschließen, (ein)sperren, (**in, into** acc.), b) → **lock up** 2; **11.** (in die Arme) schließen, a. Ringen: um'fassen, -'klammern; ~**ed** eng umschlungen, b) festgekeilt, fig. festsitzend, c) ineinander verkrallt: ~**ed in conflict**; **12.** inein'anderschlingen, die Arme verschränken; → **horn**; **13.** ⊙ sperren, sichern, arretieren, festklemmen; **14.**

mot. Räder blockieren; **15.** Schiff ('durch)schleusen; **16.** Kanal mit Schleusen versehen; **17.** ✝ Geld festlegen, fest anlegen; **III** v/i. **18.** (ab-)schließen; **19.** sich schließen lassen; **20.** ⊙ inein'andergreifen, einrasten; **21.** mot. a) sich einschlagen lassen, b) blockieren (Räder); **22.** geschleust werden (Schiff);

Zssgn mit adv.:

lock| a·way v/t. weg-, einschließen; ~ **down** v/t. Schiff hin'abschleusen; ~ **in** v/t. einschließen, -sperren; ~ **on** v/i. (**to**) **1.** Radar: (Ziel) erfassen u. verfolgen; **2.** Raumfahrt: (an)koppeln (an acc.); **3.** fig. a) einhaken (bei), b) sich ,verbeißen' (in acc.); ~ **out** v/t. (a. Arbeiter) aussperren; ~ **up** v/t. **1.** → **lock¹** 9, 10; **2.** ver-, ein-, wegschließen; **3.** Kapital festlegen, fest anlegen; **4.** Schiff hin'aufschleusen.

lock² [lɒk] s. **1.** Locke f; pl. poet. Haar n; **2.** (Woll)Flocke f; **3.** Strähne f, Büschel n.

lock·age [ˈlɒkɪdʒ] s. **1.** Schleusen(anlage f) pl.; **2.** Schleusengeld n; **3.** ('Durch)Schleusen n.

lock·er [ˈlɒkə] s. **1.** (verschließbarer) Kasten od. Schrank, Spind m, n: ~ **room** Umkleideraum m, sport (Umkleide)Kabine f; → **shot²** 4; **2.** Schließfach n.

lock·et [ˈlɒkɪt] s. Medail'lon n.

lock| gate s. Schleusentor n; '~·jaw s. ♣ Kaumuskelkrampf m; '~·nut s. ⊙ Gegenmutter f; '~·out s. Aussperrung f (von Arbeitern); '~·smith s. Schlosser m; ~ **stitch** s. Kettenstich m; '~·up s. **1.** a) Gefängnis n, b) (Haft)Zelle(n pl.) f; **2.** Brit. (kleiner) Laden; mot. 'Einzelga,rage f; **4.** Schließen n, (Tor-)Schluß m; **5.** feste Anlage (von Kapital).

lo·co¹ [ˈləʊkəʊ] adj. Am. sl. ,bekloppt', verrückt.

lo·co² [ˈləʊkəʊ] s. Lok f (Lokomotive).

lo·co·mo·tion [,ləʊkəˈməʊʃn] s. **1.** Fortbewegung f; **2.** Fortbewegungsfähigkeit f; '**lo·co,mo·tive** [-əʊtɪv] **I** adj. sich fortbewegend, fortbewegungsfähig, Fortbewegungs...: ~ **engine** → **II** s. Lokomo'tive f.

lo·cum [ˈləʊkəm] F für ~ **te·nens** [,ləʊkəm'tiːnenz] pl. ~ **te·nen·tes** [-tɪ'nentiːz] s. Vertreter(in) (z. B. e-s Arztes).

lo·cus [ˈləʊkəs] pl. u. gen. **lo·ci** [ˈləʊsaɪ] s. (A geo'metrischer) Ort.

lo·cust [ˈləʊkəst] s. **1.** zo. Heuschrecke f; **2.** a. ~ **tree** ♥ a) Ro'binie f, b) Jo'hannisbrotbaum m; **3.** ♥ Jo'hannisbrot n, Ka'rube f.

lo·cu·tion [ləʊˈkjuːʃn] s. **1.** Ausdrucksweise f, Redestil m; **2.** Redewendung f, Ausdruck m.

lode [ləʊd] s. ✗ (Erz)Gang m, Ader f; '~·star s. Leitstern m (a. fig.), bsd. Po'larstern m; '~·stone s. **1.** Ma'gnetisen(stein m) n; **2.** fig. Ma'gnet m.

lodge [lɒdʒ] **I** s. **1.** allg. Häus-chen n: a) (Jagd-, Ski- etc.)Hütte f, b) Pförtnerhaus n, c) Parkwächter-, Forsthaus n; **2.** Pförtner-, Porti'erloge f; **3.** Am. Zen'tralgebäude n (in e-m Park etc.); **4.** (bsd. Freimaurer)Loge f; **5.** (Indianer-)Wigwam m; **II** v/i. **6.** (**with**) a) logieren, (bsd. in 'Untermiete) wohnen

(bei), b) über'nachten (bei); **7.** stecken (-bleiben) (Kugel etc.); **III** v/t. **8.** j-n a) 'unterbringen, aufnehmen, b) in 'Untermiete nehmen; **9.** Geld deponieren, hinter'legen; **10.** ✝ Kredit eröffnen; **11.** Antrag, Beschwerde etc. einreichen, Anzeige erstatten, Berufung, Protest einlegen (**with** bei); **12.** Kugel, Messer etc. (hin'ein)jagen, Schlag landen; '**lodge·ment** [-mənt] → **lodgment**; '**lodg·er** [-dʒə] s. ('Unter)Mieter(in).

lodg·ing [ˈlɒdʒɪŋ] s. **1.** 'Unterkunft f, ('Nacht)Quar,tier n; **2.** pl. a) möbliertes Zimmer, b) (möblierte) Zimmer pl., c) Mietwohnung f; '~·house s. Fremdenheim n, Pensi'on f.

lodg·ment [ˈlɒdʒmənt] s. **1.** ✍ Einreichung f (Klage, Antrag etc.); Erhebung f (Beschwerde, Protest etc.); Einlegung f (Berufung); **2.** Hinter'legung f, Deponierung f.

lo·ess [ˈləʊɪs] s. geol. Löß m.

loft [lɒft] **I** s. **1.** (Dach-, a. ✗ Heu)Boden m, Speicher m; **2.** Δ Em'pore f (für Kirchenchor, Orgel); **3.** Taubenschlag m; **II** v/t. u. v/i. Golf: (den Ball) hochschlagen; '**loft·er** [-tə] s. Golf: Schläger m für Hochbälle.

loft·i·ness [ˈlɒftɪnɪs] s. **1.** Höhe f; **2.** Erhabenheit f (a. fig.); **3.** Hochmut m; **loft·y** [ˈlɒftɪ] adj. □ **1.** hoch(ragend); **2.** fig. a) erhaben, b) hochfliegend, c) contp. hochtrabend; **3.** stolz, hochmütig.

log¹ [lɒg] **I** s. **1.** a) (Holz)Klotz m, (-)Block m, b) (Feuer)Scheit n, c) (gefällter) (Baum)Stamm m: **in the ~** unbehauen; **roll a ~ for s.o.** Am. j-m e-n Dienst erweisen, bsd. j-m et. zuschanzen; **sleep like a ~** schlafen wie ein Klotz od. Bär; **2.** ♣ Log n; **3.** ♣ etc. → **logbook**: **keep a ~ (of)** Buch führen (über acc.); **II** v/t. **4.** ♣ loggen: a) Entfernung zu'rücklegen, b) Geschwindigkeit etc. in das Logbuch eintragen.

log² [lɒg] → **logarithm**.

log·an·ber·ry [ˈləʊgənbərɪ] s. ♥ Loganbeere f (Kreuzung zwischen Bärenbrombeere u. Himbeere).

log·a·rithm [ˈlɒgərɪðəm] s. A Loga'rithmus m; **log·a·rith·mic, log·a·rith·mi·cal** [,lɒgə'rɪðmɪk(l)] adj. □ loga'rithmisch.

'**log·book** s. **1.** ♣ Log-, ✈ Bord-, mot. Fahrtenbuch n; **2.** mot. Brit. Kraftfahrzeugbrief m; **3.** Reisetagebuch n; ~ **cab·in** s. Blockhaus n.

log·ger·head [ˈlɒgəhed] s.: **be at ~s (with s.o.)** sich (mit j-m) in den Haaren liegen.

log·gia [ˈlɒdʒə] s. Δ Loggia f.

log·ic [ˈlɒdʒɪk] s. phls. u. fig. Logik f; '**log·i·cal** [-kl] adj. □ **1.** logisch (a. fig. folgerichtig od. natürlich); **2.** Computer: logisch, Logik...; **lo·gi·cian** [ləʊ'dʒɪʃn] s. Logiker m; **lo·gis·tic** [ləʊ'dʒɪstɪk] **I** adj. **1.** phls. ✗ lo'gistisch; **II** s. **2.** phls. Lo'gistik f; **3.** pl. mst sg. konstr. bsd. ✗ Lo'gistik f.

lo·go [ˈlɒgəʊ] → **logotype**.

lo·go·gram [ˈlɒgəʊgræm] s. Logo'gramm n, Wortzeichen n.

lo·go·type [ˈlɒgəʊtaɪp] s. ✝ Firmen- od. Markenzeichen n.

'**log·roll** pol. Am. **I** v/t. Gesetz durch gegenseitige ,Schützenhilfe' 'durchbringen; **II** v/i. sich gegenseitig in die Hände arbeiten; '**~‚rolling** s. pol. ‚Kuhhandel' m, gegenseitige Unter'stützung (*zur Durchsetzung von Gruppeninteressen etc.*).

loin [lɔɪn] s. **1.** (*mst pl.*) anat. Lende f: *gird up one's ~s* fig. s-e Lenden gürten, sich rüsten; **2.** *pl. bibl. u. poet.* a) Lenden pl. (*Fortpflanzungsorgane*), b) Schoß m (*der Frau*); **3.** *Küche:* Lende(nstück n) f; '**~‚cloth** s. Lendentuch n.

loi·ter ['lɔɪtə] **I** v/i. **1.** bummeln, trödeln; **2.** her'umlungern, -stehen, sich her'umtreiben; **II** v/t. **3.** **~ away** Zeit vertrödeln; '**loi·ter·er** [-ərə] s. **1.** Bummler (-in), Faulenzer(in); **2.** Her'umtreiber(in).

loll [lɒl] **I** v/i. **1.** sich rekeln *od.* (her'um-) lümmeln; **2.** sich lässig lehnen (*against* gegen); **3. ~ out** her'aushängen, baumeln (*Zunge*); **II** v/t. **4.** a. **~ out** die *Zunge* her'aushängen lassen.

lol·li·pop ['lɒlɪpɒp] s. **1.** Lutscher m (*Stielbonbon*); **2.** *Brit.* Eis n am Stiel.

lol·lop ['lɒləp] v/i. F a) ‚latschen', b) hoppeln.

lol·ly ['lɒlɪ] s. **1.** F für *lollipop*; **2.** *Brit. sl.* ‚Kies' m (*Geld*).

Lon·don·er ['lʌndənə] s. Londoner(in).

lone [ləʊn] adj. einsam: *play a ~ hand* fig. e-n Alleingang machen; *~ wolf* 1; '**lone·li·ness** [-lɪnɪs] s. Einsamkeit f; '**lone·ly** [-lɪ] adj. allg. einsam: *be ~ for Am.* F Sehnsucht haben nach j-m; **loner** ['ləʊnə] s. F Einzelgänger(in); '**lonesome** [-səm] adj. □ → *lonely.*

long¹ [lɒŋ] **I** adj. **1.** allg. lang (a. fig. langwierig, a. ling.): *two miles ~; ~ journey* (*list, syllable*); *~ years of misery; ~ measure* Längenmaß n; *~ wave* ⚡ Langwelle f; *~er comp.* länger; *a ~ chance, ~ odds* fig. geringe Aussichten; *a ~ dozen* 13 Stück; *~ drink* Longdrink m; *a ~ guess* e-e vage Schätzung; **2.** lang, hoch(gewachsen): *a ~ fellow;* **3.** groß, zahlreich: *a ~ family; a ~ figure* e-e vielstellige Zahl; *a ~ price* ein hoher Preis; **4.** weitreichend: *a ~ memory; take a ~ view* weit vorausblicken; **5.** † langfristig, mit langer Laufzeit, auf lange Sicht; **6.** a) † eingedeckt (*of* mit), b) *~ on* F reichlich versehen mit, fig. a. voller Ideen etc.; **II** adv. **7.** lang, lange: *~ dead* schon lange tot; *as* (*od.* **so**) *~ as* a) solange (wie), b) sofern; vorausgesetzt, daß; *~ after* lange (da)nach; *~ ago* vor langer Zeit; *not ~ ago* vor kurzem; *as ~ ago as 1900* schon 1900; *all day ~* den ganzen Tag (lang); *be ~* a) lange dauern (*Sache*), b) lange brauchen ([*in*] *doing s.th.* et. zu tun); *don't be* (*too*) *~!* mach nicht so lang!, beeil dich!; *I shan't be ~!* (ich) bin gleich wieder da!; *not ~ before* es dauerte nicht lange, bis *er kam etc.*; *so ~!* tschüs!, bis später (dann)!; *no* (*od.* **not any**) *~er* nicht (mehr) länger, nicht mehr; *for how much ~?* wie lange noch?; *~est sup.* am längsten; **III** s. **8.** (e-e) lange Zeit: *at the ~est* längstens, höchstens; *before ~* bald, binnen kurzem; *for ~* lange (Zeit); *it is ~ since* es ist lange her, daß; **9.** *take ~* lange brauchen; *the ~ and the short of it* a) die ganze Ge-

schichte, b) mit 'einem Wort, kurz'um; **10.** Länge f: a) *Phonetik:* langer Laut, b) *Metrik:* lange Silbe; **11.** *pl.* a) lange Hose, b) 'Übergrößen pl.

long² [lɒŋ] v/i. sich sehnen (*for* nach): *~ for a.* j-n *od.* et. herbeisehnen; *I ~ed to see him* ich sehnte mich danach, ihn zu sehen; *the* (*much*) *~ed-for rest* die (heiß)ersehnte Ruhe.

'**long·boat** s. ⚓ Großboot n, großes Beiboot (*e-s Segelschiffs*); '**~‚bow** [-bəʊ] s. hist. Langbogen m: *draw the ~* F übertreiben, dick auftragen; '**~‚case clock** s. Standuhr f; '**~‚dat·ed** adj. langfristig; ‚**~‚dis·tance I** adj. **1.** teleph. etc. Fern…(-gespräch, -empfang, -leitung etc.; a. -fahrt, -lastzug, -verkehr etc.); **2.** ✈, sport Langstrecken… (-bomber, -flug, -lauf etc.); **II** adv. **3.** *call ~* ein Ferngespräch führen; **III** s. **4.** teleph. Am. j. Fernamt n, b) Ferngespräch n; ‚**~‚drawn-'out** adj. fig. atmig, in die Länge gezogen.

longe [lʌndʒ] → *lunge².*

lon·ge·ron ['lɒndʒərən] s. ✈ Rumpf(längs)holm m.

lon·gev·i·ty [lɒn'dʒevətɪ] s. Langlebigkeit f, langes Leben.

‚**long·'haired** adj. **1.** langhaarig (a. contp.), zo. Langhaar…; **2.** (betont) intellektu'ell; '**~‚hand** s. Langschrift f, (gewöhnliche) Schreibschrift; ‚**~'head·ed** adj. **1.** langköpfig; **2.** gescheit, klug; '**~‚horn** s. **1.** langhörniges Tier; **2.** langhörniges Rind, Am. Longhorn n.

long·ing ['lɒŋɪŋ] **I** adj. □ sehnsüchtig, verlangend; **II** s. Sehnsucht f, Verlangen n (*for* nach).

long·ish ['lɒŋɪʃ] adj. ziemlich lang.

lon·gi·tude ['lɒndʒɪtjuːd] s. geogr. Länge f; **lon·gi·tu·di·nal** [ˌlɒndʒɪ'tjuːdɪnl] adj. □ **1.** geogr. Längen…; **2.** Längs…; **lon·gi·tu·di·nal·ly** [ˌlɒndʒɪ'tjuːdɪnəlɪ] adv. längs, der Länge nach.

long johns s. pl. F lange 'Unterhose; **~ jump** s. sport Weitsprung m; '**~-legged** adj. langbeinig; ‚**~-'lived** adj. langlebig; ‚**~‚play·ing rec·ord** s. Langspielplatte f; **~ prim·er** s. typ. Korpus f (*Schriftgrad*); ‚**~'range** adj. **1.** ✕ weittragend, Fernkampf…, Fern…; ✈ Langstrecken…: *~ bomber*, **2.** auf lange Sicht (geplant), langfristig; '**~‚shore·man** [-mən] s. [irr.] Hafenarbeiter m; **~ shot** s. **1.** Film: To'tale f; **2.** sport etc. (krasser) Außenseiter; **3.** a) ris'kante Wette, b) (ziemlich) aussichtslose Sache, c) wilde Vermutung: *not by a ~* nicht entfernt, längst nicht (*so gut etc.*); ‚**~'sight·ed** adj. **1.** ✽ weitsichtig; **2.** fig. weitblickend, 'umsichtig; ‚**~'stand·ing** adj. seit langer Zeit bestehend, langjährig, alt; ‚**~'suf·fer·ing I** s. Langmut f; **II** adj. langmütig; '**~-term** adj.; '**~‚time** adj. langfristig, Langzeit…

lon·gueur [lɒn'gɜː] (*Fr.*) s. Länge f (*in e-m Roman etc.*).

‚**long-'wind·ed** [-'wɪndɪd] adj. fig. langatmig.

loo [luː] *Brit.* F **I** s. Klo n; **II** v/i. aufs Klo gehen.

loo·fa(h) ['luːfə] → *luffa.*

look [lʊk] **I** s. **1.** Blick m (*at* auf acc., nach): *have a ~ at s.th.* (*at it*)! sieh es dir genau an!; *have a ~ round* sich (mal)

umsehen; **2.** Miene f, Ausdruck m; **3.** oft pl. Aussehen n: (*good*) *~s* gutes Aussehen; *I do not like the ~ of it* die Sache gefällt mir (gar) nicht; **II** v/i. **4.** schauen, blicken, (hin)sehen (*at, on* auf acc., nach): *don't ~!* nicht hersehen!; *don't ~ like that!* schau nicht so (drein)!; *~ here!* schau mal (her)!, hör mal (zu)!; *→ leap* 1; **5.** (nach)schauen, nachsehen: *~ who is here!* schau, wer da kommt!, humor. ei, wer kommt denn da!; *~ and see!* überzeugen Sie sich (selbst)!; **6.** krank etc. aussehen (a. fig.): *things ~ bad for him* es sieht schlimm für ihn aus; *it ~s as if* es sieht (so) aus, als ob; *~ like* aussehen wie; *it ~s like snow* es sieht nach Schnee aus; *he ~s like winning* es sieht so aus, als ob er gewinnen sollte; *it ~s all right to me* es scheint (mir) in Ordnung zu sein; *it ~s well on you* es steht dir gut; **7.** aufpassen; → *Zssgn mit prp. look to;* **8.** nach e-r Richtung liegen, gehen (*toward, to* nach) (*Zimmer etc.*); **III** v/t. **9.** j-m in die Augen etc. schauen *od.* blicken: *~ s.o. in the eyes;* **10.** aussehen wie: *he ~s an idiot; he doesn't ~ his age* man sieht ihm sein Alter nicht an; *he ~s it!* so sieht er auch aus!; **11.** durch Blicke ausdrücken: *~ compassion* mitleidig dreinschauen; → *dagger* 1; *Zssgn mit prp.:*

look|a·bout v/i.: *~ one* sich 'umsehen, um sich blicken; *~ aft·er* v/i. **1.** j-m nachblicken; **2.** sehen nach, aufpassen auf (*acc.*), sich kümmern um, sorgen für: *~ o.s.* a) für sich selbst sorgen, b) auf sich aufpassen; *~ at* v/i. (a. sich j-n, et.) ansehen, -schauen, betrachten, blicken auf (*acc.*), fig. a. et. prüfen: *to ~ him* wenn man ihn (so) ansieht; *he wouldn't ~ it* er wollte nichts davon wissen; *he* (*it*) *isn't much to ~* er (es) sieht nicht ‚berühmt' aus; *~ for* v/i. **1.** suchen (nach), sich 'umsehen nach; **2.** erwarten; *~ in·to* v/i. **1.** blicken in (*acc.*); **2.** fig. et. unter'suchen, prüfen; *~ on* v/i. betrachten, ansehen (*as* als); *~ through* v/i. **1.** blicken durch; **2.** 'durchsehen, -lesen; **3.** fig. j-n od. et. durch'schauen; *~ to* v/i. **1.** achtgeben auf (*acc.*): *~ it that* achte darauf, daß; sieh zu, daß; **2.** zählen auf (*acc.*), von j-m erwarten, daß er …: *I ~ you to help me* (*od. for help*) ich erwarte Hilfe von dir; **3.** sich wenden *od.* halten an (*acc.*); *~ up·on* → *look on; Zssgn mit prp.:*

look|a·bout v/i. sich 'umsehen (*for* nach); *~ a·head* v/i. **1.** nach vorn blicken *od.* schauen; **2.** fig. a) vor'ausschauen, b) Weitblick haben; *~ a·round* → *look about; ~ back* v/i. **1.** sich 'umsehen; a. fig. zu'rückblicken (*upon* auf acc., *to* nach, zu); **2.** fig. schwankend werden; *~ down* v/i. **1.** her'ab-, her'untersehen (a. fig. [*up*]on s.o. auf j-n); **2.** bsd. † sich verschlechtern; *~ for·ward* v/i.: *~ to* sich freuen auf (*acc.*): *I am looking forward to seeing him* ich freue mich darauf, ihn zu sehen; *~ in* v/i. als Besucher her'einod. hin'einschauen (*on* bei); *~ on* v/i. zusehen, -schauen (*at* bei); *~ out* **I** v/i. **1.** her'aus- *od.* hin'aussehen, -schauen (*of the window* zum *od.* aus dem Fen-

385 | look-alike — lose

ster); **2.** Ausschau halten (*for* nach); **3.** (*for*) gefaßt sein (auf *acc.*), auf der Hut sein (vor *dat.*), aufpassen (auf *acc.*): **~!** paß auf!, Vorsicht!; **4.** Ausblick gewähren, (hin'aus)gehen (*on* auf *acc.*) (*Fenster etc.*); **II** *v/t.* **5.** (her'aus)suchen; **~ o·ver** *v/t.* **1.** 'durchsehen, (über)'prüfen; **2.** sich *et. od.* j-n ansehen, j-n mustern; **~ round** *v/i.* sich 'umsehen; **~ through** *v/t.* → **look over** 1; **~ up I** *v/i.* **1.** hin'aufblicken (*at* auf *acc.*); aufblicken (*fig.* **to s.o.** zu j-m); **2.** F *a.* † sich bessern; steigen (*Preise*): **things are looking up** es geht bergauf; **II** *v/t.* **3.** *Wort* nachschlagen; **4.** j-n be- *od.* aufsuchen; **5.** **look s.o. up and down** j-n von oben bis unten mustern.
'look-a,like *s.* F Doppelgänger(in).
look·er ['lʊkə] *s.* F: **be a** (*good*) **~** gut *od.* ,toll' aussehen; **she is not much of a ~** sie sieht nicht besonders gut aus; **,~-'on** [-ər'ɒn] *pl.* ,look·ers-'on *s.* Zuschauer(in) (*at* bei).
'look-in *s.* **1.** F kurzer Besuch; **2.** *sl.* Chance *f.*
'look·ing-glass ['lʊkɪŋ-] *s.* Spiegel *m.*
'look-out *s.* **1.** Ausschau *f:* **be on the ~ for** nach *et.* Ausschau halten; **keep a good ~** (*for*) auf der Hut sein (vor *dat.*); **2.** *a.* ♣ Ausguck *m;* **3.** Wache *f,* Beobachtungsposten *m;* **4.** *fig.* Aussicht(en *pl.*) *f;* **5.** **that's his ~** F das ist s-e Sache *od.* sein Problem.
'look-see *s.:* **have a ~** *sl.* a) (kurz) mal nachgucken, b) sich mal umsehen.
loom¹ [luːm] *s.* Webstuhl *m.*
loom² [luːm] *v/i.* oft **~ up 1.** (drohend) aufragen: **~ large** *fig. a.*) sich auftürmen, b) von großer Bedeutung sein *od.* scheinen; **2.** undeutlich *od.* bedrohlich auftauchen; **3.** *fig. a.*) sich abzeichnen, b) bedrohlich näherrücken, c) sich zs.-brauen.
loon¹ [luːn] *s. orn.* Seetaucher *m.*
loon² [luːn] *s.* F ,Blödmann' *m.*
loon·y ['luːnɪ] *sl.* **I** *adj.* ,bekloppt', verrückt; **II** *s.* Verrückte(r *m*) *f;* **~ bin** *s. sl.* ,Klapsmühle' *f.*
loop [luːp] *s.* **1.** Schlinge *f,* Schleife *f;* **2.** ♪, ✇, *Computer, Eislauf, Fingerabdruck, Fluß etc.:* Schleife *f;* **3.** a) Schlaufe *f,* b) Öse *f;* **4.** ✈ *etc.* Looping *m, n;* **5.** ✈ Spi'rale *f* (*Verhütungsmittel*); **6.** → **loop aerial; II** *v/t.* **7.** in e-e Schleife *od.* in Schleifen legen, schlingen; **8. ~ the ~** ✈ e-n Looping drehen; **9.** ✇ zur Schleife schalten; **III** *v/i.* **10.** e-e Schleife machen, sich schlingen *od.* winden; **~ aer·i·al** *s.,* **~ an·ten·na** *s.* ✇ 'Rahmenan,tenne *f,* Peilrahmen *m;* '**~·hole** *s.* **1.** (Guck)Loch *n;* **2.** ✕ *a.*) Sehschlitz *m,* b) Schießscharte *f;* **3.** *fig.* Schlupfloch *n,* 'Hintertürchen *n: a ~ in the law* eine Lücke im Gesetz; ,~-**the-'loop** *s. Am.* Achterbahn *f.*
loose [luːs] **I** *adj.* □ **1.** los(e): **come** (*od.* **get, work**) **~** a) abgehen (*Knöpfe*), b) sich ablösen (*Farbe etc.*), sich lockern, b) loskommen; **let ~** a) loslassen, b) s-m Ärger etc. Luft machen; **2.** frei, befreit (*of, from* von): **break ~** a) sich losreißen, b) sich lösen (*from* von), *fig. a.* sich freimachen (*from* von); **3.** lose (hängend) (*Haar etc.*): **~ ends** *fig.* (noch zu erledigende) Kleinigkeiten; **be at a ~ end** a) nicht wissen, was man mit sich anfangen soll, b) ohne geregel-

te Tätigkeit sein; **4.** a) locker (*Boden, Glieder, Gürtel, Husten, Schraube, Zahn etc.*), b) offen, lose, unverpackt (*Ware*): **buy s.th. ~** *et.* offen kaufen; **~ bowels** offener Leib, *a.* Durchfall *m;* **~ change** Kleingeld *n;* **~ connection** ⚡ Wackelkontakt *m; fig.* lose Beziehung; **~ dress** weites *od.* lose sitzendes Kleid; **~ leaves** lose Blätter; **5.** *fig.* einzeln, verstreut, zs.-hanglos; **6.** ungenau: **~ translation** freie Übersetzung; **7.** *fig.* locker, lose (*unmoralisch*): **~ girl** (*life, morals*); **~ tongue** loses Mundwerk; **II** *adv.* **8.** lose, locker; **III** *v/t.* **9.** → **loosen** 1; **10.** befreien, lösen (*from* von); **11.** lockern: **~ one's hold of** *et.* loslassen; **12.** *mst* **~ off** Waffe, Schuß abfeuern; **IV** *v/i.* **13.** *mst* **~ off** schießen, feuern (*at* auf *acc.*): **~ off at s.o.** *fig.* loswettern gegen j-n; **V** *s.* **14. be on the ~** a) frei herumlaufen, b) die Gegend ,unsicher machen' (a.) ,einen draufmachen'; ,~-'joint·ed *adj.* **1.** (außerordentlich) gelenkig; **2.** schlaksig; ,~'leaf *adj.* Loseblatt...: **~ binder** (*od.* **book**) Loseblatt-, Ringbuch *n,* Schnellhefter *m.*
loos·en ['luːsn] **I** *v/t.* **1.** *Knoten etc., a.* ✄ *Husten, fig.* Zunge lösen; ✄ *Leib* öffnen; **2.** *Griff, Gürtel, Schraube etc., a. Disziplin etc.* lockern; ✎ *Boden* auflockern; **II** *v/i.* **3.** sich lockern (*a. fig.*), sich lösen; **~ up I** *v/t.* Muskeln *etc.* lockern; *fig.* j-n auflockern; **II** *v/i. bsd. sport* sich (auf)lockern, *fig. a.* auftauen (*Person*).
loose·ness ['luːsnɪs] *s.* **1.** Lockerheit *f;* **2.** Lässigkeit *f;* **3.** Ungenauigkeit *f,* Unklarheit *f;* **4.** Freiheit *f der Übersetzung;* **5.** ✄ 'Durchfall *m;* **6.** lose Art, Liederlichkeit *f.*
loot [luːt] **I** *s.* **1.** (Kriegs-, Diebes)Beute *f;* **2.** *fig.* Beute *f;* **3.** F ,Kies' *m* (*Geld*); **II** *v/t.* **4.** erbeuten; **5.** plündern; **III** *v/i.* **6.** plündern; 'loot·er [-tə] *s.* Plünderer *m;* 'loot·ing [-tɪŋ] *s.* Plünderung *f.*
lop¹ [lɒp] *v/t.* **1.** *Baum etc.* beschneiden, stutzen; **2.** *oft* **~ off** Äste, *a.* Kopf etc. abhauen, -hacken.
lop² [lɒp] *v/i. u. v/t.* schlaff (her'unter-) hängen (lassen).
lope [ləʊp] **I** *v/i.* (da'her)springen *od.* (-)trotten; **II** *s.:* **at a ~** im Galopp, in großen Sprüngen.
'lop|-eared *adj.* mit Hängeohren; '**~-ears** *s. pl.* Hängeohren *pl.*; ,~-'sid·ed *adj.* **1.** schief (*a. fig.*), nach einer Seite hängend; **2.** einseitig (*a. fig.*).
lo·qua·cious [ləʊ'kweɪʃəs] *adj.* □ redselig, geschwätzig; lo'qua·cious·ness [-nəs], lo·quac·i·ty [-'kwæsətɪ] *s.* Redseligkeit *f.*
lord [lɔːd] **I** *s.* **1.** Herr *m,* Gebieter *m* (*of* über *acc.*): **her ~ and master** *bsd. humor.* ihr Herr u. Gebieter; **the ~s of creation** *a. humor.* die Herren der Schöpfung; **2.** *fig.* Ma'gnat *m;* **3.** Lehensherr *m;* → **manor; 4. the 2** a) **2 God** (Gott) der Herr, b) *a.* **our 2** (Christus) der Herr; **the 2's day** der Tag des Herrn; **the 2's Prayer** das Vaterunser; **the 2's Supper** das (heilige) Abendmahl; **the 2's table** der Tisch des Herrn (*a. Abendmahl*), der Altar; **in the year of our 2** im Jahre des Herrn; (**good**) **2!** (*du*) lieber Gott *od.* Himmel!; **2 Lord** *m* (*Adliger od.* Würdenträger, *z. B.* Bischof, hoher Rich-

ter): **the 2s** *Brit. parl.* das Oberhaus; **live like a ~** leben wie ein Fürst; **6. my 2** [mɪ'lɔːd; *engS.* mɪ'lʌd] My'lord, Euer Lordschaft, ♠♠ Euer Ehren (*Anrede*); **II** *v/i.* **7.** *oft* **~ it** den Herren spielen: **to ~ it over** a) sich j-m gegenüber als Herr aufspielen, b) herrschen über (*acc.*).
Lord| Cham·ber·lain (of the House-hold) *s.* Haushofmeister *m;* **~ Chan·cel·lor** *s.* Lordkanzler *m* (*Präsident des Oberhauses, Präsident der Chancery Division des Supreme Court of Judicature sowie des Court of Appeal, Kabinettsmitglied, Bewahrer des Großsiegels*); **~ Chief Jus·tice of Eng·land** *s.* ♠♠ Lord'oberrichter *m* (*Vorsitzender der King's Bench Division des High Court of Justice*); **2 in wait·ing** *s.* königlicher Kammerherr (*wenn e-e Königin regiert*); **~ Jus·tice** *pl.* **Lords Jus·tic·es** *s. Brit.* Lordrichter *m* (*Richter des Court of Appeal*); **2 lieu·ten·ant** *pl.* **lords lieu·ten·ant** *s.* **1.** *hist.* Vertreter der Krone in den englischen Grafschaften; *jetzt oberster Exekutivbeamter;* **2. Lord Lieutenant** a) *hist.* Vizekönig *m* von Irland (*bis 1922*), b) *Vertreter der Krone in e-r Grafschaft.*
lord·li·ness ['lɔːdlɪnɪs] *s.* **1.** Großzügigkeit *f;* **2.** Würde *f;* **3.** Pracht *f,* Glanz *m;* **4.** Arro'ganz *f.*
lord·ling ['lɔːdlɪŋ] *s. contp.* Herrchen *n,* kleiner Lord.
lord·ly ['lɔːdlɪ] *adj. u. adv.* **1.** großzügig; **2.** vornehm, edel, Herren...; **3.** herrisch; **4.** stolz; **5.** arro'gant; **6.** prächtig.
Lord| May·or *pl.* **Lord May·ors** *s. Brit.* Oberbürgermeister *m:* **~'s Day** Tag des Amtsantritts des Oberbürgermeisters von London (*9. November*); **~'s Show** Festzug des Oberbürgermeisters von London am 9. November; **~ Priv·y Seal** *s.* Lord'siegelbewahrer *m;* **~ Prov·ost** *s.* **Lord Prov·osts** *s.* Oberbürgermeister *m* (*der vier größten schottischen Städte*).
lord·ship ['lɔːdʃɪp] *s.* **1.** Lordschaft *f:* **your** (*his*) **~** Euer (Seine) Lordschaft; **2.** *hist.* Herrschaftsgebiet *n* e-s Lords; **3.** *fig.* Herrschaft *f.*
lord| spir·it·u·al *pl.* **lords spir·it·u·al** *s.* geistliches Mitglied des brit. Oberhauses; **~ tem·po·ral** *pl.* **lords tem·po·ral** *s.* weltliches Mitglied des brit. Oberhauses.
lore [lɔː] *s.* **1.** (*Tier- etc.*)Kunde *f,* (über-)'liefertes) Wissen; **2.** Sagen- u. Märchengut *n,* Über'lieferungen *pl.*
lorn [lɔːn] *adj. obs. od. poet.* verlassen, einsam.
lor·ry ['lɒrɪ] *s.* **1.** *Brit.* Last(kraft)wagen *m,* Lastauto *n;* **2.** ♠, ✕ Lore *f,* Lori *f.*
lose [luːz] **I** *v/t.* [*irr.*] **1.** *allg. Sache, j-n, Gesundheit, das Leben, Verstand, a. Weg, Zeit etc.* verlieren: **~ o.s.** a) sich verlieren (*a. fig.*), b) sich verirren; **~ interest** das Interesse verlieren, b) uninteressant werden (*Sache*); **she lost the baby** sie verlor das Baby (*durch Fehlgeburt*); → **lost;** *s. a.* Verbindungen mit verschiedenen Substantiven; **2.** Vermögen, Stellung verlieren, einbüßen, kommen um; **3.** Vorrecht etc. verlieren, verlustig gehen (gen.); **4.** a) Schlacht, Spiel etc. verlieren, b) Preis etc. nicht erringen *od.* bekommen, c) Gesetzesan-

trag nicht 'durchbringen; **5.** *Zug etc.*, *a.* *Gelegenheit* versäumen, verpassen; **6.** a) *Worte etc.* ‚nicht mitbekommen', b) *he lost his listeners* F s-e Zuhörer kamen nicht mit; **7.** aus den Augen verlieren; → *sight* 3; **8.** vergessen, verlernen: *I have lost my French*; **9.** nachgehen, zu'rückbleiben (*Uhr*); **10.** *Krankheit etc.* loswerden, *Verfolger a.* abschütteln; **11.** *j-n s-e Stellung etc.* kosten, bringen um: *this will ~ you your position*; **12.** *~ it mot. sl.* die Kontrolle über den Wagen verlieren; **II** *v/i.* [*irr.*] **13.** verlieren, Verluste erleiden (*on* bei, *by* durch); **14.** *fig.* verlieren: *the poem ~s in translation* das Gedicht verliert (sehr) in der Übersetzung; **15.** (*to*) verlieren (gegen), unter'liegen (*dat.*); **16.** *~ out* F a) verlieren, b) ‚in den Mond gucken' (*on* bei): *~ on a. et.* nicht kriegen; **'los·er** [-zə] *s.* **1.** Verlierer(in): *a good* (*bad*) *~*; *be a ~ by* Schaden *od.* e-n Verlust erleiden durch; *come off a ~* den kürzeren ziehen; **2.** F ‚Verlierer' *m*, Versager *m*; **'los·ing** [-zɪŋ] *adj.* **1.** verlierend; **2.** verlustbringend, Verlust...: *~ bargain* ✝ Verlustgeschäft *n*; **3.** verloren, aussichtslos (*Schlacht, Spiel*).

loss [lɒs] *s.* **1.** Verlust *m*: a) Einbuße *f*, Ausfall *m* (*in* an *dat.*, von *od. gen.*): *~ of blood* (*time*) Blut- (Zeit)verlust; *~ of pay* Lohnausfall; *a dead ~* totaler Verlust, *fig.* ‚Pleite' *f*, totaler Reinfall (*Sache*), ‚totaler Ausfall', ‚Niete' *f* (*Person*), b) Nachteil *m*, Schaden *m*: *it's your ~!* das ist dein Problem!, c) *verlorene Sache od. Person*: *he is a great ~ to his firm*, d) Verschwinden *n*, Verlieren *n*, e) *verlorene Schlacht, Wette etc.*, *a.* Niederlage *f*, f) Abnahme *f*, Schwund *m*: *~ in weight* Gewichtsverlust, -abnahme; **2.** *mst pl.* ✕ Verluste *pl.*, Ausfälle *pl.*; **3.** *Versicherungswesen*: Schadensfall *m*; *be at a ~* a) mit Verlust (*arbeiten, verkaufen etc.*), b) in Verlegenheit (*for* um): *be at a ~ for words* (*od. what to say*) keine Worte finden (können), nicht wissen, was man (dazu) sagen soll; *he is never at a ~ for an excuse* er ist nie um e-e Ausrede verlegen; *~ lead·er s.* ✝ 'Lockar,tikel *m*; *'~·mak·er s.* ✝ *Brit.* **1.** mit Verlust arbeitender Betrieb; **2.** Verlustgeschäft *n*.

lost [lɒst] **I** *pret. u. p.p. von lose*; **II** *adj.* **1.** verloren: *~ articles* (*battle, friend, time etc.*); *a ~ chance* e-e verpaßte Gelegenheit; *~ property office* Fundbüro *n*; **2.** verloren(gegangen), vernichtet, (da)'hin: *be ~ a*) verlorengehen (*to* an *acc.*), b) zugrunde gehen, untergehen, c) umkommen, den Tod finden, d) verschwinden, e) verschwunden *od.* verschollen sein, f) vergessen sein, g) versunken *od.* vertieft sein (*in* in *acc.*); *~ in thought; I am ~ without my car!* ohne mein Auto bin ich verloren *od.* ‚aufgeschmissen'!; **3.** verirrt: *be ~* sich verirrt *od.* verlaufen haben, sich nicht mehr zurechtfinden (*a. fig.*); *get ~* sich verirren; *get ~!* F verschwinde!; *I'm ~!* F da komm' ich nicht mehr mit!; **4.** *fig.* verschwendet, vergeudet (*on s.o.* an j-n): *that's ~ on him a.* a) das läßt ihn kalt, b) dafür hat er keinen Sinn, c) das

versteht er nicht.

lot [lɒt] **I** *s.* **1.** Los *n*: *cast* (*od. draw*) *~s* losen, Lose ziehen (*for* um); *throw in one's ~ with s.o.* das Los mit j-m teilen, sich (auf Gedeih u. Verderb) mit j-m zs.-tun; *by ~* durch (das) Los; **2.** Anteil *m*; **3.** Los *n*, Schicksal *n*: *it falls to my ~* es ist mein Los, es fällt mir zu (*et. zu tun*); **4.** *bsd. Am.* a) Stück *n* Land, Grundstück *n*, *bsd.* Par'zelle *f*, b) Bauplatz *m*, c) (Park- *etc.*)Platz *m*; **5.** *Am.* Filmgelände *n*, *bsd.* Studio *n*; **6.** ✝ a) Ar'tikel *m*, b) Par'tie *f*, Posten *m* (*von Waren*): *in ~s* partienweise; **7.** Gruppe *f*, Gesellschaft *f*, ‚Verein' *m*: *the whole ~* a) die ganze Gesellschaft, der ganze ‚Laden', b) → 8; **8.** *the ~* alles, das Ganze: *take the ~!; that's the ~* das ist alles; **9.** (Un)Menge *f*: *a ~ of, ~s of* viel, e-e Menge, ein Haufen *Geld etc.*; *~s and ~s of people* e-e Unmasse Menschen; *~s! in Antworten*: jede Menge!; **10.** F Kerl *m*: *a bad ~* ein übler Bursche; **II** *adv.* **11.** *a ~*, F *~s* a) (sehr) viel: *a ~ better; I read a ~*, b) (sehr) oft: *I see her a ~*.

loth [ləʊθ] → **loath**.

Lo·thar·i·o [ləʊˈθɑːrɪəʊ] *s.* Schwerenöter *m*.

lo·tion [ˈləʊʃn] *s.* (Augen-, Haut-, Rasier- *etc.*)Wasser *n*, Loti'on *f*.

lot·ter·y [ˈlɒtərɪ] *s.* **1.** Lotte'rie *f*: *~ ticket* Lotterielos *n*; **2.** *fig.* Glückssache *f*, Lotte'riespiel *n*.

lo·tus [ˈləʊtəs] *s.* **1.** *Sage*: Lotos *m* (*Frucht*); **2.** ♀ a) Lotos(blume *f*) *m*, b) Honigklee *m*; *'~·eat·er s.* **1.** (*in der Odyssee*) Lotosesser *m*; **2.** Träumer *m*, Müßiggänger *m*, tatenloser Genußmensch.

loud [laʊd] *adj.* □ **1.** (*a. adv.*) laut (*a. fig.*): *~ admiration*; **2.** schreiend, auffallend, grell: *~ colo(u)rs*; *,~·'hail·er s. Brit.* Mega'phon *n*; *'~·mouth s.* F **1.** Großmaul *n*; **2.** ‚dummer Quatscher'; *'~·mouthed adj.* großmäulig.

loud·ness [ˈlaʊdnɪs] *s.* **1.** Lautheit *f*, *a. phys.* Lautstärke *f*; **2.** Lärm *m*; **3.** das Auffallende, Grellheit *f*.

,loud'speak·er *s.* ∮ Lautsprecher *m*.

lounge [laʊndʒ] **I** *s.* **1.** a) Halle *f*, Diele *f*, Gesellschaftsraum *m* (*Hotel*), b) Foy'er *n*, c) Abflug-, Wartehalle (*Flughafen*), d) *a. ~ bar* ✈,⚓,✠ Sa'lon *m*; **2.** Wohndiele *f*, -zimmer *n*; **3.** Sofa *n*, Liege *f*; **II** *v/i.* **4.** sich rekeln; **5.** faulenzen; **6.** *~ about* (*od. around*) he'rumliegen *od.* -sitzen *od.* -stehen *od.* -schlendern; **7.** schlendern; **III** *v/t.* **8.** *~ away* Zeit verbummeln; *~ bar* Sa'lon *m* (*e-s Restaurants*); *~ chair s.* Klubsessel *m*; *~ liz·ard* F Sa'lonlöwe *m*; *~ suit s. Brit.* Straßenanzug *m*.

lour, lour·ing → **lower**[1], **lowering**.

louse [laʊs] **I** *pl.* **lice** [laɪs] *s.* **1.** *zo.* Laus *f*; **2.** *sl.* ‚Fiesling' *m*, Scheißkerl *m*; **II** *v/t.* [laʊz] **3.** (ent)lausen; **4.** *~ up sl.* versauen, -masseln; **lous·y** [-zɪ] *adj. sl.* **1.** verlaust; **2.** *sl.* a) ‚fies', (hunds)gemein, b) mise'rabel, ‚beschissen': *the film was ~; I feel ~*, c) ,lausig': *for ~ two dollars*; **3.** *~ with sl.* wimmelnd von; *~ with people; ~ with money* stinkreich.

lout [laʊt] *s.* Flegel *m*, Rüpel *m*; **'lout·ish** [-tɪʃ] *adj.* □ flegel-, rüpelhaft.

lou·ver, *Brit. a.* **lou·vre** [ˈluːvə] *s.* **1.** △ *hist.* Dachtürmchen *n*; **2.** Jalou'sie *f* (*a.*

⊙ *Luft-, Kühlschlitze*).

lov·a·ble [ˈlʌvəbl] *adj.* □ liebenswert, reizend, ‚süß'.

lov·age [ˈlʌvɪdʒ] *s.* ♀ Liebstöckel *n, m*.

love [lʌv] **I** *s.* **1.** (*sinnliche od. geistige*) Liebe (*of, for, to*[*wards*] zu): *~ of music* Liebe zur Musik, Freude *f* an der Musik; *~ of adventure* Abenteuerlust *f; the ~ of God* a) die Liebe Gottes, b) die Liebe zu Gott; *for the ~ of God* um Gottes willen; *be in ~* (*with s.o.*) verliebt sein (in j-n); *fall in ~* (*with s.o.*) sich verlieben (in j-n); *make ~* sich (*sexuell*) lieben; *make ~ to s.o.* a) j-n (*körperlich*) lieben, b) *obs.* j-n um'werben, j-m gegenüber zärtlich werden; *send one's ~ to s.o.* j-n grüßen lassen; *give her my ~!* grüße sie herzlich von mir!; *~ als Briefschluß*: herzliche Grüße; *for ~* a) umsonst, gratis, b) *a. for the ~ of it* (nur) zum Spaß; *play for ~* um nichts spielen; *not for ~ or money* nicht für Geld u. gute Worte; *there is no ~ lost between them* sie haben nichts füreinander übrig; **2.** ⚢ *pl. Kunst*: Amo'retten *pl.*; **4.** Liebling *m*, Schatz *m; 5.* F a) mein Lieber, b) m-e Liebe; **6.** Liebe *f*, Liebschaft *f; 7.* F lieber *od.* goldiger Kerl: *he* (*she*) *is a ~*; **8.** F reizende *od.* goldige *od.* ‚süße' Sache *od.* Per'son: *a ~ of a child* (*hat*); **9.** *bsd. Tennis:* null: *a ~ all* null beide; *~ fifteen* null fünfzehn; **II** *v/t.* **10.** j-n lieben; **11.** *et.* lieben, sehr mögen: *~ to do* (*od. doing*) *s.th.* etwas (schrecklich) gern tun; *we ~d having you with us* wir haben uns sehr über deinen Besuch gefreut; *~ af·fair s.* 'Liebesaf,färe *f; '~·bird s.* **1.** *orn.* Unzertrennliche(r) *m*; **2.** *pl.* F ‚Turteltauben' *pl.*; *~ child s.* Kind *n* der Liebe; *~ game s. Tennis:* Zu-'Null-Spiel *n; ,~·'hate re·la·tion·ship s.* Haßliebe *f*.

love·less [ˈlʌvlɪs] *adj.* □ **1.** ohne Liebe; **2.** lieblos.

love| let·ter *s.* Liebesbrief *m; ~ life s.* Liebesleben *n*.

love·li·ness [ˈlʌvlɪnɪs] *s.* Lieblichkeit *f*, Schönheit *f*.

'love|·lock *s.* Schmachtlocke *f; '~·lorn* [-lɔːn] *adj.* liebeskrank, vor Liebeskummer *od.* Liebe vergehend.

love·ly [ˈlʌvlɪ] *adj.* □ **1.** a) lieblich, schön, hübsch, b) *allg.*, *a.* F *u. iro.* schön, wunderbar, reizend, entzückend, c) lieb, nett (*of you* von dir); **2.** F ‚süß', niedlich.

'love|·mak·ing *s.* (*körperliche*) Liebe; Liebesspiele *pl.*, -kunst *f; ~ match s.* Liebesheirat *f; ~ nest s.* ‚Liebesnest' *n; ~ po·tion s.* Liebestrank *m*.

lov·er [ˈlʌvə] *s.* **1.** a) Liebhaber *m*, Geliebte(r) *m*, b) Geliebte *f*; **2.** *pl.* Liebende *pl.*, Liebespaar *n: ~s' lane humor.* ‚Seufzergäßchen' *n; they were ~s* liebten sich *od.* hatten ein Verhältnis miteinander; **3.** Liebhaber(in), (*Musiketc.*)Freund(in); *'~·boy s.* F Casa'nova *m*.

love| seat *s.* Plaudersofa *n; ~ set s. Tennis:* Zu-'Null-Satz *m; ~ sick adj.* liebeskrank: *be ~ a.* Liebeskummer haben; *~ song s.* Liebeslied *n; ~ sto·ry s.* Liebesgeschichte *f*.

lov·ing [ˈlʌvɪŋ] *adj.* □ liebend, liebevoll, Liebes...: *~ words; your ~ father* (*als*

Briefschluß) Dein Dich liebender Va-ter; **~ cup** s. Po'kal m; |~·'**kind·ness** s. **1.** (göttliche) Gnade od. Barm'herzig-keit; **2.** Herzensgüte f.
low[1] [ləʊ] **I** adj. u. adv. **1.** nieder, niedrig (a. Preis, Temperatur, Zahl etc.): of **~ birth** von niedriger Abkunft; **~ pressure** Tiefdruck m; **~ speed** niedrige od. geringe Geschwindigkeit; **~ water** ♪ tiefster Gezeitenstand; **at the ~est** wenigstens, mindestens; **be at its ~est** auf dem Tiefpunkt angelangt sein; → **lower**[3], **opinion** 2; **2.** tief (a. fig.): **~ bow**; **~ flying** Tiefflug m; **the sun is ~** die Sonne steht tief; → **low-necked**; **3.** knapp (Vorrat etc.): **run ~** knapp wer-den, zur Neige gehen; **I am ~ in funds** ich bin nicht gut bei Kasse; **4.** schwach: **~ light**, **~ pulse**; **5.** einfach, fru'gal (Kost); **6.** be-, gedrückt: **~ spirits** ge-drückte Stimmung; **feel ~** a) in ge-drückter Stimmung, b) sich elend fühlen; **7.** min-derwertig, schlecht: **~ quality**; **8.** a) niedrig (denkend od. gesinnt): **~ thinking** niedrige Denkungsart, b) ordi'när, vul'gär: **a ~ expression**; **a ~ fellow**, c) gemein, niederträchtig: **a ~ trick**; **9.** nieder, primi'tiv: **~ forms of life** niede-re Lebensformen; **~ race** primitive Rasse; **10.** a) tief (Ton etc.), b) leise (Ton, Stimme etc.): **in a ~ voice** leise; **11.** Phonetik: offen (Vokal); **12.** ⚙, mot. erst, niedrigst (Gang): **in ~ gear**; **II** adv. **13.** niedrig (zielen etc.); **14.** tief: **bow** (hit, etc.) **~**; **sunk thus ~** fig. so tief gesunken; **bring s.o. ~** fig. j-n zu Fall bringen od. ruinieren od. demüti-gen; **lay s.o. ~** a) j-n niederstrecken, b) fig. j-n zur Strecke bringen; **be laid ~** (with) darniederliegen (mit e-r Krank-heit); **15.** a) leise, b) tief: **sing ~**; **16.** kärglich: **live ~**; **17.** billig: **buy** (sell) **~**; **18.** niedrig, mit geringem Einsatz: **play ~**; **III** s. **19.** meteor. Tief(druckgebiet) n; **20.** fig. Tiefstand m: **reach a new ~** e-n neuen Tiefstand erreichen; **21.** mot. erster Gang.
low[2] [ləʊ] **I** v/i. u. v/t. brüllen, muhen (Rind); **II** s. Brüllen n, Muhen n.
|**low**|-'**born** adj. von niedriger Geburt; '**~·boy** s. Am. niedrige Kom'mode; '**~·brow** F **I** s. Ungebildete(r m) f, ,Unbedarfte(r' m) f; **II** adj. geistig an-spruchslos, Person: a. ungebildet, ,unbedarft'; |~·'**cal·o·rie** adj. kalo'rien-arm; ⚗ **Church** s. eccl. Low Church f (protestantisch-pietistische Sektion der anglikanischen Kirche); **~ com·e·dy** s. Schwank m, ,Klamotte' f; '**~·cost** adj. billig, preisgünstig; ⚗ **Coun·tries** s. pl. die Niederlande, Belgien u. Luxem-burg; '**~·down** F **I** adj. fies, gemein; **II** s. (volle) Informati'onen pl., ,die Wahr-heit, genaue Tatsachen pl., 'Hinter-gründe pl. (on über acc.).
low·er[1] ['ləʊə] v/i. **1.** finster od. drohend blicken: **~ at** j-n finster anblicken; **2.** fig. bedrohlich aussehen (Himmel, Wolken etc.); **3.** fig. drohen (Ereig-nisse).
low·er[2] ['ləʊə] **I** v/t. **1.** niedriger ma-chen; **2.** Augen, Gewehrlauf etc., a. Stimme, Preis, Kosten, Niveau, Tempe-ratur, Ton etc. senken; fig. Moral sen-ken, a. Widerstand etc. schwächen; **3.** her'unter- od. hin'unterlassen, nieder-

lassen; Fahne, Segel niederholen, Ret-tungsboote aussetzen; **4.** fig. erniedri-gen: **~ o.s.** sich herablassen (et. zu tun); **II** v/i. **5.** sinken, fallen, sich senken.
low·er[3] ['ləʊə] **I** adj. (comp. von **low**[1] I) **1.** tiefer, niedriger; **2.** unter, Unter...: **⚗ Chamber** (od. **House**) parl. Unter-, Abgeordnetenhaus n; **the ~ class** so-ciol. die untere Klasse od. Schicht; **~ deck** Unterdeck n; **~ jaw** Unterkiefer m; **~ region** Unterwelt f (Hölle); **~ school** Unter- u. Mittelstufe f; **3.** geogr. Unter..., Nieder...: **⚗ Austria** Niederösterreich n; **II** adv. **4.** tiefer: **~ down the river** (list) weiter unten am Fluß (auf der Liste).
low·er·ing ['laʊərɪŋ] adj. □ finster, dü-ster, drohend.
low·er·most ['ləʊəməʊst] → **lowest**.
low·est ['ləʊɪst] **I** adj. tiefst, niedrigst, unterst (etc., → **low**[1] I): **~ bid** ♪ Min-destgebot n; **II** adv. am tiefsten (etc.).
'**low**|-,**fly·ing** adj. tieffliegend: **~ plane** Tiefflieger m; **~ fre·quen·cy** s. ⚡ 'Nie-derfrequenz f; **⚗ Ger·man** s. ling. Nie-derdeutsch n, Plattdeutsch n; |~·'**key(ed)** adj. gedämpft (Farbe, Ton, Stimmung etc.), fig. a. a) (sehr) zurück-haltend, b) bedrückt; c) unaufdringlich; '**~·land** [-lənd] **I** s. oft pl. Flach-, Tief-land n: **the ~s** das schottische Tiefland; **II** adj. Tiefland(s)...; '**~·land·er** [-lən-də] s. **1.** Tieflandbewohner(in); **2.** ⚗ (schottischer) Tiefländer; **⚗ Lat·in** s. ling. nichtklassisches La'tein; |~·'**lev·el** adj. niedrig (a. fig.): **~ officials**; **~ talks** pol. Gespräche pl. auf unterer Ebene; **~ attack** ✈ Tief(flieger)angriff m.
low·li·ness ['ləʊlɪnɪs] s. **1.** Niedrigkeit f; **2.** Bescheidenheit f.
low·ly ['ləʊlɪ] adj. u. adv. **1.** niedrig, ge-ring, bescheiden; **2.** tief(stehend), primi'tiv, niedrig; **3.** demütig, bescheiden.
Low Mass s. R.C. Stille Messe; |~-'**mind·ed** adj. niedrig (gesinnt), ge-mein; |~-'**necked** adj. tief ausgeschnit-ten (Kleid).
low·ness ['ləʊnɪs] s. **1.** Niedrigkeit f (a. fig., contp.); **2.** Tiefe f (e-r Verbeugung, e-s Tons etc.); **3. ~ of spirits** Niederge-schlagenheit f; **4.** a) Gemeinheit f, b) ordi'näre Art.
|**low**|-'**noise** adj. rauscharm (Tonband); |~-'**pitched** adj. **1.** ♪ tief; **2.** mit gerin-ger Steigung (Dach); **~ pres·sure** s. **1.** ⚙ Nieder-, 'Unterdruck m; **2.** meteor. Tiefdruck m; |~-'**pres·sure** adj. a) Nie-derdruck..., b) meteor. Tiefdruck...; |~-'**priced** adj. ♪ billig; |~-'**spir·it·ed** adj. niedergeschlagen, gedrückt; **⚗ Sun·day** s. Weißer Sonntag (erster Sonntag nach Ostern); **~ ten·sion** s. ⚡ Niederspan-nung f; |~-'**ten·sion** adj. ⚡ Niederspan-nungs...; **~ tide** s. ♪ Niedrigwasser n; |~-'**volt·age** adj. ⚡ **1.** Niederspan-nungs...; **2.** Schwachstrom...; **~ wa·ter** s. ♪ Ebbe f, Niedrigwasser n: **be in ~** fig. auf dem trockenen sitzen; |~-'**wa-ter mark** s. **1.** ♪ Niedrigwassermarke f; **2.** fig. Tiefpunkt m, -stand m.
loy·al ['lɔɪəl] adj. □ **1.** (to) loy'al (gegen-über), treu (ergeben) (dat.); **2.** (ge)treu (to dat.); **3.** aufrecht, redlich; **loy·al·ist** ['lɔɪəlɪst] **I** s. Loya'list(in): a) allg. Treu-gesinnte(r m) f, b) hist. Königstreue(r m) f; **II** adj. loya'listisch; '**loy·al·ty** [-tɪ] s. Loyali'tät f, Treue f (to zu, gegen).

loz·enge ['lɒzɪndʒ] s. **1.** her., ⚛ Raute f, Rhombus m; **2.** pharm. (bsd. 'Husten-) Pa,stille f.
lub·ber ['lʌbə] s. **1.** a) Flegel m, b) Trot-tel m; **2.** ♪ Landratte f.
lu·bri·cant ['lu:brɪkənt] s. Gleit-, ⚙ Schmiermittel n; **lu·bri·cate** ['lu:brɪ-keɪt] v/t. ⚙ u. fig. schmieren, ölen; **lu·bri·ca·tion** [,lu:brɪ'keɪʃn] s. ⚙ u. fig. Schmieren n, Schmierung f, Ölen n: **~ chart** Schmierplan m; **~ point** Schmier-stelle f, -nippel m; '**lu·bri·ca·tor** [-keɪ-tə] s. ⚙ Öler m, Schmiervorrichtung f; **lu·bric·i·ty** [lu:'brɪsətɪ] s. **1.** Gleitfähig-keit f, Schlüpfrigkeit f (a. fig.); **2.** ⚙ Schmierfähigkeit f.
luce [lu:s] s. ichth. (ausgewachsener) Hecht.
lu·cent ['lu:snt] adj. **1.** glänzend, strah-lend; **2.** 'durchsichtig, klar.
lu·cern(e) [lu:'sɜ:n] s. ♣ Lu'zerne f.
lu·cid ['lu:sɪd] adj. □ **1.** fig. klar: **~ interval** psych. lichter Augenblick; **2.** → **lucent**; **lu·cid·i·ty** [lu:'sɪdətɪ], '**lu·cid-ness** [-nɪs] s. fig. Klarheit f.
Lu·ci·fer ['lu:sɪfə] s. bibl. Luzifer m (a. ast. Venus als Morgenstern).
luck [lʌk] s. **1.** Schicksal n, Geschick n, Zufall m: **as ~ would have it** wie es der Zufall wollte, (un)glücklicherweise; **bad** (od. **hard**, **ill**) **~** a) Unglück n, Pech n, b) als Einschaltung: Pech ge-habt!; **good ~** Glück n; **good ~!** viel Glück!; Hals- u. Beinbruch!; **worse ~** unglücklicherweise, leider; **be down on one's ~** e-e Pechsträhne haben; **just my ~!** so geht es mir immer; **2.** Glück n: **for ~** als Glücksbringer; **be in** (**out of**) **~** (kein) Glück haben; **try one's ~** sein Glück versuchen; **with ~** mit ein biß-chen Glück; **here's ~!** Prost!; **luck·i·ly** ['lʌkɪlɪ] adv. zum Glück, glücklicher-weise; **luck·i·ness** ['lʌkɪnɪs] s. Glück n; '**luck·less** [-lɪs] adj. □ glücklos.
luck·y ['lʌkɪ] adj. □ → **luckily**; **1.** Glücks..., glücklich: **a ~ day** ein Glückstag; **~ hit** Glückstreffer m; **be ~** Glück haben; **you ~ thing!** F du Glück-liche(r m) f!; **you are ~ to be alive!** du kannst von Glück sagen, daß du noch lebst!; **it was ~ that** ein Glück, daß ..., zum Glück ...; **2.** glückbringend, Glücks...: **~ bag**, **~ dip** Glücksbeutel m, -topf m; **~ star** Glücksstern m.
lu·cra·tive ['lu:krətɪv] adj. □ einträg-lich, lukra'tiv.
lu·cre ['lu:kə] s. Gewinn(sucht f) m, Geld(gier f) n: **filthy ~** schnöder Mam-mon, gemeine Profitgier.
lu·di·crous ['lu:dɪkrəs] adj. □ **1.** lächer-lich, ab'surd; **2.** spaßig, drollig.
lu·do ['lu:dəʊ] s. Mensch, ärgere dich nicht n (Würfelspiel).
lu·es ['lu:i:z] s. ♣ Lues f, Syphilis f.
luff [lʌf] ♪ **I** s. **1.** Luven n; **2.** Luv(seite) f, Windseite f; **II** v/t. u. v/i. **3.** a. **~ up** anluven.
luf·fa ['lʌfə] s. ♣ u. ♣ Luffa f.
lug[1] [lʌg] v/t. zerren, schleppen: **~ in** fig. an den Haaren herbeiziehen, Thema (mit Gewalt) hineinbringen.
lug[2] [lʌg] s. **1.** (Leder)Schlaufe f; **2.** ⚙ a) Henkel m, Öhr n, b) Knagge f, Zin-ke f, c) Ansatz m; **3.** Scot. od. Brit. F Ohr n; sl. Trottel m.
luge [lu:ʒ] **I** s. Renn-, Rodelschlitten m; **II** v/i. rodeln.

lug·gage ['lʌgɪdʒ] s. Brit. Gepäck n; ~ **boot** s. mot. Kofferraum m; ~ **car·ri·er** s. Gepäckträger m (am Fahrrad); ~ **in·sur·ance** s. (Reise)Gepäckversicherung f; ~ **lock·er** s. (Gepäck)Schließfach n; ~ **rack** s. **1.** Gepäcknetz n; **2.** mot. Gepäckträger m; '**~-van** s. Packwagen m.

lug·ger ['lʌgə] s. ♻ Logger m (Schiff).

lu·gu·bri·ous [lu:'gu:brɪəs] adj. □ schwermütig, kummervoll.

Luke [lu:k] npr. u. s. bibl. 'Lukas(evanₒgelium n) m.

luke·warm ['lu:kwɔ:m] adj. □ lau (-warm); fig. lau; '**luke·warm·ness** [-nɪs] s. Lauheit f (a. fig.).

lull [lʌl] I v/t. **1.** mst ~ **to sleep** einlullen (a. fig.); **2.** fig. beruhigen, a. j-s Befürchtungen etc. beschwichtigen; ~ **into** (**a false sense of**) **security** in Sicherheit wiegen; II s. **3.** Pause f; **4.** (Wind-) Stille f, Flaute f (a. ♉), fig. a. Stille f (vor dem Sturm): **a ~ in conversation** e-e Gesprächspause.

lull·a·by ['lʌləbaɪ] s. Wiegenlied n.

lu·lu ['lu:lu:] s. Am. sl. ‚dolles Ding‘, schicke Sache.

lum·ba·go [lʌm'beɪgəʊ] s. ♻ Hexenschuß m, Lum'bago f.

lum·bar ['lʌmbə] adj. anat. Lenden…, lum'bal.

lum·ber¹ ['lʌmbə] I s. **1.** bsd. Am. Bau-, Nutzholz n; **2.** Gerümpel n, Plunder m; II v/t. **3.** bsd. Am. Holz aufbereiten; **4.** a. ~ **up** vollstopfen, -pfropfen.

lum·ber² ['lʌmbə] v/i. **1.** trampeln, trappen; **2.** (da'hin)rumpeln (Fahrzeug).

lum·ber·ing ['lʌmbərɪŋ] adj. □ schwerfällig.

'**lum·ber¦jack** s. bsd. Am. Holzfäller m; '**~¦jack·et** s. Lumberjack m; ~ **mill** s. Sägewerk n; ~ **room** s. Rumpelkammer f; ~ **trade** s. (Bau)Holzhandel m; ~ **yard** s. Holzplatz m.

lu·men ['lu:mən] s. phys. Lumen n.

lu·mi·nar·y ['lu:mɪnərɪ] s. Leuchtkörper m, bsd. ast. Himmelskörper m; fig. Leuchte f (Person); **lu·mi·nes·cence** [ˌlu:mɪ'nesns] s. Lumines'zenz f; **lu·mi·nes·cent** [ˌlu:mɪ'nesnt] adj. lumineszierend, leuchtend; **lu·mi·nos·i·ty** [ˌlu:mɪ'nɒsətɪ] s. **1.** Leuchten n, Glanz m; **2.** ast., phys. Lichtstärke f, Helligkeit f; '**lu·mi·nous** [-nəs] adj. □ **1.** leuchtend, Leucht…(-farbe, -kraft, -uhr, -zifferblatt etc.), bsd. phys. Licht…(-energie etc.); **2.** fig. a) klar, b) lichtvoll, bril'lant.

lum·mox ['lʌməks] s. Am. F Trottel m.

lump [lʌmp] I s. **1.** Klumpen m: **have a ~ in one's throat** fig. e-n Kloß im Hals haben; **2.** a) Schwellung f, Beule f, b) Geschwulst f; **3.** Stück n Zucker etc.; **4.** metall. Luppe f; **5.** fig. Masse f: **all of** (od. in) **a ~** alles auf einmal; **in the ~** a) pauschal, in Bausch u. Bogen, b) im großen; **6.** F ‚Klotz‘ m (langweiliger od. stämmiger Kerl); **7. the ~** Brit. die Selbständigen pl. im Baugewerbe; II adj. **8.** Stück…: ~ **coal**; ~ **sugar** Würfelzucker m; **9.** Pauschal…(-fracht, -summe etc.); III v/t. **10.** oft ~ **together** a) zs.-tun, -legen, b) fig. a. in 'einen Topf werfen, über 'einen Kamm scheren, c) fig. zs.-fassen; **11. if you don't like it you can ~ it** a) wenn es dir nicht paßt, kannst du's ja bleiben lassen, b) du wirst dich

eben damit abfinden müssen; IV v/i. **12.** Klumpen bilden; '**lump·ish** [-pɪʃ] adj. □ **1.** schwerfällig, klobig, plump; **2.** dumm; '**lump·y** [-pɪ] adj. □ **1.** klumpig; **2.** → lumpish 1; **3.** ♉ unruhig (See).

lu·na·cy ['lu:nəsɪ] s. ♻ Wahn-, Irrsinn m (a. fig. F).

lu·nar ['lu:nə] adj. Mond…, Lunar…: ~ **landing** Mondlandung f; ~ **landing vehicle** Mondlandefahrzeug n; ~ **module** Mondfähre f; ~ **rock** Mondgestein n; ~ **rover** Mondfahrzeug n; ~ **year** Mondjahr n.

lu·na·tic ['lu:nətɪk] I adj. wahn-, irrsinnig, geisteskrank: ~ **fringe** F pol. extremistische Randgruppe; II s. Wahnsinnige(r m) f, Irre(r m) f: ~ **asylum** Irrenanstalt f.

lunch [lʌntʃ] I s. Mittagessen n, Lunch m: ~ **break** Mittagspause f; ~ **counter** Imbißbar f; ~ **hour**, ~ **time** Mittagszeit f, -pause f; II v/i. das Mittagessen einnehmen; III v/t. j-n zum Mittagessen einladen, beköstigen.

lunch·eon ['lʌntʃən] → lunch: ~ **meat** Frühstücksfleisch n; ~ **voucher** Essen(s)marke f; **lunch·eon·ette** [ˌlʌntʃə'net] s. Am. Imbißstube f.

lu·nette [lu:'net] s. **1.** Lü'nette f: a) △ Halbkreis-, Bogenfeld n, b) ✗ Brillschanze f, c) Scheuklappe f (Pferd); **2.** flaches Uhrglas.

lung [lʌŋ] s. anat. Lunge(nflügel m) f: **the ~s** die Lunge (als Organ); ~ **power** Stimmkraft f.

lunge¹ [lʌndʒ] I s. **1.** fenc. Ausfall m, Stoß m; **2.** Satz m od. Sprung m vorwärts; II v/i. **3.** fenc. ausfallen (at gegen); **4.** sich stürzen (at auf acc.); III v/t. **5.** Waffe etc. stoßen.

lunge² [lʌndʒ] I s. Longe f, Laufleine f (für Pferde); II v/t. longieren.

lu·pin(e)¹ ['lu:pɪn] s. ♀ Lu'pine f.

lu·pine² ['lu:paɪn] adj. Wolfs…, wölfisch.

lurch¹ [lɜ:tʃ] I s. **1.** Taumeln n, Torkeln n; **2.** ♉ Schlingern n, Rollen n; **3.** Ruck m; II v/i. **4.** ♉ schlingern; **5.** taumeln, torkeln.

lurch² [lɜ:tʃ] s.: **leave in the ~** fig. im Stich lassen.

lure [ljʊə] I s. **1.** Köder m (a. fig.); **2.** fig. Lockung f, Verlockungen pl., Reiz m; II v/t. **3.** (an)locken, ködern: ~ **away** fortlocken; **4.** verlocken (into zu).

lu·rid ['ljʊərɪd] adj. □ **1.** grell; **2.** fahl, gespenstisch (Beleuchtung etc.); **3.** fig. a) düster, finster, unheimlich, b) grausig, gräßlich.

lurk [lɜ:k] I v/i. **1.** lauern (a. fig.); **2.** fig. a) verborgen liegen, b) (heimlich) drohen; **3.** a. ~ **about** od. **around** her'umschleichen; II s. **4. on the ~** auf der Lauer; '**lurk·ing** [-kɪŋ] adj. fig. versteckt, lauernd, heimlich.

lus·cious ['lʌʃəs] adj. □ **1.** köstlich, lekker, a. saftig; **2.** üppig; **3.** Mädchen, Figur etc.: prächtig, ‚knackig‘.

lush¹ [lʌʃ] adj. □ ♀ saftig, üppig (a. fig.).

lush² [lʌʃ] s. Am. sl. **1.** ‚Stoff‘ m (Whisky etc.); **2.** Säufer(in).

lust [lʌst] I s. **1.** a) (sinnliche) Begierde, b) (Sinnes)Lust f, Wollust f; **2.** Gier f, Gelüste n, Sucht f (of, for nach): ~ **of**

power Machtgier f; ~ **for life** Lebensgier f; II v/i. **3.** gieren (for, after nach): **they ~ for power** es gelüstet sie nach Macht.

lus·ter ['lʌstə] Am. → lustre.

lust·ful ['lʌstfʊl] adj. □ wollüstig, geil, lüstern.

lust·i·ly ['lʌstɪlɪ] adv. kräftig, mächtig, mit Macht od. Schwung, a. aus voller Kehle singen.

lus·tre ['lʌstə] s. **1.** Glanz m (a. min. u. fig.); **2.** Lüster m: a) Kronleuchter m, b) Halbwollgewebe, c) Glanzüberzug auf Porzellan etc.; '**lus·tre·less** [-lɪs] adj. glanzlos, stumpf; **lus·trous** ['lʌstrəs] adj. □ glänzend.

lust·y ['lʌstɪ] adj. (□ → lustily) **1.** kräftig, gesund u. munter; **2.** lebhaft, voller Leben, schwungvoll; **3.** kräftig, kraftvoll.

lu·ta·nist ['lu:tənɪst] s. Lautenspieler (-in), Laute'nist(in).

lute¹ [lu:t] s. ♪ Laute f.

lute² [lu:t] I s. **1.** ☢ Kitt m, Dichtungsmasse f; **2.** Gummiring m; II v/t. **3.** (ver)kitten.

lu·te·nist ['lu:tənɪst] → lutanist.

Lu·ther·an ['lu:θərən] I s. eccl. Lu'theraner(in); II adj. lutherisch; '**Lu·ther·an·ism** [-rənɪzəm] s. Luthertum n.

lu·tist ['lu:tɪst] → lutanist.

lux [lʌks] pl. **lux**, '**lux·es** phys. Lux n (Einheit der Beleuchtungsstärke).

lux·ate ['lʌkseɪt] v/t. ♻ aus-, verrenken; **lux·a·tion** [lʌk'seɪʃn] s. Verrenkung f, Luxati'on f.

luxe [lʊks] s. Luxus m; → de luxe.

lux·u·ri·ance [lʌg'zjʊərɪəns], **lux'u·ri·an·cy** [-sɪ] s. **1.** Üppigkeit f; **2.** Fülle f (of an dat.), Pracht f; **lux'u·ri·ant** [-nt] adj. □ üppig (Vegetation etc., a. fig.); **lux·u·ri·ate** [lʌg'zjʊərɪeɪt] v/i. **1.** schwelgen (a. fig.) (in in dat.); **2.** üppig wachsen od. gedeihen; **lux'u·ri·ous** [-rɪəs] adj. □ **1.** Luxus…, luxuri'ös; **2.** schwelgerisch, verschwenderisch (Person); **3.** genüßlich, wohlig; **lux·u·ry** ['lʌkʃərɪ] s. **1.** Luxus m: a) Wohlleben n: **live in ~** im Überfluß leben, b) (Hoch)Genuß m: **permit o.s. the ~ of doing** sich den Luxus gestatten, et. zu tun, c) Aufwand m, Pracht f; **2.** a) 'Luxusₐartikel m, b) Genußmittel n.

lych gate [lɪtʃ] → lich gate.

lye [laɪ] s. ♻ Lauge f.

ly·ing¹ ['laɪɪŋ] I pres.p. von lie¹; II adj. lügnerisch, verlogen; III s. Lügen n od. pl.

ly·ing² ['laɪɪŋ] I pres.p. von lie²; II adj. liegend; ‚**~-in** s. a) Entbindung f, b) Wochenbett n: ~ **hospital** Entbindungsanstalt f, -heim n.

lymph [lɪmf] s. **1.** Lymphe f: a) physiol. Gewebeflüssigkeit f, b) ♯ Impfstoff m; **2.** poet. Quellwasser n; **lym·phat·ic** [lɪm'fætɪk] ♯ I adj. lym'phatisch, Lymph…: ~ **gland**; II s. Lymphgefäß n.

lynch [lɪntʃ] v/t. lynchen; ~ **law** s. 'Lynchjuₐstiz f.

lynx [lɪŋks] s. zo. Luchs m; '**~-eyed** adj. fig. luchsäugig.

lyre ['laɪə] s. ♪, ast. Leier f, Lyra f.

lyr·ic ['lɪrɪk] I adj. (□ **~ally**) **1.** lyrisch (a. fig.); **2.** Musik…: ~ **drama**; II s. **3.** a) lyrisches Gedicht, b) pl. Lyrik f; **4.**

pl. (Lied)Text *m*; **'lyr·i·cal** [-kl] *adj.* □
→ *lyric* I; **'lyr·i·cism** [-ısızəm] *s.* **1.** Ly-

rik *f*, lyrischer Cha'rakter *od.* Stil; **2.**
Schwärme'rei *f*; **'lyr·ist** [-ıst] *s.* Lyri-

ker(in).

M

M

M, m [em] *s.* M *n*, m *n* (*Buchstabe*).
ma [mɑː] *s.* F Ma'ma *f.*
ma'am [mæm] *s.* (*Anrede*) **1.** F *für mad-am*; **2.** [mɑːm; mæm] *Brit.* a) Maje'stät (*Königin*), b) Hoheit (*Prinzessin*).
mac¹ [mæk] *s. Brit.* F → *mackintosh*.
Mac² [mæk] *s. Am.* F ‚Chef' *m.*
ma·ca·bre [mə'kɑːbrə], *Am. a.* **ma'ca-ber** [-bə] *adj.* ma'kaber: a) grausig, b) Toten...
ma·ca·co [mə'keɪkəʊ] *s. zo.* Maki *m.*
mac·ad·am [mə'kædəm] **I** *s.* **1.** Maka-'dam-, Schotterdecke *f*; **2.** Schotterstra-ße *f*; **3.** a) Maka'dam *m*, b) Schotter *m*; **II** *adj.* **4.** beschottert, Schotter...: ~ *road*; **mac'ad·am·ize** [-maɪz] *v/t.* ma-kadamisieren.
mac·a·ro·ni [ˌmækə'rəʊnɪ] *s. sg. u. pl.* Makka'roni *pl.*
mac·a·roon [ˌmækə'ruːn] *s.* Ma'krone *f.*
ma·caw [mə'kɔː] *s. orn.* Ara *m.*
mac·ca·ro·ni → *macaroni*.
mace¹ [meɪs] *s.* Mus'katblüte *f.*
mace² [meɪs] *s.* **1.** ⚔ *hist.* Streitkolben *m*; **2.** Amtsstab *m*; **3.** *a.* ~*-bearer* Trä-ger *m* des Amtsstabes; **4.** (*Chemical*) ⚑ (*TM*) chemische Keule (*Reizgas*).
mac·er·ate ['mæsəreɪt] *v/t.* **1.** (*a. v/i.*) (aufquellen u.) aufweichen; **2.** *biol.* Nahrungsmittel aufschließen; **3.** aus-mergeln, **4.** ka'steien.
Mach [mɑːk] *s.* ⚔ *phys.* Mach *n*: *at* ~ *two* (mit) Mach 2 fliegen.
Mach·i·a·vel·li·an [ˌmækɪə'velɪən] *adj.* machiavel'listisch, skrupellos.
mach·i·nate ['mækɪneɪt] *v/i.* Ränke schmieden, intrigieren; **mach·i·na·tion** [ˌmækɪ'neɪʃn] *s.* Anschlag *m*, In'trige *f*, Machenschaft *f*, *pl. a.* Ränke; **'mach·i·na·tor** [-tə] *s.* Ränkeschmied *m*, Intri-'gant(in).
ma·chine [mə'ʃiːn] **I** *s.* **1.** ⚙ Ma'schine *f* (F *a.* Auto, Motorrad, Flugzeug etc.); **2.** Appa'rat *m*, Vorrichtung *f*, (*thea.* 'Büh-nen)Mecha,nismus *m*: *the god from the* ~ Deus *m* ex machina (*e-e plötzliche Lösung*); **3.** *fig.* ‚Ma'schine' *f*, ‚Robo-ter' *m* (*Mensch*); **4.** *pol.* (Par'tei)Ma-,schine *f*, (Re'gierungs)Appa,rat *m*; **II** *v/t.* **5.** ⚙ maschi'nell herstellen; maschi-'nell drucken; (maschi'nell) bearbeiten; *engS.* Metall zerspanen; ~ *age s.* Ma-'schinenzeitalter *n*; ~ *fit·ter s.* ⚙ Ma-'schinenschlosser *m*; ~*gun* ⚔ **I** *s.* Ma-'schinengewehr *n*; **II** *v/t.* mit Ma'schi-nengewehrfeuer belegen; ~ *lan·guage s. Computer:* Ma'schinensprache *f*; ~*made adj.* **1.** maschi'nell (hergestellt), Fabrik...: ~ *paper* Maschinenpapier *n*; **2.** *fig.* stereo'typ; ~ *pis·tol s.* Ma'schi-nenpis,tole *f.*
ma·chin·er·y [mə'ʃiːnərɪ] *s.* **1.** Maschi-

ne'rie *f*, Ma'schinen(park *m*) *pl.*; **2.** Me-cha'nismus *m*, (Trieb)Werk *n*; **3.** *fig.* Maschine'rie *f*, Räderwerk *n*, (*Regie-rungs*)Ma'schine *f*; **4.** dra'matische Kunstmittel *pl.*
ma·chine| shop *s.* ⚙ Ma'schinenhalle *f*, -saal *m*; ~ *tool s.* ⚙ 'Werkzeugma,schi-ne *f*; ~*-*,**wash·a·ble** *adj.* 'waschma,schi-nenfest (*Stoff etc.*).
ma·chin·ist [mə'ʃiːnɪst] *s.* **1.** ⚙ a) Ma-'schineningeni,eur *m*, b) Ma'schinen-schlosser *m*, c) Maschi'nist *m* (*a. thea.*); **2.** Ma'schinennäherin *f.*
ma·chis·mo [mæ'tʃɪzməʊ] *s.* Ma'chismo *m*, Männlichkeitswahn *m.*
Mach num·ber [mɑːk] *s. phys.* Mach-zahl *f.*
ma·cho ['mætʃəʊ] **I** *s.* ‚Macho' *m*, ‚Kraft- *od.* Sexprotz' *m*; **II** *adj.* ‚ma-cho', (betont) männlich.
mac·in·tosh → *mackintosh*.
mack·er·el ['mækrəl] *pl.* **-el** *s. ichth.* Ma'krele *f*; ~ *sky s. meteor.* (Himmel *m* mit) Schäfchenwolken *pl.*
Mack·i·naw ['mækɪnɔː] *s. a.* ~ *coat Am.* Stutzer *m*, kurzer Plaidmantel *m.*
mack·in·tosh ['mækɪntɒʃ] *s.* Regen-, Gummimantel *m.*
mack·le ['mækl] **I** *s.* **1.** dunkler Fleck; **2.** *typ.* Schmitz *m*, verwischter Druck; **II** *v/t. u. v/i.* **3.** *typ.* schmitzen.
ma·cle ['mækl] *s. min.* **1.** 'Zwillingskri-,stall *m*; **2.** dunkler Fleck.
macro- [mækrəʊ] *in Zssgn* Makro-..., (sehr) groß: ~*climate* Großklima *n.*
mac·ro·bi·ot·ic [ˌmækrəʊbaɪ'ɒtɪk] *adj.* makrobi'otisch; **mac·ro·bi'ot·ics** [-ks] *s. pl. sg. konstr.* Makrobi'otik *f.*
mac·ro·cosm ['mækrəʊkɒzəm] *s.* Ma-kro'kosmos *m.*
ma·cron ['mækrɒn] *s.* Längestrich *m* (*über Vokalen*).
mad [mæd] *adj.* □ → *madly*; **1.** wahn-sinnig, verrückt, toll (*alle a. fig.*): *go* ~ verrückt werden; *it's enough to drive one* ~ es ist zum Verrücktwerden; *like* ~ wie toll *od.* wie verrückt (*arbeiten etc.*); *a* ~ *plan* ein verrücktes Vorha-ben; → *hatter*, *drive* 15; **2.** (*after*, *a-bout*, *for*, *on*) versessen (auf *acc.*), ver-rückt (nach), vernarrt (in *acc.*): *she is* ~ *about music*; **3.** F außer sich, ver-rückt (*with* vor *Freude*, *Schmerzen*, *Wut etc.*); **4.** *bsd. Am.* F wütend, böse (*at*, *about* über *acc.*, auf *acc.*); **5.** toll, wild, 'übermütig: *they are having a* ~ *time* bei denen geht's toll zu, sie amü-sieren sich toll; **6.** wild (geworden): *a* ~ *bull*; **7.** tollwütig (*Hund*).
Mad·a·gas·can [ˌmædə'gæskən] **I** *s.* Ma-de'gasse *m*, Made'gassin *f*; **II** *adj.* ma-de'gassisch.

mad·am ['mædəm] *s.* **1.** gnädige Frau *od.* gnädiges Fräulein (*Anrede*); **2.** Bor-'dellwirtin *f*, Puffmutter *f.*
'mad·cap I *s.* ‚verrückter Kerl'; **II** *adj.* ‚verrückt', wild, verwegen.
mad·den ['mædn] **I** *v/t.* verrückt *od.* toll *od.* rasend machen (*a. fig. wütend ma-chen*); **II** *v/i.* verrückt *etc.* werden; **'mad·den·ing** [-nɪŋ] *adj.* □ verrückt *etc.* machend: *it is* ~ es ist zum Ver-rücktwerden.
mad·der¹ ['mædə] *comp. von* **mad**.
mad·der² ['mædə] *s.* ♀, ⚙ Krapp *m.*
mad·dest ['mædɪst] *sup. von* **mad**.
mad·ding ['mædɪŋ] *adj. poet.* **1.** rasend, tobend: *the* ~ *crowd*; **2.** → *madden-ing*.
'mad-,doc·tor *s.* Irrenarzt *m.*
made [meɪd] **I** *pret. u. p.p. von* **make**; **II** *adj.* **1.** (künstlich) hergestellt: ~ *dish* aus mehreren Zutaten zs.-gestelltes Gericht; ~ *gravy* künstliche Bratenso-ße; ~ *road* befestigte Straße; ~ *of wood* aus Holz, Holz...; *English-*~ Artikel englischer Fabrikation; **2.** ge-macht, arriviert: *a* ~ *man*; *he had got it* ~ F er hatte es geschafft; **3.** *körperlich* gebaut: *a well-*~ *man*.
,made|-to-'meas·ure, ,~*-to-'or·der adj.* ✝ nach Maß angefertigt, Maß..., *a. fig.* maßgeschneidert, nach Maß; ,~*-'up adj.* **1.** (frei) erfunden: *a* ~ *story*; **2.** geschminkt; **3.** ✝ Fertig..., Fabrik...: ~ *clothes* Konfektionskleidung *f.*
'mad·house *s.* Irren-, *fig. a.* Tollhaus *n.*
mad·ly ['mædlɪ] *adv.* **1.** wie verrückt, wie wild: *they worked* ~ *all night*; **2.** F schrecklich, wahnsinnig: ~ *in love*; **3.** verrückt(erweise).
'mad·man [-mən] *s.* [*irr.*] Verrückte(r) *m*, Irre(r) *m.*
mad·ness ['mædnɪs] *s.* **1.** Wahnsinn *m*, Tollheit *f* (*a. fig.*); **2.** *bsd. Am.* Wut *f* (*at* über *acc.*).
mad·re·pore [ˌmædrɪ'pɔː] *s. zo.* Madre-'pore *f*, 'Löcherko,ralle *f.*
mad·ri·gal ['mædrɪgl] *s.* ♪ Madri'gal *n.*
'mad,wom·an [-mən] *s.* [*irr.*] Wahnsinnige *f*, Ir-re *f.*
mael·strom ['meɪlstrɒm] *s.* Mahlstrom *m*, Strudel *m* (*a. fig.*): ~ *of traffic* Ver-kehrsgewühl *n.*
Mae West [ˌmeɪ'west] *s. sl.* **1.** ⚓ auf-blasbare Schwimmweste; **2.** ⚔ *Am.* Panzer *m* mit Zwillingsturm.
Maf·fi·a ['mæfɪə] *s.* Mafia *f*; **ma·fi·o·so** [ˌmæfɪ'əʊsəʊ] *pl.* **-sos** *od.* **-si** [-sɪ] *s.* Mafi'oso *m.*
maf·fick ['mæfɪk] *v/i. Brit. obs.* ausge-lassen feiern.
Ma·fi·a ['mæfɪə] *s.* Mafia *f*; **ma·fi·o·so** → **Mafia**.
mag¹ [mæg] F *für* **magazine** 4.

mag² [mæg] ❂ *sl. für* **magneto**: **~-generator** Magnetodynamo *m*.

mag·a·zine [ˌmægəˈziːn] *s*. **1.** ✗ a) ('Pulver)Maga‚zin *n*, Muniti'onslager *n*, b) Versorgungslager *n*, c) Maga'zin *n* (*in Mehrladewaffen*): **~ gun, ~ rifle** Mehrladegewehr *n*; **2.** ❂ Maga'zin *n* (*a. Computer*), Vorratsbehälter *m*; **3.** ✝ Maga'zin *n*, Speicher *m*, Lagerhaus *n*; *fig.* Vorrats-, Kornkammer *f* (*fruchtbares Gebiet*); **4.** Maga'zin *n*, (*oft illustrierte*) Zeitschrift.

mag·da·len [ˈmægdəlɪn] *s. fig.* Magda-'lena *f*, reuige Sünderin.

ma·gen·ta [məˈdʒentə] I *s*. 🔥 Ma'genta (-rot) *n*, Fuch'sin *n*; II *adj.* ma'gentarot.

mag·got [ˈmægət] *s*. **1.** *zo.* Made *f*, Larve *f*; **2.** *fig.* Grille *f*; '**mag·got·y** [-tɪ] *adj.* **1.** madig; **2.** *fig.* schrullig.

Ma·gi [ˈmeɪdʒaɪ] *s. pl.*: **the** (**three**) **~** die (drei) Weisen aus dem Morgenland, die Heiligen Drei Könige.

mag·ic [ˈmædʒɪk] I *s*. **1.** Ma'gie *f*, Zaube'rei *f*; **2.** Zauber(kraft *f*) *m* (*a. fig.*): **it works like ~** es ist die reinste Hexerei; II *adj.* (□ **~ally**) **3.** magisch, Wunder…, Zauber…: **~ carpet** fliegender Teppich; **~ eye** ✝ magisches Auge; **~ lamp** Wunderlampe *f*; **~ lantern** Laterna *f* magica; **~ square** magisches Quadrat; **4.** zauberhaft: **~ beauty**, '**mag·i·cal** [-kl] → **magic** II.

ma·gi·cian [məˈdʒɪʃn] *s*. **1.** Magier *m*, Zauberer *m*; **2.** Zauberkünstler *m*.

mag·is·te·ri·al [ˌmædʒɪˈstɪərɪəl] *adj.* □ **1.** obrigkeitlich, behördlich; **2.** maßgeblich; **3.** herrisch.

mag·is·tra·cy [ˈmædʒɪstrəsɪ] *s*. **1.** ⚖️ *pol.* Amt *e-s* **magistrate**; **2.** Richterschaft *f*; **3.** *pol.* Verwaltung *f*; **mag·is·tral** [mæˈdʒɪstrəl] *adj. pharm.* magi-'stral (*nach ärztlicher Vorschrift*); '**mag·is·trate** [-reɪt] *s*. **1.** a) ⚖️ Richter *m* (an *e-m* **magistrates' court**), b) (**police**) ~ *Am.* Poli'zeirichter *m*; **2.** (Ver'waltungs)Be‚amte(r) *m*: **chief ~** *Am.* a) Präsi'dent *m*, b) Gouver'neur *m*, c) Bürgermeister *m*; **mag·is·trates' court** ⚖️ erstinstanzliches Gericht für einfache Fälle.

Mag·na C(h)ar·ta [ˌmægnəˈkɑːtə] *s*. **1.** *hist.* Magna Charta (*der große Freibrief des englischen Adels* [*1215*]); **2.** Grundgesetz *n*.

mag·na·nim·i·ty [ˌmægnəˈnɪmətɪ] *s*. Edelmut *m*, Großmut *f*; **mag·nan·i·mous** [mægˈnænɪməs] *adj.* □ großmütig, hochherzig.

mag·nate [ˈmægneɪt] *s*. **1.** Ma'gnat *m*: a) 'Großindustri‚elle(r) *m*, b) Großgrundbesitzer *m*; **2.** Größe *f*, einflußreiche Per'sönlichkeit.

mag·ne·sia [mægˈniːʃə] *s*. 🔥 Ma'gnesia *f*, Ma'gnesium‚oxyd *n*; **mag·ne·sian** [-ʃn] *adj.* **1.** Magnesia…; **2.** Magnesium…; **mag·ne·si·um** [-iːzjəm] *s*. 🔥 Ma'gnesium *n*.

mag·net [ˈmægnɪt] *s*. Ma'gnet *m* (*a. fig.*); **mag·net·ic** [mægˈnetɪk] *adj.* (□ **~ally**) **1.** ma'gnetisch, Magnet…(*-feld, -kompaß, -nadel, -pol etc.*): **~ attraction** magnetische Anziehung(skraft) (*a. fig.*); **~ declination** Mißweisung *f*; **~ tape recorder** Magnettongerät *n*; **2.** *fig.* faszinierend, anziehend; **mag·net·ics** [mægˈnetɪks] *s. pl.* (*mst sg. konstr.*) Wissenschaft *f* vom Magne-

'tismus; '**mag·net·ism** [-tɪzəm] *s*. **1.** *phys.* Magne'tismus *m*; **2.** *fig.* (ma'gnetische) Anziehungskraft; **mag·net·i·za·tion** [ˌmægnɪtaɪˈzeɪʃn] *s*. Magnetisierung *f*; '**mag·net·ize** [-taɪz] *v/t.* **1.** magnetisieren; **2.** *fig.* (wie ein Ma'gnet) anziehen, fesseln; '**mag·net·iz·er** [-taɪzə] *s*. ⚡ Magneti'seur *m*.

mag·ne·to [mægˈniːtəʊ] *pl.* **-tos** *s*. ⚡ Ma'gnetzünder *m*.

magneto- [mægˈniːtəʊ] *in Zssgn* Magneto…; **mag·ne·to·e·lec·tric** [mægˌniːtəʊɪˈlektrɪk] *adj.* ma'gneto-e‚lektrisch.

mag·ni·fi·ca·tion [ˌmægnɪfɪˈkeɪʃn] *s*. **1.** Vergrößern *n*; **2.** Vergrößerung *f*; **3.** *phys.* Vergrößerungsstärke *f*; **4.** ⚡ Verstärkung *f*.

mag·nif·i·cence [mægˈnɪfɪsns] *s*. Großartigkeit *f*, Herrlichkeit *f*; **mag·nif·i·cent** [-nt] *adj.* □ großartig, prächtig, herrlich (a. F *fig.*).

mag·ni·fi·er [ˈmægnɪfaɪə] *s*. **1.** Vergrößerungsglas *n*, Lupe *f*; **2.** ⚡ Verstärker *m*; **3.** Verherrlicher *m*; **mag·ni·fy** [ˈmægnɪfaɪ] *v/t. opt. u. fig.* **1.** vergrößern: **~ing glass** → **magnifier** 1; **2.** *fig.* aufbauschen; **3.** ⚡ verstärken.

mag·nil·o·quence [mægˈnɪləʊkwəns] *s*. **1.** Großspreche'rei *f*; **2.** Schwulst *m*, Bom'bast *m*; **mag·nil·o·quent** [-nt] *adj.* □ **1.** großsprecherisch; **2.** hochtrabend, bom'bastisch.

mag·ni·tude [ˈmægnɪtjuːd] *s*. Größe *f*, Größenordnung *f* (*a. ast.*, ⚕️), *fig. a.* Ausmaß *n*, Schwere *f*: **a star of the first ~** ein Stern erster Größe; **of the first ~** von äußerster Wichtigkeit.

mag·no·li·a [mægˈnəʊljə] *s*. ❦ Ma'gnolie *f*.

mag·num [ˈmægnəm] *s*. Zwei'quartflasche *f* (*etwa 2 l enthaltend*); **~ o·pus** [-ˈəʊpəs] *s*. Meister-, Hauptwerk *n*.

mag·pie [ˈmægpaɪ] *s*. **1.** *zo.* Elster *f*; **2.** *fig.* Schwätzer(in); **3.** *fig.* sammelwütiger Mensch; **4.** *Scheibenschießen*: zweiter Ring von außen.

ma·gus [ˈmeɪgəs] *pl.* **-gi** [-dʒaɪ] *s*. **1.** 🔹 *antiq.* persischer Priester; **2.** Zauberer *m*; **3.** *a.* 🔹 *sg. von* **Magi**.

ma·ha·ra·ja(h) [ˌmɑːhəˈrɑːdʒə] *s*. Maha'radscha *m*; **ma·ha·ra·nee** [-ˈɑːniː] *s*. Maha'rani *f*.

mahl·stick [ˈmɔːlstɪk] → **maulstick**.

ma·hog·a·ny [məˈhɒgənɪ] I *s*. **1.** ❦ Maha'gonibaum *m*; **2.** Maha'goni(holz) *n*; **3.** Maha'goni(farbe *f*) *n*; **4.** *have* (*put*) **one's feet under s.o.'s ~** F *j-s* Gastfreundschaft genießen; II *adj.* **5.** Mahagoni…; **6.** maha'gonifarben.

ma·hout [məˈhaʊt] *s. Brit. Ind.* Ele-'fantentreiber *m*.

maid [meɪd] *s*. **1.** (junges) Mädchen, *poet. u. iro.* Maid *f*: **~ of hono(u)r** a) Ehren-, Hofdame *f*, b) *Am.* erste Brautjungfer; **old ~** alte Jungfer; **2.** (Dienst)Mädchen *n*, Magd *f*: **~-of-all-work** *bsd. fig.* Mädchen für alles; **3.** *poet.* Jungfrau *f*: **the 🔹** (**of Orleans**)

maid·en [ˈmeɪdn] I *adj.* **1.** mädchenhaft, Mädchen…: **~ name** Mädchenname *e-r* Frau; **2.** jungfräulich, unberührt (*a. fig.*): **~ soil** 3. unverheiratet: **~ aunt**. **4.** Jungfern…, Antritts…: **~ flight** ⚓ Jungfernflug *m*; **~ speech** *parl.* Jungfernrede *f*; **~ voyage** ⚓ Jungfernfahrt *f*; II *s*. **5.** → **maid** 1; **6.** *Scot. hist.* Guillo-'tine *f*; **7.** *Rennsport*: a) Maiden *n*

(*Pferd, das noch nie gesiegt hat*), b) Rennen *n* für Maidens; '**~·hair** (**fern**) *s*. ❦ Frauenhaar(farn *m*) *n*; '**~·head** *s*. **1.** → **maidenhood**; **2.** *anat.* Jungfernhäutchen *n*; '**~·hood** [-hʊd] *s*. **1.** Jungfräulichkeit *f*, Jungfernschaft *f*; **2.** Jung-'mädchenzeit *f*.

maid·en·like [ˈmeɪdnlaɪk], **maid·en·ly** [-lɪ] *adj.* **1.** → **maiden** 1; **2.** jungfräulich, züchtig.

'**maid‚serv·ant** → **maid** 2.

mail¹ [meɪl] I *s*. **1.** Post(sendung) *f*, *bsd.* Brief- *od.* Pa'ketpost *f*: **by ~** *Am.* mit der Post; **by return ~** *Am.* postwendend, umgehend; **incoming ~** Posteingang *m*; **outgoing ~** Postausgang *m*; **2.** Briefbeutel *m*, Postsack *m*; **3.** Post (-dienst *m*) *f*: **the Federal 🔹s** *Am.* die Bundespost; **4.** Postversand *m*; **5.** Postauto *n*, -boot *n*, -bote *m*, -flugzeug *n*, -zug *m*; II *adj.* **6.** Post…: **~-boat** Post-, Paketboot *n*; III *v/t.* **7.** *bsd. Am.* (ab-)schicken, aufgeben; zuschicken (**to** *dat.*): **~ing list** ✝ Adressenliste *f*, -kartei *f*.

mail² [meɪl] I *s*. **1.** Kettenpanzer *m*: **coat of ~** Panzerhemd *n*; **2.** (Ritter-) Rüstung *f*; **3.** *zo.* Panzer *m*; II *v/t.* **4.** panzern.

mail·a·ble [ˈmeɪləbl] *adj. Am.* postversandfähig.

'**mail‚bag** *s*. Postbeutel *m*; '**~·box** *s*. *Am.* Briefkasten *m*; '**~·car** *s*. *Am.* Postwagen *m*; '**~‚car·ri·er** *s*. → **mailman**; '**~-clad** *adj.* gepanzert; '**~·coach** *s*. *Brit.* **1.** Postwagen *m*; **2.** *hist.* Postkutsche *f*.

mailed [meɪld] *adj.* gepanzert (a. *zo.*): **the ~ fist** *fig.* die eiserne Faust.

'**mail‚man** [-mən] *s*. [*irr.*] *Am.* Briefträger *m*; **~ or·der** *s*. ✝ Bestellung *f* (*von Waren*) durch die Post; '**~-‚or·der** *adj.* Postversand…: **~ business** Versandhandel *m*; **~ catalog(ue)** Versandhauskatalog *m*; **~ house** (Post)Versandgeschäft *n*.

maim [meɪm] *v/t.* verstümmeln (a. *fig. Text*); zum Krüppel machen; lähmen (a. *fig.*).

main [meɪn] I *adj.* □ → **mainly**; **1.** Haupt…, größt, wichtigst, vorwiegend, hauptsächlich: **~ clause** *ling.* Hauptsatz *m*; **~ deck** ⚓ Hauptdeck *n*; **~ girder** △ Längsträger *m*; **~ office** Hauptbüro *n*; **~ road** Hauptverkehrsstraße *f*; **the ~ sea** die offene *od.* hohe See; **~ station** a) *teleph.* Hauptanschluß *m*, b) 🚉 Hauptbahnhof *m*; **the ~ thing** die Hauptsache; **by ~ force** mit äußerster Kraft, mit (aller) Gewalt; **2.** 🔹 groß, Groß…: **~ brace** Großbrasse *f*; II *s*. **3.** *mst pl.* a) Haupt(gas- *etc.*)leitung *f*: (**gas**) **~s**; (**water**) **~s**, b) ⚡ Haupt-, Stromleitung *f*, c) (Strom)Netz *n*: **operating on the ~s**, **~s-operated** mit Netzanschluß *od.* -betrieb; **~s adapter** Netzteil *n*; **~s failure** Stromausfall *m*; **~s voltage** Netzspannung *f*; **4.** a) Hauptrohr *n*, b) Hauptkabel *n*; **5.** 🔥 *Am.* Hauptlinie *f*; **6.** Hauptsache *f*, Kern *m*: **in** (*Am. a. for*) **the ~** hauptsächlich, in der Hauptsache; **7.** *poet.* die hohe See; **8.** → **might²** 2; '**~ chance** *s*.: **have an eye to the ~** s-n eigenen Vorteil im Auge haben; '**~·frame** *s. Computer*: Großrechner *m*; '**~ fuse** *s*. ⚡ Hauptsicherung *f*; '**~·land** [-lənd] *s*.

Festland *n*; ~ **line** *s.* **1.** 🔥 *etc.*, *a.* ✕ Hauptlinie *f*: ~ *of resistance* Haupt-kampflinie *f*; **2.** *Am.* Hauptverkehrs-straße *f*; **3.** *sl.* a) Hauptvene *f*, b) ‚Schuß' *m* (*Heroin etc.*); '~**line** *v/i. sl.* ‚fixen'; '~**lin·er** *s. sl.* ‚Fixer(in)'.
main·ly ['meɪnlɪ] *adv.* hauptsächlich, vorwiegend.
main|·mast ['meɪnˌmɑːst; ♣ -məst] *s.* Großmast *m*; ~·**sail** ['meɪnseɪl; ♣ -sl] *s.* ♣ Großsegel *n*; '~·**spring** *s.* **1.** Haupt-feder *f* (*Uhr etc.*); **2.** *fig.* (Haupt)Trieb-feder *f*, treibende Kraft; '~·**stay** *s.* **1.** ♣ Großstag *n*; **2.** *fig.* Hauptstütze *f*; '~·**stream** *s. fig.* Hauptströmung *f*; 🜛 **Street** *adj. Am.* provinzi'ell-materia'li-stisch.
main·tain [meɪn'teɪn] *v/t.* **1.** *Zustand, gute Beziehungen etc.* (aufrecht)erhal-ten, *e-e Haltung etc.* beibehalten, *Ruhe u. Ordnung etc.* (be)wahren: ~ *a price* ♥ e-n Preis halten; **2.** in'stand halten, pflegen, ⚙ *a.* warten; **3.** *Briefwechsel etc.* unter'halten, (weiter)führen; **4.** (*in e-m bestimmten Zustand*) lassen, be-wahren: ~ *s.th. in* (*an*) *excellent con-dition*; **5.** *Familie etc.* unter'halten, ver-sorgen; **6.** behaupten (*that* daß, *to* zu); **7.** *Meinung, Recht etc.* verfechten; auf *e-r Forderung* bestehen: ~ *an action* 🜪 e-e Klage anhängig machen; **8.** *j-n* un-ter'stützen, *j-m* beipflichten; 🜪 *e-e Pro-zeßpartei* 'widerrechtlich unterstützen; **9.** nicht aufgeben, behaupten: ~ *one's ground bsd. fig.* sich behaupten; **main'tain·a·ble** [-nəbl] *adj.* vertret-bar, haltbar; **main'tain·er** [-nə] *s.* Un-ter'stützer *m*: a) Verfechter *m* (*Mei-nung etc.*), b) Versorger *m*; **main'tain-or** [-nə] *s.* 🜪 außenstehender Pro'zeß-treiber; **main·te·nance** ['meɪntənəns] *s.* **1.** In'standhaltung *f*, Erhaltung *f*; **2.** ⚙ Wartung *f*: ~ *man* Wartungsmonteur *m*; ~-*free* wartungsfrei; **3.** 'Unter-halt(smittel *pl.*) *m*: ~ *grant* Unterhalts-zuschuß *m*; ~ *order* 🜪 Anordnung *f* von Unterhaltszahlungen; **4.** Aufrecht-erhaltung *f*, Beibehalten *n*; **5.** Behaup-tung *f*, Verfechtung *f*; **6.** 🜪 'ille₂gale Unter'stützung e-r pro'zeßführenden Par'tei.
'**main|·top** *s.* ♣ Großmars *m*; ~ **yard** *s.* ♣ Großrah(e) *f*.
mai·son·(n)ette [ˌmeɪzə'net] *s.* **1.** Mai-so'nette *f*; **2.** Einliegerwohnung *f*.
maize [meɪz] *s. Brit.* ♥ Mais *m*.
ma·jes·tic [mə'dʒestɪk] *adj.* (□ ~*ally*) maje'stätisch; **maj·es·ty** ['mædʒəstɪ] *s.* **1.** Maje'stät *f*: *His* (*Her*) 🜛 Seine (Ihre) Majestät; *Your* 🜛 Eure Majestät; **2.** *fig.* Maje'stät *f*, Erhabenheit *f*, Hoheit *f*.
ma·jol·i·ca [mə'jɒlɪkə] *s.* Ma'jolika *f*.
ma·jor ['meɪdʒə] *I s.* **1.** Ma'jor *m*; **2.** 🜪 Volljährige(r *m*) *f*, Mündige(r *m*) *f*; **3.** *hinter Eigennamen:* der Ältere; **4.** ♪ a) Dur *n*, b) 'Durak₂kord *m*, c) Durtonart *f*; **5.** *phls.* a) ~ *term* Oberbegriff *m*, b) *a.* ~ *premise* Obersatz *m*; **6.** *univ. Am.* Hauptfach *n*; **II** *adj.* **7.** größer (*a. fig.*); *fig.* bedeutend: ~ *attack* Großan-griff *m*; ~ *event bsd. sport* Großveran-staltung *f*, *weitS.* ‚große Sache'; ~ *re-pair* größere Reparatur; ~ *sharehold-er* Großaktionär(in); → *operation* 9; **8.** 🜪 volljährig, mündig; **9.** ♪ a) groß (*Terz etc.*), b) Dur...: ~ *key* Durtonart *f*; *C* ~ C-Dur *n*; **III** *v/t.* **10.** (*v/i.* ~ *in*)

Am. als Hauptfach studieren; ﹐~'**gen-er·al** *s.* ✕ Gene'ralmaⱼor *m*.
ma·jor·i·ty [mə'dʒɒrətɪ] *s.* **1.** Mehrheit *f*: ~ *of votes* (Stimmen)Mehrheit, Majo-rität *f*; ~ *decision* Mehrheitsbeschluß *m*; ~ *leader Am.* Fraktionsführer *m* der Mehrheitspartei; ~ *rule* Mehrheitsre-gierung *f*; *in the* ~ *of cases* in der Mehrzahl der Fälle; *join the* ~ a) sich der Mehrheit anschließen, b) zu den Vätern versammelt werden (*sterben*); *win by a large* ~ mit großer Mehrheit gewinnen; **2.** 🜪 Voll-, Großjährigkeit *f*; **3.** ✕ Ma'jorsrang *m*, -stelle *f*.
ma·jor| league *s. sport Am.* oberste Spielklasse; ~ **mode** *s.* ♪ Dur(tonart *f*) *n*; ~ **scale** *s.* Durtonleiter *f*.
ma·jus·cule ['mædʒəskjuːl] *s.* Ma'juskel *f*, großer Anfangsbuchstabe.

make [meɪk] **I** *s.* **1.** a) Mach-, Bauart *f*, Form *f*, b) Erzeugnis *n*, Fabri'kat *n*: *our own* ~ (unser) eigenes Fabrikat; *of best English* ~ beste englische Quali-tät; **2.** *Mode:* Schnitt *m*, Fas'son *f*; **3.** ♥ a) (Fa'brik)Marke *f*, b) ⚙ Typ *m*, Bau (-art *f*) *m*; **4.** (*Körper*)Bau *m*; **5.** Anfer-tigung *f*, Herstellung *f*; **6.** 🜪 Schließen *n* (*Stromkreis*): *be at* ~ geschlossen sein; **7.** *be on the* ~ *sl.* a) auf Geld (*od.* e-n Vorteil) aussein, ‚schwer dahinterher' sein, b) auf ein (sexuelles) Abenteuer aussein; **II** *v/t.* [*irr.*] **8.** *allg. z. B. Ein-käufe, Einwände, Feuer, Reise, Versuch* machen; *Frieden schließen; e-e Rede* halten; → *face* 2, *war* 1 *etc.*; **9.** ma-chen: a) anfertigen, herstellen, erzeu-gen (*from, of, out of* von, aus), b) verarbeiten, bilden, formen (*to, into* in *acc.*, zu), c) *Tee etc.* (zu)bereiten, d) *Gedicht etc.* verfassen; **10.** errichten, bauen, *Garten, Weg etc.* anlegen; **11.** (er)schaffen: *God made man* Gott schuf den Menschen; *you are made for this job* du bist für diese Arbeit wie geschaffen; **12.** *fig.* machen zu: *he made her his wife*; *to* ~ *enemies of* sich zu Feinden machen; **13.** ergeben, bilden, entstehen lassen: *many brooks* ~ *a river*; *oxygen and hydrogen* ~ *water* Wasserstoff u. Sauerstoff bilden Wasser; **14.** verursachen: a) *ein Ge-räusch, Lärm, Mühe, Schwierigkeiten* machen, b) bewirken, (mit sich) brin-gen: *prosperity* ~*s contentment*; **15.** (er)geben, den Stoff abgeben zu, die-nen als (*Sache*): *this* ~*s a good article* das gibt e-n guten Artikel; *this book* ~*s good reading* dieses Buch liest sich gut; **16.** sich erweisen als (*Person*): *he would* ~ *a good salesman* er würde e-n guten Verkäufer abgeben; *she made him a good wife* sie war ihm e-e gute Frau; **17.** bilden, (aus)machen: *this* ~*s the tenth time* das ist das zehn-te Mal; → *difference* 1, *one* 6, *party* 2; **18.** (*mit adj., p.p. etc.*) machen: ~ *an-gry* zornig machen, erzürnen; ~ *known* bekanntmachen, -geben; → *make good*; **19.** (*mit folgendem s.*) machen zu, ernennen zu: *they made him a general, he was made a general* er wurde zum General ernannt; *he made himself a martyr* er wurde zum Märty-rer; **20.** *mit inf.* (*act. ohne to, pass. mit to*) *j-n* veranlassen, lassen, zwingen, zwingen *od.* nötigen zu: ~ *s.o. wait* j-n warten lassen; *we made him talk* wir

brachten ihn zum Sprechen; *they made him repeat it* man ließ es ihn wiederholen; ~ *s.th. do*, ~ *do with s.th.* mit et. auskommen, sich mit et. behelfen; **21.** *fig.* machen: ~ *much of* a) viel Wesens um et. *od.* j-n machen, b) sich viel aus *et.* machen, viel von *et.* halten; → *best* 7, *most* 3, *nothing Re-dew.*; **22.** sich *e-e* Vorstellung von et. machen, et. halten für: *what do you* ~ *of it?* was halten Sie davon?; **23.** F *j-n* halten für: *I* ~ *him a greenhorn*; **24.** schätzen auf (*acc.*): *I* ~ *the distance three miles*; **25.** feststellen: *I* ~ *it a quarter to five* nach m-r Uhr ist es viertel vor fünf; **26.** erfolgreich 'durch-führen: → *escape* 9; **27.** *j-m* zum Er-folg verhelfen, *j-s* Glück machen: *I can* ~ *and break you* ich kann aus Ihnen et. machen oder Sie auch fertigmachen; **28.** sich *ein Vermögen etc.* erwerben, verdienen, *Geld, Profit* machen, *Ge-winn* erzielen; → *name Redew.*; **29.** ‚schaffen': a) *Strecke* zu'rücklegen: *can we* ~ *it in 3 hours?* b) *Geschwindigkeit* erreichen: ~ *60 mph.*; **30.** F *et.* errei-chen, ‚schaffen', *akademischen Grad* erlangen, *sport etc. Punkte, a. Schulno-te* erzielen, *Zug* erwischen: ~ *it* es schaf-fen; ~ *the team* in die Mannschaft auf-genommen werden; **31.** *sl. Frau* ‚umle-gen' (*verführen*); **32.** ankommen in (*dat.*), erreichen: ~ *port* ♣ in den Ha-fen einlaufen; **33.** ♣ sichten, ausma-chen: ~ *land*; **34.** *Brit.* Mahlzeit ein-nehmen; **35.** *Fest etc.* veranstalten; **36.** *Preis* festsetzen, machen; **37.** *Karten-spiel:* a) *Karten* mischen, b) *Stich* ma-chen; **38.** 🜪 *Stromkreis* schließen; **39.** *ling. Plural etc.* bilden, werden zu; **40.** sich belaufen auf (*acc.*), ergeben, ma-chen: *two and two* ~ *four* 2 u. 2 macht *od.* ist 4; **III** *v/i.* [*irr.*] **41.** sich anschik-ken, den Versuch machen (*to do* zu tun): *he made to go* er wollte gehen; **42.** (*to* nach) a) sich begeben *od.* wen-den, b) führen, gehen (*Weg etc.*), sich erstrecken, c) fließen (*Weg etc.*), **43.** einsetzen (*Ebbe, Flut*), (an)steigen (*Flut etc.*); **44.** ~ *as if* (*od. as though*) so tun als ob *od.* als wenn: ~ *believe* (*that od. to do*) vorgeben (daß *od.* zu tun); **45.** ~ *like Am. sl.* sich verhalten wie: ~ *like a father*;

Zssgn mit prp.:

make| **af·ter** *v/i. obs. j-m* nachsetzen, *j-n* verfolgen; ~ **a·gainst** *v/i.* **1.** ungün-stig sein für, schaden (*dat.*); **2.** spre-chen gegen (*a. fig.*); ~ **for** *v/i.* **1.** a) zugehen auf (*acc.*), sich aufmachen nach, zustreben (*dat.*), b) ♣ lossteuern (*a. fig.*) *od.* Kurs haben auf (*acc.*), c) sich stürzen auf (*acc.*); **2.** beitragen zu, förderlich sein *od.* dienen (*dat.*): *it makes for his advantage* es wirkt sich für ihn günstig aus; *the aerial makes for better reception* die Antenne ver-bessert den Empfang; ~ **to·ward(s)** *v/i.* zugehen auf (*acc.*), sich bewegen nach, sich nähern (*dat.*); ~ **with** *v/i. Am. sl.* loslegen mit: ~ *the feet!* nun lauf schon!

Zssgn mit adv.:

make| **a·way** *v/i.* sich da'vonmachen: ~ *with* a) sich davonmachen mit (*Geld etc.*), b) *et. od.* j-n beseitigen, aus dem Weg(e) räumen, c) *Geld etc.* durchbringen, d) sich entledigen (*gen.*); **~ good I** *v/t.* **1.** a) (wieder)'gutmachen, b) ersetzen, vergüten; **~ a deficit** ein Defizit decken; **2.** begründen, rechtfertigen, nachweisen; **3.** *Versprechen, sein Wort* halten; **4.** *den Erwartungen* entsprechen; **5.** *Flucht etc.* glücklich bewerkstelligen; **6.** (*berufliche etc.*) *Stellung* ausbauen; **II** *v/i.* **7.** sich 'durchsetzen, sein Ziel erreichen; **8.** sich bewähren, den Erwartungen entsprechen; **~ off** *v/i.* sich da'vonmachen, ausreißen (**with** mit *Geld etc.*); **~ out I** *v/t.* **1.** *Scheck etc.* ausstellen; *Urkunde* ausfertigen; *Liste etc.* aufstellen; **2.** ausmachen, erkennen; **3.** *Sachverhalt etc.* feststellen, her'ausbekommen; **4.** a) *j-n* ausfindig machen, b) aus *j-m od. et.* klug werden; **5.** entziffern; **6.** a) behaupten, b) beweisen, c) *j-n als Lügner etc.* hinstellen; **7.** *Am.* mühsam zustande bringen; **8.** *Summe* voll machen; **9.** halten für; **II** *v/i.* **10.** *bsd. Am.* F Erfolg haben: **how did you ~?** wie haben Sie abgeschnitten?; **11.** *bsd. Am.* (*mit j-m*) auskommen; **12.** vorgeben, (so) tun (als ob); **~ o·ver** *v/t.* **1.** *Eigentum* über'tragen, -'eignen, vermachen; **2.** 'umbauen; *Anzug etc.* 'umarbeiten; **~ up I** *v/t.* **1.** bilden, zs.-setzen: **be made up of** bestehen *od.* sich zs.-setzen aus; **2.** *Arznei, Bericht etc.* zs.-stellen; *Schriftstück* aufsetzen; *Liste etc.* aufstellen; *Paket* (ver-)packen, verschnüren; **3.** *a. thea.* zu'rechtmachen, schminken, pudern; **4.** *Geschichte etc.* sich ausdenken, *a. b.s.* erfinden: **a made-up story**; **5.** a) *Versäumtes* nachholen; → **leeway** 2, b) 'wiedergewinnen: **~ lost ground**; **6.** ersetzen, vergüten; **7.** *Rechnung, Konten* ausgleichen; *Bilanz* ziehen; → **account** 5; **8.** *Streit etc.* beilegen; **9.** ver'vollständigen, *Fehlendes* ergänzen, *Betrag, Gesellschaft etc.* voll machen; **10.** *make it up* a) es wieder'gutmachen, b) → 17; **11.** *typ.* um'brechen; **II** *v/i.* **12.** sich zu'rechtmachen, *bsd.* sich pudern *od.* schminken; **13.** (*for*) Ersatz leisten, als Ersatz dienen (für), vergüten (*acc.*); **14.** aufholen, wieder'gutmachen, wettmachen (*for acc.*): **~ for lost time** die verlorene Zeit wieder wettzumachen suchen; **15.** *Am.* sich nähern (**to** *dat.*); **16.** (**to**) F (*j-m*) schöntun, sich anbiedern (bei *j-m*), sich her'anmachen (an *j-n*); **17.** sich versöhnen *od.* wieder vertragen (**with** mit).

make| and break *s.* ⚡ Unter'brecher *m*; **~-and-'break** *adj.* ⚡ zeitweilig unter'brochen: **~ contact** Unterbrecherkontakt *m*; **'~-be,lieve I** *s.* **1.** a) Vorstellung *f*, b) Heuche'lei *f*; **2.** Vorwand *m*; **3.** Schein *m*, Spiegelfechte'rei *f*; **II** *adj.* **4.** vorgeblich, scheinbar, falsch: **~ world** Scheinwelt *f*.

mak·er ['meɪkə] *s.* **1.** a) Macher *m*, Verfertiger *m*; Aussteller(in) *e-r Urkunde*, b) ✝ Hersteller *m*, Erzeuger *m*; **2. the 2** der Schöpfer (*Gott*): **meet one's ~** das Zeitliche segnen.

'make|-,ready *s. typ.* Zurichtung *f*; **'~-shift I** *s.* Notbehelf *m*; **II** *adj.* behelfsmäßig, Behelfs..., Not...

'make-up *s.* **1.** Aufmachung *f*: a) *Film etc.*: Ausstattung *f*, Kostümierung *f*, Maske *f*: **~ man** Maskenbildner *m*, b) Verpackung *f*, ✝ Ausstattung *f*: **~**

charge Schneiderei: Macherlohn *m*; **2.** Schminke *f*, Puder *m*; **3.** Make-up *n*: a) Schminken *n*, b) Pudern *n*; **4.** *fig. humor.* Aufmachung *f*, (Ver)Kleidung *f*; **5.** Zs.-setzung *f*; *sport* (Mannschafts-) Aufstellung *f*; **6.** Körperbau *m*; **7.** Veranlagung *f*, Na'tur *f*; **8.** *fig. humor. Am.* erfundene Geschichte; **9.** *typ.* 'Umbruch *m*.

'make·weight *s.* **1.** (Gewichts)Zugabe *f*, Zusatz *m*; **2.** Gegengewicht *n* (*a. fig.*); **3.** *fig.* a) Lückenbüßer *m* (*Person*), b) Notbehelf *m*.

mak·ing ['meɪkɪŋ] *s.* **1.** Machen *n*: **this is of my own ~** das habe ich selbst gemacht; **2.** Erzeugung *f*, Herstellung *f*, Fabrikati'on *f*: **be in the ~** *a. fig.* im Werden *od.* im Kommen *od.* in der Entwicklung sein; **3.** a) Zs.-setzung *f*, b) Verfassung *f*, c) Bau(art *f*) *m*, Aufbau *m*, d) Aufmachung *f*; **4.** Glück *n*, Chance *f*: **this will be the ~ of him** damit ist er ein gemachter Mann; **5.** *pl.* ('Roh)Materi,al *n* (*a. fig.*): **he has the ~s of** er hat das Zeug *od.* die Anlagen zu; **6.** *pl.* Pro'fit *m*, Verdienst *m*; **7.** *pl.* F *die* (nötigen) Zutaten *pl.*

mal- [mæl] *in Zssgn* a) schlecht, b) mangelhaft, c) übel) d) Miß..., un-

Mal·a·chi ['mæləkaɪ], *a.* **Mal·a·chi·as** [,mælə'kaɪəs] *npr. u. s. bibl.* (das Buch) Male'achi *m od.* Mala'chias *m*.

mal·a·chite ['mæləkaɪt] *s. min.* Mala'chit *m*, Kupferspat *m*.

mal·ad·just·ed [,mælə'dʒʌstɪd] *adj. psych.* nicht angepaßt, mi'licugestört; **,mal·ad'just·ment** [-smənt] *s.* **1.** mangelnde Anpassung, Mi'lieustörung *f*; ⚙ Falscheinstellung *f*; **3.** 'Mißverhältnis *n.*

'mal·ad,min·is'tra·tion *s.* **1.** schlechte Verwaltung; **2.** *pol.* 'Mißwirtschaft *f*.

,mal·a'droit *adj.* □ **1.** ungeschickt; **2.** taktlos.

mal·a·dy ['mælədɪ] *s.* Krankheit *f*, Gebrechen *n*, Übel *n* (*a. fig.*).

ma·la fi·de [,meɪlə'faɪdɪ] (*Lat.*) *adj. u. adv.* arglistig, *a.* ✝ bösgläubig.

ma·laise [mæ'leɪz] *s.* **1.** Unpäßlichkeit *f*; **2.** *fig.* Unbehagen *n*.

mal·a·prop·ism ['mæləprɒpɪzəm] *s.* (lächerliche) Wortverwechslung, 'Mißgriff *m*; **mal·ap·ro·pos** [,mæl'æprəpəʊ] **I** *adj.* **1.** unangebracht; **2.** unschicklich; **II** *adv.* **3.** a) zur Unzeit, b) im falschen Augenblick; **III** *s.* **4.** *et.* Unangebrachtes.

ma·lar ['meɪlə] *anat.* **I** *adj.* Backen...; **II** *s.* Backenknochen *m*.

ma·lar·i·a [mə'leərɪə] *s.* ♨ Ma'laria *f*; **ma·lar·i·al** [-əl], **ma·lar·i·an** [-ən], **ma·lar·i·ous** [-ɪəs] *adj.* Malaria..., ma'lariaverseucht.

ma·lar·k(e)y [mə'lɑ:kɪ] *s. Am. sl.* ,Quatsch' *m*, ,Käse' *m*.

Ma·lay [mə'leɪ] **I** *s.* **1.** Ma'laie *m*, Ma'laiin *f*; **2.** Ma'laiisch *n*; **II** *adj.* **3.** ma'laiisch; **Ma'lay·an** [-eɪən] *adj.* ma'laiisch.

'mal·con,tent I *adj.* unzufrieden (*a. pol.*); **II** *s.* Unzufriedene(r *m*) *f.*

male [meɪl] **I** *adj.* **1.** männlich (*a. biol. u.* ⚙): **~ child** Knabe *m*; **~ choir** Männerchor *m*; **~ cousin** Vetter *m*; **~ nurse** Krankenpfleger *m*; **~ plug** ⚡ Stecker *m*; **~ rhyme** männlicher Reim; **~ screw** Schraube(nspindel) *f*; **2.** *weitS.* männ-

lich, mannhaft; **II** *s.* **3.** a) Mann *m*, b) Knabe *m*: **~ model** Dressman *m*; **4.** *zo.* Männchen *n*; **5.** ♀ männliche Pflanze.

mal·e·dic·tion [,mælɪ'dɪkʃn] *s.* Fluch *m*, Verwünschung *f*; **,mal·e'dic·to·ry** [-ktərɪ] *adj.* verwünschend, Verwünschungs..., Fluch...

mal·e·fac·tor ['mælɪfæktə] *s.* Misse-, Übeltäter *m*; **'mal·e·fac·tress** [-trɪs] *s.* Misse-, Übeltäterin *f.*

ma·lef·ic [mə'lefɪk] *adj.* (□ **~ally**) ruchlos, bösartig; **ma'lef·i·cent** [-ɪsnt] *adj.* **1.** bösartig; **2.** schädlich (**to** für *od. dat.*); **3.** verbrecherisch.

ma·lev·o·lence [mə'levələns] *s.* 'Mißgunst *f*, Feindseligkeit *f* (**to** gegen), Böswilligkeit *f*; **ma'lev·o·lent** [-nt] *adj.* □ **1.** 'mißgünstig, widrig (*Umstände etc.*); **2.** feindselig, böswillig, übelwollend.

mal·fea·sance [mæl'fi:zəns] *s.* ⚖ strafbare Handlung.

,mal·for'ma·tion *s. bsd.* ♨ 'Mißbildung *f.*

,mal'func·tion I *s.* **1.** ♨ Funkti'onsstörung *f*; **2.** ⚙ schlechtes Funktionieren, Versagen *n*, De'fekt *m*; **II** *v/i.* **3.** schlecht funktionieren, de'fekt sein, versagen.

mal·ice ['mælɪs] *s.* **1.** Böswilligkeit *f*, Bosheit *f*; Arglist *f*, Tücke *f*; **2.** Groll *m*: **bear s.o. ~** j-m grollen, e-n Groll gegen j-n hegen; **3.** ⚖ (böse) Absicht, Vorsatz *m*: **with ~ aforethought** (*od.* **prepense**) vorsätzlich; **4.** (schelmische) Bosheit: **with ~** boshaft, maliziös; **ma·li·cious** [mə'lɪʃəs] *adj.* □ **1.** böswillig, boshaft; **2.** arglistig, (heim)tückisch; **3.** gehässig, **4.** hämisch; **5.** ⚖ böswillig, vorsätzlich; **6.** malizi'ös, boshaft; **ma·li·cious·ness** [mə'lɪʃəsnɪs] → **malice** 1, 2.

ma·lign [mə'laɪn] **I** *adj.* □ **1.** verderblich, schädlich; **2.** unheilvoll; **3.** böswillig; **4.** ♨ bösartig; **II** *v/t.* **5.** verleumden, beschimpfen.

ma·lig·nan·cy [mə'lɪgnənsɪ] *s.* Böswilligkeit *f*; Bösartigkeit *f* (*a.* ♨); Bosheit *f*; Arglist *f*; Schadenfreude *f*; **ma'lig·nant** [-nt] **I** *adj.* □ **1.** böswillig; bösartig (*a.* ♨); **2.** arglistig, (heim)tückisch; **3.** schadenfroh; **4.** gehässig; **II** *s.* **5.** *hist. Brit.* Roya'list *m*; **6.** Übelgesinnte(r *m*) *f*; **ma'lig·ni·ty** [-nəti] → **malignancy**.

ma·lin·ger [mə'lɪŋgə] *v/i.* sich krank stellen, simulieren, ,sich drücken'; **ma'lin·ger·er** [-ərə] *s.* Simu'lant *m*, Drückeberger *m*.

mall¹ [mɔ:l] *s.* **1.** Prome'nade(nweg *m*) *f*; **2.** Mittelstreifen *m* e-r Autobahn; **3.** *Am.* Einkaufszentrum, Fußgängerzone *f.*

mall² [mɔ:l] *s. orn.* Sturmmöwe *f.*

mal·lard ['mæləd] *pl.* **-lards**, *coll.* **-lard** *s. orn.* Stockente *f.*

mal·le·a·ble ['mælɪəbl] *adj.* **1.** ⚙ a) (kalt-) hämmerbar, b) dehn-, streckbar, c) verformbar; **2.** *fig.* gefügig, geschmeidig; **~ cast i·ron** ⚙ **1.** Tempereisen *n*; **2.** Temperguß *m*; **~ i·ron** ⚙ **1.** a) Schmiedeeisen *n*, b) schmiedbarer Guß; **2.** → **malleable cast iron**.

mal·le·o·lar [mə'li:ələ] *adj. anat.* Knöchel...

mal·let ['mælɪt] *s.* **1.** Holzhammer *m*, Schlegel *m*; **2.** ⚙, ⚒ Fäustel *m*: **~ toe** ♨

Hammerzehe *f*; **3.** *sport* Schlagholz *n*, Schläger *m*.

mal·low ['mæləʊ] *s.* ♀ Malve *f*.

malm [mɑːm] *s.* *geol.* Malm *m*.

mal·nu·tri·tion *s.* 'Unterernährung *f*, schlechte Ernährung.

mal·o·dor·ous [mæl'əʊdərəs] *adj.* übelriechend.

mal'prac·tice *s.* **1.** Übeltat *f*; **2.** ⚖ a) Vernachlässigung *f* der beruflichen Sorgfalt, b) Kunstfehler *m*, Fahrlässigkeit *f* *des Arztes*, c) Untreue *f* *im Amt etc.*

malt [mɔːlt] **I** *s.* **1.** Malz *n*: **~ kiln** Malzdarre *f*; **~ liquor** gegorener Malztrank, *bsd.* Bier *n*; **II** *v/t.* **2.** mälzen, malzen: **~ed milk** Malzmilch *f*; **3.** unter Zusatz von Malz herstellen; **III** *v/i.* **4.** zu Malz werden.

Mal·tese [ˌmɔːl'tiːz] **I** *s. sg. u. pl.* **1.** a) Mal'teser(in), b) Malteser *pl.*; **2.** *ling.* Mal'tesisch *n*; **II** *adj.* **3.** mal'tesisch, Malteser...; **~ cross** *s.* **1.** Mal'teserkreuz *n*; **2.** ♀ Brennende Liebe.

'malt-house *s.* Mälze'rei *f*.

malt·ose ['mɔːltəʊs] *s.* 🜍 Malzzucker *m*.

mal'treat *v/t.* **1.** schlecht behandeln, malträtieren; **2.** miß'handeln; **mal-** **'treat·ment** *s.* **1.** schlechte Behandlung; **2.** Miß'handlung *f*.

mal·ver·sa·tion [ˌmælvɜː'seɪʃn] *s.* ⚖ **1.** Amtsvergehen *n*; **2.** Veruntreuung *f*, 'Unterschleif *m*.

ma·mil·la [mæ'mɪlə] *pl.* **-lae** [-liː] *s.* **1.** *anat.* Brustwarze *f*; **2.** *zo.* Zitze *f*; **mam·il·lar·y** ['mæmɪlərɪ] *adj.* **1.** *anat.* Brustwarzen...; **2.** brustwarzenförmig.

mam·ma¹ [mə'mɑː] *s.* Mutti *f*.

mam·ma² ['mæmə] *pl.* **-mae** [-miː] *s.* **1.** *anat.* (weibliche) Brust, Brustdrüse *f*; **2.** *zo.* Zitze *f*, Euter *n*.

mam·mal ['mæml] *s.* *zo.* Säugetier *n*; **mam·ma·li·an** [mæ'meɪljən] *zo.* **I** *s.* Säugetier *n*; **II** *adj.* Säugetier...

mam·ma·ry ['mæmərɪ] *adj.* **1.** *anat.* Brust(warzen)..., Milch...: **~ gland** Milchdrüse *f*; **2.** *zo.* Euter...

mam·mil·la *etc. Am.* → **mamilla** *etc.*

mam·mo·gram ['mæməʊgræm] *s.* 🪡 Mammo'gramm *n*; **mam·mo·gra·phy** [mæ'mɒgrəfɪ] *s.* Mammogra'phie *f*.

mam·mon ['mæmən] *s.* Mammon *m*; **'mam·mon·ism** [-nɪzəm] *s.* Mammonsdienst *m*, Geldgier *f*.

mam·moth ['mæməθ] **I** *s.* *zo.* Mammut *n*; **II** *adj.* Mammut...(-*baum*, -*unternehmen etc.*), riesig, Riesen...

mam·my ['mæmɪ] *s.* **1.** F Mami *f*; **2.** *Am. obs.* (schwarzes) Kindermädchen.

man [mæn] **I** *pl.* **men** [men] *s.* **1.** Mensch *m*; **2.** *oft* ⚹ *coll.* (*mst ohne the*) der Mensch, die Menschen *pl.*, die Menschheit: **rights of ~** Menschenrechte; → **measure** 5; **3.** Mann *m*: **~ about town** Lebemann; **the ~ in the street** der Mann auf der Straße, der Durchschnittsmensch; **~ of God** Diener *m* Gottes; **~ of letters** a) Literat *m*, Schriftsteller *m*, b) Gelehrter *m*; **~ of all work** a) Faktotum *n*, b) Allerleitskerl *m*; **~ of straw** Strohmann *m*; **~ of the world** Weltmann *m*; **~ of few** (*many*) **words** Schweiger *m* (Schwätzer *m*); **Oxford ~** Oxforder (Akademiker) *m*; **I have known him ~ and boy** ich kenne ihn von Jugend auf; **be one's own ~** a)

sein eigener Herr sein, b) im Vollbesitz s-r Kräfte sein; **the ~ Smith** (besagter) Smith; **my good ~!** herablassend: mein lieber Herr!; → **honour** 1; **4.** *weitS.* a) Mann *m*, Per'son *f*, b) jemand, c) man: **a ~** jemand; **any ~** irgend jemand, jedermann; **no ~** niemand; **few men** wenige (Leute); **every ~ jack** F jeder einzelne; **~ by ~** Mann für Mann, einer nach dem andern; **as one ~** wie 'ein Mann, geschlossen; **to a ~** bis auf den letzten Mann; **give a ~ a chance** einem e-e Chance geben; **what can a ~ do in such a case?** was kann man da schon machen?; **5.** F Mensch *m*, Menschenskind *n*: **~ alive!** Menschenskind!; **hurry up, ~!** Mensch, beeil dich!; **6.** (Ehe)Mann *m*: **~ and wife** Mann u. Frau; **7.** a) Diener *m*, b) Angestellte(r) *m*, c) Arbeiter *m*: **men working** Baustelle (*Hinweis auf Verkehrsschildern*), d) *hist.* Lehnsmann *m*; **8.** ✕, ⚓ Mann *m*: a) Sol'dat *m*, b) ⚓ Ma'trose *m*, c) *pl.* Mannschaft *f*: **~ on leave** Urlauber *m*; **20 men** zwanzig Mann; **9.** *der* Richtige: **be the ~ for s.th.** der Richtige für et. (*e-e Aufgabe*) sein; **I am your ~!** ich bin Ihr Mann!; **10.** *Brettspiel:* Stein *m*, ('Schach)Fi,gur *f*; **II** *v/t.* **11.** ✕, ⚓ bemannen; *a. e-n Arbeitsplatz* besetzen; **12.** *fig. j-n* stärken: **~ o.s.** sich ermannen; **III** *adj.* **13.** männlich: **~ cook** Koch *m*.

man·a·cle ['mænəkl] **I** *s.* *mst pl.* (Hand-) Fessel *f*, -schelle *f* (*a. fig.*); **II** *v/t. j-m* Handfesseln *od.* -schellen anlegen, *j-n* fesseln (*a. fig.*).

man·age ['mænɪdʒ] **I** *v/t.* **1.** Geschäft *etc.* führen, verwalten; *Betrieb etc.* leiten; *Gut etc.* bewirtschaften; **2.** *Künstler etc.* managen; **3.** zu'stande bringen, bewerkstelligen, es fertigbringen (**to do** zu tun) (*a. iro.*): **he ~d to** (*inf.*) es gelang ihm zu (*inf.*); **4.** ,deichseln', ,managen': **~ matters** ,die Sache managen'; **5.** F *Arbeit, Essen* bewältigen, ,schaffen'; **6.** 'umgehen (können) mit: a) *Werkzeug etc.* handhaben, bedienen, b) *j-n* zu behandeln *od.* zu ,nehmen' wissen, c) *j-n* bändigen, mit *j-m etc.* fertigwerden: **I can ~ him** ich werde (schon) mit ihm fertig; **7.** lenken (*a. fig.*); **II** *v/i.* **8.** das Geschäft *od.* den Betrieb *etc.* führen; die Aufsicht haben; **9.** auskommen, sich behelfen (**with** mit); **10.** F a) ,es schaffen', 'durchkommen, zu Rande kommen, b) ermöglichen: **can you come? I'm afraid, I can't ~** (**it**) es geht leider nicht *od.* es ist mir leider nicht möglich; **man·age·a·ble** [-dʒəbl] *adj.* □ **1.** lenksam, fügsam; **2.** handlich, leicht zu handhaben(d); **'man·age·a·ble·ness** [-dʒəblnɪs] *s.* **1.** Lenk-, Fügsamkeit *f*; **2.** Handlichkeit *f*; **'man·age·ment** [-mənt] *s.* **1.** (Haus-*etc.*)Verwaltung *f*; **2.** ✝ Management *n*, Unter'nehmensführung *f*: **~ consultant** Unternehmensberater *m*; **~ industrial management**; **3.** ✝ Geschäftsleitung *f*, Direkti'on *f*: **under new ~** unter neuer Leitung; **labo(u)r and ~** Arbeitnehmer *pl.* u. Arbeitgeber *pl.*; **4.** ♪ Bewirtschaftung *f* (*Gut etc.*); **5.** Geschicklichkeit *f*, (kluge) Taktik; **6.** Kunstgriff *m*, Trick *m*; **7.** Handhabung *f*, Behandlung *f*; **'man·ag·er** [-dʒə] *s.* **1.** (Haus-*etc.*)Verwalter *m*; **2.** ✝ a) Manager *m*,

b) Führungskraft *f*, c) Geschäftsführer *m*, Leiter *m*, Di'rektor *m*: **board of ~s** Direktorium *n*; **3.** *thea.* a) Inten'dant *m*, b) Regis'seur *m*, c) Manager *m* (*a. sport*), Impre'sario *m*; **4.** **be a good ~** gut *od.* sparsam wirtschaften können; **man·ag·er·ess** [ˌmænɪdʒə'res] *s.* **1.** (Haus- *etc.*)Verwalterin *f*; **2.** ✝ a) Managerin *f*, b) Geschäftsführerin *f*, Leiterin *f*, Direk'torin *f*; **3.** Haushälterin *f*; **man·a·ge·ri·al** [ˌmænə'dʒɪərɪəl] *adj.* geschäftsführend, Direktions..., leitend: **~ functions**; **in ~ capacity** in leitender Stellung; **~ qualities** Führungsqualitäten; **~ staff** leitende Angestellte *pl.*

man·ag·ing ['mænɪdʒɪŋ] *adj.* geschäftsführend, leitend, Betriebs...; **~ board** *s.* ✝ Direk'torium *n*; **~ clerk** *s.* ✝ **1.** Geschäftsführer *m*; **2.** Bü'rovorsteher *m*; **~ com·mit·tee** *s.* ✝ Vorstand *m*; **~ di·rec·tor** *s.* ✝ Gene'raldi,rektor *m*, Hauptgeschäftsführer *m*.

Man·chu [ˌmæn'tʃuː] **I** *s.* **1.** Mandschu *m* (*Eingeborener der Mandschurei*); **2.** *ling.* Mandschu *n*; **II** *adj.* mand'schurisch; **Man·chu·ri·an** [mæn'tʃʊərɪən] → **Manchu** 1, 3.

man·da·mus [mæn'deɪməs] *s.* ⚖ *hist.* (*heute:* **order of ~**) Befehl *m* e-s höheren Gerichts an ein untergeordnetes.

man·da·rin¹ ['mændərɪn] *s.* **1.** *hist.* Manda'rin *m* (*chinesischer Titel*); **2.** ,hohes Tier' (*hoher Beamter*); **3.** ⚹ *ling.* Manda'rin *n*.

man·da·rin² ['mændərɪn] *s.* ♀ Manda'rine *f*.

man·da·tar·y ['mændətərɪ] *s.* ⚖ Manda'tar *m*: a) (Pro'zeß)Be,vollmächtigte(r) *m*, Sachwalter *m*, b) Manda'tarstaat *m*.

man·date ['mændeɪt] **I** *s.* a) Man'dat *n* (*a. parl.*), (Pro'zeß),Vollmacht *f*, b) Geschäftsbesorgungsauftrag *m*, c) Befehl *m* e-s übergeordneten Gerichts; **2.** *pol.* a) Man'dat *n* (*Schutzherrschaftsauftrag*), b) Man'dat(sgebiet) *n*; **3.** *R.C.* päpstlicher Entscheid; **II** *v/t.* **4.** *pol.* e-m Man'dat unter'stellen: **~d territory** Mandatsgebiet *n*; **man·da·tor** ['mændeɪtə] *s.* ⚖ Man'dant *m*, Vollmachtgeber *m*; **'man·da·to·ry** [-dətərɪ] **I** *adj.* **1.** ⚖ vorschreibend, Muß...: **~ regulation** Mußvorschrift *f*; **to make s.th. ~ upon s.o.** j-m et. vorschreiben; **2.** obliga'torisch, verbindlich, zwangsweise; **II** *s.* **3.** → **mandatary**.

man·di·ble ['mændɪbl] *s.* *anat.* **1.** Kinnbacken *m*, -lade *f*; **2.** 'Unterkieferknochen *m*.

man·do·lin(e) ['mændəlɪn] *s.* ♪ Mando'line *f*.

man·drake ['mændreɪk] *s.* ♀ Al'raun(e *f*) *m*; Al'raunwurzel *f*.

man·drel, *a.* **man·dril** ['mændrəl] *s.* ⚙ (Spann)Dorn *m*; (Drehbank)Spindel *f*; *für Holz:* Docke(nspindel) *f*.

mane [meɪn] *s.* Mähne *f* (*a. weitS.*).

'man-,eat·er *s.* **1.** Menschenfresser *m*; **2.** menschenfressendes Tier; **3.** F ,männermordendes Wesen' (*Frau*).

maned [meɪnd] *adj.* mit Mähne; Mähnen...: → **wolf**.

ma·nège, *a.* **ma·nege** [mæ'neɪʒ] *s.* **1.** Ma'nege *f*: a) Reitschule *f*, b) Reitbahn *f*, c) Reitkunst *f*; **2.** Gang *m*, Schule *f*; **3.** Zureiten *n*.

ma·nes ['mɑːneɪz] *s. pl.* Manen *pl.*

ma·neu·ver [mə'nu:və] *etc. Am.* → *ma-nœuvre etc.*

man·ful ['mænfʊl] *adj.* □ mannhaft, beherzt; **'man·ful·ness** [-nɪs] *s.* Mannhaftigkeit *f*; Beherztheit *f*.

man·ga·nate ['mæŋɡəneɪt] *s.* ♣ man'gansaures Salz; **man·ga·nese** ['mæŋɡəni:z] *s.* ♣ Man'gan *n*; **man·gan·ic** [mæŋ'ɡænɪk] *adj.* man'ganhaltig, Mangan...

mange [meɪndʒ] *s. vet.* Räude *f*.

man·gel-wur·zel ['mæŋɡl,wɜ:zl] *s.* ♀ Mangold *m*.

man·ger ['meɪndʒə] *s.* Krippe *f* (*a. ast.* ♋); Futtertrog *m*; → *dog Redew.*

man·gle¹ ['mæŋɡl] *v/t.* **1.** zerfleischen, -fetzen, -stückeln; **2.** *fig. Text* verstümmeln.

man·gle² ['mæŋɡl] **I** *s.* (Wäsche)Mangel *f*; **II** *v/t.* mangeln.

man·gler ['mæŋɡlə] *s.* Fleischwolf *m*.

man·go ['mæŋɡəʊ] *pl.* **-goes** [-z] *s.* Mango *f* (*Frucht*); Mangobaum *m*.

man·grove ['mæŋɡrəʊv] *s.* ♀ Man'grove(nbaum *m*) *f*.

man·gy ['meɪndʒɪ] *adj.* □ **1.** *vet.* krätzig, räudig; **2.** *fig.* a) eklig, b) schäbig.

'man·han·dle *v/t.* **1.** F miß'handeln; **2.** mit Menschenkraft bewegen *od.* befördern *od.* meistern.

'man·hole *s.* ⊙ Mann-, Einsteigloch *n*; (Straßen)Schacht *m*.

man·hood ['mænhʊd] *s.* **1.** Menschentum *n*; **2.** Mannesalter *n*; **3.** Männlichkeit *f*; **4.** Mannhaftigkeit *f*; **5.** *coll.* die Männer *pl.*

'man|-,hour *s.* Arbeitsstunde *f*; **'~-hunt** *s.* Großfahndung *f*.

ma·ni·a ['meɪnjə] *s.* **1.** ♣ Ma'nie *f*, Wahn(sinn) *m*, Besessensein *n*: *religious* ~ religiöses Irresein; **2.** *fig.* (*for*) Sucht *f* (nach), Leidenschaft *f* (für), Ma'nie *f*, ‚Fimmel' *m*: *collector's* ~ Sammlerwut *f*; *sport* ~ ,Sportfimmel'; **ma·ni·ac** ['meɪnɪæk] **I** *s.* Wahnsinnige(r *m*) *f*, Verrückte(r *m*) *f*; **II** *adj.* wahnsinnig, verrückt, irr(e); **ma·ni·a·cal** [mə'naɪəkl] *adj.* □ → *maniac* II.

ma·nic ['mænɪk] *psych.* **I** *adj.* manisch: ~-*depressive* manisch-depressiv(e Person); **II** *s.* manische Per'son.

man·i·cure ['mænɪˌkjʊə] **I** *s.* Mani'küre *f*: a) Hand-, Nagelpflege *f*, b) Hand-, Nagelpflegerin *f*; **II** *v/t. u. v/i.* mani'küren; **'man·i,cur·ist** [-ərɪst] *s.* Mani'küre *f* (*Person*).

man·i·fest ['mænɪfest] **I** *adj.* □ **1.** offenbar, -kundig, augenscheinlich, mani'fest (*a. ✱*); **II** *v/t.* **2.** offen'baren, bekunden, kundtun, manifestieren; **3.** be-, erweisen; **III** *v/i.* **4.** *pol.* Kundgebungen veranstalten; **5.** erscheinen (*Geister*); **IV** *s.* ♣ ♣ Ladungsverzeichnis *n*; **7.** ✈ ('Schiffs)Mani‚fest *n*, *bsd. Am.* ✈ Passa'gierliste *f*; **man·i·fes·ta·tion** [ˌmænɪfe'steɪʃn] *s.* **1.** Offen'barung *f*, Äußerung *f*, Manifestati'on *f*; **2.** (deutliches) Anzeichen, Sym'ptom *n*: ~ *of life* Lebensäußerung *f*; **3.** *pol.* Demonstrati'on *f*; **4.** Erscheinen *n e-s Geistes*; **man·i·fes·to** [ˌmænɪ'festəʊ] *s.* Mani'fest *n*: a) öffentliche Erklärung, b) *pol.* Grundsatzerklärung *f*, (Par'tei-, 'Wahl)Pro‚gramm *n*.

man·i·fold ['mænɪfəʊld] **I** *adj.* □ **1.** mannigfaltig, vielfach, -fältig; **2.** ⊙ Mehr(fach)..., Mehrzweck...; **II** *s.* **3.** ⊙

a) Sammelleitung *f*, b) Rohrverzweigung *f*: *intake* ~ *mot.* Einlaßkrümmer *m*; **4.** Ko'pie *f*, Abzug *m*; **III** *v/t.* **5.** *Text* vervielfältigen, hektographieren; ~ **pa-per** *s.* 'Manifold-Pa‚pier *n* (*festes Durchschlagpapier*); ~ **plug** *s.* ⚡ Vielfachstecker *m*; ~ **writ·er** *s.* Ver'vielfältigungsappa‚rat *m*.

man·i·kin ['mænɪkɪn] *s.* **1.** Männchen *n*, Knirps *m*; **2.** Glieder-, Schaufensterpuppe *f*, ('Anpro‚bier)Mo‚dell *n*; **3.** 🦴 ana'tomisches Mo'dell, Phan'tom *n*; **4.** → *mannequin f.*

Ma·nil·(l)a [mə'nɪlə] *s. abbr. für* a) ~ *cheroot*, b) ~ *hemp*, c) ~ *paper*, ~ **che·root** *s.* Ma'nilazi‚garre *f*; ~ **hemp** *s.* Ma'nilahanf *m*; ~ **pa·per** *s.* Ma'nila-pa‚pier *n*.

ma·nip·u·late [mə'nɪpjʊleɪt] **I** *v/t.* **1.** manipulieren, (künstlich) beeinflussen: ~ *prices*; **2.** (geschickt) handhaben; ⊙ bedienen; **3.** *j-n od. et.* manipulieren *od.* geschickt behandeln; **4.** *et.* ‚deichseln', ‚schaukeln'; **5.** *Konten etc.* ‚frisieren'; **II** *v/i.* **6.** manipulieren; **ma·nip·u·la·tion** [mə‚nɪpju'leɪʃn] *s.* **1.** Manipulati'on *f*: ~ *of currency*; **2.** (Kunst)Griff *m*, Verfahren *n*; **3.** *b.s.* Machenschaft *f*, Manipulati'on *f*; **ma'nip·u·la·tive** [-lətɪv] → *manipulatory*; **ma'nip·u·la·tor** [-tə] *s.* **1.** (geschickter) Handhaber; **2.** Drahtzieher *m*, Manipulierer *m*; **ma'nip·u·la·to·ry** [-lətərɪ] *adj.* **1.** durch Manipulati'on her'beigeführt; **2.** manipulierend; **3.** Handhabungs...

man·kind [mæn'kaɪnd] *s.* **1.** die Menschheit; **2.** *coll.* die Menschen *pl.*, der Mensch; **3.** ['mænkaɪnd] *coll.* die Männer *pl.*

'man·like *adj.* **1.** mcnschcnähnlich; **2.** wie ein Mann, männlich; **3.** → *mannish.*

man·li·ness ['mænlɪnɪs] *s.* **1.** Männlichkeit *f*; **2.** Mannhaftigkeit *f*; **man·ly** ['mænlɪ] *adj.* **1.** männlich; **2.** mannhaft; **3.** Mannes...: ~ *sports* Männersport *m*.

'man-made *adj.* Kunst..., künstlich: ~ *satellite*; ~ *fibre* (*Am.* **fiber**) ⊙ Kunstfaser *f*.

man·na ['mænə] *s. bibl.* Manna *n*, *f* (*a.* ♀ *u. fig.*).

man·ne·quin ['mænɪkɪn] *s.* **1.** Mannequin *n*: ~ *parade* Mode(n)schau *f*; **2.** → *manikin* 2.

man·ner ['mænə] *s.* **1.** Art *f* (und Weise *f*) (*et. zu tun*): *after* (*od.* in) *this* ~ auf diese Art *od.* Weise, so: *in such a* ~ (*that*) so *od.* derart (, daß); *in what* ~? wie?; *adverb of* ~ *ling.* Umstandswort der Art u. Weise, Modaladverb *n*; *in a* ~ auf e-e Art, gewissermaßen; *in a* ~ *of speaking* sozusagen; *all* ~ *of things* alles mögliche; *no* ~ *of doubt* gar kein Zweifel; *by no* ~ *of means* in keiner Weise; **2.** Art *f*, Betragen *n*, Auftreten *n*, Benehmen *n* (*to a.*): *I don't like his* ~ ich mag s-e Art nicht; *to the* ~ *born* hineingeboren (*in bestimmte Verhältnisse*), von Kind auf damit vertraut; *as to the* ~ *born* wie selbstverständlich, als ob er *etc.* es immer so getan hätte; **3.** *pl.* Benehmen *n*, 'Umgangsformen *pl.*, Ma'nieren *pl.*: *bad* (*good*) ~*s* gute (schlechte) Ma'nieren; *we shall teach them* ~*s* ,wir werden sie Mores lehren'; *it is bad* ~*s* es gehört sich nicht; **4.** *pl.* Sitten *pl.* (*u. Gebräu-*

che *pl.*); **5.** *paint. etc.* Stil(art *f*) *m*, Ma'nier *f*; **'man·nered** [-əd] *adj.* **1.** *mst in Zssgn* gesittet, geartet: *ill-*~ von schlechtem Benehmen, ungezogen; **2.** gekünstelt, manie'riert; **'man·ner·ism** [-ərɪzəm] *s.* **1.** *Kunst etc.*: Manie'rismus *m*, Künste'lei *f*; **2.** Manie'riertheit *f*, Gehabe *n*; **3.** eigenartige Wendung (*in der Rede etc.*); **'man·ner·li·ness** [-əlɪnɪs] *s.* gutes Benehmen, Ma'nierlichkeit *f*; **'man·ner·ly** [-əlɪ] *adj.* ma'nierlich, gesittet.

man·ni·kin → *manikin.*

man·nish ['mænɪʃ] *adj.* masku'lin, unweiblich.

ma·nœu·vra·ble [mə'nu:vrəbl] *adj.* **1.** ✕ manö'vrierfähig; **2.** ⊙ lenk-, steuerbar; *weitS.* (*a. fig.*) wendig, beweglich; **ma·nœu·vre** [mə'nu:və] **I** *s.* **1.** ✕, ♣ Ma'növer *n*: a) taktische Bewegung, b) Truppen-, ♣ Flottenübung *f*, ✈ 'Luftma‚növer *n*; **2.** *fig.* Ma'növer *n*, Schachzug *m*, List *f*; **II** *v/t. u. v/i.* **3.** manö'vrieren (*a. fig.*): ~ *s.o. into s.th.* j-n in et. hineinmanö'vrieren; **ma'nœu·vrer** [-vərə] *s. fig.* **1.** (schlauer) Taktiker; Intri'gant *m*.

man-of-war [ˌmænəv'wɔ:], *pl.* ‚**men-of-'war** [ˌmen-] *s.* ♣ Kriegsschiff *n*.

ma·nom·e·ter [mə'nɒmɪtə] *s.* ⊙ Mano-'meter *n*, Druckmesser *m*.

man·or ['mænə] *s.* **1.** Ritter-, Landgut *n*: *lord* (*lady*) *of the* ~ Gutsherr(in); **2.** *a.* ~ *house* Herrenhaus *f*; **ma·no·ri·al** [mə'nɔ:rɪəl] *adj.* herrschaftlich, (Ritter-) Guts..., Herrschafts...

man·qué(e *f*) *m* ['mã:ŋkeɪ] (*Fr.*) *adj.* verhindert, ‚verkracht': *a poet manqué.*

'man‚pow·er *s.* **1.** menschliche Arbeitskraft *od.* -leistung; **2.** 'Menschenpoten‚ti‚al *n*: *bsd.* a) Kriegsstärke *f* (*e-s Volkes*), b) (verfügbare) Arbeitskräfte *pl.*

man·sard ['mænsɑ:d] *s.* **1.** *a.* ~ *roof* Man'sardendach *n*; **2.** Man'sarde *f*.

'man‚serv·ant *pl.* **'men‚serv·ants** *s.* Diener *m*.

man·sion ['mænʃn] *s.* **1.** (herrschaftliches) Wohnhaus, Villa *f*; **2.** *bsd. pl. Brit.* (großes) Mietshaus; ~ *house s. Brit.* **1.** Herrenhaus *n*, -sitz *m*; **2.** the ♀ *Amtssitz des Lord Mayor von London.*

'man‚slaugh·ter *s.* ⚖ Totschlag *m*, Körperverletzung *f* mit Todesfolge: *involuntary* ~ fahrlässige Tötung; *voluntary* ~ Totschlag im Affekt.

man·tel ['mæntl] *abbr. für* a) *mantelpiece*, b) *mantelshelf*; **'~-piece** *s.* **1.** Ka'mineinfassung *f*, -mantel *m*; **2.** → **'~-shelf** *s.* Ka'minsims *m*.

man·tis ['mæntɪs] *pl.* **-tis·es** *s. zo.* Gottesanbeterin *f* (*Heuschrecke*).

man·tle ['mæntl] **I** *s.* **1.** Mantel *m* (*a. zo.*), (ärmelloser) 'Umhang; **2.** *fig.* (Schutz-, Deck)Mantel *m*, Hülle *f*; **3.** ⊙ Mantel *m*; (Glüh)Strumpf *m*; **4.** Gußtechnik: Formmantel *m*; **II** *v/t.* **5.** sich über'ziehen (*with* mit); sich röten (*Gesicht*); **III** *v/t.* **6.** über'ziehen; **7.** verhüllen (*a. fig. mänteln*).

‚**man-to-'man** *adj.* von Mann zu Mann: *a* ~ *talk.*

'man‚trap *s.* **1.** Fußangel *f*; **2.** *fig.* Falle *f*.

man·u·al ['mænjʊəl] **I** *adj.* □ **1.** mit der Hand, Hand..., manu'ell: ~ *alphabet* Fingeralphabet *n*; ~ *exercises* ✕ Griffeüben *n*; ~ **labo(u)r** Handarbeit *f*; ~ **training** *ped.* Werkunterricht *m*; ~**ly operated** ⊘ mit Handbetrieb, handgesteuert; **2.** handschriftlich: ~ **bookkeeping**; **II** *s.* **3.** a) Handbuch *n*, Leitfaden *m*: (**instruction**) ~ Bedienungsanleitung(en *pl.*) *f*, b) ✗ Dienstvorschrift *f*; **4.** ♪ Manu'al *n* (*Orgel etc.*).

man·u·fac·to·ry [ˌmænjuˈfæktərɪ] *s. obs.* Fa'brik *f*.

man·u·fac·ture [ˌmænjuˈfæktʃə] **I** *s.* **1.** Fertigung *f*, Erzeugung *f*, Herstellung *f*, Fabrikati'on *f*: **year of** ~ Herstellungs-, Baujahr *n*; **2.** Erzeugnis *n*, Fabri'kat *n*; **3.** Indu'strie(zweig *m*) *f*; **II** *v/t.* **4.** verfertigen, erzeugen, herstellen, fabrizieren (*a. fig. Beweismittel etc.*): ~**d goods** Fabrik-, Fertig-, Manufakturwaren; **5.** verarbeiten (**into** zu); **man·u'fac·tur·er** [-tʃərə] *s.* **1.** Hersteller *m*, Erzeuger *m*; **2.** Fabri'kant *m*; **man·u'fac·tur·ing** [-tʃərɪŋ] *adj.* **1.** Herstellungs..., Produktions...: ~ **cost** Herstellungskosten *pl.*; ~ **efficiency** Produktionsleistung *f*; ~ **industries** Fertigungsindustrien; ~ **plant** Fabrikationsbetrieb *m*; ~ **process** Herstellungsverfahren *n*; **2.** Industrie..., Fabrik..., Gewerbe...

ma·nure [məˈnjuə] **I** *s.* **1.** Dünger *m*; **2.** Dung *m*: **liquid** ~ (Dung)Jauche *f*; **II** *v/t.* **3.** düngen.

man·u·script [ˈmænjuskrɪpt] **I** *s.* Manu'skript *n*: a) Handschrift *f* (*alte Urkunde etc.*), b) Urschrift *f* (*e-s Autors*), c) *typ.* Satzvorlage *f*; **II** *adj.* Manuskript..., handschriftlich.

man·y [ˈmenɪ] **I** *adj.* **1.** viele, viel: ~ **times** oft; **as** ~ ebensoviel(e); **as** ~ **again** doppelt soviel(e); **as** ~ **as forty** (nicht weniger als) vierzig; **one too** ~ einer zuviel; **be one too** ~ **for** F *j-m* ‚über' sein; **they behaved like so** ~ **children** sie benahmen sich wie (die) Kinder; **2.** ~ **a** manch, manch ein: ~ **a man** manch einer; ~ **a time** des öfteren; **II** *s.* **3.** viele: **the** ~ *pl. konstr.* die (große) Masse; ~ **of us** viele von uns; **a good** ~ ziemlich viel(e); **a great** ~ sehr viele; ~**·sid·ed** [ˌmenɪˈsaɪdɪd] *adj.* vielseitig (*a. fig.*); **vielschichtig** (*Problem etc.*); ~**·sid·ed·ness** [ˌmenɪˈsaɪdɪdnɪs] *s.* **1.** Vielseitigkeit *f* (*a. fig.*); **2.** *fig.* Vielschichtigkeit *f*.

Mao·ism [ˈmaʊɪzəm] *s.* Mao'ismus *m*; **'Mao·ist** [-ɪst] **I** *s.* Mao'ist(in) **II** *adj.* mao'istisch.

map [mæp] **I** *s.* **1.** (Land- *etc.*, *a.* Himmels)Karte *f*: ~ **of the city** Stadtplan *m*; **by** ~ nach der Karte; **off the** ~ F a) abgelegen, ‚hinter dem Mond' (gelegen), b) bedeutungslos; **on the** ~ F a) (noch) da *od.* vorhanden, b) beachtenswert; **put on the** ~ *fig.* Stadt *etc.* bekannt machen, Geltung verschaffen (*dat.*); **2.** *sl.* ‚Vi'sage' *f*, ‚Fresse' *f* (*Gesicht*); **II** *v/t.* **3.** e-e Karte machen von, karto'graphisch darstellen; **4.** *Gebiet* karto'graphisch erfassen; **5.** auf e-r Karte eintragen; **6.** ~ **out** *fig.* (vor'aus-) planen, ausarbeiten, *j-e Zeit* einteilen; ~ **case** *s.* Kartentasche *f*; ~ **ex·er·cise** *s.* ✗ Planspiel *n*.

ma·ple [ˈmeɪpl] **I** *s.* **1.** ♀ Ahorn *m*; **2.** Ahornholz *n*; **II** *adj.* **3.** aus Ahorn (-holz), Ahorn...; ~ **sug·ar** *s.* Ahornzucker *m*.

map·per [ˈmæpə] *s.* Karto'graph *m*.

ma·quis [ˈmæki:] *pl.* **-quis** [-ki:] *s.* **1.** ♀ Macchia *f*; **2.** a) Ma'quis *m*, fran'zösische 'Widerstandsbewegung (*im 2. Weltkrieg*), b) Maqui'sard *m*, (fran'zösischer) 'Widerstandskämpfer.

mar [mɑ:] *v/t.* **1.** (be)schädigen; ~**-resistant** ⊘ kratzfest; **2.** ruinieren; **3.** *fig. Pläne etc.* stören, beeinträchtigen; *Schönheit, Spaß* verderben.

mar·a·bou [ˈmærəbu:] *s. orn.* Marabu *m*.

mar·a·schi·no [ˌmærəˈski:nəʊ] *s.* Mara'schino(li,kör) *m*.

mar·a·thon [ˈmærəθn] **I** *s. sport* **1.** *a.* ~ **race** Marathonlauf *m*; **2.** *fig.* Dauerwettkampf *m*; **II** *adj.* **3.** *sport* Marathon...: ~ **runner**, **4.** *fig.* Marathon..., Dauer...: ~ **session**.

ma·raud [məˈrɔ:d] ✗ **I** *v/i.* plündern; **II** *v/t.* verheeren, (aus)plündern; **ma·'raud·er** [-də] *s.* Plünderer *m*.

mar·ble [ˈmɑ:bl] **I** *s.* **1.** *min.* Marmor *m*: **artificial** ~ Gipsmarmor, Stuck *m*; **2.** Marmorstatue *f*, -bildwerk *n*; **3.** a) Murmel(kugel) *f*, b) *pl. sg. konstr.* Murmelspiel *n*: **play** ~**s** (mit) Murmeln spielen; **he's lost his** ~**s** *Brit. sl.* ‚er hat nicht mehr alle'; **4.** marmorierter Buchschnitt; **II** *adj.* **5.** marmorn, aus Marmor; **6.** marmoriert, gesprenkelt; **7.** *fig.* steinern, gefühllos; **II** *v/t.* **8.** marmorieren, sprenkeln: ~**d meat** durchwachsenes Fleisch.

mar·cel [mɑ:ˈsel] **I** *v/t. Haar* ondulieren; **II** *s. a.* ~ **wave** Ondulati'on(swelle) *f*.

march[1] [mɑ:tʃ] **I** *v/i.* **1.** *a.* ~ *etc.* marschieren, ziehen: ~ **off** abrücken; ~ **past** (*s.o.*) (an *j-m*) vorbeiziehen *od.* -marschieren; ~ **up** anrücken; **2.** *fig.* fortschreiten, Fortschritte machen; **II** *v/t.* **3.** *Strecke* marschieren, zu'rücklegen; **4.** marschieren lassen: ~ **off prisoners** Gefangene abführen; **III** *s.* **5.** ✗ Marsch *m* (*a.* ♪): **slow** ~ langsamer Parademarsch; ~ **order** *Am.* Marschbefehl *m*; **6.** Marsch(strecke *f*) *m*: **a day's** ~ ein Tagemarsch; **7.** ✗ Vormarsch *m* (**on** auf *acc.*); **8.** *fig.* (Ab-)Lauf *m*, (Fort)Gang *m*: **the** ~ **of events**; **9.** *fig.* Fortschritt *m*: **the** ~ **of progress** die fortschrittliche Entwicklung; **10. steal a** ~ (**up**)**on** *s.o.* *j-m* ein Schnippchen schlagen, *j-m* zuvorkommen.

march[2] [mɑ:tʃ] **I** *s.* **1.** *hist.* Mark *f*; **2.** a) *mst pl.* Grenzgebiet *n*, -land *n*, b) Grenze *f*; **II** *v/i.* **3.** grenzen (**upon** an *acc.*); **4.** e-e gemeinsame Grenze haben (**with** mit).

March[3] [mɑ:tʃ] *s.* März *m*: **in** ~ im März; **as mad as a** ~ **hare** F total übergeschnappt.

march·ing [ˈmɑ:tʃɪŋ] *adj.* ✗ Marsch..., marschierend: ~ **order** a) Marschausrüstung *f*, b) Marschordnung *f*; **in heavy** ~ **order** feldmarschmäßig; ~ **orders** *Brit.* Marschbefehl *m*; **he got his** ~ **orders** F er bekam den ‚Laufpaß'.

mar·chion·ess [ˈmɑ:ʃənɪs] *s.* Mar'quise *f*, Markgräfin *f*.

march·pane [ˈmɑ:tʃpeɪn] *s. obs.* Marzi'pan *n*.

Mar·di Gras [ˌmɑ:dɪˈgrɑ:] (*Fr.*) *s.* Fastnacht(sdienstag *m*) *f*.

mare [meə] *s.* Stute *f*: **the grey** ~ **is the better horse** *fig.* die Frau ist der Herr

im Hause; ~**'s nest** *fig.* a) ‚Windei' *n*, *a.* (Zeitungs)Ente *f*, b) ‚Saustall' *m*.

mar·ga·rine [ˌmɑ:dʒəˈri:n] *s.* Marga'rine *f*.

marge [mɑ:dʒ] *s. Brit.* F Marga'rine *f*.

mar·gin [ˈmɑ:dʒɪn] **I** *s.* **1.** Rand *m* (*a. fig.*); **2.** *a. pl.* (Seiten)Rand *m* (*bei Büchern etc.*): **as per** ~ ♥ wie nebenstehend; **3.** Grenze *f* (*a. fig.*): ~ **of income** Einkommensgrenze; **4.** Spielraum *m*: **leave a** ~ Spielraum lassen; **5.** *fig.* 'Überschuß *m*, (ein) Mehr *n* (**an** Zeit, Geld *etc.*): **safety** ~ Sicherheitsfaktor *m*; **by a narrow** ~ mit knapper Not; **6.** *mst* **profit** ~ ♥ (Gewinn-, Verdienst-) Spanne *f*, Marge *f*, Handelsspanne *f*: **interest** ~ Zinsgefälle *n*; **7.** ♥ *Börse*: Hinter'legungssumme *f*, Deckung *f* (*von Kursschwankungen*), Marge *f*: ~ **business** *Am.* Effektendifferenzgeschäft *n*; **8.** ♥ Rentabili'tätsgrenze *f*; **9.** *sport* (**by a** ~ **of four seconds** mit vier Sekunden) Abstand *m od.* Vorsprung *m*; **II** *v/t.* **10.** mit Rand(bemerkungen) versehen; **11.** an den Rand schreiben; **12.** ♥ *durch Hinterlegung* decken; **'mar·gin·al** [-nl] *adj.* □ **1.** am *od.* dem Rand, Rand...: ~ **note** Randbemerkung *f*; ~ **release** a) Randauslösung *f*, b) Randlöser *m* (*der Schreibmaschine*); **2.** am Rande, Grenz... (*a. fig.*); **3.** *fig.* Mindest...: ~ **capacity**, **4.** ♥ a) zum Selbstkostenpreis, b) knapp über der Rentabili'tätsgrenze (liegend), Grenz...: ~ **cost** Grenz-, Mindestkosten *pl.*; ~ **sales** Verkäufe zum Selbstkostenpreis; **mar·gi·na·li·a** [ˌmɑ:dʒɪˈneɪljə] *s. pl.* Margi'nalien *pl.*, Randbemerkungen *pl.*; **'mar·gin·al·ly** [-nəlɪ] *adv. fig.* **1.** geringfügig; **2.** (nur) am Rande.

mar·grave [ˈmɑ:greɪv] *s. hist.* Markgraf *m*; **mar·gra·vi·ate** [mɑ:ˈgreɪvɪət] *s.* Markgrafschaft *f*; **'mar·gra·vine** [-grəvi:n] *s.* Markgräfin *f*.

mar·gue·rite [ˌmɑ:gəˈri:t] *s.* ♀ **1.** Marge'rite *f*; **2.** Gänseblümchen *n*.

mar·i·gold [ˈmærɪgəʊld] *s.* ♀ Ringelblume *f*, Stu'dentenblume *f*.

mar·i·jua·na, *a.* **mar·i·hua·na** [ˌmærɪˈhwɑ:nə] *s.* **1.** ♀ Marihu'anahanf *m*; **2.** Marihu'ana *n* (*Droge*).

mar·i·nade [ˌmærɪˈneɪd] *s.* **1.** Mari'nade *f*; **2.** marinierter Fisch; **mar·i·nate** [ˈmærɪneɪt] *v/t. Fisch* marinieren.

ma·rine [məˈri:n] **I** *adj.* **1.** See...: ~ **warfare**; ~ **court** *Am.* 🏛 Seegericht *n*; ~ **insurance** See(transport)versicherung *f*; **2.** Meeres...: ~ **plants**; **3.** Schiffs...; **4.** Marine...: ⚓ **Corps** *Am.* ✗ Marineinfanteriekorps *n*; **II** *s.* **5.** Ma'rine *f*: **mercantile** ~ Handelsmarine; **6.** ✗ Ma'rineinfanterist *m*: **tell that to the** ~**s!** F das kannst du deiner Großmutter erzählen!; **7.** *paint.* Seestück *n*.

mar·i·ner [ˈmærɪnə] *s. poet. od.* 🏛 Seemann *m*, Ma'trose *m*: **master** ~ Kapitän *m* e-s Handelsschiffs.

Mar·i·ol·a·try [ˌmeərɪˈɒlətrɪ] *s.* Ma'rienkult *m*, -verehrung *f*.

mar·i·o·nette [ˌmærɪəˈnet] *s.* Mario'nette *f* (*a. fig.*).

mar·i·tal [ˈmærɪtl] *adj.* □ ehelich, Ehe..., Gatten...: ~ **partners** Ehegatten; ~ **relations** eheliche Beziehungen; ~ **status** 🏛 Familienstand *m*; **disruption of** ~ **relations** Zerrüttung *f* der

Ehe.

mar·i·time ['mærɪtaɪm] *adj.* **1.** See...,
Schiffahrts...: ~ *court* Seeamt *n*; ~ *in-surance* Seeversicherung *f*; ~ *law* See-recht *n*; **2.** a) seefahrend, Seemanns...,
b) Seehandel (be)treibend; **3.** an der
See liegend *od.* lebend, Küsten...; **4.**
zo. an der Küste lebend, Strand...; ♀
Com·mis·sion *s. Am.* Oberste Han-delsschiffahrtsbehörde der USA; ~ **ter-ri·to·ry** *s.* ⚓ Seehoheitsgebiet *n*.

mar·jo·ram ['mɑːdʒərəm] *s.* ♣ Majoran
m.

mark¹ [mɑːk] **I** *s.* **1.** Markierung *f*, Mar-ke *f*, Mal *n*; *engS.* Fleck *m*: *adjusting* ~
⊙ Einstellmarke; **2.** *fig.* Zeichen *n*: ~
of confidence Vertrauensbeweis *m*; ~
of respect Zeichen der Hochachtung;
3. (Kenn)Zeichen *n*, (Merk)Mal *n*; *zo.*
Kennung *f*: *distinctive* ~ Kennzeichen;
4. (Schrift-, Satz)Zeichen *n*: *question*
~ Fragezeichen; **5.** (An)Zeichen *n*: *a* ~
of great carelessness; **6.** (Eigen-tums)Zeichen *n*, Brandmal *n*; **7.** Strie-me *f*, Schwiele *f*; **8.** Narbe *f* (*a.* ⊙); **9.**
Kerbe *f*, Einschnitt *m*; **10.** Kreuz *n als*
Unterschrift; **11.** Ziel(scheibe *f*; *a. fig.*)
n: *wide of* (*od. beside*) *the* ~ *fig.* a)
fehl am Platz, nicht zur Sache gehörig,
b) ‚fehlgeschossen‘; *you are quite off*
(*od. wide of*) *the* ~ *fig.* Sie irren sich
gewaltig; *hit the* ~ (ins Schwarze) tref-fen; *miss the* ~ a) fehl-, vorbeischie-ßen, b) sein Ziel *od.* s-n Zweck verfeh-len, ‚danebenhauen‘; **12.** *fig.* Norm *f*:
below the ~ unterdurchschnittlich,
nicht auf der Höhe; *up to the* ~ a) der
Sache gewachsen, b) den Erwartungen
entsprechend, c) *gesundheitlich etc.* auf
der Höhe; *within the* ~ innerhalb der
erlaubten Grenzen, berechtigt (*in do-ing* zu tun); *overshoot the* ~ über das
Ziel hinausschießen, zu weit gehen; **13.**
(aufgeprägter) Stempel, Gepräge *n*;
14. Spur *f* (*a. fig.*): *leave one's* ~ *upon*
a) s-n Stempel aufdrücken (*dat.*), b) bei
j-m s-e Spuren hinterlassen; *make*
one's ~ sich e-n Namen machen (*in in*
dat., *upon* bei), Vorzügliches leisten;
15. *fig.* Bedeutung *f*, Rang *m*: *a man*
of ~ e-e markante Persönlichkeit; **16.**
✝ a) (Waren)Zeichen *n*, Fa'brik-,
Schutzmarke *f*, (Handels)Marke *f*, b)
Preisangabe *f*; **17.** ✕ *Brit.* Mo'dell *n*,
Type *f* (*Panzerwagen etc.*); **18.** (Schul-)
Note *f*, Zen'sur *f*: *obtain full* ~*s* in allen
Punkten voll bestehen; *give s.o. full* ~*s*
(for) fig. j-m höchstes Lob spenden
(für); *bad* ~ Note für schlechtes Beneh-men; *bad* ~*s* (ein) schlechtes Zeugnis;
19. *sport* a) Fußball *etc.*: (Strafstoß-)
Marke *f*, b) *Laufsport:* Startlinie *f*, c)
Boxen: sl. Magengrube *f*: *on your* ~*s!*
auf die Plätze!; *get off the* ~ starten;
20. *not my* ~ *sl.* nicht mein Ge-schmack, nicht das Richtige für mich;
21. *sl.* ‚Gimpel‘, leichtes Opfer: *be*
an easy ~ leicht ‚reinzulegen‘ sein; **22.**
hist. a) Mark *f* (*Grenzgebiet*), b) All-'mende *f*; **II** *v/t.* **23.** markieren (*a.* ✕),
(*a. fig.* kun., *et., ein Zeitalter*) kennzeich-nen; bezeichnen; *Wäsche* zeichnen; ✝
Waren auszeichnen, *Preis* festsetzen;
Temperatur etc. anzeigen; *fig.* ein Zei-chen sein für: *to* ~ *the occasion* aus
diesem Anlaß, zur Feier des Tages; *the*
day was ~*ed by heavy fighting* der

Tag stand im Zeichen schwerer Kämp-fe; → *time* 18; **24.** brandmarken; **25.**
Spuren hinter'lassen auf (*dat.*); **26.** zei-gen, zum Ausdruck bringen; **27.** be-,
vermerken, achtgeben auf (*acc.*), sich
merken; **28.** *ped. Arbeiten* zensieren;
29. bestimmen (*for* für); **30.** *sport* a)
Gegenspieler decken, markieren, b)
Punkte etc. notieren; **III** *v/i.* **31.** achtge-ben, aufpassen: ~*!* Achtung!; ~ *you*
wohlgemerkt; ~ *down* *v/t.* **1.** ✝ (*im*
Preis) her'absetzen; **2.** bestimmen, vor-merken (*for* für, zu); ~ *in* **1.** ab-grenzen, -stecken; **2.** *auf e-r Liste* abha-ken; **3.** *fig.* (ab)trennen; **4.** ⚓ *Strecke*
ab-, auftragen; ~ *out* *v/t.* **1.** bestimmen,
ausersehen (*for* für, zu); **2.** abgrenzen,
(*durch Striche etc.*) bezeichnen, mar-kieren; ~ *up* *v/t.* ✝ **1.** (*im Preis etc.*)
hin'auf-, her'aufsetzen; **2.** *Diskontsatz*
etc. erhöhen.

mark² [mɑːk] *s.* ✝ **1.** (deutsche) Mark:
blocked ~ Sperrmark; **2.** *hist.* Mark *f*
(*Münze, Goldgewicht*).

Mark³ [mɑːk] *npr. u. s. bibl.* 'Markus
(-evan‚gelium *n od.* ~

'**mark·down** *s.* ✝ niedrigere Auszeich-nung (*e-r Ware*), Preissenkung *f*.

marked [mɑːkt] *adj.* □ **1.** markiert, ge-kennzeichnet; mit e-r Aufschrift verse-hen; **2.** ✝ bestätigt (*Am.* gekennzeich-net) (*Scheck*); **3.** mar'kant, ausgeprägt;
4. deutlich, merklich: ~ *progress* deut-licher Fortschritt; **5.** auffällig, ostenta'tiv: ~ *indifference*; **6.**
gezeichnet: *a face* ~ *with smallpox* ein
pockennarbiges Gesicht; *a* ~ *man fig.*
ein Gezeichneter; '**mark·ed·ly** [-kɪdlɪ]
adv. deutlich, ausgesprochen.

mark·er ['mɑːkə] *s.* **1.** Anschreiber *m*;
Billard: Mar'kör *m*, **2.** ✕ a) Anzeiger
m (*beim Schießstand*), b) Flügelmann
m; **3.** a) Kennzeichen *n*, b) (Weg- *etc.*)
Markierung *f*; **4.** Lesezeichen *n*; **5.** *Am.*
a) Straßenschild *n*, b) Gedenktafel *f*; **6.**
✕ a) Sichtzeichen *n*, b) ~ *panel* Flieger-tuch *n*, b) Leuchtbombe *f*.

mar·ket ['mɑːkɪt] ✝ **I** *s.* **1.** Markt *m*
(*Handel*): *be in the* ~ *for* Bedarf haben
an (*a. fig.*); *come into the* ~ (zum Ver-kauf) angeboten werden, auf den
Markt kommen; *place* (*od. put*) *on*
the ~ → 11; *sale in the open* ~ freihän-diger Verkauf; **2.** *Börse:* Markt *m*: *rail-way* ~ Markt für Eisenbahnwerte; **3.**
(*a. Geld*)Markt *m*, Börse *f*, Handels-verkehr *m*: *active* (*dull*) ~ lebhafter
(lustloser) Markt; *play the* ~ an der
Börse spekulieren; **4.** a) Marktpreis *m*,
b) Marktpreise *pl.*: *the* ~ *is low* (*ris-ing*); *at the* ~ zum Marktpreis, *Börse:*
zum ‚Bestens‘-Preis; **5.** Markt(platz)
m, Handelsplatz *m*: *in the* ~ auf dem
Markt; (*covered*) ~ Markthalle *f*; **6.**
Am. (Lebensmittel)Geschäft *n*: *meat*
~; **7.** (Wochen- *od.* Jahr)Markt *m*; **8.**
Markt *m* (*Absatzgebiet*): *hold the* ~ a)
den Markt beherrschen, b) (durch Kauf
od. Verkauf) die Preise halten; **9.** Ab-satz *m*, Verkauf *m*, Markt *m*: *find a* ~
Absatz finden (*Ware*); *find a* ~ *for et.*
an den Mann bringen; *meet with a*
ready ~ schnellen Absatz finden; **10.**
(*for*) Nachfrage *f* (nach), Bedarf *m* (an
dat.); **II** *v/t.* **11.** auf den Markt bringen;
vertreiben; **III** *v/i.* **12.** einkaufen; auf
dem Markt handeln; Märkte besuchen;
IV *adj.* **13.** Markt...: ~ *day*; **14.** Bör-

sen...; **15.** Kurs...: ~ *profit*; '**mar·ket-a·ble** [-təbl] *adj.* marktfähig, -gängig;
börsenfähig.

mar·ket| **a·nal·y·sis** ✝ 'Marktana,ly-se *f*; ~ **con·di·tion** *s.* ✝ Marktlage *f*,
Konjunk'tur *f*; ~ **e·con·o·my** *s.* ✝ (*free*
~, *social* ~ freie, sozi'ale) Marktwirt-schaft; ~ **fluc·tu·a·tion** *s.* ✝ **1.** Kon-junk'turbewegung *f*; **2.** *pl.* Konjunk-'turschwankungen *pl.*; ~ **gar·den** *s.*
Brit. Handelsgärtne'rei *f*.

mar·ket·ing ['mɑːkɪtɪŋ] **I** *s.* **1.** ✝ Marke-ting *n*, Marktversorgung *f*, 'Absatzpoli-,tik *f*, -förderung *f*; **2.** Marktbesuch *m*;
II *adj.* **3.** Markt...: ~ *association*
Marktverband *m*; ~ *company* Ver-triebsgesellschaft *f*; ~ *organization*
Absatzorganisation *f*; ~ *research* Ab-satzforschung *f*.

mar·ket| **in·ves·ti·ga·tion** *s.* 'Marktun-ter,suchung *f*; ~ **lead·ers** *s. pl.* führen-de Börsenwerte *pl.*; ~ **let·ter** *s.*
Markt-, Börsenbericht *m*; ~ **niche** *s.*
Marktnische *f*, -lücke *f*; '~·**o·ri·ent·ed**
adj. ✝ marktorientiert; '~·**place** *s.*
Marktplatz *m*; ~ **price** *s.* **1.** Marktpreis
m; **2.** *Börse:* Kurs(wert) *m*; ~ **quo·ta-tion** *s.* Börsennotierung *f*, Marktkurs
m: *list of* ~*s* Markt-, Börsenzettel *m*; ~
rate *s. market price*; ~ **re·search** *s.*
✝ Marktforschung *f*; ~ **re·search·er** *s.*
✝ Marktforscher *m*; ~ **rig·ging** *s.* Kurs-treibe'rei *f*, 'Börsenma,növer *n*; ~
share *s.* Marktanteil *m*; ~ **stud·y** *s.* ✝
'Marktunter,suchung *f*; ~ **swing** *s. Am.*
Konjunk'turperi,ode *f*; '~·**town** *s.*
Markt(flecken) *m*; ~ **val·ue** *s.* Kurs-,
Verkehrswert *m*.

mark·ing ['mɑːkɪŋ] **I** *s.* **1.** Kennzeich-nung *f*, Markierung *f*; Bezeichnung *f* (*a.*
♪); *ped.* Zensieren *n*; ✔ Hoheitsabzei-chen *n*; **2.** *zo.* (Haut-, Feder)Muste-rung *f*, Zeichnung *f*; **II** *adj.* **3.** ⊛ mar-kierend: ~ *awl* Reißahle *f*; ~ *ink* Zei-chen-, Wäschetinte *f*.

marks·man ['mɑːksmən] *s.* [*irr.*] guter
Schütze, Meisterschütze *m*, *bsd.* ✕ u.
Polizei: Scharfschütze *m*; '**marks-man·ship** [-ʃɪp] *s.* **1.** Schießkunst *f*; **2.**
Treffsicherheit *f*.

'**mark·up** *s.* ✝ **1.** a) höhere Auszeich-nung (*e-r Ware*), b) Preiserhöhung *f*; **2.**
Kalkulati'onsaufschlag *m*; **3.** *Am.* im
Preis erhöhter Ar'tikel.

marl [mɑːl] **I** *s. geol.* Mergel *m*; **II** *v/t.* ♪
mergeln.

mar·ma·lade ['mɑːməleɪd] *s.* (*bsd.*
O'rangen)Marme,lade *f*.

mar·mo·set ['mɑːməʊzet] *s. zo.* Kral-lenaffe *m*.

mar·mot ['mɑːmət] *s. zo.* **1.** Murmeltier
n; **2.** Prä'riehund *m*.

mar·o·cain ['mærəkeɪn] *s.* Maro'cain *n*
(*ein Kreppgewebe*).

ma·roon¹ [mə'ruːn] **I** *v/t.* **1.** (*auf e-r ein-samen Insel etc.*) aussetzen; **2.** *fig.* a) im
Stich lassen, b) von der Außenwelt ab-schneiden; **II** *v/i.* **3.** *Brit.* her'umlun-gern; **4.** *Am.* einsam zelten; **III** *s.* **5.**
Busch-, Ma'ronneger *m* (*Westindien u.*
Guayana); **6.** Ausgesetzte(r *m*) *f*.

ma·roon² [mə'ruːn] *s.* **1.** Ka'stanien-braun *n*; **2.** Ka'nonenschlag *m* (*Feuer-werk*); **II** *adj.* **3.** ka'stanienbraun.

mar·plot ['mɑːplɒt] *s.* **1.** Quertreiber *m*;
2. Spielverderber *m*, Störenfried *m*.

marque [mɑːk] *s.* ♣ *hist.*: *letter*(*s*) *of* ~

(*and reprisal*) Kaperbrief *m*.

mar·quee [maː'kiː] *s.* **1.** großes Zelt; **2.** *Am.* Mar'kise *f*, Schirmdach *n* (*über e-m Hoteleingang etc.*); **3.** Vordach *n* (*über Haustür*).

mar·quess ['maːkwɪs] *s.* → *marquis*.

mar·que·try, *a.* **mar·que·te·rie** ['maːkɪtrɪ] *s.* In'tarsia *f*, Markete'rie *f*, Holzeinlegearbeit *f*.

mar·quis ['maːkwɪs] *s.* Mar'quis *m* (*englischer Adelstitel*).

mar·riage ['mærɪdʒ] *s.* **1.** Heirat *f*, Vermählung *f*, Hochzeit *f* (*to* mit); → *civil* 4; **2.** Ehe(stand *m*) *f*: ~ *of convenience* Vernunftehe, Geldheirat *f*; *by* ~ angeheiratet; *of his* (*her*) *first* ~ aus erster Ehe; *related by* ~ verschwägert; *contract a* ~ die Ehe eingehen; *give s.o. in* ~ j-n verheiraten; *take s.o. in* ~ j-n heiraten; **3.** *fig.* Vermählung *f*, innige Verbindung; '**mar·riage·a·ble** [-dʒəbl] *adj.* heiratsfähig: ~ *age* Ehemündigkeit *f*.

mar·riage│ ar·ti·cles *s. pl.* ♯♯ Ehevertrag *m*; ~ **bro·ker** *s.* Heiratsvermittler *m*; ~ **bu·reau** *s.* 'Heiratsinsti₁tut *n*; ~ **cer·e·mo·ny** *s.* Trauung *f*; ~ **cer·tif·i·cate** *s.* Trauschein *m*; ~ **con·tract** *s.* ♯♯ Ehevertrag *m*; ~ **flight** *s. Bienenzucht:* Hochzeitsflug *m*; ~ **guid·ance** *s.* Eheberatung *f*: ~ *counsel(l)or* Eheberater(in); ~ **li·cence**, *Am.* ~ **li·cense** *s.* ♯♯ (kirchliche, *Am.* amtliche) Eheerlaubnis; ~ **lines** *s. pl. Brit.* F Trauschein *m*; ~ **por·tion** *s.* ♯♯ Mitgift *f*; ~ **set·tle·ment** *s.* ♯♯ Ehevertrag *m*.

mar·ried ['mærɪd] *adj.* **1.** verheiratet, Ehe…, ehelich: ~ *life* Eheleben *n*; ~ *man* Ehemann *m*; ~ *state* Ehestand *m*; **2.** *fig.* eng *od.* innig (mitein'ander) verbunden.

mar·ron ['mærən] *s.* ♀ Ma'rone *f*.

mar·row¹ ['mærəʊ] *s.* **1.** *anat.* (Knochen)Mark *n*; **2.** *fig.* Mark *n*, Kern *m*, *das* Innerste *od.* Wesentlichste; Lebenskraft *f*: *to the* ~ (*of one's bones*) bis aufs Mark, bis ins Innerste; → *pith* 2.

mar·row² ['mærəʊ] *s. Am. mst* squash, *Brit. a.* vegetable ~ ♀ Eier-, Markkürbis *m*.

'**mar·row·bone** *s.* **1.** Markknochen *m*; **2.** *pl. humor.* Knie *pl.*; **3.** *pl.* → *crossbones*.

mar·row·less ['mærəʊlɪs] *adj. fig.* mark-, kraftlos.

mar·row·y ['mærəʊɪ] *adj. a. fig.* markig, kernig, kräftig.

mar·ry¹ ['mærɪ] *v/t.* **1.** heiraten, sich vermählen *od.* verheiraten mit: *be married to* verheiratet sein mit; *get married to* sich verheiraten mit; **2.** *a.* ~ *off Sohn, Tochter* verheiraten (*to* an *acc.*, mit); **3.** *ein Paar* trauen (*Geistlicher*); **4.** *fig.* eng verbinden *od.* verknüpfen (*to* mit); **II** *v/i.* **5.** (sich ver-) heiraten: **~*ing man*** F Heiratslustige(r) *m*, Ehekandidat *m*; ~ *in haste and repent at leisure* schnell gefreit, lang bereut.

mar·ry¹ ['mærɪ] *int. obs.* für'wahr!

Mars [maːz] *npr. u. s.* Mars *m* (*Kriegsgott od. Planet*).

marsh [maːʃ] *s.* **1.** Sumpf(land *n*) *m*, Marsch *f*; **2.** Mo'rast *m*.

mar·shal ['maːʃl] **I** *s.* **1.** ✕ Marschall *m*; **2.** ♯♯ *Brit.* Gerichtsbeamte(r) *m*; **3.** ♯♯

Am. a) *US* ~ ('Bundes)Voll₁zugsbeamte(r) *m*, b) Be'zirkspoli₁zeichef *m*, c) *a.* **city** ~ Poli'zeidi₁rektor *m*, d) *a.* **fire** ~ 'Branddi₁rektor *m*; **4.** *hist.* 'Hofmar₁schall *m*; **5.** Zere'monienmeister *m*; Festordner *m*; *mot.* Rennwart *m*; **II** *v/t.* **6.** aufstellen (*a.* ✕); (an)ordnen, arrangieren: ~ *wag(g)ons into trains* Züge zs.-stellen; ~ *one's thoughts fig.* s-e Gedanken ordnen; **7.** (*bsd. feierlich*) (hin'ein)geleiten (*into* in *acc.*); **8.** ✓ einwinken; '**mar·shal·(l)ing yard** [-ʃlɪŋ] *s.* 🚉 Rangier-, Verschiebebahnhof *m*.

'**marsh-,fe·ver** *s.* 🌿 Sumpffieber *n*; ~ **gas** *s.* Sumpfgas *n*; '~**land** *s.* Sumpf-, Marschland *n*; ,~'**mal·low** *s.* **1.** ♀ Echter Eibisch, Al'thee *f*; **2.** Marsh'mallow *n* (*Süßigkeit*); ~ **mar·i·gold** *s.* ♀ Sumpfdotterblume *f*.

marsh·y ['maːʃɪ] *adj.* sumpfig, mo'rastig, Sumpf…

mar·su·pi·al [maː'sjuːpjəl] *zo.* **I** *adj.* **1.** Beuteltier…; **2.** Beutel…; **II** *s.* **3.** Beuteltier *n*.

mart [maːt] *s.* **1.** Markt *m*, Handelszentrum *n*; **2.** Aukti'onsraum *m*; **3.** *obs. od. poet.* Markt(platz) *m*, (Jahr)Markt *m*.

mar·ten ['maːtɪn] *s. zo.* Marder *m*.

mar·tial ['maːʃl] *adj.* □ **1.** kriegerisch, streitbar; **2.** mili'tärisch, sol'datisch: ~ *music* Militärmusik *f*; **3.** Kriegs…, Mili·tär…: ~ *law* Kriegs-, Standrecht *n*; *state of* ~ *law* Ausnahmezustand *m*; ~ *arts* asiatische Kampfsportarten.

Mar·ti·an ['maːʃjən] **I** *s.* **1.** Marsmensch *m*; **II** *adj.* **2.** Mars…, kriegerisch; **3.** *ast.* Mars…

mar·tin ['maːtɪn] *s. orn.* Mauerschwalbe *f*.

mar·ti·net [,maːtɪ'net] *s.* Leuteschinder *m*, Zuchtmeister *m*.

mar·tyr ['maːtə] **I** *s.* **1.** Märtyrer(in), Blutzeuge *m*; **2.** *fig.* Märtyrer(in), Opfer *n*: *make a* ~ *of o.s.* sich für et. aufopfern, *iro.* den Märtyrer spielen: *die a* ~ *to* (*od. in the cause of*) *science* sein Leben im Dienst der Wissenschaft opfern; **3.** F Dulder *m*, armer Kerl: *be a* ~ *to gout* ständig von Gicht geplagt werden; **II** *v/t.* **4.** zum Märtyrer machen; **5.** zu Tode martern; **6.** martern, peinigen; '**mar·tyr·dom** [-dəm] *s.* **1.** Mar'tyrium *n* (*a. fig.*), Märtyrertod *m*; **2.** Marterqualen *pl.* (*a. fig.*); '**mar·tyr·ize** [-əraɪz] *v/t.* **1.** (*o.s.* sich) zum Märtyrer machen (*a. fig.*); **2.** → *martyr* 6.

mar·vel ['maːvl] **I** *s.* **1.** Wunder(ding) *n*: *engineering* ~*s* Wunder der Technik; *be a* ~ *at s.th.* et. fabelhaft können; **2.** Muster *n* (*of an dat.*): *he is a* ~ *of patience* er ist die Geduld selber; *he is a perfect* ~ F er ist phantastisch *od.* ein Phänomen; **II** *v/i.* **3.** sich (ver)wundern, staunen (*at* über *acc.*); **4.** sich verwundert fragen, sich wundern (*that* daß, *how* wie, *why* warum).

mar·vel·(l)ous ['maːvələs] *adj.* □ **1.** erstaunlich, wunderbar; **2.** un'glaublich; **3.** F fabelhaft, phan'tastisch.

Marx·i·an ['maːksjən] → *Marxist*; '**Marx·ism** [-sɪzəm] *s.* Mar'xismus *m*; '**Marx·ist** [-sɪst] **I** *s.* Mar'xist(in); **II** *adj.* mar'xistisch.

mar·zi·pan [,maːzɪ'pæn] *s.* Marzi'pan *n*.

---

mas·car·a [mæ'skaːrə] *s.* Wimperntusche *f*.

mas·cot ['mæskət] *s.* Mas'kottchen *n*, Talisman *m*; Glücksbringer(in): *radiator* ~ *mot.* Kühlerfigur *f*.

mas·cu·line ['mæskjʊlɪn] **I** *adj.* **1.** männlich, masku'lin (*a. ling.*); Männer…; **2.** unweiblich, masku'lin; **II** *s.* **3.** *ling.* Masku'linum *n*; **mas·cu·lin·i·ty** [,mæskjʊ'lɪnɪtɪ] *s.* **1.** Männlichkeit *f*; **2.** Mannhaftigkeit *f*.

mash¹ [mæʃ] **I** *s.* **1.** *Brauerei etc.:* Maische *f*; **2.** ♪ Mengfutter *n*; **3.** Brei *m*, Mansch *m*; *Brit.* Kar'toffelbrei *m*; **5.** *fig.* Mischmasch *m*; **II** *v/t.* **6.** (ein)maischen; **7.** zerdrücken, -quetschen: **~*ed potatoes*** Kar'toffelbrei *m*.

mash² [mæʃ] *obs. sl.* **I** *v/t.* **1.** *j-m* den Kopf verdrehen; **2.** flirten mit; **II** *v/i.* **3.** flirten, schäkern.

mash·er¹ ['mæʃə] *s.* **1.** Stampfer *m* (*Küchengerät*); **2.** *Brauerei:* 'Maischappa₁rat *m*.

mash·er² ['mæʃə] *s. obs. sl.* Schwerenöter *m*, ,Schäker' *m*.

mask [maːsk] **I** *s.* **1.** Maske *f* (*a.* △); Larve *f*: *death-*~ Totenmaske; **2.** (Schutz-, Gesichts)Maske *f*: *fencing* ~ Fechtmaske; *oxygen* ~ 🌿 Sauerstoffmaske; **3.** Gasmaske *f*; **4.** Maske *f*: a) Maskierte(r *m*) *f*, b) 'Maskenko₁stüm *n*, Maskierung *f*, c) *fig.* Verkappung *f*: *throw off the* ~ *fig.* die Maske fallen lassen; *under the* ~ *of* unter dem Deckmantel (*gen.*); **5.** maskenhaftes Gesicht; **6.** *Kosmetik:* (Gesichts)Maske *f*; **7.** → *masque*; **8.** ✕ Tarnung *f*, Blende *f*; **9.** *phot.* Vorsatzscheibe *f*; **II** *v/t.* **10.** *j-n* maskieren, verkleiden, vermummen; *fig.* verschleiern, -hüllen; **11.** ✕ tarnen; **12.** *a.* ~ *out* ⚙ korrigieren, retuschieren; *Licht* abblenden; **masked** [-kt] *adj.* **1.** maskiert (*a.* ♀); Masken…: ~ *ball* Maskenball *m*; **2.** ✕, ♣ getarnt; ~ *advertising* Schleichwerbung *f*; '**mask·er** [-kə] *s.* Maske *f*, Maskenspieler *m*.

mas·och·ism ['mæsəʊkɪzəm] *s.* ♣, *psych.* Maso'chismus *m*; '**mas·och·ist** [-ɪst] *s.* Maso'chist *m*.

ma·son ['meɪsn] **I** *s.* **1.** Steinmetz *m*; **2.** Maurer *m*; **3.** *oft* ♀ Freimaurer *m*; **II** *v/t.* **4.** mauern; **Ma·son·ic** [mə'sɒnɪk] *adj.* freimaurerisch, Freimaurer…; '**ma·son·ry** [-rɪ] *s.* **1.** Steinmetz-, Maurerarbeit *f od.* -handwerk *n*; **2.** Mauerwerk *n*; **3.** *mst.* ♀ Freimaure'rei *f*.

masque [maːsk] *s. thea. hist.* Maskenspiel *n*.

mas·quer·ade [,mæskə'reɪd] **I** *s.* **1.** Maske'rade *f*: a) Maskenball *m*, b) Maskierung *f*, c) *fig.* The'ater *n*, Verstellung *f*, d) *fig.* Maske *f*, Verkleidung *f*; **II** *v/i.* **2.** an e-r Maskerade teilnehmen; **3.** sich maskieren *od.* verkleiden (*a. fig.*); **4.** *fig.* sich ausgeben (*as* als).

mass¹ [mæs] **I** *s.* **1.** *allg.* Masse *f* (*a.* ⊙ *od. phys.*): *a* ~ *of blood* ein Klumpen Blut; *a* ~ *of troops* e-e Truppenansammlung; *in the* ~ im großen u. ganzen; **2.** Mehrzahl *f*: *the* (*great*) ~ *of imports* der überwiegende Teil der Einfuhr; **3.** *the* ~ die Masse, die Allge'meinheit; *the* ~*es* die ,breite' Masse; **II** *v/t.* **4.** (*v/i. sich*) (an)sammeln *od.* (an)häufen, (*v/i. sich*) zs.-ballen; ✕ (*v/i. sich*) massieren *od.* konzentrieren; **III** *adj.* **5.**

Massen...: **~ acceleration** *phys.* Massenbeschleunigung *f*; **~ communication** Massenkommunikation *f*; **~ meeting** Massenversammlung *f*; **~ murder** Massenmord *m*; **~ society** Massengesellschaft *f*.

Mass² [mæs] *s. eccl.* (*a.* ♪) Messe *f*; → **High** (**Low**) **Mass**; **~ was said** die Messe wurde gelesen; **to attend** (**the**) (*od.* **go to**) **~** zur Messe gehen; **~ for the dead** Toten-, Seelenmesse.

mas·sa·cre ['mæsəkə] **I** *s.* Gemetzel *n*, Mas'saker *n*, Blutbad *n*; **II** *v/t.* niedermetzeln, massakrieren.

mas·sage ['mæsɑːʒ] **I** *s.* Mas'sage *f*: **~ parlo**(**u**)**r** Massagesalon *m*; **II** *v/t.* massieren.

mas·seur [mæ'sɜː] (*Fr.*) *s.* Mas'seur *m*; **mas·seuse** [mæ'sɜːz] (*Fr.*) *s.* Mas'seurin *f*, Mas'seuse *f*.

mas·sif ['mæsiːf] *s. geol.* Ge'birgsmas,siv *n*, -stock *m*.

mas·sive ['mæsɪv] *adj.* □ **1.** mas'siv (*a. geol., a. Gold etc.*), schwer, massig; **2.** *fig.* mas'siv, gewaltig, wuchtig, ,klotzig'; '**mas·sive·ness** [-nɪs] *s.* **1.** Mas'sive(s) *n*, Schwere(s) *n*; **2.** Gediegenheit *f* (*Gold etc.*); **3.** *fig.* Wucht *f*.

mass| **me·di·a** *s. pl.* Massenmedien *pl.*; '**~-pro,duce** *v/t.* serienmäßig herstellen: **~d articles** Massen-, Serienartikel; **~ pro·duc·tion** *s.* ✝ 'Massen-, 'Serienprodukti,on *f*: **standardized ~** Fließarbeit *f*.

mass·y ['mæsɪ] → **massive**.

mast¹ [mɑːst] **I** *s.* ♣ (Schiffs)Mast *m*: **sail before the ~** (als Matrose) zur See fahren; **2.** (Gitter-, Leitungs-, An'tennen-, ✈ Anker)Mast *m*; **II** *v/t.* **3.** ♣ bemasten: **three-~ed** dreimastig.

mast² [mɑːst] *s.* ✔ Mast(futter *n*) *f*.

mas·tec·to·my [mæ'stektəmɪ] *s.* ✒ 'Brustamputati,on *f*.

mas·ter ['mɑːstə] **I** *s.* **1.** Meister *m* (*a. Kunst u. fig.*), Herr *m*, Gebieter *m*: the **2** *eccl.* der Herr (*Christus*); **be ~ of s.th.** et. (*a. e-e Sprache*) beherrschen; **be ~ of o.s.** sich in der Gewalt haben; **be ~ of the situation** Herr der Lage sein; **be one's own ~** sein eigener Herr sein; **be ~ of one's time** über s-e Zeit (nach Belieben) verfügen können; **2.** Besitzer *m*, Eigentümer *m*, Herr *m*: **make o.s. ~ of s.th.** et. in s-n Besitz bringen; **3.** Hausherr *m*; **4.** Meister *m*, Sieger *m*; **5.** a) Lehrherr *m*, Meister *m*, b) *a.* ✝✝ Dienstherr *m*, Arbeitgeber *m*, c) (Handwerks)Meister *m*: **~ tailor** Schneidermeister; **like ~ like man** wie der Heer, so's Gescher; **6.** Vorsteher *m*, Leiter *m* e-r Innung etc.; **7.** ♣ ('Handels)Kapi,tän *m*: **~'s certificate** Kapitänspatent *n*; **8.** *bsd. Brit.* Lehrer *m*: **~ in English** Englischlehrer; **9.** *Brit. univ.* Rektor *m* (*Titel der Leiter einiger Colleges*); **10.** *univ.* Ma'gister *m* (*Grad*): **2 of Arts** Magister Artium; **2 of Science** Magister der Naturwissenschaften; **11.** junger Herr (*a. als Anrede für Knaben bis zu 16 Jahren*); **12.** *Brit.* (*in Titeln*): Leiter *m*, Aufseher *m* (*am königlichen Hof etc.*): **2 of Ceremonies** a) Zeremonienmeister *m*, b) Conférencier *m*; **2 of the Horse** Oberstallmeister *m*; **2 of the Rolls** Oberarchivar *m*; **14.** → **master copy**

1; **II** *v/t.* **15.** Herr sein *od.* werden über (*acc.*) (*a. fig.*), *a.* Sprache *etc.* beherrschen; Aufgabe, Schwierigkeit meistern; **16.** *Tier* zähmen; *a. Leidenschaften etc.* bändigen; **III** *adj.* **17.** Meister..., meisterhaft, -lich; **18.** Meister..., Herren...; **19.** Haupt..., hauptsächlich: **~ file** Hauptkartei *f*; **~ switch** ⚡ Hauptschalter *m*; **20.** leitend, führend.

,**mas·ter**|**-at-'arms** [-ərət'ɑː-] *pl.* ,**masters-at-'arms** [-əzət'ɑː-] *s.* ⚓ 'Schiffspro,fos *m* (*Polizeioffizier*); **~ build·er** *s.* Baumeister *m*; **~ car·pen·ter** *s.* Zimmermeister *m*; **~ chord** *s.* ♪ Domi'nantdreiklang *m*; **~ clock** *s.* Zen'traluhr *f* (*e-r Uhrenanlage*); **~ cop·y** *s.* **1.** Origi'nalko,pie *f* (*a. Film etc.*); **2.** 'Handexem,plar *n* (*e-s literarischen etc. Werks*).

mas·ter·ful ['mɑːstəfʊl] *adj.* □ **1.** herrisch, gebieterisch; **2.** → **masterly**.

mas·ter| **fuse** *s.* ⚡ Hauptsicherung *f*; **~ ga**(**u**)**ge** *s.* ⊙ Urlehre *f*; '**~-key** *s.* **1.** Hauptschlüssel *m*; **2.** *fig.* Schlüssel *m*.

mas·ter·less ['mɑːstəlɪs] *adj.* herrenlos; '**mas·ter·li·ness** [-lɪnɪs] *s.* meisterhafte Ausführung, Meisterschaft *f*; '**mas·ter·ly** [-lɪ] *adj. u. adv.* meisterhaft, -lich, Meister...

'**mas·ter**|**mind I** *s.* **1.** über'ragender Geist, Ge'nie *n*; **2.** (führender) Kopf; **II** *v/t.* **3.** der Kopf (*gen.*) sein, leiten; '**~·piece** *s.* Meisterstück *n*, -werk *n*; **~ plan** *s.* Gesamtplan *m*; **~ ser·geant** *s.* ✗ *Am.* (Ober)Stabsfeldwebel *m*.

mas·ter·ship ['mɑːstəʃɪp] *s.* **1.** meisterhafte Beherrschung (*of gen.*), Meisterschaft *f*; **2.** Herrschaft *f*, Gewalt *f* (*over* über *acc.*); **3.** Vorsteheramt *n*; **4.** Lehramt *n*.

'**mas·ter**|**-stroke** *s.* Meisterstreich *m*, -stück *n*, Glanzstück *n*; **~ tooth** *s.* [*irr.*] Eck-, Fangzahn *m*; **~ touch** *s.* **1.** Meisterhaftigkeit *f*, -schaft *f*; **2.** Meisterzug *m*; **3.** ⊙ *u. fig.* letzter Schliff; '**~·work** → **masterpiece**.

mas·ter·y ['mɑːstərɪ] *s.* **1.** Herrschaft *f*, Gewalt *f* (*of, over* über *acc.*); **2.** Über'legenheit *f*, Oberhand *f*: **gain the ~ over s.o.** über j-n die Oberhand gewinnen; **3.** Beherrschung *f* (*e-r Sprache etc.*); **4.** → **master touch** 1.

'**mast-head** *s.* **1.** ♣ Masttop *m*, Mars *m*: **~ light** Topplicht *n*; **2.** *typ.* Im'pressum *n e-r Zeitung*.

mas·tic ['mæstɪk] *s.* **1.** Mastix(harz *n*) *m*; **2.** ♀ Mastixstrauch *m*; **3.** Mastik *m*, 'Mastixze,ment *m*.

mas·ti·cate ['mæstɪkeɪt] *v/t.* (zer-) kauen; **mas·ti·ca·tion** [,mæstɪ'keɪʃn] *s.* Kauen *n*; '**mas·ti·ca·tor** [-tə] *s.* **1.** Kauende(r *m*) *f*; **2.** Fleischwolf *m*; **3.** ⊙ 'Mahlma,schine *f*; '**mas·ti·ca·to·ry** [-kətərɪ] *adj.* Kau..., Freß...

mas·tiff ['mæstɪf] *s.* Mastiff *m*, Bulldogge *f*, englische Dogge.

mas·ti·tis [mæ'staɪtɪs] *s.* ✒ Brust(drüsen)entzündung *f*; **mas·toid** ['mæstɔɪd] *adj. anat.* masto'id, brust(warzen)förmig; **mas·tot·o·my** [mæ'stɒtəmɪ] *s.* ✒ 'Brustoperati,on *f*.

mas·tur·bate ['mæstəbeɪt] *v/i.* masturbieren; **mas·tur·ba·tion** [,mæstə'beɪʃn] *s.* Masturbati'on *f*.

mat¹ [mæt] *s.* **1.** Matte *f* (*a. Ringen, Turnen*): **~ position** Ringen: Bank *f*; **be**

on the ~ a) am Boden sein, b) *sl. fig.* ,dran' sein, in der Tinte sitzen, *a.* e-e Zigarre verpaßt kriegen; **2.** 'Untersetzer *m*, -satz *m*: **beer ~** Bierdeckel *m*; **3.** Vorleger *m*, Abtreter *m*; **4.** grober Sack; **5.** verfilzte Masse (*Haar etc.*), Gewirr *n*; **6.** (*glasloser*) Wechselrahmen; **II** *v/t.* **7.** mit Matten belegen; **8.** (*v/i.* sich) verflechten; **9.** (*v/i.* sich) verfilzen (*Haar*).

mat² [mæt] **I** *adj.* matt (*a. phot.*), glanzlos, mattiert; **II** *v/t.* mattieren.

match¹ [mætʃ] **I** *s.* **1.** der *od.* die *od.* das gleiche *od.* Ebenbürtige: **his ~** a) seinesgleichen, b) sein Ebenbild *n*, c) j-d, der es mit ihm aufnehmen kann; **meet one's ~** s-n Meister finden; **be a ~ for s.o.** j-m gewachsen sein; **be more than a ~ for s.o.** j-m überlegen sein; **2.** Gegenstück *n*, Passende(s) *n*; **3.** (zs.-passendes) Paar, Gespann *n* (*a. fig.*): **they are an excellent ~** sie passen ausgezeichnet zueinander; **4.** ✝ Ar'tikel *m* gleicher Quali'tät: **exact ~** genaue Bemusterung; **5.** (Wett)Kampf *m*, Wettspiel *n*, Par'tie *f*, Treffen *n*: **boxing ~** Boxkampf *m*; **singing ~** Wettsingen *n*; **6.** a) Heirat *f*, b) *gute etc.* Par'tie (*Person*): **make a ~ (of it)** e-e Ehe stiften *od.* zustande bringen; **II** *v/t.* **7.** j-n passend verheiraten (**to, with** mit); **8.** j-n *od. et.* vergleichen (**with** mit); **9.** j-n ausspielen (**against** gegen); **10.** passend machen, anpassen (**to, with** an *acc.*); *a.* ehelich verbinden, zs.-fügen; ⚡ angleichen: **~ing circuit** Anpassungskreis *m*; **11.** entsprechen (*dat.*), *a.* farblich *etc.* passen zu: **well-~ed** gut zs.-passend; **12.** et. gleiches *od.* Passendes auswählen *od.* finden zu: **can you ~ this velvet for me?** haben Sie et. Passendes zu diesem Samtstoff?; **13.** *nur pass.*: **be ~ed** j-m ebenbürtig *od.* gewachsen sein, *e-r Sache* gleichkommen; **not to be ~ed** unerreichbar; **III** *v/i.* **14.** zs.-passen, über'einstimmen (**with** mit), entsprechen (**to** *dat.*): **a brown coat and gloves to ~** ein brauner Mantel u. dazu passende Handschuhe.

match² [mætʃ] *s.* **1.** Zünd-, Streichholz *n*; **2.** Zündschnur *f*; **3.** *hist.* Lunte *f*; '**~-box** *s.* Streichholzschachtel *f*.

match·less ['mætʃlɪs] *adj.* □ unvergleichlich, einzigartig.

'**match,mak·er** *s.* **1.** Ehestifter(in), *b.s.* Kuppler(in); **2.** Heiratsvermittler(in).

match| **point** *s. sport* (für den Sieg) entscheidender Punkt; *Tennis etc.*: Matchball *m*; '**~-wood** *s.* (Holz)Späne *pl.*, Splitter *pl.*: **make ~ of s.th.** aus et. Kleinholz machen, et. kurz u. klein schlagen.

mate¹ [meɪt] **I** *s.* **1.** a) ('Arbeits)Kame,rad *m*, Genosse *m*, Gefährte *m*, b) *als Anrede*: Kame'rad *m*, ,Kumpel' *m*, c) Gehilfe *m*, Handlanger *m*; **2.** a) (Lebens)Gefährte *m*, Gatte *m*, Gattin *f*, b) *bsd. orn.* Männchen *n od.* Weibchen *n*, c) Gegenstück *n* (*von Schuhen etc.*); **3.** *Handelsmarine*: 'Schiffsoffi,zier *m*; **4.** ♣ Maat *m*: **cook's ~** Kochsmaat *m*; **II** *v/t.* **5.** (*paarweise*) verbinden, *bsd.* vermählen, -heiraten; *Tiere* paaren; **6.** *fig.* ein'ander anpassen: **~ words with deeds** auf Worte entsprechende Taten folgen lassen; **III** *v/i.* **7.** sich vermählen, (*weitS.*) sich verbinden; *zo.* sich paaren;

8. ⚙ eingreifen (*Zahnräder*); aufein'ander arbeiten (*Flächen*): *mating surfaces* Arbeitsflächen.
mate² [meɪt] → *checkmate*.
ma·te·ri·al [məˈtɪərɪəl] **I** *adj.* ☐ **1.** materi'ell, physisch, körperlich; **2.** stofflich, Material...: ~ *damage* Sachschaden *m*; ~ *defect* Materialfehler *m*; ~ *fatigue* ⚙ Materialermüdung *f*; ~ *goods* Sachgüter; **3.** materia'listisch (*Anschauung etc.*); **4.** materi'ell, leiblich: ~ *well-being*; **5.** a) sachlich wichtig, gewichtig, von Belang, b) wesentlich, ausschlaggebend (*to* für); ⅋⅋ erheblich: ~ *facts*; *a* ~ *witness* ein unentbehrlicher Zeuge; **6.** *Logik*: sachlich (*Folgerung etc.*); **7.** ⅋ materi'ell (*Punkt etc.*); **II** *s.* **8.** Materi'al *n*, Stoff *m* (*beide a. fig.*; *for* zu e-m *Buch etc.*); ⚙ Werkstoff *m*; (Kleider-)Stoff *m*; **9.** *coll. od. pl.* Materi'al(ien *pl.*) *n*, Ausrüstung *f*: *building* ~*s* Baustoffe; *cleaning* ~*s* Putzzeug *n*; *war* ~ Kriegsmaterial; *writing* ~*s* Schreibmaterial(ien); **10.** *oft pl. fig.* 'Unterlagen *pl.*, *urkundliches* Materi'al; **ma·te·ri·al·ism** [-lɪzəm] *s.* Materia'lismus *m*; **ma·te·ri·al·ist** [-lɪst] **I** *s.* Materia'list(in); **II** *adj. a.* **ma·te·ri·al·is·tic** [məˌtɪərɪəˈlɪstɪk] *adj.* (☐ ~*ally*) materia'listisch; **ma·te·ri·al·i·za·tion** [məˌtɪərɪəlaɪˈzeɪʃn] *s.* **1.** Verkörperung *f*; **2.** *Spiritismus*: Materialisati'on *f*; **ma·te·ri·al·ize** [-laɪz] **I** *v/t.* **1.** e-r Sache stoffliche Form geben, *et.* verkörperlichen; **2.** *et.* verwirklichen; **3.** *bsd. Am.* materia'listisch machen: ~ *thought*; **4.** *Geister* erscheinen lassen; **II** *v/i.* **5.** (feste) Gestalt annehmen, sich verkörpern (*in* in *dat.*); **6.** sich verwirklichen, Tatsache werden, zu'stande kommen; **7.** sich materialisieren, erscheinen (*Geister*).
ma·té·ri·el [məˌtɪərɪˈel] *s.* Ausrüstung *f*, (✕ 'Kriegs)Materi,al *n*.
ma·ter·nal [məˈtɜ:nl] *adj.* ☐ a) mütterlich, Mutter...: ~ *instinct* (*love*), b) *Verwandte(r) etc.* mütterlicherseits, c) Mütter...: ~ *mortality* Müttersterblichkeit *f*.
ma·ter·ni·ty [məˈtɜ:nətɪ] **I** *s.* Mutterschaft *f*; **II** *adj.* Wöchnerinnen..., Schwangerschafts..., Umstands...(-*kleidung*): ~ *allowance* (*od. benefit*) Mutterschaftsbeihilfe *f*; ~ *dress* Umstandskleid *n*; ~ *home*, ~ *hospital* Entbindungsklinik *f*; ~ *leave* Mutterschaftsurlaub *m*; ~ *ward* Entbindungsstation *f*.
mat·ey [ˈmeɪtɪ] **I** *adj.* kame'radschaftlich, vertraulich, famili'är; **II** *s. Brit.* F ,Kumpel' *m* (*Anrede*).
math [mæθ] *s. Am.* für *maths*.
math·e·mat·i·cal [ˌmæθəˈmætɪkl] *adj.* ☐ **1.** mathe'matisch; **2.** *fig.* (mathe'matisch) ex'akt; **math·e·ma·ti·cian** [ˌmæθəməˈtɪʃn] *s.* Mathe'matiker(in); **math·e'mat·ics** [-ks] *s. pl. mst sg. konstr.* Mathema'tik *f*: *higher* (*new*) ~ höhere (neue) Mathematik.
maths [mæθs] *s. Brit.* F ,Mathe' *f* (*Mathematik*).
mat·ins [ˈmætɪnz] *s. pl. oft* ⚹ a) R.C. (Früh)Mette *f*, b) *Church of England*: 'Morgenlitur,gie *f*.
mat·i·nee, mat·i·née [ˈmætɪneɪ] *s. thea.* Mati'nee *f*, *bsd.* Nachmittagsvorstellung *f*.
mat·ing [ˈmeɪtɪŋ] *s. bsd. orn.* Paarung *f*: ~ *season* Paarungszeit *f*.

ma·tri·ar·chal [ˌmeɪtrɪˈɑ:kl] *adj.* matriar'chalisch; **ma·tri·arch·y** [ˈmeɪtrɪɑ:kɪ] *s.* Mutterherrschaft *f*, Matriar'chat *n*; **ma·tri·cid·al** [-ɪˈsaɪdl] *adj.* muttermörderisch; **ma·tri·cide** [ˈmeɪtrɪsaɪd] *s.* **1.** Muttermord *m*; **2.** Muttermörder(in).
ma·tric·u·late [məˈtrɪkjʊleɪt] **I** *v/t.* immatrikulieren (*an e-r Universität*); **II** *v/i.* sich immatrikulieren (lassen); **III** *s.* Immatrikulierte(r *m*) *f*; **ma·tric·u·la·tion** [məˌtrɪkjʊˈleɪʃn] *s.* Immatrikulati'on *f*.
mat·ri·mo·ni·al [ˌmætrɪˈməʊnjəl] *adj.* ☐ ehelich, Ehe...: ~ *agency* Heiratsinstitut *n*; ~ *cases* ⅋⅋ Ehesachen; ~ *law* Eherecht *n*; **mat·ri·mo·ny** [ˈmætrɪmənɪ] *s.* Ehe(stand *m*) *f*.
ma·trix [ˈmeɪtrɪks] *pl.* **-tri·ces** [-trɪsi:z] *s.* **1.** Mutter-, Nährboden *m* (*beide a. fig.*), 'Grundsub,stanz *f*; **2.** *physiol.* Matrix *f*: a) Mutterboden *m*, b) Gewebeschicht *f*, c) Gebärmutter *f*; **3.** *min.* a) Grundmasse *f*, b) Ganggestein *n*; **4.** ⚙, *typ.* Ma'trize *f* (*a. Schallplattenherstellung*); **5.** ⅋ Matrix *f*: ~ *algebra* Matrizenrechnung *f*.
ma·tron [ˈmeɪtrən] *s.* **1.** würdige Dame, Ma'trone *f*; **2.** Hausmutter *f* (*e-s Internats etc.*), Wirtschafterin *f*; **3.** a) Vorsteherin *f*, b) Oberschwester *f*, Oberin *f* *im Krankenhaus*), c) Aufseherin *f* *im Gefängnis etc.*; **'ma·tron·ly** [-lɪ] *adj.* ma'tronenhaft (*a. adv.*), gesetzt: ~ *duties* hausmütterliche Pflichten.
mat·ted¹ [ˈmætɪd] *adj.* mattiert.
mat·ted² [ˈmætɪd] *adj.* **1.** mit Matten bedeckt: *a* ~ *floor*; **2.** verflochten: ~ *hair* verfilztes Haar.
mat·ter [ˈmætə] *s.* **1.** Ma'terie *f* (*a. phys., phls.*), Materi'al *n*, Stoff *m*; *biol.* Sub'stanz *f*: → *foreign* 2, *grey matter*; **2.** Sache *f* (*a.* ⅋⅋), Angelegenheit *f*: *this is a serious* ~; *in* ~ *in hand* die vorliegende Angelegenheit; *a* ~ *of fact* e-e Tatsache; *as a* ~ *of fact* tatsächlich, eigentlich; *a* ~ *of course* e-e Selbstverständlichkeit; *as a* ~ *of course* selbstverständlich; *a* ~ *of form* e-e Formsache; ~ (*in issue*) ⅋⅋ Streitgegenstand *m*; *a* ~ *of taste* (e-e) Geschmackssache; *a* ~ *of time* e-e Frage der Zeit; *it is a* ~ *of life and death* es geht um Leben u. Tod; *it's no laughing* ~ es ist nichts zum Lachen; *for that* ~ was das (an)betrifft, schließlich; *in the* ~ *of* a) hinsichtlich (*gen.*), b) ⅋⅋ in Sachen A. *gegen* B.; **3.** *pl.* (*ohne Artikel*) die 'Umstände *pl.*, die Dinge *pl.*: *to make* ~*s worse* was die Sache noch schlimmer macht; *as* ~*s stand* wie die Dinge liegen; **4.** *the* ~ die Schwierigkeit: *what's the* ~? was ist los?, wo fehlt's?; *what's the* ~ *with him* (*it*)? was ist los mit ihm (damit)?; *no* ~! es hat nichts zu sagen!; *it's a* ~ *of common knowledge* es ist allgemein bekannt; **6.** *fig.* Stoff *m* (*Dichtung*), Thema *n*, Gegenstand *m*, Inhalt *m* (*Buch*), innerer Gehalt *m*; **7.** *mst postal* ~ Postsache *f*;

printed ~ Drucksache *f*; **8.** *typ.* a) Ma'nu'skript *n*, b) (Schrift)Satz *m*: *live* ~, *standing* ~ Stehsatz *m*; **9.** ⚕ Eiter *m*; **II** *v/i.* **10.** von Bedeutung sein (*to* für), dar'auf ankommen (*to s.o.* j-m): *it doesn't* ~ (es) macht nichts; *it* ~*s little* es ist ziemlich einerlei, es spielt kaum e-e Rolle; **11.** ⚕ eitern.
mat·ter|-of-'course [-tərəv'k-] *adj.* selbstverständlich; **~-of-'fact** [-tərəv'f-] *adj.* sachlich, nüchtern; pro'saisch.
Mat·thew [ˈmæθju:] *npr. u. s. bibl.* Mat'thäus(evan,gelium *n*) *m*.
mat·ting [ˈmætɪŋ] *s.* ⚙ **1.** Mattenstoff *m*; **2.** Matten(belag *m*) *pl.*
mat·tock [ˈmætək] *s.* (Breit)Hacke *f*, ⚒ Karst *m*.
mat·tress [ˈmætrɪs] *s.* Ma'tratze *f*.
mat·u·ra·tion [ˌmætjʊˈreɪʃn] *s.* **1.** ⚕ (Aus)Reifung *f*, Eiterung *f* (*Geschwür*); **2.** *biol., a. fig.* Reifen *n*.
ma·ture [məˈtjʊə] **I** *adj.* ☐ **1.** *allg.* reif (*a. Käse, Wein*; *a.* ⚕ *Geschwür*); **2.** reif (*Person*): a) voll entwickelt, b) *fig.* gereift, mündig; **3.** *fig.* reiflich erwogen, ('wohl)durch,dacht: *upon* ~ *reflection* nach reiflicher Überlegung; ~ *plans* ausgereifte Pläne; **4.** † fällig, zahlbar (*Wechsel*); **II** *v/t.* **5.** reifen (lassen), zur Reife bringen; *fig.* Pläne reifen lassen; **III** *v/i.* **6.** reif werden, (her'an-, aus)reifen; † fällig werden; **ma'tured** [-əd] *adj.* **1.** ausgereift; **2.** abgelagert; **3.** † fällig; **ma'tu·ri·ty** [-ərətɪ] *s.* **1.** Reife *f* (*a.* ⚕ *u. fig.*): *bring* (*come*) *to* ~ zur Reife bringen (kommen); ~ *of judg(e)ment* Reife des Urteils; **2.** † Fälligkeit *f*, Verfall(zeit *f*) *m*: *at* (*od. on*) ~ bei Fälligkeit; ~ *date* Fälligkeitstag *m*; **3.** *fig. pol.* Mündigkeit *f* (*des Bürgers*).
ma·tu·ti·nal [ˌmætjuˈtaɪnl] *adj.* morgendlich, Morgen..., früh.
mat·y [ˈmeɪtɪ] *Brit.* → *matey*.
maud·lin [ˈmɔ:dlɪn] **I** *s.* weinerliche Gefühlsduse'lei; **II** *adj.* weinerlich sentimen'tal, rührselig.
maul [mɔ:l] **I** *s.* **1.** ⚙ Schlegel *m*, schwerer Holzhammer; **II** *v/t.* **2.** *j-n, et.* übel zurichten, *j-n* 'durchprügeln, miß'handeln: ~ *about* roh umgehen mit; **3.** ,her'unterreißen' (*Kritiker*).
maul·stick [ˈmɔ:lstɪk] *s. paint.* Malerstock *m*.
maun·der [ˈmɔ:ndə] *v/i.* **1.** schwafeln, faseln; **2.** ziellos um'herschlendern *od.* handeln.
Maun·dy Thurs·day [ˈmɔ:ndɪ] *s. eccl.* Grün'donnerstag *m*.
mau·so·le·um [ˌmɔ:sə'lɪəm] *s.* Mauso'leum *n*, Grabmal *n*.
mauve [məʊv] **I** *s.* Malvenfarbe *f*; **II** *adj.* malvenfarbig, mauve.
mav·er·ick [ˈmævərɪk] *s. Am.* **1.** herrenloses Vieh ohne Brandzeichen; **2.** mutterloses Kalb; **3.** F *pol.* Einzelgänger *m*, *allg.* Außenseiter *m*.
maw [mɔ:] *s.* **1.** (Tier)Magen *m*, *bsd.* Labmagen *m* (*der Wiederkäuer*); **2.** *fig.* Rachen *m* des Todes etc.
mawk·ish [ˈmɔ:kɪʃ] *adj.* ☐ **1.** süßlich, abgestanden (*Geschmack*); **2.** *fig.* rührselig, süßlich, kitschig.
'maw·seed *s.* Mohnsame(n) *m*.
'maw·worm *s. zo.* Spulwurm *m*.
max·i [ˈmæksɪ] F *s.* Maximode *f*: *wear* ~ maxi tragen; **II** *adj.* Maxi...: ~ *dress*.
max·il·la [mækˈsɪlə] *pl.* **-lae** [-li:] *s.* **1.**

anat. (Ober)Kiefer *m*; **2.** *zo.* Fußkiefer *m*, Zange *f*; **max·il·lar·y** [-ərɪ] **I** *adj. anat.* (Ober)Kiefer..., maxil'lar; **II** *s.* Oberkieferknochen *m*.

max·im ['mæksɪm] *s.* Ma'xime *f*.

max·i·mal ['mæksɪml] *adj.* maxi'mal, Maximal..., Höchst...; **'max·i·mize** [-maɪz] *v/t.* ✝, ⊘ maximieren; **max·i·mum** ['mæksɪməm] **I** *pl.* **-ma** [-mə], **-mums** **1.** Maximum *n*, Höchstgrenze *f*, -maß *n*, -stand *m*, -wert *m* (*a.* Å): *smoke a ~ of 20 cigarettes a day* maximal 20 Zigaretten am Tag rauchen; **2.** ✝ Höchstpreis *m*, -angebot *n*, -betrag *m*; **II** *adj.* **3.** höchst, größt, Höchst..., Maximal...: *~ load* ⊘, ⚡ Höchstbelastung *f*; *~ safety load* (*od.* **stress**) zulässige Beanspruchung *f*; *~ performance* Höchst-, Spitzenleistung *f*; *~ permissible speed* zulässige Höchstgeschwindigkeit; *~ wages* Höchst-, Spitzenlohn *m*.

'max·i·sin·gle *s.* Maxisingle *f* (*Schallplatte*).

may¹ [meɪ] *v/aux.* [*irr.*] **1.** (*Möglichkeit, Gelegenheit*) *sg.* kann, mag, *pl.* können, mögen: *it ~ happen any time* es kann jederzeit geschehen; *it might happen* es könnte geschehen; *you ~ be right* du magst recht haben; *he ~ not come* vielleicht kommt er nicht; *he might lose his way* er könnte sich verirren; **2.** (*Erlaubnis*) *sg.* darf, kann (*a.* ⚤), *pl.* dürfen können: *you ~ go*; *~ I ask?* darf ich fragen?; *we might as well go* da können wir ebensogut auch gehen; **3.** *ungewisse Frage*: *how old ~ she be?* wie alt mag sie wohl sein?; *I wondered what he might be doing* ich fragte mich, was er wohl tat; *Wunschgedanke, Segenswunsch*: *~ you be happy!* sei glücklich!; *~ it please your Majesty* Eure Majestät mögen geruhen; **5.** *familiäre od. vorwurfsvolle Aufforderung*: *you might help me* du könntest mir (eigentlich) helfen; *you might at least write me* du könntest mir wenigstens schreiben; **6.** *~ od.* **might** *als Konjunktivumschreibung*: *I shall write to him so that he ~ know our plans*; *whatever it ~ cost*, *difficult as it ~ be* so schwierig es auch sein mag; *we feared they might attack* wir fürchteten, sie könnten *od.* würden angreifen.

May² [meɪ] *s.* **1.** Mai *m*, *poet.* (*fig. a.* ♀) Lenz *m*: *in ~* im Mai; **2.** ♀ ♥ Weißdornblüte *f*.

may·be ['meɪbɪ] *adv.* viel'leicht.

May| bug *s. zo.* Maikäfer *m*; *~ Day s.* der 1. Mai; **'♀·day** *s. internationales Funknotsignal*; **'~·flow·er** *s.* ♥ a) Maiblume *f*, b) *Am.* Primelstrauch *m*; **2.** ♀ *hist.* Name des Auswandererschiffs der *Pilgrim Fathers*; **'~·fly** *s. zo.* Eintagsfliege *f*.

may·hap ['meɪhæp] *adv. obs. od. dial.* viel'leicht.

may·hem ['meɪhem] *s.* **1.** *bsd. Am.* ⚤ schwere Körperverletzung; **2.** *fig.* a) ‚Gemetzel‘ *n*, b) Chaos *n*, Verwüstung *f*.

may·on·naise [ˌmeɪə'neɪz] *s.* Mayon'naise(gericht *n*) *f*: *~ of lobster* Hummermayonnaise *f*.

may·or [meə] *s.* Bürgermeister *m*; **'may·or·al** [-ərəl] *adj.* bürgermeister-

lich; **'may·or·ess** [-ərɪs] *s.* **1.** Gattin *f* des Bürgermeisters; **2.** *Am.* Bürgermeisterin *f*.

'May|·pole, ♀ *s.* Maibaum *m*; *~ queen s.* Mai(en)königin *f*; **'~·thorn** *s.* ♥ Weißdorn *m*.

maz·a·rine [ˌmæzə'ri:n] *adj.* maza'rin-, dunkelblau.

maze [meɪz] *s.* **1.** Irrgarten *m*, Laby'rinth *n*, *fig. a.* Gewirr *n*; **2.** *fig.* Verwirrung *f*: *in a ~ → mazed* [-zd] *adj.* verdutzt, verblüfft.

Mc·Coy [mə'kɔɪ] *s. Am. sl.*: *the real ~* der wahre Jakob, der (die, das) Richtige.

'M-day *s.* Mo'bilmachungstag *m*.

me [mi:; mɪ] **I** *pron.* **1.** (*dat.*) mir: *he gave ~ money*; *he gave it* (*to*) *~*; (*acc.*) mich: *he took ~ away* er führte mich weg; **3.** F ich: *it's ~* ich bin's; **II** ⚤ *s.* **4.** *psych.* Ich *n*.

mead¹ [mi:d] *s.* Met *m*.

mead² [mi:d] *poet. für* meadow.

mead·ow ['medəʊ] *s.* Wiese *f*; *~ grass s.* ♥ Rispengras *n*; *~ saf·fron s.* ♥ (*bsd.* Herbst)Zeitlose *f*; **'~·sweet** *s.* ♥ **1.** Mädesüß *n*; **2.** *Am.* Spierstrauch *m*.

mead·ow·y ['medəʊɪ] *adj.* wiesenartig, -reich, Wiesen...

mea·ger *Am.*, **mea·gre** *Brit.* ['mi:gə] *adj.* □ **1.** mager, dürr; **2.** *fig.* dürftig, kärglich; **'mea·ger·ness** *Am.*, **'mea·gre·ness** *Brit.* [-nɪs] *s.* **1.** Magerkeit *f*; **2.** Dürftigkeit *f*.

meal¹ [mi:l] *s.* **1.** Schrotmehl *n*; **2.** Mehl *n*, Pulver *n* (*aus Nüssen, Mineralen etc.*).

meal² [mi:l] *s.* Mahl(zeit *f*) *n*, Essen *n*: *have a ~* e-e Mahlzeit einnehmen; *make a ~ of s.th.* et. verzehren; *~ on wheels* Essen *n* auf Rädern.

meal·ies ['mi:lɪz] (*S.Afr.*) *s. pl.* Mais *m*.

meal| tick·et *s. Am.* **1.** Essensbon(s *pl.*) *m*; **2.** *b.s.* a) Ernährer *m*, b) Einnahmequelle *f*, ‚Goldesel‘ *m*, c) Kapi'tal *n*: *his voice is his ~*; **'~·time** *s.* Essenszeit *f*.

meal·y ['mi:lɪ] *adj.* **1.** mehlig: *~ potatoes*; **2.** mehlhaltig; **3.** (wie) mit Mehl bestäubt; **4.** blaß (*Gesicht*); **'~-mouthed** *adj.* **1.** heuchlerisch, glattzüngig; **2.** leisetreterisch: *be ~ about it* um den (heißen) Brei herumreden.

mean¹ [mi:n] **I** *v/t.* [*irr.*] **1.** *et.* beabsichtigen, vorhaben, im Sinn haben: *I ~ it* es ist mir Ernst damit; *~ to do s.th.* et. zu tun gedenken, et. tun wollen; *he ~s no harm* er meint es nicht böse; *I didn't ~ to disturb you* ich wollte dich nicht stören; *without ~ing it* ohne es zu wollen; *→ business* 4; **2.** bestimmen (*for zu*): *he was meant to be a barrister* er war zum Anwalt bestimmt; *the cake is meant to be eaten* der Kuchen ist zum Essen da; *that remark was meant for you* das war auf dich abgezielt; **3.** meinen, sagen wollen: *by 'liberal' I ~* unter ‚liberal‘ verstehe ich; *I ~ his father* ich meine s-n Vater; *I ~ to say* ich will sagen; **4.** bedeuten: *that ~s a lot of work*; *he ~s all the world to me* er bedeutet mir alles; *that ~s war* das bedeutet Krieg; *what does 'fair' ~?* was bedeutet (das Wort) ‚fair‘?; **II** *v/i.* [*irr.*] **5.** *~ well* (*ill*) *by* (*od. to*) *s.o.* j-m wohlgesinnt (übel gesinnt) sein.

mean² [mi:n] *adj.* □ **1.** gering, niedrig: *~ birth* niedrige Herkunft; **2.** ärmlich, schäbig: *~ streets*; **3.** unbedeutend, gering: *no ~ artist* ein recht bedeutender Künstler; *no ~ foe* ein nicht zu unterschätzender Gegner; **4.** schäbig, gemein; *feel ~* sich schäbig vorkommen; **5.** geizig, schäbig, ‚filzig‘; **6.** *Am.* F a) bösartig, ‚ekelhaft‘, b) ‚bös‘, scheußlich (*Sache*), c) ‚toll‘, ‚wüst‘: *a ~ fighter*, d) *Am.* unpäßlich: *feel ~* sich elend fühlen.

mean³ [mi:n] **I** *adj.* **1.** mittel, mittler Mittel...; 'durchschnittlich, Durchschnitts...: *~ life* a) mittlere Lebensdauer, b) *phys.* Halbwertzeit *f*; *~ sea level* das Normalnull; *~ value* Mittelwert *m*; **II** *s.* **2.** Mitte *f*, das Mittlere, Mittel *n*, 'Durchschnitt(szahl *f*) *m*; Å Mittel(wert *m*) *n*: *hit the happy ~* die goldene Mitte treffen; *arithmetical ~* arithmetisches Mittel; *→ golden mean*; **3.** *pl. sg. od. pl. konstr.* (Hilfs)Mittel *n od. pl.*, Werkzeug *n*, Weg *m*: *by all ~s* auf alle Fälle, unbedingt; *by any ~s* etwa, vielleicht, möglicherweise; *by no ~s* durchaus nicht, keinesfalls, auf keinen Fall; *by some ~s or other* auf die eine oder andere Weise, irgendwie; *by ~s of* mittels, durch; *by this* (*od. these*) *~s* hierdurch; *~ of production* Produktionsmittel; *~s of transport(ation)* Beförderungsmittel; *find the ~s* Mittel und Wege finden; *→ end* 9, *way¹* 1; **4.** *pl.* (Geld)Mittel *pl.*, Vermögen *n*, Einkommen *n*: *live within* (*beyond*) *one's ~s* s-n Verhältnissen entsprechend (über s-e Verhältnisse) leben; *a man of ~s* ein bemittelter Mann; *~s test Brit.* (behördliche) Einkommens- *od.* Bedürftigkeitsermittlung.

me·an·der [mɪ'ændə] **I** *s. bsd. pl.* Windung *f*, verschlungener Pfad, Schlängelweg *m*; △ Mä'ander(linien *pl.*) *m*, Schlangenlinie *f*; **II** *v/i.* sich winden, (sich) schlängeln.

mean·ing ['mi:nɪŋ] **I** *s.* **1.** Absicht *f*, Zweck *m*, Ziel *n*; **2.** Sinn *m*, Bedeutung *f*: *full of ~* bedeutungsvoll, bedeutsam; *what's the ~ of this?* was soll das bedeuten?; *words with the same ~* Wörter mit gleicher Bedeutung; *full of ~ → 3*; *if you take my ~* wenn Sie verstehen, was ich meine; **II** *adj.* □ **3.** bedeutungsvoll, bedeutsam (*Blick etc.*); **4.** *in Zssgn* ...Absicht: *well-~* wohlmeinend, -wollend; **'mean·ing·ful** [-fʊl] *adj.* bedeutungsvoll; **'mean·ing·less** [-lɪs] *adj.* **1.** sinn-, bedeutungslos; **2.** ausdruckslos (*Gesicht*).

mean·ness ['mi:nnɪs] *s.* **1.** Niedrigkeit *f*, niedriger Stand; **2.** Wertlosigkeit *f*, Ärmlichkeit *f*; **3.** Schäbigkeit *f*: a) Gemeinheit *f*, Niederträchtigkeit *f*, b) Geiz *m*; **4.** *Am.* F Bösartigkeit *f*.

meant [ment] *pret. u. p.p. von* mean¹.

mean|'time I *adv.* in'zwischen, mittler'weile, unter'dessen; **II** *s.* Zwischenzeit *f*: *in the ~ → I*; *~ time s. ast.* mittlere (Sonnen)Zeit; **'~·while → meantime** I.

mea·sles ['mi:zlz] *s. pl. sg. konstr.* **1.** ⚕ Masern *pl.*: *false ~*, *German ~* Röteln *pl.*; **2.** *vet.* Finnen *pl.* (*der Schweine*); **'mea·sly** [-lɪ] *adj.* **1.** ⚕ masernkrank; **2.** *vet.* finnig; **3.** *sl.* elend, schäbig, lumpig.

meas·ur·a·ble ['meʒərəbl] *adj.* □ meßbar: **within ~ distance of** *fig.* nahe
(*dat.*); **'meas·ur·a·ble·ness** [-nɪs] *s.*
Meßbarkeit *f*.
meas·ure ['meʒə] **I** *s.* **1.** Maß(einheit *f*)
n: **long ~** Längenmaß; **~ of capacity**
Hohlmaß; **2.** *fig.* richtiges Maß, Ausmaß *n*: **beyond** (*od.* **out of**) **all ~** über
alle Maßen, grenzenlos; **in a great ~** in
großem Maße, großenteils, überaus; **in
some ~, in a** (**certain**) **~** gewissermaßen, bis zu e-m gewissen Grade; **for
good ~** obendrein; **3.** Messen *n*, Maß
n: **take the ~ of s.th.** et. abmessen;
take s.o.'s ~ a) j-m (*zu e-m Anzug*)
Maß nehmen, b) *fig.* j-n taxieren *od.*
einschätzen; → **made-to-measure; 4.**
Maß *n*, Meßgerät *n*; **weigh with two
~s** *fig.* mit zweierlei Maß messen; →
tape-measure; 5. Maßstab *m* (**of** für):
be a ~ of s.th. e-r Sache als Maßstab
dienen; **man is the ~ of all things** der
Mensch ist das Maß aller Dinge; **6.** Anteil *m*, Porti'on *f*, gewisse Menge; **7.** a)
♣ Maß(einheit *f*) *n*, Teiler *m*, Faktor
m, b) 🖉, *phys.* Maßeinheit *f*: **~ of variation** Schwankungsmaß; **common ~**
gemeinsamer Teiler; **8.** (abgemessener)
Teil, Grenze *f*: **set a ~ to s.th.** et. begrenzen; **9.** *Metrik*: a) Silbenmaß *n*, b)
Versglied *n*, c) Versmaß *n*; **10.** ♪ Metrum *n*, Takt *m*, Rhythmus *m*: **tread a
~** tanzen; **11.** *poet.* Weise *f*, Melo'die *f*;
12. *pl. geol.* Lager *n*, Flöz *n*; **13.** *typ.*
Zeilen-, Satz-, Ko'lumnenbreite *f*; **14.**
fig. Maßnahme *f*, -regel *f*, Schritt *m*:
take ~s Maßnahmen ergreifen; **take
legal ~s** den Rechtsweg beschreiten;
15. ♋ gesetzliche Maßnahme, Verfügung *f*: **coercive ~** Zwangsmaßnahme;
II *v/t.* **16.** (ver)messen, ab-, aus-, zumessen: **~ one's length** *fig.* längelang
hinfallen; **~ swords** a) die Klingen
messen, b) (**with**) die Klingen kreuzen
(mit) (*a. fig.*); **~ s.o. for a suit of
clothes** j-m Maß nehmen zu e-m Anzug; **17. ~ out** ausmessen, die Ausmaße bestimmen; **18.** *fig.* ermessen; **19.**
(ab)messen, abschätzen (**by** an *dat.*):
~d by gemessen an; **20.** beurteilen (**by**
nach); **21.** vergleichen, messen (**with**
mit): **~ one's strength with s.o.** s-e
Kräfte mit j-m messen; **III** *v/i.* **22.** Mes-
sungen vornehmen; **23.** messen, groß
sein: **it ~s 7 inches** es mißt 7 Zoll, es ist
7 Zoll lang; **24. ~ up** (**to**) die Ansprüche (*gen.*) erfüllen, her'anreichen (an
acc.); **'meas·ured** [-əd] *adj.* **1.** (ab)ge-
messen: **~ in the clear** (*od.* **day**) ⊕ im
Lichten gemessen; **~ value** Meßwert *m*;
2. richtig proportioniert; **3.** (ab)gemes-
sen, gleich-, regelmäßig: **~ tread** ge-
messener Schritt; **4.** 'wohlüber₁legt, abgewogen, gemessen: **to speak in ~
terms** sich maßvoll ausdrücken; **5.** im
Versmaß, metrisch; **'meas·ure·less**
[-lɪs] *adj.* unermeßlich, unbeschränkt;
'meas·ure·ment [-mənt] *s.* **1.** (Ver-)
Messung *f*, (Ab)Messen *n*; **2.** Maß *n*;
pl. Abmessungen *pl.*, Größe *f*, Ausmaße *pl.*; **3.** ⚓ Tonnengehalt *m*.
meas·ur·ing ['meʒərɪŋ] *s.* **1.** Messen *n*,
(Ver)Messung *f*; **2.** *in Zssgn*: Meß...; **~
bridge** *s.* ⚡ Meßbrücke *f*; **~ di·al** *s.*
Rundmaßskala *f*; **~ glass** *s.* Meßglas *n*;
~ in·stru·ment *s.* Meßgerät *n*; **~
range** *s.* Meßbereich *m*; **~ tape** *s.*

Maß-, Meßband *n*, Bandmaß *n*.
meat [mi:t] *s.* **1.** Fleisch *n* (*als Nahrung*;
Am. a. von Früchten etc.): **~s** a)
Fleischwaren, b) Fleischgerichte; **fresh
~** Frischfleisch; **butcher's ~** Schlachtfleisch; **~ and drink** Speise *f* u. Trank
m; **this is ~ and drink to me** es ist mir
e-e Wonne; **one man's ~ is another
man's poison** des einen Freud ist des
andern Leid; **2.** Fleischspeise *f*: **cold ~**
kalte Platte; **~ tea** kaltes Abendbrot
mit Tee; **3.** *fig.* Sub'stanz *f*, Gehalt *m*,
Inhalt *m*: **full of ~** gehaltvoll; **~ ax(e)** *s.*
Schlachtbeil *n*; **'~·ball** *s.* **1.** Fleischklöß-
chen *n*; **2.** *Am. sl.* „Heini" *m*; **~ broth** *s.*
Fleischbrühe *f*; **'~₁chop·per** *s.* **1.** Hackmesser *n*; **2. → ~ grind·er** *s.* Fleischwolf *m*; **~ ex·tract** *s.* 'Fleischex₁trakt
m; **~ fly** *s. zo.* Schmeißfliege *f*; **~ in-
spec·tion** *s.* Fleischbeschau *f*.
meat·less ['mi:tlɪs] *adj.* fleischlos.
meat| loaf *s.* Hackbraten *m*; **'~·man**
[-mæn] *s.* [*irr.*] *Am.* Fleischer *m*; **~
meal** *s.* Fleischmehl *n*; **~ pie** *s.*
'Fleischpa₁stete *f*; **~ pud·ding** *s.*
Fleischpudding *m*; **~ safe** *s.* Fliegen-
schrank *m*.
meat·y ['mi:tɪ] *adj.* **1.** fleischig; **2.**
fleischartig; **3.** *fig.* gehaltvoll, handfest,
so'lid.
Mec·ca·no [mɪ'kɑːnəʊ] (*TM*) *s.* Sta'bil-
baukasten *m* (*Spielzeug*).
me·chan·ic [mɪ'kænɪk] **I** *adj.* **1. → mechanical**; **II** *s.* **2.** a) Me'chaniker *m*,
Maschi'nist *m*, Mon'teur *m*, (Auto-)
Schlosser *m*, b) Handwerker *m*; **3.** *pl.
sg. konstr. phys.* a) Me'chanik *f*, Bewegungslehre *f*: **~s of fluids** Strömungs-
lehre *f*, b) *a.* **practical ~s** Ma'schinen-
lehre *f*; **4.** *pl. sg. konstr.* ⊕ Konstrukti'on *f* von Ma'schinen *etc.*: **precision
~s** Feinmechanik *f*; **5.** *pl. sg. konstr.*
Mecha'nismus *m* (*a. fig.*); **6.** *pl. sg.
konstr. fig.* Technik *f*: **the ~s of play-
writing**; **me'chan·i·cal** [-kl] *adj.* □ **1.**
⊕ me'chanisch (*a. phys.*); maschi'nell,
Maschinen...; auto'matisch: **~ drawing**
maschinelles Zeichnen; **~ force** *phys.*
mechanische Kraft; **~ engineer** Ma-
schinenbauingenieur *m*; **~ engineering**
Maschinenbau(kunde *f*) *m*; **~ wood-
pulp** Holzschliff *m*; **2.** *fig.* me'chanisch,
auto'matisch; **me'chan·i·cal·ness**
[-klnɪs] *s.* das Me'chanische; **mech·a-
ni·cian** [₁mekə'nɪʃn] → **mechanic** 2.
mech·a·nism ['mekənɪzm] *s.* **1.** Mecha'nismus *m*: **~ of government** *fig.*
Regierungs-, Verwaltungsapparat *m*; **2.**
biol., physiol., phls., psych. Mecha'nismus *m*; **3.** *paint. etc.* Technik *f*; **mech-
a·nis·tic** [₁mekə'nɪstɪk] *adj.* (□ **~ally**)
phls. mecha'nistisch; **mech·a·ni·za-
tion** [₁mekənaɪ'zeɪʃn] *s.* Mechanisie-
rung *f*; **'mech·a·nize** [-naɪz] *v/t.* me-
chanisieren, ✗ *a.* motorisieren: **~d division** ✗ Panzergrenadierdivision *f*.
me·co·ni·um [mɪ'kəʊnjəm] *s. physiol.*
Kindspech *n*.
med·al ['medl] *s.* Me'daille *f*: a) Denk-,
Schaumünze *f*; → **reverse** 4, b) Orden
m, Ehrenzeichen *n*, Auszeichnung *f*: **2
of Honor** *Am.* ✗ Tapferkeitsmedaille *f*;
~ ribbon Ordensband *n*.
med·aled, med·al·ist *Am.* → **med-
alled, medallist**.
med·alled ['medld] *adj.* ordenge-
schmückt.

me·dal·lion [mɪ'dæljən] *s.* **1.** große
Denk- *od.* Schaumünze, Me'daille *f*; **2.**
Medail'lon *n*; **med·al·list** ['medlɪst] *s.*
1. Me'daillenschneider *m*; **2.** *bsd. sport*
(*Gold- etc.*)Medaillengewinner(in).
med·dle ['medl] *v/i.* **1.** sich (ein-)
mischen (**with**, **in** in *acc.*); **2.** sich (unaufgefordert) befassen, sich abgeben,
sich einlassen (**with** mit); **3.** her'um-
hantieren, -spielen (**with** mit); **'med-
dler** [-lə] *s.* j-d, der sich (ständig) in
fremde Angelegenheiten mischt, aufdringlicher Mensch; **'med·dle·some**
[-səm] *adj.* aufdringlich.
me·di·a¹ ['medɪə] *pl.* **-di·ae** [-dɪiː] *s.
ling.* Media *f*, stimmhafter Verschlußlaut.
me·di·a² ['miːdjə] **1.** *pl. von* **medium**;
2. Medien *pl.*: **~ research** Medienfor-
schung *f*; **mixed ~** a) Multimedia *pl.*, b)
Kunst: Mischtechnik *f*.
me·di·ae·val *etc.*→ **medieval** *etc.*
me·di·al ['miːdjəl] **I** *adj.* □ **1.** mittler,
Mittel...: **~ line** Mittellinie *f*; **2.** *ling.*
medi'al, inlautend: **~ sound** Inlaut *m*;
3. Durchschnitts...; **II** *s.* **4.** → **media¹**.
me·di·an ['miːdjən] **I** *adj.* die Mitte bildend, mittler, Mittel...: **~ salaries** 🜊
mittlere Gehälter; **~ strip** *Am. mot.*
Mittelstreifen *m*; **II** *s.* **3.** Mittellinie *f*,
-wert *m*; **~ line** *s.* ♣ A) Mittellinie *f* (*a.
anat.*), b) Halbierungslinie *f*; **~ point** *s.*
♣ Mittelpunkt *m*, Schnittpunkt *m* der
Winkelhalbierenden.
me·di·ant ['miːdjənt] *s.* ♪ Medi'ante *f*.
me·di·ate ['miːdɪeɪt] **I** *v/i.* **1.** vermitteln
(*a. v/t.*), den Vermittler spielen (**between** zwischen *dat.*); **2.** da'zwischen
liegen, ein Bindeglied bilden; **II** *adj.*
[-dɪət] □ **3.** mittelbar, 'indi₁rekt; **4. →
median** I; **me·di·a·tion** [₁miːdɪ'eɪʃn] *s.*
Vermittlung *f*, Fürsprache *f*, *eccl.* Fürbitte *f*: **through his ~**; **'me·di·a·tor**
[-tə] *s.* Vermittler *m*; Fürsprecher *m*;
eccl. Mittler *m*; **me·di·a·to·ri·al**
[₁miːdɪə'tɔːrɪəl] *adj.* □ vermittelnd,
(Ver)Mittler...; **'me·di·a·tor·ship** [-tə-
ʃɪp] *s.* (Ver)Mittleramt *n*, Vermittlung
f; **'me·di·a·to·ry** [-dɪətərɪ] *adj.* → **mediato-
rial**; **me·di·a·trix** [₁miːdɪ'eɪtrɪks] *s.* Ver-
mittlerin *f*.
med·ic ['medɪk] **I** *adj.* → **medical** 1; **II**
s. F Medi'ziner *m* (*Arzt od. Student*), ✗
Sani'täter *m*.
Med·i·caid ['medɪkeɪd] *s. Am.* Gesund-
heitsfürsorge(programm) *n* für Bedürftige.
med·i·cal ['medɪkl] **I** *adj.* □ **1.** medi'zinisch, ärztlich, Kranken..., *a.* inter'nistisch: **~ attendance** ärztliche Behandlung; **~ board** Gesundheitsbehörde *f*; **~
certificate** ärztliches Attest; **2 Corps**
✗ Sanitätstruppe *f*; **2 Department** ✗
Sanitätswesen *n*; **~ examiner** a) Amtsarzt *m*, -ärztin *f*, b) Vertrauensarzt *m*,
-ärztin *f* (*Krankenkasse*), c) *Am.* Lei-
chenbeschauer(in); **~ history** Krankengeschichte *f*; **~ jurisprudence** Ge-
richtsmedizin *f*; **~ man** → 3 a; **~ officer**
Amtsarzt *m*, -ärztin *f*; **~ practitioner**
praktischer Arzt, praktische Ärztin; **~
retirement** vorzeitige Pensionierung
aus gesundheitlichen Gründen; **~
science** medizinische Wissenschaft,
Medizin *f*; **~ specialist** Facharzt *m*,
-ärztin *f*; **~ student** Mediziner(in), Me-
dizinstudent(in); **2 Superintendent**

Chefarzt *m*, -ärztin *f*; **~ ward** innere Abteilung (*e-r Klinik*); **on ~ grounds** aus gesundheitlichen Gründen; **2.** Heil..., heilend; II *s.* **3.** F a) ‚Doktor' *m* (*Arzt*), b) ärztliche Unter'suchung; **me·dic·a·ment** [me'dɪkəmənt] *s.* Medika'ment *n*, Heil-, Arz'neimittel *n*.

Med·i·care ['medɪkeə] *s. Am.* Gesundheitsfürsorge *f* (*bsd. für Senioren*).

med·i·cate ['medɪkeɪt] *v/t.* **1.** medi'zinisch behandeln; **2.** mit Arz'neistoff versetzen *od.* imprägnieren; **~d cotton** medizinische Watte; **~d bath** (**wine**) Medizinalbad *n* (-wein *m*); **med·i·ca·tion** [ˌmedɪ'keɪʃn] *s.* **1.** Beimischung *f* von Arz'neistoffen; **2.** Verordnung *f*, medi'zinische *od.* medikamen'töse Behandlung; **'med·i·ca·tive** [-keɪtɪv] *adj.*, **me·dic·i·nal** [me'dɪsɪnl] *adj.* □ Medizinal..., medi'zinisch, heilkräftig, -sam, Heil...: **~ herbs** Heilkräuter; **~ spring** Heilquelle *f*.

med·i·cine ['medsɪn] *s.* **1.** Medi'zin *f*, Arz'nei *f* (*a. fig.*): **take one's ~** a) s-e Medizin (ein)nehmen, b) *fig.* ‚die Pille schlucken'; **2.** a) Heilkunde *f*, ärztliche Wissenschaft, b) innere Medi'zin (*Ggs. Chirurgie*); **3.** Zauber *m*, Medi'zin *f* (*bei Indianern etc.*): **he is bad ~** *Am. sl.* er ist ein gefährlicher Bursche; **~ ball** *s. sport* Medi'zinball *m*; **~ chest** *s.* Arz'neischrank *m*, 'Hausapo₁theke *f*; **'~-man** [-mæn] *s.* [*irr.*] Medi'zinmann *m*.

med·i·co ['medɪkəʊ] *pl.* **-cos** *s.* → **medic** II.

medico- [medɪkəʊ] *in Zssgn* medi'zinisch, Mediko...: **~legal** gerichtsmedizinisch.

me·di·e·val [ˌmedɪ'i:vl] *adj.* □ mittelalterlich (*a. ┌fig. altmodisch, vorsintflutlich*); **me·di'e·val·ism** [-vəlɪzəm] *s.* **1.** Eigentümlichkeit *f od.* Geist *m* des Mittelalters; **2.** Vorliebe *f* für das Mittelalter; **3.** Mittelalterlichkeit *f*; **me·di'e·val·ist** [-vəlɪst] *s.* Mediä'vist(in), Erforscher(in) *od.* Kenner(in) des Mittelalters.

me·di·o·cre [ˌmi:dɪ'əʊkə] *adj.* mittelmäßig, zweitklassig; **me·di·oc·ri·ty** [ˌmi:dɪ'ɒkrətɪ] *s.* **1.** Mittelmäßigkeit *f*, mäßige Begabung; **2.** unbedeutender Mensch, kleiner Geist.

med·i·tate ['medɪteɪt] I *v/i.* nachsinnen, -denken, grübeln, meditieren (**on**, **upon** über *acc.*); II *v/t.* erwägen, planen, sinnen auf (*acc.*); **med·i·ta·tion** [ˌmedɪ'teɪʃn] *s.* **1.** Meditati'on *f*, tiefes Nachdenken, Sinnen *n*; **2.** (*bsd. fromme*) Betrachtung, Andacht *f*: **book of ~s** Andachts-, Erbauungsbuch *n*; **'med·i·ta·tive** [-tətɪv] *adj.* □ **1.** nachdenklich; **2.** besinnlich (*a. Buch etc.*).

med·i·ter·ra·ne·an [ˌmedɪtə'reɪnjən] I *adj.* **1.** von Land um'geben; binnenländisch; **2.** 2 mittelmeerisch, mediter'ran, Mittelmeer...: **2 Sea** → **3**; II *s.* **3.** 2 Mittelmeer *n*, Mittelländisches Meer; **4.** 2 Angehörige(r *m*) *f* der mediter'ranen Rasse.

me·di·um ['mi:djəm] I *pl.* **-di·a** [-djə], **-di·ums** *s.* **1.** *fig.* Mitte *f*, Mittel *n*, Mittelweg *m*: **the happy ~** die goldene Mitte, der goldene Mittelweg; **2.** *phys.* Mittel *n*, Medium *n*; **3.** ♥, *biol.* Medium *n*, Träger *m*, Mittel *n*: **circulating ~, currency ~** ♥ Umlaufs-, Zahlungsmittel; **dispersion ~** ⚗ Dispersionsmit-

tel; **4.** '₁Lebensele₁ment *n*, -bedingungen *pl.*; **5.** *fig.* Um'gebung *f*, Mili'eu *n*; **6.** (*a. künstlerisches*, *a. Kommunikations-*) Medium *n*, (Hilfs-, Werbe- *etc.*)Mittel *n*; Werkzeug *n*, Vermittlung *f*: **by** (*od.* **through**) **the ~ of** durch, vermittels; → **media²; 7.** *paint.* Bindemittel *n*; **8.** Spiritismus *etc.*: Medium *n*; **9.** *typ.* Medi'anpa₁pier *n*; II *adj.* **10.** mittler, Mittel..., Durchschnitts..., *a.* mittelmäßig: **~ quality** mittlere Qualität; **~ price** Durchschnittspreis *m*; **~-price car** *mot.* Wagen *m* der mittleren Preisklasse; **~ brown** *s.* Mittelbraun *n*; **'~-₁dat·ed** *adj.* ✝ mittelfristig; **'~-faced** *adj. typ.* halbfett.

me·di·um·is·tic [ˌmi:djə'mɪstɪk] *adj.* Spiritismus: medi'al (begabt).

me·di·um| size *s.* Mittelgröße *f*; **'~-size(d)** *adj.* mittelgroß: **~ car** Mittelklassewagen *m*; **'~-term** *adj.* mittelfristig; **~ wave** *s. Radio:* Mittelwelle *f*.

med·lar ['medlə] *s.* ♀ **1.** Mispelstrauch *m*; **2.** Mispel *f* (*Frucht*).

med·ley ['medlɪ] I *s.* **1.** Gemisch *n*; *contp.* Mischmasch *m*, Durchein'ander *n*; **2.** ♪ Potpourri *n*, Medley *n*; II *adj.* **3.** gemischt, wirr; bunt; **4.** *sport* Lagen...: **~ swimming**; **~ relay** a) *Schwimmen:* Lagenstaffel *f*, b) *Laufsport:* Schwellstaffel *f*.

me·dul·la [me'dʌlə] *s.* **1.** *anat.* (Knochen)Mark *n*: **~ spinalis** Rückenmark; **2.** ♀ Mark *n*; **me'dul·lar·y** [-ərɪ] *adj.* medul'lär, Mark...

meed [mi:d] *s. poet.* Lohn *m*.

meek [mi:k] *adj.* □ **1.** mild, sanft(mütig); **2.** demütig, 'unterwürfig; **3.** fromm (*Tier*): **as ~ as a lamb** *fig.* lammfromm; **'meek·ness** [-nɪs] *s.* **1.** Sanftmut *f*, Milde *f*; **2.** Demut *f*, 'Unterwürfigkeit *f*.

meer·schaum ['mɪəʃəm] *s.* Meerschaum(pfeife *f*) *m*.

meet [mi:t] I *v/t.* [*irr.*] **1.** begegnen (*dat.*), treffen, zs.-treffen mit, treffen auf (*acc.*), antreffen: **~ s.o. in the street**; **well met!** schön, daß wir uns treffen! **2.** abholen; **~ s.o. at the station** j-n von der Bahn abholen; **be met** abgeholt *od.* empfangen werden; **come** (**go**) **to ~ s.o.** j-m entgegenkommen (-gehen); **3.** j-n kennenlernen: **when I first met him** als ich s-e Bekanntschaft machte; **pleased to ~ you** F sehr erfreut, Sie kennenzulernen; **~ Mr. Brown!** *bsd. Am.* darf ich Sie mit Herrn B. bekannt machen?; **4.** *fig. j-m* entgegenkommen (**half-way** auf halbem Wege); **5.** (*feindlich*) zs.-treffen *od.* -stoßen mit, begegnen (*dat.*), stoßen auf (*acc.*); *sport* antreten gegen (*Konkurrenten*); **6.** *a. fig. j-m* gegen'übertreten; → **fate 1; 7.** *fig.* entgegentreten (*dat.*): a) *e-r Sache* abhelfen, *der Not* steuern, *Schwierigkeiten* über'winden, *e-m Übel* begegnen, *der Konkurrenz* Herr werden, b) *Einwände* widerlegen, entgegnen auf (*acc.*); **8.** *parl.* sich vorstellen (*dat.*): **~ (the) parliament; 9.** berühren, münden in (*acc.*) (*Straßen*), stoßen *od.* treffen auf (*acc.*), schneiden (*a. ⚹*): **~ s.o.'s eye** a) j-m ins Auge fallen, b) j-s Blick erwidern; **~ the eye** auffallen; **there is more in it than ~s the eye** da steckt mehr dahinter; **10.** *Anforderungen etc.* entspre-

chen, gerecht werden (*dat.*), über'einstimmen mit: **the supply ~s the demand** das Angebot entspricht der Nachfrage; **be well met** gut zs.-passen; **that won't ~ my case** das löst mein Problem nicht; **11.** *j-s Wünschen* entgegenkommen *od.* entsprechen, *Forderungen* erfüllen, *Verpflichtungen* nachkommen, *Unkosten* bestreiten (**out of** aus), *Nachfrage* befriedigen, *Rechnungen* begleichen, *j-s Auslagen* decken, *Wechsel* honorieren *od.* decken: **~ the claims of one's creditors** s-e Gläubiger befriedigen; II *v/i.* [*irr.*] **12.** zs.-kommen, -treffen, -treten; **13.** sich begegnen, sich treffen, sich finden: **~ again** sich wiedersehen; **14.** (*feindlich od. im Spiel*) zs.-stoßen, anein'andergeraten, sich messen; *sport* aufein'andertreffen (*Gegner*); **15.** sich kennenlernen, zs.-treffen; **16.** sich vereinigen (*Straßen etc.*), sich berühren; **17.** genau zs.-treffen *od.* -stimmen *od.* -passen, sich decken; zugehen (*Kleidungsstück*); → **end 1; 18. ~ with** a) zs.-treffen mit, sich vereinigen mit, b) (an)treffen, finden, (zufällig) stoßen auf (*acc.*), c) erleben, erleiden, erfahren, betroffen werden von, erhalten, *Billigung* finden, *Erfolg* haben: **~ with an accident** e-n Unfall erleiden, verunglücken; **~ with a kind reception** freundlich aufgenommen werden; III *s.* **19.** *Am. a* Treffen *n* (*von Zügen etc.*), b) → **meeting** 3 b; **20.** *Brit. hunt.* a) Jagdtreffen *n* (*zur Fuchsjagd*), b) Jagdgesellschaft *f*.

meet·ing ['mi:tɪŋ] *s.* **1.** Begegnung *f*, Zs.-treffen *n*, -kunft *f*; **2.** (**at a ~** auf e-r Versammlung *od.* Konfe'renz *od.* Sitzung *od.* Tagung: **~ of creditors** (**members**) Gläubiger- (Mitglieder-)versammlung; **3.** a) Zweikampf *m*, Du'ell *n*, b) *sport* Treffen *n*, Wettkampf *m*, Veranstaltung *f*; **4.** Zs.-treffen *n* (*zweier Linien etc.*), Zs.-fluß *m* (*zweier Flüsse*); **'~-place** *s.* Treffpunkt *m* (*a. weitS.*), Tagungs-, Versammlungsort *m*.

meg(a)- [meg(ə)] *in Zssgn* a) (riesen-)groß, b) Milli'on.

meg·a·cy·cle ['megəˌsaɪkl] *s.* ⚡ Megahertz *n*; **'meg·a·death** [-deθ] *s.* Tod *m* von e-r Milli'on Menschen (*bsd. in e-m Atomkrieg*); **'meg·a·fog** [ˌfɒg] *s.* ⚓ 'Nebelsi₁gnal(anlage *f*) *n*; **'meg·a·lith** [-lɪθ] *s.* Mega'lith *m*, großer Steinblock.

megalo- [megələʊ] *in Zssgn* groß.

meg·a·lo·car·di·a [ˌmegələʊ'kɑ:dɪə] *s.* ✻ Herzerweiterung *f*; **meg·a·lo·ma·ni·a** [ˌmegələʊ'meɪnjə] *s.* Größenwahn *m*; **meg·a·lop·o·lis** [ˌmegə'lɒpəlɪs] *s.* **1.** Riesenstadt *f*; **2.** Ballungsgebiet *n*.

meg·a·phone ['megəfəʊn] I *s.* Mega'phon *n*; II *v/t. u. v/i.* durch ein Mega'phon sprechen; **'meg·a·ton** [-tʌn] *s.* Megatonne *f* (*1 Million Tonnen*); **'meg·a·watt** [-wɒt] *s.* ⚡ Megawatt *n*.

meg·ger ['megə] *s.* ⚡ Megohm'meter *n*.

me·gilp [mə'gɪlp] I *s.* Leinöl-, Retuschierfirnis *m*; II *v/t.* firnissen.

meg·ohm ['megəʊm] *s.* ⚡ Meg'ohm *n*.

me·grim ['mi:grɪm] *s.* **1.** ✻ *obs.* Mi'gräne *f*; **2.** *obs.* Grille *f*, Schrulle *f*; **3.** *pl. obs.* Schwermut *f*, Melancho'lie *f*; **4.** *pl. vet.* Koller *m* (*der Pferde*).

mel·an·cho·li·a [ˌmelən'kəʊljə] *s.* ✻

Melancho'lie *f*, Schwermut *f*; **‚mel·an·'cho·li·ac** [-lɪæk], **‚mel·an'chol·ic** [-'kɒlɪk] **I** *adj.* melan'cholisch, schwermütig, traurig, schmerzlich; **II** *s.* Melan'choliker(in), Schwermütige(r *m*) *f*; **mel·an·chol·y** ['melənkəlɪ] **I** *s.* Melancho'lie *f*: a) *S* Depressi'on *f*, b) Schwermut *f*, Trübsinn *m*; **II** *adj.* melan'cholisch: a) schwermütig, trübsinnig, b) *fig.* traurig, düster, trübe.

mé·lange [meɪ'lɑ̃:ɳʒ] (*Fr.*) *s.* Mischung *f*, Gemisch *n*.

me·las·sic [mɪ'læsɪk] *adj.* *m* Melassin...(-*säure etc.*).

Mel·ba toast ['melbə] *s.* dünne, hartgeröstete Brotscheiben *pl.*

me·lee *Am.*, **mê·lée** ['meleɪ] (*Fr.*) *s.* Handgemenge *n*; *fig.* Tu'mult *m*; Gewühl *n*.

mel·io·rate ['miːljəreɪt] **I** *v/t.* **1.** (ver-)bessern; **2.** *✓* meliorieren; **II** *v/i.* sich (ver)bessern; **mel·io·ra·tion** [‚miːljə'reɪʃn] *s.* (Ver)Besserung *f*; *✓* Meliorati'on *f*.

me·lis·sa [mɪ'lɪsə] *s.* ♀, *S* (Zi'tronen-) Me‚lisse *f*.

mel·lif·er·ous [me'lɪfərəs] *adj.* **1.** ♀ honigerzeugend; **2.** *zo.* Honig tragend *od.* bereitend; **mel'lif·lu·ence** [-fluəns] *s.* **1.** Honigfluß *m*; **2.** *fig.* Süßigkeit *f*; **mel'lif·lu·ent** [-fluənt] *adj.* □ (wie Honig) süß *od.* glatt da'hinfließend; **mel'lif·lu·ous** [-fluəs] *adj.* □ *fig.* honigsüß.

mel·low ['meloʊ] **I** *adj.* □ **1.** reif, saftig, mürbe, weich (*Obst*); **2.** *✓* a) leicht zu bearbeiten(d), locker, b) reich (*Boden*); **3.** ausgereift, mild (*Wein*); **4.** sanft, mild, zart, weich (*Farbe, Licht, Ton etc.*); **5.** *fig.* gereift u. gemildert, mild, freundlich, heiter (*Person*): *of ~ age* von gereiftem Alter; **6.** angeheitert, beschwipst; **II** *v/t.* **7.** weich *od.* mürbe machen, *Boden* auflockern; **8.** *fig.* sänftigen, mildern; **9.** (aus)reifen, reifen lassen (*a. fig.*); **III** *v/i.* **10.** weich *od.* mürbe *od.* mild *od.* reif werden (*Wein etc.*); **11.** *fig.* sich abklären *od.* mildern; **'mel·low·ness** [-nɪs] *s.* **1.** Weichheit *f* (*a. fig.*), Mürbheit *f*; **2.** *✓* Gare *f*; **3.** Gereiftheit *f*; **4.** Milde *f*, Sanftheit *f*.

me·lo·de·on [mɪ'loʊdjən] *s.* ♪ **1.** Me'lodium(orgel *f*) *n* (*ein amer. Harmonium*); **2.** *Art* Ak'kordeon *n*; **3.** *obs. Am.* Varie'té(the‚ater) *n*.

me·lod·ic [mɪ'lɒdɪk] *adj. anal.* me'lodisch; **me'lod·ics** [-ks] *s. pl. sg. konstr.* ♪ Melo'dielehre *f*, Me'lodik *f*; **me·lo·di·ous** [mɪ'loʊdjəs] *adj.* □ melodi'enreich, wohlklingend; **mel·o·dist** ['melədɪst] *s.* **1.** 'Liedersänger(in), -kompo‚nist(in); **2.** Me'lodiker *m*; **mel·o·dize** ['melədaɪz] **I** *v/t.* **1.** me'lodisch machen; **2.** *Lieder* vertonen; **II** *v/i.* **3.** Melo'dien singen *od.* komponieren; **mel·o·dra·ma** ['meloʊ‚drɑːmə] *s.* Melo'dram(a) *n* (*a. fig.*); **mel·o·dra·mat·ic** [‚meloʊdrə'mætɪk] *adj.* (□ ~*ally*) melodra'matisch.

mel·o·dy ['melədɪ] *s.* **1.** ♪ (*a. ling. u. fig.*) Melo'die *f*, Weise *f*; **2.** Wohllaut *m*, -klang *m*.

mel·on ['melən] *s.* **1.** ♀ Me'lone *f*: *water-~* Wassermelone; **2.** *cut a ~* ✝ *sl.* e-e Sonderdividende ausschütten.

melt [melt] **I** *v/i.* **1.** (zer)schmelzen, flüssig werden; sich auflösen, auf-, zerge-

hen (*into* in *acc.*): ~ *down* zerfließen; → *butter* 1; **2.** sich auflösen; **3.** aufgehen (*into* in *acc.*), sich verflüchtigen; **4.** zs.-schrumpfen; **5.** *fig.* zerschmelzen, zerfließen (*with* vor *dat.*): ~ *into tears* in Tränen zerfließen; **6.** *fig.* auftauen, weich werden, schmelzen; **7.** verschmelzen, ineinander 'übergehen (*Ränder, Farben etc.*): *outlines ~ing into each other*; **8.** ver'schwinden, zur Neige gehen (*Geld etc.*): ~ *away* dahinschwinden, -schmelzen; **9.** *humor.* vor Hitze vergehen, zerfließen; **II** *v/t.* **10.** schmelzen, lösen; **11.** (zer-)schmelzen *od.* (zer)fließen lassen (*into* in *acc.*); *Butter* zerlassen; ◎ schmelzen: ~ *down* einschmelzen; **12.** *fig.* rühren, erweichen: ~ *s.o.'s heart*; **13.** *Farben etc.* verschmelzen lassen; **III** *s.* **14.** Schmelzen *n* (*Metall*); **15.** a) Schmelze *f*, geschmolzene Masse, b) → *melting charge*.

melt·ing ['meltɪŋ] *adj.* □ **1.** schmelzend, Schmelz...: ~ *heat* schwüle Hitze; **2.** *fig.* a) weich, zart, b) schmelzend, schmachtend, rührend (*Worte etc.*); ~ *charge* *s. metall.* Schmelzgut *n*, Einsatz *m*; ~ *fur·nace* *s.* ◎ Schmelzofen *m*; ~ *point* *s. phys.* Schmelzpunkt *m*; ~ *pot* *s.* Schmelztiegel *m* (*a. fig. Land etc.*): *put into the ~ fig.* von Grund auf ändern; ~ *stock* *s. metall.* Charge *f*, Beschickungsgut *n* (*Hochofen*).

mem·ber ['membə] *s.* **1.** Mitglied *n*, Angehörige(r *m*) *f* (*e-s Klubs, e-r Familie, Partei etc.*): *ℒ of Parliament* Brit. Abgeordnete(r *m*) *f* des Unterhauses; *ℒ of Congress* *Am.* Kongreßmitglied *n*; **2.** *anat.* a) Glied(maße *f*) *n*, b) (männliches) Glied, Penis *m*; **3.** ◎ (Bau)Teil *n*; **4.** *ling.* Satzteil *m*, -glied *n*; **5.** *A* a) Glied *n* (*Reihe etc.*), b) Seite *f* (*Gleichung*); **'mem·bered** [-əd] *adj.* **1.** gegliedert; **2.** *in Zssgn* ...gliedrig: *four-~* viergliedrig; **'mem·ber·ship** [-ʃɪp] *s.* **1.** Mitgliedschaft *f*, Zugehörigkeit *f*: ~ *card* Mitgliedsausweis *m*; ~ *fee* Mitgliedsbeitrag *m*; **2.** Mitgliederzahl *f*; *coll.* die Mitglieder *pl.*

mem·brane ['membreɪn] *s.* **1.** *anat.* Mem'bran(e) *f*, Häutchen *n*: *drum ~* Trommelfell *n*; ~ *of connective tissue* Bindegewebshaut *f*; **2.** *phys.*, ◎ Mem'bran(e) *f*; **mem·bra·ne·ous** [mem-'breɪnjəs], **mem·bra·nous** [mem-'breɪnəs] *adj. anat.*, ◎ häutig, Membran...: ~ *cartilage* Hautknorpel *m*.

me·men·to [mɪ'mentoʊ] *pl.* **-tos** [-z] *s.* Me'mento *n*, Mahnzeichen *n*; Erinnerung *f* (*of* an *acc.*).

mem·o ['memoʊ] *s.* F Memo *n*, No'tiz *f*.

mem·oir ['memwɑː] *s.* **1.** Denkschrift *f*, Abhandlung *f*, Bericht *m*; **2.** *pl.* Me'mo'iren *pl.*, Lebenserinnerungen *pl.*

mem·o·ra·bil·i·a [‚memərə'bɪlɪə] (*Lat.*) *s. pl.* Denkwürdigkeiten *pl.*; **mem·o·ra·ble** ['memərəbl] *adj.* □ denkwürdig.

mem·o·ran·dum [‚memə'rændəm] *pl.* **-da** [-də], **-dums** *s.* **1.** Vermerk *m* (*a.* 'Akten)No‚tiz *f*: *make a ~ of et.* notieren; *urgent ~* Dringlichkeitsvermerk; **2.** *tt* Schriftsatz *m*; Vereinbarung *f*, Vertragsurkunde *f*: ~ *of association* Gründungsurkunde (*e-r Gesellschaft*); **3.** ✝ a) Kommissi'onsnota *f*: *send on a ~* in Kommission senden; b) Rechnung *f*, Nota *f*; **4.** *pol.* diplo'matische Note,

Denkschrift *f*, Memo'randum *n*; **5.** Merkblatt *n*; ~ *book* *s.* No'tizbuch *n*, Kladde *f*.

me·mo·ri·al [mɪ'mɔ:rɪəl] **I** *adj.* **1.** Gedächtnis...: ~ *service* Gedenkgottesdienst *m*; **II** *s.* **2.** Denkmal *n*, Ehrenmal *n*; Gedenkfeier *f*; **3.** Andenken *n* (*for* an *acc.*); **4.** *tt* Auszug *m* (*aus e-r Urkunde etc.*); **5.** Denkschrift *f*, Eingabe *f*, Gesuch *n*; **6.** *pl.* → *memoir* 2; *ℒ Day* *s. Am.* Volkstrauertag *m* (*30. Mai*); **me'mo·ri·al·ize** [-laɪz] *v/t.* **1.** e-e Denk- *od.* Bittschrift einreichen bei: ~ *Congress*; **2.** erinnern an (*acc.*), e-e Gedenkfeier abhalten für.

mem·o·rize ['meməraɪz] *v/t.* **1.** sich einprägen, auswendig lernen, memorieren; **2.** niederschreiben, festhalten, verewigen; **'mem·o·ry** [-rɪ] *s.* **1.** Gedächtnis *n*, Erinnerung(svermögen *n*) *f*: *from ~, by ~* aus dem Gedächtnis, auswendig; *call to ~* sich *et.* ins Gedächtnis zurückrufen; *escape s.o.'s ~* j-s Gedächtnis *od.* j-m entfallen; *if my ~ serves me* (*right*) wenn ich mich recht erinnere; → *commit* 1; **2.** Erinnerung(szeit) *f* (*of* an *acc.*): *within living ~* seit Menschengedenken; *before ~, beyond ~* in unvordenklichen Zeiten; **3.** Andenken *n*, Erinnerung *f*: *in ~ of* zum Andenken an (*acc.*); → *blessed* 1; **4.** Reminis'zenz *f*, Erinnerung *f* (*an Vergangenes*); **5.** Computer: Speicher *m*: ~ *bank* Speicherbank *f*.

mem·sa·hib ['mem‚sɑ:hɪb] *s.* Brit. Ind. euro'päische Frau.

men [men] *pl.* *von* **man**.

men·ace ['menəs] **I** *v/t.* **1.** bedrohen, gefährden; **2.** *et.* androhen; **II** *v/i.* **3.** drohen, Drohungen ausstoßen; **III** *s.* **4.** (Be)Drohung *f* (*to gen.*), *fig. a.* drohende Gefahr (*to* für); **5.** F ‚Scheusal‘ *n*, Nervensäge *f*; **'men·ac·ing** [-sɪŋ] *adj.* □ drohend.

mé·nage, me·nage [me'nɑ:ʒ] (*Fr.*) *s.* Haushalt(ung *f*) *m*.

me·nag·er·ie [mɪ'nædʒərɪ] *s.* Menage'rie *f*, Tierschau *f*.

mend [mend] **I** *v/t.* **1.** ausbessern, flikken, reparieren: ~ *stockings* Strümpfe stopfen; ~ *a friendship* *fig.* e-e Freundschaft ‚kitten‘; **2.** *fig.* (ver)bessern: ~ *one's efforts* s-e Anstrengungen verdoppeln; ~ *one's pace* den Schritt beschleunigen; ~ *one's ways* sich (*sittlich*) bessern; *least said soonest ~ed* je weniger geredet wird, desto rascher wird alles wieder gut; **II** *v/i.* **3.** sich bessern; **4.** genesen: *be ~ing* auf dem Wege der Besserung sein; **III** *s.* **5.** ✝ *u. allg.* Besserung *f*: *be on the ~* → 4; **6.** ausgebesserte Stelle, Stopfstelle *f*, Flikken *m*; **'mend·a·ble** [-dəbl] *adj.* (aus-)besserungsfähig.

men·da·cious [men'deɪʃəs] *adj.* □ lügnerisch, verlogen, lügenhaft; **men'dac·i·ty** [-'dæsətɪ] *s.* **1.** Lügenhaftigkeit *f*, Verlogenheit *f*; **2.** Lüge *f*, Unwahrheit *f*.

Men·de·li·an [men'di:ljən] *adj. biol.* Mendelsch, Mendel...; **'Men·de·lize** ['mendəlaɪz] *v/i.* mendeln.

men·di·can·cy ['mendɪkənsɪ] *s.* Bette'lei *f*, Betteln *n*; **'men·di·cant** [-nt] **I** *adj.* **1.** bettelnd, Bettel...: ~ *friar* → 3; **II** *s.* **2.** Bettler(in); **3.** Bettelmönch *m*.

men·dic·i·ty [men'dɪsətɪ] *s.* **1.** Bette'lei

f; **2.** Bettelstand *m*: *reduce to* ~ *fig.* an den Bettelstab bringen.

mend·ing ['mendɪŋ] *s.* **1.** (Aus)Bessern *n*, Flicken *n*: *his boots need* ~ seine Stiefel müssen repariert werden; *invisible* ~ Kunststopfen *n*; **2.** *pl.* Stopfgarn *n*.

'men·folk(s) *s. pl.* Mannsvolk *n*, -leute *pl.*

me·ni·al ['miːnjəl] **I** *adj.* □ **1.** *contp.* knechtisch, niedrig (*Arbeit*): ~ *offices* niedrige Dienste; **2.** knechtisch, unter-'würfig; **II** *s.* **3.** Diener(in), Knecht *m*, La'kai *m* (*a. fig.*): ~*s* Gesinde *n*.

me·nin·ge·al [mɪˈnɪndʒɪəl] *adj. anat.* Hirnhaut...; **men·in·gi·tis** [ˌmenɪn-ˈdʒaɪtɪs] *s.* ✘ Menin'gitis *f*, (Ge)Hirnhautentzündung *f*.

me·nis·cus [mɪˈnɪskəs] *pl.* **-nis·ci** [-ˈnɪ-saɪ] *s.* **1.** Me'niskus *m*: a) halbmondförmiger Körper, b) *anat.* Gelenkscheibe *f*; **2.** *opt.* Me'niskenglas *n*.

men·o·pause ['menəʊpɔːz] *s. physiol.* Wechseljahre *pl.*, Klimak'terium *n*.

men·ses ['mensiːz] *s. pl. physiol.* Menses *pl.*, Regel *f* (*der Frau*).

men·stru·al ['menstruəl] *adj.* **1.** *ast.* Monats...: ~ *equation* Monatsgleichung *f*; **2.** *physiol.* Menstruations...: ~ *flow* Regelblutung *f*; **'men·stru·ate** [-veɪt] *v/i.* menstruieren, die Regel haben; **men·stru·a·tion** [ˌmenstruˈeɪʃn] *s.* Menstruati'on *f*, (monatliche) Regel, Peri'ode *f*.

men·sur·a·bil·i·ty [ˌmenʃʊrəˈbɪlətɪ] *s.* Meßbarkeit *f*; **men·sur·a·ble** ['menʃʊrəbl] *adj.* **1.** meßbar; **2.** ♪ Mensural...: ~ *music*.

men·tal ['mentl] **I** *adj.* □ **1.** geistig, innerlich, intellektu'ell, Geistes...(-*kraft*, -*zustand etc.*): ~ *arithmetic* Kopfrechnen *n*; ~ *reservation* geheimer Vorbehalt, Mentalreservation *f*; → *note* 2; **2.** (geistig-)seelisch; **3.** ✘ geisteskrank, -gestört, *F* verrückt: ~ *disease* Geisteskrankheit *f*; ~ *home*, ~ *hospital* Nervenheilanstalt *f*; ~ *patient*, ~ *case* Geisteskranke(r *m*) *f*; ~ *ly handicapped* geistig behindert; **II** *s.* **4.** *F* Verrückte(r *m*) *f*; ~ *age* *s. psych.* geistiges Alter; ~ *cru·el·ty* ⚖ seelische Grausamkeit; ~ *de·fi·cien·cy* ✘ Geistesbehinderung *f*; ~ *de·range·ment* *s.* **1.** ⚖ krankhafte Störung der Geistestätigkeit; **2.** ✘ Geistesstörung *f*, Irrsinn *m*; ~ *hy·giene* *s.* ✘ Psychohygi,ene *f*.

men·tal·i·ty [menˈtælətɪ] *s.* Mentali'tät *f*, Denkungsart *f*, Gesinnung *f*; Wesen *n*, Na'tur *f*.

men·thol ['menθɒl] *s.* 🌿 Men'thol *n*; **'men·tho·lat·ed** [-θəleɪtɪd] *adj.* Men-'thol enthaltend, Menthol...

men·tion ['menʃn] **I** *s.* **1.** Erwähnung *f*: *to make* (*no*) ~ *of s.th.* et. (nicht) erwähnen; *hono(u)rable* ~ ehrenvolle Erwähnung; **2.** lobende Erwähnung; **II** *v/t.* **3.** erwähnen, anführen: (*please*) *don't* ~ *it!* bitte!, gern geschehen!, (es ist) nicht der Rede wert!; *not to* ~ ganz zu schweigen von; *not worth* ~*ing* nicht der Rede wert; **'men·tion·a·ble** [-ʃnəbl] *adj.* erwähnenswert.

men·tor ['mentɔː] *s.* Mentor *m*, treuer Ratgeber.

men·u ['menjuː] (*Fr.*) *s.* **1.** Speise(n)-karte *f*; **2.** Speisenfolge *f*.

me·ow [mɪˈaʊ] **I** *v/i.* mi'auen (*Katze*); **II**

s. Mi'auen *n*.

me·phit·ic [meˈfɪtɪk] *adj.* verpestet, giftig (*Luft, Geruch etc.*).

mer·can·tile ['mɜːkəntaɪl] *adj.* **1.** kaufmännisch, handeltreibend, Handels...: ~ *agency* a) Handelsauskunftei *f*, b) Handelsvertretung *f*; ~ *law* Handelsrecht *n*; ~ *marine* Handelsmarine *f*; ~ *paper* 🕆 Warenpapier *n*; **2.** 🕆 Merkantil...: ~ *system hist.* Merkantilismus *m*; **'mer·can·til·ism** [-tɪlɪzəm] *s.* **1.** Handels-, Krämergeist *m*; **2.** kaufmännischer Unter'nehmergeist; **3.** 🕆 *hist.* Merkanti'lismus *m*.

mer·ce·nar·y ['mɜːsɪnərɪ] **I** *adj.* □ **1.** gedungen, Lohn...: ~ *troops* Söldnertruppen; **2.** *fig.* feil, käuflich; **3.** *fig.* gewinnsüchtig: ~ *marriage* Geldheirat *f*; **II** *s.* **4.** ✘ Söldner *m*; *contp.* Mietling *m*.

mer·cer ['mɜːsə] *s. Brit.* Seiden- u. Tex-'tilienhändler *m*; **'mer·cer·ize** [-əraɪz] *v/t.* Baumwollfasern merzerisieren; **'mer·cer·y** [-ərɪ] *s.* 🕆 *Brit.* **1.** Seiden-, Schnittwaren *pl.*; **2.** Seiden-, Schnittwarenhandlung *f*.

mer·chan·dise ['mɜːtʃəndaɪz] **I** *s.* **1.** *coll.* Ware(n *pl.*) *f*, Handelsgüter *pl.*: *an article of* ~ eine Ware; **II** *v/i.* **2.** Handel treiben, Waren vertreiben; **III** *v/t.* **3.** Waren vertreiben; **4.** Werbung machen für *e-e* Ware, den Absatz *e-r* Ware steigern; **'mer·chan·dis·ing** [-zɪŋ] 🕆 **I** *s.* **1.** Merchandising *n*, Ver-'kaufspoli,tik *f* u. -förderung *f* (*durch Marktforschung, wirksame Güterge-staltung, Werbung etc.*); **2.** Handel(sge-schäfte *pl.*) *m*; **II** *adj.* **3.** Handels...

mer·chant ['mɜːtʃənt] 🕆 **I** *s.* **1.** (Groß-)Kaufmann *m*, Handelsherr *m*, Großhändler *m*: *the* ~*s* die Kaufmannschaft, Handelskreise *pl.*; **2.** *bsd. Am.* Ladenbesitzer *m*, Krämer *m*; **3.** ~ *of doom Brit. sl.* ‚Unke', Schwarzseher(in); **4.** ⚓ Handelsschiff *n*; **II** *adj.* **5.** Handels..., Kaufmanns...; **'mer·chant·a·ble** [-təbl] *adj.* marktgängig.

mer·chant| bank *s.* Handelsbank *f*; ~ *fleet* *s.* ⚓ Handelsflotte *f*; '~*man* [-mən] *s.* [*irr.*] ⚓ Kauffahr'tei-, Handelsschiff *n*; ~ *na·vy* *s.* 'Handels,ma,rine *f*; ~ *prince* *s.* 🕆 reicher Kaufherr, Handelsfürst *m*; ~ *ship* *s.* Handelsschiff *n*.

mer·ci·ful ['mɜːsɪfʊl] *adj.* □ (*to*) barm-'herzig, mitleidvoll (gegen), gütig (gegen, zu); gnädig (*dat.*); **'mer·ci·ful·ly** [-fʊlɪ] *adv.* **1.** → *merciful*; **2.** glücklicherweise; **'mer·ci·ful·ness** [-nɪs] *s.* Barm'herzigkeit *f*, Erbarmen *n*, Gnade *f* (*Gottes*); **'mer·ci·less** [-lɪs] *adj.* □ unbarmherzig, erbarmungslos, mitleidlos; **'mer·ci·less·ness** [-lɪsnɪs] *s.* Erbarmungslosigkeit *f*.

mer·cu·ri·al [mɜːˈkjʊərɪəl] *adj.* □ **1.** 🌿 Quecksilber...; **2.** *fig.* lebhaft, quecksilb(e)rig; **3.** *myth.* Merkur...: ♀ *wand* Merkurstab *m*; **'mer·cu·ri·al·ism** [-ɪzəm] *s.* ✘ Quecksilbervergiftung *f*; **mer·cu·ri·al·ize** [-laɪz] *v/t.* ✘, *phot.* mit Quecksilber behandeln; **mer·cu·ric** [-rɪk] *adj.* ✘ Quecksilber...

mer·cu·ry ['mɜːkjʊrɪ] *s.* **1.** ♀ *myth. ast.* Mer'kur *m*; *fig.* Bote *m*; **2.** 🌿, ✘, Quecksilber *n*: ~ *column* → 3; ~ *poi·soning* Quecksilbervergiftung *f*; **3.** Quecksilber(säule *f*) *n*: *the* ~ *is rising* das Barometer steigt (*a. fig.*); **4.** ⚘ Bin-

gelkraut *n*; ~ *pres·sure ga(u)ge* *s. phys.* 'Quecksilbermano,meter *m*.

mer·cy ['mɜːsɪ] *s.* **1.** Barm'herzigkeit *f*, Mitleid *n*, Erbarmen *n*; Gnade *f*: *be at the* ~ *of s.o.* in j-s Gewalt sein, j-m auf Gnade u. Ungnade ausgeliefert sein; *at the* ~ *of the waves* den Wellen preisgegeben; *throw o.s. on s.o.'s* ~ sich j-m auf Gnade u. Ungnade ergeben; *be left to the tender mercies of* iro. der rauhen Behandlung von ... ausgesetzt sein; *Sister of* ♀ Barmherzige Schwester; **2.** Glück *n*, Segen *m*, (wahre) Wohltat: *it is a* ~ *that he left*; ~ *kill·ing* *s.* Sterbehilfe *f*.

mere [mɪə] *adj.* □ bloß, nichts als, rein, völlig: ~(*st*) *nonsense* purer Unsinn; ~ *words* bloße Worte; *he is no* ~ *crafts-man* er ist kein bloßer Handwerker; *the* ~*st accident* der reinste Zufall; **'mere·ly** [-lɪ] *adv.* bloß, rein, nur, lediglich.

mer·e·tri·cious [ˌmerɪˈtrɪʃəs] *adj.* □ **1.** *obs.* dirnenhaft; **2.** *fig.* a) falsch, verlogen, b) protzig.

merge [mɜːdʒ] **I** *v/t.* **1.** (*in*) verschmelzen (mit), aufgehen lassen (in *dat.*), einverleiben (*dat.*): *be* ~*d* in et. aufgehen; **2.** ⚖ tilgen, aufheben; **3.** 🕆 a) fusionieren, b) Aktien zs.-legen; **II** *v/i.* **4.** ~ *in* sich verschmelzen mit, aufgehen in (*dat.*); **5.** a) *mot.* sich (in den Verkehr) einfädeln, b) zs.-laufen (*Straßen*); **'mer·gence** [-dʒəns] *s.* Aufgehen *n* (*in in dat.*), Verschmelzung *f* (*in-to* mit); **'merg·er** [-dʒə] *s.* **1.** 🕆 Fusi'on *f*, Fusionierung *f von Gesellschaften*; Zs.-legung *f von Aktien*; **2.** ⚖ a) Verschmelzung(svertrag *m*) *f*, Aufgehen *n* (*e-s Besitzes od. Vertrages in e-m anderen etc.*), b) Konsumpti'on *f* (*e-r Straftat durch e-e schwerere*).

me·rid·i·an [məˈrɪdɪən] **I** *adj.* **1.** mittägig, Mittags...; **2.** *ast.* Kulminations..., Meridian...: ~ *circle* Meridiankreis *m*; **3.** *fig.* höchst; **II** *s.* **4.** *geogr.* Meridi'an *m*, Längenkreis *m*: *prime* ~ Nullmeridian; **5.** *poet.* Mittag(szeit *f*) *m*; **6.** *ast.* Kulminati'onspunkt *m*; **7.** *fig.* Höhepunkt *m*, Gipfel *m*; *fig.* Blüte(zeit) *f*; **me·rid·i·o·nal** [-dɪənl] **I** *adj.* □ **1.** *ast.* meridio'nal, Meridian..., Mittags...; **2.** südlich, südländisch; **II** *s.* **3.** Südländer (in), *bsd.* 'Südfran,zose *m*, fran,zösin *f*.

me·ringue [məˈræŋ] *s.* Me'ringe *f*, Schaumgebäck *n*, Bai'ser *n*.

me·ri·no [məˈriːnəʊ] *pl.* **-nos** [-z] *s.* **1.** a) ~ *sheep* *zo.* Me'rinoschaf *n*; **2.** 🕆 a) Me'rinowolle *f*, b) Me'rino *m* (*Kammgarnstoff*).

mer·it ['merɪt] **I** *s.* **1.** Verdienst(lichkeit *f*) *n*: *according to one's* ~ nach Verdienst *belohnen etc.*; *a man of* ~ e-e verdiente Persönlichkeit; *Order of* ♀ Verdienstorden *m*; ~ *pay* 🕆 leistungsbezogene Bezahlung; ~ *rating* Leistungsbeurteilung *f*; **2.** Wert *m*, Vorzug *m*: *of architectural* ~ von architektonischem Wert, erhaltungswürdig; **3.** *the* ~*s pl.* u. *fig.* die Hauptpunkte, der sachliche Gehalt, die wesentlichen (⚖ *a.* materiell-rechtlichen) Gesichtspunkte: *on its* (*own*) ~*s* dem wesentlichen Inhalt nach, an (u. für) sich betrachtet; *on the* ~*s* ⚖ in der Sache selbst, nach materiellem Recht; *decision on the* ~*s*

Sachentscheidung *f*; *inquire into the ~s of a case* e-r Sache auf den Grund gehen; **II** *v/t.* **4.** *Lohn*, *Strafe etc.* verdienen; **'mer·it·ed** [-tɪd] *adj.* □ verdient; **'mer·it·ed·ly** [-tɪdlɪ] *adv.* verdientermaßen.

me·ri·toc·ra·cy [ˌmerɪˈtɒkrəsɪ] *s. sociol.* **1.** (herrschende) E'lite; **2.** Leistungsgesellschaft *f*.

mer·i·to·ri·ous [ˌmerɪˈtɔːrɪəs] *adj.* □ verdienstvoll.

mer·lin [ˈmɜːlɪn] *s. orn.* Merlin-, Zwergfalke *m*.

mer·maid [ˈmɜːmeɪd] *s.* Meerweib *n*, Seejungfrau *f*, Nixe *f*; **'mer·man** [-mæn] *s.* [*irr.*] Wassergeist *m*, Triton *m*, Nix *m*.

mer·ri·ly [ˈmerəlɪ] *adv. von* **merry**; **'mer·ri·ment** [-ɪmənt] *s.* **1.** Fröhlichkeit *f*, Lustigkeit *f*; **2.** Belustigung *f*, Lustbarkeit *f*, Spaß *m*.

mer·ry [ˈmerɪ] *adj.* □ **1.** lustig, fröhlich: *as ~ as a lark* (*od. cricket*) kreuzfidel; *make ~* lustig sein, feiern, scherzen; **2.** scherzhaft, spaßhaft, lustig: *make ~ over* sich lustig machen über (*acc.*); **3.** beschwipst, angeheitert; **~ an·drew** [ˈændruː] *s.* Hans'wurst *m*, Spaßmacher *m*; **'~-go-ˌround** [-ɡəʊˌɪ-] *s.* Karus'sell *n*; *fig.* Wirbel *m*; **'~-ˌmak·ing** *s.* Belustigung *f*, Lustbarkeit *f*, Fest *n*; **'~-thought** → **wishbone** 1.

me·sa [ˈmeɪsə] *s. geogr. Am.* Tafelland *n*; **~ oak** *s. Am.* Tischeiche *f*.

mes·en·ter·y [ˈmesəntərɪ] *s. anat., zo.* Gekröse *n*.

mesh [meʃ] **I** *s.* **1.** Masche *f*: **~ stocking** Netzstrumpf *m*; **2.** ⊙ Maschenweite *f*; **3.** *mst pl. fig.* Netz *n*, Schlingen *pl.*: *be caught in the ~es of the law* sich in den Schlingen des Gesetzes verfangen (haben); **4.** ⊙ Inein'andergreifen *n*, Eingriff *m* (*von Zahnrädern*): *be in ~* im Eingriff sein; **5.** → **mesh connection**; **II** *v/t.* **6.** in e-m Netz fangen, verwickeln; **7.** ⊙ in Eingriff bringen, einrücken; **8.** *fig.* (mitein'ander) verzahnen; **III** *v/i.* **9.** ⊙ ein-, inein'andergreifen (*Zahnräder*); **~ con·nec·tion** *s.* ⚡ Vieleck-, *bsd.* Deltaschaltung *f*.

meshed [meʃt] *adj.* netzartig; ...maschig: *close-~* engmaschig.

'mesh·work *s.* Maschen *pl.*, Netzwerk *n*; Gespinst *n*.

mes·mer·ic, **mes·mer·i·cal** [mezˈmerɪk(l)] *adj.* **1.** mesmerisch, 'heilma,gnetisch; **2.** *fig.* hyp'notisch, ma'gnetisch, faszinierend.

mes·mer·ism [ˈmezmərɪzəm] *s.* Mesme'rismus *m*, tierischer Magne'tismus; **'mes·mer·ist** [-ɪst] *s.* 'Heilmagneti,seur *m*; **'mes·mer·ize** [-raɪz] *v/t.* mesmerisieren; *fig.* faszinieren, bannen.

mesne [miːn] *adj.* ⅋⅋ Zwischen..., Mittel...: **~ lord** Afterlehnsherr *m*; **~ in·ter·est** *s.* ⅋⅋ Zwischenzins *m*.

meso- [mesəʊ] *in Zssgn* Zwischen..., Mittel...; **,mes·o'lith·ic** [-ˈlɪθɪk] *adj.* meso'lithisch, mittelsteinzeitlich.

mes·on [ˈmiːzɒn] *s. phys.* Meson *n*.

Mes·o·zo·ic [ˌmesəʊˈzəʊɪk] *geol.* **I** *adj.* meso'zoisch; **II** *s.* Meso'zoikum *n*.

mess [mes] **I** *s.* **1.** *obs.* Gericht *n*, Speise *f*: **~ of pottage** *bibl.* Linsengericht *n*; **2.** Viehfutter *n*; **3.** ✕ Ka'sino *n*, Speiseraum *m*; ⚓ Messe *f*, Back *f*: *officers' ~* Offiziersmesse; *fig.* Mischmasch *m*,

Mansche'rei *f*; **5.** *fig.* a) Durchein'ander *n*, Unordnung *f*, b) Schmutz *m*, ,Schweine'rei' *f*, c) ,Schla'massel' *m*, ,Patsche' *f*, Klemme *f*: *in a ~* beschmutzt, in Unordnung, *fig.* in der Klemme; *get into a ~* in die Klemme kommen; *make a ~* Schmutz machen; *make a ~ of* → 6 c; *make a ~ of it* alles vermasseln *od.* versauen, Mist bauen; *you made a nice ~ of it* da hast du was Schönes angerichtet; *he was a ~* er sah gräßlich aus, *fig.* er war völlig verwahrlost; → *pretty* 2; **II** *v/t.* **6.** *a.* **~ up** a) beschmutzen, b) in Unordnung *od.* Verwirrung bringen, c) *fig.* verpfuschen, vermasseln, verhunzen; **III** *v/i.* **7.** (*an e-m gemeinsamen Tisch*) essen (*with* mit): **~ together** ⚓ zu 'einer Back gehören; **8.** manschen, panschen (*in* in *dat.*); **9. ~ with** sich einmischen; **10. ~ about, ~ around** her'ummurksen, (-)pfuschen, F *fig.* sich her'umtreiben.

mes·sage [ˈmesɪdʒ] *s.* **1.** Botschaft *f* (*a. bibl.*), Sendung *f*: *can I take a ~?* kann ich et. ausrichten?; **2.** Mitteilung *f*, Bescheid *m*, Nachricht *f*: *get the ~* F (es) kapieren; *radio ~* Funkmeldung *f*, -spruch *m*; **3.** *fig.* Botschaft *f*, Anliegen *n* e-s *Dichters etc.*; **'~-ˌtak·ing ser·vice** *s. teleph.* (Fernsprech)Auftragsdienst *m*.

mes·sen·ger [ˈmesɪndʒə] *s.* **1.** (Post- *etc.*)Bote *m*: (*express od. special*) **~** Eilbote; *by ~* durch Boten; **2.** Ku'rier *m*; ✕ *a.* Melder *m*; **3.** *fig.* (Vor)Bote *m*, Verkünder *m*; **4.** ⚓ a) Anholtau *m*, b) Ankerkette *f*; **~ air·plane** *s.* ✕ Ku'rierflugzeug *n*; **~ boy** *s.* Laufbursche *m*, Botenjunge *m*; **~ dog** *s.* Meldehund *m*; **~ pi·geon** *s.* Brieftaube *f*.

mess hall *s.* ✕, ⚓ Messe *f*, Ka'sino (-raum *m*) *n*, Speisesaal *m*.

Mes·si·ah [mɪˈsaɪə] *s. bibl.* Mes'sias *m*, Erlöser *m*; **Mes·si·an·ic** [ˌmesɪˈænɪk] *adj.* messi'anisch.

mess| jack·et *s.* ⚓ kurze Uni'formjacke; **~ kit** *s.* ✕ Kochgeschirr *n*, Eßgerät *n*; **'~·mate** *s.* ✕, ⚓ Meßgenosse *m*, 'Tischkame,rad *m*; **~ ser·geant** *s.* ✕ 'Küchen,unteroffi,zier *m*; **'~·tin** *s.* ✕, ⚓ *bsd. Brit.* Eßgeschirr *n*.

mes·suage [ˈmeswɪdʒ] *s.* ⅋⅋ Wohnhaus *n* (*mst mit Ländereien*), Anwesen *n*.

'mess-up *s.* F **1.** Durchein'ander *n*; **2.** Mißverständnis *n*.

mess·y [ˈmesɪ] *adj.* □ **1.** unordentlich, schlampig; **2.** unsauber, schmutzig.

mes·ti·zo [meˈstiːzəʊ] *pl.* **-zos** [-z] *s.* Me'stize *m*; Mischling *m*.

met [met] *pret. u. p.p. von* **meet**.

met·a·bol·ic [ˌmetəˈbɒlɪk] *adj.* **1.** *physiol.* meta'bolisch, Stoffwechsel...; **2.** sich (ver)wandelnd; **me·tab·o·lism** [meˈtæbəlɪzəm] *s.* **1.** *biol.* Metabo'lismus *m*, Formveränderung *f*; **2.** *physiol., a.* ⚕ Stoffwechsel *m*: *general ~*, *total ~* Gesamtstoffwechsel; → *basal* 2; **3.** ☣ Metabo'lismus *m*; **me·tab·o·lize** [meˈtæbəlaɪz] *v/t.* 'umwandeln.

met·a·car·pal [ˌmetəˈkɑːpl] *anat.* **I** *adj.* Mittelhand...; **,met·a'car·pus** [-pəs] *pl.* **-pi** [-paɪ] *s.* **1.** Mittelhand *f*; **2.** Vordermittelfuß *m*.

met·age [ˈmiːtɪdʒ] *s.* **1.** amtliches Messen (*des Inhalts od. Gewichts bsd. von*

Kohlen); **2.** Meßgeld *n*.

met·al [ˈmetl] **I** *s.* **1.** ⚒, *min.* Me'tall *n*; **2.** ⊙ a) 'Nichteisenme,tall *n*, b) Me'tall,egierung *f*, *bsd.* 'Typen-, Ge'schützme,tall *n*, c) 'Gußme,tall *n*: *brittle ~*, *red ~* Rotguß *m*; *fine ~* Weiß-, Feinmetall; *grey ~* graues Gußeisen; **3.** *min.* a) Regulus *m*, Korn *n*, b) (Kupfer)Stein *m*; **4.** ✕ Schieferton *m*; **5.** ⊙ (flüssige) Glasmasse; **6.** *pl. Brit.* Eisenbahnschienen *pl.*: *run off the ~s* entgleisen; **7.** *her.* Me'tall *n* (*Gold- u. Silberfarbe*); **8.** Straßenbau: Beschotterung *f*, Schotter *m*; **9.** *fig.* Mut *m*; **II** *v/t.* **10.** mit Me'tall bedecken *od.* versehen; **11.** ⊟, Straßenbau: beschottern; **III** *adj.* **12.** Me'tall..., me'tallen; **~ age** *s.* Bronze- u. Eisenzeitalter *n*; **'~-clad** *adj.* ⚡ me'tallgekapselt; **'~-coat** *v/t.* mit Me'tall über'ziehen; **~ cut·ting** *s.* ⊙ spanabhebende Bearbeitung; **~ found·er** *s.* Me'tallgießer *m*; **~ ga(u)ge** *s.* Blechlehre *f*.

met·al·ize *Am.* → **metallize**.

me·tal·lic [mɪˈtælɪk] *adj.* (□ **~ally**) **1.** me'tallen, Metall...: *~ cover* a) ⊙ Metallüberzug *m*, b) † Metalldeckung *f*; *~ currency* Metallwährung *f*, Hartgeld *n*; **2.** me'tallisch (glänzend *od.* klingend): *~ voice*; *~ beetle* Prachtkäfer *m*; **met·al·lif·er·ous** [ˌmetəˈlɪfərəs] *adj.* me'tallführend, -reich; **met·al·line** [ˈmetəlaɪn] *adj.* **1.** me'tallisch; **2.** me'tallhaltig; **met·al·lize** [ˈmetəlaɪz] *v/t.* metallisieren.

met·al·loid [ˈmetəlɔɪd] **I** *adj.* metallo'idisch; **II** *s.* ⚒ Metallo'id *n*.

met·al·lur·gic, met·al·lur·gi·cal [ˌmetəˈlɜːdʒɪk(l)] *adj.* metall'urgisch; **met·al·lur·gist** [meˈtælədʒɪst] *s.* Metall'urg(e) *m*; **met·al·lur·gy** [meˈtælədʒɪ] *s.* Metallur'gie *f*, Hüttenkunde *f*, -wesen *n*.

met·al| plat·ing *s.* ⊙ Plattierung *f*; **'~-ˌpro·ces·sing, '~·ˌwork·ing I** *s.* Me'tallbearbeitung *f*; **II** *adj.* me'tallverarbeitend.

met·a·mor·phic [ˌmetəˈmɔːfɪk] *adj.* **1.** *geol.* meta'morph; **2.** *biol.* gestaltverändernd; **,met·a'mor·phose** [-fəʊz] **I** *v/t.* **1.** (*to, into*) 'umgestalten (zu), verwandeln (in *acc.*); **2.** verzaubern, -wandeln (*to, into* in *acc.*); **II** *v/i.* **3.** *zo.* sich verwandeln; **met·a'mor·pho·sis** [-fəsɪs] *pl.* **-ses** [-siːz] *s.* Metamor'phose *f* (*a. biol., physiol.*), Verwandlung *f*.

met·a·phor [ˈmetəfə] *s.* Me'tapher *f*, bildlicher Ausdruck.

met·a·phor·i·cal [ˌmetəˈfɒrɪkl] *adj.* □ meta'phorisch, bildlich.

met·a·phrase [ˈmetəfreɪz] **I** *s.* Meta'phrase *f*, wörtliche Über'setzung *f*; **II** *v/t.* a) wörtlich über'tragen, b) um'schreiben.

met·a·phys·i·cal [ˌmetəˈfɪzɪkl] *adj.* □ **1.** *phls.* meta'physisch; **2.** 'übersinnlich; ab'strakt; **met·a·phy·si·cian** [ˌmetəfɪˈzɪʃn] *s. phls.* Meta'physiker *m*; **,met·a'phys·ics** [-ks] *s. pl. sg. konstr. phls.* Metaphy'sik *f*.

met·a·plasm [ˈmetəplæzəm] *s.* **1.** *ling.* Meta'plasmus *m*, Wortveränderung *f*; **2.** *biol.* Meta'plasma *n*.

me·tas·ta·sis [mɪˈtæstəsɪs] *pl.* **-ses** [-siːz] *s.* **1.** ✷ Meta'stase *f*, Tochtergeschwulst *f*; **2.** *biol.* Stoffwechsel *m*.

met·a·tar·sal [ˌmetəˈtɑːsl] *anat.* **I** *adj.* Mittelfuß...; **II** *s.* Mittelfußknochen *m*;

met·a·tar·sus [-səs] *pl.* **-si** [-saɪ] *s. anat.*, *zo.* Mittelfuß *m*.

mete [miːt] **I** *v/t.* **1.** *poet.* (ab-, aus)messen, durch'messen; **2.** *mst* ~ *out* (*a. Strafe*) zumessen (*to dat.*); **3.** *fig.* ermessen; **II** *s. mst pl.* **4.** Grenze *f*: *know one's ~s and bounds fig.* Maß u. Ziel kennen.

me·tem·psy·cho·sis [ˌmetempsɪˈkəʊsɪs] *pl.* **-ses** [-siːz] *s.* Seelenwanderung *f*, Metempsy'chose *f*.

me·te·or [ˈmiːtjə] *s. ast.* a) Mete'or *m* (*a. fig.*), b) Sternschnuppe *f*; **me·te·or·ic** [ˌmiːtɪˈɒrɪk] *adj.* **1.** *ast.* mete'orisch, Meteor...: ~ *shower* Sternschnuppenschwarm *m*; **2.** *fig.* mete'orhaft: a) glänzend: *his ~ rise to power*; **'me·te·or·ite** [-jə-raɪt] *s. ast.* Meteo'rit *m*, Mete'orstein *m*; **me·te·or·o·log·ic**, **me·te·or·o·log·i·cal** [ˌmiːtjərəˈlɒdʒɪk(l)] *adj.* □ *phys.* meteoro'logisch, Wetter..., Luft...: ~ *conditions* Witterungsverhältnisse; ~ *office* Wetteramt *n*; ~ *satellite* Wettersatellit *m*; **me·te·or·ol·o·gist** [ˌmiːtjə-ˈrɒlədʒɪst] *s. phys.* Meteoro'loge *m*, Meteoro'login *f*; **me·te·or·ol·o·gy** [ˌmiːtjəˈrɒlədʒɪ] *s. phys.* **1.** Meteorolo'gie *f*; **2.** meteoro'logische Verhältnisse *pl.* (*e-r Gegend*).

me·ter¹ [ˈmiːtə] *Am.* → **metre**.

me·ter² [ˈmiːtə] **I** *s.* ☿ Messer *m*, Meßgerät *n*, Zähler *m*: ~ *electricity* ~ elektrischer Strommesser *od.* Zähler; **II** *v/t.* (*mit e-m Meßinstrument*) messen; ~ *out et.* abgeben, dosieren; **'~·maid** *s.* F Poli'tesse *f*.

meth·ane [ˈmiːθeɪn] *s.* 🜍 Me'than *n*.

me·thinks [mɪˈθɪŋks] *v/impers. obs. od. poet.* mich dünkt, mir scheint.

meth·od [ˈmeθəd] *s.* **1.** Me'thode *f*; *bsd.* ☿ Verfahren *n*: ~ *of doing s.th.* Art u. Weise *f*, et. zu tun; *by a* ~ nach e-r Methode; **2.** 'Lehrme,thode *f*; **3.** Sy'stem *n*; **4.** *phls.* (logische) 'Denkme-,thode; **5.** Ordnung *f*, Me'thode *f*, Planmäßigkeit *f*: *work with* ~ methodisch arbeiten; *there is* ~ *in his madness* sein Wahnsinn hat Methode; *there is* ~ *in this* da ist System drin; **me·thod·ic**, **me·thod·i·cal** [mɪˈθɒdɪk(l)] *adj.* □ **1.** me'thodisch, syste'matisch; **2.** über'legt.

Meth·od·ism [ˈmeθədɪzəm] *s. eccl.* Me'tho'dismus *m*; **Meth·od·ist** [-ɪst] **I** *s.* **1.** *eccl.* Metho'dist(in); **2.** ♀ *fig. contp.* Frömmler *m*, Mucker *m*; **II** *adj.* **3.** *eccl.* metho'distisch.

meth·od·ize [ˈmeθədaɪz] *v/t.* me'thodisch ordnen; **'meth·od·less** [-dlɪs] *adj.* □ plan-, sy'stemlos.

meth·od·ol·o·gy [ˌmeθəˈdɒlədʒɪ] *s.* **1.** Methodolo'gie *f*; **2.** Me'thodik *f*.

Me·thu·se·lah [mɪˈθjuːzələ] *npr. bibl.* Me'thusalem *m*: *as old as* ~ (so) alt wie Methusalem.

meth·yl [ˈmeθɪl; 🜍 ˈmiːθaɪl] *s.* 🜍 Me'thyl *n*: ~ *alcohol* Methylalkohol *m*; **meth·yl·ate** [ˈmeθɪleɪt] 🜍 **I** *v/t.* **1.** methylieren; **2.** denaturieren: *~d spirits* denaturierter Spiritus, Brennspiritus *m*; **II** *s.* **3.** Methyl'lat *n*; **meth·yl·ene** [ˈmeθɪliːn] *s.* 🜍 Methy'len *n*; **me·thyl·ic** [mɪˈθɪlɪk] *adj.* Methyl...

me·tic·u·los·i·ty [mɪˌtɪkjuˈlɒsɪtɪ] *s.* peinliche Genauigkeit, Akri'bie *f*; **me·tic·u·lous** [mɪˈtɪkjuləs] *adj.* □ peinlich ge-

nau, a'kribisch.

mé·tier [ˈmeɪtɪeɪ] *s.* **1.** Gewerbe *n*; **2.** *fig.* (Spezi'al)Gebiet *n*, Meti'er *n*.

me·ton·y·my [mɪˈtɒnɪmɪ] *s.* Metony'mie *f*, Begriffsvertauschung *f*.

me·tre [ˈmiːtə] *s. Brit.* **1.** Versmaß *n*, Metrum *n*; **2.** Meter *m*, *n*.

met·ric [ˈmetrɪk] **I** *adj.* (□ *~ally*) **1.** metrisch: ~ *system*; ~ *method of analysis* 🜍 Maßanalyse *f*; **2.** → *metrical* 2; **II** *s. pl. sg. konstr.* **3.** Metrik *f*, Verslehre *f*; ♪ Rhythmik *f*, Taktlehre *f*; **'met·ri·cal** [-kl] *adj.* □ **1.** → *metric* 1; **2.** a) metrisch, Vers..., b) rhythmisch; **'met·ri·cate** [-keɪt] *v/t. u. v/i. Brit.* (sich) auf das metrische Sy'stem 'umstellen.

met·ro·nome [ˈmetrənəʊm] *s.* ♪ Metro'nom *n*, Taktmesser *m*.

me·trop·o·lis [mɪˈtrɒpəlɪs] *s.* **1.** Metro-'pole *f*, Haupt-, Großstadt *f*: *the* ♀ *Brit.* London; **2.** Hauptzentrum *n*; **3.** *eccl.* Sitz *m* e-s Metropo'liten *od.* Erzbischofs; **met·ro·pol·i·tan** [ˌmetrəˈpɒlɪtən] **I** *adj.* **1.** hauptstädtisch, Stadt...; **2.** *eccl.* erzbischöflich; **II** *s.* **3.** a) Metropo-'lit *m* (*Ostkirche*), Erzbischof *m*; **4.** Bewohner(in) der Hauptstadt; Großstädter(in).

met·tle [ˈmetl] *s.* **1.** Veranlagung *f*; **2.** Eifer *m*, Mut *m*, Feuer *n*: *be on one's* ~ vor Eifer brennen; *put s.o. on his* ~ j-n zur Aufbietung aller s-r Kräfte ansporen; *try s.o.'s* ~ j-n auf die Probe stellen; *horse of* ~ feuriges Pferd; **'met·tled** [-ld], **'met·tle·some** [-səm] *adj.* feurig, mutig.

mew¹ [mjuː] *s. orn.* Seemöwe *f*.

mew² [mjuː] *v/i.* mi'auen (*Katze*).

mew³ [mjuː] *s.* **1.** Mauserkäfig *m*; **2.** *pl. sg. konstr.* a) Stall *m*: *the Royal* ♀*s* der Königliche Marstall, b) *Brit.* zu Wohnungen umgebaute ehemalige Stallungen.

mewl [mjuːl] *v/i.* **1.** quäken, wimmern (*Baby*); **2.** mi'auen.

Mex·i·can [ˈmeksɪkən] **I** *adj.* mexi'kanisch; **II** *s.* Mexi'kaner(in).

mez·za·nine [ˈmetsəniːn] *s.* △ **1.** Mezza'nin *n*, Zwischengeschoß *n*; **2.** *thea.* Raum *m* unter der Bühne.

mez·zo [ˈmedzəʊ] (*Ital.*) **I** *adj.* **1.** ♪ mezzo, mittel, halb: ~ *forte* halblaut; **II** *s.* **2.** → *mezzo-soprano*; **3.** → *mezzotint*; **,~·so'pra·no** *s.* ♪ 'Mezzo,pran *m*; **'~·tint I** *s.* **1.** Kupferstecherei: Mezzo'tinto *n*, Schabkunst *f*; Schabkunstblatt *n*: ~ *engraving* Stechkunst *f* in Mezzotintomanier; **II** *v/t.* **3.** in Mezzo-'tinto gravieren.

mi·aow [miːˈaʊ] → **meow**.

mi·asm [ˈmaɪæzəm], **mi·as·ma** [mɪˈæz-mə] *pl.* **-ma·ta** [-mətə] *s.* 🜍 Mi'asma *n*, Krankheitsstoff *m*; **mi·as·mal** [mɪ-ˈæzml], **mi·as·mat·ic**, **mi·as·mat·i·cal** [ˌmɪəzˈmætɪk(l)] *adj.* ansteckend.

mi·aul [miːˈaʊl; mɪˈɔːl] *v/i.* mi'auen.

mi·ca [ˈmaɪkə] *min.* **I** *s.* Glimmer *m*; **II** *adj.* Glimmer...: ~ *capacitor* ☿ Glimmerkondensator *m*; **mi·ca·ceous** [maɪˈkeɪʃəs] *adj.* Glimmer...

Mi·cah [ˈmaɪkə] *npr. u. s. bibl.* (das Buch) Micha *m od.* Mi'chäas *m*.

mice [maɪs] *pl. von* **mouse**.

Mich·ael·mas [ˈmɪklməs] *s.* Micha'elis *n*, Michaelstag *m* (*29. September*): ~ **Day** *s.* **1.** Michaelstag *m* (*29. September*); **2.** e-r der 4 brit. Quartalstage; ~

term *s. Brit. univ.* 'Herbstse,mester *n*.

Mick [mɪk] → **Mike¹**.

Mick·ey [ˈmɪkɪ] *s.* **1.** *Am. sl.* ✔ Bordradar *n*; **2.** *take the* ♀ *out of s.o.* j-n ,veräppeln'; **3.** → ~ **Finn** [fɪn] *s. sl.* a) präparierter Drink, b) Betäubungsmittel *n*.

micro- [maɪkrəʊ] *in Zssgn:* a) Mikro..., (sehr) klein, b) ein milli'onstel, c) mi'kro'skopisch.

mi·crobe [ˈmaɪkrəʊb] *s. biol.* Mi'krobe *f*; **mi·cro·bi·al** [maɪˈkrəʊbjəl], **mi·cro·bic** [maɪˈkrəʊbɪk] *adj.* mi'krobisch, Mikroben...; **mi·cro·bi·o·sis** [ˌmaɪkrəʊbaɪˈəʊsɪs] *s.* 🜍 Mi'krobeninfekti,on *f*.

,mi·cro'chem·is·try *s.* Mikroche'mie *f*.

'mi·cro·chip *s. Computer:* Mikrochip *m*.

'mi·cro,cir·cuit *s.* Mikroschaltung *f*.

mi·cro·cosm [ˈmaɪkrəʊkɒzəm] *s.* Mi'kro'kosmos *m* (*a. phls. u. fig.*); **mi·cro·cos·mic** [ˌmaɪkrəʊˈkɒzmɪk] *adj.* mikro-'kosmisch.

'mi·cro,e·lec'tron·ics *s. pl. sg. konstr. phys.* Mikroelek'tronik *f*.

mi·cro·fiche [ˈmaɪkrəʊfiːʃ] *s.* Mikrofiche *m*.

'mi·cro·film *phot.* **I** *s.* Mikrofilm *m*; **II** *v/t.* auf Mikrofilm aufnehmen.

'mi·cro·gram *Am.*, **'mi·cro·gramme** *Brit. s. phys.* Mikro'gramm *n* (*ein millionstel Gramm*).

'mi·cro·groove *s.* **1.** Mikrorille *f*; **2.** Schallplatte *f* mit Mikrorillen.

'mi·cro·inch *s.* ein milli'onstel Zoll.

mi·crom·e·ter [maɪˈkrɒmɪtə] *s.* **1.** *phys.* Mikro'meter *n* (*ein millionstel Meter*): ~ *adjustment* ☿ Feineinstellung *f*; ~ (*caliper*) Feinmeßschraube *f*; **2.** *opt.* Oku'lar-Mikro,meter *n* (*an Fernrohren etc.*).

mi·cron [ˈmaɪkrɒn] *pl.* **-crons**, **-cra** [-krə] *s.* 🜍, *phys.* Mikron *n* (*ein tausendstel Millimeter*).

,mi·cro'or·gan·ism *s.* Mikroorga'nismus *m*.

mi·cro·phone [ˈmaɪkrəfəʊn] *s.* ⚡ **1.** (*at the* ~ am) Mikro'phon *n*; **2.** *teleph.* Sprechmuschel *f*; **3.** F *Radio in:* *through the* ~ durch den Rundfunk.

,mi·cro'pho·to·graph *s.* **1.** Mikrofoto (-gra'fie *f*) *n*; **2.** → **,mi·cro·pho'tog·ra·phy** *s.* Mikrofotogra'fie *f*.

,mi·cro'proc·es·sor *s. Computer:* Mikropro'zessor *m*.

mi·cro·scope [ˈmaɪkrəskəʊp] **I** *s.* Mi'kro'skop *n*: *reflecting* ~ Spiegelmikroskop; ~ *stage* Objektivtisch *m*; **II** *v/t.* mikro'skopisch unter'suchen; **mi·cro·scop·ic**, **mi·cro·scop·i·cal** [ˌmaɪkrə-ˈskɒpɪk(l)] *adj.* □ **1.** mikro'skopisch: ~ *examination*; ~ *slide* Objektträger *m*; **2.** (*peinlich*) genau; **3.** mikro'skopisch klein, verschwindend klein.

'mi·cro,sec·ond *s.* Mikrose'kunde *f* (*eine millionstel Sekunde*).

,mi·cro'sur·ger·y *s.* 🜍 Mikrochirur'gie *f*.

'mi·cro·volt *s. phys.* Mikrovolt *n*.

'mi·cro·wave *s.* ⚡ Mikrowelle *f*, Dezi-'meterwelle *f*: ~ *engineering* Höchstfrequenztechnik *f*; ~ *oven* Mikrowellenherd *m*.

mic·tu·ri·tion [ˌmɪktjʊəˈrɪʃn] *s.* 🜍 **1.** U'rindrang *m*; **2.** Harnen *n*.

mid¹ [mɪd] *adj. attr. od. in Zssgn* mittler, Mittel...: *in ~air* mitten in der Luft, frei schwebend; *in the ~ 16th century* in der Mitte des 16. Jhs.; *in ~-April* Mitte April; *in ~ ocean* auf offener See.

mid² [mɪd] *prp. poet.* in'mitten von (*od. gen.*).

Mi·das ['maɪdæs] **I** *npr. antiq.* Midas *m* (*König von Phrygien*): *he has the ~ touch fig.* er macht aus allem Geld; **II** *s.* ⚥ *zo.* Midasfliege *f*.

'mid·day I *s.* Mittag *m*; **II** *adj.* mittägig, Mittags...

mid·dle ['mɪdl] **I** *adj.* **1.** mittler, Mittel... (*a. ling.*): *~ finger* Mittelfinger *m*; *~ quality* ⚥ Mittelqualität *f*; *~ management* mittleres Management; **II** *s.* **2.** Mitte *f*: *in the ~* in der Mitte; *in the ~ of speaking* mitten in der Rede; *in the ~ of July* Mitte Juli; **3.** Mittelweg *m*; **4.** Mittelstück *n* (*a. e-s Schlachttieres*); **5.** Mitte *f* (*des Leibes*), Taille *f*; **6.** Medium *n* (*griechische Verbalform*); **7.** *Logik:* Mittelglied *n* (*e-s Schlusses*); **8.** *Fußball:* Flankenball *m*; **9.** *a. ~ article Brit.* Feuille'ton *n*; **10.** *pl.* ⚥ Mittelsorte *f*; **11.** Mittelsmann *m*; **III** *v/t.* **12.** in die Mitte plazieren; *Fußball:* zur Mitte flanken.

mid·dle| age *s.* mittleres Alter; ↓~**-'Age** *adj.* mittelalterlich; ↓~**'aged** *adj.* mittleren Alters; ↓ **Ag·es** *s. pl. das* Mittelalter; **~ A·mer·i·ca** *s. Am.* die (konserva'tive) ameri'kanische Mittelschicht; **'~-brow F I** *s.* geistiger ,Nor'malverbraucher'; **II** *adj.* von 'durchschnittlichen geistigen Inter'essen; ↓~**'class** *adj.* zum Mittelstand gehörig, Mittelstands...; **~ class·es** *s. pl.* Mittelstand *m*; **~ course** *s. fig.* Mittelweg *m*; **~ dis·tance** *s.* **1.** *paint., phot.* Mittelgrund *m*; **2.** *sport* Mittelstrecke *f*; ↓~**'distance** *adj. sport* Mittelstrecken...: *~ runner* Mittelstreckler(in); **~ ear** *s. anat.* Mittelohr *n*; ↓ **East** *s. geogr.* **1.** der Mittlere Osten; **2.** *Brit.* der Nahe Osten; ↓ **Eng·lish** *s. ling.* Mittelenglisch *n*; ↓ **High Ger·man** *s. ling.* Mittelhochdeutsch *n*; ↓~**'in·come** *adj.* mit mittlerem Einkommen; **~ in·i·tial** *s. Am.* Anfangsbuchstabe *m* des zweiten Vornamens; **~ life** *s.* die mittleren Lebensjahre *pl.*; **'~-man** [-mæn] *s.* [*irr.*] **1.** Mittelsmann *m*; **2.** ⚥ Zwischenhändler *m*; **'~-most** *adj.* ganz in der Mitte (liegend); **~ name** *s.* **1.** zweiter Vorname; **2.** *fig.* her'vorstehende Eigenschaft; ↓~**-of-the-'road** *adj. bsd. pol.* gemäßigt; neu'tral; **~ rhyme** *s.* Binnenreim *m*; **'~-sized** *adj.* von mittlerer Größe; **~ watch** *s.* ⚓ Mittelwache *f* (*zwischen Mitternacht u. 4 Uhr morgens*); **'~-weight** *s. sport* Mittelgewicht(ler *m*) *m*; ↓ **West** *s. Am.* (*u. Kanada*) Mittelwesten *m*, der mittlere Westen.

mid·dling ['mɪdlɪŋ] **I** *adj.* □ → *a.* **II; 1.** von mittlerer Güte *od.* Sorte, mittelmäßig, Mittel...: *fair to ~* ,so lala', ,mittelprächtig'; *~ quality* ⚥ Mittelqualität *f*; **2.** F leidlich (*Gesundheit*); **3.** F ziemlich groß; **II** *adv.* F **4.** (*a. ~ly*) leidlich, ziemlich; **5.** ziemlich gut; **III** *s.* **6.** *mst pl.* ⚥ Mittelsorte *f*; **7.** *pl.* Mittelmehl *n*; **8.** *pl. metall.* 'Zwischenpro,dukt *n*.

mid·dy ['mɪdɪ] *s.* **1.** F *für* **midshipman**; **2.** → *~ blouse* *s.* Ma'trosenbluse *f*.

'mid·field *s. sport* Mittelfeld *n* (*a. Spieler*): *~ man*, *~ player* Mittelfeldspieler *m*.

midge [mɪdʒ] *s.* **1.** *zo.* kleine Mücke; **2.**

→ *midget* 1.

midg·et ['mɪdʒɪt] **I** *s.* **1.** Zwerg *m*, Knirps *m*; **2.** *et.* Winziges; **II** *adj.* **3.** Zwerg..., Miniatur..., Kleinst...: *~ car mot.* Klein(st)wagen *m*; *~ railroad* Liliputbahn *f*.

mid·i ['mɪdɪ] **I** *s.* Midimode *f*: *wear ~* midi tragen; **II** *adj.* Midi...: *~ skirt* → **'mid·i·skirt** *s.* Midirock *m*.

'mid·land [-lənd] **I** *s.* **1.** *mst pl.* Mittelland *n*; **2.** *the ⚥s pl.* Mittelengland *n*; **II** *adj.* **3.** binnenländisch; **4.** ⚥ *geogr.* mittelenglisch.

'mid·life cri·sis *s. psych.* Midlife-crisis *f*, Krise *f* in der Lebensmitte.

'mid·most [-məʊst] **I** *adj.* ganz in der Mitte (liegend); innerst; **II** *adv.* (ganz) im Innern *od.* in der Mitte.

'mid·night I *s.* (*at ~* um) Mitternacht *f*; **II** *adj.* mitternächtlich, Mitternachts...: *burn the ~ oil* bis spät in die Nacht arbeiten *od.* aufbleiben; **~ blue** *s.* Mitternachtsblau *n* (*Farbe*); **~ sun** *s.* **1.** Mitternachtssonne *f*; **2.** ⚓ Nordersonne *f*.

'mid·noon *s.* Mittag *m*; ↓~**-'off** *s.* ↓~**-'on** *s. Kricket:* **1.** links (rechts) vom Werfer po'stierter Spieler; **2.** links (rechts) vom Werfer liegende Seite des Spielfelds; **'~-riff** *s.* **1.** *anat.* Zwerchfell *n*; **2.** *Am.* a) Mittelteil *m* *e-s Damenkleids*, b) zweiteilige Kleidung, c) Obertaille *f*, d) Magengrube *f*; **'~-ship** ⚓ **I** *s.* Mitte *f* des Schiffs; **II** *adj.* Mittschiffs...: *~ section* Hauptspant *n*; **'~-ship·man** [-mən] *s.* [*irr.*] ⚓ **1.** *Brit.* Leutnant *m* zur See; **2.** *Am.* 'Seeoffi,ziersanwärter *m*; **'~-ships** *adv.* ⚓ mittschiffs.

midst [mɪdst] *s.:* *in the ~ of* inmitten (*gen.*), mitten unter (*dat.*); *in their* (*our*) *~* mitten unter ihnen (uns); *from our ~* aus unserer Mitte.

'mid·stream *s.* Strommitte *f*: *in ~ fig.* mittendrin.

'mid·sum·mer I *s.* **1.** Mitte *f* des Sommers, Hochsommer *m*; **2.** *ast.* Sommersonnenwende *f*; **II** *adj.* **3.** hochsommerlich, Hochsommer...; ↓ **Day** *s.* **1.** Jo'hannistag *m* (*24. Juni*); **2.** *e-r der 4 brit. Quartalstage.*

'mid·way I *s.* **1.** Hälfte *f* des Weges, halber Weg; **2.** *Am.* Haupt-, Mittelstraße *f* (*auf Ausstellung etc.*); **II** *adj.* **3.** mittler; **III** *adv.* **4.** auf halbem Wege; **'~-week I** *s.* Mitte *f* der Woche; **II** *adj.* (in der) Mitte der Woche stattfindend.

mid·wife ['mɪdwaɪf] *s.* [*irr.*] Hebamme *f*, Geburtshelferin *f* (*a. fig.*); **'mid·wife·ry** [-wɪfərɪ] *s.* Geburtshilfe *f*, *fig. a.* Mithilfe *f*.

'mid·win·ter I *s.* **1.** Mitte *f* des Winters; **2.** *ast.* Wintersonnenwende *f*; **'~-year I** *adj.* **1.** in der Mitte des Jahres vorkommend, in der Jahresmitte; **II** *s.* **2.** Jahresmitte *f*; **3.** *Am.* F a) um die Jahresmitte stattfindende Prüfung, b) *pl.* Prüfungszeit *f* (*um die Jahresmitte*).

mien [mi:n] *s.* Miene *f*, Gesichtsausdruck *m*; Gebaren *n*: *noble ~* vornehme Haltung.

miff [mɪf] *s.* F Verstimmung *f*.

might¹ [maɪt] *s.* **1.** Macht *f*, Gewalt *f*: *~ is* (*above*) *right* Gewalt geht vor Recht; **2.** Stärke *f*, Kraft *f*: *with ~ and main*, *with all one's ~* aus Leibeskräften, mit aller Gewalt.

might² [maɪt] *pret. von* **may¹**.

'might-have-,been *s.* **1.** et., was hätte sein können; **2.** Per'son, die es zu et. hätte bringen können.

might·i·ly ['maɪtɪlɪ] *adv.* **1.** mit Macht, heftig, kräftig; **2.** F e'norm, mächtig, sehr; **'might·i·ness** [-ɪnɪs] *s.* Macht *f*, Gewalt *f*; **might·y** ['maɪtɪ] **I** *adj.* □ → **mightily** *u.* **II; 1.** mächtig, gewaltig, heftig, groß, stark; → **high and mighty**; **2.** *fig.* gewaltig, riesig, mächtig; **II** *adv.* **3.** F mächtig, riesig, ungeheuer: *~ easy* kinderleicht; *~ fine* prima.

mi·graine ['mi:greɪn] (*Fr.*) *s.* ⚕ Mi'gräne *f*; **'mi·grain·ous** [-nəs] *adj.* durch Migräne verursacht, Migräne...

mi·grant ['maɪgrənt] *adj.* **1.** Wander..., Zug...; → *a.* **migratory; II** *s.* **2.** Wandernde(r *m*) *f*; 'Umsiedler(in); **3.** *zo.* Zugvogel *m*; Wandertier *n*; **mi·grate** [maɪ'greɪt] *v/i.* **1.** (aus-, ab)wandern, (*a. orn.* fort)ziehen; **mi·gra·tion** [maɪ'greɪʃn] *s.* Wanderung *f* (*a.* ⚘, *zo.*, *geol.*); Zug *m* (*Menschen od. Wandertiere*); *orn.* (Vogel)Zug *m*: *~ of* (*the*) *peoples* Völkerwanderung; *intramolecular ~* ⚘ intramolekulare Wanderung; → **ionic²**; **mi·gra·tion·al** [maɪ'greɪʃənl] *adj.* Wander..., Zug...; '**mi·gra·to·ry** [-rətərɪ] *adj.* **1.** (aus)wandernd; **2.** Zug..., Wander...: *~ bird* Zugvogel *m*; *~ instinct* Wandertrieb *m*; **3.** um'herziehend, no'madisch: *~ life* Wanderleben *n*; *~ worker* Wanderarbeiter(in).

Mike¹ [maɪk] **I** *npr.* (*Kosename für*) Michael; **II** *s.* ⚥ *sl.* a) Ire *m*, b) Katho'lik *m*.

mike² [maɪk] *v/i. sl.* her'umlungern.

mike³ [maɪk] *s.* F ,Mikro' *n* (*Mikrophon*).

mil [mɪl] *s.* **1.** Tausend *n*: *per ~* per Mille; **2.** ⊙ 1/1000 Zoll *m* (*Drahtmaß*); **3.** ✕ (Teil)Strich *m*.

mil·age ['maɪlɪdʒ] → **mileage**.

Mil·a·nese [,mɪlə'ni:z] **I** *adj.* mailändisch; **II** *s. sg. u. pl.* Mailänder(in), Mailänder *pl.*

milch [mɪltʃ] *adj.* milchgebend, Milch...; **'milch·er** [-tʃə] → **milker** 3.

mild [maɪld] *adj.* □ mild (*a. Strafe, Wein, Wetter etc.*); gelind, sanft; leicht (*Droge, Krankheit, Zigarre etc.*), schwach: *~ attempt* schüchterner Versuch; *~ steel* ⊙ Flußstahl *m*; *to put it ~(ly)* a) sich gelinde ausdrücken, b) gelinde gesagt; *draw it ~* mach's mal harblang!

mil·dew ['mɪldju:] **I** *s.* **1.** ⚘ Mehltau (-pilz) *m*, Brand *m* (*am Getreide*); **2.** Schimmel *m*, Moder *m*: *spot of ~* Moder- *od.* Stockfleck *m* (*in Papier etc.*); **II** *v/t.* **1.** mit Mehltau *od.* Schimmel *od.* Moderflecken über'ziehen: *be ~ed* verschimmelt sein (*a. fig.*); **III** *v/i.* **1.** brandig *od.* schimm(e)lig *od.* mod(e)rig werden (*a. fig.*); **'mil·dewed** [-dju:d], **'mil·dew·y** [-dju:ɪ] *adj.* **1.** brandig, mod(e)rig, schimm(e)lig; **2.** ⚘ von Mehltau befallen; mehltauartig.

mild·ness ['maɪldnɪs] *s.* Milde *f*; Sanftheit *f*; Sanftmut *f*.

mile [maɪl] *s.* Meile *f* (*zu Land = 1,609 km*): *Admiralty ~ Brit.* englische Seemeile (= *1,8532 km*); *air ~* Luftmeile (= *1,852 km*); *nautical ~*, *sea ~* Seemeile (= *1,852 km*); *~ after ~ of fields,*

~s and ~s of fields meilenweite Felder; **~s apart** meilenweit auseinander, *fig.* himmelweit entfernt; **miss s.th. by a ~** *fig.* et. (meilen)weit verfehlen.
mile·age ['maɪlɪdʒ] *s.* **1.** Meilenlänge *f,* -zahl *f;* **2.** zu'rückgelegte Meilenzahl *od.* Fahrstrecke, Meilenstand *m:* **~ indicator,** **~ recorder** *mot.* Meilenzähler *m;* **3.** *a.* **~ allowance** Meilengeld *n* (*Vergütung*); **4.** Fahrpreis *m* per Meile; **5.** *a.* **~ book** ⏧ *Am.* Fahrscheinheft *n;* **6.** F **get a lot of ~ out of it** jede Menge (dabei) rausholen; **there's no ~ in it** das bringt nichts (ein).
mile·om·e·ter [maɪ'lɒmɪtə] *s. mot.* Meilenzähler *m.*
'mile·stone *s.* Meilenstein *m* (*a. fig.*).
mil·foil ['mɪlfɔɪl] *s.* ♥ Schafgarbe *f.*
mil·i·ar·i·a [ˌmɪlɪ'eərɪə] *s.* ⚕ Frieselfieber *n;* **mil·i·ar·y** ['mɪlɪərɪ] *adj.* ⚕ mili'ar, hirsekornartig: **~ fever** → **miliaria;** **~ gland** Hirserüse *f.*
mil·i·tan·cy ['mɪlɪtənsɪ] *s.* **1.** Kriegszustand *m,* Kampf *m;* **2.** Kampfgeist *m;* **'mil·i·tant** [-tənt] **I** *adj.* □ mili'tant: a) streitend, kämpfend, b) streitbar, kriegerisch; **II** *s.* Kämpfer *m,* Streiter *m;* **'mil·i·ta·rist** [-tərɪst] *s.* **1.** *pol.* Milita'rist *m;* **2.** Wehr- *od.* Mili'tärexperte *m;* **mil·i·ta·ris·tic** [ˌmɪlɪtə'rɪstɪk] *adj.* milita'ristisch; **'mil·i·ta·rize** [-təraɪz] *v/t.* militarisieren.
mil·i·tar·y ['mɪlɪtərɪ] **I** *adj.* □ **1.** militärisch, Militär...: **of ~ age** in wehrpflichtigem Alter; **2.** Heeres..., Kriegs...; **II** *s. pl. konstr.* **3.** Mili'tär *n,* Sol'daten *pl.,* Truppen *pl.;* **~ a·cad·e·my** *s.* **1.** Mili-'tärakade,mie *f;* **2.** *Am.* (*zivile*) Schule mit mili'tärischer Ausbildung; **~ college** *s. Am.* Mili'tärcollege *n;* **~ government** *s.* Mili'tärre,gierung *f;* **~ junta** *s.* Mili'tärjunta *f;* **~ law** *s.* Wehr-(straf)recht *n;* **~ map** *s.* Gene'ralstabskarte *f;* **~ po·lice** *s.* Mili'tärpoli,zei *f;* **~ service** *s.* Mili'tär-, Wehrdienst *m;* **~ service book** *s.* Wehrpaß *m;* **~ stores** *s. pl.* Mili'tärbedarf *m,* 'Kriegsmateri,al *n* (*Munition, Proviant etc.*); **~ tes·ta·ment** *s.* ⚖ 'Nottesta,ment *n* (*von Militärpersonen im Krieg*); **~ tri·bu·nal** *s.* Mili'tärgericht *n.*
mil·i·tate ['mɪlɪteɪt] *v/i.* (**against**) sprechen (*gegen*), wider'streiten (*dat.*), e-r *Sache* entgegenwirken; **~ for** eintreten *od.* kämpfen für.
mi·li·tia [mɪ'lɪʃə] *s.* ⚔ Mi'liz *f,* Bürgerwehr *f.*
milk [mɪlk] **I** *s.* **1.** Milch *f:* **~ and water** *fig.* kraftloses Zeug, seichtes Gewäsch; **~ of human kindness** *fig.* Milch der frommen Denkungsart; **~ of sulphur** ⚗ Schwefelmilch; **it is no use crying over spilt ~** geschehen ist geschehen, hin ist hin; → **coconut** 1; **2.** ♥ (*Pflanzen*)Milch *f;* **II** *v/t.* **3.** melken; **4.** *fig.* j-n schröpfen, ,ausnehmen'; **5.** ↯ *Leitung* ,anzapfen', abhören; **III** *v/i.* **6.** Milch geben; **~-and-'wa·ter** *adj.* saft- u. kraftlos, seicht; **~ bar** *s.* Milchbar *f;* **~ crust** *s.* ⚕ Milchschorf *m;* **~ duct** *s. anat.* Milchdrüsengang *m.*
milk·er ['mɪlkə] *s.* **1.** Melker(in) *f;* **2.** ⚙ 'Melkma,schine *f;* **3.** Milchkuh *f od.* -schaf *n od.* -ziege *f.*
milk| float *s. Brit.* Milchwagen *m;* **'~·man** [-mən] *s.* [*irr.*] Milchmann *m;* **~ run** *s.* ✈ *sl.* **1.** Rou'tineeinsatz *m;* **2.**

,gemütliche Sache', gefahrloser Einsatz; **~ shake** *s.* Milchshake *m;* **'~·sop** *s. fig. contp.* Muttersöhnchen *n;* **~ sug·ar** *s.* ⚗ Milchzucker *m,* Lak'tose *f;* **~ tooth** *s.* [*irr.*] Milchzahn *m;* **'~·weed** *s.* ♥ **1.** Schwalbenwurzgewächs *n;* **2.** Wolfsmilch *f.*
milk·y ['mɪlkɪ] *adj.* **1.** □ milchig, Milch...; milchweiß; **2.** *min.* milchig, wolkig (*bsd. Edelsteine*); **3.** *fig.* a) sanft, b) weichlich, ängstlich; **2 Way** *s. ast.* Milchstraße *f.*
mill¹ [mɪl] **I** *s.* **1.** (Mehl-, Mahl)Mühle *f;* → **grist** 1; **2.** ⚙ (*Kaffee-, Öl-, Säge-etc.*)Mühle *f,* Zerkleinerungsvorrichtung *f:* **go through the ~** *fig.* e-e harte Schule durchmachen; **put s.o. through the ~** j-n hart rannehmen; **have been through the ~** viel durchgemacht haben; **3.** *metall.* Hütten-, Hammer-, Walzwerk *n;* **4.** *a.* **spinning-~** ⚙ Spinne'rei *f;* **5.** ⚙ a) Münzerei: Prägwerk *n,* b) Glasherstellung: Schleifkasten *m;* **6.** Fa'brik *f,* Werk *n;* **7.** F Prüge'lei *f;* **II** *v/t.* **8.** *Korn etc.* mahlen; **9.** ⚙ *allg.* bearbeiten, *z. B. Holz, Metall* fräsen, *Papier, Metall* walzen, *Tuch, Leder* walken, *Münzen* rändeln, *Eier, Schokolade* quirlen, schlagen, *Seide* moulinieren; **10.** F ,durchwalken'; **III** *v/i.* **11.** F sich prügeln; **12.** **~ about** *od.* **around** ('rund)her'umlaufen, her'umirren; **~ing crowd** Gewühl *n,* wogende Menge.
mill² [mɪl] *s. Am.* Tausendstel *n* (*bsd.* ¹⁄₁₀₀₀ *Dollar*).
mill| bar *s.* ⚙ Pla'tine *f;* **'~·board** *s.* starke Pappe, Pappdeckel *m;* **'~·course** *s.* **1.** Mühlengerinne *n;* **2.** Mahlgang *m.*
mil·le·nar·i·an [ˌmɪlɪ'neərɪən] **I** *adj.* **1.** tausendjährig; **2.** *eccl.* das Tausendjährige Reich (Christi) betreffend; **II** *s.* **3.** *eccl.* Chili'ast *m;* **mil·le·nar·y** [mɪ'lenərɪ] **I** *adj.* **1.** aus tausend (Jahren) bestehend, von tausend Jahren; **II** *s.* **2.** (Jahr)'Tausend *n;* **3.** Jahr'tausendfeier *f;* **mil·len·ni·al** [mɪ'lenɪəl] *adj.* **1.** *eccl.* das Tausendjährige Reich betreffend; **2.** e-e Jahr'tausendfeier betreffend; **3.** tausendjährig; **mil·len·ni·um** [mɪ'lenɪəm] *pl.* **-ni·ums** *od.* **-ni·a** [-nɪə] *s.* **1.** Jahr'tausend *n;* **2.** Jahr'tausendfeier *f;* **3.** *eccl.* Tausendjähriges Reich (Christi); **4.** *fig.* Para'dies *n* auf Erden.
mil·le·pede ['mɪlɪpiːd] *s. zo.* Tausendfüß(l)er *m.*
mill·er ['mɪlə] *s.* **1.** Müller *m;* **2.** ⚙ 'Fräsma,schine *f.*
mil·les·i·mal [mɪ'lesɪml] **I** *adj.* □ **1.** tausendst; **2.** aus Tausendsteln bestehend; **II** *s.* **3.** Tausendstel *n.*
mil·let ['mɪlɪt] *s.* ♥ (Rispen)Hirse *f.*
'mill-hand *s.* Mühlen-, Fa'brik-, Spinne-'reiarbeiter *m.*
milli- [mɪlɪ] *in Zssgn* Tausendstel.
,mil·li'am·me·ter *s.* ↯ 'William,pere,meter *m.*
mil·li·ard ['mɪljɑːd] *s. Brit.* Milli'arde *f.*
mil·li·bar ['mɪlɪbɑː] *s. meteor.* Milli'bar *n.*
'mil·li·gram(me) *s.* Milli'gramm *n;* **'mil·li·me·ter** *Am.,* **'mil·li·me·tre** *Brit. s.* Milli'meter *m, n.*
mil·li·ner ['mɪlɪnə] *s.* Hut-, Putzmacherin *f,* Mo'distin *f;* **'mil·li·ner·y** [-nərɪ] *s.* **1.** Putz-, Modewaren *pl.;* **2.** Hutmacherhandwerk *n;* **3.** 'Hutsa,lon *m.*

---

mill·ing ['mɪlɪŋ] *s.* **1.** Mahlen *n;* **2.** ⚙ a) Walken *n,* b) Rändeln *n,* c) Fräsen *n,* d) Walzen *n;* **3.** *sl.* Tracht *f* Prügel; **~ cut·ter** *s.* ⚙ Fräser *m;* **~ ma·chine** *s.* **1.** 'Fräsma,schine *f;* **2.** Rändelwerk *n;* **~ prod·uct** *s.* 'Mühlen- *od.* ⚙ 'Walzpro-,dukt *n.*
mil·lion ['mɪljən] *s.* **1.** Milli'on *f:* **a ~ times** millionenmal; **two ~ men** 2 Millionen Mann; **by the ~** nach Millionen; **~s of people** *fig.* e-e Unmasse Menschen; **2. the ~** die große Masse, das Volk; **mil·lion·aire,** *bsd. Am.* **mil·lion·naire** [ˌmɪljə'neə] *s.* Millio'när *m;* **mil·lion·air·ess** [ˌmɪljə'neərɪs] *s.* Millio'närin *f;* **'mil·lion·fold** *adj. u. adv.* milli'onenfach; **'mil·lionth** [-nθ] **I** *adj.* milli'onst; **II** *s.* Milli'onstel *n.*
mil·li·pede ['mɪlɪpiːd], *a.* **'mil·li·ped** [-ped] → **millepede.**
'mil·li,sec·ond *s.* 'Millise,kunde *f.*
'mill|·pond *s.* Mühlteich *m;* **'~·race** *s.* Mühlgerinne *n.*
Mills bomb [mɪlz] *s.,* **Mills gre·nade** *s.* ⚔ 'Eier,handgra,nate *f.*
'mill·stone *s.* Mühlstein *m* (*a. fig. Last*): **be a ~ round s.o.'s neck** *fig.* j-m ein Klotz am Bein sein; **see through a ~** *fig.* das Gras wachsen hören; **'~·wheel** *s.* Mühlrad *n.*
mi·lom·e·ter → **mileometer.**
milt¹ [mɪlt] *s. anat.* Milz *f.*
milt² [mɪlt] *ichth. s.* **1.** Milch *f* (*der männlichen Fische*); **II** *v/t.* den Rogen mit Milch befruchten; **'milt·er** [-tə] *s. ichth.* Milchner *m.*
mime [maɪm] *s.* **1.** *antiq.* Mimus *m,* Possenspiel *n;* **2.** Mime *m;* **3.** Possenreißer *m;* **II** *v/t.* **4.** mimen, nachahmen.
mlm·e·o·graph ['mɪmɪəgrɑːf] **I** *s.* Mimeo'graph *m* (*Vervielfältigungsapparat*); **II** *v/t.* vervielfältigen; **mim·e·o·graph·ic** [ˌmɪmɪə'græfɪk] *adj.* (□ **~ally**) mimeo'graphisch, vervielfältigt.
mi·met·ic [mɪ'metɪk] *adj.* (□ **~ally**) **1.** nachahmend (*a. ling. lautmalend*); *b.s.* nachäffend, Schein...; **2.** *biol.* fremde Formen annehmend.
mim·ic ['mɪmɪk] **I** *adj.* **1.** mimisch, (durch Gebärden) nachahmend; **2.** Schauspiel...: **~ art** Schauspielkunst *f;* **3.** nachgeahmt, Schein...; **II** *s.* **4.** Nachahmer *m,* Imi'tator *m;* **III** *v/t. pret. u. p.p.* **'mim·icked** [kt], *pres. p.* **'mim·ick·ing** [-kɪŋ] **5.** nachahmen, -äffen; **6.** ♥, *zo.* sich in der Farbe etc. angleichen (*dat.*); **'mim·ic·ry** [-krɪ] *s.* **1.** Nachahmen *n,* -äffung *f;* **2.** *zo.* Mimikry *f,* Angleichung *f.*
mi·mo·sa [mɪ'məʊzə] *s.* ♥ Mi'mose *f.*
min·a·ret ['mɪnəret] *s.* △ Mina'rett *n.*
min·a·to·ry ['mɪnətərɪ] *adj.* drohend, bedrohlich.
mince [mɪns] **I** *v/t.* **1.** zerhacken, in kleine Stücke zerschneiden; 'durchdrehen: **~ meat** Hackfleisch machen; **2.** *fig.* mildern, bemänteln: **~ one's words** affektiert sprechen; **not to ~ matters** (*od.* **one's words**) kein Blatt vor den Mund nehmen; **3.** geziert tun: **~ one's steps** → 5 b; **II** *v/i.* **4.** Fleisch (*a.* Fett, Gemüse) kleinschneiden *od.* zerkleinern, Hackfleisch machen; **5.** a) sich geziert benehmen, b) geziert gehen, trippeln; **III** *s.* **6.** *bsd. Brit.* → **mincemeat** 2; **'~·meat** *s.* **1.** Pa'stetenfüllung *f* (*aus Korinthen, Äpfeln, Rosinen, Rum*

etc. mit od. ohne Fleisch); **2.** Hackfleisch *n*, Gehacktes *n*: **make ~ of** *fig.* a) ,aus *j-m* Hackfleisch machen', b) *Argument etc.* ,(in der Luft) zerreißen'; **~ pie** *s. mit* **mincemeat** *gefüllte Pastete*.
minc·er ['mɪnsə] → *mincing machine.*
minc·ing ['mɪnsɪŋ] *adj.* □ *fig.* geziert, affektiert; **~ ma·chine** *s.* 'Fleischhackma,schine *f*, Fleischwolf *m*.
mind [maɪnd] **I** *s.* **1.** Sinn *m*, Gemüt *n*, Herz *n*: **have s.th. on one's ~** et. auf dem Herzen haben; **2.** Seele *f*, Verstand *m*, Geist *m*: **presence of ~** Geistesgegenwart *f*; **(the triumph of) ~ over matter** *oft iro.* der Sieg des Geistes über die Materie; **before one's ~'s eye** vor s-m geistigen Auge; **be of sound ~, be in one's right ~** bei (vollem) Verstand sein; **of sound ~ and memory** ♱ im Vollbesitz s-r geistigen Kräfte; **be out of one's ~** nicht (recht) bei Sinnen sein, verrückt sein; **lose one's ~** den Verstand verlieren; **close one's ~ to s.th.** sich gegen et. verschließen; **have an open ~** unvoreingenommen sein; **cast back one's ~** sich zurückversetzen (**to** nach, in *acc.*); **enter s.o.'s ~** j-m in den Sinn kommen; **put (od. give) one's ~ to s.th.** sich mit e-r Sache befassen; **put s.th. out of one's ~** sich et. aus dem Kopf schlagen; **read s.o.'s ~** j-s Gedanken lesen; **that blows your ~!** F da ist man (einfach) ,fertig'!; **3.** Geist *m* (*a. phls.*): **the human ~**; **things of the ~** geistige Dinge; **history of the ~** Geistesgeschichte *f*; **his is a fine ~** er hat ein feinen Verstand, er ist ein kluger Kopf; **one of the greatest ~s of his time** *fig.* e-r der größten Geister *od.* Köpfe s-r Zeit; **4.** Meinung *f*, Ansicht *f*: **in** (*od.* **to**) **my ~** m-r Ansicht nach, m-s Erachtens; **be of s.o.'s ~** j-s Meinung sein; **change one's ~** sich anders besinnen; **speak one's ~** (**freely**) s-e Meinung frei äußern; **give s.o. a piece of one's ~** j-m gründlich die Meinung sagen; **know one's own ~** wissen, was man will; **be in two ~s about s.th.** mit sich selbst über et. nicht einig sein; **there can be no two ~s about it** darüber kann es keine geteilte Meinung geben; **5.** Neigung *f*, Lust *f*; Absicht *f*: **have (half) a ~ to do s.th.** (beinahe) Lust haben, et. zu tun; **have s.th. in ~** et. im Sinne haben; **I have you in ~** ich denke (dabei) an dich; **have it in ~ to do s.th.** beabsichtigen, et. zu tun; **make up one's ~** a) sich entschließen, e-n Entschluß fassen, b) zur Überzeugung kommen (**that** daß), sich klarwerden (**about** über *acc.*); **I can't make up your ~** *iro.* ich kann mir nicht deinen Kopf zerbrechen; **6.** Erinnerung *f*, Gedächtnis *n*: **bear** (*od.* **keep**) **in ~** (immer) an *et.* denken, *et.* nicht vergessen, bedenken; **call to ~** sich *et.* ins Gedächtnis zurückrufen, sich an *et.* erinnern; **put s.o. in ~ of s.th.** j-n an et. erinnern; **nothing comes to ~** nichts fällt einem dabei ein; **time out of ~** seit (*od.* vor) undenklichen Zeiten; **II** *v/t.* **7.** merken, (be)achten, achtgeben, hören auf (*acc.*): **~ one's P's and Q's** F sich ganz gehörig in acht nehmen; **~ you write** F denk daran (*od.* vergiß nicht) zu schreiben; **8.** sich in acht nehmen

sich hüten vor (*dat.*): **~ the step!** Achtung, Stufe!; **9.** sorgen für, sehen nach: **~ the children** sich um die Kinder kümmern, die Kinder hüten; **~ your own business!** kümmere dich um deine eigenen Dinge!; **don't ~ me!** laß dich durch mich nicht stören!; **never ~ him!** kümmere dich nicht um ihn!; **10.** et. haben gegen, es nicht gern sehen *od.* mögen, sich etw. stoßen an (*dat.*): **do you ~ my smoking?** haben Sie et. dagegen, wenn ich rauche?; **would you ~ coming?** würden Sie so freundlich sein zu kommen?; **I don't ~ (it)** ich habe nichts dagegen, meinetwegen; **I wouldn't ~ a drink** ich hätte nichts gegen einen Drink; **III** *v/i.* **11.** achthaben, aufpassen, bedenken: **~ (you)!** wohlgemerkt; **never ~!** laß es gut sein!, es hat nichts zu sagen!, es macht nichts! (→ *a.* 12); **12.** et. da'gegen haben: **I don't ~** ich habe nichts dagegen, meinetwegen; **I don't ~ if I do** F ja, ganz gern *od.* ich möchte schon; **he ~s a great deal** er ist allerdings dagegen, es macht ihm sehr viel aus; **never ~!** mach dir nichts draus!
'mind|·bend·ing, '~·blow·ing, '~·bog·gling *adj. sl.* ,irr(e)', ,toll'.
mind·ed ['maɪndɪd] *adj.* **1.** geneigt, gesonnen: **if you are so ~** wenn das deine Absicht ist; **2.** *in Zssgn* a) gesinnt: **evil-~** böse gesinnt; **small-~** kleinlich, b) *religiös, technisch etc.* veranlagt: **religious-~**, c) interes'siert an (*dat.*): **air-~** flugbegeistert.
'mind-ex,pand·ing *adj.* bewußtseinserweiternd, psyche'delisch.
mind·ful ['maɪndfʊl] *adj.* □ (**of**) aufmerksam, achtsam (auf *acc.*), eingedenk (*gen.*): **be ~ of** achten auf; **'mindless** ['maɪndlɪs] *adj.* □ **1.** (**of**) unbekümmert (um), ohne Rücksicht (auf *acc.*), uneingedenk (*gen.*); **2.** hirn-, gedankenlos, ,blind'; **3.** geistlos, unbeseelt.
'mind|-,read·er *s.* Gedankenleser(in); **'~-,read·ing** *s.* Gedankenlesen *n*.
mine¹ [maɪn] **I** *poss. pron.* der (die, das) mein(ig)e: **what is ~** was mir gehört, das Meinige; **a friend of ~** ein Freund von mir; **me and ~** ich u. die Mein(ig)en *od.* meine Familie; **II** *poss. adj. poet. od. obs.* mein: **~ eyes** meine Augen; **~ host** (der) Herr Wirt.
mine² [maɪn] **I** *v/i.* **1.** minieren; **2.** schürfen, graben (**for** nach); **3.** sich eingraben (*Tiere*); **II** *v/t.* **4.** Erz, Kohlen abbauen, gewinnen; **5.** ♱, ✕ a) verminen, b) minieren; *fig.* unter'graben, -mi'nieren; **III** *s.* **7.** *oft pl.* ✕ Mine *f*, Bergwerk *n*, Zeche *f*, Grube *f*; **8.** ♱, ✕ (*Luft-, See*)Mine *f*: **spring a ~** e-e Mine springen lassen (*a. fig.*). **9.** *fig.* Fundgrube *f* (**of** an *dat.*): **a ~ of information**; **~ bar·ri·er** *s.* ✕ Minensperre *f*; **~ de·tec·tor** *s.* ✕ Minensuchgerät *n*; **'~·field** *s.* ✕ Minenfeld *n*; **~ fore·man** *s.* [*irr.*] ✕ Obersteiger *m*; **~ gas** *s.* **1.** Me'than *n*; **2.** ✕ Grubengas *n*, schlagende Wetter *pl.*; **'~·lay·er** [-,leɪə] *s.* ♱, ✕ Minenleger *m*.
min·er ['maɪnə] *s.* **1.** ✕ Bergarbeiter *m*, -mann *m*, Grubenarbeiter *m*, Kumpel *m*: **~s' association** Knappschaft *f*; **~'s lamp** Grubenlampe *f*; **~'s lung** (Kohlen)Staublunge *f*; **2.** ♱, ✕ Minen-

leger *m*.
min·er·al ['mɪnərəl] **I** *s.* **1.** Mine'ral *n*; **2.** *bsd. pl.* Mine'ralwasser *n*; **II** *adj.* **3.** mine'ralisch, Mineral...; **4.** 🜍 'anor,ganisch; **~ car·bon** *s.* Gra'phit *m*; **~ coal** *s.* Steinkohle *f*; **~ de·pos·it** *s.* Erzlagerstätte *f*.
min·er·al·ize ['mɪnərəlaɪz] *v/t. geol.* **1.** vererzen; **2.** mineralisieren, versteinern; **3.** mit 'anor,ganischem Stoff durch'setzen; **min·er·al·og·i·cal** [,mɪnərə'lɒdʒɪkl] *adj.* □ *min.* minera'logisch; **min·er·al·o·gy** [,mɪnə'rælədʒɪ] *s.* Mineralo'gie *f*.
min·er·al oil *s.* Erdöl *n*, Pe'troleum *n*, Mine'ralöl *n*; **~ spring** *s.* Mine'ralquelle *f*, Heilbrunnen *m*; **~ wa·ter** *s.* Mine'ralwasser *n*.
'mine,sweep·er *s.* ♱, ✕ Minenräum-, Minensuchboot *n*.
min·e·ver ['mɪnɪvə] → *miniver.*
min·gle ['mɪŋgl] **I** *v/i.* **1.** verschmelzen, sich vermischen, sich verbinden (**with** mit): **with ~d feelings** *fig.* mit gemischten Gefühlen; **2.** *fig.* sich (ein)mischen (**in** in *acc.*), sich mischen (**among**, **with** unter *acc.*); **II** *v/t.* **3.** vermischen, -mengen.
min·i ['mɪnɪ] **I** *s.* **1.** Minimode *f*: **wear ~** mini tragen; **2.** Minikleid *n*, -rock *m etc.*; **II** *adj.* **3.** Mini...
min·i·a·ture ['mɪnətʃə] **I** *s.* **1.** Minia'tur (-gemälde *n*) *f*; **2.** *fig.* Minia'turausgabe *f*: **in ~** im kleinen, en miniature, Miniatur...; **3.** ✕ kleine Ordensschnalle; **II** *adj.* **4.** Miniatur..., Klein..., im kleinen; **~ cam·er·a** *s. phot.* Kleinbildkamera *f*; **~ cur·rent** *s.* ⚡ Mini'mal-, 'Unterstrom *m*; **~ grand** *s.* ♪ Stutzflügel *m*; **~ ri·fle shoot·ing** *s.* 'Kleinka,liberschießen *n*.
min·i·a·tur·ist ['mɪnə,tjʊərɪst] *s.* Minia'turmaler(in); **min·i·a·tur·ize** ['mɪnətʃəraɪz] *v/t. bsd. elektronische Elemente* miniaturisieren.
'min·i|·bus *s. mot.* Mini-, Kleinbus *m*; **'~·cab** *s. mot.* Minicar *m* (*Kleintaxi*); **'~·car** *s. mot.* Kleinwagen *m*; **'~·dress** *s.* Minikleid *n*.
min·i·kin ['mɪnɪkɪn] **I** *adj.* **1.** affektiert, geziert; **2.** winzig, zierlich; **II** *s.* **3.** kleine Stecknadel; **4.** *fig.* Knirps *m*.
min·im ['mɪnɪm] *s.* **1.** ♪ halbe Note; *et.* Winziges; Zwerg *m*; **3.** *pharm.* ¹⁄₆₀ Drachme *f* (*Apothekermaß*); **4.** Grundstrich *m* (*Kalligraphie*); **'min·i·mal** [-ml] *adj.* kleinst, mini'mal, Mindest...; **'min·i·mize** [-maɪz] *v/t.* **1.** auf das Mindestmaß zu'rückführen, möglichst gering halten; **2.** als geringfügig darstellen, bagatellisieren; **'min·i·mum** [-məm] **I** *pl.* **-ma** [-mə] *s.* Minimum *n* (*a.* Å), Mindestmaß *n*, -betrag *m*, -stand *m*: **with a ~ of effort** mit e-m Minimum an *od.* von Anstrengung; **II** *adj.* mini'mal, mindest, Mindest..., kleinst: **~ output** Leistungsminimum *n*; **~ price** Mindestpreis *m*; **~ wage** Mindestlohn *m*.
min·ing ['maɪnɪŋ] **I** *s.* Bergbau *m*, Bergwerk(s)betrieb *m*; **II** *adj.* Bergwerks..., Berg(bau)..., Gruben..., Montan...: **~ academy** Bergakademie *f*; **~ law** Bergrecht *n*; **~ dis·as·ter** *s.* Grubenunglück *n*; **~ en·gi·neer** *s.* 'Berg(bau)ingeni,eur *m*; **~ in·dus·try** *s.* Bergbau-, Montan,industrie *f*; **~ share** *s.* Kux *m*.

min·ion ['mɪnjən] s. **1.** Günstling m; **2.** contp. Speichellecker m: ~ of the law oft humor. Gesetzeshüter m; **3.** typ. Kolo'nel f (Schriftgrad).

'**min·i·skirt** s. Minirock m.

'**min·i·state** s. pol. Zwergstaat m.

min·is·ter ['mɪnɪstə] **I** s. **1.** eccl. Geistliche(r) m, Pfarrer m (bsd. e-r Dissenterkirche); **2.** pol. Brit. Mi'nister(in), a. Premi'ermi₁nister(in): ⚹ of the Crown (Kabinetts)Minister(in); ⚹ of Labour Arbeitsminister(in); **3.** pol. Gesandte(r m) f: ~ plenipotentiary bevollmächtigter Gesandter; **4.** fig. Diener m, Werkzeug n; **II** v/i. **5.** darreichen; eccl. die Sakramente spenden; **III** v/i. **6.** (to) behilflich od. dienlich sein (dat.) (a. fig. fördern): ~ to the wants of others für die Bedürfnisse anderer sorgen; **7.** eccl. Gottesdienst halten; **min·is·te·ri·al** [₁mɪnɪ'stɪərɪəl] adj. □ **1.** amtlich, Verwaltungs..., 'untergeordnet: ~ officer Verwaltungs-, Exekutivbeamte(r) m; **2.** eccl. geistlich; **3.** pol. a) Ministerial..., Minister...; b) Regierungs...: ~ bill Regierungsvorlage f; **4.** Hilfs..., dienlich (to dat.); '**min·is·trant** [-trənt] **I** adj. **1.** (to) dienend (zu), dienstbar (dat.); **II** s. **2.** Diener(in); **3.** eccl. Ministrant m; **min·is·tra·tion** [₁mɪnɪ-'streɪʃn] s. Dienst m (to an dat.); bsd. kirchliches Amt; '**min·is·try** [-trɪ] s. **1.** eccl. geistliches Amt; **2.** pol. Brit. a) Mini'sterium n (a. Amtsdauer u. Gebäude), b) Mi'nisterposten m, -amt n, c) Kabi'nett n, Regierung f; **3.** pol. Brit. Amt n e-s Gesandten; **4.** eccl. coll. Geistlichkeit f.

min·i·um ['mɪnɪəm] s. **1.** → vermilion 1; **2.** 🐿 Mennige f.

min·i·ver ['mɪnɪvə] s. Grauwerk n, Feh n (Pelz).

mink [mɪŋk] s. **1.** zo. Nerz m; **2.** Nerz (-fell n) m.

min·now ['mɪnəʊ] s. **1.** ichth. Elritze f; **2.** fig. contp. (eine) ‚Null', (ein) Niemand m.

mi·nor ['maɪnə] **I** adj. **1.** a) kleiner, geringer, b) klein, unbedeutend, geringfügig; 'untergeordnet (a. phls.): ~ casualty ✗ Leichtverwundete(r) m; ~ offence (Am. -se) ✗⭑ (leichtes) Vergehen; the ⚹ Prophets bibl. die kleinen Propheten; of ~ importance von zweitrangiger Bedeutung, c) Neben..., Hilfs..., Unter...: ~ premise → 7; ~ subject Am. univ. Nebenfach n; **2.** minderjährig; **3.** Brit. jünger (in Schulen): Smith ~ Smith der Jüngere; **4.** ♪ a) klein (Terz etc.), b) Moll...: C ~ c-Moll n; ~ key Molltonart f; in ~ key fig. (etwas) gedämpft; ~ mode Mollgeschlecht n; **II** s. **5.** Minderjährige(r m) f; **6.** ♪ a) Moll n, b) 'Mollak₁kord m, c) Molltonart f; **7.** phls. 'Untersatz m; **8.** Am. univ. Nebenfach n; **III** v/i. **9.** ~ in Am. univ. als Nebenfach studieren; **mi·nor·i·ty** [maɪ-'nɒrətɪ] s. **1.** Minderjährigkeit f, Unmündigkeit f; **2.** Minori'tät f, Minderheit f, -zahl f: ~ government (party) Minderheitsregierung (-partei) f; be in the ~ in der Minderheit od. -zahl sein.

min·ster ['mɪnstə] s. eccl. **1.** Münster n; **2.** Klosterkirche f.

min·strel ['mɪnstrəl] s. **1.** hist. Spielmann m; Minnesänger m; **2.** poet. Sän-

ger m, Dichter m; '**min·strel·sy** [-sɪ] s. **1.** Musi'kantentum n; **2.** a) Minnesang m, -dichtung f, b) poet. Dichtkunst f, Dichtung f; **3.** coll. Spielleute pl.

mint¹ [mɪnt] s. **1.** ♀ Minze f: ~ sauce (saure) Minzsoße f; **2.** 'Pfefferminz(li-₁kör) m.

mint² [mɪnt] **I** s. **1.** Münze f: a) Münzstätte f, -anstalt f, b) Münzamt n: a ~ of money F ein Haufen Geld; **2.** fig. (reiche) Fundgrube, Quelle f; **II** adj. **3.** (wie) neu, tadellos erhalten, (Buch etc.): in ~ condition; **2.** postfrisch (Briefmarke); **III** v/t. **5.** Geld münzen, schlagen, prägen; **6.** fig. Wort etc. prägen; '**mint·age** [-tɪdʒ] s. **1.** Münzen n, Prägung f (a. fig.); **2.** das Geprägte, Geld n; **3.** Prägegebühr f.

min·u·end ['mɪnjʊend] s. ✗ Minu'end m.

min·u·et [₁mɪnjʊ'et] s. ♪ Menu'ett n.

mi·nus ['maɪnəs] **I** prp. **1.** ✗ minus, weniger; **2.** F ohne: ~ his hat; **II** adv. **3.** minus, unter Null (Temperatur); **III** adj. **4.** Minus..., negativ: ~ amount Fehlbetrag m; ~ quantity → 6; ~ sign → 5; **IV** s. **5.** Minuszeichen n; **6.** Minus n, negative Größe; **7.** Mangel m (of an dat.).

mi·nus·cule ['mɪnəskjuːl] s. Mi'nuskel f, kleiner (Anfangs)Buchstabe.

min·ute¹ ['mɪnɪt] **I** s. **1.** Mi'nute f (a. ast. ✗, △): for a ~ e-e Minute (lang); ~ hand Minutenzeiger m (Uhr); to the ~ auf die Minute genau; (up) to the ~ hypermodern; **2.** Augenblick m: in a ~ sofort; just a ~! Moment mal!; the ~ that sobald; **3.** ♥ a) Kon'zept n, kurzer Entwurf, b) No'tiz f, Memo'randum n: ~ book Pro₁tokollbuch n; **4.** pl. ✗⭑, pol. ('Sitzungs)Proto₁koll n, Niederschrift f: (the) ~s of the proceedings Verhandlungsprotokoll n; keep the ~s das Protokoll führen; **II** v/t. **5.** a) entwerfen, aufsetzen, b) notieren, protokollieren.

mi·nute² [maɪ'njuːt] adj. □ **1.** sehr klein, winzig: in the ~st details in den kleinsten Einzelheiten; **2.** fig. unbedeutend, geringfügig; **3.** peinlich genau, minuzi'ös.

min·ute·ly¹ ['mɪnɪtlɪ] **I** adj. jede Mi'nute geschehend, Minuten...; **II** adv. jede Mi'nute, von Minute zu Minute.

mi·nute·ly² [maɪ'njuːtlɪ] adv. von minute²; **mi·nute·ness** [maɪ'njuːtnɪs] s. **1.** Kleinheit f, Winzigkeit f; **2.** minuzi'öse Genauigkeit.

mi·nu·ti·a [maɪ'njuː₁ʃɪə] pl. **-ti·ae** [-ʃiː] (Lat.) s. Einzelheit f, De'tail n.

minx [mɪŋks] s. Range f, ‚kleines Biest'.

mir·a·cle ['mɪrəkl] s. Wunder n (a. fig. of an dat.); Wundertat f, -kraft f: to a ~ phantastisch (gut); work ~s Wunder tun od. vollbringen; ~ drug Wunderdroge f; ~ play hist. eccl. Mirakelspiel n; **mi·rac·u·lous** [mɪ'rækjʊləs] **I** adj. □ 'übernatürlich, wunderbar (a. fig.); Wunder...: ~ cure Wunderkur f; **II** s. das Wunderbare; **mi·rac·u·lous·ly** [mɪ'rækjʊləslɪ] adv. (wie) durch ein Wunder, wunderbar(erweise).

mi·rage ['mɪrɑːʒ] s. **1.** phys. Luftspiegelung f, Fata Mor'gana f; **2.** fig. Trugbild n.

mire ['maɪə] **I** s. **1.** Schlamm m, Sumpf m, Kot m (alle a. fig.): drag s.o. through the ~ fig. j-n in den Schmutz

ziehen; be deep in the ~ ‚tief in der Klemme sitzen'; **II** v/t. **2.** in den Schlamm fahren od. setzen: be ~d im Sumpf etc. stecken(bleiben); **3.** beschmutzen, besudeln; **III** v/i. **4.** im Sumpf versinken.

mir·ror ['mɪrə] **I** s. **1.** Spiegel m (a. zo.): hold up the ~ to s.o. fig. j-m den Spiegel vorhalten; **2.** fig. Spiegel(bild n) m; **II** v/t. **3.** 'widerspiegeln: be ~ed sich (wider)spiegeln (in in dat.); **4.** mit Spiegel(n) versehen: ~ed room Spiegelzimmer n; ~ fin·ish ⚙ Hochglanz m; '~-in₁vert·ed adj. seitenverkehrt; ~ sym·me·try s. ✗, phys. 'Spiegelsymme₁trie f; '~-₁writ·ing s. Spiegelschrift f.

mirth [mɜːθ] s. Fröhlichkeit f, Heiterkeit f, Freude f; '**mirth·ful** [-fʊl] adj. □ fröhlich, heiter, lustig; '**mirth·ful·ness** [-fʊlnɪs] s. → mirth; '**mirth·less** [-lɪs] adj. freudlos, trüb(e).

mir·y ['maɪrɪ] adj. **1.** sumpfig, schlammig, kotig; **2.** fig. schmutzig, gemein.

mis- [mɪs] in Zssgn falsch, Falsch..., miß..., Miß...; schlecht; Fehl...

₁**mis·ad'ven·ture** s. Unfall m, Unglück n; 'Mißgeschick n; ₁**mis·a'lign·ment** s. ⚙ Flucht(ungs)fehler m; Radio, TV: schlechte Ausrichtung; ₁**mis·al'li·ance** s. Mesalli'ance f, 'Mißheirat f.

₁**mis·an·thrope** ['mɪzənθrəʊp] s. Menschenfeind m, Misan'throp m; ₁**mis·an·throp·ic**, ₁**mis·an·throp·i·cal** [₁mɪzən-'θrɒpɪk(l)] adj. □ menschenfeindlich, misan'thropisch; ₁**mis·an·thro·pist** [mɪ-'zænθrəpɪst] → misanthrope; ₁**mis·an·thro·py** [mɪ'zænθrəpɪ] s. Menschenhaß m, Misanthro'pie f.

'**mis₁ap·pli'ca·tion** s. falsche Verwendung; b.s. 'Mißbrauch m; ₁**mis·ap'ply** v/t. **1.** falsch anbringen od. anwenden; **2.** → misappropriate 1.

'**mis₁ap·pre'hend** v/t. 'mißverstehen; '**mis₁ap·pre'hen·sion** s. 'Mißverständnis n, falsche Auffassung: be od. labo(u)r under a ~ sich in e-m Irrtum befinden.

₁**mis·ap'pro·pri·ate** v/t. **1.** sich 'widerrechtlich aneignen, unter₁schlagen; **2.** falsch anwenden: ~d capital ♥ fehlgeleitetes Kapital; '**mis·ap₁pro·pri'a·tion** s. ⭑ 'widerrechtliche Aneignung od. Verwendung, Unter₁schlagung f, Veruntreuung f.

₁**mis·be'come** v/t. [irr. → become] j-m schlecht stehen, sich nicht schicken od. ziemen für; ₁**mis·be'com·ing** adj. → unbecoming.

'**mis·be₁got·ten** adj. **1.** unehelich (gezeugt); **2.** → misgotten; **3.** mise'rabel, verkorkst.

₁**mis·be'have** v/i. od. v/refl. **1.** sich schlecht benehmen od. aufführen, sich da'nebenbenehmen; ungezogen sein (Kind); **2.** ~ with sich einlassen od. in'tim werden mit; ₁**mis·be'hav·io(u)r** s. **1.** schlechtes Betragen, Ungezogenheit f; **2.** ~ before the enemy ✗ Am. Feigheit f vor dem Feind.

₁**mis·be'lief** s. Irrglaube m; irrige Ansicht; ₁**mis·be'lieve** v/i. irrgläubig sein.

₁**mis'cal·cu·late** v/t. falsch berechnen od. (ab)schätzen; **II** v/i. sich verrechnen, sich verkalkulieren; '**mis₁cal·cu·'la·tion** s. Rechen-, Kalkulati'onsfehler m.

₁**mis'call** v/t. falsch od. zu Unrecht (be-)

nennen.

ˌmis·'car·riage s. **1.** Fehlschlag(en n) m, Miß'lingen n: ~ *of justice* ⚖ Fehlspruch m, -urteil n, Justizirrtum m; **2.** ✝ Versandfehler m; **3.** Fehlleitung f (Brief); **4.** ⚕ Fehlgeburt f; **ˌmis·'car·ry** v/i. **1.** miß'lingen, -'glücken, fehlschlagen, scheitern; **2.** verlorengehen (Brief); **3.** ⚕ e-e Fehlgeburt haben.

ˌmis·'cast v/t. [irr. → *cast*] thea. etc. Rolle fehlbesetzen: *be ~* a) e-e Fehlbesetzung sein (Schauspieler), b) fig. s-n Beruf verfehlt haben.

mis·ce·ge·na·tion [ˌmɪsɪdʒɪ'neɪʃn] s. Rassenmischung f.

mis·cel·la·ne·ous [ˌmɪsɪ'leɪnjəs] adj. □ **1.** ge-, vermischt, di'vers; **2.** mannigfaltig, verschiedenartig; **ˌmis·cel·la·ne·ous·ness** [-nɪs] s. **1.** Gemischtheit f; **2.** Vielseitigkeit f; Mannigfaltigkeit f; **mis·cel·la·ny** [mɪ'selənɪ] s. **1.** Gemisch n, Sammlung f, Sammelband m; **2.** pl. vermischte Schriften pl., Mis'zellen pl.

ˌmis·'chance s. 'Mißgeschick n: *by ~* durch e-n unglücklichen Zufall, unglücklicherweise.

mis·chief ['mɪstʃɪf] s. **1.** Unheil n, Unglück n, Schaden m: *do ~* Unheil anrichten; *mean ~* Böses im Schilde führen; *make ~* Zwietracht säen, böses Blut machen; *run into ~* in Gefahr kommen; **2.** Ursache f des Unheils, Übelstand m, Unrecht n, Störenfried m; **3.** Unfug m, Possen m: *get into ~* et. ,anstellen'; *keep out of ~* keine Dummheiten machen, brav sein; *that will keep you out of ~!* damit du auf keine dummen Gedanken kommst!; **4.** Racker m (Kind); **5.** 'Übermut m, Ausgelassenheit f: *be full of ~* immer Unfug im Kopf haben; **6.** euphem. der Teufel: *what (why) the ~ ...?* was (warum) zum Teufel ...?; **'~·mak·er** s. → troublemaker.

mis·chie·vous ['mɪstʃɪvəs] adj. □ **1.** nachteilig, schädlich, verderblich; **2.** boshaft, mutwillig, schadenfroh, schelmisch; **'mis·chie·vous·ness** [-nɪs] s. **1.** Schädlichkeit f; **2.** Bosheit f; **3.** Schalkhaftigkeit f, Ausgelassenheit f.

mis·ci·ble ['mɪsəbl] adj. mischbar.

ˌmis·con·'ceive v/t. falsch auffassen od. verstehen, sich e-n falschen Begriff machen von; **ˌmis·con·'cep·tion** s. 'Mißverständnis n, falsche Auffassung.

mis·con·duct I v/t. [ˌmɪskən'dʌkt] **1.** schlecht führen od. verwalten; **2.** *~ o.s.* sich schlecht betragen od. benehmen, e-n Fehltritt begehen; II s. [ˌmɪs'kɒndʌkt] **3.** Ungebühr f, schlechtes Betragen od. Benehmen; **4.** Verfehlung f, bsd. Ehebruch m, Fehltritt m; ✗ schlechte Führung: *~ in office* ⚖ Amtsvergehen n.

ˌmis·con·'struc·tion s. 'Mißdeutung f, falsche Auslegung; **ˌmis·con·'strue** v/t. falsch auslegen, miß'deuten, 'mißverstehen.

mis·cre·ant ['mɪskrɪənt] I adj. gemein, ab'scheulich; II s. Schurke m.

ˌmis·'date I v/t. falsch datieren; II s. falsches Datum.

ˌmis·'deal v/t. u. v/i. [irr. → *deal*] ~ *(the cards)* sich vergeben.

ˌmis·'deed s. Missetat f.

mis·de·mean [ˌmɪsdɪ'miːn] v/i. u. v/refl. sich schlecht betragen, sich vergehen;

ˌmis·de·'mean·o(u)r [-nə] s. ⚖ Vergehen n, minderes De'likt.

ˌmis·di·'rect v/t. **1.** j-n od. et. fehl-, irreleiten: *~ed charity* falsch angebrachte Wohltätigkeit; **2.** ⚖ die Geschworenen falsch belehren; **3.** Brief falsch adressieren.

mise en scène [ˌmiːzɑ̃ːn'seɪn] (Fr.) s. thea. u. fig. Inszenierung f.

ˌmis·em·'ploy v/t. **1.** schlecht anwenden; **2.** miß'brauchen.

mi·ser ['maɪzə] s. Geizhals m.

mis·er·a·ble ['mɪzərəbl] adj. □ **1.** elend, jämmerlich, erbärmlich, armselig, kläglich (alle a. contp.); **2.** traurig, unglücklich: *make s.o. ~*; **3.** contp. allg. mise'rabel.

mis·er·li·ness ['maɪzəlɪnɪs] s. Geiz m; **mi·ser·ly** ['maɪzəlɪ] adj. geizig.

mis·er·y ['mɪzərɪ] s. Elend n, Not f; Trübsal f, Jammer m; *put s.o. out of his ~* mst iro. j-n von s-m Leiden erlösen.

mis·fea·sance [mɪs'fiːzəns] s. ⚖ **1.** pflichtwidrige Handlung; **2.** 'Mißbrauch m (der Amtsgewalt).

ˌmis·'fire I v/i. **1.** versagen (Waffe); **2.** mot. fehlzünden, aussetzen; **3.** fig. ,da'nebengehen'; II s. **4.** Versager m; **5.** mot. Fehlzündung f.

'mis·fit s. **1.** schlechtsitzendes Kleidungsstück; **2.** nicht passendes Stück; **3.** F fig. Außenseiter(in), Eigenbrötler(in).

ˌmis·'for·tune s. 'Mißgeschick n.

ˌmis·'give v/t. [irr. → *give*] Böses ahnen lassen: *my heart ~s me* mir schwant (that daß, about s.th. et.); **ˌmis·'giv·ing** s. Befürchtung f, böse Ahnung, Zweifel m.

ˌmis·'got·ten adj. unrechtmäßig erworben.

ˌmis·'gov·ern v/t. schlecht regieren; **ˌmis·'gov·ern·ment** s. 'Mißregierung f, schlechte Regierung.

ˌmis·'guide v/t. fehlleiten, verleiten, irreführen; **ˌmis·'guid·ed** adj. fehl-, irregeleitet; irrig, unangebracht.

ˌmis·'han·dle v/t. miß'handeln; weitS. falsch behandeln, schlecht handhaben; verpatzen.

mis·hap ['mɪshæp] s. Unglück n, Unfall m; mot. (a. humor. fig.) Panne f.

ˌmis·'hear v/t. u. v/i. [irr. → *hear*] falsch hören, sich verhören (bei).

mish·mash ['mɪʃmæʃ] s. Mischmasch m.

ˌmis·in·'form v/t. j-m falsch berichten, j-n falsch unter'richten; II v/i. falsch aussagen (against gegen); **ˌmis·in·for·'ma·tion** s. falscher Bericht, falsche Auskunft.

ˌmis·in·'ter·pret v/t. miß'deuten, falsch auffassen od. auslegen; **'mis·in·ter·pre·'ta·tion** s. 'Mißdeutung f, falsche Auslegung.

ˌmis·'join·der s. ⚖ unzulässige Klagehäufung; unzulässige Zuziehung (e-s Streitgenossen).

ˌmis·'judge v/i. u. v/t. **1.** falsch (be)urteilen, verkennen; **2.** falsch schätzen: *I ~d the distance*; **ˌmis·'judge·ment** s. irriges Urteil; falsche Beurteilung.

ˌmis·'lay v/t. [irr. → *lay*] et. verlegen.

ˌmis·'lead v/t. [irr. → *lead*] irreführen; fig. a. verführen, verleiten (into doing zu tun): *be misled* sich verleiten las-

sen; **ˌmis·'lead·ing** adj. irreführend.

ˌmis·'man·age I v/t. schlecht verwalten, unrichtig handhaben; II v/i. schlecht wirtschaften; **ˌmis·'man·age·ment** s. schlechte Verwaltung, 'Mißwirtschaft f.

ˌmis·'matched adj. nicht zs.-passend, ungleich (Paar).

ˌmis·'name v/t. falsch benennen.

mis·no·mer ['mɪs'nəʊmə] s. **1.** ⚖ Namensirrtum m (in e-r Urkunde); **2.** falsche Benennung od. Bezeichnung.

mi·sog·a·mist [mɪ'sɒgəmɪst] s. Ehefeind m.

mi·sog·y·nist [mɪ'sɒdʒɪnɪst] s. Frauenfeind m; **mi·'sog·y·ny** [-nɪ] s. Frauenhaß m, Mysogy'nie f.

ˌmis·'place v/t. **1.** et. verlegen; **2.** an e-e falsche Stelle legen od. setzen; **3.** fig. falsch od. übel anbringen: *~d* unangebracht, deplaziert.

mis·print I v/t. [ˌmɪs'prɪnt] verdrucken, fehldrucken; II s. ['mɪsprɪnt] Druckfehler m.

ˌmis·pro·'nounce v/t. falsch aussprechen; **ˌmis·pro·nun·ci·a·tion** s. falsche Aussprache.

ˌmis·quo·'ta·tion s. falsches Zi'tat; **ˌmis·'quote** v/t. u. v/i. falsch anführen od. zitieren.

ˌmis·'read v/t. [irr. → *read*] **1.** falsch lesen; **2.** miß'deuten.

'mis·rep·re·'sent v/t. **1.** falsch od. ungenau darstellen; **2.** entstellen, verdrehen; **'mis·rep·re·sen·'ta·tion** s. falsche Darstellung od. Angabe (a. ⚖), Verdrehung f.

ˌmis·'rule I v/t. **1.** schlecht regieren; II s. **2.** schlechte Re'gierung, 'Mißregierung f; **3.** Unordnung f.

miss[1] [mɪs] s. **1.** ♀ in der Anrede: Fräulein n: ♀ Smith; ♀ America Miß Amerika (die Schönheitskönigin von Amerika); **2.** humor. (junges) ,Ding', Dämchen n; **3.** F (ohne folgenden Namen) Fräulein n.

miss[2] [mɪs] I v/t. **1.** Chance, Zug etc. verpassen, versäumen; Beruf, Person, Schlag, Weg, Ziel verfehlen: *~ the point (of an argument)* das Wesentliche (e-s Arguments) nicht begreifen; *he didn't ~ much* a) er versäumte nicht viel, b) ihm entging fast nichts; *~ed approach* ✈ Fehlanflug m; → boat 1, bus 1, fire 6 etc.; **2.** a. *~ out* auslassen, über'gehen, -'springen; **3.** nicht haben, nicht bekommen; **4.** nicht hören können, über'hören; **5.** vermissen; **6.** (ver-)missen, entbehren: *we ~ her very much* sie fehlt uns sehr; **7.** vermeiden: *he just ~ed being hurt* er ist gerade (noch) e-r Verletzung entgangen; *I just ~ed running him over* ich hätte ihn beinahe überfahren; II v/i. **8.** fehlen, nicht treffen: a) da'nebenschießen, -werfen, -schlagen etc., b) da'nebengehen (Schuß etc.); **9.** miß'glücken, -'lingen, fehlschlagen, ,da'nebengehen'; **10.** *~ out on* a) über'sehen, auslassen, b) sich entgehen lassen, c) et. nicht kriegen; III s. **11.** Fehlschuß m, -wurf m, -stoß m: *every shot a ~* jeder Schuß (ging) daneben; **12.** Verpassen n, Versäumen n, Verfehlen n, Entrinnen n: *a ~ is as good as a mile* a) knapp daneben ist auch daneben, b) mit knapper Not entrinnen ist immerhin entrinnen; *give s.th. a ~* a) et. vermeiden, et.

nicht nehmen, et. nicht tun *etc.*, die Finger lassen von et., b) → 10 a; **13.** Verlust *m*.

mis·sal ['misl] *s. eccl.* Meßbuch *n*.

mis·shap·en [ˌmis'ʃeipən] *adj.* 'mißgestaltet, ungestalt, unförmig.

mis·sile ['misail; *Am.* -səl] **I** *s.* **1.** (Wurf-) Geschoß *n*, Projek'til *n*; **2.** *a. ballistic ~, guided ~* ✕ Flugkörper *m*, Fernlenkwaffe *f*, Ra'kete(ngeschoß *n*) *f*; **II** *adj.* **3.** Wurf...; Raketen...: *~ site* Raketenstellung *f*.

miss·ing ['misiŋ] *adj.* **1.** fehlend, weg, nicht da, verschwunden: *~ link biol.* fehlendes Glied, Zwischenstufe *f* (*zwischen Mensch u. Affe*); **2.** vermißt (✕ *a. ~ in action*), verschollen: *be ~* vermißt sein *od.* werden; *the ~* die Vermißten, die Verschollenen.

mis·sion ['miʃn] *s.* **1.** *pol.* Gesandtschaft *f*, Ge'sandtschaftsperso,nal *n*; **2.** *pol.*, ✕ Missi'on *f im Ausland*; **3.** (✕ Kampf)Auftrag *m*; ✈ Einsatz *m*, Feindflug *m*: *on* (*a*) *special ~* mit besonderem Auftrag; *~ accomplished!* Auftrag ausgeführt!; **4.** *eccl.* a) Missi'on *f*, Sendung *f*, b) Missio'narstätigkeit *f*: *foreign* (*home*) *~* äußere (innere) Mission, c) Missi'on(sgesellschaft) *f*, d) Missi'onsstati,on *f*; **5.** Missi'on *f*, Sendung *f*, (innere) Berufung, Lebenszweck *m*: *~ in life* Lebensaufgabe *f*;

mis·sion·ar·y ['miʃnəri] **I** *adj.* missio-'narisch, Missions...: *~ work;* **II** *s.* Missio'nar(in).

mis·sis ['misiz] *s.* **1.** *sl.* gnä' Frau (*Hausfrau*); **2.** F ,Alte' *f*, ,bessere Hälfte' (*Ehefrau*).

mis·sive ['misiv] *s.* Sendschreiben *n*.

mis·spell *v/t.* [*a. irr.* → **spell**] falsch buchstabieren *od.* schreiben; **mis·spell·ing** *s.* **1.** falsches Buchstabieren; **2.** Rechtschreibfehler *m*.

mis·spend *v/t.* [*irr.* → **spend**] falsch verwenden, *a. s-e Jugend etc.* vergeuden.

mis·state *v/t.* falsch angeben, unrichtig darstellen; **mis·state·ment** *s.* falsche Angabe *od.* Darstellung.

mis·sus ['misəs] → **missis**.

miss·y ['misi] *s.* F kleines Fräulein.

mist [mist] **I** *s.* **1.** (feiner) Nebel, feuchter Dunst, *Am. a.* Sprühregen *m*; **2.** *fig.* Nebel *m*, Schleier *m*: *be in a ~* ganz irre *od.* verdutzt sein; **3.** ✝ Beschlag *m*, Hauch *m* (*auf e-m Glas*); **II** *v/i.* **4.** *a. ~ over* nebeln, neblig sein (*a. fig.*); sich trüben (*Augen*); (sich) beschlagen (*Glas*); **III** *v/t.* **5.** *a.* 'umnebeln.

mis·tak·a·ble [mi'steikəbl] *adj.* verkennbar, (leicht) zu verwechseln(d), 'mißzuverstehen(d); **mis·take** [mi'steik] **I** *v/t.* [*irr.* → **take**] **1.** (*for*) verwechseln (mit), (fälschlich) halten (für), verfehlen, nicht erkennen, verkennen, sich irren in (*dat.*): *~ s.o.'s character* sich in j-s Charakter irren; **2.** falsch verstehen, 'mißverstehen; **II** *v/i.* [*irr.* → **take**] **3.** sich irren, sich versehen; **III** *s.* **4.** 'Mißverständnis *n*; **5.** Irrtum *m* (*a.* ♟), Fehler *m*, Versehen *n*, 'Mißgriff *m*: *by ~* irrtümlich, aus Versehen; *make a ~* e-n Fehler machen, sich irren; *and no ~* F bestimmt, worauf du dich verlassen kannst; **6.** (Schreib-, Sprach-, Rechen-) Fehler *m*; **mis·tak·en** [-kn] *adj.* □ **1.** im Irrtum: *be ~* sich irren; *unless I am*

very much ~ wenn ich mich nicht sehr irre; *we were quite ~ in him* wir haben uns in ihm ziemlich getäuscht; **2.** irrtümlich, falsch, verfehlt (*Politik etc.*): (*case of*) *~ identity* Personenverwechslung *f*; *~ kindness* unangebrachte Freundlichkeit.

mis·ter ['mistə] *s.* **1.** ✍ Herr *m* (*abbr.* **Mr** *od.* **Mr.**): *Mr President* Herr Präsident; **2.** F *als bloße Anrede:* (mein) Herr!, ,Meister'!, ,Chef'!

mis·time *v/t.* zur unpassenden Zeit sagen *od.* tun; e-n falschen Zeitpunkt wählen für, *bsd. sport* schlecht timen.

mis·timed *adj.* unpassend, unangebracht, zur Unzeit, *bsd. sport* schlecht getimed.

mist·i·ness ['mistinis] *s.* **1.** Nebligkeit *f*, Dunstigkeit *f*; **2.** Unklarheit *f*, Verschwommenheit *f* (*a. fig.*).

mis·tle·toe ['misltəu] *s.* ♦ **1.** Mistel *f*; **2.** Mistelzweig *m*.

mis·trans·late *v/t. u. v/i.* falsch über-'setzen.

mis·tress ['mistris] *s.* **1.** Herrin *f* (*a. fig.*), Gebieterin *f*, Besitzerin *f*: *she is ~ of herself* sie weiß sich zu beherrschen; **2.** Frau *f* des Hauses, Hausfrau *f*; **3.** *bsd. Brit.* Lehrerin *f*: *chemistry ~* Chemielehrerin *f*; **4.** Kennerin *f*, Meisterin *f in e-r Kunst etc.*; **5.** Mä'tresse *f*, Geliebte *f*; **6.** → **Mrs.**

mis·tri·al *s.* ♟ fehlerhaft geführter (*Am. a.* ergebnisloser) Pro'zeß.

mis·trust **I** *s.* **1.** 'Mißtrauen *n*, Argwohn *m* (*of* gegen); **II** *v/t.* **2.** *j-m* mißtrauen, nicht trauen; **3.** zweifeln an (*dat.*); **mis·trust·ful** *adj.* □ 'mißtrauisch, argwöhnisch (*of* gegen).

mist·y ['misti] *adj.* □ **1.** (leicht) neb(e)-lig, dunstig; **2.** *fig.* nebelhaft, verschwommen, unklar.

mis·un·der·stand *v/t. u. v/i.* [*irr.* → **understand**] 'mißverstehen; **mis·un·der·stand·ing** *s.* **1.** 'Mißverständnis *n*; **2.** 'Mißhelligkeit *f*, Diffe'renz *f*; **mis·un·der·stood** *adj.* **1.** 'mißverstanden; **2.** verkannt, nicht richtig gewürdigt.

mis·us·age → **misuse** 1.

mis·use **I** *s.* [ˌmis'ju:s] **1.** 'Mißbrauch *m*, falscher Gebrauch, falsche Anwendung; **2.** Miß'handlung *f*; **II** *v/t.* [ˌmis'ju:z] **3.** miß'brauchen, falsch *od.* zu unrechten Zwecken gebrauchen; **4.** falsch anwenden; **5.** miß'handeln.

mite¹ [mait] *s. zo.* Milbe *f*.

mite² [mait] *s.* **1.** Heller *m*; *weitS.* kleine Geldsumme: *contribute one's ~ to* sein Scherflein beitragen zu; *not a ~* kein bißchen; **2.** F kleines Ding, Dingelchen *n*: *a ~ of a child* ein Würmchen.

mi·ter ['maitə] *Am.* → **mitre**.

mit·i·gate ['mitigeit] *v/t.* Schmerz etc. lindern; Strafe etc. mildern; Zorn besänftigen, mäßigen: *mitigating circumstances* ♟ (straf)mildernde Umstände; **mit·i·ga·tion** [ˌmiti'geiʃn] *s.* **1.** Linderung *f*, Milderung *f*; **2.** Besänftigung *f*, Abschwächung *f*: *plead in ~* ♟ a) für Strafmilderung plädieren, b) strafmildernde Umstände geltend machen; **3.** Besänftigung *f*, Mäßigung *f*.

mi·to·sis [mai'təusis] *pl.* **-ses** [-si:z] *s. biol.* Mi'tose *f*, 'indi,rekte *od.* chromoso'male (Zell)Kernteilung.

mi·tre ['maitə] **I** *s.* **1.** a) Mitra *f*, Bischofsmütze *f*, b) *fig.* Bischofsamt *n*, -würde *f*; **2.** ⊙ a) → *mitre joint*, *mitre square*, b) Gehrungsfläche *f*; **II** *v/t.* **3.** mit der Mitra schmücken, zum Bischof machen; **4.** ⊙ a) auf Gehrung verbinden, b) gehren, auf Gehrung zurichten; **III** *v/i.* **5.** ⊙ sich in 'einem Winkel treffen; *~ box s.* ⊙ Gehrlade *f*; *~ gear s.* ⊙ Kegelrad *n*, Winkelgetriebe *n*; *~ joint s.* Gehrfuge *f*; *~ square s.* Gehrdreieck *n*; *~ valve s.* 'Kegelven,til *n*; *~ wheel s.* ⊙ Kegelrad *n*.

mitt [mit] *s.* **1.** Halbhandschuh *m*; **2.** *Baseball:* Fanghandschuh *m*; **3.** → *mitten* 1 *u.* 3; **4.** *Am. sl.* ,Flosse' *f* (*Hand*).

mit·ten ['mitn] *s.* **1.** Fausthandschuh *m*, Fäustling *m*: *get the ~* F a) e-n Korb bekommen, abgewiesen werden, b) ,(hinaus)fliegen', entlassen werden; **2.** → *mitt* 1; **3.** *sl.* Boxhandschuh *m*.

mit·ti·mus ['mitiməs] (*Lat.*) *s.* **1.** ♟ a) richterlicher Befehl an die Gefängnisbehörde zur Aufnahme e-s Häftlings, b) Befehl zur Übersendung der Akten an ein anderes Gericht; **2.** F ,blauer Brief', Entlassung *f*.

mix [miks] **I** *v/t.* **1.** (ver)mischen, vermengen (*with* mit); *Cocktail etc.* mixen, mischen; *Teig* anrühren, mischen: *~ into* mischen in (*acc.*); *~ up* zs.-, durcheinandermischen, *fig.* völlig durcheinanderbringen, verwechseln (*with* mit); *be ~ed up fig.* a) verwickelt sein *od.* werden (*in, with* in *acc.*), b) (*geistig*) ganz durcheinander sein; **2.** *biol.* kreuzen; **3.** *Stoffe* melieren; **4.** *fig.* verbinden: *~ business with pleasure* das Angenehme mit dem Nützlichen verbinden; **II** *v/i.* **5.** sich (ver)mischen; **6.** sich mischen lassen; **7.** *gut etc.* auskommen (*with* mit); **8.** verkehren (*with* mit, *in* in *dat.*): *~ in the best society;* **III** *s.* **9.** (*Am. a.* koch- *od.* back-, gebrauchsfertige) Mischung: *cake ~* Backmischung; **10.** F Durchein-'ander *n*, Mischmasch *m*; **11.** *sl.* Keile-'rei *f*.

mixed [mikst] *adj.* **1.** gemischt (*a. fig. Gefühl, Gesellschaft, Metapher*); **2.** vermischt, Misch...; **3.** F verwirrt, kon'fus; *~ bag s.* F bunte Mischung; *~ blood s.* **1.** gemischtes Blut; **2.** Mischling *m*; *~ car·go s.* ✝ Stückgutladung *f*; *~ con·struc·tion s.* Gemischtbauweise *f*; *~ dou·bles s. pl. sg. konstr. sport* gemischtes Doppel: *play a ~;* *~ e·con·o·my s.* ✝ gemischte Wirtschaftsform; *~ e·con·o·my adj.* ✝ gemischtwirtschaftlich; *~ for·est s.* ♟ Mischwald *m*; *~ frac·tion s.* ♩ gemischter Bruch; *~ mar·riage s.* Mischehe *f*; *~ me·di·a s. pl.* **1.** Multi'media *f*; **2.** *Kunst:* Mischtechnik *f*; *~ pick·les s. pl.* Mixed Pickles *pl.* (*Essiggemüse*).

mix·er ['miksə] *s.* **1.** Mischer *m*; **2.** Mixer *m* (*von Cocktails etc.*) (*a. Küchengerät*); **3.** ⊙ Mischer *m*, 'Mischma,schine *f*; **4.** ♩ *Fernsehen etc.:* Mischpult *n*; **5.** *be a good* (*bad*) *~* F kontaktfreudig (kontaktarm) sein; **mix·ture** ['mikstʃə] *s.* **1.** Mischung *f* (*a. von Tee, Tabak etc.*), Gemisch *n* (*a.* ♩); **2.** *mot.* Gas-Luft-Gemisch *n*; **3.** *pharm.* Mix'tur *f*; **4.** *biol.* Kreuzung *f*; **5.** Beimengung *f*; **'mix-up** *s.* F **1.** Durchein'ander *n*; **2.** Verwechslung *f*; **3.** Handgemenge *n*.

miz·(z)en ['mɪzn] s. ♣ **1.** Be'san(segel n) m; **2.** → '~-mast [-mɑːst; ♣ -məst] s. Be'san-, Kreuzmast m; '~-sail → miz(z)en 1; '~-ˌtop'gal·lant s. Kreuzbramsegel n.

miz·zle ['mɪzl] dial. **I** v/i. nieseln; **II** s. Nieseln n, Sprühregen m.

mne·mon·ic [niː'mɒnɪk] **I** adj. **1.** mnemo'technisch; **2.** mne'monisch, Gedächtnis...; **II** s. **3.** Gedächtnishilfe f; **4.** → mnemonics 1; **mne'mon·ics** [-ks] s. pl. **1.** a. sg. konstr. Mnemo'technik f, Gedächtniskunst f; **2.** mne'monische Zeichen pl.; **mne·mo·tech·nics** [ˌniː-məʊ'teknɪks] s. pl. a. sg. konstr. → mnemonics 1.

mo [məʊ] s. F Mo'ment m: wait half a ~! (eine) Sekunde!

moan [məʊn] **I** s. **1.** Stöhnen n, Ächzen n (a. fig. des Windes etc.); **II** v/i. **2.** stöhnen, ächzen; **3.** (weh)klagen, jammern; 'moan·ful [-fʊl] adj. □ (weh-) klagend.

moat [məʊt] ✗ hist. **I** s. (Wall-, Burg-, Stadt)Graben m; **II** v/t. mit e-m Graben um'geben.

mob [mɒb] **I** s. **1.** Mob m, zs.-gerotteter Pöbel(haufen): ~ law Lynchjustiz f; ~ psychology Massenpsychologie f; **2.** Pöbel m, Gesindel n; **3.** sl. a) (Verbrecher)Bande f, b) allg. Bande f, Sippschaft f; **II** v/t. **4.** lärmend herfallen über (acc.); anpöbeln; angreifen, attakkieren; Geschäfte etc. stürmen.

mo·bile ['məʊbaɪl] **I** adj. **1.** beweglich, wendig (a. Geist etc.); schnell (beweglich); **2.** unstet, veränderlich; lebhaft (Gesichtszüge); **3.** leichtflüssig; **4.** ✿, ✗ fahrbar, beweglich, mo'bil, ✗ a. motorisiert: ~ crane Autokran m; ~ home mot. Wohnwagen m; ~ warfare Bewegungskrieg m; **5.** ✝ flüssig: ~ funds; **II** s. ☽ Kunst: Mobile n; **mo·bil·i·ty** [məʊ'bɪlətɪ] s. **1.** Beweglichkeit f, Wendigkeit f; **2.** Mobili'tät f, Freizügigkeit f (der Arbeitnehmer etc.).

mo·bi·li·za·tion [ˌməʊbɪlaɪ'zeɪʃn] s. Mobilisierung f: a) ✗ Mo'bilmachung f, b) bsd. fig. Aktivierung f, Aufgebot n (der Kräfte etc.), c) ✝ Flüssigmachung f; **mo·bi·lize** ['məʊbɪlaɪz] v/t. mobilisieren: a) ✗ mo'bilmachen, a. dienstverpflichten, b) fig. Kräfte etc. aufbieten, einsetzen, c) ✝ Kapital flüssigmachen.

mob·oc·ra·cy [mɒb'ɒkrəsɪ] s. **1.** Pöbelherrschaft f; **2.** (herrschender) Pöbel.

mobs·man ['mɒbzmən] s. [irr.] **1.** Gangster m; **2.** Brit. sl. (ele'ganter) Taschendieb.

mob·ster ['mɒbstə] Am. sl. für mobsman 1.

moc·ca·sin ['mɒkəsɪn] s. **1.** Mokas'sin m (a. Damenschuh); **2.** zo. Mokas'sinschlange f.

mo·cha¹ ['mɒkə] **I** s. **1.** a. ~ coffee 'Mokka(kaf,fee) m; **2.** Mochaleder n; **II** adj. **3.** Mokka...

mo·cha² ['məʊkə], ☽ stone s. min. Mochastein m.

mock [mɒk] **I** v/t. **1.** verspotten, -höhnen, lächerlich machen; **2.** (zum Spott) nachäffen; **3.** poet. nachahmen; **4.** täuschen, narren; **5.** spotten (gen.), trotzen (dat.), nicht achten (acc.); **II** v/i. **6.** sich lustig machen, spotten (at über acc.); **III** s. **7.** → mockery 1-3; **8.**

Nachahmung f, Fälschung f; **IV** adj. **9.** nachgemacht, Schein..., Pseudo...: ~ attack ✗ Scheinangriff m; ~ battle ✗ Scheingefecht n; ~ king Schattenkönig m; **mock·er** ['mɒkə] s. **1.** Spötter(in); **2.** Nachäffer(in); **mock·er·y** ['mɒkərɪ] s. **1.** Spott m, Hohn m, Spötte'rei f; **2.** Gegenstand m des Spottes, Gespött n: make a ~ of zum Gespött (der Leute) machen; **3.** Nachäffung f; **4.** fig. Possenspiel n, Farce f.

mock-he·ro·ic adj. (□ ~ally) 'komischhe'roisch (Gedicht etc.).

mock·ing ['mɒkɪŋ] **I** s. Spott m, Gespött n; **II** adj. □ spöttisch; '~-bird s. orn. Spottdrossel f.

mock| moon s. ast. Nebenmond m; ~ tri·al ☽ 'Scheinpro,zeß m; ~ tur·tle s. Küche: Kalbskopf m en tor'tue; ~ tur·tle soup s. falsche Schildkrötensuppe; '~-up s. Mo'dell n (in na'türlicher Größe), At'trappe f.

mod·al ['məʊdl] adj. □ **1.** mo'dal (a. phls., ling., ♪): ~ proposition Logik: Modalsatz m; ~ verb modales Hilfsverb; **2.** Statistik: typisch; **mo·dal·i·ty** [məʊ'dælətɪ] s. Modali'tät f (a. ♱, pol., phls.), Art f u. Weise f, Ausführungsart f.

mode¹ [məʊd] s. **1.** (Art f u.) Weise f, Me'thode f: ~ of action ☽ Wirkungsweise; ~ of life Lebensweise; ~ of operation Verfahrensweise; ~ of payment ✝ Zahlungsweise. **2.** (Erscheinungs-)Form f, Art f: heat is a ~ of motion Wärme ist e-e Form der Bewegung; **3.** Logik: a) Modali'tät f, b) Modus m (e-r Schlußfigur); **4.** ♪ Modus m, Tonart f, -geschlecht n; **5.** ling. Modus m, Aussageweise f; **6.** Statistik: Modus m, häufigster Wert.

mode² [məʊd] s. Mode f, Brauch m.

mod·el ['mɒdl] **I** s. **1.** Muster n, Vorbild n (for für): after (od. on) the ~ of nach dem Muster von (od. gen.); he is a ~ of self-control er ist ein Muster an Selbstbeherrschung; **2.** (fig. 'Denk)Mo,dell n, Nachbildung f: working ~ Arbeitsmodell; **3.** Muster n, Vorlage f; **4.** paint. etc. Mo'dell n: act as a ~ to a painter e-m Maler Modell stehen od. sitzen; **5.** Mode: a) Mannequin n, Vorführdame f: male ~ Dressman m, b) Mo'dellkleid n; **6.** ☽ a) Bau(weise f) m, b) (Bau)Muster n, Mo'dell n, Typ(e f) m; **II** adj. **7.** vorbildlich, musterhaft, Muster...: ~ farm landwirtschaftlicher Musterbetrieb; ~ husband Mustergatte m; ~ plant ✝ Musterbetrieb m; ~ school Musterschule f; **8.** Modell...: ~ airplane; ~ builder ☽ Modellbauer m; ~ dress → 5 b; **III** v/t. **9.** nach Mo'dell formen od. herstellen; **10.** modellieren, nachbilden; abformen; **11.** fig. formen, gestalten (after, on, upon nach [dem Vorbild gen.]): ~ o.s. on sich j-n zum Vorbild nehmen; **IV** v/i. **12.** Kunst: modellieren; **13.** Mo'dell stehen od. sitzen; **14.** Kleider vorführen, als Mannequin od. Dressman arbeiten; 'mod·el·(l)er [-lə] s. **1.** Modellierer m; **2.** Mo'dell-, Musterbauer m; 'mod·el·(l)ing [-lɪŋ] **I** s. **1.** Modellieren n; **2.** Formgebung f, Formung f; **3.** Mo'dellstehen od. -sitzen n; **II** adj. **4.** Modellier...: ~ clay.

mo·dem ['məʊdem] s. Computer, teleph.

Modem m (Datenübertragungsgerät).

mod·er·ate ['mɒdərət] **I** adj. □ **1.** gemäßigt (a. Sprache etc.; a. pol.), mäßig; **2.** mäßig im Trinken etc.; fru'gal (Lebensweise); **3.** mild (Winter, Strafe etc.); **4.** vernünftig, maßvoll (Forderung etc.); angemessen, niedrig (Preis); **5.** mittelmäßig; **II** s. **6.** (pol. mst ⌾) Gemäßigte(r m) f; **III** v/t. [-dəreit] **7.** mäßigen, mildern; beruhigen; **8.** einschränken; **9.** ☽, phys. dämpfen, abbremsen; **IV** v/i. [-dəreit] **10.** sich mäßigen; **11.** nachlassen (Wind etc.); 'mod·er·ate·ness [-nɪs] s. Mäßigkeit f etc.; **mod·er·a·tion** [ˌmɒdə'reɪʃn] s. **1.** Mäßigung f, Maß(halten) n: in ~ mit Maß; **2.** Mäßigkeit f; **3.** pl. univ. erste öffentliche Prüfung in Oxford; **4.** Milderung f; 'mod·er·a·tor [-dəreitə] s. **1.** Mäßiger m, Beruhiger m; Vermittler m; **2.** Vorsitzende(r) m; Diskussi'onsleiter m; univ. Exami'nator m (Oxford); **3.** a) Mode'rator m (Vorsitzender e-s Kollegiums reformierter Kirchen); b) TV: Mode'rator m, Modera'torin f, Pro'grammleiter(in); **4.** ☽, phys. Mode'rator m.

mod·ern ['mɒdən] **I** adj. **1.** mo'dern, neuzeitlich: ~ times die Neuzeit; the ~ school (od. side) ped. Brit. die Realabteilung; **2.** mo'dern, (neu)modisch; **3.** mst ⌾ ling. a) mo'dern, Neu..., b) neuer: ⌾ Greek Neugriechisch n; ~ languages neuere Sprachen; ⌾ Languages (als Fach) Neuphilologie f; **II** s. **4.** mo'derner Mensch, Fortschrittliche(r m) f; **5.** Mensch m der Neuzeit; **6.** typ. neuzeitliche An'tiqua; 'mod·ern·ism [-dənɪzəm] s. **1.** Moder'nismus m: a) mo'derne Einstellung, mo'dernes Wort, mo'derne Redewendung(en pl.); **2.** eccl. Moder'nismus m; **mo·der·ni·ty** [mɒ'dɜːnətɪ] s. **1.** Moderni'tät f, (das) Mo'derne; **2.** et. Mo'dernes; **mod·ern·i·za·tion** [ˌmɒdənaɪ'zeɪʃn] s. Modernisierung f; 'mod·ern·ize [-dənaɪz] v/t. u. v/i. (sich) modernisieren.

mod·est ['mɒdɪst] adj. □ **1.** bescheiden, anspruchslos (Person od. Sache): ~ income bescheidenes Einkommen; **2.** anständig, sittsam; **3.** maßvoll, vernünftig; 'mod·es·ty [-tɪ] s. **1.** Bescheidenheit f (Person, Einkommen etc.): in all ~ bei aller Bescheidenheit; **2.** Anspruchslosigkeit f, Einfachheit f; **3.** Schamgefühl n; Sittsamkeit f.

mod·i·cum ['mɒdɪkəm] s. kleine Menge, ein bißchen: a ~ of truth ein Körnchen Wahrheit.

mod·i·fi·a·ble ['mɒdɪfaɪəbl] adj. modifizierbar, (ab)änderungsfähig; **mod·i·fi·ca·tion** [ˌmɒdɪfɪ'keɪʃn] s. **1.** Modifikati'on f: a) Abänderung f: make a ~ → modify 1 a, b) Abart f, modifizierte Form, c) Einschränkung f, nähere Bestimmung, d) biol. nichterbliche Abänderung, e) ling. nähere Bestimmung, f) ling. lautliche Veränderung, 'Umlautung f; **2.** Mäßigung f; **mod·i·fy** ['mɒdɪfaɪ] v/t. **1.** modifizieren: a) abändern, teilweise 'umwandeln, b) einschränken, näher bestimmen; **2.** mildern, mäßigen; abschwächen; **3.** ling. Vokal 'umlauten.

mod·ish ['məʊdɪʃ] adj. □ **1.** modisch, mo'dern; **2.** Mode...

mods [mɒdz] s. pl. Brit. Halbstarke pl. von betont dandyhaftem Äußeren (in den 60er Jahren) (Ggs. **rockers**).

mod·u·lar ['mɒdjʊlə] adj. ₳, ⊕ Modul...: ~ **design** Modulbauweise f.

mod·u·late ['mɒdjʊleɪt] I v/t. **1.** abstimmen, regulieren; **2.** anpassen (to an acc.); **3.** dämpfen; **4.** Stimme, Ton etc., a. Funk modulieren: ~**d reception** ♮ Tonempfang m; II v/i. **5.** ♪ modulieren (from von, to nach), die Tonart wechseln; **6.** all'mählich 'übergehen (into in acc.); **mod·u·la·tion** [ˌmɒdjʊ'leɪʃn] s. **1.** Abstimmung f, Regulierung f; **2.** Anpassung f; **3.** Dämpfung f; **4.** ♪, Funk, a. Stimme: Modulati'on f; **5.** Intonati'on f, Tonfall m; **'mod·u·la·tor** [-tə] s. **1.** Regler m; ♮ Modu'lator m: ~ **of tonality** Film: Tonblende f; **2.** ♪ die Tonverwandtschaft (nach der Tonic-Solfa-Methode) darstellende Skala; **'mod·ule** [-dju:l] s. **1.** Modul m, Model m, Maßeinheit f, Einheits-, Verhältniszahl f; **2.** ⊕ Mo'dul n (austauschbare Funktionseinheit), ♮ a. Baustein m; **3.** ⊕ Baueinheit f: ~ **construction** Baukastensystem n; **4.** Raumfahrt: (Kommando- etc.)Kapsel f; **'mod·u·lus** [-ləs] pl. **-li** [-laɪ] s. ₳, phys. Modul m: ~ **of elasticity** Elastizitätsmodul.

Mo·gul ['məʊɡʌl] s. **1.** Mogul m: the (**Great** od. **Grand**) ~ der Großmogul; **2.** ♀ Am. humor. ,großes Tier', ,Bonze' m, Ma'gnat m.

mo·hair ['məʊheə] s. **1.** Mo'hair m (Angorahaar); **2.** Mo'hairstoff m, -kleidungsstück n.

Mo·ham·med·an [məʊ'hæmɪdən] I adj. mohamme'danisch; II s. Mohamme'daner(in).

moi·e·ty ['mɔɪətɪ] s. **1.** Hälfte f; **2.** Teil m.

moire [mwɑ:] s. Moi're m, n, Wasserglanz m auf Stoffen; **2.** moirierter Stoff; **moi·ré** ['mwɑ:reɪ] I adj. moiriert, gewässert, geflammt, mit Wellenmuster; II s. → **moire** 1.

moist [mɔɪst] adj. □ feucht, naß; **'mois·ten** [-sn] I v/t. an-, befeuchten, benetzen; II v/i. feucht werden; nässen; **'moist·ness** [-nɪs] s. Feuchte f; **'mois·ture** [-tʃə] s. Feuchtigkeit f: ~**proof** feuchtigkeitsfest; **'mois·tur·iz·er** [-tʃəraɪzə] s. **1.** Feuchtigkeitscreme f; **2.** Luftbefeuchter m.

moke [məʊk] s. Brit. sl. Esel m (a. fig.).

mo·lar¹ ['məʊlə] anat. I s. Backenzahn m, Mo'lar m; II adj. Mahl..., Bakken...: ~ **tooth** → I.

mo·lar² ['məʊlə] adj. **1.** phys. Massen...: ~ **motion** Massenbewegung f; **2.** ♠ mo'lar, Mol...: ~ **weight** Mol-, Molargewicht n.

mo·lar³ ['məʊlə] adj. ♠ Molen...

mo·las·ses [məʊ'læsɪz] s. sg. u. pl. **1.** Me'lasse f; **2.** (Zucker)Sirup m.

mold [məʊld] etc. Am. → **mould** etc.

mole¹ [məʊl] s. zo. Maulwurf m (a. F fig. eingeschleuster Agent).

mole² [məʊl] s. (kleines) Muttermal, bsd. Leberfleck m.

mole³ [məʊl] s. Mole f, Hafendamm m.

mole⁴ [məʊl] s. ♠ Mol n, 'Grammole-ˌkül n.

mole⁵ [məʊl] s. ♠ Mole f, Mondkalb n.

'mole·ˌcrick·et s. zo. Maulwurfsgrille f.

mo·lec·u·lar [məʊ'lekjʊlə] adj. ♠, phys. moleku'lar, Molekular...: ~ **biology**; ~ **weight**; **mo·lec·u·lar·i·ty** [məʊˌlekjʊ'lærətɪ] s. ♠, phys. Moleku-'larzustand m; **mol·e·cule** ['mɒlɪkju:l] s. **1.** ♠, phys. Mole'kül n; **2.** fig. winziges Teilchen.

'mole·hill s. Maulwurfshügel m, -haufen m; → **mountain** I; **'~skin** s. **1.** Maulwurfsfell n; **2.** ♥ Moleskin m, n, Englischleder n (Baumwollgewebe); **3.** pl. Hose f aus Moleskin.

mo·lest [məʊ'lest] v/t. belästigen; **mo·les·ta·tion** [ˌməʊle'steɪʃn] s. Belästigung f.

Moll, a. ♀ [mɒl] p. sl. **1.** ,Nutte' f (Prostituierte); **2.** Gangsterbraut f.

mol·li·fi·ca·tion [ˌmɒlɪfɪ'keɪʃn] s. **1.** Besänftigung f; **2.** Erweichung f; **mol·li·fy** ['mɒlɪfaɪ] v/t. **1.** besänftigen, beruhigen, beschwichtigen; **2.** weich machen, erweichen.

mol·lusc ['mɒləsk] → **mollusk**.

mol·lus·can [mɒ'lʌskən] I adj. Weichtier...; II s. → **mol·lusk** ['mɒləsk] s. zo. Mol'luske f, Weichtier n.

mol·ly·cod·dle ['mɒlɪˌkɒdl] I s. Weichling m, Muttersöhnchen n; II v/t. verhätscheln.

molt [məʊlt] Am. → **moult**.

mol·ten ['məʊltən] adj. **1.** geschmolzen, (schmelz)flüssig: ~ **metal** flüssiges Metall; **2.** gegossen, Guß...

mo·lyb·date ['mɒlɪbdeɪt] s. ♠ Molyb'dat n, molyb'dänsaures Salz; **mo'lyb·de·nite** [-dnaɪt] s. min. Molybdä'nit m.

mom [mɒm] s. F bsd. Am. **1.** Mami f; **2.** ,Oma' f (alte Frau); **'~-and-'pop store** s. Am. F Tante-Emma-Laden m.

mo·ment ['məʊmənt] s. **1.** Mo'ment m, Augenblick m: **one** (od. just a) ~! (nur) e-n Augenblick!; **in a** ~ in e-m Augenblick, sofort; **2.** Zeitpunkt m, Augenblick m: ~ **of truth** Stunde f der Wahrheit; **the very** ~ **I saw him** in dem Augenblick, in dem ich ihn sah; **at the** ~ im Augenblick, gerade (jetzt od. damals); **at the last** ~ im letzten Augenblick; **not for the** ~ im Augenblick nicht; **to the** ~ auf die Sekunde genau, pünktlich; **3.** Bedeutung f, Tragweite f, Belang m (to für); **4.** phys. Mo'ment n: ~ **of inertia** Trägheitsmoment; **mo·men·tal** [məʊ'mentl] adj. phys. Momenten...; **'mo·men·tar·y** [-tərɪ] adj. □ **1.** momen'tan, augenblicklich; **2.** vor'übergehend, flüchtig; **3.** jeden Augenblick geschehend od. möglich; **'mo·ment·ly** [-lɪ] adv. **1.** augenblicklich, in e-m Augenblick; **2.** von Se'kunde zu Se'kunde: increasing ~; **3.** e-n Augenblick lang; **mo·men·tous** [məʊ'mentəs] adj. □ bedeutsam, folgenschwer, von großer Tragweite; **mo·men·tous·ness** [məʊ'mentəsnɪs] s. Bedeutsam-, Wichtigkeit f, Tragweite f.

mo·men·tum [məʊ'mentəm] pl. **-ta** [-tə] s. **1.** phys. Im'puls m, Mo'ment n e-r Kraft: ~ **theorem** Momentensatz m; ⊕ Triebkraft f; **3.** allg. Wucht f, Schwung m, Fahrt f: **gather** (od. **gain**) ~ in Fahrt kommen, Stoßkraft gewinnen; **lose** ~ (an) Schwung verlieren.

mon·ad ['mɒnæd] s. **1.** phls. Mo'nade f; **2.** biol. Einzeller m; **3.** ♠ einwertiges Ele'ment od. A'tom; **mo·nad·ic** [mɒ'nædɪk] adj. **1.** mo'nadisch, Mona-

den...; **2.** ♠ eingliedrig, -stellig.

mon·arch ['mɒnək] s. Mon'arch(in), Herrscher(in); **mo·nar·chal** [mɒ'nɑ:kl] adj. □ mon'archisch; **mo·nar·chic** adj., **mo·nar·chi·cal** [mɒ'nɑ:kɪk(l)] adj. □ **1.** mon'archisch; **2.** monar'chistisch; **3.** königlich (a. fig.); **'mon·arch·ism** [-kɪzəm] s. Monar'chismus m; **'mon·arch·ist** [-kɪst] I s. Monar'chist(in); II adj. monar'chistisch; **'mon·arch·y** [-kɪ] s. Monar'chie f.

mon·as·ter·y ['mɒnəstərɪ] s. (Mönchs-) Kloster n; **mo·nas·tic** [mə'næstɪk] adj. (□ ~**ally**) **1.** klösterlich, Kloster...; **2.** mönchisch (a. fig.), Mönchs...: ~ **vows** Mönchsgelübde n; **mo·nas·ti·cism** [mə'næstɪsɪzəm] s. **1.** Mönch(s)tum n; **2.** mönchisches Leben, As'kese f.

mon·a·tom·ic [ˌmɒnə'tɒmɪk] adj. ♠ 'eina,tomig.

Mon·day ['mʌndɪ] s. Montag m: **on** ~ am Montag; **on** ~**s** montags.

mon·e·tar·y ['mʌnɪtərɪ] adj. ♥ **1.** Geld..., geldlich, finanzi'ell; **2.** Währungs...(-einheit, -reform etc.); **3.** Münz...: ~ **standard** Münzfuß m; **'mon·e·tize** [-taɪz] v/t. **1.** zu Münzen prägen; **2.** zum gesetzlichen Zahlungsmittel machen; **3.** den Münzfuß (gen.) festsetzen.

mon·ey ['mʌnɪ] s. ♥ **1.** Geld n; Geldbetrag m, -summe f: ~ **on** (od. **at**) **call** Tagesgeld; **be out of** ~ kein Geld haben; **short of** ~ knapp an Geld, ,schlecht bei Kasse'; ~ **due** ausstehendes Geld; ~ **on account** Guthaben n; ~ **on hand** verfügbares Geld; **get one's** ~**'s worth** et. (Vollwertiges) für sein Geld bekommen; **2.** Geld n, Vermögen n: **make** ~ Geld machen, gut verdienen (**by** bei); **marry** ~ sich reich verheiraten; **have** ~ **to burn** Geld wie Heu haben; **3.** Geldsorte f; **4.** Zahlungsmittel n; **5.** **monies** pl. ♣ Gelder pl., (Geld-) Beträge pl.; **'~box** s. Sparbüchse f; **~ bro·ker** s. Fi'nanzmakler m; **'~ˌchang·er** s. **1.** Geldwechsler m; **2.** 'Wechselauto,mat m.

mon·eyed ['mʌnɪd] adj. **1.** reich, vermögend; **2.** Geld...: ~ **corporation** ♥ Am. Geldinstitut n; ~ **interest** Finanzwelt f.

'mon·eyˌgrub·ber [-ˌɡrʌbə] s. Geldraffer m; **'~ˌgrub·bing** [-ˌɡrʌbɪŋ] adj. geldraffend, -gierig; **'~ˌlend·er** s. Geldverleiher m; ~ **let·ter** s. Geld-, Wertbrief m; **'~ˌmak·er** s. **1.** guter Geschäftsmann; **2.** Bombengeschäft m, ,Renner' m, ,Goldgrube' f; **'~ˌmak·ing** I adj. gewinnbringend, einträglich; II s. Geldverdienen n; ~ **mar·ket** s. ♥ Geldmarkt m; ~ **mat·ters** s. pl. Geldangelegenheiten pl.; ~ **or·der** s. **1.** Postanweisung f; **2.** Zahlungsanweisung f; **'~ˌspin·ner** s. → **moneymaker** 2.

mon·ger ['mʌŋɡə] s. (mst in Zssgn) **1.** Händler m, Krämer m: **fish·** Fischhändler; **2.** fig. contp. Verbreiter(in) von Gerüchten etc.; → **scaremonger**, **warmonger** etc.

Mon·gol ['mɒŋɡɒl] s. **1.** Mon'gole m, Mon'golin f; **2.** ling. Mon'golisch n; II adj. **3.** → **Mongolian** I; **Mon·go·li·an** [mɒŋ'ɡəʊljən] I adj. **1.** mon'golisch; **2.**

mongo'lid, gelb (*Rasse*); **3.** → *Mongol-oid* I; II *s.* **4.** → *Mongol* 1; **5.** → *Mongoloid* II; **'Mon·gol·oid** [-lɔɪd] *bsd.* ♂ I *adj.* mongolo'id; II *s.* Mongolo'ide(r *m*) *f.*

mon·goose ['mɒŋguːs] *s. zo.* Mungo *m.*

mon·grel ['mʌŋgrəl] I *s.* **1.** *biol.* Bastard *m*; **2.** Köter *m*, Prome'nadenmischung *f*; **3.** Mischling *m* (*Mensch*); **4.** Zwischending *n*; II *adj.* **5.** Bastard..., Misch...: ~ *race* Mischrasse *f.*

'mongst [mʌŋst] *abbr. für* **among**(**st**).

mon·ick·er ['mɒnɪkə] *s.* → **moniker**.

mon·ies ['mʌnɪz] *s. pl.* → **money** 5.

mon·i·ker ['mɒnɪkə] *s. sl.* (Spitz)Name *m.*

mon·ism ['mɒnɪzəm] *s. phls.* Mo'nismus *m.*

mo·ni·tion [məʊ'nɪʃn] *s.* **1.** (Er)Mahnung *f*; **2.** Warnung *f.*

mon·i·tor ['mɒnɪtə] I *s.* **1.** (Er)Mahner *m*; **2.** Warner *m*; **3.** *ped.* Klassenordner *m*; **4.** ♨ *Art* Panzerschiff *n*; **5.** ♯, *tel.* a) Abhörer(in), b) Abhorchgerät *n*; **6.** ♯ *etc.* Monitor *m*, Kon'trollgerät *n*, -schirm *n*; II *v/t.* **7.** *tel.* ab-, mithören, über'wachen (*a. fig.*); **8.** ♯ Akustik *etc.* durch Abhören kontrollieren; **9.** auf Radioaktivi'tät über'prüfen; **'mon·i·tor·ing** [-tərɪŋ] *adj.* ♯, *tel.* Mithör-, Prüf..., Überwachungs...: ~ *desk* Misch-, Reglerpult *n*; **'mon·i·to·ry** [-tərɪ] *adj.* **1.** (er)mahnend, Mahn...; **2.** warnend, Warnungs...

monk [mʌŋk] *s.* **1.** *eccl.* Mönch *m*; **2.** *zo.* Mönchsaffe *m*; **3.** *typ.* Schmierstelle *f.*

mon·key ['mʌŋkɪ] I *s.* **1.** *zo.* a) Affe *m* (*a. fig. humor.*), b) *engS.* kleinerer (langschwänziger) Affe (*Ggs. ape*); **2.** ✿ a) Ramme *f*, b) Fallhammer *m*; **3.** *Brit. sl.* Wut *f*: *get* (*od. put*) *s.o.'s ~ up* j-n auf die Palme bringen; *get one's ~ up* ,hochgehen', in Wut geraten; **4.** *sl.* 500 Dollar *od. brit.* Pfund; II *v/i.* **5.** Possen treiben; **6.** F (*with*) spielen (mit), her'umpfuschen (an *dat.*): ~ (*about*) (herum)albern; III *v/t.* **7.** nachäffen; **'~bread** *s.* ♀ Affenbrotbaum-Frucht *f*; **~ busi·ness** *s. sl.* **1.** ,krumme Tour', ,fauler Zauber'; **2.** ,Blödsinn' *m*, Unfug *m*; **~ en·gine** *s.* ✿ (Pfahl)Ramme *f*; **'~·jack·et** *s.* ✕ Affenjäckchen *n*; **'~·shine** *s. Am. sl.* (dummer *od.* 'übermütiger) Streich, ,Blödsinn' *m*; **'~-wrench** *s.* ✿ ,Engländer' *m*, Univer'sal(schrauben)schlüssel *m*: *throw a ~ into s.th. Am.* F et. behindern *od.* beeinträchtigen.

monk·ish ['mʌŋkɪʃ] *adj.* **1.** Mönchs...; **2.** *mst contp.* mönchisch, Pfaffen...

mon·o ['mɒnəʊ] F I *s.* Radio *etc*: Mono *n*; II *adj.* mono (abspielbar), Mono...

mono- [mɒnəʊ] *in Zssgn* ein..., einfach...; **mon·o·ac·id** [ˌmɒnəʊ'æsɪd] ♯ I *adj.* einsäurig; II *s.* einbasige Säure; **mon·o·car·pous** [ˌmɒnəʊ'kɑːpəs] ♀ **1.** einfrüchtig (*Blüte*); **2.** nur einmal fruchtend.

mon·o·chro·mat·ic [ˌmɒnəʊkrəʊ'mætɪk] *adj.* (□ *~ally*) monochro'matisch, einfarbig; **mon·o·chrome** ['mɒnəkrəʊm] I *s.* **1.** einfarbiges Gemälde; **2.** Schwarz'weißaufnahme *f*; II *adj.* **3.** mono'chrom.

mon·o·cle ['mɒnəkl] *s.* Mon'okel *n.*

mo·no·coque ['mɒnəkɒk] (*Fr.*) ✈ **1.** Schalenrumpf *m*; **2.** Flugzeug *n* mit

Schalenrumpf: ~ *construction* ⊕ Schalenbau(weise *f*) *m.*

mo·noc·u·lar [mɒ'nɒkjʊlə] *adj.* monoku'lar, für 'ein Auge.

mon·o·cul·ture ['mɒnəʊˌkʌltʃə] *s.* ✓ 'Monokul,tur *f*; **mo·nog·a·mous** [mɒ'nɒgəməs] *adj.* mono'gam(isch); **mo·nog·a·my** [mɒ'nɒgəmɪ] *s.* Monoga'mie *f*, Einehe *f*; **mon·o·gram** ['mɒnəgræm] *s.* Mono'gramm *n*; **mon·o·graph** ['mɒnəgrɑːf] *s.* Monogra'phie *f*; **mon·o·hy·dric** [ˌmɒnəʊ'haɪdrɪk] *adj.* ♯ einwertig: ~ *alcohol*; **mon·o·lith** ['mɒnəʊlɪθ] *s.* Mono'lith *m*; **mon·o·lith·ic** [ˌmɒnəʊ'lɪθɪk] *adj.* mono'lithisch; *fig.* gi'gantisch; **mo·nol·o·gize** [mɒ'nɒlədʒaɪz] *v/i.* monologisieren, ein Selbstgespräch führen; **mon·o·logue** ['mɒnəlɒg] *s.* Mono'log *m*, Selbstgespräch *n*; **mon·o·ma·ni·a** [ˌmɒnəʊ'meɪnjə] *s.* Monoma'nie *f*, fixe I'dee.

mo·no·mi·al [mɒ'nəʊmjəl] *s.* A eingliedrige Zahlengröße.

mon·o·phase ['mɒnəʊfeɪz] *adj.* ♯ einphasig; **mon·o·pho·bi·a** [ˌmɒnəʊ'fəʊbjə] *s.* Monopho'bie *f*; **mon·o·phtong** ['mɒnəfθɒŋ] Mono'phtong *m*, einfacher Selbstlaut; **mon·o·plane** ['mɒnəʊpleɪn] *s.* ✔ Eindecker *m.*

mo·nop·o·list [mə'nɒpəlɪst] *s.* ♣ Monopo'list *m*; Mono'polbesitzer(in); **mo·nop·o·lize** [-laɪz] *v/t.* monopolisieren: a) ✝ ein Mono'pol erringen *od.* haben für, b) *fig.* an sich reißen: ~ *the conversation* die Unterhaltung ganz allein bestreiten, c) *fig. j-n od. et.* mit Beschlag belegen; **mo·nop·o·ly** [-lɪ] *s.* ✝ **1.** Mono'pol(stellung *f*) *n*; **2.** (*of*) Mono'pol *n* (auf *acc.*); All'leinverkaufs-, Al'leinbetriebs-, Al'leinherstellungsrecht *n* (für): *market* ✝ Marktbeherrschung *f*; **3.** *fig.* Mono'pol *n*, al'leiniger Besitz, al'leinige Beherrschung: ~ *of learning* Bildungsmonopol.

mon·o·rail ['mɒnəʊreɪl] *s.* 🚄 **1.** Einschiene *f*; **2.** Einwegbahn *f.*

mon·o·syl·lab·ic [ˌmɒnəʊsɪ'læbɪk] *adj.* (□ *~ally*) *ling. u. fig.* einsilbig; **mon·o·syl·la·ble** ['mɒnəˌsɪləbl] *s.* einsilbiges Wort: *speak in ~s* einsilbige Antworten geben.

mon·o·the·ism ['mɒnəʊθiːˌɪzəm] *s. eccl.* Monothe'ismus *m*; **'mon·o·the·ist** [-ˌɪst] I *s.* Monothe'ist *m*; II *adj.* → **mon·o·the·is·tic, mon·o·the·is·ti·cal** [ˌmɒnəʊθiː'ɪstɪk(l)] *adj.* monothe'istisch.

mon·o·tone ['mɒnətəʊn] *s.* **1.** mono'tones Geräusch, gleichbleibender Ton; eintönige Wieder'holung; **2.** → *monot·ony*; **mo·not·o·nous** [mə'nɒtnəs] *adj.* □ mono'ton, eintönig (*a. fig.*); **mo·not·o·ny** [mə'nɒtnɪ] *s.* Monoto'nie *f*, Eintönigkeit *f*, *fig. a.* Einförmigkeit *f*, (ewiges) Einerlei.

mon·o·type ['mɒnətaɪp] *s.* (*Fabrikmarke*) *s. typ.* **1.** ♀ Monotype *f*; **2.** mit Monotype hergestellte Letter.

mon·o·va·lent ['mɒnəʊˌveɪlənt] *adj.* ♯ einwertig; **mon·ox·ide** [mɒ'nɒksaɪd] *s.* ♯ 'Mono,xyd *n.*

mon·soon [mɒn'suːn] *s.* Mon'sun *m.*

mon·ster ['mɒnstə] I *s.* **1.** *a. fig.* Monster *n*, Ungeheuer *n*, Scheusal *n*; Monstrum *n*: a) 'Mißgeburt *f*, -bildung *f*, b) *fig.* Ungeheuer *n*, Ko'loß *m*; II *adj.*

3. ungeheuer(lich), Riesen..., Monster...: ~ *film* Monsterfilm *m*; ~ *meeting* Massenversammlung *f.*

mon·strance ['mɒnstrəns] *s. eccl.* Mon'stranz *f.*

mon·stros·i·ty [mɒn'strɒsətɪ] *s.* **1.** Ungeheuerlichkeit *f*; **2.** → *monster* 2.

mon·strous ['mɒnstrəs] *adj.* □ **1.** mon'strös: a) ungeheuer, riesig, b) unge'heuerlich, gräßlich, scheußlich, c) 'mißgestaltet, unförmig, ungestalt; **2.** un-, 'widerna,türlich; **3.** ab'surd, lächerlich; **'mon·strous·ness** [-nɪs] *s.* **1.** Unge'heuerlichkeit *f*; **2.** Riesenhaftigkeit *f*; **3.** 'Widerna,türlichkeit *f.*

mon·tage [mɒn'tɑːʒ] *s.* **1.** ('Bild-, 'Foto-) Mon,tage *f*; **2.** Film, Radio etc.: Mon'tage *f.*

month [mʌnθ] *s.* **1.** Monat *m*: *this day ~* heute in *od.* vor e-m Monat; *by the ~* (all)monatlich; *a ~ of Sundays* e-e ewig lange Zeit; **2.** F vier Wochen *od.* 30 Tage; **month·ly** ['mʌnθlɪ] I *s.* **1.** Monatsschrift *f*; **2.** *pl.* → *menses*; II *adj.* **3.** einen Monat dauernd; **4.** monatlich, Monats...: ~ *salary* Monatsgehalt *n*; III *adv.* **5.** monatlich, einmal im Monat, jeden Monat.

mon·ti·cule ['mɒntɪkjuːl] *s.* **1.** (kleiner) Hügel; **2.** Höckerchen *n.*

mon·u·ment ['mɒnjʊmənt] *s.* Monu'ment *n*, (*a.* Grab-, Na'tur- *etc.*)Denkmal *n* (*to für od. gen.*): *a ~ of literature fig.* ein Literaturdenkmal; **mon·u·men·tal** [ˌmɒnjʊ'mentl] *adj.* □ **1.** monu'mental, gewaltig, impo'sant; **2.** F ko'los'sal, ungeheuer: ~ *stupidity*; **3.** Denkmal(s)... (Gedenk...; Grabmal(s)...

moo [muː] I *v/i.* muhen; II *s.* Muhen *n.*

mooch [muːtʃ] *sl.* I *v/i.* **1.** *a.* ~ *about* her'umlungern, -strolchen: ~ *along* dahinlatschen; II *v/t.* **2.** ,klauen', stehlen; **3.** schnorren, erbetteln.

mood¹ [muːd] *s.* **1.** *ling.* Modus *m*, Aussageweise *f*; **2.** ♪ Tonart *f.*

mood² [muːd] *s.* **1.** Stimmung *f* (*a. paint., ♪ etc.*), Laune *f*: *be in the ~ to work* zur Arbeit aufgelegt sein; *be in no ~ for a walk* nicht zu e-m Spaziergang aufgelegt sein, keine Lust haben spazierenzugehen; *change of ~* Stimmungsumschwung *m*; ~ *music* stimmungsvolle Musik; **2.** *paint., phot.* Stimmungsbild *n*; **mood·i·ness** ['muːdɪnɪs] *s.* **1.** Launenhaftigkeit *f*; **2.** Übellaunigkeit *f*; **3.** Trübsinn(igkeit *f*) *m*; **mood·y** ['muːdɪ] *adj.* **1.** □ launisch, launenhaft; **2.** übellaunig, verstimmt; **3.** trübsinnig.

moon [muːn] I *s.* **1.** Mond *m*: *full ~* Vollmond; *new ~* Neumond; *once in a blue ~* F alle Jubeljahre einmal, höchst selten; *be over the ~* F ganz selig sein; *cry for the ~* nach etwas Unmöglichem verlangen; *promise s.o. the ~* j-m das Blaue vom Himmel (herunter) versprechen; *reach for the ~* nach den Sternen greifen; *shoot the ~* F bei Nacht u. Nebel ausziehen (*Mieter*); **2.** *ast.* Tra'bant *m*, Satel'lit *m*: *man-made* (*od. baby*) ~ (Erd)Satellit, ,Sputnik' *m*; **3.** *poet.* Mond *m*, Monat *m*; II *v/i.* **4.** *mst* ~ *about* um'herlungern, -geistern; III *v/t.* **5.** ~ *away* Zeit vertrödeln, verträumen; **'~-beam** *s.* Mondstrahl *m*: **'~-calf** [*irr.*] **1.** ,Mondkalb' *n*, Trottel *m*; **2.**

Träumer *m*; '**~·faced** *adj.* vollmondgesichtig; '**~·light I** *s.* Mondlicht *n*, -schein *m*: ♫ **Sonata** ♪ Mondscheinsonate *f*; **II** *adj.* mondhell, Mondlicht…: **~ flit(ting)** *sl.* heimliches Ausziehen bei Nacht (*wegen Mietschulden*); '**~,light·er** *s.* Schwarzarbeiter *m*; '**~·lit** *adj.* mondhell; **~ rak·er** *s.* ♣ Mondsegel *n*; '**~·rise** *s.* Mondaufgang *m*; '**~·set** *s.* 'Mond,untergang *m*; '**~·shine** *s.* **1.** Mondschein *m*; **2.** *fig.* a) Schwindel *m*, fauler Zauber, b) Unsinn *m*, Geschwafel *n*; **3.** *sl.* geschmuggelter *od.* schwarzgebrannter Alkohol; '**~,shin·er** *s. Am. sl.* Alkoholschmuggler *m*; Schwarzbrenner *m*; '**~·stone** *s. min.* Mondstein *m*; '**~·struck** *adj.* **1.** mondsüchtig; **2.** verrückt.

moon·y ['muːnɪ] *adj.* **1.** (halb)mondförmig; **2.** Mond…; **3.** mondhell, Mondlicht…; **4.** F a) verträumt, dösig, b) beschwipst, c) verrückt.

moor[1] [muə] *s.* **1.** Ödland *n*, *bsd.* Heideland *n*; **2.** Hochmoor *n*; Bergheide *f*.

moor[2] [muə] *v/t.* **1.** ♣ vertäuen, festmachen; *fig.* verankern, sichern; **II** *v/i.* ♣ **2.** festmachen, ein Schiff vertäuen; **3.** sich festmachen; **4.** festgemacht *od.* vertäut liegen.

Moor[3] [muə] *s.* Maure *m*; Mohr *m*.

moor·age ['muərɪdʒ] → **mooring.**

'**moor·fowl**, **~ game** *s.* (schottisches) Moorhuhn; '**~·hen** *s.* **1.** weibliches Moorhuhn; **2.** Gemeines Teichhuhn.

moor·ing ['muərɪŋ] *s.* ♣ **1.** Festmachen *n*; **2.** *mst pl.* Vertäuung *f* (*Schiff*); **3.** *pl.* Liegeplatz *m*; **4.** Anlegegebühr *f*; **~ buoy** *s.* ♣ Festmacheboje *f*; **~ rope** *s.* Halteleine *f*.

Moor·ish ['muərɪʃ] *adj.* maurisch.

'**moor·land** *s.* Heidemoor *n*.

moose [muːs] *pl.* **moose** *s. zo.* Elch *m*.

moot [muːt] **I** *s.* **1.** *hist.* (beratende) Volksversammlung; **2.** ⚖, *univ.* Diskussi'on *f* fik'tiver (Rechts)Fälle; **II** *v/t.* **3.** *Frage* aufwerfen, anschneiden; **4.** erörtern, diskutieren; **III** *adj.* **5.** a) strittig: **~ point**, b) (rein) aka'demisch: **~ question.**

mop[1] [mɒp] **I** *s.* **1.** Mop *m* (*Fransenbesen*); Schrubber *m*; Wischlappen *m*; **2.** (Haar)Wust *m*; **3.** ♣ Dweil *m*; **4.** ⊙ Schwabbelscheibe *f*; **II** *v/t.* **5.** auf-, abwischen: **~ one's face** sich das Gesicht (ab)wischen; → **floor** 1; **6.** **~ up** a) (mit dem Mop) aufwischen; → ✗ *sl.* (*vom Feinde*) säubern, *Wald* durch'kämmen, c) *sl.* Profit *etc.* ,schlucken', d) *sl.* aufräumen mit.

mop[2] [mɒp] **I** *v/i. mst* **~ and mow** Gesichter schneiden; **II** *s.* Gri'masse *f*: **~s and mows** Grimassen.

mope [məup] **I** *v/i.* **1.** den Kopf hängen lassen, Trübsal blasen; **II** *v/t.* **2.** (*nur pass.*) **be ~d** niedergeschlagen sein, ,sich mopsen' (*langweilen*); **III** *s.* **3.** Trübsalbläser(in); **4.** *pl.* Trübsinn *m*.

mo·ped ['məuped] *s. mot. Brit.* Moped *n*.

'**mop·head** *s.* F a) Wuschelkopf *m*, b) Struwwelpeter *m*.

mop·ing ['məupɪŋ] *adj.* □; '**mop·ish** [-ɪʃ] *adj.* □ trübselig, a'pathisch, kopfhängerisch; '**mop·ish·ness** [-ɪʃnɪs] *s.* Lustlosigkeit *f*, Griesgrämigkeit *f*, Trübsinn *m*.

mop·pet ['mɒpɪt] *s.* F Püppchen *n* (a.

---

fig. Kind, Mädchen).

'**mop·ping-up** ['mɒpɪŋ-] *s.* ✗ *sl.* **1.** Aufräumungsarbeit *f*; **2.** Säuberung *f* (*vom Feinde*): **~ operation** Säuberungsaktion *f*.

mo·raine [mɒ'reɪn] *s. geol.* Mo'räne *f*.

mor·al ['mɒrəl] **I** *adj.* □ **1.** *allg.* mo'ralisch: a) sittlich: **~ force**; **~ sense** sittliches Empfinden, b) geistig: **~ obligation** moralische Verpflichtung; **~ support** moralische Unterstützung; **~ victory** moralischer Sieg, c) vernunftgemäß: **~ certainty** moralische Gewißheit, d) Moral…, Sitten…: **~ law** Sittengesetz *n*; **~ theology** Moraltheologie *f*, e) sittenstreng, tugendhaft: **a ~ life**; **2.** (sittlich) gut: **a ~ act**; **3.** cha'rakterlich: **~ly firm** innerlich gefestigt; **II** *s.* **4.** Mo'ral *f*, Nutzanwendung *f* (*e-r Geschichte etc.*): **draw the ~ from** die Lehre ziehen aus; **5.** mo'ralischer Grundsatz: **point the ~** den sittlichen Standpunkt betonen; **6.** *pl.* Mo'ral *f*, sittliches Verhalten, Sitten *pl.*: **code of ~s** Sittenkodex *m*; **7.** *pl. sg. konstr.* Sittenlehre *f*, Ethik *f*.

mo·rale [mɒ'rɑːl] *s.* Mo'ral *f*, Haltung *f*, Stimmung *f*, (Arbeits-, Kampf)Geist *m*: **the ~ of the army** der Kampfmoral *od.* Stimmung der Armee; **raise** (**lower**) **the ~** die Moral heben (senken).

mor·al| **fac·ul·ty** *s.* Sittlichkeitsgefühl *n*; **~ haz·ard** *s. Versicherungswesen*: subjek'tives Risiko, Risiko *n* falscher Angaben des Versicherten; **~ in·san·i·ty** *s. psych.* mo'ralischer De'fekt.

mor·al·ist ['mɒrəlɪst] *s.* **1.** Mora'list *m*, Sittenlehrer *m*; **2.** Ethiker *m*.

mo·ral·i·ty [mə'rælətɪ] *s.* **1.** Mo'ral *f*, Sittlichkeit *f*, Tugend(haftigkeit) *f*; **2.** Morali'tät *f*, sittliche Gesinnung; **3.** Ethik *f*, Sittenlehre *f*; **4.** *pl.* mo'ralische Grundsätze *pl.*, Ethik *f* (*e-r Person*); **5.** *contp.* Mo'ralgepredT *f*; **6.** → **~ play** *s. hist. thea.* Morali'tät *f*.

mor·al·ize ['mɒrəlaɪz] **I** *v/i.* **1.** moralisieren (**on** über *acc.*); **II** *v/t.* **2.** mo'ralisch auslegen; **3.** versittlichen, die Mo'ral (*gen.*) heben; '**mor·al·iz·er** [-zə] *s.* Sittenprediger(in).

mor·al| **phi·los·o·phy**, **~ sci·ence** *s.* Mo'ralphiloso,phie *f*, Ethik *f*.

mo·rass [mə'ræs] *s.* **1.** Mo'rast *m*, Sumpf (-land *n*) *m*; **2.** *fig.* a) Wirrnis *f*, b) Klemme *f*, schwierige Lage.

mor·a·to·ri·um [,mɒrə'tɔːrɪəm] *pl.* **-ri·ums**, ✝ **Mora'torium** *n*, Zahlungsaufschub *m*, Stillhalteabkommen *n*, Stundung *f*; **mor·a·to·ry** ['mɒrətərɪ] *adj.* Moratoriums…, Stundungs…

Mo·ra·vi·an [mə'reɪvjən] **I** *s.* **1.** Mähre *m*, Mährin *f*; **2.** *ling.* Mährisch *n*; **II** *adj.* **3.** mährisch: **~ Brethren** *eccl.* die Herrnhuter Brüdergemein(d)e.

mor·bid ['mɔːbɪd] *adj.* □ mor'bid, krankhaft, patho'logisch: **~ anatomy** ⚕ pathologische Anatomie; **mor·bid·i·ty** [mɔː'bɪdətɪ] *s.* **1.** Krankhaftigkeit *f*; **2.** Erkrankungsziffer *f*.

mor·dan·cy ['mɔːdənsɪ] *s.* Bissigkeit *f*, beißende Schärfe; '**mor·dant** [-dənt] **I** *adj.* □ **1.** beißend: a) brennend (*Schmerz*), b) *fig.* scharf, sar'kastisch (*Worte etc.*); **2.** ⊙ ⚙ a) beizend, ätzend, b) *Farben* fixierend; **II** *s.* ⊙ ⚙ a) Ätzwasser *n*, b) (*bsd. Färberei*) Beize *f*.

more [mɔː] **I** *adj.* **1.** mehr: (**no**) **~ than**

(nicht) mehr als; **they are ~ than we** sie sind zahlreicher als wir; **2.** mehr, noch (mehr), weiter: **some ~ tea** noch etwas Tee; **one ~ day** noch ein(en) Tag; **so much the ~ courage** um so mehr Mut; **he is no ~** er ist nicht mehr (*ist tot*); **3.** größer (*obs. außer in*): **the ~ fool** der größere Tor; **the ~ part** der größere Teil; **II** *adv.* **4.** mehr: **~ dead than alive** mehr *od.* eher tot als lebendig; **~ and ~** immer mehr; **~ and ~ difficult** immer schwieriger; **~ or less** mehr oder weniger, ungefähr; **the ~** um so mehr; **the ~ so because** um so mehr, da; **all the ~ so** nur um so mehr; **no** (*od.* **not any**) **~ than** ebensowenig wie; **neither** (*od.* **no**) **~ nor less than stupid** nicht mehr u. nicht weniger als dumm; **5.** (*zur Bildung des comp.*): **~ important** wichtiger; **~ often** öfter; **6.** noch: **once ~** noch einmal; **two hours ~** noch zwei Stunden; **7.** noch mehr, ja so'gar: **it is wrong and, ~, it is foolish**; **III** *s.* **8.** Mehr *n* (**of** an *dat.*); **9.** mehr: **~ than one person has seen it** mehr als einer hat es gesehen; **we shall see ~ of him** wir werden ihn noch öfter sehen; **and what is ~** und was noch wichtiger ist; **no ~** nicht(s) mehr.

mo·rel [mɒ'rel] *s.* ♀ **1.** Morchel *f*; **2.** Nachtschatten *m*; **3.** → **mo·rel·lo** [mə'reləu] *pl.* **-los** *s.* ♀ Mo'relle *f*, Schwarze Sauerweichsel.

more·o·ver [mɔː'rəuvə] *adv.* außerdem, über'dies, ferner, weiter.

mo·res ['mɔːriːz] *s. pl.* Sitten *pl.*

mor·ga·nat·ic [,mɔːgə'nætɪk] *adj.* (□ **~ally**) morga'natisch.

morgue [mɔːg] *s.* **1.** Leichenschauhaus *n*; **2.** F Ar'chiv *n* (*e-s Zeitungsverlages etc.*).

mor·i·bund ['mɒrɪbʌnd] *adj.* **1.** sterbend, dem Tode geweiht; **2.** *fig.* zum Aussterben *od.* Scheitern verurteilt.

Mor·mon ['mɔːmən] *eccl.* **I** *s.* Mor'mone *m*, Mor'monin *f*; **II** *adj.* mor'monisch: **~ Church** mormonische Kirche, Kirche Jesu Christi der Heiligen der letzten Tage; **~ State** Beiname *für* Utah *n* (*USA*).

morn [mɔːn] *s. poet.* Morgen *m*.

morn·ing ['mɔːnɪŋ] *s.* **1.** a) Morgen *m*, b) Vormittag *m*: **in the ~** morgens, am Morgen, vormittags; **early in the ~** frühmorgens, früh am Morgen; **on the ~ of May 5** am Morgen des 5. Mai; **one** (**fine**) **~** eines (schönen) Morgens; **this ~** heute früh; **the ~ after** am Morgen darauf, am darauffolgenden Morgen; **good ~!** guten Morgen!; **~!** F ('n) Morgen!; **2.** *fig.* Morgen *m*, Beginn *m*; **3.** *poet.* a) Morgendämmerung *f*, b) ♀ Au'rora *f*; **II** *adj.* **4.** a) Morgen…, Vormittags…, b) Früh…; **~ call** *s.* Weckdienst *m* (*im Hotel etc.*); **~ coat** *s.* Cut(away) *m*; **~ dress** *s.* **1.** Hauskleid *n*; **2.** Besuchs-, Konfe'renzanzug *m*, ,Stresemann' *m* (*schwarzer Rock mit gestreifter Hose*); **~ gift** *s.* ⚖ *hist.* Morgengabe *f*; **~ glo·ry** *s.* ♀ Winde *f*; **~ gown** *s.* Morgenrock *m*; Hauskleid *n* (*der Frau*); **~ per·form·ance** *s. thea.* Frühvorstellung *f*, Mati'nee *f*; **~ prayer** *s. eccl.* **1.** Morgengebet *n*; **2.** Frühgottesdienst *m*; **~ sick·ness** *s.* ⚕ morgendliches Erbrechen (*bei Schwangeren*); **~ star** *s.* **1.** *ast.*, *a.* ✗ *hist.* Morgenstern *m*; **2.** ♀ Men'tzelie *f.*

Mo·roc·can [məˈrɒkən] **I** *adj.* marokˈkanisch; **II** *s.* Marokˈkaner(in).

mo·roc·co [məˈrɒkəʊ] *pl.* **-cos** [-z] *s. a.* ~ **leather** Saffian(leder *n*) *m.*

mo·ron [ˈmɔːrɒn] *s.* **1.** Schwachsinnige(r *m*) *f*; **2.** F Trottel *m*, Idiˈot *m*; **mo·ron·ic** [məˈrɒnɪk] *adj.* schwachsinnig.

mo·rose [məˈrəʊs] *adj.* □ mürrisch, grämlich, verdrießlich; **mo'rose·ness** [-nɪs] *s.* Verdrießlichkeit *f.*

mor·pheme [ˈmɔːfiːm] *s. ling.* Morˈphem *n.*

mor·phi·a [ˈmɔːfjə], **'mor·phine** [-fiːn] *s.* ♋ Morphium *n*; **'mor·phin·ism** [-fɪnɪzəm] *s.* **1.** Morphiˈnismus *m*, Morphiumsucht *f*; **2.** Morphiumvergiftung *f*; **'mor·phin·ist** [-fɪnɪst] *s.* Morphiˈnist(in).

morpho- [mɔːfəʊ] *in Zssgn* Form..., Gestalt..., Morpho...

mor·pho·log·ic [ˌmɔːfəˈlɒdʒɪk(l)] *adj.* □ morphoˈlogisch, Form...: ~ **element** Formelement *n*; **mor·phol·o·gy** [mɔːˈfɒlədʒɪ] *s.* Morpholoˈgie *f.*

mor·ris [ˈmɒrɪs] *s. a.* ~ **dance** Moˈriskentanz *m*; ~ **tube** *s.* Einstecklauf *m* (*für Gewehre*).

mor·row [ˈmɒrəʊ] *s. mst poet.* morgiger *od.* folgender Tag: **the ~ of** a) der Tag nach, b) *fig.* die Zeit unmittelbar nach.

Morse¹ [mɔːs] **I** *adj.* Morse...: ~ **code** Morsealphabet *n*; **II** *v/t. u. v/i.* ☎ morsen.

morse² [mɔːs] *s.* → **walrus**.

mor·sel [ˈmɔːsl] **I** *s.* **1.** Bissen *m*, Happen *m*; **2.** Stückchen *n*, *das* bißchen; **3.** Leckerbissen *m*; **II** *v/t.* **4.** in kleine Stückchen teilen, in kleinen Portiˈonen austeilen.

mort¹ [mɔːt] *s. hunt.* (ˈHirsch)Totsiˌgnal *n.*

mort² [mɔːt] *s. ichth.* dreijähriger Lachs.

mor·tal [ˈmɔːtl] **I** *adj.* □ **1.** sterblich; **2.** tödlich: a) verderblich, todbringend (**to** für): ~ **wound**, b) erbittert: ~ **battle**; ~ **hatred** tödlicher Haß; **3.** Tod(es)...: ~ **agony** Todeskampf *m*; ~ **enemies** Todfeinde; ~ **fear** Todesangst *f*; ~ **hour** Todesstunde *f*; ~ **sin** Todsünde *f*; **4.** menschlich, irdisch, Menschen...: ~ **life** irdisches Leben, Vergänglichkeit *f*; **by no ~ means** F auf keine menschenmögliche Art; **of no ~ use** F absolut zwecklos; **every ~ thing** F alles menschenmögliche; **5.** F Mords-..., ˌmordsˈmäßig': **I'm in a ~ hurry** ich hab's furchtbar eilig; **6.** ewig, sterbenslangweilig: **three ~ hours** drei endlose Stunden; **II** *s.* **7.** Sterbliche(r *m*) *f*; **mor·tal·i·ty** [mɔːˈtælətɪ] *s.* **1.** Sterblichkeit *f*; **2.** die (sterbliche) Menschheit; **3.** *a.* ~ **rate** *a* Sterblichkeit(sziffer) *f*, b) ☺ Verschleiß(quote *f*) *m.*

mor·tar¹ [ˈmɔːtə] **I** *s.* **1.** ♋ Mörser *m*; **2.** *metall.* Pochladen *m*; **3.** ⚔ a) Mörser *m* (*Geschütz*), b) Graˈnatwerfer *m*: ~ **shell** Werfergranate *f*; **4.** (Feuerwerks-)Böller *m*; **II** *v/t.* **5.** ⚔ mit Mörsern beschießen, mit Graˈnatwerferfeuer belegen.

mor·tar² [ˈmɔːtə] *s.* △ Mörtel *m.*

'mor·tar·board *s.* **1.** △ Mörtelbrett *n*; **2.** *univ.* quaˈdratisches Baˈrett.

mort·gage [ˈmɔːɡɪdʒ] ⚖ **I** *s.* **1.** Verpfändung *f*; Pfandgut *n*: **give in ~** verpfän-

---

den; **2.** Pfandbrief *m*; **3.** Hypoˈthek *f*: **by ~** hypothekarisch; **lend on ~** auf Hypoˈthek (ver)leihen; **raise a ~** e-e Hypoˈthek aufnehmen (**on** auf *acc.*); **4.** Hypoˈthekenbrief *m*; **II** *v/t.* **5.** (*a. fig.*) verpfänden (**to** an *acc.*); **6.** hypotheˈkarisch belasten, e-e Hypoˈthek aufnehmen auf (*acc.*); ~ **bond** *s.* Hypoˈthekenpfandbrief *m*; ~ **deed** *s.* **1.** Pfandbrief *m*; **2.** Hypoˈthekenbrief *m.*

mort·ga·gee [ˌmɔːɡəˈdʒiː] *s.* ⚖ Hypotheˈkar *m*, Pfand- *od.* Hypoˈthekengläubiger *m*; **'mort·ga·gor** [-ˈdʒɔː] *s.* Pfand- *od.* Hypoˈthekenschuldner *m.*

mor·ti·cian [mɔːˈtɪʃən] *s. Am.* Leichenbestatter *m.*

mor·ti·fi·ca·tion [ˌmɔːtɪfɪˈkeɪʃn] *s.* **1.** Demütigung *f*, Kränkung *f*; **2.** Ärger *m*, Verdruß *m*; **3.** Kaˈsteiung *f*; Abtötung *f* (*Leidenschaften*); **4.** ♐ (kalter) Brand, Neˈkrose *f*; **mor·ti·fy** [ˈmɔːtɪfaɪ] **I** *v/t.* **1.** demütigen, kränken; **2.** *Gefühle* verletzen; **3.** *Körper*, *Fleisch* kaˈsteien; *Leidenschaften* abtöten; **4.** ♐ brandig machen, absterben lassen; **II** *v/i.* **5.** ♐ brandig werden, absterben.

mor·tise [ˈmɔːtɪs] ☺ **I** *s.* a) Zapfenloch *n*, b) Stemmloch *n*, c) (Keil)Nut *f*, d) Falz *m*, Fuge *f*; **II** *v/t.* a) verzapfen, b) einstemmen, c) einzapfen (**into** *acc.*); ~ **chis·el** *s.* Lochbeitel *m*; ~ **ga(u)ge** *s* Zapfenstreichmaß *n*; ~ **joint** *s.* Verzapfung *f*; ~ **lock** *s.* (Ein-)Steckschloß *n.*

mort·main [ˈmɔːtmeɪn] *s.* ⚖ unveräußerlicher Besitz, Besitztum *m* der Toten Hand: **in ~** unveräußerlich.

mor·tu·ar·y [ˈmɔːtjʊərɪ] **I** *s.* Leichenhalle *f*; **II** *adj.* Leichen..., Begräbnis...

mo·sa·ic¹ [məˈzeɪɪk] **I** *s.* **1.** Mosaˈik *n* (*a. fig.*); **2.** (ˈLuftbild)Mosaˌik *n*, Reihenbild *n*; **II** *adj.* **3.** Mosaik...; mosaˈikartig.

Mo·sa·ic² *adj.*, **Mo·sa·i·cal** [məʊˈzeɪɪk(l)] *adj.* moˈsaisch.

Mo·selle [məʊˈzel] *s.* Mosel(wein) *m.*

mo·sey [ˈməʊzɪ] *v/i. Am. sl.* **1.** *a.* ~ **along** daˈhinlatschen; **2.** ˌabhauen'.

Mos·lem [ˈmɒzlem] **I** *s.* Moslem *m*; **II** *adj.* mosˈlemisch, mohammeˈdanisch.

mosque [mɒsk] *s.* Moˈschee *f.*

mos·qui·to [məˈskiːtəʊ] *s.* **1.** *pl.* **-toes** *zo.* Stechmücke *f*, *bsd.* Mosˈkito *m*; **2.** *pl.* **-toes** *od.* **-tos** ✈ Mosˈkito *m* (*brit. Bomber*); ~ **boat**, ~ **craft** *s.* Schnellboot *n*; ~ **net** *s.* Mosˈkitonetz *n*; ☎ **State** *s. Am.* (Beiname für) New Jersey *n* (*USA*).

moss [mɒs] *s.* **1.** ♀ Moos *n*; **2.** (Torf-)Moor *m*; ~ **-grown** *adj.* **1.** moosbewachsen, bemoost; **2.** *fig.* altmodisch, überˈholt.

moss·i·ness [ˈmɒsɪnɪs] *s.* **1.** ˈMoosˌüberzug *m*; **2.** Moosartigkeit *f*, Weichheit *f*; **moss·y** [ˈmɒsɪ] *adj.* **1.** moosig, bemoost; **2.** moosartig; **3.** Moos...: ~ **green** Moosgrün *n.*

most [məʊst] **I** *adj.* □ → **mostly**; **1.** meist, größt; höchst, äußerst; **the ~ fear** die meiste *od.* größte Angst; **for the ~ part** größten-, meistenteils; **2.** (*vor e-m Substantiv im pl.*) die meisten: ~ **people** die meisten Leute; **II** *s.* **3.** *das* meiste, *das* Höchste, *das* Äußerste: **at (the)** ~ höchstens, bestenfalls; **make the ~ of** nach Kräften ausnützen, (noch) das Beste aus *et.* herausholen; **4.**

---

das meiste, der größte Teil: **he spent ~ of his time there** er verbrachte die meiste Zeit dort; **5.** die meisten: **better than ~** besser als die meisten; ~ **of my friends** die meisten m-r Freunde; **III** *adv.* **6.** am meisten: ~ **of all** am allermeisten; **7.** *zur Bildung des Superlativs*: **the ~ important point** der wichtigste Punkt; **8.** *vor adj.* höchst, äußerst, 'überaus: **it's ~ kind of you.**

-most [məʊst] *in Zssgn Bezeichnung des sup.*: **in~**, **top~** *etc.*

'most·fa·vo(u)red-'na·tion clause *s. pol.* Meistbegünstigungsklausel *f.*

most·ly [ˈməʊstlɪ] *adv.* **1.** größtenteils, im wesentlichen, in der Hauptsache; **2.** hauptsächlich.

mote [məʊt] *s.* (Sonnen)Stäubchen *n*: **the ~ in another's eye** *bibl.* der Splitter im Auge des anderen.

mo·tel [məʊˈtel] *s.* Moˈtel *n.*

mo·tet [məʊˈtet] *s.* ♪ Moˈtette *f.*

moth [mɒθ] *s.* **1.** *pl.* **moths** *zo.* Nachtfalter *m*; **2.** *pl.* **moths** *od. coll.* **moth** (Kleider)Motte *f*; ~ **ball** *s.* Mottenkugel *f*: **put in ~s** → **II** *v/t. Kleidung etc. Maschinen etc.* einmotten; *fig. Plan etc.* ˌauf Eis legen'; ~ **-eat·en** *adj.* **1.** von Motten zerfressen; **2.** *fig.* veraltet, antiˈquiert.

moth·er¹ [ˈmʌðə] **I** *s.* **1.** Mutter *f* (*a. fig.*); **II** *adj.* **2.** Mutter...: ⚥'s **Day** Muttertag *m*; **III** *v/t.* **3.** (*mst fig*) gebären, her'vorbringen; **4.** bemuttern; **5.** ~ **a novel on s.o.** j-m e-n Roman zuschreiben.

moth·er² [ˈmʌðə] **I** *s.* **1.** Essigmutter *f*; **II** *v/i.* Essigmutter ansetzen.

Moth·er Car·ey's chick·en [ˈkeərɪz] *s. orn.* Sturmschwalbe *f.*

moth·er cell *s. biol.* Mutterzelle *f*; ~ **church** *s.* **1.** Mutterkirche *f*; **2.** Hauptkirche *f*; ~ **coun·try** *s.* **1.** Mutterland *n*; **2.** Vater-, Heimatland *n*; ~ **earth** *s.* Mutter *f* Erde; ~ **fix·a·tion** *s. psych.* Mutterfixierung *f*, -bindung *f*; **'~·fuck·er** *s. fig.* V ˌScheißkerl' *m.*

moth·er·hood [ˈmʌðəhʊd] *s.* **1.** Mutterschaft *f*; **2.** *coll.* die Mütter *pl.*

'moth·er-in-law [-ðərɪn-] *pl.* **'moth·ers-in-law** [-ðəzɪn-] *s.* Schwiegermutter *f.*

'moth·er·land → **mother country**.

moth·er·less [ˈmʌðəlɪs] *adj.* mutterlos.

'moth·er·li·ness [ˈmʌðəlɪnɪs] *s.* Mütterlichkeit *f.*

moth·er liq·uor *s.* ♋ Mutterlauge *f*; ~ **lode** *s.* ⚒ Hauptader *f.*

moth·er·ly [ˈmʌðəlɪ] *adj. u. adv.* mütterlich.

moth·er of pearl *s.* Perlˈmutter *f*, Perlˈmutt *n*; **~-of-'pearl** [-ðərəvˈp-] *adj.* perlˈmuttern, Perlmutt...

moth·er ship *s.* ♣ *Brit.* Mutterschiff *n*; ~ **su·pe·ri·or** *s. eccl.* Oberin *f*, Äbˈtissin *f*; **'~-tie** *s. psych.* Mutterbindung *f*; ~ **tongue** *s.* Muttersprache *f*; ~ **wit** *s.* Mutterwitz *m.*

moth·er·y [ˈmʌðərɪ] *adj.* hefig, trübe.

moth·y [ˈmɒθɪ] *adj.* **1.** voller Motten; **2.** mottenzerfressen.

mo·tif [məʊˈtiːf] *s.* **1.** ♪ (ˈLeit)Moˌtiv *n*; **2.** *paint. etc.*, *Literatur*: Moˈtiv *n*, Vorwurf *m*; **3.** *fig.* Leitgedanke *m.*

mo·tile [ˈməʊtaɪl] *adj. biol.* freibeweglich; **mo·til·i·ty** [məʊˈtɪlətɪ] *s.* selbständiges Bewegungsvermögen.

mo·tion [ˈməʊʃn] **I** *s.* **1.** Bewegung *f* (*a.*

phys., ♮, ♩): **go through the ~s of doing s.th.** *fig.* et. mechanisch *od.* pro forma tun; **2.** Gang *m* (*a.* ☺): **set in ~** in Gang bringen, in Bewegung setzen; → **idle** 3; **3.** (Körper-, Hand)Bewegung *f*, Wink *m*: **~ of the head** Zeichen *n* mit dem Kopf; **4.** Antrieb *m*: **of one's own ~** aus eigenem Antrieb, *a.* freiwillig; **5.** *pl.* Schritte *pl.*, Handlungen *pl.*: **watch s.o.'s ~s; 6.** ♺, *parl. etc.* Antrag *m*: **carry a ~** e-n Antrag durchbringen; **~ of no confidence** Mißtrauensantrag *m*; **7.** *physiol.* Stuhlgang *m*; **II** *v/i.* **8.** winken (**with** mit, **to** *dat.*); **III** *v/t.* **9.** *j-m* (zu)winken, *j-n* durch e-n Wink auffordern (**to do** zu tun), *j-n* wohin winken; **'mo·tion·less** [-lɪs] *adj.* bewegungslos, regungslos, unbeweglich.

mo·tion| pic·ture *s.* Film *m*; **'~-,pic·ture** *adj.* Film...: **~ camera; ~ projec·tor** Filmprojektor *m*; **~ stud·y** *s.* Bewegungs-, Rationalisierungsstudie *f*; **~ ther·a·py** *s.* ✵ Be'wegungsthera,pie *f*.
mo·ti·vate ['məʊtɪveɪt] *v/t.* **1.** motivieren: a) *et.* begründen, b) *j-n* anregen, anspornen; **2.** *et.* anregen, her'vorrufen; **mo·ti·va·tion** [,məʊtɪ'veɪʃn] *s.* **1.** Motivierung *f*: a) Begründung *f*, b) Motivati'on *f*, Ansporn *m*, Antrieb *m*: **~ research** Motivforschung *f*; **2.** Anregung *f*.
mo·tive ['məʊtɪv] **I** *s.* **1.** Mo'tiv *n*, Beweggrund *m*, Antrieb *m* (**for** zu); **2.** → **motif** 1 *u.* 2; **II** *adj.* **3.** bewegend, treibend (*a. fig.*): **~ power** Triebkraft *f*; **III** *v/t.* **4.** *mst pass.* der Beweggrund sein von, veranlassen: **an act ~d by hatred** e-e vom Haß diktierte Tat.
mo·tiv·i·ty [məʊ'tɪvətɪ] *s.* Bewegungsfähigkeit *f*, -kraft *f*.
mot·ley ['mɒtlɪ] **I** *adj.* **1.** bunt (*a. fig. Menge etc.*), scheckig; **II** *s.* **2.** *hist.* Narrenkleid *n*; **3.** Kunterbunt *n*.
mo·tor ['məʊtə] **I** *s.* **1.** ☺ (*bsd.* E'lektro-, Verbrennungs)Motor *m*; **2.** *fig.* treibende Kraft; **3.** *bsd. Brit.* a) Kraftwagen *m*, Auto *n*, b) Motorfahrzeug *n*; **4.** *anat.* a) Muskel *m*, b) mo'torischer Nerv; **II** *adj.* **5.** bewegend, (an)treibend; **6.** Motor...; **7.** Auto...; **8.** *anat.* mo'torisch; **III** *v/i.* **9.** *mot.* fahren; **IV** *v/t.* **10.** in e-m Kraftfahrzeug befördern; **~ ac·ci·dent** *s.* Autounfall *m*; **~ am·bu·lance** *s.* Krankenwagen *m*, Ambu'lanz *f*; **'~-as,sist·ed** *adj.*: **~ bi·cycle** a) Fahrrad *n* mit Hilfsmotor, b) Mofa *n*; **~ bi·cy·cle** → **motorcycle**; **'~-bike** F *für* **motorcycle**; **'~-boat** *s.* Motorboot *n*; **'~-bus** *s.* Autobus *m*; **'~-cade** [-keɪd] *s.* 'Autoko,lonne *f*; **'~-car** *s.* **1.** Kraftwagen *m*, Auto(mo'bil) *n*: **~ industry** Automobilindustrie *f*; **2.** ☷ Triebwagen *m*; **~ car·a·van** *s. Brit.* 'Wohnmo,bil *n*; **~ coach** → **coach** 3; **~ court** → **motel**; **'~-cy·cle I** *s.* Motorrad *n*; **II** *v/i.* a) Motorrad fahren, b) mit dem Motorrad fahren; **'~-cy·clist** *s.* Motorradfahrer(in); **'~-,driv·en** *adj.* mit Motorantrieb, Motor...; **'~-drome** [-drəʊm] *s.* Moto-'drom *n*.
mo·tored ['məʊtəd] *adj.* ☺ **1.** motorisiert, mit e-m Motor *od.* mit Mo'toren (versehen); **2.** ...motorig.
mo·tor| en·gine *s.* 'Kraftma,schine *f*; **~ fit·ter** *s.* Autoschlosser *m*; **~ home** 'Wohnmo,bil *n*.

mo·tor·ing ['məʊtərɪŋ] *s.* Autofahren *n*; Motorsport *m*: **school of ~** Fahrschule *f*; **'mo·tor·ist** [-ɪst] *s.* Kraft-, Autofahrer(in).
mo·tor·i·za·tion [,məʊtəraɪ'zeɪʃn] *s.* Motorisierung *f*; **mo·tor·ize** ['məʊtəraɪz] *v/t.* ☺ *u.* ✕ motorisieren: **~d unit** ✕ (voll)motorisierte Einheit.
mo·tor launch *s.* 'Motorbar,kasse *f*.
mo·tor·less ['məʊtəlɪs] *adj.* motorlos: **~ flight** Segelflug *m*.
mo·tor| lor·ry *s. Brit.* Lastkraftwagen *m*; **'~-man** [-mən] *s.* [*irr.*] Wagenführer *m*; **~ me·chan·ic** *s.* 'Autome,chaniker *m*; **~ nerve** *s. anat.* mo'torischer Nerv, Bewegungsnerv *m*; **~ oil** *s.* Motoröl *n*; **~ pool** *s.* Fahrbereitschaft *f*; **~ road** *s.* Autostraße *f*; **~ scoot·er** *s.* Motorroller *m*; **~ ship** *s.* Motorschiff *n*; **~ show** *s.* Automo'bilausstellung *f*; **~ start·er** *s.* (Motor)Anlasser *m*; **~ tor·pe·do boat** *s.* ♺, ✕ Schnellboot *n*; **~ trac·tor** *s.* Traktor *m*, Schlepper *m*, 'Zugma,schine *f*; **~ truck** *s.* **1.** *bsd. Am.* Lastkraftwagen *m*; **2.** ⚡ E'lektrokarren *m*; **~ van** *s. Brit.* Lieferwagen *m*; **~ ve·hi·cle** *s.* Kraftfahrzeug *n*; **'~-way** *s. Brit.* Autobahn *f*.
mot·tle ['mɒtl] *v/t.* sprenkeln, marmorieren; **'mot·tled** [-ld] *adj.* gesprenkelt, gefleckt, bunt.
mot·to ['mɒtəʊ] *pl.* **-toes, -tos** *s.* Motto *n*, Wahl-, Sinnspruch *m*.
mou·jik ['muːʒɪk] → **muzhik**.
mould¹ [məʊld] **I** *s.* **1.** ☺ (Gieß-, Guß-)Form *f*: **cast in the same ~** *fig.* aus demselben Holz geschnitzt; **2.** (Körper-)Bau *m*, Gestalt *f*, (*äußere*) Form; **3.** Art *f*, Na'tur *f*, Cha'rakter *m*; **4.** ☺ a) Hohlform *f*, b) Preßform *f*, c) Ko'kille *f*, d) Ma'trize *f*, e) ('Form)Mo,dell *n*, f) Gesenk *n*; **5.** ☺ a) 'Gußmateri,al *n*, b) Guß(stück *n*) *m*; **6.** *Schiffbau:* Mall *n*; **7.** ♺ a) Sims *m*, b) Leiste *f*, c) Hohlkehle *f*; **8.** *Küche:* Form *f* (*für Speisen*): **jelly ~** Puddingform *f*; **9.** *geol.* Abdruck *m* (*Versteinerung*); **II** *v/t.* **10.** ☺ gießen; (ab)formen, modellieren, pressen; *Holz* profilieren; ♺ abmallen; **11.** formen (*a. fig. Charakter*), bilden, gestalten (**on** nach dem Muster von); **III** *v/i.* **12.** Gestalt annehmen, sich formen.
mould² [məʊld] **I** *s.* **1.** Schimmel *m*, Moder *m*; **2.** ♣ Schimmelpilz *m*; **II** *v/i.* **3.** schimm(e)lig werden, (ver)schimmeln.
mould³ [məʊld] *s.* **1.** lockere Erde, Gartenerde *f*; **2.** Humus(boden) *m*.
mould·a·ble ['məʊldəbl] *adj.* (ver-)formbar, bildsam: **~ material** ☺ Preßmasse *f*.
mould·er¹ ['məʊldə] *s.* **1.** ☺ Former *m*, Gießer *m*; **2.** *fig.* Gestalter(in).
mould·er² ['məʊldə] *v/i. a.* **~ away** vermodern, (*zu* Staub) zerfallen.
mould·i·ness ['məʊldɪnɪs] *s.* Moder *m*, Schimm(e)ligkeit *f*; (*a. fig.*) Schalheit *f*; *fig. sl.* Fadheit *f*.
mould·ing ['məʊldɪŋ] *s.* **1.** Formen *n*, Formgebung *f*; **2.** Formgieße'rei *f*, -arbeit *f*; Modellieren *n*; **3.** Formstück *n*; Preßteil *m*; **4.** → **mould¹** 7; **~ board** *s.* **1.** Formbrett *n*; **2.** *Küche:* Kuchen-, Nudelbrett *n*; **~ clay** *s.* ☺ Formsand *m*; **~ ma·chine** *s.* **1.** *Holzbearbeitung:* 'Kehl(hobel)ma,schine *f*; **2.** *metall.* 'Formma,schine *f*; **3.** 'Spritzma-

,schine *f* (*für Spritzguß etc.*); **~ press** *s.* Formpresse *f*; **~ sand** *s.* Formsand *m*.
mould·y ['məʊldɪ] *adj.* **1.** schimm(e)lig; **2.** Schimmel..., schimmelartig: **~ fungi** Schimmelpilze; **3.** muffig, schal (*a. fig.*), *sl.* fad.
moult [məʊlt] *zo.* **I** *v/i.* (sich) mausern (*a. fig.*); sich häuten; **II** *v/t.* Federn, *Haut* abwerfen, verlieren; **III** *s.* Mauser(ung) *f*, Häutung *f*.
mound¹ [maʊnd] *s.* **1.** Erdwall *m*, -hügel *m*; **2.** Damm *m*; **3.** *Baseball:* Abwurfstelle *f*.
mound² [maʊnd] *s. hist.* Reichsapfel *m*.
mount¹ [maʊnt] **I** *v/t.* **1.** *Berg, Pferd, Barrikaden etc.*, *fig.* den Thron besteigen; *Treppen* hin'aufsteigen, ersteigen; *Fluß* hin'auffahren; **2.** beritten machen: **~ troops; ~ed police** berittene Polizei; **3.** errichten; *a. Maschine* aufstellen, montieren (*a. phot.*, *TV*); anbringen, einbauen, befestigen; *Papier, Bild* aufkleben, -ziehen; *Edelstein* fassen; *Messer etc.* mit e-m Griff versehen, stielen; ✵ *Versuchsobjekt* präparieren; *Präparat im Mikroskop* fixieren; **4.** zs.-bauen, -stellen, arrangieren; *thea. Stück* inszenieren, *fig. a.* aufziehen; **5.** ✕ a) *Geschütz* in Stellung bringen, b) *Posten* aufstellen; → **guard** 9; **6.** ♺ bewaffnet sein mit, *Geschütz* führen; **II** *v/i.* **7.** (auf-, em'por-, hoch)steigen; **8.** *fig.* (an)wachsen, steigen, sich auftürmen (*bsd. Schulden, Schwierigkeiten etc.*): **~ing suspense** (**debts**) wachsende Spannung (Schulden); **9.** *oft.* **~ up** sich belaufen (**to** auf *acc.*); **III** *s.* **10.** Gestell *n*; ☺ Ständer *m*, Halterung *f*, 'Untersatz *m*; Fassung *f*; (Wechsel)Rahmen *m*, Passepar'tout *n*; 'Aufziehkar,ton *m*; ✕ (Ge'schütz)La,fette *f*; Ob'jektträger *m* (*Mikroskop*); **11.** Pferd *n*, Reittier *n*.
mount² [maʊnt] *s.* **1.** *poet.* a) Berg *m*, b) Hügel *m*; **2.** ♉ (*in Eigennamen*) Berg *m*: **♉ Sinai**, **♉ of Venus** Handlesekunst *f*: Venusberg *m*.
moun·tain ['maʊntɪn] **I** *s.* Berg *m* (*a. fig. von Arbeit etc.*); *pl.* Gebirge *n*: **~ out of a molehill** aus e-r Mücke e-n Elefanten machen; **II** *adj.* Berg..., Gebirgs...: **~ artillery** Gebirgsartillerie *f*; **~ ash** *s.* *e-e* Eberesche *f*; **~ bike** *s.* Mountain bike *n*, Geländefahrrad *n*; **~ chain** *s.* Berg-, Gebirgskette *f*; **~ crys·tal** *s.* 'Bergkri,stall *m*; **~ cock** *s.* Auerhahn *m*.
moun·tained ['maʊntɪnd] *adj.* bergig, gebirgig.
moun·tain·eer [,maʊntɪ'nɪə] **I** *s.* **1.** Bergbewohner(in); **2.** Bergsteiger(in); **II** *v/i.* **3.** bergsteigen; **moun·tain·eer·ing** [-'nɪərɪŋ] **I** *s.* Bergsteigen *n*; **II** *adj.* bergsteigerisch; **moun·tain·ous** ['maʊntɪnəs] *adj.* **1.** bergig, gebirgig; **2.** Berg..., Gebirgs...; **3.** *fig.* riesig, gewaltig.
moun·tain| rail·way *s.* Bergbahn *f*; **~ range** *s.* Gebirgszug *m*, -kette *f*; **~ sick·ness** *s.* ✵ Berg-, Höhenkrankheit *f*; **'~-side** *s.* Berg(ab)hang *m*; **~ slide** *s.* Bergrutsch *m*; **♉ State** *s. e-e* (*Beiname für*) a) Mon'tana *n*, b) West Vir'ginia *n* (*USA*); **~ troops** *s. pl.* Gebirgstruppen *pl.*; **~ wood** *s.* 'Holzas,best *m*.
moun·te·bank ['maʊntɪbæŋk] *s.* **1.** Quacksalber *m*, Marktschreier *m*; **2.** Scharlatan *m*.

mount·ing ['maʊntɪŋ] *s.* **1.** ⊙ a) Einbau *m*, Aufstellung *f*, Mon'tage *f* (*a. phot.*, *TV etc.*), b) Gestell *n*, Rahmen *m*, c) Befestigung *f*, Aufhängung *f*, d) (Auf-)Lagerung *f*, e) Arma'tur *f*, f) (Ein)Fassung *f* (*Edelstein*), g) Ausstattung *f*, h) *pl.* Fenster-, Türbeschläge *pl.*, i) *pl.* Gewirre *n* (*an Türschlössern*), j) (*Weberei*) Geschirr *n*, Zeug *n*; **2.** ⚡ (Ver-)Schaltung *f*, Installati'on *f*; ~ **brack·et** *s.* Befestigungsschelle *f*.

mourn [mɔːn] **I** *v/i.* **1.** trauern, klagen (*at, over* über *acc.*; *for, over* um); **2.** Trauer(kleidung) tragen, trauern; **II** *v/t.* **3.** *j-n* betrauern, *a. et.* beklagen, trauern um *j-n*; '**mourn·er** [-nə] *s.* Trauernde(r *m*) *f*, Leidtragende(r *m*) *f*; '**mourn·ful** [-fʊl] *adj.* □ trauervoll, traurig, düster, Trauer...

mourn·ing ['mɔːnɪŋ] **I** *s.* **1.** Trauer(n *n*) *f*; *national* ~ Staatstrauer *f*; **2.** Trauer(-kleidung) *f*: *in* ~ in Trauer; *go into* (*out of*) ~ Trauer anlegen (die Trauer ablegen); **II** *adj.* □ **3.** trauernd; *a.* Trauer...: ~ *band* Trauerband *n*, -flor *m*; ~ *bor·der*, ~ *edge* *s.* Trauerrand *m*; ~ **pa·per** *s.* Pa'pier *n* mit Trauerrand.

mouse [maʊs] **I** *pl.* **mice** [maɪs] *s.* **1.** *zo., a. Computer:* Maus *f*; ~ *trap* Mausefalle *f* (*a. fig.*); **2.** ⊙ Zugleine *f* mit Gewicht; **3.** F Feigling *m*; **4.** *sl.* ‚blaues Auge‘, ‚Veilchen‘ *n*; **II** *v/i.* [maʊz] **5.** mausen, Mäuse fangen; '~**col·o(u)red** *adj.* mausfarbig, -grau.

mousse [muːs] *s.* Schaumspeise *f*.

mous·tache [mə'stɑː∫] *s.* Schnurrbart *m* (*a. zo.*).

mous·y ['maʊsɪ] *adj.* **1.** von Mäusen heimgesucht; **2.** mausartig; mausgrau; **3.** *fig.* grau, trüb; **4.** *fig.* leise; furchtsam; farblos; unscheinbar.

mouth [maʊθ] **I** *pl.* **mouths** [maʊðz] *s.* **1.** Mund *m*: *give* ~ Laut geben, anschlagen (*Hund*); *by word* (*od.* *way*) *of* ~ mündlich; *keep one's* ~ *shut* F den Mund halten; *shut s.o.'s* ~ j-m den Mund stopfen; *stop s.o.'s* ~ j-m (durch Bestechung) den Mund stopfen; *down in the* ~ F niedergeschlagen, bedrückt; → *wrong* 2; **2.** Maul *n*, Schnauze *f*, Rachen *m* (*Tier*); **3.** Mündung *f* (*Fluß, Kanone etc.*); Öffnung *f* (*Flasche, Sack*); Ein-, Ausgang *m* (*Höhle, Röhre etc.*); Ein-, Ausfahrt *f* (*Hafen etc.*); ♪ → *mouthpiece* 1; **4.** ⊙ a) Mundloch *n*, b) Schnauze *f*, c) Öffnung *f*, d) Gichtöffnung *f* (*Hochofen*), e) Abstichloch *n* (*Hoch-, Schmelzofen*); **II** *v/t.* [maʊð] **5.** (*bsd.* affek'tiert *od.* gespreizt) (aus-)sprechen; **6.** *Worte* (*unhörbar*) mit den Lippen formen; **7.** in den Mund *od.* ins Maul nehmen; '**mouth·ful** [-fʊl] *pl.* **-fuls** *s.* **1.** *ein* Mundvoll *m*, Brocken *m* (*a. fig. ellenlanges Wort*); **2.** kleine Menge; **3.** *sl.* großes Wort.

'**mouth**|**-,or·gan** *s.* ♪ **1.** 'Mundhar,monika *f*; **2.** Panflöte *f*; '~**piece** *s.* **1.** ⊙ a) Mundstück *n*, Ansatz *m*; **2.** ⊙ a) Schalltrichter *m*, Sprechmuschel *f*, b) Mundstück *n* (*a. e-r Tabakspfeife od. Gasmaske*), Tülle *f*; **3.** *fig.* Sprachrohr *n* (*a. Person*); ☆ *sl.* (Straf)Verteidiger *m*; **4.** Gebiß *n* (*Pferdezaum*); **5.** *Boxen:* Zahnschutz *m*; ,~**-to·**'~ **res·pi·ra·tion** *s.* ⚕ Mund-zu-Mund-Beatmung *f*; '~**wash** *s.* Mundwasser *n*; '~**,wa·ter·ing** *adj.* lecker.

mov·a·bil·i·ty [ˌmuːvə'bɪlətɪ] *s.* Beweglichkeit *f*, Bewegbarkeit *f*.

mov·a·ble ['muːvəbl] **I** *adj.* □ **1.** beweglich (*a.* ⊙; *a.* ☆☆ *Eigentum, Feiertag*), bewegbar: ~ *goods* → 5; **2.** a) verschiebbar, verstellbar, b) fahrbar; **3.** A ortsveränderlich; **II** *s.* **4.** *pl.* Möbel *pl.*; **5.** *pl.* ☆☆ Mo'bilien *pl.*, bewegliche Habe; ~ **kid·ney** *s.* ⚕ Wanderniere *f*.

move [muːv] **I** *v/t.* **1.** fortbewegen, -rücken, von der Stelle bewegen, verschieben; ✕ *Einheit* verlegen; ~ *up* a) *Truppen* heranbringen, b) *ped. Brit. Schüler* versetzen; F ~ *it* Tempo!; **2.** entfernen, fortbringen, -schaffen; **3.** bewegen (*a. fig.*), in Bewegung setzen *od.* halten, (an)treiben: ~ *on* vorwärtstreiben; **4.** *fig.* bewegen, rühren, ergreifen: *be* ~*d to tears* zu Tränen gerührt sein; **5.** *j-n* veranlassen, bewegen, hinreißen (*to* zu): ~ *to anger* erzürnen; **6.** *Schach etc.:* e-n Zug machen mit, ziehen; **7.** *et.* beantragen, Antrag stellen auf (*acc.*), vorschlagen: ~ *an amendment parl.* e-n Abänderungsantrag stellen; **8.** *Antrag* stellen, einbringen; **II** *v/i.* **9.** sich bewegen, sich rühren, sich regen; ⊙ laufen, in Gang sein (*Maschine etc.*); **10.** sich fortbewegen, gehen, fahren: ~ *on* weitergehen; ~ *with the times* fig. mit der Zeit gehen; **11.** sich entfernen, abziehen, abmarschieren; *wegen Wohnungswechsels* ('um)ziehen (*to* nach): ~ *in* einziehen; *if* ~*d* falls verzogen; **12.** fortschreiten, weitergehen (*Vorgang*); **13.** verkehren, sich bewegen: ~ *in good society*; **14.** a) vorgehen, Schritte unter'nehmen (*in s.th.* in e-r Sache; *against* gegen), b) *a.* ~ *in* handeln, zupacken, losschlagen: *he* ~*d quickly*; **15.** ~ *for* beantragen, (e-n) Antrag stellen auf (*acc.*); ~ *that* beantragen, daß; **16.** *Schach etc.:* e-n Zug machen, ziehen; **17.** sich entleeren (*Darm*); **18.** ~ *up* ♥ anziehen, steigen (*Preise*); **III** *s.* **19.** (Fort)Bewegung *f*, Aufbruch *m*: *on the* ~ in Bewegung, auf den Beinen; *get a* ~ *on! sl.* Tempo!, mach(t) schon!; *make a* ~ a) aufbrechen, sich (von der Stelle) rühren, b) → 14 b; **20.** 'Umzug *m*; **21.** *Schach etc.:* Zug *m*; *fig.* Schritt *m*, Maßnahme *f*: *a clever* ~ ein kluger Schachzug (*od.* Schritt); *make the first* ~ den ersten Schritt tun; '**move·ment** [-mənt] *s.* **1.** Bewegung *f* (*a. fig., pol., eccl., paint. etc.*); ✕, ♣ (Truppen- *od.* Flotten)Bewegung *f*: ~ *by air* Lufttransport *m*; **2.** *mst pl.* Handeln *n*, Schritte *pl.*, Maßnahmen *pl.*; **3.** (rasche) Entwicklung, Fortschreiten *n* (*von Ereignissen, e-r Handlung*); **4.** Bestrebung *f*, Ten'denz *f*, (mo'derne) Richtung; **5.** ♪ a) Satz *m*: *a* ~ *of a sonata*, b) Tempo *n*; **6.** ⊙ a) Bewegung *f*, b) Lauf *m* (*Maschine*), c) Gang-, Gehwerk *n* (*der Uhr*), 'Antriebsmecha,nismus *m*; **7.** *a.* ~ *of the bowels* ⚕ Stuhlgang *m*; **8.** ♥ (Kurs-, Preis)Bewegung *f*; 'Umsatz *m* (*Börse, Markt*): *downward* ~ Senkung *f*, Fallen *n*; *retrograde* ~ rückläufige Bewegung; *upward* ~ Steigen *n*, Aufwärtsbewegung *f* (*der Preise*); '**mov·er** [-və] *s.* **1.** *fig.* treibende Kraft, Triebkraft *f*, Antrieb *m* (*a. Person*); **2.** ⊙ Triebwerk *n*, Motor *m*; → *prime mover*; **3.** Antragsteller(in); **4.** *Am.* a) Spe·di'teur *m*, b) (Möbel)Packer *m*.

mov·ie ['muːvɪ] *Am.* F **I** *s.* **1.** Film(streifen) *m*; **2.** *pl.* a) Filmwesen *n*, b) Kino *n*, c) Kinovorstellung *f*: *go to the* ~*s* ins Kino gehen; **II** *adj.* **3.** Film..., Kino..., Lichtspiel...: ~ *camera* Filmkamera *f*; ~ *projector* Filmprojektor *m*; ~ *star* Filmstar *m*; '~**-,go·er** *s. Am.* F Kinobesucher(in).

mov·ing ['muːvɪŋ] *adj.* □ **1.** beweglich, sich bewegend; *a.* bewegend, treibend: ~ *power* treibende Kraft; **2.** a) rührend, bewegend, b) eindringlich, packend; ~ *coil s.* ⚡ Drehspule *f*; ~ *mag·net s.* 'Drehma,gnet *m*; ~ *pic·ture* ♪ *motion picture*; ~ *stair·case s.* Rolltreppe *f*; ~ *van s.* Möbelwagen *m*.

mow[1] [məʊ] **I** *v/t.* [*a. irr.*] (ab)mähen, schneiden: ~ *down* niedermähen (*a. fig.*); **II** *v/i.* [*a. irr.*] mähen.

mow[2] [məʊ] *s.* **1.** Getreidegarbe *f*, Heuhaufen *m*; **2.** Heu-, Getreideboden *m*.

mow·er ['məʊə] *s.* **1.** Mäher(in), Schnitter(in); **2.** a) Rasenmäher *m*, b) → '**mow·ing-ma,chine** ['məʊɪŋ-] *s.* 'Mähma,schine *f*.

mown [məʊn] *p.p. von* **mow**[1].

Mr, Mr. → *mister* 1.

Mrs, Mrs. ['mɪsɪz] *s.* Frau *f* (*Anrede für verheiratete Frauen*): *Mrs Smith*.

Ms, Ms. [mɪz] *Anrede für Frauen ohne Berücksichtigung des Familienstandes.*

mu [mjuː] *s.* My *n* (*griechischer Buchstabe*).

much [mʌt∫] **I** *s.* **1.** Menge *f*, große Sache, Besondere(s) *n*: *nothing* ~ nichts Besonderes; *it did not come to* ~ es kam nicht viel dabei heraus; *think* ~ *of s.o.* viel von j-m halten; *he is not* ~ *of a dancer* er ist kein großer Tänzer; → *make* 12. **II** *adj.* **2.** viel: *too* ~ zu viel; **III** *adv.* **3.** sehr: *to my regret* sehr zu m-m Bedauern; **4.** (*in Zssgn*) viel...: ~ *admired*; **5.** (*vor comp.*) viel, weit: ~ *stronger*; **6.** (*vor sup.*) bei weitem, weitaus: *the oldest*; **7.** fast: *he did it in* ~ *the same way* er tat es auf ungefähr die gleiche Weise; *it is* ~ *the same thing* es ist ziemlich dasselbe; *Besondere Redewendungen:* ~ *as I would like* so gern ich (auch) möchte; *as* ~ *as* so viel wie; *he did not as* ~ *as write* er schrieb nicht einmal; *as* ~ *again* noch einmal soviel; *he said as* ~ das war (ungefähr) der Sinn s-r Worte; *this is as* ~ *as to say* das heißt mit anderen Worten; *as* ~ *as to say* als wenn er (*etc.*) sagen wollte; *I thought as* ~ das habe ich mir gedacht; *so* ~ a) so sehr, b) so viel, c) lauter, nichts als; *so* ~ *the better* um so besser; *so* ~ *for our plans* soviel (wäre also) zu unseren Plänen (zu sagen); *not so* ~ *as* nicht einmal; *without so* ~ *as to move* ohne sich auch nur zu bewegen; *so* ~ *so* (und zwar) so sehr; ~ *less* a) viel weniger, b) geschweige denn; ~ *like a child* ganz wie ein Kind.

much·ly ['mʌt∫lɪ] *adv. obs. od. humor.* sehr, viel, besonders; '**much·ness** [-t∫nɪs] *s.* große Menge: *much of a* ~ F ziemlich *od.* praktisch dasselbe.

mu·ci·lage ['mjuːsɪlɪdʒ] *s.* **1.** ♀ (Pflanzen)Schleim *m*; **2.** *bsd. Am.* Klebstoff *m*, Gummilösung *f*; **mu·ci·lag·i·nous** [ˌmjuːsɪ'lædʒɪnəs] *adj.* **1.** schleimig; **2.** klebrig.

muck [mʌk] **I** *s.* **1.** Mist *m*, Dung *m*; **2.**

Kot *m*, Dreck *m*, Unrat *m*, Schmutz *m* (*a. fig.*); **3.** *Brit.* 'Flasche' *f*, Stümper *m*; **4.** ☼ a) Stutzen *m*, b) Muffe *f*; **II** *v/t.* **5.** F *sport u. fig.* ,verpatzen'; **III** *v/i.* **6.** F ,patzen'.

muf·fin ['mʌfɪn] *s.* Muffin *n*: a) *Brit.* Hefeteigsemmel *f*, b) *Am. kleine süße Semmel.*

muf·fle ['mʌfl] **I** *v/t.* **1.** *oft* ~ *up* einhüllen, einwickeln; *Ruder* um'wickeln; **2.** *Ton etc.* dämpfen (*a. fig.*); **II** *s.* **3.** *metall.* Muffel *f*: ~ *furnace* Muffelofen *m*; **4.** ☼ Flaschenzug *m*; '**muf·fler** [-lə] *s.* **1.** (dicker) Schal *m*, Halstuch *n*; **2.** ☼ Schalldämpfer *m*; *mot.* Auspufftopf *m*; ♪ Dämpfer *m*.

muf·ti ['mʌftɪ] *s.* **1.** Mufti *m*; **2.** ✕ Zi'vilkleidung *f*: *in* ~ in Zivil.

mug [mʌɡ] *s.* **1.** Krug *m*; **2.** Becher *m*; **3.** *sl.* a) Vi'sage *f*, Gesicht *n*: ~ *shot* Kopfbild *n* (*bsd. für das Verbrecheralbum*), *Film etc.*: Großaufnahme *f*, b) ,Fresse' *f*, Mund *m*, c) Gri'masse *f*; **4.** *Brit. sl.* a) Trottel *m*, b) Büffler *m*, Streber *m*; **5.** *Am. sl.* a) Boxer *m*, b) Ga'nove *m*; **II** *v/t.* **6.** *sl. bsd. Verbrecher* fotografieren; **7.** *sl.* über'fallen, niederschlagen u. ausrauben; **8.** *a.* ~ *up Brit. sl.* ,büffeln', ,ochsen'; **III** *v/i.* **9.** *sl.* Gri'massen schneiden; **10.** *Am. sl.* ,schmusen'; '**mug·ger** [-ɡə] *s. sl.* Straßenräuber *m*.

mug·gi·ness ['mʌɡɪnɪs] *s.* **1.** Schwüle *f*; **2.** Muffigkeit *f*; '**mug·ging** [-ɡɪŋ] *s. sl.* 'Raub,überfall *m* (*auf der Straße*); **mug·gy** ['mʌɡɪ] *adj.* **1.** schwül (*Wetter*); **2.** dumpfig, muffig.

'**mug·wort** *s.* ♀ Beifuß *m*.

mug·wump ['mʌɡwʌmp] *s. Am.* **1.** F ,hohes Tier'; **2.** *pol. sl.* a) Unabhängige(r *m*) *f*, Einzelgänger(in), b) ,Re'bell(in)', Abtrünnige(r *m*) *f*.

mu·lat·to [mju:'lætəʊ] **I** *pl.* **-toes** *s.* Mu'latte *m*, Mu'lattin *f*; **II** *adj.* Mulatten...

mul·ber·ry ['mʌlbərɪ] *s.* **1.** Maulbeerbaum *m*; **2.** Maulbeere *f*.

mulch [mʌltʃ] ✗ **I** *s.* Mulch *m*; **II** *v/t.* mulchen.

mulct [mʌlkt] **I** *s.* **1.** Geldstrafe *f*; **II** *v/t.* **2.** mit e-r Geldstrafe belegen; **3.** a) j-n betrügen (*of* um), b) Geld etc. ,abknöpfen' (*from s.o.* j-m).

mule [mju:l] *s.* **1.** *zo.* a) Maultier *n*, b) Maulesel *m*; **2.** *biol.* Bastard *m*, Hy'bride *f*; **3.** *fig.* sturer Kerl, Dickkopf *m*; **4.** ☼ a) (Motor)Schlepper *m*, Traktor *m*, b) 'Förderlokomo,tive *f*, c) 'Mule-(spinn)ma,schine *f* (*Spinnerei*); **5.** Pan'toffel *m*; '**mule-jen·ny** → *mule* 4 c; **mule skin·ner**, *Am.* F **mu·le·teer** [,mju:lɪ'tɪə] *s.* Maultiertreiber *m*; **mule track** *s.* Saumpfad *m*.

mul·ish ['mju:lɪʃ] *adj.* □ störrisch, stur.

mull[1] [mʌl] **I** *v/t.* F verpatzen, verpfuschen; **II** *v/i.* ~ *over Am.* nachdenken, -grübeln über (*acc.*).

mull[2] [mʌl] *v/t. Getränk* heiß machen u. (süß) würzen: ~*ed wine* Glühwein *m*.

mull[3] [mʌl] *s.* (♂ Verband)Mull *m*.

mull[4] [mʌl] *s. Scot.* Vorgebirge *n*.

mul·la(h) ['mʌlə] *s. eccl.* Mulla *m*.

mul·le(i)n ['mʌlɪn] *s.* ♀ Königskerze *f*, Wollkraut *n*.

mull·er ['mʌlə] *s.* ☼ Reibstein *m*.

mul·let ['mʌlɪt] *s. ichth.* **1.** *a.* **grey** ~ Meeräsche *f*; **2.** *a.* **red** ~ Seebarbe *f*.

mul·li·gan ['mʌlɪɡən] *s. Am.* F Eintopfgericht *n*.

mul·li·ga·taw·ny [,mʌlɪɡə'tɔ:nɪ] *s.* Currysuppe *f*.

mul·li·grubs ['mʌlɪɡrʌbz] *s. pl.* F **1.** Bauchweh *n*; **2.** miese Laune.

mul·lion ['mʌlɪən] *s.* △ Mittelpfosten *m* (*Fenster etc.*).

mul·tan·gu·lar [mʌl'tæŋɡjʊlə] *adj.* vielwink(e)lig, -eckig.

mul·te·i·ty [mʌl'ti:ətɪ] *s.* Vielheit *f*.

multi- [mʌltɪ] *in Zssgn:* viel..., mehr..., ...reich, Mehrfach..., Multi...

mul·ti ['mʌltɪ] *s.* ♀ F ,Multi' *m*.

'**mul·ti,ax·le drive** *s. mot.* Mehrachsenantrieb *m*; '**mul·ti,col·o(u)r**, '**mul·ti,col·o(u)red** *adj.* mehrfarbig, Mehrfarben...; ,**mul·ti'en·gine(d)** *adj.* 'mehr,mo,torig.

mul·ti·far·i·ous [,mʌltɪ'feərɪəs] *adj.* □ mannigfaltig.

'**mul·ti·form** *adj.* vielförmig, -gestaltig; '**mul·ti·graph** *typ.* **I** *s.* 'Vervielfältigungsma,schine *f*; **II** *v/t. u. v/i.* vervielfältigen; '**mul·ti·grid tube** *s.* ♀ Mehrgitterröhre *f*; ,**mul·ti'lat·er·al** *adj.* **1.** vielseitig (*a. fig.*); **2.** *pol.* mehrseitig, multilate'ral; ,**mul·ti'lin·gual** *adj.* mehrsprachig; ,**mul·ti'me·di·a** *s. pl.* Medienverbund *m*, Multi'media *pl.*; ,**mul·ti·mil·lion'aire** *s.* 'Multimillio,när *m*; ,**mul·ti'na·tion·al I** *adj. bsd.* ✝ multinatio'nal; **II** *s.* multinatio'naler Kon'zern, ,Multi' *m*; **mul·tip·a·rous** [mʌl'tɪpərəs] *adj.* mehrgebärend; ,**mul·ti'par·tite** *adj.* **1.** vielteilig; **2.** → *multilateral* 2.

mul·ti·ple ['mʌltɪpl] **I** *adj.* □ **1.** viel-, mehrfach; **2.** mannigfaltig; **3.** *biol.*, ♪, ♀ mul'tipel; **4.** ☼, ♀ a) Mehr(fach)..., Vielfach...: ~ *switch*, b) Parallel...; **5.** *ling.* zs.-gesetzt (*Satz*); **II** *s.* **6.** Vielfache(s) (*a. A*); **7.** *a.* ~ *connection* ♀ Paral'lelschaltung *f*: *in* ~ parallel (geschaltet); ~ *birth s.* ♂ Mehrlingsgeburt *f*; '~-**disk clutch** *s. mot.* La'mellenkupplung *f*; ~ **fac·tors** *s. pl. biol.* poly'mere Gene *pl.*; ,~-'**par·ty** *adj. pol.* Mehrparteien...: ~ *system*; ~ **plug** *s.* ♀ Mehrfachstecker *m*; ~ **pro·duc·tion** *s.* ✝ Serienherstellung *f*; ~ **root** *s.* A mehrwertige Wurzel; ~ **scle·ro·sis** *s.* ♂ mul'tiple Skle'rose; ~ **shop** *s.*, ~ **store** *s.* ✝ Ketten-, Fili'algeschäft *n*; ~ **thread** *s.* ☼ mehrgängiges Gewinde.

mul·ti·plex ['mʌltɪpleks] **I** *adj.* **1.** mehr-, vielfach; **2.** ♀, *tel.* Mehrfach...(-*betrieb*, *-telegrafie etc.*); **II** *v/t.* **3.** ♀, *tel.* a) in Mehrfachschaltung betreiben, b) gleichzeitig senden; '**mul·ti·pli·a·ble** [-plaɪəbl] *adj.* multiplizierbar; **mul·ti·pli·cand** [,mʌltɪplɪ'kænd] *s.* A Multipli'kand *m*; '**mul·ti·pli·cate** [-plɪkeɪt] *adj.* mehr-, vielfach; **mul·ti·pli·ca·tion** [,mʌltɪplɪ'keɪʃn] *s.* **1.** Vermehrung *f* (*a. ♀*); **2.** A a) Multiplikati'on (~ *sign* Mal-, Multiplikationszeichen *n*; ~ *table* das Einmaleins, b) Vervielfachung *f*; **3.** ☼ (Ge'triebe)Über,setzung *f*; **mul·ti·plic·i·ty** [,mʌltɪ'plɪsətɪ] *s.* **1.** Vielfalt *f*; **2.** Menge *f*, Vielzahl *f*, -heit *f*; **3.** A a) Mehr-, Vielwertigkeit *f*, b) Mehrfachheit *f*; '**mul·ti·pli·er** [-plaɪə] *s.* **1.** Vermehrer *m*; **2.** A a) Multipli'kator *m*, b) Multipli'zierma,schine *f*; **3.** *phys.* a) Verstärker *m*, b) Vergrößerungslinse *f*, Lupe *f*; **4.** ✝ 'Vor- od. 'Neben,widerstand *m*; **5.** ☼ Über'setzung *f*; '**mul·ti·ply** [-plaɪ] **I** *v/t.* **1.** vermehren (*a. biol.*),

---

Kot *m*, Dreck *m*, Unrat *m*, Schmutz *m* (*a. fig.*); **3.** *Brit.* 'Blödsinn *m*, ,Mist' *m*: **make a** ~ **of** → 6; **II** *v/t.* **4.** düngen; *a.* ~ **out** ausmisten; **5.** *oft* ~ **up** F beschmutzen; **6.** *sl.* verpfuschen, verhunzen, ,vermasseln'; **III** *v/i.* **7.** *mst* ~ *about sl.* a) her'umlungern, b) her'umpfuschen (*with* an *dat.*), c) her'umalbern; **8.** ~ *in* F mit anpacken; '**muck·er** [-kə] *s.* **1.** *sl.* a) ,Blödmann' *m*, b) ,Kumpel' *m*; **2.** ✗ Lader *m*: ~'*s car* Minenhund *m*; **3.** *sl.* a) schwerer Sturz, b) *fig.* ,Reinfall' *m*: **come a** ~ auf die ,Schnauze' fallen, *fig. a.* ,reinfallen'.

'**muck**|-**hill** *s.* Mist-, Dreckhaufen *m*; '~-**rake** *v/i. fig.* im Schmutz her'umwühlen; *Am. sl.* Skan'dale aufdecken; '~-**rak·er** *s. Am.* Skan'dalmacher *m*.

muck·y ['mʌkɪ] *adj.* schmutzig, dreckig (*a. fig.*).

mu·cous ['mju:kəs] *adj.* schleimig, Schleim...: ~ *membrane* Schleimhaut *f*; '**mu·cus** [-kəs] *s. biol.* Schleim *m*.

mud [mʌd] *s.* **1.** Schlamm *m*, Matsch *m*: ~ *and snow tyres* (*Am. tires*) *mot.* Matsch-u.-Schnee-Reifen; **2.** Mo'rast *m*, Kot *m*, Schmutz *m* (*alle a. fig.*): **drag in the** ~ *fig.* in den Schmutz ziehen; **stick in the** ~ im Schlamm steckenbleiben, *fig.* aus dem Dreck nicht mehr herauskommen; **sling** (*od.* **throw**) ~ **at s.o.** *fig.* j-n mit Schmutz bewerfen; **his name is** ~ mit er ist für mich erledigt; ~ **in your eye!** F prost!; → **clear** 1; '~-**bath** *s.* ♂ Moor-, Schlammbad *n*.

mud·di·ness ['mʌdɪnɪs] *s.* **1.** Schlammigkeit *f*, Trübheit *f* (*a. des Lichts*); **2.** Schmutzigkeit *f*.

mud·dle ['mʌdl] **I** *s.* **1.** Durchein'ander *n*, Unordnung *f*, Wirrwarr *m*: **make a** ~ **of s.th.** et. durcheinanderbringen *od.* ,vermasseln'; **get into a** ~ in Schwierigkeiten geraten; **2.** Verworrenheit *f*, Unklarheit *f*: **be in a** ~ in Verwirrung *od.* verwirrt sein; **II** *v/t.* **3.** *Gedanken etc.* verwirren: ~ *up* verwechseln, durcheinanderwerfen; **4.** in Unordnung bringen, durchein'anderbringen; **5.** ,benebeln' (*bsd. durch Alkohol*): ~ *one's brains* sich benebeln; **6.** verpfuschen, verderben; **III** *v/i.* **7.** pfuschen, stümpern, ,wursteln': ~ *about* herumwursteln (*with* an *dat.*); ~ *on* weiterwursteln; ~ *through* sich durchwursteln; '**mud·dle·dom** [-dəm] *s. humor.* Durchein'ander *n*; '**mud·dle-,head·ed** *adj.* wirr (-köpfig), kon'fus; '**mud·dler** [-lə] *s.* **1.** j-d, der sich 'durchwurstelt; Wirrkopf *m*; Pfuscher *m*; **2.** *Am.* ('Um)Rührlöffel *m*.

mud·dy ['mʌdɪ] **I** *adj.* □ **1.** schlammig, trüb(e) (*a. Licht*); Schlamm...: ~ *soil*; **2.** schmutzig; **3.** *fig.* unklar, verworren, kon'fus; **4.** verschwommen (*Farbe*); **II** *v/t.* **5.** trüben; **6.** beschmutzen.

'**mud**|-**guard** *s.* **1.** a) *mot.* Kotflügel *m*, b) Schutzblech *n* (*Fahrrad*); **2.** ☼ Schmutzfänger *m*; '~-**hole** *s.* **1.** Schlammloch *n*; **2.** ☼ Schlammablaß *m*; '~-**lark** *s.* Gassenjunge *m*, Dreckspatz *m*; ~ **pack** *s.* ♂ Fangopackung *f*; '~,**sling·er** [-,slɪŋə] *s.* F Verleumder (-in); '~,**sling·ing** [-,slɪŋɪŋ] F **I** *s.* Beschmutzung *f*, Verleumdung *f*; **II** *adj.* verleumderisch.

muff [mʌf] **I** *s.* **1.** Muff *m*; **2.** F *sport u.*

vervielfältigen: **~ing glass** *opt.* Vergrößerungsglas *n*, -linse *f*; **2.** ⚕ multiplizieren (*by* mit); **3.** ⚡ vielfachschalten; **II** *v/i.* **4.** multiplizieren; **5.** sich vermehren *od.* vervielfachen.

,mul·ti|'po·lar *adj.* ⚡ viel-, mehrpolig; **,~·'pur·pose** *adj.* Mehrzweck...: **~ air·craft**, **,~·'ra·cial** *adj.* gemischtrassig, Vielvölker...: **~ state**; **'~·seat·er** *s.* ✈ Mehrsitzer *m*; **'~·speed**. ⚙ Mehrgang...; **'~·stage** *adj.* ⚙, ⚡ mehrstufig, Mehrstufen...: **~ rocket**; **,~·'sto·r(e)y** *adj.* vielstöckig: **~ building** Hochhaus *n*; **~ parking garage**, **~ car park** Park(hoch)haus *n*.

mul·ti·tude ['mʌltɪtjuːd] *s.* **1.** große Zahl, Menge *f*; **2.** Vielheit *f*; **3.** Menschenmenge *f*: **the ~** der große Haufen, die Masse; **mul·ti·tu·di·nous** [,mʌltɪ'tjuːdɪnəs] *adj.* ☐ **1.** (sehr) zahlreich; **2.** mannigfaltig, vielfältig.

,mul·ti|'va·lent *adj.* 🜍 mehr-, vielwertig; **'~·way** *adj.* ⚡ mehrwegig: **~ plug** Vielfachstecker *m*.

mum¹ [mʌm] **F** *I int.* pst!, still!; **~'s the word!** (aber) Mund halten!; **II** *adj.* still, stumm.

mum² [mʌm] *v/i.* **1.** sich vermummen; **2.** Mummenschanz treiben.

mum³ [mʌm] *s.* F Mami *f*.

mum·ble ['mʌmbl] **I** *v/t. u. v/i.* **1.** murmeln; **2.** mummeln, knabbern; **II** *s.* **3.** Gemurmel *n*.

Mum·bo Jum·bo [,mʌmbəʊ 'dʒʌmbəʊ] *s.* **1.** Popanz *m*; **2.** ② a) Hokus'pokus *m*, fauler Zauber, b) Kauderwelsch *n*.

mum·mer ['mʌmə] *s.* **1.** Vermummte(r *m*) *f*, Maske *f* (*Person*); **2.** *contp.* Komödi'ant *m*; **'mum·mer·y** [-ərɪ] *s.* **1.** *contp.* Mummenschanz *m*, Maske'rade *f*; **2.** Hokus'pokus *m*.

mum·mi·fi·ca·tion [,mʌmɪfɪ'keɪʃn] *s.* **1.** Mumifizierung *f*; **2.** 🜍 trockener Brand; **mum·mi·fy** ['mʌmɪfaɪ] **I** *v/t.* mumifizieren; **II** *v/i. a. fig.* vertrocknen, -dorren.

mum·my¹ ['mʌmɪ] *s.* **1.** Mumie *f* (*a. fig.*); **2.** Brei *m*, breiige Masse.

mum·my² ['mʌmɪ] *s.* F Mutti *f*.

mump [mʌmp] *v/i.* **1.** schmollen, schlecht gelaunt sein; **2.** F schnorren, betteln; **'mump·ish** [-pɪʃ] *adj.* ☐ mürrisch.

mumps [mʌmps] *s. pl.* **1.** *sg. konstr.* 🜍 Mumps *m*; **2.** miese Laune.

munch [mʌntʃ] *v/t. u. v/i.* schmatzend kauen, ,mampfen'.

Mun·chau·sen·ism [mʌn'tʃɔːznɪzəm] Münchhausi'ade *f*, phan'tastische Geschichte.

mun·dane ['mʌndeɪn] *adj.* ☐ **1.** weltlich, Welt...; **2.** irdisch, weltlich: **~ po·etry** weltliche Dichtung; **3.** pro'saisch, nüchtern.

mu·nic·i·pal [mjuː'nɪsɪpl] *adj.* ☐ **1.** städtisch, Stadt...; kommu'nal, Gemeinde...: **~ elections** Kommunalwahlen; **2.** Selbstverwaltungs...: **~ town** → **municipality** 1; **3.** Land(es)...: **~ law** Landesrecht *n*; **~ bank** *s.* ✝ Kommu'nalbank *f*; **~ bonds** *s. pl.* ✝ Kommu'nalobligati,onen *pl.*, Stadtanleihen *pl.*; **~ cor·po·ra·tion** *s.* **1.** Gemeindebehörde *f*; **2.** Körperschaft *f* des öffentlichen Rechts.

mu·nic·i·pal·i·ty [mjuː,nɪsɪ'pælətɪ] *s.* **1.** Stadt *f* mit Selbstverwaltung; Stadtbe-

zirk *m*; **2.** Stadtbehörde *f*, -verwaltung *f*; **mu·nic·i·pal·ize** [mjuː'nɪsɪpəlaɪz] *v/t.* **1.** Stadt mit Obrigkeitsgewalt ausstatten; **2.** *Betrieb etc.* kommunalisieren.

mu·nic·i·pal| loan *s.* Kommu'nalanleihe *f*; **~ rates**, **~ tax·es** *s. pl.* Gemeindesteuern *pl.*, -abgaben *pl.*

mu·nif·i·cence [mjuː'nɪfɪsns] *s.* Freigebigkeit *f*, Großzügigkeit *f*; **mu·nif·i·cent** [-nt] *adj.* ☐ freigebig, großzügig.

mu·ni·ment ['mjuːnɪmənt] *s.* **1.** *pl.* 🜧 Rechtsurkunde *f*; **2.** Urkundensammlung *f*, Ar'chiv *n*.

mu·ni·tion [mjuː'nɪʃn] **I** *s. mst pl.* 'Kriegsmateri,al *n*, -vorräte *pl.*, *bsd.* Muniti'on *f*: **~ plant** Rüstungsfabrik *f*; **~ worker** Munitionsarbeiter(in); **II** *v/t.* mit Materi'al *od.* Muniti'on versehen, ausrüsten.

mu·ral ['mjʊərəl] **I** *adj.* Mauer..., Wand...; **II** *s. a.* **~ painting** Wandgemälde *n*.

mur·der ['mɜːdə] **I** *s.* **1.** (*of*) Mord *m* (an *dat.*), Ermordung *f* (*gen.*): **~ will out** *fig.* die Sonne bringt es an den Tag; **the ~ is out** *fig.* das Geheimnis ist gelüftet; **cry blue ~** F zetermordio schreien; **get away with ~** F sich alles erlauben können; **it was ~!** F es war fürchterlich!; **II** *v/t.* **2.** (er)morden; **3.** *fig.* (*a. Sprache*) verschandeln, verhunzen; **4.** *sport* F ,ausein'andernehmen'; **'mur·der·er** [-ərə] *s.* Mörder *m*; **'mur·der·ess** [-ərɪs] *s.* Mörderin *f*; **'mur·der·ous** [-dərəs] *adj.* ☐ **1.** mörderisch (*a. fig. Hitze, Tempo etc.*); **2.** Mord...: **~ in·tent** *s.* tödlich, todbringend; **4.** blutdürstig: **mur·der squad** *s. Brit.* 'Mordkommissi,on *f*.

mure [mjʊə] *v/t.* **1.** einmauern; **2.** *mst* **~ up** einsperren.

mu·ri·ate ['mjʊərɪət] *s.* 🜍 **1.** Muri'at *n*, Hydrochlo'rid *n*; **2.** 'Kaliumchlo,rid *n*; **mu·ri·at·ic** [,mjʊərɪ'ætɪk] *adj.* salzsauer: **~ acid** Salzsäure *f*.

murk·y ['mɜːkɪ] *adj.* ☐ dunkel, düster, trüb (*alle a. fig.*).

mur·mur ['mɜːmə] **I** *s.* **1.** Murmeln *n*, (leises) Rauschen (*Wasser, Wind etc.*); **2.** Gemurmel *n*; **3.** Murren *n*: **without a ~** ohne zu murren; **4.** 🜍 Geräusch *n*; **II** *v/i.* **5.** murmeln (*a. Wasser etc.*); **6.** murren (*at, against* gegen); **III** *v/t.* **7.** murmeln; **'mur·mur·ous** [-mərəs] *adj.* ☐ **1.** murmelnd; **2.** murrend.

mur·rain ['mʌrɪn] *s.* Viehseuche *f*.

mus·ca·dine ['mʌskədɪn], **'mus·cat** [-kət], **mus·ca·tel** [,mʌskə'tel] *s.* Muska'teller(wein) *m*, -traube *f*.

mus·cle ['mʌsl] **I** *s.* **1.** *anat.* Muskel *m*, Muskelfleisch *n*: **not to move a ~** *fig.* sich nicht rühren, nicht mit der Wimper zucken; **2.** *fig. a.* **~ power** Muskelkraft *f*; *Am. sl.* Muskelprotz *m*, ,Schläger' *m*; **4.** *fig.* F Macht *f*, Einfluß *m*, ,Muskeln' *pl.*; **II** *v/i.* **5.** **~ in** *bsd. Am.* F sich rücksichtslos eindrängen; **'~·bound** *adj.*: **be ~** eine überentwickelte Muskulatur haben; **~ man** [mæn] *s.* **1.** 'Muskelpa,ket *n*, -mann *m*; **2.** ,Schläger' *m*.

Mus·co·vite ['mʌskəʊvaɪt] **I** *s.* **1.** a) Mosko'witer(in), b) Russe *m*, Russin *f*; **2.** ⚘ *min.* Musko'wit *m*, Kaliglimmer *m*; **II** *adj.* **3.** a) mosko'witisch, b) russisch.

mus·cu·lar ['mʌskjʊlə] *adj.* ☐ **1.** Muskel...: **~ atrophy** Muskelschwund *m*; **2.** musku'lös; **mus·cu·lar·i·ty** [,mʌskjʊ-

'lærətɪ] *s.* Muskelkraft *f*, musku'löser Körperbau; **'mus·cu·la·ture** [-lətʃə] *s. anat.* Muskula'tur *f*.

Muse¹ [mjuːz] *s. myth.* Muse *f* (*fig. a.* ♀).

muse² [mjuːz] *v/i.* **1.** (nach)sinnen, (-)denken, (-)grübeln (**on, upon** über *acc.*); **2.** in Gedanken versunken sein, träumen; **'mus·er** [-zə] *s.* Träumer(in), Sinnende(r *m*) *f*.

mu·se·um [mjuː'zɪəm] *s.* Mu'seum *n*: **~ piece** Museumsstück *n* (*a. fig.*).

mush¹ [mʌʃ] *s.* **1.** Brei *m*, Mus *n*; **2.** *Am.* (Mais)Brei *m*; **3.** F a) Gefühlsduse'lei *f*, b) sentimen'tales Zeug; **4.** *Radio:* Knistergeräusch *n*: **~ area** Störgebiet *n*.

mush² [mʌʃ] *v/i. Am.* **1.** durch den Schnee stapfen; **2.** mit Hundeschlitten fahren.

mush·room ['mʌʃrʊm] **I** *s.* **1.** ⚘ a) derpilz *m*, b) *allg.* eßbarer Pilz, *bsd.* Champignon *m*: **grow like ~s** → 6 a; **2.** *fig.* Em'porkömmling *m*; **II** *adj.* **3.** Pilz...; pilzförmig: **~ bulb** ⚡ Pilzbirne *f*; **~ cloud** Atompilz *m*; **4.** plötzlich entstanden; Eintags...: **~ fame**; **III** *v/i.* **5.** Pilze sammeln; **6.** *fig.* a) wie Pilze aus dem Boden schießen, b) sich ausbreiten (*Flammen*); **IV** *v/t.* **7.** F Zigarette ausdrücken.

mush·y ['mʌʃɪ] *adj.* ☐ **1.** breiig, weich; **2.** *fig. a)* weichlich, b) F gefühlsduselig.

mu·sic ['mjuːzɪk] *s.* **1.** Mu'sik *f*, Tonkunst *f*; *konkr.* Kompositi'on(en *pl. coll.*) *f*: **face the ~** F ,die Suppe auslöffeln'; **set to ~** vertonen; **2.** Noten(blatt *n*) *pl.*: **play from ~** vom Blatt spielen; **3.** *coll.* Musi'kalien *pl.*: **~ shop** → **music house**; **4.** *fig.* Mu'sik *f*, Wohllaut *m*, Gesang *m*; **5.** (Mu'sik)Ka,pelle *f*.

mu·si·cal ['mjuːzɪkl] **I** *adj.* ☐ **1.** Musik...: **~ history**; **~ instrument**; **2.** me'lodisch; **3.** musi'kalisch (*Person, Komödie etc.*); **II** *s.* **4.** Musical *m*; **5.** F für **musical film**: **~ art** *s.* (Kunst *f* der) Mu'sik *f*, Tonkunst *f*; **~ box** *s. Brit.* Spieldose *f*; **~ chairs** *s. pl.* ,Reise *f* nach Je'rusalem' (*Gesellschaftsspiel*); **~ clock** *s.* Spieluhr *f*; **~ film** *s.* Mu'sikfilm *m*; **~ glass·es** *s. pl.* ♪ 'Glashar,monika *f*.

mu·si·cal·i·ty [,mjuːzɪ'kælətɪ], **mu·si·cal·ness** ['mjuːzɪklnɪs] *s.* **1.** Musikali'tät *f*; **2.** Wohlklang *m*.

'mu·sic|-ap,pre·ci'a·tion rec·ord *s.* Schallplatte *f* mit mu'sikkundlichem Kommen'tar; **~ book** *s.* Notenheft *n*, -buch *n*; **~ box** *s.* **1.** Spieldose *f*; **2.** → **jukebox**; **~ hall** *s. Brit.* Varie'té(the,ater) *n*; **~ house** *s.* Musi'kalienhandlung *f*.

mu·si·cian [mjuː'zɪʃn] *s.* **1.** (*bsd.* Berufs)Musiker(in): **be a good ~** a) gut spielen *od.* singen, b) sehr musikalisch sein; **2.** Musi'kant *m*.

mu·si·col·o·gy [,mjuːzɪ'kɒlədʒɪ] *s.* Mu'sikwissenschaft *f*.

mu·sic| pa·per *s.* 'Notenpa,pier *n*; **~ rack**, **~ stand** *s.* Notenständer *m*; **~ stool** *s.* Kla'vierstuhl *m*.

mus·ing ['mjuːzɪŋ] **I** *s.* **1.** Sinnen *n*, Grübeln *n*, Nachdenken *n*; **2.** *pl.* Träume'reien *pl.*; **II** *adj.* ☐ **3.** nachdenklich, sinnend, in Gedanken (versunken).

musk [mʌsk] *s.* **1.** *zo.* Moschus *m* (*a. Geruch*), Bisam *m*; **2.** → **musk deer**;

3. Moschuspflanze f; **~ bag** s. zo. Moschusbeutel m; **~ deer** s. zo. Moschustier n.

mus·ket ['mʌskɪt] s. ✕ hist. Mus'kete f, Flinte f; **mus·ket·eer** [ˌmʌskɪ'tɪə] s. hist. Muske'tier m; **'mus·ket·ry** [-trɪ] s. **1.** hist. coll. a) Mus'keten pl., b) Muske'tiere pl.; **2.** hist. Mus'ketenschießen n; **3.** ✕ 'Schieß,unterricht m: **~ manual** Schießvorschrift f.

musk | ox s. zo. Moschusochse m; **'~-rat** s. zo. Bisamratte f; **~ rose** s. ♀ Moschusrose f.

musk·y ['mʌskɪ] adj. ☐ **1.** nach Moschus riechend; **2.** Moschus...

Mus·lim ['muslɪm] → **Moslem.**

mus·lin ['mʌzlɪn] s. Musse'lin m.

mus·quash ['mʌskwɒʃ] → **muskrat.**

muss [mʌs] bsd. Am. **F** I s. Durchein'ander n, Unordnung f; II v/t. oft **~ up** durchein'anderbringen, in Unordnung bringen, Haar verwuscheln.

mus·sel ['mʌsl] s. Muschel f.

Mus·sul·man ['mʌslmən] I pl. **-mans**, a. **-men** [-mən] s. Muselman(n) m; II adj. muselmanisch.

muss·y ['mʌsɪ] adj. Am. F unordentlich; verknittert; schmutzig.

must¹ [mʌst] I v/aux. **1.** pres. muß, mußt, müssen, müßt: **I ~ go now** ich muß jetzt gehen; **he ~ be over eighty** er muß über achtzig (Jahre alt) sein; **2.** neg. darf, darfst, dürfen, dürft: **you ~ not smoke here** du darfst hier nicht rauchen; **3.** pret. a) mußte, mußtest, mußten, mußtet: **it was too late now, he ~ go on**; **just as I was busiest, he ~ come** gerade als ich am meisten zu tun hatte, mußte er kommen, b) neg. durfte, durftest, durften, durftet; II adj. **4.** unerläßlich, abso'lut notwendig: **a ~ book** ein Buch, das man (unbedingt) gelesen haben muß; III s. **5.** Muß n: **it is a ~** es ist unerläßlich od. unbedingt erforderlich (→ a. 4).

must² [mʌst] s. Most m.

must³ [mʌst] s. **1.** Moder m, Schimmel m; **2.** Modrigkeit f.

mus·tache [mə'stɑːʃ; Am. 'mʌstæʃ] Am. → **moustache.**

mus·tang ['mʌstæŋ] s. **1.** zo. Mustang m (halbwildes Präriepferd); **2.** ♀ ✈ Mustang m (amer. Jagdflugzeug im 2. Weltkrieg).

mus·tard ['mʌstəd] s. **1.** Senf m, Mostrich m; **~ keen¹** 13; **2.** ♀ Senf m; **3.** Am. sl. a) ‚Mordskerl' m, b) ‚tolle' Sache, c) ‚Pfeffer' m, Schwung m; **~ gas** s. ✕ Senfgas n, Gelbkreuz n; **~ plas·ter** s. ✚ Senfpflaster n; **~ poul·tice** s. ✚ Senfpackung f; **~ seed** s. **1.** ♀ Senfsame m: **grain of ~** bibl. Senfkorn n; **2.** hunt. Vogelschrot m, n.

mus·ter ['mʌstə] I v/t. **1.** ✕ a) (zum Ap'pell) antreten lassen, mustern, b) aufbieten: **~ in (out)** Am. einziehen (entlassen, ausmustern); **2.** zs.-bringen, auftreiben; **3.** a. **~ up** fig. aufbieten, s-e Kraft zs.-nehmen, Mut fassen; II v/i. **4.** sich versammeln, ✕ a. antreten; III s. **5.** ✕ Ap'pell m, Pa'rade f; Musterung f: **pass ~** fig. durchgehen, Billigung finden (**with** bei); **6.** ✕ → **muster roll** 2; **7.** Versammlung f; **8.** Am. Aufgebot n; **~ book** s. ✕ Stammrollenbuch n; **~ roll** s. **1.** ⚓ Musterrolle f; **2.** ✕ Stammrolle f.

mus·ti·ness ['mʌstɪnɪs] s. **1.** Muffigkeit f, Modrigkeit f; **2.** fig. Verstaubtheit f; **mus·ty** ['mʌstɪ] adj. ☐ **1.** muffig; **2.** mod(e)rig; **3.** schal (a. fig.); **4.** fig. verstaubt.

mu·ta·bil·i·ty [ˌmjuːtə'bɪlətɪ] s. **1.** Veränderlichkeit f; **2.** fig. Unbeständigkeit f; **3.** biol. Mutati'onsfähigkeit f; **mu·ta·ble** ['mjuːtəbl] adj. ☐ **1.** veränderlich; **2.** fig. unbeständig; **3.** biol. mutati'onsfähig; **mu·tant** ['mjuːtənt] biol. I adj. **1.** mutierend; **2.** mutati'onsbedingt; II s. **3.** Vari'ante f, Mu'tant m; **mu·tate** [mjuː'teɪt] I v/t. **1.** verändern; **2.** ling. 'umlauten: **~d vowel** Umlaut m; II v/i. **3.** sich ändern; **4.** ling. 'umlauten; **5.** biol. mutieren; **mu·ta·tion** [mjuː'teɪʃn] s. **1.** (Ver)Änderung f; **2.** 'Umwandlung f: **~ of energy** phys. Energieumformung f; **3.** biol. a) Mutati'on f (a. ♪), b) Mutati'onspro,dukt n; **4.** ling. 'Umlaut m.

mute [mjuːt] I adj. ☐ **1.** stumm (a. ling.), weitS. a. still, schweigend: **~ sound** ling. Verschlußlaut m; II s. **2.** Stumme(r m) f; **3.** thea. Sta'tist(in); **4.** ♪ Dämpfer m; **5.** ling. a) stummer Buchstabe, b) Verschlußlaut m; III v/t. **6.** ♪ Instrument dämpfen.

mu·ti·late ['mjuːtɪleɪt] v/t. verstümmeln (a. fig.); **mu·ti·la·tion** [ˌmjuːtɪ'leɪʃn] s. Verstümmelung f.

mu·ti·neer [ˌmjuːtɪ'nɪə] I s. Meuterer m; II v/i. meutern; **mu·ti·nous** ['mjuːtɪnəs] adj. ☐ **1.** meuterisch; **2.** aufrührerisch, re'bellisch (a. fig.); **mu·ti·ny** ['mjuːtɪnɪ] I s. **1.** Meute'rei f; **2.** Auflehnung f, Rebelli'on f; II v/i. **3.** meutern.

mut·ism ['mjuːtɪzəm] s. (Taub)Stummheit f.

mutt [mʌt] s. Am. sl. **1.** Trottel m, Schafskopf m; **2.** Köter m, Hund m.

mut·ter ['mʌtə] I v/i. **1.** (a. v/t. et.) murmeln: **~ to o.s.** vor sich hinmurmeln; **2.** murren (**at** über acc.; **against** gegen); II s. **3.** Gemurmel n; **4.** Murren n.

mut·ton ['mʌtn] s. Hammelfleisch n: **leg of ~** Hammelkeule f; **~ dead** 1; **~ chop** s. **1.** 'Hammelkote,lett n; **2.** pl. Kote'letten pl. (Backenbart); **'~-head** s. F ‚Schafskopf' m.

mu·tu·al ['mjuːtʃʊəl] adj. ☐ **1.** gegen-, wechselseitig: **~ aid** gegenseitige Hilfe; **~ building association** Baugenossenschaft f; **by ~ consent** in gegenseitigem Einvernehmen; **~ contributory negligence** ⚖ beiderseitiges Verschulden; **~ improvement society** Fortbildungsverein m; **~ insurance** ✝ Versicherung f auf Gegenseitigkeit; **~ investment trust, ~ fund** Am. Investmentfonds m; **~ will** ⚖ gegenseitiges Testament; **it's ~** iro. es beruht auf Gegenseitigkeit; **2.** gemeinsam: **our ~ friends; mu·tu·al·i·ty** [ˌmjuːtjʊ'ælətɪ] s. Gegenseitigkeit f.

mu·zhik, mu·zjik ['muːʒɪk] s. Muschik m, russischer Bauer.

muz·zle ['mʌzl] I s. **1.** Maul n, Schnauze f (Tier); **2.** Maulkorb m; **3.** Mündung f e-r Feuerwaffe; **4.** ⚙ Mündung f; Tülle f; II v/t. **5.** e-n Maulkorb anlegen (dat.); fig. a. Presse etc. knebeln, mundtot machen, den Mund stopfen (dat.); **~ brake** s. ✕ Mündungsbremse f; **~ burst** s. ✕ Mündungskrepierer m; **'~,load·er** s. ✕ hist. Vorderlader m; **~ ve·loc·i·ty** s. Ballistik: Mündungs-, Anfangsgeschwindigkeit f.

muz·zy ['mʌzɪ] adj. ☐ F **1.** zerstreut, verwirrt; **2.** dus(e)lig; **3.** stumpfsinnig.

my [maɪ] poss. pron. mein(e): **I must wash ~ face** ich muß mir das Gesicht waschen; (**oh**) **~!** F (du) meine Güte!

my·al·gi·a [maɪ'ældʒɪə] s. ✚ 'Muskelrheuma(,tismus m) n.

my·col·o·gy [maɪ'kɒlədʒɪ] s. ♀ **1.** Pilzkunde f, Mykolo'gie f; **2.** Pilzflora f, Pilze pl. (e-s Gebiets).

my·cose ['maɪkəʊs] s. 🍄 My'kose f.

my·co·sis [maɪ'kəʊsɪs] s. ✚ Pilzkrankheit f, My'kose f.

my·e·li·tis [ˌmaɪə'laɪtɪs] s. Mye'litis f: a) Rückenmarksentzündung f, b) Knochenmarksentzündung f; **my·e·lon** ['maɪəlɒn] s. Rückenmark n.

my·o·car·di·o·gram [ˌmaɪəʊ'kɑːdɪəʊgræm] s. ✚ E,lektrokardio'gramm n; **my·o·car·di·o·graph** [-grɑːf] s. ✚ E,lektrokardio'graph m, EK'G-Appa,rat m; **my·o·car·di·tis** [ˌmaɪəʊkɑː'daɪtɪs] s. Herzmuskelentzündung f.

my·ol·o·gy [maɪ'ɒlədʒɪ] s. Myolo'gie f, Muskelkunde f, -lehre f.

my·o·ma [maɪ'əʊmə] s. ✚ My'om n.

my·ope ['maɪəʊp] s. ✚ Kurzsichtige(r m) f; **my·o·pi·a** [maɪ'əʊpjə] s. ✚ Kurzsichtigkeit f (a. fig.); **my·op·ic** [maɪ'ɒpɪc] adj. kurzsichtig; **my·o·py** ['maɪəpɪ] → **myopia.**

myr·i·ad ['mɪrɪəd] I s. Myri'ade f; fig. a. Unzahl f; II adj. unzählig.

myr·mi·don ['mɜːmɪdən] s. Scherge m, Häscher m; Helfershelfer m: **~ of law** Hüter m des Gesetzes.

myrrh [mɜː] s. ♀ Myrrhe f.

myr·tle ['mɜːtl] s. ♀ **1.** Myrthe f; **2.** Am. Immergrün n.

my·self [maɪ'self] pron. **1.** (verstärkend) (ich od. mir od. mich) selbst: **I did it ~** ich selbst habe es getan; **I ~ wouldn't do it** ich (persönlich) würde es nicht lassen; **it is for ~** es ist für mich (selbst); **2.** refl. mir (dat.), mich (acc.): **I cut ~** ich habe mich geschnitten.

mys·te·ri·ous [mɪ'stɪərɪəs] adj. ☐ mysteri'ös: a) geheimnisvoll, b) rätsel-, schleierhaft, unerklärlich; **mys·te·ri·ous·ness** [-nɪs] s. Rätselhaftigkeit f, Unerklärlichkeit f, das Geheimnisvolle od. Mysteri'öse.

mys·ter·y ['mɪstərɪ] s. **1.** Geheimnis n, Rätsel n (**to** für od. dat.): **make a ~ of** et. geheimhalten; **wrapped in ~** geheimnisvolles Dunkel gehüllt; **it's a complete ~ to me** es ist mir völlig schleierhaft; **2.** Rätselhaftigkeit f, Unerklärlichkeit f; **3.** eccl. My'sterium n; **4.** pl. Geheimlehre f, -kunst f; My'sterien pl.; **5.** → **mystery play** 1; **6.** Am. → **nov·el** s. Krimi'nalro,man m; **~ play** s. **1.** hist. My'sterienspiel n; **2.** thea. Krimi'nalstück n; **~ ship** s. ⚓ U-Boot-Falle f; **~ tour** s. Fahrt f ins Blaue.

mys·tic ['mɪstɪk] I adj. (☐ **~ally**) **1.** mystisch; **2.** fig. rätselhaft, mysteri'ös, geheimnisvoll; **3.** geheim, Zauber...; II s. **4.** Mystiker(in); Schwärmer(in); **'mys·ti·cal** [-kl] adj. ☐ **1.** sym'bolisch; **2.** → **mystic** 1, 2; **'mys·ti·cism** [-ɪsɪzəm] s. phls., eccl. a) Mysti'zismus m, Glaubensschwärme'rei f, b) Mystik f.

mys·ti·fi·ca·tion [ˌmɪstɪfɪ'keɪʃn] s. **1.** Täuschung f, Irreführung f; **2.** Foppe-

'rei *f*; **3.** Verwirrung *f*, Verblüffung *f*; **mys·ti·fy** ['mɪstɪfaɪ] *v/t.* **1.** täuschen, hinters Licht führen, foppen; **2.** verwirren, verblüffen; **3.** in Dunkel hüllen.
myth [mɪθ] *s.* **1.** (Götter-, Helden)Sage *f*, Mythos *m* (*a. pol.*), Mythus *m*, My-

the *f*; **2.** Märchen *n*, erfundene Geschichte; **3.** *fig.* Mythus *m* (*legendär gewordene Person od. Sache*).
myth·ic, **myth·i·cal** ['mɪθɪk(l)] *adj.* □ **1.** mythisch, sagenhaft; Sagen…; **2.** *fig.* erdichtet, fik'tiv.
myth·o·log·ic, **myth·o·log·i·cal** [ˌmɪθə-

'lɒdʒɪk(l)] *adj.* □ mytho'logisch; **my·thol·o·gist** [mɪ'θɒlədʒɪst] *s.* Mytho'loge *m*; **my·thol·o·gize** [mɪ'θɒlədʒaɪz] *v/t.* mythologisieren; **my·thol·o·gy** [mɪ'θɒlədʒɪ] *s.* **1.** Mytholo'gie *f*, Götter- u. Heldensagen *pl.*; **2.** Sagenforschung *f*, -kunde *f*.

N

N, n [en] *s.* **1.** N *n*, n *n* (*Buchstabe*); **2.** ⚡ N *n* (*Stickstoff*); **3.** ⅍ N *n*, n *n* (*unbestimmte Konstante*).

nab [næb] *v/t.* F **1.** schnappen, erwischen; **2.** sich *et.* schnappen.

na·bob ['neɪbɒb] *s.* Nabob *m* (*a. fig.* Krösus).

na·celle [næ'sel] *s.* ✈ **1.** (Flugzeug-)Rumpf *m*; **2.** (Motor-, Luftschiff)Gondel *f*; **3.** Bal'lonkorb *m*.

na·cre ['neɪkə] *s.* Perlmutt(er *f*) *n*; **'na·cre·ous** [-krɪəs], **'na·crous** [-krəs] *adj.* **1.** perlmutterartig; **2.** Perlmutt(er)...

na·dir ['neɪdɪə] *s.* **1.** *ast.*, *geogr.* Na'dir *m*, Fußpunkt *m*; **2.** *fig.* Tief-, Nullpunkt *m*.

nag¹ [næg] *s.* **1.** kleines Reitpferd, Pony *n*; **2.** F *contp.* Gaul *m*.

nag² [næg] **I** *v/t.* **1.** her'umnörgeln an (*dat.*); j-m zusetzen; **II** *v/i.* **2.** nörgeln, keifen; ~ *at* → 1; **3.** *fig.* nagen, bohren; **III** *s.* **4.** → **'nag·ger** [-gə] *s.* Nörgler (-in); **'nag·ging** [-gɪŋ] **I** *s.* Nörge'lei *f*, Gekeife *n*; **II** *adj.* nörgelnd, keifend, *fig.* nagend.

nai·ad ['naɪæd] *s.* **1.** *myth.* Na'jade *f*, Wassernymphe *f*; **2.** *fig.* (Bade)Nixe *f*.

nail [neɪl] **I** *s.* **1.** (Finger-, Zehen)Nagel *m*; **2.** ⊕ Nagel *m*; Stift *m*; **3.** *zo.* a) Nagel *m*, b) Klaue *f*, Kralle *f*; *Besondere Redewendungen*: *a* ~ *in s.o.'s coffin* ein Nagel zu j-s Sarg; *on the* ~ auf der Stelle, sofort, bar *bezahlen*; *to the* ~ bis ins letzte, vollendet; *hit the* (*right*) ~ *on the head* *fig.* den Nagel auf den Kopf treffen; *hard as* ~*s* a) fit, in guter Kondition, b) unbarmherzig; *right as* ~*s* ganz richtig; **II** *v/t.* **4.** (an)nageln (*on* auf *acc.*, *to* an *acc.*): ~*ed to the spot* wie an- *od.* festgenagelt; ~ *to the barndoor* *fig.* Lüge *etc.* festnageln; → *colour* 10; **5.** benageln, mit Nägeln beschlagen; **6.** *a.* ~ *up* vernageln; **7.** *fig. Augen etc.* heften, *Aufmerksamkeit* richten (*to* auf *acc.*); **8.** → *nail down* 2; **9.** F a) schnappen, erwischen, b) sich *et.* schnappen, c) ,klauen', d) *et.* ,spitzkriegen' (*entdecken*); ~ *down* *v/t.* **1.** zunageln; **2.** *fig.* j-n festnageln (*to* auf *acc.*); **3.** *fig. et.* endgültig beweisen; ~ *up* *v/t.* **1.** zunageln; **2.** zu-, vernageln; **3.** *fig.* zs.-basteln: *a nailed-up drama*.

'nail|-bed *s. anat.* Nagelbett *n*; **'~-brush** *s.* Nagelbürste *f*; **~ en·am·el** *s.* Nagellack *m*; **~ file** *s.* Nagelfeile *f*; **'~-head** *s.* ⊕ Nagelkopf *m*; **~ pol·ish** *s.* Nagellack *m*; **'~-pull·er** *s.* ⊕ Nagelzieher *m*; **~ scis·sors** *s. pl.* Nagelschere *f*; **~ var·nish** *s. Brit.* Nagellack *m*.

na·ive [nɑː'iːv], *a.* **na·ïve** [neɪv] *adj.* □

allg. na'iv (*a. Kunst*); **na·ïve·té** [nɑːˈiːvteɪ], *a.* **na·ive·ty** ['neɪvtɪ] *s.* Naivi'tät *f*.

na·ked ['neɪkɪd] *adj.* □ **1.** nackt, bloß, unbedeckt: ♀ *Lady* ♥ Herbstzeitlose *f*; **2.** bloß, unbewaffnet (*Auge*); **3.** bloß, blank (*Schwert*; ⊕ *Draht*); **4.** nackt, kahl (*Feld, Raum, Wand etc.*); **5.** entblößt (*of* von): ~ *of all provisions* bar aller Vorräte; **6.** a) schutz-, wehrlos, b) preisgegeben (*to* dat.); **7.** nackt, unverhüllt: ~ *facts*; ~ *truth*; **8.** 🕱 bloß, unbestätigt: ~ *confession*; ~ *possession* tatsächlicher Besitz (*ohne Rechtsanspruch*); **'na·ked·ness** [-nɪs] *s.* **1.** Nacktheit *f*, Blöße *f*; **2.** Kahlheit *f*; **3.** Schutz-, Wehrlosigkeit *f*; **4.** Mangel *m* (*of* an *dat.*); **5.** Unverhülltheit *f*.

nam·a·ble ['neɪməbl] *adj.* **1.** benennbar; **2.** nennenswert.

nam·by-pam·by [ˌnæmbɪ'pæmbɪ] **I** *adj.* **1.** seicht, abgeschmackt; **2.** affektiert, ,etepe'tete'; **3.** sentimen'tal; **II** *s.* **4.** sentimentales Zeug; **5.** sentimentaler Mensch; **6.** Mutterkindchen *n*.

name [neɪm] **I** *v/t.* **1.** nennen; erwähnen, anführen; **2.** (be)nennen (*after, from* nach), e-n Namen geben (*dat.*): ~*d* genannt, namens; **3.** beim (richtigen) Namen nennen; **4.** a) ernennen (zu), b) nomi'nieren, vorschlagen (*for* für); **5.** *Datum etc.* bestimmen; **6.** *parl. Brit.* mit Namen zur Ordnung rufen: ~*!* zur Ordnung rufen!, b) *allg.* Namen nennen!; **II** *s.* **7.** Name *m*: *what is your* ~*?* wie heißen Sie?; *in* ~ *only* nur dem Namen nach; **8.** Name *m*, Bezeichnung *f*, Benennung *f*; **9.** Schimpfname *m*: *call s.o.* ~*s* j-n beschimpfen; **10.** Name *m*, Ruf *m*: *a bad* ~; → *Bes. Redew.*; **11.** (berühmter) Name, (guter) Ruf: *a man of* ~ ein Mann von Ruf; **12.** Name *m*, Berühmtheit *f* (*Person*): *the great* ~*s of our century*; **13.** Geschlecht *n*, Fa'milie *f*; *Besondere Redewendungen*: *by* ~ a) mit Namen, namentlich, b) namens, c) dem Namen nach; *a man by* (*od. of*) *the* ~ *of A.* ein Mann namens A.; *in the* ~ *of* a) um (*gen.*) willen, b) im Namen *des Gesetzes etc.*, c) auf j-s Namen *bestellen etc.*; *I haven't a penny to my* ~ ich besitze keinen Pfennig; *give one's* ~ s-n Namen nennen; *give it a* ~*!* F heraus damit!, sagen Sie, was Sie (haben) wollen!; *give s.o.* (*s.th.*) *a bad* ~ j-n (et.) in Verruf bringen; *give a dog a bad* ~ *and hang him* j-n wegen s-s schlechten Rufs *od.* auf Grund von Gerüchten verurteilen; *have a* ~ *for being* dafür bekannt sein, *et.* zu sein; *make one's* ~, *make* (*od. win*) *a*

~ *for o.s.* sich e-n Namen machen (*as* als, *by* durch); *put one's* ~ *down for* a) kandidieren für, b) sich anmelden für, c) sich vormerken lassen für; *send in one's* ~ sich (an)melden (lassen); *what's in a* ~*?* was bedeutet schon ein Name?; *that's the* ~ *of the game!* darum dreht es sich!

'name|-call·ing *s.* Beschimpfung(en *pl.*) *f*; **'~-child** *s.*: *my* ~ das nach mir benannte Kind.

named [neɪmd] *adj.* **1.** genannt, namens; **2.** genannt, erwähnt: ~ *above* oben genannt.

'name|-day *s.* **1.** Namenstag *m*; **2.** ♱ Abrechnungstag *m*; **'~-drop·per** *s.* j-d, der ständig mit promi'nenten Bekannten angibt; **'~-drop·ping** *s.* Wichtigtue'rei *f* durch Erwähnung von Promi-'nenten, die man angeblich kennt.

name·less ['neɪmlɪs] *adj.* □ **1.** namenlos, unbekannt, ob'skur; **2.** ungenannt, unerwähnt; ano'nym; **3.** unehelich (*Kind*); **4.** *fig.* namenlos, unbeschreiblich (*Furcht etc.*); **5.** unaussprechlich, ab'scheulich; **'name·ly** [-lɪ] *adv.* nämlich.

name| part *s. thea.* Titelrolle *f*; ~ **plate** *s.* **1.** Tür-, Firmen-, Namens-, Türschild *n*; **2.** ⊕ Typenschild *n*; **'~-sake** *s.* Namensvetter *m*, -schwester *f*.

nam·ing ['neɪmɪŋ] *s.* Namengebung *f*.

nan·cy ['nænsɪ] *s. sl.* **1.** Muttersöhnchen *n*; **2.** ,Homo'.

nan·ny ['nænɪ] *s.* **1.** Kindermädchen *n*; **2.** Oma *f*; **3.** → ~ *goat s.* Ziege *f*.

nap¹ [næp] **I** *v/i.* **1.** ein Schläfchen *od.* ein Nickerchen machen; **2.** *fig.* ,schlafen': *catch s.o.* ~*ping* j-n überrumpeln; **II** *s.* **3.** Schläfchen *n*, ,Nickerchen' *n*: *take a* ~ → 1.

nap² [næp] **I** *s.* **1.** Haar(seite *f*) *n* e-s Gewebes; **2.** a) *Spinnerei*: Noppe *f*, b) *Weberei*: (Gewebe)Flor *m*; **II** *v/t. u. v/i.* **3.** noppen, rauhen.

nap³ [næp] *s.* **1.** Na'poleon *n* (*Kartenspiel*): *a* ~ *hand* *fig.* gute Chancen; *go* ~ a) die höchste Zahl von Stichen ansagen, b) *fig.* alles auf eine Karte setzen; **2.** Setzen *n* auf eine einzige Gewinnchance.

na·palm ['neɪpɑːm] *s.* ✕ Napalm *n*.

nape [neɪp] *s. mst* ~ *of the neck* Genick *n*, Nacken *m*.

naph·tha ['næfθə] *s.* ⚗ **1.** Naphtha *n*, 'Leuchtpe,troleum *n*; **2.** ('Schwer)Ben-,zin *n*: *cleaner's* ~ Waschbenzin; *painter's* ~ Testbenzin; **'naph·tha·lene** [-liːn] *s.* Naphtha'lin *n*; **naph·tha·len·ic** [ˌnæfθə'lenɪk] *adj.* naphtha'lin-sauer: ~ *acid* Naphthalinsäure *f*; **naph·thal·ic** [næf'θælɪk] *adj.* naph'thalsauer:

~ *acid* Naphthalsäure *f*; **'naph·tha·line** [-li:n] → ~ *naphthalene.*

nap·kin ['næpkɪn] *s.* **1.** *a.* *table* ~ Servi'ette *f*; **2.** Wischtuch *n*; **3.** *bsd. Brit.* Windel *f*; **4.** *a.* *sanitary* ~ *Am.* Monatsbinde *f.*

napped [næpt] *adj.* genoppt, gerauht (*Tuch*); **nap·ping** ['næpɪŋ] *s.* **1.** Ausnoppen *n* (*der Wolle*); **2.** Rauhen *n*: ~ *comb* Aufstreichkamm *m.*

nap·py ['næpɪ] *s. bsd. Brit.* F Windel *f.*

nar·cis·sism [nɑ:'sɪsɪzəm] *s. psych.* Nar'zißmus *m*; **nar'cis·sist** [-ɪst] *s.* Nar'zißt (-in).

nar·cis·sus [nɑ:'sɪsəs] *pl.* **-sus·es** [-sɪz] *s.* ♀ Nar'zisse *f.*

nar·co·sis [nɑ:'kəʊsɪs] *s.* Nar'kose *f.*

nar·cot·ic [nɑ:'kɒtɪk] **I** *adj.* (□ **~ally**) **1.** nar'kotisch (*a. fig. einschläfernd*); **2.** Rauschgift...; **II** *s.* **3.** Nar'kotikum *n*, Betäubungsmittel *n* (*a. fig.*); **4.** Rauschgift *n*: ~*s squad* Rauschgiftdezernat *n*; **nar·co·tism** ['nɑ:kətɪzəm] *s.* **1.** Narko'tismus *m* (*Sucht*); **2.** nar'kotischer Zustand *od.* Rausch; **nar·co·tize** ['nɑ:kətaɪz] *v/t.* narkotisieren.

nard [nɑ:d] *s.* **1.** ♀ Narde *f*; **2.** *pharm.* Nardensalbe *f.*

nark [nɑ:k] *sl.* **I** *s.* **1.** Poli'zeispitzel *m*; **II** *v/t.* **2.** bespitzeln; **3.** ärgern.

nar·rate [nə'reɪt] *v/t. u. v/i.* erzählen; **nar'ra·tion** [-eɪʃn] *s.* Erzählung *f*; **nar·ra·tive** ['nærətɪv] **I** *s.* **1.** Erzählung *f*, Geschichte *f*; **2.** Bericht *m*, Schilderung *f*; **II** *adj.* □ **3.** erzählend: ~ *poem*; **4.** Erzählungs...: ~ *skill* Erzählergabe *f*; **nar·ra·tor** [-tə] *s.* Erzähler(in).

nar·row ['nærəʊ] **I** *adj.* □ **1.** eng, schmal: *the* ~ *seas* der Ärmelkanal u. die Irische See; **2.** eng (*a. fig.*), (*räumlich*) beschränkt, knapp: *within* ~ *bounds* in engen Grenzen; *in the ~est sense* im engsten Sinne; **3.** *fig.* eingeschränkt, beschränkt; **4.** → *narrow-minded*; **5.** knapp, beschränkt (*Mittel, Verhältnisse*); **6.** knapp (*Entkommen, Mehrheit etc.*); **7.** gründlich, eingehend: genau: ~ *investigations*; **II** *v/i.* **8.** enger *od.* schmäler werden, sich verengen (*into* zu); **9.** knapper werden; **III** *v/t.* **10.** enger *od.* schmäler machen, verenge(r)n; **11.** einengen, beengen; **12.** *a.* ~ *down* (*to* auf *acc.*) be-, einschränken, begrenzen, eingrenzen; **13.** *Maschen* abnehmen; **14.** engstirnig machen; **IV** *s.* **15.** Enge *f*, enge *od.* schmale Stelle; *pl.* a) (Meer)Enge *f*, b) *bsd. Am.* Engpaß *m.*

nar·row|ga(u)ge *s.* 🚅 Schmalspur *f*; **'~-ga(u)ge** [-rəʊg-], *a.* **~'ga(u)ged** [-rəʊ'g-] *adj.* Schmalspur...; **,~'mind·ed** [-rəʊ'maɪndɪd] *adj.* engherzig, -stirnig, borniert, kleinlich; **,~'mind·ed·ness** [-rəʊ'maɪndɪdnɪs] *s.* Engstirnigkeit *f*, Borniertheit *f.*

nar·row·ness ['nærəʊnɪs] *s.* **1.** Enge *f*, Schmalheit *f*; **2.** Knappheit *f*; **3.** → *narrow-mindedness*; **4.** Gründlichkeit *f.*

na·sal ['neɪzl] **I** *adj.* □ → *nasally*; **1.** Nasen...: ~ *bone*; ~ *cavity*; ~ *organ humor.* Riechorgan *n*; ~ *septum* Nasenscheidewand *f*; **2.** *ling.* na'sal, Nasal...: ~ *twang* Näseln *n*; **II** *s.* **3.** *ling.* Na'sal(laut) *m*; **na·sal·i·ty** [neɪ'zælɪtɪ] *s.* Nasali'tät *f*; **na·sal·i·za·tion** [ˌneɪzəlaɪ'zeɪʃn] *s.* Nasalierung *f*, nasale Aussprache; **'na·sal·ize** [-zəlaɪz] **I** *v/t.* nasa-

lieren; **II** *v/i.* näseln, durch die Nase sprechen; **'na·sal·ly** [-zəlɪ] *adv.* **1.** nasal, durch die Nase; **2.** näselnd.

nas·cent ['næsnt] *adj.* **1.** werdend, entstehend: ~ *state* Entwicklungszustand *m*; **2.** 🧪 freiwerdend.

nas·ti·ness ['nɑ:stɪnɪs] *s.* **1.** Schmutzigkeit *f*; **2.** Ekligkeit *f*; **3.** Unflätigkeit *f*; **4.** Gefährlichkeit *f*; **5.** a) Bosheit *f*, b) Gemeinheit *f*, c) Übelgelauntheit *f.*

nas·tur·tium [nə'stɜ:ʃəm] *s.* ♀ Kapu'ziner- *od.* Brunnenkresse *f.*

nas·ty ['nɑ:stɪ] **I** *adj.* □ **1.** schmutzig; **2.** ekelhaft, eklig, widerlich (*alle a. fig.*): ~ *taste*; ~ *fellow*; **3.** *fig.* schmutzig, zotig; **4.** *fig.* böse, schlimm, gefährlich: ~ *accident*; **5.** *fig.* a) bös, gehässig, garstig (*to* zu, gegen), b) fies, niederträchtig, c) übelgelaunt, ‚eklig‘; **II** *s.* **6.** *mst pl. Video*: ‚'Schmutz- u. 'Horror-Kas‚sette‘ *f.*

na·tal ['neɪtl] *adj.* Geburts...: ~ *day*; **na·tal·i·ty** [nə'tælɪtɪ] *s. bsd. Am.* Geburtenziffer *f.*

na·ta·tion [nə'teɪʃn] *s.* Schwimmen *n*; **na·ta·to·ri·al** [ˌneɪtə'tɔ:rɪəl] *adj.* Schwimm...: ~ *bird*; **na·ta·to·ry** ['neɪtətərɪ] *adj.* Schwimm...

na·tion ['neɪʃn] *s.* Nati'on *f*: a) Volk *n*, b) Staat *m*; **2.** (Indi'aner)Stamm *m.*

na·tion·al ['næʃənl] **I** *adj.* □ **1.** natio-'nal, National..., Landes..., Volks...: ~ *language* Landessprache *f*; **2.** staatlich, öffentlich, Staats...: ~ *debt* Staatsschuld *f*, öffentliche Schuld; **3.** (ein)heimisch; **4.** landesweit (*Streik etc.*), 'überregio‚nal (*Zeitung etc.*); **II** *s.* **5.** Staatsangehörige(r *m*) *f*; ~ *an·them* s. Natio'nalhymne *f*; ~ *as·sem·bly* s. pol. Natio'nalversammlung *f*; ~ *bank* s. ✝ Landes-, Natio'nalbank *f*; ~ *cham·pi·on* s. Landesmeister(in); ~ *con·ven·tion* s. pol. Am. Par'teikonvent *m* (*zur Nominierung des Präsidentschaftskandidaten etc.*); ~ *e·con·o·my* s. ✝ Volkswirtschaft *f*; ♀ *Gi·ro* s. 🐘 *Brit.* Postscheck-, Postgirodienst *m*; ♀ *Guard* s. Am. Natio'nalgarde *f* (*Art Miliz*); ♀ *Health Ser·vice* s. *Brit.* Staatlicher Gesundheitsdienst; ~ *in·come* s. ✝ Sozi'alpro‚dukt *n*; ♀ *In·sur·ance* s. *Brit.* Sozi'alversicherung *f.*

na·tion·al·ism ['næʃnəlɪzəm] *s.* **1.** Natio'nalgefühl *n*, Nationa'lismus *m*; **2.** ✝ *Am.* Ver'staatlichungspoli‚tik *f*; **'na·tion·al·ist** [-ɪst] **I** *s. pol.* Nationa'list (-in); **II** *adj.* nationa'listisch; **na·tion·al·i·ty** [næʃə'nælətɪ] *s.* **1.** Nationali'tät *f*, Staatsangehörigkeit *f*; **2.** Nati'on *f*; **na·tion·al·i·za·tion** [ˌnæʃnəlaɪ'zeɪʃn] *s.* **1.** *bsd. Am.* Einbürgerung *f*, Naturalisierung *f*; **2.** ✝ Verstaatlichung *f*; **3.** Verwandlung *f* in e-e (*einheitliche, unabhängige etc.*) Nation; **'na·tion·al·ize** [-laɪz] *v/t.* **1.** einbürgern, naturalisieren; **2.** ✝ verstaatlichen; **3.** zu e-r Nation machen; **4.** *Problem etc.* zur Sache der Nation machen.

na·tion·al park *s.* Natio'nalpark *m* (*Naturschutzgebiet*); ~ *prod·uct* s. ✝ Sozi'alpro‚dukt *n*; ~ *ser·vice* s. ⚔ Wehrdienst *m*; ♀ *So·cial·ism* s. pol. hist. Natio'nalsozia‚lismus *m.*

'na·tion|·hood [-hʊd] *s.* (natio'nale) Souveräni'tät; **,~'state** s. Natio'nalstaat *m*; **,~'wide** *adj.* allgemein, das ganze Land um'fassend.

na·tive ['neɪtɪv] **I** *adj.* □ **1.** angeboren (*to s.o.* j-m), na'türlich (*Recht etc.*); **2.** eingeboren, Eingeborenen...: ~ *quarter*, *go* ~ unter *od.* wie die Eingeborenen leben, *fig.* verwahrlosen; **3.** (ein)heimisch, inländisch, Landes...: ~ *plant* ♀ einheimische Pflanze; ~ *prod·uct*; **4.** heimatlich, Heimat...: ~ *coun·try* Heimat *f*, Vaterland *n*; ~ *language* Muttersprache *f*; ~ *speak·er* ling. Muttersprachler(in); ~ *town* Heimat-, Vaterstadt *f*; **5.** ursprünglich, urwüchsig, na'turhaft: ~ *beauty*; **6.** ursprünglich, eigentlich: *the* ~ *sense of a word*; **7.** gediegen (*Metall etc.*); **8.** *min.* a) roh, Jungfern..., b) na'türlich vorkommend; **II** *s.* **9.** Eingeborene(r *m*) *f*; **10.** Einheimische(r *m*) *f*, Landeskind *n*: a ~ *of Berlin* ein gebürtiger Berliner; **11.** ♀ einheimisches Gewächs; **12.** *zo.* einheimisches Tier; **13.** Na'tive *f*, (künstlich) gezüchtete Auster; **'~-born** *adj.* gebürtig: a ~ *American*.

na·tiv·i·ty [nə'tɪvətɪ] *s.* **1.** Geburt *f* (*a. fig.*): *the* ♀ *eccl.* a) die Geburt Christi (*a. paint. etc.*), b) Weihnachten *n*; Ma'riä Geburt (*8. September*); ♀ *play* Krippenspiel *n*; **2.** *ast.* Nativi'tät *f*, (Ge'burts)Horo‚skop *n.*

na·tron ['neɪtrən] *s. min.* kohlensaures Natron.

nat·ter ['nætə] *Brit.* F **I** *v/i.* plauschen, plaudern; **II** *s.* Plausch *m*, Schwatz *m.*

nat·ty ['nætɪ] *adj.* □ F schick, piekfein (angezogen), ele'gant (*a. fig.*).

nat·u·ral ['nætʃrəl] **I** *adj.* □ → *naturally*; **1.** na'türlich, Natur...: ~ *disaster* Naturkatastrophe *f*; ~ *law* Naturgesetz *n*; *die a ~ death* e-s natürlichen Todes sterben; → *person* 1; **2.** na'turgemäß, -bedingt; **3.** angeboren, na'türlich, eigen (*to dat.*): ~ *talent*; **4.** → *natural-born*; **5.** re'al, wirklich, physisch; **6.** selbstverständlich, na'türlich: *it comes quite* ~ *to him* es ist ihm ganz selbstverständlich; **7.** na'türlich, ungekünstelt (*Benehmen etc.*); **8.** na'turgetreu, na'türlich (wirkend) (*Nachahmung, Bild etc.*); **9.** unbearbeitet, Natur..., Roh...: ~ *steel* Rohstahl *m*; **10.** na'turhaft, urwüchsig; **11.** na'türlich, unehelich (*Kind, Vater etc.*); **12.** ♩ na'türlich: ~ *number* natürliche Zahl; **13.** ♩ a) ohne Vorzeichen: ~ *key* C-Dur-Tonart *f*, b) mit e-m Auflösungszeichen (versehen) (*Note*), c) Vokal...: ~ *music*; **II** *s.* **14.** *obs.* Idi'ot(in); **15.** ♩ a) Auflösungszeichen *n*, b) mit e-m Auflösungszeichen versehene Note, c) Stammton *m*, d) weiße Taste (*Klaviatur*); **16.** F a) Na'turta‚lent *n* (*Person*), b) (sicherer) Erfolg (*a. Person*); *e-e* ‚klare Sache‘ (*for s.o.* für j-n); **'~-born** *adj.* von Geburt, geboren: ~ *genius*; ~ *fre·quen·cy* s. phys. 'Eigenfre‚quenz *f*; ~ *gas* s. geol. Erdgas *n*; ~ *his·to·ry* s. Na'turgeschichte *f.*

nat·u·ral·ism ['nætʃrəlɪzəm] *s. phls., paint. etc.* Natura'lismus *m*; **'nat·u·ral·ist** [-ɪst] **I** *s.* **1.** *phls., paint. etc.* Natura'list *m*; **2.** Na'turwissenschaftler(in), -forscher(in), *bsd.* Zoo'loge *m*. Biologin *f od.* Bo'taniker(in); **3.** *Brit.* a) Tierhändler *m*, b) ('Tier)Präpa‚rator *m*; **II** *adj.* **4.** natura'listisch; **nat·u·ral·is·tic** [ˌnætʃrə'lɪstɪk] *adj.* (□ **~ally**) **1.** *phls., paint. etc.* naturalistisch; **2.** na'turkundlich, -geschichtlich.

nat·u·ral·i·za·tion [ˌnætʃrəlaɪˈzeɪʃn] s. Naturalisierung f, Einbürgerung f; **nat·u·ral·ize** [ˈnætʃrəlaɪz] v/t. **1.** naturalisieren, einbürgern; **2.** einbürgern (a. ling. u. fig.), ♀, zo. heimisch machen; **3.** akklimatisieren (a. fig.).

nat·u·ral·ly [ˈnætʃrəlɪ] adv. **1.** von Na'tur (aus); **2.** instink'tiv, spon'tan; **3.** auf na'türlichem Wege, na'türlich; **4.** a. int. na'türlich, selbstverständlich; **'nat·u·ral·ness** [-rəlnɪs] s. allg. Na'türlichkeit f.

nat·u·ral‖ phi·los·o·phy s. **1.** Na'turphilosoˌphie f, -kunde f; **2.** Phy'sik f; **~ re·li·gion** s. Na'turreligiˌon f; **~ rights** s. pl. ⚖, pol. Na'turrechte pl. des Menschen; **~ scale** s. **1.** ♪ Stammtonleiter f; **2.** A Achse f der na'türlichen Zahlen; **~ sci·ence** s. Na'turwissenschaft f; **~ se·lec·tion** s. biol. na'türliche Auslese; **~ sign** s. ♪ Auflösungszeichen n; **~ state** s. Na'turzustand m.

na·ture [ˈneɪtʃə] s. **1.** Na'tur f, Schöpfung f; **2.** (a. ⚔; ohne art.) Na'tur(kräfte pl.) f: nach der Natur malen etc.; **back to ~** zurück zur Natur; **in the state of ~** in natürlichem Zustand, nackt; → **debt**, **true** 4; **3.** Na'tur f, Veranlagung f, Cha-'rakter m, (Eigen-, Gemüts)Art f, Na-tu'rell n: **animal ~** das Tierische im Menschen; **by ~** von Natur (aus); **hu·man ~** die menschliche Natur; **of good ~** gutherzig, -mütig; **it is in her ~** es liegt f in ihrem Wesen; → **second** 1; **4.** Art f, Sorte f: **of** (od. **in**) **the ~ of a trial** nach Art (od. in Form) e-s Verhörs; **~ of the business** Gegenstand m der Firma; **5.** (na'türliche) Beschaffenheit; **6.** Na'tur f (na'türliche Landschaft: **~ con·servation** Naturschutz m; ⚸ **Conservancy** Brit. Naturschutzbehörde f; **~ reserve** Naturschutzgebiet n; **~ trail** Naturlehrpfad m; **7.** ease (od. **relieve**) **~** sich erleichtern (urinieren etc.).

-natured [ˈneɪtʃəd] in Zssgn geartet, …artig, …mütig: **good-~** gutartig.

na·tur·ism [ˈneɪtʃərɪzəm] s. 'Freikörperkulˌtur f; **'na·tur·ist** [-ɪst] s. FK'K-Anhänger(in).

na·tur·o·path [ˈneɪtʃərəʊpæθ] s. ⚕ **1.** Heilpraktiker(in); **2.** Na'turheilkundige(r m) f.

naught [nɔːt] I s. Null f: **bring** (**come**) **to ~** zunichte machen (werden); **set at ~ Mahnung** etc. in den Wind schlagen; II adj. obs. keineswegs.

naugh·ti·ness [ˈnɔːtɪnɪs] s. Ungezogenheit f, Unartigkeit f; **naugh·ty** [ˈnɔːtɪ] adj. □ **1.** ungezogen, unartig; **2.** ungehörig (Handlung); **3.** unanständig, schlimm (Wort etc.): **~, ~!** F aber, aber!

nau·se·a [ˈnɔːsjə] s. **1.** Übelkeit f, Brechreiz m; **2.** Seekrankheit f; **3.** fig. Ekel m; **'nau·se·ate** [-sɪeɪt] I v/i. **1.** (e-n) Brechreiz empfinden, sich ekeln (**at** vor dat.); II v/t. **2.** sich ekeln vor (dat.); **3.** anekeln, j-m Übelkeit erregen: **be ~d** (**at**) → 1; **'nau·se·at·ing** [-sɪeɪtɪŋ], **'nau·seous** [-sjəs] adj. □ ekelerregend, widerlich.

nau·tic [ˈnɔːtɪk] → nautical.

nau·ti·cal [ˈnɔːtɪkl] adj. □ ♣ nautisch, Schiffs…, See(fahrts)…; **~ al·ma·nac** s. nautisches Jahrbuch; **~ chart** s. Seekarte f; **~ mile** s. ♣ Seemeile f (1,852

km).

na·val [ˈneɪvl] adj. ♣ **1.** Flotten…, (Kriegs)Marine…; **2.** See…, Schiffs…; **~ a·cad·e·my** s. ♣ **1.** Ma'rine-Akadeˌmie f; **2.** Navigati'onsschule f; **~ air·plane** s. Ma'rineflugzeug n; **~ ar·chi·tect** s. 'Schiffbauingeniˌeur m; **~ base** s. 'Flottenstützpunkt m, -ˌbasis f; **~ bat·tle** s. Seeschlacht f; **~ ca·det** s. 'Seekaˌdett m; **~ forc·es** s. pl. Seestreitkräfte pl.; **~ of·fi·cer** s. **1.** Ma'rineoffiˌzier m; **2.** Am. (höherer) Hafenzollbeamter; **~ pow·er** s. pol. Seemacht f.

nave¹ [neɪv] s. △ Mittel-, Hauptschiff n: **~ of a cathedral**.

nave² [neɪv] s. ⚙ (Rad)Nabe f.

na·vel [ˈneɪvl] s. **1.** anat. Nabel m, fig. a. Mitte(lpunkt m) f; **2.** → **or·ange** s. 'Navelˌorange f; **'~-string** s. anat. Nabelschnur f.

nav·i·cert [ˈnævɪsɜːt] s. ✝, ♣ Navi'cert n (Geleitschein).

na·vic·u·lar [nəˈvɪkjʊlə] adj. nachen-, kahnförmig: **~** (**bone**) anat. Kahnbein n.

nav·i·ga·bil·i·ty [ˌnævɪɡəˈbɪlətɪ] s. **1.** ♣ a) Schiffbarkeit f (e-s Gewässers), b) Fahrtüchtigkeit f; **2.** ✈ Lenkbarkeit f; **nav·i·ga·ble** [ˈnævɪɡəbl] adj. □ ♣ a) schiffbar, (be)fahrbar, b) fahrtüchtig; **2.** ✈ lenkbar (Luftschiff); **nav·i·gate** [ˈnævɪɡeɪt] I v/i. **1.** schiffen, (zu Schiff) fahren; **2.** bsd. ✈ steuern, orten (to nach); II v/t. **3.** Gewässer a) befahren, b) durch'fahren; **4.** ✈ durch'fliegen; **5.** steuern, lenken; **nav·i·ga·tion** [ˌnævɪˈɡeɪʃn] s. **1.** ♣ Nautik f, Navigati'on f; Schiffsführung f, Schiffahrtskundc f; **2.** ✈ Navigati'onskunde f; **3.** ♣ Schiffahrt f, Seefahrt f; **4.** ✈, ♣ a) Navigation, b) Ortung f; **nav·i·ga·tion·al** [ˌnævɪˈɡeɪʃnl] adj. Navigations…

nav·i·ga·tion‖ chan·nel s. Fahrwasser n; **~ chart** s. Navigati'onskarte f; **~ guide** s. Bake f; **~ light** s. Positi'onslicht n; **~ of·fi·cer** s. ♣, ✈ Navigati'onsoffiˌzier m.

nav·i·ga·tor [ˈnævɪɡeɪtə] s. **1.** ♣ a) Seefahrer m, b) Nautiker m, c) Steuermann m, d) Am. Navigati'onsoffiˌzier m; **2.** ✈ a) (Aero)'Nautiker m, b) Beobachter m.

nav·vy [ˈnævɪ] s. **1.** Brit. Ka'nal-, Erd-, Streckenarbeiter m; **2.** ⚙ Exka'vator m, Löffelbagger m.

na·vy [ˈneɪvɪ] s. ♣ **1.** mst ⚸ 'Kriegsmaˌrine f; **2.** (Kriegs)Flotte f; **~ blue** s. Ma'rineblau n; **~-blue** adj. ma'rineblau; ⚸ **Board** s. Brit. Admirali'tät f; **~ league** s. Flottenverein m; ⚸ **List** s. Ma'rineˌrangliste f; **~ yard** s. Ma'rinewerft f.

nay [neɪ] I adv. **1.** obs. nein; **2.** obs. ja so'gar; II s. **3.** parl. enc. Nein(stimme f) n: **the ~s have it!** der Antrag ist abgelehnt!

Naz·a·rene [ˌnæzəˈriːn] s. Naza'rener m (a. Christus).

naze [neɪz] s. Landspitze f.

Na·zi [ˈnɑːtsɪ] pol. contp. I s. Nazi m; II adj. Nazi…; **'Na·zism** [-ɪzəm] s. Na'zismus m.

neap [niːp] I adj. niedrig, abnehmend (Flut); II s. a. **~ tide** Nippflut f; III v/i. zu'rückgehen (Flut).

near [nɪə] I adv. **1.** nahe, (ganz) in der Nähe; **2.** nahe (bevorstehend) (Ereignis

etc.): **~ upon five o'clock** ziemlich genau um 5 Uhr; **3.** F annähernd, nahezu, fast: **not ~ so bad** bei weitem nicht so schlecht;

Besondere Redewendungen:

~ at hand a) nahe, in der Nähe, dicht dabei, b) fig. nahe bevorstehend, vor der Tür; **~ by** → **nearby** I; **come** (od. **go**) **~ to** a) sich ungefähr belaufen auf (acc.), b) e-r Sache sehr nahekommen, fast et. sein; **come ~ to doing s.th.** et. beinahe tun; **draw ~** heranrücken (a. Zeitpunkt); **live ~** sparsam od. kärglich leben; **sail ~ to the wind** ♣ hart am Wind segeln;

II adj. □ → I u. **nearly**; **4.** nahe(gelegen), in der Nähe: **the ~est place** der nächste Ort; **~ miss** a) ✕ Nahkrepierer m, b) ✈ Beinahzusammenstoß m, c) fig. fast ein Erfolg; **5.** kurz, nahe (Weg): **the ~est way** der kürzeste Weg; **6.** nahe (Zeit, Ereignis): **the ~ future**; **7.** nahe (verwandt): **the ~est relations** die nächsten Verwandten; **8.** eng (befreundet), in'tim: **a ~ friend**; **9.** a'kut, brennend (Frage, Problem etc.); **10.** knapp (Entkommen, Rennen etc.): **that was a ~ thing** F ,das hätte ins Auge gehen können'; **11.** genau, (wort)getreu (Übersetzung etc.); **12.** sparsam, geizig; **13.** link (vom Fahrer aus; Pferd, Fahrbahnseite etc.): **~ horse** Handpferd n; **14.** Imitations…: **~ leather, ~ beer** Dünnbier n; **~ silk** Halbseide f; III prp. **15.** nahe, in der Nähe von (od. gen.), nahe an (dat.) od. bei, unweit (gen.): **~ s.o.** j-m nahe; **~ doing s.th.** nahe daran, et. zu tun; **16.** (zeitlich) nahe, nicht weit von; IV v/i. u. v/t. **17.** sich nähern, näherkommen (dat.): **be ~ing completion** der Vollendung entgegengehen.

near·by I [ˌnɪəˈbaɪ] adv. bsd. Am. in der Nähe, nahe; II [ˈnɪəbaɪ] adj. nahe(gelegen).

Near East s. geogr., pol. **1.** Brit. obs. die Balkanstaaten pl.; **2.** der Nahe Osten.

near·ly [ˈnɪəlɪ] adv. **1.** beinahe, fast; **2.** annähernd: **not ~** bei weitem nicht, nicht annähernd; **3.** genau, gründlich; **near·ness** [ˈnɪənɪs] s. **1.** Nähe f; **2.** Innigkeit f, Vertrautheit f; **3.** große Ähnlichkeit; **4.** Knauserigkeit f.

near‖ point s. opt. Nahpunkt m; **'~-side** s. mot. Beifahrerseite f; **'~-'sight·ed** adj. kurzsichtig; **'~-'sight·ed·ness** s. Kurzsichtigkeit f.

neat¹ [niːt] adj. □ **1.** sauber: a) ordentlich, reinlich, b) hübsch, nett (a. fig.), a'drett, geschmackvoll, c) klar, 'übersichtlich, d) geschickt; **2.** treffend (Antwort etc.); **3.** a) rein: **~ silk**, b) pur: **~ whisky**; **4.** sl. prima.

neat² [niːt] s. **1.** coll. Rind-, Hornvieh n, Rinder pl.; **2.** Ochse m, Rind n; II adj. **3.** Rind(er)…

'neath, neath [niːθ] prp. poet. od. dial. unter (dat.), 'unterhalb (gen.).

neat·ness [ˈniːtnɪs] s. **1.** Ordentlichkeit f, Sauberkeit f; **2.** Gefälligkeit f, Nettigkeit f; Zierlichkeit f; **3.** schlichte Ele-'ganz, Klarheit f (Stil etc.); **4.** Geschicklichkeit f; **5.** Unvermischtheit f (Getränke etc.).

'neat's'-foot oil s. Klauenfett n; **'~-leath·er** s. Rindsleder n.

neb·u·la ['nebjʊlə] *pl.* **-lae** [-liː] *s.* **1.** *ast.* Nebel(fleck) *m*; **2.** ✻ a) Trübheit *f* (*des Urins*), b) Hornhauttrübung *f*; **'neb·u·lar** [-lə] *adj. ast.* **1.** Nebel(fleck)…, Nebular…; **2.** nebelartig; **neb·u·los·i·ty** [ˌnebjʊ'lɒsətɪ] *s.* **1.** Neb(e)ligkeit *f*; **2.** Trübheit *f*; **3.** *fig.* Verschwommenheit *f*; **4.** → *nebula* 1; **'neb·u·lous** [-ləs] *adj.* ☐ **1.** neb(e)lig, wolkig (*a. Flüssigkeit*); *ast.* Nebel…; **2.** *fig.* verschwommen, nebelhaft.

nec·es·sar·i·ly ['nesəsərəlɪ] *adv.* **1.** notwendigerweise; **2.** unbedingt: *you need not ~ do it*; **nec·es·sar·y** ['nesəsərɪ] **I** *adj.* ☐ **1.** notwendig, nötig, erforderlich (*to* für): *it is ~ for me to do it* es ist nötig, daß ich es tue; *a ~ evil* ein notwendiges Übel; *if ~* nötigenfalls; **2.** unvermeidlich, zwangsläufig, notwendig: *a ~ consequence*; **3.** notgedrungen; **II** *s.* **4.** Erfordernis *n*, Bedürfnis *n*: *necessaries of life* Notbedarf *m*, Lebensbedürfnisse; *strict necessaries* unentbehrliche Unterhaltsmittel; **5.** ✝ Be'darfsarˌtikel *m*.

ne·ces·si·tar·i·an [nɪˌsesɪ'teərɪən] *phls.* **I** *s.* Determi'nist *m*; **II** *adj.* determi'nistisch.

ne·ces·si·tate [nɪ'sesɪteɪt] *v/t.* **1.** notwendig *od.* nötig machen, erfordern, verlangen; **2.** *j-n* zwingen, nötigen; **ne·ces·si·ta·tion** [nɪˌsesɪ'teɪʃn] *s.* Nötigung *f*, Zwang *m*; **ne'ces·si·tous** [-təs] *adj.* ☐ **1.** bedürftig, notleidend; **2.** dürftig, ärmlich (*Umstände*); **3.** notgedrungen (*Handlung*); **ne'ces·si·ty** [-tɪ] *s.* **1.** Notwendigkeit *f*: a) Erforderlichkeit *f*, b) 'Unumˌgänglichkeit *f*, Unvermeidlichkeit *f*, c) Zwang *m*: *as a ~, of ~* notwendigerweise; *be under the ~ of doing* gezwungen sein zu tun; **2.** (dringendes) Bedürfnis: (*the bare*) *necessities of life* (die dringendsten) Lebensbedürfnisse; **3.** Not *f*, Zwangslage *f*, *a.* ⚖ Notstand *m*: *~ is the mother of invention* Not macht erfinderisch; *~ knows no law* Not kennt kein Gebot; *in case of ~* im Notfall; → *virtue* 3; **4.** Not(lage) *f*, Bedürftigkeit *f*.

neck [nek] **I** *s.* **1.** Hals *m* (*a. Flasche, Gewehr, Saiteninstrument*); **2.** Nacken *m*, Genick *n*: *break one's ~* sich das Genick brechen; *crane one's ~* sich den Hals ausrenken (*at* nach); *get it in the ~ sl.* ,eins aufs Dach bekommen'; *risk one's ~* Kopf u. Kragen riskieren; *stick one's ~ out* F viel riskieren, den Kopf hinhalten; *be up to one's ~ in s.th.* bis über die Ohren in et. stecken; *win by a ~ sport* um e-e Kopflänge gewinnen (*Pferd*); *~ and ~* Kopf an Kopf (*a. fig.*); *~ and crop* mit Stumpf u. Stiel; *~ or nothing* a) (*adv.*) auf Biegen oder Brechen, b) (*attr.*) tollkühn, verzweifelt; *it is ~ or nothing* es geht um alles oder nichts; **3.** Hals-, Kammstück *n* (*Schlachtvieh*); **4.** Ausschnitt *m* (*Kleid*); **5.** *anat.* Hals *m e-s Organs*; **6.** △ Halsglied *n* (*Säule*); **7.** ⚙ a) Hals *m* (*Welle*), b) Schenkel *m* (*Achse*), c) (abgesetzter) Zapfen, d) Ansatz *m* (*Schraube*), e) Einfüllstutzen *m*; **8.** a) Landenge *f*, b) Engpaß *m*: *~ of the woods* ,Ecke' *f e-s Landes*; **II** *v/t.* **9.** *e-m Huhn etc.* den Kopf abschlagen *od.* den Hals 'umdrehen; **10.** ⚙ a) **~ out** aushalsen; **11.** *sl.* ,knutschen' *od.*

,schmusen' mit; **III** *v/i.* **12.** *sl.* ,knutschen'; **'~cloth** *s.* Halstuch *n*.

neck·er·chief ['nekətʃɪf] *s.* Halstuch *n*.

neck·ing ['nekɪŋ] *s.* **1.** △ Säulenhals *m*; **2.** ⊙ a) Aushalsen *n e-s Hohlkörpers*, b) Querschnittverminderung *f*; **3.** *sl.* ,Geknutsche' *n*.

neck·lace ['neklɪs], **'neck·let** [-lɪt] *s.* Halskette *f*.

neck| le·ver *s.* Ringen: Nackenhebel *m*; **'~·line** *s.* Ausschnitt *m* (*am Kleid*); **~ scis·sors** *s. pl. sg. konstr.* Ringen: Halsschere *f*; **'~·tie** *s.* Kra'watte *f*, Schlips *m*; **'~·wear** *s.* ✝ *coll.* Kra'watten *pl.*, Kragen *pl.*, Halstücher *pl.*

ne·crol·o·gy [ne'krɒlədʒɪ] *s.* **1.** Toten-, Sterbeliste *f*; **2.** Nachruf *m*; **nec·ro·man·cer** ['nekrəʊmænsə] *s.* **1.** Geister-, Totenbeschwörer *m*; **2.** *allg.* Schwarzkünstler *m*; **nec·ro·man·cy** ['nekrəʊmænsɪ] *s.* **1.** Geisterbeschwörung *f*, Nekroman'tie *f*; **2.** *allg.* Schwarze Kunst; **ne·croph·i·lism** [ne'krɒfɪlɪzəm] *s. psych.* Nekrophi'lie *f*; **ne·cro·sis** [ne'krəʊsɪs] *s.* Ne'krose *f*, Brand *m* (*a.* ♥): *~ of the bone* Knochenfraß *m*; **ne·crot·ic** [ne'krɒtɪk] *adj.* ♥, ✻ brandig.

nec·tar ['nektə] *s. myth.* Nektar *m* (*a.* ♥ *u. fig.*), Göttertrank *m*; **'nec·ta·ry** [-ərɪ] *s.* ♥, *zo.* Nek'tarium *n*, Honigdrüse *f*.

née, *bsd. Am.* **nee** [neɪ] *adj.* geborene (*vor dem Mädchennamen e-r Frau*).

need [niːd] **I** *s.* **1.** (*of, for*) (dringendes) Bedürfnis (nach), Bedarf *m* (an *dat.*): *one's own ~s* Eigenbedarf; *be* (*od. stand*) *in ~ of s.th.* et. dringend brauchen, et. sehr nötig haben; *fill a ~* e-m Bedürfnis entgegenkommen, e-m Mangel abhelfen; *in ~ of repair* reparaturbedürftig; *have no ~ to do* kein Bedürfnis *od.* keinen Grund haben zu tun; **2.** Mangel *m* (*of, for* an *dat.*): *feel the ~ of* (*od. for*) *s.th.* et. vermissen, Mangel an et. verspüren; **3.** dringende Notwendigkeit: *there is no ~ for you to come* du brauchst nicht zu kommen; **4.** Not(lage) *f*: *in case of ~, if ~ be, if ~ arise* nötigenfalls, im Notfall; **5.** Armut *f*, Not *f*; **6.** *pl.* Erfordernisse *pl.*, Bedürfnisse *pl.*; **II** *v/t.* **7.** benötigen, nötig haben, brauchen; **8.** erfordern: *it ~s all your strength*; *it ~ed doing* es mußte (einmal) getan werden; **III** *v/aux.* **9.** müssen, brauchen: *it ~s to be done* es muß getan werden; *it ~s but to become known* es braucht nur bekannt zu werden; **10.** (*vor e-r Verneinung u. in Fragen, ohne* to; *3. sg. pres. need*) brauchen, müssen: *she ~ not do it*; *you ~ not have come* du hättest nicht zu kommen brauchen; **'need·ful** [-fʊl] **I** *adj.* ☐ nötig: *the ~* das Nötige *m*, *das Nötige Kleingeld*; **'need·i·ness** [-dɪnɪs] *s.* Bedürftigkeit *f*, Armut *f*.

nee·dle ['niːdl] **I** *s.* **1.** (*Näh-, a.* Grammophon-, Magnet- etc.)Nadel *f* (*a.* ✻, ♥): *knitting-~* Stricknadel; *as sharp as a ~ fig.* äußerst intelligent, ,auf Draht'; *~'s eye* Nadelöhr *n*; *get* (*od. take*) *the ~* F ,hochgehen', e-e Wut kriegen; *give s.o. the ~* → 7; **2.** ⊙ a) Ven'tilnadel *f*, b) *mot.* Schwimmernadel *f* (*Vergaser*), c) Zeiger *m*, d) Zunge *f* (*Waage*), e) Radiernadel *f*; **3.** Nadel *f* (*Berg-, Felsspitze*); **4.** Obe'lisk *m*; **5.**

min. Kri'stallnadel *f*; **II** *v/t.* **6.** (*mit e-r Nadel*) nähen, durch'stechen; ✻ punktieren: *~ one's way through fig.* sich hindurchschlängeln; **7.** F *durch Sticheleien* aufbringen, reizen; **8.** anstacheln; **9.** F *Getränk durch Alkoholzusatz* schärfen; *~ bath s.* Strahldusche *f*; **'~·book** *s.* Nadelbuch *n*; **'~·gun** *s.* ✕ Zündnadelgewehr *n*; **'~·like** *adj.* nadelartig; *~ point s.* **1.** Petit'point-Sticke,rei *f*; **2.** → *~·point lace s.* Nadelspitze *f* (*Ggs. Klöppelspitze*).

need·less ['niːdlɪs] *adj.* ☐ unnötig, 'überflüssig: *~ to say* selbstredend, selbstverständlich; *~ly adv.* unnötig(erweise); **'need·less·ness** [-nɪs] *s.* Unnötigkeit *f*, Überflüssigkeit *f*.

nee·dle| valve *s.* ⊙ 'Nadelven,til *n*; **'~·wom·an** *s.* [*irr.*] Näherin *f*; **'~·work** **I** *s.* Handarbeit *f*, Nähe'rei *f*; **II** *adj.* Handarbeits…: *~ shop*.

needs [niːdz] *adv.* unbedingt, notwendigerweise: *if you must ~ do it* wenn du es durchaus tun willst.

need·y ['niːdɪ] *adj.* ☐ arm, bedürftig, notleidend.

ne'er [neə] *poet. für never*; **'~-do-well** **I** *s.* Taugenichts *m*, Tunichtgut *m*; **II** *adj.* nichtsnutzig.

ne·far·i·ous [nɪ'feərɪəs] *adj.* ☐ ruchlos, schändlich; **ne'far·i·ous·ness** [-nɪs] *s.* Ruchlosigkeit *f*, Bosheit *f*.

ne·gate [nɪ'geɪt] *v/t.* **1.** verneinen, negieren, leugnen; **2.** annullieren, unwirksam machen, aufheben, verwerfen; **ne'ga·tion** [-eɪʃn] *s.* **1.** Verneinung *f*, Verneinen *n*, Negieren *n*; **2.** Verwerfung *f*, Annullierung *f*, Aufhebung *f*; **3.** *phls.* a) (*Logik*) Negati'on *f*, b) Nichts *n*.

neg·a·tive ['negətɪv] **I** *adj.* ☐ **1.** negativ, verneinend; **2.** abschlägig, ablehnend (*Antwort etc.*); **3.** erfolglos, ergebnislos; **4.** negativ (*ohne positive Werte*): **5.** ♠, ⚡, ✻, ✻, *phot.*, *phys.* negativ: *~ conductor* ⚡ Minusleitung *f*; *~ electrode* Kathode *f*; *~ lens opt.* Zerstreuungslinse *f*; *~ sign* ℞ Minuszeichen *n*, negatives Vorzeichen; *~! Fehlanzeige!*; **II** *s.* **6.** Verneinung *f*: *answer in the ~* verneinen; **7.** abschlägige Antwort; **8.** *ling.* Negati'on *f*; **9.** a) Einspruch *m*, Veto *n*, b) ablehnende Stimme; **10.** negative Eigenschaft, Negativum *n*; **11.** ⚡ negativer Pol; **12.** ℞ a) Minuszeichen *n*, b) negative Zahl; **13.** *phot.* Negativ *n*; **III** *v/t.* **14.** negieren, verneinen; **15.** verwerfen, ablehnen; **16.** wider'legen; **17.** unwirksam machen, neutralisieren, aufheben; **'neg·a·tiv·ism** [-vɪzəm] *s.* Negati'vismus *m* (*a. phls., psych.*); **neg·a·tor** [nɪ'geɪtə] *s.* Verneiner *m*; **'neg·a·to·ry** [-tərɪ] *adj.* verneinend, negativ.

neg·lect [nɪ'glekt] **I** *v/t.* **1.** vernachlässigen; **2.** miß'achten; **3.** versäumen, unter'lassen (*to do od. doing* zu tun); **4.** über'sehen, -'gehen; außer acht lassen; **II** *s.* **5.** Vernachlässigung *f*, Hint'ansetzung *f*; **6.** 'Mißachtung *f*; **7.** Unterlassung *f*, Versäumnis *n*, ⚖ *a.* Fahrlässigkeit *f*: *~ of duty* Pflichtversäumnis; **8.** Verwahrlosung *f*: *in a state of ~* verwahrlost; **9.** Über'gehen *n*, Auslassung *f*; **10.** Nachlässigkeit *f*; **neg'lect·ful** [-fʊl] *adj.* ☐ → *negligent* 1.

neg·li·gée ['neglɪˌʒeɪ] *s.* Negli'gé *n*: a) *ungezwungene Hauskleidung*, b) *dün-*

ner Morgenmantel.

neg·li·gence ['neglɪdʒəns] *s.* **1.** Nachlässigkeit *f*, Unachtsamkeit *f*; **2.** ☽☽ Fahrlässigkeit *f*: *contributory ~* mitwirkendes Verschulden; **'neg·li·gent** [-nt] *adj.* □ **1.** nachlässig, gleichgültig, unachtsam (*of* gegen): *be ~ of s.th.* et. vernachlässigen, et. außer acht lassen; **2.** ☽☽ fahrlässig; **3.** lässig, sa'lopp.

neg·li·gi·ble ['neglɪdʒəbl] *adj.* □ **1.** nebensächlich, unwesentlich; **2.** geringfügig, unbedeutend; → *quantity* 2.

ne·go·ti·a·bil·i·ty [nɪ,gəʊʃjə'bɪlətɪ] *s.* ☽ **1.** Verkäuflichkeit *f*; **2.** Begebbarkeit *f*; **3.** Bank-, Börsenfähigkeit *f*; **4.** Über'tragbarkeit *f*; **5.** Verwertbarkeit *f*; **ne·go·ti·a·ble** [nɪ'gəʊʃjəbl] *adj.* □ **1.** a) verkäuflich, veräußerlich, b) verkehrsfähig, c) bank-, börsenfähig, d) (durch Indossa'ment) über'tragbar, begebbar, e) verwertbar: *~ instrument* begebbares (Wert)Papier; *not ~* nur zur Verrechnung; **2.** über'windbar (*Hindernis*); befahrbar (*Straße*); **3.** auf dem Verhandlungsweg erreichbar: *salary ~* Gehalt nach Vereinbarung.

ne·go·ti·ate [nɪ'gəʊʃɪeɪt] **I** *v/i.* **1.** ver-, unter'handeln, in Unter'handlung stehen (*with* mit, *for*, *about* um, wegen): *negotiating table* Verhandlungstisch *m*; **II** *v/t.* **2.** Vertrag etc. zu'stande bringen, (ab)schließen; **3.** verhandeln über (*acc.*); **4.** ☽ Wechsel begeben: *~ back* zurückgeben; **5.** Hindernis etc. über'winden, a. Kurve nehmen; **ne·go·ti·a·tion** [nɪ,gəʊʃɪ'eɪʃn] *s.* **1.** Ver-, Unter'handlung *f*: *enter into ~s* in Verhandlungen eintreten: *by way of ~* auf dem Verhandlungswege; **2.** Aushandeln *n* (*Vertrag*); **3.** ☽ Begebung *f*, Über'tragung *f* (*Wechsel etc.*): *further ~* Weiterbegebung *f*; **4.** Über'windung *f*, Nehmen *n von Hindernissen*; **ne·go·ti·a·tor** [-tə] *s.* **1.** 'Unterhändler *m*; **2.** Vermittler *m*.

ne·gress ['niːgrɪs] *s. obs.* Negerin *f*.

ne·gro ['niːgrəʊ] **I** *pl.* **-groes** *s.* Neger (-in); **II** *adj.* Neger...: *~ question* Negerfrage *f*, -problem *n*; *~ spiritual →* *spiritual* 8; **'ne·groid** [-rɔɪd] *adj.* negro'id, negerartig.

Ne·gus¹ ['niːgəs] *s. hist.* Negus *m* (*äthiopischer Königstitel*).

ne·gus² ['niːgəs] *s.* Glühwein *m*.

neigh [neɪ] **I** *v/t. u. v/i.* wiehern; **II** *s.* Gewieher *n*, Wiehern *n*.

neigh·bo(u)r ['neɪbə] **I** *s.* **1.** Nachbar (-in); **2.** Nächste(r) *m*, Mitmensch *m*; **II** *adj.* **3.** → *neighbo(u)ring*; **III** *v/t.* **4.** (an)grenzen an (*acc.*); **IV** *v/i.* **5.** benachbart sein, in der Nachbarschaft wohnen; **6.** grenzen (*upon* an *acc.*); **'neigh·bo(u)r·hood** [-hʊd] *s.* **1.** Nachbarschaft *f* (*a. fig.*), Um'gebung *f*, Nähe *f*: *in the ~ of* a) in der Umgebung von, b) *fig.* F ungefähr, etwa, um ... herum; **2.** *coll.* Nachbarn *pl.*, Nachbarschaft *f*; **3.** (Wohn)Gegend *f*: *a fashionable ~*; **'neigh·bo(u)r·ing** [-bərɪŋ] *adj.* benachbart, angrenzend, Nachbar...: *~ state* a. Anliegerstaat *m*; **'neigh·bo(u)r·li·ness** [-lɪnɪs] *s.* (gut)nachbarliches Verhalten; Freundlichkeit *f*; **'neigh·bo(u)r·ly** [-lɪ] *adj. u. adv.* **1.** (gut)'nachbarlich; **2.** freundlich, gesellig.

nei·ther ['naɪðə] **I** *adj. u. pron.* **1.** kein (von beiden): *~ of you* keiner von euch

(beiden); **II** *cj.* **2.** weder: *~ you nor he knows* weder du weißt es noch er; **3.** noch (auch), auch nicht, ebensowenig: *he does not know, ~ do I* er weiß es nicht, noch *od.* ebensowenig weiß ich es.

nem·a·tode ['nemətəʊd] *zo. s.* Nema'tode *f*, Fadenwurm *m*.

nem con [,nem'kɒn] *adv.* einstimmig.

nem·e·sis, *a.* ♗ ['nemɪsɪs] *s. myth. u. fig.* Nemesis *f*, (die Göttin der) Vergeltung *f*.

ne·mo ['niːməʊ] *s. Radio, TV:* 'Außenrepor,tage *f*.

neo- [niːəʊ] *in Zssgn* neu, jung, neo..., Neo...

ne·o·lith ['niːəʊlɪθ] *s.* jungsteinzeitliches Gerät; **ne·o·lith·ic** [,niːəʊ'lɪθɪk] *adj.* jungsteinzeitlich, neo'lithisch: ♗ *period* Jungsteinzeit *f*.

ne·ol·o·gism [niː'ɒlədʒɪzəm] *s.* **1.** *ling.* Neolo'gismus *m*, Wortneubildung *f*; **2.** *eccl.* neue Dok'trin; **ne'ol·o·gy** [-dʒɪ] *s.* **1.** → *neologism* 1 *u.* 2; **2.** *ling.* Neolo'gie *f*, Bildung *f* neuer Wörter.

ne·on ['niːən] *s.* 🜓 Neon *n*: *~ lamp* Neonlampe *f*, Leucht(stoff)röhre *f*; *~ signs* Leuchtreklame *f*.

ne·o·phyte ['niːəʊfaɪt] *s.* **1.** *eccl.* Neubekehrte(r *m*) *f*, Konver'tit(in); **2.** *R.C.* a) No'vize *m*, *f*, b) Jungpriester *m*; **3.** *fig.* Neuling *m*, Anfänger(in).

ne·o·plasm ['niːəʊplæzəm] *s.* 🜓 Neo'plasma *n*, Gewächs *n*.

ne·o·ter·ic [,niːəʊ'terɪk] *adj.* (□ *-ally*) neuzeitlich, mo'dern.

Ne·o·zo·ic [,niːəʊ'zəʊɪk] *geol.* **I** *s.* Neo'zoikum *n*, Neuzeit *f*; **II** *adj.* neo'zoisch.

Nep·a·lese [,nepɔː'liːz] **I** *s.* Nepa'lese *m*, Nepalesin *f*, Bewohner(in) von Ne'pal; Nepa'lesen *pl.*; **II** *adj.* nepa'lesisch.

neph·ew ['nevjuː] *s.* Neffe *m*.

ne·phol·o·gy [nɪ'fɒlədʒɪ] *s.* Wolkenkunde *f*.

ne·phrit·ic [ne'frɪtɪk] *adj.* 🜓 Nieren...; **ne·phri·tis** [ne'fraɪtɪs] *s.* 🜓 Ne'phritis *f*, Nierenentzündung *f*; **neph·ro·lith** ['nefrəʊlɪθ] *s.* 🜓 Nierenstein *m*; **ne·phrol·o·gist** [ne'frɒlədʒɪst] *s.* 🜓 Nierenfacharzt *m*, Uro'loge *m*.

nep·o·tism ['nepətɪzəm] *s.* Nepo'tismus *m*, Vetternwirtschaft *f*.

Nep·tune ['neptjuːn] *s. myth. u. ast.* Neptun *m*.

Ne·re·id ['nɪərɪɪd] *s. myth.* Nere'ide *f*, Wassernymphe *f*.

ner·va·tion [nɜː'veɪʃn], **nerv·a·ture** ['nɜːvəˌtʃʊə] *s.* **1.** Anordnung *f* der Nerven; **2.** ♗ Aderung *f*.

nerve [nɜːv] **I** *s.* **1.** Nerv(enfaser *f*) *m*: *get on s.o.'s ~s* j-m auf die Nerven gehen; *be all ~s, be a bag of ~s* F ein Nervenbündel sein; *a fit of ~s* e-e Nervenkrise; *strain every ~* s-e ganze Kraft aufbieten; **2.** *fig.* a) Lebensnerv *m*, b) Stärke *f*, Ener'gie *f*, c) (innere) Ruhe *f*, Mut *m*, e) *sl.* Frechheit *f*: *lose one's ~* die Nerven verlieren; *have the ~ to do s.th.* es wagen, et. zu tun; *he has got a ~!* *sl.* der hat vielleicht Nerven!; **3.** ♗ Nerv *m*, Ader *f* (*Blatt*); **4.** △ (Gewölbe)Rippe *f*; **II** *v/t.* **5.** *fig.* (körperlich *od.* seelisch) stärken, ermutigen: *~ o.s.* sich aufraffen; *~ cen·ter Am.*, *~ cen·tre Brit.* s. Nervenzentrum *n* (*a. fig.*); *~ cord* s. Nervenstrang *m*.

nerved [nɜːvd] *adj.* **1.** nervig (*mst in*

Zssgn): *strong-~* nervenstark; **2.** ♗, *zo.* geädert, gerippt.

nerve·less ['nɜːvlɪs] *adj.* □ **1.** *fig.* kraft-, ener'gielos; **2.** ohne Nerven; **3.** ♗ ohne Adern, nervenlos.

nerve| poi·son *s.* Nervengift *n*; **'~-,rack·ing** *adj.* nervenaufreibend.

nerv·ine ['nɜːviːn] *adj. u. s.* 🜓 nervenstärkend(es Mittel).

nerv·ous ['nɜːvəs] *adj.* **1.** Nerven...(-*system*, *-zusammenbruch etc.*): *~ excitement* nervöse Erregtheit; **2.** nervenreich; **3.** ner'vös: a) nervenschwach, erregbar, b) ängstlich, scheu, c) aufgeregt; **4.** aufregend; **5.** *obs.* kräftig, nervig; **'nerv·ous·ness** [-nɪs] *s.* Nervosi'tät *f*.

nerv·y ['nɜːvɪ] *adj.* F **1.** frech; **2.** ner'vös; **3.** nervenaufreibend.

nes·ci·ence ['nesɪəns] *s.* (vollständige) Unwissenheit; **'nes·ci·ent** [-nt] *adj.* unwissend (*of* in *dat.*).

ness [nes] *s.* Vorgebirge *n*.

nest [nest] **I** *s.* **1.** *orn.*, *zo.*, *a. geol.* Nest *n*; **2.** *fig.* Nest *n*, Zufluchtsort *m*, behagliches Heim; **3.** *fig.* Schlupfwinkel *m*, Brutstätte *f*: *~ of vice* Lasterhöhle *f*; **4.** Brut *f* (*junger Tiere*): *take a ~* ein Nest ausnehmen; **5.** ✕ (Widerstands, M'G-)Nest *n*; **6.** Serie *f*, Satz *m* (*ineinanderpassender Dinge*, *z.B.* Schüsseln); **7.** ☽ Satz *m*, Gruppe *f*: *~ of boiler tubes* Heizrohrbündel *n*; **II** *v/i.* **8.** a) ein Nest bauen, b) nisten; **9.** sich einnisten, sich 'niederlassen; **10.** Vogelnester ausnehmen; **III** *v/t.* **11.** Töpfe etc. inein'anderstellen, -setzen; *~ egg* s. **1.** Nestei *n*; **2.** *fig.* Spar-, Notgroschen *m*.

nes·tle ['nesl] **I** *v/i.* **1.** a. *~ down* sich behaglich 'niederlassen; **2.** sich anschmiegen *od.* kuscheln (*to*, *against* an *acc.*); **3.** sich einnisten; **II** *v/t.* **4.** schmiegen, kuscheln (*on*, *to*, *against* an *acc.*); **nest·ling** ['neslɪŋ] *s.* **1.** *orn.* Nestling *m*; **2.** *fig.* Nesthäkchen *n*.

net¹ [net] **I** *s.* **1.** (*a. weitS.* Straßen- etc., ♪ Koordi'nations)Netz *n*; *→ a. network* 4; **2.** *fig.* Falle *f*, Netz *n*, Garn *n*; **3.** netzartiges Gewebe, Netz *n*; ☽ Tüll *m*, Musse'lin *m*: *~ curtain* Store *m*; **4.** *Tennis:* Netzball *m*; **II** *v/t.* **5.** mit e-m Netz fangen; **6.** *fig.* (ein)fangen; **7.** mit e-m Netz um'geben *od.* bedecken; **8.** Gewässer mit Netzen abfischen; **9.** in Fi'let arbeiten, knüpfen; **10.** *Tennis:* Ball ins Netz schlagen; **III** *v/i.* **11.** Netz- *od.* Fi'letarbeit machen.

net² [net] **I** *adj.* ☽ **1.** netto, Netto..., Rein..., Roh...: *~ income* Nettoeinkommen *n*; **II** *v/t.* **2.** netto einbringen, e-n Reingewinn von ... abwerfen; **3.** netto verdienen, e-n Reingewinn haben von; *~ a·mount* s. Nettobetrag *m*, Reinertrag *m*; *~ cash* s. ☽ netto Kasse: *~ in advance* Nettokasse im voraus; *~ ef·fi·cien·cy* s. Nutzleistung *f*.

neth·er ['neðə] *adj.* **1.** unter, Unter...: *~ regions*, *~ world* Unterwelt *f*; **2.** nieder, Nieder...

Neth·er·land·er ['neðələndə] *s.* Niederländer(in); **'Neth·er·land·ish** [-dɪʃ] *adj.* niederländisch.

'neth·er·most *adj.* unterst, tiefst.

net| load s. ☽, ☽ Nutzlast *f*; *~ price* s. ☽ Nettopreis *m*; *~ pro·ceeds* s. *pl.* ☽ Nettoeinnahme(n *pl.*) *f*, Reinerlös *m*; *~*

prof·it s. ✝ Reingewinn m.

net·ted ['netɪd] adj. **1.** netzförmig, maschig; **2.** von Netzen um'geben od. bedeckt; **'net·ting** [-tɪŋ] s. **1.** Netzstricken n, Fi'letarbeit f; **2.** Netz(werk) n, Geflecht n (a. Draht); ✕ Tarnnetze pl.

net·tle ['netl] **I** s. **1.** ✿ Nessel f: *grasp the ~* fig. den Stier bei den Hörnern packen; **II** v/t. **2.** mit od. an Nesseln brennen; **3.** fig. ärgern, reizen: *be ~d at* aufgebracht sein über (acc.); **~ cloth** s. Nesseltuch n; **~ rash** s. ✿ Nesselausschlag m.

net| weight s. ✝ Netto-, Rein-, Eigen-, Trockengewicht n; **'~·work** s. **1.** Netz-, Maschenwerk n, Geflecht n, Netz n; **2.** Netz-, Fi'letarbeit f; **3.** fig. Netz n: ~ *of roads* Straßennetz; ~ *of intrigues* Netz von Intrigen; **4.** ✝ a) Leitungs-, Verteilungsnetz n, b) Rundfunk: Sendernetz n, -gruppe f; **~ yield** s. ✝ effek'tive Ren'dite od. Verzinsung, Nettoertrag m.

neu·ral ['njʊərəl] adj. physiol. Nerven...: ~ *axis* Nervenachse f.

neu·ral·gia [ˌnjʊə'rældʒə] s. ✿ Neural'gie f, Nervenschmerz m; **ˌneu'ral·gic** [-dʒɪk] adj. (□ **~ally**) neur'algisch.

neu·ras·the·ni·a [ˌnjʊərəs'θiːnɪə] s. ✿ Neurasthe'nie f, Nervenschwäche f; **ˌneu·ras'then·ic** [-'θenɪk] ✿ **I** adj. (□ **~ally**) neura'sthenisch; **II** s. Neura'stheniker(in).

neu·ri·tis [ˌnjʊə'raɪtɪs] s. Nervenentzündung f.

neu·rol·o·gist [ˌnjʊə'rɒlədʒɪst] s. Neuro'loge m, Nervenarzt m; **ˌneu'rol·o·gy** [-dʒɪ] s. Neurolo'gie f.

neu·ro·path ['njʊərəʊpæθ] s. ✿ Nervenleidende(r m) f; **ˌneu·ro·path·ic** [ˌnjʊərəʊ'pæθɪk] adj. (□ **~ally**) neuro'pathisch: a) ner'vös (Leiden etc.), b) nervenkrank; **neu·rop·a·thist** [ˌnjʊə'rɒpəθɪst] → **neurologist**; **neu'rop·a·thy** [ˌnjʊə'rɒpəθɪ] s. Nervenleiden n.

neu·rop·ter·an [ˌnjʊə'rɒptərən] zo. **I** adj. Netzflügler...; **II** s. Netzflügler m.

neu·ro·sis [ˌnjʊə'rəʊsɪs] pl. **-ses** [-siːz] s. ✿ Neu'rose f, **ˌneu'rot·ic** [-'rɒtɪk] **I** adj. (□ **~ally**) **1.** neu'rotisch; **2.** Nerven...(-mittel, -leiden etc.); **II** s. **3.** Neu'rotiker(in); **4.** Nervenmittel n; **ˌneu·'rot·o·my** [-'rɒtəmɪ] s. **1.** 'Nervenanato-ˌmie f; **2.** Nervenschnitt m.

neu·ter ['njuːtə] **I** adj. **1.** ling. a) sächlich, b) intransitiv (Verb); **2.** biol. geschlechtslos; **II** s. **3.** ling. a) Neutrum n, sächliches Hauptwort, b) intransitives Verb; **4.** ✿ Blüte f ohne Staubgefäße u. Stempel; **5.** zo. geschlechtsloses od. kastriertes Tier; **III** v/t. **6.** kastrieren.

neu·tral ['njuːtrəl] **I** adj. □ **1.** neu'tral (a. pol.), par'teilos, 'unparˌteiisch, unbeteiligt; **2.** neutral, unbestimmt, farblos; **3.** neutral (a. ✿, ⚡), gleichgültig, 'indiffeˌrent; **4.** ⚥, zo. geschlechtslos; **5.** ⊙, mot. a) Ruhe..., Null... (Lage) b) Leerlauf... (Gang); **II** s. **6.** a) Neu'trale(r m) f, Par'teilose(r m) f, b) neutraler Staat, c) Angehörige(r m) f e-s neutralen Staates; **7.** mot., ⊙ Ruhelage f, Leerlaufstellung f: *put the car in* ~ den Gang herausnehmen; ~ *ax·is* s. ✈, phys., ⊙ neutrale Achse, Nullinie f; ~ **con·duc·tor** s. ⚡ Nulleiter m; ~ **gear** s. ⊙ Leerlauf(gang) m.

neu·tral·ism ['njuːtrəlɪzəm] s. Neutra-

'lismus m; **'neu·tral·ist** [-ɪst] **I** s. Neutra'list m; **II** adj. neutra'listisch.

neu·tral·i·ty [njuː'trælətɪ] s. Neutrali'tät f (a. ✈, pol.).

neu·tral·i·za·tion [ˌnjuː'trəlaɪ'zeɪʃn] s. **1.** Neutralisierung f, Ausgleichung f, (gegenseitige) Aufhebung; **2.** ✈ Neutralisati'on f; **3.** pol. Neutrali'tätserklärung f e-s Staates etc.; **4.** ⚡ Entkopplung f; **5.** ✕ Niederhaltung f, Lahmlegung f, a. sport: Ausschaltung f; **neu·tral·ize** ['njuːtrəlaɪz] v/t. **1.** neutralisieren (a. ✈), ausgleichen, aufheben: *to ~ each other* sich gegenseitig aufheben; **2.** pol. für neu'tral erklären; **3.** ⚡ neutralisieren, entkoppeln; **4.** ✕ niederhalten, -kämpfen, a. sport: Gegner ausschalten; Kampfstoff entgiften.

neu·tral| line s. ✈, phys. Neu'trale f, neu'trale Linie; **2.** phys. Nullinie f; **3.** → *neutral axis;* ~ **po·si·tion** s. **1.** ⊙ Nullstellung f, -lage f; Ruhestellung f; **2.** ⚡ neutrale Stellung (Anker etc.).

neu·tro·dyne ['njuːtrədaɪn] s. ⚡ Neutro'dyn n.

neu·tron ['njuːtrɒn] phys. **I** s. Neu'tron n; **II** adj. Neutronen...(-bombe, -zahl etc.).

né·vé ['neveɪ] (Fr.) s. Firn(feld n) m.

nev·er ['nevə] adv. **1.** nie, niemals, nimmer(mehr); **2.** durch'aus nicht, (ganz und) gar nicht, nicht im geringsten; **3.** (doch) wohl nicht;

Besondere Redewendungen:

~ *fear* nur keine Bange!; ~ *mind* das macht nichts!; *well I ~!* F nein, so was!, das ist ja unerhört!; ~ *so* auch noch so; *he ~ so much as answered* er hat noch nicht einmal geantwortet; ~ *say die!* nur nicht verzweifeln!

'nev·er|-do-ˌwell s. Taugenichts m, Tunichtgut m; **ˌ~-'end·ing** [-ər'e-] adj. endlos, nicht enden wollend; **ˌ~-'fail·ing** adj. **1.** unfehlbar, untrüglich; **2.** nie versiegend; **ˌ~'more** adv. nimmermehr, nie wieder; **ˌ~-'nev·er** s. F **1.** *buy on the ~* ,abstottern', auf Pump kaufen; **2.** a. ~ *land* a) ,Arsch m der Welt', b) fig. Wolken'kuckucksheim n.

ˌnev·er·the'less adv. nichtsdesto'weniger, dennoch, trotzdem.

ne·vus ['niːvəs] s. ✿ Muttermal n, Leberfleck m: *vascular* ~ Feuermal.

new [njuː] **I** adj. □ → *newly,* **1.** allg. neu: *nothing* ~ nichts Neues; → *broom²;* **2.** a. ling. neu, mo'dern; bsd. contp. neumodisch; **3.** neu (Obst etc.), frisch (Brot, Milch etc.); **4.** neu (Ggs. alt), gut erhalten: *as good as* ~ so gut wie neu; **5.** neu(entdeckt od. -erschienen od. -erstanden od. -geschaffen); *facts,* ~ *star,* ~ *moon* Neumond m; ~ *publications* Neuerscheinungen pl.; *the* ~ *woman* die Frau von heute; *the ⚥ World* die Neue Welt (Amerika); *that is not* ~ *to me* das ist mir nichts Neues; **6.** unerforscht: ~ *ground* Neuland n (a. fig.); **7.** neu(gewählt, -ernannt): *the* ~ *president,* **8.** (*to*) a) j-m unbekannt, b) nicht vertraut (mit e-r Sache), unerfahren (in dat.), c) j-m ungewohnt; **9.** neu, ander, besser: *feel a* ~ *man* sich wie neugeboren fühlen; **10.** erneut: *a* ~ *start,* **11.** (bsd. bei Ortsnamen) Neu...; **II** adv. **12.** neu(erlich), so'eben, frisch (bsd. in Zssgn): **~-built** neuerbaut.

'new|-born adj. neugeboren (a. fig.); ~ **build·ing** s. Neubau m; **'~-come** adj. neuangekommen; **'~ˌcom·er** s. **1.** Neuankömmling m, Fremde(r m) f; **2.** Neuling m (to in e-m Fach); ⚥ **Deal** s. hist. New Deal m (Wirtschafts- u. Sozialpolitik des Präsidenten F. D. Roosevelt).

new·el ['njuːəl] s. ⊙ **1.** Spindel f (Wendeltreppe, Gußform etc.); **2.** Endpfosten m (Geländer).

'new|ˌfan·gled [-ˌfæŋgld] adj. contp. neu(modisch); **'~-fledged** adj. **1.** flügge geworden; **2.** fig. neugebacken; ~ **'found** adj. **1.** neugefunden; neuerfunden; **2.** neuentdeckt.

New·found·land (**dog**) [njuː'faʊndlənd], **New'found·land·er** [-də] s. Neu'fundländer m (Hund).

new·ish ['njuːɪʃ] adj. ziemlich neu; **new·ly** ['njuːlɪ] adv. **1.** neulich, kürzlich, jüngst: ~ *married* neu-, jungvermählt; **2.** von neuem; **new·ness** ['njuːnɪs] s. Neuheit f, das Neue; fig. Unerfahrenheit f.

ˌnew·'rich **I** adj. neureich; **II** s. Neureiche(r m) f, Parve'nü m.

news [njuːz] s. pl. sg. konstr. **1.** das Neue, Neuigkeit(en pl.) f, Neues n, Nachricht(en pl.) f: *a piece of* ~ e-e Nachricht od. Neuigkeit; *at this* ~ bei dieser Nachricht; *commercial* ~ ✝ Handelsteil m (Zeitung); *break the* (*bad*) ~ *to s.o.* j-m die (schlechte) Nachricht (schonend) beibringen; *have* ~ *from s.o.* von j-m Nachricht haben; *it is* ~ *to me* das ist neu (ganz neu); *what('s the)* ~? was gibt es Neues?; ~ *certainly travels fast!* es spricht sich alles herum!; *he is bad* ~s Am. sl. mit ihm werden wir Ärger kriegen; **2.** neueste (Zeitungs-, Radio)Nachrichten pl.: *be in the* ~ (in der Öffentlichkeit) von sich reden machen; ~ **a·gen·cy** s. 'Nachrichtenagenˌtur f, -büro n; ~ **a·gent** s. Zeitungshändler(in); ~ **black·out** s. Nachrichtensperre f; **'~·boy** s. Zeitungsjunge m; ~ **butch·er** s. Am. Verkäufer m von Zeitungen, Süßigkeiten etc.; **'~·cast** s. Radio, TV: Nachrichtensendung f; **'~ˌcast·er** s. Nachrichtensprecher(in); ~ **cin·e·ma** s. Aktuali'tätenkino n; ~ **con·fer·ence** s. 'Pressekonfeˌrenz f; ~ **deal·er** Am. → *news agent;* ~ **flash** s. ✈ (eingeblendete) Kurzmeldung; **'~·hawk** s., **'~·hound** s. Am. F 'Zeitungsreˌporter (-in); ~ **i·tem** s. 'Presseˌnoˌtiz f; **'~-let·ter** s. (Nachrichten)Rundschreiben n, Zirku'lar m; ~ **mag·a·zine** s. 'Nachrichtenmagaˌzin n; **'~-man** [-mæn] s. [irr.] **1.** Zeitungshändler m, -austräger m; **2.** Journa'list m; **'~ˌmon·ger** s. Neuigkeitskrämer(in).

'newsˌpa·per s. Zeitung f; ~ **ad·ver·tise·ment** s. 'Zeitungsanˌnonce f, -anzeige f; ~ **clip·ping** Am., ~ **cut·ting** s. Zeitungsausschnitt m; **'~-man** [-mæn] s. [irr.] **1.** Zeitungsverkäufer m; **2.** Journa'list m; **3.** Zeitungsverleger m.

'news|print s. 'Zeitungspaˌpier n; **'~ˌread·er** s. Brit. für *newscaster;* **'~-reel** s. Wochenschau f; **'~-room** [-rʊm] s. **1.** 'Nachrichtenraum m, -zenˌtrale f; **2.** Brit. Zeitschriftenlesesaal m; **3.** Am. 'Zeitungsladen m, -kiˌosk m; ~ **serv·ice** s. Nachrichtendienst m; **'~-sheet** s. Informati'onsblatt n; **'~-**

stall *s. Brit.*, **'~·stand** *s.* 'Zeitungs-ki‚osk *m*, -stand *m*.
New Style *s.* neue Zeitrechnung (*nach dem Gregorianischen Kalender*), neuer Stil.
news| ven·dor *s.* Zeitungsverkäufer(in); **'~·wor·thy** *adj.* von Inter'esse (für den Zeitungsleser), aktu'ell.
news·y ['nju:zɪ] *adj.* F voller Neuigkeiten.
newt [nju:t] *s. zo.* Wassermolch *m*.
new·ton ['nju:tn] *s. phys.* Newton *n* (*Maßeinheit*).
New·to·ni·an [nju:'təʊnjən] *adj.* Newton(i)sch: **~ force** Newtonsche Kraft.
new| year *s.* Neujahr *n*, *das neue Jahr*; ♀ Neujahrstag *m*; ♀ **Year's Day** *s.* Neujahrstag *m*; ♀ **Year's Eve** *s.* Sil'vesterabend *m*.
next [nekst] **I** *adj.* **1.** nächst, nächstfolgend, -stehend: **the ~ house** (**train**) das nächste Haus (der nächste Zug); (**the**) **~ day** am nächsten *od.* folgenden Tag; **~ door** (im Haus) nebenan; **~ door to** *fig.* beinahe, fast *unmöglich etc.*, so gut wie; **~ to** a) (gleich) neben, b) (gleich) nach (*Rang, Reihenfolge*), c) fast *unmöglich etc.*; **~ to nothing** fast gar nichts; **~ to last** zweitletzt; **the ~ but one** der (die, das) übernächste; **~ in size** a) nächstgrößer, b) nächstkleiner; **~ friend** ⚑ Prozeßpfleger *m*; **the ~ of kin** der (*pl.* die) nächste(n) Angehörige(n) *od.* Verwandte(n); **be ~ best** a) der (die, das) Zweitbeste sein, b) (**to**) *fig.* gleich kommen (nach), fast so gut sein (wie); **week after ~** übernächste Woche; **what ~?** was (denn) noch?; **II** *adv.* **2.** (*Ort, Zeit etc.*) zu'nächst, gleich dar'auf, als nächste(r) *od.* nächstes: **come ~** (als nächstes) folgen; **3.** nächstens, demnächst, das nächste Mal; **4.** (*bei Aufzählung*) dann, dar'auf; **III** *prp.* **5.** (gleich) neben (*dat.*) *od.* bei (*dat.*) *od.* an (*dat.*); **6.** zu'nächst nach, (*an Rang*) gleich nach; **IV** *s.* **7.** der (die, das) Nächste; **'next-door** *adj.* neben'an, im Nachbar- *od.* Nebenhaus, benachbart.
nex·us ['neksəs] *s.* Verknüpfung *f*, Zs.-hang *m*.
nib [nɪb] *s.* **1.** Schnabel *m* (*Vogel*); **2.** (Gold-, Stahl)Spitze *f* (*Schreibfeder*); **3.** *pl.* Kaffee- *od.* Ka'kaobohnenstückchen *pl.*
nib·ble ['nɪbl] **I** *v/t.* **1.** nagen, knabbern an (*dat.*): **~ off** abbeißen, -fressen; **2.** vorsichtig anbeißen (*Fische am Köder*); **II** *v/i.* **3.** nagen, knabbern (**at** an *dat.*): **~ at one's food** im Essen herumstochern; **4.** *Kekse etc.* ‚knabbern', naschen; **5.** (fast) anbeißen (*Fisch*) (*a. fig. Käufer*); **6.** *fig.* kritteln, tadeln; **III** *s.* **7.** Nagen, Knabbern *n*; **8.** (kleiner) Bissen, Happen *m*.
nib·lick ['nɪblɪk] *s. Golf: obs.* Niblick *m* (*Schläger*).
nibs [nɪbz] *s. pl. sg. konstr.* F ‚großes Tier': **his ~** ‚seine Hoheit'.
nice [naɪs] *adj.* □ **1.** fein (*Beobachtung, Sinn, Urteil, Unterschied etc.*); **2.** lekker, fein (*Speise etc.*); **3.** nett, freundlich (**to** zu *j-m*); **4.** nett, hübsch, schön (*alle a. iro.*): **~ girl**, **~ weather**, **a ~ mess** *iro.* e-e schöne Bescherung; **~ and fat** schön fett; **~ and warm** hübsch warm; **5.** niedlich, nett, **6.** heikel, wäh-

lerisch (**about** in *dat.*); **7.** (peinlich) genau, gewissenhaft; **8.** (*mst mit not*) anständig; **9.** *fig.* heikel, schwierig; **'nice·ly** [-lɪ] *adv.* **1.** nett, fein: **I was done ~** *sl. iro.* ich wurde schön übers Ohr gehauen; **2.** gut, fein, befriedigend: **that will do ~** das paßt ausgezeichnet; **she is doing ~** F es geht ihr gut (*od.* besser), sie macht gute Fortschritte; **3.** sorgfältig, genau; **'nice·ness** [-nɪs] *s.* **1.** Feinheit *f*; **2.** Nettheit *f*; Niedlichkeit *f*; **3.** F Nettigkeit *f*; **4.** Schärfe *f* des Urteils; **5.** Genauigkeit *f*, Pünktlichkeit *f*; **'ni·ce·ty** [-sətɪ] *s.* **1.** Feinheit *f*, Schärfe *f des Urteils etc.*; **2.** peinliche Genauigkeit, Pünktlichkeit *f*: **to a ~** aufs genaueste, bis aufs Haar; **3.** Spitzfindigkeit *f*; **4.** *pl.* kleine 'Unterschiede *pl.*, Feinheiten *pl.*: **not to stand upon niceties** es nicht so genau nehmen; **5.** wählerisches Wesen; **6.** **the niceties of life** die Annehmlichkeiten des Lebens.
niche [nɪtʃ] **I** *s.* **1.** △, *a.* ⚓ Nische *f*; **2.** *fig.* Platz *m*, wo man hingehört: **he finally found his ~ in life** er hat endlich s-n Platz im Leben gefunden; **3.** *fig.* (ruhiges) Plätzchen; **II** *v/t.* **4.** mit e-r Nische versehen; **5.** in e-e Nische stellen.
ni·chrome ['naɪkrəʊm] *s.* ⊛ Nickelchrom *n*.
Nick¹ [nɪk] *npr.* **1.** Niki *m* (*Koseform zu Nicholas*); **2. Old ~** *sl.* der Teufel.
nick² [nɪk] **I** *s.* **1.** Kerbe *f*, Einkerbung *f*, Einschnitt *m*; **2.** Kerbholz *n*; **3.** *typ.* Signa'tur(rinne) *f*; **4. in the** (**very**) **~** (**of time**) a) im richtigen Augenblick, wie gerufen, b) im letzten Moment; **in good ~** ‚gut in Schuß'; **5.** *Würfelspiel etc.*: (hoher) Wurf, Treffer *m*; **II** *v/t.* **6.** (ein)kerben, einschneiden: **~ out** auszacken, -furchen; **~ o.s.** sich beim Rasieren schneiden; **7.** *et.* glücklich treffen: **~ the time** gerade den richtigen Zeitpunkt treffen; **8.** erraten; **9.** *Zug etc.* erwischen, (noch) kriegen; **10.** *Brit. sl.* a) betrügen, reinlegen, b) ‚klauen', c) *j-n* ‚schnappen' *od.* ‚einlochen'.
nick·el ['nɪkl] **I** *s.* **1.** 🜨, *min.* Nickel *n*; **2.** *Am.* F Nickel *m*, Fünf'centstück *n*; **II** *adj.* **3.** Nickel...; **III** *v/t.* **4.** vernickeln; **~ bloom** *s. min.* Nickelblüte *f*; **'~-clad sheet** *s.* ⊛ nickelplattiertes Blech.
nick·el·o·de·on [‚nɪkə'ləʊdɪən] *s. Am.* **1.** *hist.* billiges ('Film-, Varie'té)The‚ater; **2.** Mu'sikauto‚mat *m*.
'nick·el|-plate *v/t.* ⊛ vernickeln; **'~-‚plat·ing** *s.* Vernickelung *f*; **~ sil·ver** *s.* Neusilber *n*; **~ steel** *s.* Nickelstahl *m*.
nick·nack ['nɪknæk] *s.* → **knickknack**.
nick·name ['nɪkneɪm] **I** *s.* Spitzname *m*; ✕ Deckname *m*; **II** *v/t.* mit e-m Spitznamen bezeichnen, *j-m* e-n *od.* den Spitznamen geben.
nic·o·tine ['nɪkəti:n] *s.* 🜨 Niko'tin *n*; **'nic·o·tin·ism** [-nɪzəm] *s.* Niko'tinvergiftung *f*.
nide [naɪd] *s.* (Fa'sanen)Nest *n*.
nid·i·fy ['nɪdɪfaɪ] *v/i.* nisten.
nid-nod ['nɪdnɒd] *v/i.* (mehrmals *od.* ständig) nicken.
ni·dus ['naɪdəs] *pl. a.* **-di** [-daɪ] *s.* **1.** *zo.* Nest *n*, Brutstätte *f*; **2.** *fig.* Lagerstätte *f*, Sitz *m*; **3.** ⚓ Herd *m* e-r Krankheit.
niece [ni:s] *s.* Nichte *f*.
nif·ty ['nɪftɪ] *adj. sl.* **1.** ‚sauber': a) hübsch, fesch, b) prima, c) raffiniert; **2.**

Brit. stinkend.
nig·gard ['nɪgəd] **I** *s.* Knicker(in), Geizhals *m*, Filz *m*; **II** *adj.* □ geizig, knikk(er)ig, kärglich; **'nig·gard·li·ness** [-lɪnɪs] *s.* Knause'rei *f*, Geiz *m*; **'nig·gard·ly** [-lɪ] **I** *adj.* → **niggard** II; **II** *adj.* schäbig, kümmerlich: **a ~ gift**.
nig·ger ['nɪgə] *s.* F *contp.* Nigger *m*, Neger(in), Schwarze(r *m*) *f*: **work like a ~** wie ein Pferd arbeiten, schuften; **~ in the woodpile** *sl.* der Haken an der Sache.
nig·gle ['nɪgl] *v/i.* **1.** pe'dantisch sein *od.* her'umtüfteln; **2.** trödeln; **3.** nörgeln, ‚meckern'.
nigh [naɪ] *obs. od. poet.* **I** *adv.* **1.** nahe (**to** an *dat.*): **~ (un)to death** dem Tode nahe; **~ but** beinahe; **draw ~ to** sich nähern (*dat.*); **2.** *mst* **well ~** beinahe, nahezu; **II** *prp.* **3.** nahe bei, neben.
night [naɪt] *s.* **1.** Nacht *f*: **at ~**, **by ~**, **in the ~**, F **o'nights** bei Nacht, nachts, des Nachts; **~'s lodging** Nachtquartier *n*; **all ~** (**long**) die ganze Nacht (hindurch); **over ~** über Nacht; **bid** (*od.* **wish**) **s.o. good ~** j-m gute Nacht wünschen; **make a ~ of it** die ganze Nacht durchmachen, -feiern, sich die Nacht um die Ohren schlagen; **stay the ~** at übernachten in e-m Ort *od.* bei *j-m*; **2.** Abend *m*: **last ~** gestern abend; **the ~ before last** vorgestern abend; **first ~** *thea.* Erstaufführung *f*, Premiere *f*; **a ~ of Wagner** Wagnerabend *m*; **on the ~ of May 4th** am Abend des 4. Mai; **~ out** freier Abend; **have a ~ out** e-n Abend ausspannen, ausgehen; **3.** *fig.* Nacht *f*, Dunkelheit *f*; **~ at·tack** *s.* ✕ Nachtangriff *m*; **~ bird** *s.* **1.** Nachtvogel *m*; **2.** *fig.* Nachtschwärmer *m*; **'~-blind** *adj.* ⚓ nachtblind; **'~ cap** *s.* **1.** Nachtmütze *f*, -haube *f*; **2.** *fig.* Schlummertrunk *m*; **~ club** *s.* Nachtklub *m*, 'Nachtlo‚kal *n*; **'~·dress** *s.* Nachthemd *n* (*für Frauen u. Kinder*); **~ ex·po·sure** *s. phot.* Nachtaufnahme *f*; **'~·fall** *s.* Einbruch *m* der Nacht; **~ fight·er** *s.* ✈, ✕ Nachtjäger *m*; **~ glass** *s.* Nachtfernrohr *n*, -glas *n*; **'~·gown** → **nightdress**.
night·in·gale ['naɪtɪŋgeɪl] *s. orn.* Nachtigall *f*.
'night| jar *s. orn.* Ziegenmelker *m*; **~ leave** *s.* ✕ Urlaub *m* bis zum Wecken; **~ let·ter(-gram)** *s. Am.* (verbilligtes) 'Nachttele‚gramm; **'~·life** *s.* Nachtleben *n*; **'~·long I** *adj.* e-e *od.* die ganze Nacht dauernd; **II** *adv.* die ganze Nacht (hin'durch).
night·ly ['naɪtlɪ] **I** *adj.* **1.** nächtlich, Nacht...; **2.** jede Nacht *od.* jeden Abend stattfindend; **II** *adv.* **3.** a) (all-) nächtlich, jede Nacht, b) jeden Abend, (all)abendlich.
night·mare ['naɪtmeə] *s.* **1.** Nachtmahr *m* (*böser Geist*); **2.** ⚓ Alp(drücken *n*) *m*, böser Traum; **3.** *fig.* Schreckgespenst *n*, Alptraum *m*, Spuk *m*; **'night·mar·ish** [-əɪʃ] *adj.* beklemmend, schauerlich.
night| nurse *s.* Nachtschwester *f*; **~ owl** *s.* **1.** *orn.* Nachteule *f* (*a.* F *fig.* Nachtmensch*); **2.** F Nachtschwärmer *m*; **~ por·ter** *s.* 'Nachtporti‚er *m*.
nights [naɪts] *adv.* F bei Nacht, nachts.
night| school *s.* Abend-, Fortbildungsschule *f* (**a.** **'~·shade** *s.* ♀ Nachtschatten *m*: **deadly ~** Tollkirsche *f*; **~ shift** *s.*

Nachtschicht *f*: *be on* ~ Nachtschicht haben; '~**shirt** *s*. Nachthemd *n* (*für Männer u. Knaben*); '~**spot** *s*. F *für nightclub*; '~**stand** *s*. *Am*. Nachttisch *m*; ~ *stick* *s*. *Am*. Schlagstock *m der Polizei*; '~**stool** *s*. Nachtstuhl *m*; '~**time** *s*. Nachtzeit *f*; ~ **vi·sion** *s*. 1. nächtliche Erscheinung; 2. Nachtsehvermögen *n*; ~ *watch* *s*. Nachtwache *f*; ,~'**watch·man** [-mən] *s*. [*irr*.] Nachtwächter *m*; '~**wear** *s*. Nachtzeug *n*.

night·y ['naɪtɪ] *s*. F (Damen-, Kinder-) Nachthemd *n*.

ni·hil·ism ['naɪlɪzəm] *s*. *phls*., *pol*. Nihi'lismus *m*; '**ni·hil·ist** [-ɪst] **I** *s*. Nihi'list (-in); **II** *adj*. → **ni·hil·is·tic** [,naɪ'lɪstɪk] *adj*. nihi'listisch.

nil [nɪl] *s*. Nichts *n*, Null *f* (*bsd. in Spielresultaten*): *two goals to* ~ zwei zu null (2:0); ~ *report* Fehlanzeige *f*; *his influence is* ~ *fig*. sein Einfluß ist gleich null.

nim·ble ['nɪmbl] *adj*. □ flink, hurtig, gewandt, be'hend: ~ *mind* *fig*. beweglicher Geist, rasche Auffassungsgabe; ,~'**fin·gered** *adj*. 1. geschickt; 2. langfingerig, diebisch; ,~'**foot·ed** *adj*. leicht-, schnellfüßig.

nim·ble·ness ['nɪmblnɪs] *s*. Flinkheit *f*, Gewandtheit *f*, *fig. a*. geistige Beweglichkeit.

nim·bus ['nɪmbəs] *pl*. **-bi** [-baɪ] *od*. **-bus·es** *s*. 1. *a*. ~ *cloud* graue Regenwolke; 2. Nimbus *m*: a) Heiligenschein *m*, b) *fig*. Ruhm *m*.

nim·i·ny-pim·i·ny [,nɪmɪnɪ'pɪmɪnɪ] *adj*. affek'tiert, ,etepe'tete'.

Nim·rod ['nɪmrɒd] *npr. Bibl. u. fig*. Nimrod *m* (*großer Jäger*).

nin·com·poop ['nɪnkəmpu:p] *s*. Einfaltspinsel *m*, Trottel *m*.

nine [naɪn] **I** *adj*. 1. neun: ~ *days' wonder* Tagesgespräch *n*, sensationelles Ereignis; ~ *times out of ten* in neun von zehn Fällen; **II** *s*. 2. Neun *f*, Neuner *m* (*Spielkarte etc.*): *the* ~ *of hearts* Herzneun; *to the* ~*s* in höchstem Maße; *dressed up to the* ~*s* piekfein gekleidet, aufgedonnert; 3. *the* 2 die neun Musen; 4. *sport* Baseballmannschaft *f*; '**nine·fold I** *adj. u. adv*. neunfach; **II** *s*. das Neunfache; '**nine·pins** *s. pl*. 1. Kegel *pl*.: ~ *alley* Kegelbahn *f*; 2. *a. sg. konstr*. Kegelspiel *n*: *play* ~ Kegel spielen, kegeln.

nine·teen [,naɪn'ti:n] **I** *adj*. neunzehn; → *dozen* 2; **II** *s*. Neunzehn *f*; ,**nine·'teenth** [-θ] **I** *adj*. neunzehnt; **II** *s*. Neunzehntel *n*; **nine·ti·eth** ['naɪntɪɪθ] **I** *adj*. neunzigst; **II** *s*. Neunzigstel *n*; **nine·ty** ['naɪntɪ] *s*. Neunzig *f*: *he is in his nineties* er ist in den Neunzigern; *in the nineties* in den neunziger Jahren (*e-s Jahrhunderts*); **II** *adj*. neunzig.

nin·ny ['nɪnɪ] F *s*. Trottel *m*.

ninth [naɪnθ] **I** *adj*. 1. neunt: *in the* ~ *place* neuntens, an neunter Stelle; **II** *s*. 2. *der* (*die, das*) Neunte; 3. *a*. ~ *part* Neuntel *n*; 4. ♪ None *f*; '**ninth·ly** [-lɪ] *adv*. neuntens.

nip¹ [nɪp] **I** *v/t*. 1. kneifen, zwicken, klemmen: ~ *off* abzwicken, -kneifen, -beißen; 2. (*durch Frost etc.*) beschädigen, vernichten, ka'puttmachen: ~ *in the bud fig*. im Keim ersticken; 3. *sl*. → *nick²* 10 *b u. c*; **II** *v/i*. 4. schneiden (*Kälte, Wind*); ☼ klemmen (*Maschine*);

5. F ,flitzen': ~ *in* hineinschlüpfen; ~ *on ahead* nach vorne flitzen; **III** *s*. 6. Kneifen *n*, Kniff *m*, Biß *m*; 7. Schneiden *n* (*Kälte etc.*); scharfer Frost; 8. ♀ Frostbrand *m*; 9. Knick *m* (*Draht etc.*); 10. ~ *and tuck*, attr. ~*-and-tuck Am*. auf Biegen oder Brechen, scharf (*Kampf*), hart (*Rennen*).

nip² [nɪp] **I** *v/i. u. v/t*. nippen (an *dat*.); **II** *s*. Schlückchen *n*.

Nip [nɪp] *s. sl*. ,Japs' *m*.

nip·per ['nɪpə] *s*. 1. *zo*. a) Vorder-, Schneidezahn *m* (*bsd. des Pferdes*), b) Schere *f* (*Krebs etc.*); 2. *mst pl*. ☼ *a. a pair of* ~*s* (Kneif)Zange *f*, b) Pin'zette *f*; 3. *pl*. Kneifer *m*; 4. *Brit*. F Bengel *m*, ,Stift' *m*; 5. *pl*. F Handschellen *pl*.

nip·ping ['nɪpɪŋ] *adj*. □ 1. kneifend; 2. beißend, schneidend (*Kälte, Wind*); 3. *fig*. bissig, scharf (*Worte*).

nip·ple ['nɪpl] *s*. 1. *anat*. Brustwarze *f*; 2. (Saug)Hütchen *n*, Sauger *m* (*e-r Saugflasche*); 3. ☼ (Speichen-, Schmier)Nippel *m*; (Rohr)Stutzen *m*.

nip·py ['nɪpɪ] **I** *adj*. 1. → *nipping* 2, 3; 2. F schnell, ,fix'; spritzig (*Auto*); **II** *s*. 3. a) *Brit*. F Kellnerin *f*.

ni·sei ['ni:,seɪ] *pl*. **-sei**, **-seis** *s*. Ja'paner (-in) geboren in den USA.

ni·si ['naɪsaɪ] (*Lat*.) *cj*. 🄯 wenn nicht: *decree* ~ vorläufiges Scheidungsurteil.

Nis·sen hut ['nɪsn] *s*. ✕ Nissenhütte *f*, 'Wellblechba,racke *f*.

nit [nɪt] *s. zo*. Nisse *f*, Niß *f*.

ni·ter *Am*. → *nitre*.

'**nit,pick·ing I** *adj*. F kleinlich, ,pingelig'; **II** *s*. ,Pingeligkeit' *f*.

ni·trate ['naɪtreɪt] **I** *s*. 🜋 Ni'trat *n*, sal'petersaures Salz: ~ *of silver* salpetersaures Silber, Höllenstein *m*; ~ *of soda* (*od. sodium*) salpetersaures Natrium; **II** *v/t*. nitrieren; **III** *v/i*. sich in Sal'peter verwandeln.

ni·tre ['naɪtə] *s*. 🜋 Sal'peter *m*: ~ *cake* Natriumkuchen *m*.

ni·tric ['naɪtrɪk] *adj*. 🜋 sal'petersauer, Salpeter..., Stickstoff...; ~ *ac·id* s. Sal'petersäure *f*; ~ *ox·ide* s. 'Stickstoffo,xyd *n*.

ni·tride ['naɪtraɪd] **I** *s*. Ni'trid *n*; **II** *v/t*. nitrieren; **ni·trif·er·ous** [naɪ'trɪfərəs] *adj*. 1. stickstoffhaltig; 2. sal'peterhaltig; '**ni·tri·fy** [-trɪfaɪ] **I** *v/t*. nitrieren; **II** *v/i*. sich in Sal'peter verwandeln; '**ni·trite** [-aɪt] *s*. Ni'trit *n*, sal'pet(e)rigsaures Salz.

ni·tro·ben·zene [,naɪtrəʊ'benzi:n], **ni·tro·ben·zol(e)** [,naɪtrəʊ'benzɒl] *s*. 🜋 Nitroben'zol *n*.

ni·tro·cel·lu·lose [,naɪtrəʊ'seljʊləʊs] *s*. 🜋 Nitrozellu'lose *f*: ~ *lacquer* Nitro(zellulose)lack *m*.

ni·tro·gen ['naɪtrədʒən] *s*. 🜋 Stickstoff *m*: ~ *carbide* Stickkohlenstoff *m*; ~ *chloride* Chlorstickstoff; **ni·tro·gen·ize** [naɪ'trɒdʒɪnaɪz] *v/t*. mit Stickstoff verbinden *od*. anreichern *od*. sättigen: ~*d foods* stickstoffhaltige Nahrungsmittel; **ni·trog·e·nous** [naɪ'trɒdʒɪnəs] *adj*. stickstoffhaltig.

ni·tro·glyc·er·in(e) [,naɪtrəʊ'glɪsəri:n] *s*. 🜋 Nitroglyze'rin *n*.

ni·tro·hy·dro·chlo·ric ['naɪtrəʊ,haɪdrəʊ'klɒrɪk] *adj*. Salpetersalz...

ni·trous ['naɪtrəs] *adj*. 🜋 Salpeter..., sal'peterhaltig, sal'petrig; ~ *ac·id* s. sal'petrige Säure *f*; ~ *ox·ide* s. 'Stickstoff-

oxy,dul *n*, Lachgas *n*.

nit·ty-grit·ty [,nɪtɪ'grɪtɪ] *s*.: *get down to the* ~ F zur Sache kommen.

nit·wit ['nɪtwɪt] *s*. Schwachkopf *m*.

nix¹ [nɪks] *Am. sl. pron. adv*. ,nix', nichts, *int. a*. nein.

nix² [nɪks] *pl*. **-es** *s*. Nix *m*, Wassergeist *m*; '**nix·ie** [-ksɪ] *s*. (Wasser)Nixe *f*.

no [nəʊ] **I** *adv*. 1. nein: *answer* ~ nein sagen; 2. (*nach or am Ende e-s Satzes*) nicht (*jetzt mst* not): *whether ... or* ~ ob ... oder nicht; 3. (*beim comp*.) um nichts, nicht: ~ *better a writer* kein besserer Schriftsteller; ~ *longer* (*ago*) *than yesterday* erst gestern; ~*!* nicht möglich!, nein!; → *more* 2, 4, *soon* 1; **II** *adj*. 4. kein(e): ~ *hope* keine Hoffnung; ~ *one* keiner; ~ *man* niemand; ~ *parking* Parkverbot; ~ *thoroughfare* Durchfahrt gesperrt; *in* ~ *time* im Nu; ~*-claims bonus* Vergütung *f* für Schadenfreiheit; 5. kein, alles andere als ein(e): *he is* ~ *artist*; ~ *such thing* nichts dergleichen; 6. (*vor ger.*): *there is* ~ *denying* es läßt sich *od*. man kann nicht leugnen; **III** *pl*. **noes** *s*. 7. Nein *n*, verneinende Antwort, Absage *f*, Weigerung *f*; 8. *parl*. Gegenstimme *f*: *the ayes and* ~*es* die Stimmen für u. wider; *the* ~*es have it* die Mehrheit ist dagegen, der Antrag ist abgelehnt.

'**no-ac,count** *adj. Am. dial*. unbedeutend (*mst Person*).

nob¹ [nɒb] *s. sl*. ,Birne' *f* (*Kopf*).

nob² [nɒb] *s. sl*. ,feiner Pinkel' (*vornehmer Mann*), ,großes Tier'.

nob·ble ['nɒbl] *v/t. sl*. 1. betrügen, ,reinlegen'; 2. *j-n* auf s-e Seite ziehen, ,her'umkriegen'; 3. bestechen; 4. ,klauen'.

nob·by ['nɒbɪ] *adj. sl*. schick.

No·bel Prize [nəʊ'bel] *s*. No'belpreis *m*: ~ *winner* Nobelpreisträger(in); *Nobel Peace Prize* Friedensnobelpreis.

no·bil·i·ar·y [nəʊ'bɪlɪərɪ] *adj*. adlig, Adels...

no·bil·i·ty [nəʊ'bɪlɪtɪ] *s*. 1. *fig*. Adel *m*, Würde *f*, Vornehmheit *f*: ~ *of mind* vornehme Denkungsart; ~ *of soul* Seelenadel; 2. Adel(sstand) *m*, *die* Adligen *pl*.; (*bsd. in England*) *der* hohe Adel: *the* ~ *and gentry* der hohe u. niedere Adel.

no·ble ['nəʊbl] **I** *adj*. □ 1. adlig, von Adel; edel, erlaucht; 2. *fig*. edel, nobel, erhaben, groß(mütig), vor'trefflich: *the* ~ *art of self-defence*, *Am. self-defense*) die edle Kunst der Selbstverteidigung (*Boxen*); 3. prächtig, stattlich: *a* ~ *edifice*; 4. prächtig geschmückt (*with* mit); 5. *phys*. Edel...(-*gas*, -*metall*); **II** *s*. 6. Edelmann *m*, (hoher) Adliger; 7. *hist*. Nobel *m* (*Goldmünze*); '~**man** [-mən] *s*. [*irr*.] 1. Edelmann *m*, (hoher) Adliger; 2. *pl. Schach*: Offi'ziere *pl*.; ,~'**mind·ed** *adj*. edeldenkend; '**mind·ed·ness** *s*. vornehme Denkungsart, Edelmut *m*.

no·ble·ness ['nəʊblnɪs] *s*. 1. Adel *m*, hohe Abstammung; 2. *fig. a*) Adel *m*, Würde *f*, b) Edelsinn *m*, -mut *m*.

'**no·ble,wom·an** *s*. [*irr*.] Adlige *f*.

no·bod·y ['nəʊbədɪ] **I** *adj. pron*. niemand, keiner: ~ *else* sonst niemand, niemand anders; **II** *s. fig*. unbedeutende Per'son, ,Niemand' *m*, ,Null' *f*: *be* (*a*) ~ *a*. nichts sein, nichts zu sagen haben.

nock [nɒk] **I** s. *Bogenschießen:* Kerbe f; **II** v/t. a) *Pfeil* auf die Kerbe legen, b) *Bogen* einkerben.

noc·tam·bu·la·tion [nɒk,tæmbjʊ'leɪʃn], a. **noc·tam·bu·lism** [nɒk'tæmbjʊlɪzəm] s. ♣ Somnambu'lismus m, Nachtwandeln n; **noc·tam·bu·list** [nɒk'tæmbjʊlɪst] s. Schlafwandler(in), Somnam'bule(r m) f.

noc·turn [nɒktɜ:n] s. R.C. Nachtmette f; **noc·tur·nal** [nɒk'tɜ:nl] adj. □ nächtlich, Nacht...; **noc·turne** ['nɒktɜ:n] s. **1.** paint. Nachtstück n; **2.** ♪ Not'turno n.

noc·u·ous ['nɒkjʊəs] adj. □ **1.** schädlich; **2.** giftig (Schlangen).

nod [nɒd] **I** v/i. **1.** nicken: ~ **to** s.o. j-m zunicken, j-n grüßen; ~**ding acquaintance** oberflächliche(r) Bekannte(r), Grußbekanntschaft f; **we are on** ~**ding terms** wir grüßen uns; **2.** sich neigen (Blumen etc.) (a. fig. **to** vor dat.); wippen (Hutfeder); **3.** nicken, (sitzend) schlafen: ~ **off** einnicken; **4.** fig. unaufmerksam sein, 'schlafen': **Homer sometimes** ~**s** auch dem Aufmerksamsten entgeht manchmal etwas; **II** v/t. **5.** ~ **one's head** (mit dem Kopf) nicken; **6.** (durch Nicken) andeuten: ~ **one's assent** beifällig (zu)nicken; ~ **s.o. out** j-n hinauswinken; **III** s. **7.** (Kopf)Nicken n, Wink m: **give s.o. a** ~ j-m zunicken; **go to the land of** ~ einschlafen; **on the** ~ Am. sl. auf Pump.

nod·al ['nəʊdl] adj. Knoten...: ~ **point** a) ♪, phys. Schwingungsknoten m, b) ⚕, phys. Knotenpunkt m.

nod·dle ['nɒdl] s. sl. Schädel m, ‚Birne‘ f, fig. ‚Grips‘ m.

node [nəʊd] s. **1.** allg. Knoten m (a. ast., ♀, ♣; a. fig. im Drama etc.): ~ **of a curve** ⚕ Knotenpunkt m e-r Kurve; **2.** ♣ Knoten m, Knötchen n: **gouty** ~ Gichtknoten m; **3.** phys. Schwingungsknoten m.

no·dose ['nəʊdəʊs] adj. knotig (a. ♣), voller Knoten; **no·dos·i·ty** [nəʊ'dɒsətɪ] s. **1.** knotige Beschaffenheit; **2.** → node 2.

nod·u·lar ['nɒdjʊlə] adj. knoten-, knötchenförmig; ~**ulcerous** ♣ tubero-ulzerös.

nod·ule ['nɒdjuːl] s. **1.** ♀, ♣ Knötchen n: **lymphatic** ~ Lymphknötchen n; **2.** geol., min. Nest n, Niere f.

no·dus ['nəʊdəs] pl. **-di** [-daɪ] s. Knoten m, Schwierigkeit f.

nog [nɒg] s. **1.** Holznagel m, -klotz m; **2.** △ a) Holm m (querliegender Balken), b) Maurerei: Riegel m.

nog·gin ['nɒgɪn] s. **1.** kleiner (Holz-) Krug; **2.** F ‚Birne‘ f (Kopf).

nog·ging ['nɒgɪŋ] s. △ Riegelmauer f, (ausgemauertes) Fachwerk.

'no-good Am. F **I** s. Lump m, Nichtsnutz m; **II** adj. nichtsnutzig, elend, mise'rabel.

'no-how adv. F **1.** auf keinen Fall, durch'aus nicht; **2.** nichtssagend, ungut: **feel** ~ nicht auf der Höhe sein; **look** ~ nach nichts aussehen.

noil [nɔɪl] s. sg. u. pl. ⚕, ⚙ Kämmling m, Kurzwolle f.

'no-i·ron adj. bügelfrei (Hemd etc.).

noise [nɔɪz] **I** s. **1.** Geräusch n; Lärm m, Getöse n, Geschrei n: ~ **of battle** Gefechtslärm; ~ **abatement**, ~ **control**

Lärmbekämpfung f; ~ **nuisance** Lärmbelästigung f; **hold your** ~! F halt den Mund!; **2.** Rauschen n (a. ♭ Störung), Summen n: ~ **factor** ♭ Rauschfaktor m; **3.** fig. Streit m, Krach m: **make a** ~ Krach machen (about wegen); → 4; **4.** fig. Aufsehen n, Geschrei n: **make a great** ~ **in the world** großes Aufsehen erregen; **make a** ~ viel Tamtam machen (about um); **5.** a **big** ~ sl. ein hohes (od. großes) Tier (wichtige Persönlichkeit); **II** v/i. **6.** ~ **it** lärmen; **III** v/t. **7.** ~ **abroad** verbreiten, aussprengen.

noise·less ['nɔɪzlɪs] adj. □ laut-, geräuschlos (a. ⚙), still; **'noise·less·ness** [-nɪs] s. Geräuschlosigkeit f.

noise| lev·el s. Lärm-, ♭ Störpegel m; ~ **sup·pres·sion** s. ♭ **1.** Störschutz m; **2.** Entstörung f; ~ **volt·age** s. ♭ **1.** Geräuschspannung f; **2.** Störspannung f.

nois·i·ness ['nɔɪzɪnɪs] s. Lärm m, Getöse n; lärmendes Wesen.

noi·some ['nɔɪsəm] adj. □ **1.** schädlich, ungesund; **2.** widerlich.

nois·y ['nɔɪzɪ] adj. □ **1.** geräuschvoll, laut; lärmend: ~ **running** ⚙ geräuschvoller Gang; ~ **fellow** Krakeeler m, Schreier m; **2.** fig. grell, schreiend (Farbe etc.); laut, aufdringlich (Stil).

nol·le ['nɒlɪ], **nol·le·pros** [,nɒlɪ'prɒs] (Lat.) ⅋⅋ Am. **I** v/i. a) die Zu'rücknahme e-r Klage einleiten, b) im Strafprozeß: das Verfahren einstellen; **II** s. → **nolle prosequi.**

nol·le pros·e·qui [,nɒlɪ'prɒsɪkwaɪ] (Lat.) ⅋⅋ a) Zu'rücknahme f der (Zivil)Klage, b) Einstellung f des (Straf-) Verfahrens.

,no-'load adj. ⚙ Leerlauf m. ~ **speed** Leerlaufdrehzahl f.

nol-pros [nɒl'prɒs] → **nolle I.**

no·mad ['nɒməd] **I** adj. no'madisch, Nomaden...; **II** s. No'made m, No'madin f; **no·mad·ic** [nəʊ'mædɪk] adj. (□ ~**ally**) **1.** → **nomad I**; **2.** fig. unstet; **'no·mad·ism** [-dɪzəm] s. No'madentum n, Wanderleben n.

'no-man's land s. ✕ Niemandsland n (a. fig.).

nom·bril ['nɒmbrɪl] s. Nabel m (des Wappenschilds).

nom de plume [,nɔ̃mdə'pluːm] (Fr.) s. Pseudo'nym n, Schriftstellername m.

no·men·cla·ture [nəʊ'menklətʃə] s. **1.** Nomenkla'tur f: a) (wissenschaftliche) Namengebung, b) Namensverzeichnis n; **2.** (fachliche) Terminolo'gie; **3.** coll. die Namen pl., Bezeichnungen pl. (a. ⚕).

nom·i·nal ['nɒmɪnl] adj. □ **1.** Namen...; **2.** nomi'nell, Nominal...: ~ **consideration** ⅋⅋ formale Gegenleistung; ~ **fine** nominelle (sehr geringe) Geldstrafe; ~ **rank** Titularrang m; **3.** ling. nomi'nal; **4.** ⚙, ♭ Nominal..., Nenn..., Soll...; ~ **ac·count** s. † Sachkonto n; ~ **a·mount** s. † Nennbetrag m; ~ **bal·ance** s. † Sollbestand m; ~ **ca·pac·i·ty** s. ♭, ⚙ Nennleistung f; ~ **cap·i·tal** s. † 'Grund-, 'Stammkapi,tal n; ~ **fre·quen·cy** s. ♭ 'Sollfre,quenz f; ~ **in·ter·est** s. † Nomi'nalzinsfuß m.

nom·i·nal·ism ['nɒmɪnəlɪzəm] s. phls. Nomina'lismus m.

nom·i·nal| out·put s. ⚙ Nennleistung f; ~ **par** s. † Nenn-, Nomi'nalwert m;

par·i·ty s. † 'Nennwertpari,tät f; ~ **speed** s. ♭ Nenndrehzahl f; ~ **stock** s. † 'Gründungs-, 'Stammkapi,tal n; ~ **val·ue** s. †, ⊙ Nennwert m.

nom·i·nate v/t. ['nɒmɪneɪt] **1.** (to) berufen, ernennen (zu e-r Stelle), einsetzen (in ein Amt); **2.** nominieren, als ('Wahl)Kandi,daten aufstellen; **nom·i·na·tion** [,nɒmɪ'neɪʃn] s. **1.** (to) Berufung f, Ernennung f (zu), Einsetzung f (in): **in** ~ vorgeschlagen (for für); **2.** Vorschlagsrecht n; **3.** Nominierung f, Vorwahl f (e-s Kandidaten): ~ **day** Wahlvorschlagstermin m; **nom·i·na·tive** ['nɒmətɪv] **I** adj. ling. nominativ (-isch): ~ **case** → **II; II** s. ling. Nominativ m, erster Fall; **'nom·i·na·tor** [-tə] s. Ernenn(end)er m; **nom·i·nee** [,nɒmɪ'niː] s. **1.** Vorgeschlagene(r m) f, Kandi'dat(in); **2.** † Begünstigte(r m) f, Empfänger(in) e-r Rente etc.

non- [nɒn] in Zssgn: nicht..., Nicht..., un..., miß...

,non(-)ac'cept·ance s. Annahmeverweigerung f, Nichtannahme f e-s Wechsels etc.

,non(-)a'chiev·er s. Versager m.

non·age ['nəʊnɪdʒ] s. Unmündigkeit f, Minderjährigkeit f.

non-a·ge·nar·i·an [,nəʊnədʒɪ'neərɪən] **I** adj. neunzigjährig; **II** s. Neunzigjährige(r m) f.

,non-ag'gres·sion s. Nichtangriff m: ~ **treaty** pol. Nichtangriffspakt m.

non-a·gon ['nɒnəgən] s. ⚕ Nona'gon n, Neuneck n.

,non(-)al·co'hol·ic adj. alkoholfrei.

,non-a'ligned adj. pol. bündnis-, blockfrei.

,non(-)ap'pear·ance s. Nichterscheinen n vor Gericht etc.

,non(-)as'sess·a·ble adj. nicht steuerpflichtig, steuerfrei.

,non(-)at'tend·ance s. Nichterscheinen n.

,non(-)bel'lig·er·ent I adj. nicht kriegführend; **II** s. nicht am Krieg teilnehmende Per'son od. Nati'on.

nonce [nɒns] s. (nur in): **for the** ~ a) für das 'eine Mal, nur für diesen Fall, b) einstweilen; ~ **word** s. ling. Ad'hoc-Bildung f.

non-cha·lance ['nɒnʃələns] (Fr.) s. Noncha'lance f: a) (Nach)Lässigkeit f, Gleichgültigkeit f, b) Unbekümmertheit f; **'non-cha·lant** [-nt] adj. □ lässig: a) gleichgültig, b) unbekümmert.

,non(-)col'le·gi·ate adj. **1.** Brit. univ. keinem College angehörend; **2.** nicht aka'demisch; **3.** nicht aus Colleges bestehend (Universität).

non-com [,nɒn'kɒm] F für **non-commissioned (officer).**

,non(-)'com·bat·ant ✕ **I** s. 'Nichtkämpfer m, -kombat,tant m; **II** adj. am Kampf nicht beteiligt.

,non(-)com'mis·sioned adj. **1.** unbestallt, nicht be'vollmächtigt; **2.** 'Unteroffi,ziers,rang besitzend: ~ **of·fi·cer** s. ✕ 'Unteroffi,zier m.

,non-com'mit·tal adj. **1.** unverbindlich, nichtssagend, neu'tral; **2.** zu'rückhaltend, sich nicht festlegen wollend (Person); **II** s. Unverbindlichkeit f.

,non(-)com'mit·ted → **non-aligned.**

,non(-)com'pli·ance s. **1.** Zu'widerhandeln n (with gegen), Weigerung f; **2.**

Nichterfüllung *f*, Nichteinhaltung *f* (**with** von *od. gen.*).

non com·pos (men·tis) [ˌnɒnˈkɒmpəs(ˈmentɪs)] (*Lat.*) *adj.* ꜛ unzurechnungsfähig.

non-con'duc·tor *s.* ⚡ Nichtleiter *m.*

non-con'form·ist I *s.* Nonkonfor'mist (-in): a) (sozi'aler *od.* po'litischer) Einzelgänger, b) *Brit. eccl.* Dissi'dent(in), Freikirchler(in); **II** *adj.* 'nonkonfor,mistisch; **non-con'form·i·ty** *s.* **1.** mangelnde Über'einstimmung (**with** mit) *od.* Anpassung (**to** an *acc.*); **2.** Nonkonfor'mismus *m*; **3.** *eccl.* Dissi'dententum *n.*

non-con'tent *s. Brit. parl.* Neinstimme *f* (*im Oberhaus*).

non(-)con'ten·tious *adj.* □ nicht strittig: ~ **litigation** ꜛ freiwillige Gerichtsbarkeit.

non-con'trib·u·to·ry *adj.* beitragsfrei (*Organisation*).

'non(-)co(-),op·er'a·tion *s.* Verweigerung *f* der Mit- *od.* Zu'sammenarbeit; *pol.* passiver 'Widerstand.

non(-)cor'rod·ing *adj.* ⚙ **1.** korrosi'onsfrei; **2.** rostbeständig (*Eisen*).

non(-)'creas·ing *adj.* † knitterfrei.

non(-)'cut·ting *adj.* ⚙ spanlos: ~ **shaping** spanlose Formung.

non(-)'daz·zling *adj.* ⚙ blendfrei.

non(-)de'liv·er·y *s.* **1.** †, ꜛ Nichtauslieferung *f*, Nichterfüllung *f*; **2.** ✎ Nichtbestellung *f.*

'non(-)de,nom·i'na·tion·al *adj.* nicht konfes'sionsgebunden: ~ **school** Simultan-, Gemeinschaftsschule *f.*

non-de·script ['nɒndɪskrɪpt] **I** *adj.* schwer zu beschreiben(d), unbestimmbar, nicht klassifizierbar (*mst contp.*); **II** *s.* Per'son *od.* Sache, die schwer zu klassifizieren ist *od.* über die nichts Näheres bekannt ist, *etwas* 'Undefi,nierbares.

non-di'rec·tion·al *adj. Funk, Radio*: ungerichtet: ~ **aerial** (*bsd. Am.* **antenna**) Rundstrahlantenne *f.*

none [nʌn] **I** *pron. u. s. mst pl. konstr.* kein, niemand: ~ **of them is here** keiner von ihnen ist hier; **I have** ~ ich habe keine(n); ~ **but fools** nur Narren; **it's** ~ **of your business** das geht dich nichts an; ~ **of that** nichts dergleichen; ~ **of your tricks!** laß deine Späße!; **he will have** ~ **of me** er will von mir nichts wissen; → **other** 8; **II** *adv.* in keiner Weise, nicht im geringsten, keineswegs: ~ **too high** keineswegs zu hoch; ~ **the less** nichtsdestoweniger; ~ **too soon** kein bißchen zu früh, im letzten Augenblick; → **wise** 3.

non-ef'fec·tive ✗ **I** *adj.* dienstuntauglich; **II** *s.* Dienstuntaugliche(r) *m.*

non(-)'e·go *s. phls.* Nicht-Ich *n.*

non-en·ti·ty [nɒ'nentɪtɪ] *s.* **1.** Nicht(da)sein *n*; **2.** Unding *n*, Nichts *n*; *fig. contp.* Null *f* (*Person*).

nones [nəʊnz] *s. pl.* **1.** *antiq.* Nonen *pl.*; **2.** *R.C.* 'Mittagsof,fizium *n.*

non(-)es'sen·tial *Brit.* **I** *adj.* unwesentlich; **II** *s.* unwesentliche Sache, Nebensächlichkeit *f*: ~**s** *a.* nicht lebenswichtige Dinge.

'none·such I *adj.* **1.** unvergleichlich; **II** *s.* **2.** Per'son *od.* Sache, die nicht ihresgleichen hat, Muster *n*; **3.** ♀ a) Brennende Liebe, b) Nonpa'reilleapfel *m.*

non·the'less *adv.* nichtsdestoweniger, dennoch.

non(-)e'vent *s.* F ‚Reinfall' *m.*

non(-)ex'ist·ence *s.* Nicht(da)sein *n*; *weitS.* Fehlen *n*; **non(-)ex'ist·ent** *adj.* nicht existierend.

non(-)'fad·ing *adj.* ⚙, † lichtecht.

non(-)fea·sance [ˌnɒnˈfiːzəns] *s.* ꜛ pflichtwidrige Unter'lassung.

non(-)'fer·rous *adj.* **1.** nicht eisenhaltig; **2.** Nichteisen...: ~ **metal.**

non(-)'fic·tion *s.* Sachbücher *pl.*

non(-)'freez·ing *adj.* ⚙ kältebeständig: ~ **mixture** Frostschutzmittel *n.*

non(-)'ful·fil(l)·ment *s.* Nichterfüllung *f.*

non(-)'hu·man *adj.* nicht zur menschlichen Rasse gehörig.

non(-)'in·duc·tive *adj.* ⚡ indukti'onsfrei.

non(-)'in·flam·ma·ble *adj.* nicht feuergefährlich.

non-'in·ter·est·,bear·ing *adj.* † zinslos.

'non(-),in·ter'ven·tion *s. pol.* Nichteinmischung *f.*

non(-)'i·ron *adj.* bügelfrei.

non(-)'ju·ry *adj.*: ~ **trial** ꜛ summarisches Verfahren.

non(-)'lad·der·ing *adj.* maschenfest.

non(-)'lead·ed [-'ledɪd] *adj.* ⛏ bleifrei (*Benzin*).

non(-)'met·al *s.* ⛏ 'Nichtme,tall *n*; **non(-)me'tal·lic** *adj.* 'nichtme,tallisch: ~ **element** Metalloid *n.*

non(-)ne'go·ti·a·ble *adj.* † 'unüber,tragbar, nicht begebbar: ~ **bill** (**cheque**, *Am.* **check**) Rektawechsel *m* (-scheck *m*).

no-'non·sense *adj.* sachlich, kühl.

non(-)'nu·cle·ar *adj.* **1.** a) *pol.* ohne A'tomwaffen, b) ✗ konventio'nell; **2.** ⚙ ohne A'tomkraft.

non(-)ob'jec·tion·a·ble *adj.* einwandfrei.

non(-)ob'serv·ance *s.* Nichtbe(ob)-achtung *f*; Nichterfüllung *f.*

non-pa·reil ['nɒnpərəl] (*Fr.*) **I** *adj.* **1.** unvergleichlich; **II** *s.* **2.** der (die, das) Unvergleichliche, **3.** *typ.* Nonpa'reille (-schrift) *f*; **4.** Liebesperlen(plätzchen *n*) *pl.*

non(-)'par·ti·san *adj.* **1.** (par'tei)unabhängig; 'überpar,teilich; **2.** objek'tiv, 'unpar,teiisch.

non(-)'par·ty → **non(-)partisan.**

non(-)'pay·ment *s.* Nicht(be)zahlung *f*, Nichterfüllung *f.*

non(-)per'form·ance *s.* ꜛ Nichterfüllung *f.*

non(-)'per·ish·a·ble *adj.* haltbar: ~ **foods.**

non(-)'per·son *s.* ‚Unperson' *f.*

'non'plus I *v/t.* verblüffen, verwirren: **be** ~(**s**)**ed** *a.* verdutzt sein; **II** *s.* Verlegenheit *f*, Klemme *f*: **at a** ~ ratlos, verdutzt.

non(-)pol'lut·ing *adj.* 'umweltfreundlich, ungiftig.

non(-)pro'duc·tive *adj.* † 'unproduk,tiv (*a. Person*); unergiebig.

non(-)'prof·it (mak·ing) *adj.* gemeinnützig: **a** ~ **institution.**

'non,pro·lif·er'a·tion *s. pol.* Nichtweitergabe *f* von A'tomwaffen: ~ **treaty** Atomsperrvertrag *m.*

non-pros [ˌnɒn'prɒs] *v/t.* ꜛ e-n Kläger

(*wegen Nichterscheinens*) abweisen; **non pro·se·qui·tur** [ˌnɒnprəʊˈsekwɪtə] (*Lat.*) *s.* Abweisung *f* e-s Klägers *wegen Nichterscheinens.*

non(-)'quo·ta *adj.* † nicht kontingen'tiert: ~ **imports.**

non-re'cur·ring *adj.* einmalig (*Zahlung etc.*).

'non(-),rep·re·sen'ta·tion·al *adj. Kunst*: gegenstandslos, ab'strakt.

non(-)'res·i·dent I *adj.* **1.** außerhalb des Amtsbezirks wohnend; abwesend (*Amtsperson*); **2.** nicht ansässig: ~ **traffic** Durchgangsverkehr *m*; **3.** auswärtig (*Klubmitglied*); **II** *s.* **4.** Abwesende(r *m*) *f*; **5.** Nichtansässige(r *m*) *f*; nicht im Hause Wohnende(r *m*) *f*; **6.** † De'visenausländer *m.*

non(-)re'turn·a·ble *adj.* † Einweg...: ~ **bottle.**

non(-)'rig·id *adj. Brit.* ✈ unstarr (*Luftschiff*; *a. phys.* Molekül).

non(-)'sched·uled *adj.* **1.** außerplanmäßig; **2.** ✈ Charter...

non-sense ['nɒnsəns] **I** *s.* Unsinn *m*, dummes Zeug: **talk** ~; **stand no** ~ sich nichts gefallen lassen; **make** ~ **of** a) ad absurdum führen, b) illusorisch machen; **there's no** ~ **about him** er ist ein ganz kühler Bursche; **II** *int.* Unsinn!, Blödsinn!; **III** *adj.* a) Nonsens...: ~ **verses**, ~ **word**, b) → **non·sen·si·cal** [nɒn'sensɪkl] *adj.* □ unsinnig, sinnlos, ab'surd.

non se·qui·tur [ˌnɒn'sekwɪtə] (*Lat.*) *s.* Trugschluß *m*, irrige Folgerung.

non(-)'skid *adj. mot.* rutschsicher, Gleitschutz...

non(-)'smok·er *s.* **1.** Nichtraucher(in); **2.** Nichtraucher(abteil *n*) *m.*

non-'start·er *s. fig.* F **1.** ‚Blindgänger' *m* (*Person*); **2.** ‚Pleite' *f*, ‚Reinfall' *m* (*Plan etc.*).

non(-)'stop *adj.* ohne Halt, pausenlos, Nonstop..., 'durchgehend (*Zug*), ohne Zwischenlandung (*Flug*), *adv. a.* non'stop: ~ **flight** Nonstopflug *m*; ~ **operation** ⚙ 24-Stunden-Betrieb *m*; ~ **run** *mot.* Ohnehaltfahrt *f.*

'non·such → **nonesuch.**

non(-)'suit ꜛ **I** *s.* **1.** (gezwungene) Zu'rücknahme *f* e-r Klage; **2.** Abweisung *f* e-r Klage; **II** *v/t.* **3.** *den Kläger* mit der Klage abweisen.

non(-)sup'port *s.* ꜛ Nichterfüllung *f* einer 'Unterhaltsverpflichtung.

non-'syn·chro·nous *adj.* ⚙ *Brit.* asyn'chron.

non-'U *adj. Brit.* F unfein.

non(-)'u·ni·form *adj.* ungleichmäßig (*a. phys.*, ⚖), uneinheitlich.

non(-)'un·ion *Brit. adj.* † keiner Gewerkschaft angehörig, nicht organisiert: ~ **shop** *Am.* gewerkschaftsfreier Betrieb; **non(-)'un·ion·ist** *s.* **1.** nicht organisierter Arbeiter; **2.** Gewerkschaftsgegner *m.*

non(-)'us·er *s.* ꜛ Nichtausübung *f* e-s Rechts.

non(-)'val·ue bill *s.* † Gefälligkeitswechsel *m.*

non(-)'va·lent *adj.* ⚖, *phys.* nullwertig.

non(-)'vi·o·lent *adj.* gewaltlos.

non(-)'war·ran·ty *s.* ꜛ Haftungsausschluß *m.*

noo·dle¹ ['nuːdl] *s.* **1.** F Trottel *m*; **2.** *sl.* ‚Birne' *f*, Schädel *m.*

noo·dle² ['nu:dl] *s.* Nudel *f:* ~ *soup* Nudelsuppe *f.*

nook [nʊk] *s.* (Schlupf)Winkel *m*, Ecke *f*, (stilles) Plätzchen.

noon [nu:n] **I** *s. a.* '~·day, '~·tide, '~·time Mittag(szeit *f) m: at* ~ zu Mittag; *at high* ~ am hellen Mittag; **II** *adj.* mittägig, Mittags…

noose [nu:s] **I** *s.* Schlinge *f* (*a. fig.*): *running* ~ Lauf-, Gleitschlinge; *slip one's head out of the hangman's* ~ *fig.* mit knapper Not dem Galgen entgehen; *put one's head into the* ~ *fig.* den Kopf in die Schlinge stecken; **II** *v/t.* a) *et.* schlingen (*over* über *acc., round* um), b) (mit e-r Schlinge) fangen.

nor [no:] *adj.* ⚘ nennwertlos (*Aktie*).

nope [nəʊp] *adv.* F ,ne(e)', nein.

nor [no:] *cj.* **1.** (*mst nach neg.*) noch: *neither* … ~ weder … noch; **2.** (*nach e-m verneinten Satzglied od. zu Beginn e-s angehängten verneinten Satzes*) und nicht, auch nicht(s): ~ *do* (*od. am*) *I* ich auch nicht.

Nor·dic ['no:dɪk] **I** *adj.* nordisch: ~ *combined Skisport:* Nordische Kombination; **II** *s.* nordischer Mensch.

norm [no:m] *s.* **1.** Norm *f* (*a.* ⚘, ⚘); **2.** *biol.* Typus *m*; **3.** *bsd. ped.* 'Durchschnittsleistung *f*; **'nor·mal** [-ml] **I** *adj.* □ → *normally*; **1.** nor'mal, Normal…; gewöhnlich, üblich: ~ *school* Pädagogische Hochschule; ~ *speed* ⚘ Betriebsdrehzahl *f*; **2.** ⚘ normal: a) richtig, b) lot-, senkrecht: ~ *line* → 5; **II** *s.* **3.** → *normalcy*; **4.** Nor'maltyp *m*; **5.** ⚘ Nor'male *f*, Senkrechte *f*, (Einfalls)Lot *n*; **'nor·mal·cy** [-mlsɪ] *s.* Normali'tät *f*, Nor'malzustand *m, das* Nor'male: *return to* ~ sich normalisieren; **'nor·mal·i·ty** [no:'mælətɪ] *s.* Normali'tät *f* (*a.* ⚘).

nor·mal·i·za·tion [,no:məlaɪ'zeɪʃn] *s.* **1.** Normalisierung *f*; **2.** Normung *f*, Vereinheitlichung *f*; **nor·mal·ize** ['no:məlaɪz] *v/t.* **1.** normalisieren; **2.** normen, vereinheitlichen; **3.** *metall.* nor'malglühen; **nor·mal·ly** ['no:məlɪ] *adv.* nor'malerweise, (für) gewöhnlich.

Nor·man ['no:mən] **I** *s.* **1.** *hist.* Nor'manne *m*, Nor'mannin *f*; **2.** Bewohner(in) der Norman'die; **3.** *ling.* Nor'mannisch *n*; **II** *adj.* **4.** nor'mannisch.

nor·ma·tive ['no:mətɪv] *adj.* norma'tiv.

Norse [no:s] **I** *adj.* **1.** skandi'navisch; **2.** altnordisch; **3.** (*bsd.*]norwegisch; **II** *s.* **4.** *ling.* a) Altnordisch *n*, b) (*bsd.* Alt)Norwegisch *n*; **5.** *coll.* a) *die* Skandinavier *pl.*, b) *die* Norweger *pl.*; **'~·man** [-mən] *s.* [*irr.*] *hist.* Nordländer *m*, Norweger *m*.

north [no:θ] **I** *s.* **1.** *mst the* ⚘ Nord(en *m*) (*Himmelsrichtung, Gegend etc.*): *to the* ~ *of* nördlich von; *by east* ⚘ Nord zu Ost; **2.** *the* ⚘ a) *Brit.* Nordengland *n*, b) *Am. die* Nordstaaten *pl.*, c) *die* Arktis; **II** *adj.* **3.** nördlich, Nord…; **III** *adv.* **4.** nördlich, nach *od.* im Norden (*of* von): ⚘ **At·lan·tic Trea·ty** *s.* 'Nordat,lantik-,pakt *m*; ⚘ **Brit·ain** *s.* Schottland *n*; ⚘ **Coun·try** *s.* Nord-England *n*; **~·east** [,no:θ'i:st] *s.* ⚘ no:r'i:st] *s.* Nord'osten *m*: ~ *by east* ⚘ Nordost zu Ost; **II** *adj.* nord'östlich, Nordost…; **III** *adv.* nord'östlich, nach Nordosten; **~·east·er** [,no:θ'i:stə; ⚘ no:r'i:stə] *s.* Nord'ostwind *m*; **~·east·er·ly** [,no:θ'i:stəlɪ; ⚘ no:r'i:stəlɪ] *adj. u. adv.* nordöstlich,

Nordost…; **,~·'east·ern** *adj.* nordöstlich; **,~·'east·ward** **I** *adj. u. adv.* nordöstlich; **II** *s.* nordöstliche Richtung.

north·er·ly ['no:ðəlɪ] *adj. u. adv.* nördlich; **'north·ern** [-ðn] *adj.* **1.** nördlich, Nord…: ~ *Europe* Nordeuropa *n*; ~ *lights* Nordlicht *n*; **2.** nordisch; **'north·ern·er** [-ðənə] *s.* Bewohner(in) des nördlichen Landesteils, *bsd. der amer.* Nordstaaten; **'north·ern·most** *adj.* nördlichst; **north·ing** ['no:θɪŋ] *s.* **1.** *ast.* nördliche Deklinati'on (*Planet*); **2.** Weg *m od.* Di'stanz *f* nach Norden, nördliche Richtung.

'North|·man [-mən] *s.* [*irr.*] Nordländer *m*; ⚘ **point** *s. phys.* Nordpunkt *m*; ~ **Pole** *s.* Nordpol *m*; ~ **Sea** *s.* Nordsee *f*; ~ **Star** *s. ast.* Po'larstern *m*.

north·ward ['no:θwəd] *adj. u. adv.* nördlich (*of, from* von), nordwärts, nach Norden; **'north·wards** [-dz] *adv.* → *northward.*

north-west [,no:θ'west; ⚘ no:'west] **I** *s.* Nord'west(en *m*); **II** *adj.* nord'westlich, Nordwest…: ⚘ *Passage geogr.* Nordwestpassage *f*; **III** *adv.* nordwestlich, nach *od.* von Nordwesten; **north-west·er** [,no:θ'westə; ⚘ no:'westə] *s.* **1.** Nord'westwind *m*; **2.** *Am.* Ölzeug *n*; **north-west·er·ly** [,no:θ'westəlɪ; ⚘ no:'westəlɪ] *adj. u. adv.* nordwestlich; **,north-'west·ern** *adj.* nordwestlich.

Nor·we·gian [no:'wi:dʒən] **I** *adj.* **1.** norwegisch; **II** *s.* **2.** Norweger(in); **3.** *ling.* Norwegisch *n*.

nose [nəʊz] **I** *s.* **1.** *anat.* Nase *f* (*a. fig. for* für); **2.** *Brit.* A'roma *n*, starker Geruch (*Tee, Heu etc.*); **3.** ⚘ *etc.* a) Nase *f*, Vorsprung *m*, (✕ Geschoß)Spitze *f*, Schnabel *m*, ⚘ Schneidkopf *m* (*Drehstahl etc.*), Mündung *f*; **4.** a) ✈ (Rumpf)Nase *f*, (*a.* ⚘ Schiffs)Bug *m*, b) *mot.* ,Schnauze' *f* (*Vorderteil*); *Besondere Redewendungen:* *bite* (*od. snap*) *s.o.'s* ~ *off* j-n scharf anfahren; *cut off one's* ~ *to spite one's face* sich ins eigene Fleisch schneiden; *follow one's* ~ a) immer der Nase nach gehen, b) s-m Instinkt folgen; *have a good* ~ *for s.th.* F e-e gute Nase *od.* e-n ,Riecher' für et. haben; *hold one's* ~ sich die Nase zuhalten; *lead s.o. by the* ~ j-n völlig beherrschen; *keep one's* ~ *clean* F sich nichts zuschulden kommen lassen; *look down one's* ~ ein verdrießliches Gesicht machen; *look down one's* ~ *at* j-n *od. et.* verachten; *pay through the* ~ ,bluten' *od.* übermäßig bezahlen müssen; *poke* (*od. put, thrust*) *one's* ~ *into* s-e Nase in et. stecken; *put s.o.'s* ~ *out of joint* a) j-n ausstechen, j-m die Freunin *etc.* ausspannen, b) j-m das Nachsehen geben; *not to see beyond one's* ~ a) die Hand nicht vor den Augen sehen können, b) *fig.* e-n engen (*geistigen*) Horizont haben; *turn up one's* ~ (*at*) die Nase rümpfen (über *acc.*); *as plain as the* ~ *in your face* sonnenklar; *under s.o.'s* (*very*) ~ direkt vor j-s Nase; **II** *v/t.* **5.** riechen, spüren, wittern; **6.** beschnüffeln; mit der Nase berühren *od.* stoßen; **7.** *fig.* a) sich *im Verkehr etc.* vorsichtig (*aus der Garage etc.*) fahren; **8.** näseln(d aussprechen); **III** *v/i.* **9.** *a.* ~ *around* (her-

'um)schnüffeln (*after, for* nach) (*a. fig.*); *Zssgn mit adv.:*

nose|·down ✈ **I** *v/t.* Flugzeug (an-)drücken; **II** *v/i.* im Steilflug niedergehen; ~ **out** *v/t.* **1.** ausschnüffeln, -spionieren, her'ausbekommen; **2.** um e-e Handbreit schlagen; ~ **o·ver** *v/i.* ✈ (sich) über'schlagen, e-n ,Kopfstand' machen; ~ **up** ✈ **I** *v/t.* Flugzeug hochziehen; **II** *v/i.* steil hochgehen.

nose|·ape *s. zo.* Nasenaffe *m*; **'~·bag** *s.* Futterbeutel *m*; **'~·bleed** *s.* ⚘ Nasenbluten *n*; **'~·cone** *s.* Ra'ketenspitze *f*.

nosed [nəʊzd] *adj. mst in Zssgn* mit e-r dicken *etc.* Nase, …nasig.

'nose|·dive I *s.* **1.** ✈ Sturzflug *m*; **2.** ⚘ F (Kurs-, Preis)Sturz *m*; **II** *v/i.* **3.** e-n Sturzflug machen; **4.** ⚘ ,purzeln' (*Kurs, Preis*); **'~·gay** *s.* Sträußchen *n*; **'~·,heav·y** *adj.* ✈ vorderlastig; **~·,o·ver** ✈ ,Kopfstand' *m beim Landen*; **'~·piece** *s.* ⚘ a) Mundstück *n* (*Blasebalg, Schlauch etc.*), b) Re'volver *m* (*Objektivende e-s Mikroskops*), c) Steg *m* (*e-r Brille*); Nasensteg *m* (*Schutzbrille*); **'~·rag** *s. sl.* ,Rotzfahne' *f* (*Taschentuch*); ~ **tur·ret** *s.* ✈ vordere Kanzel; **'~·,warm·er** *s. sl.* ,Nasenwärmer', kurze Pfeife; ~ **wheel** *s.* ✈ Bugrad *n*.

nos·ey → *nosy*.

,no-'show *s.* ✈ *Am. sl.* **1.** zur Abflugszeit nicht erschienener Flugpassagier; **2.** ,Phantom' *n* (*fiktiver Arbeitnehmer etc.*).

nos·o·log·i·cal [,nɒsəʊ'lɒdʒɪkl] *adj.* □ ⚕ noso-, patho'logisch; **no·sol·o·gist** [nəʊ'sɒlədʒɪst] *s.* Patho'loge *m*.

nos·tal·gi·a [nɒ'stældʒɪə] *s.* ⚕ Nostal'gie *f* (*a.* ⚕): a) Heimweh *n*, b) Sehnsucht *f nach etwas Vergangenem*; **nos·tal·gic** [nɒ'stældʒɪk] *adj.* (□ ~**ally**) **1.** Heimweh…; **2.** no'stalgisch, wehmütig.

nos·tril ['nɒstrɪl] *s.* Nasenloch *n, bsd. zo.* Nüster *f: it stinks in one's* ~s es ekelt einen an.

nos·trum ['nɒstrəm] *s.* **1.** ⚕ Geheimmittel *n*, 'Quacksalbermedi,zin *f*; **2.** *fig.* (*soziales, politisches*) Heilmittel *n*, Pa'tentre,zept *n*.

nos·y ['nəʊzɪ] *adj.* **1.** F neugierig: ~ *parker Brit.* neugierige Person; **2.** *Brit.* a) aro'matisch, duftend (*bsd. Tee*), b) muffig.

not [nɒt] *adv.* **1.** nicht; ~ *that* nicht, daß, nicht als ob; *is it* ~?, F *isn't it?* nicht wahr?; → *at* 7; **2.** ~ *a* kein(e): ~ *a few* nicht wenige.

no·ta·bil·i·ty [,nəʊtə'bɪlətɪ] *s.* **1.** wichtige Per'sönlichkeit, 'Standesper,son *f*; **2.** her'vorragende Eigenschaft, Bedeutung *f*; **no·ta·ble** ['nəʊtəbl] **I** *adj.* □ **1.** beachtens-, bemerkenswert, denkwürdig, wichtig; **2.** beträchtlich: *a* ~ *difference*; **3.** angesehen, her'vorragend; **4.** ⚗ merklich; **II** *s.* **5.** → *notability* 1.

no·tar·i·al [nəʊ'teərɪəl] *adj.* □ ⚖ **1.** Notariats…, notari'ell; **2.** notariell beglaubigt; **no·ta·rize** ['nəʊtəraɪz] *v/t.* notariell beurkunden *od.* beglaubigen; **no·ta·ry** ['nəʊtərɪ] *s. mst* ~ *public* (öffentlicher) Notar.

no·ta·tion [nəʊ'teɪʃn] *s.* **1.** Aufzeichnung *f*, Notierung *f*; **2.** *bsd.* ⚘, ⚘ Schreibweise *f*, Bezeichnung *f*: *chemical* ~ chemisches Formelzeichen; **3.** ♪

(Aufzeichnen *n* in) Notenschrift *f*.

notch [nɒtʃ] **I** *s.* **1.** *a.* ⚙ Kerbe *f*, Einschnitt *m*, Aussparung *f*, Falz *m*, Nute *f*, Raste *f*: *be a ~ above* F e-e Klasse besser sein als; **2.** (Vi'sier)Kimme *f* (*Schußwaffe*): *~ and bead sights* Kimme und Korn; **3.** *Am.* Engpaß *m*; **II** *v/t.* **4.** *bsd.* ⚙ (ein)kerben, (ein)schneiden, einfeilen; **5.** ⚙ a) ausklinken, b) nuten, falzen; **notched** [-tʃt] *adj.* **1.** ⚙ (ein-)gekerbt, mit Nuten versehen; **2.** ♀ grob gezähnt (*Blatt*).

note [nəut] **I** *s.* **1.** (Kenn)Zeichen *n*, Merkmal *n*; *fig.* Ansehen *n*, Ruf *m*, Bedeutung *f*: *man of ~* bedeutender Mann; *nothing of ~* nichts von Bedeutung; **2.** *mst pl.* No'tiz *f*, Aufzeichnung *f*: *compare ~s* Meinungen *od.* Erfahrungen austauschen, sich beraten; *make a ~ of s.th.* sich et. vormerken *od.* notieren; *make a mental ~ of s.th.* sich et. merken; *take ~s of s.th.* sich über et. Notizen machen; *take ~ of s.th. fig.* et. zur Kenntnis nehmen, et. berücksichtigen; **3.** *pol.* (diplo'matische) Note: *exchange of ~s* Notenwechsel *m*; **4.** Briefchen *n*, Zettelchen *n*; **5.** *typ.* a) Anmerkung *f*, b) (Satz-)Zeichen *n*; **6.** ♥ a) Nota *f*, Rechnung *f*: *as per ~* laut Nota, b) (Schuld)Schein *m*: *~ of hand* → *promissory*; *bought and sold ~* Schlußschein *m*; *~s payable* (*receivable*) *Am.* Wechselverbindlichkeiten (-forderungen), c) Banknote *f*, d) Vermerk *m*, Notiz *f*: *urgent ~* Dringlichkeitsvermerk *m*, e) Mitteilung *f*: *advice ~* Versandanzeige *f*; *~ of exchange* Kursblatt *n*; **7.** ♪ a) Note *f*, b) Ton *m*, c) Taste *f*; **8.** *weitS.* a) Klang *m*, Melo'die *f*; Gesang *m* (*Vogel*), b) *fig.* Ton(art *f*) *m*: *change one's ~* e-n anderen Ton anschlagen; *strike the right ~* den richtigen Ton treffen; *strike a false ~* a) sich im Ton vergreifen, b) sich danebenbenehmen; *on this* (*encouraging etc.*) *~* mit diesen (ermutigenden *etc.*) Worten; **9.** *fig.* Brandmal *n*, Schandfleck *m*; **II** *v/t.* **10.** Kenntnis nehmen von, bemerken, be(ob)achten; **11.** besonders erwähnen; **12.** *a. ~ down* niederschreiben, notieren, vermerken; **13.** ♥ Wechsel protestieren; *Preise* angeben.

note| bank *s.* ♥ Notenbank *f*; **'~·book** *s.* No'tizbuch *n*; ♥, ♀♀ Kladde *f*; **~ broker** *s.* ♥ *Am.* Wechselhändler *m*, Dis-'kontmakler *m*.

not·ed ['nəutɪd] *adj.* □ **1.** bekannt, berühmt (*for* wegen); **2.** ♥ notiert: *~ before official hours* vorbörslich (*Kurs*); **'not·ed·ly** [-lɪ] *adv.* ausgesprochen, deutlich, besonders.

note| pa·per *s.* 'Briefpa,pier *n*; **~ press** *s.* ♥ 'Banknotenpresse *f*, -drucke,rei *f*; **'~·wor·thy** *adj.* bemerkens-, beachtenswert.

noth·ing ['nʌθɪŋ] **I** *pron.* **1.** nichts (*of* von): *~ much* nichts Bedeutendes; **II** *s.* **2.** Nichts *n*: *to ~* zu *od.* in nichts; *for ~* vergebens, umsonst; **3.** *fig.* Nichts *n*, Unwichtigkeit *f*, Kleinigkeit *f*; *pl.* Nichtigkeiten *pl.*; Null *f* (*a. Person*): *whisper sweet ~s* Süßholz raspeln; **III** *adv.* **4.** durch'aus nicht, keineswegs: *~ like complete* alles andere als vollständig; **IV** *int.* **5.** F keine Spur!, Unsinn!; *Besondere Redewendungen:*

good for ~ zu nichts zu gebrauchen; *~ doing* F a) (das) kommt gar nicht in Frage, b) nichts zu machen; *~ but* nichts als, nur; *~ else* nichts anderes, sonst nichts; *~ if not courageous* überaus mutig; *not for ~* nicht umsonst, nicht ohne Grund; *that is ~ to what we have seen* das ist nichts gegen das, was wir gesehen haben; *that's ~* to me das bedeutet mir nichts; *that is ~ to you* das geht dich nichts an; *there is ~ like* es geht nichts über; *there is ~ to it* a) da ist nichts dabei, b) an der Sache ist nichts dran; *come to ~ fig.* zunichte werden, sich zerschlagen; *feel like ~ on earth* sich hundeelend fühlen; *make ~ of s.th.* nicht viel Wesens von et. machen, sich nichts aus et. machen; *I can make ~ of it* ich kann daraus nicht klug werden; → *say* 2, *think* 3 e.

noth·ing·ness ['nʌθɪŋnɪs] *s.* **1.** Nichts *n*; **2.** Nichtigkeit *f*; **3.** Leere *f*.

no·tice ['nəutɪs] **I** *s.* **1.** Wahrnehmung *f*: *to avoid ~* (*Redew.*) um Aufsehen zu vermeiden; *come under s.o.'s ~* j-m bekanntwerden; *escape ~* unbemerkt bleiben; *take ~ of* Notiz nehmen von et. *od.* j-m, beachten; *~!* zur Beachtung!; **2.** No'tiz *f*, (*a. Presse*)Nachricht *f*, Anzeige *f* (*a.* ♥), (An)Meldung *f*, Ankündigung *f*, Mitteilung *f*; ♣♣ Vorladung *f*; (Buch)Besprechung *f*; Kenntnis *f*: *~ of acceptance* ♥ Annahmeerklärung *f*; *~ of arrival* ♥ Eingangsbestätigung *f*; *~ of assessment* Steuerbescheid *m*; *~ of departure* (polizeiliche) Abmeldung *f*; *~ previous ~* Voranzeige *f*; *bring s.th. to s.o.'s ~* j-m et. zur Kenntnis bringen; *give ~ that* bekanntgeben; *give s.o. ~ of s.th.* j-n von et. benachrichtigen; *give ~ of appeal* ♣♣ Berufung einlegen; *give ~ of motion parl.* e-n Initiativantrag stellen; *give ~ of a patent* ein Patent anmelden; *have ~ of* Kenntnis haben von; Warnung *f*; Kündigung(sfrist) *f*: *give s.o. ~* (*for Easter*) j-m (zu Ostern) kündigen; *I am under ~ to* mir ist gekündigt worden; *at a day's ~* binnen eines Tages; *at a moment's ~* sogleich, jederzeit; *at short ~* kurzfristig, auf (kurzen) Abruf, sofort; *subject to a month's ~* mit monatlicher Kündigung; *without ~* fristlos; *until further ~* bis auf weiteres; → *quit* 9; **II** *v/t.* **4.** bemerken, beobachten, wahrnehmen; **5.** beachten, achten auf (*acc.*); **6.** No'tiz nehmen von; **7.** *Buch* besprechen; **8.** anzeigen, melden, bekanntmachen; ♣♣ benachrichtigen; **no·tice·a·ble** ['nəutɪsəbl] *adj.* □ **1.** wahrnehmbar, merklich, spürbar; **2.** bemerkenswert, beachtlich; **3.** auffällig, ins Auge fallend.

no·tice| board *s.* **1.** Anschlagtafel *f*, Schwarzes Brett; **2.** Warnschild *n*; **~ pe·ri·od** *s.* Kündigungsfrist *f*.

no·ti·fi·a·ble ['nəutɪfaɪəbl] *adj.* meldepflichtig; **no·ti·fi·ca·tion** [,nəutɪfɪ-'keɪʃn] *s.* Anzeige *f*, Meldung *f*, Mitteilung *f*, Bekanntmachung *f*, Benachrichtigung *f*; **no·ti·fy** ['nəutɪfaɪ] *v/t.* **1.** bekanntgeben, anzeigen, avisieren, melden, (amtlich) mitteilen (*s.th. to s.o.* j-m et.); **2.** *j-n* benachrichtigen, in Kenntnis setzen (*of* von, *that* daß).

no·tion ['nəuʃn] *s.* **1.** Begriff *m* (*a. phls.*, ♈), Gedanke *m*, I'dee *f*, Vorstellung *f*

(*of* von): *not to have the vaguest ~ of s.th.* nicht die leiseste Ahnung von et. haben; *I have a ~ that* ich denke mir, daß; **2.** Meinung *f*, Ansicht *f*: *fall into the ~ that* auf den Gedanken kommen, daß; **3.** Neigung *f*, Lust *f*, Absicht *f* (*of doing* zu tun); **4.** *pl. Am.* a) Kurzwaren *pl.*, b) Kinkerlitzchen *pl.*; **'no·tion·al** [-ʃənl] *adj.* □ **1.** begrifflich, Begriffs...; **2.** *phls.* rein gedanklich, spekula'tiv; **3.** theo'retisch; **4.** fik'tiv, angenommen, imagi'när.

no·to·ri·e·ty [,nəutə'raɪətɪ] *s.* **1.** *bsd. contp.* allgemeine Bekanntheit, (traurige) Berühmtheit, schlechter Ruf; **2.** Berüchtigtsein *n*, das No'torische; **3.** allbekannte Per'sönlichkeit *od.* Sache; **no·to·ri·ous** [nəʊ'tɔːrɪəs] *adj.* □ no'torisch: a) offenkundig, b) all-, stadt-, weltbekannt, c) berüchtigt (*for* wegen).

not·with·stand·ing [,nɒtwɪθ'stændɪŋ] **I** *prp.* ungeachtet, trotz (*gen.*): *~ the objections* ungeachtet der Einwände; *his great reputation ~* trotz s-s hohen Ansehens; **II** *a. ~ that cj.* ob'gleich; **III** *adv.* nichtsdesto'weniger, dennoch.

nou·gat ['nuːgɑː] *s.* Art türkischer Honig.

nought [nɔːt] *s. u. pron.* **1.** nichts: *bring to ~* ruinieren, zunichte machen; *come to ~* zunichte werden, mißlingen, fehlschlagen; **2.** Null *f* (*a. fig.*): *set at ~* et. in den Wind schlagen, verlachen, ignorieren.

noun [naʊn] *ling.* **I** *s.* Hauptwort *n*, Substantiv *n*: *proper ~* Eigenname *m*; **II** *adj.* substantivisch.

nour·ish ['nʌrɪʃ] *v/t.* **1.** (er)nähren, erhalten (*on* von); **2.** *fig. Gefühl* nähren, hegen; **'nour·ish·ing** [-ʃɪŋ] *adj.* nahrhaft, Nähr...; **'nour·ish·ment** [-mənt] *s.* **1.** Ernährung *f*; **2.** Nahrung *f* (*a. fig.*), Nahrungsmittel *n*: *take ~* Nahrung zu sich nehmen.

nous [naʊs] *s.* **1.** *phls.* Vernunft *f*, Verstand *m*; **2.** F Mutterwitz *m*, ,Grütze' *f*, ,Grips' *m*.

no·va [naʊs] *pl.* **-vae** [-viː], *a.* **-vas** *s. ast.* Nova *f*, neuer Stern.

no·va·tion [nəʊ'veɪʃn] *s.* ♣♣ Nova'tion *f* (*Forderungsablösung od. -übertragung*).

nov·el ['nɒvl] **I** *adj.* neu(artig); ungewöhnlich, über'raschend; **II** *s.* Ro'man *m*: *~ short ~* Kurzroman; *~-writer* → *novelist*; **no·vel·la** [nəʊ'velə] *s.* Ro-'velle *f*; **nov·el·ette** [,nɒvə'let] *s.* **1.** kurzer Roman; **2.** *contp.* seichter Unter'haltungsro,man; **nov·el·ist** ['nɒvəlɪst] *s.* Ro'manschriftsteller(in); **no·vel·is·tic** [,nɒvə'lɪstɪk] *adj.* ro'manhaft, Roman...; **'nov·el·ty** [-tɪ] *s.* **1.** Neuheit *f*: a) *das* Neue, b) *et.* Neues: *the ~ had soon worn off* der Reiz des Neuen war bald verflogen; **2.** Ungewöhnlichkeit *f*, *et.* Ungewöhnliches; **3.** *pl.* ♥ (billige) Neuheiten *pl.*: *~ item* Neuheit *f*, Schlager *m*, (billiger) Modeartikel; **4.** Neuerung *f*.

No·vem·ber [nəʊ'vembə] *s.* No'vember *m*: *in ~* im November.

nov·ice ['nɒvɪs] *s.* **1.** Anfänger(in), Neuling *m* (*at* auf e-m *Gebiet*); **2.** *R.C.* No'vize *m, f*, No'vizin *f*; **3.** *bibl.* Neubekehrte(r *m*) *f*.

now [naʊ] **I** *adv.* **1.** nun, gegenwärtig, jetzt: *from ~* von jetzt an; *up to ~* bis jetzt; **2.** so'fort, bald; **3.** eben, so'eben: *just* ~ gerade eben, vor ein paar Minuten; **4.** nun, dann, dar'auf, damals; **5.** *(nicht zeitlich)* nun (aber); **II** *cj.* **6.** *a.* ~ *that* nun aber, nun da, da nun, jetzt wo; **III** *s.* **7.** *poet.* Gegenwart *f*, Jetzt *n*; *Besondere Redewendungen:* *before* ~ schon einmal, schon früher; *by* ~ mittlerweile, jetzt; ~ *if* wenn nun aber; *how* ~? nun?, was gibt's?, was soll das heißen?; *what is it* ~? was ist jetzt schon wieder los?; *now ... now ...* bald ... bald ...; ~ *and again*, (*every*) ~ *and then* von Zeit zu Zeit, hie(r) und da, dann und wann, gelegentlich; ~ *then* (nun) also; *come* ~! nur ruhig!, sachte, sachte!; *what* ~? was nun?; ~ *or never* jetzt oder nie.

now·a·days ['nauədeiz] **I** *adv.* heutzutage, jetzt; **II** *s. das* Heute *od.* Jetzt.

'no·way(**s**) [-wei(z)] F → *nowise*.

'no·where I *adv.* **1.** nirgends, nirgendwo: *be* ~ a) *Sport:* unter ,ferner liefen' enden, b) nichts erreicht haben; *get* ~ nicht weiterkommen, nichts erreichen; ~ *near* auch nicht annähernd; **2.** nirgendwohin; **II** *s.* **3.** Nirgendwo *n*: *from* ~ aus dem Nichts; *in the middle of* ~ 🏚 auf freier Strecke *halten*.

'no·wise *adv.* in keiner Weise.

nox·ious ['nɒkʃəs] *adj.* □ schädlich (*to* für): ~ *substance* Schadstoff *m*.

noz·zle ['nɒzl] *s.* **1.** Schnauze *f*, Rüssel *m*; **2.** *sl.* ,Rüssel' *m* (*Nase*); **3.** ⚙ a) Schnauze *f*, Tülle *f*, Schnabel *m*, Mundstück *m*, Ausguß *m*, Röhre *f*, (*an Gefäßen etc.*), b) Stutzen *m*, Mündung *f* (*an Röhren etc.*), c) (*Kraftstoff- etc.*)Düse *f*, d) 'Zapfpis,tole *f*.

nth [enθ] *adj.* 🅐 n-te(r), n-tes: *to the* ~ *degree* a) 🅐 bis zum n-ten Grade, b) *fig.* im höchsten Maße; *for the* ~ *time* zum hundertsten Mal.

nu [nju:] *s.* Ny *n* (*griech. Buchstabe*).

nu·ance [nju:'ãːns] (*Fr.*) *s.* Nu'ance *f*: a) Schattierung *f*, b) Feinheit *f*, feiner 'Unterschied.

nub [nʌb] *s.* **1.** Knopf *m*, Auswuchs *m*, Knötchen *n*; **2.** (kleiner) Klumpen, Nuß *f* (*Kohle etc.*); **3.** *the* ~ F der springende Punkt (*of* bei); **'nub·bly** [-blı] *adj.* knotig.

nu·bile ['nju:bail] *adj.* **1.** heiratsfähig, ehemündig (*Frau*); **2.** attrak'tiv; **nu·bil·i·ty** [nju:'bılətı] *s.* Heiratsfähigkeit *f etc.*

nu·cle·ar ['nju:klıə] **I** *adj.* **1.** kernförmig; *a. biol. etc.* Kern...; **2.** *phys.* nukle'ar, Nuklear..., (Atom)Kern..., ato-'mar, Atom...: ~ *test*, ~ *weapon* Kernwaffe *f*; *a.* ~*-powered* mit A'tomantrieb, Atom...: ~ *submarine*; **II** *s.* **4.** Kernwaffe *f*, A'tomra,kete *f*; **5.** *pol.* A'tommacht *f*; ~ *bomb s.* A'tombombe *f*; ~ *charge s. phys.* Kernladung *f*; ~ *chem·is·try s.* 'Kernche,mie *f*; ~ *dis·in·te·gra·tion s. phys.* Kernzerfall *m*; ~ *en·er·gy s. phys.* **1.** 'Kernener,gie *f*; **2.** *allg.* A'tomener,gie *f*; ~ *fam·i·ly s.* 'Kernfa,milie *f*; ~ *fis·sion s. phys.* Kernspaltung *f*; ~ *fuel s.* Kernbrennstoff *m*: ~ *rod* Brennstab *m*; ~ *fu·sion s. phys.* 'Kernfus,ion *f*; ~ *par·ti·cle s. phys.* Kernteilchen *n*; ~ *phys·ics s. pl. sg. konstr.* A'tomkraft *f*; **2.** *pol.* A'tommacht *f*; ~ *re·ac·tor s. phys.* 'Kernre,aktor *m*; ~ *re·search s.* (A'tom)Kern-

forschung *f*; ~ *ship s.* Re'aktorschiff *n*; ~ *the·o·ry s. phys.* 'Kerntheo,rie *f*; ~ *war*(*-fare*) *s.* A'tomkrieg(führung *f*) *m*; ~ *war·head s.* ⚔ A'tomsprengkopf *m*; ~ *waste s.* A'tommüll *m*.

nu·cle·i ['nju:klıaı] *pl. von nucleus.*

nu·cle·o·lus [nju:'kli:ələs] *pl.* -**li** [-laı] *s.* ⚕, *biol.* Kernkörperchen *n*.

nu·cle·on ['nju:klıɒn] *s. phys.* Nukleon *n*, (A'tom)Kernbaustein *m*.

nu·cle·us ['nju:klıəs] *pl.* -**e·i** [-ıaı] *s.* **1.** *allg.* (*a.* A'tom-, Ko'meten-, Zell)Kern *m* (*a.* 🅐); **2.** *fig.* Kern *m*: a) Mittelpunkt *m*, b) Grundstock *m*; **3.** *opt.* Kernschatten *m*.

nude [nju:d] **I** *adj.* **1.** nackt (*a. fig. Tatsache etc.*), bloß; **2.** nackt, kahl: ~ *hill*; **3.** ⚖ unverbindlich, nichtig: ~ *contract*; **II** *s.* **4.** *paint. etc.* Akt *m*: *study from the* ~ Aktstudie *f*; **5.** Nacktheit *f*: *in the* ~ nackt.

nudge [nʌdʒ] **I** *v/t.* j-n anstoßen, ,(an-)stupsen'; **II** *s.* Stups *m*.

nu·die ['nju:dı] *s. sl.* Nacktfilm *m*.

nud·ism ['nju:dızəm] *s.* 'Nackt-, 'Freikörperkul,tur *f*, Nu'dismus *m*; **'nud·ist** [-ıst] *s.* Nu'dist(in), FK'K-Anhänger (-in): ~ *beach* Nacktbadestrand *m*; ~ *camp*, ~ *colony* FKK-Platz *m*; **'nu·di·ty** [-ətı] *s.* **1.** Nacktheit *f*, Blöße *f*; *fig.* Armut *f*; **3.** Kahlheit *f*; **4.** *paint. etc.* 'Akt(fi,gur *f*) *m*.

nu·ga·to·ry ['nju:gətərı] *adj.* **1.** wertlos, albern; **2.** unwirksam (*a.* ⚖), eitel, leer.

nug·get ['nʌgıt] *s.* **1.** Nugget *n* (*Goldklumpen*); **2.** *fig.* Brocken *m*.

nui·sance ['nju:sns] *s.* **1.** Ärgernis *n*, Plage *f*, *et.* Lästiges *od.* Unangenehmes; Unfug *m*, 'Mißstand *m*: *dust* ~ Staubplage; *what a* ~! wie ärgerlich!; **2.** ⚖ Poli'zeiwidrigkeit *f*: *public* ~ Störung *f od.* Gefährdung *f* der öffentlichen Sicherheit u. Ordnung, *a. fig. iro.* öffentliches Ärgernis; *private* ~ Besitzstörung *f*; *commit no* ~! das Verunreinigen (dieses Ortes) ist verboten!; **3.** (*von Personen*) ,Landplage' *f*, Quälgeist *m*, Nervensäge *f*: *be a* ~ *to s.o.* j-m lästig fallen; *make a* ~ *of o.s.* anderen auf die Nerven gehen; ~ *raid* ⚔, ✈ Störangriff *m*; ~ *tax s.* ärgerliche kleine (*Verbraucher*)*Steuer*; ~ *val·ue s.* Wert *m od.* Wirkung *f* als störender Faktor.

nuke [nu:k] *Am. sl.* **I** *s.* **1.** Kernwaffe *f*; **2.** 'Kernre,aktor *m*; **II** *v/t.* **3.** mit Kernwaffen angreifen.

null [nʌl] **I** *adj.* **1.** ⚖ *u. fig.* nichtig, ungültig: *declare* ~ *and void* für null u. nichtig erklären; **2.** wertlos, leer, nichtssagend, unbedeutend; **II** *s.* **3.** 🅐, ⚡ Null *f*: ~ *set* Nullmenge *f*.

nul·li·fi·ca·tion [,nʌlıfı'keıʃn] *s.* **1.** Aufhebung *f*, Nichtigerklärung *f*; **2.** Zu'nichtemachen *n*; **nul·li·fy** ['nʌlıfaı] *v/t.* **1.** ungültig machen, für null u. nichtig erklären, aufheben; **2.** zu'nichte machen; **nul·li·ty** ['nʌlətı] *s.* **1.** Unwirksamkeit *f*, ⚖ Ungültigkeit *f*, Nichtigkeit *f*: *decree of* ~ *suit* Nichtigkeitsklage *f*; *be a* ~ (null u.) nichtig sein; **2.** Nichts *n*; *fig.* Null *f* (*Person*).

numb [nʌm] **I** *adj.* starr, erstarrt (*with* vor *Kälte etc.*); taub (*empfindungslos*); *fig.* a) (wie) betäubt, starr

(*with fear* vor Angst), b) abgestumpft; **II** *v/t.* starr *od.* taub machen, erstarren lassen; *fig.* a) betäuben, b) abstumpfen.

num·ber ['nʌmbə] **I** *s.* **1.** Zahl(enwert *m*) *f*, Ziffer *f*; **2.** (Haus-, Tele'fon- *etc.*) Nummer *f*: *by* ~*s* nummernweise; ~ *engaged teleph.* besetzt; *have s.o.'s* ~ F j-n durchschaut haben; *his* ~ *is up* F s-e Stunde hat geschlagen, jetzt ist er dran; → *number one*; **3.** Zahl *f*: *a* ~ *of* e-e Anzahl von (*od. gen.*), mehrere; *a great* ~ *of* sehr viele *Leute etc.*; *five in* ~ fünf an (der) Zahl; *in large* ~*s* in großen Mengen; *in round* ~ rund; *one of their* ~ einer aus ihrer Mitte; ~*s of times* zu wiederholten Malen; *times without* ~ unzählige Male; *five times the* ~ *of people* fünfmal so viele Leute; **4.** ♀ a) (An)Zahl *f*, Nummer *f*, b) Ar-'tikel *m*, Ware *f*; **5.** Heft *n*, Nummer *f*, Ausgabe *f* (*Zeitschrift etc.*), Lieferung *f* e-s Werkes: *appear in* ~*s* in Lieferungen erscheinen; **6.** *thea. etc.* (Pro-'gramm)Nummer *f*; **7.** ♪ a) Nummer *f* (*Satz*), b) *sl.* Tanznummer *f*, Schlager *m*; **8.** *poet. od.* Pl. Verse *pl.*; **9.** *ling.* Numerus *m*: *plural* (*singular*) ~ Mehrzahl (Einzahl) *f*; **10.** ⚙ Feinheitsnummer *f* (*Garn*); **11.** *sl.* ,Type' *f*, ,Nummer' *f* (*Person*); **12.** ⚡*s bibl.* Numeri *pl.*, Viertes Buch Mose; **II** *v/t.* **13.** zs.-zählen, aufrechnen: ~ *off* abzählen; *his days are* ~*ed* s-e Tage sind gezählt; **14.** zählen, rechnen (*a. fig.* among, in, with zu *od.* unter *acc.*); **15.** numerieren: ~ *consecutively* durchnumerieren; **16.** zählen, sich belaufen auf (*acc.*); **17.** *Jahre* zählen, alt sein; **III** *v/i.* **18.** (auf)zählen; **19.** zählen (*among* zu *j-s Freunden etc.*); **'num·ber·ing** [-bərıŋ] *s.* Numerierung *f*; **'num·ber·less** [-lıs] *adj.* unzählig, zahllos.

num·ber| one I *adj.* **1.** a) erstklassig, b) (aller)höchst: ~ *priority*; **II** *s.* **2.** Nummer *f* Eins; der (die, das) Erste; erste Klasse; **3.** F das liebe Ich: *look after* ~ auf seinen Vorteil bedacht sein, nur an sich selbst denken; **4.** *do* ~ F sein ,kleines Geschäft' machen; **'~·plate** *s. mot.* Nummernschild *n*; ~ *pol·y·gon s.* 🅐 'Zahlenvieleck *n*, -poly,gon *n*; ~ *two s.*: *do* ~ F sein ,großes Geschäft' machen.

numb·ness ['nʌmnıs] *s.* Erstarrung *f*, Starr-, Taubheit *f*; *fig.* Betäubung *f*.

nu·mer·a·ble ['nju:mərəbl] *adj.* zählbar; **'nu·mer·al** [-rəl] **I** *adj.* **1.** Zahl..., Zahlen..., nu'merisch: ~ *language* Ziffernsprache *f*; **II** *s.* **2.** Ziffer *f*, Zahlzeichen *n*; **3.** *ling.* Zahlwort *n*; **'nu·mer·ar·y** [-ərı] *adj.* **nu·mer·a·tion** [,nju:mə'reıʃn] *s.* **1.** Zählen *m*; Rechenkunst *f*; **2.** Numerierung *f*; **3.** (Auf-) Zählung *f*; **'nu·mer·a·tive** [-ətıv] *adj.* zählend, Zahl(en)...: ~ *system* Zahlensystem *n*; **'nu·mer·a·tor** [-məreıtə] *s.* 🅐 Zähler *m* e-s Bruchs; **nu·mer·i·cal** [nju:'merıkl] *adj.* □ nu'merisch: a) 🅐 Zahl(en)...: ~ *value*, ~ *equation* Zahlengleichung *f*, b) zahlenmäßig: ~ *superiority*.

nu·mer·ous ['nju:mərəs] *adj.* □ zahlreich: *a* ~ *assembly*; **'nu·mer·ous·ness** [-nıs] *s.* große Zahl, Menge *f*, Stärke *f*.

nu·mis·mat·ic [,nju:mız'mætık] *adj.* (□ ~*ally*) numis'matisch, Münz(en)...; **,nu·mis'mat·ics** [-ks] *s. pl. sg. konstr.*

Numis'matik *f*, Münzkunde *f*; **nu·mis·ma·tist** [nju:'mɪzmətɪst] *s.* Numis'matiker(in): a) Münzkenner(in), b) Münzsammler(in).

num·skull ['nʌmskʌl] *s.* Dummkopf *m*, Trottel *m*.

nun [nʌn] *s. eccl.* Nonne *f*.

nun·ci·a·ture ['nʌnʃɪətʃə] *s. eccl.* Nuntia'tur *f*; **nun·ci·o** ['nʌnʃɪəu] *pl.* **-os** *s.* Nuntius *m*.

nun·cu·pa·tive ['nʌnkjupeitɪv] *adj.* ⚎ mündlich: ~ *will* mündliches Testament, *bsd.* ✗ Not-, ⚓ Seetestament.

nun·ner·y ['nʌnərɪ] *s.* Nonnenkloster *n*.

nup·tial ['nʌptʃəl] **I** *adj.* hochzeitlich, Hochzeit(s)..., Ehe..., Braut...: ~ *bed* Brautbett *n*; ~ *flight* Hochzeitsflug *m* der Bienen; **II** *s. mst pl.* Hochzeit *f*.

nurse [nɜ:s] **I** *s.* **1.** *mst wet* ~ (Säug-) Amme *f*; **2.** *a.* *dry* ~ Kinderfrau *f*, -mädchen *n*; **3.** Krankenschwester *f, a.* *~-attendant* (Kranken)Pfleger(in): *head* ~ Oberschwester; → *male* 1; **4.** a) Stillen *n*, Stillzeit *f*, b) Pflege *f*: *at* ~ in Pflege; *put out to* ~ *Kinder* in Pflege geben; **5.** *zo.* a) Amme *f*, b) Arbeiterin *f* (*Biene*); **6.** *fig.* Nährmutter *f*; **II** *v/t.* **7.** *Kind* säugen, nähren, stillen, *dem Kind* die Brust geben; **8.** *Kind* auf-, großziehen; **9.** a) *Kranke* pflegen, b) *Krankheit* auskurieren, c) *Glied, Stimme* schonen, d) *Knie etc.* (schützend) um'fassen: ~ *one's leg* ein Bein über das andere schlagen, e) sparsam *od.* schonend 'umgehen mit: ~ *a glass of wine* bedächtig ein Glas Wein trinken; **10.** *fig.* a) nähren, fördern, b) *Gefühl etc.* nähren, hegen; **11.** streicheln, hätscheln; *weitS. a. pol.* sich eifrig kümmern um, sich ,warm halten': ~ *one's constituency*; **III** *v/i.* **12.** a) säugen, stillen, b) die Brust nehmen (*Säugling*); **13.** als (Kranken)Pfleger(in) arbeiten.

nurse·ling → *nursling*.

'nurse·maid *s.* Kindermädchen *n*.

nurs·er·y ['nɜ:srɪ] *s.* **1.** Kinderzimmer *n*: *day* ~ Spielzimmer *n*; *night* ~ Kinderschlafzimmer; **2.** Kindertagesstätte *f*; **3.** Pflanz-, Baumschule *f*; Schonung *f*; *fig.* Pflanzstätte *f*, Schule *f*; **4.** Fischpflege *f*, Streckteich *m*; **5.** *a.* ~ *stakes* (Pferde-) Rennen *n* für Zweijährige; ~ *gov·er·ness* *s.* Kinderfräulein *n*; **'~-man**

[-mən] *s.* [*irr.*] Pflanzenzüchter *m*; ~ *rhyme* *s.* Kinderlied *n*, -reim *m*; ~ *school* *s.* Kindergarten *m*; ~ *slope* *s.* Skisport: ,Idi'otenhügel' *m*, Anfängerhügel *m*; ~ *tale* *s.* Ammenmärchen *n*.

nurs·ing ['nɜ:sɪŋ] **I** *s.* **1.** Säugen *n*, Stillen *n*; **2.** *a.* *sick·*~, ~ *care* (Kranken-) Pflege *f*; **II** *adj.* **3.** Nähr..., Pflege..., Kranken...; ~ *ben·e·fit* *s.* Stillgeld *n*; ~ *bot·tle* *s.* Säuglingsflasche *f*; ~ *home* *s.* **1.** *bsd. Brit.* a) Pri'vatklinik *f*, b) pri'vate Entbindungsklinik; **2.** Pflegeheim *n*; ~ *moth·er* *s.* stillende Mutter; ~ *staff* *s.* 'Pflegeperso,nal *n*.

nurs·ling ['nɜ:slɪŋ] *s.* **1.** Säugling *m*; **2.** Pflegling *m*; **3.** *fig.* a) Liebling *m*, Hätschelkind *n*, b) Schützling *m*.

nur·ture ['nɜ:tʃə] **I** *v/t.* **1.** (er)nähren; **2.** auf-, erziehen; **3.** *fig.* *Gefühle etc.* hegen; **II** *s.* **4.** Nahrung *f*; *fig.* Pflege *f*, Erziehung *f*.

nut [nʌt] **I** *s.* **1.** ♀ Nuß *f*; **2.** ⚙ a) Nuß *f*, b) (Schrauben)Mutter *f*: *~s and bolts* *fig.* praktische Grundlagen, wesentliche Details; **3.** ♪ a) Frosch *m* (*am Bogen*), b) Saitensattel *m*; **4.** *pl.* ♀ Nußkohle *f*; **5.** *fig.* schwierige Sache: *a hard ~ to crack* e-e harte Nuß; **6.** *sl.* a) ,Birne' *f* (*Kopf*): *be* (*go*) *off one's* ~ verrückt sein (werden), b) *contp.* ,Knülch' *m*, Kerl *m*, c) komischer Kauz, ,Spinner' *m*, d) Idi'ot *m*, e) Geck *m*; **7.** *sl.* *be* ~*s* verrückt sein (*on* nach); *he is* ~*s about her* er ist in sie total verschossen; *drive s.o.* ~*s* j-n verrückt machen; *go* ~*s* überschnappen; *that's* ~*s to him* das ist genau sein Fall; ~*s!* a) du spinnst wohl!, b) *a.* ~ *to you!* ,du kannst mich mal!'; **8.** *pl.* V ,Eier' *pl.* (*Hoden*); **9.** *not for* ~*s sl.* überhaupt nicht; *he can't play for* ~*s sl.* er spielt miserabel; **II** *v/i.* **10.** Nüsse pflücken.

nut| bolt ⚙ **1.** Mutterbolzen *m*; **2.** Bolzen *m od.* Schraube *f* mit Mutter; **'~,but·ter** *s.* Nußbutter *f*; **'~,case** *s. sl.* ,Spinner' *m*; **'~,crack·er** *s.* **1.** *a. pl.* Nußknacker *m*; **2.** *orn.* Tannenhäher *m*; **'~-gall** *s.* Gallapfel *m*: ~ *ink* Gallustinte *f*; **'~-hatch** *s. orn.* Kleiber *m*, Spechtmeise *f*; **'~-house** *s. sl.* ,Klapsmühle' *f*.

nut·meg ['nʌtmeg] *s.* Mus'kat(nuß *f*) *m*: ~ *butter* Muskatbutter *f*.

nu·tri·a ['nju:trɪə] *s.* **1.** *zo.* Biberratte *f*, Nutria *f*; **2.** ♀ Nutriafell *n*.

nu·tri·ent ['nju:trɪənt] **I** *adj.* **1.** nährend, nahrhaft; **2.** Ernährungs...: ~ *medium* *biol.* Nährsubstanz *f*; ~ *solution* Nährlösung *f*; **II** *s.* **3.** Nährstoff *m*; **4.** *biol.* Baustoff *m*; **'nu·tri·ment** [-ɪmənt] *s.* Nahrung *f*, Nährstoff *m* (*a. fig.*); *biol.* Baustoff *m*.

nu·tri·tion [nju:'trɪʃn] *s.* **1.** Ernährung *f*; **2.** Nahrung *f*: ~ *cycle* Nahrungskreislauf *m*; **nu'tri·tion·al** [-ʃənl] Ernährungs...; **nu'tri·tion·ist** [-ʃnɪst] *s.* Ernährungswissenschaftler(in), Diä'tetiker(in); **nu'tri·tious** [-ʃəs] *adj.* □ nährend, nahrhaft; **nu'tri·tious·ness** [-ʃəsnɪs] *s.* Nahrhaftigkeit *f*.

nu·tri·tive ['nju:trətɪv] *adj.* □ **1.** nährend, nahrhaft: ~ *value* Nährwert *m*; **2.** Ernährungs...: ~ *tract* Ernährungsbahn *f*.

nuts [nʌts] → *nut* 7.

nut| screw *s.* ⚙ **1.** Schraube *f* mit Mutter; **2.** Innengewinde *n*; **'~-shell** *s.* ♀ Nußschale *f*: (*to put it*) *in a* ~ (*Redewendung*) mit 'einem Wort, kurz gesagt; **'~-tree** *s.* ♀ **1.** Haselnußstrauch *m*; **2.** Nußbaum *m*.

nut·ty ['nʌtɪ] *adj.* **1.** voller Nüsse; **2.** nußartig, Nuß...; **3.** pi'kant; **4.** *sl.* verrückt (*on* nach).

nuz·zle ['nʌzl] **I** *v/t.* **1.** mit der Schnauze aufwühlen; **2.** mit der Schnauze *od.* Nase reiben an (*dat.*); *fig.* *Kind* liebkosen, hätscheln; **3.** *e-m Schwein etc.* e-n Ring durch die Nase ziehen; **II** *v/i.* **4.** (mit der Schnauze) wühlen, schnüffeln (*in in dat., for* nach); **5.** sich (an)schmiegen (*to* an *acc.*).

ny·lon ['naɪlɒn] *s.* Nylon *n*: ~*s* F Nylonstrümpfe, Nylons.

nymph [nɪmf] *s.* **1.** *myth.* Nymphe *f* (*a. poet. u. iro.* Mädchen); **2.** *zo.* a) Puppe *f*, b) Nymphe *f*; **'nymph·et** [nɪm-'fet] *s.* ,Nymphchen' *n*; **nym·pho** ['nɪmfəu] *pl.* **-phos** *s.* F für *nymphomaniac* II.

nym·pho·ma·ni·a [,nɪmfəu'meɪnjə] *s.* ⚕ Nymphoma'nie *f*, Mannstollheit *f*; **,nym·pho'ma·ni·ac** [-nɪæk] **I** *adj.* nympho'man, mannstoll; **II** *s.* Nympho'manin *f*.

O

O, o¹ [əʊ] *s.* **1.** O *n*, o *n* (*Buchstabe*); **2.** *bsd. teleph.* Null *f*.

O, o² [əʊ] *int.* o(h)!, ah!, ach!

oaf [əʊf] *s.* **1.** Dummkopf *m*, ‚Esel‘ *m*; **2.** Lümmel *m*, Flegel *m*; **oaf·ish** [ˈəʊfɪʃ] *adj.* **1.** dumm, ‚blöd‘; **2.** lümmel-, flegelhaft.

oak [əʊk] **I** *s.* **1.** ♀ *a.* **~-tree** Eiche *f*, Eichbaum *m*; **2.** *poet.* Eichenlaub *n*; **3.** Eichenholz *n*; **4.** *Brit. univ. sl.* Eichentür *f*: **sport one's** ~ die Tür verschlossen halten, nicht zu sprechen sein; **5.** **the ~s** *sport* Stutenrennen in Epsom; **II** *adj.* **6.** eichen, Eichen...; ~ **ap·ple** *s.* ♀ Gallapfel *m*.

oak·en [ˈəʊkən] *adj.* **1.** *bsd. poet.* Eichen...; **2.** eichen, von Eichenholz; **oak·let** [ˈəʊklɪt], **oak·ling** [ˈəʊklɪŋ] *s.* ♀ junge *od.* kleine Eiche.

oa·kum [ˈəʊkəm] *s.* Werg *n*: **pick** ~ a) Werg zupfen, b) F ‚Tüten kleben‘, ‚Knast schieben‘.

'oak·wood *s.* **1.** Eichenholz *n*; **2.** Eichenwald(ung *f*) *m*.

oar [ɔː] **I** *s.* **1.** Ruder *n* (*u. zo.*), *bsd. sport* Riemen *m*: **four-** ~ Vierer *m* (*Boot*); **pull a good** ~ gut rudern; **put** (*od.* **shove**) **one's** ~ **in** F sich einmischen, *in Gespräch* ‚s-n Senf dazugeben‘; **rest on one's** ~**s** *fig.* sich auf s-n Lorbeeren ausruhen; → **ship** 8; **2.** *sport* Ruderer *m*, Ruderin *f*: **a good** ~; **3.** *fig.* Flügel *m*, Arm *m*; **4.** *Brauerei:* Krücke *f*; **II** *v/t. u. v/i.* **5.** rudern; **oared** [ɔːd] *adj.* **1.** mit Rudern (versehen), Ruder...; **2.** *in Zssgn* ...rud(e)rig; **oar·lock** [ˈɔːlɒk] *s. Am.* Riemendolle *f*; **oars·man** [ˈɔːzmən] *s.* [*irr.*] Ruderer *m*; **oars·wom·an** [ˈɔːˌwʊmən] *s.* [*irr.*] Ruderin *f*.

o·a·sis [əʊˈeɪsɪs] *pl.* **-ses** [-siːz] *s.* O'ase *f* (*a. fig.*).

oast [əʊst] *s.* Brauerei: Darre *f*.

oat [əʊt] *s. mst pl.* Hafer *m*: **be off one's** ~**s** F keinen Appetit haben; **he feels his** ~**s** F a) ihn sticht der Hafer, b) er ist ‚groß in Form‘; **sow one's wild** ~**s** sich austoben, sich die Hörner abstoßen; **oat·en** [ˈəʊtn] *adj.* **1.** Hafer...; **2.** Hafermehl...

oath [əʊθ] *pl.* **əʊðz**] *s.* **1.** Eid *m*, Schwur *m*: ~ **of allegiance** Fahnen-, Treueid; ~ **of disclosure** ⚖ Offenbarungseid; ~ **of office** Amts-, Diensteid; **false** ~ Falsch-, Meineid *m*; **bind by** ~ eidlich verpflichten; (**up**)**on** ~ unter Eid, eidlich; **upon my** ~! das kann ich beschwören!; **administer** (*od.* **tender**) **an** ~ **to s.o.**, **put s.o. to** (*od.* **on**) **his** ~ j-m e-n Eid abnehmen, j-n schwören lassen; **swear** (*od.* **take**) **an** ~ e-n Eid leisten, schwören (**on**, **to** auf *acc.*); **in lieu of**

an ~ an Eides Statt; **under** ~ unter Eid, eidlich verpflichtet; **be on one's** ~ unter Eid stehen; **2.** Fluch *m*, Verwünschung *f*.

'oat·meal *s.* **1.** Hafermehl *n*, -grütze *f*; **2.** Haferschleim *m*.

ob·li·ga·to [ˌɒblɪˈɡɑːtəʊ] ♪ **I** *adj.* obli'gat, hauptstimmig; **II** *pl.* **-tos** *s.* selbständige Begleitstimme.

ob·du·ra·cy [ˈɒbdjʊrəsɪ] *s. fig.* Verstocktheit *f*, Halsstarrigkeit *f*; **'ob·du·rate** [-rət] *adj.* □ **1.** verstockt, halsstarrig; **2.** hartherzig.

o·be·di·ence [əˈbiːdjəns] *s.* **1.** Gehorsam *m* (**to** gegen); **2.** *fig.* Abhängigkeit *f* (**to** von): **in** ~ **to** gemäß (*dat.*), im Verfolg (*gen.*); **in** ~ **to s.o.** auf j-s Verlangen; **o·be·di·ent** [-nt] *adj.* □ **1.** gehorsam (**to** *dat.*); **2.** ergeben, unter'würfig (**to** *dat.*): **Your** ~ **servant** Hochachtungsvoll (*Amtsstil*); **3.** *fig.* abhängig (**to** von).

o·bei·sance [əʊˈbeɪsəns] *s.* **1.** Verbeugung *f*; **2.** Ehrerbietung *f*, Huldigung *f*: **do** (*od.* **make** *od.* **pay**) ~ **to s.o.** j-m huldigen; **o·bei·sant** [-nt] *adj.* huldigend, unter'würfig.

ob·e·lisk [ˈɒbelɪsk] *s.* **1.** Obe'lisk *m*; **2.** *typ.* a) → **obelus**, b) Kreuz(zeichen) *n* (*für Randbemerkungen*).

ob·e·lus [ˈɒbɪləs] *pl.* **-li** [-laɪ] *s. typ.* **1.** Obe'lisk *m* (*Zeichen für fragwürdige Stellen*); **2.** Verweisungszeichen *n* auf Randbemerkungen.

o·bese [əʊˈbiːs] *adj.* fettleibig, korpu'lent, *a. fig.* fett, dick; **o'bese·ness** [-nɪs], **o'bes·i·ty** [-sətɪ] *s.* Fettleibigkeit *f*, Korpu'lenz *f*.

o·bey [əˈbeɪ] **I** *v/t.* **1.** j-m gehorchen, folgen (*a. fig.*); **2.** *e-m Befehl etc.* Folge leisten, befolgen (*acc.*); **II** *v/i.* **3.** gehorchen, folgen (**to** *dat.*).

ob·fus·cate [ˈɒbfʌskeɪt] *v/t.* **1.** verfinstern, trüben (*a. fig.*); **2.** *fig. Urteil etc.* trüben, verwirren; *die Sinne* benebeln; **ob·fus·ca·tion** [ˌɒbfʌsˈkeɪʃn] Verfinsterung *f etc.*

o·bit·u·ar·y [əˈbɪtjʊərɪ] **I** *s.* **1.** Todesanzeige *f*; **2.** Nachruf *m*; **3.** *eccl.* Totenliste *f*; **II** *adj.* **4.** Toten..., Todes...: ~ **notice** Todesanzeige *f*.

ob·ject¹ [əbˈdʒekt] **I** *v/t.* **1.** *fig.* einwenden, vorbringen (**to** gegen); **2.** vorhalten, vorwerfen (**to**, **against** *dat.*); **II** *v/i.* **3.** Einwendungen machen, Einsprüche erheben, protestieren, reklamieren (**to**, **against** gegen); **4.** et. einwenden, et. dagegen haben: ~ **to s.th.** et. beanstanden; **do you** ~ **to my smoking?** haben Sie et. dagegen, wenn ich rauche?; **if you don't** ~ wenn Sie nichts dagegen haben.

ob·ject² [ˈɒbdʒɪkt] *s.* **1.** Ob'jekt *n* (*a. Kunst*), Gegenstand *m* (*a. fig. des Mitleids etc.*): ~ **of invention** ⚖ Erfindungsgegenstand; **money is no** ~ Geld spielt keine Rolle; **salary no** ~ Gehalt Nebensache; **2.** Absicht *f*, Ziel *n*, Zweck *m*: **make it one's** ~ **to do s.th.** es sich zum Ziel setzen, et. zu tun; **3.** F komische *od.* scheußliche Per'son *od.* Sache: **what an** ~ **you are!** wie sehen Sie denn aus!; **4.** *ling.* a) Ob'jekt *n*: **direct** ~ Akkusativobjekt; ~ **clause** Objektsatz *m*, b) von e-r Präposition abhängiges Wort; ~ **draw·ing** *s.* Zeichnen *n* nach Vorlagen *od.* Mo'dellen; '~**find·er** *s. phot.* (Objek'tiv)Sucher *m*; '~**glass** *s. opt.* Objek'tiv(linse *f*) *n*.

ob·jec·ti·fy [ɒbˈdʒektɪfaɪ] *v/t.* objektivieren.

ob·jec·tion [əbˈdʒekʃn] *s.* **1.** a) Einwendung *f* (*a.* ⚖), Einspruch *m*, -wand *m*, -wurf *m*, Bedenken *n* (**to** gegen), b) *weitS.* Abneigung *f*, 'Widerwille *m* (**against** gegen): **I have no** ~ **to him** ich habe nichts gegen ihn *od.* an ihm nichts auszusetzen; **make** (*od.* **raise**) **an** ~ **to s.th.** gegen et. e-n Einwand erheben; **take** ~ **to s.th.** gegen et. protestieren; **2.** Beanstandung *f*, Reklamati'on *f*; **ob'jec·tion·a·ble** [-ʃnəbl] *adj.* □ **1.** nicht einwandfrei, zu beanstanden(d), unerwünscht, anrüchig; **2.** unangenehm (**to** *dat. od.* für); **3.** anstößig.

ob·jec·tive [əbˈdʒektɪv] **I** *adj.* □ **1.** objek'tiv (*a. phls.*), sachlich, vorurteilslos; **2.** *ling.* Objekts...: ~ **case** → 5; ~ **genitive** objektiver Genitiv; **3.** Ziel...: ~ **point** → 6; **II** *s.* **4.** *opt.* Objek'tiv(linse *f*) *n*; **5.** *ling.* Ob'jektsfall *m*; **6.** (*bsd.* ✕ Kampf-, Angriffs)Ziel *n*; **ob'jec·tive·ness** [-nɪs], **ob·jec·tiv·i·ty** [ˌɒbdʒekˈtɪvətɪ] *s.* Objektivi'tät *f*.

ob·ject lens *s. opt.* Objek'tiv(linse *f*) *n*.

ob·ject·less [ˈɒbdʒɪktlɪs] *adj.* gegenstandslos, zweck-, ziellos.

ob·ject les·son *s.* **1.** *ped. u. fig.* 'Anschauungs,unterricht *m*; **2.** *fig.* Schulbeispiel *n*; **3.** *fig.* Denkzettel *m*.

ob·jec·tor [əbˈdʒektə] *s.* Gegner(in) (**to** *gen*); → **conscientious**.

ob·ject| plate, ~ **slide** *s.* Ob'jektträger *m* (*Mikroskop etc.*); ~ **teach·ing** *s.* 'Anschauungs,unterricht *m*.

ob·jet d'art [ˌɒbʒeɪˈdɑː] (*Fr.*) *s.* (*bsd. kleiner*) Kunstgegenstand.

ob·jur·gate [ˈɒbdʒɜːɡeɪt] *v/t.* tadeln, schelten.

ob·late¹ [ˈɒbleɪt] *adj.* ♉, *phys.* (an den Polen) abgeplattet.

ob·late² [ˈɒbleɪt] *R.C.* Ob'lat(in) (*Laienbruder od. -schwester*).

ob·la·tion [əʊˈbleɪʃn] s. bsd. eccl. Opfer (-gabe f) n.

ob·li·gate [ˈɒblɪgeɪt] a. ✠✠ verpflichten; **ob·li·ga·tion** [ˌɒblɪˈgeɪʃn] s. **1.** Verpflichten n; **2.** Verpflichtung f, Verbindlichkeit f: of ~ obligatorisch; be under an ~ to s.o. j-m (zu Dank) verpflichtet sein; **3.** ✝ a) Schuldverschreibung f, Obligati'on f, b) (Schuld-)Verpflichtung f, Verbindlichkeit f: financial ~ Zahlungsverpflichtung; ~ to buy Kaufzwang m; no ~, without ~ unverbindlich, freibleibend; **ob·li·ga·to·ry** [əˈblɪgətərɪ] a. □ verpflichtend, bindend, (rechts)verbindlich, obliga'torisch (on, upon für), Zwangs…

o·blige [əˈblaɪdʒ] I v/t. **1.** nötigen, zwingen: I was ~d to go ich mußte gehen; **2.** fig. j-n (zu Dank) verpflichten: much ~d! sehr verbunden!, danke bestens!; I am ~d to you for it ich habe es Ihnen zu verdanken; will you ~ me by (ger.)? wären Sie so freundlich, zu (inf.)?, iro. würden Sie gefälligst et. tun?; **3.** j-m gefällig sein, e-n Gefallen tun, dienen: to ~ you Ihnen zu Gefallen; ~ the company with die Gesellschaft mit e-m Lied etc. erfreuen; **4.** ✠✠ j-n (durch Eid etc.) binden (to an acc.): ~ o.s. sich verpflichten (to do et. zu tun); II v/i. **5.** ~ with F Lied etc. vortragen, zum besten geben; **6.** erwünscht sein: an early reply will ~ um baldige Antwort wird gebeten; **ob·li·gee** [ˌɒblɪˈdʒiː]. s. ✠✠ Obligati'onsgläubiger (-in), Forderungsberechtigte(r m) f; **o'blig·ing** [-dʒɪŋ] adj. □ verbindlich, gefällig, zu'vor-, entgegenkommend; **o'blig·ing·ness** [-dʒɪŋnɪs] s. Gefälligkeit f, Zu'vorkommenheit f; **ob·li·gor** [ˌɒblɪˈgɔː] s. ✠✠ (Obligati'ons)Schuldner(in).

ob·lique [əˈbliːk] adj. □ **1.** bsd. Å schief, schräg: ~(-angled) schiefwink(e)lig; at an ~ angle with im spitzen Winkel zu; **2.** 'indi,rekt, versteckt, verblümt: ~ accusation; ~ glance Seitenblick m; **3.** unaufrichtig, unredlich; **4.** ling. abhängig, 'indi,rekt: ~ case Beugefall m; ~ speech indirekte Rede; **ob'lique·ness** [-nɪs], **ob·liq·ui·ty** [əˈblɪkwətɪ] s. **1.** Schiefe f (a. ast.), schiefe Lage od. Richtung, Schrägheit f; **2.** fig. Schiefheit f: moral ~ Unredlichkeit f; ~ of judg(e)ment Schiefe f des Urteils.

ob·lit·er·ate [əˈblɪtəreɪt] v/t. **1.** auslöschen, tilgen (beide a. fig.), Schrift a. ausstreichen, wegradieren; Briefmarken entwerten; **2.** ✍ veröden; **ob·lit·er·a·tion** [ə,blɪtəˈreɪʃn] s. **1.** Verwischung f, Auslöschung f; **2.** fig. Vernichtung f, Vertilgung f.

ob·liv·i·on [əˈblɪvɪən] s. **1.** Vergessenheit f: fall (od. sink) into ~ in Vergessenheit geraten; **2.** Vergessen n, Vergeßlichkeit f; **3.** ✠✠ pol. Straferlaß m: (Act of) ♀ Amne'stie f; **ob'liv·i·ous** [-ɪəs] adj. □ vergeßlich: be ~ of s.th. et. vergessen (haben); be ~ to s.th. F fig. blind sein gegen et., et. nicht beachten.

ob·long [ˈɒblɒŋ] I adj. **1.** länglich: ~ hole Langloch n; **2.** Å rechteckig; II s. **3.** Å Rechteck n.

ob·lo·quy [ˈɒbləkwɪ] s. **1.** Verleumdung f, Schmähung f: fall into ~ in Verruf kommen; **2.** Schmach f.

ob·nox·ious [əbˈnɒkʃəs] adj. □ **1.** an-

stößig, anrüchig, verhaßt, ab'scheulich; **2.** (to) unbeliebt (bei), unangenehm (dat.); **ob'nox·ious·ness** [-nɪs] s. **1.** Anstößigkeit f, Anrüchigkeit f; **2.** Verhaßtheit f.

o·boe [ˈəʊbəʊ] s. ♪ O'boe f; **'o·bo·ist** [-əʊɪst] s. Obo'ist(in).

ob·scene [əbˈsiːn] adj. □ **1.** unzüchtig (a. ✠✠), unanständig, zotig, ob'szön: ~ libel ✠✠ Veröffentlichung f unzüchtiger Schriften; ~ talker Zotenreißer m; **2.** 'widerlich; **ob·scen·i·ty** [əbˈsenətɪ] s. **1.** Unanständigkeit f, Schmutz m, Zote f, bd. a. Obszöni'täten pl.; **2.** 'Widerlichkeit f.

ob·scur·ant [ˈɒbskjʊərənt] s. Obsku'rant m, Dunkelmann, Bildungsfeind m; **ob·scur·ant·ism** [ˌɒbskjʊəˈræntɪzəm] s. Obskuran'tismus m, Bildungshaß m; **ob·scur·ant·ist** [ˌɒbskjʊəˈræntɪst] I s. → obscurant; II adj. obskuran'tistisch.

ob·scu·ra·tion [ˌɒbskjʊˈreɪʃn] s. Verdunkelung f (a. fig.).

ob·scure [əbˈskjʊə] I adj. □ **1.** dunkel, düster; **2.** fig. dunkel, unklar; **3.** fig. ob'skur, unbekannt, unbedeutend; **4.** fig. verborgen: live an ~ life; II v/t. **5.** verdunkeln, verfinstern (a. fig.); **6.** fig. verkleinern, in den Schatten stellen; **7.** fig. unverständlich od. undeutlich machen; **8.** verbergen; **ob'scu·ri·ty** [-ərətɪ] s. **1.** Dunkelheit f (a. fig.); **2.** fig. Unklarheit f, Undeutlichkeit f, Unverständlichkeit f; **3.** fig. Unbekanntheit f, Verborgenheit f, Niedrigkeit f der Herkunft: be lost in ~ vergessen sein.

ob·se·quies [ˈɒbsɪkwɪz] s. pl. Trauerfeierlichkeit(en pl.) f.

ob·se·qui·ous [əbˈsiːkwɪəs] adj. □ unter'würfig (to gegen), ser'vil, kriecherisch; **ob'se·qui·ous·ness** [-nɪs] s. Unter'würfigkeit f.

ob·serv·a·ble [əbˈzɜːvəbl] adj. □ **1.** wahrnehmbar; **2.** bemerkenswert; **3.** zu be(ob)achten(d); **ob'serv·ance** [-vns] s. **1.** Befolgung f, Be(ob)achtung f, Ein-, Innehaltung f von Gesetzen etc.; **2.** eccl. Heilighaltung f, Feiern n; **3.** Brauch m, Sitte f; **4.** Regel f, Vorschrift f; **5.** R.C. Ordensregel f, Obser'vanz f; **ob'serv·ant** [-vnt] adj. □ **1.** beobachtend, befolgend (of acc.): be very ~ of forms sehr auf Formen halten; **2.** aufmerksam, acht-, wachsam (of auf acc.).

ob·ser·va·tion [ˌɒbzəˈveɪʃn] I s. **1.** Beobachtung f (a. ✍, ⚓ etc.), Über'wachung f, Wahrnehmung f: keep s.o. under ~ j-n beobachten (lassen); **2.** ✕ (Nah)Aufklärung f; **3.** Beobachtungsvermögen n; **4.** Bemerkung f; **5.** Befolgung f; II adj. **6.** Beobachtungs…, Aussichts…; ~ bal·loon s. 'Fesselbal,lon m; ~ car s. ✕ Aussichtswagen m; ~ coach s. Omnibus m mit Aussichtsplattform; ~ post s. ✕ Beobachtungsstand m, -posten m; ~ tow·er s. Beobachtungswarte f; Aussichtsturm m; ~ ward s. ✍ Be'obachtungsstati,on f; ~ win·dow s. ⚙ etc. Beobachtungsfenster n.

ob·serv·a·to·ry [əbˈzɜːvətrɪ] s. Observa'torium n: a) Wetterwarte f, b) Sternwarte f.

ob·serve [əbˈzɜːv] I v/t. **1.** beobachten: a) über'wachen, b) (be)merken, wahrnehmen, c) Gesetz etc. befolgen, (ein-)

halten, beachten, Fest etc. feiern, begehen: ~ silence Stillschweigen bewahren; **2.** bemerken, äußern, sagen; II v/i. **3.** Beobachtungen machen; **4.** Bemerkungen machen, sich äußern (on, upon über acc.); **ob'serv·er** [-və] s. **1.** Beobachter(in) (a. pol.), Zuschauer(in); **2.** Befolger(in); **3.** ✕, ✈ a) Beobachter m, b) Flugmeldedienst: Luftspäher m; **ob'serv·ing** [-vɪŋ] adj. □ aufmerksam, achtsam.

ob·sess [əbˈses] v/t. quälen, heimsuchen, verfolgen (von Ideen etc.): ~ed by (od. with) besessen von; **ob·ses·sion** [əbˈseʃn] s. Besessenheit f, fixe I'dee; psych. Zwangsvorstellung f; **ob'ses·sive** [-sɪv] adj. psych. zwanghaft, Zwangs…: ~ neurosis.

ob·so·les·cence [ˌɒbsəʊˈlesns] s. Veralten n: planned ~ ✝, ⚙ künstliche Veralterung; **ob·so·les·cent** [-nt] adj. veraltend.

ob·so·lete [ˈɒbsəliːt] adj. □ **1.** veraltet, über'holt, altmodisch; **2.** abgenutzt, verbraucht; **3.** biol. zu'rückgeblieben, rudimen'tär.

ob·sta·cle [ˈɒbstəkl] s. Hindernis n (to für) (a. fig.): put ~s in s.o.'s way fig. j-m Hindernisse in den Weg legen; ~ race sport Hindernisrennen n.

ob·stet·ric, **ob·stet·ri·cal** [ɒbˈstetrɪk(l)] adj. Geburts(hilfe)…, Entbindungs…; **ob·ste·tri·cian** [ˌɒbsteˈtrɪʃn] s. ✍ Geburtshelfer(in); **ob'stet·rics** [-ks] s. pl. mst sg. konstr. Geburtshilfe f.

ob·sti·na·cy [ˈɒbstɪnəsɪ] s. Hartnäckigkeit f (a. fig., ✍ etc.), Eigensinn m; **'ob·sti·nate** [-tənət] adj. □ hartnäckig (a. fig.), halsstarrig, eigensinnig.

ob·strep·er·ous [əbˈstrepərəs] adj. □ **1.** ungebärdig, tobend, 'widerspenstig; **2.** lärmend.

ob·struct [əbˈstrʌkt] I v/t. **1.** versperren, -stopfen, blockieren: ~ s.o.'s view j-m die Sicht nehmen; **2.** a. fig. behindern, hemmen, lahmlegen; **3.** fig., a. pol. blockieren, vereiteln; **4.** sport: sperren, (a. Amtsperson) behindern (in bei); II v/i. **5.** pol. Obstrukti'on treiben; **ob'struc·tion** [-kʃn] s. **1.** Versperrung f, Verstopfung f; **2.** Behinderung f, Hemmung f; **3.** Hindernis n (to für); **4.** pol. Obstrukti'on f; **ob'struc·tion·ism** [-kʃənɪzəm] s. bsd. pol. Obstrukti'onspoli,tik f; **ob'struc·tion·ist** [-kʃənɪst] I s. Obstrukti'onspo,litiker(in); II adj. Obstruktions…; **ob'struc·tive** [-tɪv] adj. □ **1.** versperrend (etc. → obstruct I); **2.** (of, to) hinderlich, hemmend (für): be ~ to s.th. et. behindern; Obstruktions…; II s. **4.** Hindernis n.

ob·tain [əbˈteɪn] I v/t. **1.** erlangen, erhalten, bekommen, erwerben, sich verschaffen, Sieg erringen: ~ by flattery sich erschmeicheln; ~ legal force Rechtskraft erlangen; details can be ~ed from Näheres ist zu erfahren bei; **2.** Willen, Wünsche etc. 'durchsetzen; **3.** erreichen; **4.** ✝ Preis erzielen; II v/i. **5.** (vor)herrschen, bestehen; Geltung haben, sich behaupten; **ob'tain·a·ble** [-nəbl] adj. erreichbar, erlangbar, -hältlich, zu erhalten(d) (at bei); **ob'tain·ment** [-mənt] s. Erlangung f.

ob·trude [əbˈtruːd] I v/t. aufdrängen, -nötigen, -zwingen (upon, on dat.): ~

o.s. upon → **II** v/i. sich aufdrängen (**upon, on** dat.); **ob'tru·sion** [-uːʒn] s. **1.** Aufdrängen n, Aufnötigung f; **2.** Aufdringlichkeit f; **ob'tru·sive** [-uːsɪv] adj. □ aufdringlich (a. Sache).

ob·tu·rate ['ɒbtjʊəreɪt] v/t. **1.** a. ☞ verstopfen, verschließen; **2.** ⊙ (ab)dichten, lidern; **ob·tu·ra·tion** [ˌɒbtjʊə-'reɪʃn] s. **1.** Verstopfung f, Verschließung f; **2.** ⊙ (Ab)Dichtung f.

ob·tuse [əb'tjuːs] adj. □ **1.** stumpf (a. ⅄); ~(-angled) stumpfwink(e)lig; **2.** fig. begriffsstutzig, beschränkt; dumpf (Ton, Schmerz etc.); **ob'tuse·ness** [-nɪs] s. **1.** Stumpfheit f (a. fig.); **2.** Begriffsstutzigkeit f.

ob·verse ['ɒbvɜːs] **I** s. **1.** Vorderseite f; Bildseite f e-r Münze; **2.** Gegenstück n, die andere Seite, Kehrseite f; **II** adj. □ **3.** Vorder..., dem Beobachter zugekehrt; **4.** entsprechend, 'umgekehrt; **ob·verse·ly** [ɒb'vɜːslɪ] adv. 'umgekehrt.

ob·vi·ate ['ɒbvɪeɪt] v/t. **1.** e-r Sache begegnen, zu'vorkommen, vorbeugen, et. verhindern, verhüten; **2.** aus dem Weg räumen, beseitigen; **3.** erübrigen; **ob·vi·a·tion** [ˌɒbvɪ'eɪʃn] s. **1.** Vorbeugen n, Verhütung f; **2.** Beseitigung f.

ob·vi·ous ['ɒbvɪəs] adj. □ offensichtlich, augenfällig, klar, deutlich; naheliegend, einleuchtend: **it is ~ that** es liegt auf der Hand, daß; **it was the ~ thing to do** es war das Nächstliegende; **he was the ~ choice** kein anderer kam dafür in Frage; **'ob·vi·ous·ness** [-nɪs] s. Offensichtlichkeit f.

oc·ca·sion [ə'keɪʒn] **I** s. **1.** (günstige) Gelegenheit; **2.** (of) Gelegenheit f (zu), Möglichkeit f (gen.); **3.** (besondere) Gelegenheit, Anlaß m; (F festliches) Ereignis: **on this ~** bei dieser Gelegenheit; **on the ~ of** anläßlich (gen.); **on ~** a) bei Gelegenheit, gelegentlich, c) wenn nötig; **for the ~** für diese besondere Gelegenheit, eigens zu diesem Zweck; **a great ~** ein großes Ereignis; **improve the ~** die Gelegenheit (bsd. zu e-r Moralpredigt) benützen; **rise to the ~** sich der Lage gewachsen zeigen; **4.** Anlaß m, Anstoß m: **give ~ to** → 6; **5.** (for) Grund m (zu), Ursache f (gen.), Veranlassung f (zu); **II** v/t. **6.** verursachen (**s.o. s.th., s.th. to s.o.** j-m et.), hervorrufen, bewirken, zeitigen; **7.** j-n veranlassen (**to do** zu tun); **oc'ca·sion·al** [-ʒnl] adj. □ **1.** gelegentlich, Gelegenheits...(-arbeit, -dichter -gedicht etc.); vereinzelt; **2.** zufällig; **oc'ca·sion·al·ly** [-ʒnlɪ] adv. gelegentlich, hin u. wieder.

Oc·ci·dent ['ɒksɪdənt] s. **1.** 'Okzident m, Westen m, Abendland n; **2.** ⚥ Westen m; **Oc·ci·den·tal** [ˌɒksɪ'dentl] **I** adj. □ **1.** abendländisch, westlich; **2.** ⚥ westlich; **II** s. **3.** Abendländer(in).

oc·ci·put ['ɒksɪpʌt] s. **1.** Hinterhaupt(s)...; **II** s. 'Hinterhauptsbein n; **oc·ci·put** ['ɒksɪpʌt] pl. **oc·cip·i·ta** [ɒk'sɪpɪtə] s. anat. 'Hinterkopf m.

oc·clude [ɒ'kluːd] v/t. **1.** a. ☞ verstopfen, verschließen; **2.** a) einschließen, b) ausschließen, c) abschließen (**from** von); **3.** ♠ Kohlenstoff aufnehmen, adsorbieren; **oc'clu·sion** [-uːʒn] s. **1.** a. ☞ a) Verstopfung f, Verschließung f, b) Verschluß m; **2.** Okklusi'on f: a) ♠ Ad-

sorpti'on f, b) ⚕ Biß(stellung f) m; **ab·normal ~** Bißanomalie f.

oc·cult [ɒ'kʌlt] **I** adj. □ ok'kult: a) geheimnisvoll, verborgen (a. ⚘), b) magisch, 'übersinnlich, c) geheim, Geheim...: **~ sciences** Geheimwissenschaften; **II** v/t. verdecken; ast. verfinstern; **III** s. **the ~** das Ok'kulte; **oc'cult·ism** ['ɒkəltɪzəm] s. Okkul'tismus m; **oc·cult·ist** ['ɒkəltɪst] **I** s. Okkul'tist (-in); **II** adj. okkul'tistisch.

oc·cu·pan·cy ['ɒkjʊpənsɪ] s. **1.** Besitzergreifung f (a. ⚖); Einzug m (of in e-e Wohnung); **2.** Innehaben n, Besitz m: **during his ~ of the post** solange er die Stelle innehatte; **3.** In'anspruchnahme f (von Raum etc.); **'oc·cu·pant** [-nt] s. **1.** bsd. ⚖ Besitzergreifer(in); **2.** Besitzer (-in), Inhaber(in); **3.** Bewohner(in), Insasse m, Insassin f (Haus etc.); **oc·cu·pa·tion** [ˌɒkjʊ'peɪʃn] s. **1.** Besitz m, Innehaben n; **2.** Besitznahme f, -ergreifung f; **3.** ✕, pol. Besetzung f, Besatzung f, Okkupati'on f: **~ troops** Besatzungstruppen; → **zone 1**; **3.** Beschäftigung f: **without ~** beschäftigungslos; **5.** Beruf m, Gewerbe n: **by ~** von Beruf; **employed in an ~** berufstätig; **in** (od. **as a**) **regular ~** hauptberuflich; **oc·cu·pa·tion·al** [ˌɒkjʊ'peɪʃənl] adj. **1.** beruflich, Berufs...(-gruppe, -krankheit etc.), Arbeits...(-psychologie, -unfall etc.): **~ hazard** Berufsrisiko n; **2.** Beschäftigungs...: **~ therapy**.

oc·cu·pi·er ['ɒkjʊpaɪə] → **occupant**.

oc·cu·py ['ɒkjʊpaɪ] v/t. **1.** in Besitz nehmen, Besitz ergreifen von; Wohnung beziehen; ✕ besetzen; **2.** besitzen, innehaben; fig. Amt etc. bekleiden, innehaben: **the chair** den Vorsitz führen; **3.** bewohnen; **4.** Raum einnehmen, (a. Zeit) in Anspruch nehmen; **5.** j-n, j-s Geist beschäftigen: **~ o.s.** sich beschäftigen od. befassen (**with** mit); **be occupied with** (od. **in**) **doing** damit beschäftigt sein, et. zu tun.

oc·cur [ə'kɜː] v/i. **1.** sich ereignen, vorfallen, -kommen, passieren, eintreten; **2.** vorkommen (**in Poe** bei Poe); zustoßen, vorkommen, begegnen (**to s.o.** j-m); **4.** einfallen (**to** dat.): **it ~red to me that** es fiel mir ein od. kam mir der Gedanke, daß; **oc·cur·rence** [ə'kʌrəns] s. **1.** Vorkommen n, Auftreten n; **2.** Ereignis n, Vorfall m, Vorkommnis n.

o·cean ['əʊʃn] s. Ozean m, Meer n: **~ lane** Schiffahrtsroute f; **~ liner** Ozeandampfer m; **2.** fig. Meer n ⚥ F e-e Unmenge von; **~ bill of lad·ing** s. ⊥ Konnosse'ment n, Seefrachtbrief m; **'~go·ing** adj. ⚓ Hochsee..., hochseetüchtig.

o·ce·an·ic [ˌəʊʃɪ'ænɪk] adj. oze'anisch, Ozean..., Meer(es)...

o·ce·a·no·graph·ic, o·ce·a·no·graph·i·cal [ˌəʊʃɪənəʊ'græfɪk(l)] adj. ozeano-'graphisch; **o·ce·a·nog·ra·phy** [ˌəʊʃə-'nɒgrəfɪ] s. Meereskunde f; **o·ce·a·nol·o·gy** [ˌəʊʃə'nɒlədʒɪ] s. Ozeanolo'gie f, Meereskunde f.

o·ce·lat·ed ['əʊseleɪtɪd] adj. zo. **1.** augenfleckig; **2.** augenähnlich; **o·cel·lus** [əʊ'seləs] pl. **-li** [-laɪ] s. zo. **1.** Punktauge n; **2.** Augenfleck m.

o·cher Am. → **ochre**.

och·loc·ra·cy [ɒk'lɒkrəsɪ] s. Ochlokra-

'tie f, Pöbelherrschaft f.

o·chre ['əʊkə] **I** s. **1.** min. Ocker m: **blue** (od. **iron**) **~** Eisenocker m; **brown** (od. **spruce**) **~** brauner Eisenocker; **2.** Okkerfarbe f, -gelb n; **II** adj. **3.** ockergelb; **o·chre·ous** ['əʊkrɪəs] adj. **1.** Ocker...; **2.** ockerhaltig od. -artig od. -farbig.

o'clock [ə'klɒk] Uhr (bei Zeitangaben): **four ~** vier Uhr.

oc·ta·gon ['ɒktəgən] s. ⅄ Achteck n; **oc·tag·o·nal** [ɒk'tægənl] adj. □ **1.** achteckig, -seitig; **2.** Achtkant...

oc·ta·he·dral [ˌɒktə'hedrəl] adj. ⅄, min. okta'edrisch, achtflächig, **oc·ta·he·dron** [-drən] pl. **-drons** od. **-dra** [-drə] s. Okta'eder n.

oc·tal ['ɒktl] adj. ↯ Oktal...

oc·tane ['ɒkteɪn] s. ♠ Ok'tan n: **~ number, ~ rating** Oktanzahl f.

oc·tant ['ɒktənt] s. ⅄, ♃ Ok'tant m.

oc·tave ['ɒktɪv; eccl. 'ɒkteɪv] s. ♪, eccl., phys. Ok'tave f.

oc·ta·vo [ɒk'teɪvəʊ] pl. **-vos** s. **1.** Ok-'tav(for,mat) n; **2.** Ok'tavband m.

oc·til·lion [ɒk'tɪljən] s. ⅄ Brit. Oktilli'on f, Am. Quadrilli'arde f.

Oc·to·ber [ɒk'təʊbə] s. Ok'tober m: **in ~** im Oktober.

oc·to·dec·i·mo [ˌɒktəʊ'desɪməʊ] pl. **-mos** s. **1.** Okto'dezfor,mat n; **2.** Okto-'dezband m.

oc·to·ge·nar·i·an [ˌɒktəʊdʒɪ'neərɪən] **I** adj. achtzigjährig; **II** s. Achtzigjährige(r m) f, Achtziger(in).

oc·to·pod ['ɒktəpɒd] s. zo. Okto'pode m, Krake m.

oc·to·pus ['ɒktəpəs] pl. **-pus·es** od. 'oc·to·pi [-paɪ] s. **1.** zo. Krake m: a) 'Seepo,lyp m, b) Okto'pode m; **2.** fig. Po'lyp m.

oc·to·syl·lab·ic [ˌɒktəʊsɪ'læbɪk] **I** adj. achtsilbig; **II** s. Achtsilb(l)er m (Vers); **oc·to·syl·la·ble** ['ɒktəʊˌsɪləbl] s. **1.** achtsilbiges Wort; **2.** → **octosyllabic** II.

oc·u·lar ['ɒkjʊlə] **I** adj. □ **1.** Augen... (-bewegung, -zeuge etc.); **2.** sichtbar (Beweis), augenfällig; **II** s. **3.** opt. Oku-'lar n; **'oc·u·lar·ly** [-lɪ] adv. **1.** augenscheinlich; **2.** durch Augenschein, mit eigenen Augen; **'oc·u·list** [-lɪst] s. Augenarzt m.

odd [ɒd] **I** adj. □ → **oddly**, **1.** sonderbar, seltsam, merkwürdig, kuri'os: **an ~ fellow** (od. F **fish**) ein sonderbarer Kauz; **2.** (nach Zahlen etc.) und etliche, und einige od. etwas dar'über: **50 ~** über 50, einige 50; **fifty ~ thousand** zwischen 50000 u. 60000; **it cost five pounds ~** es kostete etwas über 5 Pfund; **3.** (noch) übrig, 'überzählig, restlich; **4.** ungerade: **~ and even** gerade u. ungerade; **~ number** ungerade Zahl; **~ man out** Überzählige(r) m; **the ~ man** der Mann mit der entscheidenden Stimme (bei Stimmengleichheit) (→ 6); **5.** a) einzeln (Schuh etc.): **~ pair** Einzelpaar n, b) vereinzelt: **some ~ volumes** einige Einzelbände, c) ausgefallen, wenig gefragt (Kleidergröße); **6.** gelegentlich, Gelegenheits...: **~ jobs** Gelegenheitsarbeiten; **at ~ moments, at ~ times** dann und wann, zwischendurch; **~ man** Gelegenheitsarbeiter m; **II** s. **7.** → **odds**; **'odd·ball** s. Am. F → **oddity** 2.

odd·i·ty ['ɒdɪtɪ] s. **1.** Seltsamkeit f, Wunderlichkeit *f*, Eigenartigkeit *f*; **2.** komischer Kauz, Unikum *n*; **3.** seltsame *od.* kuri'ose Sache; **odd·ly** ['ɒdlı] *adv.* **1.** → **odd** 1; **2.** *a.* **~ enough** seltsamerweise; **odd·ments** ['ɒdmənts] *s. pl.* Reste *pl.*, 'Überbleibsel *pl.*; Krimskrams *m*; ✝ Einzelstücke *pl.*; **odd·ness** ['ɒdnıs] *s.* Seltsamkeit *f*, Sonderbarkeit *f*.

'odd,num·bered *adj.* ungeradzahlig.

odds [ɒdz] *s. pl. oft sg. konstr.* **1.** Verschiedenheit *f*, 'Unterschied *m*: **what's the ~?** F was macht es (schon) aus?; **it makes no ~** es macht nichts (aus); **2.** Vorgabe *f* (*im Spiel*): **give s.o. ~** j-m et. vorgeben; **take ~** sich vorgeben lassen; **take the ~** e-e ungleiche Wette eingehen; **3.** (Gewinn)Chancen *pl.*: **the ~ are 10 to 1** die Chancen stehen 10 zu 1; **the ~ are in our favo(u)r** (*od.* **on us**) *a. fig.* wir haben die besseren Chancen; **the ~ are against us** unsere Chancen stehen schlecht, wir sind im Nachteil; **against long ~** mit wenig Aussicht auf Erfolg; **by long ~** bei weitem; **the ~ are that he will come** es ist sehr wahrscheinlich, daß er kommt; **4.** Uneinigkeit *f*: **at ~ with** im Streit mit, uneins mit; **set at ~** uneinig machen, gegeneinander aufhetzen; **5. ~ and ends** a) allerlei Kleinigkeiten, Krimskrams *m*, dies u. das, b) Reste, Abfälle; **,~·'on I** *adj.* aussichtsreich (*z. B. Rennpferd*): **~ certainty** sichere Sache; **it's ~ that** es ist so gut wie sicher, daß; **II** *s.* gute Chance.

ode [əʊd] *s.* Ode *f*.

o·di·ous ['əʊdjəs] *adj.* ☐ **1.** verhaßt, hassenswert, ab'scheulich; **2.** widerlich, ekelhaft; **'o·di·ous·ness** [-nıs] *s.* **1.** Verhaßtheit *f*, Ab'scheulichkeit *f*; **2.** Widerlichkeit *f*; **'o·di·um** [-jəm] *s.* **1.** Verhaßtheit *f*; **2.** Odium *n*, Vorwurf *m*, Makel *m*; **3.** Haß *m*, Gehässigkeit *f*.

o·dom·e·ter [əʊ'dɒmıtə] *s.* **1.** Weg(strecken)messer *m*; **2.** Kilo'meterzähler *m*.

o·don·tic [ɒ'dɒntık] *adj.* Zahn...: **~ nerve**; **o·don·tol·o·gy** [ˌɒdɒn'tɒlədʒɪ] *s.* Zahn(heil)kunde *f*, Odontolo'gie *f*.

o·dor(·less) *Am.* → **odour(less)**.

o·dor·ant ['əʊdərənt] *adj.*, **o·dor·if·er·ous** [ˌəʊdə'rıfərəs] *adj.* ☐ **1.** wohlriechend, duftend; **2.** *allg.* riechend.

o·dour ['əʊdə] *s.* **1.** Geruch *m*; **2.** Duft *m*, Wohlgeruch *m*; **3.** *fig.* Geruch *m*, Ruf *m*: **the ~ of sanctity** der Geruch der Heiligkeit; **to be in bad ~ with s.o.** bei j-m in schlechtem Rufe stehen; **'o·dour·less** [-lıs] *adj.* geruchlos.

Od·ys·sey ['ɒdısı] *s. lit.* (*fig. oft* ⚔) Odys'see *f*.

oe·col·o·gy [i:'kɒlədʒı] → **ecology**.

oec·u·men·i·cal [ˌiːkjuˈmenıkəl] *etc.* → **ecumenical** *etc.*

oe·de·ma [i:'diːmə] *pl.* **-ma·ta** [-mətə] *s.* ✠ Ö'dem *n*.

oe·di·pal ['iːdıpl] *adj. psych.* ödi'pal, Ödipus...

Oed·i·pus com·plex ['iːdıpəs] *s. psych.* 'Ödipuskom‚plex *m*.

oen·o·lo·gy [i:'nɒlədʒı] *s.* Wein(bau)kunde *f*, Önolo'gie *f*.

o'er ['əʊə] *poet. od. dial. für* **over**.

oe·so·phag·e·al [iːˌsɒfəˈdʒiːəl] *adj. anat.* Speiseröhren..., Schlund...: **~ ori·fice** Magenmund *m*; **oe·soph·a·gus** [iː'sɒfəgəs] *pl.* **-gi** [-gaı] *od.* **-gus·es** *s.*

---

anat. Speiseröhre *f*.

of [ɒv, əv] *prp.* **1.** *allg.* von; **2.** *zur Bezeichnung des Genitivs*: **the tail ~ the dog** der Schwanz des Hundes; **the tail ~ a dog** der Hundeschwanz; **3.** *Ort*: bei: **the battle ~ Hastings**; **4.** *Entfernung, Trennung, Befreiung*: a) von: **south ~** (**within ten miles ~**) **London**; **cure** (**rid**) **~ s.th.**; **free ~**, b) *gen.*: **robbed ~ his purse** s-r Börse beraubt, c) um: **cheat s.o. ~ s.th.**; **5.** *Herkunft*: von, aus: **~ good family; Mr. X ~ London**; **6.** *Teil*: von *od. gen.*: **the best ~ my friends**; **a friend ~ mine** ein Freund von mir, e-r m-r Freunde; **that red nose ~ his** diese rote Nase, die er hat; **7.** *Eigenschaft*: von, mit: **a man ~ courage; a man ~ no importance** ein unbedeutender Mensch; **8.** *Stoff*: aus, von: **a dress ~ silk** ein Kleid aus *od.* von Seide, ein Seidenkleid; (**made**) **~ steel** aus Stahl (hergestellt), stählern, Stahl...; **9.** *Urheberschaft, Art u. Weise*: von: **the works ~ Byron; it was clever ~ him**, *~. o.s.* von sich aus; **10.** *Ursache, Grund*: a) von, an (*dat.*): **die ~ cancer** an Krebs sterben, b) aus: **~ charity**, c) vor (*dat.*): **afraid ~**, d) auf (*acc.*): **proud ~**, e) über (*acc.*): **a·shamed ~**, f) nach: **smell ~**; **11.** *Beziehung*: hinsichtlich (*gen.*): **quick ~ eye** flinkäugig; **nimble ~ foot** leichtfüßig; **12.** *Thema*: a) von, über (*acc.*): **speak ~ s.th.**, b) an (*acc.*): **think ~ s.th.**; **13.** *Apposition, im Deutschen nicht ausgedrückt*: a) **the city ~ London**; **the University ~ Oxford**; **the month ~ April**; **the name ~ Smith**, b) *Maß*: **two feet ~ snow**; **a glass ~ wine**; **a piece ~ meat**; **14.** *Genitivus objectivus*: a) zu: **the love ~ God**, b) vor (*dat.*): **the fear ~ God** die Furcht vor Gott, die Gottesfurcht; c) bei: **an audience ~ the king**; **15.** *Zeit*: a) an (*dat.*), in (*dat.*), von *gen.*: **~ an evening** e-s Abends; **~ late years** in den letzten Jahren, b) von: **your letter ~ March 3rd** Ihr Schreiben vom 3. März; c) *Am.* F vor (*bei Zeitangaben*): **ten minutes ~ three**.

off [ɒf] **I** *adv.* **1.** *mst in Zssgn mit vb.* fort, weg, da'von: **be ~** a) weg *od.* fort sein, b) (weg)gehen, sich davonmachen, (ab)fahren, c) weg müssen; **be ~!**, **~ you go!**, **~ with you!** fort mit dir!, pack dich!, weg!; **where are you ~ to?** wo gehst du hin?; **2.** ab(-brechen, -kühlen, -rutschen, -schneiden etc.), her'unter(...), los(...): **the apple is ~** der Apfel ist ab; **dash ~** losrennen; **have one's shoes** etc. **~** s-e *od.* die Schuhe etc. ausgezogen haben; **~ with your hat!** herunter mit dem Hut!; **3.** entfernt, weg: **3 miles ~**; **4.** *Zeitpunkt*: von jetzt an, hin: **Christmas is a week ~** bis Weihnachten ist eine Woche; **~ and on** a) ab u. zu, hin u. wieder, b) ab u. an, mit (kurzen) Unterbrechungen; **5.** abgezogen, ab(züglich); **6.** a) aus(geschaltet), abgeschaltet, -gestellt (*Maschine, Radio etc.*), (ab)gesperrt (*Gas etc.*), zu (*Hahn etc.*), b) *fig.* aus, vor'bei, abgebrochen, gelöst (*Verlobung*): **the bet is ~** die Wette gilt nicht mehr; **the whole thing is ~** die ganze Sache ist abgeblasen *od.* ins Wasser gefallen; **7.** aus(gegangen), verkauft, nicht mehr vorrätig; **8.** frei (*von Arbeit*): **take a**

---

day ~ sich e-n Tag freinehmen; **9.** ganz, zu Ende: **drink ~** (ganz) austrinken; **kill ~** ausrotten; **sell ~** ausverkaufen; **10.** ✝ flau: **the market is ~**; **11.** nicht frisch, (leicht) verdorben (*Nahrungsmittel*); **12.** *sport* außer Form; **13.** ⚓ vom Land *etc.* ab; **14.** **well** (**badly**) **~** gut (schlecht) d(a)ran *od.* gestellt *od.* situiert; **how are you ~ for ...?** wie bist du dran mit ...?; **II** *prp.* **15.** von ... (weg, ab, her'unter): **climb ~ the horse** vom Pferd (herunter)steigen; **eat ~ a plate** von e-m Teller essen; **take 3 percent ~ the price** 3 Prozent vom Preis abziehen; **be ~ a drug** *sl.* von e-r Droge ‚heruntersein'; **16.** abseits von *od. gen.*, von ... ab: **~ the street**; **a street ~ Piccadilly** e-e Seitenstraße von Piccadilly; **~ one's balance** aus dem Gleichgewicht; **~ form** außer Form; **17.** frei von: **~ duty** dienstfrei; **18.** ⚓ auf der Höhe von *Trafalgar etc.*, vor *der Küste*; **III** *adj.* **19.** (weiter) entfernt; **20.** Seiten..., Neben...: **~ street**; **21.** recht (*von Tieren, Fuhrwerken etc.*): **the ~ horse** das rechte Pferd, das Handpferd; **22.** *Kricket*: abseitig (*rechts vom Schlagmann*); **23.** ab(-), los(gegangen); **24.** (arbeits-, dienst)frei: **an ~ day**; → **25.** (*verhältnismäßig*) schlecht: **an ~ day** ein schlechter Tag (*an dem alles mißlingt etc.*); **an ~ year for fruit** ein schlechtes Obstjahr; **26.** ✝ a) flau, still, tot (*Saison*), b) von schlechter Quali'tät: **~ shade** Fehlfarbe *f*; **27.** ‚ab', unwohl, nicht auf dem Damm: **I am feeling rather ~ today**; **28.** **on the ~ chance** auf gut Glück: **I went there on the ~ chance of seeing him** ich ging in der vagen Hoffnung hin, ihn zu sehen; **IV** *int.* **29.** weg!, fort!, raus!: **~ hands ~!** Hände weg!; **30.** her'unter!, ab!

of·fal ['ɒfl] *s.* **1.** Abfall *m*; **2.** *sg. od. pl. konstr.* Fleischabfall *m*, Inne'reien *pl.*; **3.** billige *od.* minderwertige Fische *pl.*; **4.** *fig.* Schund *m*, Ausschuß *m*.

‚off'beat *adj.* F ausgefallen, extrava'gant (*Geschmack, Kleidung etc.*); **'~·cast I** *adj.* verworfen, abgetan; **II** *s.* abgetane Per'son *od.* Sache; **‚~·'cen·ter** *Am.*, **‚~·'cen·tre** *Brit. adj.* verrutscht; ⚙ außermittig, ex'zentrisch (*a. fig.*); **‚~·'col·o(u)r** *adj.* **1.** a) farblich abweichend, b) nicht lupenrein: **~ jewel**; **2.** *fig.* nicht (ganz) in Ordnung; unpäßlich; **3.** zweideutig, schlüpfrig: **~ jokes**; **‚~·'du·ty** *adj.* dienstfrei.

of·fence [ə'fens] *s.* **1.** *allg.* Vergehen *n*, Verstoß *m* (**against** gegen); **2.** ½ *a. pl.* **criminal ~** Straftat *f*, strafbare Handlung, De'likt *n*, b) *a.* **lesser** *od.* **minor ~** Über'tretung *f*; **3.** Anstoß *m*, Ärgernis *n*, Beleidigung *f*, Kränkung *f*: **give ~** Anstoß *od.* Ärgernis erregen (**to** bei); **take ~** (**at**) Anstoß nehmen (an *dat.*), beleidigt *od.* gekränkt sein (durch, über *acc.*), (et.) übelnehmen; **no ~** (**meant**)! nichts für ungut!; **4.** Angriff *m*: **arms of ~** Angriffswaffen *pl.*; **of'fence·less** [-lıs] *adj.* harmlos.

of·fend [ə'fend] **I** *v/t.* **1.** j-n, j-s Gefühle *etc.* verletzen, beleidigen, kränken: **~s the eye** es beleidigt das Auge; **be ~ed at** (*od.* **by**) s.th. durch et. beleidigt fühlen; **be ~ed with** (*od.* **by**) **s.o.** sich durch j-n beleidigt fühlen; **II** *v/i.* **2.** Anstoß erregen; **3.** (**against**)

verstoßen (gegen), sündigen, sich vergehen (an *dat.*); **of'fend·ed·ly** [-dıdlı] *adv.* beleidigt; **of'fend·er** [-də] *s.* Übel-, Missetäter(in); ♊ Straffällige(r *m*) *f*: **first ~** ♊ nicht Vorbestrafte(r *m*) *f*, Ersttäter(in); **second ~** Rückfällige(r *m*) *f*; **of'fend·ing** [-dıŋ] *adj.* **1.** verletzend, beleidigend; **2.** anstößig. **of·fense(·less)** *Am.* → **offence(·less)**. **of·fen·sive** [ə'fensıv] **I** *adj.* □ **1.** beleidigend, anstößig, anstoß- *od.* ärgerniserregend; **2.** 'widerwärtig, ekelhaft, übel: **~ smell**; **3.** angreifend, offen'siv: **~ war** Angriffs-, Offensivkrieg *m*; **~ weapon** Angriffswaffe *f*; **II** *s.* **4.** Offen'sive *f*, Angriff *m*: **take the ~** die Offensive ergreifen, zum Angriff übergehen; **of·'fen·sive·ness** [-nıs] *s.* **1.** *das* Beleidigende, Anstößigkeit *f*; **2.** 'Widerlichkeit *f*.
of·fer ['ɒfə] **I** *v/t.* **1.** *Geschenk, Ware etc.*, *a. Schlacht* anbieten; ✝ *a.* offerieren; *Preis, Summe* bieten: **~ s.o. a cigarette**; **~ one's hand** (**to**) j-m die Hand bieten *od.* reichen; **~ for sale** zum Verkauf anbieten; **2.** *Ansicht, Entschuldigung etc.* vorbringen, äußern; **3.** *Anblick, Schwierigkeit etc.* bieten: **no opportunity ~ed itself** es bot sich keine Gelegenheit; **4.** sich bereit erklären zu, sich (an)erbieten zu; **5.** Anstalten machen zu, sich anschicken zu; **6.** *fig. Beleidigung* zufügen; *Widerstand* leisten; *Gewalt* antun (**to** *dat.*); **7.** *a.* **~ up** opfern, *Opfer, Gebet, Geschenk* darbringen (**to** *dat.*); **II** *v/i.* **8.** sich bieten, auftauchen: **no opportunity ~ed** es bot sich keine Gelegenheit; **III** *s.* **9.** *allg.* Angebot *n*, Anerbieten *n*; **10.** ✝ (An-)Gebot *n*, Offerte *f*, Antrag *m*: **on ~** zu verkaufen, verkäuflich; **11.** Vorbringen *n* (*e-s Vorschlags, e-r Meinung etc.*); **of·fer·ing** ['ɒfərıŋ] *s.* **1.** *eccl.* Opfer *n*; **2.** *eccl.* Spende *f*; **3.** Angebot *n* (*Am. a.* ✝ *Börse*).
of·fer·to·ry ['ɒfətərı] *s. eccl.* **1.** *mst* ♊ Offer'torium *n*; **2.** Kol'lekte *f*, Geldsammlung *f*; **3.** Opfer(geld) *n*.
off|**·'face** *adj.* stirnfrei (*Damenhut*); **'~·fla·vo(u)r** *s.* (unerwünschter) Beigeschmack; **~·grade** *adj.* ✝ von geringerer Quali'tät: **~ iron** Ausfalleisen *n*.
off|**·hand** [ɒf'hænd] **I** *adv.* **1.** aus dem Stegreif *od.* Kopf, (so) ohne weiteres sagen können etc.; **II** *adj.* **2.** unvorbereitet, improvisiert, Stegreif...: **an ~ speech**; **3.** lässig (*Art etc.*), 'hingeworfen (*Bemerkung*); **4.** kurz (angebunden), **~·'hand·ed** [-dıd] → **offhand II**; **~·'hand·ed·ness** [-dıdnıs] *s.* Lässigkeit *f*.
of·fice ['ɒfıs] *s.* **1.** Bü'ro *n*, Kanz'lei *f*, Kon'tor *n*; Geschäftsstelle *f* (*a.* ♊ *des Gerichts*), Amt *n*; Geschäfts-, Amtszimmer *n od.* -gebäude *n*; **2.** Behörde *f*, Amt *n*, (Dienst)Stelle *f*; *mst* ♊ *bsd. Brit.* Mini'sterium *n*, (Ministeri'al)Amt *n*: **Foreign** ♊; **3.** Zweigstelle *f*, Fili'ale *f*; **4.** (*bsd.* öffentliches, staatliches) Amt, Posten *m*, Stellung *f*: **take ~, enter upon an ~** ein Amt antreten; **be in ~** im Amt *od.* an der Macht sein; **hold an ~** ein Amt bekleiden *od.* innehaben; **resign one's ~** zurücktreten, sein Amt niederlegen; **5.** Funkti'on *f*, Aufgabe *f*, Pflicht *f*: **it is my ~ to advise him**; **6.** Dienst(leistung *f*) *m*, Gefälligkeit *f*:

good ~s *pol.* gute Dienste; **do s.o. a good ~** j-m e-n guten Dienst erweisen; **through the good ~s of** durch die freundliche Vermittlung von; **7.** *eccl.* Gottesdienst *m*: ♊ **for the Dead** Totenamt *n*; **perform the last ~s to** e-n Toten aussegnen; **divine ~** das Brevier; **8.** *pl. bsd. Brit.* Wirtschaftsteil *m*, -raum *m od.* -räume *pl. od.* -gebäude *n od. pl.*; **9.** *sl.* Wink *m*, Tip *m*.
of·fice| **ac·tion** *s.* (Prüfungs)Bescheid *m des Patentamts*; **'~·,bear·er** *s.* Amtsinhaber(in); **~ block** *s.* Bü'rogebäude *n*; **~ boy** *s.* Laufbursche *m*, Bü'rogehilfe *m*; **~ clerk** *s.* Konto'rist(in), Bü'roangestellte(r *m*) *f*; **~ girl** *s.* Bü'rogehilfin *f*; **~ hours** *s. pl.* Dienststunden *pl.*, Geschäftszeit *f*; **'~·,hunt·er** *s.* Postenjäger(in).
of·fi·cer ['ɒfısə] **I** *s.* **1.** ✕, ♊ Offi'zier *m*: **~ of the day** Offizier vom Tagesdienst; **commanding ~** Kommandeur *m*, Einheitsführer *m*; **~ cadet** Fähnrich *m*; **~ candidate** Offiziersanwärter *m*; ♊**s' Training Corps** *Brit.* Offiziersausbildungskorps *n*; **2.** a) Poli'zist *m*, Poli'zeibeamte(r) *m*, b) Herr Wachtmeister (*Anrede*); **3.** Beamte(r) *m* (*a.* ✝ *etc.*), Beamtin *f*, Amtsträger(in): **medical ~** Amtsarzt *m*; **public ~** Beamte(r) im öffentlichen Dienst; **4.** Vorstandsmitglied *n*; **II** *v/t.* **5.** ✕ a) mit Offizieren versehen, b) *e-e Einheit* als Offizier befehligen (*mst pass.*): **be ~ed by** befehligt werden von; **6.** *fig.* leiten, führen.
of·fice| **seek·er** *s. bsd. Am.* **1.** Stellungssuchende(r *m*) *f*; **2.** *b.s.* Postenjäger(in); **~ staff** *s.* Bü'roperso,nal *n*; **~ sup·plies** *s. pl.* Bü'romateri,al *n*, -bedarf *m*.
of·fi·cial [ə'fıʃl] **I** *adj.* □ **1.** offizi'ell, amtlich, dienstlich, behördlich: **~ act** Amtshandlung *f*; **~ business** ♋ Dienstsache *f*; **~ call** *teleph.* Dienstgespräch *n*; **~ duties** Amtspflichten; **~ language** Amtssprache *f*; **~ oath** Amtseid *m*; **~ residence** Amtssitz *m*; **~ secret** Amts-, Dienstgeheimnis *n*; **through ~ channels** auf dem Dienst*od.* Instanzenweg; **~ trip** Dienstreise *f*; **2.** offiziell, amtlich (*bestätigt od.* autorisiert): **an ~ report**; **3.** offizi'ell, for'mell: **an ~ dinner**; **4.** ♣ offizi'nell; **II** *s.* **5.** Beamte(r *m*), Beamtin *f*, Funktio'när(in); **of'fi·cial·dom** [-dəm] *s.* → **officialism** 2 *u.* 3; **of·fi·cial·ese** [ə,fıʃə-'li:z] *s.* Behördensprache *f*, Amtsstil *m*; **of'fi·cial·ism** [-ʃəlızəm] *s.* **1.** Amtsme'thoden *pl.*; **2.** Bürokra'tie *f*, Amtsschimmel *m*; **3.** *coll. das* Beamtentum, *die* Beamten *pl.*
of·fi·ci·ate [ə'fıʃıeıt] *v/i.* **1.** amtieren, fungieren (*as* als); **2.** den Gottesdienst leiten: **~ at the wedding** die Trauung vornehmen.
of·fic·i·nal [,ɒfı'saınl] **I** *adj.* ♣ a) offizi'nell, als Arz'nei anerkannt, b) Arznei...: **~ plants** Heilkräuter *pl.*; **II** *s.* offizinelle Arznei.
of·fi·cious [ə'fıʃəs] *adj.* □ **1.** aufdringlich, über'trieben diensteifrig, 'übereifrig; **2.** offizi'ös, halbamtlich; **of·fi·cious·ness** [-nıs] *s.* Zudringlichkeit *f*, (aufdringlicher) Diensteifer.
of·fing ['ɒfıŋ] *s.* ♃ offene See, Seeraum

m: **in the ~** a) auf offener See, b) *fig.* in (Aus)Sicht: **be in the ~** a. sich abzeichnen.
off·ish ['ɒfıʃ] *adj.* F reserviert, unnahbar, kühl, steif.
'off·key *adj. u. adv.* ♪ falsch; **'~·li·cence** *s. Brit.* 'Schankkonzessi,on *f* über die Straße; **'~·load** *v/t. fig.* abladen (**on s.o.** auf j-n); **'~·peak I** *adj.* abfallend, unter der Spitze liegend: **~ charges** *pl.* verbilligter Tarif; **~ hours** verkehrsschwache Stunden; **~ tariff** Nacht(strom)tarif *m*; **II** *s.* ♭ Belastungstal *n*; **~ po·si·tion** *s.* ♋ Ausschalt-, Nullstellung *f*; **'~·print I** *s.* Sonder(ab)druck *m* (**from** aus); **II** *v/t.* als Sonder(ab)druck herstellen; **'~·put·ting** *adj.* F störend, unangenehm; **'~·scour·ings** *s. pl.* **1.** Kehricht *m*, Schmutz *m*; **2.** Abschaum *m* (*bsd. fig.*): **the ~s of humanity**; **'~·scum** *s. fig.* Abschaum *m*, Auswurf *m*; **~ sea·son** *s.* 'Nebensai,son *f*, stille Sai'son.
off·set ['ɒfset] **I** *s.* **1.** Ausgleich *m*, Kompensati'on *f*; ✝ Verrechnung *f*: **~ ac·count** Verrechnungskonto *n*; **2.** ♀ a) Ableger *m*, b) kurzer Ausläufer; **3.** Neben-, Seitenlinie *f* (*e-s Stammbaums etc.*); **4.** Abzweigung *f*; Ausläufer *m* (*bsd. e-s Gebirges*); **5.** *typ.* a) Offsetdruck *m*, b) Abziehen *n*, Abliegen *n* (*bsd. noch feuchten Druckes*), c) Abzug *m*, Pa'trize *f* (*Lithographie*); **6.** ⊘ a) Kröpfung *f*; Biegung *f* *e-s Rohrs*, b) ✕ kurze Sohle, c) ♭ (Ab)Zweigleitung *f*; **7.** *surv.* Ordi'nate *f*; **8.** △ Absatz *m* *e-r Mauer etc.*; **II** *v/t.* [*irr.* → **set**] **9.** ausgleichen, aufwiegen, wettmachen: **the gains ~ the losses**; **10.** ✝ *Am.* aufrechnen, ausgleichen; **11.** ⊘ kröpfen; **12.** △ *Mauer etc.* absetzen; **13.** *typ.* im Offsetverfahren drucken; **~ bulb** *s.* ♀ Brutzwiebel *f*; **~ sheet** *s. typ.* 'Durchschußbogen *m*.
'off·shoot *s.* **1.** ♀ Sprößling *m*, Ausläufer *m*, Ableger *m*; **2.** Abzweigung *f*; **3.** *fig.* Seitenlinie *f* (*e-s Stammbaums etc.*); **'~·shore I** *adj.* **1.** von der Küste ab *od.* her; **2.** in einiger Entfernung von der Küste; **II** *adj.* **3.** küstennah: **~ drilling** Off-shore-Bohrung *f*; **4.** ablandig (*Wind, Strömung*); **5.** Auslands...: **~ order** *Am.* Off-shore-Auftrag *m*; **'~·'side I** *s.* **1.** *sport* Abseits(stellung *f*) *n*; **2.** *mot.* Fahrerseite *f*; **II** *adj. u. adv.* abseits: **be ~** im Abseits stehen; **~ trap** Abseitsfalle *f*; **'~·size** *s.* ⊘ Maßabweichung *f*; **'~·spring** *s.* **1.** Nachkommen(schaft *f*) *pl.*; **2.** (*pl.* **offspring**) Nachkomme *m*, Abkömmling *m*; **3.** *fig.* Frucht *f*, Ergebnis *n*; **'~·stage** *adj.* hinter der Bühne, hinter den Ku'lissen (*a. fig.*); **'~·take** *s.* **1.** ⊘ Abzug *m*; Einkauf *m*; **2.** ⊘ Abzug(srohr *n*) *m*; **~·the·'cuff** *adj. fig.* aus dem Handgelenk *od.* Stegreif; **~·the·'peg** *adj.* von der Stange, Konfektions...; **~·the·'rec·ord** *adj.* nicht für die Öffentlichkeit bestimmt, 'inoffizi,ell; **~·the·'shelf** *adj.* ✝, ⊘ Standard...: **~ accessories**; **~·'white** *adj.* gebrochen weiß.
oft [ɒft] *adv. obs., poet. u. in Zssgn* oft: **~·told** oft erzählt.
of·ten ['ɒfn] *adv.* oft(mals), häufig: **as ~ as not, ever so ~** sehr oft; **more ~ than not** meistens.

o·gee [ˈəʊdʒiː] s. **1.** S-Kurve f, S-förmige Linie; **2.** △ a) Karˈnies n, Rinnleiste f, b) a. ~ **arch** Eselsrücken m (Bogenform).

o·give [ˈəʊdʒaɪv] s. **1.** △ a) Gratrippe f e-s Gewölbes, b) Spitzbogen m; **2.** ✕ Geschoßspitze f; **3.** Statistik: Häufigkeitsverteilungskurve f.

o·gle [ˈəʊgl] **I** v/t. liebäugeln mit; **II** v/i. (with) liebäugeln (mit, a. fig.), ‚Augen machenʻ (dat.); **III** s. verliebter od. liebäugelnder Blick; **ˈo·gler** [-lə] s. Liebäugelnde(r m) f.

o·gre [ˈəʊgə] s. **1.** (menschenfressendes) Ungeheuer, bsd. Riese m (im Märchen); **2.** fig. Scheusal n, Ungeheuer n (Mensch); **o·gress** [ˈəʊgrɪs] s. Menschenfresserin f, Riesin f (im Märchen).

oh [əʊ] int. oh!; ach!

ohm [əʊm], **ohm·ad** [ˈəʊmæd] s. ∮ Ohm n: ₂ˈs Law Ohmsches Gesetz; **ohm·age** [ˈəʊmɪdʒ] s. Ohmzahl f; **ˈohm·ic** [ˈəʊmɪk] adj. Ohmsch: ~ resistance; **ˈohm·me·ter** [ˈəʊmˌmiːtə] s. ∮ Ohmmeter n.

oil [ɔɪl] **I** s. **1.** Öl n: pour ~ on the flames fig. Öl ins Feuer gießen; pour ~ on troubled waters fig. die Gemüter beruhigen; smell of ~ fig. mehr Fleiß als Geist od. Talent verraten; **2.** (Erd)Öl n, Peˈtroleum n: to strike ~ a) Erdöl finden, auf Öl stoßen, fündig werden (a. fig.), b) fig. Glück od. Erfolg haben; **3.** mst pl. Ölfarbe f: paint in ~s in Öl malen; **4.** mst pl. F Ölgemälde n; **5.** pl. Ölzeug n, -haut f; **II** v/t. **6.** ⊙ (ein)ölen, einfetten, schmieren; → palm¹ 1; ˈ~ˌbear·ing adj. geol. ölhaltig, -führend; ˈ~·berg [-bɜːg] s. ⚓ Riesentanker m; ~ box s. ⊙ Schmierbüchse f; ˈ~·brake s. mot. Öldruckbremse f; ~ burn·er s. ⊙ Ölbrenner m; ˈ~·cake s. Ölkuchen m; ˈ~·can s. ˈÖlkaˌnister m, -kännchen n; ~ change s. mot. Ölwechsel m; ˈ~·cloth s. **1.** Wachstuch n; **2.** → oilskin; ~ col·o(u)r s. mst pl. Ölfarbe f; ~ cri·sis s. [irr.] ✝ Ölkrise f; ˈ~·cup s. ⊙ Öler m, Schmierbüchse f.

oiled [ɔɪld] adj. **1.** (ein)geölt; **2.** bsd. well ~ sl. ‚blauʻ, besoffen.

oil·er [ˈɔɪlə] s. **1.** ⚓, ⊙ Öler m, Schmierer m (Person u. Gerät); **2.** ⊙ Öl-, Schmierkanne f; **3.** Am. F → oilskin 2; **4.** Am. Ölquelle f; **5.** ⚓ Öltanker m.

ˈoil·field s. Ölfeld n; ˈ~·fired adj. mit Ölfeuerung, ölbeheizt: ~ central heating Ölzentralheizung f; ~ fu·el s. **1.** Heizöl n; **2.** Öltreibstoff m; ~ gas s. Ölgas n; ˈ~·ga(u)ge s. ⊙ Ölstandsanzeiger m; ~ glut s. Ölschwemme f.

ˈoil·i·ness [ˈɔɪlɪnɪs] s. **1.** ölige Beschaffenheit, Fettigkeit f, Schmierfähigkeit f; **2.** fig. Glattheit f, aalglattes Wesen; **3.** fig. Öligkeit f, salbungsvolles Wesen.

oil lev·el s. mot. Ölstand m; ~ paint s. Ölfarbe f; ~ paint·ing s. **1.** ˈÖlmaleˌrei f; **2.** Ölgemälde n; **3.** ⊙ Ölanstrich m; ~ pan s. mot. Ölwanne f; ˈ~·pro·duc·ing coun·try s. Ölförderland n; ~ rig s. Bohrinsel f; ~ seal s. ⊙ **1.** Öldichtung f; **2.** a. ~ ring Simmerring m; ˈ~·skin s. **1.** Ölleinwand f; **2.** pl. Ölzeug n, -kleidung f; ~ slick s. **1.** ⊙ Ölschlick m; **2.** Ölteppich m (auf dem Meer etc.); ~ stove s. Ölofen m; ~ sump s. ⊙ Ölwanne f; ~ switch s. ∮ Ölschalter m; ~ var·nish s. Öllack m; ~ well s. Ölquel-

le f.

oil·y [ˈɔɪlɪ] adj. □ **1.** ölig, ölhaltig, Öl...; **2.** fettig, schmierig; **3.** fig. glatt(züngig), aalglatt, schmeichlerisch; **4.** fig. ölig, salbungsvoll.

oint·ment [ˈɔɪntmənt] s. ✿ Salbe f; → fly² 1.

O.K., OK, o·kay [ˌəʊˈkeɪ] F **I** adj. u. int. richtig, gut, in Ordnung, genehmigt; **II** v/t. genehmigen, gutheißen, e-r Sache zustimmen; **III** s. Zustimmung f, Genehmigung f.

old [əʊld] **I** adj. **1.** alt, betagt: grow ~ alt werden, altern; **2.** zehn Jahre etc. alt: ten years ~; **3.** alt(ˈhergebracht): ~ tradition; as ~ as the hills uralt; **4.** alt, vergangen, früher: the ~ masters paint. etc. die alten Meister; → old boy; **5.** alt(bekannt, -bewährt): an ~ friend; **6.** alt, abgenutzt; (ab)getragen (Kleider): that is ~ hat das ist ein alter Hut; **7.** alt(modisch), verkalkt; **8.** alt, erfahren, gewitz(ig)t: ~ offender alter Sünder; → hand 6; **9.** F (guter) alter, lieber: ~ chap od. man ‚altes Hausʻ; nice ~ boy netter alter ‚Knabeʻ; the ~ man der ‚Alteʻ (Chef); my ~ man mein ‚Alterʻ (Vater); my ~ woman meine ‚Alteʻ (Ehefrau); **10.** sl. toll: have a fine ~ time sich toll amüsieren; any ~ thing irgend (et)was, egal was; any ~ time egal wann; **II** s. **11.** the ~ die Alten pl; **12.** of ~, in times of ~ ehedem, vor alters; from of ~ seit alters; times of ~ alte Zeiten; a friend of ~ ein alter Freund.

old age s. (hohes) Alter, Greisenalter n: ~ annuity, ~ pension (Alters)Rente f, Ruhegeld n; ~ insurance Altersversicherung f; ~ pensioner (Alters)Rentner(in), Ruhegeldempfänger(in); ~ boy s. Brit. ehemaliger Schüler, Ehemalige(r) m; ˈ~·clothes·man [ˌəʊldˈkləʊðzmæn] s. [irr.] Trödler m.

old·en [ˈəʊldən] adj. Brit. obs. od. poet. alt: in ~ times.

Old Eng·lish s. ling. Altenglisch n; ₂-esˈtab·lished adj. alteingesessen (Firma etc.), alt (Brauch etc.); ₂-ˈfash·ioned adj. **1.** altmodisch: an ~ butler ein Butler der alten Schule; **2.** altklug (Kind); ₂-ˈfo·g(e)y·ish adj. altmodisch, verknöchert, verkalkt; ₂ girl s. **1.** Brit. ehemalige Schülerin; **2.** F ‚altes Mädchenʻ; ~ Glo·ry s. Sternenbanner n (Flagge der USA); ~ Guard s. pol. alte Garde: a) Am. der ultrakonservative Flügel der Republikaner, b) allg. jede streng konservative Gruppe.

old·ie [ˈəʊldɪ] s. F **1.** Oldie m (alter Schlager); **2.** alter Witz.

old·ish [ˈəʊldɪʃ] adj. ältlich.

ˈold·line adj. **1.** konservaˈtiv; **2.** traditioˈnell; **3.** e-r alten Linie entstammend; ˈ~·maid·ish adj. altˈjüngferlich.

old·ster [ˈəʊldstə] s. F ‚alter Knabeʻ.

old style s. **1.** alte Zeitrechnung (nach dem Julianischen Kalender); **2.** typ. Mediäˈval(schrift) f; ˈ~·time adj. aus alter Zeit, alt; ˈ~·tim·er s. F **1.** Oldtimer m: a) altmodische Sache, z.B. altes Auto, b) ‚alter Haseʻ, ‚Veteˈranʻ m; **2.** → oldster; ~ wives' tale s. Ammenmärchen n; ˈ~·wom·an·ish adj. altˈweiberhaftʻ; ˈ~·world adj. **1.** altertümlich, anheimelnd; **2.** alt, anˈtik: ~ furniture; **3.** altmodisch.

o·le·ag·i·nous [ˌəʊlɪˈædʒɪnəs] adj. ölig (a. fig.), ölhaltig, Öl...

o·le·ate [ˈəʊlɪeɪt] s. 🜍 ölsaures Salz: ~ of potash ölsaures Kali.

o·le·fi·ant [ˈəʊlɪfaɪənt] adj. 🜍 ölbildend: ~ gas.

o·le·if·er·ous [ˌəʊlɪˈɪfərəs] s. ♀ ölhaltig.

o·le·in [ˈəʊlɪn] s. 🜍 **1.** Oleˈin n; **2.** (handelsˈübliche) Ölsäure.

o·le·o·graph [ˈəʊlɪəʊɡrɑːf] s. Öldruck m (Bild); **o·le·og·ra·phy** [ˌəʊlɪˈɒɡrəfɪ] s. Öldruck(verfahren n) m.

o·le·o·mar·ga·rine [ˈəʊlɪəʊˌmɑːdʒəˈriːn] s. Margaˈrine f.

O lev·el s. Brit. ped. (etwa) mittlere Reife.

ol·fac·tion [ɒlˈfækʃn] s. Geruchssinn m; **ol·fac·to·ry** [ɒlˈfæktərɪ] adj. Geruchs...: ~ nerves.

ol·i·garch [ˈɒlɪɡɑːk] s. Oligˈarch m; **ˈol·i·garch·y** [-kɪ] s. Oligarˈchie f.

o·li·o [ˈəʊlɪəʊ] pl. -os s. **1.** Raˈgout n (a. fig.); **2.** ♪ Potpourri n.

ol·ive [ˈɒlɪv] **I** s. **1.** a. ~-tree Oˈlive f, Ölbaum m: Mount of ₂s bibl. Ölberg; **2.** Oˈlive f (Frucht); **3.** Ölzweig m; **4.** a. ~-green Oˈlivgrün n; **II** adj. **5.** oˈlivenartig, Oliven...; **6.** oˈlivgrau, -grün; ˈ~·branch s. Ölzweig m (a. fig.): hold out the ~ s-n Friedenswillen zeigen; ~ drab s. **1.** Oˈlivgrün n; **2.** Am. oˈlivgrünes Uniˈformtuch; ~-ˈdrab adj. oˈlivgrün; ~ oil s. Oˈlivenöl n.

ol·la po·dri·da [ˌɒləpəʊˈdriːdə] → olio 1.

ol·o·gy [ˈɒlədʒɪ] s. humor. Wissenschaft(szweig m) f.

O·lym·pi·ad [əʊˈlɪmpiæd] s. allg. Olympiˈade f; **O·lym·pi·an** [-ɪən] adj. oˈlympisch; **O·lym·pic** [-ɪk] **I** adj. oˈlympisch: ~ games → **II** s. pl. Oˈlympische Spiele pl.

om·buds·man [ˈɒmbʊdzmən] s. [irr.] **1.** pol. Ombudsman m (Beauftragter für Beschwerden von Staatsbürgern); **2.** Beschwerdestelle f, Schiedsrichter m.

om·e·let(te) [ˈɒmlɪt] s. Omeˈlett n: you cannot make an ~ without breaking eggs fig. wo gehobelt wird, (da) fallen Späne.

o·men [ˈəʊmen] **I** s. Omen n, (bsd. schlechtes) Vorzeichen (for für): a good (bad, ill) ~; **II** v/i. u. v/t. deuten (auf acc.), ahnen (lassen), propheˈzeien, (ver)künden.

o·men·tum [əʊˈmentəm] pl. -ta [-tə] s. anat. (Darm)Netz n.

om·i·nous [ˈɒmɪnəs] adj. □ unheil-, verhängnisvoll, omiˈnös, drohend.

o·mis·si·ble [əʊˈmɪsɪbl] adj. auslaßbar; **o·mis·sion** [əʊˈmɪʃn] s. **1.** Aus-, Weglassung f (from aus); **2.** Unterˈlassung f, Versäumnis n, Überˈgehung f: sin of ~ Unterlassungssünde f; **o·mit** [əˈmɪt] v/t. **1.** aus-, weglassen (from aus od. von); überˈgehen; **2.** unterˈlassen, (es) versäumen (doing, to do et. zu tun).

om·ni·bus [ˈɒmnɪbəs] **I** s. **1.** Omnibus m, (Auto)Bus m; **2.** Sammelband m, Antholoˈgie f; **II** adj. **3.** Sammel... (-konto, -klausel etc.): ~ bar s. ∮ Sammelschiene f; ~ bill s. parl. (Vorlage f zu e-m) Mantelgesetz n.

om·ni·di·rec·tion·al [ˌɒmnɪdɪˈrekʃənl] adj. ∮ Rundstrahl...(-antenne), Allrichtungs...(-mikrofon).

om·ni·far·i·ous [ˌɒmnɪˈfeərɪəs] adj. von

aller(lei) Art, vielseitig.

om·nip·o·tence [ˌɒmˈnɪpətəns] s. All-macht f; **om'nip·o·tent** [-nt] adj. ☐ all-'mächtig.

om·ni·pres·ence [ˌɒmnɪˈprezns] s. All-'gegenwart f; **om·ni'pres·ent** [-nt] adj. all'gegenwärtig, über'all.

om·nis·cience [ɒmˈnɪsɪəns] s. All'wis-senheit f; **om'nis·cient** [-nt] adj. ☐ all-'wissend.

om·ni·um [ˈɒmnɪəm] s. ⚓ Brit. Omnium n, Gesamtwert m e-r fundierten öffentli-chen Anleihe; ˌ~-'gath·er·um [-'gæðə-rəm] s. **1.** Sammel'surium n; **2.** bunte Gesellschaft.

om·niv·o·rous [ɒmˈnɪvərəs] adj. alles fressend.

o·mo·plate [ˈəuməʊpleɪt] s. anat. Schul-terblatt n.

om·phal·ic [ɒmˈfælɪk] adj. anat. Na-bel...; **om·pha·lo·cele** [ˈɒmfələusiːl] s. ⚕ Nabelbruch m.

om·pha·los [ˈɒmfələs] pl. **-li** [-laɪ] s. **1.** anat. Nabel m (a. fig. Mittelpunkt); **2.** antiq. Schildbuckel m.

on [ɒn; ən] **I** prp. **1.** mst auf (dat. od. acc.): siehe die mit **on** verbundenen Wörter; **2.** Lage: a) (getragen von): auf (dat.), an (dat.), in (dat.): ~ **board** an Bord; ~ **earth** auf Erden; **the scar ~ the face** die Narbe im Gesicht; ~ **foot** zu Fuß; ~ **all fours** auf allen vieren; ~ **the radio** im Radio; **have you a match ~ you?** haben Sie ein Streichholz bei sich?, b) (festgemacht od. unmittelbar) an (dat.): ~ **the chain**; ~ **the Thames**; ~ **the wall**; **3.** Richtung, Ziel: auf (acc.) ... (hin) (od. los), nach ... (hin), an (acc.), zu: **a blow ~ the chin** ein Schlag ans Kinn; **throw s.o. od. s.th. ~ the floor** j-n od. et. zu Boden werfen; **4.** fig. a) Grund: auf ... (hin): ~ **his au-thority**; ~ **suspicion**; **levy a duty ~ silk** einen Zoll auf Seide erheben; ~ **his own theory** nach s-r eigenen Theorie; ~ **these conditions** unter diesen Be-dingungen, b) Aufeinanderfolge: auf (acc.), über (acc.), nach: **loss ~ loss** Verlust auf od. über Verlust, ein Ver-lust nach dem andern, c) gehörig zu, beschäftigt bei, an (dat.): ~ **a commit-tee** (in e-m Ausschuß gehörend; **be ~ the Stock Exchange** an der Börse (be-schäftigt) sein, d) Zustand: in, auf (dat.), zu: ~ **duty** im Dienst; ~ **fire** in Brand; ~ **leave** auf Urlaub; ~ **sale** ver-käuflich, e) gerichtet auf (acc.): **an at-tack ~**; ~ **business** geschäftlich; **a joke ~ me** ein Spaß auf m-e Kosten; **shut (open) the door ~ s.o.** j-m die Tür verschließen (öffnen); **have s.th. ~ s.o.** sl. et. Belastendes über j-n wissen; **have nothing ~ s.o.** sl. j-m nichts anha-ben können, a. j-m nichts voraus ha-ben; **this is ~ me** F das geht auf m-e Rechnung; **be ~ a pill** e-e Pille (stän-dig) nehmen, f) Thema: über (acc.): **agreement (lecture, opinion) ~**; **talk ~ a subject**; **5.** Zeitpunkt: an (dat.): ~ **Sunday**; ~ **the 1st of April**; ~ **or be-fore April 1st** bis zum 1. April; ~ **his arrival** bei od. (gleich) nach seiner An-kunft; ~ **being asked** als ich etc. (da-nach) gefragt wurde; ~ **entering** beim Eintritt; **II** adv. **6.** (a. Zssgn mit vb.) (dar)'auf(-legen, -schrauben etc.); **7.** bsd. Kleidung: a) an(-haben, -ziehen):

have (put) a coat ~, b) auf: **keep one's hat ~**; **8.** (a. in Zssgn mit vb.) weiter(-gehen, -sprechen etc.): **and so ~** und so weiter; ~ **and ~** immer weiter; ~ **and off** a) ab u. zu, b) ab u. an, mit Unterbrechungen; **from that day ~** von dem Tage an; ~ **with the show!** weiter im Programm!; ~ **to ...** auf (acc.) ... (hinauf od. hinaus); **III** adj. pred. **9.** be ~ a) im Gange sein (Spiel etc.), vor sich gehen: **what's ~?** was ist los?; **have you anything ~ tomorrow?** haben Sie morgen et. vor?; **that's not ~!** das ist nicht ‚drin'!, b) an sein (Licht, Radio, Wasser etc.), an-, eingeschaltet sein, laufen; auf sein (Hahn): **~-off** ⊕ An-Aus, c) thea. gegeben werden, laufen (Film), Radio, TV: gesendet werden, d) d(a)ran (an der Reihe) sein, e) (mit) dabeisein, mitmachen; **10. be ~ to** sl. et. ‚spitzgekriegt' haben, über j-n od. et. im Bilde sein: **he is always ~ at me** er ‚bearbeitet' mich ständig (**about** we-gen); **11.** sl. beschwipst: **be a bit ~** e-n Schwips haben.

o·nan·ism [ˈəunənɪzəm] s. ⚕ **1.** Coitus m inter'ruptus; **2.** Ona'nie f.

'on-board adj. ✈ bordeigen, Bord...: ~ **computer**.

once [wʌns] **I** adv. **1.** einmal: ~ **again** (od. **more**) noch einmal; ~ **and again** (od. ~ **or twice**) einige Male, ab u. zu; ~ **in a while** (od. **way**) zuweilen, hin u. wieder; ~ **(and) for all** ein für allemal; **if ~ he should suspect** wenn er erst einmal mißtrauisch würde; **not ~** kein einziges Mal; **2.** einmal, einst: ~ **(upon a time) there was** es war einmal (Mär-chenanfang); **II** s. **3.** **every ~ in a while** von Zeit zu Zeit; **for ~, this ~** aus-nahmsweise, 'eine Mal, (für) diesmal; **III** cj. **5.** a. ~ **that** so'bald od. wenn ... (einmal), wenn erst; '~**o·ver** s. F give s.o. od. s.th. the ~ a) j-n kurz mustern od. ab-schätzen, (sich) j-n od. et. (rasch) mal ansehen, b) j-n ‚in die Mache' nehmen.

'on·com·ing adj. **1.** (her'an)nahend, entgegenkommend: ~ **traffic** Gegen-verkehr m; **2.** fig. kommend: **the ~ generation**.

one [wʌn] **I** adj. **1.** ein (eine, ein): ~ **hundred** (ein)hundert; ~ **man in ten** jeder zehnte; ~ **or two** ein paar, einige; **2.** (betont) ein (eine, ein), ein einziger (eine einzige, ein einziges): **all were of ~ mind** sie waren alle 'eines Sinnes; **for ~ thing** (zunächst) einmal; **his ~ thought** sein einziger Gedanke; **the ~ way to do it** die einzige Möglichkeit es zu tun); **3.** ein gewisser (e-e gewisse, ein gewisses), ein (eine, ein): ~ **day** e-s Tages (in Zukunft od. Vergangenheit); ~ **of these days** irgendwann (ein)mal; ~ **John Smith** ein gewisser J. S.; **II** s. **4.** Eins f, eins: **Roman ~** römische Eins; ~ **and a half** ein(und)einhalb, andert-halb; **at ~ o'clock** um ein Uhr; **5.** der (die) einzelne, das einzelne (Stück): **by ~, ~ after another** e-r nach dem andern, einzeln; **I for ~** ich zum Bei-spiel; **6.** Einheit f: **be at ~ with s.o.** mit j-m 'einer Meinung od. einig sein; ~

and all alle miteinander; **all in ~** alles in 'einem; **it is all ~ (to me)** es ist (mir) ganz einerlei; **be made ~** ein (Ehe)Paar werden; **make ~** mit von der Partie sein; **7.** bsd. Ein'dollar- od. Ein'pfund-note f; **III** pron. **8.** ein, einer, jemand: **like ~ dead** wie ein Toter; ~ **of the poets** einer der Dichter; ~ **another** einander; ~ **who** einer, der; **the ~ who** der(jenige), der; ~ **of these days** die-ser Tage; ~ **in the eye** F fig. ein Denk-zettel; **9.** (Stützwort, mst unübersetzt): **a sly ~** ein (ganz) Schlauer; **the little ~s** die Kleinen; **a red pencil and a blue ~** ein roter Bleistift u. ein blauer; **that ~** der (die, das) da od. dort; **the ~s you mention** die (von Ihnen) erwähnten; → **each** etc.; **10.** man: ~ **knows**; **11.** ~**'s** sein: **break ~'s leg** sich das Bein brechen; **take ~'s walk** s-n Spazier-gang machen; ˌ~-'**act play** s. thea. Einakter m; ˌ~-'**armed** adj. einarmig: ~ **bandit** F Spielautomat m; ˌ~-'**crop sys·tem** s. ✗ 'Monokul,tur f; ˌ~-'**dig·it** adj. ✗ einstellig (Zahl); ˌ~-'**eyed** adj. einäugig; ˌ~-'**hand·ed** adj. **1.** einhän-dig; **2.** mit nur 'einer Hand zu bedie-nen(d); ˌ~-'**horse** adj. **1.** einspännig; **2.** ~ **town** F (elendes) ‚Kaff' n od. ‚Nest' n; ˌ~-'**legged** [-'legd] adj. **1.** einbeinig; **2.** fig. einseitig; ˌ~-'**line busi·ness** s. ⚓ Fachgeschäft n; ˌ~-'**man** adj. Ein-mann...: ~ **business** ⚓ Einzelunter-nehmen n; ~ **bus** Einmannbus m; ~ **show** a) One-man-Show f (a. fig.), b) Ausstellung f der Werke 'eines Künst-lers.

one·ness [ˈwʌnnɪs] s. **1.** Einheit f; **2.** Gleichheit f, Identi'tät f; **3.** Einigkeit f, (völliger) Einklang.

ˌ**one-'night stand** s. thea. einmaliges Gastspiel (a. fig. F sexuelles Abenteu-er); ˌ~-'**piece** adj. **1.** einteilig: ~ **bath-ing-suit**; **2.** ⊕ aus 'einem Stück, Voll...; ~-'**price shop** s. Einheits-preisladen m.

on·er [ˈwʌnə] s. **1.** sl. ‚Ka'none' f (Kön-ner) (at in dat.); **2.** sl. ‚Mordsding' n (bsd. wuchtiger Schlag).

on·er·ous [ˈɒnərəs] adj. ☐ lästig, drük-kend, beschwerlich (to für); '**on·er-ous·ness** [-nɪs] s. Beschwerlichkeit f, Last f.

one'self pron. **1.** refl. sich (selber): **by ~** aus eigener Kraft, von selbst; **2.** selbst, selber; **3.** mst **one's self** man (selbst od. selber).

ˌ**one-'sid·ed** [-'saɪdɪd] adj. ☐ einseitig (a. fig.); '~-**time I** adj. einst-, ehemalig; **II** adv. einst-, ehemals; '~-**track** adj. **1.** ⚙ eingleisig; **2.** fig. einseitig: **you have a ~ mind** du hast immer nur dasselbe im Kopf; ~-**up·man·ship** [wʌnˈʌpmən-ʃɪp] s. die Kunst, dem andern immer (um eine Nasenlänge) vor'aus zu sein; ˌ~-'**way** adj. **1.** Einweg...(-flasche etc.), Einbahn...(-straße, -verkehr): ~ **ticket** Am. einfache Fahrkarte; **2.** fig. ein-seitig.

on·ion [ˈʌnjən] s. **1.** ✿ Zwiebel f; **2.** sl. ‚Rübe' f (Kopf): **off one's ~** sl. (total) verrückt; **3.** know one's ~**s** F sein Ge-schäft verstehen; '~-**skin** s. **1.** Zwiebel-schale f; **2.** 'Durchschlag- od. 'Luftpost-pa,pier m.

'on·look·er s. Zuschauer(in) (at bei); '**on·look·ing** adj. zuschauend.

on·ly ['əʊnlɪ] **I** adj. **1.** einzig, al'leinig: *the ~ son* der einzige Sohn; *my one and ~ hope* meine einzige Hoffnung; *the ~ begotten Son of God* Gottes eingeborener Sohn; **2.** einzigartig: *the ~ and only Mr. X* a. iro. der unvergleichliche, einzigartige Mr. X; **II** adv. **3.** nur, bloß: *not ~ ..., but (also)* nicht nur ..., sondern auch; *if ~* wenn nur; **4.** erst: *~ yesterday* erst gestern, gestern noch; *~ just* eben erst, gerade, kaum; **III** cj. **5.** je'doch, nur (daß), aber; **6.** *~ that* nur, daß; außer, wenn.

on-'off switch s. ⚡ Ein-Aus-Schalter *m*.

on·o·mat·o·poe·ia [ˌɒnəʊmætəʊˈpiːə] s. Lautmale'rei *f*; **on·o·mat·o·poe·ic** [-ˈpiːɪk], **on·o·mat·o·po·et·ic** [ˌɒnəʊmætəʊpəʊˈetɪk] adj. (□ *~ally*) lautnachahmend, onomato'poetisch.

'on|-po·si·tion s. ⊙ Einschaltstellung *f*, -zustand *m*; **'~rush** s. Ansturm *m* (a. fig.); **'~set** s. **1.** Angriff *m*, At'tacke *f*; **2.** Anfang *m*, Beginn *m*, Einsetzen *n*: *at the first ~* gleich beim ersten Anlauf; **3.** ✠ Ausbruch *m* (e-r Krankheit), Anfall *m*; **~'shore** adj. u. adv. **1.** landwärts; **2.** a) in Küstennähe, b) an Land; **3.** ♦ Inlands...: *~ purchases*; **~slaught** ['ɒnslɔːt] s. (heftiger) Angriff *od.* Ansturm (a. fig.); **~-the-'job** adj. praktisch: *~ training*.

on·to ['ɒntʊ, -tə] prp. **1.** auf (acc.); **2.** *be ~ s.th.* sl. hinter et. gekommen sein; *he's ~ you* sl. er hat dich durchschaut.

on·to·gen·e·sis [ˌɒntəʊˈdʒenɪsɪs] s. biol. Ontoge'nese *f*.

on·tol·o·gy [ɒnˈtɒlədʒɪ] s. phls. Ontolo-'gie *f*.

o·nus ['əʊnəs] (Lat.) s. nur sg. **1.** fig. Last *f*, Verpflichtung *f*, Onus *n*; **2.** *~ of proof*, *~ probandi* ⚖ Beweislast *f*: *the ~ rests with him* die Beweislast trifft ihn.

on·ward ['ɒnwəd] **I** adv. vorwärts, weiter: *from the tenth century ~* vom 10. Jahrhundert an; **II** adj. vorwärts-, fortschreitend; **'on·wards** [-dz] → *onward* I.

on·yx ['ɒnɪks] s. **1.** min. Onyx *m*; **2.** ✠ Nagelgeschwür *n* der Hornhaut, Onyx *m*.

o·o·blast ['əʊəblɑːst] s. biol. Eikeim *m*; **o·o·cyst** ['əʊəsɪst] s. Oo'zyste *f*.

oo·dles ['uːdlz] s. pl. F Unmengen pl., ,Haufen' *m*: *he has ~ of money* er hat Geld wie Heu.

oof [uːf] s. Brit. sl. ,Kies' *m* (Geld).

oomph [ʊmf] s. sl. 'Sex-Ap'peal *m*.

o·o·sperm ['əʊəspɜːm] s. biol. befruchtetes Ei *od.* befruchtete Eizelle, Zy'gote *f*.

ooze [uːz] **I** v/i. **1.** ('durch-, aus-, ein)sikkern (*through*, *out of*, *into*); ein-, hin'durchdringen (a. Licht etc.): *~ away* a) versickern, b) fig. (dahin)schwinden; *~ out* a) entweichen (Luft, Gas), b) fig. durchsickern (Geheimnis); *~ with sweat* von Schweiß triefen; **II** v/t. **2.** ausströmen, -schwitzen; **3.** fig. ausstrahlen, iro. triefen von; **III** s. **4.** ⊙ Lohbrühe *f*: *~ leather* lohgares Leder; **5.** Schlick *m*, Schlamm(grund) *m*; **oo·zy** ['uːzɪ] adj. **1.** schlammig, schlick(er)ig; **2.** schleimig; **3.** feucht.

o·pac·i·ty [əʊˈpæsətɪ] s. **1.** 'Undurch-ˌsichtigkeit *f* (a. fig.); **2.** Dunkelheit *f*

(a. fig.); **3.** fig. Borniertheit *f*; **4.** phys. ('Licht)Undurchˌlässigkeit *f*; **5.** Deckfähigkeit *f* (Farbe).

o·pal ['əʊpl] s. min. O'pal *m*: *~ blue* Opalblau *n*; *~ glass* Opal-, Milchglas *n*; *~ lamp* Opallampe *f*; **o·pal·esce** [ˌəʊpəˈles] v/i. opalisieren, bunt schillern; **o·pal·es·cence** [ˌəʊpəˈlesns] s. Opalisieren *n*, Schillern *n*; **o·pal·es·cent** [ˌəʊpəˈlesnt] adj. opalisierend, schillernd.

o·paque [əʊˈpeɪk] adj. □ **1.** 'undurchˌsichtig, o'pak: *~ colo(u)r* Deckfarbe *f*; **2.** 'undurchˌlässig (*to* für Strahlen): *~ meal* ✠ Kontrastmahlzeit *f*; **3.** glanzlos, trüb; **4.** fig. a) unklar, dunkel, b) borniert, dumm; **o·paque·ness** [-nɪs] s. ('Licht)Undurchˌlässigkeit *f*; Deckkraft *f* (Farben).

op art [ɒp] s. Kunst: Op-art *f*.

o·pen ['əʊpən] **I** adj. □ **1.** allg. offen (z. B. Buch, Flasche, 🔒 Kette, ⚡ Stromkreis, ✕ Stadt, Tür, ✠ Wunde); offenstehend, auf: *~ prison* offenes Gefängnis; *~ warfare* ✕ Bewegungskrieg *m*; *keep one's eyes ~* fig. die Augen offenhalten; → *arm*[1] 1, *bowels* 1, *order* 5; **2.** zugänglich, frei, offen (Gelände, Straße, Meer etc.): *~ field* freies Feld; *~ spaces* öffentliche Plätze (Parkanlagen etc.); **3.** frei, bloß, offen (Wagen etc.; ⚡ Motor); → *lay open*; **4.** offen, eisfrei (Wetter, ♨ Hafen, Gewässer); *~ winter* frostfreier Winter; **5.** ge-, eröffnet (Laden, Theater etc.), offen (a. fig. *to* dat.), öffentlich (Sitzung, Versteigerung etc.); (jedem) zugänglich: *a career ~ to talent*; *~ competition* freier Wettbewerb; *~ market* ♦ offener *od.* freier Markt; *~ position* offene (Arbeits)Stelle; *~ policy* a) ♦ Offenmarktpolitik *f*, b) Versicherung: Pauschalpolice *f*; *~ scholarship* Brit. offenes Stipendium; *~ for subscription* ♦ zur Zeichnung aufgelegt; *in ~ court* in öffentlicher Verhandlung, vor Gericht; **6.** (*to*) fig. der Kritik, dem Zweifel etc. ausgesetzt, unter'worfen: *~ to question* anfechtbar; *~ to temptation* anfällig gegen die Versuchung; *leave o.s. wide ~* (*to s.o.*) sich (j-m gegenüber) e-e (große) Blöße geben; **7.** zugänglich, aufgeschlossen (*to* für *od.* dat.): *an ~ mind*; *be ~ to conviction* (*an offer*) mit sich reden (handeln) lassen; *that is ~ to argument* darüber läßt sich streiten; **8.** offen(kundig), unverhüllt: *~ contempt*; *an ~ secret* ein offenes Geheimnis; **9.** offen, freimütig: *an ~ character*, *~ letter* offener Brief; *I will be ~ with you* ich will ganz offen mit dir reden; **10.** freigebig: *with an ~ hand*; *keep an ~ house* ein offenes Haus führen, gastfrei sein; **11.** fig. unentschieden, offen (Frage, Forderung, Kampf, Urteil etc.); **12.** fig. frei (ohne Verbote): *~ pattern* ⚖ ungeschütztes Muster; *~ season* Jagd-, Fischzeit *f*; **13.** ♦ laufend (Konto, Kredit, Rechnung): *~ cheque* Barscheck *m*; **14.** ⊙ durch'brochen (Gewebe, Handarbeit); **15.** ling. offen (Silbe, Vokal): *~ consonant* Reibelaut *m*; **16.** ♪ a) weit (Lage, Satz), b) leer (Saite etc.): *~ note* Grundton *m*; **17.** typ. licht (Satz): *~ type* Konturschrift *f*; **II** s. **18.** *the ~* a)

offenes Land, b) offene See: *in the ~* im Freien, unter freiem Himmel; ✕ über Tag; *bring into the ~* fig. an die Öffentlichkeit bringen; *come into the ~* fig. sich erklären, offen reden, Farbe bekennen, (*with s.th.* mit et.) an die Öffentlichkeit treten; **19.** *the ♣* bsd. Golf: offenes Turnier für Amateure u. Berufsspieler; **III** v/t. **20.** allg. öffnen, aufmachen; Buch a. aufschlagen; ⚡ Stromkreis ausschalten, unter'brechen: *~ the bowels* ✠ den Leib öffnen; *~ s.o.'s eyes* fig. j-m die Augen öffnen; → *throttle* 2; **21.** Aussicht, ♦ Akkreditiv, Debatte, ✕ das Feuer, ♦ Konto, Geschäft, ⚖ die Verhandlung etc. eröffnen; Verhandlungen anknüpfen, in Verhandlungen eintreten; ♦ neue Märkte erschließen: *~ s.th. to traffic* e-e Straße etc. dem Verkehr übergeben; **22.** fig. Gefühle, Gedanken enthüllen, s-e Absichten entdecken; *~ o.s. to s.o.* sich j-m mitteilen; → *heart* Redew.; **IV** v/i. **23.** sich öffnen *od.* auftun, aufgehen; fig. sich dem Auge, Geist etc. erschließen, zeigen, auftun; **24.** führen, gehen (Tür, Fenster) (*on to* auf acc., *into* nach dat.); **25.** fig. a) anfangen, beginnen (Schule, Börse etc.), öffnen, aufmachen (Laden etc.), b) (e-n Brief, s-e Rede) beginnen (*with* mit e-m Kompliment etc.); **26.** allg. öffnen; (ein Buch) aufschlagen;

~ out I v/t. **1.** et. ausbreiten; **II** v/i. **1.** sich ausbreiten, -dehnen, sich erweitern; **3.** mot. Vollgas geben; **~ up I** v/t. **1.** Land, ♦ Markt etc. erschließen; **II** v/i. **2.** ✕ das Feuer eröffnen; **3.** fig. a) ,loslegen' (mit Worten, Schlägen etc.), b) ,auftauen', mitteilsam werden; **4.** fig. zeigen.

o·pen-'ac·cess li·brar·y s. 'Freihand-biblioˌthek *f*; **~-'air** adj. Freilicht..., Freiluft..., unter freiem Himmel: *~ swimming pool* Freibad *n*; **~-and-'shut** adj. ganz einfach, sonnenklar; **~-'armed** adj. warm, herzlich (Empfang); **~-'door** adj. frei zugänglich: *~ policy* (Handels)Politik *f* der offenen Tür; **~-'end·ed** adj. **1.** zeitlich unbegrenzt: *~ discussion* Open-end-Diskussion *f*; **2.** ausbaufähig: *~ program(me)*.

o·pen·er ['əʊpnə] s. **1.** (fig. Er)Öffner (-in); **2.** (Büchsen- etc.)Öffner *m*; sport etc. Eröffnung(sspiel *n*, thea. -nummer *f*) *f*.

o·pen-'eyed adj. **1.** mit großen Augen, staunend; **2.** wachsam; **~-'hand·ed** adj. □ freigebig; **~-'heart** adj.: *~ surgery* ✠ Offenherzchirurgie *f*; **~-'heart·ed** adj. □ offen(herzig), aufrichtig; **~-'hearth** adj. ⊙ Siemens-Martin-(-ofen, -stahl).

o·pen·ing ['əʊpnɪŋ] **I** s. **1.** das Öffnen; Eröffnung *f* (a. fig. Akkreditiv, Konto, Testament, Unternehmen); fig. Inbetriebnahme *f* (e-r Anlage etc.); fig. Erschließung *f* (Land, ♦ Markt); **2.** Öffnung *f*, Loch *n*, Lücke *f*, Bresche *f*, Spalt *m*, 'Durchlaß *m*; **3.** Am. (Wald-)Lichtung *f*; **4.** ⊙ (Spann)Weite *f*; **5.** fig. Eröffnung *f* (a. Schach, Kampf etc.), Beginn *m*, einleitender Teil (a. ⚖); **6.** Gelegenheit *f*, (♦ Absatz)Möglichkeit *f*; **7.** ♦ offene *od.* freie Stelle; **II** adj. **8.** Öffnungs..., Eröffnungs...: *~ speech*; *~ price* ♦ Eröffnungskurs *m*;

~ night *thea.* Eröffnungsvorstellung *f.*
ˌo·pen|-'mar·ket *adj.* Freimarkt...: **~ paper** marktgängiges Wertpapier; **~ policy** Offenmarktpolitik *f*; ˌ~·'mind·ed *adj.* ☐ aufgeschlossen, vorurteilslos; ˌ~·'mouthed *adj.* mit offenem Mund, *fig. a.* gaffend; ˌ~·'plan of·fice *s.* 'Großraumbü„ro *n*; **~ ses·a·me** *s.* Sesam öffne dich *n*; **~ shop** *s. Am.* Betrieb *m*, der auch Nichtgewerkschaftsmitglieder beschäftigt; ⚢ **U·ni·ver·si·ty** *s.* 'Fernsehuniversiˌtät *f*, 'Telekolˌleg *n*; '~·work *s.* 'Durchbrucharbeit *f* (*Handarbeit*); **~ work·ing** ⚒ Tagebau *m.*

op·er·a¹ ['ɒpərə] *s.* Oper *f* (*a. Gebäude*): **comic** ~ komische Oper; **grand** ~ große Oper.

op·er·a² ['ɒpərə] *pl. von* **opus.**

op·er·a·ble ['ɒpərəbl] *adj.* **1.** 'durchführbar; **2.** ⚙ betriebsfähig; **3.** 💊 ope-'rabel.

op·er·a| **cloak** *s.* Abendmantel *m*; ~ **glass**(**·es** *pl.*) *s.* Opern-, The'aterglas *n*; ~ **hat** *s.* 'Klappzyˌlinder *m*, Chapeau-'claque *m*; ~ **house** *s.* Opernhaus *n*, Oper *f*; ~ **pump** *s. Am.* glatter Pumps.

op·er·ate ['ɒpəreɪt] **I** *v/i.* **1.** arbeiten, in Betrieb sein, funktionieren, laufen (*Maschine etc.*): **be operating** in Betrieb sein; **~ on batteries** von Batterien betrieben werden; **~ at a deficit** 🕇 mit Verlust arbeiten; **2.** wirksam werden *od.* sein, (ein)wirken (**on, upon** auf *acc.*, **as** als), hinwirken (**for** auf *acc.*); **3.** 💊 (**on, upon**) j-n operieren: **be ~d on** operiert werden; **4.** 🕇 F spekulieren, operieren: **~ for a fall** auf e-e Baisse spekulieren; **5.** ⚔ operieren; **II** *v/t.* **6.** bewirken, verursachen, (mit sich) bringen; **7.** ⚙ *Maschine* laufen lassen, bedienen, *Gerät* handhaben, *Schalter, Bremse etc.* betätigen, *Auto* fahren: **safe to ~** betriebssicher; **8.** *Unternehmen, Geschäft* betreiben, führen, *Vorhaben* ausführen.

op·er·at·ic [ˌɒpəˈrætɪk] *adj.* (☐ ~ally) opernhaft (*a. fig. contp.*), Opern...: **~ performance** Opernaufführung *f*; **~ singer** Opernsänger(in).

op·er·at·ing ['ɒpəreɪtɪŋ] *adj.* **1.** *bsd.* ⚙ in Betrieb befindlich, Betriebs..., Arbeits...: **~ conditions** Betriebsbedingungen; **~ instructions** Bedienungsvorschrift *f*, Betriebsanweisung *f*; **~ lever** Betätigungshebel *m*; **~ system** *Computer:* Betriebssystem *n*; **2.** 🕇 Betriebs..., betrieblich: **~ assets** Vermögenswerte; **~ costs** (*od.* **expenses**) Betriebs-, Geschäftsun(kosten; **~ profit** Betriebsgewinn *m*; **~ statement** Betriebsbilanz *f*; **3.** 💊 operierend, Operations...: **~ room** *od.* **~ theatre** (*Am.* **theater**) Operationssaal *m*; **~ surgeon** → **operator** 4; **~ table** Operationstisch *m.*

op·er·a·tion [ˌɒpəˈreɪʃn] *s.* **1.** Wirken *n*, Wirkung *f* (**on** auf *acc.*); **2.** *bsd.* 🕇🕇 Wirksamkeit *f*, Geltung *f*: **by ~ of law** kraft Gesetzes; **come into ~** in Kraft treten; **3.** ⚙ Betrieb *m*, Tätigkeit *f*, Lauf *m* (*Maschine etc.*): **in ~** in Betrieb; **put** (*od.* **set**) **in** (**out of**) ~ in (außer) Betrieb setzen; **4.** *bsd.* ⚙ Wirkungs-, Arbeitsweise *f*; Arbeits(vor)gang *m*, (*Arbeits-, Denk- etc. a. chemischer*) Pro'zeß *m*; **5.** ⚙ Inbetriebsetzung *f*, Bedienung *f* (*Maschine, Gerät*), Betäti-

gung *f* (*Bremse, Schalter*); **6.** Arbeit *f*: **building ~s** Bauarbeiten; **7.** 🕇 a) Betrieb *m*: **continuous ~** durchgehender Betrieb; **in ~** in Betrieb, b) Unter'nehmen *n*, -'nehmung *f*, c) Geschäft *n*: **trading ~** Tauschgeschäft; **8.** *Börse:* Transakti'on *f*; **9.** 💊 Operati'on *f*, (chir'urgischer) Eingriff: **~ for appendicitis** Blinddarmoperation; **~ to** (*od.* **on**) **the neck** Halsoperation; **major** ~ a) größere Operation, b) *fig.* F große Sache, ‚schwere Geburt'; **10.** ⚔ Operati'on *f*, Einsatz *m*, Unter'nehmung *f*; ˌop·er·a·tion·al [-ʃənl] *adj.* **1.** ⚙ a) Betriebs..., Arbeits..., b) betriebsbereit, -fähig; **2.** 🕇 betrieblich, Betriebs...; **3.** ⚔ Einsatz..., Operations..., einsatzfähig; ~ **objective** Operationsziel *n*; **4.** ⚓ klar, fahrbereit; **op·er·a·tive** ['ɒpərətɪv] **I** *adj.* ☐ **1.** wirkend, treibend: **an ~ motive**; **2.** wirksam: **an ~ dose; become ~** 🕇🕇 (rechts)wirksam werden, in Kraft treten; **the ~ word** das Wort, auf das es ankommt, 🕇🕇 *a.* das rechtsbegründende Wort; **3.** praktisch; **4.** 🕇, 💊 Arbeits..., Betriebs..., betriebsfähig; **5.** 💊 opera-'tiv, chir'urgisch: ~ **dentistry** Zahn- u. Kieferchirurgie *f*; **6.** arbeitend, tätig, beschäftigt; **II** *s.* **7.** (Fach)Arbeiter *m*, Me'chaniker *m*; → **operator** 2; **8.** *Am.* Pri'vatdetekˌtiv(in); **op·er·a·tor** ['ɒpəreɪtə] *s.* **1.** *der* (*die, das*) Wirkende; **2.** a) ⚙ Bedienungsperson *f*, Arbeiter(in), (*Kran- etc.*)Führer *m*: **engine ~** Maschinist *m*; ~'**s license** *Am.* Führerschein *m*, b) Telegra'fist(in), c) Telefo-'nist(in), d) (Film)Vorführer *m*, *a.* Kameramann *m*; **3.** 🕇 a) Unter'nehmer *m*, b) *Börse:* (berufsmäßiger) Speku'lant, *b.s.* Schieber *m*; **4.** 💊 opcricrcndcr Arzt, Opera'teur *m*; **5.** *Computer:* Ope-'rator *m.*

o·per·cu·lum [əʊˈpɜːkjʊləm] *pl.* -la [-lə] *s.* **1.** ⚙ Deckel *m*; **2.** *zo.* a) Deckel *m* (*Schnecken*), b) Kiemendeckel *m* (*Fische*).

op·er·et·ta [ˌɒpəˈretə] *s.* Ope'rette *f.*

oph·thal·mi·a [ɒfˈθælmɪə] *s.* 💊 Bindehautentzündung *f*; **oph'thal·mic** [-ɪk] *adj.* Augen...; augenkrank: ~ **hospital** Augenklinik *f*; **oph·thal·mol·o·gist** [ˌɒfθælˈmɒlədʒɪst] *s.* Augenarzt *m*, -ärztin *f*; **oph·thal·mol·o·gy** [ˌɒfθæl-'mɒlədʒɪ] *s.* Augenheilkunde *f*, Ophthalmolo'gie *f*; **oph·thal·mo·scope** [ɒfˈθælməskəʊp] *s.* 💊 Augenspiegel *m*, Ophthalmo'skop *n.*

o·pi·ate ['əʊpɪət] **I** *s.* **1.** 💊 Opi'at *n*, 'Opiumpräpaˌrat *n*; **2.** Schlaf- *od.* Beruhigungs- *od.* Betäubungsmittel *n* (*a. fig.*): ~ **for the people** Opium *n* fürs Volk; **II** *adj.* **3.** einschläfernd; betäubend (*a. fig.*).

o·pine [əʊˈpaɪn] **I** *v/i.* da'fürhalten; **II** *v/t. et.* meinen.

o·pin·ion [əˈpɪnjən] *s.* **1.** Meinung *f*, Ansicht *f*, Stellungnahme *f*: **in my ~** m-s Erachtens, nach m-r Meinung *od.* Ansicht; **be of** (**the**) ~ **that** der Meinung sein, daß; **that is a matter of ~** das ist Ansichtssache *f*; **public ~** die öffentliche Meinung; **2.** Achtung *f*, (gute) Meinung: **have a high** (**low** *od.* **poor**) ~ **of** e-e (keine) hohe Meinung haben von, (nicht) viel halten von; **she has no ~ of Frenchmen** sie hält nicht viel von (den) Franzosen; **3.** (schriftliches) Gut-

achten (**on** über *acc.*): **counsel's ~** Rechtsgutachten; **4.** *mst pl.* Über'zeugung *f*: **have the courage of one's ~s** zu s-r Überzeugung stehen; **5.** 🕇🕇 (Ur-teils)Begründung *f*; **o'pin·ion·at·ed** [-neɪtɪd] *adj.* **1.** starr-, eigensinnig; dog-'matisch; **2.** schulmeisterlich, über'heblich.

o'pin·ion|-ˌform·ing *adj.* meinungsbildend; ~ **form·er**, ~ **lead·er**, ~·ˌmak·er *s.* Meinungsbildner *m*; ~ **poll** *s.* 'Mei-nungsˌumfrage *f*; ~ **re·search** *s.* Mei-nungsforschung *f.*

o·pi·um ['əʊpjəm] *s.* Opium *n*: **~-eater** Opiumesser *m*; ~ **poppy** ♀ Schlafmohn *m*; **'o·pi·um·ism** [-mɪzəm] *s.* 💊 **1.** Opiumsucht *f*; **2.** Opiumvergiftung *f.*

o·pos·sum [əˈpɒsəm] *s. zo.* O'possum *n*, Beutelratte *f.*

op·po·nent [əˈpəʊnənt] **I** *adj.* entgegenstehend, -gesetzt, gegnerisch (**to** *dat.*); **II** *s.* Gegner(in) (*a.* 🕇🕇, *sport*), Gegenspieler(in), 'Widersacher(in), Oppo-'nent(in).

op·por·tune ['ɒpətjuːn] *adj.* ☐ **1.** günstig, passend, gut angebracht, oppor-'tun; **2.** rechtzeitig; **'op·por·tune·ness** [-nɪs] *s.* Opportuni'tät *f*, Rechtzeitigkeit *f*; günstiger Zeitpunkt.

op·por·tun·ism ['ɒpətjuːnɪzm] *s.* Opportu'nismus *m*; **'op·por·tun·ist** [-ɪst] *s.* Opportu'nist(in).

op·por·tu·ni·ty [ˌɒpəˈtjuːnətɪ] *s.* (*günstige*) Gelegenheit, Möglichkeit *f* (**of doing, to do** zu tun; **for s.th.** zu et.): **miss the ~** die Gelegenheit verpassen; **seize** (*od.* **take**) **an ~** e-e Gelegenheit ergreifen; **at the first ~** bei der ersten Gelegenheit; **~ for advancement** Aufstiegsmögliᴄhkeit, **~ makes the thief** Gelegenheit macht Diebe.

op·pose [əˈpəʊz] *v/t.* **1.** (*vergleichend*) gegen'überstellen; **2.** entgegensetzen, -stellen (**to** *dat.*); **3.** entgegentreten (*dat.*), sich wider'setzen (*dat.*); angehen gegen, bekämpfen; **4.** 🕇🕇 *Am.* gegen e-e Patentanmeldung Einspruch erheben; **op'posed** [-zd] *adj.* **1.** gegensätzlich, entgegengesetzt (*a.* ♈); **2.** (**to**) abgeneigt (*dat.*), feind (*dat.*), feindlich (gegen): **be ~ to** j-m *od.* e-r Sache feindlich *od.* ablehnend gegen'überstehen; gegen j-n *od.* et. sein; **3.** ⚙ Gegen...: ~ **piston engine** Gegenkolben-, Boxermotor *m*; **op'pos·ing** [-zɪŋ] *adj.* **1.** gegen'überliegend; **2.** opponierend, gegnerisch; **3.** *fig.* entgegengesetzt, unvereinbar.

op·po·site ['ɒpəzɪt] **I** *adj.* ☐ **1.** gegen-'überliegend, -stehend (**to** *dat.*): ~ **an-gle** ♈ Gegen-, Scheitelwinkel *m*; **2.** entgegengesetzt (gerichtet), 'umgekehrt: ~ **directions**; ~ **signs** ♈ entgegengesetzte Vorzeichen; **of ~ sign** ♈ ungleichnamig; ~ **pistons** ⚙ gegenläufige Kolben; **3.** gegensätzlich, entgegengesetzt, gegenteilig, (grund)verschieden, ander: **words of ~ meaning**; **4.** gegnerisch, Gegen...: ~ **side** sport Gegenpartei *f*, gegnerische Mannschaft; ~ **number** sport, pol. etc. Gegenspieler(in), ‚Gegenüber' *n*, weitS. ‚Kollege' *m*, ‚Kollegin' *f* (von der anderen Seite); **5.** ♀ gegenständig (*Blätter*); **II** *s.* **6.** Gegenteil *n* (*a.* ♈), -satz *m*: **just the ~** das genaue Gegenteil; **III** *adv.* **7.** gegen'über; **IV** *prp.* **8.** gegenüber (*dat.*): **the ~ house; play ~ X.** sport,

Film etc. (der, die) Gegenspieler(in) von X sein.

op·po·si·tion [ˌɒpəˈzɪʃn] s. **1.** Gegen'überstellung f; das Gegen'überstehen od. -liegen; ☉ Gegenläufigkeit f; **2.** 'Widerstand m (**to** gegen): **offer ~** (**to**) Widerstand leisten (gegen); **meet with** (od. **face**) **stiff ~** auf heftigen Widerstand stoßen; **3.** Gegensatz m, 'Widerspruch m: **act in ~ to** zuwiderhandeln (dat.); **4.** pol. (a. ast. u. fig.) Oppositi'on f; **5.** ✝ Konkur'renz f; **6.** ☽ a) 'Widerspruch m, b) Am. 'Widerspruch m (**to** gegen e-e Patentanmeldung); **7.** Logik: Gegensatz m; ˌop·po'si·tion·al [-ʃnl] adj. **1.** pol. oppositio'nell, Oppositions..., regierungsfeindlich; **2.** gegensätzlich, Widerstands...

op·press [əˈpres] v/t. **1.** seelisch bedrükken; **2.** unter'drücken, tyrannisieren, schikanieren; **op'pres·sion** [-eʃn] s. **1.** Unter'drückung f, Tyrannisierung f; ☽ a) Schi'kane(n pl.) f, b) 'Mißbrauch m der Amtsgewalt; **2.** Druck m, Bedrängnis f, Not f; **3.** Bedrücktheit f; **4.** ♣ Beklemmung f; **op'pres·sive** [-sɪv] adj. **1.** seelisch (be)drückend; **2.** ty'rannisch, grausam, hart; ☽ schika'nös; **3.** drückend (schwül); **op'pres·sive·ness** [-sɪvnɪs] s. **1.** Druck m; **2.** Schwere f, Schwüle f; **op'pres·sor** [-sə] s. Unter'drücker m, Ty'rann m.

op·pro·bri·ous [əˈprəʊbrɪəs] adj. **1.** schmähend, Schmäh...; **2.** schändlich, in'fam; **op'pro·bri·um** [-ɪəm] s. Schmach f, Schande f.

op·pugn [ɒˈpjuːn] v/t. anfechten.

opt [ɒpt] v/i. wählen (**between** zwischen dat.), sich entscheiden (**for** für, **against** gegen), bsd. pol. optieren (**for** für); **~ out** a) sich dagegen entscheiden, b) ˌaussteigen‘ (**of, on** aus der Gesellschaft, e-r Unternehmung etc.); **op·ta·tive** [ˈɒptətɪv] I adj. Wunsch..., ling. optativ(isch): **~ mood** → II s. ling. Optativ m, Wunschform f.

op·tic [ˈɒptɪk] I adj. **1.** Augen..., Seh..., Gesichts...: **~ angle** Seh-, Gesichtswinkel m; **~ axis** a) optische Achse, b) Sehachse f; **~ nerve** Sehnerv m; **2.** → **optical**; II s. **3.** mst pl. humor. Auge n; **4.** pl. sg. konstr. phys. Optik f, Lichtlehre f; **'op·ti·cal** [-kl] adj. □ optisch: **~ illusion** optische Täuschung; **~ microscope** Lichtmikroskop n; **~ viewfinder** TV optischer Sucher; **op·ti·cian** [ɒpˈtɪʃn] s. Optiker(in).

op·ti·mal [ˈɒptɪml] → **optimum** II.

op·ti·mism [ˈɒptɪmɪzəm] s. Opti'mismus m; **'op·ti·mist** [-ɪst] s. Opti'mist(in); **op·ti·mis·tic** [ˌɒptɪˈmɪstɪk] adj. (□ **~al·ly**) opti'mistisch.

op·ti·mize [ˈɒptɪmaɪz] v/t. ✝, ☉ optimieren.

op·ti·mum [ˈɒptɪməm] I pl. **-ma** [-mə] s. **1.** Optimum n, günstigster Fall, Bestfall m; **2.** ✝, ☉ 'Bestwert m; II adj. **3.** opti'mal, günstigst, best.

op·tion [ˈɒpʃn] s. **1.** Wahlfreiheit f, freie Wahl od. Entscheidung: **~ of a fine** Recht n, e-e Geldstrafe (an Stelle der Haft) zu wählen; **2.** Wahl f: **at one's ~** nach Wahl; **make one's ~** s-e Wahl treffen; **3.** Alterna'tive f: **I had no ~ but to** ich hatte keine andere Wahl als; **4.** ✝ Opti'on f (a. Versicherung), Vorkaufsrecht n: **buyer's ~** Kaufoption,

Vorprämie f; **~ for the call** (**the put**) Vor- (Rück)prämiengeschäft n; **~ rate** Prämiensatz m; **~ of repurchase** Rückkaufsrecht n; **op·tion·al** [ˈɒpʃənl] adj. □ **1.** freigestellt, wahlfrei, freiwillig, fakulta'tiv: **~ bonds** Am. kündbare Obligationen; **~ subject** ped. Wahlfach n; **2.** ✝ Options...: **~ bargain** Prämiengeschäft n.

op·u·lence [ˈɒpjʊləns] s. Reichtum m, ('Über)Fülle f, 'Überfluß m: **live in ~** im Überfluß leben; **'op·u·lent** [-nt] adj. □ **1.** (sehr) reich (a. fig.); **2.** üppig, opu'lent: **~ meal**.

o·pus [ˈəʊpəs] pl. **op·er·a** [ˈɒpərə] (Lat.) s. (einzelnes) Werk, Opus n; → **magnum opus**; **o·pus·cule** [ɒˈpʌskjuːl] s. ♪, lit. kleines Werk.

or¹ [ɔː] cj. **1.** oder: **~ else** sonst, andernfalls; **one ~ two** ein bis zwei, einige; **2.** (nach neg.) noch, und kein, und auch nicht.

or² [ɔː] s. her. Gold n, Gelb n.

or·a·cle [ˈɒrəkl] I s. **1.** O'rakel(spruch m) n; fig. a. Weissagung f: **work the ~** F e-e Sache ˌdrehen‘; **2.** fig. o'rakelhafter Ausspruch; **3.** fig. Pro'phet(in), unfehlbare Autori'tät; II v/t. u. v/i. **4.** o'rakeln; **o·rac·u·lar** [ɒˈrækjʊlə] adj. □ **1.** o'rakelhaft (a. fig.), Orakel...; **2.** fig. weise.

o·ral [ˈɔːrəl] I adj. □ **1.** mündlich: **~ contract; ~ examination; 2.** ♣ o'ral (a. ling.), Mund...: **for ~ use** zum innerlichen Gebrauch; **~ intercourse** Oralverkehr m; **~ stage** psych. orale Phase; II s. **3.** F mündliche Prüfung.

or·ange [ˈɒrɪndʒ] I s. ♀ O'range f, Apfel'sine f: **bitter ~** Pomeranze f; **squeeze the ~ dry** F j-n ausquetschen wie e-e Zitrone; II adj. Orangen..., o'range (-farben); **~ lead** [led] s. ☉ O'rangemennige f, Bleisafran m; **~ peel** s. ☉ O'rangenschale f; **~ effect** ☉ O'rangenschalenstrukˌtur f (Lackierung).

or·ange·ry [ˈɒrɪndʒərɪ] s. Orange'rie f.

o·rang-ou-tang [ɔːˌræŋuːˈtæŋ], **o·rangu·tan** [-uːˈtæn] s. zo. 'Orang-'Utan m.

o·rate [ɔːˈreɪt] v/i. **1.** e-e Rede halten; **2.** humor. u. contp. (lange) Reden halten od. ˌschwingen‘, reden; **o'ra·tion** [-ˈeɪʃn] s. **1.** förmliche od. feierliche Rede; **2.** ling. (direkte etc.) Rede f; **or·a·tor** [ˈɒrətə] s. **1.** Redner(in); **2.** ☽ Am. Kläger(in) (in equity-Prozessen); **or·a·tor·i·cal** [ˌɒrəˈtɒrɪkl] adj. □ rednerisch, Redner..., ora'torisch, rhe'torisch, Rede...; **or·a·to·ri·o** [ˌɒrəˈtɔːrɪəʊ] pl. **-ri·os** s. ♪ Ora'torium n; **or·a·to·rize** [ˈɒrətəraɪz] → **orate** 2; **or·a·to·ry** [ˈɒrətərɪ] s. **1.** Redekunst f, Beredsamkeit f, Rhe'torik f; **2.** eccl. Ka'pelle f, Andachtsraum m.

orb [ɔːb] I s. **1.** Kugel f, Ball m; **2.** poet. Gestirn n, Himmelskörper m; **3.** poet. a) Augapfel m, b) Auge n; **4.** hist. Reichsapfel m; **or·bic·u·lar** [ɔːˈbɪkjʊlə] adj. □ **1.** kugelförmig; **2.** rund, kreisförmig; **3.** ringförmig; **or·bit** [ˈɔːbɪt] I s. **1.** (ast. etc. Kreis-, phys. Elek'tronen-) Bahn f: **get into ~** in e-e Umlaufbahn gelangen (Erdsatellit); **put into ~** → 5; **2.** fig. Bereich m, Wirkungskreis m; pol. Einflußsphäre f; **3.** anat. a) Augenhöhle f, b) Auge n; II v/t. **4.** die Erde etc. um'kreisen; **5.** in e-e 'Umlaufbahn

bringen; III v/i. **6.** die Erde etc. um'kreisen; **7.** ✈ (über dem Flugplatz) kreisen; **'or·bit·al** [-btl] I adj. **1.** anat. Augenhöhlen...: **~ cavity** Augenhöhle f; **2.** ast., phys. Bahn...: **~ electron**; II s. **3.** Brit. Ringstraße f.

or·chard [ˈɔːtʃəd] s. Obstgarten m; 'Obstplanˌtage f: **in ~** mit Obstbäumen bepflanzt; **'or·chard·ing** [-dɪŋ] s. **1.** Obstbau m; **2.** coll. Am. 'Obstkulˌturen pl.

or·ches·tic [ɔːˈkestɪk] I adj. Tanz...; II s. pl. Or'chestik f.

or·ches·tra [ˈɔːkɪstrə] s. **1.** ♪ Or'chester n; **2.** thea. a) Or'chester(raum m, -graben m), b) Par'terre n, c) a. **~ stalls** Par'kett n; **or·ches·tral** [ɔːˈkestrəl] adj. ♪ **1.** Orchester...; **2.** orche'stral; **'or·ches·trate** [-reɪt] v/t. **1.** a. v/i. ♪ orchestrieren, instrumentieren; **2.** fig. Am. ordnen, aufbauen; **or·ches·tra·tion** [ˌɔːkeˈstreɪʃn] s. Instrumentati'on f.

or·chid [ˈɔːkɪd] s. ♀ Orchi'dee f.

or·chis [ˈɔːkɪs] pl. **'or·chis·es** s. ♀ **1.** Orchi'dee f; **2.** Knabenkraut n.

or·dain [ɔːˈdeɪn] v/t. **1.** eccl. ordinieren, (zum Priester) weihen; **2.** bestimmen, fügen (Gott, Schicksal); **3.** anordnen, verfügen.

or·deal [ɔːˈdiːl] s. **1.** hist. Gottesurteil n: **~ by fire** Feuerprobe f; **2.** fig. Zerreiß-, Feuerprobe f, schwere Prüfung; **3.** fig. Qual f, Nervenprobe f, Tor'tur f, Mar'tyrium n.

or·der [ˈɔːdə] I s. **1.** Ordnung f, geordneter Zustand: **love of ~** Ordnungsliebe f; **in ~** in Ordnung (a. fig.); **out of ~** in Unordnung; → 8; **2.** (öffentliche) Ordnung: **law and ~** Ruhe f u. Ordnung; **3.** Ordnung f (a. ♀ Kategorie), Sy'stem n: **social ~** soziale Ordnung; **4.** (An)Ordnung f, Reihenfolge f; ling. (Satz)Stellung f, Wortfolge f: **in alphabetical ~** in alphabetischer Ordnung; **~ of priority** Dringlichkeitsfolge f; **~ of merit** (od. precedence) Rangordnung; **5.** Ordnung f, Aufstellung f; △ Stil m: **in close** (**open**) **~** ✕ in geschlossener (geöffneter) Ordnung; **~ of battle** a) ✕ Schlachtordnung, Gefechtsaufstellung, b) ♣ Gefechtsformation f; **Doric ~** △ dorische Säulenordnung; **6.** ✕ vorschriftsmäßige Uni'form u. Ausrüstung; → **marching**; **7.** (Geschäfts-) Ordnung f: **standing ~s** parl. bestehende Geschäftsordnung; **a call to ~** ein Ordnungsruf m; **call to ~** zur Ordnung rufen; **rise to** (**a point of**) **~** zur Geschäftsordnung sprechen; ☽, ☽ zur Ordnung!; **in** (**out of**) **~** (un)zulässig; **~ of the day** Tagesordnung; → 9; **be the ~ of the day** fig. an der Tagesordnung sein; **pass to the ~ of the day** zur Tagesordnung übergehen; → **rule** 15; **8.** Zustand m: **in bad ~** nicht in Ordnung, in schlechtem Zustand; **out of ~** nicht in Ordnung, defekt; **in running ~** betriebsfähig; **9.** Befehl m, Instrukti'on f, Anordnung f: ♋ **in Council** pol. Kabinettsbefehl; **~ of the day** ✕ Tagesbefehl; **~ for remittance** Überweisungsauftrag m; **doctor's ~s** ärztliche Anordnung; **by ~** a) befehls-, auftragsgemäß, b) im Auftrag (vor der Unterschrift); **by** (od. **on the**) **~ of** auf Befehl von, im Auftrag von; **be under ~s to do s.th.** Befehl haben, et. zu tun; **till**

further ~*s* bis auf weiteres; *in short* ~ *Am.* F sofort; **10.** ✝ (Gerichts)Beschluß *m*, Befehl *m*, Verfügung *f*; **11.** ✝ Bestellung *f* (*a. Ware*), Auftrag *m* (*for* für): *a large* (*od. tall*) ~ F e-e (arge) Zumutung, (zu)viel verlangt; ~*s on hand* Auftragsbestand *m*; *give* (*od. place*) *an* ~ e-n Auftrag erteilen, e-e Bestellung aufgeben; *make to* ~ a) auf Bestellung anfertigen, b) nach Maß anfertigen; *shoes made to* ~ Maßschuhe; *last* ~*s, please* Polizeistunde!; **12.** ✝ Order *f* (*Zahlungsauftrag*): *pay to s.o.'s* ~ an j-s Order zahlen; *pay to the* ~ *of* für mich an ..., (*Wechselindossament*); *payable to* ~ zahlbar an Order; *own* ~ eigene Order; **13.** → *post-office order, postal* I; **14.** A Ordnung *f*, Grad *m*: *equation of the first* ~ Gleichung *f* ersten Grades; **15.** Größenordnung *f*: *of* (*od. in*) *the* ~ of in der Größenordnung von; **16.** Art *f*, Rang *m*: *of a high* ~ von hohem Rang; *of quite another* ~ von ganz anderer Art; *on the* ~ *of* nach Art von; **17.** (Gesellschafts)Schicht *f*, Klasse *f*, Stand *m*: *the higher* ~*s* die höheren Klassen; *the military* ~ der Soldatenstand; **18.** Orden *m* (*Gemeinschaft*): *the Franciscan* ~ *eccl.* der Franziskanerorden; *the Teutonic* ~ *hist.* der Deutsche (*Ritter-*)Orden; **19.** Orden(szeichen *n*) *m*; ~ *Garter* 2; **20.** *pl. mst holy* ~*s eccl.* (heilige) Weihen, Priesterweihe *f*: *take* (*holy*) ~*s* die (heiligen) Weihen empfangen; *major* ~*s* höhere Weihen; **21.** Einlaßschein *m*, *thea.* Freikarte *f*; **22.** *in* ~ *to inf.* um zu *inf.*; *in* ~ *that* damit; **II** *v/t.* **23.** j-m *od.* e-e Sache befehlen, *et.* anordnen; *he* ~*ed him to come* er befahl ihm zu kommen; **24.** j-n schicken, beordern (*to* nach); **25.** ✝ j-m et. verordnen; **26.** bestellen (*a.* ✝; *a. im Restaurant*); **27.** regeln, leiten, führen; **28.** ~ *arms!* ✕ Gewehr ab!; **29.** ordnen, einrichten: ~ *one's affairs* s-e Angelegenheiten in Ordnung bringen; ~ **a-bout** *v/t.* her'umkommandieren; ~ **a-way** *v/t.* **1.** weg-, fortschicken; **2.** abführen lassen; ~ **back** *v/t.* zu'rückbeordern; ~ **in** *v/t.* her'einkommen lassen; ~ **off** *v/t. sport* vom Platz stellen; ~ **out** *v/t.* **1.** hin'ausbeordern; **2.** hin'ausweisen.

or·der| bill *s.* ✝ 'Orderpa‚pier *n*; ~ **bill of lad·ing** *s.* ✝, ♥ 'Orderkonnosse-‚ment *n*; ~ **book** *s.* **1.** ✝ Auftragsbuch *n*; **2.** *Brit. parl.* Liste *f* der angemeldeten Anträge; ~ **check** *Am.*, ~ **cheque** *Brit.* ✝ Orderscheck *m*; ~ **form** *s.* ✝ Bestellschein *m*; ~ **in·stru·ment** *s.* ✝ 'Orderpa‚pier *n*.

or·der·less ['ɔːdəlɪs] *adj.* unordentlich, regellos; **'or·der·li·ness** [-lɪnɪs] *s.* **1.** Ordnung *f*, Regelmäßigkeit *f*; **2.** Ordentlichkeit *f*.

or·der·ly ['ɔːdəlɪ] **I** *adj.* **1.** ordentlich, (wohl)geordnet; **2.** plan-, regelmäßig, me'thodisch; **3.** *fig.* ruhig, friedlich: *an* ~ *citizen*; **4.** ✕ a) im *od.* vom Dienst, diensttuend, b) Ordonnanz...: *on du-ty* auf Ordonnanz; **II** *adv.* **5.** ordnungsgemäß, planmäßig; **III** *s.* **6.** ✕ a) Ordon'nanz *f*, b) Sani'täter *m*, Krankenträger *m*, c) (Offi'ziers)Bursche *m*; **7.** *allg.* (Kranken)Pfleger *m*; ~ **of·fi·cer** *s.* ✕ **1.** Ordon'nanzoffi‚zier *m*; **2.** Offi-

'zier *m* vom Dienst; ~ **room** *s.* ✕ Schreibstube *f*.

or·der| num·ber *s.* ✝ Bestellnummer *f*; ~ **pad** *s.* ✝ Bestell(schein)block *m*; ~ **pa·per** *s.* **1.** 'Sitzungspro‚gramm *n*, (*schriftliche*) Tagesordnung; **2.** ✝ *Am.* 'Orderpa‚pier *n*; ~ **slip** *s.* ✝ Bestellzettel *m*.

or·di·nal ['ɔːdɪnl] **I** *adj.* **1.** Ordnungs..., Ordinal...; ~ *number*; **2.** ♀, *zo.* Ordnungs...; **II** *s.* **3.** A Ordnungszahl *f*; **4.** *eccl.* a) Ordi'nale *n* (*Regelbuch für die Ordinierung anglikanischer Geistlicher*), b) *oft* ☾ Ordi'narium *n* (*Ritualbuch od. Gottesdienstordnung*).

or·di·nance ['ɔːdɪnəns] *s.* **1.** amtliche Verordnung; **2.** *eccl.* (festgesetzter) Brauch, Ritus *m*.

or·di·nand [‚ɔːdɪˈnænd] *s. eccl.* Ordi'nandus *m*.

or·di·nar·i·ly ['ɔːdnrɪlɪ] *adv.* **1.** nor'malerweise, gewöhnlich; **2.** wie gewöhnlich *od.* üblich.

or·di·nar·y ['ɔːdnrɪ] **I** *adj.* ☐ → *ordinarily*; **1.** gewöhnlich, nor'mal, üblich; **2.** gewöhnlich, mittelmäßig, Durchschnitts...: ~ *face* Alltagsgesicht *n*; **3.** ständig; ordentlich (*Gericht, Mitglied*); **II** *s.* **4.** *das* Übliche, *das* Nor'male: *nothing out of the* ~ nichts Ungewöhnliches; *above the* ~ außergewöhnlich; **5.** *in* ~ ordentlich, von Amts wegen: *judge in* ~ ordentlicher Richter; *physician in* ~ (*to a king*) Leibarzt *m* (e-s Königs); **6.** *eccl.* Ordi'narium *n*, Gottesdienst-, Meßordnung *f*; **7.** *a.* ☾ *eccl.* Ordi'narius *m* (*Bischof*); **8.** ☾ a) ordentlicher Richter, b) *Am.* Nachlaßrichter *m*; **9.** *Brit. obs.* a) Hausmannskost *f*, b) Tagesgericht *n*; **10.** *Brit. obs.* Gaststätte *f*; ~ **life in·sur·ance** *s.* Lebensversicherung *f* auf den Todesfall; **sea·man** *s.* 'Leichtma‚trose *m*; ~ **share** *s.* ✝ Stammaktie *f*.

or·di·nate ['ɔːdnət] *s.* A Ordi'nate *f*.

or·di·na·tion [‚ɔːdɪˈneɪʃn] *s.* **1.** *eccl.* Priesterweihe *f*, Ordinati'on *f*; **2.** Ratschluß *m* (*Gottes etc.*).

ord·nance ['ɔːdnəns] *s.* ✕ **1.** Artille'rie *f*, Geschütze *pl.*: *a piece of* ~ ein (schweres) Geschütz; ~ **technician** Feuerwerker *m*; **2.** 'Feldzeugmateri‚al *n*; **3.** Feldzeugwesen *n*: *Royal Army* ☾ *Corps* Feldzeugkorps *n* des brit. Heeres; ☾ **De·part·ment** *s.* ✕ Zeug-, Waffenamt *n*; ~ **de·pot** *s.* ✕ 'Feldzeug-, *bsd.* Artille'riede‚pot *n*; ~ **map** *s.* ✕ **1.** *Am.* Gene'ralstabskarte *f*; **2.** *Brit.* Meßtischkarte *f*; ~ **of·fi·cer** *s.* ✕ ♣ *Am.* Artille'rieoffi‚zier *m*; **2.** Offi'zier *m* der Feldzeugtruppe; **3.** 'Waffenoffi‚zier *m*; ~ **park** *s.* ✕ a) Geschützpark *m*, b) Feldzeugpark *m*; ~ **ser·geant** *s.* ✕ 'Waffen-, Ge'räte‚unteroffi‚zier *m*; ☾ **Sur·vey** *s.* amtliche Landesvermessung; ☾ *map Brit.* a) Meßtischblatt *n*, b) (*1:100000*) Generalstabskarte *f*.

or·dure ['ɔːdjʊə] *s.* Kot *m*, Schmutz *m*, Unflat *m* (*a. fig.*).

ore [ɔː] *s.* **1.** Erz *n*; **2.** *poet.* (kostbares) Me'tall; ~·**bear·ing** *adj. geol.* erzführend, -haltig; ~ **bed** *s.* Erzlager *n*.

or·gan ['ɔːgən] *s.* **1.** Or'gan *n*: a) *anat.* Körperwerkzeug *n*: ~ *of sight* Sehorgan *n*, b) *fig.* Werkzeug *n*, Hilfsmittel *n*, c) Sprachrohr *n* (*Zeitschrift*): *party* ~ Parteiorgan, d) *laute etc.* Stimme; **2.** ♪

a) Orgel *f*: ~ *stop* Orgelregister *n*, b) Kla'vier *n* (*e-r Orgel*), c) *a. American* ~ *Art* Har'monium *n*, d) → *barrel-organ*: ~*-grinder* Leier(kasten)mann *m*.

or·gan·die, **or·gan·dy** ['ɔːgəndɪ] *s.* Or'gandy *n* (*Baumwollgewebe*).

or·gan·ic [ɔːˈgænɪk] *adj.* (☐ ~*ally*) *allg.* **1.** or'ganisch; **2.** bio'logisch-or'ganisch: ~ *vegetables*; ~ **chem·is·try** *s.* or'ganische Che'mie; ~ **dis·ease** *s.* organische Krankheit; ~ **e·lec·tric·i·ty** *s. zo.* tierische Elektrizi'tät; ~ **law** *s. pol.* Grundgesetz *n*.

or·gan·ism ['ɔːgənɪzəm] *s. biol. u. fig.* Orga'nismus *m*.

or·gan·ist ['ɔːgənɪst] *s.* ♪ Orga'nist(in).

or·gan·i·za·tion [‚ɔːgənaɪˈzeɪʃn] *s.* **1.** Organisati'on *f*: a) Organisierung *f*, Bildung *f*, Gründung *f*, b) (syste'matischer) Aufbau, Gliederung *f*, (Aus)Gestaltung *f*, c) Zs.-schluß *m*, Verband *m*, Gesellschaft *f*: *administrative* ~ Verwaltungsapparat *m*; **2.** Orga'nismus *m*, Sy'stem *n*; ‚or·gan·i'za·tion·al [-ʃnl] *adj.* organisa'torisch; **or·gan·ize** ['ɔːgənaɪz] **I** *v/t.* **1.** organisieren: a) aufbauen, einrichten, b) gründen, ins Leben rufen, c) veranstalten, *sport a.* ausrichten: ~*d tour* e-e in Sy'stem bringen; **3.** (gewerkschaftlich) organisieren: ~*d labo(u)r*; **II** *v/i.* **4.** sich organisieren; **or·gan·iz·er** ['ɔːgənaɪzə] *s.* Organi'sator *m*; Veranstalter *m*, *sport a.* Ausrichter *m*; ✝ Gründer *m*.

or·gan loft *s.* △ Orgelchor *m*.

or·gan·zine ['ɔːgənziːn] *s.* Organ'sin (-seide *f*) *m*, *n*.

or·gasm ['ɔːgæzəm] *s. physiol.* **1.** Or'gasmus *m*, (sexu'eller) Hohepunkt; **2.** heftige Erregung; **or·gi·as·tic** [‚ɔːdʒɪ-ˈæstɪk] *adj.* orgi'astisch; **or·gy** ['ɔːdʒɪ] *s.* Orgie *f*.

o·ri·el ['ɔːrɪəl] *s.* △ Erker *m*.

o·ri·ent ['ɔːrɪənt] **I** *s.* **1.** Osten *m*; **2.** *the* ☾ *der* (Ferne) Osten, der Orient; **II** *adj.* **3.** aufgehend (*Sonne*); **4.** östlich; **5.** glänzend; **III** *v/t.* [-ɪent] **6.** orientieren, die Lage *od.* die Richtung bestimmen von, orten; *Landkarte* einnorden; *In‚strument* einstellen; *Kirche* osten; **7.** *fig. geistig* orientieren, orientieren (*by* an *dat.*): *profit-*~*ed* gewinnorientiert; **8.** ~ *o.s.* sich orientieren (*by* an *dat.*), sich zu'rechtfinden, sich informieren; **o·ri·en·tal** [‚ɔːrɪˈentl] **I** *adj.* **1.** östlich; **2.** *mst* ☾ orien'talisch, *bsd. Am. a.* ostasiatisch, östlich; **II** *s.* **3.** Orien'tale *m*, Orien'talin *f*, *bsd. Am. a.* Ostasiat(in); **o·ri·en·tal·ist** [‚ɔːrɪˈentəlɪst] *s.* Orienta'list(in); **o·ri·en·tate** ['ɔːrɪenteɪt] → *orient* 6, 7, 8; **o·ri·en·ta·tion** [‚ɔːrɪen-ˈteɪʃn] *s.* **1.** △ Ostung *f* (*Kirche*); **2.** Anlage *f*, Richtung *f*; **3.** Orientierung *f* (*a.* ♠ *u. fig.*), Ortung *f*; Ausrichtung *f* (*a. fig.*); **4.** *a. fig.* Orientierung *f*, (Sich-)Zu'rechtfinden *n*; ~ *course* Einführungskurs *m*; **5.** Orientierungssinn *m*; **o·ri·en·teer·ing** [‚ɔːrɪenˈtɪrɪŋ] *s.* Orientierungslauf *m*.

or·i·fice ['ɒrɪfɪs] *s.* Öffnung *f* (*a. anat.*, ❂), Mündung *f*.

or·i·flamme ['ɒrɪflæm] *s.* Banner *n*, Fahne *f*; *fig.* Fa'nal *n*.

or·i·gin ['ɒrɪdʒɪn] *s.* **1.** Ursprung *f*: a) Quelle *f*, b) *fig.* Herkunft *f*, Abstammung *f*: *certificate of* ~ ✝ Ursprungszeugnis n; **country of ~** ✝ Ursprungsland n, c) Anfang m, Entstehung f: **the ~ of species** der Ursprung der Arten; **2.** ⚕ Koordi'natenursprung m, -nullpunkt m.

o·rig·i·nal [ə'rɪdʒənl] **I** adj. □ → **originally**; **1.** origi'nal, Original..., Ur..., ursprünglich, echt: **the ~ text** der Urod. Originaltext; **2.** erst, ursprünglich, Ur...: **~ bill** ✝ Am. Primawechsel m; **~ capital** ✝ Gründungskapital n; **~ copy** Erstausfertigung f; **~ cost** ✝ Selbstkosten f; **~ inhabitants** Ureinwohner; **~ jurisdiction** ⚖ erstinstanzliche Zuständigkeit; **~ share** ✝ Stammaktie f; → **sin** 1; **3.** origi'nell, neu(artig); **an ~ idea**; **4.** schöpferisch, ursprünglich: **~ genius** Originalgenie n, Schöpfergeist m; **~ thinker** selbständiger Geist; **5.** urwüchsig, Ur...: **~ nature** Urnatur f; **II** s. **6.** Origi'nal n: a) Urbild n, -stück n, b) Urfassung f, -text m: **in the ~** im Original, im Urtext, ⚖ urschriftlich; **7.** Original n (Mensch); **8.** ♀, zo. Stammform f; **o·rig·i·nal·i·ty** [ə'rɪdʒə'nælɪtɪ] s. **1.** Originali'tät f: a) Ursprünglichkeit f, Echtheit f, b) Eigenart f, origi'neller Cha'rakter, c) Neuheit f; **2.** das Schöpferische; **o·rig·i·nal·ly** [-dʒənəlɪ] adv. **1.** ursprünglich, zu'erst; **2.** hauptsächlich, eigentlich; **3.** von Anfang an, schon immer; **4.** origi'nell.

o·rig·i·nate [ə'rɪdʒəneɪt] **I** v/i. **1.** (from) entstehen (aus), s-n Ursprung haben (in dat.), herrühren (von od. aus); **2.** (with, from) ausgehen (von j-m); **II** v/t. **3.** her'vorbringen, verursachen, erzeugen, schaffen; **4.** den Anfang machen mit, den Grund legen zu; **o·rig·i·na·tion** [ə,rɪdʒə'neɪʃn] s. **1.** Her'vorbringung f, Schaffung f, Veranlassung f; **2.** → **origin** 1 b u. c; **o'rig·i·na·tive** [-tɪv] adj. schöpferisch; **o'rig·i·na·tor** [-tə] s. Urheber(in), Begründer(in), Schöpfer(in).

o·ri·ole ['ɔːrɪəʊl] s. orn. Pi'rol m.

or·mo·lu ['ɔːməʊluː] s. a) Malergold n, b) Goldbronze f.

or·na·ment I s. ['ɔːnəmənt] Orna'ment n, Verzierung f (a. ♪), Schmuck m; fig. Zier(de) f (**to** für od. gen.): **rich in ~** reich verziert; **II** v/t. [-ment] verzieren, schmücken; **or·na·men·tal** [,ɔːnə'mentl] adj. □ ornamen'tal, schmükkend, dekora'tiv, Zier...: **~ castings** ⚙ Kunstguß m; **~ plants** Zierpflanzen; **~ type** Zierschrift f; **or·na·men·ta·tion** [,ɔːnəmen'teɪʃn] s. Ornamentierung f, Verzierung f.

or·nate [ɔː'neɪt] adj. □ **1.** reich verziert; **2.** über'laden (Stil etc.); blumig (Sprache).

or·ni·tho·log·i·cal [,ɔːnɪθə'lɒdʒɪkl] adj. □ ornitho'logisch; **or·ni·thol·o·gist** [,ɔːnɪ'θɒlədʒɪst] s. Ornitho'loge m; **or·ni·thol·o·gy** [,ɔːnɪ'θɒlədʒɪ] s. Ornitholo'gie f, Vogelkunde f; **or·ni·thop·ter** [,ɔːnɪ'θɒptə] s. ✈ Schwingenflügler m; **or·ni·tho'rhyn·chus** [-ə'rɪŋkəs] s. zo. Schnabeltier n.

o·rol·o·gy [ɒ'rɒlədʒɪ] s. Gebirgskunde f.

o·ro·pha·ryn·ge·al ['ɔːrəʊ,færɪn'dʒɪəl] adj. ✻ Mundrachen...

o·ro·tund ['ɔːrəʊtʌnd] adj. **1.** volltönend; **2.** bom'bastisch (Stil).

or·phan ['ɔːfn] **I** s. **1.** (Voll)Waise f, Waisenkind n: **~s' home** → **orphan-**

age 1; **II** adj. **2.** Waisen...: **an ~ child**; **III** v/t. **3.** zur Waise machen: **be ~ed** (zur) Waise werden, verwaisen; **or·phan·age** ['ɔːfənɪdʒ] s. **1.** Waisenheim n, -haus n; **2.** Verwaistheit f; **or·phan·ize** ['ɔːfnaɪz] v/t. → **orphan** 3.

or·rer·y ['ɒrərɪ] s. Plane'tarium n.

or·tho·chro·mat·ic [,ɔːθəʊkrəʊ'mætɪk] adj. phot. orthochro'matisch, farb(wert)richtig.

or·tho·don·ti·a [,ɔːθəʊ'dɒnʃɪə] s. ✻ 'Kieferorthopä,die f.

or·tho·dox ['ɔːθədɒks] adj. □ **1.** eccl. ortho'dox: a) streng-, recht-, altgläubig, b) ♀ 'griechisch-ortho'dox: ♀ **Church**; **2.** fig. ortho'dox: a) streng: **an ~ opinion**, b) anerkannt, üblich, konventio'nell; **'or·tho·dox·y** [-ksɪ] s. eccl. Orthodo'xie f (a. fig. orthodoxes Denken).

or·thog·o·nal [ɔː'θɒgənl] adj. ⚕ orthogo'nal, rechtwink(e)lig.

or·tho·graph·ic [,ɔːθəʊ'græfɪk(l)] **or·tho·graph·i·cal** adj. □ **1.** ortho'graphisch; **2.** ⚕ senkrecht, rechtwink(e)lig; **or·thog·ra·phy** [ɔː'θɒgrəfɪ] s. Orthogra'phie f, Rechtschreibung f.

or·tho·p(a)e·dic [,ɔːθəʊ'piːdɪk] adj. ✻ ortho'pädisch; **,or·tho'p(a)e·dics** [-ks] s. pl. oft sg. konstr. Orthopä'die f; **or·tho'p(a)e·dist** [-ɪst] s. Ortho'päde m; **or·tho·p(a)e·dy** ['ɔːθəʊpiːdɪ] → **orthop(a)edics**.

or·thop·ter [ɔː'θɒptə] s. **1.** ✈ → **ornithopter**; **2.** → **or'thop·ter·on** [-ərɒn] s. zo. Geradflügler m.

or·tho·scope ['ɔːθəʊskəʊp] s. ✻ Ortho'skop n.

Os·car ['ɒskə] s. Oskar m (Filmpreis).

os·cil·late ['ɒsɪleɪt] **I** v/i. **1.** oszillieren, schwingen, pendeln, vibrieren: **oscillating axle** mot. Schwingachse f; **oscillating circuit** ⚡ Schwingkreis m; **2.** fig. (hin- u. her) schwanken; **II** v/t. **3.** in Schwingungen versetzen; **os·cil·la·tion** [,ɒsɪ'leɪʃn] s. **1.** Oszillati'on f, Schwingung f, Pendelbewegung f, Schwankung f; **2.** fig. Schwanken n; **3.** ⚡ a) Ladungswechsel m, b) Stoßspannung f, c) Peri'ode f; **'os·cil·la·tor** [-tə] s. ⚡ Oszil'lator m; **'os·cil·la·to·ry** [-lətərɪ] adj. oszilla'torisch, schwingend, schwingungsfähig: **~ circuit** ⚡ Schwingkreis m; **os·cil·lo·graph** [ə'sɪləʊgraːf] s. Oszillo'graph m; **os·cil·lo·scope** [ə'sɪləʊskəʊp] s. phys., ⚡ Oszillo'skop n.

os·cu·late ['ɒskʊleɪt] v/t. u. v/i. **1.** humor. (sich) küssen; **2.** ⚕ oskulieren.

o·sier ['əʊʒə] s. ♀ Korbweide f: **~ basket** Weidenkorb m; **~ furniture** Korbmöbel pl.

os·mic ['ɒzmɪk] adj. 🜛 Osmium...

os·mo·sis [ɒz'məʊsɪs] s. phys. Os'mose f; **os·mot·ic** [ɒz'mɒtɪk] adj. □ (□ **~ally**) os'motisch.

os·prey ['ɒsprɪ] s. **1.** orn. Fischadler m; **2.** ✝ Reiherfederbusch m.

os·se·in ['ɒsɪɪn] s. biol., 🜛 Knochenleim m.

os·se·ous ['ɒsɪəs] adj. knöchern, Knochen...; **os·si·cle** ['ɒsɪkl] s. anat. Knöchelchen n; **os·si·fi·ca·tion** [,ɒsɪfɪ'keɪʃn] Verknöcherung f; **os·si·fied** ['ɒsɪfaɪd] adj. verknöchert (a. fig.); **os·si·fy** ['ɒsɪfaɪ] **I** v/t. **1.** verknöchern (lassen); **2.** fig. verknöchern; (in Konventionen) erstarren lassen; **II** v/i. **3.** ver-

knöchern; **4.** fig. verknöchern, (in Konventi'onen) erstarren; **os·su·ar·y** ['ɒsjuərɪ] s. Beinhaus n.

os·te·i·tis [,ɒstɪ'aɪtɪs] s. ✻ Knochenentzündung f.

os·ten·si·ble [ɒ'stensəbl] adj. □ **1.** scheinbar; **2.** an-, vorgeblich: **~ partner** ✝ Strohmann m.

os·ten·ta·tion [,ɒsten'teɪʃn] s. **1.** (protzige) Schaustellung; **2.** Protze'rei f, Prahle'rei f; **3.** Gepränge n; **,os·ten'ta·tious** [-ʃəs] adj. □ **1.** großtuerisch, prahlerisch, prunkend; **2.** (absichtlich) auffällig, ostenta'tiv, betont; **,os·ten'ta·tious·ness** [-ʃəsnɪs] → **ostentation**.

os·te·o·blast ['ɒstɪəʊblɑːst] s. biol. Knochenbildner m; **os·te·o·cla·sis** [,ɒstɪ'ɒklɑsɪs] s. ✻ (opera'tive) 'Knochenfrak,tur; **os·te·ol·o·gy** [,ɒstɪ'ɒlədʒɪ] s. Knochenlehre f; **os·te·o·ma** [,ɒstɪ'əʊmə] s. ✻ Oste'om n, gutartige Knochengeschwulst; **os·te·o·ma·la·ci·a** [,ɒstɪəʊmə'leɪʃɪə] s. ✻ Knochenerweichung f; **'os·te·o·path** [-ɪəʊpæθ] s. ✻ Osteo'path m.

ost·ler ['ɒslə] s. Stallknecht m.

os·tra·cism ['ɒstrəsɪzəm] s. **1.** antiq. Scherbengericht n; **2.** fig. a) Verbannung f, b) Ächtung f; **'os·tra·cize** [-saɪz] v/t. **1.** verbannen (a. fig.); **2.** fig. ächten, (aus der Gesellschaft) ausstoßen, verfemen.

os·trich ['ɒstrɪtʃ] s. orn. Strauß m; **pol·i·cy** s. Vogel-'Strauß-Poli,tik f.

oth·er ['ʌðə] **I** adj. **1.** ander; **2.** (vor s. im pl.) andere, übrige: **the ~ guests**; **3.** ander, weiter, sonstig: **one ~ person** e-e weitere Person, (noch) j-d anders; **4.** anders (than als): **no person ~ than yourself** niemand außer dir; **5.** (from, than) anders (als), verschieden (von); **6.** zweit (nur in): **every ~** jeder (jede, jedes) zweite; **every ~ day** jeden zweiten Tag; **7.** (nur in): **the ~ day** neulich, kürzlich; **the ~ night** neulich abends; **II** pron. **8.** ander: **the ~** der (die, das) andere; **each ~** einander; **the two ~s** die beiden anderen; **of all ~s** vor allen anderen; **no** (od. **none**) **~ than** kein anderer als; **some day** (od. **time**) **or ~** eines Tages, irgendeinmal; **some way or ~** irgendwie, auf irgendeine Weise; → **someone** I; **III** adv. **9.** anders (than als); **'~·wise** [-waɪz] adv. **1.** (a. cj.) sonst, andernfalls; **2.** sonst, im übrigen: **stupid but ~ harmless**; **3.** anderweitig: **~ occupied**; **unless you are ~ engaged** wenn du nichts anderes vorhast; **4.** anders (than als): **we think ~ than** denken anders; **berries edible and ~** eßbare u. nicht eßbare Beeren; **,~'world** adj. jenseitig; **'world·ly** adj. **1.** jenseitig, Jenseits...; **2.** auf das Jenseits gerichtet; **3.** weltfremd.

o·ti·ose ['əʊʃɪəʊs] adj. □ müßig: a) untätig, b) zwecklos.

o·to·lar·yn·gol·o·gist ['əʊtəʊ,lærɪŋ'gɒlədʒɪst] s. ✻ Hals-Nasen-Ohren-Arzt m; **o·tol·o·gy** [əʊ'tɒlədʒɪ] s. Ohrenheilkunde f; **o·to·rhi·no·lar·yn·gol·o·gist** ['əʊtəʊ,raɪnəʊ,lærɪŋ'gɒlədʒɪst] → **otolaryngologist**; **o·to·scope** ['əʊtəskəʊp] s. ✻ Ohr(en)spiegel m.

ot·ter ['ɒtə] s. **1.** zo. Otter m; **2.** Otterfell n, -pelz m; **'~·hound** s. hunt. Otterhund m.

Ot·to·man [ˈɒtəʊmən] **I** adj. **1.** osˈmanisch, türkisch; **II** s. pl. **-mans 2.** Osˈmane m, Türke m; **3.** ♀ Ottoˈmane f (Sofa).

ouch [aʊtʃ] int. autsch!, au!

ought[1] [ɔːt] **I** v/aux. ich, er, sie, es sollte, du solltest, ihr solltet, wir, sie, Sie sollten: **he ~ to do it** er sollte es (eigentlich) tun; **he ~ (not) to have seen it** er hätte es (nicht) sehen sollen; **you ~ to have known better** du hättest es besser wissen sollen od. müssen; **II** s. (moˈralische) Pflicht.

ought[2] [ɔːt] s. Null f.

ought[3] [ɔːt] → aught.

ounce[1] [aʊns] s. **1.** Unze f (28,35 g): **by the ~** nach (dem) Gewicht; **2.** fig. ein bißchen, Körnchen n (Wahrheit etc.): **an ~ of practice is worth a pound of theory** Probieren geht über Studieren.

ounce[2] [aʊns] s. **1.** zo. Irbis m (Schneeleopard); **2.** poet. Luchs m.

our [ˈaʊə] poss. adj. unser: ♀ **Father** das Vaterunser; **ours** [ˈaʊəz] poss. pron. **1.** der (die, das) uns(e)re: **I like ~ better** mir gefällt das unsere besser; **a friend of ~** ein Freund von uns; **this world of ~** diese unsere Welt; **~ is a small group** unsere Gruppe ist klein; **2.** unser, der (die, das) uns(e)re: **it is ~** es gehört uns, es ist unser; **our'self** pron.: **We ♀ Wir** höchstselbst; **our'selves** pron. **1.** refl. uns (selbst): **we blame ~** wir geben uns (selbst) die Schuld; **2.** (wir) selbst: **let us do it ~**; **3.** uns (selbst): **good for the others, not for ~** gut für die andern, nicht für uns (selbst).

oust [aʊst] v/t. **1.** vertreiben, entfernen, hinˈauswerfen (**from** aus): **~ s.o. from offioo; ~ from the market** † vom Markt verdrängen; **2.** ⅍ enteignen, um den Besitz bringen; **3.** berauben (of gen.); **'oust·er** [-tə] s. ⅍ **a)** Enteignung f, **b)** Besitzvorenthaltung f.

out [aʊt] **I** adv. **1.** (a. in Zssgn mit vb.) hinˈaus (-gehen, -werfen etc.), herˈaus (-kommen, -schauen etc.), aus (-brechen, -pumpen, -sterben etc.): **voyage ~** Ausreise f; **way ~** Ausgang m; **on the way ~** beim Hinausgehen; **~ with him!** hinaus mit ihm!; **~ with it!** hinaus od. heraus damit!; **have a tooth ~** sich e-n Zahn ziehen lassen; **insure ~ and home** † hin u. zurück versichern; **have it ~ with s.o.** fig. die Sache mit j-m ausfechten; **that's ~!** das kommt nicht in Frage!; **2.** außen, draußen, fort: **some way ~** ein Stück draußen; **he is ~** er ist draußen; **3.** nicht zu Hause, ausgegangen: **be ~ on business** geschäftlich verreist sein; **a day ~** ein freier Tag; **an evening ~** ein Ausgeh-Abend m; **be ~ on account of illness** wegen Krankheit der Arbeit fernbleiben; **4.** ausständig (Arbeiter): **be ~** streiken; **5.** a) ins Freie, ins Freien, b) draußen, im Freien, c) ⚓ draußen, auf See, d) ✕ im Felde; **6.** a) ausgeliehen (Buch), b) verliehen (Geld), c) verpachtet, vermietet, d) (aus dem Gefängnis etc.) entlassen; **7.** herˈaus sein: a) (just) ~ (soeben) erschienen (Buch), b) in Blüte (Blumen), entfaltet (Blüte), c) ausgeschlüpft (Küken), d) verrenkt (Glied), e) fig. enthüllt (Geheimnis): **the girl is not yet ~** das Mädchen ist noch nicht in die Gesellschaft eingeführt (worden); →

blood 3, **murder** 1; **8.** sport aus, draußen: a) nicht (mehr) im Spiel, b) im Aus; **9.** Boxen: ausgezählt, kampfunfähig; **10.** pol. draußen, raus, nicht (mehr) im Amt, nicht (mehr) am Ruder; **11.** aus der Mode; **12.** aus, vorˈbei (zu Ende): **before the week is ~** vor Ende der Woche; **13.** aus, erloschen (Feuer, Licht); **14.** aus(gegangen), verbraucht: **the potatoes are ~**; **15.** aus der Übung: **my hand is ~**; **16.** zu Ende, bis zum Ende, ganz: **hear s.o. ~** j-n bis zum Ende od. ganz anhören; **17.** ausgetreten, über die Ufer getreten (Fluß); **18.** löch(e)rig, 'durchgescheuert; → **elbow** 1; **19.** ärmer um 1 Dollar etc.; **20.** unrichtig, im Irrtum (befangen): **his calculations are ~** s-e Berechnungen stimmen nicht; **be (far) ~** sich (gewaltig) irren, (ganz) auf dem Holzweg sein; **21.** entzweit, verkracht: **be ~ with s.o.**; **22.** laut lachen etc.; **23. ~ for** auf e-e Sache aus, auf der Jagd od. Suche nach: **~ for prey** auf Raub aus; **24. ~ to do s.th.** darauf aus, et. zu tun; **25.** (bsd. nach sup.) das Beste etc. weit u. breit; **26. ~ and about** (wieder) auf den Beinen; **~ and away** bei weitem; **and ~** durch u. durch; → **of** → 31; **II** adj. **27.** Außen...: **~ edge; ~ party** Oppositionspartei f; **28.** sport auswärtig, Auswärts-... (-spiel); **29.** Kricket: schlagend; → **side** → 34; **30.** 'übernorˌmal, Über...; → **outsize**; **III** prp. **31. ~ of** a) aus (... herˈaus), zu ... hinˈaus, b) fig. aus Furcht, Mitleid etc., c) aus, von: **two ~ of three** zwei von drei Personen etc., d) außerhalb, außer Reichweite, Sicht etc., e) außer Atem, Übung etc., ohne: **be ~ of s.th.** et. nicht (mehr) haben, ohne et. sein; → **money** 1, **work** 1, f) aus der Mode, Richtung etc., nicht gemäß: **~ of drawing** verzeichnet; → **focus** 1, **hand** Redew., **question** 4, g) außerhalb (gen. od. von): **6 miles ~ of Oxford; ~ of doors** im Freien, ins Freie; **be ~ of it** nicht dabeisein (dürfen); **feel ~ of it** sich ausgeschlossen od. nicht zugehörig fühlen, h) um et. betrügen: **cheat s.o. ~ of s.th.**, i) aus, von: **get s.th. ~ of s.o.** et. von j-m bekommen; **he got more (pleasure) ~ of it** er hatte mehr davon, j) hergestellt aus: **made ~ of paper; IV** s. **32.** typ. Auslassung f, 'Leiche' f; **33.** Tennis etc.: Ausball m; **34. the ~s** parl. die Oppositi'on; **35. the ~s** Am. F Ausweg m, Entschuldigung f; **37.** → **outage** 1; **V** v/t. **38.** F rausschmeißen; **39.** sport: a) den Gegner ausschalten, b) Boxen: k. o. schlagen, c) Tennis: Ball ins Aus schlagen; **VI** v/i. **40.** hinˈaus!, raus!

out·act v/t. thea. etc. j-n ˌan die Wand spielen'.

out·age [ˈaʊtɪdʒ] s. **1.** fehlende Menge; **2.** ⊕ (Strom- etc.)Ausfall m.

out-and-out adj. absoˈlut, völlig: **an ~ villain** ein Erzschurke; **~-and-'out·er** s. sl. **1.** 'Hundertproˌzentige(r m) f, ,Waschechte(r' m) f; **2.** et. 'Hundertproˌzentiges od. ganz Typisches s-r Art; **'~·back** s. (bsd. der australische) Busch, das Hinterland; **~·bid** v/t. [irr. → bid] überˈbieten (a. fig.); **'~·board** ⚓ **I** adj. Außenbord-...: **~ motor; II** adv. außen-

bords; **'~·bound** adj. **1.** ⚓ nach auswärts bestimmt ⊕ fahrend, auslaufend, ausgehend; **2.** ✈ im Abflug; **3.** ✈ nach dem Ausland bestimmt; **~·box** v/t. j-n ausboxen, im Boxen schlagen; **~·brave** v/t. **1.** trotzen (dat.); **2.** an Kühnheit od. Glanz überˈtreffen; **'~·break** s. allg. Ausbruch m; **'~·building** s. Außen-, Nebengebäude n; **'~·burst** s. Ausbruch m (a. fig.); **'~·cast I** adj. **1.** ausgestoßen, verstoßen; **II** s. **2.** Ausgestoßene(r m) f; **3.** Abfall m, Ausschuß m; **~·class** v/t. j-m weit überˈlegen sein, **j-n weit überˈtreffen**, sport j-n deklassieren; **'~·clear·ing** s. ✝ Gesamtbetrag m der Wechsel- u. Scheckforderungen e-r Bank an das **Clearing-House**; **'~·come** s. Ergebnis n, Resulˈtat n, Folge f; **'~·crop I** s. **1.** geol. a) Zuˈtageliegen n, Anstehen n, b) Anstehendes n, Ausbiß m; **2.** fig. Zuˈtagetreten n; **II** v/i. **out'crop 3.** geol. zuˈtage liegen od. treten (a. fig.); **'~·cry** s. Aufschrei m, Schrei m der Entrüstung; **~·dat·ed** adj. überˈholt, veraltet; **~·dis·tance** v/t. (weit) überˈholen od. hinter sich lassen (a. fig.); **~·do** v/t. [irr. → do[1]] überˈtreffen (o.s. sich selbst); **'~·door** adj. Außen..., draußen, außerhalb des Hauses, im Freien: **~ aerial** Außen-, Hochantenne f; **~ dress** Ausgehanzug m; **~ exercise** Bewegung f im Freien; **~ performance** thea. Freiluftaufführung f; **~ season** bsd. sport Freiluftsaison f; **~ shot** phot. Außen-, Freilichtaufnahme f; **~·doors I** adv. **1.** draußen, im Freien; **2.** hinˈaus, ins Freie; **II** adj. **3.** → **outdoor; III** s. **4.** das Freie; die freie Naˈtur.

out·er [ˈaʊtə] adj. Außen...: **~ garments, ~ wear** Oberbekleidung f; **~ cover** ✈ Außenhaut f; **~ diameter** äußerer Durchmesser; **~ harbo(u)r** ⚓ Außenhafen m; **the ~ man** der äußere Mensch; **~ skin** Oberhaut f, Epidermis f; **~ space** Weltraum m; **~ surface** Außenfläche f, -seite f; **~ world** Außenwelt f; **'~·most** adj. äußerst.

out'face v/t. **1.** Trotz bieten (dat.), mutig od. gefaßt begegnen (dat.): **a situation** e-r Lage Herr werden; **2.** j-n mit Blicken aus der Fassung bringen; **~·fall** s. Mündung f; **'~·field** s. **1.** Baseball u. Kricket: a) Außenfeld n, b) Außenfeldspieler pl.; **2.** fig. fernes Gebiet; **3.** weitabliegende Felder pl. (e-r Farm); **'~·field·er** s. Außenfeldspieler(in); **~·fight** v/t. niederkämpfen, schlagen; **~·fight·er** s. Diˈstanzboxer m; **'~·fit I** s. **1.** Ausrüstung f, -stattung f: **travel(l)ing ~; ~ of tools** Werkzeug n; **cooking ~** Kochutensilien pl.; **puncture ~** Reifenflickzeug n; **the whole ~** F der ganze Kram; **2.** F a) ✕ Einheit f, ,Haufen' m, b) Gruppe f, c) F ,Verein' m, ,Laden' m, Gesellschaft f; **II** v/t. **3.** ausrüsten, -statten; **'~·fit·ter** s. **1.** Herrenausstatter m; **2.** Ausrüstungsliefeˌrant m; **3.** (Fach)Händler m: **electrical ~** Elektrohändler m; **'~·flank** v/t. **1.** ✕ die Flanke umˈfassen von: **~ing attack** Umfassungsangriff m; **2.** fig. überˈliˌsten; **'~·flow** s. Ausfluß m (a. 🐜): **~ of gold** ✝ Goldabfluß m; **'~·gen·er·al** v/t. **'~·fall** v/t. j-n ausmanövrieren; **'go I** v/t. [irr. → go] fig. überˈtreffen; **~·list·en; II** s. **'out·go** pl. **'~·goes** ✝ Ausgaben pl.; **~·go-**

ing I *adj.* weggehend; 📞, ⚓, *teleph. etc.* abgehend (*a. Verkehr, ⚡ Strom*); ausziehend (*Mieter*); zu'rückgehend (*Flut*); abtretend (*Regierung*): **~ mail** Postausgang *m*; **II** *s.* Ausgehen *n*; *pl.* ⚓ Ausgaben *pl.*; '**~group** *s.* Fremdgruppe *f*; ₁**~'grow** *v/t.* [*irr.* → *grow*] **1.** schneller wachsen als, hin'auswachsen über (*acc.*); **2.** *j-m* über den Kopf wachsen; **3.** her'auswachsen aus *Kleidern*; **4.** *fig.* *Gewohnheit etc.* (mit der Zeit) ablegen, her'auswachsen aus; '**~growth** *s.* **1.** na'türliche Folge, Ergebnis *n*; **2.** Nebenerscheinung *f*; **3.** ⚗ Auswuchs *m*; '**~guard** *s.* ⚔ Vorposten *m*, Feldwache *f*; ₁**~'Her·od** ['herəd] *v/t.*: **~ Herod** der schlimmste Tyrann sein; '**~house** *s.* **1.** Nebengebäude *n*, Schuppen *m*; **2.** *Am.* Außenabort *m*.

out·ing ['autɪŋ] *s.* Ausflug *m*: **go for an ~** e-n Ausflug machen; *works ~*, *company ~* Betriebsausflug.

₁**out·'jump** *v/t.* höher *od.* weiter springen als; ₁**~'land·ish** [-'lændɪʃ] *adj.* **1.** fremdartig, seltsam, e'xotisch; **2.** a) unkultiviert, b) rückständig; **3.** abgelegen; **4.** ausländisch; ₁**~'last** *v/t.* über'dauern, -'leben.

out·law ['autlɔ:] I *s.* **1.** *hist.* Geächtete(r *m*) *f*, Vogelfreie(r *m*) *f*; **2.** Ban'dit *m*, Verbrecher *m*; **3.** *Am.* bösartiges Pferd; **II** *v/t.* **4.** *hist.* ächten, für vogelfrei erklären; **5.** ⚖ *Am.* für verjährt erklären: **~ed claim** verjährter Anspruch; **6.** für ungesetzlich erklären, verbieten; *Krieg etc.* ächten; '**out·law·ry** [-rɪ] *s.* **1.** *hist.* a) Acht *f* (u. Bann *m*), b) Ächtung *f*; **2.** Verfemung *f*, Verbot *n*, Ächtung *f*; **3.** Ge'setzesmiß₁achtung *f*; **4.** Verbrechertum *n*.

'**out·lay** *s.* (Geld)Auslage(n *pl.*) *f*: **in·itial ~** Anschaffungskosten *pl.*; '**~·let** *s.* **1.** Auslaß *m*, Abzug *m*, Abzugsöffnung *f*, 'Durchlaß *m*; *mot.* Abluftstutzen *m*; **2.** ⚡ Steckdose *f*; *weitS.* (*electric ~*) Stromverbraucher *m*; **3.** *fig.* Ven'til *n*, Betätigungsfeld *n*: **find an ~ for one's emotions** s-n Gefühlen Luft machen können; **4.** ⚓ a) Absatzmarkt *m*, -möglichkeit *f*, b) Großabnehmer *m*, c) Verkaufsstelle *f*; ₁**~'line** I *s.* **1.** a) 'Umriß(linie *f*) *m*, b) *mst pl.* 'Umrisse *pl.*, Kon'turen *pl.*, Silhou'ette *f*; **2.** *Zeichnen:* a) Kon'turzeichnung *f*, b) 'Umriß-, Kon'turlinie *f*; **3.** Entwurf *m*, Skizze *f*; **4.** (*of*) *fig.* 'Umriß *m* (von), 'Überblick *m* (über *acc.*); **5.** Abriß *m*, Auszug *m*: **an ~ of history**; **II** *v/t.* **6.** entwerfen, skizzieren; *fig.* a. um'reißen, e-n 'Überblick geben über (*acc.*), in groben Zügen darstellen; **7.** die 'Umrisse zeigen von: **~d against** scharf abgehoben von; ₁**~'live** *v/t. j-n od. et. über'leben; et. über'dauern; '**~·look** *s.* **1.** Aussicht *f*, (Aus-)Blick *m*; *fig.* Aussichten *pl.*; **2.** *fig.* Auffassung *f*, Einstellung *f*, Ansichten *pl.*, (Welt)Anschauung *f*; *pol.* Zielsetzung *f*; **3.** Ausguck *m*, Warte *f*; **4.** Wacht *f*, Wache *f*; ₁**~'ly·ing** *adj.* **1.** außerhalb *od.* abseits gelegen, entlegen, Außen...: **~ district** Außenbezirk *m*; **2.** *fig.* am Rande liegend, nebensächlich; ₁**~·ma·'neu·ver** *Am.*, ₁**~·ma'noeu·vre** *Brit.* *v/t.* ausmanövrieren (*a. fig. überlisten*); ₁**~'match** *v/t.* über'treffen, (aus dem Felde) schlagen; ₁**~'mod·ed** *adj.* 'unmo₁dern, veraltet, über'holt; '**~·most**

[-məust] *adj.* äußerst (*a. fig.*); ₁**~'number** *v/t.* an Zahl über'treffen, zahlenmäßig über'legen sein (*dat.*): **be ~ed** in der Minderheit sein.

₁**out-of-'bal·ance** [₁autəv-] *adj.* ⊙ unausgeglichen: **~ force** Unwuchtkraft *f*; ₁**~'date** *adj.* veraltet, 'unmo₁dern; ₁**~'door(s)** → *outdoor(s)*; ₁**~'pock·et ex·pens·es** *pl.* Barauslagen *pl.*; ₁**~the-'way** [₁autəvðə-] *adj.* **1.** abgelegen, versteckt; **2.** ausgefallen, ungewöhnlich; **3.** ungehörig; ₁**~'town** *adj.* auswärtig: **~ bank** ⚓ auswärtige Bank; **~ bill** Distanzwechsel *m*; ₁**~'turn** *adj.* unangebracht, taktlos, vorlaut; ₁**~'work pay** *s.* Er'werbslosenunter₁stützung *f*.

₁**out·'pace** *v/t. j-n* hinter sich lassen; '**~·pa·tient** *s.* ⚕ ambu'lanter Pati'ent: **~ treatment** ambulante Behandlung; ₁**~'play** *v/t.* besser spielen als, schlagen; ₁**~'point** *v/t. sport* nach Punkten schlagen; '**~·port** *s.* ⚓ **1.** Vorhafen *m*; **2.** abgelegener Hafen; '**~·pour**, '**~·pour·ing** *s.* Erguß *m* (*a. fig.*); '**~·put** *s.* Output *m*: **a)** ⚡, ⊙ (Arbeits)Leistung *f*, b) ⚓ Ausstoß *m*, Produkti'on *f*, Ertrag *m*, c) ⚒ Förderung *f*, Fördermenge *f*, d) ⚡ Ausgang(sleistung *f*) *m*, e) *Computer:* (Daten)Ausgabe *f*: **~ capacity** ⊙ Leistungsfähigkeit *f*, *e-r Maschine:* a. Stückleistung *f*; **~ voltage** ⚡ Ausgangsspannung *f*.

out·rage ['autreɪdʒ] I *s.* **1.** Frevel(tat *f*) *m*, Greuel(tat *f*) *m*, Ausschreitung *f*, Verbrechen *n*, *a. fig.* Ungeheuerlichkeit *f*; **2.** (*on, upon*) Frevel(tat *f*) *m* (an *dat.*), Atten'tat *n* (auf *acc.*) (*bsd. fig.*): **an ~ upon decency** e-e grobe Verletzung des Anstandes; **an ~ upon justice** e-e Vergewaltigung der Gerechtigkeit; **3.** Schande *f*, Schmach *f*; **II** *v/t.* **4.** sich vergehen an (*dat.*), *j-m* Gewalt antun (*a. fig.*); **5.** *Gefühle etc.* mit Füßen treten, gröblich beleidigen *od.* verletzen; **6.** *j-n* em'pören, schockieren; **out·ra·geous** [aut'reɪdʒəs] *adj.* □ **1.** frevelhaft, abscheulich, verbrecherisch; **2.** schändlich, em'pörend, ungeheuerlich: **~ behavio(u)r**; **3.** heftig, unerhört: **~ heat**.

₁**out·'range** *v/t.* **1.** ⚔ e-e größere Reichweite haben als; **2.** hin'ausreichen über (*acc.*); **3.** *fig.* über'treffen; ₁**~'rank** *v/t.* **1.** im Rang höherstehen ·als; **2.** *fig.* wichtiger sein als; ₁**~'reach** → **out·range** 2, 3; ₁**~'ride** *v/t.* [*irr.* → *ride*] **1.** besser *od.* schneller reiten *od.* fahren als; **2.** ⚓ *e-n Sturm* ausreiten; '**~·rid·er** *s.* Vorreiter *m*; ₁**~'rig·ger** *s.* ⚓, ⚓, *od.* *Rudern:* Ausleger *m*; **2.** Auslegerboot *n*; ₁**~'right** I *adj.* **1.** völlig, gänzlich, to'tal: **an ~ loss**; **an ~ lie** e-e glatte Lüge; **2.** vorbehaltlos, offen: **an ~ refusal** e-e glatte Weigerung; **3.** gerade (her)'aus, di'rekt; **II** *adv.* **out·right** 4. → 1; **5.** ohne Vorbehalt, ganz: **refuse ~** rundweg ablehnen; **sell ~** fest verkaufen; **6.** auf der Stelle, so'fort: **kill ~**; **buy ~** *Am.* gegen sofortige Lieferung kaufen; **laugh ~** laut lachen; ₁**~'ri·val** *v/t.* über'treffen, über'bieten (*in an od. in dat.*), ausstechen; '**~·run** I *v/t.* [*irr.* → *run*] **1.** schneller laufen als, (im Laufen) besiegen; **2.** *fig.* über'schreiten; **II** *s.* '**outrun 3.** *Skisport:* Auslauf *m*; '**~·run·ner** *s.* **1.** (Vor)Läufer *m* (*Bedienter*); **2.** Leithund *m*; ₁**~'sell** *v/t.* [*irr.*

→ *sell*] **1.** mehr verkaufen als; **2.** besser verkaufen als; mehr einbringen als; '**~·set** *s.* **1.** Anfang *m*, Beginn *m*: **at the ~** am Anfang; **from the ~** gleich von Anfang an; **2.** Aufbruch *m* zu e-r Reise; ₁**~'shine** [*irr.* → *shine*] *v/t.* über'strahlen, *fig. a.* in den Schatten stellen.

out·side I *s.* **1.** das Äußere (*a. fig.*), Außenseite *f*: **on the ~ of** außerhalb, jenseits (*gen.*); **2.** *fig.* das Äußerste: **at the ~** äußerstenfalls, höchstens; **3.** *sport* Außenstürmer *m*: **~ right** Rechtsaußen *m*; **II** *adj.* **4.** äußer, Außen... (*-antenne, -durchmesser etc.*), von außen: **~ broker** ⚓ freier Makler; **~ capital** Fremdkapital *n*; **an ~ opinion** die Meinung e-s Außenstehenden; **5.** außerhalb, (dr)außen; **6.** *fig.* äußerst (*Schätzung, Preis*); **7.** **~ chance** winzige Chance, *sport* Außenseiterchance *f*; **III** *adv.* **8.** draußen, außerhalb: **~ of** a) außerhalb, b) *Am.* F außer, ausgenommen; **9.** her'aus, hin'aus; **10.** außen, an der Außenseite; **IV** *prp.* **11.** außerhalb, jenseits (*gen.*) (*a. fig.*); ₁**out'sid·er** *s.* **1.** allg. Außenseiter(in); **2.** ⚓ freier Makler.

₁**out'sit** *v/t.* [*irr.* → *sit*] länger sitzen (bleiben) als; '**~·size** I *s.* 'Übergröße *f* (*a. Kleidungsstück*); II *adj. a.* '**~·sized** 'übergroß, -dimensio₁nal; '**~·skirts** *pl.* nahe Um'gebung, Stadtrand *m*, *a. fig.* Rand(gebiet *n*) *m*, Periphe'rie (*f*); ₁**~'smart** → **outwit**, ₁**~'speed** *v/t.* [*irr.* → *speed*] schneller sein als.

₁**out'spo·ken** *adj.* □ offen, freimütig; unverblümt: **she was very ~ about it** sie äußerte sich sehr offen darüber; ₁**'spo·ken·ness** [-'spəʊkənnıs] *s.* Offenheit *f*, Freimütigkeit *f*; Unverblümtheit *f*.

₁**out'stand·ing** *adj.* **1.** her'vorragend (*bsd. fig. Leistung, Spieler etc.*); *fig.* her'vorstehend (*Eigenschaft etc.*), promi'nent (*Persönlichkeit*); **2.** *bsd.* ⚓ unerledigt, aus-, offenstehend (*Forderung etc.*), unbezahlt (*Zinsen*): **~ capital stock** ausgegebenes Aktienkapital; **~ debts** → '**out·stand·ings** *s. pl.* ⚓ Außenstände *pl.*, Forderungen *pl.*

₁**out'stare** *v/t.* mit e-m Blick aus der Fassung bringen; ₁**~·sta·tion** *s.* **1.** 'Außenstati₁on *f*; **2.** *Funk:* 'Gegenstati₁on *f*; ₁**~'stay** *v/t.* länger bleiben als; → **welcome** 1; ₁**~'stretch** *v/t.* ausstrecken; ₁**~'strip** *v/t.* über'holen, hinter sich lassen, *fig. a.* über'flügeln; (aus dem Feld) schlagen; ₁**~'swim** *v/t.* [*irr.* → *swim*] schneller schwimmen als, schlagen; ₁**~'talk** *v/t.* in Grund u. Boden reden; ₁**über'fahren**; '**~·turn** *s.* **1.** Ertrag *m*; **2.** ⚓ Ausfall *m*: **~ sample** Ausfallmuster *n*; ₁**~'vote** *v/t.* über'stimmen.

out·ward ['autwəd] I *adj.* □ → **outwardly**, **1.** äußer, sichtbar; Außen...; **2.** äußerlich (*a. ⚗ u. fig. contp.*); **3.** nach (dr)außen gerichtet *od.* wirkend, Aus(wärts)..., Hin...: **~ cargo**, **~ freight** ⚓ ausgehende Ladung, Hinfracht *f*; **~ journey** Aus-, Hinreise *f*; **~ trade** Ausfuhrhandel *m*; **II** *adv.* **4.** (nach) auswärts, nach außen: **clear ~** *Schiff* ausklarieren; → **bound²**; '**outward·ly** [-lɪ] *adv.* äußerlich; außen, nach außen (hin); '**out·ward·ness** [-nɪs] *s.* Äußerlichkeit *f*; äußere Form; '**out·wards** [-dz] → **outward** II.

,**out**|'**wear** v/t. [irr. → **wear**] **1.** abnutzen; **2.** fig. erschöpfen; **3.** fig. über'dauern, haltbarer sein als; ,~'**weigh** v/t. **1.** mehr wiegen als; **2.** fig. über'wiegen, gewichtiger sein als, e-e Sache aufwiegen; ,~'**wit** v/t. über'listen, ,austricksen`; '~·**work** s. **1.** ✕ Außenwerk n; fig. Bollwerk n; **2.** ⚓ Heimarbeit f; '~·**work·er** s. **1.** Außenarbeiter(in); Heimarbeiter(in); '~·**worn** adj., pred. ,**out**'**worn 1.** abgetragen, abgenutzt; **2.** veraltet, über'holt; **3.** erschöpft.

ou·zel ['uːzl] s. orn. Amsel f.

o·va ['əʊvə] pl. von **ovum**.

o·val ['əʊvl] I adj. o'val; II s. O'val n.

o·var·i·an [,əʊ'veərɪən] adj. **1.** anat. Eierstock(s)...; **2.** ♀ Fruchtknoten...;
o·va·ri·tis [,əʊvə'raɪtɪs] s. Eierstockentzündung f; **o·va·ry** ['əʊvərɪ] s. **1.** anat. Eierstock m; **2.** ♀ Fruchtknoten m.

o·va·tion [əʊ'veɪʃn] s. Ovati'on f, begeisterte Huldigung.

ov·en ['ʌvn] s. **1.** Backofen m, -rohr n; **2.** ⚙ Ofen m; '~·**dry** adj. ofentrocken; '~,**read·y** adj. bratfertig; '~·**ware** s. feuerfestes Geschirr.

o·ver ['əʊvə] I prp. **1.** Lage: über (dat.): *the lamp ~ his head*; *be ~ the signature of Mr. N.* von Herrn N. unterzeichnet sein; **2.** Richtung, Bewegung: über (acc.), über (acc.) ... hin od. (hin-) 'weg: *jump ~ the fence*; *the bridge ~ the Danube* die Brücke über die Donau; *~ the radio* im Radio; *all ~ the town* durch die ganze od. in der ganzen Stadt; *from all ~ Germany* aus ganz Deutschland; *be all ~ s.o.* sl. ganz hingerissen sein von j-m; **3.** über (dat.), auf der anderen Seite von (od. gen.): *~ the sea* in Übersee, jenseits des Meeres; *~ the street* über die Straße, auf der anderen Seite; *~ the way* gegenüber; **4.** a) über der Arbeit einschlafen etc., bei e-m Glase Wein etc., b) über (acc.), wegen: *laugh ~* über et. lachen; **5.** Herrschaft, Rang: über (dat. od. acc.): *be ~ s.o.* über j-m stehen; **6.** über (acc.), mehr als: *~ a mile* ~ *and above* zusätzlich zu, außer; → 21; **7.** über (acc.), während (gen.): *~ the weekend*; *~ night* die Nacht über; **8.** durch: *he went ~ his notes* er ging seine Notizen durch; II adv. **9.** hin'über, dar'über: *he jumped ~*; **10.** hin'über (to zu), auf die andere Seite; **11.** her'über: *come ~* herüberkommen (a. weitS. zu Besuch); **12.** drüben: *~ there* da drüben; *~ against* gegenüber (dat.; a. fig. im Gegensatz zu); **13.** (genau) dar'über: *the bird is directly ~*; **14.** über (acc.) ...; dar'über...(-decken, -legen etc.); über'...: *to paint ~* et. übermalen; **15.** (mst in Verbindung mit vb.) a) über'... (-geben etc.): *hand s.th. ~*, b) 'über... (-kochen etc.): *boil ~*; **16.** (oft in Verbindung mit vb.) a) 'um... (-fallen, -werfen etc.), b) (her)'um... (-drehen etc.): *see ~!* siehe umstehend; **17.** 'durch(weg), vom Anfang bis zum Ende: *the world ~* a) in der ganzen Welt, b) durch die ganze Welt; *read s.th. ~* et. (ganz) durchlesen; **18.** (gründlich) über'... (-denken, -legen): *think s.th. ~*; *talk s.th. ~* et. durchsprechen; **19.** nochmals, wieder: *do s.th. ~*; *(all) ~ again* nochmals, (ganz) von vorn; *~ and ~ (again)* immer wieder;

ten times ~ zehnmal hintereinander; **20.** 'übermäßig, allzu *sparsam etc.*, 'über...(-vorsichtig etc.); **21.** dar'über, mehr: *10 years and ~* 10 Jahre und darüber; *~ and above* außerdem, überdies; → 6; **22.** übrig, über: *left ~* übrig (-gelassen od. -geblieben); *have s.th. ~* et. übrig haben; **23.** zu Ende, vor'über, vor'bei: *the lesson is ~* mit F erledigt, vorüber; *it's all ~* es ist aus und vorbei; *get s.th. ~ (and done) with* F et. hinter sich bringen; *Funk: ~!* over!, Ende!; *~ and out!* over and out!, Ende (der Gesamtdurchsage)!

,**o·ver|-a·bun·dant** [-vərə-] adj. □ 'überreich(lich), 'übermäßig; ~'**act** [-vər'æ-] I v/t. e-e Rolle über'treiben, über'spielen; II v/i. (s-e Rolle) über'treiben; '~·**all** [-ərɔːl] I adj. **1.** gesamt, Gesamt...: *~ length*; *~ efficiency* ⚙ Totalnutzeffekt m; II s. **2.** a. pl. Arbeits-, Mon'teur-, Kombinati'onsanzug m; (Arzt- etc.)Kittel m; **3.** Brit. Kittelschürze f; **4.** pl. obs. 'Überzieh-, Arbeitshose f; ~·**am'bi·tious** [-əræ-] adj. □ allzu ehrgeizig; ~'**anx·ious** [-ər'æ-] adj. □ **1.** 'überängstlich; **2.** allzu begierig; '~·**arm stroke** [-ərɑ:m] s. Schwimmen: Hand-über-'Hand-Stoß m; ~'**awe** [-ər'ɔː] v/t. **1.** einschüchtern; **2.** tief beeindrucken; ~'**bal·ance** I v/t. **1.** über'wiegen (a. fig.); **2.** 'umstoßen, -kippen; II v/i. **3.** 'umkippen, das 'Übergewicht bekommen; III s. '**overbalance 4.** 'Übergewicht n; **5.** ⚓ 'Überschuß m: *~ of exports*; ~'**bear** v/t. [irr. → **bear**[^1]] **1.** niederdrücken; **2.** über'winden; **3.** tyrannisieren; **4.** fig. schwerer wiegen als; ~'**bear·ance** s. Anmaßung f, Arro'ganz f; ~'**bear·ing** adj. □ **1.** anmaßend, arro'gant, hochfahrend; **2.** von über'ragender Bedeutung; ~'**bid** v/t. [irr. → **bid**] **1.** ⚓ über'bieten; **2.** Bridge: über'reizen; '~·**blouse** s. Kasackbluse f; '~·**blown** adj. **1.** am Verblühen (a. fig.); **2.** ♪ über'blasen (Ton); **3.** metall. über'blasen (Stahl); **4.** fig. schwülstig; '~·**board** adv. ⚓ über Bord: *throw ~* über Bord werfen (a. fig.); *go ~ (about od. for)* F hingerissen sein (von); ~'**brim** v/i. u. v/t. über'fließen (lassen); ~'**build** v/t. [irr. → **build**] **1.** über'bauen; **2.** zu dicht bebauen; **3.** ~ *o.s.* sich ,verbauen`; ~'**bur·den** v/t. über'bürden, über'lasten, -'lasten; ~'**bus·y** adj. **1.** zu sehr beschäftigt; **2.** übergeschäftig; ~'**buy** [irr. → **buy**] ⚓ I v/t. zu viel kaufen von; II v/i. zu teuer od. über Bedarf einkaufen; ~·**'cap·i·tal·ize** v/t. ⚓ **1.** e-n zu hohen Nennwert für das 'Stammkapi,tal e-s Unternehmens angeben: *~ a firm*; **2.** 'überkapitalisieren; ~'**cast** I v/t. [irr. → **cast**] **1.** mit Wolken über'ziehen, bedecken, verdunkeln, trüben (a. fig.); **2.** Naht um'stechen; II v/i. [irr. → **cast**] **3.** sich bewölken, sich beziehen (Himmel); III adj. '**overcast 4.** bewölkt, bedeckt (Himmel); **5.** trüb(e), düster (a. fig.); **6.** über'wendlich (genäht); ~'**charge** I v/t. **1.** a) j-m zu'viel berechnen, b) e-n Betrag zu'viel verlangen, c) zu'viel anrechnen od. verlangen für et.; **2.** ⚙, ⚡ überladen (a. fig.); II s. **3.** ⚓ a) Mehrbetrag m, Aufschlag m: *~ for arrears* Säumniszuschlag m, b) Über'forderung f, Über'teuerung f; **4.** Über'ladung f,

'**Über·be·las·tung** f; ~·**'cloud** → **overcast** 1, 3; '~·**coat** s. Mantel m; ~·**'come** [irr. → **come**] I v/t. über'winden, -'wältigen, -'mannen, bezwingen; e-r Sache Herr werden: *he was ~ with* (od. by) *emotion* er wurde von s-n Gefühlen übermannt; II v/i. siegen, triumphieren: *we shall ~!*; ~·**'com·pen·sate** v/t. psych. 'überkompensieren; ~·**con·fi·dence** s. **1.** übersteigertes Selbstvertrauen od. -bewußtsein; **2.** zu großes Vertrauen; **3.** zu großer Opti'mismus; ~·**'con·fi·dent** adj. □ **1.** allzu'sehr vertrauend (of auf acc.); **2.** über'trieben selbstbewußt; **3.** (all)zu opti'mistisch; ~·**'crop** v/t. ⚘ Raubbau treiben mit; ~·**'crowd** v/t. über'füllen; ~*ed profession* überlaufener Beruf; ~·**de'vel·op** v/t. bsd. phot. 'überentwickeln; ~·**'do** v/t. [irr. → **do**[^1]] **1.** über'treiben, zu weit treiben; **2.** fig. zu weit gehen mit od. in (dat.), et. zu arg treiben: *~ it* (od. *things*) a) zu weit gehen, b) des Guten zuviel tun; **3.** 'überbeanspruchen; **4.** zu stark od. zu lange kochen od. braten; ~·**'dose** I s. 'Überdosis f; II v/t. ,**over·'dose** a) j-m e-e zu starke Dosis geben, b) et. 'überdosieren; '~·**draft** s. ⚓ a) ('Konto)Über,ziehung f, b) Über'ziehung f, über'zogener Betrag; ~·**'draw** v/t. [irr. → **draw**] **1.** Konto über'ziehen; **2.** Bogen über'spannen; **3.** fig. über'treiben; ~·**'dress** v/t. u. v/i. (sich) über'trieben anziehen; ~·**'drive** I v/t. [irr. → **drive**] **1.** abschinden, -hetzen; **2.** et. zu weit treiben; II s. '**over·drive 2.** mot. Overdrive m, Schnell-, Schongang m; ~·**'due** adj. 'überfällig (a. 🕮, ⚓): *the train is ~* der Zug hat Verspätung; *she is ~* sie müßte längst hier sein; ~·**'eat** [-ər'iːt] v/i. [irr. → **eat**] (a. ~ *o.s.*) sich über'essen; ~·**'em·pha·size** [-əre-] v/t. 'überbetonen; ~·**'es·ti·mate** [-ər'estimət] v/t. über'schätzen, 'überbewerten; II s. [-mət] Über'schätzung f; ~·-**ex'cite** [-vəri-] v/t. **1.** über'reizen; **2.** ♂ übererregen; ~·-**ex'ert** [-vəri-] v/t. über'anstrengen; ~·-**ex'pose** [-vəri-] v/t. phot. 'überbelichten; ~·-**ex'po·sure** [-vəri-] s. phot. 'Überbelichtung f; ~·-**fa'tigue** I v/t. über'müden, über'anstrengen; II s. Über'müdung f; ~·**'feed** v/t. [irr. → **feed**] über'füttern, 'überernähren; ~·**'flow** I v/i. **1.** 'überlaufen, 'überfließen, 'überströmen, sich ergießen (into in acc.); **2.** fig. 'überquellen (with von); II v/t. **3.** über'fluten, über-'schwemmen; **4.** nicht mehr Platz finden in (e-m Saal etc.); III s. '**overflow 5.** Über'schwemmung f, 'Überfließen n; **6.** ⚙ a) a. ♂ 'Überlauf m, b) a. ~ *pipe* Überlaufrohr n, c) a. ~ *basin* 'Überlaufbas,sin n od. ~ *valve* Überström-ventil n; **7.** Überschuß m: ~ *meeting* Parallelversammlung f; ~·**'flow·ing** I adj. **1.** 'überfließend, -quellend, -strömend (a. fig. Güte, Herz etc.); II s. **2.** 'überreich (Ernte etc.); II s. **3.** 'Überfließen n: *full to ~* voll (bis) zum Überlaufen, weitS. zum Platzen voll; ~·**'fly** v/t. [irr. → **fly**] über'fliegen; ~·**'fond** adj.: *be ~ of doing s.th.* et. leidenschaftlich gern tun; '~·**freight** s. ⚓ 'Überfracht f; '~·**ground** adj. über der Erde (befindlich); '~·**grow** v/t. [irr. → **grow**] **1.** über'wachsen, -'wuchern; **2.** hin'auswachsen über (acc.), zu groß werden für; ˌ~'**grown** *adj.* **1.** über'wachsen; **2.** 'übermäßig gewachsen, 'übergroß; '~**growth** *s.* **1.** Über'wucherung *f*; **2.** 'übermäßiges Wachstum; '~**hand** *adj. u. adv.* **1.** *Schlag etc.* von oben; **2.** *sport* 'überhand: ~ *stroke* a) *Tennis:* Überhandschlag *m*, b) *Schwimmen:* Hand-über-Hand-Stoß *m*; ~ *service* Hochaufschlag *m*; **3.** *Näherei:* über'wendlich; ˌ~'**hang I** *v/t.* [*irr.* → *hang*] **1.** her'vorstehen *od.* -ragen *od.* 'überhängen über (*acc.*); **2.** *fig.* (drohend) schweben über (*dat.*), drohen (*dat.*); **II** *v/i.* [*irr.* → *hang*] **3.** 'überhängen, -kragen (*a.* △), her'vorstehen, -ragen; **III** *s.* '**overhang 4.** 'Überhang *m* (*a.* △, ⚓, ✈); ◎ Ausladung *f*; ˌ~'**hap·py** *adj.* überglücklich; ˌ~'**hast·y** *adj.* über'eilt; ˌ~'**haul I** *v/t.* **1.** ◎ *Maschine etc.* (gene'ral)über-holen, (*a. fig.*) gründlich über'prüfen (*a. fig.*) u. in'stand setzen; **2.** ⚓ *Tau, Taljen etc.* 'überholen; **3.** a) einholen, b) über'holen; **II** *s.* '**overhaul 4.** ◎ Über'holung *f*, gründliche Über'prüfung (*a. fig.*); '~**head I** *adj.* **1.** oberirdisch, Frei..., Hoch...(-*antenne, -behälter etc.*): ~ *line* Frei-, Oberleitung *f*; ~ *railway* Hochbahn *f*; **2.** *mot.* a) obengesteuert (*Motor, Ventil*), b) obenliegend (*Nockenwelle*); **3.** allgemein, Gesamt...: ~ *costs*, ~ *expenses* → 5; **4.** *sport:* a) ~ *stroke* → 6, b) ~ *kick* (Fall-)Rückzieher *m*; **II** *s.* **5.** *a. pl.* allgemeine Unkosten *pl.*, Gemeinkosten *pl.*, laufende Geschäftskosten *pl.*; **6.** *Tennis:* Über'kopfball *m*; **III** *adv.* ˌ~**over'head 7.** (dr)oben: *works* ~! Vorsicht, Dacharbeiten!; ˌ~'**hear** *v/t.* [*irr.* → *hear*] belauschen, (zufällig) (mit'an)hören; ˌ~'**heat I** *v/t. Motor etc.*, *a. fig.* über'hitzen, *Raum* über'heizen: ~ *itself* → II; **II** *v/i.* ◎ heißlaufen; '~**house** *adj.* Dach...(-*antenne etc.*); ˌ~'**hung** *adj.* ◎ fliegend (angeordnet), freitragend; 'überhängend; ˌ~**in'dulge** [-vəɪ-] **I** *v/t.* **1.** zu nachsichtig behandeln; **2.** *e-r Leidenschaft etc.* allzu nachsichtig frönen; **II** *v/i.* **3.** ~ *in* sich allzu'sehr ergehen in (*dat.*); ˌ~**in'dul·gence** [-vəɪ-] *s.* **1.** zu große Nachsicht; **2.** 'übermäßiger Genuß; ˌ~**in'dul·gent** [-vəɪ-] *adj.* allzu nachsichtig; ˌ~**in'sure** [-vəɪ-] *v/t. u. v/i.* (sich) 'überversichern; ˌ~'**is·sue** [-əɪ'-] **I** *s.* 'Überemissi₁on *f*; **II** *v/t. allzu viel Banknoten etc.* ausgeben; ˌ~'**joyed** [-'dʒɔɪd] *adj.* außer sich vor Freude, 'überglücklich; '~**kill** *s.* **1.** ✕ Overkill *m*; **2.** *fig.* 'Übermaß *n*, Zu'viel *n* (*of an dat.*); ˌ~'**lad·en** *adj.* über'laden (*a. fig.*); ˌ~'**land I** *adv.* über Land, auf dem Landweg; **II** *adj.* '**overland** Überland...: ~ *route* Landweg *m*; ~ *transport* Überland-, Fernverkehr *m*; ˌ~'**lap I** *v/t.* **1.** 'übergreifen auf (*acc.*) *od.* in (*acc.*), sich über-'lappen; **2.** hin'ausgehen über (*acc.*); **II** *v/i.* **3.** sich *od.* in'ander über-'schneiden, sich teilweise decken, auf *od.* inein'ander 'übergreifen; ◎ über-'lappen, 'übergreifen; **III** *s.* '**overlap 4.** 'Übergreifen *n*, Über'schneiden *n*; Über'lappung *f*; ˌ~'**lay I** *v/t.* [*irr.* → *lay*] **1.** belegen; ◎ über'lagern; **2.** 'überziehen (*with* mit *Gold etc.*); **3.** *typ.* zurichten; **II** *s.* '**overlay 4.** Bedeckung *f*: ~ *mattress* Auflegematratze *f*; **5.** Auflage *f*, 'Überzug *m*; **6.** *typ.* Zu-

richtung *f*; **7.** Planpause *f*; ˌ~'**leaf** *adv.* 'umstehend, 'umseitig; ˌ~'**lie** *v/t.* [*irr.* → *lie²*] **1.** liegen auf *od.* über (*dat.*); **2.** *geol.* über'lagern; ˌ~'**load I** *v/t.* über'laden, 'überbelasten, *a.* ⚡ über'lasten; **II** *s.* '**overload** 'Überbelastung *f*, -beanspruchung *f*, *a.* ⚡ Über'lastung *f*; ˌ~'**long** *adj. u. adv.* 'überlang, (all)zu lang; ˌ~'**look** *v/t.* **1.** *Fehler etc.* (geflissentlich) über'sehen, nicht beachten, *fig. a.* ignorieren, (nachsichtig) hin-'wegsehen über (*acc.*); **2.** über'blicken; *weitS. a.* Aussicht gewähren auf (*acc.*); **3.** über'wachen; (prüfend) 'durchsehen; ˌ~'**lord** *s.* Oberherr *m*; '~**lord·ship** *s.* Oberherrschaft *f*.

o·ver·ly ['əʊvəlɪ] *adv.* allzu('sehr).

ˌo·ver|'**ly·ing** *adj.* da'rüberliegend; '~**man** [-mæn] *s.* [*irr.*] Aufseher *m*, Vorarbeiter *m*; ✕ Steiger *m*; ˌ~'**manned** *adj.* 'überbelegt, zu stark bemannt; ˌ~'**much I** *adj.* allzu'viel; **II** *adv.* allzu('sehr, -'viel), 'übermäßig; ˌ~'**nice** *adj.* 'überfein; ˌ~'**night I** *adv.* über Nacht; **II** *adj.* Nacht...; Übernachtungs...: ~ *lodgings*, ~ *bag* Reisetasche *f*; ~ *case* Handkoffer *m*; ~ *guests* Übernachtungsgäste; ~ *stay* Übernachtung *f*; ~ *stop* Aufenthalt *m* für e-e Nacht; '~**pass** *s.* ('Straßen-, 'Eisenbahn)Über₁führung *f*; ˌ~'**pay** *v/t.* [*irr.* → *pay*] **1.** zu teuer bezahlen; **2.** 'überreichlich belohnen; **3.** 'überbezahlen; ˌ~'**peo·pled** *adj.* über'völkert; ˌ~'**per-'suade** *v/t. j-n* (gegen s-n Willen) über-'reden; ˌ~'**play** *v/t.* **1.** über'treiben; **2.** ~ *one's hand fig.* sich über'nehmen, es über'treiben; '~**plus** *s.* 'Überschuß *m*; '~**pop·u·la·tion** *s.* 'Über(be)völkerung *f*; ˌ~'**pow·er** *v/t.* über'wältigen (*a. fig.*); ˌ~'**print I** *v/t.* **1.** *typ.* a) über'drucken; b) e-e zu große Auflage drucken von; **2.** *phot.* 'überkopieren; **II** *s.* '**overprint 3.** *typ.* 'Überdruck *m*; **4.** a) Aufdruck *m* (*auf Briefmarken*), b) Briefmarke *f* mit Aufdruck; ˌ~'**pro·duce** *v/t.* ✝ 'überproduzieren; ˌ~'**pro·duc·tion** *s.* ✝ 'Überprodukti₁on *f*; ˌ~'**proof** *adj.* 'überpro₁zentig (*alkoholisches Getränk*); ˌ~'**rate** *v/t.* über'schätzen, 'überbewerten (*a. sport*); **2.** ✝ zu hoch veranschlagen; ˌ~'**reach** *v/t.* **1.** zu weit gehen für: ~ *one's purpose fig.* über sein Ziel hinausschießen; ~ *o.s.* es zu weit treiben, sich übernehmen; **2.** *j-n* über'vorteilen, -'listen; ˌ~'**re·act** *v/i.* 'überreagieren; ˌ~'**ride** *v/t.* [*irr.* → *ride*] **1.** über'reiten; **2.** *fig.* sich (rücksichtslos) hin'wegsetzen über (*acc.*); **3.** *fig.* 'umstoßen, aufheben, nichtig machen; **4.** den Vorrang haben vor (*dat.*); ˌ~'**rid·ing** *adj.* über-'wiegend, hauptsächlich; vorrangig; ˌ~'**ripe** *adj.* 'überreif; ˌ~'**rule** *v/t.* **1.** *Vorschlag etc.* verwerfen, zu'rückweisen; ⚖ *Urteil* 'umstoßen; **2.** *fig.* die Oberhand gewinnen über (*acc.*); ˌ~'**rul-ing** *adj.* beherrschend, 'übermächtig; ˌ~'**run** *v/t.* [*irr.* → *run*] **1.** *fig. Land etc.* über'fluten, -'schwemmen (*a. fig.*), einfallen in (*acc.*), über'rollen (*a. fig.*): *be* ~ *with* wimmeln von, überlaufen sein von; **2.** *fig.* rasch um sich greifen in (*dat.*); **3.** *typ.* um'brechen; ˌ~'**run·ning** *adj.* ⚙ Freilauf..., Überlauf...: ~ *clutch* Freilauf *m*; ˌ~'**sea I** *adv. a.* ˌ~'**seas** nach *od.* in 'Übersee; **II** *adj.* 'überseeisch, Übersee...; ˌ~'**see** *v/t.* [*irr.* → *see¹*] be-

aufsichtigen, über'wachen; '~**se·er** [-ˌsɪə] *s.* **1.** Aufseher(in), In'spektor *m*, Inspek'torin *f*; **2.** Vorarbeiter(in); ✕ Steiger *m*; ˌ~'**sen·si·tive** *adj.* □ 'überempfindlich; ˌ~'**set** *v/t.* [*irr.* → *set*] → *upset¹* I; ˌ~'**sew** *v/t.* [*irr.* → *sew*] über-'wendlich nähen; ˌ~'**sexed** *adj.* sexbesessen; ˌ~'**shad·ow** *v/t.* **1.** *fig.* in den Schatten stellen; **2.** *bsd. fig.* über'schatten, e-n Schatten werfen auf (*acc.*), verdüstern; '~**shoe** *s.* 'Überschuh *m*; ˌ~'**shoot** *v/t.* [*irr.* → *shoot*] **1.** über *ein Ziel* hin'ausschießen (*a. fig.*): ~ *o.s.* (*od. the mark*) zu weit gehen, übers Ziel hinausschießen; '~**shot** *adj.* oberschlächtig (*Wasserrad, Mühle*); '~**sight** *s.* **1.** Versehen *n*: *by an* ~ aus Versehen; **2.** Aufsicht *f*; ˌ~'**sim·pli·fy** *v/t.* (zu) grob vereinfachen; '~**size** *s.* 'Übergröße *f*; '~**size(d)** *adj.* übergroß; ˌ~'**slaugh** ['əʊvəslɔ] *v/t.* **1.** ✕ abkommandieren; **2.** *Am. bei der Beförderung* über'gehen; ˌ~'**sleep I** *v/t.* [*irr.* → *sleep*] *e-n Zeitpunkt* verschlafen: ~ *o.s.* → II; **II** *v/i.* [*irr.* → *sleep*] (sich) verschlafen; '~**sleeve** *s.* Ärmelschoner *m*; ˌ~'**speed** *v/t.* [*irr.* → *speed*] *den Motor* über'touren; ˌ~'**spend** [*irr.* → *spend*] **I** *v/t.* **1.** zuviel ausgeben; **II** *v/t.* **2.** *Ausgabensumme* über'schreiten; **3.** ~ *o.s.* über s-e Verhältnisse leben; '~**spill** *s.* (*bsd.* Be'völkerungs)Überschuß *m*; ˌ~'**spread** *v/t.* [*irr.* → *spread*] **1.** über'ziehen, sich ausbreiten über (*acc.*); **2.** (*with*) über'ziehen *od.* bedekken (mit); ˌ~'**staffed** *adj.* (perso'nell) 'überbesetzt; ˌ~'**state** *v/t.* über'treiben: ~ *one's case* in s-n Behauptungen zu weit gehen; ˌ~'**state·ment** *s.* Über'treibung *f*; ˌ~'**stay** *v/t. e-e Zeit* über'schreiten: ~ *one's time* über s-e Zeit hinaus bleiben; → *welcome* 1; ˌ~'**steer** *v/i. mot.* über'steuern; ˌ~'**step** *v/t.* über-'schreiten (*a. fig.*); ˌ~'**stock** I *v/t.* **1.** 'überreichlich eindecken, ✝ *a.* 'überbeliefern, *den Markt* über'schwemmen: ~ *o.s.* → 3; **2.** ✝ in zu großen Mengen auf Lager halten; **II** *v/i.* **3.** sich zu hoch eindecken; ˌ~'**strain I** *v/t.* über'anstrengen, 'überstrapazieren (*a. fig.*): ~ *one's conscience* übertriebene Skrupel haben; **II** *s.* '**overstrain** Über'anstrengung *f*; ˌ~'**strung** *adj.* **1.** über'reizt (*Nerven od. Person*); **2.** '**overstrung** ♪ kreuzsaitig (*Klavier*); ˌ~'**sub·scribe** *v/t.* ✝ *Anleihe* über'zeichnen; ˌ~'**sub·scrip·tion** *s.* ✝ Über'zeichnung *f*; ˌ~'**sup·ply** *s.* (*of* an *dat.*) **1.** 'Überangebot *n*; **2.** zu großer Vorrat.

o·vert ['əʊvɜːt] *adj.* □ offen(kundig): ~ *act* ⚖ Ausführungshandlung *f*; ~ *hos·tility* offene Feindschaft; ~ *market* ✝ offener Markt.

ˌo·ver|'**take** *v/t.* [*irr.* → *take*] **1.** einholen (*a. fig.*); **2.** über'holen (*a. v/i.*); **3.** *fig.* über'raschen, -'fallen; **4.** *Versäumtes* nachholen; ˌ~'**task** *v/t.* **1.** über'bürden; **2.** über *j-s* Kräfte gehen; ˌ~'**tax** *v/t.* **1.** 'übersteuern; **2.** zu hoch einschätzen; über'beanspruchen, zu hohe Anforderungen stellen an (*acc.*); *Geduld* strapazieren: ~ *one's strength* sich (kräftemäßig) übernehmen; ˌ~**the-'count·er** *adj.* **1.** ✝ freihändig (*Effektenverkauf*): ~ *market* Freiverkehrsmarkt *m*; **2.** *pharm.* re'zeptfrei; ˌ~'**throw I** *v/t.* [*irr.* → *throw*] **1.** ('um-)

stürzen (*a. fig. Regierung etc.*); **2.** niederwerfen, besiegen; **3.** niederreißen, vernichten; **II** *s.* '**overthrow 4.** Sturz *m*, Niederlage *f* (*e-r Regierung etc.*); **5.** Vernichtung *f*, 'Untergang *m*; '~**time I** *s.* ✝ a) 'Überstunden *pl.*, b) *a.* ~ **pay** Mehrarbeitszuschlag *m*, 'Überstundenlohn *m*; **II** *adv.*: **work** ~ Überstunden machen; ~'**tire** *v/t.* über'müden; '~-**tone** *s.* **1.** ♪ Oberton *m*; **2.** *fig.* a) 'Unterton *m*, b) *pl.* Neben-, Zwischentöne *pl.*: *it had ~s of* es schwang darin et. mit von; ~'**top**, ~'**tow·er** *v/t.* über'ragen (*a. fig.*); ~'**train** *v/t. u. v/i.* 'übertrainieren; '~-**trump** *v/t. u. v/i.* über'trumpfen.

o·ver·ture ['əʊvəˌtjʊə] *s.* **1.** ♪ Ouvertüre *f*; **2.** *fig.* Einleitung *f*, Vorspiel *n*; **3.** (for'meller Heirats-, Friedens)Antrag *m*, Angebot *n*; **4.** *pl.* Annäherungsversuche *pl.*

ˌo·verˈturn **I** *v/t.* ('um)stürzen (*a. fig.*); 'umstoßen, -kippen; **II** *v/i.* 'umkippen, -schlagen, -stürzen, kentern; **III** *s.* '**overturn** ('Um)Sturz *m*; ~'**val·ue** *v/t.* zu hoch einschätzen, 'überbewerten; '~-**view** *s. fig.* 'Überblick *m*; ~'**ween·ing** *adj.* **1.** anmaßend, über'heblich; **2.** über'trieben; '~-**weight I** *s.* 'Übergewicht *n* (*a. fig.*); **II** *adj.* ˌover'weight 'übergewichtig, mit 'Übergewicht.

o·ver·whelm [ˌəʊvə'welm] *v/t.* **1.** über'wältigen, -'mannen (*bsd. fig.*); **2.** *fig. mit Fragen, Geschenken etc.* über'schütten, -'häufen; **3.** erdrücken; **o·ver'whelm·ing** [-mɪŋ] *adj.* über'wältigend.

o·ver·wind [ˌəʊvə'waɪnd] *v/t.* [*irr. → wind²*] *Uhr etc.* über'drehen; ~'**work I** *v/t.* **1.** über'anstrengen, mit Arbeit über'lasten, 'überstrapazieren (*a. fig.*): ~ *o.s.* → 2; **II** *v/i.* **2.** sich über'arbeiten; **III** *s.* **3.** 'Arbeitsüberˌlastung *f*; **4.** Über'arbeitung *f*; ~'**wrought** *adj.* **1.** über'arbeitet, erschöpft; **2.** über'reizt; ~'**zeal·ous** *adj.* 'übereifrig.

o·vi·duct ['əʊvɪdʌkt] *s. anat.* Eileiter *m*; '**o·vi·form** [-ɪfɔːm] *adj.* eiförmig, o'val; **o·vip·a·rous** [əʊ'vɪpərəs] *adj.* ovi'par, eierlegend.

o·vo·gen·e·sis [ˌəʊvəʊ'dʒenɪsɪs] *s. biol.* Eibildung *f*; **o·void** ['əʊvɔɪd] *adj. u. s.* eiförmig(er Körper).

o·vu·lar ['ɒvjʊlə] *adj. biol.* Ei..., Ovular...; **o·vu·la·tion** [ˌɒvjʊ'leɪʃn] *s.* Ovulati'on *f*, Eisprung *m*; **o·vule** ['ɒvju:l] *s.* **1.** *biol.* Ovulum *n*, kleines Ei; **2.** ♀ Samenanlage *f*; **o·vum** ['əʊvəm] *pl.* **o·va** ['əʊvə] *s. biol.* Ovum *n*, Ei(zelle *f*) *n*.

owe [əʊ] **I** *v/t.* **1.** *Geld, Achtung, e-e*

Erklärung etc. schulden, schuldig sein: ~ *s.o. a grudge* gegen j-n e-n Groll hegen; *you ~ that to yourself* das bist du dir schuldig; **2.** bei *j-m* Schulden haben (*for* für); **3.** *et.* verdanken, zu verdanken haben, Dank schulden für: *I ~ him much* ich habe ihm viel zu verdanken; **II** *v/i.* **4.** Schulden haben; **5.** die Bezahlung schuldig sein (*for* für); **ow·ing** ['əʊɪŋ] *adj.* **1.** geschuldet: *be ~* zu zahlen sein, noch offenstehen: *have ~* ausstehen haben; **2.** ~ *to* infolge (*gen.*), wegen (*gen.*), dank (*dat.*): *be ~ to* zurückzuführen sein auf (*acc.*), zuzuschreiben sein (*dat.*).

owl [aʊl] *s.* **1.** *orn.* Eule *f*; **2.** *fig.* ,alte Eule' (*Person*): *wise old ~* ,kluges Kind'; **owl·ish** ['aʊlɪʃ] *adj.* □ eulenhaft.

own [əʊn] **I** *v/t.* **1.** besitzen; **2.** *Erben, Kind, Schuld etc.* anerkennen; **3.** zugeben, (ein)gestehen, einräumen: ~ *o.s. defeated* sich geschlagen geben; **II** *v/i.* **4.** sich bekennen (*to* zu): ~ *to* → 3; **5.** ~ *up* es zugeben *od.* gestehen; **III** *adj.* **6.** eigen: *my ~ self* ich selbst; ~ *brother to s.o.* j-s leiblicher Bruder; **7.** eigen (-artig), besonder: *it has a value all its ~* es hat e-n ganz besonderen *od.* eigenen Wert; **8.** selbst: *I cook my ~ breakfast* ich mache mir das Frühstück selbst; **9.** (innig) geliebt, einzig: *my ~ child!*; **IV** *s.* **10.** *my ~* mein Eigentum *n*; *my ~* meine Angehörigen *pl.*: *may I have it for my ~?* darf ich es haben?; *come into one's ~* a) s-n rechtmäßigen Besitz erlangen, b) zur Geltung kommen; *she has a car of her ~* sie hat ein eigenes Auto; *he has a way of his ~* er hat e-e eigene Art; *on one's ~* F a) selbständig, unabhängig, ohne fremde Hilfe, b) von sich aus, aus eigenem Antrieb, c) auf eigene Verantwortung; *be left on one's ~* F sich selbst überlassen sein; *get one's ~ back* F sich revanchieren, sich rächen (*on an dat.*); → *hold* 20.

-owned [əʊnd] *adj. in Zssgn* gehörig, gehörend (*dat.*), in *j-s* Besitz: *state-~* staatseigen, Staats...

own·er ['əʊnə] *s.* Eigentümer(in), Inhaber(in); *at ~'s risk* ✝ auf eigene Gefahr; *~-driver* j-d, der sein eigenes Auto fährt; *~-occupation* Eigennutzung *f* (*e-s Hauses etc.*); '**own·er·less** [-ls] *adj.* herrenlos; '**own·er·ship** [-ʃɪp] *s.* **1.** Eigentum(srecht) *n*, Besitzerschaft *f*; **2.** Besitz *m*.

ox [ɒks] *pl.* **ox·en** ['ɒksn] *s.* **1.** Ochse *m*; **2.** (Haus)Rind *n*.

ox·a·late ['ɒksəleɪt] *s.* 🜍 Oxa'lat *n*; **ox·al·ic** [ɒks'ælɪk] *adj.* 🜍 o'xalsauer: ~ *acid* Oxalsäure *f*.

Ox·bridge ['ɒksbrɪdʒ] *s. Brit.* F (die Universi'täten) Oxford u. Cambridge *pl.*

Ox·ford| man *s.* [*irr.*] → **Oxonian** II; ~ **move·ment** *s. eccl.* Oxfordbewegung *f*.

ox·i·dant ['ɒksɪdənt] *s.* 🜍 Oxydati'onsmittel *n*; '**ox·i·date** [-deɪt] → *oxidize*; **ox·i·da·tion** [ˌɒksɪ'deɪʃn] *s.* 🜍 Oxydati'on *f*, Oxydierung *f*; **ox·ide** ['ɒksaɪd] *s.* 🜍 O'xyd *n*; '**ox·i·dize** [-daɪz] *v/t. u. v/i.* 🜍 oxydieren; '**ox·i·diz·er** [-daɪzə] *s.* 🜍 Oxydati'onsmittel *n*.

'**ox·lip** *s.* ♀ Hohe Schlüsselblume.

Ox·o·ni·an [ɒk'səʊnjən] **I** *adj.* Oxforder, Oxford...; **II** *s.* Mitglied *n od.* Graduierte(r *m*) *f* der Universi'tät Oxford; *weitS.* Oxforder(in).

'**ox·tail** *s.* Ochsenschwanz *m*: ~ **soup**.

ox·y·a·cet·y·lene [ˌɒksɪə'setɪli:n] *adj.* 🜍, ⊙ Sauerstoff-Azetylen...: ~ *torch od. burner* Schweißbrenner *m*; ~ *welding* Autogenschweißen *n*.

ox·y·gen ['ɒksɪdʒən] *s.* 🜍 Sauerstoff *m*: ~ *apparatus* Atemgerät *n*; ~ *tent* 🞂 Sauerstoffzelt *n*; **ox·yg·e·nant** [ɒk'sɪdʒənənt] *s.* Oxydati'onsmittel *n*; **ox·y·gen·ate** [ɒk'sɪdʒəneɪt], **ox·y·gen·ize** [ɒk'sɪdʒənaɪz] *v/t.* **1.** oxydieren, mit Sauerstoff verbinden *od.* behandeln; **2.** mit Sauerstoff anreichern.

ox·y·hy·dro·gen [ˌɒksɪ'haɪdrədʒən] 🜍, ⊙ **I** *adj.* Hydrooxygen..., Knallgas...; **II** *s.* Knallgas *n*.

o·yer ['ɔɪə] *s.* 🜨 **1.** *hist.* gerichtliche Unter'suchung; **2.** → ~ *and* **ter·mi·ner** ['tɜːmɪnə] *s.* 🜨 **1.** *hist.* gerichtliche Unter'suchung u. Entscheidung; **2.** *mst commission* (*od. writ*) *of* ~ *Brit.* königliche Ermächtigung an die Richter der Assisengerichte, Gericht zu halten.

o·yez ['əʊjes] *int.* hört (zu)!

oys·ter ['ɔɪstə] *s.* 🜨 Auster *f*: *~s on the shell* frische Austern; *he thinks the world is his ~ fig.* er meint, er kann alles haben; **2.** F ,zugeknöpfter Mensch'; ~ *bank*, ~ *bed* *s.* Austernbank *f*; ~ *catch·er* *s. orn.* Austernfischer *m*; ~ *farm* *s.* Austernpark *m*.

o·zone ['əʊzəʊn] *s.* **1.** 🜍 O'zon *n*; **2.** ~ *layer* O'zonschicht *f*; **2.** F O'zon *m, n*, reine frische Luft; **o·zon·ic** [əʊ'zɒnɪk] *adj.* **1.** o'zonisch, Ozon...; **2.** o'zonhaltig; **o·zon·if·er·ous** [ˌəʊzə'nɪfərəs] *adj.* **1.** o'zonhaltig; **2.** o'zonerzeugend; **o·zo·nize** ['əʊzəʊnaɪz] **I** *v/t.* ozonisieren; **II** *v/i.* sich in O'zon verwandeln; **o·zo·niz·er** ['əʊzəʊnaɪzə] *s.* Ozoni'sator *m*.

P

P, p [piː] *s.* P *n*, p *n* (*Buchstabe*): **mind one's P's and Q's** sich sehr in acht nehmen.

pa [pɑː] *s.* F Pa'pa *m*, ‚Paps' *m*.

pab·u·lum ['pæbjʊləm] *s.* Nahrung *f* (*a. fig.*).

pace¹ [peɪs] **I** *s.* **1.** Schritt *m* (*a. als Maß*); **2.** Gang(art *f*) *m*: *put a horse through its ~s* ein Pferd alle Gangarten machen lassen; *put s.o. through his ~s fig.* j-n auf Herz u. Nieren prüfen; **3.** Paßgang *m* (*Pferd*); **4.** a) ✕ Marschschritt *m*, b) (Marsch)Geschwindigkeit *f*, Tempo *n* (*a. sport*; *a. fig. e-r Handlung etc.*), Fahrt *f*, Schwung *m*: *go the ~* a) ein scharfes Tempo anschlagen, b) *fig.* flott leben; *keep ~ with* Schritt halten mit (*a. fig.*); *set the ~ sport* das Tempo angeben (*a. fig.*) *od.* machen; *at a great ~* in schnellem Tempo; **II** *v/t.* **5.** *a. ~ out* (*od. off*) abschreiten; **6.** *Zimmer etc.* durch'schreiten, -'messen; **7.** *fig.* das Tempo (*gen.*) bestimmen; **8.** *sport* Schrittmacher sein für; **9.** *Pferd* im Paßgang gehen lassen; **III** *v/i.* **10.** (*auf u. ab etc.*) schreiten; **11.** im Paßgang gehen (*Pferd*).

pa·ce² ['peɪsɪ] (*Lat.*) *prp.* ohne (*dat.*) nahetreten zu wollen.

'pace|mak·er *s. sport* (*a.* ✚ Herz-) Schrittmacher *m*: *~ race Radsport:* Steherrennen *n*; **'~mak·ing** *s. sport* Schrittmacherdienste *pl.*

pac·er ['peɪsə] *s.* **1.** → *pacemaker*; **2.** Paßgänger *m* (*Pferd*).

pach·y·derm ['pækɪdɜːm] *s. zo.* Dickhäuter *m* (*a. humor. fig.*); **pach·y·der·ma·tous** [ˌpækɪ'dɜːmətəs] *adj.* **1.** *zo.* dickhäutig; *fig. a.* dickfellig; **2.** ♀ dickwandig.

pa·cif·ic [pə'sɪfɪk] *adj.* (□ *~ally*) **1.** friedfertig, versöhnlich, Friedens…: *~ policy;* **2.** ruhig, friedlich; **3.** ♀ *geogr.* pa'zifisch, Pa'zifisch: *the ♀ (Ocean)* der Pazifische *od.* Stille Ozean, der Pa'zifik; **pac·i·fi·ca·tion** [ˌpæsɪfɪ'keɪʃn] *s.* **1.** Befriedung *f*; **2.** Beschwichtigung *f*.

pac·i·fi·er ['pæsɪfaɪə] *s.* **1.** Friedensstifter(in); **2.** *Am.* a) Schnuller *m*, b) Beißring *m für Kleinkinder;* **'pac·i·fism** [-fɪzəm] *s.* Pazi'fismus *m*; **'pac·i·fist** [-fɪst] **I** *s.* Pazi'fist *m*; **II** *adj.* pazi'fistisch; **'pac·i·fy** [-faɪ] *v/t.* **1.** *Land* befrieden; **2.** besänftigen, beschwichtigen.

pack [pæk] **I** *s.* **1.** Pack(en) *m*, Ballen *m*, Bündel *n*; **2.** *bsd. Am.* Packung *f*, Schachtel *f* (*Zigaretten etc.*, *Päckchen n*: *a ~ of films* ein Filmpack *n*; **3.** ✚, *Kosmetik:* Packung *f*: *face ~*; **4.** (Karten)Spiel *n*; **5.** ✕ a) Tor'nister *m*, b)

Rückentrage *f* (*Kabelrolle etc.*); **6.** Verpackungsweise *f*; **7.** (Schub *m*) Kon'serven *pl.*; **8.** Menge *f*: *a ~ of lies* ein Haufen Lügen; *a ~ of nonsense* lauter Unsinn; **9.** Packeis *n*; **10.** Pack *n*, Bande *f* (*Diebe etc.*); **11.** Meute *f*, Koppel *f* (*Hunde*); Rudel *n* (*Wölfe*, ✕ *U-Boote*); **12.** *Rugby:* Sturm(reihe *f*) *m*; **II** *v/t.* **13.** *oft ~ up* einpacken (*a.* ✈), zs.-, verpacken: *~ it in!* F *fig.* hör doch auf (damit)!; **14.** zs.-pressen, -pferchen; → *sardine*; **15.** vollstopfen: *a ~ed house thea. etc.* ein zum Bersten volles Haus; **16.** eindosen, konservieren; **17.** ☉ (ab)dichten; **18.** bepacken, -laden; **19.** *Geschworenenbank etc.* mit s-n Leuten besetzen; **20.** *Am.* F (bei sich) tragen: *a hard punch* Boxen: e-n harten Schlag haben; **21.** *a. ~ off* (fort)schicken, (-)jagen; **III** *v/i.* **22.** packen (*oft ~ up*): *~ up fig.* ‚einpacken' (*es aufgeben*); **23.** sich *gut etc.* (ver)packen lassen; **24.** fest werden, sich fest zs.-ballen; **25.** *mst ~ off fig.* sich packen *od.* da'vonmachen: *send s.o. ~ing* j-n fortjagen; **26.** *~ up sl.* ‚absterben', ‚verrecken' (*Motor*) (*on s.o.* j-m).

pack·age ['pækɪdʒ] **I** *s.* **1.** Pack *m*, Ballen *m*; Frachtstück *n*; *bsd. Am.* Pa'ket *n*; **2.** Packung *f* (*Spaghetti etc.*); **3.** Verpackung *f*; **4.** ☉ betriebsfertige Maschine *od.* Baueinheit; **5.** ✚, *pol.*, *fig.* Pa'ket *n* (*a. Computer*), *pol. a.* Junktim *n*: *~ deal* a) Kopplungsgeschäft *n*, b) Pau'schalarrange‚ment *n*, -angebot *n*: *~ tour* Pauschalreise *f*, c) *pol.* Junktim *n*, d) (als Ganzes *od.* en bloc verkauftes) ('Fernseh- *etc.*)Pro‚gramm *n*; **II** *v/t.* **6.** verpacken; **7.** *Lebensmittel etc.* abpakken; **8.** ✚ en bloc anbieten *od.* verkaufen; **'pack·ag·ing** [-dʒɪŋ] **I** *s.* (Einzel-) Verpackung *f*; **II** *adj.* Verpackungs…: *~ machine.*

'pack|-an·i·mal *s.* Pack-, Lasttier *n*; **'~-cloth** *s.* Packleinwand *f*; **'~-drill** *s.* ✕ Strafexerzieren *n* in voller Marschausrüstung.

pack·er ['pækə] *s.* **1.** (Ver)Packer(in); **2.** ✚ Verpacker *m*, Großhändler *m*; *Am.* Kon'serven‚hersteller *m*; **3.** Ver'packungsma‚schine *f*.

pack·et ['pækɪt] **I** *s.* **1.** kleines Pa'ket, Päckchen *n*, Schachtel *f* (*Zigaretten etc.*); *sell s.o. a ~* F j-n ‚anschmieren': **2.** ♣ *a. ~ boat* Postschiff *n*, Pa'ketboot *n*; **3.** *sl.* Haufen *m* Geld, *e-e* ‚(hübsche) Stange Geld'; **4.** *sl.* ‚Ding' *n* (*Schlag, Ärger etc.*); **II** *v/t.* **5.** verpacken, paketieren.

'pack|·horse *s.* **1.** Packpferd *n*; **2.** *fig.* Lastesel *m*; *~ ice s.* Packeis *n*.

pack·ing ['pækɪŋ] *s.* **1.** (Ver)Packen *n*:

do one's ~ packen; **2.** Konservierung *f*; **3.** Verpackung *f* (*a.* ✚); **4.** ☉ a) (Ab-) Dichtung *f*, b) Dichtung *f*, c) 'Dichtungsmateri‚al *n*, d) Füllung *f*, e) *Computer:* Verdichtung *f*; **5.** Zs.-ballen *n*; *~ box s.* **1.** Packkiste *f*; **2.** ☉ Stopfbüchse *f*; *~ case s.* Packkiste *f*; *~ de·part·ment s.* ✚ Packe'rei *f*; *~ house s.* **1.** *Am.* Abpackbetrieb *m*; **2.** Warenlager *n*; *~ pa·per s.* 'Packpa‚pier *n*; *~ ring s.* ☉ Dichtring *m*, Man'schette *f*; *~ sleeve s.* ☉ Dichtungsmuffe *f*.

pack|rat *s. zo.* Packratte *f*; **'~sack** *s. Am.* Rucksack *m*, Tor'nister *m*; **'~sad·dle** *s.* Pack-, Saumsattel *m*; **'~thread** *s.* Packzwirn *m*, Bindfaden *m*; *~ train s.* 'Tragtierko‚lonne *f*.

pact [pækt] *s.* Pakt *m*, Vertrag *m*.

pad¹ [pæd] **I** *s.* **1.** Polster *n*, (Stoß)Kissen *n*, Wulst *m*, Bausch *m*: *oil ~* ☉ Schmierkissen *n*; **2.** *sport* Knie-, Beinschützer *m*; **3.** 'Unterlage *f*; ☉ Kon'sole *f für Hilfsgeräte*; **4.** ('Löschpa‚pier-, Brief-, Schreib)Block *m*; **5.** Stempelkissen *n*; **6.** *zo.* (Fuß)Ballen *m*; **7.** *hunt.* Pfote *f*; **8.** *sl.* ‚Bude' *f* (*Zimmer od. Wohnung*); **9.** ✈ a) Startrampe *f*, b) (Ra'keten)Abschußrampe *f*; **10.** *Am. sl.* a) Schutzgelder *pl.*, b) Schmiergelder *pl.*; **II** *v/t.* **11.** (aus)polstern, wattieren: *~ded cell* Gummizelle *f* (*für Irre*); **12.** *fig.* Rede, Schrift ‚garnieren', ‚aufblähen'.

pad² [pæd] *v/t. u. v/i. a. ~ along sl.* (da'hin)trotten, (-)latschen.

pad·ding ['pædɪŋ] *s.* **1.** (Aus)Polstern *n*; **2.** Polsterung *f*, Wattierung *f*, Einlage *f*; **3.** (Polster)Füllung *f*; **4.** *fig.* leeres Füllwerk, (Zeilen)Füllsel *n*; **5.** *a. ~ ca·pacitor* ✚ 'Paddingkonden‚sator *m*.

pad·dle ['pædl] **I** *s.* **1.** Paddel *n*: **2.** ♣ a) Schaufel(rad *n*) *f*, b) Raddampfer *m*; **3.** *obs.* Waschbleuel *m*; **4.** ☉ Kratze *f*, Rührstange *f*; **5.** ☉ a) Schaufel *f* (*Wasserrad*), b) Schütz *n*, Falltor *n* (*Schleuse*); **II** *v/i.* **6.** rudern, *bsd.* paddeln; → *canoe* I; **7.** *im Wasser* planschen; **8.** watscheln; **III** *v/t.* **9.** paddeln; **10.** *Am.* F verhauen; *~ steam·er s.* ♣ Raddampfer *m*; *~ wheel s.* Schaufelrad *n*.

pad·dling pool ['pædlɪŋ] *s.* Planschbekken *n*.

pad·dock¹ ['pædək] *s.* **1.** (Pferde)Koppel *f*; **2.** *sport* a) Sattelplatz *m*, b) *mot.* Fahrerlager *n*.

pad·dock² ['pædək] *s. zo.* **1.** *obs. od. dial.* Frosch *m*; **2.** *obs.* Kröte *f*.

Pad·dy¹ ['pædɪ] *s.* F ‚Paddy' *m* (*Ire*).

pad·dy² ['pædɪ] *s.* ♀ roher Reis.

pad·dy³ ['pædɪ] *s.* F Wutanfall *m*; *~ wag·on s. Am.* F ‚grüne Minna' (*Polizeigefangenenwagen*).

pad·lock ['pædlɒk] **I** s. Vorhänge-, Vorlegeschloß n; **II** v/t. mit e-m Vorhängeschloß verschließen.

pa·dre ['pɑ:drɪ] s. Pater m (Priester); ✕ Ka'plan m.

pae·an ['pi:ən] s. **1.** antiq. Pä'an m; **2.** allg. Freuden-, Lobgesang m.

paed·er·ast etc. → **pederast** etc.

pae·di·at·ric etc. → **pediatric** etc.

pa·gan ['peɪgən] **I** s. Heide m, Heidin f; **II** adj. heidnisch; **'pa·gan·ism** [-nɪzəm] s. Heidentum n.

page¹ [peɪdʒ] **I** s. **1.** Seite f (Buch etc.); typ. Schriftseite f, Ko'lumne f: ~ **print·er** tel. Blattdrucker m; **2.** fig. Chronik f, Buch n; **3.** fig. Blatt n aus der Geschichte etc.; **II** v/t. **4.** paginieren.

page² [peɪdʒ] **I** s. **1.** hist. Page m; Edelknabe m; **2.** a. ~ **boy** (Ho'tel)Page m; **II** v/t. **3.** j-n (durch e-n Pagen od. per Lautsprecher) ausrufen lassen; **4.** mit j-m über Funkrufempfänger Kon'takt aufnehmen, j-n ,anpiepsen'.

pag·eant ['pædʒənt] s. **1.** a) (bsd. hi'storischer) Fest- od. Umzug, b) (historisches) Festspiel; **2.** (Schau)Gepränge n, Pomp m; **3.** fig. leerer Prunk; **'pag·eant·ry** [-rɪ] s. → **pageant** 2, 3.

pag·er ['peɪdʒə(r)] s. Funkrufempfänger m, ,Piepser'.

pag·i·nal ['pædʒɪnl] adj. Seiten...; **'pag·i·nate** [-neɪt] v/t. paginieren; **pag·i·na·tion** [ˌpædʒɪ'neɪʃn], a. **pag·ing** ['peɪdʒɪŋ] s. Paginierung f, 'Seitennumˌrierung f.

pa·go·da [pə'gəʊdə] s. Pa'gode f; ~ **tree** s. ♀ So'phora f: **shake the ~** obs. fig. in Indien schnell ein Vermögen machen.

pah [pɑ:] int. contp. a) pfui!, b) pah!

paid [peɪd] **I** pret. u. p.p. von **pay**, **II** adj. bezahlt: ~ **in** → **paid-in**; ~ **up** → **paid-up**; **put** ~ **to s.th.** e-r Sache ein Ende setzen; ˌ~'**in** adj. **1.** ✝ (voll) eingezahlt: ~ **capital** Einlagekapital n; **2.** → **paid-up** 2; ˌ~'**up** adj. **1.** → **paid-in** 1; **2. fully** ~ **member** Mitglied n ohne Beitragsrückstände, vollwertiges Mitglied.

pail [peɪl] s. Eimer m, Kübel m; **'pail·ful** [-fʊl] s. ein Eimer(voll) m: **by** ~**s** eimerweise.

pail·lasse ['pælɪæs] s. Strohsack m (Matratze).

pain [peɪn] **I** s. **1.** Schmerz(en pl.) m, Pein f; pl. ♣ (Geburts)Wehen pl.: **be in** ~ Schmerzen haben, leiden; **you are a** ~ **in the neck** F du gehst mir auf die Nerven; **2.** Schmerz(en pl.) m, Leid n, Kummer m: **give** (od. **cause**) s.o. ~ j-m Kummer machen; **3.** pl. Mühe f, Bemühungen pl.: **be at** ~**s, take** ~**s** sich Mühe geben, sich anstrengen; **spare no** ~**s** keine Mühe scheuen; **all he got for his** ~**s** der (ganze) Dank (für s-e Mühe); **4.** Strafe f: **(up)on** (od. **under**) ~ **of** bei Strafe von; **on** (od. **under**) ~ **of death** bei Todesstrafe; **II** v/t. **5.** j-m weh tun, j-n schmerzen; fig. a. j-n schmerzlich berühren, peinigen; **pained** [-nd] adj. gequält, schmerzlich; **'pain·ful** [-fʊl] adj. □ **1.** schmerzhaft; **2.** a) schmerzlich, quälend, b) peinlich: **produce a** ~ **impression** peinlich wirken; **3.** mühsam; **'pain·ful·ness** [-fʊlnɪs] s. Schmerzhaftigkeit f etc.; **'pain-ˌkill·er** s. F schmerzstillendes Mittel; **'pain·less** [-lɪs] adj. □ schmerzlos (a.

fig.).

pains·tak·ing ['peɪnzˌteɪkɪŋ] **I** adj. □ sorgfältig, gewissenhaft; eifrig; **II** s. Sorgfalt f, Mühe f.

paint [peɪnt] **I** v/t. **1.** Bild malen; fig. ausmalen, schildern: ~ **s.o.'s portrait** j-n malen; **2.** an-, bemalen, (an)streichen; Auto lackieren: ~ **out** übermalen; ~ **the town red** sl. ,auf die Pauke hauen', ,(schwer) einen draufmachen'; → **lily**; **3.** Mittel auftragen, Hals, Wunde (aus)pinseln; **4.** schminken: ~ **one's face** sich schminken, sich ,anmalen'; **II** v/i. **5.** malen; **6.** streichen; **7.** sich schminken; **III** s. **8.** (Anstrich-, Öl)Farbe f; (Auto)Lack m; Tünche f; **9.** a. **coat of** ~ Anstrich m: **as fresh as** ~ F frisch u. munter; **10.** Schminke f; **11.** ✻ Tink'tur f; '~**box** s. **1.** Tusch-, Malkasten m; **2.** Schminkdose f; '~**brush** s. Pinsel m.

paint·ed ['peɪntɪd] p.p. u. adj. **1.** ge-, bemalt, gestrichen; lackiert; **2.** bsd. ♀, zo. bunt, scheckig; **3.** fig. gefärbt; ♀ **La·dy** s. **1.** zo. Distelfalter m; **2.** ♀ Rote Wucherblume; ~ **wom·an** s. Hure f, ,Flittchen' n.

paint·er¹ ['peɪntə] s. ⚓ Fangleine f: **cut the** ~ fig. alle Brücken hinter sich abbrechen.

paint·er² ['peɪntə] s. **1.** (Kunst)Maler (-in); **2.** Maler m, Anstreicher m: ~**'s colic** ✻ Bleikolik f; ~**'s shop** b) Malerwerkstatt f, b) (Auto)Lackiererei f; **'paint·ing** [-tɪŋ] s. **1.** Malen n, Male'rei f: ~ **in oil** Ölmale'rei f; **2.** Gemälde n, Bild n; **3.** a) Farbanstrich m, b) Spritzlackieren n.

paint | **re·fresh·er** s. 'Neuglanzpoliˌtur f; ~ **re·mov·er** s. (Farben)Abbeizmittel n.

paint·ress ['peɪntrɪs] s. Malerin f.

'paint-|ˌspray·ing pis·tol s. ✿ ('Anstreich-)Spritzpiˌstole f; '~**work** s. mot. Lackierung f, Lack m.

pair [peə] **I** s. **1.** Paar n: **a** ~ **of boots, legs** etc.; **2.** (Zweiteiliges, mst unübersetzt): **a** ~ **of scales** (**scissors, spectacles**) eine Waage (Schere, Brille); **a** ~ **of trousers** ein Paar Hosen, eine Hose; **3.** Paar n, Pärchen n (Mann u. Frau; zo. Männchen u. Weibchen): ~ **skating** sport Paarlauf(en n) m; **in** ~**s** paarweise; **4.** Partner m; Gegenstück n (von e-m Paar); der (die, das) andere od. zweite: **where is the** ~ **to this shoe?**; **5.** pol. a) zwei Mitglieder verschiedener Parteien, die sich abgesprochen haben, sich der Stimme zu enthalten etc., b) dieses Abkommen, c) e-r dieser Partner; **6.** (Zweier)Gespann n: **carriage and** ~ Zweispänner m; **7.** sport Zweier m (Ruderboot): ~ **with cox** Zweier mit Steuermann; **8.** a. kinematic ~ ✿ Ele'mentenpaar n; **9.** Brit. ~ **of stairs** (od. **steps**) Treppe f: **two** ~ **front** (**back**) (Raum m od. Mieter m) im zweiten Stock vorn (hinten); **II** v/t. **10.** a. ~ **off** a) paarweise anordnen, b) F fig. verheiraten, **11.** Tiere paaren (**with** mit); **III** v/i. **12.** sich paaren (Tiere) (a. fig.); **13.** zu-'sammen-passen; **14.** ~ **off** a) paarweise weggehen, b) F fig. sich verheiraten (**with** mit), c) pol. (**with** mit e-m Mitglied e-r anderen Partei) ein Abkommen treffen (→ 5a); **pair·ing** ['peərɪŋ] s. biol. Paarung f (a. sport): ~ **season, ~ time** Paarungszeit f.

pair·oar ['peərɔ:] **I** s. Zweier m (Boot); **II** adj. zweiruderig.

pa·ja·mas [pə'dʒɑ:məs] bsd. Am. → **pyjamas**.

Pak·i ['pækɪ] s. Brit. sl. Paki'stani m.

Pak·i·stan·i [ˌpɑ:kɪ'stɑːnɪ] **I** adj. paki'stanisch; **II** s. Paki'staner(in), Paki'stani m.

pal [pæl] **I** s. F ,Kumpel' m, ,Spezi' m, Freund m; **II** v/i. mst ~ **up** F sich anfreunden (**with s.o.** mit j-m).

pal·ace ['pælɪs] s. Schloß n, Pa'last m, Pa'lais n: ~ **of justice** Justizpalast; ~ **car** s. 🚃 Sa'lonwagen m; ~ **guard** s. **1.** Pa'lastwache f; **2.** fig. contp. Clique f um e-n Regierungschef, Kama'rilla f; ~ **rev·o·lu·tion** s. pol. fig. Pa'lastrevoluˌti‚on f.

pal·a·din ['pælədɪn] s. hist. Pala'din m (a. fig.).

pa·le·og·ra·pher etc. → **paleographer** etc.

pal·at·a·ble ['pælətəbl] adj. □ wohlschmeckend, schmackhaft (a. fig.); **'pal·a·tal** [-tl] **I** adj. **1.** Gaumen...; **II** s. **2.** Gaumenknochen m; **3.** ling. Pala'tal (-laut) m; **'pal·a·tal·ize** [-təlaɪz] v/t. ling. Laut palatalisieren; **pal·ate** ['pælət] s. **1.** anat. Gaumen m: **bony** (od. **hard**) ~ harter Gaumen, Vordergaumen; **cleft** ~ Wolfsrachen m; **soft** ~ weicher Gaumen, Gaumensegel n; **2.** fig. (**for**) Gaumen m, Sinn m (für), Geschmack m (an dat.).

pa·la·tial [pə'leɪʃl] adj. pa'lastartig, Palast..., Schloß..., Luxus...

pa·lat·i·nate [pə'lætɪnət] **I** s. **1.** hist. Pfalzgrafschaft f; **2. the** ♉ die (Rhein-)Pfalz; **II** adj. **3.** ♉ Pfälzer, pfälzisch.

pal·a·tine¹ ['pælətaɪn] **I** s. **1.** hist. Pfalz..., pfalzgräflich: **Count** ♉ Pfalzgraf; **County** ♉ Pfalzgrafschaft f; **2.** ♉ pfälzisch, Pfälzer(...); **II** s. **3.** Pfalzgraf m; **4.** ♉ (Rhein)Pfälzer(in).

pal·a·tine² ['pælətaɪn] anat. **I** adj. Gaumen...: ~ **tonsil** Gaumen-, Halsmandel f; **II** s. Gaumenbein n.

pa·lav·er [pə'lɑ:və] **I** s. **1.** Unter'handlung f, -'redung f, Konfe'renz f; **2.** F ,Pa'laver' n, Geschwätz n; **3.** F ,Wirbel' m; **II** v/i. **4.** unter'handeln; **5.** pa'lavern, ,quasseln'; **III** v/t. **6.** F j-n beschwatzen; j-m schmeicheln.

pale¹ [peɪl] **I** s. **1.** Pfahl m (a. her.); **2.** bsd. fig. um'grenzter Raum, Bereich m, (enge) Grenzen pl.: **beyond the** ~ fig. jenseits der Grenzen des Erlaubten; **within the** ~ **of the Church** im Schoße der Kirche; **II** v/t. **3.** a. ~ **in** einpfählen, -zäunen; fig. um'schließen; **4.** hist. pfählen.

pale² [peɪl] **I** adj. □ **1.** blaß, bleich, fahl: **turn** ~ → 3; ~ **with fright** schreckensbleich; **as** ~ **as ashes** (**clay, death**) aschfahl (kreidebleich, totenblaß); **2.** hell, blaß, matt (Farben): ~ **ale** helles Bier; ~ **green** Blaß-, Zartgrün; ~ **pink** (Blaß)Rosa; **II** v/i. **3.** blaß werden, erbleichen, erblassen; **4.** fig. verblassen (**before** od. **beside** vor dat.); **III** v/t. **5.** bleich machen, erbleichen lassen.

'pale·face s. Bleichgesicht n (Ggs. Indianer).

pale·ness ['peɪlnɪs] s. Blässe f, Farblosigkeit f (a. fig.).

pa·le·og·ra·pher [ˌpælɪ'ɒgrəfə] s. Paläo-'graph m; ˌpa·le·og·ra·phy [-fɪ] s. **1.**

alte Schriftarten *pl.*, alte Schriftdenk-
mäler *pl.*; **2.** Paläogra'phie *f*, Hand-
schriftenkunde *f*.
pa·le·o·lith·ic [ˌpælɪəʊˈlɪθɪk] **I** *adj.* paläo'lithisch, altsteinzeitlich; **II** *s.* Alt-
steinzeit *f*.
pa·le·on·tol·o·gist [ˌpælɪɒnˈtɒlədʒɪst] *s.*
Paläonto'loge *m*; **pa·le·on'tol·o·gy**
[-dʒɪ] *s.* Paläontolo'gie *f*.
pa·le·o·zo·ic [ˌpælɪəʊˈzəʊɪk] *geol.* **I** *adj.*
paläo'zoisch: ～ *era* → **II**; **II** *s.* Paläo'zoikum *n*.
Pal·es·tin·i·an [ˌpæleˈstɪnɪən] **I** *adj.* palästi'nensisch; **II** *s.* Palästi'nenser(in).
pal·e·tot [ˈpæltəʊ] *s.* **1.** 'Paletot *m*,
'Überzieher *m* (*für Herren*); **2.** loser
(Damen)Mantel.
pal·ette [ˈpælət] *s. paint.* Pa'lette *f*, *fig.*
a. Farbenskala *f*; ～ **knife** *s.* Streichmesser *n*, Spachtel *m*, *f*.
pal·frey [ˈpɔːlfrɪ] *s.* Zelter *m*.
pal·ing [ˈpeɪlɪŋ] *s.* Um'pfählung *f*,
Pfahl-, Lattenzaun *m*, Sta'ket *n*.
pal·in·gen·e·sis [ˌpælɪnˈdʒenɪsɪs] *s. bsd.*
eccl. 'Wiedergeburt *f*, *a. biol.* Palinge-
'nese *f*.
pal·i·sade [ˌpælɪseɪd] **I** *s.* **1.** Pali'sade *f*;
Pfahlzaun *m*, Sta'ket *n*; **2.** Schanzpfahl
m; **II** *v/t.* **3.** mit Pfählen *od.* mit e-r
Palisade um'geben.
pall¹ [pɔːl] *s.* **1.** Bahr-, Leichentuch *n*; **2.**
fig. Mantel *m*, Hülle *f*, Decke *f*; **3.** a)
(Rauch)Wolke *f*, b) Dunstglocke *f*; **4.**
eccl. → **pallium** 2; **5.** *her.* Gabel(kreuz
n) *f*.
pall² [pɔːl] **I** *v/i.* **1.** (*on, upon*) jeden
Reiz verlieren (für), *j-n* kalt lassen *od.*
langweilen; **2.** schal *od.* fade werden,
s-n Reiz verlieren; **II** *v/t.* **3.** *a. fig.* über-
'sättigen.
pal·la·di·um [pəˈleɪdjəm] [-djə] *s.* Pal'la-
dium *n*: a) *pl.* **-di·a** *fig.* Hort *m*, Schutz
m, b) 🜨 *ein Element*.
'pall,bear·er *s.* Sargträger *m*.
pal·let¹ [ˈpælɪt] *s.* (Stroh)Lager *n*, Strohsack *m*, Pritsche *f*.
pal·let² [ˈpælɪt] *s.* **1.** ⚙ Dreh-, Töpferscheibe *f*; **2.** *paint.* Pa'lette *f*; **3.** Trok-
kenbrett *n* (*für Keramik, Ziegel etc.*); **4.**
⚙ Pa'lette: ～ *truck* Gabelstapler *m*;
'pal·let·ize [-lətaɪz] *v/t.* palettieren.
pal·liasse [ˈpælɪæs] → **paillasse**.
pal·li·ate [ˈpælɪeɪt] *v/t.* **1.** 🞲 lindern; **2.**
fig. bemänteln, beschönigen; **pal·li·a-**
tion [ˌpælɪˈeɪʃn] *s.* **1.** Linderung *f*; **2.**
Bemäntelung *f*, Beschönigung *f*; **'pal-**
li·a·tive [-ɪətɪv] **I** *adj.* **1.** 🞲 lindernd,
pallia'tiv; **2.** *fig.* bemäntelnd, beschönigend; **II** *s.* **3.** 🞲 Linderungsmittel *n*; **4.**
fig. Bemäntelung *f*.
pal·lid [ˈpælɪd] *adj.* ☐ *a. fig.* blaß, farblos; **'pal·lid·ness** [-nɪs] *s.* Blässe *f*.
pal·li·um [ˈpælɪəm] *pl.* **-li·a** [-lɪə],
-li·ums *s.* **1.** *antiq.* 'Pallium *n*, Philo'so-
phenmantel *m*; **2.** *eccl.* a) Pallium *n*
(*Schulterband des Erzbischofs*), b) Al-
'tartuch *n*; **3.** *anat.* (Ge)Hirnmantel *m*;
4. *zo.* Mantel *m*.
pal·lor [ˈpælə] *s.* Blässe *f*.
pal·ly [ˈpælɪ] *adj.* F **1.** (eng) befreundet;
2. kumpelhaft.
palm¹ [pɑːm] **I** *s.* **1.** Handfläche *f*, -teller
m, hohle Hand: *grease* (*od. oil*) *s.o.'s*
～ *j-n* ,schmieren', bestechen; **2.** Hand
(-breite) *f* (*als Maß*); **3.** Schaufel *f* (*Anker, Hirschgeweih*); **II** *v/t.* **4.** betasten,
streicheln; **5.** a) palmieren (*wegzau-*

bern), b) *Am. sl.* ,klauen', stehlen; **6.** ～
s.th. off on s.o., ～ *s.o. off with s.th.*
j-m et. ,aufhängen' *od.* ,andrehen'; ～
o.s. off (*as*) sich ausgeben (als).
palm² [pɑːm] *s.* **1.** ⚘ Palme *f*; **2.** *fig.*
Siegespalme *f*, Krone *f*, Sieg *m*: *bear*
(*od. win*) *the* ～ den Sieg davontragen;
→ *yield* 4.
pal·mate [ˈpælmɪt] *adj.* **1.** ⚘ handförmig
(gefingert *od.* geteilt); **2.** *zo.* schwimmfüßig.
palm grease *s.* F Schmiergeld *n*.
pal·mi·ped [ˈpælmɪped], **'pal·mi·pede**
[-ɪpiːd] *zo.* **I** *adj.* schwimmfüßig; **II** *s.*
Schwimmfüßer *m*.
palm·ist [ˈpɑːmɪst] *s.* Handleser(in);
'palm·is·try [-trɪ] *s.* Handlesekunst *f*,
Chiroman'tie *f*.
palm| oil *s.* **1.** Palmöl *n*; **2.** → *palm*
grease; ♀ **Sun·day** *s.* Palm'sonntag *m*;
～ *tree* *s.* Palme *f*.
palm·y [ˈpɑːmɪ] *adj.* **1.** palmenreich; **2.**
fig. glorreich, Glanz..., Blüte...
pa·loo·ka [pəˈluːkə] *s. Am. sl.* **1.** *bsd.*
sport ,Niete' *f*, ,Flasche' *f*; **2.** ,Ochse'
m; **3.** Lümmel *m*.
palp [pælp] *s. zo.* Taster *m*, Fühler *m*;
pal·pa·bil·i·ty [ˌpælpəˈbɪlətɪ] *s.* **1.**
Fühl-, Greif-, Tastbarkeit *f*; **2.** *fig.*
Handgreiflichkeit *f*, Augenfälligkeit *f*;
'pal·pa·ble [-pəbl] *adj.* ☐ **1.** fühl-,
greif-, tastbar; **2.** *fig.* handgreiflich, augenfällig; **'pal·pa·ble·ness** [-pəblnɪs]
→ *palpability*; **'pal·pate** [-peɪt] *v/t.* befühlen, abtasten (*a.* 🞲); **pal·pa·tion**
[pælˈpeɪʃn] *s.* Abtasten *n* (*a.* 🞲).
pal·pe·bra [ˈpælpɪbrə] *s. anat.* Augenlid
n: *lower* ～ Unterlid *n*.
pal·pi·tant [ˈpælpɪtənt] *adj.* klopfend,
pochend; **pal·pi·tate** [ˈpælpɪteɪt] *v/i.* **1.**
klopfen, pochen (*Herz*); **2.** (er)zittern;
pal·pi·ta·tion [ˌpælpɪˈteɪʃn] *s.* Klopfen
n, (heftiges) Schlagen: ～ (*of the heart*)
🞲 Herzklopfen *n*.
pal·sied [ˈpɔːlzɪd] *adj.* **1.** gelähmt; **2.**
zittrig, wacklig; **pal·sy** [ˈpɔːlzɪ] **I** *s.* 🞲
Lähmung *f*: *shaking* ～ Schüttelläh-
mung; *wasting* ～ progressive Muskel-
atrophie; → *writer* 1; **2.** *fig.* Ohnmacht
f, Lähmung *f*; **II** *v/t.* **3.** lähmen.
pal·ter [ˈpɔːltə] *v/i.* **1.** (*with*) gemein
handeln (an *dat.*), sein Spiel treiben
(mit); **2.** feilschen.
pal·tri·ness [ˈpɔːltrɪnɪs] *s.* Armseligkeit
f, Schäbigkeit *f*; **pal·try** [ˈpɔːltrɪ] *adj.* ☐
1. armselig, karg: *a* ～ *sum*; **2.** dürftig,
fadenscheinig: *a* ～ *excuse*; **3.** schäbig,
schofel, gemein: *a* ～ *fellow*; *a* ～ *lie*; *a* ～
ten dollars lumpige zehn Dollar.
pam·pas [ˈpæmpəs] *s. pl.* Pampas *pl.*
(*südamer. Grasebene[n]*).
pam·per [ˈpæmpə] *v/t.* verwöhnen, -hät-
scheln; *fig.* Stolz *etc.* nähren, ,hät-
scheln'; *e-m* Gelüst frönen.
pam·phlet [ˈpæmflɪt] *s.* **1.** Bro'schüre *f*,
Druckschrift *f*, Heft *n*; **2.** Flugblatt *n*,
-schrift *f*; **pam·phlet·eer** [ˌpæmfləˈtɪə]
s. Verfasser(in) von Flugschriften.
pan¹ [pæn] **I** *s.* **1.** Pfanne *f*: *frying* ～
Bratpfanne; **2.** ⚙ Pfanne *f*, Tiegel *m*,
Becken *n*, Mulde *f*, Trog *m*; **3.** Schale *f*
(*e-r Waage*); **4.** ✕ *hist.* (Zünd)Pfanne
f; → *flash* 2; **5.** *sl.* Vi'sage *f*, Gesicht *n*;
6. F ,Verriß' *m*, vernichtende Kri'tik; **II**
v/t. **7.** *oft* ～ *out*, ～ *off* Gold(sand) auswaschen; **8.** F ,verreißen', scharf kritisieren; **III** *v/i.* **9.** ～ *out Am. sl.* sich

bezahlt machen, ,klappen': ～ *out well*
a) *an* Gold ergiebig sein, b) *fig.* ,hin-
hauen', ,einschlagen'.
pan² [pæn] **I** *v/t.* Filmkamera schwenken, fahren; **II** *v/i.* a) panoramieren,
die 'Film,kamera fahren *od.* schwenken, b) (her'um)schwenken (*Kamera*);
III *s.* Film: Schwenk *m*.
pan- [pæn] *in Zssgn* all..., gesamt...;
All..., Gesamt..., Pan...
pan·a·ce·a [ˌpænəˈsɪə] *s.* All'heil-, Wun-
dermittel *n*; *fig. a.* Pa'tentre,zept *n*.
pa·nache [pəˈnæʃ] *s.* **1.** Helm-, Feder-
busch *m*; **2.** *fig.* Großtue'rei *f*.
Pan-A·mer·i·can [ˌpænəˈmerɪkən] *adj.*
panameri'kanisch.
'pan·cake *s.* **1.** Pfann-, Eierkuchen *m*;
2. Leder *n* geringerer Qualität (*aus Re-
sten hergestellt*); **3.** *a.* ～ *landing* ✈
Bumslandung *f*; **II** *v/i.* **4.** ✈ *bei Landung* 'durchsacken; **III** *v/t.* **5.** ✈ *Maschine* 'durchsacken lassen; **IV** *adj.* **6.**
Pfannkuchen...: ～ *Day* F Fastnachts-
dienstag *m*; **7.** flach: ～ *coil* 🜨 Flach-
spule.
pan·chro·mat·ic [ˌpænkrəʊˈmætɪk] *adj.*
♪, *phot.* panchro'matisch.
pan·cre·as [ˈpæŋkrɪəs] *s. anat.* Bauch-
speicheldrüse *f*, Pankreas *n*; **pan-**
cre·at·ic [ˌpæŋkrɪˈætɪk] *adj.* Bauchspei-
cheldrüsen...: ～ *juice* Bauchspeichel
m.
pan·da [ˈpændə] *s. zo.* Panda *m*, Kat-
zenbär *m*; ～ *car* *s. Brit.* (Funk-, Poli-
'zei)Streifenwagen *m*; ～ *cros·sing* *s.*
Brit. 'Fußgänger,überweg *m* mit Druck-
ampel.
pan·dem·ic [pænˈdemɪk] *adj.* 🞲 pan'demisch, ganz allgemein verbreitet.
pan·de·mo·ni·um [ˌpændɪˈməʊnjəm] *s.*
fig. **1.** In'ferno *n*, Hölle *f*; **2.** Höllenlärm *m*.
pan·der [ˈpændə] **I** *s.* **1.** a) Kuppler(in),
b) Zuhälter *m*; **2.** *fig.* j-d, der aus den
Schwächen u. Lastern anderer Kapi'tal
schlägt; j-d, der e-m Laster Vorschub
leistet; **II** *v/t.* **3.** verkuppeln; **III** *v/i.* **4.**
kuppeln; **5.** (*to*) e-m Laster *etc.* Vor-
schub leisten: ～ *to s.o.'s ambition* j-s
Ehrgeiz anstacheln.
Pan·do·ra's box [pænˈdɔːrəz] *s. myth.*
u. fig. die Büchse der Pan'dora.
pane [peɪn] *s.* **1.** (Fenster)Scheibe *f*; **2.**
⚙ Feld *n*, Fach *n*, Platte *f*, Tafel *f*,
Füllung *f* (*Tür*), △ Kas'sette *f* (*Decke*):
～ *of glass* e-e Tafel Glas; **3.** ebene
Seitenfläche; Finne *f* (*Hammer*); Fa-
'cette *f* (*Edelstein*).
pan·e·gyr·ic [ˌpænɪˈdʒɪrɪk] **I** *s.* Lobrede
f, -preisung *f*, -schrift *f*, Lobeshymne *f*
(*on* über *acc.*); **II** *adj.* → **pan·e'gyr·i-**
cal [-kl] *adj.* ☐ lobpreisend, Lob(es)
...; **pan·e'gyr·ist** [-ɪst] *s.* Lobredner
m; **pan·e·gy·rize** [ˈpænɪdʒɪraɪz] **I** *v/t.*
(lob)preisen, ,in den Himmel heben'; **II**
v/i. sich in Lobeshymnen ergehen.
pan·el [ˈpænl] **I** *s.* **1.** △ (vertieftes) Feld,
Fach *n*, Füllung *f* (*Tür*), Täfelung *f*
(*Wand*); **2.** Tafel *f* (*Holz*), Platte *f*
(*Blech etc.*); **3.** *paint.* Holztafel *f*, Gemälde *n* auf Holz; **4.** *phot.* (Bild *n* im)
'Hochfor,mat *n*; **5.** Einsatz(streifen) *m*
am Kleid; **6.** ✈ ✕ 'Flieger-, Si'gnal-
tuch *n*, b) Stoffbahn *f* (*Fallschirm*); **II**
v/t. **7.** *oft* ～ *out, ～ off* Gold(sand) aus-
Streifen *m* der Bespannung (*am Flug-
zeugflügel*), Verkleidung(sblech *n*) *f*
(*Flügelbauteil*); **7.** 🜨, ⚙ a) → *instru-*

ment 6, b) Schalttafel(feld *n*) *f*, c) *Radio etc.*: Feld *n*, Einschub *m*, d) → *panel board* 2; **8.** (Bau)Abteilung *f*, Abschnitt *m*; **9.** ✗ (Abbau)Feld *n*; **10.** ⚜ a) Liste *f* der Geschworenen, b) Geschworene *pl.*; **11.** ('Unter)Ausschuß *m*, Kommissi'on *f*, Gremium *n*, Kammer *f*; **12.** a) → *panel discussion*, b) Diskussi'onsteilnehmer *pl.*; **13.** *Meinungsforschung*: Befragtengruppe *f*; **II** *v/t.* **14.** täfeln, paneelieren, in Felder einteilen; **15.** *Kleid* mit Einsatzstreifen verzieren.

pan·el| board *s.* **1.** ⊚ Füllbrett *n*, (Wand-, Par'kett)Tafel *f*; **2.** ⚡ Schaltbrett *n*, -tafel *f*; ~ **dis·cus·sion** *s.* Podiumsgespräch *n*, öffentliche Diskussi'on; ~ **game** *s. TV etc.*: Ratespiel *n*, 'Quiz(pro₁gramm) *n*; ~ **heat·ing** *s.* Flächenheizung *f*.

pan·el·ist ['pænlɪst] *s.* **1.** Diskussi'onsteilnehmer(in); **2.** *TV etc.* Teilnehmer (-in) an e-m 'Quizpro₁gramm.

pan·el·(l)ing ['pænlɪŋ] *s.* Täfelung *f*, Verkleidung *f*.

pan·el| sys·tem *s.* 'Listensy₁stem *n* (*für die Auswahl von Abgeordneten etc.*); ~ **saw** *s.* Laubsäge *f*; ~ **truck** *s. Am.* (kleiner) Lieferwagen; '~·**work** *s.* Tafel-, Fachwerk *n*.

pang [pæŋ] *s.* **1.** plötzlicher Schmerz, Stechen *n*, Stich *m*: *death* ~*s* Todesqualen; ~*s of hunger* nagender Hunger; ~*s of love* Liebesschmerz *m*; **2.** *fig.* aufschießende Angst, plötzlicher Schmerz, Qual *f*, Weh *n*, Pein *f*: ~*s of remorse* heftige Gewissensbisse.

₁Pan-'Ger·man I *adj.* 'panger₁manisch, all-, großdeutsch; **II** *s.* 'Pangerma₁nist *m*, Alldeutsche(r) *m*.

pan·han·dle ['pæn₁hændl] **I** *s.* **1.** Pfannenstiel *m*; **2.** *Am.* schmaler Fortsatz (*bes. e-s Staatsgebiets*); **II** *v/t. u. v/i.* **3.** *Am. sl. j-n* (an)betteln, *et.* ₁schnorren', erbetteln (*a. fig.*); '**pan₁han·dler** [-lə] *s. Am. sl.* Bettler *m*, ,Schnorrer' *m*.

pan·ic¹ ['pænɪk] *s.* ♀ (Kolben)Hirse *f*.

pan·ic² ['pænɪk] **I** *adj.* **1.** panisch: ~ *fear*, ~ *haste* blinde Hast; ~ *braking mot.* scharfes Bremsen; ~ *buying* Angstkäufe; *push the* ~ *button fig.* F panisch reagieren; *be at* ~ *stations* F fast ,'durchdrehen'; **II** *s.* **2.** Panik *f*, panischer Schrecken; **3.** ✝ Börsenpanik *f*, Kurssturz *m*: ~*-proof* krisenfest; **4.** *Am. sl.* etwas zum Totlachen; **III** *v/t. pret. u. p.p.* '**pan·icked** [-kt] **5.** in Panik versetzen; **6.** in Panik geraten, *Am. sl.* Publikum hinreißen; **IV** *v/i.* **7.** von panischem Schrecken erfaßt werden: *don't* ~*!* nur die Ruhe!; **8.** sich zu e-r Kurzschlußhandlung hinreißen lassen, ,'durchdrehen'; '**pan·ick·y** [-kɪ] *adj.* F **1.** 'überängstlich, -ner₁vös; **2.** in Panik.

pan·i·cle ['pænɪkl] *s.* ♀ Rispe *f*.

'**pan·ic₁mon·ger** *s.* Bange-, Panikmacher(in); ~ **re·ac·tion** *s.* Kurzschlußhandlung *f*; '~·**strick·en**, '~·**struck** *adj.* von panischem Schrecken gepackt.

pan·jan·drum [pɒn'dʒændrəm] *s. humor.* Wichtigtuer *m*.

pan·nier ['pænɪə] *s.* **1.** (Trag)Korb *m*: *a pair of* ~*s* e-e Doppelpacktasche (*Fahr-, Motorrad*); **2.** a) Reifrock *m*, b) Reifrockgestell *n*.

pan·ni·kin ['pænɪkɪn] *s.* **1.** Pfännchen *n*; **2.** kleines Trinkgefäß.

pan·ning ['pænɪŋ] *s. Film*: Panoramierung *f*, (Kamera)Schwenkung *f*: ~ *shot* Schwenk *m*.

pan·o·plied ['pænəplɪd] *adj.* **1.** vollständig gerüstet (*a. fig.*); **2.** prächtig geschmückt; **pan·o·ply** ['pænəplɪ] *s.* **1.** vollständige Rüstung; **2.** *fig.* prächtige Um'rahmung *od.* Aufmachung, Schmuck *m*.

pan·o·ra·ma [₁pænə'rɑ:mə] *s.* **1.** Pano'rama *n* (*a. paint.*), Rundblick *m*; **2.** a) *Film*: Schwenk *m*, b) *phot.* Rundbildaufnahme *f*: ~ *lens* Weitwinkelobjektiv *n*; **3.** *fig.* vollständiger 'Überblick (*of über acc.*); ₁**pan·o'ram·ic** [-'ræmɪk] *adj.* (□ ~*ally*) pano'ramisch, Rundblick...: ~ *camera* Panoramenkamera; ~ *sketch* Ansichtsskizze; ~ *windshield mot. Am.* Rundsichtverglasung.

pan shot *s.* (Kamera)Schwenk *m*.

pan·sy ['pænzɪ] *s.* **1.** ♀ Stiefmütterchen *n*; **2.** *a.* ~ *boy* F a) ,Bubi', b) ,Homo' *m*, ,Schwule(r)' *m*.

pant [pænt] **I** *v/i.* **1.** keuchen, japsen, schnaufen: ~ *for breath* nach Luft schnappen; **2.** *fig.* lechzen, dürsten, gieren (*for od. after* nach); **II** *v/t.* **3.** ~ *out Worte* (her'vor)keuchen.

pan·ta·loon [₁pæntə'lu:n] *s.* **1.** *thea.* Hans'wurst *m*; **2.** *pl. hist.* Panta'lons *pl.* (*Herrenhose*).

pan·tech·ni·con [pæn'teknɪkən] *s. Brit.* **1.** Möbellager *n*; **2.** *a.* ~ *van* Möbelwagen *m*.

pan·the·ism ['pænθi:ɪzəm] *s. phls.* Pan-the'ismus *m*; '**pan·the·ist** [-ɪst] *s.* Pan-the'ist(in); **pan·the·is·tic** [₁pænθi:'ɪstɪk] *adj.* panthe'istisch.

pan·the·on ['pænθɪən] *s.* Pantheon *n*, Ehrentempel *m*, Ruhmeshalle *f*.

pan·ther ['pænθə] *s. zo.* Panther *m*.

pan·ties ['pæntɪz] *s. pl.* F **1.** Kinderhöschen *n od. pl.*; **2.** (Damen)Slip *m*.

pan·ti·hose ['pæntɪhəʊz] *s.* Strumpfhose *f*.

pan·tile ['pæntaɪl] *s.* Dachziegel *m*, -pfanne *f*, Hohlziegel *m*.

pan·to·graph ['pæntəʊgrɑ:f] *s.* **1.** ⚡ Scherenstromabnehmer *m*; **2.** ⊚ Storchschnabel *m*.

pan·to·mime ['pæntəmaɪm] *s.* **1.** *thea.* Panto'mime *f*; **2.** *Brit.* (Laien)Spiel *n*, englisches Weihnachtsspiel; **3.** Mienen-, Gebärdenspiel *n*; **II** *v/t.* **4.** panto-'mimisch darstellen, mimen; **pan·to-mim·ic** [₁pæntə'mɪmɪk] *adj.* (□ ~*ally*) panto'mimisch.

pan·try ['pæntrɪ] *s.* Vorratskammer *f*, Speiseschrank *m*: *butlers* ~ Anrichteraum *m*.

pants [pænts] *s. pl.* **1.** lange (Herren-) Hose; → *wear¹* 1; **2.** *Brit.* Herrenunterhose *f*.

'**pant| skirt** [pænt] *s.* Hosenrock *m*; '**pant(s) suit** *s. Am.* Hosenanzug *m*.

pant·y ['pæntɪ] → *panties*; ~ *gir·dle* *s.* Miederhös-chen *n*; ~ **hose** *s.* Strumpfhose *f*; '~·**waist** *Am. s.* **1.** Hemdhös-chen *n*; **2.** *sl.* Schwächling *m*.

pap [pæp] *s.* **1.** (Kinder)Brei *m*, Papp *m*; **2.** *fig. Am.* F Protekti'on *f*.

pa·pa [pə'pɑ:] *s.* **1.** Pa'pa *m*.

pa·pa·cy ['peɪpəsɪ] *s.* **1.** päpstliches Amt; **2.** ♀ Papsttum *n*; **3.** Pontifi'kat *n*; '**pa·pal** [-pl] *adj.* □ **1.** päpstlich; **2.** 'römisch-ka'tholisch; '**pa·pal·ism** [-əlɪ-zəm] *s.* Papsttum *n*; '**pa·pal·ist** [-əlɪst]

s. Pa'pist(in).

pa·per ['peɪpə] **I** *s.* **1.** ⊚ a) Pa'pier *n*, b) Pappe *f*, c) Ta'pete *f*; **2.** Blatt *n* Papier; **3.** Papier *n als Schreibmaterial*: ~ *does not blush* Papier ist geduldig; *on* ~ *fig.* auf dem Papier, theoretisch; → *commit* 1; **4.** Doku'ment *n*, Schriftstück *n*; **5.** ✝ a) ('Wert)Pa₁pier *n*, b) Wechsel *m*, c) Pa'piergeld *n*: *best* ~ erstklassiger Wechsel; *convertible* ~ (*in Gold*) einlösbares Papiergeld; ~ *currency* Papierwährung *f*; **6.** *pl.* a) 'Ausweis- *od.* Be'glaubigungspa₁piere *pl.*, Doku'mente *pl.*: *send in one's* ~*s* den Abschied nehmen, b) Akten *pl.*, Schriftstücke *pl.*: ~*s on appeal* ⚜ Berufungsakten; *move for* ~*s bsd. parl.* die Vorlage der Unterlagen *e-s Falles* beantragen; **7.** Prüfungsarbeit *f*; **8.** Aufsatz *m*, Abhandlung *f*, Vortrag *m*, -lesung *f*, Refe-'rat *n*: *read a* ~ e-n Vortrag halten, referieren (*on über acc.*); **9.** Zeitung *f*, Blatt *n*; **10.** Brief *m*, Heft *n* mit Nadeln *etc.*; **11.** *thea. sl.* a) Freikarte *f*, b) Besucher *m* mit Freikarte; **II** *adj.* **12.** papieren, Papier..., Papp...; **13.** *fig.* (hauch)dünn, schwach; **14.** nur auf dem Pa'pier vorhanden: ~ *team*; **III** *v/t.* **15.** in Papier einwickeln; mit Papier ausschlagen; ~ *over* überkleben, *fig.* (notdürftig) übertünchen; **16.** tapezieren; **17.** mit 'Sandpa₁pier polieren; **18.** *thea. sl. Haus* mit Freikarten füllen; '~·**back** *s.* Paperback *n*, Taschenbuch *n*; ~ **bag** *s.* Tüte *f*; '~·**board** *s.* Pappdeckel *m*, Pappe...; ~ **chase** *s.* Schnitzeljagd *f*; ~ **clip** *s.* Büro-, Heftklammer *f*; ~ **cup** *s.* Pappbecher *m*; ~ **cut·ter** *s.* **1.** Pa'pier₁schneidema₁schine *f*; **2.** → *paper knife*, ~ *ex·er·cise* *s.* ✗ Planspiel *n*; ~ **fas·ten·er** *s.* Heftklammer *f*; '~·**hang·er** *s.* Tapezierer *m*; ~ **knife** *s.* Pa'piermesser *n*, Brieföffner *m*; ~ **mill** *s.* Pa'pier(fa₁brik *f*, -mühle *f*; ~ **mon·ey** *s.* Pa'piergeld *n*; ~ **plate** *s.* Pappteller *m*; ~ **prof·it** *s.* ✝ rechnerischer Gewinn; ~ **stain·er** *s.* Ta'petenmaler *m*, -macher *m*; ~ **tape** *s. Computer*: Lochstreifen *m*; '~·**thin** *adj.* hauchdünn (*a. fig.*); ~ **ti·ger** *s. fig.* Pa'piertiger *m*; ~ **war(·fare)** *s.* **1.** Pressekrieg *m*, -fehde *f*, Federkrieg *m*; **2.** Pa'pierkrieg *m*; '~·**weight** *s.* **1.** Briefbeschwerer *m*; **2.** *sport* Pa'piergewicht(ler *m*) *n*; '~·**work** *s.* Schreib-, Bü'roarbeit *f*.

pa·per·y ['peɪpərɪ] *adj.* pa'pierähnlich; (pa'pier)dünn.

pa·pier-mâ·ché [₁pæpjeɪ'mæʃeɪ] *s.* Pa-'pierma₁ché, 'Pappma₁ché *n*.

pa·pil·i·o·na·ceous [pə₁pɪlɪəʊ'neɪʃəs] *adj.* ♀ schmetterlingsblütig.

pa·pil·la [pə'pɪlə] *pl.* **-pil·lae** [-li:] *s. anat.* Pa'pille *f* (*a.* ♀), Warze *f*; **pap·il·lar·y** [-ərɪ] *adj.* **1.** warzenartig, papil-'lär; **2.** mit Pa'pillen versehen.

pa·pist ['peɪpɪst] *s. contp.* Pa'pist *m*; **pa·pis·tic** *adj.*; **pa·pis·ti·cal** [pə'pɪstɪk(l)] *adj.* □ **1.** päpstlich; **2.** *contp.* pa'pistisch; '**pa·pist·ry** [-rɪ] *s.* Pa'pismus *f*, Papiste'rei *f*.

pa·poose [pə'pu:s] *s.* **1.** Indi'anerbaby *n*; **2.** *Am. humor.* ,Balg' *m*.

pap·pus ['pæpəs] *pl.* **-pi** [-aɪ] *s.* **1.** ♀ a) Haarkrone *f*, b) Federkelch *m*; **2.** Flaum *m*.

pap·py ['pæpɪ] *adj.* breiig, pappig.

Pap| test, ~ **smear** [pæp] *s.* ⚕ Abstrich

m.

pa·py·rus [pə'paɪərəs] *pl.* **-ri** [-raɪ] *s.* **1.** ♀ Pa'pyrus(staude *f*) *m*; **2.** *antiq.* Pa'pryrus(rolle *f*, -text) *m.*

par [pɑː] **I** *s.* **1.** † Nennwert *m*, Pari *n*: *issue* ~ Emissionskurs *m*; *nominal* (*od. face*) ~ Nennbetrag *m* (*Aktie*), Nominalwert *m*; ~ *of exchange* Wechselpari(tät *f*) *n*, Parikurs *m*; *at* ~ zum Nennwert, al pari; *above* (*below*) ~ über (unter) Pari; **2.** *fig. above* ~ in bester Form; *up to* (*below*) ~ F (nicht) auf der Höhe; *be on a* ~ (*with*) ebenbürtig *od.* gewachsen sein (*dat.*), entsprechen (*dat.*); *put on a* ~ *with* gleichstellen (*dat.*); *on a* ~ Brit. im Durchschnitt; **3.** *Golf:* Par *n*, festgesetzte Schlagzahl; **II** *adj.* **4.** † pari: ~ *clearance Am.* Clearing *n* zum Pariwert; ~ *value* Pari-, Nennwert *m.*

para- [pærə] *in Zssgn* **1.** neben, über … hin'aus; **2.** ähnlich; **3.** falsch; **4.** ♠ neben, ähnlich; Verwandtschaft bezeichnend; **5.** ♂ a) fehlerhaft, ab'norm, b) ergänzend, c) um'gebend; **6.** Schutz...; **7.** Fallschirm…

pa·ra ['pærə] *s.* F **1.** ✕ Fallschirmjäger *m*; **2.** *typ.* Absatz *m.*

par·a·ble ['pærəbl] *s.* Pa'rabel *f*, Gleichnis *n* (*a. bibl.*).

pa·rab·o·la [pə'ræbələ] *s.* ✚ Pa'rabel *f*: ~ *compasses* Parabelzirkel *m.*

par·a·bol·ic [ˌpærə'bɒlɪk] *adj.* **1.** → *parabolical;* **2.** ✚ para'bolisch, Parabel...: ~ *mirror* Parabolspiegel *m*; **par·a'boli·cal** [-kl] *adj.* □ para'bolisch, gleichnishaft; **pa·rab·o·loid** [pə'ræbəlɔɪd] *s.* ✚ Parabolo'id *n.*

'par·a·brake *v/t.* ✓ durch Bremsfallschirm abbremsen.

par·a·chute ['pærəʃuːt] **I** *s.* **1.** ✓ Fallschirm *m*: ~ *jumper* Fallschirmspringer *m*; **2.** ♀ Schirmflieger *m*; **3.** ♀ Sicherheits-, Fangvorrichtung *f*; **II** *v/t.* **4.** (mit dem Fallschirm) absetzen, -werfen; **III** *v/i.* **5.** mit dem Fallschirm abspringen; **6.** (wie) mit e-m Fallschirm schweben; ~ *flare* ✕ Leuchtfallschirm *m*; ~ *troops s. pl.* ✕ Fallschirmtruppen *pl.*

par·a·chut·ist ['pærəʃuːtɪst] *s.* ✓ **1.** Fallschirmspringer(in); **2.** ✕ Fallschirmjäger *m.*

pa·rade [pə'reɪd] **I** *s.* **1.** Pa'rade *f*, Vorführung *f*, Zur'schaustellen *n*: *make a* ~ *of* → 7; **2.** ✕ a) Pa'rade *f* (*Truppenschau u. Vorbeimarsch*): *be on* ~ e-e Parade abhalten, b) Ap'pell *m*: ~ *rest!* Rührt Euch!, c) *a.* ~ *ground* Pa'rade-, Exerzierplatz *m*; **3.** ('Um)Zug *m*, (Auf-, Vor'bei)Marsch *m*; **4.** *bsd.* Brit. Prome'nade *f*; **5.** *fenc.* Pa'rade *f*; **II** *v/t.* **6.** zur Schau stellen, vorführen; **7.** zur Schau tragen, protzen mit; **8.** ✕ *auf-* vor'beimarschieren lassen; **9.** *Straße* entlangstolzieren; **III** *v/i.* **10.** ✕ paradieren, (vor'bei)marschieren; **11.** e-n Umzug veranstalten, durch die Straßen ziehen; **12.** sich zur Schau stellen, stolzieren.

par·a·digm ['pærədaɪm] *s. ling.* Para'digma *n*, (Muster)Beispiel *n*; **par·adig·mat·ic** [ˌpærədɪɡ'mætɪk] *adj.* (□ ~ally) paradig'matisch.

par·a·dise ['pærədaɪs] *s.* (*bibl.* ♫) Para'dies *n* (*a. fig.*): *bird of* ~ Paradiesvogel *m*; → *fool's paradise;* **par·a·dis·iac** [ˌpærə'dɪsɪæk], **par·a·di·si·a·cal** [ˌpærə-

dɪ'saɪəkl] *adj.* para'diesisch.

par·a·dox ['pærədɒks] *s.* Pa'radoxon *n*, Para'dox *n*; **par·a·dox·i·cal** [ˌpærə'dɒksɪkl] *adj.* □ para'dox.

'par·a·drop *v/t.* ✓ mit dem Fallschirm abwerfen *od.* absetzen.

par·af·fin ['pærəfɪn], **par·af·fine** ['pærrəfiːn] **I** *s.* Paraf'fin *n*: *liquid* ~, *Brit.* ~ (*oil*) Paraffinöl *n*; *solid* ~ Erdwachs *n*; ~ *wax* Paraffin (*für Kerzen*); **II** *v/t.* ⚙ paraffinieren.

par·a·glid·er ['pærəˌɡlaɪdə] *s. sport* Gleitschirm *m.*

par·a·gon ['pærəɡɒn] *s.* **1.** Muster *n*, Vorbild *n*: ~ *of virtue* Muster *od. iro.* Ausbund *m* an Tugend; **2.** *typ.* Text *f* (*Schriftgrad*).

par·a·graph ['pærəɡrɑːf] *s.* **1.** *typ.* a) Absatz *m*, Abschnitt *m*, Para'graph *m*, b) Para'graphzeichen *n*; **2.** kurzer ('Zeitungs)Ar,tikel; **'par·a·graph·er** [-fə] *s.* **1.** Verfasser *m* kleiner Zeitungsartikel; **2.** 'Leitar,tikler *m* (*e-r Zeitung*).

Par·a·guay·an [ˌpærə'ɡwaɪən] **I** *adj.* para'guayisch; **II** *s.* Para'guayer(in).

par·a·keet ['pærəkiːt] *s. orn.* Sittich *m*: *Australian grass* ~ Wellensittich.

par·al·de·hyde [pə'rældɪhaɪd] *s.* 🜏 Paralde'hyd *n.*

par·al·lac·tic [ˌpærə'læktɪk] *adj. ast., phys.* paral'laktisch: ~ *motion* parallaktische Verschiebung; **par·al·lax** ['pærəlæks] *s.* Paral'laxe *f.*

par·al·lel ['pærəlel] **I** *adj.* **1.** (*with, to*) paral'lel (zu, mit), gleichlaufend (mit): ~ *bars* Turnen: Barren *m*; ~ *connection* ⚡ Parallelschaltung *f*; *run* ~ *to* parallel verlaufen zu; **2.** *fig.* paral'lel, gleich(gerichtet, -laufend), entsprechend: ~ *case* Parallelfall *m*; ~ *passage* Parallele *f* in *e-m* Text; **II** *s.* **3.** ✚ *u. fig.* Paral'lele *f* (*to* zu): *in* ~ *with* parallel zu; *draw a* ~ *between fig.* e-e Parallele ziehen zwischen (*dat.*), (miteinander) vergleichen; **4.** ✚ Paralleli'tät *f* (*a. fig. Gleichheit*); **5.** *geogr.* Breitenkreis *m*; **6.** ⚡ Paral'lelschaltung *f*: *connect* (*od. join*) *in* ~ parallelschalten; **7.** Gegenstück *n*, Entsprechung *f*: *have no* ~ nicht seinesgleichen haben; *without* ~ ohnegleichen; **III** *v/t.* **8.** (*with, to*) anpassen, -gleichen (*dat.*); **9.** gleichkommen (*dat.*); **10.** *et.* Gleiches *od.* Entsprechendes finden zu; **11.** *bsd. Am.* F parallel laufen zu; **'paral·lel·ism** [-lɪzəm] *s.* ✚ Paralle'lismus *m* (*a. ling., phls., fig.*), Paralleli'tät *f*; **par·al·lel·o·gram** [ˌpærə'leləɡræm] *s.* ✚ Parallelo'gramm *n*: ~ *of forces phys.* Kräfteparallelogramm *n.*

pa·ral·o·gism [pə'rælədʒɪzəm] *s. phls.* Paralo'gismus *m*, Trugschluß *m.*

par·a·ly·sa·tion [ˌpærəlaɪ'zeɪʃn] *s.* **1.** 🜏 Lähmung *f* (*a. fig.*); **2.** *fig.* Lahmlegung *f*; **par·a·lyse** ['pærəlaɪz] *v/t.* **1.** 🜏 paralysieren, lähmen (*a. fig.*); **2.** *fig.* lahmlegen, lähmen, zum Erliegen bringen; **par·al·y·sis** [pə'rælɪsɪs] *pl.* **-ses** [-siːz] *s.* **1.** 🜏 Para'lyse *f*, Lähmung *f*; **2.** *fig.* a) Lähmung *f*, Lahmlegung *f*, b) Da'niederliegen *n*, c) Ohnmacht *f*; **par·a·lytic** [ˌpærə'lɪtɪk] **I** *adj.* (□ ~*ally*) 🜏 para'lytisch: a) Lähmungs..., b) gelähmt (*a. fig.*); **II** *s.* Para'lytiker(in).

par·a·lyze *bsd. Am.* → **paralyse.**

par·a·med·ic [ˌpærə'medɪk] *s. Am.* **1.** ärztlicher Assi'stent, *a.* Sani'täter *m*; **2.**

Arzt, der sich in abgelegenen Gegenden mit dem Fallschirm absetzen läßt.

pa·ram·e·ter [pə'ræmɪtə] *s.* ✚ **1.** Pa'rmameter *m*; **2.** Nebenveränderliche *f.*

,par·a'mil·i·tar·y *adj.* 'paramili,tärisch.

par·a·mount ['pærəmaʊnt] **I** *adj.* □ **1.** höher stehend (*to* als), oberst, höchst; **2.** *fig.* an der Spitze stehend, größt, über'ragend, ausschlaggebend: *of* ~ *importance* von (aller)größter Bedeutung.

par·a·mour ['pærəˌmʊə] *s.* Geliebte(r *m*) *f*, Buhle *m, f.*

par·a·noi·a [ˌpærə'nɔɪə] *s.* 🜏 Para'noia *f*; **,par·a'noi·ac** [-ɪæk] **I** *adj.* para'noisch; **II** *s.* Para'noiker(in); **par·a·noid** ['pærənɔɪd] *adj.* parano'id.

par·a·pet ['pærəpɪt] *s.* **1.** ✕ Wall *m*, Brustwehr *f*; **2.** △ (Brücken)Geländer *n*, (Bal'kon-, Fenster)Brüstung *f.*

par·aph ['pæræf] *s.* Pa'raphe *f*, ('Unterschrifts)Schnörkel *m.*

par·a·pher·na·li·a [ˌpærəfə'neɪljə] *s. pl.* **1.** Zubehör *n, m*, Uten'silien *pl.*, ,Drum u. 'Dran' *n*; **2.** ⚖ Parapher'nalgut *n der Ehefrau.*

par·a·phrase ['pærəfreɪz] **I** *s.* Para'phrase *f* (*a.* ♪), Um'schreibung *f*; freie 'Wiedergabe, Interpretati'on *f*; **II** *v/t. u. v/i.* paraphrasieren (*a.* ♪), interpretieren, *e-n Text* frei 'wiedergeben; um'schreiben.

par·a·ple·gi·a [ˌpærə'pliːdʒə] *s.* Paraple'gie *f*, doppelseitige Lähmung *f*; **,para'pleg·ic** [-dʒɪk] *adj.* para'plegisch.

,par·a·psy'chol·o·gy [ˌpærəsaɪ'kɒlədʒɪ] *s.* 'Parapsycho,logie *f.*

par·a·scend·ing [ˌpærə'sendɪŋ] *s.* Fallschirmsport *m*, -springen *n.*

par·a·sit·al [ˌpærə'saɪtl] *adj.* para'sitisch (*a. fig.*); **par·a·site** ['pærəsaɪt] **I** *s.* **1.** biol. *u. fig.* Schma'rotzer *m*, Para'sit *m*; **2.** *ling.* para'sitischer Laut; **II** *adj.* **3.** → *parasitic* 4; **,par·a'sit·ic**, **,par·a'sitic·al** [-'sɪtɪk(l)] *adj.* □ **1.** biol. para'sitisch (*a. ling.*), schma'rotzend; **2.** ♂ para'sitisch, parasi'tär; **3.** *fig.* schma'rotzerhaft, para'sitisch; **4.** ⚡, ⚡ (*nur parasitic*) störend, parasi'tär: ~ *current* Fremdstrom *m*; **par·a·sit·ism** ['pærəsaɪtɪzəm] *s.* Parasi'tismus *m* (*a.* ♂), Schma'rotzertum *n.*

par·a·sol ['pærəsɒl] *s.* (Damen)Sonnenschirm *m, obs.* Para'sol *m, n.*

par·a·suit ['pærəsuːt] *s.* ✓ 'Fallschirmkombinati,on *f.*

par·a·thy·roid (gland) [ˌpærə'θaɪrɔɪd] *s.* anat. Nebenschilddrüse *f.*

'par·a,troop·er *s.* ✕ Fallschirmjäger *m*; **'par·a·troops** *s.* ✕ Fallschirmtruppen *pl.*

par·a·ty·phoid (fe·ver) [ˌpærə'taɪfɔɪd] *s.* 🜏 Paratyphus *m.*

par·a·vane ['pærəveɪn] *s.* ⚓ Minenabweiser *m*, Ottergerät *n.*

par·boil ['pɑːbɔɪl] *v/t.* **1.** halbgar kochen, ankochen; **2.** *fig.* über'hitzen.

par·cel ['pɑːsl] **I** *s.* **1.** Pa'ket *n*, Päckchen *n*; Bündel *n*; *pl.* Stückgüter *pl.*: ~ *of shares* Aktienpaket; *do up in* ~*s* einpacken; **2.** † Posten *m*, Par'tie *f*, Los *n* (*Ware*): *in* ~*s* in kleinen Posten, stück-, packweise; **3.** *contp.* Haufe(n) *m*; **4.** *a.* ~ *of land* Par'zelle *f*; **II** *v/t.* **5.** *mst* ~ *out* auf-, aus-, abteilen, *Land* parzellieren; **6.** *a.* ~ *up* einpacken, (ver)packen; **of·fice** *s.* Gepäckabfertigung(sstelle) *f*;

~ post s. Pa'ketpost f.

par·ce·nar·y ['pɑːsnərɪ] s. ⚖ Mitbesitz m (durch Erbschaft); **'par·ce·ner** [-nə] s. Miterbe m.

parch [pɑːtʃ] I v/t. **1.** rösten, dörren; **2.** ausdörren, -trocknen, (ver)sengen: **be ~ed** (with thirst), ,am Verdursten' sein; II v/i. **3.** ausdörren, -trocknen, rösten, schmoren; **'parch·ing** [-tʃɪŋ] adj. **1.** brennend (Durst); **2.** sengend (Hitze); **'parch·ment** [-mənt] s. **1.** Perga-'ment n; **2.** a. **vegetable ~** Perga'ment-paˌpier n; **3.** Per'gament(urkunde f) n, Urkunde f.

pard [pɑːd], **'pard·ner** [-dnə] s. bsd. Am. F Partner m, ,Kumpel' m.

par·don ['pɑːdn] I v/t. **1.** j-m od. e-e Sache verzeihen, j-n od. et. entschuldigen: **~ me!** Verzeihung!, entschuldigen Sie!, verzeihen Sie!; **~ me for interrupting you!** entschuldigen Sie, wenn ich Sie unterbreche!; **2. Schuld** vergeben; **3.** j-m das Leben schenken, j-m die Strafe erlassen, j-n begnadigen; II s. **4.** Verzeihung f: **a thousand ~s** ich bitte Sie tausendmal um Entschuldigung; **beg** (od. **ask**) **s.o.'s ~** j-n um Verzeihung bitten; **(I) beg your ~** a) entschuldigen Sie bitte!, Verzeihung!, b) F a. **~?** wie sagten Sie (doch eben)?, wie bitte?, c) empört: erlauben Sie mal!; **5.** Vergebung f; R.C. Ablaß m; ⚖ Begnadigung f, Straferlaß m: **general ~** (allgemeine) Amnestie; **6.** Par'don m, Gnade f; **'par·don·a·ble** [-nəbl] adj. □ verzeihlich (Fehler), läßlich (Sünde); **'par·don·er** [-nə] s. eccl. hist. Ablaßkrämer m.

pare [peə] v/t. Äpfel etc. schälen; Fingernägel etc. (be)schneiden: **~ down** fig. beschneiden, einschränken; **~ off** (ab-)schälen (a. ⚙); → **claw** 1 b.

par·e·gor·ic [ˌpærəˈgɒrɪk] adj. u. s. ⚕ schmerzstillend(es Mittel).

par·en·ceph·a·lon [ˌpærenˈsefəlɒn] s. anat. Kleinhirn n.

pa·ren·chy·ma [pəˈreŋkɪmə] s. **1.** Par-en'chym n (biol., ⚕ Grund-, anat. Organgewebe); **2.** ⚕ Tumorgewebe n.

par·ent ['peərənt] I s. **1.** pl. Eltern pl.: **~-teacher association** ped. (amer., a. brit.) Eltern-Lehrer-Ausschuß m; **~-teacher meeting** Elternabend m; **2.** a. ⚖ Elternteil m; **3.** Vorfahr m; **4.** biol. Elter m; **5.** fig. Ursache f: **the ~ of vice** aller Laster Anfang; **6.** ⚕ F ,Mutter' f (Muttergesellschaft); II adj. **7.** biol. Stamm…, Mutter…: **~ cell** Mutterzelle f; **8.** ursprünglich, Ur…: **~ form** Ur-form f; **9.** fig. Mutter…, Stamm…: **~ company** ⚕ Stammhaus m, Muttergesellschaft f; **~ material** Urstoff m, geol. Ausgangsgestein n; **~ organization** Dachorganisation f; **~ patent** ⚕ Stammpatent n; **~ rock** geol. Urgestein n; **~ ship** ⚓ Mutterschiff n; **~ unit** ✕ Stammtruppenteil m; **'par·ent·age** [-tɪdʒ] s. **1.** Abkunft f, Abstammung f, Fa'milie f; **2.** Elternschaft f; **3.** fig. Urheberschaft f; **pa·ren·tal** [pəˈrentl] adj. □ elterlich, Eltern…: **~ authority** ⚖ elterliche Gewalt.

pa·ren·the·sis [pəˈrenθɪsɪs] pl. **-the·ses** [-siːz] s. **1.** ling. Paren'these f, Einschaltung f: **by way of ~** fig. beiläufig; **2.** mst pl. typ. (runde) Klammer(n pl.): **put in parentheses** einklammern; **pa'ren-**

the·size [-saɪz] v/t. **1.** einschalten, einflechten; **2.** typ. einklammern; **par·en·thet·ic, par·en·thet·i·cal** [ˌpærən-ˈθetɪk(l)] adj. □ **1.** paren'thetisch, eingeschaltet; fig. beiläufig; **2.** eingeklammert.

par·ent·less ['peərəntlɪs] adj. elternlos.

pa·re·sis ['pærɪsɪs] s. ⚕ **1.** Pa'rese f, unvollständige Lähmung; **2.** a. **general ~** progres'sive Para'lyse.

par·get ['pɑːdʒɪt] I s. **1.** Gips(stein) m; **2.** Verputz m; **3.** Stuck m; II v/t. **4.** verputzen; **5.** mit Stuck verzieren.

par·he·li·on [pɑːˈhiːljən] pl. **-li·a** [-ljə] s. Nebensonne f, Par'helion n.

pa·ri·ah ['pærɪə] s. Paria m (a. fig.).

pa·ri·e·tal [pəˈraɪɪtl] I adj. **1.** anat. parie-'tal: a) (a. ♀, biol.) wandständig, Wand…, b) seitlich, c) Scheitel-(bein)…; **2.** ped. Am. in'tern, Haus…; II s. **3.** a. **~ bone** Scheitelbein n.

par·ing ['peərɪŋ] s. **1.** Schälen n; (Be-) Schneiden n, Stutzen n (a. fig.); **2.** pl. Schalen pl.: **potato ~s**; **3.** pl. ⚙ Späne pl., Schabsel pl., Schnitzel pl.; **~ knife** s. **1.** Schälmesser n (für Obst etc.); **2.** Beschneidmesser n.

pa·ri pas·su [ˌpɑːrɪˈpæsuː] (Lat.) adv. gleichrangig, -berechtigt.

Par·is ['pærɪs] adj. Pa'riser; **~ blue** s. Ber'liner Blau n; **~ green** s. Pa'riser od. Schweinfurter Grün n.

par·ish ['pærɪʃ] I s. **1.** eccl. a) Kirchspiel n, Pfarrbezirk m, b) Gemeinde f (a. coll.); **2.** a. **civil** (od. **poor-law**) **~** pol. Brit. (po'litische) Gemeinde: **go** (od. **be**) **on the ~** der Gemeinde zur Last fallen; II adj. **3.** Kirchen…, Pfarr…: **~ church** Pfarrkirche f; **~ clerk** Küster m; **~ register** Kirchenbuch n; **4.** pol. Gemeinde…: **~ council** Gemeinderat m; **~-pump politics** Kirchturmpolitik f; **pa·rish·ion·er** [pəˈrɪʃənə] s. Gemeindeglied n.

Pa·ri·sian [pəˈrɪzjən] I s. Pa'riser(in); II adj. Pa'riser.

par·i·syl·lab·ic [ˌpærɪsɪˈlæbɪk] ling. I adj. parisyl'labisch, gleichsilbig; II s. Pari-'syllabum n.

par·i·ty ['pærətɪ] s. **1.** Gleichheit f, a. gleichberechtigte Stellung; **2.** ⚕ a) Pa-ri'tät f, b) ⚕ 'Umrechnungskurs m: **at the ~ of** zum Umrechnungskurs von; **~ clause** Paritätsklausel f; **~ price** Parikurs m.

park [pɑːk] I s. **1.** Park m, (Park)Anlagen pl.; **2.** Na'turschutzgebiet n, Park m: **national ~**; **3.** bsd. ✕ (Geschütz-, Fahrzeug- etc.)Park m; **4.** Am. Parkplatz m; **5.** (Sport)Platz m, b) **the ~** Brit. F der Fußballplatz; II v/t. **6.** mot. etc. parken, ab-, aufstellen; F et. abstellen, wo lassen: **~ o.s.** sich ,hinhocken'; III v/i. **7.** parken.

par·ka ['pɑːkə] s. Parka m, f.

park-and-'ride sys·tem s. 'Park-and-'ride-Sy¦stem n.

park·ing ['pɑːkɪŋ] s. mot. **1.** Parken n: **No ~!** Parken verboten!; **2.** Parkplatz m, -plätze pl., -fläche f; **~ brake** s. Feststellbremse f; **~ disc** s. Parkscheibe f; **~ fee** s. Parkgebühr f; **~ ga·rage** s. Parkhaus n; **~ light** s. Park-, Standlicht n; **~ lot** s. Am. Parkplatz m, -fläche f; **~ me·ter** s. Park(zeit)uhr f; **~ place** s. Parkplatz m, -fläche f; **~ space** s. **1.** → **parking place**; **2.** Abstellfläche f, -lük-

ke f; **~ tick·et** s. Strafzettel m (für unerlaubtes Parken).

par·lance ['pɑːləns] s. Ausdrucksweise f, Sprache f: **in common ~** auf gut deutsch; **in legal ~** in der Rechtssprache; **in modern ~** im modernen Sprachgebrauch.

par·lay ['pɑːlɪ] Am. I v/t. **1.** Wett-, Spielgewinn wieder einsetzen; **2.** fig. aus j-m od. et. Kapi'tal schlagen; **3.** erweitern, ausbauen (into zu); II v/i. **4.** e-n Spielgewinn wieder einsetzen; III s. **5.** erneuter Einsatz des Gewinns; **6.** Auswertung f; **7.** Ausweitung f, Ausbau m.

par·ley ['pɑːlɪ] I s. **1.** Unter'redung f, Verhandlung f; **2.** ✕ (Waffenstillstands)Verhandlung(en pl.) f, Unter-'handlung(en pl.) f; II v/i. **3.** sich besprechen (with mit); **4.** ✕ unter'handeln; III v/t. **5.** humor. parlieren: **~ French.**

par·lia·ment ['pɑːləmənt] s. Parla'ment n: **enter** (od. **get into** od. **go into**) **~** ins Parlament gewählt werden; **Member of ~** Brit. Mitglied des Unterhauses, Abgeordnete(r m) f; **par·lia·men·tar·i·an** [ˌpɑːləmənˈteərɪən] pol. I s. (erfahrener) Parlamen'tarier; II adj. → **parliamentary; par·lia·men·ta·rism** [ˌpɑːləˈmentərɪzm] s. parlamen'tarisches Sy'stem, Parlamenta'rismus m; **par·lia·men·ta·ry** [ˌpɑːləˈmentərɪ] adj. **1.** parlamen'tarisch, Parlaments…: **~ Commissioner** Brit. → **ombudsman** 1; **~ group** (od. **party**) Fraktion f; **~ party leader** Brit. Fraktionsvorsitzende(r) m; **2.** fig. höflich (Sprache).

par·lo(u)r ['pɑːlə] I s. **1.** Wohnzimmer n; **2.** obs. Besuchszimmer n, Sa'lon m; **3.** Empfangs-, Sprechzimmer n; **4.** Klub-, Gesellschaftszimmer n (Hotel); **5.** bsd. Am. Geschäftsraum m, Sa'lon m; → **beauty parlo(u)r**, II adj. **6.** Wohnzimmer…: **~ furniture**; **7.** fig. Salon…: **~ radical**, Am. **~ red** pol. Salonbolschewist(in); **~ car** s. ⚙ Am. Sa'lonwagen m; **~ game** s. Gesellschaftsspiel n; **'~·maid** s. Stubenmädchen n.

par·lous ['pɑːləs] obs. I adj. **1.** pre'kär; **2.** schlau; II adv. **3.** ,furchtbar'.

pa·ro·chi·al [pəˈrəʊkjəl] adj. □ **1.** parochi'al, Pfarr…, Gemeinde…: **~ church council** Kirchenvorstand m; **~ school** Am. Konfessionsschule f; **2.** fig. beschränkt, eng(stirnig): **~ politics** Kirchturmpolitik f; **pa·ro·chi·al·ism** [-lɪzəm] s. **1.** Parochi'alsy¦stem n; **2.** fig. Beschränktheit f, Spießigkeit f.

par·o·dist ['pærədɪst] s. Paro'dist(in); **par·o·dy** ['pærədɪ] I s. **1.** a. fig. Paro'die f (of auf acc.); II v/t. parodieren.

pa·rol [pəˈrəʊl] adj. ⚖ a) (bloß) mündlich, b) unbeglaubigt, ungesiegelt: **~ contract** formloser (mündlicher od. schriftlicher) Vertrag; **~ evidence** Zeugenbeweis m.

pa·role [pəˈrəʊl] I s. **1.** ⚖ a) bedingte Haftentlassung od. Strafaussetzung, b) Hafturlaub m: **put s.o. on ~** → 4; **~ officer** Am. Bewährungshelfer m; **2.** a. **~ of hono(u)r** bsd. ✕ Ehrenwort n: **on ~** auf Ehrenwort; **3.** ✕ Pa'role m, Kennwort n; II v/t. **4.** ⚖ a) j-n bedingt (aus der Haft) entlassen, j-s Strafe bedingt aussetzen, b) j-m Hafturlaub gewähren; **pa·rol·ee** [pərəʊˈliː] s. ⚖ bedingt Haftentlassene(r m) f.

par·o·nym ['pærənɪm] s. ling. **1.** Par-o'nym n, Wortableitung f; **2.** 'Lehn-über,setzung f; **pa·ron·y·mous** [pə-'rɒnɪməs] adj. □ a) (stamm)verwandt, b) 'lehnüber,setzt (Wort).

par·o·quet ['pærəket] → parakeet.

pa·rot·id [pə'rɒtɪd] s. a. ~ gland anat. Ohrspeicheldrüse f; **par·o·ti·tis** [,pæ-rəʊ'taɪtɪs] s. Mumps m.

par·ox·ysm ['pærəksɪzəm] s. ✠ Par-o'xysmus m, Krampf m, Anfall m (a. fig.): ~s of laughter Lachkrampf m; ~s of rage Wutanfall m; **par·ox·ys·mal** [,pærek'sɪzməl] adj. krampfartig.

par·quet ['pɑːkeɪ] I s. **1.** Par'kett(fußbo-den m) n; **2.** thea. bsd. Am. Par'kett n; II v/t. **3.** parkettieren; **'par·quet·ry** [-kɪtrɪ] s. Par'kett(arbeit f) n.

par·ri·cid·al [,pærɪ'saɪdl] adj. vater-, muttermörderisch; **par·ri·cide** ['pærɪ-saɪd] s. **1.** Vater-, Muttermörder(in); **2.** Vater-, Mutter-, Verwandtenmord m.

par·rot ['pærət] I s. orn. Papa'gei m, fig. a. Nachschwätzer(in); II v/t. nachplap-pern; ~ dis·ease, ~ fe·ver s. ✠ Papa-'geienkrankheit f.

par·ry ['pærɪ] I v/t. Stöße, Schläge, Fra-gen etc. parieren, abwehren (beide a. v/i.); II s. fenc. etc. Pa'rade f, Abwehr f.

parse [pɑːz] v/t. ling. Satz gram'matisch zergliedern, Satzteil bestimmen, Wort grammatisch definieren.

par·sec ['pɑːsek] s. ast. Parsek n, Stern-weite f (3,26 Lichtjahre).

par·si·mo·ni·ous [,pɑːsɪ'məʊnjəs] adj. □ **1.** sparsam, geizig, knauserig (of mit); **2.** armselig, kärglich; **,par·si'mo-ni·ous·ness** [-nɪs], **par·si·mo·ny** ['pɑːsɪmənɪ] s. Sparsamkeit f, Geiz m, Knauserigkeit f.

pars·ley ['pɑːslɪ] s. ♀ Peter'silie f.

pars·nip ['pɑːsnɪp] s. ♀ Pastinak m.

par·son ['pɑːsn] s. Pastor m, Pfarrer m; F contp. Pfaffe m; ~'s nose Bürzel m (e-r Gans etc.); **'par·son·age** [-nɪdʒ] s. Pfar'rei f, Pfarrhaus n.

part [pɑːt] I s. **1.** Teil m, n, Stück n: ~ by volume (weight) phys. Raum(Ge-wichts)teil; ~ of speech ling. Redeteil, Wortklasse f; in ~ teilweise; payment in ~ Abschlagszahlung f; be ~ and par-cel of e-n wesentlichen Bestandteil bil-den von (od. gen.); for the best ~ of the year fast das ganze Jahr (über); **2.** ✠ Bruchteil m: three ~s drei Viertel; **3.** ⊛ (Bau-, Einzel)Teil n: ~s list Ersatzteil-, Stückliste f; **4.** ✝ Lieferung f e-s Buches; **5.** (Körper)Teil m, Glied n: soft ~ Weichteil n; the (privy) ~s die Geschlechtsteile; **6.** Anteil m (of, in an dat.): have a ~ in teilhaben an (dat.); have neither ~ nor lot in nicht das geringste mit et. zu tun haben; take ~ (in) teilnehmen (an dat.), mitmachen (bei); he wanted no ~ of it er wollte davon nichts wissen od. damit zu tun haben; **7.** fig. Teil m, Seite f: the most ~ die Mehrheit, das Meiste von et.; for my ~ ich für mein(en) Teil; for the most ~ meistens, größtenteils; on the ~ of von seiten, seitens (gen.); take in good (bad) ~ et. gut (übel) aufneh-men; **8.** Seite f, Par'tei f: he took my ~ er ergriff m-e Partei; **9.** Pflicht f: do one's ~ das Seinige od. s-e Schuldigkeit tun; **10.** thea. Rolle f (a. fig.): act (od. a. fig. play) a ~ e-e Rolle spielen; **11.** ♪

Sing- od. Instrumen'talstimme f, Par'tie f: for (od. in od. of) several ~s mehr-stimmig; **12.** pl. (geistige) Fähigkeiten pl., Ta'lent n: a man of ~s ein fähiger Kopf; **13.** oft pl. Gegend f, Teil m e-s Landes, der Erde: in these ~s hierzu-lande; in foreign ~s im Ausland; **14.** Am. (Haar)Scheitel m; II v/t. **15.** tei-len, ab-, ein-, zerteilen; trennen (from von); **16.** Streitende trennen, Metalle scheiden, Haar scheiteln; III v/i. **17.** ausein'andergehen, sich lösen, zerrei-ßen, brechen (a. ⚓), aufgehen (Vor-hang); **18.** ausein'andergehen, sich trennen (Menschen, Wege etc.): ~ friends als Freunde auseinandergehen; ~ with sich von j-m od. et. trennen; ~ with one's money mit dem Geld her-ausrücken; IV. adj. **19.** Teil...: ~ dam-age Teilschaden m; ~ delivery Teillie-ferung f; V adv. **20.** teilweise, zum Teil: made ~ of iron, ~ of wood teils aus Eisen, teils aus Holz.

part- [pɑːt] in Zssgn teilweise, zum Teil: ~-done zum Teil erledigt; accept s.th. in ~-exchange et. in Zahlung nehmen; ~-finished halbfertig; ~-opened ein Stück geöffnet.

par·take [pɑː'teɪk] I v/i. [irr. → take] **1.** teilnehmen, -haben (in, of an dat.); **2.** (of) et. an sich haben (von), et. teilen (mit): his manner ~s of insolence es ist et. Unverschämtes in s-m Beneh-men; **3.** (of) mitessen, genießen, j-s Mahlzeit teilen (Mahlzeit einnehmen; II v/t. [irr. → take] **4.** obs. teilen, teilha-ben (an dat.).

par·terre [pɑː'teə] s. **1.** französischer Garten; **2.** thea. bsd. Am. Par'terre n.

par·the·no·gen·e·sis [,pɑːθɪnəʊ'dʒenɪ-sɪs] s. Parthenoge'nese f: a) ♀ Jungfern-früchtigkeit f, b) zo. Jungfernzeugung f, c) eccl. Jungfrauengeburt f.

Par·thi·an ['pɑːθjən] adj. parthisch: ~ shot → parting shot.

par·tial ['pɑːʃl] adj. □ → partially; **1.** teilweise, parti'ell, Teil...: ~ eclipse ast. partielle Finsternis; ~ payment Teilzahlung f; ~ view Teilansicht f; **2.** par'teiisch, eingenommen (to für), ein-seitig: be ~ to s.th. e-e besondere Vor-liebe haben für et.; **par·ti·al·i·ty** [,pɑːʃɪ'ælətɪ] s. **1.** Par'teilichkeit f, Vor-eingenommenheit f; **2.** Vorliebe f (to, for für); **'par·tial·ly** [-ʃəlɪ] adv. teilwei-se, zum Teil.

par·tic·i·pant [pɑː'tɪsɪpənt] I s. Teilneh-mer(in) (in an dat.); II adj. teilneh-mend, Teilnehmer..., (mit)beteiligt; **par·tic·i·pate** [pɑː'tɪsɪpeɪt] v/i. **1.** teil-haben, -nehmen, sich beteiligen (in dat.), mitmachen (bei); beteiligt sein (an dat.); ✝ am Gewinn beteiligt sein; **2.** ~ of et. an sich haben von; **par'tic·i-pat·ing** [-peɪtɪŋ] adj. **1.** ✝ gewinn-berechtigt, mit Gewinnbeteiligung (Versi-cherungspolice etc.): ~ share dividen-denberechtigte Aktie; ~ rights Ge-winnbeteiligungsrechte; **2.** → partici-pant II; **par·tic·i·pa·tion** [pɑː,tɪsɪ-'peɪʃn] s. **1.** Teilnahme f, Beteiligung f, Mitwirkung f; **2.** ✝ Teilhaberschaft f, (Gewinn)Beteiligung f; **par'tic·i·pa-tor** [-peɪtə] s. Teilnehmer(in) (in an dat.).

par·ti·cip·i·al [,pɑːtɪ'sɪpɪəl] adj. □ ling. partizipi'al; **par·ti·ci·ple** ['pɑːtɪsɪpl] s.

ling. Parti'zip n, Mittelwort n.

par·ti·cle ['pɑːtɪkl] s. **1.** Teilchen n, Stückchen n; **2.** phys. Par'tikel n (a. f), (Stoff-, Masse-, Elemen'tar)Teilchen n; **3.** fig. Fünkchen n, Spur f: not a ~ of truth in it nicht ein wahres Wort daran; **4.** ling. Par'tikel f.

par·ti·col·o·(u)red ['pɑːtɪ,kʌləd] adj. bunt, vielfarbig.

par·tic·u·lar [pə'tɪkjʊlə] I adj. □ → particularly; **1.** besonder, einzeln, spe-zi'ell, Sonder...: ~ average ✝ kleine (besondere) Havarie; for no ~ reason aus keinem besonderen Grund; this ~ case dieser spezielle Fall; **2.** individu-'ell, ausgeprägt; **3.** ausführlich; 'um-ständlich; **4.** peinlich genau, eigen: be ~ about es genau nehmen mit, Wert legen auf (acc.); **5.** wählerisch (in, a-bout, as to in dat.): none too ~ about iro. nicht gerade wählerisch (in s-n Me-thoden etc.); **6.** eigentümlich, sonder-bar; II s. **7.** Einzelheit f, besonder 'Umstand; pl. nähere Umstände od. Angaben pl., das Nähere: in ~ insbe-sondere; enter into ~s sich auf Einzel-heiten einlassen; further ~s from Nä-heres (erfährt man) bei; **8.** Perso'nalien pl., Angaben pl. zur Person; ~s ✝ Spe-ziali'tät f, et. Typisches; **par'tic·u·lar-ism** [-ərɪzəm] s. pol. Partikula'rismus m: a) Sonderbestrebungen pl., b) ,Kleinstaate'rei f; **par·tic·u·lar·i·ty** [pə,tɪkju'lærətɪ] s. **1.** Besonderheit f, Eigentümlichkeit f; **2.** besonderer 'Um-stand, Einzelheit f; **3.** Ausführlichkeit f; **4.** (peinliche) Genauigkeit; **5.** Eigen-heit f; **par·tic·u·lar·i·za·tion** [pə,tɪkju-lərar'zeɪʃn] s. Detaillierung f, Spezifi-zierung f; **par'tic·u·lar·ize** [-əraɪz] I v/t. spezifizieren, einzeln (a. 'umständ-lich) anführen, ausführlich angeben; II v/i. ins einzelne gehen; **par'tic·u·lar·ly** [-lɪ] adv. **1.** besonders, im besonderen, insbesondere: not ~ nicht sonderlich; (more) ~ as um so mehr als, zumal; **2.** ungewöhnlich; **3.** ausdrücklich.

part·ing ['pɑːtɪŋ] I adj. **1.** Scheide..., Abschieds...: ~ kiss; ~ breath letzter Atemzug; **2.** trennend, abteilend: ~ wall Trennwand f; II s. **3.** Abschied m, Scheiden n, Trennung f (with von); fig. Tod m; **4.** Trennlinie f, (Haar)Scheitel m: ~ of the ways Weggabelung, fig. Scheideweg; **5.** ⚒, phys. Scheidung f: ~ silver Scheidesilber; **6.** ⊛ Gießerei: a) ~ sand Streusand m, trockener Formsand, b) a. ~ line Teilfuge f (Guß-form); **7.** ♣ Bruch m, Reißen n; ~ shot s. fig. letzte boshafte Bemerkung (beim Abschied).

par·ti·san¹ ['pɑːtɪzn] s. ✗ hist. Parti'sa-ne f (Stoßwaffe).

par·ti·san² [,pɑːtɪ'zæn] I s. **1.** Par'teigän-ger(in), -genosse m, -genossin f; **2.** ✗ Parti'san m, Freischärler m; II adj. **3.** Partei...; **4.** par'teiisch: ~ spirit leiden-schaftliche Parteilichkeit; **5.** ✗ Partisa-nen..., **,par·ti·san·ship** [-ʃɪp] s. **1.** pl. Par'teigängertum n; **2.** fig. Par'tei-, Vetternwirtschaft f.

par·tite ['pɑːtaɪt] adj. **1.** geteilt (a. ♀); **2.** in Zssgn ...teilig.

par·ti·tion [pɑː'tɪʃn] I s. **1.** (Auf-, Ver-)Teilung f; **2.** ✝✝ ('Erb)Ausein,anderset-zung f; **3.** Trennung f, Absonderung f; **4.** Scheide-, Querwand f, Fach n

(*Schrank etc.*); (Bretter)Verschlag *m*: ~ **wall** Zwischenwand *f*; **II** *v/t.* **5.** (auf-, ver)teilen; **6.** *Erbschaft* ausein'andersetzen; **7.** *mst* ~ **off** abteilen, -fachen; **par·ti·tive** ['pɑːtɪtɪv] **I** *adj.* teilend, Teil...; *ling.* parti'tiv: ~ *genitive*; **II** *s. ling.* Parti'tivum *n*.

part·ly ['pɑːtlɪ] *adv.* zum Teil, teilweise, teils: ~ ..., ~ ... teils ..., teils ...

part·ner ['pɑːtnə] **I** *s.* **1.** *allg.* (*a. sport, a.* Tanz)Partner(in); **2.** † Gesellschafter *m*, (Geschäfts)Teilhaber(in), Kompagnon *m*: **general** ~ (unbeschränkt) haftender Gesellschafter, Komplementär *m*; **special** ~ *Am.* Kommanditist (-in); → **dormant** 3; **limited** I; **silent** 2; **sleeping partner**, **3.** 'Lebenskame‚rad (-in), Gatte *m*, Gattin *f*; **II** *v/t.* **4.** zs.-bringen, -tun; **5.** sich zs.-tun, sich assoziieren (**with** mit *j-m*): **be** ~**ed with** *j-n* zum Partner haben; **'part·ner·ship** [-ʃɪp] *s.* **1.** Teilhaberschaft *f*, Partnerschaft *f*, Mitbeteiligung *f* (**in** an *dat.*); **2.** † a) Handelsgesellschaft *f*, b) Perso-'nalgesellschaft *f*: **general** *od.* **ordinary** ~ Offene Handelsgesellschaft; → **limited** I; **special** ~ *Am.* Kommanditgesellschaft *f*; **deed of** ~ Gesellschaftsvertrag *m*; **enter into a** ~ **with** → **partner** 5.

part| own·er *s.* **1.** Miteigentümer(in); **2.** ♻ Mitreeder *m*; ~ **pay·ment** *s.* Teil-, Abschlagszahlung *f*.

par·tridge ['pɑːtrɪdʒ] *pl.* **par·tridge** *u.* **par·tridg·es** *s.* *orn.* Rebhuhn *n*.

part| sing·ing *s.* ♪ mehrstimmiger Gesang; **'~-time I** *adj.* Teilzeit..., Halbtags...: ~ **job**; **II** *adv.* halbtags; **'~-‚tim·er** *s.* Teilzeitbeschäftigte(r *m*) *f*, Halbtagskraft *f*.

par·tu·ri·ent [pɑˈtjʊərɪənt] *adj.* **1.** gebärend, kreißend; **2.** *fig.* (*mit e-r Idee*) schwanger; **par·tu·ri·tion** [‚pɑːtjʊə-'rɪʃn] *s.* Gebären *n*.

par·ty ['pɑːtɪ] *s.* **1.** *pol.* Par'tei *f*: ~ **boss** Parteibonze *m*; ~ **spirit** Parteigeist *m*; → **whip** 4a; **2.** Par'tie *f*, Gesellschaft *f*: **hunting** ~; **make one of the** ~ sich anschließen, mitmachen; **3.** Trupp *m*: a) ✕ Kom'mando *n*, b) (Arbeits)Gruppe *f*, c) (Rettungs- *etc.*)Mannschaft *f*; **4.** Einladung *f*, Party *f*, Gesellschaft *f*: **give a** ~; **5.** ⚖ (Pro'zeß- *etc.*)Par‚tei *f*: **contracting** ~, ~ **to a contract** Vertragspartei, Kontrahent *m*; **a third** ~ ein Dritter; **6.** Teilhaber(in), -nehmer (-in), Beteiligte(r *m*) *f*: **be a** ~ **to** beteiligt sein an, *et.* mitmachen; **the parties concerned** die Beteiligten; **7.** F ‚Typ' *m*, Per'son *f*; ~ **card** *s.* Par'teibuch *n*; ~ **line** *s.* **1.** *teleph.* Gemeinschaftsanschluß *m*; **2.** *pol.* Par'teilinie *f*, -direk‚tive *f*: **follow the** ~ *parl.* linientreu sein; **voting was on** ~**s** bei der Abstimmung herrschte Fraktionszwang; ~ **lin·er** *s. Am.* Linientreue(r *m*) *f*; ~ **tick·et** *s.* **1.** Gruppenfahrkarte *f*; **2.** *pol. Am.* (Kan-di'daten)liste *f* e-r Partei.

par·ve·nu ['pɑːvənjuː] (*Fr.*) *s.* Em'porkömmling *m*, Parve'nü *m*.

Pas·cal ['pæskl] Pas'cal *n*: a) *phys.* Einheit des Drucks, b) e-e Computersprache.

pa·sha ['pɑːʃə] *s.* Pascha *m*.

pasque·flow·er ['pæsk‚flaʊə] *s.* ♀ Küchenschelle *f*.

pass¹ [pɑːs] *s.* **1.** (Eng)Paß *m*, Zugang *m*, 'Durchgang *m*, -fahrt *f*, Weg *m*:

hold the ~ die Stellung halten (*a. fig.*); **sell the** ~ *fig.* alles verraten; **2.** Joch *n*, Sattel *m* (*Berg*); **3.** schiffbarer Ka'nal; **4.** Fischgang *m* (*Schleuse etc.*).

pass² [pɑːs] **I** *s.* **1.** (Reise)Paß *m*; (Perso'nal)Ausweis *m*; Passierschein *m*; 🚃, *thea. a.* **free** ~ Frei-, Dauerkarte *f*; **2.** ✕ a) Urlaubsschein *m*, b) Kurzurlaub *m*: **be on** ~ auf (Kurz)Urlaub sein; **3.** a) Bestehen *n*, 'Durchkommen *n im Examen etc.*, b) bestandenes Examen, c) Note *f*, Zeugnis *n*, d) *univ. Brit.* einfacher Grad; **4.** †, ⚙ Abnahme *f*, Genehmigung *f*; **5.** Bestreichung *f*, Strich *m beim Hypnotisieren etc.*; **6.** Maltechnik: Strich *m*; **7.** (Hand)Bewegung *f*, (Zauber)Trick *m*; **8.** *Fußball etc.*: Paß *m*, (Ball)Abgabe *f*, Vorlage *f*: ~ **back** Rückgabe *f*; **low** ~ Flachpaß *f*; **9.** *fenc.* Ausfall *m*, Stoß *m*; **10.** *sl.* Annäherungsversuch *m*, *oft* **hard** ~ Zudringlichkeit *f*: **make a** ~ **at** e-r Frau gegenüber zudringlich werden; **11.** *fig.* a) Zustand *m*, b) kritische Lage: **a pretty** ~ F e-e ‚schöne Geschichte'; **be at a desperate** ~ hoffnungslos sein; **things have come to such a** ~ die Dinge haben sich derart zugespitzt; **12.** ⚙ Arbeitsgang *m* (*Werkzeugmaschine*); **13.** ⚙ (Schweiß)Lage *f*; **14.** *Walzwesen:* a) Gang *m*, b) Zug *m*; **15.** ⚡ Paß *m* (*frequenzabhängiger Vierpol*); **II** *v/t.* **16.** *et.* passieren, vor'bei-, vor'übergehen, -fahren, -fließen, -kommen, -reiten, -ziehen an (*dat.*); **17.** über'holen (*a. mot.*), vor'beilaufen, -fahren an (*dat.*); **18.** durch-, über'schreiten, passieren, durch'gehen, -'reisen *etc.*: ~ *s.o.'s lips* über *j-s* Lippen kommen; **19.** über'steigen, 'treffen, hin'ausgehen über (*acc.*) (*a. fig.*): **it** ~**es my comprehension** es geht über m-n Verstand; **20.** *fig.* über-'gehen, -'springen, keine No'tiz nehmen von; † e-e *Dividende* ausfallen lassen; **21.** *durch et.* hin'durchleiten, -führen (*a.* ⚙), gleiten lassen: ~ (*through a sieve*) durch ein Sieb passieren, durchseihen; ~ *one's hand over* mit der Hand über *et.* fahren; **22.** *Gegenstand* reichen, (*a.* ⚖ *Falschgeld*) weitergeben; *Geld* in 'Umlauf setzen; (über-) 'senden, (*a. Funkspruch*) befördern; *sport Ball* abspielen, abgeben (**to** an *acc.* passen), (zu): ~ *the chair* (**to**) den Vorsitz abgeben (an *j-n*); ~ *the hat* (**round** *Brit.*) e-e Sammlung veranstalten (**for** für *j-n*); ~ *the time of day* guten Tag *etc.* sagen, grüßen; ~ *to s.o.'s account* *j-m* e-n Betrag in Rechnung stellen; ~ *to s.o.'s credit* *j-m* gutschreiben; → *word* 5; **23.** *Türschloß* öffnen; **24.** vor'bei-, 'durchlassen, passieren lassen; **25.** *fig.* anerkennen, gelten lassen, genehmigen; **26.** ♻ a) Eiter, *Nierenstein etc.* ausscheiden, b) *Eingeweide* entleeren, *Wasser* lassen; **27.** *Zeit* verbringen, -leben, -treiben; **28.** *parl. etc.* a) *Vorschlag* 'durchbringen, -setzen, b) *Gesetz* verabschieden, ergehen lassen, c) *Resolution* annehmen; **29.** rechtskräftig machen; **30.** ⚖ *Eigentum, Rechtstitel* über'tragen, letztwillig zukommen lassen; **31.** a) *Examen* bestehen, b) *Prüfling* bestehen lassen, 'durchkommen lassen; **32.** *Urteil* äußern, *s-e Meinung* aussprechen (*upon* über *acc.*), *Bemerkung* fallenlas-

sen, *Kompliment* machen: ~ *criticism on* Kritik üben an (*dat.*); → *sentence* 2 a; **III** *v/i.* **33.** sich fortbewegen, von e-m Ort zum andern gehen *od.* fahren *od.* ziehen *etc.*; **34.** vor'bei-, vor'übergehen *etc.* (**by** an *dat.*); **35.** 'durchgehen, passieren (*a. Linie*): **it just** ~**ed through my mind** *fig.* es ging mir eben durch den Kopf; **36.** ♻ abgehen, abgeführt werden; **37.** 'durchkommen: a) ein *Hindernis etc.* bewältigen, b) (e-e *Prüfung*) bestehen; **38.** her'umgereicht werden, von Hand zu Hand gehen, her-'umgehen; im 'Umlauf sein: **harsh words** ~**ed between them** es fielen harte Worte bei ihrer Auseinandersetzung; **39.** a) *sport* passen, (den Ball) zuspielen *od.* abgeben, b) (*Kartenspiel u. fig.*) passen: **I** ~ *on that!* da muß ich passen!; **40.** *fenc.* ausfallen; **41.** 'übergehen (*from ...* [*in*]*to* ... zu), werden (**into** zu); **42.** *in andere Hände* 'übergehen, über'tragen werden (*Eigentum*); fallen (**to** an *Erben etc.*); *unter j-s Aufsicht* kommen, geraten; **43.** an-, hin-, 'durchgehen, leidlich sein, unbeanstandet bleiben, geduldet werden: **let that** ~ reden wir nicht mehr davon; **44.** *parl. etc.* 'durchgehen, bewilligt *od.* zum Gesetz erhoben werden, Rechtskraft erlangen; **45.** gangbar sein, Geltung finden (*Ideen, Grundsätze*); **46.** angesehen werden, gelten (**for** als); **47.** urteilen, entscheiden (**upon** über *acc.*); ⚖ *a.* gefällt werden (*Urteil*); **48.** vergehen (*a. Schmerz etc.*), verstreichen (*Zeit*); endigen; sterben: **fashions** ~ Moden kommen u. gehen; **49.** sich zutragen *od.* abspielen, passieren: **what** ~**ed between you and him?**; **bring to** ~ bewirken; **it came to** ~ **that** *bibl.* es begab sich, daß;

Zssgn mit prp.:

pass| be·yond *v/i.* hin'ausgehen über (*acc. a. fig.*); ~ **by** *v/i.* **1.** vor'bei-, vor'übergehen an (*dat.*); **2.** *et. od. j-n* über'gehen (**in silence** stillschweigend); **3.** unter dem Namen ... bekannt sein; ~ **for** → **pass** 46; ~ **in·to** **I** *v/t.* **1.** *et.* einführen in (*acc.*); **II** *v/i.* **2.** (hin-'ein)gehen *etc.* in (*acc.*); **3.** führen *od.* leiten in (*acc.*); **4.** über'gehen in (*acc.*): ~ **law** (zum) Gesetz werden; ~ **through** **I** *v/t.* **1.** durch ... führen *od.* leiten *od.* stecken; 'durchschleusen; **II** *v/i.* **2.** durch'fahren, -'queren, -'schreiten *etc.*; durch ... gehen *etc.*; durch'fließen; **3.** durch ... führen (*Draht, Tunnel etc.*); **4.** durch'bohren; **5.** 'durchmachen, erleben;

Zssgn mit adv.:

pass| a·way **I** *v/t.* **1.** *Zeit* ver-, zubringen (*doing sth.* mit et.); **II** *v/i.* **2.** vergehen (*Zeit etc.*), sterben, sterben; ~ **by** *v/i.* **1.** vor'bei-, vor'übergehen (*a. Zeit*); **2.** → **pass over** 4; ~ **down** *v/t.* *Bräuche etc.* weitergeben (**to** an *dat.*); ~ **in** *v/t.* **1.** einlassen; **2.** einreichen, -händigen: ~ **one's check** *Am. sl.* ‚den Löffel abgeben' (*sterben*); ~ **off** **I** *v/t.* **1.** *j-n od. et.* ausgeben (**for, as** für, als); **II** *v/i.* **2.** vergehen (*Schmerz etc.*); **3.** *gut etc.* vor-'übergehen, von'statten gehen; **4.** 'durchgehen (**as** als); ~ **on** **I** *v/t.* **1.** weitergeben, -reichen (**to** *dat. od.* an *acc.*); befördern; **2.** † abwälzen (**to** auf *acc.*);

II *v/i.* **3.** weitergehen; **4.** 'übergehen (*to* zu); **5.** → *pass away* 3; **~ out** I *v/i.* **1.** hin'ausgehen, -fließen, -strömen; **2.** *sl.* ,umkippen', ohnmächtig werden; **II** *v/t.* **3.** ver-, austeilen; **~ o·ver** I *v/i.* **1.** hin'übergehen; **2.** 'überleiten, -führen; **II** *v/t.* **3.** über'reichen, -'tragen; **4.** über'gehen (*in silence* stillschweigend), ignorieren; **5.** → *pass up* 1; **~ through** *v/i.* **1.** hin'durchführen; **2.** hin'durchgehen, -reisen *etc.*: *be passing through* auf der Durchreise sein; **~ up** *v/t. sl.* **1.** a) sich *e-e Chance* entgehen lassen, b) *et.* ,sausen' lassen; verzichten auf (*acc.*); **2.** *j-n* über'gehen.

pass·a·ble ['pɑ:səbl] *adj.* □ **1.** passierbar; gang-, befahrbar; **2.** ⸆ gangbar, gültig (*Geld etc.*); **3.** *fig.* leidlich, pas'sabel.

pas·sage ['pæsidʒ] *s.* **1.** Her'ein-, Her'aus-, Vor'über-, 'Durchgehen *n*, 'Durchgang *m*, -reise *f*, -fahrt *f*, 'Durch-fließen *n*: *no ~!* kein Durchgang!, keine Durchfahrt!; → *bird* 1; **2.** ⸆ ('Waren-) Tran,sit *m*, 'Durchgang *m*; **3.** Pas'sage *f*, ('Durch-, Verbindungs)Gang *m*; *bsd. Brit.* Korridor *m*; **4.** Ka'nal *m*, Furt *f*; **5.** ⚙ 'Durchlaß *m*, -tritt *m*; **6.** (See-, Flug)Reise *f*, ('Über)Fahrt *f*: *book one's ~* s-e Schiffskarte lösen (*to* nach); *work one's ~* s-e Überfahrt durch Arbeit abverdienen; **7.** Vergehen *n*, Ablauf *m*: *the ~ of time*; **8.** *parl.* 'Durchkommen *n*, Annahme *f*, In'krafttreten *n e-s Gesetzes*; **9.** Wortwechsel *m*; **10.** *pl.* Beziehungen *pl.*, geistiger Austausch; **11.** (Text)Stelle *f*, Passus *m*; **12.** ♪ Pas'sage *f* (*a. Reiten*); **13.** *fig.* 'Übergang *m*, -tritt *m* (*from ... to, into* von ... in *acc.*, zu); **14.** a) (Darm)Entleerung *f*, Stuhlgang *m*, b) *anat.* (*Gehör- etc.*)Gang *m*, (*Harn- etc.*) Weg(e *pl.*) *m*: *auditory* (*urinary*) *~*; *~* **at arms** *s.* **1.** Waffengang; **2.** Wortgefecht *n*, ,Schlagabtausch' *m*; **~ boat** *s.* Fährboot *n*; *'~·way s.* 'Durchgang *m*, Korridor *m*, Pas'sage *f*.

'pass|·book s. **1.** *bsd. Brit.* a) Bank-, Kontobuch *n*, b) Sparbuch *n*; **2.** Buch *n* über kreditierte Waren; **~ check** *s. Am.* Pas'sierschein *m*; **~ de·gree** → *pass²* 3c.

pas·sé, pas·sée ['pɑ:sei] (*Fr.*) *adj.* pas'sé: a) vergangen, b) veraltet, c) verblüht: *a passée belle* e-e verblühte Schönheit.

passe·men·terie ['pɑ:sməntri] (*Fr.*) *s.* Posamentierwaren *pl.*

pas·sen·ger ['pæsindʒə] *s.* **1.** Passa'gier *m*, Fahr-, Fluggast *m*, Reisende(r *m*) *f*, Insasse *m*: *~ cabin* ✈ Fluggastraum *m*; **2.** F a) Schma'rotzer *m*, b) Drückeberger *m*; *~ car s.* ⸆ Per'sonen(kraft)wagen *m*, *abbr.* Pkw; **2.** 🚂 *Am.* Per'sonenwagen *m*, *~ lift s. Brit.* Per'sonenaufzug *m*; *~ pi·geon s. orn.* Wandertaube *f*; *~ plane s.* ✈ Passa'gierflugzeug *n*; *~ serv·ice s.* Per'sonenbeförderung *f*; *~ traf·fic s.* Per'sonenverkehr *m*; *~ train s.* 🚂 Per'sonenzug *m*.

passe·par·tout ['pæspɑ:tu:] (*Fr.*) *s.* **1.** Hauptschlüssel *m*; **2.** Passepar'tout *n* (*Bildumrahmung*).

,*pass·er·'by pl.* ,*pass·ers·'by s.* Pas'sant(in).

pass ex·am·i·na·tion *s. univ. Brit.* unterstes 'Abschluße,xamen.

pas·sim ['pæsim] (*Lat.*) *adv.* passim, hier u. da, an verschiedenen Orten.

pass·ing ['pɑ:siŋ] I *adj.* **1.** vor'über-, 'durchgehend: *~ axle* ⚙ durchgehende Achse; **2.** vergehend, vor'übergehend, flüchtig; **3.** beiläufig; **II** *s.* **4.** Vor'bei-, 'Durch-, Hin'übergehen *n*: *in ~* im Vorbeigehen, *fig.* beiläufig, nebenbei; *no ~! mot.* Überholverbot!; **5.** 'Übergang *m*: *~ of title* Eigentumsübertragung *f*; **6.** Da'hinschwinden *n*; **7.** Hinscheiden *n*, Ableben *n*; **8.** *pol.* 'Durchgehen *n e-s Gesetzes*; *~ beam s. mot.* Abblendlicht *n*; *~ lane s. mot.* Über'holspur *f*; *~ note s.* ♪ 'Durchgangston *m*; *~ shot s. Tennis:* Pas'sierschlag *m*; *~ zone s.* Staffellauf: Wechselzone *f*.

pas·sion ['pæʃn] *s.* **1.** Leidenschaft *f*, heftige Gemütserregung, (Gefühls-)Ausbruch *m*; **2.** Zorn *m*: *fly into a ~* e-n Wutanfall bekommen; → *heat* 6; **3.** Leidenschaft *f*: a) heiße Liebe, heftige Neigung, b) heißer Wunsch, c) Passi'on *f*, Vorliebe *f* (*for* für), d) Liebhabe'rei *f*; Passi'on *f*: *it has become a ~ with him* es ist bei ihm zur Leidenschaft geworden, er tut es leidenschaftlich gern(e); **4.** ⚵ *eccl.* Leiden *n* (Christi), Passion *f* (*a. ♪, paint. u. ♪*); **pas·sion·ate** ['pæʃənət] *adj.* □ **1.** leidenschaftlich (*a. fig.*); **2.** hitzig, jähzornig; **pas·sion·less** ['pæʃnlis] *adj.* □ leidenschaftslos.

pas·sion| play *s. eccl.* Passi'onsspiel *n*; ⚵ **Sun·day** *s. eccl.* Passi'onssonntag *m*; *~* **week** *s.* **1.** Karwoche *f*; **2.** Woche zwischen Passi'onssonntag u. Palm'sonntag.

pas·si·vate ['pæsiveit] *v/t.* ⚙, 🜊 passivieren.

pas·sive ['pæsiv] I *adj.* □ **1.** passiv (*a. ling., 🜇, 🜊, sport*), leidend, teilnahmslos, 'widerstandslos: *~ air defence* Luftschutz; *~ verb ling.* passivisch konstruiertes Verb; *~ voice* → 3; *~ vocabulary* passiver Wortschatz; **2.** ⸆ untätig, nicht zinstragend, passiv: *~ debt* unverzinsliche Schuld; *~ trade* Passivhandel *m*; **II** *s.* **3.** *ling.* Passiv *n*, Leideform *f*; *'pas·sive·ness* [-nis], **pas·siv·i·ty** [pæ'siviti] *s.* Passivi'tät *f*, Teilnahmslosigkeit *f*.

'pass|·key s. **1.** Hauptschlüssel *m*; **2.** Drücker *m*; **3.** Nachschlüssel *m*.

pas·som·e·ter [pæ'sɒmitə] *s.* ⚙ Schrittmesser *m*.

Pass·o·ver ['pɑ:s,əuvə] *s. eccl.* **1.** Passah(fest) *n*; **2.** ⚵ Osterlamm *n*.

pass·port ['pɑ:spɔ:t] *s.* **1.** (Reise)Paß *m*: *~ inspection* Paßkontrolle *f*; **2.** ⸆ Passierschein *m*; **3.** *fig.* Zugang *m*, Weg *m*, Schlüssel *m* (*to* zu).

'pass·word s. Pa'role *f*, Losung *f*, Kennwort *n*.

past [pɑ:st] I *adj.* **1.** vergangen, verflossen: *for some time ~* seit einiger Zeit; **2.** *ling.* Vergangenheits...: *~ participle* Mittelwort *n* der Vergangenheit, Partizip *n* Perfekt; *~ tense* Vergangenheit *f*, Präteritum *n*; **3.** vorig, früher, ehemalig, *letzt:* *~ president:* *~ master fig.* Altmeister *m*, großer Könner; **II** *s.* **4.** Vergangenheit *f* (*a. ling.*), *weitS.* a. Vorleben *n*: *a woman with a ~* eine Frau mit Vergangenheit; **III** *adv.* **5.** vor'bei, vor'über: *to run ~*; **IV** *prp.* **6.** (*Zeit*) nach, über (*acc.*): *half ~ seven*

halb acht; *she is ~ forty* sie ist über vierzig; **7.** an ... vorbei: *he ran ~ the house*; **8.** über ... hin'aus: *~ compre·hension* unfaßbar, unfaßlich; *~ cure* unheilbar; *~ hope* hoffnungslos; *he is ~ it* F er ist ,darüber hinaus'; *she is ~ caring* das kümmert sie alles nicht mehr; *I would not put it ~ him sl.* ich traue es ihm glatt zu.

pas·ta ['pæstə] *s.* Teigwaren *pl.*

past-'due *ad.* ⸆ 'überfällig (*Wechsel etc.*); Verzugs...(*-zinsen*).

paste [peist] I *s.* **1.** Teig *m*, (*Fisch-, Zahn- etc.*)Paste *f*, Brei *m*; ⚙ Tonmasse *f*; Glasmasse *f*; **2.** Kleister *m*, Klebstoff *m*, Papp *m*; **3.** a) Paste *f* (*Diamantenherstellung*), b) künstlicher Edelstein, Simili *n*, *m*; **II** *v/t.* **4.** kleben, kleistern, pappen, bekleben (*with* mit); **5.** *~ up* a) auf-, ankleben (*on, in* auf, in *acc.*), b) verkleistern (*Loch*); **6.** *sl.* ('durch)hauen': *~ s.o. one* j-m ,eine kleben'; *'~·board* I *s.* **1.** Pappe *f*, Pappendeckel *m*, Kar'ton *m*; **2.** *sl.* (Eintritts-, Spiel-, Vi'siten)Karte *f*; **II** *adj.* **3.** aus Pappe, Papp...: *~ box* Karton; **4.** *fig.* unecht, wertlos, kitschig, nachgemacht.

pas·tel I *s.* [pæ'stel] **1.** ♀ Färberwaid *m*; **2.** ⚙ Waidblau *n*; **3.** Pa'stellstift *m*, -farbe *f*; **4.** Pa'stellzeichnung *f*, -bild *n*; **II** *adj.* ['pæstl] **5.** zart, duftig, Pastell... (*Farbe*); **pas·tel·ist** ['pæstəlist], **pas·tel·list** [pæ'stelist] *s.* Pa'stellmaler(in).

pas·tern ['pæstən] *s. zo.* Fessel *f* (*vom Pferd*).

'paste-up s. typ. 'Klebe,umbruch *m*.

pas·teur·i·za·tion [,pæstərai'zeiʃn] *s.* Pasteurisierung *f*; **pas·teur·ize** ['pæstəraiz] *v/t.* pasteurisieren.

pas·tille ['pæstəl] *s.* **1.** Räucherkerzchen *n*; **2.** *pharm* Pa'stille *f*.

pas·time ['pɑ:staim] *s.* (*as a ~* zum) Zeitvertreib *m*.

past·i·ness ['peistinis] *s.* **1.** breiiger Zustand; breiiges Aussehen; **2.** *fig.* käsiges Aussehen.

past·ing ['peistiŋ] *s.* **1.** Kleistern *n*, Kleben *n*; **2.** ⚙ Klebstoff *m*; **3.** *sl.* ,Dresche' *f*, (*Tracht f*) Prügel *pl.*

pas·tor ['pɑ:stə] *s.* Pfarrer *m*, Pastor *m*, Seelsorger *m*; '**pas·to·ral** [-tərəl] I *adj.* □ **1.** Schäfer..., Hirten..., i'dyllisch, ländlich; **2.** *eccl.* pasto'ral, seelsorgerlich: *~ staff* Krummstab *m*; **II** *s.* **3.** Hirtengedicht *n*, I'dylle *f*; **4.** *paint.* ländliche Szene; **5.** ♪ a) Schäferspiel *m*, b) Pasto'rale *n*; **6.** *eccl.* a) Hirtenbrief *m*, b) *pl. a.* ⚵ *Epistles* Pasto'ralbriefe *pl.* (*von Paulus*); '**pas·to·rate** [-ərət] *s.* **1.** Pasto'rat *n*, Pfarramt *n*; **2.** *coll. die* Geistlichen *pl.*; **3.** *Am.* Pfarrhaus *n*.

past per·fect *ling. s.* Vorvergangenheit *f*, 'Plusquamper,fekt(um *n*).

pas·try ['peistri] *s.* **1.** a) *coll.* Kon'ditorwaren *pl.*, Feingebäck *n*, b) Kuchen *m*, Torte *f*; **2.** (Kuchen-, Torten)Teig *m*; *~ cook s.* Kon'ditor *m*.

pas·tur·age ['pɑ:stjuridʒ] *s.* **1.** Weiden *n* (*Vieh*); **2.** Weidegras *n*; **3.** Weide(land *n*) *f*; **4.** Bienenzucht *f* u. -fütterung *f*.

pas·ture ['pɑ:stʃə] I *s.* **1.** Weidegras *n*, Viehfutter *n*; **2.** Weide(land *n*) *f*: *seek greener ~s fig.* sich nach besseren Möglichkeiten umsehen; *retire to ~* (in den Ruhestand) abtreten; **II** *v/i.* **3.** grasen, weiden; **III** *v/t.* **4.** *Vieh* auf die Weide treiben, weiden; **5.** *Wiese* abweiden.

past·y¹ ['peɪstɪ] *adj.* **1.** teigig, kleisterig; **2.** *fig.* ‚käsig', blaß.

past·y² ['pæstɪ] *s.* ('Fleisch)Pa₁stete *f.*

pat [pæt] **I** *s.* **1.** *Brit.* (*leichter*) Schlag, Klaps *m*: ~ *on the back fig.* Schulterklopfen *n*, Lob *n*, Glückwunsch *m*; **2.** (Butter)Klümpchen *n*; **3.** Klopfen *n*, Getrappel *n*, Tapsen *n*; **II** *adj.* **4.** a) pa'rat, bereit, b) passend, treffend: ~ *answer* schlagfertige Antwort; ~ *solution* Patentlösung; *a ~ style* ein gekonnter Stil; *know s.th. off* (*od.* *have it down*) ~ F et. (wie) am Schnürchen können; **5.** fest: *stand* ~ festbleiben, sich nicht beirren lassen; **6.** (*a. adv.*) im rechten Augenblick, rechtzeitig, wie gerufen; **III** *v/t.* **7.** *Brit.* klopfen, tätscheln: ~ *s.o. on the back* j-m (anerkennend) auf die Schulter klopfen, *fig.* a. j-n beglückwünschen.

pat² [pæt] *s.* Ire *m* (*Spitzname*).

'pat-a-cake backe, backe Kuchen (*Kinderspiel*).

patch [pætʃ] **I** *s.* **1.** Fleck *m*, Flicken *m*, Lappen *m*; ✘ *etc.* Tuchabzeichen *n*: *not a* ~ *on* F gar nicht zu vergleichen mit; **2.** a) ✻ Pflaster *n*, b) Augenbinde *f*; **3.** Schönheitspflästerchen *n*; **4.** Stück *n* Land, Fleck *m*; Stück *n* Rasen; Stelle *f* (*a. im Buch*): *in* ~*es* stellenweise; *strike a bad* ~ e-e Pechsträhne *od.* e-n schwarzen Tag haben; **5.** (Farb)Fleck *m* (*bei Tieren etc.*); **6.** *pl.* Bruchstücke *pl.*, *et.* Zs.-gestoppeltes; **II** *v/t.* **7.** flicken, ausbessern; mit Flicken versehen; **8.** ~ *up bsd. fig.* a) zs.-stoppeln: ~ *up a textbook*, zs.-'flicken', c) *Ehe etc.* ‚kitten', d) *Streit* beilegen, e) über'tünchen, beschönigen; **'~·board** *s.* Com*puter*: Schaltbrett; ~ *kit s.* Flickzeug *n*.

patch·ou·li ['pætʃulɪ] *s.* 'Patschuli *n* (*Pflanze u. Parfüm*).

patch| pock·et *s.* aufgesetzte Tasche; ~ *test s.* ✻ Tuberku'linprobe *f*; **'~·word** *s. ling.* Flickwort *n*; **'~·work** *s. a. fig.* Flickwerk *n*.

patch·y ['pætʃɪ] *adj.* □ **1.** voller Flicken; **2.** *fig.* zs.-gestoppelt; **3.** fleckig; **4.** *fig.* ungleichmäßig.

pate [peɪt] *s.* F Schädel *m*, ‚Birne' *f*.

pâté ['pæteɪ] (*Fr.*) *s.* Pa'stete *f.*

pat·en ['pætən] *s. eccl.* Pa'tene *f*, Hostienteller *m.*

pa·ten·cy ['peɪtənsɪ] *s.* **1.** Offenkundigkeit *f*; **2.** ✻ 'Durchgängigkeit *f* (*e-s Kanals etc.*).

pat·ent ['peɪtənt; *bsd.* ♟ *u. Am.* 'pæ-] **I** *adj.* □ **1.** offen(kundig): *to be* ~ auf der Hand liegen; **2.** *letters* ~ → 6 *u.* 7; **3.** patentiert, gesetzlich geschützt: ~ *article* Markenartikel *m*; ~ *fuel* Preßkohlen *pl.*; ~ *leather* Lack-, Glanzleder *n*; **~-leather shoe** Lackschuh *m*; ~ *medicine* Marken-, Patentmedizin *f*; **4.** ♟ Patent...: ~ *agent* (*Am.* *attorney*) Patentanwalt *m*; ~ *law* objektives Patentrecht; ℒ *Office* Patentamt *n*; ~ *right* subjektives Patentrecht; ~ *roll* *Brit.* Patentregister *n*; ~ *specification* Patentschrift *f*, -beschreibung *f*; **5.** *Brit.* F ‚pa'tent'; **methods** *id.* **6.** Pa'tent (*n*), Privi'leg(ium) *n*, Freibrief *m*, Bestallung *f*; **7.** ♟ Pa'tent(urkunde *f*) *n*: ~ *of addition* Zusatzpatent; ~ *applied for*,

~ *pending* Patent angemeldet; *take out a* ~ *for* → 10; **8.** *Brit.* F ‚Re'zept' *n*; **III** *v/t.* **9.** patentieren, gesetzlich schützen; **10.** patentieren lassen; **'pat-ent-a·ble** [-təbl] *adj.* pa'tentfähig; **pat-ent·ee** [₁peɪtən'ti:] *s.* Pa'tentinhaber(in).

pa·ter ['peɪtə] *s. ped. sl.* ‚alter Herr' (*Vater*).

pa·ter·nal [pə'tɜːnl] *adj.* □ väterlich, Vater...: ~ *grandfather* Großvater väterlicherseits; **pa'ter·ni·ty** [-nətɪ] *s.* Vaterschaft *f* (*a. fig.*): ~ *suit* ♟ Vaterschaftsklage *f*; *declare* ~ die Vaterschaft feststellen.

pa·ter·nos·ter [₁pætə'nɒstə] **I** *s.* **1.** *R.C.* a) Vater'unser *n*, b) Rosenkranz *m*; **2.** ⊕ Pater'noster *m* (*Aufzug*); **II** *adj.* **3.** ⊕ Paternoster...

path [pɑːθ] ~**s** [pɑːðz] *s.* **1.** Pfad *m*, Weg *m* (*a. fig.*): *cross s.o.'s* ~ j-m über den Weg laufen; **2.** ⊕, *phys.*, *sport* Bahn *f*: ~ *of electrons* Elektronenbahn.

pa·thet·ic [pə'θetɪk] *adj.* (□ ~*ally*) **1.** *obs.* pa'thetisch, allzu gefühlvoll: ~ *fallacy* Vermenschlichung *f* der Natur (*in der Literatur*); **2.** mitleiderregend, *Brit.* F kläglich, jämmerlich, ‚zum Weinen'.

'path,find·er *s.* **1.** ✔, ✘ Pfadfinder *m*; **2.** Forschungsreisende(r) *m*; **3.** *fig.* Bahnbrecher *m.*

path·less ['pɑːθlɪs] *adj.* weglos.

path·o·gen·ic [₁pæθə'dʒenɪk] *adj.* ✻ pa·tho'gen, krankheitserregend.

path·o·log·i·cal [₁pæθə'lɒdʒɪkl] *adj.* □ ✻ patho'logisch: a) krankhaft, b) *die Krankheitslehre betreffend*; **pa·thol·o·gist** [pə'θɒlədʒɪst] *s.* ✻ Patho'loge *m*; **pa·thol·o·gy** [pə'θɒlədʒɪ] *s.* ✻ **1.** Patho'logie *f*, Krankheitslehre *f*; **2.** pathologischer Befund.

pa·thos ['peɪθɒs] *s.* **1.** *obs.* Pathos *n*; **2.** a) Mitleid *n*, b) *das* Mitleiderregende.

'path·way *s.* Pfad *m*, Weg *m*, Bahn *f.*

pa·tience ['peɪʃns] *s.* **1.** Geduld *f*; Ausdauer *f*: *lose one's* ~ die Geduld verlieren; *be out of* ~ *with s.o.* aufgebracht sein gegen j-n; *have no* ~ *with s.o.* j-n nicht leiden können, nichts übrig haben für j-n; *try s.o.'s* ~ j-s Geduld auf die Probe stellen; → *Job²*; *possess* 2 b; **2.** *bsd. Brit.* Pati'ence *f* (*Kartenspiel*); **'pa·tient** [-nt] **I** *adj.* □ **1.** geduldig; nachsichtig; beharrlich: *be* ~ *of* ertragen; ~ *of two interpretations fig.* zwei Deutungen zulassend; **II** *s.* **2.** Pati'ent(in), Kranke(r *m*) *f*; **3.** ♟ *Brit.* Geisteskranke(r *m*) *f* (*in e-r Heil- und Pflegeanstalt*).

pat·i·o ['pætɪəʊ] *s.* **1.** Innenhof *m*, Patio *m*; **2.** Ter'rasse *f*, Ve'randa *f.*

pa·tri·arch ['peɪtrɪɑːk] *s.* Patri'arch *m*; **pa·tri·ar·chal** [₁peɪtrɪ'ɑːkl] *adj.* patriar'chalisch (*a. fig. ehrwürdig*); **'pa·tri·arch·ate** [-kɪt] *s.* Patriar'chat *n.*

pa·tri·cian [pə'trɪʃn] **I** *adj.* pa'trizisch; *fig.* aristo'kratisch; **II** *s.* Pa'trizier(in).

pat·ri·cide ['pætrɪsaɪd] → *parricide.*

pat·ri·mo·ni·al [₁pætrɪ'məʊnjəl] *adj.* ererbt, Erb...; **pat·ri·mo·ny** ['pætrɪmənɪ] *s.* **1.** väterliches Erbteil (*a. fig.*); **2.** Vermögen *n*; **3.** Kirchengut *n.*

pa·tri·ot ['pætrɪət] *s.* Patri'ot(in); **pa·tri·ot·eer** [₁pætrɪə'tɪə] *s.* Hur'rapatri₁ot *m*; **pa·tri·ot·ic** [₁pætrɪ'ɒtɪk] *adj.* (□ ~*ally*) patri'otisch; **'pa·tri·ot·ism** [-tɪ-

zəm] *s.* Patri'otismus *m*, Vaterlandsliebe *f.*

pa·trol [pə'trəʊl] **I** *v/i.* **1.** ✘ patrouillieren, ✔ Pa'trouille fliegen; auf Streife sein (*Polizisten*), s-e Runde machen (*Wachmann*); **II** *v/t.* **2.** ✘ abpatrouillieren, ✔ *Strecke* abfliegen; auf Streife sein in (*dat.*); **III** *s.* **3.** (*on* ~ auf) Pa'trouille *f*; Streife *f*; Runde *f*; **4.** ✘ Pa'trouille *f*, Späh-, Stoßtrupp *m*; (Poli-'zei)Streife *f*: ~ *activity* ✘ Spähtrupptätigkeit *f*; ~ *car* a) ✘ (Panzer-) Spähwagen *m*, b) (Funk-, Poli'zei-) Streifenwagen *m*; ~ *wagon Am.* Polizeigefangenenwagen *m*; **'~·man** [-mæn] *s.* [*irr.*] Streifenbeamte(r) *m.*

pa·tron ['peɪtrən] *s.* **1.** Pa'tron *m*, Schutz-, Schirmherr *m*; **2.** Gönner *m*, Förderer *m*; **3.** *R.C.* a) 'Kirchenpa₁tron *m*, b) → *patron saint*; **4.** a) ✝ (Stamm-) Kunde *m*, b) Stammgast *m*, *a. thea. etc.* regelmäßiger Besucher; **5.** *Brit. mot.* Pannenhelfer *m*; **pa·tron·age** ['pætrənɪdʒ] *s.* **1.** Schirmherrschaft *f*; **2.** Gönnerschaft *f*, Förderung *f*; **3.** Pa-tro'natsrecht *n*; **4.** Kundschaft *f*; **5.** gönnerhaftes Benehmen; **6.** *Am.* Recht *n* der Ämterbesetzung; **pa·tron·ess** ['peɪ-'trənɪs] *s.* Pa'tronin *f etc.* (→ *patron*).

pa·tron·ize ['pætrənaɪz] *v/t.* **1.** beschirmen, beschützen; **2.** fördern, unter'stützen; **3.** (Stamm)Kunde *od.* Stammgast sein bei, *Theater etc.* regelmäßig besuchen; **4.** gönnerhaft behandeln; **'pa·tron·iz·er** [-zə] *s.* → *patron* 2, 4; **'pa·tron·iz·ing** [-zɪŋ] *adj.* □ gönnerhaft, her'ablassend: ~ *air* Gönnermiene *f.*

pa·tron saint *s. R.C.* Schutzheilige(r) *m.*

pat·sy ['pætsɪ] *s. sl.* **1.** Sündenbock *m*; **2.** Gimpel *m*; **3.** 'Witzfi₁gur *f.*

pat·ten ['pætn] *s.* **1.** Holzschuh *m*; **2.** Stelzschuh *m*; **3.** △ Säulenfuß *m.*

pat·ter¹ ['pætə] *v/i. u. v/t.* **1.** schwatzen, (da'her)plappern; ‚he'runterleiern'; **II** *s.* **2.** Geplapper *n*; **3.** ('Fach-) Jargon *m*; **4.** Gaunersprache *f.*

pat·ter² ['pætə] **I** *v/i.* **1.** prasseln (*Regen etc.*); **2.** trappeln (*Füße*); **II** *s.* **3.** Prasseln *n* (*Regen*); **4.** (Fuß)Getrappel *n*; **5.** Klappern *n.*

pat·tern ['pætən] *s.* **1.** (*a.* Schnitt-, Stick)Muster *n*, Vorlage *f*, Mo'dell *n*: *on the* ~ *of* nach dem Muster von *od. gen.*; **2.** ✝ Muster(*a.*) (Waren)Probe *f*, b) Des'sin *n*, Mo'tiv *n* (*Stoff*): *by* ~ *post* als Muster ohne Wert; **3.** *fig.* Muster *n*, Vorbild *n*; **4.** *fig.* Plan *m*, Anlage *f*: ~ *of one's life*; **5.** ⊕ a) Scha'blone *f*, b) 'Gußmo₁dell *n*, c) Lehre *f*; **6.** Webe*rei*: Pa'trone *f*; **7.** (*behavio[u]r*) ~ *psych.* (Verhaltens)Muster *n*; **II** *adj.* **8.** musterhaft, Muster...: *a* ~ *wife*; **III** *v/t.* **9.** (nach)bilden, gestalten (*after, on* nach): ~ *one's conduct on s.o.* sich (in s-m Benehmen) ein Beispiel an j-m nehmen; **10.** mit Muster(n) verzieren, mustern; ~ *bomb·ing s.* ✘ Flächenwurf *m*; ~ *book s.* ✝ Musterbuch *n*; ~ *mak·er s.* ⊕ Mo'dellmacher *m*; ~ *paint·ing s.* ✘ Tarnanstrich *m.*

pat·ty ['pætɪ] *s.* Pa'stetchen *n.*

pau·ci·ty ['pɔːsətɪ] *s.* geringe Zahl *od.* Menge, Knappheit.

Pau·line ['pɔːlaɪn] *adj. eccl.* pau'linisch.

paunch [pɔːntʃ] *s.* **1.** (Dick)Bauch *m*,

Wanst *m*; **2.** *zo.* Pansen *m*; **'paunch·y** [-tʃɪ] *adj.* dickbäuchig.

pau·per ['pɔ:pə] **I** *s.* **1.** Arme(r *m*) *f*; **2.** *Am.* a) Unter'stützungsempfänger(in), b) ⚖ unter Armenrecht Klagende(r *m*) *f*; **II** *adj.* **3.** Armen...; **'pau·per·ism** [-ərɪzəm] *s.* Verarmung *f*, Massenarmut *f*; **pau·per·i·za·tion** [ˌpɔ:pəraɪˈzeɪʃn] *s.* Verarmung *f*, Verelendung *f*; **'pau·per·ize** [-əraɪz] *v/t.* bettelarm machen.

pause [pɔ:z] **I** *s.* **1.** Pause *f*, Unter'brechung *f*: **make a ~** innehalten, pausieren; **it gives one ~ to think** es gibt e-m zu denken; **2.** *typ.* Gedankenstrich *m*; **3.** ♪ Fer'mate *f*; **II** *v/i.* **4.** pausieren, innehalten; stehenbleiben; zögern; **5.** verweilen **(on, upon** bei): **to ~ upon a note** (*od.* **tone)** ♪ e-n Ton aushalten.

pave [peɪv] *v/t.* Straße pflastern, Fußboden legen: **~ the way for** *fig.* den Weg ebnen für; **→ paving; 'pave·ment** [-mənt] *s.* **1.** (Straßen)Pflaster *n*; **2.** *Brit.* Bürgersteig *m*, Trot'toir *n*: **~ artist** Pflastermaler *m*; **~ café** Straßencafé *n*; **3.** *Am.* Fahrbahn *f*, Fußboden(belag) *m*; **'pav·er** [-və] *s.* **1.** Pflasterer *m*; **2.** Fliesen-, Plattenleger *m*; **3.** Pflasterstein *m*, Fußbodenplatte *f*; **4.** *Am.* 'Straßenbeˌtonmischer *m*.

pa·vil·ion [pə'vɪljən] *s.* **1.** (großes) Zelt; **2.** Pavillon *m*, Gartenhäuschen *n*; **3.** ♱ (Messe)Pavillon *m*.

pav·ing ['peɪvɪŋ] *s.* Pflastern *n*; (Be)Pflasterung *f*, Straßendecke *f*; Fußbodenbelag *m*; **~ stone** *s.* Pflasterstein *m*; **~ tile** *s.* Fliese *f*.

pav·io(u)r ['peɪvjə] *s.* Pflasterer *m*.

paw [pɔ:] **I** *s.* **1.** Pfote *f*, Tatze *f*; **2.** F ˌPfote' *f* (Hand); **3.** F *humor.* ˌKlaue' *f* (Handschrift); **II** *v/t.* **4.** mit dem Vorderfuß *od.* der Pfote scharren; **5.** F ˌbetatschen': a) derb *od.* ungeschickt anfassen, b) *j-n* ˌbegrabschen': **~ the air** (in der Luft) herumfuchteln; **III** *v/i.* **6.** stampfen, scharren; **7.** ˌ(he'rum)fummeln'.

pawl [pɔ:l] *s.* **1.** ⚙ Sperrhaken *m*, -klinke *f*, Klaue *f*; **2.** ⚓ Pall *n*.

pawn¹ [pɔ:n] *s.* **1.** Schach: Bauer *m*; **2.** *fig.* 'Schachfiˌgur *f*.

pawn² [pɔ:n] **I** *s.* **1.** Pfand(sache *f*) *n*; ⚖ u. *fig.* a. Faustpfand *n*: **in** (*od.* **at)** *~* verpfändet, versetzt; **II** *v/t.* **2.** verpfänden (a. *fig.*), versetzen; **3.** ♱ lombardieren; **'~bro·ker** *s.* Pfandleiher *m*.

pawn·ee [ˌpɔ:'ni:] *s.* ⚖ Pfandinhaber *m*, -nehmer *m*; **pawn·er, pawn·or** ['pɔ:nə] *s.* Pfandschuldner *m*.

'pawn·shop *s.* Pfandhaus *n*, Pfandleihe *f*; **~ tick·et** *s.* Pfandschein *m*.

pay [peɪ] **I** *s.* **1.** Bezahlung *f*; (Arbeits-) Lohn *m*, Löhnung *f*; Gehalt *n*; Sold *m* (a. *fig.*); × (Wehr)Sold *m*: **in the ~ of s.o.** bei j-m beschäftigt, in j-s Sold; **2.** *fig.* Belohnung *f*, Lohn *m*; **II** *v/t.* [*irr.*] **3.** zahlen, entrichten; Rechnung bezahlen *od.* begleichen, Wechsel einlösen, Hypothek ablösen; *j-n* bezahlen; Gläubiger befriedigen; **~ into** einzahlen auf ein Konto; **~ one's way** ohne Verlust arbeiten, s-n Verbindlichkeiten nachkommen, auskommen mit dem, was man hat; **4.** *fig.* (be)lohnen, vergelten **(for** et.): **~ home** heimzahlen; **5.** *fig.* Achtung zollen; *Aufmerksamkeit schenken*; *Besuch abstatten*; *Ehre erweisen*; *Kompliment machen*; **→ court**

10; *homage* 2; **6.** *fig.* sich lohnen für *j-n*; **III** *v/i.* [*irr.*] **7.** zahlen, Zahlung leisten: **~ for** (für) *et.* bezahlen (a. *fig. et.* büßen), die Kosten tragen für; **he had to ~ dearly for it** *fig.* er mußte es bitter büßen, es kam ihn teuer zu stehen; **8.** *fig.* sich lohnen, sich rentieren, sich bezahlt machen;

Zssgn mit adv.:

pay| back *v/t.* **1.** zu'rückzahlen, -erstatten; **2.** *fig.* a) Besuch etc. erwidern, b) *j-m* heimzahlen **(for s.th.** et.); **→ coin** 1; **~ down** *v/t.* bar bezahlen; e-e Anzahlung machen von; **~ in** *v/t. u. v/i.* (auf ein Konto) einzahlen; **→ paid-in; ~ off** **I** *v/t.* **1.** *j-n* auszahlen, entlohnen; ⚓ abmustern; **2.** *et.* abbezahlen, tilgen; **3.** *Am.* für **pay back** 2b; **II** *v/i.* **4.** F **→ pay** 8; **~ out** *v/t.* **1.** auszahlen; **2.** F *fig.* **→ pay back** 2b; **3.** (*pret. u. p.p.* **payed)** Kabel, Kette etc. ausstecken, -legen, abrollen; **~ up** *v/t. j-n od. et.* voll *od.* so'fort bezahlen; Schuld tilgen; ♱ Anteile, Versicherung etc. voll einzahlen; **→ paid-up.**

pay·a·ble ['peɪəbl] *adj.* **1.** zahlbar, fällig: **~ to bearer** auf den Überbringer lautend; **make a cheque** (*Am.* **check) ~ to s.o.** e-n Scheck auf j-n ausstellen; **2.** ♱ ren'tabel.

ˌpay|-as-you-'earn *s. Brit.* Lohnsteuerabzug *m*; **ˌ~-as-you-'see tel·e·vi·sion** *s.* Münzfernsehen *n*; **~ bed** *s.* ♣ Pri'vatbett *n*; **~ check** *s. Am.* Lohn-, Gehaltsscheck *m*; **~ claim** *s.* Lohn-, Gehaltsforderung *f*; **~ clerk** *s.* ♱ Lohnauszahler *m*; **2.** ♱ Rechnungsführer *m*; **'~day** *s.* Zahl-, Löhnungstag *m*; **~ desk** *s.* ♱ Kasse *f* (im Kaufhaus); **~ dirt** *s.* **1.** geol. goldführendes Erdreich; **2.** *fig. Am.* Geld *n*, Gewinn *m*: **strike ~** Erfolg haben.

pay·ee [peɪˈi:] *s.* **1.** Zahlungsempfänger (-in); **2.** Wechselnehmer(in).

pay en·ve·lope *s.* Lohntüte *f*.

pay·er ['peɪə] *s.* **1.** (Be)Zahler *m*; **2.** (Wechsel)Bezogene(r) *m*, Tras'sat *m*.

pay freeze *s.* Lohnstopp *m*.

pay·ing ['peɪɪŋ] *adj.* lohnend, einträglich, ren'tabel: **not ~** unrentabel; **~ concern** einträgliches Geschäft; **2.** Kassen..., Zahl(ungs)...: **~ guest** zahlender Gast; **ˌ~-'in slip** *s.* Einzahlungsschein *m*.

pay| load *s.* **1.** ⚙, ⚓, ✈ Nutzlast *f*: **~ capacity** Ladefähigkeit *f*; **2.** × Sprengladung *f*; **3.** ♱ *Am.* Lohnanteil *m*; **'~ˌmas·ter** *s.* × Zahlmeister *m*.

pay·ment ['peɪmənt] *s.* **1.** (Ein-, Aus-, Be)Zahlung *f*, Entrichtung *f*, Abtragung *f* von Schulden, Einlösung *f* e-s Wechsels: **~ in kind** Sachleistung *f*; **in ~ of** zum Ausgleich (gen.); **on ~** (**of)** nach Eingang (gen.), gegen Zahlung (von *od. gen.*); **accept in ~** in Zahlung nehmen; **2.** gezahlte Summe, Bezahlung *f*; **3.** Lohn *m*, Löhnung *f*, Besoldung *f*; **4.** *fig.* Lohn *m* (a. Strafe).

'pay·off *s. sl.* **1.** Aus- *od.* Abzahlung *f*; **2.** *fig.* Abrechnung *f* (Rache); **3.** Resul'tat *n*; Entscheidung *f*; **4.** *Am.* Clou *m* (Höhepunkt); **~ of·fice** *s.* 'Lohnbüˌro *n*; **2.** Zahlstelle *f*.

pay·o·la [peɪˈəʊlə] *s. Am. sl.* Bestechungs-, Schmiergeld(er *pl.*) *n*.

pay| pack·et *s.* Lohntüte *f*; **~ pause** *s.* Lohnpause *f*; **'~roll** *s.* Lohnliste *f*:

have (*od.* **keep) s.o. on one's ~** *j-n* (bei sich) beschäftigen; **he is no longer on our ~** er arbeitet nicht mehr für *od.* bei uns; **~ slip** *s.* Lohn-, Gehaltsstreifen *m*; **~ tel·e·phone** *s.* Münzfernsprecher *m*; **~ tel·e·vi·sion** *s.* Münzfernsehen *n*.

pea [pi:] **I** *s.* ♀ Erbse *f*: **as like as two ~s** sich gleichend wie ein Ei dem andern; **→ sweet pea; II** *adj.* erbsengroß, -förmig.

peace [pi:s] **I** *s.* **1.** Friede(n) *m*: **at ~** a) in Frieden, im Friedenszustand, b) in Frieden ruhend (tot); **2.** a. **the King's** (*od.* **Queen's) ~, public ~** Landfrieden *m*, öffentliche Ruhe und Ordnung, öffentliche Sicherheit: **breach of the ~** ⚖ (öffentliche) Ruhestörung; **disturb the ~** die öffentliche Ruhe stören; **keep the ~** die öffentliche Sicherheit wahren; **3.** *fig.* Ruhe *f*, Friede(n) *m*: **~ of mind** Seelenruhe; **hold one's ~** sich ruhig verhalten; **leave in ~** in Ruhe *od.* Frieden lassen; **4.** Versöhnung *f*, Eintracht *f*: **make one's ~ with s.o.** sich mit j-m versöhnen; **II** *int.* **5.** sst!, still!, ruhig!; **III** *adj.* **6.** Friedens...: **~ conference; ~ feelers; ~ movement; ~ offensive; ~ corps** Friedenstruppe *f*; **'peace·a·ble** [-səbl] *adj.* □ friedlich: a) friedfertig, -liebend, b) ruhig, ungestört; **'peace·ful** [-fʊl] *adj.* □ friedlich; **'peace·ing** *adj.*: **~ force** *pol.* × Friedenstruppe *f*; **'peace·less** [-lɪs] *adj.* friedlos.

peace·nik ['pi:snɪk] *s. Am. sl.* Kriegsgegner(in).

peace·ˌof·fer·ing *s.* **1.** eccl. Sühneopfer *n*; **2.** Versöhnungsgeschenk *n*, versöhnliche Geste, Friedenszeichen *n*; **~ of·fi·cer** *s.* Sicherheitsbeamte(r) *m*, Schutzmann *m*; **~ re·search** *s.* Friedensforschung *f*; **~ set·tle·ment** *s.* Friedensregelung *f*; **'~time** *s.* Friedenszeit *f*; **II** *adj.* in Friedenszeiten, Friedens...; **~ trea·ty** *s. pol.* Friedensvertrag *m*.

peach¹ [pi:tʃ] *s.* **1.** ♀ Pfirsich(baum) *m*; **2.** *sl.* ˌklasse' Per'son *od.* Sache: **a ~ of a car** ein ˌtodschicker' Wagen; **a ~ of a girl** ein bildhübsches Mädchen.

peach² [pi:tʃ] *v/i.*: **~ against** (*od.* **on)** Komplicen ˌverpfeifen', Schulkameraden verpetzen.

peach·y ['pi:tʃɪ] *adj.* **1.** pfirsichartig; **2.** *sl.* ˌprima', ˌschick', ˌklasse'.

pea·cock ['pi:kɒk] *s.* **1.** *orn.* Pfau(hahn) *m*; **2.** *fig.* (eitler) Fatzke *m*; **~ blue** *s.* Pfauenblau *n* (Farbe).

'pea·fowl *s. orn.* Pfau *m*; **'~hen** *s. orn.* Pfauhenne *f*; **~ jack·et** *s.* ⚓ Ko'lani *m* (Uniformjacke).

peak¹ [pi:k] **I** *s.* **1.** Spitze *f*; **2.** Bergspitze *f*; Horn *n*, spitzer Berg; **3.** (Mützen-)Schirm *m*; **4.** ⚓ Piek *f*; **5.** ⚡, *phys.* Höchst-, Scheitelwert *m*; **6.** *fig.* (Leistungs- *etc.*)Spitze *f*, Höchststand *m*; Gipfel *m* des Glücks *etc.*: **~ of traffic** Verkehrsspitze; **reach the ~** den Höchststand erreichen; **II** *adj.* **7.** Spitzen..., Höchst..., Haupt...: **~ factor** *phys.*, ⚡ Scheitelfaktor *m*; **~ load** Spitzenbelastung *f* (a. ⚡); **~ season** Hochsaison *f*, -konjunktur *f*; **~ time** a) Hochkonjunktur *f*, b) Stoßzeit *f*, c) = **~** (**traffic)** hours Hauptverkehrszeit *f*.

peak² [pi:k] *v/i.* **1.** kränkeln, abmagern; **2.** spitz aussehen.

peaked [pi:kt] *adj.* **1.** spitz(ig): **~ cap**

Schirmmütze; **2.** F ‚spitz‘, kränklich.
peak·y ['pi:kɪ] *adj.* **1.** gipfelig; **2.** spitz
(-ig); **3.** → *peaked* 2.
peal [pi:l] I *s.* **1.** (Glocken)Läuten *n*; **2.**
Glockenspiel *n*; **3.** (*Donner*)Schlag *m*,
Dröhnen *n*: ~ *of laughter* schallendes
Gelächter; II *v/i.* **4.** läuten; erschallen,
dröhnen, schmettern; III *v/t.* **5.** erschallen lassen.
'pea·nut I *s.* **1.** ⚘ Erdnuß *f*; **2.** *Am. sl.* a)
pl. ‚kleine Fische‘ *pl.* (*geringer Betrag*),
b) ‚kleines Würstchen‘ (*Person*); II *adj.*
3. *Am. sl.* klein, unbedeutend, lächerlich: *a* ~ *politician*; ~ *but·ter* *s.* Erdnußbutter *f*.
pear [peə] *s.* ⚘ **1.** Birne *f* (*a. weitS.*
Objekt); **2.** *a.* ~ *tree* Birnbaum *m*.
pearl [pɜ:l] I *s.* **1.** Perle *f* (*a. fig. u.*
pharm.): *cast* ~*s before swine* Perlen
vor die Säue werfen; **2.** Perl'mutt *n*; **3.**
typ. Perl(schrift) *f*; II *adj.* **4.** Perlen...;
Perlmutt(er)...; III *v/i.* **5.** Perlen bilden, perlen, tropfen; ~ *bar·ley* *s.* Perlgraupen *pl.*; ~ *div·er* *s.* Perlentaucher
m; '~,*oys·ter s. zo.* Perlmuschel *f*.
pearl·y ['pɜ:lɪ] *adj.* **1.** Perlen..., perlenartig, perlmutterartig; **2.** perlenreich.
'pear|-quince *s.* ⚘ Echte Quitte, Birnenquitte *f*; '~-*shaped adj.* birnenförmig.
peas·ant ['peznt] I *s.* **1.** (Klein)Bauer
m; **2.** *fig.* F ‚Bauer‘ *m*; II *adj.* **3.** (klein-)
bäuerlich, Bauern...: ~ *woman* Bäuerin *f*; '*peas·ant·ry* [-rɪ] *s.* die (Klein-)
Bauern *pl.*, Landvolk *n*.
pease [pi:z] *s. pl. Br. dial.* Erbsen *pl.*: ~
pudding Erbs(en)brei *m*.
'pea|-,shoot·er *s.* **1.** Blas-, Pusterohr *n*;
2. *Am.* Kata'pult *m, n*; **3.** *Am. sl.* ‚Kanone‘ *f* (*Pistole*); *pl.* Erbsensuppe *f*; **2.** *a.* ‚~-'*soup·er* [-'su:pə] *s.* **1.**
F ‚Waschküche‘ *f* (*dichter Nebel*); **2.**
'Frankoka‚nadier *m*; ‚~-'*soup·y* [-'su:pɪ]
adj. F dicht u. gelb (*Nebel*).
peat [pi:t] *s.* **1.** Torf *m*: *cut* (*od. dig*) ~
Torf stechen: ~ *bath* ⚕ Moorbad *n*; ~
coal Torfkohle *f*: ~ *moss* Torfmoos *n*;
2. Torfstück *n*, -sode *f*.
peb·ble ['pebl] I *s.* **1.** Kiesel(stein) *m*:
you are not the only ~ *on the beach* F
man (*od.* ich) kann auch ohne dich auskommen; **2.** A'chat *m*; **3.** 'Bergkri‚stall
m; **4.** *opt.* Linse *f* aus 'Bergkri‚stall; II
v/t. **5.** *Weg* mit Kies bestreuen; **6.** ⚙
Leder krispeln; '*peb·bly* [-lɪ] *adj.* kieselig.
pec·ca·dil·lo [‚pekə'dɪləʊ] *pl.* **-loes** *s.*
‚kleine Sünde‘, Kava'liersde‚likt *n*.
peck¹ [pek] *s.* **1.** Viertelscheffel *m* (*Brit.*
9,1, Am. 8,8 Liter); **2.** *fig.* Menge *f*,
Haufen *m*: *a* ~ *of trouble*.
peck² [pek] I *v/t.* **1.** mit dem Schnabel
etc. (auf)picken, (-)hacken; **2.** *j-m* ein
Küßchen geben; II *v/i.* **3.** (*at*) picken,
hacken (nach), einhacken (auf *acc.*):
~*ing order zo.* u. *fig.* Hackordnung *f*; ~
at s.o. fig. auf j-m ,herumhacken‘; *at*
one's food lustlos im Essen herumstochern; III *s.* **4.** Schlag *m*, (Schnabel-)
Hieb *m*; **5.** Loch *n*; **6.** leichter *od.*
flüchtiger Kuß; **7.** *Brit. sl.* ‚Futter‘ *n*
(*Essen*); '*peck·er* [-kə] *s.* **1.** Picke *f*,
Haue *f*; **2.** ⚙ Abfühlnadel *f*; **3.** *sl.* ,Zinken‘ *m* (*Nase*): *keep your* ~ *up!* halt
die Ohren steif!; **4.** *Am. sl.* ,Schwanz‘
m (*Penis*); **peck·ish** ['pekɪʃ] *adj.* F **1.**
hungrig; **2.** *Am.* reizbar.

pec·to·ral ['pektərəl] I *adj.* **1.** *anat.*, ⚕
Brust...; II *s.* **2.** *hist.* Brustplatte *f*; **3.**
anat. Brustmuskel *m*; **4.** *pharm.* Brustmittel *n*; **5.** *zo. a.* ~ *fin* Brustflosse *f*; **6.**
R.C. Brustkreuz *n*.
pec·u·late ['pekjʊleɪt] *v/t.* (*v/i.* öffentliche Gelder) unter'schlagen, veruntreuen; **pec·u·la·tion** [‚pekjʊ'leɪʃn] *s.* Unter'schlagung *f*, Veruntreuung *f*, 'Unterschleif *m*; '*pec·u·la·tor* [-tə] *s.* Veruntreuer *m*.
pe·cul·iar [pɪ'kju:ljə] I *adj.* □ **1.** eigen
(-tümlich) (*to dat.*); **2.** eigen, seltsam,
absonderlich; **3.** besonder; II *s.* **4.** ausschließliches Eigentum; **pe·cu·li·ar·i·ty**
[pɪ‚kju:lɪ'ærətɪ] *s.* **1.** Eigenheit *f*, Eigentümlichkeit *f*, Besonderheit *f*; **2.** Eigenartigkeit *f*, Seltsamkeit *f*.
pe·cu·ni·a·ry [pɪ'kju:njərɪ] *adj.* □
Geld..., pekuni'är, finanzi'ell: ~ *advantage* Vermögensvorteil.
ped·a·gog·ic, ped·a·gog·i·cal [‚pedə-
'gɒdʒɪk(l)] *adj.* □ päda'gogisch, erzieherisch, Erziehungs...; ‚*ped·a·gog·ics*
[-ks] *s. pl. sg. konstr.* Päda'gogik *f*; **ped-
a·gogue** ['pedəgɒg] *s.* **1.** Päda'goge *m*,
Erzieher *m*; **2.** *contp. fig.* Pe'dant *m*,
Schulmeister *m*; **ped·a·go·gy** ['ped-
əgɒdʒɪ] *s.* Päda'gogik *f*.
ped·al ['pedl] I *s.* **1.** Pe'dal *n* (*a.* ♪),
Fußhebel *m*, Tretkurbel *f*; → *soft ped-*
al; **2.** *a.* ~ *note* ♪ Pe'dal- *od.* Orgelton
m; II *v/i.* **3.** ♫ ♪ Pe'dal treten; **4.** radfahren, ‚strampeln‘; III *v/t.* **5.** treten,
fahren; IV. *adj.* **6.** Pedal..., Fuß...: ~
bin Treteimer *m*; ~ *car* Tretauto *n*; ~
brake mot. Fußbremse *f*; ~ *control* ⚓
Pedalsteuerung *f*; ~ *switch* ⚙ Fußschalter *m*.
ped·a·lo ['pedələʊ] *s.* Tretboot *n*.
ped·ant ['pedənt] *s.* Pe'dant(in), Kleinigkeitskrämer(in); **pe·dan·tic** [pɪ-
'dæntɪk] *adj.* (□ ~*ally*) pe'dantisch,
kleinlich; '*ped·ant·ry* [-trɪ] *s.* Pedante-
'rie *f*.
ped·dle ['pedl] I *v/i.* **1.** hausieren gehen;
2. sich mit Kleinigkeiten abgeben, tändeln; II *v/t.* **3.** hausieren gehen mit (*a.*
fig.), handeln mit: ~ *drugs*; ~ *new*
ideas; '*ped·dler* [-lə] *Am.* → *pedlar*;
'*ped·dling* [-lɪŋ] *adj. fig.* kleinlich; geringfügig, unbedeutend, wertlos.
ped·er·ast ['pedəræst] *s.* Päde'rast *m*;
'*ped·er·as·ty* [-tɪ] *s.* Päde'rastie *f*, Knabenliebe *f*.
ped·es·tal ['pedɪstl] *s.* **1.** △ Sockel *m*,
Posta'ment *n*, Säulenfuß *m*; *set s.o. on*
a ~ *fig.* j-n aufs Podest erheben; **2.** *fig.*
Basis *f*, Grundlage *f*; **3.** ⚙ 'Untergestell
n, Sockel *m*, (Lager)Bock *m*.
pe·des·tri·an [pɪ'destrɪən] I *adj.* **1.** zu
Fuß, Fuß...; Spazier...; Fußgänger...: ~
precinct (*od. area*) Fußgängerzone *f*;
2. *fig.* pro'saisch, nüchtern; langweilig;
II *s.* **3.** Fußgänger(in); **pe'des·tri·an-**
ize [-naɪz] *v/t.* in e-e Fußgängerzone
verwandeln.
pe·di·at·ric [‚pi:dɪ'ætrɪk] *adj.* ⚕ pädi'a-
trisch, Kinder(heilkunde)...; **pe·di·a-**
tri·cian [‚pi:dɪə'trɪʃn] *s.* Kinderarzt *m*,
-ärztin *f*; **pe·di'at·rics** [-ks] *s. pl. sg.*
konstr. Kinderheilkunde *f*, Pädia'trie *f*;
ped·i·a·trist [-ɪst] → *pediatrician*;
ped·i·at·ry [-dɪætrɪ] → *pediatrics*.
ped·i·cel ['pedɪsəl] *s.* **1.** ⚘ Blütenstengel
m; **2.** *anat., zo.* Stiel(chen *n*) *m*; '*ped-*
i·cle [-kl] *s.* **1.** ⚘ Blütenstengel *m*; **2.** ⚕

Stiel *m* (*Tumor*).
ped·i·cure ['pedɪkjʊə] I *s.* Pedi'küre *f*:
a) Fußpflege *f*, b) Fußpfleger(in); II *v/t.*
j-s Füße behandeln *od.* pflegen; '*ped·i-*
cur·ist [-ərɪst] → *pedicure* I b.
ped·i·gree ['pedɪgri:] I *s.* **1.** Stammbaum *m* (*a. zo. u. fig.*), Ahnentafel *f*;
2. Entwicklungstafel *f*; **3.** Ab-, Herkunft *f*; **4.** lange Ahnenreihe; II *adj. a.*
'*ped·i·greed* [-i:d] **5.** mit Stammbaum,
reinrassig, Zucht...
ped·i·ment ['pedɪmənt] *s.* △ **1.** Giebel
(-feld *n*) *m*; **2.** Ziergiebel *m*.
ped·lar ['pedlə] *s.* Hausierer *m*.
pe·dom·e·ter [pɪ'dɒmɪtə] *s.* *phys.*
Schrittmesser *m*, -zähler *m*.
pe·dun·cle [pɪ'dʌŋkl] *s.* **1.** ⚘ Blütenstandstiel *m*, Blütenzweig *m*; **2.** *zo.*
Stiel *m*, Schaft *m*; **3.** *anat.* Zirbel-,
Hirnstiel *m*.
pee [pi:] *v/i.* F ‚Pi‘pi machen‘, ‚pinkeln‘.
peek¹ [pi:k] I *v/i.* **1.** gucken, spähen (*in-*
to in *acc.*); **2.** ~ *out* her'ausgucken (*a.*
fig.); II *s.* **3.** flüchtiger *od.* heimlicher
Blick.
peek² [pi:k] *s.* Piepsen *n* (*Vogel*).
peek·a·boo [‚pi:kə'bu:] *s.* ‚Guck-Guck-
Spiel‘ *n* (*kleiner Kinder*).
peel¹ [pi:l] I *v/t.* **1.** Frucht, Kartoffeln,
Bäume schälen; ~ *off* abschälen, -lösen;
~*ed barley* Graupen *pl.*; *keep your*
eyes ~*ed sl.* halt die Augen offen!; **2.**
sl. Kleider abstreifen; II *v/i.* **3.** *a.* ~ *off*
sich abschälen, sich abblättern, abbrökkeln, abschilfern; **4.** *sl.* ‚sich entblättern‘, ‚strippen‘; **5.** ~ *off* ✈ aus e-m
Verband ausscheren; III *s.* **6.** (*Zitronen- etc.*)Schale *f*; Rinde *f*; Haut *f*.
peel² [pi:l] *s.* **1.** Backschaufel *f*, Brotschieber *m*; **2.** *typ.* Aufhängekreuz *n*.
peel·er¹ ['pi:lə] *s.* **1.** (*Kartoffel- etc.*)
Schäler *m*; **2.** *sl.* Stripperin *f*.
peel·er² ['pi:lə] *s. sl. obs.* ‚Bulle‘ *m* (*Polizist*).
peel·ing ['pi:lɪŋ] *s.* (*lose*) Schale, Rinde
f, Haut *f*.
peen [pi:n] *s.* ⚙ Finne *f*, Hammerbahn *f*.
peep¹ [pi:p] I *v/i.* **1.** piep(s)en (*Vogel*
etc.): *he never dared* ~ *again* er hat es
nicht mehr gewagt, den Mund aufzumachen; II *s.* **2.** Piep(s)en *n*; **3.** *sl.*
‚Pieps‘ *m* (*Wort*).
peep² [pi:p] I *v/i.* **1.** gucken, neugierig
od. verstohlen blicken (*into* in *acc.*): ~
at in en Blick werfen auf (*acc.*); **2.** *oft* ~
out her'vorgucken, -schauen, -lugen (*a.*
fig. sich zeigen, zum Vorschein kommen); II *s.* **3.** neugieriger *od.* verstohlener Blick: *have* (*od. take*) *a* ~ → 1;
4. Blick *m* (*of* in *acc.*), ('Durch)Sicht *f*;
5. *at* ~ *of day* bei Tagesanbruch; '*peep-*
er [-pə] *s.* **1.** Spitzel *m*; **2.** *sl.* ‚Gucker‘
m (*Auge*); **3.** *sl.* Spiegel *m*; Fenster *n*;
Brille *f*.
'peep-hole *s.* Guckloch *n*.
Peep·ing Tom ['pi:pɪŋ] *s.* ‚Spanner‘ *m*
(*Voyeur*).
'peep|-scope *s.* ‚Spion‘ *m* (*an der Tür*);
~ *show* *s.* **1.** Guckkasten *m*; **2.** Peep-
Show *f*.
peer¹ [pɪə] *v/i.* **1.** spähen, gucken (*into*
in *acc.*): ~ *at* sich et. genau an- *od.*
begucken; **2.** *poet.* sich zeigen; **3.** →
peep² 2.
peer² [pɪə] *s.* **1.** Gleiche(r *m*) *f*, Ebenbürtige(r *m*) *f*: *without a* ~ ohneglei-

chen, unvergleichlich; *he associates with his ~s* er gesellt sich zu seinesgleichen; *~ group* sociol. Peer-group *f*; **2.** Angehörige(r) *m* des (brit.) Hochadels: *~ of the realm* Brit. Peer *m* (*Mitglied des Oberhauses*); **peer·age** ['pɪərɪdʒ] *s.* **1.** Peerage *f*: a) Peerswürde *f*, b) Hochadel *m*, (*die*) Peers *pl.*; **2.** 'Adelsˌlender *m*; **peer·ess** ['pɪərɪs] *s.* **1.** Gemahlin *f* e-s Peers; **2.** hohe Adlige: *~ in her own right* Peereß *f* im eigenen Recht; **peer·less** ['pɪəlɪs] *adj.* □ unvergleichlich, einzig(artig).

peeve [pi:v] F *v/t.* (ver)ärgern; **peeved** [-vd] *adj.* F ˌeingeschnappt', verärgert; **'pee·vish** [-vɪʃ] *adj.* □ grämlich, übellaunig, verdrießlich.

peg [peg] I *s.* **1.** (Holz-, *surv.* Absteck-) Pflock *m*; (Holz)Nagel *m*; (Schuh)Stift *m*; ⚙ Dübel *m*; Sprosse *f* (*a. fig.*): *take s.o. down a ~* (*or two*) j-m ˌeinen Dämpfer aufsetzen'; *come down a ~* gelindere Saiten aufziehen, ˌzurückstecken'; *a round ~ in a square hole, a square ~ in a round hole* ein Mensch am falschen Platze; **2.** (Kleider)Haken *m*: *off the ~* von der Stange (*Anzug*); **3.** (Wäsche)Klammer *f*; **4.** (Zelt)Hering *m*; **5.** ♪ Wirbel *m* (*Saiteninstrument*); **6.** *fig.* ˌAufhänger' *m*: *a good ~ on which to hang a story*; **7.** Brit. ˌGläs-chen' *n, bsd.* Whisky *m* mit Soda; II *v/t.* **8.** anpflöcken, -nageln; **9.** ⚙ (ver)dübeln; **10.** *a.* *~ out surv.* Grenze, *Land* abstecken: *~ out one's claim fig.* s-e Ansprüche geltend machen; **11.** ✝ *Löhne, Preise* stützen, halten: *~ged price* Stützkurs; **12.** F schmeißen (*at* nach); III *v/i.* **13.** *~ away* (*od. along*) F drauf'los arbeiten; **14.** *~ out* F a) ˌzs.-klappen', b) ˌabkratzen' (*sterben*); **'~top** *s.* Kreisel *m*.

peign·oir ['peɪnwɑ:] (*Fr.*) *s.* Morgenrock *m*.

pe·jo·ra·tive ['pi:dʒərətɪv] I *adj.* □ abschätzig, her'absetzend, pejora'tiv; II *s. ling.* abschätziges Wort, Pejora'tivum *n*.

peke [pi:k] F *für* **Pekingese** 2.

Pe·king·ese [ˌpi:kɪŋ'i:z] *s. sg. u. pl.* **1.** Bewohner(in) von Peking; **2.** ♀ Peki-'nese *m* (*Hund*).

pel·age ['pelɪdʒ] *s. zo.* Körperbedeckung *f* wilder Tiere (*Fell etc.*).

pel·ar·gon·ic [ˌpelɑː'gɒnɪk] *adj.* 🜪 Pelargon...: *~ acid*; **ˌpel·ar'go·ni·um** [-'gəʊnjəm] *s.* ♣ Pelar'gonie *f*.

pelf [pelf] *s. contp.* Mammon *m*.

pel·i·can ['pelɪkən] *s. orn.* Pelikan *m*; *~ crossing s.* mit Ampeln gesicherter Fußgängerüberweg *m*.

pe·lisse [pe'li:s] *s.* (*langer*) Damen- *od.* Kindermantel.

pel·let ['pelɪt] *s.* **1.** Kügelchen *n*, Pille *f*; **2.** Schrotkorn *n* (*Munition*).

pel·li·cle ['pelɪkl] *s.* Häutchen *n*; Mem'bran *f*; **pel·lic·u·lar** [pe'lɪkjʊlə] *adj.* häutchenförmig, Häutchen...

pell-mell [ˌpel'mel] I *adv.* **1.** durchein-'ander, ˌwie Kraut u. Rüben'; **2.** 'unterschiedslos; **3.** Hals über Kopf; II *adj.* **4.** verworren, kunterbunt; **5.** hastig, über-'eilt; III *s.* **6.** Durchein'ander *n*.

pel·lu·cid [pe'lju:sɪd] *adj.* □ 'durchsichtig, klar (*a. fig.*).

pelt¹ [pelt] *s.* Fell *n*, (Tier)Pelz *m*; ✝ *rohe* Haut.

pelt² [pelt] I *v/t.* **1.** j-n *mit Steinen etc.* bewerfen, (*fig. mit Fragen*) bombardieren; **2.** verhauen, prügeln; II *v/i.* **3.** *mit Steinen etc.* werfen (*at* nach); **4.** niederprasseln: *~ing rain* Platzregen *m*; III *s.* **5.** Schlag *m*, Wurf *m*; **6.** Prasseln *n* (*Regen*); **7.** Eile *f*: (*at*) *full ~* in voller Geschwindigkeit.

pelt·ry ['peltrɪ] *s.* **1.** Rauch-, Pelzwaren *pl.*; **2.** Fell *n*, Haut *f*.

pel·vic ['pelvɪk] *adj. anat.* Becken...: *~ cavity* Beckenhöhle; **pel·vis** ['pelvɪs] *pl.* **-ves** [-vi:z] *s. anat.* Becken *n*.

pem·(m)i·can ['pemɪkən] *s.* Pemmikan *n* (*Dörrfleisch*).

pen¹ [pen] I *s.* **1.** Pferch *m*, Hürde *f* (*Schafe*), Verschlag *m* (*Geflügel*), Hühnerstall *m*; **2.** kleiner Behälter *od.* Raum; **3.** ♣ (U-Boot)Bunker *m*; **4.** *Am. sl.* ˌKittchen' *n*, ˌKnast' *m*; II *v/t.* **5.** *a.* *~ in, ~ up* einpferchen, -schließen, -sperren.

pen² [pen] I *s.* **1.** (Schreib)Feder *f, a.* Federhalter *m*; Füller *m*; Kugelschreiber *m*: *set ~ to paper* die Feder ansetzen; *~ and ink* Schreibzeug *n*; *~ friend* Brieffreund(in); **2.** *fig.* Feder *f*, Stil *m*: *he has a sharp ~* er führt e-e spitze Feder; II *v/t.* **3.** (nieder)schreiben; ab-, verfassen.

pe·nal ['pi:nl] *adj.* □ **1.** strafrechtlich, Straf...: *~ code* Strafgesetzbuch *n*; *~ colony* Sträflingskolonie *f*; *~ duty* Strafzoll *m*; *~ institution* Strafanstalt *f*; *~ law* Strafrecht *n*; *~ reform* Strafrechtsreform *f*; *~ sum* Vertrags-, Konventionalstrafe *f*; → *servitude* 2; **2.** sträflich, strafbar: *~ act*; **'pe·nal·ize** [-nəlaɪz] *v/t.* **1.** mit e-r Strafe belegen, bestrafen; **2.** benachteiligen, ˌbestrafen'; **pen·al·ty** ['penltɪ] *s.* **1.** gesetzliche Strafe: *on* (*od. under*) *~ of* bei Strafe von; → *extreme* 2; *pay* (*od. bear*) *the ~ of et.* büßen; **2.** (Geld)Buße *f*, Vertragsstrafe *f*; **3.** *fig.* Nachteil *m*, Fluch *m des Ruhms etc.*; **4.** *sport* a) Strafe *f*, Strafpunkt *m*, b) *Fußball:* Elf'meter *m*, c) *Hockey:* Sieben'meter *m*, Eishockey: Penalty *m*: *~ area Fußball:* Strafraum *m*; *~ box* a) *Eishockey:* Strafbank, b) *Fußball:* Strafraum *m*; *~ kick Fußball:* Strafstoß *m*; *~ shot Eishockey:* Penalty *m*; *~ spot* a) *Fußball:* Elfmeterpunkt *m*, b) *Hockey:* Siebenmeterpunkt *m*.

pen·ance ['penəns] *s.* Buße *f*: *do ~* Buße tun.

ˌpen-and-'ink *adj.* Feder..., Schreiber...: *~* (*drawing*) Federzeichnung *f*.

pence [pens] *pl. von* **penny**.

pen·chant ['pɑ̃:ʃɑ̃:ŋ] (*Fr.*) *s.* (*for*) Neigung *f*, Hang *m* (für, zu), Vorliebe *f* (für).

pen·cil ['pensl] I *s.* **1.** Blei-, Zeichen-, Farbstift *m*: *red ~* Rotstift; *in ~* mit Bleistift; **2.** *paint. obs.* Pinsel *m*; *fig.* Stil *m e-s Malers*; **3.** *rhet.* Griffel *m*, Stift *m*; **4.** ⚙, ⚡, *Kosmetik:* Stift *m*; **5.** 🜪, *phys.* (Strahlen)Büschel *m, n:* *~ of light phot.* Lichtbündel *n*; II **6.** *v/t.* zeichnen; **7.** mit e-m Bleistift aufschreiben, anzeichnen *od.* anstreichen; **8.** mit e-m Stift behandeln, *z.B. die Augenbrauen* nachziehen; **'pen·cil(l)ed** [-ld] *adj.* **1.** fein gezeichnet *od.* gestrichelt; **2.** mit e-m Bleistift gezeichnet *od.* angestrichen; **3.** 🜪, *phys.* gebündelt (*Strahlen etc.*).

pen·cil‖ push·er *s. humor.* ˌBürohengst' *m*; *~ sharp·en·er s.* Bleistiftspitzer *m*.

'pen·craft *s.* **1.** → *penmanship*; **2.** Schriftstelle'rei *f*.

pend·ant ['pendənt] I *s.* **1.** Anhänger *m*, (*Schmuckstück*), Ohrgehänge *n*; **2.** a) Behang *m*, b) Hängeleuchter *m*; **3.** Bügel *m* (*Uhr*); **4.** △ Hängezierat *m*; **5.** *fig.* Anhang *m*, Anhängsel *n*; **6.** *fig.* Pen'dant *n*, Seiten-, Gegenstück *n* (*to* zu); **7.** ♣ → *pennant* 1; II *adj.* → *pendent* I; **'pend·en·cy** [-dənsɪ] *s. fig. bsd.* 🜪 Schweben *n*, Anhängigkeit *f* (*e-s Prozesses*); **'pen·dent** [-nt] I *adj.* **1.** (her'ab)hängend; 'überhängend; Hänge...; **2.** *fig.* → *pending* 3; **3.** *ling.* unvollständig; II *s.* **4.** → *pendant* I; **'pending** [-dɪŋ] I *adj.* **1.** hängend; **2.** bevorstehend; **3.** *bsd.* 🜪 schwebend, (noch) unentschieden; anhängig (*Klage*); → *patent* 7; II *prp.* **4.** a) während, b) bis zu.

pen·du·late ['pendjʊleɪt] *v/i.* **1.** pendeln; **2.** *fig.* fluktuieren, schwanken; **'pen·du·lous** [-ləs] *adj.* hängend, pendelnd; Hänge...(*bauch etc.*), Pendel...(*-bewegung etc.*); **'pen·du·lum** [-ləm] I *s.* **1.** *phys.* Pendel *n*; **2.** ⊙ a) Pendel *m*, Perpen'dikel *m, n* (*Uhr*), b) Schwunggewicht *n*; **3.** *fig.* Pendelbewegung *f*, wechselnde Stimmung *od.* Haltung; → *swing* 20; II *adj.* **4.** Pendel... (*-säge, -uhr, -waage etc.*): *~ wheel* Unruh *f der Uhr*.

pen·e·tra·bil·i·ty [ˌpenɪtrə'bɪlətɪ] *s.* Durch'dringbarkeit *f*, Durch'dringlichkeit *f*; **pen·e·tra·ble** ['penɪtrəbl] *adj.* □ durch'dringlich, erfaßbar, erreichbar; **pen·e·tra·li·a** [ˌpenɪ'treɪljə] (*Lat.*) *s. pl.* **1.** *das* Innerste, *das* Aller'heiligste; **2.** *fig.* Geheimnisse *pl.*; in'time Dinge *pl.*

pen·e·trate ['penɪtreɪt] I *v/t.* **1.** durch'dringen, eindringen in (*acc.*), durch'bohren, *a.* ⚡ durch'stoßen; **2.** *fig. sexuell* durch'dringen, erfüllen; **3.** *fig. geistig* eindringen in (*acc.*), ergründen, durch'schauen; II *v/i.* **4.** eindringen, 'durchdringen (*into, to* in *acc.*, zu); ✈ einfliegen; **5.** 'durch-, vordringen (*to* zu); **6.** *fig.* ergründen: *~ into a secret*; **'pen·e·trat·ing** [-tɪŋ] *adj.* □ **1.** 'durchdringend, durch'bohrend (*a. Blick*): *~ power* ✗ Durchschlagskraft *f*; **2.** *fig.* durch'dringend, scharf(sinnig); **pen·e·tra·tion** [ˌpenɪ'treɪʃn] *s.* **1.** Ein-, 'Durchdringen, Durch'bohren *n*; Eindringungsvermögen *n*, 'Durchschlagskraft *f* (*e-s Geschosses*); Tiefenwirkung *f*; **3.** ✗ 'Durch-, Einbruch *m*; ✈ Einflug *m*; **4.** *phys.* Schärfe *f*, Auflösungsvermögen *n* (*Auge, Objektiv etc.*); **5.** *fig.* Ergründung *f*; **6.** *fig.* Einflußnahme *f*, Durchdringung *f*: *peaceful ~* friedliche Durchdringung *e-s Landes*; **7.** *fig.* Scharfsinn *m*, durch'dringender Verstand; **'pen·e·tra·tive** [-trətɪv] *adj.* □ → *penetrating*.

pen friend *s.* Brieffreund(in).

pen·guin ['peŋgwɪn] *s.* **1.** Pinguin *m*; **2.** ✈ Übungsflugzeug *n*; *~ suit s.* Raumanzug *m*.

'penˌhold·er *s.* Federhalter *m*.

pen·i·cil·lin [ˌpenɪ'sɪlɪn] *s.* 🜪 Penicil'lin *n*.

pen·in·su·la [pɪ'nɪnsjʊlə] *s.* Halbinsel *f*; **pen·in·su·lar** [-lə] *adj.* **1.** Halbinsel...;

2. halbinselförmig.

pe·nis ['pi:nɪs] s. anat. Penis m.

pen·i·tence ['penɪtəns] s. Bußfertigkeit f, Buße f, Reue f; **'pen·i·tent** [-nt] **I** adj. □ **1.** bußfertig, reuig, zerknirscht; **II** s. **2.** Bußfertige(r m) f, Büßer(in); **3.** Beichtkind n; **pen·i·ten·tial** [ˌpenɪ'tenʃl] eccl. **I** adj. □ bußfertig, Buß...; **II** s. a. ~ **book** R.C. Buß-, Pöni'tenzbuch n; **pen·i·ten·tia·ry** [ˌpenɪ'tenʃərɪ] **I** s. **1.** eccl. Bußpriester m; **2.** Am. 'Straf(voll'zugs)anstalt f; **3.** hist. Besserungsanstalt f; **II** adj. **4.** eccl. Buß...

'pen·knife s. [irr.] Feder-, Taschenmesser n; **'~·man** [-mən] s. [irr.] **1.** Kalli'graph m; **2.** Schriftsteller m; **'~·man·ship** [-mənʃɪp] s. **1.** Schreibkunst f; **2.** Stil m; schriftstellerisches Können; ~ **name** s. Schriftstellername m, Pseudo'nym n.

pen·nant ['penənt] s. **1.** ♪, ✕ Wimpel m, Stander m, kleine Flagge; **2.** (Lanzen)Fähnchen n; **3.** sport Am. Siegeswimpel m; fig. Meisterschaft f; **4.** ♪ Am. Fähnchen n.

pen·ni·less ['penɪlɪs] adj. □ ohne (e-n Pfennig) Geld, mittellos.

pen·non ['penən] s. **1.** bsd. ✕ Fähnlein n, Wimpel m, Lanzenfähnchen n; **2.** Fittich m, Schwinge f.

Penn·syl·va·nia Dutch [ˌpensɪl'veɪnjə] s. **1.** coll. in Pennsyl'vania lebende 'Deutsch-Ameriˌkaner pl.; **2.** ling. Pennsyl'vanisch-Deutsch n.

pen·ny ['penɪ] pl. **-nies** od. coll. **pence** [pens] s. **1.** a) Brit. Penny m (= £ 0.01 = 1 p), b) Am. Centstück n: **in for a ~, in for a pound** wer A sagt, muß auch B sagen; **the ~ dropped!** humor. ‚der Groschen ist gefallen'; **spend a ~** F ‚mal verschwinden' (auf die Toilette); **2.** fig. Pfennig m, Heller m, Kleinigkeit f: **not worth a ~** keinen Heller wert; **he hasn't a ~ to bless himself with** er hat keinen roten Heller; **a ~ for your thoughts!** (an) was denkst du denn (eben)?; **3.** fig. Geld n: **turn an honest ~** sich et. (durch ehrliche Arbeit) (da-'zu)verdienen; **a pretty ~** ein hübsches Sümmchen.

ˌpen·ny|·a·'lin·er s. bsd. Brit. Schreiberling m, Zeilenschinder m; **~ ar·cade** s. 'Spielsaˌlon m; **~ dread·ful** s. 'Groschen-, 'Schauerroˌman m; Groschenblatt n; **ˌ~-in-the-'slot ma·chine** s. (Verkaufs)Automat m; **'~·pinch·er** s. F Pfennigfuchser m; **'~·weight** s. Brit. Pennygewicht n (1½ Gramm); **ˌ~·'wise** adj. am falschen Ende sparsam: ~ **and pound-foolish** im Kleinen sparsam, im Großen verschwenderisch; **'~·worth** ['penəθ] s. **1.** was man für e-n Penny kaufen kann: **a ~ of tobacco** für e-n Penny Tabak; **2.** (bsd. guter) Kauf: **a good ~**.

pe·no·log·ic, pe·no·log·i·cal [ˌpiːnə'lɒdʒɪkl] adj. □ ♫ krimi'nalkundlich, Strafvollzugs...; **pe·nol·o·gy** [piː'nɒlədʒɪ] s. Krimi'nalstrafkunde f, bsd. Strafvollzugslehre f.

pen pal Am. für **pen friend**.

pen·sion¹ ['pɑ̃:ŋsɪɔ̃:ŋ] (Fr.) s. Pensi'on f: a) Fremdenheim n, b) 'Unterkunft u. Verpflegung f: **full ~**.

pen·sion² ['penʃn] **I** s. Pensi'on f, Ruhegeld n, Rente f: ~ **fund** Pensionskasse f; ~ **plan**, ~ **scheme** (Alters)Versor-

gungsplan m; **entitled to a ~** pensionsberechtigt; **be on a ~** in Rente od. Pension sein; **II** v/t. oft ~ **off** j-n pensionieren; **'pen·sion·a·ble** [-ʃnəbl] adj. pensi'onsberechtigt, -fähig: **of ~ age** im Renten- od. Pensionsalter; **'pen·sion·er** [-ʃənə] s. **1.** Pensio'när m, Ruhegeldempfänger(in), Rentner(in); **2.** Brit. Stu'dent m (in Cambridge), der für Kost u. Wohnung im College zahlt.

pen·sive ['pensɪv] adj. □ **1.** nachdenklich, sinnend, gedankenvoll; **2.** ernst, tiefsinnig; **'pen·sive·ness** [-nɪs] s. Nachdenklichkeit f; Tiefsinn m, Ernst m.

'pen·stock s. **1.** Wehr n, Stauanlage f; **2.** Am. Druckrohr n.

pen·ta·cle ['pentəkl] → **pentagram**.

pen·ta·gon ['pentəgən] s. ♣ Fünfeck n: **the ♌** Am. das Pentagon (das amer. Verteidigungsministerium); **pen·tag·o·nal** [pen'tægənl] adj. fünfeckig; **'pen·ta·gram** [-græm] s. Penta'gramm n, Drudenfuß m; **pen·ta·he·dral** [ˌpentə'hiːdrəl] adj. ♣ fünfflächig; **pen·ta·he·dron** [ˌpentə'hiːdrɒn] pl. **-drons** od. **-dra** [-drə] ♣ ‚Penta'eder n; **pen·tam·e·ter** [pen'tæmɪtə] s. Pen'tameter m.

Pen·ta·teuch ['pentətjuːk] s. bibl. Penta'teuch m, die Fünf Bücher Mose.

pen·tath·lete [pen'tæθliːt] s. sport Fünfkämpfer(in); **pen'tath·lon** [-lɒn] s. sport Fünfkampf m.

pen·ta·va·lent [ˌpentə'veɪlənt] adj. ♫ fünfwertig.

Pen·te·cost ['pentɪkɒst] s. Pfingsten n od. pl., Pfingstfest n; **Pen·te·cos·tal** [ˌpentɪ'knstl] adj. pfingstlich; Pfingst...

pent·house ['penthaʊs] s. **1.** Wetter-, Vor-, Schirmdach n; **2.** Anbau m, Nebengebäude n, angebauter Schuppen; **3.** Penthouse n, 'Dachterˌrassenwohnung f.

pen·tode ['pentəʊd] s. ⚡ Pen'tode f, Fünfpolröhre f.

ˌpent-'up adj. **1.** eingepfercht; **2.** fig. angestaut (Gefühle): ~ **demand** ♀ Am. Nachholbedarf m.

pe·nult [pe'nʌlt] s. ling. vorletzte Silbe; **pe'nul·ti·mate** [-tɪmət] **I** adj. vorletzt; **II** s. → **penult**.

pe·num·bra [pɪ'nʌmbrə] pl. **-bras** s. Halbschatten m.

pe·nu·ri·ous [pɪ'njʊərɪəs] adj. □ **1.** geizig, knauserig; **2.** karg; **pen·u·ry** ['penjʊrɪ] s. Knappheit f, Armut f, Not f, Mangel m.

pe·on ['piːɒn] s. **1.** Sol'dat m, Poli'zist m, Bote m (in Indien u. Ceylon); **2.** Tagelöhner m (in Südamerika); **3.** (durch Geldschulden) zu Dienst verpflichteter Arbeiter (Mexiko); **4.** Am. zu Arbeit her'angezogener Sträfling; **'pe·on·age** [-nɪdʒ] **'pe·on·ism** [-nɪzəm] s. Dienstbarkeit f, Leibeigenschaft f.

pe·o·ny ['pɪənɪ] s. ♀ Pfingstrose f.

peo·ple ['piːpl] **I** s. **1.** pl. konstr. die Leute pl., die Menschen pl.: **English ~** (die) Engländer pl.; **London ~** die Londoner (Bevölkerung); **country ~** Landleute, -bevölkerung; **literary ~** (die) Literaten; **a great many ~** sehr viele Leute; **some ~** manche; **he of all ~** ausgerechnet er; **2. the ~** a) sg. konstr. das gemeine Volk, b) die Bürger pl., die Wähler pl.; **3.** pl. **~s** Volk n, Nati'on f:

the ~s of Europe; **the chosen ~** das auserwählte Volk; **4.** pl. konstr. F j-s Angehörige pl., Fa'milie f: **my ~** m-e Leute; **5.** F man: ~ **say** man sagt; **II** v/t. **6.** bevölkern (with mit).

peo·ple's re·pub·lic s. pol. 'Volksrepuˌblik f: **the ♌ of Poland**.

pep [pep] sl. **I** s. E'lan m, Schwung m, ‚Schmiß' m: ~ **pill** Aufputschtablette f; ~ **talk** Anfeuerung f, ermunternde Worte; **II** v/t. ~ **up** a) j-n ‚aufmöbeln', in Schwung bringen, b) j-n anfeuern, c) Geschichte ‚pfeffern', d) et. in Schwung bringen.

pep·per ['pepə] **I** s. **1.** Pfeffer m (a. fig. et. Scharfes); **2.** ♀ Pfefferstrauch m, bsd. a) Spanischer Pfeffer, b) Roter Pfeffer, c) Paprika m; **3.** pfefferähnliches Gewürz: ~ **cake** Ingwerkuchen m; **II** v/t. **4.** pfeffern; **5.** fig. Stil etc. würzen; **6.** fig. sprenkeln, bestreuen; **7.** fig. ‚bepfeffern', bombardieren (a. mit Fragen etc.); **8.** fig. 'durchprügeln; **ˌ~-and-'salt I** adj. pfeffer-und-salz-farbig (Stoff); **II** s. a) Pfeffer u. Salz n (Stoff), b) Anzug m in Pfeffer u. Salz; **'~·box** s. bsd. Brit., **'~·cast·or** s. Pfefferbüchse f, -streuer m; **'~·corn** s. Pfefferkorn n; **'~·mint** s. **1.** ♀ Pfefferminze f; **2.** Pfefferminzöl n; **3.** a. ~ **drop**, ~ **lozenge** Pfefferminzplätzchen n.

pep·per·y ['pepərɪ] adj. **1.** pfefferig, scharf; **2.** fig. hitzig, jähzornig; **3.** gepfeffert, scharf (Stil).

pep·py ['pepɪ] adj. sl. schwungvoll, ‚schmissig', forsch.

pep·sin ['pepsɪn] s. ♫ Pep'sin n; **pep·tic** ['peptɪk] anat. adj. **1.** Verdauungs...: ~ **gland** Magendrüse f; ~ **ulcer** Magengeschwür n; **2.** verdauungsfördernd, magenstärkend; **pep·tone** ['peptəʊn] s. physiol. Pep'ton n.

per [pɜː; pə] prp. **1.** per, durch: ~ **bear·er** durch Überbringer; ~ **post** durch die Post; ~ **rail** per Bahn; **2.** pro, je, für: ~ **annum** [pər'ænəm] pro Jahr, jährlich; ~ **capita** ['kæpɪtə] pro Kopf, pro Person; ~ **capita income** Pro-Kopf-Einkommen n; ~ **capita quota** Kopfbetrag m; ~ **cent** pro od. vom Hundert; ~ **sec·ond** in der od. pro Sekunde; **3.** laut, gemäß (♦ a. **as** ~).

per·ad·ven·ture [ˌpərəd'ventʃə] adv. obs. viel'leicht, ungefähr.

per·am·bu·late [pə'ræmbjʊleɪt] **I** v/t. **1.** durch'wandern, -'reisen, -'ziehen; **2.** bereisen, besichtigen; **3.** die Grenzen e-s Gebiets abschreiten; **II** v/i. **4.** um'herwandern; **per·am·bu·la·tion** [pəˌræmbjʊ'leɪʃn] s. **1.** Durch'wanderung f; **2.** Bereisen n, Besichtigung(sreise) f; **3.** Grenzbegehung f; **per·am·bu·la·tor** [pə'ræmbjʊleɪtə] s. bsd. Brit. Kinderwagen m.

per·ceiv·a·ble [pə'siːvəbl] adj. □ **1.** wahrnehmbar, spürbar, merklich; **2.** verständlich; **per·ceive** [pə'siːv] v/t. u. v/i. **1.** wahrnehmen, empfinden, (be-)merken, spüren; **2.** verstehen, erkennen, begreifen.

per·cent, Brit. per cent [pə'sent] **I** adj. **1.** ...prozentig; **II** s. **2.** Pro'zent n (%); **3.** pl. 'Wertpaˌpiere pl. mit feststehendem Zinssatz: **three per cents** dreiprozentige Wertpapiere; **per'cent·age** [-tɪdʒ] s. **1.** Pro'zent-, Hundertsatz m; Prozentgehalt m: ~ **by weight** Gewichtsprozent *n*; **2.** ✝ Pro'zente *pl.*; **3.** *weitS.* Teil *m*, Anteil *m* (**of** an *dat.*); **4.** ✝ Gewinnanteil *m*, Provisi'on *f*, Tan'tieme *f*; **per'cen·tal** [-tl], **per'cen·tile** [-taɪl] *adj.* prozentu'al, Prozent...

per·cep·ti·bil·i·ty [pəˌseptə'bɪlətɪ] *s.* Wahrnehmbarkeit *f*; **per·cep·ti·ble** [pə'septəbl] *adj.* ☐ wahrnehmbar, merklich; **per·cep·tion** [pə'sepʃn] *s.* **1.** (sinnliche *od.* geistige) Wahrnehmung, Empfindung *f*; **2.** Wahrnehmungsvermögen *n*; **3.** Auffassung(skraft) *f*; **4.** Begriff *m*, Vorstellung *f*; **5.** Erkenntnis *f*; **per·cep·tion·al** [pə'sepʃənl] *adj.* Wahrnehmungs..., Empfindungs...; **per·cep·tive** [pə'septɪv] *adj.* ☐ **1.** wahrnehmend, Wahrnehmungs...; **2.** auffassungsfähig, scharfsichtig; **per·cep·tiv·i·ty** [ˌpɜ:sep'tɪvətɪ] *s.* → *perception* 2.

perch¹ [pɜ:tʃ] *pl.* **'perch·es** [-ɪz] *od.* **perch** *s. ichth.* Flußbarsch *m*.

perch² [pɜ:tʃ] **I** *s.* **1.** (Auf)Sitzstange *f* für *Vögel*, Hühnerstange *f*; **2.** F *fig.* hoher (sicherer) Sitz, ‚Thron' *m*: **knock s.o. off his ~** *fig.* j-n von s-m Sockel herunterstoßen; **come off your ~!** F tu nicht so überlegen!; **3.** *surv.* Meßstange *f*; **4.** Rute *f* (*Längenmaß = 5,029 m*); **5.** ⚓ Pricke *f*; **6.** Lang-, Lenkbaum *m e-s Wagens*; **II** *v/i.* **7.** sich setzen *od.* niederlassen (**on** auf *acc.*), sitzen (*Vögel*); *fig.* hoch sitzen *od.* ‚thronen'; **III** *v/t.* **8.** (*auf et. Hohes*) setzen: **~ o.s.** sich setzen; **be ~ed** sitzen, ‚thronen'.

per·chance [pə'tʃɑ:ns] *adv. poet.* vielleicht, zufällig.

perch·er ['pɜ:tʃə] *s. orn.* Sitzvogel *m*.

per·chlo·rate [pə'klɔ:reɪt] *s.* 🝆 Perchlo'rat *n*; **per'chlo·ric** [-ɪk] *adj.* 'überchlorig: **~ acid** Über- *od.* Perchlorsäure *f*; **per'chlo·ride** [-raɪd] *s.* Perchlo'rid *n*.

per·cip·i·ence [pə'sɪpɪəns] *s.* **1.** Wahrnehmen *n*; **2.** Wahrnehmung(svermögen *n*) *f*; **per'cip·i·ent** [-nt] → *percep·tive* 1.

per·co·late ['pɜ:kəleɪt] **I** *v/t.* **1.** *Kaffee etc.* filtern, 'durchseihen, 'durchsickern lassen; **II** *v/i.* **2.** 'durchsickern (*a. fig.*): **percolating tank** Sickertank *m*; **3.** gefiltert werden; **per·co·la·tion** [ˌpɜ:kə'leɪʃn] *s.* 'Durchseihung *f*, Filtrati'on *f*; **'per·co·la·tor** [-tə] *s.* Fil'triertrichter *m*, Perko'lator *m*, 'Kaffeemaˌschine *f*.

per·cuss [pə'kʌs] *v/t. u. v/i.* ✝ perkutieren, abklopfen; **per'cus·sion** [-ʌʃən] **I** *s.* **1.** Schlag *m*, Stoß *m*, Erschütterung *f*, Aufschlag *m*; **2.** ✝ a) Perkussi'on *f*, Abklopfen *n*, b) 'Klopfmasˌsage *f*; **3.** ♪ *coll.* 'Schlaginstruˌmente *pl.*, -zeug *n*; **II** *adj.* **4.** Schlag..., Stoß..., Zünd...: **~ cap** Zündhütchen *n*; **~ drill** ⚙ Schlagbohrer *m*; **~ fuse** ✕ Aufschlagzünder *m*; **~ instrument** ♪ Schlaginstrument *n*; **~ welding** ⚙ Schlag-, Stoßschweißen *n*; **III** *v/t.* **5.** ✝ a) perkutieren, abklopfen, b) durch Beklopfen massieren; **per'cus·sion·ist** [-ʌʃnɪst] *s.* ♪ Schlagzeuger *m*; **per'cus·sive** [-sɪv] → *percussion* 4.

per·cu·ta·ne·ous [ˌpɜ:kju:'teɪnjəs] *adj.* ☐ *med.* perku'tan, durch die Haut.

per di·em [ˌpɜ:'daɪem] **I** *adj. u. adv.* täglich, pro Tag: **~ rate** Tagessatz *m*; **II** *s.* Tagegeld *n*.

per·di·tion [pə'dɪʃn] *s.* **1.** Verderben *n*; **2.** a) ewige Verdammnis, b) Hölle *f*.

per·e·gri·nate ['perɪgrɪneɪt] **I** *v/i.* wandern, um'herreisen; **II** *v/t.* durch'wandern, bereisen; **per·e·gri·na·tion** [ˌperɪgrɪ'neɪʃn] *s.* **1.** Wanderschaft *f*; **2.** Wanderung *f*; **3.** *fig.* Weitschweifigkeit *f*.

per·emp·to·ri·ness [pə'remptərɪnɪs] *s.* **1.** Entschiedenheit *f*, Bestimmtheit *f*; herrisches Wesen; **2.** Endgültigkeit *f*; **per·emp·to·ry** [pə'remptərɪ] *adj.* ☐ **1.** entschieden, bestimmt; gebieterisch, herrisch; **2.** entscheidend, endgültig; zwingend, defini'tiv: **a ~ command**.

per·en·ni·al [pə'renjəl] **I** *adj.* ☐ **1.** das ganze Jahr *od.* Jahre hin'durch dauernd, beständig; **2.** immerwährend, anhaltend; **3.** ⚘ perennierend, winterhart; **II** *s.* **4.** ⚘ perennierende Pflanze.

per·fect ['pɜ:fɪkt] **I** *adj.* ☐ → *perfectly*; **1.** per'fekt, voll'endet: a) fehler-, makellos, ide'al, b) fertig, abgeschlossen: **make ~** vervollkommnen; **~ pitch** ♪ absolutes Gehör; **~ participle** *ling.* Mittelwort *n* der Vergangenheit, Partizip *n* Perfekt; **~ tense** Perfekt *n*; **2.** gründlich (ausgebildet), per'fekt (**in** in *dat.*); **3.** gänzlich, 'vollständig: **a ~ circle**; **~ strangers** wildfremde Leute; **4.** F rein, ‚kom'plett': **~ nonsense** ausgemachter Unsinn; **a ~ fool** ein ausgemachter Narr; **5.** *ling.* Perfekt *n*: **past ~** Plusquamperfekt; **III** *v/t.* [pə'fekt] **6.** voll'enden; ver'vollkommnen (*o.s.* sich); **per·fect·i·ble** [pə'fektəbl] *adj.* ver'vollkommnungsfähig; **per·fec·tion** [pə'fekʃn] *s.* **1.** Ver'vollkommnung *f*; **2.** *fig.* Voll'kommenheit *f*, Voll'endung *f*, Perfekti'on *f*: **bring to ~** vervollkommnen; **to ~** vollkommen, meisterlich; **3.** Vor'trefflichkeit *f*; **4.** Fehler-, Makellosigkeit *f*; **5.** *fig.* Gipfel *m*; **6.** *pl.* Fertigkeiten *pl.*; **per·fec·tion·ist** [pə'fekʃnɪst] **I** *s.* Perfektio'nist *m*; **II** *adj.* perfektio'nistisch; **'per·fect·ly** [-ktlɪ] *adv.* **1.** vollkommen, fehlerlos; gänzlich, völlig; **2.** F ganz, abso'lut, einfach *wunderbar etc.*

per·fid·i·ous [pə'fɪdɪəs] *adj.* ☐ verräterisch, falsch, heimtückisch, per'fid; **per'fid·i·ous·ness** [-nɪs], **per·fi·dy** ['pɜ:fɪdɪ] *s.* Falschheit *f*, Perfi'die *f*, Tücke *f*, Verrat *m*.

per·fo·rate ['pɜ:fəreɪt] *v/t.* durch'bohren, -'löchern, lochen, perforieren: **~d disk** ⚙ (Kreis)Lochscheibe *f*; **~d tape** Lochstreifen *m*; **II** *adj.* [-rɪt] durch'löchert, gelocht; **per·fo·ra·tion** [ˌpɜ:fə'reɪʃn] *s.* **1.** Durch'bohrung *f*, -'lochung *f*, -'löcherung *f*, Perforati'on *f*: **~ of the stomach** ✝ Magendurchbruch *m*; **2.** Lochung *f*, gelochte Linie; **3.** Loch *n*, Öffnung *f*; **'per·fo·ra·tor** [-tə] *s.* Locher *m*.

per·force [pə'fɔ:s] *adv.* notgedrungen, gezwungenermaßen.

per·form [pə'fɔ:m] **I** *v/t.* **1.** *Arbeit, Dienst etc.* verrichten, leisten, machen, tun, ausführen; ✝ *e-e Operation* 'durchführen (**on** bei); **2.** voll'bringen, -'ziehen, 'durchführen; *e-r Verpflichtung* nachkommen, *e-e Pflicht, a. e-n Vertrag* erfüllen; **3.** *Theaterstück, Konzert etc.* aufführen, geben, spielen; *e-e Rolle* spielen, darstellen; **II** *v/i.* **4.** et. ausführen *od.* leisten; ⚙ funktionieren, arbeiten: **~ well** e-e gute Leistung bringen; **5.** *thea. etc.* e-e Vorstellung geben, auftreten, spielen: **~ on the piano** Klavier spielen, auf dem Klavier et. vortragen; **per'form·ance** [-məns] *s.* **1.** Aus-, 'Durchführung *f*: **in the ~ of his duty** in Ausübung s-r Pflicht; **2.** Leistung *f* (*a.* ♿, ⚙), Erfüllung *f* (*Pflicht, Versprechen, Vertrag*), Voll'ziehung *f*: **~ in kind** Sachleistung; **~ data** ⚙ Leistungswerte *pl.*; **~ principle** *sociol.* Leistungsprinzip *n*; **~ test** *ped.* Leistungsprüfung *f*; **~ of a machine** (Arbeits)Leistung *od.* Arbeitsweise *f* e-r Maschine; **3.** ♪, *thea.* Aufführung *f*; Vorstellung *f*; Vortrag *m*; **4.** *thea.* Darstellung(skunst) *f*, Spiel *n*; **5.** *ling.* Perfor'manz *f*; **'form·er** [-mə] *s.* **1.** Ausführende(r *m*) *f*; **2.** Leistungsträger(in): **top ~**; **3.** Schauspieler(in); Darsteller(in); Musiker(in); Künstler(in); **per'form·ing** [-mɪŋ] *adj.* **1.** *thea.* Aufführungs...: **~ rights**; **2.** darstellend: **~ arts**; **3.** dressiert (*Tier*).

per·fume I *v/t.* [pə'fju:m] **1.** mit Duft erfüllen, parfümieren (*a. fig.*); **II** *s.* ['pɜ:fju:m] **2.** Duft *m*, Wohlgeruch *m*; **3.** Par'füm *n*, Duftstoff *m*; **per'fum·er** [-mə] *s.* Parfüme'riehändler *m*, Parfü'meur *m*; **per'fum·er·y** [-mərɪ] *s.* Parfüme'rien *pl.*; Parfüme'rie(geschäft *n*) *f*.

per·func·to·ry [pə'fʌŋktərɪ] *adj.* ☐ **1.** oberflächlich, obenhin, flüchtig; **2.** me'chanisch, inter'esselos.

per·go·la ['pɜ:gələ] *s.* Laube *f*, offener Laubengang, Pergola *f*.

per·haps [pə'hæps; præps] *adv.* vielleicht.

per·i·car·di·tis [ˌperɪka:'daɪtɪs] *s.* ✝ Herzbeutelentzündung *f*, Perikar'ditis *f*; **per·i·car·di·um** [ˌperɪ'ka:djəm] *pl.* **-di·a** [-djə] *s. anat.* **1.** Herzbeutel *m*; **2.** Herzfell *n*.

per·i·carp ['perɪka:p] *s.* ⚘ Fruchthülle *f*, Peri'karp *n*.

per·i·gee ['perɪdʒi:] *s. ast.* Erdnähe *f*.

per·i·he·li·on [ˌperɪ'hi:ljən] *s. ast.* Sonnennähe *f e-s Planeten*.

per·il ['perəl] **I** *s.* Gefahr *f*, Risiko *n* (*a.* ✝): **in ~ of one's life** in Lebensgefahr; **at** (**one's**) **~** auf eigene Gefahr; **at the ~ of** auf die Gefahr hin, daß; **II** *v/t.* gefährden; **'per·il·ous** [-rələs] *adj.* ☐ gefährlich.

per·im·e·ter [pə'rɪmɪtə] *s.* **1.** Periphe'rie *f*: a) A 'Umkreis *m*, b) *allg.* Rand *m*: **~ position** ✕ Randstellung *f*; **2.** ✝, *opt.* Peri'meter *n* (*Instrument*).

per·i·ne·um [ˌperɪ'ni:əm] *pl.* **-ne·a** [-ə] *s. anat.* Damm *m*, Peri'neum *n*.

pe·ri·od ['pɪərɪəd] **I** *s.* **1.** Peri'ode *f* (*a.* A, ♄, ♪), Zeit(dauer *f*, -raum *m*, -spanne *f*) *f*, Frist *f*: **~ of appeal** ⚖ Berufungsfrist; **~ of exposure** *phot.* Belichtungszeit; **~ of office** Amtsdauer *f*; **for a ~** für einige Zeit; **for a ~ of** auf die Dauer von; **2.** *ast.* 'Umlaufszeit *f*; **3.** (vergangenes *od.* gegenwärtiges) Zeitalter: **glacial ~** Eiszeit *f*; **dresses of the ~** zeitgenössische Kleider; **a girl of the ~** ein modernes Mädchen; **4.** *ped.* ('Unterrichts)Stunde *f*; **5.** *Sport*: Spielabschnitt *m*, *z.B. Eishockey*: Drittel *n*; **6.** *a. monthly ~* (*~ ~ sl.*) ✝ Periode *f der Frau*; **7.** (Sprech)Pause *f*, Absatz *m*; **8.** *ling.* a) Punkt *m*: **put a ~ to** *fig.* e-r Sache ein Ende setzen, b) Satzgefüge *n*, c) *allg.* wohlgefügter Satz; **9.** a) zeitgeschichtlich, Zeit...: **~ play** Zeitstück *n*; b) Stil...: **~ furniture**; **~**

house Haus *n* im Zeitstil; **~ *dress*** historisches Kostüm.

pe·ri·od·ic¹ [ˌpɪərɪ'ɒdɪk] *adj.* (□ **~ ally**) **1.** peri'odisch, Kreis..., regelmäßig 'wiederkehrend; **2.** *ling.* rhe'torisch, wohlgefügt (*Satz*).

per·i·od·ic² [ˌpɜː'raɪ'ɒdɪk] *adj.* 🜊 per-, überjodsauer: **~ *acid*** Überjodsäure *f.*

pe·ri·od·i·cal [ˌpɪərɪ'ɒdɪkl] **I** *adj.* □ **1.** → **periodic¹**; **2.** regelmäßig erscheinend; **3.** Zeitschriften...; **II** *s.* **4.** Zeitschrift *f*;

pe·ri·o·dic·i·ty [ˌpɪərɪə'dɪsətɪ] *s.* **1.** Periodizi'tät *f* (*a.* 🜊); **2.** 🜊 Stellung *f* e-s Ele'ments in der A'tomgewichtstafel; **3.** ⚡ Fre'quenz *f.*

per·i·os·te·um [ˌperɪ'ɒstɪəm] *pl.* **-te·a** [-ə] *s. anat.* Knochenhaut *f*; **per·i·os·ti·tis** [ˌperɪə'staɪtɪs] *s.* 🩺 Knochenhautentzündung *f.*

per·i·pa·tet·ic [ˌperɪpə'tetɪk] *adj.* (□ **~ally**) **1.** um'herwandelnd; **2.** 🜂 *phls.* peripa'tetisch; **3.** *fig.* weitschweifig.

pe·riph·er·al [pə'rɪfərəl] *adj.* □ **1.** peri-'pherisch, Rand...; **2.** *anat.* peri'pher; **pe·riph·er·y** [pə'rɪfərɪ] *s.* Periphe'rie *f*; *fig. a.* Rand *m*, Grenze *f.*

pe·riph·ra·sis [pə'rɪfrəsɪs] *pl.* **-ses** [-siːz] *s.* Um'schreibung *f*, Peri'phrase *f*; **per·i·phras·tic** [ˌperɪ'fræstɪk] *adj.* (□ **~ally**) um'schreibend, peri'phrastisch.

per·i·scope ['perɪskəʊp] *s.* ⚔ **1.** Sehrohr *n* (*U-Boot, Panzer*); **2.** Beobachtungsspiegel *m.*

per·ish ['perɪʃ] **I** *v/i.* **1.** 'umkommen, 'untergehen, zu'grunde gehen, sterben, (tödlich) verunglücken (**by, of, with** durch, von, an *dat.*): **to ~ by drowning** ertrinken; **~ the thought!** Gott behüte!; **2.** hinschwinden, absterben, eingehen; **II** *v/t.* **3.** vernichten (*mst pass.*): **be ~ed with** F (fast) umkommen vor *Kälte etc.*; **'per·ish·a·ble** [-ʃəbl] **I** *adj.* □ vergänglich; leichtverderblich (*Lebensmittel etc.*); **II** *s. pl.* leichtverderbliche Waren *pl.*; **'per·ish·er** [-ʃə] *s. Brit. little ~* kleiner Räuber (*Kind*); **'per·ish·ing** [-ʃɪŋ] **I** *adj.* □ vernichtend, tödlich (*a. fig.*); **II** *adv.* F scheußlich, verflixt: **~ cold.**

per·i·style ['perɪstaɪl] *s.* 🏛 Säulengang *m*, Peri'styl *n.*

per·i·to·n(a)e·um [ˌperɪtəʊ'niːəm] *pl.* **-ne·a** [-ə] *s. anat.* Bauchfell *n*; **per·i·to'ni·tis** [-tə'naɪtɪs] *s.* 🩺 Bauchfellentzündung *f.*

per·i·wig ['perɪwɪg] *s.* Pe'rücke *f.*

per·i·win·kle ['perɪˌwɪŋkl] *s.* **1.** ⚘ Immergrün *n.*; **2.** *zo.* (*eßbare*) Uferschnecke *f.*

per·jure ['pɜːdʒə] *v/t.*: **~ o.s.** e-n Meineid leisten, meineidig werden; **~d** meineidig; **'per·jur·er** [-dʒərə] *s.* Meineidige(r *m*) *f*; **'per·ju·ry** [-dʒərɪ] *s.* Meineid *m.*

perk¹ [pɜːk] *s. mst pl. bsd. Brit* F für *perquisite* 1.

perk² [pɜːk] **I** *v/i. mst* **~ up 1.** (lebhaft) den Kopf recken, munter werden; **2.** *fig.* die Nase hoch tragen, selbstbewußt *od.* forsch auftreten; **3.** *fig.* sich erholen, munter werden; **II** *v/t. mst* **~ up 4.** den Kopf recken; *die Ohren* spitzen; **5.** **~ up** j-n ,aufmöbeln'; **6.** **~ o.s.** (**up**) sich schön machen; **'perk·i·ness** [-kɪnɪs] *s.* Keckheit *f*, Selbstbewußtsein *n*; **'perk·y** [-kɪ] *adj.* □ **1.** flott, forsch; **2.** keck, dreist, frech.

---

perm [pɜːm] *s.* F Dauerwelle *f.*

per·ma·frost ['pɜːməfrɒst] *s.* Dauerfrostboden *m.*

per·ma·nence ['pɜːmənəns] *s.* **1.** Perma'nenz *f* (*a. phys.*), Ständigkeit *f*, (Fort)Dauer *f*; **2.** Beständigkeit *f*, Dauerhaftigkeit *f*; **'per·ma·nen·cy** [-sɪ] **1.** → **permanence**; **2.** *et.* Dauerhaftes *od.* Bleibendes; feste Anstellung, Dauerstellung *f*; **'per·ma·nent** [-nt] *adj.* □ (fort)dauernd, bleibend, perma'nent; ständig (*Ausschuß, Bauten, Personal, Wohnsitz etc.*); dauerhaft, Dauer... (-*magnet, -stellung, -ton, -wirkung etc.*), mas'siv (*Bau*): **~ assets** 🜊 Anlagevermögen *n*; **~ call** *teleph.* Dauerbelegung *f*; ♀ **Secretary** *Brit.* ständiger (*fachlicher*) Staatssekretär; **~ situation** 🜊 Dauer-, Lebensstellung *f*; **~ wave** Dauerwelle *f*; **~ way** 🚂 Bahnkörper *m*; Oberbau *m.*

per·man·ga·nate [pɜː'mæŋgəneɪt] *s.* 🜊 Permanga'nat *n*: **~ of potash** Kaliumpermanganat; **per·man·gan·ic** [ˌpɜːmæŋ'gænɪk] *adj.* Übermangan...: **~ acid.**

per·me·a·bil·i·ty [ˌpɜːmjə'bɪlətɪ] *s.* Durch'dringbarkeit *f*, *bsd. phys.* Permeabili'tät *f*: **~ to gas(es)** *phys.* Gasdurchlässigkeit *f.*

per·me·a·ble [pɜː'mjəbl] *adj.* □ 'durchlässig (**to** für); **per·me·ance** ['pɜːmɪəns] *s.* **1.** Durch'dringung *f*; **2.** *phys.* ma'gnetischer Leitwert; **per·me·ate** ['pɜːmɪeɪt] **I** *v/t.* durch'dringen; **II** *v/i.* dringen (**into** in *acc.*), sich verbreiten (**among** unter *dat.*), 'durchsickern; **per·me·a·tion** [ˌpɜːmɪ'eɪʃn] *s.* Eindringen *n*, Durch'dringung *f.*

per·mis·si·ble [pə'mɪsəbl] *adj.* □ zulässig; **per'mis·sion** [-'mɪʃn] *s.* Erlaubnis *f*, Genehmigung *f*, Zulassung *f*: **by special ~** mit besonderer Erlaubnis; **ask s.o. for ~, ask s.o.'s ~** j-n um Erlaubnis bitten; **per'mis·sive** [-sɪv] *adj.* □ **1.** gestattend, zulassend; 🜨 fakulta-'tiv; **2.** tole'rant, libe'ral; (sexu'ell) freizügig: **~ society** tabu'freie Gesellschaft; **per'mis·sive·ness** [-sɪvnɪs] *s.* **1.** Zulässigkeit *f*; **2.** Tole'ranz *f*; **3.** (sexu'elle) Freizügigkeit *f.*

per·mit [pə'mɪt] **I** *v/t.* **1.** *et.* erlauben, gestatten, zulassen, dulden: **am I ~ted to** darf ich?; **~ o.s. s.th.** sich et. erlauben; **II** *v/i.* **2.** erlauben: **weather** (**time**) **~ting** wenn es das Wetter (die Zeit) erlaubt; **3.** **~ of** *fig.* zulassen: **the rule ~s of no exception**; **III** *s.* ['pɜːmɪt] **4.** Genehmigung(sschein *m*) *f*, Li'zenz *f*, Zulassung *f* (**to** für); ✈ Aus-, Einfuhrerlaubnis *f*; **5.** Aus-, Einreiseerlaubnis *f*; **6.** Passierschein *m*; **per·mit·tiv·i·ty** [ˌpɜːmɪ'tɪvətɪ] *s.* ⚡ Dielektrizi-'tätskon₁stante *f.*

per·mu·ta·tion [ˌpɜːmju'teɪʃn] *s.* **1.** Vertauschung *f*, Versetzung *f*: **~ lock** Vexierschloß; **2.** 🜊 Permutati'on *f.*

per·ni·cious [pə'nɪʃəs] *adj.* □ **1.** verderblich, schädlich; **2.** 🩺 bösartig, perni'ziös; **per'ni·cious·ness** [-nɪs] *s.* Schädlichkeit *f*; Bösartigkeit *f.*

per·nick·et·y [pə'nɪkətɪ] *adj.* **1.** F ,pingelig', kleinlich, wählerisch, pe'dantisch (*about* mit); **2.** heikel (*a. Sache*).

per·o·rate ['perəreɪt] *v/i.* **1.** große Reden schwingen; **2.** e-e Rede abschließen; **per·o·ra·tion** [ˌperə'reɪʃn] *s.* (zs.-

---

fassender) Redeschluß.

per·ox·ide [pə'rɒksaɪd] 🜊 'Supero₁xyd *n*; *engS.* 'Wasserstoff₁supero₁xyd *n*: **~ blonde** F ₁Wasserstoffblondine' *f*; **per·'ox·i·dize** [-sɪdaɪz] *v/t. u. v/i.* peroxydieren.

per·pen·dic·u·lar [ˌpɜːpən'dɪkjʊlə] **I** *adj.* □ **1.** senk-, lotrecht (**to** zu): **~ style** 🏛 englische Spätgotik; **2.** rechtwinklig (**to** auf *dat.*); **3.** ⚒ seiger; **4.** steil; **5.** aufrecht (*a. fig.*); **II** *s.* **6.** (Einfalls)Lot *n*, Senkrechte *f*; Perpen'dikel *n*, *m*: **out of (the)** ~ schief, nicht senkrecht; **raise** (**let fall**) **a** ~ ein Lot errichten (fällen); **7.** ⚙ (Senk)Lot *n*, Senkwaage *f.*

per·pe·trate ['pɜːpɪtreɪt] *v/t.* Verbrechen *etc.* begehen, verüben; F *fig. Buch etc.* ,verbrechen'; **per·pe·tra·tion** [ˌpɜːpɪ-'treɪʃn] *s.* Begehung *f*, Verübung *f*; **'per·pe·tra·tor** [-tə] *s.* Täter *m.*

per·pet·u·al [pə'petʃʊəl] *adj.* □ **1.** fort-, immerwährend, unaufhörlich, beständig, ewig, andauernd: **~ check** Dauerschach *n*; **~ motion machine** Perpetuum mobile *n*; **~ snow** ewiger Schnee, Firn *m*; **2.** lebenslänglich, unabsetzbar: **~ officer**; **3.** 🜊 unablösbar, unkündbar: **~ lease**; **~ bonds** Rentenanleihen; **4.** ⚘ perennierend; **per'pet·u·ate** *v/t.* [-tʃʊeɪt] verewigen, fortbestehen lassen, (immerwährend) fortsetzen; **per·pet·u·a·tion** [pə₁petʃʊ'eɪʃn] *s.* Fortdauer *f*, endlose Fortsetzung, Verewigung *f*, Fortbestehenlassen *n*; **per·pe·tu·i·ty** [ˌpɜːpɪ'tjuːətɪ] *s.* **1.** Fortdauer *f*, unaufhörliches Bestehen, Unaufhörlichkeit *f*, Ewigkeit *f*: **in** (*od.* **to** *od.* **for**) ~ auf ewig; **2.** 🜨 Unveräußerlichkeit(sverfügung) *f*; **3.** lebenslängliche (Jahres-) Rente.

per·plex [pə'pleks] *v/t.* verwirren, verblüffen, bestürzt machen; **per'plexed** [-kst] *adj.* □ **1.** verwirrt, verblüfft, verdutzt, bestürzt (*Person*); **2.** verworren, verwickelt (*Sache*); **per'plex·i·ty** [-ksətɪ] *s.* **1.** Verwirrung *f*, Bestürzung *f*, Verlegenheit *f*; **2.** Verworrenheit *f.*

per·qui·site ['pɜːkwɪzɪt] *s.* **1.** *mst pl. bsd. Brit.* a) Nebeneinkünfte *pl.*, -verdienst *m*, b) Vergünstigung *f*; **2.** Vergütung *f*, Gehalt *n*; **3.** per'sönliches Vorrecht.

per·se·cute ['pɜːsɪkjuːt] *v/t.* **1.** *bsd. pol., eccl.* verfolgen; **2.** a) plagen, belästigen, b) drangsalieren, schikanieren; **per·se·cu·tion** [ˌpɜːsɪ'kjuːʃn] *s.* **1.** Verfolgung *f*: **~ mania, ~ complex** Verfolgungswahn *m*; **2.** Drangsalierung *f*, Schi'kane(n *pl.*) *f*; **'per·se·cu·tor** [-tə] *s.* **1.** Verfolger *m*; **2.** Peiniger(in).

per·se·ver·ance [ˌpɜːsɪ'vɪərəns] *s.* Beharrlichkeit *f*, Ausdauer *f*; **per·sev·er·ate** [pə'sevərət] *v/i. psych.* ständig *od.* immer 'wiederkehren (*Melodie, Motiv, Gedanken etc.*); **per·se·vere** [ˌpɜːsɪ'vɪə] *v/i.* (**in**) ausdauern, ausharren (bei), fortfahren (mit), festhalten (an *dat.*); **per·se'ver·ing** [-'vɪərɪŋ] *adj.* □ beharrlich, standhaft.

Per·sian ['pɜːʃn] **I** *adj.* **1.** persisch; **II** *s.* **2.** Perser(in); **3.** *ling.* Persisch *n*; **~ blinds** *s. pl.* Jalou'sien *pl.*; **~ car·pet** *s.* Perserteppich *m*; **~ cat** *s.* An'gorakatze *f.*

per·si·flage [ˌpɜːsɪ'flɑːʒ] *s.* Persi'flage *f*, (*feine*) Verspottung *f.*

per·sim·mon [pɜ:'sɪmən] s. ♀ Persi'mone f, Kaki-, Dattelpflaume f.
per·sist [pə'sɪst] v/i. **1.** (in) aus-, verharren (bei), hartnäckig bestehen (auf dat.), beharren (auf dat., bei), unbeirrt fortfahren (mit); **2.** weiterarbeiten (with an dat.); **3.** fortdauern, anhalten; fort-, weiterbestehen; **per'sist·ence** [-təns], **per'sist·en·cy** [-tənsɪ] s. **1.** Beharren (in bei); Beharrlichkeit f; Fortdauer f; **2.** beharrliches od. hartnäckiges Fortfahren (in in dat.); **3.** Hartnäckigkeit f, Ausdauer f; **4.** phys. Beharrung(szustand m) f, Nachwirkung f; Wirkungsdauer f; TV etc. Nachleuchten n; opt. (Augen)Trägheit f; **per'sist·ent** [-tənt] adj. □ **1.** beharrlich, ausdauernd, hartnäckig; **2.** ständig, nachhaltig; anhaltend (a. ♀ Nachfrage; a. Regen); ⚒ seßhaft (Kampfstoff), schwerflüchtig (Gas).
per·son [ˈpɜ:sn] s. **1.** Per'son f (a. contp.), (Einzel)Wesen n, Indi'viduum n; weitS. Per'sönlichkeit f: any ~ irgend jemand: in ~ in eigener Person, persönlich; no ~ niemand; natural ~ ⚖ natürliche Person; ~-to-~ call teleph. Voranmeldung(sgespräch n) f; **2.** das Äußere, Körper m: carry s.th. on one's ~ et. bei sich tragen; **3.** thea. Rolle f.
per·so·na [pɜ:ˈsəʊnə] pl. **-nae** [-niː] s. (Lat.) **1.** a) thea. Cha'rakter m, Rolle f, b) Gestalt f (in der Literatur); **2.** ~ (non) grata Persona (non) grata f, (nicht) genehme Person.
per·son·a·ble [ˈpɜ:snəbl] adj. **1.** von angenehmem Äußeren; **2.** sym'pathisch; **'per·son·age** [-nɪdʒ] s. **1.** (hohe) Per'sönlichkeit; **2.** → persona 1; **'per·son·al** [-nl] **I** adj. □ **1.** per'sönlich (a. ling.); Personal...(-konto, -kredit, -steuer etc.); Privat...(-einkommen, -leben etc.); eigen (a. Meinung); ~ call teleph. Voranmeldung(sgespräch n) f; ~ column → 5; ~ damage Personenschaden m; ~ data Personalien pl.; ~ file Personalakte f; ~ injury Körperverletzung f; ~ property (od. estate) → personal·ty; ~ union pol. Personalunion f; **2.** persönlich, pri'vat, vertraulich (Brief etc.); mündlich (Auskunft etc.): ~ matter Privatsache f; **3.** äußer, körperlich: ~ charms; ~ hygiene Körperpflege f; **4.** persönlich, anzüglich (Bemerkung etc.): become ~ anzüglich werden; **II** s. **5.** Per'sönliches n (Zeitung); **per·son·al·i·ty** [ˌpɜ:sə'nælətɪ] s. **1.** Per'sönlichkeit f (a. jur.), Per'son f: ~ clash psych. Persönlichkeitskonflikt m; ~ cult pol. Personenkult m; ~ test psych. Persönlichkeitstest m; **2.** Individuali'tät f; **3.** pl. Anzüglichkeiten pl., anzügliche Bemerkungen pl.; **per·son·al·ize** [ˈpɜ:snəlaɪz] → personify; **'per·son·al·ty** [-nltɪ] ⚖ bewegliches Vermögen; **'per·son·ate** [-sneɪt] v/t. **1.** → personify; **2.** vor-, darstellen; **3.** nachahmen; **4.** sich (fälschlich) ausgeben als; **per·son·a·tion** [ˌpɜ:sə'neɪʃn] s. **1.** Vor-, Darstellung f; **2.** Personifikati'on f; Verkörperung f; **3.** Nachahmung f; **4.** ⚖ fälschliches Sich'ausgeben.
per·son·i·fi·ca·tion [pɜ:ˌsɒnɪfɪ'keɪʃn] s. Verkörperung f; **per·son·i·fy** [pɜ:'sɒnɪfaɪ] v/t. personifizieren, verkörpern; versinnbildlichen.
per·son·nel [ˌpɜ:sə'nel] s. Perso'nal n,

Belegschaft f; ✕, ⚓ Mannschaft(en pl.) f, Besatzung f: ~ manager ✝ Personalchef m.
per·spec·tiv·al [ˌpɜ:spekt'taɪvl] adj. perspek'tivisch; **per·spec·tive** [pə'spektɪv] **I** s. **1.** ↳, paint. etc. Perspek'tive f: in (true) ~ in richtiger Perspektive; **2.** a. ~ drawing perspektivische Zeichnung; **3.** Perspek'tive f: a) Aussicht f, -blick m (beide a. fig.), b) fig. klarer Blick: he has no ~ er sieht die Dinge nicht im richtigen Verhältnis (zueinander); **II** adj. □ → perspectival.
per·spex [ˈpɜ:speks] (TM) s. Brit. Sicherheits-, Plexiglas n.
per·spi·ca·cious [ˌpɜ:spɪ'keɪʃəs] adj. □ scharfsinnig, 'durchdringend; **per·spi·cac·i·ty** [-'kæsətɪ] s. Scharfblick m, -sinn m; **per·spi·cu·i·ty** [-'kjuːətɪ] s. Klarheit f, Verständlichkeit f; **per·spic·u·ous** [pə'spɪkjʊəs] adj. □ deutlich, klar, (leicht)verständlich.
per·spi·ra·tion [ˌpɜ:spə'reɪʃn] s. **1.** Ausdünsten n, Schwitzen n; **2.** Schweiß m; **per·spir·a·to·ry** [pə'spaɪərətərɪ] adj. Schweiß...: ~ gland Schweißdrüse f; **per·spire** [pə'spaɪə] **I** v/i. schwitzen, transpirieren; **II** v/t. ausschwitzen, -dünsten.
per·suade [pə'sweɪd] v/t. **1.** über'reden, bereden (to inf., into ger. zu inf.); **2.** über'zeugen (of von, that daß): ~ o.s. a) sich überzeugen, b) sich einbilden od. einreden; be ~d that überzeugt sein, daß; **per'suad·er** [-də] s. **1.** Überredungskünstler(in), 'Verführer' m; **2.** sl. Über'redungsmittel n (a. Pistole etc.).
per·sua·sion [pə'sweɪʒn] s. **1.** Über'redung f; **2.** a. powers of ~ Über'redungsgabe f, -künste pl.; **3.** Über'zeugung f, fester Glaube; **4.** eccl. Glaube(nsrichtung f) m; **5.** F humor. a) Art f, Sorte f, b) Geschlecht n: female ~; **per·sua·sive** [-eɪsɪv] adj. □ **1.** über'redend; **2.** über'zeugend; **per'sua·sive·ness** [-eɪsɪvnɪs] s. **1.** persuasion 2; **2.** über'zeugende Art.
pert [pɜ:t] adj. □ keck (a. fig. Hut etc.), schnippisch, vorlaut.
per·tain [pɜ:'teɪn] v/i. (to) a) gehören (dat. od. zu), b) betreffen (acc.), sich beziehen (auf acc.): ~ing to betreffend.
per·ti·na·cious [ˌpɜ:tɪ'neɪʃəs] adj. □ **1.** hartnäckig, zäh; **2.** beharrlich, standhaft; **per·ti·nac·i·ty** [-'næsətɪ] s. Hartnäckigkeit f; Zähigkeit f, Beharrlichkeit f.
per·ti·nence [ˈpɜ:tɪnəns], **'per·ti·nen·cy** [-sɪ] s. **1.** Angemessenheit f, Gemäßheit f; **2.** Sachdienlichkeit f, Rele'vanz f; **'per·ti·nent** [-nt] adj. □ **1.** angemessen, passend, gemäß; **2.** zur Sache gehörig, einschlägig, sachdienlich, gehörig (to zu): be ~ to Bezug haben auf (acc.).
pert·ness [ˈpɜ:tnɪs] s. Keckheit f, schnippisches Wesen, vorlaute Art.
per·turb [pə'tɜ:b] v/t. beunruhigen, stören, verwirren, ängstigen; **per·tur·ba·tion** [ˌpɜ:tə'beɪʃn] s. **1.** Unruhe f, Bestürzung f; **2.** Beunruhigung f, Störung f; **3.** ast. Perturbati'on f.
pe·ruke [pə'ruːk] s. hist. Pe'rücke f.
pe·rus·al [pə'ruːzl] s. sorgfältiges 'Durchlesen, 'Durchsicht f, Prüfung f: for ~ zur Einsicht; **pe·ruse** [pə'ruːz]

v/t. ('durch)lesen; weitS. 'durchgehen, prüfen.
Pe·ru·vi·an [pə'ruːvjən] **I** adj. peru'anisch: ~ bark ♀ Chinarinde f; **II** s. Peru'aner(in).
per·vade [pə'veɪd] v/t. durch'dringen, -'ziehen, erfüllen (a. fig.); **per'va·sion** [-eɪʒn] s. Durch'dringung f (a. fig.); **per'va·sive** [-eɪsɪv] adj. □ 'durchdringend; fig. 'überall vor'handen, beherrschend.
per·verse [pə'vɜ:s] adj. □ **1.** verkehrt, Fehl...; **2.** verderbt, böse; **3.** verdreht, wunderlich; **4.** verstockt; **5.** launisch; **6.** psych. per'vers (a. fig.), 'widernatürlich; **per'ver·sion** [-ɜ:ʒn] s. **1.** Verdrehung f, 'Umkehrung f; Entstellung f: ~ of justice Rechtsbeugung f; ~ of history Geschichtsklitterung f; **2.** bsd. eccl. Verirrung f, Abkehr f vom Guten etc.; **3.** psych. Perversi'on f; **4.** ↳ 'Umkehrung f (e-r Figur); **per'ver·si·ty** [-sətɪ] s. **1.** Verdrehtheit f; **2.** Halsstarrigkeit f; **3.** Verderbtheit f; **4.** 'Widerna,türlichkeit f, Perversi'tät f (a. fig.); **per'ver·sive** [-sɪv] adj. verderblich (of für).
per·vert I v/t. [pə'vɜ:t] **1.** verdrehen, verkehren, entstellen, fälschen, pervertieren (a. psych.); miß'brauchen; **2.** j-n verderben, verführen; **II** s. [ˈpɜ:vɜ:t] **3.** Abtrünnige(r m) f; **4.** a. sexual ~ psych. per'verser Mensch; **per'vert·er** [-tə] s. Verdreher(in); Verführer(in).
per·vi·ous [ˈpɜ:vjəs] adj. □ **1.** 'durchlässig (a. phys.), durch'dringbar, gangbar (to für); **2.** fig. zugänglich (to für), offen (to dat.); **3.** ⊙ undicht.
pes·ky [ˈpeskɪ] adj. u. adv. Am. F ,verflixt'.
pes·sa·ry [ˈpesərɪ] s. ♣ Pes'sar n.
pes·si·mism [ˈpesɪmɪzm] s. Pessi'mismus m, Schwarzsehe'rei f; **'pes·si·mist** [-ɪst] **I** s. Pessi'mist(in), Schwarzseher (-in); **II** adj. a. **pes·si·mis·tic** [ˌpesɪmɪstɪk] adj. (□ ~ally) pessi'mistisch.
pest [pest] s. **1.** Pest f, Plage f (a. fig.); **2.** fig. Pestbeule f; fig. a) ,Ekel' n, ,Nervensäge' f, b) Plage f, lästige Sache; bsd. insect ~ biol. Schädling m: ~ control Schädlingsbekämpfung f.
pes·ter [ˈpestə] v/t. plagen, quälen, belästigen, j-m auf die Nerven gehen.
pes·ti·cide [ˈpestɪsaɪd] s. Schädlingsbekämpfungsmittel n.
pes·ti·lence [ˈpestɪləns] s. Seuche f, Pest f, Pesti'lenz f (a. fig.); **'pes·ti·lent** [-nt] adj. → **pes·ti·len·tial** [ˌpestɪ'lenʃl] adj. □ **1.** verpestend, ansteckend; **2.** fig. verderblich, schädlich; **3.** oft humor. ekelhaft.
pes·tle [ˈpesl] **I** s. **1.** Mörserkeule f, Stößel m; **2.** ♣ Pi'still n; **II** v/t. **3.** zerstoßen.
pet¹ [pet] **I** s. **1.** (zahmes) Haustier; Stubentier n; **2.** gehätscheltes Tier od. Kind, Liebling m, ,Schatz' m, ,Schätzchen' n; **II** adj. **3.** Lieblings...: ~ dog Schoßhund m; ~ mistake Lieblingsfehler m; ~ name Kosename m; ~ shop Tierhandlung f: ~ aversion 2; **III** v/t. **4.** (ver)hätscheln, liebkosen; **5.** F ,abfummeln', Petting machen mit; **IV** v/i. **6.** F ,fummeln', knutschen, Petting machen.
pet² [pet] s. schlechte Laune: in a ~ verärgert, schlecht gelaunt.

pet·al ['petl] s. ♀ Blumenblatt n.
pe·tard [pe'taːd] s. **1.** ✗ hist. Pe'tarde f, Sprengbüchse f; → **hoist**¹; **2.** Schwärmer m (Feuerwerk).
pe·ter¹ ['piːtə] v/i.: ~ **out** a) (allmählich) zu Ende gehen, b) sich verlieren, c) sich totlaufen, versanden.
Pe·ter² ['piːtə] npr. u. s. bibl. 'Petrus m: (the Epistles of) ~ die Petrusbriefe.
pe·ter³ ['piːtə] s. sl. ‚Zipfel' m (Penis).
pe·ter⁴ ['piːtə] s. sl. **1.** Geldschrank m; **2.** (Laden)Kasse f.
pet·it ['peti] → **petty**.
pe·ti·tion [pɪ'tɪʃn] **I** s. Bitte f, bsd. Bittschrift f, Gesuch n; Eingabe f (a. Patentrecht); ⚖ (schriftlicher) Antrag: ~ for divorce Scheidungsklage f; ~ in bankruptcy Konkursantrag m; file one's ~ in bankruptcy Konkurs anmelden; ~ for clemency Gnadengesuch n; **II** v/i. (u. v/t. j-n) bitten, an-, ersuchen (for um), schriftlich einkommen (s.o. bei j-m), e-e Bittschrift einreichen (s.o. an j-n): ~ for divorce die Scheidungsklage einreichen; **pe'ti·tion·er** [-ʃnə] s. Antragsteller(in): a) Bitt-, Gesuchsteller(in), Pe'tent m, b) ⚖ (Scheidungs)Kläger(in).
pet·rel ['petrəl] s. **1.** orn. Sturmvogel m; → **stormy petrel**; **2.** Unruhestifter m.
pet·ri·fac·tion [ˌpetrɪ'fækʃn] s. Versteinerung f (Vorgang u. Ergebnis; a. fig.); **pet·ri·fy** ['petrɪfaɪ] **I** v/t. **1.** versteinern (a. fig.); **2.** fig. durch Schrecken etc. versteinern, erstarren lassen: petrified with horror starr vor Schrecken; **II** v/i. **3.** sich versteinern (a. fig.).
pe·tro·chem·is·try [ˌpetrəʊ'kemɪstrɪ] s. Petroche'mie f; **pe·trog·ra·phy** [pɪ'trɒgrəfɪ] s. Gesteinsbeschreibung f, -kunde f.
pet·rol ['petrəl] s. mot. Brit. Ben'zin n, Kraftstoff m: ~ bomb Molotowcocktail m; ~ coupon Benzingutschein m; ~ engine Benzin-, Vergasermotor m; ~ ga(u)ge Kraftstoffanzeige f; ~ station Tankstelle f; **pet·ro·la·tum** [ˌpetrə'leɪtəm] s. **1.** ♣ Petro'latum n, Vase'lin n; **2.** ♣ Paraf'finöl n; **pe·tro·le·um** [pɪ'trəʊljəm] s. Pe'troleum n, Erd-, Mine'ralöl n: ~ jelly → **petrolatum**; **pe·trol·o·gy** [pɪ'trɒlədʒɪ] s. Gesteinskunde f.
pet·ti·coat ['petɪkəʊt] **I** s. **1.** 'Unterrock m; Petticoat m; **2.** fig. Frauenzimmer n, Weibsbild n, ‚Unterrock' m; **3.** Kinderröckchen n; **4.** ⚙ Glocke f; **5.** ≸ a) a. ~ insulator ≸ Glockeniso‚lator m, b) Isolierglocke f; **6.** mot. (Ven'til)Schutzhaube f; **II** adj. **7.** Weiber...: ~ government Weiberregiment n.
pet·ti·fog·ger ['petɪfɒgə] s. 'Winkeladvo‚kat m; Haarspalter m, Rabu'list m; **'pet·ti·fog·ging** [-gɪŋ] **I** adj. **1.** rechtsverdrehend; **2.** schä'nös, rabu'listisch; **3.** gemein, lumpig; **II** s. **4.** Rabu'listik f, Haarspalte'rei f, Rechtskniffe pl.
pet·ti·ness ['petɪnɪs] s. **1.** Geringfügigkeit f; **2.** Kleinlichkeit f.
pet·ting ['petɪŋ] s. F ‚Fumme'lei' f, Petting n.
pet·tish ['petɪʃ] adj. ☐ reizbar, mürrisch; **'pet·tish·ness** [-nɪs] s. Gereiztheit f.
pet·ti·toes ['petɪtəʊz] s. pl. Küche: Schweinsfüße pl.
pet·ty ['petɪ] adj. ☐ **1.** unbedeutend, geringfügig, klein, Klein...: ~ cash ᛏ a)

geringfügige Beträge, b) kleine Kasse, Portokasse; ~ **offence** ⚖ Bagatelldelikt n; ~ **wares** Kurzwaren; **2.** kleinlich; ~ **bour·gois** ['bʊəʒwɑː] **I** s. (Fr.) Kleinbürger(in); **II** adj. kleinbürgerlich; ~ **bour·geoi·sie** [ˌbʊəʒwɑː'ziː] s. (Fr.) Kleinbürgertum n; ~ **ju·ry** ⚖ kleine Jury; ~ **lar·ce·ny** s. ⚖ leichter Diebstahl; ~ **of·fi·cer** s. ✗, ⚓ Maat m (Unteroffizier); ~ **ses·sions** s. pl. → **magistrate**.
pet·u·lance ['petjʊləns] s. Gereiztheit f; **'pet·u·lant** [-nt] adj. ☐ gereizt.
pe·tu·ni·a [pɪ'tjuːnjə] s. ♀ Pe'tunie f.
pew [pjuː] s. **1.** Kirchenstuhl m, -sitz m, Bank(reihe) f; **2.** Brit. F Platz m: take a ~ sich ‚platzen'.
pe·wit ['piːwɪt] s. orn. **1.** Kiebitz m; **2.** a. ~ **gull** Lachmöwe f.
pew·ter ['pjuːtə] **I** s. **1.** brit. Schüsselzinn n, Hartzinn n; **2.** coll. Zinngerät n; **3.** Zinnkrug m, -gefäß n; **4.** Brit. sl. bsd. Sport: Po'kal m; **II** adj. **5.** (Hart)Zinn..., zinnern; **'pew·ter·er** [-ərə] s. Zinngießer m.
pha·e·ton ['feɪtn] s. Phaeton m (Kutsche; mot. obs. Tourenwagen).
phag·o·cyte ['fægəʊsaɪt] s. biol. Phago'cyte f, Freßzelle f.
phal·ange ['fælændʒ] s. **1.** anat. Finger-, Zehenknochen m; **2.** ♀ Staubfädenbündel n; **3.** zo. Tarsenglied n.
pha·lanx ['fælæŋks] pl. **-lanx·es** od. **-lan·ges** [fæ'lændʒiːz] s. **1.** ✗ hist. Phalanx f, fig. a. geschlossene Front; **2.** → **phalange** 1 u. 2.
phal·lic ['fælɪk] adj. phallisch, Phallus...: ~ **symbol**; **phal·lus** ['fæləs] pl. **-li** [-laɪ] s. Phallus m.
phan·tasm ['fæntæzəm] → **phantom** 1 a u. b; **phan·tas·ma·go·ri·a** [ˌfæntæzmə'gɔːrɪə] s. Phantasmago'rie f, Gaukelbild n, Blendwerk n; **phan·tas·ma·gor·ic** [ˌfæntæzmə'gɒrɪk] adj. (☐ ~ally) phantasma'gorisch, gespensterhaft, trügerisch; **phan·tas·mal** [fæn'tæzml] adj. ☐ **1.** halluzina'torisch, eingebildet; **2.** geisterhaft; **3.** illu'sorisch, unwirklich, trügerisch.
phan·tom ['fæntəm] **I** s. **1.** Phan'tom n: a) Erscheinung f, Gespenst n, a. fig. Geist m, b) Wahngebilde n, Hirngespinst n; Trugbild n, c) fig. Alptraum m, Schreckgespenst n; **2.** fig. Schatten m, Schein m; **3.** ♣ Phantom n (Körpermodell); **II** adj. **4.** Phantom..., Gespenster..., Geister...; **5.** scheinbar, Schein...; ~ **cir·cuit** s. ≸ Phan'tomkreis m, Duplexleitung f; ~ (**limb**) **pain** s. ♣ Phan'tomschmerz m; ~ **ship** s. Geisterschiff n; ~ **view** s. ⚙ (Konstrukti'ons-) Durchsicht f.
phar·i·sa·ic, phar·i·sa·i·cal [ˌfærɪ'seɪɪk(l)] adj. ☐ phari'säisch, selbstgerecht, scheinheilig; **phar·i·sa·ism** ['færɪseɪɪzəm] s. Phari'säertum n, Scheinheiligkeit f; **Phar·i·see** ['færɪsiː] s. **1.** eccl. Phari'säer m; **2.** a. 2 fig. Phari'säer(in), Selbstgerechte(r m) f, Heuchler(in).
phar·ma·ceu·ti·cal [ˌfɑːmə'sjuːtɪkl] adj. ☐ pharma'zeutisch, Apotheker...; **phar·ma'ceu·tics** [-ks] s. pl. sg. konstr. Pharma'zeutik f, Arz'neimittelkunde f; **phar·ma·cist** ['fɑːməsɪst] s. **1.** Pharma'zeut m, Apo'theker m; **2.** pharma'zeutischer Chemiker; **phar·ma·col-**

o·gy s. [ˌfɑːmə'kɒlədʒɪ] Pharmakolo'gie f, Arz'neimittellehre f; **phar·ma·co·poe·ia** [ˌfɑːməkə'piːə] s. **1.** ‚Pharmako'pöe f, amtliches Arz'neibuch; **2.** Arz'neimittelvorrat m; **phar·ma·cy** ['fɑːməsɪ] s. **1.** → **pharmaceutics**; **2.** Apo'theke f.
pha·ryn·gal [fə'rɪŋgl]; **pha·ryn·ge·al** [ˌfærɪn'dʒiːl] **I** adj. anat. Rachen... (-mandeln etc.; a. ling. -laut); **II** s. anat. Schlundknochen m; **phar·yn·gi·tis** [ˌfærɪn'dʒaɪtɪs] s. 'Rachenka‚tarrh m; **pha·ryn·go·na·sal** [-gəʊ'neɪzl] adj. Rachen u. Nase betreffend; **phar·ynx** ['færɪŋks] s. Schlund m, Rachen(höhle f) m.
phase [feɪz] **I** s. **1.** ♓, ⚡, Ⅎ, ast., biol., phys. Phase f: the ~s of the moon ast. Mondphasen; ~ **advancer** (od. **converter**) ⚡ Phasenverschieber m; in ~ (**out of** ~) ⚡ phasengleich (phasenverschoben); **2.** (Entwicklungs)Stufe f, Stadium n, Phase f (a. psych.); **3.** ✗ (Front)Abschnitt m; **II** v/t. **4.** ⚡ in Phase bringen; **5.** aufeinander abstimmen, ⚙ synchronisieren; **6.** stufenweise durchführen, staffeln: ~ **down** einstellen; ~ **in** stufenweise einführen; ~ **out** et. stufenweise einstellen od. abwickeln od. auflösen, Produkt etc. auslaufen lassen; **III** v/i. **7.** ~ **out** sich stufenweise zurückziehen (of aus).
pheas·ant ['feznt] s. orn. Fa'san m; **'pheas·ant·ry** [-rɪ] s. Fasane'rie f.
phe·nic ['fiːnɪk] adj. ♣ kar'bolsauer, Karbol...: ~ **acid** → **phe·nol** ['fiːnɒl] s. ♣ Phe'nol n, Karbolsäure f; **phe·nol·ic** [fɪ'nɒlɪk] **I** adj. Phenol...: ~ **resin** → **II** s. Phe'nolharz n.
phe·nom·e·nal [fɪ'nɒmɪnl] adj. ☐ phänome'nal: a) philos. Erscheinungs... (-welt etc.), b) unglaublich, ‚toll'; **phe·nom·e·nal·ism** [-nəlɪzəm] s. phls. Phänomena'lismus m; **phe·nom·e·non** [fɪ'nɒmɪnən] pl. **-na** [-nə] s. **1.** Phäno'men n, Erscheinung f (a. phys. u. phls.); **2.** pl. **-nons** fig. wahres Wunder; a. **infant** ~ Wunderkind n.
phe·no·type ['fiːnəʊtaɪp] s. biol. 'Phäno‚typus m, Erscheinungsbild n.
phen·yl ['fiːnɪl] s. Phe'nyl n; **phe·nyl·ic** [fɪ'nɪlɪk] adj. Phenyl..., phe'nolisch: ~ **acid** → **phenol**.
phow [fjuː] int. puh!
phi·al ['faɪəl] s. Phi'ole f (bsd. Arz'nei-) Fläschchen n, Am'pulle f.
Phi Be·ta Kap·pa [ˌfaɪˌbiːtə'kæpə] s. Am. a) studentische Vereinigung hervorragender Akademiker, b) ein Mitglied dieser Vereinigung.
phi·lan·der [fɪ'lændə] v/i. ‚poussieren', schäkern; **phi·lan·der·er** [-ərə] s. Schäker m, Schürzenjäger m.
phil·an·throp·ic, phil·an·throp·i·cal [ˌfɪlən'θrɒpɪk(l)] adj. ☐ philan'thropisch, menschenfreundlich; **phi·lan·thro·pist** [fɪ'lænθrəpɪst] **I** s. Philan'throp m, Menschenfreund m; **II** adj. → **philanthropic**; **phi·lan·thro·py** [fɪ'lænθrəpɪ] s. Philanthro'pie f, Menschenliebe f.
phil·a·tel·ic [ˌfɪlə'telɪk] adj. philate'listisch; **phi·lat·e·list** [fɪ'lætəlɪst] **I** s. Philate'list m; **II** adj. philate'listisch; **phi·lat·e·ly** [fɪ'lætəlɪ] s. Philate'lie f.
phil·har·mon·ic [ˌfɪlɑː'mɒnɪk] adj. philhar'monisch (Konzert, Orchester): ~

society Philharmonie f.

Phi·lip·pi·ans [fɪ'lɪpɪənz] s. pl. sg. konstr. bibl. (Brief m des Paulus an die) Phi'lipper pl.

phi·lip·pic [fɪ'lɪpɪk] s. Phi'lippika f, Strafpredigt f.

Phil·ip·pine ['fɪlɪpiːn] adj. **1.** philip'pinisch, Philippinen...; **2.** Filipino...

Phi·lis·tine ['fɪlɪstaɪn] **I** s. fig. Phi'lister m, Spießbürger m, Spießer m; **II** adj. phi'listerhaft, spießbürgerlich; **'phi·lis·tin·ism** [-tɪnɪzəm] s. Phi'listertum n, Philiste'rei f, Spießbürgertum n, Ba'nausentum n.

phil·o·log·i·cal [ˌfɪlə'lɒdʒɪkl] adj. □ philo'logisch, sprachwissenschaftlich; **phi·lol·o·gist** [fɪ'lɒlədʒɪst] s. Philo'login f, Sprachwissenschaftler (-in); **phi·lol·o·gy** [fɪ'lɒlədʒɪ] s. Philolo'gie f, (Litera'tur- u.) Sprachwissenschaft f.

phi·los·o·pher [fɪ'lɒsəfə] s. Philo'soph m (a. fig. Lebenskünstler): *natural* ~ Naturforscher m; *~s' stone* Stein m der Weisen; **phil·o·soph·ic, phil·o·soph·i·cal** [ˌfɪlə'sɒfɪk(l)] adj. □ philo'sophisch (a. fig. weise, gleichmütig); **phi·'los·o·phize** [-faɪz] v/i. philosophieren; **phi'los·o·phy** [-fɪ] s. **1.** Philosophie f: *natural* ~ Naturwissenschaft f; ~ *of history* Geschichtsphilosophie; **2.** a) a. ~ *of life* ('Lebens)Philoso,phie f, Weltanschauung f, b) fig. (philo'sophische) Gelassenheit, c) ,Philoso'phie' f, Denkbild n, -modell n.

phil·ter Am., **phil·tre** Brit. ['fɪltə] s. **1.** Liebestrank m; **2.** Zaubertrank m.

phiz [fɪz] s. sl. Vi'sage f, Gesicht n.

phle·bi·tis [flɪ'baɪtɪs] s. ✻ Venenentzündung f, Phle'bitis f.

phlegm [flem] s. **1.** physiol. Phlegma n, Schleim m; **2.** fig. Phlegma n: a) stumpfer Gleichmut, b) (geistige) Trägheit; **phleg·mat·ic** [fleg'mætɪk] **I** adj. (□ ~ally) physiol. u. fig. phleg'matisch; **II** s. Phleg'matiker(in).

pho·bi·a ['fəʊbɪə] s. psych. (*about*) Pho'bie f, krankhafte Furcht (vor dat.) od. Abneigung (gegen).

Phoe·ni·cian [fɪ'nɪʃɪən] **I** s. **1.** Phö'nizier (-in); **2.** ling. Phö'nikisch n; **II** adj. **3.** phö'nizisch.

phoe·nix ['fiːnɪks] s. myth. Phönix m (legendärer Vogel), fig. a. Wunder n.

phon [fɒn] s. phys. Phon n.

phone¹ [fəʊn] s. ling. (Einzel)Laut m.

phone² [fəʊn] s., v/t. u. v/i. F → telephone; *~-in* Radio, TV Sendung f mit telefonischer Publikumsbeteiligung.

pho·neme ['fəʊniːm] s. ling. **1.** Pho'nem n; **2.** → phone¹.

pho·net·ic [fəʊ'netɪk] adj. (□ ~ally) pho'netisch, lautlich: ~ *spelling*, ~ *transcription* Lautschrift f; **pho·ne·ti·cian** [ˌfəʊnɪ'tɪʃn] s. Pho'netiker m; **pho'net·ics** [-ks] s. pl. mst sg. konstr. Pho'netik f, Laut(bildungs)lehre f.

pho·ney ['fəʊnɪ] → phony.

phon·ic ['fəʊnɪk] adj. **1.** lautlich, a'kustisch; **2.** pho'netisch; **3.** ◉ phonisch.

pho·no·gram ['fəʊnəgræm] s. Lautzeichen n; **'pho·no·graph** [-grɑːf] s. ◉ **1.** Phono'graph m, 'Sprechma,schine f; **2.** Am. Plattenspieler m, Grammo'phon n; **pho·no·graph·ic** [ˌfəʊnə'græfɪk] adj. (□ ~ally) phono'graphisch.

pho·nol·o·gy [fəʊ'nɒlədʒɪ] s. ling. Phonolo'gie f, Lautlehre f.

pho·nom·e·ter [fəʊ'nɒmɪtə] s. phys. Phono'meter n, Schall(stärke)messer m.

pho·ny ['fəʊnɪ] F **I** adj. **1.** falsch, gefälscht, unecht; Falsch..., Schwindel..., Schein...: ~ *war* hist. ,Sitzkrieg' m; **II** s. **2.** Schwindler(in), ,Schauspieler(in)', Scharlatan m: *he is* ~ a. der ist nicht ,echt'; **3.** Fälschung f, Schwindel m.

phos·gene ['fɒzdʒiːn] s. ✻ Phos'gen n, Chlor'kohleno,xyd n; **phos·phate** ['fɒsfeɪt] s. ✻ **1.** Phos'phat n: ~ *of lime* phosphorsaurer Kalk; **2.** ✔ Phos'phat (-düngemittel) n; **phos·phat·ic** [fɒs'fætɪk] adj. ✻ phos'phathaltig; **phos·phide** ['fɒsfaɪd] s. ✻ Phos'phid n; **phos·phite** ['fɒsfaɪt] s. **1.** ✻ Phos'phit n; **2.** min. 'Phosphorme,tall n; **phos·phor** ['fɒsfə] **I** s. **1.** poet. Phosphor m; **2.** ◉ Leuchtmasse f; **II** adj. **3.** Phosphor...; **phos·pho·rate** ['fɒsfəreɪt] v/t. ✻ **1.** phosphorisieren; **2.** phosphoreszierend machen; **phos·pho·resce** [ˌfɒsfə'res] v/i. phosphoreszieren, (nach)leuchten; **phos·pho·res·cence** [ˌfɒsfə'resns] s. **1.** ✻, phys. Chemolumines'zenz f; **2.** phys. Phosphores'zenz f, Nachleuchten n; **phos·pho·res·cent** [ˌfɒsfə'resnt] adj. phosphoreszierend; **phos·phor·ic** [fɒs'fɒrɪk] adj. phosphorsauer, -haltig, Phosphor...; **phos·pho·rous** ['fɒsfərəs] adj. ✻ phos'pho·rig(sauer); **phos·pho·rus** ['fɒsfərəs] pl. **-ri** [-raɪ] s. **1.** ✻ Phosphor m; **2.** phys. 'Leuchtphos,phore f, -masse f.

phot [fɒt] s. phys. Phot n.

pho·to ['fəʊtəʊ] F → photograph.

photo- [fəʊtəʊ] in Zssgn Photo..., Foto...: a) Licht..., b) photo'graphisch; **'~-cell** s. ✔ Photozelle f; **,~'chem·i·cal** adj. □ photo'chemisch; **,~'com'pose** v/t. im Photosatz herstellen; **'~cop·i·er** s. Fotoko'piergerät n; **'~copy** → photostat 1 u. 3; **,~'e'lec·tric** [-təʊ-] adj.; **,~'e'lec·tri·cal** [-təʊ-] adj. □ phys. fotoelek'trisch: ~ *barrier* Lichtschranke f; ~ *cell* Photozelle f; **,~-en·'grav·ing** [-təʊ-] s. Lichtdruck(verfahren n) m; ~ *fin·ish* s. sport a) Fotofinish n, b) äußerst knappe Entscheidung; **'~-fit** s. Polizei: Phan'tombild n; **'~-flash (lamp)** s. Blitzlicht(birne f) n.

pho·to·gen·ic [ˌfəʊtəʊ'dʒenɪk] adj. **1.** photo'gen, bildwirksam; **2.** biol. lichterzeugend, Leucht...; **~-gram·me·try** [ˌfəʊtə'græmɪtrɪ] s. Photogramme'trie f, Meßbildverfahren n.

pho·to·graph ['fəʊtəgrɑːf] **I** s. Fotogra'fie f, (Licht)Bild n, Aufnahme f: *take a* ~ e-e Aufnahme machen (*of* von); **II** v/t. fotografieren, aufnehmen, ,knipsen'; **III** v/i. fotografieren; fotografiert werden: *he does not* ~ *well* er wird nicht gut auf den Bildern, er läßt sich schlecht fotografieren; **pho·tog·ra·pher** [fə'tɒgrəfə] s. Foto'graf(in); **pho·to·graph·ic** [ˌfəʊtə'græfɪk] adj. (□ ~ally) **1.** foto'grafisch; **2.** fig. fotografisch genau; **pho·tog·ra·phy** [fə'tɒgrəfɪ] s. Fotogra'fie f, Lichtbildkunst f.

pho·to·gra·vure [ˌfəʊtəgrə'vjʊə] s. 'Photogra,vüre f, Kupferlichtdruck m; **,pho·to'jour·nal·ism** s. 'Bildjourna,lismus m; **,pho·to'lith·o·graph** typ. **I** s. ,Photolithogra'phie f (Erzeugnis); **II** v/t. photolithographieren; **,pho·to·li'thog·ra·phy** s. ,Photolithogra'phie f (Verfahren).

pho·tom·e·ter [fəʊ'tɒmɪtə] s. phys. Photo'meter n, Lichtstärkemesser m; **pho·'tom·e·try** [-trɪ] s. Lichtstärkemessung f.

,pho·to'mi·cro·graph s. phot. 'Mikrofotogra,fie f (Bild).

,pho·to·'mon'tage s. 'Fotomon,tage f; **,~'mu·ral** s. Riesenvergrößerung f (Wandschmuck), a. 'Fotota,pete f; **,~'off·set** s. typ. foto'grafischer Offsetdruck m.

pho·ton ['fəʊtɒn] s. **1.** phys. Photon n, Lichtquant n; **2.** opt. Troland n.

'pho·to·play s. Filmdrama n.

pho·to·stat ['fəʊtəʊstæt] phot. **I** s. **1.** Fotoko'pie f, Ablichtung f; **2.** ♀ Fotoko'piergerät n (Handelsname); **II** v/t. **3.** fotokopieren, ablichten; **pho·to·stat·ic** [ˌfəʊtəʊ'stætɪk] adj. Kopier..., Ablichtungs...: ~ *copy* → photostat 1.

,pho·to·te'leg·ra·phy s. 'Bildtelegra,phie f; **'pho·to·type** s. typ. **I** s. Lichtdruck(bild n, -platte f) m; **II** v/t. im Lichtdruckverfahren vervielfältigen; **,pho·to'type·set** → photocompose.

phrase [freɪz] **I** s. **1.** (Rede)Wendung f, Redensart f, Ausdruck m: ~ *of civility* Höflichkeitsfloskel f; ~ *book* a) Sammlung f von Redewendungen, b) Sprachführer m; **2.** Phrase f, Schlagwort n: ~ *monger* Phrasendrescher m; *as the* ~ *goes* wie man so schön sagt; **3.** ling. a) Wortverbindung f, b) kurzer Satz, c) Sprechtakt m; **4.** ♪ Satz m; Phrase f; **II** v/t. **5.** ausdrücken, formulieren; **6.** ♪ phrasieren; **phra·se·ol·o·gy** [ˌfreɪzɪ'ɒlədʒɪ] s. Phraseolo'gie f (a. Buch), Ausdrucksweise f.

phren·ic ['frenɪk] anat. **I** adj. Zwerchfell...; **II** s. Zwerchfell n.

phre·nol·o·gist [frɪ'nɒlədʒɪst] s. Phre'nologe m; **phre'nol·o·gy** [-dʒɪ] s. Phrenolo'gie f, Schädellehre f.

phthi·sis ['θaɪsɪs] s. Tuberku'lose f, Schwindsucht f.

phut [fʌt] **I** int. fft!; **II** adj. sl.: *go* ~ a) futschgehen, b) ,platzen'.

phy·col·o·gy [faɪ'kɒlədʒɪ] f Algenkunde f.

phyl·lox·e·ra [ˌfɪlɒk'sɪərə] pl. **-rae** [-riː] s. zo. Reblaus f.

phy·lum ['faɪləm] pl. **-la** [-lə] s. **1.** bot. zo. 'Unterabteilung f, Ordnung; **2.** biol. Stamm m; **3.** ling. Sprachstamm m.

phys·ic ['fɪzɪk] **I** s. **1.** Arz'nei(mittel n) f, bsd. Abführmittel n; **2.** obs. Heilkunde f; **3.** pl. sg. konstr. (die) Phy'sik; **II** v/t. pret. u. p.p. **'phys·icked** [-kt] **4.** obs. j-n (ärztlich) behandeln; **'phys·i·cal** [-kl] **I** adj. □ **1.** physisch, körperlich (a. Liebe etc.): ~ *condition* Gesundheitszustand m; ~ *culture* Körperkultur f; ~ *education*, ~ *training* ped. Leibeserziehung f; ~ *examination* → 3; ~ *force* physische Gewalt; ~ *impossibility* absolute Unmöglichkeit; ~ *inventory* ✝ Bestandsaufnahme f; ~ *stock* ✝ Lagerbestand m; **2.** physi'kalisch; na'turwissenschaftlich: ~ *geography* physikalische Geographie; ~ *science* a) Physik f, b) Naturwissenschaft(en pl.) f; **II** s. **3.** ärztliche Unter'suchung, ✗ Musterung f; **phy·si·cian** [fɪ'zɪʃn] s. Arzt m;

'phys·i·cist [-ɪsɪst] s. Physiker m.
,phys·i·co-'chem·i·cal [,fɪzɪkəʊ-] adj.
□ physiko'chemisch.

phys·i·og·no·my [,fɪzɪ'ɒnəmɪ] s. **1.** Physiogno'mie f (a. fig.), Gesichtsausdruck m, -züge pl.; **2.** Phyio'gnomik f; **phys·i·og·ra·phy** [-'ɒɡrəfɪ] s. **1.** ,Physio(geo)gra'phie f; **2.** Na'turbeschreibung f; **phys·i·o·log·i·cal** [,fɪzɪə'lɒdʒɪkl] adj. □ physio'logisch; ,**phys·i·ol·o·gist** [-'ɒlədʒɪst] s. Physio'loge m; ,**phys·i·ol·o·gy** [-'ɒlədʒɪ] s. Physiolo'gie f; **phys·i·o·ther·a·pist** [,fɪzɪəʊ'θerəpɪst] s. ✷ Physiothera'peut(in), weitS. Heilgymnastiker(in); **phys·i·o·ther·a·py** [,fɪzɪəʊ'θerəpɪ] s. ,Physiothera'pie f, 'Heilgym,nastik f.

phy·sique [fɪ'ziːk] s. Körperbau m, -beschaffenheit f, Konstituti'on f.

phy·to·gen·e·sis [,faɪtəʊ'dʒenɪsɪs] s. ♀ Lehre f von der Entstehung der Pflanzen; phy·tol·o·gy [faɪ'tɒlədʒɪ] s. Pflanzenkunde f; phy·to·to·my [faɪ'tɒtəmɪ] s. ♀ 'Pflanzenanato,mie f.

pi·an·ist ['pɪənɪst] s. ♪ Pia'nist(in), Kla'vierspieler(in).

pi·an·o¹ [pɪ'ænəʊ] pl. **-os** ♪ Kla'vier n, Pi,ano('forte) n: **at (on) the** ~ am (auf dem) Klavier.

pi·a·no² ['pjɑːnəʊ] ♪ **I** pl. **-nos** s. Pi'ano n (leises Spiel): ~ **pedal** Pianopedal n; **II** adv. pi'ano, leise.

pi·an·o·for·te [,pjænəʊ'fɔːtɪ] → piano¹.

pi·an·o play·er **1.** → pianist; **2.** Pia'nola n.

pi·az·za [pɪ'ætsə] pl. **-zas** (Ital.) s. **1.** öffentlicher Platz; **2.** Am. (große) Ve'randa.

pi·broch ['piːbrɒk, -ɒx] s. 'Kriegsmu,sik f der Bergschotten; 'Dudelsackvaria ti,onen pl.

pi·ca ['paɪkə] s. typ. Cicero f, Pica f.

pic·a·resque [,pɪkə'resk] adj. pika'resk: ~ novel Schelmenroman m.

pic·a·roon [,pɪkə'ruːn] s. **1.** Gauner m, Abenteurer m; **2.** Pi'rat m.

pic·a·yune [,pɪkɪ'juːn] Am. **I** s. **1.** mst fig. Pfennig m, Groschen m; **2.** fig. Lap'palie f; Tinnef m, n; **3.** fig. 'Null' f (unbedeutender Mensch); **II** adj., a. ,pic·a'yun·ish [-nɪʃ] **4.** unbedeutend, schäbig; klein(lich).

pic·ca·lil·li ['pɪkəlɪlɪ] s. pl. Picca'lilli pl. (eingemachtes, scharf gewürztes Mischgemüse).

pic·ca·nin·ny ['pɪkənɪnɪ] **I** s. humor. (bsd. Neger)Kind n, Gör n; **II** adj. kindlich; winzig.

pic·co·lo ['pɪkələʊ] pl. **-los** s. ♪ Pikkoloflöte f; ~ pi·an·o s. ♪ Kleinklavier n.

pick [pɪk] **I** s. **1.** ⚙ a) Spitz-, Kreuzhacke f, Picke f, Pickel m, b) ⚒ (Keil)Haue f; **2.** Schlag m; **3.** Auswahl f, -lese f: **the ~ of the bunch** der (die, das) Beste von allen; **take your ~!** suchen Sie sich etwas aus!; Sie haben die Wahl!; **4.** typ. unreiner Buchstabe; **5.** ♪ Ernte f; **II** v/t. **6.** aufhacken, -picken: → **brain** 2, **hole** 1; **7.** Körner aufpicken; auflesen; sammeln; Blumen, Obst pflücken; Beeren abzupfen; F lustlos essen, herumstochern in (dat.); **8.** fig. (sorgfältig) auswählen, -suchen: ~ **one's way** (od. **steps**) sich s-n Weg suchen od. bahnen, fig. sich durchlavieren; ~ **one's words** s-e Worte (sorgfältig) wählen; ~ **a quarrel (with s.o.)** (mit j-m) Streit

suchen od. anbändeln; **9.** Gemüse etc. (ver)lesen, säubern; Hühner rupfen; Metall scheiden; Wolle zupfen; in der Nase bohren; in den Zähnen stochern; e-n Knochen (ab)nagen; → **bone** 1; **10.** Schloß mit e-m Dietrich öffnen, ,knakken'; j-m die Tasche ausräumen (Dieb); **11.** ♪ Am. Banjo etc. spielen; **12.** ausfasern, zerpflücken: ~ **to pieces** fig. Theorie etc. zerpflücken, herunterreißen; **III** v/i. **13.** hacken, picke(l)n; **14.** (lustlos) im Essen her'umstochern; **15.** sorgfältig wählen: ~ **and choose** a. wählerisch sein; **16.** ,sti'bitzen', stehlen;

Zssgn mit prp. u. adv.:

pick| at v/i. **1.** im Essen her'umstochern; **2.** F her'ummäkeln od. -nörgeln an (dat.); auf j-m her'umhacken; ~ **off** v/t. **1.** (ab)pflücken, -rupfen; **2.** wegnehmen; **3.** (einzeln) abschießen, ,wegputzen'; ~ **on** v/i. **1.** aussuchen, sich entscheiden für; **2.** → **pick** at 2; ~ **out** v/t. **1.** (sich) et. od. j-n auswählen; **2.** ausmachen, erkennen; fig. her'ausfinden, -bekommen; **3.** ♪ sich e-e Melodie auf dem Klavier etc. zs.-suchen; **4.** mit e-r anderen Farbe absetzen; ~ **o·ver** v/t. **1.** (gründlich) 'durchsehen, -gehen; **2.** (das Beste) auslesen; ~ **up** I v/t. **1.** Boden aufhacken; **2.** aufheben, -nehmen, -lesen; in die Hand nehmen: **pick o.s. up** sich ,hochrappeln' (a. fig.); → **gauntlet** 2; **3.** j-n im Fahrzeug mitnehmen, abholen; **4.** F a) j-n ,auflesen, -gabeln, -reißen' b), hochnehmen' (verhaften), c) ,klauen' (stehlen); **5.** Strickmaschen aufnehmen; **6.** a) Rundfunksender ,(rein)kriegen', b) Sendung empfangen, aufnehmen, abhören, c) Funkspruch etc. auffangen; **7.** in Sicht bekommen; **8.** fig. et. ,mitkriegen', Wort, Sprache etc. ,aufschnappen'; **9.** erstehen, gewinnen: ~ **a livelihood** sich mit Gelegenheitsarbeiten etc. durchschlagen; ~ **courage** Mut fassen; ~ **speed** auf Touren (od. in Fahrt) kommen; **II** v/i. **10.** sich (wieder) erholen (a. ✷); **11.** sich anfreunden (with mit); **12.** auf Touren kommen, Geschwindigkeit 'aufnehmen; fig. stärker werden.

pick-a-back ['pɪkəbæk] adj. u. adv. huckepack tragen etc.: ~ **plane** ✈ Hukkepackflugzeug n.

pick·a·nin·ny → piccaninny.

'pick·ax(e) s. (Spitz)Hacke f, (Beil)Pike f, Pickel m.

picked [pɪkt] adj. fig. ausgewählt, -gesucht; ,aus)erlesen: ~ **troops** ⚔ Kerntruppen pl.

pick·er·el ['pɪkərəl] s. ichth. (Brit. junger) Hecht.

pick·et ['pɪkɪt] **I** s. **1.** (Holz-, Absteck-)Pfahl m; Pflock m; **2.** ⚔ Vorposten m; **3.** Streikposten m; **II** v/t. **4.** einpfählen; **5.** an e-n Pfahl binden, anpflocken; **6.** Streikposten aufstellen vor (dat.), mit Streikposten besetzen; (als Streikposten) anhalten od. belästigen; **7.** ⚔ als Vorposten ausstellen; **III** v/i. **8.** Streikposten stehen.

pick·ings ['pɪkɪŋz] s. pl. **1.** Nachlese f, 'Überbleibsel pl., Reste pl.; **2.** a. ~ **and stealings** a) unehrliche Nebeneinkünfte pl., b) Diebesbeute f, Fang m; **3.** Pro'fit m.

pick·le ['pɪkl] **I** s. **1.** Pökel m, Salzlake f,

Essigsoße f (zum Einlegen); **2.** Essig-, Gewürzgurke f; **3.** pl. Eingepökelte(s) n, Pickles pl.; → **mixed pickles**; **4.** ⚙ Beize f; **5.** F a. **nice** (od. **sad** od. **sorry**) ~ mißliche Lage, ,böse Sache': **be in a** ~ (schön) in der Patsche sitzen; **6.** F Balg m, n, Gör n; **II** v/t. **7.** einpökeln, -salzen, -legen; **8.** ⚙ Metall (ab)beizen; Bleche dekapieren: **pickling agent** Abbeizmittel n; **9.** ♪ Saatgut beizen; 'pick·led [-ld] adj. **1.** gepökelt, eingesalzen; Essig..., Salz...: ~ **herring** Salzhering m; **2.** sl. ,blau' (betrunken).

'pick|·lock s. **1.** Einbrecher m; **2.** Dietrich m; '~-me-up s. F Schnäps·chen n, a. fig. Stärkung f; '~-off adj. ⚙ Am: 'abmon,tierbar, Wechsel...; '~·pock·et s. Taschendieb m; '~-up s. **1.** Ansteigen n; ✈ Erholung f: ~ (**in prices**) Anziehen n der Preise, Hausse f; **2.** mot. Start-, Beschleunigungsvermögen n; **3.** a. ~ **truck** Kleinlastwagen m; Am. → **pick-me-up**; **5.** ⚙ Tonabnehmer m, Pick-up m (am Plattenspieler); Empfänger m (Mikrophon); Geber m (Meßgerät); **6.** TV: a) Abtasten n, b) Abtastgerät n, c) a. Radio: 'Aufnahme- und Über'tragungsappara,tur f; **7.** ♫ a) Schalldose f, b) Ansprechen n (Relais); **8.** F a) Zufallsbekanntschaft f, b) ,Flittchen' n, c) ,Anhalter' m; **9.** mst ~ **dinner** sl. improvisierte Mahlzeit, Essen n aus (Fleisch)Resten; **10.** sl. a) Verhaftung f, b) Verhaftete(r) m f; **11.** sl. Fund m.

pick·y ['pɪkɪ] adj. F wählerisch.

pic·nic ['pɪknɪk] **I** s. **1.** a) Picknick n, b) Ausflug m; **2.** F a) (reines) Vergnügen, b) Kinderspiel n: **no** ~ keine leichte Sache, kein Honiglecken; **II** v/i. **3.** ein Picknick etc. machen; picknicken.

pic·to·gram ['pɪktəʊgræm] Pikto'gramm n.

pic·to·ri·al [pɪk'tɔːrɪəl] **I** adj. □ **1.** malerisch, Maler...: ~ **art** Malerei f; **2.** Bild(er)..., illustriert: ~ **advertising** Bildwerbung f; **3.** fig. bildmäßig (a. phot.), -haft; **II** s. **4.** Illustrierte f (Zeitung).

pic·ture ['pɪktʃə] **I** s. **1.** allg., a. TV Bild n: (**clinical**) ~ ✷ Krankheitsbild, Befund m; **2.** Abbildung f, Illustrati'on f, Bild n; **3.** Gemälde n, Bild n: **sit for one's** ~ sich malen lassen; **4.** (geistiges) Bild, Vorstellung f: **form a** ~ **of s.th.** sich von et. ein Bild machen; **5.** fig. F Bild n, Verkörperung f: **he looks the very** ~ **of health** er sieht aus wie das blühende Leben; **be the** ~ **of misery** ein Bild des Jammers sein; **6.** Ebenbild n: **the child is the** ~ **of his father**; **7.** fig. anschauliche Darstellung od. Schilderung (in Worten), Bild n; **8.** F bildschöne Sache od. Per'son: **she is a perfect** ~ sie ist bildschön; **the hat is a** ~ der Hut ist ein Gedicht; **9.** fig. F Blickfeld n: **be in the** ~ a) sichtbar sein, e-e Rolle spielen, b) im Bilde (informiert) sein; **come into the** ~ in Erscheinung treten; **put s.o. in the** ~ j-n ins Bild setzen; **quite out of the** ~ gar nicht von Interesse, ohne Belang; **10.** phot. Aufnahme f, Bild n; **11.** a) Film m, Streifen m, b) pl. F Kino n, Film m (Filmvorführung od. Filmwelt): **go to the** ~s Brit. ins Kino gehen; **II** v/t. **12.** abbilden, darstellen, malen; **13.** fig. anschaulich schildern, beschreiben, ausmalen; **14.**

a. ~ *to o.s. fig.* sich ein Bild machen von, sich *et.* ausmalen *od.* vorstellen; **15.** *s-e Empfindung etc.* spiegeln, zeigen; **III** *adj.* **16.** Bild..., Bilder...; **17.** Film...: ~ *play* Filmdrama *n*; ~ **book** *s.* Bilderbuch *n*; ~ **card** *s. Kartenspiel:* Fi'gurenkarte *f*, Bild *n*; ~ **ed·i·tor** *s.* 'Bildredak¡teur *m*; '~¡go·er *s. Brit.* Kinobesucher(in); ~ **post·card** *s.* Ansichtskarte *f*; ~ **puz·zle** *s.* **1.** Vexierbild *n*; **2.** Bilderrätsel *n.*

pic·tur·esque [¡pɪktʃə'resk] *adj.* □ malerisch (*a. fig.*).

pic·ture¦ te·leg·ra·phy *s.* 'Bildtelegra¡phie *f*; ~ **the·a·ter** *Am.*, ~ **the·a·tre** *Brit. s.* 'Filmthe¡ater *n*, Lichtspielhaus *n*, Kino *n*; ~ **trans·mis·sion** *s.* 'Bildüber¡tragung *f*, Bildfunk *m*; ~ **tube** *s. TV* Bildröhre *f*; ~ **writ·ing** *s.* Bilderschrift *f.*

pic·tur·ize ['pɪktʃəraɪz] *v/t.* **1.** *Am.* verfilmen; **2.** bebildern.

pid·dle ['pɪdl] *v/i.* **1.** (*v/t.* ver)trödeln; **2.** F ¡Pi'pi machen', ¡pinkeln'; '**pid·dling** [-lɪŋ] *adj.* ¡lumpig'.

pidg·in ['pɪdʒɪn] *s.* **1.** *sl.* Angelegenheit *f: that is your* ~ das ist deine Sache; **2.** ~ *English* Pidgin-Englisch *n* (*Verkehrssprache zwischen Europäern u. Ostasiaten*); *weitS.* Kauderwelsch *n.*

pie¹ [paɪ] *s.* **1.** *orn.* Elster *f*; **2.** *zo.* Scheck(e) *m* (*Pferd*).

pie² [paɪ] *s.* **1.** ('Fleisch-, 'Obst- *etc.*)Pa-¡stete *f*, Pie *f:* ~ *in the sky* F a) ein ¡schöner Traum', b) leere Versprechung(en); *a share in the* ~ † F ein ¡Stück vom Kuchen'; ~*-flinging* ¡Tortenschlacht' *f; it's* (*as easy as*) ~ *sl.* es ist kinderleicht; → *finger* 1; *humble* I; **2.** (Obst)Torte *f*; **3.** *pol. Am. sl.* Protekti'on *f*, Bestechung *f:* ~ *counter* ¡Futterkrippe' *f*; **4.** F *e-e* feine Sache, *ein* ¡gefundenes Fressen'.

pie³ [paɪ] *s.* **1.** *typ.* Zwiebelfisch(e *pl.*) *m*; **2.** *fig.* Durchein'ander *n*; **II** *v/t.* **3.** *typ.* Satz zs.-werfen; **4.** *fig.* durchein-'anderbringen.

pie·bald ['paɪbɔːld] **I** *adj.* scheckig, bunt; **II** *s.* scheckiges Tier; Schecke *m, f* (*Pferd*).

piece [piːs] **I** *s.* **1.** Stück *n: a* ~ *of land* ein Stück Land; *a* ~ *of furniture* ein Möbel(stück) *n; a* ~ *of wallpaper* e-e Rolle Tapete; *a* ~ je, das Stück (*im Preis*); *by the* ~ a) stückweise *verkaufen*, b) im Akkord *od.* Stücklohn *arbeiten od. bezahlen; in* ~*s* entzwei, ¡kaputt'; *of a* ~ gleichmäßig; *all of a* ~ aus ¡einem Guß; *be all of a* ~ *with* ganz passen zu; *break* (*od. fall*) *to* ~*s* entzweigehen, zerbrechen; *go to* ~*s* a) in Stücke gehen (*a. fig.*), b) *fig.* zs.-brechen (*Person*); *take to* ~*s* auseinandernehmen, zerlegen; → *pick* 12, *pull* 16; **2.** *fig.* Beispiel *n*, Fall *m, mst* ein(e): *a* ~ *of advice* ein Rat(schlag) *m; a* ~ *of folly* e-e Dummheit; *a* ~ *of news* e-e Neuigkeit; → *mind* 4; **3.** Teil *m* (*e-s Service etc.*): *two-*~ *set* zweiteiliger Satz; **4.** (Geld)Stück *n*, Münze *f*; **5.** ✕ Geschütz *n*; Gewehr *n*; **6.** *a* ~ *of work* Arbeit *f*, Stück *n: a nasty* ~ *of work fig.* F ein ¡fieser' Kerl, b) *paint.* Stück *n*, Gemälde *n*, c) *thea.* (Bühnen-) Stück *n, a)* ♪ (Mu'sik)Stück *n*, e) (kleines) *literarisches* Werk; **7.** ('Spiel)Fi¡gur *f*, Stein *m; Schach:* Offi'zier *m*, Figur *f:*

minor ~*s* leichtere Figuren (*Läufer u. Springer*); **8.** F a) Stück *n* Wegs, kurze Entfernung, b) Weilchen *n*; **9.** ∨ *a.* ~ *of ass* a) ¡heiße Biene', b) ¡Nummer' *f* (*Koitus*); **II** *v/t.* **10.** *a.* ~ *up* flicken, ausbessern, zs.-stücken; **11.** verlängern, anstücken, -setzen (*on to* an *acc.*); **12.** *oft* ~ *together* zs.-setzen, -stücke(l)n (*a. fig.*); **13.** ver'vollständigen, ergänzen; ~ *goods pl.* † Meterod. Schnittware *f*; '~**meal** *adv. u. adj.* stückchenweise, all'mählich; ~ *rate s.* Ak'kordsatz *m*; ~ *wag·es s. pl.* Ak-'kord-, Stücklohn *m*; '~**work** *s.* Ak-'kordarbeit *f*; '~**work·er** *s.* Ak'kordarbeiter(in).

pièce de ré·sis·tance [pɪ¡esdərezɪ-'stɑ̃ːŋs] (*Fr.*) *s.* **1.** Hauptgericht *n*; **2.** *fig.* Glanzstück *n*, Krönung *f.*

pie¦ chart *s. Statistik:* 'Kreisdia¡gramm *n*; '~**crust** *s.* Pa'stetenkruste *f*, ungefüllte Pa'stete.

pied¹ [paɪd] *adj.* gescheckt, buntscheckig: ♀ *Piper* (*of Hamelin*) *der* Rattenfänger von Hameln.

pied² [paɪd] *pret. u. p.p. von* **pie³** II.

'**pie¦-eyed** *adj. Am. sl.* ¡blau', ¡besoffen'; '~**plant** *s. Am.* Rha'barber *m.*

pier [pɪə] *s.* **1.** Pier *m, f* (*feste Landungsbrücke*); **2.** Kai *m*; **3.** Mole *f*, Hafendamm *m*; (Brücken- *od.* Tor- *od.* Stütz-) Pfeiler *m*; **pier·age** ['pɪərɪdʒ] *s.* Kaigeld *n.*

pierce [pɪəs] **I** *v/t.* **1.** durch'bohren, -'dringen, -'stechen, -'stoßen; ◎ lochen; ✕ durch'brechen, -'stoßen, eindringen in (*acc.*); **2.** *fig.* durch'dringen (*Kälte, Schrei, Schmerz etc.*): *to* ~ *s.o.'s heart* j-m ins Herz schneiden; **3.** *fig.* durch-'schauen, ergründen, eindringen in Geheimnisse *etc.*; **II** *v/i.* **4.** (ein)dringen (*into* in *acc.*) (*a. fig.*); dringen (*through* durch); '**pierc·ing** [-sɪŋ] *adj.* □ durch'dringend, scharf, schneidend, stechend (*a. Kälte, Blick, Schmerz*); gellend (*Schrei*).

pier¦ glass *s.* Pfeilerspiegel *m*; '~**head** *s.* Molenkopf *m.*

pi·er·rot ['pɪərəʊ] *s.* Pier'rot *m*, Hans-'wurst *m.*

pi·e·tism ['paɪətɪzəm] *s.* **1.** Pie'tismus *m*; **2.** → *piety* 1; **3.** *contp.* Frömme'lei *f*; '**pi·e·tist** [-ɪst] *s.* **1.** Pie'tist(in); **2.** *contp.* Frömmler(in).

pi·e·ty ['paɪətɪ] *s.* **1.** Frömmigkeit *f*; **2.** Pie'tät *f*, Ehrfurcht *f* (*to* vor *dat.*).

pi·e·zo·e·lec·tric [paɪˌiːzəʊ'lektrɪk] *adj. phys.* pi'ezoe¡lektrisch.

pif·fle ['pɪfl] F **I** *v/i.* Quatsch reden *od.* machen; **II** *s.* Quatsch *m.*

pig [pɪg] **I** *s. pl.* **pigs** *od. coll.* **pig** *s.* **1.** Ferkel *n: sow in* ~ trächtiges Mutterschwein; *sucking* ~ Spanferkel; *buy a* ~ *in a poke fig.* die Katze im Sack kaufen; ~*s might fly iron.* ¡man hat schon Pferde kotzen sehen'; *in a* (*od. the*) ~'*s eye! Am. sl.* Quatsch!, ¡von wegen'!; **2.** *fig. contp.* a) ¡Freßsack' *m*, b) ¡Ekel' *n*, c) sturer Kerl, d) gieriger Kerl; **3.** *sl.* ¡Bulle' *m* (*Polizist*); **4.** ◎ a) Massel *f*, (Roheisen)Barren *m*, b) Roheisen *n*, c) Block *m*, Mulde *f* (*bsd. Blei*); **II** *v/i.* **5.** ferkeln, frischen; **6.** *mst* ~ *it* F ¡aufein'anderhocken', eng zs.-hausen.

pi·geon ['pɪdʒɪn] *s.* **1.** *pl.* **-geons** *od. coll.* **-geon** Taube *f: that's not my* ~ F

a) das ist nicht mein Fall, b) das ist nicht mein ¡Bier'; **2.** *sl.* ¡Gimpel' *m*; **3.** → *clay pigeon*; ~ *breast s.* ♣ Hühnerbrust *f*; '~**hole** *I s.* **1.** (Ablege-, Schub-) Fach *n*; **2.** Taubenloch *n*; **II** *v/t.* **3.** in ein Schubfach legen, einordnen, *Akten* ablegen; **4.** *fig.* zu'rückstellen, zu den Akten legen, auf die lange Bank schieben, die Erledigung *e-r Sache* verschleppen; **5.** *fig. Tatsachen, Wissen* (ein)ordnen, klassifizieren; **6.** mit Fächern versehen; ~ *house*, ~ *loft s.* Taubenschlag *m*; '~¡**liv·ered** *adj.* feige.

pi·geon·ry ['pɪdʒɪnrɪ] *s.* Taubenschlag *m.*

pig·ger·y ['pɪgərɪ] *s.* **1.** Schweinezucht *f*; **2.** Schweinestall *m*; **3.** *fig. contp.* Saustall *m*; **pig·gish** ['pɪgɪʃ] *adj.* **1.** schweinisch, unflätig; **2.** gierig; **3.** dickköpfig; **pig·gy** ['pɪgɪ] **I** *s.* F **1.** Schweinchen *n:* ~ *bank* Sparschwein(chen); **2.** *Am.* Zehe *f*; **II** *adj.* **3.** → *piggish;* '**pig·gy·back** → *pick-a-back.*

¡**pig**¦**head·ed** *adj.* □ dickköpfig, stur; ~ **i·ron** *s.* Massel-, Roheisen *n*; ~ **Lat·in** *s. e-e Kindergeheimsprache.*

pig·let ['pɪglɪt] *s.* Ferkel *n.*

pig·ment ['pɪgmənt] **I** *s.* **1.** *a. biol.* Pig-'ment *n*; **2.** Farbe *f*, Farbstoff *m*, -körper *m*; **II** *v/t. u. v/i.* **3.** (sich) pigmentieren, (sich) färben; '**pig·men·ta·ry** [-tərɪ], *a.* **pig·men·tal** [pɪg'mentl] *adj.* Pigment...; **pig·men·ta·tion** [¡pɪgmən-'teɪʃn] *s.* **1.** *biol.* Pigmentati'on *f*, Färbung *f*; **2.** ♣ Pigmentierung *f.*

pig·my ['pɪgmɪ] → *pygmy.*

'**pig**¦**nut** *s.* ♀ 'Erdka¡stanie *f*, -nuß *f*; '~**skin** *s.* **1.** Schweinehaut *f*; **2.** Schweinsleder *n*; '~¡**stick·ing** *s.* **1.** Wildschweinjagd *f*, Sauhatz *f*; **2.** Schweineschlachten *n*; '~**sty** [-staɪ] *s.* Schweinestall *m* (*a. fig.*); '~**tail** *s.* **1.** Zopf *m*; **2.** Rolle *f* (¡Kau)Tabak.

pi·jaw ['paɪdʒɔː] *s. Brit. sl.* Mo'ralpredigt *f*, Standpauke *f.*

pike¹ [paɪk] *pl.* **pikes** *od. bsd. coll.* **pike** *s.* **1.** *ichth.* Hecht *m*; **2.** *Sport:* Hechtsprung *m.*

pike² [paɪk] *s.* **1.** ✕ *hist.* Pike *f*, (Lang-) Spieß *m*; **2.** (Speer- *etc.*)Spitze *f*, Stachel *m*; **3.** a) Schlagbaum *m* (*Mautstraße*), b) Maut *f*, Straßenbenutzungsgebühr *f*, c) Mautstraße *f*, gebührenpflichtige Straße; **4.** *Brit. dial.* Bergspitze *f.*

'**pike·man** [-mən] *s.* [*irr.*] **1.** ✕ Hauer *m*; **2.** Mauteinnehmer *m*; **3.** ✕ *hist.* Pike-'nier *m.*

pik·er ['paɪkə] *s. Am. sl.* **1.** Geizhals *m*; **2.** vorsichtiger Spieler.

'**pike·staff** *s.: as plain as a* ~ sonnenklar.

pi·las·ter [pɪ'læstə] *s.* △ Pi'laster *m*, (*viereckiger*) Stützpfeiler.

pil·chard ['pɪltʃəd] *s.* Sar'dine *f.*

pile¹ [paɪl] **I** *s.* **1.** Haufen *m*, Stoß *m*, Stapel *m* (*Akten, Holz etc.*): *a* ~ *of arms* e-e Gewehrpyramide; **2.** Scheiterhaufen *m*; **3.** großes Gebäude, Ge-'bäudekom¡plex *m*; **4.** F ¡Haufen', ¡Masse' *f* (*bsd. Geld*): *make a* (*od. one's*) ~ e-e Menge Geld machen, ein Vermögen verdienen; *make a* ~ *of money* e-e Stange Geld verdienen; **5.** ⚡ a) gal'vanische Säule: *ther-moelectrical* ~ Thermosäule, b) Batte-'rie *f*; **6.** *a. atomic* ~ (A'tom)Meiler *m,*

Re'aktor *m*; **7.** *metall.* 'Schweiß(eisen)-pa'ket *n*; **8.** *Am. sl.* ‚Schlitten' *m* (*Auto*); **9.** → *piles*; **II** *v/t.* **10.** *a.* ~ *up* (*od. on*) (an-, auf)häufen, (auf)stapeln, aufschichten: ~ *arms* ⚔ Gewehre zs.-setzen; **11.** aufspeichern (*a. fig.*); **12.** über'häufen, -'laden (*a. fig.*): ~ *a table with food*; ~ *up* (*od. on*) *the agony* F Schrecken auf Schrecken häufen; ~ *it on* F dick auftragen; **13.** ~ *up* F a) ⚓ *Schiff* auflaufen lassen, b) ✈ mit *dem Flugzeug* ‚Bruch machen', c) *mot. sein Auto* ka'puttfahren; **14.** *mst* ~ *up* sich (auf- *od.* an)häufen, sich ansammeln *od.* stapeln (*a. fig.*); **15.** F sich (scharenweise) drängen (*into* in *acc.*); **16.** ~ *up* a) ⚓ auffahren, b) ✈ ,Bruch machen', c) *mot.* aufein'anderprallen.

pile² [paɪl] **I** *s.* **1.** ⚙ (Stütz)Pfahl *m*, Pfeiler *m*; Bock *m*, Joch *n* e-r *Brücke*; **2.** *her.* Spitzpfahl *m*; **II** *v/t.* **3.** auspfählen, unter'pfählen, durch Pfähle verstärken; **4.** (hin'ein)treiben *od.* (ein)rammen in (*acc.*).

pile³ [paɪl] **I** *s.* **1.** Flaum *m*; **2.** (Woll)Haar *n*, Pelz *m* (*des Fells*); **3.** *Weberei:* a) Samt *m*, Ve'lours *n*, b) Flor *m*, Pol *m* (*e-s Gewebes*); **II** *adj.* **4.** ...fach gewebt (*Teppich etc.*): *a three-~ carpet*.

pile| bridge (Pfahl)Jochbrücke *f*; ~ **driv·er** *s.* ⚙ **1.** (Pfahl)Ramme *f*; **2.** Rammklotz *m*; ~ **dwell·ing** *s.* Pfahlbau *m*; ~ **fab·ric** *s.* Samtstoff *m*; *pl.* Polgewebe *pl.*

piles [paɪlz] *s. pl.* 🌿 Hämorrho'iden *pl.*
'pile-up *s. mot.* 'Massenkarambo₁lage *f.*
pil·fer ['pɪlfə] *v/t. u. v/i.* stehlen, sti'bitzen; **'pil·fer·age** [-ərɪdʒ] *s.* Diebe'rei *f*; **'pil·fer·er** [-ərə] *s.* Dieb(in).

pil·grim ['pɪlgrɪm] *s.* **1.** Pilger(in), Wallfahrer(in); **2.** *fig.* Pilger *m*, Wanderer *m*; **3.** ⚲ (*pl. a.* ⚲ *Fathers*) *hist.* Pilgervater *m*; **'pil·grim·age** [-mɪdʒ] **I** *s.* **1.** Pilger-, Wallfahrt *f* (*a. fig.*); **2.** *fig.* lange Reise; **II** *v/i.* pilgern, wallfahren.

pill [pɪl] **I** *s.* **1.** Pille *f* (*a. fig.*), Ta'blette *f*: *swallow the ~* die bittere Pille schlucken, in den sauren Apfel beißen; ~ *gild²* 2; **2.** *sl.* ‚Brechmittel' *n*, ‚Ekel' *n* (*Person*); **3.** *sport sl.* Ball *m*; *Brit. a.* Billard *n*; ⚔ *sl. od. humor.* ‚blaue Bohne' (*Gewehrkugel*), ‚Ei' *n*, ‚Koffer' *m* (*Granate, Bombe*); **5.** *sl.* ‚Stäbchen' *n* (*Zigarette*); **6.** *the* ~ die (Anti'baby-)Pille: *be on the* ~ die Pille nehmen; **II** *v/t.* **7.** *sl. bei e-r Wahl* durchfallen lassen.

pil·lage ['pɪlɪdʒ] **I** *v/t.* **1.** (aus)plündern; **2.** rauben, erbeuten; **II** *v/i.* **3.** plündern; **III** *s.* **4.** Plünderung *f*, Plündern *n*; **5.** Beute *f.*

pil·lar ['pɪlə] **I** *s.* **1.** Pfeiler *m*, Ständer *m* (*a. Reitsport*): *a* ~ *of coal* ⚒ Kohlenpfeiler; *run from* ~ *to post* fig. von Pontius zu Pilatus laufen; **2.** △ (*a. weitS.* Luft-, Rauch- *etc.*)Säule *f*; **3.** *fig.* Säule *f*, (Haupt)Stütze *f*: *the ~s of society* (*wisdom*) die Säulen der Gesellschaft (der Weisheit); *he was a* ~ *of strength* er stand da wie ein Fels in der Brandung; **4.** ⚙ Stütze *f*, Sup'port *m*, Sockel *m*; **II** *v/t.* **5.** mit Pfeilern *od.* Säulen stützen *od.* schmücken; **'~box** *s. Brit.* Briefkasten *m* (in Säulenform).

pil·lared ['pɪləd] *adj.* **1.** mit Säulen *od.* Pfeilern (versehen); **2.** säulenförmig.
'pill·box *s.* **1.** Pillenschachtel *f*; **2.** ⚔ *sl.*

Bunker *m*, 'Unterstand *m.*
pil·lion ['pɪljən] *s.* **1.** leichter (Damen-)Sattel; **2.** Sattelkissen *n*; **3.** *a.* ~ *seat mot.* Soziussitz *m*: *ride* ~ auf dem Soziussitz (mit)fahren; ~ **rid·er** *s.* Soziusfahrer(in).
pil·lo·ry ['pɪlərɪ] **I** *s.* (*in the* ~ am) Pranger *m* (*a. fig.*); **II** *v/t.* an den Pranger stellen; *fig.* anprangern.
pil·low ['pɪləʊ] **I** *s.* **1.** (Kopf)Kissen *n*, Polster *n*: *take counsel of one's* ~ *fig.* die Sache beschlafen; **2.** ⚙ (Zapfen)Lager *n*, Pfanne *f*; **II** *v/t.* **3.** (auf ein Kissen) betten, stützen (*on* auf *acc.*): ~ *up* hoch betten; **'~case** *s.* (Kopf)Kissenbezug *m*; ~ *fight s.* Kissenschlacht *f*; **'~lace** *s.* Klöppel-, Kissenspitzen *pl.*; ~ **slip** → *pillowcase.*
pi·lose ['paɪləʊs] *adj.* 🌿, *zo.* behaart.
pi·lot ['paɪlət] **I** *s.* **1.** ⚓ Lotse *m*: *drop the* ~ *fig.* den Lotsen von Bord schicken; **2.** ✈ Flugzeug-, Bal'lonführer *m*, Pi'lot *m*: ~*'s licence* Flug-, Pilotenschein *m*; *second* ~ Kopilot *m*; **3.** *fig.* a) Führer *m*, Wegweiser *m*, b) Berater *m*; **4.** ⚙ a) Be'tätigungsele₁ment *n*, b) Führungszapfen *m*; **5.** → a) *pilot program(me)*, b) *pilot film*; **II** *v/t.* **6.** ⚓ lotsen (*a. mot. u. fig.*), steuern: ~ *through* durchlotsen (*a. fig.*); **7.** ✈ steuern, fliegen; **8.** *bsd. fig.* führen, lenken, leiten; **III** *adj.* **9.** Versuchs..., Pilot...; **10.** Hilfs-...: ~ *parachute*; **11.** Steuer..., Kontroll..., Leit...: ~ *relay* Steuer-, Kontrollrelais *n*; **'pi·lot·age** [-tɪdʒ] *s.* ⚓ Lotsen(kunst *f*) *n*: *certificate of* ~ Lotsenpatent *n*; **2.** Lotsengeld *n*; **3.** ✈ a) Flugkunst *f*, b) 'Bodennavigati₁on *f*; **4.** *fig.* Leitung *f*, Führung *f.*
pi·lot| bal·loon *s.* ✈ Pi'lotbal₁lon *m*; ~ **boat** *s.* Lotsenboot *n*; ~ **burn·er** *s.* ⚙ Sparbrenner *m*; ~ **cloth** *s.* dunkelblauer Fries; ~ **en·gine** *s.* 🚂 'Leerfahrtlokomo₁tive *f*; ~ **film** *s.* Pi'lotfilm *m*; ~ **in·jec·tion** *s. mot.* Voreinspritzung *f*; ~ **in·struc·tor** *s.* ✈ Fluglehrer(in); ~ **jet** *s.* ⚙ Leerlaufdüse *f*; ~ **lamp** *s.* ⚙ Kon-'trollampe *f.*
pi·lot·less ['paɪlətlɪs] *adj.* führerlos, unbemannt: ~ *airplane.*
pi·lot| light *s.* **1.** → *pilot burner*; **2.** → *pilot lamp*; ~ **of·fi·cer** *s.* ⚔ Fliegerleutnant *m*; ~ **plant** *s.* **1.** Versuchsanlage *f*; **2.** Musterbetrieb *m*; ~ **program(me** *Brit.*) *s. Radio, TV:* Pi'lotsendung *f*; ~ **pro·ject** *s.*, ~ **scheme** *s.* Pi'lot-, Ver'suchspro₁jekt *n*; ~ **stu·dy** *s.* Pi'lotstudie *f*; ~ **train·ee** *s.* Flugschüler(-in); ~ **valve** *s.* ⚙ 'Steuerven₁til *n.*
pi·lous ['paɪləs] → *pilose.*
pil·ule ['pɪljuːl] *s.* kleine Pille.
pi·men·to [pɪ'mentəʊ] *pl.* **-tos** *s.* 🌿 *bsd. Brit.* **1.** Pi'ment *m, n*, Nelkenpfeffer *m*; **2.** Pi'mentbaum *m.*
pimp [pɪmp] **I** *s.* a) Kuppler *m*, b) Zuhälter *m*; **II** *v/i.* Kuppler *od.* Zuhälter sein.
pim·per·nel ['pɪmpənəl] *s.* 🌿 Pimper'nell *m.*
pim·ple ['pɪmpl] **I** *s.* Pustel *f*, (Haut)Pickel *m*; **II** *v/i.* pickelig werden; **'pim·pled** [-ld], **'pim·ply** [-lɪ] *adj.* pickelig.
pin [pɪn] **I** *s.* **1.** (Steck)Nadel *f*: ~*s and needles* (*in eingeschlafenen Gliedern*); *sit on* ~*s and needles fig.* wie auf Kohlen sitzen; *I don't care a* ~ das ist mir völlig schnuppe; **2.**

(Schmuck-, Haar-, Hut)Nadel *f*: *scarf-* ~ Krawattennadel; **3.** (Ansteck)Nadel *f*, Abzeichen *n*; **4.** ⚙ Pflock *m*, Dübel *m*, Bolzen *m*, Zapfen *m*, Stift *m*: *split* ~ Splint *m*; ~ *with thread* Gewindezapfen *m*; ~ *bearing* Nadel-, Stiftlager *n*; **5.** ⚙ Dorn *m*; **6.** *a.* *drawing* ~ *Brit.* Reißnagel *m*, -zwecke *f*; **7.** *a.* *clothes-* ~ Wäscheklammer *f*; **8.** *a.* *rolling* ~ Nudel-, Wellholz *n*; **9.** F ‚Stelzen' *pl.* (*Beine*): *that knocked him off his* ~*s* das hat ihn ‚umgehauen'; **10.** ♪ Wirbel *m* (*Streichinstrument*); **11.** a) *Kegelsport:* Kegel *m*, b) *Bowling:* Pin *m*; **II** *v/t.* **12.** (an)heften, -stecken, befestigen (*to, on* an *acc.*): ~ *up* auf-, hochstecken; ~ *one's faith on* sein Vertrauen auf j-n setzen; ~ *one's hopes on* s-e (ganze) Hoffnung setzen auf (*acc.*); ~ *a murder on s.o.* F j-m e-n Mord ‚anhängen'; **13.** pressen, drücken, heften (*against, to* gegen, an *acc.*), festhalten; **14.** *a.* ~ *down* a) zu Boden pressen, b) *fig.* j-n festnageln (*to* auf *ein Versprechen, e-e Aussage etc.*), c) ⚔ *Feindkräfte* fesseln (*a. Schach*), d) *et.* genau bestimmen *od.* definieren; **15.** ⚙ verbolzen, -dübeln, -stiften.
pin·a·fore ['pɪnəfɔː] *s.* (Kinder)Lätzchen *n*, (-)Schürze *f.*
'pin·ball ma·chine *s.* Flipper *m* (*Spielautomat*); ~ **bit** *s.* ⚙ Bohrspitze *f*; ~ **bolt** *s.* Federbolzen *m.*
pince-nez ['pæ̃nsneɪ] (*Fr.*) *s.* Kneifer *m*, Klemmer *m.*
pin·cer ['pɪnsə] *adj.* Zangen...: ~ *movement* ⚔ Zangenbewegung *f*; **'pin·cers** [-əz] *s. pl.* **1.** (Kneif-, Beiß)Zange *f*: *a pair of* ~ eine Kneifzange; **2.** 🦀, *typ.* Pin'zette *f*; **3.** *zo.* Krebsschere *f.*
pinch [pɪntʃ] **I** *v/t.* **1.** zwicken, kneifen, (ein)klemmen, quetschen: ~ *off* abkneifen; **2.** beengen, einengen, -zwängen; *fig.* (be)drücken, beengen, beschränken: *be ~ed for time* wenig Zeit haben; *be ~ed* in Bedrängnis sein, Not leiden, knapp sein (*for, in, of* an *dat.*); *be ~ed for money* knapp bei Kasse sein; *~ed circumstances* beschränkte Verhältnisse; **3.** *fig.* quälen: *be ~ed with hunger* ausgehungert sein; *a ~ed face* ein spitzes *od.* abgehärmtes Gesicht; **4.** *sl. et.* ‚klauen' (*stehlen*); **5.** *sl.* j-n ‚schnappen' (*verhaften*); **II** *v/i.* **6.** drücken, kneifen, zwicken: *~ing want* drückende Not; → *shoe* 1; **7.** *fig. a.* ~ *and scrape* knausern, darben, sich nichts gönnen; **III** *s.* **8.** Kneifen *n*, Zwicken *n*; **9.** *fig.* Druck *m*, Qual *f*, Not(lage) *f*: *at a* ~ im Notfall; *if it comes to a* ~ wenn es zum Äußersten kommt; **10.** Prise *f* (*Tabak etc.*); **11.** Quentchen *n*, (kleines) bißchen: *a* ~ *of butter*, *with a* ~ *of salt fig.* mit Vorbehalt; **12.** *sl.* Festnahme *f*, Verhaftung *f.*
pinch·beck ['pɪntʃbek] **I** *s.* **1.** Tombak *m*, Talmi *n* (*a. fig.*); **II** *adj.* **2.** Talmi... (*a. fig.*); **3.** unecht.
'pinch·hit *v/i.* [*irr.* → *hit*] *Am. Baseball u. fig.* einspringen (*for* für); **'~·hit·ter** *s. Am.* Ersatz(mann) *m.*
'pinch·pen·ny *adj.* knick(e)rig; **II** *s.* Knicker *m.*
'pin·cush·ion *s.* Nadelkissen *n.*
pine¹ [paɪn] *s.* **1.** 🌿 Kiefer *f*, Föhre *f*, Pinie *f*; **2.** Kiefernholz *n*; **3.** F Ananas *f.*
pine² [paɪn] *v/i.* **1.** sich sehnen,

schmachten (*after, for* nach); **2.** *mst ~ away* verschmachten, vor Gram vergehen; **3.** sich grämen *od.* abhärmen (*at* über *acc.*).

pin·e·al gland ['painiəl] *s. anat.* Zirbeldrüse *f.*

'pine|**ap·ple** *s.* **1.** ♀ Ananas *f;* **2.** ✕ *sl.* a) 'Handgra,nate *f,* b) (kleine) Bombe; **~ cone** *s.* ♀ Kiefernzapfen *m;* **~ marten** *s. zo.* Baummarder *m;* **~ nee·dle** *s.* ♀ Fichtennadel *f;* **~ oil** *s.* Kiefernöl *n.*

pine| **tar** *s.* Kienteer *m;* **~ tree** → **pine¹** 1.

ping [piŋ] **I** *v/i.* **1.** pfeifen (*Kugel*), schwirren (*Mücke etc.*); *mot.* klingeln; **II** *s.* **2.** Peng *n;* **3.** Pfeifen *n,* Schwirren *n; mot.* Klingeln *n;* **'~-pong** [-pɒŋ] *s.* Tischtennis *n.*

'pin|**head** *s.* **1.** (Steck)Nadelkopf *m;* **2.** *fig.* Kleinigkeit *f;* **3.** F Dummkopf *m;* **'~-hole** *s.* **1.** Nadelloch *n;* **2.** kleines Loch (*a. opt.*): **~ camera** Lochkamera *f.*

pin·ion¹ ['pinjən] *s.* ⚙ **1.** Ritzel *n,* Antriebs(kegel)rad *n:* **gear ~** Getriebezahnrad *n;* **~ drive** Ritzelantrieb *m;* **2.** Kammwalze *f.*

pin·ion² ['pinjən] **I** *s.* **1.** *orn.* Flügelspitze *f;* **2.** *orn.* (Schwung)Feder *f;* **3.** *poet.* Schwinge *f,* Fittich *m;* **II** *v/t.* **4.** die Flügel stutzen (*dat.*) (*a. fig.*); **5.** fesseln (*to* an *acc.*).

pink¹ [piŋk] **I** *s.* **1.** ♀ Nelke *f:* **plumed** (*od.* **feathered**) **~** Federnelke; **2.** Blaßrot *n,* Rosa *n;* **3.** *bsd. Brit.* (scharlach-) roter Jagdrock; **4.** *pol. Am. sl.* ,rot Angehauchte(r)‘ *m,* Sa'lonbolsche,wist *m;* **5.** *fig.* Gipfel *m,* Krone *f,* höchster Grad: **in the ~ of health** bei bester Gesundheit; **the ~ of perfection** die höchste Vollendung; **be in the ~ (of condition)** in ,Hochform‘ sein; **II** *adj.* **6.** rosa(farben), blaßrot: **~ slip** ,blauer Brief‘, Kündigungsschreiben *n;* **7.** *pol. sl.* ,rötlich‘, kommu'nistisch angehaucht.

pink² [piŋk] *v/t.* **1.** *a.* **~ out** auszacken: **~ing shears** *pl.* Zickzackschere *f;* **2.** durch'bohren, -'stechen.

pink³ [piŋk] *s.* ⚓ Pinke *f* (*Boot*).

pink⁴ [piŋk] *s.* ⚙ klopfen (*Motor*).

pink·ish ['piŋkiʃ] *adj.* rötlich (*a. pol. sl.*), blaßrosa.

'pin|**mon·ey** *s.* (*a.* selbstverdientes) Taschengeld (*der Frau*).

pin·na ['pinə] *pl.* **-nae** [-ni:] *s.* **1.** *anat.* Ohrmuschel *f;* **2.** *zo.* a) Feder *f,* Flügel *m,* b) Flosse *f;* **3.** ♀ Fieder(blatt *n*) *f.*

pin·nace ['pinis] *s.* ⚓ Pi'nasse *f.*

pin·na·cle ['pinəkl] *s.* **1.** △ a) Spitzturm *m,* b) Zinne *f;* **2.** (Fels-, Berg)Spitze *f,* Gipfel *m;* **3.** *fig.* Gipfel *m,* Spitze *f,* Höhepunkt *m.*

pin·nate ['pinit] *adj.* gefiedert.

pin·ni·grade ['pinigreid], **'pin·ni·ped** [-ped] *zo.* **I** *adj.* flossen-, schwimmfüßig; **II** *s.* Flossen-, Schwimmfüßer *m.*

pin·nule ['pinju:l] *s.* **1.** Federchen *n;* **2.** *zo.* Flössel *n;* **3.** ♀ Fiederblättchen *n.*

pin·ny ['pini] F → **pinafore.**

pi·noch·le, pi·noc·le ['pi:nʌkl] *s. Am.* Bi'nokel *n* (*Kartenspiel*).

'pin|**point I** *v/t.* Ziel genau festlegen *od.* lokalisieren *od.* bombardieren; *fig. et.* genau bestimmen; **II** *adj.* genau, Punkt...: **~ bombing** Bombenpunktwurf *m;* **~ strike** ✞ Schwerpunktstreik

m; **~ target** Punktziel *n;* **'~·prick** *s.* **1.** Nadelstich *m* (*a. fig.*): **policy of ~s** Politik *f* der Nadelstiche; **2.** *fig.* Stiche'lei *f,* spitze Bemerkung; **'~-striped** *adj.* mit Nadelstreifen (*Anzug*).

pint [paint] *s.* **1.** Pinte *f* (*Brit. 0,57, Am. 0,47 Liter*); **2.** F Halbe *f* (Bier); **'pint-size(d)** *adj.* F winzig.

pin·tle ['pintl] *s.* ⚙ (Dreh)Bolzen *m;* **2.** *mot.* Düsennadel *f,* -zapfen *m;* **3.** ⚓ Fingerling *m,* Ruderhaken *m.*

pin·to ['pintəu] *Am. pl.* **-tos** *s.* Scheck(e) *m,* Schecke *f* (*Pferd*).

'pin-up (girl) *s.* Pin-'up-Girl *n.*

pi·o·neer [,paiə'niə] **I** *s.* **1.** ✕ Pio'nier *m;* **2.** *fig.* Pio'nier *m,* Bahnbrecher *m,* Vorkämpfer *m,* Wegbereiter *m;* **II** *v/i.* **3.** *fig.* den Weg bahnen, bahnbrechende Arbeit leisten; **III** *v/t.* **4.** den Weg bahnen für (*a. fig.*); **IV.** *adj.* **5.** Pionier...: **~ work;** **6.** *fig.* bahnbrechend, wegbereitend, Versuchs..., erst.

pi·ous ['paiəs] *adj.* □ **1.** fromm (*a. iro.*), gottesfürchtig: **~ fraud (wish)** *fig.* frommer Betrug (Wunsch); **~ effort** F gutgemeinter Versuch; **2.** lieb (*Kind*).

pip¹ [pip] *s. vet.* Pips *m* (*Geflügelkrankheit*); **2.** *Brit.* F miese Laune: **he gives me the ~** er geht mir auf den ,Wecker‘.

pip² [pip] *s.* **1.** Auge *n* (*auf Spielkarten*), Punkt *m* (*auf Würfeln etc.*); **2.** (Obst-) Kern *m;* **3.** ✕ *bsd. Brit. sl.* Stern *m* (*Rangabzeichen*); **4.** *Radar:* Blip *m* (*Bildspur*); **5.** *Brit. Radio:* Ton *m* (*Zeitzeichen*).

pip³ [pip] *Brit.* F **I** *v/t.* **1.** 'durchfallen lassen (*bei e-r Wahl etc.*); **2.** *fig.* knapp besiegen, im Ziel abfangen; **3.** ,abknallen‘ (*erschießen*); **II** *v/i.* **4.** *a.* **~ out** ,abkratzen‘ (*sterben*).

pipe [paip] **I** *s.* **1.** ⚙ a) Rohr *n,* Röhre *f,* b) (Rohr)Leitung *f;* **2.** (Tabaks)Pfeife *f:* **put that in your ~ and smoke it** F laß dir das gesagt sein; **3.** ♪ Pfeife *f* (*Flöte*); Orgelpfeife *f;* ('Holz)Blasinstru,ment *n; mst pl.* Dudelsack *m;* **4.** a) Pfeifen *n* (*e-s Vogels*), Piep(s)en *n,* b) Pfeifenton *m,* c) Stimme *f;* **5.** F Luftröhre *f:* **clear one's ~** sich räuspern; **6.** *metall.* Lunker *m;* **7.** ✕ (Wetter)Lutte *f;* **8.** ✞ Pipe *f* (*Weinfaß = Brit. 477,3, Am. 397,4 Liter*); **II** *v/t.* **9.** (durch Röhren, *weitS.* durch Kabel) leiten, *weitS. a.* schleusen, *a. e-e Radiosendung* über-'tragen: **~d music** Musik *f* aus dem Lautsprecher, Musikberieselung *f;* **10.** Röhren *od.* e-e Rohrleitung legen in (*acc.*); **11.** pfeifen, flöten; *Lied* anstimmen, singen; **12.** quieken, piepsen; **13.** ⚓ Mannschaft zs.-pfeifen; **14.** *Schneiderei:* paspelieren, mit Biesen besetzen; **15.** *Torte etc.* mit feinem Guß verzieren, spritzen; **16.** **~ one's eye** F ,flennen‘, weinen; **III** *v/i.* **17.** pfeifen (*a. Wind etc.*), flöten; piep(s)en: **~ down** *sl.* ,die Luft anhalten‘, ,die Klappe halten‘; **~ up** loslegen, anfangen; **~ bowl** *s.* Pfeifenkopf *m;* **~ burst** *s.* Rohrbruch *m;* **~ clamp** *s.* ⚙ Rohrschelle *f;* **'~·clay** **I** *s.* **1.** *min.* Pfeifenton *m;* **2.** ✕ *fig.* ,Kom'miß‘ *m;* **II** *v/t.* **3.** mit Pfeifenton weißen; **~ clip** *s.* ⚙ Rohrschelle *f;* **~ dream** *s.* F Luftschloß *n,* Hirngespinst *n;* **~ fit·ter** *s.* ⚙ Rohrleger *m;* **'~·line** *s.* **1.** Rohrleitung *f; für Erdöl, Erdgas:* Pipeline *f:* **in the ~** *fig.* in Vorbereitung

(*Pläne etc.*), im Kommen (*Entwicklung etc.*); **2.** *fig.* ,Draht‘ *m,* (geheime) Verbindung *od.* (Informati'ons)Quelle; **3.** (*bsd.* Ver'sorgungs)Sy,stem *n.*

pip·er ['paipə] *s.* Pfeifer *m:* **pay the ~** *fig.* die Zeche bezahlen, *weitS.* der Dumme sein.

pipe| **rack** *s.* Pfeifenständer *m;* **~ tongs** *s. pl.* ⚙ Rohrzange *f.*

pi·pette [pi'pet] *s.* 🜲 Pi'pette *f.*

pipe wrench *s.* ⚙ Rohrzange *f.*

pip·ing ['paipiŋ] **I** *s.* **1.** ⚙ a) Rohrleitung *f,* -netz *n,* b) Röhrenwerk *n,* b) Rohrverlegung *f;* **2.** *metall.* a) Lunker *m,* b) Lunkerbildung *f;* **3.** Pfeifen *n,* Piep(s)en *n;* Pfiff *m;* **4.** *Schneiderei:* Paspel *f,* (*an Uniformen*) Biese *f;* **5.** (feiner) Zuckerguß, Verzierung *f* (*Kuchen*); **II** *adj.* **6.** pfeifend, schrill; **7.** friedlich, i'dyllisch (*Zeit*); **III** *adv.* **8.** **~ hot** siedend heiß, *fig.* ,brühwarm‘.

pip·pin ['pipin] *s.* **1.** Pippinapfel *m;* **2.** *sl.* a) ,tolle Sache‘, b) ,toller Kerl‘.

'pip·squeak *s.* F ,Grashüpfer‘ *m,* ,Würstchen‘ *n* (*Person*).

pi·quan·cy ['pi:kənsi] *s.* Pi'kantheit *f,* das Pi'kante; **'pi·quant** [-nt] *adj.* □ pi-'kant (*a. fig.*).

pique [pi:k] **I** *v/t.* **1.** (auf)reizen, sticheln, ärgern, *j-s Stolz etc.* verletzen: **be ~d at** über *et.* pikiert *od.* verärgert sein; **2.** *Neugier etc.* reizen, wecken; **3.** **~ o.s. (on)** sich *et.* einbilden (auf *acc.*), sich brüsten (mit); **II** *s.* **4.** Groll *m;* Gereiztheit *f,* Gekränktsein *n,* Ärger *m.*

pi·qué ['pi:kei] *s.* Pi'kee *m* (*Gewebe*).

pi·quet [pi'ket] *s.* Pi'kett *n* (*Kartenspiel*).

pi·ra·cy ['paiərəsi] *s.* **1.** Pirate'rie *f,* Seeräube'rei *f;* **2.** Plagi'at *n,* bsd. a) Raubdruck *m,* b) Raubpressung *f* (*e-r Schallplatte f*); **3.** Pa'tentverletzung *f;* **pi·rate** ['paiərət] **I** *s.* **1.** Pi'rat *m,* Seeräuber *m,* b) Seeräuberschiff *n;* **2.** Plagi'ator *m, bsd.* a) Raubdrucker *m,* b) Raubpresser *m* (*von Schallplatten*); **II** *adj.* **3.** Piraten...: **~ ship;** **4.** ✝ Raub...: **~ record;** **~ edition** Raubdruck *m.* Schwarz...: **~ listener, ~ (radio) station** Pi'raten-, Schwarzsender *m;* **III** *v/t.* **6.** kapern, (aus)plündern (*a. weitS.*); **7.** plagiieren, *bsd.* unerlaubt nachdrukken; **pi·rat·i·cal** [pai'rætikl] *adj.* □ **1.** (see)räuberisch, Piraten...; **2.** **~ edition** Raubdruck *m.*

pir·ou·ette [,piru'et] **I** *s.* Tanz etc.: Pirou'ette *f;* **II** *v/i.* pirouettieren.

Pis·ces ['pisi:z] *s. pl. ast.* **1.** Fische *pl.;* **2.** *Person:* ein Fisch *m.*

pis·ci·cul·ture ['pisikʌltʃə] *s.* Fischzucht *f;* **pis·ci·cul·tur·ist** [,pisi'kʌltʃərist] *s.* Fischzüchter *m.*

pish [piʃ] *int.* **1.** pfui!; **2.** pah!

pi·si·form ['paisifɔ:m] *adj.* erbsenförmig, Erbsen...

piss [pis] *sl.* **I** *v/i.* ,pissen‘, ,pinkeln‘: **~ on s.th.** *fig.* ,auf et. scheißen‘; **~ off!** hau ab!; **II** *v/t.* ,be-, anpissen‘: **~ the bed** ins Bett pinkeln; **III** *s.* ,Pisse‘ *f;* **pissed** [-st] *adj. sl.* **1.** ,blau‘, besoffen; **2.** **~ off** ,(stock)sauer‘.

pis·tach·i·o [pi'stɑ:ʃiəu] *pl.* **-i·os** *s.* ♀ Pi'stazie *f.*

pis·til ['pistil] *s.* ♀ Pi'still *n,* Stempel *m,* Griffel *m;* **'pis·til·late** [-lət] *adj.* mit Stempel(n), weiblich (*Blüte*).

pis·tol ['pistl] *s.* Pi'stole *f* (*a. phys.*):

hold a ~ to s.o.'s head *fig.* j-m die Pistole auf die Brust setzen; **~ point** *s.*: *at ~* mit vorgehaltener Pistole; **~ shot** *s.* **1.** Pi'stolenschuß *m*; **2.** *Am.* Pi'stolenschütze *m*.

pis·ton ['pɪstən] *s.* **1.** ⚙ Kolben *m*: **~ engine** Kolbenmotor *m*; **2.** ⚙ (Druck-) Stempel *m*; **~ dis·place·ment** *s.* Kolbenverdrängung *f*, Hubraum *m*; **~ rod** *s.* Kolben-, Pleuelstange *f*; **~ stroke** *s.* Kolbenhub *m*.

pit¹ [pɪt] **I** *s.* **1.** Grube *f* (*a. anat.*): *re-fuse ~* Müllgrube; **~ of the stomach** Magengrube; **2.** Abgrund *m* (*a. fig.*): (*bottomless*) **~**, **~** (*of hell*) (Abgrund der) Hölle *f*, Höllenschlund *m*; **3.** ✗ a) (*bsd.* Kohlen)Grube *f*, Zeche *f*, b) (*bsd.* Kohlen)Schacht *m*; **4.** ✓ (Rüben-*etc.*)Miete *f*; **5.** ⚙ a) Gießerei: Dammgrube *f*, b) Abstichherd *m*, Schlackengrube *f*; **6.** *thea.* a) *bsd. Brit.* Par'kett *n*, b) Or'chestergraben *m*; **7.** *mot. Sport*: Box *f*: **~ stop** Boxenstopp *m*; **8.** ✝ *Am.* Börse *f*, Maklerstand *m*: **grain ~** Getreidebörse; **9.** ✿ (Blattern-, Pocken)Narbe *f*; **10.** ⚙ Rostgrübchen *n*; **II** *v/t.* **11.** Löcher *od.* Vertiefungen bilden in (*dat.*) *od.* graben in (*acc.*); ⚙ an-, zerfressen (*Korrosion*); ✿ mit Narben bedecken: **~ted with smallpox** pokkennarbig; **12.** ✓ *Rüben etc.* einmieten; **13.** (*against*) a) *feindlich* gegen-'überstellen (*dat.*), b) *j-n* ausspielen (gegen), c) *s-e Kraft etc.* messen (mit), *Argument* ins Feld führen (gegen); **III** *v/i.* **14.** Löcher *od.* Vertiefungen bilden; ✿ narbig werden; ⚙ sich festfressen (*Kolben*).

pit² [pɪt] *Am.* **I** *s.* (Obst)Stein *m*; **II** *v/t.* entsteinen.

pit-a-pat [ˌpɪtə'pæt] **I** *adv.* ticktack (*Herz*); klippklapp (*Schritte*); **II** *s.* Getrappel *n*, Getrippel *n*.

pitch¹ [pɪtʃ] **I** *s.* Pech *n*; **II** *v/t.* (ver)pichen, teeren (*a.* ⚓).

pitch² [pɪtʃ] **I** *s.* **1.** Wurf *m* (*a. sport*): *queer s.o.'s* ~ F j-m 'die Tour vermasseln', j-m e-n Strich durch die Rechnung machen; *what's the ~?* *Am. sl.* was ist los?; **2.** ✝ (Waren)Angebot *n*; **3.** ⚓ Stampfen *n*; **4.** Neigung *f*, Gefälle *n* (*Dach etc.*); **5.** ⚙ a) Teilung *f* (*Gewinde, Zahnrad*), b) Schränkung *f* (*Säge*), c) Steigung *f* (*Luftschraube* ✈); **6.** ♪ a) Tonhöhe *f*, b) (*absolute*) Stimmung e-s *Instruments*, c) Nor'malstimmung *f*, Kammerton *m*: *above* ~ zu hoch; *have absolute ~* das absolute Gehör haben; *sing true to ~* tonrein singen; **7.** Grad *m*, Stufe *f*, Höhe *f* (*a. fig.*); *fig.* höchster Grad, Gipfel *m*: *to the highest* ~ aufs äußerste; **8.** ✝ a) Stand *m* e-s *Händlers*, b) *sl.* Anpreisung *f*, Verkaufsgespräch *n*, c) *sl.* 'Platte' *f*, 'Masche' *f*; **9.** *sport Brit.* Spielfeld *n*; *Kriket*: (Mittel)Feld *n*; **II** *v/t.* **10.** (*gezielt*) werfen (*a. sport*), schleudern; *Golf*: den *Ball* heben (*hoch schlagen*); **11.** *Heu etc.* aufladen, -gabeln; **12.** *Pfosten etc.* einrammen, befestigen; *Zelt, Verkaufsstand etc.* aufschlagen; *Leiter, Stadt etc.* anlegen; **13.** ♪ a) *Instrument* stimmen, b) *Grundton* angeben, c) *Lied etc.* in e-r *Tonart* anstimmen *od.* singen *od.* spielen: *high-~ed voice* hohe Stimme; *~ one's hopes too high fig.* s-e Hoffnungen zu hoch stecken; **~ a yarn** *fig.* ein

Garn spinnen; **14.** *fig. Rede etc.* abstimmen (*on* auf *acc.*), *et.* ausdrücken; **15.** *Straße* beschottern, *Böschung* verpacken; **16.** *Brit. Ware* ausstellen, feilhalten; **17.** ✗ **~ed battle** regelrechte *od.* offene (Feld)Schlacht; **III** *v/i.* **18.** (kopf'über) hinstürzen, -schlagen; **19.** ✗ (sich) lagern; **20.** ✝ e-n (Verkaufs-) Stand aufschlagen; **21.** ⚓ stampfen (*Schiff*); *fig.* taumeln; **22.** sich neigen (*Dach etc.*); **23.** **~ in** F a) sich (tüchtig) ins Zeug legen, loslegen, b) tüchtig 'zulangen' (*essen*); **24.** **~ into** F a) herfallen über *j-n* (*a. fig.*), b) herfallen über *das Essen*, c) sich (mit Schwung) an *die Arbeit* machen; **25.** **~ on**, **~ upon** sich entscheiden für, verfallen auf (*acc.*); **~and-'toss** *s.* 'Kopf oder Schrift' (*Spiel*); **~ an·gle** *s.* ⚙ Steigungswinkel *m*; **~'black** *adj.* pechschwarz; **'~blende** [-blend] *s. min.* (U'ran)Pechblende *f*; **~ cir·cle** *s.* ⚙ Teilkreis *m* (*Zahnrad*); **~'dark** *adj.* pechschwarz, stockdunkel (*Nacht*).

pitch·er¹ ['pɪtʃə] *s. sport* Werfer *m*.

pitch·er² ['pɪtʃə] *s.* (irdener) Krug (*mit Henkel*).

'pitch·fork **I** *s.* **1.** ✓ Heu-, Mistgabel *f*; **2.** ♪ Stimmgabel *f*; **II** *v/t.* **3.** mit der Heugabel werfen; **4.** *fig.* rücksichtslos werfen: **~ troops into a battle**; **5.** 'schubsen' (*into* in *ein Amt etc.*); **~ pine** *s.* ✓ Pechkiefer *f*; **~ pipe** *s.* ♪ Stimmpfeife *f*.

pitch·y ['pɪtʃɪ] *adj.* **1.** pechartig; **2.** voll Pech; **3.** pechschwarz (*a. fig.*).

pit coal *s.* Schwarz-, Steinkohle *f*.

pit·e·ous ['pɪtɪəs] → **pitiable** 1.

'pit·fall *s.* Fallgrube *f*, Falle *f*, *fig. a.* Fallstrick *m*.

pith [pɪθ] *s.* **1.** ✿, *anat.* Mark *n*; **2.** *a.* **~ and marrow** *fig.* Mark *n*, Kern *m*, 'Quintes,senz *f*; **3.** *fig.* Kraft *f*, Prä'gnanz *f* (*e-r Rede etc.*); **4.** *fig.* Gewicht *n*, Bedeutung *f*.

'pit·head *s.* ✗ **1.** Füllort *m*, Schachtöffnung *f*; **2.** Fördergerüst *n*.

pith·e·can·thro·pus [ˌpɪθɪkæn'θrəʊpəs] *s.* Javamensch *m*.

pith **hat**, **~ hel·met** *s.* Tropenhelm *m*.

pith·i·ness ['pɪθɪnɪs] *s.* **1.** das Markige, Markigkeit *f*; **2.** *fig.* Kernigkeit *f*, Prä'gnanz *f*, Kraft *f*; **pith·less** ['pɪθlɪs] *adj.* marklos; *fig.* kraftlos, schwach; **pith·y** ['pɪθɪ] *adj.* □ **1.** mark(art)ig; **2.** *fig.* markig, kernig, prä'gnant.

pit·i·a·ble ['pɪtɪəbl] *adj.* □ **1.** mitleiderregend, bedauernswert; *a. contp.* erbärmlich, jämmerlich, elend, kläglich; **2.** *contp.* armselig, dürftig; **'pit·i·ful** [-fʊl] *adj.* □ **1.** mitleidig, mitleidsvoll; **2.** → **pitiable**; **'pit·i·less** [-lɪs] *adj.* □ **1.** unbarmherzig; **2.** erbarmungslos, mitleidlos.

'pit·man [-mən] *s.* [*irr.*] Bergmann *m*, Knappe *m*, Grubenarbeiter *m*; **~ prop** *s.* ✗ (Gruben)Stempel *m*; *pl.* Grubenholz *n*; **~ saw** *s.* ⚒ Schrot-, Längensäge *f*.

pit·tance ['pɪtəns] *s.* **1.** Hungerlohn *m*, 'paar Pfennige' *pl.*; **2.** (kleines) bißchen: *the small ~ of learning* das kümmerliche Wissen.

pit·ting ['pɪtɪŋ] *s. metall.* Körnung *f*, Lochfraß *m*, 'Grübchenkorrosi,on *f*.

pi·tu·i·tar·y [pɪ'tjuɪtərɪ] *physiol.* **I** *adj.* pi-tui'tär, schleimabsondernd, Schleim...;

II *s. a.* **~ gland** Hirnanhang(drüse *f*) *m*, Hypo'physe *f*.

pit·y ['pɪtɪ] **I** *s.* **1.** Mitleid *n*, Erbarmen *n*: *feel ~ for*, *have* (*od.* **take**) **~ on** Mitleid haben mit; *for ~'s sake!* um Himmels willen!; **2.** Jammer *m*: *it is a* (*great*) ~ es ist (sehr) schade; *what a ~!* wie schade!; *it is a thousand pities* es ist jammerschade; *the ~ of it is that* es ist ein Jammer, daß; **II** *v/t.* **3.** bemitleiden, bedauern, Mitleid haben mit: *I ~ him* er tut mir leid; **pit·y·ing** ['pɪtɪɪŋ] *adj.* □ mitleidig.

piv·ot ['pɪvət] **I** *s.* **1.** a) (Dreh)Punkt *m*, b) (Dreh)Zapfen *m*: **~ bearing** Zapfenlager, c) Stift *m*, d) Spindel *f*; **2.** (Tür-) Angel *f*; **3.** ✗ stehender Flügel(mann), Schwenkungspunkt *m*; **4.** *fig.* a) Dreh-, Angelpunkt *m*, b) → **pivot man**, c) *Fußball*: 'Schaltstati,on *f* (*Spieler*); **II** *v/t.* **5.** ⚙ a) mit Zapfen *etc.* versehen, b) drehbar lagern, c) (ein)schwenken; **III** *v/i.* **6.** sich drehen (*upon*, *on* um) (*a. fig.*); ✗ schwenken; **'piv·ot·al** [-tl] *adj.* **1.** Zapfen..., Angel...; **~ point** Angelpunkt *m*; **2.** *fig.* zen'tral, Kardinal...: *a ~ question*.

piv·ot bolt *s.* Drehbolzen *m*; **~ bridge** *s.* Drehbrücke *f*; **~ man** [-mən] *s.* [*irr.*] *fig.* 'Schlüsselfi,gur *f*; **'~mount·ed** *adj.* schwenkbar; **~ tooth** *s.* ⚒ Stiftzahn *m*.

pix·el ['pɪksəl] *s. TV, Computer*: Bild-(schirm)punkt *m*.

pix·ie → **pixy**

pix·i·lat·ed ['pɪksɪleɪtɪd] *adj. Am.* F **1.** 'verdreht', leicht verrückt; **2.** 'blau' (*betrunken*).

pix·y ['pɪksɪ] *s.* Fee *f*, Elf *m*, Kobold *m*.

piz·zle ['pɪzl] *s.* **1.** *zo.* Fiesel *m*; **2.** Ochsenziemer *m*.

pla·ca·ble ['plækəbl] *adj.* □ versöhnlich, nachgiebig.

plac·ard ['plæka:d] **I** *s.* **1.** a) Pla'kat *n*, b) Transpa'rent *n*; **II** *v/t.* **2.** mit Pla'katen bekleben; **3.** durch Pla'kate bekanntgeben, anschlagen.

pla·cate [plə'keɪt] *v/t.* beschwichtigen, besänftigen, versöhnlich stimmen.

place [pleɪs] **I** *s.* **1.** Ort *m*, Stelle *f*, Platz *m*: *from ~ to* ~ von Ort zu Ort; *in* ~ am Platze (*a. fig. angebracht*); *in* ~s stellenweise; *in* ~ *of* an Stelle (*gen.*), anstatt (*gen.*); *out of* ~ *fig.* fehl am Platz, unangebracht; *take* ~ stattfinden; *take s.o.'s* ~ j-s Stelle einnehmen; *take the* ~ *of* ersetzen, an die Stelle treten von; *if I were in your* ~ an Ihrer Stelle (*würde ich ...*); *put yourself in my* ~ versetzen Sie sich in meine Lage; **2.** Ort *m*, Stätte *f*: ~ *of amusement* Vergnügungsstätte; ~ *of birth* Geburtsort; ~ *of business* ✝ Geschäftssitz *m*; ~ *of delivery* ✝ Erfüllungsort; ~ *of worship* Gotteshaus *n*, Kultstätte *f*; *from this* ~ ✝ ab hier; *in* (*od.* **of**) *your* ~ ✝ dort; *go* ~*s Am.* a) 'groß ausgehen', b) die Sehenswürdigkeiten e-s *Ortes* ansehen, c) *fig.* es weit bringen (*im Leben*); **3.** Wohnsitz *m*; F Wohnung *f*, Haus *n*: *at his* ~ bei ihm (*zu Hause*); **4.** Wohnort *m*; Ort(schaft *f*) *m*, Stadt *f*, Dorf *n*: *in this* ~ hier; **5.** ⚓ Platz *m*, Hafen *m*: ~ *for tran(s)shipment* Umschlagplatz; **6.** ✗ Festung *f*; **7.** F Gaststätte *f*, Lo'kal *n*; **8.** (Sitz)Platz *m*; **9.** *fig.* Platz *m* (*in e-r Reihenfolge*; *a. sport*), Stelle *f* (*a.*

in e-m Buch): **in the first** ~ a) an erster Stelle, erstens, b) zuerst, von vornherein, c) in erster Linie, d) überhaupt (erst); **in third** ~ *sport* auf dem dritten Platz; **10.** ✠ (Dezi'mal)Stelle *f;* **11.** Raum *m* (*a. fig., a. für Zweifel etc.*); **12.** *thea.* Ort *m* (der Handlung); **13.** (An)Stellung *f,* (Arbeits)Stelle *f:* **out of** ~ stellenlos; **14.** Dienst *m,* Amt *n: it is not my* ~*fig.* es ist nicht meines Amtes; **15.** (sozi'ale) Stellung, Rang *m,* Stand *m:* **keep s.o. in his** ~ j-n in s-n Schranken *od.* Grenzen halten; **know one's** ~ wissen, wohin man gehört; **put s.o. in his** ~ j-n in s-e Schranken weisen; **16.** *univ.* (Studien)Platz *m;* **II** *v/t.* **17.** stellen, setzen, legen (*a. fig.*); *teleph. Gespräch* anmelden; → **disposal** 3; **18.** ✗ *Posten* aufstellen, (*o.s.* sich) postieren; **19.** j-n an-, einstellen; ernennen, in ein Amt einsetzen; **20.** j-n 'unterbringen (*a. Kind*), j-m Arbeit *od.* e-e Anstellung verschaffen; **21.** ✝ *Anleihe, Kapital* 'unterbringen; *Auftrag* erteilen *od.* vergeben; *Bestellung* aufgeben; *Vertrag* abschließen; → **account** 5, **credit** 1; **22.** ✝ *Ware* absetzen; **23.** (der Lage nach) näher bestimmen; *fig.* j-n ,'unterbringen (*identifizieren*): **I can't** ~ *him* ich weiß nicht, wo ich ihn ,unterbringen‘ *od.* ,hintun‘ soll; **24.** *sport* plazieren: **be** ~*d* unter den ersten drei sein, sich plazieren; ~ *bet s.* Rennsport: Platzwette *f.*

pla·ce·bo [plə'si:bəʊ] *pl.* **-bos** *s.* **1.** ✠ Pla'cebo *n,* 'Blindpräpa,rat *n;* **2.** *fig.* Beruhigungspille *f.*

place| card *s.* Platz-, Tischkarte *f;* ~ **hunt·er** *s.* Pöstchenjäger *m;* ~ **hunt·ing** *s.* Pöstchenjag'rei *f;* ~ **kick** *s. sport* a) *Fußball:* Stoß *m* auf den ruhenden Ball (*Freistoß etc.*), b) *Rugby:* Platztritt *m;* '~*man* [-mən] *s.* [*irr.*] *pol. contp.* ,Pöstcheninhaber‘ *m,* ,'Futterkrippenpo,litiker‘ *m;* ~ **mat** *s.* Set *n,* Platzdeckchen *n.*

place·ment ['pleɪsmənt] *s.* **1.** (Hin-, Auf)Stellen *n,* Plazieren *n;* **2.** a) Einstellung *f* e-s Arbeitnehmers, b) Vermittlung *f* e-s Arbeitsplatzes, c) 'Unterbringung *f* von Arbeitskräften, Waisen; **3.** Stellung *f,* Lage *f;* Anordnung *f;* **4.** ✝ a) Anlage *f,* Unterbringung *f* von Kapital, b) Vergabe *f* von Aufträgen; **5.** *ped. Am.* Einstufung *f.*

place name *s.* Ortsname *m.*

pla·cen·ta [plə'sentə] *pl.* **-tae** [-tiː] *s.* **1.** *anat.* Pla'zenta *f,* Mutterkuchen *m;* **2.** ♀ Samenleiste *f.*

plac·er ['plæsə] *s. min.* **1.** *bsd. Am.* (*Gold- etc.*)Seife *f;* **2.** seifengold- *od.* erzseifenhaltige Stelle; '~-**gold** *s.* Seifen-, Waschgold *n;* '~-**min·ing** *s.* Goldwaschen *n.*

pla·cet ['pleɪset] (*Lat.*) *s.* Plazet *n,* Zustimmung *f,* Ja *n.*

plac·id ['plæsɪd] *adj.* □ **1.** (seelen)ruhig, ,gemütlich‘; **2.** mild, sanft; **3.** selbstgefällig; **pla·cid·i·ty** [plæ'sɪdətɪ] *s.* Milde *f,* Gelassenheit *f,* (Seelen)Ruhe *f.*

plack·et ['plækɪt] *s. Mode:* a) Schlitz *m* an Frauenkleid, b) Tasche *f.*

pla·gi·a·rism ['pleɪdʒərɪzəm] *s.* Plagi'at *n;* '**pla·gi·a·rist** [-ɪst] *s.* Plagi'ator *m;* '**pla·gi·a·rize** [-raɪz] **I** *v/t.* plagiieren, abschreiben; **II** *v/i.* ein Plagi'at be-

gehen.

plague [pleɪg] **I** *s.* **1.** ✠ Seuche *f,* Pest *f:* **avoid like the** ~ *fig.* wie die Pest meiden; **2.** *bsd. fig.* Plage *f,* Heimsuchung *f,* Geißel *f:* **the ten** ~*s bibl.* die Zehn Plagen; *a* ~ *on it!* zum Henker damit!; **3.** *fig.* F a) Plage *f,* b) Quälgeist *m* (*Mensch*); **II** *v/t.* **4.** plagen, quälen; **5.** F belästigen, peinigen; **6.** *fig.* heimsuchen; ~ **spot** *s. mst fig.* Pestbeule *f.*

plaice [pleɪs] *pl. coll.* **plaice** *s. ichth.* Scholle *f.*

plaid [plæd] *s.* schottisches Plaid(tuch); **II** *adj.* 'buntka,riert.

plain [pleɪn] **I** *adj.* □ **1.** einfach, schlicht: ~ *clothes* Zivil(kleidung *f*) *n;* ~-*clothes* man Kriminalbeamte(r) *m od.* Polizist in Zivil; ~ *cooking* bürgerliche Küche; ~ *fare* Hausmannskost *f;* ~ *paper* unliniertes Papier; ~ *postcard* gewöhnliche Postkarte; **2.** schlicht, schmucklos, kahl (*Zimmer etc.*); ungemustert, einfarbig (*Stoff*): ~ *knitting* Rechts-, Glattstrickerei *f;* ~ *sewing* Weißnäherei *f;* **3.** unscheinbar, reizlos, hausbacken (*Gesicht, Mädchen etc.*); **4.** klar, leicht verständlich: *in* ~ *language tel.* im Klartext (*a. fig.*), offen; **5.** klar, offenbar, -kundig (*Irrtum etc.*); **6.** klar (und deutlich), 'unmißverständlich, 'unum,wunden: ~ *talk;* **the** ~ *truth* die nackte Wahrheit; **7.** offen, ehrlich: ~ *dealing* ehrliche Handlungsweise; **8.** pur, unverdünnt (*Getränk*); *fig.* bar, rein (*Unsinn etc.*): ~ *folly* heller Wahnsinn; **9.** *bsd. Am.* flach; ✠ glatt: ~ *country Am.* Flachland *n;* ~ *roll* ✠ Glattwalze *f;* ~ *bearing* Gleitlager *n;* ~ *fit* ✠ Schlichtsitz *m; fig.* → **sailing** 1; **10.** ohne Filter (*Zigarette*); **II** *adv.* **11.** klar, deutlich; **III** *s.* **12.** Ebene *f,* Fläche *f;* Flachland *n; pl. bsd. Am.* Prä'rie *f;* '**plain·ness** [-nɪs] *s.* **1.** Einfachheit *f,* Schlichtheit *f;* **2.** Deutlichkeit *f,* Klarheit *f;* **3.** Offenheit *f,* Ehrlichkeit *f;* **4.** Reizlosigkeit *f* (*e-r Frau etc.*); ,**plain·**'**spo·ken** *adj.* offen, freimütig: *he is a* ~ *man* er nimmt (sich) kein Blatt vor den Mund.

plaint [pleɪnt] *s.* **1.** Beschwerde *f,* Klage *f;* **2.** ☆☆ Klage(schrift) *f;* '**plain·tiff** [-tɪf] *s.* ☆☆ (Zi'vil)Kläger(in): *party* ~ klagende Partei; '**plain·tive** [-tɪv] *adj.* □ traurig, kläglich; wehleidig (*Stimme*); Klage...: ~ *song.*

plait [plæt] **I** *s.* **1.** Zopf *m,* Flechte *f;* (Haar-, Stroh)Geflecht *n;* **2.** Falte *f;* **II** *v/t.* **3.** *Haar, Matte etc.* flechten; **4.** verflechten.

plan [plæn] **I** *s.* **1.** (Spiel-, Wirtschafts-, Arbeits)Plan *m,* Entwurf *m,* Pro'jekt *n,* Vorhaben *n:* ~ *of action* Schlachtplan (*a. fig.*); *according to* ~ planmäßig; *make* ~*s (for the future)* (Zukunfts-) Pläne schmieden; **2.** (Lage-, Stadt-) Plan *m:* **general** ~ Übersichtsplan; **3.** ✠ (Grund)Riß *m:* ~ *view* Draufsicht; **II** *v/t.* **4.** planen, entwerfen, e-n Plan entwerfen für *od.* zu: ~ *ahead* (*a. v/i.*) vorausplanen; ~*ning board* Planungsamt *n;* **5.** *fig.* planen, beabsichtigen.

plane¹ [pleɪn] *s.* ♀ Pla'tane *f.*

plane² [pleɪn] **I** *adj.* **1.** flach, eben; ✠ plan; **2.** ℀ eben: ~ *figure;* ~ *curve* einfach ebene Kurve; **II** *s.* **3.** Ebene *f,* (ebene) Fläche: ~ *of refraction phys.* Brechungsebene; *on the upward*

~ *fig.* im Anstieg; **4.** *fig.* Ebene *f,* Stufe *f,* Ni'veau *n,* Bereich *m:* **on the same** ~ **as** auf dem gleichen Niveau wie; **5.** ✠ Hobel *m;* **6.** ❀ Förderstrecke *f;* **7.** ✈ a) Tragfläche *f:* **elevating** (**depressing**) ~*s* Höhen-(Flächen)steuer *n,* b) Flugzeug *n;* **III** *v/t.* **8.** (ein)ebnen, planieren, ✠ *a.* schlichten, *Bleche* abrichten; **9.** (ab)hobeln; **10.** *typ.* bestoßen; **IV** *v/i.* **11.** ✈ gleiten; fliegen; '**plan·er** [-nə] *s.* **1.** ✠ 'Hobel(ma,schine *f*) *m;* **2.** *typ.* Klopfholz *n.*

plane sail·ing *s.* ♉ Plansegeln *n.*

plan·et ['plænɪt] *s. ast.* Pla'net *m.*

'**plane·,ta·ble** *s. surv.* Meßtisch *m:* ~ *map* Meßtischblatt *n.*

plan·e·tar·i·um [,plænɪ'teərɪəm] *s.* Plane'tarium *n;* **plan·e·tar·y** ['plænɪtərɪ] *adj.* **1.** *ast.* plane'tarisch, Planeten...; **2.** *fig.* um'herirrend; **3.** ✠ Planeten...: ~ *gear* Planetengetriebe *n;* ~ *wheel* Umlaufrad *n;* **plan·et·oid** ['plænɪtɔɪd] *s. ast.* Planeto'id *m.*

'**plane-tree** → **plane**¹.

pla·nim·e·ter [plæ'nɪmɪtə] *s.* ✠ Plani'meter *n,* Flächenmesser *m;* **pla·nim·e·try** [-trɪ] *s.* Planime'trie *f.*

plan·ish ['plænɪʃ] ✠ *v/t.* **1.** glätten, (ab)schlichten, planieren; **2.** *Holz* glatthobeln; **3.** *Metall* glatthämmern; polieren.

plank [plæŋk] **I** *s.* **1.** (*a.* Schiffs)Planke *f,* Bohle *f,* (Fußboden)Diele *f,* Brett *n:* ~ *flooring* Bohlenbelag *m;* **walk the** ~ *a)* ♉ *hist.* ertränkt werden, b) *fig. pol. etc.* ,abgeschossen‘ werden; **2.** *pol. bsd. Am.* (Pro'gramm)Punkt *m* e-r *Partei;* **3.** ❀ Schwarte *f;* **II** *v/t.* **4.** mit Planken *etc.* belegen, beplanken, dielen; **5.** verschalen, ❀ verzimmern; **6.** *Speise* auf e-m Brett servieren; **7.** ~ *down* (*od. out*) F *Geld* auf den Tisch legen, hinlegen, ,blechen‘; ~ *bed s.* (Holz)Pritsche *f* (*im Gefängnis etc.*).

plank·ing ['plæŋkɪŋ] *s.* Beplankung *f,* (Holz)Verschalung *f,* Bohlenbelag *m;* *coll.* Planken *pl.*

plank·ton ['plæŋktən] *s. zo.* Plankton *n.*

plan·less ['plænlɪs] *adj.* planlos; '**plan·ning** [-nɪŋ] *s.* **1.** Planen *n,* Planung *f;* **2.** ✝ Bewirtschaftung *f,* Planwirtschaft *f.*

pla·no·con·cave [,pleɪnəʊ'kɒnkeɪv] *adj. phys.* 'plan-kon,kav (*Linse*).

plant [plɑːnt] **I** *s.* **1.** a) Pflanze *f,* Gewächs *n,* b) Setz-, Steckling *m: in* ~ im Wachstum befindlich; **2.** ✠ (Betriebs-, Fa'brik)Anlage *f,* Werk *n,* Fa'brik *f,* (Fabrikati'ons)Betrieb *m:* ~ *engineer* Betriebsingenieur *m;* **3.** ✠ (Ma'schinen)Anlage *f,* Aggre'gat *n;* Appara'tur *f;* **4.** (Be'triebs)Materi,al *n,* Betriebseinrichtung *f,* Inven'tar *n:* ~ *equipment* Werksausrüstung *f;* **5.** *sl.* a) *et.* Eingeschmuggeltes, Schwindel *m,* (*a.* Poli'zei)Falle *f,* b) (Poli'zei)Spitzel *m;* **II** *v/t.* **6.** (ein-, an)pflanzen: ~ *out* aus-, um-, verpflanzen; **7.** *Land* a) bepflanzen, b) besiedeln, kolonisieren; **8.** *Kolonisten* ansiedeln; **9.** *Garten etc.* anlegen; *et.* errichten; *Kolonie etc.* gründen; **10.** *fig.* (*o.s.* sich) *wo* aufpflanzen, (auf-) stellen, postieren; **11.** *Faust, Fuß* wohin setzen, ,pflanzen‘; **12.** *fig.* Ideen *etc.* (ein)pflanzen, einimpfen; **13.** *sl. Schlag* ,landen‘, ,verpassen‘; *Schuß* setzen, knallen; **14.** *Spitzel* einschmuggeln; **15.** *sl.* Belastendes *etc.* (ein)schmuggeln, ,deponieren‘: ~ *s.th. on* j-m *et.*

,unterschieben'; **16.** *j-n* im Stich lassen.
plan·tain[1] ['plæntɪn] *s.* ♀ Wegerich *m.*
plan·tain[2] ['plæntɪn] *s.* ♀ **1.** Pi'sang *m;* **2.** Ba'nane *f (Frucht).*
plan·ta·tion [plæn'teɪʃn] *s.* **1.** Pflanzung *f (a. fig.),* Plan'tage *f;* **2.** (Wald)Schonung *f;* **3.** *hist.* Ansiedlung *f,* Kolo'nie *f.*
plant·er ['plɑːntə] *s.* **1.** Pflanzer *m,* Plan'tagenbesitzer *m;* **2.** *hist.* Siedler *m;* **3.** 'Pflanzma,schine *f.*
plan·ti·grade ['plæntɪgreɪd] *zo.* **I** *adj.* auf den Fußsohlen gehend; **II** *s.* Sohlengänger *m (Bär etc.).*
plant louse *s. [irr.] zo.* Blattlaus *f.*
plaque [plɑːk] *s.* **1.** (Schmuck)Platte *f;* **2.** A'graffe *f,* (Ordens)Schnalle *f,* Spange *f;* **3.** Gedenktafel *f;* **4.** (Namens)Schild *n;* **5.** ⚕ Fleck *m:* **dental ~** Zahnbelag *m.*
plash[1] [plæʃ] *v/t. u. v/i.* (Zweige) zu e-r Hecke verflechten.
plash[2] [plæʃ] **I** *v/i.* **1.** platschen, plätschern *(Wasser); im Wasser* planschen; **II** *v/t.* **2.** platschen *od.* klatschen auf *(acc.):* **~!** platsch!; **III** *s.* **3.** Platschen *n,* Plätschern *n,* Spritzen *n;* **4.** Pfütze *f,* Lache *f;* **'plash·y** [-ʃɪ] *adj.* **1.** plätschernd, klatschend, spritzend; **2.** voller Pfützen, matschig, feucht.
plasm ['plæzəm], **'plas·ma** [-zmə] *s.* **1.** *biol.* ('Milch-, 'Blut-, 'Muskel,)Plasma *n;* **2.** *biol.* Proto'plasma *n;* **3.** *min., phys.* 'Plasma *n;* **plas·mat·ic** [plæz'mætɪk], **'plas·mic** [-zmɪk] *adj. biol.* plas'matisch, Plasma...
plas·ter ['plɑːstə] *I s.* **1.** *pharm.* (Heft-, Senf)Pflaster *n;* **2.** a) Gips *m (a.* ⚚*),* b) ⚙ Mörtel *m,* Verputz *m,* Bewurf *m,* Tünche *f:* **~ cast** a) Gipsabdruck *m,* b) ⚚ Gipsverband *m;* **3.** *mst* **~ of Paris** a) (gebrannter) Gips *(a.* ⚚*),* b) Stuck *m,* Gips(mörtel) *m;* **II** *v/t.* **4.** ⚙ (ver)gipsen, (über)'tünchen, verputzen; **5.** bepflastern *(a. fig. mit Plakaten, Steinwürfen etc.);* **6.** *fig.* über'schütten *(with* mit *Lob etc.);* **7. be ~ed** *sl.* ,besoffen' sein; **'plas·ter·er** [-ərə] *s.* Stukka'teur *m;* **'plas·ter·ing** [-ərɪŋ] *s.* **1.** Verputz *m,* Bewurf *m;* **2.** Stuck *m;* **3.** Gipsen *n;* **4.** Stukka'tur *f.*
plas·tic ['plæstɪk] **I** *adj.* (□ **~ally**) **1.** plastisch: **~ art** bildende Kunst, Plastik *f;* **2.** formgebend, gestaltend; **3.** ⚙ (ver)formbar, knetbar, plastisch: **~ clay** bildfähiger Ton; **4.** Kunststoff...: **~ bag** Plastikbeutel *m,* -tüte *f (syn·thetic)* **~ material →** 9; **5.** ⚚ plastisch: **~ surgery**, **~ surgeon** Facharzt *m* für plastische Chirurgie; **6.** *fig.* plastisch, anschaulich; **7.** *fig.* formbar *(Geist);* **8.** **~ bomb** Plastikbombe *f;* **II** *s.* **9.** ⚙ (Kunstharz)Preßstoff *m,* Plastik-, Kunststoff *m:* **'plas·ti·cine** [-ɪsiːn] *s.* Knetmasse *f;* **plas·tic·i·ty** [plæ'stɪsətɪ] *s.* Plastizi'tät *f (a. fig. Bildhaftigkeit) f;* (Ver)Formbarkeit *f;* **'plas·ti·ciz·er** [-ɪsaɪzə] *s.* ⚙ Weichmacher *m.*
plat [plæt] → **plait**, **plot** 1.
plate [pleɪt] **I** *s.* **1.** *allg.* Platte *f (a. phot.);* (Me'tall)Schild *n,* Tafel *f (Namen-, Firmen-, Tür)Schild *n;* **2.** *paint.* (Kupfer- *etc.*)Stich *m; weitS.* Holzschnitt *m:* **etched ~** Radierung *f;* **3.** (Bild)Tafel *f (Buch);* **4.** (Eß-, *eccl.* Kol'lekten)Teller *m;* Platte *f (a. Gang e-r Mahlzeit); coll.* (Gold-, Silber-, Tafel-)Geschirr *n od.* (-)Besteck *n:* **German ~**

Neusilber *n;* **have a lot on one's ~** F viel am Hals haben; **hand s.o. s.th. on a ~** j-m et. ,auf dem Tablett servieren'; **5.** ⊙ (Glas-, Me'tall)Platte *f;* Scheibe *f,* La'melle *f (Kupplung etc.);* Deckel *m;* **6.** ⊙ Grobblech *n;* Blechtafel *f;* **7.** ♫ *Radio:* A'node *f e-r Röhre;* Platte *f,* Elek'trode *f e-s Kondensators;* **8.** *typ.* (Druck-, Stereo'typ)Platte *f;* **9.** Po'kal *m,* Preis *m beim Rennen;* **10.** *Am. Baseball:* (Schlag)Mal *n;* **11.** *a.* **dental ~** a) (Gaumen)Platte *f,* b) *weitS.* (künstliches) Gebiß; **12.** *Am. sl.* a) ('hyper)ele,gante Per'son, b) ,tolle Frau'; **13.** *pl. sl.* ,Plattfüße' *pl. (Füße);* **II** *v/t.* **14.** mit Platten belegen; ⚔, ⚓ panzern, blenden; **15.** plattieren, mit Me'tall) über'ziehen; **16.** *typ.* a) stereotypieren, b) *Typendruck:* in Platten formen; **~ ar·mo(u)r** *s.* ⚓, ⊙ Plattenpanzer(ung *f) m.*
pla·teau ['plætəʊ] *pl.* **-teaux, teaus** [-z] *(Fr.) s.* Pla'teau *n (a. fig. psych. etc.),* Hochebene *f.*
plate cir·cuit *s.* ♫ An'odenkreis *m.*
plat·ed ['pleɪtɪd] *adj.* ⊙ plattiert, me'tallüber,zogen, versilbert, -goldet, dubliert; **'plate·ful** [-fʊl] *pl.* **-fuls** *s. ein* Teller(voll) *m.*
plate| glass *s.* Scheiben-, Spiegelglas *n;* **'~-,hold·er** *s. phot.* ('Platten)Kas,sette *f;* **'~,lay·er** *s.* ⚙ Streckenarbeiter *m;* **'~-mark →** hallmark.
plat·en ['plætən] *s.* **1.** *typ.* Drucktiegel *m,* Platte *f:* **~ press** Tiegeldruckpresse *f;* **2.** ('Schreibma,schinen)Walze *f;* **3.** 'Druckzy,linder *m (Rotationsmaschine).*
plat·er ['pleɪtə] *s.* **1.** ⊙ Plattierer *m;* **2.** (minderwertiges) Rennpferd.
plate| shears *s. pl.* Blechschere *f;* **~ spring** *s.* ⊙ Blattfeder *f.*
plat·form ['plætfɔːm] *s.* **1.** Plattform *f,* ('Redner)Tri,büne *f,* Podium *n;* **2.** ⊙ Rampe *f;* (Lauf-, Steuer)Bühne *f:* **lift·ing ~** Hebebühne *f;* **3.** Treppenabsatz *m;* **4.** *geogr.* a) Hochebene *f,* b) Ter'rasse *f (a. engS.);* **5.** ⚙ a) Bahnsteig *m,* b) Plattform *f am Wagenende);* **6.** ⚔ Bettung *f e-s Geschützes;* **7.** a) *a.* **~ sole** Pla'teausohle *f,* b) *pl., a.* **~ shoes** Schuhe *pl.* mit Plateausohle; **8.** *fig.* öffentliches Forum, Podiumsgespräch *n;* **9.** *pol.* Par'teipro,gramm *n,* Plattform *f; bsd. Am.* program'matische Wahlerklärung; **~ car** *bsd. Am.* → **flatcar; ~ scale** *s.* ⊙ Brückenwaage *f;* **~ tick·et** *s.* Bahnsteigkarte *f.*
plat·ing ['pleɪtɪŋ] *s.* **1.** Panzerung *f;* **2.** ⊙ Beplattung *f,* Me'tall,auflage *f,* Verkleidung *f (mit Metallplatten);* **3.** Plattieren *n,* Versilberung *f.*
pla·tin·ic [plə'tɪnɪk] *adj.* Platin...: **~ acid** 🜍 Platinchlorid *n;* **plat·i·nize** ['plætɪnaɪz] *v/t.* **1.** ⊙ platinieren, mit Platin über'ziehen; **2.** 🜍 mit Platin verbinden; **plat·i·num** ['plætɪnəm] *s.* 🜍 Platin *n:* **~ blonde** F Platinblondine *f.*
plat·i·tude ['plætɪtjuːd] *s. fig.* Plattheit *f,* Gemeinplatz *m,* Plati'tüde *f;* **plat·i·tu·di·nar·i·an** ['plætɪtjuːdɪ'neərɪən] *s.* Phrasendrescher *m,* Schwätzer *m;* **plat·i·tu·di·nize** [,plætɪ'tjuːdɪnaɪz] *v/i.* sich in Gemeinplätzen ergehen, quatschen; **plat·i·tu·di·nous** [,plætɪ'tjuːdɪnəs] *adj.* □ platt, seicht, phrasenhaft.
Pla·ton·ic [plə'tɒnɪk] *adj.* (□ **~ally**) pla-

'tonisch.
pla·toon [plə'tuːn] *s.* **1.** ⚔ Zug *m (Kompanieabteilung):* **in** *(od.* **by)** **~s** zugweise; **2.** Poli'zeiaufgebot *n.*
plat·ter ['plætə] *s.* **1.** (Servier)Platte *f:* **hand s.o. s.th. on a ~** *fig.* F j-m et. ,auf e-m Tablett servieren'; **2.** *Am. sl.* Schallplatte *f.*
plat·y·pus ['plætɪpəs] *pl.* **-pus·es** *s. zo.* Schnabeltier *n.*
plat·y(r)·rhine ['plætɪraɪn] *zo.* **I** *adj.* breitnasig; **II** *s.* Breitnase *f (Affe).*
plau·dit ['plɔːdɪt] *s. mst pl.* lauter Beifall, Ap'plaus *m.*
plau·si·bil·i·ty [,plɔːzə'bɪlətɪ] *s.* **1.** Glaubwürdigkeit *f,* Wahr'scheinlichkeit *f;* **2.** gefälliges Äußeres, einnehmendes Wesen; **plau·si·ble** ['plɔːzəbl] *adj.* □ **1.** glaubhaft, einleuchtend, annehmbar, plau'sibel; **2.** einnehmend, gewinnend *(Äußeres);* **3.** glaubwürdig.
play [pleɪ] **I** *s.* **1.** (Glücks-, Wett-, Unter'haltungs)Spiel *n (a. sport):* **be at ~** a) spielen, b) *Kartenspiel:* am Ausspielen sein, c) *Schach:* am Zuge sein: **it is your ~** Sie sind am Spiel; **in** *(out of)* **~** *sport:* (noch) im Spiel (im Aus) *(Ball);* **lose money at ~** Geld verwetten; **2.** Spiel(weise *f) n: that was pretty ~* das war gut (gespielt); → **fair**[1] 9, **foul play; 3.** Spiele'rei *f,* Kurzweil *f, a.* Liebesspiel(*e pl.*) *n: a ~ of words* ein Spiel mit Worten; **a ~** *(up)* **on words** ein Wortspiel; **in ~** im Scherz; **4.** *thea.* (Schau)Spiel *n,* (The'ater)Stück *n:* **at the ~** im Theater; **go to the ~** ins Theater gehen; **as good as a ~** äußerst amüsant *od.* interessant; **5.** Spiel *n,* Vortrag *m;* **6.** *fig.* Spiel *n des Lichtes auf Wasser etc.,* spielerische Bewegung, *Muskel etc.)* Spiel *n:* **~ of colo(u)rs** Farbenspiel; **7.** Bewegung *f,* Gang *m:* **bring into ~** a) in Gang bringen, b) ins Spiel *od.* zur Anwendung bringen; **come into ~** ins Spiel kommen; **make ~** a) Wirkung haben, b) s-n Zweck erfüllen; **make ~** zur Geltung bringen, sich brüsten mit; **make a ~ for** *Am. sl.* e-m Mädchen den Kopf verdrehen wollen; **8.** Spielraum *m (a. fig.);* ⊙ *mst* Spiel *n:* **allow** *(od.* **give) full** *(od.* **free) ~** to *fig.* e-r Sache, s-r Phantasie etc. freien Lauf lassen; **II** *v/i.* **9.** a) spielen *(a. sport, thea. u. fig.) (for* um *Geld etc.),* b) mitspielen *(a. fig. mitmachen):* **~ at** a) Ball, Karten etc. spielen, b) *fig.* sich nur so nebenbei mit et. beschäftigen; **~ at business** ein bißchen in Geschäften machen; **~ for time** a) Zeit zu gewinnen suchen, b) *sport:* auf Zeit spielen; **~ into s.o.'s hands** j-m in die Hände spielen; **~** *(up)* **on** a) ♪ auf einem Instrument spielen, b) mit Worten spielen, c) *fig.* j-s Schwächen ausnutzen; **~ with** spielen mit *(a. fig. e-m Gedanken; a. leichtfertig umgehen mit; a. engS.* herumfingern *an);* **~ safe** ,auf Nummer Sicher' gehen; **~!** *Tennis etc.:* bitte! (= fertig); → **fair**[1] 15, **false** II, **fast**[2] 3, **gallery** 2; **10.** a) *Kartenspiel:* ausspielen, b) *Schach:* am Zug sein, ziehen; **11.** a) ,herumspielen', sich amüsieren, b) Unsinn treiben, c) scherzen; **12.** a) sich tummeln, b) flattern, gaukeln, c) spielen *(Lächeln, Licht etc.)* (*on* auf *dat.),* d) schillern *(Farbe),* e) in Tätigkeit sein *(Springbrunnen);* **13.** a) schießen, b)

spritzen, c) strahlen, streichen: **~ on** gerichtet sein auf (*acc.*), bestreichen, bespritzen (*Schlauch, Wasserstrahl*), anstrahlen, absuchen (*Scheinwerfer*); **14.** ⊕ a) Spiel(raum) haben, b) sich bewegen (*Kolben etc.*); **15.** sich *gut etc.* zum Spielen eignen (*Boden etc.*); **III** *v/t.* **16.** *Karten, Tennis etc.*, a. ♪, a. *thea. Rolle od. Stück, a. fig.* spielen: ~ (*s.th. on*) *the piano* (et. auf dem) Klavier spielen; **~ both ends against the middle** *fig.* vorsichtig lavieren; **~ it safe** a) kein Risiko eingehen, b) (*Wendung*) um (ganz) sicher zu gehen; **~ it low down** *sl.* ein gemeines Spiel treiben (*on* mit *j-m*); **~ the races** bei (Pferde)Rennen wetten; → *deuce* 3, *fool*¹ 2, *game*¹ 4, *havoc, hooky*², *trick* 2, *truant* 1; **17.** a) *Karte* ausspielen (*a. fig.*): **~ one's cards well** s-e Chancen gut (aus)nutzen, b) *Schachfigur* ziehen; **18.** spielen, Vorstellungen geben in (*dat.*): **~ the larger cities**; **19.** *Geschütz, Scheinwerfer, Licht-, Wasserstrahl etc.* richten (*on* auf *acc.*): **~ a hose on et.** bespritzen; **~ colo(u)red lights on et.** bunt anstrahlen; **20.** *Fisch* auszappeln lassen;

Zssgn mit prp.:

play| at → *play* 9; **~ (up·)on** → *play* 9, 12, 13, 19; **~ up to** → *play* 9; **~ with** → *play* 9;

Zssgn mit adv.:

play| a·round *v/i.* → *play* 11a; **a·way I** *v/t.* *Geld* verspielen; **II** *v/i.* drauf'losspielen; **~ back** *v/t.* *Platte, Band* abspielen; **~ down** *v/t. fig.* ‚herunterspielen'; **~ off** *v/t.* **1.** *sport* Spiel a) beenden, b) *durch Stichkampf* entscheiden; **2.** *fig.* j-n ausspielen (*against* gegen *e-n andern*); **3.** *Musik* her'unterspielen; **~ out** *v/t.* erschöpfen: *played out* erschöpft, ,fertig'; **~ up I** *v/i.* **1.** ♪ lauter spielen; **2.** *sport* F ,aufdrehen'; **3.** *Brit.* F ,verrückt spielen' (*Auto etc.*); **4.** **~ to** a) j-m schöntun, b) j-n unter'stützen; **II** *v/t.* **5.** *e-e Sache* ,hochspielen'; **6.** F j-n ,auf die Palme bringen' (*reizen*).

play·a·ble ['pleɪəbl] *adj.* **1.** spielbar; **2.** *thea.* bühnenreif, -gerecht.

'play|·act *v/i. contp.* ,schauspielern'; **ac·tor** *s. mst contp.* Schauspieler *m* (*a. fig.*); **'~·back** *s.* ♪ **1.** Playback *n*, Abspielen *n*: **~ head** Tonabnehmerkopf *m*; **2.** Wiedergabegerät *n*; **'~·bill** *s.* The'aterpla‚kat *n*; **'~·book** *s. thea.* Textbuch *n*; **'~·boy** *s.* Playboy *m*; **'~·day** *s.* (schul)freier Tag.

play·er ['pleɪə] *s.* **1.** *sport, a.* ♪ Spieler (-in); **2.** *Brit. sport* Berufsspieler *m*; **3.** (Glücks)Spieler *m*; **4.** Schauspieler(in); **~ pi·an·o** *s.* me'chanisches Kla'vier.

'play|·fel·low *s.* → *playmate*.

play·ful ['pleɪfʊl] *adj.* □ **1.** spielerisch; **2.** verspielt; **3.** ausgelassen, neckisch; **'play·ful·ness** [-nɪs] *s.* **1.** Munterkeit *f*; Ausgelassenheit *f*; **2.** Verspieltheit *f*.

'play|·girl *s.* Playgirl *n*; **'~·go·er** *s.* The'aterbesucher(in); **'~·ground** *s.* **1.** Spiel-, Tummelplatz *m* (*a. fig.*); **2.** Schulhof *m*; **'~·house** *s.* **1.** *thea.* Schauspielhaus *n*; **2.** Spielhaus *n*, -hütte *f*.

play·ing| card ['pleɪɪŋ] *s.* Spielkarte *f*; **~ field** *s. Brit.* Sport-, Spielplatz *m*.

play·let ['pleɪlɪt] *s.* kurzes Schauspiel.

'play|·mate *s.* 'Spielkame‚rad(in), Ge-

spiele *m*, Gespielin *f*; **'~·off** *s. sport* Entscheidungsspiel *n*; **'~·pen** Laufgitter *n*; **'~·suit** *s.* Spielhös-chen *n*; **'~·thing** *s.* Spielzeug *n* (*fig. a. Person*); **'~·time** *s.* **1.** Freizeit *f*; **2.** *ped.* große Pause; **'~·wright** *s.* Bühnenschriftsteller *m*, Dra'matiker *m*.

plea [pli:] *s.* **1.** Vorwand *m*, Ausrede *f*: **on the ~ of** (od. *that*) unter dem Vorwand (*gen.*) od. daß; **2.** ⚖ a) Verteidigung *f*, b) Antwort *f* des Angeklagten: **~ of guilty** Schuldgeständnis *n*; **3.** ⚖ Einrede *f*: **make a ~** Einspruch erheben; **~ of the crown** *Brit.* Strafklage *f*; **4.** *fig.* (dringende) Bitte (*for* um), Gesuch *n*; **5.** *fig.* Befürwortung *f*.

plead [pli:d] **I** *v/i.* **1.** ⚖ *u. fig.* plädieren (*for* für); **2.** ⚖ (*vor Gericht*) e-n Fall erörtern, Beweisgründe vorbringen; **3.** ⚖ sich zu s-r Verteidigung äußern: **~ guilty** sich schuldig bekennen (*to gen.*); **4.** dringend bitten (*for* um, *with s.o.* j-n); **5.** sich einsetzen *od.* verwenden (*for* für, *with s.o.* bei j-m); **6.** einwenden *od.* geltend machen (*that* daß); **II** *v/t.* **7.** ⚖ *u. fig.* als Verteidigung *od.* Entschuldigung anführen, et. vorschützen: **~ ignorance**; **8.** ⚖ erörtern; **9.** ⚖ a) *Sache* vertreten, verteidigen: **~ s.o.'s cause**, b) (als Beweisgrund) vorbringen, anführen; **'plead·er** [-də] *s.* ⚖ *u. fig.* Anwalt *m*, Sachwalter *m*; **'pleading** [-dɪŋ] **I** *s.* **1.** ⚖ a) Plädo'yer *n*, Plädieren *n*, Führen *n* e-r Rechtssache, c) Parteivorbringen *n*, d) *pl.*, gerichtliche Verhandlungen *pl.*, e) *bsd. Brit.* vorbereitete Schriftsätze *pl.*, Vorverhandlung *f*; **2.** Fürsprache *f*; **3.** Bitten *n* (*for* um); **II** *adj.* □ **4.** flehend, bittend, inständig.

pleas·ant ['pleznt] *adj.* □ **1.** angenehm (*a. Geruch, Traum etc.*), wohltuend, erfreulich (*Nachrichten etc.*), vergnüglich; **2.** freundlich (*a. Wetter, Zimmer*): **please look ~!** bitte recht freundlich!; **'pleas·ant·ness** [-nɪs] *s.* **1.** das Angenehme; angenehmes Wesen; **2.** Freundlichkeit *f*; **3.** Heiterkeit *f* (*a. fig.*); **'pleas·ant·ry** [-trɪ] *s.* **1.** Heiter-, Lustigkeit *f*; **2.** Scherz *m*: a) Witz *m*, b) Hänse'lei *f*.

please [pli:z] **I** *v/i.* **1.** gefallen, angenehm sein, befriedigen, Anklang finden: **~!** bitte (sehr)!; **as you ~** wie Sie wünschen; **if you ~** a) wenn ich bitten darf, wenn es Ihnen recht ist, b) *iro.* gefälligst, c) man stelle sich vor, denken Sie nur; **~ come in!** bitte, treten Sie ein!; **2.** befriedigen, zufriedenstellen: **anxious to ~** dienstbeflissen, sehr eifrig; **II** *v/t.* **3.** j-m gefallen *od.* angenehm sein *od.* zusagen, j-n erfreuen: **be ~d to do** sich freuen et. zu tun; **I am only too ~d to do it** ich tue es mit dem größten Vergnügen; **be ~d with** a) befriedigt sein von, b) Vergnügen haben an (*dat.*), c) Gefallen finden an (*dat.*): **I am ~d with it** es gefällt mir; **4.** befriedigen, zufriedenstellen: **~ o.s.** tun, was man will; **~ yourself** a) wie Sie wünschen, b) bitte, bedienen Sie sich; **only to ~ you** nur Ihnen zuliebe; → *hard* 3; **5.** (*a. iro.*) geruhen, belieben (**to do** et. zu tun): **~ God** so Gott will; **'pleased** [-zd] *adj.* zufrieden (*with* mit), erfreut (*at* über *acc.*); → *Punch*⁴; **'pleas·ing** [-zɪŋ] *adj.* □ angenehm, wohltuend, ge-

fällig.

pleas·ur·a·ble ['pleʒərəbl] *adj.* □ angenehm, vergnüglich, ergötzlich.

pleas·ure ['pleʒə] **I** *s.* **1.** Vergnügen *n*, Freude *f*, (*a. sexueller*) Genuß, Lust *f*: **with ~!** mit Vergnügen!; **give s.o. ~** j-m Vergnügen (*od.* Freude) machen; **have the ~ of doing** das Vergnügen haben, et. zu tun; **take ~ in** (*od. at*) Vergnügen *od.* Freude finden an (*dat.*): **he takes (a) ~ in contradicting** es macht ihm Spaß zu widersprechen; **take one's ~** sich vergnügen; **a man of ~** ein Genußmensch; **2.** Gefallen *m*, Gefälligkeit *f*: **do s.o. a ~** j-m e-n Gefallen tun; **3.** Belieben *n*, Gutdünken *n*: **at ~** nach Belieben; **at the Court's ~** nach dem Ermessen des Gerichts; ⚖ **during Her Majesty's ~** *Brit.* auf unbestimmte Zeit (*Freiheitsstrafe*); **II** *v/i.* **4.** sich erfreuen *od.* vergnügen; **~ boat** *s.* Vergnügungsdampfer *m*; **~ ground** *s.* Vergnügungs-, Rasenplatz *m*; **~ prin·ci·ple** *s. psych.* 'Lustprin‚zip *n*; **'~-‚seek·ing** *adj.* vergnügungssüchtig; **~ tour** *s.*, **~ trip** *s.* Vergnügungsreise *f*.

pleat [pli:t] **I** *s.* (Rock- *etc.*)Falte *f*; **II** *v/t.* falten, fälteln, plissieren.

ple·be·ian [plɪ'bi:ən] **I** *adj.* ple'bejisch; **II** *s.* Ple'bejer(in); **ple'be·ian·ism** [-nɪzəm] *s.* Ple'bejertum *n*.

pleb·i·scite ['plebɪsɪt] *s.* Plebis'zit *n*, Volksabstimmung *f*, -entscheid *m*.

plec·trum ['plektrəm] *pl.* **-tra** [-ə] *s.* ♪ Plektron *n*.

pledge [pledʒ] **I** *s.* **1.** (Faust-, 'Unter-) Pfand *n*, Pfandgegenstand *m*; Verpfändung *f*; Bürgschaft *f*, Sicherheit *f*; *hist.* Bürge *m*, Geisel *f*: **in ~ of** a) als Pfand für, b) *fig.* als Beweis für, zum Zeichen, daß; **hold in ~** als Pfand halten; **put in ~** verpfänden; **take out of ~** Pfand auslösen; **2.** Versprechen *n*, feste Zusage, Gelübde *n*, Gelöbnis *n*: **take the ~** dem Alkohol abschwören; **3.** *fig.* 'Unterpfand *n*, Beweis *m* (*der Freundschaft etc.*): **under the ~ of secrecy** unter dem Siegel der Verschwiegenheit; **4.** *a.* **~ of love** *fig.* Pfand *n* der Liebe (*Kind*); **5.** Zutrunk *n*, Toast *m*; **6.** *bsd. univ. Am.* a) Versprechen *n*, e-r Verbindung *od.* e-m (Geheim)Bund beizutreten, b) Anwärter(in) auf solche Mitgliedschaft; **II** *v/t.* **7.** verpfänden (*s.th. to s.o.* j-m et.); Pfand bestellen für, e-e Sicherheit leisten für; als Sicherheit *od.* zum Pfand geben: **~ one's word** *fig.* sein Wort verpfänden; **~d article** Pfandobjekt; **~d merchandise** ✝ sicherungsübereignete Ware(n); **~d securities** ✝ lombardierte Effekten; **8.** j-n verpflichten (**to** zu, auf *acc.*): **~ o.s.** geloben, sich verpflichten; **9.** j-n zutrinken, auf das Wohl (*gen.*) trinken; **'pledge·a·ble** [-dʒəbl] *adj.* verpfändbar; **pledg·ee** [ple'dʒi:] *s.* Pfandnehmer(in), -inhaber (-in), -gläubiger(in); **pledge·or** [ple'dʒɔ:], **'pledg·er** [-dʒə], **pledg·or** [ple'dʒɔ:] *s.* ⚖ Pfandgeber(in), -schuldner(in).

Ple·iad ['plaɪəd] *pl.* **Ple·ia·des** [-di:z] *s. ast., fig.* Siebengestirn *n*.

Pleis·to·cene ['plaɪstəʊsi:n] *s. geol.* Pleisto'zän *n*, Di'luvium *n*.

ple·na·ry ['pli:nərɪ] *adj.* □ **1.** voll(ständig), Voll…, Plenar…: **~ session** Plenarsitzung *f*; **2.** voll('kommen), uneingeschränkt: ～ *indulgence R.C.* vollkommener Ablaß; ～ *power* Generalvollmacht *f.*

plen·i·po·ten·ti·a·ry [ˌplenɪpəʊˈtenʃərɪ] **I** *s.* **1.** (Gene'ral)Be,vollmächtigte(r *m*) *f,* bevollmächtigter Gesandter *od.* Mi'nister; **II** *adj.* **2.** bevollmächtigt; **3.** ab-so'lut, unbeschränkt.

plen·i·tude ['plenɪtjuːd] *s.* **1.** → *plenty* 1; **2.** Vollkommenheit *f.*

plen·te·ous ['plentjəs] *adj.* □ *poet.* reich(lich); **'plen·te·ous·ness** [-nɪs] *s. poet.* Fülle *f.*

plen·ti·ful ['plentɪfʊl] *adj.* □ reich(lich), im 'Überfluß (vor'handen); **'plen·ti·ful·ness** [-nɪs] → *plenty* 1.

plen·ty ['plentɪ] **I** *s.* Fülle *f,* 'Überfluß *m,* Reichtum *m* (*of* an *dat.*): *have ～ of s.th.* mit et. reichlich versehen sein, et. in Hülle u. Fülle haben; *in ～* im Überfluß; *～ of money* (*time*) jede Menge *od.* viel Geld (Zeit); *～ of times* sehr oft; → *horn* 4; **II** *adj. bsd. Am.* reichlich, jede Menge; **III** *adv.* F a) bei weitem, ‚lange‘, b) *Am.* ‚mächtig‘.

ple·num ['pliːnəm] *s.* **1.** Plenum *n,* Vollversammlung *f;* **2.** *phys.* (vollkommen) ausgefüllter Raum.

ple·o·nasm ['plɪəʊmæzəm] *s.* Pleo'nasmus *m;* **ple·o·nas·tic** [ˌplɪəʊˈnæstɪk] *adj.* (□ *～ally*) pleo'nastisch.

pleth·o·ra ['pleθərə] *s.* **1.** ✴ Blutandrang *m;* **2.** *fig.* 'Überfülle *f,* Zu'viel *n* (*of* an *dat.*); **ple·thor·ic** [pleˈθɒrɪk] *adj.* (□ *～ally*) **1.** ✴ ple'thorisch; **2.** *fig.* 'übervoll, über'laden.

pleu·ra ['plʊərə] *pl.* **-rae** [-riː] *s. anat.* Brust-, Rippenfell *n;* **'pleu·ral** [-rəl] *adj.* Brust-, Rippenfell…; **'pleu·ri·sy** [-rəsɪ] *s.* ✴ Pleu'ritis *f,* Brustfell-, Rippenfellentzündung *f.*

pleu·ro·car·pous [ˌplʊərəʊˈkɑːpəs] *adj.* ♀ seitenfrüchtig; **pleu·ro·pneu·mo·ni·a** [-njʊˈməʊnjə] *s.* **1.** ✴ Lungen- u. Rippenfellentzündung *f;* **2.** *vet.* Lungen- u. Brustseuche *f.*

plex·or ['pleksə] *s.* ✴ Perkussi'onshammer *m.*

plex·us ['pleksəs] *pl.* **-es** [-ɪz] *s.* **1.** *anat.* Plexus *m,* (Nerven)Geflecht *n;* **2.** *fig.* Flechtwerk *n,* Netz(werk) *n,* Kom'plex *m.*

pli·a·bil·i·ty [ˌplaɪəˈbɪlətɪ] *s.* Biegsamkeit *f,* Geschmeidigkeit *f* (*a. fig.*); **pli·a·ble** ['plaɪəbl] *adj.* □ **1.** biegsam, geschmeidig (*a. fig.*); **2.** *fig.* nachgiebig, fügsam, leicht zu beeinflussen(d).

pli·an·cy ['plaɪənsɪ] *s.* Biegsamkeit *f,* Geschmeidigkeit *f* (*a. fig.*); **'pli·ant** [-nt] *adj.* □ → *pliable.*

pli·ers ['plaɪəz] *s. pl.* (*a. als sg. konstr.*) ☢ (*a pair of ～* e-e) (Draht-, Kneif)Zange: *round(-nosed) ～* Rundzange *f.*

plight[1] [plaɪt] *s.* (mißliche) Lage, Not-, Zwangslage *f.*

plight[2] [plaɪt] *bsd. poet.* **I** *v/t.* **1.** Wort, Ehre verpfänden, *Treue* geloben: *～ed troth* gelobte Treue; **2.** verloben (*to dat.*); **II** *s.* **3.** *obs.* Gelöbnis *n,* feierliches Versprechen; **4.** *a. ～ of faith* Verlobung *f.*

plim·soll ['plɪmsəl] *s.* Turnschuh *m.*

plinth [plɪnθ] *s.* △ **1.** Plinthe *f,* Säulenplatte *f;* **2.** Fußleiste *f.*

Pli·o·cene ['plaɪəʊsiːn] *s. geol.* Plio'zän *m.*

plod [plɒd] **I** *v/i.* **1.** *a. ～ along, ～ on*

mühsam *od.* schwerfällig gehen, sich da'hinschleppen, trotten, (ein'her)stapfen; **2.** ～ *away fig.* sich abmühen *od.* -plagen (*at* mit), ‚schuften‘; **II** *v/t.* **3.** ～ *one's way* → 1; **'plod·der** [-də] *s. fig.* Arbeitstier *n;* **'plod·ding** [-dɪŋ] **I** *adj.* □ **1.** stapfend; **2.** arbeitsam, angestrengt *od.* unverdrossen (*arbeitend*); **II** *s.* **3.** Placke'rei *f,* Schufte'rei *f.*

plonk[1] [plɒŋk] *s.* F billiger u. schlechter Wein.

plonk[2] [plɒŋk] F **I** *v/t.* **1.** *a.* ～ *down et.* ‚hinschmeißen‘; **2.** ♪ zupfen auf (*acc.*); **3.** ～ *down Am. sl.* ‚blechen‘, bezahlen; **II** *v/i.* **4.** ‚knallen‘; **III** *adv.* **5.** knallend; **6.** ‚zack‘, genau: ～ *in the eye;* ～*!* wamm!

plop [plɒp] **I** *v/i.* plumpsen; **II** *v/t.* plumpsen lassen; **III** *s.* Plumps *m,* Plumpsen *n;* **IV** *adv.* mit e-m Plumps; **V** *int.* plumps!

plo·sion ['pləʊʒn] *s. ling.* Verschluß (-sprengung *f*) *m;* **plo·sive** ['pləʊsɪv] **I** *adj.* Verschluß…; **II** *s.* Verschlußlaut *m.*

plot [plɒt] **I** *s.* **1.** Stück(chen) *n* Land, Par'zelle *f,* Grundstück *n: a garden-～* ein Stück Garten; **2.** *bsd. Am.* (Lage-, Bau)Plan *m,* (Grund)Riß *m,* Dia-'gramm *n,* graphische Darstellung; ✕ a) Artillerie: Zielort *m,* b) Radar: Standort *m;* **4.** (geheimer) Plan, Kom-'plott *n,* Anschlag *m,* Verschwörung *f,* In'trige *f: lay a ～* ein Komplott schmieden; **5.** Handlung *f,* Fabel *f* (*Roman, Drama etc.*), *a.* In'trige *f* (*Komödie*); **II** *v/t.* **6.** e-n Plan von et. anfertigen, et. planen, entwerfen; aufzeichnen (*a. ～ down*) (*on* in *dat.*); ⚓, ✓ Kurs abstecken, -setzen, ermitteln; ♪ Kurve (graphisch) darstellen *od.* auswerten; Luftbilder auswerten: *～ted fire* ✕ Planfeuer *n;* **7.** *a.* ～ *out* Land parzellieren; **8.** Verschwörung planen, aushecken, Meuterei anzetteln; **9.** Romanhandlung etc. entwickeln, ersinnen; **III** *v/i.* **10.** (*against*) Ränke *od.* ein Komplott schmieden, intrigieren, sich verschwören (gegen), e-n Anschlag verüben (auf *acc.*); **'plot·ter** [-tə] *s.* **1.** Planzeichner (-in); **2.** Anstifter(in); **3.** Ränkeschmied *m,* Intri'gant(in), Verschwörer(in).

plough [plaʊ] **I** *s.* **1.** Pflug *m: put one's hand to the ～* s-e Hand an den Pflug legen; **2.** *the* ⚹ *ast.* der Große Bär *m;* **3.** *Tischlerei:* Falzhobel *m;* **4.** *Buchbinderei:* Beschneidhobel *m;* **5.** *univ. Brit. sl.* ‚('Durch)Rasseln‘ *n,* 'Durchfall *m;* **II** *v/t.* **6.** Boden (‚um-) pflügen; ～ *back* unterpflügen *fig. Gewinn* wieder in das Geschäft stecken; → *sand* 2; **7.** *fig.* a) *Wasser, Gesicht* (durch)'furchen, *Wellen* pflügen, b) sich *e-n Weg* bahnen: ～ *one's way;* **8.** *univ. Brit. sl.* 'durchfallen lassen: *be od. get ～ed* durchrasseln; **III** *v/i.* **9.** *fig.* sich e-n Weg bahnen: ～ *through a book* F ein Buch durchackern; **'～-land** *s.* Ackerland *n;* **'～-man** [-mən] *s.* [*irr.*] Pflüger *m: ～'s lunch* Imbiß *m* aus Brot, Käse *etc.*; **'～-plane** *s.* ☢ Nuthobel *m;* **'～-share** *s.* ✓ Pflugschar *f.*

plov·er ['plʌvə] *s. orn.* **1.** Regenpfeifer *m;* **2.** Gelbschenkelwasserläufer *m;* **3.** Kiebitz *m.*

plow [plaʊ] *etc. Am.* → *plough etc.*

ploy [plɔɪ] *s.* F Trick *m,* ‚Masche‘ *f.*

pluck [plʌk] **I** *s.* **1.** Rupfen *n,* Zupfen *n,* Zerren *n;* **2.** Ruck *m,* Zug *m;* **3.** Geschlinge *n von Schlachttieren;* **4.** *fig.* Schneid *m,* Mut *m;* **5.** → *plough* 5; **II** *v/t.* **6.** *Obst, Blumen etc.* pflücken, abreißen; **7.** *Federn, Haar, Unkraut etc.* ausreißen, -zupfen, *Geflügel* rupfen; ☢ *Wolle* plüsen; → *crow*[1] 1; **8.** zupfen, ziehen, zerren, reißen: ～ *s.o. by the sleeve* j-n am Ärmel zupfen; ～ *up courage fig.* Mut fassen; **9.** *sl.* j-n ‚rupfen‘, ausplündern; **10.** → *plough* 8; **III** *v/i.* **11.** (*at*) zupfen, ziehen, zerren (an *dat.*); schnappen, greifen (nach); **'pluck·i·ness** [-kɪnɪs] *s.* Schneid *m,* Mut *m;* **'pluck·y** [-kɪ] *adj.* □ F mutig, schneidig.

plug [plʌg] **I** *s.* **1.** Pflock *m,* Stöpsel *m,* Dübel *m,* Zapfen *m;* (Faß)Spund *m;* Pfropf(en) *m* (*a. ✒*); Verschlußschraube *f,* (Hahn-, Ven'til)Küken *n: drain ～* Ablaßschraube; **2.** ⚡ Stecker *m,* Stöpsel *m: ～-ended cord* Stöpselschnur *f;* ～ *socket* Steckdose *f;* **3.** *mot.* Zündkerze *f;* **4.** ('Feuer)Hy,drant *m;* **5.** (Klo'sett-) Spülvorrichtung *f;* **6.** (Zahn)Plombe *f;* **7.** Priem *m* (*Kautabak*); **8.** → *plug hat;* **9.** ✳ *sl.* Ladenhüter *m;* **10.** *sl.* alter Gaul; **11.** *sl.* a) (Faust)Schlag *m,* b) Schuß *m,* c) Kugel *f: take a ～ at* → 18; **12.** *Am. Radio:* Re'klame(hinweis *m*) *f;* **13.** F falsches Geldstück; **II** *v/t.* **14.** *a.* ～ *up* zu-, verstopfen, zustöpseln; **15.** *Zahn* plombieren; **16.** *a.* ～ *in* ⚡ *Gerät* einstecken, -stöpseln, *durch Steckkontakt* anschließen; **17.** F *im Radio etc.* (ständig) Reklame machen für; *Lied etc.* ständig spielen (lassen); **18.** *sl.* j-m ‚eine (*e-n Schlag, e-e Kugel*) verpassen‘; **III** *v/i.* **19.** F *a.* ～ *away* ‚schuften‘ (*at* an *dat.*); ～ *box s.* 'Steckdose *f,* -kon,takt *m;* ～ *fuse s.* Stöpselsicherung *f;* ～ *hat s. Am. sl.* ‚Angströhre‘ *f* (*Zylinder*); **'～-in** *adj.* ⚡ Steck…, Einschub…; **'～-ug·ly I** *s. Am. sl.* Schläger *m,* Ra'bauke *m;* **II** *adj.* F abgrundhäßlich; ～ *wrench s. mot.* Zündkerzenschlüssel *m.*

plum [plʌm] *s.* **1.** Pflaume *f,* Zwetsch(g)e *f;* **2.** Ro'sine (*im Pudding etc.*): ～ *cake* Rosinenkuchen *m;* **3.** *fig.* a) Ro'sine *f* (*das Beste*), b) *a.* ～ *job* ‚Bombenjob‘ *m,* c) *Am. sl.* Belohnung *f für Unterstützung bei der Wahl* (*Posten, Titel etc.*); **4.** *Am. sl.* unverhoffter Gewinn, ✝ 'Sonderdivi,dende *f.*

plum·age ['pluːmɪdʒ] *s.* Gefieder *n.*

plumb [plʌm] **I** *s.* **1.** (Blei)Lot *n,* Senkblei *n: out of ～* aus dem Lot, nicht (mehr) senkrecht; **2.** ⚓ (Echo)Lot *n;* **II** *adj.* **3.** lot-, senkrecht; **4.** F völlig, rein (*Unsinn etc.*); **III** *adv.* **5.** *fig.* genau, ‚peng‘, platsch (*ins Wasser etc.*); **6.** *Am.* F ‚to'tal‘ (*verrückt etc.*); **IV** *v/t.* **7.** lotrecht machen; **8.** ⚓ *Meerestiefe* (ab-, aus)loten, sondieren; **9.** *fig.* sondieren, ergründen; **10.** ☢ (*mit Blei*) verlöten, verbleien; **11.** F Wasser- *od.* Gasleitungen legen in (*e-m Haus*); **V** *v/i.* **12.** klempnern; **plum·ba·go** [plʌmˈbeɪgəʊ] *s.* **1.** *min.* a) Gra'phit *m,* b) Bleiglanz *m;* **2.** ♀ Bleiwurz *f.*

'plumb-bob → *plumb* 1.

plum·be·ous ['plʌmbɪəs] *adj.* **1.** bleiartig; **2.** bleifarben; **3.** *Keramik:* mit Blei glasiert; **plumb·er** ['plʌmə(r)] *s.* **1.**

Klempner *m*, Installa'teur *m*; **2.** Bleiarbeiter *m*; **'plum·bic** [-bɪk] *adj.* Blei...: **~ chloride** 🜓 Bleitetrachlorid *n*; **plum·bif·erous** [plʌm'bɪfərəs] *adj.* bleihaltig; **'plumb·ing** [-mɪŋ] *s.* **1.** Klempner-, Installa'teurarbeit *f*; **2.** Rohr-, Wasser-, Gasleitung *f*; sani'täre Einrichtung; **3.** Blei(gießer)arbeit *f*; **4.** △, ⚓ Ausloten *n*; **'plum·bism** [-bɪzəm] *s.* 🜿 Bleivergiftung *f*. **'plumb-line I** *s.* **1.** Senkschnur *f*, -blei *n*; **II** *v/t.* **2.** △, ⚓ ausloten; **3.** *fig.* sondieren, prüfen. **plumbo-** [plʌmbəʊ] 🜓 *in Zssgn* Blei..., *z.B.* **plumbosolvent** bleizersetzend. **plumb rule** *s.* ⊙ Lot-, Senkwaage *f*. **plume** [pluːm] **I** *s.* **1.** *orn.* (Straußen- *etc.*) Feder *f*; **adorn o.s. with borrowed ~s** *fig.* sich mit fremden Federn schmücken; **2.** (Hut-, Schmuck)Feder *f*; **3.** Feder-, Helmbusch *m*; **4.** *fig.* **~ (of cloud)** Wolkenstreifen *m*; **~ (of smoke)** Rauchfahne *f*; **II** *v/t.* **5.** mit Federn schmücken: **~ o.s. (up)on** *fig.* sich brüsten mit; **~d** a) gefiedert, b) mit Federn geschmückt; **6.** *Gefieder* putzen; **'plume·less** [-lɪs] *adj.* ungefiedert. **plum·met** ['plʌmɪt] **I** *s.* **1.** (Blei)Lot *n*, Senkblei *n*; **2.** ⊙ Senkwaage *f*; **3.** *Fischen*: (Blei)Senker *m*; **4.** *fig.* Bleigewicht *n*; **II** *v/i.* **5.** absinken, (ab)stürzen (*a. fig.*). **plum·my** ['plʌmɪ] *adj.* **1.** pflaumenartig, Pflaumen...; **2.** reich an Pflaumen *od.* Ro'sinen; **3.** F ,prima', ,schick'; **4.** so'nor: **~ voice**. **plu·mose** ['pluːməʊs] *adj.* **1.** *orn.* gefiedert; **2.** ⚘, *zo.* federartig. **plump¹** [plʌmp] **I** *adj.* drall, mollig, ,pummelig': **~ cheeks** Pausbacken; **II** *v/t. u. v/i.* oft **~ out** prall *od.* fett machen (werden). **plump²** [plʌmp] **I** *v/i.* **1.** (hin)plumpsen, schwer fallen, sich (*in e-n Sessel etc.*) fallen lassen; **2.** *pol.* kumulieren: **~ for** a) *e-m Wahlkandidaten* s-e Stimme ungeteilt geben, b) *j-n* rückhaltlos unterstützen, c) sich sofort für *et.* entscheiden; **II** *v/t.* **3.** plumpsen lassen; **4.** mit *s-r Meinung etc.* her'ausplatzen, unverblümt her'aussagen; **III** *s.* **5.** F Plumps *m*; **IV** *adv.* **6.** plumpsend, mit e-m Plumps; **7.** F unverblümt, gerade her'aus; **V** *adj.* □ **8.** F plump (*Lüge etc.*), deutlich, glatt (*Ablehnung etc.*); **'plump·er** [-pə] *s.* **1.** Plumps *m*; **2.** Bausch *m*; **3.** *pol.* ungeteilte Wahlstimme; **4.** *sl.* plumpe Lüge. **plum pud·ding** *s.* Plumpudding *m*. **plum·y** ['pluːmɪ] *adj.* **1.** gefiedert; **2.** federartig. **plun·der** ['plʌndə] **I** *v/t.* **1.** *Land, Stadt etc.* plündern; **2.** rauben, stehlen; **3.** *j-n* ausplündern; **II** *v/i.* **4.** plündern, räubern; **III** *s.* **5.** Plünderung *f*; **6.** Beute *f*, Raub *m*; **7.** *Am.* F Plunder *m*; **'plun·der·er** [-ərə] *s.* Plünderer *m*, Räuber *m*. **plunge** [plʌndʒ] **I** *v/t.* **1.** (ein-, 'unter-) tauchen, stürzen (**in**, **into** in *acc.*); *fig. j-n in Schulden etc.* stürzen; *e-e Nation in e-n Krieg* stürzen *od.* treiben; *Zimmer in Dunkel* tauchen *od.* hüllen; **2.** *Waffe* stoßen; **II** *v/i.* **3.** (ein-, 'unter-) tauchen (**into** in *acc.*); **4.** (ab)stürzen (*a. fig. Klippe etc.*, ⚘ *Preise*); **5.** *ins Zimmer etc.* stürzen, stürmen; *fig.* sich

in e-e Tätigkeit, in Schulden etc. stürzen; **6.** ⚓ stampfen (*Schiff*); **7.** sich nach vorne werfen, ausschlagen (*Pferd*); **8.** *sl.* *et.* riskieren, alles auf 'eine Karte setzen; **III** *s.* **9.** (Ein-, 'Unter)Tauchen *n*; *sport* (Kopf)Sprung *m*: **take the ~** *fig.* den entscheidenden Schritt *od.* den Sprung wagen; **10.** Sturz *m*, Stürzen *n*; **11.** Ausschlagen *n e-s Pferdes*; **12.** Sprung-, Schwimmbecken *n*; **13.** Schwimmen *n*, Bad *n*; **'plung·er** [-dʒə] *s.* **1.** Taucher *m*; **2.** ⊙ Tauchkolben *m*; **3.** ⚡ a) Tauchkern *m*, b) Tauchspule *f*; **4.** *mot.* Ven'tilkolben *m*; **5.** ✕ Schlagbolzen *m*; **6.** *sl.* a) Ha'sar'deur *m*, Spieler *m*, b) wilder Speku'lant. **plunk** [plʌŋk] → **plonk²**. **plu·per·fect** [ˌpluːˈpɜːfɪkt] *s. a.* **~ tense** *ling.* Plusquamperfekt *n*, Vorvergangenheit *f*. **plu·ral** ['plʊərəl] **I** *adj.* □ **1.** mehrfach: **~ marriage** Mehrehe *f*; **~ society** pluralistische Gesellschaft; **~ vote** Mehrstimmenwahlrecht *n*; **2.** *ling.* Plural..., im Plural, plu'ralisch: **~ number** → 3; **II** *s.* **3.** *ling.* Plural *m*, Mehrzahl *f*; **'plu·ral·ism** [-rəlɪzəm] *s.* **1.** Vielheit *f*; **2.** *eccl.* Besitz *m* mehrerer Pfründen *od.* Ämter; **3.** *phls.*, *pol.* Plura'lismus *m*; **'plu·ral·ist** [-rəlɪst] *adj. phls.*, *pol.* plu'ralistisch; **plu·ral·i·ty** [ˌplʊəˈrælətɪ] *s.* **1.** Mehrheit *f*, 'Über-, Mehrzahl *f*; **2.** Vielheit *f*, -zahl *f*; **3.** *pol.* (*Am. bsd.* rela'tive) Stimmenmehrheit; **4.** → *pluralism* 2; **'plu·ral·ize** [-rəlaɪz] *v/t. ling.* **1.** in den Plural setzen; **2.** als *od.* im Plural gebrauchen. **plus** [plʌs] **I** *prp.* **1.** plus, und; **2.** *bsd.* ⚓ zuzüglich (*gen.*); **II** *adj.* **3.** Plus..., a. extra, Extra...; **4.** ⚡, ⚡ positiv, Plus...: **~ quantity** positive Größe; **5.** F plus, mit; **III** *s.* **6.** Plus(zeichen) *n*; **7.** Plus *n*, Mehr *n*, 'Überschuß *m*; **8.** *fig.* Plus (-punkt *n*) *m*; **~-'fours** *s. pl. weite* Knickerbocker- *od.* Golfhose. **plush** [plʌʃ] **I** *s.* **1.** Plüsch *m*; **II** *adj.* **2.** Plüsch...; **3.** *sl.* (stink)vornehm, ,feu'dal'; **'plush·y** [-ʃɪ] *adj.* **1.** plüschartig; **2.** › *plush* 3. **plus·(s)age** ['plʌsɪdʒ] *s. Am.* 'Überschuß *m*. **Plu·to** ['pluːtəʊ] *s. myth. u. ast.* Pluto *m* (*Gott u. Planet*). **plu·toc·ra·cy** [pluːˈtɒkrəsɪ] *s.* **1.** Pluto'kra'tie *f*, Geldherrschaft *f*; **2.** 'Geldaristokra,tie *f*, *coll.* Pluto'kraten *pl.*; **plu·to·crat** ['pluːtəʊkræt] *s.* Pluto'krat *m*, Kapita'list *m*; **plu·to·crat·ic** [ˌpluːtəʊˈkrætɪk] *adj.* pluto'kratisch. **plu·ton·ic** [pluːˈtɒnɪk] *adj. geol.* plu'tonisch: **plu'to·ni·um** [-ˈtəʊnjəm] *s.* 🜓 Plu'tonium *n*. **plu·vi·al** ['pluːvjəl] *adj.* regnerisch, Regen...; **'plu·vi·o·graph** [-əʊgrɑːf] *s. phys.* Regenschreiber *m*; **plu·vi·om·e·ter** [ˌpluːvɪˈɒmɪtə] *s. phys.* Pluvio'meter *n*, Regenmesser *m*; **'plu·vi·ous** [-jəs] → *pluvial*. **ply¹** [plaɪ] **I** *v/t.* **1.** *Arbeitsgerät* handhaben, hantieren mit; **2.** *Gewerbe* betreiben, ausüben; **3.** (*with*) bearbeiten (mit) (*a. fig.*); *fig. j-m* (mit *Fragen etc.*) zusetzen, *j-n* (mit *et.*) über'häufen: **~ s.o. with drink** *j-n* zum Trinken nötigen; **4.** *Strecke* (regelmäßig) befahren; **II** *v/i.* **5.** verkehren, fahren, pendeln

(*between* zwischen); **6.** ⚓ aufkreuzen. **ply²** [plaɪ] **I** *s.* **1.** Falte *f*; (Garn)Strähne *f*; (Stoff-, Sperrholz- *etc.*)Lage *f*, Schicht *f*: **three-~** dreifach (*z.B. Garn, Teppich*); **2.** *fig.* Hang *m*, Neigung *f*; **II** *v/t.* **3.** falten; *Garn* fachen; **'ply·wood** *s.* Sperrholz *n*. **pneu·mat·ic** [njuːˈmætɪk] **I** *adj.* (□ **~ally**) **1.** ⊙, *phys.* pneu'matisch, Luft...; ⊙ Druck-, Preßluft...: **~ brake** Druckluftbremse *f*; **~ tool** Preßluftwerkzeug *n*; **2.** *zo.* lufthaltig; **II** *s.* **3.** Luftreifen *m*; **4.** Fahrzeug *n* mit Luftbereifung; **~ dispatch** *s.* Rohrpost *f*; **~ drill** *s.* Preßluftbohrer *m*; **~ float** *s.* Floßsack *m*; **~ ham·mer** *s.* Preßlufthammer *m*. **pneu·mat·ics** [njuːˈmætɪks] *s. pl. sg. konstr. phys.* Pneu'matik *f*. **pneu·mat·ic| tire** (*od.* **tyre**) *s.* Luftreifen *m*; *pl. a.* Luftbereifung *f*; **~ tube** *s.* pneu'matische Röhre; *weitS.*, *a. pl.* Rohrpost *f*. **pneu·mo·ni·a** [njuːˈməʊnjə] *s.* 🜿 Lungenentzündung *f*, Pneumo'nie *f*; **pneu·'mon·ic** [-ˈmɒnɪk] *adj.* pneu'monisch, die Lunge *od.* Lungenentzündung betreffend. **poach¹** [pəʊtʃ] **I** *v/t.* **1.** *a.* **~ up** *Erde* aufwühlen, *Rasen* zertrampeln; **2.** (zu e-m Brei) anrühren; **3.** wildern, unerlaubt jagen *od.* fangen; **4.** räubern (*a. fig.*); **5.** *sl.* wegschnappen; **6.** ⊙ *Papier* bleichen; **II** *v/i.* **7.** weich *od.* matschig werden (*Boden*); **8.** unbefugt eindringen (**on** in *acc.*); → *preserve* 8b; **9.** *hunt.* wildern. **poach²** [pəʊtʃ] *v/t. Eier* pochieren: **~ed egg** pochiertes *od.* verlorenes Ei. **poach·er¹** ['pəʊtʃə] *s.* Wilderer *m*, Wilddieb *m*. **poach·er²** ['pəʊtʃə] *s.* Po'chierpfanne *f*. **poach·ing** ['pəʊtʃɪŋ] *s.* Wildern *n*, Wilde'rei *f*. **PO Box** [ˌpiː əʊ ˈbɒks] *s.* Postfach *n*. **po·chette** [pɒˈʃet] (*Fr.*) *s.* Handtäschchen *n*. **pock** [pɒk] *s.* 🜿 **1.** Pocke *f*, Blatter *f*; **2.** → *pockmark*. **pock·et** ['pɒkɪt] **I** *s.* **1.** (Hosen- *etc.*, *a. zo. Backen- etc.*)Tasche *f*: **have s.o. in one's ~** *fig.* j-n in der Tasche *od.* Gewalt haben; **put s.o. in one's ~** *fig.* s-n Stolz überwinden, klein beigeben; **2.** *fig.* Geldbeutel *m*, Fi'nanzen *pl.*: **be in ~** gut bei Kasse sein; **be 3 dollars in (out of) ~** drei Dollar profitiert (verloren) haben; **put one's hand in one's ~** (tief) in die Tasche greifen; → *line²* 2; **3.** *Brit.* Sack *m* Hopfen, *Wolle* (= 76 kg); **4.** *geol.* Einschluß *m*; **5.** *min.* (Erz-, Gold)Nest *n*; **6.** *Billard*: Tasche *f*, Loch *n*; **7.** ✈ (Luft)Loch *n*, Fallbö *f*; **8.** ✕ Kessel *m*: **~ of resistance** Widerstandsnest *n*; **II** *adj.* **9.** Taschen..., im (*fig.* Westen)Taschenformat; **III** *v/t.* **10.** in die Tasche stecken, *a. fig. einheimsen*); **11.** a) *fig.* Kränkung einstecken, hinnehmen, b) *Gefühle* unter'drücken, *s-n Stolz* über'winden; **12.** *Billardkugel* einlochen; **13.** *pol. Am. Gesetzesvorlage* nicht unter'schreiben, sein Veto einlegen gegen (*Präsident etc.*); **14.** ✕ *Feind* einkesseln; **~ bat·tle·ship** *s.* Westentaschenkreuzer *m*; **~ bil·liards** *s. pl. sing. konstr.* Poolbillard *n*; **~**

book s. **1.** Taschen-, No'tizbuch n; **2.** a) Brieftasche f, b) Geldbeutel m (beide a. fig.); **3.** Am. Handtasche f; **4.** Taschenbuch n; ~ **cal·cu·la·tor** s. Taschenrechner m; ~ **e·di·tion** s. Taschenausgabe f.

pock·et·ful ['pɒkɪtfʊl] pl. **-fuls** s. e-e Tasche(voll): **a** ~ **of money.**

'**pock·et·knife** s. [irr.] Taschenmesser n; ~ **lamp** s. Taschenlampe f; ~ **light·er** s. Taschenfeuerzeug n; ~ **mon·ey** s. Taschengeld n; '~**-size(d)** adj. im (fig. Westen)Taschenformat; ~ **ve·to** s. pol. Am. Zu'rückhalten n od. Verzögerung f e-s Gesetzentwurfs (bsd. durch den Präsidenten etc.).

'**pock·mark** s. Pockennarbe f; '~**marked** adj. pockennarbig.

pod[1] [pɒd] s. zo. **1.** Herde f (Wale, Robben); **2.** Schwarm m (Vögel).

pod[2] [pɒd] **I** s. **1.** ♀ Hülse f, Schale f, Schote f; ~ **pepper** Paprika f; **2.** zo. (Schutz)Hülle f, a. Ko'kon m (der Seidenraupe), Beutel m (des Moschustiers); **3.** sl. ,Wampe' f, Bauch m: **in** ~ ,dick' (schwanger); **II** v/i. **4.** Hülsen ansetzen; **5.** Erbsen etc. aushülsen, -schoten.

po·dag·ra [pəʊ'dægrə] s. ♨ Podagra n, (Fuß)Gicht f.

podg·y ['pɒdʒɪ] adj. F unter'setzt, dicklich.

po·di·a·trist [pəʊ'daɪətrɪst] s. Am. Fußpfleger(in); **po'di·a·try** [-trɪ] s. Fußpflege f, Pedi'küre f.

Po·dunk ['pəʊdʌŋk] s. Am. contp. ,Krähwinkel' n.

po·em ['pəʊɪm] s. Gedicht n (a. fig.), Dichtung f, **po·et** ['pəʊɪt] s. Dichter m, Po'et m: ~ **laureate** a) Dichterfürst m, b) Brit. Hofdichter m; **po·et·as·ter** [pəʊɪ'tæstə] s. Dichterling m; **po·et·ess** ['pəʊɪtɪs] s. Dichterin f.

po·et·ic, po·et·i·cal [pəʊ'etɪk(l)] adj. □ **1.** dichterisch, dichterisch: ~ **justice** fig. ausgleichende Gerechtigkeit; → **li·cence** 4; **2.** fig. po'etisch, ro'mantisch, stimmungsvoll; **po'et·ics** [-ks] s. pl. sg. konstr. Po'etik f; **po·et·ize** ['pəʊɪtaɪz] **I** v/i. **1.** dichten; **II** v/t. **2.** in Verse bringen; **3.** (im Gedicht) besingen; **po·et·ry** ['pəʊɪtrɪ] s. **1.** Poe'sie f (a. Ggs. Prosa) (a. fig.), Dichtkunst f; **2.** Dichtung f, coll. Dichtungen pl., Gedichte pl.: **dramatic** ~ dramatische Dichtung.

po-faced [ˌpəʊ'feɪst] Brit. F grimmig (dreinschauend).

po·grom ['pɒɡrəm] s. Po'grom m, n, (bsd. Juden)Verfolgung f.

poign·an·cy ['pɔɪnənsɪ] s. **1.** Schärfe f von Gerüchen etc.; **2.** fig. Bitterkeit f, Heftigkeit f, Schärfe f; **3.** Schmerzlichkeit f; '**poign·ant** [-nt] adj. □ **1.** scharf, beißend (Geruch, Geschmack); **2.** pi'kant (a. fig.); **3.** fig. a) bitter, quälend (Reue, Hunger etc.), b) ergreifend: **a** ~ **scene,** c) beißend, scharf: ~ **wit,** d) treffend, präg'nant: ~ **remark; 4.** 'durchdringend: **a** ~ **look.**

point [pɔɪnt] **I** s. **1.** (Nadel-, Messer-, Bleistift- etc.)Spitze f: (**not) to put too fine a** ~ **upon s.th.** fig. et. (nicht gerade) gewählt ausdrücken; **at the** ~ **of the pistol** → **pistol point; at the** ~ **of the sword** fig. unter Zwang, mit Gewalt; **2.** ⊗ a) Stecheisen n, b) Grabstichel m, Griffel m, c) Radiernadel f, d) Ahle f;

3. geogr. a) Landspitze f, b) Himmelsrichtung f; → **cardinal** 1; **4.** hunt. a) (Geweih)Ende n, b) Stehen n des Jagdhundes; **5.** ling. a) a. **full** ~ Punkt m am Satzende, b) ~ **of exclamation** Ausrufezeichen n; → **interrogation** 1; **6.** typ. a) Punk'tur f, b) typo'graphischer Punkt (= 0,376 mm im Didot-System); **7.** Å a) Punkt m: ~ **of intersection** Schnittpunkt, b) (Dezi'mal)Punkt m, Komma n; **8.** (Kompaß)Strich m; **9.** Auge n, Punkt m auf Karten, Würfeln; **10.** → **point lace; 11.** phys. Grad m e-r Skala (a. ast.), Stufe f (a. ⊗ e-s Schalters), Punkt m: ~ **of action** Angriffspunkt (der Kraft); ~ **of contact** Berührungspunkt; ~ **of culmination** Kulminations-, Gipfelpunkt; **boiling-~** Siedepunkt; **freezing-~** Gefrierpunkt; **3** ~**s below zero** 3 Grad unter Null; **to bursting** ~ zum Bersten (voll); **frankness to the** ~ **of insult** fig. an Beleidigung grenzende Offenheit; **up to a** ~ bis zu e-m gewissen Grad; **when it came to the** ~ fig. als es so weit war, als es darauf ankam; → **stretch** 10; **12.** Punkt m, Stelle f, Ort m: ~ **of departure** Ausgangsort; ~ **of destination** Bestimmungsort; ~ **of entry** ♀ Eingangshafen m; ~ **of lubrication** ⊗ Schmierstelle f; ~ **of view** fig. Gesichts-, Standpunkt m; **13.** ⚡ a) Kon'takt(punkt) m, b) Brit. 'Steckkon,takt m; **14.** Brit. (Kon'troll)Posten m e-s Verkehrspolizisten; **15.** pl. ⏚ Brit. Weichen pl.; **16.** Punkt m e-s Bewertungs- od. Bewirtschaftungssystems (a. Börse u. sport): **bad** ~ sport Strafpunkt; **beat** (**win**) **on** ~**s** nach Punkten schlagen (gewinnen); **winner on** ~**s** Punktsieger m; **level on** ~**s** punktgleich; **give** ~**s to s.o.** a) sport j-m vorgeben, b) fig. j-m überlegen sein; **17.** Boxen: ,Punkt' m (Kinnspitze); **18.** a. ~ **of time** Zeitpunkt m, Augenblick m: **at the** ~ **of death; at this** ~ a) in diesem Augenblick, b) an dieser Stelle, hier (a. in e-r Rede etc.); **be on the** ~ **of doing s.th.** im Begriff sein, et. zu tun; **19.** Punkt m e-r Tagesordnung etc., (Einzel-, Teil)Frage f: **a case in** ~ ein einschlägiger Fall, ein Beispiel; **the case in** ~ der vorliegende Fall; **at all** ~**s** in allen Punkten, in jeder Hinsicht; ~ **of interest** interessante Einzelheit; ~ **of law** Rechtsfrage f; ~ **of order** a) (Punkt der) Tagesordnung f, b) Verfahrensfrage f; **differ on many** ~**s** in vielen Punkten nicht übereinstimmen; **20.** Kernpunkt m, -frage f, springender Punkt, Sache f: **beside** (od. **off**) **the** ~ nicht zur Sache gehörig, abwegig, unerheblich; **come to the** ~ zur Sache kommen; **the** ~ zur Sache gehörig, (zu)treffend, exakt; **keep** (od. **stick**) **to the** ~ bei der Sache bleiben; **make** (od. **score**) **a** ~ ein Argument anbringen, s-e Ansicht durchsetzen; **make a** ~ **of s.th.** Wert od. et. legen, auf et. bestehen; **make the** ~ **that** die Feststellung machen, daß; **that's the** ~ **I wanted to make** darauf wollte ich hinaus; **in** ~ **of** hinsichtlich (gen.); **in** ~ **of fact** tatsächlich; **that is the** ~**!** das ist die Frage!; **the** ~ **is that** die Sache ist die, daß; **it's a** ~ **of hono(u)r to him** das ist Ehrensache für ihn; **you have a** ~ **there!** da haben Sie nicht unrecht!; **I**

take your ~**!** ich verstehe, was Sie meinen!; → **miss**[2] 1, **press** 8; **21.** Pointe f e-s Witzes etc.; **22.** Zweck m, Ziel n, Absicht f: **what's your** ~ **in coming?;** **carry** (od. **gain** od. **make**) **one's** ~ sich (od. s-e Ansicht) durchsetzen, sein Ziel erreichen; **there is no** ~ **in doing** es hat keinen Zweck od. es ist sinnlos, zu tun; **23.** Nachdruck m: **give** ~ **to one's words** s-n Worten Nachdruck od. Gewicht verleihen; **24.** (her'vorstechende) Eigenschaft, (Vor)Zug m: **a noble** ~ **in her** ein edler Zug an ihr; **it has its** ~**s** es hat so so-e Vorzüge; **strong** ~ starke Seite, Stärke; **weak** ~ schwache Seite, wunder Punkt; **II** v/t. **25.** (an-, zu)spitzen; **26.** fig. pointieren; **27.** Waffe etc. richten (at auf acc.): ~ **one's finger at** (mit dem Finger) auf j-n deuten od. zeigen; ~ (**up**)**on** Augen, Gedanken etc. richten auf (acc.); ~ **to** Kurs, Aufmerksamkeit lenken auf (acc.), j-n bringen auf (acc.); **28.** ~ **out** a) zeigen, b) fig. hinweisen od. aufmerksam machen auf (acc.), betonen, c) fig. aufzeigen (a. Fehler), klarmachen, d) ausführen, darlegen; **29.** ~ **off places** Å (Dezimal-)Stellen abstreichen; **30.** ~ **up** a) △ verfugen, b) ⊗ Fugen glattstreichen, c) Am. fig. unter'streichen; **III** v/i. **31.** (mit dem Finger) zeigen, deuten, weisen (at auf acc.); **32.** ~ **to** nach e-r Richtung weisen od. liegen (Haus etc.); fig. a) hinweisen, -deuten auf (acc.), b) ab-, hinzielen auf (acc.); **33.** hunt. (vor)stehen (Jagdhund); **34.** ♨ reifen (Abszeß etc.); '~**blank I** adj. **1.** schnurgerade; **2.** ✕ Kernschuß... (weite etc.): **at** ~ **range** aus kürzester Entfernung; ~ **shot** Fleckschuß m; **3.** unverblümt, offen; glatt (Ablehnung); **II** adv. **4.** geradewegs; **5.** fig. 'rundher-'aus, klipp u. klar; '~**·du·ty** s. Brit. (Verkehrs)Postendienst m (Polizei).

point·ed ['pɔɪntɪd] adj. □ **1.** spitz, zugespitzt, Spitz...(-bogen, -geschoß etc.); **2.** scharf, pointiert (Stil, Bemerkung), anzüglich; **3.** treffend; '**point·ed·ness** [-nɪs] s. **1.** Spitzigkeit f; **2.** fig. Schärfe f, Deutlichkeit f; **3.** Anzüglichkeit f, Spitze f; '**point·er** [-tə] s. **1.** ✕ 'Richtschütze m, -kano,nier m; **2.** Zeiger m, Weiser m (Uhr, Meßgerät); **3.** Zeigestock m, **4.** Radiernadel f; **5.** hunt. Vorsteh-, Hühnerhund m; **6.** F Fingerzeig m, Tip m.

point lace s. genähte Spitze(n pl.).

point·less ['pɔɪntlɪs] adj. □ **1.** ohne Spitze, stumpf; **2.** sport etc. punktlos; **3.** fig. witzlos, ohne Pointe; **4.** fig. sinn-, zwecklos.

'**point-po·lice·man** [-mən] s. [irr.] → **pointsman** 2; **points·man** ['pɔɪntsmən] s. [irr.] Brit. **1.** ⏚ Weichensteller m; **2.** Ver'kehrspoli,zist m; **point system** s. **1.** sport, ped. etc. 'Punktsys,tem n (a. typ.); **2.** Punktschrift f für Blinde; '**point-to-'point** (**race**) s. Geländejagdrennen n.

poise [pɔɪz] **I** s. **1.** Gleichgewicht n; **2.** Schwebe f (a. fig. Unentschiedenheit); **3.** (Körper-, Kopf)Haltung f; **4.** fig. sicheres Auftreten; Gelassenheit f; Haltung f; **II** v/t. **5.** im Gleichgewicht halten; et. balancieren: **be** ~**d** a) im Gleichgewicht sein, b) gelassen od. ausgeglichen sein, c) fig. schweben: ~**d for**

bereit zu; **6.** *Kopf*, *Waffe etc.* halten; **III** *v/i.* **7.** schweben.

poi·son ['pɔɪzn] **I** *s.* **1.** Gift *n* (*a. fig.*): *what is your ~?* F was wollen Sie trinken?; **II** *v/t.* **2.** (*o.s.* sich) vergiften (*a. fig.*); **3.** ✵ infizieren; **'poi·son·er** [-nə] *s.* **1.** Giftmörder(in), Giftmischer(in); **2.** *fig.* Vergifter(in), ‚Giftspritze‘ *f.*

'poi·son|-fang *s. zo.* Giftzahn *m*; **~ gas** *s.* ✗ Kampfstoff *m*, *bsd.* Giftgas *n.*

poi·son·ing ['pɔɪznɪŋ] *s.* **1.** Vergiftung *f*; **2.** Giftmord *m*; **'poi·son·ous** [-nəs] *adj.* □ **1.** giftig (*a. fig.*) Gift...; **2.** F ekelhaft.

‚poi·son-'pen let·ter *s.* verleumderischer *od.* ob'szöner (*anonymer*) Brief.

poke[1] [pəʊk] **I** *v/t.* **1.** *j-n* stoßen, puffen, knuffen; **~** *s.o. in the ribs* j-m e-n Rippenstoß geben; **2.** *Loch* stoßen (*in* in *acc.*); **3.** *a.* **~ up** *Feuer* schüren; **4.** *Kopf* vorstrecken, *Nase etc.* wohin stecken: *she ~s her nose into everything* sie steckt überall ihre Nase hinein; **5. ~ fun at** *s.o.* sich über *j-n* lustig machen; **II** *v/i.* **6.** stoßen (*at* nach), stöbern (*into* in *dat.*): **~ about** (herum)tasten, -tappen (*for* nach); **7.** *fig. a) a.* **~ and pry** (her'um)schnüffeln, b) sich einmischen (*into* in *acc.*); **8.** *a.* **~ about** F (her'um)trödeln, bummeln; **III** *s.* **9.** (Rippen)Stoß *m*, Puff *m*, Knuff *m*; **10.** *Am.* → *slowpoke.*

poke[2] [pəʊk] *s. obs.* Spitztüte *f*; → *pig* **1.**

'poke-bon·net *s.* Kiepe(nhut *m*) *f.*

pok·er[1] ['pəʊkə] *s.* Schürhaken *m*: *be as stiff as a ~* steif wie ein Stock sein.

po·ker[2] ['pəʊkə] *s.* Poker(spiel) *n.*

pok·er| face *s.* Pokergesicht *n* (*unbewegtes, undurchdringliches Gesicht, a. Person*); **~ work** *s.* Brandmale'rei *f.*

pok·y ['pəʊkɪ] *adj.* **1.** eng, winzig; **2.** 'unelegant: **~ dress**; **3.** langweilig, ‚lahm‘ (*a. Mensch*).

po·lar ['pəʊlə] **I** *adj.* □ **1.** po'lar (*a. phys.*, Å), Polar...: **~ air** Polarluft *f*, polare Kaltluft; **~ fox** Polarfuchs *m*; **~ lights** Polarlicht *n*; ♐ *Sea* Polar-, Eismeer *n*; **2.** *fig.* po'lar, genau entgegengesetzt (wirkend); **II** *s.* **3.** Å Po'lare *f*; **~ ax·is** *s.* Å, *ast.* Po'larachse *f*; **~ bear** *s. zo.* Eisbär *m*; **~ cir·cle** *s. geogr.* Po'larkreis *m.*

po·lar·i·ty [pəʊ'lærətɪ] *s. phys.* Polari'tät *f* (*a. fig.*): **~ indicator** ⚡ Polsucher *m*; **po·lar·i·za·tion** [‚pəʊlərai'zeɪʃn] *s.* ⚡, *phys.* Polarisati'on *f*; *fig.* Polarisierung *f*; **po·lar·ize** ['pəʊləraɪz] *v/t.* ⚡, *phys.* polarisieren (*a. fig.*); **po·lar·iz·er** ['pəʊləraɪzə] *s. phys.* Polari'sator *m.*

pole[1] [pəʊl] **I** *s.* **1.** Pfosten *m*, Pfahl *m*; **2.** (Bohnen-, Telegraphen-, Zelt- *etc.*) Stange *f*; (*sport* Sprung)Stab *m*; (Wagen)Deichsel *f*; ⚡ (Leitungs)Mast *m*; (Schi)Stock *m*: **~ jumper** *sport* Stabhochspringer; *be up the ~ sl.* a) in der Tinte sitzen, b) verrückt sein; **3.** ♧ *a*) Flaggenmast *m*, b) Schifferstange *f*: *under bare ~s* ♧ vor Topp und Takel; **4.** (Meß)Rute *f* (*5,029 Meter*); **II** *v/t.* **5.** *Boot* staken; **6.** *Bohnen etc.* stängen.

pole[2] [pəʊl] *s.* **1.** *ast.*, *biol.*, *geogr.*, *phys.* Pol *m*: *celestial ~* Himmelspol; *negative ~ phys.* negativer Pol, ⚡ *a.* Kathode *f*; *positive* 8; **2.** *fig.* Gegenpol *m*, entgegengesetztes Ex'trem: *they are ~s apart* Welten trennen sie.

Pole[3] [pəʊl] *s.* Pole *m*, Polin *f.*

pole| aer·i·al *s.* 'Staban‚tenne *f*; **'~·ax(e** *s.* **1.** Streitaxt *f*; **2.** ♣ a) *hist.* Enterbeil *n*, b) Kappbeil *n*; **3.** Schlächterbeil *n*; **'~·cat** *s. zo.* **1.** Iltis *m*; **2.** *Am.* Skunk *m*; **~ chang·er** ⚡ Polwechsler *m*; **~ charge** *s.* ✗ gestreckte Ladung; **~ jump** *etc.* → *polevault etc.*

po·lem·ic [pɒ'lemɪk] **I** *adj.* (□ **~ally**) **1.** po'lemisch, Streit...; **II** *s.* **2.** Po'lemiker (-in); **3.** Po'lemik *f*; **po'lem·i·cist** [-ɪsɪst] *s.* Po'lemiker(in); **po'lem·ics** [-ks] *s. pl. sg. konstr.* Po'lemik *f.*

pole| star *s. ast.* Po'larstern *m*; *fig.* Leitstern *m*; **~ vault** *s. sport* Stabhochsprung *m*; **'~·vault** *sport v/i.* stabhochspringen; **~ vault·er** *s. sport* Stabhochspringer *m.*

po·lice [pə'liːs] **I** *s.* **1.** Poli'zei(behörde, -truppe) *f*; **2.** *coll. pl. konstr.* Poli'zei *f*; *einzelne* Poli'zisten *pl.*: *five ~*; **3.** *Am.* Ordnungsdienst *m*: *kitchen ~* Küchendienst; **II** *v/t.* **4.** (poli'zeilich) über'wachen; **5.** *fig.* kontrollieren, über'wachen; **6.** ✗ *Am.* Kaserne *etc.* säubern, in Ordnung halten; **III** *adj.* **7.** poli'zeilich, Polizei...(*-gericht, -gewalt, -staat etc.*): **~ blot·ter** *s. Am.* Dienstbuch *n*; **~ con·sta·ble** *s. policeman* 1; **~ dog** *s.* **1.** Poli'zeihund *m*; **2.** (deutscher) Schäferhund; **~ force** *s.* Poli'zei(truppe) *f*; **~·man** [-mən] *s.* [*irr.*] **1.** Poli'zist *m*, Schutzmann *m*; **2.** *zo.* Sol'dat *m* (*Ameise*); **~ of·fi·cer** *s.* Poli'zeibeamte(r) *m*, Poli'zist *m*; **~ rec·ord** *s.* 'Vorstrafenre‚gister *n*; **~ sta·tion** *s.* Poli'zeiwache *f*, -re‚vier *n*; **~ trap** *s.* Autofalle *f*; **~·wo·man** *s.* Poli'zistin *f.*

pol·i·clin·ic [‚pɒlɪ'klɪnɪk] *s.* ✵ Poliklinik *f*, Ambu'lanz *f.*

pol·i·cy[1] ['pɒlɪsɪ] *s.* **1.** Verfahren(sweise *f*) *n*, Taktik *f*, Poli'tik *f*: *marketing ~* ♉ Absatzpolitik *e-r Firma*; *honesty is the best ~* ehrlich währt am längsten; *the best ~ would be to* (*inf.*) das Beste *od.* Klügste wäre, zu (*inf.*); **2.** Poli'tik *f* (*Wege u. Ziele der Staatsführung*), po'litische Linie: *foreign ~* Außenpolitik; **~ adviser** (politischer) Berater; **3.** *public ~* ⚖ Rechtsordnung *f*: *against public ~* sittenwidrig; **4.** Klugheit *f*: a) Zweckmäßigkeit *f*, b) Schlauheit *f.*

pol·i·cy[2] ['pɒlɪsɪ] *s.* **1.** (Ver'sicherungs-) Po‚lice *f*, Versicherungsschein *m*; **2.** *a.* **~ racket** *Am.* Zahlenlotto *n*; **'~·hold·er** *s.* Versicherungsnehmer(in), Poli'ceninhaber(in); **'~·mak·ing** *adj.* die Richtlinien der Poli'tik bestimmend.

pol·i·o ['pəʊlɪəʊ] *s.* ✵ F **1.** Polio *f*; **2.** Polio-Fall *m.*

pol·i·o·my·e·li·tis [‚pəʊlɪəʊmaɪə'laɪtɪs] *s.* ✵ spi'nale Kinderlähmung, Poliomye'litis *f.*

Pol·ish[1] ['pəʊlɪʃ] **I** *adj.* polnisch; **II** *s. ling.* Polnisch *n.*

pol·ish[2] ['pɒlɪʃ] **I** *v/t.* **1.** polieren, glätten; *Schuhe etc.* wichsen; ✿ abschleifen, -schmirgeln, glanzschleifen; **2.** *fig.* abschleifen, verfeinern: **~ off** F a) Gegner ‚erledigen‘, b) *Arbeit* ‚hinhauen‘ (*schnell erledigen*), c) *Essen* ‚wegputzen‘, ‚verdrücken‘ (*verschlingen*); **~ up** aufpolieren (*a. fig. Wissen auffrischen*); **II** *v/i.* **3.** glänzend werden; sich polieren lassen; **III** *s.* **4.** Poli'tur *f*, (Hoch)Glanz *m*, Glätte *f*: *give s.th. a ~* et. polieren; **5.** Poliermittel *n*, Poli'tur *f*; Schuhcreme

f; Bohnerwachs *n*; **6.** *fig.* Schliff *m* (*feine Sitten*); **7.** *fig.* Glanz *m*; **'pol·ished** [-ʃt] *adj.* **1.** poliert, glatt, glänzend; **2.** *fig.* geschliffen: a) höflich, b) gebildet, fein, c) bril'lant; **'pol·ish·er** [-ʃə] *s.* **1.** Polierer *m*, Schleifer *m*; **2.** ◎ a) Polierfeile *f*, -stahl *m*, -scheibe *f*, -bürste *f*, b) Po'lierma‚schine *f*; **3.** Poliermittel *n*, Poli'tur *f*; **'pol·ish·ing** [-ʃɪŋ] **I** *s.* Polieren *n*, Glätten *n*, Schleifen *n*; **II** *adj.* Polier..., Putz...: **~ file** Polierfeile *f*; **~ powder** Polier-, Schleifpulver *n*; **~ wax** Bohnerwachs *n.*

po·lite [pə'laɪt] *adj.* □ **1.** höflich, artig (*to* gegen); **2.** verfeinert, fein: **~ arts** schöne Künste; **~ letters** schöne Literatur, Belletristik; **po'lite·ness** [-nɪs] *s.* Höflichkeit *f.*

po·li·tic ['pɒlɪtɪk] *adj.* □ **1.** diplo'matisch; **2.** *fig.* diplo'matisch, (welt)klug, berechnend, po'litisch; **3.** po'litisch: *body ~* Staatskörper *m*; **po·lit·i·cal** [pə'lɪtɪkl] *adj.* □ **1.** po'litisch: **~ economy** Volkswirtschaft *f*; **~ science** Politologie *f*; **~ scientist** Politologe *m*, Politikwissenschaftler *m*; *a ~ issue* ein Politikum; **2.** staatlich, Staats...: **~ system** Regierungssystem *n*; **po·li·ti·cian** [‚pɒlɪ'tɪʃn] *s.* **1.** Po'litiker *m*; **2.** a) (Par'tei)Po‚litiker *m* (*a. contp.*), b) *Am.* po'litischer Opportu'nist; **po·lit·i·cize** [pə'lɪtɪsaɪz] *v/i. u. v/t. allg.* politisieren; **po·lit·i·co** [pə'lɪtɪkəʊ] *Am.* F *für politician* 2.

politico- [pəlɪtɪkəʊ] *in Zssgn* politisch-...: **~·economical** wirtschaftspolitisch.

pol·i·tics ['pɒlɪtɪks] *s. pl. oft sg. konstr.* **1.** Poli'tik *f*, Staatskunst *f*; **2.** (Par'tei-, 'Staats)Poli‚tik: *enter ~* ins politische Leben (ein)treten; **3.** po'litische Über'zeugung *od.* Richtung: *what are his ~?* wie ist er politisch eingestellt?; **4.** *fig.* (Inter'essen)Poli‚tik *f*; **5.** *Am.* (po'litische) Machenschaften *pl.*: *play ~* Winkelzüge machen, manipulieren; **'pol·i·ty** [-ɪtɪ] *s.* **1.** Regierungsform *f*, Verfassung *f*, po'litische Ordnung; **2.** Staats-, Gemeinwesen *n*, Staat *m.*

pol·ka ['pɒlkə] **I** *s.* ♪ Polka *f*; **II** *v/i.* Polka tanzen; **~ dot** *s.* Punktmuster *n* (*auf Textilien*).

poll[1] [pəʊl] **I** *s.* **1.** *bsd. dial. od. humor.* (Hinter)Kopf *m*; **2.** ('Einzel)Per‚son *f*; **3.** Abstimmung *f*, Stimmabgabe *f*, Wahl *f*: *poor ~* geringe Wahlbeteiligung; **4.** Wählerliste *f*; **5.** a) Stimmenzählung *f*, b) Stimmenzahl *f*; **6.** *mst pl.* 'Wahllo‚kal *n*: *go to the ~s* zur Wahl (-urne) gehen; **7.** (Ergebnis *n* e-r) ('Meinungs‚)Umfrage *f*; **II** *v/t.* **8.** *Haar etc.* stutzen, (*a. Tier*) scheren; *Baum* kappen; *Pflanze* köpfen; *e-m Rind* die Hörner stutzen; **9.** in die Wahlliste eintragen; **10.** *Wahlstimmen* erhalten, auf sich vereinigen; **11.** *Bevölkerung* befragen; **III** *v/i.* **12.** s-e Stimme abgeben, wählen: **~ for** stimmen für.

poll[2] [pɒl] *s. univ. Brit. sl.* **1.** *coll. the ♌ Studenten, die sich nur auf den poll degree (→ 2) vorbereiten*; **2.** **~ examination** (leichteres) Bakkalaure'ats-ex‚amen: **~ degree** nach Bestehen dieses Examens erlangter Grad.

poll[3] [pəʊl] *adj.* hornlos; **~ cattle**; **II** *s.* hornloses Rind.

pol·lack ['pɒlək] *pl.* **-lacks**, *bsd. coll.*

-lack s. Pollack m (*Schellfisch*).

pol·lard ['pɒləd] **I** s. **1.** gekappter Baum; **2.** zo. a) hornloses Tier, b) Hirsch, der sein Geweih abgeworfen hat; **3.** (Weizen)Kleie f; **II** v/t. **4.** *Baum etc.* kappen, stutzen.

'poll-book s. Wählerliste f.

pol·len ['pɒlən] s. ⚘ Pollen m, Blütenstaub m; **~ catarrh** Heuschnupfen m; **~ sac** Pollensack m; **~ tube** Pollenschlauch m; **'pol·li·nate** [-neɪt] v/t. bot. bestäuben, befruchten.

poll·ing ['pəʊlɪŋ] **I** s. **1.** Wählen n, Wahl f; **2.** Wahlbeteiligung f: *heavy (poor)* ~ starke (geringe) Wahlbeteiligung; **II** adj. **3.** Wahl...: *~ booth* Wahlzelle f; *~ district* Wahlkreis m; *~ place* Am., *~ station* bsd. Brit. Wahllokal n.

pol·lock ['pɒlək] → *pollack.*

poll·ster ['pəʊlstə] s. Am. Meinungsforscher m, Inter'viewer m.

'poll-tax s. Kopfsteuer f, -geld n.

pol·lu·tant [pə'luːtənt] s. Schadstoff m; **pol·lute** [pə'luːt] v/t. **1.** beflecken (a. fig. Ehre etc.), beschmutzen; **2.** Wasser etc. verunreinigen, Umwelt etc. verschmutzen; **3.** fig. besudeln; eccl. entweihen; moralisch verderben; **pol'lu·ter** [-tə] n. 'Umweltverschmutzer m, -sünder m; **pol'lu·tion** [-uːʃn] s. **1.** Befleckung f, Verunreinigung f (a. fig.); **2.** fig. Entweihung f, Schändung f; **3.** physiol. Polluti'on f; **4.** ('Umwelt-, Luft-, Wasser)Verschmutzung f: ~ control Umweltschutz m; **pol'lu·tive** [-tɪv] adj. 'umweltverschmutzend, -feindlich.

po·lo ['pəʊləʊ] s. sport Polo n: ~ (neck) Rollkragen(pullover) m; ~ shirt Polohemd n.

po·lo·ny [pə'ləʊnɪ] s. grobe Zerve'latwurst.

pol·troon [pɒl'truːn] s. Feigling m.

poly- [pɒlɪ] in Zssgn Viel..., Mehr..., Poly...; **pol·y·an·drous** [ˌpɒlɪ'ændrəs] adj. ⚘, zo., sociol. poly'andrisch; **pol·y·a·tom·ic** adj. ⚛ 'viel-, 'mehrˌatomig; **pol·y·bas·ic** adj. ⚛ mehrbasig; **pol·y·chro·mat·ic** adj. (□ ~ally) viel-, mehrfarbig; **pol·y·chrome I** adj. **1.** viel-, mehrfarbig, bunt: ~ printing Bunt-, Mehrfarbendruck; **II** s. **2.** Vielfarbigkeit f; **3.** buntbemalte Plastik; **pol·y·'o·lin·io** s. Klinik f (für alle Krankheiten).

po·lyg·a·mist [pə'lɪgəmɪst] s. Poly'mist(in); **po'lyg·a·mous** [-məs] adj. poly'gam(isch ⚘, zo.); **po'lyg·a·my** [-mɪ] s. Polyga'mie f (a. zo.), Mehrehe f, Vielweibe'rei f.

pol·y·glot ['pɒlɪglɒt] **I** adj. **1.** vielsprachig; **II** s. **2.** Poly'glotte f (Buch in mehreren Sprachen); **3.** Poly'glotte(r m) f (Person).

pol·y·gon ['pɒlɪgən] s. ⚛ a) Poly'gon n, Vieleck n, b) Polygo'nalzahl f: ~ of forces phys. Kräftepolygon; **po·lyg·o·nal** [pɒ'lɪgənl] adj. polygo'nal, vieleckig.

po·lyg·y·ny [pə'lɪdʒɪnɪ] s. allg. Polygy-'nie f.

pol·y·he·dral [ˌpɒlɪ'hedrl] adj. ⚛ poly'edrisch, vielflächig, Polyeder...; **pol·y·'he·dron** [-rən] s. ⚛ Poly'eder n.

pol·y·mer·ic [ˌpɒlɪ'merɪk] adj. ⚛ ˌpoly'mer; **po·lym·er·ism** [pə'lɪmərɪzəm] s. Polyme'rie f; **pol·y·mer·ize** [pə'lɪməraɪz] ⚛ **I** v/t. polymerisieren; **II** v/i. po-

ly'mere Körper bilden.

pol·y·mor·phic [ˌpɒlɪ'mɔːfɪk] adj. poly'morph, vielgestaltig.

Pol·y·ne·sian [ˌpɒlɪ'niːzjən] **I** adj. **1.** poly'nesisch; **II** s. **2.** Poly'nesier(in); **3.** ling. Poly'nesisch n.

pol·y·no·mi·al [ˌpɒlɪ'nəʊmjəl] **I** adj. ⚛ poly'nomisch, vielglied(e)rig; **II** s. ⚛ Poly'nom n.

pol·yp(e) ['pɒlɪp] s. ⚕, zo. Po'lyp m.

'pol·y·phase adj. ⚡ mehrphasig: ~ current Mehrphasen-, Drehstrom m; **pol·y·'phon·ic** [-'fɒnɪk] adj. **1.** vielstimmig, mehrtönig; **2.** ♪ poly'phon, kontra-'punktisch; **3.** ling. pho'netisch mehrdeutig; **'pol·y·pod** [-pɒd] s. zo. Vielfüßer m.

pol·y·pus ['pɒlɪpəs] pl. **-pi** [-paɪ] s. **1.** zo. Po'lyp m, Tintenfisch m; **2.** ⚕ Po-'lyp m.

pol·y·sty·rene [ˌpɒlɪ'staɪriːn] s. 🔥 Styro-'por n.

pol·y·syl·lab·ic [ˌpɒlɪˈsɪlæbɪk] adj. mehr-, vielsilbig; **'pol·y·syl·la·ble** s. vielsilbiges Wort; **pol·y·tech·nic I** adj. poly'technisch; **II** s. poly'technische Schule, Poly'technikum n; **'pol·y·the·ism** s. Polythe'ismus m, Vielgötte'rei f; **pol·y·thene** ['pɒlɪθiːn] s. 🔥 Poly'äthy'len n; ~ bag Plastiktüte f; **pol·y·'trop·ic** adj. ⚛, biol. poly'trop(isch); **pol·y·va·lent** adj. ⚛ polyva'lent, mehrwertig.

pol·y·zo·on [ˌpɒlɪ'zəʊɒn] pl. **-'zo·a** [-ə] s. Moostierchen n.

pom [pɒm] → *pommy.*

po·made [pə'mɑːd] **I** s. Po'made f; **II** v/t. pomadisieren, mit Po'made einreiben.

po·man·der [pəʊ'mændə] s. Duftkugel f.

po·ma·tum [pəʊ'meɪtəm] → *pomade.*

pome [pəʊm] s. **1.** ⚘ Apfel-, Kernfrucht f; **2.** hist. Reichsapfel m.

pome·gran·ate ['pɒmɪˌgrænɪt] s. **1.** a. ~ tree Gra'natapfelbaum m; **2.** a. ~ apple Gra'natapfel m.

Pom·er·a·nian [ˌpɒmə'reɪnjən] **I** adj. **1.** pommer(i)sch; **II** s. **2.** Pommer(in); **3.** a. ~ dog Spitz m.

po·mi·cul·ture ['pəʊmɪˌkʌltʃə] s. Obstbaumzucht f.

pom·mel ['pʌml] **I** s. (Degen-, Sattel-, Turm)Knopf m, Knauf m; **II** v/t. mit den Fäusten bearbeiten, schlagen.

pom·my ['pɒmɪ] s. sl. brit. Einwanderer m (in Au'stralien od. Neu'seeland).

pomp [pɒmp] s. Pomp m, Prunk m.

pom·pon ['pɔ̃ːmpɔ̃ː ŋ] (Fr.) s. Troddel f, Quaste f.

pom·pos·i·ty [pɒm'pɒsətɪ] s. **1.** Prunk m; Pomphaftigkeit f, Prahle'rei f; wichtigtuerisches Wesen; **2.** Bom'bast m, Schwülstigkeit f (im Ausdruck); **pomp·ous** ['pɒmpəs] adj. □ **1.** pom'pös, prunkvoll; **2.** wichtigtuerisch, aufgeblasen; **3.** bom'bastisch, schwülstig (Sprache).

ponce [pɒns] Brit. sl. **I** s. **1.** Zuhälter m; **2.** ˌHomo' m; **II** v/i. **3.** Zuhälter sein; **'ponc·ing** [-sɪŋ] s. Brit. sl. Zuhälte'rei f.

pon·cho ['pɒntʃəʊ] pl. **-chos** [-z] s. Poncho m, 'Umhang m.

pond [pɒnd] s. Teich m, Weiher m: horse ~ Pferdeschwemme f; big ~ ˌGroßer Teich' (Atlantik).

pon·der ['pɒndə] v/i. nachdenken, -sinnen, (nach)grübeln (on, upon, over

über acc.): ~ over s.th. et. überlegen; **II** v/t. über'legen, nachdenken über (acc.): ~ one's words s-e Worte abwägen; ~ing silence nachdenkliches Schweigen; **pon·der·a·bil·i·ty** [ˌpɒndərə'bɪlətɪ] s. phys. Wägbarkeit f; **'pon·der·a·ble** [-dərəbl] adj. wägbar (a. fig.); **pon·der·os·i·ty** [ˌpɒndə'rɒsətɪ] s. **1.** Gewicht n, Schwere f, Gewichtigkeit f; **2.** fig. Schwerfälligkeit f; **'pon·der·ous** [-dərəs] adj. □ **1.** schwer, massig, gewichtig; **2.** fig. schwerfällig (Stil); **'pon·der·ous·ness** [-dərəsnɪs] → *ponderosity.*

pone[1] [pəʊn] s. Am. Maisbrot n.

po·ne[2] ['pəʊnɪ] s. Kartenspiel: **1.** Vorhand f; **2.** Spieler, der abhebt.

pong [pɒŋ] **I** s. **1.** dumpfes Dröhnen; **2.** Br. sl. Gestank m, ˌMief' m; **II** v/i. **3.** dröhnen; **4.** Br. sl. stinken; **5.** sl. thea. improvisieren.

pon·tiff ['pɒntɪf] s. **1.** Hohe'priester m; **2.** Papst m; **pon·tif·i·cal** [pɒn'tɪfɪkl] adj. □ **1.** antiq. (ober)priesterlich; **2.** R.C. pontifi'kal: a) bischöflich, b) bsd. päpstlich: 2 Mass Pontifikalamt n; **3.** fig. a) feierlich, würdig, b) päpstlich, über'heblich; **pon·tif·i·cate I** s. [pɒn'tɪfɪkət] Pontifi'kat n; **II** v/i. [-keɪt] a) sich päpstlich gebärden, b) ~ (on) sich dogmatisch auslassen (über); **'pon·ti·fy** [-ɪfaɪ] → *pontificate* II.

pon·toon[1] [pɒn'tuːn] s. **1.** Pon'ton m, Brückenkahn m: ~ bridge Ponton-, Schiffsbrücke f; ~ train ⚔ Brückenkolonne f; **2.** ⚓ Kielleichter m, Prahm m; **3.** ✈ Schwimmer m.

pon·toon[2] [pɒn'tuːn] s. Brit. 'Siebzehn-und'vier n (Kartenspiel).

po·ny ['pəʊnɪ] **I** s. **1.** zo. Pony n: a) kleines Pferd, b) Am. a. Mustang m, c) pl. sl. Rennpferde pl.; **2.** Brit. sl. £ 25; **3.** Am. F ˌKlatsche', Eselsbrücke f (Übersetzungshilfe); **4.** Am. F a) kleines (Schnaps- etc.)Glas, b) Gläs-chen n Schnaps etc.; **5.** Am. et. ˌim Westentaschenformat', Miniatur... (z.B. Auto, Zeitschrift); **II** v/t. **6.** ~ up Am. sl. berappen, bezahlen; ~ en·gine s. 🚂 Ran'gierlokomoˌtive f; ~ tail s. Pferdeschwanz m (Frisur).

pooch [puːtʃ] s. Am. sl. Köter m.

poo·dle ['puːdl] s. zo. Pudel m.

poof [puːf] Brit. sl. ˌSchwule(r)' m, ˌHomo' m.

pooh [puː] int. contp. pah!; ~-'**pooh** v/t. geringschätzig behandeln, et. als unwichtig abtun, die Nase rümpfen über (acc.), et. verlachen.

pool[1] [puːl] s. **1.** Teich m, Tümpel m; **2.** Pfütze f, Lache f: ~ of blood Blutlache; **3.** (Schwimm)Becken n; **4.** geol. pe'troleumhaltige Ge'steinsparˌtie; **5.** ⚙ Schmelzbad n.

pool[2] [puːl] **I** s. **1.** Kartenspiel: a) (Gesamt)Einsatz m, b) (Spiel)Kasse f; **2.** mst pl. (Fußball- etc.)Toto m, n; **3.** Billard: a) Brit. Poulespiel n (mit Einsatz), b) Am. Poolbillard n; **4.** fenc. Ausscheidungsrunde f; **5.** ✝ a) Pool m, Kar'tell n, Ring m, Inter'essengemeinschaft f, b) a. working ~ Arbeitsgemeinschaft f, c) (Preis- etc.)Abkommen n; **6.** ✝ gemeinsamer Fonds; **7.** ~ (of players) sport a) Kader m, b) Aufgebot n, Auswahl f; **II** v/t. **8.** ✝ Geld, Kapital zs.-legen: ~ funds zs.-schießen;

Gewinn unterein'ander (ver)teilen; *Ge-schäftsrisiko* verteilen; **9.** ✝ zu e-m Ring vereinigen; **10.** *fig. Kräfte, Wissen etc.* vereinigen, zs.-tun; **III** *v/i.* **11.** ein Kar'tell bilden; **'~·room** *s. Am.* **1.** Billardzimmer *n*; **2.** 'Spiels₄lon *m*; **3.** Wettannahmestelle *f*.

poop¹ [puːp] ⚓ **I** *s.* **1.** Heck *n*; **2.** *a.* **~ deck** Achterdeck *n*; **3.** *obs.* Achterhütte *f*; **II** *v/t.* **4.** *Schiff* von hinten treffen (*Sturzwelle*): **be ~ed** e-e Sturzsee von hinten bekommen.

poop² [puːp] **I** *v/i.* **1.** tuten; **2.** ‚pupen', furzen; **II** *v/t.* **3.** *sl. j-n* ‚auspumpen': **~ed** (*out*) ‚fix u. fertig'.

poor [puə] **I** *adj.* □ → *poorly* II; **1.** arm, mittellos, (unter'stützungs)bedürftig: **~ person** ⚖️ Arme(r *m*) *f*; **2.** *fig.* arm(selig), ärmlich, dürftig (*Kleidung, Mahlzeit etc.*); **3.** dürr, mager (*Boden, Erz, Vieh etc.*), schlecht, unergiebig (*Ernte etc.*): **~ coal** Magerkohle *f*; **4.** *fig.* arm (*in* an *dat.*); schlecht, mangelhaft, schwach (*Gesundheit, Leistung, Spieler, Sicht, Verständigung etc.*): **~ consolation** schwacher Trost; **a ~ lookout** schlechte Aussichten; **a ~ night** e-e schlechte Nacht; **5.** *fig. contp.* jämmerlich, traurig: **in my ~ opinion** *iro.* m-r unmaßgeblichen Meinung nach; **6.** F arm, bedauernswert: **~ me!** *humor.* ich Ärmste(r)!; **II** *s.* **7. the ~** die Armen *pl.*; **'~·house** *s. hist.* Armenhaus *n*; **~ law** *s. hist.* **1.** ⚖️ Armenrecht *n*; **2.** *pl.* öffentliches Fürsorgerecht.

poor·ly ['puəlɪ] **I** *adj.* **1.** unpäßlich, kränklich: **he looks ~** er sieht schlecht aus; **II** *adv.* **2.** armselig, dürftig: **he is ~ off** es geht ihm schlecht; **3.** *fig.* schlecht, dürftig, schwach: **~ gifted** schwachbegabt; **think ~ of** nicht viel halten von; **'poor·ness** [-nɪs] *s.* **1.** Armut *f*, Mangel *m*; *fig.* Armseligkeit *f*, Ärmlichkeit *f*, Dürftigkeit *f*; **2.** ✓ Magerkeit *f*, Unfruchtbarkeit *f* (*des Bodens*); *min.* Unergiebigkeit *f*.

poove [puːv] *s.* → *poof*; **'poov·y** *adj.* ‚schwul'.

pop¹ [pɒp] **I** *v/i.* **1.** knallen, puffen, losgehen (*Flaschenkork, Feuerwerk etc.*); **2.** aufplatzen (*Kastanien, Mais*); **3.** F knallen, ‚ballern' (*at* auf *acc.*); **4.** *mit adv.* flitzen, huschen: **~ in** hereinplatzen, auf e-n Sprung vorbeikommen (*Besuch*); **~ off** F a) ‚abhauen', sich aus dem Staub machen, plötzlich verschwinden, b) einnicken, c) ‚abkratzen' (*sterben*), d) *Am. sl.* ‚das Maul aufreißen'; **~ up** (plötzlich) auftauchen; **5.** *a.* **~ out** aus den Höhlen treten (*Augen*); **II** *v/t.* **6.** knallen *od.* platzen lassen; *Am. Mais* rösten; **7.** F *Gewehr etc.* abfeuern; **8.** abknallen, -schießen; **9.** schnell *wohin* tun *od.* stecken: **~ one's head in the door,** etc.; **~ on** *Hut* aufstülpen; **10.** her'ausplatzen mit (*e-r Frage etc.*): **~ the question** F (*to* e-r Dame) e-n Heiratsantrag machen; **11.** *Brit. sl.* versetzen, verpfänden; **III** *s.* **12.** Knall *m*, Puff *m*, Paff *m*; **13.** F Schuß *m*: **take a ~ at** schießen nach; **14.** *Am. sl.* Pi'stole *f*; **15.** F ‚Limo' *f* (*Limonade*); **16.** *in* → *Brit. sl.* versetzt, verpfändet; **IV** *int.* **17.** puff!, paff!, husch!, zack!; **V** *adv.* **18.** a) mit e-m Knall, b) plötzlich: **go ~** knallen, platzen.

pop² [pɒp] *s. Am.* F **1.** Pa'pa *m*, Papi *m*;

2. ‚Opa' *m*, Alter *m*.

pop³ [pɒp] F **I** *s.* **1.** *a.* **~ music** 'Schlager-, 'Popmu₄sik *f*; **2.** *a.* **~ song** Schlager *m*; **II** *adj.* **3.** Schlager...: **~ group** Popgruppe *f*; **~ singer** Schlager-, Popsänger(in).

pop⁴ [pɒp] → *popsicle*.

pop art *s. Kunst:* Pop-art *f*.

'pop·corn *s.* Puffmais *m*, Popcorn *n*.

pope [pəʊp] *s.* **1.** *R.C.* Papst *m* (*a. fig.*); **'pope·dom** [-dəm] *s.* Papsttum *n*; **'pop·er·y** [-pərɪ] *s. contp.* Papiste'rei *f*, Pfaffentum *n*.

'pop·eyed *adj.* F glotzäugig: **be ~** Stielaugen machen (**with** vor *dat.*); **'~·gun** *s.* Kindergewehr *n*; ‚Knallbüchse' *f* (*a. fig. schlechtes Gewehr*).

pop·in·jay ['pɒpɪndʒeɪ] *s. obs.* Geck *m*, Laffe *m*, Fatzke *m*.

pop·ish ['pəʊpɪʃ] *adj.* □ *contp.* pa'pistisch.

pop·lar ['pɒplə] *s.* ♀ Pappel *f*.

pop·lin ['pɒplɪn] *s.* Pope'lin *m*, Pope'line *f* (*Stoff*).

pop·per ['pɒpə] *s.* F Druckknopf *m*.

pop·pet ['pɒpɪt] *s.* **1.** *obs. od. dial.* Püppchen *n* (*a. Kosewort*); **2.** ⚙ a) *a.* **~ head** Docke *f* e-r Drehbank, b) *a.* **~ valve** 'Schnüffelven₄til *n*.

pop·py ['pɒpɪ] *s.* **1.** ♀ Mohn(blume *f*) *m*; **2.** a) Mohnsaft *m*, b) Mohnrot *n*; **'~·cock** *s. Am.* F Quatsch *m*; **♀ Day** *s. Brit.* F Volkstrauertag *m* (*Sonntag vor od. nach dem 11. November*); **'~·seed** *s.* Mohn(samen) *m*.

pops [pɒps] → *pop²* **2.**

pop·si·cle ['pɒpsɪkl] *s. Am.* Eis *n* am Stiel.

pop·sy ['pɒpsɪ] *a.* **~·'wop·sy** [-'wɒpsɪ] *s.* ‚süße Puppe', ‚Mädchen' *n*, ‚Schatz' *m*.

pop·u·lace ['pɒpjʊləs] *s.* **1.** Pöbel *m*; **2.** (gemeines) Volk, *der* große Haufen.

pop·u·lar ['pɒpjʊlə] *adj.* □ → *popularly*; **1.** Volks...: **~ election** allgemeine Wahl; **~ front** *pol.* Volksfront *f*; **~ government** Volksherrschaft *f*; **2.** allgemein, weitverbreitet (*Irrtum, Unzufriedenheit etc.*); **3.** popu'lär, (allgemein) beliebt (**with** bei): **the ~ hero** der Held des Tages; **make o.s. ~ with** sich bei *j-m* beliebt machen; **4.** a) popu'lär, volkstümlich, b) gemeinverständlich, Popular...: **~ magazine** populäre Zeitschrift; **~ music** volkstümliche Musik; **~ science** Popularwissenschaft *f*; **~ song** Schlager *m*; **~ writer** Volksschriftsteller(in); **5.** (für jeden) erschwinglich, Volks...: **~ edition** Volksausgabe *f*; **~ prices** volkstümliche Preise; **pop·u·lar·i·ty** [₄pɒpjʊ'lærətɪ] *s.* Populari'tät *f*, Volkstümlichkeit *f*, Beliebtheit *f* (**with** bei, **among** unter *dat.*); **'pop·u·lar·ize** [-əraɪz] *v/t.* **1.** popu'lär machen, (*beim Volk*) einführen; **2.** popularisieren, volkstümlich *od.* gemeinverständlich darstellen; **'pop·u·lar·ly** [-lɪ] *adv.* **1.** allgemein; im Volksmund; **2.** populär, volkstümlich, gemeinverständlich.

pop·u·late ['pɒpjʊleɪt] *v/t.* bevölkern, besiedeln; **pop·u·la·tion** [₄pɒpjʊ'leɪʃn] *s.* **1.** Bevölkerung *f*, Einwohnerschaft *f*: **~ density** Bevölkerungsdichte *f*; **~ explosion** Bevölkerungsexplosion *f*; **2.** Bevölkerungszahl *f*; **3.** Gesamtzahl *f*, Bestand *m*: **swine ~** Schweinebestand

(*e-s Landes*); **'pop·u·lous** [-ləs] *adj.* □ dichtbesiedelt, volkreich; **'pop·u·lous·ness** [-ləsnɪs] *s.* dichte Besied(e)lung, Bevölkerungsdichte *f*.

por·ce·lain ['pɔːsəlɪn] **I** *s.* Porzel'lan *n*; **II** *adj.* Porzellan...: **~ clay** *min.* Porzellanerde *f*, Kaolin *n*.

porch [pɔːtʃ] *s.* **1.** (über'dachte) Vorhalle, Por'tal *n*; **2.** *Am.* Ve'randa *f*: **~ climber** *sl.* ‚Klettermaxe' *m*, Einsteigdieb *m*.

por·cine ['pɔːsaɪn] *adj.* **1.** *zo.* zur Fa'milie der Schweine gehörig; **2.** schweineartig; **3.** *fig.* schweinisch.

por·cu·pine ['pɔːkjʊpaɪn] *s. zo.* Stachelschwein *n*.

pore¹ [pɔː] *v/i.* **1.** (*over*) brüten (über *dat.*): **~ over one's books** über s-n Büchern hocken; **2.** (nach)grübeln (**on**, **upon** über *acc*).

pore² [pɔː] *s. biol. etc.* Pore *f*.

pork [pɔːk] *s.* **1.** Schweinefleisch *n*; **2.** *Am.* F *von der Regierung aus politischen Gründen gewährte (finanzielle) Begünstigung od. Stellung;* **~ bar·rel** *s. Am.* F *politisch berechnete Geldzuwendung der Regierung;* **~ butch·er** *s.* Schweineschlächter *m*; **~ chop** *s.* 'Schweinekote₄lett *n*.

pork·er ['pɔːkə] *s.* Mastschwein *n*; **'pork·ling** [-klɪŋ] *s.* Ferkel *n*.

pork pie *s.* 'Schweinefleischpa₄stete *f*. **'pork-pie hat** *s.* runder Filzhut.

pork·y¹ ['pɔːkɪ] *adj.* fett(ig), dick.

por·ky² ['pɔːkɪ] *s. Am.* F Stachelschwein *n*.

porn [pɔːn], **por·no** ['pɔːnəʊ] *sl.* **I** *s.* **1.** Porno(gra'phie *f*) *m*; **2.** Porno(film) *m*; **II** *adj.* **3.** → *pornographic*.

por·no·graph·ic [₄pɔːnəʊ'græfɪk] *adj.* porno'graphisch, Porno...: **~ film** Porno(film) *m*; **por·nog·ra·phy** [pɔː'nɒgrəfɪ] *s.* Pornogra'phie *f*.

por·ny ['pɔːnɪ] *adj. sl.* → *pornographic*.

po·ros·i·ty [pɔː'rɒsətɪ] *s.* **1.** Porosi'tät *f*, ('Luft-, 'Wasser)Durchlässigkeit *f*; **2.** Pore *f*, po'röse Stelle *f*; **po·rous** ['pɔːrəs] *adj.* po'rös: a) löch(e)rig, porig, b) ('luft-, 'wasser)durchlässig.

por·poise ['pɔːpəs] *pl.* **-pois·es**, *coll.* **-poise** *s. zo.* **1.** Tümmler *m*; **2.** Del'phin *m*.

por·ridge ['pɒrɪdʒ] *s.* Porridge *n*, *m*, Hafer(flocken)brei *m*, -grütze *f*: **pease-** Erbsenbrei.

por·ri·go [pə'raɪgəʊ] *s.* ⚕ Grind *m*.

port¹ [pɔːt] *s.* **1.** ⚓, ✓ (See-, Flug)Hafen *m*: **free ~** Freihafen; **inner ~** Binnenhafen; **~ of call** a) ⚓ Anlaufhafen, b) ✓ Anflughafen; **~ of delivery** (*od.* **discharge**) Löschhafen, -platz *m*; **~ of departure** a) ⚓ Abgangshafen, b) ✓ Abflughafen; **~ of destination** a) ⚓ Bestimmungshafen, b) ✓ Zielflughafen; **~ of entry** Einlaufhafen; **~ of registry** Heimathafen; **~ of tran(s)shipment** Umschlaghafen; **any ~ in a storm** *fig.* in der Not frißt der Teufel Fliegen; **2.** Hafenplatz *m*, -stadt *f*; **3.** *fig.* (sicherer) Hafen, Ziel *n*: **come safe to ~**.

port² [pɔːt] ⚓ *s.* Backbord(seite *f*) *n*: **on the ~ beam** an Backbord dwars; **on the ~ bow** an Backbord voraus; **on the ~ quarter** Backbord achtern; **cast to ~** nach Backbord abfallen; **II** *v/t. Ruder* nach der Backbordseite 'umlegen; **III**

v/i. nach Backbord drehen (*Schiff*); **IV** *adj.* a) ♣ Backbord..., b) ✓ link.

port³ [pɔːt] *s.* **1.** Tor *n*, Pforte *f*; **city ~** Stadttor; **2.** ♣ a) (Pfort-, Lade)Luke *f*, b) (Schieß)Scharte *f* (*a.* ✕ *Panzer*); **3.** ◉ (Auslaß-, Einlaß)Öffnung *f*, Abzug *m*.

port⁴ [pɔːt] *s.* Portwein *m*.

port⁵ [pɔːt] *v/t.* **1.** *obs.* tragen; **2.** ✕ *Am.* **~ arms!** Gewehr in Schräghalte nach links!

port·a·ble ['pɔːtəbl] **I** *adj.* **1.** tragbar: **~ radio** (*set*) a) → 3a, b) ✕ Tornisterfunkgerät; **~ typewriter** → 4; **2.** transportabel, beweglich: **~ derrick** fahrbarer Kran; **~ firearm** Handfeuerwaffe *f*; **~ railway** Feldbahn *f*; **~ search-light** Handscheinwerfer *m*; **II** *s.* a) Kofferradio *n*, b) Portable *m, n*, tragbares Fernsehgerät, c) Phonokoffer *m*, d) Koffertonbandgerät *n*; **4.** 'Reiseschreibmaₗschine *f*.

por·tage ['pɔːtɪdʒ] *s.* **1.** (*bsd.* 'Trage-) Transₗport *m*; **2.** ✝ Fracht *f*, Rollgeld *n*; **3.** ♣ a) Por'tage *f*, Trageplatz *m*, b) Tragen *n* (*von Kähnen etc.*) über e-e Portage.

por·tal¹ ['pɔːtl] *s.* **1.** △ Por'tal *n*, (Haupt)Eingang *m*, Tor *n*: **~ crane** ◉ Portalkran *m*; **2.** *poet.* Pforte *f*, Tor *n*: **~ of heaven**.

por·tal² ['pɔːtl] *anat.* **I** *adj.* Pfort(ader)...; **II** *s.* Pfortader *f*.

ₗpor·tal-to-'por·tal pay *s.* ✝ Arbeitslohn, berechnet für die Zeit vom Betreten der Fabrik etc. bis zum Verlassen.

port·cul·lis [ₗpɔːt'kʌlɪs] *s.* ✕ *hist.* Fallgatter *n*.

por·tend [pɔː'tend] *v/t.* vorbedeuten, anzeigen, deuten auf (*acc.*); **por·tent** ['pɔːtent] *s.* **1.** Vorbedeutung *f*; **2.** (*bsd.* schlimmes) (Vor-, An)Zeichen, Omen *n*; **3.** Wunder *n* (*Sache od. Person*); **por·ten·tous** [-ntəs] *adj.* □ **1.** omi'nös, unheil-, verhängnisvoll; **2.** ungeheuer, wunderbar, *a. humor.* unheimlich.

por·ter¹ ['pɔːtə] *s.* a) Pförtner *m*, b) Por'tier *m*.

por·ter² ['pɔːtə] *s.* **1.** 🛄 (Gepäck)Träger *m*, Dienstmann *m*; **2.** 🛄 *Am.* (Schlafwagen)Schaffner *m*.

por·ter³ ['pɔːtə] *s.* Porter(bier *n*) *m*.

'por·ter-house *s.* **1.** *obs.* Bier-, Speisehaus *n*; **2.** *a.* **~ steak** Porterhousesteak *n*.

'portₗfire *s.* ✕ Zeitzündschnur *f*, Lunte *f*; ₗ'**fo·li·o** *s.* **1.** a) Aktentasche *f*, (*a.* Künstler- *etc.*)Mappe *f*, b) Porte'feuille *n* (*für Staatsdokumente*); **2.** *fig.* (Mi'nister)Porteₗfeuille *n*: **without ~** ohne Geschäftsbereich; **3.** ✝ ('Wechsel-) Porteₗfeuille *n*; '**~hole** *s.* **1.** ♣ a) (Pfort)Luke *f*, b) Bullauge *n*; **2.** ◉ → **port³ 3**.

por·ti·co ['pɔːtɪkəʊ] *pl.* **-cos** *s.* △ Säulengang *m*.

por·tion ['pɔːʃn] **I** *s.* **1.** (An)Teil *m* (*of* an *dat.*); **2.** Porti'on *f* (*Essen*); **3.** Teil *m*, Stück *n* (*Buch, Gebiet, Strecke etc.*); **4.** Menge *f*, Quantum *n*; **5.** 🜨 a) Mitgift *f*, Aussteuer *f*, b) Erbteil *n*: **legal ~** Pflichtteil *n*; **6.** *fig.* Los *n*, Schicksal *n*; **II** *v/t.* **7.** aufteilen: **~ out** aus-, verteilen; **8.** zuteilen; **9.** *Tochter* aussteuern.

port·li·ness ['pɔːtlɪnɪs] *s.* **1.** Stattlichkeit *f*; **2.** Wohlbeleibtheit *f*; **port·ly** ['pɔːtlɪ] *adj.* **1.** stattlich, würdevoll; **2.** wohlbe-

---

leibt.

port·man·teau [ₗpɔːt'mæntəʊ] *pl.* **-s** *u.* **-x** [-z] *s.* **1.** Handkoffer *m*; **2.** *obs.* Mantelsack *m*; **3.** *mst* **~ word** *ling.* Schachtelwort *n*.

por·trait ['pɔːtrɪt] *s.* **1.** a) Por'trät *n*, Bild(nis) *n*, b) *phot.* Por'trät(aufnahme *f*) *n*; **take s.o.'s ~** j-n porträtieren *od.* malen; → *sit for* 3; **2.** *fig.* Bild *n*, (lebenswahre) Schilderung *f*; '**por·trait·ist** [-tɪst] *s.* Por'trätmaler(in); '**por·trai·ture** [-tʃə] *s.* **1.** → *portrait*; **2.** a) Por'trätmaleₗrei *f*, b) *phot.* Por'trätphotograₗphie *f*; **por·tray** [pɔː'treɪ] *v/t.* **1.** porträ'tieren, (ab)malen; **2.** *fig.* schildern, darstellen; **por·tray·al** [pɔː'treɪəl] *s.* **1.** Porträtieren *n*; **2.** Por'trät *n*; **3.** *fig.* Schilderung *f*.

Por·tu·guese [ₗpɔːtjʊ'giːz] **I** *pl.* **-guese** *s.* **1.** Portu'giese *m*, Portu'giesin *f*; **2.** *ling.* Portu'giesisch *n*; **II** *adj.* **3.** portu'giesisch.

pose¹ [pəʊz] **I** *s.* **1.** Pose *f* (*a. fig.*), Posi'tur *f*, Haltung *f*; **II** *v/t.* **2.** aufstellen, in Posi'tur setzen; **3.** *Frage* stellen, aufwerfen; **4.** *Behauptung* aufstellen, *Anspruch* erheben; **5.** (*as*) hinstellen (als), ausgeben (für); **III** *v/i.* **6.** sich in Posi'tur setzen; **7.** a) *paint etc.* Mo'dell stehen *od.* sitzen, sich photographieren lassen; **8.** posieren, sich in Pose werfen; **9.** auftreten *od.* sich ausgeben (*as* als).

pose² [pəʊz] *v/t.* durch Fragen verwirren, verblüffen.

pos·er ['pəʊzə] *s.* **1.** → *poseur*; **2.** ₗharte Nuß‛, knifflige Frage.

po·seur [pɒ'zɜː] (*Fr.*) *s.* Po'seur *m*, ₗSchauspieler‛ *m*.

posh ['pɒʃ] *adj.* F ₗpikfein‛, ₗtodschick‛, ₗfeuₗdal‛.

pos·it ['pɒzɪt] *phls.* **I** *v/t.* postulieren; **II** *n* Postu'lat *n*.

po·si·tion [pə'zɪʃn] **I** *s.* **1.** Positi'on *f*, Lage *f*, Standort *m*; ◉ (Schalt- *etc.*) Stellung *f*: **~ of the sun** *ast.* Sonnenstand *m*; **in** (**out of**) **~** (nicht) in der richtigen Lage; **2.** körperliche Lage, Stellung *f*: **horizontal ~**; **3.** ♣, ✈ Positi'on *f* (*a. sport*). ♣ Besteck *n*: **~ lights** a) ♣, ✈ Positionslichter, b) *mot.* Begrenzungslichter; **4.** ✕ Stellung *f*: **~ warfare** Stellungskrieg *m*; **5.** (Arbeits-)Platz *m*, Stellung *f*, Posten *m*, Amt *n*: **hold a responsible ~** e-e verantwortliche Stellung innehaben; **6.** *fig.* (sozi'ale) Stellung, (gesellschaftlicher) Rang: **people of ~** Leute von Rang; **7.** *fig.* Lage *f*, Situati'on *f*: **an awkward ~; be in a ~ to do s.th.** in der Lage sein, et. zu tun; **8.** *fig.* (Sach)Lage *f*, Stand *m der Dinge*: **financial ~** Finanzlage, Vermögensverhältnisse *pl.*; **legal ~** Rechtslage; **9.** Standpunkt *m*, Haltung *f*: **take up a ~ on a question** zu e-r Frage Stellung nehmen; **10.** ♫, *phls.* (Grund-, Lehr)Satz *m*; **II** *v/t.* **11.** *bsd.* ◉ in die richtige Lage bringen, (ein)stellen, anbringen; **12.** lokalisieren; **13.** *Polizisten etc.* postieren; **po·si·tion·al** [-ʃənl] *adj.* Stellungs..., Lage...: **~ play** *sport* Stellungsspiel *n*; **po·si·tion find·er** *s.* Ortungsgerät *n*; **po·si·tion pa·per** *s. pol.* 'Grundsatzpaₗpier *n*.

pos·i·tive ['pɒzətɪv] **I** *adj.* □ **1.** bestimmt, defini'tiv, ausdrücklich (*Befehl etc.*), fest (*Versprechen etc.*), unbedingt: **~ law** 🜨 positives Recht; **2.** si-

---

cher, 'unumₗstößlich, eindeutig (*Beweis, Tatsache*); **3.** positiv, tatsächlich; **4.** positiv, zustimmend: **~ reaction**; **5.** über'zeugt, (abso'lut) sicher: **be ~ about s.th.** e-r Sache ganz sicher sein; **6.** rechthaberisch; **7.** F ausgesprochen, abso'lut: **a ~ fool** ein ausgemachter Narr; **8.** ∲, A, ♂, *biol., phys., phot., phls.* positiv: **~ electrode** ∲ Anode *f*; **~ pole** ∲ Pluspol *m*; **9.** ◉ zwangsläufig, Zwangs... (*Getriebe, Steuerung etc.*); **10.** *ling.* im Positiv stehend: **~ degree** Positiv *m*; **II** *s.* **11.** *et.* Positives, Posi'tivum *m*; **12.** *phot.* Positiv *n*; **13.** *ling.* Positiv *m*; '**pos·i·tive·ness** [-nɪs] *s.* **1.** Bestimmtheit *f*; Wirklichkeit *f*; **2.** *fig.* Hartnäckigkeit *f*; '**pos·i·tiv·ism** [-vɪzəm] *s. phls.* Positi'vismus *m*.

pos·se ['pɒsɪ] *s.* (Poli'zei- *etc.*)Aufgebot *n*; *allg.* Haufen *m*, Schar *f*.

pos·sess [pə'zes] *v/t.* **1.** *allg.* (*a. Eigenschaften, Kenntnisse etc.*) besitzen, haben; im Besitz haben, (inne)haben: **~ed of** im Besitz e-r Sache; **~ o.s. of** et. in Besitz nehmen, sich e-r Sache bemächtigen; **~ed noun** *ling.* Besitzsubjekt *n*; **2.** a) (*a. fig. e-e Sprache etc.*) beherrschen, Gewalt haben über (*acc.*), b) erfüllen (**with** mit *e-r* Idee, mit *Unwillen etc.*): **like a man ~ed** wie ein Besessener, wie toll; **~ one's soul in patience** sich in Geduld fassen; **pos·ses·sion** [-cʃn] *s.* **1.** *abstrakt:* Besitz *m* (*a.* 🜨): **actual ~** tatsächlicher *od.* unmittelbarer Besitz; **adverse ~** Ersitzung(sbesitz *m*) *f*; **in the ~ of** in j-s Besitz; **in ~ of s.th.** im Besitze e-r Sache; **have ~ of** im Besitze von et. sein; **take ~ of** Besitz ergreifen von, in Besitz nehmen; **2.** Besitz(tum *n*) *m*, Habe *f*; **3.** *pl.* Besitzungen *pl.*, Liegenschaften *pl.*: **foreign ~s** auswärtige Besitzungen; **4.** *fig.* Besessenheit *f*; **5.** *fig.* Beherrscht-, Erfülltsein *n* (**by** von *e-r* Idee *etc.*); **6.** *mst* **self-~** *fig.* Fassung *f*, Beherrschung *f*; **pos·ses·sive** [-sɪv] **I** *adj.* □ **1.** Besitz...; **2.** besitzgierig, -betonend: **~ instinct** Sinn *m* für Besitz; **3.** *fig.* besitzergreifend (*Mutter etc.*); **4.** *ling.* possess-'siv, besitzanzeigend: **~ case** → 5 b; **II** *s.* **5.** *ling.* a) Posses'siv(um) *n*, besitzanzeigendes Fürwort, b) Genitiv *m*, zweiter Fall; **pos'ses·sor** [-sə] *s.* Besitzer (-in), Inhaber(in); **pos'ses·so·ry** [-səₗrɪ] *adj.* Besitz...: **~ action** 🜨 Besitzstörungsklage *f*; **~ right** Besitzrecht *n*.

pos·si·bil·i·ty [ₗpɒsə'bɪlətɪ] *s.* **1.** Möglichkeit *f* (**of** zu, für, **of doing** et. zu tun): **there is no ~ of his coming** es besteht keine Möglichkeit, daß er kommt; **2.** *pl.* (Entwicklungs)Möglichkeiten *pl.*, (-)Fähigkeiten *pl.*; **pos·si·ble** ['pɒsəbl] **I** *adj.* □ **1.** möglich (**with** bei, **to** *dat.*, **for** für): **this is ~ with him** das ist bei ihm möglich; **highest ~** größtmöglich; **2.** eventu'ell, etwaig, denkbar; **3.** F annehmbar, pas'sabel, leidlich; **II** *s.* **4. the ~** das (Menschen)Mögliche, das Beste; *sport* die höchste Punktzahl; **5.** in Frage kommende Per'son (*bei Wettbewerb etc.*); **pos·si·bly** ['pɒsəblɪ] *adv.* **1.** möglicherweise, viel'leicht; **2.** (irgend) möglich: **when I ~ can** wenn ich irgend kann; **I cannot ~ do this** ich kann es unmöglich tun; **how can I ~ do it?** wie kann ich es nur *od.* bloß machen?

pos·sum ['pɒsəm] s. F abbr. für **opos·sum**: *to play* ~ sich nicht rühren, sich tot od. krank od. dumm stellen.

post¹ [pəʊst] I s. **1.** Pfahl m, Pfosten m, Ständer m, Stange f, Stab m: *as deaf as a ~ fig.* stocktaub; **2.** Anschlagsäule f; **3.** *sport* (Start- od. Ziel)Pfosten m, Start- (od. Ziel)linie f: *be beaten at the* ~ kurz vor dem Ziel geschlagen werden; **II** v/t. **4.** mst ~ *up Plakate etc.* anschlagen, -kleben; **5.** mst ~ *over Mauer mit Zetteln* bekleben; **6.** a) et. (durch Aushang etc.) bekanntgeben: ~ *as missing* ⚓, ✓ als vermißt melden, b) *fig.* (öffentlich) anprangern.

post² [pəʊst] I s. **1.** ✕ Posten m (*Stelle od. Soldat*): *advanced* ~ vorgeschobener Posten; *last* ~ *Brit.* Zapfenstreich m; *at one's* ~ auf (s-m) Posten; **2.** ✕ Standort m, Garni'son f: ⚖ *Exchange* (*abbr.* **PX**) *Am.* Einkaufsstelle f; ~ *headquarters* Standortkommandantur f; **3.** Posten m, Platz m, Stand m; ✝ Börsenstand m; **4.** Handelsniederlassung f, -platz m; **5.** ✝ (Rechnungs)Posten m; **6.** Posten m, (An)Stellung f, Stelle f, Amt n: ~ *of a secretary* Sekre'tärsposten; **II** v/t. **7.** *Soldaten etc.* aufstellen, postieren; **8.** ✕ a) ernennen, b) versetzen, (ab)kommandieren; **9.** ✝ eintragen, verbuchen; *Konto* (ins Hauptbuch) über'tragen: ~ *up Bücher* nachtragen, in Ordnung bringen.

post³ [pəʊst] I s. **1.** ✆ bsd. Brit. Post f: a) *als Einrichtung,* b) *Brit.* Postamt n, c) *Brit.* Post-, Briefkasten m, d) Postzustellung f, e) Postsendung(en pl.) f, -sachen pl., f) Nachricht f: *by* ~ per (od. mit der) Post; **2.** *hist.* a) Post(kutsche) f, b) Ku'rier m; **3.** *bsd. Brit.* 'Brief,papier n (*Format*); **II** v/t. **4.** *Brit.* zur Post geben, mit der Post (zu)senden, aufgeben, in den Briefkasten werfen; **5.** F mst ~ *up j-n* informieren: *keep s.o.* ~*ed j-n* auf dem laufenden halten; *well* ~*ed* gut unterrichtet.

post- [pəʊst] *in Zssgn* nach, später, hinter, post...

post·age ['pəʊstɪdʒ] s. Porto n, Postgebühr f, -spesen pl.: *additional* (od. *ex·tra*) ~ Nachporto, Portozuschlag m; ~ *free*, ~ *paid* portofrei, franko; '~-*due* s. Nach-, Strafporto n; ~ *stamp* s. Briefmarke f, Postwertzeichen n.

post·al ['pəʊstəl] I adj. po'stalisch, Post...: ~ *card* → II; ~ *cash order* Postnachnahme f; ~ *code* → *post·code*; ~ *district* Postzustellbezirk m; ~ *order Brit.* Postanweisung f; ~ *parcel* Postpaket n; ~ *tuition* Fernunterricht m; ~ *vote Brit.* Briefwahl f; ~ *voter* Briefwähler(in); ⚖ *Union* Weltpostverein m; **II** s. *Am.* Postkarte f (*mit aufgedruckter Marke*).

'**post·card** [-stk] s. Postkarte f; '~·*code* s. Brit. Postleitzahl f.

‚**post·'date** v/t. **1.** Brief etc. vo'rausdatieren; **2.** nachträglich od. später datieren; '~·en·try s. **1.** ✝ nachträgliche (Ver)Buchung; **2.** ✝ Nachverzollung f; **3.** sport Nachnennung f.

post·er ['pəʊstə] s. **1.** Pla'katankleber m; **2.** Pla'kat n: ~ *paint* Plakatfarbe f; **3.** Poster m, n.

poste res·tante [‚pəʊst'restɑ̃ːnt] (*Fr.*) I adj. postlagernd; **II** s. bsd. Brit. Aufbewahrungsstelle f für postlagernde Sen-

dungen.

pos·te·ri·or [pɒ'stɪrɪə] I adj. □ a) später (*to* als), b) hinter, Hinter...: *be* ~ *to* zeitlich od. örtlich kommen nach, folgen auf (*acc.*); **II** s. Hinterteil n, Hintern m; **pos·ter·i·ty** [pɒ'sterətɪ] s. **1.** Nachkommen(schaft f) pl.; **2.** Nachwelt f.

pos·tern ['pəʊstɜːn] s. a. ~ *door*, ~ *gate* Hinter-, Neben-, Seitentür f.

‚**post·'free** adj. portofrei.

‚**post·'grad·u·ate** [-st'g-] I adj. nach dem ersten aka'demischen Grad: ~ *studies*; **II** s. j-d, der nach dem ersten aka'demischen Grad weiterstudiert.

‚**post·'haste** adv. eiligst.

post·hu·mous ['pɒstjʊməs] adj. □ po'stum, Nach'hum: a) *nach des Vaters Tod geboren,* b) nachgelassen, hinter'lassen (*Schriftwerk*), c) nachträglich (*Ordensverleihung etc.*): ~ *fame* Nachruhm m.

pos·til·(l)ion [pə'stɪljən] s. hist. Postillion m.

post·ing ['pəʊstɪŋ] s. Versetzung f, ✕ 'Abkommen‚dierung f.

post·man ['pəʊstmən] s. [irr.] Briefträger m, Postbote m; '~·*mark* [-stm-] I s. Poststempel m; **II** v/t. (ab)stempeln; '~·*mas·ter* [-st‚m-] s. Postamtsvorsteher m, Postmeister m: ⚖ *General* Postminister m.

post·me·rid·i·an [‚pəʊstmə'rɪdɪən] adj. Nachmittags..., nachmittägig; **post me·rid·i·em** [-mə'rɪdɪəm] (*Lat.*) adv. (*abbr.* **p.m.**) nachmittags.

'**post‚mis·tress** [-st‚m-] s. Postmeisterin f.

post·mor·tem [‚pəʊst'mɔːtəm] ⚕, ☤ I adj. Leichen..., nach dem Tode (stattfindend); **II** s. (*abbr. für* ~ *examina·tion*) Leichenöffnung f, Auto'psie f; *fig.* Ma'növerkri‚tik f, nachträgliche Ana'lyse; ‚~·'na·tal adj. nach der Geburt (stattfindend); ‚~·'nup·tial adj. nach der Hochzeit (stattfindend).

post of·fice s. **1.** Post(amt n) f: ⚖ *General* Hauptpost(amt); ⚖ *Department Am.* Postministerium n; **2.** *Am. ein Gesell·schaftsspiel;* ~ *box* s. Post(schließ)fach n; ~ *or·der* s. Postanweisung f; ~ *sav·ings bank* s. Postsparkasse f.

‚**post·op·er·a·tive** adj. ⚕ postopera'tiv, nachträglich.

‚**post·'paid** adj. u. adv. freigemacht, frankiert.

post·pone [‚pəʊst'pəʊn] v/t. **1.** verschieben, auf-, hin'ausschieben; **2.** 'unterordnen (*to dat.*), hint'ansetzen; ‚**post·'pone·ment** [-mənt] s. **1.** Verschiebung f, Aufschub m; **2.** ⚙, a. ling. Nachstellung f.

‚**post·po·si·tion** s. **1.** Nachstellung f (a. ling.); **2.** ling. nachgestelltes (Verhältnis)Wort; ‚**post·pos·i·tive** ling. I adj. nachgestellt; **II** s. → *postposition* 2.

‚**post·pran·di·al** adj. nach dem Essen, nach Tisch (*Rede, Schläfchen etc.*).

post·script ['pəʊsskrɪpt] s. **1.** Post'skriptum n (*zu e-m Brief*), Nachschrift f; **2.** Nachtrag m (*zu e-m Buch*); **3.** Nachbemerkung f.

‚**post·po·si·tion** s. **1.** Nachstellung s. Antragsteller(in); **2.** *R.C.* Postu'lant(in);

pos·tu·late I v/t. ['pɒstjʊleɪt] **1.** fordern, verlangen, begehren; **2.** postulieren, (als gegeben) vor'aussetzen; **II** s.

[-lət] **3.** Postu'lat n, ('Grund)Vor‚aussetzung f.

pos·ture ['pɒstʃə] I s. **1.** (Körper)Haltung f, Stellung f; (a. thea., paint.) Posi'tur f, Pose f; **2.** Lage f (a. fig. Situation), Anordnung f; **3.** fig. geistige Haltung; **II** v/t. **4.** zu'rechtstellen, arrangieren; **III** v/i. **5.** sich in Posi'tur stellen od. in Pose werfen; posieren (a. fig. as als); '**pos·tur·er** [-ərə] s. **1.** Schlangenmensch m (*Artist*); **2.** → *poseur.*

‚**post·war** adj. Nachkriegs...

po·sy ['pəʊzɪ] s. **1.** Sträußchen n; **2.** obs. Motto n, Denkspruch m.

pot [pɒt] I s. **1.** (*Blumen-, Koch-, Nacht- etc.*)Topf m: *go to* ~ sl. a) kaputtgehen, b) ‚vor die Hunde gehen' (*Person*); *keep the* ~ *boiling* a) die Sache in Gang halten, b) sich über Wasser halten; *the* ~ *calls the kettle black* ein Esel schilt den andern Langohr; *big* ~ sl. ‚großes Tier'; *a* ~ *of money* F ‚ein Heidengeld'; *he has* ~*s of money* F er hat Geld wie Heu; **2.** Kanne f; **3.** ⚗ Tiegel m, Gefäß n: ~ *annealing* Kastenglühen n; ~ *galvanization* Feuerverzinken n; **4.** sport sl. Po'kal m; **5.** (Spiel)Einsatz m; **6.** → *pot shot;* **7.** sl. Pot n, Marihu'ana n; **II** v/t. **8.** in e-n Topf tun; *Pflanze* eintopfen; **9.** Fleisch einlegen, einmachen: ~*ted meat* Fleischkonserven pl.; **10.** Billardball einlochen; **11.** hunt. (ab)schießen; **12.** F einheimsen, erbeuten; **13.** Baby aufs Töpfchen setzen; **14.** fig. F a) Musik ‚konservieren', b) Stoff mundgerecht machen; **III** v/i. **15.** (los)ballern, schießen (*at* auf acc.).

po·ta·ble ['pəʊtəbl] I adj. trinkbar; **II** s. Getränk n.

po·tage [pɒ'tɑːʒ] (*Fr.*) s. (dicke) Suppe.

pot·ash ['pɒtæʃ] s. ⚗ **1.** Pottasche f, 'Kaliumkarbo‚nat n: *bicarbonate of* ~ doppeltkohlensaures Kali; ~ *fertilizer* Kalidünger m; ~ *mine* Kalibergwerk n; **2.** → *caustic* 1.

po·tas·si·um [pə'tæsjəm] s. ⚗ Kalium n; ~ *bro·mide* s. 'Kaliumbro‚mid n; ~ *car·bon·ate* s. 'Kaliumkarbo‚nat n, Pottasche f; ~ *cy·a·nide* s. 'Kaliumcya‚nid n, Zyan'kali n; ~ *hy·drox·ide* s. 'Kaliumhydro‚xyd n, Ätzkali n; ~ *ni·trate* s. 'Kaliumni‚trat n.

po·ta·tion [pəʊ'teɪʃn] s. **1.** Trinken n; Zeche'rei f; **2.** Getränk n.

po·ta·to [pə'teɪtəʊ] pl. **-toes** s. **1.** Kar'toffel f: *fried* ~*es* Bratkartoffeln; *small* ~*es Am.* F ‚kleine Fische'; *hot* ~ F ‚heißes Eisen'; *drop s.th. like a hot* ~ et. wie eine heiße Kartoffel fallen lassen; *think o.s. no small* ~*es* sl. sehr von sich eingenommen sein; **2.** Am. sl. a) ‚Rübe' f (*Kopf*), b) Dollar m; ~ *bee·tle* s. zo. Kar'toffelkäfer m; ~ *blight* → *potato disease;* ~ *bug* → *potato beetle;* ~ *chips* s. pl. a) Brit. Pommes frites pl., b) Am. → *crisps* s. pl. Kar'toffelchips pl.; ~ *dis·ease* s. ⚕ Kar'toffelkrankheit f; ~ *trap* s. sl. ‚Klappe' f, ‚Maul' n.

pot| *bar·ley* s. Graupen pl.; '~·*bel·lied* adj. dickbäuchig; '~·*bel·ly* s. Schmerbauch m; '~·*boil·er* s. F Kunst etc.: reine Brotarbeit; '~·*boy* s. Brit. Schankkellner m.

po·teen [pɒ'tiːn] s. heimlich gebrannter Whisky (*in Irland*).

po·ten·cy ['pəʊtənsɪ] s. **1.** Stärke f, Macht f; fig. a. Einfluß m; **2.** Wirksamkeit f, Kraft f; **3.** physiol. Po'tenz f; **'po·tent** [-nt] adj. □ **1.** mächtig, stark; **2.** einflußreich; **3.** po'tent, fi'nanzstark: *a ~ bidder*, **4.** zwingend, über'zeugend (*Argumente etc.*); **5.** stark (*Drogen, Getränk*); **6.** physiol. po'tent; **'po·ten·tate** [-teɪt] s. Poten'tat m, Machthaber m, Herrscher m; **po·ten·tial** [pəʊ'tenʃl] I adj. □ **1.** potenti'ell: a) möglich, eventu'ell, b) in der Anlage vorhanden, la'tent: *~ market* (*murderer*) potentieller Markt (Mörder); **2.** ling. Möglichkeits...: *~ mood* → 4; **3.** phys. potenti'ell, gebunden: *~ energy* potentielle Energie, Energie der Lage; II s. **4.** ling. Potenti'alis m, Möglichkeitsform f; **5.** phys. Potenti'al n (a. ⚡), ⚡ Spannung f: *~ equation* A Potentialgleichung f; **6.** (*Kriegs-, Menschen- etc.*)Potenti'al n, Re'serven pl.; **7.** Leistungsfähigkeit f, Kraftvorrat m; **po·ten·ti·al·i·ty** [pəʊˌtenʃɪ'ælətɪ] s. **1.** Potentiali'tät f, (Entwicklungs)Möglichkeit f; **2.** Wirkungsvermögen n, innere Kraft; **po·ten·ti·om·e·ter** [pəʊˌtenʃɪ'ɒmɪtə] s. ⚡ Potentio'meter n (*veränderbarer Widerstand*).

'pot·head s. sl. ‚Hascher' m.

po·theen [pɒ'θiːn] → poteen.

poth·er ['pɒðə] I s. **1.** Aufruhr m, Lärm m, Aufregung f, ‚The'ater' n: *be in a ~ about s.th.* e-n großen Wirbel wegen et. machen; **2.** Rauch-, Staubwolke f, Dunst m; II v/t. **3.** verwirren, aufregen; III v/i. **4.** sich aufregen.

'pot|·herb s. Küchenkraut n; **'~·hole** s. **1.** mot. Schlagloch n; **2.** geol. Gletschertopf m, Strudelkessel m; **'~·hol·er** s. Höhlenforscher m; **'~·hook** s. **1.** Kesselhaken m; **2.** Schnörkel m (*Kinderschrift*); pl. Gekritzel n; **'~·house** s. Wirtschaft f, Kneipe f; **'~·hunt·er** s. sl. **1.** Aasjäger m; **2.** sport F Preisjäger m.

po·tion ['pəʊʃn] s. (Arz'nei-, Gift-, Zauber)Trank m.

pot luck s.: *take a ~* a) (*with s.o.*) (bei j-m) mit dem vorliebnehmen, was es gerade (zu essen) gibt, b) es aufs Geratewohl probieren.

pot·pour·ri [ˌpəʊ'pʊrɪ] s. Potpourri n: a) Dufttopf m, b) musi'kalisches Aller'lei, c) fig. Kunterbunt n, Aller'lei n.

pot| roast s. Schmorfleisch n; **'~·sherd** [-ʃɜːd] s. (Topf)Scherbe f; **~ shot** s. **1.** unweidmännischer Schuß; **2.** Nahschuß m, 'hinterhältiger Schuß; **3.** (wahllos abgegebener) Schuß; **4.** fig. Seitenhieb m.

pot·tage ['pɒtɪdʒ] s. dicke Gemüsesuppe (mit Fleisch).

pot·ter¹ ['pɒtə] I v/i. **1.** oft *~ about* her'umwerkeln, -hantieren; **2.** (her'um-) trödeln: *~ at* herumspielen, -pfuschen an od. in (*dat.*); II v/t. **3.** *~ away* Zeit vertrödeln.

pot·ter² ['pɒtə] s. Töpfer(in): *~'s clay* Töpferton m; *~'s lathe* Töpferscheibentisch m; *~'s wheel* Töpferscheibe f; **'pot·ter·y** [-ərɪ] s. **1.** Töpfer-, Tonware(n pl.) f, 'Steingut n, Ke'ramik f; **2.** Töpfe'rei(werkstatt) f; **3.** Töpfe'rei f (*Kunst*), Ke'ramik f.

pot·ty ['pɒtɪ] adj. F **1.** verrückt; **2.** klein, unbedeutend.

'pot-₁val·o(u)r s. angetrunkener Mut.

---

pouch [paʊtʃ] I s. **1.** Beutel (a. zo., ⚕), (Leder-, Trage-, a. Post)Tasche f, (kleiner) Sack; **2.** Tabaksbeutel m; **3.** Geldbeutel m; **4.** ✗ Pa'tronentasche f; **5.** anat. (Tränen)Sack m; II v/t. **6.** in e-n Beutel tun; **7.** fig. einstecken; **8.** (v/i. sich) beuteln od. bauschen; **pouched** [-tʃt] adj. zo. Beutel...

pouf(fe) [puːf] s. **1.** a) Haarknoten m, -rolle f, b) Einlage f; **2.** Puff m (*Sitzpolster*); **3.** Tur'nüre f; **4.** → poof.

poul·ter·er ['pəʊltərə] s. Geflügelhändler m.

poul·tice ['pəʊltɪs] ⚕ I s. 'Brei₁umschlag m, Packung f; II v/t. e-n 'Brei₁umschlag auflegen auf (*acc.*), e-e Packung machen um.

poul·try ['pəʊltrɪ] s. (Haus)Geflügel n, Federvieh n: *~ farm* Geflügelfarm f; **'~·man** [-mən] s. irr. Geflügelzüchter m od. -händler m.

pounce¹ [paʊns] I s. **1.** a) Her'abstoßen n e-s Raubvogels, b) Sprung m, Satz m: *on the ~* sprungbereit; II v/i. **2.** (her-) 'abstoßen, sich stürzen (*on, upon* auf acc.) (*Raubvogel*); **3.** fig. a) (plötzlich) sich stürzen (auf j-n, e-n Fehler, e-e Gelegenheit etc.), losgehen (auf j-n), b) ‚zuschlagen'; **4.** (plötzlich) stürzen: *~ into the room.*

pounce² [paʊns] I s. **1.** Glättpulver n, bsd. Bimssteinpulver n; **2.** Pauspulver n; **3.** 'durchgepaustes (*bsd.* Stick)Muster; II v/t. **4.** glatt abreiben, bimsen; **5.** 'durchpausen.

pound¹ [paʊnd] s. **1.** Pfund n (*abbr. lb.* = 453,59 g): *~ cake* Am. (reichhaltiger) Früchtekuchen m; **2.** a. *~ sterling* Pfund n (Sterling) (*abbr. £*): *pay twenty shillings in the ~* fig. obs. voll bezahlen.

pound² [paʊnd] I s. **1.** schwerer Stoß od. Schlag, Stampfen n; II v/t. **2.** (zer-) stoßen, (zer)stampfen; **3.** feststampfen, rammen; **4.** hämmern (auf), trommeln auf, schlagen: *~ sense into s.o.* fig. j-m Vernunft einhämmern; *~ out* a) glatthämmern, b) Melodie herunterhämmern (*auf dem Klavier*); **5.** ✗ beschießen; III v/i. **6.** hämmern (a. Herz), pochen, schlagen; **7.** mst *~ along* (ein-) 'her)stampfen, wuchtig gehen; **8.** stampfen (*Maschine etc.*); **9.** *~ (away) at* ✗ unter schwerem Beschuß nehmen.

pound³ [paʊnd] I s. **1.** 'Tier₁asyl n; **2.** Hürde f, Pferch m; **3.** Abstellplatz m für abgeschleppte Autos; II v/t. **4.** oft *~ up* einpferchen.

pound·age ['paʊndɪdʒ] s. **1.** Anteil m od. Gebühr f pro Pfund (*Sterling*); **2.** Bezahlung f pro Pfund (*Gewicht*); **3.** Gewicht n in Pfund.

pound·er ['paʊndə] s. in Zssgn ...pfünder.

,pound-'fool·ish adj. unfähig, mit großen Summen od. Pro'blemen 'umzugehen; → penny-wise.

pour [pɔː] I s. **1.** Strömen n; **2.** (Regen-) Guß m; **3.** metall. Einguß m: *~ test* Stockpunktbestimmung f; II v/t. **4.** gießen, schütten (*from, out of* aus, *into, in* in acc., *on, upon* auf acc.): *~ forth* (*od. out*) a) ausgießen, (aus)strömen lassen, b) fig. Herz ausschütten, *Kummer* ausbreiten, c) Flüche etc. ausstoßen; *~ out drinks* Getränke eingießen, -schenken; *~ off* abgießen; *~ it on* Am.

sl. a) ‚rangehen', b) a. *~ on the speed* ‚volle Pulle' fahren; **5.** *~ itself* sich ergießen (*Fluß*); III v/i. **6.** strömen, gießen: *~ down* niederströmen; *~ forth* (*od. out*) (a. fig.) sich ergießen, strömen (*from* aus); *it ~s with rain* es gießt in Strömen; *it never rains but it ~s* fig. ein Unglück kommt selten allein; **7.** fig. strömen (*Menschenmenge etc.*): *~ in* hereinströmen (a. Aufträge, Briefe etc.); **8.** metall. in die Form gießen; **pour·a·ble** ['pɔːrəbl] adj. ⊙ vergießbar: *~ compound* Gußmasse f; **pour·ing** ['pɔːrɪŋ] I adj. **1.** strömend (a. Regen); **2.** ⊙ Gieß..., Guß...: *~ gate* Gießtrichter m; II s. **3.** ⊙ (Ver)Gießen n, Guß m.

pout¹ [paʊt] I v/i. **1.** die Lippen spitzen od. aufwerfen; **2.** a) e-e Schnute od. e-n Flunsch ziehen, b) fig. schmollen; **3.** vorstehen (*Lippen*); II v/t. **4.** Lippen, Mund (schmollend) aufwerfen, (a. zum Kuß) spitzen; **5.** schmollen(d sagen); III s. **6.** Flunsch m, Schnute f, Schmollmund m; **7.** Schmollen n: *have the ~s* schmollen, im Schmollwinkel sitzen.

pout² [paʊt] s. ein Schellfisch m.

pout·er ['paʊtə] s. **1.** a. *~ pigeon* orn. Kropftaube f; **2.** → pout¹.

pov·er·ty ['pɒvətɪ] s. **1.** (*of* an dat.) Armut f, Mangel m (beide a. fig.): *~ of ideas* Ideenarmut f; **2.** fig. Armseligkeit f, Dürftigkeit f; **3.** Armut f, geringe Ergiebigkeit (*des Bodens etc.*); **'~-₁strick·en** adj. **1.** in Armut lebend, verarmt; **2.** fig. armselig.

pow·der ['paʊdə] I s. **1.** (*Back-, Schieß-etc.*)Pulver n: *not worth ~ and shot* keinen Schuß Pulver wert; *keep your ~ dry!* sei auf der Hut!; *take a ~* Am. sl. ‚türmen'; **2.** Puder m: *~ face* ✗; II v/t. **3.** pulvern, pulverisieren: *~ed milk* Trockenmilch f; *~ed sugar* Staubzucker m; **4.** (be)pudern: *~ one's nose* a) sich die Nase pudern, b) F ‚mal kurz verschwinden'; **5.** bestäuben, bestreuen (*with* mit); III v/i. **6.** zu Pulver werden; *~ box* s. Puderdose f; *~ keg* s. fig. Pulverfaß n; *'~·₁met·al·lur·gy* s. 'Sintermetallur₁gie f, Me'tall₁ke₁ramik f; *~ mill* s. 'Pulvermühle f, -fa₁brik f; *~ puff* s. Puderquaste f; *~ room* s. 'Damentoi₁lette f.

pow·der·y ['paʊdərɪ] adj. **1.** pulverig, Pulver...: *~ snow* Pulverschnee m; **2.** bestäubt.

pow·er ['paʊə] I s. **1.** Kraft f, Stärke f, Macht f, Vermögen n: *do all in one's ~* alles tun, was in s-r Macht steht; *it was out of (od. not in) his ~* es stand nicht in s-r Macht (zu do zu tun); *more ~ to you(r elbow)!* nur zu!, viel Erfolg!; **2.** Kraft f, Ener'gie f; weitS. Wucht f, Gewalt f; **3.** mst pl. hypnotische etc. Kräfte pl., (geistige) Fähigkeiten f, Ta'lent n: *reasoning ~* Denkvermögen n; **4.** Macht f, Gewalt f, Herrschaft f, Einfluß m (*over* über acc.): *be in ~* pol. an der Macht od. Ruder sein; *be in s.o.'s ~* in j-s Gewalt sein; *come into ~* pol. an die Macht kommen; *~ politics* Machtpolitik f; **5.** pol. Gewalt f als Staatsfunktion: *legislative ~; separation of ~s* Gewaltenteilung f; **6.** pol. (Macht)Befugnis f, (Amts)Gewalt f; **7.** ✠ (Handlungs-, Vertretungs)Vollmacht f, Befugnis f, Recht n: *~ of testation* Testierfähigkeit f; → attorney;

8. *pol.* Macht *f*, Staat *m*; **9.** Macht(faktor *m*) *f*, einflußreiche Stelle *od.* Per-'son: *the ~s that be* die maßgeblichen (Regierungs)Stellen; ~ *behind the throne* graue Eminenz; **10.** *mst pl.* höhere Macht: *heavenly ~s*; **11.** F Masse *f*: *a ~ of people*; **12.** A Po'tenz *f*: *raise to the third ~* in die dritte Potenz erheben; **13.** *ƒ, phys.* Kraft *f*, Ener'gie *f*, Leistung *f*; *a.* ~ *current* ƒ (Stark)Strom *m*; *Funk, Radio, TV:* Sendestärke *f*; *opt.* Stärke *f e-r* Linse: ~ *cable* Starkstromkabel *n*; ~ *economy* Energiewirtschaft *f*; **14.** ⊕ me'chanische Kraft, Antriebskraft *f*: *~-propelled* kraftbetrieben, Kraft…; ~ *on* (mit) Vollgas; ~ *off* a) mit abgestelltem Motor, b) im Leerlauf; **II** *v/t.* **15.** mit (*elektrischer etc.*) Kraft versehen *od.* betreiben, antreiben: *rocket-~ed* raketengetrieben; ~ **am·pli·fi·er** *s. Radio:* Kraft-, Endverstärker *m*; *'~-as.sis.ted adj. mot.* Ser-vo… (*-lenkung etc.*); ~ **brake** *s. mot.* 'Servobremse *f*; ~ **con·sump·tion** *s.* ƒ Strom-, Ener'gieverbrauch *m*; ~ **cut** *s.* ƒ **1.** Stromsperre *f*; **2.** → *power failure*; *'~-drive* s. ⊕ Kraftantrieb *m*; *'~,driv·en adj.* ⊕ kraftbetrieben, Kraft…; ~ **en·gi·neer·ing** *s.* ƒ 'Starkstrom,technik *f*; ~ **fac·tor** *s.* ƒ, *phys.* 'Leistungs,faktor *m*; ~ **fail·ure** *s.* ƒ Strom-, Netzausfall *m*.

pow·er·ful ['pauəfʊl] *adj.* ☐ **1.** mächtig (*a. Körper, Schlag, Mensch*), stark (*a. opt. u. Motor*), gewaltig, kräftig; **2.** *fig.* kräftig, wirksam (*a. Argument*); wuchtig (*Stil*); packend (*Roman etc.*); **3.** F ,massig', gewaltig.

pow·er| glid·er *s.* ✓ Motorsegler *m*; *'~·house* s. **1.** → *power station*; ⊕ **2.** Ma'schinenhaus *n*; **3.** *Am. sl.* a) *sport* ,Bombenmannschaft' *f*, b) *sport* ,Ka-'none' *f* (*Spitzenspieler*), c) Riesenkerl *m*, d) ,Wucht' *f*, ,tolle' Person *od.* Sache; ~ **lathe** *s.* ⊕ Hochleistungsdrehbank *f*.

pow·er·less ['pauəlɪs] *adj.* ☐ kraft-, machtlos, ohnmächtig.

pow·er| line *s.* ƒ **1.** Starkstromleitung *f*; **2.** 'Überlandleitung *f*; *,~-'op·er·at·ed adj.* ⊕ kraftbetätigt, -betrieben; ~ **out·put** *s.* ƒ, ⊕ Ausgangs-, Nennleistung *f*; ~ **pack** *s.* ƒ Netzteil *n* (*Radio etc.*); *'~-plant* s. **1.** → *power station*; **2.** Ma'schinensatz *m*, Aggre'gat *n*, Triebwerk(anlage *f*) *n*; ~ **play** *s. sport* Powerplay *n*; ~ **point** *s.* ƒ Steckdose *f*; ~ **pol·i·tics** *s. pl. sg. konstr.* 'Machtpoli,tik *f*; ~ **saw** *s.* ⊕ Motorsäge *f*; ~ **shar·ing** *s.* Teilhabe *f* an der Macht; *'~-,shov·el* s. ⊕ Löffelbagger *m*; ~ **sta·tion** *s.* ƒ Elektrizi'täts-, Kraftwerk *n*: *long-distance* ~ 'Überlandzentrale *f*; ~ **steer·ing** *s. mot.* Servolenkung *f*; ~ **stroke** *s.* ⊕, ƒ, *mot.* Arbeitshub *m*, -takt *m*; ~ **strug·gle** *s.* Machtkampf *m*; ~ **sup·ply** *s.* ƒ **1.** Ener'gieversorgung *f*, Netz(anschluß *m*) *n*; **2.** → *power pack*; ~ **trans·mis·sion** *s.* ⊕ 'Leistungs-, Ener'gieüber,tragung *f*; ~ **un·it** *s.* **1.** → *power station*; **2.** → *power plant* 2.

pow·wow ['pauwau] **I** *s.* **1.** a) indi'anisches Fest, b) Ratsversammlung *f*, c) indi'anischer Medi'zinmann; **2.** *Am.* F a) (lärmende, *a.* po'litische) Versammlung, b) Konfe'renz *f*, Besprechung *f*; **II**

v/i. **3.** *bsd. Am.* F e-e Versammlung *etc.* abhalten; debattieren.

pox [pɒks] *s.* ✦ **1.** Pocken *pl.*, Blattern *pl.*; Pusteln *pl.*; **2.** V Syphilis *f*.

prac·ti·ca·bil·i·ty [,præktɪkə'bɪlətɪ] *s.* 'Durchführbarkeit *f etc.*; **prac·ti·ca·ble** ['præktɪkəbl] *adj.* ☐ **1.** 'durch-, ausführbar, möglich; **2.** anwendbar, brauchbar; **3.** gang-, (be)fahrbar (*Straße, Furt etc.*).

prac·ti·cal ['præktɪkl] *adj.* ☐ → *practically*, **1.** (*Ggs. theoretisch*) praktisch (*Kenntnisse, Landwirtschaft etc.*); angewandt: ~ *chemistry*; ~ *fact* Erfahrungstatsache *f*; **2.** praktisch (*Anwendung, Versuch etc.*); **3.** praktisch, geschickt (*Person*); **4.** praktisch, in der Praxis tätig, ausübend: ~ *politician*; ~ *man* Mann der Praxis, Praktiker; **5.** praktisch (*Denken*); **6.** praktisch, faktisch, tatsächlich; **7.** sachlich; **8.** praktisch anwendbar, 'durchführbar; **9.** handgreiflich, grob: ~ *joke*; **prac·ti·cal·i·ty** [,præktɪ'kælətɪ] *s.* das Praktische, praktisches Wesen, Sachlichkeit *f*; praktische Anwendbarkeit; **'prac·ti·cal·ly** *adv.* **1.** [-kəlɪ] → *practical*; **2.** [-klɪ] praktisch, so gut wie *nichts etc.*

prac·tice ['præktɪs] **I** *s.* **1.** Praxis *f* (*Ggs. Theorie*): *in* ~ in der Praxis; *put into* ~ in die Praxis umsetzen, ausführen, verwirklichen; **2.** Übung *f* (*a.* ♪, ✗), *mot.* *sport* Training *n*: *in* (*out of*) ~ in (aus) der Übung; ~ *makes perfect* Übung macht den Meister; **3.** Praxis *f* (*Arzt, Anwalt*): *be in* ~ praktizieren, s-e Praxis ausüben (*Arzt*); **4.** Brauch *m*, Gewohnheit *f*, übliches Verfahren, Usus *m*; **5.** Handlungsweise *f*, Praktik *f*; *oft pl. contp.* (unsaubere) Praktiken *pl.*, Machenschaften *pl.*, Schliche *pl.*; **6.** Verfahren *n*; ⊕ *a.* Technik *f*: *welding* ~ Schweißtechnik; **7.** ⚖ Verfahren(sregeln *pl.*) *n*, for'melles Recht; **8.** Übungs…, Probe…: ~ *alarm*, ~ *alert* Probealarm *m*; ~ *ammunition* ✗ Übungsmunition *f*; ~ *cartridge* ✗ Exerzierpatrone *f*; ~ *flight* ✓ Übungsflug *m*; ~ *run mot.* Trainingsfahrt *f*; **II** *v/t. u. v/i.* **9.** *Am.* → *practise*.

prac·tise ['præktɪs] **I** *v/t.* **1.** *Beruf* ausüben; *Geschäft etc.* betreiben; tätig sein als *od.* in (*dat.*), *als Arzt, Anwalt* praktizieren: ~ *medicine* (*law*); **2.** ♪ *etc.* (ein)üben, sich üben in (*dat.*); *et. auf e-m Instrument* üben; *j-n* schulen: ~ *Bach* Bach üben; **3.** *fig.* Höflichkeit *etc.* üben: ~ *politeness*; **4.** verüben: ~ *a fraud on j-n* arglistig täuschen; **II** *v/i.* **5.** praktizieren (*als Arzt, Jurist, a. Katholik*); **6.** (sich) üben (*on the piano* auf dem Klavier, *at shooting* im Schießen); **7.** ~ *on* (*od. upon*) a) *j-s* ,bearbeiten', b) *j-s Schwäche etc.* ausnutzen, miß'brauchen; **'prac·tised** [-st] *adj.* geübt (*Person, a. Auge, Hand*).

prac·ti·tion·er [præk'tɪʃnə] *s.* **1.** Praktiker *m*; **2.** *general* (*od. medical*) ~ praktischer Arzt; **3.** *legal* (*od. general*) ~ (Rechts)Anwalt *m*.

prag·mat·ic [præg'mætɪk] *adj.* (☐ *~-al-ly*) **1.** *phls.* prag'matisch; **2.** → **prag-'mat·i·cal** [-kl] *adj.* ☐ **1.** *phls.* prag'matisch, *fig. a.* praktisch (denkend), sachlich; **2.** belehrend; **3.** geschäftig; **4.** 'übereifrig, aufdringlich; **5.** rechthaberisch; **prag·ma·tism** ['prægmətɪzəm] *s.*

1. *phls.* Pragma'tismus *m*, *fig. a.* Sachlichkeit *f*, praktisches Denken; **2.** 'Übereifer *m*; **3.** rechthaberisches Wesen; **prag·ma·tize** ['prægmətaɪz] *v/t.* **1.** als re'al darstellen; **2.** vernunftmäßig erklären, rationalisieren.

prai·rie ['preərɪ] *s.* **1.** Grasebene *f*, Steppe *f*; **2.** Prä'rie *f* (*in Nordamerika*); **3.** *Am.* (grasbewachsene) Lichtung; ~ *dog s. zo.* Prä'riehund *m*; ~ **schoon·er** *s. Am.* Planwagen *m* der frühen Siedler.

praise [preɪz] **I** *v/t.* **1.** loben, rühmen, preisen; → *sky*; **2.** (*bsd. Gott*) (lob-) preisen, loben; **II** *s.* **3.** Lob *n*: *sing s.o.'s* ~ j-s Lob singen; *in* ~ *of s.o., in s.o.'s* ~ zu j-s Lob; *'~,wor·thi·ness s.* Löblichkeit *f*, lobenswerte Eigenschaft; *'~,wor·thy adj.* ☐ lobenswert, löblich.

pram¹ [præm] *s.* ⚓ Prahm *m*.

pram² [præm] *s.* F → *perambulator*.

prance [prɑ:ns] *v/i.* **1.** a) sich bäumen, b) tänzeln (*Pferd*); **2.** (ein'her)stolzieren, paradieren; sich brüsten; **3.** F her-'umtollen.

pran·di·al ['prændɪəl] *adj.* Essens…, Tisch…

prang [præŋ] *Brit.* F **I** *s.* **1.** ✗ Bruchlandung *f*; **2.** *mot.* schwerer Unfall; **3.** Luftangriff *m*; **4.** *fig.* ,tolles Ding'; **II** *v/i.* **5.** ,knallen', ,krachen'.

prank¹ [præŋk] *s.* **1.** Streich *m*, Ulk *m*, Jux *m*; **2.** *weitS.* Kapri'ole *f*, Faxe *f e-r* Maschine *etc.*

prank² [præŋk] **I** *v/t. mst ~ out* (*od. up*) (her'aus)putzen, schmücken; **II** *v/i.* prunken, prangen.

prate [preɪt] **I** *v/i.* schwatzen, schwafeln (*of* von); **II** *v/t.* (da'her)schwafeln; **III** *s.* Geschwätz *n*, Geschwafel *n*; **'prat·er** [-tə] *s.* Schwätzer(in); **'prat·ing** [-tɪŋ] *adj.* ☐ schwatzhaft, geschwätzig; **prat·tle** ['prætl] → *prate*.

prawn [prɔ:n] *s. zo.* Gar'nele *f*.

pray [preɪ] **I** *v/i.* **1.** beten (*to* zu, *for* um, für); **2.** bitten, ersuchen (*for* um); ⚖ beantragen (*that* daß); **II** *v/t.* **3.** j-n inständig bitten, ersuchen, anflehen (*for* um): ~, *consider!* bitte, bedenken Sie doch!; **4.** *et.* erbitten, erflehen.

prayer [preə] *s.* **1.** Ge'bet *n*: *put up a* ~ ein Gebet emporsenden; *say one's* ~s beten, s-e Gebete verrichten; *he hasn't got a* ~ *Am. sl.* er hat nicht die geringste Chance; **2.** *oft pl.* Andacht *f*: *evening* ~ Abendandacht; **3.** inständige Bitte, Flehen *n*; **4.** Gesuch *n*; ⚖ *a.* Antrag *m*, Klagebegehren *n*; **5.** ['preə] Beter(in); ~ **book** *s.* Ge'betbuch *n*; ~ **meet·ing** *s.* Ge'betsversammlung *f*; ~ **wheel** *s.* Ge'betsmühle *f*.

pre- [pri:; prɪ] *in Zssgn* a) (*zeitlich*) vor (-her); vor…; früher als, b) (*räumlich*) vor, da'vor.

preach [pri:tʃ] **I** *v/i.* **1.** (*to*) predigen (zu *od.* vor *dat.*), e-e Predigt halten (*dat. od.* vor *dat.*); **2.** *fig.* ,predigen': ~ *at s.o.* j-m e-e (Moral)Predigt halten; **II** *v/t.* **3.** *et.* predigen: ~ *the gospel* das Evangelium verkünden; ~ *a sermon* e-e Predigt halten; **4.** ermahnen zu: ~ *charity* Nächstenliebe predigen; **'preach·er** [-tʃə] *s.* Prediger(in); **'preach·i·fy** [-tʃɪfaɪ] *v/i.* sal'badern, Mo'ral predigen; **'preach·ing** [-tʃɪŋ] *s.* **1.** Predigen *n*; **2.** *bibl.* Lehre *f*; **'preach·y** [-tʃɪ] *adj.* ☐ F sal'badernd, moralisierend.

pre·am·ble [pri:'æmbl] *s.* **1.** Prä'ambel *f* (*a.* ⅍), Einleitung *f*; Oberbegriff *m e-r Patentschrift*; Kopf *m e-s Funkspruchs etc.*; **2.** *fig.* Vorspiel *n*, Auftakt *m*.

pre·ar·range [ˌpri:ə'reɪndʒ] *v/t.* **1.** vorher abmachen *od.* anordnen *od.* bestimmen; **2.** vorbereiten.

preb·end ['prebənd] *s. eccl.* Prä'bende *f*, Pfründe *f*; **'preb·en·dar·y** [-bəndərɪ] *s.* Pfründner *m*.

pre·cal·cu·late [ˌpri:'kælkjuleɪt] *v/t.* vor'ausberechnen.

pre·car·i·ous [prɪ'keərɪəs] *adj.* □ **1.** pre'kär, unsicher (*a. Lebensunterhalt*), bedenklich (*a. Gesundheitszustand*); **2.** gefährlich; **3.** anfechtbar; **4.** ⅍ 'widerruflich; **pre'car·i·ous·ness** [-nɪs] *s.* **1.** Unsicherheit *f*; **2.** Gefährlichkeit *f*; **3.** Zweifelhaftigkeit *f*.

pre·cau·tion [prɪ'kɔ:ʃn] *s.* **1.** Vorkehrung *f*, Vorsichtsmaßregel *f*: **take ~s** Vorsichtsmaßregeln *od.* Vorsorge treffen; **as a ~** vorsichtshalber, vorsorglich; **2.** Vorsicht *f*; **pre'cau·tion·ar·y** [-ʃnərɪ] *adj.* **1.** vorbeugend, Vorsichts...: **~ measures** Vorkehrungen, Warn...: **~ signal** Warnsignal *n*.

pre·cede [ˌpri:'si:d] **I** *v/t.* **1.** vor'aus-, vor'angehen (*dat.*) (*a. fig. Buchkapitel, Zeitraum etc.*); **2.** den Vorrang *od.* Vortritt *od.* Vorzug haben vor (*dat.*), vorgehen (*dat.*); **3.** *fig.* (**by, with s.th.**) (durch et.) einleiten, (*e-r Sache et.*) vor'ausschicken; **II** *v/i.* **4.** vor'an-, vor'ausgehen; **5.** den Vorrang *od.* Vortritt haben; **pre'ced·ence** [-dəns] *s.* **1.** Vor'hergehen *n*, Priori'tät *f*: **have the ~ of e-r Sache** zeitlich vorangehen; **2.** Vorrang *m*, Vorzug *m*, Vortritt *m*, Vorrecht *n*: **take ~ of** (*od.* **over**) → **precede** 2; (**order of**) **~** Rangordnung *f*; **prec·e·dent** ['presɪdənt] **I** *s.* ⅍ Präze'denzfall *m*, Präju'diz *n*: **without ~** ohne Beispiel, noch nie dagewesen; **set a ~** e-n Präzedenzfall schaffen; **II** [prɪ'si:dənt] *adj.* □ vor'hergehend; **pre'ced·ing** [-dɪŋ] **I** *adj.* vor'hergehend: **~ indorser** † Vor(der)mann *m* (*Wechsel*); **II** *prp.* vor (*dat.*).

pre·cen·sor [ˌpri:'sensə] *v/t.* e-r 'Vorzen₁sur unter'werfen.

pre·cen·tor [ˌpri:'sentə] *s.* ♪, *eccl.* Kantor *m*, Vorsänger *m*.

pre·cept ['pri:sept] *s.* **1.** (*a* göttliches) Gebot; **2.** Regel *f*, Richtschnur *f*; **3.** Lehre *f*, Unter'weisung *f*; **4.** ⅍ Gerichtsbefehl *m*; **pre·cep·tor** [prɪ'septə] *s.* Lehrer *m*.

pre·cinct ['pri:sɪŋkt] *s.* **1.** Bezirk *m*: **cathedral ~s** Domfreiheit *f*; **2.** *bsd. Am.* Poli'zei-, Wahlbezirk *m*; **3.** *pl.* Bereich *m*, *pl. fig. a.* Grenzen *pl.*

pre·ci·os·i·ty [ˌpreʃɪ'ɒsətɪ] *s.* Geziertheit *f*, Affektiertheit *f*.

pre·cious ['preʃəs] **I** *adj.* □ **1.** kostbar, wertvoll (*a. fig.*): **~ memories**; **2.** edel (*Steine etc.*): **~ metals** Edelmetalle; **3.** F ,schön': a) *iro.* ,nett': **a ~ mess**, b) beträchtlich: **a ~ lot better than** bei weitem besser als; **4.** *fig.* prezi'ös, affektiert, geziert: **~ style**; **II** *adv.* **5.** F reichlich, äußerst: **~ little**; **III** *s.* **6.** Schatz *m*, Liebling *m*: **my ~!**; **'precious·ness** [-nɪs] *s.* **1.** Köstlichkeit *f*, Kostbarkeit *f*; **2.** → **preciosity**.

prec·i·pice ['presɪpɪs] *s.* Abgrund *m*, *fig. a.* Klippe *f*.

pre·cip·i·ta·ble [prɪ'sɪpɪtəbl] *adj.* ⅍ abscheidbar, fällbar, niederschlagbar;
pre'cip·i·tance [-təns], **pre'cip·i·tan·cy** [-tənsɪ] *s.* **1.** Eile *f*; **2.** Hast *f*, Über'stürzung *f*; **pre'cip·i·tant** [-tənt] **I** *adj.* □ **1.** (steil) abstürzend, jäh; **2.** *fig.* hastig, eilig; **3.** *fig.* über'eilt; **II** *s.* **4.** ⅍ Fällungsmittel *n*; **pre'cip·i·tate** [-teɪt] **I** *v/t.* **1.** hin'abstürzen (*a. fig.*); **2.** *fig. Ereignisse* her'aufbeschwören, (plötzlich) her'beiführen, beschleunigen; **3.** *j-n* (hin'ein)stürzen (**into** in *acc.*): **~ a country into war**; **4.** ⅍ (aus)fällen; **5.** *meteor.* niederschlagen, verflüssigen; **II** *v/i.* **6.** ⅍ *u. meteor.* sich niederschlagen; **III** *adj.* [-tət] **7.** jäh(lings) hin'abstürzend, steil abfallend; **8.** *fig.* über'stürzt, -'eilt, 'voreilig; eilig, hastig; **9.** plötzlich; **IV** *s.* [-teɪt] **10.** ⅍ Niederschlag *m*, 'Fällpro₁dukt *n*; **pre'cip·i·tate·ness** [-tətnɪs] *s.* Über'eilung *f*, 'Voreiligkeit *f*; **pre·cip·i·ta·tion** [prɪˌsɪpɪ'teɪʃn] *s.* **1.** jäher Sturz, (Her'ab)Stürzen *n*; **2.** *fig.* Über'stürzung *f*; Hast *f*; **3.** ⅍ Fällung *f*; **4.** *meteor.* Niederschlag *m*; **5.** *Spiritismus:* Materialisati'on *f*; **pre'cip·i·tous** [-təs] *adj.* □ **1.** jäh, steil (abfallend), abschüssig; **2.** *fig.* über'stürzt.

pré·cis ['preɪsi:] (*Fr.*) **I** *pl.* **-cis** [-si:z] *s.* (kurze) 'Übersicht, Zs.-fassung *f*; **II** *v/t.* kurz zs.-fassen.

pre·cise [prɪ'saɪs] *adj.* □ **1.** prä'zis(e), klar, genau; **2.** ex'akt, (peinlich) genau, kor'rekt; *contp.* pe'dantisch; **3.** genau, richtig (*Betrag, Moment etc.*); **pre'cise·ly** [-lɪ] *adv.* **1.** → **precise**; **2.** gerade, genau, ausgerechnet; **3.** ~! genau!; **pre'cise·ness** [-nɪs] *s.* **1.** (über-'triebene) Genauigkeit; **2.** (ängstliche) Gewissenhaftigkeit, Pedante'rie *f*; **pre·ci·sion** [prɪ'sɪʒn] **I** *s.* Genauigkeit *f*, Ex-'aktheit *f*; *a.* ⊕, ✕ Präzisi'on *f*; **II** *adj.* ⊕, ✕ Präzisions..., Fein...: **~ adjustment** a) ⊕ Feineinstellung, b) ✕ genaues Einschießen; **~ bombing** gezielter Bombenwurf; **~ instrument** Präzisionsinstrument *n*; **~ mechanics** Feinmechanik *f*; **~-made** Präzisions...

pre·clude [prɪ'klu:d] *v/t.* **1.** ausschließen (**from** von); **2.** *e-r Sache* vorbeugen *od.* zu'vorkommen; *Einwände* her'wegnehmen; **3.** *j-n* hindern (**from** an *dat.*, **from doing** zu tun); **pre'clu·sion** [-u:ʒn] *s.* **1.** Ausschließung *f*, Ausschluß *m* (**from** von); **2.** Verhinderung *f*; **pre'clu·sive** [-u:sɪv] *adj.* **1.** ausschließend (**of** von); **2.** (ver)hindernd.

pre·co·cious [prɪ'kəʊʃəs] *adj.* □ **1.** frühreif, frühzeitig (entwickelt); **2.** *fig.* frühreif, altklug; **pre'co·cious·ness** [-nɪs], **pre'coc·i·ty** [-'kɒsətɪ] *s.* **1.** Frühreife *f*, -zeitigkeit *f*; **2.** *fig.* Frühreife *f*, Altklugheit *f*.

pre·cog·ni·tion [ˌpri:kɒg'nɪʃn] *s.* Präkogniti'on *f*, Vorauswissen *n*.

pre·con·ceive [ˌpri:kən'si:v] *v/t.* (sich) vorher ausdenken, vorher vorstellen: **~d opinion** → **pre·con·cep·tion** [ˌpri:kən'sepʃn] *s.* vorgefaßte Meinung, *a.* Vorurteil *n*.

pre·con·cert [ˌpri:kən'sɜ:t] *v/t.* vorher vereinbaren: **~ed** verabredet, *b.s.* abgekartet.

pre·con·di·tion [ˌpri:kən'dɪʃn] **I** *s.* **1.** Vorbedingung *f*, Vor'aussetzung *f*; **II** *v/t.* **2.** ⊕ vorbehandeln; **3.** *fig. j-n* ein-

pre·co·nize ['pri:kənaɪz] *v/t.* **1.** öffentlich verkündigen; **2.** *R. C. Bischof* präkonisieren.

pre·cook [ˌpri:'kʊk] *v/t.* vorkochen.

pre·cool [ˌpri:'ku:l] *v/t.* vorkühlen.

pre·cur·sor [ˌpri:'kɜ:sə] *s.* **1.** Vorläufer (-in), Vorbote *m*, -botin *f*; **2.** (Amts-) Vorgänger(in); **pre'cur·so·ry** [-ərɪ] *adj.* **1.** vor'ausgehend; **2.** einleitend, vorbereitend.

pre·da·ceous *Am.*, **pre·da·cious** *Brit.* [prɪ'deɪʃəs] *adj.* räuberisch: **~ animal** Raubtier *n*; **~ instinct** Raub(tier)instinkt *m*.

pre·date [ˌpri:'deɪt] *v/t.* **1.** zu'rück-, vordatieren; **2.** *zeitlich* vor'angehen.

pred·a·to·ry ['predətərɪ] *adj.* □ räuberisch, Raub...(-*krieg, -vogel etc.*).

pre·de·cease [ˌpri:dɪ'si:s] *v/t.* früher sterben als *j-d*, vor *j-m* sterben: **~d parent** ⅍ vorverstorbener Elternteil.

pred·e·ces·sor ['pri:dɪsesə] *s.* **1.** Vorgänger(in) (*a. fig. Buch etc.*): **~ in interest** ⅍ Rechtsvorgänger; **~ in office** Amtsvorgänger; **2.** Vorfahr *m*.

pre·des·ti·nate [ˌpri:'destɪneɪt] **I** *v/t. eccl. u. weitS.* prädestinieren, aus(er)wählen, (vor'her)bestimmen, ausersehen (**to** für, zu); **II** *adj.* [-neɪt] prädestiniert, auserwählt; **pre·des·ti·na·tion** [ˌpri:ˌdestɪ'neɪʃn] *s.* **1.** Vor'herbestimmung *f*; **2.** *eccl.* Prädestinati'on *f*, Gnadenwahl *f*; **pre'des·tine** [-tɪn] → **predestinate** I.

pre·de·ter·mi·na·tion ['pri:dɪˌtɜ:mɪ-'neɪʃn] *s.* Vor'herbestimmung *f*; **pre·de·ter·mine** [ˌpri:dɪ'tɜ:mɪn] *v/t.* **1.** *eccl., a.* ⊕ vor'herbestimmen; **2.** *Kosten etc.* vorher festsetzen *od.* bestimmen: **~ s.o. to s.th.** *j-n* für et. vorbestimmen.

pred·i·ca·ble ['predɪkəbl] **I** *adj.* aussagbar, *j-m* zuzuschreiben(d); **II** *s. pl. phls.* Prädika'bilien *pl.*, Allgemeinbegriffe *pl.*; **pre·dic·a·ment** [prɪ'dɪkəmənt] *s.* **1.** *phls.* Katego'rie *f*; **2.** (mißliche) Lage; **pred·i·cate** ['predɪkeɪt] **I** *v/t.* **1.** behaupten, aussagen; **2.** *phls.* prädizieren, aussagen; **3.** gründen, basieren (**on** auf *dat.*): **be ~d on** basieren auf (*dat.*); **II** *s.* [-kət] **4.** *phls.* Aussage *f*; **5.** *ling.* Prädi'kat *n*, Satzaussage *f*: **~ adjective** prädikatives Adjektiv; **~ noun** Prädikatsnomen *n*; **pred·i·ca·tion** [ˌpredɪ'keɪʃn] *s.* Aussage *f* (*a. ling. im Prädikat*), Behauptung *f*; **pred·i·ca·tive** [prɪ'dɪkətɪv] *adj.* □ **1.** aussagend, Aussage...; **2.** *ling.* prädika'tiv; **pred·i·ca·to·ry** ['predɪkətərɪ] *adj.* **1.** predigend, Prediger...; **2.** gepredigt.

pre·dict [prɪ'dɪkt] *v/t.* vor'her-, vor'aussagen, prophe'zeien; **pre'dict·a·ble** [-təbl] *adj.* vor'aussagbar, berechenbar (*a. Person, Politik etc.*): **he's so ~** bei ihm weiß man immer genau, was er tun wird; **pre'dict·a·bly** [-təblɪ] *adv.* a) wie vorherzusehen war, b) man kann jetzt schon sagen, daß; **pre'dic·tion** [-kʃn] *s.* Vor'her-, Vor'aussage *f*, Weissagung *f*, Prophe'zeiung *f*; **pre'dic·tor** [-tə] *s.* **1.** Pro'phet(in); **2.** ✅ Kom'mandogerät *n*.

pre·di·lec·tion [ˌpri:dɪ'lekʃn] *s.* Vorliebe *f*, Voreingenommenheit *f*.

pre·dis·pose [ˌpri:dɪ'spəʊz] *v/t.* **1.** (**for**) *j-n* (im vor'aus) geneigt *od.* empfänglich machen *od.* einnehmen (für); **2.** **(to)** *bsd.* ♣ prädisponieren, empfindlich *od.* anfällig machen (für); **pre·dis·po·si·tion** ['priːˌdɪspəˈzɪʃn] *s.* **(to)** Neigung *f* (zu); Empfänglichkeit *f* (für); Anfälligkeit *f* (für) (*alle a.* ♣).

pre·dom·i·nance [prɪˈdɒmɪnəns] *s.* **1.** Vorherrschaft *f*; Vormacht(stellung) *f*; **2.** *fig.* Vorherrschen *n*, Über'wiegen *n*, 'Übergewicht *n* (*in in dat.*, *over* über *acc.*); **3.** Über'legenheit *f*; **pre·dom·i·nant** [-nt] *adj.* □ **1.** vorherrschend, über'wiegend, 'vorwiegend; **2.** über'legen; **pre·dom·i·nate** [-neɪt] *v/i.* **1.** vorherrschen, über'wiegen, vorwiegen; **2.** zahlenmäßig, geistig, körperlich *etc.* über'legen sein; **3.** die Oberhand *od.* das 'Übergewicht haben (*over* über *acc.*); **4.** herrschen, die Herrschaft haben (*over* über *acc.*).

pre·em·i·nence [ˌpriːˈemɪnəns] *s.* **1.** Her'vorragen *n*, Über'legenheit *f* (*above*, *over* über *acc.*); **2.** Vorrang *m*, -zug *m* (*over* vor *dat.*); **3.** her'vorragende Stellung; **pre·em·i·nent** [-nt] *adj.* □ her'vorragend, über'ragend: *be* ~ hervorstechen, sich hervortun.

pre·empt [ˌpriːˈempt] *v/t.* **1.** (*v/i.* Land) durch Vorkaufsrecht erwerben; **2.** (im voraus) mit Beschlag belegen; **pre·emp·tion** [-pʃn] *s.* Vorkauf(srecht *n*) *m*: ~ *price* Vorkaufspreis *m*; **pre·emp·tive** [-tɪv] *adj.* **1.** Vorkaufs...: ~ *right*; **2.** ✕ Präventiv...: ~ *strike* Präventivschlag *m*; **pre·emp·tor** [-tə] *s.* Vorkaufsberechtigte(r *m*) *f*.

preen [priːn] *v/t.* Gefieder *etc.* putzen; *sein Haar* (her)richten; ~ *o.s.* sich putzen (*a. Person*); ~ *o.s. on* sich *et.* einbilden auf (*acc.*).

pre·en·gage [ˌpriːɪnˈɡeɪdʒ] *v/t.* **1.** im vor'aus *vertraglich* verpflichten; **2.** im vor'aus in Anspruch nehmen; **3.** ✝ vorbestellen; **pre·en·gage·ment** [-mənt] *s.* vorher eingegangene Verpflichtung, frühere Verbindlichkeit.

pre·ex·am·i·na·tion ['priːɪɡˌzæmɪˈneɪʃn] *s.* vor'herige Vernehmung, 'Vorunter·suchung *f*, -prüfung *f*.

pre·ex·ist [ˌpriːɪɡˈzɪst] *v/i.* vorher vor'handen sein *od.* existieren; **pre·ex·ist·ence** [-təns] *s. bsd. eccl.* früheres Dasein, Präexi'stenz *f*.

pre·fab ['priːfæb] **I** *adj.* → **prefabricated**; **II** *s.* Fertighaus *n*.

pre·fab·ri·cate [ˌpriːˈfæbrɪkeɪt] *v/t.* vorfabrizieren, *genormte* Fertigteile für *Häuser etc.* herstellen; **pre·fab·ri·cat·ed** [-tɪd] *adj.* vorgefertigt, zs.-setzbar, Fertig...: ~ *house* Fertighaus *n*; ~ *piece* Bauteil *n*.

pref·ace ['prefɪs] **I** *s.* Vorwort *n*, -rede *f*; Einleitung *f* (*a. fig.*); **II** *v/t. Rede etc.* einleiten (*a. fig.*), ein Vorwort schreiben zu *e-m Buch*.

pref·a·to·ry ['prefətərɪ] *adj.* □ einleitend, Einleitungs...

pre·fect ['priːfekt] *s.* **1.** *pol.* Prä'fekt *m*; **2.** *Brit.* Vertrauensschüler *m*.

pre·fer [prɪˈfɜː] *v/t.* **1.** (es) vorziehen (*to dat.*, *rather than* statt); bevorzugen: *I ~ to go today* ich gehe lieber heute; ~*red* ✝ bevorzugt, Vorzugs...(-*aktie etc.*); **2.** befördern (*to* [*the rank of*] zum); **3.** ✿ *Gläubiger etc.* begünstigen, bevorzugt befriedigen; **4.** ✿ *Gesuch*, *Klage* einreichen (*to* bei, *against* gegen); An-

sprüche erheben; **pref·er·a·ble** ['prefərəbl] *adj.* □ (*to*) vorzuziehen(d) (*dat.*); vorzüglicher (als); **pref·er·a·bly** ['prefərəblɪ] *adv.* vorzugsweise, lieber, am besten; **pref·er·ence** ['prefərəns] *s.* **1.** Bevorzugung *f*, Vorzug *m* (*above*, *before*, *over*, *to* vor *dat.*); **2.** Vorliebe *f* (*for* für): *by* ~ mit (besonderer) Vorliebe; **3.** ✝, ✿ a) Vor(zugs)recht *n*, Priori'tät *f*: ~ *bond* Prioritätsobligation *f*; ~ *dividend* Brit. Vorzugsdividende *f*; ~ *share* (*od. stock*) → e), b) Vorzug *m*, Bevorrechtigung *f*: ~ *as to dividends* Dividendenbevorrechtigung *f*, c) bevorzugte Befriedigung (*a. Konkurs*): *fraudulent* ~ Gläubigerbegünstigung *f*, d) *Zoll*: 'Meistbegünstigung(sta,rif *m*) *f*, e) *Brit.* 'Vorzugs,aktie *f*; **pref·er·en·tial** [ˌprefəˈrenʃl] *adj.* □ bevorzugt; *a.* ✝, ✿ bevorrechtigt (*Forderung*, *Gläubiger etc.*), Vorzugs...(-*aktie*, -*dividende*, -*recht*, -*zoll*): ~ *treatment* Vorzugsbehandlung *f*; **pref·er·en·tial·ly** [ˌprefəˈrenʃəlɪ] *adv.* vorzugsweise; **pre·fer·ment** [-mənt] *s.* **1.** Beförderung *f* (*to* zu); **2.** höheres Amt, Ehrenamt *n* (*bsd. eccl.*); **3.** ✿ Einreichung *f* (*Klage*).

pre·fig·u·ra·tion ['priːˌfɪɡjʊˈreɪʃn] *s.* **1.** vorbildhafte Darstellung, Vor-, Urbild *n*; **2.** vor'herige Darstellung.

pre·fix I *v/t.* [ˌpriːˈfɪks] (*a. ling. Wort*, *Silbe*) vorsetzen, vor'ausgehen lassen (*to dat.*); **II** *s.* ['priːfɪks] *ling.* Prä'fix *n*, Vorsilbe *f*.

preg·gers ['preɡəz] *adj.* F schwanger.

preg·nan·cy ['preɡnənsɪ] *s.* **1.** Schwangerschaft *f*; *zo.* Trächtigkeit *f*; **2.** *fig.* Fruchtbarkeit *f*, Schöpferkraft *f*, Gedankenfülle *f*; **3.** *fig.* Prä'gnanz *f*, Bedeutungsgehalt *m*, -schwere *f*; **preg·nant** [-nt] *adj.* □ **1.** schwanger (*Frau*) *b* trächtig (*Tier*); **2.** *fig.* fruchtbar, reich (*in an dat.*); **3.** einfalls-, geistreich; **4.** *fig.* bedeutungsvoll, gewichtig; voll (*with von*).

pre·heat [ˌpriːˈhiːt] *v/t.* vorwärmen (*a.* ☺).

pre·hen·sile [prɪˈhensaɪl] *adj. zo.* Greif...: ~ *organ*.

pre·his·tor·ic, **pre·his·tor·i·cal** [ˌpriːhɪˈstɒrɪk(l)] *adj.* □ prähi'storisch, vorgeschichtlich; **pre·his·to·ry** [ˌpriːˈhɪstərɪ] *s.* Vor-, Urgeschichte *f*.

pre·ig·ni·tion [ˌpriːɪɡˈnɪʃn] *s. mot.* Frühzündung *f*.

pre·judge [ˌpriːˈdʒʌdʒ] *v/t.* im vor'aus *od.* vorschnell be- *od.* verurteilen.

prej·u·dice ['predʒʊdɪs] **I** *s.* **1.** Vorurteil *n*, Voreingenommenheit *f*, *a.* ✿ Befangenheit *f*; **2.** (*a.* ✿) Nachteil *m*, Schaden *m*: *to the* ~ *of* zum Nachteil (*gen.*); *without* ~ ohne Verbindlichkeit; *without* ~ *to* ohne Schaden für, unbeschadet (*gen.*); **II** *v/t.* **3.** mit e-m Vorurteil erfüllen, einnehmen (*in favo[u]r of* für, *against* gegen): ~*d* a) (vor)eingenommen, b) ✿ befangen, c) vorgefaßt (*Meinung*); **4.** *a.* ✿ beeinträchtigen, benachteiligen, schaden (*dat.*), *e-r Sache* abträglich sein; **prej·u·di·cial** [ˌpredʒʊˈdɪʃl] *adj.* □ nachteilig, schädlich (*to* für): *be* ~ *to prejudice* 4.

prel·a·cy ['preləsɪ] *s. eccl.* **1.** Präla'tur *f* (*Würde od. Amtsbereich*); **2.** *coll.* Prä'laten(stand *m*, -tum *n*) *pl.*; **prel·ate** ['prelɪt] *s.* Prä'lat *m*.

pre·lect [prɪˈlekt] *v/i.* lesen, e-e Vorle-

sung *od.* Vorlesungen halten (*on*, *upon* über *acc.*, *to* vor *dat.*); **pre·lec·tion** [-kʃn] *s.* Vorlesung *f*, Vortrag *m*; **pre·lec·tor** [-tə] *s.* Vorleser *m*, (Universi-'täts)Lektor *m*.

pre·lim ['priːlɪm] **1.** F → *preliminary examination*; **2.** *pl. typ.* Tite'lei *f*.

pre·lim·i·nar·y [prɪˈlɪmɪnərɪ] **I** *adj.* □ **1.** einleitend, vorbereitend, Vor...: ~ *discussion* Vorbesprechung *f*; ~ *inquiry* ✿ Voruntersuchung *f*; ~ *measures* vorbereitende Maßnahmen; ~ *round* *sport* Vorrunde *f*; ~ *work* Vorarbeit *f*; **2.** *vulgär* ✿ *dressing* ✣ Notverband *m*; **II** *s.* **3.** *mst pl.* Einleitung *f*, Vorbereitung(en *pl.*) *f*, vorbereitende Maßnahmen *pl.*; *pl.* Prälimi'narien *pl.* (*a.* ✿ *e-s Vertrags*); **4.** ✿ Vorverhandlungen *pl.*; **5.** → ~ *ex·am·i·na·tion s. univ.* **1.** Aufnahmeprüfung *f*; **2.** a) Vorprüfung *f*, b) ♣ Physikum *n*.

prel·ude ['preljuːd] **I** *s.* **1.** ♪ Vorspiel *n*, Einleitung *f* (*beide a. fig.*), Prä'ludium *n*; *fig.* Auftakt *m*; **II** *v/t.* **2.** ♪ a) einleiten, b) als Prä'ludium spielen; **3.** *bsd. fig.* einleiten, das Vorspiel *od.* der Auftakt sein zu; **III** *v/i.* **4.** ♪ a) ein Prä'ludium spielen, b) als Vorspiel dienen (*to* für, zu); **5.** *fig.* das Vorspiel *od.* die Einleitung bilden (*to* zu).

pre·mar·i·tal [ˌpriːˈmærɪtl] *adj.* vorehelich.

pre·ma·ture [ˌpreməˈtjʊə] *adj.* □ **1.** früh-, vorzeitig, verfrüht: ~ *birth* Frühgeburt *f*; ~ *ignition* *mot.* Frühzündung *f*; **2.** *fig.* voreilig, -schnell, über'eilt; **3.** frühreif; **pre·ma·ture·ness** [-nɪs], **pre·ma·tu·ri·ty** [-ərətɪ] *s.* **1.** Frühreife *f*; **2.** Früh-, Vorzeitigkeit *f*; **3.** Über'eiltheit *f*.

pre·med·i·cal [ˌpriːˈmedɪkl] *adj. univ. Am.* 'vormedi,zinisch, in die Medi'zin einführend: ~ *course* Einführungskurs *m* in die Medizin; ~ *student* Medizinstudent(in), der (die) e-n Einführungskurs besucht.

pre·me·di·e·val [ˌpriːmedɪˈiːvl] *adj.* frühmittelalterlich.

pre·med·i·tate [ˌpriːˈmedɪteɪt] *v/t. u. v/i.* vorher über'legen: ~*d murder* vorsätzlicher Mord; **pre·med·i·tat·ed·ly** [-tɪdlɪ] *adv.* mit Vorbedacht, vorsätzlich; **pre·med·i·ta·tion** [ˌpriːmedɪˈteɪʃn] *s.* Vorbedacht *m*; Vorsatz *m*.

pre·mi·er ['premjə] **I** *adj.* erst; oberst, Haupt...; **II** *s.* Premi'er(mi,nister) *m*, Mi'nisterpräsi,dent(in).

pre·mière [prəˈmjeə] (*Fr.*) *thea.* **I** *s.* **1.** Premi'ere *f*, Ur-, Erstaufführung *f*; **2.** a) Darstellerin *f*, b) Primaballe'rina *f*; **II** *v/t.* **3.** ur-, erstaufführen.

pre·mi·er·ship ['premjəʃɪp] *s.* Amt *n* *od.* Würde *f* des Premi'ermi,nisters.

prem·ise¹ ['premɪs] *s.* **1.** *phls.* Prämisse *f*, Vor'aussetzung *f*, Vordersatz *m* *e-s* *Schlusses*; **2.** ✿ a) *pl. das* Obenerwähnte: *in the* ~*s* im Vorstehenden; *in these* ~*s* in Hinsicht auf das eben Erwähnte, b) obenerwähntes Grundstück; **3.** *pl.* a) Grundstück *n*, b) Haus *n* nebst Zubehör (*Nebengebäude, Grund u. Boden*), c) Lo'kal *n*, Räumlichkeiten *pl.*: *business* ~*s* Geschäftsräume *pl.*, Werksgelände *n*; *licensed* ~ Schanklokal *n*; *on the* ~*s* an Ort u. Stelle, auf dem Grundstück, im Hause *od.* Lokal.

prem·ise² [prɪˈmaɪz] *v/t.* **1.** vor'ausschikken; **2.** *phls.* postulieren.

pre·mi·um ['pri:mjəm] *s.* **1.** (Leistungs-etc.)Prämie *f*, Bonus *m*; Belohnung *f*, Preis *m*; Zugabe *f*: ~ *offers* ✝ Verkauf *m* mit Zugaben; ~ *system* Prämienlohnsystem *n*; **2.** (Versicherungs)Prämie *f*: *free of* ~ prämienfrei; **3.** ✝ Aufgeld *n*, Agio *n*: *at a* ~ a) ✝ über Pari, b) *fig.* hoch im Kurs (stehend), sehr gesucht; *sell at a* ~ a) (*v/i.*) über Pari stehen, b) (*v/t.*) mit Gewinn verkaufen; **4.** Lehrgeld *n e-s Lehrlings*, 'Ausbildungshono¡rar *n*.

pre·mo·ni·tion [ˌpri:mə'nɪʃn] *s.* **1.** Warnung *f*; **2.** (Vor)Ahnung *f*, (Vor)Gefühl *n*; **pre·mon·i·to·ry** [prɪ'mɒnɪtərɪ] *adj.* warnend: ~ *symptom* ✠ Frühsymptom *n*.

pre·na·tal [ˌpri:'neɪtl] *adj.* ✠ vor der Geburt, vorgeburtlich, präna'tal: ~ *care* Schwangerenvorsorge *f*.

pre·oc·cu·pan·cy [ˌpri:'ɒkjupənsɪ] *s.* **1.** (Recht *n* der) frühere(n) Besitznahme; **2.** (*in*) Beschäftigtsein *n* (mit), Vertieftsein *n* (in *acc.*); **pre·oc·cu·pa·tion** [prɪːˌɒkjʊ'peɪʃn] *s.* **1.** vor'herige Besitznahme; **2.** (*with*) Beschäftigtsein *n* (mit), Vertieftsein *n* (in *acc.*), In'anspruchnahme *f* (durch); **3.** Hauptbeschäftigung *f*; **4.** Vorurteil *n*, Voreingenommenheit *f*; **pre·oc·cu·pied** [-paɪd] *adj.* vertieft (*with* in *acc.*), gedankenverloren; **pre·oc·cu·py** [prɪ'ɒkjupaɪ] *v/t.* **1.** vorher *od.* vor anderen in Besitz nehmen; **2.** *j-n* (völlig) in Anspruch nehmen, *j-s Gedanken* ausschließlich beschäftigen, erfüllen.

pre·or·dain [ˌpri:ɔː'deɪn] *v/t.* vorher anordnen, vor'herbestimmen.

prep [prep] *s.* F **1.** a) *a.* ~ *school* → *preparatory school*, b) *Am.* Schüler (-in) e-r *preparatory school*; **2.** *Brit.* → *preparation* 5.

pre·pack [ˌpri:'pæk], **pre·pack·age** [ˌpri:'pækɪdʒ] *v/t.* ✝ abpacken.

pre·paid [ˌpri:'peɪd] *adj.* vor'ausbezahlt; ✆ frankiert, (porto)frei.

prep·a·ra·tion [ˌprepə'reɪʃn] *s.* **1.** Vorbereitung *f*: *in* ~ *for* als Vorbereitung auf (*acc.*); *make* ~s Vorbereitungen *od.* Anstalten treffen (*for* für); **2.** (Zu-) Bereitung *f* (*von Tee, Speisen etc.*), Herstellung *f* (✂, ⚙ Aufbereitung *f* (*von Erz, Kraftstoff etc.*); Vorbehandlung *f*, Imprägnieren *n* (*von Holz etc.*); **3.** ⚗, ⚕ Präpa'rat *n, pharm. a.* Arz'nei (-mittel *n*) *f*; **4.** Abfassung *f e-r Urkunde etc.*; Ausfüllen *n e-s Formulars*; **5.** *ped. Brit.* (Anfertigung *f* der) Hausaufgaben *pl.*, Vorbereitung(sstunde) *f*; **6.** ♪ a) (Disso'nanz)Vorbereitung *f*, b) Einleitung *f*; **pre·par·a·tive** [prɪ'pærətɪv] **I** *adj.* □ → *preparatory* I; **II** *s.* Vorbereitung *f*, vorbereitende Maßnahme (*for* auf *acc.*, *to* zu).

pre·par·a·to·ry [prɪ'pærətərɪ] **I** *adj.* □ **1.** vorbereitend, als Vorbereitung dienend (*to* für); **2.** Vor(bereitungs)...; **3.** ~ *to* *adv.* im Hinblick auf (*acc.*), vor (*dat.*): ~ *to doing s.th.* bevor *od.* ehe man etwas tut; **II** *s.* **4.** *Brit.* → ~ *school s.* (*Am.* pri'vate) Vor(bereitungs)schule.

pre·pare [prɪ'peə] **I** *v/t.* **1.** (*a. Rede, Schularbeiten, Schüler etc.*) vorbereiten; zu'recht-, fertigmachen, (her)richten; *Speise etc.* (zu)bereiten; **2.** (aus)rüsten, bereitstellen; **3.** *j-n seelisch* vorbe-

reiten (*to do* zu tun, *for* auf *acc.*): a) geneigt *od.* bereit machen, b) gefaßt machen: ~ *o.s. to do s.th.* sich anschikken, et. zu tun; **4.** anfertigen, ausarbeiten, *Plan* entwerfen, *Schriftstück* abfassen; **5.** ✂, ⚙ a) herstellen, anfertigen, b) präparieren, zurichten; **6.** *Kohle* aufbereiten; **II** *v/i.* **7.** (*for*) sich (*a. seelisch*) vorbereiten (auf *acc.*), sich anschicken *od.* rüsten, Vorbereitungen *od.* Anstalten treffen (für): ~ *for war* (sich) zum Krieg rüsten; ~ *to ...!* ✕ Fertig zum ...!; **pre'pared** [-eəd] *adj.* **1.** vor-, zubereitet, bereit; **2.** *fig.* bereit, gewillt; **3.** gefaßt (*for* auf *acc.*); **pre'par·ed·ness** [-eədnɪs] *s.* **1.** Bereitschaft *f*, -sein *n*; **2.** Gefaßtsein *n* (*for* auf *acc.*).

pre·pay [ˌpri:'peɪ] *v/t.* [*irr.* → *pay*] vor'ausbezahlen; *Brief etc.* frankieren; **pre'pay·ment** [-mənt] *s.* Vor'aus(be)zahlung *f*; ✆ Frankierung *f*.

pre·pense [prɪ'pens] *adj.* □ ⚖ vorsätzlich, vorbedacht: *with* (*od. of*) *malice* ~ in böswilliger Absicht.

pre·pon·der·ance [prɪ'pɒndərəns] *s.* **1.** 'Übergewicht *n* (*a. fig. over* über *acc.*); **2.** *fig.* Über'wiegen *n* (*an Zahl etc.*), über'wiegende Zahl (*over* über *acc.*); **pre'pon·der·ant** [-nt] *adj.* □ über'wiegend, entscheidend; **pre·pon·der·ate** [prɪ'pɒndəreɪt] *v/i.* *fig.* über'wiegen, vorherrschen: ~ *over* (an Zahl) über'steigen, über'wiegen sein (*dat.*).

prep·o·si·tion [ˌprepə'zɪʃn] *s. ling.* Präpositi'on *f*, Verhältniswort *n*; **prep·o·'si·tion·al** [-ʃənl] *adj.* □ präpositio'nal.

pre·pos·sess [ˌpri:pə'zes] *v/t.* **1.** *mst pass. j-n, j-s Geist* einnehmen (*in favo[u]r of* für): ~*ed* voreingenommen; ~*ing* einnehmend, anziehend; **2.** erfüllen (*with* mit *Ideen etc.*); **pre·pos·'ses·sion** [-eʃn] *s.* Voreingenommenheit *f* (*in favo[u]r of* für), Vorurteil *n* (*against* gegen); vorgefaßte (günstige) Meinung (*for* von).

pre·pos·ter·ous [prɪ'pɒstərəs] *adj.* □ **1.** ab'surd, un-, 'widersinnig; **2.** lächerlich, gro'tesk.

pre·po·tence [prɪ'pəʊtəns], **pre·po·ten·cy** [-sɪ] *s.* **1.** Vorherrschaft *f*, Überlegenheit *f*; **2.** *biol.* stärkere Vererbungskraft; **pre'po·tent** [-nt] *adj.* **1.** vorherrschend, (an Kraft) über'legen; **2.** *biol.* sich stärker fortpflanzend *od.* vererbend.

pre·print **I** *s.* ['pri:prɪnt] **1.** Vorabdruck *m* (*e-s Buches etc.*); **2.** Teilausgabe *f*; **II** *v/t.* [ˌpri:'print] **3.** vorabdrucken.

pre·puce ['pri:pju:s] *s. anat.* Vorhaut *f*.

Pre-Raph·a·el·ite [ˌpri:'ræfəlaɪt] *paint.* **I** *adj.* präraffae'litisch; **II** *s.* Präraffae-'lit(in).

pre·re·cord·ed [ˌpri:rɪ'kɔ:dɪd] *adj.* bespielt (*Musikkassette etc.*).

pre·req·ui·site [ˌpri:'rekwɪzɪt] **I** *adj.* vor'auszusetzen(d), erforderlich (*for, to* für); **II** *s.* Vorbedingung *f*, ('Grund-) Vor¡aussetzung *f* (*for, to* für).

pre·rog·a·tive [prɪ'rɒgətɪv] **I** *s.* Privi'leg(ium) *n*, Vorrecht *n*: *royal* ~ Hoheitsrecht *n*; **II** *adj.* bevorrechtigt: ~ *right* Vorrecht.

pre·sage ['presɪdʒ] **I** *v/t.* **1.** *mst Böses* ahnen; **2.** (vorher) anzeigen *od.* ankündigen; **3.** weissagen, prophe'zeien; **II** *s.* **4.** Omen *n*, Warnungs-, Anzeichen *n*; **5.** (Vor)Ahnung *f*, Vorgefühl *n*; **6.**

Vorbedeutung *f*: *of evil* ~.

pres·by·op·ic [ˌprezbɪ'ɒpɪk] *adj.* alters-(weit)sichtig.

pres·by·ter ['prezbɪtə] *s. eccl.* **1.** (Kirchen)Älteste(r) *m*; **2.** (Hilfs)Geistliche(r) *m* (*in Episkopalkirchen*); **Pres·by·te·ri·an** [ˌprezbɪ'tɪərɪən] **I** *adj.* presbyteri'anisch; **II** *s.* Presbyteri'aner(in); **'pres·by·ter·y** [-tərɪ] *s.* **1.** Presby'terium *n* (*a.* ⌂ *Chor*); **2.** Pfarrhaus *n*.

pre·school *ped.* **I** *adj.* [ˌpri:'sku:l] vorschulisch, Vorschul...: ~ *child* noch nicht schulpflichtiges Kind; **II** *s.* ['pri:-sku:l] Vorschule *f*.

pre·sci·ence ['presɪəns] *s.* Vor'herwissen *n*, Vor'aussicht *f*; **'pre·sci·ent** [-nt] *adj.* □ vor'herwissend, -sehend (*of acc.*).

pre·scribe [prɪ'skraɪb] **I** *v/t.* **1.** vorschreiben (*to s.o.* j-m), et. anordnen: (*as*) ~*d* (wie) vorgeschrieben, vorschriftsmäßig; **2.** ⚕ verordnen, -schreiben (*for od. to s.o.* j-m, *for s.th.* gegen et.); **II** *v/i.* **3.** ⚕ et. verschreiben, ein Re'zept ausstellen (*for s.o.* j-m); **4.** ⚖ a) verjähren, b) Verjährung *od.* Ersitzung geltend machen (*for, to* für, auf *acc.*).

pre·scrip·tion [prɪ'skrɪpʃn] **I** *s.* **1.** Vorschrift *f*, Verordnung *f*; **2.** ⚕ a) Re'zept *n*, b) verordnete Medi'zin; **3.** ⚖ a) (*positive*) ~ Ersitzung *f*, b) (*negative*) ~ Verjährung *f*; **II** *adj.* **4.** ärztlich verordnet: ~ *glasses*; ~ *pad* Rezeptblock *m*; **pre'scrip·tive** [-ptɪv] *adj.* □ **1.** verordnend, vorschreibend; **2.** ⚖ a) ersessen: ~ *right*, b) Verjährungs...: ~ *period*, ~ *debt* verjährte Schuld.

pre·se·lec·tion [ˌpri:sɪ'lekʃn] *s.* **1.** ◎ Vorwahl *f*, **2.** *Radio:* 'Vorselekti¡on *f*; **pre·se'lec·tive** [-ktɪv] *adj.* ◎, *mot.* Vorwähler...: ~ *gears*; **pre·se'lec·tor** [-ktə] *s.* ◎ Vorwähler *m*.

pres·ence ['prezns] *s.* **1.** Gegenwart *f*, Anwesenheit *f*, ✕ *pol.* Prä'senz *f*: *in the* ~ *of* in Gegenwart *od.* in Anwesenheit von *od. gen.*, *vor Zeugen*; *saving your* ~ so sehr ich es bedaure, dies in Ihrer Gegenwart sagen zu müssen; → *mind* 2; **2.** (unmittelbare) Nähe, Vor-'handensein *n*: *be admitted into the* ~ (zur Audienz) vorgelassen werden; *in the* ~ *of danger* angesichts der Gefahr; **3.** hohe Per'sönlichkeit(en *pl.*); **4.** Äußere(s) *n*, Ausschen *n*, (stattliche Erscheinung; *weitS.* Auftreten *n*, Haltung *f*; **5.** Anwesenheit *f* e-s unsichtbaren Geistes; ~ *cham·ber* *s.* Audi'enzsaal *m*.

pres·ent¹ ['preznt] **I** *adj.* □ → *present-ly*; **1.** (*räumlich*) gegenwärtig, anwesend; vor'handen (*a.* ✍ *etc.*): ~ *company*, *those* ~ die Anwesenden; *be* ~ *at* teilnehmen an (*dat.*), beiwohnen (*dat.*), zugegen sein bei; ~*!* (*bei Namensaufruf*) hier!; *it is* ~ *to my mind* *fig.* es ist mir gegenwärtig; **2.** (*zeitlich*) gegenwärtig, jetzig, augenblicklich, momen'tan: *the* ~ *day* (*od. time*) die Gegenwart; ~ *value* Gegenwartswert *m*; **3.** heutig (*bsd. Tag*), laufend (*bsd. Jahr, Monat*); **4.** vorliegend (*Fall, Urkunde etc.*): *the* ~ *writer* der Schreiber *od.* Verfasser (dieser Zeilen); **5.** *ling.* ~ *participle* Mittelwort *n* der Gegenwart, Partizip *n* Präsens; ~ *perfect* Perfekt *n*, zweite Vergangenheit; ~ *tense* → 7; **II** *s.* **6.** Gegenwart *f*: *at* ~ gegenwärtig, im

Augenblick, jetzt, momentan; **for the ~** für den Augenblick, vorläufig, einstweilen; **up to the ~** bislang, bis dato; **7.** *ling.* Präsens *n*, Gegenwart *f*; **8.** *pl.* 🏛 (vorliegendes) Schriftstück *od.* Doku-'ment: **by these ~s** hiermit, hierdurch; **know all men by these ~s** hiermit jedermann kund und zu wissen (*daß*).

pre·sent² [prɪˈzent] **I** *v/t.* **1.** (dar)bieten, (über)'reichen; *Nachricht etc.* über'bringen: **~ one's compliments to** sich *j-m* empfehlen; **~ s.o. with** j-n mit *et.* beschenken; **2.** *Gesuch etc.* einreichen, vorlegen, unter'breiten; † *Scheck, Wechsel* (zur Zahlung) vorlegen, präsentieren; 🏛 *Klage* erheben: **~ a case** e-n Fall vor Gericht vertreten; **3.** *j-n für ein Amt* vorschlagen; **4.** *Bitte, Klage* vorbringen; *Gedanken, Wunsch etc.* äußern, unterbreiten; *j-n* vorstellen (**to** *dat.*), einführen (**at** bei *Hofe*): **~ o.s.** a) sich vorstellen, b) sich einfinden, erscheinen, sich melden (**for** zu), c) *fig.* sich bieten (*Möglichkeit etc.*); **6.** *Schwierigkeiten* bieten, *Problem* darstellen; **7.** *thea. etc.* darbieten, *Film* vorführen, zeigen, *Sendung* bringen *od.* moderieren, *Rolle* spielen *od.* verkörpern; *fig.* vergegenwärtigen, darstellen, schildern; **8.** ✕ a) *Gewehr* präsentieren, b) *Waffe* anlegen, richten (**at** auf *acc.*).

pres·ent³ [ˈpreznt] *s.* Geschenk *n*: **make s.o. a ~ of s.th.** j-m et. zum Geschenk machen.

pre·sent·a·ble [prɪˈzentəbl] *adj.* □ **1.** darstellbar; **2.** präsen'tabel (*Geschenk*); **3.** präsen'tabel (*Erscheinung*), anständig angezogen.

pres·en·ta·tion [ˌprezənˈteɪʃn] *s.* **1.** Schenkung *f*, (feierliche) Über'reichung *od.* 'Übergabe *f*: **~ copy** Widmungsexemplar *n*; **2.** Gabe *f*, Geschenk *n*; **3.** Vorstellung *f*, Einführung *f e-r Person*; **4.** Vorstellung *f*, Erscheinen *n*; **5.** *fig.* Darstellung *f*, Schilderung *f*, Behandlung *f e-s Falles, Problems etc.*; **6.** *thea. etc.* Darbietung *f*, Vorführung *f*; *Radio, TV:* Moderati'on *f*; ✒ Demonstrati'on *f* (*im Kolleg*), **7.** Einreichung *f e-s Gesuchs etc.*; † Vorlage *f e-s Wechsels:* (**up**)**on ~** gegen Vorlage; **payable on ~** zahlbar bei Sicht; **8.** Vorschlag(srecht *n*) *m*; Ernennung *f* (*Brit. a. eccl.*); **9.** ✚ (Kinds)Lage *f im Uterus*; **10.** *psych.* a) Wahrnehmung *f*, b) Vorstellung *f*.

ˌpres·ent-'day [ˌpreznt-] *adj.* heutig, gegenwärtig, mo'dern.

pre·sent·er [prɪˈzentə] *s. Brit.* ('Fernseh)Mode₁rator *m*.

pre·sen·tient [prɪˈsenʃɪənt] *adj.* im vor'aus fühlend, ahnend (**of** *acc.*); **pre·sen·ti·ment** [prɪˈzentɪmənt] *s.* (Vor-)Gefühl *n*, (*mst* böse Vor-)Ahnung.

pres·ent·ly [ˈprezntlɪ] *adv.* **1.** (so-) 'gleich, bald (dar'auf), als'bald; **2.** jetzt, gegenwärtig; **3.** so'fort.

pre·sent·ment [prɪˈzentmənt] *s.* **1.** Darstellung *f*, 'Wiedergabe *f*, Bild *n*; **2.** *thea. etc.* Darbietung *f*, Aufführung *f*; **3.** † (*Wechsel- etc.*)Vorlage *f*; **4.** 🏛 Anklage(schrift) *f*; Unter'suchung *f* von Amts wegen.

pre·serv·a·ble [prɪˈzɜːvəbl] *adj.* erhaltbar, zu erhalten(d), konservierbar; **pres·er·va·tion** [ˌprezəˈveɪʃn] *s.* **1.** Be-

wahrung *f*, (Er)Rettung *f*, Schutz *m* (**from** vor *dat.*): **~ of natural beauty** Naturschutz; **2.** Erhaltung *f*, Konservierung *f*: **in good ~** gut erhalten: **~ of evidence** 🏛 Beweissicherung *f*; **3.** Einmachen *n*, -kochen *n*, Konservierung *f* (*von Früchten etc.*); **pre·serv·a·tive** [-vətɪv] **I** *adj.* **1.** bewahrend, Schutz...: **~ coat** 🔧 Schutzanstrich *m*; **2.** erhaltend, konservierend; **II** *s.* **3.** Konservierungsmittel *n* (*a.* 🔧); **pre·serve** [prɪˈzɜːv] **I** *v/t.* **1.** bewahren, behüten, (er)retten, (be)schützen (**from** vor *dat.*); **2.** erhalten, vor dem Verderb schützen: **well-~d** gut erhalten; **3.** aufbewahren, -heben; 🏛 *Beweise* sichern; **4.** konservieren (*a.* 🔧), *Obst etc.* einkochen, -machen, -legen: **~d meat** Büchsenfleisch *n*, *coll.* Fleischkonserven *pl.*; **5.** *hunt. bsd. Brit.* Wild, Fische hegen; **6.** *fig.* Haltung, Ruhe, Andenken etc. (be)wahren: **~ silence**; **II** *s.* **7.** *mst pl.* Eingemachte(s) *n*, Kon'serve(n *pl.*) *f*; **8.** *oft pl.* a) *hunt. bsd. Brit.* ('Wild)Ser₁vat *n*, (Jagd-, Fisch)Gehege *n*, b) *fig.* Gehege *n*: **poach on s.o.'s ~s** j-m ins Gehege kommen (*a. fig.*); **pre·serv·er** [-və] *s.* **1.** Bewahrer(in), Erhalter(in), (Er)Retter(in); **2.** Konservierungsmittel *n*; **3.** 'Einkochappa₁rat *m*; **4.** *hunt. Brit.* Heger *m*, Wildhüter *m*.

pre·set [ˌpriːˈset] *v/t.* [*irr.* → *set*] 🔧 voreinstellen.

pre·shrink [ˌpriːˈʃrɪŋk] *v/t.* [*irr.* → *shrink*] 🔧 *Stoffe* krumpfen; vorwaschen.

pre·side [prɪˈzaɪd] *v/i.* **1.** den Vorsitz haben *od.* führen (**at** bei, **over** über *acc.*), präsidieren: **~ over** (*od.* **at**) **a meeting** e-e Versammlung leiten; **presiding judge** 🏛 Vorsitzende(r *m*) *f*; **2.** ♪ *u. fig.* führen.

pres·i·den·cy [ˈprezɪdənsɪ] *s.* **1.** Prä'sidium *n*, Vorsitz *m*, (Ober)Aufsicht *f*; **2.** *pol.* a) Präsi'dentschaft *f*, b) Amtszeit *f e-s Präsidenten*; **3.** *eccl.* (**First ♀** oberste) Mor'monenbehörde *f*; **'pres·i·dent** [-nt] *s.* **1.** Präsi'dent *m* (*a. pol. u.* 🏛), Vorsitzende(r *m*) *f*, Vorstand *m e-r Körperschaft*; *Am.* † (Gene'ral)Di₁rektor *m*; **♀ of the Board of Trade** *Brit.* Handelsminister *m*; **2.** *univ. bsd. Am.* Rektor *m*; **pres·i·dent e·lect** *s.* der gewählte Präsi'dent (*vor Amtsantritt*); **pres·i·den·tial** [ˌprezɪˈdenʃl] *adj.* □ Präsidenten..., Präsidentschafts...: **~ message** *Am.* Botschaft *f* des Präsidenten an den Kongreß; **~ primary** *Am.* Vorwahl *f* zur Nominierung des Präsidentschaftskandidaten *e-r Partei*; **~ system** Präsidialsystem *n*; **~ term** Amtsperiode *f* des Präsidenten; **~ year** *Am.* F Jahr *n* der Präsidentenwahl.

press [pres] **I** *v/t.* **1.** *allg.*, *a.* j-m die *Hand* drücken, pressen (*a.* 🔧); **2.** drücken auf (*acc.*): **~ the button** auf den Knopf drücken (*a. fig.*); **3.** *Saft, Frucht etc.* (aus)pressen, keltern; **4.** (*vorwärts-, weiter- etc.*)drängen, (-)treiben: **~ on**; **5.** *j-n* (be)drängen: *a.* in die Enge treiben, zwingen (**to do** zu tun), b) *j-m* zusetzen, *j-n* bestürmen: **~ s.o. for** j-n dringend um *et.* bitten, von j-m *Geld* erpressen; **be ~ed for** (**time**) in Geldverlegenheit sein (unter Zeitdruck stehen, es eilig haben); **hard ~ed** in

Bedrängnis; **6.** ([**up**]**on** j-m) *et.* aufdrängen, -nötigen; **7.** *Kleidungsstück* plätten; **8.** Nachdruck legen auf (*acc.*): **~ a charge** Anklage erheben; **~ one's point** auf s-r Forderung *od.* Meinung nachdrücklich bestehen; **~ the point that** nachdrücklich betonen, daß; **~ home** a) *Forderung etc.* 'durchsetzen, b) *Angriff* energisch 'durchführen, c) *Vorteil* ausnutzen (wollen); **9.** ✕, ♻ *in den Dienst* pressen; **II** *v/i.* **10.** drücken, (e-n) Druck ausüben (*a. fig.*); **11.** drängen, pressieren: **time ~es** die Zeit drängt; **12.** **~ for** dringen *od.* drängen auf (*acc.*), fordern; **13.** (sich) *wohin* drängen: **~ forward** (sich) vor(wärts)drängen; *od.* vorwärtsdrängen, weitereilen; **~ in upon s.o.** auf j-n eindringen (*a. fig.*); **III** *s.* **14.** (Frucht-, Wein- *etc.*)Presse *f*; **15.** *typ.* a) (Drucker-)Presse *f*, b) Drucke'rei(anstalt *f*, -raum *m*, -wesen *n*) *f*, c) Druck(en *n*) *m*: **correct the ~** Korrektur lesen; **go to (the) ~** in Druck gehen; **send to (the) ~** in Druck geben; **in the ~** im Druck; **ready for the ~** druckfertig; **16.** **the ~** die Presse (*Zeitungswesen, a. coll. die Zeitungen od. die Presseleute*): **~ campaign** Pressefeldzug *m*; **~ conference** Pressekonferenz *f*; **~ photographer** Pressephotograph *m*; **have a good (bad) ~** e-e gute (schlechte) Presse haben; **17.** Spanner *m* für *Skier od. Tennisschläger*; **18.** (*Bücher- etc., bsd. Wäsche*)Schrank *m*; **19.** *fig.* a) Druck *m*, Hast *f*, b) Dringlichkeit *f*, Drang *m der Geschäfte*: **the ~ of business**; **20.** ✕, ♻ *hist.* Zwangsaushebung *f*; **~ a·gen·cy** *s.* 'Presseagen₁tur *f*; **~ a·gent** *s. thea. etc.* 'Presseagent *m*; **~ bar·on** *s.* Pressezar *m*; **'~-box** *s.* Pressetri₁büne *f*; **~ but·ton** *s.* ⚡ (Druck)Knopf *m*; **~ clip·ping** *Am.* → **press cutting**; **~ cop·y** *s.* **1.** 'Durchschlag *m*; **2.** Rezensi'onsexem₁plar *n*; **~ cor·rec·tor** *s. typ.* Kor'rektor *m*; **♀ Coun·cil** *s. Brit.* Presserat *m*; **~ cut·ting** *s. Brit.* Zeitungsausschnitt *m*.

pressed [prest] *adj.* gepreßt, Preß... (*-glas, -käse, -öl, -ziegel etc.*); **'press·er** [-sə] *s.* **1.** 🔧 Presser(in); **2.** *typ.* Drukker *m*; **3.** Bügler(in); **4.** 🔧 Preßvorrichtung *f*; **5.** *typ. etc.* Druckwalze *f*.

press| gal·ler·y *s. parl. 'bsd. Brit.* 'Pressetri₁büne *f*; **'~-gang I** *s.* ♻ *hist.* 'Preßpa₁trouille *f*; **II** *v/t.*: **~ s.o. into doing s.th.** F j-n zu et. zwingen.

press·ing [ˈpresɪŋ] **I** *adj.* □ **1.** pressend, drückend; **2.** *fig.* a) (be)drückend, b) dringend, dringlich; **II** *s.* **3.** (Aus)Pressen *n*; **4.** 🔧 a) Stanzen *n*, b) *Papierfabrikation:* Satinieren *n*; **5.** 🔧 Preßling *m*; **6.** *Schallplattenfabrikation:* a) Preßplatte *f*, b) Pressung *f*, c) Auflage *f*.

press| law *s. mst pl.* Pressegesetz(e *pl.*) *n*; **~ lord** *s.* Pressezar *m*; **'~-man** [-mən] *s.* [*irr.*] **1.** (Buch)Drucker *m*; **2.** Zeitungsmann *m*, Pressevertreter *m*; **'~-mark** *s.* Signa'tur *f*, Biblio'theksnummer *f e-s Buches*; **~ proof** *s. typ.* letzte Korrek'tur, Ma'schinenrevisi₁on *f*; **~ re·lease** *s.* Presseverlautbarung *f*; **~ room** *s.* Drucke'rei(raum *m*) *f*, Ma'schinensaal *m*; **'~-stud** *s.* Druckknopf *m*; **'~-to-'talk but·ton** *s.* Sprechtaste *f*; **'~-up** *s. sport* Liegestütz *m*.

pres·sure [ˈpreʃə] **I** *s.* **1.** Druck *m* (*a.*

◎, *phys.*): **~ hose** (*pump*, *valve*) ◎ Druckschlauch *m*, (-pumpe *f*, -ventil *n*); **work at high ~** mit Hochdruck arbeiten (*a. fig.*); **2.** *meteor.* (Luft)Druck *m*: **high** (*low*) **~** Hoch-(Tief)druck; **3.** *fig.* Druck *m* (*Last od. Zwang*): **act under ~** unter Druck handeln; **bring ~ to bear upon** auf *j-n* Druck ausüben; **the ~ of business** der Drang *od.* Druck der Geschäfte; **~ of taxation** Steuerdruck *m*, -last *f*; **4.** *fig.* Drangsal *f*, Not *f*: **monetary ~** Geldknappheit *f*; **~ of conscience** Gewissensnot *f*; **II** *v/t.* **5.** → **pressurize** 1; **6.** *fig. j-n* (dazu) treiben *od.* zwingen (*into doing* et. zu tun); **~ cab·in** *s.* ✔ 'Druckausgleichs-ka₁bine *f*; **~ cook·er** *s.* Schnellkochtopf *m*; **~ drop** *s.* **1.** ◎ Druckgefälle *n*; **2.** ⚡ Spannungsabfall *m*; **~ e·qual·i·za·tion** *s.* Druckausgleich *m*; **~ ga(u)ge** *s.* ◎ Druckmesser *m*, Mano'meter *n*; **~ group** *s. pol.* Inter'essengruppe *f*; **~ lu·bri·ca·tion** *s.* ◎ 'Druck(₁umlauf)-₁schmierung *f*; **'~-₁sen·si·tive** *adj.* 🗲 druckempfindlich; **~ suit** *s.* ✔ ('Über-) Druckanzug *m*; **~ tank** *s.* ◎ Druckbehälter *m*.

pres·sur·ize ['preʃəraɪz] *v/t.* **1.** 🔥, ◎ unter Druck setzen (*a. fig.*), unter 'Überdruck halten, *bsd.* ✔ druckfest machen; **~d cabin** → **pressure cabin**; **2.** 🔥 belüften.

'press·work *s. typ.* Druckarbeit *f*.

pres·ti·dig·i·ta·tion ['prestɪ₁dɪdʒɪ'teɪʃn] *s.* **1.** Fingerfertigkeit *f*; **2.** Taschenspielerkunst *f*; **pres·ti·dig·i·ta·tor** [₁prestɪ'dɪdʒɪteɪtə] *s.* Taschenspieler *m* (*a. fig.*).

pres·tige [pre'stiːʒ] (*Fr.*) *s.* Pre'stige *n*, Geltung *f*, Ansehen *n*.

pres·tig·ious [pre'stɪdʒəs] *adj.* berühmt, renom'miert.

pres·to ['prestəʊ] (*Ital.*) **I** *adv.* ♪ presto, (sehr) schnell (*a. fig.*): **hey ~, pass!** Hokuspokus (Fidibus)! (*Zauberformel*); **II** *adj.* blitzschnell.

pre·stressed [₁priː'strest] *adj.* ◎ vorgespannt: **~ concrete** Spannbeton *m*.

pre·sum·a·ble [prɪ'zjuːməbl] *adj.* □ vermutlich, mutmaßlich, wahr'scheinlich; **pre·sume** [prɪ'zjuːm] **I** *v/t.* **1.** als wahr annehmen, vermuten; vor'aussetzen; schließen (*from* aus): **~d dead** verschollen; **2.** sich et. erlauben; **II** *v/i.* **3.** vermuten, mutmaßen: **I ~** (wie) ich vermute, vermutlich; **4.** sich her'ausnehmen, sich erdreisten, (es) wagen (*to inf.* zu *inf.*); anmaßend sein; **5. ~** (*up*)**on** ausnutzen *od.* miß'brauchen (*acc.*); **pre·sum·ed·ly** [-mɪdlɪ] *adv.* vermutlich; **pre·sum·ing** [-mɪŋ] *adj.* □ → **presumptuous** 1.

pre·sump·tion [prɪ'zʌmpʃn] *s.* **1.** Vermutung *f*, Annahme *f*, Mutmaßung *f*; **2.** ⚖️ Vermutung *f*, Präsumti'on *f*: **~ of death** Todesvermutung, Verschollenheit *f*; **~ of law** Rechtsvermutung *f* (*der Wahrheit bis zum Beweis des Gegenteils*); **3.** Wahrscheinlichkeit *f*: **there is a strong ~ of his death** es ist (mit Sicherheit) anzunehmen, daß er tot ist; **4.** Vermessenheit *f*, Anmaßung *f*, Dünkel *m*; **pre·sump·tive** [-ptɪv] *adj.* □ vermutlich, mutmaßlich, präsum'tiv: **~ evidence** Indizienbeweis *m*; **~ title** ⚖️ präsumtives Eigentum; **pre·sump·tu·ous** [-ptjʊəs] *adj.* □ **1.** anmaßend,

vermessen, dreist; **2.** über'heblich, dünkelhaft.

pre·sup·pose [₁priːsə'pəʊz] *v/t.* vor'aussetzen: a) im vor'aus annehmen, b) zur Vor'aussetzung haben; **pre·sup·po·si·tion** [₁priːsʌpə'zɪʃn] *s.* Vor'aussetzung *f*.

pre-tax [₁priː'tæks] *adj.* ✝ vor Abzug der Steuern, *a.* Brutto...

pre-teen [₁priː'tiːn] *adj. u. s.* (Kind *n*) im Alter zwischen 10 u. 12.

pre·tence [prɪ'tens] *s.* **1.** Anspruch *m*: **make no ~ to** keinen Anspruch erheben auf (*acc.*); **2.** Vorwand *m*, Scheingrund *m*, Vortäuschung *f*: **false ~s** ⚖️ Arglist *f*; **under false ~s** arglistig, unter Vorspiegelung falscher Tatsachen; **3.** *fig.* Schein *m*, Verstellung *f*: **make ~ of doing s.th.** sich den Anschein geben, als tue man etwas.

pre·tend [prɪ'tend] **I** *v/t.* **1.** vorgeben, -täuschen, -schützen, -heucheln; so tun als ob: **~ to be sick** sich krank stellen, krank spielen; **2.** → **presume** 2–4; **II** *v/i.* **3.** sich verstellen, heucheln: **he is only ~ing** er tut nur so; **4.** Anspruch erheben (*to* auf *den Thron etc.*); **'tend·ed** [-dɪd] *adj.* □ vorgetäuscht, an-, vorgeblich; **pre'tend·er** [-də] *s.* **1.** Beanspruchende(r *m*) *f*; **2.** ('Thron-) Präten₁dent *m*, Thronbewerber *m*.

pre·tense *Am.* → **pretence**.

pre·ten·sion [prɪ'tenʃn] *s.* **1.** Anspruch *m* (**to** auf *acc.*): **of great ~s** anspruchsvoll; **2.** Anmaßung *f*, Dünkel *m*; **pre·ten·tious** [-ʃəs] *adj.* □ **1.** anmaßend; **2.** prätenti'ös, anspruchsvoll; **3.** protzig; **pre'ten·tious·ness** [-ʃəsnɪs] *s.* Anmaßung *f*.

preter- [priːtə] *in Zssgn* (hin'ausgehend) über (*acc.*), mehr als.

pret·er·it(e) ['pretərɪt] *ling.* **I** *adj.* Vergangenheits...; **II** *s.* Prä'teritum *n*, (erste) Vergangenheit; **~-'pres·ent** [-'preznt] *s.* Prä'terito₁präsens *n*.

pre·ter·nat·u·ral [₁priːtə'nætʃrəl] *adj.* □ **1.** ab'norm, außergewöhnlich; **2.** 'über-na₁türlich.

pre·text ['priːtekst] *s.* Vorwand *m*, Ausrede *f*: **under** (*od.* **on**) **the ~ of** unter dem Vorwand (*gen.*).

pre·tri·al [₁priː'traɪəl] ⚖️ **I** *s.* Vorverhandlung *f*; **II** *adj.* vor der (Haupt)Verhandlung, Untersuchungs...

pret·ti·fy ['prɪtɪfaɪ] *v/t.* F verschönern, hübsch machen; **'pret·ti·ly** [-ɪlɪ] *adv.* → **pretty** 1; **'pret·ti·ness** [-ɪnɪs] *s.* **1.** Hübschheit *f*, Niedlichkeit *f*; Anmut *f*; **2.** Geziertheit *f*; **pret·ty** ['prɪtɪ] **I** *adj.* □ **1.** hübsch, nett, niedlich; **2.** (*a. iro.*) schön, fein, tüchtig: **a ~ mess!** e-e schöne Geschichte!; **3.** F (ganz) schön', ₁hübsch', beträchtlich: **it costs a ~ penny** es kostet e-e schöne Stange Geld; **II** *adv.* **4.** a) ziemlich, ganz, b) einigermaßen, leidlich: **~ cold** ganz schön kalt; **~ good** recht gut, nicht schlecht; **~ much the same thing** so ziemlich dasselbe; **~ near** nahe daran, ziemlich nahe; **5. sitting ~** *sl.* wie der Hase im Kohl, ₁warm' (sitzend); **II** *v/t.* **6.** **~ up** et. hübsch machen, ₁aufpolieren'.

pret·zel ['pretsəl] *s.* (Salz)Brezel *f*.

pre·vail [prɪ'veɪl] *v/i.* **1.** (**over**, **against**) die Oberhand *od.* das 'Übergewicht gewinnen *od.* haben (über *acc.*), (*a.* ⚡) ob)siegen; *fig. a.* sich 'durchsetzen *od.*

behaupten (gegen); **2.** *fig.* ausschlag-, maßgebend sein; **3.** *fig.* (vor)herrschen; (weit) verbreitet sein; **4. ~** (*up*)**on s.o. to do** *j-n* dazu bewegen *od.* bringen, et. zu tun; **pre'vail·ing** [-lɪŋ] *adj.* □ **1.** über'legen: **~ party** ⚖️ obsiegende Partei; **2.** (vor)herrschend, maßgebend: **the ~ opinion** die herrschende Meinung; **under the ~ circumstances** unter den obwaltenden Umständen; **~ tone** ✝ Grundstimmung *f*; **prev·a·lence** ['prevələns] *s.* **1.** (Vor)Herrschen *n*; Über'handnehmen *n*; **2.** (allgemeine) Gültigkeit; **prev·a·lent** ['prevələnt] *adj.* □ (vor)herrschend, über'wiegend; häufig, weit verbreitet.

pre·var·i·cate [prɪ'værɪkeɪt] *v/i.* Ausflüchte machen; die Wahrheit verdrehen; **pre·var·i·ca·tion** [prɪ₁værɪ'keɪʃn] *s.* **1.** Ausflucht *f*, Tatsachenverdrehung *f*, Winkelzug *m*; **2.** ⚖️ Anwaltstreubruch *m*; **pre'var·i·ca·tor** [-tə] *s.* Ausflüchtemacher(in), Wortverdreher(in).

pre·vent [prɪ'vent] *v/t.* **1.** verhindern, -hüten; *e-r Sache* vorbeugen *od.* zu'vorkommen; **2.** (**from**) *j-n* hindern (*an dat.*), abhalten (von): **~ s.o. from coming** *j-n* am Kommen hindern, *j-n* vom Kommen abhalten; **pre'vent·a·ble** [-təbl] *adj.* verhütbar, abwendbar; **pre'ven·tion** [-nʃn] *s.* **1.** Verhinderung *f*, Verhütung *f*: **~ of accidents** Unfallverhütung; **2.** *bsd.* 🗲 Vorbeugung *f*; **pre'ven·tive** [-tɪv] **I** *adj.* □ **1.** *a.* 🗲 vorbeugend, prophy'laktisch, Vorbeugungs...: **~ medicine** Vorbeugungsmedizin *f*; **2.** *bsd.* ⚖️ präven'tiv: **~ arrest** Schutzhaft *f*; **~ detention** a) Sicherungsverwahrung, b) *Am.* Vorbeugehaft *f*; **~ war** *pol.* Präventivkrieg *m*; **II** *s.* **3.** *a.* 🗲 Vorbeugungs-, Schutzmittel *n*; **4.** Schutz-, Vorsichtsmaßnahme *f*.

pre·view ['priːvjuː] *s.* **1.** Vorbesichtigung *f*; *Film*: a) Probeaufführung *f*, b) (Pro'gramm)Vorschau *f*; *Radio*, *TV*: Probe *f*; **2.** Vorbesprechung *f* *e-s Buches*; **3.** (Vor)'Ausblick *m*.

pre·vi·ous ['priːvjəs] **I** *adj.* □ → **previously**; **1.** vor'her-, vor'ausgehend, früher, vor'herig, Vor...: **~ conviction** ⚖️ Vorstrafe *f*; **~ holder** ✝ Vor(der)-mann *m*; **~ question** *parl.* Vorfrage, ob ohne weitere Debatte abgestimmt werden soll: **move the ~ question** Übergang zur Tagesordnung beantragen; **without ~ notice** ohne vorherige Ankündigung; **2.** *mst* **too ~** F verfrüht, voreilig; **II** *adv.* **3. ~ to** bevor, vor (*dat.*); **~ to that** zuvor; **'pre·vi·ous·ly** [-lɪ] *adv.* vorher, früher.

pre·vo·ca·tion·al [₁priːvəʊ'keɪʃənl] *adj.* vorberuflich.

pre·vue ['priːvjuː] *s. Am.* (Film)Vorschau *f*.

pre·war [₁priː'wɔː] *adj.* Vorkriegs...

prey [preɪ] **I** *s.* **1.** *zo. u. fig.* Raub *m*, Beute *f*, Opfer *n*: → **beast** 1, **bird** 1; **become** (*od.* **fall**) **a ~ to** *j-m od. e-r Sache* zum Opfer fallen; **II** *v/i.* **2.** auf Raub *od.* Beute ausgehen; **3. ~** (*up*)**on** a) *zo.* Jagd machen auf (*acc.*), erbeuten, fressen, b) *fig.* berauben, aussaugen, c) *fig.* nagen *od.* zehren an (*dat.*): **it ~ed upon his mind** es ließ ihm keine Ruhe, der Gedanke quälte ihn.

price [praɪs] **I** *s.* **1.** ✝ a) (Kauf)Preis *m*, Kosten *pl.*, b) *Börse*: Kurs(wert) *m*: **~**

of issue Emissionspreis; *bid* ~ gebotener Preis, *Börse*: Geldkurs; *share* (*od.* *stock*) ~ Aktienkurs; *secure a good* ~ e-n guten Preis erzielen; *every man has his* ~ *fig.* keiner ist unbestechlich; (*not*) *at any* ~ um jeden (keinen) Preis; **2.** (Kopf)Preis *m*: *set a* ~ *on s.o.'s head* e-n Preis auf j-s Kopf aussetzen; **3.** *fig.* Lohn *m*, Preis *m*; **4.** (Wett-)Chance(n *pl.*) *f*: *what* ~ *...? sl.* wie steht es mit ...?, welche Chancen hat ...?; **II** *v/t.* **5.** † a) den Preis festsetzen für, b) *Waren* auszeichnen: ~*d* mit Preisangaben (*Katalog*); *high*~*d* hoch im Preis, teuer; **6.** bewerten: ~ *s.th. high* (*low*) e-r Sache großen (geringen) Wert beimessen; **7.** F nach dem Preis e-r *Ware* fragen; '~-**con·scious** *adj.* preisbewußt; ~ **con·trol** *s.* 'Preiskon₁trolle *f*, -über₁wachung *f*; ~ **cut** *s.* Preissenkung *f*; ~ **cut·ting** *s.* Preisdrücke'rei *f*, -senkung *f*, 'Preisunter₁bietung *f*; ~ **freeze** *s.* Preisstopp *m*.

price·less ['praɪslɪs] *adj.* unschätzbar, unbezahlbar (*a.* F köstlich).

price| lev·el *s.* 'Preisni₁veau *n*; ~ **lim·it** *s.* (Preis)Limit *n*, Preisgrenze *f*; ~ **list** *s.* **1.** Preisliste *f*; **2.** *Börse*: Kurszettel *m*; '~-**main₁tained** *adj.* † preisgebunden (*Ware*); ~ **main·te·nance** *s.* † Preisbindung *f*; ~ **range** *s.* Preisklasse *f*; ~ **tag**, ~ **tick·et** *s.* Preisschild *n*, -zettel *m*.

pric·ey ['praɪsɪ] *adj.* F (ganz schön) teuer.

prick [prɪk] **I** *s.* **1.** (*Insekten-, Nadel-* etc.)Stich *m*; **2.** stechender Schmerz, Stich *m*: ~*s of conscience fig.* Gewissensbisse; **3.** spitzer Gegenstand; Stachel *m* (*a. fig.*): *kick against the* ~*s* wider den Stachel löcken; **4.** V a) ,Schwanz', b) ,blöder Hund'; **II** *v/t.* **5.** (ein-, 'durch)stechen, ,piken': ~ *one's finger* sich in den Finger stechen; *his conscience* ~*ed him fig.* er bekam Gewissensbisse; **6.** *a.* ~ *out* (aus)stechen, lochen; *Muster etc.* punktieren; **7.** ✗ pikieren: ~ *in* (*od.* *out*)pflanzen; **8.** prickeln auf *od.* in (*dat.*); **9.** ~ *up one's ears* die Ohren spitzen (*a. fig.*); **III** *v/i.* **10.** stechen (*a. Schmerzen*); **11.** prickeln; **12.** ~ *up* sich aufrichten (*Ohren etc.*); '**prick·er** [-kə] *s.* **1.** ◎ Pfriem *m*, Ahle *f*; **2.** *metall.* Schießnadel *f*; '**prick·et** [-kɪt] *s. zo.* Spießbock *m*.

prick·le ['prɪkl] **I** *s.* **1.** Stachel *m*, Dorn *m*; **2.** Prickeln *n*, Kribbeln *n* (*der Haut*); **II** *v/i.* **3.** stechen; **4.** prickeln, kribbeln; '**prick·ly** [-lɪ] *adj.* **1.** stachelig, dornig; **2.** stechend, pickelnd: ~ *heat* ✗ Frieselausschlag *m*, Hitzebläschen *pl.*; **3.** *fig.* reizbar.

pric·y ['praɪsɪ] → *pricey*.

pride [praɪd] **I** *s.* **1.** Stolz *m* (*a. Gegenstand des Stolzes*): *civic* ~ Bürgerstolz *m*; ~ *of place* Ehrenplatz *m*, *fig.* Vorrang *m*, *b.s.* Standesdünkel *m*; *take* ~ *of place* die erste Stelle einnehmen; *take* (*a*) ~ *in* stolz sein auf (*acc.*); *he is the* ~ *of his family* er ist der Stolz s-r Familie; **2.** *b.s.* Stolz *m*, Hochmut *m*: ~ *goes before a fall* Hochmut kommt vor dem Fall; **3.** *rhet.* Pracht *f*; **4.** Höhe *f*, Blüte *f*: ~ *of the season* beste Jahreszeit; *in the* ~ *of his years* in s-n besten Jahren; **5.** *zo.* (Löwen)Rudel *n*;

6. *in his* ~ *her.* radschlagend (*Pfau*); **II** *v/t.* **7.** ~ *o.s.* (*on, upon*) stolz sein (auf *acc.*), sich et. einbilden (auf *acc.*), sich brüsten (mit).

priest [priːst] *s.* Priester *m*, Geistliche(r) *m*; '**priest·craft** *s. contp.* Pfaffenlist *f*; '**priest·ess** [-tɪs] *s.* Priesterin *f*; '**priest·hood** [-hʊd] *s.* **1.** Priesteramt *n*, -würde *f*; **2.** Priesterschaft *f*, Priester *pl.*; '**priest·ly** [-lɪ] *adj.* priesterlich, Priester...

prig [prɪg] *s.* (selbstgefälliger) Pe'dant; eingebildeter Mensch; Tugendbold *m*; '**prig·gish** [-gɪʃ] *adj.* □ **1.** selbstgefällig, eingebildet; **2.** pe'dantisch; **3.** tugendhaft.

prim [prɪm] **I** *adj.* □ **1.** steif, for'mell, *a.* affektiert, gekünstelt; **2.** spröde, ,etepe'tete'; **3.** → *priggish*; **II** *v/t.* **4.** *Mund, Gesicht* affektiert verziehen.

pri·ma·cy ['praɪməsɪ] *s.* **1.** Pri'mat *m, n*, Vorrang *m*, Vortritt *m*; **2.** *eccl.* Pri'mat *m, n* (*Würde, Sprengel e-s Primas*); **3.** *R.C.* Pri'mat *m, n* (*Gerichtsbarkeit des Papstes*).

pri·ma don·na [₁priːmə'dɒnə] *s.* ♪ Prima'donna *f* (*a. fig.*).

pri·ma fa·ci·e [₁praɪmə'feɪʃiː] (*Lat.*) *adj. u. adv.* dem (ersten) Anschein nach: ~ *case* 🕮 Fall, bei dem der Tatbestand einfach liegt; ~ *evidence* 🕮 a) glaubhafter Beweis, b) Beweis des ersten Anscheins.

pri·mal ['praɪml] *adj.* □ **1.** erst, frühest, ursprünglich; **2.** wichtigst, Haupt...; '**pri·ma·ri·ly** [-mərəlɪ] *adv.* in erster Linie; **pri·ma·ry** ['praɪmərɪ] **I** *adj.* □ **1.** erst, ursprünglich, Anfangs..., Ur...: ~ *instinct* Urinstinkt *m*; ~ *matter* Urstoff *m*; ~ *rocks* Urgestein *n*, -gebirge *n*; ~ *scream* *psych.* Urschrei *m*; **2.** pri'mär, hauptsächlich, wichtigst, Haupt...: ~ *accent* *ling.* Hauptakzent *m*; ~ *concern* Hauptsorge *f*; ~ *industry* Grundstoffindustrie *f*; ~ *liability* 🕮 unmittelbare Haftung; ~ *road* Straße *f* erster Ordnung; ~ *share* † Stammaktie *f*; *of* ~ *importance* von höchster Wichtigkeit; **3.** grundlegend, elemen'tar, Grund...: ~ *education* Volksschul-, *Am.* Grundschul(aus)bildung *f*; ~ *school* Volks-, *Am.* Grundschule *f*; **4.** ⚡ Primär...(*-batterie, -spule, -strom* etc.); **5.** 🔬 Primär...: ~ *tumo(u)r* Primärtumor *m*; **II** *s.* **6.** *a.* ~ *colo(u)r* Pri'mär-, Grundfarbe *f*; **7.** *a.* ~ *feather* *orn.* Haupt-, Schwungfeder *f*; **8.** *pol. Am.* a) *a.* ~ *election* Vorwahl *f* (*zur Aufstellung von Wahlkandidaten*), b) *a.* ~ *meeting* (*innerparteiliche*) Versammlung zur Nominierung der 'Wahlkandi₁daten; **9.** *a.* ~ *planet* *ast.* 'Hauptpla₁net *m*.

pri·mate ['praɪmət] *s. eccl. Brit.* Primas *m*: ℒ *of England* (*Titel des Erzbischofs von York*); ℒ *of All England* (*Titel des Erzbischofs von Canterbury*); **pri·mates** [praɪ'meɪtiːz] *s. pl. zo.* Pri'maten *pl.*

prime [praɪm] **I** *adj.* □ **1.** erst, wichtigst, wesentlichst, Haupt...(*-grund etc.*): *of* ~ *importance* von größter Wichtigkeit; **2.** erstklassig (*Kapitalanlage, Qualität* etc.), prima: ~ *bill* † vorzüglicher Wechsel; ~ *rate* Vorzugszins *m* für erste Adressen; **3.** pri'mär, grundlegend; **4.** erst, Erst..., Ur...; **5.** ℵ a) unteilbar, b)

teilerfremd (*to* zu): ~ *factor* (*number*) Primfaktor *m* (Primzahl *f*); **II** *s.* **6.** Anfang *m*: ~ *of the day* (*year*) Tagesanbruch *m* (Frühling *m*); **7.** *fig.* Blüte(zeit) *f*: *in his* ~ in der Blüte s-r Jahre, im besten (Mannes)Alter; **8.** *das* Beste, höchste Voll'kommenheit; † Primasorte *f*, auserlesene Quali'tät; **9.** *eccl.* Prim *f*, erste Gebetsstunde; Frühgottesdienst *m*; **10.** ℵ a) Primzahl *f*, b) Strich *m* (*erste Ableitung e-r Funktion*): *x* ~ (*x'*) x Strich (x'); **11.** Strichindex *m*; **12.** ♪ *u. fenc.* Prim *f*; **III** *v/t.* **13.** ✗ *Bomben, Munition* scharfmachen; ~*d* zündfertig; **14.** a) ◎ *Pumpe* anlassen, b) *sl.* ,vollaufen lassen': ~*d* ,besoffen'; **15.** *mot.* a) *Kraftstoff* vorpumpen, b) Anlaßkraftstoff einspritzen in (*acc.*); **16.** ◎, *paint.* grundieren; **17.** mit Strichindex versehen; **18.** *fig.* instruieren, vorbereiten; ~ *cost* ✗ † **1.** Selbstkosten(preis *m*) *pl.*, Gestehungskosten *pl.*; **2.** Einkaufspreis *m*, Anschaffungskosten *pl.*; ~ **min·is·ter** *s.* Premi'ermi₁nister *m*, Mi'nisterpräsi₁dent *m*; ~ **mov·er** *s.* **1.** *phys.* Antriebskraft *f*; *fig.* Triebfeder *f*, treibende Kraft; **2.** ◎ 'Antriebsma₁schine *f*; 'Zugma₁schine *f* (*Sattelschlepper*); ✗ *Am.* Geschützschlepper *m*; Triebwagen *m* (*Straßenbahn*).

prim·er¹ ['praɪmə] *s.* **1.** ✗ Zündvorrichtung *f*, -hütchen *n*, -pille *f*; Sprengkapsel *f*; **2.** ✗ Zündbolzen *m* (*am Gewehr*); **3.** ✗ Zünddraht *m*; **4.** ◎ Einspritzvorrichtung *f* (*bsd. mot.*): ~ *pump* Anlaßeinspritzpumpe *f*; ~ *valve* Anlaßventil *n*; **5.** ◎ Grundier-, Spachtelmasse *f*: ~ *coat* Voranstrich *m*; **6.** Grundierer *m*.

prim·er² ['praɪmə] *s.* **1.** a) Fibel *f*, b) Elemen'tarbuch *n*, c) *fig.* Leitfaden *m*; **2.** ['prɪmə] *typ.* a) *great* ~ Tertia (-schrift) *f*, b) *long* ~ Korpus(schrift) *f*, (-), Garmond(schrift) *f*.

pri·me·val [praɪ'miːvl] *adj.* □ urzeitlich, Ur...(*-wald etc.*).

prim·ing ['praɪmɪŋ] *s.* **1.** ✗ Zündmasse *f*, Zündung *f*; ~ *charge* Zünd-, Initialladung *f*; **2.** ◎ Grundierung *f*: ~ *colo(u)r* Grundierfarbe *f*; **3.** *a.* ~ *material* Spachtelmasse *f*; **4.** *mot.* Einspritzen *n* von Anlaßkraftstoff: ~ *fuel injector* Anlaßeinspritzanlage *f*; **5.** ◎ Angießen *n* e-r *Pumpe*; **6.** *a.* ~ *of the tide* verfrühtes Eintreten der Flut; **7.** *fig.* Instrukti'on *f*, Vorbereitung *f*.

prim·i·tive ['prɪmɪtɪv] **I** *adj.* □ **1.** erst, ursprünglich, urzeitlich, Ur...: ℒ *Church* Urkirche; ~ *races* Ur-, Naturvölker; ~ *rocks* *geol.* Urgestein *n*; **2.** *allg.* (*a. contp.*) primi'tiv (*Kultur, Mensch, a. fig. Denkweise, Konstruktion etc.*); **3.** *ling.* Stamm...: ~ *verb*; **4.** ~ *colo(u)r* Grundfarbe *f*; **II** *s.* **5.** *der* (*die, das*) Primi'tive: *the* ~*s* die Primitiven (*Naturvölker*); **6.** *Kunst:* a) primi'tiver Künstler, b) Frühmeister *m*, c) Früher Meister (*der Frührenaissance, a. Bild*); **7.** *ling.* Stammwort *n*; '**prim·i·tive·ness** [-nɪs] *s.* **1.** Ursprünglichkeit *f*; **2.** Primitivi'tät *f*; '**prim·i·tiv·ism** [-vɪzəm] *s.* Kunst: Primitivi'tät *f*; **2.** *Kunst:* Primiti'vismus *m*.

prim·ness ['prɪmnɪs] *s.* **1.** Steifheit *f*, Förmlichkeit *f*; **2.** Sprödigkeit *f*, Zimperlichkeit *f*.

pri·mo·gen·i·tor [₁praɪməʊ'dʒenɪtə] *s.*

(Ur)Ahn *m*, Stammvater *m*; ˌ**pri·mo-ˈgen·i·ture** [-ɪtʃə] *s.* Erstgeburt(srecht *n* ƈ) *f*.
pri·mor·di·al [praɪˈmɔːdjəl] □ primordi'al (*a. biol.*), Ur…
prim·rose [ˈprɪmrəʊz] *s.* **1.** ♀ Primel *f*, gelbe Schlüsselblume: ~ *path fig.* Rosenpfad *m*; **2.** *evening* ~ ♀ Nachtkerze *f*; **3.** *a.* ~ *yellow* Blaßgelb *n*.
prim·u·la [ˈprɪmjʊlə] *s.* ♀ Primel *f*.
prince [prɪns] *s.* **1.** Fürst *m* (*Landesherr u. Adelstitel*): ♀ *of the Church* Kirchenfürst; ♀ *of Darkness* Fürst der Finsternis (*Satan*); ♀ *of Peace* Friedensfürst (*Christus*); ~ *of poets* Dichterfürst; *merchant* ~ Kaufherr *m*; ~ *consort* Prinzgemahl *m*; **2.** Prinz *m*: ~ *of the blood* Prinz von (königlichem) Geblüt; ♀ *Albert Am.* Gehrock *m*;
prince·dom [ˈprɪnsdəm] *s.* **1.** Fürstenwürde *f*; **2.** Fürstentum *n*; ˈ**prince·ling** [-lɪŋ] *s.* **1.** Prinzchen *n*; **2.** kleiner Herrscher, Duoˈdezfürst *m*; ˈ**prince·ly** [-lɪ] *adj.* fürstlich (*a. fig.*); prinzlich, königlich; **prin·cess** [prɪnˈses] **I** *s.* **1.** Prin'zessin *f*: ~ *royal* älteste Tochter *e-s* Herrschers; **2.** Fürstin *f*; **II** *adj.* **3.** Damenmode: Prinzeß…(-*kleid etc.*).
prin·ci·pal [ˈprɪnsəpl] **I** *adj.* □ → *principally*; **1.** erst, hauptsächlich, Haupt…: ~ *actor* Haupt(rollen)darsteller *m*; ~ *office, ~ place of business* Hauptgeschäftsstelle *f*, -niederlassung *f*; **2.** ♪, *ling.* Haupt…, Stamm…: ~ *chord* Stammakkord; ~ *clause* Hauptsatz; *parts* Stammformen *des Verbs*; **3.** ♥ Kapital…: ~ *amount* Kapitalbetrag *m*; **II** *s.* **4.** ˈHaupt(perˌson *f*) *n*; Vorsteher (-in), *bsd. Am.* (ˈSchul)Diˌrektor *m*, Rektor *m*; **5.** ♥ Chef(in), Prinziˈpal (-in); **6.** ♥, ƈ Auftrag-, Vollmachtgeber (-in), Geschäftsherr *m*; **7.** ƈ *a.* ~ *in the first degree* Haupttäter(in), -schuldige(r *m*) *f*: ~ *in the second degree* Mittäter(in); **8.** *a.* ~ *debtor* Hauptschuldner(in); ♥ Du'el'lant *m* (*Ggs. Sekundant*); **10.** ♥ (ˈGrund)Kapiˌtal *n*, Hauptsumme *f*; (*Nachlaß- etc.*)Masse *f*: ~ *and interest* Kapital u. Zins(en); **11.** *a.* ~ *beam* △ Hauptbalken *m*; **prin·ci·pal·i·ty** [ˌprɪnsɪˈpælətɪ] *s.* Fürstentum *n*; ˈ**prin·ci·pal·ly** [-plɪ] *adv.* hauptsächlich, in der Hauptsache.
prin·ci·ple [ˈprɪnsəpl] *s.* **1.** Prin'zip *n*, Grundsatz *m*, -regel *f*: *a man of ~s* ein Mann mit Grundsätzen; ~ *of law* Rechtsgrundsatz *m*; *in* ~ im Prinzip, an sich; *on* ~ aus Prinzip, grundsätzlich; *on the* ~ *that* nach dem Grundsatz, daß; **2.** *phys. etc.* Prinzip *n*, (Na'tur-)Gesetz *n*, Satz *m*: ~ *of causality* Kausalitätsprinzip; ~ *of averages* Mittelwertsatz *f*; ~ *of relativity* Relativitätstheorie *f*; **3.** Grund(lage *f*) *m*; **4.** ♥ Grundbestandteil *m*; ˈ**prin·ci·pled** [-ld] *adj.* mit hohen *etc.* Grundsätzen.
prink [prɪŋk] **I** *v/i. a.* ~ *up* sich (auf)putzen, sich schniegeln; **II** *v/t.* (auf)putzen: ~ *o.s.* (*up*).
print [prɪnt] **I** *v/t.* **1.** *typ.* drucken (lassen), in Druck geben: *in italics* kursiv drucken; **2.** (ab)drucken: *~ed* Vordruck *m*; *~ed matter* ⓥ Drucksache(n *pl.*) *f*: *~ed circuit* ⚡ gedruckte Schaltung; **3.** bedrucken: *~ed goods* bedruckte Stoffe; **4.** in Druckschrift schreiben: *~ed characters* Druck-

buchstaben; **5.** *Stempel etc.* (auf)drükken (*on dat.*), *Eindruck, Spur* hinter-ˈlassen (*on auf acc.*), *Muster etc.* ab-, aufdrucken, drücken (*in in acc.*); **6.** *fig.* einprägen (*on s.o.'s mind* j-m); **7.** ~ *out a*) *Computer:* ausdrucken, b) *a.* ~ *off phot.* abziehen, kopieren; **II** *v/i.* **8.** *typ.* drucken; **9.** gedruckt werden, sich im Druck befinden: *the book is ~ing*; **10.** sich drucken (*phot.* abziehen) lassen; **III** *s.* **11.** (*Finger- etc.*)Abdruck *m*, Eindruck, Spur *f*, Mal *n*; **12.** *typ.* Druck *m*: *colo(u)red* ~ Farbdruck; *in* ~ a) im Druck (erschienen), b) vorrätig; *out of* ~ vergriffen; *in cold* ~ *fig.* schwarz auf weiß; **13.** Druckschrift *f*, *bsd. Am.* Zeitung *f*, Blatt *n*: *rush into* ~ sich in die Öffentlichkeit flüchten; *appear in* ~ im Druck erscheinen; **14.** Druckschrift *f*, -buchstaben *pl.*; **15.** ˈZeitungspaˌpier *n*; **16.** (*Stahl- etc.*) Stich *m*; Holzschnitt *m*; Lithograˈphie *f*; **17.** bedruckter Kat'tun, Druckstoff *m*: ~ *dress* Kattunkleid *n*; **18.** *phot.* Abzug *m*, Ko'pie *f*; **19.** ⚙ Stempel *m*, Form *f*: ~ *cutter* Formenschneider *m*; **20.** *metall.* Gesenk *n*; *Eisengießerei:* Kernauge *n*; **21.** *fig.* Stempel *m*; ˈ**print-a·ble** [-təbl] *adj.* **1.** druckfähig; **2.** druckfertig, -reif (*Manuskript*); ˈ**print-er** [-tə] *s.* **1.** (*Buch- etc.*)Drucker *m*: *~'s devil* Setzerjunge *m*; *~'s error* Druckfehler *m*; *~'s flower* Vignette *f*; *~'s ink* Druckerschwärze *f*; **3.** ⚙ ˈDruck-, Koˈpierappaˌrat *m*; **4.** → *printing telegraph*; ˈ**print-er·y** [-tərɪ] *s. bsd. Am.* Drucke'rei *f*.
print·ing [ˈprɪntɪŋ] *s.* **1.** Drucken *n*; (Buch)Druck *m*, Buchdruckerkunst *f*; **2.** Tuchdruck *m*; **3.** *phot.* Abziehen *n*, Kopieren *n*; ~ *block s.* Kli'schee *n*; ~ *frame s. phot.* Koˈpierrahmen *m*; ~ *ink s.* Druckerschwärze *f*, -farbe *f*; ~ *ma-chine s. typ.* Schnellpresse *f*, (ˈBuch-) ˌDruckmaˌschine *f*; ~ *of·fice s.* (ˈBuch-) Drucke'rei *f*: *lithographic* ~ lithographische Anstalt; ˈ**~-out** *adj. phot.* Kopier…; ~ *pa·per s.* **1.** ˈDruckpaˌpier *n*; **2.** ˈLichtpausapier *n*; **3.** Koˈpierpaˌpier *n*; ~ *press s.* Druckerpresse *f*: ~ *type* Letter *f*, Type *f*; ~ *tel·e·graph s.* ˈDrucktelegraph *m*; ~ *types s. pl.* Lettern *pl.*; ~ *works s. pl. oft sg. konstr.* Drucke'rei *f*.
ˈ**print·mak·er** *s.* Graphiker(in); ˈ**~-out** *s. Computer:* Ausdruck *m*, Printout *m*.
pri·or [ˈpraɪə] **I** *adj.* **1.** (*to*) früher, älter (als): ~ *art Patentrecht:* Stand *m* der Technik, Vorwegnahme *f*; ~ *patent* älteres Patent; ~ *use* Vorbenutzung *f*; ~ *subject to ~ sale* ♥ Zwischenverkauf vorbehalten; **2.** vordringlich, Vorzugs…: ~ *right* (*od. claim*) Vorzugsrecht *n*; ~ *condition* erste Voraussetzung; **II** *adv.* **3.** ~ *to* vor (*dat.*) (*zeitlich*); **III** *s. eccl.* **4.** Prior *m*; ˈ**pri·or·ess** [-ərɪs] *s.* Pri'orin *f*; **pri·or·i·ty** [praɪˈprətɪ] *s.* **1.** Priori'tät *f* (*a.* ƈ), Vorrang *m* (*a. e-s Anspruchs etc.*), Vorzug *m* (*over, to* vor *dat.*): *take* ~ *of* den Vorrang haben *od.* genießen vor (*dat.*); *set priorities* Prioritäten setzen, Schwerpunkte bilden; ~ *share* ♥ Vorzugsaktie *f*; **2.** Dringlichkeit(sstufe) *f*: ~ *call teleph.* Vorrangsgespräch *n*; ~ *list* Dringlichkeitsliste *f*: *of first* (*od. top*) ~ von größter Dringlichkeit; *give* ~ *to et.*

vordringlich behandeln; **3.** Vorfahrt(s-recht *n*) *f*; ˈ**pri·o·ry** [-ərɪ] *s. eccl.* Prio'rei *f*.
prism [ˈprɪzəm] *s.* Prisma *n* (*a. fig.*): ~ *binoculars* Prismen(fern)glas *n*; ˈ**pris-mat·ic** [prɪzˈmætɪk] *adj.* (□ *~ally*) pris-ˈmatisch, Prismen…: ~ *colo(u)rs* Regenbogenfarben.
pris·on [ˈprɪzn] *s.* Gefängnis *n* (*a. fig.*), Strafanstalt *f*; ˈ**~-break·ing** *s.* Ausbruch *m* aus dem Gefängnis; ~ *camp s.* **1.** (Kriegs)Gefangenenlager *n*; **2.** ˌoffenes' Gefängnis; ~ *ed·i·tor s.* (*presserechtlich verantwortlicher*) ˌ'Sitzredakˌteur' *m*.
pris·on·er [ˈprɪznə] *s.* Gefangene(r *m*) *f* (*a. fig.*), Häftling *m*: ~ (*at the bar*) Angeklagte(r *m*) *f*; ~ (*on remand*) Untersuchungsgefangene(r); ~ *of state* Staatsgefangene(r), politischer Häftling; ~ (*of war*) Kriegsgefangene(r); *hold* (*take*) *s.o.* ~ j-n gefangenhalten (-nehmen); *he is a* ~ *to fig.* er ist gefesselt an (*acc.*); *~'s bar(s), ~'s base s.* Barlauf(spiel *n*) *m*.
pris·on ˈ**of·fi·cer** *s.* Strafvollzugsbeamte(r) *m*; ~ *psy·cho·sis s.* [*irr.*] ˈHaftpsyˌchose *f*.
pris·sy [ˈprɪsɪ] *adj. Am.* F zimperlich, etepeˈtete.
pris·tine [ˈprɪstaɪn] *adj.* **1.** ursprünglich, -tümlich, unverdorben; **2.** vormalig, alt.
pri·va·cy [ˈprɪvəsɪ] *s.* **1.** Zu'rückgezogenheit *f*; Alleinsein *n*; Ruhe *f*: *disturb s.o.'s* ~ j-n stören; **2.** Pri'vatleben *n*, *a.* ƈ Pri'vat-, In'timsphäre *f*: *right of* ~ Persönlichkeitsrecht *n*; **3.** Heimlichkeit *f*, Geheimhaltung *f*: ~ *of letters* ƈ Briefgeheimnis *n*; *talk to s.o. in* ~ mit j-m unter vier Augen sprechen; *in strict* ~ streng vertraulich.
pri·vate [ˈpraɪvɪt] **I** *adj.* □ **1.** pri'vat, Privat…(-*konto, -leben, -person, -recht etc.*), per'sönlich: ~ *affair* Privatangelegenheit *f*; ~ *member's bill parl.* Antrag *m* e-s Abgeordneten; ~ *eye Am. sl.* Privatdetektiv *m*; ~ *firm* ⓥ Einzelfirma *f*; ~ *gentleman* Privatier *m*; ~ *means* Privatvermögen *n*; → *nuisance* 2; ~ *property* Privateigentum *n*; -besitz *m*; **2.** pri'vat, Privat…(-*pension, -schule etc.*), nicht öffentlich: ~ (*limited*) *company* ⓥ *Brit.* Gesellschaft *f* mit beschränkter Haftung; ~ *corporation* a) ƈ privatrechtliche Körperschaft, b) ⓥ *Am.* Gesellschaft *f* mit beschränkter Haftung; *sell by* ~ *contract* unter der Hand verkaufen; ~ *hotel* Fremdenheim *n*; ~ *industry* Privatwirtschaft *f*; ~ *road* Privatweg *m*; ~ *theatre* Liebhabertheater *n*; ~ *view* Besichtigung *f* durch geladene Gäste; **3.** al'lein, zu'rückgezogen, einsam; **4.** geheim (*Gedanken, Verhandlungen etc.*), heimlich; vertraulich (*Mitteilung etc.*): ~ *parts* → 10; ~ *prayer* stilles Gebet; ~ *reasons* Hintergründe; *keep sth.* ~ *et.* geheimhalten *od.* vertraulich behandeln; *this is for your* ~ *ear* dies sage ich Ihnen ganz im Vertrauen; **5.** außeramtlich (*Angelegenheit*); **6.** nicht beamtet; **7.** ƈ außergerichtlich: ~ *arrangement* gütlicher Vergleich; **8.** ~ *soldier* → 9; **II** *s.* **9.** ✕ (gewöhnlicher) Sol'dat; *pl.* Mannschaften *pl.*: ~ *1st Class Am.* Obergefreite(r) *m*; **10.** *pl.* Geschlechtsteile *pl.*;

11. *in* ~ a) pri'vat(im), b) insge'heim, unter vier Augen.

pri·va·teer [ˌpraɪvəˈtɪə] **I** *s.* **1.** ⚓ Freibeuter *m*, Kaperschiff *n*; **2.** Kapi'tän *m* e-s Kaperschiffes, Kaperer *m*; **3.** *pl.* Mannschaft *f* e-s Kaperschiffes; **II** *v/i.* **4.** Kape'rei treiben.

pri·va·tion [praɪˈveɪʃn] *s.* **1.** *a. fig.* Wegnahme *f*, Entziehung *f*, Entzug *m*; **2.** Not *f*, Entbehrung *f*.

priv·a·tive [ˈprɪvətɪv] **I** *adj.* □ **1.** entziehend, beraubend; **2.** *a. ling. od. phls.* verneinend, negativ; **II** *s.* **3.** *ling.* a) Ver'neinungspar,tikel *f*, b) priva'tiver Ausdruck.

priv·et [ˈprɪvɪt] *s.* ♀ Li'guster *m*.

priv·i·lege [ˈprɪvɪlɪdʒ] **I** *s.* **1.** Privi'leg *n*, Sonder-, Vorrecht *n*, Vergünstigung *f*, *Am. pol.* Grundrecht *n*; **breach of a ~** a) Übertretung *f* der Machtbefugnis, b) *parl.* Vergehen *n* gegen die Vorrechte des Parlaments; **Committee of ℒs** Ausschuß *m* zur Untersuchung von Rechtsübergriffen; **~ of Parliament** *pol.* Immunität *f* e-s Abgeordneten; **~ of self-defence** (Recht *n* der) Notwehr *f*; **with kitchen ~s** mit Küchenbenutzung; **2.** *fig.* (besonderer) Vorzug: **have the ~ of being admitted** den Vorzug haben, zugelassen zu sein; **it is a ~ to do** es ist e-e besondere Ehre, *et.* zu tun; **3.** *pl.* ♥ Prämien- *od.* Stellgeschäft *n*; **II** *v/t.* **4.** privilegieren, bevorrecht(ig)en: **the ~d classes** die privilegierten Stände; **~d debt** bevorrechtigte Forderung; **~d communication** ⚖ a) vertrauliche Mitteilung *(für die Schweigepflicht besteht)*, b) Berufsgeheimnis *n*.

priv·i·ty [ˈprɪvətɪ] *s.* **1.** ⚖ (Inter'essen-) Gemeinschaft *f*; **2.** ⚖ Rechtsbeziehung *f*; **3.** ⚖ Rechtsnachfolge *f*; **4.** Mitwisserschaft *f*.

priv·y [ˈprɪvɪ] **I** *adj.* □ **1.** eingeweiht (*to* in *acc.*); **2.** ⚖ (mit)beteiligt (*to* an *dat.*); **3.** *mst. poet.* heimlich, geheim: ~ **parts** Scham-, Geschlechtsteile; ~ **stairs** Hintertreppe *f*; **II** *s.* **4.** 'Mitinter·es,sent(in) (*to* an *dat.*); **5.** A'bort *m*, Abtritt *m*; **⅊ Coun·cil** *s. Brit.* (Geheimer) Staats- *od.* Kronrat: *Judicial Committee of the* ~ ⚖ Justizausschuß *m* des Staatsrats (*höchste Berufungsinstanz für die Dominions*); **⅊ Coun·cil·lor** *s. Brit.* Geheimer (Staats)Rat (*Person*); **⅊ Purse** *s. königliche* Pri'vatschatulle; **⅊ Seal** *s. Brit.* Geheimsiegel *n*: *Lord* ~ königlicher Geheimsiegelbewahrer.

prize¹ [praɪz] *s.* **1.** (Sieger)Preis *m* (*a. fig.*), Prämie *f*: **the ~s of a profession** die höchsten Stellungen in e-m Beruf; **2.** (*a.* Lotte'rie)Gewinn *m*: **the first** ~ das Große Los; **3.** Lohn *m*, Belohnung *f*; **II** *adj.* **4.** preisgekrönt, prämiiert; **5.** Preis...: ~ **medal**; **6.** a) erstklassig (*a. iro.*), b) *F contp.* Riesen...: ~ **idiot**; **III** *v/t.* **7.** (hoch)schätzen, würdigen.

prize² [praɪz] **I** *s.* ⚓ Prise *f*, Beute *f* (*a. fig.*): **make** ~ **of** → **II** *v/t.* (als Prise) aufbringen, kapern.

prize³ [praɪz] *bsd. Brit.* **I** *v/t.* **1.** (auf)stemmen: ~ **open** (mit e-m Hebel) aufbrechen; ~ **up** hochwuchten *od.* -stemmen; **II** *s.* **2.** Hebelwirkung *f*, -kraft *f*; **3.** Hebel *m*.

prize| com·pe·ti·tion *s.* Preisausschrei-

---

ben *n*; ~ **court** *s.* ⚓ Prisengericht *n*; ~ **fight** *s.* Preisboxkampf *m*; ~ **fight·er** *s.* Preis-, Berufsboxer *m*; ~ **list** *s.* Gewinnliste *f*; '~**·man** [-mən] *s.* [*irr.*] Preisträger *m*; ~ **mon·ey** *s.* **1.** ⚓ Prisengeld(er *pl.*) *n*; **2.** Geldpreis *m*; ~ **ques·tion** *s.* Preisfrage *f*; ~ **ring** *s.* (Box)Ring *m*, *das* Berufsboxen; ~ **win·ner** *s.* Preisträger(in); '~**·,win·ning** *adj.* preisgekrönt, präm(i)iert.

pro¹ [prəʊ] *pl.* **pros I** *s.* Ja-Stimme *f*, Stimme *f* da'für: *the ~s and cons* das Für und Wider; **II** *adv.* (da)'für.

pro² [prəʊ] *(Lat.) prp.* für; pro, per; → *pro forma, pro rata.*

pro³ [prəʊ] *s.* F **1.** *sport* Profi *m* (*a. fig.*); **2.** ‚Nutte' *f*.

pro- [prəʊ] *in Zssgn.* **1.** pro..., ...freundlich, *z.B.* ~**-German**; **2.** stellvertretend, Vize..., Pro...; **3.** vor *(räumlich u. zeitlich).*

prob·a·bil·i·ty [ˌprɒbəˈbɪlətɪ] *s.* Wahrscheinlichkeit *f* (*a.* ♈): *in all* ~ aller Wahrscheinlichkeit nach, höchstwahrscheinlich; *theory of* ~, ~ *calculus* ♈ Wahrscheinlichkeitsrechnung *f*; *the* ~ *is that* es besteht die Wahrscheinlichkeit, daß; **prob·a·ble** [ˈprɒbəbl] *adj.* □ **1.** wahrscheinlich, vermutlich, mutmaßlich: ~ *cause* ⚖ hinreichender Verdacht; **2.** wahrscheinlich, glaubhaft, einleuchtend.

pro·bate [ˈprəʊbeɪt] ⚖ **I** *s.* **1.** gerichtliche (*bsd.* Testa'ments)Bestätigung; **2.** Testa'mentser,öffnung *f*; **3.** Abschrift *f* e-s gerichtlich bestätigten Testaments; **II** *v/t.* **4.** *bsd. Am.* Testament a) bestätigen, b) eröffnen u. als rechtswirksam bestätigen lassen; ~ **court** *s.* Nachlaßgericht *n*, (*in U.S.A. a. zuständig in Sachen der freiwilligen Gerichtsbarkeit, bsd. als*) Vormundschaftsgericht *n*; ~ **du·ty** *s.* ⚖ Erbschaftssteuer *f*.

pro·ba·tion [prəˈbeɪʃn] *s.* **1.** (Eignungs-) Prüfung *f*, Probe(zeit) *f*: *on* ~ auf Probe(zeit); **2.** ⚖ a) Bewährungsfrist *f*, b) bedingte Freilassung *f*: *place s.o. on* ~ j-m Bewährungsfrist zubilligen, j-n unter Zubilligung von Bewährungsfrist freilassen; ~ **officer** Bewährungshelfer (-in); **3.** *eccl.* Novizi'at *n*; **pro·ba·tion·ar·y** [-ʃnərɪ], **pro·ba·tion·al** [-ʃənl] *adj.* Probe...: ~ *period* ⚖ Bewährungsfrist *f*; **pro·ba·tion·er** [-ʃnə] *s.* **1.** 'Probekandi,dat(in), Angestellte(r *m*) *f* auf Probe, *z.B.* Lernschwester *f*; **2.** *fig.* Neuling *m*; **3.** *eccl.* No'vize *m*, *f*; **4.** ⚖ a) j-d, dessen Strafe zur Bewährung ausgesetzt ist, b) auf Bewährung bedingt Strafentlassene(r).

pro·ba·tive [ˈprəʊbətɪv] als Beweis dienend (*of* für): ~ *facts* ⚖ beweiserhebliche Tatsachen; ~ *force* Beweiskraft *f*.

probe [prəʊb] **I** *v/t.* **1.** ⚕ sondieren (*a. fig.*); **2.** *fig.* eindringen in (*acc.*), erforschen, (gründlich) unter'suchen; **II** *v/i.* **3.** *fig.* (forschend) eindringen (*into* in *acc.*); **III** *s.* **4.** ⚕, *a.* Raumforschung *etc.*: Sonde *f*; **5.** *fig.* Sondierung *f*; *bsd. Am.* Unter'suchung *f*.

prob·i·ty [ˈprəʊbətɪ] *s.* Rechtschaffenheit *f*, Redlichkeit *f*.

prob·lem [ˈprɒbləm] **I** *s.* **1.** Pro'blem *n* (*a. phls., Schach etc.*), proble'matische Sache, Schwierigkeit *f*: *set a* ~ ein Problem stellen; **2.** ♈ Aufgabe *f*, Problem *n*; **3.** *fig.* Rätsel *n* (*to* für j-n); **II** *adj.* **4.**

---

proble'matisch: ~ *play* Problemstück *n*; ~ *child* schwererziehbares Kind, Sorgenkind; ~ *drinker* Alkoholiker(in); **prob·lem·at·ic**, **prob·lem·at·i·cal** [ˌprɒbləˈmætɪk(l)] *adj.* □ proble'matisch, zweifelhaft.

pro·bos·cis [prəʊˈbɒsɪs] *pl.* **-cis·es** [-sɪ:z] *s. zo.* Rüssel *m* (*a. humor.*).

pro·ce·dur·al [prəˈsi:dʒərəl] *adj.* ⚖ verfahrensrechtlich; Verfahrens...: ~ *law*; **pro·ce·dure** [prəˈsi:dʒə] *s.* **1.** *allg.* Verfahren *n* (*a.* ⚙), Vorgehen *n*; **2.** ⚖ (*bsd. prozeßrechtliches*) Verfahren: *rules of* ~ Prozeßvorschriften, Verfahrensbestimmungen; **3.** Handlungsweise *f*, Verhalten *n*.

pro·ceed [prəˈsi:d] *v/i.* **1.** weitergehen, -fahren *etc.*; sich begeben (*to* nach); **2.** *fig.* weitergehen (*Handlung etc.*), fortschreiten; **3.** vor sich gehen, von'statten gehen; **4.** *fig.* fortfahren (*with, in* mit, in *s-r Rede etc.*), s-e Arbeit *etc.* fortsetzen: ~ *on one's journey* s-e Reise fortsetzen, weiterreisen; **5.** *fig.* vorgehen, verfahren: ~ *with et.* durchführen *od.* in Angriff nehmen; ~ *on the assumption that* davon ausgehen, daß; **6.** schreiten *od.* 'übergehen (*to* zu), sich anschicken (*to do* zu tun): ~ *to business* an die Arbeit gehen, anfangen; **7.** (*from*) ausgehen *od.* herrühren *od.* kommen (von) (*Geräusch, Hoffnung, Krankheit etc.*), (*e-r Hoffnung etc.*) entspringen; **8.** ⚖ (gerichtlich) vorgehen, e-n Pro'zeß anstrengen (*against* gegen); **9.** *univ. Brit.* promovieren (*to* [*the degree of*] zum); **pro·ceed·ing** [-dɪŋ] *s.* **1.** Vorgehen *n*, Verfahren *n*; **2.** *pl.* ⚖ Verfahren *n*, (Gerichts)Verhandlung(en *pl.*) *f*: *take* (*od. institute*) ~**s** *against* ein Verfahren einleiten *od.* gerichtlich vorgehen gegen; **3.** *pl.* (Sitzungs-, Tätigkeits)Bericht(e *pl.*) *m*, (⚖ Pro'zeß)Akten *pl.*; **pro·ceeds** [ˈprəʊsi:dz] *s. pl.* **1.** Erlös *m* (*from a sale* aus e-m Verkauf), Ertrag *m*, Gewinn *m*; **2.** Einnahmen *pl.*

pro·cess [ˈprəʊses] **I** *s.* **1.** Verfahren *n*, Pro'zeß *m* (*a.* ⚙, ♈, 🜊): ~ *engineering* Verfahrenstechnik *f*; ~ *chart* Arbeitsablaufdiagramm *n*; ~ *control* Computer: Prozeßsteuerung *f*; ~ *of manufacture* Herstellungsprozeß *m*, Werdegang *m*; *in* ~ *of construction* im Bau (befindlich); **2.** Vorgang *m*, Verlauf *m*, Pro'zeß *m* (*a. phys.*): ~ *of combustion* Verbrennungsvorgang; *mental* Denkprozeß *m*; **3.** Arbeitsgang *m*; Fortgang *m*, -schreiten *n*, (Ver)Lauf *m*: *in* ~ *of time* im Laufe der Zeit; *be in* ~ im Gange sein; **5.** *typ.* 'photome,chanisches Reprodukti'onsverfahren: *printing* Mehrfarbendruck *m*; **6.** *anat.* Fortsatz *m*; **7.** ♈ Auswuchs *m*; **8.** ⚖ a) Zustellung(en *pl.*) *f*, *bsd.* Vorladung *f*, b) (ordentliches) Verfahren: *due* ~ *of law* rechtliches Gehör; **II** *v/t.* **9.** ⚙ *etc.* bearbeiten, (chemisch *etc.*) behandeln, e-m Verfahren unter'werfen; *Material, a. Daten* verarbeiten; *Lebensmittel* haltbar machen, *Milch etc.* sterilisieren: ~ *into* verarbeiten zu; **10.** ⚖ j-n gerichtlich belangen; **11.** *Am. fig.* j-n 'durchschleusen, abfertigen, *j-s Fall etc.* bearbeiten; **III** *v/i.* [prəʊˈses] **12.** F in e-r Prozessi'on (mit)gehen; '**proc·ess·ing** [-sɪŋ] *s.* **1.** ⚙ Vered(e)lung *f*; ~ *indus-*

try weiterverarbeitende Industrie, Veredelungsindustrie *f*; **2.** ◎, *a. Computer*: Verarbeitung *f*; **3.** *bsd. Am. fig.* Bearbeitung *f*.

pro·ces·sion [prə'seʃn] *s.* **1.** Prozessi'on *f*, (feierlicher) (Auf-, 'Um)Zug: *go in ~* e-e Prozession abhalten *od.* machen; **2.** Reihe(nfolge) *f*; **3.** *a.* ~ *of the Holy Spirit eccl.* Ausströmen *n* des Heiligen Geistes; **pro'ces·sion·al** [-ʃənl] **I** *adj.* Prozessions...; **II** *s. eccl.* a) Prozessi'onsbuch *n*, b) Prozessi'onshymne *f*.

pro·ces·sor ['prəʊsesə] *s.* **1.** ◎ Verarbeiter *m*; Hersteller(in); **2.** *Am.* (Sach-) Bearbeiter(in); **3.** *Computer*: Pro'zessor *m*.

pro·claim [prə'kleɪm] *v/t.* **1.** proklamieren, (öffentlich) verkünd(ig)en, kundgeben: ~ *war* den Krieg erklären; ~ *s.o. a traitor* j-n zum Verräter erklären; ~ *s.o. king* j-n zum König ausrufen; **2.** den Ausnahmezustand verhängen über *ein Gebiet etc.*; **3.** in die Acht erklären; **4.** *Versammlung etc.* verbieten.

proc·la·ma·tion [ˌprɒkləˈmeɪʃn] *s.* **1.** Proklamati'on *f* (*to* an *acc.*), (öffentliche *od.* feierliche) Verkündigung *od.* Bekanntmachung, Aufruf *m*: ~ *of martial law* Verhängung *f* des Standrechts; **2.** Erklärung *f*, Ausrufung *f zum König etc.*; **3.** Verhängung *f* des Ausnahmezustandes.

pro·cliv·i·ty [prə'klɪvətɪ] *s.* Neigung *f*, Hang *m* (*to*, *toward* zu).

pro·cras·ti·nate [prəʊ'kræstɪneɪt] **I** *v/i.* zaudern, zögern; **II** *v/t.* hi'nausziehen, verschleppen.

pro·cre·ant ['prəʊkrɪənt] *adj.* (er)zeugend; **pro·orc·ate** ['prəʊkrɪeɪt] *v/t.* (er-) zeugen, her'vorbringen (*a. fig.*); **pro·cre·a·tion** [ˌprəʊkrɪ'eɪʃn] *s.* (Er)Zeugung *f*, Her'vorbringen *n*; **'pro·cre·a·tive** [-eɪtɪv] *adj.* **1.** zeugungsfähig, Zeugungs...: ~ *capacity* Zeugungsfähigkeit; **2.** fruchtbar; **'pro·cre·a·tor** [-eɪtə] *s.* Erzeuger *m*.

Pro·crus·te·an [prəʊ'krʌstɪən] *adj.* Pro-krustes... (*a. fig.*): ~ *bed*.

proc·tor ['prɒktə] **I** *s.* **1.** *univ. Brit.* a) Diszipli'narbe₁amte(r) *m*, b) Aufsichtsführende(r) *m*, (*bsd. bei Prüfungen*): ~*'s man*, ~*'s* (*bull*)*dog* sl. Pedell; **2.** 🛠 a) Anwalt *m* (*an Spezialgerichten*), b) *a. King's* (*od. Queen's*) ~ Proku'rator *m* der Krone; **II** *v/t.* **3.** beaufsichtigen.

pro·cur·a·ble [prə'kjʊərəbl] *adj.* zu beschaffen(d), erhältlich; **proc·u·ra·tion** [ˌprɒkjʊə'reɪʃn] *s.* **1.** → *procurement* 1 *u.* 3; **2.** (Stcll)Vertretung *f*; **3.** ✝ Pro-'kura *f*, Vollmacht *f*: *by* ~ per Prokura; *joint* ~ Gesamthandlungsvollmacht; *single* (*od. sole*) ~ Einzelprokura; **4.** → *procuring*; **proc·u·ra·tor** ['prɒkjʊəreɪtə] *s.* **1.** 🛠 Anwalt *m*: ⚓ *General Brit.* Königlicher Anwalt des Schatzamtes; **2.** 🛠 Bevollmächtigte(r) *m*, Sachwalter *m*; **3.** ~ *fiscal* 🛠 *Scot.* Staatsanwalt *m*.

pro·cure [prə'kjʊə] **I** *v/t.* **1.** (sich) be-, verschaffen, besorgen (*s.th. for s.o.*, *s.o. s.th.* j-m et.); *a. Beweise etc.* liefern, beibringen); **2.** erwerben, erlangen; **3.** verkuppeln; **4.** *fig.* bewirken, her'beiführen; **5.** veranlassen: ~ *s.o. to commit a crime* j-n zu e-m Verbrechen anstiften; **II** *v/i.* **6.** kuppeln; Zu-

hälte'rei treiben; **pro'cure·ment** [-mənt] *s.* **1.** Besorgung *f*, Beschaffung *f*; **2.** Erwerbung *f*; **3.** Vermittlung *f*; **4.** Veranlassung *f*; **pro'cur·er** [-ərə] *s.* **1.** Beschaffer(in), Vermittler(in); **2.** a) Kuppler *m*, b) Zuhälter *m*; **pro'cur·ess** [-ərɪs] *s.* Kupplerin *f*; **pro'cur·ing** [-ərɪŋ] *s.* **1.** Beschaffen *n etc.*; **2.** a) Kuppe'lei *f*, b) Zuhälte'rei *f*.

prod [prɒd] **I** *v/t.* **1.** stechen, stoßen; **2.** *fig.* anstacheln, -spornen (*into* zu et.); **II** *s.* **3.** Stich *m*, Stechen *n*, Stoß *m* (*a. fig.*); **4.** *fig.* Ansporn *m*; **5.** Stachelstock *m*; **6.** Ahle *f*.

prod·i·gal ['prɒdɪgl] **I** *adj.* □ **1.** verschwenderisch (*of* mit): *be ~ of* → *prodigalize*; *the ~ son bibl.* der verlorene Sohn; **II** *s.* **2.** Verschwender(in); **3.** reuiger Sünder; **prod·i·gal·i·ty** [ˌprɒdɪ'gælətɪ] *s.* **1.** Verschwendung *f*; **2.** Üppigkeit *f*, Fülle *f* (*of* an *dat.*); **'prod·i·gal·ize** [-gəlaɪz] *v/t.* verschwenden, verschwenderisch 'umgehen mit.

pro·di·gious [prə'dɪdʒəs] *adj.* □ **1.** erstaunlich, wunderbar, großartig; **2.** gewaltig, ungeheuer; **prod·i·gy** ['prɒdɪdʒɪ] *s.* **1.** Wunder *n* (*of* gen. *od.* an *dat.*): *a ~ of learning* ein Wunder der *od.* an Gelehrsamkeit; **2.** *mst infant ~* Wunderkind *n*.

pro·duce¹ [prə'dju:s] *v/t.* **1.** *allg.* erzeugen, machen, schaffen, ✝ *Waren etc.* produzieren, herstellen, erzeugen; *Kohle etc.* gewinnen, fördern; *Buch* a) verfassen, b) her'ausbringen; *thea. Stück* a) inszenieren, b) aufführen; *Film* inszenieren; *Brit. thea.*, *Radio*: Re'gie führen bei: ~ *o.s. fig.* sich produzieren; **2.** 🌿 *Früchte etc.* her'vorbringen; **3.** ✝ *Gewinn*, *Zinsen* (ein)bringen, abwerfen; **4.** *fig.* erzeugen, bewirken, her'vorrufen, zeitigen; *Wirkung* erzielen; **5.** her'vorziehen, -holen (*from* aus *der Tasche etc.*); *Ausweis etc.* (vor)zeigen, vorlegen; *Beweise*, *Zeugen etc.* beibringen; *Gründe* anführen; **6.** ⅄ *Linie* verlängern.

prod·uce² ['prɒdju:s] *s.* (*nur sg.*) **1.** (*bsd.* 'Boden)Pro₁dukt(e *pl.*) *n*, (Na'tur)Erzeugnis(se *pl.*) *n*: ~ *market* Produkten-, Warenmarkt *m*; **2.** Ertrag *m*, Gewinn *m*.

pro·duc·er [prə'dju:sə] *s.* **1.** *a.* ✝ Erzeuger(in), 'Hersteller(in): ~ *country* ✝ Erzeugerland *n*; **2.** ✝ Produ'zent *m*, Fabri'kant *m*: ~ *goods* Produktionsgüter; **3.** a) *Film*: Produ'zent *m*, Produkti'onsleiter *m*, b) *Brit. thea.*, *Radio*: Re'gis'seur *m*, Spielleiter *m*; **4.** ◎ Gene'rator *m*: ~ *gas* Generatorgas *n*; **pro'duc·i·ble** [-səbl] *adj.* **1.** erzeug-, herstellbar, produzierbar; **2.** vorzuzeigen(d), beizubringen(d); **pro'duc·ing** [-sɪŋ] *adj.* Produktions..., Herstellungs...

prod·uct ['prɒdəkt] *s.* **1.** *a.* ✝, ◎, Pro-'dukt *n* (*a.* ⅄, 🧪), Erzeugnis *n*: *intermediate ~* Zwischenprodukt *n*; ~ *line* Erzeugnis(gruppe *f*) *n*; ~ *patent* Stoffpatent *n*; **2.** *fig.* (*a.* 'Geistes)Pro₁dukt *n*, Ergebnis *n*, Werk *n*; **3.** *fig.* Pro'dukt *n* (*Person*).

pro·duc·tion [prə'dʌkʃn] *s.* **1.** (*z.B. Kälte-*, *Strom*)Erzeugung *f*, (*z.B. Rauch*)Bildung *f*; **2.** ✝ Produkti'on *f*, Herstellung *f*, Erzeugung *f*, Fertigung *f*; 🛠, 🌿, *min.* Gewinnung *f*; ⅄ Förderleistung *f*: ~ *of gold* Goldgewinnung; *be in* ~ serienmäßig hergestellt werden; *be*

in good ~ genügend hergestellt werden; *go into* ~ a) in Produktion gehen, b) die Produktion aufnehmen (*Fabrik*); **3.** (*Arbeits*)Erzeugnis *n*, (*a.* Na'tur)Pro₁dukt *n*, Fabri'kat *n*; **4.** *fig.* (*mst* lite'rarisches) Pro'dukt, Ergebnis *n*, Werk *n*, Schöpfung *f*, Frucht *f*; **5.** Her'vorbringen *n*, Entstehung *f*; **6.** Vorlegung *f*, -zeigung *f e-s Dokuments etc.*, Beibringung *f e-s Zeugen*, Erbringen *n e-s Beweises*; Vorführen *n*, Aufweisen *n*; **7.** Her'vorholen *n*, -ziehen *n*; **8.** *thea.* Vor-, Aufführung *f*, Inszenierung *f*; **9.** a) *Brit. thea.*, *Radio*, *TV*: Re'gie *f*, Spielleitung *f*, b) *Film*: Produkti'on *f*; **pro'duc·tion·al** [-ʃənl] *adj.* Produktions...

pro·duc·tion| ca·pac·i·ty *s.* Produkti'onskapazi₁tät *f*, Leistungsfähigkeit *f*; ~ *car s. mot.* Serienwagen *m*; ~ *costs s. pl.* Gestehungskosten *pl.*; ~ *di·rec·tor s. Radio*: Sendeleiter *m*; ~ *en·gi·neer s.* Be'triebsingeni₁eur *m*; ~ *goods s. pl.* Produkti'onsgüter *pl.*; ~ *line s.* ◎ Fließband *n*, Fertigungsstraße *f*; ~ *man·ag·er s.* ✝ 'Herstellungsleiter *m*.

pro·duc·tive [prə'dʌktɪv] *adj.* □ **1.** (*of acc.*) her'vorbringend, erzeugend, schaffend: *be ~ of* führen zu, erzeugen; **2.** produk'tiv, ergiebig, ertragreich, fruchtbar, ren'tabel; **3.** produzierend, leistungsfähig; 🛠 abbauwürdig; **4.** *fig.* produk'tiv, fruchtbar, schöpferisch; **pro'duc·tive·ness** *s.*, **pro·duc·tiv·i·ty** [ˌprɒdʌk'tɪvətɪ] *s.* Produkti-vi'tät *f*: a) ✝ Rentabili'tät *f*, Ergiebigkeit *f*, b) ✝ Leistungs-, Ertragsfähigkeit *f*, c) *fig.* Fruchtbarkeit *f*.

pro·em ['prəʊem] *s.* Einleitung *f* (*a. fig.*), Vorrede *f*.

prof [prɒf] *s.* F Prof *m* (*Professor*).

prof·a·na·tion [ˌprɒfə'neɪʃn] *s.* Entweihung *f*, Profanierung *f*; **pro·fane** [prə'feɪn] **I** *adj.* □ **1.** weltlich, pro'fan, ungeweiht, Profan...(-*bau*, -*geschichte*); **2.** lästerlich, gottlos: ~ *language*; **3.** uneingeweiht (*to* in *acc.*); **II** *v/t.* **4.** entweihen, profanieren; **pro·fan·i·ty** [prə'fænətɪ] *s.* **1.** Gott-, Ruchlosigkeit *f*; **2.** Weltlichkeit *f*; **3.** Fluchen *n*; *pl.* Flüche *pl.*

pro·fess [prə'fes] *v/t.* **1.** (*a.* öffentlich) erklären, *Reue etc.* bekunden, sich bezeichnen (*to be* als), sich bekennen zu (*e-m Glauben etc.*) *od.* als (*Christ etc.*): ~ *o.s. a communist*, ~ *Christianity*; **2.** beteuern, versichern, *b.s.* heucheln, zur Schau tragen; **3.** eintreten für, *Grundsätze etc.* vertreten; **4.** (*als Beruf*) ausüben, betreiben; **5.** *Brit.* Pro-'fessor sein in (*dat.*), lehren; **pro·'fessed** [-st] *adj.* □ **1.** erklärt (*Feind etc.*), ausgesprochen; **2.** an-, vorgeblich; **3.** Berufs..., berufsmäßig; **4.** (in einen Orden) aufgenommen: ~ *monk* Profeß *m*; **pro'fess·ed·ly** [-sɪdlɪ] *adv.* **1.** angeblich; **2.** erklärtermaßen; **3.** offenkundig; **pro'fes·sion** [-eʃn] *s.* **1.** (*bsd.* aka'demischer *od.* freier) Beruf, Stand *m*: *learned* ~ gelehrter Beruf, *the ~s* die akademischen Berufe; *the military* ~ der Soldatenberuf; *by* ~ von Beruf; **2.** *the* ~ *coll.* der Beruf *od.* Stand: *the medical* ~ die Ärzteschaft; **3.** (*bsd.* Glaubens)Bekenntnis *n*; **4.** Bekundung *f*, (*a.* falsche) Versicherung *f*, Beteuerung *f*: ~ *of* *friendship* Freundschaftsbeteuerung *f*; **5.** *eccl.* Pro'feß *f*, Gelübde(ablegung *f*) *n*; **pro·fes·sion·al** [-eʃənl] **I** *adj.* □ **1.** Berufs..., beruflich, Amts..., Standes...: ~ *discretion* Schweigepflicht *f des Arztes etc.*; ~ *ethics* Berufsethos *n*; **2.** Fach..., Berufs..., fachlich; ~ *association* Berufsgenossenschaft *f*; ~ *school* Fach-, Berufsschule *f*; ~ *studies* Fachstudium *n*; ~ *terminology* Fachsprache *f*; ~ *man* Mann vom Fach (→ 4); **3.** professio'nell, Berufs... (*a. sport*): ~ *player*, **4.** freiberuflich, aka-'demisch; ~ *man* Akademiker, Geistesarbeiter; *the ~ classes* die höheren Berufsstände; **5.** gelernt, fachlich ausgebildet: ~ *gardener*; **6.** *fig. iro.* unentwegt, ‚Berufs...‘: ~ *patriot*; **II** *s.* **7.** *sport* Berufssportler(in) *od.* -spieler (-in); **8.** Berufskünstler *m etc.*, Künstler *m* vom Fach; **9.** Fachmann *m*; **10.** Geistesarbeiter *m*; **pro·fes·sion·al·ism** [-eʃnəlɪzəm] *s.* Berufssportlertum *n*, -spielertum *n*, Profitum *n*.

pro·fes·sor [prə'fesə] *s.* **1.** Pro'fessor *m*, Profes'sorin *f*; → *associate* 8; **2.** *Am.* Hochschullehrer *m*; **3.** *a. humor.* Lehrmeister *m*; **4.** *bsd. Am. od. Scot.* (*a.* Glaubens)Bekenner *m*; **pro·fes·so·ri·al** [ˌprɒfi'sɔːrɪəl] *adj.* □ professo'ral; Professoren...: ~ *chair* Lehrstuhl *m*, Professur *f*; **pro·fes·so·ri·ate** [ˌprɒfi'sɔːrɪət] *s.* **1.** Profes'soren(schaft *f*) *pl.*; **2.** → **pro·fes·sor·ship** [-ʃɪp] *s.* Professur *f*, Lehrstuhl *m*.

prof·fer ['prɒfə] **I** *s.* Angebot *n*; **II** *v/t.* (an)bieten.

pro·fi·cien·cy [prə'fɪʃnsɪ] *s.* Können *n*, Tüchtigkeit *f*, (gute) Leistungen *pl.*; Fertigkeit *f*; **pro·fi·cient** [-nt] **I** *adj.* □ tüchtig, geübt, bewandert, erfahren (*in, at* in *dat.*); **II** *s.* Fachmann *m*, Meister *m*.

pro·file ['prəʊfaɪl] **I** *s.* **1.** Pro'fil *n*: a) Seitenansicht *f*, b) Kon'tur *f*: *keep a low ~ fig.* sich ‚bedeckt‘ *od.* im Hintergrund halten; **2.** (*a.* △, ◎) Pro'fil *n*, Längsschnitt *m*; **3.** Querschnitt *m* (*a. fig.*); **4.** 'Kurzbiogra,phie *f*; **II** *v/t.* **5.** im Profil darstellen, profilieren; ◎ im Quer- *od.* Längsschnitt zeichnen; **6.** ◎ profilieren, fassonieren; kopierfräsen: ~ *cutter* Fassonfräser *m*.

prof·it ['prɒfɪt] **I** *s.* **1.** (♱ *oft pl.*) Gewinn *m*, Pro'fit *m*: ~ *and loss account* Gewinn- u. Verlustkonto *n*, Erfolgsrechnung *f*; ~ *margin* Gewinnspanne *f*; ~-*sharing* Gewinnbeteiligung *f*; ~-*taking Börse:* Gewinnmitnahme *f*; *sell at a ~* mit Gewinn verkaufen; *leave a ~* e-n Gewinn abwerfen; **2.** *oft pl.* a) Ertrag *m*, Erlös *m*, b) Reinertrag *m*; **3.** ♱ Nutzung *f*, Früchte *pl.* (*aus Land*); **4.** Nutzen *m*, Vorteil *m*: *turn s.th. to ~* aus et. Nutzen ziehen; *to his ~* zu s-m Vorteil; **II** *v/i.* **5.** (*by, from*) (e-n) Nutzen od. Gewinn ziehen (aus), profitieren (von): ~ *by* a. sich et. zunutze machen, *e-e Gelegenheit* ausnützen; **III** *v/t.* **6.** nützen, nutzen (*dat.*), von Nutzen sein für; **'prof·it·a·ble** [-təbl] *adj.* □ **1.** gewinnbringend, einträglich, lohnend, ren'tabel: *be ~ a.* sich rentieren; **2.** vorteilhaft, nützlich (*to* für); **'prof·it·a·ble·ness** [-təblnɪs] *s.* **1.** Einträglichkeit *f*, Rentabili'tät *f*; **2.** Nützlichkeit *f*; **prof·it·eer** [ˌprɒfi'tɪə] **I** *s.* Pro'fitmacher *m*, (Kriegs- *etc.*)Gewinnler *m*, ‚Schieber‘ *m*, Wucherer *m*; **II** *v/i.* Schieberod. Wuchergeschäfte machen, ‚schieben‘; **prof·it·eer·ing** [ˌprɒfi'tɪərɪŋ] *s.* Schieber-, Wuchergeschäfte *pl.*, Preistreibe'rei *f*; **'prof·it·less** [-lɪs] *adj.* □ **1.** 'unren,tabel, ohne Gewinn; **2.** nutzlos.

prof·li·ga·cy ['prɒflɪgəsɪ] *s.* **1.** Lasterhaftigkeit *f*, Verworfenheit *f*; **2.** Verschwendung(ssucht) *f*; **'prof·li·gate** [-gət] **I** *adj.* □ **1.** verworfen, liederlich; **2.** verschwenderisch; **II** *s.* **3.** lasterhafter Mensch, Liederjan *m*; **4.** Verschwender(in).

pro for·ma [ˌprəʊ'fɔːmə] (*Lat.*) *adv. u. adj.* **1.** pro forma, zum Schein; **2.** ♱ Proforma...(-*rechnung*), Schein...(-*geschäft*): ~ *bill* Proforma-, Gefälligkeitswechsel *m*.

pro·found [prə'faʊnd] *adj.* □ **1.** tief (*mst fig. Friede, Seufzer, Schlaf etc.*); **2.** tiefschürfend, inhaltsschwer, gründlich, pro'fund; **3.** *fig.* unergründlich, dunkel; **4.** *fig.* tief, groß (*Hochachtung etc.*), stark (*Interesse etc.*), vollkommen (*Gleichgültigkeit*); **pro'found·ness** [-nɪs], **pro'fun·di·ty** [-'fʌndətɪ] *s.* **1.** Tiefe *f*, Abgrund *m* (*a. fig.*); **2.** Tiefgründigkeit *f*, -sinnigkeit *f*; **3.** Gründlichkeit *f*; **4.** *pl.* tiefgründige Pro'bleme *od.* Theo'rien; **5.** *oft pl.* Weisheit *f*, pro-'funder Ausspruch; **6.** Stärke *f*, hoher Grad (*der Erregung etc.*).

pro·fuse [prə'fjuːs] *adj.* □ **1.** (*a.* 'überreich (*of, in* an *dat.*), 'überfließend, üppig; **2.** (*oft allzu*) freigebig, verschwenderisch (*of, in* mit): *be ~ in one's thanks* überschwenglich danken; *~ly illustrated* reich(haltig) illustriert; **pro'fuse·ness** [-nɪs], **pro'fu·sion** [-'fjuːʒn] *s.* **1.** ('Über)Fülle *f*, 'Überfluß *m* (*of* an *dat.*): *in ~* in Hülle u. Fülle; **2.** Verschwendung *f*, Luxus *m*, allzu große Freigebigkeit.

pro·gen·i·tive [prəʊ'dʒenɪtɪv] *adj.* **1.** Zeugungs...: ~ *act*; zeugungsfähig; **pro'gen·i·tor** [-tə] *s.* **1.** Vorfahr *m*, Ahn *m*; **2.** *fig.* Vorläufer *m*; **pro'gen·i·tress** [-trɪs] *s.* Ahne *f*; **pro'gen·i·ture** [-tʃə] *s.* **1.** Zeugung *f*; **2.** Nachkommenschaft *f*; **prog·e·ny** ['prɒdʒənɪ] *s.* **1.** Nachkommen(schaft *f a.* ♀) *pl.*; *zo.* die Jungen *pl.*, Brut *f*; **2.** *fig.* Frucht *f*, Pro'dukt *n*.

pro·gna·thy ['prɒgnəθɪ] *s.* ⚓ **1.** Progna'thie *f*; **2.** Proge'nie *f*.

prog·no·sis [prɒg'nəʊsɪs] *pl.* **-ses** [-siːz] *s.* ⚓ *etc.* Pro'gnose *f*, Vor'hersage *f*; **prog'nos·tic** [-'nɒstɪk] **I** *adj.* **1.** pro'gnostisch (*bsd.* ⚓), vor'aussagend (*of acc.*); **2.** warnend, vorbedeutend; **II** *s.* **3.** Vor'hersage *f*; **4.** (An-, Vor)Zeichen *n*; **prog·nos·ti·cate** [prɒg'nɒstɪkeɪt] *v/t.* **1.** (*a. v/i.*) vor'her-, vor'aussagen, prognostizieren; **2.** anzeigen; **prog·nos·ti·ca·tion** [prəg,nɒstɪ'keɪʃn] *s.* **1.** Vor'her-, Vor'aussage *f*, Pro'gnose *f* (*a.* ⚓); **2.** Prophe'zeiung *f*; **3.** Vorzeichen *n*.

pro·gram(me) ['prəʊgræm] **I** *s.* **1.** ('Studien-, Par'tei- *etc.*)Pro,gramm *n*, Plan *m* (*a. fig.* F): *manufacturing ~* Herstellungsprogramm *f*; **2.** Pro'gramm *n*: a) *thea.* Spielplan *m*, b) Pro'grammheft *n*, c) Darbietung *f*, d) *Radio, TV:* Sendefolge *f*, Sendung *f*: ~ *director* Programmdirektor *m*; ~ *music* Programm- musik *f*; ~ *picture* Beifilm *m*; **3.** *Computer:* Programm *n*: ~-*controlled* programmgesteuert; ~ *step* Programmschritt *m*; **II** *v/t.* **4.** ein Pro'gramm aufstellen für; **5.** auf das Pro'gramm setzen, planen, ansetzen; **6.** *Computer* programmieren; **'pro·grammed** [-md] *adj.* programmiert: ~ *instruction*; ~ *learning*; **'pro·gram·mer** [-mə] *s. Computer:* Program'mierer(in); **'pro·gram·ming** [-mɪŋ] *s.* **1.** *Rundfunk, TV:* Pro'grammgestaltung *f*; **2.** *Computer:* Programmierung *f*: ~ *language* Programmiersprache *f*.

pro·gress I ['prəʊgres] *s.* (*nur sg. außer* 6) **1.** *fig.* Fortschritt(e *pl.*) *m*: *make ~* Fortschritte machen; ~ *engineer* Entwicklungsingenieur *m*; ~ *report* Zwischenbericht; **2.** (Weiter)Entwicklung *f*: *in ~* im Werden (begriffen); **3.** Fortschreiten *n*, Vorrücken *n*; ⚔ Vordringen *n*; **4.** Fortgang *m*, (Ver)Lauf *m*: *be in ~* im Gange sein; **5.** Über'handnehmen *n*, 'Umsichgreifen *n*: *the disease made rapid ~* die Krankheit griff schnell um sich; **6.** *obs.* Reise *f*, Fahrt *f*; *Brit. mst hist.* Rundreise *f* e-s *Herrschers etc.*; **II** [prəʊ'gres] *v/i.* **7.** fortschreiten, weitergehen, s-n Fortgang nehmen; **8.** sich (fort-, weiter)entwickeln: ~ *towards completion* s-r Vollendung entgegengehen; **9.** *fig.* Fortschritte machen, vo'ran-, vorwärtskommen.

pro·gres·sion [prəʊ'greʃn] *s.* **1.** Vorwärts-, Fortbewegung *f*; **2.** Weiterentwicklung *f*, Verlauf *m*; **3.** (Aufein-ander)Folge *f*; **4.** Progressi'on *f*: a) ♉ Reihe *f*, b) Staffelung *f* e-r *Steuer etc.*; **5.** ♪ a) Se'quenz *f*, b) Fortschreitung *f* (*Stimmbewegung*); **pro'gres·sion·ist** [-ʃnɪst], **pro'gress·ist** [-esɪst] *s. pol.* Fortschrittler *m*; **pro'gres·sive** [-esɪv] **I** *adj.* □ **1.** fortschrittlich (*Person u. Sache*): ~ *party pol.* Fortschrittspartei *f*; **2.** fortschreitend, -laufend, progres-'siv: *a ~ step fig.* ein Schritt nach vorn; ~ *assembly* ◎ Fließbandmontage *f*; **3.** gestaffelt, progres'siv (*Besteuerung etc.*); **4.** (fort)laufend: ~ *numbers*; **5.** *a.* ♯ zunehmend, progres'siv: ~ *paralysis*; **6.** *ling.* progres'siv: ~ *form* Verlaufsform *f*; **II** *s.* **7.** *pol.* Progres'sive(r *m*) *f*, Fortschrittler *m*; **pro'gres·sive·ly** [-esɪvlɪ] *adv.* schritt-, stufenweise, nach u. nach, all'mählich.

pro·hib·it [prə'hɪbɪt] *v/t.* **1.** verbieten, unter'sagen (*s.th.* et., *s.o. from doing* j-m et. zu tun); **2.** verhindern (*s.th.* et., *s.o. from doing* j-n daran, et. zu tun); **3.** hindern (*s.o. from doing* j-n daran, et. zu tun); **pro·hi·bi·tion** [ˌprəʊɪ'bɪʃn] *s.* **1.** Verbot *n*; **2.** (*hist. Am. mst* ⚗) Prohibiti'on(s-zeit) *f*, Alkoholverbot *n*; **pro·hi·bi·tion·ist** [ˌprəʊɪ'bɪʃnɪst] *s. hist. Am.* Prohibitio'nist *m*, Verfechter *m* des Alkoholverbots; **pro'hib·i·tive** [-tɪv] *adj.* □ **1.** verbietend, unter'sagend; **2.** ♱ Prohibitiv..., Schutz..., Sperr...: ~ *duty* Prohibitivzoll *m*; ~ *tax* Prohibitivsteuer *f*; **3.** unerschwinglich (*Preis*), untragbar (*Kosten*); **pro'hib·i·to·ry** [-tərɪ] → **pro·hibitive**.

pro·ject I *v/t.* [prə'dʒekt] **1.** planen, entwerfen, projektieren; **2.** werfen, schleudern; **3.** *Bild, Licht, Schatten etc.* werfen, projizieren; **4.** *fig.* projizieren

(a. Ⱥ): **~ o.s.** (od. **one's thoughts**) *into* sich versetzen in (acc.); **~ one's feelings into** s-e Gefühle übertragen auf (acc.); **II** v/i. **5.** vorspringen, -stehen, -ragen (**over** über acc.); **III** s. ['prɒdʒekt] **6.** Pro'jekt n (a. Am. ped.), Plan m, (a. Bau)Vorhaben n, Entwurf m: **~ engineer** Projektingenieur m.

pro·jec·tile [prəʊ'dʒektaıl] **I** s. **1.** ✕ Geschoß n, Projek'til n; **2.** (Wurf)Geschoß n; **II** adj. **3.** (an)treibend, Stoß..., Trieb...: **~ force**; **4.** Wurf...

pro·jec·tion [prə'dʒekʃn] s. **1.** Vorsprung m, vorspringender Teil od. Gegenstand etc.; △ Auskragung f, -ladung f, 'Überhang m; **2.** Fortsatz m; **3.** Werfen n, Schleudern n, (Vorwärts)Treiben n; **4.** Wurf m, Stoß m; **5.** Ⱥ, ast. Projekti'on f: **upright ~** Aufriß m; **6.** phot. Projekti'on f: a) Projizieren n (*Lichtbilder*), b) Lichtbild n; **7.** Vorführen n (*Film*): **~ booth** Vorführkabine f; **~ screen** Projektions-, Leinwand f, Bildschirm m; **8.** psych. Projekti'on f; **9.** fig. 'Widerspiegelung f; **10.** a) Planen n, Entwerfen n, b) Plan m, Entwurf m; **11.** Statistik etc.: Hochrechnung f; **pro'jec·tion·ist** [-kʃnıst] s. Filmvorführer m; **pro'jec·tor** [-ktə] s. **1.** Projekti'onsappa,rat m, Vorführgerät n, Bildwerfer m, Pro'jektor m; **2.** ◉ Scheinwerfer m; **3.** ✕ (Ra'keten-, Flammen- etc.)Werfer m; **4.** a) Plancr m, b) contp. Pläneschmied m, Pro'jektemacher m.

pro·lapse ['prəʊlæps] ⚕ **I** s. Vorfall m, Pro'laps(us) m; **II** v/i. ['prəʊ'læps] prolabieren, vorfallen; **pro·lap·sus** [prəʊ-'læpsəs] → **prolapse** I.

prole [prəʊl] s. Ⱶ Pro'let(in).

pro·le·tar·i·an [,prəʊlı'teərıən] **I** adj. prole'tarisch, Proletarier...; **II** s. Prole-'tarier(in); ,**pro·le'tar·i·at(e)** [-ıət] s. Proletari'at n.

pro·li·cide ['prəʊlısaıd] s. ⚕ Tötung f der Leibesfrucht, Abtreibung f.

pro·lif·er·ate [prəʊ'lıfəreıt] v/i. biol. **1.** wuchern; **2.** sich fortpflanzen (durch Zellteilung etc.); **3.** sich stark vermehren; **pro·lif·e'ra·tion** [prəʊˌlıfə'reıʃn] s. **1.** Wuchern n; **2.** Fortpflanzung f; **3.** starke Vermehrung od. Ausbreitung; **pro'lif·ic** [-fık] adj. (□ **~ally**) **1.** bsd. biol. (oft 'überaus) fruchtbar; **2.** fig. reich (**of**, **in** an dat.); **3.** fig. fruchtbar, produk'tiv (*Schriftsteller etc.*).

pro·lix ['prəʊlıks] adj. weitschweifig; **pro·lix·i·ty** [,prəʊ'lıksətı] s. Weitschweifigkeit f.

pro·log Am. → **prologue**.

pro·logue ['prəʊlɒg] s. **1.** bsd. thea. Pro-'log m, Einleitung f (**to** zu); **2.** fig. Vorspiel n, Auftakt m; '**pro·logu·ize** [-gaız] v/i. e-n Pro'log verfassen od. sprechen.

pro·long [prə'lɒŋ] v/t. **1.** verlängern, (aus)dehnen; **2.** ✝ Wechsel prolongieren; **pro'longed** [-ŋd] adj. anhaltend (*Beifall, Regen etc.*): **for a ~ period** längere Zeit; **pro·lon·ga·tion** [,prəʊlɒŋ'geıʃn] s. **1.** Verlängerung f; **2.** Prolongierung f e-s Wechsels etc., Fristverlängerung f, Aufschub m: **~ business** ✝ Prolongationsgeschäft n.

prom [prɒm] s. **1.** Am. F High-School-, College-Ball m; **2.** bsd. Brit. F a) 'Strandprome,nade f, b) → **prome-**

nade concert.

prom·e·nade [,prɒmə'nɑːd] **I** s. **1.** Prome'nade f: a) Spaziergang m, -fahrt f, -ritt m, b) Spazierweg m, Wandelhalle f; **2.** [a. -'neıd] feierlicher Einzug der (Ball)Gäste, Polo'naise f; **3.** → **prom** 1; **4.** → **promenade concert**; **II** v/i. **5.** promenieren, spazieren(gehen etc.); **III** v/t. **6.** promenieren od. (her'um)spazieren in (dat.) od. auf (dat.); **7.** spazierenführen, (um'her)führen; **~ con·cert** s. Konzert in ungezwungener Atmosphäre; **~ deck** s. ⚓ Prome'nadendeck n.

prom·i·nence ['prɒmınəns] s. **1.** (Her-) 'Vorragen n, -springen n; **2.** Vorsprung m, vorstehender Teil; ast. Protube'ranz f; **3.** fig. a) Berühmtheit f, b) Bedeutung f: **bring into ~** a) berühmt machen, b) klar herausstellen, hervorheben; **come into ~** in den Vordergrund rücken, hervortreten; → **blaze** 7; '**prom·i·nent** [-nt] adj. □ **1.** vorstehend, -springend (a. Nase etc.); **2.** mar-'kant, auffallend, her'vorstechend (*Eigenschaft*); **3.** promi'nent: a) führend (*Persönlichkeit*), her'vorragend, b) berühmt.

prom·is·cu·i·ty [,prɒmı'skjuːıtı] s. **1.** Vermischt-, Verworrenheit f, Durchein'ander n; **2.** Wahllosigkeit f; **3.** Promiskui'tät f, wahllose od. ungebundene Geschlechtsbeziehungen pl.; **pro·mis·cu·ous** [prə'mıskjʊəs] adj. □ **1.** (kunter)bunt, verworren; **2.** wahl-, 'unterschiedslos; **3.** gemeinsam (beider Geschlechter): **~ bathing**.

prom·ise ['prɒmıs] **I** s. **1.** Versprechen n, -heißung f, Zusage f (**to** j-m gegen-'über): **~ to pay** ✝ Zahlungsversprechen; **break** (**keep**) **one's ~** sein Versprechen brechen (halten); **make a ~** ein Versprechen geben; **breach of ~** Bruch m des Eheversprechens; **Land of ~** → **Promised Land**; **2.** fig. Hoffnung f od. Aussicht f (**of** auf acc., zu inf.): **of great ~** vielversprechend (*Aussicht, junger Mann etc.*); **show some ~** gewisse Ansätze zeigen; **II** v/t. **3.** versprechen, zusagen, in Aussicht stellen (**s.o. s.th.**, **s.th. to s.o.** j-m et.): **I ~ you** a) das kann ich Ihnen versichern, b) ich warne Sie!; **4.** fig. versprechen, erwarten od. hoffen lassen, ankündigen, **5.** **be ~d** (in die Ehe) versprochen sein; **6.** **~ o.s. s.th.** sich von et. versprechen; **III** v/i. **7.** versprechen, zusagen; **8.** fig. Hoffnungen erwecken: **he ~s well** er läßt sich gut an; **the weather ~s fine** das Wetter verspricht gut zu werden; **Prom·ised Land** ['prɒmıst] bibl. u. fig. das Gelobte Land, Land n der Verheißung; **prom·is·ee** [,prɒmı-'siː] s. ✝✝ Versprechensempfänger(in), Berechtigte(r m) f; '**prom·is·ing** [-sıŋ] adj. □ fig. vielversprechend, hoffnungs-, verheißungsvoll, aussichtsreich; '**prom·i·sor** [-sɔː] s. ✝✝ Versprechensgeber(in); '**prom·is·so·ry** [-sərı] adj. versprechend: **~ note** ✝ Schuldschein m, Eigen-, Solawechsel m.

pro·mo ['prəʊməʊ] F **I** adj. Reklame...; **II** s. Radio, TV: (Werbe)Spot m; Zeitung: Anzeige f.

prom·on·to·ry ['prɒməntrı] s. Vorgebirge n.

pro·mote [prə'məʊt] v/t. **1.** fördern, un-

ter'stützen; b.s. Vorschub leisten (dat.); **2.** j-n befördern: **be ~d** a) befördert werden, b) sport aufsteigen; **3.** parl. Antrag a) unter'stützen, b) einbringen; **4.** ✝ Gesellschaft gründen; **5.** ✝ a) Verkauf (durch Werbung) steigern, b) werben für; **6.** Boxkampf etc. veranstalten; **7.** ped. Am. Schüler versetzen; **8.** Schach: Bauern verwandeln; **9.** Am. sl. ,organisieren'; **pro'mot·er** [-tə] s. **1.** Förderer m; Befürworter m; b.s. Anstifter m; **2.** ✝ Gründer m: **~'s shares** Gründeraktien; **3.** sport Veranstalter m; **pro'mo·tion** [-ʃn] s. **1.** Beförderung f (a. ✕): **~ list** Beförderungsliste f; **get one's ~** befördert werden; **~ prospects** pl. Aufstiegschancen pl.; **2.** Förderung f, Befürwortung f: **export ~** ✝ Exportförderung; **3.** ✝ Gründung f; **4.** ✝ Verkaufsförderung f, Werbung f; **5.** ped. Am. Versetzung f; **6.** sport Aufstieg m: **gain ~** aufsteigen; **7.** Schach: Umwandlung f; **pro'mo·tion·al** [-əʊʃənl] adj. **1.** Beförderungs...; **2.** fördernd; **3.** ✝ Reklame..., Werbe...; **pro'mo·tive** [-tıv] adj. **1.** fördernd, begünstigend (**of** acc.).

prompt [prɒmpt] **I** adj. □ **1.** unverzüglich, prompt, so'fortig, 'umgehend: **a ~ reply** e-e prompte od. schlagfertige Antwort; **2.** schnell, rasch; **3.** bereit (-willig); **4.** ✝ a) pünktlich, b) bar, c) sofort liefer- u. zahlbar: **for ~ cash** gegen sofortige Kasse; **II** adv. **5.** pünktlich; **III** v/t. **6.** j-n antreiben, bewegen, (a. et.) veranlassen (**to** zu); **7.** Gedanken, Gefühl etc. eingeben, wecken; **8.** j-m das Stichwort geben, ein-, vorsagen; thea. j-m soufflieren; **~-book** Soufflierbuch n; **~ box** Souffleurkasten; **IV** s. **9.** ✝ Ziel n, Zahlungsfrist f; '**prompt·er** [-tə] s. **1.** thea. Souf'fleur m, Souf'fleuse f; **2.** Vorsager(in); **3.** Anreger(in), Urheber(in); b.s. Anstifter(in); '**prompt·ing** [-tıŋ] s. oft (oft pl.) fig. Eingebung f, Stimme f des Herzens; '**promp·ti·tude** [-tıtjuːd], '**prompt·ness** [-nıs] s. **1.** Schnelligkeit f; **2.** Bereitwilligkeit f; **3.** bsd. ✝ Promptheit f, Pünktlichkeit f.

'**prompt-note** s. ✝ Verkaufsnota f mit Angabe der Zahlungsfrist.

pro·mul·gate ['prɒmlgeıt] v/t. **1.** Gesetz etc. (öffentlich) bekanntmachen od. verkündigen; **2.** Lehre etc. verbreiten; **pro·mul·ga·tion** [,prɒml'geıʃn] s. **1.** (öffentliche) Bekanntmachung, Verkündung f, -öffentlichung f; **2.** Verbreitung f.

prone [prəʊn] adj. □ **1.** auf dem Bauch od. mit dem Gesicht nach unten liegend, hingestreckt: **~ position** a) Bauchlage, b) ✕ etc. Anschlag liegend; **2.** (vorn'über)gebeugt, abschüssig; **4.** fig. (**to**) neigend (zu), veranlagt (zu), anfällig (für); '**prone·ness** [-nıs] s. (**to**) Neigung f, Hang m (zu), Anfälligkeit f (für).

prong [prɒŋ] **I** s. **1.** Zinke f e-r (Heu-etc.)Gabel; Zacke f, Spitze f, Dorn m; **2.** (Geweih)Sprosse f, -ende n; **3.** Horn n; **4.** (Heu-, Mist- etc.)Gabel f; **II** v/t. **5.** mit e-r Gabel stechen od. heben; **6.** aufspießen; **pronged** [-ŋd] adj. gezinkt, zackig: **two-~** zweizinkig.

pro·nom·i·nal [prə'nɒmınl] adj. □ ling. pronomi'nal.

pro·noun ['prəʊnaʊn] *s. ling.* Pro'nomen *n*, Fürwort *n*.

pro·nounce [prə'naʊns] **I** *v/t.* **1.** aussprechen (*a. ling.*); **2.** erklären für, bezeichnen als; **3.** *Urteil* aussprechen *od.* verkünden, *Segen* erteilen: ~ **sentence of death** das Todesurteil fällen, auf Todesstrafe erkennen; **4.** behaupten (*that* daß); **II** *v/i.* **5.** Stellung nehmen, s-e Meinung äußern (*on* zu): ~ *in favo(u)r of* (*against*) *s.th.* sich für (gegen) et. aussprechen; **pro'nounced** [-st] *adj.* □ **1.** ausgesprochen, ausgeprägt, deutlich (*Tendenz etc.*), sichtlich (*Besserung etc.*); **2.** bestimmt, entschieden (*Ansicht etc.*); **pro'nounc·ed·ly** [-sɪdlɪ] *adv.* ausgesprochen *gut, schlecht etc.*; **pro'nounce·ment** [-mənt] *s.* **1.** Äußerung *f*; **2.** Erklärung *f*, (ᵗᵗ *Urteils*)Verkünd(ig)ung *f*; **3.** Entscheidung *f*.

pron·to ['prɒntəʊ] *adv. Am.* F fix, schnell, ‚aber dalli‘.

pro·nun·ci·a·tion [prə͵nʌnsɪ'eɪʃn] *s.* Aussprache *f*.

proof [pruːf] **I** *adj.* **1.** fest (*against, to* gegen), 'undurch͵lässig, (*wasser- etc.*) dicht, (*hitze*)beständig, (*kugel*)sicher; **2.** gefeit (*against* gegen) (*a. fig.*); *fig. a.* unzugänglich: ~ *against bribes* unbestechlich; **3.** ᵗ *obs.* probehaltig, nor'malstark (*alkoholische Flüssigkeit*); **II** *s.* **4.** Beweis *m*, Nachweis *m*: *in* ~ *of* zum *od.* als Beweis (*gen.*); *give* ~ *of* et. beweisen; **5.** (*a.* ᵗᵗ) Beweis(mittel *n*, -stück *n*) *m*; Beleg(e *pl.*) *m*; **6.** Probe *f* (*a.* ᴬ), (*a.* Materi'al)Prüfung *f*: *put to* (*the*) ~ auf die Probe stellen; *the* ~ *of the pudding is in the eating* Probieren geht über Studieren; **7.** *typ.* a) Korrek'turfahne *f*, -bogen *m*, b) Probeabzug *m* (*a. phot.*): *clean* ~ Revisionsbogen *m*; **8.** Nor'malstärke *f* alkoholischer Getränke; **III** *v/t.* **9.** ⊙ (*wasser- etc.*)dicht *od.* (*hitze- etc.*)beständig *od.* (*kugel- etc.*)fest machen, imprägnieren; '~͵read·er *s. typ.* Kor'rektor *m*; '~͵read·ing *s. typ.* Korrek'turlesen *n*; ~ *sheet* → *proof* 7 a; ~ *spir·it s.* Nor'malweingeist *m*.

prop¹ [prɒp] **I** *s.* **1.** Stütze *f* (*a.* ⚙), (Stütz)Pfahl *m*; **2.** *fig.* Stütze *f*, Halt *m*; **3.** △, ⊙ Stempel *m*, Stützbalken *m*, Strebe *f*; **4.** ⊙ Drehpunkt *m e-s Hebels*; **5.** *pl. sl.* ‚Stelzen‘ *pl.* (*Beine*); **II** *v/t.* **6.** stützen (*a. fig.*); **7.** *a.* ~ *up* a) (ab)stützen, ⊙ *a.* abstreben, verstreben, *mot.* aufbocken, b) *sich, et.* lehnen (*against* gegen).

prop² [prɒp] *s. thea.* Requi'sit *n* (*a. fig.*).

prop³ [prɒp] *s.* ✓ Pro'peller *m*.

prop·a·gan·da [͵prɒpə'gændə] *s.* Propa'ganda *f*; ᵗ Werbung *f*, Re'klame *f*: *make* ~ *for,* ~ *week* Werbewoche *f*; ͵**prop·a·gan·dist** [-dɪst] **I** *s.* Propagan·'dist(in); **II** *adj.* propagan'distisch; **prop·a·gan·dis·tic** [͵prɒpəgæn'dɪstɪk] *adj.* propagan'distisch; ͵**prop·a·gan·dize** [-daɪz] **I** *v/t.* **1.** Propa'ganda machen für, propagieren; **2.** *j-n* durch Propa'ganda beeinflussen; **II** *v/i.* **3.** Propa'ganda machen.

prop·a·gate ['prɒpəgeɪt] **I** *v/t.* **1.** *biol., a. phys.* Ton, *Bewegung, Licht* fortpflanzen; **2.** *Nachricht etc.* aus-, verbreiten, propagieren; **II** *v/i.* **3.** sich fortpflanzen; **prop·a·ga·tion** [͵prɒpə·'geɪʃn] *s.* **1.** Fortpflanzung *f* (*a. phys.*),

Vermehrung *f*; **2.** Aus-, Verbreitung *f*; **prop·a·ga·tor** ['prɒpəgeɪtə] *s.* **1.** Fortpflanzer *m*; **2.** Verbreiter *m*, Propagan·'dist *m*.

pro·pane ['prəʊpeɪn] *s.* ᵗᵗ Pro'pan *n*.

pro·pel [prə'pel] *v/t.* (an-, vorwärts)treiben (*a. fig. od.* ⊙); **pro'pel·lant** [-lənt] *s.* ⊙ Treibstoff *m*, -mittel *n*: ~ (*charge*) Treibladung *f e-r Rakete etc.*; **pro'pel·lent** [-lənt] **I** *adj.* **1.** (an-, vorwärts)treibend: ~ *gas* Treibgas; ~ *power* Antriebs-, Triebkraft *f*; **II** *s.* **2.** *fig.* treibende Kraft; **3.** → *propellant*; **pro'pel·ler** [-lə] *s.* Pro'peller *m*: a) ✓ Luftschraube *f*, b) ⚓ Schiffsschraube *f*: ~ *blade* ✓ Luftschraubenblatt *n*; **pro'pel·ling** [-lɪŋ] *adj.* Antriebs..., Trieb..., Treib...: ~ *charge* Treibladung *f*, -satz *m e-r Rakete etc.*; ~ *nozzle* ✓ Schubdüse *f*; ~ *pencil* Drehbleistift *m*.

pro·pen·si·ty [prə'pensɪtɪ] *s. fig.* Hang *m*, Neigung *f* (*to, for* zu).

prop·er ['prɒpə] *adj.* □ **1.** richtig, passend, geeignet, angemessen, ordnungsgemäß, zweckmäßig: *in* ~ *form* in gebührender *od.* angemessener Form; *in the* ~ *place* am rechten Platz; *do as you think* (*it*) ~ tun Sie, was Sie für richtig halten; ~ *fraction* ᴬ echter Bruch; **2.** anständig, schicklich, kor'rekt, einwandfrei (*Benehmen etc.*): *it is* ~ *es* (ge)ziemt *od.* schickt sich; **3.** zulässig; **4.** eigen(tümlich) (*to dat.*), besonder; **5.** genau: *in the* ~ *meaning of the word* strenggenommen; **6.** (*mst nachgestellt*) eigentlich: *philosophy* ~ die eigentliche Philosophie; *in the Middle East* ~ im Mittleren Osten selbst; **7.** maßgebend, zuständig (*Dienststelle etc.*); **8.** F ‚richtig‘, ‚ordentlich‘, ‚anständig‘: *a* ~ *licking* e-e gehörige Tracht Prügel; **9.** *ling.* Eigen...: ~ *name* (*od. noun*) Eigenname *m*; '**prop·er·ly** [-lɪ] *adv.* **1.** richtig (*etc.* → *proper* 1, 2), passend, wie es sich gehört: *behave* ~ sich (anständig) benehmen; **2.** genau: ~ *speaking* eigentlich, streng genommen; **3.** F gründlich, ‚anständig‘, ‚tüchtig‘.

prop·er·tied ['prɒpətɪd] *adj.* besitzend, begütert: *the* ~ *classes*.

prop·er·ty ['prɒpətɪ] *s.* **1.** Eigentum *n*, Besitz(tum *n*) *m*, Gut *n*, Vermögen *n*: *common* ~ Gemeingut; *damage to* ~ Sachschaden *m*; *law of* ~ ᵗᵗ Sachenrecht *n*; *left* ~ Hinterlassenschaft *f*; *lost* ~ Fundsache *f*; *man of* ~ begüterter Mann; *personal* ~ → *personalty*; **2.** *a. landed* ~ (Grund-, Land)Besitz *m*, Grundstück *n*, Liegenschaft *f*, Lände'reien *pl.*; **3.** ᵗᵗ Eigentum(srecht) *n*: *industrial* ~ gewerbliches Schutzrecht; *intellectual* ~ geistiges Eigentum; *literary* ~ literarisches Eigentum, Urheberrecht; **4.** *mst pl. thea.* Requi'sit(en *pl.*) *n*; **5.** Eigenart *f*, -heit *f*; Merkmal *n*; **6.** *phys. etc.* Eigenschaft *f*, ⊙ *a.* Fähigkeit *f*: ~ *of material* Werkstoffeigenschaft; *insulating* ~ Isolationsvermögen *n*; ~ *as·sets s. pl.* ᵗ Vermögenswerte *pl.*; ~ *in·sur·ance s.* Sachversicherung *f*; ~ *man* [mæn] *s.* [*irr.*] *thea.* Requi'teur *m*; ~ *mar·ket s.* Immo'bilienmarkt *m*; ~ *tax s.* **1.** Vermögenssteuer *f*; **2.** Grundsteuer *f*.

proph·e·cy ['prɒfɪsɪ] *s.* Prophe'zeiung *f*, Weissagung *f*; '**proph·e·sy** [-saɪ] *v/t.*

prophe'zeien, weis-, vor'aussagen (*s.th. for s.o.* j-m et.).

proph·et ['prɒfɪt] *s.* Pro'phet *m* (*a. fig.*): *the Major* (*Minor*) *2s bibl.* die großen (kleinen) Propheten; '**proph·et·ess** [-tɪs] *s.* Pro'phetin *f*; **pro·phet·ic, pro·phet·i·cal** [prə'fetɪk(l)] *adj.* □ pro'phetisch.

pro·phy·lac·tic [͵prɒfɪ'læktɪk] **I** *adj. bsd.* ℱ prophy'laktisch, vorbeugend, Vorbeugungs..., Schutz...; **II** *s.* ℱ Prophy'laktikum *n*, vorbeugendes Mittel; *fig.* vorbeugende Maßnahme; ͵**pro·phy·'lax·is** [-ksɪs] *s.* ℱ Prophy'laxe *f*, Präven'tivbe͵handlung *f*, Vorbeugung *f*.

pro·pin·qui·ty [prə'pɪŋkwətɪ] *s.* **1.** Nähe *f*; **2.** nahe Verwandtschaft.

pro·pi·ti·ate [prə'pɪʃɪeɪt] *v/t.* versöhnen, besänftigen, günstig stimmen; **pro·pi·ti·a·tion** [prə͵pɪʃɪ'eɪʃn] *s.* **1.** Versöhnung *f*; Besänftigung *f*; **2.** *obs.* (Sühn-)Opfer *n*, Sühne *f*; **pro'pi·ti·a·to·ry** [-ɪətərɪ] *adj.* □ versöhnend, sühnend, Sühn...

pro·pi·tious [prə'pɪʃəs] *adj.* □ **1.** günstig, vorteilhaft (*to* für); **2.** gnädig, geneigt.

'**prop·jet** *s.* ✓ **1.** a. ~ *engine* Pro'pellertur͵bine(n-Triebwerk *n*) *f*; **2.** a. ~ *plane* Flugzeug *n* mit Pro'pellertur͵bine(n).

pro·po·nent [prə'pəʊnənt] *s.* **1.** Vorschlagende(r *m*) *f*; *fig.* Befürworter(in); **2.** ᵗᵗ präsum'tiver Testa'mentserbe.

pro·por·tion [prə'pɔːʃn] **I** *s.* **1.** (richtiges) Verhältnis; Gleich-, Ebenmaß *n*; *pl.* (Aus)Maße *pl.*, Größenverhältnisse *pl.*, Dimensi'onen *pl.*, Proporti'onen *pl.*: *in* ~ *as* in dem Maße wie, je nachdem wie; *in* ~ *to* im Verhältnis zu; *be out of* (*all*) ~ *to* in keinem Verhältnis stehen zu; *sense of* ~ *fig.* Augenmaß *n*; **2.** *fig.* a) Ausmaß *n*, Größe *f*, Umfang *m*, b) Symmet'rie *f*, Harmo'nie *f*; **3.** ᴬ, ᵗ Proporti'on *f*; **4.** ᴬ a) Dreisatz(rechnung *f*) *m*, *obs.* Regelde'tri *f*, b) *a. geometric* ~ Verhältnisgleichheit *f*; **5.** Anteil *m*, Teil *m*: *in* ~ anteilig; **II** *v/t.* **6.** (*to*) in das richtige Verhältnis bringen (mit, zu), anpassen (*dat.*); **7.** verhältnismäßig verteilen; **8.** proportionieren, bemessen; **9.** sym'metrisch gestalten: *well-~d* ebenmäßig, wohlgestaltet; **pro'por·tion·al** [-ʃənl] **I** *adj.* □ **1.** proportio'nal, verhältnismäßig; anteilmäßig: ~ *numbers* ᴬ Proportional·zahlen *pl.*; ~ *representation pol.* Verhältniswahl(system *n*) *f*; **2.** → *proportionate*; **II** *s.* **3.** ᴬ Proportio'nale *f*; **pro'por·tion·ate** [-ʃnət] *adj.* □ (*to*) im richtigen Verhältnis (stehend) (zu), angemessen (*dat.*), entsprechend (*dat.*): ~ *share* ᵗ Verhältnisanteil *m*, anteilmäßige Befriedigung.

pro·pos·al [prə'pəʊzl] *s.* **1.** Vorschlag *m*, (*a.* ᵗ, *a. Friedens*)Angebot *n*, (*a.* Heirats)Antrag *m*; **2.** Plan *m*; **pro·pose** [prə'pəʊz] **I** *v/t.* **1.** vorschlagen (*s.th. to s.o.* j-m et., *s.o. for* j-n zu *od.* als); **2.** *Antrag* stellen; *Resolution* einbringen; *Mißtrauensvotum* stellen *od.* beantragen; *Rätsel* aufgeben; *Frage* stellen; **4.** beabsichtigen, sich vornehmen; **5.** e-n Toast ausbringen auf (*acc.*), auf et. trinken; **II** *v/i.* **6.** beabsichtigen, vorhaben; planen: *man ~s* (*but*) *God disposes* der Mensch denkt, Gott lenkt; **7.** e-n Heiratsantrag machen (*to dat.*), anhalten (*for* um *j-n, j-s* Hand); **pro·'pos·er** [-zə] *s. pol.* Antragsteller *m*; **prop·o·si·tion** [ˌprɒpə'zɪʃn] **I** *s.* **1.** Vorschlag *m*, Antrag *m*; **2.** (vorgeschlagener) Plan, Pro'jekt *n*; **3.** ✝ Angebot *n*; **4.** Behauptung *f*; **5.** F a) Sache *f*, b) Geschäft *n*: **an easy ~** ‚kleine Fische', Kleinigkeit *f*; **6.** *phls.* Satz *m*; **7.** A (Lehr)Satz *m*; **II** *v/t.* **8.** *j-m* e-n Vorschlag machen; **9.** *e-m* Mädchen e-n unsittlichen Antrag machen.

pro·pound [prə'paʊnd] *v/t.* **1.** *Frage etc.* vorlegen, -tragen (*to dat.*); **2.** vorschlagen; **3. ~ a will** ⚖ auf Anerkennung e-s Testaments klagen.

pro·pri·e·tar·y [prə'praɪətərɪ] **I** *adj.* **1.** Eigentums...(-*recht etc.*), Vermögens...; **2.** Eigentümer..., Besitzer...: **~ company** ✝ a) *Am.* Holding-, Dachgesellschaft *f*, b) *Brit.* Familiengesellschaft *f*; **the ~ classes** die besitzenden Schichten; **3.** gesetzlich geschützt (*Arznei, Ware*): **~ article** Markenartikel *m*; **~ name** Markenbezeichnung *f*; **II** *s.* **4.** Eigentümer *m od. pl.*; **5.** ✵ a) medi'zinischer 'Markenar,tikel, b) nicht re'zeptpflichtiges Medika'ment; **pro·pri·e·tor** [prə'praɪətə] *s.* Eigentümer *m*, Besitzer *m*, (Geschäfts)Inhaber *m*, Anteilseigner *m*, Gesellschafter *m*: **~s' capital** Eigenkapital *n e-r Gesellschaft*; **sole ~** a) Alleininhaber(in), b) ✝ *Am.* Einzelkaufmann *m*; **pro·pri·e·tor·ship** [-tʃɪp] *s.* **1.** Eigentum(srecht) *n* (*in* an *dat.*); **2.** Verlagsrecht *n*; **3.** *Bilanz:* 'Eigenkapi,tal *n*; **4. sole ~** a) al'leiniges Eigentumsrecht, b) ✝ *Am.* 'Einzelun-ter,nehmen *n*; **pro·pri·e·tress** [-trɪs] *s.* Eigentümerin *f etc.*; **pro·pri·e·ty** [-tɪ] *s.* **1.** Schicklichkeit *f*, Anstand *m*; **2.** *pl.* Anstandsformen *pl.*; **3.** Angemessenheit *f*, Richtigkeit *f*.

props [prɒps] *s. pl. thea. sl.* **1.** Requi'siten *pl.*; **2.** *sg. konstr.* Requi'steur *m*.

pro·pul·sion [prə'pʌlʃn] *s.* **1.** ⊙ Antrieb *m* (*a. fig.*), Antriebskraft *f*: **~ nozzle** Rückstoßdüse *f*; **2.** Fortbewegung *f*; **pro·pul·sive** [-sɪv] *adj.* (an-, vorwärts-)treibend (*a. fig.*): **~ force** Triebkraft *f*; **~ jet** Treibstrahl *m*.

pro ra·ta [ˌprəʊ'rɑːtə] (*Lat.*) *adj. u. adv.* verhältnis-, anteilmäßig, pro 'rata; **pro·rate** [ˌprəʊreɪt] *Am. v/t.* anteilmäßig ver , aufteilen.

pro·ro·ga·tion [ˌprəʊrə'geɪʃn] *s. pol.* Vertagung *f*; **pro·rogue** [prə'rəʊg] *v/t. u. v/i.* (sich) vertagen.

pro·sa·ic [prəʊ'zeɪɪk] *adj.* (□ **~ally**) *fig.* pro'saisch: a) all'täglich, b) nüchtern, trocken, c) langweilig.

pro·sce·ni·um [prəʊ'siːnjəm] *pl.* **-ni·a** [-njə] *s. thea.* Pro'szenium *n*.

pro·scribe [prəʊ'skraɪb] *v/t.* **1.** ächten, für vogelfrei erklären; **2.** *mst fig.* verbannen; **3.** *fig.* a) verurteilen, b) verbieten; **pro·scrip·tion** [-'skrɪpʃn] *s.* **1.** Ächtung *f*, Acht *f*, Proskripti'on *f* (*mst hist.*); **2.** Verbannung *f*; **3.** *fig.* Verurteilung *f*, Verbot *n*; **pro·scrip·tive** [-'skrɪptɪv] *adj.* □ **1.** Ächtungs..., ächtend; **2.** verbietend, Verbots...

prose [prəʊz] **I** *s.* **1.** Prosa *f*; **2.** *fig.* Prosa *f*, Nüchternheit *f*, All'täglichkeit *f*; **3.** *ped.* Über'setzung *f* in die Fremdsprache; **4.** *Am.* Prosa...: **~ writer** Prosaschriftsteller(in); **5.** *fig.* pro'saisch; **III** *v/t. u. v/i.* **6.** in Prosa schrei-

---

ben; **7.** langweilig erzählen.

pros·e·cute ['prɒsɪkjuːt] **I** *v/t.* **1.** *Plan etc.* verfolgen, weiterführen: **~ an action** ⚖ e-n Prozeß führen; **2.** *Gewerbe, Studien etc.* betreiben; **3.** *Untersuchung* 'durchführen; **4.** ⚖ a) strafrechtlich verfolgen, b) gerichtlich verfolgen, belangen, anklagen (*for* wegen), c) *Forderung* einklagen; **II** *v/i.* **5.** gerichtlich vorgehen; **6.** ⚖ als Kläger auftreten, die Anklage vertreten: **prosecuting counsel** (*Am.* **attorney**) → **prosecutor**; **pros·e·cu·tion** [ˌprɒsɪ'kjuːʃn] *s.* **1.** Verfolgung *f*, Fortsetzung *f*, 'Durchführung *f e-s Plans etc.*; **2.** Betreiben *n e-s Gewerbes etc.*; **3.** ⚖ a) strafrechtliche Verfolgung, Strafverfolgung *f*, b) Einklagen *n e-r Forderung etc.*: **liable to ~** strafbar; **Director of Public ~s** Leiter *m* der Anklagebehörde; **4. the ~** ⚖ die Staatsanwaltschaft, die Anklage(behörde); → **witness** 1; **pros·e·cu·tor** [-tə] *s.* ⚖ (An)Kläger *m*, Anklagevertreter *m*: **public ~** Staatsanwalt *m*.

pros·e·lyte ['prɒsɪlaɪt] *s. eccl.* Prose'lyt (-in), Konver'tit(in), a. *fig.* Neubekehrte(r *m*) *f*; **'pros·e·lyt·ism** [-lɪtɪzəm] *s.* Prosely'tismus *m*: a) Bekehrungseifer *m*, b) Prose'lytentum *n*; **'pros·e·lyt·ize** [-lɪtaɪz] **I** *v/t.* (*to*) bekehren (zu), *fig. a.* gewinnen (für); **II** *v/i.* Anhänger gewinnen.

pros·i·ness ['prəʊzɪnɪs] *s.* **1.** Eintönigkeit *f*, Langweiligkeit *f*; **2.** Weitschweifigkeit *f*.

pros·o·dy ['prɒsədɪ] *s.* Proso'die *f* (*Silbenmessungslehre*).

pros·pect **I** *s.* ['prɒspekt] **1.** (Aus)Sicht *f*, (-)Blick *m* (*of* auf *acc.*); **2.** *fig.* Aussicht *f*: **hold out a ~ of** et. in Aussicht stellen; **have s.th. in ~** auf et. Aussicht haben, et. in Aussicht haben; **3.** *fig.* Vor('aus)schau *f* (*of* auf *acc.*); **4.** ✝ *etc.* Interes'sent *m*, Reflek'tant *m*; ✝ möglicher Kunde; **5.** ✶ a) (*Erz- etc.*) Anzeichen *n*, b) Schürfprobe *f*, c) Schürfstelle *f*; **II** *v/t.* [prə'spekt] **6.** *Gebiet* durch'forschen, unter'suchen (*for* nach *Gold etc.*); **III** *v/i.* [prə'spekt] **7.** (*for*) ✶ suchen (nach, *a. fig.*), schürfen (nach); (nach *Öl*) bohren; **pro·spec·tive** [prə'spektɪv] *adj.* □ **1.** (zu)künftig, vor'aussichtlich, in Aussicht stehend, potenti'ell: **~ buyer** Kaufinteressent *m*, potentieller Käufer; **2.** *fig.* vor'ausschauend; **pro·spec·tor** [prə'spektə] *s.* Pro'spektor *m*, Schürfer *m*, Goldsucher *m*; **pro·spec·tus** [prə'spektəs] *s.* Pro-'spekt *m*: a) Werbeschrift *f*, b) ✝ Sub'skripti'onsanzeige *f*, c) *Brit.* 'Schulpro,spekt *m*.

pros·per ['prɒspə] **I** *v/i.* Erfolg haben (*in* bei); gedeihen, florieren, blühen (*Unternehmen etc.*); **II** *v/t.* begünstigen, *j-m* hold od. gewogen sein; segnen, *j-m* gnädig sein (*Gott*); **pros·per·i·ty** [prɒ'sperətɪ] *s.* **1.** Wohlstand *m* (*a.* ✝), Gedeihen *n*, Glück *n*; **2.** ✝ Prosperi'tät *f*, Blüte(zeit) *f*, (*a.* **peak ~** 'Hoch)Kon-junk,tur *f*; **'pros·per·ous** [-pərəs] *adj.* □ **1.** gedeihend, blühend, erfolgreich, glücklich; **2.** wohlhabend, Wohlstands...; **3.** günstig (*Wind etc.*).

pros·tate (**gland**) ['prɒsteɪt] *s. anat.* Prostata *f*, Vorsteherdrüse *f*.

pros·the·sis ['prɒsθɪsɪs] *pl.* **-ses** [-siːz] *s.* **1.** ✶ Pro'these *f*, künstliches Glied;

---

2. ✶ Anfertigung *f* e-r Pro'these; **3.** *ling.* Pros'these *f* (*Vorsetzen e-s Buchstabens od. e-r Silbe vor ein Wort*).

pros·ti·tute ['prɒstɪtjuːt] **I** *s.* **1.** a) Prostituierte *f*, b) *a.* **male ~** Strichjunge *m*; **II** *v/t.* **2.** prostituieren: **to ~ o.s.** sich prostituieren od. verkaufen (*a. fig.*); **3.** *fig.* (für ehrlose Zwecke) her-, preisgeben, entwürdigen, *Talente etc.* wegwerfen; **pros·ti·tu·tion** [ˌprɒstɪ'tjuːʃn] *s.* **1.** Prostituti'on *f*; **2.** *fig.* Her'ab-, Entwürdigung *f*.

pros·trate I *v/t.* [prɒ'streɪt] **1.** zu Boden werfen *od.* strecken, niederwerfen; **2. ~ o.s.** *fig.* sich in den Staub werfen, sich demütigen (*before* vor); **3.** entkräften, erschöpfen; *fig.* niederschmettern; **II** *adj.* ['prɒstreɪt] **4.** hingestreckt; **5.** *fig.* erschöpft (*with* vor *dat.*), da'niederliegend, kraftlos; *weitS.* gebrochen (*with grief* vom Gram); **6.** *fig.* a) demütig, b) fußfällig, im Staube liegend; **pros·'tra·tion** [-eɪʃn] *s.* **1.** Fußfall *m* (*a. fig.*); **2.** *fig.* Niederwerfung *f*; Demütigung *f*; **3.** Erschöpfung, Entkräftung *f*; **4.** *fig.* Niedergeschlagenheit *f*.

pros·y ['prəʊzɪ] *adj.* □ **1.** langweilig, weitschweifig; **2.** nüchtern, pro'saisch.

pro·tag·o·nist [prəʊ'tægənɪst] *s.* **1.** *thea.* 'Hauptfi,gur *f*, Held(in), Träger(in) der Handlung; **2.** *fig.* Vorkämpfer(in).

pro·te·an [prəʊ'tiːən] *adj.* **1.** *fig.* pro-'teisch, vielgestaltig; **2.** *zo.* a'möbenartig: **~ animalcule** Amöbe *f*.

pro·tect [prə'tekt] *v/t.* **1.** (be)schützen (*from* vor *dat.*, *against* gegen): **~ interests** Interessen wahren; **2.** (durch Zölle) schützen; **3.** ✝ a) *Sichtwechsel* honorieren, einlösen, b) *Wechsel mit Laufzeit* schützen; **4.** ⊙ (ab)sichern, abschirmen; *weitS.* schonen: **~ed against corrosion** korrosionsgeschützt; **~ed motor** ⚡ geschützter Motor; **5.** ✕ (taktisch) sichern, abschirmen; **6.** *Schach: Figur* decken; **pro·'tec·tion** [-kʃn] *s.* **1.** Schutz *m*, Beschützung *f* (*from* vor *dat.*); Sicherheit *f*: **~ of interests** Interessenwahrung *f*; (*legal*) **~ of registered designs** ✝ Gebrauchsmusterschutz *m*; **~ of industrial property** gewerblicher Rechtsschutz; **2.** ✝ Wirtschaftsschutz *m*, 'Schutzzoll (-poli,tik -sy,stem *n*) *m*; **3.** ✝ Honorierung *f e-s Wechsels:* **find due ~** honoriert werden; **4.** Protekti'on *f*, Gönnerschaft *f*, Förderung *f*: **~ (money)** *Am.* ‚Schutzgebühr' *f*; **5.** ✵ Schutz *m*, Abschirmung *f*; **pro·'tec·tion·ism** [-kʃənɪzəm] *s.* ✝ 'Schutzzollpoli,tik *f*; **pro·'tec·tion·ist** [-kʃənɪst] **I** *s.* **1.** Protektio'nist *m*, Verfechter *m* der Schutzzollpolitik; **2.** Na'turschützer *m*; **II** *adj.* **3.** protektio'nistisch, Schutzzoll...; **pro·'tec·tive** [-tɪv] *adj.* □ **1.** (be)schützend, schutzgewährend, Schutz...: **~ conveyance** ⚖ Sicherungsübereignung *f*; **~ custody** ⚖ Schutzhaft *f*; **~ duty** ✝ Schutzzoll *m*; **~ goggles** Schutzbrille *f*; **2.** ✝ Schutzzoll...; **3.** beschützerisch; **pro·'tec·tor** [-tə] *s.* **1.** Beschützer *m*, Schutz-, Schirmherr *m*, Gönner *m*; **2.** ⊙ *etc.* Schutz(vorrichtung *f*, -mittel *n*) *m*, Schützer *m*, Schoner *m*; **3.** *hist.* Pro-'tektor *m*, Reichsverweser *m*; **pro·'tec·tor·ate** [-tərət] *s.* Protekto'rat *n*: a) Schutzherrschaft *f* b) Schutzgebiet *n*; **pro·'tec·tress** [-trɪs] *s.* Beschützerin *f*,

Schutz-, Schirmherrin f.

pro·té·gé ['prəʊteʒeɪ] (*Fr.*) s. Schützling m, Prote'gé m.

pro·te·in ['prəʊti:n] s. *biol.* Prote'in n, Eiweiß(körper m *od. pl.*) n.

pro·test I s. ['prəʊtest] **1.** Pro'test m, Ein-, 'Widerspruch m: **in ~, as a ~** aus (*od.* als) Protest; **enter** (*od.* **lodge**) **a ~** Protest erheben *od.* Verwahrung einlegen (**with** bei); **accept under ~** unter Vorbehalt *od.* Protest annehmen; **2.** ✝, ⚖ ('Wechsel)Pro,test m; **3.** ⚓, ⚖ 'See-pro,test m, Verklarung f; **II** v/i. [prə'test] **4.** protestieren, Verwahrung einlegen, sich verwahren (**against** gegen); **III** v/t. [prə'test] **5.** protestieren gegen, reklamieren; **6.** beteuern (s.th. et., **that** daß): **~ one's loyalty; 7.** ✝ Wechsel protestieren: **have a bill ~ed** e-n Wechsel zu Protest gehen lassen.

Prot·es·tant ['prɒtɪstənt] **I** s. Prote'stant (-in); **II** adj. prote'stantisch; **'Prot·es·tant·ism** [-tɪzəm] s. Protestan'tismus m.

prot·es·ta·tion [ˌprɒtes'teɪʃn] s. **1.** Beteuerung f; **2.** Pro'test m.

pro·to·col ['prəʊtəkɒl] **I** s. **1.** (Ver'hand-lungs)Proto,koll n; **2.** pol. Proto'koll n: a) diplomatische Etikette, b) kleineres Vertragswerk; **3.** pol. Einleitungs- u. Schlußformeln pl. e-r Urkunde etc.; **II** v/t. u. v/i. **4.** protokollieren.

pro·ton ['prəʊtɒn] s. phys. Proton n.

pro·to·plasm ['prəʊtəʊplæzəm] s. biol. **1.** Proto'plasma n (Zellsubstanz); **2.** Urschleim m; **'pro·to·plast** [-plæst] s. biol. Proto'plast m.

pro·to·type ['prəʊtəʊtaɪp] s. Proto'typ m (a. biol.): a) Urbild n, -typ m, -form f, b) (Ur)Muster n; ⚙ ('Richt)Mo,dell n, Ausgangsbautyp m.

pro·to·zo·on [ˌprəʊtəʊ'zəʊən] pl. **-'zo·a** [-'zəʊə] s. zo. Proto'zoon n, Urtierchen n, Einzeller m.

pro·tract [prə'trækt] v/t. **1.** in die Länge (*od.* hinaus)ziehen, verschleppen; **~ed illness** langwierige Krankheit; **~ed defence** ✕ hinhaltende Verteidigung; **2.** ✗ mit e-m Winkelmesser *od.* maßstabs-getreu zeichnen *od.* auftragen; **pro'trac·tion** [-kʃn] s. **1.** Hin'ausschieben n, -ziehen n, Verschleppen n (a. ✗); **2.** ✗ maßstabsgetreue Zeichnung; **pro'trac·tor** [-tə] s. **1.** ✗ Transpor'teur m, Gradbogen m, Winkelmesser m; **2.** anat. Streckmuskel m.

pro·trude [prə'tru:d] **I** v/i. her'aus-, (her)'vorstehen, -ragen, -treten; **II** v/t. her'ausstrecken, (her)'vortreten lassen; **pro'tru·sion** [-u:ʒn] s. **1.** Her'vorste-hen n, -treten n, Vorspringen n; **2.** Vor-wölbung f, (her)'vorstehender Teil; **pro'tru·sive** [-u:sɪv] adj. □ vorste-hend, her'vortretend.

pro·tu·ber·ance [prə'tju:bərəns] s. **1.** Auswuchs m, Beule f, Höcker m; **2.** ast. Protube'ranz f; **3.** (Her)'Vortreten n, -stehen n; **pro'tu·ber·ant** [-nt] adj. □ (her)'vorstehend, -tretend, -quel-lend (a. Augen).

proud [praʊd] **I** adj. □ **1.** stolz (**of** auf acc., **to** inf. zu inf.): **a ~ day** fig. ein stolzer Tag für uns etc.; **2.** hochmütig, eingebildet; **3.** fig. stolz, prächtig; **4. ~ flesh** ✗ wildes Fleisch; **II** adv. **5.** F stolz: **do s.o. ~** a) j-m große Ehre er-weisen, b) j-n königlich bewirten; **do**

o.s. ~ a) stolz auf sich sein können, b) es sich gutgehen lassen.

prov·a·ble ['pru:vəbl] adj. □ be-, nach-weisbar, erweislich; **prove** [pru:v] **I** v/t. **1.** er-, nach-, beweisen, **2.** ⚖ Testament bestätigen (lassen); **3.** bekunden, unter Beweis stellen, zeigen; **4.** (a. ⚙) prü-fen, erproben: **a ~d remedy** ein er-probtes od. bewährtes Mittel; **~ o.s.** a) sich bewähren, b) sich erweisen als; → **proving** 1; **5.** ✗ die Probe machen auf (acc.); **II** v/i. **6.** sich her'ausstellen od. erweisen (als): **he will ~ (to be) the heir** es wird sich herausstellen, daß er der Erbe ist; **~ true (false)** a) sich als richtig (falsch) herausstellen, b) sich (nicht) bestätigen (Voraussage etc.); **7.** ausfallen, sich ergeben; **'prov·en** [-vən] adj. be-, erwiesen, nachgewiesen; fig. bewährt.

prov·e·nance ['prɒvənəns] s. Herkunft f, Ursprung m, Proveni'enz f.

prov·en·der ['prɒvɪndə] s. **1.** 🦌 (Trok-ken)Futter n; **2.** F humor. ,Futter' n (Lebensmittel).

prov·erb ['prɒvɜ:b] **1.** s. Sprichwort n: **he is a ~ for shrewdness** s-e Schläue ist sprichwörtlich (b.s. berüchtigt); **2.** (**The Book of**) **Ᵽs** pl. bibl. die Sprüche pl. (Salo'monis); **pro·ver·bi·al** [prə'vɜ:-bjəl] adj. □ sprichwörtlich (a. fig.).

pro·vide [prə'vaɪd] **I** v/t. **1.** versehen, -sorgen, ausstatten, beliefern (**with** mit); **2.** ver-, beschaffen, besorgen, lie-fern; zur Verfügung (od. bereit)stellen; Gelegenheit schaffen; **3.** ⚖ vorsehen, -schreiben, bestimmen (a. Gesetze, Vertrag etc.); **II** v/i. **4.** Vorsorge od. Vorkehrungen treffen, vorsorgen, sich sichern (**against** vor dat., gegen): **~ against** a) sich schützen vor (dat.), b) et. unmöglich machen, verhindern, **~ for** a) sorgen für (j-s Lebensunterhalt), b) Maßnahmen vorsehen, e-r Sache Rechnung tragen, Bedürfnisse befriedi-gen, Gelder etc. bereitstellen; **5.** ⚖ den Vorbehalt machen (**that** daß): **unless otherwise ~d** sofern nichts Gegenteili-ges bestimmt ist; **providing** (**that**) → **pro'vid·ed** [-dɪd] cj. a. **~ that 1.** vor-'ausgesetzt (daß), unter der Bedingung, daß; **2.** wenn, so'fern.

prov·i·dence ['prɒvɪdəns] s. **1.** (göttli-che) Vorsehung; **2.** the ₰ die Vorse-hung, Gott m; **3.** Vorsorge f, (weise) Vor'aussicht; **'prov·i·dent** [-nt] adj. □ **1.** vor'ausblickend, vor-, fürsorglich: **~ bank** Sparkasse f; **~ fund** Unterstüt-zungskasse f; **~ society** Versicherungs-verein m auf Gegenseitigkeit; **2.** haus-hälterisch, sparsam; **prov·i·den·tial** [ˌprɒvɪ'denʃl] adj. □ **1.** schicksalhaft; **2.** glücklich, gnädig (Geschick etc.).

pro·vid·er [prə'vaɪdə] s. **1.** Versorger (-in), Ernährer m: **good ~** F treusor-gende(r) Mutter (Vater); **2.** Liefe'rant m.

prov·ince ['prɒvɪns] s. **1.** Pro'vinz f (a. Ggs. Stadt), Bezirk m; **2.** fig. a) (Wis-sens)Gebiet n, Fach n, b) (Aufgaben-) Bereich m, Amt n: **it is not within my ~** a) es schlägt nicht in mein Fach, b) es ist nicht m-s Amtes (**to** inf. zu inf.).

pro·vin·cial [prə'vɪnʃl] **I** adj. □ **1.** Pro-vinz..., provinzi'ell (a. fig. engstirnig, spießbürgerlich): **~ town**; **2.** provin-zi'ell, ländlich, kleinstädtisch; **3.** fig.

contp. pro'vinzlerisch (ungebildet, plump); **II** s. **2.** Pro'vinzbewohner(in); contp. Pro'vinzler(in); **pro'vin·cial·ism** [-ʃəlɪzəm] s. Provinzia'lismus m (a. mundartlicher Ausdruck, a. contp. Kleingeisterei, Lokalpatriotismus, Plumpheit); contp. Pro'vinzlertum n.

prov·ing ['pru:vɪŋ] s. **1.** Prüfen n, Er-probung f: **~ flight** Probe-, Erprobungs-flug m; **~ ground** Versuchsgelände n; **2. ~ of a will** ⚖ Eröffnung f u. Bestäti-gung f e-s Testaments.

pro·vi·sion [prə'vɪʒn] **I** s. **1.** a) Vorkeh-rung f, -sorge f, Maßnahme f, b) Vor-, Einrichtung f: **make ~** sorgen od. Vor-kehrungen treffen (**for** für), sich schüt-zen (**against** vor dat. od. gegen); **2.** ⚖ Bestimmung f, Vorschrift f: **come within the ~s of the law** unter die ge-setzlichen Bestimmungen fallen; **3.** ⚖ Bedingung f, Vorbehalt m; **4.** Beschaf-fung f (Besorgung f, Bereitstellung f; **5.** pl. (Lebensmittel)Vorräte pl., Vorrat m (**of** an dat.), Nahrungsmittel pl., Pro-vi'ant m: **~s dealer** (od. **merchant**) Lebensmittel-, Feinkosthändler m; **~s industry** Nahrungsmittelindustrie f; **~s** oft pl. Rückstellungen pl., -lagen pl., Re'serven pl.: **~ for taxes** Steuerrück-stellungen pl.; **II** v/t. **7.** mit Lebensmit-teln versehen, verproviantieren; **pro'vi·sion·al** [-ʒənl] adj. □ provi'sorisch, einstweilig, behelfsmäßig: **~ agree-ment** Vorvertrag m; **~ arrangement** Provisorium n; **~ receipt** Interimsquit-tung f; **~ regulations** Übergangsbe-stimmungen; **~ result** vorläufiges od. inoffizielles Endergebnis.

pro·vi·so [prə'vaɪzəʊ] s. ⚖ Vorbehalt m, (Bedingungs)Klausel f, Bedingung f: **~ clause** Vorbehaltsklausel f; **pro'vi·so·ry** [-zərɪ] adj. □ **1.** bedingend, bedingt, vorbehaltlich; **2.** provi'sorisch, vor-läufig.

pro·vo ['prəʊvəʊ] s. Mitglied der provi-sorischen irisch-republikanischen Ar-mee.

prov·o·ca·tion [ˌprɒvə'keɪʃn] s. **1.** Her-'ausforderung f, Provokati'on f (a. ⚖); **2.** Aufreizung f, Erregung f; **3.** Verär-gerung f, Ärger m: **at the slightest ~** beim geringsten Anlaß; **pro·voc·a·tive** [prə'vɒkətɪv] **I** adj. (a. zum 'Wider-spruch) her'ausfordernd, aufreizend (of zu), provozierend; **II** s. Reiz(mittel n) m, Antrieb m (of zu).

pro·voke [prə'vəʊk] v/t. provozieren: a) erzürnen, aufbringen, b) et. her'vorru-fen, Gefühl a. erregen, c) j-n (auf)rei-zen, her'ausfordern: **~ s.o. to do s.th.** j-n dazu bewegen, et. zu tun; **pro'vok-ing** [-kɪŋ] adj. □ **1.** → **provocative** I; **2.** unerträglich, unausstehlich.

prov·ost ['prɒvəst] s. **1.** Vorsteher m (a. univ. Brit. e-s College); **2.** Scot. Bürger-meister m; **3.** eccl. Propst m; **4.** [prə'vəʊ] ✕ Pro'fos m, Offi'zier m der Mili'tärpoli,zei; **~ mar·shal** [prə'vəʊ] s. ✕ Komman'deur m der Mili'tärpo-li,zei.

prow [praʊ] s. ⚓, ✈ Bug m.

prow·ess ['praʊɪs] s. **1.** Tapferkeit f, Kühnheit f; **2.** über'ragendes Können, Tüchtigkeit f.

prowl [praʊl] **I** v/i. um'herschleichen, -streichen; **II** v/t. durch'streifen; **III** s. Um'herstreifen n, Streife f: **be on the ~**

→ I; **~ car** *Am.* (Polizei)Streifenwagen *m*; **'prowl·er** [-lə] *s.* Her'umtreiber *m*.

prox·i·mal ['prɒksɪml] *adj.* □ *anat.* proxi'mal, körpernah; **'prox·i·mate** [-mət] *adj.* □ **1.** nächst, folgend, (sich) unmittelbar (anschließend): **~ cause** unmittelbare Ursache; **2.** naheliegend; **3.** annähernd; **prox·im·i·ty** [prɒk'sɪmətɪ] *s.* Nähe *f*: **~ fuse** ✗ Annäherungszünder *m*; **'prox·i·mo** [-məʊ] *adv.* (des) nächsten Monats.

prox·y ['prɒksɪ] *s.* **1.** (Stell)Vertretung *f*, (Handlungs)Vollmacht *f*: **by ~** in Vertretung (→ 2); **marriage by ~** Ferntrauung *f*; **2.** (Stell)Vertreter(in), Bevollmächtigte(r *m*) *f*: **by ~** durch e-n Bevollmächtigten; **stand ~ for s.o.** als Stellvertreter fungieren für j-n; **3.** Vollmacht(surkunde) *f*.

prude [pruːd] *s.* prüder Mensch: **be a ~** prüde sein.

pru·dence ['pruːdəns] *s.* **1.** Klugheit *f*, Vernunft *f*; **2.** 'Um-, Vorsicht *f*, Über'legtheit *f*: **ordinary ~** ♨ die im Verkehr erforderliche Sorgfalt; **'pru·dent** [-nt] *adj.* □ **1.** klug, vernünftig; **2.** 'um-, vorsichtig, besonnen; **pru·den·tial** [pruˈdenʃl] *adj.* □ a) → **prudent**, b) sachverständig: **for ~ reasons** aus Gründen praktischer Überlegung.

prud·er·y ['pruːdərɪ] *s.* Prüde'rie *f*; **'prud·ish** [-dɪʃ] *adj.* □ prüde.

prune¹ [pruːn] *s.* **1.** (*a.* Back)Pflaume *f*; **2.** *sl.* ‚Blödmann' *m*.

prune² [pruːn] *v/t.* **1.** Bäume etc. (aus)putzen, beschneiden; **2.** a. **~ off**, **~ away** wegschneiden; **3.** *fig.* zu('recht-)stutzen, befreien (**of** von), säubern, Text etc. zs.-streichen, straffen, kürzen, *Überflüssiges* entfernen.

pru·nel·la¹ [pruˈnelə] *s.* ♥ Pru'nell *n*, Lasting *n* (*Gewebe*).

pru·nel·la² [pruˈnelə] *s.* ♣ *obs.* Halsbräune *f*.

pru·nel·le [pruˈnel] *s.* Prü'nelle *f* (*getrocknete entkernte Pflaume*).

pru·nel·lo [pruˈnelʊ] → **prunelle**.

prun·ing| knife ['pruːnɪŋ] *s.* [*irr.*] Gartenmesser *n*; **~ shears** *s. pl.* Baumschere *f*.

pru·ri·ence ['prʊərɪəns], **'pru·ri·en·cy** [-sɪ] *s.* **1.** Geilheit *f*, Lüsternheit *f* (Sinnen)Kitzel *m*; **2.** Gier *f* (**for** nach); **'pru·ri·ent** [-nt] *adj.* □ geil, lüstern, las'ziv.

Prus·sian ['prʌʃn] **I** *adj.* preußisch; **II** *s.* Preuße *m*, Preußin *f*; **~ blue** *s.* Preußischblau *n*.

prus·si·ate ['prʌʃɪət] *s.* ♣ Prussi'at *n*; **~ of pot·ash** *s.* ♣ 'Kaliumferrocya,nid *n*.

prus·sic ac·id ['prʌsɪk] *s.* ♣ Blausäure *f*, Zy'anwasserstoff(säure *f*) *m*.

pry¹ [praɪ] *v/i.* neugierig gucken *od.* sein, (**about** her'um)spähen, (-)schnüffeln: **~ into** a) et. zu erforschen suchen, b) *contp.* s-e Nase stecken in (*acc.*).

pry² [praɪ] **I** *v/t.* **1.** a. **~ open** mit e-m *Hebel etc.* aufbrechen, -stemmen: **~ up** hochstemmen, -heben; **2.** *fig.* her'ausholen; **II** *s.* **3.** Hebel *m*; Brecheisen *n*; **4.** Hebelwirkung *f*.

pry·ing ['praɪɪŋ] *adj.* □ neugierig, naseweis.

psalm [sɑːm] *s.* Psalm *m*: **the (Book of) ~s** *bibl.* die Psalmen; **'psalm·ist** [-mɪst] *s.* Psal'mist *m*; **psal·mo·dy** ['sælmədɪ] *s.* **1.** Psalmo'die *f*, Psalmengesang *m*; **2.**

Psalmen *pl*.

Psal·ter ['sɔːltə] *s.* Psalter *m*, (Buch *n* der) Psalmen *pl.*; **psal·te·ri·um** [sɔːl'tɪərɪəm] *pl.* **-ri·a** [-rɪə] *s. zo.* Blättermagen *m*.

pse·phol·o·gy [pseˈfɒlədʒɪ] *s.* (wissenschaftliche) Ana'lyse von Wahlergebnissen u. -trends.

pseudo- ['psjuːdəʊ] *in Zssgn* Pseudo..., pseudo..., falsch, unecht; **,pseu·do·'carp** [-'kɑːp] *s.* ♥ Scheinfrucht *f*; **'pseu·do·nym** [-dənɪm] *s.* Pseudo'nym *n*, Deckname *m*; **,pseu·do'nym·i·ty** [-də'nɪmətɪ] *s.* **1.** Pseudonymi'tät *f*; **2.** Führen *n* e-s Pseudo'nyms; **pseu'don·y·mous** [-'dɒnɪməs] *adj.* □ pseudo'nym.

pshaw [pʃɔː] *int.* pah!

psit·ta·co·sis [psɪtə'kəʊsɪs] *s.* ✶ Papa'geienkrankheit *f*.

pso·ri·a·sis [psɒ'raɪəsɪs] *s.* ✶ Schuppenflechte *f*, Pso'riasis *f*.

Psy·che ['saɪkɪ] *s.* **1.** *myth.* Psyche *f*; **2.** ♀ Psyche *f*, Seele *f*, Geist *m*.

psy·che·del·ic [,saɪkɪ'delɪk] *adj.* psyche'delisch, bewußtseinserweiternd.

psy·chi·at·ric, **psy·chi·at·ri·cal** [,saɪkɪ'ætrɪk(l)] *adj.* psychi'atrisch; **psy·chi·a·trist** [saɪ'kaɪətrɪst] *s.* ✶ Psychi'ater *m*; **psy·chi·a·try** [saɪ'kaɪətrɪ] *s.* ✶ Psychia'trie *f*.

psy·chic ['saɪkɪk] **I** *adj.* (□ **~ally**) **1.** psychisch, seelisch(-geistig), Seelen...; **2.** 'übersinnlich: **~ forces**; **3.** medi'al (veranlagt), F ‚hellseherisch'; **4.** parapsycho'logisch: **~ research** Para-Forschung *f*; **II** *s.* **5.** medi'al veranlagte Per-'son, Medium *n*; **6.** das Psychische; **7.** *pl. sg. konstr.* a) Seelenkunde *f*, -forschung *f*, b) Parapsycholo'gie *f*; **'psy·chi·cal** [-kl] *adj.* → **psychic** I.

psy·cho·a·nal·y·sis [,saɪkəʊəˈnæləsɪs] *s.* ‚Psychoana'lyse *f*; **psy·cho·an·a·lyst** [,saɪkəʊ'ænəlɪst] *s.* ‚Psychoana'lytiker (-in).

psy·cho·graph ['saɪkəʊɡrɑːf] *s.* Psycho-'gramm *n*.

psy·cho·log·ic [,saɪkə'lɒdʒɪk] → **psychological**; **,psy·cho'log·i·cal** [-kl] *adj.* □ psycho'logisch: **~ moment** richtiger Augenblick; **~ warfare** a) psychologische Kriegführung, b) *fig.* Nervenkrieg *m*; **psy·chol·o·gist** [saɪ'kɒlədʒɪst] *s.* Psycho'loge *m*, Psycho'login *f*; **psy·chol·o·gy** [saɪ'kɒlədʒɪ] *s.* Psycholo'gie *f* (*Wissenschaft od. Seelenleben*): **good ~** *fig.* das psychologisch Richtige.

psy·cho·path ['saɪkəʊpæθ] *s.* Psycho-'path(in); **psy·cho·path·ic** [,saɪkəʊ'pæθɪk] *adj.* psycho'pathisch; **II** *s.* Psycho-'path(in); **psy·cho·pa·thy** [saɪ'kɒpəθɪ] *s.* Psychopa'thie *f*, Gemütskrankheit *f*.

psy·cho·sis [saɪ'kəʊsɪs] *pl.* **-ses** [-siːz] *s.* Psy'chose *f*.

psy·cho·ther·a·py [,saɪkəʊ'θerəpɪ] *s.* ✶ ‚Psychothera'pie *f*.

psy·chot·ic [saɪ'kɒtɪk] **I** *adj.* □ psy'chotisch; **II** *s.* Psy'chotiker(in).

ptar·mi·gan ['tɑːmɪɡən] *s. zo.* Schneehuhn *n*.

pto·maine ['təʊmeɪn] *s.* ♣ Ptoma'in *n*, Leichengift *n*.

pub [pʌb] *s. bsd. Brit.* F Pub *n od. m*, Kneipe *f*; **'~-crawl** *s. bsd. Brit.* F Kneipenbummel *m*.

pu·ber·ty ['pjuːbətɪ] *s.* **1.** Puber'tät *f*; Geschlechtsreife *f*; **2.** *a.* **age of ~** Pu-

ber'tät(salter *n*) *f*: **~ vocal change** Stimmbruch *m*.

pu·bes¹ ['pjuːbiːz] *s. anat.* a) Schamgegend *f*, b) Schamhaare *pl*.

pu·bes² ['pjuːbiːz] *pl. von* **pubis**.

pu·bes·cence [pjuː'besns] *s.* **1.** Geschlechtsreife *f*; **2.** ♀, *zo.* Flaumhaar *n*; **pu'bes·cent** [-nt] *adj.* **1.** geschlechtsreif (werdend); **2.** Pubertäts...; **3.** ♀, *zo.* fein behaart.

pu·bic ['pjuːbɪk] *adj. anat.* Scham...

pu·bis ['pjuːbɪs] *pl.* **-bes** [-biːz] *s. anat.* Schambein *n*.

pub·lic ['pʌblɪk] **I** *adj.* □ **1.** öffentlich stattfindend (*z.B. Verhandlung, Versammlung, Versteigerung*): **~ notice** öffentliche Bekanntmachung, Aufgebot *n*; **in the ~ eye** im Lichte der Öffentlichkeit; **2.** öffentlich, allgemein bekannt: **~ figure** Persönlichkeit *f* des öffentlichen Lebens, prominente Gestalt; **go ~** a) sich an die Öffentlichkeit wenden, b) ✝ sich in e-e AG umwandeln; **make ~** (allgemein) bekanntmachen; **3.** a) öffentlich (*z.B. Anstalt, Bad, Dienst, Feiertag, Kredit, Sicherheit, Straße, Verkehrsmittel*), b) Staats..., staatlich (*z.B. Anleihe, Behörde, Papiere, Schuld, Stellung*), c) Volks... (*-bücherei, -gesundheit etc.*), d) Gemeinde..., Stadt...: **~ accountant** *Am.* Wirtschaftsprüfer *m*; **~-address system** öffentliche Lautsprecheranlage; **♪ Assistance** *Am.* Sozialhilfe *f*; **~ charge** Sozialhilfeempfänger(in); **~ (limited) company** ✝ *Brit.* Aktiengesellschaft; **~ convenience** öffentliche Bedürfnisanstalt; **~ corporation** ♨ öffentlich-rechtliche Körperschaft; **~ economy** Volkswirtschaft(slehre) *f*; **~ enemy** Staatsfeind *m*; **~ house** *bsd. Brit.* → **pub**; **~ information** Unterrichtung der Öffentlichkeit; **~ law** öffentliches Recht; **~ opinion** öffentliche Meinung; **~ opinion poll** öffentliche Umfrage, Meinungsbefragung *f*; **~ relations** a) Public Relations *pl.*, Öffentlichkeitsarbeit *f*, b) *attr.* Presse..., Werbe..., Public-Relations-...; **~ revenue** Staatseinkünfte *pl.*; **~ school** a) *Brit.* Public School *f*, höhere Privatschule mit Internat, b) *Am.* staatliche Schule; **~ service** a) Staatsdienst *m*, b) öffentliche Versorgung (*Gas, Wasser, Elektrizität etc.*); **~ servant** a) (Staats)Beamte(r) *m*, b) Angestellte(r) *m* im öffentlichen Dienst; **~ works** öffentliche (Bau-)Arbeiten; → **nuisance** 2, **policy¹** 3, **prosecutor**, **utility** 3; **4.** natio'nal: **~ disaster**, ♨ *etc.* **5.** Öffentlichkeit *f*: **in ~** in der Öffentlichkeit, öffentlich; **6.** *sg. u. pl. konstr.* Öffentlichkeit *f*, *die* Leute *pl.*; *das* Publikum; Kreise *pl.*, Welt *f*: **appear before the ~** an die Öffentlichkeit treten; **exclude the ~** ♨ die Öffentlichkeit ausschließen; **7.** *Brit.* F → **pub**; **'pub·li·can** [-kən] *s.* **1.** *Brit.* (Gast)Wirt *m*; **2.** *hist.*, *bibl.* Zöllner *m*; **pub·li·ca·tion** [,pʌblɪ'keɪʃn] *s.* **1.** Bekanntmachung *f*, -gabe *f*; **2.** Her'ausgabe *f*, Veröffentlichung *f* (*von Druckwerken*); **3.** Publikati'on *f*, Veröffentlichung *f*, Verlagswerk *n*; (Druck)Schrift *f*: **monthly ~** Monatsschrift; **new ~** Neuerscheinung *f*; **'pub·li·cist** [-ɪsɪst] *s.* **1.** Publi'zist *m*, Tagesschriftsteller *m*; **2.** Völkerrechtler *m*; **pub·lic·i·ty** [pʌb'lɪsətɪ] s. **1.** Publizi'tät f, Öffentlichkeit f (a. ᛏᛏ des Verfahrens): **give s.th.** ~ et. allgemein bekanntmachen; **seek** ~ bekannt werden wollen; **2.** Re'klame f, Werbung f, Pu'blicity f: ~ **agent,** ~ **man** Werbefachmann m; ~ **campaign** Werbefeldzug m; ~ **manager** Werbeleiter m; '**pub·li·cize** [-ɪsaɪz] v/t. **1.** publizieren, (öffentlich) bekanntmachen; **2.** Re'klame machen für, propagieren.

ˌpub·lic|·'pri·vate adj. ᛏ gemischt-wirtschaftlich; ˌ~·'spir·it·ed adj. gemeinsinnig, sozi'al gesinnt.

pub·lish ['pʌblɪʃ] v/t. **1.** (offizi'ell) bekanntmachen, -geben; Aufgebot etc. verkünd(ig)en; **2.** publizieren, veröffentlichen; **3.** Buch etc. verlegen, her'ausbringen: just ~ed (so)eben erschienen; ~ed by Methuen im Verlag Methuen erschienen; ~ed by the author im Selbstverlag; **4.** ᛏᛏ Beleidigendes äußern, verbreiten; '**pub·lish·er** [-[ə] s. **1.** Verleger m, Her'ausgeber m; bsd. Am. Zeitungsverleger m; **2.** pl. Verlag m, Verlagsanstalt f; '**pub·lish·ing** [-[ɪŋ] **I** s. Her'ausgabe f, Verlag m; **II** adj. Verlags...: ~ **business** Verlagsgeschäft n, -buchhandel m; ~ **house** → publisher 2.

puce [pju:s] adj. braunrot.

puck [pʌk] s. **1.** Kobold m; **2.** Eishockey: Puck m, Scheibe f.

puck·a ['pʌkə] adj. Brit. F **1.** echt, wirklich; **2.** erstklassig, tadellos.

puck·er ['pʌkə] **I** v/t. oft ~ **up 1.** runzeln, fälteln, Runzeln od. Falten bilden in (dat.); **2.** Mund, Lippen etc. zs.-ziehen, spitzen; a. Stirn, Stoff kräuseln; **II** v/i. **3.** sich kräuseln, sich zs.-ziehen, sich falten, Runzeln bilden; **III** s. **4.** Runzel f, Falte f; **5.** Bausch m; **6.** F Aufregung f (about über acc., wegen).

pud·ding ['pudɪŋ] s. **1.** a) Pudding m, b) Nach-, Süßspeise f; → proof 6; **2.** Art 'Fleischpaˌstete f; **3.** e-e Wurstsorte: black ~ Blutwurst f; white ~ Preßsack m; '~-faced adj. mit e-m Vollmondgesicht.

pud·dle ['pʌdl] **I** s. **1.** Pfütze f, Lache f; **2.** ⊕ Lehmschlag m; **II** v/t. **3.** mit Pfützen bedecken; in Matsch verwandeln; **4.** Wasser trüben (a. fig.); **5.** Lehm zu Lehmschlag verarbeiten; **6.** mit Lehmschlag abdichten od. auskleiden; **7.** metall. puddeln: ~(d) steel Puddelstahl m; **III** v/i. **8.** her'umplanschen od. -waten; **9.** fig. her'umfuschen; '**pud·dler** [-lə] s. ⊕ Puddler m (Arbeiter od. Gerät).

pu·den·cy ['pju:dənsɪ] s. Verschämtheit f.

pu·den·dum [pju:'dendəm] mst im pl. -da [-də] s. (weibliche) Scham, Vulva f.

pu·dent ['pju:dənt] adj. verschämt.

pudg·y ['pʌdʒɪ] adj. dicklich.

pu·er·ile ['pjuəraɪl] adj. □ pue'ril, knabenhaft, kindlich, contp. kindisch; **pu·er·il·i·ty** [pjuə'rɪlətɪ] s. **1.** Puerili'tät f, kindliche(s) od. kindisches Wesen; **2.** Kinde'rei f.

pu·er·per·al [pju:'ɜ:pərəl] adj. Kindbett...: ~ fever.

puff [pʌf] **I** s. **1.** Hauch m; (leichter) Windstoß; **2.** Zug m beim Rauchen; Paffen n der Pfeife etc.; **3.** (Rauch-, Dampf)Wölkchen n; **4.** leichter Knall; **5.** Bäckerei: Windbeutel m; **6.** Puderquaste f; **7.** Puffe f, Bausch m an Klei-

dern; **8.** a) marktschreierische Anpreisung, aufdringliche Re'klame, b) lobhudelnde Kri'tik: ~ is part of the trade Klappern gehört zum Handwerk; **II** v/t. **9.** blasen, pusten (away weg, out aus); **10.** auspuffen, -paffen, -stoßen; **11.** Zigarre etc. paffen; **12.** oft ~ out, ~ up aufblasen, (-)blähen; fig. aufgeblasen machen: ~ed up with pride stolzgeschwellt; ~ed eyes geschwollene Augen; ~ed sleeve Puffärmel m; **13.** außer Atem bringen: ~ed außer Atem; **14.** marktschreierisch anpreisen: ~ up Preise hochtreiben; **III** v/i. **15.** paffen (at an e-r Zigarre etc.); Rauch- od. Dampfwölkchen ausstoßen; **16.** pusten, schnaufen, keuchen; **17.** Lokomotive etc. (da'hin)dampfen, keuchen; **18.** ~ out (od. up) sich (auf)blähen; ~ **ad·der** s. zo. Puffotter f; '~·ball s. ♀ Bofist m.

puff·er ['pʌfə] s. **1.** Paffer m; **2.** Marktschreier m; **3.** Preistreiber m, Scheinbieter m bei Auktionen; '**puff·er·y** [-ərɪ] s. Marktschreie'rei f; '**puff·i·ness** ['pʌfɪnɪs] s. **1.** Aufgeblähtheit f, Aufgeblasenheit f (a. fig.); **2.** (Auf)Gedunsenheit f; **3.** Schwulst m; **puff·ing** ['pʌfɪŋ] s. **1.** Aufbauschung f, Aufblähung f; **2.** → puff 8 a; **3.** Scheinbieten n bei Auktionen, Preistreibe'rei f; **puff paste** s. Blätterteig m; **puff·y** ['pʌfɪ] adj. □ **1.** böig (Wind); **2.** kurzatmig, keuchend; **3.** aufgebläht, (an)geschwollen; **4.** bauschig (Ärmel); **5.** aufgedunsen, dick; **6.** fig. schwülstig.

pug¹ [pʌg] s. a. ~-dog Mops m.

pug² [pʌg] v/t. **1.** Lehm etc. mischen u. kneten; schlagen; **2.** mit Lehmschlag etc. ausfüllen od. abdichten.

pug³ [pʌg] s. sl. Boxer m.

pu·gil·ism ['pju:dʒɪlɪzəm] s. (Berufs-) Boxen n; '**pu·gil·ist** [-ɪst] s. (Berufs-) Boxer m.

pug·na·cious [pʌg'neɪʃəs] adj. □ **1.** kampflustig, kämpferisch; **2.** streitsüchtig; **pug'nac·i·ty** [-'næsətɪ] s. **1.** Kampflust f; **2.** Streitsucht f.

'**pug**|-**nose** s. Stupsnase f; '~-**nosed** adj. stupsnasig.

puis·ne ['pju:nɪ] **I** adj. ᛏᛏ rangjünger, 'untergeordnet: ~ judge → **II**; **II** s. 'Unterrichter m, Beisitzer m.

puke [pju:k] **I** v/t. u. v/i. (sich) erbrechen, ˌkotzen'; **II** s. ˌKotze'.

puk·ka ['pʌkə] → pucka.

pul·chri·tude ['pʌlkrɪtju:d] s. bsd. Am. (weibliche) Schönheit; **pul·chri·tu·di·nous** [ˌpʌlkrɪ'tju:dɪnəs] adj. Am. schön.

pule [pju:l] v/i. **1.** wimmern, winseln; **2.** piepsen.

pull [pul] **I** s. **1.** Ziehen n, Zerren n; **2.** Zug m, Ruck m: **give a strong** ~ (at) kräftig ziehen (an dat.); **3.** mot. etc. Zug(kraft f) m, Ziehkraft f; **4.** Anziehungskraft f (a. fig.); **5.** fig. Zug-, Werbekraft f; **6.** Zug m, Schluck m (at aus); **7.** Zug(griff) m, -leine f: bell ~ Glockenzug; **8.** a) Bootfahrt f, Ruderpar'tie f, b) Ruderschlag m; **9.** (long ~ große) Anstrengung, ˌSchlauch' m, fig. Durststrecke f; **10.** ermüdende Steigung; **11.** Vorteil m (over, of vor dat., gegen-'über); **12.** sl. (with) (heimlicher) Einfluß (auf acc.), Beziehungen pl. (zu); **13.** typ. Fahne f, (erster) Abzug f; **II** v/t.

14. ziehen, schleppen; **15.** zerren (an dat.), zupfen (an dat.): ~ about umherzerren; ~ a muscle sich e-e Muskelzerrung zuziehen; → face 2, leg Redew., string 3, trigger 2; **16.** reißen: ~ apart auseinanderreißen; ~ to pieces a) zerreißen, in Stücke reißen, b) fig. (in e-r Kritik etc.) ˌverreißen'; ~ o.s. together fig. sich zs.-reißen; **17.** Pflanze ausreißen; Korken, Zahn ziehen; Blumen, Obst pflücken; Flachs raufen; Gans etc. rupfen; Leder enthaaren; **18.** ~ one's punches Boxen: verhalten schlagen, fig. sich zurückhalten; not to ~ one's punches fig. vom Leder ziehen, kein Blatt vor den Mund nehmen; **19.** Pferd zügeln; Rennpferd pullen; **20.** Boot rudern: ~ a good oar gut rudern; → weight 1; **21.** Am. Messer etc. ziehen: ~ a pistol on j-n mit der Pistole bedrohen; **22.** typ. Fahne abziehen; **23.** sl. et. ˌdrehen', ˌschaukeln' (ausführen): ~ the job das Ding drehen; ~ a fast one on s.o. j-n ˌreinlegen'; **24.** sl. ˌschnappen' (verhaften); **25.** sl. e-e Razzia machen auf (acc.), Spielhölle etc. ausheben; **III** v/i. **26.** ziehen (at an dat.); **27.** zerren, reißen (at an dat.); **28.** a. ~ against the bit am Zügel reißen (Pferd); **29.** a) e-n Zug machen, trinken (at aus e-r Flasche), b) ziehen (at an e-r Pfeife etc.); **30.** gut etc. ziehen (Pfeife etc.); **31.** sich vorwärtsarbeiten, -bewegen, -schieben: ~ into the station ᛚᛚ (in den Bahnhof) einfahren; **32.** rudern, pullen: ~ together fig. zs.-arbeiten; **33.** (her'an)fahren (to the kerb an den Bordstein); **34.** sl. ˌziehen', Zugkraft haben (Reklame);

Zssgn mit adv.:

pull| **away** v/i. **1.** wegziehen, -reißen; **II** v/i. **2.** anfahren (Bus etc.); **3.** sich losreißen; **4.** a. sport sich absetzen (von from); ~ **down** v/t. **1.** her'unterziehen, -reißen; Gebäude abreißen; **2.** fig. her'unterreißen, her'absetzen; **3.** j-n schwächen; j-n entmutigen; ~ **in I** v/t. **1.** (her')einziehen; **2.** Pferd zügeln, parieren; **II** v/i. **3.** anhalten, stehenbleiben; **4.** hin'cinrudern; ᛚᛚ einfahren; ~ **off I** v/t. **1.** wegziehen, -reißen; **2.** Schuhe etc. ausziehen; Hut abnehmen (to vor dat.); **3.** Preis, Sieg da'vontragen, erringen; **4.** F et. ˌschaukeln', ˌschaffen'; **II** v/i. **5.** sich in Bewegung setzen, abfahren; abstoßen (Boot); ~ **on** v/t. Kleid etc. anziehen; ~ **out I** v/t. **1.** her'ausziehen; ✕ Truppen abziehen; **2.** ✈ Flugzeug hochziehen, aus dem Sturzflug abfangen; **3.** fig. in die Länge ziehen; **II** v/i. **4.** hin'ausrudern; abfahren (Zug etc.); ausscheren (Fahrzeug); ✕ abziehen; fig. ˌaussteigen' (of aus); ~ **round I** v/t. Kranken wieder ˌhinkriegen', 'durchbringen; **II** v/i. wieder auf die Beine kommen, 'durchkommen, sich erholen; ~ **through I** v/t. **1.** (hin-) 'durchziehen; **2.** fig. a) j-m 'durchhelfen, b) → pull round I; **3.** et. erfolgreich 'durchführen; **II** v/i. **4.** → pull round II; sich 'durchschlagen; ~ **up I** v/t. **1.** hochziehen (a. ✈); ⚓ Flagge hissen; **2.** Pferd, Wagen anhalten; **3.** j-n zu'rückhalten, j-m Einhalt gebieten; j-n zur Rede stellen; **II** v/i. **4.** (an)halten, vorfahren; **5.** fig. bremsen; **6.** sport sich nach vorn schieben: ~ to (od. with) j-n

einholen.
'pull·back s. **1.** Hemmnis n; **2.** ✕ Rückzug m; ~ **date** s. ✝ Haltbarkeitsdatum n.
pul·let ['pʊlɪt] s. Hühnchen n.
pul·ley ['pʊlɪ] ⚙ s. **1.** a) Rolle f (bsd. Flaschenzug): **rope** ~ Seilrolle f; **block and** ~, **set of** ~**s** Flaschenzug m, b) Flasche f (Verbindung mehrerer Rollen), c) Flaschenzug m; **2.** ⚓ Talje f; **3.** a. **belt** ~ Riemenscheibe f; ~ **block** s. ⚙ (Roll)Kloben m; ~ **chain** s. Flaschenzugkette f; ~ **drive** s. Riemenscheibenantrieb m.
Pull·man (**car**) ['pʊlmən] pl. **-mans** s. 🚃 Pullmanwagen m.
'pull·off I s. **1.** ✓ Lösen n des Fallschirms (beim Absprung); **2.** leichter etc. Abzug (Schußwaffe); II adj. **3.** ⚙ Abzieh…(-feder); '~**-out** I s. **1.** Faltblatt n; **2.** (Zeitschriften)Beilage f; **3.** ✕ (Truppen)Abzug m; II adj. **4.** ausziehbar: ~ **map** Faltkarte f; ~ **seat** Schiebesitz m; '~**o·ver** s. Pull'over m; ~ **switch** s. ⚡ Zugschalter m.
pul·lu·late ['pʌljʊleɪt] v/i. **1.** (her'vor-)sprossen, knospen; **2.** Knospen treiben; **3.** keimen (Samen); **4.** biol. sich (durch Knospung) vermehren; **5.** fig. wuchern, grassieren; **6.** fig. wimmeln.
'pull-up s. **1.** Brit. mot. Raststätte f; **2.** Klimmzug m.
pul·mo·nar·y ['pʌlmənərɪ] adj. anat. Lungen…; **'pul·mo·nate** [-neɪt] zo. adj. Lungen…, mit Lungen (ausgestattet): ~ (mollusc) Lungenschnecke f; **pul·mon·ic** [pʌl'mɒnɪk] I adj. Lungen…; II s. Lungenheilmittel n.
pulp [pʌlp] I s. **1.** Fruchtfleisch n, -mark n; **2.** ♀ Stengelmark n; **3.** anat. (Zahn-)Pulpa f; **4.** Brei m, breiige Masse: **beat to a** ~ fig. j-n zu Brei schlagen; **5.** ⚙ a) Pa'pierbrei m, Pulpe f, bsd. Ganzzeug n, b) Zellstoff m: ~**board** Zellstoffpappe f; ~ **engine** ~ **pulper** 1; ~ **factory** Holzschleiferei f; **6.** Maische f, Schnitzel pl. (Zucker); **7.** Am. a) Schund m, b) a. ~ **magazine** Am. Schundblatt n; II v/t. **8.** in Brei verwandeln; **9.** Papier einstampfen; **10.** Früchte entfleischen; III v/i. **11.** breiig werden od. sein; '**pulper** [-pə] s. ⚙ (Ganzzeug)Holländer m (Papier); **2.** ✗ (Rüben)Breimühle f; '**pulp·i·fy** [-pɪfaɪ] v/t. in Brei verwandeln; '**pulp·i·ness** [-pɪnɪs] s. **1.** Weichheit f; **2.** Fleischigkeit f; **3.** Matschigkeit f.
pul·pit ['pʊlpɪt] s. **1.** Kanzel f: **in the** ~ auf der Kanzel; ~ **orator** Kanzelredner m; **2.** **the** ~ coll. die Geistlichkeit; **3.** fig. Kanzel f; **4.** ⚙ Bedienungsstand m.
pulp·y ['pʌlpɪ] adj. ☐ **1.** weich u. saftig; **2.** fleischig; **3.** schwammig; **4.** breiig, matschig.
pul·sate [pʌl'seɪt] v/i. **1.** pulsieren (a. ⚡), (rhythmisch) pochen od. schlagen; **2.** vibrieren; **3.** fig. pulsieren (with von Leben, Erregung); **pul·sa·tile** ['pʌlsətaɪl] adj. ♪ Schlag…: ~ **instrument**; **pul'sat·ing** [-tɪŋ] adj. ⚡ pulsierend (a. fig.), stoßweise; ♪ fig. beschwingt (Rhythmus, Weise); **pul·sa·tion** [-eɪʃn] s. **1.** Pulsieren n (a. fig.), Pochen n, Schlagen n; **2.** Pulsschlag m (a. fig.); **3.** Vibrieren n.
pulse¹ [pʌls] I s. **1.** Puls(schlag) m (a. fig.): **quick** ~ schneller Puls; ~**-rate** ✦

Pulszahl f; **feel s.o.'s** ~ a) j-m den Puls fühlen, b) fig. j-m auf den Zahn fühlen, bei j-m vorfühlen; **2.** ⚡, phys. Im'puls m, (Strom)Stoß m; II v/i. **3.** → pulsate.
pulse² [pʌls] s. Hülsenfrüchte pl.
pul·ver·i·za·tion [ˌpʌlvəraɪ'zeɪʃn] s. **1.** Pulverisierung f, (Feinst)Mahlung f; **2.** Zerstäubung f von Flüssigkeiten; **3.** fig. Zermalmung f; **pul·ver·ize** ['pʌlvəraɪz] I v/t. **1.** pulverisieren, zu Staub zermahlen, -stoßen, -reiben; ~**d coal** feingemahlene Kohlen pl., Kohlenstaub m; **2.** Flüssigkeit zerstäuben; **3.** fig. zermalmen; II v/i. **4.** (in Staub) zerfallen; **pul·ver·iz·er** ['pʌlvəraɪz] s. **1.** ⚙ Zerkleinerer m, Pulverisiermühle f, Mahlanlage f; **2.** Zerstäuber m; **pul·ver·u·lent** [pʌl'verjʊlənt] adj. **1.** (fein)pulverig; **2.** (leicht) zerbröckelnd; **3.** staubig.
pu·ma ['pjuːmə] s. zo. Puma m.
pum·ice ['pʌmɪs] I s. a. ~**-stone** Bimsstein m; II v/t. mit Bimsstein abreiben, (ab)bimsen.
pum·mel ['pʌml] → **pommel** II.
pump¹ [pʌmp] I s. **1.** Pumpe f: (dispensing) ~ mot. Zapfsäule f; ~ **priming** a) Anlassen n der Pumpe, b) ✝ Ankurbelung f der Wirtschaft; **2.** Pumpen(stoß m) n; II v/t. **3.** pumpen: ~ **dry** aus-, leerpumpen; ~ **out** auspumpen (a. fig. erschöpfen); ~ **up** a) hochpumpen, b) Reifen aufpumpen (a. fig.); ~ **bullets into** fig. j-m Kugeln in den Leib jagen; ~ **money into** ✝ Geld in et. hineinpumpen; **4.** fig. j-n ausholen, -fragen, -horchen; III v/i. **5.** pumpen (a. fig. Herz etc.).
pump² [pʌmp] s. **1.** Pumps m (Halbschuh); **2.** Brit. Turnschuh m.
'pump-han·dle I s. Pumpenschwengel m; II v/t. F j-s Hand 'überschwenglich schütteln.
pump·kin ['pʌmpkɪn] s. ♀ (bsd. Garten-)Kürbis m.
'pump-room s. Trinkhalle f in Kurbädern.
pun [pʌn] I s. Wortspiel n (on über acc., mit); II v/i. Wortspiele od. ein Wortspiel machen, witzeln.
punch¹ [pʌntʃ] I s. **1.** (Faust)Schlag m: **beat s.o. to the** ~ Am. fig. j-m zuvorkommen; → **pull** 18; **2.** Schlagkraft f (a. fig.), → **pack** 20; **3.** ⌐ Wucht f, Schmiß m, Schwung m; II v/t. **4.** (mit der Faust) schlagen, boxen, knuffen; **5.** (ein)hämmern auf (acc.): ~ **the typewriter**.
punch² [pʌntʃ] ⚙ I s. **1.** Stanzwerkzeug n, Lochstanze f, -eisen n, Stempel m, 'Durchschlag m, Dorn m; **2.** Pa'trize f; **3.** Prägestempel m; **4.** Lochzange f (a. 🚃 etc.); **5.** (Pa'pier)Locher m; II v/t. **6.** (aus-, loch)stanzen, durch'schlagen, lochen; **7.** Zahlen etc. punzen, stempeln; **8.** Fahrkarten etc. lochen, knipsen; ~**d card** Lochkarte f; ~**d tape** Lochstreifen m.
punch³ [pʌntʃ] s. Punsch m.
Punch⁴ [pʌntʃ] s. Kasperle n, Hans'wurst m: ~ **and Judy show** Kasperletheater n; **he was as pleased as** ~ er hat sich königlich gefreut.
punch⁵ [pʌntʃ] s. Brit. **1.** kurzbeiniges schweres Zugpferd; **2.** F ‚Stöpsel' m (kleine dicke Person).
'punch·ball s. Boxen: Punchingball m, (Mais)Birne f; ~ **card** s. Lochkarte f;

,~**'drunk** adj. **1.** (von vielen Boxhieben) blöde (geworden); **2.** groggy.
pun·cheon¹ ['pʌntʃən] s. **1.** (Holz-, Stütz)Pfosten m; **2.** ⚙ → **punch²** 1.
pun·cheon² ['pʌntʃən] s. hist. Puncheon n (Faß von 315 – 540 l).
punch·er ['pʌntʃə] s. **1.** ⚙ Locheisen n, Locher m; **2.** F Schläger m (a. Boxer); **3.** Am. F Cowboy m.
punch·ing ['pʌntʃɪŋ] s. Boxen: Sandsack m; '~**-ball** s. Boxen: Punchingball m; ~ **die** s. ⚙ 'Stanzma,trize f.
punch| line s. Am. Po'inte f, 'Knalleffekt m; ~ **press** s. ⚙ Lochpresse f; '~**up** s. F Schläge'rei f.
punc·til·i·o [pʌŋk'tɪlɪəʊ] pl. **-i·os** s. **1.** Punkt m der Eti'kette; Feinheit f des Benehmens etc.; **2.** heikler od. kitzliger Punkt: ~ **of hono(u)r** Ehrenpunkt m; **3.** → **punctiliousness**; **punc'til·i·ous** [-ɪəs] adj. ☐ **1.** peinlich (genau), pe'dantisch, spitzfindig; **2.** (über'trieben) förmlich; **punc'til·i·ous·ness** [-ɪəsnɪs] s. pe'dantische Genauigkeit, Förmlichkeit f.
punc·tu·al ['pʌŋktjʊəl] adj. ☐ pünktlich; **punc·tu·al·i·ty** [ˌpʌŋktjʊ'ælətɪ] s. Pünktlichkeit f.
punc·tu·ate ['pʌŋktjʊeɪt] v/t. **1.** interpunktieren, Satzzeichen setzen in (acc.); **2.** fig. a) unter'brechen (with durch, mit), b) unter'streichen; **punc·tu·a·tion** [ˌpʌŋktjʊ'eɪʃn] s. **1.** Interpunkti'on f, Zeichensetzung f: **close** (**open**) ~ (weniger) strikte Zeichensetzung; ~ **mark** Satzzeichen n; **2.** fig. a) Unter'brechung f, b) Unter'streichung f.
punc·ture ['pʌŋktʃə] I v/t. **1.** durch'stechen, -'bohren; **2.** 🐝 punktieren; II v/t. **3.** ein Loch bekommen, platzen (Reifen); **4.** ✓ 'durchschlagen; III s. **5.** (Ein-)Stich m, Loch n; **6.** Reifenpanne f: ~ **outfit** Flickzeug n; **7.** 🐝 Punk'tur f; **8.** ✓ 'Durchschlag m; '~**-proof** adj. mot. pannen-, ✓ 'durchschlagsicher.
pun·dit ['pʌndɪt] s. **1.** Pandit m (brahmanischer Gelehrter); **2.** humor. a) ‚gelehrtes Haus', b) ‚Weise(r)' m (Experte).
pun·gen·cy ['pʌndʒənsɪ] s. Schärfe f (a. fig.); '**pun·gent** [-nt] adj. ☐ **1.** scharf (im Geschmack); **2.** stechend (Geruch etc.), a. fig. beißend, scharf; **3.** fig. prickelnd, pi'kant.
pu·ni·ness ['pjuːnɪnɪs] s. **1.** Schwächlichkeit f; **2.** Kleinheit f.
pun·ish ['pʌnɪʃ] v/t. **1.** j-n (be)strafen (for für, wegen); **2.** Vergehen bestrafen, ahnden; **3.** F fig. Boxer etc. übel zurichten, arg mitnehmen (a. weitS. strapazieren): ~**ing** ‚mörderisch', zermürbend; F ‚reinhauen' (ins Essen); '**pun·ish·a·ble** [-ʃəbl] adj. ☐ strafbar; '**pun·ish·ment** [-mənt] s. **1.** Bestrafung f (by durch); **2.** Strafe f (a. 🎓): **for** (od. **as**) **a** ~ als od. zur Strafe; **3.** F a) grobe Behandlung, b) Boxen: ‚Prügel' pl.: **take** ~ ‚schwer einstecken' müssen; c) Stra'paze f, ‚Schlauch' m, d) ⚙, ✝ harte Beanspruchung.
pu·ni·tive ['pjuːnətɪv] adj. Straf…
punk [pʌŋk] I s. **1.** Zunder(holz n) m; **2.** sl. contp. a) ‚Flasche' f, b) ‚Blödmann' m, c) ‚Mist' m; **3.** ‚Punk' m (Bewegung u. Anhänger); II adj. sl. **4.** mise'rabel; **5.** Punk… (a. ♪).

pun·ster ['pʌnstə] s. Wortspielmacher (-in), Witzbold m.

punt¹ [pʌnt] **I** s. Punt n, Stakkahn m; **II** v/t. Boot staken; **III** v/i. punten, im Punt fahren.

punt² [pʌnt] **I** s. Rugby etc.: Falltritt m; **II** v/t. u. v/i. (den Ball) aus der Hand (ab)schlagen.

punt³ [pʌnt] v/i. **1.** Glücksspiel: gegen die Bank setzen; **2.** (auf ein Pferd) setzen, allg. wetten.

pu·ny ['pju:nɪ] adj. □ schwächlich; winzig, a. fig. kümmerlich.

pup [pʌp] **I** s. junger Hund: in ~ trächtig (Hündin); conceited ~ → puppy 2; sell s.o. a ~ F j-m et. andrehen, j-n ,reinlegen'; **II** v/t. u. v/i. (Junge) werfen.

pu·pa ['pju:pə] pl. -pae [-pi:] s. zo. Puppe f; **'pu·pate** [-peɪt] v/i. zo. sich verpuppen; **pu·pa·tion** [pju:'peɪʃən] s. zo. Verpuppung f.

pu·pil¹ ['pju:pl] s. **1.** Schüler(in): ~ teacher Junglehrer(in); **2.** ✝ Prakti-'kant(in); **3.** ⚖ Mündel m, n.

pu·pil² ['pju:pl] s. anat. Pu'pille f.

pu·pil·(l)age ['pju:pɪlɪdʒ] s. **1.** Schüler-, Lehrjahre pl.; **2.** Minderjährigkeit f, Unmündigkeit f; **'pu·pil·(l)ar** [-lə] → **'pu·pil·(l)ar·y** [-lərɪ] adj. **1.** ⚖ Mündel...; **2.** anat. Pupillen...

pup·pet ['pʌpɪt] s. a. fig. Mario'nette f, Puppe f: ~ government Marionettenregierung f; ~ show (od. play) Puppenspiel n, Mario'nettenthe,ater n.

pup·py ['pʌpɪ] s. **1.** zo. junger Hund, Welpe m, a. weitS. Junge(s) n: ~ love → calf love; **2.** fig. (junger) Schnösel, Fatzke m; **'pup·py·hood** [-hʊd] s. Jugend-, Flegeljahre pl.

pup tent s. kleines Schutzzelt.

pur [pɜ:] → purr.

pur·blind ['pɜ:blaɪnd] adj. **1.** fig. kurzsichtig, dumm; **2.** a) halb blind, b) obs. (ganz) blind.

pur·chas·a·ble ['pɜ:tʃəsəbl] adj. käuflich (a. fig.); **pur·chase** ['pɜ:tʃəs] **I** v/t. **1.** kaufen, erstehen, (käuflich) erwerben; **2.** fig. erkaufen, erringen (with mit, durch); **3.** fig. kaufen (bestechen), **4.** ⚙, ⚓ a) hochwinden; b) (mit Hebelkraft) heben od. bewegen; **II** s. **5.** (An-, Ein)Kauf m: by ~ durch Kauf, käuflich; make ~s Einkäufe machen; **6.** 'Kauf (-ob,jekt n) m, Anschaffung f: ~s Bilanz: Wareneingänge; **7.** ⚖ Erwerbung f; **8.** (Jahres)Ertrag m: at ten years' ~ zum Zehnfachen des Jahresertrages; his life is not worth a day's ~ er lebt keinen Tag mehr, er macht es nicht mehr lange; **9.** ⚙ Hebevorrichtung f, bsd. a) Flaschenzug m, b) ⚓ Talje f; **10.** Hebelkraft f, -wirkung f; **11.** (guter) Angriffs- od. Ansatzpunkt; **12.** fig. a) Machtstellung f, Einfluß m, b) Machtmittel n, Handhabe f.

pur·chase| ac·count s. ✝ Wareneingangskonto n; ~ **dis·count** s. 'Einkaufsra,batt m; ~ **mon·ey** s. Kaufsumme f; ~ **pat·tern** s. Käuferverhalten n; ~ **price** s. Kaufpreis m.

pur·chas·er ['pɜ:tʃəsə] s. **1.** Käufer(in); Abnehmer(in); **2.** ⚖ Erwerber m: first ~ Ersterwerber.

pur·chase tax s. Brit. Kaufsteuer f.

pur·chas·ing| a·gent ['pɜ:tʃəsɪŋ] s. ✝ Einkäufer m; ~ **as·so·ci·a·tion** s. Ein-

kaufsgenossenschaft f; ~ **de·part·ment** s. Einkauf(sabteilung f) m; ~ **man·ag·er** s. Einkaufsleiter m; ~ **pow·er** s. Kaufkraft f.

pure [pjʊə] adj. □ **1.** rein: a) sauber, makellos (a. fig. Freundschaft, Sprache, Ton etc.), b) unschuldig, unberührt: a ~ girl, c) unvermischt: ~ gold pures od. reines Gold, d) theo'retisch: ~ mathematics reine Mathematik, e) völlig, bloß, pur: ~ nonsense; **~ly** adv. fig. rein, bloß, ausschließlich; **2.** biol. reinrassig; **'~·bred I** adj. reinrassig, rasserein; **II** s. reinrassiges Tier.

pu·rée ['pjʊəreɪ] (Fr.) s. **1.** Pü'ree n; **2.** (Pü'ree)Suppe f.

pur·ga·tion [pɜ:'theoˈretɪsch] s. **1.** mst eccl. u. fig. Reinigung f; **2.** ✚ Darmentleerung f; **pur·ga·tive** ['pɜ:gətɪv] **I** adj. □ **1.** reinigend; **2.** ✚ abführend, Abführ...; **II** s. **3.** ✚ Abführmittel n; **pur·ga·to·ry** ['pɜ:gətərɪ] s. R.C. Fegefeuer n (a. fig.).

purge [pɜ:dʒ] **I** v/t. **1.** mst fig j-n reinigen (of, from von Schuld, Verdacht); **2.** Flüssigkeit klären, läutern; **3.** ✚ a) Darm abführen, entschlacken, b) j-m Abführmittel geben; **4.** Verbrechen sühnen; **5.** pol. a) Partei etc. säubern, b) (aus der Par'tei) ausschließen, c) liquidieren (töten); **II** v/i. **6.** sich läutern; **7.** ✚ a) abführen (Medikament), b) Stuhlgang haben; **III** s. **8.** Reinigung f; **9.** ✚ a) Entleerung f, -schlackung f, b) Abführmittel n; **10.** pol. 'Säuberung(s-akti,on f).

pu·ri·fi·ca·tion [ˌpjʊərɪfɪ'keɪʃn] s. **1.** Reinigung f (a. eccl.); **2.** ☉ Reinigung f (a. metall.), Klärung f, Abläuterung f; Regenerierung f von Altöl; **pu·ri·fi·er** ['pjʊərɪfaɪə] s. ☉ Reiniger m, 'Reinigungsappa,rat m; **pu·ri·fy** ['pjʊərɪfaɪ] **I** v/t. **1.** reinigen (of, from von) (a. fig. läutern); **2.** ☉ reinigen, läutern, klären; aufbereiten, Öl regenerieren; **II** v/i. **3.** sich läutern.

pur·ism ['pjʊərɪzəm] s. a. ling. u. Kunst: Pu'rismus m; **'pur·ist** [-ɪst] s. Pu'rist m, bsd. Sprachreiniger m.

Pu·ri·tan ['pjʊərɪtən] **I** s. **1.** hist. (fig. mst ⚑) Puri'taner(in); **II** adj. **2.** puri'tanisch: Ⴥ fig. (mst ⚑) → puritanical; **pu·ri·tan·i·cal** [ˌpjʊərɪ'tænɪkəl] adj. □ puritanisch, über'trieben sittenstreng; **'Pu·ri·tan·ism** [-tənɪzəm] s. Purita'nismus m.

pu·ri·ty ['pjʊərətɪ] s. Reinheit f: ⚑ Campaign fig. Sauberkeitskampagne f.

purl¹ [pɜ:l] **I** v/i. murmeln, rieseln (Bach); **II** s. Murmeln n.

purl² [pɜ:l] **I** v/t. **1.** (um)'säumen, einfassen; **2.** (a. v/i.) linksstricken; **II** s. **3.** Gold-, Silberdrahtlitze f; **4.** Zäckchen (-borte f) n; **5.** Häkelkante f; **6.** Linksstricken n.

purl·er ['pɜ:lə] s. F **1.** schwerer Sturz: come (od. take) a ~ schwer stürzen; **2.** schwerer Schlag.

pur·lieus ['pɜ:lju:z] s. pl. Um'gebung f, Randbezirk(e pl.) m.

pur·loin ['pɜ:lɔɪn] v/t. entwenden, stehlen (a. fig.); **pur'loin·er** [-nə] s. Dieb m; fig. Plagi'ator m.

pur·ple ['pɜ:pl] **I** adj. **1.** purpurn, purpurrot: ⚑ Heart a) ✕ Am. Verwundetenabzeichen n, b) Brit. F Amphetamintablette f; **2.** fig. bril'lant (Stil): ~

passage Glanzstelle f; **3.** Am. lästerlich; **II** s. **4.** Purpur m (a. fig. Herrscher-, Kardinalswürde): raise to the ~ zum Kardinal ernennen; **III** v/i. **5.** sich purpurn färben.

pur·port ['pɜ:pət] **I** v/t. **1.** behaupten, vorgeben: ~ to be (do) angeblich sein (tun), sein (tun) wollen; **2.** besagen, beinhalten, zum Inhalt haben, ausdrücken (wollen); **II** s. **3.** Tenor m, Inhalt m, Sinn m.

pur·pose ['pɜ:pəs] **I** s. **1.** Zweck m, Ziel n; Absicht f, Vorsatz m: for what ~? zu welchem Zweck?, wozu?; for all practical ~s praktisch; for the ~ of a) um zu, zwecks, b) im Sinne e-s Gesetzes; of set ~ vorsätzlich; on ~ absichtlich; to the ~ a) zur Sache (gehörig), b) zweckdienlich; to no ~ vergeblich, umsonst; answer (od. serve) the ~ dem Zweck entsprechen; be to little ~ wenig Zweck haben; turn to good ~ gut anwenden od. nützen; novel with a ~, ~-novel Tendenzroman m; **2.** a. strength of ~ Entschlußkraft f; **3.** Zielbewußtheit f; **4.** Wirkung f; **II** v/t. **5.** vorhaben, beabsichtigen, bezwecken; **'~-built** adj. spezi'algefertigt, Spezial..., Zweck...

pur·pose·ful ['pɜ:pəsfʊl] adj. □ **1.** zielbewußt, entschlossen; **2.** zweckmäßig, -voll; **3.** absichtlich; **'pur·pose·less** [-lɪs] adj. □ **1.** zwecklos; **2.** ziel-, planlos; **'pur·pose·ly** [-lɪ] adv. absichtlich, vorsätzlich; **'pur·pos·ive** [-sɪv] adj. **1.** zweckmäßig, -voll, -dienlich; **2.** absichtlich, bewußt, a. gezielt; **3.** zielstrebig.

'pur·pose-trained adj. mit Spezi'alausbildung.

purr [pɜ:] **I** v/i. **1.** schnurren (Katze etc.); **2.** fig. surren, summen (Motor etc.); **3.** fig. vor Behagen schnurren; **II** v/t. **4.** et. summen, säuseln (sagen); **III** s. **5.** Schnurren n; Surren n.

purse [pɜ:s] **I** s. **1.** a) Geldbeutel m, Börse f, b) (Damen)Handtasche f: light (long) ~ fig. ein magerer (voller) Geldbeutel; public ~ Staatssäckel m; Fonds m: common ~ gemeinsame Kasse; **3.** Geldsammlung f, -geschenk n: make up a ~ for Geld sammeln für; **4.** sport: a) Siegprämie f, b) Boxen: Börse f; **II** v/t. **5.** oft ~ up in Falten legen; Stirn runzeln; Lippen schürzen, Mund spitzen; **'~-proud** adj. geldstolz, protzig.

purs·er ['pɜ:sə] s. **1.** ⚓ Zahl-, Provi'antmeister m; **2.** ✈ Purser(in).

'purse-strings s. pl.: hold the ~ den Geldbeutel verwalten; tighten the ~ den Daumen auf dem Beutel halten.

purs·lane ['pɜ:slɪn] s. ♀ Portulak(gewächs n) m.

pur·su·ance [pə'sjuəns] s. Verfolgung f, Ausführung f: in ~ of a) im Verfolg (gen.), b) → pursuant; **pur·su·ant** [-nt] adj. □: ~ to gemäß od. laut e-r Vorschrift etc.

pur·sue [pə'sju:] **I** v/t. **1.** (a. ✕) verfolgen, j-m nachsetzen, j-n jagen; **2.** fig. Zweck, Ziel, Plan verfolgen; **3.** nach Glück etc. streben; dem Vergnügen nachgehen; **4.** Kurs, Weg einschlagen, folgen (dat.); **5.** Beruf, Studien etc. betreiben, nachgehen (dat.); **6.** et. weiterführen, fortsetzen, fortfahren in; **7.**

Thema etc. weiterführen, (weiter) diskutieren; **II** *v/i.* **8.** ~ *after* → 1; **9.** *im Sprechen etc.* fortfahren; **pur'su·er** [-juːə] *s.* **1.** Verfolger(in); **2.** ⚖ *Scot.* (An)Kläger(in).

pur·suit [pə'sjuːt] *s.* **1.** Verfolgung *f*, Jagd *f* (*of auf acc.*): ~ *action* ✗ Verfolgungskampf *m*; *in hot* ~ in wilder Verfolgung *od.* Jagd; **2.** *fig.* Streben *n*, Trachten *n*, Jagd *f* (*of* nach); **3.** Verfolgung *f*, Verfolg *m* e-s Plans etc.: *in* ~ *of* im Verfolg e-r Sache; **4.** Beschäftigung *f*, Betätigung *f*; Ausübung *f* e-s Gewerbes, Betreiben *n von Studien etc.*; **5.** *pl.* Arbeiten *pl.*, Geschäfte *pl.*; Studien *pl.*; ~ **in·ter·cep·tor** *s.* ✓ Zerstörer *m*; ~ **plane** *s.* ✓ Jagdflugzeug *n*.

pur·sy¹ ['pɜːsɪ] *adj.* **1.** kurzatmig; **2.** korpu'lent; **3.** protzig.

pur·sy² ['pɜːsɪ] *adj.* zs.-gekniffen.

pu·ru·lence ['pjʊərʊləns] *s.* ✱ **1.** Eitrigkeit *f*; **2.** Eiter *m*; **'pu·ru·lent** [-nt] *adj.* □ ✱ eiternd, eit(e)rig; Eiter...: ~ *matter* Eiter *m*.

pur·vey [pə'veɪ] **I** *v/t.* (*to*) mst Lebensmittel liefern (an *acc.*), (j-n) versorgen mit; **II** *v/i.* (*for*) liefern (an *acc.*), sorgen (für): ~ *for* j-n beliefern; **pur'vey·ance** [-əns] *s.* **1.** Lieferung *f*, Beschaffung *f*; **2.** (Mund)Vorrat *m*, Lebensmittel *pl.*; **pur'vey·or** [-erə] *s.* **1.** Liefe'rant *m*: ≥ *to Her Majesty* Hoflieferant; **2.** Lebensmittelhändler *m*.

pur·view ['pɜːvjuː] *s.* **1.** ⚖ verfügender Teil (*e-s Gesetzes*); **2.** *bsd.* ⚖ (Anwendungs)Bereich *m* e-s Gesetzes, b) Zuständigkeit(sbereich *m*) *f*; **3.** Wirkungskreis *m*, Sphäre *f*, Gebiet *n*; **4.** Gesichtskreis *m*, Blickfeld *n* (*a. fig.*).

pus [pʌs] *s.* ✱ Eiter *m*.

push [pʊʃ] **I** *s.* **1.** Stoß *m*, Schub *m*: *give s.o. a* ~ a) j-m e-n Stoß versetzen, b) *mot.* j-n anschieben; *give s.o. the* ~ *sl.* j-n ‚rausschmeißen' (*entlassen*); *get the* ~ *sl.* ‚rausfliegen' (*entlassen werden*); **2.** △, ⚙, *geol.* (horizon'taler) Druck, Schub *m*; **3.** Anstoß *m*, -trieb *m*; **4.** Anstrengung *f*, Bemühung *f*; **5.** *bsd.* ✗ Vorstoß *m* (*for auf acc.*); Offen'sive *f*; **6.** *fig.* Druck *m*, Drang *m* der Verhältnisse; **7.** kritischer Augenblick: *at a* ~ im Notfall; *bring to the last* ~ aufs Äußerste treiben; *when it came to the* ~ als es darauf ankam, **8.** F Schwung *m*, Ener'gie *f*, Tatkraft *f*, Draufgängertum *n*; **9.** Protekti'on *f*: *get a job by* ~; **10.** F Menge *f*, Haufen *m* Menschen; **11.** *sl.* a) (exklu'sive) Clique, b) ‚Verein' *m*, ‚Bande' *f*; **II** *v/t.* **12.** stoßen, *Karren etc.* schieben: ~ *open* aufstoßen; **13.** stecken, schieben (*into* in *acc.*); **14.** drängen: ~ *one's way a·head* (*through*) sich vor- (durch)drängen; **15.** *fig.* (an)treiben, drängen (*to* zu, *to do* zu tun): ~ *s.o. for* j-n bedrängen *od.* j-m zusetzen wegen; ~ *s.o. for payment* bei j-m auf Zahlung drängen; ~ *sth. on s.o.* j-m et. aufdrängen; *be* ~*ed for time* in Zeitnot *od.* im Gedränge sein; *be* ~*ed for money* in Geldverlegenheit sein; **16.** a. ~ *a·head* (*od. for·ward od. on*) Angelegenheit (e'nergisch) betreiben *od.* verfolgen, vor'antreiben; **17.** a. ~ *through* 'durchführen, -setzen; Anspruch 'durchdrücken; *Vorteil* ausnutzen: ~ *sth. too far* et. zu weit treiben; **18.** Re'klame machen für,

die Trommel rühren für; **19.** F verkaufen, mit *Rauschgift etc.* handeln; **20.** F sich e-m *Alter* nähern: *be* ~*ing 70*; **III** *v/i.* **21.** stoßen, schieben; **22.** (sich) drängen; **23.** sich vorwärtsdrängen, sich vor'ankämpfen; **24.** sich tüchtig ins Zeug legen; **25.** *Billard:* schieben; ~ **a·round** *v/t.* her'umschubsen (*a. fig.*); ~ **off I** *v/t.* **1.** *Boot* abstoßen; **2.** ⚓ *Waren* abstoßen, losschlagen; **II** *v/i.* **3.** ⚓ abstoßen (*from* von); **4.** F ‚abhauen'; **5.** ~*!* F ‚schieß los'!; ~ **up** *v/t.* hoch-, hin'aufschieben, -stoßen; ⚓ *Preise* hochtreiben; ~ **un·der** *v/t.* F j-n ‚unterbuttern'.

'push|·ball *s.* Pushball(spiel *n*) *m*; **'~·bike** *s. Brit.* F Fahrrad *n*; **'~·,but·ton I** *s.* ⚙ Druckknopf *m*, -taste *f*; **II** *adj.* druckknopfgesteuert, Druckknopf...: ~ *switch*; ~ *telephone* Tastentelefon *n*; ~ *warfare* automatische Kriegführung; **'~·cart** *s.* **1.** (Hand)Karren *m*; **2.** *Am.* Einkaufswagen *m*; **'~·chair** *s.* (Kinder-) Sportwagen *m*.

push·er ['pʊʃə] *s.* **1.** ⚙ Schieber *m* (*a. Kinderlöffel*); **2.** ⚓ 'Hilfslokomo,tive *f*; **3.** *a.* ~ *airplane* Flugzeug *n* mit Druckschraube; **4.** F Streber *m*; Draufgänger *m*; **5.** *sl.* ‚Pusher' *m*, ‚Dealer' *m* (*Rauschgifthändler*).

push·ful ['pʊʃfʊl] *adj.* □ e'nergisch, unter'nehmend, draufgängerisch.

push·ing ['pʊʃɪŋ] *adj.* □ **1.** → *pushful*; **2.** streberisch; **3.** zudringlich.

'push|·off *s.* F Anfang *m*, Start *m*; **'~·o·ver** *s.* F **1.** leicht zu besiegender Gegner; **2.** Gimpel *m*: *he is a* ~ *for that* darauf fällt er prompt herein; **3.** leichte Sache, Kinderspiel *n*; **~·'pull** *adj.* ⚡ Gegentakt...; ~ *start* *s. mot.* Anschieben *n*; **'~-to-'talk but·ton** *s.* Sprechtaste *f*; **'~-up** *s.* Liegestütz *m*.

push·y ['pʊʃɪ] *adj.* F aufdringlich, pene'trant; aggres'siv.

pu·sil·la·nim·i·ty [,pjuːsɪlə'nɪmətɪ] *s.* Kleinmütigkeit *f*, Verzagtheit *f*; **pu·sil·lan·i·mous** [,pjuːsɪ'lænɪməs] *adj.* □ kleinmütig, verzagt.

puss¹ [pʊs] *s.* **1.** Mieze *f*, Kätzchen *n* (*a.* F *fig.* Mädchen): ≥ *in Boots* der Gestiefelte Kater; ~ *in the corner* Kämmerchen vermieten (*Kinderspiel*); **2.** *hunt.* Hase *m*.

puss² [pʊs] *s. sl.* ‚Fresse' *f*, Vi'sage *f*.

puss·l(e)y ['pʊslɪ] *s.* ♀ *Am.* Kohlportulak *m*.

puss·y ['pʊsɪ] *s.* **1.** Mieze(kätzchen *n*) *f*, Kätzchen *n*; **2.** → *tipcat*; **3.** *et.* Weiches u. Wolliges, *bsd.* ♀ (Weiden)Kätzchen *n*; *a. vulg.* ‚Muschi' *f* (*Vulva*); ~ *some* ~, ‚bumsen'; **'~·cat** *s.* **1.** → *pussy* 1; **2.** → *pussy willow*; **'~·foot I** *v/i.* **1.** (wie e-e Katze) schleichen; **2.** *fig.* F a) leisetreten, b) sich nicht festlegen (*on* auf *acc.*), her'umreden (um); **II** *pl.* **-foots** [-fʊts] *s.* **3.** Schleicher *m*; **4.** *fig.* F Leisetreter *m*; ~ *wil·low* *s.* ♀ Verschiedenfarbige Weide.

pus·tule ['pʌstjuːl] *s.* **1.** ✱ Pustel *f*, Eiterbläschen *n*; **2.** ♀, *zo.* Warze *f*.

put [pʊt] **I** *s.* **1.** *bsd. sport* Stoß *m*, Wurf *m*; **2.** ⚓, *Börse:* Rückprämie *f*: ~ *and call* Stellagegeschäft *n*; ~ *of more* Nochgeschäft *n* ‚auf Geben'; **II** *adj.* **3.** F an Ort u. Stelle, unbeweglich: *stay* ~ a) sich nicht (vom Fleck) rühren, b) festbleiben (*a. fig.*); **III** *v/t.* [*irr.*] **4.** legen, stel-

len, setzen, *wohin* tun; befestigen (*to* an *dat.*): *I shall* ~ *the matter before him* ich werde ihm die Sache vorlegen; *I* ~ *him above his brother* ich stelle ihn über seinen Bruder; ~ *sth. in hand fig.* et. in die Hand nehmen, anfangen; **5.** stecken (*in one's pocket* in die Tasche, *in prison* ins Gefängnis); **6.** j-n in e-e unangenehme Lage, ⚓ et. auf den Markt, *in Ordnung, thea.* ein Stück auf die Bühne etc. bringen: ~ *s.o. across a river* j-n über e-n Fluß übersetzen; ~ *it across s.o.* F j-n ‚reinlegen'; ~ *one's brain to it* sich darauf konzentrieren, die Sache in Angriff nehmen; ~ *s.o. in mind of* j-n erinnern an (*acc.*); ~ *s.th. on paper* et. zu Papier bringen; ~ *s.o. right* j-n berichtigen; **7.** ein Ende, in Kraft, in Umlauf, j-n auf Diät, in Besitz, in ein gutes *od.* schlechtes Licht, ins Unrecht, über ein Land, sich et. in den Kopf, j-n an ein Geschäft etc.: ~ *one's signature to* s-e Unterschrift darauf *od.* darunter setzen; ~ *yourself in my place* versetze dich in m-e Lage; **8.** ~ *o.s.* sich in *j-s* Hände etc. begeben: ~ *o.s. under s.o.'s care* sich in j-s Obhut begeben; ~ *yourself in*(*to*) *my hands* vertraue dich mir ganz an; **9.** ~ *out of* aus ... hin'ausstellen etc.; werfen *od.* verdrängen aus; außer *Betrieb od.* Gefecht etc. setzen; → *action* 2, 9, *running* 1; **10.** unter'werfen, -'ziehen (*to* e-r *Probe etc.*); *through em Verhör etc.*): ~ *s.o. through it* j-n auf Herz u. Nieren prüfen; → *confusion* 3, *death* 1, *expense* 2, *shame* 2, *sword, test* 1; **11.** *Land* bepflanzen (*into, under* mit): *land was* ~ *under potatoes*; **12.** (*to*) setzen (an *acc.*), (an)treiben *od.* zwingen (zu): ~ *s.o. to work* j-n an die Arbeit setzen, j-n arbeiten lassen; ~ *to school* zur Schule schicken, einschulen; ~ *to trade* j-n ein Handwerk lernen lassen; ~ *s.o. to a joiner* j-n bei e-m Schreiner in die Lehre geben; ~ *s.o. to it* j-m zusetzen, j-n bedrängen; *be hard* ~ *to it* arg bedrängt werden; → *flight¹*, *pace¹* 2; **13.** veranlassen, verlocken (*on, to* zu); **14.** in Furcht, Wut etc. versetzen; → *countenance* 2, *ease* 2, *guard* 11, *mettle* 2, *temper* 4; **15.** in Französische etc.); **16.** (un)klar etc. ausdrücken, sagen *klug etc.* formulieren, in *Worte* fassen: *the case was cleverly* ~; *to* ~ *it mildly* gelinde gesagt; *how shall I* ~ *it?* wie soll ich mich (*od.* es) ausdrücken; **17.** schätzen (*at* auf *acc.*); **18.** (*to*) verwenden (für), anwenden (zu): ~ *s.th. to a good use* et. gut verwenden; **19.** *Frage, Antrag etc.* vorlegen, stellen; *den Fall setzen: I* ~ *it to you* a) ich appelliere an Sie, b) ich stelle es Ihnen anheim; *I* ~ *it to you that* geben Sie zu, daß; **20.** *Geld* setzen, wetten (*on* auf *acc.*); **21.** (*into*) *Geld* stecken (in *acc.*), anlegen (in *dat.*); **22.** *Schuld* zuschieben, geben (*on dat.*): *they* ~ *the blame on him*; **23.** *Uhr* stellen; **24.** *bsd. sport* werfen, schleudern; *Kugel, Stein* stoßen; **25.** *Waffe* stoßen, *Kugel* schießen (*in*[*to*] in *acc.*); **IV** *v/i.* [*irr.*] **26.** sich begeben (*to land* an Land), fahren: ~ *to sea* in See stechen; **27.** *Am.* münden, sich ergießen (*Fluß*) (*into* in e-n

See etc.); **28.** ~ **upon** *mst pass.* a) *j-m* zusetzen, b) *j-n* ausnutzen, c) *j-n* ‚reinlegen‘;
Zssgn mit prp.:
→ *Beispiele unter* **put** 4 → 28;
Zssgn mit adv.:
put| a·bout I *v/t.* **1.** ♣ wenden; **2.** *Gerücht* verbreiten; **3.** a) beunruhigen, b) quälen, c) ärgern; **II** *v/i.* **4.** ♣ wenden; ~ **a·cross** *v/t.* **1.** ♣ ‘übersetzen’; **2.** *sl. et.* ‚schaukeln‘, erfolgreich ‘durchführen, *Idee etc.* ‚verkaufen‘: *put it across* ‚es schaffen‘, Erfolg haben; ~ **a·side** *v/t.* **1.** → *put away* 1 u. 3; **2.** *fig.* bei-'seite schieben; ~ **a·way I** *v/t.* **1.** weglegen, -stecken, -tun, beiseite legen; **2.** auf-, wegräumen; **3.** *Geld* zu'rücklegen, ‚auf die hohe Kante legen‘; **4.** *Laster etc.* ablegen; **5.** F *Speisen* ‚verdrücken‘, *Getränke* ‚runterstellen‘; **6.** F *j-n* ‚einsperren‘; **7.** F *j-n* ‚beseitigen‘ (*umbringen*); **8.** *sl. et.* versetzen; **II** *v/i.* **9.** ♣ auslaufen (*for* nach); ~ **back I** *v/t.* **1.** zu'rückschieben, -stellen, -tun; **2.** *Uhr* zu'rückstellen, *Zeiger* zu'rückdrehen; **3.** *fig.* aufhalten, hemmen; → *clock*¹ 1; **4.** *Schüler* zu'rückversetzen; **II** *v/i.* **5.** ♣ ‘umkehren; ~ **by** *v/t.* **1.** → *put away* 1 u. 3; **2.** *e-r Frage etc.* ausweichen; **3.** *fig.* bei'seite schieben, *j-n* über'gehen; ~ **down** *v/t.* **1.** hin-, niederlegen, -stellen, -setzen; → *foot* 1; **2.** *j-n auf der Fahrt* absetzen, aussteigen lassen; **3.** *Weinkeller* anlegen; **4.** *Aufstand* niederwerfen, *a. Mißstand* unter'drücken; **5.** *j-n* demütigen, ducken; kurz abweisen; her'untersetzen; **6.** *vom Schweigen* bringen; **7.** a) *Preise* heruntersetzen, b) *Ausgaben* einschränken; **8.** (auf-, nie-der)schreiben; **9.** (*to*) † a) *j-m* anschreiben, b) auf *j-s Rechnung* setzen: *put s.th. down to s.o.'s account*; **10.** *j-n* eintragen *od.* vormerken (*for* für *e-e Spende etc.*): *put o.s. down* sich eintragen; **11.** zuschreiben (*to dat.*); **12.** schätzen (*at, for* auf *acc.*); **13.** ansehen (*as, for* als); ~ **forth** *v/t.* **1.** her'vor-, hin'auslegen, -stellen, -schieben; **2.** *Hand etc.* ausstrecken; **3.** *Kraft etc.* aufbieten; **4.** ♀ *Knospen etc.* treiben; **5.** veröffentlichen, *bsd. Buch* her'ausbringen; **6.** behaupten; ~ **for·ward** *v/t.* **1.** vorschieben, *Uhr* vorstellen, *Zeiger* vorrücken; **2.** in den Vordergrund schieben: *put o.s. forward* a) sich her'vortun, b) sich vordrängen; **3.** *fig.* vor'anbringen, weiterhelfen (*dat.*); **4.** *Meinung etc.* vorbringen, *et.* vorlegen, unter'breiten; *Theorie* aufstellen; ~ **in I** *v/t.* **1.** her'ein-, hin'einlegen *etc.*; **2.** einschieben, -schalten: ~ *a word* a) e-e Bemerkung einwerfen *od.* anbringen, b) ein Wort mitsprechen, c) ein Wort einlegen (*for* für); ~ *an extra hour's work* e-e Stunde mehr arbeiten; **3.** *Schlag etc.* anbringen; **4.** *Gesuch etc.* einreichen, *Dokument* vorlegen; *Anspruch* stellen *od.* erheben (*to, for auf acc.*); **5.** *j-n* anstellen, *in ein Amt* einsetzen; **6.** *Annonce* einrücken; **7.** F *Zeit* verbringen; **II** *v/i.* **8.** ♣ einlaufen; **9.** einkehren (*at in e-m Gasthaus etc.*); **10.** sich bewerben (*for* um); ~ **for s.th.** *et.* fordern *od.* verlangen; ~ **in·side** *v/t.* F *j-n* ‚einlochen‘; ~ **off I** *v/t.* **1.** weg-, bei'seite legen, -stellen; **2.** *Kleider, bsd. fig. Zweifel etc.* ablegen; **3.** auf-, ver-

schieben; **4.** *j-n* vertrösten, abspeisen (*with* mit *Worten etc.*); **5.** *j-m* absagen; **6.** sich drücken vor (*dat.*); **7.** *j-n* abbringen, *j-m* abraten (*from* von); **8.** hindern (*from* an *dat.*); **9.** *put s.th. off* (*up*)*on s.o.* j-m *et.* ‚andrehen‘; **10.** F a) *j-n* aus der Fassung *od.* aus dem Kon-'zept bringen, b) *j-m* die Lust nehmen, *j-n* abstoßen; **II** *v/i.* **11.** ♣ auslaufen; ~ **on I** *v/t.* **1.** *Kleider* anziehen; *Hut, Brille* aufsetzen; *Rouge* auflegen; **2.** *Fett* ansetzen; **→** *weight* 1; **3.** *Charakter, Gestalt* annehmen; **4.** vortäuschen, -spiegeln, (er)heucheln: ~ *air*¹ 7, *dog Redew.*; *put it on* F a) angeben, b) über'treiben, c) ‚schwer draufschlagen‘ (*auf den Preis*), d) heucheln; *put it on thick* F dick auftragen; *his modesty is all* ~ s-e Bescheidenheit ist nur Mache; **5.** *Summe* aufschlagen (*on auf den Preis*); **6.** *Uhr* vorstellen, *Zeiger* vorrücken; **7.** an-, einschalten, *Gas etc.* aufdrehen, *Dampf* anlassen, *Tempo* beschleunigen; **8.** *Kraft, a. Arbeitskräfte, Sonderzug etc.* einsetzen; **9.** *Schraube, Bremse* anziehen; **10.** *thea. etc. Stück, Sendung* bringen; **11.** *put s.o. on to* j-m e-n Tip geben für, j-n auf *e-e Idee* bringen; **12.** *sport Tor etc.* erzielen; ~ **out I.** **1.** hin'auslegen, -stellen *etc.*; **2.** *Hand, Fühler* ausstrecken; *Zunge* her'ausstrecken; *Ankündigung etc.* aushängen; **3.** *sport* zum Ausscheiden zwingen, ‚aus dem Rennen werfen‘; **4.** *Glied* aus-, verrenken; **5.** *Feuer, Licht* (aus-)löschen; **6.** a) verwirren, außer Fassung bringen, b) verstimmen, ärgern: *be* ~ *about s.th.*, c) *j-m* Ungelegenheiten bereiten, *j-n* stören; **7.** *Kraft etc.* aufbieten; **8.** *Geld* ausleihen (*at interest* auf Zinsen), investieren; **9.** *Boot* aussetzen; **10.** *Augen* ausstechen; **11.** *Arbeit, a. Kind, Tier* außer Haus geben; ✝ in Auftrag geben; → *grass* 3, *nurse* 4; **12.** *Knospen etc.* treiben; **II** *v/i.* **13.** ♣ auslaufen: ~ (*to sea*) in See stechen; ~ **o·ver I** *v/t.* **1.** *sl.* → *put across* 2; **2.** *e-m Film etc.* Erfolg sichern, popu'lär machen (*acc.*): *put o.s. over* sich durchsetzen, ‚ankommen‘; **3.** *put it over on* j-n ‚reinlegen‘; **II** *v/i.* **4.** ♣ hin'überfahren; ~ **through** *v/t.* **1.** ‘durch-, ausführen; **2.** *teleph. j-n* verbinden (*to* mit); ~ **to** *v/t.* *Pferd* anspannen, *Lokomotive* vorspannen; ~ **to-geth·er** *v/t.* **1.** zs.-setzen (*a. Schriftwerk*) zs.-stellen; **2.** zs.-zählen: → *two* 2; **3.** zs.-stecken; → *head Redew.*; ~ **up I** *v/t.* **1.** hin'auflegen, -stellen; **2.** hochschieben, -ziehen; ~ *back*¹ 7, *shutter* 1; **3.** *Hände* a) heben, b) *zum Kampf* hochnehmen; **4.** *Bild etc.* aufhängen; *Plakat* anschlagen; **5.** *Haar* aufstecken; **6.** *Schirm* aufspannen; **7.** *Zelt etc.* aufstellen, *Gebäude* errichten; **8.** F *et.* aushecken, *et.* ‚drehen‘, fingieren; **9.** *Gebet* em'porsenden; **10.** *Gast* (bei sich) aufnehmen, ‚unterbringen; **11.** wegpacken; zs.-legen; **14.** *Schwert* einstecken; **15.** konservieren, einkochen, -machen; **16.** *Spiel etc.* zeigen; *e-n Kampf* liefern; *Widerstand* leisten; **17.** (*als Kandi'daten*) aufstellen; **18.** *Auktion*: an-, ausbieten: ~ *for sale* meistbietend verkaufen; **19.** *Preis etc.* hin-'aufsetzen, erhöhen; **20.** *Wild* aufja-

gen; **21.** *Eheaufgebot* verkünden; **22.** bezahlen; **23.** (ein)setzen (*Wette etc.*), *Geld* bereitstellen, *od.* hinter'legen; **24.** ~ *to* a) *j-n* anstiften zu, b) *j-n* informieren über (*acc.*), *a. j-m* e-n Tip geben für; **II** *v/i.* **25.** absteigen, einkehren (*at* in); **26.** (*for*) sich aufstellen lassen, kandidieren (*für*), sich bewerben (*um*); **27.** ~ *with* sich abfinden mit, sich gefallen lassen, hinnehmen.

pu·ta·tive ['pjuːtətɪv] *adj.* □ **1.** vermeintlich; **2.** mutmaßlich; **3.** ♄ pu'tativ.

'put·down *s.*: *that was a* ~ damit wollte *er etc.* mich *etc.* fertigmachen; **'~off** *s.* **1.** Ausflucht *f*; **2.** Verschiebung *f*; **'~on I** *adj.* **1.** vorgetäuscht; **II** *s. Am. sl.* **2.** Bluff *m*; **3.** Getue *n*, ‚Mache‘, ‚Schau‘ *f*.

put-put ['pʌtpʌt] *s.* Tuckern *n* (*e-s Motors etc.*).

pu·tre·fa·cient [ˌpjuːtrɪ'feɪʃənt] → **putrefactive**; **ˌpu·tre'fac·tion** [-'fækʃn] *s.* **1.** Fäulnis *f*, Verwesung *f*; **2.** Faulen *n*; **ˌpu·tre'fac·tive** [-'fæktɪv] **I** *adj.* **1.** faulig, Fäulnis...; **2.** fäulniserregend; **II** *s.* **3.** Fäulniserreger *m*; **pu·tre·fy** ['pjuːtrɪfaɪ] **I** *v/i.* (ver)faulen, verwesen; **II** *v/t.* verfaulen lassen.

pu·tres·cence [pjuː'tresns] *s.* (Ver-)Faulen *n*, Fäulnis *f*; **pu·tres·cent** [-nt] *adj.* **1.** (ver)faulend, verwesend; **2.** faulig, Fäulnis...

pu·trid ['pjuːtrɪd] *adj.* □ **1.** verfault, verwest, faulig (*Geruch*), stinkend; **2.** *fig.* verderbt, kor'rupt; **3.** *fig.* verderblich; **4.** *fig.* ekelhaft; **5.** *sl.* mise'rabel.

putsch [pʊtʃ] (*Ger.*) *s. pol.* Putsch *m*, Staatsstreich *m*.

putt [pʌt] *Golf:* **I** *v/t. u. v/i.* putten; **II** *s.* Putt *m*.

put·tee ['pʌtɪ] *s.* 'Wickelga,masche *f*.

putt·er ['pʌtə] *s. Golf:* Putter *m* (*Schläger od. Spieler*).

'putt·ing-green ['pʌtɪŋ] *s. Golf:* Putting green *n* (*Platzteil*).

put·ty ['pʌtɪ] **I** *s.* **1.** ⊕ Kitt *m*, Spachtel *m*: (*glaziers'* ~) Glaserkitt; (*plasterers'* ~) Kalkkitt; (*jewellers'* ~) Zinnasche *f*; **2.** *fig.* Wachs *n*: *he is* ~ *in her hand*; **II** *v/t.* **3.** *a.* ~ *up* (ver)kitten; ~ *knife* [*irr.*] Spachtelmesser *n*.

'put-up *adj.* F abgekartet: *a* ~ *job* e-e ‚Schiebung‘.

puz·zle ['pʌzl] **I** *s.* **1.** Rätsel *n*; **2.** Puzzle, ‚Geduldspiel *n*; **3.** schwierige Sache, Prob'lem *n*; **4.** Verwirrung *f*, Verlegenheit *f*; **II** *v/t.* **5.** verwirren, vor ein Rätsel stellen, verdutzen; **6.** *et.* komplizieren, durchein'anderbringen; **7.** *j-m* Kopfzerbrechen machen, zu schaffen machen: ~ *one's brains* (*od. head*) sich den Kopf zerbrechen (*over* über *acc.*); **8.** ~ *out* austüfteln, -knobeln, her'ausbekommen; **III** *v/i.* **9.** verwirrt sein (*over, about* über *acc.*); **10.** sich den Kopf zerbrechen (*over* über *acc.*); **'~head·ed** *adj.* wirrköpfig, kon'fus; ~ **lock** *s.* Vexier-, Buchstabenschloß *n*.

puz·zle·ment ['pʌzlmənt] *s.* Verwirrung *f*; **'puz·zler** [-lə] → *puzzle* 3; **'puz·zling** [-lɪŋ] *adj.* □ **1.** rätselhaft; **2.** verwirrend.

py·e·li·tis [paɪə'laɪtɪs] *s.* ✻ Nierenbeckenentzündung *f*.

pyg·m(a)e·an [pɪg'miːən] → *pygmy* II.

pyg·my ['pɪgmɪ] **I** *s.* **1.** ♀ Pyg'mäe *m*,

Pyg'mäin *f* (*Zwergmensch*); **2.** *fig.* Zwerg *m*; **II** *adj.* **3.** Pygmäen...; **4.** winzig, Zwerg...; **5.** unbedeutend.

py·ja·mas [pə'dʒɑːməz] *s. pl.* Schlafanzug *m*, Py'jama *m*.

py·lon ['paɪlən] *s.* **1.** ⚡ (freitragender) Mast (*für Hochspannungsleitungen etc.*); **2.** ✓ Orientierungsturm *m*, *bsd.* Wendeturm *m*.

py·lo·rus [paɪ'lɔːrəs] *pl.* **-ri** [-raɪ] *s. anat.* Py'lorus *m*, Pförtner *m*.

pyr·a·mid ['pɪrəmɪd] *s.* Pyra'mide *f* (*a.* Ѫ *u. fig.*); **py·ram·i·dal** [pɪ'ræmɪdl] *adj.* □ **1.** Pyramiden...; **2.** pyrami'dal (*a. fig. gewaltig*), pyra'midenartig, -förmig.

pyre ['paɪə] *s.* Scheiterhaufen *m*.

py·ret·ic [paɪ'retɪk] *adj.* ✻ fieberhaft, Fieber...; **py'rex·i·a** [-eksɪə] *s.* ✻ Fie-

berzustand *m*.

py·rite ['paɪraɪt] *s. min.* Py'rit *m*, Schwefel-, Eisenkies *m*; **py·ri·tes** [paɪ'raɪtiːz] *s. min.* Py'rit *m*: *copper* ~ Kupferkies; *iron* ~ → **pyrite**.

pyro- [paɪərəʊ] *in Zssgn* Feuer..., Brand..., Wärme..., Glut...; **'py·ro·gen** [-rədʒən] *s.* ✻ fiebererregender Stoff; **py·rog·e·nous** [paɪ'rɒdʒɪnəs] *adj.* **1.** a) wärmeerzeugend, b) durch Wärme erzeugt; **2.** ✻ a) fiebererregend, b) durch Fieber verursacht; **3.** *geol.* pyro'gen; **py·rog·ra·phy** [paɪ'rɒgrəfɪ] *s.* Brandmale'rei *f*; **py·ro·ma·ni·a** [ˌpaɪrəʊ'meɪnɪə] *s.* Pyroma'nie *f*, Brandstiftungstrieb *m*; **py·ro·ma·ni·ac** [ˌpaɪrəʊ'meɪnɪæk] *s.* Pyro'mane *m*, Pyro'manin *f*.

py·ro·tech·nic, py·ro·tech·ni·cal [ˌpaɪrəʊ'teknɪk(l)] *adj.* □ **1.** pyro'technisch;

2. Feuerwerks..., feuerwerkartig; **3.** *fig.* bril'lant; **py·ro'tech·nics** [-ks] *s. pl.* **1.** Pyro'technik *f*, Feuerwerke'rei *f*; **2.** *fig.* Feuerwerk *n von Witz etc.*; **py·ro'tech·nist** [-ɪst] *s.* Pyro'techniker *m*.

Pyr·rhic vic·to·ry ['pɪrɪk] *s.* Pyrrhussieg *m*.

Py·thag·o·re·an [paɪˌθægə'rɪən] **I** *adj.* pythago'reisch; **II** *s. phls.* Pythago'reer *m*.

py·thon ['paɪθn] *s. zo.* **1.** Python(schlange *f*) *m*; **2.** *allg.* Riesenschlange *f*.

pyx [pɪks] **I** *s.* **1.** *R.C.* Pyxis *f*, Mon'stranz *f*; **2.** *Brit.* Büchse *f* mit Probemünzen; **II** *v/t.* **3.** *Münze* a) in der **Pyx** hinter'legen, b) auf Gewicht u. Feinheit prüfen.

Q

Q, q [kju:] s. Q n, q n (*Buchstabe*).
'Q-boat s. ♣ U-Boot-Falle f.
quack¹ [kwæk] **I** v/i. **1.** quaken; **2.** fig. schnattern, schwatzen; **II** s. **3.** Quaken n; fig. Geplapper n.
quack² [kwæk] **I** s. **1.** a. ~ *doctor* Quacksalber m, Kurpfuscher m; **2.** Scharlatan m; Marktschreier m; **II** adj. **3.** quacksalberisch, Quacksalber...; **4.** marktschreierisch; **5.** Schwindel...; **III** v/i. u. v/t. **6.** quacksalbern, her'umpfuschen (an dat.); **7.** marktschreierisch auftreten (v/t. anpreisen); **'quack·er·y** [-kərɪ] s. **1.** Quacksalbe'rei f, Kurpfusche'rei f; **2.** Scharlatane'rie f; **3.** marktschreierisches Auftreten.
quad¹ [kwɒd] F → *quadrangle, quadrat, quadruped, quadruplet.*
quad² [kwɒd] **I** s. ½ Viererkabel n; **II** v/t. zum Vierer verseilen.
quad·ra·ble ['kwɒdrəbl] adj. ⅄ quadrierbar.
quad·ra·ge·nar·i·an [ˌkwɒdrədʒɪ'neərɪən] **I** adj. a) vierzigjährig, b) in den Vierzigern; **II** s. Vierziger(in), Vierzigjährige(r m) f.
quad·ran·gle ['kwɒdræŋgl] s. **1.** ⅄ u. weitS. Viereck n; **2.** a) (bsd. Schul)Hof m, b) viereckiger Ge'bäudekom,plex; **quad·ran·gu·lar** [kwɒ'dræŋgjʊlə] adj. □ ⅄ viereckig.
quad·rant ['kwɒdrənt] s. **1.** ⅄ Qua'drant m, Viertelkreis m, ('Kreis)Segˌment n; **2.** ♣, ast. Qua'drant m.
quad·ra·phon·ic [ˌkwɒdrə'fɒnɪk] adj. ♪, phys. quadro'phonisch; ˌquad·ra·'phon·ics [-ks] s. pl. sg. konstr. Quadropho'nie f.
quad·rat ['kwɒdrət] s. typ. Qua'drat n, (großer) Ausschluß: **em** ~ Geviert; **en** ~ Halbgeviert n.
quad·rate ['kwɒdrət] **I** adj. (annähernd) qua'dratisch, bsd. anat. Quadrat...; **II** v/t. [kwɒ'dreɪt] in Über'einstimmung bringen (**with, to** mit); **III** v/i. [kwɒ'dreɪt] über'einstimmen; **quad·rat·ic** [kwɒ'drætɪk] **I** adj. qua'dratisch (Form, ⅄ Gleichung): ~ *curve* Kurve f zweiter Ordnung; **II** s. ⅄ qua'dratische Gleichung; **quad·ra·ture** ['kwɒdrətʃə] s. **1.** ⅄, ast. Quadra'tur f (*of the circle* des Kreises); **2.** ½ (Phasen)Verschiebung f um 90 Grad.
quad·ren·ni·al [kwɒ'drenɪəl] **I** adj. □ **1.** vierjährig, vier Jahre dauernd; **2.** vierjährlich, alle vier Jahre stattfindend; **II** s. **3.** Zeitraum m von vier Jahren; **4.** vierter Jahrestag.
quad·ri·lat·er·al [ˌkwɒdrɪ'lætərəl] **I** adj. vierseitig; **II** s. Vierseit n, -eck n.
qua·drille [kwə'drɪl] s. Qua'drille f (Tanz).

quad·ril·lion [kwɒ'drɪljən] s. ⅄ **1.** Brit. Quadrilli'on f; **2.** Am. Billi'arde f.
quad·ri·par·tite [ˌkwɒdrɪ'pɑːtaɪt] adj. **1.** vierteilig (a. ⅄); **2.** Vierer..., zwischen vier Partnern abgeschlossen etc.: ~ *pact* Viererpakt m.
quad·ro ['kwɒdrəʊ] adj. u. adv. ♪, Radio: quadro.
quadro- [kwɒdrəʊ] in Zssgn quadro...
ˌ**quad·ro'phon·ic** [-'fɒnɪk] etc. → *quadraphonic* etc.
quad·ru·ped ['kwɒdruped] **I** s. Vierfüßer m; **II** adj. a. **quad·ru·pe·dal** [ˌkwɒdrə'piːdl] vierfüßig; **'quad·ru·ple** [-pl] **I** a. ~ *to* (od. *of*) vierfach, -fältig; viermal so groß wie; **2.** Vierer...: ~ *machinegun* ✕ Vierlings-MG n; ~ *measure* ♪ Viervierteltakt m; ~ *thread* ⊛ viergängiges Gewinde; **II** adv. **3.** vierfach; **III** s. **4.** das Vierfache; **IV** v/t. **5.** vervierfachen; **6.** viermal so groß od. so viel sein wie; **V** v/i. **7.** sich vervierfachen; **'quad·ru·plet** [-plɪt] **1.** Vierling m (Kind); **2.** Vierergruppe f; **'quad·ru·plex** [-pleks] **I** adj. **1.** vierfach; **2.** ½ Quadruplex..., Vierfach...: ~ *system* Vierfachbetrieb m, Doppelgegensprechen n; **II** s. **3.** 'Quadruplexˌteleˌgraph m; **quad·ru·pli·cate I** v/t. [kwɒ'druːplɪkət] **1.** vervierfachen; **2.** [kwɒ'druːplɪkət] Dokument vierfach ausfertigen; **II** adj. [kwɒ'druːplɪkət] **3.** vierfach; **III** s. [-kət] **4.** vierfache Ausfertigung.
quaff [kwɑːf] **I** v/i. zechen; **II** v/t. schlürfen, in langen Zügen (aus)trinken: ~ *off* Getränk hinunterstürzen.
quag [kwæg] → *quagmire*; **'quag·gy** [-gɪ] adj. **1.** sumpfig; **2.** schwammig; **'quag·mire** [-maɪə] s. Mo'rast m, Moor(boden m) n, Sumpf(land n) m: *be caught in a* ~ fig. in der Patsche sitzen.
quail¹ [kweɪl] pl. **quails**, coll. **quail** s. orn. Wachtel f.
quail² [kweɪl] v/i. **1.** verzagen; **2.** (vor Angst) zittern (*before* vor dat.; *at* bei).
quaint [kweɪnt] adj. □ **1.** wunderlich, drollig, kuri'os; **2.** malerisch, anheimelnd (altmodisch); **3.** seltsam, merkwürdig; **'quaint·ness** [-nɪs] s. **1.** Wunderlichkeit f; Seltsamkeit f; **2.** anheimelndes (bsd. altmodisches) Aussehen.
quake [kweɪk] **I** v/i. zittern, beben (**with, for** vor dat.); **II** s. Zittern n, (a. Erd)Beben n, Erschütterung f.
Quak·er ['kweɪkə] s. **1.** eccl. Quäker m: ~(*s'*) *meeting* f. schweigsame Versammlung; **2.** a. ~ *gun* ✕ Am. Ge'schützat,trappe f; **3.** ♫, a. ⅄-*bird* orn. schwarzer Albatros; **'Quak·er·ess** [-rɪs] s. Quäkerin f; **'Quak·er·ism** [-ərɪzəm] s. Quäkertum n.

'quak·ing-grass ['kweɪkɪŋ-] s. ⅄ Zittergras n.
qual·i·fi·ca·tion [ˌkwɒlɪfɪ'keɪʃn] s. **1.** Qualifikati'on f, Befähigung f, Eignung f (*for* für, zu): ~ *test* Eignungsprüfung f; *have the necessary* ~*s* den Anforderungen entsprechen; **2.** Vorbedingung f, (notwendige) Vor'aussetzung (*of, for* für); **3.** Eignungszeugnis n; **4.** Einschränkung f, Modifikati'on f: *without any* ~ ohne jede Einschränkung; **5.** ling. nähere Bestimmung; **6.** ✝ 'Mindestˌaktienkapi,tal n (e-s Aufsichtsratsmitglieds); **qual·i·fied** ['kwɒlɪfaɪd] adj. **1.** qualifiziert, geeignet, befähigt (*for* für); **2.** berechtigt: ~ *for a post* anstellungsberechtigt; ~ *voter* Wahlberechtigte(r m) f; **3.** eingeschränkt, bedingt, modifiziert: ~ *acceptance* ✝ bedingte Annahme (e-s Wechsels); ~ *sale* ✝ Konditionskauf m; *in a* ~ *sense* mit Einschränkungen; **qual·i·fy** ['kwɒlɪfaɪ] **I** v/t. **1.** qualifizieren, befähigen, geeignet machen (*for* für; *for being, to be* zu sein); **2.** berechtigen (*for* zu); **3.** bezeichnen, charakterisieren (*as* als); **4.** einschränken, modifizieren; **5.** abschwächen, mildern; **6.** Getränke verdünnen; **7.** ling. modifizieren, näher bestimmen; **II** v/i. **8.** sich qualifizieren od. eignen, die Eignung besitzen od. nachweisen, in Frage kommen (*for* für; *as* als): ~*ing examination* Eignungsprüfung f; ~*ing period* Anwartschafts-, Probezeit f; **9.** sport sich qualifizieren (*for* für); ~*ing round* Ausscheidungsrunde f; **10.** die nötigen Fähigkeiten erwerben; **11.** die (ju'ristischen) Vorbedingungen erfüllen, bsd. Am. den Eid ablegen; **qual·i·ta·tive** ['kwɒlɪtətɪv] adj. □ qualita'tiv (a. ⅄ Analyse, ⅄ Verteilung); **qual·i·ty** ['kwɒlətɪ] s. **1.** Eigenschaft f (Person u. Sache): (*good*) ~ gute Eigenschaft; *in the* ~ *of* (in der Eigenschaft) als; **2.** Art f, Na'tur f, Beschaffenheit f; **3.** Fähigkeit f, Ta'lent n; **4.** bsd. ✝, ⊛ Quali'tät f: *in* ~ qualitativ; **5.** ✝ (Güte)Sorte f, Klasse f; **6.** gute Quali'tät, Güte f: ~ *goods* Qualitätswaren; ~ *of life* Lebensqualität f; **7.** a) ♪ 'Tonquali,tät f, -farbe f, b) ling. Klangfarbe f; **8.** phls. Quali'tät f; **9.** vornehmer Stand: *person of* ~ Standesperson f; *the people of* ~ die vornehme Welt.
qualm [kwɑːm] s. **1.** Übelkeitsgefühl n, Schwäche(anfall m) f; **2.** Bedenken pl., Zweifel pl.; Skrupel m; **'qualm·ish** [-mɪʃ] adj. □ **1.** (sich) übel (fühlend), unwohl; **2.** Übelkeits...: ~ *feelings*.
quan·da·ry ['kwɒndərɪ] s. Verlegenheit f, verzwickte Lage: *be in a* ~ sich in e-m

Dilemma befinden; nicht wissen, was man tun soll.

quan·ta ['kwɒntə] *pl. von* **quantum.**

quan·ti·ta·tive ['kwɒntɪtətɪv] *adj.* □ quantita'tiv (*a. ling.*), Mengen...: ~ **analysis** ⚗ quantitative Analyse; ~ **ra·tio** Mengenverhältnis *n*; **quan·ti·ty** ['kwɒntətɪ] *s.* **1.** Quanti'tät *f*, (bestimmte *od.* große) Menge, Quantum *n*: ~ *of heat phys.* Wärmemenge; *a ~ of cigars* e-e Anzahl Zigarren; *in* (*large*) *quantities* in großen Mengen; ~ *discount* ♣ Mengenrabatt *m*; ~ *production* Massenerzeugung *f*, Serienfertigung *f*; ~ *purchase* Großeinkauf *m*; ~ *surveyor Brit.* Bausachverständige(r) *m*; **2.** ⚖ Größe *f*: *negligible ~* a) unwesentliche Größe, b) *fig.* völlig unbedeutende Person *etc.*; *numerical ~* Zahlengröße; (*un*)*known ~* (un)bekannte Größe (*a. fig.*); **3.** *ling.* Quanti'tät *f*, Lautdauer *f*; (Silben)Zeitmaß *n*.

quan·ti·za·tion [,kwɒntɪ'zeɪʃn] *s. phys.* Quantelung *f*; **quan·tize** ['kwɒntaɪz] *v/t.* **1.** *phys.* quanteln; **2.** *Computer*: quantisieren.

quan·tum ['kwɒntəm] *pl.* **-ta** [-tə] *s.* **1.** Quantum *n*, Menge *f*; **2.** (An)Teil *m*; **3.** *phys.* Quant *n*: ~ *of radiation* Lichtquant; ~ **me·chan·ics** *s. pl.* 'Quantenmeˌchanik *f*; ~ **or·bit,** ~ **path** *s.* Quantenbahn *f*.

quar·an·tine ['kwɒrənti:n] **I** *s.* ✚ **1.** Quaran'täne *f*: *absolute ~* Isolierung *f*; ~ *flag* ⚓ Quarantäneflagge *f*; *put in ~* → 2; **II** *v/t.* **2.** unter Quaran'täne stellen; **3.** *fig. pol.*, ✚ *Land* völlig isolieren.

quar·rel ['kwɒrəl] **I** *s.* **1.** Streit *m*, Zank *m*, Hader *m* (*with* mit; *between* zwischen): *have no ~ with* (*od. against*) keinen Grund zum Streit haben mit, nichts auszusetzen haben an (*dat.*); → *pick* 8; **II** *v/i.* **2.** (sich) streiten, (sich) zanken (*with* mit; *for* wegen; *about* über *acc.*); **3.** sich entzweien; **4.** hadern (*with one's lot* mit s-m Schicksal); **5.** et. auszusetzen haben (*with* an *dat.*); → *bread* 2; '**quar·rel·(l)er** [-rələ] *s.* Zänker(in), ,Streithammel' *m*; '**quar·rel·some** [-səm] *adj.* □ streitsüchtig; '**quar·rel·some·ness** [-səmnɪs] *s.* Streitsucht *f*.

quar·ri·er ['kwɒrɪə] *s.* Steinbrecher *m*.

quar·ry¹ ['kwɒrɪ] *s.* **1.** *hunt.* (verfolgtes) Wild, Jagdbeute *f*; **2.** *fig.* Wild *n*, Opfer *n*, Beute *f*.

quar·ry² ['kwɒrɪ] **I** *s.* **1.** Steinbruch *m*; **2.** Quaderstein *m*; **3.** 'unglasierte Kachel; **4.** *fig.* Fundgrube *f*, Quelle *f*; **II** *v/t.* **5.** *Steine* brechen, abbauen; **6.** *fig.* zs.-tragen, (mühsam) erarbeiten, ausgraben, stöbern (*for* nach); '**~·man** [-mən] *s.* [*irr.*] → *quarrier*; '**~·stone** *s.* Bruchstein *m*.

quart¹ [kwɔ:t] *s.* **1.** Quart *n* (*Maß = Brit.* 1,14 *l, Am.* 0,95 *l*); **2.** *a.* **~-pot** Quartkrug *m.*

quart² [ka:t] *s.* **1.** *fenc.* Quart *f*; **2.** *Kartenspiel:* Quart *f* (*Sequenz von 4 Karten gleicher Farbe*); **3.** ♪ Quart(e) *f.*

quar·tan ['kwɔ:tn] ✚ **I** *adj.* viertägig: ~ *fever* → **II** *s.* Quar'tan-, Vier'tagefieber *n.*

quar·ter ['kwɔ:tə] *s.* **1.** Viertel *n*, vierter Teil: ~ *of a century* Vierteljahrhundert *n*; *for a ~ the price* zum viertel

Preis; *not a ~ as good* nicht annähernd so gut; **2.** *a.* ~ *of an hour* Viertel(stunde *f*) *n: a ~ to six* (ein) Viertel vor sechs, drei Viertel sechs; **3.** *a.* ~ *of a year* Vierteljahr *n*, Quar'tal *n*; **4.** Viertel(pfund *n*, -zentner *m*) *n*; **5.** *bsd.* Hinter)Viertel *n e-s Schlachttieres*; Kruppe *f e-s Pferdes*; **6.** *sport* a) (Spiel)Viertel *n*, b) Viertelmeile(nlauf *m, a.* ~-*mile race*) *f*, c) → *quarterback* I; **7.** *Am.* Vierteldollar *m*, 25 Cent; **8.** Quarter *n:* a) *Handelsgewicht* (*Brit.* 12,7 *kg, Am.* 11,34 *kg*), b) *Hohlmaß* (*2,908 hl*); **9.** Himmelsrichtung *f*; **10.** Gegend *f*, Teil *m e-s Landes etc.: at close ~s* nahe aufeinander; *come to close ~s* handgemein werden; *from all ~s* von überall(her); *in this ~* hierzulande, in dieser Gegend; **11.** (Stadt)Viertel *n: poor ~* Armenviertel; *residential ~* Wohnbezirk *m*; **12.** *mst pl.* Quar'tier *n*, 'Unterkunft *f*, Wohnung *f: have free ~s* freie Wohnung haben; **13.** *mst pl.* ✕ Quar'tier *n*, ('Truppen)Unterkunft *f: be confined to ~s* Stubenarrest haben; **14.** Stelle *f*, Seite *f*, Quelle *f: higher ~s* höhere Stellen; *in the proper ~* bei der zuständigen Stelle; *from official ~s* von amtlicher Seite; *from a good ~* aus guter Quelle; → *informed* 1; **15.** *bsd.* ✕ Par'don *m*, Schonung *f: find no ~* keine Schonung finden; *give no ~* keinen Pardon geben; *give fair ~ fig.* Nachsicht üben; **16.** ♣ Achterschiff *n*; **17.** ♣ Posten *m*; **18.** *her.* Quar'tier *n*, (Wappen)Feld *n*; **19.** ⚙, ♣ Stollenholz *n*; **II** *v/t.* **20.** *et.* vierteln; *weitS.* aufteilen, zerstückeln; **21.** *j-n* vierteilen; **22.** *Wappenschild* vieren; **23.** *j-n* beherbergen; ✕ einquartieren, *Truppen* 'unterbringen (*[up]on* bei): *be ~ed in barracks* kaserniert; *be ~ed at* (*od. in*) in Garnison liegen (*dat.*); *be ~ed* (*up*)*on* bei *j-m* in Quartier liegen; ~ *o.s. upon s.o. fig.* sich bei j-m einquartieren; **24.** *Gegend* durch'stöbern (*Jagdhunde*).

'**quar·ter·back** *s. American Football:* ,'Angriffsdiriˌgent' *m*; **II** *v/t.* *den Angriff* dirigieren (*a. fig.*); ~ **bind·ing** *s. Buchbinderei:* Halbfranz(band *m*) *n*; ~ **cir·cle** *s.* **1.** ⚖ Vicrtclkreis *m*; **2.** ⚙ Abrundung *f*; ~ **day** *s.* Quar'talstag *m* für fällige Zahlungen (*in England:* 25. 3., 24. 6., 29. 9., 25. 12.; *in USA:* 1. 1., 1. 4., 1. 7., 1. 10.); '~**·deck** *s.* ♣ **1.** Achterdeck *n*; **2.** *coll.* Offiˌziere *pl.*; ,~'**fi·nal** *s. sport.* **1.** *mst pl.* 'Viertelfiˌnale *n*; **2.** 'Viertelfiˌnalspiel *n*; ,~'**fi·nal·ist** *s. sport* Teilnehmer(in) am Viertelfinale.

quar·ter·ly ['kwɔ:təlɪ] **I** *adj.* **1.** Viertel...; **2.** vierteljährlich, Quartals...; **II** *adv.* **3.** *in od.* nach Vierteln; **4.** vierteljährlich, quar'talsweise; **III** *s.* **5.** Vier'tel'jahresschrift *f.*

'**quar·ter·mas·ter** *s.* **1.** ✕ Quar'tiermeister *m*; **2.** ♣ a) Steuerer *m* (*Handelsmarine*), b) Steuermannsmaat *m* (*Kriegsmarine*); ,~-'**Gen·er·al** *s.* ✕ Gene'ralquarˌtiermeister *m.*

quar·tern ['kwɔ:tən] *s. bsd. Brit.* **1.** Viertel *n* (*bsd. e-s Maßes od. Gewichtes*): a) Viertelpinte *f*, b) Viertel *n e-s* engl. Pfunds; **2.** *a.* ~ *loaf* Vier'pfundbrot *n.*

quar·ter| ses·sions *s. pl.* ⚖ **1.** *Brit. obs.* Krimi'nalgericht *n* (*mit vierteljähr-*

lichen Sitzungen, *a. Berufungsinstanz für Zivilsachen; bis 1971*); **2.** *Am.* (*in einigen Staaten*) ein ähnliches Gericht für Strafsachen; '~-**tone** *s.* ♪ **1.** 'Vierteltoninterˌvall *n*; **2.** Viertelton *m.*

quar·tet(te) [kwɔ:'tet] *s.* **1.** ♪ Quar'tett *n* (*a. humor. 4 Personen*); **2.** Vierergruppe *f.*

quar·tile ['kwɔ:taɪl] *s.* **1.** *ast.* Quadra'tur *f*, Geviertschein *m*; **2.** *Statistik:* Quar'til *n*, Viertelswert *m.*

quar·to ['kwɔ:təʊ] *pl.* **-tos** *typ.* **I** *s.* 'Quartforˌmat, *m*; **II** *adj.* im 'Quartforˌmat.

quartz [kwɔ:ts] *s. min.* Quarz *m: crystallized ~* Bergkristall *m*; ~ *clock* Quarzuhr *f*; ~ *lamp* a) ⚙ Quarz(glas)lampe *f*, b) ☀ Quarzlampe *f* (*Höhensonne*).

qua·sar ['kweɪzɑ:] *s. ast.* Qua'sar *m.*

quash¹ [kwɒʃ] *v/t.* ⚖ **1.** *Verfügung etc.* aufheben, annullieren, verwerfen; *Klage* abweisen; **3.** *Verfahren* niederschlagen.

quash² [kwɒʃ] *v/t.* **1.** zermalmen, -stören; **2.** *fig.* unter'drücken.

qua·si ['kweɪzaɪ] *adv.* gleichsam, gewissermaßen, sozu'sagen; (*mst mit Bindestrich*) Quasi..., Schein..., ...ähnlich: ~ *contract* vertragsähnliches Verhältnis; **~-judicial** quasigerichtlich; **~-official** halbamtlich.

qua·ter·na·ry [kwə'tɜːnərɪ] **I** *adj.* **1.** aus vier bestehend; **2.** ⚖ *geol.* Quartär...; ⚗ vierbindig, quater'när; **II** *s.* **4.** Gruppe *f* von 4 Dingen; **5.** Vier *f* (*Zahl*); **6.** *geol.* Quar'tär(periˌode *f*) *n.*

quat·rain ['kwɒtreɪn] *s.* Vierzeiler *m.*

quat·re·foil ['kætrəfɔɪl] *s.* **1.** △ Vierpaß *m*; **2.** ♣ vierblättriges (Klee)Blatt.

qua·ver ['kweɪvə] **I** *v/i.* **1.** zittern; **2.** ♪ tremolieren (*weitS. a. beim Sprechen*); **II** *v/t. mst* ~ *out* **3.** mit über'triebenem Vi'brato singen; **4.** mit zitternder Stimme sagen, stammeln; **III** *s.* **5.** ♪ Trillern *n*, Tremolo *m*; **6.** ♪ *Brit.* Achtelnote *f*; '**qua·ver·y** [-vərɪ] *adj.* zitternd.

quay [ki:] *s.* ♣ (*on the ~* am) Kai *m*; **quay·age** ['ki:ɪdʒ] *s.* **1.** Kaigeld *n*, -gebühr *f*; **2.** Kaianlagen *pl.*

quea·si·ness ['kwi:zɪnɪs] *s.* **1.** Übelkeit *f*; **2.**(Über)Empfindlichkeit *f*; **quea·sy** ['kwi:zɪ] *adj.* □ **1.** ('über)empfindlich (*Magen etc.*); **2.** hcikcl, mäklcig (*beim Essen etc.*); **3.** ekelerregend; **4.** unwohl: *I feel ~* mir ist übel; **5.** bedenklich.

queen [kwi:n] **I** *s.* **1.** Königin *f* (*a. fig.*): ⚺ *of* (*the*) *May* Maikönigin; *the ~ of the watering-places fig.* die Königin *od.* Perle der Badeorte; *~'s metal* Weißmetall *n*; *~'s ware* gelbes Steingut; ⚺ *Anne is dead! humor.* so'n Bart!; **2.** *zo.* Königin *f:* a) ~ *bee* Bienenkönigin, b) *a.* ~ *ant* Ameisenkönigin; **3.** *Kartenspiel, Schach:* Dame *f: ~'s pawn* Damenbauer *m*; **4.** *sl.* a) ,Schwule(r)' *m*, ,Tunte' *f*, b) *Am.* ,Prachtweib' *n*; **II** *v/i.* **5.** *mst* ~ *it* die große Dame spielen: ~ *it over j-n* von oben herab behandeln; **6.** *Schach:* in e-e Dame verwandelt werden (*Bauer*); **III** *v/t.* **7.** zur Königin machen; **8.** *Bienenstock* beweiseln; **9.** *Schach:* Bauern (in e-e Dame) verwandeln; '~**·dow·a·ger** *s.* Königinwitwe *f*; '~**·like** *adj.* queenly.

queen·ly [ˈkwiːnlɪ] *adj. u. adv.* wie e-e Königin, maje'stätisch.

queen moth·er *s.* Königinmutter *f.*

Queen's| Bench → *King's Bench*; ~ **Coun·sel** → *King's Counsel*; ~ **English** → *English* 3; ~ **Speech** → *King's Speech*.

queer [kwɪə] **I** *adj.* □ **1.** seltsam, sonderbar, wunderlich, kuri'os, 'komisch': ~ (*in the head*) F leicht verrückt; ~ *fellow* komischer Kauz; **2.** F fragwürdig, ‚faul‘ (*Sache*): *be in ₂ Street* a) ,auf dem trockenen sitzen‘, b) ,in der Tinte sitzen‘; **3.** unwohl, schwummerig: *feel* ~ sich ‚komisch‘ fühlen; **4.** *sl.* gefälscht; **5.** *sl.* ‚schwul‘ (*homosexuell*); **II** *v/t.* **6.** *sl.* verpfuschen, verderben; ~ *pitch²* 1; **7.** *sl.* j-n in ein falsches Licht setzen (*with* bei); **III** *s.* **8.** *sl.* ‚Blüte‘ *f* (*Falschgeld*); **9.** *sl.* ‚Schwule(r)‘ *m*, ‚Homo‘ *m*.

quell [kwel] *v/t. rhet.* **1.** bezwingen; **2.** *Aufstand etc.*, *a. Gefühle* unter'drücken, ersticken.

quench [kwentʃ] *v/t.* **1.** *rhet.* Flammen, *Durst etc.* löschen; **2.** *fig.* a) → *quell* 2, b) *Hoffnung* zu'nichte machen, c) *Verlangen* stillen; **3.** ⚙ *Asche, Koks etc.* (ab)löschen; **4.** *metall.* abschrecken, härten: ~*ing and tempering* (Stahl-)Vergütung *f*; **5.** ⚡ *Funken* löschen: ~*ed spark gap* Löschfunkenstrecke *f*; **6.** *fig.* j-m den Mund stopfen; '**quench·er** [-tʃə] *s.* F Schluck *m*; '**quench·less** [-lɪs] *adj.* □ un(aus)löschbar.

que·nelle [kəˈnel] *s.* Fleisch- od. Fischknödel *m.*

que·rist [ˈkwɪərɪst] *s.* Fragesteller(in).

quer·u·lous [ˈkwerʊləs] *adj.* □ quengelig, nörgelnd, verdrossen.

que·ry [ˈkwɪərɪ] **I** *s.* **1.** (*bsd.* zweifelnde *od.* unangenehme) Frage; ♱ Rückfrage *f*: ~ (*abbr.* **qu.**), *was the money ever paid?* Frage, wurde das Geld je bezahlt?; **2.** *typ.* (anzweifelndes) Fragezeichen; **3.** *fig.* Zweifel *m*; **II** *v/t.* **4.** fragen; **5.** j-n (aus-, be)fragen; **6.** *et.* in Zweifel ziehen, in Frage stellen, beanstanden; **7.** *typ.* mit e-m Fragezeichen versehen.

quest [kwest] **I** *s.* **1.** Suche *f*, Streben *n*, Trachten *n* (*for, of* nach): *knightly* ~ Ritterzug *m*; *the* ~ *for the* (*Holy*) *Grail* die Suche nach dem (Heiligen) Gral; *in* ~ *of* auf der Suche nach; **2.** Nachforschung(en *pl.*) *f*; **II** *v/i.* **3.** suchen (*for, after* nach); **4.** Wild suchen (*Jagdhund*); **III** *v/t.* **5.** suchen *od.* trachten nach.

ques·tion [ˈkwestʃən] **I** *s.* **1.** Frage *f* (*a. ling.*): *beg the* ~ die Antwort auf eine Frage schuldig bleiben; *put a* ~ *to s.o.* j-m e-e Frage stellen; *the* ~ *does not arise* die Frage ist belanglos; → *pop¹* 10; **2.** Frage *f*, Pro'blem *n*, Thema *n*, (Streit)Punkt *m*: *the social* ~ die soziale Frage; ~*s of the day* Tagesfragen; ~ *of fact* ♱♱ Tatfrage; ~ *of law* ♱♱ Rechtsfrage; *the point in* ~ die fragliche *od.* vorliegende *od.* zur Debatte stehende Sache; *come into* ~ in Frage kommen, wichtig werden; *there is no* ~ *of s.th.* *od. ger.* es ist nicht die Rede von *et. od.* davon, daß; ~*!* *parl.* zur Sache!; **3.** Frage *f*, Sache *f*, Angelegenheit *f*: *only a* ~ *of time* nur e-e Frage der Zeit; **4.** Frage *f*, Zweifel *m*: *beyond* (*all*) ~ ohne Fra-

ge, fraglos; *call in* ~ → 8; *there is no* ~ *but* (*od. that*) es steht außer Frage, daß; *out of* ~ außer Frage; *that is out of the* ~ das kommt nicht in Frage; **5.** *pol.* Anfrage *f*: *put to the* ~ zur Abstimmung über *e-e Sache* schreiten; **6.** ♱♱ Vernehmung *f*; Unter'suchung *f*: *put to the* ~ *hist.* j-n foltern; **II** *v/t.* **7.** j-n (aus-, be)fragen; ♱♱ vernehmen, -hören; **8.** *et.* an-, bezweifeln, in Zweifel ziehen; '**ques·tion·a·ble** [-tʃənəbl] *adj.* □ **1.** fraglich, zweifelhaft, ungewiß; **2.** bedenklich, fragwürdig; '**ques·tion·ar·y** [-tʃənərɪ] → *questionnaire*; '**ques·tion·er** [-tʃənə] *s.* Fragesteller(in), Frager(in); '**ques·tion·ing** [-tʃənɪŋ] **I** *adj.* □ fragend (*a. Blick, Stimme*); **II** *s.* Befragung *f*; ♱♱ Vernehmung *f.*

ques·tion| mark *s.* Fragezeichen *n*; ~ **mas·ter** *s.* Mode'rator *m* e-r Quizsendung.

ques·tion·naire [ˌkwestɪəˈneə] (*Fr.*) *s.* Fragebogen *m.*

ques·tion time *s. parl.* Fragestunde *f.*

queue [kjuː] **I** *s.* **1.** (Haar)Zopf *m*; **2.** *bsd. Brit.* Schlange *f*, Reihe *f* vor Geschäften *etc.*: *stand* (*od. wait*) *in a* ~ Schlange stehen; → *jump* 25; **II** *v/i.* **3.** *mst* ~ *up Brit.* Schlange stehen, sich anstellen; '~*·jump·er* *s.* F j-d., der sich vordrängelt, *mot.* Ko'lonnenspringer *m.*

quib·ble [ˈkwɪbl] **I** *s.* **1.** Spitzfindigkeit *f*, Wortklaube'rei *f*, Ausflucht *f*; **2.** *obs.* Wortspiel *n*; **II** *v/i.* **3.** her'umreden, Ausflüchte machen; **4.** spitzfindig sein, Haarspalte'rei betreiben; **5.** witzeln; '**quib·bler** [-lə] *s.* **1.** Wortklauber(in), -verdreher(in); **2.** Krittler(in); '**quib·bling** [-lɪŋ] *adj.* □ spitzfindig, haarspalterisch, wortklauberisch.

quick [kwɪk] **I** *adj.* □ **1.** schnell, so'fortig: ~ *answer* (*service*) prompte Antwort (Bedienung); ~ *returns* ♱ schneller Umsatz; **2.** schnell, hurtig, geschwind, rasch: *be* ~*!* mach schnell!, beeile dich!; *be* ~ *about s.th.* sich mit et. beeilen; **3.** (geistig) gewandt, flink, aufgeweckt, schlagfertig, ‚fix‘; beweglich, flink (*Geist*): ~ *wit* Schlagfertigkeit *f*; **4.** scharf (*Auge, Ohr, Verstand*): *a* ~ *ear* ein feines Gehör; **5.** scharf (*Geruch, Geschmack, Schmerz*); **6.** voreilig, hitzig: *a* ~ *temper*; **7.** *obs.* lebend (*a. ♀ Hecke*), lebendig: ~ *with child* (hoch)schwanger; **8.** *fig.* lebhaft (*a. Gefühle*; *a. Handel etc.*); **9.** lose, treibend (*Sand etc.*); **10.** *min.* erzhaltig, ergiebig; **11.** ♱ flüssig (*Anlagen, Aktiva*); **II** *s.* **12.** *the* ~ die Lebenden *pl.*; **13.** (lebendes) Fleisch; *fig.* Mark *n*: *to the* ~ a) (bis) ins Fleisch, b) *fig.* bis ins Mark *od.* Herz, c) durch u. durch; *cut s.o. to the* ~ j-n tief verletzen; *touched to the* ~ bis ins Mark getroffen; *a Socialist to the* ~ ein Sozialist bis auf die Knochen; *paint s.o. to the* ~ j-n malen wie er leibt u. lebt; **14.** *Am.* → *quicksilver*; **III** *adv.* **15.** schnell, geschwind; '~*·ac·tion* *adj.* ⚙ Schnell...; '~*·break switch* ⚡ Mo'mentschalter *m*; '~*·change* **1.** ~ *artist thea.* Verwandlungskünstler(in); **2.** ⚙ Schnellwechsel...(-*futter*, -*getriebe etc.*); '~*·dry·ing* *adj.* schnelltrocknend (*Lack*); ä'therisch (*Öl*); '~*·eared adj.* mit e-m feinen Gehör.

quick·en [ˈkwɪkən] **I** *v/t.* **1.** beschleunigen; **2.** (wieder) lebendig machen; beseelen; **3.** *Interesse etc.* an-, erregen; **4.** beleben, j-m neuen Auftrieb geben; **II** *v/i.* **5.** sich beschleunigen (*Puls, Schritte etc.*); **6.** (wieder) lebendig werden; **7.** gekräftigt werden; **8.** hoch'schwanger werden; **9.** sich bewegen (*Fötus*).

'**quick|-eyed** *adj.* scharfsichtig (*a. fig.*); '~*·fire*, '~*·fir·ing adj.* ✗ Schnellfeuer...; '~*·freeze v/t.* einfrieren, tiefkühlen; '~*·freez·ing s.* Tiefkühl-, Gefrierverfahren *n*; '~*·fro·zen adj.* tiefgekühlt.

quick·ie [ˈkwɪkɪ] *s.* F **1.** *et.* ,Hingehauenes‘, ,auf die Schnelle‘ gemachte Sache, *z. B.* billiger, improvisierter Film; **2.** ,kurze Sache‘, *z. B.* kurzer Werbefilm; **3.** *have a* ~ F rasch einen ,kippen‘.

'**quick|·lime** *s.* ♱ gebrannter, ungelöschter Kalk, Ätzkalk *m*; ~ **march** *s.* ✗ Eilmarsch *m*; '~*·match s.* ✗, ✗ Zündschnur *f*; ~ **mo·tion** *s.* ⚙ Schnellgang *m*; '~*·mo·tion cam·er·a s. phot.* Zeitraffer(kamera *f*) *m.*

quick·ness [ˈkwɪknɪs] *s.* **1.** Schnelligkeit *f*; **2.** (geistige) Beweglichkeit *od.* Flinkheit; **3.** Hitzigkeit *f*: ~ *of temper*; **4.** ~ *of sight* gutes Sehvermögen; **5.** Lebendigkeit *f*, Kraft *f.*

'**quick|·sand** *s. geol.* Treibsand *m*; '~*·set s.* ♀ heckenbildende Pflanze, *bsd.* Weißdorn *m*; **2.** Setzling *m*; **3.** *a.* ~ *hedge* lebende Hecke; ˌ~*·'set·ting adj.* ⚙ schnell abbindend (*Zement etc.*); ˌ~*·'sight·ed adj.* scharfsichtig; '~*·sil·ver s.* Quecksilber *n* (*a. fig.*); '~*·step s.* **1.** ✗ Schnellschritt *m*; **2.** ♪ Quickstep *m* (*schneller Foxtrott*); ˌ~*·'tem·pered adj.* hitzig, jäh; ~ *time s.* ✗ **1.** ✗ Schnellschritt *m*; **2.** exerziermäßiges Marschtempo: ~ *march!* Im Gleichschritt, marsch!; ˌ~*·'wit·ted adj.* schlagfertig, aufgeweckt, ‚fix‘.

quid¹ [kwɪd] *s.* **1.** Priem *m* (*Kautabak*); **2.** wiedergekäutes Futter.

quid² [kwɪd] *pl. mst* **quid** *s. Brit. sl.* Pfund *n* (*Sterling*).

quid·di·ty [ˈkwɪdətɪ] *s.* **1.** *phls.* Es'senz *f*, Wesen *n*; **2.** Feinheit *f*; **3.** Spitzfindigkeit *f.*

quid·nunc [ˈkwɪdnʌŋk] *s.* Neuigkeitskrämer *m*, Klatschtante *f.*

quid pro quo [ˌkwɪdprəʊˈkwəʊ] *pl.* **quid pro quos** (*Lat.*) *s.* Gegenleistung *f*, Vergütung *f.*

qui·es·cence [kwaɪˈesns] *s.* Ruhe *f*, Stille *f*; **qui·es·cent** [-nt] *adj.* □ **1.** ruhig, bewegungslos; *fig.* ruhig, still: ~ *state* Ruhezustand *m*; **2.** *ling.* stumm (*Buchstabe*).

qui·et [ˈkwaɪət] **I** *adj.* □ **1.** ruhig, still (*a. fig. Person, See, Straße etc.*); **2.** ruhig, leise, geräuschlos (*a.* ⚙): ~ *running mot.* ruhiger Gang; *be* ~*!* sei still!; ~, *please!* ich bitte um Ruhe!; *keep* ~ a) sich ruhig verhalten, b) den Mund halten; **3.** bewegungslos, still; **4.** ruhig, friedlich (*a. Leben, Zeiten*); behaglich, beschaulich: ~ *conscience* ruhiges Gewissen; ~ *enjoyment* ♱ ruhiger Besitz, ungestörter Genuß; **5.** ruhig, unauffällig (*Farbe etc.*); **6.** versteckt, geheim, leise: *keep s.th.* ~ et. geheimhalten, et. für sich behalten; **7.** ♱ ruhig, still, ‚flau‘ (*Geschäft etc.*); **II** *s.* **8.** Ruhe *f*, Stille *f*;

Frieden *m*: **on the ~** (*od.* **on the q.t.**) F ‚klammheimlich', stillschweigend; **III** *v/t.* **9.** beruhigen, zur Ruhe bringen; **10.** besänftigen; **11.** zum Schweigen bringen; **IV** *v/i.* **12.** *mst* **~ down** ruhig *od.* still werden, sich beruhigen; **'qui·et·en** [-tn] → **quiet** III *u.* IV.

qui·et·ism ['kwaɪɪtɪzəm] *s. eccl.* Quie'tismus *m*.

qui·et·ness ['kwaɪətnɪs] *s.* **1.** → **quietude**; **2.** Geräuschlosigkeit *f*; **qui·e·tude** ['kwaɪɪtjuːd] *s.* **1.** Stille *f*, Ruhe *f*; **2.** *fig.* Friede(n) *m*; **3.** (Gemüts)Ruhe *f*.

qui·e·tus [kwaɪ'iːtəs] *s.* **1.** Ende *n*, Tod *m*; **2.** Todesstoß *m*: **give s.o. his ~** j-m den Garaus machen; **3.** (restlose) Tilgung *e-r Schuld*; **4.** ✠ a) *Brit.* Endquittung *f*, b) *Am.* Entlastung *f des Nachlaßverwalters*.

quill [kwɪl] **I** *s.* **1.** *a.* **~-feather** *orn.* (Schwung-, Schwanz)Feder *f*; **2.** *a.* **~ pen** Federkiel *m*; *fig.* Feder *f*; **3.** *zo.* Stachel *m* (*Igel etc.*); **4.** ♪ a) *hist.* Panflöte *f*, b) Plektrum *n*; **5.** Zahnstocher *m*; **6.** Zimtstange *f*; **7.** ⚙ Weberspule *f*; **8.** ⚙ Hohlwelle *f*; **II** *v/t.* **9.** rund fälteln, kräuseln; **10.** *Faden* aufspulen; **'~·driv·er** *s. contp.* Federfuchser *m*.

quilt [kwɪlt] **I** *s.* **1.** Steppdecke *f*; **2.** gesteppte (Bett)Decke; **II** *v/t.* **3.** steppen, 'durchnähen; **4.** wattieren, (aus)polstern; **'quilt·ing** [-tɪŋ] *s.* **1.** 'Durchnähen *n*, Steppen *n*: **~ seam** Steppnaht *f*; **2.** gesteppte Arbeit; **3.** Füllung *f*, Wattierung *f*; **4.** Pi'kee *m* (*Gewebe*).

quim [kwɪm] *s.* V ‚Möse'.

quince [kwɪns] *s.* ♀ Quitte *f*.

qui·nine [*Brit.* kwɪ'niːn; *Am.* 'kwaɪnaɪn] *s.* ✠, *pharm.* Chi'nin *n*.

quin·qua·ge·nar·i·an [ˌkwɪŋkwədʒɪ'neərɪən] **I** *adj.* fünfzigjährig, in den Fünfzigern; **II** *s.* Fünfzigjährige(r *m*) *f*, Fünfziger(in); **quin·quen·ni·al** [kwɪŋ'kwenɪəl] *adj.* □ fünfjährig; fünfjährlich (*wiederkehrend*).

quins [kwɪnz] *s. pl.* F Fünflinge *pl*.

quin·sy ['kwɪnzɪ] *s.* ✠ (Hals)Bräune *f*, Mandelentzündung *f*.

quint *s.* **1.** [kɪnt] Pikett: Quinte *f*; **2.** [kwɪnt] ♪ Quint(e) *f*.

quin·tal ['kwɪntl] *s.* Doppelzentner *m*.

quinte [kɛ̃t; kæ̃t] (*Fr.*) *s. fenc.* Quinte *f*.

quint·es·sence [kwɪn'tesns] *s.* **1.** ✠ 'Quintessenz *f* (*a. phls. u. fig.*); **2.** *fig.* Kern *m*, Inbegriff *m*; a) Urtyp *m*, b) klassisches Beispiel, c) (höchste) Voll'kommenheit *f*.

quin·tet(te) [kwɪn'tet] *s.* **1.** ♪ Quin'tett *n* (*a. humor.* 5 Personen); **2.** Fünfergruppe *f*.

quin·tu·ple ['kwɪntjupl] **I** *adj.* fünffach; **II** *s.* das Fünffache; **III** *v/t. u. v/i.* (sich) verfünffachen; **'quin·tu·plets** [-plɪts] *s. pl.* Fünflinge *pl*.

quip [kwɪp] **I** *s.* **1.** witziger Einfall, geist-

reiche Bemerkung, Bon'mot *n*; **2.** (Seiten)Hieb *m*, Stich(e'lei *f*) *m*; **II** *v/i.* **3.** witzeln, spötteln.

quire ['kwaɪə] *s.* **1.** *typ.* Buch *n* (*24 Bogen*); **2.** Buchbinderei: Lage *f*.

quirk [kwɜːk] *s.* **1.** → **quip** 1, 2; **2.** Kniff *m*, Trick *m*; **3.** Zucken *n des Mundes etc.*; **4.** Eigenart *f*, seltsame Angewohnheit: **by a ~ of fate** durch e-n verrückten Zufall, wie das Schicksal so spielt; **5.** Schnörkel *m*; **6.** △ Hohlkehle *f*; **'quirk·y** [-kɪ] *adj.* F **1.** ‚gerissen' (*Anwalt etc.*); **2.** eigenartig, schrullig, ‚komisch'.

quis·ling ['kwɪzlɪŋ] *s. pol.* F Quisling *m*, Kollabora'teur *m*.

quit [kwɪt] **I** *v/t.* **1.** verzichten auf (*acc.*); **2.** *a. Stellung* aufgeben; *Dienst* quittieren; sich vom *Geschäft* zu'rückziehen; **3.** F aufhören (**s.th.** mit et.; **doing** zu tun); **4.** verlassen; **5.** *Schuld* bezahlen; tilgen; **6.** **~ o.s.** sich befreien (**of** von); **7.** *poet.* vergelten (**love with hate** Liebe mit Haß); **II** *v/i.* **8.** aufhören; **9.** weggehen; **10.** ausziehen (*Mieter*): **notice to ~** Kündigung *f*; **give notice to ~** (j-m die Wohnung) kündigen; **III** *adj. pred.* **11.** quitt, frei: **go ~** frei ausgehen; **be ~ for** davonkommen mit; **12.** frei, los (**of** von): **~ of charges** ✠ nach Abzug der Kosten, spesenfrei; **'~·claim** *s.* ✠ **1.** Verzicht(leistung *f*) *m auf Rechte*; **2.** **~ deed** a) Grundstückskaufvertrag *m*, b) *Am.* Zessi'onsurkunde *f* (*beide: ohne Haftung für Rechts- od. Sachmängel*).

quite [kwaɪt] *adv.* **1.** ganz, völlig: **~ another** ein ganz anderer; **~ wrong** völlig falsch; **2.** wirklich, tatsächlich, ziemlich: **~ a disappointment** e-e ziemliche Enttäuschung; **~ good** recht gut; **~ a few** ziemlich viele; **~ a gentleman** wirklich ein feiner Herr; **3.** F ganz, durch'aus: **~ nice** ganz *od.* sehr nett; **~ the thing** genau das Richtige; **~ (so)!** ganz recht!

quit rent *s.* ✠ Miet-, Pachtzins *m*.

quits [kwɪts] *adj.* quitt (*mit* j-m): **call it ~** quitt sein; **get ~ with s.o.** mit j-m quitt werden; → **double** 10.

quit·tance ['kwɪtəns] *s.* **1.** Vergeltung *f*, Entgelt *n*; **2.** Erledigung *f e-r Schuld etc.*; **3.** ✠ Quittung *f*.

quit·ter ['kwɪtə] *s. Am. u.* F **1.** Drückeberger *m*; **2.** Feigling *m*.

quiv·er¹ ['kwɪvə] **I** *v/i.* beben, zittern (**with** vor *dat.*); **II** *s.* Beben *n*, Zittern *n*: **in a ~ of excitement** *fig.* zitternd vor Aufregung.

quiv·er² ['kwɪvə] *s.* Köcher *m*: **have an arrow left in one's ~** *fig.* noch ein Eisen im Feuer haben; **a ~ full of children** *fig.* e-e ganze Schar Kinder.

qui vive [ˌkiː'viːv] (*Fr.*) *s.*: **be on the ~** auf dem Quivive *od.* auf der Hut sein.

quix·ot·ic [kwɪk'sɒtɪk] *adj.* (□ **~ally**) donqui'chotisch (*weltfremd, über-*

spannt); **quix·ot·ism** ['kwɪksətɪzəm], **quix·ot·ry** ['kwɪksətrɪ] *s.* Donquichotte'rie *f*, Narre'tei *f*.

quiz [kwɪz] **I** *v/t.* **1.** *Am.* j-n prüfen, abfragen; **2.** (aus)fragen; **3.** *bsd. Brit.* aufziehen, hänseln; **4.** (spöttisch) anstarren, fixieren; **II** *pl.* **'quiz·zes** [-zɪz] *s.* **5.** *ped. Am.* Prüfung *f*, Klassenarbeit *f*; **6.** Ausfragen *n*; **7.** *Radio, TV:* Quiz *n*: **~ game** Ratespiel *n*, Quiz; **~master** Quizmaster *m*; **~ program(me)**, **show** Quizsendung *f*; **8.** Denksportaufgabe *f*; **9.** *obs.* Foppe'rei *f*, Ulk *m*.

quiz·zi·cal ['kwɪzɪkl] *adj.* □ **1.** seltsam, komisch; **2.** spöttisch.

quod [kwɒd] *s. sl.* ‚Kittchen' *n*: **be in ~** a. ‚sitzen'.

quoin [kɔɪn] **I** *s.* **1.** △ a) (vorspringende) Ecke, b) Eckstein *m*; **2.** *typ.* Schließkeil *m*; **II** *v/t.* **3.** *typ. Druckform* schließen; **4.** ⚙ verkeilen; **5.** △ *Ecke* mit Keilsteinen versehen.

quoit [kɔɪt] *s.* **1.** Wurfring *m*; **2.** *pl. sg. konstr.* Wurfringspiel *n*.

quon·dam ['kwɒndæm] *adj.* ehemalig, früher.

Quon·set hut ['kwɒnsɪt] *s. Am.* (*Warenzeichen*) e-e Nissenhütte.

quo·rum ['kwɔːrəm] *s.* **1.** beschlußfähige Anzahl *od.* Mitgliederzahl: **be** (*od.* **constitute**) **a ~** beschlußfähig sein; **2.** ✠ handlungsfähige Besetzung *e-s Gerichts*.

quo·ta ['kwəʊtə] *s.* **1.** *bsd.* ✠ Quote *f*, Anteil *m*; **2.** ✠ (*Einfuhr- etc.*)Kontin'gent *n*: **~ goods** kontingentierte Waren; **~ system** Zuteilungssystem *n*; **3.** ✠ Kon'kursdividende(nquote) *f*; **4.** *Am.* Einwanderungsquote *f*.

quot·a·ble ['kwəʊtəbl] *adj.* zi'tierbar.

quo·ta·tion [kwəʊ'teɪʃn] *s.* **1.** Zi'tat *n*; Anführung *f*, Her'anziehung *f* (*a.* ✠); **familiar ~s** geflügelte Worte; **2.** Beleg (-stelle *f*) *m*; **3.** ✠ a) Preisangabe *f*, -ansatz *m*, b) (Börsen-, Kurs)Notierung *f*, Kurs *m*: **final ~** Schlußnotierung; **4.** *typ.* Steg *m*; **~ marks** *s. pl.* Anführungszeichen *pl.*, ‚Gänsefüßchen' *pl.*

quote [kwəʊt] **I** *v/t.* **1.** zitieren (**from** aus), (*a. als Beweis*) anführen, *weitS. a.* Bezug nehmen auf (*acc.*), sich auf *ein Dokument etc.* berufen, *e-e Quelle, e-n Fall* her'anziehen; **2.** ✠ *Preis* aufgeben, ansetzen, berechnen, **3.** *Börse:* notieren: **be ~d at** (*od.* **with**) notieren *od.* im Kurs stehen mit; **4.** *Am.* in Anführungszeichen setzen; **II** *v/i.* **5.** zitieren (**from** aus): **~:** ... ich zitiere ..., Zitat...; **III** *s.* F **6.** Zi'tat *n*; **7.** *pl.* → **quotation marks**.

quoth [kwəʊθ] *obs.* ich, er, sie, es sprach, sagte.

quo·tid·i·an [kwɒ'tɪdɪən] **I** *adj.* **1.** täglich: **~ fever** → **2**; **2.** all'täglich, gewöhnlich; **II** *s.* **3.** ✠ Quotidi'anfieber *n*.

quo·tient ['kwəʊʃnt] *s.* A Quoti'ent *m*.

R

R, r [ɑ:] *s.* R *n*, r *n* (*Buchstabe*): **the three Rs** (*reading*, [*w*]*riting*, [*a*]*rithmetic*) (das) Lesen, Schreiben, Rechnen.

rab·bet ['ræbɪt] ⊗ **I** *s.* **1. a)** Fuge *f*, Falz *m*, Nut *f*, **b)** Falzverbindung *f*; **2.** Stoßstahl *m*; **II** *v/t.* **3.** einfügen, (zs.-)fugen, falzen; **~ joint** *s.* Fuge *f*, Falzverbindung *f*; **~ plane** *s.* Falzhobel *m*.

rab·bi ['ræbaɪ] *s.* **1.** Rab'biner *m*; **2.** Rabbi *m* (*Schriftgelehrter*); **rab·bin·ate** ['ræbɪnət] *s.* **1.** Rabbi'nat *n*; **2.** *coll.* Rab'biner *pl.*; **rab·bin·i·cal** [ræ'bɪnɪkl] *adj.* □ rab'binisch.

rab·bit ['ræbɪt] *s.* **1.** *zo.* Ka'ninchen *n*; **2.** *zo. Am. allg.* Hase *m*; **3.** → **Welsh rabbit**; **4.** *sport* F **a)** Anfänger(in), **b)** ,Flasche' *f*, **c)** *Laufsport*: Tempomacher *m*; **~ fe·ver** *s.* Hasenpest *f*; **~ hutch** *s.* Ka'ninchenstall *m*; **~ punch** *s. Boxen*: Genickschlag *m*.

rab·ble¹ ['ræbl] *s.* **1.** Mob *m*, Pöbelhaufen *m*; **2. the ~** der Pöbel; **~-rousing** aufwieglerisch, demagogisch.

rab·ble² ['ræbl] ⊗ **I** *s.* Rührstange *f*, Kratze *f*; **II** *v/t.* 'umrühren.

Rab·e·lai·si·an [ˌræbə'leɪzɪən] *adj.* **1.** des Rabe'lais; **2.** im Stil von Rabe'lais (*grob-satirisch, geistvoll-frech*).

rab·id ['ræbɪd] *adj.* □ **1.** wütend (*a. Haß etc.*), rasend (*a. fig. Hunger etc.*); **2.** rabi'at, fa'natisch: **a ~ anti-Semite**; **3.** toll(wütig): **a ~ dog**; **'rab·id·ness** [-nɪs] *s.* **1.** Rasen *n*, Wut *f*; **2.** (*wilder*) Fana'tismus.

ra·bies ['reɪbiːz] *s. vet.* Tollwut *f*.

rac·coon [rə'kuːn] *s.* Waschbär *m*.

race¹ [reɪs] *s.* **1.** Rasse *f*: **the white ~**; **2.** Rasse *f*: **a)** Rassenzugehörigkeit *f*, **b)** rassische Eigenart: **differences of ~** Rassenunterschiede; **3. a)** Geschlecht *n*, Fa'milie *f*, **b)** Volk *n*; **4.** *biol.* Rasse *f*, Gattung *f*, 'Unterart *f*; **5.** (*Menschen- etc.*)Geschlecht *n*: **the human ~**; **6.** *fig.* Kaste *f*, Schlag *m*: **the ~ of politicians**; **7.** Rasse *f* des Weins etc.

race² [reɪs] **I** *s.* **1.** *sport* (Wett)Rennen *n*, (Wett)Lauf *m*: **motor ~** Autorennen; **2.** *pl. sport* Pferderennen *n*; → **play** 16; **3.** *fig.* (**for**) Wettlauf *m*, Kampf *m* (um), Jagd *f* (nach): **~ against time** Wettlauf mit der Zeit; **4.** *ast.* Lauf *m* (*a. fig. des Lebens etc.*): **his ~ is run** er hat die längste Zeit gelebt; **5. a)** starke Strömung, **b)** Stromschnelle *f*, **c)** Flußbett *n*, **d)** Ka'nal *m*, Gerinne *n*, **e)** Ka'nalgewässer *n*; **6.** ⊗ **a)** Laufring *m* (*Kugellager*), (Gleit)Bahn *f*, **b)** *Weberei*: Schützenbahn *f*; **7.** → **slipstream**; **II** *v/i.* **8.** an e-m Rennen teilnehmen, *bsd.* um die Wette laufen *od.* fahren (**with** mit); laufen *etc.* (**for** um); **9.** (da'hin)rasen, (-)schießen, ren-

nen; **10.** ⊗ 'durchdrehen (*Rad*); **III** *v/t.* **11.** um die Wette laufen *od.* fahren *etc.* mit; **12.** *Pferde* rennen *od.* laufen lassen; **13.** *Fahrzeug* rasen lassen, rasen mit; **14.** *fig.* ('durch)hetzen, (-)jagen; *Gesetz* 'durchpeitschen; **15.** ⊗ **a)** *Motor* 'durchdrehen lassen, **b)** *Motor* hochjagen: **~ up** *Flugzeugmotor* abbremsen; **~ boat** *s.* Rennboot *n*; **'~-course** *s.* (Pferde)Rennbahn *f*; **~ di·rec·tor** *s. mot.* Rennleiter *m*; **'~-go·er** *s.* Rennplatzbesucher(in); **'~-horse** *s.* Rennpferd *n*.

ra·ceme [rə'siːm] *s.* ♀ Traube *f* (*Blütenstand*).

race meet·ing *s.* (Pferde)Rennen *n*.

rac·er ['reɪsə] *s.* **1. a)** (Renn)Läufer(in), **b)** Rennfahrer(in); **2.** Rennpferd *n*; **3.** Rennrad *n*, -boot *n*, -wagen *m*.

Race Re·la·tions Board *s. Brit.* Ausschuß *m* zur Verhinderung von Rassendiskriminierung.

race| ri·ot *s.* 'Rassenkraˌwall *m*; '**~-track** *s.* **1.** *mot.* Rennstrecke *f*; **2.** → **racecourse**; '**~-way** *s.* **1.** (Mühl)Gerinne *n*; **2.** ⊗ Laufring *m*.

ra·chis ['reɪkɪs] *pl.* **rach·i·des** ['reɪkɪdiːs] *s.* **1.** ♀, *zo.* Rhachis *f*, Spindel *f*; **2.** *anat., zo.* Rückgrat *n*; **ra·chi·tis** [ræ'kaɪtɪs] *s.* ♠ Ra'chitis *f*.

ra·cial ['reɪʃl] *adj.* □ rassisch, Rassen...: **~ equality** Rassengleichheit *f*; **~ discrimination** Rassendiskriminierung *f*; **~ segregation** Rassentrennung *f*; **'ra·cial·ism** [-ʃəlɪzəm] *s.* **1.** Ras'sismus *m*; **2.** Rassenkult *m*; **3.** 'Rassenpoliˌtik *f*; **'ra·cial·ist** [-ʃəlɪst] **I** *s.* Ras'sist(in); **II** *adj.* ras'sistisch.

rac·i·ness ['reɪsɪnɪs] *s.* **1.** Rassigkeit *f*, Rasse *f*; **2.** Urwüchsigkeit *f*; **3.** *das* Pi'kante, Würze *f*; **4.** Schwung *m*, ,Schmiß' *m*.

rac·ing ['reɪsɪŋ] **I** *s.* **1.** Rennen *n*; **2.** (Pferde)Rennsport *m*; **II** *adj.* **3.** Renn...(-*boot*, *-wagen etc.*): **~ circuit** *mot.* Rennstrecke *f*; **~ cyclist** Radrennfahrer *m*; **~ driver** Rennfahrer(in); **~ man** Pferdesport-Liebhaber *m*; **~ world** *die* Rennwelt.

rac·ism ['reɪsɪzəm] → **racialism**; **'rac·ist** → **racialist**.

rack¹ [ræk] **I** *s.* **1.** Gestell *n*, Gerüst *n*; (*Gewehr-, Kleider- etc.*)Ständer *m*; (Streck-, Stütz)Rahmen *m*; ♪ Raufe *f*, Futtergestell *n*; ⊞ Gepäcknetz *n*; (Handtuch)Halter *m*; **2.** 'Fächerreˌgal *n*; **3.** *typ.* 'Setzreˌgal *n*; **4.** ⊗ Zahnstange *f*: **~(-and-pinion) gear** Zahnstangengetriebe *n*; **5.** *hist.* Folterbank *f*, (Streck)Folter *f*; *fig.* (Folter)Qualen *pl.*: **put on the ~** *bsd. fig.* j-n auf die Folter spannen; **II** *v/t.* **6.** (aus)recken,

strecken; **7.** auf *od.* in ein Gestell *od.* Re'gal legen; **8.** *bsd. fig.* foltern, martern: **~ one's brains** sich den Kopf zermartern; **~ed with pain** schmerzgequält; **~ing pains** rasende Schmerzen; **9. a)** *Miete* (wucherisch) hochschrauben, **b)** → **rack-rent** 3; **10. ~ up** ♪ mit Futter versehen.

rack² [ræk] *s.*: **go to ~ and ruin** *a. fig.* ka'puttgehen.

rack³ [ræk] *s.* Paßgang *m* (*Pferd*).

rack⁴ [ræk] **I** *s.* fliegendes Gewölk; **II** *v/i.* (da'hin)ziehen (*Wolken*).

rack⁵ [ræk] *v/t.* oft **~ off** Wein etc. abziehen, -füllen.

rack·et¹ ['rækɪt] *s.* **1.** *sport* Ra'kett *n*, (Tennis- etc.)Schläger *m*: **~ press** Spanner *m*; **2.** *pl.* oft *sg. konstr.* Ra'kettspiel *n*, Wandballspiel *n*; **3.** Schneeteller *m*.

rack·et² ['rækɪt] **I** *s.* **1.** Krach *m*, Lärm *m*, Ra'dau *m*, Spek'takel *m*; **2.** ,Wirbel' *m*, Aufregung *f*; **3. a)** ausgelassene Gesellschaft, rauschendes Fest, **b)** Vergnügungstaumel *m*, **c)** Trubel *m* des *Gesellschaftslebens*: **go on the ~** ,auf die Pauke hauen'; **4.** harte (Nerven-) Probe, ,Schlauch' *m*: **stand the ~** F **a)** die Sache durchstehen, **b)** die Folgen zu tragen haben, **c)** (alles) berappen; **5.** *sl.* **a)** Schwindel *m*, ,Schiebung' *f*, **b)** Erpresserbande *f*, Racket *n*, **c)** organisierte Erpressung, **d)** ,Masche' *f*, (einträgliches) Geschäft, **e)** *Am.* Beruf *m*, Branche *f*; **II** *v/i.* **6.** Krach machen, lärmen; **7.** *mst* **~ about** ,(herum)sumpfen'; **rack·et·eer** [ˌrækə'tɪə] **I** *s.* **1.** Gangster *m*, Erpresser *m*; **2.** Schieber *m*, Geschäftemacher *m*; **II** *v/i.* **3.** dunkle Geschäfte machen; **4.** organisierte Erpressung betreiben; **rack·et·eer·ing** [ˌrækə'tɪərɪŋ] *s.* **1.** Gangstertum *n*, organisierte Erpressung; **2.** Geschäftemacheˌrei *f*; **'rack·et·y** [-tɪ] *adj.* **1.** lärmend; **2.** turbu'lent; **3.** ausgelassen, ausschweifend.

rack| rail·way *s.* Zahnradbahn *f*; **'~-rent I** *s.* **1.** Wuchermiete *f*; **2.** *Brit.* höchstmögliche Jahresmiete; **II** *v/t.* **3.** e-e Wuchermiete für et. *od.* von j-m verlangen; **~ wheel** *s.* Zahnrad *n*.

ra·coon → **raccoon**.

rac·y ['reɪsɪ] *adj.* **1.** rassig (*a. fig. Auto, Stil etc.*), feurig (*Pferd, a. Musik etc.*); **2.** urtümlich, kernig: **~ of the soil** urwüchsig, bodenständig; **3.** *fig.* **a)** lebendig, geistreich, ,spritzig', **b)** schwungvoll, schmissig: **~ melody**; **4.** pi'kant, würzig (*Geruch etc.*) (*a. fig.*); **5.** F *u. Am.* schlüpfrig, gewagt.

rad [ræd] *s. pol.* Radi'kale(r *m*) *f*.

ra·dar ['reɪdɑ:] **I** *s.* **1.** Ra'dar *m*, *n*, Funkmeßtechnik *f*, -ortung *f*; **2. a. ~**

set Radargerät *n*; **II** *adj.* **3.** Radar...: ~ *display* Radarschirmbild *n*; ~ *scanner* Radarsuchgerät *n*; ~ *screen* Radarschirm *m*; ~ *scope* Radarsichtgerät *n*; ~ *trap* Radarfalle *f* (*der Polizei*).

rad·dle ['rædl] **I** *s.* **1.** *min.* Rötel *m*; **II** *v/t.* **2.** mit Rötel bemalen; **3.** rot anmalen.

ra·di·al ['reɪdjəl] **I** *adj.* □ **1.** radi'al, Radial..., Strahl(en)...; sternförmig; **2.** *anat.* Speichen...; **3.** ♀, *zo.* radi'alsym,metrisch; **II** *s.* **4.** *anat.* → a) *radial artery*, b) *radial nerve*; ~ *ar·ter·y s.* Speichenschlagader *f*; ~ *drill s.* ⚙ Radi'albohrma,schine *f*; ~ *en·gine s.* Sternmotor *m*; '~-*flow tur·bine s.* Radi'altur,bine *f*; ~ *nerve s.* Speichennerv *m*; '~(-**ply**) *tire* (*Brit.* **tyre**) *s.* ⚙ Gürtelreifen *m*; ~ *route s.* Ausfallstraße *f*.

ra·di·ance ['reɪdjəns], **'ra·di·an·cy** [-sɪ] *s.* **1.** *a. fig.* Strahlen *n*, strahlender Glanz; **2.** → *radiation*; **'ra·di·ant** [-nt] **I** *adj.* □ **1.** strahlend (*a. fig.* *with* vor *dat.*, von): ~ *beauty*; ~ *with joy* freudestrahlend; *be* ~ *with health* vor Gesundheit strotzen; **2.** *phys.* Strahlungs...(-*energie etc.*): ~ *heating* ⚙ Flächenheizung *f*; **3.** strahlenförmig (angeordnet); **II** *s.* Strahl(ungs)punkt *m*; **'ra·di·ate** [-dɪeɪt] **I** *v/i.* **1.** ausstrahlen (*from* von) (*a. fig.*); **2.** *a. fig.* strahlen, leuchten; **II** *v/t.* **3.** *Licht, Wärme etc.* ausstrahlen; **4.** *fig. Liebe etc.* ausstrahlen, -strömen: ~ *health* vor Gesundheit strotzen; **5.** *Radio, TV:* ausstrahlen, senden; **III** *adj.* [-dɪət] **6.** radi'al, strahlig, Strahl(en)...; **ra·di·a·tion** [,reɪdɪ'eɪʃn] *s.* **1.** *phys.* (Aus)Strahlung *f* (*a. fig.*): ~ *detection team* ⚔ Strahlenspürtrupp *m*; **2.** *a.* ~ *therapy* ☢ Strahlenbehandlung *f*, Bestrahlung *f*; **'ra·di·a·tor** [-dɪeɪtə] *s.* **1.** ⚙ Heizkörper *m*; Strahlkörper *m*, -ofen *m*; **2.** ⚡ 'Raumstrahlan,tenne *f*; **3.** *mot.* Kühler *m*: ~ *core* Kühlerblock *m*; ~ *grid*, ~ *grill* Kühlergrill *m*; ~ *mascot* Kühlerfigur *f*.

rad·i·cal ['rædɪkl] **I** *adj.* □ → *radically*; **1.** radi'kal (*pol. oft* ⚷); *weitS. a.* drastisch, gründlich: ~ *cure* Radikal-, Roßkur *f*; *undergo a* ~ *change* sich von Grund auf ändern; **2.** ursprünglich, eingewurzelt; funda'men'tal (*Fehler etc.*); grundlegend, Grund...: ~ *difference*, ~ *idea*; **3.** *bsd.* ♀, ♈ Wurzel...: ~ *sign* → 8b; ~ *plane* ♈ Potenzebene *f*; **4.** *ling.* Wurzel..., Stamm...: ~ *word* Stamm(wort *n*) *m*; **5.** ♪ Grund(ton)...; **6.** *a.* ♈ Radikal...; **II** *s.* **7.** *pol.* (*a.* ⚷) Radi'kale(r *m*) *f*; **8.** ♈ a) Wurzel *f*, b) Wurzelzeichen *n*; **9.** *ling.* Wurzel(buchstabe *m*) *f*; **10.** ♪ Grundton *m* (*Akkord*); **11.** ♈ Radi'kal *n*; **'rad·i·cal·ism** [-kəlɪzəm] *s.* Radika'lismus *m*; **'rad·i·cal·ize** [-kəlaɪz] *v/t.* (*v/i.* sich) radikalisieren; **'rad·i·cal·ly** [-kəlɪ] *adv.* **1.** radi'kal, von Grund auf; **2.** ursprünglich.

rad·i·ces ['reɪdɪsiːz] *pl. von* **radix**.

rad·i·cle ['rædɪkl] *s.* **1.** ♀ ♈) Keimwurzel *f*, b) Würzelchen *n*; **2.** *anat.* (Gefäß-, Nerven)Wurzel *f*.

ra·di·i ['reɪdɪaɪ] *pl. von* **radius**.

ra·di·o ['reɪdɪəʊ] **I** *pl.* **-di·os** *s.* **1.** Funk (-betrieb) *m*; **2.** Radio *n*, Rundfunk *m*: *on the* ~ im Rundfunk; **3.** a) Radio(ge-rät) *m*, Rundfunkempfänger *m*, b) Funkgerät *n*; **4.** (Radio)Sender *m*; **5.** F Funk-/Rundfunkgesellschaft *f*; **6.** F Funk-

spruch *m*; **II** *v/t.* **7.** senden, funken, *e-e Funkmeldung* 'durchgeben; **8.** ⚕ a) e-e Röntgenaufnahme machen von, b) durch'leuchten; **9.** ⚛ mit Radium bestrahlen.

ra·di·o·'ac·tive *adj.* radioak'tiv: ~ *waste* radioaktiver Müll, Atom-Müll *m*; **,~·ac'tiv·i·ty** *s.* Radioaktivi'tät *f*; ~ *am·a·teur s.* 'Funkama,teur *m*; ~ *bea·con s.* Funkbake *f*; ~ *beam s.* Funk-, Richtstrahl *m*; ~ *bear·ing s.* **1.** Funkpeilung *f*; **2.** Peilwinkel *m*; ~ *car s.* Funk(streifen)wagen *m*; **,~·'car·bon dat·ing** *s.* Radiokar'bonme,thode, C-'14-Me,thode *f*; **,~·'chem·is·try** *s.* 'Radio-, 'Strahlenche,mie *f*; **,~·con'trol I** *s.* Funksteuerung *f*; **II** *v/t.* fernsteuern; **,~·'el·e·ment** *s.* radioak'tives Ele'ment; ~ *en·gi·neer·ing s.* Funktechnik *f*; ~ *fre·quen·cy s.* ♀ 'Hochfre,quenz *f.*

ra·di·o·gram ['reɪdɪəʊgræm] *s.* **1.** 'Funkmeldung *f* -tele,gramm *n*; **2.** *Brit.* a) → *radiograph* I, b) Mu'siktruhe *f.*

ra·di·o·graph ['reɪdɪəʊgrɑːf] ⚕ **I** *s.* Radio'gramm *n*, *bsd.* Röntgenaufnahme *f*; **II** *v/t.* ein Radio'gramm *etc.* machen von; **ra·di·o·gra·phy** [,reɪdɪ'ɒgrəfɪ] *s.* Röntgenogra'phie *f.*

ra·di·o·log·i·cal [,reɪdɪəʊ'lɒdʒɪkl] *adj.* ⚕ radio'logisch, Röntgen...; **ra·di·ol·o·gist** [,reɪdɪ'ɒlədʒɪst] *s.* Röntgeno'loge *m*; **ra·di·ol·o·gy** [,reɪdɪ'ɒlədʒɪ] *s.* Strahlen-, 'Röntgenkunde *f.*

ra·di·o| mark·er *s.* ✈ (Anflug)Funkbake *f*; ~ *mes·sage s.* Funkmeldung *f*; ~ *op·er·a·tor s.* (✈ Bord)Funker *m*.

ra·di·o·phone *s.* ['reɪdɪəʊfəʊn] **1.** *phys.* Radio'phon *n*; **2.** → *radiotelephone*.

,ra·di·o·'pho·no·graph *s. Am.* Mu'siktruhe *f*; **,~·'pho·to·graph** *s.* Funkbild *n*; **,~·'pho·tog·ra·phy** *s.* Bildfunk *m*.

ra·di·os·co·py [,reɪdɪ'ɒskəpɪ] *s.* ⚕ Röntgenosko'pie *f*, 'Röntgenunter,suchung *f.*

ra·di·o| set *s.* → *radio* 3; ~ *sonde* [sɒnd] *s. meteor.* Radiosonde *f*; **,~·'tel·e·gram** *s.* 'Funktele,gramm *n*; **,~·'te·leg·ra·phy** *s.* drahtlose Telegra'fie; **,~·'tel·e·phone** *s.* Funksprechgerät *n*; **,~·te·leph·o·ny** *s.* drahtlose Telefo'nie; **,~·'ther·a·py** *s.* 'Strahlen-, 'Röntgenthera,pie *f.*

rad·ish ['rædɪʃ] *s.* **1.** *a. large* ~ Rettich *m*; **2.** *a. red* ~ Ra'dieschen *n.*

ra·di·um ['reɪdɪəm] *s.* ⚛ Radium *n.*

ra·di·us ['reɪdɪəs] *pl.* **-di·i** [-dɪaɪ] *od.* **-di·us·es** *s.* **1.** ♈ Radius *m*, Halbmesser *m*: ~ *of turn mot.* Wendehalbmesser; **2.** ⚙, *anat.* Speiche *f*; **3.** ♀ Strahl (-blüte *f*) *m*; **4.** 'Umkreis *m*: *within a* ~ *of*; **5.** *fig.* (Wirkungs-, Einfluß)Bereich *m*: ~ (*of action*) Aktionsradius *m*, *mot.* Fahrbereich *m*.

ra·dix ['reɪdɪks] *pl.* **rad·i·ces** ['reɪdɪsiːz] *s.* **1.** ♈ Basis *f*, Grundzahl *f*; **2.** ♀, *a. ling.* Wurzel *f.*

raf·fi·a ['ræfɪə] *s.* Raffiabast *m.*

raff·ish ['ræfɪʃ] *adj.* □ **1.** liederlich; pöbelhaft, ordi'när.

raf·fle ['ræfl] **I** *s.* Tombola *f*, Verlosung *f*; **II** *v/t. oft* ~ *off et.* (in e-r Tombola) verlosen; **III** *v/i.* losen (*for* um).

raft [rɑːft] **I** *s.* Floß *n*; **2.** zs.-gebundenes Holz; **3.** *Am.* Treibholz(ansammlung *f*) *n*; **4.** F Unmenge *f*, 'Haufen' *m*, 'Latte' *f*; **II** *v/t.* **5.** flößen, als *od.* mit dem Floß befördern; **6.** zu e-m Floß zs.-

binden; **7.** mit e-m Floß befahren; **'raft·er** [-tə] *s.* **1.** Flößer *m*; **2.** ⚙ (Dach-)Sparren *m*; **'rafts·man** ['rɑːftsmən] *s.* [*irr.*] Flößer *m.*

rag¹ [ræg] *s.* **1.** Fetzen *m*, Lumpen *m*, Lappen *m*: *in* ~*s* a) in Fetzen (*Stoff etc.*), b) zerlumpt (*Person*): *not a* ~ *of evidence* nicht den geringsten Beweis; *chew the* ~ a) 'quatschen', plaudern, b) 'meckern'; *cook to* ~*s* zerkochen; *it's a red* ~ *to him fig.* es ist für ihn ein rotes Tuch; → *ragtag*; **2.** *pl.* Papierherstellung: Hadern *pl.*, Lumpen *pl.*; **3.** *humor.* 'Fetzen' *m* (*Kleid, Anzug*): *not a* ~ *to put on* keinen Fetzen zum Anziehen *haben*; → *glad* 2; **4.** *humor.* 'Lappen' *m* (*Geldschein, Taschentuch etc.*); **5.** (*contp.* Käse-, Wurst)Blatt *n* (*Zeitung*); **6.** ♪ F → *ragtime*.

rag² [ræg] *sl.* **I** *v/t.* **1.** *j-n* 'anschnauzen'; **2.** *j-n* 'aufziehen'; **3.** *j-m* e-n Streich spielen; **4.** *j-n* 'piesacken'; übel mitspielen (*dat.*); **II** *v/i.* **5.** Ra'dau machen; **III** *s.* **6.** Ra'dau *m*; **7.** Ulk *m*, Jux *m.*

rag·a·muf·fin ['rægə,mʌfɪn] *s.* **1.** zerlumpter Kerl; **2.** Gassenkind *n.*

,rag|-and-'bone man [-gən'b-] *s.* Lumpensammler *m*; ~ *bag s.* Lumpensack *m*; *fig.* Sammel'surium *n*: *out of the* ~ aus der 'Klamottenkiste'; ~ *doll s.* Stoffpuppe *f.*

rage [reɪdʒ] **I** *s.* **1.** Wut(anfall *m*) *f*, Zorn *m*, Rage *f*: *be in a* ~ vor Wut schäumen, toben; *fly into a* ~ in Wut geraten; **2.** Wüten *n*, Toben *n*, Rasen *n* (*der Elemente, der Leidenschaft etc.*); **3.** Sucht *f*, Ma'nie *f*, Gier *f* (*for* nach): ~ *for collecting things* Sammelwut *f*; **4.** Begeisterung *f*, Taumel *m*, Rausch *m*, Ek'stase *f*: *it is all the* ~ es ist jetzt die große Mode, alles ist wild darauf; **II** *v/i.* **5.** (*a. fig.*) toben, rasen, wüten (*at*, *against* gegen).

rag fair *s.* Trödelmarkt *m.*

rag·ged ['rægɪd] *adj.* □ **1.** zerlumpt, abgerissen (*Person, Kleidung*); **2.** zottig, struppig; **3.** zerfetzt, ausgefranst (*Wunde*); **4.** zackig, gezackt (*Glas, Stein*); **5.** holp(e)rig: ~ *rhymes*; **6.** verwildert: *a* ~ *garden*; **7.** roh, unfertig, fehler-, mangelhaft; zs.-hanglos; **8.** rauh (*Stimme, Ton*).

'rag·man [-mən] *s.* [*irr.*] Lumpensammler *m.*

ra·gout ['rægu:] *s.* Ra'gout *n.*

rag| pa·per *s.* ⚙ 'Hadernpa,pier *n*; **'~·pick·er** *s.* Lumpensammler(in); **'~·tag** *s.* Pöbel *m*, Gesindel *n*: ~ *and bobtail* Krethi u. Plethi *pl.*; **'~·time** *s.* ♪ Ragtime *m* (*Jazzstil*).

raid [reɪd] **I** *s.* **1.** Ein-, 'Überfall *m*; Raub-, Streifzug *m*; ⚔ 'Stoßtruppen,nehmen *n*; ⚓ Kaperfahrt *f*; ✈ (Luft-) Angriff *m*; **2.** (Poli'zei)Razzia *f*; **3.** *fig.* a) (An)Sturm *m* (*on, upon* auf *acc.*), b) *sport* Vorstoß *m*; **II** *v/t.* **4.** e-n 'Überfall machen auf (*acc.*), über'fallen, angreifen (*a.* ✈): ~*ing party* ⚔ Stoßtrupp *m*; **5.** stürmen, plündern; **6.** e-e Razzia machen in (*dat.*); **7.** ~ *the market* den Markt drücken.

rail¹ [reɪl] **I** *s.* ⚙ **1.** Schiene *f*, Riegel *m*, Querstange *f*; **2.** Geländer *n*; (*main*) ~ ⚓ Reling *f*; **3.** ⚓ a) Schiene *f*, b) *pl.* Gleis *n*: *by* ~ mit der Bahn; *run off the* ~*s* entgleisen; *off the* ~*s fig.* aus dem Geleise, durcheinander; **4.** *pl.* ♈ 'Eisenbahn,aktien *pl.*; **II** *v/t.* **5.** *a.* ~ *in* mit e-m Geländer um'geben: ~ *off* durch ein Geländer (ab)trennen.

rail² [reɪl] *s. orn.* Ralle *f.*

rail³ [reɪl] *v/i.* schimpfen, lästern, fluchen (**at, against** über *acc.*): ~ *at* (*od.* *against*) über *et.* herziehen, gegen *et.* wettern.

rail| bus *s.* Schienenbus *m*; '~**car** *s.* Triebwagen *m*; '~**head** *s.* **1.** Kopfbahnhof *m,* ✕ Ausladebahnhof *m*; **2.** 🚂 a) Schienenkopf *m,* b) im Bau befindliches Ende (*e-r neuen Strecke*).

rail·ing ['reɪlɪŋ] *s.* **1.** *a. pl.* Geländer *n,* Gitter *n*; **2.** ⚓ Reling *f.*

rail·ler·y ['reɪlərɪ] *s.* Necke'rei *f,* Stiche-'lei *f,* (gutmütiger) Spott.

rail·road ['reɪlrəʊd] *bsd. Am.* **I** *s.* **1.** *allg.* Eisenbahn *f*; **2.** *pl.* ✝ 'Eisenbahn,aktien *pl.*; **II** *adj.* **3.** Eisenbahn...: ~ *accident,* **II** *v/t.* **4.** mit der Eisenbahn befördern; **5.** F *Gesetzesvorlage etc.* 'durchpeit-schen; **6.** F a) *j-n* ,über'fahren', zwingen (*into doing* et. zu tun), b) *j-n* ,abservie-ren'; '**rail·road·er** [-də] *s. Am.* Eisenbahner *m.*

rail·way ['reɪlweɪ] **I** *s.* **1.** *bsd. Brit. allg.* Eisenbahn *f*; **2.** Lo'kalbahn *f*; **II** *adj.* **3.** Eisenbahn...: ~ *accident*; ~ *car·riage* *s.* Per'sonenwagen *m*; ~ *guard* *s.* Zugbegleiter *m*; ~ *guide* *s.* Kursbuch *n*; '~**man** [-weɪmən] *s.* [*irr.*] Eisenbahner *m.*

rai·ment ['reɪmənt] *s. poet.* Kleidung *f,* Gewand *n.*

rain [reɪn] **I** *s.* **1.** Regen *m*; *pl.* Regenfälle *pl.,* -güsse *pl.*: *the ~s* die Regenzeit (*in den Tropen*); ~ *or shine* bei jedem Wetter; *as right as* ~ F ganz richtig, in Ordnung; **II** *v/i.* **2.** *impers.* regnen; ~ *pour* 6; **3.** *fig.* regnen; niederprasseln (*Schläge*); strömen (*Tränen*); **III** *v/t.* **4.** *Tropfen etc.* (her)'niedersenden, reg-nen: *it's* ~*ing cats and dogs* es gießt in Strömen; **5.** *fig.* (nieder)regnen *od.* (-)hageln lassen; '~**bow** [-bəʊ] *s.* Regenbogen *m*; ~ *check* *s. Am.* Einlaß-karte *f* für die Neuansetzung e-r wegen Regens abgebrochenen (*Sport*)Veran-staltung: *may I take a* ~ *on it? fig.* darf ich darauf (*auf Ihr Angebot etc.*) später einmal zurückkommen?; '~**coat** *s.* Re-genmantel *m*; '~**drop** *s.* Regentropfen *m*; '~**fall** *s.* **1.** Regen(schauer) *m*; **2.** *meteor.* Niederschlagsmenge *f*; ~ *for·est* *s.* Regenwald *m.*

rain·i·ness ['reɪnɪnɪs] *s.* **1.** Regennei-gung *f*; **2.** Regenwetter *n.*

'**rain·proof** **I** *adj.* wasserdicht; **II** *s.* Re-genmantel *m*; '~**storm** *s.* heftiger Re-genguß.

rain·y ['reɪnɪ] *adj.* □ regnerisch, verreg-net; Regen...(-*wetter,* -*wind etc.*): *save up for a* ~ *day fig.* e-n Notgroschen zu-rücklegen.

raise [reɪz] **I** *v/t.* **1.** *oft* ~ *up* (in die Höhe) heben, auf-, em'por-, hochhe-ben, erheben, erhöhen; *mit Kran etc.* hochwinden, -ziehen; *Augen* erheben, aufschlagen; 🪁 *Blasen* ziehen; *Kohle* fördern; *Staub* aufwirbeln; *Vorhang* hochziehen; *Teig, Brot* treiben: ~ *one's glass to* auf *j-n* das Glas erheben, *j-m* zutrinken; ~ *one's hat* (*to s.o.*) den Hut heben (vor *j-m, a. fig.*); → *power* 12; **2.** aufrichten, -stellen, aufrecht stel-len; **3.** errichten, erstellen, (er)bauen;

4. *Familie* gründen; *Kinder* auf-, groß-ziehen; **5.** a) *Pflanzen* ziehen, b) *Tiere* züchten; **6.** aufwecken: ~ *from the dead* von den Toten erwecken; **7.** *Gei-ster* zitieren, beschwören; **8.** *Gelächter, Sturm etc.* her'vorrufen, verursachen; *Erwartungen, Verdacht, Zorn* erwek-ken, erregen; *Gerücht* aufkommen las-sen; *Schwierigkeiten* machen; **9.** *Geist, Mut* beleben, anfeuern; **10.** aufwiegeln (*against* gegen); *Aufruhr* anstiften, -zetteln; **11.** *Geld etc.* beschaffen; *An-leihe, Hypothek, Kredit* aufnehmen; *Steuern* erheben; *Heer* aufstellen; **12.** *Stimme, Geschrei* erheben; **13.** *An-, Einspruch* erheben, *Einwand a.* vor-bringen, geltend machen; *Forderung a.* stellen; *Frage* aufwerfen; *Sache* zur Sprache bringen; **14.** (ver)stärken, ver-größern, vermehren; **15.** *Lohn, Preis, Wert etc.* erhöhen, hin'aufsetzen; *Tem-peratur, Wette etc.* steigern; **16.** (im Rang) erhöhen: ~ *to the throne* auf den Thron erheben; **17.** *Belagerung, Blockade etc., a. Verbot* aufheben; **18.** ⚓ sichten; **II** *s.* **19.** Erhöhung *f*; *Am.* Steigung *f* (*Straße*); **20.** *bsd. Am.* (Ge-halts-, Lohn)Erhöhung *f,* Aufbesse-rung *f*; *raised* [-zd] *adj.* **1.** erhöht; **2.** gesteigert; **3.** 🏳 erhaben; **4.** Hefe...: ~ *cake.*

rai·sin ['reɪzn] *s.* Ro'sine *f.*

rai·son d'é·tat [ˌreɪzɔ̃ːˈndeɪˈtɑː] (*Fr.*) *s.* 'Staatsrä,son *f*; ~ **d'ê·tre** [-'deɪtrə] (*Fr.*) *s.* Daseinsberechtigung *f,* -zweck *m.*

raj [rɑːdʒ] *s. Brit. Ind.* Herrschaft *f.*

ra·ja(h) ['rɑːdʒə] *s.* Radscha *m* (*indi-scher Fürst*).

rake¹ [reɪk] **I** *s.* **1.** Rechen *m* (*a. des Croupiers etc.*), Harke *f*; **2.** 🏳 a) Rühr-stange *f,* b) Kratze *f,* c) Schürhaken *m*; **II** *v/t.* **3.** (glatt-, zs.-)rechen, (-)harken; **4.** *mst* ~ *together* zs.-scharren (*a. fig. zs.-raffen*); **5.** durch'stöbern (*a. ~ up, ~ over*): ~ *up fig.* alte Geschichten auf-rühren; **6.** ✕ (mit Feuer) bestreichen, ,beharken'; **7.** über'blicken, absuchen; **III** *v/i.* **8.** rechen, harken; **9.** *fig.* her-'umstöbern, -suchen (*for* nach).

rake² [reɪk] *s.* Lebemann *m.*

rake³ [reɪk] **I** *v/i.* **1.** Neigung haben; **2.** ⚓ a) überhängen (*Steven*), b) Fall ha-ben (*Mast, Schornstein*); **II** *v/t.* **3.** (nach rückwärts) neigen; **III** *s.* **4.** Neigung(s-winkel *m*) *f.*

'**rake-off** *s.* F (Gewinn)Anteil *m.*

rak·ish¹ ['reɪkɪʃ] *adj.* □ ausschweifend, liederlich, wüst.

rak·ish² ['reɪkɪʃ] *adj.* **1.** ⚓, *mot.* schnit-tig (gebaut); **2.** *fig.* flott, verwegen, keck.

ral·ly¹ ['rælɪ] **I** *v/t.* **1.** *Truppen etc.* (wie-der) sammeln *od.* ordnen; **2.** vereini-gen, scharen (*round,* to um *acc.*), zs.-trommeln; **3.** aufrütteln, -muntern, in Schwung bringen; **4.** *Kräfte etc.* sam-meln, zs.-raffen; **II** *v/i.* **5.** sich (wieder) sammeln; **6.** *a. fig.* sich scharen (*round,* to um *acc.*); sich zs.-tun; **7.** *a.* ~ *round* sich erholen (*a. fig. u.* ✝), neue Kräfte sammeln; *sport etc.* sich (wie-der) ,fangen'; **8.** *Tennis etc.:* a) e-n Ballwechsel ausführen, b) sich einschla-gen; **III** *s.* **9.** ✕ Sammeln *n*; **10.** Zu-kunft *f,* Treffen *n,* Tagung *f,* Kundge-bung *f,* (Massen)Versammlung *f*; **11.**

Erholung *f* (*a.* ✝ *der Preise, des Mark-tes*); **12.** *Tennis:* Ballwechsel *m*; **13.** *mot.* Rallye *f,* Sternfahrt *f.*

ral·ly² ['rælɪ] *v/t.* hänseln.

ral·ly·ing ['rælɪŋ] *adj.* Sammel...: ~ *cry* Parole *f,* Schlagwort *n*; ~ *point* Sam-melpunkt *m,* -platz *m.*

ram [ræm] **I** *s.* **1.** *zo.* (*ast.* ♈) Widder *m*; **2.** ✕ *hist.* Sturmbock *m*; **3.** 🏳 a) Ram-me *f,* b) Rammbock *m,* -bär *m,* c) Preß-kolben *m*; **4.** ⚓ Rammsporn *m*; **II** *v/t.* **5.** (fest-, ein)rammen (*a.* ~ *down od. in*); *weitS.* (gewaltsam) stoßen, drük-ken; **6.** (hin'ein)stopfen: ~ *up* a) voll-stopfen, b) verrammeln, verstopfen; **7.** *fig.* eintrichtern, -pauken: ~ *s.th. into s.o.* j-m et. einbleuen; → *throat* 1; **8.** ⚓, ✕ *etc.* rammen; *weitS.* stoßen, schmettern, ,knallen'.

ram·ble ['ræmbl] **I** *v/i.* **1.** um'herwan-dern, -streifen, bummeln; **2.** sich win-den (*Fluß etc.*); **3.** ♀ wuchern, (üppig) ranken; **4.** *fig.* (vom Thema) abschwei-fen; drauf'losreden; **II** *s.* **5.** (Fuß)Wan-derung *f,* Streifzug *m*; Bummel *m*; '**ram·bler** [-lə] *s.* **1.** Wand(e)rer *m,* Wand(r)erin *f*; **2.** *a.* **crimson ~** ♀ Klet-terrose *f*; '**ram·bling** [-lɪŋ] **I** *adj.* □ **1.** um'herwandernd, -streifend: ~ *club* Wanderverein *m*; **2.** ♀ (üppig) ran-kend, wuchernd; **3.** weitläufig, ver-schachtelt (*Gebäude*); **4.** *fig.* abschwei-fend, weitschweifig, planlos; **II** *s.* **5.** Wandern *n,* Um'herstreifen *n.*

ram·bunc·tious [ræmˈbʌŋkʃəs] *adj.* laut, lärmend, wild.

ram·ie ['ræmɪ] *s.* Ra'mie(faser) *f.*

ram·i·fi·ca·tion [ˌræmɪfɪˈkeɪʃn] *s.* Ver-zweigung *f,* -ästelung *f* (*a. fig.*); **ram·i·fy** ['ræmɪfaɪ] *v/t. u. v/i.* (sich) verzweigen (*a. fig.*).

ram·jet (**en·gine**) ['ræmdʒet] *s.* 🏳 Stau-strahltriebwerk *n.*

ramp¹ [ræmp] **I** *s.* **1.** Rampe *f* (*a.* △ *Abdachung*); **2.** (schräge) Auffahrt, (Lade)Rampe *f*; **3.** Krümmling *m* (*am Treppengeländer*); **4.** ✈ (fahrbare) Treppe; **II** *v/i.* **5.** sich (drohend) auf-richten, zum Sprung ansetzen (*Tier*); **6.** toben, wüten; **7.** ♀ wuchern; **III** *v/t.* **8.** mit e-r Rampe versehen.

ramp² [ræmp] *s. Brit. sl.* Betrug *m.*

ram·page [ræmˈpeɪdʒ] **I** *v/i.* toben, wü-ten; **II** *s.:* *be on the* ~ a) (sich aus)to-ben, b) *fig.* grassieren, um sich greifen, wüten; **ram·pa·geous** [-dʒəs] *adj.* □ wild, wütend.

ramp·an·cy ['ræmpənsɪ] *s.* **1.** Über-'handnehmen *n,* 'Umsichgreifen *n,* Grassieren *n*; **2.** *fig.* wilde Ausgelassen-heit, Wildheit *f*; '**ramp·ant** [-nt] *adj.* □ **1.** wild, zügellos, ausgelassen; **2.** über-'handnehmend: *be* ~ → *rampage* II b; **3.** üppig, wuchernd (*Pflanzen*); **4.** (dro-hend) aufgerichtet, sprungbereit (*Tier*); **5.** *her.* steigend.

ram·part ['ræmpɑːt] *s.* ✕ a) Brustwehr *f,* b) (Schutz)Wall *m* (*a. fig.*).

ram·rod ['ræmrɒd] *s.* ✕ *hist.* Ladestock *m: as stiff as a* ~ als hätte *er etc.* e-n Ladestock verschluckt.

ram·shack·le ['ræmˌʃækl] *adj.* baufällig, wack(e)lig; klapp(e)rig.

ran¹ [ræn] *pret. von* **run.**

ran² [ræn] *s.* **1.** Docke *f* Bindfaden; **2.** ⚓ aufgehaspeltes Kabelgarn.

ranch [rɑːntʃ] *bsd. Am.* ræntʃ] **I** *s.*

Ranch *f*, (*bsd.* Vieh)Farm *f*; **II** *v/i.* Viehzucht treiben; **'ranch·er** [-tʃə] *s. Am.* **1.** Rancher *m*, Viehzüchter *m*; **2.** Farmer *m*; **3.** Rancharbeiter *m*.

ran·cid ['rænsɪd] *adj.* **1.** ranzig (*Butter etc.*); **2.** *fig.* widerlich; **ran·cid·i·ty** [ræn'sɪdətɪ], **'ran·cid·ness** [-nɪs] *s.* Ranzigkeit *f*.

ran·cor *Am.* → *rancour.*

ran·cor·ous ['ræŋkərəs] *adj.* ☐ erbittert, voller Groll, giftig; **ran·cour** ['ræŋkə] *s.* Groll *m*, Haß *m*.

ran·dom ['rændəm] **I** *adj.* ☐ ziel-, wahllos, zufällig, aufs Gerate'wohl, Zufalls...: ~ **mating** *biol.* Zufallspaarung *f*; ~ **sample** (*od.* **test**) Stichprobe *f*; ~ **shot** Schuß *m* ins Blaue; ~ **access** *Computer:* wahlfreier *od.* direkter Zugriff; **II** *s.*: **at** ~ aufs Geratewohl, auf gut Glück, blindlings, zufällig: **talk at** ~ (wild) drauflosreden.

rand·y ['rændɪ] *adj.* F geil.

ra·nee [,rɑː'niː] *s.* Rani *f* (*indische Fürstin*).

rang [ræŋ] *pret. von ring².*

range [reɪndʒ] **I** *s.* **1.** Reihe *f*; (*a.* Berg-) Kette *f*; **2.** (Koch-, Küchen)Herd *m*; **3.** Schießstand *m*, -platz *m*; **4.** Entfernung *f zum Ziel*, Abstand *m*: **at a** ~ **of** aus (*od.* in) e-r Entfernung von; **at close** ~ aus der Nähe; **find the** ~ ⚔ sich einschießen; **take the** ~ die Entfernung schätzen; **5.** *bsd.* ⚔ Reich-, Trag-, Schußweite *f*; ⚓ Laufstrecke *f* (*Torpedo*); ✈ Flugbereich *m*: **at close** ~ aus nächster Nähe; **out of** ~ außer Schußweite; **within** ~ **of vision** in Sichtweite; → **long-range**; **6.** Ausdehnung *f*, (ausgedehnte) Fläche; **7.** *fig.* Bereich *m*, Spielraum *m*, Grenzen *pl.*, (♀, *zo.* Verbreitungs)Gebiet *n*: ~ **of action**) Aktionsbereich; ~ **of activities** (Betätigungs)Feld *n*; ~ **of application** Anwendungsbereich; ~ **of prices** = Preislage *f*, -klasse *f*; ~ **of reception** *Funk:* Empfangsbereich; **boiling** ~ *phys.* Siedebereich; **8.** ♀ Kollekti'on *f*, Sorti'ment *n*: **a wide** ~ (**of goods**) e-e große Auswahl, ein großes Angebot; **9.** Bereich *m*, Gebiet *n*, Raum *m*: ~ **of knowledge** Wissensbereich; ~ **of thought** Ideenkreis *m*; **10.** ♪ a) 'Ton-, 'Stimm,umfang *m*, b) Ton-, Stimmlage *f*; **II** *v/t.* **11.** (in Reihen) aufstellen *od.* anordnen; **12.** einreihen, -ordnen: ~ **o.s. with** (*od.* **on the side of**) zu *j-m* halten; **13.** *Gebiet etc.* durch'streifen, -'wandern; **14.** längs der Küste fahren, entlangfahren; **15.** *Teleskop etc.* einstellen; **16.** ⚔ a) *Geschütz* richten (**on** auf *acc.*), b) e-e Reichweite haben von, tragen; **III** *v/i.* **17.** (**with**) e-e Reihe *od.* Linie bilden (mit), in e-r Reihe *od.* Linie stehen (mit); **18.** sich erstrecken, verlaufen, reichen; **19.** *fig.* rangieren (**among** unter), im gleichen Rang stehen (**with** mit); zählen, gehören (**with** zu); **20.** (um'her)streifen, (-)schweifen, wandern (*a. Auge, Blick*); **21.** ♀, *zo.* vorkommen, verbreitet *od.* zu finden sein; **22.** schwanken, sich bewegen (**from ... to ... od. between ... and ...** zwischen ... und ...) (*Zahlenwert, Preis etc.*); **23.** ⚔ sich einschießen (*Geschütz*).

'range-,find·er *s.* ⚔, *phot.* Entfernungsmesser *m* (⚔ *a. Mann*).

rang·er ['reɪndʒə] *s.* **1.** *Am.* Ranger *m*:

a) *Wächter e-s Nationalparks*, b) *mst* ⚔ *Angehöriger e-r Schutztruppe e-s Bundesstaates*, c) ⚔ *Angehöriger e-r Kommandotruppe*; **2.** *Brit.* Aufseher *m* e-s königlichen Forsts *od.* Parks (*Titel*); **3.** *a.* ~ **guide** *Brit.* Ranger *f* (*Pfadfinderin über 16 Jahre*).

rank¹ [ræŋk] **I** *s.* **1.** Reihe *f*, Linie *f*; **2.** ⚔ a) Glied *n*, b) Rang *m*, Dienstgrad *m*: **the** ~**s** (Unteroffiziere und) Mannschaften; ~ **and file** ⚔ der Mannschaftsstand, *pol.* die Basis (*e-r Partei*); **in** ~ **and file** in Reih und Glied; **close the** ~**s** die Reihen schließen; **join the** ~**s** ins Heer eintreten; **rise from the** ~**s** von der Pike auf dienen (*a. fig.*); **3.** (sozi'ale) Klasse, Stand *m*, Schicht *f*, Rang *m*: **man of** ~ Mann von Stand; ~ **and fashion** die vornehme Welt; **of second** ~ zweitrangig; **take** ~ **of** den Vorrang haben vor (*dat.*); **take** ~ **with** mit *j-m* gleichrangig sein; **II** *v/t.* **4.** (ein-)reihen, (-)ordnen, klassifizieren; **5.** *Truppe etc.* aufstellen, formieren; **6.** *fig.* rechnen, zählen (**with, among** zu): **I** ~ **him above Shaw** ich stelle ihn über Shaw; **III** *v/i.* **7.** sich reihen *od.* ordnen; ⚔ (in geschlossener Formati'on) marschieren; **8.** e-n Rang *od.* e-e Stelle einnehmen, rangieren (**above** über *dat.*, **below** unter *dat.*, **next to** hinter *dat.*): ~ **as** gelten als; ~ **first** an erster Stelle stehen; ~ **high** e-n hohen Rang einnehmen, a. e-n hohen Stellenwert haben; ~**ing officer** *Am.* rangältester Offizier; **9.** ~ **among**, ~ **with** gehören *od.* zählen zu.

rank² [ræŋk] *adj.* ☐ **1.** a) üppig, geil wachsend (*Pflanzen*), b) verwildert (*Garten*); **2.** fruchtbar, fett (*Boden*); **3.** stinkend, ranzig; **4.** widerlich, scharf (*Geruch od. Geschmack*); **5.** kraß: ~ **outsider**; ~ **beginner** blutiger Anfänger; ~ **nonsense** blühender Unsinn; **6.** ekelhaft, unanständig.

rank·er ['ræŋkə] *s.* ⚔ a) einfacher Sol'dat, b) aus dem Mannschaftsstand her'vorgegangener Offizier.

ran·kle ['ræŋkl] *v/i.* **1.** eitern, schwären (*Wunde*); **2.** *fig.* nagen, fressen, weh tun: ~ **with** *j-n* wurmen, *j-m* weh tun.

ran·sack ['rænsæk] *v/t.* **1.** durch'wühlen; **2.** plündern, ausrauben.

ran·som ['rænsəm] **I** *s.* **1.** Loskauf *m*, Auslösung *f*; **2.** Lösegeld *n*: **a king's** ~ e-e Riesensumme; **hold to** ~ a) *j-n* gegen Lösegeld gefangenhalten, b) *fig. j-n* erpressen; **3.** *eccl.* Erlösung *f*; **II** *v/t.* **4.** los-, freikaufen; **5.** *eccl.* erlösen.

rant [rænt] **I** *v/i.* **1.** toben, lärmen; **2.** schwadronieren, Phrasen dreschen; **3.** *obs.* geifern (**at, against** über *acc.*); **II** *v/t.* **4.** pa'thetisch vortragen; **III** *s.* **5.** Wortschwall *m*; Schwulst *m*, leeres Gerede, ,Phrasendresche'rei *f*; **'rant·er** [-tə] *s.* **1.** pa'thetischer Redner, Kanzelpauker *m*; **2.** Schwadro'neur *m*, Großsprecher *m*.

ra·nun·cu·lus [rə'nʌŋkjʊləs] *pl.* **-lus·es**, **-li** [-laɪ] *s.* ♀ Ra'nunkel *f*.

rap¹ [ræp] **I** *v/t.* **1.** klopfen *od.* pochen an *od.* auf (*acc.*): ~ **s.o.'s fingers**, ~ **s.o. over the knuckles** *bsd. fig.* j-m auf die Finger klopfen; **2.** *Am. sl.* a) *j-m* e-e ,Zigarre' verpassen, b) *j-n, et.* scharf kritisieren, c) *j-n* ,verdonnern', d) *j-n* ,schnappen'; **3.** ~ **out** a) durch Klopfen

mitteilen (*Geist*), b) *Worte* her'auspoltern, ,bellen'; **II** *v/i.* **4.** klopfen, pochen, schlagen (**at** an *acc.*); **III** *s.* **5.** Klopfen *n*; **6.** Schlag *m*; **7.** *Am.* F a) scharfe Kri'tik, b) ,Zi'garre' , Rüge *f*; **8.** *Am. sl.* a) Anklage *f*, b) Strafe *f*, c) Schuld *f*: ~ **sheet** Strafregister *n*; **beat the** ~ sich rauswinden; **take the** ~ (zu e-r Strafe) ,verdonnert' werden; **9.** *Am.* F ,Plausch' *m*: ~ **session** (Gruppen-) Diskussion *f*.

rap² [ræp] *s. fig.* Heller *m*, Deut *m*: **I don't care** (*od.* **give**) **a** ~ (**for it**) das ist mir ganz egal; **it is not worth a** ~ es ist keinen Pfifferling wert.

ra·pa·cious [rə'peɪʃəs] *adj.* ☐ raubgierig, Raub...(*-tier, -vogel*); *fig.* (hab)gierig; **ra'pa·cious·ness** [-nɪs], **ra·pac·i·ty** [-'pæsətɪ] *s.* **1.** Raubgier *f*; **2.** *fig.* Habgier *f*.

rape¹ [reɪp] **I** *s.* **1.** Vergewaltigung *f* (*a. fig.*), ⚖ Notzucht *f*: ~ **and murder** Lustmord *m*; **statutory** ~ *Am.* ⚖ Unzucht mit Minderjährigen; **2.** Entführung *f*, Raub *m*; **II** *v/t.* **3.** vergewaltigen; **4.** *obs.* rauben.

rape² [reɪp] *s.* ♀ Raps *m*.

rape³ [reɪp] *s.* Trester *pl.*

rape·oil [reɪp] *s.* Rüb-, Rapsöl *n*; **'~·seed** *s.* Rübsamen *m*.

rap·id ['ræpɪd] **I** *adj.* ☐ **1.** schnell, rasch, ra'pid(e); reißend (*Fluß*; ♥ *Absatz*); Schnell...: ~ **fire** ⚔ Schnellfeuer *n*; ~ **transit** *Am.* Nahschnellverkehr *m*; **2.** jäh, steil (*Hang*); **3.** *phot.* a) lichtstark (*Objektiv*), b) hochempfindlich (*Film*); **II** *s.* **4.** *pl.* Stromschnelle(n *pl.*) *f*; **ra·pid·i·ty** [rə'pɪdətɪ] *s.* Schnelligkeit *f*, (rasende) Geschwindigkeit.

ra·pi·er ['reɪpjə] *s. fenc.* Ra'pier *n*: ~ **thrust** *fig.* sar'kastische Bemerkung.

rap·ist ['reɪpɪst] *s.* Vergewaltiger *m*: ~**killer** Lustmörder *m*.

rap·port [ræ'pɔː] *s.* (enge, per'sönliche) Beziehung: **be in** (*od.* **en**) ~ **with** mit *j-m* in Verbindung stehen, *fig.* gut harmonieren mit.

rap·proche·ment [ræ'prɒʃmɑ̃:ŋ] (*Fr.*) *s. bsd. pol.* (Wieder)'Annäherung *f*.

rapt [ræpt] *adj.* **1.** versunken, verloren (**in** in *acc.*): ~ **in thought**; **2.** hingerissen, entzückt (**with**, von); **3.** verzückt (*Lächeln etc.*); gespannt (**upon** auf *acc.*) (*a. Aufmerksamkeit*).

rap·to·ri·al [ræp'tɔːrɪəl] *orn.* **I** *adj.* Raub...; **II** *s.* Raubvogel *m*.

rap·ture ['ræptʃə] *s.* **1.** Entzücken *n*, Verzückung *f*, Begeisterung *f*, Taumel *m*: **in** ~**s** hingerissen (**at** von); **go into** ~**s** in Verzückung geraten (**over** über *acc.*); ~ **of the deep** ⚓ Tiefenrausch *m*; **2.** *pl.* Ausbruch *m* des Entzückens, Begeisterungstaumel *m*; **'rap·tur·ous** [-tʃərəs] *adj.* ☐ **1.** entzückt, hingerissen; **2.** stürmisch, begeistert (*Beifall etc.*); **3.** verzückt (*Gesicht*).

rare¹ [reə] *adj.* ☐ **1.** selten, rar (*a. fig. ungewöhnlich, hervorragend, köstlich*): ~ **earth** ♠ seltene Erde; ~ **fun** F Mordsspaß *m*; ~ **gas** Edelgas *n*; **2.** *phys.* dünn (*Luft*).

rare² [reə] *adj.* halbgar, nicht 'durchgebraten (*Fleisch*); englisch (*Steak*).

rare·bit ['reəbɪt] *s.*: **Welsh** ~ überbackene Käseschnitte.

rar·ee show ['reərɪ-] *s.* **1.** Guckkasten *m*; **2.** Straßenzirkus *m*; **3.** *fig.* Schauspiel *n*.

rar·e·fac·tion [ˌreərɪˈfækʃn] *s. phys.* Verdünnung *f*; **rar·e·fy** [ˈreərɪfaɪ] **I** *v/t.* **1.** verdünnen; **2.** *fig.* verfeinern; **II** *v/i.* **3.** sich verdünnen.

rare·ness [ˈreənɪs] → *rarity*.

rar·ing [ˈreərɪŋ] *adj.*: ~ **to do s.th.** F ganz wild darauf, et. zu tun.

rar·i·ty [ˈreərətɪ] *s.* **1.** Seltenheit *f*: a) *seltenes Vorkommen*, b) Rari'tät *f*, Kostbarkeit *f*; **2.** Vor'trefflichkeit *f*; **3.** *phys.* Verdünnung *f*.

ras·cal [ˈrɑːskəl] *s.* **1.** Schuft *m*, Schurke *m*, Ha'lunke *m*; **2.** *humor.* a) Gauner *m*, b) Frechdachs *m* (*Kind*); **ras·cal·i·ty** [rɑːˈskælətɪ] *s.* Schurke'rei *f*; **ras·cal·ly** [-kəlɪ] *adj u. adv.* niederträchtig, gemein.

rash¹ [ræʃ] *adj.* □ **1.** hastig, über'eilt, -'stürzt, vorschnell: *a ~ decision*; **2.** unbesonnen.

rash² [ræʃ] *s.* ✱ (Haut)Ausschlag *m*.

rash·er [ˈræʃə] *s.* (dünne) Scheibe Frühstücksspeck *od.* Schinken.

rash·ness [ˈræʃnɪs] *s.* **1.** Hast *f*, Über-'eiltheit *f*, -'stürztheit *f*; **2.** Unbesonnenheit *f*.

rasp [rɑːsp] **I** *v/t.* **1.** raspeln, feilen, schaben; **2.** *fig. Gefühle etc.* verletzen; *Ohren* beleidigen; *Nerven* reizen; **3.** krächzen(d äußern); **II** *s.* **4.** Raspel *f*, Grobfeile *f*; Reibeisen *n*.

rasp·ber·ry [ˈrɑːzbərɪ] *s.* **1.** ♀ Himbeere *f*; **2.** *a.* ~ *cane* ♀ Himbeerstrauch *m*; **3.** *give* (*od.* *blow*) *a* ~ *fig. sl.* verächtlich schnauben.

rasp·ing [ˈrɑːspɪŋ] **I** *adj.* □ **1.** kratzend, krächzend (*Stimme etc.*); **II** *s.* **2.** Raspeln *n*; **3.** *pl.* Raspelspäne *pl.*

ras·ter [ˈræstə] *s. opt., TV* Raster *m*.

rat [ræt] **I** *s.* **1.** *zo.* Ratte *f*: *smell a* ~ *fig.* Lunte *od.* den Braten riechen, Unrat wittern; *like a drowned* ~ pudelnaß; ~*s!* ,Quatsch'!; **2.** *pol.* F Überläufer *m*, Abtrünnige(r *m*) *f*; **3.** F a) *allg.* Verräter *m*, b) ,Schwein' *n*, c) Spitzel *m*, d) Streikbrecher *m*; **II** *v/i.* **4.** *pol.* F 'überlaufen, *allg.* Verrat begehen: ~ *on* a) *j-n* verraten *od.* im Stich lassen, b) *Kumpane* ,verpfeifen', c) *et.* widerrufen, d) aus *et.* ,aussteigen'; **5.** Ratten fangen.

rat·a·bil·i·ty [ˌreɪtəˈbɪlətɪ] *s.* **1.** (Ab-)Schätzbarkeit *f*; **2.** Verhältnismäßigkeit *f*; **3.** *bsd. Brit.* Steuerbarkeit *f*, 'Umlagepflicht *f*; **rat·a·ble** [ˈreɪtəbl] *adj.* □ **1.** (ab)schätzbar, abzuschätzen(d), bewertbar; **2.** anteilmäßig, proportio'nal; **3.** *bsd. Brit.* (kommu'nal)steuerpflichtig; zollpflichtig: ~ *value* Einheitswert *m*.

ratch [rætʃ] *s.* ❂ **1.** (gezahnte) Sperrstange; **2.** Auslösung *f* (*Uhr*).

ratch·et [ˈrætʃɪt] *s.* ❂ Sperrklinke *f*; ~ *wheel s.* ❂ Sperrad *n*.

rate¹ [reɪt] **I** *s.* **1.** (Verhältnis)Ziffer *f*, Quote *f*, Maß(stab *m*) *n*, (*Wachstums-, Inflations- etc.*)Rate *f*: *birth* ~ Geburtenziffer; *death* ~ Sterblichkeitsziffer; *at the* ~ *of* im Verhältnis von (→ 2 *u.* 6); *at a fearful* ~ in erschreckendem Ausmaß; **2.** (*Diskont-, Lohn-, Steueretc.*)Satz *m*, Kurs *m*, Ta'rif *m*: ~ *of exchange* (Umrechnungs-, Wechsel-)Kurs; ~ *of the day* Tageskurs; *at the* ~ *of* zum Satze von; **3.** (festgesetzter) Preis, Betrag *m*, Taxe *f*: *at any* ~ *fig.* a)

auf jeden Fall, b) wenigstens; *at that* ~ unter diesen Umständen; **4.** (Post- *etc.*) Gebühr *f*, Porto *n*; (Gas-, Strom-) Preis *m*: *inland* ~ Inlandporto; **5.** *Brit.* (Kommu'nal)Steuer *f*, (Gemeinde)Abgabe *f*; **6.** (rela'tive) Geschwindigkeit: ~ *of climb* ✈ Steiggeschwindigkeit; ~ *of energy phys.* Energiemenge *f* pro Zeiteinheit; ~ *of an engine* Motorleistung *f*; ~ *plate* ❂ Leistungsschild *n*; *at the* ~ *of* mit e-r Geschwindigkeit von; **7.** Grad *m*, Rang *m*, Klasse *f*; **8.** ⚓ a) Klasse *f* (*Schiff*), b) Dienstgrad *m* (*Matrose*); **II** *v/t.* **9.** *et.* abschätzen, taxieren (*at* auf *acc.*); **10.** *j-n* einschätzen, beurteilen; ⚓ *Seemann* einstufen; **11.** *Preis etc.* bemessen, ansetzen; *Kosten* veranschlagen: ~ *up* höher versichern; **12.** *j-n* betrachten als, halten für; **13.** rechnen, zählen (*among* zu); **14.** *Brit.* a) (zur Steuer) veranlagen, b) besteuern; **15.** *Am. sl. et.* wert sein, Anspruch haben auf (*acc.*); **III** *v/i.* **16.** angesehen werden, gelten (*as* als): ~ *high* (*low*) hoch (niedrig) im Kurs stehen', e-n hohen Stellenwert haben; ~ *above* (*below*) rangieren, stehen über (unter) *j-m od. e-r Sache*; ~ *with s.o.* bei j-m e-n Stein im Brett haben; *she* (*it*) ~*d high with him* sie (es) galt viel bei ihm; **17.** ~ *among* zählen zu.

rate² [reɪt] **I** *v/t.* ausschelten (*for, about* wegen); **II** *v/i.* schimpfen (*at* auf *acc.*).

rate·a·bil·i·ty *etc.* → *ratability etc.*

rat·ed [ˈreɪtɪd] *adj.* **1.** (gemeinde)steuerpflichtig; **2.** ❂ Nenn…: ~ *power* Nennleistung *f*.

'rate·pay·er *s. Brit.* (Gemeinde)Steuerzahler(in).

rath·er [ˈrɑːðə] *adv.* **1.** ziemlich, fast, etwas: ~ *cold* ziemlich kalt; *I would* ~ *think* ich möchte fast glauben; *I ~ expected it* ich habe es fast erwartet; **2.** lieber, eher (*than* als): *I would* (*od. had*) *much ~ go* ich möchte viel lieber gehen; **3.** (*or* oder) vielmehr, eigentlich, besser gesagt; **4.** *bsd. Brit.* F (ja) freilich!, aller'dings!

rat·i·fi·ca·tion [ˌrætɪfɪˈkeɪʃn] *s.* **1.** Bestätigung *f*, Genehmigung *f*; **2.** *pol.* Ratifizierung *f*; **rat·i·fy** [ˈrætɪfaɪ] *v/t.* **1.** bestätigen, genehmigen, gutheißen; **2.** *pol.* ratifizieren.

rat·ing¹ [ˈreɪtɪŋ] *s.* **1.** (Ab)Schätzung *f*, Bewertung *f*, (*a.* Leistungs)Beurteilung *f*; *ped. Am.* (Zeugnis)Note *f*; *Radio, TV*: Einschaltquote *f*; **2.** (Leistungs-) Stand *m*, Ni'veau *n*; **3.** *fig.* Stellenwert *m*; **4.** ⚓ a) Dienstgrad *m*, b) *Brit.* Ma-'trose *m*, c) *pl. Brit.* Leute *pl.* e-s bestimmten Dienstgrades; **5.** ⚓ (Segel-) Klasse *f*; **6.** ✝ Kre'ditwürdigkeit *f*; **7.** Ta'rif *m*; **8.** *Brit.* a) (Gemeindesteuer-) Veranlagung *f*, b) Steuersatz *m*; **9.** ❂ (Nenn)Leistung *f*, Betriebsdaten *pl.*

rat·ing² [ˈreɪtɪŋ] *s.* heftige Schelte.

ra·tio [ˈreɪʃɪəʊ] *s.* **1.** ♈ *etc.* Verhältnis *n*: ~ *of distribution* Verteilungsschlüssel *m*; *be in the inverse* ~ a) im umgekehrten Verhältnis stehen, b) ♈ umgekehrt proportional sein (*to* zu); **2.** ♈ Quoti'ent *m*; **3.** ✝ Wertverhältnis *n* zwischen Gold u. Silber; **4.** ❂ Über'setzungsverhältnis *n* (*e-s Getriebes*).

ra·ti·oc·i·na·tion [ˌrætɪɒsɪˈneɪʃn] *s.* **1.** logisches Denken; **2.** logischer Gedankengang *od.* Schluß.

ra·tion [ˈræʃn] **I** *s.* **1.** Rati'on *f*, Zuteilung *f*: ~ *card* Lebensmittelkarte *f*; *off the* ~ markenfrei; **2.** ✕ (Tages)Verpflegungssatz *m*; **3.** *pl.* Lebensmittel *pl.*, Verpflegung *f*; **II** *v/t.* **4.** rationieren, (zwangs)bewirtschaften; **5.** *a.* ~ *out* (in Rationen) zuteilen; **6.** ✕ verpflegen.

ra·tion·al [ˈræʃənl] *adj.* □ **1.** vernünftig: a) vernunftmäßig, ratio'nal, b) vernunftbegabt, c) verständig; **2.** zweckmäßig, ratio'nal (*a.* ♈); **ra·tion·ale** [ˌræʃəˈnɑːl] *s.* **1.** 'Grundprin,zip *n*; **2.** vernunftmäßige Erklärung.

ra·tion·al·ism [ˈræʃnəlɪzəm] *s.* Rationa-'lismus *m*; **'ra·tion·al·ist** [-ɪst] **I** *s.* Rationa'list *m*; **II** *adj.* → **ra·tion·al·is·tic** [ˌræʃnəˈlɪstɪk] *adj.* (□ ~*ally*) rationa'listisch; **ra·tion·al·i·ty** [ˌræʃəˈnælətɪ] *s.* **1.** Vernünftigkeit *f*; **2.** Vernunft *f*, Denkvermögen *n*; **ra·tion·al·i·za·tion** [ˌræʃnəlaɪˈzeɪʃn] *s.* **1.** Rationalisieren *n*; **2.** ✝ Rationalisierung *f*; **'ra·tion·al·ize** [-laɪz] **I** *v/t.* **1.** ratio'nal erklären, vernunftgemäß deuten; **2.** ✝ rationalisieren; **II** *v/i.* **3.** ratio'nell verfahren; **4.** rationa'listisch denken.

ra·tion·ing [ˈræʃnɪŋ] *s.* Rationierung *f*.

rat race *s.* **1.** ,Hetzjagd' *f* (*des Lebens*); **2.** harter (Konkur'renz)Kampf; **3.** Teufelskreis *m*.

rats·bane [ˈrætsbeɪn] *s.* Rattengift *n*.

rat-tat [ˌrætˈtæt], *a.* **rat-tat-tat** [ˌrætæˈtæt] **I** *s.* Rattern *n*, Geknatter *n*; **II** *v/i.* knattern.

rat·ten [ˈrætn] *v/i. bsd. Brit.* (die Arbeit) sabotieren, Sabo'tage treiben.

rat·ter [ˈrætə] *s.* Rattenfänger *m* (*Hund od. Katze*).

rat·tle [ˈrætl] **I** *v/i.* **1.** rattern, klappern, rasseln, klirren: ~ *at the door* an der Tür rütteln; ~ *off* losrattern, davonjagen; **2.** röcheln; rasseln (*Atem*); **3.** *a.* ~ *away od. on* plappern; **II** *v/t.* **4.** rasseln mit *od.* an (*dat.*); an der Tür *etc.* rütteln; mit *Geschirr etc.* klappern; → *sabre* 1; **5.** *a.* ~ *off Rede etc.* ,her'unterrasseln'; **6.** F *j-n* aus der Fassung bringen, verunsichern; **III** *s.* **7.** Rattern *n*, Gerassel *n*, Klappern *n*; **8.** Rassel *f*, (Kinder)Klapper *f*; **9.** Röcheln *n*; **10.** Lärm *m*, Trubel *m*; **11.** ♀ a) *red* ~ Sumpfläusekraut *n*, b) *yellow* ~ Klappertopf *m*; **'~brain** *s.* Hohl-, Wirrkopf *m*; **'~brained** [-breɪnd] **'~pat·ed** [-ˌpeɪtɪd] *adj.* hohl-, wirrköpfig; **'~snake** *s.* Klapperschlange *f*; **'~trap** F **I** *s.* **1.** Klapperkasten *m* (*Fahrzeug etc.*); **2.** *mst pl.* (Trödel)Kram *m*; **II** *adj.* **3.** klapperig.

rat·tling [ˈrætlɪŋ] **I** *adj.* **1.** ratternd, klappernd; **2.** lebhaft; **3.** F schnell: *at a* ~ *pace* in rasendem Tempo; **4.** F ,toll'; **II** *adv.* **5.** äußerst.

rat·ty [ˈrætɪ] *adj.* **1.** rattenverseucht; **2.** Ratten…; **3.** *sl.* gereizt, bissig.

rau·cous [ˈrɔːkəs] *adj.* □ rauh, heiser.

rav·age [ˈrævɪdʒ] **I** *s.* **1.** Verwüstung *f*, Verheerung *f*; **2.** *pl.* verheerende (Aus-) Wirkungen *pl.*: *the* ~*s of time* der Zahn der Zeit; **II** *v/t.* **3.** verwüsten, verheeren; plündern: *a face* ~*d by grief fig.* ein gramzerfurchtes Gesicht; **III** *v/i.* **4.** Verheerungen anrichten.

rave [reɪv] **I** *v/i.* **1.** a) phantasieren, irrereden, b) toben, wüten (*a. fig. Sturm etc.*), c) ✈ wütern; **2.** schwärmen (*about, of* von); **II** *s.* **3.** Pracht *f*; **4.** F

Schwärme'rei f: ~ review ,Bombenkri-
tik' f; **5.** Brit. sl. a) Mode f, b) → *rave-
up.*
rav·el ['rævl] **I** v/t. **1.** a. ~ *out* ausfasern,
auftrennen; entwirren (a. fig.); **2.** verwirren, -wickeln (a. fig.); **II** v/i. **3.** a. ~
out sich auftrennen, sich ausfasern;
sich entwirren (a. fig.); **III** s. **4.** Verwirrung f, -wicklung f; **5.** loser Faden.
ra·ven¹ ['reɪvn] **I** s. orn. Rabe m; **II** adj.
(kohl)rabenschwarz.
rav·en² ['rævn] **I** v/i. **1.** rauben, plündern; **2.** gierig (fr)essen; **3.** Heißhunger
haben; **4.** lechzen (*for* nach); **II** v/t. **5.**
(gierig) verschlingen.
rav·en·ous ['rævənəs] adj. □ **1.** ausgehungert, heißhungrig (beide a. fig.); **2.**
gierig (*for* auf acc.): ~ *hunger* Bären-
hunger m; **3.** gefräßig; **4.** raubgierig
(Tier).
'rave-up s. Brit. sl. ,tolle Party'.
ra·vine [rə'viːn] s. (Berg)Schlucht f,
Klamm f; Hohlweg m.
rav·ing ['reɪvɪŋ] **I** adj. □ **1.** tobend, rasend; **2.** phantasierend, delirierend; **3.**
F ,toll', phan'tastisch: a ~ *beauty*; **II** s.
4. mst pl. a) Rase'rei f, b) De'lirien pl.,
Fieberwahn m.
rav·ish ['rævɪʃ] v/t. **1.** entzücken, hinreißen; **2.** obs. Frau a) vergewaltigen,
schänden, b) entführen; **3.** rhet. rauben, entreißen; **'rav·ish·er** [-ʃə] s. obs.
1. Schänder m; **2.** Entführer m; **'rav-
ish·ing** [-ʃɪŋ] adj. □ hinreißend, entzückend.
raw [rɔː] **I** adj. □ **1.** roh (a. fig. grob); **2.**
roh, ungekocht; **3.** ◎, ⚙ roh, Roh...,
unbearbeitet, a. ungegerbt (Leder), un-
gewalkt (Tuch), ungesponnen (Wolle
etc.), unvermischt, unverdünnt (Spirituosen): ~ *material* Rohmaterial n,
-stoff m (a. fig.); ~ *silk* Rohseide f; **4.**
phot. unbelichtet; **5.** roh, noch nicht
ausgewertet: ~ *data*; **6.** Am. nagelneu;
7. wund(gerieben); offen (Wunde); **8.**
unwirtlich, rauh, naßkalt (Wetter, Klima etc.); **9.** unerfahren, ,grün'; **10.** sl.
gemein: a ~ *deal* e-e Gemeinheit; **II** s.
11. wund(gerieben)e Stelle; **12.** fig.
wunder Punkt: *touch s.o. on the* ~ j-n
an s-r empfindlichen Stelle treffen; **13.**
⚙ Rohstoff m; **14.** *in the* ~ a) im Na-
turzustand, b) nackt: *life in the* ~ fig.
die grausame Härte des Lebens; **'~-
boned** adj. hager, (grob)knochig; **'~-
hide** s. **1.** Rohhaut f, -leder n; **2.** Peitsche f.
raw·ness ['rɔːnɪs] s. **1.** Rohzustand m;
2. Unerfahrenheit f; **3.** Wundsein n; **4.**
Rauheit f des Wetters.
ray¹ [reɪ] **I** s. **1.** (Licht)Strahl m; **2.** fig.
(Hoffnungs- etc.)Strahl m, Schimmer
m; **3.** phys., ⚛, ⚕ Strahl m: ~ *treatment* ⚚ Strahlenbehandlung f, Bestrahlung f; **II** v/i. **4.** Strahlen aussenden; **5.** sich strahlenförmig ausbreiten;
III v/t. **6.** a. ~ *out* ausstrahlen; **7.** bestrahlen (a. phys., ⚕), ⚚ F röntgen.
ray² [reɪ] s. ichth. Rochen m.
ray·on ['reɪɒn] s. ⚕ 'Kunstseide f(npro-
,dukt n) f: ~ *staple* Zellwolle f.
raze [reɪz] v/t. **1.** Gebäude niederreißen;
Festung schleifen: ~ *s.th. to the
ground* et. dem Erdboden gleichma-
chen; **2.** fig. ausmerzen; **3.** ritzen, kratzen, streifen.
ra·zor ['reɪzə] s. Rasiermesser n: (*safe-*

ty) ~ Rasierapparat m; ~ *blade* Rasier-
klinge f; *as sharp as a* ~ messerscharf;
be on the ~*'s edge* auf des Messers
Schneide stehen; ~ *cut* s. Messerschnitt
m (a. Frisur); ~ *strop* s. Streichriemen
m.
razz [ræz] v/t. Am. sl. hänseln, ,auf-
ziehen'.
raz·zi·a ['ræzɪə] s. hist. Raubzug m.
raz·zle-daz·zle ['ræzl,dæzl] s. sl. **1.** Saufe'rei f: *go on the* ~ ,auf die Pauke
hauen'; **2.** ,Rummel' m; **3.** Am. sl. a)
,Kuddelmuddel' m, n, b) ,Wirbel' m,
Tam'tam n.
re [riː] (Lat.) prp. **1.** ⚖ in Sachen; **2.**
bsd. ⚕ betrifft, betreffs, bezüglich.
re- in Zssgn **1.** [riː] wieder, noch einmal,
neu: *reprint, rebirth*; **2.** [rɪ] zu'rück,
wider: *revert, retract.*
're [ə] F für are.
re·ab·sorb [,riːəb'sɔːb] v/t. resorbieren.
reach [riːtʃ] **I** v/t. **1.** (hin-, her)reichen,
über'reichen, geben (s.o. s.th. j-m et.);
j-m e-n Schlag versetzen; **2.** (her)lan-
gen, nehmen: ~ *s.th. down* et. herun-
terlangen; **3.** oft ~ *out* (od. forth) Hand
etc. reichen, 'ausstrecken; **4.** reichen
od. sich erstrecken bis an (acc.) od. zu:
the water ~ed his knees das Wasser
ging ihm bis an die Knie; **5.** Zahl, Alter
erreichen; sich belaufen auf (acc.);
Auflagenzahl erleben; **6.** erreichen, erzielen, gelangen zu: ~ *an understanding*; ~ *no conclusion* zu keinem
Schluß gelangen; **7.** Ziel erreichen,
treffen; **8.** Ort erreichen, eintreffen in
od. an (dat.): ~ *home* nach Hause gelangen; *s.o.'s ear* j-m zu Ohren kommen; **9.** j-n erreichen (Brief etc.); **10.**
fig. (ein)wirken auf (acc.), durch Werbung etc. ansprechen od. gewinnen od.
erreichen, bei j-m (geistig) 'durchdringen; **II** v/i. **11.** (mit der Hand) reichen
od. greifen od. langen; **12.** a. ~ *out*
langen, greifen (after, for, at nach);
13. reichen, sich erstrecken od. ausdehnen (to bis [zu]): *as far as the eye
can* ~ soweit das Auge reicht; **14.** sich
belaufen (to auf acc.); **III** s. **15.** Griff
m: *make a* ~ *for s.th.* nach et. greifen
od. langen; **16.** Reich-, Tragweite f
(Geschoß, Waffe, Stimme etc.) (a. fig.):
within ~ erreichbar; *within s.o.'s* ~ in
j-s Reichweite, für j-n erreichbar od.
erschwinglich, j-m zugänglich; *above
(od. beyond od. out of)* ~ unerreichbar
od. unerschwinglich (of für); *within
easy* ~ *of the station* vom Bahnhof aus
leicht zu erreichen; **17.** Bereich m,
'Umfang m, Ausdehnung f; **18.** (geistige) Fassungskraft, Hori'zont m; **19.** a)
Ka'nalabschnitt m (zwischen zwei
Schleusen), b) Flußstrecke f; **'reach·a-
ble** [-tʃəbl] adj. erreichbar.
'reach-me-,down F **I** adj. **1.** Konfektions..., von der Stange; **2.** abgelegt
(Kleider); **II** s. **3.** mst pl. Konfekti'ons-
anzug m, Kleid n von der Stange, pl.
Konfekti'onskleidung f; **4.** abgelegtes
Kleidungsstück n (das von jüngeren Ge-
schwistern etc. weiter getragen wird).
re·act [rɪ'ækt] **I** v/i. **1.** ⚛, ⚙ reagieren
(to auf acc.): *slow to* ~ reaktionsträge;
2. fig. (to) reagieren, antworten, eingehen (auf acc.), sich (be)tätigen od.
verhalten (auf acc., bei): ~ *against* e-r
Sache entgegenwirken od. widerstre-

ben; **3.** ein-, zu'rückwirken, Rückwir-
kungen haben ([up]on auf acc.): ~ on
each other sich gegenseitig beeinflussen; **4.** ✕ e-n Gegenschlag führen; **II**
v/t. **5.** ⚛ zur Reakti'on bringen.
re·act [,riː'ækt] v/t. thea. etc. wieder'aufführen.
re·act·ance [rɪ'æktəns] s. ⚡ Reak'tanz f,
'Blind,widerstand m.
re·ac·tion [rɪ'ækʃn] s. **1.** ⚛, ⚙, phys.
Reakti'on f; **2.** Rückwirkung f, -schlag
m, Gegen-, Einwirkung f (from,
against gegen, [up]on auf acc.); **3.** fig.
(to) Reakti'on f (auf acc.), Verhalten n
(bei), Stellungnahme f (zu); **4.** pol. Reakti'on f (a. Bewegung), Rückschritt
(-lertum n) m; **5.** ✈ rückläufige Bewegung, (Kurs-, Preis- etc.)Rückgang m;
6. ✕ Gegenstoß m, -schlag m; **7.** ◎
Gegendruck m; **8.** ⚡ Rückkopplung f,
-wirkung f; **re·ac·tion·ar·y** [-ʃnərɪ] **I**
adj. bsd. pol. reaktio'när; **II** s. pol. Reaktio'när(in).
re·ac·tion *drive* s. ◎ Rückstoßantrieb
m; ~ *time* s. psych. Reakti'onszeit f.
re·ac·ti·vate [rɪ'æktɪveɪt] v/t. reaktivieren; **re·ac·tive** [rɪ'æktɪv] adj. □ **1.** reak'tiv, rück-, gegenwirkend; **2.** empfänglich (to für), Reaktions...; **3.** ⚡
Blind... (-strom, -leistung etc.); **re·ac-
tor** [rɪ'æktə] s. **1.** phys. ('Kern)Re,aktor
m; **2.** ⚡ Drossel(spule) f.
read¹ [riːd] v/t. [irr.]: ~ *lesen* (a. fig.):
~ *s.th. into* et. in e-n Text hineinlesen;
~ *off* et. ablesen; ~ *out* a) et. (laut)
vorlesen, b) Buch etc. auslesen; ~ *over*
a) durchlesen, b) formell vor-, verlesen
(Notar etc.); ~ *up* a) sich in et. einlesen,
b) et. nachlesen; ~ *s.o.'s face* in j-s
Gesicht lesen; **2.** vor-, verlesen; Rede
etc. ablesen; **3.** parl. Vorlage lesen:
was read for the third time die Vorlage wurde in dritter Lesung behandelt;
4. Kurzschrift etc. lesen können; die
Uhr kennen: ~ *music* a) Noten lesen,
b) nach Noten spielen etc.; **5.** Traum
etc. deuten; → *fortune* 3; **6.** et. auslegen, auffassen, verstehen: *do you* ~
me? a) Funk: können Sie mich verstehen?, b) fig. haben Sie mich verstanden?; *we can take it as* ~ *that* wir
können (also) davon ausgehen, daß; **7.**
Charakter etc. durch'schauen: *I* ~ *you
like a book* ich lese in dir wie in e-m
Buch; **8.** ◎ a) anzeigen (Meßgerät), b)
Barometerstand etc. ablesen; **9.** Rätsel
lösen; **II** v/i. [irr.] **10.** lesen: ~ *to s.o.*
j-m vorlesen; **11.** e-e Vorlesung od. e-n
Vortrag halten; **12.** bsd. Brit. (for) sich
vorbereiten (auf e-e Prüfung etc.), et.
studieren: ~ *for the bar* sich auf den
Anwaltsberuf vorbereiten; ~ *up on* sich
in et. einlesen od. einarbeiten; **13.** sich
gut etc. lesen lassen; **14.** so u. so. lauten, heißen: *the passage* ~*s as follows.*
read² [red] **I** pret. u. p.p. von *read¹*; **II**
adj. **1.** gelesen: *the most-*~ *book* das
meistgelesene Buch; **2.** belesen (in in
dat.); → *well-read.*
read·a·ble ['riːdəbl] adj. □ lesbar: a)
lesenswert, b) leserlich.
re·ad·dress [,riːə'dres] v/t. **1.** Brief neu
adressieren; **2.** ~ *o.s.* sich nochmals
wenden (to an j-n).
read·er ['riːdə] s. **1.** Leser(in); **2.** Vorle-
ser(in); **3.** (Verlags)Lektor m, (Ver-

'lags)Lek,torin f; **4.** typ. Kor'rektor m; **5.** univ. Brit. außerordentlicher Pro'fessor, Do'zent(in); **6.** a) ped. Lesebuch n, b) Antholo'gie f; **7.** Computer: Lesegerät n; **'read·er·ship** [-ʃɪp] s. **1.** Vorleseramt n; **2.** univ. Brit. Do'zentenstelle f.

read·i·ly ['redɪlɪ] adv. **1.** so'gleich, prompt; **2.** bereitwillig, gern; **3.** leicht, ohne weiteres; **'read·i·ness** [-ɪnɪs] s. **1.** Bereitschaft f: ~ for war Kriegsbereitschaft; in ~ bereit, in Bereitschaft; place in ~ bereitstellen; **2.** Schnelligkeit f, Raschheit f, Promptheit f: ~ of mind od. wit Geistesgegenwart f; **3.** Gewandtheit f; **4.** Bereitwilligkeit f: ~ to help others Hilfsbereitschaft f.

read·ing ['riːdɪŋ] **I** s. **1.** Lesen n; weitS. Bücherstudium n; **2.** (Vor)Lesung f, Vortrag m; **3.** parl. Lesung f; **4.** Belesenheit f: a man of vast ~ ein sehr belesener Mann; **5.** Lek'türe f, Lesestoff m: this book makes good ~ dieses Buch liest sich gut; **6.** Lesart f, Versi'on f; **7.** Deutung f, Auslegung f, Auffassung f; **8.** ⚙ Anzeige f, Ablesung f (Meßgerät), (Barometer- etc.)Stand m; **II** adj. **9.** Lese...: ~ lamp; ~ desk s. Lesepult n; ~ glass s. Vergrößerungsglas n, Lupe f; ~ glas·ses s. pl. Lesebrille f; ~ head s. Computer: Lesekopf m; ~ mat·ter s. **1.** Lesestoff m; **2.** redaktio'neller Teil (e-r Zeitung); ~ pub·lic s. Leserschaft f, 'Leser,publikum n; ~ room s. Lesezimmer n, -saal m.

re·ad·just [,riːə'dʒʌst] v/t. **1.** wieder'anpassen; ⚙ nachstellen, -richten; **2.** wieder in Ordnung bringen; ✝ sanieren; pol. etc. neu orientieren; ,re·ad'just·ment [-stmənt] s. **1.** Wieder'anpassung f; **2.** Neuordnung f; ✝ wirtschaftliche Sanierung; **3.** ⚙ Korrek'tur f.

re·ad·mis·sion [,riːəd'mɪʃn] s. Wieder·'zulassung f (to zu); ,re·ad'mit [-'mɪt] v/t. wieder zulassen.

'read·out s. Computer: Ausgabe f (von lesbaren Worten): ~ pulse Leseimpuls m; '~-through s. thea. Leseprobe f.

read·y ['redɪ] **I** adj. □ → readily, **1.** bereit, fertig (for zu et.): ~ for action ✗ einsatzbereit; ~ for sea ⚓ seeklar; ~ for service ⚙ betriebsfertig; ~ for take-off ✈ startbereit; ~ to operate ⚙ betriebsbereit; be ~ with s.th. et. bereithaben od. -halten; get od. make ~ (sich) bereit- od. fertigmachen; are you ~? go! sport Achtung-fertig-los!; **2.** bereit(willig), willens, geneigt (to zu); **3.** schnell, rasch, prompt: find a ~ market (od. sale) ✝ raschen Absatz finden, gut gehen; **4.** schlagfertig, prompt (Antwort), geschickt (Arbeiter etc.), gewandt: a ~ pen e-e gewandte Feder; ~ wit Schlagfertigkeit f; **5.** im Begriff, nahe dar'an (to do zu tun); **6.** ✝ verfügbar, greifbar (Vermögenswerte), bar (Geld): ~ cash od. money Bargeld n, -zahlung f; ~ money business Bar-, Kassageschäft n; **2.** bequem, leicht: ~ at (od. to) hand gleich zur Hand; **II** v/t. **8.** bereit-, fertigmachen; **III** s. mst the ~ sl. Bargeld n; **10.** ✗ at the ~ schußbereit (a. Kamera); **IV** adv. **11.** fertig; ~-built house Fertighaus n; **12.** readier schneller; readiest am schnellsten; ,~-'made adj. **1.** Konfektions-; ~ clothes Konfek-

tion(sbekleidung f) f; ~ shop Konfektionsgeschäft n; **2.** gebrauchsfertig, Fertig...; **3.** fig. schablonisiert, 'fertig', 'vorgekaut'; **4.** fig. Patent...: ~ solution; ~ reck·on·er s. 'Rechenta,belle f; ,~-to-'serve adj. tischfertig (Speise); ,~-to-'wear → ready-made 1; ,~-'wit·ted adj. schlagfertig.

re·af·firm [,riːə'fɜːm] v/t. nochmals versichern od. beteuern.

re·af·for·est [,riːæ'fɒrɪst] v/t. wieder aufforsten.

re·a·gent [riː'eɪdʒənt] s. **1.** ♠ Re'agens n; **2.** fig. Gegenkraft f, -wirkung f; **3.** psych. 'Testperson f.

re·al [rɪəl] **I** adj. □ → really, **1.** re'al (a. phls.), tatsächlich, wirklich, wahr, eigentlich: ~ life das wirkliche Leben; the ~ thing sl. das einzig Wahre; **2.** echt (Seide etc., a. fig. Gefühle, Mann etc.); **3.** ⚖ a) dinglich, b) unbeweglich: ~ account ✝ Sach(wert)konto n; ~ action dingliche Klage; ~ assets unbewegliches Vermögen; ~ estate od. property Grundeigentum n, Liegenschaften pl., Immobilien pl.; ~ stock ✝ Ist-Bestand m; ~ time Computer: Echtzeit f; ~ wage Reallohn m; **4.** phys., ♭ re'ell (Bild, Zahl etc.); **5.** ♯ ohmsch, Wirk...: ~ power Wirkleistung f; **II** adv. **6.** bsd. Am. F sehr, äußerst, 'richtig': for ~ echt, im Ernst; **III** s. **7.** the ~ phls. das Re'ale, die Wirklichkeit; **'re·al·ism** [-lɪzəm] s. Rea'lismus m (a. phls., lit., paint.); **'re·al·ist** [-list] **I** s. Rea'list(in); **II** adj. → **re·al·is·tic** [rɪə'lɪstɪk] adj. (□ -ally) rea'listisch (a. phls., lit., paint.), wirklichkeitsnah, -getreu, sachlich; **re·al·i·ty** [rɪ'ælətɪ] s. **1.** Reali'tät f, Wirklichkeit f: in ~ in Wirklichkeit, tatsächlich; **2.** Wirklichkeits-, Na'turtreue f; **3.** Tatsache f, Faktum n, Gegebenheit f; **re·al·iz·a·ble** ['rɪəlaɪzəbl] adj. □ **1.** realisierbar, aus-, 'durchführbar; **2.** realisierbar, verwertbar, kapitalisierbar, verkäuflich; **re·al·i·za·tion** [,rɪəlaɪ'zeɪʃn] s. **1.** Realisierung f, Verwirklichung f, Aus-, 'Durchführung f; **2.** Vergegen'wärtigung f, Erkenntnis f; **3.** ✝ a) Realisierung f, Verwertung f, b) Liquidati'on f, Glattstellung f, c) Erzielung f e-s Gewinns: ~ account Liquidationskonto n; **re·al·ize** ['rɪəlaɪz] v/t. **1.** (klar) erkennen, sich klarmachen, begreifen, erfassen: he ~d that er sah ein, daß; ihm wurde klar od. es kam ihm zum Bewußtsein, daß; **2.** verwirklichen, realisieren, aus-, 'durchführen; **3.** sich vergegen'wärtigen, sich (lebhaft) vorstellen; **4.** ✝ a) realisieren, verwerten, zu Geld od. flüssig machen, b) Gewinn, Preis erzielen; **re·al·ly** ['rɪəlɪ] adv. **1.** wirklich, tatsächlich, eigentlich: not ~ eigentlich nicht; not ~! nicht möglich!; **2.** (rügend) ~! ich muß schon sagen!; **3.** unbedingt: you ~ must come!

realm [relm] s. **1.** Königreich n: Peer of the ♀ Mitglied n des Oberhauses; **2.** fig. Reich n, Sphäre f; **3.** Bereich m, (Fach-) Gebiet n.

re·al·tor ['rɪəltə] s. Am. Immo'bilienmakler m; **'re·al·ty** [-tɪ] s. Grundeigentum n, -besitz m, Liegenschaften pl.

ream¹ [riːm] s. Ries n (480 Bogen Papier): printer's ~, long ~ 516 Bogen Druckpapier; ~s and ~s of fig. zahllo-

se, große Mengen von.

ream² [riːm] v/t. ⚙ **1.** Bohrloch etc. erweitern; **2.** oft ~ out a) Bohrung (auf-, aus)räumen, b) Kaliber ausbohren, c) nachbohren; **'ream·er** [-mə] s. **1.** ⚙ Reib-, Räumahle f; **2.** Am. Fruchtpresse f.

re·an·i·mate [,riː'ænɪmeɪt] v/t. **1.** 'wiederbeleben; **2.** fig. neu beleben.

reap [riːp] **I** v/t. **1.** Getreide etc. schneiden, ernten; **2.** Feld mähen, abernten; **3.** fig. ernten; **II** v/i. **4.** mähen, ernten: he ~s where he has not sown fig. er erntet, wo er nicht gesät hat; **'reap·er** [-pə] s. **1.** Schnitter(in), Mäher(in): the Grim ♀ fig. der Sensenmann; **2.** 'Mähma,schine f; ~-binder Mähbinder m.

re·ap·pear [,riːə'pɪə] v/i. wieder erscheinen; ,re·ap'pear·ance [-ərəns] s. 'Wiedererscheinen n.

re·ap·pli·ca·tion ['riː,æplɪ'keɪʃn] s. **1.** wieder'holte Anwendung; **2.** erneutes Gesuch; **re·ap·ply** [,riːə'plaɪ] **I** v/t. wieder od. wieder'holt anwenden; **II** v/i. (for) (et.) wiederholt beantragen, erneut e-n Antrag stellen (auf acc.); sich erneut bewerben (um).

re·ap·point [,riːə'pɔɪnt] v/t. wieder ernennen od. einsetzen od. anstellen.

re·ap·prais·al [,riːə'preɪzl] s. Neubewertung f, -beurteilung f.

rear¹ [rɪə] **I** v/t. **1.** Kind auf-, großziehen, erziehen; Tiere züchten; Pflanzen ziehen; **2.** Leiter etc. aufrichten, -stellen; **3.** rhet. Gebäude errichten; **4.** Haupt, Stimme etc. (er)heben; **II** v/i. **5.** a. ~ up sich (auf)bäumen (Pferd etc.); **6.** oft ~ up (auf-, hoch)ragen.

rear² [rɪə] **I** s. **1.** 'Hinter-, Rückseite f; mot., ⚓ Heck n: at (Am. in) the ~ of hinter (dat.); **2.** 'Hintergrund m: in the ~ of im Hintergrund (gen.); **3.** ✗ Nachhut f: bring up the ~ allg. die Nachhut bilden, den Zug beschließen; take in the ~ den Feind im Rücken fassen; **4.** F a) 'Hintern' m, b) Brit. ,Lokus' m (Abort); **II** adj. **5.** hinter, Hinter..., Rück...: ~ axle: mot. Hinterachse f; ~ echelon ✗ rückwärtiger Stab; ~ en·gine mot. Heckmotor m; ~ ad·mi·ral s. ⚓ 'Konteradmi,ral m; ~ drive s. mot. Heckantrieb m; ~ end s. **1.** hinter(st)er Teil, Ende n; **2.** F ,Hintern' m; '~-guard s. ✗ Nachhut f: ~ action Rückzugsgefecht n (a. fig.); ~ gun·ner s. ✈ Heckschütze m; ~ lamp, ~ light s. mot. Schlußlicht n.

re·arm [riː'ɑːm] **I** v/t. 'wiederbewaffnen; **II** v/i. wieder'aufrüsten; ,re'ar·ma·ment [-məmənt] s. Wieder'aufrüstung f, 'Wiederbewaffnung f.

re·ar·range [,riːə'reɪndʒ] v/t. neu-, 'umordnen, ändern; ,re·ar'range·ment [-mənt] s. **1.** 'Um-, Neuordnung f, Neugestaltung f; Änderung f; **2.** ♠ 'Umlagerung f; **3.** ♭ 'Umschreibung f.

rear sight s. ✗ Kimme f; '~-view mir·ror, '~-vi·sion mir·ror s. mot. Rückspiegel m.

rear·ward ['rɪəwəd] **I** adj. **1.** hinter, rückwärtig; **2.** Rückwärts...; **II** adv. a. **'rear·wards** [-dz] nach hinten, rückwärts, zu'rück.

rea·son ['riːzn] **I** s. **1.** ohne art. Vernunft f (a. phls.), Verstand m, Einsicht f: Age of ♀ hist. die Aufklärung f; bring s.o. to ~ j-n zur Vernunft bringen; listen to ~

Vernunft annehmen; *lose one's* ~ den Verstand verlieren; *it stands to* ~ es ist klar, es leuchtet ein (*that* daß); *there is* ~ *in what you say* was du sagst, hat Hand u. Fuß; *in* (*all*) ~ a) in Grenzen, mit Maß u. Ziel, b) mit Recht; *do everything in* ~ sein möglichstes tun (in gewissen Grenzen); **2.** Grund *m* (*of*, *for gen. od.* für), Ursache *f* (*for gen.*), Anlaß *m*: *the* ~ *why* (der Grund) weshalb; *by* ~ *of* wegen (*gen.*), infolge (*gen.*); *for this* ~ aus diesem Grund, deshalb; *with* ~ aus gutem Grund, mit Recht; *have* ~ *to do* Grund *od.* Anlaß haben, zu tun; *there is no* ~ *to suppose* es besteht kein Grund zu der Annahme; *there is every* ~ *to believe* alles spricht dafür (*that* daß); *for* ~*s best known to oneself iro.* aus unerfindlichen Gründen; **3.** Begründung *f*, Rechtfertigung *f*: ~ *of state* Staatsräson *f*; **II** *v/i.* **4.** logisch denken; vernünftig urteilen; **5.** schließen, folgern (*from* aus); **6.** (*with*) vernünftig reden (mit *j-m*), (*j-m*) gut zureden, (*j-n*) zu überˈzeugen suchen: *he is not to be* ~*ed with* er läßt nicht mit sich reden; **III** *v/t.* **7.** *a.* ~ *out* durchˈdenken; ~*ed* wohldurchdacht; **8.** ergründen (*why* warum, *what* was); **9.** erörtern: ~ *away et.* wegdisputieren; ~ *s.o. into* (*out of*) *s.th.* j-m et. ein- (aus)reden; **10.** schließen, geltend machen (*that* daß); **ˈrea·son·a·ble** [-nəbl] *adj.* □ → *reasonably*; vernünftig: a) vernunftgemäß, b) verständig, einsichtig (*Person*), c) angemessen, annehmbar, tragbar, billig (*Forderung*), zumutbar (*Bedingung, Frist, Preis etc.*): ~ *doubt* berechtigter Zweifel; ~ *care and diligence* 🕸 die im Verkehr erforderliche Sorgfalt; **ˈrea·son·a·ble·ness** [-nəblnıs] *s.* **1.** Vernünftigkeit *f*, Verständigkeit *f*; **2.** Annehmbarkeit *f*, Zumutbarkeit *f*, Billigkeit *f*; **ˈrea·son·a·bly** [-nəblı] *adv.* **1.** vernünftig; **2.** vernünftiger-, billigerweise; **3.** ziemlich, leidlich: ~ *good*; **ˈrea·son·er** [-nə] *s.* logischer Geist (*Person*); **ˈrea·son·ing** [-nıŋ] **I** *s.* **1.** Denken *n*, Folgern *n*, Urteilen *n*; **2.** *a.* *line of* ~ Gedankengang *m*; **3.** Argumentatiˈon *f*, Beweisführung *f*; **4.** Schluß(folgerung *f*) *m*, Schlüsse *pl.*; **5.** Arguˈment *n*, Beweis *m*, **II** *adj.* **6.** Denk..., Urteils...

re·as·sem·ble [ˌriːəˈsembl] *v/t.* **1.** (*v/i.* sich) wieder versammeln; **2.** ⚙ wieder zs.-bauen.

re·as·sert [ˌriːəˈsɜːt] *v/t.* **1.** erneut feststellen; **2.** wieder behaupten; **3.** wieder geltend machen.

re·as·sess·ment [ˌriːəˈsesmənt] *s.* **1.** neuerliche (Ab)Schätzung; **2.** ✝ Neuveranlagung *f*; **3.** *fig.* Neubeurteilung *f*.

re·as·sur·ance [ˌriːəˈʃʊərəns] *s.* **1.** Beruhigung *f*; **2.** nochmalige Versicherung, Bestätigung *f*; **3.** ✝ Rückversicherung *f*; **re·as·sure** [ˌriːəˈʃʊə] *v/t.* **1.** *j-n* beruhigen; **2.** *et.* nochmals versichern *od.* beteuern; **3.** ✝ wieder versichern; **ˌre·as·surˈing** [-ərıŋ] *adj.* □ beruhigend.

re·bap·tism [ˌriːˈbæptızəm] *s.* ˈWiedertaufe *f*; **re·bap·tize** [ˌriːbæpˈtaız] *v/t.* **1.** ˈwiedertaufen; **2.** ˈumtaufen.

re·bate¹ [ˈriːbeıt] *s.* **1.** Raˈbatt *m*, (Preis-)Nachlaß *m*, Abzug *m*; **2.** Zuˈrückzah-

lung *f*, (Rück)Vergütung *f*.

re·bate² [ˈræbıt] → *rabbet*.

reb·el [ˈrebl] **I** *s.* Reˈbell(in), Empörer (-in) (*beide a. fig.*), Aufrührer(in); **II** *adj.* reˈbellisch, aufrührerisch; Rebellen...; **III** *v/i.* [rıˈbel] rebellieren, sich empören *od.* auflehnen (*against* gegen); **re·bel·lion** [rıˈbeljən] *s.* **1.** Rebelliˈon *f*, Aufruhr *m*, Aufstand *m*, Empörung *f* (*against* gegen); **2.** Auflehnung *f*, offener ˈWiderstand; **re·bel·lious** [rıˈbeljəs] *adj.* □ **1.** reˈbellisch: a) aufrührerisch, -ständisch, b) *fig.* aufsässig, ˈwiderspenstig (*a. Sache*); **2.** 🐟 hartnäckig (*Krankheit*).

re·birth [ˌriːˈbɜːθ] *s.* ˈWiedergeburt *f* (*a. fig.*).

re·bore [ˌriːˈbɔː] *v/t.* ⚙ **1.** Loch nachbohren; **2.** Motorzylinder ausschleifen.

re·born [ˌriːˈbɔːn] *adj.* ˈwiedergeboren, neugeboren (*a. fig.*).

re·bound¹ [rıˈbaʊnd] **1.** zuˈrückprallen, -schnellen; **2.** *fig.* zuˈrückfallen (*upon* auf *acc.*); **II** *s.* [ˈriːbaʊnd] **3.** Zuˈrückprallen *n*; **4.** Rückprall *m*; **5.** ˈWiderhall *m*; **6.** *fig.* Reaktiˈon *f* (*from auf e-n Rückschlag etc.*): *on the* ~ a) als Reaktion darauf, b) in e-r Krise (befindlich); *take s.o. on* (*od.* *at*) *the* ~ j-s Enttäuschung ausnutzen; **7.** *sport* Abpraller *m*.

re·bound² [ˌriːˈbaʊnd] *adj.* neugebunden (*Buch*).

re·broad·cast [ˌriːˈbrɔːdkɑːst] **I** *v/t.* [*irr.* → *cast*] **1.** *Radio, TV:* e-e Sendung wiederˈholen; **2.** durch Reˈlais(statiˌonen) übertragen; **II** *v/i.* [*irr.* → *cast*] **3.** über Reˈlais(statiˌonen) senden: ~*ing station* Ballsender *m*; **III** *s.* **4.** Wiederˈholungssendung *f*; **5.** Reˈlaisüberˌtragung *f*, Ballsendung *f*.

re·buff [rıˈbʌf] **I** *s.* **1.** (schroffe) Abweisung, Abfuhr *f*: *meet with a* ~ abblitzen; **II** *v/t.* **2.** zuˈrück-, abweisen, abblitzen lassen; **3.** *Angriff* abweisen, zuˈrückschlagen.

re·build [ˌriːˈbıld] *v/t.* [*irr.* → *build*] **1.** wiederˈaufbauen (*a. fig.*); **2.** ˈumbauen; **3.** *fig.* wiederˈherstellen.

re·buke [rıˈbjuːk] **I** *v/t.* **1.** *j-n* rügen, rüffeln, zuˈrechtweisen, *j-m* e-n scharfen Verweis erteilen; **2.** *et.* scharf tadeln, rügen; **II** *s.* **3.** Rüge *f*, (scharfer) Tadel, Rüffel *m*.

re·bus [ˈriːbəs] *pl.* **-bus·es** [-sız] *s.* Rebus *m, n*, Bilderrätsel *n*.

re·but [rıˈbʌt] *bsd.* 🕸 **I** *v/t.* widerˈlegen, entkräften; **II** *v/i.* den Gegenbeweis antreten; **re·but·tal** [-tl] *s. bsd.* 🕸 Widerˈlegung *f*, Entkräftung *f*; **re·but·ter** [-tə] *s. bsd.* 🕸 Gegenbeweis *m*.

re·cal·ci·trance [rıˈkælsıtrəns] *s.* ˈWiderspenstigkeit *f*; **re·cal·ci·trant** [-nt] *adj.* ˈwiderspenstig.

re·call [rıˈkɔːl] **I** *v/t.* **1.** zuˈrückrufen, *Gesandten etc.* abberufen; ✝ *defekte Autos etc.* (in die Werkstatt) zuˈrückrufen; **2.** sich erinnern an (*acc.*), sich ins Gedächtnis zuˈrückrufen; **3.** *j-n* erinnern (*to* an *acc.*): ~ *s.th. to s.o.* (*od.* *to s.o.'s mind*) j-m et. ins Gedächtnis zuˈrückrufen; **4.** *poet.* *Gefühl* wieder wachrufen; **5.** *Versprechen etc.* zuˈrücknehmen, widerˈrufen: *until* ~*ed* bis auf Widerˈruf; **6.** ✝ *Kapital, Kredit etc.* (auf)kündigen; **II** *s.* **7.** Zuˈrückrufung *f*; Abberufung *f e-s Gesandten etc.*; ⚙, ✝

Rückruf *m* (*in die Werkstatt*); **8.** ˈWiderruf *m*, Zuˈrücknahme *f*: *beyond* (*od.* *past*) ~ unwiderruflich, unabänderlich; **9.** 🕸 (Auf)Kündigung *f*, Aufruf *m*; **10.** ✕ Siˈgnal *n* zum Sammeln; **11.** (*total* abso'lutes) Gedächtnis; ~ *test s. ped.* Nacherzählung *f*.

re·cant [rıˈkænt] **I** *v/t.* Behauptung (forˈmell) zuˈrücknehmen, widerˈrufen; **II** *v/i.* (öffentlich) widerˈrufen, Abbitte tun; **re·can·ta·tion** [ˌriːkænˈteıʃn] *s.* Widerˈrufung *f*.

re·cap¹ [ˌriːˈkæp] *v/t.* ⚙ *Am. Autoreifen* runderneuern.

re·cap² [ˈriːkæp] F *für* *recapitulate, recapitulation*.

re·cap·i·tal·i·za·tion [ˈriːˌkæpıtəlaıˈzeıʃn] *s.* ✝ Neukapitalisierung *f*.

re·ca·pit·u·late [ˌriːkəˈpıtjʊleıt] *v/t. u. v/i.* rekapitulieren (*a. biol.*), (kurz) zs.-fassen *od.* wiederˈholen; **re·ca·pit·u·la·tion** [ˌriːkəˌpıtjʊˈleıʃn] *s.* ˌRekapitulatiˈon *f* (*a. biol.*), kurze Wiederˈholung *od.* Zs.-fassung.

re·cap·ture [ˌriːˈkæptʃə] **I** *v/t.* **1.** *et.* wieder (in Besitz) nehmen, ˈwiedererlangen; *j-n* wieder ergreifen; **2.** ✕ zuˈrückerobern; **II** *s.* **3.** ˈWiedererlangung *f*, -ergreifung *f*; ✕ Zuˈrückeroberung *f*.

re·cast [ˌriːˈkɑːst] **I** *v/t.* [*irr.* → *cast*] **1.** ⚙ ˈumgießen; **2.** ˈumformen, neu-, ˈumgestalten; **3.** *thea.* Stück, Rolle ˈumbesetzen; *Rollen* neu verteilen; **4.** ˈdurchrechnen; **II** *s.* **5.** ⚙ ˈUmguß *m*; **6.** ˈUmarbeitung *f*, ˈUmgestaltung *f*; **7.** *thea.* Neu-, ˈUmbesetzung *f*.

re·cede [rıˈsiːd] *v/i.* **1.** zuˈrücktreten, -weichen; *receding* fliehend (*Kinn, Stirn*); **2.** ent-, verschwinden; *fig.* in den Hintergrund treten; **3.** *fig.* (*from*) zuˈrücktreten (von *e-m Amt, Vertrag*), (von *e-r Sache*) Abstand nehmen, (*e-e Ansicht*) aufgeben; *bsd.* ✝ zuˈrückgehen, im Wert fallen.

re·ceipt [rıˈsiːt] **I** *s.* **1.** Empfang *m e-s Briefes etc.*, Erhalt *m*; Annahme *f e-r Sendung*; Eingang *m von Waren*: *on* ~ *of* bei *od.* nach Empfang (*gen.*); *be in* ~ *of* im Besitz *e-r Sendung etc.* sein; **2.** Empfangsbestätigung *f*, Quittung *f*, Beleg *m*: ~ *stamp* Quittungsstempel *m*; **3.** *pl.* ✝ Einnahmen *pl.*, Eingänge *pl.*, eingehende Gelder *pl. od.* Waren *pl.*; **4.** *obs.* (ˈKoch)Reˌzept *n*; **II** *v/t. u. v/i.* **5.** quittieren.

re·ceiv·a·ble [rıˈsiːvəbl] *adj.* **1.** annehmbar, zulässig (*Beweis etc.*): *to be* ~ als gesetzliches Zahlungsmittel gelten; **2.** ✝ ausstehend (*Forderung, Gelder, Guthaben*), debiˈtorisch (*Posten*): *accounts* ~, ~*s s. pl.* Außenstände, Forderungen; *bills* ~ Rimessen; **re·ceive** [rıˈsiːv] **I** *v/t.* **1.** Brief etc., a weitS. Befehl, Eindruck, Radiosendung, Sakramente, Wunde empfangen, a. Namen, Schock, Treffer erhalten, bekommen; Aufmerksamkeit finden, auf sich ziehen; Neuigkeit erfahren; **2.** in Empfang nehmen, annehmen, a. Beichte, Eid entgegennehmen; Geld etc. einnehmen: ~ *stolen goods* 🕸 Hehlerei treiben; **3.** *j-n* bei sich aufnehmen, beherbergen; **4.** Besucher, a. weitS. Schauspieler etc. empfangen (*with applause* mit Beifall); **5.** *j-n* aufnehmen (*into* in e-e Gemeinschaft); *j-n* zulassen; **6.** Nachricht etc. aufnehmen, reagieren auf (*acc.*): *how did he ~ this offer?*; **7.** *et.* erleben, erleiden, erfahren; *Beleidigung* einstecken; *Armbruch etc.* da'vontragen; **8.** ⊙ *Flüssigkeit, Schraube etc.* aufnehmen; **9.** *et.* (als gültig) anerkennen; **II** *v/i.* **10.** (Besuch) empfangen; **11.** *eccl.* das Abendmahl empfangen, *R.C.* kommunizieren; **re'ceived** [-vd] *adj.* **1.** erhalten: *~ with thanks* dankend erhalten; **2.** allgemein anerkannt: *~ text* echter *od.* authentischer Text; **3.** gültig, kor'rekt, vorschriftsmäßig; **re'ceiv·er** [-və] *s.* **1.** Empfänger(in); **2.** (Steuer-, Zoll)Einnehmer *m*; **3.** *a. official ~* 🏛 a) (gerichtlich bestellter) Zwangs- *od.* Kon'kurs- *od.* Masseverwalter, b) Liqui'dator *m*, c) Treuhänder *m*; **4.** *a. ~ of stolen goods* 🏛 Hehler (-in); **5.** (Radio-, Funk)Empfänger *m*, Empfangsgerät *n*; **6.** *teleph.* Hörer *m*; **7.** ⊙ (Sammel)Becken *n*, (-)Behälter *m*; **8.** 🜛, *phys.* Rezipi'ent *m*; **re'ceiver·ship** [-vəʃɪp] *s.* 🏛 Zwangs-, Kon'kursverwaltung *f*, Geschäftsaufsicht *f*; **re'ceiv·ing** [-vɪŋ] *s.* **1.** Annahme *f*: *~ hopper* ⊙ Schüttrumpf *m*; *~ office* Annahmestelle *f*; *~ order* 🏛 Konkurseröffnungsbeschluß *m*; **2.** *Funk:* Empfang *m*: *~ set → receiver* 5; *~ station* Empfangsstation *f*; **3.** 🏛 Hehle'rei *f*.

re·cen·cy ['riːsnsɪ] *s.* Neuheit *f*.

re·cen·sion [rɪ'senʃn] *s.* **1.** Prüfung *f*, Revisi'on *f*, 'Durchsicht *f e-s Textes etc.*; **2.** revidierter Text.

re·cent ['riːsnt] *adj.* □ **1.** vor kurzem *od.* unlängst (geschehen *od.* entstanden *etc.*): *the ~ events* die jüngsten Ereignisse; **2.** neu, jung, frisch: *of ~ date* neueren *od.* jüngeren Datums; **3.** neu, mo'dern; **'re·cent·ly** [-lɪ] *adv.* kürzlich, vor kurzem, unlängst, neulich.

re·cep·ta·cle [rɪ'septəkl] *s.* **1.** Behälter *m*, Gefäß *n*; **2.** *a. floral ~* ♀ Fruchtboden *m*; **3.** ⚡ a) Steckdose *f*, b) Gerätbuchse *f*.

re·cep·tion [rɪ'sepʃn] *s.* **1.** Empfang *m* (*a. Funk, TV*), Annahme *f*; **2.** Zulassung *f*; **3.** Aufnahme *f* (*a. fig.*): *meet with a favo(u)rable ~* e-e günstige Aufnahme finden (*Buch etc.*); **4.** (offizi'eller) Empfang, *a.* Empfangsabend *m*: *a warm (cool) ~* ein herzlicher (kühler) Empfang; *~ room* Empfangszimmer *n*; **re'cep·tion·ist** [-ʃənɪst] *s.* **1.** Empfangsdame *f*; **2.** 🩺 Sprechstundenhilfe *f*.

re·cep·tive [rɪ'septɪv] *adj.* □ aufnahmefähig, empfänglich (*of* für); **re'cep·tiv·i·ty** [ˌresep'tɪvətɪ] *s.* Aufnahmefähigkeit *f*, Empfänglichkeit *f*.

re·cess [rɪ'ses] **I** *s.* **1.** (zeitweilige) Unter'brechung (*a.* 🏛 *der Verhandlung*), (*Am. a.* Schul)Pause *f*, *bsd. parl.* Ferien *pl.*; **2.** Schlupfwinkel *m*, stiller Winkel; **3.** △ (Wand)Aussparung *f*, Nische *f*, Al'koven *m*; **4.** ⊙ Aussparung *f*, Vertiefung *f*, Einschnitt *m*; **5.** *pl. fig.* das Innere, Tiefe(n *pl.*) *f*, geheime Winkel *pl. des Herzens etc.*; **II** *v/t.* **6.** in e-e Nische stellen, zu'rücksetzen; **7.** aussparen; ausbuchten, einsenken, vertiefen; **III** *v/i.* **8.** *Am.* e-e Pause *od.* Ferien machen, unter'brechen, sich vertagen.

re·ces·sion [rɪ'seʃn] *s.* **1.** Zu'rücktreten *n*; **2.** *eccl.* Auszug *m*; **3.** △ *etc.* Vertiefung *f*; **4.** ✝ Rezessi'on *f*, (leichter)

Konjunk'turrückgang: *period of ~* Rezessionsphase *f*; **re'ces·sion·al** [-ʃənl] **I** *adj.* **1.** *eccl.* Schluß...; **2.** *parl.* Ferien...; **3.** ✝ Rezessions...; **II** *s.* **4.** *a. ~ hymn* 'Schlußcho,ral *m*.

re·charge [ˌriː'tʃɑːdʒ] *v/t.* **1.** wieder (be)laden, ✕ a) von neuem angreifen, b) nachladen; **3.** ⚡ Batterie wieder aufladen.

re·cher·ché [rə'ʃeəʃeɪ] (*Fr.*) *adj. fig.* **1.** ausgesucht, exqui'sit; **2.** *iro.* gesucht, prezi'ös.

re·chris·ten [ˌriː'krɪsn] → *rebaptize*.

re·cid·i·vism [rɪ'sɪdɪvɪzəm] *s.* 🏛 Rückfall *m*, -fälligkeit *f*; **re'cid·i·vist** [-ɪst] *s.* Rückfällige(r *m*) *f*; **re'cid·i·vous** [-vəs] *adj.* rückfällig.

re·ci·pe ['resɪpɪ] *s.* ('Koch)Re₁zept *n*.

re·cip·i·ent [rɪ'sɪpɪənt] **I** *s.* **1.** Empfänger (-in); **II** *adj.* **2.** aufnehmend; **3.** empfänglich (*of.* to für).

re·cip·ro·cal [rɪ'sɪprəkl] **I** *adj.* □ **1.** wechsel-, gegenseitig, *Vertrag, Versicherung* auf Gegenseitigkeit: *~ service* Gegendienst *m*; *~ relationship* Wechselbeziehung *f*; **2.** 'umgekehrt; **3.** ♉, *ling., phls.* rezi'prok; **II** *s.* **4.** Gegenstück *n*; **5.** *a. ~ value* ♉ reziproker Wert, Kehrwert *m*; **re'cip·ro·cate** [-keɪt] **I** *v/t.* **1.** *Gefühle etc.* erwidern, vergelten; *Glückwünsche etc.* austauschen; **II** *v/i.* **2.** sich erkenntlich zeigen, sich revanchieren (*for* für, *with* mit): *glad to ~* zu Gegendiensten gern bereit; **3.** in Wechselbeziehung stehen; **4.** ⊙ sich hin- u. herbewegen: *reciprocating engine* Kolbenmaschine *f*, -motor *m*; **re·cip·ro·ca·tion** [rɪˌsɪprə'keɪʃn] *s.* **1.** Erwiderung *f*; **2.** Erkenntlichkeit *f*; **3.** Austausch *m*; **4.** Wechselwirkung *f*; **5.** ⊙ ,Hinund'herbewegung *f*; **rec·i·proc·i·ty** [ˌresɪ'prɒsətɪ] *s.* Reziprozi'tät *f*; Gegenseitigkeit *f* (*a.* ✝ *in Verträgen etc.*): *~ clause* Gegenseitigkeitsklausel *f*.

re·cit·al [rɪ'saɪtl] *s.* **1.** Vortrag *m*, -lesung *f*; **2.** ♪ (Solo)Vortrag *m*, (*Orgel- etc.*) Kon'zert *n*: *lieder ~* Liederabend *m*; **3.** Bericht *m*, Schilderung *f*; **4.** Aufzählung *f*; **5.** 🏛 a) *a. ~ of fact* Darstellung *f* des Sachverhalts, b) Prä'ambel *f e-s Vertrags etc.*; **rec·i·ta·tion** [ˌresɪ'teɪʃn] *s.* **1.** Auf-, Hersagen *n*, Rezitieren *n*; **2.** Vortrag *m*, Rezitati'on *f*; **3.** *ped. Am.* Abfrage-, 'Übungsstunde *f*; **4.** Vortragsstück *n*, rezitierter Text; **rec·i·ta·tive** [ˌresɪtə'tiːv] **I** *adj.* rezita'tivartig; **II** *s.* Rezita'tiv *n*, Sprechgesang *m*; **re·cite** [rɪ'saɪt] *v/t.* **1.** (auswendig) her- *od.* aufsagen; **2.** rezitieren, vortragen, deklamieren; **3.** 🏛 a) *Sachverhalt* darstellen, b) anführen, zitieren; **re'cit·er** [-tə] *s.* **1.** Rezi'tator *m*, Rezita'torin *f*, Vortragskünstler(in); **2.** Vortragsbuch *n*.

reck·less ['reklɪs] *adj.* □ **1.** unbesorgt, unbekümmert (*of* um); *be ~ of* sich nicht kümmern um; **2.** sorglos, leichtsinnig; verwegen; **3.** rücksichtslos, (bewußt *od.* grob) fahrlässig; **'reck·less·ness** [-nɪs] *s.* **1.** Unbesorgtheit *f*, Unbekümmertheit *f* (*of* um); **2.** Sorglosigkeit *f*, Leichtsinn *m*, Verwegenheit *f*; **3.** Rücksichtslosigkeit *f*.

reck·on ['rekən] **I** *v/t.* **1.** (be-, er)rechnen: *~ in* einrechnen; *~ over* nachrechnen; *~ up* a) auf-, zs.-zählen, b) *j-n* einschätzen; **2.** halten für: *~ as od. for*

betrachten als; *~ among od. with* rechnen *od.* zählen zu (*od.* unter *acc.*); **3.** der Meinung sein (*that* daß); **II** *v/i.* **4.** zählen, rechnen: *~ with* a) rechnen mit (*a. fig.*), b) abrechnen mit (*a. fig.*); *he is to be ~ed with* mit ihm muß man rechnen; *~ without* nicht rechnen mit; *~ (up)on fig.* rechnen *od.* zählen auf *j-n, j-s Hilfe etc.*; *I ~* schätze ich, glaube ich; *→ host²* 2; **reck·on·er** ['reknə] *s.* **1.** Rechner(in); **2.** → *ready reckoner*; **reck·on·ing** ['reknɪŋ] *s.* **1.** Rechnen *n*; **2.** Berechnung *f*, Kalkulati'on *f*; ⚓ Gissung *f*: *dead ~* gegißtes Besteck; *be out of (od. out in) one's ~* sich verrechnet haben (*a. fig.*); **3.** Abrechnung *f*: *day of ~* a) *bsd. fig.* Tag *m* der Abrechnung, b) *eccl.* der Jüngste Tag; **4.** *obs.* Rechnung *f*, Zeche *f*.

re·claim [rɪ'kleɪm] *v/t.* **1.** *Eigentum, Rechte etc.* zu'rückfordern, her'ausverlangen, reklamieren; **2.** *Land* urbar machen, kultivieren, trockenlegen; *Tiere* zähmen; **4.** *Volk* zivilisieren; **5.** ⊙ *aus Altmaterial gewinnen, Altöl, Gummi etc.* regenerieren; **6.** *fig.* a) *j-n* bekehren, bessern, b) *j-n* zu'rückbringen, -führen (*from* von, *to* zu); **re'claim·a·ble** [-məbl] *adj.* □ **1.** (ver)besserungsfähig, *j-n* kul'turfähig (*Land*); **3.** ⊙ regenerierfähig.

rec·la·ma·tion [ˌreklə'meɪʃn] *s.* **1.** Reklamati'on *f*: a) Rückforderung *f*, b) Beschwerde *f*; **2.** *fig.* Bekehrung *f*, Besserung *f*, Heilung *f* (*from* von); **3.** Urbarmachung *f*, Neugewinnung *f* (*von Land*); **4.** ⊙ Rückgewinnung *f*.

re·cline [rɪ'klaɪn] **I** *v/i.* **1.** sich (an-, zu'rück)lehnen: *reclining chair* (verstellbarer) Lehnstuhl; **2.** ruhen, liegen (*on, upon* an, auf *dat.*); *~ upon* sich stützen auf (*acc.*); **II** *v/t.* **4.** (an-, zu'rück)lehnen, legen (*on, upon* auf *acc.*).

re·cluse [rɪ'kluːs] **I** *s.* **1.** Einsiedler(in); **II** *adj.* **2.** einsam, abgeschieden (*from* von); **3.** einsiedlerisch.

rec·og·ni·tion [ˌrekəg'nɪʃn] *s.* **1.** ('Wieder)Erkennen *n*: *~ vocabulary ling.* passiver Wortschatz; *beyond ~, out of ~, past (all) ~* (bis) zur Unkenntlichkeit verändert, verstümmelt *etc.*; *the capital has changed beyond (all) ~* die Hauptstadt ist (überhaupt) nicht wiederzuerkennen; **2.** Erkenntnis *f*; **3.** Anerkennung *f* (*a. pol.*): *in ~ of* als Anerkennung für; *win ~* sich durchsetzen, Anerkennung finden; **rec·og·niz·a·ble** ['rekəgnaɪzəbl] *adj.* □ ('wieder)erkennbar, kenntlich; **re·cog·ni·zance** [rɪ'kɒgnɪzəns] *s.* **1.** 🏛 schriftliche Verpflichtung; (Schuld)Anerkenntnis *n*, *f*: *enter into ~s* sich gerichtlich binden; **2.** 🏛 Sicherheitsleistung *f*, Kauti'on *f*; **re·cog·ni·zant** [rɪ'kɒgnɪzənt] *adj.*: *be ~ of* anerkennen; **rec·og·nize** ['rekəgnaɪz] *v/t.* **1.** ('wieder)erkennen; **2.** *j-n, e-e Regierung, Schuld etc., a.* lobend anerkennen; *~ that* zugeben, daß; **3.** No'tiz nehmen von; **4.** *auf der Straße* grüßen; **5.** *j-m* das Wort erteilen.

re·coil I [rɪ'kɔɪl] *v/i.* **1.** zu'rückprallen; zu'rückstoßen (*Gewehr etc.*). **2.** *fig.* zu'rückprallen, -schrecken, -schaudern (*at, from vor dat.*); **3.** *~ on fig.* zu'rückfallen auf (*acc.*); **II** *s.* ['riːkɔɪl] **4.** Rückprall *m*; **5.** ✕ a) Rückstoß *m* (*Gewehr*),

b) (Rohr)Rücklauf *m* (*Geschütz*); **re·'coil·less** [-lɪs] *adj.* ✕ rückstoßfrei.

rec·ol·lect [ˌrekə'lekt] *v/t.* sich erinnern (*gen.*) *od.* an (*acc.*), sich ins Gedächtnis zu'rückrufen.

re·col·lect [ˌriːkə'lekt] *v/t.* wieder sammeln (*a. fig.*): ~ *o.s.* sich fassen.

rec·ol·lec·tion [ˌrekə'lekʃn] *s.* Erinnerung *f* (*Vermögen u. Vorgang*), Gedächtnis *n*: *it is within my* ~ es ist mir erinnerlich; *to the best of my* ~ soweit ich mich (daran) erinnern kann.

re·com·mence [ˌriːkə'mens] *v/t. u. v/i.* wieder beginnen.

rec·om·mend [ˌrekə'mend] *v/t.* **1.** empfehlen (*s.th. to s.o.* j-m et.): ~ *s.o. for a post* j-n für e-n Posten empfehlen; ~ *caution* Vorsicht empfehlen, zu Vorsicht raten; **2.** empfehlen, anziehend machen: *his manners* ~ *him*; **3.** (an-)empfehlen, anvertrauen: ~ *o.s. to s.o.*; **ˌrec·om'mend·a·ble** [-dəbl] *adj.* □ empfehlenswert; **rec·om·men·da·tion** [ˌrekəmen'deɪʃn] *s.* **1.** Empfehlung *f* (*a. fig. Eigenschaft*), Befürwortung *f*, Vorschlag *m*: *on the* ~ *of* auf Empfehlung von; **2.** *a.* *letter of* ~ Empfehlungsschreiben *n*; **ˌrec·om'mend·a·to·ry** [-dətərɪ] *adj.* empfehlend, Empfehlungs...

re·com·mis·sion [ˌriːkə'mɪʃn] *v/t.* **1.** wieder anstellen *od.* beauftragen; ✕ Offizier reaktivieren; **2.** ⚓ Schiff wieder in Dienst stellen.

re·com·mit [ˌriːkə'mɪt] *v/t.* **1.** *parl.* (an e-n Ausschuß) zu'rückverweisen; **2.** ⚖ a) *j-n wieder dem Gericht* über'antworten, b) *j-n wieder in e-e* (*Straf- od. Heil-*) *Anstalt* einweisen.

re·com·pense ['rekəmpens] **I** *v/t.* **1.** *j-n* belohnen, entschädigen (*for* für); **2.** *et.* vergelten, belohnen (*to s.o.* j-m); **3.** *et.* erstatten, ersetzen, wieder'gutmachen; **II** *s.* **4.** Belohnung *f*; *a. b.s.* Vergeltung *f*; **5.** Entschädigung *f*, Ersatz *m*.

re·com·pose [ˌriːkəm'pəʊz] *v/t.* **1.** wieder zs.-setzen; **2.** neu (an)ordnen, 'umgestalten, -gruppieren; **3.** *fig.* wieder beruhigen; **4.** *typ.* neu setzen.

rec·on·cil·a·ble ['rekənsaɪləbl] *adj.* **1.** versöhnbar; **2.** vereinbar (*with* mit); **rec·on·cile** ['rekənsaɪl] *v/t.* **1.** *j-n* ver-, aussöhnen (*to, with* mit): ~ *o.s. to*, *become* ~*d to fig.* sich versöhnen *od.* abfinden *od.* befreunden mit et., sich fügen *od.* finden in (*acc.*); **2.** *fig.* in Einklang bringen, abstimmen (*with, to* mit); **3.** *Streit* beilegen, schlichten; **rec·on·cil·i·a·tion** [ˌrekənsɪlɪ'eɪʃn] *s.* **1.** Ver-, Aussöhnung *f* (*to, with* mit); **2.** Beilegung *f*, Schlichtung *f*; **3.** Ausgleich(ung *f*) *m*, Einklang *m* (*between* zwischen dat., *unter dat.*).

rec·on·dite ['rekəndaɪt] *adj.* □ *fig.* tief (-gründig), ab'strus, dunkel.

re·con·di·tion [ˌriːkən'dɪʃn] *v/t. bsd.* ⚙ wieder in'standsetzen, über'holen, erneuern.

re·con·nais·sance [rɪ'kɒnɪsəns] *s.* ✕ a) Erkundung *f*, Aufklärung *f*, b) *a.* ~ *party od. patrol* Spähtrupp *m*: ~ *car* Spähwagen *m*; ~ *plane* Aufklärungsflugzeug *n*, Aufklärer *m*.

rec·on·noi·ter *Am.*, **rec·on·noi·tre** *Brit.* [ˌrekə'nɔɪtə] *v/t.* ✕ erkunden, aufklären, auskundschaften (*a. fig.*), rekognoszieren (*a. geol.*).

re·con·quer [ˌriː'kɒŋkə] *v/t.* 'wieder-, zu'rückerobern; **ˌre'con·quest** [-kwest] *s.* 'Wiedereroberung *f*.

re·con·sid·er [ˌriːkən'sɪdə] *v/t.* **1.** von neuem erwägen, nochmals über'legen, nachprüfen; **2.** *pol.*, ⚖ *Antrag, Sache* nochmals behandeln; **re·con·sid·er·a·tion** ['riːkənˌsɪdə'reɪʃn] *s.* nochmalige Über'legung *od.* Erwägung *od.* Prüfung.

re·con·stit·u·ent [ˌriːkən'stɪtjʊənt] **I** *s.* ☞ 'Roborans *n*; **II** *adj. bsd.* ☞ wieder'aufbauend.

re·con·sti·tute [ˌriː'kɒnstɪtjuːt] *v/t.* **1.** wieder einsetzen; **2.** wieder'herstellen; neu bilden; ✕ neu aufstellen; **3.** im Wasser auflösen.

re·con·struct [ˌriːkən'strʌkt] *v/t.* **1.** wieder aufbauen (*a. fig.*), wieder herstellen; **2.** 'umbauen (*a.* ⚙ *neu konstruieren*), 'umformen, -bilden; **3.** *fig.* wieder'aufbauen, sanieren; **re·con·struc·tion** [ˌriːkən'strʌkʃn] *s.* **1.** Wieder'aufbau *m*, -'herstellung *f*; **2.** 'Umbau *m* (*a.* ⚙ *Neukonstruktion*), 'Umformung *f*; **3.** Rekonstrukti'on *f* (*a. e-s Verbrechens etc.*); **4.** ☞ Sanierung *f*, Wieder'aufbau *m*.

re·con·ver·sion [ˌriːkən'vɜːʃn] *s.* ('Rück)ˌUmwandlung *f*, 'Umstellung *f* (*bsd.* ☞ *e-s Betriebs, auf Friedensproduktion etc.*); **ˌre·con'vert** [-'vɜːt] *v/t.* (wieder) 'umstellen.

rec·ord¹ ['rekɔːd] *s.* **1.** Aufzeichnung *f*, Niederschrift *f*: *on* ~ a) (geschichtlich *etc.*) verzeichnet, schriftlich belegt, b) → 4 b, c) *fig. das beste etc.* aller Zeiten, bisher; *off the* ~ inoffiziell, nicht für die Öffentlichkeit bestimmt; *on the* ~ offiziell; *matter of* ~ verbürgte Tatsache; **2.** (schriftlicher) Bericht; **3.** *a.* ⚖ Urkunde *f*, Doku'ment *n*, 'Unterlage *f*; **4.** ⚖ a) Proto'koll *n*, Niederschrift *f*, b) (Gerichts)Akte *f*, Aktenstück *n*: *on* ~ aktenkundig; *on the* ~ *of the case* nach Aktenlage; *go on* ~ *fig.* a) sich erklären *od.* festlegen, b) sich erweisen (*as* als); *place on* ~ aktenkundig machen; *court of* ~ ordentliches Gericht; ~ *office* Archiv *n*; (*just*) *to put the* ~ *straight!* (nur) um das mal klarzustellen!; *just for the* ~! (nur) um das mal festzuhalten!; **5.** Re'gister *n*, Liste *f*, Verzeichnis *n*: *criminal* ~ a) Strafregister, b) *weitS.* Vorstrafen *pl.*; *have a* (*criminal*) ~ vorbestraft sein; **6.** *a.* ⚙ Registrierung *f*; **7.** a) Ruf *m*, Leumund *m*, Vergangenheit *f*: *a bad* ~, b) *gute etc.* Leistung(en *pl.*) *in der Vergangenheit*; **8.** *fig.* Urkunde *f*, Zeugnis *n*: *be a* ~ *of et.* bezeugen; **9.** (Schall)Platte *f*: ~ *changer* Plattenwechsler *m*; ~ *library* a) Plattensammlung *f*, -archiv *n*, b) Plattenverleih *m*; ~ *machine Am.* Musikautomat *m*; ~ *player* Plattenspieler *m*; **10.** *sport.*, *a. weitS.* Re'kord *m*, Best-, Höchstleistung *f*: ~ *high* (*low*) ✝ Rekordhoch (-tief) *n*; ~ *performance allg.* Spitzenleistung *f*; ~ *prices* ✝ Rekordpreise; *in* ~ *time* in Rekordzeit.

rec·ord² [rɪ'kɔːd] *v/t.* **1.** schriftlich niederlegen; (*a.* ⚙) aufzeichnen, -schreiben; ⚖ beurkunden, protokollieren; *zu den Akten nehmen*; ✝ *etc.* eintragen, erfassen: *by* ~*ed delivery* ⓥ per Einschreiben; **2.** ⚙ *Meßwerte* registrieren, verzeichnen; **3.** (*auf Ton-*

band *etc.*) aufnehmen, -zeichnen, *Sendung* mitschneiden, *a. fotografisch* festhalten; **4.** *fig.* aufzeichnen, festhalten, der Nachwelt über'liefern; **5.** *Stimme* abgeben; **re·cord·er** [rɪ'kɔːdə] *s.* **1.** Regi'strator *m*; *weitS.* Chro'nist *m*; **2.** Schrift-, Proto'kollführer(in); **3.** ⚖ *Brit. obs.* Einzelrichter *m* der *Quarter Sessions*; **4.** ⚙ Aufnahmegerät *n*: a) Regi'strierappaˌrat *m*, (Bild-, Selbst-) Schreiber *m*, b) 'Wiedergabegerät *n*; → *tape recorder etc.*; **5.** ♪ Blockflöte *f*; **re·cord·ing** [rɪ'kɔːdɪŋ] **I** *s.* **1.** *a.* ⚙ Aufzeichnung *f*, Registrierung *f*; **2.** Beurkundung *f*; Protokollierung *f*; **3.** *Radio etc.*: Aufnahme *f*, Aufzeichnung *f*, Mitschnitt *m*; **II** *adj.* **4.** Protokoll...; **5.** registrierend: ~ *chart* Registrierpapier *n*; ~ *head* a) ♫ Tonkopf *m* (*Tonbandgerät*), b) Schreibkopf *m* (*Computer*).

re·count¹ [rɪ'kaʊnt] *v/t.* **1.** (im einzelnen) erzählen; **2.** aufzählen.

re·count² [ˌriː'kaʊnt] *v/t.* nachzählen.

re·coup [rɪ'kuːp] *v/t.* **1.** 'wiedergewinnen, *Verlust etc.* wieder'einbringen; **2.** *j-n* entschädigen (*for* für); **3.** ⚖ einbehalten.

re·course [rɪ'kɔːs] *s.* **1.** Zuflucht *f* (*to* zu): *have* ~ *to s.th.* s-e Zuflucht zu et. nehmen; *have* ~ *to foul means* zu unredlichen Mitteln greifen; **2.** ✝, ⚖ Re'greß *m*, Re'kurs *m*: *with* (*without*) ~ mit (ohne) Rückgriff; *liable to* ~ regreßpflichtig.

re·cov·er [rɪ'kʌvə] **I** *v/t.* **1.** (*a. fig. Appetit, Bewußtsein, Fassung etc.*) 'wiedererlangen, -finden; zu'rückerlangen, -gewinnen; ✕ 'wieder-, zu'rückerobern; *Fahrzeug, Schiff* bergen: ~ *one's breath* wieder zu Atem kommen; ~ *one's legs* wieder auf die Beine kommen; ~ *land from the sea* dem Meer Land abringen; **2.** *Verluste etc.* wieder'gutmachen, wieder'einbringen, ersetzen; *Zeit* wieder'aufholen; **3.** ⚖ *Schuld etc.* einziehen, beitreiben, b) *Urteil* erwirken (*against* gegen): ~ *damages for* Schadensersatz erhalten für; **4.** ⚙ *aus Altmaterial* regenerieren, 'wiedergewinnen; **5.** ~ *o.s.* → 8 *u.* 9.: *be* ~*ed from* wiederhergestellt sein von; **6.** (er)retten, befreien (*from aus dat.*); **7.** *fenc. etc.* in die Ausgangsstellung bringen; **II** *v/i.* **8.** geneˌsen, wieder gesund werden; **9.** sich erholen (*from, of von e-m Schock etc.*) (*a.* ✝); **10.** wieder zu sich kommen, das Bewußtsein 'wiedererlangen; **11.** ⚖ a) Recht bekommen, b) entschädigt werden, sich schadlos halten: ~ *in one's* (*law-*) *suit* s-n Prozeß gewinnen, obsiegen.

re·cov·er·a·ble [rɪ'kʌvərəbl] *adj.* **1.** 'wiedererlangbar; **2.** wieder'gutzumachen(d); **3.** ⚖ ein-, beitreibbar (*Schuld*); **4.** wieder'herstellbar; **5.** ⚙ regenerierbar; **re·cov·er·y** [rɪ'kʌvərɪ] *s.* **1.** (Zu)'Rück-, 'Wiedererlangung *f*, -gewinnung *f*; **2.** ⚖ a) Ein-, Beitreibung *f*, b) *mst* ~ *of damages* (Erlangung *f* von) Schadenersatz *m*; **3.** ⚙ Rückgewinnung *f* *aus Abfallstoffen etc.*; **4.** ⚖ *etc.* Bergung *f*, Rettung *f*: ~ *vehicle mot.* Bergungsfahrzeug *n*; Abschleppwagen *m*; **5.** *fig.* Rettung *f*, Bekehrung *f*; **6.** Genesung *f*, Gesundung *f*, Erholung *f* (*a.* ✝), (*gesundheitliche*) Wieder'herstellung: *economic* ~ Konjunkturaufschwung *m*, -belebung *f*; **be past** (*od.* **beyond**) ~ unheilbar krank sein, *fig.* hoffnungslos darniederliegen; **7.** *sport* a) *fenc. etc.* Zu'rückgehen *n* in die Ausgangsstellung, b) *Golf*: Bunkerschlag *m*.

rec·re·an·cy ['rekrıənsı] *s.* **1.** Feigheit *f*; **2.** Abtrünnigkeit *f*; **'rec·re·ant** [-nt] **I** *adj.* □ **1.** feig(e); **2.** abtrünnig, treulos; **II** *s.* **3.** Feigling *m*; **4.** Abtrünnige(r *m*) *f*.

rec·re·ate ['rekrıeıt] **I** *v/t.* **1.** erfrischen, *j-m* Erholung *od.* Entspannung gewähren; **2.** erheitern, unter'halten; **3.** ~ **o.s.** a) ausspannen, sich erholen, b) sich ergötzen *od.* unterhalten; **II** *v/i.* **4.** → 3.

re-cre·ate [,ri:kri'eıt] *v/t.* neu *od.* wieder (er)schaffen.

rec·re·a·tion [,rekrı'eıʃn] *s.* Erholung *f*, Entspannung *f*, Erfrischung *f*; Belustigung *f*, Unter'haltung *f*; ~ **area** Erholungsgebiet *n*; ~ **centre**, *Am.* ~ **center** Freizeitzentrum *n*; ~ **ground** Spiel-, Sportplatz *m*; ,**rec·re'a·tion·al** [-ʃənl] *adj.* Erholungs…, Entspannungs…, *Ort etc.* der Erholung; Freizeit…: ~ **value** Freizeitwert *m*; **rec·re·a·tive** ['rekrıeıtıv] *adj.* **1.** erholsam, entspannend, erfrischend; **2.** unter'haltend.

re-crim·i·nate [rı'krımıneıt] *v/i. u. v/t.* Gegenbeschuldigungen vorbringen (gegen); **re·crim·i·na·tion** [rı,krımı'neıʃn] *s.* Gegenbeschuldigung *f*.

re·cru·desce [,ri:kru:'des] *v/i.* **1.** wieder aufbrechen (*Wunde*); **2.** sich wieder verschlimmern (*Zustand*); **3.** *fig.* wieder'ausbrechen, 'aufflackern (*Übel*); ,**re·cru'des·cence** [-sns] *s.* **1.** Wieder'aufbrechen *n* (*e-r Wunde etc.*); **2.** *fig.* a) Wieder'ausbrechen *n*, b) Wieder'aufleben *n*.

re·cruit [rı'kru:t] **I** *s.* **1.** × a) Re'krut *m*, b) *Am.* (einfacher) Sol'dat; **2.** Neuling *m* (*a. contp.*); **II** *v/t.* **3.** × rekrutieren: a) *Rekruten* ausheben, einziehen, b) anwerben, c) *Einheit* ergänzen, erneuern, d) *weitS. Leute* her'anziehen: **be ~ed from** sich rekrutieren aus, *fig. a.* sich zs.-setzen *od.* ergänzen aus; **4.** *j-n*, *j-s Gesundheit* wieder'herstellen; **5.** *fig.* stärken, erfrischen; **III** *v/i.* **6.** Rekruten ausheben *od.* anwerben; **7.** sich erholen; **re'cruit·al** [-tl] *s.* Erholung *f*, Wieder'herstellung *f*; **re'cruit·ing** [-tıŋ] × **I** *s.* Rekrutierung *f*, (An)Werben *n*; **II** *adj.* Werbe…(-*büro*, -*offizier etc.*); Rekrutierungs…(-*stelle*); **re'cruit·ment** [-mənt] *s.* **1.** Verstärkung *f*, Auffrischung *f*; **2.** *bsd.* × Rekrutierung *f*; **3.** Erholung *f*.

rec·tal ['rektəl] *adj.* □ *anat.* rek'tal: ~ **syringe** Klistierspritze *f*.

rec·tan·gle ['rek,tæŋgl] *s.* Å Rechteck *n*; **rec·tan·gu·lar** [rek'tæŋgjulə] *adj.* □ Å **1.** rechteckig; **2.** rechtwink(e)lig.

rec·ti·fi·a·ble ['rektıfaıəbl] *adj.* **1.** zu berichtigen(d), korrigierbar; **2.** Å, ⚙, ⚗ rektifizierbar; **rec·ti·fi·ca·tion** [,rektıfı'keıʃn] *s.* **1.** Berichtigung *f*, Verbesserung *f*, Richtigstellung *f*; **2.** Å, ⚗ Rektifikati'on *f*; **3.** ⚡ Gleichrichtung *f*; **4.** *phot.* Entzerrung *f*; **'rec·ti·fi·er** [-aıə] *s.* **1.** Berichtiger *m*; **2.** ⚗ *etc.* Rektifizierer *m*; **3.** ⚡ Gleichrichter *m*; **4.** *phot.* Entzerrungsgerät *n*; **rec·ti·fy** ['rektıfaı] *v/t.* berichtigen, korrigieren, richtigstellen; *Mißstand etc.* beseitigen; Å, ⚗, ⚙

rektifizieren; ⚡ gleichrichten.

rec·ti·lin·e·al [,rektı'lınıəl] *adj.*, ,**rec·ti-'lin·e·ar** [-ıə] *adj.* □ geradlinig; **rec·ti·tude** ['rektıtju:d] *s.* Geradheit *f*, Rechtschaffenheit *f*.

rec·tor ['rektə] *s.* **1.** *eccl.* Pfarrer *m*; **2.** *univ.* Rektor *m*; **3.** *Scot.* ('Schul)Di,rektor *m*; **'rec·tor·ate** [-ərət], **'rec·tor·ship** [-ʃıp] *s.* **1.** *ped.* Rekto'rat *n*; **2.** *eccl.* a) Pfarrstelle *f*, b) Amt *n od.* Amtszeit *f* e-s Pfarrers; **'rec·to·ry** [-tərı] *s.* Pfar'rei *f*, Pfarre *f*: a) Pfarrhaus *n*, b) *Brit.* Pfarrstelle *f*, c) Kirchspiel *n*.

rec·tum ['rektəm] *pl.* **-ta** [-tə] *s. anat.* Mastdarm *m*, Rektum *n*.

re·cum·ben·cy [rı'kʌmbənsı] *s.* **1.** liegende Stellung, Liegen *n*; **2.** *fig.* Ruhe *f*; **re'cum·bent** [-nt] *adj.* □ (sich zu'rück)lehnend, liegend, *a. fig.* ruhend.

re·cu·per·ate [rı'kju:pəreıt] **I** *v/i.* **1.** sich erholen (*a.* ✝); **II** *v/t.* **2.** 'wiedererlangen; **3.** *Verluste etc.* wettmachen; **re·cu·per·a·tion** [rı,kju:pə'reıʃn] *s.* Erholung *f* (*a. fig.*); **re'cu·per·a·tive** [-rətıv] *adj.* **1.** stärkend, kräftigend; **2.** Erholungs…

re·cur [rı'kɜ:] *v/i.* **1.** 'wiederkehren, wieder'auftreten (*Ereignis, Erscheinung etc.*); **2.** *fig.* in Gedanken, im Gespräch zu'rückkommen (**to** auf *acc.*); **3.** *fig.* 'wiederkehren (*Gedanken*); **4.** zu'rückgreifen (**to** auf *acc.*); **5.** Å (peri'odisch) wiederkehren (*Kurve etc.*): **~ring decimal** periodische Dezimalzahl; **re·cur·rence** [rı'kʌrəns] *s.* **1.** 'Wiederkehr *f*, Wieder'auftreten *n*; **2.** Zu'rückgreifen *n* (**to** auf *acc.*); **3.** *fig.* Zu'rückkommen *n* (*im Gespräch etc.*) (**to** auf *acc.*); **re·cur·rent** [rı'kʌrənt] *adj.* □ **1.** 'wiederkehrend (*a. Zahlungen, Träume*), sich wieder'holend; **2.** peri'odisch auftretend: **~ fever** ✚ Rückfallfieber *n*; **3.** ♀, *anat.* rückläufig (*Nerv, Arterie etc.*).

re·cy·cle [,ri:'saıkl] *v/t.* **1.** ⚙ *Abfälle* 'wiederverwerten; **2.** ↑ *Kapital* zu-'rückschleusen; **re'cy·cling** [-lıŋ] *s.* ⚙, ↑ Re'cycling *n*: a) ⚙ 'Wiederverwertung *f*: ~ **of waste material**, b) ↑ Rückschleusung *f*: ~ **of funds**.

red [red] **I** *adj.* **1.** rot: ~ **ant** rote Waldameise; ⚯ **Book** a) Adelskalender *m*, b) *pol.* Rotbuch *n*; ~ **cabbage** Rotkohl *m*; ⚯ **Cross** Rotes Kreuz; ~ **currant** Johannisbeere *f*; ~ **deer** Edel-, Rothirsch *m*; ⚯ **Ensign** brit. Handelsflagge *f*; ~ **hat** Kardinalshut *m*; ~ **heat** Rotglut *f*; ~ **herring** a) Bückling *m*, b) *fig.* Ablenkungsmanöver *n*, falsche Spur; **draw a** ~ **herring across the path** a) ein Ablenkungsmanöver durchführen, b) e-e falsche Spur zurücklassen; ~ **lead** *min.* Mennige *f*; ~ **lead ore** Rotbleierz *n*; ~ **light** Warn-, Stopplicht *n*; **see the** ~ **light** *fig.* die Gefahr erkennen; **the lights are at** ~ *mot.* die Ampel steht auf Rot; ~ **tape** Amtsschimmel *m*, Bürokratismus *m*, Papierkrieg *m*; **see** ~ ,rotsehen', wild werden; → **paint** 2; **rag¹** 1; **2.** rot(glühend); **3.** rot(haarig); **4.** rot(häutig); **5.** *oft* ⚯ *pol.* rot: a) kommu'nistisch, sozia'listisch, b) sow'jetisch: **the** ⚯ **Army** die Rote Armee; **II** *s.* **6.** Rot *n*; **7.** *a.* ~ **skin** Rothaut *f* (*Indianer*); **8.** *oft* ⚯ *pol.* Rote(r *m*) *f*; **9.** *bsd.* ✝ **be in the** ~ in den roten Zahlen sein; **get out of the** ~ aus den roten Zahlen herauskommen.

re·dact [rı'dækt] *v/t.* **1.** redigieren, her'ausgeben; **2.** *Erklärung etc.* abfassen; **re'dac·tion** [-kʃn] *s.* **1.** Redakti'on *f* (*Tätigkeit*), Her'ausgabe *f*; **2.** (Ab)Fassung *f*; **3.** Neubearbeitung *f*.

,**red-'blood·ed** *adj. fig.* lebensprühend, vi'tal, feurig; '**~·breast** *s. orn.* Rotkehlchen *n*; '**~·cap** *s.* ,Rotkäppchen' *n*: a) *Brit. sl.* Mili'tärpoli,zist *m*, b) *Am.* (Bahnhofs)Gepäckträger *m*; ~ **car·pet** *s.* roter Teppich: ~ **treatment** ,großer Bahnhof'.

red·den ['redn] **I** *v/t.* röten, rot färben; **II** *v/i.* rot werden: a) sich röten, b) erröten (**at** über *acc.*, **with** vor *dat.*).

red·dish ['redıʃ] *adj.* rötlich.

red·dle ['redl] *s.* Rötel *m*.

re·dec·o·rate [,ri:'dekəreıt] *v/t.* Zimmer *etc.* renovieren, neu streichen *od.* tapezieren.

re·deem [rı'di:m] *v/t.* **1.** *Verpflichtung* abzahlen, -lösen, tilgen, amortisieren; **2.** zu'rückkaufen; **3.** ✝ *Staatspapier* auslosen; **4.** *Pfand* einlösen; **5.** *Gefangene etc.* los-, freikaufen; **6.** *Versprechen* erfüllen, einlösen; **7.** *Fehler etc.* wieder'gutmachen; *Sünde* abbüßen; **7.** *schlechte Eigenschaft* aufwiegen, wettmachen, versöhnen mit: **~ing feature** a) versöhnender Zug, b) ausgleichendes Moment; **9.** *Ehre, Rechte* 'wiedererlangen, wieder'herstellen; **10.** (**from**) bewahren (vor *dat.*); (er)retten (von); befreien (von); **11.** *eccl.* erlösen (**from** von); **12.** *Zeitverlust* wettmachen; **re-'deem·a·ble** [-məbl] *adj.* □ **1.** abzahlbar, -lösbar, tilgbar; kündbar (*Anleihe*); rückzahlbar (*Wertpapier*): ~ **loan** Tilgungsdarlehen *n*; **2.** zu'rückkaufbar; **3.** ✝ auslosbar (*Staatspapier*); **4.** einlösbar (*Pfand, Versprechen etc.*); **5.** wieder'gutzumachen(d) (*Fehler*), abzubüßen(d) (*Sünde*); **6.** 'wiedererlangbar; **7.** *eccl.* erlösbar; **re'deem·er** [-mə] *s.* ✝ Einlöser(in) *etc.*; **2.** ⚯ *eccl.* Erlöser *m*, Heiland *m*.

re·de·liv·er [,ri:dı'lıvə] *v/t.* **1.** *j-n* wieder befreien; **2.** *et.* zu'rückgeben; rückliefern.

re·demp·tion [rı'dempʃn] *s.* **1.** Abzahlung *f*, Ablösung *f*, Tilgung *f*, Amortisati'on *f* e-r *Schuld etc.*: ~ **fund** *Am.* ✝ Tilgungsfonds *m*; ~ **loan** ✝ Ablösungsanleihe *f*; **2.** Rückkauf *m*; **3.** Auslosung *f* von *Staatspapieren*; **4.** Einlösung *f* e-s *Pfandes* (*fig. e-s Versprechens*); **5.** Los-, Freikauf *m* e-r *Geisel etc.*; **6.** Wieder'gutmachung *f* e-s *Fehlers*; Abbüßung *f* e-r *Sünde*; **7.** Ausgleich *m* (**of** für), Wettmachen *n* e-s *Nachteils*; **8.** 'Wiedererlangung *f*, Wieder'herstellung *f* e-s *Rechts etc.*; **9.** *bsd. eccl.* Erlösung *f* (**from** von): **past** *od.* **beyond** ~ hoffnungs- *od.* rettungslos (verloren); **re'demp·tive** [-ptıv] *adj. eccl.* erlösend, Erlösungs…

re·de·ploy [,ri:dı'plɔı] *v/t.* **1.** *bsd.* × 'umgrup,pieren; **2.** ×, *a.* ✝ verlegen; ,**re·de'ploy·ment** [-mənt] *s.* **1.** 'Umgrup,pierung *f*; (Truppen)Verschiebung *f*; **2.** Verlegung *f*.

re·de·vel·op [,ri:dı'veləp] *v/t.* **1.** neu entwickeln; **2.** *phot.* nachentwickeln; **3.** *Stadtteil etc.* sanieren; ,**re·de'vel·op·ment** [-mənt] *s.* **1.** Neuentwicklung *f etc.*; **2.** (Stadt- *etc.*)Sanierung *f*: ~ **area** Sanierungsgebiet *n*.

,**red-'hand·ed** *adj.*: *catch s.o.* ~ j-n auf frischer Tat ertappen.

red·hi·bi·tion [,redhɪ'bɪʃn] *s.* ⚖️ Wandlung *f beim Kauf*; **red·hib·i·to·ry** [red'hɪbɪtərɪ] *adj.* Wandlungs...(-*klage etc.*): ~ *defect* Fehler *m* der Sache beim Kauf.

,**red-'hot** *adj.* **1.** rotglühend; **2.** glühend heiß; **3.** *fig.* wild, toll; **4.** hitzig, jähzornig; **5.** allerneuest, 'brandaktu,ell: ~ *news*.

red·in·te·grate [re'dɪntɪgreɪt] *v/t.* **1.** wieder'herstellen; **2.** erneuern.

re·di·rect [,ri:dɪ'rekt] *v/t.* **1.** *Brief etc.* 'umadres,sieren; **2.** *Verkehr* 'umleiten; **3.** *fig.* e-e neue Richtung geben (*dat.*), ändern.

re·dis·count [,ri:'dɪskaʊnt] ✝ **I** *v/t.* **1.** rediskontieren; **II** *s.* **2.** Rediskon'tierung *f*; **3.** Redis'kont *m*: ~ *rate Am.* Rediskontsatz *m*; **4.** rediskon'tierter Wechsel.

re·dis·cov·er [,ri:dɪ'skʌvə] *v/t.* 'wiederentdecken.

re·dis·trib·ute [,ri:dɪ'strɪbju:t] *v/t.* **1.** neu verteilen; **2.** wieder verteilen.

,**red-'let·ter day** *s. fig.* Freuden-, Glückstag *m*; ,~-'**light dis·trict** *s.* Bor'dellviertel *n*.

red·ness ['rednɪs] *s.* Röte *f*.

re·do [,ri:'du:] *v/t.* [*irr.* → *do*] **1.** nochmals tun *od.* machen; **2.** *Haar etc.* nochmals richten *etc.*

red·o·lence ['redəʊləns] *s.* Duft *m*, Wohlgeruch *m*; '**red·o·lent** [-nt] *adj.* duftend (*of, with* nach): *be* ~ *of fig. et.* atmen, stark gemahnen an (*acc.*), um-'wittert sein von.

re·dou·ble [,ri:'dʌbl] **I** *v/t.* **1.** verdoppeln; **2.** *Bridge:* j-m Re'kontra geben; **II** *v/i.* **3.** sich verdoppeln; **4.** *Bridge:* Re'kontra geben.

re·doubt [rɪ'daʊt] *s.* ✗ **1.** Re'doute *f*; **2.** Schanze *f*; **re'doubt·a·ble** [-təbl] *adj. rhet. od. iro.* **1.** furchtbar, schrecklich; **2.** gewaltig.

re·dound [rɪ'daʊnd] *v/i.* **1.** ausschlagen *od.* gereichen (**to** zu *j-s* Ehre, *Vorteil etc.*); **2.** zu'teil werden, erwachsen (**to** *dat.*, *from* aus); **3.** zu'rückfallen, -wirken (*upon* auf *acc.*).

re·draft [,ri:'drɑ:ft] **I** *s.* **1.** neuer Entwurf; **2.** ✝ Rück-, Ri'kambiowechsel *m*; **II** *v/t.* **3.** → *redraw* I.

re·draw [,ri:'drɔ:] [*irr.* → *draw*] **I** *v/t.* neu entwerfen; **II** *v/i.* ✝ zu'rücktras,sieren (*on* auf *acc.*).

re·dress [rɪ'dres] **I** *s.* **1.** Abhilfe *f* (*a.* ⚖️): *legal* ~ Rechtshilfe *f*: *obtain* ~ *from s.o.* gegen j-n Regreß nehmen; **2.** Behebung *f*, Beseitigung *f e-s* Übelstandes; **3.** Wieder'gutmachung *f e-s* Unrechts, *Fehlers etc.*; **4.** Entschädigung *f* (*for* für); **II** *v/t.* **5.** *Mißstand* beheben, beseitigen, (*dat.*) abhelfen; *Unrecht* wieder'gutmachen; *Gleichgewicht etc.* wieder'herstellen; **6.** ✈ *Flugzeug* in die nor'male Fluglage zu'rückbringen.

,**red-'short** *adj. metall.* rotbrüchig; '~**start** *s. orn.* Rotschwänzchen *n*; ,~-'**tape** *s.* büro'kratisch; ,~-'**tap·ism** [-'teɪpɪzəm] *s.* Bürokra'tismus *m*; ,~-'**tap·ist** [-'teɪpɪst] *s.* Büro'krat(in), Aktenmensch *m*.

re·duce [rɪ'dju:s] **I** *v/t.* **1.** her'absetzen, vermindern, -ringern, -kleinern, reduzieren, *fig. a.* abbauen; ~**d scale** ver-

jüngter Maßstab; *on a* ~**d scale** in verkleinertem Maßstab; **2.** *Preise* her'absetzen, ermäßigen: *at* ~**d prices** zu herabgesetzten Preisen; *at a* ~**d fare** zu ermäßigtem Fahrpreis; **3.** *im Rang, Wert etc.* her'absetzen, -mindern, -drücken, erniedrigen; *a.* ~ *to the ranks* ✗ degradieren; **4.** schwächen, erschöpfen; (*finanziell*) erschüttern: *in* ~**d circumstances** in beschränkten Verhältnissen, verarmt; **5.** (*to*) verwandeln (in *acc.*, zu), machen (zu): ~ *to pulp* zu Brei machen; ~**d to a skeleton** zum Skelett abgemagert; **6.** bringen (*to* zu): ~ *to a system* in ein System bringen; ~ *to rules* in Regeln fassen; ~ *to writing* schriftlich niederlegen, aufzeichnen; ~ *theories into practice* Theorien in die Praxis umsetzen; **7.** zu-'rückführen, reduzieren (*to* auf *acc.*): ~ *to absurdity* ad absurdum führen; **8.** zerlegen (*to* in *acc.*); **9.** einteilen (*to* in *acc.*); **10.** anpassen (*to* *dat. od.* an *acc.*); **11.** ⚛, 🜍, *biol.* reduzieren; *Gleichung* auflösen; ~ *to a common denominator* auf e-n gemeinsamen Nenner bringen; **12.** *metall.* (aus)schmelzen (*from* aus); **13.** zwingen, *zur Verzweiflung etc.* bringen: ~ *to obedience* zum Gehorsam zwingen; *he was* ~**d to sell** (*-ing*) *his house* er war gezwungen, sein Haus zu verkaufen; ~**d to tears** zu Tränen gerührt; **14.** unter'werfen, cr-obern; *Festung* zur 'Übergabe zwingen; **15.** beschränken (*to* auf *acc.*); **16.** *Farben etc.* verdünnen; **17.** *phot.* abschwächen; **18.** 🜍 einrenken, (wieder) einrichten; **II** *v/i.* **19.** (an Gewicht) abnehmen; c-e Abmagerungskur machen; **re'duc·er** [-sə] *s.* **1.** 🜍 Redukti'onsmittel *n*; **2.** *phot. a.* Abschwächer *m*, ⚙ Entwickler *m*; **3.** ⚙ a) Redu'zierstück *n od.* -ma,schine *f*, b) → *reducing gear*; **re'duc·i·ble** [-səbl] *adj.* **1.** reduzierbar (*a.* ⚛): ~ *to* sich reduzieren *od.* zurückführen lassen auf (*acc.*); **2.** verwandelbar (*to, into* in *acc.*); **3.** her'absetzbar.

re·duc·ing a·gent [rɪ'dju:sɪŋ] *s.* 🜍 Redukti'onsmittel *n*; ~ **di·et** *s.* Abmagerungskur *f*; ~ **gear** *s.* ⚙ Unter'setzungsgetriebe *n*.

re·duc·tion [rɪ'dʌkʃn] *s.* **1.** Her'absetzung *f*, Verminderung *f*, -ringerung *f*, -kleinerung *f*, Reduzierung *f*, *fig. a.* Abbau *m*: ~ *in* (*od. of*) *prices* Preisherabsetzung, -ermäßigung *f*; ~ *in* (*od. of*) *wages* Lohnkürzung *f*; ~ *of interest* Zinsherabsetzung *f*; ~ *of staff* Personalabbau *m*; **2.** (Preis)Nachlaß *m*, Abzug *m*, Ra'batt *m*; **3.** Verminderung *f*, Rückgang *m*: *import* ~ ✝ Einfuhrrückgang; **4.** Verwandlung *f* (*into, to* in *acc.*): ~ *into gas* Vergasung *f*; **5.** Zu-'rückführung *f*, Reduzierung *f* (*to* auf *acc.*); **6.** Zerlegung *f* (*to* in *acc.*); **7.** 🜍 Redukti'on *f*; **8.** ⚛ Redukti'on *f*, Kürzung *f*, Vereinfachung *f*; Auflösung *f von Gleichungen*; **9.** *metall.* (Aus-) Schmelzung *f*; **10.** Unter'werfung *f* (*to* unter *acc.*); Bezwingung *f*, ✗ Niederkämpfung *f*; **11.** *phot.* Abschwächung *f*; **12.** *biol.* Redukti'on *f*; **13.** 🜍 Einrenkung *f*; **14.** Verkleinerung *f* (*e-s Bildes etc.*); ~ **com·pass·es** *s. pl.* Redukti'onszirkel *m*; ~ **di·vi·sion** *s. biol.* Redukti'onsteilung *f*; ~ **gear** *s.* ⚙ Reduk-

ti'ons-, Unter'setzungsgetriebe *n*; ~ **ra·tio** *s.* ⚙ Unter'setzungsverhältnis *n*.

re·dun·dance [rɪ'dʌndəns], **re'dun·dan·cy** [-sɪ] *s.* **1.** 'Überfluß *m*, -fülle *f*; **2.** 'Überflüssigkeit *f*, ✝ *a.* Arbeitslosigkeit *f*: ~ *letter od. notice* Entlassungsschreiben *n*; **3.** Wortfülle *f*; **4.** *ling.*, *Informatik:* Redun'danz *f*; **re'dun·dant** [-nt] *adj.* □ **1.** 'überreichlich, -mäßig; **2.** 'überschüssig, -zählig: ~ *workers* freigesetzte (*entlassene*) Arbeitskräfte; *make s.o.* ~ j-n freisetzen, -stellen; **3.** 'überflüssig; **4.** üppig; **5.** 'überfließend (*of, with* von); **6.** über'laden (*Stil etc.*), *bsd.* weitschweifig; **7.** *ling.*, *Informatik:* redun'dant.

re·du·pli·cate [rɪ'dju:plɪkeɪt] *v/t.* **1.** verdoppeln; **2.** wieder'holen; **3.** *ling.* reduplizieren.

re·dye [,ri:'daɪ] *v/t.* **1.** nachfärben; **2.** 'umfärben.

re·ech·o [rɪ'ekəʊ] **I** *v/i.* 'widerhallen (*with* von); **II** *v/t.* widerhallen lassen.

reed [ri:d] *s.* **1.** 🜨 Schilf *n*; (Schilf)Rohr *n*; Ried(gras) *n*: *broken* ~ *fig.* schwankes Rohr; **2.** *pl. Brit.* (Dachdecker-) Stroh *f*; **3.** Pfeil *m*; **4.** Rohrflöte *f*; **5.** ♪ a) (Rohr)Blatt *n*: ~ *instruments*, *the* ~**s** Rohrblattinstrumente, b) *a.* ~-*stop* Zungenstimme *f* (*Orgel*); **6.** ⚙ Weberkamm *m*, Blatt *n*.

re·ed·it [,ri:'edɪt] *v/t.* neu her'ausgeben; **re-e·di·tion** [,ri:ɪ'dɪʃn] *s.* Neuausgabe *f*.

re·ed·u·cate [,ri:'edjʊkeɪt] *v/t.* 'umschulen; **re-ed·u·ca·tion** ['ri:,edjʊ'keɪʃn] *s.* 'Umschulung *f*.

reed·y ['ri:dɪ] *adj.* **1.** schilfig, schilfreich; **2.** lang u. schlank; **3.** dünn, quäkend (*Stimme*).

reef[1] [ri:f] *s.* **1.** (Felsen)Riff *n*; **2.** *min.* Ader *f*, (Quarz)Gang *m*.

reef[2] [ri:f] ⚓ **I** *s.* Reff *n*; **II** *v/t.* Segel reffen.

reef·er ['ri:fə] *s.* **1.** ⚓ a) Reffer *m*, b) *sl.* 'Seeka,dett *m*, c) Bord-, Ma'trosenjacke *f*, d) *Am. sl.* Kühlschiff *n*; **2.** *Am. sl.* a) 🚂, *mot.* Kühlwagen *m*, b) Kühlschrank *m*; **3.** *sl.* Marihu'ana-Ziga,rette *f*.

reek [ri:k] **I** *s.* **1.** Gestank *m*, (üble) Ausdünstung, Geruch *m*; **2.** Dampf *m*, Dunst *m*, Qualm *m*; **II** *v/i.* **3.** stinken, riechen (*of, with* nach), üble Dünste ausströmen; **4.** dampfen, rauchen (*with* von); **5.** *fig.* (*of, with*) stark riechen (nach), voll sein (von); '**reek·y** [-kɪ] *adj.* **1.** dampfend, dunstend; **2.** rauchig.

reel[1] [ri:l] **I** *s.* **1.** Haspel *f*, (*Garn- etc.*) Winde *f*; **2.** (*Garn-*, *Schlauch- etc.*) Rolle *f*, (*Bandmaß-*, *Farbband-*, *Film- etc.*)Spule *f*, ⚡ Kabeltrommel *f*; **3.** a) Film(streifen) *m*, b) (Film)Akt *m*; **II** *v/t.* **4.** *a.* ~ *up* aufspulen, -wickeln, -rollen: ~ *off* abhaspeln, -spulen, *fig.* ,herunterrasseln': ~ *off a poem*.

reel[2] [ri:l] *v/i.* **1.** sich (schnell) drehen, wirbeln: *my head* ~**s** mir schwindelt; **2.** wanken, taumeln: ~ *back* zurücktaumeln.

reel[3] [ri:l] *s.* Reel *m* (*schottischer Volkstanz*).

re-e·lect [,ri:ɪ'lekt] *v/t.* 'wiederwählen; ,**re-e'lec·tion** [-kʃn] *s.* 'Wiederwahl *f*; **re-el·i·gi·ble** [,ri:'elɪdʒəbl] *adj.* 'wiederwählbar.

re-em·bark [ˌriːɪmˈbɑːk] *v/t.* (*v/i.* sich) wieder einschiffen.

re-e·merge [ˌriːɪˈmɜːdʒ] *v/i.* wiederˈauftauchen, -ˈauftreten.

re-en·act [ˌriːɪˈnækt] *v/t.* **1.** wieder in Kraft setzen; **2.** *thea.* neu inszenieren; **3.** *fig.* wiederˈholen; **ˌre-enˈact·ment** [-mənt] *s.* **1.** ˌWiederinˈkraftsetzung *f*; **2.** *thea.* Neuinszenierung *f*.

re-en·gage [ˌriːɪnˈgeɪdʒ] *v/t.* *j-n* wieder an- *od.* einstellen.

re-en·list [ˌriːɪnˈlɪst] ⚔ *v/t. u. v/i.* (sich) weiter-, ˈwiederverpflichten; (*nur v/i.*) kapitulieren: **~ed man** Kapitulant *m*; **ˌre-enˈlist·ment** [-mənt] *s.* Wiederˈanwerbung *f*.

re-en·ter [ˌriːˈentə] *v/t.* **1.** wieder betreten, wieder eintreten in (*acc.*); **2.** wieder eintragen (*in e-e Liste etc.*); **3.** ⚙ *Farben* auftragen; **re-en·trant** [riːˈentrənt] **I** *adj.* ⌂ einspringend (*Winkel*); **II** *s.* einspringender Winkel; **re-en·try** [riːˈentrɪ] *s.* Wiederˈeintritt *m* (*a. Raumfahrt*: *in die Erdatmosphäre*; *a.* ⚖ *in den Besitz*).

re-es·tab·lish [ˌriːɪˈstæblɪʃ] *v/t.* **1.** wiederˈherstellen; **2.** wiederˈeinführen, neu gründen.

reeve¹ [riːv] *s. Brit.* a) *hist.* Vogt *m*, b) Gemeindevorsteher *m*.

reeve² [riːv] *v/t.* ⚓ *Tauende* einscheren; *das Tau* ziehen (**around** um).

re-ex·am·i·na·tion [ˈriːɪgˌzæmɪˈneɪʃn] *s.* **1.** Nachprüfung *f*, Wiederˈholungsprüfung *f*; **2.** ⚖ a) nochmaliges (Zeugen-) Verhör, b) nochmalige Unterˈsuchung.

re-ex·change [ˌriːɪksˈtʃeɪndʒ] *s.* **1.** Rücktausch *m*; **2.** ✝ Rück-, Gegenwechsel *m*; **3.** ✝ Rückwechselkosten *pl.*

re-ex·port ✝ **I** *v/t.* [ˌriːekˈspɔːt] **1.** wiederˈausführen; **II** *s.* [ˌriːˈekspɔːt] **2.** Wiederˈausfuhr *f*; **3.** wiederˈausgeführte Ware.

re·fash·ion [ˌriːˈfæʃn] *v/t.* ˈumgestalten, -modeln.

re·fec·tion [rɪˈfekʃn] *s.* **1.** Erfrischung *f*; **2.** Imbiß *m*; **reˈfec·to·ry** [-ktərɪ] *s.* **1.** *R.C.* Refekˈtorium *n* (*Speiseraum*); **2.** *univ.* Mensa *f*.

re·fer [rɪˈfɜː] **I** *v/t.* **1.** verweisen, hinweisen (**to** auf *acc.*); **2.** *j-n um Auskunft, Referenzen etc.* verweisen (**to** an *j-n*); **3.** (zur Entscheidung *etc.*) überˈgeben, -ˈweisen (**to** an *acc.*): **~ back to** ⚖ *Rechtssache* zurückverweisen an *die Unterinstanz*; **~ to drawer** ✝ an Aussteller zurück; **4.** (**to**) zuschreiben (*dat.*), zuˈrückführen (auf *acc.*); **5.** zuordnen, -weisen (**to** *e-r Klasse etc.*); **II** *v/i.* **6.** (**to**) verweisen, hinweisen, sich beziehen, Bezug haben (auf *acc.*), betreffen (*acc.*): **~ to s.th. briefly** et. kurz berühren; **~ring to my letter** Bezug nehmend auf mein Schreiben; **the point ~red to** der erwähnte *od.* betreffende Punkt; **7.** sich beziehen *od.* berufen, Bezug nehmen (**to** auf *j-n*); **8.** (**to**) sich wenden (an *acc.*), (*a. Uhr, Wörterbuch etc.*) befragen; (in *e-m Buch*) nachschlagen, -sehen; **ref·er·a·ble** [rɪˈfɜːrəbl] *adj.* **1.** (**to**) zuzuschreiben(d) (*dat.*), zuˈrückführen(d) (auf *acc.*); **2.** (**to**) zu beziehen(d) (auf *acc.*), bezüglich (*gen.*); **ref·er·ee** [ˌrefəˈriː] **I** *s.* **1.** ⚖, *sport* Schiedsrichter *m*, ⚖ *a.* beauftragter Richter; *Boxen*: Ringrichter *m*; **2.** *parl. etc.* Refeˈrent *m*, Berichterstatter *m*; **3.** ⚖ *etc.* Sachbearbeiter(in), -verständige(r *m*) *f*; **II** *v/i. u. v/t.* **4.** als Schiedsrichter *etc.* fungieren (bei); **ref·er·ence** [ˈrefrəns] **I** *s.* **1.** Verweis(ung *f*) *m*, Hinweis *m* (**to** auf *acc.*): **cross-~** Querverweis: (**list of**) **~s** Quellenangabe *f*, Literaturverzeichnis *n*; **mark of ~** → 2 a *u.* 4; **2.** a) Verweiszeichen *n*, b) Verweisstelle *f*, c) Beleg *m*, ˈUnterlage *f*; **3.** Bezugnahme *f* (**to** auf *acc.*); *Patentrecht*: Entgegenhaltung *f*: **in** (*od.* **with**) **~ to** bezüglich (*gen.*); **for future ~** zu späterer Verwendung; **terms of ~** Richtlinien; **have ~ to** sich beziehen auf (*acc.*); **4.** *a.* **~ number** Akten-, Geschäftszeichen *n*; **5.** (**to**) Anspielung *f* (auf *acc.*), Erwähnung *f* (*gen.*): **make ~ to** auf *et.* anspielen, *et.* erwähnen; **6.** (**to**) Zs.-hang *m* (mit), Beziehung *f* (zu): **have no ~ to** nichts zu tun haben mit; **with ~ to him** was ihn betrifft; **7.** Rücksicht *f* (**to** auf *acc.*): **without ~ to** ohne Berücksichtigung (*gen.*); **8.** (**to**) Nachschlagen *n*, -sehen *n* (in *dat.*), Befragen *n* (*gen.*): **book** (*od.* **work**) **of ~** Nachschlagewerk *n*; **~ library** Handbibliothek *f*; **9.** (**to**) Befragung *f* (*gen.*), Rückfrage *f* (bei); **10.** ⚖ Überˈweisung *f e-r Sache* (**to** an *ein Schiedsgericht etc.*); **11.** a) Refeˈrenz *f*, Empfehlung *f*, *allg.* Zeugnis *n*, b) Refeˈrenz *f* (*Auskunftgeber*); **II** *adj.* **12.** ⚙, ⌂ Bezugs…: **~ frequency**; **~ value**; **III** *v/t.* **13.** Verweise anbringen in *e-m Buch*; **ref·er·en·dum** [ˌrefəˈrendəm] *pl.* **-dums** *s. pol.* Volksentscheid *m*, -befragung *f*, Refeˈrendum *n*.

re·fill [ˌriːˈfɪl] **I** *v/t.* wieder füllen, nach-, auffüllen; **II** *v/i.* sich wieder füllen; **III** *s.* [ˈriːfɪl] Nach-, Ersatzfüllung *f*; ⚡ Erˈsatzbatteˌrie *f*; Ersatzmine *f* (*Bleistift etc.*); Einlage *f* (*Ringbuch*).

re·fine [rɪˈfaɪn] **I** *v/t.* **1.** ⚙ veredeln, raffinieren, *bsd.* a) *Eisen* frischen, b) *Metall* feinen, c) *Stahl* gar machen, d) *Glas* läutern, e) *Petroleum*, *Zucker* raffinieren; **2.** *fig.* bilden, verfeinern, kultivieren; **3.** *fig.* läutern, vergeistigen; **II** *v/i.* **4.** sich läutern; **5.** sich verfeinern *od.* kultivieren; **6.** (herˈum)tüfteln ([**up**]**on** an *dat.*); **7.** **~** (**up**)**on** verbessern, weiterentwickeln; **reˈfined** [-nd] *adj.* □ **1.** geläutert, raffiniert: **~ sugar** Feinzucker *m*, Raffinade *f*; **~ steel** Raffinierstahl *m*; **2.** *fig.* fein, gebildet, kultiviert; **3.** *fig.* raffiniert, subˈtil; **4.** (ˈüber)fein, (-)genau; **reˈfine·ment** [-mənt] *s.* **1.** ⚙ Veredelung *f*, Vergütungs-, Raffinatiˈonsbehandlung *f*; **2.** Verfeinerung *f*; **3.** Feinheit *f der Sprache*, *e-r Konstruktion etc.*, Raffiˈnesse *f* (*des Luxus etc.*); **4.** Vornehm-, Feinheit *f*, Kultiviertheit *f*, gebildetes Wesen; **5.** Klügeˈlei *f*, Spitzfindigkeit *f*; **reˈfin·er** [-nə] *s.* **1.** ⚙ a) (Eisen)Frischer *m*, b) Raffiˈneur *m*, (Zucker)Sieder *m*, c) *metall.* Vorfrischofen *m*; **2.** Verfeinerer *m*; **3.** Klügler (-in), Haarspalter(in); **reˈfin·er·y** [-nərɪ] *s.* ⚙ **1.** (*Öl-, Zucker- etc.*)Raffineˈrie *f*; **2.** *metall.* (Eisen-, Frisch)Hütte *f*; **reˈfin·ing fur·nace** [-nɪŋ] *s. metall.* Frisch-, Feinofen *m*.

re·fit [ˌriːˈfɪt] **I** *v/t.* **1.** wieder inˈstand setzen, ausbessern; **2.** neu ausrüsten; **II** *v/i.* **3.** ausgebessert *od.* überˈholt werden; **III** *s.* **4.** *a.* **re·fit·ment** [rɪˈfɪtmənt] Wiederinˈstandsetzung *f*, Ausbesserung *f*.

re·fla·tion [riːˈfleɪʃn] *s.* ✝ Reflatiˈon *f*.

re·flect [rɪˈflekt] **I** *v/t.* **1.** *Strahlen etc.* reflektieren, zuˈrückwerfen, -strahlen: **~ing power** Reflexionsvermögen *n*; **2.** *Bild etc.* (ˈwider)spiegeln: **~ing telescope** Spiegelteleskop *n*; **3.** *fig.* (ˈwider)spiegeln, zeigen: **be ~ed in** sich (wider)spiegeln in (*dat.*); **~ credit on s.o.** j-m Ehre machen; **our prices ~ your commission** ✝ unsere Preise enthalten Ihre Provision; **4.** überˈlegen (**that** daß, **how** wie); **II** *v/i.* **5.** ([**up**]**on**) nachdenken, -sinnen (über *acc.*), (*et.*) überˈlegen; **6.** **~** (**up**)**on** a) sich abfällig äußern über (*acc.*), *et.* herˈabsetzen, b) ein schlechtes Licht werfen auf (*acc.*), *j-m* nicht gerade zur Ehre gereichen, c) *et.* ungünstig beeinflussen; **reˈflec·tion** [-kʃn] *s.* **1.** *phys.* Reflexiˈon *f*, Zuˈrückstrahlung *f*; **2.** (ˈWider)Spiegelung *f* (*a. fig.*); Reˈflex *m*, ˈWiderschein *m*: **a faint ~ of** *fig.* ein schwacher Abglanz (*gen.*); **3.** Spiegelbild *n*; **4.** *fig.* Nachwirkung *f*, Einfluß *m*; **5.** a) Überˈlegung *f*, Erwägung *f*, b) Betrachtung *f*, Gedanke *m* (**on** über *acc.*): **on ~** nach einigem Nachdenken; **6.** abfällige Bemerkung (**on** über *acc.*), Anwurf *m*: **cast ~s upon** herabsetzen, in ein schlechtes Licht setzen; **7.** *anat.* a) Zuˈrückbiegung *f*, b) zuˈrückgebogener Teil; **8.** *physiol.* Reˈflex *m*; **reˈflec·tive** [-tɪv] *adj.* □ **1.** reflektierend, zuˈrückstrahlend; **2.** nachdenklich; **reˈflec·tor** [-tə] *s.* **1.** Reˈflektor *m*; **2.** Spiegel *m*; **3.** *mot. etc.* Rückstrahler *m*; Katzenauge *n* (*Fahrrad etc.*); **4.** Scheinwerfer *m*; **re·flex** [ˈriːfleks] **I** *s.* **1.** *physiol.* Reˈflex *m*: **~ action** (*od.* **movement**) Reflexbewegung *f*; **2.** (ˈLicht)Reˌflex *m*, ˈWiderschein *m*; *fig.* Abglanz *m*: **~ camera** (Spiegel)Reflexkamera *f*; **3.** Spiegelbild *n* (*a. fig.*); **II** *adj.* **4.** zuˈrückgebogen; **5.** Reflex…, Rück…; **re·flex·i·ble** [rɪˈfleksəbl] *adj.* reflektierbar; **re·flex·ion** [rɪˈflekʃn] *s.* → **reflection**; **re·flex·ive** [rɪˈfleksɪv] **I** *adj.* □ **1.** zuˈrückwirkend; **2.** *ling.* refleˈxiv, rückbezüglich, Reflexiv…; **II** *s.* **3.** *ling.* a) rückbezügliches Fürwort *od.* Zeitwort, b) reflexive Form.

re·float [ˌriːˈfləʊt] ⚓ **I** *v/t.* wieder flottmachen; **II** *v/i.* wieder flott werden.

re·flux [ˈriːflʌks] *s.* Zuˈrückfließen *n*, Rückfluß *m* (*a.* ✝ *von Kapital*).

re·for·est [ˌriːˈfɒrɪst] *v/t.* *Land* aufforsten.

re·form¹ [rɪˈfɔːm] **I** *s.* **1.** *pol. etc.* Reˈform *f*, Verbesserung *f*; **2.** Besserung *f*: **~ school** Besserungsanstalt *f*; **II** *v/t.* **3.** reformieren, verbessern; **4.** *j-n* bessern; **5.** *Mißstand etc.* beseitigen; **6.** ⚖ *Am. Urkunde* berichtigen; **III** *v/i.* **7.** sich bessern.

re·form², **re-form** [ˌriːˈfɔːm] **I** *v/t.* ˈumformen, -gestalten, -bilden, neu gestalten; **II** *v/i.* sich ˈumformen, sich neu gestalten.

ref·or·ma·tion¹ [ˌrefəˈmeɪʃn] *s.* **1.** Reformierung *f*, Verbesserung *f*; **2.** Besserung *f des Lebenswandels etc.*; **3.** ⛪ *eccl.* Reformatiˈon *f*; **4.** ⚖ *Am.* Berichtigung *f e-r Urkunde*.

re·for·ma·tion², **re-for·ma·tion** [ˌriːfɔːˈmeɪʃn] *s.* ˈUmbildung *f*, ˈUm-, Neuge-

staltung *f*.
re·form·a·to·ry [rɪ'fɔːmətərɪ] **I** *adj.* **1.** Besserungs...: **~ measures** Besserungsmaßnahmen; **2.** Reform...; **II** *s.* **3.** Besserungsanstalt *f*; **re'formed** [-md] *adj.* **1.** verbessert, neu u. besser gestaltet; **2.** gebessert: **~ drunkard** geheilter Trinker; **3.** ♀ *eccl.* reformiert; **re'form·er** [-mə] *s.* **1.** *bsd. eccl.* Refor'mator *m*; **2.** *pol.* Re'former(in); **re'form·ist** [-mɪst] *s.* **1.** *eccl.* Reformierte(r *m*) *f*; **2.** → *reformer*.
re·fract [rɪ'frækt] *v/t. phys.* Strahlen brechen; **re'fract·ing** [-tɪŋ] *adj. phys.* lichtbrechend, Brechungs..., Refraktions...: **~ angle** Brechungswinkel *m*; **~ telescope** Refraktor *m*; **re'frac·tion** [-kʃn] *s. phys.* **1.** (*Licht-, Strahlen*)Brechung *f*, Refrakti'on *f*; **2.** *opt.* Brechungskraft *f*; **re'frac·tive** [-tɪv] *adj. phys.* Brechungs..., Refraktions...; **re'frac·tor** [-tə] *s. phys.* **1.** Lichtbrechungskörper *m*; **2.** Re'fraktor *m*; **re'frac·to·ri·ness** [-tərɪnɪs] *s.* **1.** 'Widerspenstigkeit *f*; **2.** 'Widerstandskraft *f*, *bsd.* a) 🔥 Strengflüssigkeit *f*, b) ⚙ Feuerfestigkeit *f*; **3.** ♣ a) 'Widerstandsfähigkeit *f gegen Krankheiten*, b) Hartnäckigkeit *f e-r Krankheit*; **re'frac·to·ry** [-tərɪ] **I** *adj.* **1.** 'widerspenstig, aufsässig; **2.** 🔥 strengflüssig; **3.** ⚙ feuerfest: **~ clay** Schamotte(ton *m*) *f*; **4.** ♣ a) 'widerstandsfähig (*Person*), b) hartnäckig (*Krankheit*); **II** *s.* **5.** ⚙ feuerfester Baustoff.
re·frain¹ [rɪ'freɪn] *v/i.* (*from*) Abstand nehmen *od.* absehen (von), sich (*ger*) enthalten: **~ from doing s.th.** et. unterlassen, es unterlassen, et. zu tun.
re·frain² [rɪ'freɪn] *s.* Re'frain *m*.
re·fran·gi·ble [rɪ'frændʒɪbl] *adj. phys.* brechbar.
re·fresh [rɪ'freʃ] **I** *v/t.* **1.** erfrischen, erquicken (*a. fig.*); **2.** *fig. sein Gedächtnis* auffrischen; *Vorrat etc.* erneuern; **II** *v/i.* **3.** sich erfrischen; **4.** frische Vorräte fassen (*Schiff etc.*); **re'fresh·er** [-ʃə] *s.* **1.** Erfrischung *f*, ‚Gläs·chen' *n* (*Trunk*); **2.** *fig.* Auffrischung *f*: **~ course** Auffrischungs-, Wiederholungskurs *m*; **paint ~** Neuglanzpolitur *f*; **3.** ⚖ 'Nachschuß (-hono͟rar *n*) *m e-s Anwalts*; **re'fresh·ing** [-ʃɪŋ] *adj.* ☐ erfrischend (*a. fig. wohltuend*); **re'fresh·ment** [-mənt] *s.* Erfrischung *f* (*a. Getränk etc.*): **~ room** (Bahnhofs)Büfett *n*.
re·frig·er·ant [rɪ'frɪdʒərənt] **I** *adj.* **1.** kühlend, Kühl...; **II** *s.* **2.** ♣ kühlendes Mittel, Kühltrank *m*; **3.** ⚙ Kühlmittel *n*; **re·frig·er·ate** [-reɪt] *v/t.* ⚙ kühlen; **re'frig·er·at·ing** [-reɪtɪŋ] *adj.* ⚙ Kühl...(-*raum etc.*), Kälte...(-*maschine etc.*); **re·frig·er·a·tion** [rɪˌfrɪdʒə'reɪʃn] *s.* Kühlung *f*; Kälteerzeugung *f*, -technik *f*; **re'frig·er·a·tor** [-reɪtə] *s.* ⚙ Kühlschrank *m*, -raum *m*, -anlage *f*; 'Kältemaˌschine *f*: **~ van** *Brit.*, **~ car** *Am.* 🚂 Kühlwagen *m*; **~ van** *od.* **lorry** *Brit.*, **~ truck** *Am. mot.* Kühlwagen *m*; **~ vessel** ⚓ Kühlschiff *n*.
re·fu·el [ˌriːˈfjʊəl] *v/t. u. v/i. mot.*, ✈ (auf)tanken.
ref·uge ['refjuːdʒ] **I** *s.* **1.** Zuflucht *f* (*a. fig. Ausweg, a. Person, Gott*), Schutz *m* (*from* vor): **seek** (*od. take*) **~** *bei j-m* s-e Zuflucht suchen in *od.* nehmen zu; **house of ~** Obdachlosenasyl *n*; **2.** Zu-

flucht *f*, Zufluchtsort *m*; **3.** *a.* **~ hut** mount. Schutzhütte *f*; **4.** Verkehrsinsel *f*; **II** *v/i.* **5.** Schutz suchen; **ref·u·gee** [ˌrefjuˈdʒiː] *s.* Flüchtling *m*: **~ camp** Flüchtlingslager *n*.
re·ful·gent [rɪ'fʌldʒənt] *adj.* ☐ glänzend, strahlend.
re·fund¹ [riː'fʌnd] *v/t.* **1.** *Geld* zu'rückzahlen, -erstatten, *Verlust, Auslagen* ersetzen, rückvergüten; **2.** *j-m* Rückzahlung leisten, *j-m* seine Auslagen ersetzen; **II** *s.* ['riːfʌnd] **3.** Rückvergütung *f*.
re·fund² [ˌriːˈfʌnd] *v/t.* ✝ *Anleihe etc.* neu fundieren.
re·fund·ment [rɪ'fʌndmənt] *s.* Rückvergütung *f*.
re·fur·bish [ˌriːˈfɜːbɪʃ] *v/t.* 'aufpoˌlieren (*a. fig.*).
re·fur·nish [ˌriːˈfɜːnɪʃ] *v/t.* wieder *od.* neu möblieren *od.* ausstatten.
re·fu·sal [rɪ'fjuːzl] *s.* **1.** Ablehnung *f*, Zu'rückweisung *f e-s Angebots etc.*; **2.** Verweigerung *f e-r Bitte, des Gehorsams etc., a. Reitsport*; **3.** abschlägige Antwort: **he will take no ~** er läßt sich nicht abweisen; **4.** Weigerung *f* (**to do s.th.** et. zu tun); **5.** ✝ Vorkaufsrecht *n*, Vorhand *f*: **first ~ of** erstes Anrecht auf (*acc.*); **give s.o. the ~ of s.th.** *j-m* das Vorkaufsrecht auf e-e Sache einräumen.
re·fuse¹ [rɪ'fjuːz] **I** *v/t.* **1.** *Amt, Antrag, Kandidaten etc.* ablehnen; *Angebot* ausschlagen; *et. od. j-n* zu'rückweisen; *j-n* abweisen; *j-m e-e Bitte* abschlagen; **2.** *Befehl, Forderung, Gehorsam* verweigern; *Bitte* abschlagen; **3.** *Kartenspiel: Farbe* verweigern; **4.** *Hindernis* verweigern, scheuen vor (*dat.*) (*Pferd*); **II** *v/i.* **5.** sich weigern, es ablehnen (**to do** zu tun): **he ~d to believe it** er wollte es einfach nicht glauben; **he ~d to be bullied** er ließ sich nicht tyrannisieren; **it ~d to work** es wollte nicht funktionieren, es ‚streikte'; **6.** absagen (*Gast*); **7.** scheuen (*Pferd*).
ref·use² ['refjuːs] **I** *s.* **1.** ⚙ Abfall *m*, Ausschuß *m*; **2.** (Küchen)Abfall *m*, Müll *m*; **II** *adj.* **3.** wertlos; **4.** Abfall..., Müll...
ref·u·ta·ble ['refjʊtəbl] *adj.* ☐ widerˈlegbar; **ref·u·ta·tion** [ˌrefjuˈteɪʃn] *s.* Widerˈlegung *f*; **re·fute** [rɪ'fjuːt] *v/t.* widerˈlegen.
re·gain [rɪ'geɪn] *v/t.* 'wiedergewinnen; *a. Bewußtsein etc.* 'wiedererlangen: **~ one's feet** wieder auf die Beine kommen; **~ the shore** den Strand wiedergewinnen (*erreichen*).
re·gal ['riːgl] *adj.* ☐ königlich (*a. fig. prächtig*); Königs...
re·gale [rɪ'geɪl] **I** *v/t.* **1.** erfreuen, ergötzen; **2.** festlich bewirten: **~ o.s. on** sich laben an (*dat.*); **II** *v/i.* **3.** (**on**) schwelgen (in *dat.*), sich gütlich tun (an *dat.*).
re·ga·li·a [rɪ'geɪljə] *s. pl.* ('Krönungs-, 'Amts)Inˌsignien *pl.*
re·gard [rɪ'gɑːd] **I** *v/t.* **1.** ansehen, betrachten (*a. fig. with* mit *Abneigung etc.*); **2.** *fig.* **~ as** betrachten als, halten für: **be ~ed as** gelten als *od.* für; **3.** *fig.* beachten, berücksichtigen; **4.** respektieren; **5.** achten, (hoch)schätzen; **6.** betreffen, angehen: **as ~s** was ... betrifft; **II** *s.* **7.** (*fester od. bedeutsamer*) Blick; **8.** Hinblick *m*, -sicht *f* (**to** auf *acc.*): **in this ~** in dieser Hinsicht; **in ~**

to (*od. of*), **with ~ to** hinsichtlich, bezüglich, was ... betrifft; **have ~ to** a) sich beziehen auf (*acc.*), b) in Betracht ziehen; **9.** (**to, for**) Rücksicht(nahme) *f* (auf *acc.*), Beachtung *f* (*gen.*): **pay no ~ to s.th.** sich um et. nicht kümmern; **without ~ to** (*od. for*) ohne Rücksicht auf (*acc.*); **have no ~ for s.o.'s feelings** auf j-s Gefühle keine Rücksicht nehmen; **10.** (Hoch)Achtung *f* (**for** vor *dat.*); **11.** *pl.* Grüße *pl.*, Empfehlungen *pl.*: **with kind ~s to** mit herzlichen Grüßen an (*acc.*); **give him my** (**best**) **~s** grüße ihn (herzlich) von mir; **re'gard·ful** [-fʊl] *adj.* ☐ **1.** achtsam, aufmerksam (**of** auf *acc.*); **2.** rücksichtsvoll (**of** gegen); **re'gard·ing** [-dɪŋ] *prp.* bezüglich, betreffs, hinsichtlich (*gen.*); **re'gard·less** [-lɪs] **I** *adj.* ☐ **1.** **~ of** ungeachtet (*gen.*), ohne Rücksicht auf (*acc.*); **2.** rücksichts-, achtlos; **II** *adv.* **3.** F trotzdem, dennoch; ganz gleich, was passiert *od.* passieren würde; ohne Rücksicht auf Kosten *etc.*
re·gat·ta [rɪ'gætə] *s.* Re'gatta *f*.
re·gen·cy ['riːdʒənsɪ] *s.* Re'gentschaft *f* (*Amt, Gebiet, Periode*); **2.** ♀ *hist.* Regentschaft(szeit) *f*, *bsd.* a) Ré'gence *f* (*in Frankreich, des Herzogs Philipp von Orléans* [1715—23]), b) *in England* (1811—30), *von Georg, Prinz von Wales* (*später Georg IV.*).
re·gen·er·ate [rɪ'dʒenəreɪt] **I** *v/t. u. v/i.* **1.** (sich) regenerieren (*a. biol., phys.*, ⚙) (sich) erneuern, (sich) neu *od.* wieder bilden; (sich) wieder erzeugen: **to be ~d** *eccl.* wiedergeboren werden; **2.** *fig.* (sich) bessern *od.* reformieren; **3.** *fig.* (sich) neu beleben; **4.** ⚡ rückkoppeln; **II** *adj.* [-rət] **5.** ge- *od.* verbessert, reformiert; 'wiedergeboren; **re·gen·er·a·tion** [rɪˌdʒenə'reɪʃn] *s.* **1.** Regenerati'on *f* (*a. biol.*), Erneuerung *f*; **2.** *eccl.* 'Wiedergeburt *f*; **3.** Besserung *f*; **4.** ⚡ Rückkopplung *f*; **5.** ⚙ Regenerierung *f*, 'Wiedergewinnung *f*; **re'gen·er·a·tive** [-nərətɪv] *adj.* ☐ **1.** (ver)bessernd; **2.** neuschaffend; **3.** Erneuerungs..., Verjüngungs...; **4.** ⚡ Rückkopplungs...
re·gent ['riːdʒənt] *s.* **1.** Re'gent(in): **Queen ♀** Regentin *f*; **Prince ♂** Prinzregent *m*; **2.** *univ. Am.* Mitglied *n* des 'Aufsichtskomiˌtees; **'re·gent·ship** [-ʃɪp] *s.* Re'gentschaft *f*.
reg·i·cide ['redʒɪsaɪd] *s.* **1.** Königsmörder *m*; **2.** Königsmord *m*.
re·gime, a. ré·gime [reɪ'ʒiːm] *s.* **1.** *pol.* Re'gime *n*, Regierungsform *f*; **2.** (vor-) herrschendes Sy'stem: **matrimonial ~** 🕱 eheliches Güterrecht; **3.** → *regimen* 1.
reg·i·men ['redʒmən] *s.* **1.** ♣ gesunde Lebensweise, *bsd.* Di'ät *f*; **2.** Regierung *f*, Herrschaft *f*; **3.** *ling.* Rekti'on *f*.
reg·i·ment **I** *s.* ['redʒmənt] **1.** ✕ Regi'ment *n*; **2.** *fig.* (große) Schar; **II** *v/t.* ['redʒmənt] **3.** *fig.* reglementieren; **4.** bevormunden; **5.** organisieren, systeˈmatisch einteilen.
reg·i·men·tal [ˌredʒɪ'mentl] *adj.* ✕ Regiments...: **~ officer** *Brit.* Truppenoffizier *m*; **reg·i·men·tals** [ˌredʒɪ'mentlz] *s. pl.* ✕ (Regi'ments)Uniˌform *f*; **reg·i·men·ta·tion** [ˌredʒɪmen'teɪʃn] *s.* **1.** Organisierung *f*, Einteilung *f*; **2.** Reglementierung *f*, Diri'gismus *m*, Bevor-

mundung *f.*

Re·gi·na [rɪ'dʒaɪnə] (*Lat.*) *s. Brit.* ✠ *die* Königin; *weitS. die* Krone, *der* Staat: ~ *versus John Doe.*

re·gion ['ri:dʒən] *s.* **1.** Gebiet *n* (*a. meteor.*), (*a.* ✻ *Körper*)Gegend *f,* (*a. Höhen-, Tiefen*)Regi'on *f,* Landstrich *m;* (Verwaltungs)Bezirk *m;* **2.** *fig.* Gebiet *n,* Bereich *m,* Sphäre *f;* (*a. himmlische etc.*) Regi'on: *in the ~ of* von ungefähr ...; **'re·gion·al** [-dʒənl] *adj.* □ regio-'nal; örtlich, lo'kal (*beide a.* ✻); Orts...; Bezirks...: ~ (*station*) *Radio:* Regio-'nalsender *m;* **'re·gion·al·ism** [-dʒənə-lɪzəm] *s.* **1.** Regiona'lismus *m,* Lo'kalpatriotismus *m;* **2.** Heimatkunst *f;* **3.** *ling.* nur regio'nal gebrauchter Ausdruck.

re·gis·ter ['redʒɪstə] **I** *s.* **1.** Re'gister *n* (*a. Computer*), (Eintragungs)Buch *n,* (*a. Inhalts*)Verzeichnis *n;* (*Wähleretc.*)Liste *f:* ~ *of births, marriages, and deaths* Personenstandsregister; ~ *of companies* Handelsregister; (*ship's*) ~ Schiffsregister; ~ *ton* ⚓ Registertonne *f;* **2.** ⚙ a) Registriervorrichtung *f,* Zählwerk *n:* *cash* ~ Registrier-, Kontrollkasse *f,* b) Schieber *m,* Klappe *f,* Ven'til *n;* **3.** ♪ a) ('Orgel)Re₁gister *n,* b) Stimm-, Tonlage *f,* c) 'Stimm₁umfang *m;* **4.** *typ.* Re'gister *n;* **5.** *phot.* genaue Einstellung; **6.** → *registrar,* **II** *v/t.* **7.** registrieren, (in ein Register *etc.*) eintragen *od.* -schreiben (lassen), anmelden (*for school* zur Schule); *weitS.* amtlich erfassen; (*a. fig. Erfolg etc.*) verzeichnen, -buchen: ~ *a company* e-e Firma handelsgerichtlich eintragen; **8.** ✠ *Warenzeichen* anmelden; *Artikel* gesetzlich schützen; **9.** *Postsachen* einschreiben (lassen); *Gepäck* aufgeben; **10.** ⚙ *Meßwerte* registrieren, anzeigen; **11.** *fig. Empfindung* zeigen, ausdrükken, registrieren; **12.** *typ.* in das Re'gister bringen; **13.** ✗ *Geschütz* einschießen; **III** *v/i.* **14.** sich (in das Ho'telre₁gister, in die Wählerliste *etc.*) eintragen (lassen); *univ. etc.* sich einschreiben (*for* für); **15.** sich (an)melden (*at, with* bei *der Polizei etc.*); **16.** *typ.* Re'gister halten; **17.** ⚙ a) sich decken, genau passen, b) einrasten; **18.** ♪ registrieren; **19.** ✗ sich einschießen; **'reg·is·tered** [-əd] *adj.* **1.** eingetragen (✠ *Geschäftssitz, Gesellschaft, Warenzeichen*); **2.** ✠ gesetzlich geschützt: ~ *design* (*od. pattern*) Gebrauchsmuster *n;* **3.** ✠ registriert, Namens...: ~ *bonds* Namensschuldverschreibungen; ~ *capital* autorisiertes (Aktien)Kapital; ~ *share* (*Am. stock*) Namensaktie *f;* **4.** ✉ eingeschrieben, Einschreibe...(-*brief etc.*): ~*!* Einschreiben!; **reg·is·trar** [₁redʒɪ-'strɑ:] *s.* Regi'strator *m,* Archi'var(in), Urkundsbeamte(r) *m; Brit.* Standesbeamte(r) *m;* ✻ *Brit.* Krankenhausarzt *m,* -ärztin *f:* ~*'s office* a) Standesamt *n,* b) Registra'tur *f;* &-*General Brit.* oberster Standesbeamter; ~ *in bankruptcy* ✠ *Brit.* Konkursrichter *m;* **reg·is·tra·tion** [₁redʒɪ'streɪʃn] *s.* **1.** (*bsd.* amtliche) Registrierung, Erfassung *f,* Eintragung *f* (*a.* ✠ *e-r Gesellschaft, e-s Warenzeichens*); *mot.* Zulassung *f e-s Fahrzeugs;* **2.** (*polizeiliche, a. Hotel-, Schul- etc.*) Anmeldung, Einschreibung *f:* *compulsory* ~ (An)Meldepflicht *f;* ~ *fee* An-

melde-, Einschreibegebühr *f;* ✉ Umschreibungsgebühr *f* (*Aktien*); ~ *form* (An)Meldeformular *n;* ~ *office* Meldestelle *f,* Einwohnermeldeamt *n;* **3.** Zahl *f der* Erfaßten, registrierte Zahl; **4.** ✆ Einschreibung *f;* **5.** *a.* ~ *of luggage bsd. Brit.* Gepäckaufgabe *f:* ~ *window* Gepäckschalter *m;* **'reg·is·try** [-trɪ] *s.* **1.** Registrierung *f* (*a. e-s Schiffs*): ~ *fee Am.* Anmelde-, Einschreibegebühr *f;* ~ *port of* ~ ⚓ Registerhafen *m;* **2.** Re'gister *n;* **3.** *a.* ~ *office* a) Registra'tur *f,* b) Standesamt *n,* c) 'Stellenver₁mittlungsbü₁ro *n.*

reg·let ['reglɪt] *s.* **1.** △ Leistchen *n;* **2.** *typ.* a) Re'glette *f,* b) ('Zeilen)₁Durchschuß *m.*

reg·nant ['regnənt] *adj.* regierend; *fig.* (vor)herrschend.

re·gress **I** *v/i.* [rɪ'gres] **1.** sich rückwärts bewegen; **2.** *fig.* a) sich rückläufig entwickeln, b) *biol., psych.* sich zu'rückbilden *od.* -entwickeln; **II** *s.* ['ri:gres] **3.** Rückwärtsbewegung *f;* **4.** rückläufige Entwicklung; **re'gres·sion** [-eʃn] *s.* **1.** → *regress* II; **2.** Regressi'on *f:* a) *biol. psych.* Rückentwicklung *f,* b) ⚕ Beziehung *f;* **re'gres·sive** [-sɪv] *adj.* □ **1.** rückläufig; **2.** rückwirkend (*Steuer etc., a. ling. Akzent*); **3.** *biol.* regres'siv.

re·gret [rɪ'gret] **I** *s.* **1.** Bedauern *n* (*at* über *acc.*): *to my* ~ zu m-m Bedauern, leider; **2.** Reue *f;* **3.** Schmerz *m,* Trauer *f* (*for* um); **II** *v/t.* **4.** bedauern, bereuen: *it is to be* ~*ted* es ist bedauerlich; *I* ~ *to say* ich muß leider sagen; **5.** *Vergangenes etc., a. Tote* beklagen, trauern um, *j-m od. e-r Sache* nachtrauern; **re'gretful** [-fʊl] *adj.* □ bedauernd, reue-, kummervoll; **re'gret·ta·ble** [-təbl] *adj.* □ **1.** bedauerlich, bedauernswert, zu bedauern(d); **re'gret·ta·bly** [-təblɪ] *adv.* bedauerlicherweise.

re·grind [₁ri:'graɪnd] *v/t.* [*irr.* → *grind*] ⚙ nachschleifen.

re·group [₁ri:'gru:p] *v/t.* 'um-, neugruppieren, (*a.* ✠ *Kapital*) 'umschichten; **re'group·ment** [-mənt] *s.* 'Umgrup₁pierung *f.*

reg·u·lar ['regjʊlə] **I** *adj.* □ **1.** *zeitlich* regelmäßig; ✆ *etc.* fahrplanmäßig: ~ *air service* regelmäßige Flugverbindung; ~ *business* ✠ laufende Geschäfte; ~ *customer* → 14; *at* ~ *intervals* in regelmäßigen Abständen; **2.** regelmäßig (*in Form od. Anordnung*), ebenmäßig; sym'metrisch; **3.** regelmäßig, geregelt, geordnet (*Lebensweise etc.*); **4.** pünktlich, genau; **5.** regu'lär, nor'mal, gewohnt; **6.** richtig, geprüft, gelernt: *a* ~ *cook;* ~ *doctor* approbierter Arzt; **7.** richtig, vorschriftsmäßig, formgerecht; **8.** F ,richtig(gehend)': ~ *rascal; a* ~ *guy Am.* ein Pfundskerl; **9.** ✗ a) regu-'lär (*Kampftruppe*) b) Berufs..., ak'tiv (*Heer, Soldat*); **10.** *sport:* Stamm...: ~ *player; make the* ~ *team* sich e-n Stammplatz (*in der Mannschaft*) erobern; *eccl.* Ordens...; **II** *s.* **11.** Ordensgeistliche(r) *m;* **12.** ✗ ak'tiver Sol-'dat, Be'rufssol₁dat *m; pl.* regu'läre Truppen *pl.;* **13.** *pol. Am.* treuer Par'teianhänger; **14.** F Stammkunde *m,* -kundin *f,* -gast *m;* **reg·u·lar·i·ty** [₁regju'lærətɪ] *s.* **1.** Regelmäßigkeit *f:* a) Gleichmäßigkeit *f,* Stetigkeit *f,* b) regelmäßige Form; **2.** Ordnung *f,* Rich-

tigkeit *f;* **'reg·u·lar·ize** [-əraɪz] *v/t.* regeln, festlegen.

reg·u·late ['regjʊleɪt] *v/t.* **1.** *Geschäft, Verdauung, Verkehr etc.* regeln; ordnen; (*a.* ✆ *Wirtschaft*) lenken; **2.** ✠ (gesetzlich) regeln; **3.** ⚙ a) *Geschwindigkeit etc.* regulieren, regeln, b) *Gerät, Uhr* (ein)stellen; **4.** anpassen (*according to* an *acc.*); **'reg·u·lat·ing** [-tɪŋ] *adj.* ⚙ Regulier..., (Ein)Stell...: ~ *screw* Stellschraube *f;* ~ *switch* Regelschalter *m;* **reg·u·la·tion** [₁regjʊ'leɪʃn] **I** *s.* **1.** Regelung *f,* Regulierung *f* (*a.* ⚙); ⚙ Einstellung *f;* **2.** Verfügung *f,* (Ausführungs)Verordnung *f; pl.* a) 'Durchführungsbestimmungen *pl.,* b) Satzung(en *pl.*) *f,* Sta'tuten *pl.,* c) (*Dienst-, Betriebs*)Vorschrift *f:* ~*s of the works* Betriebsordnung *f; traffic* ~*s* Verkehrsvorschriften; *according to* ~*s* nach Vorschrift, vorschriftsmäßig; *contrary to* ~*s* vorschriftswidrig; **II** *adj.* **3.** vorschriftsmäßig; ✗ *a.* Dienst...(-*mütze etc.*); **'reg·u·la·tive** [-lətɪv] *adj.* regelnd, regulierend, *a. phls.* regula'tiv; **'reg·u·la·tor** [-tə] *s.* **1.** ⚡ Regler *m;* **2.** Uhrmacherei: Regu'lator *m* (*a. Uhr*); **3.** ⚙ Regulier-, Stellvorrichtung *f:* ~ *valve* Reglerventil *n;* **4.** ✆ Regu'lator *m;* **'reg·u·la·to·ry** [-leɪtərɪ] *adj.* Durch-, Ausführungs...

re·gur·gi·tate [rɪ'gɜ:dʒɪteɪt] **I** *v/i.* zu-'rückfließen; **II** *v/t.* wieder ausströmen, -speien; *Essen* erbrechen.

re·ha·bil·i·tate [₁ri:ə'bɪlɪteɪt] *v/t.* **1.** rehabilitieren: a) wieder'einsetzen (*in* acc.), b) *j-s* Ruf wieder'herstellen, c) *e-n Versehrten* wieder ins Berufsleben eingliedern; **2.** *et. od. j-n* wieder'herstellen; **3.** ✠ *Strafentlassenen* resozialisieren; **4.** *Altbauten,* ✆ *e-n Betrieb etc.* sanieren; **re·ha·bil·i·ta·tion** ['ri:ə₁bɪlɪ-'teɪʃn] *s.* **1.** Rehabilitierung *f:* a) Wieder'einsetzung *f* (*in frühere Rechte*), b) Ehrenrettung *f,* c) *a.* **vocational** ~ Wieder'eingliederung *f* ins Berufsleben: ~ *centre* (*Am. center*) Rehabilitationszentrum *n;* **2.** Wieder'herstellung *f;* ✆ Sanierung *f:* ~ *industrial* ~ wirtschaftlicher Wiederaufbau; **3.** *a. social* ~ ✠ Resozialisierung *f.*

re·hash ['ri:hæʃ] **I** *s.* **1.** *fig. et.* Aufgewärmtes, Wieder'holung *f,* ,Aufguß' *m;* **2.** Wieder'aufwärmen *n;* **II** *v/t.* [₁ri:'hæʃ] **3.** *fig.* wieder'aufwärmen, 'wiederkäuen.

re·hear·ing [₁ri:'hɪərɪŋ] *s.* ✠ erneute Verhandlung.

re·hears·al [rɪ'hɜ:sl] *s.* **1.** *thea.,* ♪ *u. fig.* Probe *f:* *be in* ~ einstudiert werden; *final* ~ Generalprobe *f;* **2.** Einstudierung *f;* **3.** Wieder'holung *f;* **4.** Aufsagen *n,* Vortrag *m;* **5.** *fig.* Lita'nei *f;* **re·hearse** [rɪ'hɜ:s] *v/t.* **1.** *thea.,* ♪ *et.* proben (*a. v/i. u. fig.*), *Rolle etc.* einstudieren; **2.** wieder'holen; **3.** aufzählen; **4.** aufsagen, rezitieren; **5.** *fig. Möglichkeiten etc.* 'durchspielen.

reign [reɪn] **I** *s.* **1.** Regierung *f,* Regierungszeit *f:* *in* (*od. under*) *the* ~ *of* unter der Regierung (*gen.*); **2.** Herrschaft *f* (*a. fig. der Mode etc.*): ~ *of law* Rechtsstaatlichkeit *f;* ⚖ *of terror* Schreckensherrschaft *f;* **II** *v/i.* **3.** regieren, herrschen (*over* über *acc.*); **4.** *fig.* (vor)herrschen: *silence* ~*ed* es herrschte Stille.

re·im·burs·a·ble [ˌriːimˈbɜːsəbl] *adj.*
rückzahlbar; **re·im·burse** [ˌriːimˈbɜːs]
v/t. **1.** *j-n* entschädigen (*for* für); ~ *o.s.*
sich entschädigen *od.* schadlos halten;
2. *et.* zu'rückzahlen, vergüten, *Auslagen* erstatten, *Kosten* decken; **re·im-
'burse·ment** [-mənt] *s.* **1.** Entschädigung *f;* **2.** ('Wieder)Erstattung *f,*
(Rück)Vergütung *f,* (Kosten)Deckung
f: ~ *credit* ✝ Rembourskredit *m.*
re·im·port ✝ **I** *v/t.* [ˌriːimˈpɔːt] **1.** wieder'einführen; **II** *s.* [ˌriːimˈpɔːt] **2.** 'Wie-
dereinfuhr *f;* **3.** *pl.* wieder'eingeführte
Waren *pl.*
rein [rein] **I** *s.* **1.** oft *pl.* Zügel *m* mst *pl.*
(*a. fig.*): *draw* ~ (an)halten, zügeln (*a.
fig.*); *give a horse the* ~(*s*) die Zügel
locker lassen; *give free* ~(*s*) *to s-r
Phantasie* freien Lauf lassen *od.* die Zügel schießen lassen; *keep a tight* ~ *on
j-n* fest an der Kandare haben; *take*
(*od. assume*) *the* ~*s of government*
die Zügel (der Regierung) in die Hand
nehmen; **II** *v/t.* **2.** *Pferd* aufzäumen; **3.**
lenken; *to* ~ *back* (*od. in, up*) (*a. v/i.*)
a) anhalten, b) verhalten; **4.** *a.* ~ *in fig.*
zügeln, im Zaum halten.
re·in·car·na·tion [ˌriːinkɑːˈneiʃn] *s.* Re-
inkarnati'on *f:* a) (Glaube *m* an die)
Seelenwanderung *f,* b) 'Wiederverkör-
perung *f,* -geburt *f.*
rein·deer [ˈreinˌdiə] *pl.* **-deer** *od.*
-deers *s. zo.* Ren(ntier) *n.*
re·in·force [ˌriːinˈfɔːs] **I** *v/t.* **1.** verstärken (*a.* ⚙, *Gewebe etc., a.* ✕ *u. fig.* ⚙
Beton armieren; ~*d concrete* Eisen-,
Stahlbeton *m;* **2.** *fig. Gesundheit* kräftigen, *Worte* bekräftigen, *Beweis* unter-
'mauern; **II** *s.* **3.** ⚙ Verstärkung *f;*
re·in'force·ment [-mənt] *s.* **1.** Verstärkung *f;* Armierung *f* (*Beton*); *pl.* ✕
Verstärkungstruppen *pl.;* **2.** *fig.* Unter-
'mauerung *f,* Bekräftigung *f.*
re·in·stall [ˌriːinˈstɔːl] *v/t.* wieder'einsetzen; **re·in'stal(l)·ment** [-mənt] *s.* Wieder'einsetzung *f.*
re·in·state [ˌriːinˈsteit] *v/t.* **1.** *j-n* wieder-
'einsetzen (*in* in *acc.*); **2.** *et.* (wieder)
in'stand setzen; **3.** *j-n od. et.* wieder-
'herstellen; *Versicherung etc.* wieder-
'aufleben lassen; **re·in'state·ment**
[-mənt] *s.* **1.** Wieder'einsetzung *f;* **2.**
Wieder'herstellung *f.*
re·in·sur·ance [ˌriːinˈʃuərəns] *s.* ✝
Rückversicherung *f;* **re·in·sure** [ˌriːin-
ˈʃuə] *v/t.* **1.** rückversichern; **2.** nachver-
sichern.
re·in·vest·ment [ˌriːinˈvestmənt] *s.* ✝
Neu-, 'Wiederanlage *f.*
re·is·sue [ˌriːˈiʃuː] **I** *v/t.* **1.** *Banknoten
etc.* wieder ausgeben; **2.** *Buch* neu her-
'ausgeben; **II** *s.* **3.** 'Wieder-, Neuausgabe *f:* ~ *patent* Abänderungspatent *n.*
re·it·er·ate [riːˈitəreit] *v/t.* (ständig) wieder'holen; **re·it·er·a·tion** [riːˌitəˈreiʃn]
s. Wieder'holung *f.*
re·ject I *v/t.* [riˈdʒekt] **1.** *Antrag, Kandidaten, Lieferung, Verantwortung etc.*
ablehnen; *Ersuchen, Freier etc.* ab-, zu-
'rückweisen; *Bitte* abschlagen; *et.* verwerfen; *Nahrung* verweigern: *be* ~*ed
pol. u. thea.* durchfallen; **2.** (als wertlos) ausscheiden; **3.** *Essen* wieder von
sich geben (*Magen*); **4.** ✗ *körperfrem-
des Gewebe etc.* abstoßen; **II** *s.* [ˈriː-
dʒekt] **5.** ✕ Ausgemusterte(r) *m,* Un-
taugliche(r) *m;* **6.** ✝ 'Ausschußar,tikel

m; **re·jec·ta·men·ta** [riˌdʒektəˈmentə]
s. pl. **1.** Abfälle *pl.;* **2.** Strandgut *n;* **3.**
physiol. Exkre'mente *pl.;* **re'jec·tion**
[-kʃn] *s.* **1.** Ablehnung *f,* Zu'rückweisung *f,* Verwerfung *f;* ✗, ⚙ Abnahme-
verweigerung *f;* **2.** Ausscheidung *f;* **3.**
pl. Ausschußartikel *pl.;* **4.** ✗ Abstoßung *f;* **5.** *pl. physiol.* Exkre'mente *pl.;*
re'jec·tor [-tə] *s. a.* ~ *circuit* ⚡ Sperrkreis *m.*
re·joice [riˈdʒɔis] **I** *v/i.* **1.** sich freuen,
froh'locken (*in, at* über *acc.*); **2.** ~ *in*
sich *e-r Sache* erfreuen; **II** *v/t.* **3.** erfreu-
en; ~*d at* (*od. by*) erfreut über (*acc.*);
re'joic·ing [-siŋ] **I** *s.* **1.** Freude *f,* Froh-
'locken *n;* **2.** oft *pl.* (Freuden)Fest *n,*
Lustbarkeit(en *pl.*) *f;* **II** *adj.* □ **3.** erfreut, froh (*in, at* über *acc.*).
re·join [ˌriːˈdʒɔin] *v/t. u. v/i.* (sich) 'wiedervereinigen (*to, with* mit), (sich)
wieder zu.'fügen.
re·join¹ [riːˈdʒɔin] *v/t.* sich wieder anschließen (*dat.*) *od.* an (*acc.*), wieder
eintreten in *e-e Partei etc.;* wieder zu-
'rückkehren zu, *j-n* wieder treffen.
re·join² [riˈdʒɔin] *v/t.* **1.** erwidern; **2.** ⚖
e-e Gegenerklärung auf e-e Re'plik ab-
geben; **re'join·der** [-ndə] *s.* Erwiderung *f;* ⚖ Gegenerklärung *f* (*des Beklagten auf e-e Replik*).
re·ju·ve·nate [riˈdʒuːvineit] *v/t.* (*v/i.*
sich) verjüngen; **re·ju·ve·na·tion** [ri-
ˌdʒuːviˈneiʃn] *s.* Verjüngung *f.*
re·ju·ve·nesce [ˌriːdʒuːviˈnes] *v/t. u. v/i.*
(sich) verjüngen (*a. biol.*); **re·ju·ve-
'nes·cence** [-sns] *s.* (*biol.* Zell)Ver-
jüngung *f.*
re·kin·dle [ˌriːˈkindl] **I** *v/t.* **1.** wieder anzünden; **2.** *fig.* wieder entfachen, neu
beleben; **II** *v/i.* **3.** sich wieder entzünden; **4.** *fig.* wieder entbrennen, wieder-
'aufleben.
re·lapse [riˈlæps] **I** *v/i.* **1.** zu'rückfallen,
wieder (ver)fallen (*into* in *acc.*); **2.**
rückfällig werden; ✗ *e-n* Rückfall bekommen; **II** *s.* **3.** ✗ Rückfall *m.*
re·late [riˈleit] **I** *v/t.* **1.** berichten, erzählen (*to s.o.* j-m); **2.** in Beziehung *od.*
Zs.-hang bringen, verbinden (*to, with*
mit); **II** *v/i.* **3.** sich beziehen, Bezug haben (*to* auf *acc.*): *relating to* in bezug
auf (*acc.*), bezüglich (*gen.*); **4.** ~ *to s.o.*
a) sich j-m gegenüber verhalten, b) zu
j-m *e-e* (*gute, innere etc.*) Beziehung
haben; **re'lat·ed** [-tid] *adj.* verwandt
(*to, with* mit) (*a. fig.*): ~ *by marriage*
verschwägert.
re·la·tion [riˈleiʃn] *s.* **1.** Bericht *m,* Erzählung *f;* **2.** Beziehung *f* (*a. pol.,* ✝,
✗): *a. Vertrags-, Vertrauens- etc.*)Ver-
hältnis *n;* (*kausaler etc.*) Zs.-hang; Bezug *m:* *business* ~*s* Geschäftsbezie-
hungen; *human* ~*s* a) zwischenmenschliche Beziehungen, b) (innerbetriebliche) Kontaktpflege; *in* ~ *to* in bezug
auf (*acc.*); *be out of all* ~ *to* in keinem
Verhältnis stehen zu; *bear no* ~ *to*
nichts zu tun haben mit; → *public* 3; **3.**
a) Verwandte(r *m*) *f,* b) Verwandtschaft *f* (*a. fig.*): *what* ~ *is he to you?*
wie ist er mit dir verwandt?; **re'la-
tion·ship** [-ʃip] *s.* **1.** Beziehung *f,* (*a.
Rechts*)Verhältnis *n* (*to* zu); **2.** Verwandtschaft *f* (*to* mit) (*a. coll. u. fig.*).
re·la·tive [ˈrelətiv] **I** *adj.* □ **1.** *auf et.*
sich beziehend (*to* auf *acc.*): ~ *value* ♪
Bezugswert *m;* ~ *to* bezüglich, hinsicht-

lich (*gen.*); **2.** rela'tiv, verhältnismäßig,
Verhältnis...; **3.** (*to*) abhängig (von),
bedingt (durch); **4.** gegenseitig, entsprechend, jeweilig; **5.** *ling.* bezüglich,
Relativ...; **6.** ♪ paral'lel (*Tonart*); **II** *s.*
7. Verwandte(r *m*) *f;* **8.** *ling.* a) Rela-
'tivpro,nomen *n,* b) Rela'tivsatz *m;* **'rel-
a·tive·ness** [-nis] *s.* Relativi'tät *f;* **'rel-
a·tiv·ism** [-vizm] *s. phls.* Relati'vismus *m;* **rel·a·tiv·i·ty** [ˌreləˈtivəti] *s.* **1.**
Relativi'tät *f:* *theory of* ~ *phys.* Relativitätstheorie *f;* **2.** Abhängigkeit *f* (*to*
von).
re·lax [riˈlæks] **I** *v/t.* **1.** *Muskeln etc.,* ⚙
Feder entspannen; (*a. fig. Disziplin,
Vorschrift etc.*) lockern; ~*ing climate*
Schonklima *n;* **2.** in *s-n Anstrengungen
etc.* nachlassen; **3.** ✗ abführend wirken; **II** *v/i.* **4.** sich entspannen (*Muskeln
etc., a. Geist, Person*); ausspannen, sich
erholen (*Person*); es sich bequem machen: ~*ing* entspannend, erholsam, Erholungs...; **5.** sich lockern (*Griff, Seil
etc.*) (*a. fig.*); **6.** nachlassen (*in* in *e-r
Bemühung etc.*) (*a. Sturm etc.*); **7.** milder *od.* freundlicher werden; **re·lax·a-
tion** [ˌriːlækˈseiʃn] *s.* **1.** Entspannung *f*
(*a. fig. Erholung*); Lockerung *f* (*a.
fig.*); Erschlaffung *f;* **2.** Nachlassen *n;*
3. Milderung *f e-r Strafe etc.*
re·lay [ˈriːlei] **I** *s.* **1.** a) frisches Gespann,
b) Pferdewechsel *m,* c) *fig.* ✝, ✕ Ablö-
sung(smannschaft) *f:* ~ *attack* ✕ rol-
lender Angriff; *in* ~*s* in rollendem
Einsatz; **2.** *sport* a. ~ *race* Staffel(lauf
m, -wettbewerb *m*) *f:* ~ *team* Staffel *f;*
3. a) [ˌriːˈlei] *n:* ~ *station* ⚡
Relais-, Zwischensender *m,* ~ *switch*
Schaltschütz *n,* b) *Radio:* Über'tragung
f; **II** *v/t.* **4.** *allg.* weitergeben; **5.** [ˌriːˈlei]
⚡ mit Re'lais steuern; *Radio:* (mit Re-
'lais) über'tragen.
re·lease [riˈliːs] **I** *s.* **1.** (Haft)Entlassung
f, Freilassung *f* (*from* aus); **2.** *fig.* Befreiung *f,* Erlösung *f* (*from* von); **3.**
Entlastung *f* (*a. e-s Treuhänders etc.*),
Entbindung *f* (*from* von *e-r Pflicht*); **4.**
Freigabe *f* (*Buch, Film, Vermögen
etc.*): *first* ~ *Film:* Urauffführung *f;*
(*press*) ~ (*Presse*)Verlautbarung *f;* ~
of energy Freiwerden *n* von Energie;
5. ⚖ a) Verzicht(leistung *f,* -urkunde *f*)
m, b) ('Rechts)Über,tragung *f,* c) Quittung *f;* **6.** ⚙, *phot.* a) Auslöser *m,* b)
Auslösung *f:* ~ *of bombs* ✕ Bomben-
abwurf *m;* **II** *v/t.* **7.** *Häftling* ent-, freilassen; **8.** *fig.* (*from*) a) befreien, erlösen (von), b) entbinden, -lasten (von
e-r Pflicht, Schuld etc.); **9.** *Buch, Film,
Guthaben* freigeben; **10.** ⚖ verzichten
auf (*acc.*), *Recht* aufgeben *od.* über'tragen; *Hypothek* löschen; **11.** 🎯, *phys.*
freisetzen; **12.** ⚙ a) auslösen (*a. phot.*);
Bomben abwerfen; *Gas* abblasen, b)
ausschalten: ~ *the clutch* auskuppeln.
rel·e·gate [ˈreligeit] *v/t.* **1.** relegieren,
verbannen (*out of* aus): *be* ~*d sport*
absteigen; **2.** verweisen (*to* an *acc.*); **3.**
(*to*) verweisen (in *acc.*), zuschreiben
(*dat.*): ~ *to the sphere of legend* in
das Reich der Fabel verweisen; *he was
~d to fourth place sport* er wurde auf
den vierten Platz verwiesen; **rel·e·ga-
tion** [ˌreliˈgeiʃn] *s.* **1.** Verbannung *f*
(*out of* aus); **2.** Verweisung *f* (*to* an
acc.); **3.** *sport* Abstieg *m:* *in danger of*
~ in Abstiegsgefahr.

re·lent [rɪ'lent] v/i. weicher od. mitleidig werden, sich erweichen lassen; **re'lent·less** [-lɪs] adj. □ unbarmherzig, schonungslos, hart.

rel·e·vance ['relɪvəns], **'rel·e·van·cy** [-sɪ] s. Rele'vanz f, (a. Beweis)Erheblichkeit f; Bedeutung f (**to** für); **'rel·e·vant** [-nt] adj. □ **1.** einschlägig, sachdienlich; anwendbar (**to** auf acc.); **2.** (beweis-, rechts- etc.)erheblich, belangvoll, von Bedeutung (**to** für).

re·li·a·bil·i·ty [rɪˌlaɪə'bɪlətɪ] s. Zuverlässigkeit f, ☺ a. Betriebssicherheit f: ~ **test** Zuverlässigkeitsprüfung f; **re·li·a·ble** [rɪ'laɪəbl] adj. □ **1.** zuverlässig (a. ☺ betriebssicher), verläßlich; **2.** glaubwürdig; **3.** vertrauenswürdig, re'ell (Firma etc.); **re·li·ance** [rɪ'laɪəns] s. Vertrauen n: **in** ~ (**up**)**on** unter Verlaß auf (acc.), bauend auf; **place** ~ **on** (od. **in**) Vertrauen in j-n setzen; **re·li·ant** [rɪ'laɪənt] adj. **1.** vertrauensvoll; **2.** zuversichtlich.

rel·ic ['relɪk] s. **1.** ('Über)Rest m, 'Überbleibsel n, Re'likt n: **~s of the past** fig. Zeugen der Vergangenheit; **2.** R.C. Re'liquie f.

re·lief¹ [rɪ'liːf] s. **1.** Erleichterung f (a. ☞); → **sigh** 5; **2.** (angenehme) Unter-'brechung, Abwechslung f, Wohltat f (**to** für das Auge etc.); **3.** Trost m; **4.** Entlastung f; (Steuer- etc.)Erleichterung f; **5.** a) Unter'stützung f, Hilfe f, b) Am. Sozi'alhilfe f; ~ **fund** Unterstützungsfonds m, -kasse f; **be on** ~ Sozialhilfe beziehen; **6.** ⚖ a) Rechtshilfe f: **the** ~ **sought** das Klagebegehren, b) Rechtsbehelf m, -mittel n; **7.** ✕ a) allg. Ablösung f, b) Entsatz m, Entlastung f, c) in Zssgn Entlastungs…: ~ **attack** (**road**, **train**); ~ **driver** mot. Beifahrer m.

re·lief² [rɪ'liːf] s. ⚖ etc. Reli'ef n; erhabene Arbeit: ~ **map** Relief-, Höhenkarte f; **be in** ~ **against** sich (scharf) abheben gegen; **set into vivid** ~ fig. et. plastisch schildern; **stand out in** (**bold**) ~ deutlich hervortreten (a. fig.); **throw into** ~ hervortreten lassen (a. fig.).

re·lieve [rɪ'liːv] v/t. **1.** Schmerzen etc., a. Gewissen erleichtern: ~ **one's feelings** s-n Gefühlen Luft machen; ~ **s.o.'s mind** j-n beruhigen; → **nature** 7; **2.** j-n entlasten: ~ **s.o. from** (od. **of**) j-m et. abnehmen, j-n von e-r Pflicht etc. entbinden, j-n e-r Verantwortung ent-heben, j-n von et. befreien; ~ **s.o. of** humor. j-n um et. ,erleichtern', j-m et. stehlen; **3.** j-n erleichtern, beruhigen, trösten: **I am** ~**d to hear** es beruhigt mich, zu hören; **4.** ✕ a) Platz entsetzen, b) Kampftruppe entlasten, c) Posten, Einheit ablösen; **5.** Bedürftige unter'stützen, Armen helfen; **6.** Eintöniges beleben, Abwechslung bringen in (acc.); **7.** her'vor-, abheben; **8.** j-m Recht verschaffen; e-r Sache abhelfen; **9.** ☺ a) entlasten (a. △), Feder entspannen, b) 'hinterdrehen.

re·lie·vo [rɪ'liːvəʊ] pl. **-vos** s. Reli'efarbeit f.

re·li·gion [rɪ'lɪdʒən] s. **1.** Religi'on f (a. iro.): **get** ~ F fromm werden; **2.** Frömmigkeit f; **3.** Ehrensache f, Herzenspflicht f; **4.** mo'nastisches Leben: **enter** ~ in e-n Orden eintreten; **re'li·gion·ist** [-dʒənɪst] s. religi'öser Schwärmer od.

Eiferer; **re·lig·i·os·i·ty** [rɪˌlɪdʒɪ'ɒsətɪ] s. **1.** Religiosi'tät f; **2.** Frömme'lei f.

re·li·gious [rɪ'lɪdʒəs] adj. □ **1.** Religions…, religi'ös (Buch, Pflicht etc.); **2.** religi'ös, fromm; **3.** Ordens…: ~ **order** geistlicher Orden; **4.** fig. gewissenhaft, peinlich genau; **5.** fig. andächtig: ~ **silence**.

re·lin·quish [rɪ'lɪŋkwɪʃ] v/t. **1.** Hoffnung, Idee, Plan etc. aufgeben; **2.** (**to**) Besitz, Recht abtreten (dat. od. an acc.), preisgeben (dat.), über'lassen (dat.); **3.** et. loslassen, fahrenlassen; **4.** verzichten auf (acc.); **re'lin·quish·ment** [-mənt] s. **1.** Aufgabe f; **2.** Über-'lassung f; **3.** Verzicht m (**of** auf acc.).

rel·i·quar·y ['relɪkwərɪ] s. R.C. Re'liquienschrein m.

rel·ish ['relɪʃ] I v/t. **1.** gern essen, sich schmecken lassen; a. fig. (mit Behagen) genießen, Geschmack finden an (dat.): **I do not much** ~ **the idea** ich bin nicht gerade begeistert davon (**of doing** zu tun); **2.** fig. schmackhaft machen; II v/i. **3.** schmecken od. (fig.) riechen (**of** nach); III s. **4.** (Wohl)Geschmack m; **5.** fig. a) Kostprobe f, b) Beigeschmack m (**of** von); **6.** a) Gewürz n, Würze f (a. fig.), b) Horsd'œuvre n, Appe'tithappen m; **7.** fig. (**for**) Geschmack m (an dat.), Sinn m (für): **have no** ~ **for** sich nichts machen aus; **with** (**great**) ~ mit (großem) Behagen, mit Wonne (a. iro.).

re·live [ˌriː'lɪv] v/t. et. noch einmal durch'leben od. erleben.

re·lo·cate [ˌriː'ləʊ'keɪt] I v/t. **1.** 'umsiedeln, Betrieb, Werk: a. verlegen; **2.** Computer: verschieben; II v/i. **3.** 'umziehen (**to** nach).

re·luc·tance [rɪ'lʌktəns] s. **1.** Wider-'streben n, Abneigung f (**to** gegen, **to do s.th.** et. zu tun): **with** ~ widerstrebend, ungern, zögernd; **2.** phys. ma-'gnetischer 'Widerstand; **re'luc·tant** [-nt] adj. □ 'widerwillig, wider'strebend, zögernd, ungern: **be** ~ **to do s.th.** sich sträuben, et. zu tun; et. nur ungern tun.

re·ly [ɪɪ'laɪ] v/i. **1.** ~ (**up**)**on** sich verlas-sen, vertrauen od. bauen od. zählen auf (acc.): ~ **on s.th.** (**for**) auf et. angewiesen sein (hinsichtlich gen.), et. (aus-schließlich) beziehen (von); **2.** ~ (**up**)**on** sich auf e-e Quelle etc. stützen od. berufen.

re·main [rɪ'meɪn] I v/i. **1.** allg. bleiben; **2.** (übrig)bleiben (a. fig. **to s.o.** j-m); zu'rück-, verbleiben, noch übrig sein: **it now** ~**s for me to explain** es bleibt mir nur noch übrig, zu erklären; **nothing** ~**s** (**to us**) **but to** (inf.) es bleibt (uns) nichts anderes übrig, als zu (inf.); **that** ~**s to be seen** das bleibt abzuwarten; **3.** (bestehen) bleiben: ~ **in force** in Kraft bleiben; **4.** im Briefschluß: verbleiben; II s. pl. **5.** a. fig. Reste pl., 'Überreste pl., -bleibsel pl.; **6.** die sterblichen Überreste pl.; **7.** a. literary ~**s** hinter'lassene Werke pl., lite'rari-scher Nachlaß; **re'main·der** [-də] I s. **1.** Rest m (a. ⚹), das übrige; **2.** ✝ Restbestand m, -betrag m: ~ **of a debt** Restschuld f; **3.** ☺ Rückstand m; **4.** Buchhandel: Restauflage f, Remit'ten-den pl.; **5.** ⚖ a) Anwartschaft f (auf Grundeigentum), b) Nacherbenrecht n;

II v/t. **6.** Bücher billig abgeben; **re·'main·der·man** [-dəmæn] s. [irr.] ⚖ a) Anwärter m, b) Nacherbe m; **re'main·ing** [-nɪŋ] adj. übrig(geblieben), Rest…, verbleibend, restlich.

re·make [ˌriː'meɪk] I v/t. [irr. → **make**] wieder od. neu machen; Film: a. neu drehen; II s. ['riː'meɪk] 'Neuverfilmung f, Re'make n.

re·mand [rɪ'mɑːnd] I v/t. ⚖ a) (in Unter'suchungshaft) zu'rückschicken, b) Rechtssache (an die untere In'stanz) zu-'rückverweisen; II s. (Zu'rückssendung f in die) Unter'suchungshaft f: ~ **prison** Untersuchungsgefängnis n; **prisoner on** ~ Untersuchungsgefangene(r m) f; **be brought up on** ~ aus der Untersuchungshaft vorgeführt werden; ~ **centre** (od. **home**) Unter'suchungshaftan-stalt f für Jugendliche.

re·mark [rɪ'mɑːk] I v/t. **1.** (be)merken, beobachten; **2.** bemerken, äußern (**that** daß); II v/i. **3.** e-e Bemerkung od. Bemerkungen machen, sich äußern ([**up**]**on** über acc., zu); III s. **4.** Bemer-kung f, Äußerung f: **without** ~ ohne Kommentar; **worthy of** ~ → **re'mark·a·ble** [-kəbl] adj. □ bemerkenswert: a) beachtlich, b) ungewöhnlich, merk-würdig; **re'mark·a·ble·ness** [-kəblnɪs] s. **1.** Ungewöhn-lichkeit f, Merkwürdigkeit f; **2.** Bedeut-samkeit f.

re·mar·riage [ˌriː'mærɪdʒ] s. 'Wieder-ver,heiratung f; ˌre'mar·ry [-rɪ] v/i. wie-der heiraten.

re·me·di·a·ble [rɪ'miːdjəbl] adj. □ heil-, abstellbar: **this is** ~ dem ist abzuhelfen; **re'me·di·al** [-jəl] adj. □ **1.** heilend, Heil…: ~ **gymnastics** Heilgymnastik f; ~ **teaching** Förderunterricht m (für Lernschwache); **2.** abhelfend: ~ **measure** Abhilfsmaßnahme f.

rem·e·dy ['remɪdɪ] I s. **1.** ☞ (Heil-)Mit-tel n, Arz'nei f (**for**, **against** für, ge-gen); **2.** fig. (Gegen)Mittel n (**for**, **against** gegen); Abhilfe f; ⚖ Rechts-mittel n, -behelf m; **3.** Münzwesen: Re-'medium m, Tole'ranz f; II v/t. **4.** Man-gel, Schaden beheben; **5.** Mißstand ab-stellen, abhelfen (dat.), in Ordnung bringen.

re·mem·ber [rɪ'membə] I v/t. **1.** sich entsinnen (gen.) od. an (acc.), sich be-sinnen auf (acc.), sich erinnern an (acc.): **I** ~ **that** es fällt mir (gerade) ein, daß; **2.** sich merken, nicht vergessen; **3.** eingedenk sein (gen.), denken an (acc.), beherzigen, sich et. vor Augen halten; **4.** j-n mit e-m Geschenk, in s-m Testament bedenken; **5.** empfehlen, grüßen: ~ **me to him** grüßen Sie ihn von mir; II v/i. **6.** sich erinnern od. entsinnen: **not that I** ~ nicht, daß ich wüßte; **re'mem·brance** [-brəns] s. **1.** Erinnerung f, Gedächtnis n (**of** an acc.); **2.** Gedächtnis n, An-, Gedenken n: **in** ~ **of** im Gedenken od. zur Erinne-rung an (acc.); ⚹ **Day** Volkstrauertag m (11. November); **3.** Andenken n (Sa-che); **4.** pl. Grüße pl., Empfehlungen pl.

re·mi·gra·tion [ˌriː·maɪ'greɪʃn] s. Rück-wanderung f.

re·mil·i·ta·ri·za·tion ['riːˌmɪlɪtəraɪ'zeɪʃn] s. Remilitarisierung f.

re·mind [rɪ'maɪnd] v/t. j-n erinnern (**of** an acc., **that** daß): **that** ~**s me** da(bei) fällt mir (et.) ein; *this ~s me of home* das erinnert mich an zu Hause; re-'mind·er [-də] *s.* **1.** Mahnung *f: a gen-tle ~* ein (zarter) Wink; **2.** Erinnerung *f* (*of* an *acc.*); **3.** Gedächtnishilfe *f.*

rem·i·nisce [ˌremɪ'nɪs] *v/i.* in Erinnerungen schwelgen; ˌrem·i'nis·cence [-sns] *s.* **1.** Erinnerung *f;* **2.** *pl.* (Lebens)Erinnerungen *pl.*, Reminis'zenzen *pl.*; **3.** *fig.* Anklang *m;* ˌrem·i'nis·cent [-snt] *adj.* □ **1.** sich erinnernd (*of* an *acc.*), Erinnerungs...; **2.** Erinnerungen wachrufend (*of* an *acc.*), erinnerungsträchtig; **3.** sich (gern) erinnernd, in Erinnerungen schwelgend.

re·mise[1] [rɪ'maɪz] *s.* ♯♯ Aufgabe *f* e-s Anspruchs, Rechtsverzicht *m.*

re·mise[2] [rə'miːz] *s.* **1.** *obs.* a) Re'mise *f,* Wagenschuppen *m,* b) Mietkutsche *f;* **2.** *fenc.* Ri'messe *f.*

re·miss [rɪ'mɪs] *adj.* □ (nach)lässig, säumig; lax, träge: *be ~ in one's duties* s-e Pflichten vernachlässigen; re'miss·si·ble [-səbl] *adj.* **1.** erläßlich; **2.** verzeihlich; *R.C.* läßlich (*Sünde*); re'mis·sion [-ɪʃn] *s.* **1.** Vergebung *f* (der Sünden); **2.** a) (teilweiser) Erlaß e-r *Strafe, Schuld, Gebühr etc.*, b) Nachlaß *m,* Ermäßigung *f;* **3.** Nachlassen *n der Intensität etc.;* ♯ Remissi'on *f;* re'miss·ness [-nɪs] *s.* (Nach)Lässigkeit *f.*

re·mit [rɪ'mɪt] **I** *v/t.* **1.** *Sünden* vergeben; **2.** *Schulden, Strafe* (ganz *od.* teilweise) erlassen; **3.** hin'aus-, verschieben (*till, to* bis, *to* auf *acc.*); **4.** a) nachlassen in s-n *Anstrengungen etc.*, b) *Zorn etc.* mäßigen, c) aufhören mit, einstellen; **5.** ♯ *Geld etc.* über'weisen, -'senden; **6.** *bsd.* ♯♯ a) (*Fall etc. zur Entscheidung*) über'tragen, b) → *remand* I b; **II** *v/i.* **7.** ♯ Zahlung leisten, remittieren; re'mit·tal [-tl] → *remission*; re'mit·tance [-təns] *s.* **1.** (*bsd.* Geld)Sendung *f,* Über'weisung *f;* **2.** ♯ (Geld-, Wechsel-) Sendung *f,* Überweisung *f,* Ri'messe *f: ~ account* Überweisungskonto *n; make ~* remittieren, Deckung anschaffen; re'mit·tee [ˌremɪ'tiː] *s.* ♯ (Zahlungs-, Über'weisungs)Empfänger *m;* re'mit·tent [-tənt] *bsd.* ♯ **I** *adj.* (vor-'übergehend) nachlassend; remittierend (*Fieber*); **II** *s.* remittierendes Fieber; re'mit·ter [-tə] *s.* **1.** ♯ Geldsender *m,* Über'sender *m;* Remit'tend *m;* **2.** ♯♯ a) Wieder'einsetzung *f* (*to* in *frühere Rechte etc.*), b) Über'weisung *f* e-s *Falles.*

rem·nant ['remnənt] *s.* **1.** ('Über)Rest *m,* 'Überbleibsel *n;* kläglicher Rest; *fig.* (letzter) Rest, Spur *f;* **2.** ♯ (Stoff)Rest *m; pl.* Reste(r) *pl.*: *~ sale* Resteverkauf *m.*

re·mod·el [ˌriː'mɒdl] *v/t.* 'umbilden, -bauen, -formen, -gestalten.

re·mon·e·ti·za·tion [riːˌmʌnɪtaɪ'zeɪʃn] *s.* ♯ Wiederin'kurssetzung *f.*

re·mon·strance [rɪ'mɒnstrəns] *s.* (Gegen)Vorstellung *f,* Vorhaltung *f,* Einspruch *m,* Pro'test *m;* re'mon·strant [-nt] **I** *adj.* □ protestierend; **II** *s.* Einsprucherheber *m;* re·mon·strate ['remənstreɪt] **I** *v/i.* **1.** protestieren (*against* gegen); **2.** Vorhaltungen *od.* Vorwürfe machen (*on* über *acc.*, *with s.o.* j-m); **II** *v/t.* **3.** einwenden (*that* daß).

re·morse [rɪ'mɔːs] *s.* Gewissensbisse *pl.*,

Reue *f* (*at* über *acc.*, *for* wegen): *without ~* unbarmherzig, kalt; re'morse·ful [-fʊl] *adj.* □ reumütig, reuevoll; re'morse·less [-lɪs] *adj.* □ unbarmherzig, hart(herzig).

re·mote [rɪ'məʊt] **I** *adj.* □ **1.** *räumlich u. zeitlich, a. fig.* fern, (weit) entfernt (*from* von); *fig.* schwach, vage: *~ antiquity* graue Vorzeit; *a ~ chance* e-e winzige Chance; *~ control* ♚ a) Fernsteuerung *f,* b) Fernbedienung *f; ~ control(led)* ferngesteuert, -gelenkt, mit Fernbedienung; *~ future* ferne Zukunft; *not the ~st idea* keine blasse Ahnung; *~ possibility* vage Möglichkeit; *~ relation* entfernte(r) *od.* weitläufige(r) Verwandte(r); *~ resemblance* entfernte *od.* schwache Ähnlichkeit; **2.** abgelegen, entlegen; **3.** mittelbar, 'indi,rekt: *~ damages* ♯♯ Folgeschäden; **4.** distan'ziert, unnahbar; **II** *s.* **5.** *Am. TV:* Außenübertragung *f;* re'mote·ness [-nɪs] *s.* Ferne *f,* Entlegenheit *f.*

re·mount [ˌriː'maʊnt] **I** *v/t.* **1.** *Berg, Pferd etc.* wieder besteigen; **2.** ✕ neue Pferde beschaffen für; **3.** ♚ *Maschine* wieder aufstellen; **II** *v/i.* **4.** wieder aufsteigen; wieder aufsitzen (*Reiter*); **5.** *fig.* zu'rückgehen (*to* auf *acc.*); **III** *s.* ['riː'maʊnt] **6.** frisches Reitpferd; ✕ Re'monte *f.*

re·mov·a·ble [rɪ'muːvəbl] *adj.* □ **1.** absetzbar; **2.** ♚ abnehmbar, auswechselbar; **3.** behebbar (*Übel*); re'mov·al [-vl] *s.* **1.** Fort-, Wegschaffen *n,* -räumen *n;* Entfernen *n;* Abfuhr *f,* 'Abtrans,port *m;* Beseitigung *f* (*a. fig. Behebung von Fehlern, Mißständen, e-s Gegners*); **2.** 'Umzug *m* (*to* in *acc.*, nach): *~ of business* Geschäftsverlegung *f; ~ man* a) Spediteur *m,* b) Möbelpacker *m; ~ van* Möbelwagen *m;* **3.** a) Absetzung *f,* Enthebung *f* (*from office* aus dem Amt), b) (Straf)Versetzung *f;* **4.** ♯♯ Verweisung *f* (*to* an *acc.*); re·move [rɪ'muːv] **I** *v/t.* **1.** *allg.* (weg-) nehmen, entfernen (*from* aus); ♚ abnehmen, abmontieren, ausbauen; *Kleidungsstück* ablegen; *Hut* abnehmen; *Hand* zu'rückziehen; *fig. Furcht, Zweifel etc.* nehmen: *~ from the agenda* et. von der Tagesordnung absetzen; *~ o.s.* sich entfernen (*from* von). **2.** wegräumen, -rücken, -bringen, fortschaffen, abtransportieren; (*a. fig. j-n*) aus dem Wege räumen; *~ furniture* (Wohnungs)Umzüge besorgen; *~ a prisoner* e-n Gefangenen abführen (lassen); *~ mountains fig.* Berge versetzen; *~ by suction* ♚ absaugen; *a first cousin once ~d* Kind e-s Vetters *od.* e-r Kusine; **3.** *Fehler, Gegner, Hindernis, Spuren etc.* beseitigen; *Flecken* entfernen; *fig. Schwierigkeiten* beheben; **4.** *wohin* bringen, schaffen, verlegen; **5.** *Beamten* absetzen, entlassen, s-s Amtes entheben; ♯♯ **6.** (aus-, 'um-, ver)ziehen (*to* nach); **III** *s.* **7.** Entfernung *f,* Abstand *m: at a ~ fig.* mit einigem Abstand; **8.** Schritt *m,* Stufe *f,* Grad *m;* **9.** *Brit.* nächster Gang (*beim Essen*); re·'mov·er [-və] *s.* **1.** Abbeizmittel *n;* **2.** ('Möbel)Spedi,teur *m.*

re·mu·ner·ate [rɪ'mjuːnəreɪt] *v/t.* **1.** j-n entschädigen, belohnen (*for* für); **2.** *et.* vergüten, Entschädigung zahlen für, er-

setzen; re·mu·ner·a·tion [rɪˌmjuːnə-'reɪʃn] *s.* **1.** Entschädigung *f,* Vergütung *f;* **2.** Belohnung *f;* **3.** Hono'rar *n,* Lohn *m,* Entgelt *n;* re'mu·ner·a·tive [-nərətɪv] *adj.* □ einträglich, lohnend, lukra'tiv, vorteilhaft.

Ren·ais·sance [re'neɪsəns] (*Fr.*) *s.* **1.** Renais'sance *f;* **2.** ♀ 'Wiedergeburt *f,* -erwachen *n.*

re·nal ['riːnl] *adj. anat.* Nieren...

re·name [ˌriː'neɪm] *v/t.* **1.** 'umbenennen; **2.** neu benennen.

re·nas·cence [rɪ'næsns] *s.* **1.** 'Wiedergeburt *f,* Erneuerung *f;* **2.** ♀ Renais'sance *f;* re'nas·cent [-nt] *adj.* sich erneuernd, wieder auflebend, 'wiedererwachend.

rend [rend] [*irr.*] **I** *v/t.* **1.** (zer)reißen: *~ from* j-m entreißen; *~ the air* die Luft zerreißen (*Schrei etc.*); **2.** spalten (*a. fig.*); **II** *v/i.* **3.** (zer)reißen.

ren·der ['rendə] *v/t.* **1.** *a. ~ back* zu-'rückgeben, -erstatten: *~ up* herausgeben, *fig.* vergelten (*good for evil* Böses mit Gutem); **2.** (*a.* ✕ *Festung*) über'geben; ♰ *Rechnung* (vor)legen: *per account ~ed* ♰ laut (erteilter) Rechnung; *~ a profit* Gewinn abwerfen; → *a. account* 6 *u.* 7; **3.** (*to s.o.* j-m) e-n *Dienst, Hilfe etc.* leisten; *Aufmerksamkeit, Ehre, Gehorsam* erweisen; *Dank* abstatten: *for services ~ed* für geleistete Dienste; **4.** *Grund* angeben; ♯♯ *Urteil* fällen; **6.** berühmt, schwierig, *sichtbar etc.* machen: *~ audible* hörbar machen; *~ possible* möglich machen, ermöglichen; **7.** *künstlerisch* 'wiedergeben, interpretieren; **8.** *sprachlich, sinngemäß* 'wiedergeben, über'setzen; **9.** ♚ *Fett* auslassen; **10.** △ roh bewerfen; 'ren·der·ing [-dərɪŋ] *s.* **1.** 'Übergabe *f: ~ of account* ♰ Rechnungslegung *f;* **2.** künstlerische 'Wiedergabe, ˌInterpreta-ti'on *f,* Gestaltung *f,* Vortrag *m;* **3.** Über'setzung *f,* 'Wiedergabe *f;* **4.** △ Rohbewurf *m.*

ren·dez·vous ['rɒndɪvuː] *pl.* -vous [-vuːz] (*Fr.*) *s.* **1.** a) Rendez'vous *n,* Verabredung *f,* Stelldichein *n,* b) Zs.-kunft *f;* **2.** Treffpunkt *m* (*a.* ✕).

ren·di·tion [ren'dɪʃn] *s.* **1.** → *rendering* 2 *u.* 3; **2.** *Am.* (Urteils)Fällung *f,* (-)Verkündung *f.*

ren·e·gade ['renɪgeɪd] *s.* Rene'gat(in), Abtrünnige(r *m*) *f,* 'Überläufer(in).

re·nege [rɪ'niːg] **I** *v/i.* **1.** scin Wort brechen: *~ on* et. nicht (ein)halten, e-r *Sache* untreu werden; **2.** *Kartenspiel:* nicht bedienen; **II** *v/t.* **3.** ab-, verleugnen.

re·new [rɪ'njuː] *v/t.* **1.** *allg.* erneuern (*z.B. Bekanntschaft, Angriff, Autoreifen, Gelöbnis*): *~ed* erneut; **2.** *Briefwechsel etc.* wieder'aufnehmen: *~ one's efforts* sich erneut bemühen; **3.** *Jugend, Kraft* 'wiedererlangen; *biol.* regenerieren; **4.** ♰ *Vertrag etc.* erneuern, verlängern; *Wechsel* prolongieren; **5.** ergänzen, -setzen; **6.** wieder'holen; re-'new·a·ble [-juːəbl] *adj.* **1.** erneuerbar, zu erneuern(d); **2.** ♰ erneuerungs-, verlängerungsfähig; prolongierbar (*Wechsel*); re'new·al [-juːəl] *s.* **1.** Erneuerung *f;* **2.** ♰ a) Erneuerung *f,* Verlängerung *f,* b) Prolongati'on *f.*

ren·i·form ['riːnɪfɔːm] *adj.* nierenförmig.

ren·net¹ ['renɪt] s. 🦌, zo. Lab n.
ren·net² ['renɪt] s. ♀ Brit. Re'nette f.
re·nounce [rɪ'naʊns] I v/t. **1.** verzichten auf (acc.), et. aufgeben; entsagen (dat.); **2.** verleugnen; dem Glauben etc. abschwören; Freundschaft aufsagen; ♱ Vertrag kündigen; et. von sich weisen, ablehnen; sich von j-m lossagen; j-n verstoßen; **3.** Kartenspiel: Farbe nicht bedienen (können); II v/i. **4.** Verzicht leisten; **5.** Kartenspiel: nicht bedienen (können), passen.
ren·o·vate ['renəʊveɪt] v/t. **1.** erneuern; wieder'herstellen; **2.** renovieren; **ren·o·va·tion** [,renəʊ'veɪʃn] s. Renovierung f, Erneuerung f; **'ren·o·va·tor** [-tə] s. Erneuerer m.
re·nown [rɪ'naʊn] s. rhet. Ruhm m, Ruf m, Berühmtheit f; **re'nowned** [-nd] adj. berühmt, namhaft.
rent¹ [rent] I s. **1.** (Wohnungs)Miete f, Mietzins m: for ~ bsd. Am. a) zu vermieten, b) zu verleihen; ~-control(l)ed miet(preis)gebunden; ~ tribunal Mieterschiedsgericht n; **2.** Pacht(geld n, -zins m) f; II v/t. **3.** vermieten; **4.** verpachten; **5.** mieten; **6.** (ab)pachten; **7.** Am. a) et. ausleihen, b) sich et. leihen; III v/i. **8.** vermietet od. verpachtet werden (at od. for zu).
rent² [rent] I s. Riß m; Spalt(e f) m; II pret. u. p.p. von **rend.**
rent·a·ble ['rentəbl] adj. (ver)mietbar.
rent-a-'car (serv·ice) s. mot. Autoverleih m.
ren·tal ['rentl] s. **1.** Miet-, Pachtbetrag m, -satz m: ~ car Mietwagen m; ~ library Am. Leihbücherei f: ~ value Miet-, Pachtwert m; **2.** (Brutto)Mietertrag m; **3.** Zinsbuch n.
rent charge pl. **rents charge** s. Grundrente f.
rent·er ['rentə] s. bsd. Am. **1.** Pächter (-in), Mieter(in); **2.** Verpächter(in), -mieter(in), -leiher(in); **rent-'free** adj. miet-, pachtfrei.
re·nun·ci·a·tion [rɪ,nʌnsɪ'eɪʃn] s. **1.** (of) Verzicht m (auf acc.), Aufgabe f (gen.); **2.** Entsagung f; **3.** Ablehnung f.
re·o·pen [,ri:'əʊpən] I v/t. **1.** 'wiedereröffnen; **2.** wieder beginnen, wieder'aufnehmen; II v/i. **3.** sich wieder öffnen; **4.** 'wiedereröffnen (Geschäft etc.); **5.** wieder beginnen.
re·or·gan·i·za·tion ['ri:,ɔ:gənaɪ'zeɪʃn] s. **1.** 'Umbildung f, Neuordnung f, -gestaltung f; **2.** ♱ Sanierung f; **re·or·gan·ize** [,ri:'ɔ:gənaɪz] v/t. **1.** reorganisieren, neu gestalten, 'umgestalten, 'umgliedern; **2.** ♱ sanieren.
rep¹ [rep] s. Rips m (Stoff).
rep² [rep] s. sl. **1.** Wüstling m; **2.** Am. Ruf m.
re·pack [,ri:'pæk] v/t. 'umpacken.
re·paint [,ri:'peɪnt] v/t. neu (an)streichen, über'malen.
re·pair¹ [rɪ'peə] I v/t. **1.** reparieren, (wieder) in'stand setzen; ausbessern, flicken; **2.** wieder'herstellen; **3.** wieder-'gutmachen; Verlust ersetzen; II s. **4.** Repara'tur f, In'standsetzung f, Ausbesserung f; In'standsetzungsarbeit(en pl.) f: state of ~ (baulicher etc.) Zustand; in good ~ in gutem Zustand; in need of ~ reparaturbedürftig; out of ~ a) betriebsunfähig, b) baufällig; under ~ in Reparatur; ~ kit, ~ outfit Re-

paraturwerkzeug n, Flickzeug n.
re·pair² [rɪ'peə] I v/i. sich begeben (to nach, zu); II s. Zufluchtsort m, (beliebter) Aufenthaltsort.
re·pair·a·ble [rɪ'peərəbl] adj. **1.** repara-'turbedürftig; **2.** zu reparieren(d), reparierbar; **3.** → **reparable.**
re'pair·man [-mæn] s. [irr.] bsd. Am. Me'chaniker m, Autoschlosser m, (Fernseh- etc.)Techniker m; ~-shop s. Repara'turwerkstatt f.
rep·a·ra·ble ['repərəbl] adj. □ wieder-'gutzumachen(d); ersetzbar (Verlust); **rep·a·ra·tion** [,repə'reɪʃn] s. **1.** Wieder'gutmachung f: make ~ Genugtuung leisten; **2.** Entschädigung f, Ersatz m; **3.** pol. Wieder'gutmachungsleistung f; pl. Reparati'onen pl.
rep·ar·tee [,repɑ:'ti:] s. schlagfertige Antwort, Schlagfertigkeit f: quick at ~ schlagfertig.
re·par·ti·tion [,ri:pɑ:'tɪʃn] I s. Aufteilung f, (Neu)Verteilung f; II v/t. (neu) auf-, verteilen.
re·pass [,ri:'pɑ:s] v/i. (u. v/t.) wieder vor'beikommen (an dat.).
re·past [rɪ'pɑ:st] s. Mahl(zeit f) n.
re·pa·tri·ate [ri:'pætrɪeɪt] I v/t. repatriieren, (in die Heimat) zu'rückführen; II s. Repatriierte(r m) f, Heimkehrer (-in); **re·pa·tri·a·tion** [,ri:pætrɪ'eɪʃn] s. Rückführung f.
re·pay [irr. → pay] I v/t. [ri:'peɪ] **1.** Geld etc. zu'rückzahlen, (zu'rück)erstatten; **2.** fig. Besuch, Gruß, Schlag etc. erwidern; Böses heimzahlen, vergelten (to s.o. j-m); **3.** j-n belohnen (for für); ♱ entschädigen (for für); **4.** et. lohnen, vergelten (with mit); II v/i. [,ri:'peɪ] **5.** nochmals (be)zahlen; **re·pay·a·ble** [-'peəbl] adj. rückzahlbar; **re'pay·ment** [-mənt] s. **1.** Rückzahlung f; **2.** Erwiderung f; **3.** Vergeltung f.
re·peal [rɪ'pi:l] I v/t. **1.** Gesetz etc. aufheben, außer Kraft setzen; **2.** wider'rufen; II s. **3.** Aufhebung f von Gesetzen; **re'peal·a·ble** [-ləbl] adj. 'widerruflich, aufhebbar.
re·peat [rɪ'pi:t] I v/t. **1.** wieder'holen: ~ an experience et. nochmals durchmachen od. erleben; ~ an order (for s.th. et.) nachbestellen; **2.** nachsprechen, wieder'holen; weitererzählen; **3.** ped. Gedicht aufsagen; II v/i. **4.** sich wieder-'holen (Vorgang); **5.** repetieren (Uhr, Gewehr); **6.** aufstoßen (Speisen); III s. **7.** Wieder'holung f (a. TV etc.); **8.** et. sich Wieder'holendes (z.B. Muster), bsd. Stoff, Tapete: Rap'port m; **9.** ♪ a) Wieder'holung f, b) Wieder'holungszeichen n: **10.** ♱ oft ~ order Nachbestellung f; **re'peat·ed** [-tɪd] adj. □ wieder-'holt, mehrmalig; neuerlich; **re'peat·er** [-tə] s. **1.** Wieder'holende(r m) f; **2.** Repetieruhr f; **3.** Repetier-, Mehrladegewehr n; **4.** Am. Wähler, der widerrechtlich mehrere Stimmen abgibt; **5.** ♱ peri'odische Dezi'malzahl f; **6.** ♱ Rückfällige(r m) f; **7.** ♨ Tochterkompaß m; **8.** ⚡ a) (Leitungs)Verstärker m, b) Über'trager m; **re'peat·ing** [-tɪŋ] adj. wieder'holend: ~ decimal → repeater 5; ~ rifle → repeater 3; ~ watch → repeater 2.
re·pel [rɪ'pel] v/t. **1.** Angreifer zu'rückschlagen, -treiben; **2.** Angriff abschlagen, abweisen, a. Schlag abwehren; **3.**

fig. ab-, zu'rückweisen; **4.** phys. abstoßen; **5.** fig. j-n abstoßen, anwidern; **re·'pel·lent** [-lənt] adj. □ **1.** ab-, zu'rückstoßend; **2.** fig. abstoßend.
re·pent [rɪ'pent] v/t. (a. v/i. of) et. bereuen; **re'pent·ance** [-təns] s. Reue f; **re'pent·ant** [-tənt] adj. □ reuig (of über acc.), bußfertig.
re·per·cus·sion [,ri:pə'kʌʃn] s. **1.** Rückprall m, -stoß m; **2.** 'Widerhall m; **3.** mst pl. fig. Rück-, Auswirkungen pl. (on auf acc.).
rep·er·toire ['repətwɑ:] → **repertory** 1.
rep·er·to·ry ['repətərɪ] s. **1.** thea. Reper'toire n, Spielplan m: ~ theatre (Am. theater) Repertoirebühne f, -theater n; **2.** → **repository** 3.
rep·e·ti·tion [,repɪ'tɪʃn] s. **1.** Wieder'holung f: ~ order ♱ Nachbestellung f; ~ work ⚙ Reihenfertigung f; **2.** ped. (Stück n zum) Aufsagen n; **3.** Ko'pie f, Nachbildung f; **rep·e·ti·tious** [,repɪ'tɪ-ʃəs] adj. □ sich ständig wieder'holend; ewig gleichbleibend; **re·pet·i·tive** [rɪ'petətɪv] adj. □ **1.** sich wieder'holend, wieder'holt; **2.** → **repetitious.**
re·pine [rɪ'paɪn] v/i. murren, 'mißvergnügt od. unzufrieden sein (at über acc.); **re'pin·ing** [-nɪŋ] adj. □ unzufrieden, murrend, mürrisch.
re·place [rɪ'pleɪs] v/t. **1.** wieder hinstellen, -legen; teleph. Hörer auflegen; **2.** et. Verlorenes, Veraltetes ersetzen, an die Stelle treten von; ⚙ austauschen, ersetzen, a. wieder einsetzen; **3.** j-n ersetzen od. ablösen od. vertreten, j-s Stelle einnehmen; **4.** ♱ Geld zu'rückerstatten, ersetzen; **5.** ♱ vertauschen; **re·'place·a·ble** [-səbl] adj. ersetzbar; auswechselbar; **re'place·ment** [-mənt] s. **1.** a) Ersetzung f, b) Ersatz m: ~ engine ⚙ Austauschmotor m; ~ part Ersatzteil n; ✕ a) Ersatzmann m, b) Ersatz m, Auffüllung f: ~ unit Ersatztruppenteil m; ⚕ med. Pro'these f: ~ surgery Ersatzteilchirurgie f.
re·plant [,ri:'plɑ:nt] v/t. **1.** 'umpflanzen; **2.** neu pflanzen.
re·play ['ri:pleɪ] s. sport **1.** Wieder'holungsspiel n; **2.** TV: Wieder'holung f e-r Spielszene.
re·plen·ish [rɪ'plenɪʃ] v/t. (wieder) auffüllen, ergänzen; **re'plen·ish·ment** [-mənt] s. **1.** Auffüllung f, Ersatz m; Ergänzung f.
re·plete [rɪ'pli:t] adj. **1.** (with) (zum Platzen) voll (von), angefüllt (von); **2.** reichlich versehen (with mit); **re'ple·tion** [-i:ʃn] s. ('Über)Fülle f: full to ~ bis zum Rande voll.
re·plev·in [rɪ'plevɪn] s. ♱♱ **1.** (Klage f auf) Her'ausgabe f gegen Sicherheitsleistung; **2.** einstweilige Verfügung (auf Herausgabe).
rep·li·ca ['replɪkə] s. **1.** paint. Re'plik f, Origi'nalko,pie f; **2.** Ko'pie f; **3.** fig. Ebenbild n.
rep·li·ca·tion [,replɪ'keɪʃn] s. **1.** Erwiderung f; **2.** Echo n; **3.** ♱♱ Re'plik f; Reprodukti'on f, Ko'pie f.
re·ply [rɪ'plaɪ] I v/i. **1.** antworten, erwidern (to s.th. auf et., to s.o. j-m) (a. fig.); **2.** ♱♱ replizieren; II s. **3.** Antwort f, Erwiderung f: in ~ to (als Antwort) auf; in ~ to your letter in Beantwortung Ihres Schreibens; ~-paid telegram Telegramm n mit bezahlter

Rückantwort; ~ (*postal*) *card* Postkarte *f* mit Rückantwort; ~ *postage* Rückporto *n*; (*there is*) *no* ~ *teleph.* der Teilnehmer meldet sich nicht; **4.** *Funk:* Rückmeldung *f*; **5.** ɪ̆ʒ Re'plik *f*.

re·port [rɪ'pɔːt] **I** *s.* **1.** *allg.* Bericht *m* (*on* über *acc.*); ✝ (Geschäfts-, Sitzungs-, Verhandlungs)Bericht *m*: *month under* ~ Berichtsmonat *m*; ~ *stage parl.* Erörterungsstadium *n e-r Vorlage*; **2.** Gutachten *n*, Refe'rat *n*; **3.** ⚔ Meldung *f*; **4.** ɪ̆ʒ Anzeige *f*; **5.** Nachricht *f*, (Presse)Bericht *m*, (-)Meldung *f*; **6.** (Schul)Zeugnis *n*; **7.** Gerücht *n*; **8.** Ruf *m*, Leumund *m*; **9.** Knall *m*; **II** *v/t.* **10.** berichten (*to s.o.* j-m); Bericht erstatten, berichten über (*acc.*); erzählen: *it is ~ed that* es heißt, daß; *he is ~ed as saying* er soll gesagt haben; *~ed speech ling.* indirekte Rede; **11.** *Vorkommnis, Schaden etc.* melden; **12.** *j-n* (*o.s.* sich) melden; anzeigen (*to* bei, *for* wegen); **13.** *parl. Gesetzesvorlage* (wieder) vorlegen (*Ausschuß*); **III** *v/i.* **14.** (e-n) Bericht geben *od.* erstatten, berichten (*on, of* über *acc.*); **15.** als Berichterstatter(in) arbeiten (*for* für *e-e Zeitung*); **16.** (*to*) sich melden (bei); sich stellen (*dat.*): ~ *for duty* sich zum Dienst melden; **17.** ~ *to Am.* j-m unter'stellt sein; **re'port·a·ble** [-təbl] *adj.* **1.** ⚕ meldepflichtig (*Krankheit*); **2.** steuerpflichtig (*Einkommen*); **re'port·ed·ly** [-tɪdlɪ] *adv.* wie verlautet; **re'port·er** [-tə] *s.* **1.** Re'porter(in), (Presse)Berichterstatter(in); **2.** Berichterstatter(-in), Refe'rent(in); **3.** Proto'kollführer(in).

re·pose [rɪ'pəʊz] **I** *s.* **1.** Ruhe *f* (*a. fig.*); Erholung *f* (*from* von): *in* ~ in Ruhe, untätig (*a. Vulkan*); **2.** *fig.* Gelassenheit *f*, (Gemüts)Ruhe *f*; **II** *v/i.* **3.** ruhen (*a. Toter*); (sich) ausruhen, schlafen; **4.** ~ *on* a) liegen *od.* ruhen auf (*dat.*), b) *fig.* beruhen auf (*dat.*), c) verweilen bei (*Gedanken*); **5.** ~ *in fig.* vertrauen auf (*acc.*); **III** *v/t.* **6.** *j-m* Ruhe gewähren, *j-n* (sich aus)ruhen lassen: ~ *o.s.* sich zur Ruhe legen; **7.** ~ *on* legen *od.* betten auf (*acc.*); **8.** ~ *in fig.* Vertrauen, *Hoffnung* setzen auf (*acc.*); **re·pos·i·to·ry** [rɪ'pɒzɪtərɪ] *s.* **1.** Behältnis *n*, Gefäß *n* (*a. fig.*); **2.** Verwahrungsort *m*; ✝ (Waren)Lager *n*, Niederlage *f*; **3.** *fig.* Fundgrube *f*, Quelle *f*; **4.** Vertraute(r *m*) *f*.

re·pos·sess [ˌriːpə'zes] *v/t.* **1.** wieder in Besitz nehmen; **2.** ~ *of j-n* wieder in den Besitz *e-r Sache* setzen.

rep·re·hend [ˌreprɪ'hend] *v/t.* tadeln, rügen; **ˌrep·re'hen·si·ble** [-nsəbl] *adj.* □ tadelnswert, sträflich; **ˌrep·re'hen·sion** [-nʃn] *s.* Tadel *m*, Rüge *f*, Verweis *m*.

rep·re·sent [ˌreprɪ'zent] *v/t.* **1.** *bildlich od. j-s Sache* vertreten: *be ~ed at* bei *e-r Sache* vertreten sein; **2.** (bildlich, graphisch) dar-, vorstellen, abbilden; **3.** *thea.* a) *Rolle* darstellen, verkörpern, b) *Stück* aufführen; **4.** *fig.* (symbolisch) darstellen, verkörpern, bedeuten, repräsentieren; *e-r Sache* entsprechen; **5.** darlegen, -stellen, schildern, vor Augen führen (*to dat.*): ~ *to o.s.* sich *et.* vorstellen; **6.** hin-, darstellen (*as od. to be* als); behaupten, vorbringen: ~ *that* behaupten, daß; es so hinstellen, als ob; ~ *to s.o. that* j-m vorhalten, daß; **rep-**

re·sen·ta·tion [ˌreprɪzen'teɪʃn] *s.* **1.** ɪ̆ʒ, ✝, *pol.* Vertretung *f*; → *proportional* 1; **2.** (*bildliche, graphische*) Darstellung, Bild *n*; **3.** *thea.* a) Darstellung *f e-r Rolle*, b) Aufführung *f e-s Stückes*; **4.** Schilderung *f*, Darstellung *f des Sachverhalts*: *false ~s* ɪ̆ʒ falsche Angaben; **5.** Vorhaltung *f*: *make ~s to* bei *j-m* vorstellig werden, Vorstellungen erheben bei; **6.** ɪ̆ʒ a) Anzeige *f von* Ge'fahrˌumständen (*Versicherung*), b) Rechtsnachfolge *f* (*bsd. Erbrecht*); **7.** *phls.* Vorstellung *f*, Begriff *m*; **ˌrep·re'sent·a·tive** [-tətɪv] **I** *s.* **1.** Vertreter (-in); Stellvertreter(in), Beauftragte(r *m*) *f*, Repräsen'tant(in): *authorized* ~ Bevollmächtigte(r *m*) *f*; (*commercial*) ~ Handelsvertreter(in); **2.** *parl.* (Volks-) Vertreter(in), Abgeordnete(r *m*) *f*: *House of ~s Am.* Repräsentantenhaus *n*; **3.** *fig.* typischer Vertreter, Musterbeispiel *n* (*of gen.*); **II** *adj.* □ **4.** (*of*) vertretend (*acc.*), stellvertretend (für): *in a ~ capacity* als Vertreter(in); **5.** *pol.* repräsenta'tiv: ~ *government* parlamentarische Regierung; **6.** darstellend (*of acc.*): ~ *arts*; **7.** (*of*) *fig.* verkörpernd (*acc.*), sym'bolisch (für); **8.** typisch, kennzeichnend (*of* für): *Statistik etc.:* repräsenta'tiv (*Auswahl, Querschnitt*): ~ *sample* ✝ Durchschnittsmuster *n*; **9.** ⚕, *zo.* entsprechend (*of dat.*).

re·press [rɪ'pres] *v/t.* **1.** *Gefühle, Tränen etc.* unter'drücken; **2.** *psych.* verdrängen; **re'pres·sion** [-eʃn] *s.* **1.** Unter'drückung *f*; **2.** *psych.* Verdrängung *f*; **re'pres·sive** [-sɪv] *adj.* □ **1.** repres'siv, unter'drückend; **2.** hemmend, Hemmungs...

re·prieve [rɪ'priːv] **I** *s.* **1.** ɪ̆ʒ a) Begnadigung *f*, b) (Straf-, Voll'streckungs)Aufschub *m*; **2.** *fig.* (Gnaden)Frist *f*, Atempause *f*; **II** *v/t.* **3.** ɪ̆ʒ *j-s* 'Urteilsvollˌstreckung aussetzen, (*a. fig.*) *j-m* e-e Gnadenfrist gewähren; **4.** *j-n* begnadigen; **5.** *fig. j-m* e-e Atempause gönnen.

rep·ri·mand ['reprɪmɑːnd] **I** *s.* Verweis *m*, Rüge *f*, Maßregelung *f*; **II** *v/t. j-m* e-n Verweis erteilen, *j-n* rügen *od.* maßregeln.

re·print [ˌriː'prɪnt] **I** *v/t.* neu drucken, nachdrucken, neu auflegen; **II** *s.* ['riːprɪnt] Nach-, Neudruck *m*, Re'print *m*, Neuauflage *f*.

re·pris·al [rɪ'praɪzl] *s.* Repres'salie *f*, Vergeltungsmaßnahme *f*: *make ~s* (*up*)*on* Repressalien ergreifen gegen.

re·pro ['riːprəʊ] *s.* F **1.** *typ.* ‚Repro‘ *f*, Reprodukti'on(svorlage) *f*; **2.** → *reproduction* 8.

re·proach [rɪ'prəʊtʃ] **I** *s.* **1.** Vorwurf *m*, Tadel *m*: *without fear or* ~ ohne Furcht u. Tadel; *heap ~es on j-n* mit Vorwürfen überschütten; **2.** *fig.* Schande *f* (*to* für): *bring* ~ (*up*)*on j-m* Schande machen; **II** *v/t.* **3.** vorwerfen, -halten, zum Vorwurf machen (*s.o. with s.th.* j-m et.); **4.** *j-m* Vorwürfe machen, *j-n* tadeln (*for* wegen); **5.** *et.* tadeln; **6.** *fig.* e-n Vorwurf sein für, *et.* mit Schande bedecken; **re'proach·ful** [-fʊl] *adj.* □ vorwurfsvoll, tadelnd.

rep·ro·bate ['reprəʊbeɪt] **I** *adj.* **1.** ruchlos, lasterhaft; **2.** *eccl.* verdammt; **II** *s.* **3.** a) verkommenes Sub'jekt, b) Schurke *m*, c) Taugenichts *m*; **4.** (*von Gott*)

Verworfene(r *m*) *f*; Verdammte(r *m*) *f*; **III** *v/t.* **5.** miß'billigen, verurteilen, verwerfen; verdammen (*Gott*); **rep·ro·ba·tion** [ˌreprəʊ'beɪʃn] *s.* 'Mißbilligung *f*, Verurteilung *f*.

re·pro·cess [ˌriː'prəʊses] *v/t.* ⚙ wieder-'aufbereiten: *~ing plant* Wiederaufbereitungsanlage *f* (*für Kernbrennstoffe*).

re·pro·duce [ˌriːprə'djuːs] **I** *v/t.* **1.** *biol. u. fig.* (wieder)erzeugen, (wieder) hervorbringen; (*o.s.* sich) fortpflanzen; **2.** *biol.* Glied regenerieren, neu bilden; **3.** *Bild etc.* reproduzieren; (*a.* ⚙) nachbilden, kopieren; *typ.* ab-, nachdrucken, vervielfältigen; **4.** *Stimme etc.* reproduzieren, 'wiedergeben; **5.** *Buch, Schauspiel* neu her'ausbringen; **6.** *et.* wieder-'holen; **II** *v/i.* **7.** sich fortpflanzen *od.* vermehren; **ˌre·pro'duc·er** [-sə] *s.* **1.** ♫ a) 'Tonˌwiedergabegerät *n*, b) Tonabnehmer *m*; **2.** *Computer:* (Loch)Kartendoppler *m*; **ˌre·pro'duc·i·ble** [-səbl] *adj.* reproduzierbar; **ˌre·pro'duc·tion** [-'dʌkʃn] *s.* **1.** *allg.* 'Wiedererzeugung *f*; **2.** *biol.* Fortpflanzung *f*; **3.** *typ., phot.* Reprodukti'on *f* (*a. psych. früherer Erlebnisse*); **4.** *typ.* Nachdruck *m*, Vervielfältigung *f*; **5.** ⚙ Nachbildung *f*; **6.** ♪, ♫ *etc.* 'Wiedergabe *f*; **7.** *ped.* Nacherzählung *f*; **8.** Reprodukti'on *f* a) Nachbildung *f*, b) *paint.* Ko'pie *f*; **ˌre·pro'duc·tive** [-'dʌktɪv] *adj.* □ **1.** sich vermehrend, fruchtbar; **2.** *biol.* Fortpflanzungs...: ~ *organs*; **3.** *psych.* reproduk'tiv, nachschöpferisch.

re·proof [rɪ'pruːf] *s.* Tadel *m*, Rüge *f*, Verweis *m*.

re·prov·al [rɪ'pruːvl] → *reproof*, **re·prove** [rɪ'pruːv] *v/t. j-n* tadeln, rügen; *et.* miß'billigen; **re'prov·ing·ly** [-vɪŋlɪ] *adv.* tadelnd *etc.*

reps [reps] → *rep*[1].

rep·tant ['reptənt] *adj.* ⚕, *zo.* kriechend; **'rep·tile** [-taɪl] **I** *s.* **1.** *zo.* Rep'til *n*, Kriechtier *n*; **2.** *fig.* a) Kriecher(in), b) ‚falsche Schlange‘; **II** *adj.* **3.** kriechend, Kriech...; **4.** *fig.* a) kriecherisch, b) gemein, niederträchtig, **rep·til·i·an** [rep'tɪliən] **I** *adj.* **1.** *zo.* Reptilien..., Kriechtier..., rep'tilisch; **2.** → *reptile* 4 b; **II** *s.* **3.** → *reptile* 1 *u.* 2.

re·pub·lic [rɪ'pʌblɪk] *s. pol.* Repu'blik *f*: *the ~ of letters fig.* die Gelehrtenwelt, dic litcrarische Welt; **re'pub·li·can** [-kən] (*USA pol.* 🄰) **I** *adj.* republi'kanisch; **II** *s.* Republi'kaner(in); **re'pub·li·can·ism** [-kənɪzəm] *s.* **1.** republi'kanische Staatsform; **2.** republi'kanische Gesinnung.

re·pub·li·ca·tion ['riːˌpʌblɪ'keɪʃn] *s.* **1.** 'Wiederveröffentlichung *f*; **2.** Neuauflage *f* (*a. Erzeugnis*); **re·pub·lish** [ˌriː-'pʌblɪʃ] *v/t.* neu veröffentlichen.

re·pu·di·ate [rɪ'pjuːdɪeɪt] *v/t.* **1.** *Autorität, Schuld etc.* nicht anerkennen; *Vertrag* für unverbindlich erklären; **2.** *als unberechtigt* zu'rückweisen, verwerfen; **3.** *et.* abstreiten, nicht glauben; **4.** *Sohn etc.* verstoßen; **II** *v/i.* **5.** Staatsschulden nicht anerkennen; **re·pu·di·a·tion** [rɪˌpjuːdɪ'eɪʃn] *s.* **1.** Nichtanerkennung *f* (*bsd. e-r Staatsschuld*); **2.** Ablehnung *f*, Zu'rückweisung *f*, Verwerfung *f*; **3.** Verstoßung *f*.

re·pug·nance [rɪ'pʌgnəns] *s.* **1.** 'Widerwille *m*, Abneigung *f* (*to, against* gegen); **2.** Unvereinbarkeit *f*, (innerer)

'Widerspruch (*of gen. od.* von, **to**, **with** mit); **re'pug·nant** [-nt] *adj.* **1.** widerlich, zu'wider(laufend), 'widerwärtig (**to** *dat.*); **2.** unvereinbar (**to**, **with** mit); **3.** wider'strebend.

re·pulse [rɪ'pʌls] **I** *v/t.* **1.** *Feind* zu'rückschlagen, -werfen; *Angriff* abschlagen, -weisen; **2.** *fig. j-n* abweisen; *Bitte* abschlagen; **II** *s.* **3.** Zurückschlagen *n*, Abwehr *f*; **4.** *fig.* Zu'rückweisung *f*, Absage *f*: **meet with a ~** abgewiesen werden (*a. fig.*); **5.** *phys.* Rückstoß *m*; **re'pul·sion** [-lʃn] *s.* **1.** *phys.* Abstoßung *f*, Repulsi'on *f*: **~ motor ⚡ Repul**sionsmotor *m*; **2.** *fig.* Abscheu *m*, *f*; **re'pul·sive** [-sɪv] *adj.* □ *fig.* abstoßend (*a. phys.*), 'widerwärtig; **re'pul·sive·ness** [-sɪvɪs] *s.* 'Widerwärtigkeit *f*.

re·pur·chase [ˌriː'pɜːtʃəs] **I** *v/t.* 'wieder-, zu'rückkaufen; **II** *s.* ✝ Rückkauf *m*.

rep·u·ta·ble ['repjʊtəbl] *adj.* □ **1.** achtbar, geachtet, angesehen, ehrbar; **2.** anständig; **rep·u·ta·tion** [ˌrepjʊ'teɪʃn] *s.* **1.** (guter) Ruf, Name *m*: **a man of ~** ein Mann von Ruf *od.* Namen; **2.** Ruf *m*: **good** (**bad**) **~**; **have the ~ of being** im Ruf stehen, *et.* zu sein; **have a ~ for** bekannt sein für *od.* wegen.

re·pute [rɪ'pjuːt] **I** *s.* **1.** Ruf *m*, Leumund *m*: **by ~** dem Rufe nach, wie es heißt; **of ill ~** von schlechtem Ruf, übelbeleumdet; **house of ill ~** Bordell *n*; **2.** → **reputation** 1: **be held in high ~** hohes Ansehen genießen; **II** *v/t.* **3.** halten für: **be ~d** (**to be**) gelten als; **be well** (**ill**) **~d** in gutem (üblem) Rufe stehen; **re'put·ed** [-tɪd] *adj.* □ **1.** angeblich; **2.** ungeeicht, landesüblich (*Maß*); **3.** bekannt, berühmt; **re'put·ed·ly** [-tɪdlɪ] *adv.* angeblich, dem Vernehmen nach.

re·quest [rɪ'kwest] **I** *s.* **1.** Bitte *f*, Wunsch *m*; (*a. formelles*) Ersuchen, Gesuch *n*, Antrag *m*; (*Zahlungs- etc.*) Aufforderung *f*: **at** (*od.* **by**) (**s.o.'s**) **~** auf (j-s) Ansuchen *od.* Bitte hin, auf (j-s) Veranlassung; **by ~** auf Wunsch; **no flowers by ~** Blumenspenden dankend verbeten; **~ denied!** *u. irv.* (Antrag) abgelehnt!; (**musical**) **~ program(me)** Wunschkonzert *n*; **~ stop ♦** *etc.* Bedarfshaltestelle *f*; **~** Nachfrage *f* (*a.* ✝): **to be in** (**great**) **~** (sehr) gefragt *od.* begehrt sein; **II** *v/t.* **3.** bitten *od.* ersuchen um: **~ s.th. from s.o.** j-n um *et.* ersuchen; **it is ~ed** es wird gebeten; **4.** *j-n* (höflich) bitten, *j-n* (*a. amtlich*) ersuchen (**to do** zu tun).

re·qui·em ['rekwɪem] *s.* Requiem *n* (*a.* ♪), Seelen-, Totenmesse *f*.

re·quire [rɪ'kwaɪə] **I** *v/t.* **1.** erfordern (*Sache*): **be ~d** erforderlich sein; **if ~d** erforderlichenfalls, wenn nötig; **2.** brauchen, nötig haben, *e-r Sache* bedürfen: **a task which ~s to be done** e-e Aufgabe, die noch erledigt werden muß; **3.** verlangen, fordern (**of s.o.** von j-m): **~** (**of**) **s.o. to do s.th.** j-n auffordern, *et.* zu tun; von j-m verlangen, daß er *et.* tue; **~d subject** *ped. Am.* Pflichtfach *n*; **4.** *Brit.* wünschen; **II** *v/i.* **5.** (es) verlangen; **re'quire·ment** [-mənt] *s.* **1.** (*fig.* An)Forderung *f*; *fig.* Bedingung *f*, Vor'aussetzung *f*: **meet the ~s** den Anforderungen entsprechen; **2.** Erfordernis *n*, Bedürfnis *n*; *mst pl.* Bedarf *m*: **~s**

of raw materials Rohstoffbedarf *m*.

req·ui·site ['rekwɪzɪt] **I** *adj.* **1.** erforderlich, notwendig (**for**, **to** für); **II** *s.* **2.** Erfordernis *n*, Vor'aussetzung *f* (**for** für); **3.** (Be'darfs-, Ge'brauchs)Ar,tikel *m*: **office ~s** Büroartikel; **req·ui·si·tion** [ˌrekwɪ'zɪʃn] **I** *s.* **1.** Anforderung *f* (**for** an *dat.*): **~ number** Bestellnummer *f*; **2.** (amtliche) Aufforderung; *Völkerrecht*: Ersuchen *n*; **3.** ✗ Requisiti'on *f*, Beschlagnahme *f*; In'anspruchnahme *f*; **4.** Einsatz *m*, Beanspruchung *f*; **5.** Erfordernis *n*; **II** *v/t.* **6.** verlangen; **7.** in Anspruch nehmen; ✗ requirieren.

re·quit·al [rɪ'kwaɪtl] *s.* **1.** Belohnung *f* (**for** für); **2.** Vergeltung *f* (**of** für); **3.** Vergütung *f* (**for** für); **re·quite** [rɪ'kwaɪt] *v/t.* **1.** belohnen: **~ s.o.** (**for** s.th.); **2.** vergelten.

re·read [ˌriː'riːd] *v/t.* (*irr.* → **read**) nochmals ('durch)lesen.

re·route [ˌriː'ruːt] *v/t.* 'umleiten.

re·run [ˌriː'rʌn] **I** *v/t.* (*irr.*) *thea. Film*: wieder aufführen; *Radio*, *TV*, *a. Computer*: *Programm* wieder'holen; **II** *s.* ['riːrʌn] 'Wiederaufführung *f*; Wieder'holung *f*.

res [riːz] *pl.* **res** (*Lat.*) *s.* ⚖ Sache *f*: **~ judicata** rechtskräftig entschiedene Sache, *weitS.* (materielle) Rechtskraft; **~ gestae** (beweiserhebliche) Tatsachen, Tatbestand *m*.

re·sale ['riːseɪl] *s.* 'Wieder-, Weiterverkauf *m*: **~ price maintenance** Preisbindung *f* der zweiten Hand.

re·scind [rɪ'sɪnd] *v/t. Gesetz*, *Urteil etc.* aufheben, für nichtig erklären; *Kauf etc.* rückgängig machen; von *e-m Vertrag* zu'rücktreten; **re'scis·sion** [-ɪʒn] *s.* **1.** Aufhebung *f* *e-s Urteils etc.*; **2.** Rücktritt *m* vom Vertrag.

res·cue ['reskjuː] **I** *v/t.* **1.** (**from**) retten (aus), (*bsd.* ⚖ gewaltsam) befreien (von); (*bsd. et.*) bergen: **~ from oblivion** der Vergessenheit entreißen; **2.** (gewaltsam) zu'rückholen; **II** *s.* **3.** Rettung *f* (*a. fig.*); Bergung *f*: **come to s.o.'s ~** j-m zu Hilfe kommen; **4.** (gewaltsame) Befreiung; **III** *adj.* **5.** Rettungs...: **~ operation** *a. fig.* Rettungsaktion *f*; **~ party** Rettungs-, Bergungsmannschaft *f*; **~ vessel ♦** Bergungsfahrzeug *f*; **'res·cu·er** [-juə] *s.* Befreier(in), Retter(in).

re·search [rɪ'sɜːtʃ] **I** *s.* **1.** Forschung(sarbeit) *f*, wissenschaftliche Unter'suchung (**on** über *acc.*, auf dem Gebiet *gen.*); **2.** (genaue) Unter'suchung, (Nach)Forschung *f* (**after**, **for** nach); **II** *v/i.* **3.** forschen, Forschungen anstellen, wissenschaftlich arbeiten (**on** über *acc.*): **~ into** → 4; **III** *v/t.* **4.** erforschen, unter'suchen; **IV** *adj.* **5.** Forschungs...: **re'search·er** [-tʃə] *s.* Forscher(in).

re·seat [ˌriː'siːt] *v/t.* **1.** *Saal etc.* neu bestuhlen; **2.** *j-n* 'umsetzen; **3.** **~ o.s.** sich wieder setzen; **4.** ⊙ *Ventile* nachschleifen.

re·sect [rɪ'sekt] *v/t.* 🔪 her'ausschneiden; **re'sec·tion** [-kʃn] *s.* 🔪 Resekti'on *f*.

re·se·da ['resɪdə] *s.* **1.** ♀ Re'seda *f*; **2.** Re'sedagrün *n*.

re·sell [ˌriː'sel] *v/t.* (*irr.* → **sell**) wieder verkaufen, weiterverkaufen; **re'sell·er** [-lə] *s.* 'Wiederverkäufer *m*.

re·sem·blance [rɪ'zembləns] *s.* Ähn-

lichkeit *f* (**to** mit, **between** zwischen): **bear** (*od.* **have**) **~ to** → **re·sem·ble** [rɪ'zembl] *v/t.* (*dat.*) ähnlich sein *od.* sehen, gleichen, ähneln.

re·sent [rɪ'zent] *v/t.* übelnehmen, ver'übeln, sich ärgern über (*acc.*); **re'sent·ful** [-fʊl] *adj.* □ **1.** (**against**, **of**) aufgebracht (gegen), ärgerlich *od.* voller Groll (auf *acc.*); **2.** übelnehmerisch, reizbar; **re'sent·ment** [-mənt] *s.* **1.** Ressenti'ment *n*, Groll *m* (**against**, **at** gegen); **2.** Verstimmung *f*, Unmut *m*, Unwille *m*.

res·er·va·tion [ˌrezə'veɪʃn] *s.* **1.** Vorbehalt *m*; ⚖ *a.* Vorbehaltsrecht *n od.* -klausel *f*: **without ~** ohne Vorbehalt; → **mental** 1; **2.** *oft pl. Am.* Vorbestellung *f*, Reservierung *f* von *Zimmern etc.*; **3.** *Am.* Reser'vat *n*: a) Na'turschutzgebiet *n*, b) Indi'anerreservati,on *f*.

re·serve [rɪ'zɜːv] **I** *s.* **1.** *allg.* Re'serve *f* (*a. fig.*), Vorrat *m*: **in ~** in Reserve, vorrätig; **~ seat** Notsitz *m*; **2.** ✝ Reserve *f*, Rücklage *f*, -stellung *f*: **~ account** Rückstellungskonto *n*; **~ currency** Leitwährung *f*; **3.** ✗ a) Re'serve *f*: **~ officer** Reserveoffizier *m*; b) *pl. taktische* Re'serven *pl.*; **4.** *sport* Ersatz (-mann) *m*, Re'servespieler *m*; **5.** Reser'vat *n*, Schutzgebiet *n*: **~ game** geschützter Wildbestand; **6.** Vorbehalt *m* (*a.* ⚖): **without ~** vorbehalt-, rückhaltlos; **with certain ~s** mit gewissen Einschränkungen; **~ price** ✝ Mindestgebot *n* (bei Versteigerungen); **7.** *fig.* Zu'rückhaltung *f*, Re'serve *f*, zu'rückhaltendes Wesen: **receive s.th. with ~** e-e Nachricht *etc.* mit Zurückhaltung aufnehmen; **II** *v/t.* **8.** (sich) aufsparen *od.* -bewahren, (sich) vorbehalten, in Re'serve halten; ✗ *j-n* zu'rückstellen; **9.** (sich) zu'rückhalten mit, warten mit, *et.* verschieben: **~ judg(e)ment** ⚖ die Urteilsverkündung aussetzen; **10.** reservieren (lassen), vorbestellen, vormerken (**to**, **for** für); **11.** *bsd.* ⚖ a) vorbehalten (**to s.o.** s.o. j-m), b) sich vorbehalten: **~ the right to do** (*od.* **of doing**) **s.th.** sich das Recht vorbehalten, *et.* zu tun; **all rights ~d** alle Rechte vorbehalten; **re'served** [-vd] *adj.* □ *fig.* zu'rückhaltend, reserviert; **re'serv·ist** [-vɪst] *s.* ✗ Reser'vist *m*.

res·er·voir ['rezəvwɑː] *s.* **1.** Behälter *m* für Wasser *etc.*; Speicher *m*; **2.** ('Wasser)Reser,voir *n*: a) Wasserturm *m*, b) Sammel-, Staubecken *n*, Bas'sin *n*; **3.** *fig.* Reser'voir *n* (**of** an *dat.*).

re·set [ˌriː'set] *v/t.* (*irr.* → **set**) **1.** *Edelstein* neu fassen; **2.** *Messer* neu abziehen; **3.** *typ.* neu setzen; **4.** ⊙ nachrichten, -stellen; *Computer*: rücksetzen, nullstellen.

re·set·tle [ˌriː'setl] **I** *v/t.* **1.** *Land* wieder besiedeln; **2.** *j-n* wieder ansiedeln, 'umsiedeln; **3.** wieder in Ordnung bringen; **II** *v/i.* **4.** sich wieder ansiedeln; **5.** *fig.* sich wieder setzen *od.* legen *od.* beruhigen; **re'set·tle·ment** [-mənt] *s.* **1.** 'Wiederansiedlung *f*, 'Umsiedlung *f*; **2.** Neuordnung *f*.

re·shape [ˌriː'ʃeɪp] *v/t.* neu formen, 'umgestalten.

re·ship [ˌriː'ʃɪp] *v/t.* **1.** *Güter* wieder verschiffen; **2.** 'umladen; **re'ship·ment** [-mənt] *s.* **1.** 'Wiederverladung *f*; **2.**

Rückladung f, -fracht f.
re·shuf·fle [‚riː'ʃʌfl] **I** v/t. **1.** *Spielkarten* neu mischen; **2.** *bsd. pol.* 'umgruppieren, -bilden; **II** s. **3.** *pol.* 'Umbildung f, 'Umgruppierung f.

re·side [rɪ'zaɪd] v/i. **1.** wohnen, ansässig sein, s-n (ständigen) Wohnsitz haben (*in, at* in *dat.*); **2.** *fig.* (*in*) a) wohnen (in *dat.*), b) innewohnen (*dat.*), c) zustehen (*dat.*), liegen, ruhen (bei *j-m*).

res·i·dence ['rezɪdəns] s. **1.** Wohnsitz m, -ort m; Sitz m e-r *Behörde etc.*: *take up one's ~* s-n Wohnsitz nehmen *od.* aufschlagen, sich niederlassen; **2.** Aufenthalt m: *~ permit* Aufenthaltsgenehmigung f; *place of ~* Wohn-, Aufenthaltsort m; **3.** (herrschaftliches) Wohnhaus; **4.** Wohnung f: *official ~* Dienstwohnung f; **5.** Wohnen n; **6.** Ortsansässigkeit f: *~ is required* es besteht Residenzpflicht; *be in ~* am Amtsort ansässig sein; **'res·i·dent** [-nt] **I** adj. **1.** (orts-)ansässig, (ständig) wohnhaft; **2.** im (*Schul- od. Kranken- etc.*)Haus wohnend: *~ physician*; **3.** innewohnend (*in dat.*); **4.** *zo.* seßhaft: *~ birds* Standvögel; **II** s. **5.** Ortsansässige(r m) f, Einwohner(in); *mot.* Anlieger m; **6.** *Am.* Assis'tenzarzt m, -ärztin f; *pol. a. minister-~* Mi'nisterresi‚dent m (*Gesandter*); **res·i·den·tial** [‚rezɪ'denʃl] adj. **1.** a) Wohn...: *~ allowance* Ortszulage f; *~ area* (a. vornehme) Wohngegend; *~ university* Internatsuniversität f, b) herrschaftlich; **2.** Wohnsitz...

re·sid·u·al [rɪ'zɪdjʊəl] **I** adj. **1.** A zu-'rückbleibend, übrig; **2.** übrig(geblieben), Rest... (a. phys. etc.): *~ product* ℞, ⚙ Nebenprodukt n; *~ soil* geol. Eluvialboden m; **3.** phys. rema'nent: *~ magnetism*; **3.** Rückstand m, Rest m; **5.** A Rest(wert) m, Diffe'renz f; **re·sid·u·ar·y** [-ərɪ] adj. restlich, übrig(geblieben): *~ estate* ⚖ Reinnachlaß m; *~ legatee* Nachvermächtnisnehmer(in); **res·i·due** ['rezɪdjuː] s. **1.** Rest m (a. A, ♀); **2.** ℞ Rückstand m; **3.** ⚖ reiner (Erb)Nachlaß; **res·id·u·um** [-jʊəm] pl. **-u·a** [-jʊə] (*Lat.*) s. **1.** *bsd.* ℞ Rückstand m, (a. A) Re'siduum n; **2.** *fig.* Bodensatz m, Hefe f e-s Volkes *etc.*

re·sign [rɪ'zaɪn] **I** v/t. **1.** *Besitz, Hoffnung etc.* aufgeben; verzichten auf (*acc.*); *Amt* niederlegen; **2.** über'lassen (*to dat.*); **3.** *~ o.s.* sich anvertrauen *od.* überlassen (*to dat.*); **4.** *~ o.s.* (*to*) sich ergeben (in *acc.*), sich abfinden *od.* versöhnen (mit *s-m Schicksal etc.*); **II** v/i. **5.** (*to in acc.*) sich ergeben, sich fügen; **6.** (*from*) a) zu'rücktreten (von *e-m Amt*), abdanken, b) austreten (aus); **res·ig·na·tion** [‚rezɪg'neɪʃn] s. **1.** Aufgabe f, Verzicht m; **2.** Rücktritt(sgesuch n) m, Amtsniederlegung f, Abdankung f: *send in* (*od. tender*) *one's ~* s-n Rücktritt einreichen; **3.** Ergebung f (*to* in *acc.*); **re'signed** [-nd] adj. □ ergeben: *he is ~ to his fate* er hat sich mit s-m Schicksal abgefunden.

re·sil·i·ence [rɪ'zɪlɪəns] s. Elastizi'tät f: a) phys. Prallkraft f, b) fig. Spannkraft f; **re'sil·i·ent** [-nt] adj. e'lastisch: a) federnd, b) fig. spannkräftig, unverwüstlich.

res·in ['rezɪn] **I** s. **1.** Harz n; **2.** → *rosin* I; **II** v/t. **3.** harzen, mit Harz behandeln;

'**res·in·ous** [-nəs] adj. harzig, Harz...

re·sist [rɪ'zɪst] **I** v/t. **1.** wider'stehen (*dat.*): *I cannot ~ doing it* ich muß es einfach tun; **2.** 'Widerstand leisten (*dat. od.* gegen), sich wider'setzen (*dat.*), sich sträuben gegen: *~ing a public officer in the excecution of his duty* ⚖ Widerstand m gegen die Staatsgewalt; **II** v/i. **3.** 'Widerstand leisten, sich wider'setzen; **III** s. **4.** ⚙ Deckmittel n, Schutzlack m; **re'sist·ance** [-təns] s. **1.** Widerstand m (*to* gegen): *air ~* phys. Luftwiderstand; *~ movement* pol. Widerstandsbewegung f; *offer ~* Widerstand leisten (*to dat.*); *take the line of least ~* den Weg des geringsten Widerstandes einschlagen; **2.** 'Widerstandskraft f (a. ♣); ⚙ (*Hitze-, Kälte- etc.*)Beständigkeit f, (*Biegungs-, Säure-, Stoßetc.*)Festigkeit f: *~ to wear* Verschleißfestigkeit f; **3.** ♀ Widerstand m; **re'sist·ant** [-tənt] adj. **1.** wider'stehend, -'strebend; **2.** ⚙ 'widerstandsfähig (*to* gegen), beständig; **re·sis·tiv·i·ty** [rɪzɪ'stɪvɪtɪ] ♀ spe'zifischer Widerstand; **re'sis·tor** [-tə] s. ♀ Widerstand m (*Bauteil*).

re·sit I s. ['riːsɪt] ped. Wieder'holungsprüfung f; **II** v/t. [‚riː'sɪt] [*irr. → sit*] *Prüfung* wieder'holen; **III** v/i. [‚riː'sɪt] [*irr. → sit*] die Prüfung wieder'holen.

re·sole [‚riː'səʊl] v/t. neu besohlen.

res·o·lu·ble [rɪ'zɒljʊbl] adj. **1.** ℞ auflösbar; **2.** fig. lösbar.

res·o·lute ['rezəluːt] adj. □ entschieden, entschlossen, reso'lut; '**res·o·lute·ness** [-nɪs] s. Entschlossenheit f; reso'lute Art.

res·o·lu·tion [‚rezə'luːʃn] s. **1.** Entschlossenheit f, Entschiedenheit f; **2.** Entschluß m: *good ~s* gute Vorsätze; **3.** ♀, parl. Beschluß(fassung f) m, Entschließung f, Resoluti'on f; **4.** ℞, A, ♪, phys., opt. (a. Metrik) Auflösung f (*into* in acc.); **5.** ⚙ Rasterung f (*Bild*); **6.** ♠ a) Lösung f e-r *Entzündung etc.*, b) Zerteilung f e-s *Tumors*; **7.** fig. Lösung f e-r *Frage*; Behebung f von *Zweifeln*.

re·solv·a·ble [rɪ'zɒlvəbl] adj. (auf)lösbar (*into* in acc.); **re'solve** [rɪ'zɒlv] **I** v/t. **1.** a. opt., ℞, ♪, A auflösen (*into* in acc.): *be ~d into* sich auflösen in (acc.); *~d into dust* in Staub verwandelt; *re'solving power* opt., phot. Auflösungsvermögen n; → *committee*; **2.** analysieren; **3.** fig. auflösen (*into*, *to* auf acc.); **4.** fig. *Frage etc.* lösen; **5.** fig. *Bedenken, Zweifel* zerstreuen; **6.** a) beschließen, sich entschließen (*to do et.* zu tun), b) entscheiden; **II** v/i. **7.** sich auflösen (*into* in acc., *to* zu); **8.** (*on, upon s.th.*) (et.) beschließen, sich entschließen (zu et.); **III** s. **9.** Entschluß m, Vorsatz m; **10.** Am. → *resolution* 3; **11.** rhet. Entschlossenheit f; **re'solved** [-vd] p.p. u. adj. □ (fest) entschlossen.

res·o·nance ['rezənəns] s. Reso'nanz f (a. ♪, ♣, phys.), Nach-, 'Widerhall m, Mitschwingen n: *~ box* Resonanzkasten m; '**res·o·nant** [-nt] adj. □ **1.** 'wider-, nachhallend (*with* von); **2.** volltönend (*Stimme*); **3.** phys. mitschwingend, Resonanz...; '**res·o·na·tor** [-neɪtə] s. **1.** phys. Reso'nator m; **2.** ♀ Reso'nanzkreis m.

re·sorb [rɪ'sɔːb] v/t. (wieder) aufsaugen,

resorbieren; **re'sorb·ence** [-bəns], **re'sorp·tion** [-ɔːpʃn] s. Resorpti'on f.

re·sort [rɪ'zɔːt] **I** s. **1.** Zuflucht f (*to* zu); Mittel n: *in the* (*od. as a*) *last ~* als letzter Ausweg, ,wenn alle Stricke rei-ßen': *have ~ to → 5*; *without ~ to force* ohne Gewaltanwendung; **2.** Besuch m, Zustrom m: *place of ~* (beliebter) Treffpunkt; **3.** (Aufenthalts-, Erholungs)Ort m: *health ~* Kurort; *summer ~* Sommerurlaubsort; **II** v/i. **4.** *~ to* a) sich begeben zu *od.* nach, b) Ort oft besuchen; **5.** *~ to* s-e Zuflucht nehmen zu, zu'rückgreifen auf (*acc.*), greifen zu, Gebrauch machen von.

re·sound [rɪ'zaʊnd] **I** v/i. **1.** 'widerhallen (*with, to* von): *~ing* schallend; **2.** erschallen, ertönen (*Klang*); **II** v/t. **3.** 'widerhallen lassen.

re·source [rɪ'sɔːs] s. **1.** (Hilfs)Quelle f, (-)Mittel n; **2.** pl. a) Mittel pl., Reichtümer pl. e-s *Landes*: *natural ~s* Bodenschätze, b) Geldmittel pl., c) ♣ Am. Ak'tiva pl.; **3.** → *resort* 1; **4.** Findig-, Wendigkeit f; Ta'lent n: *he is full of ~* er weiß sich immer zu helfen; **5.** Entspannung f, Unter'haltung f; **re'source·ful** [-fʊl] adj. □ **1.** reich an Hilfsquellen; **2.** findig, wendig, einfallsreich.

re·spect [rɪ'spekt] **I** s. **1.** Rücksicht f (*to, of* auf acc.): *without ~ to persons* ohne Ansehen der Person; **2.** Hinsicht f, Beziehung f: *in every* (*some*) *~* in jeder (gewisser) Hinsicht; *in ~ of* (*od. to*), *with ~ to* (*od. of*) hinsichtlich (gen.), bezüglich (gen.), in Anbetracht (gen.); *have ~ to* sich beziehen auf (acc.); **3.** (Hoch)Achtung f, Ehrerbietung f, Re'spekt m (*for* vor dat.); **4.** *one's ~s* pl. s-e Empfehlungen pl. od. Grüße pl. (*to* an acc.): *give him my ~s* grüßen Sie ihn von mir; *pay one's ~s to* a) j-n bestens grüßen, b) j-m s-e Aufwartung machen; **II** v/t. **5.** sich beziehen auf (acc.), betreffen; **6.** (hoch)achten, ehren; **7.** *Gefühle, Gesetze etc.* respektieren, (be)achten: *~ o.s.* etwas auf sich halten; **re·spect·a·bil·i·ty** [rɪ‚spektə'bɪlətɪ] s. **1.** Ehrbarkeit f, Achtbarkeit f; **2.** Ansehen n; ♣ Solidi'tät f; **3.** a) pl. Re'spektsper‚sonen pl., Honorati'oren pl., b) Re'spektsper‚son pl. Anstandsregeln pl.; **re'spect·a·ble** [-təbl] adj. □ **1.** ansehnlich, (recht) beachtlich; acht-, ehrbar; anständig, so'lide; **3.** angesehen, geachtet; **4.** kor'rekt, konventio'nell; **re'spect·er** [-tə] s.: *be no ~ of persons* ohne Ansehen der Person handeln; **re'spect·ful** [-fʊl] adj. □ re'spektvoll (a. iro. *Entfernung*), ehrerbietig, höflich: *Yours ~ly* mit vor'züglicher Hochachtung (*Briefschluß*); **re'spect·ing** [-tɪŋ] prp. bezüglich (gen.), hinsichtlich (gen.), über (acc.); **re'spec·tive** [-tɪv] adj. □ jeweilig (*jedem einzeln zukommend*), verschieden: *to our ~ places* wir gingen jeder an s-n Platz; **re'spec·tive·ly** [-tɪvlɪ] adv. a) beziehungsweise, b) in dieser Reihenfolge.

res·pi·ra·tion [‚respə'reɪʃn] s. Atmung f, Atmen n, Atemholen n: *artificial ~* künstliche Beatmung; **res·pi·ra·tor** ['respəreɪtə] s. **1.** *Brit.* Gasmaske f; **2.** Atemfilter m; **3.** ♣ Atemgerät n, 'Sauerstoffappa‚rat m; **re·spir·a·to·ry**

[rɪ'spaɪərətərɪ] *adj. anat.* Atmungs...
re·spire [rɪ'spaɪə] **I** *v/i.* **1.** atmen; **2.** *fig.* aufatmen; **II** *v/t.* **3.** (ein)atmen; *poet.* atmen.

res·pite ['respaɪt] **I** *s.* **1.** Frist *f*, (Zahlungs)Aufschub *m*, Stundung *f*; **2.** ⚖ a) Aussetzung *f* des Voll'zugs (*der Todesstrafe*), b) Strafaufschub *m*; **3.** *fig.* (Atem-, Ruhe)Pause *f*; **II** *v/t.* **4.** auf-, verschieben; **5.** *j-m* Aufschub gewähren, e-e Frist einräumen; **6.** ⚖ die Voll'streckung des Urteils an *j-m* aufschieben; **7.** Erleichterung von *Schmerz etc.* verschaffen.

re·splend·ence [rɪ'splendəns], **re·'splend·en·cy** [-sɪ] *s.* Glanz *m* (*a. fig.* Pracht); **re'splend·ent** [-nt] *adj.* □ glänzend, strahlend, prangend.

re·spond [rɪ'spɒnd] *v/i.* **1.** (*to*) antworten (auf *acc.*) (*a. eccl.*), *Brief etc.* beantworten; **2.** *fig.* antworten, er'widern (*with* mit); **3.** *fig.* (*to*) reagieren *od.* ansprechen (auf *acc.*), empfänglich sein (für), eingehen auf (*acc.*): ~ *to a call* e-m Rufe folgen; **4.** ⚙ ansprechen (*Motor*), gehorchen; **re'spond·ent** [-dənt] **I** *adj.* **1.** ~ *to* reagierend auf (*acc.*), empfänglich für; **2.** ⚖ beklagt; **II** *s.* **3.** ⚖ a) (Scheidungs)Beklagte(r *m*) *f*, b) Berufungsbeklagte(r *m*) *f*.

re·sponse [rɪ'spɒns] *s.* **1.** Antwort *f*, Erwiderung *f*: *in ~ to* als Antwort auf (*acc.*), in Erwiderung (*gen.*); **2.** *fig.* a) Reakti'on *f* (*a. biol., psych.*), Antwort *f*, b) 'Widerhall *m* (*alle: to* auf *acc.*): *meet with a good ~* Widerhall *od.* e-e gute Aufnahme finden; **3.** *eccl.* Antwort(strophe) *f*; **4.** ⚙ Ansprechen *n* (*des Motors etc.*).

re·spon·si·bil·i·ty [rɪ,spɒnsə'bɪlətɪ] *s.* **1.** Verantwortlichkeit *f*; **2.** Verantwortung *f* (*for, of* für): *on one's own ~* auf eigene Verantwortung; **3.** ⚖ a) Zurechnungsfähigkeit *f*, b) Haftbarkeit *f*; **4.** Vertrauenswürdigkeit *f*; ✝ Zahlungsfähigkeit *f*; **5.** *oft pl.* Verbindlichkeit *f*, Verpflichtung *f*; **re·spon·si·ble** [rɪ'spɒnsəbl] *adj.* □ **1.** verantwortlich (*to dat.*, *for* für): ~ *partner* ✝ persönlich haftender Gesellschafter; **2.** ⚖ a) zurechnungsfähig, b) geschäftsfähig, c) haftbar; **3.** verantwortungsbewußt, zuverlässig; ✝ so'lide, zahlungsfähig; **4.** verantwortungsvoll, verantwortlich (*Stellung*): *used to ~ work* an selbständiges Arbeiten gewöhnt; **5.** (*for*) a) schuld (an *dat.*), verantwortlich (für), b) die Ursache (*gen. od.* von); **re·spon·sive** [rɪ'spɒnsɪv] *adj.* □ **1.** Antwort..., antwortend (*to* auf *acc.*); **2.** (*to*) (leicht) reagierend (auf *acc.*), ansprechbar; *weitS.* empfänglich *od.* zugänglich *od.* aufgeschlossen (für): *be ~ to* a) ansprechen auf (*acc.*), b) eingehen auf (*j-n*), (*e-m Bedürfnis etc.*) entgegenkommen; **3.** ⚙ e'lastisch (*Motor*).

rest¹ [rest] **I** *s.* **1.** (*a.* Nacht)Ruhe *f*, Rast *f*; *fig.* a) Ruhe *f* (*Frieden, Untätigkeit*), b) Ruhepause *f*, Erholung *f*, c) ewige *od.* letzte Ruhe (*Tod*); *phys.* Ruhe(lage *f*): *at ~* in Ruhe, ruhig; *be at ~* a) ruhen (*Toter*), b) beruhigt sein, c) ⚙ sich in Ruhelage befinden; *give a ~ to* a) *Maschine etc.* ruhen lassen, b) F *et. auf* sich beruhen lassen; *have a good night's ~* gut schlafen; *lay to ~* zur letzten Ruhe

betten; *set s.o.'s mind at ~* *j-n* beruhigen; *set a matter at ~* e-e Sache (endgültig) entscheiden *od.* erledigen; *take a ~* sich ausruhen; **2.** Ruheplatz *m* (*a.* Grab), Raststätte *f*; Aufenthalt *m*; Herberge *f*, Heim *n*; **3.** ⚙ a) Auflage *f*, Stütze *f*, (Arm)Lehne *f*, (Fuß)Raste *f*; *teleph.* Gabel *f*, b) Sup'port *m* e-r Drehbank, c) ✗ (Gewehr)Auflage *f*; **4.** ♪ Pause *f*; **5.** *Metrik*: Zä'sur *f*; **II** *v/i.* **6.** ruhen, schlafen (*a.* Toter); **7.** (sich aus)ruhen, rasten, e-e (Ruhe)Pause einlegen: *let a matter ~ fig.* e-e Sache auf sich beruhen lassen; *the matter cannot ~ there* damit kann es nicht sein Bewenden haben; **8.** sich stützen: ~ *against* sich stützen gegen, lehnen gegen, ⚙ anliegen an (*acc.*); ~ (*up*)*on* a) ruhen auf (*dat.*) (*a.* Last, Blick, Schatten etc.), b) *fig.* beruhen auf (*dat.*), sich stützen auf (*acc.*), c) *fig.* sich verlassen auf (*acc.*); **9.** ~ *with* bei *j-m* liegen (*Entscheidung, Schuld*), in *j-s* Händen liegen, von *j-m* abhängen, *j-m* über'lassen bleiben; **10.** ⚖ *Am.* → 16; **III** *v/t.* **11.** (aus)ruhen lassen, *j-m* Ruhe gönnen: ~ *o.s.* sich ausruhen; *God ~ his soul* Gott hab' ihn selig; **12.** *Augen, Stimme* schonen; **13.** legen, lagern (*on* auf *acc.*); **14.** *Am.* F *Hut etc.* ablegen; **15.** ~ *one's case* ⚖ *Am.* den Beweisvortrag abschließen.

rest² [rest] **I** *s.* **1.** Rest *m*; (*das*) übrige (*die*) übrigen: *and all the ~ of it* und alles übrige; *the ~ of us* wir übrigen; *for the ~* im übrigen; **2.** ✝ *Brit.* Re'serve,fonds *m*; **3.** ✝ *Brit.* a) Bilanzierung *f*, b) Restsaldo *m*; **II** *v/i.* **4.** *in e-m Zustand* bleiben, weiterhin sein: ~ *assured that* seien Sie versichert *od.* verlassen Sie sich darauf, daß; **5.** ~ *with* → rest¹ 9.

re·state [,riː'steɪt] *v/t.* neu (u. besser) formulieren, **re'state·ment** [-mənt] *s.* neue Darstellung *od.* Formulierung.

res·tau·rant ['restərɒ̃:ŋ] (*Fr.*) *s.* Restau'rant *n*, Gaststätte *f*: ~ *car* Speisewagen *m*.

rest| cure ✍ Liegekur *f*; ~ *home* *s.* Alten- *od.* Pflegeheim *n*.

rest·ed ['restɪd] *p.p. u. adj.* ausgeruht, erholt; **rest·ful** ['restfʊl] *adj.* □ **1.** ruhig, friedlich; **2.** erholsam, gemütlich; **3.** bequem, angenehm.

rest house *s.* Rasthaus *n*.

rest·ing place [*restɪŋ*] *s.* **1.** Ruheplatz *m*; **2.** (letzte) Ruhestätte, Grab *n*.

res·ti·tu·tion [,restɪ'tjuːʃn] *s.* **1.** Restituti'on *f*: a) (Zu)'Rückerstattung *f*, b) Entschädigung *f*, c) Wieder'gutmachung *f*, d) Wieder'herstellung *f* von *Rechten etc.*: *make ~* Ersatz leisten (*of* für); **2.** *phys.* (e'lastische) Rückstellung; **3.** *phot.* Entzerrung *f*.

res·tive ['restɪv] *adj.* □ **1.** unruhig, ner'vös; **2.** störrisch, 'widerspenstig, bokkig (*a.* Pferd); **'res·tive·ness** [-nɪs] *s.* **1.** Unruhe *f*, Ungeduld *f*; **2.** 'Widerspenstigkeit *f*.

rest·less ['restlɪs] *adj.* □ **1.** ruhe-, rastlos; **2.** unruhig; **3.** schlaflos (*Nacht*); **'rest·less·ness** [-nɪs] *s.* **1.** Ruhe-, Rastlosigkeit *f*; **2.** (ner'vöse) Unruhe, Unrast *f*.

re·stock [,riː'stɒk] **I** *v/t.* **1.** ✝ a) *Lager* wieder auffüllen, b) *Ware* wieder auf Lager nehmen; **2.** *Gewässer* wieder mit

Fischen besetzen; **II** *v/i.* **3.** neuen Vorrat einlagern.

res·to·ra·tion [,restə'reɪʃn] *s.* **1.** Wieder'herstellung *f* (*e-s Zustandes, der Gesundheit etc.*); **2.** Restaurierung *f* e-s *Kunstwerks etc.*; **3.** Rückerstattung *f*, -gabe *f*; **4.** Wieder'einsetzung *f* (*to* in ein *Amt*); **5.** *the 2 hist.* die Restaurati'on; **re·stor·a·tive** [rɪ'stɒrətɪv] 💊 **I** *adj.* □ **1.** stärkend; **II** *s.* **2.** Stärkungsmittel *n*; **3.** 'Wiederbelebungsmittel *n*.

re·store [rɪ'stɔː] *v/t.* **1.** *Einrichtung, Gesundheit, Ordnung etc.* wieder'herstellen; **2.** a) *Kunstwerk etc.* restaurieren, b) ⚙ in'stand setzen; **3.** *j-n* wieder'einsetzen (*to* in *acc.*); **4.** zu'rückerstatten, -bringen, -geben: ~ *s.th. to its place* et. an s-n Platz zurückstellen; *the receiver teleph.* den Hörer auflegen *od.* einhängen; ~ *s.o.* (*to health*) *j-n* gesund machen *od.* wiederherstellen; ~ *s.o. to liberty j-m* die Freiheit wiedergeben; ~ *s.o. to life j-n* ins Leben zu'rückrufen; ~ *a king* (*to the throne*) e-n König wieder auf den Thron setzen; **re'stor·er** [-ɔːrə] *s.* **1.** Wieder'hersteller (-in); **2.** Restau'rator *m*, Restaura'torin *f*; **3.** Haarwuchsmittel *n*.

re·strain [rɪ'streɪn] *v/t.* **1.** zu'rückhalten: ~ *s.o. from doing s.th. j-n* davon abhalten, et. zu tun; ~*ing order* ⚖ Unterlassungsurteil *n*; **2.** a) in Schranken halten, Einhalt gebieten (*dat.*), b) *Pferd* im Zaum halten, zügeln (*a. fig.*); **3.** *Gefühl* unter'drücken, bezähmen; **4.** a) einsperren, -schließen, b) *Geisteskranken* in e-r Anstalt 'unterbringen; **5.** *Macht* be-, einschränken; **6.** ✝ *Produktion etc.* drosseln; **re'strained** [-nd] *adj.* □ **1.** zu'rückhaltend, beherrscht, maßvoll; **2.** verhalten, gedämpft; **re·'straint** [-nt] *s.* **1.** Einschränkung *f*, Beschränkung(en *pl.*) *f*; Hemmnis *n*, Zwang *m*: ~ *of* (*od.* upon) *liberty* Beschränkung der Freiheit; ~ *of trade* a) Beschränkung des Handels, b) Einschränkung des freien Wettbewerbs, Konkurrenzverbot *n*; ~ *clause* Konkurrenzklausel *f*; *call for* ~ Maßhalteappell *m*; *without* ~ frei, ungehemmt, offen; **2.** ⚖ Freiheitsbeschränkung *f*, Haft *f*: *place s.o. under* ~ *j-n* in Gewahrsam nehmen; **3.** a) Zu'rückhaltung *f*, Beherrschtheit *f*, b) (künstlerische) Zucht.

re·strict [rɪ'strɪkt] *v/t.* a) einschränken, b) beschränken (*to* auf *acc.*): *be ~ed to doing* sich darauf beschränken müssen, et. zu tun; **re'strict·ed** [-tɪd] *adj.* □ **1.** eingeschränkt, beschränkt, begrenzt: ~! nur für den Dienstgebrauch!; ~ *area* Sperrgebiet *n*; ~ *district* Gebiet *n* mit bestimmten Baubeschränkungen; **re·'stric·tion** [-kʃn] *s.* **1.** Ein-, Beschränkung *f* (*of, on gen.*): ~*s on imports* Einfuhrbeschränkungen; ~*s of space* räumliche Beschränktheit; *without ~s* uneingeschränkt; **2.** Vorbehalt *m*; **re·'stric·tive** [-tɪv] **I** *adj.* □ be-, einschränkend (*of acc.*): ~ *clause* a) *ling.* einschränkender Relativsatz, b) ✝ einschränkende Bestimmung; **II** *s. ling.* Einschränkung *f*.

rest room *s. Am.* Toi'lette *f* (*Hotel etc.*). **re·struc·ture** [,riː'strʌktʃə] *v/t.* 'umstrukturieren.

re·sult [rɪ'zʌlt] **I** *s.* **1.** *a.* 🎱 Ergebnis *n*,

Resul'tat *n*; (*a.* guter) Erfolg: *without* ~ ergebnislos; **2.** Folge *f*, Aus-, Nachwirkung *f*: *as a* ~ a) die Folge war, daß, b) folglich; *get* ~*s* Erfolge erzielen, et. erreichen; **II** *v/i.* **3.** sich ergeben, resultieren (*from* aus): ~ *in* hinauslaufen auf (*acc.*), zur Folge haben (*acc.*), enden mit (*dat.*); **re'sult-ant** [-tənt] **I** *adj.* **1.** sich ergebend, (dabei *od.* daraus) entstehend, resultierend (*from* aus); **II** *s.* **2.** *phys.*, *A* Resul'tante *f*; **3.** (End)Ergebnis *n*.

re·sume [rɪ'zjuːm] **I** *v/t.* **1.** *Tätigkeit etc.* wieder'aufnehmen, wieder anfangen; fortsetzen: *he* ~*d painting* er begann wieder zu malen, er malte wieder; **2.** 'wiedererlangen; *Platz* wieder einnehmen; *Amt*, *Kommando* wieder über'nehmen; *Namen* wieder annehmen; **3.** resümieren, zs.-fassen; **II** *v/i.* **4.** s-e Tätigkeit wieder'aufnehmen; **5.** *in s-r Rede* fortfahren; **6.** wieder beginnen.

ré·su·mé ['rezjuːmeɪ] (*Fr.*) *s.* **1.** Resü'mee *n*, Zs.-fassung *f*; **2.** *bsd. Am.* Lebenslauf *m*.

re·sump·tion [rɪ'zʌmpʃn] *s.* **1.** a) Zu'rücknahme *f*, b) *f* Li'zenzentzug *m*; **2.** Wieder'aufnahme *f e-r Tätigkeit, von Zahlungen etc.*

re·sur·gence [rɪ'sɜːdʒəns] *s.* Wiederem-'porkommen *n*, Wieder'aufleben *n*, -'aufstieg *m*, 'Wiedererweckung *f*; **re-'sur·gent** [-nt] *adj.* wieder'auflebend, 'wiedererwachend.

res·ur·rect [ˌrezə'rekt] *v/t.* **1.** F wieder zum Leben erwecken; **2.** *fig. Sitte* wieder'aufleben lassen; **3.** *Leiche* ausgraben; **res·ur'rec·tion** [-kʃn] *s.* **1.** (*eccl.* 2) Auferstehung *f*; **2.** *fig.* Wieder'aufleben *n*, 'Wiedererwachen *n*; **3.** Leichenraub *m*.

re·sus·ci·tate [rɪ'sʌsɪteɪt] **I** *v/t.* **1.** 'wiederbeleben; **2.** *fig.* 'wiedererwecken, wieder'aufleben lassen; **II** *v/i.* **3.** das Bewußtsein 'wiedererlangen; **4.** wieder'aufleben; **re·sus·ci·ta·tion** [rɪˌsʌsɪ-'teɪʃn] *s.* **1.** 'Wiederbelebung *f* (*a. fig. Erneuerung*); **2.** Auferstehung *f*.

ret [ret] **I** *v/t. Flachs etc.* rösten, rötten; **II** *v/i.* verfaulen (*Heu*).

re·tail ['riːteɪl] **I** *s.* Einzel-, Kleinhandel *m*, Kleinverkauf *m*, De'tailgeschäft *n*: *by* (*Am. at*) ~ → III; **II** *adj.* Einzel-, Kleinhandels...: ~ *bookseller* Sortimentsbuchhandler *m*; ~ *dealer* Einzelhändler *m*; ~ *price* Einzelhandels-, Ladenpreis *m*; ~ *trade* → I; **III** *adv.* im Einzelhandel, einzeln, en de'tail: *sell* ~; **IV** *v/t.* [riː'teɪl] a) *Waren* im kleinen *od.* en de'tail verkaufen, b) *Klatsch* weitergeben, (haarklein) weitererzählen; **V** *v/i.* [riː'teɪl] im Einzelhandel verkauft werden (*at* zu 6 Dollar etc.); **re·tail·er** [riː'teɪlə] *s.* **1.** *f* Einzel-, Kleinhändler (-in); **2.** Erzähler(in), Verbreiter(in) *von Klatsch etc.*

re·tain [rɪ'teɪn] *v/t.* **1.** zu'rück(be)halten, einbehalten; **2.** *Eigenschaft, Posten etc., a. im Gedächtnis* behalten; *a. Geduld etc.* bewahren; **3.** *Brauch* beibehalten; **4.** *j-n* in s-n Diensten halten: ~ *a lawyer* e-n Anwalt nehmen; ~*ing fee* → *retainer* 2 a; **5.** *f* halten, sichern, stützen; *Wasser* stauen: ~*ing nut* Befestigungsmutter *f*; ~*ing ring* Sprengring *m*; ~*ing wall* Stütz-, Staumauer *f*; **re-'tain·er** [-nə] *s.* **1.** *hist.* Gefolgsmann

m: *old* ~ F altes Faktotum; **2.** *tt* a) Verpflichtung *f* e-s Anwalts, b) Hono-'rarvorschuß *m*; *general* ~ Pauschalhonorar *n*, c) Pro'zeßvollmacht *f*; **3.** *⊕* a) Befestigungsteil *n*, b) Käfig *m e-s Kugellagers*.

re·take [ˌriː'teɪk] **I** *v/t.* [*irr.* → *take*] **1.** wieder (an-, ein-, zu'rück)nehmen; **2.** *✕* wieder'einnehmen; **3.** *Film: Szene etc.* wieder'holen, nochmals (ab)drehen; **II** *s.* ['riːteɪk] **4.** *Film:* Re'take *n*, Wieder'holung *f*.

re·tal·i·ate [rɪ'tælɪeɪt] **I** *v/i.* Vergeltung üben, sich rächen (*upon s.o.* an j-m); **II** *v/t.* vergelten, sich rächen für, heimzahlen; **re·tal·i·a·tion** [rɪˌtælɪ'eɪʃn] *s.* Vergeltung *f*: *in* ~ als Vergeltung(smaßnahme); **re'tal·i·a·to·ry** [-ɪətərɪ] *adj.* Vergeltungs...: ~ *duty* *f* Kampfzoll *m*.

re·tard [rɪ'tɑːd] *v/t.* **1.** verzögern, -langsamen, aufhalten; **2.** *phys.* retardieren, verzögern; *Elektronen* bremsen: *be* ~*ed* nacheilen; **3.** *biol.* retardieren; **4.** *psych. j-s* Entwicklung hemmen: ~*ed child* zurückgebliebenes Kind; *mentally* ~*ed* geistig zurückgeblieben; **5.** *mot.* *Zündung* nachstellen: ~*ed ignition* a) Spätzündung *f*, b) verzögerte Zündung; **re·tar·da·tion** [ˌriːtɑː'deɪʃn] *s.* **1.** Verzögerung *f* (*a. phys.*), -langsamung *f*, -spätung *f*; Aufschub *m*; **2.** *A, phys., biol.* Retardati'on *f*; *phys.* (*Elektronen*-) Bremsung *f*; **3.** *psych.* a) Entwicklungshemmung *f*, b) 'Unterentwickeltheit *f*; **4.** *♪* a) Verlangsamung *f*, b) aufwärtsgehender Vorhalt.

retch [retʃ] *v/i.* würgen (*beim Erbrechen*).

re·tell [ˌriː'tel] *v/t.* [*irr.* → *tell*] **1.** nochmals erzählen *od.* sagen, wieder'holen; **2.** *ped.* nacherzählen.

re·ten·tion [rɪ'tenʃn] *s.* **1.** Zu'rückhalten *n*; **2.** Einbehaltung *f*; **3.** Beibehaltung *f* (*a. von Bräuchen etc.*), Bewahrung *f*; **4.** *⚕* Verhalten *n*; **5.** Festhalten *n*, Halt *m*: ~ *pin* *⊕* Arretierstift *m*; **6.** Merken *n*, Merkfähigkeit *f*; **re'ten·tive** [-ntɪv] *adj.* □ **1.** (zu'rück)haltend (*of acc.*); **2.** erhaltend, bewahrend; gut (*Gedächtnis*); **3.** Wasser speichernd.

re·think [ˌriː'θɪŋk] *v/t.* [*irr.* → *think*] et. nochmals über'denken; **re'think·ing** [-kɪŋ] *s.* 'Umdenken *n*.

ret·i·cence ['retɪsəns] *s.* **1.** Verschwiegenheit *f*, Schweigsamkeit *f*; **2.** Zu'rückhaltung *f*; **'ret·i·cent** [-nt] *adj.* □ **1.** verschwiegen (*about, on* über *acc.*), schweigsam; zu'rückhaltend.

ret·i·cle ['retɪkl] *s. opt.* Fadenkreuz *n*.

re·tic·u·lar [rɪ'tɪkjʊlə] *adj.* □ netzartig, -förmig, Netz...; **re'tic·u·late I** *adj.* □ [-lət] netzartig, -förmig; **II** *v/t.* [-leɪt] netzförmig mustern *od.* bedecken; **III** *v/i.* [-leɪt] sich verästeln; **re'tic·u·lat·ed** [-leɪtɪd] *adj.* netzförmig, maschig, Netz...: ~ *glass* Filigranglas *n*; **re-tic·u·la·tion** [rɪˌtɪkjʊ'leɪʃn] *s.* Netzwerk *n*; **ret·i·cule** ['retɪkjuːl] *s.* **1.** → *reticle*; **2.** Damentasche *f*, Arbeitsbeutel *m*; **re·ti·form** ['riːtɪfɔːm] *adj.* netz-, gitterförmig.

ret·i·na ['retɪnə] *s. anat.* Retina *f*, Netzhaut *f*.

ret·i·nue ['retɪnjuː] *s.* Gefolge *n*.

re·tire [rɪ'taɪə] **I** *v/i.* **1.** *allg.* sich zu'rückziehen (*a.* ✕): ~ (*from business*) a. sich zur Ruhe setzen; ~ *into o.s.* sich

verschließen; ~ (*to rest*) sich zur Ruhe begeben, schlafen gehen; **2.** ab-, zu-'rücktreten; in den Ruhestand treten, in Pensi'on *od.* Rente gehen, s-n Abschied nehmen (*Beamter*); **3.** *fig.* zu-'rücktreten (*Hintergrund, Ufer etc.*); **II** *v/t.* **4.** zu'rückziehen (*a.* ✕); **5.** *✝ Noten* aus dem Verkehr ziehen; *Wechsel* einlösen; **6.** *bsd.* ✕ verabschieden, pensionieren; ~ *retired* 1; **re'tired** [-əd] *p.p. u. adj.* □ **1.** pensioniert, im Ruhestand (lebend): ~ *general* General a.D. *od.* außer Dienst; ~ *pay* Ruhegeld *n*, Pension *f*; *be placed on the* ~ *list* ✕ den Abschied erhalten; **2.** im Ruhestand (lebend); **3.** zu'rückgezogen (*Leben*); **4.** abgelegen, einsam (*Ort*); **re'tire·ment** [-mənt] *s.* **1.** (Sich)Zu-'rückziehen *n*; **2.** Aus-, Rücktritt *m*, Ausscheiden *n*; **3.** Ruhestand *m*: *early* ~ vorzeitiger Ruhestand; ~ *pension* (Alters)Rente *f*, Ruhegeld *n*; ~ *pensioner* (Alters)Rentner(in), Ruhegeldempfänger(in); *go into* ~ sich ins Privatleben zurückziehen; **4.** *j-s* Zu'rückgezogenheit *f*; **5.** a) Abgeschiedenheit *f*, b) abgelegener Ort, Zuflucht *f*; **6.** ✕ (planmäßige) Absetzbewegung, Rückzug *m*; **7.** *f* Einziehung *f*; **re'tir·ing** [-ərɪŋ] *adj.* □ **1.** Ruhestands...: ~ *age* Renten-, Pensionsalter *n*; ~ *pension* Ruhegeld *n*; **2.** *fig.* zu'rückhaltend, bescheiden; **3.** unauffällig, dc'zent (*Farbe etc.*); **4.** ~ *room* a) Privatzimmer *n*, b) Toilette *f*.

re·tool [ˌriː'tuːl] *v/t.* Fabrik mit neuen Ma'schinen ausrüsten.

re·tort[1] [rɪ'tɔːt] **I** *s.* **1.** (scharfe *od.* treffende) Entgegnung, (schlagfertige) Antwort; Erwiderung *f*; **II** *v/t.* **2.** (darauf) erwidern; **3.** Beleidigung *etc.* zu'rückgeben (*on s.o.* j-m); **III** *v/i.* **4.** (scharf *od.* treffend) erwidern, entgegnen.

re·tort[2] [rɪ'tɔːt] *s.* *🝾*, *⊕* Re'torte *f*.

re·tor·tion [rɪ'tɔːʃn] *s.* **1.** (Sich)'Umwenden *n*, Zu'rückströmen *n*, -biegen *n*, -beugen *n*; **2.** *Völkerrecht:* Retorsi'on *f* (*Vergeltungsmaßnahme*).

re·touch [ˌriː'tʌtʃ] **I** *v/t.* et. über'arbeiten; *phot.* retuschieren; **II** *s.* Re'tusche *f*.

re·trace [rɪ'treɪs] **I** *v/t.* (*a. fig. Stammbaum etc.*) zu'rückverfolgen; *fig.* zu-'rückführen (*to* auf *acc.*): ~ *one's steps* a) (denselben Weg) zurückgehen, b) *fig.* die Sache ungeschehen machen; **II** *s.* *≠* Rücklauf *m*.

re·tract [rɪ'trækt] **I** *v/t.* **1.** *Behauptung* zu'rücknehmen, (*a.* ✝ *Aussage*) wider'rufen; **2.** *Haut, Zunge etc., a. tt Anklage* zu'rückziehen; **3.** *zo. Klauen etc., a. ✈ Fahrgestell* einziehen; **II** *v/i.* **4.** sich zurückziehen; **5.** widerrufen, es zu'rücknehmen; **6.** zu'rücktreten (*from* von *e-m Entschluß, e-m Vertrag etc.*); **re'tract·a·ble** [-təbl] *adj.* **1.** widerrufbar: ~ *landing gear* ✈ einziehbares Fahrgestell; **2.** zu'rückziehbar; **3.** zu-'rücknehmbar, zu wider'rufen(d); **re-trac·ta·tion** [ˌriːtræk'teɪʃn] → *retraction* 1; **re'trac·tile** [-taɪl] *adj.* **1.** einziehbar; **2.** *a. anat.* zu'rückziehbar; **re-'trac·tion** [-kʃn] *s.* **1.** Zu'rücknahme *f*, 'Widerruf *m*; **2.** Zu'rück-, Einziehen *n*; **3.** *⚕*, *zo.* Retrakti'on *f*; **re'trac·tor** [-tə] *s.* **1.** *anat.* Retrakti'onsmuskel *m*;

2. ✻ Re'traktor *m*, Wundhaken *m*.
re·train [ˌriː'treɪn] *v/t. j-n* 'umschulen; ˌre'train·ing [-nɪŋ] *s. a. occupational ~* 'Umschulung *f.*
re·trans·late [ˌriːtræns'leɪt] *v/t.* (zu-) 'rücküber setzen; **re·trans'la·tion** [-eɪʃn] *s.* 'Rücküber setzung *f.*
re·tread [ˌriː'tred] **I** *v/t.* ⊕ *Reifen* rund erneuern; **II** ['riː tred] *s.* rund erneuerter Reifen.
re·treat [rɪ'triːt] **I** *s.* **1.** *bsd.* ✗ Rückzug *m*: *beat a ~ fig.* das Feld räumen, klein beigeben; *sound the* (*od. a*) *~* zum Rückzug blasen; *there was no ~* es gab kein Zurück; **2.** Zufluchtsort *m*, Schlupfwinkel *m*; **3.** Anstalt *f für Geisteskranke etc.*; **4.** Zu'rückgezogenheit *f*, Abgeschiedenheit *f*; **5.** ✗ Zapfenstreich *m*; **II** *v/i.* **6.** *a.* ✗ sich zu'rückziehen; **7.** zu'rücktreten, -weichen (*z.B. Meer*): *~ing chin* fliehendes Kinn; **III** *v/t.* **8.** *bsd. Schachfigur* zu'rückziehen.
re·treat [ˌriː'triːt] *v/t. allg.* erneut behandeln.
re·trench [rɪ'trentʃ] **I** *v/t.* **1.** *Ausgaben etc.* einschränken, *a. Personal* abbauen; **2.** beschneiden, kürzen; **3.** a) *Textstelle* streichen, b) *Buch* zs.-streichen; **4.** *Festungswerk* mit inneren Verschanzungen versehen; **II** *v/i.* **5.** sich einschränken, Sparmaßnahmen 'durchführen, sparen; **re'trench·ment** [-mənt] *s.* **1.** Einschränkung *f*, (*Kosten-*, *Personal-*) Abbau *m*; Sparmaßnahme *f*; (Gehalts-) Kürzung *f*; **2.** Streichung *f*, Kürzung *f*; **3.** ✗ Verschanzung *f*, innere Verteidigungsstellung.
re·tri·al [ˌriː'traɪəl] *s.* **1.** nochmalige Prüfung; **2.** ⚖ Wieder'aufnahmeverfahren *n.*
ret·ri·bu·tion [ˌretrɪ'bjuːʃn] *s.* Vergeltung *f*, Strafe *f*; **re·trib·u·tive** [rɪ'trɪbjʊtɪv] *adj.* □ vergeltend, Vergeltungs...
re·triev·a·ble [rɪ'triːvəbl] *adj.* □ **1.** 'wiederzugewinnen(d); **2.** wieder'gutzumachen(d), wettzumachen(d); **re'trieve** [rɪ'triːv] **I** *v/t.* **1.** *hunt.* apportieren; **2.** 'wiederfinden, -bekommen; **3.** (sich *et.*) zu'rückholen; **4.** *et.* her'ausholen, -fischen (*from* aus); **5.** *fig.* 'wiedergewinnen, -erlangen; *Fehler* wieder'gutmachen; *Verlust* wettmachen; **6.** *j-n* retten (*from* aus); **7.** *et.* der Vergessenheit entreißen; **8.** *beyond* (*od. past*) *~* unwiederbringlich dahin; **re'triev·er** [-və] *s. hunt.* Re'triever *m, allg.* Apportierhund *m.*
retro- [retrəʊ] *in Zssgn* zurück..., rück (-wärts)..., Rück...; entgegengesetzt; hinter...; ˌretro'ac·tive *adj.* □ **1.** ⚖ rückwirkend; **2.** zu'rückwirkend; ˌretro'ces·sion *s.* **1.** *a.* ✻ Zu'rückgehen *n*, b) ✻ Nach'innenschlagen *m*; **2.** ⚖ 'Wieder-, Rückabtretung *f*; ˌretro·gra'da·tion *s.* **1.** → *retrogression* 1; **2.** Zu'rückgehen *n*; **3.** *fig.* Rück-, Niedergang *m*; **ret·ro·grade** ['retrəʊgreɪd] **I** *adj.* **1.** ✻, ♃, *ast.*, *zo.* rückläufig; **2.** *fig.* rückgängig, -läufig, Rückwärts..., rückschrittlich; **II** *v/i.* **3.** a) rückläufig sein, b) zu'rückgehen; **4.** rückwärts gehen; **5.** *bsd. biol.* entarten.
ret·ro·gres·sion [ˌretrəʊ'greʃn] *s.* **1.** *ast.* rückläufige Bewegung; **2.** *bsd. biol.* Rückentwicklung *f*; **3.** *fig.* Rückgang

m, -schritt *m*; ˌret·ro'gres·sive [-esɪv] *adj.* □ **1.** *bsd. biol.* rückschreitend: *~ metamorphosis biol.* Rückbildung *f*; **2.** *fig.* rückschrittlich; **3.** *fig.* nieder-, zu'rückgehend; **ret·ro·rock·et** ['retrəʊ rɒkɪt] *s.* 'Bremsra kete *f*; **ret·ro·spect** ['retrəʊspekt] *s.* Rückblick *m*, -schau *f* (*of, on* auf *acc.*): *in* (*the*) *~* rückschauend, im Rückblick; **ret·ro·spec·tion** [ˌretrəʊ'spekʃn] *s.* Erinnerung *f*; Zu'rückblicken *n*; **ret·ro·spec·tive** [ˌretrəʊ'spektɪv] *adj.* □ **1.** zu'rückblickend; **2.** nach rückwärts *od.* hinten (gerichtet); **3.** rückwirkend.
ret·rous·sé [rə'truːseɪ] (*Fr.*) *adj.* nach oben gebogen: *~ nose* Stupsnase *f.*
re·try [ˌriː'traɪ] *v/t.* ⚖ a) *Prozeß* wieder-'aufnehmen, b) neu verhandeln gegen *j-n.*
re·turn [rɪ'tɜːn] **I** *v/i.* **1.** zu'rückkehren, -kommen (*to* zu); 'wiederkehren (*a. fig.*); *fig.* wieder auftreten (*Krankheit etc.*): *~ to fig.* a) auf *ein Thema* zu'rückkommen, b) zu *e-m Vorhaben* zu'rückkommen, c) in *e-e Gewohnheit etc.* zu'rückfallen, d) in *e-n Zustand* zu'rückkehren; *~ to dust* zu Staub werden; *to health* wieder gesund werden; **2.** zu-'rückfallen (*Besitz*) (*to* an *acc.*); **3.** er'widern, antworten; **II** *v/t.* **4.** *Gruß etc.*, *a. Besuch*, ✗ *Feuer, Liebe, Schlag etc.* erwidern: *~ thanks* danken; **5.** zu'rückgeben, *Geld a.* zu'rückzahlen, -erstatten; **6.** zu'rückschicken, -senden: *~ed empties* ⚖ zurückgesandtes Leergut; *~ed letter* unzustellbarer Brief; **7.** (an s-n Platz) zu'rückstellen, -tun; **8.** (ein-) bringen, *Gewinn* abwerfen, *Zinsen* tragen; **9.** *Bericht* erstatten; ⚖ a) Voll-'zugsbericht erstatten über (*acc.*), b) *Gerichtsbefehl* mit Vollzugsbericht rückvorlegen; **10.** ⚖ Schuldspruch fällen *od.* aussprechen: *be ~ed guilty* schuldig gesprochen werden; **11.** *Votum* abgeben; **12.** amtlich erklären für *od.* als, *j-n arbeitsunfähig etc.* schreiben; **13.** *Einkommen* zur Steuerveranlagung erklären, angeben (*at* mit); **14.** *amtliche Liste etc.* veröffentlichen; **15.** *parl. Brit. Wahlergebnis* melden; **16.** *parl. Brit.* als Abgeordneten wählen (*to Parliament* ins Parlament); **17.** *sport Ball* zu'rückschlagen; **18.** *Echo, Strahlen* zu'rückwerfen; **19.** ⊕ zu'rückführen, -leiten; **III** *s.* **20.** Rückkehr *f*, -kunft *f*; 'Wiederkehr *f* (*a. fig.*): *~ of health* Genesung *f*; *by ~ of post Brit.*, *by ~ mail Am.* postwendend, umgehend; *many happy ~s of the day!* herzlichen Glückwunsch zum Geburtstag!; *on my ~* bei m-r Rückkehr; **21.** Wieder'auftreten *n* (*Krankheit etc.*): *~ of influenza* Grippe rückfall *m*; *~ of cold weather* Kälterückfall *m*; **22.** ⚖ Rückfahrkarte *f*; **23.** Rück-, Her'ausgabe *f*: *on sale or ~* ⚖ in Kommission; **24.** *oft pl.* ⚖ Rücksendung *f* (*a. Ware*): *~ copies* Remittenden *f*; **25.** ⚖ Rückzahlung *f*, (-)Erstattung *f*; *Versicherung*: *~* (*of premium*) Ri'storno *n*; **26.** Entgelt *n*, Gegenleistung *f*, Entschädigung *f*: *in ~* dafür, dagegen; *in ~ for* (als Gegenleistung) für; *without ~* unentgeltlich; **27.** *oft pl.* ⚖ a) (*Kapitaletc.*)'Umsatz *m*: *quick ~s* schneller Umsatz, b) Ertrag *m*, Einnahme *f*, Ver-

zinsung *f*, Gewinn *m*: *yield* (*od. bring*) *a ~* Nutzen abwerfen, sich rentieren; **28.** Erwiderung *f* (*a. fig. e-s Grußes etc.*): *~ of affection* Gegenliebe *f*; **29.** (amtlicher) Bericht, (sta'tistischer) Ausweis, Aufstellung *f*; *pol. Brit.* Wahlbericht *m*, -ergebnis *n*: *annual ~* Jahresbericht *m*, -ausweis *m*; *bank ~* Bankausweis *m*; *official ~s* amtliche Ziffern; **30.** Steuererklärung *f*; **31.** ⚖ a) Rückvorlage *f* (*e-s Vollstreckungsbefehls etc.*) (mit Voll'zugsbericht), b) Voll'zugsbericht *m* (*des Gerichtsvollziehers etc.*); **32.** *a. ~ day* 'Ver'handlungster min *m*; **33.** ⊕ a) Rückführung *f*, -leitung *f*, b) Rücklauf *m*, c) ⚡ Rückleitung *f*; **34.** Biegung *f*, Krümmung *f*; **35.** △ a) 'Wiederkehr *f*, b) vorspringender *od.* zu'rückgesetzter Teil, c) (Seiten)Flügel *m*; **36.** *Tennis*: Re'turn *m*, Rückschlag *m* (*a. Ball*); **37.** *sport a. ~ match* Rückspiel *n*; **38.** (leichter) Feinschnitt (*Tabak*); **IV** *adj.* **39.** Rück...(-*porto, -reise, -spiel etc.*): *~ cable* ⚡ Rückleitung *f*; *~ cargo* Rückfracht *f*, -ladung *f*; *~ current* ⚡ Rück-, Erdstrom *m*; *~ ticket* a) Rückfahrkarte *f*, b) ✈ Rückflugkarte *f*; *~ valve* ⊕ Rückschlagventil *n*; *~ visit* Gegenbesuch *m*; *~ wire* ⚡ Nulleiter *m*; **re'turn-a·ble** [-nəbl] *adj.* **1.** zu'rückzugeben(d); einzusenden(d); **2.** ⚖ rückzahlbar.
re·turn·ing of·fi·cer [rɪ'tɜː nɪŋ] *s. pol. Brit.* 'Wahlkommis sar *m.*
re·u·ni·fi·ca·tion [ˌriːjuːnɪfɪ'keɪʃn] *s. pol.* 'Wiedervereinigung *f.*
re·un·ion [ˌriː'juːnjən] *s.* **1.** 'Wiedervereinigung *f*; *fig.* Versöhnung *f*; **2.** (*Familien-, Klassen- etc.*)Treffen *n*, Zs.-kunft *f.*
re·u·nite [ˌriːjuː'naɪt] **I** *v/t.* 'wiedervereinigen; **II** *v/i.* sich wieder vereinigen.
rev [rev] *mot.* F **I** *s.* Umdrehung *f*: *~s per minute* Dreh-, Tourenzahl *f*; **II** *v/t.* *mst ~ up* auf Touren bringen; **III** *v/i.* laufen, auf Touren sein (*Motor*): *~ up* a) auf Touren kommen, b) den Motor 'hochjagen' *od.* auf Touren bringen.
re·vac·ci·nate [ˌriː'væksɪneɪt] *v/t.* ✻ 'wieder-, nachimpfen.
re·val·or·i·za·tion ['riːˌvæləraɪ'zeɪʃn] *s.* ⚖ Aufwertung *f*; **re·val·or·ize** [ˌriː'væləraɪz] *v/t.* aufwerten.
re·val·u·ate [ˌriː'væljʊeɪt] *v/t.* ⚖ **1.** neu bewerten; **2.** aufwerten; **re·val·u·a·tion** ['riːˌvæljʊ'eɪʃn] *s.* **1.** Neubewertung *f*; **2.** Aufwertung *f.*
re·val·ue [ˌriː'væljuː] → *revaluate.*
re·vamp [ˌriː'væmp] *v/t.* F 'aufpolieren'.
re·vanch·ist [rɪ'væntʃɪst] **I** *adj.* revan'chistisch; **II** *s.* Revan'chist *m.*
re·veal [rɪ'viːl] **I** *v/t.* (*to*) **1.** *eccl., a. fig.* offenbaren (*dat.*); **2.** enthüllen, zeigen (*dat.*) (*a. fig. erkennen lassen*), sehen lassen; **3.** *fig.* Geheimnis *etc.* enthüllen, verraten, aufdecken (*dat.*); **II** *s.* **4.** ⊕ a) innere Laibung (*Tür etc.*), b) Fensterrahmen *m* (*Auto*); **re'veal·ing** [-lɪŋ] *adj.* **1.** enthüllend, aufschlußreich; **2.** 'offenherzig' (*Kleid*).
rev·eil·le [rɪ'vælɪ] *s.* ✗ (Si'gnal *n* zum) Wecken *n.*
rev·el ['revl] **I** *v/i.* **1.** (lärmend) feiern, ausgelassen sein; **2.** (*in*) *fig.* a) schwelgen (in *dat.*), *et.* in vollen Zügen genießen, b) sich weiden *od.* ergötzen (*in* an

dat.); **II** *s.* **3.** *oft pl.* → *revelry.*

rev·e·la·tion [ˌrevəˈleɪʃn] *s.* **1.** Enthüllung *f*, Offenbarung *f*: *it was a ~ to me* es fiel mir wie Schuppen von den Augen; *what a ~!* welch überraschende Entdeckung!, ach so ist das!; **2.** (göttliche) Offenbarung: *the ~ (of St. John) bibl.* die (Geheime) Offenbarung (des Johannes); **3.** F ˌOffenbarungˈ *f* (*et. Ausgezeichnetes*).

rev·el·(l)er [ˈrevlə] *s.* **1.** Feiernde(r *m*) *f*; **2.** Zecher *m*; **3.** Nachtschwärmer *m*; **'rev·el·ry** [-lrɪ] *s.* lärmende Festlichkeit, Rummel *m*, Trubel *m*.

re·venge [rɪˈvendʒ] **I** *v/t.* **1.** *et.*, *a.* j-n rächen ([*up*]*on* an *dat.*): *~ o.s. for s.th.* sich für et. rächen; *be ~d* a) gerächt sein *od.* werden, b) sich rächen; **2.** sich rächen für, vergelten (*upon*, *on* an *dat.*); **II** *s.* **3.** Rache *f*: *take one's ~* Rache nehmen, sich rächen; *in ~ for it* dafür; **4.** Re'vanche *f* (*beim Spiel*): *have one's ~* sich revanchieren; **5.** Rachsucht *f*, -gier *f*; **re'venge·ful** [-fʊl] *adj.* □ rachsüchtig; **re'venge·ful·ness** [-fʊlnɪs] *s.* → *revenge* 5.

rev·e·nue [ˈrevənjuː] *s.* **1.** *a.* *public ~* öffentliche Einnahmen *pl.*, Staatseinkünfte *pl.*; **2.** a) Fi'nanzverwaltung *f*, b) Fiskus *m*: *defraud the ~* Steuern hinterziehen; *~ board → revenue office*; **3.** *pl.* Einnahmen *pl.*, Einkünfte *pl.*; **4.** Ertrag *m*, Nutzung *f*; **5.** Einkommensquelle *f*; *~ cut·ter s.* ⚓ Zollkutter *m*; *~ of·fice s.* Fi'nanzamt *n*; *~ of·fi·cer s.* Zollbeamte(r) *m*; Fi'nanzbeamte(r) *m*; *~ stamp s.* † Bande'role *f*, Steuermarke *f*.

re·ver·ber·ate [rɪˈvɜːbəreɪt] *phys.* **I** *v/i.* **1.** zu'rückstrahlen; **2.** (nach-, 'wider-)hallen; **II** *v/t.* **3.** *Strahlen, Hitze, Klang* zu'rückwerfen; *von e-m Klange* widerhallen; **re·ver·ber·a·tion** [rɪˌvɜːbəˈreɪʃn] *s.* **1.** Zu'rückwerfen *n*, -strahlen *n*; **2.** 'Widerhall(en *n*) *m*; Nachhall *m*; **re'ver·ber·a·tor** [-tə] *s.* **1.** Re'flektor *m*; **2.** Scheinwerfer *m*.

re·vere [rɪˈvɪə] *v/t.* (ver)ehren.

rev·er·ence [ˈrevərəns] **I** *s.* **1.** Verehrung *f* (*for* für *od. gen.*); **2.** Ehrfurcht *f* (*for* vor *dat.*); **3.** Ehrerbietung *f*; **4.** Reve'renz *f* (*Verbeugung od. Knicks*); **5.** *dial. od. humor.* *Your* (*His*) *~* Euer (Seine) Ehrwürden; **II** *v/t.* **6.** (ver)ehren; **'rev·er·end** [-nd] **I** *adj.* **1.** ehrwürdig; **2.** ⚄ *eccl.* hochwürdig (*Geistlicher*): *Very ⚄* (*im Titel e-s Dekans*); *Right ⚄* (*Bischof*); *Most ⚄* (*Erzbischof*); *Mother* Mutter Oberin *f*; **II** *s.* **3.** Geistliche(r) *m*; **'rev·er·ent** [-nt] *adj.* □, **rev·er·en·tial** [ˌrevəˈrenʃl] *adj.* □ ehrerbietig, ehrfurchtsvoll.

rev·er·ie [ˈrevərɪ] *s.* Träume'rei *f* (*a.* ♪): *be lost in* (*a*) *~* in Träumen versunken sein.

re·ver·sal [rɪˈvɜːsl] *s.* **1.** 'Umkehr(ung) *f*; 'Umschwung *m*, -schlagen *n*: *~ of opinion* Meinungsumschwung; *~ process phot.* Umkehrentwicklung *f*; **2.** ♦️ (Urteils)Aufhebung *f*, 'Umstoßung *f*; **3.** ⚙ 'Umsteuerung *f*; **4.** ⚡ ('Strom)Umkehr *f*; **5.** † Stornierung *f*; **re'verse** [rɪˈvɜːs] **I** *s.* **1.** Gegenteil *n*, *das* 'Umgekehrte; **2.** Rückschlag *m*: *~ of fortune* Schicksalsschlag *m*; **3.** ✕ Niederlage *f*, Schlappe *f*; **4.** Rückseite *f*, *bsd. fig.* Kehrseite *f*: *~ of a coin* Rückseite *od.* Revers *m* e-r

Münze; *~ of the medal fig.* Kehrseite der Medaille; *on the ~* umstehend; *take in ~* ✕ im Rücken packen; **5.** *mot.* Rückwärtsgang *m*; **6.** ⚙ 'Umsteuerung *f*; **II** *adj.* □ **7.** 'umgekehrt, verkehrt, entgegengesetzt (*to dat.*): *~ charge call teleph.* R-Gespräch *n*; *~ current ⚡* Gegenstrom *m*; *~ flying ✈* Rückenflug *m*; *~ order* umgekehrte Reihenfolge; *~ side* a) Rückseite *f*, b) linke (*Stoff*)Seite *f*; **8.** rückläufig, rückwärts...: *~ gear →* 5; **III** *v/t.* **9.** 'umkehren (*a.* ⚗, ⚡), 'umdrehen; *fig. Politik* (ganz) 'umstellen; *Meinung* völlig ändern: *~ the charge*(*s*) *teleph.* ein R-Gespräch führen; *~ the order of things* die Weltordnung auf den Kopf stellen; **10.** ♦️ *Urteil* aufheben, 'umstoßen; **11.** † stornieren; **12.** ⚙ im Rückwärtsgang *od.* rückwärts fahren *od.* laufen (lassen); **13.** ⚡ a) 'umpolen, b) 'umsteuern; **IV** *v/i.* **14.** rückwärts fahren *od.* laufen; **15.** *beim Walzer* 'linksher₁um tanzen; **re'vers·i·ble** [-səbl] *adj.* **1.** *a.* ⚗, ⚘, *phys.* 'umkehrbar; **2.** doppelseitig, wendbar (*Stoff, Mantel*); **3.** ⚙ 'umsteuerbar; **4.** ♦️ 'umstoßbar; **re'vers·ing** [-sɪŋ] *adj.* ⚙, *phys.* Umkehr..., Umsteuerungs...: *~ gear* a) Umsteuerung *f*, b) Wendegetriebe *n*, c) Rückwärtsgang *m*; *~ pole* ⚡ Wendepol *m*; *~ switch ⚡* Wendeschalter *m*; **re'ver·sion** [-ʒn] *s.* **1.** *a.* ⚗ 'Umkehrung *f*; **2.** ♦️ a) Heim-, Rückfall *m*, b) *a. right of ~* Heimfallsrecht *n*; **3.** ♦️ a) Anwartschaft *f* (*of* auf *acc.*), b) Anwartschaftsrente *f*; **4.** *biol.* a) Rückartung *f*, b) Ata'vismus *m*; **5.** ⚡ 'Umpolung *f*; **re'ver·sion·ar·y** [-ʒnərɪ] *adj.* **1.** ♦️ anwartschaftlich, Anwartschafts...: *~ annuity* Rente *f* auf den Überlebensfall; *~ heir* Nacherbe *m*; **2.** *biol.* ata'vistisch; **re'ver·sion·er** [-ʒnə] *s.* **1.** Anwartschaftsberechtigte(r *m*) *f*, Anwärter(in); **2.** Nacherbe *m*, -erbin *f*; **re·vert** [rɪˈvɜːt] **I** *v/i.* **1.** zu'rückkehren (*to* zu s-m *Glauben etc.*); **2.** zu'rückkommen (*to* auf e-n *Brief*, *ein Thema etc.*); **3.** wieder zu'rückfallen (*to* in *acc.*): *~ to barbarism* auf 'rück-, heimfallen (*to s.o.* an j-n); **5.** *biol.* zu'rückschlagen (*to* zu); **II** *v/t.* **6.** *Blick* (zu'rück)wenden; **re'vert·i·ble** [-ʒtəbl] *adj.* ♦️ heimfällig (*Besitz*).

re·vet·ment [rɪˈvetmənt] *s.* **1.** ⚙ Verkleidung *f*, Futtermauer *f* (*Ufer etc.*); **2.** ✕ Splitterschutzwand *f*.

re·view [rɪˈvjuː] **I** *s.* **1.** 'Nachprüfung *f*, ('Über)'Prüfung *f*, Revisi'on *f*: *court of ~* ♦️ Rechtsmittelgericht *n*; *be under ~* überprüft werden; **2.** (Buch)Besprechung *f*, Rezensi'on *f*, Kri'tik *f*: *~ copy* Rezensionsexemplar *n*; **3.** Rundschau *f*, kritische Zeitschrift; **4.** ✕ Pa'rade *f*, Truppenschau *f*: *naval ~* Flottenparade; *pass in ~* a) mustern, b) (vorbei-)defilieren (lassen), c) → **5.** Rückblick *m*, -schau *f* (*of* auf *acc.*): *pass in ~* a) im *Geiste* Revue passieren lassen, b) *Rückschau halten über* (*acc.*), b) im Geiste Revue passieren lassen, **6.** Bericht *m*, 'Übersicht *f*, -blick *m* (*of* über *acc.*): *~ market* † Markt-, Börsenbericht; *month under ~* Berichtsmonat *m*; **7.** 'Durchsicht *f*; **8.** → *revue*; **II** *v/t.* **9.** nachprüfen, (über)'prüfen, e-r Revisi'on unter'ziehen; **10.** ✕ besichtigen, inspizieren; **11.** *fig.* zu'rückblicken auf

(*acc.*); **12.** über'blicken, -'schauen: *~ the situation*; **13.** e-n 'Überblick geben über (*acc.*); **14.** *Buch* besprechen, rezensieren; **III** *v/i.* **15.** (Buch)Besprechungen schreiben; **re'view·er** [-juːə] *s.* Kritiker(in), Rezen'sent(in): *~'s copy* Rezensionsexemplar *n*.

re·vile [rɪˈvaɪl] *v/t. u. v/i.*: *~* (*at od. against*) *s.th.* et. schmähen *od.* verunglimpfen; **re'vile·ment** [-mənt] *s.* Schmähung *f*, Verunglimpfung *f*.

re·vis·al [rɪˈvaɪzl] *s.* **1.** (Nach)Prüfung *f*; **2.** (nochmalige) 'Durchsicht; **3.** *typ.* zweite Korrek'tur; **re·vise** [rɪˈvaɪz] **I** *v/t.* **1.** revidieren: a) *typ.* in zweiter Korrektur lesen, b) *Buch* über'arbeiten: *~ed edition* verbesserte Auflage, c) *fig.* Ansicht ändern; **2.** über'prüfen, (wieder)'durchsehen; **II** *s.* **3.** *a. ~ proof typ.* Revisi'onsbogen *m*, Korrek'turabzug *m*; **4.** → *revision*; **re'vis·er** [-zə] *s.* **1.** *typ.* Kor'rektor *m*; **2.** Bearbeiter *m*; **re·vi·sion** [rɪˈvɪʒn] *s.* **1.** Revisi'on *f*: a) 'Durchsicht *f*, b) Über'arbeitung *f*, c) Korrek'tur *f*; **2.** verbesserte Ausgabe *od.* Auflage.

re·vis·it [ˌriːˈvɪzɪt] *v/t.* nochmals *od.* wieder besuchen: *London ~ed* Wiedersehen *n* mit London.

re·vi·tal·ize [ˌriːˈvaɪtəlaɪz] *v/t.* neu beleben, 'wiederbeleben.

re·viv·al [rɪˈvaɪvl] *s.* **1.** 'Wiederbelebung *f* (*a.* ❀; *a.* ♦️ *von Rechten*): *~ of architecture* Neugotik *f*; *⚄ of Learning hist.* Renaissance *f*; **2.** Wieder'aufleben *n*, -'aufblühen *n*, Erneuerung *f*; **3.** *eccl.* a) Erweckung *f*, b) *a. ~ meeting* Erweckungsversammlung *f*; **4.** Wieder'aufgreifen *n* e-s veralteten Worts *etc.*; *thea.* Wieder'aufnahme *f* e-s vergessenen *Stücks*; **re'viv·al·ism** [-vəlɪzəm] *s. bsd. U.S.A.* a) (religi'öse) Erweckungsbewegung, 'Evangelisati'on *f*, b) Erweckungseifer *m*; **re·vive** [rɪˈvaɪv] **I** *v/t.* **1.** 'wiederbeleben (*a. fig.*); **2.** *Anspruch, Gefühl, Hoffnung, Streit etc.* wieder-'aufleben lassen; *Gefühle* 'wiedererwecken; *Brauch, Gesetz* wieder'einführen; *Vertrag* erneuern; *Gerechtigkeit, Ruf* wieder'herstellen; *Thema* 'aufgreifen; **3.** *thea. Stück* wieder auf die Bühne bringen; **4.** ⚙ *Metall* frischen; **II** *v/i.* **5.** wieder (zum Leben) erwachen; **6.** das Bewußtsein 'wiedererlangen; **7.** *fig.* wieder'aufleben (*a. Rechte*); 'wiedererwachen (*Haß etc.*); wieder'aufblühen; ❀ sich erholen; **8.** wieder'auftreten; wieder'aufkommen (*Brauch etc.*); **re'viv·er** [-və] *s.* **1.** ⚙ Auffrischungs-, Regenerierungsmittel *n*; **2.** *sl.* (alkoholische) Stärkung; **re·viv·i·fy** [riːˈvɪvɪfaɪ] *v/t.* **1.** 'wiederbeleben; **2.** *fig.* wieder'aufleben lassen, neu beleben.

rev·o·ca·ble [ˈrevəkəbl] *adj.* □ 'widerruflich; **rev·o·ca·tion** [ˌrevəˈkeɪʃn] *s.* ♦️ 'Widerruf *m*, Aufhebung *f* (*Lizenz etc.*)Entzug *m*.

re·voke [rɪˈvəʊk] **I** *v/t.* wider'rufen, aufheben, rückgängig machen; **II** *v/i.* Kartenspiel: nicht Farbe bekennen, nicht bedienen.

re·volt [rɪˈvəʊlt] **I** *s.* **1.** Re'volte *f*, Aufruhr *m*, Aufstand *m*; **II** *v/i.* **2.** a) (*a. fig.*) revoltieren, sich em'pören, sich auflehnen (*against* gegen), b) abfallen (*from* von); **3.** *fig.* 'Widerwillen empfinden (*at* über *acc.*), sich sträuben *od.* empören (*against*, *at*, *from* gegen); **III** *v/t.* **4.** *fig.* empören, mit Abscheu erfüllen, abstoßen; **re'volt·ing** [-tɪŋ] *adj.* □ em'pörend, abstoßend, widerlich.

rev·o·lu·tion [ˌrevə'luːʃn] *s.* **1.** 'Umwälzung *f*, Um'drehung *f*, Rotati'on *f*: **~s per minute** ⊙ Umdrehungen pro Minute, Dreh-, Tourenzahl *f*; **~ counter** Drehzahlmesser *m*, Tourenzähler *m*; **2.** *ast.* a) Kreislauf *m* (*a. fig.*), b) Um'drehung *f*, c) 'Umlauf(zeit *f*) *m*; **3.** *fig.* Revoluti'on *f*: a) 'Umwälzung *f*, 'Umschwung *m*, b) *pol.* 'Umsturz *m*; **,rev·o·'lu·tion·ar·y** [-ʃnərɪ] **I** *adj.* revolutio'när: a) *pol.* Revolutions..., Umsturz..., b) *fig.* 'umwälzend, e'pochemachend; **II** *s.* a. **,rev·o·'lu·tion·ist** [-ʃnɪst] Revolutio'när(in) (*a. fig.*); **,rev·o·'lu·tion·ize** [-ʃnaɪz] *v/t.* **1.** aufwiegeln, in Aufruhr bringen; **2.** *Staat* revolutionieren (*a. fig. von Grund auf umgestalten*).

re·volve [rɪ'vɒlv] **I** *v/i.* **1.** *bsd.* A, ⊙, *phys.* sich drehen, kreisen, rotieren (*on*, *about* um *e-e Achse*, *round* um *e-n Mittelpunkt*); **2.** e-n Kreislauf bilden, da'hinrollen (*Jahre etc.*); **II** *v/t.* **3.** drehen, rotieren lassen; **4.** *fig.* (hin u. her) über'legen, *Gedanken*, *Problem* wälzen; **re'volv·er** [-ə] *s.* Re'volver *m*; **re'volv·ing** [-vɪŋ] *adj.* a) sich drehend, kreisend, drehbar (*about*, *round* um), b) Dreh...(*-bleistift*, *-brücke*, *-bühne*, *-tür etc.*): **~ credit** † Revolving-Kredit *m*; **~ shutter** Rolladen *m*.

re·vue [rɪ'vjuː] *s. thea.* **1.** Re'vue *f*; **2.** (zeitkritisches) Kaba'rett, sa'tirische Kaba'rettvorführung.

re·vul·sion [rɪ'vʌlʃn] *s.* **1.** ✧ Ableitung *f*; **2.** *fig.* 'Umschwung *m*; **3.** *fig.* Abscheu *m* (*against* vor *dat.*); **re'vul·sive** [-lsɪv] *adj. u. s.* ableitend(es Mittel).

re·ward [rɪ'wɔːd] **I** *s.* **1.** Entgelt *n*; Belohnung *f*, a. Finderlohn *m*; **2.** Vergeltung *f*, (gerechter) Lohn; **II** *v/t.* **3.** *j-n od. et.* belohnen (*a. fig.*); *fig. j-m* vergelten (*for s.th.* et.); *j-n od. et.* bestrafen; **re'ward·ing** [-dɪŋ] *adj.* □ lohnend (*a. fig.*); *fig. a.* dankbar (*Aufgabe*).

re·wind [ˌriː'waɪnd] **I** *v/t.* *Film*, *Tonband etc.* (zu')rückspulen, 'umspulen; *Garn etc.* wieder'aufspulen; *Uhr* wieder aufziehen; **II** *s.* Rückspulung *f etc.*; Rücklauf *m* (*am Tonbandgerät etc.*): **~ button** Rücklauftaste *f*.

re·word [ˌriː'wɜːd] *v/t.* neu *od.* anders formulieren.

re·write [ˌriː'raɪt] **I** *v/t. u. v/i.* [*irr.* → **write**] **1.** nochmals *od.* neu schreiben; **2.** 'umschreiben; *Am. Pressebericht* redigieren, über'arbeiten; **II** *s.* **3.** *Am.* redigierter Bericht: **~ man** Überarbeiter *m*.

Rex [reks] (*Lat.*) *s.* ✞✞ *Brit.* der König.

rhap·sod·ic, **rhap·sod·i·cal** [ræp'sɒdɪk(l)] *adj.* □ **1.** rhap'sodisch; **2.** *fig.* begeistert, 'überschwenglich, ek'statisch; **rhap·so·dist** ['ræpsədɪst] *s.* **1.** Rhap'sode *m*; **2.** *fig.* begeisterter Schwärmer; **rhap·so·dize** ['ræpsədaɪz] *v/i. fig.* schwärmen (*about*, *on* von); **rhap·so·dy** ['ræpsədɪ] *s.* **1.** Rhapso'die *f* (*a.* ♪); **2.** *fig.* (Wort)Schwall *m*, Schwärme'rei *f*: **go into rhapsodies over** in Ekstase geraten über (*acc.*).

rhe·o·stat ['rɪəʊstæt] *s.* ⚡ Rheo'stat *m*,

'Regel,widerstand *m*.

rhet·o·ric ['retərɪk] *s.* **1.** Rhe'torik *f*, Redekunst *f*; **2.** *fig. contp.* schöne Reden *pl.*, (leere) Phrasen *pl.*, Schwulst *m*; **rhe·tor·i·cal** [rɪ'tɒrɪkl] *adj.* □ **1.** rhe'torisch, Redner...: **~ question** rhetorische Frage; **2.** *contp.* schönrednerisch, phrasenhaft, schwülstig; **rhet·o·ri·cian** [ˌretə'rɪʃn] *s.* **1.** guter Redner, Redekünstler *m*; **2.** *contp.* Schönredner *m*, Phrasendrescher *m*.

rheu·mat·ic [ruː'mætɪk] ✧ **I** *adj.* (□ **~ally**) **1.** rheu'matisch: **~ fever** Gelenkrheumatismus *m*; **II** *s.* **2.** Rheumatiker(in); **3.** *pl.* F Rheuma *n*; **rheu·ma·tism** ['ruːmətɪzəm] *s.* Rheuma'tismus *m*, Rheuma *n*: **articular ~** Gelenkrheumatismus.

Rhine·land·er ['raɪnlændə] *s.* Rheinländer(in).

rhine·stone ['raɪnstəʊn] *s. min.* Rheinkiesel *m* (*Bergkristall*).

rhi·no¹ ['raɪnəʊ] *s. sl.* ‚Kies‘ *m* (*Geld*).

rhi·no² ['raɪnəʊ] *pl.* **-nos** F, **rhi·noc·er·os** [raɪ'nɒsərəs] *pl.* **-os·es**, *coll.* **-os** *s. zo.* Rhi'nozeros *n*, Nashorn *n*.

rhi·zoph·a·gous [raɪ'zɒfəgəs] *adj. zo.* wurzelfressend.

Rho·de·si·an [rəʊ'diːzjən] **I** *adj.* rho'desisch; **II** *s.* Rho'desier(in).

rho·do·cyte ['rəʊdəsaɪt] *s. physiol.* rotes Blutkörperchen.

rho·do·den·dron [ˌrəʊdə'dendrən] *s.* ♀ Rhodo'dendron *n*, *m*.

rhomb [rɒm] → *rhombus*; **rhom·bic** ['rɒmbɪk] *adj.* rhombisch, rautenförmig; **rhom·bo·he·dron** [ˌrɒmbəʊhe'drən] *pl.* **-he·dra** [-drə], **-he·drons** A Rhombo'eder *n*; **rhom·boid** ['rɒmbɔɪd] **I** *s.* **1.** A Rhombo'id *n*, Parallelo'gramm *n*; **II** *adj.* **2.** rautenförmig; **3.** → *rhomboidal*; **rhom·boi·dal** [rɒm'bɔɪdl] *adj.* A rhombo'idförmig, rhombo'idisch; **rhom·bus** ['rɒmbəs] *pl.* **-bus·es**, **-bi** [-baɪ] *s.* A Rhombus *m*, Raute *f*.

rhu·barb ['ruːbɑːb] *s.* **1.** ♀ Rha'barber *m*; **2.** *Am. sl.* ‚Krach‘ *m*.

rhumb [rʌm] *s.* **1.** Kompaßstrich *m*; **2.** *a.* **~-line** a) A loxo'dromische Linie, b) ⚓ Dwarslinie *f*.

rhyme [raɪm] **I** *s.* **1.** Reim *m* (*to* auf *acc.*): **without ~ or reason** ohne Sinn und Zweck; **2.** *sg. od. pl.* a) Vers *m*, b) Reim *m*, Gedicht *n*, Lied *n*; **II** *v/i.* **3.** reimen, Verse machen; **4.** sich reimen (*with* mit, *to* auf *acc.*); **III** *v/t.* **5.** reimen, in Reime bringen; **6.** *Wort* reimen lassen (*with* auf *acc.*); **'rhyme·less** [-lɪs] *adj.* reimlos; **'rhym·er** [-mə], **'rhyme·ster** [-stə] *s.* Verseschmied *m*; **rhym·ing dic·tion·ar·y** ['raɪmɪŋ] Reimwörterbuch *n*.

rhythm ['rɪðəm] *s.* **1.** ♪ Rhythmus *m* (*a. Metrik u. fig.*); Takt *m*: **three-four ~**; **dance ~s** Tanzrhythmen, beschwingte Weisen; **~ method** Knaus-Ogino-Methode *f* (*Empfängnisverhütung*); **2.** Versmaß *n*; **3.** ✧ Pulsschlag *m*; **rhyth·mic**, **rhyth·mi·cal** ['rɪðmɪk(l)] *adj.* □ rhythmisch: a) taktmäßig, b) *fig.* regelmäßig ('wiederkehrend); **rhyth·mics** ['rɪðmɪks] *s. pl. sg. konstr.* ♪ Rhythmik *f* (*a. Metrik*).

ri·al·to [rɪ'æltəʊ] *s.* **1.** *Am.* The'aterviertel *n*; **2.** Börse *f*, Markt *m*.

rib [rɪb] **I** *s.* **1.** *anat.* Rippe *f*: **~ cage**

Brustkorb *m*; **2.** *Küche:* a) *a.* **~ roast** Rippenstück *n*, b) Rippe(n)speer *m*; **3.** *humor.* ‚Ehehälfte‘ *f*; **4.** ♀ (Blatt)Rippe *f*, (-)Ader *f*; **5.** ⊙ Stab *m*, Stange *f*, (*a. Heiz-*, *Kühl- etc.*)Rippe *f*; **6.** △ (Gewölbe- etc.)Rippe *f*, Strebe *f*; **7.** ⚓ a) (Schiffs)Rippe *f*, Spant *n*, b) Spiere *f*; **8.** ♪ Zarge *f*; **9.** (*Stoff*)Rippe *f*: **~ stitch** *Stricken:* linke Masche; **II** *v/t.* **10.** mit Rippen versehen; **11.** *Stoff etc.* rippen; **12.** *sl.* ‚aufziehen‘, hänseln.

rib·ald ['rɪbəld] **I** *adj.* **1.** lästerlich, frech; **2.** zotig, ‚saftig‘, ob'szön; **II** *s.* **3.** Spötter(in), Lästermaul *m*, Zotenreißer *m*; **'rib·ald·ry** [-drɪ] *s.* Zoten(reiße'rei *f*) *pl.*, ‚saftige‘ Späße *pl.*

rib·and ['rɪbənd] *s.* (Zier)Band *n*.

ribbed [rɪbd] *adj.* gerippt, geriffelt, Rippen...: **~ cooler** ⊙ Rippenkühler *m*; **~ glass** Riffelglas *n*.

rib·bon ['rɪbən] *s.* **1.** Band *n*, Borte *f*; **2.** Ordensband *n*; **3.** (schmaler) Streifen; **4.** Fetzen *m*: **tear to ~s** in Fetzen reißen; **5.** Farbband *n* (*Schreibmaschine*); **6.** ⊙ a) (Me'tall)Band *n*, (-)Streifen *m*, b) (Holz)Leiste *f*: **~ microphone** Bändchenmikrophon *n*; **~ saw** Bandsäge *f*; **7.** *pl.* Zügel *pl.*; **~ build·ing**, **~ de·vel·op·ment** *s. Brit.* Stadtrandsiedlung *f* entlang e-r Ausfallstraße.

rib·bon·ed ['rɪbənd] *adj.* **1.** bebändert; **2.** gestreift.

ri·bo·fla·vin [raɪbəʊ'fleɪvɪn] *s.* ✧ Riboflaʹvin *n* (*Vitamin B₂*).

rice [raɪs] *s.* ♀ Reis *m*: **~ flour** Reismehl *n*; **~ pad·dy** *s.* Reisfeld *n*; **~ pa·per** *s.* 'Reisˌpapier *n*; **~ pud·ding** *s.* Milchreis *m*.

ric·er ['raɪsə] *s. Am.* Kar'toffelpresse *f*.

rich [rɪtʃ] **I** *adj* (□ → *richly*) **1.** reich (*in* an *dat.*) (*a. fig.*), reichlich; **~ in cattle** viehreich; **~ in hydrogen** wasserstoffreich; **~ in ideas** ideenreich; **2.** schwer (*Stoff*), prächtig, kostbar (*Seide*, *Schmuck etc.*); **3.** reich(lich), reichhaltig, ergiebig (*Ernte etc.*); **4.** fruchtbar, fett (*Boden*); **5.** a) *geol.* (erz)reich, fündig (*Lagerstätte*), b) *min.* reich, fett (*Erz*): **strike it ~** *min.* a) auf Öl *etc.* stoßen, b) *fig.* arrivieren, zu Geld kommen, c) *fig.* das große Los ziehen, e-n Volltreffer landen; **6.** ✦ schwer; *mot.* fett, gasreich (*Luftgemisch*); **7.** schwer, fett (*Speise*); **8.** schwer, kräftig (*Wein*, *Duft etc.*); **9.** satt, voll (*Farbton*); **10.** voll, satt (*Ton*); voll(tönend), klangvoll (*Stimme*); **11.** inhalt(s)reich; **12.** F ‚köstlich‘, ‚großartig‘; **II** *s.* **13.** *coll.* **the ~** die Reichen *pl.*; **rich·es** ['rɪtʃɪz] *s. pl.* Reichtum *m*, -tümer *pl.*; **'rich·ly** [-lɪ] *adv.* reichlich, in reichem Maße; **'rich·ness** [-nɪs] *s.* **1.** Reichtum *m*, Reichhaltigkeit *f*, Fülle *f*; **2.** Pracht *f*; **3.** Ergiebigkeit *f*; **4.** Nahrhaftigkeit *f*; **5.** (Voll)Gehalt *m*, Schwere *f* (*Wein etc.*); **6.** Sattheit *f* (*Farbton*); **7.** Klangfülle *f*.

rick¹ [rɪk] ♪ *bsd. Brit.* **I** *s.* (Getreide-, Heu)Schober *m*; **II** *v/t.* schobern.

rick² [rɪk] *v/t. bsd. Brit.* verrenken.

rick·ets ['rɪkɪts] *s. sg. od. pl. konstr.* ✧ Ra'chitis *f*; **'rick·et·y** [-tɪ] *adj.* **1.** ✧ ra'chitisch; **2.** gebrechlich (*Person*), wack(e)lig (*a. Möbel u. fig.*), klapp(e)rig (*Auto etc.*).

ric·o·chet ['rɪkəʃeɪ] **I** *s.* **1.** Abprallen *n*; **2.** ✗ a) Rikoschettieren *n*, b) *a.* **~ shot** Abpraller *m*, Querschläger *m*; **II** *v/i.* **3.**

abprallen.
rid [rɪd] *v/t.* [*irr.*] befreien, frei machen (*of* von): *get ~ of j-n od. et.* loswerden; *be ~ of j-n od. et.* los sein; **rid·dance** ['rɪdəns] *s.* Befreiung *f*, Erlösung *f*: (*he is a*) *good ~!* man ist froh, daß man ihn (wieder) los ist!, den wären wir los!
rid·den ['rɪdn] I *p.p. von* ride; II *adj.* in *Zssgn.* bedrückt, geplagt, gepeinigt von: *fever-~*; *pest-~* von der Pest heimgesucht.
rid·dle¹ ['rɪdl] I *s.* **1.** Rätsel *n* (*a. fig.*): *speak in ~s* → 4; II *v/t.* **2.** enträtseln: *~ me* rate mal; **3.** *fig. j-n* vor ein Rätsel stellen; III *v/i.* **4.** *fig.* in Rätseln sprechen.
rid·dle² ['rɪdl] I *s.* **1.** Schüttelsieb *n*; II *v/t.* **2.** ('durch-, aus)sieben; **3.** *fig.* durch'sieben, durch'löchern: ~ *s.o. with bullets*; **4.** *fig. Argument etc.* zerpflücken; **5.** *fig.* mit Fragen bestürmen.
ride [raɪd] I *s.* **1.** a) Ritt *m*, b) Fahrt *f* (*bsd. auf e-m* [*Motor*]*Rad od. in e-m öffentlichen Verkehrsmittel*): *go for a ~*, *take a ~* a) ausreiten, b) ausfahren; *give s.o. a. ~* j-n reiten od. fahren lassen, j-n im *Auto etc.* mitnehmen; *take s.o. for a ~* F a) j-n (im Auto entführen und) umbringen, b) j-n ,reinlegen' (*betrügen*), c) j-n ,auf den Arm nehmen' (*hänseln*); **2.** Reitweg *m*, Schneise *f*; II *v/i.* [*irr.*] **3.** reiten (*a. fig. rittlings sitzen*): ~ *out* F ausreiten; ~ *for* zustreben (*dat.*), entgegeneilen (*dat.*); ~ *for a fall* halsbrecherisch reiten, *fig.* in sein Verderben rennen; ~ *up* hochrutschen (*Kragen etc.*); *let it ~!* F laß die Karre laufen!; *he let the remark ~* er ließ die Bemerkung hingehen; *Nixon ~s again!* *iro.* N. ist wieder da!; **4.** fahren: ~ *on a bicycle* radfahren; ~ *in a train* mit e-m Zug fahren; **5.** sich (fort)bewegen, da'hinziehen (*a. Mond, Wolken etc.*); **6.** (auf dem Wasser) treiben, schwimmen, *fig.* schweben: ~ *at anchor* ♣ vor Anker liegen; ~ *on the waves of popularity fig.* von der Woge der Volksgunst getragen werden; ~ *on the wind* sich vom Wind tragen lassen (*Vogel*); *be riding on air fig.* selig sein (*vor Glück*); **7.** *fig.* ruhen, liegen, sich drehen (*on* auf *dat.*); **8.** sich über'lagern (*z.B.* ✄ *Knochenfragmente*); ♣ unklar laufen (*Tau*); **9.** ♣ fahren, laufen, gleiten; **10.** zum Reiten *gut etc.* geeignet sein (*Boden*); **11.** im Reitdreß wiegen; III *v/t.* [*irr.*] **12.** reiten: ~ *a. sein Pferd* lenken nach *od.* auf (*acc.*); ~ *to death* zu Tode reiten (*a. fig. Theorie, Witz etc.*); ~ *a race* an e-m Rennen teilnehmen; **13.** reiten *od.* rittlings sitzen (lassen) auf (*dat.*); *j-n auf den Schultern* tragen; **14.** *Motorrad etc.* fahren, lenken: ~ *over* a) *j-n* überfahren, b) → 17; c) über *e-e Sache* rücksichtslos hinweggehen; **15.** *fig.* reiten *od.* schwimmen *od.* schweben auf (*dat.*): ~ *the waves* auf den Wellen reiten; **16.** aufliegen *od.* ruhen auf (*dat.*); **17.** tyrannisieren, beherrschen; *weitS.* heimsuchen, plagen, quälen; *j-m* bös zusetzen (*a. mit Kritik*); *Am.* F *j-n* reizen, hänseln: *the devil ~s him* ihn reitet der Teufel; → *ridden* II; **18.** *Land* durch'reiten; ~ *down v/t.* **1.** über'holen; **2.** a) niederreiten, b) über'fahren; ~ *out v/t. Sturm etc.* (gut) über'stehen (*a. fig.*).

rid·er ['raɪdə] *s.* **1.** Reiter(in); **2.** (Mit-)Fahrer(in); **3.** ⊛ a) Oberteil *n*, b) Laufgewicht *n* (*Waage*); **4.** △ Strebe *f*; **5.** ♣ Binnenspant *n*; **6.** ⚁ a) Zusatz(-klausel *f*) *m*, b) Beiblatt *n*, c) ('Wechsel)Al₁longe *f*, d) zusätzliche Empfehlung; **7.** ℳ Zusatzaufgabe *f*; **8.** ✕ Salband *n*.
ridge [rɪdʒ] I *s.* **1.** a) (Gebirgs)Kamm *m*, Grat *m*, Kammlinie *f*, b) Berg-, Hügelkette *f*, c) Wasserscheide *f*; **2.** Kamm *m e-r Welle*; **3.** Rücken *m der Nase, e-s Tiers*; **4.** △ (Dach)First *m*; **5.** ⚘ a) (Furchen)Rain *m*, b) erhöhtes Mistbeet; **6.** ♣ Wulst *m*; **7.** *meteor.* Hochdruckgürtel *m*; II *v/t. u. v/i.* **8.** (sich) furchen; ~ *pole s.* **1.** △ Firstbalken *m*; **2.** Firststange *f* (*Zelt*); ~ *tent s.* Hauszelt *n*; ~ *tile s.* △ Firstziegel *m*; '~·way *s.* Kammlinien-, Gratweg *m*.
rid·i·cule ['rɪdɪkju:l] I *s.* Spott *m*: *hold up to ~* → II; *turn* (*in*)*to ~ et.* ins Lächerliche ziehen; II *v/t.* ✕ lächerlich machen, verspotten; **ri·dic·u·lous** [rɪ'dɪkjʊləs] *adj.* □ lächerlich; **ri·dic·u·lous·ness** [rɪ'dɪkjʊləsnɪs] *s.* Lächerlichkeit *f*.
rid·ing ['raɪdɪŋ] I *s.* **1.** Reiten *n*; Reitsport *m*; **2.** Fahren *n*; **3.** Reitweg *m*; **4.** *Brit.* Verwaltungsbezirk *m*; II *adj.* **5.** Reit...: ~ *horse* (*school, whip etc.*); ~ *breeches pl.* Reithose *f*; ~ *habit* Reitkleid *n*.
rife [raɪf] *adj. pred.* **1.** weit verbreitet, häufig: *be ~* (vor)herrschen, grassieren; *grow* (*od. wax*) ~ überhandnehmen; **2.** (*with*) voll (von), angefüllt (mit).
rif·fle ['rɪfl] I *s.* **1.** ⊛ Rille *f*, Riefelung *f*; **2.** *Am.* a) seichter Abschnitt (*Fluß*), b) Stromschnelle *f*; **3.** Stechen *n* (*Mischen von Spielkarten*); II *v/t.* **4.** ⊛ riffeln; **5.** *Spielkarten* stechen (*mischen*); **6.** 'durchblättern; *Zettel etc.* durchein'anderbringen.
riff-raff ['rɪfræf] *s.* Pöbel *m*, Gesindel *n*, Pack *n*.
ri·fle¹ ['raɪfl] I *s.* **1.** Gewehr *n* (*mit gezogenem Lauf*), Büchse *f*; **2.** *pl.* ✕ Schützen *pl.*; II *v/t.* **3.** *Gewehrlauf* ziehen.
ri·fle² ['raɪfl] *v/t.* (aus)plündern, *Haus a.* durch'wühlen.
ri·fle| corps *s.* Schützenkorps *n*; ~ **gre·nade** *s.* Ge'wehrgranate *f*; '~·man [-mən] *s.* [*irr.*] ✕ Schütze *m*, Jäger *m*; ~ **pit** *s.* ✕ Schützenloch *n*; ~ **prac·tice** *s.* ✕ Schießübung *f*; ~ **range** *s.* **1.** Schießstand *m*; **2.** Schußweite *f*; ~ **shot** *s.* **1.** Gewehrschuß *m*; **2.** Schußweite *f*.
ri·fling ['raɪflɪŋ] *s.* **1.** Ziehen *n e-s Gewehrlaufs etc.*; **2.** Züge *pl.*
rift [rɪft] I *s.* **1.** Spalte *f*, Spalt *m*, Ritze *f*; **2.** Sprung *m*, Riß *m*: *a little ~ within the lute fig.* der Anfang vom Ende; II *v/t.* **3.** (zer)spalten; ~ *saw s.* ⊛ Gattersäge *f*; ~ **val·ley** *s. geol.* Senkungsgraben *m*.
rig¹ [rɪg] I *s.* **1.** ♣ Takelung *f*, Take'lage *f*; ✓ (Auf)Rüstung *f*; **2.** Ausrüstung *f*; Vorrichtung *f*; **3.** F *fig.* Aufmachung *f* (*Kleidung*): *in full ~* in voller Montur; **4.** *Am.* Fuhrwerk *n*, b) Sattelschlepper *m*; **5.** Bohranlage *f*; II *v/t.* **6.** ♣ a) *Schiff* auftakeln, b) *Segel* anschlagen; **7.** ✓ (auf)rüsten, montieren; **8.** ~ *out*, ~ *up* a) ♣ *etc.* ausrüsten, -statten, b) F *fig. j-n* ,auftakeln', ausstaffieren; **9.** *oft*

~ *up* (behelfsmäßig) zs.-bauen, zs.-basteln.
rig² [rɪg] I *v/t.* ✝ *Markt etc., pol.* Wahl manipulieren; II *s.* ('Schwindel)Ma₁növer *n*, Schiebung *f*.
rig·ger ['rɪgə] *s.* **1.** ♣ Takler *m*; **2.** ✓ Mon'teur *m*, ('Rüst)Me₁chaniker *m*; ⚡ Kabelleger *m*; **4.** △ Schutzgerüst *n*; **5.** ⊛ Schnur-, Riemenscheibe *f*; **6.** ✝ Kurstreiber *m*.
rig·ging ['rɪgɪŋ] *s.* **1.** ♣ Take'lage *f*, Takelwerk *n*: *running* (*standing*) ~ laufendes (*standing*) Gut; **2.** ✓ Verspannung *f*; **3.** → *rig²* II; ~ *loft s. thea.* Schnürboden *m*.
right [raɪt] I *adj.* □ → *rightly*; **1.** richtig, recht, angemessen: *it is only ~* es ist nicht mehr als recht und billig; *he is ~ to do so* er tut recht daran (, so zu handeln); *the ~ thing* das Richtige; *say the ~ thing* das rechte Wort finden; **2.** richtig: a) kor'rekt, b) wahr(heitsgemäß): *the solution is ~* die Lösung stimmt *od.* ist richtig; *is your watch ~?* geht Ihre Uhr richtig?; *be ~* recht haben; *get s.th. ~* et. klarlegen, et. in Ordnung bringen; ~? F klar?; *all ~!* a) alles in Ordnung, b) ganz recht!, c) abgemacht!, in Ordnung!, gut!, (na) schön! (→ *a.* 4); ~ *you are!* F richtig!, jawohl!; *that's ~!* ganz recht!, stimmt!; **3.** richtig, geeignet: *he is the ~ man* er ist der Richtige; *he is all ~* F er ist in Ordnung (→ *a.* 4); *the ~ man in the ~ place* der rechte Mann am rechten Platz; **4.** gesund, wohl: *he is all ~* a) es geht ihm gut, er fühlt sich wohl, b) ihm ist nichts passiert; *out of one's ~ mind*, *not ~ in one's* (*od. the*) *head* F nicht ganz bei Trost; *in one's ~ mind* bei klarem Verstand; **5.** richtig, in Ordnung: *come ~* in Ordnung kommen; *put* (*od. set*) ~ a) in Ordnung bringen, b) *j-n* (über e-n Irrtum) aufklären, c) *Irrtum* richtigstellen, d) *j-n* gesund machen; *put o.s. ~ with s.o.* a) sich mit j-m gut stellen; **6.** recht, Rechts... (*a. pol.*): ~ *arm* (*od. hand*) *fig.* rechte Hand; ~ *side* rechte Seite, Oberseite *f* (*a. Münze, Stoff etc.*); *on* (*od. to*) *the ~ side* rechts, rechter Hand; *on the ~ side of 40* noch nicht 40 (Jahre alt); ~ *turn* Rechtswendung *f* (um 90 Grad); ~ *wing* a) *sport u. pol.* rechter Flügel, b) *sport* Rechtsaußen *m* (*Spieler*); **7.** ℛ a) recht(er Winkel), b) rechtwink(e)lig (*Dreieck*), c) gerade (*Linie*), d) senkrecht (*Figur*): *at ~ angles* rechtwink(e)lig; **8.** *obs.* rechtmäßig (*Erbe*): echt (*Kognak etc.*); II *adv.* **9.** richtig, recht: *act* (*od. do*) ~, *guess* ~ richtig (er)raten; **10.** recht, richtig, gut: *nothing goes ~ with me* (bei) mir geht alles schief; *turn out* ~ gut ausgehen (→ 5; **11.** rechts (*from* von); nach rechts; auf der rechten Seite: ~ *and left* a) rechts und links, b) *fig. a.* ~, *left and centre* (*Am. center*) überall, von allen Seiten; ~ *about face!* ✕ (ganze Abteilung), kehrt!; **12.** gerade (-wegs), (schnur)stracks, so'fort: ~ *a-head* *od.* geradeaus; ~ *away* (*od. off*) *bsd. Am.* sofort, gleich; ~ *now Am.* jetzt (gleich); **13.** völlig, ganz (und gar), di'rekt: *rotten ~ through* durch und durch faul; **14.** genau, gera-

de: ~ *in the middle*; **15.** F ‚richtig‘, ‚ordentlich‘: *I was ~ glad*; *he's a big shot all ~ (but)* er ist schon ein ‚großes Tier‘ (, aber); **16.** *obs.* recht, sehr: *know ~ well* sehr wohl wissen; **17.** ♀ *in Titeln*: hoch, sehr: ~ *Hono(u)rable* Sehr Ehrenwert; → *reverend* 2; **III** *s.* **18.** Recht *n*: *of (od. by)* ~*s* von Rechts wegen, rechtmäßig, eigentlich; *in the ~* im Recht; ~ *and wrong* Recht und Unrecht; *do s.o.* ~ j-m Gerechtigkeit widerfahren lassen; *give s.o. his* ~*s* j-m sein Recht geben *od.* lassen; **19.** ⚖ (subjek'tives) Recht, Anrecht *n*, (Rechts)Anspruch *m* (*to* auf *acc.*); Berechtigung *f*: ~*s and duties* Rechte und Pflichten; ~ *of inheritance* Erbschaftsanspruch; ~ *of possession* Eigentumsrecht; ~ *of sale* Verkaufsrecht; ~ *of way* → *right-of-way*; *industrial* ~*s* gewerbliche Schutzrechte; *by ~ of* kraft (*gen.*), auf Grund (*gen.*); *in ~ of his wife* a) im Namen s-r Frau, b) von seiten s-r Frau; *in one's own ~* aus eigenem Recht; *be within one's* ~*s* das Recht auf s-r Seite haben; **20.** *das* Rechte *od.* Richtige: *do the ~*; **21.** *pl.* (richtige) Ordnung: *bring (od.* put *od.* set) *s.th. to* ~*s* et. (wieder) in Ordnung bringen; **22.** wahrer Sachverhalt: *know the* ~*s of a case*; **23.** *die* Rechte, rechte Seite (*a. Stoff*): *on (od.* to) *the ~* rechts, zur Rechten; *on the ~ of* rechts von; *keep to the ~* sich rechts halten, *mot.* rechts fahren; *turn to the ~* (sich) nach rechts wenden; **24.** rechte Hand, Rechte *f*; **25.** *Boxen:* Rechte *f* (*Faust od. Schlag*); **26.** ♀ *pol.* a) rechter Flügel, b) 'Rechtspar,tei *f*; **IV** *v/t.* **27.** (♣ auf)richten, ins Gleichgewicht bringen; ✈ *Maschine* abfangen; **28.** *Fehler, Irrtum* berichtigen: ~ *itself* a) sich wieder ausgleichen, b) (wieder) in Ordnung kommen; **29.** *Unrecht etc.* wieder'gutmachen, in Ordnung bringen; **30.** *Zimmer etc.* in Ordnung bringen; **31.** *j-m* zu s-m Recht verhelfen: ~ *o.s.* sich rehabilitieren; **V** *v/i.* **32.** sich wieder aufrichten.

'right·a·bout *s. a.* ~ *face* (*od.* turn) Kehrtwendung *f* (*a. fig.*): *send s.o. to the ~* j-m ‚heimleuchten‘; '~·an·gled → *right* 7 b; '~·down *adj. u. adv.* ‚regelrecht‘, ausgesprochen.

right·eous ['raɪtʃəs] **I** *adj.* □ gerecht (*a. Sache, Zorn*), rechtschaffen; **II** *s. coll.* *the* ~ die Gerechten *pl.*; 'right·eous·ness [-nɪs] *s.* Rechtschaffenheit *f*.

'right·ful [-fʊl] *adj.* □ rechtmäßig; '~·hand *adj.* **1.** recht: ~ *bend* Rechtskurve *f*; ~ *man* a) ✗ rechter Nebenmann, b) *fig.* rechte Hand; **2.** rechtshändig: ~ *blow Boxen:* Rechte *f*; **3.** ⚙ Rechts...; rechtsgängig (*Schraube*); rechtsläufig (*Motor*): ~ *drive* Rechtssteuerung *f*; ~ *thread* Rechtsgewinde *n*; ,~·'hand·ed *adj.* **1.** rechtshändig: ~ *person* Rechtshänder(in); **2.** → *right-hand* 3; ,~-'hand·er [-'hændə] *s.* F **1.** Rechtshänder(in); **2.** *Boxen:* Rechte *f* (*Schlag*).

right·ist ['raɪtɪst] **I** *adj. pol.* 'rechtsgerichtet, -stehend; **II** *s.* 'Rechtspar,teiler *m*, Rechte(r *m*) *f*.

right·ly ['raɪtlɪ] *adv.* **1.** richtig; **2.** mit Recht; **3.** F (*nicht*) genau.

,right-'mind·ed *adj.* rechtschaffen.

right·ness ['raɪtnɪs] *s.* **1.** Richtigkeit *f*;

2. Rechtmäßigkeit *f*; **3.** Geradheit *f* (*Linie*).

right·o [,raɪt'əʊ] *int. Brit.* F gut!, schön!, in Ordnung!

,right·-of-'way *pl.* ,rights-of-'way *s.* **1.** *Verkehr:* a) Vorfahrt(srecht *n*) *f*, b) Vorrang *m* (*e-r Straße, a. fig.*): *yield the ~* (die) Vorfahrt gewähren (*to dat.*); **2.** Wegerecht *n*; **3.** öffentlicher Weg; **4.** *Am.* zu öffentlichen Zwecken beanspruchtes (*z.B.* Bahn)Gelände; ,~-'wing *adj. pol.* Rechts..., dem rechten Flügel angehörend, rechtsstehend; ,~'wing·er *s.* **1.** → *rightist* II; **2.** *sport* Rechtsaußen *m*.

right·oh → *righto*.

rig·id ['rɪdʒɪd] *adj.* □ **1.** starr, steif; **2.** ⚙ a) starr, unbeweglich, b) (stand-, form-)fest, sta'bil: ~ *airship* Starrluftschiff *n*; **3.** *fig.* a) streng (*Disziplin, Glaube, Sparsamkeit etc.*), b) starr (*Politik, ♥ Preise etc.*), c) streng, hart, unbeugsam (*Person*); ri·gid·i·ty [rɪ'dʒɪdətɪ] *s.* **1.** Starr-, Steifheit *f* (*a. fig.*), Starre *f*; **2.** ⚙ a) Starrheit *f*, Unbeweglichkeit *f*, b) (Stand-, Form)Festigkeit *f*, Stabili'tät *f*; **3.** *fig.* Strenge *f*, Härte *f*, Unnachgiebigkeit *f*.

rig·ma·role ['rɪgmərəʊl] *s.* **1.** Geschwätz *n*: *tell a long ~* lang u. breit erzählen; **2.** *iro.* Brim'borium *n*.

rig·or¹ ['rɪgə] *Am.* → *rigour*.

rig·or² ['rɪgə] *s.* ✿ **1.** Schüttel-, Fieberfrost *m*; **2.** Starre *f*: ~ ri·gor mor·tis ['raɪgə 'mɔːtɪs] *s.* ✿ Leichenstarre *f*.

rig·or·ous ['rɪgərəs] *adj.* □ **1.** streng, hart, rigo'ros: ~ *measures*; **2.** streng (*Winter*), rauh (*Klima etc.*); **3.** (peinlich) genau, strikt, ex'akt.

rig·our ['rɪgə] *s.* **1.** Strenge *f*, Härte *f* (*a. des Winters*); Rauheit *f* (*Klima*): ~*s of the weather* Unbilden der Witterung; **2.** Ex'aktheit *f*, Schärfe *f*.

rile [raɪl] *v/t.* F ärgern: *be* ~*d at* aufgebracht sein über (*acc.*).

rill [rɪl] *s.* Bächlein *n*, Rinnsal *n*.

rim [rɪm] **I** *s.* **1.** *allg.* Rand *m*; **2.** ⚙ a) Felge *f*, b) (Rad)Kranz *m*: ~ *brake* Felgenbremse *f*; **3.** (Brillen)Rand *m*, Fassung *f*; **II** *v/t.* **4.** mit e-m Rand versehen; einfassen; **5.** ⚙ *Rad* befelgen.

rime [raɪm] *s. poet.* (Rauh)Reif *m*.

rim·less ['rɪmlɪs] *adj.* randlos.

rim·y ['raɪmɪ] *adj.* bereift, voll Reif.

rind [raɪnd] *s.* **1.** ♀ (Baum)Rinde *f*, Borke *f*; **2.** (Brot-, Käse)Rinde *f*, Kruste *f*; **3.** (Speck)Schwarte *f*; **4.** (Obst-, Gemüse)Schale *f*; **5.** *fig.* Schale *f*, *das* Äußere.

ring¹ [rɪŋ] **I** *s.* **1.** *allg.* Ring *m* (*a. ♀, ♠*): *form a ~ fig.* e-n Kreis bilden (*Personen*); **2.** ⚙ Öse *f*; **3.** *ast.* Hof *m*; **4.** (Zirkus)Ring *m*, Ma'nege *f*; **5.** (Box-)Ring *m*, *weitS.* (*das*) (Berufs)Boxen: *be in the ~ for fig.* kämpfen um; **6.** *Rennsport:* a) Buchmacherstand *m*, b) *coll.* die Buchmacher *pl.*; **7.** ♥ Ring *m*, Kar'tell *n*; **8.** (*Verbrecher-, Spionage-etc.*)Ring *m*, Organisati'on *f*; *weitS.* Clique *f*; **II** *v/t.* **9.** beringen; *e-m Tier* e-n Ring durch die Nase ziehen; **10.** ✎ *Baum* ringeln; **11.** in Ringe schneiden: ~ *onions*; **12.** *mst* ~ *in* (*od.* round *od.* about) um'ringen, -'kreisen, einschließen; *Vieh* um'reiten, zs.-treiben.

ring² [rɪŋ] **I** *s.* **1.** a) Glockenklang *m*, -läuten *n*, b) Glockenspiel *n*, Läutwerk

n (*Kirche*); **2.** Läut-, Rufzeichen *n*, Klingeln *n*; **3.** *teleph.* Anruf *m*: *give me a ~* rufe mich an; **4.** Klang *m*, Schall *m*: *the ~ of truth* der Klang der Wahrheit, der echte Klang; **II** *v/i.* [irr.] **5.** läuten (*Glocke*), klingeln (*Glöckchen*): ~ *at the door* klingeln; ~ *for* nach j-m klingeln; ~ *off teleph.* (den Hörer) auflegen; **6.** klingen (*Münze, Stimme, Ohr etc.*): ~ *true* wahr klingen; **7.** *oft* ~ *out* erklingen, -schallen (*with* von), ertönen (*a. Schuß*): ~ *again* widerhallen; **III** *v/t.* [irr.] **8.** *Glocke* läuten: ~ *the bell* a) klingeln, läuten, b) *fig.* → *bell¹* 1; ~ *down* (up) *the curtain thea.* den Vorhang nieder- (hoch)gehen lassen; ~ *in the new year* das neue Jahr einläuten; ~ *s.o. up teleph. bsd. Brit.* j-n *od.* bei j-m anrufen; **9.** erklingen lassen; *fig. j-s Lob* erschallen lassen.

'ring·-a,round-a-'ros·y *s.* ‚Ringelreihen‘ *n* (*Kinderspiel*); ~ *bind·er s.* Ringbuch *n*; ~ *com·pound s.* ♜ Ringverbindung *f*; '~·dove *s. orn.* **1.** Ringeltaube *f*; **2.** Lachtaube *f*.

ringed [rɪŋd] *adj.* **1.** beringt (*Hand etc.*); *fig.* verheiratet; **2.** *zo.* Ringel...

ring·er ['rɪŋə] *s.* **1.** Glöckner *m*; **2.** *Am. sl.* a) *Pferderennen:* ‚Ringer‘ *m* vertauschtes Pferd, b) *fig. a.* dead ~ Doppelgänger(in), (genaues) Ebenbild, ‚Zwilling‘ *m* (*for* von).

ring·ing ['rɪŋɪŋ] **I** *s.* **1.** (Glocken)Läuten *n*; **2.** Klingel(n) *n*: *he has a ~ in his ears* ihm klingen die Ohren; **II** *adj.* □ **3.** klinge(l)nd, schallend: ~ *cheers* brausende Hochrufe; ~ *laugh* schallendes Gelächter.

'ring,lead·er *s.* Rädelsführer *m*.

ring·let ['rɪŋlɪt] *s.* **1.** Ringlein *n*; **2.** (Ringel)Löckchen *n*.

'ring,mas·ter *s.* 'Zirkusdi,rektor *m*; '~·road *s. mot. bsd. Brit.* Ring-, Um'gehungsstraße *f*; '~·side *s.:* *at the ~ Boxen:* am Ring; ~ *seat* Ringplatz *m*, *weitS.* guter Platz: *have a ~ seat fig.* die Sache aus nächster Nähe verfolgen (können); ~ *snake s. zo.* Ringelnatter *f*.

ring·ster ['rɪŋstə] *s. Am.* F *bsd. pol.* Mitglied *n* e-s Ringes *od.* e-r Clique.

'ring·wall *s.* Ringmauer *f*; '~·worm *s.* ✎ Ringelflechte *f*.

rink [rɪŋk] *s.* **1.** a) (*bsd.* Kunst)Eisbahn *f*, b) Rollschuhbahn *f*; **2.** a) *Bowls:* Spielfeld *n*, b) *Curling:* Rink *m*, Bahn *f*.

rinse [rɪns] **I** *v/t.* **1.** *oft* ~ *out* (ab-, aus-, nach)spülen; **2.** *Haare* tönen; **II** *s.* **3.** Spülung *f*: *give s.th. a good ~* et. (ab- *od.* aus)spülen; **4.** Spülmittel *n*; **5.** Tönung *f* (*Haar*); 'rins·ing [-sɪŋ] *s.* **1.** (Aus)Spülen *n*, Spülung *f*; **2.** *mst pl.* Spülwasser *n*.

ri·ot ['raɪət] **I** *s.* **1.** *bsd.* ⚖ Aufruhr *m*, Zs.-rottung *f*: ⚖ *Act hist. Brit.* Aufruhrakte *f*; *read the* ♀ *Act to fig. humor.* j-n (ernstlich) warnen, j-m die Leviten lesen; ~ *call Am.* Hilfeersuchen *n* (der Polizei bei Aufruhr *etc.*); ~ *gun* Straßenkampfwaffe *f*; ~ *squad*, ~ *police* Überfallkommando *n*; ~ *stick* Schlagstock *m*; **2.** Tu'mult *m*, Aufruhr *m* (*a. fig. der Gefühle*), Kra'wall *m* (*a. ~ Lärm etc.*); **3.** *fig.* Ausschweifung *f*, 'Orgie *f* (*a. weitS. in Farben etc.*): *run ~ a*) (sich aus)toben, b) durchgehen (*Phantasie etc.*), c) *hunt.* e-e falsche Fährte verfolgen (*Hund*), d) ♀ wuchern; *he (it) is a ~* F er (es) ist einfach ‚toll' *od.* ‚zum Schreien' (komisch); **II** *v/i.* **4.** a) an e-m Aufruhr teilnehmen, b) e-n Aufruhr anzetteln; **5.** randalieren, toben; **6.** *a. fig.* schwelgen (*in* in *dat.*); **'ri·ot·er** [-tə] *s.* Aufrührer *m*; Randalierer *m*, Kra'wallmacher *m*; **'ri·ot·ous** [-təs] *adj.* □ **1.** aufrührerisch: *~ assembly* ♗♕ Zs.-rottung *f*; **2.** tumultu'arisch, tobend; **3.** ausgelassen, wild (*a. Farbe etc.*); **4.** zügellos, toll.

rip [rɪp] **I** *v/t.* **1.** (zer)reißen, (-)schlitzen; *Naht etc.* (auf-, zer)trennen; *~ off* los-, wegreißen, *fig. sl. sich et.* ‚unter den Nagel reißen'; *Bank etc.* ausrauben; *j-n* ‚ausnehmen', neppen; *~ up* (*od. open*) aufreißen, -schlitzen, -trennen; **II** *v/i.* **2.** reißen, (auf)platzen; **3.** F sausen: *let her ~!* gib Gas!; *~ into fig.* auf *j-n* losgehen; **4.** *~ out with Fluch etc.* ausstoßen; **III** *s.* **5.** Schlitz *m*, Riß *m*.

ri·par·i·an [raɪ'peərɪən] **I** *adj.* **1.** Ufer...: *~ owner* → 3; **II** *s.* **2.** Uferbewohner (-in); **3.** ♗♕ Uferanlieger *m*.

'rip·cord *s.* ✈ Reißleine *f*.

ripe [raɪp] *adj.* □ **1.** reif (*Obst, Ernte etc.*); ausgereift (*Käse, Wein*); schlachtreif (*Tier*); *hunt.* abschußreif; ♟ operati'onsreif (*Abszeß etc.*): *~ beauty fig.* reife Schönheit; **2.** *körperlich, geistig* reif, voll entwickelt; **3.** *fig.* reif, gereift, (*Alter, Urteil etc.*); voll'endet (*Künstler etc.*); ausgereift (*Plan etc.*); **4.** (*zeitlich*) reif (*for* für); **5.** reif, bereit, fertig (*for* für); **6.** F deftig (*Witz etc.*); **'rip·en** [-pən] **I** *v/i.* **1.** *a. fig.* reifen, reif werden; **2.** sich (voll) entwickeln, her'anreifen (*into* zu); **3.** reifen lassen; **'ripe·ness** [-nɪs] *s.* Reife *f* (*a. fig.*).

'rip-off *s. sl.* **1.** a) Diebstahl *m*, b) Raub *m*; **2.** ‚Nepp' *m*, *allg.* ‚Beschiß' *m*.

ri·poste [rɪ'pəst] *s.* **1.** *fenc.* Ri'poste *f*, Nachstoß *m*; **2.** *fig.* a) schlagfertige Erwiderung, b) scharfe Antwort; **II** *v/i.* **3.** *fenc.* ripostieren; Gegenstoß machen (*a. fig.*); **4.** *fig.* (schlagfertig *od.* hart) kontern.

rip·per ['rɪpə] *s.* **1.** ♗ a) Trennmesser *n*, b) 'Trennma‚schine *f*, c) → *rip saw*; **2.** *sl.* a) 'Prachtexem‚plar *n*, b) Prachtkerl *m*; **3.** blutrünstiger Mörder; **rip·ping** ['rɪpɪŋ] *obs. Brit. sl. adj.* □ prächtig, ‚prima', ‚toll'.

rip·ple[1] ['rɪpl] **I** *s.* **1.** kleine Welle(n *pl.*), Kräusclung *f* (*Wasser, Sand etc.*): *~ of laughter fig.* leises Lachen; *cause a ~ fig.* ein kleines Aufsehen erregen; **2.** Rieseln *n*, (Da'hin)Plätschern *n* (*a. fig. Gespräch*); **3.** *fig.* Spiel(en) *n* (*der Muskeln etc.*); **II** *v/i.* **4.** kleine Wellen schlagen, sich kräuseln; **5.** rieseln, (da'hin-) plätschern (*a. fig. Gespräch*); **6.** *fig.* spielen (*Muskeln etc.*); **III** *v/t.* **7.** *Wasser etc.* leicht bewegen, kräuseln.

rip·ple[2] ['rɪpl] ♗ **I** *s.* Riffelkamm *m*; **II** *v/t. Flachs* riffeln.

'rip·ple| cloth *s.* Zibe'line *f* (*Wollstoff*); *~ cur·rent* ♀ Brummstrom *m*; *~ fin·ish* *s.* ♗ Kräusellack *m*.

‚rip-'roar·ing *adj.* F ‚toll'; *~ saw* *s.* ♗ Spaltsäge *f*; **'~‚snort·er** [-‚snɔ:tə] *s. sl.* a) ‚tolle Sache', b) ‚toller Kerl'; **'~‚snort·ing** ['-snɔ:tɪŋ] *adj. sl.* ‚toll'.

rise [raɪz] **I** *v/i.* [*irr.*] **1.** sich erheben, vom *Bett, Tisch etc.* aufstehen: *~ (from the dead) eccl.* (von den Toten) aufer-

stehen; **2.** a) aufbrechen, b) die Sitzung schließen, sich vertagen; **3.** auf-, em'por-, hochsteigen (*Vogel, Rauch etc.*; *a. Geruch*; *a. fig. Gedanke, Zorn etc.*): *the curtain ~s thea.* der Vorhang geht auf; *my hair ~s* die Haare stehen mir zu Berge; *her colo(u)r rose* die Röte stieg ihr ins Gesicht; *land ~s to view* Land kommt in Sicht; *spirits rose* die Stimmung hob sich; *the word rose to her lips* das Wort kam ihr auf die Lippen; **4.** steigen, sich bäumen (*Pferd*): *~ to a fence* zum Sprung über ein Hindernis ansetzen; **5.** sich erheben, em'porragen (*Berg etc.*); **6.** aufgehen (*Sonne etc.*; *a. Saat, Teig*); **7.** (an)steigen (*Gelände etc.*; *a. Wasser*; *a. Temperatur etc.*); **8.** (an)steigen, anziehen (*Preise etc.*); **9.** ♟ sich bilden (*Blasen*); **10.** sich erheben, aufkommen (*Sturm*); **11.** sich erheben *od.* em'pören, revoltieren: *~ in arms* zu den Waffen greifen; *my stomach ~s against* (*od. at*) *it* mein Magen sträubt sich dagegen, (*a. fig.*) es ekelt mich an; **12.** *beruflich od. gesellschaftlich* aufsteigen: *~ in the world* vorwärtskommen, es zu et. bringen; **13.** *fig.* sich erheben: a) erhaben sein (*above* über *acc.*), b) sich em'porschwingen (*Geist*); → *occasion* 3; **14.** ♪ (an)steigen, anschwellen; **II** *v/t.* [*irr.*] **15.** aufsteigen lassen; *Fisch* an die Oberfläche locken; **16.** *Schiff* sichten; **III** *s.* **17.** (Auf)Steigen *n*, Aufstieg *m*; **18.** *ast.* Aufgang *m*; **19.** Auferstehung *f von den Toten*; **20.** Steigen *n* (*Fisch*), Schnappen *n* nach dem Köder: *get* (*od. take*) *a ~ out of s.o. sl.* j-n ‚auf die Palme bringen'; **21.** *fig.* Aufstieg *m* (*Person, Nation etc.*): *a young man on the ~* ein aufstrebender junger Mann; **22.** (An)Steigen *n*, Erhöhung *f* (*Flut, Temperatur etc.*; ♥ *Preise etc.*; *Börse*): Aufschwung *m*, Hausse *f*; *bsd. Brit.* Aufbesserung *f*, Lohn-, Gehaltserhöhung *f*: *buy for a ~* auf Hausse spekulieren; *on the ~* im Steigen (begriffen) (*Preise*); **23.** Zuwachs *m*, -nahme *f*: *~ in population* Bevölkerungszuwachs; **24.** Ursprung *m* (*a. fig. Entstehung*): *take* (*od. have*) *its ~* entspringen, entstehen; **25.** Anlaß *m*: *give ~ to* verursachen, hervorrufen, erregen; **26.** a) Steigung *f* (*Gelände*), b) Anhöhe *f*, Erhebung *f*; **27.** Höhe *f*; △ Pfeilhöhe *f* (*Bogen*); **ris·en** ['rɪzn] *p.p. von rise*; **'ris·er** [-zə] *s.* **1.** *early ~* Frühaufsteher (-in); **2.** Langschläfer(in); **2.** Steigung *f e-r Treppenstufe*; **3.** a) ♗ Steigrohr *n*, b) ♀ Steigleitung *f*, c) Gießerei: Steiger *m*.

ris·i·bil·i·ty [‚rɪzɪ'bɪlətɪ] *s.* **1.** *a. pl.* Lachlust *f*; **2.** Gelächter *n*; **ris·i·ble** ['rɪzɪbl] *adj.* **1.** lachlustig; **2.** Lach...: *~ muscles*; **3.** lachhaft.

ris·ing ['raɪzɪŋ] **I** *adj.* **1.** (an)steigend (*a. fig.*): *~ ground* (Boden)Erhebung *f*, Anhöhe *f*; *~ gust* Steigbö *f*; *~ main* a) ♀ Steigrohr *n*, b) ♀ Steigleitung *f*; *~ rhythm Metrik:* steigender Rhythmus; **2.** her'anwachsend, kommend (*Generation*); **3.** aufstrebend: *a ~ lawyer*; **II** *prp.* **4.** *Am.* F ~ *od* a) (etwas) mehr als, b) genau; **III** *s.* **5.** Aufstehen *n*; **6.** (An-)Steigen *n* (*a. fig. Preise, Temperatur etc.*); **7.** Steigung *f*, Anhöhe *f*; **8.** *ast.* Aufgehen *n*; **9.** Aufstand *m*, Erhebung

f; **10.** Steigerung *f*, Zunahme *f*; **11.** Aufbruch *m e-r Versammlung*; **12.** ♟ a) Geschwulst *f*, b) Pustel *f*.

risk [rɪsk] **I** *s.* **1.** Wagnis *n*, Gefahr *f*, Risiko *n*: *at one's own ~* auf eigene Gefahr; *at the ~ of one's life* unter Lebensgefahr; *at the ~ of* (*ger.*) auf die Gefahr hin, zu (*inf.*); *be at ~* gefährdet sein, auf dem Spiel stehen; *put at ~* gefährden; *run the ~ of doing s.th.* Gefahr laufen, et. zu tun; *run* (*od. take*) *a ~* ein Risiko eingehen; **2.** ♥ a) Risiko *n*, Gefahr *f*, b) versichertes Wagnis (*Ware od. Person*): *security ~ pol.* Sicherheitsrisiko; **II** *v/t.* **3.** riskieren, wagen, aufs Spiel setzen: *~ one's life*; **4.** *Verlust, Verletzung etc.* riskieren; **'risk·y** [-kɪ] *adj.* □ **1.** ris'kant, gewagt, gefährlich; **2.** → *risqué.*

ris·qué ['ri:skeɪ] *adj.* gewagt, schlüpfrig: *a ~ story.*

ris·sole ['rɪsəʊl] (*Fr.*) *s.* Küche: Briso'lett *n.*

rite [raɪt] *s.* **1.** *bsd. eccl.*: Ritus *m*, Zeremo'nie *f*, feierliche Handlung: *funeral ~s* Totenfeier *f*, Leichenbegängnis *n*; *last ~s* Sterbesakramente; **2.** *oft* ♝ *eccl.* Ritus *m*: a) Religi'onsform *f* b) Litur'gie *f*; **3.** Gepflogenheit *f*, Brauch *m.*

rit·u·al ['rɪtʃʊəl] **I** *s.* **1.** *eccl. etc.*, *a. fig.* Ritu'al *n*; **2.** *eccl.* Ritu'albuch *n*; **II** *adj.* □ **3.** ritu'al, Ritual...: *~ murder* Ritualmord *m*; **4.** ritu'ell, feierlich: *~ dance.*

ritz·y ['rɪtsɪ] *adj. sl.* **1.** ‚stinkvornehm', ‚feu'dal'; **2.** angeberisch.

ri·val ['raɪvl] **I** *s.* **1.** Ri'vale *m*, Ri'valin *f*, Nebenbuhler(in), Konkur'rent(in): *without a ~ fig.* ohnegleichen, unerreicht; **II** *adj.* **2.** rivalisierend, wetteifernd: *~ firm* ♥ Konkurrenzfirma *f*; **III** *v/t.* **3.** rivalisieren *od.* wetteifern *od.* konkurrieren mit, *j-m* den Rang streitig machen; **4.** *fig.* es aufnehmen mit; gleichkommen (*dat.*); **'ri·val·ry** [-rɪ] *s.* **1.** Rivali'tät *f*, Nebenbuhlerschaft *f*; **2.** Wettstreit *m*, -eifer *m*, Konkur'renz *f*: *enter into ~ with s.o.* j-m Konkurrenz machen.

rive [raɪv] **I** *v/t.* [*irr.*] **1.** (zer)spalten; **2.** *poet.* zerreißen; **II** *v/i.* [*irr.*] **3.** sich spalten; *fig.* brechen (*Herz*); **riv·en** ['rɪvən] *p.p. von rive.*

riv·er ['rɪvə] *s.* **1.** Fluß *m*, Strom *m*: *~ police* Wasserschutzpolizei *f*; *the ~ Thames* die Themse; *Hudson* ℒ der Hudson; *down the ~* stromab(wärts); *sell s.o. down the ~* F j-n ‚verkaufen'; *up the ~* a) stromauf(wärts), b) *Am.* F in den *od.* im ‚Knast'; **2.** *fig.* Strom *m*, Flut *f.*

riv·er·ain ['rɪvəreɪn] **I** *adj.* Ufer..., Fluß...; **II** *s.* Ufer- *od.* Flußbewohner(in).

riv·er| ba·sin *s. geol.* Einzugsgebiet *n*; **'~-bed** *s.* Flußbett *n*; **~ dam** *s.* Staudamm *m*, Talsperre *f*; **'~-front** *s.* (Fluß-) Hafenviertel *n*; **'~-head** *s.* (Fluß)Quelle *f*, Quellfluß *m*; **~ horse** *s. zo.* Flußpferd *n.*

riv·er·ine ['rɪvəraɪn] *adj.* am Fluß (gelegen *od.* wohnend); Fluß...

riv·er| po·lice *s.* 'Wasserschutzpoli‚zei *f*; **'~-side** *s.* Flußufer *n*; **II** *adj.* am Ufer (gelegen), Ufer...

riv·et ['rɪvɪt] **I** *s.* ♗ **1.** Niete *f*, Niet *m*: *~ joint* Nietverbindung *f*; **II** *v/t.* **2.** ♗

(ver)nieten; **3.** befestigen (**to** an *acc.*); **4.** *fig.* a) *Blick, Aufmerksamkeit* heften, richten (**on** auf *acc.*), b) *Aufmerksamkeit, a. j-n* fesseln: **stand ~ed to the spot** wie angewurzelt stehenbleiben; **'riv·et·ing** [-tɪŋ] *s.* ☺ **1.** Nietnaht *f*; **2.** (Ver)Nieten *n*: **~ hammer** Niethammer *m*.

riv·u·let ['rɪvjʊlɪt] *s.* Flüßchen *n*.

roach¹ [rəʊtʃ] *s. ichth.* Plötze *f*, Rotauge *n*: **sound as a ~** kerngesund.

roach² [rəʊtʃ] *s.* ⚓ Gilling *f*.

roach³ [rəʊtʃ] → *cockroach*.

road [rəʊd] **I** *s.* **1.** a) (Land)Straße *f*, b) Weg *m* (*a. fig.*), c) Strecke *f*, d) Fahrbahn *f*: **by ~** a) auf dem Straßenweg, b) per Achse, mit dem Fahrzeug; **on the ~** a) auf der Straße, b) auf Reisen, unterwegs, c) *thea.* auf Tournee; **hold the ~ well** *mot.* e-e gute Straßenlage haben; **take** (*sl. hit*) **the ~** aufbrechen; **rule of the ~** Straßenverkehrsordnung *f*; **the ~ to success** *fig.* der Weg zum Erfolg; **be in s.o.'s ~** *fig.* j-m im Wege stehen; **~ up!** Straßenarbeiten!; **2.** *mst pl.* ⚓ Reede *f*; **3.** 🚂 *Am.* Bahn(strecke) *f*; **4.** ⚒ Förderstrecke *f*; **II** *adj.* **5.** Straßen..., Weg...: **~ conditions** Straßenzustand *m*; **~ haulage** Güterkraftverkehr *m*; **~ junction** Straßenknotenpunkt *m*, -einmündung *f*; **~ sign** Straßenschild *n*, Wegweiser *m*.

road·a·bil·i·ty [ˌrəʊdə'bɪlətɪ] *s. mot.* Fahreigenschaften *pl.*; *engS.* Straßenlage *f*.

road| ac·ci·dent *s.* Verkehrsunfall *m*; **'~·bed** *s.* a) 🚂 Bahnkörper *m*, b) Straßenbettung *f*; **'~·block** *s.* **1.** Straßensperre *f*; **2.** Verkehrshindernis *n*; **3.** *fig.* Hindernis *n*; **'~·book** *s.* Reisehandbuch *n*; **~ hog** *s.* Verkehrsrowdy *m* (*rücksichtsloser Fahrer*); **'~·hold·ing** *s. mot.* Straßenlage *f*; **~ hole** *s.* Schlagloch *n*; **~ house** *s.* Rasthaus *n*; **'~·man** [-mən] *s.* [*irr.*] **1.** Straßenarbeiter *m*; **2.** Straßenhändler *m*; **~ man·a·ger** *s.* Roadmanager *m* (*e-r Rockgruppe*); **~ map** *s.* Straßen-, Autokarte *f*; **~ met·al** *s.* Straßenbeschotterung *f*, -schotter *m*; **~ roll·er** *s.* ☺ Straßenwalze *f*; **~ sense** *s. mot.* Fahrverstand *m*; **'~·side I** *s.* (**by the ~** am) Straßenrand *m*; **II** *adj.* an der Landstraße (gelegen): **~ inn**; **'~·stead** *s.* ⚓ Reede *f*.

road·ster ['rəʊdstə] *s.* **1.** *Am.* Roadster *m*, (offener) Sportzweisitzer; **2.** *sport* (starkes) Tourenrad.

road| tank·er *s. mot.* Tankwagen *m*; **'~·test** *mot.* **I** *s.* Probefahrt *f*; **II** *v/t.* ein *Auto* probefahren; **~ us·er** *s.* Verkehrsteilnehmer(in); **'~·way** *s.* Fahrdamm *m*, -bahn *f*; **'~·work** *s. sport* Lauftraining *n*; **~ works** *s. pl.* Straßenarbeiten *pl.*, Baustelle *f auf e-r Straße*; **'~·worthi·ness** *s. mot.* Verkehrssicherheit *f* (*Auto*); **'~·wor·thy** *adj. mot.* verkehrssicher (*Auto*).

roam [rəʊm] **I** *v/i. a.* **~ about** (um'her-) streifen, (-)wandern; **II** *v/t.* durch'streifen (*a. fig. Blick etc.*); **III** *s.* Wandern *n*, Um'herstreifen *n*.

roan [rəʊn] **I** *adj.* **1.** rötlichgrau; **2.** gefleckt; **II** *s.* **3.** Rotgrau *n*; **4.** *zo.* a) Rotschimmel *m*, b) rotgraue Kuh; **5.** Schafleder *n*.

roar [rɔː] **I** *v/i.* **1.** brüllen: **~ at** j-n anbrüllen, b) über *et.* schallend lachen;

~ with vor *Schmerz, Lachen etc.* brüllen; **2.** *fig.* tosen, toben, brausen (*Wind, Meer*); krachen, (g)rollen (*Donner*); (er)dröhnen, donnern (*Geschütz, Motor etc.*); brausen, donnern (*Fahrzeug*); **3.** *vet.* keuchen (*Pferd*); **II** *v/t.* **4.** *et.* brüllen: **~ out** *Freude, Schmerz etc.* hinausbrüllen; **~ s.o. down** j-n niederschreien; **III** *s.* **5.** Brüllen *n*, Gebrüll *n* (*a. fig.*): **set the table in a ~** (*of laughter*) bei der Gesellschaft schallendes Gelächter hervorrufen; **6.** *fig.* Tosen *n*, Toben *n*, Brausen *n* (*Wind, Meer*); Krachen *n*, Rollen *n* (*Donner*); Donner *m* (*Geschütze*); Dröhnen *n*, Lärm *m* (*Motor, Maschinen etc.*); Getöse *n*; **'roar·ing** [-rɪŋ] **I** *adj.* ☐ **1.** brüllend (*a. fig.* **with** vor *dat.*); **2.** lärmend, laut; **3.** tosend (*etc.* → *roar* 2); **4.** brausend, stürmisch (*Nacht, Fest*); **5.** a) großartig, ‚phan'tastisch': **a ~ business** (*od. trade*) ein schwunghafter Handel, ein ‚Bombengeschäft'; **in ~ health** vor Gesundheit strotzend, b) ‚wild', ‚fa'natisch': **a ~ Christian**; **II** *s.* **6.** → *roar* 5 u. 6; **7.** *vet.* Keuchen *n* (*Pferd*).

roast [rəʊst] **I** *v/t.* **1.** *Fleisch etc.* braten, rösten; schmoren: **be ~ed alive** a) bei lebendigem Leibe verbrannt werden *od.* verbrennen, b) *fig.* vor Hitze fast umkommen; **2.** *Kaffee etc.* rösten; **3.** *metall.* rösten, abschwelen; **4.** F a) ‚durch den Kakao ziehen', b) ‚verreißen' (*kritisieren*); **II** *v/i.* **5.** rösten, braten; schmoren (*a. fig. in der Sonne etc.*): **I am simply ~ing** *fig.* mir ist wahnsinnig heiß; **III** *s.* **6.** Braten *m*; → *rule* 13; **IV** *adj.* **7.** geröstet, gebraten, Röst...: **~ beef** Rinderbraten *m*; **~ meat** Braten *m*; **~ pork** Schweinebraten *m*; **'roast·er** [-tə] *s.* **1.** Röster *m*, 'Röstappa,rat *m*; **2.** *metall.* Röstofen *m*; **3.** Spanferkel *n*, Brathähnchen *n etc.*; **'roast·ing** [-tɪŋ] *s.*: **give s.o. a. ~** F → *roast* 4.

rob [rɒb] *v/t.* **1.** a) *et.* rauben, stehlen, b) *Haus etc.* ausrauben, (-)plündern, c) *fig.* berauben (**of** *gen.*); **2.** *j-n* berauben: **~ s.o. of** a) *j-m et.* rauben (*a. fig.*), b) *fig.* j-n um *et.* bringen, j-m *et.* nehmen; **rob·ber** ['rɒbə] *s.* Räuber *m*; **rob·ber·y** ['rɒbərɪ] *s.* **1.** *a.* ⚖ Raub *m* (*from* an *dat.*); 'Raub,überfall *m*; **2.** *fig.* ‚Diebstahl' *m*, ‚Beschiß' *m*.

robe [rəʊb] **I** *s.* **1.** (Amts)Robe *f*, Ta'lar *m* (*Geistlicher, Richter etc.*): **~s** Amtstracht *f*; **state ~** Staatskleid *n*; (**the gentlemen of**) **the** (**long**) **~** *fig.* die Juristen; **2.** Robe *f*: a) wallendes Gewand, b) Festkleid *n*, c) Abendkleid *n*, d) ✝ einteiliges Damenkleid, e) Bademantel *m*; **3.** *bsd.* Taufkleid *n* (*Säugling*); **II** *v/t.* **4.** *j-n* (feierlich an)kleiden, *j-m* die Robe anlegen; **5.** *fig.* (ein)hüllen; **III** *v/i.* **6.** die Robe anlegen.

rob·in ['rɒbɪn] *s. a.* **~ red-breast** *orn.* a) Rotkehlchen *n*, b) amer. Wanderdrossel *f*; **2.** → *round robin*.

rob·o·rant ['rɒbərənt] ☇ **I** *adj.* stärkend; **II** *s.* Stärkungsmittel *n*, Roborans *n*.

ro·bot ['rəʊbɒt] **I** *s.* **1.** Roboter *m* (*a. fig.*), ☺ *a.* Auto'mat *m*; **2.** *a.* **~ bomb** ✗ V-Geschoß *n*; **II** *adj.* **3.** auto'matisch: **~ pilot** ✈ Selbststeuergerät *n*.

ro·bust [rəʊ'bʌst] *adj.* ☐ **1.** ro'bust: a) kräftig, stark (*Gesundheit, Körper*, Per-

son etc.), b) kernig, gerade (*Geist*), c) derb (*Humor*); **2.** ☺ sta'bil, 'widerstandsfähig; **3.** hart, schwer (*Arbeit etc.*); **ro'bust·ness** [-nɪs] *s.* Ro'bustheit *f*.

roc [rɒk] *s. myth.* (Vogel *m*) Rock *m*.

rock¹ [rɒk] *s.* **1.** Fels *m* (*a. fig.*), Felsen *m*; *coll.* Felsen *pl.*, (Fels)Gestein *n*: **the ♀** *geogr.* Gibraltar; **volcanic ~** *geol.* vulkanisches Gestein; (**as**) **firm as a ~** *fig.* wie ein Fels, zuverlässig; **2.** Klippe *f* (*a. fig.*): **on the ~s** a) F ‚pleite', in Geldnot, b) F ‚kaputt', in die Brüche gegangen (*Ehe etc.*), c) on the rocks, mit Eiswürfeln (*Getränk*); **see ~s ahead** mit Schwierigkeiten rechnen; *Am.* Stein *m*: **throw ~s at s.o.**; **4.** Pfefferminzstange *f*; **5.** *sl.* Stein, *bsd.* Diamant *m, pl.* ‚Klunkern' *pl.*; **6.** *Am. sl.* a) Geldstück *n, bsd.* Dollar *m*, b) *pl.* ‚Kies' *m* (*Geld*); **7.** *pl.* V ‚Eier' *pl.* (*Hoden*).

rock² [rɒk] **I** *v/t.* **1.** wiegen, schaukeln: *Kind* (in den Schlaf) wiegen: **~ in security** *fig.* j-n in Sicherheit wiegen; **2.** ins Wanken bringen, erschüttern: **~ the boat** *fig.* die Sache gefährden; **3.** *Sieb, Sand etc.* rütteln; **II** *v/i.* **4.** (sich) schaukeln, sich wiegen; **5.** (sch)wanken, wackeln, taumeln (*a. fig.*); **6.** ♪ a) Rock 'n' Roll tanzen, b) ‚rocken' (*spielen*); **III** *s.* **7.** → *rock 'n' roll*.

rock| and roll [ˌrɒkən'rəʊl] → *rock 'n' roll*; **~ bed** Felsengrund *m*; **~ bot·tom** *s. fig.* Tief-, Nullpunkt *m*: **get down to ~** der Sache auf den Grund gehen; **his supplies touched ~** s-e Vorräte waren erschöpft; **~ 'bot·tom** *adj.* F allerniedrigst, äußerst (*Preis etc.*); **'~·bound** *adj.* von Felsen um'schlossen; **~ cake** *s.* hartgebackenes Plätzchen; **~ can·dy** → *rock¹* 4; **~ climb·ing** *s.* Felsenklettern *n*; **~ cork** *s. min.* 'Bergas,best *m*, -kork *m*; **~ crys·tal** *s. min.* 'Bergkri,stall *m*; **~ de·bris** *geol.* Felsgeröll *n*; **~ draw·ings** *s. pl.* Felszeichnungen *pl.*; **~ drill** *s.* ☺ Steinbohrer *m*.

rock·er ['rɒkə] *s.* **1.** Kufe *f* (*Wiege etc.*): **off one's ~** *sl.* ‚übergeschnappt', verrückt; **2.** a) Schaukelpferd *n*, b) *Am.* Schaukelstuhl *m*; **3.** ☺ a) Wippe *f*, b) Wiegemesser *n*, c) Schwing-, Kipphebel *m*; **4.** Schwingtrog *m* (*zur Goldwäsche*); **5.** *Eislauf:* a) Holländer(schlittschuh) *m*, b) Kehre *f*; **6.** *pl. Brit.* Rokker *pl.*, ‚Lederjacken' *pl.* (*Jugendliche*); **~ arm** *s.* ☺ Kipphebel *m*; **~ switch** *s.* ⚡ Wippschalter *m*.

rock·er·y ['rɒkərɪ] *s.* Steingarten *m*.

rock·et¹ ['rɒkɪt] **I** *s.* **1.** *allg.* Ra'kete *f*; **2.** *fig.* F ‚Zi'garre' *f*, Anpfiff *m*; **II** *adj.* **3.** Raketen...: **~ bomb**, **~ aircraft**, **~-driven airplane** Raketenflugzeug *n*; **'~-assisted take-off** ✈ Raketenstart *m*; **III** *v/i.* **4.** (wie e-e Ra'kete) hochschießen; **5.** ✝ hochschnellen (*Preise*); **6.** *fig.* e-n ko'metenhaften Aufstieg nehmen; **IV** *v/t.* **7.** ✗ mit Raketen beschießen; **8.** mit e-r Ra'kete *in den Weltraum etc.* befördern.

rock·et² ['rɒkɪt] *s.* ♀ **1.** 'Nachtvi,ole *f*; **2.** Rauke *f*; **3.** → **~ salad**; **4.** *a.* **~ cress** (echtes) Barbarakraut.

rock·et·eer [ˌrɒkɪ'tɪə] *s.* ✗ **1.** Ra'ketenkano,nier *m od.* -pi,lot *m*; **2.** Ra'ketenforscher *m*, -fachmann *m*.

rock·et| jet *s.* Ra'ketentriebwerk *n*; **~**

launch·er s. ✗ Ra'ketenwerfer m; '~-
‚**launch·ing site** s. ✗ Ra'ketenab-
schußbasis f; '~-‚**pow·ered** adj. mit Ra-
'ketenantrieb; ~ **pro·jec·tor** s. ✗ (Ra-
'keten)Werfer m.
rock·et·ry ['rɒkɪtrɪ] s. **1.** Ra'ketentech-
nik f od. -forschung f; **2.** coll. Ra'keten
pl.
rock·et sal·ad s. ♀ Senfkohl m.
rock| **flour** s. min. Bergmehl n; ~ **gar-
den** s. Steingarten m.
rock·i·ness ['rɒkɪnɪs] s. felsige od. steinige Beschaffenheit.
rock·ing| **chair** ['rɒkɪŋ] s. Schaukelstuhl
m; ~ **horse** s. Schaukelpferd n; ~ **le·ver**
s. Schwinghebel m.
rock| **leath·er** → **rock cork**; ~ '**n' roll**
[‚rɒkən'rəʊl] s. Rock 'n' Roll m (Musik
u. Tanz); ~ **oil** s. Stein-, Erdöl n, Pe-
'troleum n; ~ **plant** s. ♀ Felsen-, Al-
pen-, Steingartenpflanze f; '~-**rose** s. ♀
Cistrose f; ~ **salt** s. 🜍 Steinsalz n;
'~-**slide** s. Steinschlag m, Felssturz m;
'~-**wood** s. min. 'Holzas‚best m;
'~-**work** s. **1.** Gesteinsmasse f; **2.** a)
Steingarten m, b) Grottenwerk n; **3.** ⌂
Quaderwerk n.
rock·y¹ ['rɒkɪ] adj. **1.** felsig; **2.** steinhart
(a. fig.).
rock·y² ['rɒkɪ] adj. □ F wack(e)lig (a.
fig.), wankend.
ro·co·co [rəʊ'kəʊkəʊ] **I** s. **1.** Rokoko n;
II adj. **2.** Rokoko...; **3.** verschnörkelt,
über'laden.
rod [rɒd] s. **1.** Rute f, Gerte f; a. fig.
bibl. Reis n; **2.** (Zucht)Rute f (a. fig.):
have a ~ in pickle for s.o. mit j-m noch
ein Hühnchen zu rupfen haben; **kiss
the ~** sich unter die Rute beugen;
make a ~ for one's own back fig. sich
die Rute selber flechten; **spare the ~
and spoil the child** wer die Rute spart,
verzieht das Kind; **3.** a) Zepter n, b)
Amtsstab m, c) fig. Amtsgewalt f, d)
fig. Knute f, Tyran'nei f; → **Black Rod**;
4. (Holz)Stab m, Stock m; **5.** ⚙ (Rund-)
Stab m, (Treib-, Verbindungs- etc.)
Stange f; ~ **aerial** ⚡ Stabantenne f;
Kernkraft: Brennstab m; **6.** a) Angelrute f, b) Angler m; **7.** Meßlatte f, -stab
m; **8.** a) Rute f (Längenmaß), b) Qua-
'dratrute f (Flächenmaß); **9.** Am. sl.
‚Ka'none' f (Pistole); **10.** anat. Stäbchen n (Netzhaut); **11.** biol. 'Stäbchen-
bak‚terie f; **12.** Am. sl. → **hot rod**.
rode [rəʊd] pret. von **ride**.
ro·dent ['rəʊdənt] **I** adj. **1.** zo. nagend;
Nage...: ~ **teeth**; **2.** ♣ fressend (Geschwür); **II** s. **3.** Nagetier n.
ro·de·o [rəʊ'deɪəʊ] pl. **-s** s. Am. Ro'deo
m, n: a) Zs.-treiben u. vron Vieh, b)
Sammelplatz für diesen Zweck, c) 'Cow-
boy-Tur‚nier n, Wildwest-Vorführung
f, d) 'Motorrad-, 'Autoro‚deo m, n.
roe¹ [rəʊ] s. zo. **1.** a. **hard** ~ Rogen m,
Fischlaich m; ~ **corn** Fischei n; **2.** a.
soft ~ Milch f; **3.** Eier pl. (vom Hummer etc.).
roe² [rəʊ] pl. **roes**, coll. **roe** s. zo. **1.**
Reh n; **2.** a) Ricke f (weibliches Reh),
b) Hirschkuh f; '~-**buck** s. Rehbock m;
'~-**deer** s. Reh n.
roent·gen → **röntgen**.
ro·ga·tion [rəʊ'geɪʃn] s. eccl. a) (Für-)
Bitte f, ('Bitt)Lita‚nei f, b) mst pl. Bitt-
gang m: ☨ **Sunday** Sonntag m Rogate;
☨ **week** Himmelfahrts-, Bittwoche f;

rog·a·to·ry ['rɒgətərɪ] adj. 🜨 Untersuchungs...: ~ **commission**; **letters** ~
Amtshilfeersuchen n.
rog·er ['rɒdʒə] **1.** int. Funk: Roger!,
Verstanden!; **2.** F in Ordnung!
rogue [rəʊg] s. **1.** Schurke m, Gauner
m: ~**s' gallery** Verbrecheralbum n; **2.**
humor. Schelm m, Schlingel m, Spitzbube m; **3.** ♀ a) aus der Art schlagende
Pflanze, b) 'Mißbildung f; **4.** zo. a. ~
elephant, ~ **buffalo** etc. bösartiger
Einzelgänger; **5.** Pferderennen: a) bok-
kendes Pferd, b) Ausreißer m (Pferd);
'**ro·guer·y** [-gərɪ] s. **1.** Schurke'rei f,
Gaune'rei f; **2.** Spitzbübe'rei f; '**roguish** [-gɪʃ] adj. □ **1.** schurkisch; **2.**
schelmisch, schalkhaft, spitzbübisch.
roist·er ['rɔɪstə] v/i. **1.** kra'keelen; **2.**
aufschneiden, prahlen; '**roist·er·er**
[-tərə] s. **1.** Kra'keeler m; **2.** Großmaul
n.
role, **rôle** [rəʊl] (Fr.) s. thea. u. fig. Rolle f: **play a ~** e-e Rolle spielen.
roll [rəʊl] **I** s. **1.** (Haar-, Kragen-, Pa-
pier- etc.)Rolle f; **2.** a) hist. Schriftrolle
f, Perga'ment n, b) Urkunde f, c) (bsd.
Namens)Liste f, Verzeichnis n, d) 🜨
Anwaltsliste f: ~ **of hono(u)r** Ehrenli-
ste, -tafel f (bsd. der Gefallenen); **the**
☨**s** Staatsarchiv n (Gebäude in London); **call the ~** die (Namens- od. An-
wesenheits)Liste verlesen, Appell abhalten; **strike s.o. off the ~** j-n von der
Anwaltsliste streichen; → **master** 13;
3. ⌂ a) a. ~**-mo(u)lding** Rundleiste f,
Wulst m, b) antiq. Vo'lute f; **4.** ⚙ Rolle
f, Walze f; **5.** Brötchen n, Semmel f; **6.**
(bsd. 'Fleisch)Rou‚lade f; **7.** sport Rolle
f (a. ✈ Kunstflug); **8.** ☨ Rollen n,
Schlingern n (Schiff); **9.** wiegender
Gang, Seemannsgang m; **10.** Fließen n,
Fluß m (des Wassers; a. fig. der Rede,
von Versen etc.); **11.** (Orgel- etc.)Brau-
sen n; (Donner)Rollen n; (Trommel-)
Wirbel m; Dröhnen n (Stimme etc.);
Rollen n, Trillern n (Vogel); **12.** Am.
sl. a) Geldscheinbündel n, b) fig. (e-e
Masse) Geld n; **II** v/i. **13.** rollen (Ball
etc.): **start ~ing** ins Rollen kommen;
14. rollen, fahren (Fahrzeug); **15.** a. ~
along sich (da'hin)wälzen, da'hinströ-
men (Fluten) (a. fig.); **16.** da'hinziehen
(Gestirn, Wolken); **17.** sich wälzen: **be
~ing in money** ⊢ im Geld schwimmen;
18. sport, a. ✈ e-e Rolle machen; **19.**
☨ schlingern; **20.** wiegend gehen: ~**ing
gait** → 9; **21.** (g)rollen (Donner); brausen (Orgel); dröhnen (Stimme); wirbeln
(Trommel), trillern (Vogel); **22.** a) ⚙
sich walzen lassen, b) typ. sich verteilen
(Druckfarbe); **III** v/t. **23.** Teig, Rad etc.,
a. Augen rollen; (her'um)wälzen,
(-)drehen: ~ **a problem round in one's
mind** fig. ein Problem wälzen; Film: ~
film!, ~ **it** Am. Kamera an!; **24.** Wagen
etc. rollen, fahren, schieben; **25.** Was-
sermassen wälzen (Fluß); **26.** (zs.-,
auf-, ein)rollen, (-)wickeln; **27.** Teig
(aus)rollen; Zigarette drehen; Schneeball etc. formen: ~**ed ham** Rollschin-
ken m; **28.** ⚙ Metalle walzen, strecken;
Rasen, Straße walzen: ~**ed glass** gezogenes Glas; ~**ed gold** Walzgold n,
Golddublee n; ~**ed iron** (od. products) Walzeisen n; ~ **on** et. aufwalzen;
29. typ. a) Papier ka'landern, glätten,
b) Druckfarbe auftragen; **30.** rollen(d

sprechen): ~ **one's r's**; ~**ed r** Zungen-
R n; **31.** Trommel wirbeln; **32.** ⚓
Schiff zum Rollen bringen; **33.** Körper
etc. beim Gehen wiegen; **34.** Am. sl.
Betrunkenen etc. ausplündern;
Zssgn mit adv.:
roll| **back** v/t. fig. her'unterschrauben,
reduzieren; ~ **in** v/i. **1.** fig. her'einströmen, eintreffen (Angebote, Geld etc.);
2. F schlafen gehen; ~ **out** v/t. **1.** metall.
auswalzen, strecken; **2.** Teig ausrollen;
3. a) Lied etc. (hin'aus)schmettern, b)
Verse deklamieren; ~ **o·ver** v/t. (v/i.
sich) he'rumwälzen, -drehen; ~ **up I** v/i.
1. (her')anrollen, (-)'anfahren; F vorfahren; **2.** F ‚aufkreuzen', auftauchen;
3. sich zs.-rollen; **4.** fig. sich ansammeln od. (-)häufen; **II** v/t. **5.** her'anfahren; **6.** aufrollen, -wickeln; **7.** ✗ gegnerische Front aufrollen; **8.** sl. ansammeln: ~ **a fortune**.
'**roll**|·**back** s. Am. **1.** ✗ Zu'rückwerfen
n (des Feinds); **2.** ☨ Zu'rückschrauben
n (der Preise); '~-**bar** s. mot. 'Überroll-
bügel m; ~ **call** s. **1.** Namensaufruf m:
~ (**vote**) pol. namentliche Abstimmung; **2.** ✗ 'Anwesenheitsap‚pell m.
roll·er ['rəʊlə] s. **1.** ⚙ a) Walzwerkarbei-
ter m, b) Fördermann m; **2.** (Stoff-,
Garn- etc.)Rolle f; **3.** ⚙ a) (Gleit-,
Lauf-, Führungs)Rolle f, b) (Gleit)Rol-
le f, Rädchen n (unter Möbeln, an Roll-
schuhen etc.); **4.** a) Walze f, b) Zy'linder m, Trommel f; **5.** typ. Druckwalze
f; **6.** Rollstab m (Landkarte etc.); **7.** ⚓
Roller m, Sturzwelle f; **8.** orn. a) Flug-,
Tümmlertaube f, b) e-e Racke: **common ~** Blauracke, c) Harzer Roller m;
~ **band·age** s. ⚕ Rollbinde f; ~ **bearing** s. ⚙ Rollen-, Wälzlager n; ~
clutch s. ⚙ Rollen-, Freilaufkupplung
f; ~ **coast·er** s. Achterbahn(wagen m)
f; '~-**mill** s. ⚙ **1.** Mahl-, Quetschwerk
n; **2.** → **rolling mill**; '~-**skate I** s. Rollschuh m; **II** v/i. rollschuhlaufen; ~ **skating** s. Rollschuhlaufen n; ~ **tow·el** s.
Rollhandtuch n.
roll| **film** s. phot. Rollfilm m; '~-**front
cab·i·net** s. Rollschrank m.
rol·lick ['rɒlɪk] v/i. **1.** a) ausgelassen od.
'übermütig sein, b) her'umtollen; **2.** das
Leben genießen; '**rol·lick·ing** [-kɪŋ]
adj. ausgelassen, 'übermütig.
roll·ing ['rəʊlɪŋ] **I** s. **1.** Rollen n; **2.** Da-
'hinfließen n (Wasser etc.); **3.** Rollen n
(Donner); Brausen n (Wasser); **4.** metall. Walzen n, Strecken n; **5.** ⚓ Schlingern n; **II** adj. **6.** rollend etc.; → **roll** II;
~ **bar·rage** s. ✗ Feuerwalze f; ~ **cap·i-
tal** s. ☨ Be'triebskapi‚tal n; ~ **chair** s.
⚕ Rollstuhl m; ~ **kitch·en** s. ✗ Feld-
küche f; ~ **mill** s. ⚙ **1.** Walzwerk n,
Hütte f; **2.** 'Walzma‚schine f; **3.** Wal-
z(en)straße f; ~ **pin** s. Nudel-, Wellholz
n; ~ **press** s. ⚙ **1.** Walzen-, Rotati'onspresse f; **2.** Papierfabrikation: Sati'nier-
ma‚schine f; ~ **stock** s. 🚂 rollendes Materi'al, Betriebsmittel pl.; ~ **stone** s.
fig. Zugvogel m: **a ~ gathers no moss**
wer rastet, der rostet; ~ **ti·tle** s. Film:
Rolltitel m.
roll| **lathe** s. ⚙ Walzendrehbank f;
'~-**mop** s. Rollmops m; '~-**neck** s.
'Rollkragen(pul‚lover) m; '~-**on** s. **1.**
E'lastikschlüpfer m; **2.** Deorollstift m;
'~-**top desk** s. Rollpult n; ~ **train** s.
metall. Walzenstrecke f.

ro·ly-po·ly [ˌrəʊlɪˈpəʊlɪ] **I** s. **1.** a. ~ *pudding Art* Pudding m; **2.** Pummelchen n (*Person*); **II** adj. **3.** mollig, pummelig.
Ro·ma·ic [rəʊˈmeɪk] **I** adj. roˈmaisch, neugriechisch; **II** s. *ling.* Neugriechisch n.
Ro·man [ˈrəʊmən] **I** adj. **1.** römisch: ~ *arch* △ romanischer Bogen; ~ *candle* Leuchtkugel f (*Feuerwerk*); ~ *holiday fig.* a) blutrünstiges Vergnügen, b) Vergnügen n auf Kosten anderer, c) Riesenskandal m; ~ *law* römisches Recht; ~ *nose* Römer-, Adlernase f; ~ *numeral* römische Ziffer; **2.** (römisch-)katholisch; **3.** *mst* ♀ *typ.* Antiqua...; **II** s. **4.** Römer(in); **5.** *mst* ♀ *typ.* Anˈtiqua f; **6.** *eccl.* Kathoˈlik(in); **7.** *pl. bibl.* (Brief m des Paulus an die) Römer *pl.*
ro·man à clef [rəʊˌmɑːnɑːˈkleɪ] (*Fr.*) s. ˈSchlüsselroˌman m.
Ro·man Cath·o·lic *eccl.* **I** adj. (römisch-) kaˈtholisch; **II** s. Kathoˈlik(in); ~ *Church* s. Römische od. (Römisch-) Kaˈtholische Kirche.
ro·mance¹ [rəʊˈmæns] **I** s. **1.** *hist.* (ˈRitter-, ˈVers)Roˌman m; **2.** Roˈmanze f: a) (roˈmantischer) ˈLiebes-, ˈAbenteuerroˌman, b) *fig.* ˈLiebesafˌfäre f, c) ♪ *Lied od.* lyrisches Instrumentalstück; **3.** *fig.* Märchen n, Phantasteˈrei f; **4.** *fig.* Roˈmantik f: a) Zauber m, b) roˈmantische Iˈdeen *pl.*; **II** v/i. **5.** (Roˈmanzen) dichten; **6.** *fig.* a) fabulieren, ˌRoˈmane erzählen‘, b) ins Schwärmen geraten.
Ro·mance² [rəʊˈmæns] *bsd. ling.* **I** adj. roˈmanisch: ~ *peoples* Romanen; ~ *philologist* Romanist(in); **II** s. a) Roˈmanisch n, b) a. *the ~ languages* die romanischen Sprachen *pl.*
ro·manc·er [rəʊˈmænsə] s. **1.** Roˈmanzendichter(in); Verfasser(in) e-s (ˈVers)Roˌmans; **2.** a) Phanˈtast(in), b) Aufschneider(in).
Rom·a·nes [ˈrɒmənəs] s. Ziˈgeunersprache f.
Ro·man·esque [ˌrəʊməˈnesk] **I** adj. **1.** △, *ling.* roˈmanisch; **2.** *ling.* provenˈzalisch; **3.** ♀ *fig.* roˈmantisch; **II** s. **4.** a. ~ *style* romanischer (Bau)Stil; *das* Roˈmanische; **5.** → *Romance²* II.
ro·man-fleuve [rəʊˌmɑ̃ːnˈflɜːv] (*Fr.*) s. Faˈmilienroˌman m.
Ro·man·ic [rəʊˈmænɪk] adj. **1.** → *Romance²* I; **2.** römisch (*Kulturform*).
Ro·man·ism [ˈrəʊmənɪzəm] s. **1.** a) Romaˈnismus m, römisch-kaˈtholische Einstellung, b) Poliˈtik f od. Gebräuche *pl.* der römischen Kirche; **2.** *hist.* das Römertum; **ˈRo·man·ist** [-ɪst] s. **1.** *ling.*, ♀ Romaˈnist(in); **2.** (ˈRömisch-) Kaˌtholische(r m) f.
ro·man·tic [rəʊˈmæntɪk] **I** adj. (□ ~*ally*) **1.** *allg.* roˈmantisch: a) Kunst *etc.*: *die* Romantik *betreffend*: *the ~ movement* die Romantik, b) roˈmanhaft, phanˈtastisch (*a. iro.*): *a ~ tale*, c) roˈmantisch veranlagt: *a ~ girl*, d) malerisch: *a ~ town*, e) gefühlvoll: *a ~ scene*; **II** s. **2.** Roˈmantiker(in) (*a. fig.*); **3.** *das* Roˈmantische; **4.** *pl.* romantische Iˈdeen *pl. od.* Gefühle *pl.*; **ro·man·ti·cism** [-ɪsɪzəm] s. *Kunst:* Roˈmantik f; **ro·man·ti·cist** [-ɪsɪst] s. *Kunst:* Roˈmantiker(in); **ro·ˈman·ti·cize** [-ɪsaɪz] **I** v/t. **1.** romantisieren; **2.** in roˈmantischem Licht sehen; **II** v/i. **3.** fig. schwärmen.

Rom·a·ny [ˈrɒmənɪ] s. **1.** Ziˈgeuner(in); **2.** *coll. die* Zigeuner *pl.*; **3.** Romani n, Ziˈgeunersprache f.
Rome [rəʊm] *npr.* Rom n (*a. fig. hist. das Römerreich; eccl. die Katholische Kirche*): ~ *was not built in a day* Rom ist nicht an einem Tag erbaut worden; *do in ~ as the Romans do!* man sollte sich immer s-r Umgebung anpassen!
romp [rɒmp] **I** v/i. **1.** umˈhertollen, sich balgen, toben: ~ *through fig.* spielend durchkommen; **2.** ˌrasen‘, flitzen: ~ *away* davonziehen (*Rennpferd etc.*); **II** s. **3.** *obs.* Wildfang m, Range f; **4.** Tollen n, Balgeˈrei f; **5.** F *sport* leichter Sieg; **6.** F ‚(wilde) Schmuseˈreiʼ; **ˈromp·ers** [-pəz] s. *pl.* Spielanzug m (*für Kinder*); **ˈromp·y** [-pɪ] adj. ausgelassen, wild.
ron·deau [ˈrɒndəʊ] *pl.* **-deaus** [-dəʊz] s. *Metrik:* Ronˈdeau n, Ringelgedicht n; **ron·del** [ˈrɒndl] s. vierzehnzeiliges Rondeau.
ron·do [ˈrɒndəʊ] s. ♪ Rondo n.
rönt·gen [ˈrɒntjən] **I** s. *phys.* Röntgen n (*Maßeinheit*); **II** adj. *mst* ♀ Röntgen...: ~ *rays*; **III** v/t. → **ˈrönt·gen·ize** [-tgənaɪz] v/t. röntgen; **ˈrönt·gen·o·gram** [ˈrɒntˈɡenəɡræm] s. Röntgenaufnahme f; **rönt·gen·og·ra·phy** [ˌrɒntɡəˈnɒɡrəfɪ] s. ˈRöntgenphotograˌphie f (*Verfahren*); **rönt·gen·ol·o·gist** [ˌrɒntɡəˈnɒlədʒɪst] s. Röntgenoˈloge f; **rönt·gen·os·co·py** [ˌrɒntɡəˈnɒskəpɪ] s. ˈRöntgendurchˌleuchtung f, -unterˌsuchung f; **rönt·gen·o·ther·a·py** [ˌrɒntɡənəˈθerəpɪ] s. ˈRöntgentheraˌpie f.
rood [ruːd] **I** s. **1.** *eccl.* Kruziˈfix n; **2.** Viertelacre m (*Flächenmaß*); **3.** Rute f (*Längenmaß*); **II** adj. **4.** △ Lettner...: ~ *altar*, ~ *loft* Chorbühne f, ~ *screen* Lettner m.
roof [ruːf] **I** s. **1.** △ (Haus)Dach n: *under my ~ fig.* unter m-m Dach, in m-m Haus; *raise the ~* F Krach schlagen; **2.** *mot.* Verdeck n; **3.** *fig.* (Blätter-, Zelt- *etc.*)Dach n, (Himmels)Gewölbe n, (-)Zelt n: ~ *of the mouth anat.* Gaumen(dach n) m; *the ~ of the world* das Dach der Welt; **4.** ✗ Hangende(s) n; **II** v/t. **5.** bedachen: ~ *in Haus* (ein)decken; ~ *over* überdachen: ~*ed-in* überdacht, umbaut; **ˈroof·age** [-fɪdʒ] → *roofing* 2; **ˈroof·er** [-fə] s. Dachdecker m; **roof gar·den** s. **1.** Dachgarten m; **2.** Am. ˈDachrestauˌrant n; **ˈroof·ing** [-fɪŋ] **I** s. Bedachen n, Dachdeckerarbeit f; **2.** a) ˈDeckmateriˌalien *pl.*, b) Dachwerk n; **II** adj. **3.** Dach...: ~ *felt* Dachpappe f; **ˈroof·less** [-lɪs] adj. **1.** ohne Dach, unbedeckt; **2.** *fig.* obdachlos; **roof rack** s. *mot.* Dachgepäckträger m; **roof tree** s. **1.** △ Firstbalken m; **2.** *fig.* Dach n.
rook¹ [rʊk] s. **1.** *orn.* Saatkrähe f; **2.** *fig.* Gauner m, Bauernfänger m; **II** v/t. **3.** *j-n* betrügen.
rook² [rʊk] s. *Schachspiel:* Turm m.
rook·er·y [ˈrʊkərɪ] s. **1.** a) Krähenhorst m, b) ˈKrähenkoloˌnie f; **2.** *orn.*, *zo.* Brutplatz m; **3.** *fig.* a) ˈElendsquarˌtier n, -viertel n, b) ˈMietskaˌserne f.
rook·ie [ˈrʊkɪ] s. *sl.* **1.** ✗ Reˈkrut m; Neuling m, Anfänger(in).
room [ruːm] **I** s. **1.** Raum m, Platz m: *make ~ (for)* a. *fig.* Platz machen (*dat.*); *no ~ to swing a cat (in)* sehr

wenig Platz; *in the ~ of* an Stelle von (*od. gen.*); **2.** Raum m, Zimmer n, Stube f: *next ~* Nebenzimmer; ~ *heating* Raumheizung f; ~ *temperature* (*a. normale*) Raum-, Zimmertemperatur f; **3.** *pl. Brit.* Wohnung f; **4.** *fig.* (Spiel-)Raum m; Gelegenheit f, Anlaß m: ~ *for complaint* Anlaß zur Klage; *there is no ~ for hope* es besteht keinerlei Hoffnung; *there is ~ for improvement* es ließe sich noch manches besser machen; **II** v/i. **5.** *bsd. Am.* wohnen, logieren (*at* in *dat.*, *with* bei): ~ *together* zs.-wohnen; ~*roomed* [rʊːmd] *adj.* in Zssgn. ...zimmerig; **room·er** [ˈruːmə] s. *bsd. Am.* ˈUntermieter(in); **ˈroom·ful** [-fʊl] *pl.* **-fuls** s.: *a ~ of people* ein Zimmer voll(er) Leute; **room·i·ness** [ˈruːmɪnɪs] s. Geräumigkeit f.
room·ing house [ˈruːmɪŋ] s. *Am.* Fremdenheim n, Pensiˈon f; **~·ˈin** n ✶ Rooming-ˈin n (*gemeinsame Unterbringung von Mutter und Kind*).
ˈroom·mate s. ˈStubenkameˌrad(in).
room·y [ˈruːmɪ] adj. □ geräumig.
roost [ruːst] **I** s. a) Schlafplatz m, -sitz m (*Vogel*), b) Hühnerstange f od. -stall m: *at ~* auf der Stange; *come home to ~ fig.* auf den Urheber zurückfallen; → *rule* 13; **II** v/i. *orn.* a) auf der Stange sitzen, b) sich (zum Schlafen) niederhocken; **ˈroost·er** [-tə] s. *bsd. Am.* (Haus)Hahn m.
root¹ [ruːt] **I** s. **1.** ♀ Wurzel f (*a. weitS. Wurzelgemüse, Knolle, Zwiebel*): ~ *and branch fig.* mit Stumpf u. Stiel; *pull out by the ~* mit der Wurzel herausreißen (*a. fig. ausrotten*); *put down ~s fig.* Wurzel schlagen, seßhaft werden; *strike at the ~ of fig. et.* an der Wurzel treffen; *strike* (*od. take*) ~ Wurzel schlagen (*a. fig.*); ~*s of a mountain* der Fuß e-s Berges; **2.** *anat.* (*Haar-, Nagel-, Zahn-, Zungen- etc.*) Wurzel f; **3.** ♀ a) Wurzel f, b) eingesetzter *od.* gesuchter Wert (*Gleichung*): ~ *extraction* Wurzelziehen n; **4.** *ling.* Wurzel(wort n) f, Stammwort n; **5.** ♪ Grundton m; **6.** *fig.* a) Quelle f, Ursache f, Wurzel f: ~ *of all evil* Wurzel alles Bösen; *get at the ~ of* e-r Sache auf den Grund gehen; *have its ~ in, take its ~ from* → 8, b) *pl.* Wurzeln *pl.*, Ursprung m, c) Kern m, Wesen n, Gehalt m: ~ *of the matter* Kern der Sache; ~ *idea* Grundgedanke m; **II** v/i. **7.** Wurzel fassen *od.* schlagen, (ein)wurzeln (*a. fig.*): *deeply ~ed fig.* tief verwurzelt; *stand ~ed to the ground* wie angewurzelt dastehen; **8.** ~ *in* beruhen auf (*dat.*), s-n Grund *od.* Ursprung haben in (*dat.*); **III** v/t. **9.** tief einpflanzen, einwurzeln lassen: *fear ~ed him to the ground fig.* er stand vor Furcht wie angewurzelt; **10.** ~ *up*, ~ *out*, ~ *away* a) ausreißen, b) *fig.* ausrotten, vertilgen.
root² [ruːt] **I** v/i. **1.** wühlen (*for* nach) (*Schwein*); **2.** ~ *about fig.* herˈumwühlen; **II** v/t. **3.** Boden auf-, ˈumwühlen; **4.** ~ *out*, ~ *up* a. *fig.* ausgraben, aufstöbern.
root³ [ruːt] v/i. ~ *for Am. sl.* a) *sport j-n* anfeuern, b) *fig.* Stimmung machen für *j-n od. et.*
ˌroot-and-ˈbranch adj. radiˈkal, restlos.
root·ed [ˈruːtɪd] adj. □ (fest) eingewur-

zelt (*a. fig.*); **'root·ed·ly** [-lɪ] *adv.* von Grund auf, zu'tiefst; **'root·ed·ness** [-nɪs] *s.* Verwurzelung *f*, Eingewurzelt-sein *n*.

root·er ['ruːtə] *s. sport Am.* F begeister-ter Anhänger, ,Fa'natiker' *m*.

root·less ['ruːtlɪs] *adj.* wurzellos (*a. fig.*); **root·let** ['ruːtlɪt] *s.* ♀ Wurzelfaser *f*.

,**root|-mean-'square** *s.* ℛ qua'drati-scher Mittelwert; **'~-stock** *s.* **1.** ♀ Wur-zelstock *m*; **2.** *fig.* Wurzel *f*; **~ treat-ment** *s.* ✵ (Zahn)Wurzelbehandlung *f*.

rope [rəup] **I** *s.* **1.** Seil *n*, Tau *n*; Strick *m*, Strang *m* (*beide a. zum Erhängen*); ♻ (Tau)Ende *n*: *the ~ fig.* der Strick (*Tod durch den Strang*); *be at the end of one's ~* mit s-m Latein am Ende sein; *know the ~s* sich auskennen, ,den Bogen raushaben'; *learn the ~s* sich einarbeiten; *show s.o. the ~s* j-m die Kniffe beibringen; **2.** *mount.* (Klet-ter)Seil *n*: *on the ~* angeseilt; *~ (team)* Seilschaft *f*; **3.** (Ar'tisten)Seil *n*: *on the high ~s fig.* a) hochgestimmt, b) hoch-mütig; **4.** *Am.* Lasso *n, m*; **5.** *pl. Bo-xen*: (Ring)Seile *pl.*: *be on the ~s* a) (angeschlagen) in den Seilen hängen, b) *fig.* am Ende *od.* ,fertig' sein; *have s.o. on the ~s* sl. j-n ,zur Schnecke' gemacht haben; **6.** *fig.* Strang *m* Tabak *etc.*; Bund *n* Zwiebeln *etc.*; Schnur *f* Perlen *etc.*: *~ of sand fig.* Illusion *f*; **7.** Faden *m* (*Flüssigkeit*); **8.** *fig.* Spielraum *m*, Handlungsfreiheit *f*: *give s.o. (plenty of)* ~; **II** *v/t.* **9.** (mit e-m Seil) zs.-binden; festbinden; **10.** *mst ~ in* (*od. off od. out*) Platz (durch ein Seil) absperren *od.* abgrenzen; **11.** *mount.* anseilen: *~ down* (*up*) j-n ab- (auf)sei-len; **12.** *Am.* mit dem Lasso einfangen: *~ in sl.* Wähler, Kunden *etc.* fangen, j-n ,an Land ziehen', sich *ein Mädchen etc.* ,anlachen'; **III** *v/i.* **13.** Fäden ziehen (*Flüssigkeit*); **14.** *a. ~ up mount.* sich anseilen: *~ down* sich abseilen; **~ danc-er** *s.* Seiltänzer(in); *~* **lad·der** *s.* **1.** Strickleiter *f*; **2.** ♻ Seefallreep *n*; *~* **mo(u)ld·ing** *s.* △ Seilleiste *f*; *~ quoit s. ♻, sport* Seilring *m*; *~* **rail·way** → **ropeway**.

rop·er·y ['rəupərɪ] *s.* Seile'rei *f*.

'rope's-end ♻ **I** *s.* Tauende *n*; **II** *v/t.* mit dem Tauende prügeln.

rope| tow *s. Skisport*: Schlepplift *m*; **'~-walk** *s.* Seiler-, Reeperbahn *f*; **'~-walk·er** *s.* Seiltänzer(in); **'~-way** *s.* (Seil)Schwebebahn *f*; **'~-yard** *s.* Seile-'rei *f*; *~* **yarn** *s.* **1.** ⊙ Kabelgarn *n*; **2.** *fig.* Baga'telle *f*.

rop·i·ness ['rəupɪnɪs] *s.* Dickflüssigkeit *f*, Klebrigkeit *f*; **'rop·y** [-pɪ] *adj.* □ **1.** klebrig, zäh, fadenziehend: *~ sirup*; **2.** kahmig: *~ wine*; **3.** F ,mies'.

ror·qual ['rɔːkwəl] *s. zo.* Finnwal *m*.

ro·sace ['rəuzeɪs] (*Fr.*) *s.* △ **1.** Ro'sette *f*; **2.** → **rose window**.

ro·sa·ceous [rəu'zeɪʃəs] *adj.* **1.** ♀ a) zu den Rosa'zeen gehörig, b) rosenblütig; **2.** Rosen...

ro·sar·i·an [rəu'zeərɪən] *s.* **1.** Rosen-züchter *m*; **2.** *R.C.* Mitglied *n* einer Ro-senkranzbruderschaft.

ro·sa·ry ['rəuzərɪ] *s.* **1.** *R.C.* Rosenkranz *m*: *say the ℒ* den Rosenkranz beten; **2.** Rosengarten *m*, -beet *n*.

rose¹ [rəuz] **I** *s.* **1.** ♀ Rose *f*: *~ of Jeri-*

cho Jerichorose; *~ of May* Weiße Nar-zisse; *~ of Sharon* a) *bibl.* Sharon-Tul-pe *f*, b) Großblumiges Johanniskraut; *the ~ of fig.* die Rose (*das schönste Mädchen*) von; *gather (life's)* ~s sein Leben genießen; *on a bed of* ~s *fig.* auf Rosen gebettet; *it is no bed of* ~s es ist kein Honiglecken; *it is not all* ~s es ist nicht so rosig, wie es aussieht; *under the ~* im Vertrauen; **2.** → *rose colo(u)r*; **3.** *her. hist.* Rose *f*: *Red ℒ* Rote Rose (*Haus Lancaster*); *White ℒ* Weiße Rose (*Haus York*); *Wars of the* ℒs Rosenkriege; **4.** △ Ro'sette *f* (*a. Putz*; *a. Edelstein[schliff]*); **5.** Brause *f* (*Gießkanne etc.*); **6.** *phys.* 'Kreis,skala *f*; **7.** ♻ *etc.* Windrose *f*; **8.** ✵ Wundrose *f*; **II** *adj.* **9.** Rosen...; **10.** rosenfarbig.

rose² [rəuz] *pret. von* **rise**.

ro·se·ate ['rəuzɪət] *adj.* □ → *rosecol-o(u)red*.

rose| *bit s.* ⊙ Senkfräser *m*; **'~-bud** *s.* ♀ Rosenknospe *f* (*a. fig. Mädchen*); **'~-bush** *s.* Rosenstrauch *m*; *~* **col·o(u)r** *s.* Rosa-, Rosenrot *n*: *life is not all ~ fig.* das Leben besteht nicht nur aus An-nehmlichkeiten; **'~-,col·o(u)red** *adj.* **1.** rosa-, rosenfarbig, rosenrot; **2.** *fig.* ro-sig, opti'mistisch: *see things through* ~ *spectacles* die Dinge durch e-e rosa Brille sehen; **'~-hip** *s.* ♀ Hage-butte *f*.

rose·mar·y ['rəuzmərɪ] *s.* ♀ Rosmarin *m*.

ro·se·o·la [rəu'ziːələ] *s.* ✵ **1.** Rose'ole *f* (*Ausschlag*); **2.** → **German measles**.

,**rose|-'pink I** *s.* ⊙ Rosenlack *m*, roter Farbstoff; **II** *adj.* rosa, rosenrot (*a. fig.*); *~* **rash** → **roseola** 1; **,~-'red** *adj.* rosenrot.

ro·ser·y → **rosary** 2.

rose tree *s.* Rosenstock *m*.

ro·sette [rəu'zet] *s.* Ro'sette *f* (*a. △*); **ro'set·ted** [-tɪd] *adj.* **1.** mit Rosetten geschmückt; **2.** ro'settenförmig.

'rose|-,wa·ter I *s.* **1.** Rosenwasser *n*; **2.** *fig.* a) Schmeiche'leien *pl.*, b) Gefühls-duse'lei *f*; **II** *adj.* **3.** *fig.* a) (über)fein, (-)zart, b) affek'tiert, c) sentimen'tal; *~* **win·dow** *s.* △ ('Fenster)Ro,sette *f*, (-)Rose *f*; **'~-wood** *s.* Rosenholz *n*.

ros·in ['rɒzɪn] **I** *s.* 🜆 (Terpen'tin)Harz *n*, *bsd.* Kolo'phonium *n*, Geigenharz *n*; **II** *v/t.* mit Kolo'phonium einreiben.

ros·i·ness ['rəuzɪnɪs] *s.* Rosigkeit *f*, rosi-ges Aussehen.

ros·ter ['rɒstə] *s.* ⚔ **1.** (Dienst-, Na-mens)Liste *f*; **2.** Dienstplan *m*.

ros·tral ['rɒstrəl] *adj.* (schiffs)schnabel-förmig; **'ros·trate(d)** [-reɪt(ɪd)] *adj.* **1.** ♀, *zo.* geschnäbelt; **2.** → **rostral**.

ros·trum ['rɒstrəm] *pl.* **-tra** [-trə] *s.* **1.** a) Rednerbühne *f*, Podium *n*, b) Kanzel *f*, c) *fig.* Plattform *f*; **2.** ♻ *hist.* Schiffs-schnabel *m*; **3.** ♀, *zo.* Schnabel *m*; **4.** *zo.* a) Kopfspitze *f*, b) Rüssel *m* (*In-sekt*).

ros·y ['rəuzɪ] *adj.* □ **1.** rosenrot, -farbig; *~ red* Rosenrot *n*; **2.** rosig, blühend (*Wangen etc.*); **3.** *fig.* rosig.

rot [rɒt] **I** *v/i.* **1.** (ver)faulen, (-)modern (*a. fig. im Gefängnis*); verrotten, ver-wesen; *geol.* verwittern; **2.** *fig.* verkom-men, verrotten; **3.** *Brit. sl.* ,quatschen', Unsinn reden; **II** *v/t.* **4.** faulen lassen; **5.** *bsd. Flachs* rotten; **6.** *Brit. sl.* Plan *etc.* vermurksen; **7.** *Brit. sl.* j-n ,an-

pflaumen' (*hänseln*); **III** *s.* **8.** a) Fäulnis *f*, Verwesung *f*, b) Fäule *f*, c) *et.* Ver-faultes; → *dry-rot*; **9.** ✵, *zo.* a) Fäule *f*, b) *vet.* Leberfäule *f* (*Schaf*); **10.** *Brit. sl., a. int.* ,Quatsch' *m*, Blödsinn *m*.

ro·ta ['rəutə] *s.* **1.** → **roster**; **2.** *Brit.* a) 'Dienst,turnus *m*, b) *a. ~ system* Tur-nusplan *m*; **3.** *mst ℒ R.C.* Rota *f* (*ober-ster Gerichtshof der römisch-katho-lischen Kirche*).

Ro·tar·i·an [rəu'teərɪən] **I** *s.* Ro'tarier *m*; **II** *adj.* Rotary..., Rotarier...

ro·ta·ry ['rəutərɪ] **I** *adj.* **1.** rotierend, kreisend, sich drehend, 'umlaufend; Rotations..., Dreh...: *~ crane* Dreh-, Schwenkkran *m*; *~ file* Drehkartei *f*; *~ pump* Umlaufpumpe *f*; *~ switch* ⚡ Drehschalter *m*; *~ traffic* Kreisverkehr *m*; **II** *s.* **2.** ⊙ durch Rotation arbeitende *Maschine, bsd.* a) → *rotary engine*, b) → *rotary machine*, c) → *rotary press*; **3.** ℒ → ℒ **Club** *s.* Rotary-Club *m*; *~* **cur·rent** *s.* ⚡ Drehstrom *m*; *~* **en·gine** *s.* Drehkolbenmotor *m*; *~* **hoe** *s.* ✓ Hackfräse *f*; ℒ **In·ter·na·tion·al** *s.* Weltvereinigung *f* der Rotary-Clubs; *~* **ma·chine** *s. typ.* Rotati'onsma,schine *f*; *~* **pis·ton en·gine** *s.* → *rotary en-gine*; *~* **press** *s. typ.* Rotati'ons-(druck)presse *f*.

ro·tate¹ [rəu'teɪt] **I** *v/i.* **1.** rotieren, krei-sen, sich drehen; **2.** der Reihe nach *od.* turnusmäßig wechseln: *~ in office*; **II** *v/t.* **3.** rotieren *od.* (um')kreisen lassen; **4.** Personal turnusmäßig *etc.* auswech-seln; **5.** ✓ Frucht wechseln: *~ crops* im Fruchtwechsel anbauen.

ro·tate² ['rəuteɪt] *adj.* ♀, *zo.* radförmig.

ro·ta·tion [rəu'teɪʃn] *s.* **1.** ⊙, *phys.* Ro-tati'on *f*, (Achsen-, 'Um)Drehung *f*, 'Um-, Kreislauf *m*, Drehbewegung *f*: *~ of the earth* (tägliche) Erdumdrehung (*um die eigene Achse*); **2.** Wechsel *m*, Abwechslung *f*: *in* (*od. by*) *~* der Reihe nach, abwechselnd, im Turnus; *~ in of-fice* turnusmäßiger Wechsel im Amt; *~ of crops* ✓ Fruchtwechsel, -folge *f*; **ro-ta·tive** ['rəutətɪv] *adj.* **1.** → **rotary** 1; **2.** abwechselnd, regelmäßig 'wiederkeh-rend; **ro·ta·to·ry** ['rəutətərɪ] *adj.* **1.** → **rotary** 1; **2.** *fig.* abwechselnd *od.* tur-nusmäßig (aufein'anderfolgend): *~ as-semblies*; **3.** *~ muscle anat.* Dreh-, Rollmuskel *m*.

rote [rəut] *s.*: *by ~ fig.* a) (rein) mecha-nisch, b) auswendig.

'rot·gut *sl.* Fusel *m*.

ro·ti·fer ['rəutɪfə] *s. zo.* Rädertier(chen) *n*; **Ro·tif·er·a** [rəu'tɪfərə] *s. pl. zo.* Rä-dertiere *pl.*

ro·to·gra·vure [,rəutəugrə'vjuə] *s. typ.* **1.** Kupfer(tief)druck *m*; **2.** → **roto section**.

ro·tor ['rəutə] *s.* **1.** ✓ Rotor *m*, Drehflü-gel *m*; **2.** ⚡ Rotor *m*, Anker *m*; **3.** ⊙ Rotor *m* (*Drehteil e-r Maschine*); **4.** ♻ (Flettner)Rotor *m*.

ro·to sec·tion ['rəutəu] *s.* Kupfertief-druckbeilage *f* e-r Zeitung.

rot·ten ['rɒtn] *adj.* □ **1.** faul, verfault: *~ to the core* a) kernfaul, b) *fig.* durch u. durch korrupt; **2.** morsch, mürbe; **3.** brandig, stockig (*Holz*); **4.** ✵ faul(ig) (*Zahn*); **5.** *fig.* a) verderbt, kor'rupt, b) niederträchtig, gemein; **6.** *sl.* (,'hunds-) mise,rabel': *~ luck* Saupech *m*; *~ weather* Sauwetter *m*; **'rot·ten·ness**

[-nıs] *s.* **1.** Fäule *f*, Fäulnis *f*; **2.** *fig.*
Verderbtheit *f*, Kor'ruptheit *f*; **rot·ter**
['rɔtə] *s. Brit. sl.* Schweinehund *m*,
‚Scheißkerl' *m*.
ro·tund [rəʊ'tʌnd] *adj.* □ **1.** *obs.* rund,
kreisförmig; **2.** rundlich (*Mensch*); **3.**
fig. a) voll(tönend) (*Stimme*), b) hochtrabend, blumig, pom'pös (*Ausdruck*);
4. *fig.* ausgewogen (*Stil*); **ro'tun·da**
[-də] *s.* ⬦ Rundbau *m*; **ro'tun·date**
[-deɪt] *adj. bsd.* ♀ abgerundet; **ro'tun·
di·ty** [-dətɪ] *s.* **1.** Rundheit *f*; **2.** Rund-
lichkeit *f*; **3.** Rundung *f*; **4.** *fig.* Ausgewogenheit *f* (*des Stils etc.*).
rou·ble ['ruːbl] *s.* Rubel *m* (*russische
Währung*).
rou·é ['ruːeɪ] (*Fr.*) *s. obs.* Rou'é *m*, Lebemann *m*.
rouge [ruːʒ] **I** *s.* Rouge *n*, (rote)
Schminke; ⬦ Polierrot *n*; **II** *adj. her.*
rot; **III** *v/i.* Rouge auflegen, sich
schminken; **IV** *v/t.* (rot) schminken.
rough [rʌf] **I** *adj.* □ → *roughly*; **1.** rauh
(*Oberfläche, a. Haut, Tuch etc.; a.
Stimme*); **2.** rauh, struppig (*Fell, Haar*);
3. holp(e)rig, uneben (*Gelände, Weg*);
4. rauh, unwirtlich, zerklüftet (*Landschaft*); **5.** rauh (*Wind etc.*); stürmisch
(*See, Überfahrt, Wetter*): **~ sea** ⚓ grobe
See; **6.** grob, roh (*Mensch, Manieren
etc.*); rauhbeinig, ungehobelt (*Person*);
heftig (*Temperament etc.*): **~ play** rohes
od. hartes Spiel; **~ stuff** F Gewalttätig-
keit(en *pl.*) *f*; **7.** rauh, barsch, schroff
(*Person od. Redeweise*): **~ words**,
have a ~ tongue e-e rauhe Sprache
sprechen; **8.** F rauh (*Behandlung, Empfang etc.*), hart (*Leben, Tag etc.*), garstig, böse: **it was ~** es war e-e böse
Sache; **I had a ~ time** es ist mir ziemlich
‚mies' ergangen; **that's ~ luck for him**
da hat er aber Pech (gehabt); **9.** roh,
grob: a) ohne Feinheit, b) unbearbeitet, im Rohzustand: **~ cloth** ungewalk-
tes Tuch; **~ food** grobe Kost; **~ rice**
unpolierter Reis; **~ style** grober *od.* ungeschliffener Stil; **→ diamond** 1, **rough-and-
ready**, **10.** ⬦ Grob...: **~ carpenter**
Grobtischler *m*; **~ file** Schruppfeile *f*;
11. unfertig, Roh...: **~ copy** Konzept
n; **~ draft** *od.* **sketch** Faustskizze *f*,
Rohentwurf *m*; **in a ~ state** im Rohzustand; **12.** *fig.* grob: a) annähernd
(richtig), ungefähr, b) flüchtig, im
'Überschlag: **~ analysis** Rohanalyse *f*;
~ calculation Überschlag *m*; **~ size** ⬦
Rohmaß *n*; **13.** *typ.* noch nicht beschnitten (*Buchrand*); **14.** herb, sauer
(*bsd. Wein*); **15.** stark (wirkend) (*Arznei*); **16.** *Brit. sl.* schlecht, ungenießbar
(*Fisch*); **II** *adv.* **17.** rauh, hart, roh:
play ~; **cut up ~** ,massiv' werden; **18.**
grob, flüchtig; **III** *s.* **19.** Rauheit *f*, das
Rauhe: **over ~ and smooth** über Stock
und Stein; **take the ~ with the smooth**
fig. das Leben nehmen, wie es ist; →
rough-and-tumble II; **20.** *bsd. Brit.*
‚Schläger' *m*, Rowdy *m*, Rohling *m*;
21. Rohzustand *m*: **from the ~** aus dem
Rohen *arbeiten*; **in the ~** im Groben, im
Rohzustand; **take s.o. in the ~** j-n nehmen, wie er ist; **22.** a) holperiger Boden, b) *Golf*: Rough *n*; **23.** Stollen *m*
(*am Pferdehufeisen*); **IV** *v/t.* **24.** an-,
aufrauhen; **25.** *j-n* miß'handeln, übel

zurichten; **26.** *mst* **~ out** Material roh
od. grob bearbeiten, vorbearbeiten;
metall. vorwalzen; *Linse, Edelstein*
grob schleifen; **27.** *Pferd* zureiten; **28.**
Pferd(ehuf) mit Stollen versehen; **29.** **~
in**, **~ out** entwerfen, flüchtig skizzieren;
30. **~ up** *Haare etc.* gegen den Strich
streichen: **~ the wrong way** *fig. j-n*
reizen *od.* verstimmen; **31.** *sport Gegner* hart ,nehmen‘; **V** *v/i.* **32.** rauh werden; **33.** *sport* (über'trieben) hart spielen; **34.** **~ it** F primi'tiv *od.* anspruchslos
leben, ein spar'tanisches Leben führen.
rough·age ['rʌfɪdʒ] *s.* a) ♪ Rauhfutter
n, b) grobe Nahrung, c) *biol.* Ballast-
stoffe *pl.*
‚**rough|-and-'read·y** *adj.* **1.** grob (gear-
beitet), Not..., Behelfs...: **~ rule** Faustregel *f*; **2.** rauh *od.* grob, aber zuverlässig (*Person*); **3.** schludrig: **a ~ worker**;
‚**~-and-'tum·ble I** *adj.* **1.** wild, heftig,
verworren: **a ~ fight** II *s.* **2.** wildes
Handgemenge, wüste Keile'rei; **3.** *fig.*
Wirren *pl.* des Krieges, des Lebens *etc.*;
‚**~-cast I** *s.* **1.** *fig.* roher Entwurf; **2.** △
Rohputz *m*, Berapp *m*; **II** *adj.* **3.** im
Entwurf, unfertig; **4.** roh verputzt, an-
geworfen; **III** *v/t.* [*irr.* → *cast*] **5.** im
Entwurf anfertigen, roh entwerfen; **6.**
△ berappen, (*mit Rohputz*) anwerfen;
‚**~-dry** *v/t.* Wäsche (nur) trocknen (*ohne
sie zu bügeln od. mangeln*).
rough·en ['rʌfən] **I** *v/i.* rauh(er) werden;
II *v/t.* a. **~ up** an-, aufrauhen, rauh machen.
‚**rough|-'grind** *v/t.* [*irr.* → *grind*] **1.** ⬦
vorschleifen; **2.** *Korn* schroten; **~-
'han·dle** *v/t.* grob *od.* bru'tal behandeln; ‚**~-'hew** *v/t.* [*irr.* → *hew*] **1.** *Holz,
Stein etc.* roh behauen, grob bearbei-
ten; **2.** *fig.* in groben Zügen entwerfen;
‚**~-'hewn** *adj.* **1.** ⬦ roh behauen; **2.** *fig.*
in groben Zügen entworfen *od.* gestal-
tet; **3.** *fig.* grobschlächtig, ungehobelt;
‚**~-house I** *s.* a) Ra'dau *m*, b) wüste
Keile'rei; **II** *v/t.* → *rough* 25; **III** *v/i.*
Ra'dau machen, toben.
rough·ly ['rʌflɪ] *adv.* **1.** rauh, roh, grob;
2. a) grob, ungefähr, annähernd: **~
speaking** etwa, ungefähr; b) ganz allgemein (gesagt).
‚**rough|-ma'chine** *v/t.* ⬦ grob bearbei-
ten; ‚**~·neck** *s. Am. sl.* **1.** Rauhbein *n*,
Grobian *m*; **2.** Rowdy *m*.
rough·ness ['rʌfnɪs] *s.* **1.** Rauheit *f*,
Unebenheit *f*; **2.** ⬦ rauhe Stelle; **3.** *fig.*
Roheit *f*, Grobheit *f*, Ungeschliffenheit
f; **4.** Wildheit *f*, Heftigkeit *f*; **5.** Herbheit *f* (*Wein*).
‚**rough|-'plane** *v/t.* ⬦ vorhobeln; ‚**~·rid-
er** *s.* **1.** Zureiter *m*; **2.** verwegener Reiter; **3.** *Am.* ✗ *hist.* a) 'irregu'lärer Kavalle'rist, b) ⚔ Angehöriger e-s im spa-
nisch-amer. Krieg aufgestellten Kavalle-
rie-Freiwilligenregiments; ‚**~·shod** *adj.*
scharf beschlagen (*Pferd*): **ride ~ over**
fig. a) *j-n* rücksichtslos behandeln, *j-n*
schikanieren, b) rücksichtslos über *et.*
hinweggehen.
rou·lade [ruː'lɑːd] (*Fr.*) *s.* **1.** ♪ Rou'lade
f, Pas'sage *f*; **2.** *Küche*: Rou'lade *f*.
rou·lette [ruː'let] *s.* **1.** Rou'lett *n*
(*Glücksspiel*); **2.** ⬦ Rollrädchen *n*.
Rou·ma·ni·an → *Rumanian*.
round [raʊnd] **I** *adj.* □ → *roundly*; **1.**
allg. rund: a) kugelrund, b) kreisrund,
c) zy'lindrisch, d) abgerundet, e) bo-

genförmig, f) e-n Kreis beschreibend
(*Bewegung, Linie etc.*), g) rundlich,
dick (*Arme, Wangen etc.*): → **round
angle** (*hand, robin etc.*); **2.** *ling.* ge-
rundet (*Vokal*); **3.** weich, vollmundig
(*Wein*); **4.** ♮ ganz (*ohne Bruch*): **in ~
numbers** a) in ganzen Zahlen, b) auf-
od. abgerundet; **5.** *fig.* rund, voll: **a ~
dozen**; **6.** rund, annähernd (richtig); **7.**
rund, beträchtlich (*Summe*); **8.** (ab)ge-
rundet, flüssig (*Stil*); **9.** voll(tönend)
(*Stimme*); **10.** flott, scharf: **at a ~
pace**; **11.** offen, unverblümt: **a ~ answer**; **~ lie** freche Lüge; **12.** kräftig,
derb, ,saftig‘: **in ~ terms** in unmißver-
ständlichen Ausdrücken; **II** *s.* **13.**
Rund *n*, Kreis *m*, Ring *m*; **14.** Rund
(-teil *n*, -bau *m*) *n*, *et.* Rundes; **15.** a)
(runde) Stange, b) ⬦ Rundstab *m*, c)
(Leiter)Sprosse *f*; **16.** Rundung *f*: **out
of ~** ⬦ unrund; **worked on the ~** über
e-n Leisten gearbeitet (*Schuh*); **17.**
Kunst: Rundplastik *f*: **in the ~** a) plastisch, b) *fig.* vollkommen; **18.** *a.* **~ of
beef** Rindskeule *f*; **19.** *Brit.* Scheibe *f*,
Schnitte *f* (*Brot etc.*); **20.** Kreislauf *m*,
Runde *f*: **the ~ of the seasons**; **the
daily ~** der tägliche Trott; **21.** a)
(Dienst)Runde *f*, Rundgang *m* (*Briefträger, Polizist etc.*), b) ✗ Streife *f*:
make the ~ of e-n Rundgang machen
um; **22.** a) (Inspekti'ons)Rundgang *m*,
-fahrt *f*, b) Rundreise *f*, Tour *f*; **23.** *fig.*
Reihe *f*, Folge *f* von Besuchen, Pflichten *etc.*: **a ~ of pleasures**; **24.** a) Boxen, Golf etc.: Runde *f*, b) (Verhand-
lungs- *etc.*)Runde *f*: **first ~ to him!** die
erste Runde geht an ihn!, *fig. humor. a.*
eins zu null für ihn!; **25.** Runde *f*, Lage
f (*Bier etc.*): **stand a ~ (of drinks)** ,e-n
ausgeben‘ (*für alle*); **26.** Runde *f*, Kreis
m (*Personen*): **go** (*od.* **make**) **the ~
(of)** die Runde machen, kursieren (bei,
in *dat.*) (*Gerücht, Witz etc.*); **27.** a) ✗
Salve *f*, b) Schuß *m*: **20 ~s** (*of cartridge*) 20 Schuß (Patronen); **28.** *fig.*
Lach-, Beifallssalve *f*: **~ after ~ of applause** nicht enden wollender Beifall;
29. ♪ a) Rundgesang *m*, Kanon *m*, b)
Rundtanz *m*, Reigen *m*; **III** *adv.* **30.** *a.*
~ about rund-, rings(her)'um; **31.**
rund(her)'um, im ganzen 'Umkreis, auf
od. von allen Seiten: **all ~** a) ringsum,
überall, b) *fig.* durch die Bank, auf der
ganzen Linie; **for a mile ~** im Umkreis
von e-r Meile; **32.** rundherum, im Kreise: **~ and ~** immer rundherum; **hand
s.th. ~** *et.* herumreichen; **look ~** um
sich blicken; **turn ~** (sich) umdrehen;
the wheels go ~ die Räder drehen
sich; **33.** außen her'um: **a long way ~**
ein weiter Umweg; **34.** *zeitlich*: her'an:
comes ~ again der Sommer etc. kehrt
wieder; **35.** e-e Zeit lang: **all the year ~**
das ganze Jahr lang *od.* hindurch; **the
clock ~** volle 24 Stunden; **36.** a) hin-
'über, b) her'über: **ask s.o. ~** j-n zu sich
bitten; **order one's car ~** (den Wagen)
vorfahren lassen; **IV** *prp.* **37.** (rund)
um: **a tour ~ the world**; **38.** um (...
her'um): **sail ~ the Cape**; **just ~ the
corner** gleich um die Ecke; **39.** in *od.*
auf (*dat.*) ... herum: **~ all the shops** in
allen Läden herum; **40.** um (... herum), im 'Umkreis von (*od. gen.*); **41.**
um (... herum): **write a book ~ a story**, **argue ~ and ~ a subject** um ein

Thema herumreden; **42.** *zeitlich:* durch, während (*gen.*); V *v/t.* **43.** rund machen, (*a. fig.* ab)runden; **~ed edge** abgerundete Kante; **~ed number** auf- *od.* abgerundete Zahl; **~ed teaspoon** gehäufter Teelöffel; **~ed vowel** ling. gerundeter Vokal; **44.** um'kreisen; **45.** um'geben, -'schließen; **46.** *Ecke, Land-spitze etc.* um'fahren, -'segeln, her'um-fahren *od.* biegen um; **47.** *mot. Kurve* ausfahren; VI *v/i.* **48.** rund werden, sich runden; **49.** *fig.* sich abrunden, voll'kommen werden; **50.** ♩ drehen, wenden; **51. ~ on** F a) *j-n* ,anfahren', b) über *j-n* herfallen;

Zssgn mit adv.:

round| off *v/t.* **1.** abrunden (*a. fig.*); **2.** *Fest, Rede etc.* beschließen, krönen; **3.** *Zahlen* auf *od.* abrunden; **4.** *Schiff* wenden; **~ out** I *v/t.* **1.** (*v/i.* sich) run-den *od.* ausfüllen; **2.** *fig.* abrunden; II *v/i.* **3.** rundlich werden (*Person*); **~ to** *v/i.* ♩ beidrehen; **~ up** *v/t.* **1.** *Vieh* zs.-treiben; **2.** F a) *Verbrecherbande* ausheben, b) *Leute etc.* zs.-trommeln, *a. et.* auftreiben, c) zs.-klauben; **3.** *Zahl etc.* aufrunden.

'round·a·bout I *adj.* **1.** 'umständlich, weitschweifig (*Erklärung etc.*): **~ way** Umweg *m;* **2.** rundlich (*Person*); II *s.* **3.** 'Umweg *m;* **4.** *fig.* 'Umschwerfe *pl.;* **5.** *bsd. Brit.* Karus'sell *n;* → **swing** 24; **6.** *Brit.* Kreisverkehr *m.*

round| an·gle *s.* ⅄ Vollwinkel *m;* **~ arch** *s.* ⌂ (ro'manischer) Rundbogen; **~ dance** *s.* Rundtanz *m;* Dreher *m.*

roun·del ['raʊndl] *s.* **1.** kleine runde Scheibe; **2.** Medaill'on (*a. her.*), run-de Schmuckplatte; **3.** ⌂ a) rundes Feld *od.* Fenster, b) runde Nische; **4.** *Me-trik:* → **rondel.**

roun·de·lay ['raʊndɪleɪ] *s.* **1.** ♪ Re'frain-liedchen *n,* Rundgesang *m;* **2.** Rund-tanz *m;* **3.** (*Vogel*)Lied *n.*

round·er ['raʊndə] *s.* **1.** *Brit. sport* a) *pl. sg. konstr.* Rounders *n,* Rundball *m* (*Art Baseball*), b) ganzer 'Umlauf; **2.** *Am. sl.* a) liederlicher Kerl, b) Säufer *m.*

'round|-eyed *adj.* mit großen Augen, staunend; **~ hand** *s.* Rundschrift *f;* **'~·head** *s.* **1.** ⚄ *hist.* Rundkopf *m* (*Puri-taner*); **2.** Rundkopf (*Person; a.* ❀); **~ screw** Rundkopfschraube *f;* **'~·house** *s.* **1.** ⛭ Lokomo'tivschuppen *m;* **2.** ♩ *hist.* Achterhütte *f;* **3.** *hist.* Turm *m,* Gefängnis *n;* **4.** *Am. sl.* (wilder) Schwinger (*Schlag*).

round·ing ['raʊndɪŋ] *s.* Rundung *f* (*a. ling.*): **~-off** Abrundung *f;* **'round·ish** [-ɪʃ] *adj.* rundlich; **'round·ly** [-dlɪ] *adv.* **1.** rund, ungefähr; **2.** rundweg, rund-her'aus; **3.** gründlich, gehörig; **'round-ness** [-dnɪs] *s.* **1.** Rundheit *f* (*a. fig.*); Rundung *f;* **2.** *fig.* Unverblümtheit *f;* **'round·nose(d)** *adj.* ⊙ Rund...: **~ pliers** Rundzange *f;* **round rob·in** *s.* **1.** Petiti'on *f,* Denkschrift *f* (*bsd. mit im Kreis herum geschriebenen Unterschrif-ten*); **2.** *sport Am.* Turnier, bei dem je-der gegen jeden antritt; **round shot** *s.* ✕ *hist.* Ka'nonenkugel *f.*

rounds·man ['raʊndzmən] *s.* [*irr.*] *Brit.* Austräger *m,* Laufbursche *m:* **milk ~** Milchmann *m.*

round| steak *s. aus der Keule geschnit-tenes Beefsteak;* **~ ta·ble** *s.* **1.** a) runder

---

Tisch, b) Tafelrunde *f:* **the** ⚄ die Tafel-runde (des König Artus); **2. round-ta-ble conference** Konfe'renz *f* am run-den Tisch, 'Round-table-Konfe,renz *f;* **'~-the-clock** *adj.* 24stündig, rund um die Uhr; **'~·top** *s.* ♩ Krähennest *n;* **~ tow·el** *s.* ♩ Rollhandtuch *n;* **~ trip** *s. Am.* 'Hin- u. 'Rückfahrt *f od.* -flug *m;* **,~-'trip** *adj.:* **~ ticket** *Am.* a) Rück-fahrkarte *f,* b) ✈ Rückflugticket *n;* **~ turn** *s.* ♩ Rundtörn *m* (*Knoten*): **bring up with a ~** *j-n* jäh unterbrechen; **'~·up** *s.* **1.** Zs.-treiben *n* von Vieh; **2.** *fig.* a) Zs.-treiben *n,* Sammeln *n,* b) Razzia *f,* Aushebung *f* von Verbre-chern, c) Zs.-fassung *f,* 'Übersicht *f:* **football ~;** **~ of the news** Nachrichten-überblick *m;* **'~·worm** *s. zo.,* ❀ Spul-wurm *m.*

roup [ruːp] *s. vet.* a) Darre *f der Hühner,* b) Pips *m.*

rouse [raʊz] I *v/t.* **1.** *oft* **~ up** wachrüt-teln, (auf)wecken (*from* aus); **2.** *Wild etc.* aufjagen; **3.** *fig. j-n* auf-, wachrüt-teln, ermuntern: **~ o.s.** sich aufraffen; **4.** *fig. j-n* in Wut bringen, aufbringen, reizen; **5.** *fig. Gefühle etc.* erwecken, wachrufen, *Haß* entflammen, *Zorn* er-regen; **6.** ⊙ *Bier etc.* ('um)rühren; II *v/i.* **7.** *mst* **~ up** aufwachen (*a. fig.*); **8.** aufschrecken; III *s.* **9.** ✕ *Brit.* Wecken *n;* **'rous·er** [-zə] *s.* F **1.** Sensati'on *f;* **2.** faustdicke Lüge, Schwindel *m;* **'rous-ing** [-zɪŋ] *adj.* ☐ **1.** *fig.* aufrüttelnd, zündend, mitreißend (*Ansprache, Lied etc.*); **2.** brausend, stürmisch (*Beifall etc.*); **3.** aufregend, spannend; **4.** F ,toll'.

roust·a·bout ['raʊstəbaʊt] *s.* **1.** *Am.* a) Werft-, Hafenarbeiter *m,* b) *oft contp.* Gelegenheitsarbeiter *m;* **2.** Handlanger *m,* Hilfsarbeiter *m.*

rout¹ [raʊt] I *s.* **1.** Rotte *f,* wilder Hau-fen; **2.** ♩ Zs.-rottung *f,* Auflauf *m;* **3.** *bsd.* ✕ a) wilde Flucht, b) Schlappe *f,* Niederlage *f:* **put to ~** 5; **4.** *obs.* (große) Abendgesellschaft; II *v/t.* **5.** ✕ in die Flucht *od.* vernichtend schlagen.

rout² [raʊt] *v/t.* **1.** → **root²** II; **2. ~ out,** **~ up** *j-n aus dem Bett od. e-m Versteck etc.* (her'aus)treiben, (-)jagen; **3.** ver-treiben; **4.** ⊙ ausfräsen (*a. typ.*), aus-schweifen.

route [ruːt] *s.* (*Reise-, Fahrt*)Route *f,* (-)Weg *m:* **en ~** (*Fr.*) unterwegs; **2.** (Bahn-, Bus-, Flug-) Strecke *f,* Route *f;* (Verkehrs)Linie *f;* ♩ Schiffahrtsweg *m;* (Fern)Straße *f;* ✇ Leit(ungs)weg *m;* **4.** ✕ a) Marsch-route *f,* b) *Brit.* Marschbefehl *m:* **~ march** *Brit.* Übungsmarsch *m, Am.* Marsch *m* mit Marscherleichterungen; **~ step, march!** ohne Tritt(, marsch)!; **5.** ✠ *Am.* Versand(art *f*) *m;* II *v/t.* **6.** *Truppen* in Marsch setzen; *Transport-güter etc.* befördern, *a. weitS.* leiten (*via* über *acc.*); **7.** die Route (*od.* ⊙ den Arbeitsgang) festlegen von (*od.* gen.); **8.** *Anträge etc.* (auf dem Dienst-weg) weiterleiten; **9.** a) ✄ legen, füh-ren: **~ lines,** b) *tel.* leiten.

rou·tine [ruː'tiːn] *s.* **1.** a) (Ge'schäfts-, 'Amts- *etc.*)Rou,tine *f,* übliche *od.* gleichbleibende Proze'dur, gewohnter Gang, b) me'chanische Arbeit, (ewi-ges) Einerlei, c) Rou'tinesache *f,* d) *contp.* Scha'blone *f,* e) *contp.* (alter)

Trott; **2.** *Am.* a) (Zirkus- *etc.*)Nummer *f,* b) *contp.* ,Platte' *f,* Geschwätz *n;* **3.** *Computer etc.:* Rou'tine *f,* (Unter)Pro-'gramm *n;* II *adj.* **4.** a) all'täglich, im-mer gleichbleibend, üblich, b) laufend, regel-, rou'tinemäßig: **~ check;** **5.** *contp.* me'chanisch, scha'blonenhaft; **rou'tine·ly** [-lɪ] *adv.* **1.** rou'tinemäßig; **2.** *contp.* mechanisch: **rou'tin·ist** [-nɪst] *s.* Gewohnheitsmensch *m;* **rou'tin-ize** [-naɪz] *v/t.* **1.** zur Rou'tine *etc.* unter-'werfen; **2.** *et.* zur Routine machen.

roux [ruː] *s. pl.* **roux** [ruːz] Mehlschwit-ze *f,* Einbrenne *f.*

rove¹ [raʊv] I *v/i. a.* **~ about** um'her-streifen, -schweifen, -wandern (*a. fig. Augen etc.*); II *v/t.* durch'streifen; III *s.* (Um'her)Wandern *n;* Wanderschaft *f.*

rove² [raʊv] I *v/t.* ⊙ vorspinnen; **2.** *Wolle etc.* ausfasern; *Gestricktes* auf-trennen, aufräufeln; II *s.* **3.** Vorge-spinst *n;* **4.** (*Woll- etc.*)Strähne *f.*

rov·er¹ ['raʊvə] *s.* ⊙ 'Vorspinnma,schine *f.*

rov·er² ['raʊvə] *s.* **1.** Wanderer *m;* **2.** Pi'rat(enschiff *n*) *m;* **3.** Wandertier *n;* **4.** *obs. Brit. Pfadfinder über 17.*

rov·ing ['raʊvɪŋ] *adj.* **1.** um'herziehend, -streifend; **2.** *fig.* ausschweifend: **~ fan-cy, have a ~ eye** gern ein Auge riskie-ren; **3.** *fig.* ,fliegend': **~ reporter;** **~ force** (Polizei)Einsatztruppe *f.*

row¹ [raʊ] *s.* **1.** *allg.* (*a. Häuser-, Sitz-*) Reihe *f:* **in ~s** in Reihen, reihenweise; **a hard ~ to hoe** *fig.* -e schwierige Sa-che; **2.** Straße *f:* **Rochester** ⚄; **3.** ⌂ Baufluchtlinie *f.*

row² [raʊ] I *v/i.* **1.** rudern; II *v/t.* **2.** *Boot, a. Rennen, a. j-n* rudern: **~ down** *j-n (beim Rudern)* überholen; **3.** rudern gegen, mit *j-m* (wett)rudern; III *s.* **4.** Rudern *n;* 'Ruderpar,tie *f:* **go for a ~** rudern gehen.

row³ [raʊ] F I *s.* Krach *m:* a) Kra'wall *m,* Spek'takel *m,* b) Streit *m,* c) Schläge'rei *f:* **get into a ~** ,eins aufs Dach be-kommen', b) Krach bekommen (*with* mit); **have a ~ with** Krach haben mit; **kick up a ~** Krach schlagen; **what's the ~?** was ist denn los?; II *v/t. j-n* ,zs.-stauchen'; III *v/i.* randalieren.

row·an ['raʊən] *s.* ♀ Eberesche *f;* **'~·ber-ry** *s.* Vogelbeere *f.*

row·di·ness ['raʊdɪnɪs] *s.* Pöbelhaftig-keit *f,* rüpelhaftes Benehmen *od.* We-sen; **row·dy** ['raʊdɪ] I *s.* 'Rowdy *m,* Ra-'bauke *m,* Schläger *m;* II *adj.* rüpel-, rowdyhaft, gewalttätig; **'row·dy·ism** [-ɪɪzəm] *s.* **1.** Rowdytum *n,* rüpelhaftes Benehmen; **2.** Gewalttätigkeit *f,* Rüpe-'lei *f.*

row·el ['raʊəl] I *s.* Spornrädchen *n;* II *v/t. e-m Pferd* die Sporen geben.

row·en ['raʊən] *s.* ♪ Grummet *n.*

row·ing ['raʊɪŋ] I *s.* Rudern *n,* Ruder-sport *m;* II *adj.* Ruder...: **~ boat;** **~ machine** Ruderapparat *m.*

row·lock ['rɒlək] *s.* ♩ Dolle *f.*

roy·al ['rɔɪəl] I *adj.* ☐ **1.** königlich, Kö-nigs...: **His** ⚄ **Highness** S-e Königliche Hoheit; **~ prince** Prinz *m* von königli-chem Geblüt; → **princess** 1; ⚄ **Acade-my** Königliche Akademie der Künste (*Großbritanniens*); **~ blue** Königsblau *n;* ⚄ **Exchange** die Londoner Börse (*Gebäude*); **~ flush** *Poker:* Royal Flush *m;* ⚄ **Navy** (Königlich-Brit.) Marine *f;*

~ *paper* → 6; ~ *road* fig. leichter od. bequemer Weg (*to* zu); ~ *speech* Thronrede f; **2.** fürstlich (a. fig.): *the ~ and ancient game* das Golfspiel; **3.** fig. (a. F) prächtig, großartig: *in ~ spirits* F in glänzender Stimmung; ~ *stag* hunt. Kapitalhirsch m; ~ *tiger* zo. Königstiger m; **4.** edel (a. *Gas*); **II** s. **5.** F Mitglied n des Königshauses; **6.** Roy'alpaˌpier n (*Format*); **7.** a. ~ *sail* ♻ Ober(bram)segel n; **roy·al·ist** ['rɔɪəlɪst] **I** s. Roya'list(in), Königstreue(r m) f; **II** adj. königstreu; **'roy·al·ty** [-ltɪ] s. **1.** Königtum n: a) Königswürde f, b) Königreich n: *insignia of ~* Kroninsignien pl.; **2.** königliche Abkunft; **3.** a) fürstliche Per'sönlichkeit, b) pl. Fürstlichkeiten pl., c) Königshaus n; **4.** Krongut n; **5.** Re'gal n, königliches Privi'leg; **6.** Abgabe f an die Krone, Pachtgeld n: *mining ~* Bergwerksabgabe f; **7.** mon'archische Regierung; **8.** ♫ (Au'toren-etc.)Tantiˌeme f, Gewinnanteil m; **9.** ♫ a) Li'zenz f, b) Li'zenzgebühr f: ~ *fees* Pa'tentgebühren; *subject to payment of royalties* lizenzpflichtig.

rub [rʌb] **I** s. **1.** (Ab)Reiben n, Polieren n: *give it a ~* reibe es (doch einmal); *have a ~ with a towel* sich (mit dem Handtuch) abreiben od. abtrocknen; **2.** fig. Schwierigkeit f, Haken m: *there's the ~!* F da liegt der Hase im Pfeffer!; *there's a ~ in it* F die Sache hat e-n Haken; **3.** Unannehmlichkeit f; **4.** fig. Stiche'lei f; **5.** rauhe od. aufgeriebene Stelle; **6.** Unebenheit f; **II** v/t. **7.** reiben: ~ *one's hands* sich die Hände reiben (*mst* fig.); ~ *shoulders with* fig. verkehren mit, (dat.) nahe stehen; ~ *it in*, ~ *s.o.'s nose in it* es j-m ˌunter die Nase reiben‘; → *rub up*; **8.** reiben, (reibend) streichen; massieren; **9.** einreiben (*with* mit e-r Salbe etc.); **10.** streifen, reiben an (dat.); (wund) scheuern; **11.** a) scheuern, schaben, b) *Tafel etc.* abwischen, c) polieren, d) wichsen, bohnern, e) abreiben, frottieren; **12.** ♫ (ab)schleifen, (ab)feilen: ~ *with emery* (*pumice*) abschmirgeln (abbimsen); **13.** typ. abklatschen; **III** v/i. **14.** reiben, streifen (*against* od. [*up*]*on* an dat., gegen); **15.** fig. sich schlagen (*through* durch);

Zssgn mit adv.:

rub a·long v/i. **1.** sich (mühsam) 'durchschlagen; **2.** (gut) auskommen (*with* mit j-m); ~ **down** v/t. **1.** abreiben, frottieren; *Pferd* striegeln; **2.** herˌunter-, wegreiben; ~ **in** v/t. **1.** a. *Zeichnung* einreiben; **2.** sl. ˌher'umreiten‘ auf (dat.); → *rub* 7; ~ **off I** v/t. **1.** ab-, wegreiben; abschleifen; **II** v/i. **2.** abgehen (*Lack etc.*); **3.** fig. sich abnützen; **4.** fig. F abfärben (*onto* auf acc.); ~ **out I** v/t. **1.** ausradieren; **2.** wegwischen, -reiben; **3.** *Am.* sl. ˌumlegen‘ (*töten*); **II** v/i. **4.** weggehen (*Fleck etc.*); ~ **up** v/t. **1.** (auf)polieren; **2.** fig. a) *Kenntnisse etc.* auffrischen, b) *Gedächtnis etc.* stärken; **3.** fig. F *rub s.o. up the right way* j-n richtig behandeln; *rub s.o. up the wrong way* j-n ˌverschnupfen‘ od. verstimmen; *it rubs me up the wrong way* es geht mir gegen den Strich; **4.** *Farben etc.* verreiben.

rub-a-dub ['rʌbədʌb] s. Ta'ramtamtam n, Trommelwirbel m.

rub·ber¹ ['rʌbə] **I** s. **1.** Gummi n, m, (Na'tur)Kautschuk m; **2.** (Radier-) Gummi m; **3.** a. ~ *band* Gummiring m, -band n; **4.** ~ *tyre* (od. bsd. *Am. tire*) Gummireifen m; **5.** pl. a) *Am.* ('Gummi,)Überschuhe pl., b) *Brit.* Turnschuhe pl.; **6.** sl. ˌGummi‘ m, ˌPa'riser‘ m (*Kondom*); **7.** Reiber m, Polierer m; **8.** Mas'seur(in), Mas'seuse f; **9.** Reibzeug n; **10.** a) Frottier(hand)tuch n, -handschuh m, b) Wischtuch n, c) Polierkissen n, d) *Brit.* Geschirrtuch n; **11.** Reibfläche f; **12.** ♫ a) Schleifstein m, b) Putzfeile f; **13.** typ. Farbläufer m; **14.** 'Schmirgelpaˌpier n; 'Glaspaˌpier n; **15.** (weicher) Formziegel; **16.** F *Eishockey:* Puck m, Scheibe f; **17.** *Baseball:* Platte f; **II** v/t. **18.** → *rubberize*; **III** v/i. **19.** → *rubberneck* 4, 5; **IV** adj. **20.** Gummi...: ~ *solution* Gummilösung f.

rub·ber² ['rʌbə] s. *Kartenspiel:* Robber m.

rub·ber boat s. Gummi-, Schlauchboot n; ~ ce·ment s. ♫ Gummilösung f; ~ check s. *Am.*, ~ cheque s. *Brit.* F geplatzter Scheck; ~ coat·ing s. Gummierung f; ~ din·ghi s. Schlauchboot n.

rub·ber·ize ['rʌbəraɪz] v/t. ♫ mit Gummi imprägnieren, gummieren.

'rub·ber·neck *Am.* F **I** s. **1.** Gaffer(in), Neugierige(r m) f; **2.** Tou'rist(in); **II** adj. **3.** neugierig, schaulustig; **III** v/i. **4.** neugierig gaffen, ˌsich den Hals verrenken‘; **5.** die Sehenswürdigkeiten (e-r *Stadt etc.*) ansehen; **IV** v/t. **6.** neugierig betrachten; ~ **plant** s. ♀ Kautschukpflanze f, bsd. Gummibaum m; ~ **stamp** s. **1.** Gummistempel m; **2.** F a) sturer Beamter, b) bloßes Werkzeug, c) Nachbeter m; **3.** bsd. *Am.* F (abgedroschene) Phrase; '~-'stamp **1.** abstempeln; **2.** F (rou'tinemäßig) genehmigen; ~ **tree** s. ♀ a) Gummibaum m, b) Kautschukbaum m.

rub·bing ['rʌbɪŋ] s. **1.** a) phys. Reibung f, b) ♫ Abrieb m; **2.** typ. Reiberdruck m; ~ **cloth** s. Frottier-, Wisch-, Scheuertuch n; ~ **con·tact** s. ⚡ 'Reibe-, 'Schleifkonˌtakt m; '~-**stone** s. Schleif-Wetzstein m; ~ **var·nish** s. ♫ Schleiflack m.

rub·bish ['rʌbɪʃ] **I** s. **1.** Abfall m, Kehricht m, Müll m: ~ **bin** Abfalleimer m; ~ **chute** Müllschlucker m; **2.** (Gesteins-)Schutt m (a. geol.); **3.** F Schund m, Plunder m; **4.** F a. int. Blödsinn m, Quatsch m; **5.** ⚒ a) *über Tage:* Abraum m, b) *unter Tage:* taubes Gestein; '**rub·bish·y** [-ʃɪ] adj. **1.** schuttbedeckt; **2.** F Schund..., wertlos.

rub·ble ['rʌbl] s. **1.** Bruchstein(e pl.) m, Schotter m; **2.** geol. (Stein)Schutt m, Geröll n, Geschiebe n; **3.** (rohes) Bruchsteinmauerwerk; **4.** loses Packeis; ~ **ma·son·ry** → *rubble* 3; '~-**stone** s. Bruchstein m; '~-**work** → *rubble* 3.

'rub·down s. Abreibung f: *have a ~* sich trockenreiben od. frottieren.

rube [ru:b] s. *Am.* sl. ˌLackel‘ m.

ru·be·fa·cient [ˌru:bɪ'feɪʃənt] ⚕ **I** adj. (*bsd.* haut)rötend; **II** s. (*bsd.* haut)rötendes Mittel; ˌ**ru·be'fac·tion** [-'fækʃn] s. ⚕ Hautröte f, -rötung f.

ru·bi·cund ['ru:bɪkənd] adj. rötlich, rot, rosig (*Person*).

ru·bric ['ru:brɪk] **I** s. **1.** typ. Ru'brik f ([*roter*] *Titelkopf od. Buchstabe*; *Abschnitt*); **2.** eccl. Rubrik f, li'turgische Anweisung; **II** adj. **3.** rot (gedruckt etc.), rubriziert; '**ru·bri·cate** [-keɪt] v/t. **1.** rot bezeichnen; **2.** rubrizieren.

'rub·stone s. Schleifstein m.

ru·by ['ru:bɪ] **I** s. **1.** a. *true ~*, *Oriental ~* min. Ru'bin m; **2.** (Ru'bin)Rot n; **3.** fig. Rotwein m; **4.** fig. roter (Haut)Pickel; **5.** *Uhrmacherei:* Stein m; **6.** typ. Pa'riser Schrift f, Fünfein'halbpunktschrift f; **II** adj. **7.** (kar'min-, ru'bin)rot.

ruche [ru:ʃ] s. Rüsche f; **ruched** [-ʃt] adj. mit Rüschen besetzt; '**ruch·ing** [-ʃɪŋ] s. **1.** coll. Rüschen(besatz m) pl.; **2.** Rüschenstoff m.

ruck¹ [rʌk] s. **1.** *sport* das (Haupt)Feld; **2.** *the (common)* ~ pej. die breite Masse: *rise out of the ~* fig. sich über den Durchschnitt erheben.

ruck² [rʌk] **I** s. **1.** Falte f; **II** v/t. oft ~ *up* hochschieben, zerknüllen, -knittern; **III** v/i. oft ~ *up* Falten werfen, hochrutschen.

ruck·sack ['rʌksæk] (*Ger.*) s. Rucksack m.

ruck·us ['rʌkəs] → *ruction*.

ruc·tion ['rʌkʃn] s. oft pl. F a) Tohuwa'bohu n, b) Krach m, Kra'wall m, c) Schläge'rei f.

rud·der ['rʌdə] s. **1.** ♻ (Steuer)Ruder n, Steuer n; **2.** ✈ Seitenruder n, -steuer n: ~ *controls* Seitensteuerung f; **3.** fig. Richtschnur f; **4.** *Brauerei:* Rührkelle f; '**rud·der·less** [-lɪs] adj. **1.** ohne Ruder; **2.** fig. führer-, steuerlos.

rud·di·ness ['rʌdɪnɪs] s. **1.** Röte f; '**rud·dy** ['rʌdɪ] adj. □ **1.** rot, rötlich, gerötet; gesund (*Gesichtsfarbe*); **2.** *Brit.* sl. verflixt.

rude [ru:d] adj. □ **1.** grob, unverschämt, rüde, ungehobelt; **2.** roh, unsanft (a. fig. *Erwachen*); **3.** wild, heftig (*Kampf*, *Leidenschaft*); rauh (*Klima etc.*); hart (*Los*, *Zeit etc.*); wild (*Landschaft*); holp(e)rig (*Weg*); **5.** wirr (*Masse etc.*): ~ *chaos* chaotischer Urzustand; **6.** allg. primi'tiv: a) unzivilisiert, b) ungebildet, c) kunstlos, d) behelfsmäßig; **7.** ro'bust, unverwüstlich (*Gesundheit*): *be in ~ health* vor Gesundheit strotzen; **8.** roh, unverarbeitet (*Stoff*); **9.** plump, ungeschickt; **10.** a) ungefähr, b) flüchtig, grob: *sketch*; a ~ *observer* ein oberflächlicher Beobachter; '**rude·ness** [-nɪs] s. **1.** Grobheit f; **2.** Roheit f; **3.** Heftigkeit f; **4.** Wild-, Rauheit f; **5.** Primiti'tät f; **6.** Unebenheit f.

ru·di·ment ['ru:dɪmənt] s. **1.** Rudi'ment n (a. biol. rudimentäres Organ), Ansatz m; **2.** pl. Anfangsgründe pl., Grundlagen pl., Rudi'mente pl.; '**ru·di·men·tal** [ˌru:dɪ'mentl], **ru·di·men·ta·ry** [ˌru:dɪ'mentərɪ] adj. □ **1.** elemen'tar, Anfangs...; **2.** rudimen'tär (a. biol.).

rue¹ [ru:] s. ♀ Gartenraute f.

rue² [ru:] v/t. bereuen, bedauern; *Ereignis* verwünschen: *he will live to ~ it* er wird es noch bereuen; '**rue·ful** [-fʊl] adj. □ **1.** kläglich, jämmerlich: *the Knight of the ⌾ Countenance* der Ritter von der traurigen Gestalt (*Don Quichotte*); **2.** wehmütig; **3.** reumütig; '**rue·ful·ness** [-fʊlnɪs] s. **1.** Gram m, Traurigkeit f; **2.** Jammer m.

ruff¹ [rʌf] s. **1.** Halskrause f (a. zo., orn.); **2.** (Pa'pier)Krause f (Topf etc.); **3.** Rüsche f; **4.** orn. a) Kampfläufer m, b) Haustaube f mit Halskrause.

ruff² [rʌf] **I** s. Kartenspiel: Trumpfen n; **II** v/t. u. v/i. mit Trumpf stechen.

ruff(e)³ [rʌf] s. ichth. Kaulbarsch m.

ruf·fi·an ['rʌfjən] s. **1.** Rüpel m; **2.** Raufbold m; **'ruf·fi·an·ism** [-nɪzəm] s. Roheit f, Brutali'tät f; **'ruf·fi·an·ly** [-lɪ] adj. **1.** roh, bru'tal; **2.** wild.

ruf·fle ['rʌfl] **I** v/t. **1.** Wasser etc., a. Tuch kräuseln; Stirn kraus ziehen; **2.** Federn, Haare sträuben: ~ one's feathers sich aufplustern (a. fig.); **3.** Papier zerknittern; **4.** durchein'anderbringen, -werfen; **5.** fig. j-n aus der Fassung bringen; j-n (ver)ärgern: ~ s.o.'s temper j-n verstimmen; **II** v/i. **6.** sich kräuseln; **7.** zerknüllt od. zerzaust werden; **8.** fig. die Ruhe verlieren; **9.** fig. sich aufspielen, anmaßend auftreten; **III** s. **10.** Kräuseln n; **11.** Rüsche f, Krause f; **12.** orn. Halskrause f; **13.** fig. Aufregung f, Störung f: without ~ or excitement in aller Ruhe.

ru·fous ['ru:fəs] adj. rotbraun.

rug [rʌg] s. **1.** (kleiner) Teppich, (Bett-, Ka'min)Vorleger m, Brücke f: pull the ~ from under s.o. fig. j-m den Boden unter den Füßen wegziehen; **2.** bsd. Brit. dicke wollene (Reise- etc.)Decke.

rug·by (foot·ball) ['rʌgbɪ] s. sport Rugby n.

rug·ged ['rʌgɪd] adj. □ **1.** zerklüftet, wild (Landschaft etc.), zackig, schroff (Fels etc.), felsig; **2.** durch'furcht (Gesicht etc.), uneben (Boden etc.), holperig (Weg etc.), knorrig (Gestalt); **3.** rauh (Rinde, Tuch, a. fig. Manieren, Sport etc.): life is ~ das Leben ist hart; ~ individualism krasser Individualismus; **4.** ruppig, grob; **5.** bsd. Am. a. ⚙ ro'bust, stark, sta'bil; **'rug·ged·ness** [-nɪs] s. **1.** Rauheit f; **2.** Grobheit f; **3.** Am. Ro'bustheit f.

rug·ger ['rʌgə] Brit. F für Rugby.

ru·in ['rʊɪn] **I** s. **1.** Ru'ine f (a. fig. Person etc.); pl. Ruine(n pl.) f, Trümmer pl.: lay in ~s in Schutt u. Asche legen; lie in ~s in Trümmern liegen; **2.** Verfall m: go to ~ verfallen; **3.** Ru'in m, 'Untergang m, Zs.-bruch m, Verderben n: bring to ~ → 5; the ~ of my hopes (plans) das Ende m-r Hoffnungen (Pläne); it will be the ~ of him es wird sein Untergang sein; **II** v/t. **4.** vernichten, zerstören; **5.** j-n, a. Sache, Gesundheit etc. ruinieren, zu'grunde richten; Hoffnungen, Pläne zu'nichte machen; Augen, Aussichten etc. verderben; Sprache verhunzen; **6.** Mädchen verführen; **ru·in·a·tion** [rʊɪ'neɪʃn] s. **1.** Zerstörung f, Verwüstung f; **2.** F j-s Ru'in m, Verderben n, 'Untergang m; **'ru·in·ous** [-nəs] adj. □ **1.** verfallen(d), baufällig, ru'inenhaft; **2.** verderblich, mörderisch, ruinierend, rui'nös: a ~ price a) ruinöser od. enormer Preis, b) Schleuderpreis m; **'ru·in·ous·ness** [-nəsnɪs] s. **1.** Baufälligkeit f; **2.** Verderblichkeit f.

rule [ru:l] **I** s. **1.** Regel f, Nor'malfall m: as a ~ in der Regel; as is the ~ wie es allgemein üblich ist; become the ~ zur Regel werden; make it a ~ to (inf.) es sich zur Regel machen, zu (inf.); by all the ~s eigentlich; → exception 1; **2.**

Regel f, Richtschnur f, Grundsatz m; sport etc. Spielregel f (a. fig.): against the ~s regelwidrig; ~s of action (od. conduct) Verhaltensmaßregeln, Richtlinien; ~ of thumb Faustregel, praktische Erfahrung; by ~ of thumb über den Daumen gepeilt; serve as a ~ als Richtschnur od. Maßstab dienen; **3.** ⚖ a) Vorschrift f, (gesetzliche) Bestimmung, Norm f, b) gerichtliche Entscheidung, c) Rechtsgrundsatz m: ~s of the air Luftverkehrsregeln; work to ~ Dienst nach Vorschrift tun (als Streikmittel); → road 1; **4.** pl. (Geschäfts-, Gerichts- etc.)Ordnung f: (standing) ~s of court ⚖ Prozeßordnung, ~s of procedure a) Verfahrensordnung, b) Geschäftsordnung; **5.** a. standing ~ Satzung f: against the ~s satzungswidrig; the ~s (and by-laws) die Satzungen, die Statuten; **6.** eccl. Ordensregel f; **7.** ♥ U'sance f, Handelsbrauch m; **8.** A Regel f, Rechnungsart f: ~ of proportion, ~ of three Regeldetri f, Dreisatz m; **9.** Herrschaft f, Regierung f: during (under) the ~ of während (unter) der Regierung (gen.); ~ of law Rechtsstaatlichkeit f; **10.** a) Line'al n, b) a. folding ~ Zollstock m; **11.** a) Richtmaß n, b) Winkel(eisen n, -maß n) m; **12.** typ. a) (Messing)Linie f: ~ case Linienkasten m, b) Ko'lumnenmaß n (Satzspiegel), c) Brit. Strich m: em ~ Gedankenstrich; en ~ Halbgeviert n; **II** v/t. **13.** a. ~ over Land, Gefühl etc. beherrschen, herrschen über (acc.), regieren: ~ the roast (od. roost) fig. das Regiment führen, Herr im Haus sein; **14.** lenken, leiten: be ~d by sich leiten lassen von; **15.** bsd. ⚖ anordnen, verfügen, entscheiden: ~ out a) j-n od. et. ausschließen (a. sport), b) et. ablehnen; ~ s.o. out of order parl. j-m das Wort entziehen; ~ s.th. out of order et. nicht zulassen; **16.** a) Papier linieren, b) Linie ziehen: ~ s.th. out et. durchstreichen; ~d paper liniertes Papier; **III** v/i. **17.** herrschen od. regieren (over über acc.); **18.** entscheiden (that daß); **19.** ♥ hoch etc. stehen, liegen, notieren (Preise): ~ high (low) weiterhin hoch notieren; **20.** vorherrschen; **21.** gelten, in Kraft sein (Recht etc.); **'rul·er** [-lə] s. **1.** Herrscher(in); **2.** Line'al n; ⚙ Richtscheit n; **3.** ⚙ Li'niermaˌschine f; **'rul·ing** [-lɪŋ] **I** s. ⚖ **1.** (gerichtliche) Entscheidung; Verfügung f; **2.** Linie(n pl.) f; **3.** Herrschaft f; **II** adj. **4.** herrschend; fig. (vor-) herrschend; **5.** maßgebend, grundlegend: ~ case; **6.** ♥ bestehend, laufend: ~ price Tagespreis m.

rum¹ [rʌm] s. Rum m, Am. a. Alkohol m.

rum² [rʌm] adj. □ bsd. Brit. sl. **1.** ‚komisch‘ (eigenartig): ~ customer komischer Kauz; ~ go dumme Geschichte; ~ start (tolle) Überraschung; **2.** ulkig, drollig.

Ru·ma·ni·an [ru:'menjən] **I** adj. **1.** ru'mänisch; **II** s. **2.** Ru'mäne m, Ru'mänin f; **3.** ling. Ru'mänisch n.

rum·ba ['rʌmbə] s. Rumba m, f.

rum·ble¹ ['rʌmbl] **I** v/i. **1.** poltern (a. Stimme); rattern (Gefährt, Zug etc.), rumpeln, rollen (Donner), knurren (Magen); **II** v/t. **2.** a. ~ out Worte her-

'auspoltern, Lied grölen; **III** s. **3.** Gepolter n, Rattern n, Rumpeln n, Rollen n (Donner); **4.** ⚙ Poliertrommel f; **5.** a) Bedientensitz m, b) Gepäckraum m, c) → rumble seat; **6.** Am. (Straßen-) Schlacht f (zwischen jugendlichen Banden).

rum·ble² ['rʌmbl] v/t. sl. **1.** j-n durch'schauen; **2.** et. ,spitzkriegen‘; **3.** Am. j-n argwöhnisch machen.

rum·ble seat s. Am. mot. Not-, Klappsitz m.

rum·bus·tious [rʌm'bʌstɪəs] adj. F **1.** laut, lärmend; **2.** wild, ausgelassen.

ru·men ['ru:men] pl. **-mi·na** [-mɪnə] s. zo. Pansen m; **'ru·mi·nant** [-mɪnənt] **I** adj. □ **1.** zo. 'wiederkäuend; **2.** fig. grübelnd; **II** s. **3.** zo. 'Wiederkäuer m; **'ru·mi·nate** [-mɪneɪt] v/i. **1.** 'wiederkäuen; **2.** fig. grübeln (about, over über acc.); **II** v/t. **3.** fig. grübeln über (acc., dat.); **ru·mi·na·tion** [ˌru:mɪ'neɪʃn] s. **1.** 'Wiederkäuen n; **2.** fig. Grübeln n; **'ru·mi·na·tive** [-mɪnətɪv] adj. □ nachdenklich, grüblerisch.

rum·mage ['rʌmɪdʒ] **I** v/t. **1.** durch'stöbern, -'wühlen, wühlen in (dat.); ~ out, ~ up aus-, her'vorkramen; **II** v/i. **3.** a. ~ about (her'um)stöbern od. (-)wühlen (in in dat.); **III** s. **4.** mst ~ goods Ramsch m, Restwaren pl.; ~ sale s. **1.** Ramschverkauf m; **2.** 'Wohltätigkeitsbaˌzar m.

rum·mer ['rʌmə] s. Römer m, ('Wein-) Poˌkal m.

rum·my¹ ['rʌmɪ] s. Rommé n (Kartenspiel).

rum·my² ['rʌmɪ] adj. □ → rum² 1 u. 2.

ru·mo(u)r ['ru:mə] **I** s. a) Gerücht n, b) Gerede n: ~ has it, the ~ runs es geht das Gerücht; **II** v/t. (als Gerücht) verbreiten (mst pass.): it is ~ed that man sagt od. es geht das Gerücht, daß; he is ~ed to be man munkelt od. es heißt, er sei.

rump [rʌmp] s. **1.** zo. Steiß m, 'Hinterteil n (a. des Menschen); orn. Bürzel m; ~ steak Küche: Rumpsteak n; **2.** fig. Rumpf m, kümmerlicher Rest: the ⚹ (Parliament) hist. das Rumpfparlament.

rum·pie ['rʌmpɪ] s. Aufsteiger m, der auf dem Lande wohnt (= rural upwardly-mobile professional).

rum·ple ['rʌmpl] v/t. **1.** zerknittern, -knüllen; **2.** Haar etc. zerwühlen.

rum·pus ['rʌmpəs] s. F **1.** Krach m, Kra'wall m; **2.** Trubel m; **3.** Streit m, ,Krach‘ m; ~ room s. Am. Hobby- od. Partyraum m.

'rum-ˌrun·ner s. Am. Alkoholschmuggler m.

run [rʌn] **I** s. **1.** Laufen n, Rennen n; **2.** Lauf m (a. sport u. fig.); Lauf-, ✕ Sturmschritt m: at a ~ im Lauf (-schritt), im Dauerlauf; in the long ~ fig. auf die Dauer, am Ende, schließlich; in the short ~ fürs nächste; on the ~ a) auf der Flucht, b) (immer) auf den Beinen (tätig): be in the ~ bsd. Am. pol. bei e-r Wahl in Frage kommen od. im Rennen liegen, kandidieren; come down with a ~ schnell od. plötzlich fallen (a. Barometer, Preis); go for (od. take) a ~ e-n Lauf machen; have a ~ for one's money sich abhetzen müssen; have s.o. on the ~ j-n herumjagen, -hetzen; **3. a)** Anlauf *m*: *take a ~* (e-n) Anlauf nehmen, **b)** *Baseball, Kricket*: erfolgreicher Lauf; **4.** *Reiten*: schneller Ga'lopp; **5.** ♺, *mot.* Fahrt *f*; **6.** *oft short* ~ Spazierfahrt *f*; **7.** Abstecher *m*, kleine Reise (*to* nach); **8.** ✓ (Bomben)Zielanflug *m*; **9.** ♪ Lauf *m*; **10.** Zulauf *m*, ♱ Ansturm *m*, Run *m* (*on* auf e-e Bank etc.); ♱ stürmische Nachfrage (*on* nach e-r Ware); **11.** *fig.* Lauf *m*, (Fort)Gang *m*: *the ~ of events*; **12.** *fig.* Verlauf *m*: *the ~ of the hills*; **13.** *fig.* **a)** Ten'denz *f*, **b)** Mode *f*; **14.** Folge *f*, (*sport* Erfolgs-, Treffer)Serie *f*: *a ~ of bad (good) luck* e-e Pechsträhne (e-e Glückssträhne); **15.** *Am.* kleiner Wasserlauf; **16.** *bsd. Am.* Laufmasche *f*; **17.** (Bob-, Rodel)Bahn *f*; **18.** ✓ Rollstrecke *f*; **19. a)** (Vieh-) Trift *f*, Weide *f*, **b)** (Hühner)Hof *m*, Auslauf *m*; **20.** ⚙ **a)** Bahn *f*, **b)** Laufschiene *f*, **c)** Rinne *f*; **21.** Mühl-, Mahlgang *m*; **22.** ⚙ **a)** Herstellungsgröße *f*, (Rohr- etc.)Länge *f*, **b)** (Betriebs)Leistung *f*, Ausstoß *m*, **c)** Gang *m*, 'Arbeitsperi¦ode *f*, **d)** 'Durchlauf *m* (*von Beschickungsgut*), **e)** Charge *f*, Menge *f*, **f)** Bedienung *f*; **23.** Auflage *f* (*Zeitung*); **24.** *Kartenspiel*: Se'quenz *f*; **25.** (Amts-, Gültigkeits-, Zeit)Dauer *f*: *~ of office*; **26.** *thea.*, *Film*: Laufzeit *f*: *have a ~ of 20 nights* 20mal nacheinander gegeben werden; **27. a)** Art *f*, Schlag *m*; Sorte *f* (*a.* ♱), **b)** *mst common od. general od. ordinary*: 'Durchschnitt *m*, *die große Masse*: *~ of the mill* Durchschnitt *m*; **28.** Herde *f*; **29.** Schwarm *m* (*Fische*); **30.** ♺ (Achter)Piek *f*; **31.** (*of*) **a)** freie Benutzung (*gen.*), **b)** freier Zutritt (zu); **II** *v/i.* [*irr.*] **32.** laufen, rennen; eilen, stürzen; **33.** da'vonlaufen, Reiß'aus nehmen; **34.** *sport* **a)** (um die Wette) laufen, **b)** (an e-m Lauf *od.* Rennen) teilnehmen, laufen, **c)** als *Zweiter etc.* einlaufen: *also ran* ferner liefen; **35.** *fig.* laufen (*Blick, Feuer, Finger, Schauer etc.*): *his eyes ran over ...* sein Blick überflog ...; *the tune keeps ~ning through my head* die Melodie geht mir nicht aus dem Kopf; **36.** *pol.* kandidieren (*for* für); **37.** ♺ etc. fahren; (*in den Hafen*) einlaufen: *~ before the wind* vor dem Wind segeln; **38.** wandern (*Fische*); **39.** 🚂 etc. verkehren, *auf e-r Strecke* fahren, gehen; **40.** fließen, strömen (*beide a. fig. Blut in den Adern, Tränen, a. Verse*): *it ~s in the blood* (*family*) es liegt im Blut (in der Familie); **41.** lauten (*Schriftstück*); **42.** gehen (*Melodie*); **43.** verfließen, -streichen (*Zeit etc.*); **44.** dauern: *three days ~ning* drei Tage hintereinander; **45.** laufen, gegeben werden (*Theaterstück etc.*); **46.** verlaufen (*Straße etc., a. Vorgang*), sich erstrecken; führen, gehen (*Weg etc.*): *my taste (talent) does not ~ that way* dafür habe ich keinen Sinn (keine Begabung); **47.** ⚙ laufen, gleiten (*Seil etc.*); **48.** ⚙ laufen: **a)** in Gang sein, arbeiten, **b)** gehen (*Uhr etc.*), funktionieren; **49.** in Betrieb sein (*Fabrik, Hotel etc.*); **50.** aus-, zerlaufen (*Farbe*); **51.** tropfen, strömen, triefen (*with* vor *dat.*) (*Gesicht etc.*); laufen (*Nase, Augen*); 'übergehen (*Augen*): *~ with tears* in Tränen schwimmen; **52.** rinnen, lau-

fen (*Gefäß*); **53.** schmelzen (*Metall*); tauen (*Eis*); **54.** ✽ eitern, laufen; **55.** fluten, wogen: *a heavy sea was ~ning* es ging e-e schwere See; **56.** *Am.* **a)** laufen, fallen (*Masche*), **b)** Laufmaschen bekommen (*Strumpf*); **57.** 🐎 laufen, gelten, in Kraft sein *od.* bleiben: *the period ~s* die Frist läuft; **58.** ♱ sich stellen (*Preis, Ware*); **59.** *mit adj.*: werden, sein: *~ dry* **a)** versiegen, **b)** keine Milch mehr geben, **c)** erschöpft sein, **d)** sich ausgeschrieben haben (*Schriftsteller*); → 80; *~ low* (*od. short*) zur Neige gehen, knapp werden; → *high* 22, *riot* 3, *wild* 2; **60.** *im Durchschnitt* sein, *klein etc.* ausfallen (*Früchte etc.*); **III** *v/t.* [*irr.*] **61.** *Weg etc.* laufen; *Strecke* durch'laufen, zu'rücklegen; *Weg* einschlagen; **62.** fahren (*a.* ♺); *Strecke* be-, durch'fahren: *~ a car against a tree* mit e-m Wagen gegen e-n Baum fahren; **63.** *Rennen* austragen, laufen, *Wettlauf* machen; **64.** um die Wette laufen mit: *~ s.o. close* dicht an j-n herankommen (*a. fig.*); **65.** *Pferd* treiben; **66.** *hunt.* hetzen, *a. Spur* verfolgen (*a. fig.*); **67.** *Botschaften* über'bringen; *Botengänge od. Besorgungen* machen: *~ errands*; **68.** *Blokkade* brechen; **69. a)** *Pferd etc.* laufen lassen, **b)** *pol.* j-n als Kandi'daten aufstellen (*for* für); **70. a)** *Vieh* treiben, **b)** weiden lassen; **71.** 🐴, ♺ etc. fahren *od.* verkehren lassen; **72.** *Am.* Annonce veröffentlichen; **73.** transportieren; **74.** *Schnaps etc.* schmuggeln; **75.** *Augen, Finger etc.* gleiten lassen: *~ one's hand through one's hair* (sich) mit den Fingern durchs Haar fahren; **76.** *Film* laufen lassen; **77.** ⚙ *Maschine etc.* laufen lassen, bedienen; **78.** *Betrieb etc.* führen, leiten, verwalten; *Geschäft etc.* betreiben; *Zeitung* her'ausgeben; **79.** hin'eingeraten (lassen) in (*acc.*): *~ debts* Schulden machen; *~ a firm into debt* e-e Firma in Schulden stürzen; *~ the danger of* (*ger.*) Gefahr laufen zu (*inf.*); → *risk* 1; **80.** ausströmen, fließen lassen; *Wasser etc.* führen (*Leitung*): *~ dry* leerlaufen lassen; → 59; **81.** *Gold etc.* (mit sich) führen (*Fluß*); **82.** *Metall* schmelzen; **83.** *Blei, Kugel* gießen; **84.** *Fieber, Temperatur* haben; **85.** stoßen, stechen, stecken; **86.** *Graben, Linie, Schnur etc.* ziehen; *Straße etc.* anlegen; *Brücke* schlagen; *Leitung* legen; **87.** leicht (ver)nähen, heften; **88.** j-n belangen (*for* wegen); *Zssgn mit prp.*:

run¦ a·cross *v/i.* j-n zufällig treffen, stoßen auf (*acc.*); *~ aft·er* *v/i.* hinter ... (*dat.*) herlaufen *od.* sein, nachlaufen (*dat.*) (*alle a. fig.*); *~ a·gainst* **I** *v/i.* **1.** zs.-stoßen mit, laufen *od.* rennen *od.* fahren gegen; **2.** *pol.* kandidieren gegen; **II** *v/t.* **3.** *et.* stoßen gegen: *run one's head against* mit dem Kopf gegen *die Wand etc.* stoßen; *~ at* *v/i.* losstürzen auf (*acc.*); *~ for* *v/i.* **1.** auf ... (*acc.*) zulaufen *od.* -rennen; laufen nach; **2.** *~ it* Reiß'aus nehmen; **3.** *fig.* sich bemühen *od.* bewerben um; *pol.* → *run* 36; *~ in·to* **I** *v/i.* **1.** (hin'ein)laufen *od.* (-)rennen in (*acc.*); **2.** ♺ in den Hafen einlaufen; **3.** → *run against* 1; **4.** → *run across*; **5.** geraten *od.* sich stürzen in (*acc.*): *~ debt*; **6.** werden *od.*

sich entwickeln zu; **7.** sich belaufen auf (*acc.*): *~ four editions* vier Auflagen erleben; *~ money* ins Geld laufen; **II** *v/t.* **8.** *Messer etc.* stoßen *od.* rennen in (*acc.*); *~ off* *v/i.* her'unterfahren *od.* -laufen von: *~ the rails* entgleisen; *~ on* *v/i.* **1.** sich drehen um, betreffen; **2.** sich beschäftigen mit; **3.** losfahren auf (*acc.*); **4.** → *run across*; **5.** mit e-m Treibstoff fahren, (an)getrieben werden; *~ o·ver* *v/i.* **1.** laufen *od.* gleiten über (*acc.*); **2.** über'fahren; **3.** 'durchgehen, -lesen, über'fliegen; *~ through* *v/i.* **1.** → *run over* 3; **2.** kurz erzählen, streifen; **3.** 'durchmachen, erleben; **4.** sich hin'durchziehen durch; **5.** *Vermögen* 'durchbringen; *~ to* *v/i.* **1.** sich belaufen auf (*acc.*); **2.** (aus)reichen für (*Geldmittel*); **3.** sich entwickeln zu, neigen zu; **4.** F sich *et.* leisten; **5.** allzusehr *Blätter etc.* treiben (*Pflanze*); → *fat* 5, *seed* 1; *~ up·on* → *run on*; *~ with* *v/i.* über'einstimmen mit;

Zssgn mit adv.:

run¦ a·way *v/i.* **1.** da'vonlaufen (*from* von *od. dat.*): *~ from a subject* von einem Thema abschweifen; **2.** 'durchgehen (*Pferd etc.*): *~ with* **a)** durchgehen mit *j-m* (*a. Phantasie, Temperament*): *don't ~ with the idea that* glauben Sie bloß nicht, daß, **b)** *et.* ¸mitgehen lassen', **c)** *viel Geld* kosten *od.* verschlingen, **d)** *sport Satz etc.* klar gewinnen; *~ down* **I** *v/i.* **1.** hin'unterlaufen (*a. Träne etc.*); **2.** ablaufen (*Uhr*); **3.** *fig.* her'unterkommen; **II** *v/t.* **4.** über'fahren; **5.** ♺ in den Grund bohren; **6.** j-n einholen; **7.** *Wild, Verbrecher* zur Strecke bringen; **8.** aufstöbern, ausfindig machen; **9.** erschöpfen, *Batterie a.* zu stark entladen: *be ~ fig.* erschöpft *od.* ab(gearbeitet, -gespannt) sein; **10.** *Betrieb etc.* her'unterwirtschaften; *~ in* **I** *v/i.* **1.** hin'ein, her'einlaufen; **2.** *~ with fig.* übereinstimmen mit; **II** *v/t.* **3.** hin-'einlaufen lassen; **4.** einfügen (*a. typ.*); **5.** F *Verbrecher* ¸einlochen'; **6.** ⚙ *Maschine* (sich) einlaufen lassen, *Auto etc.* einfahren; *~ off* **I** *v/i.* **1.** → *run away*; **2.** ablaufen, -fließen; **II** *v/t.* **3.** *et.* schnell erledigen; *Gedicht etc.* her'unterrasseln; **4.** *typ.* abdrucken, -ziehen; **5.** *Rennen etc.* **a)** austragen, **b)** zur Entscheidung bringen; *~ on* *v/i.* **1.** weiterlaufen; **2.** *fig.* fortlaufen, fortgesetzt werden (*to* bis); **3. a)** (unaufhörlich) reden, fortplappern, **b)** *in der Rede* fortfahren; **4.** anwachsen (*into* zu); **5.** *typ.* (ohne Absatz) fortlaufen; *~ out* **I** *v/i.* **1.** hin'aus-, her'auslaufen; **2.** her-'ausfließen, -laufen; **3.** (aus)laufen (*Gefäß*); **4.** *fig.* ablaufen, zu Ende gehen; **5.** ausgehen, knapp werden (*Vorrat*): *I have ~ of tobacco* ich habe keinen Tabak mehr; **6.** her'ausragen; sich erstrecken; **II** *v/t.* **7.** hin'ausjagen, -treiben; **8.** erschöpfen: *run o.s. out* bis zur Erschöpfung laufen; *be ~* **a)** vom Laufen ausgepumpt sein, **b)** ausverkauft sein; *~ o·ver* **I** *v/i.* **1.** hin'überlaufen; **2.** 'überlaufen, -fließen; **II** *v/t.* **3.** über'fahren; *~ through* *v/t.* **1.** durch'bohren, -'stoßen; **2.** *Wort* 'durchstreichen; **3.** *Zug* 'durchfahren lassen; *~ up* **I** *v/i.* **1.** hin'auflaufen, -fahren; **2.** zulaufen (*to* auf *acc.*); **3.** schnell anwachsen, hochschießen; **4.** einlaufen, -gehen (*Kleider*); **II** *v/t.* **5.** *Vermögen etc.* anwachsen lassen; **6.** *Rechnung* auflaufen lassen; **7.** *Angebot, Preis* in die Höhe treiben; **8.** *Flagge* hissen; **9.** schnell zs.-zählen; **10.** *Haus etc.* schnell hochziehen; **11.** *Kleid etc.* ,zs.-hauen' (*schnell nähen*).

'**run|·a·bout** *s.* **1.** Her'umtreiber(in); **2.** *a.* ~ *car mot.* Kleinwagen *m*, Stadtauto *n*; **3.** leichtes Motorboot; '~**-a·round** *s. Am.* F: **give s.o. the** ~ a) j-n von Pontius zu Pilatus schicken, b) j-n hinhalten, c) *j-n* ,an der Nase herumführen'; '~**·a·way I** *s.* **1.** Ausreißer(in), 'Durchgänger *m* (*a. Pferd*); **2.** 'Durchgehen *n e-s Atomreaktors*; **II** *adj.* **3.** 'durchgebrannt, flüchtig (*Häftling etc.*): ~ *car* Wagen, der sich selbständig gemacht hat; ~ *inflation* ✝ galoppierende Inflation; ~ *match* Heirat *f* e-s durchgebrannten Liebespaares; ~ *victory sport* Kantersieg *m*; '~**-down I** *adj.* **1.** erschöpft (*a. ⚡ Batterie*), abgespannt, erledigt'; **2.** heruntergekommen, baufällig; **3.** abgelaufen (*Uhr*); **II** ['rʌndaʊn] *s.* **4.** F (ausführlicher) Bericht.

rune [ruːn] *s.* Rune *f*.
rung¹ [rʌŋ] *p.p. von* **ring²**.
rung² [rʌŋ] *s.* **1.** (*bsd.* Leiter)Sprosse *f*; **2.** *fig.* Stufe *f*, Sprosse *f*; **3.** (Rad)Speiche *f*; **4.** Runge *f*.
ru·nic ['ruːnɪk] **I** *adj.* **1.** runisch; Runen...; **II** *s.* **2.** Runeninschrift *f*; **3.** *typ.* Runenschrift *f*.
'**run-in** *s.* **1.** *sport Brit.* Einlauf *m*; **2.** *typ.* Einschiebung *f*; **3.** ⚙ a) Einfahren *n* (*Auto etc.*), b) Einlaufen *n* (*Maschine*); **4.** *Am.* F ,Krach' *m*, Zs.-stoß *m* (*Streit*); ~ *groove* s. Einlaufrille *f* (*Schallplatte*).
run·let ['rʌnlɪt] *s.* Bach *m*.
run·nel ['rʌnl] *s.* **1.** Rinnsal *n*; **2.** Rinne *f*, Rinnstein *m*.
run·ner ['rʌnə] *s.* **1.** (*a.* Wett)Läufer (-in); **2.** Rennpferd *n*; **3.** a) Bote *m*, b) Laufbursche *m*, c) ✗ Melder *m*; **4.** ✝ *Am.* a) Unter'nehmer *m*, b) F Vertreter *m*, c) F ,Renner' *m*, Verkaufsschlager *m*; **5.** *mst in Zssgn* Schmuggler *m*; **6.** Läufer *m* (*Teppich*); **7.** (*Schlitten- etc.*) Kufe *f*; **8.** ⚙ a) Laufschiene *f*, b) Seilring *m*, c) (*Turbinen- etc.*) Laufrad *n*, d) (Gleit-, Lauf)Rolle *f*, e) Rollwalze *f*; **9.** *typ.* Zeilenzähler *m*; **10.** ♪ Drillschar *f*; **11.** ⚓ Drehreep *n*; **12.** ♀ a) Ausläufer *m*, b) Kletterpflanze *f*, c) Stangenbohne *f*; **13.** *orn.* Ralle *f*; **14.** *ichth.* Goldstöcker *m*; ,~-'up *s.* (*to* hinter *dat.*) Zweite(r *m*) *f*, *sport a.* Vizemeister(in).
run·ning ['rʌnɪŋ] **I** *s.* **1.** Laufen *n*, Lauf *m* (*a.* ⚙): *be still in the* ~ noch gut im Rennen liegen (*a. fig. for* um); *be out of the* ~ aus dem Rennen sein (*a. fig. for* um); *make the* ~ a) das Tempo machen, b) das Tempo angeben; *put s.o. out of the* ~ j-n aus dem Rennen werfen (*a. fig.*); *take* (*up*) *the* ~ sich an die Spitze setzen (*a. fig.*); **2.** Schmuggel *m*; **3.** Leitung *f*, Aufsicht *f*; Bedienung *f*, Über'wachung *f* e-r *Maschine*; **4.** Durch'brechen *n* e-r *Blockade*; **II** *adj.* **5.** laufend (*a.* ⚙): ~ *fight* ✗ a) Rückzugsgefecht *n*, b) laufendes Gefecht (*a. fig.*); ~ *gear* ⚙ Laufwerk *n*; ~ *glance* *fig.* flüchtiger Blick; ~ *jump* Sprung *m* mit Anlauf; ~ *knot* laufender Knoten; ~ *mate pol. Am.* 'Vizepräsi,dent-

schaftsbewerber(in); ~ *shot* Film: Fahraufnahme *f*; ~ *speed* Fahr- *od.* Umlaufgeschwindigkeit *f*; ~ *start* sport fliegender Start; *in* ~ *order* ⚙ betriebsfähig; **6.** *fig.* laufend (*ständig*), fortlaufend: ~ *account* ✝ a) laufende Rechnung, b) Kontokorrent *n*; ~ *commentary* a) laufender Kommentar, b) (Funk)Reportage *f*; ~ *debts* laufende Schulden; ~ *hand* Schreibschrift *f*; ~ *head(line)*, ~ *title* Kolumnentitel *m*; ~ *pattern* fortlaufendes Muster; ~ *text* fortlaufender Text; **7.** fließend (*Wasser*); **8.** ✞ laufend, eiternd (*Wunde*); **9.** aufein'anderfolgend: *five times* (*for three days*) fünfmal (drei Tage) hintereinander; ~ *fire* ✗ Lauffeuer *n*; **10.** line'ar gemessen: *per* ~ *metre* pro laufenden Meter; **11.** ♀ a) rankend, b) kriechend; **12.** ♪ laufend: ~ *passages* Läufe; ~ *board* *s. mot.*, 🚂 *etc.* Tritt-, Laufbrett *n*; ,~-'in test *s.* ⚙ Probelauf *m*.
'**run|-off** *s. sport* Entscheidungslauf *m*, -rennen *n*; '~**-off vote** *s. pol.* Stichwahl *f*; ,~**-of-the-'mill** *adj.* Durchschnitts..., mittelmäßig; '~**·proof** *adj.* maschenfest; '~**-on** *typ.* I *adj.* angehängt, fortlaufend gesetzt; **II** *s.* angehängtes Wort.
runs [rʌnz] *s. pl.* F *bsd. Brit.* Durchfall *m*, ,Scheißerei' *f*.
runt [rʌnt] *s.* **1.** *zo.* Zwergrind *n*, -ochse *m*; **2.** *fig.* (*contp.* lächerlicher) Zwerg; **3.** *orn.* große kräftige Haustaubenrasse.
'**run|·through** *s.* **1.** a) Überfliegen *n* (*e-s Briefs etc.*), b) kurze Zs.-fassung; **2.** *thea.* schnelle Probe; '~**-up** *s.* **1.** *sport* Anlauf *m*: *in tho* ~ *fig.* im Vorfeld *der Wahlen etc.*; **2.** ✗ (Ziel)Anflug *m*; **3.** ✈ kurzer Probelauf *der Motoren*; '~**·way** *s.* **1.** ✈ Start-, Lande-, Rollbahn *f*; **2.** *sport* Anlaufbahn *f*; **3.** *hunt.* Wildpfad *m*, (-)Wechsel *m*: ~ *watching* Ansitzjagd *f*; **4.** *bsd. Am.* Laufsteg *m*.
ru·pee [ruː'piː] *s.* Rupie *f* (*Geld*).
rup·ture ['rʌptʃə] **I** *s.* **1.** Bruch *m* (*a.* ✞ *u. fig.*), (*a.* ✞ *Muskel- etc.*)Riß *m*: *diplomatic* ~ Abbruch *m* der diplomatischen Beziehungen; ~ *support* ✞ Bruchband *n*; **2.** Brechen *n* (*a.* ⚙): ~ *limit* ⚙ Bruchgrenze *f*; **II** *v/t.* **3.** brechen (*a.* ✞), zerspringen, -reißen (*a.* ✞): ~ *o.s.* → 6; **4.** *fig.* abbrechen, trennen; **III** *v/i.* **5.** zerspringen, (-)reißen; **6.** ✞ sich e-n Bruch heben.
ru·ral ['ruərəl] *adj.* ☐ **1.** ländlich, Land...; **2.** landwirtschaftlich; '**ru·ral·ize** [-rəlaɪz] **I** *v/t.* **1.** e-n ländlichen Cha-'rakter geben; **2.** auf das Landleben 'umstellen; **II** *v/i.* **3.** auf dem Lande leben; **4.** sich auf das Landleben umstellen; **5.** ländlich werden, verbauern.
Ru·ri·ta·ni·an [,ruəri'teɪnjən] *adj. fig.* abenteuerlich.
ruse [ruːz] *s.* List *f*, Trick *m*.
rush¹ [rʌʃ] *s.* ♀ Binse *f*; *coll.* Binsen *pl.*: *not worth a* ~ *fig.* keinen Pfifferling wert.
rush² [rʌʃ] **I** *v/i.* **1.** rasen, stürzen, (da'hin)jagen, stürmen, (he'rum)hetzen: ~ *at s.o.* auf j-n losstürzen; ~ *in* hereinstürzen, -stürmen; ~ *into extremes* fig. ins Extrem verfallen; ~ *through* a) hasten durch, b) *et.* hastig erledigen *etc.*; *an idea* ~*ed into my mind* ein Gedan-

ke schoß mir durch den Kopf; *blood* ~*ed to her face* das Blut schoß ihr ins Gesicht; **2.** (da'hin)brausen (*Wind*); **3.** *fig.* sich (*vorschnell*) stürzen (*into* in *od.* auf *acc.*); → *conclusion* 3, *print* 13; **II** *v/t.* **4.** (an)treiben, drängen, hetzen, jagen: *I refuse to be* ~*ed* ich lasse mich nicht drängen; ~ *up prices Am.* die Preise in die Höhe treiben; *be* ~*ed for time* F unter Zeitdruck stehen; **5.** schnell *od.* auf dem schnellsten Wege *wohin* bringen *od.* schaffen: ~ *s.o. to the hospital;* **6.** schnell erledigen, *Arbeit etc.* her'unterhasten, hinhauen: ~ *a bill* (*through*) e-e Gesetzesvorlage durchpeitschen; **7.** über'stürzen, -'eilen; **8.** losstürmen auf (*acc.*), angreifen; **9.** im Sturm nehmen (*a. fig.*), stürmen (*a. fig.*): ~ *s.o. off his feet* j-n in Trab halten; **10.** über *ein Hindernis* hin'wegsetzen; **11.** *Am. sl.* mit Aufmerksamkeiten über'häufen, um'werben; **12.** *Brit. sl.* ,neppen', ,beschießen' (*£5 um* 5 Pfund); **III** *s.* **13.** Vorwärtsstürmen *n*, Da'hinschießen *n*; Brausen *n* (*Wind*): *on the* ~ F in aller Eile; *with a* ~ plötzlich; **14.** ✗ a) Sturm *m*, b) Sprung *m*: *by* ~*es* sprungweise; **15.** *American Football:* Vorstoß *m*, 'Durchbruch *m*; **16.** *fig.* a) (An)Sturm *m* (*for* auf *acc.*), b) (Massen)Andrang *m*, c) ✞ stürmische Nachfrage (*on od. for* nach): *make a* ~ *for* losstürzen auf (*acc.*); **17.** ✞ a) (Blut)Andrang *m*, b) (Adrena'linetc.)Stoß *m*; **18.** *fig.* plötzlicher Ausbruch (*von Tränen etc.*); plötzliche Anwandlung, Anfall *m*: ~ *of pity;* **19.** a) Drang *m der Geschäfte*, ,Hetze' *f*, b) Hochbctrieb *m*, -druck *m*, c) Über'häufung *f* (*of* mit *Arbeit*); ~ *hour* s. Hauptverkehrs-, Stoßzeit *f*; '~**-,hour** *adj.* Hauptverkehrs..., Stoß...: ~ *traffic* Stoßverkehr *m*; ~ *job* s. eilige Arbeit, dringende Sache; ~ *or·der* s. ✞ Eilauftrag *m*.
rusk [rʌsk] *s.* **1.** Zwieback *m*; **2.** Sandkuchengebäck *n*.
rus·set ['rʌsɪt] **I** *adj.* **1.** a) rostbraun, b) rotgelb, -grau; **2.** *obs.* grob; **II** *s.* **3.** a) Rostbraun *n*, b) Rotgelb *n*, -grau *n*; **4.** grobes handgewebtes Tuch; **5.** Boskop *m* (*rötlicher Winterapfel*).
Rus·sia leath·er ['rʌʃə] *s.* Juchten(leder) *n*; '**Rus·sian** [-ʃn] **I** *s.* **1.** Russe *m*, Russin *f*; **2.** *ling.* Russisch *n*; **II** *adj.* **3.** russisch; '**Rus·sian·ize** [-ʃənaɪz] *v/t.* russifizieren.
Russo- [rʌsəʊ] *in Zssgn* a) russisch, b) russisch-...
rust [rʌst] **I** *s.* **1.** Rost *m* (*a. fig.*): *gather* ~ Rost ansetzen; **2.** Rost- *od.* Moderfleck *m*; **3.** ♀ a) Rost *m*, Brand *m*, b) *a.* ~*-fungus* Rostpilz *m*; **II** *v/i.* **4.** (ver)rosten, einrosten (*a. fig.*), rostig werden; **5.** moderfleckig werden; **III** *v/t.* **6.** rostig machen; **7.** *fig.* einrosten lassen.
rus·tic ['rʌstɪk] **I** *adj.* ☐ (~*ally*) **1.** ländlich, rusti'kal, Land..., Bauern...; **2.** simpel, schlicht, anspruchslos; **3.** grob, ungehobelt, bäurisch; **4.** rusti'kal, roh (gearbeitet): ~ *furniture*; **5.** △ a) Rustika..., b) mit Bossenwerk verziert; **6.** *typ.* unregelmäßig geformt; **II** *s.* **7.** (einfacher) Bauer, Landmann *m*; **8.** *fig.* Bauer *m*; '**rus·ti·cate** [-keɪt] **I** *v/i.* **1.** auf dem Lande leben; **2.** a) ein ländliches Leben führen, b) verbauern; **II** *v/t.*

3. aufs Land senden; **4.** *Brit. univ.* relegieren, (zeitweilig) von der Universi'tät verweisen; **5.** △ mit Bossenwerk verzieren; **rus·ti·ca·tion** [ˌrʌstɪˈkeɪʃn] *s.* **1.** Landaufenthalt *m*; **2.** Verbauerung *f*; **3.** *Brit. univ.* (zeitweise) Relegati'on; **rus·tic·i·ty** [rʌˈstɪsətɪ] *s.* **1.** ländlicher Cha'rakter; **2.** grobe *od.* bäurische Art; **3.** (ländliche) Einfachheit.

rus·tic| ware *s.* hellbraune Terra'kotta; **~ work** *s.* **1.** △ Bossenwerk *n*, Rustika *f*; **2.** roh gezimmerte Möbel etc.

rust·i·ness [ˈrʌstɪnɪs] *s.* **1.** Rostigkeit *f*; **2.** *fig.* Eingerostetsein *n*.

rus·tle [ˈrʌsl] **I** *v/i.* **1.** rascheln (*Blätter etc.*), rauschen, knistern (*Seide etc.*); **2.** *Am. sl.* ,rangehen', (e'nergisch) zupakken; **II** *v/t.* **3.** rascheln mit (*od.* in *dat.*), rascheln machen; **4.** *Am. sl.* Vieh steh-

len; **5.** ~ *up* F a) *et.* ,organisieren', auftreiben, b) *Essen* ,zaubern'; **III** *s.* **6.** Rauschen *n*, Rascheln *n*, Knistern *n*; **'rus·tler** [-lə] *s. Am. sl.* **1.** Viehdieb *m*; **2.** Mordsanstrengung *f*.

rust·less [ˈrʌstlɪs] *adj.* rostfrei, nicht rostend: ~ *steel*.

rust·y [ˈrʌstɪ] *adj.* □ **1.** rostig, verrostet; **2.** *fig.* eingerostet (*Kenntnisse etc.*); **3.** rostfarben; **4.** ♀ vom Rost(pilz) befallen; **5.** schäbig (*Kleidung*); **6.** rauh (*Stimme*).

rut¹ [rʌt] **I** *s.* **1.** (Wagen-, Rad)Spur *f*, Furche *f*; **2.** *fig.* altes Geleise, alter Trott: *be in a* ~ sich in ausgefahrenem Gleis bewegen; *get into a* ~ in e-n (immer gleichen) Trott verfallen; **II** *v/t.* **3.** furchen.

rut² [rʌt] *zo.* **I** *s.* **1.** a) Brunst *f*, b) Brunft

f (*Hirsch*); **2.** Brunst-, Brunftzeit *f*; **II** *v/i.* **3.** brunften, brunsten.

ru·ta·ba·ga [ˌruːtəˈbeɪɡə] *s.* ♀ *Am.* Gelbe Kohlrübe.

Ruth¹ [ruːθ], *a.* **book of** ~ *s. bibl.* (das Buch) Ruth *f*.

ruth² [ruːθ] *s. obs.* Mitleid *n*.

ruth·less [ˈruːθlɪs] *adj.* □ **1.** unbarmherzig, mitleidlos; **2.** rücksichts-, skrupellos; **'ruth·less·ness** [-nɪs] *s.* **1.** Unbarmherzigkeit *f*; **2.** Rücksichts-, Skrupellosigkeit *f*.

rut·ting [ˈrʌtɪŋ] *zo.* **I** *s.* Brunst *f*; **II** *adj.* Brunst..., Brunft...: ~ *time*; **rut·tish** [ˈrʌtɪʃ] *adj. zo.* brunftig, brünstig.

rut·ty [ˈrʌtɪ] *adj.* durch'furcht, ausgefahren (*Weg*).

rye [raɪ] *s.* **1.** ♀ Roggen *m*; **2.** *a.* **~ whisky** Roggenwhisky *m*.

S

S, s [es] *s.* S *n*, s *n* (*Buchstabe*).

's [z] **1.** F *für* is: *he's here*; **2.** F *für* has: *she's just come*; **3.** [s] F *für* us: *let's go*; **4.** [s] F *für* does: *what's he think about it?*

Sab·bath ['sæbəθ] *s.* Sabbat *m*; *weitS.* ✎ Sonn-, Ruhetag *m*: *break* (*keep*) *the ~* den Sabbat entheiligen (heiligen); *witches' ~* Hexensabbat; '**~·break·er** *s.* Sabbatschänder(in).

Sab·bat·ic [sə'bætɪk] *adj.* (□ *~ally*) → *sabbatical* I; **sab'bat·i·cal** [-kl] I *adj.* □ ✎ Sabbat...; II *s. a. ~ year* a) Sabbatjahr *n*, b) *univ.* Ferienjahr *n e-s Professors*.

sa·ber ['seɪbə] *Am.* → *sabre*.

sa·ble ['seɪbl] I *s.* **1.** *zo.* a) Zobel *m*, b) (*bsd.* Fichten)Marder *m*; **2.** Zobelfell *n*, -pelz *m*; **3.** *her.* Schwarz *n*; **4.** *mst pl. poet.* Trauer(kleidung) *f*; II *adj.* **5.** Zobel...; **6.** *her.* schwarz; **7.** *poet.* schwarz, finster.

sa·bot ['sæbəʊ] *s.* **1.** Holzschuh *m*; **2.** ✕ Geschoß, Führungsring *m*.

sab·o·tage ['sæbətɑːʒ] I *s.* Sabo'tage *f*; II *v/t.* sabotieren; III *v/i.* Sabo'tage treiben; **sa·bo·teur** [,sæbə'tɜː] (*Fr.*) *s.* Sabo'teur *m*.

sa·bre ['seɪbə] I *s.* **1.** Säbel *m*: *rattle the ~ fig.* mit dem Säbel rasseln; **2.** ✕ *hist.* Kavalle'rist *m*; II *v/t.* **3.** niedersäbeln; **~ rat·tling** *s. fig.* Säbelrasseln *n*.

sab·u·lous ['sæbjʊləs] *adj.* sandig, Sand...: *~ urine ☞* Harngrieß *m*.

sac [sæk] *s.* **1.** ♀, *anat.*, *zo.* Sack *m*, Beutel *m*; **2.** ⚙ (Tinten)Sack *m* (*Füllhalter*).

sac·cha·rate ['sækəreɪt] *s.* ♠ Saccha'rat *n*; **sac·char·ic** [sə'kærɪk] *adj.* ♠ Zuk-ker...: *~ acid*; **sac·cha·rif·er·ous** [,sækə'rɪfərəs] *adj.* ♠ zuckerhaltig od. -erzeugend; **sac·char·i·fy** [sə'kærɪfaɪ] *v/t.* **1.** verzuckern, saccharifizieren; **2.** süßen; **sac·cha·rim·e·ter** [,sækə'rɪmɪtə] *s.* Zuckermesser *m*, Sacchari'meter *n*.

sac·cha·rin(e) ['sækərɪn] *s.* ♠ Saccha'rin *n*; '**sac·cha·rine** [-raɪn] *adj.* **1.** Zucker..., Süßstoff...: **2.** *fig.* süßlich: *a ~ smile*; '**sac·cha·roid** [-rɔɪd] *adj.* ♠, *min.* zuckerartig, körnig; **sac·cha·rom·e·ter** [,sækə'rɒmɪtə] → *saccharimeter*; '**sac·cha·rose** [-rəʊs] *s.* ♠ Rohrzucker *m*, Saccha'rose *f*.

sac·cule ['sækjuːl] *s. bsd. anat.* Säckchen *n*.

sac·er·do·tal [,sæsə'dəʊtl] *adj.* □ priesterlich, Priester...; '**sac·er'do·tal·ism** [-təlɪzəm] *s.* **1.** Priestertum *n*; **2.** *contp.* Pfaffentum *n*.

sa·chem ['seɪtʃəm] *s.* **1.** Indi'anerhäuptling *m*; **2.** *Am. humor.* ,großes Tier', *bsd. pol.* ,Par'teiboß' *m*.

sa·chet ['sæʃeɪ] *s.* **1.** Säckchen *n*, Tütchen *n*; **2.** Duftkissen *n*.

sack¹ [sæk] I *s.* **1.** Sack *m*; **2.** F ,Laufpaß' *m*: *get the ~* a) ,fliegen', ,an die Luft gesetzt (*entlassen*) werden', b) *von e-m Mädchen* den Laufpaß bekommen; *give s.o. the ~* → 7; **3.** *Am.* a) (Verpackungs)Beutel *m*, Tüte *f*, b) Beutel (-inhalt) *m*; **4.** a) 'Umhang *m*, b) (kurzer) loser Mantel, c) → *sack coat*, *sack dress*; **5.** *sl.* ,Falle' *f*, ,Klappe' *f* (*Bett*): *hit the ~* sich ,hinhauen'; II *v/t.* **6.** einsacken, in Säcke *od.* Beutel abfüllen; **7.** F a) *j-n* ,rausschmeißen' (*entlassen*), b) *e-m Liebhaber* den Laufpaß geben.

sack² [sæk] I *s.* Plünderung *f*: *put to ~* → II *v/t. Stadt etc.* (aus)plündern.

sack³ [sæk] *s.* heller Südwein.

'**sack·but** [-bʌt] *s.* ♪ **1.** *hist.* 'Zugpo,saune *f*; **2.** *bibl.* Harfe *f*; '**~·cloth** *s.* Sackleinen *n*: *in ~ and ashes fig.* in Sack u. Asche *Buße tun od.* trauern; **~ coat** *s. Am.* Sakko *m*, *n*; **~ dress** *s.* Sackkleid *n*; '**~·ful** [-fʊl] *pl.* **-fuls** *s.* Sack(voll) *m*; **~ race** *s.* Sackhüpfen *n*.

sa·cral ['seɪkrəl] I *adj.* **1.** *eccl.* sa'kral, Sakral..., **2.** *anat.* Sakral..., Kreuz(bein)...; II *s.* **3.** Sa'kralwirbel *m*; **4.** Sa'kralnerv *m*.

sac·ra·ment ['sækrəmənt] *s.* **1.** *eccl.* Sa-kra'ment *n*: *the* (*Blessed od. Holy*) *~* a) das (heilige) Abendmahl, b) *R.C.* die heilige Kommuni'on; *the last ~s* die Sterbesakramente; **2.** Sym'bol *n* (*of für*); **3.** My'sterium *n*; **4.** feierlicher Eid; **sac·ra·men·tal** [,sækrə'mentl] I *adj.* □ sakramen'tal, Sakraments...; *fig.* heilig, weihevoll; II *s. R.C.* heiliger *od.* sakramen'taler Ritus *od.* Gegenstand; *pl.* Sakramen'talien *pl.*

sa·cred ['seɪkrɪd] *adj.* □ **1.** *eccl. u. fig.* heilig (*a. Andenken, Pflicht, Recht etc.*), geheiligt, geweiht (*to dat.*): *~ cow fig.* ,heilige Kuh'; **2.** geistlich, kirchlich, Kirchen... (*Dichtung, Musik*); '**sa·cred·ness** [-nɪs] *s.* Heiligkeit *f*.

sac·ri·fice ['sækrɪfaɪs] I *s.* **1.** *eccl. u. fig.* a) Opfer *n* (*Handlung u. Sache*), b) *fig.* Aufopferung *f*; Verzicht *m* (*of auf acc.*): *~ of the Mass* Meßopfer *n*; *the great* (*od. last*) *~* das höchste Opfer, *bsd.* der Heldentod; *make a ~ of et.* opfern; *make ~s* → 6; *at some ~ of accuracy* unter einigem Verzicht auf Genauigkeit; **2.** ♀ Verlust *m*: *sell at a ~* → 4; II *v/t.* **3.** *eccl. u. fig., a. Schach:* opfern (*to dat.*): *~ one's life*; **4.** ♀ mit Verlust verkaufen; III *v/i.* **5.** *eccl.* opfern; **6.** *fig.* Opfer bringen; **sac·ri·fi·cial** [,sækrɪ'fɪʃl] *adj.* □ **1.** *eccl.* Op-

fer...; **2.** aufopferungsvoll.

sac·ri·lege ['sækrɪlɪdʒ] *s.* Sakri'leg *n*: a) Kirchenschändung *f*, -raub *m*, b) Entweihung *f*, c) *allg.* Frevel *m*; **sac·ri·legious** [,sækrɪ'lɪdʒəs] *adj.* □ sakri'legisch, *allg.* frevlerisch.

sa·crist ['seɪkrɪst], **sac·ris·tan** ['sækrɪstən] *s. eccl.* Sakri'stan *m*, Mesner *m*, Küster *m*; **sac·ris·ty** ['sækrɪstɪ] *s. eccl.* Sakri'stei *f*.

sac·ro·sanct ['sækrəʊsæŋkt] *adj.* (*a. iro.*) sakro'sankt, hochheilig.

sa·crum ['seɪkrəm] *s. anat.* Kreuzbein *n*, Sakrum *n*.

sad [sæd] *adj.* □ → *sadly*, **1.** (*at*) traurig (über *acc.*), bekümmert, niedergeschlagen (wegen); melan'cholisch: *a ~der and a wiser man* j-d, der durch Schaden klug geworden ist; **2.** traurig (*Pflicht*), tragisch (*Unfall etc.*): *~ to say* bedauerlicherweise; **3.** schlimm, arg (*Zustand*); **4.** *contp.* elend, mise'rabel, jämmerlich, F arg, ,furchtbar': *a ~ dog* ein mieser Kerl; **5.** dunkel, matt (*Farbe*); **6.** teigig, klitschig: *~ bread*; **sad·den** ['sædn] I *v/t.* traurig machen, betrüben; II *v/i.* traurig werden (*at* über *acc.*).

sad·dle ['sædl] I *s.* **1.** (*Pferde-, Fahrrad- etc.*)Sattel *m*: *in the ~* im Sattel, *fig.* fest im Sattel, im Amt, an der Macht; *put the ~ on the wrong* (*right*) *horse fig.* die Schuld dem Falschen (Richtigen) geben *od.* zuschreiben; **2.** a) (*Pferde*)Rücken *m*, b) Rücken(stück *n*) *m* (*Schlachtvieh etc.*): *~ of mutton* Hammelrücken; **3.** (Berg)Sattel *m*; **4.** Buchrücken *m*; **5.** ⚙ a) Querholz *n*, b) Bettschlitten *m*, Sup'port *m* (*Werkzeugmaschine*), c) Lager *n*, d) Türschwelle *f*; II *v/t.* **6.** *Pferd* satteln; **7.** *bsd. fig.* a) belasten, b) *Aufgabe etc.* aufbürden, -halsen (*on, upon dat.*), c) *et.* zur Last legen (*on, upon dat.*); '**~·back** *s.* **1.** Bergsattel *m*; **2.** △ Satteldach *n*; **3.** *zo.* Tier mit sattelförmiger Rückenzeichnung, *bsd.* a) Nebelkrähe *f*, b) männliche Sattelrobbe; **4.** hohlrückiges Pferd; '**~·backed** *adj.* **1.** hohlrückig (*Pferd etc.*); **2.** sattelförmig; '**~·bag** *s.* Satteltasche *f*; **~ blan·ket** *s.* Woilach *m*; '**~ horse** *s.* Reitpferd *n*; '**~·nose** *s.* Sattelnase *f*.

sad·dler·y ['sædlərɪ] *s.* **1.** Sattle'rei *f*; **2.** Sattelzeug *n*.

sad·ism ['seɪdɪzəm] *s. psych.* Sa'dismus *m*; '**sad·ist** [-ɪst] I *s.* Sa'dist(in); II *adj.* → *sa·dis·tic* [sə'dɪstɪk] *adj.* (□ *~ally*) sa'distisch.

sad·ly ['sædlɪ] *adv.* **1.** traurig, betrübt; **2.** *a. ~ enough* unglücklicherweise, leider; **3.** erbärmlich, arg, schmählich *ver-*

nachlässigt etc.

sad·ness ['sædnɪs] *s.* Traurigkeit *f.*

sa·fa·ri [sə'fɑːrɪ] *s.* (*on* ~ *auf*) Sa'fari *f.*

safe [seɪf] **I** *adj.* ☐ **1.** sicher (*from vor dat.*): *we are* ~ *now* jetzt sind wir in Sicherheit; *keep s.th.* ~ *et.* sicher aufbewahren; *better to be* ~ *than sorry!* ,Vorsicht ist die Mutter der Porzellankiste!'; **2.** sicher, unversehrt, heil; außer Gefahr (*a. Patient*): ~ *and sound* heil u. gesund *ankommen etc.*; **3.** sicher, ungefährlich: ~ *period* ☀ unfruchtbare Tage *pl.* (*der Frau*); ~ (*to operate*) ☼ betriebssicher; *the rope is* ~ das Seil hält; *is it* ~ *to go there?* ist es ungefährlich, da hinzugehen?; *in* ~ *custody* → 7; *as* ~ *as houses* F absolut sicher; *it is* ~ *to say* man kann (ruhig) sagen; *to be on the* ~ *side* um ganz sicher zu gehen; → *play* 9; **4.** vorsichtig (*Fahrer, Schätzung etc.*); **5.** sicher, zuverlässig: *a* ~ *leader*; *a* ~ *method*; **6.** sicher, wahrscheinlich: *a* ~ *winner*; *he is* ~ *to be there* er wird sicher *od.* bestimmt da sein; **7.** in sicherem Gewahrsam (*a. Verbrecher*); **II** *s.* **8.** Safe *m*, Tre'sor *m*, Geldschrank *m*; **9.** → *meat-safe*; '~‚blow·er, '~‚crack·er *s.* F Geldschrankknacker *m*; ~ *con·duct s.* Geleitbrief *m*; **2.** freies *od.* sicheres Geleit; ~ **de·pos·it** *s.* Stahlkammer *f*, Tre'sor(raum) *m*; '~‚de‚pos·it box *s.* Tre'sor(fach *n*) *m*, Safe *m*; '~‚guard **I** *s.* Sicherung *f*: a) Schutz (*against* gegen, vor *dat.*), Vorsichtsmaßnahme *f* (gegen), b) Sicherheitsklausel *f, c*) ☼ Schutzvorrichtung *f*; **II** *v/t.* sichern, schützen; *Interessen* wahrnehmen; ~*ing duty* Schutzzoll *m*; ~ *keep·ing s.* sichere Verwahrung, Gewahrsam *m.*

safe·ness ['seɪfnɪs] → *safety* 1–3.

safe·ty ['seɪftɪ] *s.* **1.** Sicherheit *f: be in* ~; *jump to* ~ sich durch e-n Sprung retten; **2.** Sicherheit *f*, Gefahrlosigkeit *f*: ~ (*of operation*) ☼ Betriebssicherheit; ~ *glass* Sicherheitsglas *n*; ~ *measure* Sicherheitsmaßnahme *f*, -vorkehrung *f*; ~ *in flight* ✈ Flugsicherheit; ~ *on the road* Verkehrssicherheit; *there is* ~ *in numbers* zu mehreren ist man sicherer; ~ *first!* Sicherheit über alles!; ~ *first scheme* Unfallverhütungsprogramm *n*; *play for* ~ sichergehen (wollen), Risiken vermeiden; **3.** Sicherheit *f*, Zuverlässigkeit *f*, Verläßlichkeit *f* (*Mechanismus, Verfahren etc.*); **4.** *a.* ~ *device* ☼ Sicherung *f*, Schutz-, Sicherheitsvorrichtung *f*; **5.** Sicherung(sflügel *m*) *f* (*Gewehr etc.*): *at* ~ gesichert; ~ **belt** *s.* **1.** Rettungsgürtel *m*; **2.** ✈, *mot.* Sicherheitsgurt *m*; ~ **bolt** *s.* ☼, ✗ Sicherheitsbolzen *m*; ~ **buoy** *s.* Rettungsboje *f*; ~ **catch** *s.* ☼ Sicherung *f* (*Lift etc.*); **2.** Sicherungsflügel *m* (*Gewehr etc.*): *release the* ~ entsichern; ~ **cur·tain** *s. thea.* eiserner Vorhang; ~ **fuse** *s.* **1.** ⚡ Sicherheitszünder *m*, -zündschnur *f*; **2.** ⚡ a) (Schmelz)Sicherung *f*, b) Sicherheitsausschalter *m*; ~ **is·land** *s.* Verkehrsinsel *f*; ~ **lamp** *s.* ⚒ Grubenlampe *f*; ~ **lock** *s.* **1.** Sicherheitsschloß *n*; **2.** Sicherung *f* (*Gewehr, Mine etc.*); ~ **match** *s.* Sicherheitszündholz *n*; ~ **net** *s. Zirkus etc.* (*a. fig. soziales*) Netz; ~ **pin** *s.* Sicherheitsnadel *f*; ~ **ra-**

zor *s.* Ra'sierappa‚rat *m*; ~ **rules** *pl.* ☼ Sicherheits-, Unfallverhütungsvorschriften *pl.*; ~ **sheet** *s.* Sprungtuch *n* (*Feuerwehr*); ~ **valve** *s.* ☼ 'Überdruck-, 'Sicherheitsven‚til *n*; **2.** *fig.* Ven'til *n*: *sit on the* ~ Unterdrückungspolitik treiben; ~ **zone** *s.* Verkehrsinsel *f.*

saf·fi·an ['sæfjən] *s.* Saffian(leder *n*) *m.*

saf·flow·er ['sæflaʊə] *s.* **1.** ♀ Sa'flor *m*, Färberdistel *f*; **2.** getrocknete Sa'florblüten *pl.*: ~ *oil* Safloröl *n.*

saf·fron ['sæfrən] *s.* **1.** ♀ echter Safran; **2.** *pharm., Küche:* Safran *m*; **3.** Safrangelb *n.*

sag [sæg] **I** *v/i.* **1.** sich senken, ab-, 'durchsacken; *bsd.* ☼ 'durchhängen; **2.** (he'rab)hängen (*a. Unterkiefer etc.*): ~*ging shoulders* hängende *od.* abfallende Schultern; **3.** schief hängen (*Rocksaum etc.*); **4.** *fig.* sinken, nachlassen, abfallen; ✝ nachgeben (*Markt, Preise*): ~*ging spirits* sinkender Mut; **5.** ⚓ (*mst* ~ *to leeward* nach Lee) (ab)treiben; **II** *s.* **6.** 'Durch-, Absacken *n*; **7.** Senkung *f*; ☼ 'Durchhang *m*; **8.** ✝ (Preis)Abschwächung *f.*

sa·ga ['sɑːgə] *s.* **1.** Saga *f* (*Heldenerzählung*); **2.** Sage *f*, Erzählung *f*; **3.** *a.* ~ *novel* Fa'milienro‚man *m.*

sa·ga·cious [sə'geɪʃəs] *adj.* ☐ scharfsinnig, klug (*a. Tier*); **sa·gac·i·ty** [sə'gæsɪtɪ] *s.* Scharfsinn *m.*

sage¹ [seɪdʒ] **I** *s.* Weise(r) *m*; **II** *adj.* ☐ weise, klug, verständig.

sage² [seɪdʒ] *s.* ♀ Salbei *m, f*: ~ *tea.*

Sag·it·ta·ri·us [‚sædʒɪ'teərɪəs] *s. ast.* Schütze *m.*

sa·go ['seɪgəʊ] *s.* Sago *m.*

said [sed; səd] **I** *pret. u. p.p. von* **say**: *he is* ~ *to have been ill* er soll krank gewesen sein; es heißt, er sei krank gewesen; **II** *adj. bsd.* ✞ vorerwähnt, besagt.

sail [seɪl] **I** *s.* **1.** ⚓ a) Segel *n*, b) *coll.* Segel(werk *n*) *pl.*: *make* ~ a) die Segel (bei)setzen, b) mehr Segel beisetzen, c) *a. set* ~ unter Segel gehen, auslaufen (*for* nach); *take in* ~ a) Segel einholen, b) *fig.* zurückstecken; *under* ~ unter Segel, auf der Fahrt; *under full* ~ mit vollen Segeln; → *trim* 9; **2.** ⚓ (Segel-)Schiff(e *pl.*) *n*: *a fleet of 20* ~; *ho!* Schiff ho! (*in Sicht*); **3.** ⚓ Fahrt *f*: *have a* ~ segeln gehen; **4.** ☼ a) Segel *n e-s Windmühlenflügels*, b) Flügel *m e-r Windmühle*; **II** *v/i.* **5.** a) *allg.* mit e-m Schiff *od.* zu Schiff fahren *od.* reisen, b) fahren (*Schiff*) c) *bsd. sport* segeln; → *wind¹*; **6.** ⚓ a) auslaufen (*Schiff*), abfahren, -segeln (*for od.* **to** nach): *ready to* ~ seeklar; **7.** a) ✈ fliegen, b) *a.* ~ *along fig.* da'hinschweben, (-)segeln (*Wolke, Vogel*); **8.** *fig.* (*bsd. stolz*) schweben, ,rauschen', schreiten; **9.** ~ *in* F ,sich ranmachen', zupacken; **10.** ~ *into* F a) *j-n od. et.* attackieren, 'herfallen über (*acc.*), b) ,rangehen' an (*acc.*), *et.* tüchtig anpacken; **III** *v/t.* **11.** durch'segeln (*Meer*); **12.** *Segelboot* segeln, *allg. Schiff* steuern; **13.** *poet.* durch *die Luft* schweben; '~‚boat → *sailing boat.*

sail·er ['seɪlə] *s.* ⚓ Segler *m* (*Schiff*).

sail·ing ['seɪlɪŋ] **I** *s.* **1.** ⚓ (Segel-)Schiffahrt *f*, Navigati'on *f*: *plain* (*od.* *smooth*) ~ *fig.* ,klare Sache'; *from now on it is all plain* ~ von jetzt an

geht alles glatt (über die Bühne); **2.** Segelsport *m*, Segeln *n*; **3.** Abfahrt *f* (*for* nach); **II** *adj.* **4.** Segel…; ~ **boat** *s.* Segelboot *n*; ~ **mas·ter** *s.* Navi'gator *m e-r Jacht*; ~ **or·ders** *s. pl.* ⚓ **1.** Fahrtauftrag *m*; **2.** Befehl *m* zum Auslaufen; ~ **ship**, ~ **ves·sel** *s.* ⚓ Segelschiff *n.*

sail loft *s.* ⚓ Segelmacherwerkstatt *f* (*an Bord*).

sail·or ['seɪlə] *s.* **1.** Ma'trose *m*, Seemann *m*: ~ *hat* Matrosenhut *m*; ~*s' home* Seemannsheim *n*; ~*'s knot* Schifferknoten *m*; **2.** *von Seereisenden*: *be a good* ~ seefest sein; *be a bad* ~ leicht seekrank werden; **3.** Ma'trosenanzug *m od.* -hut *m für Kinder*; '**sail·or·ly** [-lɪ] *adj.* seemännisch.

'**sail·plane** **I** *s.* Segelflugzeug *n*; **II** *v/i.* segelfliegen.

saint [seɪnt] **I** *s.* (*vor Eigennamen* ⚥, *abbr.* **St** *od.* **S** [snt]) *eccl.* (*a. fig., iro. a.* ~ *on wheels*) Heilige(r *m*) *f*: *St Bernard* (*dog*) Bernhardiner *m* (*Hund*); *St Anthony's fire* ✾ *die* Wundrose; *St Elmo's fire meteor. das* Elmsfeuer; (*the Court of*) *St James*(*'s*) der brit. Hof; *St-John's-wort* ♀ *das* Johanniskraut; *St Monday Brit.* F ,blauer Montag'; *St Martin's summer* Altweibersommer *m*; *St Paul's die* Paulskathedrale (*in London*); *St Peter's die* Peterskirche (*in Rom*); *St Valentine's day der* Valentinstag; *St Vitus's dance* ✾ *der* Veitstanz; **II** *v/t.* heiligsprechen; **III** *v/i. mst* ~ *it* a) wie ein Heiliger leben, b) den Heiligen spielen; '**saint·ed** [-tɪd] *p.p. u. adj.* **1.** *eccl.* heilig(gesprochen); **2.** heilig, fromm; **3.** anbetungswürdig; **4.** geheiligt, geweiht (*Ort*); selig (*Verstorbener*); '**saint·hood** [-hʊd] *s.* (Stand *m* der) Heiligkeit *f.*

'**saint·like** → *saintly.*

saint·li·ness ['seɪntlɪnɪs] *s.* Heiligkeit *f* (*a. iro.*); **saint·ly** ['seɪntlɪ] *adj.* **1.** heilig; **2.** fromm; **3.** heiligmäßig (*Leben*).

saith [seθ] *obs. od. poet. 3. sg. pres. von* **say.**

sake [seɪk] *s.*: *for the* ~ *of* um … (*gen.*) willen, *j-m* zuliebe; wegen (*gen.*), halber (*gen.*): *for heaven's* ~ um Himmels willen; *for his* ~ ihm zuliebe, seinetwegen; *for my own* ~ *as well as yours* um meinetwillen ebenso wie um deinetwillen; *for peace*(') ~ um des lieben Friedens willen; *for old times'* ~, *for old* ~*'s* ~ eingedenk alter Zeiten.

sal [sæl] *s.* ✾, *pharm.* Salz *n*: ~ *ammo·niac* Salmiak(salz) *n.*

sa·laam [sə'lɑːm] **I** *s.* Selam *m* (*orientalischer Gruß*); **II** *v/t. u. v/i.* mit e-m Selam *od.* e-r tiefen Verbeugung (be-) grüßen.

sal·a·bil·i·ty [‚seɪlə'bɪlətɪ] *s.* ✝ Verkäuflichkeit *f*, Marktfähigkeit *f*; **sal·a·ble** ['seɪləbl] *adj.* ☐ ✝ **1.** verkäuflich; **2.** marktfähig, gangbar.

sa·la·cious [sə'leɪʃəs] *adj.* ☐ **1.** geil, lüstern; **2.** ob'szön, zotig; **sa·la·cious·ness** [-nɪs], **sa·lac·i·ty** [sə'læsɪtɪ] *s.* **1.** Geilheit *f*, Wollust *f*; **2.** Obszöni'tät *f.*

sal·ad ['sæləd] *s.* **1.** Sa'lat *m* (*a. fig. Durcheinander*); **2.** ♀ Sa'lat(gewächs *n*, -pflanze *f*) *m*: ~ *days pl.*: *in my* ~ in m-n wilden Jugendtagen; ~ **dress·ing** *s.* Sa'latsoße *f*; ~ **oil** *s.* Sa'latöl *n.*

sal·a·man·der ['sæləˌmændə] *s.* **1.** *zo.* Sala'mander *m*; **2.** Sala'mander *m* (*Feu-*

ergeist); **3.** *j-d der große Hitze ertragen kann*; **4.** a) rotglühendes (Schür)Eisen (*zum Anzünden*), b) *glühende Eisenschaufel, die über Gebäck gehalten wird, um es zu bräunen*; **5.** *metall.* Ofensau *f.*

sa·la·mi ['sælɑːmɪ] *s.* Sa'lami *f*; ~ **tac·tics** *s. pl. pol.* Sa'lamitaktik *f.*

sa·lar·i·at [sə'leərɪæt] *s.* (Klasse *f* der) Gehaltsempfänger *pl.*

sal·a·ried ['sælərɪd] *adj.* **1.** (fest)bezahlt, festangestellt: ~ *employee* Gehaltsempfänger(in), Angestellte(r *m*) *f*; **2.** bezahlt (*Stellung*); **sal·a·ry** ['sælərɪ] **I** *s.* Gehalt *n*, Besoldung *f*; **II** *v/t.* (mit e-m Gehalt) bezahlen, *j-m* ein Gehalt zahlen.

sale [seɪl] *s.* **1.** Verkauf *m*, -äußerung *f*: *by private* ~ unter der Hand; *for* ~ zu verkaufen; *not for* ~ unverkäuflich; *be on* ~ angeboten *od.* verkauft werden; *forced* ~ Zwangsverkauf *m*; ~ *of work* Basar *m*; **2.** ⚓ Verkauf *m*, Vertrieb *m*; → *return* 23; **3.** ⚓ Ab-, 'Umsatz *m*, Verkaufsziffer *f*: *slow* ~ schleppender Absatz; *meet with a ready* ~ schnellen Absatz finden, gut ‚gehen'; **4.** (öffentliche) Versteigerung, Aukti'on *f*: *put up for* ~ versteigern, meistbietend verkaufen; **5.** ⚓ *a. pl.* (Sai'son)Schlußverkauf *m*; **sale·a·bil·i·ty** *etc. bsd. Brit.* → *salability etc.*; **'sale·room** → *salesroom.*

sales| **ac·count** [seɪlz] *s.* ⚓ Verkaufskonto *n*; ~ **a·gent** *s.* (Handels)Vertreter *m*; ~ **ap·peal** *s.* Zugkraft *f e-r Ware*; **'~·clerk** *s.* ⚓ *Am.* (Laden)Verkäufer (-in); ~ **de·part·ment** *s.* ⚓ Verkauf(s-abteilung *f*) *m*; ~ **drive** *s.* ⚓ Ver'kaufs-kam,pagne *f*; ~ **en·gi·neer** *s.* ⚓ Ver-'kaufsingeni,eur *m*; ~ **fi·nance com·pa·ny** *s. Am.* **1.** Absatzfinanzierungsgesellschaft *f*; **2.** 'Teilzahlungskre,ditin-sti,tut *n*; **'~·girl** *s.* (Laden)Verkäuferin *f*; **'~·la·dy** *Am.* → *saleswoman*; **'~·man** [-mən] *s.* [*irr.*] **1.** ⚓ a) Verkäufer *m*, b) *Am.* (Handlungs)Reisende(r) *m*, (Handels)Vertreter *m*; **2.** *fig.* Werbe-Reisende(r) *m* (*of* in *dat.*); ~ **man·ag·er** *s.* ⚓ Verkaufsleiter *m.*

sales·man·ship ['seɪlzmənʃɪp] *s.* **1.** a) Verkaufstechnik, b) ⚓ Verkaufsge-wandtheit *f*, Geschäftstüchtigkeit *f*; **2.** *fig.* Über'zeugungskunst *f*, wirkungs-volle Art, e-e Idee *etc.* zu ‚verkaufen' *od.* ‚an den Mann zu bringen'.

sales| **pro·mo·tion** *s.* ⚓ Verkaufsförderung *f*; ~ **re·sist·ance** *s.* ⚓ Kaufabneigung *f*, 'Widerstand *m* (des potenti'el-len Kunden); **'~·room** [-rʊm] *s.* Ver-'kaufs-, *bsd.* Aukti'onsraum *m*, -lo,kal *n*; ~ **slip** *s. Am.* Kassenbeleg *m*; ~ **talk** *s.* **1.** ⚓ Verkaufsgespräch *n*; **2.** anpreisende Worte *pl.*; ~ **tax** *s.* ⚓ 'Umsatz-steuer *f*; **'~·wom·an** *s.* [*irr.*] ⚓ **1.** Ver-käuferin *f*; **2.** *Am.* (Handels)Vertreterin *f.*

Sal·ic¹ ['sælɪk] *adj. hist.* salisch: ~ *law* Salisches Gesetz.

sal·ic² ['sælɪk] *adj. min.* salisch.

sal·i·cyl·ic [,sælɪ'sɪlɪk] *adj.* Salizyl...

sa·li·ence ['seɪljəns], **'sa·li·en·cy** [-sɪ] *s.* **1.** Her'vorspringen *n*, Her'ausragen *n*; **2.** vorspringende Stelle, Vorsprung *m*: *give* ~ *to fig. e-e Sache* herausstellen; **'sa·li·ent** [-nt] **I** *adj.* **1.** (her)vorspringend, her'ausragend: ~ *angle* ausspringender Winkel; ~ *point fig.* springen-

der Punkt; **2.** *fig.* her'vorstechend, ins Auge springend; **3.** *her. u. humor.* springend; **4.** *poet.* (her'vor)sprudelnd; **II** *s.* ⚔ Frontausbuchtung *f.*

sa·lif·er·ous [sə'lɪfərəs] *adj.* **1.** salzbildend; **2.** *bsd. geol.* salzhaltig.

sa·line I *adj.* ['seɪlaɪn] **1.** salzig, salzhaltig, Salz...; **2.** *pharm.* sa'linisch; **II** *s.* [sə'laɪn] **3.** Salzsee *m od.* -sumpf *m od.* -quelle *f*; **4.** Sa'line *f*, Salzwerk *n*; **5.** ⚕ a) *pl.* Salze *pl.*, b) Salzlösung *f*; **6.** *pharm.* sa'linisches Mittel; **sa·lin·i·ty** [sə'lɪnətɪ] *s.* **1.** Salzigkeit *f*; **2.** Salzhaltigkeit *f*, Salzgehalt *m.*

sa·li·va [sə'laɪvə] *s.* Speichel(flüssigkeit *f*) *m*; **sal·i·var·y** ['sælɪvərɪ] *adj.* Speichel...; **sal·i·vate** ['sælɪveɪt] **I** *v/t.* **1.** (vermehrten) Speichelfluß her'vorrufen bei *j-m*; **II** *v/i.* **2.** Speichelfluß haben; **3.** Speichel absondern; **sal·i·va·tion** [,sælɪ'veɪʃn] *s.* **1.** Speichelabsonderung *f*; **2.** (vermehrter) Speichelfluß.

sal·low¹ ['sæləʊ] *s.* ♦ (*bsd.* Sal)Weide *f.*

sal·low² ['sæləʊ] *adj.* bläßlich, fahl.

sal·ly ['sælɪ] **I** *s.* **1.** ⚔ Ausfall *m*: ~ *port hist.* Ausfallstor *n*; **2.** *fig.* geistreicher Ausspruch *od.* Einfall, Geistesblitz *m*, *a.* (Seiten)Hieb *m*; **3.** (Zornes)Ausbruch *m*; **II** *v/i.* **4.** *oft* ~ *out* ⚔ e-n Ausfall machen, her'vorbrechen; **5.** *mst* ~ *forth* (*od.* *out*) sich aufmachen, auf-brechen.

Sal·ly Lunn [,sælɪ'lʌn] *s. leichter Teeku-chen.*

sal·ma·gun·di [,sælmə'gʌndɪ] *s.* **1.** bunter Teller (*Salat, kalter Braten etc.*); **2.** *fig.* Mischmasch *m.*

salm·on ['sæmən] *pl.* **-mons**, *coll.* **-mon I** *s.* **1.** *ichth.* Lachs *m*, Salm *m*: ~ *ladder* (*od.* *leap, pass*) Lachsleiter *f*; ~ *peal*, ~ *peel* junger Lachs; ~ *trout* Lachsforelle *f*; **2.** *a.* ~ *colo(u)r*, ~ *pink* Lachs(farbe *f*) *n*; **II** *adj.* **3.** *a.* ~*-col-o(u)red*, ~*-pink* lachsfarben, -rot.

sal·mo·nel·la [,sælmə'nelə] *pl.* **-lae** [-liː] *s. biol.* Salmo'nelle *f.*

sa·lon ['sælɔ̃ːŋ] (*Fr.*) *s.* Sa'lon *m* (*a. Ausstellungsraum, vornehmes Geschäft*; *a. fig.* schöngeistiger Treffpunkt).

sa·loon [sə'luːn] *s.* Sa'lon *m* (*bsd. in Hotels etc.*), (Gesellschafts)Saal *m*: *billiard* ~ *Brit.* Billiardzimmer *n*; *shaving* ~ Rasiersalon; **2.** a) ✈ Sa'lon *m* (*Auf-enthaltsraum*), b) ♨ ~ *cabin* Ka'bine *f* erster Klasse, c) → *saloon car*, d) → *saloon bar*: *sleeping* ~ 🚃 (Luxus-) Schlafwagen *m*; **3.** *Am.* Kneipe *f*; **4.** *obs.* Sa'lon *m*, Empfangszimmer *n*; ~ *bar* *s. Brit.* vornehmerer Teil *e-s Lokals*; ~ *car* *s.* **1.** *mot. Brit.* a) Limou'si-ne *f*, b) *sport* Tourenwagen *m*; **2.** → ~ *carriage*; ~ *car* *s.* Sa'lonwagen *m*; ~ *deck* *s.* ♨ Sa'londeck *n*; ~ *pis·tol* *s. Brit.* 'Übungspi,stole *f.*

salt [sɔːlt] **I** *s.* **1.** (Koch)Salz *n*: *eat s.o.'s* ~ *fig.* a) j-s Gast sein, b) von j-m abhängen; *with a grain of* ~ *fig.* mit Vorbehalt, *cum grano salis*; *not to be worth one's* ~ keinen Schuß Pulver wert sein; *the* ~ *of the earth bibl. u. fig.* das Salz der Erde; **2.** Salz(fäßchen) *n*: *above* (*below*) *the* ~ am oberen (unteren) Ende der Tafel; **3.** ⚕ Salz *n*; **4.** *oft pl. pharm.* a) (*bsd.* Abführ)Salz *n*, b) *mst* *smelling* ~s Riechsalz, c) F → *Epsom salt*; **5.** *fig.* Würze *f*, Salz *m*; **6.** *fig.* Witz *m*, E'sprit *m*; **7.** *bsd. old* ~ F

alter Seebär; **II** *v/t.* **8.** salzen, würzen (*beide a. fig.*); **9.** (ein)salzen, *bsd.* pökeln: ~*ed meat* Pökel-, Salzfleisch *n*; **10.** ⚓ F a) *Bücher etc.* (betrügerisch) ‚anreichern', **11.** *fig.* durch'setzen mit; **12.** ~ *away* (*od.* *down*) a) einsalzen, -pökeln, b) F *Geld etc.* ‚auf die hohe Kante legen'; **III** *adj.* **13.** salzig, Salz...: ~ *spring* Salzquelle *f*; **14.** ♀ halo'phil, Salz...; **15.** → *salted* 1.

sal·tant ['sæltənt] *adj. her.* springend; **sal·ta·tion** [sæl'teɪʃn] *s.* **1.** Springen *n*; **2.** Sprung *m*; **3.** plötzlicher 'Umschwung; **4.** *biol.* Erbsprung *m*; **'sal-ta·to·ry** [-ətərɪ] *adj.* **1.** springend; **2.** Spring..., Sprung...; **3.** Tanz...; **4.** *fig.* sprunghaft.

'salt,cel·lar *s.* **1.** Salzfäßchen *n*; **2.** *Brit.* F ‚Salzfäßchen' *n* (*Vertiefung über dem Schlüsselbein*).

salt·ed ['sɔːltɪd] *adj.* **1.** gesalzen; **2.** (ein-) gesalzen, gepökelt: ~ *herring* Salzhe-ring *m*; **3.** *sl.* routi'niert, ausgekocht, erfahren; **'salt·ern** [-tən] *s.* ⚙ **1.** Sa'line *f*; **2.** Salzgarten *m* (*Bassins*).

'salt-free *adj.* salzlos.

salt·i·ness ['sɔːltɪnɪs] *s.* Salzigkeit *f.*

salt| **lick** *s.* Salzlecke *f* (*für Wild*); ~ **marsh** *s.* **1.** Salzsumpf *m*; **2.** Buten-marsch *f*; ~ **mine** *s.* Salzbergwerk *n.*

salt·ness ['sɔːltnɪs] *s.* Salzigkeit *f.*

'salt·pan *s.* **1.** ⚙ Salzsiedepfanne *f*; **2.** (*geol.* na'türliches) Ver'dunstungs-bas,sin.

salt·pe·ter *Am.*, **salt·pe·tre** *Brit.* ['sɔːlt,piːtə] *s.* ⚗ Sal'peter *m.*

salt| **pit** *s.* Salzgrube *f*; **'~·wa·ter** *s.* Salzwasser...; **'~·works** *s. pl. oft sg. konstr.* Sa'line *f.*

salt·y ['sɔːltɪ] *adj.* **1.** salzig; **2.** *fig.* gesalzen, gepfeffert: ~ *remarks.*

sa·lu·bri·ous [sə'luːbrɪəs] *adj.* □ heilsam, gesund, zuträglich, bekömmlich; **sa'lu·bri·ty** [-rətɪ] *s.* Heilsamkeit *f*, Zu-träglichkeit *f.*

sal·u·tar·i·ness ['sæljʊtərɪnɪs] → *salu-brity*; **sal·u·tar·y** ['sæljʊtərɪ] *adj.* heil-sam, gesund (*a. fig.*).

sal·u·ta·tion [,sæljuː'teɪʃn] *s.* **1.** Begrü-ßung *f*, Gruß *m*: *in* ~ zum Gruß; **2.** Anrede *f* (*im Brief*); **sa·lu·ta·to·ry** [sə'luːtətərɪ] *adj.* Begrüßungs...: ~ (*oration*) *bsd. ped. Am.* Begrüßungsre-de *f*; **sa·lute** [sə'luːt] **I** *v/t.* **1.** grüßen, begrüßen (*durch e-e Geste etc.*); *weitS.* empfangen, *j-m* begegnen; ~ *with a smile*; **2.** (*dem Auge, dem Ohr*) begeg-nen, *j-n* begrüßen (*Anblick, Geräusch etc.*); **3.** ⚔, ⚓ salutieren vor (*dat.*), grüßen; **4.** *fig.* grüßen, ehren, feiern; **II** *v/i.* **5.** grüßen (*to acc.*); **6.** ⚔ (*to*) salu-tieren (vor *dat.*), grüßen (*acc.*); **7.** Sa-'lut schießen; **III** *s.* **8.** Gruß *m* (*a. fenc.*), Begrüßung *f*; **9.** ⚔, ⚓ a) Gruß *m*, Ehrenbezeigung *f*; b) Sa'lut *m* (*of six guns* von 6 Schuß): ~ *of colo(u)rs* ⚓ Flaggensalut; *stand at the* ~ salutie-ren; *take the* ~ a) den Gruß erwidern, b) die Parade abnehmen, c) die Front (der Ehrenkompanie) abschreiten; **10.** *obs.* (Begrüßungs)Kuß *m*; **11.** *Am.* Frosch *m* (*Feuerwerk*).

sal·vage ['sælvɪdʒ] **I** *s.* **1.** a) Bergung *f*, Rettung *f* (*Schiff, Ladung etc.*), b) Bergungsgut *n*, c) *a.* ~ *money* Berge-geld *n*: ~ *vessel* Bergungs-, *a.* Hebeschiff *n*, d) *Versicherung*: Wert *m* der geretteten Güter; **2.** *a.* **~ work** Aufräumungsarbeiten *pl.*; **3.** ⊕ a) verwertbares 'Altmateri,al, b) 'Wiederverwertung *f*: **~ value** Schrottwert *m*; **4.** *fig.* (Er-)Rettung *f* (**from** aus); **II** *v/t.* **5.** bergen, retten (*a.* ✝ *u. fig.*); **6.** *Schrott etc.* verwerten.

sal·va·tion [sæl'veɪʃn] *s.* **1.** (Er)Rettung *f*; **2.** a) Heil *n*, Rettung *f*, b) Retter *m*; **3.** *eccl.* a) (Seelen)Heil *n*, b) Erlösung *f*: ⚲ *Army* Heilsarmee *f*; **sal'va·tion·ist** [-nɪst] *s. eccl.* Mitglied *n* der 'Heilsar,mee.

salve¹ [sælv] **I** *s.* **1.** (Heil)Salbe *f*; **2.** *fig.* Balsam *m*, Pflaster *n*, Trost *m*; **3.** *fig.* Beruhigungsmittel *n fürs Gewissen etc.*; **II** *v/t.* **4.** (ein)salben; **5.** *fig. Gewissen etc.* beschwichtigen; **6.** *fig. Mangel* beschönigen; **7.** *Schaden, Zweifel etc.* beheben.

salve² [sælv] → *salvage* 5.

sal·ver ['sælvə] *s.* Ta'blett *n*.

sal·vo¹ ['sælvəʊ] *pl.* **-vos, -voes** *s.* **1.** ⚔ a) Salve *f*, Lage *f*, b) *a.* **~ bombing** ✔ Schüttwurf *m*; **~ fire** a) ⚔ Laufsalve, b) ⚓ Salvenfeuer; **2.** *fig.* (*Beifalls*)Salve *f*.

sal·vo² ['sælvəʊ] *pl.* **-vos** *s.* **1.** Ausrede *f*; **2.** *bsd.* ⚖ Vorbehalt(sklausel *f*) *m*.

sal·vor ['sælvə] *s.* ⚓ **1.** Berger *m*; **2.** Bergungsschiff *n*.

Sa·mar·i·tan [sə'mærɪtən] **I** *s.* Samari'taner(in), Sama'riter(in): **good ~** *bibl. u. fig.* barmherziger Samariter; **II** *adj.* sama'ritisch; *fig.* barmherzig.

same [seɪm] **I** *adj.* **1.** selb, gleich, nämlich: **at the ~ price as** zu demselben Preis wie; **it comes to the ~ thing** es läuft auf dasselbe hinaus; **the very** (*od. just the* od. *exactly the*) **~ thing** genau dasselbe; **one and the ~ thing** ein u. dasselbe; **he is no longer the ~ man** er ist nicht mehr der gleiche *od.* der alte; → *time* 4; **2.** *ohne Artikel fig.* eintönig; **II** *pron.* **3.** der-, die-, dasselbe, der *od.* die *od.* das gleiche: **it is much the ~** es ist (so) ziemlich das gleiche; **~ here** F so geht es mir auch, ,ganz meinerseits'; **it is all the ~ to me** es ist mir ganz gleich *od.* einerlei; **4. the ~** a) *a.* ⚖ der- *od.* dieselbe, die besagte Person, b) ⚖ der- *od.* dieselbe, die erwähnte Person, *a. eccl.* er, sie es, dieser, diese, dies(es); **5.** *ohne Artikel* ✝ *od.* F der- *od.* die *od.* dasselbe: **£5 for alterations to ~**; **III** *adv.* **6. the ~** in derselben Weise, genau so, ebenso (*as* wie): **all the ~** gleichviel, trotzdem; **just the ~** F a) genau so, b) trotzdem; (*the*) **~ to you!** (*danke,*) gleichfalls!; **'same·ness** [-nɪs] *s.* **1.** Gleichheit *f*, Identi'tät *f*; **2.** Einförmigkeit *f*, -tönigkeit *f*.

sam·let ['sæmlɪt] *s.* junger Lachs.

sam·pan ['sæmpæn] *s.* Sampan *m* (*chinesisches* [*Haus*]*Boot*).

sam·ple ['sɑːmpl] **I** *s.* **1.** ✝ a) (Waren-, Quali'täts)Probe *f*, (Stück-, Typen-)Muster *n*, b) Probepackung *f*, c) (Ausstellungs)Muster *n*, d) Stichprobe(nmuster *n*) *f*: **by ~ post** (als) Muster ohne Wert; **up to ~** dem Muster entsprechend; **~s only** Muster ohne Wert; **2.** *Statistik*: Sample *n*, Stichprobe *f*; **3.** *fig.* Probe *f*: **a ~ of his courage**; **that's a ~ of her behavio(u)r** das ist typisch für sie; **II** *v/t.* **4.** probieren, e-e Probe nehmen von, *bsd. Küche*: kosten; **5.** e-e

Stichprobe machen bei; **6.** e-e Probe zeigen von; ✝ *et.* bemustern; **7.** als Muster dienen für; **8.** *Computer*: a) abfragen, b) abtasten; **III** *v/i.* **9. ~ out** ausfallen; **IV** *adj.* **10.** Muster...(*-buch, -karte, -koffer etc.*), Probe...; **'sam·pler** [-lə] *s.* **1.** Probierer(in), Prüfer *m*; **2.** *Stickerei*: Sticktuch *n*; **3.** *TV* Farbschalter *m*; **4.** *Computer*: Abtaster *m*; **'sam·pling** [-lɪŋ] *s.* **1.** ✝ a) 'Musterkol-lekti,on *f*, b) Bemusterung *f*; **2.** Stichprobenerhebung *f*.

Sam·son ['sæmsn] *s. fig.* Samson *m*, Herkules *m*.

Sam·u·el ['sæmjʊəl] *npr. u. s. bibl.* (das Buch) Samuel *m*.

san·a·tive ['sænətɪv] *adj.* heilend, heilsam, -kräftig; **san·a·to·ri·um** [,sænə'tɔːrɪəm] *pl.* **-ri·ums, -ri·a** [-rɪə] ⚕ **1.** Sana'torium *n*, *bsd.* a) Lungenheilstätte *f*, b) Erholungsheim *n*; **2.** (*bsd.* Höhen-) Luftkurort *m*; **3.** *Brit.* (Inter'nats-) Krankenzimmer *n*; **san·a·to·ry** [-tərɪ] → *sanative*.

sanc·ti·fi·ca·tion [,sæŋktɪfɪ'keɪʃn] *s. eccl.* **1.** Heilig(mach)ung *f*; **2.** Weihung *f*, Heiligung *f*; **sanc·ti·fied** ['sæŋktɪfaɪd] *adj.* **1.** geheiligt, geweiht; **2.** heilig u. unverletzlich; **3.** → *sanctimonious*; **sanc·ti·fy** ['sæŋktɪfaɪ] *v/t.* heiligen: a) weihen, b) (von Sünden) reinigen, c) *fig.* rechtfertigen: **the end sanctifies the means** der Zweck heiligt die Mittel.

sanc·ti·mo·ni·ous [,sæŋktɪ'məʊnjəs] *adj.* □ frömmelnd, scheinheilig; **,sanc·ti'mo·ni·ous·ness** [-nɪs], **sanc·ti·mo·ny** ['sæŋktɪmənɪ] *s.* Scheinheiligkeit *f*, Frömme'lei *f*.

sanc·tion ['sæŋkʃn] **I** *s.* **1.** Sankti'on *f*, (nachträgliche) Billigung *od.* Zustimmung: **give one's ~ to** → 3 a; ⚖ **2.** Sanktionierung *f e-s Gesetzes etc.*, b) *pol.* Sankti'on *f*, Zwangsmittel *n*, c) gesetzliche Strafe, d) *hist.* De'kret *n*; **II** *v/t.* **3.** sanktionieren: a) billigen, gutheißen, b) dulden, c) *Eid etc.* bindend machen, d) Gesetzeskraft verleihen (*dat.*).

sanc·ti·ty ['sæŋktətɪ] *s.* **1.** Heiligkeit *f* (*a. fig. Unverletzlichkeit*); **2.** *pl.* heilige Ide'ale *pl. od.* Gefühle *pl.*

sanc·tu·ar·y ['sæŋktjʊərɪ] *s.* **1.** Heiligtum *n* (*a. fig.*); **2.** *eccl.* Heiligtum *n*, heilige Stätte; *bsd. bibl.* Aller'heilig-ste(s) *n*; **3.** Frei- (*fig. a.* Zufluchts)stätte *f*, A'syl *n*: (**rights of**) **~** Asylrecht *n*; **break the ~** das Asylrecht verletzen; **4.** *hunt.* a) Schonzeit *f*, b) Schutzgebiet *n*.

sanc·tum ['sæŋktəm] *s.* Heiligtum *n*: a) heilige Stätte, b) *fig.* Pri'vat-, Studierzimmer *n*, c) innerste Sphäre; **~ sanc-to·rum** [sæŋk'tɔːrəm] *s. eccl.*, *a. humor.* das Aller'heiligste.

sand [sænd] **I** *s.* **1.** Sand *m*: **built on ~** *fig.* auf Sand gebaut; **rope of ~** *fig.* trügerische Sicherheit; **2.** *oft pl.* a) Sandbank *f*, b) Sand(fläche *f*, -wüste *f*) *m*: **plough the ~(s)** *fig.* s-e Zeit verschwenden; **3.** *mst pl.* Sand(körner *pl.*) *m*: **his ~s are running out** s-e Tage sind gezählt; **4.** *Am. sl.* ,Mumm' *m*; **II** *v/t.* **5.** mit Sand bestreuen; **6.** (ab-)schmirgeln.

san·dal¹ ['sændl] *s.* San'dale *f*.

san·dal² ['sændl], **'~·wood** *s.* **1.** (rotes) Sandelholz; **2.** Sandelbaum *m*.

'sand·bag [-ndb-] **I** *s.* **1.** Sandsack *m*; **II**

v/t. **2.** *bsd.* ⚔ mit Sandsäcken befestigen; **3.** mit e-m Sandsack niederschlagen; **'~·bank** [-ndb-] *s.* Sandbank *f*; **'~·blast** [-ndb-] ⊕ **I** *s.* Sandstrahl(ge-bläse *n*) *m*; **II** *v/t.* sandstrahlen; **'~·box** [-ndb-] *s.* **1.** *hist.* Streusandbüchse *f*; **2.** Gießer(ei) Sandform *f*; **3.** Sandkasten *m*; **'~·boy** [-ndb-] *s.*: (**as**) **happy as a ~** kreuzfidel; **~ drift** *s. geol.* Flugsand *m*.

sand·er ['sændə] *s.* ⊕ **1.** Sandstrahlge-bläse *n*; **2.** 'Sandpa,pier,schleifma,schine *f*.

'sand·fly *s.* a) Sandfliege *f*, b) Gnitze *f*, c) Kriebelmücke *f*; **'~·glass** *s.* Sanduhr *f*, Stundenglas *n*; **'~·grouse** *s. orn.* Flughuhn *n*; **'~·lot** *s. Am.* Sandplatz *m* (*Behelfsspielplatz für Baseball etc.*); **'~·man** [-ndmæn] *s.* [*irr.*] Sandmann *m*, -männchen *n*; **'~·mar·tin** [-nd͡ʒm-] *s. orn.* Uferschwalbe *f*; **'~·pa·per** [-ndp-] **I** *s.* 'Sandpa,pier *n*; **II** *v/t.* (ab)schmir-geln; **'~·pip·er** [-ndp-] *s. orn.* Flußufer-läufer *m*; **'~·pit** [-ndp-] *s.* **1.** Sandgrube *f*; **2.** Sandkasten *m*; **~ shoes** *s. pl.* Strandschuhe *pl.*; **~ spout** *s.* Sandhose *f*; **'~·stone** [-nds-] *s. geol.* Sandstein *m*; **'~·storm** [-nds-] *s.* Sandsturm *m*; **~ table** *s.* ⚔ Sandkasten *m*; **~ trap** *s. Golf*: Sandhindernis *n*.

sand·wich ['sænwɪdʒ] **I** *s.* Sandwich *n* (*belegtes Doppelbrot*): **open ~** belegtes Brot; **sit ~** *fig.* eingezwängt sitzen; **II** *v/t.* *a.* **~ in** *fig.* einlegen, schieben; einklemmen, -zwängen; *sport Gegner* ,in die Zange nehmen'; **~ cake** *s.* Schichttorte *f*; **~ course** *s. ped. Kurs, bei dem sich theoretische u. praktische Ausbildung abwechseln*; **~ man** [-mæn] *s.* [*irr.*] Sandwichman *m*, Pla'katträger *m*.

sand·y¹ ['sændɪ] *adj.* **1.** sandig, Sand...: **~ desert** Sandwüste *f*; **2.** *fig.* sandfarben; rotblond (*Haare*); **3.** sandartig; **4.** *fig.* a) unsicher, b) *Am. sl.* frech.

Sand·y² ['sændɪ] *s.* **1.** *bsd. Scot.* Kurzform für *Alexander*; **2.** (*Spitzname für*) Schotte *m*.

sand yacht *s.* Strandsegler *m*.

sane [seɪn] *adj.* □ **1.** geistig gesund *od.* nor'mal; **2.** vernünftig, gescheit.

San·for·ize ['sænfəraɪz] *v/t.* sanforisie-ren (*Gewebe schrumpffest machen*).

sang [sæŋ] *pret. u. p.p. von sing*.

sang-froid [,sãːŋ'frwɑː] (*Fr.*) *s.* Kaltblü-tigkeit *f*.

San·grail [sæŋ'greɪl], **San·gre·al** ['sæŋgrɪəl] *s.* der Heilige Gral.

san·gui·nar·y ['sæŋgwɪnərɪ] *adj.* □ **1.** blutig, mörderisch (*Kampf etc.*); **2.** blutdürstig, grausam: **a ~ person**; **~ laws**; **3.** blutig, Blut...; **4.** *Brit.* unflä-tig; **san·guine** ['sæŋgwɪn] **I** *adj.* □ **1.** heiter, lebhaft, leichtblütig; **2.** 'voll-, heißblütig, hitzig; **3.** zuversichtlich (*a. Bericht, Hoffnung etc.*): **be ~ of success** zuversichtlich auf Erfolg rechnen; **4.** rot, blühend, von gesunder Gesichts-farbe; **5.** ⚕ *hist.* sangu'inisch; **6.** (blut-)rot; **II** *s.* **7.** Rötelstift *m*; **8.** Rötelzeich-nung *f*; **san·guin·e·ous** [sæŋ'gwɪnəs] *adj.* → *sanguine* I.

sa·ni·es ['seɪnɪiːz] *s.* ⚕ pu'trider Eiter, Jauche *f*.

san·i·tar·i·an [,sænɪ'teərɪən] **I** *adj.* **1.** → *sanitary* 1; **II** *s.* **2.** Hygi'eniker *m*; **3.** Ge'sundheitsa,postel *m*; **,san·i'tar·i·um** [-rɪəm] *pl.* **-i·ums, -i·a** [-ɪə] *s. bsd. Am. für sanatorium*; **san·i·tar·y** ['sænɪtərɪ]

I *adj.* □ **1.** hygi'enisch, Gesundheits…, (*a.* ☺) sani'tär: ~ *towel* (*Am. napkin*) Damenbinde *f*; **2.** hygi'enisch (einwandfrei), gesund; **II** *s.* **3.** *Am.* öffentliche Bedürfnisanstalt; ,**san·i'ta·tion** [-'teɪʃn] *s.* **1.** sani'täre Einrichtungen *pl.* (*in Gebäuden*); **2.** Gesundheitspflege *f*, -wesen *n*, Hygi'ene *f.*

san·i·tize ['sænɪtaɪz] *v/t.* **1.** → *sterilize* a; **2.** *fig. Image etc.* ,aufpolieren'.

san·i·ty ['sænətɪ] *s.* **1.** geistige Gesundheit; *bsd.* ⚖ Zurechnungsfähigkeit *f*; **2.** gesunder Verstand.

sank [sæŋk] *pret. von sink.*

san·se·rif [sæn'serɪf] *s. typ.* Gro'tesk *f.*

San·skrit ['sænskrɪt] *s.* Sanskrit *n.*

San·ta Claus [,sæntə'klɔːz] *npr.* der Nikolaus, der Weihnachtsmann.

sap¹ [sæp] **I** *s.* **1.** ⚘ Saft *m*; **2.** *fig.* (Lebens)Saft *m*, (-)Kraft *f*, Mark *n*; **3.** *a.* ~ *wood* Splint(holz *n*) *m*; **II** *v/t.* **4.** entsaften.

sap² [sæp] **I** *s.* **1.** ✕ Sappe *f*, Grabenkopf *m*; **II** *v/t.* **2.** (*a. fig. Gesundheit etc.*) unter'graben, -mi'nieren; **3.** *Kräfte etc.* erschöpfen, schwächen.

sap³ [sæp] *s.* F Trottel *m.*

sap⁴ [sæp] *Am. sl.* **I** *s.* Totschläger *m* (*Waffe*); **II** *v/t. j-n* (mit e-m Totschläger) bewußtlos schlagen.

'**sap·head** *s.* **1.** ✕ Sappenkopf *m*; **2.** F Trottel *m.*

sap·id ['sæpɪd] *adj.* **1.** e-n Geschmack habend; **2.** schmackhaft; **3.** *fig.* interes'sant;   **sa·pid·i·ty** [sə'pɪdətɪ] *s.* Schmackhaftigkeit *f.*

sa·pi·ence ['seɪpjəns] *s. mst iro.* Weisheit *f*; '**sa·pi·ent** [-nt] *adj.* □ *mst iro.* weise.

sap·less ['sæplɪs] *adj.* saftlos (*a. fig. kraftlos*).

sap·ling ['sæplɪŋ] *s.* **1.** junger Baum, Schößling *m*; **2.** *fig.* Grünschnabel *m*, Jüngling *m.*

sap·o·na·ceous [,sæpəʊ'neɪʃəs] *adj.* **1.** seifenartig, seifig; **2.** *fig.* glatt.

sa·pon·i·fi·ca·tion [sə,pɒnɪfɪ'keɪʃn] *s.* ⚗ Verseifung *f*;   **sa·pon·i·fy** [sə'pɒnɪfaɪ] *v/t. u. v/i.* verseifen.

sap·per ['sæpə] *s.* ✕ Pio'nier *m*, Sap'peur *m.*

Sap·phic ['sæfɪk] **I** *adj.* **1.** sapphisch; **2.** ♀ lesbisch; **II** *s.* **3.** sapphischer Vers.

sap·phire ['sæfaɪə] **I** *s.* **1.** *min.* Saphir *m* (*a. am Plattenspieler*); **2.** *a.* ~ *blue* Saphirblau *n*; **3.** *orn.* Saphirkolibri *m*; **II** *adj.* **4.** saphirblau; **5.** Saphir…

sap·py ['sæpɪ] *adj.* **1.** saftig; **2.** *fig.* kraftvoll, markig; **3.** *sl.* blöd, doof.

Sar·a·cen ['særəsn] **I** *s.* Sara'zene *m*, Sara'zenin *f*; **II** *adj.* sara'zenisch.

sar·casm ['sɑːkæzm] *s.* Sar'kasmus *m*: a) beißender Spott, b) sar'kastische Bemerkung;   **sar·cas·tic** [sɑː'kæstɪk] *adj.* (□ ~*ally*) sarkastisch.

sar·co·ma [sɑː'kəʊmə] *pl.* **-ma·ta** [-mətə] *s.* ⚕ Sar'kom *n* (*Geschwulst*); **sar·'coph·a·gous** ['kɒfəgəs] *adj. zo.* fleischfressend; **sar'coph·a·gus** [-'kɒfəgəs] *pl.* **-gi** [-gaɪ] *s.* Sarko'phag *m* (*Steinsarg*).

sard [sɑːd] *s. min.* Sard(er) *m.*

sar·dine¹ [sɑː'diːn] *pl.* **sar·dines** *od. coll.* **sar·dine** *s. ichth.* Sar'dine *f*: *packed like* ~*s* zs.-gepfercht wie die Heringe.

sar·dine² ['sɑːdaɪn] → *sard.*

sar·don·ic [sɑː'dɒnɪk] *adj.* (□ ~*ally*) ✗ *u. fig.* sar'donisch.

sa·ri ['sɑːrɪ] *s.* Sari *m.*

sark [sɑːk] *s. Scot. od. dial.* Hemd *n.*

sark·y ['sɑːkɪ] F *für sarcastic.*

sa·rong [sə'rɒŋ] *s.* Sarong *m.*

sar·sen ['sɑːsn] *s. geol.* großer Sandsteinblock.

sar·to·ri·al [sɑː'tɔːrɪəl] *adj.* □ **1.** Schneider…; **2.** Kleidung(s)…: ~ *elegance* Eleganz der Kleidung; **sar'to·ri·us** [-rɪəs] *s. anat.* Schneidermuskel *m.*

sash¹ [sæʃ] *s.* Schärpe *f.*

sash² [sæʃ] *s.* **1.** (schiebbarer) Fensterrahmen; **2.** schiebbarer Teil *e-s* Schiebefensters; ~ *saw* ⊗ Schlitzsäge *f*; ~ **win·dow** *s.* Schiebe-, Fallfenster *n.*

Sas·se·nach ['sæsənæk] *Scot. u. Irish* **I** *s.* ,Sachse' *m*, Engländer *m*; **II** *adj.* englisch.

sat [sæt] *pret. u. p.p. von sit.*

Sa·tan ['seɪtən] *s.* Satan *m*, Teufel *m* (*fig.* ☺); **sa·tan·ic** [sə'tænɪk] *adj.* (□ ~*ally*) sa'tanisch, teuflisch.

satch·el ['sætʃəl] *s.* Schultasche *f*, -mappe *f*, *bsd.* Schulranzen *m.*

sate¹ [seɪt] *v/t.* über'sättigen: *be ~d with* übersättigt sein von.

sate² [sæt; seɪt] *obs. für sat.*

sa·teen [sæ'tiːn] *s.* ('Baum)Wollsa,tin *m.*

sat·el·lite ['sætəlaɪt] *s.* **1.** *ast.* a) Satel'lit *m*, Tra'bant *m*, b) (*künstlicher*) ('Erd-) Satel,lit *m*: ~ *picture* Satellitenbild *n*; ~ *transmission* TV *etc.* Satellitenübertragung *f*; **2.** Tra'bant *m*, Anhänger *m*; **3.** *fig.* a) *a.* ~ *state od. nation pol.* Satel'lit(enstaat) *m*, b) *a.* ~ *town* Tra'bantenstadt *f*, c) *a.* ~ *airfield* Ausweichflugplatz *m*, d) ✈ Zweigfirma *f.*

sa·ti·ate ['seɪʃɪeɪt] *v/t.* **1.** über'sättigen; **2.** vollauf sättigen *od.* befriedigen; **sa·ti·a·tion** [,seɪʃɪ'eɪʃn] *s.* (Über)'Sättigung *f*; **sa·ti·e·ty** [sə'taɪətɪ] *s.* **1.** (*of*) Übersättigung *f* (mit), 'Überdruß *m* (an *dat.*): *to* ~ bis zum Überdruß; **2.** Sattheit *f.*

sat·in ['sætɪn] **I** *s.* ☺ **1.** Sa'tin *m*, Atlas *m* (*Stoff*); **2.** *a.* ~ *white* ~ *sl.* Gin *m*; **II** *adj.* **3.** Satin…; **4.** a) seidenglatt, b) glänzend; **III** *v/t.* **5.** ☺ satinieren, glätten;   **sat·i·net(te)** [,sætɪ'net] *s.* Halbatlas *m.*

'**sat·in-**|**fin·ished** *adj.* ☺ mattiert; ~ **pap·er** *s.* satiniertes Pa'pier, 'Atlaspa,pier *n.*

sat·in·y ['sætɪnɪ] *adj.* seidig.

sat·ire ['sætaɪə] *s.* **1.** Sa'tire *f*, *bsd.* a) Spottgedicht *n*, -schrift *f* ([*up*]*on* auf *acc.*), b) sa'tirische Litera'tur, c) Spott *m*; **2.** *fig.* Hohn *m* ([*up*]*on* auf *acc.*); **sa·tir·ic, sat·i·ri·cal** [sə'tɪrɪk(l)] *adj.* □ sa'tirisch; **sat·i·rist** ['sætərɪst] *s.* Sa'tiriker(in); **sat·i·rize** ['sætəraɪz] *v/t.* verspotten, e-e Sa'tire machen auf (*acc.*).

sat·is·fac·tion [,sætɪs'fækʃn] *s.* **1.** Befriedigung *f*, Zu'friedenstellung *f*: *find* ~ *in* Befriedigung finden in (*dat.*); *give* ~ befriedigen; **2.** (*at, with*) Zufriedenheit *f* (mit), Befriedigung *f*, Genugtuung *f* (über *acc.*): *to the* ~ *of all* zur Zufriedenheit aller; **3.** *eccl.* Sühne *f*; **4.** Satisfakti'on *f*, Genugtuung *f* (*Duell etc.*); **5.** ⚖, ✗ Befriedigung *f e-s* Anspruchs; Erfüllung *f e-r* Verpflichtung; (Be)Zahlung *f e-r* Schuld; **6.** Gewißheit *f*: *show to the court's* ~ ⚖ einwandfrei glaubhaft machen; ,**sat·is'fac·to-**

ri·ness [-ktərɪnɪs] *s. das* Befriedigende; ,**sat·is'fac·to·ry** [-ktərɪ] *adj.* □ **1.** befriedigend, zu'friedenstellend; **2.** *eccl.* sühnend; **sat·is·fy** ['sætɪsfaɪ] **I** *v/t.* **1.** befriedigen, zu'friedenstellen, genügen (*dat.*): *be satisfied with s.th.* mit et. zufrieden sein; **2.** a) *j-n* sättigen, b) *Hunger etc.*, *a. Neugier* stillen, c) *fig. Wunsch* erfüllen, *Bedürfnis*, *a. Trieb* befriedigen; **3.** ✝ *Anspruch* befriedigen; *Schuld* begleichen, tilgen; *e-r Verpflichtung* nachkommen; *Bedingungen*, ⚖ *a. Urteil* erfüllen; **4.** a) *j-n* entschädigen, b) *Gläubiger* befriedigen; **5.** den *Anforderungen* entsprechen, genügen; **6.** Ⓐ *Bedingung, Gleichung* erfüllen; **7.** *j-n* über'zeugen (*of* von): ~ *o.s. that* sich überzeugen *od.* vergewissern, daß; *I am satisfied that* ich bin davon (*od.* habe mich) überzeugt, daß; **II** *v/i.* **8.** befriedigen; **sat·is·fy·ing** ['sætɪsfaɪɪŋ] *adj.* □ **1.** befriedigend, zu'friedenstellend; **2.** sättigend.

sa·trap ['sætrəp] *s. hist.* Sa'trap *m* (*a. fig.*), Statthalter *m.*

sat·u·rant ['sætʃərənt] **I** *adj.* **1.** *bsd.* ⚕ sättigend; **II** *s.* **2.** neutralisierender Stoff; **3.** ⚕ Mittel *n* gegen Magensäure; **sat·u·rate** ['sætʃəreɪt] *v/t.* **1.** ⚕ *u. fig.* sättigen, saturieren (*a.* ✝ *Markt*); **2.** (durch)'tränken, durch'setzen: *be ~d with fig.* erfüllt *od.* durchdrungen sein von; **3.** ✕ mit Bombenteppichen belegen; **sat·u·rat·ed** ['sætʃəreɪtɪd] *adj.* **1.** durch'tränkt, -'setzt; **2.** tropfnaß; **3.** satt (*Farbe*); **4.** ⚕ a) *fig.* saturiert, gesättigt, b) reakti'onsträge.

sat·u·ra·tion [,sætʃə'reɪʃn] *s.* **1.** *bsd.* ⚕, *phys. u. fig.* Sättigung *f*, Saturierung *f*; **2.** (Durch)'Tränkung *f*, Durch'setzung *f*; **3.** Sattheit *f* (*Farbe*); ~ **bomb·ing** *s.* ✕ Bombenteppich(e *pl.*) *m*; ~ **point** *s.* ⚕ Sättigungspunkt *m.*

Sat·ur·day ['sætədɪ] *s.* Sonnabend *m*, Samstag *m*: *on* ~ am Sonnabend *od.* Samstag; *on ~s* sonnabends, samstags.

Sat·urn ['sætən] *s.* **1.** *antiq.* Sa'turn(us) *m* (*Gott*); **2.** *ast.* Sa'turn *m* (*Planet*); **3.** ⚗ *hist.* Blei *n*; **4.** *her.* Schwarz *n*; **Sat·ur·na·li·a** [,sætə'neɪljə] *s. pl. antiq.* Satur'nalien *pl.*; **Sat·ur·na·li·an** [,sætə'neɪljən] *adj.* **1.** *antiq.* satur'nalisch; **2.** ♀ *fig.* orgi'astisch; **Sa·tur·ni·an** [sæ'tɜːnjən] *adj.* **1.** *antiq.*; **2.** *myth.*, *a. fig. poet.* sa'turnisch: ~ *age fig.* goldenes Zeitalter; '**sat·ur·nine** [-naɪn] *adj.* □ **1.** düster, finster (*Person, Gesicht etc.*); **2.** ♀ im Zeichen des Sa'turn geboren; **3.** *min.* Blei…

sat·yr ['sætə] *s.* **1.** *oft* ♀ *myth.* Satyr *m* (*Waldgott*); **2.** *fig.* Satyr *m* (*geiler Mensch*); **3.** ✗ Satyro'mane *m*; **sat·y·ri·a·sis** [,sætə'raɪəsɪs] *s.* ✗ Saty'riasis *f*; **sa·tyr·ic** [sə'tɪrɪk] *adj.* Satyr…, satyrhaft.

sauce [sɔːs] **I** *s.* **1.** Sauce, Soße *f*, Tunke *f*: *hunger is the best* ~ Hunger ist der beste Koch; *what is* ~ *for the goose is* ~ *for the gander* was dem einen recht ist, ist dem andern billig; **2.** *fig.* Würze *f*; **3.** *Am.* Kom'pott *n*; **4.** F Frechheit *f*; **5.** ☺ a) Beize *f*, b) (Tabak-) Brühe *f*; **II** *v/t.* **6.** mit Soße würzen; **7.** *fig.* würzen; **8.** F frech sein zu; '~·**boat** *s.* Sauciere *f*, Soßenschüssel *f*; '~·**dish** *s. Am.* Kom'pottschüssel *f*, -schale *f*; '~·**pan** [-pən] *s.* Kochtopf *m*, Kasse'rolle f.

sau·cer ['sɔ:sə] s. 'Untertasse f; → **flying saucer**; ~ **eye** [-ərai] s. Glotz-, Kullerauge n; **'~-eyed** [-əraid] adj. glotzäugig.

sau·ci·ness ['sɔ:sinis] s. **1.** Frechheit f; **2.** Keßheit f; **sau·cy** ['sɔ:si] adj. □ **1.** frech, unverschämt; **2.** F keß, flott, fesch: a ~ hat.

sau·na ['sɔ:nə] s. Sauna f.

saun·ter ['sɔ:ntə] I v/i. schlendern: ~ about um'herschlendern, (-)bummeln; II s. (Um'her)Schlendern n, Bummel m.

sau·ri·an ['sɔ:riən] zo. I s. Saurier m; II adj. Saurier..., Echsen...

sau·sage ['sɒsidʒ] s. **1.** Wurst f; **2.** a. ~ balloon ✗ F 'Fesselbal,lon m; **3.** sl. Deutsche(r m) f; ~ **dog** s. Brit. F Dakkel m; ~ **meat** s. Wurstmasse f, Brät n.

sau·té ['sɔutei] (Fr.) I adj. Küche: sau'té, sautiert; II s. Sau'té n.

sav·age ['sævidʒ] I adj. □ **1.** allg. wild: a) primi'tiv (Volk etc.), b) ungezähmt (Tier), c) bru'tal, grausam, d) F wütend, e) wüst (Landschaft); II s. **2.** Wilde(r m) f; **3.** Rohling m; **4.** bösartiges Tier, bsd. bissiges Pferd; III v/t. **5.** j-n übel zurichten, a. fig. j-m übel mitspielen; **6.** j-n anfallen, beißen'(Pferd etc.); **'sav·age·ness** [-nis] s. **1.** Wildheit f, Roheit f, Grausamkeit f; **2.** Wut f, Bissigkeit f; **'sav·age·ry** [-dʒəri] s. **1.** Unzivilisiertheit f, Wildheit f; **2.** Roheit f, Grausamkeit f.

sa·van·na(h) [sə'vænə] s. geogr. Sa'vanne f.

sa·vant ['sævənt] s. großer Gelehrter.

save¹ [seiv] I v/t. **1.** (er)retten (from von, vor dat.): ~ s.o.'s life j-m das Leben retten; **2.** ⚓ bergen; **3.** bewahren, schützen (from vor dat.): God ~ the Queen Gott erhalte die Königin; ~ the situation die Situation retten; → appearance 3, face 4, harmless 2; **4.** Geld etc. sparen, einsparen: ~ time Zeit gewinnen od. sparen; **5.** (auf)sparen, aufheben, -bewahren: ~ it! sl. ,geschenkt'!, halt's Maul! → breath 1; **6.** a. Augen schonen; schonend od. sparsam 'umgehen mit; **7.** j-m e-e Mühe etc. ersparen: it ~d me the trouble of going there; **8.** eccl. (from) retten (aus), erlösen (von); **9.** Brit. ausnehmen: the mark! verzeihen Sie die Bemerkung!; ~ your presence (od. reverence) mit Verlaub; **10.** a. ~ up aufsparen; **11.** sport: a) Schuß halten, b) Tor verhindern; II v/i. **12.** sparen; **13.** sport ,retten', halten; III s. **14.** sport Pa'rade f (Tormann).

save² [seiv] prp. u. cj. außer (dat.), mit Ausnahme von (od. gen.), ausgenommen (nom.), abgesehen von: ~ for bis auf (acc.); ~ that abgesehen davon, daß; nur, daß.

sav·e·loy [,sævə'lɔi] s. Zerve'latwurst f.

sav·er ['seivə] s. **1.** Retter(in) f; **2.** Sparer (-in) f; **3.** sparsames Gerät etc.

sav·ing ['seiviŋ] I adj. □ **1.** sparsam (of mit); **2.** ...sparend: time-~; **3.** rettend: ~ grace eccl. seligmachende Gnade; ~ humo(u)r befreiender Humor; **4.** 🛱 Vorbehalts...: ~ clause; II s. **5.** (Er-) Rettung f; **6.** a) Sparen n, b) Ersparnis f, Einsparung f: ~ of time Zeiterspar-nis; **7.** pl. Ersparnis(se pl.) f; Spargeld

(-er pl.) n; **8.** 🛱 Vorbehalt m; III prp. u. cj. **9.** außer (dat.), ausgenommen: ~ your presence (od. reverence) mit Verlaub.

sav·ings| ac·count ['seiviŋz] s. Sparkonto n; ~ **bank** s. Sparkasse f: ~ (deposit) book Spar(kassen)buch n; ~ de-pos·it s. Spareinlage f.

sav·io(u)r ['seivjə] s. (Er)Retter m, Er-löser m: the ⚜ eccl. der Heiland od. Erlöser.

sa·voir| faire [,sævwa:'feə] (Fr.) s. Ge-wandtheit f, Takt(gefühl n) m, Savoir-'faire n; ~ **vi·vre** [-'vi:vr] (Fr.) s. feine Lebensart, Savoir-'vivre n.

sa·vor·y ['seivəri] s. ♀ Bohnenkraut n, Kölle f.

sa·vo(u)r ['seivə] I s. **1.** (Wohl)Ge-schmack m; **2.** bsd. fig. Würze f, Reiz m; **3.** fig. Beigeschmack m, Anstrich m; II v/t. **4.** bsd. fig. genießen, auskosten; **5.** bsd. fig. würzen; **6.** fig. e-n Beige-schmack od. Anstrich haben von, rie-chen nach; III v/i. **7.** ~ of a) a. fig. schmecken od. riechen nach, b) → 6; **'sa·vo(u)r·i·ness** [-vərinis] s. Wohlge-schmack m, -geruch m, Schmackhaftig-keit f; **'sa·vo(u)r·less** [-lis] adj. ge-schmack-, geruchlos, fade; **'sa·vo(u)r·y** [-vəri] I adj. □ **1.** wohlschmeckend, -riechend; schmackhaft; **2.** a. fig. appe-'titlich, angenehm; **3.** würzig, pi'kant (a. fig.); II s. **4.** Brit. pi'kante Vor- od. Nachspeise.

sa·voy [sə'vɔi] s. Wirsing(kohl) m.

sav·vy ['sævi] sl. I v/t. ,kapieren', verste-hen; II s. ,Köpfchen' n, ,'Durchblick' m, Verstand m.

saw¹ [sɔ:] pret. von see¹.

saw² [sɔ:] s. Sprichwort n.

saw³ [sɔ:] I s. **1.** ⚙ Säge f: singing (od. musical) ~ ♪ singende Säge; II v/t. **2.** [irr.] sägen: ~ down Baum umsägen; ~ off absägen; ~ out Bretter zuschneiden; ~ up zersägen; ~ the air (with one's hands) (mit den Händen) herumfuch-teln; III v/i. [irr.] **3.** sägen; **4.** (auf der Geige) ,kratzen'.

'saw|-bones s. pl. sg. konstr. sl. a) ,Bauchaufschneider' m (Chirurg), b) ,Medi'zinmann' m (Arzt); **'~-buck** s. Am. **1.** Sägebock m; **2.** sl. 10-Dollar-Note f; **'~-dust** s. Sägemehl n: let the ~ out of fig. die Hohlheit zeigen von; **'~-fish** s. ichth. Sägefisch m; **'~-fly** s. zo. Blattwespe f; ~ **frame**, ~ **gate** s. ⚙ Sägegatter n; **'~-horse** s. Sägebock m; **'~-mill** s. Sägewerk n, -mühle f.

sawn [sɔ:n] p.p. von saw³.

Saw·ney ['sɔ:ni] s. F **1.** (Spitzname für) Schotte m; **2.** ⚋ Trottel m.

saw| set s. ⚙ Schränkeisen n; **'~-tooth** I s. **1.** Sägezahn m; II adj. **2.** Säge-zahn...: ~ roof Säge-, Scheddach n; **3.** ♀ Sägezahn..., Kipp...(-spannung etc.); **'~-wort** s. ♀ Färberdistel f.

saw·yer ['sɔ:jə] s. Säger m.

Saxe [sæks] s. Sächsischblau n.

sax·horn ['sækshɔ:n] s. ♪ Saxhorn n.

sax·i·frage ['sæksifridʒ] s. ♀ Steinbrech m.

Sax·on ['sæksn] I s. **1.** Sachse m, Sächsin f; **2.** hist. (Angel)Sachse m, (Angel-)Sächsin f; **3.** ling. Sächsisch n; II adj. **4.** sächsisch; **5.** (alt-, angel)sächsisch, ling. oft ger'manisch: ~ genitive sächsischer Genitiv; ~ **blue** = Saxe; **'Sax·o·ny**

[-ni] s. **1.** geogr. Sachsen n; **2.** ⚋ feiner, glänzender Wollstoff.

sax·o·phone ['sæksəfəun] s. ♪ Saxo-'phon n; **sax·o·phon·ist** [sæk'sɒfənist] s. Saxopho'nist(in).

say [sei] I v/t. [irr.] **1.** et. sagen, spre-chen; **2.** sagen, äußern, berichten: he has nothing to ~ for himself a) er ist sehr zurückhaltend, b) contp. mit ihm ist nicht viel los; have you nothing to ~ for yourself? hast du nichts zu deiner Rechtfertigung zu sagen?; to ~ nothing of ganz zu schweigen von, geschweige; the Bible ~s die Bibel sagt, in der Bibel heißt es; people (od. they) ~ he is ill, he is said to be ill man sagt od. es heißt, er sei krank, er soll krank sein; **3.** sagen, behaupten, versprechen: you said you would come; → soon 2; **4.** a) a. ~ over Gedicht etc. auf-, hersagen, b) Gebet sprechen, c) R.C. Messe lesen; **5.** (be)sagen, bedeuten: that is to ~ das heißt; $500, ~ five hundred dollars $500, in Worten: fünfhundert Dollar; that is ~ing a great deal das will viel heißen; **6.** annehmen: (let us) ~ it hap-pens angenommen, es passiert; a sum of, ~, $20 e-e Summe von, sagen wir (mal), od. von etwa $20; I should ~ ich dächte, ich würde sagen; II v/i. [irr.] **7.** sagen, meinen: you may well ~ so! das kann man wohl sagen!; it is hard to ~ es ist schwer zu sagen; what do you ~ (od. what ~ you) to ...? was hältst du von ...?, wie wäre es mit ...?; you don't ~ (so)! was Sie nicht sagen!, nicht mög-lich!; it ~s lautet (Schreiben etc.); it ~s here hier steht (geschrieben), hier heißt es; **8.** I ~! int. a) hör(en Sie) mal!, sag(en Sie) mal!, b) erstaunt od. beifäl-lig: Donnerwetter!; III s. **9.** have one's ~ (to od. on) s-e Meinung äu-ßern (über acc. od. zu); **10.** Mitspra-cherecht n: have a (no) ~ in et. (nichts) zu sagen haben bei; it is my ~ now! jetzt rede ich!; **11.** a. final ~ endgültige Entscheidung: who has the ~ in this matter? wer hat in dieser Sache zu ent-scheiden od. das letzte Wort zu reden?

say·est ['seiist] obs. 2. sg. pres. von say: thou ~ du sagst.

say·ing ['seiiŋ] s. **1.** Reden n: it goes without ~ es ist selbstverständlich; there is no ~ man kann nicht sagen/wissen (ob, wann etc.); **2.** Ausspruch m; **3.** Sprichwort n, Redensart f: as the ~ goes (od. is) wie es (im Sprichwort) heißt, wie man sagt.

says [sez; səz] 3. sg. pres. von say: he ~ er sagt.

'say-so s. F **1.** (bloße) Behauptung; **2.** → say 11.

scab [skæb] I s. **1.** 🎗 a) Grind m, (Wund)Schorf m, b) Krätze f; **2.** vet. Räude f; **3.** ♀ Schorf m; **4.** sl. Na'lunke m; **5.** sl. a) Streikbrecher(in) f, b) Nicht-gewerkschaftler m: ~ work Schwarzar-beit f; a. Arbeit unter Tariflohn; **6.** ⚙ Gußfehler m; II v/i. **7.** verschorfen, sich verkrusten; **8.** a. ~ it sl. als Streikbre-cher od. unter Ta'riflohn arbeiten.

scab·bard ['skæbəd] s. (Schwert- etc.) Scheide f.

scabbed [skæbd] adj. **1.** → scabby; **2.** ♀ schorfig.

scab·by ['skæbi] adj. □ **1.** 🎗 schorfig, grindig; **2.** vet. räudig; **3.** F schäbig, schuftig.

sca·bi·es ['skeɪbiiːz] → *scab* 1 b *u.* 2.

sca·bi·ous¹ ['skeɪbjəs] *adj.* **1.** ☤ skabi'ös, krätzig; **2.** *vet.* räudig.

sca·bi·ous² ['skeɪbjəs] *s.* ♀ Skabi'ose *f.*

sca·brous ['skeɪbrəs] *adj.* **1.** rauh, schuppig (*Pflanze etc.*); **2.** heikel, kniff(e)lig: *a ~ question*; **3.** *fig.* schlüpfrig, anstößig.

scaf·fold ['skæfəld] **I** *s.* **1.** (Bau-, Arbeits)Gerüst *n*; **2.** Blutgerüst *n*, (*a.* Tod *m* auf dem) Scha'fott *n*; **3.** ('Redner-, 'Zuschauer)Tri₁büne *f*; **4.** *anat.* a) Knochengerüst *n*, b) Stützgewebe *n*; **5.** ☉ Ansatz *m* (*im Hochofen*); **II** *v/t.* **6.** ein Gerüst anbringen an (*dat.*); **7.** auf e-m Gestell aufbauen; **'scaf·fold·ing** [-dɪŋ] *s.* **1.** (Bau)Gerüst *n*; **2.** Ge'rüstmateri₁al *n*; **3.** Errichtung *f* des Gerüsts.

scal·a·ble ['skeɪləbl] *adj.* ersteigbar.

scal·age ['skeɪlɪdʒ] *s.* **1.** ♱ *Am.* Schwundgeld *n*; **2.** Holzmaß *n.*

sca·lar ['skeɪlə] ᴀ̶ **I** *adj.* ska'lar, ungerichtet; **II** *s.* Ska'lar *m.*

scal·a·wag ['skæləwæg] *s.* **1.** Kümmerling *m* (*Tier*); **2.** F Lump *m.*

scald¹ [skɔːld] *s.* Skalde *m* (*nordischer Sänger*).

scald² [skɔːld] **I** *v/t.* **1.** verbrühen; **2.** *Milch etc.* abkochen: *~ing hot* a) kochendheiß, b) glühendheiß (*Tag etc.*); *~ing tears fig.* heiße Tränen; **3.** *Obst etc.* dünsten; **4.** *Geflügel, Schwein etc.* abbrühen; **5.** *a. ~ out Gefäß, Instrumente* auskochen; **II** *s.* **6.** Verbrühung *f.*

scale¹ [skeɪl] **I** *s.* **1.** *zo.* Schuppe *f*; *coll.* Schuppen *pl.*; **2.** ☀ Schuppe *f*: *come off in ~s* → 11; *the ~s fell from my eyes* es fiel mir wie Schuppen von den Augen; **3.** a) ♀ Schuppenblatt *n*, b) (*Erbsen- etc.*)Hülse *f*, Schale *f*; **4.** (*Messer*)Schale *f*; **5.** Ablagerung *f*, *bsd. a.*) Kesselstein *m*, b) ☀ Zahnstein *m*; **6.** *a. pl. metall.* Zunder *m*: *iron ~* Hammerschlag *m*, Glühspan *m*; **II** *v/t.* **7.** *a. ~ off Fisch* (ab)schuppen; *Schicht etc.* ablösen, -schälen, -häuten; **8.** a) abklopfen, den Kesselstein entfernen aus, b) *Zähne* von Zahnstein befreien; **9.** e-e Kruste *od.* Kesselstein ansetzen in (*dat.*) *od.* an (*dat.*); **10.** *metall.* zunderfrei machen, ausglühen; **III** *v/i.* **11.** *a. ~ off* sich abschuppen *od.* -lösen, abblättern; **12.** Kessel- *od.* Zahnstein ansetzen.

scale² [skeɪl] **I** *s.* **1.** Waagschale *f* (*a. fig.*): *hold the ~s even fig.* gerecht urteilen; *throw into the ~ fig. Argument, Schwert etc.* in die Waagschale werfen; *turn* (*od. tip*) *the ~(s) fig.* den Ausschlag geben; *turn the ~ at 55 lbs* 55 Pfund wiegen; → *weight* 4; **2.** *mst pl.* Waage *f*: *a pair of ~s* eine Waage; *go to ~ sport* gewogen werden (*Jockey, Boxer*); *go to ~ at 90 lbs* 90 Pfund auf die Waage bringen; **3.** *~s pl. ast.* Waage *f*; **II** *v/t.* **4.** wiegen; **5.** F (ab-, aus-) wiegen; **III** *v/i.* **6.** *~ in* (*out*) vor (nach) dem Rennen gewogen werden (*Jockey*).

scale³ [skeɪl] **I** *s.* **1.** ☉, *phys.* Skala *f*: *~ division* Gradeinteilung *f*; *~ disk* Skalenscheibe *f*; *~ line* Teilstrich *m*; **2.** Stufenleiter *f*, Staffelung *f*, b) Skala *f*, Ta'rif *m*: *~ of fees* Gebührenordnung *f*; *~ of wages* Lohnskala, -tabelle *f*; **3.** Stufe *f* (*auf e-r Skala*, *Tabelle etc.*; *a.*

fig.): *social ~* Gesellschaftsstufe; **4.** Ᏺ, ☉ a) Maßstab(angabe *f*) *m*, b) loga'rithmischer Rechenstab: *in* (*od. to*) *~* maßstab(s)gerecht: *drawn to a ~ of 1:5* im Maßstab 1:5 gezeichnet; *~ model* maßstab(s)getreues Modell; **5.** *fig.* Maßstab *m*, 'Umfang *m*: *on a large ~* in großem Umfang, im großen; **6.** Ᏺ (nu'merische) Zahlenreihe: *decimal ~* Dezimalreihe *f*; **7.** ♪ a) Tonleiter *f*, b) 'Ton₁umfang *m* (*Instrument*): *learn one's ~s* Tonleitern üben; **8.** *Am.* Börse: *on a ~* zu verschiedenen Kurswerten (*Wertpapiere*); **9.** *fig.* Leiter *f*: *a ~ to success*; **II** *v/t.* **10.** erklimmen, erklettern (*a. fig.*); **11.** maßstab(s)getreu zeichnen: *~ down* (*up*) maßstäblich verkleinern (vergrößern); **12.** einstufen: *~ down Löhne* herunterschrauben, drücken; *~ up Preise etc.* hochschrauben; **III** *v/i.* **13.** *auf e-r Skala od. fig.* klettern, steigen: *~ down* fallen.

scale| ar·mo(u)r *s.* Schuppenpanzer *m*; *~ beam* *s.* Waagebalken *m*; *~ buy·ing* *s.* ♱ (spekula'tiver) Aufkauf von 'Wertpa₁pieren.

scaled [skeɪld] *adj.* **1.** *zo.* schuppig, Schuppen...; **2.** abgeschuppt: *~ herring*; **3.** mit e-r Skala (versehen).

'scale-down *s.* maßstab(s)gerechte Verkleinerung.

scale·less ['skeɪllɪs] *adj.* schuppenlos.

sca·lene ['skeɪliːn] ᴀ̶ **I** *adj.* ungleichseitig (*Figur*), schief (*Körper*); **II** *s.* schiefwinkliges Dreieck.

scal·ing ['skeɪlɪŋ] *s.* **1.** (Ab)Schuppen *n*; **2.** Kesselstein- *od.* Zahnsteinentfernung *f*; **3.** Erklettern *n*, Aufstieg *m* (*a. fig.*); **4.** ♱ (spekula'tiver) Auf- u. Verkauf *m* von 'Wertpa₁pieren.

scall [skɔːl] *s.* ☀ (Kopf)Grind *m.*

scal·la·wag → *scalawag*

scal·lion ['skæljən] *s.* ♀ Scha'lotte *f.*

scal·lop ['skɒləp] **I** *s.* **1.** *zo.* Kammuschel *f*; **2.** *a. ~ shell* Muschelschale *f* (*a. aus Porzellan zum Servieren von Speisen*); **3.** Näherei: Lan'gette *f*; **II** *v/t.* ☉ ausbogen, bogenförmig verzieren; **5.** Näherei: langettieren; **6.** *Speisen* in der (Muschel)Schale über'backen.

scalp [skælp] **I** *s.* **1.** *anat.* Kopfhaut *f*; **2.** Skalp *m* (*abgezogene Kopfhaut als Siegeszeichen*): *be out for ~s* sich auf dem Kriegspfad befinden, *fig.* kampf-, angriffslustig sein; **3.** *fig.* ('Sieges)Tro₁phäe *f*; **II** *v/t.* **4.** skalpieren; **5.** ♱ *Am.* F *Wertpapiere* mit kleinem Pro'fit weiterverkaufen; **6.** *Am. sl.* Eintrittskarten auf dem schwarzen Markt verkaufen.

scal·pel ['skælpəl] *s.* ☀ Skal'pell *n.*

scal·y ['skeɪlɪ] *adj.* **1.** schuppig, geschuppt; **2.** Schuppen...; **3.** schuppenförmig; **4.** sich abschuppend, schilferig.

scamp [skæmp] **I** *s.* Ha'lunke *m*; *humor. a.* Spitzbube *m*; **II** *v/t. Arbeit etc.* schlud(e)rig ausführen, hinschlampen.

scam·per ['skæmpə] *v/i.* **1.** *a. ~ about* (he'rum)tollen, her'umhüpfen; **2.** hasten: *~ away* (*od. off*) sich davonmachen; **II** *s.* **3.** (He'rum)Tollen *n.*

scan [skæn] **I** *v/t.* **1.** genau *od.* kritisch prüfen, forschend *od.* scharf ansehen; **2.** *Horizont etc.* absuchen; **3.** *Vers* fliegen: *~ the headlines*; **4.** *Vers* skandieren; **5.** ♱ *Computer, Radar, TV*: abtasten; **II** *v/i.* **6.** *Metrik:* a) skan'dieren, b) sich *gut etc.* skandieren (lassen).

scan·dal ['skændl] *s.* **1.** Skan'dal *m*: a) skanda'löses Ereignis, b) (öffentliches) Ärgernis: *cause ~* Anstoß erregen, c) Schande *f*, Schmach *f* (*to* für); **2.** Verleumdung *f*, (böswilliger) Klatsch: *talk ~* klatschen; *~ sheet* Skandal-, Revolverblatt *n*; **3.** ⚖ üble Nachrede (*im Prozeß*); **4.** ,unmöglicher' Mensch.

scan·dal·ize¹ ['skændəlaɪz] *v/t.* Anstoß erregen bei (*dat.*), j-n schockieren: *be ~d at* Anstoß nehmen an (*dat.*), empört sein über (*acc.*).

scan·dal·ize² ['skændəlaɪz] *v/t.* ♱ *Segel* verkleinern, ohne zu reffen.

'scan·dal₁mon·ger *s.* Lästermaul *n*, Klatschbase *f.*

scan·dal·ous ['skændələs] *adj.* □ **1.** skanda'lös, anstößig, schockierend; **2.** schändlich, schimpflich; **3.** verleumderisch, Schmäh...: *~ stories*; **4.** klatschsüchtig (*Person*).

Scan·di·na·vi·an [₁skændɪ'neɪvjən] **I** *adj.* **1.** skandi'navisch; **II** *s.* **2.** Skandi'navier(in); **3.** *ling.* a) Skandi'navisch *n*, b) Altnordisch *n.*

scan·ner ['skænə] *s.* **1.** *Computer, Radar:* Abtaster *m*; **2.** → *scanning disk.*

scan·ning ['skænɪŋ] *s. allg.* Abtastung *f*; *~ disk* *s. TV* Abtastscheibe *f*; *~ lines* *s. pl. TV* Rasterlinien *pl.*

scan·sion ['skænʃn] *s.* Metrik: Skandierung *f*, Skansi'on *f.*

Scan·so·res [skæn'sɔːriːz] *s. pl. orn.* Klettervögel *pl.*; **scan'so·ri·al** [-rɪəl] *adj. orn.* **1.** Kletter...; **2.** zu den Klettervögeln gehörig.

scant [skænt] *adj.* knapp (*of* an *dat.*), spärlich, dürftig, gering: *a ~ 2 hours* knapp 2 Stunden; **'scan·ties** [-tɪz] *s. pl.* Damenslip *m*; **'scant·i·ness** [-tɪnɪs], **'scant·ness** [-nɪs] *s.* **1.** Knappheit *f*, Kargheit *f*; **2.** Unzulänglichkeit *f*; **'scant·y** [-tɪ] *adj.* □ **1.** → *scant*; **2.** unzureichend; **3.** eng, beengt (*Raum etc.*).

scape [skeɪp] *s.* **1.** ♀, *zo.* Schaft *m*; **2.** ⚛ (Säulen)Schaft *m.*

'scape-goat *s. fig.* Sündenbock *m.*

'scape-grace *s.* Taugenichts *m.*

scaph·oid ['skæfɔɪd] *anat.* **I** *adj.* scapho-'id, Kahn...; **II** *s. a.* *~ bone* Kahnbein *n.*

scap·u·la ['skæpjʊlə] *pl.* **-lae** [-liː] *s. anat.* Schulterblatt *n*; **'scap·u·lar** [-lə] **I** *adj.* **1.** *anat.* Schulter(blatt)...; **II** *s.* → *scapulary*; **3.** ☀ Schulterbinde *f*; **'scap·u·lar·y** [-lərɪ] *s. eccl.* Skapu'lier *n.*

scar¹ [skaː] **I** *s.* **1.** Narbe *f* (*a.* ♀; *a. fig. u. psych.*); **2.** Schramme *f*, Kratzer *m*; **3.** *fig.* (Schand)Fleck *m*, Makel *m*; **II** *v/t.* **4.** e-e Narbe *od.* Narben hinter'lassen auf (*dat.*); **5.** *fig.* bei j-m ein Trauma hinter'lassen; **6.** *fig.* entstellen, verunstalten; **III** *v/i.* **7.** *a. ~ over* vernarben (*a. fig.*).

scar² [skaː] *s. Brit.* Klippe *f*, steiler (Felsen)Abhang.

scar·ab ['skærəb] *s.* **1.** *zo.* Skara'bäus *m* (*a. Schmuck etc.*); **2.** *zo.* Mistkäfer *m.*

scarce [skeəs] **I** *adj.* □ **1.** knapp, spärlich: *~ commodities* ♱ Mangelwaren; **2.** selten, rar: *make o.s.* ~ F a) sich rar machen, b) ,sich dünnmachen'; **II** *adv.* **3.** *obs.* → **'scarce·ly** [-lɪ] *adv.* **1.** kaum, gerade erst: *~ anything* kaum etwas, fast nichts; *~ ... when* kaum ... als; **2.**

wohl nicht, kaum, schwerlich; **'scarce·ness** [-nɪs], **'scar·ci·ty** [-sətɪ] *s.* **1.** a) Knappheit *f*, Mangel *m* (**of** an *dat.*), b) Verknappung *f*; **2.** (Hungers)Not *f*; **3.** Seltenheit *f*: ~ **value** Seltenheitswert *m*.

scare [skeə] **I** *v/t.* **1.** erschrecken, *j-m* e-n Schrecken einjagen, ängstigen: **be** ~**d of s.th.** sich vor et. fürchten; **2.** *a.* ~ **away** verscheuchen, -jagen; **3.** ~ **up** a) *Wild etc.* aufscheuchen, b) F *Geld etc.* auftreiben, *et.* ,organisieren'; **II** *v/i.* **4.** erschrecken: **he does not** ~ **easily** er läßt sich nicht leicht ins Bockshorn jagen; **III** *s.* **5.** Schreck(en) *m*, Panik *f*: ~ **buying** Angstkäufe *pl.*; ~ **news** Schreckensnachricht(en *pl.*) *f*; **6.** blinder A'larm; '~**·crow** *s.* **1.** Vogelscheuche *f* (*a. fig. Person*); **2.** *fig.* Schreckgespenst *n*; '~**·head(·ing)** *s.* (riesige) Sensati'onsschlagzeile; '~**·mon·ger** *s.* Panikmacher(in); '~**·mon·ger·ing** *s.* Panikmache *f*.

scarf¹ [skɑːf] *pl.* **scarfs**, **scarves** [-vz] *s.* **1.** Hals-, Kopf-, Schultertuch *n*, Schal *m*; **2.** (breite) Kra'watte (*für Herren*); **3.** ✕ Schärpe *f*; **4.** *eccl.* Seidenstola *f*; **5.** Tischläufer *m*.

scarf² [skɑːf] **I** *s.* **1.** ⊕ Laschung *f*, Blatt *n* (*Hölzer*); ⚓ Lasch *m*; **2.** ⊕ → **scarf joint**; **II** *v/t.* **3.** ⊕ zs.-blatten; ⚓ (ver)laschen; **4.** *e-n Wal* aufschneiden.

scarf| joint *s.* ⊕ Blattfuge *f*, Verlaschung *f*; '~**·pin** *s.* Kra'wattennadel *f*; '~**·skin** *s. anat.* Oberhaut *f*.

scar·i·fi·ca·tion [ˌskeərɪfɪˈkeɪʃn] *s.* **1.** Hautritzung *f*; **scar·i·fi·ca·tor** [ˈskeərɪfɪkeɪtə], **scar·i·fi·er** [ˈskeərɪfaɪə] *s.* **1.** ✿ Stichelmesser *n*; **2.** ✓ Messeregge *f*; **3.** ⊕ Straßenaufreißer *m*; **scar·i·fy** [ˈskeərɪfaɪ] *v/t.* **1.** *Haut* ritzen, et. skarifizieren; **2.** ✓ a) *Boden* auflockern, b) *Samen* anritzen; **3.** *fig. a) Gefühle etc.* verletzen, b) scharf kritisieren.

scar·la·ti·na [ˌskɑːləˈtiːnə] *s.* ✿ Scharlach(fieber *n*) *m*.

scar·let [ˈskɑːlət] **I** *s.* **1.** Scharlach(rot *n*) *m*; **2.** Scharlach(tuch *n*, -gewand *n*) *m*; **II** *adj.* **3.** scharlachrot: **flush** (*od.* **turn**) ~ dunkelrot werden; **4.** *fig.* unzüchtig; ~ **fe·ver** ✿ Scharlach(fieber *n*) *m*; ~ **hat** *s.* **1.** Kardi'nalshut *m*; **2.** *fig.* Kardi'nalswürde *f*; ~ **run·ner** ♀ Scharlach-, Feuerbohne *f*; ♀ **Wom·an** *s.* **1.** *bibl. die* (scharlachrot gekleidete) Hure; **2.** *fig. contp.* (*das heidnische od.* päpstliche) Rom.

scarp [skɑːp] **I** *s.* **1.** steile Böschung; **2.** ✕ Es'karpe *f*; **II** *v/t.* **3.** abböschen, abdachen; **scarped** [-pt] *adj.* steil, abschüssig.

scarred [skɑːd] *adj.* narbig.

scarves [skɑːvz] *pl. von* scarf¹.

scar·y [ˈskeərɪ] *adj.* F **1.** a) grus(e)lig, schaurig, b) unheimlich; **2.** schreckhaft, ängstlich.

scat¹ [skæt] F **I** *int.* **1.** ,hau ab'!; **2.** Tempo!; **II** *v/i.* **3.** ,verduften'; flitzen.

scat² [skæt] *s. Jazz:* Scat *m* (*Singen zs.-hangloser Silben*).

scathe [skeɪð] **I** *v/t.* **1.** *poet.* versengen; **2.** *obs. od. Scot.* verletzen; **3.** *fig.* vernichtend kritisieren; **II** *s.* **4.** Schaden *m*: **without** ~; **5.** Beleidigung *f*; **scathe·less** [-lɪs] *adj.* unversehrt; **'scath·ing** [-ðɪŋ] *adj.* □ *fig.* **1.** vernichtend, ätzend (*Kritik etc.*); **2.** verletzend.

sca·tol·o·gy [skəˈtɒlədʒɪ] *s.* **1.** ✿ Skato-

lo'gie *f*, Kotstudium *n*; **2.** *fig.* Beschäftigung *f* mit dem Ob'szönen (in der Litera'tur).

scat·ter [ˈskætə] **I** *v/t.* **1.** *a.* ~ **about** (aus-, um'her-, ver)streuen; **2.** verbreiten, -teilen; **3.** bestreuen (**with** mit); **4.** *Menge etc.* zerstreuen, *a. Vögel etc.* ausein'anderscheuchen: **be** ~**ed to the four winds** in alle Winde zerstreut werden *od.* sein; **5.** *Geld* verschleudern, verzetteln: ~ **one's strength** *fig.* sich verzetteln; **6.** *phys. Licht etc.* zerstreuen; **II** *v/i.* **7.** sich zerstreuen (*Menge*), ausein'anderstieben (*a. Vögel etc.*), sich zerteilen (*Nebel*); **8.** a) sich verbreiten (**over** über *acc.*), b) verstreut sein; **III** *s.* **9.** *allg., a. phys. etc.* Streuung *f*; '~**·brain** *s.* Wirrkopf *m*; '~**·brained** *adj.* wirr, kon'fus.

scat·tered [ˈskætəd] *adj.* **1.** ver-, zerstreut (liegend *od.* vorkommend *etc.*); **2.** vereinzelt (auftretend): ~ **rain showers**; **3.** *fig.* wirr; **4.** *phys.* dif'fus; Streu...

'scat·ter|·gun *s. Am.* Schrotflinte *f*; ~ **rug** *s. Am.* Brücke *f* (*Teppich*).

scaur [skɔː] *bsd. Scot.* für scar².

scav·enge [ˈskævɪndʒ] **I** *v/t.* **1.** *Straßen etc.* reinigen, säubern; **2.** *mot. Zylinder von Gasen* reinigen, spülen: ~ **stroke** Spültakt *m*, Auspuffhub *m*; **3.** *Am. a) Abfälle etc.* auflesen, b) *et.* auftreiben, c) *et.* durch'stöbern (**for** nach); **II** *v/i.* **4.** ~ **for** (her'um)suchen nach; **'scav·en·ger** [-dʒə] *s.* **1.** Straßenkehrer *m*, **2.** Müllmann *m*; **3.** a) Trödler *m*, b) Lumpensammler *m*; **4.** ⚙ Reinigungsmittel *n*; **5.** *zo.* Aasfresser *m*: ~ **beetle** aasfressender Käfer.

sce·nar·i·o [sɪˈnɑːrɪəʊ] *pl.* **-ri·os** *s.* **1.** a) *thea.* Sze'nar(io) *n*, b) *Film:* Drehbuch *n*; **2.** *fig.* Sze'nario *n*, Plan *m*; **sce·na·rist** [ˈsiːnərɪst] *s.* Drehbuchautor *m*.

scene [siːn] *s.* **1.** *thea., Film, TV:* a) Szene *f*, Auftritt *m*, b) Ort *m* der Handlung, Schauplatz *m* (*a. Roman etc.*); → **lay** 6, c) Ku'lisse *f*, d) → **scenery** b: **behind the** ~**s** hinter den Kulissen (*a. fig.*); **change of** ~ Szenenwechsel *m*, *fig.* ,Tapetenwechsel', **2.** Szene *f*, Epi'sode *f* (*Roman etc.*); **3.** 'Hintergrund *m e-r Erzählung etc.*; **4.** *fig.* Szene *f*, Schauplatz *m*: ~ **of accident** (**crime**) Unfallort *m* (Tatort *m*); **5.** Szene *f*, Anblick *m*; *paint.* (Landschafts-) Bild *n*: ~ **of destruction** *fig.* Bild der Zerstörung; **6.** Szene *f*: a) Vorgang *m*, b) (heftiger) Auftritt: **make (s.o.)** *a.* ~ (j-m) e-e Szene machen; **7.** *fig.* (Welt-) Bühne *f*: **quit the** ~ von der Bühne abtreten, sterben; **8.** *sl.* (Drogen-, Pop-*etc.*)Szene *f*: **that's not my** ~ *fig.* das ist nicht mein Fall; ~ **dock** *s. thea.* Requi-'sitenraum *m*; ~ **paint·er** *s.* Bühnenma-ler(in).

scen·er·y [ˈsiːnərɪ] *s.* Szene'rie *f*: a) Landschaft *f*, Gegend *f*, b) *thea.* Bühnenbild *n*, -ausstattung *f*.

'scene·shift·er *s. thea.* Bühnenarbeiter *m*, Ku'lissenschieber *m*.

sce·nic [ˈsiːnɪk] **I** *adj.* (□ ~**ally**) **1.** landschaftlich, Landschafts...; **2.** (landschaftlich) schön, malerisch: ~ **railway** (in e-r künstlichen Landschaft angelegte) Liliputbahn; ~ **road** landschaftlich schöne Strecke (*Hinweis auf Autokarte*); **3.** *thea.* a) szenisch, Bühnen...: ~

designer Bühnenbildner(in), b) dra-'matisch (*a. Gemälde etc.*), c) Ausstattungs...; **II** *s.* **4.** Na'turfilm *m*.

sce·no·graph·ic, **sce·no·graph·i·cal** [ˌsiːnəˈɡræfɪk(l)] *adj.* □ szeno'graphisch, perspek'tivisch.

scent [sent] **I** *s.* **1.** (*bsd.* Wohl)Geruch *m*, Duft *m*; **2.** Par'füm *n*; **3.** *hunt.* a) Witterung *f*, b) Spur *f*, Fährte *f* (*a. fig.*): **blazing** ~ warme Fährte; **on the** (**wrong**) ~ auf der (falschen) Fährte; **put on the** ~ auf die Fährte setzen; **put** (*od.* **throw**) **off the** ~ von der (richtigen) Spur ablenken; **4.** a) Geruchssinn *m*, b) *zo. u. fig.* Spürsinn, gute Nase: **have a** ~ **for s.th.** *fig.* e-e Nase für et. haben; **II** *v/t.* **5.** *et.* riechen; **6.** *a.* ~ **out** *hunt. u. fig.* wittern, (auf)spüren; **7.** mit Wohlgeruch erfüllen; **8.** parfümieren; **scent bag** *s.* **1.** *zo.* Duftdrüse *f*; **2.** *Fuchsjagd:* künstliche Schleppe; **3.** Duftkissen *n*; **scent bot·tle** *s.* Par'fümfläschchen *n*; **'scent·ed** [-tɪd] *adj.* **1.** duftend; **2.** parfümiert; **scent gland** *s. zo.* Duft-, Moschusdrüse *f*; **'scent·less** [-lɪs] *adj.* **1.** geruchlos; **2.** *hunt.* ohne Witterung (*Boden*).

scep·sis [ˈskepsɪs] *s.* **1.** Skepsis *f*; **2.** *phls.* Skepti'zismus *m*.

scep·ter [ˈseptə] *etc. Am.* → **sceptre** *etc.*

scep·tic [ˈskeptɪk] *s.* **1.** (*phls. mst* ⦿) Skeptiker(in); **2.** *eccl.* Zweifler(in), *allg.* Ungläubige(r *m*) *f*, Athe'ist(in); **'scep·ti·cal** [-kl] *adj.* □ skeptisch (*a. phls.*), mißtrauisch, ungläubig: **be** ~ **about** (*od.* **of**) **s.th.** e-r Sache skeptisch gegenüberstehen, et. bezweifeln, an et. zweifeln; **'scep·ti·cism** [-ızızəm] *s.* → **scepsis**.

scep·tre [ˈseptə] *s.* Zepter *n*: **wield the** ~ das Zepter führen, herrschen; **'sceptered** [-əd] *adj.* **1.** zeptertragend, herrschend (*a. fig.*); **2.** *fig.* königlich.

sched·ule [*Brit.* ˈʃedjuːl; *Am.* ˈskedʒʊl] **I** *s.* **1.** Liste *f*, Ta'belle *f*, Aufstellung *f*, Verzeichnis *n*; **2.** *bsd.* ➡ Anhang *m*; **3.** *bsd. Am.* a) (Arbeits-, Lehr-, Stunden-) Plan *m*, b) Fahrplan *m*: **be behind** ~ Verspätung haben, *weitS.* im Verzug sein; **on** ~ (fahr)planmäßig, pünktlich; **4.** Formblatt *n*, Vordruck *m*, Formu'lar *n*; **5.** Einkommensteuerklasse *f*; **II** *v/t.* **6.** *et.* in e-r Liste *etc.* erfassen, tabella'risch zs.-stellen; **7.** (in e-e Liste *etc.*) eintragen, -fügen; ~**d departure** (fahr)plan-mäßige Abfahrt; ~**d flight** ✈ Linienflug *m*; **the train is** ~**d to leave at 6** der Zug fährt fahrplanmäßig um 6; **8.** *bsd.* ➡ (als Anhang) beifügen (**to** *dat.*); **9.** a) festlegen, b) planen.

sche·mat·ic [skɪˈmætɪk] *adj.* (□ ~**ally**) sche'matisch; **sche·ma·tize** [ˈskiːmətaɪz] *v/t. u. v/i.* schematisieren.

scheme [skiːm] **I** *s.* **1.** Schema *n*, System *n*, Anlage *f*: ~ **of colo(u)r** Farbenzusammenstellung *f*, -skala *f*; ~ **of philosophy** philosophisches System; **2.** a) Schema *n*, Aufstellung *f*, Ta'belle *f*, b) 'Übersicht *f*; c) sche'matische Darstellung; **3.** Plan *m*, Pro'jekt *n*, Pro-'gramm *n*: **irrigation** ~; **4.** (dunkler) Plan, In'trige *f*, Kom'plott *n*; **II** *v/t.* **5.** *a.* ~ **out** planen, entwerfen; **6.** *Böses* ersinnen, aushecken; **7.** in ein Schema *od.* Sy'stem bringen; **III** *v/i.* **8.** Pläne schmieden, *bsd. b.s.* Ränke schmieden,

567

intrigieren; **schem·er** [-mə] *s.* **1.** Plänemacher *m*; **2.** Ränkeschmied *m*, Intri'gant *m*; **'schem·ing** [-mıŋ] *adj.* □ ränkevoll, intri'gant.

scher·zan·do [skeət'sændəʊ] (*Ital.*) *adv.* ♪ scher'zando, heiter; **scher·zo** ['skeətsəʊ] *s.* ♪ Scherzo *n*.

schism ['sızəm] *s.* **1.** *eccl.* a) Schisma *n*, Kirchenspaltung *f*, b) Lossagung *f*; **2.** *fig.* Spaltung *f*, Riß *m*; **schis·mat·ic** [sız'mætık] *bsd. eccl.* **I** *adj.* (□ ~ally) schis'matisch, abtrünnig; **II** *s.* Schis'matiker *m*, Abtrünnige(r) *m*; **schis'mat·i·cal** [sız'mætıkl] *adj.* □ → **schismatic** I.

schist [ʃıst] *s.* *geol.* Schiefer *m*.

schiz·oid ['skıtsɔıd] *psych.* **I** *adj.* schizo'id; **II** *s.* Schizo'ide(r *m*) *f*.

schiz·o·my·cete [ˌskıtsəʊmaı'si:t] *s.* ♀ Spaltpilz *m*, Schizomy'zet *m*.

schiz·o·phrene ['skıtsəʊfri:n] *s.* *psych.* Schizo'phrene(r *m*) *f*; **schiz·o·phre·ni·a** [ˌskıtsəʊ'fri:njə] *s.* *psych.* Schizophre'nie *f*; **schiz·o·phren·ic** [ˌskıtsəʊ'frenık] *psych.* **I** *s.* Schizophrene(r *m*) *f*; **II** *adj.* schizo'phren.

schle·miel, schle·mihl [ʃle'mi:l] *s.* *Am. sl.* **1.** Pechvogel *m*; **2.** Tolpatsch *m*.

schlep(p) [ʃlep] *Am. sl.* **I** *v/t.* (*v/i.* sich) schleppen; **II** *s.* → **'schlep·per** [-pə] *s. Am. sl.* ‚Blödmann' *m*.

schmaltz [ʃmɔ:lts] (*Ger.*) *s. sl.* **1.** ‚Schmalz' *m* (*a. Musik*); **2.** Kitsch *m*; **'schmaltz·y** [-tsı] *adj.* ‚schmalzig', sentimen'tal.

schnap(p)s [ʃnæps] (*Ger.*) *s.* Schnaps *m*.

schnit·zel ['ʃnıtsəl] (*Ger.*) *s.* Küche: Wiener Schnitzel *n*.

schnor·kel ['ʃnɔ:kəl] → **snorkel.**

schol·ar ['skɒlə] *s.* **1.** a) Gelehrte(r) *m*, *bsd.* Geisteswissenschaftler *m*, b) Gebildete(r) *m*; **2.** Studierende(r *m*) *f*: *he is an apt* ~ er lernt gut; *he is a good French* ~ er ist im Französischen gut beschlagen; *he is not much of a* ~ F mit s-r Bildung ist es nicht weit her; **3.** *ped. univ.* Stipendi'at *m*; **4.** *obs. od. poet.* Schüler(in), Jünger(in); **'schol·ar·ly** [-lı] *adj. u. adv.* **1.** gelehrt; **2.** gelehrtenhaft; **'schol·ar·ship** [-ʃıp] *s.* **1.** Gelehrsamkeit *f*: *classical* ~ huma-nistische Bildung, **2.** *ped.* Sti'pendium *n*.

scho·las·tic [skə'læstık] **I** *adj.* (□ ~ally) **1.** aka'demisch (*Bildung etc.*); **2.** schulisch, Schul..., Schüler...; **3.** erzieherisch: ~ *profession* Lehr(er)beruf *m*; **4.** *phls.* scho'lastisch (*a. fig. contp.* spitzfindig, pedantisch); **II** *s.* **5.** *phls.* Scho'lastiker *m*; **6.** *fig.* Schulmeister *m*, Pe'dant *m*; **scho'las·ti·cism** [-ısızəm] *s.* **1.** *a.* ₂ Scho'lastik *f*; **2.** *fig.* Pedante'rie *f*.

school[1] [sku:l] **I** *s.* **1.** Schule *f* (*Anstalt*): *at* ~ auf der Schule; → *high school etc.*; → 4; **2.** (Schul)Stufe *f*: *lower* ~ Unterstufe; *senior* (*od. upper*) ~ Oberstufe; **3.** Lehrgang *m*, Kurs(us) *m*; **4.** *mst ohne art.* ('Schul)Unterricht *m*, Schule *f*: *at* (*od. in*) ~ in der Schule, im Unterricht; *go to* ~ zur Schule gehen; *put to* ~ einschulen; → *tale* 5; **5.** Schule *f*, Schulhaus *n*, -gebäude *n*; **6.** *univ.* a) Fakul'tät *f*: *the law* ~ die juristische Fakul'tät, b) Fachbereich *m*, (selbstän-

dige) Abteilung innerhalb e-r Fakul'tät; **7.** *Am.* Hochschule *f*; **8.** *pl.* 'Schlußex-ˌamen *n* (*für den Grad e-s Bachelor of Arts*; *Oxford*); **9.** *fig. harte etc.* Schule, Lehre *f*: *a severe* ~; **10.** *phls., paint. etc.* Schule *f* (*Richtung u. Anhänger-schaft*): ~ *of thought* (geistige) Richtung; *the Hegelian* ~ *phls.* die hegelianische Schule *od.* Richtung, die Hegelianer *pl.*; *a gentleman of the old* ~ ein Kavalier der alten Schule; **11.** ♪ Schule *f*: a) Lehrbuch *n*, b) Lehre *f*, Sy'stem *n*; **II** *v/t.* **12.** einschulen; **13.** schulen, unter'richten, ausbilden, trai-nieren; **14.** Temperament, Zunge etc. zügeln; **15.** ~ *o.s.* (*to*) sich erziehen (zu), sich üben (in *dat.*); ~ *o.s. to do s.th.* lernen *od.* sich daran gewöhnen ct. zu tun; **16.** *Pferd* dressieren; **17.** *obs.* tadeln.

school[2] [sku:l] *s. ichth.* Schwarm *m* (*a. fig.*), Schule *f*, Zug *m* (*Wale etc.*).

school| age *s.* schulpflichtiges Alter; **'~·age** *adj.* schulpflichtig; **'~·board** *s.* (lo-'kale) Schulbehörde; **'~·boy** *s.* Schüler *m*, Schuljunge *m*; **'~·bus** *s.* Schulbus *m*; **~ days** *pl.* (alte) Schulzeit; **'~·fel·low** → **schoolmate**; **'~·girl** *s.* Schülerin *f*, Schulmädchen *n*; **'~·girl·ish** *adj.* schul-mädchenhaft; **'~·house 1.** *bsd.* Dorf-)Schulhaus *n*; **2.** *Brit.* (Wohn)Haus *n* des Schulleiters.

school·ing ['sku:lıŋ] *s.* **1.** ('Schul)Un-terricht *m*; **2.** Schulung *f*, Ausbildung *f*; **3.** Schulgeld *n*; **4.** *sport* Schulreiten *n*; **5.** *obs.* Verweis *m*.

school| leav·er ['li:və] *s.* Schulabgänger (-in); ~ *leav·ing cer·tif·i·cate* *s.* Ab-gangszeugnis *n*; **'~·ma'am** [-mæm] *s. Am. für schoolmarm*; **'~·man** [-mən] *s.* [*irr.*] **1.** Päda'goge *m*; **2.** *hist.* Scho'la-stiker *m*; **'~·marm** [-mɑ:m] F **1.** Lehre-rin *f*; **2.** *fig. contp.* Schulmeisterin *f*; **'~·mas·ter** *s.* **1.** Schulleiter *m*; **2.** Leh-rer *m*; **3.** *fig. contp.* Schulmeister *m*; **'~·mas·ter·ly** *adj.* schulmeisterlich; **'~·mate** *s.* 'Schulkameˌrad(in); **'~·mis-tress** *s.* **1.** Schulleiterin *f*; **2.** Lehrerin *f*; ~ *re·port* *s.* Schulzeugnis *n*; **'~·room** [-rʊm] *s.* Klassenzimmer *n*; ~ *ship* *s.* ♣ Schulschiff *n*; ~ *tie* *s.*: *old* ~ *Brit.* a) Krawatte *f* mit den Farben e-r *Public School*, b) Spitzname *für ehemali-gen Schuler e-r Public School*, c) senti-mentale Bindung an die alte Schule, d) *der Einfluß dcr Public Schools auf das* öffentliche Leben in England, e) *contp.* Cliquenwirtschaft *f* unter ehemaligen Schülern e-r *Public School*, f) *contp.* arrogantes Gehabe solcher Schüler; ~ *u·ni·form* *s.* (einheitliche) Schulklei-dung; **'~·work** *s.* (in der Schule zu erle-digende) Aufgaben *pl.*; **'~·yard** *s. Am.* Schulhof *m*.

schoon·er ['sku:nə] *s.* **1.** ♣ Schoner *m*; **2.** *bsd. Am.* → *prairie schooner*; **3.** großes Bierglas.

schorl [ʃɔ:l] *s. min.* Schörl *m*, (schwar-zer) Turma'lin.

schot·tische [ʃɒ'ti:ʃ] *s.* ♪ Schottische(r) *m* (*a. Tanz*).

schuss [ʃʊs] (*Ger.*) *Skisport:* **I** *s.* Schuß (-fahrt *f*) *m*; **II** *v/i.* Schuß fahren.

schwa [ʃwɑ:] *s. ling.* Schwa *n*: a) *kurzer Vokal von unbestimmter Klangfarbe*, b) *das phonetische Symbol* ə.

sci·a·gram ['skaıəgræm], **'sci·a·graph**

[-grɑ:f] *s.* ♯ Röntgenbild *n*; **sci·ag·ra·phy** [skaı'ægrəfı] *s.* **1.** ♯ Herstellung *f* von Röntgenaufnahmen; **2.** Schatten-male'rei *f*, Schattenriß *m*.

sci·at·ic [saı'ætık] *adj.* ♯ **1.** Ischias...; **2.** an Ischias leidend; **sci'at·i·ca** [-kə] *s.* ♯ Ischias *f*.

sci·ence ['saıəns] *s.* **1.** Wissenschaft *f*: *man of* ~ Wissenschaftler *m*; **2.** *a. na·tural* ~ *coll.* die Na'turwissenschaft(en *pl.*); **3.** *fig.* Kunde *f*: ~ *of gar·dening* Gartenbaukunst *f*; **4.** *phls., eccl.* Erkenntnis *f* (*of* von); **5.** Kunst (-fertigkeit) *f*, (gute) Technik (*a. sport*); **6.** ₂ → *Christian Science*; ~ *fic·tion* *s.* 'Science-'fiction *f*.

sci·en·ter [saı'entə] (*Lat.*) ₴ *adv.* wis-sentlich.

sci·en·tif·ic [ˌsaıən'tıfık] *adj.* (□ ~ally) **1.** (*engS.* na'tur)wissenschaftlich; **2.** wissenschaftlich, ex'akt, syste'matisch; **3.** *fig. sport etc.* kunstgerecht; **sci·en·tist** ['saıəntıst] *s.* (Na'tur)Wissenschaft-ler *m*.

sci-fi [ˌsaı'faı] F *für science fiction*.

scil·i·cet ['saılıset] *adv.* (*abbr. scil. od. sc.*) nämlich, d. h. (das heißt).

scim·i·tar, scim·i·ter ['sımıtə] *s.* (orien-'talischer) Krummsäbel.

scin·til·la [sın'tılə] *s. bsd. fig.* Fünkchen *n*: *not a* ~ *of truth*; **scin·til·lant** ['sıntılənt] *adj.* funkelnd, schillernd; **scin·til·late** ['sıntıleıt] **I** *v/i.* **1.** Funken sprühen; **2.** funkeln (*a. fig. Augen*), sprühen (*a. fig. Geist, Witz*); **II** *v/t.* **3.** *Funken, fig. Geistesblitze* (ver)sprühen; **scin·til·la·tion** [ˌsıntı'leıʃn] *s.* **1.** Fun-kensprühen *n*, Funkeln *n*; **2.** Schillern *n*; **3.** *fig.* Geistesblitz *m*.

sci·o·lism ['saıəʊlızəm] *s.* Halbwissen *n*; **'sci·o·list** [-lıst] *s.* Halbgebildete(r) *m*, -wisser *m*.

sci·on ['saıən] *s.* **1.** ♀ Ableger *m*, Steck-ling *m*, (Pfropf)Reis *n*; **2.** *fig.* Sproß *m*, Sprößling *m*.

scir·rhous ['sırəs] *adj.* ♯ szir'rhös, hart geschwollen; **'scir·rhus** [-rəs] *pl.* -rhus-es *s.* ♯ Szirrhus *m*, harte Krebsge-schwulst.

scis·sor ['sızə] *v/t.* **1.** (*mit der Schere*) (zer-, zu-, aus)schneiden; **2.** scherenar-tig bewegen *etc.*; ~ *kick* *s.* Fußball, Schwimmen: Scherenschlag *m*.

scis·sors ['sızəz] *s. pl.* **1.** *a. pair of* ~ Schere *f*; **2.** *sg. konstr. sport* (*Hoch-sprung:* a. ~ *jump*, *Ringen:* a. ~ *hold*) Schere *f*.

scis·sure ['sıʒə] *s. bsd.* ♯ Fis'sur *f*, Riß *m*.

scle·ra ['sklıərə] *s. anat.* Sklera *f*, Leder-haut *f* des Auges.

scle·ro·ma [ˌsklıə'rəʊmə] *pl.* -ma·ta [-mətə] *s.* ♯ Skle'rom *n*, Verhärtung *f*; **ˌscle·ro·sis** [-'rəʊsıs] *pl.* -ro·ses [-si:z] *s.* **1.** Skle'rose *f*, Verhärtung *f* (*des Zellgewebes*); **2.** ♀ Verhärtung *f* (*der Zellwand*); **scle·rot·ic** [-'rɒtık] **I** *adj.* ♯, *anat.* skle'rotisch; *fig.* verkalkt; **II** *s. anat.* → *sclera*; **scle·rous** ['sklıərəs] *adj.* ♯ skle'rös, verhärtet.

scoff [skɒf] **I** *s.* **1.** Spott *m*, Hohn *m*; **2.** Zielscheibe *f* des Spotts; **II** *v/i.* **3.** spot-ten (*at* über *acc.*); **'scoff·er** [-fə] *s.* Spötter(in).

scold [skəʊld] **I** *v/t.* j-n (aus)schelten, auszanken, **II** *s.* zänkisches Weib, (Haus)Drachen *m*; **'scold·ing** [-dıŋ] *s.*

1. Schelten *n*; **2.** Schelte *f*: *get a* (*good*) *~* (tüchtig) ausgeschimpft werden.

scol·lop ['skɒləp] → *scallop*.

sconce¹ [skɒns] *s*. **1.** (Wand-, Kla'vier-) Leuchter *m*; **2.** Kerzenhalter *m*.

sconce² [skɒns] *s*. ✕ Schanze *f*.

sconce³ [skɒns] *univ*. **I** *v/t*. zu e-r Strafe verdonnern; **II** *s*. Strafe *f*.

sconce⁴ [skɒns] *s*. *sl*. ‚Birne' *f*, Schädel *m*.

scone [skɒn] *s*. weiches Teegebäck.

scoop [sku:p] **I** *s*. **1.** a) Schöpfkelle *f*, (*a*. Wasser)Schöpfer *m*, b) (*a*. Zucker-) Schaufel *f*, Schippe *f*, c) ⚙ Baggereimer *m*, -löffel *m*; **2.** Äpfel-, Käse-Stecher *m*; **3.** ✲ Spatel *m*; **4.** (Aus)Schöpfen *n*; **5.** Schub *m*: *in one* ~ mit 'einem Schub; **6.** *sport* Schlenzer *m*; **7.** *sl*. a) ‚Schnitt' *m*, (großer) Fang, b) *Zeitung*: sensatio'nelle Erstmeldung, Exklu'sivbericht *m*, ‚Knüller' *m* **II** *v/t*. **8.** einkerben; schaufeln: ~ *out water* Wasser ausschöpfen; ~ *up* (auf)schaufeln, *fig*. *Geld* scheffeln; **9.** *mst* ~ *out Loch* (aus-)graben; **10.** *oft* ~ *in sl*. *Gewinn* einstreichen, *Geld* scheffeln; **11.** *sl. Konkurrenzzeitung* durch e-e Erstmeldung ausstechen, *j-m* zu'vorkommen (*on* bei, mit).

scoot [sku:t] F *v/t*. **1.** rasen, flitzen; **2.** ‚abhauen'; **'scoot·er** [-tə] *s*. **1.** (Kinder-, *a*. Motor)Roller *m*; **2.** *sport Am*. Eisjacht *f*.

scope [skəʊp] *s*. **1.** Bereich *m*, Gebiet *n*; ᵗᵗᵣ Anwendungsbereich *m*; Reichweite *f*: *within the ~ of* im Rahmen (*gen*.); *come within the ~ of* unter *ein Gesetz etc*. fallen; *an undertaking of wide ~* ein großangelegtes Unternehmen; **2.** Ausmaß *n*, 'Umfang *m*: ~ *of authority* ᵗᵗᵣ Vollmachtsumfang *m*; **3.** (Spiel)Raum *m*, Bewegungsfreiheit *f*: *give one's fancy full ~* s-r Phantasie freien Lauf lassen; *have free ~* freie Hand haben (*for* bei); **4.** (geistiger) Hori'zont, Gesichtskreis *m*.

scor·bu·tic [skɔː'bju:tɪk] ✲ **I** *adj*. (☐ *~ally*) **1.** skor'butisch, Skorbut...; **II** *s*. **2.** Skor'butkranke(r *m*) *f*.

scorch [skɔːtʃ] **I** *v/t*. **1.** versengen, -brennen: *~ed earth* ✕ verbrannte Erde; **2.** (aus)dörren; **3.** ↯ verschmoren; **4.** *fig*. (durch scharfe *Kritik od.* beißenden Spott) verletzen; **II** *v/i*. **5.** versengt werden; **6.** ausdörren; **7.** F *mot. etc*. rasen; **'scorch·er** [-tʃə] *s*. **1.** F *et*. sehr Heißes, *bsd*. glühendheißer Tag; **2.** *sl*. ‚Ding' *n*: a) beißende Bemerkung, b) scharfe Kritik, c) böser Brief, d) ‚tolle' Sache; **3.** F *mot*. ‚Raser' *m*; **4.** *sport sl*. a) ‚Bombenschuß' *m*, b) knallharter Schlag; **'scorch·ing** [-tʃɪŋ] *adj*. ☐ **1.** sengend, brennend (heiß); **2.** vernichtend (*Kritik etc*.).

score [skɔː] **I** *s*. **1.** Kerbe *f*, Rille *f*; **2.** (Markierungs)Linie *f*; *sport* Start-, Ziellinie *f*: *get off at full ~* a) losrasen, b) *fig*. außer sich geraten; **3.** Zeche *f*, Rechnung *f*: *run up a ~* Schulden machen; *settle old ~s fig*. e-e alte Rechnung begleichen; *on the ~ of fig*. auf Grund von, wegen; *on that ~* in dieser Hinsicht; *on what ~?* aus welchem Grund?; **4.** *bsd. sport* a) (Spiel)Stand *m*, b) *erzielte* Punkt- *od*. Trefferzahl *f*, (Spiel)Ergebnis *n*, (Be)Wertung *f*, c)

Punktliste *f*: *know the ~* F Bescheid wissen; *make a ~ off s.o.* F *fig*. j-m ‚eins auswischen'; *what is the ~?* a) wie steht das Spiel?, b) *fig. Am*. wie ist die Lage?; ~ *one for me!* humor. eins zu null für mich!; **5.** (Satz *m* von) 20, 20 Stück: *four ~ and seven years* 87 Jahre; **6.** *pl*. große (An)Zahl *f*, Menge *f*: *~s of times fig*. hundert-, x-mal; **7.** ♩ Parti'tur *f*; **II** *v/t*. **8.** einkerben; **9.** markieren: ~ *out* aus-, durchstreichen; **10.** *oft* ~ *up Schulden, Zechen* anschreiben, -rechnen: ~ (*up*) *s.th. against* (*od*. *to*) *s.o. fig*. j-m *et*. ankreiden; **11.** *ped. psych. j-s Leistung etc*. bewerten; **12.** *sport* a) *Punkte, Treffer* erzielen, sammeln, *Tore* schießen, *fig. Erfolge, Sieg* verzeichnen, erringen, b) *Punkte, Spielstand etc*. aufschreiben: ~ *a hit* a) e-n Treffer erzielen, b) *fig*. e-n Bombenerfolg haben; ~ *s.o. off* F *fig*. j-m ‚eins auswischen'; **13.** *sport* zählen: ~ *a try ~s 6 points*; **14.** ♩ a) in Parti'tur setzen, b) instrumentieren; **15.** *Am. fig*. scharf kritisieren *od*. angreifen **III** *v/i*. **16.** *sport* a) e-n Punkt *od*. Treffer erzielen, Punkte sammeln, b) die Punkte zählen *od*. aufschreiben; **17.** F Erfolg *od*. Glück haben, e-n Vorteil erzielen: ~ *over j-n, et*. übertreffen; **18.** zählen, gezählt werden: *that ~s for us*; '*~board s*. Anzeigetafel *f* im Stadion etc.; '*~card s. sport* **1.** Spielberichtsbogen *m*; **2.** *Boxen etc*.: Punktzettel *m*; *Golf*: Zählkarte *f*.

score·less ['skɔːlɪs] *adj. sport* torlos.

scor·er ['skɔːrə] *s. sport* a) Schreiber *m*, b) Torschütze *m*.

sco·ri·a ['skɔːrɪə] *pl*. **-ri·ae** [-rii:] *s*. ⚙ Me'tall-, *geol*. Gesteins)Schlacke *f*; **sco·ri·a·ceous** [ˌskɔːrɪ'eɪʃəs] *adj*. schlackig; '**sco·ri·fy** [-ɪfaɪ] *v/t*. verschlacken.

scorn [skɔːn] **I** *s*. **1.** Verachtung *f*: *think ~ of* verachten; **2.** Spott *m*, Hohn *m*: *laugh to ~* verlachen; **3.** Zielscheibe *f* des Spottes, *das* Gespött (*der Leute etc*.); **II** *v/t*. **4.** verachten: a) geringschätzen, b) verschmähen; '**scorn·ful** [-fʊl] *adj*. ☐ **1.** verächtlich; **2.** spöttisch.

Scor·pi·o ['skɔːpɪəʊ] *s. ast*. Skorpi'on *m*; '**scor·pi·on** [-pjən] *s. zo*. Skorpi'on *m*.

Scot¹ [skɒt] *s*. Schotte *m*, Schottin *f*.

scot² [skɒt] *s*. **1.** (Zahlungs)Beitrag *m*: *pay (for) one's ~s* s-n Beitrag leisten; **2.** *a. ~ and lot hist*. Gemeindeabgabe *f*: *pay ~ and lot fig*. alles auf Heller u. Pfennig bezahlen.

Scotch¹ [skɒtʃ] **I** *adj*. **1.** schottisch (*bsd. Whisky etc*.): ~ *broth* dicke Rindfleischsuppe mit Gemüse u. Graupen; ~ *mist* dichter, nasser Nebel; ~ *tape* durchsichtiger Klebestreifen; ~ *terrier* Scottchterrier *m*; ~ *woodcock* heißer Toast mit Anchovispaste u. Rührei; **II** *s*. **2.** Scotch *m*, schottischer Whisky; **3.** *the ~ coll*. die Schotten *pl*.; **4.** *ling*. Schottisch *n*.

scotch² [skɒtʃ] **I** *v/t*. **1.** (leicht) verwunden, schrammen; **2.** *fig. et*. im Keim ersticken: ~ *s.o.'s plans* j-m e-n Strich durch die Rechnung machen; **3.** *Rad etc*. mit e-m Bremsklotz blockieren; **II** *s*. **4.** (Ein)Schnitt *m*, Kerbe *f*; **5.** ⚙ Bremsklotz *m*, Hemmschuh *m* (*a. fig*.).

'**Scotch·man** [-mən] *s*. [*irr*.] → *Scots-*

man.

,**scot-'free** [ˌskɒt-] *adj*.: *go* (*od*. *get off*) ~ *fig*. ungeschoren davonkommen.

Scot·land Yard ['skɒtlənd] *s*. Scotland Yard *m* (*die Londoner Kriminalpolizei*).

Scots [skɒts] **I** *s. ling*. Schottisch *n*; **II** *adj*. schottisch: ~ *law*, '*~·man* [-mən] *s*. [*irr*.] *bsd. Scot*. Schotte *m*; '*~·wom·an s*. [*irr*.] *bsd. Scot*. Schottin *f*.

Scot·ti·cism ['skɒtɪsɪzəm] *s*. schottische (Sprach)Eigenheit.

Scot·tish ['skɒtɪʃ] *adj*. schottisch.

scoun·drel ['skaʊndrəl] *s*. Schurke *m*, Schuft *m*, Ha'lunke *m*; '**scoun·drel·ly** [-rəlɪ] *adj*. schurkisch, niederträchtig, gemein.

scour¹ ['skaʊə] *v/t*. **1.** scheuern, schrubben; *Messer etc*. polieren; **2.** *Kleider etc*. säubern, reinigen; **3.** *Kanal etc*. schlämmen, *Rohr etc*. (aus)spülen; **4.** *Pferd etc*. putzen, striegeln; **5.** ⚙ *Wolle* waschen: *~ing mill* Wollwäscherei *f*; **6.** *Darm* entschlacken; **7.** *a*. ~ *away*, ~ *off Flecken etc*. entfernen, *Schmutz* abreiben.

scour² ['skaʊə] **I** *v/i*. **1.** *a*. ~ *about* (um'her)rennen, (-)jagen; **2.** (suchend) um'herstreifen; **II** *v/t*. **3.** durch'suchen, -'stöbern, *Gegend a*. -'kämmen, *Stadt a*. ‚abklappern' (*for* nach).

scourge [skɜːdʒ] **I** *s*. **1.** Geißel *f*: a) Peitsche *f*, b) *fig. Plage f*; **II** *v/t*. **2.** geißeln, (aus)peitschen; **3.** *fig. a*) durch *Kritik etc*. geißeln, b) züchtigen, c) quälen, peinigen.

scouse¹ [skaʊs] *s*. Labskaus *m*.

scouse² [skaʊs] *s. Brit*. F *s*. **1.** Liverpooler(in); **2.** Liverpooler Jar'gon *m*.

scout [skaʊt] **I** *s*. **1.** Kundschafter *m*, Späher *m*; ✕ *a*.) Erkundungsfahrzeug *n*: ~ *car* Spähwagen *m*; ♣ *a*. ~ *vessel* Aufklärungsfahrzeug *n*, c) ✈ *a*. ~ (*air*)*plane* Aufklärer *m*; **3.** Kundschaften *n*; ✕ Erkundung *f*: *on the* ~ auf Erkundung; **4.** Pfadfinder *m*, *Am*. Pfadfinderin *f*; **5.** *a good* ~ F ein feiner Kerl; **6.** *univ. Brit*. Hausdiener *m* e-s College (*Oxford*); **7.** *mot. Brit*. Straßenwachtfahrer *m* (*Automobilklub*); **8.** a) *sport* ‚Späher' *m*, Beobachter *m* (*gegnerischer Mannschaften*), b) *a*. *talent* ~ Ta'lentsucher *m*; **II** *v/i*. **9.** auf Erkundung sein: ~ *about* (*od*. *around*) sich umsehen (*for* nach); *~ing party* ✕ Spähtrupp *m*; **III** *v/t*. **10.** auskundschaften, erkunden; '*~·mas·ter s*. Führer *m* (e-r Pfadfindergruppe).

scow [skaʊ] *s*. ♣ (See)Leichter *m*.

scowl [skaʊl] **I** *v/i*. finster blicken: ~ *at* finster anblicken; **II** *s*. finsterer Blick *od*. (Gesichts)Ausdruck; '**scowl·ing** [-lɪŋ] *adj*. ☐ finster.

scrab·ble ['skræbl] **I** *v/i*. **1.** kratzen, scharren: ~ *about bsd. fig*. (herum)suchen (*for* nach); **2.** *fig*. sich (ab)plagen (*for* für, um); **3.** krabbeln; **4.** kritzeln; **II** *v/t*. **5.** scharren nach; **6.** bekritzeln.

scrag [skræg] **I** *s*. **1.** *fig*. ‚Geripp' *n* (*dürrer Mensch etc*.); **2.** *mst* ~ *end* (*of mutton*) (Hammel)Hals *m*; **3.** F ‚Kragen' *m*, Hals *m*; **II** *v/t*. **4.** *sl*. a) j-n ‚abmurksen', *j-n* den Hals 'umdrehen, b) j-n aufhängen; '**scrag·gi·ness** [-gɪnɪs] *s*. Magerkeit *f*; '**scrag·gy** [-gɪ] *adj*. ☐ **1.** dürr, hager, knorrig; **2.** zerklüftet, rauh.

scram [skræm] *v/i. sl.* ‚abhauen‘, verduften: **~!** hau ab!, raus!

scram·ble ['scræmbl] **I** *v/i.* **1.** krabbeln, klettern: **~ to one's feet** sich aufrappeln; **2.** *a. fig.* sich raufen *od.* balgen (**for** um): **~ for a living** sich (um s-n Lebensunterhalt) ‚abstrampeln‘; **II** *v/t.* **3.** *oft* **~ up**, **~ together** zs.-scharren, -raffen; **4.** ✝ *Funkspruch etc.* zerhacken; **5.** *Eier* verrühren: **~d eggs** Rührei *n*; **6.** *Karten etc.* durchein'anderwerfen; *Flugplan etc.* durchein'anderbringen; **III** *s.* **7.** Krabbe'lei *f*, Klette'rei *f*; **8.** *a. fig.* (**for**) Balge'rei *f* (um), Jagd *f* (nach *Geld etc.*); **9.** *Brit.* Moto-'Cross-Rennen *n*; **10.** ✈ a) A'larmstart *m*, b) Luftkampf *m*; '**scram·bler** [-lə] *s. tel.* Zerhacker *m*.

scrap¹ [skræp] **I** *s.* **1.** Stück(chen) *n*, Brocken *m*, Fetzen *m*, Schnitzel *n*, *m*: **a ~ of paper** ein Fetzen Papier (*a. fig.*); **not a ~** kein bißchen; **2.** *pl.* Abfall *m*, (*bsd.* Speise)Reste *pl.*; **3.** (Zeitungs-)Ausschnitt *m*; ausgeschnittenes Bild *etc. zum Einkleben*; **4.** *mst pl. fig.* Bruchstück *n*, (Gesprächs- *etc.*)Fetzen *m*: **~s of conversation**; **5.** *mst pl.* (Fett)Grieben *pl.*; **6.** ⊙ a) Schrott *m*, b) Ausschuß *m*, c) Abfall *m*: **~ value** Schrottwert *m*; **II** *v/t.* **7.** (als unbrauchbar) ausrangieren; **8.** *fig.* zum alten Eisen *od.* über Bord werfen: **~ methods**; **9.** ⊙ verschrotten.

scrap² [skræp] *sl.* **I** *s.* **1.** Streit *m*, Ausein'andersetzung *f*; **2.** Keile'rei *f*, Prüge'lei *f*; **3.** (Box)Kampf *m*; **II** *v/i.* **4.** streiten; **5.** sich prügeln; kämpfen (**with** mit).

'**scrap·book** *s.* Sammelalbum *n*, Einklebebuch *n*.

scrape [skreɪp] **I** *s.* **1.** Kratzen *n*, Scharren *n*; **2.** Kratzer *m*, Schramme *f*; **3.** *fig. obs.* Kratzfuß *m*; **4.** *fig.* ‚Klemme‘ *f*: **be in a ~** in der Klemme sein *od.* sitzen; **5.** **bread and ~** F dünngeschmiertes Butterbrot; **II** *v/t.* **6.** kratzen, schaben: **~ off** ab-, wegkratzen; **~ together** (*od.* **up**) *a. fig. Geld etc.* zs.-kratzen; **~ (an) acquaintance with** a) oberflächlich bekannt werden mit, b) *contp.* sich bei *j-m* anbiedern; **~ a living** → 11; **7.** kratzen *od.* scharren mit *den Füßen etc.*; **III** *v/i.* **8.** kratzen, schaben, scheuern (**against** an *dat.*); **10.** kratzen (**on** auf *e-r Geige etc.*); **11.** *mst* **~ along** *fig.* sich (mühsam) 'durchschlagen: **~ through** (**an examination**) mit Ach u. Krach durchkommen (durch e-e Prüfung); '**scrap·er** [-pə] *s.* **1.** Fußabstreifer *m*; **2.** ⊙ a) Schaber *m*, Kratzer *m*, Streichmesser *n*; △ *etc.* Schrapper *m*, c) Planierpflug *m*.

scrap heap *s.* Abfall-, Schrotthaufen *m*: **fit only for the ~** völlig wertlos; **throw on the ~** *fig. a. j-n* zum alten Eisen werfen.

scrap·ing ['skreɪpɪŋ] *s.* **1.** Kratzen *n etc.*; **2.** *pl.* (Ab)Schabsel *pl.*, Späne *pl.*; **3.** *pl. fig. contp.* Abschaum *m*.

scrap| i·ron *s.*, **~ met·al** *s.* ⊙ (Eisen-)Schrott *m*, Alteisen *n*.

scrap·per ['skræpə] *s. sl.* Raufbold *m*.

scrap·py¹ ['skræpɪ] *adj.* □ *sl.* rauflustig.

scrap·py² ['skræpɪ] *adj.* □ **1.** aus (Speise)Resten (hergestellt): **~ dinner**; **2.** bruchstückhaft; **3.** zs.-gestoppelt.

'**scrap·yard** *s.* Schrottplatz *m*.

scratch [skrætʃ] **I** *s.* **1.** Kratzer *m*, Schramme *f* (*beide a. fig. leichte Verwundung*), Riß *m*; **2.** Kratzen *n* (*a. Geräusch*): **by the ~ of a pen** mit 'einem Federstrich; **3.** *sport* a) Startlinie *f*, b) nor'male Startbedingungen *pl.*: **come up to** (**the**) **~** a) sich stellen, s-n Mann stehen, b) den Erwartungen entsprechen; **keep s.o. up to** (**the**) **~** j-n bei der Stange halten; **start from ~** a) ohne Vorgabe starten, b) *fig.* ganz von vorne anfangen; **up to ~** auf der Höhe, in Form; **4.** *pl. mst sg. konstr. vet.* Mauke *f*; **II** *adj.* **5.** Konzept..., Schmier...: **~ paper**, **~ pad** a) Notizblock *m*, b) *Computer:* Notizblockspeicher *m*; **6.** *sport* a) ohne Vorgabe: **~ race**, b) zs.-gewürfelt: **~ team**; **III** *v/t.* **7.** (zer)kratzen: **~ the surface of** *fig. et.* (nur) oberflächlich behandeln; **8.** kratzen; *Tier* kraulen: **~ one's head** sich (*aus Verlegenheit etc.*) den Kopf kratzen; **~ together** (*od.* **up**) *bsd. fig.* zs.-kratzen, -scharren; **9.** kritzeln; **10.** *a.* **~ out**, **~ through** aus-, 'durchstreichen; **11.** *sport Pferd etc.* vom Rennen, *a. Nennung* zu'rückziehen; **12.** *pol. Kandidaten* streichen; **IV** *v/i.* **13.** kratzen (*a. Schreibfeder etc.*); **14.** sich kratzen *od.* scheuern; **15.** scharren (**for** nach); **16.** **~ along**, **~ through** → **scrape** 11; **17.** *sport* s-e Meldung zu'rückziehen, ausscheiden; '**scratch·y** [-tʃɪ] *adj.* □ **1.** kratzend; **2.** zerkratzt; **3.** kritzelig; **4.** *sport* a) → **scratch** 6, b) unausgeglichen; **5.** *vet.* an Mauke erkrankt.

scrawl [skrɔːl] **I** *v/t.* kritzeln, hinschmieren; **II** *v/i.* kritzeln; **III** *s.* Gekritzel *n*; Geschreibsel *n*.

scray [skreɪ] *s. Brit.* Seeschwalbe *f*.

scream [skriːm] **I** *s.* **1.** (gellender) Schrei; **2.** Gekreisch(e) *n*: **~s of laughter** brüllendes Gelächter; **he** (**it**) **was a** (**perfect**) **~** *sl.* er (es) war zum Schreien (komisch); **3.** Heulen *n* (*Sirene etc.*); **II** *v/i.* **4.** schreien (*a. fig. Farben etc.*), gellen; kreischen: **~ out** aufschreien; **~ with laughter** vor Lachen brüllen; **5.** heulen (*Wind etc.*), schrill pfeifen; **III** *v/t.* **6.** *oft* **~ out** (her'aus)schreien; '**scream·er** [-mə] *s.* **1.** Schreiende(r *m*) *f*; **2.** *sl.* a) ‚tolle Sache‘, b) *bsd. Am.* F Riesenschlagzeile *f*; '**scream·ing** [-mɪŋ] *adj.* □ **1.** schrill, gellend; **2.** *fig.* schreiend, grell: **~ colo(u)rs**; **3.** F a) ‚toll‘, großartig, b) *a.* **~ly funny** zum Schreien (komisch).

scree [skriː] *s. geol. Brit.* **1.** Geröll *n*; **2.** Geröllhalde *f*.

screech [skriːtʃ] **I** *v/i.* (gellend) schreien; kreischen (*a. weitS. Bremsen etc.*); **II** *v/t. et.* kreischen; **III** *s.* ('durchdringender) Schrei; **~ owl** *s. orn.* schreiende Eule.

screed [skriːd] *s.* **1.** lange Liste; **2.** langatmige Rede *etc.*, Ti'rade *f*.

screen [skriːn] **I** *s.* **1.** (Schutz)Schirm *m*, (-)Wand *f*; **2.** △ a) Zwischenwand *f*, b) *eccl.* Lettner *m*; **3.** a) (Film)Leinwand *f*, b) *coll.* **the ~** der Film, das Kino: **~ star** Filmstar *m*; **on the ~** im Film; **4.** a) *TV, Radar, Computer:* Bildschirm *m*, b) ⚡ Röntgenschirm *m*; **5.** Drahtgitter *n*, -netz *n*; **6.** Fliegenfenster *n*; **7.** ⊙ Gittersieb *n für Sand etc.*; **8.** ✕ a) *taktische* Abschirmung, (⚓ Geleit-)Schutz *m*, b) (Rauch-, Schützen-)

Schleier *m*, Nebelwand *f*, c) Tarnung *f*; **9.** *fig.* a) Schutz *m*, Schirm *m*, b) Tarnung *f*, Maske *f*; **10.** *phys.* a) *optical* **~** Filter *m*, Blende *f*, b) *a.* **electric ~** Abschirmung *f*, c) *a.* **ground ~** Erdungsebene *f*; **11.** *phot.*, *typ.* Raster (-platte *f*) *m*; **12.** *mot.* Windschutzscheibe *f*; **II** *v/t.* **13.** *a.* **~ off** abschirmen, verdecken; *Licht* abblenden; **14.** (be-)schirmen (**from** vor *dat.*); **15.** *fig. j-n* decken; **16.** ✕ *a.* tarnen (*a. fig.*), b) einnebeln; **17.** ⊙ *Sand etc.* ('durch)sieben: **~ed coal** Würfelkohle *f*; **18.** *phot. Bild* projizieren; **19.** *Film:* a) verfilmen, b) für den Film bearbeiten; **20.** *fig. Personen* (aus)sieben, (über)'prüfen; **III** *v/i.* **21.** sich (ver)filmen lassen; sich für den Film eignen (*a. Person*); **~ grid** *s.* ✝ Schirmgitter *n*; '**~·land** [-lənd] *s. Am.* Filmwelt *f*; '**~·play** *s. Film:* Drehbuch *n*; '**~·print I** *s.* Siebdruck *m*; **II** *v/t.* im Siebdruckverfahren herstellen; **~ test** *s. Film:* Probeaufnahme *f*; '**~-test** *v/t. Film:* Probeaufnahmen machen von; **~ wash·er** *s. mot.* Scheibenwaschanlage *f*; **~ wire** *s.* ⊙ Maschendraht *m*.

screw [skruː] **I** *s.* **1.** ⊙ Schraube *f* (*ohne Mutter*): **there is a ~ loose** (*somewhere*) *fig.* da stimmt et. nicht; **he has a ~ loose** F bei ihm ist e-e Schraube locker; **2.** ⊙ Spindel *f* (*Presse*); **3.** (Flugzeug-, Schiffs)Schraube *f*; **4.** ⚓ Schraubendampfer *m*; **5.** F *fig.* Druck *m*: **apply the ~ to**, **put the ~(s) on** *j-n* unter Druck setzen; **give another turn to the ~** *a. fig.* die Schraube anziehen; **6.** *Brit.* Tütchen *n Tabak etc.*; **7.** *bsd. sport* Ef'fet *m*; **8.** *Brit.* Geizhals *m*; **9.** *Brit.* alter Klepper (*Pferd*); **10.** *Brit. sl.* Lohn *m*, Gehalt *n*; **11.** Korkenzieher *m*; **12.** *sl.* Gefängniswärter *m*; **13.** V ‚Nummer‘ *f*: **have a ~** ‚bumsen‘; **be a good~** gut ‚bumsen‘; **II** *v/t.* **14.** schrauben: **~ down** ein-, festschrauben; **~ on** an-, aufschrauben; **~ up** a) zuschrauben, b) *Papier* zerknüllen; **his head is ~ed on the right way** F er ist nicht auf den Kopf gefallen; **15.** *fig. Augen, Körper etc.* (ver)drehen; *Mund etc.* verziehen; **16.** **~ down** (**up**) ✝ *Preise* her'unter- (hoch)schrauben; **~ s.th. out of** et. aus *j-m* herauspressen; **~ up one's courage** Mut fassen; **17.** *sport* dem *Ball* Ef'fet geben; **18.** F *j-n* ‚reinlegen‘; **19.** **~ up** F ‚vermasseln‘; **20.** V ‚bumsen‘, ‚vögeln‘: **~ you!**, **get ~ed** *bsd. Am.* geh zum Teufel!; **III** *v/i.* **21.** sich (ein)schrauben lassen; **22.** knausern; **23.** V ‚bumsen‘, ‚vögeln‘; **24.** **~ around** *Am. sl.* sich he'rumtreiben.

'**screw·ball** *Am.* **I** *s.* **1.** *Baseball:* Ef'fetball *m*; **2.** *sl.* ‚Spinner‘ *m*; **II** *adj.* **3.** *sl.* verrückt; **~ bolt** *s.* ⊙ Schraubenbolzen *m*; **~ cap** *s.* **1.** Schraubdeckel *m*, Verschlußkappe *f*; **2.** 'Überwurfmutter *f*; **con·vey·er** *s.* Förderschnecke *f*; **~ die** *s.* Gewindeschneideeisen *n*; '**~·driv·er** *s.* Schraubenzieher *m*.

screw·ed [skruːd] *adj.* **1.** verschraubt; **2.** mit Gewinde; **3.** verdreht, gewunden; **4.** F ‚besoffen‘.

screw| gear(·ing) *s.* ⊙ **1.** Schneckenrad *n*; **2.** Schneckengetriebe *n*; **~ jack** *s.* **1.** Hebespindel *f*; **2.** Wagenheber *m*; **~ nut** *s.* Mutterschraube *f*; **~ press** *s.* Spindel- *od.* Schraubenpresse *f*; **~**

steam·er → *screw* 4; ~ **tap** *s.* ☼ Gewindebohrer *m*; ~ **top** *s.* Schraubverschluß *m*; ~ **wrench** *s.* ☼ Schraubenschlüssel *m*.

screw·y ['skruːɪ] *adj.* **1.** schraubenartig; **2.** F ,beschwipst'; **3.** *Am. sl.* verrückt; **4.** knickerig.

scrib·ble ['skrɪbl] **I** *v/t.* **1.** *a.* ~ *down* (hin)kritzeln, (-)schmieren: ~ *over* bekritzeln; **2.** ☼ *Wolle* krempeln; **II** *v/i.* **3.** kritzeln; **III** *s.* **4.** Gekritzel *n*, Geschreibsel *n*; **'scrib·bler** [-lə] *s.* **1.** Kritzler *m*, Schmierer *m*; **2.** Schreiberling *m*; **3.** ☼ 'Krempelma‚schine *f*.

scrib·bling| block, ~ **pad** ['skrɪblɪŋ] *s. Brit.* Schmier-, No'tizblock *m*.

scribe [skraɪb] *s.* **1.** Schreiber *m* (*a. hist.*), Ko'pist *m*; **2.** *bibl.* Schriftgelehrte(r) *m*; **3.** *humor.* a) Schriftsteller *m*, b) Journa'list *m*; **4.** ☼ *a.* ~ *awl* Reißnadel *f*; **II** *v/t.* **5.** ☼ anreißen; **'scrib·er** [-bə] → *scribe* 4.

scrim [skrɪm] *s.* leichter Leinen- *od.* Baumwollstoff.

scrim·mage ['skrɪmɪdʒ] *s.* **1.** Handgemenge *n*, Getümmel *n*; **2.** a) *American Football*: Scrimmage *n* (*Rückpaß*), b) *Rugby*: Gedränge *n*.

scrimp [skrɪmp] **I** *v/t.* **1.** knausern mit, knapp bemessen; **2.** *j-n* knapp halten (*for* mit); **II** *v/i.* **3.** *a.* ~ *and save* knausern (*on* mit); **III** *adj.* **4.** → **'scrimp·y** [-pɪ] knapp, eng.

'scrim·shank *v/i. bsd.* ✕ *Brit. sl.* sich drücken.

scrip¹ [skrɪp] *s. hist.* (Pilger-, Schäfer-) Tasche *f*, Ränzel *n*.

scrip² [skrɪp] *s.* **1.** † a) Berechtigungsschein *m*, b) Scrip *m*, Interimsschein *m*, -aktie *f*, *coll.* die Scrips *pl. etc.*; **2.** *a.* ~ *money* a) Er'satzpa‚piergeldwährung *f*, b) ✕ Besatzungsgeld *n*.

script [skrɪpt] *s.* **1.** Handschrift *f*; **2.** Schrift(art) *f*: *phonetic* ~ Lautschrift; **3.** *typ.* (Schreib)Schrift *f*; **4.** a) Text *m*, b) *thea. etc.* Manu'skript *n*, c) *Film*: Drehbuch *n*; **5.** ✐ Urschrift *f*; **6.** *ped. Brit.* (schriftliche) Prüfungsarbeit; ~ **ed·i·tor** *s. Film, thea., TV*: Drama'turg *m*; ~ **girl** *s. Film*: Scriptgirl *n* (*Atelierse‚kretärin*).

scrip·tur·al ['skrɪptʃ ərəl] *adj.* **1.** Schrift...; **2.** *a.* ♀ biblisch, der Heiligen Schrift; **scrip·ture** ['skrɪptʃə] *s.* **1.** ♀, *mst the* ♀s die Heilige Schrift, *die* Bibel; **2.** *obs.* ♀ Bibelstelle *f*; **3.** heilige (nichtchristliche) Schrift: *Buddhist* ~; **4.** *a.* ~ *class* (*od. lesson*) *ped.* Religi'onsstunde *f*.

'script‚writ·er *s.* **1.** *Film, TV*: Drehbuchau‚tor(in); **2.** *Radio*: Hörspielau‚tor(in).

scrive·ner ['skrɪvnə] *s. hist.* **1.** (öffentlicher) Schreiber; **2.** No'tar *m*.

scrof·u·la ['skrɒfjulə] *s.* ♪ Skrofu'lose *f*; **'scrof·u·lous** [-ləs] *adj.* □ ♪ skrofu'lös.

scroll [skrəʊl] *s.* **1.** Schriftrolle *f*; **2.** a) △ Vo'lute *f*, b) ♪ Schnecke *f*, c) Schnörkel *m* (*Schrift*); **3.** Liste *f*, Verzeichnis *n*; **4.** ☼ Triebkranz *m*; ~ **chuck** *s.* ☼ Univer'salspannfutter *n*; ~ **gear** *s.* ☼ Schneckenrad *n*; ~ **saw** *s.* ☼ Laubsäge *f*; **'~work** *s.* **1.** Schneckenverzierung *f*; **2.** Laubsägearbeit *f*.

scro·tum ['skrəʊtəm] *pl.* **-ta** [-tə] *s. anat.* Hodensack *m*, Skrotum *n*.

scrounge [skraʊndʒ] F **I** *v/t.* **1.** ,organisieren': a) ,klauen', b) beschaffen; **2.** schnorren; **II** *v/i.* **3.** ,klauen'; **4.** schnorren, nassauern; **'scroung·er** [-dʒə] *s.* F **1.** Dieb *m*; **2.** Schnorrer *m*, Nassauer *m*.

scrub¹ [skrʌb] **I** *v/t.* **1.** schrubben, scheuern; **2.** ☼ *Gas* reinigen; **3.** F *fig.* streichen, ausfallen lassen; **II** *v/i.* **4.** schrubben, scheuern; **III** *s.* **5.** Schrubben *n*: *that wants a good* ~ das muß tüchtig gescheuert werden; **6.** *sport* a) Re'servespieler *m*, b) *a.* ~ *team* zweite Mannschaft *od.* ‚Garni'tur', c) *a.* ~ *game* Spiel *n* der Re'servemannschaften.

scrub² [skrʌb] *s.* **1.** Gestrüpp *n*, Buschwerk *n*; **2.** Busch *m* (*Gebiet*); **3.** a) verkümmerter Baum, b) Tier *n* minderwertiger Abstammung, c) Knirps *m*, d) *fig. contp.* ,Null' *f* (*Person*).

'scrub(·bing) brush ['skrʌbɪŋ] *s.* Scheuerbürste *f*.

scrub·by ['skrʌbɪ] *adj.* **1.** verkümmert, -krüppelt; **2.** gestrüppreich; **3.** armselig, schäbig; **4.** stopp(e)lig.

scruff [skrʌf], ~ **of the neck** *s.* Genick *n*: *take s.o. by the* ~ *of the neck* j-n beim Kragen packen.

scruff·y ['skrʌfɪ] *adj.* F schmudd(e)lig, dreckig.

scrum·mage ['skrʌmɪdʒ] → *scrimmage*.

scrump·tious ['skrʌmpʃəs] *adj.* F ,toll', ,prima'.

scrunch [skrʌnʃ] **I** *v/t.* **1.** knirschend (zer)kauen; **2.** zermalmen; **II** *v/i.* **3.** knirschen; **4.** knirschend kauen; **III** *s.* **5.** Knirschen *n*.

scru·ple ['skruːpl] **I** *s.* **1.** Skrupel *m*, Zweifel *m*, Bedenken *n* (*alle mst pl.*): *have* ~*s about doing* Bedenken haben, *et.* zu tun; *without* ~ skrupellos; **2.** *pharm.* Skrupel *n* (= *20 Gran od. 1,296 Gramm*); **II** *v/i.* **3.** Skrupel *od.* Bedenken haben; **'scru·pu·lous** [-pjʊləs] *adj.* □ **1.** voller Skrupel *od.* Bedenken, (allzu) bedenklich (*about* in *dat.*); **2.** (über)gewissenhaft, peinlich (genau); **3.** ängstlich, vorsichtig.

scru·ti·neer [‚skruːtɪˈnɪə] *s. pol.* Wahlprüfer *m*; **scru·ti·nize** ['skruːtɪnaɪz] *v/t.* **1.** (genau) prüfen, unter'suchen; **2.** genau ansehen, studieren; **scru·ti·ny** ['skruːtɪnɪ] *s.* **1.** (genaue) Unter'suchung, *pol.* Wahlprüfung *f*; **2.** prüfender *od.* forschender Blick.

scu·ba ['skuːbə] *s.* (Schwimm)Tauchgerät *n*: ~ *diving* Sporttauchen *n*.

scud [skʌd] **I** *v/i.* **1.** eilen, jagen; **2.** ♭ lenzen; **II** *s.* **3.** (Da'hin)Jagen *n*; **4.** (tieftreibende) Wolkenfetzen *pl.*; **5.** (Wind)Bö *f*.

scuff [skʌf] **I** *v/i.* **1.** schlurfen(d gehen); **2.** ab-, aufscharren; **II** *v/t.* **3.** *bsd. Am.* abstoßen, abnutzen; **4.** boxen.

scuf·fle ['skʌfl] **I** *v/i.* **1.** sich balgen, raufen; **2.** → *scuff* 1; **II** *s.* **3.** Balge'rei *f*, Raufe'rei *f*, Handgemenge *n*; **4.** Schlurfen *n*.

scull [skʌl] ♭ **I** *s.* **1.** Heck-, Wriggriemen *m*; **2.** Skullboot *n*; **II** *v/i. u. v/t.* **3.** wriggen; **4.** skullen; **'scul·ler** [-lə] *s.* **1.** Skuller *m* (*Ruderer*); **2.** → *scull* 2.

scul·ler·y ['skʌlərɪ] *s. Brit.* Spülküche *f*: ~*maid* Spül-, Küchenmädchen *n*; **'scul·lion** [-ljən] *s. hist. Brit.* Küchenjunge *m*.

sculp(t) [skʌlp(t)] F *für sculpture* II *u.* III.

sculp·tor ['skʌlptə] *s.* Bildhauer *m*; **'sculp·tress** [-trɪs] *s.* Bildhauerin *f*; **'sculp·tur·al** [-tʃərəl] *adj.* □ bildhauerisch, Skulptur...; **'sculp·ture** [-tʃə] **I** *s.* Plastik *f*: a) Bildhauerkunst *f*, b) Skulp'tur *f*, Bildhauerwerk *n*; **II** *v/t.* formen, (her'aus)meißeln *od.* (-)schnitzen; **III** *v/i.* bildhauern.

scum [skʌm] *s.* **1.** (☼ *u. fig.* Ab)Schaum *m*: *the* ~ *of the earth fig.* der Abschaum der Menschheit; **II** *v/t. u. v/i.* abschäumen.

scum·ble ['skʌmbl] *paint.* **I** *v/t.* **1.** Farben, *Umrisse* vertreiben, dämpfen; **II** *s.* **2.** Gedämpftheit *f*; **3.** La'sur *f*.

scum·my ['skʌmɪ] *adj.* **1.** schaumig; **2.** *fig.* gemein, ,fies'.

scup·per ['skʌpə] **I** *s.* **1.** ♭ Speigatt *n*; **II** *v/t.* ✕ *Brit. sl.* **2.** niedermetzeln; **3.** *Schiff* versenken; **4.** *fig.* ka'puttmachen.

scurf [skɜːf] *s.* **1.** ♪ a) Schorf *m*, Grind *m*, b) *bsd. Brit.* (Kopf)Schuppen *pl.*; **2.** abblätternde Kruste; **'scurf·y** [-fɪ] *adj.* schorfig, grindig; schuppig.

scur·ril·i·ty [skʌˈrɪlətɪ] *s.* **1.** zotige Scherzhaftigkeit; **2.** Zotigkeit *f*; **3.** Zote *f*; **scur·ril·ous** ['skʌrɪləs] *adj.* □ **1.** ordi'när-scherzhaft, ,frech'; **2.** unflätig, zotig.

scur·ry ['skʌrɪ] **I** *v/i.* **1.** huschen, hasten; **II** *s.* **2.** Hasten *n*; Getrippel *n*; **3.** *sport* a) Sprint *m*, b) *Pferdesport*: Fliegerrennen *n*; **4.** Schneetreiben *n*.

scur·vy ['skɜːvɪ] **I** *s.* ♪ Skor'but *m*; **II** *adj.* (hunds)gemein, ,fies'.

scut [skʌt] *s.* **1.** *hunt.* Blume *f*, kurzer Schwanz (*Hase*), Wedel *m* (*Rotwild*); **2.** Stutzschwanz *m*.

scu·tage ['skjuːtɪdʒ] *s.* ✕ *hist.* Schildpfennig *m*, Rittersteuer *f*.

scutch [skʌtʃ] ☼ **I** *v/t.* **1.** *Flachs* schwingen; **2.** *Baumwolle od. Seidenfäden* (durch Schlagen) entwirren; **II** *s.* **3.** (Flachs)Schwingmesser *n*, ('Flachs-)‚Schwingma‚schine *f*.

scutch·eon ['skʌtʃən] *s.* **1.** → *escutcheon*; **2.** → *scute*.

scute [skjuːt] *s. zo.* Schuppe *f*.

scu·tel·late(d) ['skjuːtəleɪt(ɪd)] *adj. zo.* schuppig; **scu·tel·lum** [skjuːˈteləm] *pl.* **-la** [-lə] *s.* ♀, *zo.* Schildchen *n*.

scut·tle¹ ['skʌtl] *s.* **1.** Kohlenkasten *m*, -eimer *m*; **2.** (flacher) Korb.

scut·tle² ['skʌtl] **I** *v/i.* **1.** hasten, flitzen; **2.** ~ *out of* ✕ *u. fig.* sich hastig zu'rückziehen aus *od.* von; **II** *s.* **3.** hastiger Rückzug.

scut·tle³ ['skʌtl] **I** *s.* **1.** (Dach-, Boden-) Luke *f*; **2.** ♭ (Spring)Luke *f*; **3.** *mot.* Stirnwand *f*, Spritzbrett *n*; **II** *v/t.* **4.** ♭ a) *Schiff* anbohren *od.* die 'Bodenven‚tile öffnen, b) (selbst) versenken; **'~butt** *s.* **1.** ♭ Trinkwassertonne *f od.* -anlage *f*; **2.** *Am.* F Gerücht *n*.

scythe [saɪð] **I** *s.* **1.** Sense *f*; **II** *v/t.* **2.** (ab)mähen; **3.** ~ *down Fußball*: ,umsäbeln'.

sea [siː] *s.* **1.** a) See *f*, Meer *n* (*a. fig.*), b) Ozean *m*, Weltmeer *n*: *at* ~ *auf od.* zur See; *mst all at* ~ *fig.* ratlos, im dunkeln tappend; *beyond the* ~, *over* ~(*s*) nach *od.* in Übersee; *by* ~ auf dem Seeweg; *on the* ~ a) auf *od.* zur See, b) an der See *od.* Küste (gelegen); *follow the*

~ zur See fahren; **put** (**out**) **to** ~ in See stechen; **the four** ~**s** die vier (*Großbritannien umgebenden*) Meere; **the high** ~**s** die hohe See, die Hochsee; **2.** ⚓ See(gang *m*) *f*: **heavy** ~, **long** (**short**) ~ lange (kurze) See; **3.** ⚓ See *f*, hohe Welle; → **ship** 7; ~ **an·chor** *s*. **1.** ⚓ Treibanker *m*; **2.** ✓ Wasseranker *m*; ~ **bear** *s. zo.* **1.** Eisbär *m*; **2.** Seebär *m*; '~**board** I *s.* (See)Küste *f*; II *adj.* Küsten...; '~**born** *adj.* **1.** aus dem Meer stammend; **2.** *poet.* meergeboren; '~**borne** *adj.* auf dem Seewege befördert, See...: ~ **goods** Seehandelsgüter; ~ **invasion** ✗ Landungsunternehmen *n* von See aus; ~ **trade** Seehandel *m*; ~ **calf** → **sea dog** 1a; ~ **cap·tain** *s.* ('Schiffs)Kapi,tän *m*; ~ **cock** *s.* ⚓ 'Bordven,til *n*; ~ **cow** *s. zo.* **1.** Seekuh *f*, Si'rene *f*; **2.** Walroß *n*; ~ **dog** *s.* **1.** *zo.* a) Gemeiner Seehund, Meerkalb *n*, b) → **dogfish**; **2.** *fig.* ⚓ (alter) Seebär; '~**drome** [-drəʊm] *s.* ✓ Wasserflughafen *m*; ~ **el·e·phant** *s. zo.* 'See-Ele,fant *m*; '~**far·er** [-,feərə] *s.* Seefahrer *m*, -mann *m*; '~**far·ing** [-,feərɪŋ] I *adj.* seefahrend: ~ **man** Seemann *m*; ~ **nation** Seefahrernation *f*; II *s.* Seefahrt *f*; ~ **farm·ing** *s.* 'Aquakul,tur *f*; '~**food** *s.* Meeresfrüchte *pl.*; '~**fowl** *s.* Seevogel *m*; ~ **front** *s.* Seeseite *f* (*e-r Stadt etc.*); ~ **ga(u)ge** *s.* ⚓ **1.** Tiefgang *m*; **2.** Lotstock *m*; '~**girt** *adj. poet.* 'meerum,schlungen; ~ **god** *s.* Meeresgott *m*; '~**go·ing** *adj.* ⚓ seetüchtig, Hochsee...; ~ **green** *s.* Meergrün *n*; ~ **gull** *s. orn.* Seemöwe *f*; ~ **hog** *s. zo.* Schweinswal *m*, *bsd.* Meerschwein *n*; ~ **horse** *s.* **1.** *zo.* a) Seepferdchen *n*, b) Walroß *n*; **2.** *myth.* Seepferd *n*; **3.** große Welle.

seal[1] [siːl] I *s.* **1.** *pl.* **seals**, *bsd. coll.* **seal** *zo.* Robbe *f*, *engS.* Seehund *m*; **2.** → **sealskin**; II *v/i.* **3.** auf Robbenjagd gehen.

seal[2] [siːl] I *s.* **1.** Siegel *n*: **set one's** ~ **to** sein Siegel auf *et.* drücken, *bsd. fig. et.* besiegeln (*bekräftigen*); **under the** ~ **of secrecy** *fig.* unter dem Siegel der Verschwiegenheit; **2.** Siegel(prägung *f*) *n*; **3.** Siegel(stempel *m*) *n*, Petschaft *f*; → **Great Seal**; **4.** ⚖ *etc.* Siegel *n*, Verschluß *m*; Zollverkehr *etc.*: Plombe *f*: **under** ~ unter Verschluß; **5.** ⚙ a) (wasser-, luftdichter) Verschluß, b) (Ab-) Dichtung *f*, c) Versiegelung *f* (*Kunststoff etc.*); **6.** *fig.* Siegel *n*, Besiegelung *f*, Bekräftigung *f*; **7.** Zeichen *n*, Garan'tie *f*; **8.** *fig.* Stempel *m*, Zeichen *n* des Todes *etc.*; II *v/t.* **9.** Urkunde siegeln; **10.** *Rechtsgeschäft etc.* besiegeln (*bekräftigen*); **11.** *fig.* besiegeln: **his fate is** ~**ed**; **12.** *fig.* zeichnen, s-n Stempel aufdrücken (*dat.*); **13.** versiegeln: ~**ed offer** ✓ versiegeltes Angebot; **under** ~**ed orders** ✗ mit versiegelter Order; **14.** *Verschluß etc.* plombieren; **15.** *oft* ~ **up** her'metisch (*od.* ⚙ wasser-, vakuumdicht) abschließen *od.* abdichten, *Holz, Kunststoff etc.* versiegeln, ⚙ *a.* einzementieren, zuschmelzen, *mit Klebestreifen etc.* verschließen: **it is a** ~**ed book to me** *fig.* es ist ihm ein Buch mit sieben Siegeln; ~ **a letter** e-n Brief zukleben; **16.** ~ **off** *fig.* a) ✗ *etc.* abriegeln, b) dichtmachen: ~ **off the border**.

sea lane *s.* See-, Schiffahrtsweg *m*.

seal·ant ['siːlənt] *s.* ⚙ Dichtungsmittel *n*.

sea| law·yer *s.* ⚓ F Queru'lant *m*; '~**legs** *s. pl.*: **get** *od.* **find one's** ~ ⚓ seefest werden.

seal·er[1] ['siːlə] *s.* ⚓ Robbenfänger *m* (*Mann od. Schiff*).

seal·er[2] ['siːlə] *s.* ⚙ a) Versiegler *m*, b) Verschließvorrichtung *f*, c) Versiegelungsmasse *f*.

'**seal·er·y** [-ərɪ] *s.* **1.** Robbenfang *m*; **2.** Robbenfangplatz *m*.

sea lev·el *s.* Meeresspiegel *m*, -höhe *f*: **corrected to** ~ auf Meereshöhe umgerechnet.

'**seal-,fish·er·y** → **sealery** 1.

seal·ing ['siːlɪŋ] *s.* **1.** (Be)Siegeln *n*; **2.** Versiegeln *n*, ⚙ *a.* (Ab)Dichtung *f*: ~ (**compound**) Dichtungsmasse *f*; ~ **ma·chine** → **sealer**[2] b; ~ **ring** Dichtungsring *m*; ~ **wax** Siegellack *m*.

sea| li·on *s. zo.* Seelöwe *m*; ♀ **Lord** *s.* ⚓ *Brit.* Seelord *m* (*Amtsleiter in der brit. Admiralität*).

'**seal-,rook·er·y** *s. zo.* Brutplatz *m* von Robben; '~**skin** *s.* **1.** Seal(skin) *m*, *n*, Seehundsfell *n*; **2.** Sealmantel *m*, -cape *n*.

seam [siːm] I *s.* **1.** Saum *m*, Naht *f* (*a.* ⚕): **burst at the** ~**s** aus den Nähten platzen (*a. fig.*); **2.** ⚙ a) (Guß-, Schweiß)Naht *f*: ~ **welding** Nahtschweißen *n*, b) *bsd.* ⚓ Fuge *f*, c) Sprung *m*, d) Falz *m*; **3.** Runzel *f*; **4.** Narbe *f*; **5.** *geol.* (Nutz)Schicht *f*, Flöz *n*; II *v/t.* **6.** *a.* ~ **up**, ~ **together** zs.-nähen; **7.** säumen; **8.** *bsd. fig.* (durch-) 'furchen; **9.** (zer)schrammen; **10.** ⚙ durch e-e (Guß- *od.* Schweiß)Naht verbinden.

sea·man ['siːmən] *s.* [*irr.*] ⚓ **1.** Seemann *m*, Ma'trose *m*; **2.** ✗ *Am.* (Ma'rine)Obergefreite(r) *m*: ~ **recruit** Ma'trose; '**sea·man·like** *adj. u. adv.* seemännisch; '**sea·man·ship** [-ʃɪp] *s.* Seemannschaft *f*.

sea| mark *s.* Seezeichen *n*; ~ **mew** *s. orn.* Sturmmöwe *f*; ~ **mile** *s.* Seemeile *f*; ~ **mine** *s.* ✗ Seemine *f*.

seam·less ['siːmlɪs] *adj.* □ **1.** naht-, saumlos: ~**-drawn tube** ⚙ nahtlos gezogene Röhre; **2.** fugenlos.

sea mon·ster *s.* Meeresungeheuer *n*.

seam·stress ['semstrɪs] *s.* Näherin *f*.

sea mud *s.* Seeschlamm *m*, Schlick *m*.

seam·y ['siːmɪ] *adj.* gesäumt: **the** ~ **side** a) die linke Seite, b) *fig.* die Kehr- *od.* Schattenseite.

se·ance, sé·ance ['seɪãːns] (*Fr.*) *s.* Sé'ance *f*, (spiri'tistische) Sitzung.

'**sea| piece** *s. paint.* Seestück *n*; '~**plane** *s.* See-, Wasserflugzeug *n*; '~**port** *s.* Seehafen *m*, Hafenstadt *f*; **pow·er** *s.* Seemacht *f*; '~**quake** *s.* Seebeben *n*.

sear[1] [sɪə] I *v/t.* **1.** versengen; **2.** ⚕ (aus-) brennen; **3.** *Fleisch* anbraten; **4.** *bsd. fig.* brandmarken; **5.** *fig.* abstumpfen: **a** ~**ed conscience**; **6.** verdorren lassen; II *v/i.* **7.** verdorren; III *adj.* **8.** *poet.* verdorrt, -welkt: **the** ~ **and yellow leaf** *fig.* der Herbst des Lebens.

sear[2] [sɪə] *s.* ✗ Abzugsstollen *m* (*Gewehr*).

search [sɜːtʃ] I *v/t.* **1.** durch'suchen, -'stöbern (**for** nach); **2.** ⚖ *Person*, *Haus etc.* durch'suchen, visitieren; **3.** unter'suchen; **4.** *fig. Gewissen etc.* er-

forschen, prüfen; **5.** *mst* ~ **out** auskundschaften, ausfindig machen; **6.** durch-'dringen (*Wind, Geschosse etc.*); **7.** ✗ mit Tiefenfeuer belegen *od.* bestreichen; **8.** *sl.* ~ **me!** keine Ahnung!; II *v/i.* **9.** (**for**) suchen, forschen (nach); ⚖ fahnden (nach): ~ **into** ergründen, untersuchen; **10.** ~ **after** streben nach; III *s.* **11.** Suchen *n*, Forschen *n* (**for, of** nach): **in** ~ **of** auf der Suche nach; **go in** ~ **of** auf die Suche gehen nach; **12.** ⚖ a) Fahndung *f*, b) Haussuchung *f*, c) ('Leibes)Visitati,on *f*, d) Einsichtnahme *f in öffentliche Bücher*, e) Überprüfung *f*, *Patentwesen*: Re'cherche *f*: **right of** (**visit and**) ~ ⚓ Recht *n* auf Durchsuchung neutraler Schiffe; '**search·er** [-tʃə] *s.* **1.** Sucher *m*, (Er)Forscher *m*; **2.** (*Zoll- etc.*)Prüfer *m*; **3.** ⚕ Sonde *f*; '**search·ing** [-tʃɪŋ] *adj.* □ **1.** gründlich, eingehend, tiefschürfend; **2.** forschend (*Blick*); durch'dringend (*Wind etc.*): ~ **fire** ✗ Tiefen-, Streufeuer *n*.

'**search·light** *s.* (Such)Scheinwerfer *m*; ~ **par·ty** *s.* Suchtrupp *m*; ~ **ra·dar** *s.* ✗ Ra'dar-Suchgerät *n*; ~ **war·rant** *s.* ⚖ Haussuchungsbefehl *m*.

'**sea-,res·cue** *adj.* Seenot...; ~ **risk** *s.* ⚖ Seegefahr *f*; ~ **room** *s.* ⚓ Seeräumte *f*; ~ **route** *s.* See-, Schiffahrtsweg *m*; '~**scape** *s.* **1.** *paint.* Seestück *n*; **2.** (Aus)Blick *m* auf das Meer; ~ **ser·pent** *s. zo. u. myth.* Seeschlange *f*; '~**shore** *s.* Seeküste *f*; '~**sick** *adj.* seekrank; '~**sick·ness** Seekrankheit *f*; '~**side** I *s.* See-, Meeresküste *f*: **go to the** ~ an die See fahren; II *adj.* an der See gelegen, See...: ~ **place**, ~ **resort** Seebad *n*.

sea·son ['siːzn] I *s.* **1.** (Jahres)Zeit *f*; **2.** a) (Reife- *etc.*)Zeit *f*, rechte Zeit (*für et.*), b) *hunt.* (Paarungs- *etc.*)Zeit *f*: **in** ~ a) (gerade) reif, (günstig auf dem Markt) zu haben (*Frucht*), b) zur rechten Zeit, c) *hunt.* jagdbar, d) brünstig (*Tier*); **out of** ~ a) nicht (auf dem Markt) zu haben, b) *fig.* unpassend; **in and out of** ~ jederzeit; **cherries are now in** ~ jetzt ist Kirschenzeit; **a word in** ~ ein Rat zur rechten Zeit; **for a** ~ e-e Zeitlang; → **close season**; **3.** ✝ Sai'son *f*, Haupt(betriebs-, -geschäfts)zeit *f*: **dull** (*od.* **slack**) ~ stille Saison, tote Jahreszeit; **height of the** ~ Hochsaison, **4.** (*Veranstaltungs*)Sai'son *f*: **theatrical** ~ Theatersaison, Spielzeit *f*; **5.** (*Bade-, Kur- etc.*)Sai'son *f*: **holiday** ~ Ferienzeit *f*; **6.** Festzeit *f*; → **compliment** 3; **7.** F → **season ticket**; II *v/t.* **8.** *Speisen* würzen (*a. fig.*): ~**ed with wit** geistreich; **9.** *Tabak etc.* (aus)reifen lassen: ~**ed wine** abgelagerter *od.* ausgereifter Wein; **10.** *Holz* ablagern; **11.** *Pfeife* einrauchen; **12.** gewöhnen (**to** an *acc.*), abhärten: **be** ~**ed to** an *ein Klima etc.* gewöhnt sein; ~**ed soldiers** fronterfahrene Soldaten; ~**ed by battle** kampferprobt; **13.** *obs.* mildern; III *v/i.* **14.** reifen; **15.** ablagern (*Holz*); '**sea·son·a·ble** [-nəbl] *adj.* □ **1.** rechtzeitig; **2.** jahreszeitlich; **3.** zeitgemäß; **4.** passend, angebracht, oppor'tun, günstig; '**sea·son·al** [-zənl] *adj.* □ **1.** jahreszeitlich; **2.** sai'sonbedingt, -gemäß: ~ **closing-out sale** ✝ Saisonschlußverkauf *m*; ~ **trade** Saisongewerbe *n*; ~ **work**(**er**) Saisonarbeit(er *m*) *f*;

'sea·son·ing [-nɪŋ] s. **1.** Würze f (a. fig.), Gewürz n; **2.** Reifen n etc.; **season tick·et** s. 🚄 etc. Brit. Dauer-, Zeitkarte f; **2.** thea. etc. Abonne-'ment(skarte f) n.

seat [si:t] **I** s. **1.** Sitz(gelegenheit f, -platz m) m; Stuhl m, Sessel m, Bank f; **2.** (Stuhl- etc.)Sitz m; **3.** Platz m bei Tisch etc.: **take a ~** Platz nehmen; **take one's ~** s-n Platz einnehmen; **take your ~s!** 🚄 einsteigen!; **4.** thea. etc. Platz m, Sitz m: **book a ~** e-e (Theater- etc.)Karte kaufen; **5.** (Präsi'denten- etc.) Sitz m (a. fig. Amt); **6.** (Amts-, Regierungs-, ♱ Geschäfts)Sitz m; **7.** parl. etc. Sitz m (a. Mitgliedschaft), parl. a. Man-'dat n: **a ~ in parliament**; **have ~ and vote** Sitz u. Stimme haben; **8.** Wohn-, Fa'milien-, Landsitz m; **9.** fig. Sitz m: a) Stätte f, (Schau)Platz m: **~ of war** Kriegsschauplatz, b) 🗡 Herd m e-r Krankheit (a. fig.); **10.** Gesäß n, Sitzfläche f; Hosenboden m; **11.** Reitsport etc.: Sitz m (Haltung); **12.** ⊙ Auflager n, Funda'ment n; **II** v/t. **13.** j-n wohin setzen, j-m e-n Sitz anweisen: **~ o.s.** sich setzen; **be ~ed** sitzen; **14.** Sitzplätze bieten für: **the hall ~s 600 persons**; **15.** Raum bestuhlen, mit Sitzplätzen versehen; **16.** Stuhl mit e-m (neuen) Sitz versehen; **17.** ⊙ a) auflegen, lagern (**on** auf dat.), b) einpassen, Ventil einschleifen; **18.** pass. sitzen, s-n Sitz haben, liegen (in in dat.); **seat belt** s. ✈, mot. Sicherheitsgurt m; **'seat·ed** [-tɪd] adj. **1.** sitzend: **be ~** → seat 18; **be ~!** nehmen Sie Platz!; **remain ~** sitzen bleiben, Platz behalten; **2.** in Zssgn ...sitzig: **two-~**; **'seat·er** [-tə] s. in Zssgn ...sitzer m: **two-~**; **'seat·ing** [-tɪŋ] **I** s. **1.** a) Anweisen n von Sitzplätzen, b) Platznehmen n; **2.** Sitzgelegenheit(en pl.) f, Bestuhlung f; **II** adj. **3.** Sitz...: **~ accommodation** Sitzgelegenheiten; **seat mile** s. ♧ Passa'giermeile f.

sea| trout s. 'Meer-, 'Lachsfo̱relle f; **~ ur·chin** s. zo. Seeigel m; **'~·wall** s. Deich m; (Hafen)Damm m.

sea·ward ['si:wəd] **I** adj. u. adv. seewärts; **II** s. Seeseite f; **'sea·wards** [-dz] adv. seewärts.

sea| wa·ter s. See-, Meerwasser n; **'~·way** s. **1.** ♧ Fahrt f; **2.** Seeweg m; **3.** Seegang m; **'~·weed** s. **1.** (See)Tang m, Alge f; **2.** allg. Meerespflanze(n pl.) f; **'~·wor·thy** adj. seetüchtig.

se·ba·ceous [sɪ'beɪʃəs] adj. physiol. Talg...

sec [sek] (Fr.) adj. sec, trocken (Wein).

se·cant ['si:kənt] **I** s. ♂ a) Se'kante f, b) Schnittlinie f; **II** adj. schneidend.

sec·a·teur ['sekətɜ:] (Fr.) s. mst (**a pair of**) **~s** pl. ♧ Baumschere.

se·cede [sɪ'si:d] v/i. bsd. eccl., pol. sich trennen od. lossagen, abfallen (**from** von); **se'ced·er** [-də] s. Abtrünnige(r m) f, Separa'tist m.

se·ces·sion [sɪ'seʃn] s. **1.** Sezessi'on f (USA hist. oft ⚘), (Ab-, eccl. Kirchen-) Spaltung f, Abfall m, Lossagung f; **2.** 'Übertritt m (**to** zu); **se'ces·sion·al** [-ʃənl] adj. Sonderbunds..., Abfall..., Sezessions...; **se'ces·sion·ist** [-nɪst] s. Abtrünnige(r m) f, Sonderbündler m, Sezessio'nist m (Am. hist. oft ⚘).

se·clude [sɪ'klu:d] v/t. (**o.s.** sich) ab-

schließen, absondern (**from** von); **se-'clud·ed** [-dɪd] adj. □ einsam, abgeschieden: a) zu'rückgezogen (Lebensweise), b) abgelegen (Ort); **se'clu·sion** [-u:ʒn] s. **1.** Abschließung f; **2.** Zu-'rückgezogenheit f, Abgeschiedenheit f: **live in ~** zurückgezogen leben.

sec·ond ['sekənd] **I** adj. □ → **secondly**; **1.** zweit; nächst: **~ Advent** (od. **Coming**) eccl. 'Wiederkunft f (Christi); **~ ballot** Stichwahl f; **~ Chamber** parl. Oberhaus n; **~ floor** a) Brit. zweiter Stock, b) Am. erster Stock (über dem Erdgeschoß); **~ in height** zweithöchst; **at ~ hand** aus zweiter Hand; **in the ~ place** zweitens; **it has become ~ nature with him** es ist ihm zur zweiten Natur geworden od. in Fleisch u. Blut übergegangen; → **self** 1, **sight** 1, **thought** 3, **wind¹** 6; **2.** (**to**) 'untergeordnet (dat.), geringer (als): **~ cabin** ♧ Kabine f zweiter Klasse; **~ cousin** Vetter m zweiten Grades; **~ lieutenant** ✗ Leutnant m; **come ~** fig. an zweiter Stelle kommen; **~ to none** unerreicht; **he is ~ to none** er ist unübertroffen; → **fiddle** 1; **II** s. **3.** der (die, das) Zweite: **in command** ✗ a) stellvertretender Kommandeur, b) ♧ erster Offizier; **4.** sport Zweite(r m) f, zweiter Sieger: **be a good ~** nur knapp geschlagen werden; **5.** univ. → **second class** 2; **6.** F 🚄 etc. zweite Klasse; **7.** Duell, Boxen: Se'kundant m; fig. Beistand m; **8.** Se'kunde f; weitS. a. Augenblick m, Mo'ment m; **9.** ♪ a) Sekunde f, b) Begleitstimme f; **10.** pl. ♱ Ware(n pl.) f zweiter Quali'tät od. Wahl; **11.** **~ of exchange** ♱ Se-'kundawechsel m; **III** v/t. **12.** sekundieren (dat.) (a. fig.); **13.** fig. unter'stützen (a. parl.), beistehen (dat.); **14.** [sɪ'kɒnd] ✗ Brit. Offizier abstellen, abkommandieren.

sec·ond·ar·i·ness ['sekəndərɪnɪs] s. das Sekun'däre, Zweitrangigkeit f; **sec·ond·ar·y** ['sekəndərɪ] **I** adj. □ **1.** sekun'där, zweitrangig, 'untergeordnet, nebensächlich: **of ~ importance**; **2.** ♯, biol., geol., phys. sekun'där, Sekun-där...: **~ electron**; **3.** Neben...: **~ col·o(u)r, ~ effect**; **4.** Neben..., Hilfs...: **~ line** 🚄 Nebenbahn; **5.** ling. a) sekun'där, abgeleitet, b) Neben...: **~ accent** Nebenakzent m; **~ derivative** Sekun-därableitung f; **~ tense** Nebentempus n; **6.** ped. Oberschul...: **~ education** höhere Schulbildung; **~ school** höhere Schule; **II** s. **7.** 'Untergeordnete(r m) f, Stellvertreter(in); **8.** ♯ a) Sekun'där-(strom)kreis m, b) Sekun'därwicklung f; **9.** ast. a. **~ planet** Satel'lit m; **10.** orn. Nebenfeder f.

'sec·ond-'best adj. zweitbest: **come off ~** fig. den kürzeren ziehen; **~ class** s. **1.** 🚄 etc. zweite Klasse; **2.** univ. Brit. akademischer Grad zweiter Klasse; **~-'class** [-nɑ̈'k-] adj. **1.** zweitklassig, -rangig; **2.** 🚄 etc. Wagen etc. zweiter Klasse: **~ mail** a) Am. Zeitungspost f, b) Brit. gewöhnliche Inlandspost; **~-de'gree** adv. **1.** zweiten Grades: **~ burns**; **2.** **~ murder** 🕮 Totschlag m; **~·'guess** v/t. Am. **1.** im nachhinein kritisieren; **2.** a) durch'schauen, b) vor-'hersehen; **'~·hand I** adj. **1.** über'nommen, a. Wissen etc. aus zweiter Hand;

2. 'indi,rekt; **3.** gebraucht, alt; anti'quarisch (Bücher): **~ bookshop** Antiquariat n; **~ car** Gebrauchtwagen m; **~ dealer** Altwarenhändler m; **II** adv. **4.** gebraucht: **buy s.th. ~**; **~ hand** s. Se-'kundenzeiger m.

sec·ond·ly ['sekəndlɪ] adv. zweitens.

se·cond·ment [sɪ'kɒndmənt] s. Brit. **1.** ✗ Abkommandierung f; **2.** Versetzung f.

¡sec·ond-'rate adj. zweitrangig, -klassig, mittelmäßig; **¡~·'rat·er** s. mittelmäßige Per'son od. Sache.

se·cre·cy ['si:krəsɪ] s. **1.** Verborgenheit f; **2.** Heimlichkeit f: **in all ~, with absolute ~** ganz im geheimen, insgeheim; **3.** Verschwiegenheit f; Geheimhaltung(spflicht) f; (Wahl- etc.)Geheimnis n: **official ~** Amtsverschwiegenheit f; **professional ~** Berufsgeheimnis n, Schweigepflicht f; → **swear** 6; **se·cret** ['si:krɪt] **I** adj. □ **1.** geheim, heimlich, Geheim...(-dienst, -diplomatie, -tür etc.): **~ ballot** geheime Wahl; → **keep** 13; **2.** a) verschwiegen, b) verstohlen (Person); **3.** verschwiegen (Ort); **4.** unerforschlich, verborgen; **II** s. **5.** Geheimnis n (**from** vor dat.): **the ~ of success** fig. das Geheimnis des Erfolgs, der Schlüssel zum Erfolg; **in ~** a) heimlich, im geheimen, b) im Vertrauen; **be in the ~** (in das Geheimnis) eingeweiht sein; **let s.o. into the ~** j-n in das Geheimnis einweihen; **make no ~ of** kein Geheimnis od. Hehl aus et. machen.

se·cre·taire [¡sekrə'teə] (Fr.) s. Sekre-'tär m, Schreibschrank m.

se·cre·tar·i·al [¡sekrə'teərɪəl] adj. **1.** Sekretärs...: **~ help** Schreibkraft f; **2.** Schreib..., Büro...; **sec·re·tar·i·at(e)** [-ɪət] s. Sekretari'at n.

sec·re·tar·y ['sekrətrɪ] s. **1.** Sekre'tär (-in): **~ of embassy** Botschaftsrat m; **2.** Schriftführer m; ♱ a) Geschäftsführer m, b) Syndikus m; **3.** pol. Brit. a) (**of state**) Mi'nister m, b) 'Staatssekre-,tär m: **⚖ State for Foreign Affairs, Foreign ⚖** Außenminister m; **⚖ State for Home Affairs, Home ⚖** Innenminister m; **4.** pol. Am. Mi'nister m: **⚖ of Defense** Verteidigungsminister; **⚖ of State** a) Außenminister m, b) Staatssekretär m e-s Bundesstaats; **5.** → **secretaire**; **~ bird** s. orn. Sekre'tär m; **¡~·'gen·er·al** pl. **¡sec·re·tar·ies-'gen·er·al** s. Gene'ralsekre,tär m.

sec·re·tar·y·ship ['sekrətrɪʃɪp] s. **1.** Posten m od. Amt n e-s Sekre'tärs etc.; **2.** Mi'nisteramt n.

se·crete [sɪ'kri:t] v/t. **1.** physiol. absondern, abscheiden; **2.** verbergen (**from** vor dat.); **☶** Vermögensstücke bei'seite schaffen; **se'cre·tion** [-i:ʃn] s. **1.** physiol. a) Sekreti'on f, Absonderung f, b) Se'kret n; **2.** Verheimlichung f; **se'cre·tive** [-tɪv] adj. □ heimlich, verschlossen, geheimnistuerisch: **be ~ about** mit et. geheim tun; **se'cre·tive·ness** [-tɪvnɪs] s. Heimlichtue'rei f; Verschwiegenheit f.

'se·cret,mon·ger s. Geheimniskrämer(in).

se·cre·to·ry [sɪ'kri:tərɪ] physiol. **I** adj. sekre'torisch, Sekretions...; **II** s. sekre'torische Drüse.

sect [sekt] s. **1.** Sekte f; **2.** Religi'onsgemeinschaft *f*.

sec·tar·i·an [sek'teəriən] **I** *adj*. **1.** sek-'tiererisch; **2.** Konfessions...; **II** *s*. **3.** Anhänger(in) e-r Sekte; **4.** Sek'tierer (-in); **sec'tar·i·an·ism** [-nızəm] *s*. Sek-'tierertum *n*.

sec·tion ['sekʃn] **I** *s*. **1.** a) Durch'schneidung *f*, b) (*a. mikroskopischer*) Schnitt, c) ✝ Sekti'on *f*, Schnitt *m*; **2.** Ab-, Ausschnitt *m*, Teil *m* (*a. der Bevölkerung etc.*); **3.** Abschnitt *m*, Absatz *m* (*Buch etc.*); 📖 (*Gesetzes- etc.*)Para'graph *m*; **4.** a. **~ mark** Para'graph(enzeichen *n*) *m*; **5.** ⚙ Teil *m*, *n*; **6.** A, ⚙ Schnitt(bild *n*) *m*, Querschnitt *m*, Pro'fil *n*: **horizontal ~** Horizontalschnitt *m*; **7.** 🚂 Am. a) Streckenabschnitt *m*, b) Ab'teil *n* e-s *Schlafwagens*; **8.** Am. 'Landpar₁zelle *f* von e-r Qua-'dratmeile; **10.** 🌿, *zo*. 'Untergruppe *f*; **11.** Ab'teilung *f*, Refe'rat *n* (*Verwaltung*); **12.** ✕ a) *Brit.* Gruppe *f*, b) *Am.* Halbzug *m*, c) ✓ Halbstaffel *f*, d) Stabsabteilung *f*; **II** *v/t*. **13.** (ab-, ein-) teilen, unter'teilen; **14.** e-n Schnitt machen von; **'sec·tion·al** [-ʃənl] *adj*. **1.** Schnitt...(-*fläche, -zeichnung etc.*); **2.** Teil...(-*ansicht, -streik etc.*); **3.** zs.-setzbar, montierbar: **~ furniture** Anbaumöbel *pl.*; **4.** ⚙ Profil..., Form... (-*draht, -stahl*); **5.** regio'nal, *contp.* partikula'ristisch: **~ pride** Lokalpatriotismus *m*; **'sec·tion·al·ism** [-nəlızəm] *s*. Partikula'rismus *m*.

sec·tor ['sektə] *s*. **1.** A (Kreis- *od.* Kugel)Sektor *m*; **2.** A, *ast.* Sektor *m* (*a. fig. Bereich*); **3.** ✕ Sektor *m*, Frontabschnitt *m*.

sec·u·lar ['sekjulə] **I** *adj*. ☐ **1.** weltlich: a) diesseitig, b) pro'fan: **~ music**, c) nicht kirchlich (*Erziehung etc.*): **~ arm** weltliche Gerichtsbarkeit *f*; **2.** 'freireligi₁ös, -den₁kerisch; **3.** *eccl.* weltgeistlich, Säkular...: **~ clergy** Weltgeistlichkeit *f*; **4.** säku'lar: a) hundertjährlich, b) hundertjährig, c) säku'lar; **5.** jahr'hundertelang; **6.** *ast.*, *phys.* säku'lar; **II** *s*. **7.** *R.C.* Weltgeistliche(r) *m*; **'sec·u·lar·ism** [-ərızəm] *s*. **1.** Säkula'rismus *m* (*a. phls.*), Weltlichkeit *f*; **2.** Antiklerika'lismus *m*; **sec·u·lar·i·ty** [₁sekju'lærəti] *s*. **1.** Weltlichkeit *f*; **2.** *pl.* weltliche Dinge *pl.*; **sec·u·lar·i·za·tion** [₁sekjulərai-'zeiʃn] *s*. **1.** *eccl.* Säkularisierung *f*; **2.** Verweltlichung *f*; **'sec·u·lar·ize** [-əraiz] *v/t*. **1.** kirchlichem Einfluß entziehen; **2.** *kirchlichen Besitz, a. Ordensgeistliche* säkularisieren; **3.** verweltlichen; *Sonntag etc.* entheiligen; **4.** mit freidenkerischen I'deen durch-'dringen.

sec·un·dine ['sekəndin] *s*. **1.** *mst pl.* ⚕ Nachgeburt *f*; **2.** 🌿 inneres Integu'ment der Samenanlage.

se·cure [sı'kjuə] **I** *adj*. ☐ **1.** sicher: a) geschützt (**from** vor *dat.*), b) fest (*Grundlage etc.*), c) gesichert (*Existenz*), d) gewiß (*Hoffnung, Sieg etc.*); **2.** ruhig, sorglos: **a ~ life**; **II** *v/t*. **3.** sichern, schützen (**from**, **against** vor *dat.*); **4.** sichern, garantieren (**s.th. to s.o.** *od.* **s.o. s.th.** j-m et.); **5.** sich *et.* sichern *od.* beschaffen; erreichen, erlangen; *Patent, Urteil etc.* erwirken; **6.** ⚙ *etc.* sichern, befestigen; *Türe etc.* (fest) (ver)schließen: **~ by bolts** festschrauben; **7.** *Wertsachen* sicherstellen;

8. *Verbrecher* festnehmen; **9.** *bsd.* ✝ sicherstellen: a) *et.* sichern (**on**, **by** durch *Hypothek etc.*), b) *j-m* Sicherheit bieten: **~ a creditor**, **10.** ✈ *Ader* abbinden.

se·cu·ri·ty [sı'kjuərəti] *s*. **1.** Sicherheit *f* (*Zustand od. Schutz*) (**against**, **from** vor *dat.*, gegen): ♀ Sicherheit(sabteilung) *f*; ✝ *a.* Werkspolizei *f*; ♀ **Council** *pol.* Sicherheitsrat *m*; **~ check** Sicherheitsüberprüfung *f*; **~ clearance** Unbedenklichkeitsbescheinigung *f*; ♀ **Force** Friedenstruppe *f*; → **risk** 2; **2.** (innere) Sicherheit, Sorglosigkeit *f*; **3.** Gewißheit *f*; **4.** 📖, ✝ a) Bürge *m*, b) Sicherheit *f*, Bürgschaft *f*, Kauti'on *f*: **~ bond** Bürgschaftswechsel *m*; **give** (*od.* **put up**, **stand**) **~** Bürgschaft leisten, Kaution stellen; **5.** ✝ a) Schuldverschreibung *f*, b) Aktie *f*, c) *pl.* 'Wertpa₁piere *pl.*: **~ market** Effektenmarkt *m*; **public securities** Staatspapiere.

se·dan [sı'dæn] *s*. **1.** *mot.* Limou'sine *f*; **2.** *a.* **~ chair** Sänfte *f*.

se·date [sı'deit] *adj*. ☐ **1.** ruhig, gelassen; **2.** gesetzt, ernst; **se'date·ness** [-nıs] *s*. **1.** Gelassenheit *f*; **2.** Gesetztheit *f*; **se'da·tion** [-eiʃn] *s*.: **be under ~** ✈ unter dem Einfluß von Beruhigungsmitteln stehen.

sed·a·tive ['sedətıv] *bsd.* ✈ **I** *adj*. beruhigend; **II** *s*. Beruhigungsmittel *n*.

sed·en·tar·i·ness ['sedntərınıs] *s*. **1.** sitzende Lebensweise; **2.** Seßhaftigkeit *f*; **sed·en·tar·y** ['sedntəri] *adj*. ☐ **1.** sitzend (*Beschäftigung, Statue etc.*): **~ life** sitzende Lebensweise; **2.** seßhaft: **~ birds** Standvögel.

sedge [sedʒ] *s*. 🌿 **1.** Segge *f*; **2.** *allg.* Riedgras *n*.

sed·i·ment ['sedımənt] *s*. Sedi'ment *n*: a) (Boden)Satz *m*, Niederschlag *m*, b) *geol.* Schichtgestein *n*; **sed·i·men·ta·ry** [₁sedı'mentəri] *adj*. sedimen'tär, Sediment...; **sed·i·men·ta·tion** [₁sedımen-'teiʃn] *s*. **1.** Sedimentati'on *f*: a) Ablagerung *f*, b) *geol.* Schichtenbildung *f*; **2.** *a.* **blood ~** ✈ Blutsenkung *f*: **~ rate** Senkungsgeschwindigkeit *f*.

se·di·tion [sı'dıʃn] *s*. **1.** Aufwiegelung *f*, *a.* 📖 Volksverhetzung *f*; **2.** Aufruhr *m*; **se'di·tious** [-ʃəs] *adj*. ☐ aufrührerisch, 'umstürzlerisch, staatsgefährdend.

se·duce [sı'djuːs] *v/t*. **1.** *Frau etc.* verführen (*a. fig. verleiten*; **into**, **to** zu; **into doing s.th.** dazu, et. zu tun); **2.** **~ from** *j-n* von *s-r Pflicht etc.* abbringen; **se'duc·er** [-sə] *s*. Verführer *m*; **se'duc·tion** [sı'dʌkʃn] *s*. **1.** (*a. sexuelle*) Verführung; Verlockung *f*; **2.** *fig.* Versuchung *f*, verführerischer Zauber; **se'duc·tive** [sı'dʌktıv] *adj*. ☐ verführerisch (*a. fig.*).

se·du·li·ty [sı'djuːləti] *s*. Emsigkeit *f*, (emsiger) Fleiß; **sed·u·lous** ['sedjuləs] *adj*. ☐ emsig, fleißig.

see¹ [siː] **I** *v/t*. [*irr.*] **1.** sehen: **~ page 15** siehe Seite 15; **I ~ him come** (*od. coming*) ich sehe ihn kommen; **I cannot ~ myself doing it** *fig.* ich kann mir nicht vorstellen, daß ich es tue; **I ~ things otherwise** ich sehe die Dinge anders; **~ o.s. obliged to** *fig.* sich gezwungen sehen zu; **2.** (ab)sehen, erkennen: **~ danger ahead**; **3.** ersehen, entnehmen (**from** aus *der Zeitung etc.*); **4.** (ein)sehen, verstehen: **as I ~ it**

wie ich es sehe, in m-n Augen; **I do not ~ the use of it** ich weiß nicht, wozu es gut sein soll; → **joke** 2; **5.** (sich) ansehen, besuchen: **~ a play**; **6.** a) *j-n* besuchen (gehen *od.* kommen), b) *Anwalt etc.* aufsuchen, konsultieren (**about** wegen), *j-n* sprechen (**on business** geschäftlich); **7.** *j-n* empfangen: **he refused to ~ me**; **8.** nachsehen, her'ausfinden; **9.** dafür sorgen (daß): **~ (to it) that it is done!** sorge dafür *od.* sieh zu, daß es geschieht!; **~ justice done to s.o.** dafür sorgen, daß j-m Gerechtigkeit widerfährt; **10.** sehen, erleben: **live to ~** erleben; **~ action** ✕ im Einsatz sein, Kämpfe mitmachen; **he has seen better days** er hat (schon) bessere Tage gesehen; **11.** *j-n* begleiten, geleiten, bringen (**to the station** zum Bahnhof); → **see off**, **see out**; **II** *v/i*. [*irr.*] **12.** sehen; → **see¹** 9. sehen, einsehen: **I ~!** (ich) verstehe!, aha!, ach so!; (**you**) ~! wissen Sie, weißt du; (**you**) ~? F verstehst du?; **14.** nachsehen; **15.** sehen, sich über'legen: **let me ~!** warte mal!, laß mich überlegen!; **we'll ~** wir werden sehen, mal abwarten.

Zssgn mit prp.:

see| a·bout *v/i*. **1.** sich kümmern um; **2.** F sich *et.* überlegen; **~ aft·er** *v/i*. sehen nach, sich kümmern um; **~ In·to** *v/i*. e-r Sache auf den Grund gehen; **~ o·ver** *v/i*. sich ansehen; **~ through** I *v/i*. *j-n od. et.* durch'schauen; **II** *v/t*. *j-m* über *et.* hin'weghelfen; **~ to** *v/i*. sich kümmern um; → **see¹** 9.

Zssgn mit adv.:

see| off *v/t*. *j-n* fortbegleiten, verabschieden; **~ out** *v/t*. **1.** *j-n* hin'ausbegleiten; **2.** F *et.* bis zum Ende ansehen *od.* mitmachen; **~ through** I *v/t*. **1.** *j-m* 'durchhelfen (**with** in e-r Sache); **2.** *et.* (bis zum Ende) 'durchhalten *od.* -fechten; **II** *v/i*. **3.** F durchhalten.

see² [siː] *s*. *eccl.* **1.** (Erz)Bischofssitz *m*; → **Holy See**; **2.** (Erz)Bistum *n*.

seed [siːd] **I** *s*. **1.** 🌿 a) Same *m*, b) (Obst-) Kern *m*, c) *coll.* Samen *pl.*, d) ✓ Saat (-gut *n*) *f*: **go** (*od.* **run**) **to ~** in Samen schießen, *fig.* herunterkommen; **2.** *zo.* a) Ei *n od.* Eier *pl.* (*des Hummers etc.*), b) Austernbrut; **3.** *physiol.* Samen *m*; *fig.* Nachkommenschaft *f*: **the ~ of A-braham** *bibl.* die Same Abrahams; **4.** *pl. fig.* Saat *f*, Keim *m*: **sow the ~s of discord** (die Saat der) Zwietracht säen; **II** *v/t*. **5.** entsamen; *Obst* entkernen; **6.** *Acker* besäen; **7.** *sport* Spieler setzen; **III** *v/i*. **8.** 🌿 a) Samen tragen, b) in Samen schießen, c) sich aussäen; **'~·bed** *s*. Treibbeet *n*; *fig.* Pflanz-, *contp.* Brutstätte *f*; **'~·cake** *s*. Kümmelkuchen *m*; **'~·case** *s*. 🌿 Samenkapsel *f*; **~ corn** *s*. **1.** Saatkorn *n*; **2.** *Am.* Saatmais *m*; **~ drill** → **seeder** 1.

seed·er ['siːdə] *s*. **1.** ✓ 'Säma₁schine *f*; **2.** (Frucht)Entkerner *m*.

seed·i·ness ['siːdınıs] *s*. F **1.** Schäbigkeit *f*, Abgerissenheit *f*; verwahrloster Zustand; **2.** 'Flauheit *f* des Befindens.

seed leaf *s*. [*irr.*] 🌿 Keimblatt *n*.

seed·less ['siːdlıs] *adj*. kernlos; **'seedling** [-lıŋ] *s*. 🌿 Sämling *m*.

seed| oys·ter *s*. *zo.* **1.** Saatauster *f*; **2.** *pl.* Austernlaich *m*; **~ pearl** *s*. Staubperle *f*; **~ plot** *s.* → ***seedbed***; **~ po·ta·to** *s.* 'Saatkar͵toffel *f*.

seed·y ['siːdɪ] *adj.* **1.** ⚘ samentragend, -reich; **2.** F schäbig: a) fadenscheinig, b) her'untergekommen (*Person*); **3.** F ‚flau', ‚mies' (*Befinden*): ***look ~*** elend aussehen.

see·ing ['siːɪŋ] **I** *s.* Sehen *n*: ***worth ~*** sehenswert; **II** *cj. a.* ***~ that*** da doch; in Anbetracht dessen, daß; **III** *prp.* angesichts (*gen.*), in Anbetracht (*gen.*); **'~-eye dog** *s. Am.* Blindenhund *m*.

seek [siːk] **I** *v/t.* [*irr.*] **1.** suchen; **2.** *Bett, Schatten, j-n* aufsuchen; **3.** (***of***) *Rat, Hilfe etc.* suchen (bei), erbitten (von); **4.** begehren, erstreben, nach *Ruhm etc.* trachten; ⚖ *etc.* beantragen, begehren: ***~ divorce***; → ***life*** *Redew.*; **5.** (ver)suchen, trachten (*et. zu tun*); **6.** zu ergründen suchen; **7.** ***be to ~*** *obs.* (noch) fehlen, zu wünschen übrig lassen; **8.** *a.* ***~ out*** her'ausfinden, aufspüren, *fig.* aufs Korn nehmen; **II** *v/i.* [*irr.*] **9.** suchen, fragen, forschen (***for, after*** nach): ***~ after*** *a.* begehren; **'seek·er** [-kə] *s.* **1.** Sucher(in): ***~ after truth*** Wahrheitssucher; **2.** ⚕ Sonde *f*.

seem [siːm] *v/i.* **1.** (zu sein) scheinen, anscheinend sein, erscheinen: ***it ~s impossible to me*** es (er)scheint mir unmöglich; **2.** *mit inf.* scheinen: ***you ~ to believe it*** du scheinst es zu glauben; ***apples ~ not to grow here*** Äpfel wachsen hier anscheinend nicht; ***I ~ to hear voices*** mir ist, als hörte ich Stimmen; **3.** *impers.* ***it ~s that*** es scheint, daß; anscheinend; ***it ~s as if*** (*od.* ***though***) es sieht so aus *od.* es scheint so als ob; ***it ~s to me that it will rain*** mir scheint, es wird regnen; ***it should*** (*od.* ***would***) ***~ that*** man sollte glauben, daß; ***I can't ~ to open this door*** ich bringe diese Tür einfach nicht auf; **'seem·ing** [-mɪŋ] *adj.* □ **1.** scheinbar: ***a ~ friend***; **2.** anscheinend; **'seem·li·ness** [-lɪnɪs] *s.* Anstand *m*, Schicklichkeit *f*; **'seem·ly** [-lɪ] *adj. u. adv.* geziemend, schicklich.

seen [siːn] *p.p. von* **see**[1].

seep [siːp] *v/i.* ('durch)sickern (*a. fig.*), tropfen, lecken: ***~ away*** versickern; ***~ in*** *a. fig.* einsickern, -dringen; **'seep·age** [-pɪdʒ] *s.* **1.** ('Durch-, Ver)Sickern *n*; **2.** 'Durchgesickertes *n*; **3.** Leck *n*.

se·er ['sɪːə] *s.* Seher(in).

seer·suck·er ['sɪə͵sʌkə] *s.* leichtes, kreppartiges Leinen.

see·saw ['siːsɔː] **I** *s.* **1.** Wippen *n*, Schaukeln *n*; **2.** Wippe *f*, Wippschaukel *f*; **3.** *fig.* (ständiges) Auf u. Ab *od.* Hin u. Her; **II** *adj.* **4.** schaukelnd, (*a. fig.*) Schaukel…(*-bewegung, -politik*); **III** *v/i.* **5.** wippen, schaukeln; **6.** sich auf u. ab *od.* hin u. her bewegen; **7.** *fig.* (hin u. her) schwanken.

seethe [siːð] *v/i.* **1.** kochen, sieden, wallen (*alle a. fig.* ***with*** vor *dat.*); **2.** *fig.* brodeln, gären (***with*** vor *dat.*): ***seething with rage*** vor Wut kochend; **3.** wimmeln (***with*** von).

'see-through *adj.* **1.** 'durchsichtig: ***~ blouse***; **2.** Klarsicht…: ***~ package***.

seg·ment ['segmənt] **I** *s.* **1.** Abschnitt *m*, Teil *m*, *n*; **2.** *bsd.* △ (*Kreis- etc.*) Seg'ment *n*; **3.** *biol.* a) *allg.* Glied *n*, Seg'ment *n*, b) 'Körperseg͵ment *n*, Ring *m* (*Wurm etc.*); **II** *v/t.* [seg'ment] **4.** (*v/i.* sich) in Segmente teilen; **seg·men·tal** [seg'mentl] *adj.* □, **'seg·men·tar·y** [-tərɪ] *adj.* segmen'tär; **seg·men·ta·tion** [͵segmən'teɪʃn] *s.* **1.** Segmentati'on *f*; **2.** *biol.* Zellteilung *f*, (Ei)Furchung *f*.

seg·ment| gear *s.* Seg'ment(zahnrad)-getriebe *n*; **~ saw** *s.* **1.** Baumsäge *f*; **2.** Bogenschnittsäge *f*.

seg·re·gate ['segrɪgeɪt] **I** *v/t.* **1.** trennen (*a. nach Rassen etc.*), absondern; **2.** ⚙ ausseigern, -scheiden; **II** *v/i.* **3.** sich absondern *od.* abspalten (*a. fig.*); ⚗ sich abscheiden; **4.** *biol.* mendeln; **III** *adj.* [-gɪt] **5.** abgesondert, isoliert; **seg·re·ga·tion** [͵segrɪ'geɪʃn] *s.* **1.** Absonderung *f*, -trennung *f*; **2.** Rassentrennung *f*; **3.** ⚗ Ausscheidung *f*; **4.** abgespaltener Teil; **seg·re·ga·tion·ist** [͵segrɪ'geɪʃnɪst] **I** *s.* Verfechter(in) der Rassentrennung; **II** *adj.* die Rassentrennung befürwortend; **'seg·re·ga·tive** [-gətɪv] *adj.* sich absondernd, Trennungs…

sei·gneur [se'njɜː], **sei·gnor** ['seɪnjə] *s.* **1.** *hist.* Lehns-, Feu'dalherr *m*; **2.** Herr *m*; **seign·ior·age** ['seɪnjərɪdʒ] *s.* **1.** Re'gal *n*, Vorrecht *n*; **2.** a) *königliche* Münzgebühr, b) Schlagschatz *m*; **sei'gno·ri·al** [-'njɔːrɪəl] *adj.* feu'dalherrschaftlich; **seign·ior·y** ['seɪnjərɪ] *s.* **1.** Feu'dalrechte *pl.*; **2.** (feu'dal)herrschaftliche Do'mäne.

seine [seɪn] *s.* ⚓ Schlagnetz *n*.

seise [siːz] → ***seize*** 4; **'sei·sin** [-zɪn] → ***seizin***.

seis·mic ['saɪzmɪk] *adj.* seismisch.

seis·mo·graph ['saɪzməgrɑːf] *s.* Seismo'graph *m*, Erdbebenmeßgerät *n*; **seis·mol·o·gist** [saɪz'mɒlədʒɪst] *s.* Seismo'loge *m*; **seis·mol·o·gy** [saɪz'mɒlədʒɪ] *s.* Erdbebenkunde *f*, Seismik *f*; **seis·mom·e·ter** [saɪz'mɒmɪtə] *s.* Seismo'meter *n*; **'seis·mo·scope** [-əskəʊp] *s.* Seismo'skop *n*.

seiz·a·ble ['siːzəbl] *adj.* **1.** (er)greifbar; **2.** ⚖ pfändbar; **seize** [siːz] **I** *v/t.* **1.** *et. od. j-n* (er)greifen, packen, fassen (*alle a. fig. Panik etc.*): ***~d with*** ⚕ von *e-r Krankheit* befallen; ***~d with apoplexy*** ⚕ vom Schlag getroffen; **2.** ⚔ (ein-) nehmen, erobern; **3.** sich *e-r Sache* bemächtigen, *Macht etc.* an sich reißen; **4.** ⚖ *j-n* in den Besitz setzen (***of*** von *od. gen.*): ***be ~d with, stand ~d of*** im Besitz *e-r Sache* sein; **5.** *j-n* ergreifen, festnehmen; **6.** beschlagnahmen; **7.** *Gelegenheit* ergreifen, wahrnehmen; **8.** *geistig* erfassen, begreifen; **9.** ⚓ (bei)zeisen, zurren; **II** *v/i.* **10.** ***~*** (***up***)***on*** *Gelegenheit* ergreifen, *Idee* (begierig) aufgreifen, *a.* einhaken bei; **11.** *oft* ***~ up*** ⚙ sich festfressen; **'sei·zin** [-zɪn] *s.* ⚖ *Am.* (Grund)Besitz *m*, verbunden mit Eigentumsvermutung; **'seiz·ings** [-zɪŋz] *s. pl.* ⚓ Zurrtau *n*; **sei·zure** ['siːʒə] *s.* **1.** Ergreifung *f*; **2.** Inbesitznahme *f*; **3.** ⚖ a) Beschlagnahme *f*, b) Festnahme *f*; **4.** ⚕ Anfall *m*.

sel·dom ['seldəm] *adv.* selten.

se·lect [sɪ'lekt] **I** *v/t.* **1.** auswählen, -lesen; **II** *adj.* **2.** ausgewählt: ***~ committee*** *parl. Brit.* Sonderausschuß *m*; **3.** erlesen (*Buch, Geist, Speise etc.*); exklu'siv (*Gesellschaft etc.*); **4.** wählerisch; **se·lect·ee** [sɪ͵lek'tiː] *s.* ⚔ *Am.* Einberufene(r) *m*; **se'lec·tion** [-kʃn] *s.* **1.** Wahl *f*; **2.** Auswahl *f*, -lese *f*; **3.** *biol.* Zuchtwahl *f*: ***natural ~*** natürliche Auslese; **4.** Auswahl *f* (***of*** an *dat.*); **se'lec·tive** [-tɪv] *adj.* □ **1.** auswählend, Auswahl…: ***~ service*** ⚔ *Am.* a) Wehrpflicht *f*, -dienst *m*, b) Einberufung; **2.** ϟ trennscharf, selek'tiv: ***~ circuit*** Trennkreis *m*; **se·lec·tiv·i·ty** [͵sɪlek'tɪvətɪ] *s. Radio, TV*: Trennschärfe *f*; **se'lect·man** [-mən] *s.* [*irr.*] *Am.* Stadtrat *m*; **se'lec·tor** [-tə] *s.* **1.** Auswählende(r *m*) *f*; **2.** Sortierer(in); **3.** ⚙ a) *a.* ϟ Wähler *m*, b) Schaltgriff *m*, c) *mot.* Gangwähler *m*, d) *Computer*: Se'lektor *m*.

se·le·nic [sɪ'lenɪk] *adj.* ⚗ se'lensauer, Selen…; **se·le·ni·um** [sɪ'liːnjəm] *s.* ⚗ Se'len *n*.

sel·e·nog·ra·phy [͵selɪ'nɒgrəfɪ] *s.* Mondbeschreibung *f*; **͵sel·e'nol·o·gy** [-ɒlədʒɪ] *s.* Selenolo'gie *f*, Mondkunde *f*.

self [self] **I** *pl.* **selves** [selvz] *s.* **1.** Selbst *n*, Ich *n*: ***my better*** (***second***) ***~*** mein besseres Selbst (mein zweites Ich); ***my humble*** (*od.* ***poor***) ***~*** meine Wenigkeit; ***the study of the ~*** *phls.* das Studium des Ich; → ***former***[2] 1; **2.** Selbstsucht *f*, das eigene *od.* liebe Ich; **3.** *biol.* a) Tier *n od.* Pflanze *f* von einheitlicher Färbung, b) auto'games Lebewesen; **II** *adj.* **4.** einheitlich, *bsd.* ⚘ einfarbig; **III** *pron.* **5.** ✝ *od.* F → ***myself*** *etc.*

͵self|-a'ban·don·ment *s.* (Selbst)Aufopferung *f*, (bedingungslose) Hingabe; **͵~-a'base·ment** *s.* Selbsterniedrigung *f*; **͵~-ab'sorbed** *adj.* **1.** mit sich selbst beschäftigt; **2.** ego'zentrisch; **͵~-a'buse** *s.* Selbstbefleckung *f*; **͵~-'act·ing** *adj.* ⚙ selbsttätig; **͵~-ad'he·sive** *adj.* selbstklebend; **͵~-ad'just·ing** *adj.* ⚙ selbstregelnd, -einstellend; **͵~-ap'point·ed** *adj.* selbsternannt; **͵~-as'ser·tion** *s.* **1.** Geltendmachung *f* s-r Rechte, s-s Willens, s-r Meinung *etc.*; **2.** anmaßendes Auftreten; **͵~-as'sert·ive** *adj.* **1.** anmaßend, über'heblich; **2.** ***~ person*** j-d, der sich 'durchzusetzen weiß; **͵~-as'sur·ance** *s.* Selbstsicherheit *f*, -bewußtsein *n*; **͵~-as'sured** *adj.* selbstbewußt; **͵~-'ca·ter·ing** *adj.* für Selbstversorger, mit Selbstverpflegung; **͵~-'cen·t(e)red** *adj.* ichbezogen, ego'zentrisch; **͵~-'col·o(u)red** *adj.* **1.** einfarbig; **2.** na'turfarben; **͵~-com'mand** *s.* Selbstbeherrschung *f*; **͵~-com'pla·cent** *adj.* selbstgefällig, -zufrieden; **͵~-con'ceit** *s.* Eigendünkel *m*; **͵~-con'fessed** *adj.* selbsterklärt: ***a ~ racist*** j-d, der zugibt, Rassist zu sein; **͵~-'con·fi·dence** *s.* Selbstvertrauen *n*, -bewußtsein *n*; **͵~-'con·scious** *adj.* befangen, gehemmt; **͵~-'con·scious·ness** *s.* Befangenheit *f*; **͵~-con'tained** *adj.* **1.** *a.* ⚙ (in sich) geschlossen, unabhängig, selbständig: ***~ country*** Selbstversorgerland *n*; ***~ flat*** abgeschlossene Wohnung; ***~ house*** Einfamilienhaus *n*; **2.** reserviert, zu'rückhaltend (*Charakter, Person*); **3.** selbstbeherrscht; **'~-͵con·tra'dic·tion** *s.* innerer 'Widerspruch; **'~-͵con·tra'dic·to·ry** *adj.* 'widersprüchlich; **͵~-con'trol** *s.* Selbstbeherrschung *f*; **͵~-de'ceit, ͵~-de'cep·tion** *s.* Selbsttäuschung *f*, -betrug *m*; **͵~-de'feat·ing** *adj.* genau das Gegenteil bewirkend, sinn- und zwecklos; **͵~-de'fence** *Brit.*, **͵~-de'fense** *Am. s.* **1.** Selbstverteidigung *f*; **2.** ⚖ Notwehr *f*; **͵~-de'ni·al** *s.*

Selbstverleugnung *f*; ˌ~-**de'ny·ing** *adj.* selbstverleugnend; ˌ~-**de'spair** *s.* Verzweiflung *f* an sich selbst; ˌ~-**de'struc·tion** *s.* **1.** Selbstzerstörung *f*; **2.** Selbstvernichtung *f*, -mord *m*; '~-**de**ˌter·mi-'**na·tion** *s.* **1.** *pol. etc.* Selbstbestimmung *f*; **2.** *phls.* freier Wille; ˌ~-**de'vo·tion** → *self-abandonment*; ˌ~-**dis-'trust** *s.* Mangel *m* an Selbstvertrauen; ˌ~-'**doubt** *s.* Selbstzweifel *pl.*; ˌ~-'**ed·u·cat·ed** → *self-taught* 1; ˌ~-**em-'ployed** *adj.* ✝ selbständig (*Handwerker etc.*); ˌ~-**es'teem** *s.* **1.** Selbstachtung *f*; **2.** Eigendünkel *m*; ˌ~-'**ev·i·dent** *adj.* ☐ selbstverständlich; ˌ~-**ex-'plan·a·to·ry** *adj.* ohne Erläuterung verständlich, für sich (selbst) sprechend; ˌ~-**ex'pres·sion** *s.* Ausdruck *m* der eigenen Per'sönlichkeit; ˌ~-'**feed·ing** *adj.* ⊕ auto'matisch (*Material od. Brennstoff*) zuführend; ˌ~-**for'get·ful** *adj.* ☐ selbstvergessen, -los; ˌ~-**ful-'fil(l)·ment** *s.* Selbstverwirklichung *f*; ˌ~-'**gov·ern·ing** *adj.* *pol.* 'selbstverwaltet, auto'nom, unabhängig; ˌ~-'**gov·ern·ment** *s.* *pol.* Selbstverwaltung *f*, -regierung *f*, Autono'mie *f*; ˌ~-'**help** *s.* Selbsthilfe *f*; ~ *group*; ˌ~-**ig'ni·tion** *s.* *mot.* Selbstzündung *f*; ˌ~-'**im·age** *s.* *psych.* Selbstverständnis *n*; ˌ~-**im'por·tance** *s.* 'Selbstüber,hebung *f*, Wichtigtue'rei *f*; ˌ~-**im'por·tant** *adj.* über'heblich, wichtigtuerisch; ˌ~-**in'duced** *adj.* **1.** ⚡ selbstinduziert; **2.** selbstverursacht; ˌ~-**in'dul·gence** *s.* **1.** Sich'gehenlassen *n*; **2.** Zügellosigkeit *f*, Maßlosigkeit *f*; ˌ~-**in'dul·gent** *adj.* **1.** schwach, nachgiebig gegen sich selbst; **2.** zügellos; ˌ~-**in'flict·ed** *adj.* selbstzugefügt: ~ *wounds* ✕ Selbstverstümmelung *f*; ˌ~-**in'struc·tion** *s.* 'Selbst,unterricht *m*; ˌ~-**in'struc·tion·al** *adj.* Selbstlehr…, Selbstunterrichts…: ~ *manual*; ˌ~-'**in·ter·est** *s.* Eigennutz *m*, eigenes Inter'esse.

self·ish ['selfɪʃ] *adj.* ☐ selbstsüchtig, ego'istisch, eigennützig; '**self·ish·ness** [-nɪs] *s.* Selbstsucht *f*, Ego'ismus *m*.

ˌ**self**-'**knowl·edge** *s.* Selbst(er)kenntnis *f*; '~-**lac·er·a·tion** *s.* Selbstzerfleischung *f*.

self·less ['selflɪs] *adj.* selbstlos; '**self·less·ness** [-nɪs] *s.* Selbstlosigkeit *f*.

ˌ**self**-'**load·ing** *adj.* Selbstlade…; ˌ~-'**love** *s.* Eigenliebe *f*; ˌ~-'**lu·bri·cat·ing** *adj.* ⊕ selbstschmierend; ˌ~-'**made** *adj.* selbstgemacht: ~ *man* j-d, der durch eigene Kraft hochgekommen ist, Selfmademan *m*; ˌ~-**neg'lect** *s.* **1.** Selbstlosigkeit *f*; **2.** Vernachlässigung *f* s-s Äußeren; ˌ~-**o'pin·ion·at·ed** *adj.* **1.** eingebildet; **2.** rechthaberisch; ˌ~-'**pit·y** *s.* Selbstmitleid *n*; ˌ~-'**por·trait** *s.* 'Selbstpor,trät *n*, -bildnis *n*; ˌ~-**pos'ses·sion** *s.* Selbstbeherrschung *f*; ˌ~-'**praise** *s.* Eigenlob *n*; ˌ~-**pres·er'va·tion** *s.* Selbsterhaltung *f*: *instinct of* ~ Selbsterhaltungstrieb *m*; ˌ~-'**pro'pelled** *adj.* ⊕ Selbstfahr…, mit Eigenantrieb; '~-ˌre·al·i'za·tion** *s.* Selbstverwirklichung *f*; ˌ~-**re'cord·ing** *adj.* ⊕ selbstschreibend; ˌ~-**re'gard** *s.* **1.** Eigennutz *m*; **2.** Selbstachtung *f*; ˌ~-**re'li·ance** *s.* Selbstvertrauen *n*, -sicherheit *f*; ˌ~-**re'li·ant** *adj.* selbstbewußt, -sicher; ˌ~-**re'proach** *s.* Selbstvorwurf *m*; ˌ~-**re'spect** *s.* Selbstachtung *f*; ˌ~-**re'spect-**

---

ing *adj.*: *every* ~ *craftsman* jeder Handwerker, der etwas auf sich hält; ˌ~-**re'straint** *s.* Selbstbeherrschung *f*; ˌ~-'**right·eous** *adj.* selbstgerecht; ˌ~-'**sac·ri·fice** *s.* Selbstaufopferung *f*; ˌ~-'**sac·ri·fic·ing** *adj.* aufopferungsvoll; '~-**same** *adj.* ebenderselbe, -dieselbe, -dasselbe; ˌ~-'**sat·is·fied** *adj.* selbstzufrieden; ˌ~-'**seal·ing** *adj.* **1.** ⊕ selbstdichtend; **2.** selbstklebend (*bsd. Briefumschlag*); **3.** schußsicher; ˌ~-'**seek·er** *s.* Ego'ist(in); ˌ~-'**serv·ice I** *adj.* Selbstbedienungs…: ~ *shop*; **II** *s.* Selbstbedienung *f*; ˌ~-'**start·er** *s. mot.* (Selbst-)Anlasser *m*; ˌ~-'**styled** *adj. iron.* von eigenen Gnaden; ˌ~-**suf'fi·cien·cy** *s.* **1.** Unabhängigkeit *f* (von fremder Hilfe); **2.** ✝ Autar'kie *f*; **3.** Eigendünkel *m*; ˌ~-**suf'fi·cient** *adj.* **1.** unabhängig, Selbstversorger…, ✝ a. au'tark; **2.** dünkelhaft; ˌ~-**sug'ges·tion** *s. psych.* ˌAutosuggesti'on *f*; ˌ~-**sup'pli·er** *s.* Selbstversorger *m*; ˌ~-**sup'port·ing** *adj.* **1.** → *self-sufficient* 1; **2.** ⊕ freitragend (*Brücke etc.*); ˌ~-'**taught** *adj.* **1.** autodi'daktisch: ~ *person* Autodidakt *m*; **2.** selbsterlernt; ˌ~-'**tim·er** *s. phot.* Selbstauslöser *m*; ˌ~-'**will** *s.* Eigensinn *m*; ˌ~-'**willed** *adj.* eigensinnig; ˌ~-'**wind·ing** *adj.* auto'matisch (*Uhr*).

sell [sel] **I** *s.* **1.** F a) Reinfall *m*, b) Schwindel *m*; **2.** ✝ F (*hard* ~ aggres-'sive) Ver'kaufsmeˌthode; ~ *soft* 1; **II** *v/t.* [*irr.*] **3.** verkaufen, -äußern (*to* an *acc.*), ✝ a. *Ware* absetzen; → *life Redew.*; **4.** ✝ *Waren* führen, handeln mit, vertreiben; **5.** *fig.* verkaufen, e-n guten Absatz sichern (*dat.*): *his name will* ~ *the book*; **6.** *fig.* ˌ,verkaufen', verraten; **7.** *sl.* ,anschmieren'; **8.** ⊢ *j-m et.* ,verkaufen', aufschwatzen, schmackhaft machen: ~ *s.o. on* j-m et. andrehen, j-n zu et. überreden; *be sold on fig.* von et. überzeugt od. begeistert sein; **III** *v/i.* [*irr.*] **9.** verkaufen; **10.** verkauft werden (*at* für); **11.** sich *gut etc.* verkaufen, *gut etc.* gehen, ,ziehen'; ~ *off v/t.* ausverkaufen, *Lager* räumen; ~ *out v/t.* **1.** → *sell off*: *be sold out* ausverkauft sein; **2.** *Wertpapiere* realisieren; **3.** *fig.* → *sell* 6; ~ *up v/t.* **1.** (*v/i.* sein) Geschäft etc. verkaufen; **2.** ~ *s.o. up* j-n auspfänden.

sell·er ['selə] *s.* **1.** Ver'käufer(in), Händler(in); ~*s' market* ✝ Verkäufermarkt *m*; ~*'s option* Verkaufsoption *f*, *Börse*: Rückprämie(ngeschäft *n*) *f*; **2.** *good* ~ ✝ gutgehende Ware, zugkräftiger Artikel.

sell·ing ['selɪŋ] **I** *adj.* **1.** Verkaufs…, Absatz…, Vertriebs…: ~ *area od. space* Verkaufsfläche *f*; **II** *s.* **2.** Verkauf *m*; **3.** → *sell* 2.

'**sell·out** *s.* **1.** Ausverkauf *m* (*a. fig. pol.*); **2.** ausverkaufte Veranstaltung, volles Haus; **3.** *fig.* Verrat *m*.

Selt·zer (**wa·ter**) ['seltsə] *s.* Selters (-wasser) *n*.

sel·vage ['selvɪdʒ] *s.* Weberei: Salband *n*.

selves [selvz] *pl. von* self.

se·man·tic [sɪ'mæntɪk] *adj. ling.* se'mantisch; **se'man·tics** [-ks] *s. pl. mst sg. konstr.* Se'mantik *f*, (Wort)Bedeutungslehre *f*.

sem·a·phore ['seməfɔ:] **I** *s.* **1.** ⊕ Sema-'phor *m*: a) 🚩 ('Flügel)Siˌgnalmast *m*, b) optischer Tele'graph; **2.** ✕, ⚓ (Flag-

---

gen)Winken *n*: ~ *message* Winkspruch *m*; **II** *v/t. u. v/i.* **3.** signalisieren.

sem·blance ['sembləns] *s.* **1.** (äußere) Gestalt, Erscheinung *f*: *in the* ~ *of* in Gestalt (*gen.*); **2.** Ähnlichkeit *f* (*to* mit); **3.** (An)Schein *m*: *the* ~ *of honesty*; *under the* ~ *of* unter dem Deckmantel (*gen.*).

se·mei·ol·o·gy [ˌsemɪ'ɒlədʒɪ] *s.*, ˌ**se·mei'ot·ics** [-'ɒtɪks] *s. pl. sg. konstr.* Se·mi'otik *f*: a) *Lehre von den Zeichen*, b) 🌿 Symptomatolo'gie *f*.

se·men ['si:men] *s. physiol.* Samen *m* (*a.* 🌿), Sperma *n*, Samenflüssigkeit *f*.

se·mes·ter [sɪ'mestə] *s. univ. bsd. Am.* Se'mester *n*, Halbjahr *n*.

sem·i ['semɪ] *s.* F *für* a) *semidetached* II, b) *semifinal* I, c) *Am. semitrailer*.

semi- [semɪ] *in Zssgn* halb…, Halb…; ˌ~-'**an·nu·al** *adj.* ☐ halbjährlich; '~ˌau·to'mat·ic *adj.* (☐ *-ally*) 'halbauto·maˌtisch; ˌ~'**bold** *adj. u. s. typ.* halbfett(e Schrift); '~**breve** *s.* ♩ ganze Note: ~ *rest* ganze Pause; '~ˌ**cir·cle** *s.* **1.** Halbkreis *m*; **2.** ⚭ Winkelmesser *m*; ˌ~'**cir·cu·lar** *adj.* halbkreisförmig; ˌ~'**co·lon** *s.* Semi'kolon *n*, Strichpunkt *m*; ˌ~-**con'duc·tor** *s.* ⚡ Halbleiter *m*; ˌ~-'**con·scious** *adj.* nicht bei vollem Bewußtsein, halb bewußtlos; ~ *house* → **II** *s.* Doppelhaushälfte *f*; ˌ~-**de'tached** *adj.*; ~ *house* → **II** *s.* Doppelhaushälfte *f*; ˌ~'**fi·nal** *sport* **I** *s.* 'Semi-, 'Halbfiˌnale *n*, Vorschlußrunde *f*; **2.** 'Halbfiˌnalspiel *n*; **II** *adj.* **3.** Halbfinal…; ˌ~'**fi·nal·ist** *s. sport* 'Halbfinaˌlist(in); ˌ~'**fin·ished** *adj.* halbfertig: ~ *product* Halbfabrikat *n*; ˌ~'**flu·id**, ˌ~'**liq·uid** *adj.* halb-, zähflüssig; '~ˌ**man·u'fac·tured** → *semifinished*; ˌ~'**month·ly I** *adj. u. adv.* halbmonatlich; **II** *s.* Halbmonatsschrift *f*.

sem·i·nal ['semɪnl] *adj.* ☐ **1.** 🌿, *physiol.* Samen…: ~ *duct* Samengang *m*, -leiter *m*; ~ *fluid* Samenflüssigkeit *f*, Sperma *n*; ~ *leaf* 🌿 Keimblatt *n*; ~ *power* Zeugungsfähigkeit *f*; **2.** *fig.* a) zukunftsträchtig, fruchtbar, b) folgenreich; **3.** noch unentwickelt: *in the* ~ *state* im Entwicklungsstadium.

sem·i·nar ['semɪnɑ:] *s. univ.* Semi'nar *n*.

sem·i·nar·y ['semɪnərɪ] *s.* **1.** (*eccl.* 'Priester)Semiˌnar *n*, Bildungsanstalt *f*; **2.** *fig.* Schule *f*, Pflanzstätte *f*, *contp.* Brutstätte *f*.

sem·i·na·tion [ˌsemɪ'neɪʃn] *s.* (Aus)Säen *n*.

ˌ**sem·i·of'fi·cial** *adj.* ☐ halbamtlich, offizi'ös.

se·mi·ol·o·gy [ˌsemɪ'ɒlədʒɪ] *s.*, ˌ**se·mi·ot·ics** [-'ɒtɪks] *s. pl. sg. konstr.* → *semeiology.*

'**sem·iˌpre·cious** *adj.* halbedel: ~ *stone* Halbedelstein *m*; ˌ~-**pro'fes·sion·al I** *adj.* 'halbprofesˌsio·nell; **II** *s. sport* ,Halbprofi' *m*; ˌ~'**qua·ver** *s.* ♪ Sechzehntel(note *f*) *n*; ~ *rest* Sechzehntelpause *f*; ˌ~'**rig·id** *adj.* halbstarr (*Luftschiff*); ˌ~'**skilled** *adj.* angelernt (*Arbeiter*).

Sem·ite ['si:maɪt] **I** *s.* Se'mit(in); **II** *adj.* se'mitisch; **Se·mit·ic** [sɪ'mɪtɪk] **I** *adj.* se-'mitisch; **II** *s. ling.* Se'mitisch *n*.

ˌ**sem·iˌ'steel** *s.* ⊕ Halb-, *Am.* Puddelstahl *m*; ˌ~'**tone** *s.* ♪ Halbton *m*; '~ˌ**trail·er** *s. mot.* Sattelschlepper(anhänger) *m*; ˌ~'**vow·el** *s. ling.* 'Halbvoˌkal *m*; ˌ~'**week·ly I** *adj. u. adv.* halbwöchentlich; **II** *s.* halbwöchentlich er-

scheinende Veröffentlichung.
sem·o·li·na [ˌseməˈliːnə] s. Grieß(mehl n) m.
sem·pi·ter·nal [ˌsempɪˈtɜːnl] adj. rhet. immerwährend, ewig.
semp·stress [ˈsempstrɪs] → **seam-stress**.
sen·ate [ˈsenɪt] s. **1.** Se'nat m (a. univ.); **2.** ♀ parl. Am. Se'nat m (Oberhaus); **sen·a·tor** [ˈsenətə] s. Se'nator m; **sen-a·to·ri·al** [ˌsenəˈtɔːrɪəl] adj. □ **1.** sena-'torisch, Senats...; **2.** Am. zur Wahl von Sena'toren berechtigt.
send [send] [irr.] **I** v/t. **1.** j-n, Brief, Hilfe etc. senden, schicken (**to** dat.): **~ s.o. to bed** (**to a school, to prison**) j-n ins Bett (auf e-e Schule, ins Gefängnis) schicken; → **word** 6; **2.** Ball, Kugel etc. wohin senden, schießen, jagen; **3.** mit adj. od. pres.p. machen: **~ s.o. mad**; **~ s.o. flying** a) j-n verjagen, b) j-n hin-schleudern; **~ s.o. reeling** j-n taumeln machen od. lassen; **4.** sl. Zuhörer etc. in Ek'stase versetzen, 'hinreißen; **II** v/i. **5.** **~ for** a) nach j-m schicken, j-n kommen lassen, j-n holen od. rufen (lassen), b) (sich) et. kommen lassen, bestellen; **6.** ♀, Radio etc.: senden;
Zssgn mit adv.:
send| a·way I v/t. **1.** weg-, fortschik-ken; **2.** Brief etc. absenden; **II** v/i. **3.** **~ for** (**to s.o.**) sich (von j-m) et. kommen lassen; **~ down** v/t. **1.** fig. Preise, Tem-peratur (her'ab)drücken; **2.** univ. rele-gieren; **3.** F j-n einsperren; **~ forth** v/t. **1.** j-n, et., a. Licht aussenden; Wärme etc. ausstrahlen; **2.** Laut etc. von sich geben; **3.** her'vorbringen; **4.** fig. veröf-fentlichen, verbreiten; **~ in** v/t. **1.** ein-senden, -schicken, -reichen; → **name** Redew.; **2.** sport Ersatzmann aufs Feld schicken; **~ off** v/t. **1.** → **send away** I; **2.** j-n (herzlich) verabschieden; **3.** sport vom Platz stellen; **~ on** v/t. vor'aus-, nachschicken; **~ out** → **send forth**; **~ up** v/t. **1.** j-n, a. Ball etc. hin'aufsenden; **2.** Schrei ausstoßen; **3.** fig. Preise, Fie-ber in die Höhe treiben; **4.** Brit. F ,durch den Ka'kao' ziehen, parodieren; **5.** F ,einlochen'.
send·er [ˈsendə] s. **1.** Absender(in); **2.** (Über)'Sender(in); **3.** tel. Geber m (Sendegerät).
'send| off s. F **1.** Abschied m, Ab-schiedsfeier f, Geleit(e) n; **2.** gute Wünsche pl. zum Anfang; **3.** sport u. fig. Start m; **'~·up** s. Brit. F Verulkung f, Paro'die f.
se·nes·cence [sɪˈnesns] s. Altern n; **se-'nes·cent** [-nt] adj. **1.** alternd; **2.** Al-ters...
sen·es·chal [ˈsenɪʃl] s. hist. Seneschall m, Major'domus m.
se·nile [ˈsiːnaɪl] adj. **1.** se'nil: a) greisen-haft, b) ,verkalkt', kindisch; **2.** Al-ters...: **~ decay** Altersabbau m; **~ speckle** ⚕ Altersfleck m; **se·nil·i·ty** [sɪˈnɪlətɪ] s. Senili'tät f.
sen·ior [ˈsiːnjə] **I** adj. **1.** (nachgestellt, abbr. in England **sen.**, in USA **Sr.**) se-nior: **Mr. John Smith sen.** (**Sr.**) Herr John Smith sen.; **2.** älter (**to** als): **~ citizen** älterer Mitbürger, Rentner(in); **~ citizens** Senioren pl.; **~ partner** ✝ Seniorchef m, Hauptteilhaber; **3.** rang-, dienstälter, ranghöher, Ober...: **a ~ man** Brit. ein höheres Semester

(Student); **~ officer** a) höherer Offizier, mein etc. Vorgesetzter, b) Rangälte-ste(r); **~ service** Brit. die Kriegsmari-ne; **4.** ped. Ober...: **~ classes** Ober-klassen; **5.** Am. im letzten Schuljahr (stehend): **the ~ class** die oberste Klasse; **~ high** (**school**) Am. die ober-sten Klassen der High-School; **~ col-lege** College, an dem das 3. und 4. Jahr eines Studiums absolviert wird; **II** s. **6.** Ältere(r m) f; Älteste(r m) f: **he is my ~ by four years, he is four years my ~** er ist vier Jahre älter als ich; **7.** Rang-, Dienstälteste(r m) f; **8.** Vorgesetzte(r m) f; **9.** Am. Stu'dent m od. Schüler m im letzten Studienjahr.
sen·ior·i·ty [ˌsiːnɪˈɒrətɪ] s. **1.** höheres Alter; **2.** höheres Dienstalter: **by ~** Be-förderung nach dem Dienstalter.
sen·na [ˈsenə] s. pharm. Sennesblätter pl.
sen·sate [ˈsenseɪt] adj. sinnlich (wahr-
sen·sa·tion [senˈseɪʃn] s. **1.** (Sinnes-) Wahrnehmung f, (-)Empfindung f; **2.** Gefühl n: **pleasant ~**; **~ of thirst** Durstgefühl n; **3.** Empfindungsvermö-gen n; **4.** Sensati'on f (a. Ereignis), (großer) Eindruck, Aufsehen n: **make** (od. **create**) **a ~** großes Aufsehen erre-gen; **sen·sa·tion·al** [-ʃənl] adj. □ **1.** sensatio'nell, Sensations...; **2.** sinnlich, Sinnes...; **3.** phls. sensua'listisch; **sen-'sa·tion·al·ism** [-ʃnəlɪzəm] s. **1.** Sensa-ti'onsgier f, -lust f; **2.** ,Sensati'onsma-che' f; **3.** phls. Sensua'lismus m.
sense [sens] **I** s. **1.** Sinn m, 'Sinnesor-‚gan n: **the five ~s** die fünf Sinne; **~ of smell** (**touch**) Geruchs- (Tast)sinn; **~ organ** Sinnesorgan n; → **sixth** 1; **2.** pl. Sinne pl., (klarer) Verstand: **in** (**out of**) **one's ~s** bei (von) Sinnen; **in one's right ~s** bei Verstand; **lose one's ~s** den Verstand verlieren; **bring s.o. to his ~s** j-n zur Besinnung bringen; **3.** fig. Vernunft f, Verstand m: **a man of ~** ein vernünftiger od. kluger Mensch: **common** (od. **good**) **~** gesunder Men-schenverstand; **have the ~ to do s.th.** so klug sein, et. zu tun; **knock some ~ into s.o.** j-m den Kopf zurechtsetzen; **4.** Sinne pl., Empfindungsvermögen n; **5.** Gefühl n, Empfindung f (**of** für): **~ of pain** Schmerzgefühl, -empfindung; **~ of security** Gefühl der Sicherheit; **6.** Sinn m, Gefühl n (**of** für): **~ of beauty** Schönheitssinn; **~ of duty** Pflichtgefühl; **~ of humo(u)r** (Sinn für) Humor m; **~ of justice** Gerechtigkeitssinn; **~ of lo-cality** Ortssinn; **~ of purpose** Zielstre-bigkeit f; **7.** Sinn m, Bedeutung f (e-s Wortes etc.): **in a ~** gewissermaßen; **8.** Sinn m (et. Vernünftiges): **what is the ~ of doing this?** was hat es für e-n Sinn, das zu tun?; **talk ~** vernünftig reden; **it does not make ~** es hat keinen Sinn; **9.** (allgemeine) Ansicht, Meinung f: **take the ~ of** die Meinung (gen.) ein-holen; **10.** ⚡ Richtung f: **~ of rotation** Drehsinn m; **II** v/t. **11.** fühlen, spüren, ahnen; **12.** Am. F ,kapieren', begrei-fen; **13.** Computer: a) abtasten, ⚡ a. (ab)fühlen, b) abfragen; **'sense·less** [-lɪs] adj. □ **1.** a) besinnungslos, b) ge-fühllos; **2.** unvernünftig, dumm, ver-rückt (Mensch); **3.** sinnlos, unsinnig (Sache); **'sense·less·ness** [-lɪsnɪs] s. **1.** Unempfindlichkeit f; **2.** Bewußtlo-

sigkeit f; **3.** Unvernunft f; **4.** Sinnlosig-keit f.
sen·si·bil·i·ty [ˌsensɪˈbɪlətɪ] s. **1.** Sensibi-li'tät f, Empfindungsvermögen n; **2.** phys. etc. Empfindlichkeit f: **~ to light** Lichtempfindlichkeit; **3.** fig. Empfind-lichkeit f (**to** für); **4.** Sensibili'tät f, Empfindsamkeit f; **5.** a. pl. Fein-, Zart-gefühl n; **sen·si·ble** [ˈsensəbl] adj. □ **1.** vernünftig (Person, Sache); **2.** fühl-, spürbar; **3.** merklich, wahrnehmbar; **4.** bei Bewußtsein; **5.** bewußt (**of** gen.): **be ~ of** a) sich e-r Sache bewußt sein, b) et. empfinden; **sen·si·ble·ness** [ˈsens-əblnɪs] s. Vernünftigkeit f, Klugheit f.
sens·ing| el·e·ment [ˈsensɪŋ] s. ⊙ (Meß)Fühler m; **~ head** s. Computer: Abtastkopf m.
sen·si·tive [ˈsensɪtɪv] **I** adj. □ **1.** fühlend (Kreatur etc.); **2.** Empfindungs...: **~ nerves**; **3.** sensi'tiv, ('über)empfindlich (**to** gegen): **be ~ to** empfindlich reagie-ren auf (acc.); **4.** sen'sibel, feinfühlig, empfindsam; **5.** phys. etc. (phot. licht-) empfindlich: **~ to heat** wärmeempfind-lich; **~ plant** ✿ Sinnpflanze f; **~ spot** fig. empfindliche Stelle, neuralgischer Punkt; **~ subject** fig. heikles Thema; **6.** schwankend (a. ✝ Markt); **7.** ✗ ge-fährdet; **II** s. **8.** sensi'tiver Mensch; **'sen·si·tive·ness** [-nɪs], **sen·si·tiv·i·ty** [ˌsensɪˈtɪvətɪ] s. **1.** → **sensibility** 1 u. 2: **~ group** psych. Trainingsgruppe f; **~ training** psych. Sensitivitätstraining n; **2.** Sensitivi'tät f, Feingefühl n.
sen·si·tize [ˈsensɪtaɪz] v/t. sensibilisie-ren, (phot. licht)empfindlich machen.
sen·sor [ˈsensə] s. ⚡, ⊙ Sensor m.
sen·so·ri·al [senˈsɔːrɪəl] → **sensory**; **sen·so·ri·um** [-əm] pl. **-ri·a** [-rɪə] s. anat., psych. **1.** Sen'sorium n, 'Sinnes-appa‚rat m; **2.** Sitz m des Empfindungs-vermögens, Bewußtsein n; **sen·so·ry** [ˈsensərɪ] adj. sen'sorisch, Sinnes...: **~ perception**.
sen·su·al [ˈsensjʊəl] adj. □ **1.** sinnlich: a) Sinnes..., b) wollüstig, bsd. bibl. fleischlich; **2.** phls. sensua'listisch; **'sen·su·al·ism** [-lɪzəm] s. **1.** Sinnlich-keit f, Lüsternheit f; **2.** phls. Sensua'lis-mus m; **'sen·su·al·ist** [-lɪst] s. **1.** sinnli-cher Mensch; **2.** phls. Sensua'list m; **sen·su·al·i·ty** [ˌsensjuˈælɪtɪ] s. Sinn-lichkeit f; **'sen·su·al·ize** [-laɪz] v/t. **1.** sinnlich machen; **2.** versinnlichen.
sen·su·ous [ˈsensjʊəs] adj. □ sinnlich: a) Sinnes..., b) sinnenfroh; **'sen-su·ous·ness** [-nɪs] s. Sinnlichkeit f.
sent [sent] pret. u. p.p. von **send**.
sen·tence [ˈsentəns] **I** s. **1.** ling. Satz (-verbindung f) m: **complex ~** Satzge-füge n; **~ stress** Satzbetonung f; **2.** ♊ a) (bsd. Straf)Urteil n: **pass ~** (**up)on** das (fig. ein) Urteil fällen über (acc.), verurteilen (a.); b) Strafe f: **under ~ of death** zum Tode verurteilt; **serve a ~ of imprisonment** e-e Freiheitsstra-fe verbüßen; **3.** obs. Sen'tenz f, Sinn-spruch m; **II** v/t. **4.** ♊ u. fig. verurteilen (**to** zu).
sen·ten·tious [senˈtenʃəs] adj. □ **1.** sententi'ös, prä'gnant, kernig; **2.** spruchreich, lehrhaft; contp. aufgebla-sen, salbungsvoll; **sen'ten·tious·ness** [-nɪs] s. **1.** Prä'gnanz f; **2.** Spruchreich-tum m, Lehrhaftigkeit f; **3.** Großspre-che'rei f.

sen·ti·ence ['senʃəns] *s.* **1.** Empfindungsvermögen *n*; **2.** Empfindung *f*; **'sen·tient** [-nt] *adj.* □ **1.** empfindungsfähig; **2.** fühlend.

sen·ti·ment ['sentɪmənt] *s.* **1.** Empfindung *f*, (Gefühls)Regung *f*, Gefühl *n* (**towards** *j-m* gegenüber); **2.** *pl.* Gedanken *pl.*, Meinung *f*, (Geistes)Haltung *f*: **noble ~s** edle Gesinnung; **them's my ~s** *humor.* (so) denke ich; **3.** (Fein)Gefühl *n*, Innigkeit *f* (*a. Kunst*); **4.** *contp.* Sentimentali'tät *f*.

sen·ti·men·tal [ˌsentɪ'mentl] *adj.* □ **1.** sentimen'tal: a) gefühlvoll, empfindsam, b) *contp.* rührselig; **2.** gefühlsmäßig, Gefühls..., emotio'nal: **~ value** ♥ Liebhaberwert *m*; **sen·ti'men·tal·ism** [-təlɪzəm] **1.** Empfindsamkeit *f*; **2.** → **sentimentality**; **sen·ti'men·tal·ist** [-təlɪst] *s.* Gefühlsmensch *m*; **sen·ti·men·tal·i·ty** [ˌsentɪmen'tælətɪ] *s. contp.* Sentimentali'tät *f*, Rührseligkeit *f*, Gefühlsduse'lei *f*; **sen·ti·men·tal·ize** [-təlaɪz] **I** *v/t.* sentimen'tal gestalten; **II** *v/i.* (**about, over**) in Gefühlen schwelgen (bei), sentimen'tal werden (bei, über *dat.*).

sen·ti·nel ['sentɪnl] *s.* **1.** Wächter *m*: **stand ~ over** bewachen; **2.** ✕ → **sentry** 1; **3.** *Computer:* 'Trennsymˌbol *n*.

sen·try ['sentrɪ] ✕ *s.* **1.** (Wach)Posten *m*, Wache *f*; **2.** Wache *f*, Wachdienst *m*; **'~-box** *s.* Wachhäus·chen *n*; **'~-go** *s.* Wachdienst *m*.

se·pal ['sepəl] *s.* ⚘ Kelchblatt *n*.

sep·a·ra·ble ['sepərəbl] *adj.* □ (ab-)trennbar; **'sep·a·rate** ['sepəreɪt] **I** *v/t.* **1.** trennen (**from** von): a) *Freunde, a. Kampfende etc.* ausein'anderbringen, ⚭ (ehelich) trennen, b) abtrennen, -scheiden, c) (ab)sondern, (aus)scheiden, d) ausein'anderhalten, unter'scheiden zwischen; **2.** (auf-, zer)teilen (**into** in *acc.*); **3.** ♣, ⚙ scheiden, (ab)spalten, b) sortieren, c) aufbereiten; **4.** *Milch* zentrifugieren; **5.** ✕ *Am.* entlassen; **II** *v/i.* **6.** sich ⚭ ehelich trennen (**from** von), ausein'andergehen; **7.** ♣, ⚙ sich absondern; **III** *adj.* ['seprət] □ **8.** getrennt, besonder, sepa'rat, Separat..., Sonder...: **~ account** ♥ Sonderkonto *n*; **~ estate** ⚭ eingebrachtes Sondergut (*der Ehefrau*); **9.** einzeln, gesondert, getrennt, Einzel...: **~ questions** gesondert zu behandelnde Fragen; **10.** einzeln, isoliert; **IV** *s.* ['seprət] **11.** *typ.* Sonder(ab)druck *m*; **sep·a·rate·ness** ['seprətnɪs] *s.* **1.** Getrenntheit *f*; **2.** Besonderheit *f*; **3.** Abgeschiedenheit *f*, Isoliertheit *f*; **sep·a·ra·tion** [ˌsepə'reɪʃn] *s.* **1.** (⚭ eheliche) Trennung, Absonderung *f*: **judicial ~** (gerichtliche) Aufhebung der ehelichen Gemeinschaft; **~ of powers** *pol.* Gewaltenteilung *f*; **~ allowance** Trennungszulage *f*; **2.** ⚙, ♣ a) Abscheidung *f*, -spaltung *f*, b) Scheidung *f*, Klassierung *f von Erzen*; **3.** ✕ *Am.* Entlassung *f*; **'sep·a·ra·tism** [-ətɪzəm] *s.* Sepa·ra'tismus *m*; **'sep·a·ra·tist** [-ətɪst] **I** *s.* **1.** Separa'tist(in); **II** *adj.* **2.** separa'tistisch; **'sep·a·ra·tive** [-ətɪv] *adj.* trennend, Trennungs...; **sep·a·ra·tor** ['sepəreɪtə] *s.* **1.** ⚙ a) (Ab)Scheider *m*, b) (*bsd.* 'Milch-) Zentriˌfuge *f*; **2.** *a.* **~ stage** ⚙ Trennstufe *f*; **3.** *bsd.* ⚙ Spreizvorrichtung *f*.

Se·phar·dim [se'fɑ:dɪm] (*Hebrew*) *s. pl.* Se'phardim *pl.*

se·pi·a ['si:pjə] *s.* **1.** *zo.* Sepia *f*, (Gemeiner) Tintenfisch *m*; **2.** Sepia *f* (*Sekret od. Farbstoff*); **3.** *paint.* a) Sepia *f* (*Farbe*), b) Sepiazeichnung *f*; **4.** *phot.* Sepiadruck *m*.

sep·sis ['sepsɪs] *s.* ☞ Sepsis *f*.

sept- [sept] *in Zssgn* sieben...

sep·ta ['septə] *pl. von* **septum**.

sep·tan·gle ['septæŋgl] *s.* ♈ Siebeneck *n*.

Sep·tem·ber [sep'tembə] *s.* Sep'tember *m*: *in* **~** im September.

sep·te·mi·a [sep'ti:mɪə] → **septic(a)emia**.

sep·te·nar·y [sep'ti:nərɪ] **I** *adj.* **1.** aus sieben bestehend, Sieben...; **2.** → **septennial**; **II** *s.* **3.** Satz *m* von sieben Dingen; **4.** Sieben *f*.

sep·ten·ni·al [sep'tenjəl] *adj.* □ **1.** siebenjährlich; **2.** siebenjährig.

sep·tet(te) [sep'tet] *s.* ♪ Sep'tett *n*.

sep·tic ['septɪc] **I** *adj.* (□ **~ally**) ☞ septisch: **~ sore throat** septische Angina; **II** *s.* Fäulniserreger *m*.

sep·ti·c(a)e·mi·a [ˌseptɪ'si:mɪə] *s.* ☞ Blutvergiftung *f*, Sepsis *f*.

sep·tu·a·ge·nar·i·an [ˌseptjuədʒɪ'neərɪən] **I** *s.* Siebzigjährige(r *m*) *f*, Siebziger(in); **II** *adj.* a) siebzigjährig, b) in den Siebzigern; **Sep·tu·a·ges·i·ma** (**Sun·day**) [ˌseptjuə'dʒesɪmə] *s.* Septua'gesima *f* (9. *Sonntag vor Ostern*).

sep·tum ['septəm] *pl.* **-ta** [-tə] *s.* ⚘, *anat., zo.* (Scheide)Wand *f*, Septum *n*.

sep·tu·ple ['septjupl] **I** *adj.* siebenfach; **II** *s. das* Siebenfache; **III** *v/t.* (*v/i.* sich) versiebenfachen.

sep·tu·plet ['septjuplɪt] *s.* **1.** Siebenergruppe *f*; **2.** *mst pl.* Siebenling *m* (*Kind*).

sep·ul·cher *Am.* → **sepulchre**; **se·pul·chral** [sɪ'pʌlkrəl] *adj.* □ **1.** Grab..., Begräbnis..., *fig.* düster, Grabes... (-*stimme etc.*); **sep·ul·chre** ['sepəlkə] *s.* **1.** Grab(stätte *f*, -mal *n*) *n*; **2.** *a.* **Easter ~** *R.C.* Ostergrab *n* (*Schrein*).

sep·ul·ture ['sepəltʃə] *s.* (Toten)Bestattung *f*.

se·quel ['si:kwəl] *s.* **1.** (Aufein'ander-) Folge *f*: *in the* **~** in der Folge; **2.** Folge (-erscheinung) *f*, (Aus)Wirkung *f*, Konse'quenz *f*, (*gerichtliches etc.*) Nachspiel; **3.** (Ro'man- *etc.*)Fortsetzung *f*, (*a.* Hörspiel- *etc.*)Folge *f*.

se·quence ['si:kwəns] *s.* **1.** (Aufein'ander)Folge *f*: **~ of operations** ⚙ Arbeitsablauf *m*; **~ of tenses** *ling.* Zeitenfolge; **2.** (Reihen)Folge *f*: *in* **~** der Reihe nach; **3.** Folge *f*, Reihe *f*, Serie *f*; **4.** → **sequel** 2; **5.** ♪, *eccl., a.* Kartenspiel: Se'quenz *f*; **6.** *Film:* Szene *f*; **7.** Folgerichtigkeit *f*; **8.** *fig.* Vorgang *m*; **se·quent** [-nt] **I** *adj.* **1.** (aufein'ander)folgend; **2.** (logisch) folgend; **II** *s.* **3.** (*zeitliche od. logische*) Folge; **se·quen·tial** [sɪ'kwenʃl] *adj.* □ **1.** (*regelmäßig*) (aufein'ander)folgend; **2.** folgend (**to** auf *acc.*); **3.** folgerichtig, konse'quent.

se·ques·ter [sɪ'kwestə] *v/t.* **1.** (*o.s.* sich) absondern (**from** von); **2.** ⚭ → **sequestrate**; **se'ques·tered** [-əd] *adj.* einsam, weltabgeschieden; zu'rückgezogen; **se'ques·trate** [-tret] *v/t.* **1.** ⚭ a) unter Treuhänderschaft stellen, b) konfiszieren; **se-**

ques·tra·tion [ˌsi:kwe'streɪʃn] *s.* **1.** Absonderung *f*; Ausschluß *m* (**from** von, *eccl.* aus *der Kirche*); **2.** ⚭ Beschlagnahme *f*: a) Zwangsverwaltung *f*, b) Einziehung *f*; **3.** Zu'rückgezogenheit *f*.

se·quin ['si:kwɪn] *s.* **1.** *hist.* Ze'chine *f* (*Goldmünze*); **2.** Ziermünze *f*; **3.** Pail'lette *f*.

se·quoi·a [sɪ'kwɔɪə] *s.* ⚘ Mammutbaum *m*.

se·ra·glio [se'rɑ:lɪəʊ] *s.* Se'rail *n*.

se·rai [se'raɪ] *s.* Karawanse'rei *f*.

ser·aph ['serəf] *pl.* **ser·aphs**, **'ser·a·phim** [-fɪm] *s.* Seraph *m* (*Engel*); **se·raph·ic** [se'ræfɪk] *adj.* (□ **~ally**) se'raphisch, engelhaft, verzückt.

Serb [sɜ:b], **'Ser·bian** [-bjən] **I** *s.* **1.** Serbe *m*, Serbin *f*; **2.** *ling.* Serbisch *n*; **II** *adj.* **3.** serbisch.

sere [sɪə] → **sear**[1] 7.

ser·e·nade [ˌserə'neɪd] ♪ **I** *s.* **1.** Sere'nade *f*, Ständchen *n*, 'Nachtmuˌsik *f*; **2.** Sere'nade *f* (*vokale od. instrumentale Abendmusik*); **II** *v/i. u. v/t.* **3.** (*j-m*) ein Ständchen bringen; **ser·e'nad·er** [-də] *s.* j-d, der ein Ständchen bringt.

se·rene [sɪ'ri:n] *adj.* □ **1.** heiter, klar (*Himmel, Wetter etc.*), ruhig (*See*), friedlich (*Natur etc.*): **all ~** *sl.* ,alles in Butter'; **2.** heiter, gelassen (*Person, Gemüt etc.*); **3.** ⚷ durch'lauchtig: **His ⚷ Highness** Seine Durchlaucht; **se·ren·i·ty** [sɪ'renətɪ] *s.* **1.** Heiterkeit *f*, Klarheit *f*; **2.** Gelassenheit *f*, heitere (Gemüts)Ruhe; **3.** (**Your**) ⚷ (Eure) 'Durchlaucht *f* (*Titel*).

serf [sɜ:f] *s.* **1.** *hist.* Leibeigene(r *m*) *f*; **2.** *obs. od. fig.* Sklave *m*; **'serf·age** [-fɪdʒ], **'serf·dom** [-dəm] *s.* **1.** Leibeigenschaft *f*; **2.** *obs. od. fig.* Sklave'rei *f*.

serge [sɜ:dʒ] *s.* Serge *f* (*Stoff*).

ser·geant ['sɑ:dʒənt] *s.* **1.** ✕ Feldwebel *m*; *Artillerie, Kavallerie:* Wachtmeister *m*: **~ first class** *Am.* Oberfeldwebel; **first ~** Hauptfeldwebel; **2.** (Poli'zei-) Wachtmeister *m*; **3.** → **serjeant**; **~ major** *s.* ✕ Hauptfeldwebel *m*.

se·ri·al ['sɪərɪəl] **I** *s.* **1.** in Fortsetzungen *od.* in regelmäßiger Folge erscheinende Veröffentlichung, *bsd.* 'Fortsetzungsˌroman *m*; **2.** (Veröffentlichungs)Reihe *f*, Lieferungswerk *n*; peri'odische Zeitschrift, **3.** a) Sendereihe *f*, b) (Hörspiel-, Fernseh)Folge *f*, Serie *f*; **II** *adj.* □ **4.** Serien..., Fortsetzungs...: **~ story**, **~ rights** Copyright *n* e-s Fortsetzungsromans; **5.** serienmäßig, Serien..., Reihen...: **~ manufacture**; **~ number** a) laufende Nummer, b) Fabrikationsnummer *f*; **~ photograph** Reihenbild *n*; **6.** ♪ Zwölfton...; **'se·ri·al·ize** [-laɪz] *v/t.* **1.** peri'odisch *od.* in Fortsetzungen veröffentlichen; **2.** reihenweise anordnen; **se·ri·a·tim** [ˌsɪərɪ'eɪtɪm] (*Lat.*) *adv.* der Reihe nach.

se·ri·ceous [sɪ'rɪʃəs] *adj.* **1.** Seiden...; **2.** seidig; **3.** *zo.* seidenhaarig; **ser·i·cul·ture** ['serɪˌkʌltʃə] *s.* Seidenraupenzucht *f*.

se·ries ['sɪəri:z] *pl.* **-ries** *s.* **1.** Serie *f*, Folge *f*, Kette *f*, Reihe *f*: *in* **~** der Reihe nach (→ 3 *u.* 9); **2.** (Ar'tikel-, Buch- *etc.*)Serie *f*, Reihe *f*, Folge *f*; **3.** ⚙ Serie *f*, Baureihe *f*: **~ production** Reihen-, Serienbau *m*; *in* **~** serienmäßig; **4.** (Briefmarken- *etc.*)Serie *f*; **5.** ♈ Reihe f; **6.** ♠ homo'loge Reihe; **7.** *geol.* Schichtfolge f; **8.** *zo.* Ab'teilung f; **9.** *a.* ~ *connection* ⚡ Serien-, Reihenschaltung f: ~ *motor* Reihen(schluß)motor m; *connect in* ~ hintereinanderschalten.

ser·if ['serɪf] s. *typ.* Se'rife f.

ser·in ['serɪn] s. *orn.* wilder Ka'narienvogel.

se·ri·o-com·ic [ˌsɪərɪəʊ'kɒmɪk] *adj.* (☐ ~*ally*) ernst-komisch.

se·ri·ous ['sɪərɪəs] *adj.* ☐ **1.** ernst(haft): a) feierlich, b) von ernstem Cha'rakter, seri'ös, c) schwerwiegend, bedeutend: ~ *dress* seriöse Kleidung; ~ *music* ernste Musik; ~ *problem* ernstes Problem; ~ *artist* ernsthafter Künstler; **2.** ernstlich, bedenklich, gefährlich: ~ *illness*; ~ *rival* ernstzunehmender Rivale; **3.** ernst(haft, -lich), ernstgemeint (*Angebot etc.*): *are you ~?* meinst du das im Ernst?; **'se·ri·ous·ly** [-lɪ] *adv.* ernst (-lich); im Ernst: ~ *ill* ernstlich krank; ~ *wounded* schwerverwundet; *now, ~!* im Ernst!; **'se·ri·ous·ness** [-nɪs] s. **1.** Ernst m, Ernsthaftigkeit f; **2.** Wichtigkeit f, Bedeutung f.

ser·jeant ['sɑːdʒənt] s. ⚖ **1.** Gerichtsdiener m; **2.** *Common* ⚡ Stadtsyndikus m (*London*); **3.** *a.* ~ *at law* höherer Barrister (des Gemeinen Rechts); ~ *at arms* s. *parl.* Ordnungsbeamte(r) m.

ser·mon ['sɜːmən] s. **1.** Predigt f: ⚡ *on the Mount* bibl. Bergpredigt; **2.** *fig.* (Mo'ral-, Straf)Predigt f; **'ser·mon·ize** [-naɪz] **I** *v/i.* (*a. iro.*) predigen; **II** *v/t.* j-m e-e (Mo'ral)Predigt halten.

se·rol·o·gist [sɪə'rɒlədʒɪst] s. ⚕ Sero'loge m; **se'rol·o·gy** [-dʒɪ] s. Serolo'gie f, Serumkunde f; **se'ros·i·ty** [-'rɒsɪtɪ] s. ⚕ **1.** se'röser Zustand; **2.** se'röse Flüssigkeit; **se·rous** ['sɪərəs] *adj.* ⚕ se'rös.

ser·pent ['sɜːpənt] s. **1.** (*bsd. große*) Schlange; **2.** *fig.* (Gift)Schlange f (*Person*); **3.** ⚡ *ast.* Schlange f; **ser·pen·tine** [-taɪn] **I** *adj.* **1.** schlangenförmig, Schlangen...; **2.** sich schlängelnd *od.* windend, geschlängelt, Serpentinen...: ~ *road*; **3.** *fig.* falsch, tückisch; **II** *s.* **4.** *geol.* Serpen'tin m; **5.** *Eislauf:* Schlangenbogen m; **6.** ⚡ *Teich im Hyde Park.*

ser·pi·go [sɜː'paɪɡəʊ] s. ⚕ fressende Flechte.

ser·rate ['serɪt], **ser·rat·ed** [se'reɪtɪd] *adj.* (sägeförmig) gezackt; **ser·rate·'den·tate** *adj.* ♀ gesägt-gezähnt.

ser·ra·tion [se'reɪʃn] s. (sägeförmige) Auszackung.

ser·ried ['serɪd] *adj.* dichtgeschlossen (*Reihen*).

se·rum ['sɪərəm] s. **1.** *physiol.* (Blut-) Serum n; **2.** ⚕ (Heil-, Schutz)Serum n.

ser·val ['sɜːvəl] s. *zo.* Serval m.

serv·ant ['sɜːvənt] s. **1.** Diener m (*a. fig. Gottes, der Kunst etc.*); (*domestic* ~) Dienstbote m, -mädchen n, Hausangestellte(r m) f; ~*s' hall* Gesindestube f; *your obedient* ~ hochachtungsvoll (*Amtsstil*); **2.** *bsd. public* ~ Beamte(r) m, Angestellte(r) m (*im öffentlichen Dienst*); → *civil* 2; **3.** ⚖ (Handlungs-) Gehilfe m, Angestellte(r) m (*Ggs. master* 5 b); ~ *girl*, ~ *maid* s. Dienstmädchen n.

serve [sɜːv] **I** *v/t.* **1.** j-m, *a.* Gott, *s-m Land etc.* dienen; arbeiten für, im Dienst stehen bei; **2.** *j-m* dienlich sein,

helfen (*a. Sache*); **3.** *Dienstzeit* (*a.* ✕) ableisten; *Lehre* 'durchmachen; ⚖ *Strafe* absitzen, verbüßen; **4.** a) *Amt* ausüben, innehaben, b) *Dienst* tun in (*dat.*), *Gebiet, Personenkreis* betreuen, versorgen; **5.** *e-m Zweck* dienen *od.* entsprechen; *e-n Zweck* erfüllen, *e-r Sache* nützen: *it ~s no purpose* es hat keinen Zweck; **6.** genügen (*dat.*), ausreichen für: *enough to ~ us a month*; **7.** *j-m bei Tisch* aufwarten; *j-n,* ♥ *Kunden* bedienen; **8.** *a.* ~ *up Essen etc.* servieren, auftragen, reichen: *dinner is ~d!* es ist serviert *od.* angerichtet!; ~ *up* F *fig.* ‚auftischen'; **9.** ✕ *Geschütz* bedienen; **10.** versorgen (*with* mit): ~ *the town with gas*; **11.** *oft* ~ *out* aus-, verteilen; **12.** *mst* F a) *j-n schändlich etc.* behandeln, b) *j-m etc.* zufügen: *~ s.o. a trick* j-m e-n Streich spielen; ~ *s.o. out* es j-m heimzahlen; (*it*) *~s him right* (das) geschieht ihm recht; **13.** *Verlangen* befriedigen, frönen (*dat.*); **14.** *Stute etc.* decken; **15.** ⚖ *Vorladung etc.* zustellen (*dat.*): ~ *s.o. a writ,* ~ *a writ on s.o.*; **16.** ⚙ um'wickeln; **17.** ⚓ *Tau* bekleiden; **II** *v/i.* **18.** dienen, *Dienst tun* (*beide a.* ✕); in Dienst stehen, angestellt sein (*with*) sein; **19.** servieren, bedienen: ~ *at table*; **20.** fungieren, amtieren (*as* als): ~ *on a committee* in e-m Ausschuß tätig sein; **21.** dienen, nutzen: *it ~s to inf.* es dient dazu, zu *inf.*; *it ~s to show his cleverness* daran kann man s-e Klugheit erkennen; **22.** dienen (*as, for* als): *a blanket ~d as a curtain*; **23.** genügen, den Zweck erfüllen; **24.** günstig sein, passen: *as occasion ~s* bei passender Gelegenheit; *the tide ~s* ⚓ der Wasserstand ist (*zum Auslaufen etc.*) günstig; **25.** *sport* a) *Tennis etc.:* aufschlagen, b) *Volleyball:* aufgeben: *X to ~!* Aufschlag X; **26.** *R.C.* ministrieren; **III** *s.* **27.** → *service* 20; **'serv·er** [-və] s. **1.** *R.C.* Mini'strant m; **2.** a) *Tennis:* Aufschläger m, b) *Volleyball:* Aufgeber m; **3.** a) Tab'lett n, b) Warmhalteplatte f, c) Serviertischchen n *od.* -wagen m, d) Tortenheber m.

serv·ice¹ ['sɜːvɪs] s. ♀ **1.** Spierbaum m; **2.** *a. wild* ~(*tree*) Elsbeerbaum m.

serv·ice² ['sɜːvɪs] **I** s. **1.** Dienst m, Stellung f (*bsd. v. Hausangestellten*): *be in* ~ in Stellung sein; *take s.o. into* ~ j-n einstellen; **2.** a) Dienstleistung f (*a.* ♥, ⚖), *Dienst m* (*on dat.*), b) *j-m* (*guter*) Dienst, Gefälligkeit f: *do* (*od. render*) *s.o. a* ~ j-m e-n Dienst erweisen; *at your* ~ zu Ihren Diensten; *be* (*place*) *at s.o.'s* ~ j-m zur Verfügung stehen (stellen); **3.** ♥ Bedienung f: *prompt* ~; **4.** Nutzen m: *be of* ~ *to* j-m nützen; **5.** (*Nacht-, Nachrichten-, Presse-, Telefon-etc.*)Dienst m; **6.** a) Versorgungsdienst m, b) Versorgungsbetrieb m: *water* ~ Wasserversorgung f; **7.** Funkti'on f, Amt n (*e-s Beamten*); **8.** (öffentlicher) Dienst, Staatsdienst m: *diplomatic* ~; *on Her Majesty's* ⚡ *Brit.* 🖤 Dienstsache f; **9.** 🚂 *etc.* Verkehr m, Betrieb m: *twenty-minute* ~ Zwanzig-Minuten-Takt m; **10.** ⚙ Betrieb m: *in* (*out of*) ~ in (außer) Betrieb; ~ *conditions* Betriebsbeanspruchung f; ~ *life* Lebensdauer f; **11.** ⚙ Wartung f, Kundendienst m, Service m; **12.** ✕ a) (Wehr-)

Dienst m, b) Waffengattung f, c) *pl.* Streitkräfte *pl.*, d) *Brit.* Ma'rine f: *be on active* ~ aktiv dienen; ~ *pistol* Dienstpistole f; **13.** ✕ *Am.* (technische) Versorgungstruppe; **14.** ✕ Bedienung f (*Geschütz*); **15.** *mst pl.* Hilfsdienst m: *medical* ~(*s*); **16.** *eccl.* a) *a. divine* ~ Gottesdienst m, b) Litur'gie f; **17.** Ser'vice n, Tafelgerät n; **18.** ⚖ Zustellung f; **19.** ⚓ Bekleidung f (*Tau*); **20.** *sport* a) *Tennis etc.:* Aufschlag, b) *Volleyball:* Aufgabe f; **II** *v/t.* **21.** ⚙ a) warten, pflegen, b) über'holen; **22.** ♥ *bsd. Am.* Kundendienst verrichten für *od.* bei; **23.** *zo.* Stute decken; **'service·a·ble** [-səbl] *adj.* ☐ **1.** brauch-, verwendbar, nützlich; betriebs-, leistungsfähig; **2.** zweckdienlich; **3.** haltbar, strapazierfähig.

serv·ice| a·re·a s. **1.** *Radio, TV:* Sendebereich m; **2.** *Brit.* (Autobahn)Raststätte f (mit Tankstelle); ~ *book* s. *eccl.* Gebet-, Gesangbuch n; ~ *box* s. ⚡ Anschlußkasten m; ~ *brake* s. *mot.* Betriebsbremse f; ~ *charge* s. **1.** *econ.* Bedienungszuschlag m; **2.** ♥ Bearbeitungsgebühr f; ~ *court* s. *Tennis etc.:* Aufschlagfeld n; ~ *dress* → *service uniform*; ~ *flat* s. *Brit.* E'tagenwohnung f mit Bedienung; ~ *hatch* s. *Brit.* 'Durchreiche f (*für Speisen*); ~ *in·dus·try* s. **1.** *mst pl.* Dienstleistungsbetriebe *pl.*, -gewerbe n; **2.** 'Zulieferindus,trie f; ~ *life* s. ⚙ Lebensdauer f; ~ *line* s. *Tennis etc.:* Aufschlaglinie f; '~·man [-mən] s. [*irr.*] **1.** Sol'dat m, Mili'tärangehörige(r) m; **2.** ⚙ ♥ 'Kundendienstme,chaniker m, ⚙ ♥ 'Wartungsmon,teur m; ~ *mod·ule* s. Versorgungsteil m e-s *Raumschiffs*; ~ *so·ci·e·ty* s. Dienstleistungsgesellschaft f; ~ *sta·tion* s. **1.** Kundendienst- *od.* Repara'turwerkstatt f; **2.** (Groß)Tankstelle f; ~ *trade* s. Dienstleistungsgewerbe n; ~ *u·ni·form* s. ✕ Dienstanzug m.

ser·vi·ette [ˌsɜːvɪ'et] s. Servi'ette f.

ser·vile ['sɜːvaɪl] *adj.* ☐ **1.** ser'vil, unter-'würfig, kriecherisch; **2.** *fig.* sklavisch (*Gehorsam, Genauigkeit etc.*); **ser·vil·i·ty** [sɜː'vɪlɪtɪ] s. Unter'würfigkeit f, Krieche'rei f.

serv·ing ['sɜːvɪŋ] s. **1.** *obs.* Diener(in) (*a. fig.*); **2.** *obs. od. poet.* Gefolgsmann m; **3.** *univ. hist.* Stipendi'at m.

ser·vi·tude ['sɜːvɪtjuːd] s. **1.** Sklave'rei f, Knechtschaft f (*a. fig.*); **2.** ⚖ Zwangsarbeit f: *penal* ~ Zuchthausstrafe f; **3.** ⚖ Servi'tut n, Nutzungsrecht n.

'ser·vo|-as,sist·ed ['sɜːvəʊ-] *adj.* ⚙ Servo...; ~ *brake* s. Servobremse f; ~ *steer·ing* s. Servolenkung f.

ses·a·me ['sesəmɪ] s. **1.** ♀ Indischer Sesam; **2.** → *open sesame*.

ses·a·moid ['sesəmɔɪd] *adj.* *anat.* Sesam...: ~ *bones* Sesamknöchelchen.

ses·qui- [seskwɪ] *in Zssgn* 'andert'halb; **~·al·ter** [-'æltə], **~·al·ter·al** [-'æltərəl] *adj.* im Verhältnis 3:2 *od.* 1:1½ stehend; **~·cen·ten·ni·al I** *adj.* 150jährig; **II** *s.* 150-Jahr-Feier f; **~·pe'da·li·an** [-pɪ'deɪljən] *adj.* **1.** 'andert'halb Fuß lang; **2.** *fig. humor.* sehr lang, mon-'strös: ~ *word*; **3.** *fig.* schwülstig; **'~·plane** [-pleɪn] s. ✈ Anderthalbdekker m.

ses·sile ['sesɪl] *adj.* **1.** ♀ stiellos; **2.** *zo.* ungestielt.

ses·sion ['seʃn] *s.* **1.** *parl.* ⚖ a) Sitzung *f*, b) 'Sitzungsperi‚ode *f*: *be in ~* e-e Sitzung abhalten, tagen; **2.** (*einzelne*) Sitzung (*a.* ♪ *psych.*), Konfe'renz *f*; **3.** *2s pl.* → *magistrates' court, Quarter Sessions*; **4.** a) *Court of 2* oberstes schottisches Zivilgericht, b) *Court of 2s Am.* (*einzelstaatliches*) *Gericht für Strafsachen*; **5.** *univ.* a) *Brit.* aka'demisches Jahr, b) *Am.* ('Studien)Se‚mester *n*; **'ses·sion·al** [-ʃənl] *adj.* □ **1.** Sitzungs...; **2.** *univ. Brit.* Jahres...: *~ course.*

ses·tet [ses'tet] *s.* **1.** ♪ Sex'tett *n*; **2.** *Metrik:* sechszeilige Strophe.

set [set] **I** *s.* **1.** Satz *m Briefmarken, Dokumente, Werkzeuge etc.*; (*Möbel-, Toiletten- etc.*)Garni'tur *f*; (*Speise- etc.*) Ser'vice *n*, Besteck *n*; (*Farben- etc.*) Sorti'ment *n*; **2.** ♀ Kollekti'on *f*; **3.** Sammlung *f*: *a ~ of Shakespeare's works*; **4.** (Schriften)Reihe *f*, (Ar'tikel-) Serie *f*; **5.** ⊙ (Ma'schinen)Anlage *f*; **6.** (Häuser)Gruppe *f*; **7.** (Zimmer)Flucht *f*; **8.** ⊙ a) (Ma'schinen)Satz *m*, (-)Anlage *f*, Aggre'gat *n*, b) (Radio- etc.)Gerät *n*, Appa'rat *m*; **9.** a) *thea.* Bühnenausstattung *f*, b) *Film:* Szenenaufbau *m*; **10.** *Tennis etc.:* Satz *m*; **11.** ♣ a) Kartenreihe *f*, b) Menge *f*; **12.** *~ of teeth* Gebiß *n*; **13.** (Per'sonen)Kreis *m*: a) Gesellschaft(sschicht) *f*, vornehme, literarische etc. Welt, b) *contp.* Klüngel *m*, Clique *f*: *the chic ~* die ‚Schickeria'; *the fast ~* die Lebewelt; **14.** Sitz *m*, Schnitt *m von Kleidern*; **15.** Haltung *f*; **16.** Richtung *f*, (Ver)Lauf *m e-r Strömung etc.*; **17.** Neigung *f*, Ten'denz *f*; **18.** *poet.* 'Untergang *m der Sonne etc.*: *the ~ of the day* das Tagesende; **19.** ⊙ → *setting* 10; **20.** *hunt.* Vorstehen *n des Hundes*: *make a dead ~ at* fig. a) über *j-n* herfallen, b) es auf e-n Mann abgesehen haben (*Frau*); **21.** *hunt.* (*Dachs- etc.*)Bau *m*; **22.** ♀ Setzling *m*, Ableger *m*; **II** *adj.* **23.** starr (*Gesicht, Lächeln*); **24.** fest (*Meinung*); **25.** festgesetzt: *at the ~ day*; **26.** vorgeschrieben, festgelegt: *~ rules; ~ books od. reading* Pflichtlektüre *f*; **27.** for'mell, konventio'nell: *~ party*; **28.** 'wohlüber‚legt, einstudiert: *~ speech*; **29.** a) bereit, b) fest entschlossen (*on doing* zu tun); **30.** zs.-gebissen (*Zähne*); **31.** eingefaßt (*Edelstein*); **32.** *~ piece paint. etc.* Gruppenbild *n*; **33.** *~ fair* beständig (*Barometer*); **34.** *in Zssgn* ...gebaut; **III** *v/t.* [*irr.*] **35.** setzen, stellen, legen: *~ the glass to one's lips* das Glas an die Lippen setzen; *~ a match to* ein Streichholz halten an (*acc.*), et. in Brand stecken; → *hand* 7, *sail* 1 *etc.*; **36.** (ein-, her)richten, (an)ordnen, zu'rechtmachen; *thea.* Bühne aufbauen; *Tisch* decken; ⊙ *etc.* (ein)stellen, (-) richten, regulieren; *Uhr, Wecker* stellen; ⊙ *Säge* schränken; *hunt. Falle* (auf-) stellen; ♪ *Bruch, Knochen* (ein)richten; *Messer* abziehen; *Haar* legen; **37.** ♪ a) vertonen, b) arrangieren; **38.** *typ.* absetzen; **39.** ♪ a) *a. ~ out* Setzlinge (aus)pflanzen, b) *Boden* bepflanzen; **40.** a) *Bruthenne* setzen, b) *Eier* 'unterlegen; **41.** a) *Edelstein* fassen, b) *mit Edelsteinen etc.* besetzen; **42.** *Wache*

(auf)stellen; **43.** *Aufgabe, Frage* stellen; **44.** *j-n* anweisen (*to do s.th.* et. zu tun), *j-n an* (*e-e Sache*) setzen: *~ o.s. to do s.th.* sich daran machen, et. zu tun; **45.** vorschreiben; **46.** *Zeitpunkt* festlegen; **47.** *Hund etc.* hetzen (*on* auf *j-n*): *~ spies on j-n* bespitzeln lassen; **48.** (veran)lassen (*doing* zu tun): *~ going* in Gang setzen; *~ s.o. laughing* j-n zum Lachen bringen; *~ s.o. thinking* j-m zu denken geben; **49.** *in e-n Zustand* versetzen; → *ease* 2; **50.** *Flüssiges* fest werden lassen; *Milch* gerinnen lassen; **51.** *Zähne* zs.-beißen; **52.** *Wert* bemessen, festsetzen; **53.** *Preis* aussetzen (*on* auf *acc.*); **54.** *Geld, Leben* riskieren; **55.** *Hoffnung, Vertrauen* setzen (*on* auf *acc.; in* in *acc.*); **56.** *Grenzen, Schranken etc.* setzen (*to* dat.); **IV** *v/i.* [*irr.*] **57.** 'untergehen (*Sonne etc.*); **58.** a) auswachsen (*Körper*), b) ausreifen (*Charakter*); **59.** fest werden (*Flüssiges*); abbinden (*Zement etc.*); erstarren (*a. Gesicht, Muskel*); gerinnen (*Milch*); ♪ sich einrenken; **60.** sitzen (*Kleidung*); **61.** fließen, laufen (*Flut etc.*); wehen, kommen (*from* aus, von) (*Wind*) *fig.* sich neigen *od.* richten (*against* gegen); **62.** ♀ Frucht ansetzen (*Blüte, Baum*); **63.** *hunt.* (vor)stehen (*Hund*);

Zssgn mit prp.:

set | **a·bout** *v/i.* **1.** sich an et. machen, et. in Angriff nehmen; **2.** F über *j-n* herfallen; **~ a·gainst** *v/t.* **1.** entgegen-od. gegen'überstellen (*dat.*): *set o.s.* (*od. one's face*) *against* sich e-r Sache widersetzen; **2.** *j-n* aufhetzen gegen; **~** (**up·**)**on** *v/i.* herfallen über *j-n.*

Zssgn mit adv.:

set | **a·part** *v/t.* **1.** *Geld etc.* bei'seite legen; **2.** *set s.o. apart (from)* aus 'unter'scheiden (*von*); **~ a·side** *v/t.* **1.** a) bei'seite legen, b) → *set apart* 1; **2.** *Plan etc.* fallenlassen; **3.** außer acht lassen, ausklammern; **4.** verwerfen, bsd. ⚖ aufheben; **~ back I** *v/t.* **1.** *Uhr* zu'rückstellen; **2.** *Haus etc.* zu'rücksetzen; **3.** *fig. j-n, et.* zu'rückwerfen; **4.** *j-n* är mer machen (um); **II** *v/i.* **5.** zu'rückfließen (*Flut etc.*); **~ by** *v/t.* *Geld etc.* zu'rücklegen, sparen; **~ down** *v/t.* **1.** *Last, a. Fahrgast, a. das Flugzeug* absetzen; **2.** (schriftlich) niederlegen, aufzeichnen; **3.** *j-m e-n* ‚Dämpfer' aufsetzen; **4.** *~ as j-n* abtun *od.* betrachten als; **5.** *et.* zuschreiben (*to* dat.); **6.** *et.* festlegen, -setzen; *~ forth* 1; **2.** ↓ bekanntmachen; **2.** → *set out* 1; **3.** zur Schau stellen; **II** *v/i.* **4.** aufbrechen: *~ on a journey* e-e Reise antreten; **5.** *fig.* ausgehen (*from* von); **~ for·ward I** *v/t.* **1.** *Uhr* vorstellen; **2.** a) *et.* vor'antreiben, b) *j-n od. et.* weiterbringen; **3.** vorbringen, darlegen; **II** *v/i.* **4.** sich auf den Weg machen; **~ in** *v/i.* einsetzen (*beginnen*); **~ off I** *v/t.* **1.** her'vortreten lassen, abheben (*from* von); **2.** her'vorheben; **3.** a) *Rakete etc.* b) *Sprengladung zur Explosi'on bringen, c) Feuerwerk* abbrennen; **4.** *Alarm etc.* auslösen (*a. Streik etc.*), führen zu; **5.** ♪ auf-, anrechnen (*against* gegen); **6.** ⚖ als Ausgleich nehmen (*against* für); **7.** *Verlust etc.* ausgleichen; **II** *v/i.* **8.** → *set forth* 4; **9.** *fig.* anfangen; **~ on** *v/t.* **1.** a) *j-n* drängen (*to do* zu tun), b) *j-n* auf-

hetzen (*to* zu); **2.** *Hund etc.* hetzen (*to* auf *acc.*); **~ out I** *v/t.* **1.** (ausführlich) darlegen, aufzeigen; **2.** anordnen, arrangieren; **II** *v/i.* **3.** aufbrechen, sich auf den Weg machen (*for* nach); **4.** sich vornehmen, da'rangehen (*to do et.* zu tun); *~ to I* sich dar'anmachen, sich ‚da'hinterklemmen', ‚loslegen'; **2.** aufein'ander losgehen; **~ up I** *v/t.* **1.** errichten: *~ a monument*; **2.** ⊙ *Maschine etc.* aufstellen, montieren; **3.** *Geschäft etc.* gründen; *Regierung* bilden, einsetzen; **4.** *j-m* zu e-m (guten) Start verhelfen, *j-n* etablieren: *~ s.o. up in business; ~ o.s. up* (*as*) → 15; **5.** *Behauptung etc., a. Rekord* aufstellen; ⚖ *Anspruch* geltend machen, *a. Verteidigung* vorbringen; **6.** *Kandidaten* aufstellen; **7.** *j-n* erhöhen (*over* über *acc.*), *a. j-n auf den Thron* setzen; **8.** *Stimme, Geschrei* erheben; **9.** *a. Krankheit* verursachen; **10.** a) *j-n* kräftigen, b) *gesundheitlich* wieder'herstellen; **11.** *j-m* (finanzi'ell) ‚auf die Beine helfen'; **12.** *j-n* versehen, -sorgen (*with* mit); **13.** F a) *j-m e-e Falle* stellen, b) *j-n mit et.* ‚anhängen'; **14.** *typ.* (ab-) setzen: *~ in type*; **II** *v/i.* **15.** sich niederlassen *od.* etablieren (*as* als): *~ for o.s.* sich selbständig machen; **16.** *~ for* sich ausgeben für *od.* als, sich aufspielen als.

se·ta·ceous [sɪ'teɪʃəs] *adj.* borstig.

'set|·a‚side *s. Am.* Rücklage *f*; **'~back** *s.* **1.** *fig.* a) Rückschlag *m*, ‚Schlappe' *f*; **2.** △ a) Rücksprung *m e-r Wand*, b) zu'rückgesetzte Fas'sade; **'~down** *s.* **1.** Dämpfer *m*; **2.** Rüffel *m*; **'~off** *s.* **1.** Kon'trast *m*; **2.** ⚖ a) Gegenforderung *f*, b) Ausgleich *m* (*a. fig; against* für); **3.** ♪ Aufrechnung *f*; **'~out** *s.* **1.** a) Aufbruch *m*, b) Anfang *m*; **2.** Aufmachung *f*; **3.** F a) Vorführung *f*, b) Party *f*; **~ piece** *s.* **1.** *Kunst:* formvollendetes Werk; **2.** ✗ sorgfältig geplante Operati'on; **3.** → *set* 32; **~ point** *s.* **1.** *Tennis etc.:* Satzball *m*; **2.** ⊙ Sollwert *m*; **'~screw** *s.* ⊙ Stellschraube *f*; **~ square** *s.* Winkel *m*, Zeichendreieck *n*.

sett [set] *s.* Pflasterstein *m*.

set·tee [se'tiː] *s.* **1.** Sitz-, Polsterbank *f*; **2.** kleineres Sofa: *~ bed* Bettcouch *f*.

set·ter ['setə] *s.* **1.** *allg.* Setzer(in), Einrichter(in); **2.** *typ.* (Schrift)Setzer *m*; **3.** Setter *m* (*Vorstehhund*); **4.** (Poli'zei-) Spitzel *m*; **~·on** [-ər'ɒn] *pl.* **~s·on** *s.* Aufhetzer(in).

set the·o·ry *s.* ♪ Mengenlehre *f*.

set·ting ['setɪŋ] *s.* **1.** (*typ.* Schrift)Setzen *n*; Einrichten *n*; (Ein)Fassen *n* (*Edelstein*); **2.** Schärfen *n* (*Messer*); **3.** (*Gold- etc.*)Fassung *f*; **4.** Lage *f*, 'Hintergrund *m* (*a. fig. Rahmen*); **5.** Schauplatz *m*, 'Hintergrund *m e-s Romans etc.*; **6.** *thea.* szenischer 'Hintergrund, Bühnenbild *n*, *a. Film:* Ausstattung *f*; **7.** ♪ a) Vertonung *f*, b) Satz *m*; **8.** (*Sonnen- etc.*)'Untergang *m*; **9.** ⊙ Einstellung *f*; **10.** ⊙ Hartwerden *n*, Abbinden *n von Zement etc.*: *~ point* Stockpunkt *m*; **11.** ⊙ Schränkung *f* (*Säge*); **12.** Gedeck *n*; *~ lo·tion s.* (Haar)Festiger *m*; **'~rule** *s. typ.* Setzlinie *f*; **'~stick** *s. typ.* Winkelhaken *m*; **'~up** *s. bsd.* ⊙ Einrichtung *f*, Aufstellung *f*; **2.** *~ exercises Am.* Gymnastik *f*, Freiübungen *pl.*

set·tle ['setl] **I** *v/i.* **1.** sich niederlassen *od.* setzen (*a. Vogel etc.*); **2.** a) sich ansiedeln, b) ~ *in* sich *in e-r Wohnung etc.* einrichten, c) ~ *in* sich einleben *od.* eingewöhnen; **3.** a) *a.* ~ *down* sich *in e-m Ort* niederlassen, b) sich (häuslich) niederlassen, c) *a.* **marry and** ~ **down** e-n Hausstand gründen, d) seßhaft werden, zur Ruhe kommen, sich einleben; **4.** ~ *down to* sich widmen (*dat.*), sich an *e-e Arbeit etc.* machen; **5.** sich legen *od.* beruhigen (*Wut etc.*); **6.** ~ *on* sich zuwenden (*dat.*), fallen auf (*acc.*) (*Zuneigung etc.*); **7.** *⚓* sich festsetzen (*on, in* in *dat.*), sich legen (*on* auf *acc.*) (*Krankheit*); **8.** beständig werden (*Wetter*): *it ~d in for rain* es regnete sich ein; *it is settling for a frost* es wird Frost geben; *the wind has ~d in the west* der Wind steht im Westen; **9.** sich senken (*Mauern etc.*); **10.** langsam absakken (*Schiff*); **11.** sich klären (*Flüssigkeit*); **12.** sich setzen (*Trübstoff*); **13.** sich legen (*Staub*); **14.** (*upon*) sich entscheiden (für), sich entschließen (zu); **15.** ~ *for* sich begnügen *od.* abfinden mit; **16.** e-e Vereinbarung treffen; **17.** a) ~ *up* zahlen *od.* abrechnen (*with* mit), b) ~ *with* in Vergleich schließen mit, *Gläubiger* abfinden; **II** *v/t.* **18.** *Füße, Hut etc.* (fest) setzen (*on* auf *acc.*): ~ *o.s.* sich niederlassen; ~ *o.s. to* sich an *e-e Arbeit etc.* machen, sich anschicken zu; **19.** a) *Menschen* ansiedeln, b) *Land* besiedeln; **20.** *j-n* beruflich, häuslich *etc.* etablieren, 'unterbringen; *Kind etc.* versorgen, ausstatten, *a.* verheiraten; **21.** a) *Flüssigkeit* ablagern lassen, klären, b) *Trübstoff* sich setzen lassen; **22.** *Boden etc.*, *a. fig. Glauben, Ordnung etc.* festigen; **23.** *Institutionen* gründen, aufbauen (*on* auf *dat.*); **24.** *Zimmer etc.* in Ordnung bringen; **25.** *Frage etc.* klären, regeln, erledigen: *that ~s it* a) damit ist der Fall erledigt, b) *iro.* jetzt ist es endgültig aus; **26.** *Streit* schlichten, beilegen; *strittigen Punkt* entscheiden; **27.** *Nachlaß* regeln, *s-e Angelegenheiten* in Ordnung bringen: ~ *one's affairs*; **28.** ([*up*]*on*) *Besitz* über'schreiben, -'tragen (auf *acc.*), *letztwillig* vermachen (*dat.*), *Legat, Rente* aussetzen (für); **29.** bestimmen, festlegen, -setzen; **30.** vereinbaren, sich einigen auf (*acc.*); **31.** *a.* ~ *up* ⚓ erledigen, in Ordnung bringen: a) *Rechnung* begleichen, b) *Konto* ausgleichen, c) *Anspruch* befriedigen, d) *Geschäft* abwickeln; → *account* 5; **32.** *⚓ Prozeß* durch Vergleich beilegen; **33.** *Magen, Nerven* beruhigen; **34.** *j-n* ,fertigmachen', zum Schweigen bringen (F *a.* töten); **III** *s.* **35.** Sitzbank *f* (mit hoher Lehne); '**set·tled** [-ld] *adj.* **1.** fest, bestimmt; entschieden; feststehend (*Tatsache*); **2.** fest begründet (*Ordnung*); **3.** fest, ständig (*Wohnsitz, Gewohnheit*); **4.** beständig (*Wetter*); **5.** ruhig, gesetzt (*Person, Leben*).
set·tle·ment ['setlmənt] *s.* **1.** Ansied(e)lung *f*; **2.** Besied(e)lung *f e-s Landes*; **3.** Siedlung *f*, Niederlassung *f*, 'Unterbringung *f*, Versorgung *f* (*Person*); **5.** Regelung *f*, Klärung *f*, Erledigung *f e-r Frage etc.*; **6.** Schlichtung *f*, Beilegung *f e-s Streits*; **7.** Festsetzung *f*;

8. (endgültige) Entscheidung; **9.** Über'einkommen *n*, Abmachung *f*; **10.** ⚓ a) Begleichung *f von Rechnungen*, b) Ausgleich(ung) *f*) *m von Konten*, c) *Börse*: Abrechnung *f*, d) Abwicklung *f e-s Geschäfts*, e) Vergleich *m*, Abfindung *f*: ~ *day* Abrechnungstag *m*; *day of* ~ *fig.* Tag *m* der Abrechnung; *in* ~ *of all claims* zum Ausgleich aller Forderungen; **11.** *⚓* a) (*Eigentums*)Über'tragung *f*, b) Vermächtnis *n*, c) Aussetzung *f e-r Rente etc.*, d) Schenkung *f*, Stiftung *f*; **12.** *⚓* Ehevertrag *m*; **13.** a) ständiger Wohnsitz, b) Heimatberechtigung *f*; **14.** sozi'ales Hilfswerk.
set·tler ['setlə] *s.* **1.** (An)Siedler(in), Kolo'nist(in); **2.** F a) entscheidender Schlag, b) *fig.* vernichtendes Argu'ment, c) Abfuhr *f*; '**set·tling** [-lɪŋ] *s.* **1.** Festsetzen *n etc.*; → *settle*; **2.** ☯ Ablagerung *f*; **3.** *pl.* (Boden)Satz *m*; **4.** ⚓ Abrechnung *f*: ~ *day* Abrechnungstag *m*; '**set·tlor** [-lə] *s.* *⚓* Verfügende(r *m*) *f*.
set-to [ˌset'tuː] *pl.* **-tos** *s.* F **1.** Schläge'rei *f*; **2.** (kurzer) heftiger Kampf; **3.** heftiger Wortwechsel.
set-up ['setʌp] *s.* **1.** Aufbau *m*; **2.** Anordnung *f* (*a.* ☯); **3.** ☯ Mon'tage *f*; **4.** *Film, TV*: a) (Kamera)Einstellung *f*, b) Bauten *pl.*; **5.** *Am.* Konstituti'on *f*; **6.** *Am.* F a) Situati'on *f*, b) Pro'jekt *n*; **7.** *Am.* F ,Laden' *m* (*Firma etc.*), ,Bude' *f* (*Wohnung etc.*); **8.** *Am.* F a) Schiebung *f*, b) Gimpel *m*, leichtes Opfer.
sev·en ['sevn] **I** *adj.* sieben: *~-league boots* Siebenmeilenstiefel; *the 2 Years' War* der Siebenjährige Krieg; **II** *s.* Sieben *f* (*Zahl, Spielkarte etc.*); '*~-fold adj. u. adv.* siebenfach.
sev·en·teen ['sevntiːn] **I** *adj.* siebzehn; **II** *s.* Siebzehn *f*: *sweet* ~ ,göttliche Siebzehn' (*Mädchenalter*); **,sev·en·'teenth** [-nθ] **I** *adj.* **1.** siebzehnt; **II** *s.* **2.** der (die, das) Siebzehnte; **3.** Siebzehntel *n*.
sev·enth ['sevnθ] **I** *adj.* **1.** siebent; **II** *s.* **2.** der (die, das) Sieb(en)te: *the* ~ *of May* der 7. Mai; **3.** Sieb(en)tel *n*; **4.** ♪ Sep'time *f*; '**sev·enth·ly** [-lɪ] *adv.* sieb(en)tens.
sev·en·ti·eth ['sevntɪθ] **I** *adj.* **1.** siebzigst; **II** *s.* **2.** der (die, das) Siebzigste; **3.** Siebzigstel *n*; **sev·en·ty** ['sevntɪ] **I** *adj.* siebzig; **II** *s.* Siebzig *f*: *the seventies* a) die siebziger Jahre (*e-s Jahrhunderts*), b) die Siebziger(jahre) (*Alter*).
sev·er ['sevə] **I** *v/t.* **1.** (ab)trennen (*from* von); **2.** ('durch)trennen; **3.** *fig. Freundschaft etc.* lösen, *Beziehungen* abbrechen; **4.** ~ *o.s.* (*from*) sich trennen (von), (aus *der Kirche etc.*) austreten; **5.** (vonein'ander) trennen; **6.** *⚓ Besitz etc.* teilen; **II** *v/i.* **7.** (zer)reißen; **8.** sich trennen (*from* von); **9.** sich (vonein'ander) trennen; **sev·er·al** ['sevrəl] **I** *adj.* □ **1.** mehrere: ~ *people*; **2.** verschieden, getrennt: *three* ~ *occasions*; **3.** einzeln, verschieden: *the* ~ *reasons*; **4.** besonder, eigen: *we went our* ~ *ways* wir gingen jeder seinen (eigenen) Weg; → *joint* 6; **II** *s.* **5.** mehrere *pl.*: ~ *of you*; **sev·er·al·ly** ['sevrəlɪ] *adv.* **1.** einzeln, getrennt; **2.** beziehungsweise; '**sev·er·ance** [-ərəns] *s.* **1.** (Ab)Trennung *f*; **2.** Lösung *f e-r Freundschaft etc.*, Abbruch

m von Beziehungen: ~ *pay* ⚓ Entlassungsabfindung *f*.
se·vere [sɪ'vɪə] *adj.* □ **1.** streng: a) hart, scharf (*Kritik, Richter, Strafe etc.*), b) ernst(haft) (*Miene, Person*), c) rauh (*Wetter*), hart (*Winter*), d) herb (*Schönheit, Stil*), schmucklos, e) ex'akt, strikt; **2.** schwer, schlimm (*Krankheit, Verlust etc.*); **3.** heftig (*Schmerz, Sturm etc.*); **4.** scharf (*Bemerkung*); **se'vere·ly** [-lɪ] *adv.* **1.** streng, strikt; **2.** schwer, ernstlich: ~ *ill*; **se·ver·i·ty** [sɪ'verətɪ] *s.* **1.** *allg.* Strenge *f*: a) Schärfe *f*, Härte *f*, b) Rauheit *f* (*des Wetters etc.*), c) Ernst *m*, d) (herbe) Schlichtheit *f* (*Stil*), e) Ex'aktheit *f*; **2.** Heftigkeit *f*.
sew [səʊ] *v/t.* [*irr.*] **1.** nähen (*a. v/i.*): ~ *on* annähen; ~ *up* zu-, vernähen (→ 3); **2.** *Bücher* heften, broschieren; **3.** ~ *up* F a) *Brit.* *j-n* ,restlos fertigmachen', b) *Am.* sich *et. od. j-n* sichern, c) *et.* ,per'fekt machen': ~ *up a deal*.
sew·age ['sjuːɪdʒ] *s.* **1.** Abwasser *n*: ~ *farm* Rieselfeld *n*; ~ *sludge* Klärschlamm *m*; ~ *system* Kanalisation *f*; ~ *works* Kläranlage *f*; **2.** → *sewerage*.
sew·er ['sjʊə] **I** *s.* **1.** 'Abwasserka₁nal *m*, Klo'ake *f*: ~ *gas* Faulschlammgas *n*; ~ *pipe* Abzugrohr *n*; ~ *rat zo.* Wanderratte *f*; **2.** Gosse *f*; **II** *v/t.* **3.** kanalisieren; **sew·er·age** ['sjʊərɪdʒ] *s.* **1.** Kanalisati'on *f* (*System u. Vorgang*); **2.** → *sewage* 1.
sew·in ['sjuːɪn] *s.* '*Lachsfo₁relle *f*.
sew·ing ['səʊɪŋ] *s.* Näharbeit *f*; ~ *machine s.* 'Nähma₁schine *f*.
sex [seks] **I** *s.* **1.** *biol.* Geschlecht *n*; **2.** (*männliches od. weibliches*) Geschlecht (*als Gruppe*): *the* ~ *humor.* die Frauen; *the gentle* (*od. weaker od. softer*) ~ das zarte *od.* schwache Geschlecht; *of both* ~*es* beiderlei Geschlechts; **3.** a) Geschlechtstrieb *m*, b) e'rotische Anziehungskraft, 'Sex-(Ap₁peal) *m*, c) Sexu'al-, Geschlechtsleben *n*, d) Sex(uali'tät *f*) *m*, e) Geschlechtsteil(e *pl.*) *n*, f) (Geschlechts)Verkehr *m*, ,Sex' *m*: *have* ~ *with* mit *j-m* schlafen; **II** *v/t.* **4.** das Geschlecht bestimmen von; **5.** ~ *up* F a) *Film etc.* ,sexy' gestalten, b) *j-n* ,scharf machen'; **III** *adj.* **6.** a) Sexual...: ~ *crime* (*education, hygiene etc.*); ~ *appeal* → 3b; ~ *life* → 3c; ~ *object* Lustobjekt *n*, b) Geschlechts...: ~ *act* (*hormone, organ, etc.*), c) Sex...: ~ *film* (*magazine, etc.*).
sex- [seks] in Zssgn sechs.
sex·a·ge·nar·i·an [ˌseksədʒɪ'neərɪən] **I** *adj.* a) sechzigjährig, b) in den Sechzigern; **II** *s.* Sechzigjährige(r *m*) *f*; Sechziger(in).
sex·ag·e·nar·y [sek'sædʒənərɪ] **I** *adj.* **1.** sechzigteilig; **2.** → *sexagenarian* I; **II** *s.* **3.** → *sexagenarian* II.
Sex·a·ges·i·ma (Sun·day) [ˌseksə'dʒesɪmə] *s.* Sonntag *m* Sexa'gesima (8. Sonntag vor Ostern); **,sex·a'ges·i·mal** [-məl] ℱ **I** *adj.* Sexagesimal...; **II** *s.* Sexagesi'malbruch *m*.
sex·an·gu·lar [sek'sæŋgjʊlə] *adj.* □ sechseckig.
sex·cen·te·nar·y [ˌseksen'tiːnərɪ] **I** *adj.* sechshundertjährig; **II** *s.* Sechshundert'jahrfeier *f*.
sex·en·ni·al [sek'senɪəl] *adj.* □ **1.** sechsjährig; **2.** sechsjährlich.
sex·i·ness ['seksɪnɪs] *s.* F *für sex* 3b.

sex·ism ['seksɪzəm] s. Se'xismus m; **'sex·ist** [-ɪst] **I** adj. se'xistisch; **II** s. Se'xist m.

sex·less ['sekslɪs] adj. biol. geschlechtslos (a. fig.), a'gamisch.

sex·ol·o·gy [sek'sɒlədʒɪ] s. biol. Sexu'alwissenschaft f.

sex·par·tite [seks'pɑ:taɪt] adj. sechsteilig.

'sex·pot s. sl. a) ‚Sexbombe‘ f, b) ‚Sexbolzen‘ m.

sex·tain ['sekstɛɪn] s. Metrik: sechszeilige Strophe.

sex·tant ['sekstənt] s. **1.** ♣, ast. Sex'tant m; **2.** A Kreissechstel n.

sex·tet(te) [seks'tet] s. ♪ Sex'tett n.

sex·to ['sekstəʊ] pl. **-tos** s. typ. 'Sexto (-for‚mat) n; **sex·to·dec·i·mo** [‚sekstəʊ'desɪməʊ] pl. **-mos** s. **1.** Se'dez(for‚mat) n; **2.** Se'dezband m.

sex·ton ['sekstən] s. Küster m (u. Totengräber m); **~ bee·tle** s. zo. Totengräber m (Käfer).

sex·tu·ple ['sekstjupl] **I** adj. sechsfach; **II** s. das Sechsfache; **III** v/t. u. v/i. (sich) versechsfachen.

sex·u·al ['seksjʊəl] adj. □ sexu'ell, geschlechtlich, Geschlechts…, Sexual…: **~ intercourse** Geschlechtsverkehr m; **sex·u·al·i·ty** [‚seksjʊ'ælətɪ] s. Sexuali'tät f; **2.** Sexu'al-, Geschlechtsleben n; **'sex·y** [-sɪ] adj. ‚sexy‘, ‚scharf‘.

shab·bi·ness ['ʃæbɪnɪs] s. Schäbigkeit f (a. fig.).

shab·by ['ʃæbɪ] adj. □ allg. schäbig: a) fadenscheinig (Kleider), b) abgenutzt (Sache), c) ärmlich, her'untergekommen (Person, Haus, Gegend etc.), d) niederträchtig, e) geizig; **,~-gen'teel** adj. vornehm, aber arm: **the ~** die verarmten Vornehmen.

shab·rack ['ʃæbræk] s. ✕ Scha'bracke f, Satteldecke f.

shack [ʃæk] **I** s. Hütte f, Ba'racke f (a. contp.); **II** v/i. **~ up** sl. zs.-leben (**with** mit).

shack·le ['ʃækl] **I** s. **1.** pl. Fesseln pl., Ketten pl. (a. fig.); **2.** ⚙ Gelenkstück n e-r Kette; Bügel m, Lasche f, ⚓ (Anker-) Schäkel m; ♫ Schäkel m; **II** v/t. **3.** fesseln (a. fig. hemmen); **4.** ♣, ⚙ laschen.

'shack·town s. Am. → shantytown.

shad [ʃæd] pl. **shads**, coll. **shad** s. ichth. Alse f.

shade [ʃeɪd] **I** s. **1.** Schatten m (a. paint. u. fig.): **put** (od. **throw**) **into the ~** fig. in den Schatten stellen; **(the)** **~s of Goethe!** iro. (das) erinnert doch sehr an Goethe!; **2.** schattiges Plätzchen; **3.** myth. a) Schatten m (Seele), b) pl. Schatten(reich n) pl.; **4.** a) Farbton m, Schattierung f (a. fig.), b) dunkle Tönung; **5.** fig. Spur f, ‚I'dee‘ f: **a ~ better** ein kleines bißchen besser; **6.** (Schutz-, Lampen-, Sonnen- etc.)Schirm m; **7.** Am. Rou'leau n; **8.** pl. F Sonnenbrille f; **II** v/t. **9.** beschatten, verdunkeln (a. fig.); **10.** Augen etc. abschirmen, schützen (**from** gegen); **11.** paint. a) schattieren, b) schraffieren, c) dunkel tönen; **12.** a. **~ off** a) fig. abstufen, b) ✝ Preise nach u. nach senken, c) a. **~ away** all'mählich übergehen lassen (**into** in acc.), d) a. **~ away** all'mählich verschwinden lassen; **III** v/i. **13.** a. **~ off** (od. **away**) a) all'mählich 'übergehen (**into** in acc.), b) nach u. nach ver-

schwinden; **'shade·less** [-lɪs] adj. schattenlos; **'shad·i·ness** [-dɪnɪs] s. **1.** Schattigkeit f; **2.** fig. Anrüchigkeit f; **'shad·ing** [-dɪŋ] s. paint. u. fig. Schattierung f.

shad·ow ['ʃædəʊ] **I** s. **1.** Schatten m (a. paint. u. fig.); Schattenbild n: **live in the ~** im Verborgenen leben; **worn to a ~** zum Skelett abgemagert; **he is but the ~ of his former self** er ist nur noch ein Schatten s-r selbst; **coming events cast their ~s before** kommende Ereignisse werfen ihre Schatten voraus; **may your ~ never grow less** fig. möge es dir immer gut gehen; **2.** Schemen m, Phan'tom n: **catch** (od. **grasp**) **at ~s** Phantomen nachjagen; **3.** fig. Spur f, Kleinigkeit f: **without a ~ of doubt** ohne den leisesten Zweifel; **4.** fig. Schatten m, Trübung f (e-r Freundschaft etc.); **5.** fig. Schatten m (Begleiter od. Verfolger); **II** v/t. **6.** e-n Schatten werfen auf (acc.), verdunkeln (beide a. fig.); **7.** j-n beschatten, verfolgen; **8.** mst **~ forth** (od. **out**) a) dunkel andeuten, b) versinnbildlichen; **'~·box·ing** s. sport Schattenboxen n, fig. a. Spiegelfechte'rei f; **~ cab·i·net** s. pol. 'Schattenkabi‚nett n; **~ fac·to·ry** s. Schatten-, Ausweichbetrieb m.

shad·ow·less ['ʃædəʊlɪs] adj. schattenlos; **'shad·ow·y** [-əʊɪ] adj. **1.** schattig: a) dämmerig, düster, b) schattenspendend; **2.** fig. schattenhaft, vage; **3.** fig. unwirklich.

shad·y ['ʃeɪdɪ] adj. □ **1.** → shadowy 1 u. 2: **on the ~ side of forty** fig. über die Vierzig hinaus; **2.** F anrüchig, zwielichtig, fragwürdig.

shaft [ʃɑ:ft] s. **1.** (Pfeil- etc.)Schaft m; **2.** poet. Pfeil m (a. fig. des Spottes); Speer m; **3.** (Licht)Strahl m; **4.** ♀ Stamm m; **5.** a) Stiel m (Werkzeug etc.), b) Deichsel(arm m) f, c) Welle f, Spindel f; **6.** (Fahnen)Stange f; **7.** Säulenschaft m, a. Säule f; **8.** (Aufzugs-, Bergwerks- etc.)Schacht m; → sink 17.

shag [ʃæg] **I** s. **1.** Zotte(l) f; zottiges Haar, a. (lange, grobe) Noppe, b) Plüsch(stoff) m; **3.** Shag(tabak) m; **4.** orn. Krähenscharbe f; **II** v/t. **5.** zottig machen, aufrauhen; **III** v/i. **6.** sl. ‚bumsen‘; **shag·gy** ['ʃægɪ] adj. □ **1.** zottig, struppig, rauhhaarig: **~-dog story** a) surrealistischer Witz, b) kalauerhafte Geschichte; **2.** verwildert, verwahrlost; **3.** fig. verschroben.

sha·green [ʃæ'gri:n] s. Cha'grin n, Körnerleder n.

shah [ʃɑ:] s. Schah m.

shake [ʃeɪk] **I** s. **1.** Schütteln n, Rütteln n: **~ of the hand** Händeschütteln n; **~ of the head** Kopfschütteln n; **give s.th. a good ~** et. tüchtig schütteln; **give s.o. the ~** Am. sl. j-n ‚abwimmeln‘; **in two ~s (of a lamb's tail)** F im Nu; **2.** (a. seelische) Erschütterung; (Wind- etc.) Stoß m; Am. F Erdstoß m: **he (it) is no great ~s** F mit ihm (damit) ist nicht viel los; **3.** Beben n: **the ~s** ‚Tatterich‘ m; **all of a ~** am ganzen Leibe zitternd; **4.** (Milch- etc.)Shake m; **5.** ♪ Triller m; **6.** Riß m, Spalt m; **II** v/i. [irr.] **7.** (sch)wanken; **8.** zittern, beben (a. Stimme) (**with** vor Furcht etc.); **9.** ♪ trillern; **III** v/t. [irr.] **10.** schütteln: **~ one's head** den Kopf schütteln; **~**

one's finger at s.o. j-m mit dem Finger drohen; **be shaken before taken!** vor Gebrauch schütteln!; → hand Redew., **side** 4; **11.** (a. fig. Entschluß, Gegner, Glauben, Zeugenaussage) erschüttern; **12.** a) j-n (seelisch) erschüttern, b) j-n aufrütteln; **13.** rütteln an (dat.) (a. fig.); **14.** ♪ Ton trillern; Zssgn mit adv.:

shake┃down I v/t. **1.** Obst etc. herunterschütteln; **2.** Stroh etc. (zu e-m Nachtlager) ausbreiten; **3.** Gefäßinhalt zu'rechtschütteln; **4.** Am. sl. a) j-n ausplündern (a. fig.), b) erpressen, c) ‚filzen‘, durch'suchen; **5.** bsd. Am. F Schiff, Flugzeug testen; **II** v/i. **6.** sich setzen (Masse); **7.** a) sich ein (Nacht-) Lager zu'rechtmachen, b) ‚sich hinhauen‘; **8.** Am. F a) sich vor'übergehend niederlassen (an e-m Ort), b) sich einleben, -gewöhnen, c) sich ‚einpendeln‘ (Sache), d) sich beschränken (**to** auf acc.); **~ off** v/t. **1.** Staub etc., a. fig. Joch, a. Verfolger etc. abschütteln; **2.** fig. j-n od. et. loswerden; **~ out** v/t. **1.** ausschütteln; **2.** Fahne etc. ausbreiten; **~ up** v/t. **1.** Bett, Kissen aufschütteln; **2.** et. zs.-, 'umschütteln, mischen; **3.** fig. a) j-n aufrütteln, b) j-n arg mitnehmen; **4.** Betrieb etc.'umkrempeln.

'shake┃-down s. **1.** (Not)Lager n; **2.** Am. sl. a) Ausplünderung f, b) Erpressung f, c) Durch'suchung f; **3.** bsd. Am. F Testfahrt f, -flug m; **,~'hands** s. Händedruck m.

shak·en ['ʃeɪkən] **I** p.p. von shake; **II** adj. **1.** erschüttert, (sch)wankend (a. fig.): **(badly) ~** arg mitgenommen; → shaky 5.

'shake-out s. ✝ Am. F Rezessi'on f.

shak·er ['ʃeɪkə] s. **1.** Mixbecher m, (Cocktail- etc.)Shaker m; **2.** ♫ eccl. Zitterer m (Sektierer).

Shake·spear·i·an [ʃeɪk'spɪərɪən] **I** adj. shakespearisch; **II** s. Shakespeareforscher(in).

'shake-up s. **1.** F Aufrütt(e)lung f; **2.** drastische (bsd. perso'nelle) Veränderungen pl., 'Umkrempelung f, -gruppierung f.

shak·i·ness ['ʃeɪkɪnɪs] s. Wack(e)ligkeit f (a. fig.).

shak·ing ['ʃeɪkɪŋ] **I** s. **1.** Schütteln n; Erschütterung f; **II** adj. **2.** Schüttel…; → palsy 1; **3.** zitternd; **4.** wackelnd.

shak·y ['ʃeɪkɪ] adj. □ **1.** wack(e)lig (a. fig. Person, Gesundheit, Kredit, Kenntnisse): **in rather ~ English** in ziemlich holprigem Englisch; **2.** zitt(e)rig, bebend: **~ hands**, **~ voice**; **3.** fig. (sch)wankend; **4.** fig. unsicher, zweifelhaft; **5.** (kern)rissig (Holz).

shale [ʃeɪl] s. geol. Schiefer(ton) m: **~ oil** Schieferöl n.

shall [ʃæl; ʃəl] v/aux. [irr.] **1.** Futur: ich werde, wir werden; **2.** Befehl, Pflicht: ich, er, sie, es soll, du sollst, ihr sollt, wir, Sie sollen: **~ I come?**, **do I come?**; **4.** → should 1.

shal·lop ['ʃæləp] s. ♣ Scha'luppe f.

shal·low ['ʃæləʊ] **I** adj. □ seicht, flach (beide a. fig. oberflächlich); **II** s. (a. pl.) seichte Stelle, Untiefe f; **III** v/t. u. v/i. (sich) verflachen; **'shal·low·ness** [-nɪs] *s.* Seichtheit *f* (*a. fig.*).

shalt [ʃælt; ʃəlt] *obs. 2. sg. pres. von* **shall**: *thou ~* du sollst.

sham [ʃæm] **I** *s.* **1.** (Vor)Täuschung *f*, (Be)Trug *m*, Heuche'lei *f*; **2.** Schwindler(in), Scharlatan *m*; **3.** Heuchler(in); **II** *adj.* **4.** vorgetäuscht, fingiert, Schein...: *~ battle* Scheingefecht *n*; **5.** unecht, falsch: *~ diamond*; *~ piety*; **III** *v/t.* **6.** vortäuschen, -spiegeln, fingieren, simulieren; **IV** *v/i.* **7.** sich (ver)stellen, heucheln: *~ ill* simulieren, krank spielen.

sha·man ['ʃæmən] *s.* Scha'mane *m*.

sham·a·teur ['ʃæmətə] *s.* F *sport* 'Scheinama,teur *m*.

sham·ble ['ʃæmbl] **I** *v/i.* watscheln; **II** *s.* watschelnder Gang.

sham·bles ['ʃæmblz] *s. pl. sg. konstr.* **1.** a) Schlachthaus *n*, b) Fleischbank *f*; **2.** *fig.* a) Schlachtfeld *n* (*a. iro. wüstes Durcheinander*), b) Trümmerfeld *n*, Bild *n* der Verwüstung, c) Scherbenhaufen *m*: *his marriage was a ~.*

shame [ʃeɪm] **I** *s.* **1.** Scham(gefühl *n*) *f*: *for ~!* pfui, schäm dich!; *feel ~ at* sich über *et.* schämen; **2.** Schande *f*, Schmach *f*: *be a ~ to* → 5; *~ on you!* schäm dich!, pfui!; *put s.o. to ~* a) Schande über j-n bringen, b) j-n beschämen (*übertreffen*); *to cry ~ upon s.o.* pfui über j-n rufen; **3.** F Schande *f* (*Gemeinheit*): *what a ~!* a) es ist e-e Schande!, b) es ist ein Jammer!; **II** *v/t.* **4.** j-n beschämen, mit Scham erfüllen: *~ s.o. into doing s.th.* j-n so beschämen, daß er et. tut; **5.** j-m Schande machen; **6.** Schande bringen über (*acc.*); '**~·faced** [-feɪst] *adj.* □ **1.** verschämt, schamhaft; **2.** schüchtern; **3.** schamrot.

shame·ful ['ʃeɪmfʊl] *adj.* □ **1.** schmachvoll, schändlich; **2.** schimpflich; **3.** unanständig, anstößig; '**shame·ful·ness** [-nɪs] *s.* **1.** Schändlichkeit *f*; **2.** Anstößigkeit *f*; '**shame·less** [-lɪs] *adj.* □ schamlos (*a. fig. unverschämt*); '**shame·less·ness** [-lɪsnɪs] *s.* Schamlosigkeit *f* (*a. fig. Unverschämtheit*).

sham·mer ['ʃæmə] *s.* **1.** Schwindler(in); **2.** Heuchler(in); **3.** Simu'lant(in).

sham·my (**leath·er**) ['ʃæmɪ] *s.* Sämisch-, Wildleder *n*.

sham·rock ['ʃæmrɒk] *s.* **1.** ♥ Weißer Feldklee; **2.** Shamrock *m* (*Kleeblatt als Wahrzeichen Irlands*).

sham·us ['ʃeɪməs] *s. Am. sl.* **1.** ,Schnüffler' *m* (*Detektiv*); **2.** ,Bulle' *m* (*Polizist*).

shan·dy ['ʃændɪ] *s.* Mischgetränk aus Bier u. Limonade.

shang·hai [ʃæŋ'haɪ] *v/t.* F ♣ schang'haien (*gewaltsam anheuern*); **2.** *fig.* j-n zwingen (*into doing et.* zu tun).

shank [ʃæŋk] *s.* **1.** a) 'Unterschenkel *m*, Schienbein *n*, b) F Bein *n*, c) Hachse *f* (*vom Schlachttier*): *go on 2's pony* (*od. mare*) auf Schusters Rappen reiten; **2.** (Anker-, Bolzen-, Säulen- *etc.*) Schaft *m*; **3.** (Schuh)Gelenk *n*; **4.** *typ.* (Schrift)Kegel *m*; **5.** ♥ Stiel *m*;

shanked [-kt] *adj.* **1.** ...schenk(e)lig; **2.** gestielt.

shan't [ʃɑːnt] F *für* **shall not**.

shan·ty¹ ['ʃæntɪ] *s.* Shanty *n*, Seemannslied *n*.

shan·ty² ['ʃæntɪ] *s.* Hütte *f*, Ba'racke *f*; '**~·town** *s.* Barackensiedlung *f*, -stadt *f*.

shape [ʃeɪp] **I** *s.* **1.** Gestalt *f*, Form *f* (*a. fig.*): *in the ~ of* in Form *e-s Briefes etc.*; *in human ~* in Menschengestalt; *put od. get into ~* formen, gestalten; *s-e Gedanken ordnen*; *in no ~* in keiner Weise; **2.** Fi'gur *f*, Gestalt *f*; **3.** feste Form, Gestalt *f*: *take ~* Gestalt annehmen (*a. fig.*); → *lick* 1; **4.** körperliche *od.* geistige Verfassung, Form *f*: *be in (good) ~* in (guter) Form sein; **5.** ۞ a) Form *f*, Fas'son *f*, Mo'dell *n*, b) Formteil *n*; **6.** *Küche:* a) (Pudding- *etc.*)Form *f*, b) Sturzpudding *m*; **II** *v/t.* **7.** gestalten, formen, bilden (*alle a. fig.*), *Charakter a.* prägen; **8.** anpassen (*to dat.*); **9.** planen, entwerfen: *~ the course for ↟ u. fig.* den Kurs setzen auf (*acc.*); **10.** ۞ formen; **III** *v/i.* **11.** Gestalt *od.* Form annehmen, sich formen; **12.** sich entwickeln, sich gestalten: *~ (up) well* sich ,machen' *od.* gut anlassen, vielversprechend sein; *~ up* F e-e endgültige Form annehmen, sich (gut) entwickeln; **13.** *~ up to* a) Boxstellung einnehmen gegen, b) *fig. j-n* herausfordern; **shaped** [-pt] *adj.* geformt, ...geformt, ...förmig; '**shape·less** [-lɪs] *adj.* □ **1.** form-, gestaltlos; **2.** unförmig; '**shape·less·ness** [-lɪsnɪs] *s.* **1.** Form-, Gestaltlosigkeit *f*; **2.** Unförmigkeit *f*; '**shape·li·ness** [-lɪnɪs] *s.* Wohlgestalt *f*, schöne Form; '**shape·ly** [-lɪ] *adj.* wohlgeformt, schön, hübsch; '**shap·er** [-pə] *s.* **1.** Former(in), Gestalter(in); **2.** ۞ a) 'Waagrecht-'Stoßma,schine *f*, b) Schnellhobler *m*.

shard [ʃɑːd] *s.* **1.** (Ton)Scherbe *f*; **2.** *zo.* (harte) Flügeldecke (*Insekt*).

share¹ [ʃeə] *s.* (Pflug)Schar *f*.

share² [ʃeə] **I** *s.* **1.** (An)Teil *m* (*a. fig.*): *fall to s.o.'s ~* j-m zufallen; *go ~s with* mit *j-m* teilen (*in s.th.* et.); *~ and ~ alike* zu gleichen Teilen; **2.** (An)Teil *m*, Beitrag *m*; Kontin'gent *n*: *do one's ~* sein(en) Teil leisten; *take a ~ in* sich beteiligen an (*dat.*); *have (od. take) a large ~ in* e-n großen Anteil haben an (*dat.*); **3.** ✝ Beteiligung *f*; Geschäftsanteil *m*; Kapi'taleinlage *f*: *~ in a ship* Schiffspart *m*; **4.** ✝ a) Gewinnanteil *m*, b) Aktie *f*, c) ⚒ Kux *m*: *hold ~s in* Aktionär in *e-r* Gesellschaft sein; **II** *v/t.* **5.** (*a. fig.* sein Bett, *e-e* Ansicht, den Ruhm *etc.*) teilen (*with* mit); **6.** *mst ~ out* aus-, verteilen; **7.** teilnehmen, -haben an (*dat.*); sich an *den Kosten etc.* beteiligen; **III** *v/i.* **8.** *~ in* s. 5; teilen (*in in acc.*); '**~·cer·tif·i·cate** *s.* ✝ *Brit.* 'Aktienzertifi,kat *n*; '**~·crop·per** *s.* *Am.* kleiner Farmpächter (*der s-e Pacht mit e-m Teil der Ernte entrichtet*); '**~·hold·er** *s.* ✝ *Brit.* Aktio'när(in); *~ list s.* ✝ *Brit.* (Aktien)Kurszettel *m*; *~ mark·et s.* ✝ *Brit.* Aktienmarkt *m*; '**~·out** *s.* Aus-, Verteilung *f*.

shark [ʃɑːk] *s.* **1.** *ichth.* Hai(fisch) *m*; **2.** *fig.* Gauner *m*, Betrüger *m*; **3.** *fig.* Schma'rotzer *m*; **4.** *Am. sl.* ,Ka'none' *f* (*Könner*).

sharp [ʃɑːp] **I** *adj.* □ **1.** scharf (*Messer*

etc., a. Gesichtszüge, Kurve etc.); **2.** spitz (*Giebel etc.*); **3.** steil; **4.** *fig. allg.* scharf: a) deutlich (*Gegensatz, Umrisse etc.*), b) herb (*Geschmack*), c) schneidend (*Befehl, Stimme*), schrill (*Schrei, Ton*), d) heftig (*Schmerz etc.*), schneidend (*a. Frost, Wind*), e) hart (*Antwort, Kritik*), spitz (*Bemerkung, Zunge*), f) schnell (*Tempo, Spiel etc.*): *~'s the word* F mach fix!; **5.** scharf, wachsam (*Auge, Ohr*); angespannt (*Aufmerksamkeit*); **6.** scharfsinnig, gescheit, aufgeweckt, ,auf Draht': *~ at figures* gut im Rechnen; **7.** gerissen, raffiniert: *~ practice* Gaunerei *f*; **8.** F ele'gant, schick; **9.** ♪ a) (zu) hoch, b) (*durch* Kreuz um e-n Halbton) erhöht, c) Kreuz...: *C ~* Cis *n*; **10.** *ling.* stimmlos (*Konsonant*); **II** *adv.* **11.** scharf; **12.** plötzlich; **13.** pünktlich, genau: *at 3 o'clock ~* Punkt 3 Uhr, genau um 3 Uhr; **14.** schnell: *look ~* mach schnell!; **15.** ♪ zu hoch; **III** *v/i. u. v/t.* **16.** ♪ zu hoch singen *od.* spielen; **17.** betrügen; **IV** *s.* **18.** *pl.* lange Nähnadeln *pl.*; **19.** *pl.* ✝ *Brit.* grobes Kleienmehl; **20.** ♪ a) Kreuz *n*, b) Erhöhung *f*, Halbton *m*, c) nächsthöhere Taste; **21.** F → **sharper**; ,**~·'cut** *adj.* **1.** scharf (geschnitten); **2.** festum'rissen, deutlich; ,**~·'edged** *adj.* scharfkantig.

sharp·en ['ʃɑːpən] **I** *v/t.* **1.** *Messer etc.* schärfen, schleifen, wetzen; *Bleistift etc.* (an)spitzen; **2.** *fig. j-n* ermuntern *od.* anspornen; *Sinn, Verstand* schärfen; *Appetit* anregen; **3.** *Rede etc.* verschärfen; *s-r Stimme etc.* e-n scharfen Klang geben; **II** *v/i.* **4.** scharf *od.* schärfer werden, sich verschärfen (*a. fig.*); '**sharp·en·er** [-pnə] *s.* (Bleistift- *etc.*) Spitzer *m*.

sharp·er ['ʃɑːpə] *s.* **1.** Gauner *m*, Betrüger *m*; **2.** Falschspieler *m*.

,**sharp·'eyed** → **sharp-sighted**.

sharp·ness ['ʃɑːpnɪs] *s.* **1.** Schärfe *f*, Spitzigkeit *f*; **2.** *fig.* Schärfe *f* (*Herbheit, Strenge, Heftigkeit*); **3.** (Geistes)Schärfe *f*, Scharfsinn *m*; Gerissenheit *f*; **4.** (*phot.* Rand)Schärfe *f*, Deutlichkeit *f*.

,**sharp·'set** *adj.* **1.** (heiß)hungrig; **2.** *fig.* scharf, erpicht (*on* auf *acc.*); '**~·,shoot·er** *s.* Scharfschütze *m*; ,**~·'sight·ed** *adj.* **1.** scharfsichtig; **2.** *fig.* scharfsinnig; ,**~·'tongued** *adj. fig.* scharfzüngig (*Person*); ,**~·'wit·ted** *adj.* scharfsinnig.

shat·ter ['ʃætə] **I** *v/t.* **1.** zerschmettern, -schlagen, -trümmern (*alle a. fig.*); *fig. Hoffnungen* zerstören; **2.** *Gesundheit, Nerven* zerrütten: *I was (absolutely) ~ed* F ich war ,am Boden zerstört'; **II** *v/i.* **3.** in Stücke brechen, zerspringen; '**shat·ter·ing** [-ərɪŋ] *adj.* □ **1.** vernichtend (*a. fig.*); **2.** *fig.* a) 'umwerfend, e'norm, b) entsetzlich, verheerend; '**shat·ter-proof** *adj.* ۞ a) bruchsicher, b) splitterfrei, -sicher (*Glas*).

shave [ʃeɪv] **I** *v/t.* **1.** (*o.s.* sich) rasieren: *~ (off)* Bart abrasieren; *get ~d* rasiert werden; **2.** *Rasen etc.* (kurz) scheren; *Holz* (ab)schälen *od.* glatthobeln; *Häute* abschaben; **3.** streifen, a. knapp vor'beikommen an (*dat.*); **II** *v/i.* **4.** sich rasieren; **5.** *~ through* F (gerade noch) ,durchrutschen' (*in e-r Prüfung*); **III** *s.* **6.** Ra'sur *f*, Rasieren *n*: *have (od. get) a ~* sich rasieren (lassen); *have a close* (*od. narrow*) ~ F *fig.* mit knapper Not davonkommen; *that was a close* ~ F ,das hätte ins Auge gehen können'; *by a* ~ F um ein Haar; **7.** (Ab)Schabsel *n*, Span *m*; **8.** ☻ Schabeisen *n*; **9.** *obs.* F Schwindel *m*, Betrug *m*; **'shave·ling** [-lɪŋ] *s. obs. contp.* **1.** Pfaffe *m*; **2.** Mönch *m*; **'shav·en** [-vn] *adj.* **1.** (*clean-*~ glatt)rasiert; **2.** (kahl)geschoren (*Kopf*); **'shav·er** [-və] *s.* **1.** Bar'bier *m*; **2.** Ra'sierappa,rat *m*; **3.** *mst young* ~ F Grünschnabel *m*.

Sha·vi·an ['ʃeɪvjən] *adj.* Shawsch, für G. B. Shaw charakte'ristisch: ~ *humo*(*u*)*r* Shawscher Humor.

shav·ing ['ʃeɪvɪŋ] *s.* **1.** Rasieren *n*: ~ *brush* (*cream, mirror*) Rasierpinsel *m* (-creme *f*, -spiegel *m*); ~ *head* Scherkopf *m*; ~ *soap*, ~ *stick* Rasierseife *f*; **2.** *mst pl.* Schnitzel *m, n*, (Hobel)Span *m*.

shawl [ʃɔːl] *s.* **1.** 'Umhängetuch *n*; **2.** Kopftuch *n*.

shawm [ʃɔːm] *s.* ♪ Schal'mei *f*.

she [ʃiː; ʃɪ] *I pron.* **1.** a) sie (*3. sg. für alle weiblichen Lebewesen*), b) (*beim Mond*) er, (*bei Ländern*) es, (*bei Schiffen mit Namen*) sie, (*bei Schiffen ohne Namen*) es, (*bei Motoren u. Maschinen, wenn personifiziert*) er, es; **2.** sie, die (-jenige); **II** *s.* Sie *f:* a) Mädchen *n*, Frau *f*, b) Weibchen *n* (*Tier*); **III** *adj. in Zssgn* **4.** weiblich: ~**bear** Bärin *f*; ~**dog** Hündin *f*; **5.** *contp.* Weibs...: ~**devil** Weibsteufel *m*.

sheaf [ʃiːf] **I** *pl.* **-ves** [-vz] *s.* **1.** ✓ Garbe *f*; **2.** (*Papier-, Pfeil-, phys. Strahlen-*)Bündel *m*; ~ *of fire* ✗ Feuer-, Geschoßgarbe *f*; **II** *v/t.* **3.** → *sheave*[1].

shear [ʃɪə] **I** *v/t.* [*irr.*] **1.** scheren: ~ *sheep*; **2.** *a.* ~ *off* (ab)scheren, abschneiden; **3.** *fig.* berauben; → *shorn*; **4.** *fig. j-n* ,schröpfen'; **5.** *poet.* mit dem Schwert (ab)hauen; **II** *v/i.* [*irr.*] **6.** ✓ sicheln, mähen; **III** *s.* **7.** *pl.* große Schere; ☻ Me'tall-, Blechschere *f*; **8.** → *shearing force*, *shearing stress*; **'shear·er** [-ərə] *s.* **1.** (Schaf)Scherer *m*; **2.** Schnitter *m*.

shear·ing ['ʃɪərɪŋ] *s.* **1.** Schur *f* (*Schafescheren od. Schurertrag*); **2.** *phys.* (Ab-)Scherung *f*; **3.** *Scot. od. dial.* Mähen *n*, Mahd *f*; ~ *force s. phys.* Scher-, Schubkraft *f*; ~ *strength s. phys.* Scherfestigkeit *f*; ~ *stress s. phys.* Scherbeanspruchung *f*.

shear·ling ['ʃɪəlɪŋ] *s.* erst 'einmal geschorenes Schaf.

shear| pin *s.* ☻ Scherbolzen *m*; ~ *stress* → *shearing stress*; **'~,wa·ter** *s. orn.* Sturmtaucher *m*.

sheath [ʃiːθ] *s.* **1.** (*Schwert- etc.*)Scheide *f*; **2.** Futte'ral *n*, Hülle *f*; **3.** ♀, *zo.* Scheide *f*; **4.** *zo.* Flügeldecke *f* (*Käfer*); **5.** Kon'dom *n*, *m*; **6.** Futte'ralkleid *n*; **sheathe** [ʃiːð] *v/t.* **1.** *das Schwert* in die Scheide stecken; **2.** in e-e Hülle *od.* ein Futte'ral stecken; **3.** *bsd.* ☻ um'hüllen, -'manteln, über|'ziehen; *Kabel* armieren; **sheath·ing** ['ʃiːðɪŋ] *s.* ☻ Verschalung *f*, -kleidung *f*; Beschlag *m*; 'Überzug *m*, Mantel *m*; (Kabel)Bewehrung *f*.

sheave[1] [ʃiːv] *v/t.* ✓ in Garben binden.

sheave[2] [ʃiːv] *s.* ☻ Scheibe *f*, Rolle *f*.

sheaves [ʃiːvz] **1.** *pl. von sheaf*; **2.** *pl. von sheave*[2].

she-bang [ʃə'bæŋ] *s. Am. sl.* **1.** ,Bude'

---

f, ,Laden' *m*; **2.** *the whole* ~ der ganze Plunder *od.* Kram.

shed[1] [ʃed] *s.* **1.** Schuppen *m*; **2.** Stall *m*; **3.** ✗ *kleine* Flugzeughalle; **4.** Hütte *f*.

shed[2] [ʃed] *v/t.* [*irr.*] F **1.** verschütten, *a. Blut, Tränen* vergießen; **2.** ausstrahlen, -strömen, *Duft, Licht, Frieden etc.* verbreiten; → *light* 1; **3.** *Wasser* abstoßen (*Stoff*); **4.** *biol. Laub, Federn etc.* abwerfen, *Zähne* verlieren: ~ *one's skin* sich häuten; **5.** *Winterkleider etc., a. fig.* Gewohnheit, *a. iro. Freunde* ablegen.

she'd [ʃiːd] F *für* a) *she would*, b) *she had*.

sheen [ʃiːn] *s.* Glanz *m* (*bsd. von Stoffen*), Schimmer *m*.

sheen·y[1] ['ʃiːnɪ] *adj.* glänzend.

sheen·y[2] ['ʃiːnɪ] *s. sl.* ,Itzig' *m* (*Jude*).

sheep [ʃiːp] *pl. coll.* **sheep** *s.* **1.** *zo.* Schaf *n:* **cast** ~*'s eyes at s.o.* j-m schmachtende Blicke zuwerfen; *separate the* ~ *and the goats bibl.* die Schafe von den Böcken trennen; *you might as well be hanged for a* ~ *as (for) a lamb!* wenn schon, denn schon!; → *black sheep*; **2.** *fig. contp.* Schaf *n* (*Person*); **3.** *pl. fig.* Schäflein *pl.*, Herde *f* (*Gemeinde e-s Pfarrers etc.*); **4.** Schafleder *n*; **'~dip** *s.* Desinfekti'onsbad *n* für Schafe; **'~dog** *s.* Schäferhund *m*; **'~farm** *s. Brit.* Schaf(zucht)farm *f*; **'~,farm·ing** *s. Brit.* Schafzucht *f*; **'~fold** *s.* Schafhürde *f*.

sheep·ish ['ʃiːpɪʃ] *adj.* □ **1.** schüchtern; **2.** einfältig, blöd(e); **3.** verlegen, ,belämmert'.

'sheep|·man [-mən] *s.* [*irr.*] *Am.* Schafzüchter *m*; **'~pen** → *sheepfold*; ~ *run* → *sheepwalk*; **'~,shear·ing** *s.* Schafschur *f*; **'~skin** *s.* **1.** Schaffell *n*; **2.** (*a. Perga'ment n aus*) Schafleder *n*; **3.** F a) Urkunde *f*, b) Di'plom *n*; **'~walk** *s.* Schafweide *f*.

sheer[1] [ʃɪə] **I** *adj.* □ **1.** bloß, rein, pur, nichts als: ~ *nonsense*; *by* ~ *force* mit bloßer *od.* nackter Gewalt; **2.** völlig, glatt: ~ *impossibility*; **3.** rein, unvermischt, pur: ~ *ale*; **4.** steil, jäh; **5.** hauchdünn (*Textilien*); **II** *adv.* **6.** völlig; **7.** senkrecht; **8.** di'rekt.

sheer[2] [ʃɪə] **I** *s.* **1.** ✄ a) Ausscheren *n*, b) Sprung *m* (*Deckerhöhung*); **II** *v/i.* **2.** ✄ abscheren, (ab)gieren (*Schiff*); **3.** *fig. a.* ~ *away* (*from*) a) abweichen (von), b) sich losmachen (von); ~ *off v/i.* **1.** → *sheer*[2] 2; **2.** abhauen; **3.** ~ *from* aus dem Wege gehen (*dat.*).

sheet [ʃiːt] **I** *s.* **1.** Bettuch *n*, (Bett)Laken *n*; Leintuch *n:* *stand in a white* ~ reumütig s-e Sünden bekennen; (*as*) *white as a* ~ *fig.* kreidebleich; **2.** (*typ. Druck*)Bogen *m*, Blatt *n* (*Papier*): *a blank* ~ *fig.* ein unbeschriebenes Blatt; *a clean* ~ *fig.* e-e reine Weste; *in* (*the*) ~*s* (noch) nicht gebunden, ungefalzt (*Buch*); **3.** Bogen *m* (*von Briefmarken*); **4.** a) Blatt *n*, Zeitung *f*, b) (Flug-)Schrift *f*; **5.** ☻ (dünne) (*Blech-, Glasetc.*)Platte *f*; **6.** *metall.* (Fein)Blech *n*; **7.** weite Fläche (*von Wasser etc.*); (wogende) Masse; (*Feuer-, Regen*)Wand *f*; *geol.* Schicht *f:* *rain came down in* ~*s* es regnete in Strömen; **8.** ✄ Schot(e) *f*, Segelleine *f:* *have three* ~*s in the wind sl.* ,sternhagelvoll' sein; **9.** ✄ Vorder-

---

(*u.* Achter)Teil *m, n* (*Boot*); **II** *v/t.* **10.** *Bett* beziehen; **11.** (in Laken) (ein)hüllen; **12.** ☻ mit Blech verkleiden; **13.** *a.* ~ *home* Segel anholen; ~ **an·chor** *s.* ✄ Notanker *m* (*a. fig.*); ~ **cop·per** *s.* Kupferblech *n*; ~ **glass** *s.* Tafelglas *n*.

sheet·ing ['ʃiːtɪŋ] *s.* **1.** Bettuchstoff *m*; **2.** Blechverkleidung *f*.

sheet| i·ron *s.* Eisenblech *n*; ~ **lightning** *s.* **1.** Wetterleuchten *n*; **2.** Flächenblitz *m*; ~ **met·al** *s.* (Me'tall)Blech *n*; ~ **mu·sic** *s.* Noten(blätter) *pl.*; ~ **steel** *s.* Stahlblech *n*.

sheik(h) [ʃeɪk] *s.* **1.** Scheich *m*; **2.** *fig.* F a) ,Scheich' *m* (*Freund*), b) *Am.* ,Schwarm' *m* (*Person*); **'sheik(h)·dom** [-dəm] *s.* Scheichtum *n*.

shek·el ['ʃekl] *s.* **1.** a) S(ch)ekel *m* (*hebräische Gewichts- u. Münzeinheit*), b) Schekel *m* (*Münzeinheit in Israel*); **2.** *pl.* F ,Zaster' *m* (*Geld*).

shel·drake ['ʃeldreɪk] *s. orn.* Brandente *f*.

shelf [ʃelf] *pl.* **shelves** [-vz] *s.* **1.** (Bücher-, Wand-, Schrank)Brett *n*; ('Bücher-, 'Waren- *etc.*)Re,gal *n*, Bord *n*, Fach *n*, Sims *m:* *be put* (*od. laid*) *on the* ~ *fig.* a) ausrangiert werden (*a. Beamter etc.*), b) auf die lange Bank geschoben werden; *get on the* ~ ,sitzenbleiben' (*Mädchen*); **2.** Riff *n*, Felsplatte *f*; **3.** ✄ a) Schelf *m, n*, Küstensockel *m*, b) Sandbank *f*; **4.** *geol.* Festlandssockel *m*, Schelf *m, n*; ~ *life s.* ⊤ Lagerfähigkeit *f*; **'~,warm·er** *s.* ,Ladenhüter' *m*.

shell [ʃel] **I** *s.* **1.** *allg.* Schale *f*; **2.** *zo.* a) Muschelschale *f*, b) Schneckenhaus *n*, c) Flügeldecke *f* (*Käfer*), d) Rückenschild *m* (*Schildkröte*): *come out of one's* ~ *fig.* aus sich herausgehen; *retire into one's* ~ *fig.* sich in sein Schneckenhaus zurückziehen; **3.** (Eier-)Schale *f: in the* ~ a) (noch) unausgebrütet, b) *fig.* noch in der Entwicklung; **4.** a) Muschel *f*, b) Perlmutt *n*, c) Schildpatt *n*; **5.** (Nuß- *etc.*)Schale *f*, Hülse *f*; **6.** ✄, ✄ Schale *f*, Außenhaut *f*; (Schiffs)Rumpf *m*; **7.** Gerippe *n*, Gerüst *n* (*a. fig.*), △ *a.* Rohbau *m*; **8.** ☻ Kapsel *f*, (Scheinwerfer- *etc.*)Gehäuse *n*; **9.** ✗ a) Gra'nate *f*, b) Hülse *f*, c) *Am.* Pa'trone *f*; **10.** (*Feuerwerks*)Ra,kete *f*; **11.** *Küche:* (Pa'steten)Hülle *f*; **12.** *phys.* (Elek'tronen)Schale *f*; **13.** *sport* (leichtes) Renn(ruder)boot; **14.** (*Degen- etc.*)Korb *m*; **15.** *fig. das* (blo-ße) Äußere; **16.** *ped. Brit.* Mittelstufe *f*; **II** *v/t.* **17.** schälen; *Erbsen etc.* enthülsen; *Nüsse knacken*; *Körner* von der Ähre *od.* vom Kolben entfernen; **18.** ✗ (mit Gra'naten) beschießen; ~ *out v/t. u. v/i. sl.* ,blechen' (*bezahlen*).

shel·lac [ʃə'læk] **I** *s.* **1.** ✿ Schellack *m*; **II** *v/t. pret. u. p.p.* **shel'lacked** [-kt] **2.** mit Schellack behandeln; **3.** *fig. Am. sl. j-n* ,vermöbeln'.

'shell,cra·ter *s.* ✗ Gra'nattrichter *m*.

shelled [ʃeld] *adj.* ...schalig.

shell| egg *s.* Frischei *n*; **'~fish** *s. zo.* Schalentier *n*; ~ **game** *s. Am.* Falschspielertrick *m* (*a. fig.*).

shell·ing ['ʃelɪŋ] *s.* ✗ Beschuß *m*, (Artille'rie)Feuer *n*.

shell shock *s.* ✗ 'Kriegsneu,rose *f*.

shel·ter ['ʃeltə] **I** *s.* **1.** Schutzhütte *f*, -dach *n*; Schuppen *m*; **2.** Obdach *n*,

Herberge *f*; **3.** Zuflucht *f*; **4.** Schutz *m*: **take** (*od.* **seek**) **~** Schutz suchen (**with** bei, **from** vor *dat.*); **5.** ✕ a) Bunker *m*, 'Unterstand *m*, b) Deckung *f*; **II** *v/t.* **6.** (be)schützen, beschirmen (**from** vor): *a* **~ed life** ein behütetes Leben; **7.** schützen, bedecken, über'dachen; **8.** *j-m* Schutz *od.* Zuflucht gewähren; **~ o.s.** *fig.* sich verstecken (**behind** hinter *j-m etc.*); **~ed trade** ✝ *Brit.* (*durch Zölle*) geschützter Handelszweig; **~ed work-shop** beschützende Werkstatt; **9.** *j-n* beherbergen; **III** *v/i.* **10.** Schutz suchen; sich 'unterstellen; **~ half** *s.* ✕ *Am.* Zeltbahn *f*.

shelve¹ [ʃelv] *v/t.* **1.** Bücher (in ein Re-'gal) einstellen, auf ein (Bücher)Brett stellen; **2.** *fig.* a) *et.* zu den Akten legen, bei'seite legen, b) *j-n* ausrangieren; **3.** aufschieben; **4.** mit Fächern *od.* Re'galen versehen.

shelve² [ʃelv] *v/i.* (sanft) abfallen.

shelves [ʃelvz] *pl. von* **shelf**.

shelv·ing¹ ['ʃelvɪŋ] *s.* (Bretter *pl.* für) Fächer *pl. od.* Re'gale *pl.*

shelv·ing² ['ʃelvɪŋ] *adj.* schräg, abfallend.

she·nan·i·gan [ʃɪ'nænɪɡən] *s. mst pl.* F **1.** ,Mumpitz' *m*, ,fauler Zauber'; **2.** Trick *m*; **3.** ,Blödsinn' *m*, Streich *m*.

shep·herd ['ʃepəd] **I** *s.* **1.** (Schaf)Hirt *m*, Schäfer *m*; **2.** *fig. eccl.* (Seelen)Hirt *m* (*Geistlicher*): **the** (**good**) ⁓ *bibl.* der Gute Hirte (*Christus*); **II** *v/t.* **3.** *Schafe etc.* hüten; **4.** *fig. Menschenmenge etc.* treiben, führen, ,bugsieren'; **'shep·herd·ess** [-dɪs] *s.* (Schaf)Hirtin *f*, Schäferin *f*.

shep·herd's| crook *s.* Hirtenstab *m*; **~ dog** *s.* Schäferhund *m*; **~ pie** *s.* Auflauf *m* aus Hackfleisch u. Kar'toffelbrei; **~ purse** *s.* ♀ Hirtentäschel *n*.

sher·bet ['ʃɜːbət] *s.* **1.** Sor'bett *n*, *m* (*Frucht-, Eisgetränk*); **2.** *bsd. Am.* Fruchteis *n*; **3.** *a.* **~ powder** Brausepulver *n*.

sherd [ʃɜːd] → **shard**.

sher·iff ['ʃerɪf] *s.* ⚖ Sheriff *m*: a) *in England, Wales u. Irland der höchste Verwaltungsbeamte e-r Grafschaft*, b) *in den USA der gewählte höchste Exekutivbeamte e-s Verwaltungsbezirkes*, c) *in Schottland e-e Art Amtsrichter*.

sher·ry ['ʃerɪ] *s.* Sherry *m*.

she's [ʃiːz; ʃɪz] F für a) **she is**, b) **she has**.

shew [ʃəʊ] *obs. für* **show**.

shib·bo·leth ['ʃɪbəleθ] *s. fig.* **1.** Schib-'boleth *n*, Erkennungszeichen *n*, -wort *n*; **2.** Kastenbrauch *m*; **3.** Plati'tüde *f*.

shield [ʃiːld] **I** *s.* **1.** Schild *m*; **2.** Schutzschild *m*, -schirm *m*; **3.** *fig.* a) Schutz *m*, Schirm *m*, b) (Be)Schützer(in); **4.** ⚡, ⚙ (Ab)Schirmung *f*; **5.** Arm-, Schweißblatt *n*; **6.** *zo.* (Rücken)Schild *m*, Panzer *m* (*Insekt etc.*); **7.** *her.* (Wappen)Schild *m*; **II** *v/t.* **8.** (be)schützen, (be)schirmen (**from** vor *dat.*); **9.** *bsd. b.s. j-n* decken; **10.** ⚡, ⚙ (ab)schirmen; **'~·bear·er** *s.* Schildknappe *m*; **~ fern** *s.* ♀ Schildfarn *m*; **~ forc·es** *s. pl.* ✕ Schildstreitkräfte *pl.*

shiel·ing ['ʃiːlɪŋ] *s. Scot.* **1.** (Vieh)Weide *f*; **2.** Hütte *f*.

shift [ʃɪft] **I** *v/i.* **1.** den Platz *od.* die Lage wechseln, sich bewegen; **2.** sich verlagern (*a.* ⚖ *Beweislast*), sich verwandeln

(*a. Szene*), sich verschieben (*a. ling.*), wechseln; **3.** ⚓ 'überschießen, sich verlagern (*Ballast, Ladung*); **4.** die Wohnung wechseln; **5.** 'umspringen (*Wind*); **6.** *mot.* schalten: **~ up** (**down**) hinaufschalten (herunterschalten); **7.** *Kugelstoßen*: angleiten; **8.** **~ for o.s.** a) auf sich selbst gestellt sein, b) sich selbst (weiter)helfen, sich durchschlagen; **9.** Ausflüchte machen; **10.** *mst* **~ away** F aus da'vonmachen; **II** *v/t.* **11.** (aus-, 'um)wechseln, (aus)tauschen; → **ground** 2; **12.** (*a. fig.*) verschieben, -lagern, (*a. Schauplatz*, ✕ *das Feuer*) verlegen; *Betrieb* 'umstellen (**to** auf *acc.*); *thea. Kulissen* schieben; **13.** ⚙ schalten, ausrücken, verstellen, *Hebel* 'umlegen: **~ gears** *mot.* schalten; **14.** ⚓ a) *Schiff* verholen, b) *Ladung* 'umstauen; **15.** *Kleidung* wechseln; **16.** *Schuld, Verantwortung* (ab)schieben, abwälzen ([**up**]**on** auf *acc.*); **17.** *j-n* loswerden; **18.** *Am.* F a) *Essen etc.* ,wegputzen', b) *Schnaps etc.* ,kippen'; **III** *s.* **19.** Verschiebung *f*, -änderung *f*, -lagerung *f*, Wechsel *m*; **20.** ✝ (Arbeits)Schicht *f* (*Arbeiter od. Arbeitszeit*); **21.** Ausweg *m*, Hilfsmittel *n*, Notbehelf *m*: **make** (*a*) **~** a) sich durchschlagen, b) es fertigbringen, es möglich machen (**to do** zu tun), c) sich behelfen (**with** mit, **without** ohne); **22.** Kniff *m*, List *f*, Ausflucht *f*; **23.** **~ of crop** ♂ *Brit.* Fruchtwechsel *m*; **24.** *geol.* Verwerfung *f*; **25.** ♪ a) Lagenwechsel *m* (*Streichinstrumente*), b) Zugwechsel *m* (*Posaune*), c) Verschiebung *f* (*Klavierpedal etc.*); **26.** *ling.* Lautverschiebung *f*; **27.** *Kugelstoßen*: Angleiten *n*; **28.** *obs.* ('Unter-) Hemd *n der Frau*; **'shift·er** [-tə] *s.* **1.** *thea.* Ku'lissenschieber *m*; **2.** *fig.* schlauer Fuchs; **3.** ⚙ a) Schalter *m*, b) Ausrückvorrichtung *f*; **'shift·i·ness** [-tɪnɪs] *s.* **1.** Gewandtheit *f*; **2.** Verschlagenheit *f*; **3.** Unzuverlässigkeit *f*; **'shift·ing** [-tɪŋ] *adj.* sich verschiebend, veränderlich: **~ sand** Treib-, Flugsand *m*.

shift key *s.* 'Umschalter *m* (*Schreibmaschine*).

shift·less ['ʃɪftlɪs] *adj.* ☐ **1.** hilflos (*fig. unfähig*); **2.** unbeholfen, einfallslos; **3.** träge, faul.

shift| work *s.* **1.** Schichtarbeit *f*; **2.** *ped.* 'Schicht,unterricht *m*; **~ work·er** *s.* Schichtarbeiter(in).

shift·y ['ʃɪftɪ] *adj.* ☐ **1.** a) wendig, b) schlau, gerissen, c) verschlagen, falsch; **2.** *fig.* unstet.

shil·ling ['ʃɪlɪŋ] *s. Brit. obs.* Schilling *m*: **a ~ in the pound** 5 Prozent; **pay twenty ~s in the pound** s-e Schulden *etc.* auf Heller u. Pfennig bezahlen; **cut s.o. off with a ~** *j-n* enterben; **~ shock·er** *s.* 'Schundro,man *m*.

shil·ly-shal·ly ['ʃɪlɪˌʃælɪ] **I** *v/i.* zögern, schwanken; **II** *s.* Schwanken *n*, Zögern *n*; **III** *adj. u. adv.* zögernd, schwankend.

shim [ʃɪm] ⚙ *s.* Keil *m*, Klemmstück *n*, Ausgleichsscheibe *f*.

shim·mer ['ʃɪmə] **I** *v/i.* schimmern; **II** *s.* Schimmer *m*; **'shim·mer·y** [-ərɪ] *adj.* schimmernd.

shim·my ['ʃɪmɪ] **I** *s.* **1.** Shimmy *m* (*Tanz*); **2.** ⚙ Flattern *n* (*der Vorderräder*); **3.** F (Damen)Hemd *n*; **II** *v/i.* **4.**

Shimmy tanzen; **5.** ⚙ flattern (*Vorderräder*).

shin [ʃɪn] **I** *s.* **1.** Schienbein *n*; **2.** **~ of beef** Rinderhachse *f*; **II** *v/i.* **3.** **~ up** e-n Baum *etc.* hin'aufklettern; **4.** *Am.* rennen; **III** *v/t.* **5.** *j-n* ans Schienbein treten; **6.** **~ o.s.** sich das Schienbein verletzen; **'~·bone** *s.* Schienbein(knochen *m*) *n*.

shin·dig ['ʃɪndɪɡ] *s.* **1.** *sl.* ,Schwof' *m*, Tanz(veranstaltung *f*) *m*; *weitS.* (,wilde') Party; **2.** → **shindy**.

shin·dy ['ʃɪndɪ] *s.* F Krach *m*, Ra'dau *m*.

shine [ʃaɪn] **I** *v/i.* [*irr.*] **1.** scheinen; leuchten, strahlen (*a. Augen etc.*; **with joy** vor Freude): **~ out** hervorleuchten, *fig.* herausragen; **~** (**up**)**on** *et.* beleuchten; **~ up to** *Am. sl.* sich bei *j-m* anbiedern; **2.** glänzen (*a. fig.* sich das Schienbein verletzen **as** als, **at** in *dat.*); **II** *v/t.* **3.** F *Schuhe etc.* polieren; **III** *s.* **4.** (Sonnen- etc.) Schein *m*; → **rain** 1; **5.** Glanz *m*: **take the ~ out of** a) *e-r Sache* den Glanz nehmen, b) *et. od. j-n* in den Schatten stellen; **6.** Glanz *m* (*bsd. auf Schuhen*): **have a ~?** Schuhputzen gefällig?; **7.** **kick up a ~** F Radau machen; **8.** **take a ~ to s.o.** F *j-n* ins Herz schließen; **'shin·er** [-nə] *s.* **1.** glänzender Gegenstand; **2.** *sl.* a) Goldmünze *f* (*bsd. Sovereign*), b) Dia'mant *m* (*fig.* ,Kies' *m* (*Geld*); **3.** *sl.* ,Veilchen' *n*, blau(geschlagen)es Auge.

shin·gle¹ ['ʃɪŋɡl] **I** *s.* **1.** (Dach)Schindel *f*; **2.** Herrenschnitt *m* (*Damenfrisur*); **3.** *Am.* F (Firmen)Schild *n*: **hang out one's ~** sich (als Arzt *etc.*) etablieren, ,s-n eigenen Laden aufmachen'; **II** *v/t.* **4.** mit Schindeln decken; **5.** *Haar* (sehr) kurz schneiden; **~d hair** → 2.

shin·gle² ['ʃɪŋɡl] *s. Brit.* **1.** grober Strandkies(el) *m*; **2.** Kiesstrand *m*.

shin·gle³ ['ʃɪŋɡl] *v/t. metall.* zängen.

shin·gles ['ʃɪŋɡlz] *s. pl. sg. konstr.* ♨ Gürtelrose *f*.

shin·gly ['ʃɪŋɡlɪ] *adj.* kies(el)ig.

shin·ing ['ʃaɪnɪŋ] *adj.* ☐ leuchtend (*a. fig. Beispiel*), strahlend; glänzend (*a. fig.*): **a ~ light** e-e Leuchte (*Person*).

shin·ny ['ʃɪnɪ] *v/i. Am.* F klettern.

shin·y ['ʃaɪnɪ] *adj. allg.* glänzend: a) leuchtend (*a. fig.*), funkelnd (*a. Auto etc.*), b) strahlend (*Tag etc.*), c) blank (-geputzt), d) abgetragen: **a ~ jacket**.

ship [ʃɪp] **I** *s.* **1.** ⚓ *allg.* Schiff *n*: **~'s articles** → **shipping articles**; **~'s company** Besatzung *f*; **~'s husband** Mitreeder *m*; **~'s papers** Schiffspapiere; **~ of the desert** *fig.* Wüstenschiff (*Kamel*): **take ~** sich einschiffen (**for** nach); **about ~!** klar zum Wenden!; **when my ~ comes home** *fig.* wenn ich mein Glück mache; **2.** ⚓ Vollschiff *n* (*Segelschiff*); **3.** Boot *n*; **4.** *Am.* a) Luftschiff *n*, b) Flugzeug *n*, c) Raumschiff *n*; **II** *v/t.* **5.** an Bord bringen *od.* (*a. Passagiere*) nehmen, verladen; **6.** ⚓ verschiffen, transportieren; **7.** ✝ a) verladen, b) versenden, -frachten, (aus-) liefern (*a. zu Lande*), c) Ware zur Verladung abladen, d) ⚓ *Ladung* über'nehmen: **~ a sea** e-e See (*Sturzwelle*) übernehmen; **8.** ⚓ *Ruder* einlegen, *Mast* einsetzen: **the oars** die Riemen einlegen; **9.** ⚓ *Matrosen* (an)heuern; **10.** F *a.* **~ off** fortschicken; **III** *v/i.* **11.** sich einschiffen; **12.** sich anheuern lassen; **~ bis·cuit** s. Schiffszwieback m; **'~board** s.: **on ~** an Bord; **'~borne air·craft** s. ✈ Bordflugzeug n; **'~build·er** s. ⚓ 'Schiffsarchi,tekt m, -bauer m; **'~build·ing** s. ⚓ Schiff(s)bau m; **~ ca·nal** s. ⚓ 'Seeka,nal m; **~ chan·dler** s. Schiffsausrüster m; **'~load** s. (volle) Schiffsladung (als Maß); **'~mas·ter** s. ⚓ ('Handels)Kapi,tän m.

ship·ment ['ʃɪpmənt] s. **1.** ⚓ a) Verladung f, b) Verschiffung f, 'Seetrans,port m, c) (Schiffs)Ladung f; **2.** † (a. zu Lande) a) Versand m, b) (Waren)Sendung f, Lieferung f.

'ship,own·er s. Reeder m.

ship·per ['ʃɪpə] s. † **1.** Verschiffer m, Ablader m; **2.** Spedi'teur m.

ship·ping ['ʃɪpɪŋ] s. **1.** Verschiffung f; **2.** † a) Abladung f (Anbordnahme), b) Verfrachtung f, Versand m (a. zu Landes etc.); **3.** ⚓ coll. Schiffsbestand m (e-s Landes etc.); **~ a·gent** s. **1.** 'Schiffsa,gent m; **2.** Schiffsmakler m; **~ ar·ti·cles** s. pl. ⚓ 'Schiffsar,tikel pl., Heuervertrag m; **~ bill** s. Brit. Mani'fest n; **~ clerk** s. † Leiter m der Versandabteilung; **~ com·pa·ny** s. ⚓ Reede'rei f; **~ fore·cast** s. Seewetterbericht m.

'ship|·shape pred. adj. u. adv. in tadelloser Ordnung, blitzblank; **~-to-'ship** adj. Bord-Bord-...; **~-to-'shore** adj. Bord-Land-...; **'~way** s. Stapel m, Helling f; **'~wreck I** s. **1.** ⚓ Wrack n; **2.** Schiffbruch m, fig. a. Scheitern n von Plänen etc.: **make ~ of** → 4; **II** v/t. **3.** scheitern lassen: **be ~ed** schiffbrüchig werden od. sein; **4.** fig. zum Scheitern bringen, vernichten; **III** v/i. **5.** Schiffbruch erleiden, scheitern (beide a. fig.); **'~wright** s. **1.** → shipbuilder; **2.** Schiffszimmermann m; **'~yard** s. (Schiffs)Werft f.

shir [ʃɜ:] → shirr.

shire ['ʃaɪə] s. **1.** brit. Grafschaft f; **2.** au'stralischer Landkreis; **3.** a. **~ horse** ein schweres Zugpferd.

shirk [ʃɜ:k] **I** v/t. sich drücken vor (dat.); **II** v/i. sich drücken (**from** vor dat.); **'shirk·er** [-kə] s. Drückeberger m.

shirr [ʃɜ:] **I** s. e'lastisches Gewebe, eingewebte Gummischnur, Zugband n; **II** v/t. Gewebe kräuseln; **shirred** [ʃɜ:d] adj. e'lastisch, gekräuselt.

shirt [ʃɜ:t] s. **1.** (Herren-, Ober-, a. 'Unter-, Nacht)Hemd n: **get s.o.'s out** j-n ,auf die Palme bringen'; **give away the ~ off one's back** sein letztes Hemd für j-n hergeben; **keep one's ~ on** sl. sich nicht aufregen; **lose one's ~** ,sein letztes Hemd verlieren'; **put one's ~ on** sl. alles auf ein Pferd etc. setzen; **2.** a. **~ blouse** Hemdbluse f; **~ front** s. Hemdbrust f.

shirt·ing ['ʃɜ:tɪŋ] s. Hemdenstoff m.

'shirt-sleeve I s. Hemdsärmel m: **in one's ~s** in Hemdsärmeln; **II** adj. fig. ,hemdsärmelig', ungezwungen, le'ger: **~ diplomacy** offene Diplomatie.

shirt·y ['ʃɜ:tɪ] adj. sl. unverschämt, ungehobelt.

shit [ʃɪt] V **I** s. **1.** Scheiße f: **have a ~** scheißen; **2.** fig. ,Scheiße' f, ,Scheiß (-dreck)' m; **3.** fig. Arschloch n; **4.** pl. ,Scheiße'rei f; **5.** sl. ,Shit' n (Haschisch); **II** v/i. [irr.] **6.** scheißen: **~ on** a) auf j-n od. et. scheißen, b) fig. j-n ,verpfeifen'; **III** v/t. **7.** vollscheißen,

---

scheißen in (acc.); **shit·ty** ['ʃɪtɪ] adj. ,beschissen'.

shiv·er¹ ['ʃɪvə] **I** s. **1.** Splitter m, (Bruch-) Stück n, Scherbe f; **2.** min. Dachschiefer m; **II** v/t. **3.** zersplittern, zerschmettern; **III** v/i. **4.** (zer)splittern.

shiv·er² ['ʃɪvə] **I** v/i. **1.** (with vor dat.) zittern, (er)schauern, frösteln; **2.** flattern (Segel); **II** s. **3.** Schauer m, Zittern n, Frösteln n: **the ~s** a) ✽ der Schüttelfrost, b) F fig. das kalte Grausen; **'shiv·er·ing** [-vərɪŋ] s. Schauer(n n) m: **~ fit** Schüttelfrost m; **'shiv·er·y** [-ərɪ] adj. **1.** fröstelnd; **2.** fiebrig.

shoal¹ [ʃəʊl] **I** s. Schwarm m, Zug m von Fischen; fig. Unmenge f, Masse f; **II** v/i. in Schwärmen auftreten.

shoal² [ʃəʊl] **I** s. **1.** Untiefe f, seichte Stelle; Sandbank f; **2.** fig. Klippe f; **II** adj. **3.** seicht; **III** v/i. **4.** seicht(er) werden; **'shoal·y** [-lɪ] adj. seicht.

shock¹ [ʃɒk] **I** s. **1.** Stoß m, Erschütterung f (a. fig. des Vertrauens etc.); **2.** Zs.-stoßen m, Zs.-prall m, Anprall m; **3.** ✽ (Nerven)Schock m, Schreck m (plötzlicher) Schlag (**to** für), seelische Erschütterung (**to gen.**): **be in** (**a state of**) **~** e-n Schock haben; **get the ~ of one's life** a) zu Tode erschrecken, b) sein blaues Wunder erleben; **with a ~** mit Schrecken; **4.** Schock m, Ärgernis n (**to** für); **5.** ⚡ Schlag m, (a. ✽ E'lektro-) Schock m; **II** v/t. **6.** erschüttern, erbeben lassen; **7.** fig. schockieren, em'pören: **~ed** empört od. entrüstet (**at** über acc., **by** durch); **8.** fig. j-m e-n Schock versetzen, j-n erschüttern: **I was ~ed to hear** zu m-m Entsetzen hörte ich; **9.** ⚡ j-m e-n e'lektrischen Schlag versetzen; ✽ j-n schocken.

shock² [ʃɒk] ⚡ **I** s. Mandel f, Hocke f; **II** v/t. in Mandeln aufstellen.

shock³ [ʃɒk] **I** s. (**~ of hair** Haar)Schopf m; **II** adj. zottig: **~ head** Strubbelkopf m.

shock| ab·sorb·er s. ⊙ **1.** Stoßdämpfer m; **2.** 'Schwingme,tall n; **~ ab·sorp·tion** s. ⊙ Stoßdämpfung f.

shock·er ['ʃɒkə] s. **1.** allg. ,Schocker' m; **2.** Elektri'sierappa,rat m.

'shock|·head·ed adj. strubb(e)lig: **~ Peter** (der) Struwwelpeter.

shock·ing ['ʃɒkɪŋ] **I** adj. □ **1.** schockierend, em'pörend, unerhört, anstößig; **2.** entsetzlich, haarsträubend; **3.** F scheußlich, schrecklich, mise'rabel; **II** adv. F **4.** schrecklich, unheimlich (groß etc.).

'shock|·proof adj. ⊙ stoß-, erschütterungsfest; **~ tac·tics** s. pl. sg. konstr. ✗ 'Durchbruchs-, Stoßtaktik f; **~ ther·a·py, ~ treat·ment** s. ✽ 'Schockthera,pie f, -behandlung f; **~ troops** s. pl. ✗ Stoßtruppen pl.; **~ wave** s. Druckwelle f; fig. Erschütterung f, Schock m; **~ work·er** s. DDR etc.: Stoßarbeiter m.

shod [ʃɒd] **I** pret. u. p.p. von **shoe; II** adj. **1.** beschuht; **2.** beschlagen (Pferd, Stock etc.); **3.** bereift.

shod·dy ['ʃɒdɪ] **I** s. **1.** Shoddy n, (langfaserige) Reißwolle f; **2.** Shoddytuch n; **3.** fig. Schund m, Kitsch m; **II** adj. Shoddy...; **6.** fig. a) unecht, falsch: **~ aristocracy** Talmiaristokratie f, b) kitschig, Schund...: **~ lit·erature**, c) protzig.

---

shoe [ʃu:] **I** s. **1.** (bsd. Brit. Halb)Schuh m: **dead men's ~s** fig. ungeduldig erwartetes Erbe; **be in s.o.'s ~s** fig. in j-s Haut stecken; **know where the ~ pinches** fig. wissen, wo der Schuh drückt; **shake in one's ~s** fig. vor Angst schlottern; **step into s.o.'s ~s** j-s Stelle einnehmen; **that is another pair of ~s** das sind zwei Paar Stiefel; **now the ~ is on the other foot** F jetzt will er etc. (plötzlich) nichts mehr davon wissen; **2.** Hufeisen n; **3.** ⊙ Schuh m, (Schutz)Beschlag m; **4.** ⊙ a) Bremsschuh m, -klotz m, b) Bremsbacke f; **5.** ⊙ (Reifen)Decke f; **6.** ⚡ Gleitschuh m; **II** v/t. [irr.] **7.** a) (be)schuhen, b) Pferd, a. Stock beschlagen; **'~black** s. Schuhputzer m; **'~horn** s. Schuhlöffel m; **'~lace** s. Schürsenkel m; **'~mak·er** s. Schuhmacher m: **~'s thread** Pechdraht m; **'~shine** s. Am. Schuhputzen n: **~ boy** Schuhputzer m; **'~string I** s. → shoelace: **on a ~** F mit ein paar Groschen, praktisch mit nichts anfangen etc.; **II** adj. F a) fi'nanzschwach, b) ,klein', c) armselig.

shone [ʃɒn] pret. u. p.p. von **shine.**

shoo [ʃu:] **I** int. **1.** husch!, sch!, fort!; **II** v/t. **2.** a. **~ away** Vögel etc. verscheuchen; **3.** Am. F j-n ,scheuchen'; **III** v/i. **4.** husch! od. sch! rufen.

shook¹ [ʃʊk] bsd. Am. s. **1.** Bündel n Faßdauben; **2.** Pack m Kistenbretter; **3.** → shock² I.

shook² [ʃʊk] pret. von **shake.**

shoot [ʃu:t] **I** s. **1.** a) (a. Wett)Schießen n, b) Schuß m; **2.** hunt. a) Jagd f, b) 'Jagd(re,vier n) f, c) Jagdgesellschaft f; d) Am. Strecke f; **3.** Am. Ra'ketenabschuß m; **4.** phot. (Film)Aufnahme f; **5.** (Holz- etc.)Rutsche f, Rutschbahn f; **6.** Stromschnelle f; **7.** ♀ Schößling m, Trieb m; **II** v/t. [irr.] **8.** Pfeil, Kugel etc. (ab)schießen, (-)feuern: **~ questions at s.o.** j-n mit Fragen bombardieren; → **shoot off** 1; **9.** a) Wild schießen, erlegen, b) a. j-n anschießen, c) a. **~ dead** j-n erschießen (**for** wegen); **10.** hunt. in e-m Revier jagen; **11.** sport Ball, Tor schießen; **12.** ⚓ Sonne etc. schießen (Höhe messen); → **moon** 1; **13.** fig. Strahl etc. schießen, senden: **~ a glance at** e-n schnellen Blick werfen auf (acc.); **14.** a) Film, Szene drehen, b) ,schießen', aufnehmen, fotografieren; **15.** fig. stoßen, schleudern, werfen; **16.** fig. unter e-r Brücke etc. hin'durchschnellen, über e-e Stromschnelle etc. hin'wegschießen; **17.** Riegel vorschieben; **18.** mit Fäden durch'schießen, -'wirken; **19.** a. **~ forth** ♀ Knospen etc. treiben; **20.** Müll, Karren etc. abladen, auskippen; **21.** Faß schroten; **22.** ✽ (ein)spritzen; → **shoot up** 2; **III** v/i. [irr.] **23.** a. sport schießen, feuern (**at** nach, auf acc.): **~! Am.** sl. schieß los! (sprich!); **24.** hunt. jagen, schießen: **go ~ing** auf die Jagd gehen; **25.** fig. (da'hin-, vor'bei- etc.)schießen, (-)jagen, (-)rasen: **~ ahead** nach vorn schießen, voranstürmen; **~ ahead of** vorbeischießen an (dat.), überholen; **26.** stechen (Schmerz, Glied); **27.** a. **~ forth** ♀ sprossen, keimen; **28.** a) filmen, b) fotografieren; **29.** ⚓ 'überschießen (Ballast);
Zssgn mit adv.:

shoot| down v/t. **1.** j-n niederschie-
ßen; **2.** Flugzeug etc. abschießen; **3.** F
‚abschmettern‘; **~ off** I v/t. Waffe abschießen: **~ one's mouth** a) ‚blöd da-
herreden‘, b) ‚quatschen‘, ‚(weiter-)
tratschen‘; II v/i. stechen (bei gleicher
Trefferzahl); **~ out** I v/t. **1.** Auge etc.
ausschießen; **2. shoot it out** die Sache
mit ‚blauen Bohnen‘ entscheiden; **3.**
her'ausschleudern, hin'auswerfen; **4.**
Faust, Fuß vorschnellen (lassen); Zunge her'ausstrecken; **5.** her'ausragen lassen; II v/i. **6.** ♥ her'vorsprießen; **7.**
vor-, her'ausschnellen; **~ up** I v/t. **1.** sl.
zs.-schießen; **2.** sl. Heroin etc. ‚drükken‘; II v/i. **3.** in die Höhe schießen,
rasch wachsen (Pflanze, Kind); **4.** em-
'porschnellen (a. ♥ Preise); **5.** (jäh)
aufragen (Klippe etc.).
shoot·er ['ʃuːtə] s. **1.** Schütze m, Schüt-
zin f; **2.** F ‚Schießeisen‘ n.
shoot·ing ['ʃuːtɪŋ] I s. **1.** a) Schießen n,
b) Schieße'rei f; **2.** Erschießen n; **3.** fig.
Stechen n (Schmerz); **4.** hunt. a) Jagd f,
b) Jagdrecht n, c) 'Jagdre‚vier n; **5.**
Aufnahme(n pl.) f zu e-m Film, Dreh-
arbeiten pl.; II adj. **6.** schießend,
Schieß...; **7.** fig. stechend (Schmerz);
8. Jagd...; **~ box** s. Jagdhütte f; **~ gal-
ler·y** s. ✕, sport Schießstand m; **2.**
Schießbude f; **~ i·ron** s. sl. ‚Schießeisen‘ n; **~ li·cense** s. Jagdschein m; **~
match** s. Preis-, Wettschießen n: **the
whole ~** F der ganze ‚Kram‘; **~ range**
s. Schießstand m; **~ star** s. ast. Sternschnuppe f; **~ war** s. heißer Krieg,
Schießkrieg m.
shop [ʃɒp] I s. **1.** (Kauf)Laden m, Geschäft n: **set up ~** ein Geschäft eröffnen; **shut up ~** das Geschäft schließen,
den Laden dichtmachen (a. für immer);
come to the wrong ~ F an die falsche
Adresse geraten; **all over the ~** sl. a)
überall verstreut, b) in alle Himmelsrichtungen; **2.** ⚙ Werkstatt f; **3.** a) Betrieb m, Fa'brik f, b) Ab'teilung f in e-r
Fabrik: **talk ~** fachsimpeln; **sink the ~**
F a) nicht vom Geschäft reden, b) s-n
Beruf verheimlichen; → **closed shop**,
open shop; **4.** bsd. Brit. sl. a) ‚Laden‘
m (Institut etc.), ‚Penne‘ f (Schule),
‚Uni‘ f (Universität), b) ‚Kittchen‘ n
(Gefängnis); II v/i. **5.** einkaufen, Einkäufe machen: **go ~ping; ~ around** F
a) vor dem Einkauf die Preise vergle-
chen, b) fig. sich umsehen (**for** nach);
III v/t. **6.** bsd. Brit. sl. a) j-n ‚verpfeifen‘, b) j-n ‚ins Kittchen bringen‘; **~ as-
sist·ant** s. Brit. Verkäufer(in); **~ com-
mit·tee** s. ♥ Am. Betriebsrat m; '**~·fit-
ter** s. Ladeneinrichter m, -ausstatter m;
~ floor s. **1.** Produkti'onsstätte f; **2.**
Arbeiter pl., Belegschaft f; '**~·girl** s.
Ladenmädchen n; '**~·keep·er** s. Laden-
besitzer(in); **nation of ~s** fig. contp.
Krämervolk n; '**~·keep·ing** s. **1.** Kleinhandel m; **2.** Betrieb m e-s (Laden)Ge-
schäfts; '**~·lift·er** s. Ladendieb(in); '**~·
‚lift·ing** s. Ladendiebstahl m.
shop·per ['ʃɒpə] s. (Ein)Käufer(in);
shop·ping ['ʃɒpɪŋ] s. **1.** Einkauf m,
Einkaufen n (in Laden): **~ centre** Brit.,
~ center Am. Einkaufszentrum n; **~
list** Einkaufsliste f; **do one's ~** (seine)
Einkäufe machen; **2.** Einkäufe pl.
(Ware).
‚shop|·-'soiled adj. **1.** ♥ angestaubt, be-

schädigt; **2.** fig. abgenutzt; **~ stew·ard**
s. ♥ (gewerkschaftlicher) Vertrauensmann; '**~·talk** s. Fachsimpe'lei f;
'**~·walk·er** s. Brit. (aufsichtführender)
Ab'teilungsleiter (im Kaufhaus);
‚**~·'win·dow** s. Schaufenster n, Auslage
f: **put all one's goods in the ~** fig.
‚ganz auf Wirkung machen‘; '**~·worn**
→ **shop-soiled**.
shore¹ [ʃɔː] I s. **1.** Stütz-, Strebebalken
m, Strebe f; **2.** ⚓ Schore f (Spreizholz);
II v/t. **3.** mst ~ **up** a) abstützen, b) fig.
(unter)'stützen.
shore² [ʃɔː] I s. **1.** Küste f, Strand m,
Ufer n, Gestade n: **my native ~** fig.
mein Heimatland; **2.** ⚓ Land n: **on ~**
an(s) Land; **in ~** in Küstennähe; II adj.
3. Küsten..., Strand..., Land...: **~ battery** ✕ Küstenbatterie f; **~ leave** ⚓
Landurlaub m; '**shore·less** [-lɪs] adj.
ohne Ufer, uferlos (a. poet. fig.);
'**shore·ward** [-wəd] I adj. küstenwärts
gelegen od. gerichtet etc.; II adv. a. **~s**
küstenwärts, (nach) der Küste zu.
shorn [ʃɔːn] p.p. von **shear**. **~ of** fig. e-r
Sache beraubt.
short [ʃɔːt] I adj. □ → **shortly**; **1.** räumlich u. zeitlich kurz: **a ~ life; a ~ memory; a ~ street; a ~ time ago** vor kurzer Zeit, vor kurzem; **~ sight** Kurzsichtigkeit f (a. fig.); **get the ~ end of the
stick** Am. F schlecht wegkommen (bei
e-r Sache); **have by the ~ hairs** Am. F
j-n od. et. ‚in der Tasche‘ haben; **2.**
kurz, gedrungen, klein; **3.** zu kurz (for
für): **fall** (od. **come**) **~ of** fig. et. nicht
erreichen, den Erwartungen etc. nicht
entsprechen, hinter (dat.) zurückbleiben; **4.** fig. kurz, knapp: **a ~ speech;
be ~ for** die Kurzform sein von; **5.** kurz
angebunden, barsch (**with** gegen); **6.**
knapp, unzureichend: **~ rations; ~
weight** Fehlgewicht n; **run ~** knapp
werden; **7.** knapp (**of** an dat.): **~ of
breath** kurzatmig; **~ of cash** knapp bei
Kasse; **they ran ~ of bread** das Brot
ging ihnen aus; **8.** knapp, nicht ganz: **a
~ hour** (mile); **9.** geringer, weniger (**of**
als): **nothing ~ of** nichts weniger als,
geradezu (→ a. 17); **10.** mürbe (Gebäck etc.): **~ pastry** Mürbeteig m; **11.**
metall. brüchig; **12.** bsd. ♥ kurzfristig,
Wechsel etc. auf kurze Sicht: **at ~ date**
kurzfristig; **at ~ notice** a) kurzfristig
(kündbar), b) schnell, prompt; **13.** ♥
Börse: a) Baisse..., b) ungedeckt, dek-
kungslos: **sell ~**; **14.** a) klein, in e-m
Gläs-chen serviert, b) stark (Getränk);
II adv. **15.** kurz(erhand), plötzlich, ab-
'rupt: **cut s.o. ~, take s.o. up ~** j-n
(jäh) unterbrechen; **be taken ~** F ‚dringend (austreten) müssen‘; **stop ~** plötzlich innehalten (→ a. 17); **16.** zu kurz;
17. ~ of a) knapp od. kurz vor (dat.),
b) fig. abgesehen von, außer (dat.): **anything ~ of murder, ~ of lying** eh ich
lüge; **stop ~ of** zurückschrecken vor
(dat.); III s. **18.** etw. Kurzes, z. B. Kurz-
film m; **19. in ~** kurzum; **called Bill for
~** kurz od. der Kürze halber Bill genannt; **20.** ⚡ F ‚Kurze(r)‘ m (Kurzschluß); **21.** ♥ a) 'Baissespeku‚lant m,
b) pl. ohne Deckung verkaufte 'Wert-
pa‚piere pl. od. Waren pl.; **22.** ling. a)
kurzer Vo'kal, b) kurze Silbe; **23.** pl. a)
Shorts pl., kurze Hose, b) Am. kurze
'Unterhose; IV v/t. **24.** F → **short-cir-**

cuit 1, 2; '**short·age** [-tɪdʒ] s. **1.**
Knappheit f, Mangel m (**of** an dat.); **2.**
Fehlbetrag m, Defizit n.
'**short|·bread** s., '**~·cake** s. Mürbe-, Tee-
kuchen m; ‚**~·change** v/t. F j-m zu'wenig (Wechselgeld) her'ausgeben; fig. j-n
‚übers Ohr hauen‘; **~ cir·cuit** s. ⚡
Kurzschluß m; **~-'cir·cuit** v/t. **1.** ⚡ e-n
Kurzschluß verursachen in (dat.); **2.** ⚡
kurzschließen; **3.** fig. F a) et. ‚torpedieren‘, b) et. um'gehen; ‚**~·com·ing** s. **1.**
Unzulänglichkeit f; **2.** Fehler m, Mangel m; **3.** Pflichtversäumnis n; **4.** Fehlbetrag m; **~ cut** s. Abkürzung f (Weg);
fig. abgekürztes Verfahren: **take a ~**
(den Weg) abkürzen; ‚**~·dat·ed** adj. ♥
kurzfristig: **~ bond**; ‚**~·dis·tance** adj.
Nah...
short·en ['ʃɔːtn] I v/t. **1.** (ab-, ver)kür-
zen, kürzer machen; Bäume etc. stut-
zen; fig. vermindern; **2.** ⚓ Segel reffen;
3. Teig mürbe machen; II v/i. **4.** kürzer
werden; **5.** fallen (Preise); '**short·en-
ing** [-nɪŋ] s. **1.** (Ab-, Ver)Kürzung f; **2.**
(Ver)Minderung f; **3.** Backfett n.
'**short|·fall** s. Fehlbetrag m; '**~·hand** I s.
1. Kurzschrift f; II adj. in Kurzschrift
(geschrieben), stenographiert; **3.** Kurzschrift...: **~ typist** Stenotypistin f; **~
writer** Stenograph(in); **~-'hand·ed**
adj. knapp an Arbeitskräften; **~ haul** s.
Nahverkehr m; '**~·horn** s. zo. Short-
horn n, Kurzhornrind n.
short·ie ['ʃɔːtɪ] → **shorty**.
short·ish ['ʃɔːtɪʃ] adj. etwas od. ziemlich
kurz (geraten).
short| list s.: **be on the ~** in der engeren
Wahl sein; '**~·list** j-n in die engere
Wahl ziehen; ‚**~·lived** [-lɪvd] adj. kurzlebig, fig. a. von kurzer Dauer.
short·ly ['ʃɔːtlɪ] adv. **1.** in Kürze, bald: **~
after** kurz (da)nach; **2.** in kurzen Worten; **3.** kurz (angebunden), schroff;
short·ness ['ʃɔːtnɪs] s. **1.** Kürze f; **2.**
Schroffheit f; **3.** Knappheit f, Mangel m
(**of** an dat.): **~ of breath** Kurzatmigkeit
f; **4.** Mürbe f (Gebäck etc.).
'**short|·range** adj. **1.** Kurzstrecken...,
Nah..., ✕ a. Nahkampf...; **2.** fig. kurzfristig; **~ rib** s. anat. falsche Rippe; **~
sale** s. ♥ Leerverkauf m; ‚**~·'sight·ed**
[-'saɪtɪd] adj. □ kurzsichtig (a. fig.);
‚**'sight·ed·ness** [-'saɪtɪdnɪs] s. Kurzsichtigkeit f (a. fig.); ‚**~·'spo·ken** adj. kurz
angebunden, schroff; **~ sto·ry** s. Kurz-
geschichte f; **~ tem·per** s. Reizbarkeit
f, Heftigkeit f; ‚**~·'tem·pered** adj. reizbar, aufbrausend; '**~·term** adj. bsd. ♥
kurzfristig: **~ credit; ~ time** s. ♥ Kurz-
arbeit f: **work** (od. **be on**) **~** kurzarbei-
ten; **~ ton** s. bsd. Am. Tonne f (2000
lbs.); **~ wave** s. ⚡ Kurzwelle f; '**~·
wave** adj. ⚡ **1.** kurzwellig; **2.** Kurz-
wellen...; **~ wind** s. Kurzatmigkeit f (a.
fig.); ‚**~·'wind·ed** adj. kurzatmig (a.
fig.).
short·y ['ʃɔːtɪ] s. F **1.** ‚Knirps‘ m; **2.** a)
kleines Ding, b) kurze Sache.
shot¹ [ʃɒt] I pret. u. p.p. von **shoot**; II
adj. **1.** **~ through** durch'schossen,
gesprenkelt (Seide etc.); **2.** changie-
rend, schillernd (Stoff, Farbe); **3.** sl.
‚ka'putt‘, erschöpft.
shot² [ʃɒt] s. **1.** Schuß m (a. Knall): **a
long ~** fig. ein kühner Versuch; **by a
long ~** sl. weitaus; **not by a long ~**
längst nicht, kein bißchen; **call the ~s**

fig. ‚am Drücker sein‘, das Sagen haben; **like a ~** F wie der Blitz, sofort; **take a ~ at** schießen auf (*acc.*); **2.** Schußweite *f*: **out of ~** außer Schußweite; **3.** *a. small* ~ a) Schrotkugel *f*, -korn *n*, b) *coll.* Schrot(kugeln *pl.*) *m*; **4.** (Ka-'nonen)Kugel *f*, Geschoß *n*: **a ~ in the locker** F Geld in der Tasche; **5.** *guter etc.* Schütze: **big ~** F ‚großes *od.* hohes Tier‘; **6.** *sport* Schuß *m*, Wurf *m*, Stoß *m*, Schlag *m*; **7.** *sport* Stoß *f*: → **shot put**; **8.** a) (Film)Aufnahme *f*, (-)Szene *f*, b) *phot.* F Aufnahme *f*, Schnappschuß *m*; **9.** *fig.* Versuch *m*: **at the third ~** beim dritten Versuch; **have a ~ at** es (einmal) mit *et.* versuchen; **10.** *fig.* (Seiten)Hieb *m*; **11.** ⚕ Spritze *f* (*Injektion*): ~ **in the arm** F *fig.* ‚Spritze‘ *f* (*bsd.* ⚕ finanzielle Hilfe); **12.** F Schuß *m* Rum *etc.*; ‚Gläs-chen‘ *n* Schnaps: **stand ~** die Zeche (für alle) bezahlen; **13.** ⊙ a) Sprengladung *f*, b) Sprengung *f*; **14.** *Am. sl.* Chance *f*: **'~-gun** *s.* Schrotflinte *f*: ~ **wedding** F ‚Mußheirat‘ *f*; ~ **put** *s. sport* a) Kugelstoßen *n*, b) Stoß *m*; **'~-,put·ter** *s. sport* Kugelstoßer(in).

shot·ten ['ʃɒtn] *adj. ichth.* gelaicht habend: ~ **herring** Laichhering *m*.

shot weld·ing *s.* ⊙ Schußschweißen *n*.

should [ʃʊd] **1.** *pret. von* **shall**, *a. konditional futurisch*: ich, er, sie, es sollte, *du* solltest, *wir*, *Ihr*, *Sie*, *sie* sollten: *I* ~ **have gone** ich hätte gehen sollen; *if he* ~ **come** falls er kommen sollte; ~ *it prove false* sollte es sich als falsch erweisen; **2.** *konditional:* ich würde, *wir* würden: *I* ~ **go if ...**; *I* ~ **not have come if** ich wäre nicht gekommen, wenn; *I* ~ **like to** ich würde *od.* möchte gern; **3.** *nach Ausdrücken des Erstaunens:* **it is incredible that he ~ have failed** es ist unglaublich, daß er versagt hat.

shoul·der ['ʃəʊldə] **I** *s.* **1.** Schulter *f*, Achsel *f*: ~ **to** ~ *bsd. fig.* Schulter an Schulter; **put one's ~ to the wheel** *fig.* sich tüchtig ins Zeug legen; (**straight**) **from the ~** *fig.* unverblümt, geradeheraus; **give s.o. the cold ~** *fig.* j-m die kalte Schulter zeigen; → **rub** 7; **he has broad ~s** *fig.* er hat e-n breiten Rücken; **2.** Bug *m*, Schulterstück *n* (*von Tieren*). ~ **of mutton** Hammelkeule *f*; **3.** *fig.* Schulter *f*, Vorsprung *m*; **4.** *a. hard* ~ a) Ban'kett *n*, Seitenstreifen *m*, b) *mot.* Standspur *f*; **5.** ✗ 'Übergangsstreifen *m* (*Flugplatz*); **II** *v/t.* **6.** (mit der Schulter) stoßen *od.* drängen: ~ **one's way through the crowd** sich e-n Weg durch die Menge bahnen; **7.** *et.* schultern, auf die Schulter nehmen; ✗ Gewehr 'übernehmen; *Aufgabe*, *Verantwortung etc.* auf sich nehmen; ~ **bag** *s.* 'Umhängetasche *f*; ~ **belt** *s.* **1.** ✗ Schulterriemen *m*; **2.** *mot.* Schultergurt *m*; ~ **blade** *s. anat.* Schulterblatt *n*; ~ **strap** *s.* **1.** Träger *m* (*bsd. an Damenunterwäsche*); **2.** ✗ Schulterstück *n*.

should·n't ['ʃʊdnt] *f für* **should not**.

shout [ʃaʊt] **I** *v/i.* **1.** (laut) rufen, schreien (**for** nach): ~ **to s.o.** j-m zurufen; **2.** schreien, brüllen (**with** *vor Schmerz, Lachen*): ~ **at s.o.** j-n anschreien; **3.** jauchzen (**for**, **with** *vor dat.*); **II** *v/t.* **4.** (laut) rufen, schreien: ~ **disapproval** laut sein Mißfallen äußern; ~ **s.o.**

down j-n niederbrüllen; ~ **out** a) herausschreien, b) *Namen etc.* ausrufen; **III** *s.* **5.** Schrei *m*, Ruf *m*; **6.** Geschrei *n*, Gebrüll *n*: **a ~ of laughter** brüllendes Lachen; **7. my ~!** F jetzt bin ich dran! (*zum Stiften von Getränken*);

'shout·ing [-tɪŋ] *s.* Schreien *n*, Geschrei *n*: **all is over but** *od.* **bar the ~** es ist so gut wie gelaufen.

shove [ʃʌv] **I** *v/t.* **1.** *beiseite etc.* schieben, stoßen; ~ **s.o. around** *bsd. fig.* F j-n ‚herumschubsen‘; **2.** (achtlos *od.* rasch) *wohin* schieben, stecken; **II** *v/i.* **3.** schieben, stoßen; **4.** (sich) drängeln; **5.** ~ **off** a) vom Ufer abstoßen, b) *sl.* ‚abschieben‘, sich da'vonmachen; **III** *s.* **6.** Stoß *m*, Schubs *m*.

shov·el ['ʃʌvl] **I** *s.* **1.** Schaufel *f*; **2.** ⊙ a) Löffel *m* (*e-s Löffelbaggers*), b) Löffelbagger *m*; **II** *v/t.* schaufeln: ~ **up** (*od.* **in**) **money** Geld scheffeln; **'shov·el·ful** [-fʊl] *pl.* **-fuls** *s. e-e* Schaufel(voll).

show [ʃəʊ] **I** *s.* **1.** (Her)Zeigen *n*: **vote by ~ of hands** durch Handzeichen wählen; **2.** Schau *f*, Zur'schaustellung *f*: **a ~ of force** *fig.* e-e Demonstration der Macht; **3.** *künstlerische etc.* Darbietung, Vorführung *f*, -stellung *f*, Show *f*: **put on a ~** F *fig.* ‚e-e Schau abziehen‘; **steal s.o. the ~** F *fig.* j-m ‚die Schau stehlen‘; **4.** F (The'ater-, Film)Vorstellung *f*; **5.** Schau *f*, Ausstellung *f*: **flower ~**; **on ~** ausgestellt, zu besichtigen(d); **6.** *prunkvoller* 'Umzug; **7.** Schaubude *f* *auf Jahrmärkten*; **8.** Anblick *m*: **make a sorry ~** e-n traurigen Eindruck hinterlassen; **make a good ~** (e-e) ‚gute Figur‘ machen; **9.** F *gute etc.* Leistung: **good ~!** gut gemacht!, bravo!; **10.** Protze'rei *f*, Angebe'rei *f*: **for ~** um Eindruck zu machen, (nur) fürs Auge; **be fond of ~** gern großtun; **make a ~ of** mit *et.* protzen (→ *a.* 11); **11.** (leerer) Schein: **in outward ~** nach außen hin; **make a ~ of rage** sich wütend stellen; **12.** Spur *f*: **no ~ of** keine Spur von; **13.** F Chance *f*: **give s.o. a ~**; **14.** F ‚Laden‘ *m*, ‚Kiste‘ *f*, ‚Kram‘ *m*: **run the ~** *sl.* ‚den Laden schmeißen‘; **give the (whole) ~ away** F den ganzen Schwindel verraten; **a dull (poor) ~** e-e langweilige (armselige) Sache; **II** *v/t.* [*irr.*] **15.** zeigen (**s.o. s.th.**, **s.th. to s.o.** j-m *et.*), sehen lassen; *Fahrkarten etc.* vorzeigen, -weisen: ~ **o.s.** *od.* **one's face** sich zeigen *od.* blicken lassen, *fig.* sich *grausam etc.* zeigen, sich erweisen als; ~ **s.o. the door** j-m die Tür weisen; **we had nothing to ~ for it** wir hatten nichts vorzuweisen; **16.** ausstellen, (auf e-r Ausstellung) zeigen; **17.** *thea. etc.* zeigen, vorführen; **18.** j-n ins Zimmer *etc.* geleiten, führen: ~ **s.o. over the house** j-n durch das Haus führen; **19.** *Absicht etc.* (auf)zeigen, kundtun, darlegen; **20.** zeigen, beweisen, nachweisen; *t̶t̶ a.* glaubhaft machen: ~ **proof** den Beweis erbringen; **that goes to ~ that** das zeigt *od.* beweist, daß; **21.** zeigen, erkennen lassen, verraten: ~ **bad taste**; **22.** *Gunst etc.* erweisen; **23.** j-m zeigen *od.* erklären (**wie et. gemacht wird**): ~ **s.o. how to write** j-m das Schreiben beibringen; **III** *v/i.* [*irr.*] **24.** sich zeigen, sichtbar werden *od.* sein: **it ~s** man sieht es; **25.** F sich *in Gesellschaft* zeigen, erscheinen;

Zssgn mit adv.:

show| forth *v/t.* darlegen, kundtun; ~ **in** *v/t.* j-n her'einführen; ~ **off I** *v/t.* **1.** protzen mit; **2.** *a.* ~ **to advantage** vorteilhaft zur Geltung bringen; **II** *v/i.* **3.** angeben; ~ **out** *v/t.* hin'ausgeleiten, -bringen; ~ **up I** *v/t.* **1.** her'auf-, hin'auf-führen; **2.** F a) j-n bloßstellen, entlarven, b) *et.* aufdecken; **II** *v/i.* **3.** F ‚auf-kreuzen‘, -tauchen, erscheinen; **4.** sich abheben (**against** gegen).

show| biz F → **show business**; **'~-boat** *s.* The'aterschiff *n*; ~ **busi·ness** *s.* Showbusineß *n*, Show-, Schaugeschäft *n*; ~ **card** *s.* ⚕ **1.** Musterkarte *f*; **2.** 'Werbepla̱kat *n* (*im Schaufenster*); **'~-case** *s.* Schaukasten *m*; **'~-down** *s.* **1.** Aufdecken *n* der Karten (*a. fig.*); **2.** entscheidende Kraftprobe, endgültige Ausein'andersetzung, ‚Showdown‘ *m*.

show·er ['ʃaʊə] **I** *s.* **1.** (Regen-, Hagel-*etc.*)Schauer *m*; **2.** Guß *m*; **3.** *fig.* a) (Funken-, Kugel- *etc.*)Regen *m*, (Geschoß-, Stein)Hagel *m*, b) Schwall *m*, Unmenge *f*; **4.** *Am.* a) Brautgeschenke *pl.*, b) *a.* ~ **party** Party *f* zur Über'reichung der Brautgeschenke; **5.** → **shower bath**; **II** *v/t.* **6.** über'schütten, begießen; ~ **gifts etc. upon s.o.** j-n mit Geschenken *etc.* überhäufen; **7.** j-n duschen; **8.** niederprasseln lassen; **III** *v/i.* **9.** (~ **down**) nieder)prasseln; **10.** (sich) duschen; **show·er bath** *s.* **1.** Dusche *f*: a) Brausebad *n*, b) Brause *f* (*Vorrichtung*); **2.** Duschraum *m*; **show·er·y** ['ʃaʊərɪ] *adj.* **1.** mit einzelnen (Regen-) Schauern; **2.** schauerartig.

show| girl *s.* Re'vuegirl *n*; ~ **glass** → **showcase**.

show·i·ness ['ʃəʊɪnɪs] *s.* **1.** Prunkhaftigkeit *f*, Gepränge *n*; **2.** Protzigkeit *f*, Auffälligkeit *f*; **3.** pom'pöses Auftreten.

show·ing ['ʃəʊɪŋ] *s.* **1.** Zur'schaustellung *f*; **2.** Ausstellung *f*; **3.** Vorführung *f* (*e-s Films etc.*); **4.** Darlegung *f*, Erklärung *f*, Beweis(e *pl.*) *m*: **on** (*od.* **by**) **your own ~** nach Ihrer eigenen Darstellung; **upon proper ~** t̶t̶ nach erfolgter Glaubhaftmachung; **5.** *gute etc.* Leistung; **6.** Stand *m* der Dinge: **on present ~** so wie es derzeit aussieht; **,~-'off** *s.* Angebe'rei *f*.

show| jump·er *s. sport* **1.** Springreiter (-in); **2.** Springpferd *n*; ~ **jump·ing** *s.* Springreiten *n*.

'show·man [-mən] *s.* [*irr.*] **1.** Schausteller *m*; **2.** ‚Showman‘ *m*: a) j-d der im Showgeschäft tätig ist, b) *fig.* geschickter Propagan'dist, wirkungsvoller Redner *etc.*, j-d, der sich gut ‚zu verkaufen‘ versteht, *contp.* ‚Schauspieler‘ *m*; **'show·man·ship** [-ʃɪp] *s.* ‚Showmanship‘ *f*: a) ef'fektvolle Darbietung, b) *die* Kunst, sich in Szene zu setzen, Publikumswirksamkeit *f*.

shown [ʃəʊn] *p.p. von* **show**.

'show|-off *s.* F **1.** ‚Angabe‘ *f*, Protze'rei *f*; **2.** ‚Angeber(in)‘ *m*; **'~-piece** *s.* Schau-, Pa'radestück *n*; **'~-place** *s.* Ort *m* mit vielen Sehenswürdigkeiten; **'~-room** *s.* **1.** Ausstellungsraum *m*; **2.** Vorführungssaal *m*; ~ **tri·al** t̶t̶ 'Schaupro̱zeß *m*; ~ **win·dow** *s.* Schaufenster *n*.

show·y ['ʃəʊɪ] *adj.* □ **1.** a) prächtig, b) protzig; **2.** auffällig, grell.

shrank [ʃræŋk] *pret. von* **shrink**.
shrap·nel [ʃræpnl] *s.* ⚔ **1.** Schrap'nell *n*; **2.** Schrap'nelladung *f*.
shred [ʃred] **I** *s.* **1.** Fetzen *m* (*a. fig.*), Lappen *m*: **in ~s** in Fetzen; **tear to ~s** a) → 4, b) *fig.* Argument *etc.* zerpflükken, -reißen; **2.** Schnitzel *m, n*; **3.** *fig.* Spur *f*, A'tom *n*: **not a ~ of doubt** nicht der leiseste Zweifel; **II** *v/t.* [*irr.*] **4.** zerfetzen, in Fetzen reißen; **5.** in Streifen schneiden, *Küche*: a. schnetzeln; **III** *v/i.* [*irr.*] **6.** zerreißen, in Fetzen gehen; **'shred·der** [-də] *s.* **1.** ⚙ Reißwolf *m*; **2.** *Küche*: a) 'Schnitzelma,schine *f*, -einsatz *m*, b) Reibeisen *n*.
shrew¹ [ʃruː] *s.* Xan'thippe *f*, zänkisches Weib.
shrew² [ʃruː] *s. zo.* Spitzmaus *f*.
shrewd [ʃruːd] *adj.* □ **1.** schlau, gerieben; **2.** scharfsinnig, klug, gescheit: **this was a ~ guess** das war gut geraten; **3.** *obs.* scharf; **'shrewd·ness** [-nıs] *s.* **1.** Schlauheit *f*; **2.** Scharfsinn *m*, Klugheit *f*.
shrew·ish [ʃruːıʃ] *adj.* □ zänkisch.
shriek [ʃriːk] **I** *s.* **1.** schriller *od.* spitzer Schrei; **2.** Kreischen *n* (*a. von Bremsen etc.*): **~s of laughter** kreischendes Lachen; **II** *v/i.* **3.** schreien, schrille Schreie ausstoßen; **4.** (gellend) aufschreien (**with** *vor Schmerz etc.*): **~ with laughter** kreischen vor Lachen; **5.** schrill klingen; kreischen (*Bremsen etc.*); **III** *v/t.* **6.** **~ out** *et.* kreischen *od.* gellend schreien.
shriev·al·ty [ʃriːvltı] *s.* Amt *n* des Sheriffs.
shrift [ʃrıft] *s.* **1.** *obs. eccl.* Beichte *f* (u. Absoluti'on *f*); **2.** **give s.o. short ~** *fig.* mit j-m kurzen Prozeß machen, j-n kurz abfertigen.
shrike [ʃraık] *s. orn.* Würger *m*.
shrill [ʃrıl] **I** *adj.* □ **1.** schrill, gellend; **2.** *fig.* grell (*Farbe etc.*); **3.** *fig.* heftig; **II** *v/t.* **4.** *et.* kreischen *od.* gellend schreien; **III** *v/i.* **5.** schrillen; **'shrill·ness** [-nıs] *s.* schriller Klang.
shrimp [ʃrımp] **I** *s.* **1.** *pl. coll.* **shrimp** *zo.* Gar'nele *f*; **2.** *fig. contp.* Knirps *m*, ,Gartenzwerg' *m*; **II** *v/i.* **3.** Gar'nelen fangen.
shrine [ʃraın] *s.* **1.** *eccl.* a) (Re'liquien-) Schrein *m*, b) Heiligengrab *n*, c) Al'tar *m*; **2.** *fig.* Heiligtum *n*.
shrink [ʃrıŋk] **I** *v/i.* [*irr.*] **1.** sich zs.-ziehen, (zs.-, ein)schrumpfen; **2.** einlaufen, -gehen (*Stoff*); **3.** abnehmen, schwinden; **4.** *fig.* zu'rückweichen (**from** *vor dat.*): **~ from doing s.th.** *et.* höchst widerwillig tun; **5.** *a.* **~ back** zu'rückschrecken, -schaudern, -beben (**from, at** *vor dat.*); **6.** sich scheuen *od.* fürchten (**from** *vor dat.*); **7.** **~ away** sich da'vonschleichen; **II** *v/t.* [*irr.*] **8.** (ein-, zs.-)schrumpfen lassen; **9.** *Stoffe* einlaufen lassen, krump(f)en; **10.** *fig.* zum Schwinden bringen; **11.** **~ on** ⚙ aufschrumpfen; **'~·fit** Schrumpfsitz *m*; **III** *s.* **12.** *sl.* Psychi'ater *m*; **'shrink·age** [-kıdʒ] *s.* **1.** (Zs.-, Ein)Schrumpfen *n*; **2.** Schrumpfung *f*; **3.** Verminderung *f*; Schwund *m* (*a.* ⚖, ☼); **4.** Einlaufen *n* (*Textilien*); **'shrink·ing** [-kıŋ] *adj.* □ **1.** schrumpfend; **2.** abnehmend; **3.** 'widerwillig; **4.** scheu; **'shrink·proof** *adj.* nicht einlaufend (*Gewebe*); **'shrink-wrap** *v/t.* Bücher *etc.* einschweißen.

shriv·el [ʃrıvl] **I** *v/t.* **1.** *a.* **~ up** (ein-, zs.-) schrumpfen lassen; **2.** (ver)welken lassen, ausdörren; **3.** runzeln; **II** *v/i.* **4.** *oft* **~ up** (zs.-, ein)schrumpfen, schrumpeln; **5.** runz(e)lig werden; **6.** (ver)welken; **7.** *fig.* verkümmern.
shroud [ʃraud] **I** *s.* **1.** Leichentuch *n*, Totenhemd *n*; **2.** *fig.* Hülle *f*, Schleier *m*; **3.** *pl.* ⚓ Wanten *pl.*; **4.** *a.* **~ line** Fangleine *f* (*am Fallschirm*); **II** *v/t.* **5.** in ein Leichentuch (ein)hüllen; **6.** *fig. in Nebel, Geheimnis* hüllen; **7.** *fig. et.* verschleiern.
Shrove| **Mon·day** [ʃrouv] *s.* Rosen-'montag *m*; **'~·tide** *s.* Fastnachts-, Fastnachtszeit *f*; **~ Tues·day** *s.* Fastings-, Fastnachts'dienstag *m*.
shrub¹ [ʃrʌb] *s. Art* Strauch *m*, Busch *m*.
shrub² [ʃrʌb] *s. Art* Punsch *m*.
shrub·ber·y [ʃrʌbərı] *s.* ♣ Strauchwerk *n*, Sträucher *pl.*, Gebüsch *n*; **'shrub·by** [-bı] *adj.* ♣ strauchig, buschig, Strauch..., Busch...
shrug [ʃrʌg] *v/t.* **1.** die Achseln zucken: **she ~ged her shoulders**; **2.** **~ s.th. off** *fig. et.* mit e-m Achselzucken abtun; **II** *v/i.* **3.** die Achseln zucken; **III** *s.* **4.** *a.* **~ of the shoulders** Achselzucken *n*.
shrunk [ʃrʌŋk] **I** *p.p. von* **shrink**; **II** *adj.* **1.** (ein-, zs.-)geschrumpft; **2.** eingelaufen, dekatiert (*Stoff*); **'shrunk·en** [-kən] **I** → **shrunk** 1; **II** *adj.* abgemagert, -gezehrt; eingefallen (*Wangen*).
shuck [ʃʌk] *bsd. Am.* **I** *s.* **1.** Hülse *f*, Schote *f* (*von Bohnen etc.*); **2.** grüne Schale (*von Nüssen etc.*), *a.* Austernschale *f*; **3.** **I don't care ~s!** F das ist mir völlig ,schnurz'!; **~s!** F Quatsch!; **II** *v/t.* **4.** enthülsen, -schoten; schälen.
shud·der [ʃʌdə] **I** *v/i.* schaudern, (er-) zittern (**at** bei, **with** *vor dat.*): **I ~ at the thought, I ~ to think of it** es schaudert mich bei dem Gedanken; **II** *s.* Schauder(n *n*) *m*.
shuf·fle [ʃʌfl] **I** *s.* **1.** Schlurfen *n*, schlurfender Gang; **2.** *Tanz*: a) Schleifschritt *m*, b) Schleifer *m* (*Tanz*); **3.** (Karten-) Mischen *n*; **4.** Ausflucht *f*, Trick *m*; **II** *v/i.* **5.** schlurfen; (mit den Füßen) scharren: **~ through s.th.** *fig. et.* flüchtig erledigen; **6.** *fig.* a) Ausflüchte machen, sich her'auszureden suchen, b) sich her'auswinden (**out of** aus); **7.** (die Karten) mischen; **III** *v/t.* **8.** hin- u. herschieben, *fig. a.* ,jonglieren' mit: **~ one's feet** → 5; **9.** schmuggeln: **~ away** wegpraktizieren; **10.** **~ off** a) *Kleider* abstreifen, b) *fig.* abschütteln, sich befreien von, sich e-r *Verpflichtung* entziehen, *Schuld etc.* abwälzen (**on**[**to**] auf *acc.*); **11.** **~ on** *Kleider* mühsam anziehen; **12.** *Karten* mischen: **~ together** *et.* zs.-werfen, -raffen; **'shuf-fle·board** *s.* a) Beilkespiel *n*, b) ♣ ein ähnliches Bordspiel; **'shuf·fler** [-lə] *s.* **1.** Schlurfende(r *m*) *f*; **2.** Ausflüchtemacher *m*; Schwindler(in); **'shuf·fling** [-lıŋ] *adj.* □ **1.** schlurfend, schleppend; **2.** unaufrichtig, unredlich; **3.** ausweichend: **a ~ answer**.
shun [ʃʌn] *v/t.* (ver)meiden, ausweichen (*dat.*), sich fernhalten von.
shunt [ʃʌnt] **I** *v/t.* **1.** bei'seite schieben; **2.** 🚂 *Zug etc.* rangieren, auf ein anderes Gleis fahren; **3.** ⚡ nebenschließen, shunten; **4.** *fig. et.* aufschieben; **5.** *fig.* j-n beiseite schieben; j-n kaltstellen; **6.**

abzweigen; **II** *v/i.* **7.** 🚂 rangieren; **8.** *fig. von e-m Thema, Vorhaben etc.* abkommen, -springen; **III** *s.* **9.** 🚂 a) Rangieren *n*, b) Weiche *f*; **10.** ⚡ a) Nebenschluß *m*, b) 'Neben,widerstand *m*; **'shunt·er** [-tə] *s.* 🚂 a) Weichensteller *m*, b) Rangierer *m*; **'shunt·ing** [-tıŋ] **I** *s.* Rangieren *n*; Weichenstellen *n*; **II** *adj.* Rangier..., Verschiebe...: **~ en-gine**.
shush [ʃʌʃ] **I** *int.* sch!, pst!; **II** *v/i.* ,sch' *od.* ,pst' machen; **III** *v/t.* j-n zum Schweigen bringen.
shut [ʃʌt] **I** *v/t.* [*irr.*] **1.** (ver)schließen, zumachen: **~ one's mind** (*od.* **heart**) **to s.th.** *fig.* sich gegen et. verschließen; **→ Verbindungen mit anderen Substantiven**; **2.** einschließen, -sperren (**into, in** in *dat., acc.*); **3.** ausschließen, -sperren (**out of** aus); **4.** *Finger etc.* (ein)klemmen; **5.** *Taschenmesser, Buch etc.* schließen, zs.-, zuklappen; **II** *v/i.* [*irr.*] **6.** sich schließen, zugehen; **7.** schließen (*Fenster etc.*); **III** *p.p. u. adj.* **8.** ge-, verschlossen, zu: **the shops are ~** die Geschäfte sind geschlossen *od.* zu; **Zssgn mit adv.**:
shut| **down** **I** *v/t.* **1.** *Fenster etc.* schließen; **2.** *Fabrik etc.* schließen, stillegen; **II** *v/i.* **3.** die Arbeit *od.* den Betrieb einstellen, ,zumachen'; **4.** **~ (up)on** F ein Ende machen mit; **~ in** *v/t.* **1.** einschließen (*a. fig.*); **2.** *Aussicht* versperren; **~ off** *v/t.* **1.** *Wasser, Motor etc.* abstellen; **2.** abschließen (**from** von); **~ out** *v/t.* **1.** j-n, *a. Licht, Luft etc.* ausschließen, -sperren; **2.** *Landschaft* den Blicken entziehen; **3.** *sport Am. Gegner* (ohne Gegentor *etc.*) besiegen; **~ to I** *v/t.* → **shut** 1; **II** *v/i.* → **shut** 6; **~ up I** *v/t.* **1.** *Haus etc.* (fest) verschließen, -riegeln; → **shop** 1; **2.** j-n einsperren, -schließen; **3.** F j-m den Mund stopfen; **II** *v/i.* **4.** F die ,Klappe' halten: **~!** halt's Maul!
'shut·down *s.* **1.** Arbeitsniederlegung *f*; **2.** Schließung *f*, (Betriebs)Stillegung *f*; **3.** *Radio, TV*: Sendeschluß *m*; **'~·eye** *s.*: **catch some ~** *sl.* ein Schläfchen machen; **'~·off** *s.* **1.** ⚙ Abstell-, Absperrvorrichtung *f*; **2.** *hunt.* Schonzeit *f*; **'~·out** *s.* **1.** Ausschließung *f*; **2.** *sport* Zu-'Null-Niederlage *f od.* -Sieg *m*.
shut·ter [ʃʌtə] *s.* **1.** Fensterladen *m*, Rolladen *m*: **put up the ~s** *fig.* das Geschäft (*am Abend od. für immer*) schließen; **2.** Klappe *f*; Verschluß *m* (*a. phot.*); **3.** △ Schalung *f*; **4.** *Wasserbau*: Schütz(e *f*) *n*; **5.** ♪ Jalou'sie *f* (*Orgel*); **II** *v/t.* **6.** mit Fensterläden versehen *od.* verschließen; **'~·bug** *s.* F ,Fotonarr' *m*; **~ speed** *s. phot.* Belichtung(szeit) *f*.
shut·tle [ʃʌtl] **I** *s.* **1.** ⚙ a) Weberschiff (-chen) *n*, (Web)Schütze(n) *m*, b) Schiffchen *n* (*Nähmaschine*); **2.** Schütz (-entor) *n* (*Schleuse*); **3.** Pendelroute *f*; → *a.* **shuttle service, shuttle train**; **4.** (Raum)Fähre *f*; **II** *v/t.* **5.** (schnell) hin- u. herbewegen *od.* -befördern; **III** *v/i.* **6.** sich (schnell) hin- u. herbewegen; **7.** 🚂 *etc.* pendeln (**between** zwischen); **'~·cock I** *s. sport* Federball(spiel *n*) *m*; **II** *v/t. fig.* hin- u. 'herjagen; **~ di-plo·ma·cy** *s.* 'Reisediploma,tie *f*; **~ race** *s. sport* Pendelstaffel(lauf *m*) *f*; **~ ser·vice** *s.* Pendelverkehr *m*; **~ train** *s.* Pendel-, Vorortzug *m*.

shy¹ [ʃaɪ] **I** adj. □ **1.** scheu (Tier); **2.** scheu, schüchtern; **3.** zu'rückhaltend: be (od. fight) ~ of s.o. j-m aus dem Weg gehen; **4.** argwöhnisch; **5.** zaghaft: be ~ of doing s.th. Hemmungen haben, et. zu tun; **6.** sl. knapp (of an dat.); **7.** I'm ~ of one dollar sl. mir fehlt (noch) ein Dollar; **II** v/i. **8.** scheuen (Pferd etc.); **9.** fig. zu'rückscheuen, -schrecken (at vor dat.); **III** s. **10.** Scheuen n (Pferd etc.).

shy² [ʃaɪ] **I** v/t. u. v/i. **1.** werfen; **II** s. **2.** Wurf m; **3.** fig. Hieb m, Stiche'lei f; **4.** have a ~ at (doing) s.th. F es (mal) mit et. versuchen.

shy·ness ['ʃaɪnɪs] s. **1.** Scheu f; **2.** Schüchternheit f; **3.** Zu'rückhaltung f; **4.** 'Mißtrauen n.

shy·ster ['ʃaɪstə] s. Am. sl. **1.** 'Winkelˌadvoˌkat m; **2.** fig. Gauner m.

Si·a·mese [ˌsaɪə'mi:z] **I** adj. **1.** sia'mesisch; **II** pl. ˌSi·a'mese s. **2.** Sia'mese m, Sia'mesin f; **3.** ling. Sia'mesisch n; ~ cat s. zo. Siamkatze f; ~ twins s. pl. Sia'mesische Zwillinge pl. (a. fig.).

Si·be·ri·an [saɪ'bɪərɪən] **I** adj. si'birisch; **II** s. Si'birier(in).

sib·i·lance ['sɪbɪləns] s. **1.** Zischen n; **2.** ling. Zischlaut m; 'sib·i·lant [-nt] **I** adj. **1.** zischend; **2.** ling. Zisch...: ~ sound; **II** s. **3.** ling. Zischlaut m; 'sib·i·late [-leɪt] v/t. u. v/i. zischen; sib·i·la·tion [ˌsɪbɪ'leɪʃn] s. **1.** Zischen n; **2.** ling. Zischlaut m.

sib·ling ['sɪblɪŋ] s. biol. Bruder m, Schwester f; pl. Geschwister pl.

sib·yl ['sɪbɪl] s. **1.** myth. Si'bylle f; **2.** fig. a) Seherin f, b) Hexe f; **sib·yl·line** [sɪ'bɪlaɪn] adj. **1.** sibyl'linisch; **2.** pro'phetisch; geheimnisvoll, dunkel.

sic·ca·tive ['sɪkətɪv] **I** adj. trocknend; **II** s. Trockenmittel n.

Si·cil·ian [sɪ'sɪljən] **I** adj. si'zilisch, sizili'anisch; **II** s. Si'zilier(in), Sizili'aner(in).

sick¹ [sɪk] **I** adj. **1.** (Brit. nur attr.) krank (of an dat.): fall ~ krank werden, erkranken; go ~ bsd. ✕ sich krank melden; **2.** Brechreiz verspürend: be ~ sich erbrechen od. übergeben; I feel ~ mir ist schlecht od. übel; she turned ~ ihr wurde übel, sie mußte (sich er)brechen; it makes me ~ mir wird übel davon, fig. a. es widert od. ekelt mich an; **3.** fig. krank (of vor dat.; for nach); **4.** fig. enttäuscht, ärgerlich (with über j-n; at über et.): ~ at heart a todunglücklich, b) angstvoll; **5.** F fig. (of) 'überdrüssig (gen.), angewidert (von): I am ~ (and tired) of it ich habe es satt, es hängt mir zum Hals heraus; **6.** fahl (Farbe, Licht); **7.** F matt (Lächeln); **8.** schlecht (Nahrungsmittel, Luft); trüb (Wein); **9.** F grausig, ma'kaber: ~ jokes; ~ humo(u)r ,schwarzer' Humor; **II** s. **10.** the ~ pl. die Kranken pl.

sick² [sɪk] v/t. Hund, Polizei etc. hetzen (on auf acc.): ~ him! faß!

sick· bay s. ⚓ '(Schiffs)Lazaˌrett n; '~·bed s. Krankenbett n; ~ ben·e·fit s. Brit. Krankengeld n; ~ call s. ✕ Re'vierstunde f: go on ~ sich krank melden; ~ cer·tif·i·cate s. 'Krankheitsatˌtest n.

sick·en ['sɪkn] **I** v/i. **1.** erkranken, krank werden: be ~ing for e-e Krankheit ,ausbrüten'; **2.** kränkeln; **3.** sich ekeln (at vor dat.); **4.** 'überdrüssig od. müde sein od. werden (of gen.): be ~ed with e-r Sache überdrüssig sein; **II** v/t. **5.** j-m Übelkeit verursachen, j-n zum Erbrechen reizen; **6.** anekeln, anwidern; 'sick·en·er [-nə] s. fig. Brechmittel n; 'sick·en·ing [-nɪŋ] adj. □ **1.** Übelkeit erregend: this is ~ dabei kann einem (ja) übel werden; **2.** fig. ekelhaft, widerlich.

sick· head·ache s. **1.** Kopfschmerz(en pl.) m mit Übelkeit; **2.** Mi'gräne f; ~ in·sur·ance s. Krankenversicherung f, -kasse f.

sick·ish ['sɪkɪʃ] adj. □ **1.** kränklich, unpäßlich, unwohl; **2.** → sickening.

sick·le ['sɪkl] s. ✓ u. fig. Sichel f.

sick leave s. Fehlen n wegen Krankheit: be on ~ wegen Krankheit fehlen; request ~ sich krank melden.

sick·li·ness ['sɪklɪnɪs] s. **1.** Kränklichkeit f; **2.** kränkliches Aussehen; **3.** Unzuträglichkeit f.

sick list s. ⚓, ✕ Krankenliste f: be on the ~ krank (gemeldet) sein.

sick·ly ['sɪklɪ] adj. u. adv. **1.** kränklich, schwächlich; **2.** kränklich, blaß (Aussehen etc.); matt (Lächeln); **3.** ungesund (Gebiet, Klima); **4.** 'widerwärtig (Geruch etc.); **5.** fig. wehleidig, süßlich: ~ sentimentality.

sick·ness ['sɪknɪs] s. **1.** Krankheit f: ~ insurance → sick insurance; **2.** Übelkeit f, Erbrechen n.

sick· nurse s. Krankenschwester f; ~ pay s. Krankengeld n; ~ re·port s. ✕ **1.** Krankenbericht m, -liste f; **2.** Krankmeldung f; '~·room s. Krankenzimmer n, -stube f.

side [saɪd] **I** s. **1.** allg. Seite f: ~ by ~ Seite an Seite (with mit); at (od. by) the ~ of an der Seite von (od. gen.); by the ~ of fig. neben (dat.), verglichen mit; stand by s.o.'s ~ fig. j-m zur Seite stehen; on all ~s überall; on the ~ sl. nebenbei verdienen etc.; on the ~ of a) auf der Seite von, b) seitens (gen.); on this (the other) ~ of diesseits (jenseits) (gen.); this ~ up! Vorsicht, nicht stürzen!; be on the small ~ ziemlich klein sein; keep on the right ~ of sich mit j-m gut stellen; put on one ~ Frage etc. zurückstellen, ausklammern; → dark 5, right 6, sunny, wrong 2; **2.** ⚕ Seite f (a. Gleichung); Seitenlinie f, -fläche f; **3.** (Seiten)Rand m; **4.** (Körper)Seite f: shake (od. split) one's ~s with laughter sich schütteln vor Lachen; **5.** (Speck-, Hammel- etc.)Seite f; **6.** Seite f: a) Hang m, Flanke f, a. Wand f e-s Berges, b) Ufer(seite f) n; **7.** Seite f, (Abstammungs)Linie f: on one's father's ~, on the paternal ~ väterlicherseits; **8.** fig. Seite f, (Cha'rakter)Zug m; **9.** Seite f: a) Par'tei f (a. ✦✦ u. sport), b) sport Spielfeld(hälfte f) n: be on s.o.'s ~ auf j-s Seite stehen; change ~s a) ins andere Lager überwechseln, b) sport die Seiten wechseln; take ~s 16; win s.o. over to one's ~ j-n auf s-e Seite ziehen; **10.** sport Brit. Mannschaft f; **11.** ped. Brit. Ab'teilung f: classical ~ humanistische Abteilung f; **12.** Billiard: Ef'fet n; **13.** put on ~ sl. ,angeben'; **II** adj. **14.** seitlich (liegend, stehend etc.), Seiten...; **15.** Seiten..., Neben...: ~ door; **III** v/i. **16.** (with) Par'tei ergreifen (gen. od. für), es halten (mit); ~ aisle s. ⚕ Seitenschiff n (Kirche); ~ arms s. pl. ✕ Seitenwaffen pl.; ~ band s. ⚡, Radio: 'Seiten(freˌquenz)band n; '~·board s. **1.** Anrichtetisch m; **2.** Sideboard n: a) Bü'fett n, b) Anrichte f; **3.** pl. → '~·burns s. pl. Kote'letten pl. (Backenbart); '~·car s. **1.** Beiwagen m: ~ motorcycle Seitenwagenmaschine f; **2.** → jaunting-car; **3.** ein Cocktail.

sid·ed ['saɪdɪd] adj. in Zssgn ...seitig: four-~.

side· dish s. **1.** Zwischengang m; **2.** Beilage f; ~ ef·fect s. Nebenwirkung f; ~ face s. Pro'fil n; ~ glance s. Seitenblick m (a. fig.); ~ is·sue s. Nebenfrage f, -sache f, 'Randproˌblem n; '~·kick s. Am. sl. Kum'pan m, Kumpel m, ,Spezi' m; '~·light s. **1.** Seitenleuchte f; ⚓ Seitenlampe f; ✈ Positi'onslicht n; mot. Begrenzungslicht n; **2.** Seitenfenster n; **3.** fig. Streiflicht n: ~s inter'essante Aufschlüsse (on über acc.); '~·line s. **1.** Seitenlinie f (a. sport): on the ~s am Spielfeldrand; keep on the ~s fig. sich im Hintergrund halten; **2.** ⚆ Nebenstrecke f; **3.** Nebenbeschäftigung f, -verdienst m; **4.** ✦ a) Nebenzweig m e-s Gewerbes, b) 'Nebenarˌtikel m; '~·long adj. u. adv. seitlich, seitwärts, schräg: ~ glance Seitenblick m.

si·de·re·al [saɪ'dɪərɪəl] adj. ast. si'derisch, Stern(en)...: ~ day Sterntag m.

sid·er·ite ['saɪdəraɪt] s. ⚗, min. **1.** Side'rit m; **2.** Mete'orgestein n.

'sideˌsad·dle s. Damensattel m; '~·show s. **1.** a) Nebenvorstellung f, -ausstellung f, b) kleine Schaubude; **2.** fig. a) Nebensache f, b) Epi'sode f (am Rande); '~·slip v/i. **1.** seitwärts rutschen; **2.** ✈ seitlich abrutschen; **3.** mot. (seitlich) ausbrechen.

sides·man ['saɪdzmən] s. [irr.] Kirchenrat m.

'sideˌsplit·ting adj. zwerchfellerschütternd; '~·step **I** s. **1.** Seit(en)schritt m; **II** v/t. **2.** Boxen: e-m Schlag (durch Seitschritt) ausweichen; **3.** ausweichen (dat.) (a. fig.): a decision; **III** v/i. **4.** e-n Seit(en)schritt machen; **5.** ausweichen (a. fig.); '~·stroke s. Seitenschwimmen n; '~·swipe v/t. Am. F **1.** j-m e-n ,Wischer' verpassen; **2.** mot. Fahrzeug streifen, a. seitlich abdrängen (beim Überholen); **II** s. **3.** ,Wischer' m (Streifschlag); **4.** fig. Seitenhieb m; '~·track **I** s. **1.** → siding 1; **II** v/t. **2.** ⚆ Waggon auf ein Nebengleis schieben; **3.** fig. a) et. aufschieben, abbiegen, b) j-n ablenken (a. v/i.), c) j-n kaltstellen; ~ view s. Seitenansicht f; '~·walk s. bsd. Am. Bürgersteig m: ~ artist Pflastermaler m; ~ superintendent humor. (besserwisserischer) Zuschauer bei Bauarbeiten.

side·ward ['saɪdwəd] **I** adj. seitlich; **II** adv. seitwärts; 'side·wards [-dz] → sideward II; 'side·ways → sideward.

side· whis·kers pl. → sideburns; '~ˌwind·er [-ˌwaɪndə] s. Am. sl. **1.** (harter) Haken (Schlag); **2.** Art Klapperschlange f.

side·wise ['saɪdwaɪz] → sideward.

sid·ing ['saɪdɪŋ] s. **1.** ⚆ Neben-, Anschluß-, Rangiergleis n; **2.** fig. Par'teinahme f.

si·dle ['saɪdl] *v/i.* sich schlängeln: **~ away** sich davonschleichen; **~ up to** sich an *j-n* heranmachen.

siege [siːdʒ] *s.* **1.** ✕ Belagerung *f*: *state of ~* Belagerungszustand *m*; *lay ~ to* a) *Stadt etc.* belagern, b) *fig. j-n* bestürmen; **2.** *fig.* a) heftiges Zusetzen, Bestürmen *n*, b) Zermürbung *f*; **3.** ⊙ a) Werktisch *m*, b) Glasschmelzofenbank *f.*

si·es·ta [sɪ'estə] *s.* Si'esta *f*, Mittagsruhe *f*, -schlaf *m.*

sieve [sɪv] **I** *s.* **1.** Sieb *n*: *have a memory like a ~* ein Gedächtnis wie ein Sieb haben; **2.** *fig.* Klatschmaul *n*; **3.** Weidenkorb *m* (*a. Maß*); **II** *v/t. u. v/i.* **4.** ('durch-, aus)sieben.

sift [sɪft] **I** *v/t.* **1.** ('durch)sieben: **~ out** a) aussieben, b) erforschen, ausfindig machen; **2.** *Zucker etc.* streuen; **3.** *fig.* sichten, sorgfältig (über)'prüfen; **II** *v/i.* **4.** 'durchrieseln, -dringen (*a. Licht etc.*); **'sift·er** [-tə] *s.* Sieb(vorrichtung *f*) *n*; **'sift·ing** [-tɪŋ] *s.* **1.** ('Durch)Sieben *n*; **2.** Sichten *n*, (sorgfältige) Unter'suchung; **3.** *pl.* a) *das* 'Durchgesiebte, b) Siebabfälle *pl.*

sigh [saɪ] **I** *v/i.* **1.** (auf)seufzen; tief (auf-)atmen; **2.** schmachten, seufzen (*for* nach): **~ed-for** heißbegehrt; **3.** *fig.* seufzen, ächzen (*Wind*); **II** *v/t.* **4.** *oft* **~ out** seufzen(d äußern); **III** *s.* **5.** Seufzer *m*: *a ~ of relief* ein Seufzer der Erleichterung, ein erleichtertes Aufatmen.

sight [saɪt] **I** *s.* **1.** Sehvermögen *n*, -kraft *f*, Auge(nlicht) *n*: *good ~* gute Augen; *long (near) ~* Weit- (Kurz)Sichtigkeit *f*; *second ~* Zweites Gesicht; *lose one's ~* das Augenlicht verlieren, erblinden; **2.** *fig.* Auge *n*: *in my ~* in m-n Augen; *in the ~ of God* vor Gott; *find favo(u)r in s.o.'s ~* Gnade vor j-s Augen finden; **3.** (An)Blick *m*, Sicht *f*: *at (od. on) ~* beim ersten Anblick, auf Anhieb; sofort (*er*)*schießen etc.*; *at ~* vom Blatt *singen*, *spielen*, *übersetzen*; *at first ~* auf den ersten Blick; *by ~ of* zu Gesicht bekommen, erblicken; *lose ~ of* a) aus den Augen verlieren (*a. fig.*), b) *et.* übersehen; **4.** Sicht(weite) *f*: (*with*)*in ~* a) in Sicht(weite), b) *fig.* in Sicht; *within ~ of* kurz vor *dem Sieg etc.*; *out of ~* außer Sicht; *out of ~, out of mind* aus den Augen, aus dem Sinn; (*get*) *out of my ~!* geh mir aus den Augen!; *come in ~* in Sicht kommen; *put out of ~* wegtun; **5.** † Sicht *f*: *payable at ~* bei Sicht fällig; *30 days (after) ~* 30 Tage (nach) Sicht; *~ unseen* unbesehen *kaufen*; *~ bill* (*od. draft*) Sichtwechsel *m*, -tratte *f*; **6.** Anblick *m*: *a sorry ~*; *a ~ for sore eyes* ein erfreulicher Anblick, eine Augenweide; *be* (*od. look*) *a ~* F gräßlich od. ,verboten' aussehen; *I did look a ~!* F ich sah vielleicht aus!; *what a ~ you are!* F wie siehst denn du aus!; *→ god* 1; **7.** Sehenswürdigkeit *f*: *the ~s of a town*; **8.** F Menge *f*, Masse *f* *Geld etc.*: *a long ~ better* zehnmal besser; *not by a long ~* bei weitem nicht; **9.** ✕ *etc.* Visier *n*; Zielvorrichtung *f*: *take ~* (an-)visieren, zielen; *have in one's ~s* im Visier haben (*a. fig.*); *lower one's ~s* *fig.* zurückstecken; *raise one's ~s* höhere Ziele anstreben; **10.** *Am. sl.* Aus-

sicht *f*, Chance *f*; **II** *v/t.* **11.** sichten, zu Gesicht bekommen; **12.** ✕ a) anvisieren (*a.* ⚓, *ast.*), b) *Geschütz* richten; **13.** † *Wechsel* präsentieren; **'sight·ed** [-tɪd] *adj. in Zssgn* ...sichtig; **'sight·ing** [-tɪŋ] *adj.* ✕ *Ziel...*, *Visier...*: **~ mechanism** Zieleinrichtung *f*, -gerät *n*; **~ shot** Anschuß *m* (*Probeschuß*); **~ telescope** Zielfernrohr *n*; **'sight·less** [-lɪs] *adj.* □ blind; **'sight·li·ness** [-lɪnɪs] *s.* Ansehnlichkeit *f*, Stattlichkeit *f*; **'sight·ly** [-lɪ] *adj.* gutaussehend, stattlich.

'sight-**read** *v/t. u. v/i.* [*irr.* → *read*] **1.** ♪ vom Blatt singen *od.* spielen; **2.** *ling.* vom Blatt über'setzen; **'~see·ing** **I** *s.* Besichtigung *f* von Sehenswürdigkeiten; **II** *adj.* Besichtigungs...: **~ bus** Rundfahrtautobus *m*; **~ tour** Stadtrundfahrt *f*, Besichtigungstour *f*; **'~see·er** [-ˌsiːə] *s.* Tou'rist(in).

sign [saɪn] **I** *s.* **1.** (*a.* Schrift)Zeichen *n*, Sym'bol *n* (*a. fig.*): **~** (*of the cross*) *eccl.* Kreuzzeichen; *in ~ of fig.* zum Zeichen (*gen.*); **2.** ♈, ♪ (Vor)Zeichen *n*; **3.** Zeichen *n*, Wink *m*: *give s.o. a ~*, *make a ~ to s.o.* j-m ein Zeichen geben; **4.** (An)Zeichen *n*, Sym'ptom *n* (*a.* ♛): *no ~ of life* kein Lebenszeichen; *the ~s of the times* die Zeichen der Zeit; *make no ~* sich nicht rühren; **5.** Kennzeichen *n*; **6.** *ast.* (Tierkreis)Zeichen *n*; **7.** (Aushänge-, Wirtshaus-) Schild *n*: *at the ~ of* im Wirtshaus zum *Hirsch etc.*; **8.** (Wunder)Zeichen *n*: **~s and wonders** Zeichen u. Wunder; **9.** *hunt. etc.* Spur *f*; **II** *v/t.* **10.** unter'zeichnen, -'schreiben, (*a. paint.*) signieren; **11.** mit *s-m* Namen unter'zeichnen: **~ one's name** unterschreiben; **12.** **~ away** *Vermögen etc.* über'tragen, -'schreiben; **13.** **~ on** (*od. up*) (vertraglich) verpflichten, anstellen, -mustern, ⚓ anheuern; **14.** *eccl.* das Kreuzzeichen machen über (*acc. od. dat.*); *Täufling* segnen; **15.** *j-m* bedeuten (*to do* zu tun), *j-m et.* (durch Gebärden) zu verstehen geben: **~ one's assent**; **III** *v/i.* **16.** unter'zeichnen, -'schreiben (*in* a) sich eintragen, b) *bei Arbeitsbeginn* einstempeln; **~ out** a) sich austragen, b) ausstempeln; **17.** **~ on** (*off*) *Radio*, *TV*: sein Pro'gramm beginnen (beenden); **~ off** *fig.* F a) Schluß machen, **~ on** (*od. up*) a) sich (vertraglich) verpflichten (*for* zu), e-e Arbeit annehmen, b) ⚓ anheuern, ✕ sich verpflichten (*for auf 3 Jahre etc.*).

sig·nal ['sɪgnl] **I** *s.* **1.** *a.* ✕ *etc.* Si'gnal *n*, (*a.* verabredetes) Zeichen: **~ of distress** Notzeichen *n*; **2.** (Funk)Spruch *m*: *the ~s Brit.* Fernmeldetruppe *f*; **3.** *fig.* Si'gnal *n*, (*auslösendes*) Zeichen (*for* für, zu); **4.** *Kartenspiel:* Si'gnal *n*; **II** *adj.* □ **5.** Signal...: **~ beacon**; ⚶ *Corps Am.* Fernmeldetruppe *f*; **~ communications** ✕ Fernmeldewesen *n*; **6.** *fig.* beachtlich, außerordentlich; **III** *v/t.* **7.** *j-m* Zeichen geben, winken; **8.** *Nachricht* signalisieren (*a. fig.*); *et.* melden; **IV** *v/i.* **9.** signalisieren; **~ book** *s.* ⚓ Si'gnalbuch *n*; **~ box** *s.* 🚂 Stellwerk *n*; **~ check** *s.* Sprechprobe *f* (*Mikrophon*); **~ code** *s.* Zeichenschlüssel *m.*

sig·nal·er *Am.* → signaller.

sig·nal·ize ['sɪgnəlaɪz] *v/t.* **1.** aus-, kenn-

zeichnen: **~ o.s. by** sich hervortun durch; **2.** her'vorheben; **3.** *a. fig.* ankündigen, signalisieren.

sig·nal·ler ['sɪgnələ] *s.* Si'gnalgeber *m*, *bsd.* a) ✕ Blinker *m*, Melder *m*, b) ⚓ Si'gnalgast *m.*

'sig·nal·man [-mən] *s.* [*irr.*] **1.** 🚂 Stellwärter *m*; **2.** ⚓ Si'gnalgast *m*; **~ of·fi·cer** *s.* ✕ *Am.* **1.** 'Fernmeldeoffiˌzier *m*; **2.** Leiter *m* des Fernmeldedienstes; **~ rock·et** *s.* ✕ Leuchtkugel *f*; **~ tow·er** *s.* **1.** ⚓ Si'gnalturm *m*; **2.** 🚂 *Am.* Stellwerk *n.*

sig·na·ry ['sɪgnərɪ] *s.* ('Schrift)Zeichenˌsystem *n.*

sig·na·to·ry ['sɪgnətərɪ] **I** *adj.* **1.** unter'zeichnend, vertragschließend, Signatar...: **~ powers** → 3c; **2.** † Zeichnungs...: **~ power** Unterschriftsvollmacht *f*; **II** *s.* **3.** a) ('Mit)Unterˌzeichner (-in), b) *pol.* Signa'tar *m* (*Unterzeichnerstaat*), c) *pl. pol.* Signa'tarmächte *pl.* (*to a treaty* e-s Vertrags).

sig·na·ture ['sɪgnɪtʃə] *s.* **1.** 'Unterschrift(sleistung) *f*, Namenszug *m*; **2.** Signa'tur *f* (*e-s Buchs etc.*, *a. pharm. Aufschrift*); **3.** ♪ Signa'tur *f*, Vorzeichnung *f*; **4.** *a.* **~ tune** *Radio:* 'Kennmeloˌdie *f*; **5.** *typ.* a) *a.* **~ mark** Signa'tur *f*, Bogenzeichen *n*, b) signierter Druckbogen.

'sign·board *s.* (*bsd.* Firmen-, Aushänge)Schild *n.*

sign·er ['saɪnə] *s.* Unter'zeichner(in).

sig·net ['sɪgnɪt] *s.* Si'gnet *n*, Petschaft *n*: *privy ~* Privatsiegel des Königs; **~ ring** *s.* Siegelring *m.*

sig·nif·i·cance [sɪg'nɪfɪkəns], *a.* **sig·nif·i·can·cy** [-sɪ] *s.* **1.** Bedeutung *f*, (tiefe-rer) Sinn; **2.** Bedeutung *f*, Wichtigkeit *f*: *of no ~* nicht von Belang; **sig'nif·i·cant** [-nt] *adj.* □ **1.** bedeutsam, wichtig, von Bedeutung; **2.** merklich; **3.** bezeichnend (*of* für); **4.** *fig.* vielsagend: *a ~ gesture*; **5.** ♈ geltend; **sig·ni·fi·ca·tion** [ˌsɪgnɪfɪ'keɪʃn] *s.* **1.** (*bestimmte*) Bedeutung, Sinn *m*; **2.** Bezeichnung *f*, Bekundung *f*; **sig'nif·i·ca·tive** [-ətɪv] *adj.* □ **1.** Bedeutungs..., bedeutsam; **2.** bezeichnend, kennzeichnend (*of* für).

sig·ni·fy ['sɪgnɪfaɪ] **I** *v/t.* **1.** an-, bedeuten, kundtun, zu verstehen geben; **2.** bedeuten, ankündigen; **3.** bedeuten; **II** *v/i.* **4.** F wichtig sein: *it does not ~* es hat nichts auf sich.

sign| lan·guage *s.* Zeichen-, *bsd.* Fingersprache *f*; **~ man·u·al** *s.* **1.** (eigenhändige) 'Unterschrift; **2.** Handzeichen *n*; **~ paint·er** *s.* Schilder-, Pla'katmaler *m*; **'~post I** *s.* **1.** Wegweiser *m*; **2.** (Straßen)Schild *n*, (Verkehrs)Zeichen *n*; **II** *v/t.* **3.** Straße *etc.* aus-, beschildern.

si·lage ['saɪlɪdʒ] 🌾 **I** *s.* Silofutter *n*; **II** *v/t.* Gärfutter silieren.

si·lence ['saɪləns] **I** *s.* **1.** (Still)Schweigen *n* (*a. fig.*), Ruhe *f*, Stille *f*: *keep ~* a) schweigen, still sein, b) Stillschweigen wahren (*on* über *acc.*); *in ~* (still-)schweigend; *~ gives consent* wer schweigt, scheint zuzustimmen; *~ is golden* Schweigen ist Gold; *~!* Ruhe!; → *pass over* 4; **2.** Schweigsamkeit *f*; **3.** Verschwiegenheit *f*; **4.** Vergessenheit *f*; **5.** *a.* ⊙ Geräuschlosigkeit *f*; **II** *v/t.* **6.** zum Schweigen bringen (*a.* ✕ *u. fig.*); **'si·lenc·er** [-sə] *s.* **1.** ✕, ⊙ Schalldämpfer *m*; **2.** *mot.* Auspufftopf *m*; **'si-**

lent [-nt] *adj.* □ **1.** still, ruhig, schweigsam: *be* ~ (sich aus)schweigen (*on* über *acc.*) (*a. fig.*); **2.** still (*Gebet etc.*), stumm (*Schmerz etc.*; *a. ling. Buchstabe*): ~ *film* Stummfilm *m*; ~ *partner* ✝ stiller Teilhaber (mit unbeschränkter Haftung); **3.** *fig.* stillschweigend: ~ *consent*, ~ *majority die* schweigende Mehrheit; **4.** *a.* ✿ geräuschlos, leise.
Si·le·sian [saɪˈliːzjən] **I** *adj.* schlesisch; **II** *s.* Schlesier(in).
sil·hou·ette [ˌsɪluːˈet] **I** *s.* **1.** Silhou'ette *f*: a) Schattenbild *n*, -riß *m*, b) 'Umriß *m* (*a. fig.*): ~ (*target*) ✕ Kopfscheibe *f*; *stand out in* ~ *against* → 4; **2.** Scherenschnitt *m*; **II** *v/t.* **3.** silhouettieren; **4.** *be* ~*d* sich abheben (*against* gegen).
sil·i·ca [ˈsɪlɪkə] *s.* ✿ **1.** Kieselerde *f*; **2.** Quarz(glas *n*) *m*; **sil·i·cate** [-kɪt] ✿ Sili'kat *n*; **sil·i·cat·ed** [-keɪtɪd] *adj.* siliziert; **si·li·ceous** [sɪˈlɪʃəs] *adj.* kiesel(erde-, -säure)haltig, -artig, Kiesel...; **si·lic·ic** [sɪˈlɪsɪk] *adj.* Kiesel(erde)...; **si·lic·i·fy** [sɪˈlɪsɪfaɪ] *v/t. u. v/i.* verkieseln; **si·li·cious** → siliceous; **'sil·i·con** [-kən] *s.* ✿ Si'lizium *n*; **sil·i·co·sis** [ˌsɪlɪˈkəʊsɪs] *s.* ✣ Sili'kose *f*, Staublunge *f*.
silk [sɪlk] **I** *s.* **1.** Seide *f*: a) Seidenfaser *f*, b) Seidenfaden *m*, c) Seidenstoff *m*, -gewebe *n*; **2.** Seide(nkleid *n*) *f*: *in* ~*s and satins* in Samt u. Seide; **3.** ⚖ *Brit.* a) → *silk gown*, b) F Kronanwalt *m*: *take* ~ Kronanwalt werden; **4.** *fig.* Seide *f*, *zo. bsd.* Spinnfäden *pl.*; **5.** Seidenglanz *m* (*von Edelsteinen*); **II** *adj.* **6.** seiden, Seiden...: *make a* ~ *purse out of a sow's ear* *fig.* aus e-m Kieselstein e-n Diamanten schleifen; ~ *culture* Seidenraupenzucht *f*; **'silk·en** [-kən] *adj.* **1.** *poet.* seiden, Seiden...; **2.** → *silky* 1 *u.* 2.
silk‖ gown *s. Brit.* 'Seidenta₁lar *m* (*e-s King's od. Queen's Counsel*); ~ *hat* *s.* Zy'linder(hut) *m*.
silk·i·ness [ˈsɪlkɪnɪs] *s.* **1.** *das* Seidige, seidenartige Weichheit; **2.** *fig.* Sanftheit *f*.
silk‖ moth *s. zo.* Seidenspinner *m*; **'~screen print·ing** *s. typ.* Seidensiebdruck *m*; ~ **stock·ing** *s.* **1.** Seidenstrumpf *m*; **2.** *fig. Am.* ele'gante *od.* vornehme Per'son; **'~worm** *s. zo.* Seidenraupe *f*.
silk·y [ˈsɪlkɪ] *adj.* □ **1.** seidig (glänzend), seidenweich: ~ *hair*, **2.** *fig.* sanft, einschmeichelnd, zärtlich (*Person, Stimme etc.*), *contp.* ölig, (aal)glatt; **3.** lieblich (*Wein*).
sill [sɪl] *s.* **1.** (Tür)Schwelle *f*; **2.** Fensterbrett *n*; **3.** ✿ Schwellbalken *m*; **4.** *geol.* Lagergang *m*.
sil·la·bub [ˈsɪləbʌb] *s.* Getränk aus Wein, Sahne u. Gewürzen.
sil·li·ness [ˈsɪlɪnɪs] *s.* **1.** Dummheit *f*, Albernheit *f*; **2.** Verrücktheit *f*.
sil·ly [ˈsɪlɪ] **I** *adj.* □ **1.** dumm, albern, blöd(e), verrückt (*Person u. Sache*); **2.** dumm, unklug (*Handlungsweise*); **3.** benommen, betäubt; **II** *s.* **4.** Dummkopf *m*, Dummerchen *n*; ~ **sea·son** *s.* ₁Saure'gurkenzeit' *f*.
si·lo [ˈsaɪləʊ] **I** *pl.* **-los** *s.* ✎, ✿ Silo *m*; **2.** ✕ 'unterirdische Ra'ketenabschußrampe; **II** *v/t.* **3.** ✎ Futter a) in e-m Silo aufbewahren, b) einmieten.
silt [sɪlt] **I** *s.* Treibsand *m*, Schlamm *m*,

Schlick *m*; **II** *v/i. u. v/t. mst* ~ *up* verschlammen.
sil·van [ˈsɪlvən] → *sylvan*.
sil·ver [ˈsɪlvə] **I** *s.* **1.** ✣, *min.* Silber *n*; **2.** a) Silber(geld) *n*, b) *allg.* Geld *n*; **3.** Silber(geschirr *n*, -zeug *n*) *n*; **4.** Silber (-farbe *f*, -glanz *m*) *n*; **5.** *phot.* 'Silbersalz *n*, -ni₁trat *n*; **II** *adj.* **6.** silbern, Silber...: ~ *paper phot.* Silberpapier *n*; **7.** silb(e)rig, silberglänzend; **8.** *fig.* silberhell (*Stimme etc.*); **III** *v/t.* **9.** versilbern; *Spiegel* belegen; **10.** silbern färben; **IV** *v/i.* **11.** silberweiß werden (*Haar etc.*); ~ *fir* *s.* ♦ Edel-, Weißtanne *f*; ~ *foil* *s.* **1.** Silberfolie *f*; **2.** 'Silberpa₁pier *n*; ~ *fox* *s. zo.* Silberfuchs *m*; ~ *gilt* *s.* vergoldetes Silber; ~ *glance* *s.* Schwefelsilber *n*; **₁~'gray** *bsd. Am.*, **₁~'grey** *adj.* silbergrau; ~ *leaf* *s.* ✿ Blattsilber *n*; ~ *lin·ing* *s. fig.* Silberstreifen *m* am Hori'zont, Lichtblick *m*: *every cloud has its* ~ jedes Unglück hat auch sein Gutes; ~ *med·al* *s.* 'Silberme₁daille *f*; ~ *med·al·(l)ist* *s.* 'Silberme₁daillengewinner(in); ~ *ni·trate* *s.* ✣, *phot.* 'Silberni₁trat *n*; *bsd.* ✣ Höllenstein *m*; ~ *plate* *s.* **1.** Silberauflage *f*; **2.** Silber(geschirr *n*, -zeug *n*) *n*, Tafelsilber *n*; **'~plate** *v/t.* versilbern; ~ *point* *s. paint.* Silberstiftzeichnung *f*; ~ *screen* *s.* **1.** (Film)Leinwand *f*; **2.** *coll. der* Film; **'~side** *s.* bester Teil der Rindskeule; **'~smith** *s.* Silberschmied *m*; ~ *spoon* *s.* Silberlöffel *m*: *be born with a* ~ *in one's mouth fig.* ein Glückskind *od.* das Kind reicher Eltern sein; **₁~'tongued** *adj.* redegewandt; **'~ware** → *silver plate* 2; ~ *wed·ding* *s.* silberne Hochzeit.
sil·ver·y [ˈsɪlvərɪ] → *silver* 7 *u.* 8.
sil·vi·cul·ture [ˈsɪlvɪkʌltʃə] *s.* Waldbau *m*, 'Forstkul₁tur *f*.
sim·i·an [ˈsɪmɪən] **I** *adj. zo.* affenartig, Affen...; **II** *s.* (*bsd.* Menschen)Affe *m*.
sim·i·lar [ˈsɪmɪlə] **I** *adj.* □ → *similarly*; **1.** ähnlich (*a.* Ꝑ), (annähernd) gleich (*to dat.*); **2.** gleichartig, entsprechend; **3.** *phys.*, ✄ gleichnamig; **II** *s.* **4.** *das* Ähnliche *od.* Gleichartige; **5.** *pl.* ähnliche *od.* gleichartige Dinge *pl.*; **sim·i·lar·i·ty** [ˌsɪmɪˈlærətɪ] *s.* **1.** Ähnlichkeit *f* (*to* mit), Gleichartigkeit *f*; **2.** *pl.* Ähnlichkeiten *pl.*; **'sim·i·lar·ly** [-lɪ] *adv.* ähnlich, entsprechend.
sim·i·le [ˈsɪmɪlɪ] *s.* Gleichnis *n*, Vergleich *m*; **si·mil·i·tude** [sɪˈmɪlɪtjuːd] *s.* **1.** Ähnlichkeit *f* (*a.* Ꝑ); **2.** Gleichnis *n*; **3.** (Eben)Bild *n*.
sim·mer [ˈsɪmə] **I** *v/i.* **1.** sieden, wallen, brodeln; **2.** *fig.* kochen (*with* vor *dat.*), gären (*Gefühl, Aufstand*): ~ *down* sich ₁abregen' *od.* beruhigen; **II** *v/t.* **3.** zum Brodeln *od.* Wallen bringen; **III** *s.* **4.** *keep at a* (*od.* *on the*) ~ sieden lassen.
Si·mon [ˈsaɪmən] *npr.* Simon *m*: *Simple* ~ *fig.* F Einfaltspinsel *m*.
si·mo·ny [ˈsaɪmənɪ] *s.* Simo'nie *f*, Ämterkauf *m*.
simp [sɪmp] *s. Am. sl.* Simpel *m*.
sim·per [ˈsɪmpə] **I** *v/i.* albern *od.* geziert lächeln; **II** *s.* einfältiges *od.* geziertes Lächeln.
sim·ple [ˈsɪmpl] **I** *adj.* □ → *simply*; **1.** *allg.* einfach: a) simpel, leicht: *a* ~ *explanation*; *a* ~ *task*, b) schlicht (*Person, Lebensweise, Stil etc.*): ~ *beauty*, c) unkompliziert: *a* ~ *design*; ~ *frac-*

ture ✣ einfacher (Knochen)Bruch, d) nicht zs.-gesetzt, unzerlegbar: ~ *equation* Ꝑ einfache Gleichung; ~ *fraction* Ꝑ einfacher *od.* gemeiner Bruch; ~ *fruit* ♦ einfache Frucht; ~ *interest* ✝ Kapitalzinsen *pl.*; ~ *larceny* einfacher Diebstahl; ~ *sentence* *ling.* einfacher Satz, e) niedrig: *of* ~ *birth*; **2.** ♪ einfach; **3.** a) einfältig, simpel, b) na'iv, leichtgläubig; **4.** gering(fügig): ~ *efforts*; **5.** rein, glatt: ~ *madness*; **II** *s.* **6.** *pharm.* Heilkraut *n*, -pflanze *f*; **₁~'heart·ed**, **₁~'mind·ed** *adj.* **1.** schlicht, einfach; **2.** → *simple* 3; **₁~'mind·ed·ness** *s.* **1.** Schlichtheit *f*; **2.** Einfalt *f*; **3.** Arglosigkeit *f*.
sim·ple·ton [ˈsɪmpltən] *s.* Einfaltspinsel *m*.
sim·plex [ˈsɪmpleks] **I** *adj.* **1.** ✿, ✄ einfach; **2.** *ling.* Simplex...; **II** *s.* **2.** *ling.* Simplex *n*; **3.** ✄, *teleph. etc.* Simplex-, Einfachbetrieb *m*.
sim·plic·i·ty [sɪmˈplɪsətɪ] *s.* **1.** Einfachheit *f*; **2.** Einfalt *f*.
sim·pli·fi·ca·tion [ˌsɪmplɪfɪˈkeɪʃn] *s.* Vereinfachung *f*; **sim·pli·fi·ca·tive** [ˈsɪmplɪfɪkətɪv] *adj.* vereinfachend; **sim·pli·fy** [ˈsɪmplɪfaɪ] *v/t.* **1.** vereinfachen (*a. erleichtern, a. als einfach hinstellen*); **2.** ✿, ✝ *Am.* normieren.
sim·plis·tic [sɪmˈplɪstɪk] *adj.* (zu) stark vereinfachend.
sim·ply [ˈsɪmplɪ] *adv.* **1.** einfach (*etc.* → *simple*); **2.** bloß, nur; **3.** F einfach (*großartig etc.*).
sim·u·la·crum [ˌsɪmjʊˈleɪkrəm] *pl.* **-cra** [-krə] *s.* **1.** (Ab)Bild *n*; **2.** Scheinbild *n*, Abklatsch *m*; **3.** leerer Schein.
sim·u·lant [ˈsɪmjʊlənt] *adj. bsd. biol.* ähnlich (*of dat.*); **sim·u·late** [ˈsɪmjʊleɪt] *v/t.* **1.** vortäuschen, (-)heucheln, *bsd. Krankheit* simulieren: ~*d account* ✝ fingierte Rechnung; **2.** *j-n od. et.* nachahmen; **3.** sich tarnen als; **4.** ähneln (*dat.*); **5.** *ling.* sich angleichen an (*acc.*); **6.** ✿ simulieren; **sim·u·la·tion** [ˌsɪmjʊˈleɪʃn] *s.* **1.** Vorspiegelung *f*, -täuschung *f*; **2.** Heuche'lei *f*, Verstellung *f*; **3.** Nachahmung *f*; **4.** Simulieren *n*, Krankspielen *n*; **5.** ✿ Simulierung *f*; **sim·u·la·tor** [ˈsɪmjʊleɪtə] *s.* **1.** Heuchler(in); **2.** Simu'lant(in); **3.** ✿ *allg.* Simu'lator *m*.
si·mul·ta·ne·i·ty [ˌsɪməltəˈniːətɪ] *s.* Gleichzeitigkeit *f*; **si·mul·ta·ne·ous** [ˌsɪməlˈteɪnjəs] *adj.* □ gleichzeitig, si·mul'tan (*with* mit): ~ *translation* Si·multandolmetschen *n*.
sin [sɪn] **I** *s. eccl.* Sünde *f*: *cardinal* ~ Hauptsünde; *deadly* (*od.* *mortal*) ~ Todsünde; *original* ~ Erbsünde; *like* ~ F wie der Teufel; *live in* ~ *obs. od. humor.* in Sünde leben; **2.** *fig.* (*against*) Sünde *f* (*Verstoß*) (gegen), Versündigung *f* (an *dat.*); **II** *v/i.* **3.** sündigen; **4.** *fig.* (*against*) sündigen, verstoßen (gegen et.), sich versündigen (an *j-m*).
sin·a·pism [ˈsɪnəpɪzəm] *s.* ✣ Senfpflaster *n*.
since [sɪns] **I** *adv.* **1.** seit'dem, -'her: *ever* ~ seit der Zeit, seitdem: *long* ~ seit langem, schon lange; *how long* ~? seit wie langer Zeit?; *a short time* ~ vor kurzem; **2.** in'zwischen, mittler'weile; **II** *prp.* **3.** seit: ~ *1945*; ~ *Friday*; ~ *seeing you* seitdem ich dich sah; **III** *cj.* **4.** seit(dem): *how long is it* ~ *it hap-*

pened? wie lange ist es her, daß das geschah?; **5.** da (ja), weil.

sin·cere [sɪnˈsɪə] *adj.* □ **1.** aufrichtig, ehrlich, offen: *a ~ friend* ein wahrer Freund; **2.** aufrichtig, echt (*Gefühl etc.*); **3.** rein, lauter; **sin'cere·ly** [-lɪ] *adv.* aufrichtig: *Yours ~* Mit freundlichen Grüßen (*Briefschluß*); **sin'cere·ness** [-nɪs], **sin·cer·i·ty** [sɪnˈserətɪ] *s.* **1.** Aufrichtigkeit *f*; **2.** Lauterkeit *f*, Echtheit *f*.

sin·ci·put ['sɪnsɪpʌt] *s. anat.* Schädeldach *n*, *bsd.* Vorderhaupt *n*.

sine[1] [saɪn] *s.* A Sinus *m*: *~ of angle* Winkelsinus; *~ curve* Sinuskurve *f*; *~ wave phys.* Sinuswelle *f*.

si·ne[2] ['saɪnɪ] (*Lat.*) *prp.* ohne.

si·ne·cure ['saɪnɪkjʊə] *s.* Sine'kure *f*: a) *eccl. hist.* Pfründe *f* ohne Seelsorge, b) einträglicher Ruheposten.

si·ne di·e [ˌsaɪnˈdaɪɪ] (*Lat.*) *adv.* ♫♫ auf unbestimmte Zeit; **si·ne qua non** [ˌsaɪnɪkweɪˈnɒn] (*Lat.*) *s.* unerläßliche Bedingung, Con'ditio *f* sine qua non.

sin·ew ['sɪnju:] *s.* **1.** *anat.* Sehne *f*, Flechse *f*; **2.** *pl.* Muskeln *pl.*, (Muskel-)Kraft *f*: *the ~s of war fig.* das Geld od. die Mittel (zur Kriegsführung *etc.*); **'sin·ewed** [-ju:d] → *sinewy*; **'sin·ew·less** [-lɪs] *adj. fig.* kraftlos, schwach; **'sin·ew·y** [-ju:ɪ] *adj.* **1.** sehnig; **2.** zäh (*Fleisch*); **3.** *fig.* a) stark, zäh, b) kräftig, kraftvoll (*a. Stil*).

sin·ful ['sɪnfʊl] *adj.* □ sündig, sündhaft.

sing [sɪŋ] **I** *v/i.* [*irr.*] **1.** singen (*a. fig.* dichten): *~ of* → 9; *~ to s.o.* j-m vorsingen; *~ small fig.* F kleinlaut werden, klein beigeben; **2.** summen (*Biene, Wasserkessel etc.*); **3.** krähen (*Hahn*); **4.** *fig.* pfeifen, sausen (*Geschoß*); heulen (*Wind*); **5.** *~ out* F (laut) rufen, schreien; **6.** *a. ~ out sl.* gestehen, alle(s) verraten, ,singen' (*Verbrecher*); **7.** sich *gut etc.* singen lassen; **II** *v/t.* [*irr.*] **8.** *Lied* singen: *~ a child to sleep* ein Kind in den Schlaf singen; *~ out* ausrufen, schreien; **9.** *poet.* (be)singen; **III** *s.* **10.** *Am.* F (Gemeinschafts)Singen *n*.

singe [sɪndʒ] *v/t.* **1.** ver-, ansengen; → *wing* 1; **2.** *Geflügel, Schwein* sengen (*a. ~ off Borsten etc.* absengen; **4.** *Haar* sengen (*Friseur*); **II** *v/i.* **5.** versengen; **III** *s.* **6.** Versengung *f*; **7.** versengte Stelle.

sing·er ['sɪŋə] *s.* **1.** Sänger(in); **2.** *poet.* Sänger *m* (*Dichter*).

sing·ing ['sɪŋɪŋ] **I** *adj.* **1.** singend *etc.*; **2.** Sing..., Gesangs...: *~ lesson*; **II** *s.* **3.** Singen *n*, Gesang *m*; **4.** *fig.* Klingen *n*, Summen *n*, Pfeifen *n*, Sausen *n*: *a ~ in the ears* (ein) Ohrensausen; *~ bird s.* Singvogel *m*; *~ voice s.* Singstimme *f*.

sin·gle ['sɪŋgl] **I** *adj.* □ → *singly*; **1.** einzig: *not a ~ one* kein od. nicht ein einziger; **2.** einzeln, einfach, Einzel..., Ein(fach)...: *~-decker* ✈ Eindecker *m* (*a. Bus*); *~-stage* einstufig; (*book-keeping by*) *~ entry* ♠ einfache Buchführung; *~ (-trip) ticket* → 10; **3.** einzeln, al'lein, Einzel...: *~ bed* Einzelbett *n*; *~ bill* ♠ Solawechsel *m*; *~ combat* ⚔ Einzel-, Zweikampf *m*; *~ game sport* Einzel(spiel) *n*; *~ house* Einfamilienhaus *n*; **4.** a) allein, einsam, für sich (lebend), b) al'leinstehend, ledig, unverheiratet; → *a.* 14; **5.** einmalig: *~ payment*; **6.** ♀ einfach; **7.** *fig.* unge-

teilt, einzig: *~ purpose*; *have a ~ eye for* nur Sinn haben für, nur denken an (*acc.*); *with a ~ voice* wie aus 'einem Munde; **8.** *fig.* aufrichtig: *~ mind*; **II** *s.* **9.** der (die, das) Einzelne od. Einzige. Einzelstück *n*; **10.** *Brit.* a) 🎫 einfache Fahrkarte, b) ✈ einfaches (Flug)Ticket *n*; **11.** *pl. sg. konstr. sport* Einzel *n*: *play a ~s*; *men's ~s* Herreneinzel; **12.** Single *f* (*Schallplatte*); **13.** Einbettzimmer *n*; **14.** Single *m*, al'leinstehende Per'son; **III** *v/t.* **15.** *~ out* a) auslesen, -suchen, -wählen (*from* aus), b) bestimmen (*for* für e-n Zweck), c) her'ausheben; ~'**act·ing** *adj.* ⚙ einfach wirkend; ~'**breast·ed** *adj.*: *~ suit* Einreiher *m*; ~'**en·gined** *adj.* 'einmo,torig (*Flugzeug*); ~'**eyed** → *single-minded*; ~'**hand·ed** *adj. u. adv.* **1.** einhändig; mit 'einer Hand; **2.** *fig.* eigenhändig, al'lein, ohne (fremde) Hilfe; auf eigene Faust; ~'**heart·ed** *adj.* □ → *single-minded*; ~'**line** *adj.* 🎫 eingleisig; ~'**mind·ed** *adj.* **1.** aufrichtig, redlich; **2.** zielbewußt, -strebig.

sin·gle·ness ['sɪŋglnɪs] *s.* **1.** Einmaligkeit *f*; **2.** Ehelosigkeit *f*; **3.** *a. ~ of purpose* Zielstrebigkeit *f*; **4.** *fig.* Aufrichtigkeit *f*.

,**sin·gle·-'phase** *adj.* ⚡ einphasig, Einphasen...; ~'**seat·er** *bsd.* ✈ **I** *s.* Einsitzer *m*; **II** *adj.* Einsitzer..., einsitzig; '~**stick** *s. sport* 'Stockra,pier(fechten) *n*.

sin·glet ['sɪŋglɪt] *s.* ärmelloses 'Unterod. Tri'kothemd *n*.

sin·gle·ton ['sɪŋgltən] *s.* **1.** *Kartenspiel:* Singleton *m* (*einzige Karte e-r Farbe*); **2.** einziges Kind; **3.** Indi'viduum *n*; **4.** Einzelgegenstand *m*.

,**sin·gle·-'track** *adj.* **1.** einspurig (*Straße*); **2.** 🎫 eingleisig (*a. fig.* F *einseitig*).

sin·gly ['sɪŋglɪ] *adv.* **1.** einzeln, al'lein; **2.** → *single-handed* 2.

'**sing·song** **I** *s.* **1.** Singsang *m*; **2.** *Brit.* Gemeinschaftssingen *n*; **II** *adj.* **3.** eintönig; **III** *v/t. u. v/i.* **4.** eintönig sprechen *od.* singen.

sin·gu·lar ['sɪŋgjʊlə] **I** *adj.* □ **1.** *ling.* singu'larisch: *~ number* → 6; **2.** A, *phls.* singu'lär; **3.** *bsd.* ♫♫ einzeln: *all and ~* jeder (jede, jedes) einzelne; **4.** *fig.* einzigartig, außer-, ungewöhnlich, einmalig; **5.** *fig.* eigentümlich, seltsam; **II** *s.* **6.** *ling.* Singular *m*, Einzahl *f*; **sin·gu·lar·i·ty** [ˌsɪŋgjʊˈlærətɪ] *s.* **1.** Eigentümlichkeit *f*, Seltsamkeit *f*; **2.** Einzigartigkeit *f*; **sin·gu·lar·ize** [-əraɪz] *v/t.* **1.** her'ausstellen; **2.** *ling.* in die Einzahl setzen.

sin·is·ter ['sɪnɪstə] *adj.* □ **1.** böse, drohend, unheilvoll, schlimm; **2.** finster, unheimlich; **3.** *her.* link.

sink [sɪŋk] **I** *v/i.* [*irr.*] **1.** sinken, 'untergehen (*Schiff, Gestirn etc.*); **2.** (her'ab-, nieder)sinken (*Arm, Kopf, Person etc.*): *~ into a chair*, *~ into the grave* ins Grab sinken; **3.** *im Wasser, Schnee etc.* versinken, ein-, 'untersinken: *~ or swim fig.* egal, was passiert; **4.** sich senken: a) her'absinken (*Dunkelheit, Wolken etc.*), b) abfallen (*Gelände*), c) einsinken (*Haus, Grund*), d) sinken (*Preise, Wasserspiegel, Zahl etc.*); **5.** 'umsinken; **6.** *~ under* erliegen (*dat.*); **7.** (*into*) a) (ein)dringen, (ein)sickern (in *acc.*), b) *fig.* (in j-s Geist) eindrin-

gen, sich einprägen (*dat.*): *he allowed his words to ~ in* er ließ s-e Worte wirken; **8.** *~ into* in Ohnmacht fallen *od.* sinken, in *Schlaf, Schweigen etc.* versinken; **9.** nachlassen, schwächer werden; **10.** sich dem Ende nähern (*Kranker*): *he is ~ing fast* er verfällt zusehends; **11.** *im Wert, in j-s Achtung etc.* sinken; **12.** *b.s.* (ver)sinken (*into* in *acc.*), in *Armut, Vergessenheit* geraten, *dem Laster etc.* verfallen; **13.** sich senken (*Blick, Stimme*); **14.** sinken (*Mut*): *his heart sank* ihn verließ der Mut; **II** *v/t.* [*irr.*] **15.** *Schiff etc.* versenken; **16.** *bsd. in den Boden* ver-, einsenken; **17.** *Grube etc.* ausheben; *Brunnen, Loch* bohren: *~ a shaft* ⚒ e-n Schacht abteufen; **18.** ⚙ a) einlassen, -betten, b) eingravieren, c) *Stempel* schneiden; **19.** *Wasserspiegel etc., a. Preis, Wert* senken; **20.** *Blick, Kopf, Stimme* senken; **21.** *fig. Niveau, Stand* her'abdrücken; **22.** zu'grunde richten: *we are sunk sl.* wir sind ,erledigt'; **23.** *Tatsache* unter-'drücken, vertuschen; **24.** *et.* ignorieren; *Streit* beilegen; *Ansprüche, Namen etc.* aufgeben; **25.** a) ✝ *Kapital* fest (*bsd. ungünstig*) anlegen, ,stecken' (*into* in *acc.*), b) (*bsd.* durch 'Fehlinvesti,ti,on) verlieren; **26.** ✝ *Schuld* tilgen; **III** *s.* **27.** Ausguß(becken *n*, -loch *n*) *m*, Spülstein *m* (*Küche*); **28.** a) Abfluß *m* (*Rohr*), b) Senkgrube *f*, c) *fig.* Pfuhl *m*: *~ of iniquity fig.* Sündenpfuhl, Lasterhöhle *f*; **29.** *thea.* Versenkung *f*; '**sink·a·ble** [-kəbl] *adj.* zu versenken(d), versenkbar (*bsd. Schiff*); '**sink·er** [-kə] *s.* **1.** ⚒ Abteufer *m*; **2.** ⚙ Stempelschneider *m*; **3.** *Weberei:* Pla'tine *f*; **4.** ♣ a) Senkblei *n* (*Lot*), b) Senkgewicht *n* (*Angelleine, Fischnetz*); **5.** *Am. sl.* Krapfen *m*; '**sink·ing** [-kɪŋ] *s.* **1.** (Ver)Sinken *n*; **2.** Versenken *n*; **3.** ♪ a) Schwächegefühl *n*, b) Senkung *f e-s Organs*; **4.** ✝ Tilgung *f*; **II** *adj.* **5.** sinkend (*a. Mut etc.*): *a ~ feeling* Beklommenheit *f*, flaues Gefühl (im Magen); **6.** ✝ Tilgungs...: *~ fund* Amortisationsfonds *m*.

sin·less ['sɪnlɪs] *adj.* □ sünd(en)los, unschuldig, schuldlos.

sin·ner ['sɪnə] *s. eccl.* Sünder(in) (*a. fig.* Übeltäter; *a. humor.* Halunke).

Sinn Fein [ˌʃɪnˈfeɪn] *s. pol.* Sinn Fein *m* (*nationalistische Bewegung u. Partei in Irland*).

Sino- [saɪnəʊ] *in Zssgn* chi'nesisch, Chinesen..., China...; **si·nol·o·gy** [saɪˈnɒlədʒɪ] *s.* Sinolo'gie *f* (*Erforschung der chinesischen Sprache, Kultur etc.*).

sin·ter ['sɪntə] *s. geol. u. metall.* Sinter *m*; **II** *v/t.* Erz sintern.

sin·u·ate ['sɪnjʊət] *adj.* □ ♀ gebuchtet (*Blatt*); **sin·u·os·i·ty** [ˌsɪnjʊˈɒsɪtɪ] *s.* **1.** Biegung *f*, Krümmung *f*; **2.** Gewundenheit *f* (*a. fig.*); '**sin·u·ous** [-jʊəs] *adj.* □ **1.** gewunden, sich schlängelnd: *~ line* Wellen-, Schlangenlinie *f*; **2.** A sinusförmig gekrümmt; **3.** *fig.* a) verwickelt, b) winkelzügig; **4.** geschmeidig.

si·nus ['saɪnəs] *s.* **1.** Krümmung *f*, Kurve *f*; **2.** Ausbuchtung *f* (*a.* ♀, ♪); **3.** *anat.* Sinus *m*, (Knochen-, Neben)Höhle *f*; ♪ Fistelgang *m*; **si·nus·i·tis** [ˌsaɪnəˈsaɪtɪs] *s.* ♪ Sinu'sitis *f*, Nebenhöhlenentzündung *f*: *frontal ~* Stirnhöhlenkatarrh *m*; **si·nus·oi·dal** [ˌsaɪnəˈsɔɪdl] *adj.*

Å, ⚡, *phys.* sinusförmig: ~ *wave* Sinuswelle *f.*

Sioux [su:] *pl.* **Sioux** [su:; su:z] *s.* **1.** 'Sioux(indi,aner[in]) *m*, *f*; **2.** *pl. die* 'Sioux(indi,aner) *pl.*

sip [sɪp] **I** *v/t.* **1.** nippen an (*acc.*) *od.* von, schlürfen (*a. fig.*); **II** *v/i.* **2.** (*of*) nippen (an *dat. od.* von), schlückchenweise trinken (von); **III** *s.* **3.** Nippen *n*; **4.** Schlückchen *n.*

si·phon ['saɪfn] *s.* **1.** (Saug)Heber *m*; Siphon *m*; **2.** *a.* ~ *bottle* Siphonflasche *f*; **3.** *zo.* Sipho *m*; **II** *v/t.* **4.** ~ *out* (*a.* 🗲 *Magen*) aushebe(r)n; **5.** ~ *off* a) absaugen, b) *fig.* abziehen, *Gewinne etc.* abschöpfen; **6.** *fig.* (weiter)leiten; **III** *v/i.* **7.** ablaufen.

sip·pet ['sɪpɪt] *s.* **1.** (Brot-, Toast)Brokken *m* (*zum Eintunken*); **2.** geröstete Brotschnitte.

sir [sɜː] *s.* **1.** (mein) Herr! (*respektvolle Anrede*): *yes, ~!* ja(wohl)!; ⚷(*s*) *Anrede in* (*Leser*)*Briefen* (*unübersetzt*); *Dear* ⚷*s* Sehr geehrte Herren! (*Anrede in Briefen*); *my dear ~! iro.* mein Verehrtester!; **2.** ⚷ *Brit.* Sir *m* (*Titel e-s baronet od. knight*); **3.** *Brit.* Anrede für den *Speaker im Unterhaus.*

sire ['saɪə] **I** *s.* **1.** *poet.* a) Vater *m*, Erzeuger *m*, b) Vorfahr *m*; **2.** *zo.* Vater (-tier *n*) *m*, *bsd.* Zuchthengst *m*; **3.** ⚷! Sire!, Eure Maje'stät!; **II** *v/t.* **4.** zeugen: *be ~d by* abstammen von (*bsd. Zuchtpferd*).

si·ren ['saɪərən] *s.* **1.** *myth.* Si'rene *f* (*a. fig.* verführerische Frau, *bezaubernde Sängerin*); **2.** ⚙ Si'rene *f*; **3.** *zo.* a) Armmolch *m*, b) ~ **si·re·ni·an** [saɪˈrɪnjən] *s. zo.* Seekuh *f*, Si'rene *f.*

sir·loin ['sɜːlɔɪn] *s.* Lendenstück *n.*

si·roc·co [sɪˈrɒkəʊ] *pl.* **-cos** *s.* Schi'rokko *m* (*Wind*).

sir·up ['sɪrəp] → **syrup.**

sis [sɪs] *s.* F Schwester *f.*

si·sal (hemp) ['saɪsl] *s.* 🌿 Sisal(hanf) *m.*

sis·sy ['sɪsɪ] *s.* F **1.** Weichling *m*, ‚Heulsuse' *f*; **2.** ‚Waschlappen' *m*, Feigling *m.*

sis·ter ['sɪstə] **I** *s.* **1.** Schwester *f* (*a. fig. Genossin*): *the three* ⚷*s myth.* die drei Schicksalsschwestern; *Hey, ~! Am. sl.* He, Kleine!; **2.** *fig.* Schwester *f* (*Gleichartiges*); **3.** *eccl.* (Ordens)Schwester *f*: ⚷*s of Mercy* Barmherzige Schwestern; **4.** 🗲 *bsd. Brit.* a) Oberschwester *f*, b) (Kranken)Schwester *f*; **5.** *a.* ~ *company* ⸙ Schwester(gesellschaft) *f*; **II** *adj.* **6.** Schwester... (*a. fig.*); '**sis·ter·hood** [-hʊd] *s.* **1.** schwesterliches Verhältnis; **2.** *eccl.* Schwesternschaft *f*; '**sis·ter-in-law** [-ərɪn-] *pl.* '**sis·ters-in-law** *s.* Schwägerin *f*; '**sis·ter·ly** [-lɪ] *adj.* schwesterlich.

Sis·tine ['sɪstaɪn] *adj.* six'tinisch: ~ *Chapel,* ~ *Madonna.*

Sis·y·phe·an [ˌsɪsɪˈfiːən] *adj.*: ~ *task* (*od. labo[u]r*) Sisyphusarbeit *f.*

sit [sɪt] *irr.* **I** *v/i.* **1.** sitzen; **2.** sich setzen; **3.** (*to j-m*) (Por'trät *od.* Mo'dell) sitzen; **4.** sitzen, brüten (*Henne*); **5.** sitzen (*Sache, a. Wind*); **6.** Sitzung (ab-)halten, tagen; **7.** (*on*) beraten (über *acc.*), (*e-n Fall etc.*) unter'suchen; **8.** sitzen, e-n Sitz (inne)haben (*in Parliament* im Parlament): ~ *on a committee* e-m Ausschuß angehören; ~ *on the bench* Richter sein; ~ *on a jury* Ge-

schworener sein; **9.** (*on*) sitzen, passen (*dat.*) (*Kleidung*); *fig.* (*j-m*) gut *etc.* zu Gesicht stehen; **II** *v/t.* **10.** ~ *o.s.* sich setzen; **11.** sitzen auf (*dat.*): ~ *a horse well* gut zu Pferde sitzen;

Zssgn mit adv.:

sit| back *v/i.* **1.** sich zu'rücklehnen; **2.** *fig.* die Hände in den Schoß legen; ~ *by* *v/i.* untätig zusehen; ~ *down* **I** *v/i.* **1.** sich (hin)setzen, sich niederlassen, Platz nehmen: ~ *to work* sich an die Arbeit machen; **2.** ~ *under e-e* Beleidigung *etc.* hinnehmen; **3.** ✈ aufsetzen; **II** *v/t.* **2.** ~ *j-n* (hin)setzen; ~ *in* *v/i.* F **1.** babysitten; **2.** F mitmachen (*at, on* bei); **3.** ~ *for* für *j-n* einspringen; **4.** a) ein Sit-'in veranstalten, b) an e-m Sit-'in teilnehmen; ~ *out* **I** *v/t.* **1.** *e-r* Vorstellung *etc.* bis zu Ende beiwohnen; **2.** länger bleiben *od.* aushalten als; **3.** *Spiel, Tanz* auslassen; **II** *v/i.* **4.** aussetzen, nicht mitmachen (*bei e-m Spiel etc.*); **5.** im Freien sitzen; ~ *up* *v/i.* **1.** aufrecht sitzen; **2.** sich aufsetzen: ~ (*and beg*) ‚schönmachen' (*Hund*); *make s.o.* ~ a) *j-n* aufrütteln, b) *j-n* aufhorchen lassen; ~ (*and take notice*) F aufhorchen; **3.** sich *im Bett etc.* aufrichten; **4.** aufsitzen, -bleiben; wachen (*with* bei *e-m Kranken*);

Zssgn mit prp.:

sit| for *v/i.* **1.** *e-e* Prüfung machen; **2.** *parl.* e-n Wahlkreis vertreten; **3.** ~ *one's portrait* sich porträtieren lassen; ~ *on* → *sit* 7, 8, 9, *sit upon*; ~ *through* → *sit out* 1 (*Zssgn mit adv.*); ~ *un·der* *v/i.* **1.** *eccl.* zu *j-s* Gemeinde gehören; **2.** *j-s* Schüler sein; ~ *up·on* *v/i.* **1.** lasten auf *j-m*; im Magen liegen; **2.** *sl. j-m* ‚aufs Dach steigen'; **3.** F *Nachricht etc.* zu'rückhalten; auf *e-m* Antrag ‚sitzen'.

sit|·com ['sɪtkɒm] *s. thea.* F Situati'onsko,mödie *f*; '~-**down** *s.* **1.** Verschnaufpause *f*; *a.* ~ *strike* ⸙ Sitzstreik *m*, b) 'Sitzdemonstrati,on *f.*

site [saɪt] **I** *s.* **1.** Lage *f* (*e-s Gebäudes, e-r Stadt etc.*): ~ *plan* Lageplan *m*; **2.** Stelle *f* (*a.* 🗲), Örtlichkeit *f*; **3.** Bauplatz *m*, Grundstück *n*; **4.** ✝ a) (Ausstellungs)Gelände *n*, b) Sitz *m* (*e-r Industrie*); **5.** Stätte *f*, Schauplatz *m*; **II** *v/t.* **6.** plazieren, legen, 'unterbringen: *well-~d* gutgelegen, in guter Lage (*Haus*).

'**sit-in** *s.* Sit-'in *n.*

sit·ter ['sɪtə] *s.* **1.** Sitzende(r *m*) *f*; **2.** a) Glucke *f*: *a good* ~ e-e gute Brüterin, b) brütender Vogel; **3.** *paint.* Mo'dell *n*; **4.** *a.* ~-*in* Babysitter *m*; **5.** *sl.* a) *hunt.* leichter Schuß, b) *fig.* leichte Beute, c) ‚todsichere Sache'.

sit·ting ['sɪtɪŋ] **I** *s.* **1.** Sitzen *n*; **2.** *bsd.* ⚖, *parl.* Sitzung *f*, Tagung *f*; **3.** *paint.*, *phot. etc.* Sitzung *f*: *at a* ~ *fig.* in 'einem Zug; **4.** a) Brutzeit *f*, b) Gelege *n*; **5.** *eccl.*, *thea.* Sitz(platz) *m*; **II** *adj.* **6.** sitzend, Sitz...: ~ *duck fig.* leichtes Opfer; **7.** brütend; ~ *room* *s.* **1.** Platz *m* zum Sitzen; **2.** Wohnzimmer *n.*

sit·u·ate ['sɪtjʊeɪt] **I** *v/t.* **1.** aufstellen, *e-r* Sache an e-n Platz geben, den Platz festlegen (*gen.*); **2.** in e-e Lage bringen; **II** *adj.* **3.** ⚖ *od. obs.* → *situated* 1; '**sit·u·at·ed** [-tɪd] *adj.* **1.** gelegen: *be* ~ liegen, gelegen *od.* situiert sein (*Haus etc.*); **2.** in e-r

Lage; *well* ~ gutsituiert, wohlhabend.

sit·u·a·tion [ˌsɪtjʊˈeɪʃn] *s.* **1.** Lage *f e-s Hauses etc.*; **2.** Situati'on *f*: a) Lage *f*, Zustand *m*, b) Sachlage *f*, 'Umstände *pl.*: *difficult* ~; **3.** *thea.* dra'matische Situati'on, Höhepunkt *m*: ~ *comedy* Situationskomödie *f*; **4.** Stellung *f*, Stelle *f*, Posten *m*: ~*s offered* Stellenangebote; ~*s wanted* Stellengesuche.

si·tus ['saɪtəs] (*Lat.*) *s.* **1.** 🗲 Situs *m*, Lage *f* (*e-s Organs*); **2.** Sitz *m*, Lage *f*: *in situ* an Ort u. Stelle.

six [sɪks] **I** *adj.* **1.** sechs: *it is* ~ *of one and half a dozen of the other fig.* das ist gehupft wie gesprungen; **2.** *in Zssgn* sechs...: ~*cylinder(ed)* sechszylindrig, Sechszylinder... (*Motor*); **II** *s.* **3.** Sechs *f* (*Zahl, Spielkarte etc.*): *at* ~*es and sevens* a) ganz durcheinander, b) uneins; **4.** *Kricket:* a. **six·er** ['sɪksə] *s.* F Sechserschlag *m*; '**six·fold** [-fəʊld] *adj. u. adv.* sechsfach;

ˌ**six·'foot·er** *s.* F sechs Fuß langer *od.* ‚baumlanger' Mensch; '~**pence** *s. Brit. obs.* Sixpencestück *n*, ½ Schilling *m*: *it does not matter* (*a*) ~ das ist ganz egal; ~**'shoot·er** *s.* F sechsschüssiger Re'volver.

six·teen [ˌsɪksˈtiːn] **I** *s.* Sechzehn *f*; **II** *adj.* sechzehn; ˌ**six'teenth** [-nθ] **I** *adj.* **1.** sechzehnt; **2.** sechzehntel; **II** *s.* **3.** der (die, das) Sechzehnte; **4.** Sechzehntel *n*; **5.** *a.* ~ *note* ♩ Sechzehntel(note *f*) *n.*

sixth [sɪksθ] **I** *adj.* sechst: ~ *sense fig.* sechster Sinn; **II** *s.* **2.** der (die, das) Sechste; **3.** Sechstel *n*; **4.** ♩ Sext *f*; **5.** *a.* ~ *form ped. Brit.* Abschlußklasse *f*; '**sixth·ly** [-lɪ] *adv.* sechstens.

six·ti·eth ['sɪkstɪɪθ] **I** *adj.* **1.** sechzigst; **2.** sechzigstel; **II** *s.* **3.** der (die, das) Sechzigste; **4.** Sechzigstel *n.*

Six·tine ['sɪkstaɪn] → *Sistine.*

six·ty ['sɪkstɪ] **I** *adj.* **1.** sechzig; **II** *s.* **2.** Sechzig *f*; **3.** *pl.* a) die sechziger Jahre *pl.* (*e-s Jahrhunderts*), b) die Sechziger (-jahre) *pl.* (*Alter*).

'**six-wheel·er** *s. mot.* Dreiachser *m.*

siz·a·ble ['saɪzəbl] *adj.* (ziemlich) groß, ansehnlich, beträchtlich.

siz·ar ['saɪzə] *s. univ.* Stipendi'at *m* (*in Cambridge od. Dublin*).

size¹ [saɪz] **I** *s.* **1.** Größe *f*, Maß *n*, For'mat *n*, 'Umfang *m*: *all of a* ~ (alle) gleich groß; *of all* ~*s* in allen Größen; *the* ~ *of* so groß wie; *that's about the* ~ *of it* F (genau) so ist es; *cut s.o. down to* ~ *fig. j-n* in die Schranken verweisen; **2.** (Schuh-, Kleider- *etc.*) Größe *f*, Nummer *f*: *two* ~*s too big* zwei Nummern zu groß; *what* ~ *do you take?* welche Größe haben Sie?; **3.** *fig.* a) Größe *f*, Ausmaß *n*, b) *geistiges etc.* For'mat *er Person*; **II** *v/t.* **4.** nach Größen ordnen; **5.** ~ *up* F ab-, einschätzen, taxieren (*alle a. fig.*); **III** *v/i.* **6.** ~ *up* F gleichkommen (*to, with dat.*).

size² [saɪz] **I** *s.* **1.** (*paint.* Grundier)Leim *m*, Kleister *m*; **2.** a) *Weberei:* Appre'tur *f*, b) *Hutmacherei:* Steife *f*; **II** *v/t.* **3.** leimen; **4.** *paint.* grundieren; **5.** *Stoff* appretieren; **6.** *Hutfilz* steifen.

-size [saɪz] → *-sized.*

size·a·ble ['saɪzəbl] → *sizable.*

-sized [saɪzd] *adj. in Zssgn* ...groß, von *od.* in ... Größe.

siz·er¹ ['saɪzə] *s.* **1.** Sortierer(in); **2.** ⚙

a) ('Größen)Sor,tierma,schine *f*, b) ('Holz),Zuschneidema,schine *f*.

siz·er² ['saɪzə] *s*. ⊕ **1.** Leimer *m*; **2.** *Textilindustrie*: Schlichter *m*.

siz·zle ['sɪzl] **I** *v/i*. zischen; *Radio etc.*: knistern; **II** *s*. Zischen *n*; **'siz·zling** [-lɪŋ] *adj*. **1.** zischend, brutzelnd; **2.** glühend heiß.

skald [skɔ:ld] → *scald¹*.

skat [skæt] *s*. Skat(spiel *n*) *m*.

skate¹ [skeɪt] *pl*. **skates**, *bsd. coll*. **skate** *s. ichth*. (Glatt)Rochen *m*.

skate² [skeɪt] **I** *s*. **1.** a) Schlittschuh *m*, b) Kufe *f*; **2.** Rollschuh *m*; **II** *v/i*. **3.** Schlittschuh *od*. Rollschuh laufen: ~ *over fig. Schwierigkeiten etc.* überspielen; → *ice* 1; **'skate·board** *s*. Skateboard *n*; **'skat·er** [-tə] *s*. **1.** Schlittschuh-, Eisläufer(in); **2.** Rollschuhläufer(in); **skate sail·ing** *s*. Eissegeln *n*.

skat·ing ['skeɪtɪŋ] *s*. **1.** Schlittschuhlauf(en *n*) *m*, Eislauf(en *n*) *m*; **2.** Rollschuhlauf((en *n*) *m*; ~ *rink s*. **1.** Eisbahn *f*; **2.** Rollschuhbahn *f*.

ske·dad·dle [skɪ'dædl] F **I** *v/i*. ,türmen', ,abhauen'; **II** *s*. ,Türmen' *n*.

skeet (**shoot·ing**) [ski:t] *s. sport* Skeetschießen *n*.

skein [skeɪn] *s*. **1.** Strang *m*, Docke *f* (*Wolle etc.*); **2.** Skein *n*, Warp *n* (*Baumwollmaß*); **3.** Kette *f*, Schwarm *m* (*Wildenten etc.*); **4.** *fig*. Gewirr *n*.

skel·e·tal ['skelɪtl] *adj*. **1.** ⚭ Skelett...; **2.** ske'lettartig; **skel·e·tol·o·gy** [,skelɪ-'tɒlədʒɪ] *s*. Knochenlehre *f*.

skel·e·ton ['skelɪtn] **I** *s*. **1.** Ske'lett *n*, Knochengerüst *n*, Gerippe *n* (*alle a. fig.*): ~ *in the cupboard* (*Am. closet*), *family* ~ *fig*. dunkler Punkt, (düsteres) Familiengeheimnis; ~ *at the feast* Gespenst *n* der Vergangenheit; **2.** ♀ Rippenwerk *n* (*Blatt*); **3.** △, ⊕ (*Stahletc.*)Ske'lett *n*, (*a. Schiffs-, Flugzeug-*) Gerippe *n*; (*a. Schirm*)Gestell *n*; **4.** *fig*. a) Entwurf *m*, Rohbau *m*, b) Rahmen *m*; **5.** a) 'Stamm(perso,nal *n*) *m*, b) ✕ Kader *m*, Stammtruppe *f*; **6.** *sport* Skeleton *m* (*Schlitten*); **II** *adj*. **7.** Skelett...: ~ *construction* △ Skelettbauweise *f*; ~*-face type typ*. Skelettschrift *f*; **8.** ✝, ⚐ Rahmen...: ~ *agreement*; ~ *law*; ~ *bill* Wechselblankett *n*; ~ *wage agreement* Manteltarif(vertrag) *m*; **9.** ✕ Stamm...: ~ *crew* Stamm-, Restmannschaft *f*, *weitS*. Notbelegschaft *f*; **'skel·e·ton·ize** [-tənaɪz] *v/t*. **1.** skelettieren; **2.** *fig*. skizzieren, in großen 'Umrissen darstellen; **3.** *fig*. zahlenmäßig reduzieren.

skel·e·ton key *s*. Dietrich *m*, Nachschlüssel *m*; ~ *ser·vice s*. Bereitschaftsdienst *m*.

skep [skep] *s*. **1.** (Weiden)Korb *m*; **2.** Bienenkorb *m*.

skep·tic ['skeptɪk] *etc. Am.* → *sceptic etc.*

sker·ry ['skerɪ] *s. bsd. Scot*. kleine Felseninsel.

sketch [sketʃ] **I** *s*. **1.** *paint. etc*. Skizze *f*, Studie *f*: ~ *block*; **2.** Grundriß *m*, Schema *n*, Entwurf *m*; **3.** *fig*. (*a. literarische*) Skizze; **4.** *thea*. Sketch *m*; **II** *v/t*. **5.** *oft* ~ *in* (*od. out*) skizzieren; **6.** *fig*. skizzieren, in großen Zügen darstellen; **III** *v/i*. **7.** e-e Skizze *od*. Skizzen machen; **'sketch·i·ness** [-tʃɪnɪs] *s*. Skizzenhaftigkeit *f*, *fig. a*. Oberflächlichkeit *f*;

'sketch·y [-tʃɪ] *adj*. □ **1.** skizzenhaft, flüchtig; **2.** *fig*. a) oberflächlich, b) unzureichend: *a ~ meal*; **3.** *fig*. unklar, vage.

skew [skju:] **I** *adj*. **1.** schief, schräg: ~ *bridge*; **2.** abschüssig; **3.** ♈ 'asym,metrisch; **II** *s*. **4.** Schiefe *f*; **5.** ♈ Asymme'trie *f*; **6.** △ a) schräger Kopf (*Strebepfeiler*), b) 'Untersatzstein *m*; '~·*back s*. △ schräges 'Widerlager; '~·*bald* **I** *adj*. scheckig (*bsd. Pferd*); **II** *s*. Schecke *m*.

skewed [skju:d] *adj*. schief, abgeschrägt, verdreht; **skew·er** ['skjuːə] **I** *s*. **1.** Fleischspieß *m*; **2.** *humor*. Schwert *n*, Dolch *m*; **II** *v/t*. **3.** *Fleisch* spießen, *Wurst* speilen; **4.** *fig*. aufspießen.

'skew|-eyed *adj. Brit*. schielend; ~ *gearing s*. ⊕ Stirnradgetriebe *n*.

ski [ski:] **I** *pl*. **ski**, **skis** *s*. **1.** *sport* Ski *m*; **2.** ✈ (Schnee)Kufe *f*; **II** *v/i*. *pret. u. p.p. Brit*. **ski'd**, *Am*. **skied 3.** *sport* Ski laufen *od*. fahren; '~·*bob s*. Skibob *m*.

skid [skɪd] **I** *s*. **1.** Stützbalken *m*; **2.** Ladebalken *m*, (Lasten)Rolle *f*: *put the ~s under od*. *on s.o. fig*. F j-n ,fertigmachen' *od*. ,abschießen'; *he is on the ~s sl*. mit ihm geht's abwärts; **3.** Hemmschuh *m*, Bremsklotz *m*; **4.** ✈ (Gleit)Kufe *f*, Sporn(rad *n*) *m*; **5.** *a. mot*. Rutschen *n*, Schleudern *n*: *go into a ~* ins Schleudern geraten (*a. fig*. F); ~ *chain* Schneekette *f*; ~ *mark* Bremsspur *f*; **II** *v/t*. **6.** *Rad* bremsen, hemmen; **III** *v/i*. **7.** *a. mot. etc*. a) rutschen, b) schleudern; '~·*lid s. sl*. Sturzhelm *m*; '~·*proof adj*. rutschfest; ~ *row* [rəʊ] *s. Am.* F a) billiges Vergnügungsviertel, b) ,Pennergegend' *f*.

ski·er ['skiːə] *s. sport* Skiläufer(in), -fahrer(in).

skies [skaɪz] *pl. von* **sky**.

skiff [skɪf] *s*. Skiff *n* (*Ruderboot*).

ski·ing ['skiːɪŋ] *s*. Skilaufen *n*, -fahren *n*, -sport *m*.

ski|-jor·ing ['skiːˌdʒɔːrɪŋ] *s. sport* Ski-(k)jöring *n*; ~ *jump s*. **1.** Skisprung *m*; **2.** Sprungschanze *f*; ~ *jump·ing s*. Skispringen *n*, Sprunglauf *m*.

skil·ful ['skɪlfʊl] *adj*. □ geschickt: a) gewandt, b) kunstgerecht (*Arbeit, Operation etc.*), c) geübt, (sach)kundig (*at, in* in *dat.*): *be ~ at* sich verstehen auf (*acc.*); **'skil·ful·ness** [-nɪs] → *skill*.

skill [skɪl] *s*. **1.** Geschick(lichkeit *f*) *n*: a) (Kunst)Fertigkeit *f*, Können *n*, b) Gewandtheit *f*; **2.** (Fach-, Sach)Kenntnis *f* (*at, in* in *dat.*); **skilled** [-ld] *adj*. **1.** geschickt, gewandt, erfahren (*in* in *dat.*); **2.** Fach...: ~ *labo(u)r* Facharbeiter *pl.*; ~ *trades* Fachberufe; ~ *workman* gelernter Arbeiter, Facharbeiter *m*.

skil·let ['skɪlɪt] *s*. **1.** a) Tiegel *m*, b) Kasse'rolle *f*; **2.** *Am*. Bratpfanne *f*.

skill·ful(·ness) *Am*. → *skilful(ness)*.

skil·ly ['skɪlɪ] *s. Brit*. dünne Hafergrütze.

skim [skɪm] **I** *v/t*. **1.** (*a. fig*. ✝*Gewinn*) abschöpfen: ~ *the cream off* den Rahm abschöpfen (*oft fig.*); **2.** abschäumen; **3.** *Milch* entrahmen: *~med milk* → *skim milk*; **4.** *fig*. (hin)gleiten über (*acc.*); **5.** *fig. Buch etc.* über'fliegen, flüchtig lesen; **II** *v/i*. **6.** gleiten, streichen (*over* über *acc.*, *along* entlang); **7.** ~ *over* → 5; **'skim·mer** [-mə] *s*. **1.** Schaum-, Rahmkelle *f*; **2.** ⊕ Abstreich-

eisen *n*; **3.** ✫ *Brit*. leichtes Rennboot; **skim milk** *s*. entrahmte Milch, Magermilch *f*; **'skim·ming** [-mɪŋ] *s*. **1.** *mst pl*. das Abgeschöpfte; **2.** *pl*. Schaum *m* (*auf Kochgut etc.*); **3.** *pl*. ⊕ Schlacken *pl.*; **4.** Abschöpfen *n*, -schäumen *n*: ~ *of excess profit* ✝ Gewinnabschöpfung *f*.

skimp [skɪmp] *etc.* → *scrimp etc.*

skin [skɪn] **I** *s*. **1.** Haut *f* (*a. biol.*): *dark* (*fair*) ~ dunkle (helle) Haut(farbe); *he is mere ~ and bone* er ist nur noch Haut u. Knochen; *be in s.o.'s ~ fig*. in j-s Haut stecken; *get under s.o.'s ~* F a) j-m ,unter die Haut' gehen, b) j-n ärgern; *have a thick* (*thin*) ~ dickfellig (zartbesaitet) sein; *save one's ~* mit heiler Haut davonkommen; *by the ~ of one's teeth* mit knapper Not; *that's no ~ off my nose* F das ,juckt' mich nicht; → *jump* 12; **2.** Fell *n*, Pelz *m*, Balg *m* (*von Tieren*); **3.** (*Obst- etc.*) Schale *f*, Haut *f*, Hülse *f*, Rinde *f*; **4.** ⊕ *etc*. dünne Schicht, Haut *f* (*auf der Milch etc.*); **5.** Oberfläche *f*, *bsd*. a) ✫ Außenhaut *f*, b) ✈ Bespannung *f*, c) (*Ballon*)Hülle *f*; **6.** (*Wein- etc.*) Schlauch *m*; **7.** *sl*. Klepper *m* (*Pferd*) **II** *v/t*. **8.** enthäuten, (ab)häuten, schälen: *keep one's eyes ~ned* F die Augen offenhalten; **9.** *a.* ~ *out Tier* abbalgen, -ziehen; **10.** *Knie etc*. aufschürfen; **11.** *sl*. j-m das Fell über die Ohren ziehen, j-n ,rupfen' (*beim Spiel etc.*); **12.** F *Strumpf etc*. abstreifen; **III** *v/i*. **13.** ~ *over* (zu)heilen (*Wunde*); **14.** ~ *out Am. sl*. ,abhauen'; ~·'*deep adj. u. adv*. (nur) oberflächlich; ~ *dis·ease s*. Hautkrankheit *f*; ~ *div·ing s*. Sporttauchen *n*; '~·*flicks s*. F Sexfilm *m*; '~·*flint s*. Knicker *m*, Geizhals *m*; ~ *food s*. Nährcreme *f*; ~ *fric·tion s. phys*. Oberflächenreibung *f*; ~ *game s*. F Schwindel *m*, Bauernfänge'rei *f*; ~ *graft s*. ⚕ 'Hauttransplan,tat *n*; '~·,*graft·ing s*. ⚕ 'Hauttransplanta,ti,on *f*.

skinned [skɪnd] *adj*. **1.** häutig; **2.** enthäutet; **3.** *in Zssgn* ...häutig, ...fellig; **'skin·ner** [-nə] *s*. **1.** Pelzhändler *m*, Kürschner *m*; **2.** Abdecker *m*; **'skin·ny** [-nɪ] *adj*. **1.** häutig; **2.** mager, abgemagert, dünn; **3.** *fig*. knauserig.

,skin'tight *adj*. hauteng (*Kleidung*); ~ *wool s*. ⊕ Schlachtwolle *f*.

skip¹ [skɪp] **I** *v/i*. **1.** hüpfen, hopsen, springen; **2.** seilhüpfen; **3.** *fig*. Sprünge machen, *von e-m Thema zum andern* springen; *ped. Am*. e-e Klasse über'springen; Seiten über'schlagen (*in e-m Buch*): ~ *off* abschweifen; ~ *over et.* übergehen; **4.** aussetzen, e-n Sprung tun (*Herz etc.*, *a*. ⊕); **5.** *oft* ~ *out* F ,abhauen'; ~ (*over*) *to* e-n Abstecher nach *e-m Ort* machen; **II** *v/t*. **6.** springen über (*acc.*): ~ (*a*) *rope* seilhüpfen; **7.** *fig*. (*ped. Am. a*. e-e *Klasse*) über'springen, auslassen, *Buchseite* über'schlagen: ~ *it!* ,geschenkt'!; **8.** F a) verschwinden aus *e-r Stadt etc.*, b) sich vor e-r Verabredung etc. drücken, *Schule etc*. schwänzen; **9.** F ~ *it* ,abhauen'; **III** *s*. **10.** Hopser *m*; *Tanzen*: Hüpfschritt *m*.

skip² [skɪp] → *skipper* 2.

skip³ [skɪp] *s*. (Stu'denten)Diener *m*.

skip⁴ [skɪp] *s*. ⊕ Förderkorb *m*.

'skip·jack *s*. **1.** *coll. pl. ichth*. a) ein

Thunfisch *m*, b) Blaufisch *m*; **2.** *zo.* Springkäfer *m*; **3.** Stehaufmännchen *n* (*Spielzeug*).

ski plane *s.* Flugzeug *n* mit Schneekufen.

skip·per ['skɪpə] *s.* **1.** ♣, ✓ Kapi'tän *m*, ♣ a. Schiffer *m*; **2.** *sport* a) 'Mannschaftskapi‚tän *m*, b) *Am.* Manager *m od.* Trainer *m*.

skip·ping ['skɪpɪŋ] *s.* Hüpfen *n*, (*bsd.* Seil)Springen *n*; **~ rope** *s.* Springseil *n*.

skirl [skɜːl] *dial.* **I** *v/i.* **1.** pfeifen (*bsd. Dudelsack*); **2.** Dudelsack spielen; **II** *s.* **3.** Pfeifen *n* (*des Dudelsacks*).

skir·mish ['skɜːmɪʃ] **I** *s.* ✕ *u. fig.* Geplänkel *n*: **~ line** Schützenlinie *f*; **II** *v/i.* plänkeln; **'skir·mish·er** [-ʃə] *s.* ✕ Plänkler *m* (*a. fig.*).

skirt [skɜːt] **I** *s.* **1.** (Frauen)Rock *m*; **2.** *sl.* ‚Weibsbild‘ *n*, ‚Schürze‘ *f*; **3.** (Rock-, Hemd-, *etc.*)Schoß *m*; **4.** Saum *m*, Rand *m* (*fig. oft pl.*); **5.** *pl.* Außenbezirk *m*, Randgebiet *n*; **6.** Kutteln *pl.*: **~ of beef**, **II** *v/t.* **7.** a) (um)‚säumen, b) sich entlangziehen an (*dat.*); **8.** entlang *od.* her'umgehen *od.* -fahren um; **9.** *fig.* um'gehen; **III** *v/i.* **10.** **~ along** am Rande entlanggehen *od.* -fahren, sich entlangziehen; **'skirt·ed** [-tɪd] *adj.* **1.** e-n Rock tragend; **2.** *in Zssgn* a) mit e-m *langen etc.* Rock: **long-~**, b) *fig.* eingesäumt; **'skirt·ing** [-tɪŋ] *s.* **1.** Rand *m*, Saum *m*; **2.** Rockstoff *m*; **3.** *mst* **~ board** △ (*bsd.* Fuß-, Scheuer)Leiste *f*.

'ski-run *s.* Skipiste *f*.

skit [skɪt] *s.* **1.** Stiche'lei *f*, Seitenhieb *m*; **2.** Paro'die *f*, Sa'tire *f* (**on** über, auf *acc.*).

ski tow *s.* Schlepplift *m*.

skit·ter ['skɪtə] *v/i.* **1.** jagen, ‚rennen; **2.** rutschen; **3.** hopsen; **4.** den Angelhaken an der Wasseroberfläche hinziehen.

skit·tish ['skɪtɪʃ] *adj.* □ **1.** ungebärdig, scheu (*Pferd*); **2.** ner'vös, ängstlich; **3.** *fig.* a) lebhaft, wild, b) (kindisch) ausgelassen (*bsd. Frau*), c) fri'vol, d) sprunghaft, kaprizi'ös.

skit·tle ['skɪtl] **I** *s.* **1.** *bsd. Brit.* Kegel *m*; **2.** *pl. sg. konstr.* Kegeln *n*, Kegelspiel *n*: **play (at) ~s** kegeln; **II** *int.* **3.** **~s!** F Quatsch!, Unsinn!; **III** *v/t.* **4.** **~ out** *Kricket*: Schläger *od.* Mannschaft (rasch) ‚erledigen‘; **~ al·ley** *s.* Kegelbahn *f*.

skive¹ [skaɪv] **I** *v/t.* **1.** *Leder, Fell* spalten; **2.** *Edelstein* abschleifen; **II** *s.* **3.** Dia'mantenschleifscheibe *f*.

skive² [skaɪv] *Brit. sl.* **I** *v/t.* ‚sich drükken‘ vor (*dat.*); **II** *v/i.* a. **~ off** sich drücken.

skiv·vy ['skɪvɪ] *s. Brit. contp.* Dienstmagd *f*.

sku·a ['skjuːə] *s. orn.* (**great ~** Riesen-) Raubmöwe *f*.

skul·dug·ger·y [skʌl'dʌgərɪ] *s.* F Gaune'rei *f*, Schwindel *m*.

skulk [skʌlk] *v/i.* **1.** lauern; **2.** (um'her-) schleichen: **~ after s.o.** j-m nachschleichen; **3.** *fig.* sich drücken; **'skulk·er** [-kə] *s.* **1.** Schleicher(in) *f*; **2.** Drückeberger(in) *f*.

skull [skʌl] *s.* **1.** *anat.* Schädel *m*, Hirnschale *f*: **fractured ~** ✚ Schädelbruch *m*; **2.** Totenschädel *m*: **~ and crossbones** a) Totenkopf *m* (*Giftzeichen etc.*), b) *hist.* Totenkopf-, Piratenflagge

f; **3.** *fig.* Schädel *m* (*Verstand*): **have a thick ~** ein Brett vor dem Kopf haben; **'~·cap** *s.* **1.** *anat.* Schädeldach *n*; **2.** Käppchen *n*.

skunk [skʌŋk] **I** *s.* **1.** *zo.* Skunk *m*, Stinktier *n*; **2.** Skunk(s)pelz *m*; **3.** *fig. sl.* ‚Scheißkerl‘ *m*, ‚Schwein‘ *n*; **II** *v/t.* **4.** *Am.* F a) ‚vermöbeln‘ (*a. sport*), b) ‚bescheißen‘.

sky [skaɪ] **I** *s.* **1.** *oft pl.* (Wolken)Himmel *m*: **in the ~** am Himmel; **out of a clear ~** *bsd. fig.* aus heiterem Himmel; **2.** *oft pl.* Himmel *m* (*a. fig.*), Himmelszelt *n*: **under the open ~** unter freiem Himmel; **praise to the skies** *fig.* in den Himmel heben; **the ~ is the limit** F nach oben sind keine Grenzen gesetzt; **3.** a) Klima *n*, b) Himmelsstrich *m*, Gegend *f*, c) ✕, ✓ Luftraum *m*; **II** *v/t.* **4.** *Ball etc.* hoch in die Luft schlagen *od.* werfen; **5.** F *Bild* (zu) hoch aufhängen (*in e-r Ausstellung*); **~ ad·ver·tis·ing** *s.* ✚ Luftwerbung *f*; **'~·blue** *adj.* himmelblau; **'~·coach** *s.* ✓ *Am.* Passagierflugzeug ohne Service; **'~·div·er** *s. sport* Fallschirmspringer(in); **'~·div·ing** *s. sport* Fallschirmspringen *n*; **~·'high** *adj. u. adv.* himmelhoch (*a. fig.*): **blow ~** a) sprengen, b) *fig. Theorie etc.* über den Haufen werfen; **'~·jack** **I** *v/t. Flugzeug* entführen; **II** *s.* Flugzeugentführung *f*; **'~·jack·er** *s.* Flugzeugentführer (-in); **'~·jack·ing** *s.* → **skyjack** II; **'~·lab** *s.* 'Raumla‚bor *n*; **'~·lark** **I** *s.* **1.** *orn.* (Feld)Lerche *f*; **2.** Spaß *m*, Ulk *m*; **II** *v/i.* **3.** he'rumtollen, ‚Blödsinn‘ treiben; um'hertollen; **'~·light** *s.* Oberlicht *n*, Dachfenster *n*; **'~·line** *s.* Hori'zont (-linie *f*) *m*, (Stadt- *etc.*)Silhou'ette *f*: **'~·lin·er** → **airliner**; **~ mar·shal** *s. Am. Bundespolizist, der zur Verhinderung von Flugzeugentführungen eingesetzt wird*; **~ pi·lot** *s. sl.* ‚Schwarzrock‘ *m* (*Geistlicher*); **'~·rock·et** **I** *s. Feuerwerk*: Ra'kete *f*; **II** *v/i.* in die Höhe schießen (*Preise etc.*), sprunghaft ansteigen; **III** *v/t.* sprunghaft ansteigen lassen; **'~·scape** [-skeɪp] *s. paint.* Wolkenlandschaft *f* (*Bild*); **'~·scrap·er** *s.* Wolkenkratzer *m*; **~ sign** *s.* ✚ 'Leuchtre‚klame *f* (*auf Häusern etc.*).

sky·ward ['skaɪwəd] **I** *adv.* himmel'an, -wärts; **II** *adj.* himmelwärts gerichtet; **'sky·wards** [-dz] → **skyward**.

'sky·way *s. bsd. Am.* **1.** ✓ Luftroute *f*; **2.** Hochstraße *f*; **'~·writ·er** *s.* Himmelsschreiber *m*; **'~·writ·ing** *s.* Himmelsschrift *f*.

slab [slæb] **I** *s.* **1.** (Me'tall-, Stein-, Holz-*etc.*)Platte *f*, Tafel *f*, Fliese *f*: **on the ~** F a) auf dem Operationstisch, b) im Leichenschauhaus; **2.** (dicke) Scheibe (*Brot, Fleisch etc.*); **3.** ⊕ Schwarten-, Schalbrett *n*; **4.** *metall.* Bramme *f* (*Roheisenblock*); **5.** *Am. sl.* Baseball: Schlagmal *n*; **6.** (*westliche USA*) Be'tonstraße *f*; **II** *v/t.* **7.** ⊕ a) *Stamm* abschwarten, b) in Platten *od.* Bretter zersägen.

slack¹ [slæk] **I** *adj.* □ **1.** schlaff, locker, lose (*alle a. fig.*): **keep a ~ rein** (*od.* **hand**) *fig.* die Zügel locker lassen (*a. fig.*); **2.** a) langsam, träge (*Strömung etc.*), b) flau (*Brise*); **3.** ✚ flau, lustlos; → **season** 3; **4.** (nach)lässig, lasch, schlaff: **be ~ in one's duties** s-e Pflichten vernachlässigen; **~ performance** schlappe Lei-

stung; **5.** *ling.* locker: **~ vowel** offener Vokal; **II** *s.* **6.** ♣ Lose *n* (*loses Tauende*); **7.** ⊕ Spiel *n*: **take up the ~** Druckpunkt nehmen (*beim Schießen*); **8.** ♣ Stillwasser *n*; **9.** Flaute *f* (*a.* ✚); **10.** F (Ruhe)Pause *f*; **11.** *pl.* Freizeithose *f*; **III** *v/t.* **12.** *a.* **~ off** → **slacken** 1; **13.** *a.* **~ up** → **slacken** 2 u. 3; **14.** → **slake** 2; **IV** *v/i.* **15.** → **slacken** 5; **16.** *oft* **~ off** a) nachlassen, b) F trödeln; **17.** **~ up** langsamer werden *od.* fahren.

slack² [slæk] *s.* ✕ Kohlengrus *m*.

slack·en ['slækən] **I** *v/t.* **1.** *Seil, Muskel etc.* lockern, locker machen, entspannen; **2.** lösen; ♣ *Segel* lose machen; (*Tau*)Ende fieren; **3.** *Tempo* verlangsamen, her'absetzen; **4.** nachlassen *od.* nachlässig werden in (*dat.*); **II** *v/i.* **5.** sich lockern, schlaff werden; **6.** *fig.* erlahmen, nachlassen, nachlässig werden; **7.** langsamer werden; **8.** ✚ stocken; **'slack·er** [-kə] *s.* Bumme'lant *m*, Faulpelz *m*; **'slack·ness** [-knɪs] *s.* **1.** Schlaffheit *f*, Lockerheit *f*; **2.** Flaute *f*, Stille *f* (*a. fig.*); **3.** ✚ Flaute *f*, (Geschäfts)Stockung *f*, Unlust *f*; **4.** *fig.* Schlaffheit *f*, (Nach)Lässigkeit *f*, Trägheit *f*; **5.** ⊕ Spiel *n*, toter Gang.

slack| suit *s. Am.* Freizeitanzug *m*; **~ wa·ter** → **slack¹** 8.

slag [slæg] *s.* **1.** ⊕ (*geol.* vul'kanische) Schlacke: **~ concrete** Schlackenbeton *m*; **2.** *Brit. sl.* Schlampe *f*; **II** *v/t. u. v/i.* **3.** verschlacken; **'slag·gy** [-gɪ] *adj.* schlackig.

slain [sleɪn] *p.p. von* **slay**.

slake [sleɪk] *v/t.* **1.** *Durst, a. fig. Begierde etc.* stillen; **2.** ⊕ *Kalk* löschen; **~d lime** ✚ Löschkalk *m*.

sla·lom ['slɑːləm] *s. sport* Slalom *m*, Torlauf *m*.

slam¹ [slæm] **I** *v/t.* **1.** *a.* **~ to** *Tür, Deckel* zuschlagen, zuknallen; **2.** *et. auf den Tisch etc.* knallen: **~ down** *et.* hinknallen; **3.** *j-n* schlagen; **4.** *sl. sport* ‚über'fahren‘ (*besiegen*); **5.** F *j-n od. et.* in die Pfanne hauen‘; **II** *v/i.* **6.** *a.* **~ to** zuschlagen (*Tür*); **III** *s.* **7.** Knall *m*; **IV** *adv.* **8.** *a. int.* bums(!), peng(!).

slam² [slæm] *s. Kartenspiel*: Schlemm *m*: **grand ~** Groß-Schlemm.

slan·der ['slɑːndə] **I** *s.* **1.** ⚖ mündliche Verleumdung, üble Nachrede; **2.** *allg.* Verleumdung *f*, Klatsch *m*; **II** *v/t.* **3.** verleumden; **'slan·der·er** [-dərə] *s.* Verleumder(in); **'slan·der·ous** [-dərəs] *adj.* □ verleumderisch.

slang [slæŋ] **I** *s.* Slang *m*, Jar'gon *m*: a) Sonder-, Berufssprache *f*: **schoolboy ~** Schülersprache; **thieves' ~** Gaunersprache, *das* Rotwelsch, b) sa'loppe 'Umgangssprache; **II** *v/t. j-n* (wüst) beschimpfen: **~ing match** wüste gegenseitige Beschimpfungen *pl.*; **'slang·y** [-ɪ] *adj.* sa'lopp, Slang...

slant [slɑːnt] **I** *s.* **1.** Schräge *f*, schräge Fläche *od.* Richtung *od.* Linie: **on the** (*od.* **on a**) **~** schräg, schief; **2.** Abhang *m*; **3.** *fig.* a) Ten'denz *f*, ‚Färbung‘ *f*), Einstellung *f*, Gesichtspunkt *m*: **take a ~ at** *Am.* F e-n (Seiten)Blick werfen auf (*acc.*); **II** *adj.* □ **4.** schräg; **III** *v/i.* **5.** schräg liegen; sich neigen, kippen; **6.** *fig.* tendieren (**towards** zu *et.* hin); **IV** *v/t.* **7.** schräg legen, kippen, e-e schräge Richtung geben (*dat.*): **~ed** schräg; **8.** *fig.* e-e Ten'denz geben, ‚färben‘; **'~-**

eye s. Schlitzauge n (*Asiate etc.*); **'slant-eyed** *adj.* schlitzäugig; **'slant-ing** [-tɪŋ] *adj.* □ schräg; **'slant-wise** *adj. u. adv.* schräg, schief.

slap [slæp] **I** s. **1.** Schlag m, Klaps m: *give s.o. a ~ on the back* j-m anerkennend auf den Rücken klopfen; *a ~ in the face* e-e Ohrfeige, ein Schlag ins Gesicht (*a. fig.*); *have a* (*bit of*) *~ and tickle* F ,knutschen'; **II** v/t. **2.** schlagen, e-n Klaps geben (*dat.*): *~ s.o.'s face* j-n ohrfeigen; **3.** → *slam¹* 2; **4.** scharf tadeln; **5.** *~ on* F a) *et.* draufklatschen, b) *Zuschlag etc.* ,draufhauen'; **III** v/i. **6.** schlagen, klatschen (*a. Regen etc.*); **IV** *adv.* **7.** F genau, bums, ,zack': *I ran into him,* |~-'bang *adv.* **1.** → *slap* 7; **2.** Knall u. Fall; '~-dash **I** *adv.* **1.** blindlings, Hals über Kopf; **2.** hoppla'hopp, ,auf die Schnelle'; **3.** aufs Gerate'wohl; **II** *adj.* **4.** heftig, ungestüm; **5.** schlampig, schlud(e)rig: *~ work;* '~|hap·py *adj.* unbekümmert; '~jack s. *Am.* **1.** Pfannkuchen m; **2.** *ein Kinderkartenspiel;* '~stick **I** s. **1.** (Narren)Pritsche f; **2.** *thea.* a) Slapstick m, Kla'mauk m, b) 'Slapstickko,mödie f; **II** *adj.* **3.** Slapstick…, Klamauk…: *~ comedy* → 2 b; '~up *adj. sl.* ,todschick', prima, ,toll'.

slash [slæʃ] **I** v/t. **1.** (auf)schlitzen; zerfetzen; **2.** *Kleid etc.* schlitzen: ~ed *sleeve* Schlitzärmel m; **3.** a) peitschen, b) *Peitsche* knallen lassen; **4.** *Ball etc.* ,dreschen'; **5.** *fig.* geißeln, scharf kritisieren; **6.** *fig.* drastisch kürzen *od.* her-'absetzen, zs.-streichen; **II** v/i. **7.** hauen (*at* nach): *~ out* um sich hauen (*a. fig.*); **III** s. **8.** Hieb m, Streich m; **9.** Schnitt (-wunde f) m; **10.** Schlitz m; **11.** Holzschlag m; **12.** a) drastische Kürzung, b) drastischer Preisnachlaß; **'slash·ing** [-ʃɪŋ] **I** s. **1.** ✗ Verhau m; **II** *adj.* **2.** schneidend, schlitzend: ~ *weapon* ✗ Hiebwaffe f; **3.** *fig.* vernichtend, beißend (*Kritik etc.*); **4.** F ,toll'.

slat [slæt] s. **1.** Leiste f, (*a.* Jalou'sie>) Stab m; **2.** *pl. sl.* a) Rippen *pl.*, b) ,Arschbacken' *pl.*

slate¹ [sleɪt] **I** s. **1.** *geol.* Schiefer m; **2.** (Dach)Schiefer m, Schieferplatte f; **3.** Schiefertafel f (*zum Schreiben*): *have a clean ~ fig.* e-e reine Weste haben; *clean the ~ fig.* reinen Tisch machen; → *wipe off* 2; **4.** *Film:* Klappe f; **5.** *pol. etc. Am.* Kandi'datenliste f; **6.** Schiefergrau n (*Farbe*); **II** v/t. **7.** *Dach* mit Schiefer decken; **8.** *Am.* a) *Kandidaten* (vorläufig) aufstellen, vorschlagen: *be ~d for* für e-n Posten vorgesehen sein, b) *zeitlich* ansetzen; **III** *adj.* **9.** schieferartig, -farbig; Schiefer…

slate² [sleɪt] v/t. *sl.* **1.** ,vermöbeln'; **2.** *fig.* a) *et.* ,verreißen' (*kritisieren*), b) j-n abkanzeln.

,slate|-'blue *adj.* schieferblau; '~-club s. *Brit.* Sparverein m; |~-'gray, |~-'grey *adj.* schiefergrau; ~ **pen·cil** s. Griffel m.

slath·er ['slæðə] *Am.* F **I** v/t. **1.** dick schmieren *od.* auftragen; **2.** verschwenden; **II** s. **3.** *mst pl.* große Menge.

slat·ing ['sleɪtɪŋ] s. *sl.* **1.** ,Verriß' m, beißende Kri'tik; **2.** Standpauke f.

slat·tern ['slætə:n] s. **1.** Schlampe f; **2.** *Am.* ,Nutte' f; **'slat·tern·ly** [-lɪ] *adj. u. adv.* schlampig, schmudd(e)lig.

slat·y ['sleɪtɪ] *adj.* schief(e)rig.

slaugh·ter ['slɔ:tə] **I** s. **1.** Schlachten n; **2.** *fig.* a) Abschlachten n, Niedermetzeln n, b) Gemetzel n, Blutbad n; → *innocent* 7; **II** v/t. **3.** Vieh schlachten; **4.** *fig.* a) (ab)schlachten, niedermetzeln, b) F j-n ,auseinandernehmen' (*a. sport*); **'slaugh·ter·er** [-ərə] s. Schlächter m; **'slaugh·ter·house** s. **1.** Schlachthaus n; **2.** *fig.* Schlachtbank f.

Slav [slɑ:v] **I** s. Slawe m, Slawin f; **II** *adj.* slawisch, Slawen…

slave [sleɪv] **I** s. **1.** Sklave m, Sklavin f; **2.** *fig.* Sklave m, Arbeitstier n, Kuli m: *work like a ~* → 4; **3.** *fig.* Sklave m (*to, of gen.*): *a ~ to one's passions;* *a ~ to drink* alkoholsüchtig; **II** v/i. **4.** schuften, wie ein Kuli arbeiten; ~ **driv·er** s. **1.** Sklavenaufseher m; **2.** *fig.* Leuteschinder m.

slav·er¹ ['sleɪvə] s. **1.** Sklavenschiff n; **2.** Sklavenhändler m.

slav·er² ['slævə] **I** v/i. **1.** geifern, sabbern (*a. fig.*): ~ *for fig.* lechzen nach; **2.** *fig.* katzbuckeln; **II** v/t. **3.** *obs.* besabbern; **III** s. **4.** Geifer m.

slav·er·y ['sleɪvərɪ] s. **1.** Sklave'rei f (*a. fig.*): ~ *to fig.* die sklavische Abhängigkeit von; **2.** Sklavenarbeit f; *fig.* Placke'rei f, Schinde'rei f.

slave| ship s. Sklavenschiff n; ~ **trade** s. Sklavenhandel m; ~ **trad·er** s. Sklavenhändler m.

slav·ey ['sleɪvɪ] s. *Brit.* F ,dienstbarer Geist'.

Slav·ic ['slɑ:vɪk] **I** *adj.* slawisch; **II** s. *ling.* Slawisch n.

slav·ish ['sleɪvɪʃ] *adj.* **1.** □ sklavisch, Sklaven…; **2.** *fig.* knechtisch, kriecherisch unter'würfig; **3.** *fig.* sklavisch: ~ *imitation;* **'slav·ish·ness** [-nɪs] s. das Sklavische, sklavische Gesinnung.

slaw [slɔ:] s. *Am.* 'Krautsa,lat m.

slay [sleɪ] [*irr.*] **I** v/t. töten, erschlagen, ermorden; **II** v/i. morden; **slay·er** ['sleɪə] s. Mörder(in).

slea·zy ['sli:zɪ] *adj.* **1.** dünn (*a. fig.*), verschlissen (*Gewebe*); **2.** → *shabby.*

sled [sled] → *sledge¹* 1; **'sled·ding** [-dɪŋ] s. *bsd. Am.* 'Schlittenfahren n, -trans,port m: *hard* (*smooth*) ~ *fig.* schweres (*glattes*) Vorankommen.

sledge¹ [sledʒ] **I** s. **1.** a) *◎* Schlitten m, b) (Rodel)Schlitten m; **2.** *bsd. Brit.* (leichterer) Pferdeschlitten m; **II** v/t. **3.** mit e-m Schlitten befördern *od.* fahren; **III** v/i. **4.** Schlitten fahren, rodeln.

sledge² [sledʒ] *◎ u.* s. **1.** Vorschlag-, Schmiedehammer m; **2.** schwerer Treibfäustel m; **3.** ✗ Schlägel m; '~ham·mer **I** s. → *sledge²* 1; **II** *adj. fig.* a) Holzhammer…(-*argumente etc.*), b) wuchtig, vernichtend (*Schlag*), c) ungeschlacht (*Stil*).

sleek [sli:k] **I** *adj.* □ **1.** glatt, glänzend (*Haar*); **2.** geschmeidig, glatt (*Körper, a. fig. Wesen*); **3.** *fig.* a) gepflegt, elegant, schick, b) schnittig (*Form*); **4.** *fig. b.s.* aalglatt, ölig; **II** v/t. **5.** *a. ◎* glätten; *Haar* glatt kämmen *od.* bürsten; *◎ Leder* schlichten; **'sleek·ness** [-nɪs] s. Glätte f, Geschmeidigkeit f (*a. fig.*).

sleep [sli:p] v/i. [*irr.*] **1.** schlafen, ruhen (*beide a. fig. Dorf, Streit, Toter etc.*): *~ late* lange schlafen; *~ like a log* (*od. top od.* **dormouse**) schlafen wie ein Murmeltier; ~ [*up*]*on* (*od. over*)

s.th. fig. et. überschlafen; **2.** schlafen, über'nachten: ~ *in* (*out*) im (*außer*) Haus schlafen; **3.** stehen (*Kreisel*); **4.** ~ *with* mit j-m schlafen; ~ *around* mit vielen Männern ins Bett gehen; **II** v/t. [*irr.*] **5.** schlafen: ~ *the ~ of the just* den Schlaf des Gerechten schlafen; **6.** ~ *away* Zeit verschlafen; **7.** ~ *off Kopfweh etc.* ausschlafen: ~ *it off* s-n Rausch etc. ausschlafen; **8.** Schlafgelegenheit bieten für; j-n 'unterbringen; **III** s. **9.** Schlaf m, Ruhe f (*a. fig.*): *in one's ~* im Schlaf; *the last ~ fig.* die letzte Ruhe, der Tod(esschlaf); *get some ~* ein wenig schlafen; *go to ~* a) schlafen gehen, b) einschlafen (*a. fig. sterben*); *put to ~ allg., a. ✻* einschläfern; **10.** *zo.* (Winter)Schlaf m; **11.** ♀ Schlafbewegung f; **'sleep·er** [-pə] s. **1.** Schläfer(in): *be a light* (*sound*) ~ e-n leichten (festen) Schlaf haben; **2.** 🛏 a) Schlafwagen m, b) *Brit.* Schwelle f; **3.** *Am.* Lastwagen m mit Schlafkoje; **4.** *Am.* a) ('Kinder-)Py,jama (*od.* a.) (Baby)Schlafsack m; **5.** *Am.* F über'raschender Erfolg; **6.** ✝ *Am.* Ladenhüter m; **'sleep-in** s. Sleep-in n, 'Schlafdemonstrati,on f; **'sleep·i·ness** [-pɪnɪs] s. **1.** Schläfrigkeit f; **2.** *a. fig.* Verschlafenheit f.

sleep·ing ['sli:pɪŋ] *adj.* **1.** schlafend; **2.** Schlaf…: ~ *accommodation* Schlafgelegenheit f; ~ **bag** s. Schlafsack m; ♀ **Beau·ty** s. Dorn'rös-chen n; ~ **car** s. 🛏 Schlafwagen m; ~ **draught** s. Schlaftrunk m, -mittel n; ~ **part·ner** s. ✝ *Brit.* stiller Teilhaber (mit unbeschränkter Haftung); ~ **sick·ness** s. ✻ Schlafkrankheit f; ~ **suit** s. *Am.* ('Kinder-)Schlafanzug m; ~ **tab·let** s. ✻ 'Schlafta,blette f.

sleep·less ['sli:plɪs] *adj.* □ **1.** schlaflos; **2.** *fig.* a) rast-, ruhelos, b) wachsam; **'sleep·less·ness** [-nɪs] s. **1.** Schlaflosigkeit f; **2.** *fig.* Rast-, Ruhelosigkeit f; **3.** Wachsamkeit f.

'sleep|,walk·er s. Nachtwandler(in); '~,walk·ing **I** s. Nacht-, Schlafwandeln n; **II** *adj.* schlafwandelnd; nachtwandlerisch.

sleep·y ['sli:pɪ] *adj.* □ **1.** schläfrig, müde; **2.** *fig.* schläfrig, schlafmützig, träge; **3.** *fig.* verschlafen, verträumt (*Dorf etc.*); **4.** teigig (*Obst*); '~head s. *fig.* Schlafmütze f.

sleet [sli:t] *meteor.* **I** s. **1.** Graupel(n *pl.*) f, Schloße(n *pl.*) f; **2.** a) *Brit.* Schneeregen m, b) *Am.* Graupelschauer m; **3.** F 'Eis,überzug m *auf Bäumen etc.*; **II** v/i. **4.** graupeln; **'sleet·y** [-tɪ] *adj.* graupelig.

sleeve [sli:v] s. **1.** Ärmel m: *have s.th. up* (*od. in*) *one's ~* a) et. auf Lager *od.* in petto haben, b) et. im Schild führen; *laugh in one's ~* sich ins Fäustchen lachen; *roll up one's ~s* die Ärmel hochkrempeln (*a. fig.*); **2.** *◎* Muffe f, Buchse f, Man'schette f; **3.** (Schutz-)Hülle f; **sleeved** [-vd] *adj.* **1.** mit Ärmeln; **2.** *in Zssgn* …ärmelig; **'sleeve·less** [-lɪs] *adj.* ärmellos.

sleeve| link s. Man'schettenknopf m; ~ **tar·get** s. ✗ Schleppsack m; ~ **valve** s. *◎* 'Muffenven,til n.

sleigh [sleɪ] s. (Pferde- *od.* Last)Schlitten m; **II** v/i. (im) Schlitten fahren; ~ **bell** s. Schlittenschelle f.

sleight [slaɪt] s. **1.** Geschicklichkeit f; **2.** Trick m; |~-of-'hand s. **1.** (Taschenspieler)Kunststück *n*, (-)Trick *m* (*a. fig.*); **2.** (Finger)Fertigkeit *f.*

slen·der [ˈslendə] *adj.* □ **1.** schlank; **2.** schmal, schmächtig; **3.** *fig.* a) schmal, dürftig: ~ *income*, b) gering, schwach: *a* ~ *hope*; **4.** mager, karg (*Essen*); **'slen·der·ize** [-əraɪz] *v/t. u. v/i.* schlank (-er) machen *od.* werden; **'slen·der·ness** [-nɪs] *s.* **1.** Schlankheit *f*, Schmalheit *f*; **2.** *fig.* Dürftigkeit *f*; **3.** Kargheit *f* (*des Essens*).

slept [slept] *pret. u. p.p. von* **sleep.**

sleuth [sluːθ] **I** *s. a.* ~*hound* Spürhund *m* (*a. fig. Detektiv*); **II** *v/i.* ‚(he'rum-)schnüffeln'; **III** *v/t. j-s* Spur verfolgen.

slew¹ [sluː] *pret. von* **slay.**

slew² [sluː] *s. Am. od. Canad.* Sumpf (-land *n*, -stelle *f*) *m.*

slew³ [sluː] **I** *v/t. a.* ~ *round* her'umdrehen, (-)schwenken; **II** *v/i.* sich her'umdrehen.

slew⁴ [sluː] *s. Am.* F (große) Menge, Haufe(n) *m*: *a* ~ *of people.*

slice [slaɪs] **I** *s.* **1.** Scheibe *f*, Schnitte *f*, Stück *n*: *a* ~ *of bread*; **2.** *fig.* Stück *n* Land *etc.*; (An)Teil *m*: *a* ~ *of the profits* ein Anteil am Gewinn; *a* ~ *of luck* *fig.* e-e Portion Glück; **3.** (*bsd.* Fisch-) Kelle *f*; **4.** ⚙ Spa(ch)tel *m*; **5.** *Golf, Tennis:* Slice *m* (*Schlag u. Ball*); **II** *v/t.* **6.** in Scheiben schneiden, aufschneiden: ~ *off Stück* abschneiden; **7.** *a. Luft, Wellen* durch'schneiden; **8.** *fig.* aufteilen; **9.** *Tennis:* den *Ball* slicen; **III** *v/i.* **10.** Scheiben schneiden; **11.** *Golf, Tennis:* slicen; **'slic·er** [-sə] *s.* (*Brot-, Gemüse- etc.*)'Schneidema‚schine *f*; (*Gurken-, Kraut- etc.*)Hobel *m.*

slick [slɪk] F **I** *adj.* □ **1.** glatt, glitschig; **2.** *Am.* Hochglanz...; → *a.* 8; **3.** F a) geschickt, raffiniert, b) ‚schick', ‚flott'; **II** *adv.* **4.** geschickt; **5.** flugs; **6.** genau, ‚peng': ~ *in the eye*; **III** *v/t.* **7.** glätten; **8.** ‚auf Hochglanz bringen'; **IV** *s.* **9.** Ölfläche *f*; **10.** F *a.* ~ *paper Am.* F ele'gante Zeitschrift; **'slick·er** [-kə] *s. Am.* **1.** Regenmantel *m*; **2.** F a) raffinierter Kerl, Schwindler *m*, b) ‚Großstadtpinkel' *m.*

slid [slɪd] *pret. u. p.p. von* **slide.**

slide [slaɪd] **I** *v/i.* [*irr.*] **1.** gleiten (*a. Riegel etc.*): ~ *down* hinunterrutschen, -gleiten; ~ *from* entgleiten (*dat.*); *let things* ~ *fig.* die Dinge laufen lassen; **2.** *auf Eis* schlittern; **3.** (aus)rutschen; **4.** ~ *over fig.* leicht über *ein Thema* hin'weggehen; **5.** ~ *into fig.* in *et.* hin'einschlittern; **II** *v/t.* [*irr.*] **6.** Gegenstand, *s-e Hände etc. wohin* gleiten lassen, schieben: ~ *in fig.* Wort einfließen lassen; **III** *s.* **7.** Gleiten *n*; **8.** Schlittern *n auf Eis*; **9.** a) Schlitterbahn *f*, b) Rodelbahn *f*, c) (*a.* Wasser)Rutschbahn *f*; **10.** *geol.* Erd-, Fels-, Schneerutsch *m*; **11.** ⚙ a) Rutsche *f*, b) Schieber *m*, c) Schlitten *m* (*Drehbank etc.*), Führung *f*; **12.** ♪ Zug *m*; **13.** Spange *f*; **14.** *phot.* Dia(posi-'tiv) *n*: ~ *lecture* Lichtbildervortrag *m*; **15.** *Mikroskop:* Ob'jektträger *m*; **16.** (*Haar- etc.*)Spange *f*; ~ *cal·i·per s.* ⚙ Schieb-, Schublehre *f*; ~ *rest s.* ⚙ Sup'port *m*; ~ *rule s.* ⚙ Rechenschieber *m*; ~ *valve s.* ⚙ 'Schieber(ven‚til *n*) *m.*

slid·ing [ˈslaɪdɪŋ] *adj.* □ **1.** gleitend; **2.** Schiebe...: ~ *door*, ~ *fit s.* ⚙ Gleitsitz *m*; ~ *roof s. mot.* Schiebedach *n*; ~ *rule*

→ *slide rule*; ~ *scale s.* † **1.** gleitende (Lohn- *od.* Preis)Skala; **2.** 'Staffelta‚rif *m*; ~ *seat s. Rudern:* Gleit-, Rollsitz *m*; ~ *ta·ble s.* Ausziehtisch *m*; ~ *time s.* † *Am.* Gleitzeit *f.*

slight [slaɪt] **I** *adj.* □ → *slightly;* **1.** schmächtig, dünn; **2.** schwach (*Konstruktion*); **3.** leicht, schwach (*Geruch etc.*); **4.** leicht, gering(fügig), unbedeutend: *a* ~ *increase*; *not the* ~*est doubt* nicht der geringste Zweifel; **5.** schwach, gering (*Intelligenz etc.*); **6.** flüchtig, oberflächlich (*Bekanntschaft etc.*); **II** *v/t.* **7.** *j-n* kränken; **8.** *et. auf die* leichte Schulter nehmen; **III** *s.* **9.** Kränkung *f*; **'slight·ing** [-tɪŋ] *adj.* □ abschätzig, kränkend; **'slight·ly** [-lɪ] *adv.* leicht, schwach, etwas, ein bißchen; **'slight·ness** [-nɪs] *s.* **1.** Geringfügigkeit *f*; **2.** Schmächtigkeit *f*; **3.** Schwäche *f.*

sli·ly [ˈslaɪlɪ] *adv. von* **sly.**

slim [slɪm] **I** *adj.* □ **1.** schlank, dünn; **2.** *fig.* gering, dürftig, schwach: *a* ~ *chance*; **3.** schlau, gerieben; **II** *v/t.* **4.** schlank(er) machen; **5.** ~ *down* F *fig.* ‚abspecken', *a.* gesundschrumpfen; **III** *v/i.* **6.** schlank(er) werden; **7.** e-e Schlankheitskur machen; **'slim·down** *s. fig.* ‚Schlankheitskur' *f*, Gesundschrumpfung *f.*

slime [slaɪm] **I** *s.* **1.** *bsd.* ♥, *zo.* Schleim *m*; **2.** Schlamm *m*; *fig.* Schmutz *m*; **II** *v/t.* **3.** mit Schlamm *od.* Schleim über-'ziehen *od.* bedecken; **'slim·i·ness** [-mɪnɪs] *s.* **1.** Schleimigkeit *f*, das Schleimige; **2.** Schlammigkeit *f.*

'slim·line *v/t.* (*v/i.* sich) gesundschrumpfen.

slim·ming [ˈslɪmɪŋ] **I** *s.* Abnehmen *n*; Schlankheitskur *f*; **II** *adj.* Schlankheits...: ~ *cure*; ~ *diet*; **'slim·ness** [-mnɪs] *s.* **1.** Schlankheit *f*; **2.** *fig.* Dürftigkeit *f.*

slim·y [ˈslaɪmɪ] *adj.* □ **1.** schleimig, glitschig; **2.** schlammig; **3.** *fig.* a) ‚schleimig', kriecherisch, b) schmierig, schmutzig, c) widerlich, ‚fies'.

sling¹ [slɪŋ] **I** *s.* **1.** Schleuder *f*; **2.** (Schleuder)Wurf *m*; **II** *v/t.* [*irr.*] **3.** schleudern: ~ *ink* F schriftstellern.

sling² [slɪŋ] *s.* **1.** Schlinge *f zum Heben von Lasten*; **2.** ✈ (Arm)Schlinge *f*, Binde *f*; **3.** Tragriemen *m*; **4.** *mst pl.* ⚓ Stropp *m*, Tauschlinge *f*; **II** *v/t.* [*irr.*] **5.** a) e-e Schlinge legen um *e-e Last*, b) *Last* hochziehen; **6.** aufhängen: *be slung from* hängen *od.* baumeln von; **7.** ✗ *Gewehr* 'umhängen; **8.** ✈ *Arm* in die Schlinge legen.

sling³ [slɪŋ] *s. Art* Punsch *m.*

'sling·shot *s.* (Stein)Schleuder *f*; **2.** *Am.* Kata'pult *n, m.*

slink [slɪŋk] **I** *v/i.* [*irr.*] **1.** schleichen, sich *wohin* stehlen: ~ *off* wegschleichen, sich fortstehlen; **2.** *zo.* fehlgebären, *bsd.* verkalben (*Kuh*); **II** *v/t.* [*irr.*] **3.** *Junges* vor der Zeit werfen, zu früh zur Welt bringen; **'slink·y** [-kɪ] *adj.* **1.** aufreizend; **2.** geschmeidig; **3.** hauteng (*Kleid*).

slip [slɪp] **I** *s.* **1.** (Aus)Gleiten *n*, (-)Rutschen *n*; Fehltritt *m* (*a. fig.*); **2.** *fig.* (Flüchtigkeits)Fehler *m*, Schnitzer *m*, Lapsus *m*: ~ *of the pen* Schreibfehler *m*; ~ *of the tongue* ‚Versprecher' *m*; *it was a* ~ *of the tongue* ich habe mich

(er hat sich *etc.*) versprochen; **3.** *fig.* ‚Panne' *f*: a) Mißgeschick *n*, b) Fehler *m*, Fehlleistung *f*; **4.** 'Unterkleid *n*, -rock *m*; **5.** (Kissen)Bezug *m*; **6.** (Hun-de)Leine *f*, Koppel *f*: *give s.o. the* ~ *fig.* j-m entwischen; **7.** ⚓ (Schlipp)Helling *f*; **8.** ⚙ Schlupf *m* (*Nachbleiben der Drehzahl*); **9.** *geol.* Erdrutsch *m*; **10.** ♀ Pfropfreis *n*, Setzling *m*; **11.** *fig.* Sprößling *m*; **12.** Streifen *m*, Stück *n Holz od. Papier*, Zettel *m*: *a* ~ *of a boy fig.* ein schmächtiges Bürschchen; *a* ~ *of a room* ein winziges Zimmer; **13.** (Kon-'troll-)Abschnitt *m*; **14.** *typ.* Fahne *f*; **15.** *Kricket:* Eckmann *m*; **II** *v/i.* **16.** gleiten, rutschen: ~ *from* der Hand, *a.* dem Gedächtnis entgleiten; **17.** sich (hoch- *etc.*)schieben, (ver)rutschen; **18.** sich lösen (*Knoten*); **19.** *wohin* schlüpfen: ~ *away* a) *a.* ~ *off* entschlüpfen, -wischen, sich davonstehlen, b) *a.* ~ *by* verstreichen (*Tage, Zeit*); ~ *in* sich einschleichen (*a. fig. Fehler etc.*), hineinschlüpfen; ~ *into* in *ein Kleid, Zimmer etc.* schlüpfen *od.* gleiten; *let an opportunity* ~ sich e-e Gelegenheit entgehen lassen; **20.** *a.* F ~ *up* e-n Fehler machen, sich vertun: *he is* ~*ping* F er läßt nach; **III** *v/t.* **21.** Gegenstand, *s-e Hand etc. wohin* gleiten lassen, (*bsd.* heimlich) *wohin* stecken *od.* schieben: ~ *s.o. s.th.* j-m et. zustecken; ~ *in* a) *et.* hineingleiten lassen, b) *Bemerkung* einfließen lassen; **22.** *Ring, Kleid etc.* 'über- *od.* abstreifen: ~ *on* (*off*); **23.** *j-m* entwischen; **24.** *j-s* Aufmerksamkeit entgehen: *have* ~*ped s.o.'s memory* (*od. mind*) j-m entfallen sein; **25.** *et.* fahrenlassen; **26.** a) *Hundehalsband, a.* Fessel *etc.* abstreifen, b) *Hund etc.* loslassen; **27.** *Knoten* lösen; **28.** → *slink* 3; ~'**case** *s.* **1.** ('Bücher)Kas‚sette *f*; **2.** → '~**cov·er** *s.* Schutzhülle *f* (*für Bücher*); Schonbezug *m* (*für Möbel*); '~**knot** *s.* Laufknoten *m*; '~**on** **I** *s.* Kleidungsstück *n* zum 'Überstreifen, *bsd.* a) Slipon *m* (*Mantel*), b) Pull'over *m*, c) Slipper *m*; **II** *adj.* a) Umhänge..., Überzieh..., b) ⚙ Aufsteck...

slip·per [ˈslɪpə] **I** *s.* a) Pan'toffel *m*, b) Slipper *m* (*leichter Haus- od. Straßenschuh*); **2.** ⚙ Hemmschuh *m*; **II** *v/t.* **3.** mit e-m Pantoffel schlagen.

slip·per·i·ness [ˈslɪpərɪnɪs] *s.* **1.** Schlüpfrigkeit *f*; **2.** *fig.* Gerissenheit *f*; **slip·per·y** [ˈslɪpərɪ] *adj.* □ **1.** schlüpfrig, glatt, glitschig; **2.** *fig.* gerissen (*Person*); **3.** *fig.* zweifelhaft, unsicher; **4.** *fig.* heikel (*Thema*); **slip·py** [ˈslɪpɪ] *adj.* F **1.** → *slippery* 1; **2.** fix, flink: *look* ~! mach fix!

slip ring *s.* ⚡ Schleifring *m*; ~ *road s. Brit.* (Autobahn)Zubringerstraße *f*; '~**shod** *adj.* schlampig, schludrig; '~**slop** *s.* F labberiges Zeug (*Getränk*; *a. fig.* leeres Gewäsch); ~ *sole s.* Einlegesohle *f*; '~**stick** *s. Am.* Rechenschieber *m*; '~**stream** *s.* **1.** ✈ Luftschraubenstrahl *m*; **2.** *sport* Windschatten *m*; '~**up** *s.* → *slip* 2, 3; '~**way** *s.* ⚓ Helling *f.*

slit [slɪt] **I** *v/t.* [*irr.*] **1.** aufschlitzen, -schneiden; **2.** zerschlitzen, -spalten; **4.** ritzen; **II** *v/i.* [*irr.*] **5.** reißen, schlitzen, e-n Riß bekommen; **III** *s.* **6.** Schlitz *m*; ~'**eyed** *adj.* schlitzäugig.

slith·er [ˈslɪðə] *v/i.* **1.** schlittern, rutschen, gleiten; **2.** (schlangenartig) gleiten; **'slith·er·y** [-ðəɪ] *adj.* schlüpfrig.

sliv·er ['slɪvə] **I** *s.* **1.** Splitter *m*, Span *m*; **2.** Spinnerei: a) Kammzug *m*, b) Florband *n*; **II** *v/t.* **3.** Span *etc.* abspalten; **4.** zersplittern; **III** *v/i.* **5.** zersplittern.

slob [slɒb] *s.* **1.** *bsd. Ir.* Schlamm *m*; **2.** *sl.* a) ‚fieser Typ‘, b) ordi'närer Kerl, c) ‚Blödmann‘ *m.*

slob·ber ['slɒbə] **I** *v/i.* **1.** geifern, sabbern; **2.** ~ *over fig.* kindisch schwärmen von; **II** *v/t.* **3.** begeifern, -sabbern; **4.** *j-n* abküssen; **III** *s.* **5.** Geifer *m*; **6.** *fig.* sentimen'tales Gewäsch; **'slob·ber·y** [-ərɪ] *adj.* **1.** sabbernd; **2.** besabbert; **3.** *fig.* gefühlsduselig; **4.** schlampig.

sloe [sləu] *s.* ♀ **1.** Schlehe *f*; **2.** *a.* ~ **bush**, ~ **tree** Schleh-, Schwarzdorn *m*; **'~·worm** → **slowworm**.

slog [slɒg] F **I** *v/t.* **1.** hart schlagen; **2.** (ver)prügeln; **II** *v/i.* **3.** ~ **on**, ~ **away** a) sich da'hinschleppen, b) sich ‚durchbeißen‘; **4.** *a.* ~ **away** sich plagen, schuften; **III** *s.* **5.** harter Schlag; **6.** *fig.* Schinde'rei *f*: *a long ~ e-e* ‚Durststrecke‘.

slo·gan ['sləugən] *s.* **1.** *Scot.* Schlachtruf *m*; **2.** Slogan *m*: a) Schlagwort *n*, b) ✝ Werbespruch *m.*

slog·ger ['slɒgə] *s.* **1.** *sport* harter Schläger; **2.** *fig.* ‚Arbeitstier‘ *n.*

sloop [slu:p] *s.* ⚓ Scha'luppe *f.*

slop¹ [slɒp] **I** *s.* **1.** Pfütze *f*; **2.** *pl.* a) Spülwasser *n*, b) Schmutzwasser *n*; **3.** Schweinetrank *m*; **4.** *pl.* a) Krankensüppchen *n*, b) ‚labberiges Zeug‘, ‚Spülwasser‘ *n*; **5.** F rührseliges Zeug; **II** *v/t.* **6.** (ver)schütten; **7.** *a.* ~ **up** geräuschvoll essen *od.* trinken; **III** *v/i.* **8.** ~ **over** 'überschwappen; **9.** ~ **over** F kindisch schwärmen; **10.** patschen, waten; **11.** *a.* ~ **around** ‚her'umhängen‘, -schlurfen‘.

slop² [slɒp] *s.* **1.** Kittel *m*, lose Jacke; **2.** *pl.* (billige) Konfekti'onskleidung *pl.*; **3.** ⚓ ‚Kla'motten‘ *pl.* (*Kleidung u. Bettzeug*).

slop ba·sin *s.* Schale *f* für Tee- *od.* Kaffeereste.

slope [sləup] **I** *s.* **1.** (Ab)Hang *m*; **2.** Böschung *f*; **3.** a) Neigung *f*, Gefälle *n*, b) Schräge *f*, geneigte Ebene: *on the* ~ schräg, abfallend; **4.** *geol.* Senke *f*: **5.** *at the* ~ ✕ mit Gewehr über; **II** *v/i.* **6.** sich neigen; (schräg) abfallen; **III** *v/t.* **7.** neigen, senken; **8.** abschrägen (*a.* ⚙); **9.** schräg legen; **10.** (ab)böschen; **11.** ✕ *Gewehr* 'übernehmen; **12.** F a) ~ **off** ‚abhauen‘, b) ~ **around** her'umschlendern; **'slop·ing** [-pɪŋ] *adj.* □ schräg, abfallend; ansteigend.

'slop-pail *s.* Toi'letteneimer *m.*

slop·pi·ness ['slɒpɪnɪs] *s.* **1.** Matschigkeit *f*; **2.** Matsch *m*; **3.** Schlampigkeit *f*; **4.** F Rührseligkeit *f*; **slop·py** ['slɒpɪ] *adj.* □ **1.** matschig (*Boden etc.*); **2.** naß, bespritzt (*Tisch etc.*); **3.** *fig.* labberig (*Speisen*); **4.** schlampig, nachlässig (*Arbeit etc.*), sa'lopp (*Sprache*); **5.** rührselig.

'slop·shop *s.* Laden mit billiger Konfektionsware.

slosh [slɒʃ] **I** *s.* **1.** → *slush* 1 u. 2; **II** *v/i.* **2.** im (Schmutz)Wasser her'umpatschen; **3.** schwappen; **III** *v/t.* **4.** bespritzen: ~ *on Farbe etc.* a) draufklatschen, b) klatschen auf (*acc.*); **5.** Bier im Glas

etc. schwenken; **6.** *a.* ~ **down** F *Bier etc.* ,hin'unterschütten‘; **'sloshed** [-ʃt] *adj. sl.* ‚besoffen‘.

slot¹ [slɒt] **I** *s.* **1.** Schlitz(einwurf) *m*; Spalte *f*; **2.** ⚙ Nut *f*: ~ *and key* Nut u. Feder (*Metall*); **3.** F (freie) Stelle, Platz *m*: *find a ~ for* (*in*) → 5; **II** *v/t.* **4.** ⚙ nuten, schlitzen: **~·ting-machine** Nutenstoßmaschine *f*; **5.** F *j-n od. et.* 'unterbringen (*into* in *dat.*); **III** *v/i.* **6.** ~ *into* F *a. fig.* (hin'ein)passen in (*acc.*).

slot² [slɒt] *s. hunt.* Spur *f.*

sloth [sləuθ] *s.* **1.** Faulheit *f*; **2.** *zo.* Faultier *n*; **'sloth·ful** [-fʊl] *adj.* □ faul, träge.

slot ma·chine *s.* ('Waren-, 'Spiel)Auto,mat *m.*

slouch [slautʃ] **I** *s.* **1.** krumme, nachlässige Haltung; **2.** latschiger Gang; **3.** a) her'abhängende Hutkrempe, b) → *slouch hat*; **4.** F ‚Flasche‘ *f*, ‚Niete‘ *f* (*Nichtskönner*): *he is no ~* ‚er ist auf Draht‘; *the show is no ~* das Stück ist nicht ohne; **II** *v/i.* **5.** krumm dasitzen *od.* -stehen; **6.** *a.* ~ **along** latschen, latschig gehen; **7.** her'abhängen (*Krempe*); **III** *v/t.* **8.** *Schultern* hängen lassen; **9.** *Krempe* her'unterbiegen; **slouch hat** *s.* Schlapphut *m*; **'slouch·ing** [-tʃɪŋ] *adj.* □, **'slouch·y** [-tʃɪ] *adj.* **1.** krumm (*Haltung*); latschig (*Gang, Haltung, Person*); **2.** her'abhängend (*Krempe*); **3.** lax, faul.

slough¹ [slau] *s.* **1.** Sumpf-, Schmutzloch *n*; **2.** Mo'rast *m* (*a. fig.*): ⅁ *of Despond* Sumpf *m* der Verzweiflung.

slough² [slʌf] **I** *s.* **1.** abgestreifte Haut (*bsd. Schlange*); **2.** ⚕ Schorf *m*; **II** *v/i.* **3.** *oft* ~ **away** (*od.* **off**) sich häuten; **4.** sich ablösen (*Schorf etc.*); **III** *v/t.* **5.** *a.* ~ **off** *Haut etc.* abstreifen, -werfen; *fig. Gewohnheit etc.* ablegen; **'slough·y** [-fɪ] *adj.* ⚕ schorfig.

slov·en ['slʌvn] *s.* a) Schlamper *m*, b) Schlampe *f*; **'slov·en·ly** [-lɪ] *adj. u. adv.* schlampig, schlud(e)rig.

slow [sləu] **I** *adj.* □ **1.** *allg.* langsam: ~ *and sure* langsam, aber sicher; ~ *train* 🚂 Personenzug *m*; *be ~ in arriving* lange ausbleiben, auf sich warten lassen; *be ~ to write* sich mit dem Schreiben Zeit lassen; *be ~ to take offence* nicht leicht et. übelnehmen; *not to be ~ to do s.th.* et. prompt tun, nicht lange mit et. fackeln; *the clock is 20 minutes ~* die Uhr geht 20 Minuten nach; **2.** all'mählich, langsam: ~ *growth*; **3.** säumig (*a. Zahler*); unpünktlich; **4.** schwach (*Feuer*); **5.** schleichend (*Fieber, Gift*); **6.** ✝ schleppend, schlecht (*Geschäft*); **7.** schwerfällig, nicht von Begriff, begriffsstutzig: *be ~ in learning s.th.* et. nur schwer lernen; *be ~ of speech* e-e schwere Zunge haben; **8.** langweilig, fad(e), ‚müde‘; **9.** langsam (*Rennbahn*); schwer (*Boden*); **10.** *mot.* Leerlauf…; **II** *adv.* **11.** langsam: *go ~ fig.* a) ‚langsam treten‘, b) ✝ e-n Bummelstreik machen; **III** *v/t.* **12.** *mst* ~ *down* (*od.* **off**, **up**) a) *Geschwindigkeit* verlangsamen, verringern, b) *et.* verzögern; **IV** *v/i.* **13.** ~ *down od. up* sich verlangsamen, langsamer werden, *fig.* ‚langsamer tun‘; **'~·burn·ing stove** *s.* Dauerbrandofen *m*; **'~·coach** *s. contp.* ‚Schlafmütze‘ *f*; **'~·down** *s.* **1.** Verlangsamung *f*; **2.** *Am.* Bummelstreik *m*; ~

lane *s. mot.* Kriechspur *f*; ~ **march** *s.* ♪ Trauermarsch *m*; ~ **match** *s.* ✕ Zündschnur *f*, Lunte *f*; ~ **mo·tion** *s.* Zeitlupentempo *n*; ,~-'mo·tion *adj.* Zeitlupen…: ~ *picture* Zeitlupe(naufnahme) *f.*

slow·ness ['sləunɪs] *s.* **1.** Langsamkeit *f*; **2.** Schwerfälligkeit *f*, Begriffsstutzigkeit *f*; **3.** Langweiligkeit *f*, ‚Lahmheit‘ *f.*

'slow·poke *Am.* F Langweiler *m*; ,~'speed *adj.* ⚙ langsam(laufend); ~ **train** *s.* Bummel-, Per'sonenzug *m*; ,~-'wit·ted → *slow* 7; '~·worm *s. zo.* Blindschleiche *f.*

sloyd [slɔɪd] *s. ped.* 'Werk,unterricht *m* (*bsd. Schnitzen*).

sludge [slʌdʒ] *s.* **1.** Schlamm *m*, (*a.* Schnee)Matsch *m*; **2.** ⚙ Schlamm *m*, Bodensatz *m*; **3.** Klärschlamm *m*; **4.** Treibeis *n*; **'sludg·y** [-dʒɪ] *adj.* schlammig, matschig.

slue [slu:] → *slew³ u. slew⁴.*

slug¹ [slʌg] **I** *s. zo.* **1.** (Weg)Schnecke *f*; **2.** F Faulpelz *m*; **II** *v/i.* **3.** faulenzen.

slug² [slʌg] *s.* **1.** Stück *n* 'Rohme,tall; **2.** a) *hist.* Mus'ketenkugel *f*, b) grobes Schrot, c) (Luftgewehr-, *Am.* Pi'stolen-) Kugel *f*; **3.** *Am.* a) falsche Münze, b) Gläs-chen *n* Schnaps *etc.*; **4.** *typ.* a) Re'glette *f*, b) 'Setzma,schinenzeile *f*, c) Zeilenguß *m*; **5.** *phys.* Masseneinheit *f.*

slug³ [slʌg] **I** *bsd. Am.* harter Schlag; **II** *v/t. j-m* ‚ein Ding verpassen‘.

slug·a·bed ['slʌgəbed] *s.* Langschläfer(in).

slug·gard ['slʌgəd] **I** *s.* Faulpelz *m*; **II** *adj.* □ faul.

slug·ger ['slʌgə] *s. Am.* F Baseball-, Boxen: harter Schläger.

slug·gish ['slʌgɪʃ] *adj.* □ **1.** träge (*a.* ⚕ *Organ*), langsam, schwerfällig; **2.** ✝ *etc.* schleppend; **3.** träge fließend (*Fluß etc.*); **'slug·gish·ness** [-nɪs] *s.* Trägheit *f*, Langsamkeit *f*, Schwerfälligkeit *f.*

sluice [slu:s] **I** *s.* ⚙ **1.** Schleuse *f* (*a. fig.*); **2.** Stauwasser *n*; **3.** 'Schleusenka,nal *m*; **4.** *min.* (Erz-, Gold)Waschrinne *f*; **II** *v/t.* **5.** *Wasser* ablassen; **6.** *min.* Erz *etc.* waschen; **7.** (aus)spülen; **III** *v/i.* **8.** (aus)strömen; ~ **gate** *s.* Schleusentor *n*; '~·way → *sluice* 3.

slum [slʌm] **I** *s.* **1.** schmutzige Gasse; **2.** *mst pl.* Slums *pl.*, Elendsviertel *n*; **II** *v/i.* **3.** *mst go* ~ming die Slums aufsuchen (*bsd. aus Neugierde*); **4.** in primi'tiven Verhältnissen leben; **III** *v/t.* **5.** ~ *it* → 4.

slum·ber ['slʌmbə] **I** *v/i.* **1.** *bsd. poet.* schlummern (*a. fig.*); **2.** da'hindösen; **II** *v/t.* **3.** ~ *away* Zeit verschlafen; **III** *s.* **4.** *mst pl.* (*fig.* tiefer) Schlummer; **'slum·ber·ous** [-bərəs] *adj.* □ **1.** schläfrig; **2.** einschläfernd.

slump [slʌmp] **I** *v/i.* **1.** (hin'ein)plumpsen; **2.** *mst* ~ *down* (in sich) zs.-sacken (*Person*); **3.** ✝ stürzen (*Preise*); **4.** völlig versagen; **II** *s.* **5.** ✝ a) (Börsen-, Preis)Sturz *m*, Baisse *f*, b) starker Konjunk'turrückgang, Wirtschaftskrise *f*; **6.** *allg.* plötzlicher Rückgang.

slung [slʌŋ] *pret. u. p.p. von sling.*

slung shot *s. Am.* Schleudergeschoß *n.*

slunk [slʌŋk] *pret. u. p.p. von slink.*

slur¹ [slɜː] **I** *v/t.* **1.** verunglimpfen, verleumden; **II** *s.* **2.** Makel *m* (Schand-) Fleck *m*: *put od. cast a ~* (*up*)*on* a) → 1, b) *j-s* Ruf *etc.* schädigen; **3.** Verunglimpfung *f.*

slur² [slɜː] **I** v/t. **1.** a) undeutlich schreiben, b) typ. schmitzen, verwischen; **2.** undeutlich aussprechen; Silbe etc. verschleifen, -schlucken; **3.** ♪ a) Töne binden, b) Noten mit Bindebogen bezeichnen; **4.** oft ~ over (leicht) über ein Thema hin'weggehen; **II** v/i. **5.** undeutlich schreiben od. sprechen; **6.** ♪ le'gato singen od. spielen; **III** s. **7.** Undeutlichkeit f, ‚Genuschel‘ n; **8.** ♪ a) Bindung f, b) Bindebogen m; **9.** typ. Schmitz m.
slurp [slɜːp] v/t. u. v/i. schlürfen.
slush [slʌʃ] **I** s. **1.** Schneematsch m; **2.** Schlamm m, Matsch m; **3.** ☢ Schmiere f, Rostschutzmittel n; **4.** ☢ Pa'pierbrei m; **5.** fig. Gefühlsduse'lei f; **6.** fig. Kitsch m, Schund m; **II** v/t. **7.** bespritzen; **8.** ☢ schmieren; **III** v/i. **9.** → **slosh** 2 u. 3; **slush fund** s. pol. Am. Schmiergelderfonds m; **'slush·y** [-ʃɪ] adj. **1.** matschig, schlammig; **2.** rührselig, kitschig.
slut [slʌt] s. **1.** Schlampe f; **2.** Hure f, ‚Nutte‘ f; **3.** humor. ‚kleines Luder‘ (Mädchen); **4.** Am. Hündin f; **'slut·tish** [-tɪʃ] adj. ☐ schlampig, liederlich.
sly [slaɪ] adj. ☐ **1.** schlau, verschlagen, listig; **2.** verstohlen, heimlich, 'hinterhältig: a ~ dog ein ganz Schlauer; on the ~, ‚klammheimlich‘; **3.** durch'trieben, pfiffig; **'sly·boots** s. humor. Pfiffikus m, Schlauberger m; **'sly·ness** [-nɪs] s. Schlauheit f etc.
smack¹ [smæk] **I** s. **1.** (Bei)Geschmack m (of von); **2.** Prise f Salz etc.; **3.** fig. Beigeschmack m, Anflug m (of von); **II** v/i. **4.** schmecken (of nach); **5.** fig. schmecken od. riechen (of nach).
smack² [smæk] **I** s. **1.** Klatsch m, Klaps m: a ~ in the eye fig. a) ein Schlag ins Gesicht, b) ein Schlag ins Kontor; **2.** Schmatzen m; **3.** (Peitschen- etc.)Knall m; **4.** Schmatz m (Kuß); **II** v/t. **5.** et. schmatzend genießen; **6.** ~ one's lips a) (mit den Lippen) schmatzen, b) sich die Lippen lecken; **7.** Hände etc. zs.-schlagen; **8.** mit der Peitsche knallen; **9.** j-m e-n Klaps geben; **10.** et. hinklatschen; **III** v/i. **11.** schmatzen; **12.** knallen (Peitsche etc.); **13.** (hin)klatschen (on auf acc.); **IV** adv. u. int. **14.** F a) klatsch(!), platsch(!), b) ‚zack‘, di'rekt: run ~ into s.th.
smack³ [smæk] s. ♣ Schmack(e) f.
smack·er ['smækə] s. **1.** F Schmatz m (Kuß); **2.** sl. a) Brit. Pfund n, b) Am. Dollar m; **'smack·ing** [-kɪŋ] s. Tracht f Prügel.
small [smɔːl] **I** adj. **1.** allg. klein; **2.** klein, schmächtig; **3.** klein, gering (Anzahl, Ausdehnung, Grad etc.): they came in ~ numbers es kamen nur wenige; **4.** klein, armselig, dürftig; **5.** wenig: ~ blame to him das macht ihm kaum Schande; ~ wonder kein Wunder; have ~ cause for kaum Anlaß zu Dankbarkeit etc. haben; **6.** klein, mit wenig Besitz: ~ farmer Kleinbauer m; **7.** klein, (sozi'al) niedrig: ~ people kleine Leute; **8.** klein, unbedeutend: a ~ man; a ~ poet; **9.** trivi'al, klein: the ~ worries die kleinen Sorgen; a ~ matter e-e Kleinigkeit; **10.** klein, bescheiden: a ~ beginning; in a ~ way a) bescheiden leben etc., b) im Kleinen handeln etc.; **11.** contp. kleinlich; **12.** b.s. niedrig (Gesinnung etc.): feel ~ sich schämen; make s.o. feel ~ j-n beschämen; **13.** dünn (Bier); **14.** schwach (Stimme, Puls); **II** s. **15.** schmal(st)er od. verjüngter Teil: ~ of the back anat. das Kreuz; **16.** pl. Brit. F 'Unterwäsche f, Taschentücher pl. etc.; ~ **arms** s. pl. ✕ Hand(feuer)waffen pl.; ~ **beer** s. **1.** obs. Dünnbier n; **2.** bsd. Brit. F a) Lap'palie f, b) ‚Null‘ f, unbedeutende Per'son: think no ~ of o.s. F e-e hohe Meinung von sich haben; ~ **cap·i·tals** s. pl. typ. Kapi'tälchen pl.; ~ **change** s. **1.** Kleingeld n; **2.** → **small beer** 2; **'~·clothes** s. pl. hist. Kniehosen pl.; ~ **coal** s. Feinkohle f, Grus m; ~ **fry** s. **1.** junge, kleine Fische pl.; **2.** ‚junges Gemüse‘, die Kleinen pl.; **3.** → **small beer** 2; **'~·hold·er** s. Brit. Kleinbauer m; **'~·hold·ing** s. Brit. Kleinlandbesitz m; ~ **hours** s. pl. die frühen Morgenstunden pl.
small·ish ['smɔːlɪʃ] adj. ziemlich klein.
small| let·ter s. Kleinbuchstabe m; **,~-'mind·ed** adj. engstirnig, kleinlich, ‚kleinkariert‘.
small·ness ['smɔːlnɪs] s. **1.** Kleinheit f; **2.** geringe Anzahl; **3.** Geringfügigkeit f; **4.** Kleinlichkeit f; **5.** niedrige Gesinnung.
small| pi·ca s. typ. kleine Cicero (-schrift); **'~·pox** [-pɒks] s. ☢ Pocken pl., Blattern pl.; ~ **print** s. das Kleingedruckte e-s Vertrags; ~ **shot** s. Schrot m, n; **'~·sword** s. fenc. Flo'rett n; ~ **talk** s. oberflächliche Konversati'on, Geplauder n: he has no ~ er kann nicht (unverbindlich) plaudern; **'~-time** adj. Am. sl. unbedeutend, klein, ‚Schmalspur...‘; **'~·ware** s. Kurzwaren pl.
smalt [smɔːlt] s. **1.** ⚒ S(ch)malte f, Kobaltblau n; **2.** Kobaltglas n.
smar·agd ['smærægd] s. min. Sma'ragd m.
smarm·y ['smɑːmɪ] adj. ☐ Brit. F **1.** ölig; **2.** kriecherisch; **3.** kitschig.
smart [smɑːt] **I** adj. ☐ **1.** klug, gescheit, intelli'gent, pa'tent; **2.** geschickt, gewandt; **3.** geschäftstüchtig; **4.** b.s. gerissen, raffiniert; **5.** witzig, geistreich; **6.** contp. ‚superklug‘, ‚klugscheiße-risch‘; **7.** flink, fix; **8.** schmuck, gepflegt; **9.** a) ele'gant, fesch, schick, b) modisch (Person, Kleidung, Wort etc.): the ~ set die elegante Welt, die ‚Schikkeria‘; **10.** forsch, schneidig: ~ pace; salute ~ly a) schlag grüßen; **11.** hart, empfindlich (Schlag, Strafe); **12.** scharf (Schmerz, Kritik etc.); **13.** F beträchtlich; **II** v/i. **14.** schmerzen, brennen; **15.** leiden (from, under unter dat.): he ~ed under the insult die Kränkung nagte an s-m Herzen; **III** s. **16.** Schmerz m; **smart al·eck** ['ælɪk] s. F ‚Klugscheißer‘ m; **'smart-,al·eck·y** [-kɪ] → **smart** 6; **'smart·en** [-tn] **I** v/t. **1.** a. ~ up her'ausputzen; **2.** fig. j-n ‚auf Zack‘ bringen; **II** v/i. mst ~ up **3.** sich schönmachen, sich ‚in Schale werfen‘; **4.** fig. aufwachen; **'smart-,mon·ey** s. Schmerzensgeld n; **'smart·ness** [-nɪs] s. **1.** Klugheit f, Gescheitheit f; **2.** Gewandtheit f; **3.** b.s. Gerissenheit f; **4.** flotte Ele'ganz, Schick m; **5.** Forschheit f; **6.** Schärfe f, Heftigkeit f; **'smart·y** [-tɪ] → **smart aleck**.
smash [smæʃ] **I** v/t. **1.** oft ~ up zertrüm-

mern, -schmettern, -schlagen: ~ in einschlagen; **2.** j-n (zs.-)schlagen; Feind vernichtend schlagen; fig. Argument restlos wider'legen, Gegner ‚fertigmachen‘; **3.** j-n (finanzi'ell) ruinieren; **4.** Faust, Stein etc. wohin schmettern; **5.** Tennis: Ball schmettern; **II** v/i. **6.** zersplittern, in Stücke springen; **7.** krachen, knallen (against gegen, through durch); **8.** zs.-stoßen, -krachen (Autos etc.); ✓ Bruch machen; **9.** a) oft ~ up ‚zs.-krachen‘, bank'rott gehen, b) zu'schanden werden, c) (gesundheitlich) ka'puttgehen; **III** adv. (a. int.) **10.** krachend, krach(!); **IV** s. **11.** Zerkrachen n; **12.** Krach m; **13.** (a. finanzi'eller) Zs.-bruch, Ru'in m: go ~ a) völlig zs.-brechen, ‚kaputtgehen‘, b) → 9; **14.** F voller Erfolg; **15.** Tennis: Schmetterball m; **16.** kaltes Branntwein-Mischgetränk; **,smash-and-'grab raid** [-ʃn'g-] s. Schaufenstereinbruch m; **smashed** [-ʃt] adj. sl. **1.** ‚blau‘, besoffen; **2.** ‚high‘ (unter Drogeneinfluß); **'smash·er** [-ʃə] s. sl. **1.** schwerer Schlag (a. fig.); **2.** vernichtendes Argu'ment; **3.** ‚Wucht‘ f: a) ‚tolle Sache‘, b) ‚tolle Per'son‘: a ~ (of a girl) ein tolles Mädchen; **smash hit** s. F Schlager m, Bombenerfolg m; **'smash·ing** [-ʃɪŋ] adj. **1.** F ‚toll‘, sagenhaft; **2.** vernichtend (Schlag, Niederlage); **'smash-up** s. **1.** völliger Zs.-bruch; **2.** Bank'rott m; **3.** mot. etc. Zs.-stoß m; **4.** ✓ Bruch(landung f) m.
smat·ter·er ['smætərə] s. Stümper m, Halbwisser m; Dilet'tant m; **'smat·ter·ing** [-tərɪŋ] s. oberflächliche Kenntnis: he has a ~ of French er kann ein bißchen Französisch.
smear [smɪə] **I** v/t. **1.** Fett etc. schmieren (on auf acc.); **2.** et. beschmieren, bestreichen (with mit); **3.** (ein)schmieren; **4.** Schrift verschmieren; **5.** beschmieren, besudeln; **6.** fig. a) j-s Ruf etc. besudeln, b) ‚durch den Dreck ziehen‘; **7.** sport Am. F ‚über'fahren‘; **II** v/i. **8.** schmieren; **9.** sich verwischen; **10.** Schmiere f; **11.** (Fett-, Schmutz)Fleck m; **12.** fig. Besudelung f; **13.** ☢ Abstrich m; ~ **cam·paign** s. pol. Ver'leumdungskam,pagne f; Am. Quark m; **'~·case** s. Am. Quark m; ~ **sheet** s. Skan'dalblatt n; ~ **test** s. ☢ Abstrich m.
smear·y ['smɪərɪ] adj. ☐ **1.** schmierig; **2.** verschmiert.
smell [smel] **I** v/t. [irr.] **1.** et. riechen; **2.** et. beriechen, riechen an (dat.); **3.** fig. Verrat etc. wittern; → **rat** 1; **4.** fig. sich et. genauer besehen; ~ out hunt. aufspüren (a. fig. entdecken, ausschnüffeln); **II** v/i. [irr.] **6.** riechen (at an dat.): ~ about (od. round) fig. herumschnüffeln; **7.** gut etc. riechen: his breath ~s er riecht aus dem Mund; **8.** ~ of riechen nach (a. fig.); **III** s. **9.** Geruch(ssinn) m; **10.** Geruch m: a) Duft m, b) Gestank m; **11.** fig. Anflug m, -strich m (of von); **12.** take a ~ at s.th. et. beriechen (a. fig.); **'smell·er** [-lə] s. sl. **1.** ‚Riechkolben‘ m (Nase); **2.** Schlag m auf die Nase; Sturz m; **'smell·y** [-lɪ] adj. F übelriechend, muffig: ~ feet Schweißfüße.
smelt¹ [smelt] pl. **smelts** coll. a. **smelt** s. ichth. Stint m.

smelt² [smelt] *v/t.* **1.** *Erz* (ein)schmelzen, verhütten; **2.** *Kupfer etc.* ausschmelzen.

smelt³ [smelt] *pret. u. p.p. von* **smell**.

smelt·er ['smeltə] *s.* Schmelzer *m*; **'smelt·er·y** [-ərɪ] *s.* Schmelzhütte *f*; **'smelt·ing** [-tɪŋ] *s.* ⊕ Verhüttung *f*; ~ **furnace** Schmelzofen *m*.

smile [smaɪl] **I** *v/i.* **1.** lächeln (*a. fig. Sonne etc.*): ~ *at* a) *j-m* zulächeln, b) belächeln, lächeln über (*acc.*); **come up smiling** *fig.* die Sache leicht überstehen; **2.** ~ (*up*)*on fig. j-m* lächeln, hold sein: *fortune* ~*d on him*; **II** *v/t.* **3.** ~ *away Tränen etc.* hin'weglächeln; **4.** ~ *approval* (*consent*) beifällig (zustimmend) lächeln; **III** *v/t.* **5.** Lächeln *n*: *be all* ~*s* (über das ganze Gesicht) strahlen; **6.** *mst pl.* Gunst *f*; **'smil·ing** [-lɪŋ] *adj.* □ **1.** lächelnd (*a. fig. heiter*); **2.** *fig.* huldvoll.

smirch [smɜ:tʃ] **I** *v/t.* besudeln (*a. fig.*); **II** *s.* Schmutzfleck *m*; *fig.* Schandfleck *m*.

smirk [smɜ:k] **I** *v/i.* affektiert *od.* blöd lächeln, grinsen; **II** *s.* einfältiges Lächeln, Grinsen *n*.

smite [smaɪt] [*irr.*] **I** *v/t.* **1.** *bibl., rhet., a. humor.* schlagen (*a. erschlagen, heimsuchen*): *smitten with the plague* von der Pest befallen; **2.** *j-n* quälen, peinigen (*Gewissen*); **3.** *fig.* packen: *smitten with* von *Begierde etc.* gepackt; **4.** *fig.* hinreißen: *he was smitten with* (*od. by*) *her charms* er war hingerissen von ihrem Charme; *be smitten by* (sinnlos) verliebt sein in (*acc.*); **II** *v/i.* **5.** ~ *upon bsd. fig.* an *das Ohr etc.* schlagen.

smith [smɪθ] *s.* Schmied *m*.

smith·er·eens [ˌsmɪðə'riːnz] *s. pl.* F Fetzen *pl.*, Splitter *pl.*: *smash to* ~ in (tausend) Stücke schlagen.

smith·er·y ['smɪðərɪ] *s.* **1.** Schmiedearbeit *f*; **2.** Schmiedekunst *f*.

smith·y ['smɪðɪ] *s.* Schmiede *f*.

smit·ten ['smɪtn] **I** *p.p. von* **smite**; **II** *adj.* **1.** betroffen, befallen; **2.** (*by*) hingerissen (von), 'verknallt', verliebt (in *acc.*); → **smite** 4.

smock [smɒk] **I** *s.* **1.** (Arbeits)Kittel *m*: ~ *frock Art* Fuhrmannskittel *m*; **2.** Kinderkittel *m*; **II** *v/t.* **3.** *Bluse etc.* smoken, mit Smokarbeit verzieren; **'smock·ing** [-kɪŋ] *s.* Smokarbeit *f* (*Vorgang u. Verzierung*).

smog [smɒg] *s.* (*aus* **smoke** *u.* **fog**) Smog *m*, Dunstglocke *f*; **'~·bound** *adj.* von Smog eingehüllt.

smok·a·ble ['sməukəbl] *adj.* rauchbar; **smoke** [sməuk] **I** *s.* **1.** Rauch *m* (*a.* 🜂, *phys.*): *like* ~ *sl.* wie der Teufel; *no* ~ *without a fire fig.* irgend etwas ist immer dran (*an e-m Gerücht*); **2.** Qualm *m*, Dunst *m*: *end* (*od. go up*) *in* ~ *fig.* in nichts zerrinnen, zu Wasser werden; **3.** ✗ (Tarn)Nebel *m*; **4.** Rauchen *n e-r Zigarre etc.*: *have a* ~ ,eine' rauchen; **5.** F ,Glimmstengel' *m*, Zi'garre *f*, Ziga-'rette *f*; **6.** *sl.* a) ,Hasch' *n*, b) Marihu'ana *n*; **II** *v/i.* **7.** rauchen, qualmen (*Schornstein, Ofen etc.*); **8.** dampfen (*a. Pferd*); **9.** rauchen: *do you* ~?; **III** *v/t.* **10.** *Pfeife etc.* rauchen; **11.** ~ *out* a) ausräuchern (*a. fig.*), b) *fig.* ans Licht bringen; **12.** *Fisch etc.* räuchern; **13.** *Glas etc.* schwärzen; ~ *ball*, ~ *bomb s.*

Nebel-, Rauchbombe *f*; ~ **con·sum·er** *s.* Rauchverzehrer *m*; **'~·dried** *adj.* geräuchert; ~ **hel·met** *s.* Rauchmaske *f* (*Feuerwehr*).

smoke·less ['sməuklɪs] *adj.* □ *a.* ✗ rauchlos.

smok·er ['sməukə] *s.* **1.** Raucher(in): ~*'s cough* Raucherhusten *m*; ~*'s heart* 🗲 Nikotinherz *n*; **2.** 🚃 Raucher(abteil *n*) *m*.

smoke| room [rum] *s.* Herren-, Rauchzimmer *n*; ~ **screen** *s.* ✗ Rauch-, Nebelvorhang *m*; *fig.* Tarnung *f*, Nebel *m*; **'~·stack** *s.* ⚓, 🚃, ⊕ Schornstein *m*.

smok·ing ['sməukɪŋ] *s.* **1.** Rauchen *n*; **II** *adj.* **2.** Rauch...; **3.** Raucher...; ~ **car**, ~ **com·part·ment** *s.* 🚃 'Raucherab,teil *n*.

smok·y ['sməukɪ] *adj.* □ **1.** qualmend; **2.** dunstig, verräuchert; **3.** rauchig (*a. Stimme*); rauchgrau.

smol·der ['sməuldə] *Am.* → **smoulder**.

smooch [smuːtʃ] *v/i. sl.* **1.** schmusen, knutschen; **2.** *Brit.* engum'schlungen tanzen.

smooth [smuːð] **I** *adj.* □ **1.** *allg.* glatt; **2.** glatt, ruhig (*See*): *I am in* ~ *water now fig.* jetzt habe ich es geschafft; **3.** ⊕ ruhig (*Gang*); *mot. a.* zügig (*Fahren, Schalten*); 🛬 glatt (*Landung*); **4.** *fig.* glatt, reibungslos: *make things* ~ *for j-m* den Weg ebnen; **5.** fließend, geschliffen (*Rede etc.*); schwungvoll (*Melodie, Stil*); **6.** *fig.* sanft, weich (*Stimme, Ton*); **7.** glatt, gewandt (*Manieren, Person*); *b.s.* aalglatt: *a* ~ *tongue* e-e glatte Zunge; **8.** *Am. sl.* a) fesch, schick, b) ,sauber', prima; **9.** geschmeidig, nicht klumpig (*Teig etc.*); **10.** lieblich (*Wein*); **II** *adv.* **11.** glatt, ruhig: *things have gone* ~ *with me* bei mir ging alles glatt; **III** *v/t.* **12.** glätten (*a. fig.*): ~ *the way for fig. j-m od. e-r Sache* den Weg ebnen; **13.** besänftigen; **IV** *v/i.* **14.** → *smooth down* 1;

Zssgn mit adv.:

smooth| a·way *v/t. Schwierigkeiten etc.* wegräumen, ,ausbügeln'; ~ **down I** *v/i.* **1.** sich glätten *od.* beruhigen (*Meer etc.*) (*a. fig.*); **II** *v/t.* **2.** glattstreichen, glätten; **3.** *fig.* besänftigen; **4.** *Streit* schlichten; ~ *out v/t.* **1.** *Falte* ausplätten (*from aus*); **2.** → *smooth away*; ~ **o·ver** *v/t.* **1.** *Fehler etc.* bemänteln; **2.** *Streit* schlichten.

'smooth|·bore *adj. u. s.* (Gewehr *n*) mit glattem Lauf; **'~·faced** *adj.* **1.** a) bartlos, b) glattrasiert; **2.** *fig.* glatt, schmeichlerisch; ~ **file** *s.* ⊕ Schlichtfeile *f*.

smooth·ie ['smuːðɪ] *s.* F **1.** ,dufter Typ'; **2.** aalglatter Bursche.

smooth·ing| i·ron ['smuːðɪŋ] *s.* Plätt-, Bügeleisen *n*; ~ **plane** *s.* ⊕ Schlichthobel *m*.

smooth·ness ['smuːðnɪs] *s.* **1.** Glätte *f* (*a. fig.*); **2.** Reibungslosigkeit *f* (*a. fig.*); **3.** *fig.* glatter Fluß, Ele'ganz *f e-r Rede etc.*; **4.** Glätte *f*, Gewandtheit *f*; **5.** Sanftheit *f*.

'smooth-tongued *adj.* glattzüngig, schmeichlerisch, aalglatt.

smote [sməut] *pret. von* **smite**.

smoth·er ['smʌðə] **I** *v/t.* **1.** *j-n, a. Feuer, Rebellion, Ton* ersticken; **2.** *bsd. fig.* über'häufen (*with mit Arbeit etc.*): ~ *s.o. with kisses j-n* abküssen; **3.** ~ *in*

(*od. with*) völlig bedecken mit, einhüllen in (*dat.*), begraben unter (*Blumen, Decken etc.*); **4.** *oft* ~ *up Gähnen, Wut etc., a. Geheimnis etc.* unter'drücken, *Skandal* vertuschen; **II** *v/i.* **5.** ersticken; **6.** *sport* F ,über'fahren'; **III** *s.* **7.** dicker Qualm; **8.** Dampf-, Dunst-, Staubwolke *f*; **9.** (erdrückende) Masse.

smoul·der ['sməuldə] **I** *v/i.* **1.** glimmen, schwelen (*a. fig. Feindschaft, Rebellion etc.*); **2.** glühen (*a. fig. Augen*); **II** *s.* **3.** schwelendes Feuer.

smudge [smʌdʒ] **I** *s.* **1.** Schmutzfleck *m*, Klecks *m*; **2.** qualmendes Feuer (*gegen Mücken, Frost etc.*); **II** *v/t.* **3.** beschmutzen; **4.** be-, verschmieren, 'vollklecksen; **5.** *fig. Ruf etc.* besudeln; **III** *v/i.* **6.** schmieren (*Tinte, Papier etc.*); **7.** schmutzig werden; **'smudg·y** [-dʒɪ] *adj.* □ verschmiert, schmierig, schmutzig.

smug [smʌg] *adj.* □ **1.** *obs.* schmuck; **2.** geschniegelt u. gebügelt; **3.** selbstgefällig, blasiert.

smug·gle ['smʌgl] **I** *v/t. Waren, a. weitS. Brief, j-n etc.* schmuggeln: ~ *in* einschmuggeln; **II** *v/i.* schmuggeln; **'smug·gler** [-lə] *s.* **1.** Schmuggler *m*; **2.** Schmuggelschiff *n*; **'smug·gling** [-lɪŋ] *s.* Schmuggel *m*.

smut [smʌt] **I** *s.* **1.** Ruß-, Schmutzflocke *f od.* -fleck *m*; **2.** *fig.* Zote(n *pl.*) *f*, Schmutz *m*, Schweine'rei(en *pl.*) *f*: *talk* ~ Zoten reißen, ,schweinigeln'; **3.** 🌹 (*bsd. Getreide*)Brand *m*; **II** *v/t.* **4.** beschmutzen; **5.** 🌹 brandig machen.

smutch [smʌtʃ] **I** *v/t.* beschmutzen; **II** *s.* schwarzer Fleck.

smut·ty ['smʌtɪ] *adj.* □ **1.** schmutzig, rußig; **2.** *fig.* zotig, ob'szön: ~ *joke* Zote *f*; **3.** 🌹 brandig.

snack [snæk] *s.* **1.** a) Imbiß *m*, b) Happen *m*, Bissen *m*; **2.** Anteil *m*: *go* ~*s* teilen; ~ **bar** *s.* Imbißstube *f*.

snaf·fle ['snæfl] **I** *s.* **1.** *a.* ~ *bit* Trense(ngebiß *n*) *f*; **II** *v/t.* **2.** *e-m Pferd* die Trense anlegen; **3.** mit der Trense lenken; **4.** *Brit. sl.* ,klauen'.

sna·fu [snæ'fuː] *Am. sl.* **I** *adj.* in heillosem Durchein'ander, ,beschissen'; **II** *s.* ,beschissene Lage'; **III** *v/t.* ,versauen'.

snag [snæg] **I** *s.* **1.** Aststumpf *m*; **2.** Baumstumpf *m* (*in Flüssen*); *fig.* ,Haken' *m*: *strike a* ~ auf Schwierigkeiten stoßen; **3.** a) Zahnstumpf *m*, b) *Am.* Raffzahn *m*; **II** *v/t.* **4.** *Boot* gegen e-n Stumpf fahren lassen; **5.** *Fluß* von Baumstümpfen befreien; **snagged** [-gd], **'snag·gy** [-gɪ] *adj.* **1.** ästig, knorrig; **2.** voller Baumstümpfe (*Fluß*).

snail [sneɪl] *s.* **1.** *zo.* Schnecke *f* (*a. fig. lahmer Kerl*): *at a* ~*'s pace* im Schneckentempo; **2.** → *snail wheel*; ~ **shell** *s.* Schneckenhaus *n*; ~ **wheel** *s.* Schnecke(nrad *n*) *f* (*Uhr*).

snake [sneɪk] *s.* **1.** Schlange *f* (*a. fig.*): ~ *in the grass* a) verborgene Gefahr, b) (falsche) Schlange; *see* ~*s* F weiße Mäuse sehen; **2.** ⚕ Währungsschlange *f*; **II** *v/i.* **3.** sich schlängeln (*a. Weg*); **snake charm·er** *s.* Schlangenbeschwörer *m*; **snake pit** *s.* **1.** Schlangengrube *f*; **2.** Irrenanstalt *f*; **3.** *fig.* Hölle *f*; **'snake·skin** *s.* **1.** Schlangenhaut *f*; **2.** Schlangenleder *n*; **snak·y** ['sneɪkɪ] *adj.* □ **1.** Schlangen...; **2.** schlangenartig, gewunden; **3.** *fig.* 'hinterhältig.

snap [snæp] **I** *s.* **1.** Schnappen *n*, Biß *m*;

2. Knacken *n*, Knacks *m*, Klicken *n*; **3.** (*Peitschen- etc.*)Knall *m*; **4.** Reißen *n*; **5.** Schnappschloß *n*, Schnapper *m*; **6.** *phot.* Schnappschuß *m*; **7.** *etwa:* Schnipp-Schnapp *n* (*Kartenspiel*); **8.** *fig.* Schwung *m*, Schmiß *m*; **9.** kurze Zeit: **in a ~** im Nu; **cold ~** Kältewelle *f*; **10.** (knuspriges) Plätzchen; **11.** *Am.* F Kleinigkeit *f*, ‚Kinderspiel‘ *n*; **II** *adj.* **12.** Schnapp…; **13.** spontan, Schnell…: **~ decision** rasche Entscheidung; **~ judgement** (vor)schnelles Urteil; **~ vote** Blitzabstimmung *f*; **III** *adv. u. int.* **14.** knack(s)(!), krach(!), schnapp(!); **IV** *v/i.* **15.** schnappen (*at* nach *a. fig. e-m Angebot etc.*), zuschnappen: **~ at the chance** zugreifen, die Gelegenheit beim Schopfe fassen; **~ at s.o.** j-n anschnauzen; **16.** *a.* **~ to** zuschnappen, zuknallen (*Schloß, Tür*); **17.** knacken, klicken; **18.** knallen (*Peitsche etc.*); **19.** (zer)springen, (-)reißen, entzweigehen: **there something ~ped in me** da ‚drehte ich durch‘; **20.** schnellen: **~ to attention** ✗ ‚Männchen bauen‘; **~ to it!** F mach Tempo!; **~ out of it!** F komm, komm!, laß das (sein)!; **V** *v/t.* **21.** (er)schnappen; beißen: **~ off** abbeißen; **~ s.o.'s head** (*od. nose*) **off → snap up** 4; **22.** (zu)schnappen lassen; **23.** *phot.* knipsen; **24.** zerknicken, -knacken, -brechen, -reißen: **~ off** abbrechen; **25.** mit *der Peitsche* knallen; mit *den Fingern* schnalzen: **~ one's fingers at** *fig.* auslachen, verhöhnen; **26.** *a.* **~ out** Wort her'vorstoßen, bellen; **~ up** *v/t.* **1.** auf-, wegschnappen; **2.** (gierig) an sich reißen, *Angebot* schnell annehmen: **snap it up!** F mach fix!; **3.** *Häuser etc.* aufkaufen; **4.** a) j-n anschnauzen, b) j-m das Wort abschneiden.

snap| catch *s.* ⊕ Schnapper *m*; ‚**~.drag·on** *s.* ♀ Löwenmaul *n*; **2.** Ro'sinenfischen *n* aus brennendem Branntwein (*Spiel*); **~ fas·ten·er** *s.* Druckknopf *m*; **~ hook** *s.* Kara'binerhaken *m*; **~ lock** *s.* Schnappschloß *n*.

snap·pish ['snæpɪʃ] *adj.* □ **1.** bissig (*Hund, a. Person*); **2.** schnippisch.

snap·py ['snæpɪ] *adj.* □ **1.** → **snappish**; **2.** F a) schnell, fix, b) ‚zackig‘, forsch, c) schwungvoll, schmissig, d) schick: **make it ~!, look ~!** mach mal fix!

snap| shot *s.* ✗ Schnellschuß *m*; ‚**~.shot** *phot.* **I** *s.* Schnappschuß *m*; **II** *v/t.* e-n Schnappschuß machen von, *et.* knipsen.

snare [snɛə] **I** *s.* **1.** Schlinge (*a.* ✻), Fallstrick *m*, *fig. a.* Fußangel *f*: **set a ~ for s.o.** j-m e-e Falle stellen; **2.** ♪ Schnarrsaite *f*; **II** *v/t.* **3.** mit e-r Schlinge fangen; **4.** *fig.* um'stricken, fangen, *j-m* e-e Falle stellen; **5.** sich *et.* ‚angeln‘ *od.* unter den Nagel reißen; **~ drum** *s.* ♪ kleine Trommel, Schnarrtrommel *f*.

snarl¹ [snɑːl] *bsd. Am.* **I** *s.* **1.** Knoten *m*, ‚Fitz‘ *m*; **2.** *fig.* wirres Durchein'ander, Gewirr *n*, *a.* Verwicklung *f*: (**traffic**) **~** Verkehrschaos *n*; **II** *v/t.* **3.** *a.* **~ up** verwirren, durchein'anderbringen; **III** *v/i.* **4.** *a.* **~ up** sich verwirren; (völlig) durchein'andergeraten.

snarl² [snɑːl] **I** *v/i.* wütend knurren, die Zähne fletschen (*Hund, a. Person*): **~ at** j-n anfauchen; **II** *v/t. et.* knurren, wütend her'vorstoßen; **III** *s.* Knurren *n*,

Zähnefletschen *n*.

‚**snarl-up** *s.* F → **snarl²** 2.

snatch [snætʃ] **I** *v/t.* **1.** *et.* schnappen, packen, (er)haschen, fangen: **~ up** aufraffen; **2.** *fig. Gelegenheit etc.* ergreifen; *et., a. Schlaf* ergattern: **~ a hurried meal** rasch et. zu sich nehmen; **3.** *et.* an sich reißen; *a. Kuß* rauben; **4.** **~** (*away*) **from** j-m *et., a.* j-n dem Meer, dem Tod, durch den Tod entreißen: **he was ~ed away from us** er wurde uns *durch e-n frühen Tod etc.* entrissen; **5.** **~ off** weg-, her'unterreißen; **6.** *Am. sl.* Kind rauben; **7.** *Gewichtheben:* reißen; **II** *v/i.* **8.** **~ at** schnappen *od.* greifen *od.* haschen nach: **~ at the offer** *fig.* mit beiden Händen zugreifen; **III** *s.* **9.** Schnappen *n*, schneller Griff: **make a ~ at →** 8; **10.** *fig.* (kurzer) Augenblick: **~es of sleep**; **11.** *pl.* Bruchstücke *pl.*, ‚Brokken‘ *pl.*, Aufgeschnappte(s) *n*: **~es of conversation** Gesprächsfetzen *pl.*: **by** (*od. in*) **~es** a) hastig, ruckweise, b) ab und zu; **12.** *Am.* V a) ‚Möse‘ *f*, b) ‚Nummer‘ *f* (*Koitus*): ‚**snatch·y** [-tʃɪ] *adj.* □ abgehackt, ruckweise, spo'radisch.

snaz·zy ['snæzɪ] *adj.* F ‚todschick‘.

sneak [sniːk] **I** *v/i.* **1.** (sich *wohin*) schleichen: **~ about** herumschleichen, -schnüffeln; **~ out of** sich von *et.* drücken, sich aus *e-r Sache* herauswinden; **2.** *ped. Brit. sl.* ‚petzen‘: **~ on s.o.** j-n verpetzen; **II** *v/t.* **3.** *et.* (heimlich) *wohin* schmuggeln; **4.** *sl.* ‚sti'bitzen‘; **III** *s.* **5.** *contr.* ‚Leisetreter‘ *m*, Kriecher *m*; **6.** *Brit.* F ‚Petze‘ *f*: **~ at·tack** *s.* ✗ Über'raschungsangriff *m*.

sneak·ers ['sniːkəz] *s. pl. bsd. Am.* leichte Turnschuhe *pl.*; ‚**sneak·ing** [-kɪŋ] *adj.* □ **1.** verstohlen; **2.** ‚hinterlistig, gemein; **3.** F *fig.* heimlich, leise (*Verdacht etc.*).

sneak| pre·view *s. Am.* F inoffizielle erste Vorführung e-s neuen Films; ‚**~ thief** *s.* Einsteig- *od.* Gelegenheitsdieb *m*.

sneak·y ['sniːkɪ] *adj.* → **sneaking**.

sneer [snɪə] **I** *v/i.* **1.** höhnisch grinsen, ‚feixen‘ (*at* über *acc.*); **2.** spötteln (*at* über *acc.*); **II** *v/t.* **3.** *et.* höhnen(d äußern); **III** *s.* **4.** Hohnlächeln *n*; **5.** Hohn *m*, Spott *m*, höhnische Bemerkung; ‚**sneer·er** [-ərə] *s.* Spötter *m*, ‚Feixer‘ *m*; ‚**sneer·ing** [-ərɪŋ] *adj.* □ höhnisch, spöttisch, ‚feixend‘.

sneeze [sniːz] **I** *v/i.* niesen: **not to be ~d at** F nicht zu verachten; **II** *s.* Niesen *n*; ‚**~·wort** *s.* ♀ Sumpfgarbe *f*.

snick [snɪk] **I** *v/t.* (ein)kerben; **II** *s.* Kerbe *f.*

snick·er ['snɪkə] **I** *v/i.* **1.** kichern; **2.** wiehern; **II** *v/t.* **3.** F *et.* kichern; **III** *s.* **4.** Kichern *n*; ‚**~·snee** [-'sniː] *s. humor.* ‚Dolch‘ *m* (*Messer*).

snide [snaɪd] *adj.* abfällig, höhnisch.

sniff [snɪf] **I** *v/i.* **1.** schniefen; **2.** schnüffeln (*at* über *acc.*); **II** *v/t.* **4.** *a.* **~ in** (*od. up*) durch die Nase einziehen; **5.** schnuppern an (*dat.*); **6.** riechen (*a. fig. wittern*); **II** *s.* **7.** Schnüffeln *n*; **8.** kurzer Atemzug; **9.** Naserümpfen *n.*

snif·fle ['snɪfl] *Am.* **I** *v/i.* **1.** schniefen; **2.** greinen, heulen; **II** *s.* **3.** Schnüffeln *n*; **4. the ~s** *pl.* F Schnupfen *m.*

sniff·y ['snɪfɪ] *adj.* □ F naserümpfend,

hochnäsig, verächtlich; **2.** muffig.

snif·ter ['snɪftə] *s.* **1.** Schnäps-chen *n*, ‚Gläs-chen‘ *n*; **2.** *Am.* Kognakschwenker *m.*

snift·ing valve ['snɪftɪŋ] *s.* ⊕ 'Schnüffelven‚til *n.*

snig·ger ['snɪgə] → **snicker.**

snip [snɪp] **I** *v/t.* **1.** schnippeln, schnippseln, schneiden; **2.** *Fahrkarte* knipsen; **II** *s.* **3.** Schnitt *m*; **4.** Schnippel *m*, Schnipsel *m*, *n*; **5.** *sl.* a) todsichere Sache, b) günstige (Kauf)Gelegenheit: **it's a ~!**; **6.** *Am.* F (frecher) Knirps.

snipe [snaɪp] **I** *s.* **1.** *orn.* (Sumpf-) Schnepfe *f*; **II** *v/i.* **2.** *hunt.* Schnepfen jagen *od.* schießen; **3.** ✗ aus dem 'Hinterhalt schießen (*at* auf *acc.*); **III** *v/t.* **4.** ✗ abschießen, ‚wegputzen‘; ‚**snip·er** [-pə] *s.* ✗ Scharf-, Heckenschütze *m*: **~scope** ✗ 'Infrarotvi‚sier *n*; **2.** Todesschütze *m*, Killer *m.*

snip·pet ['snɪpɪt] *s.* **1.** (Pa'pier)Schnipsel *m*, *n*; **2.** *pl. fig.* Bruchstücke *pl.*, ‚Brokken‘ *pl.*

snitch [snɪtʃ] *sl.* **I** *v/t.* ‚klauen‘, sti'bitzen; **II** *v/i.* **~ on** j-n ‚verpfeifen‘.

sniv·el ['snɪvl] **I** *v/i.* **1.** schniefen; **2.** greinen, plärren; **3.** wehleidig tun; **II** *v/t.* **4.** *et.* (her'aus)schluchzen; **III** *s.* **5.** Greinen *n*, Plärren *n*; **6.** wehleidiges Getue; ‚**sniv·el·(l)er** [-lə] *s.* ‚Heulsuse‘ *f*; ‚**sniv·el·(l)ing** [-lɪŋ] **I** *adj.* **1.** triefnasig; **2.** wehleidig; **II** *s.* **3.** → **snivel** 5 *u.* 6.

snob [snɒb] *s.* Snob *m*: **~ appeal** Snob-Appeal *m*; ‚**snob·ber·y** [-bərɪ] *s.* Sno'bismus *m*; ‚**snob·bish** [-bɪʃ] *adj.* □ sno'bistisch, versnobt.

snog [snɒg] *v/i.* F knutschen.

snook [snuːk] *s.:* **cock a ~ at** j-m e-e lange Nase machen, *fig.* j-n auslachen.

snook·er ['snuːkə] *s. a.* **~ pool** Billard: Snooker Pool *m*; ‚**snook·ered** [-əd] *adj.* F ‚to'tal erledigt‘.

snoop [snuːp] *bsd. Am.* F **I** *v/i.* **1.** *a.* **~ around** her'umschnüffeln; **II** *s.* **2.** Schnüffe'lei *f*; **3.** → ‚**snoop·er** [-pə] ‚Schnüffler‘ *m*; ‚**snoop·y** [-pɪ] *adj.* F schnüffelnd, neugierig.

snoot [snuːt] *s. Am.* F **1.** ‚Schnauze‘ *f* (*Nase, Gesicht*); **2.** Gri'masse *f*, ‚Schnute‘ *f*; ‚**snoot·y** [-tɪ] *adj. Am.* F ‚großkotzig‘, hochnäsig, patzig.

snooze [snuːz] F **I** *v/i.* **1.** ein Nickerchen machen, ‚dösen‘; **II** *v/t.* **3. ~ away** Zeit vertrödeln; **III** *s.* **4.** Nickerchen *n*: **have a ~ →** 1.

snore [snɔː] **I** *v/i.* schnarchen; **II** *s.* Schnarchen *n*; **snor·er** ['snɔːrə] *s.* Schnarcher *m.*

snor·kel ['snɔːkl] **I** *s.* ♣, ✗ *etc.* Schnorchel *m*; **II** *v/i.* schnorcheln.

snort [snɔːt] **I** *v/i.* (*a.* wütend *od.* verächtlich) schnauben; prusten; **II** *v/t. a.* **~ out** Worte (wütend) schnauben; **III** *s.* Schnauben *n*; Prusten *n*; ‚**snort·er** [-tə] *s.* F **1.** heftiger Sturm; **2.** Mordsding *n*; **3.** Mordskerl *m.*

snot [snɒt] *s.* **1.** Rotz *m*; **2.** ‚Schwein‘ *n*; ‚**snot·ty** [-tɪ] *adj.* □ **1.** V rotzig, Rotz…; **2.** F ‚dreckig‘, gemein; **3.** *Am. sl.* patzig.

snout [snaʊt] *s.* **1.** *zo.* Schnauze *f* (*a.* F *fig. Nase, Gesicht*); **2.** ‚Schnauze‘ *f*, Vorderteil *n* (*Auto etc.*); **3.** ⊕ Schnabel *m*, Tülle *f.*

snow [snəʊ] **I** *s.* **1.** Schnee *m* (*a.* 🌂 *u. Küche; a.* TV); **2.** Schneefall *m*; **3.** *pl.*

Schneemassen *pl.*; **4.** *sl.* ‚Snow‘ *m*, ‚Schnee‘ *m* (*Kokain, Heroin*); **II** *v/i.* **5.** schneien: ~ *in* hereinschneien (*a. fig.*); **~ed in** (*od. up, under*) eingeschneit; **be ~ed under** *fig.* a) *mit Arbeit etc.* überhäuft sein, *von Sorgen etc.* erdrückt werden, b) *pol. Am. in e-r Wahl* vernichtend geschlagen werden; **6.** *fig.* regnen, hageln; **III** *v/t.* **7.** her'unterrieseln lassen; **'~ball I** *s.* **1.** Schneeball *m* (*a.* ♀): ~ *fight* Schneeballschlacht *f*; **2.** *fig.* La'wine *f*: ~ *system* Schneeballsystem *n*; **3.** *Getränk aus Eierlikör u. Zitronenlimonade*; **II** *v/t.* **4.** Schneebälle werfen auf; **III** *v/i.* **5.** sich mit Schneebällen bewerfen; **6.** *fig.* la'winenartig anwachsen; **'~bank** *s.* Schneewehe *f*; **'~bird** *s.* **1.** → **ball I** *s.* **1.** snow bunting; **2.** *sl.* ‚Kokser‘ *m*, Koka'inschnupfer *m*; **'~blind** *adj.* schneeblind; **'~bound** *adj.* eingeschneit, durch Schnee(massen) abgeschnitten; **~ bun·ny** *s.* F ‚Skihaserl‘ *n*; ~ **bun·ting** *s. orn.* Schneeammer *f*; **'~cap** *s. orn. ein Kolibri m*; **'~capped** *adj.* schneebedeckt; **'~drift** *s.* Schneewehe *f*; **'~drop** *s.* ♀ Schneeglöckchen *n*; **'~fall** *s.* Schneefall *m*, -menge *f*; **'~field** *s.* Schneefeld *n*; **'~flake** *s.* Schneeflocke *f*; ~ **gog·gles** *s. pl.* Schneebrille *f*; ~ **line** *s.* Schneegrenze *f*; **'~man** *s.* [*irr.*] Schneemann *m*: *Abominable* ⚥ Schneemensch *m*, der Jeti; **'~mo·bile** [-məʊˌbiːl] *s.* Motorschlitten *m*; **'~plough**, *Am.* **'~plow** *s.* Schneepflug *m* (*a. beim Skifahren*); **'~shoe I** *s.* Schneeschuh *m*; **II** *v/i.* auf Schneeschuhen gehen; **'~slide, '~slip** *s.* Schneerutsch *m*; **'~storm** *s.* Schneesturm *m*; ~ **tire** (*Brit.* **tyre**) *s. mot.* Winterreifen *m*; **~·'white** *adj.* schneeweiß; ⚥ White *npr.* Schnee'wittchen *n*.

snow·y [ˈsnəʊɪ] *adj.* □ **1.** schneeig, Schnee…: ~ *weather*, **2.** schneebedeckt, Schnee…; **3.** schneeweiß.

snub¹ [snʌb] **I** *v/t.* **1.** *j-n* brüskieren, vor den Kopf stoßen; **2.** *j-n* kurz abfertigen; **3.** *j-m* über den Mund fahren; **II** *s.* **4.** Brüskierung *f*.

snub² [snʌb] *adj.* stumpf: ~ *nose* Stupsnase *f*; **'~-nosed** *adj.* stupsnasig.

snuff¹ [snʌf] **I** *v/t.* **1.** *a.* ~ *up* durch die Nase einziehen; **2.** beschnüffeln; **II** *v/i.* **3.** schnüffeln (*at* an *dat.*); **4.** (Schnupftabak) schnupfen; **III** *s.* **5.** Atemzug *m*, Einziehen *n*; **6.** Schnupftabak *m*, Prise *f*: *take* ~ schnupfen; *be up to* ~ F a) ‚schwer auf Draht sein‘, b) (toll) in Form sein; *give s.o.* ~ F *j-m* ‚Saures geben‘.

snuff² [snʌf] **I** *s.* **1.** Schnuppe *f e-r Kerze*; **II** *v/t.* **2.** Kerze putzen; **3.** ~ *out* auslöschen (*a. fig.*); *fig.* ersticken, vernichten; **4.** ~ *it Brit.* F ‚abkratzen‘ (*sterben*).

'snuff|·box *s.* Schnupftabaksdose *f*; **'~·col·o(u)red** *adj.* gelbbraun, tabakfarben.

snuf·fle [ˈsnʌfl] **I** *v/i.* **1.** schnüffeln, schnuppern; **2.** schniefen; **3.** näseln; **II** *v/t.* **4.** *mst* ~ *out et.* näseln; **III** *s.* **5.** Schnüffeln *n*; **6.** Näseln; **7.** *the ~s pl.* Schnupfen *m*.

'snuff|-tak·er *s.* Schnupfer(in) *f*; **'~·tak·ing** *s.* (Tabak)Schnupfen *n*.

snug [snʌɡ] **I** *adj.* □ **1.** gemütlich, behaglich, traulich; **2.** geborgen, gut ver-

sorgt: *as ~ as a bug in a rug* F wie die Made im Speck; **3.** angenehm; **4.** auskömmlich, ‚hübsch‘ (*Einkommen etc.*); **5.** kom'pakt; **6.** ordentlich; **7.** eng anliegend (*Kleid*): ~ *fit* a) guter Sitz, b) ⊕ Paßsitz *m*; **8.** ⚓ schmuck, seetüchtig (*Schiff*); **9.** verborgen: *keep s.th.* ~ et. geheimhalten; *lie* ~ sich verborgen halten; **II** *v/i.* **10.** → **snuggle I**; **III** *v/t.* **11.** *oft* ~ *down* gemütlich *od.* bequem machen; **12.** *mst* ~ *down* ⚓ *Schiff* auf Sturm vorbereiten; **'snug·ger·y** [-ɡərɪ] *s.* **1.** behagliche Bude, warmes Nest (*Zimmer etc.*); **2.** kleines Nebenzimmer; **'snug·gle** [-ɡl] **I** *v/i.* sich schmiegen *od.* kuscheln ([*up*] *in* in e-e Decke, *up to* an *acc.*): ~ *down* (*in bed*) sich ins Bett kuscheln; **II** *v/t.* an sich schmiegen, (lieb)'kosen.

so [səʊ] **I** *adv.* **1.** (*mst vor adj. u. adv.*) so, dermaßen: *I was ~ surprised*; *not* ~ … *as* nicht so … wie; ~ *great a man* ein so großer Mann; → *far* 3, *much* Redew.; **2.** (*mst exklamatorisch*) (ja) so, ‚überaus: *I am ~ glad!*; **3.** so, in dieser Weise: *and* ~ *on* (*od. forth*) und so weiter; *is that ~?* wirklich?; ~ *as to* so daß, um zu; ~ *that* so daß; *or* ~ etwa, oder so; → ~ *saying* mit *od.* bei diesen Worten; → *if* 1; **4.** (*als Ersatz für ein Prädikativum od. e-n Satz*) a) es, das: *I hope* ~ ich hoffe (es); *I have never said* ~ das habe ich nie behauptet, b) auch: *you are tired*, ~ *am I* du bist müde, ich (bin es) auch, c) allerdings: ja: *are you tired?* ~ *I am* bist du müde? ja *od.* allerdings; *I am stupid!* ~ *you are* ich bin dumm! allerdings (das bist du); ~ *what?* F na und?; **5.** so … daß: *it was* ~ *hot I took my coat off*; **II** *cj.* **6.** daher, folglich, also, und so: *it was necessary* ~ *we did it* es war nötig, und so taten wir es (denn); ~ *you came after all!* du bist also doch (noch) gekommen!

soak [səʊk] **I** *v/i.* **1.** sich vollsaugen, durch'tränkt werden, **~ing wet** tropfnaß; **2.** ('durch)sickern; **3.** *fig.* langsam *ins Bewußtsein* einsickern *od.* -dringen; **4.** *sl.* ‚saufen‘; **II** *v/t.* **5.** *et.* einweichen; **6.** durch'tränken, -'nässen, -'feuchten; ⊕ *a.* imprägnieren (*in* mit); **7.** ~ *o.s. in fig.* sich ganz versenken in; **8.** ~ *in* einsaugen: ~ *up* a) aufsaugen, b) *fig. Wissen etc.* in sich aufnehmen; **9.** *sl. et.* ‚saufen‘; **10.** *sl. j-n* ‚schröpfen‘; **11.** *sl. j-n* verdreschen; **III** *s.* **12.** Einweichen *n*, Durch'tränken *n*; ⊕ Imprägnieren *n*; **13.** *sl.* a) Säufer *m*, b) Saufe'rei *f*; **14.** F Regenguß *m*, ‚Dusche‘ *f*; **'soak·age** [-kɪdʒ] *s.* **1.** 'Durchsickern *n*; **2.** 'durchgesickerte Flüssigkeit, Sickerwasser *n*; **'soak·er** [-kə] → **soak** 14.

'so-and-so [ˈsəʊənsəʊ] *pl.* **-sos** *s.* **1.** (Herr *etc.*) Soundso: *Mr.* ~; **2.** F ‚(blöder) Hund‘.

soap [səʊp] **I** *s.* Seife *f* (*a.* 🐾): *no* ~! *Am.* F nichts zu machen!; **II** *v/t.* *a.* ~ *down* a) (ein-, ab)seifen, b) *fig.* ~ *soft-soap*; **'~box I** *s.* **1.** 'Seifenkiste *f*, -karton *m*; **2.** ‚Seifenkiste‘ *f* (*improvisierte Rednerbühne od. Fahrzeug*); **II** *adj.* **3.** Seifenkisten…: ~ *derby* Seifenkistenrennen *n*; ~ *orator* Straßenredner *m*; ~ **bub·ble** *s.* Seifenblase *f* (*a. fig.*); ~ **dish** *s.* Seifenschale *f*; ~ **op·er·a** *s. Radio, TV*: ‚Seifenoper‘ *f* (*rührselige Se-*

rie); **'~·stone** *s. min.* Seifen-, Speckstein *m*; **'~·suds** *s. pl.* Seifenlauge *f*, -wasser *n*; **'~·works** *s. pl. oft sg. konstr.* Seifensiede'rei *f*.

soap·y [ˈsəʊpɪ] *adj.* □ **1.** seifig, Seifen…; **2.** *fig.* ölig, schmeichlerisch.

soar [sɔː] *v/i.* **1.** (hoch) aufsteigen, sich erheben (*Vogel, Berge etc.*); **2.** in großer Höhe schweben; **3.** ✓ segelfliegen, segeln; **4.** *fig.* sich em'porschwingen (*Geist*): **~ing thoughts** hochfliegende Gedanken; **5.** ♣ in die Höhe schnellen (*Preise*); **soar·ing** [ˈsɔːrɪŋ] **I** *adj.* □ **1.** hochfliegend (*a. fig.*); **2.** *fig.* em'porstrebend; **II** *s.* **3.** ✓ Segeln *n*.

sob [sɒb] **I** *v/i.* schluchzen; **II** *v/t. a* ~ *out Worte* (her'aus)schluchzen; **III** *s.* Schluchzen *n*; schluchzender Laut: ~ *sister sl.* a) Briefkastenonkel *m*, -tante *f* (*Frauenzeitschrift*), b) Verfasser(in) *f* rührseliger Romane *etc.*; ~ *stuff sl.* rührseliges Zeug, Schnulze(n *pl.*) *f*.

so·ber [ˈsəʊbə] **I** *adj.* □ **1.** nüchtern: a) nicht betrunken, b) *fig.* sachlich: ~ *facts* nüchterne Tatsachen; *in* ~ *fact* nüchtern betrachtet, c) unauffällig, gedeckt (*Farbe etc.*); **2.** mäßig; **II** *v/t.* **3.** *oft* ~ *up* ernüchtern; **III** *v/i.* **4.** *oft* ~ *down od. up* a) (wieder) nüchtern werden, b) *fig.* vernünftig werden; **~·'mind·ed** *adj.* besonnen, nüchtern; **'~·sides** *s.* fader Kerl, ‚Trauerkloß‘ *m*, Spießer *m*.

so·bri·e·ty [səʊˈbraɪətɪ] *s.* **1.** Nüchternheit *f* (*a. fig.*); **2.** Mäßigkeit *f*; **3.** Ernst (-haftigkeit *f*) *m*.

so·bri·quet [ˈsəʊbrɪkeɪ] (*Fr.*) *s.* Spitzname *m*.

soc·age [ˈsɒkɪdʒ] *s.* ⚔ *hist.* **1.** Lehensleistung *f* (*ohne Ritter- u. Heeresdienst*); **2.** Frongut *n*.

so-'called [ˌsəʊ-] *adj.* sogenannt (*a. angeblich*).

socc·age [ˈsɒkɪdʒ] → **socage**.

soc·cer [ˈsɒkə] **I** *s. sport* Fußball *m* (*Spiel*); **II** *adj.* Fußball…: ~ *team*; ~ *ball* Fußball *m*.

so·cia·bil·i·ty [ˌsəʊʃəˈbɪlətɪ] *s.* Geselligkeit *f*, 'Umgänglichkeit *f*; **so·cia·ble** [ˈsəʊʃəbl] **I** *adj.* □ **1.** gesellig (*a. zo. etc.*), 'umgänglich, freundlich; **2.** gesellig, gemütlich, ungezwungen: ~ *evening*; **II** *s.* **3.** Kremser *m* (*Kutschwagen*); **4.** Zweisitzer *m* (*Dreirad etc.*); **5.** Plaudersofa *n*; **6.** *bsd. Am.* → *social* 7.

so·cial [ˈsəʊʃl] **I** *adj.* □ **1.** *zo. etc.* gesellig; **2.** gesellschaftlich, Gesellschafts…, sozi'al, Sozial…: ~ *action* Bürgerinitiative *f*; ~ *climber contp.* gesellschaftlicher ‚Aufsteiger‘; ~ *contract hist.* Gesellschaftsvertrag *m*; ~ *criticism* Sozialkritik *f*; ~ *engineering* angewandte Sozialwissenschaft; ~ *evil* die Prostitution; ~ *order* Gesellschaftsordnung *f*; ~ *rank* gesellschaftlicher Rang, soziale Stellung; ~ *register* Prominentenliste *f*; ~ *science* Sozialwissenschaft *f*; **3.** sozi'al, Sozial…: ~ *insurance* Sozialversicherung *f*; ~ *insurance contribution* Sozialversicherungsbeitrag *m*; ~ *policy* Sozialpolitik *f*; ~ *security* a) soziale Sicherheit, b) Sozialversicherung *f*, c) Sozialhilfe *f*; *be on* ~ *security* Sozialhilfe beziehen; ~ *services* a) Sozialeinrichtungen, b) staatliche Sozialleistungen; ~ *studies* Gemeinschaftskunde *f*; ~ *work* Sozialarbeit *f*; ~ *worker* Sozialarbeiter(in); **4.** *pol.* Sozial...: ⚥ *Demo-crat* Sozialdemokrat(in); **5.** gesellschaftlich, gesellig: ~ *activities* gesellschaftliche Veranstaltungen; **6.** → *sociable* 1; **II** *s.* **7.** geselliges Beisammensein; **'so·cial·ism** [-ʃəlɪzəm] *s. pol.* Sozia'lismus *m*; **'so·cial·ist** [-ʃəlɪst] **I** *s.* Sozia'list(in); **II** *adj. a.* **so·cial·is·tic** [ˌsəʊʃə'lɪstɪk] *adj.* (□ *~ally*) sozia'listisch; **'so·cial·ite** [-ʃəlaɪt] *s. Am.* F Angehörige(r *m*) *f* der oberen Zehn-'tausend, Promi'nente(r *m*) *f*.

so·cial·i·za·tion [ˌsəʊʃəlaɪ'zeɪʃn] *s. pol.*, ⚕ Sozialisierung *f*; **so·cial·ize** ['səʊʃəlaɪz] *v/t. pol.*, ⚕ sozialisieren, verstaatlichen, vergesellschaften.

so·ci·e·ty [sə'saɪətɪ] *s. allg.* Gesellschaft *f*: a) Gemeinschaft *f*: *human ~,* b) Kul'turkreis *m,* c) (*die große od.* ele'gante) Welt: ~ *lady* Dame *f* der großen Gesellschaft; *not fit for good ~* nicht salonod. gesellschaftsfähig, d) (gesellschaftlicher) 'Umgang, e) Anwesenheit *f*, f) Verein(igung *f*) *m*: ⚥ *of Friends* Gesellschaft der Freunde (*die Quäker*); ⚥ *of Jesus* Gesellschaft Jesu.

socio- [ˈsəʊsjəʊ] *in Zssgn* a) Sozial..., b) sozio'logisch: *~biology* Soziobiologie *f*; *~critical* sozialkritisch; *~political* sozialpolitisch; *~psychology* Sozialpsychologie *f*.

so·ci·og·e·ny [ˌsəʊsɪ'ɒdʒənɪ] *s.* Wissenschaft *f* vom Ursprung der menschlichen Gesellschaft; **so·ci·o·gram** ['səʊsjəgræm] *s.* Sozio'gramm *n*; **so·ci·o·log·ic**, **so·ci·o·log·i·cal** [ˌsəʊsjə'lɒdʒɪk(l)] *adj.* □ sozio'logisch; **so·ci·ol·o·gist** [ˌsəʊsɪ'ɒlədʒɪst] *s.* Sozio'loge *m*; **so·ci·ol·o·gy** [ˌsəʊsɪ'ɒlədʒɪ] *s.* Soziolo'gie *f*.

sock¹ [sɒk] *s.* **1.** Socke *f*: *pull up one's ~s Brit.* F 'sich am Riemen reißen', sich anstrengen; *put a ~ in it! Brit. sl.* hör auf!, halt's Maul!; **2.** *Brit.* Einlegesohle *f*.

sock² [sɒk] *sl.* **I** *v/t. j-m* 'eine knallen *od.* reinhauen': ~ *it to s.o.* j-m 'Bescheid stoßen', j-m 'Saures geben'; **II** *s.* (Faust)Schlag *m*; **III** *adj. Am.* 'toll'.

sock·et ['sɒkɪt] *s.* **1.** *anat.* a) (Augen-, Zahn)Höhle *f*, b) (Gelenk)Pfanne *f*; **2.** ⚙ Muffe *f*, Rohransatz *m*; **3.** ⚡ f Steckdose *f*, d) Fassung *f*, c) Sockel *m* (*für Röhren etc.*), d) Λnschluß *m*; ~ *joint s.* ⚙, *anat.* Kugelgelenk *n*; ~ *wrench s.* ⚙ Steckschlüssel *m*.

so·cle ['sɒkl] *s.* Δ Sockel *m*.

sod¹ [sɒd] **I** *s.* **1.** Grasnarbe *f*: *under the ~* unterm Rasen (*tot*); **2.** Rasenstück *n*; **II** *v/t.* **3.** mit Rasen bedecken.

sod² [sɒd] *sl.* **I** *s.* **1.** 'Heini' *m*, Blödmann *m*; **2.** Kerl *m*: *the poor ~*; **II** *v/t.* **3.** ~ *it!* 'Mist!'

so·da ['səʊdə] *s.* ⚗ **1.** Soda *f, n*, kohlensaures Natrium: (*bicarbonate of*) ~ → *sodium bicarbonate*; **2.** → *sodium hydroxide*; **3.** 'Natriumₒxyd *n*; **4.** Soda(wasser *n*) *n*: *~ whisky and ~*; **5.** → *soda water* 2; ~ *foun·tain s.* **1.** Siphon *m*; **2.** *Am.* Erfrischungshalle *f*, Eisbar *f*; ~ *jerk·(er) s. Am.* F Verkäufer *m* in e-r Erfrischungshalle *od.* Eisbar; ~ *lye s.* Natronlauge *f*; ~ *pop s. Am.* 'Limo' *f*; ~ *wa·ter s.* **1.** Sodawasser *n*; **2.** Selters (-wasser) *n*, Sprudel *m*.

sod·den ['sɒdn] *adj.* **1.** durch'weicht, -'näßt; **2.** teigig, klitschig (*Brot etc.*); **3.**

fig. a) 'voll', ,besoffen', b) blöd(e) (*vom Trinken*); **4.** aufgedunsen; **5.** *sl.* a) 'blöd', 'doof', b) fad.

so·di·um ['səʊdjəm] *s.* ⚗ Natrium *n*; ~ *bi·car·bon·ate s.* 'Natriumbikarboₙnat *n*, doppeltkohlensaures Natrium; ~ *car·bon·ate s.* Soda *f, n*, 'Natriumkarboₙnat *n*; ~ *chlor·ide s.* 'Natriumchloₙrid *n*, Kochsalz *n*; ~ *hy·drox·ide s.* 'Natriumhydroₙxyd *n*, Ätznatron *n*; ~ *ni·trate s.* 'Natriumniₙtrat *n*.

sod·o·my ['sɒdəmɪ] *s.* **1.** Sodo'mie *f*; **2.** *allg.* 'widernₐtürliche Unzucht.

so·ev·er [səʊ'evə] *adv.* (*mst in Zssgn wer etc.*) auch immer.

so·fa ['səʊfə] *s.* Sofa *n*; ~ *bed s.* Bettcouch *f*.

sof·fit ['sɒfɪt] *s.* Δ Laibung *f*.

soft [sɒft] **I** *adj.* □ **1.** *allg.* weich (*a. fig. Person, Charakter etc.*): *as ~ as silk* seidenweich; ~ *currency* ⚕ weiche Währung; ~ *prices* ⚕ nachgiebige Preise; ~ *sell* ⚕ weiche Verkaufstaktik; **2.** ⚙ weich, *bsd.* a) ungehärtet (*Eisen*), b) schmiedbar (*Metall*), c) enthärtet (*Wasser*): ~ *coal* ⚒ Weichkohle *f*; ~ *solder* Weichlot *n*; **3.** *fig.* weich, sanft (*Augen, Worte etc.*); → *spot* 5; **4.** mild, sanft (*Klima, Regen, Schlaf, Wind, a. Strafe etc.*): *be ~ with* sanft umgehen mit *j-m*; **5.** leise, sacht (*Bewegung, Geräusch, Rede*); **6.** sanft, gedämpft (*Licht, Farbe, Musik*); **7.** schwach, verschwommen: ~ *outlines* [...], ~ *negative phot.* weiches Negativ; **8.** mild, lieblich (*Wein*); **9.** *Brit.* schwül, feucht, regnerisch; **10.** höflich, ruhig, gewinnend; **11.** zart, zärtlich, verliebt: ~ *nothings* zärtliche Worte; → *sex* 2; **12.** schlaff (*Muskeln*); **13.** *fig.* verweichlicht, schlapp; **14.** angenehm, leicht, ,gemütlich': ~ *job; a ~ thing* e-e ruhige Sache, e-e ,Masche' (*einträgliches Geschäft*); **15.** *a.* ~ *in the head* F ,leicht bescheuert', ,doof'; **16.** a) alkoholfrei: ~ *drinks*, b) weich: ~ *drug* Soft drug *f*, weiche Droge; **II** *adv.* **17.** sanft, leise; **III** *s.* **18.** F Trottel *m*; *'~·ball s. Am. sport* Form des Baseball mit weicherem Ball u. kleinerem Feld; *'~·boiled adj.* **1.** weich(gekocht) (*Ei*); **2.** F weichherzig; *'~·cen·tred adj. Brit.* mit Cremefüllung.

sof·ten ['sɒfn] **I** *v/t.* **1.** weich machen; ⚙ *Wasser* enthärten; **2.** *Ton, Farbe* dämpfen; **3.** *a.* ~ *up* ✕ a) *Gegner* zermürben, b) *Festung etc.* sturmreif schießen; **4.** *fig.* mildern; *j-n* erweichen; *j-s Herz* rühren; *contp. j-n* ,kleinkriegen'; **5.** *fig.* verweichlichen; **II** *v/i.* **6.** weich(er) werden; **'sof·ten·er** [-nə] *s.* ⚙ **1.** Enthärtungsmittel *n*; **2.** Weichmacher *m* (*bei Kunststoff, Öl etc.*); **'sof·ten·ing** [-nɪŋ] *s.* **1.** Erweichen *n*: ~ *of the brain* ✖ Gehirnerweichung *f*; ~ *point* ⚙ Erweichungspunkt *m*; **2.** *fig.* Besänftigung *f*.

soft| goods *s. pl.* Tex'tilien *pl.*; ~ *hail s.* Eisregen *m*; *'~·head s.* Schwachkopf *m*; *'~·heart·ed adj.* weichherzig; *'~·land v/t. u. v/i.* weich landen.

soft·ness ['sɒftnɪs] *s.* **1.** Weichheit *f*; **2.** Sanftheit *f*; **3.** Milde *f*; **4.** Zartheit *f*; **5.** *contp.* Weichlichkeit *f*.

soft| ped·al *s.* ♪ (Pi'ano)Peₙdal *n*; *'~·ped·al v/t.* **1.** (*a. v/i.*) mit dem Pi'anopeₙdal spielen; **2.** F *et.* ,her'unterspielen'; ~ *sci·ence s. Ggs. exakte Wissen-*

schaft, *z. B. Soziologie, Psychologie etc.*; ~ *soap s.* **1.** Schmierseife *f*; **2.** *sl.* ,Schmus' *m*, Schmeiche'lei(en *pl.*) *f*; *'~·'soap v/t. sl. j-m* ,um den Bart gehen', *j-m* Honig ums Maul schmieren; *'~·sol·der v/t.* ⚙ weichlöten; *'~·ˌspo·ken adj.* **1.** leise sprechend; **2.** *fig.* gewinnend, freundlich; *'~·ware s. Computer*: Software *f*; *'~·wood s.* **1.** Weichholz *n*; **2.** Nadelbaumholz *n*; **3.** Baum *m* mit weichem Holz.

soft·y ['sɒftɪ] *s.* F **1.** ,Softie' *m*; **2.** ,Schlappschwanz' *m*.

sog·gy ['sɒgɪ] *adj.* **1.** feucht, sumpfig (*Land*); **2.** durch'näßt, -'weicht; **3.** klitschig (*Brot etc.*); **4.** F ,doof'.

soi-di·sant [ˌswɑːdiː'zɑ̃ː] (*Fr.*) *adj.* angeblich, sogenannt.

soil [sɔɪl] **I** *v/t.* **1.** a) schmutzig machen, verunreinigen, b) *bsd. fig.* besudeln, beflecken, beschmutzen; **II** *v/i.* **2.** schmutzig werden, *leicht etc.* schmutzen; **III** *s.* **3.** Verschmutzung *f*; **4.** Schmutzfleck *m*; **5.** Schmutz *m*; **6.** Dung *m*.

soil² [sɔɪl] *s.* **1.** (Erd)Boden *m*, Erde *f*, (Acker)Krume *f*, Grund *m*; **2.** *fig.* (Heimat)Erde *f*, Land *n*: *on British ~* auf britischem Boden; *one's native ~* die heimatliche Erde.

soil³ [sɔɪl] *v/t.* ✓ mit Grünfutter füttern; **'soil·age** [-lɪdʒ] *s.* ✓ Grünfutter *n*.

soil pipe *s.* ⚙ Abflußrohr *n*.

soi·rée ['swɑːreɪ] (*Fr.*) *s.* Soi'ree *f*, Abendgesellschaft *f*.

so·journ ['sɒdʒɜːn] **I** *v/i.* sich (vor'übergehend) aufhalten, (ver)weilen (*in* od. an *dat.*, *with* bei); **II** *s.* (vor'übergehender) Aufenthalt; **'so·journ·er** [-nə] *s.* Gast *m*, Besucher(in).

soke [səʊk] *s.* ⚖ *hist. Brit.* Gerichtsbarkeit(sbezirk *m*) *f*.

sol·ace ['sɒləs] **I** *s.* Trost *m*: *she found ~ in religion*; **II** *v/t.* trösten.

so·la·num [səʊ'leɪnəm] *s.* ❀ Nachtschatten *m*.

so·lar ['səʊlə] *adj.* **1.** *ast.* Sonnen...(-system, -tag, -zeit etc.*), Solar...: ~ *eclipse* Sonnenfinsternis *f*; ~ *plexus anat.* Solarplexus *m*, F Magengrube *f*; **2.** ⚙ a) Sonnen...: ~ *cell (energy etc.*); ~ *collector od. panel* Sonnenkollektor *m*, b) durch 'Sonnenenerₙgie angetrieben: ~ *power station* Sonnen-, Solarkraftwerk *n*.

so·lar·i·um [səʊ'leərɪəm] *pl.* **-i·a** [-ɪə], **-i·ums** *s. allg.* So'larium *n*, ❀ *a.* Sonnenliegehalle *f*.

so·lar·ize ['səʊləraɪz] *v/t.* **1.** ❀ *j-n* mit Lichtbädern behandeln; **2.** ⚙ *Haus* auf 'Sonnenenerₙgie 'umstellen; **3.** *phot.* solarisieren (*a. v/i.*).

sold [səʊld] *pret. u. p.p. von* **sell**.

sol·der ['sɒldə] **I** *s.* **1.** ⚙ Lot *n*, 'Lötmeₙtall *n*; **II** *v/t.* **2.** (ver)löten: *~ed joint* Lötstelle *f*; *~ing iron* Lötkolben *m*; **3.** *fig.* zs.-schweißen; **III** *v/i.* **4.** löten.

sol·dier ['səʊldʒə] *s.* **1.** Sol'dat *m* (*a. engS. Feldherr*): ~ *of Christ* Streiter *m* Christi; ~ *of fortune* Glücksritter *m*; *old ~* a) F ,alter Hase', b) *sl.* leere Flasche; **2.** ✕ (einfacher) Sol'dat, Schütze *m*, Mann *m*; **3.** *fig.* Kämpfer *m*; **4.** *zo.* Krieger *m*, Sol'dat *m* (*bei Ameisen etc.*); **II** *v/i.* **5.** (als Sol'dat) dienen: *go ~ing* Soldat werden; **6.** *~ on fig.* (unbeirrt) weitermachen; **'sol·dier·ly** [-lɪ] *adj.* **1.** sol'datisch; **2.** Soldaten...; **'sol·dier·y** [-ərɪ] *s.* **1.** Mili'tär *n*; **2.** Sol'daten *pl.*, *contp.* Solda'teska *f*.

sole¹ [səʊl] **I** *s.* **1.** (Fuß- *od.* Schuh)Sohle *f*: ~ **leather** Sohlleder *n*; **2.** Bodenfläche *f*, Sohle *f*; **II** *v/t.* **3.** besohlen.

sole² [səʊl] *adj.* □ → **solely**; **1.** einzig, al'leinig, Allein...: ~ **agency** Alleinvertretung *f*; ~ **bill** ♱ Solawechsel *m*; ~ **heir** Allein-, Universalerbe *m*; **2.** ⚖ unverheiratet.

sole³ [səʊl] *pl.* **soles**, *coll.* **sole** *s. ichth.* Seezunge *f*.

sol·e·cism ['sɒlɪsɪzəm] *s.* Schnitzer *m*, Verstoß *m*, ‚Sünde‘ *f*: a) *ling.* Sprachsünde, b) Faux'pas *m*; **sol·e·cis·tic** [ˌsɒlɪ'sɪstɪk] *adj.* **1.** *ling.* 'unkor,rekt; **2.** ungehörig.

sole·ly ['səʊllɪ] *adv.* (einzig u.) al'lein, ausschließlich, nur.

sol·emn ['sɒləm] *adj.* □ **1.** *allg.* feierlich, ernst, so'lenn; **2.** feierlich (*Eid etc.*); ⚖ for'mell (*Vertrag*); **3.** gewichtig, ernst: *a ~ warning*; **4.** hehr, erhaben: ~ *building*; **5.** düster; **so·lem·ni·ty** [sə'lemnətɪ] *s.* **1.** Feierlichkeit *f*, (feierlicher *od.* würdevoller) Ernst; **2.** *oft pl.* feierliches Zeremoni'ell; **3.** *bsd. eccl.* Festlich-, Feierlichkeit *f*; **'sol·em·nize** [-mnaɪz] *v/t.* **1.** feierlich begehen; **2.** *Trauung* (feierlich) voll'ziehen.

so·le·noid ['səʊlənɔɪd] *s.* ⚡, ⚙ Soleno'id *n*, Zy'linderspule *f*: ~ *brake* Solenoidbremse *f*.

sol-fa [ˌsɒl'fɑː] ♪ **I** *s.* **1.** *a.* ~ *syllables* Solmisati'onssilben *pl.*; **2.** Tonleiter *f*; **3.** Solmisati'on(sübung) *f*; **II** *v/t.* **4.** auf Solmisati'onssilben singen; **III** *v/i.* **5.** solmisieren.

so·lic·it [sə'lɪsɪt] **I** *v/t.* **1.** (dringend) bitten, angehen (*s.o.* j-n; *s.th.* um et.; *s.o. for s.th. od. s.th. of s.o.* j-n um et.); **2.** sich um *ein Amt etc.* bemühen; ♱ um *Aufträge, Kundschaft* werben; *j-n* ansprechen (*Prostituierte*); **4.** ⚖ anstiften; **II** *v/i.* **5.** dringend bitten (*for* um); **6.** ♱ Aufträge sammeln; **7.** sich anbieten (*Prostituierte*); **so·lic·i·ta·tion** [səˌlɪsɪ'teɪʃn] *s.* **1.** dringende Bitte; **2.** ♱ (Auftrags-, Kunden)Werbung *f*; **3.** Ansprechen *n* (*durch Prostituierte*); **4.** ⚖ Anstiftung *f* (*of* zu).

so·lic·i·tor [sə'lɪsɪtə] *s.* **1.** ⚖ Brit. So'licitor *m*, Anwalt *m* (*der nur vor niederen Gerichten plädieren darf*); **2.** Am. 'Rechtsrefe,rent *m* *r* *Stadt etc.*; **3.** Am. ♱ A'gent *m*, Werber *m*; ~ **gen·er·al** *pl.* **so·lic·i·tors gen·er·al** *s.* **1.** ⚖ zweiter Kronanwalt (*in England*); **2.** USA a) stellvertretender Ju'stizmi,nister, b) oberster Ju'stizbeamter (*in einigen Staaten*).

so·lic·it·ous [sə'lɪsɪtəs] *adj.* □ **1.** besorgt (*about* um, *for* um, wegen); **2.** fürsorglich; **3.** (*of*) eifrig bedacht (auf *acc.*); begierig (nach); **4.** bestrebt *od.* eifrig bemüht (*to do* zu tun); **so·lic·i·tude** [-tjuːd] *s.* **1.** Besorgtheit *f*, Sorge *f*; **2.** (über'triebener) Eifer; **3.** *pl.* Sorgen *pl.*

sol·id ['sɒlɪd] **I** *adj.* □ **1.** *allg.* fest (*Eis, Kraftstoff, Speise, Wand etc.*): ~ *body* Festkörper *m*; ~ *lubricant* ⚙ Starrschmiere *f*; ~ *state phys.* fester (Aggregat)Zustand; ~ *waste* Festmüll *m*; *on ~ ground* auf festem Boden (*a. fig.*); **2.** kräftig, sta'bil, derb, fest: ~ *build* kräftiger Körperbau; ~ *leather* Kernleder

n; *a ~ meal* ein kräftiges Essen; *a ~ blow* ein harter Schlag; **3.** mas'siv (*Ggs. hohl*), Voll...(-*gummi, -reifen*); **4.** mas'siv, gediegen: ~ *gold*; **5.** *fig.* so'lid(e), gründlich: ~ *learning*; **6.** *fig.* gewichtig, triftig (*Grund etc.*), stichhaltig, handfest (*Argument etc.*); **7.** so'lid(e), gediegen, zuverlässig (*Person*); **8.** ♱ so'lid(e), gutfundiert; **9.** a) soli'darisch, b) einmütig, geschlossen (*for* für *j-n od. et.*): *be ~ for s.o.*; *be ~ly behind s.o.* geschlossen hinter j-m stehen; *a ~ vote* e-e einstimmige Wahl; **10.** *be ~ (with s.o.)* Am. F (mit j-m) auf gutem Fuß stehen; **11.** Am. *sl.* ‚prima‘, erstklassig; **12.** ⚖ a) körperlich, räumlich, b) Kubik..., Raum...: ~ *capacity*; ~ *geometry* Stereometrie *f*; ~ *measure* Raummaß *n*; **13.** geschlossen: *a ~ row of buildings*; **14.** F voll, ‚geschlagen‘: *a ~ hour*; **15.** F to'tal: *booked ~* total ausgebucht; **II** *s.* **16.** ⚖ Körper *m*; **17.** *phys.* Festkörper *m*; **18.** *pl.* feste Bestandteile *pl.*: *the ~s of milk*.

sol·i·dar·i·ty [ˌsɒlɪ'dærətɪ] *s.* Solidari'tät *f*, Zs.-halt *m*, Zs.-gehörigkeitsgefühl *n*; **sol·i·dar·y** ['sɒlɪdərɪ] *adj.* soli'darisch.

'sol·id|-drawn *adj.* ⚙ gezogen: ~ *axle*; ~ *tube* nahtlos gezogenes Rohr; **'~-hoofed** *adj. zo.* einhufig.

so·lid·i·fi·ca·tion [səˌlɪdɪfɪ'keɪʃn] *s. phys. etc.* Erstarrung *f*, Festwerden *n*; **so·lid·i·fy** [sə'lɪdɪfaɪ] **I** *v/t.* **1.** fest werden lassen; **2.** verdichten; **3.** *fig.* Partei festigen, konsolidieren; **II** *v/i.* **4.** fest werden, erstarren.

so·lid·i·ty [sə'lɪdətɪ] *s.* **1.** Festigkeit *f* (*a. fig.*); kom'pakte *od.* mas'sive Struk'tur; Dichtigkeit *f*; **2.** *fig.* Gediegenheit *f*, Zuverlässigkeit *f*, Solidi'tät *f*; ♱ Kre'ditfähigkeit *f*.

'sol·id-state chem·is·try *s.* 'Festkörperche,mie *f*.

sol·id·un·gu·late [ˌsɒlɪd'ʌŋgjʊlət] *adj. zo.* einhufig.

so·lil·o·quize [sə'lɪləkwaɪz] **I** *v/i.* Selbstgespräche führen, *bsd. thea.* monologisieren; **II** *v/t.* et. zu sich selbst sagen; **so·lil·o·quy** [-kwɪ] *s.* Selbstgespräch *n*, *bsd. thea.* Mono'log *m*.

sol·i·ped ['sɒlɪped] *zo.* **I** *s.* Einhufer *m*; **II** *adj.* einhufig.

sol·i·taire ['sɒlɪteə] *s.* **1.** Soli'tär(spiel) *n*; **2.** Pa'tience *f*; **3.** Soli'tär *m* (*einzeln gefaßter Edelstein*).

sol·i·tar·y ['sɒlɪtərɪ] *adj.* □ **1.** einsam (*Leben, Spaziergang etc.*); → *confinement* 2; **2.** einsam, abgelegen (*Ort*); **3.** einsam, einzeln (*Baum, Reiter etc.*); **4.** ♀, *zo.* soli'tär; **5.** *fig.* einzig: ~ *exception*; **'sol·i·tude** [-tjuːd] *s.* **1.** Einsamkeit *f*; **2.** (Ein)Öde *f*.

sol·mi·za·tion [ˌsɒlmɪ'zeɪʃn] *s.* ♪ a) Solmisati'on *f*, b) Solmisati'onsübung *f*.

so·lo ['səʊləʊ] *pl.* **-los I** *s.* **1.** *bsd.* ♪ Solo(gesang *m*, -spiel *n*, -tanz *m etc.*) *n*; **2.** *Kartenspiele*: Solo *n*; **3.** ✈ Al'leinflug *m*; **II** *adj.* **4.** *bsd.* ♪ Solo...; **5.** Allein...: ~ *flight* → 3; ~ *run sport* Alleingang *m*; **III** *adv.* **6.** al'lein, ‚solo‘: *fly ~* im Alleinflug machen; **'so·lo·ist** [-əʊɪst] *s.* So'list(in).

sol·stice ['sɒlstɪs] *s. ast.* Sonnenwende *f*: *summer ~*; **sol·sti·tial** [sɒl'stɪʃl] *adj.* Sonnenwende...: ~ *point* Umkehrpunkt *m*.

sol·u·bil·i·ty [ˌsɒljʊ'bɪlətɪ] *s.* **1.** 🜍 Lös-

lichkeit *f*; **2.** *fig.* Lösbarkeit *f*; **sol·u·ble** ['sɒljʊbl] *adj.* **1.** 🜍 löslich; **2.** *fig.* (auf-) lösbar.

so·lu·tion [sə'luːʃn] *s.* **1.** 🜍 a) Auflösung *f*, b) Lösung *f*: *aqueous ~* wässerige Lösung; (*rubber*) ~ Gummilösung *f*; **2.** ⚕ *etc.* (Auf)Lösung *f*; **3.** *fig.* Lösung *f* (*e-s Problems etc.*); (Er)Klärung *f*.

solv·a·ble ['sɒlvəbl] → **soluble**.

solve [sɒlv] *v/t.* **1.** *Aufgabe, Problem* lösen; **2.** lösen, (er)klären: ~ *a mystery*; ~ *a crime* ein Verbrechen aufklären; **'sol·ven·cy** [-vənsɪ] *s.* ♱ Zahlungsfähigkeit *f*; **'sol·vent** [-vənt] **I** *adj.* **1.** 🜍 (auf)lösend; **2.** *fig.* zersetzend; **3.** *fig.* erlösend: *the ~ power of laughter*; **4.** ♱ zahlungsfähig, sol'vent, li'quid; **II** *s.* **5.** 🜍 Lösungsmittel *n*; **6.** *fig.* zersetzendes Ele'ment.

so·mat·ic [səʊ'mætɪk] *adj. biol.*, 🔬 **1.** körperlich, physisch; **2.** so'matisch: ~ *cell* Somazelle *f*.

so·ma·tol·o·gy [ˌsəʊmə'tɒlədʒɪ] *s.* 🔬 Somatolo'gie *f*, Körperlehre *f*; **so·ma·to·psy·chic** [ˌsəʊmətəʊ'saɪkɪk] *adj.* 🔬, *psych.* psychoso'matisch.

som·ber *Am.*, **som·bre** *Brit.* ['sɒmbə] *adj.* □ **1.** düster, trübe (*a. fig.*); **2.** dunkel(farbig); **3.** *fig.* melan'cholisch; **'som·ber·ness** *Am.*, **'som·bre·ness** *Brit.* [-nɪs] *s.* **1.** Düsterkeit *f*, Trübheit *f* (*a. fig.*); **2.** *fig.* Trübsinnigkeit *f*.

some [sʌm; səm] **I** *adj.* **1.** (*vor Substantiven*) (irgend)ein: ~ *day* eines Tages; ~ *day* (*or other*), ~ *time* irgendwann (einmal), mal; **2.** (*vor pl.*) einige, ein paar: ~ *few* einige wenige; **3.** manche, **4.** ziemlich (viel), beträchtlich, e-e ganze Menge; **5.** gewiß: *to ~ extent* in gewissem Grade, einigermaßen; **6.** etwas, ein (klein) wenig: ~ *bread* (etwas) Brot; *take ~ more!* nimm noch etwas!; **7.** ungefähr, gegen: *a village of ~ 60 houses* ein Dorf von etwa 60 Häusern; **8.** *sl.* beachtlich, ‚ganz hübsch‘: ~ *race!* das war vielleicht ein Rennen!; ~ *teacher! contp.* ein ‚schöner‘ Lehrer (ist das)!; **II** *adv.* **9.** *Am.* etwas, ziemlich; **10.** F ‚e'norm‘, ‚toll‘; **III** *pron.* **11.** (irgend)ein: ~ *of these days* dieser Tage, demnächst; **12.** etwas: ~ *of it* etwas davon; ~ *of these people* einige dieser Leute; **13.** welche: *will you have ~?*; **14.** *Am. sl.* dar'über hinaus, noch mehr; **15.** *some ... some* die einen ... die anderen.

some·bod·y ['sʌmbədɪ] **I** *pron.* jemand, (irgend)einer; **II** *s.* e-e bedeutende Per'sönlichkeit: *he thinks he is ~* er bildet sich ein, er sei jemand; **'~how** *adv.* oft ~ *or other* **1.** irgend'wie, auf irgendeine Weise; **2.** aus irgendeinem Grund(e), ‚irgendwie‘: ~ *(or other) I don't trust him*; **'~one** *I pron.* jemand, (irgend)einer: ~ *or other* irgendeiner; **II** *s.* → somebody II; **'~place** *adv. Am.* irgendwo('hin).

som·er·sault ['sʌməsɔːlt] **I** *s.* a) Salto *m*, b) Purzelbaum *m* (*a. fig.*): *turn od. do a ~* → **II** *v/i.* e-n Salto machen *od.* e-n Purzelbaum schlagen.

Som·er·set House ['sʌməsɪt] *s.* Verwaltungsgebäude in London mit Personenstandsregister, Notariats- u. Inlandssteuerbehörden etc.

'some|·thing ['sʌm-] **I** *s.* **1.** (irgend) etwas, was: ~ *or other* irgend etwas; *a certain* ~ ein gewisses Etwas; **2.** ~ *of* so etwas wie: *he is* ~ *of a mechanic*; **3.** *or* ~ oder so (etwas Ähnliches); **II** *adv.* **4.** ~ *like* a) so etwas wie, so ungefähr, b) F wirklich, mal: *that's* ~ *like a pudding!*; *that's* ~ *like!* das lasse ich mir gefallen!; '**~·time I** *adv.* **1.** irgend (-wann) einmal (*bsd. in der Zukunft*): *write* ~*!* schreib (ein)mal!; **2.** früher, ehemals; **II** *adj.* **3.** ehemalig, weiland (*Professor etc.*); '**~·times** *adv.* manchmal, hie und da, gelegentlich, zu'weilen; '**~·what** *adv. u. s.* etwas, ein wenig, ein bißchen: *she was* ~ *puzzled*; ~ *of a shock* ein ziemlicher Schock; '**~·where** *adv.* **1.** irgend'wo; **2.** irgendwo'hin: ~ *else* sonstwohin, woandershin; **3.** ~ *about* so etwa, um ... her'um.

som·nam·bu·late [sɒm'næmbjʊleɪt] *v/i.* schlaf-, nachtwandeln; **som'nam·bu·lism** [-lɪzəm] *s.* Schlaf-, Nachtwandeln *n*; **som'nam·bu·list** [-lɪst] *s.* Schlaf-, Nachtwandler(in); **som·nam·bu·lis·tic** [sɒm‚næmbjʊ'lɪstɪk] *adj.* schlaf-, nachtwandlerisch.

som·nif·er·ous [sɒm'nɪfərəs] *adj.* einschläfernd.

som·no·lence ['sɒmnələns] *s.* **1.** Schläfrigkeit *f*; **2.** ❧ Schlafsucht *f*; '**som·no·lent** [-nt] *adj.* □ **1.** schläfrig; **2.** einschläfernd.

son [sʌn] *s.* **1.** Sohn *m*: ~ *and heir* Stammhalter *m*; ~ *of God* (*od.* *man*), *the* ♀ *eccl.* Gottes-, Menschensohn (*Christus*); **2.** *fig.* Sohn *m*, Abkomme *m*: ~ *of a bitch Am. sl.* a) ‚Scheißkerl‘ *m*, b) ‚Scheißding‘ *n*; ~ *of a gun Am. sl.* a) ‚toller Hecht‘, b) ‚(alter) Gauner‘; **3.** *fig. pl. coll.* Schüler *pl.*, Jünger *pl.*; Söhne *pl.* (*e-s Volks, e-r Gemeinschaft etc.*); **4.** → **sonny**.

so·nance ['səʊnəns] *s.* **1.** Stimmhaftigkeit *f*; **2.** Laut *m*; '**so·nant** [-nt] *ling.* **I** *adj.* stimmhaft; **II** *s.* a) So'nant *m*, b) stimmhafter Laut.

so·nar ['səʊnɑː] *s.* ♣ Sonar *n*, S-Gerät *n* (*aus* sound navigation and ranging).

so·na·ta [sə'nɑːtə] *s.* ♪ So'nate *f*; **so·na·ti·na** [‚sɒnə'tiːnə] *s.* ♪ Sona'tine *f*.

song [sɒŋ] *s.* **1.** ♪ Lied *n*, Gesang *m*: ~ (*and dance*) F *fig.* Getue *n*, ,Theater‘ *n* (*about* wegen); *for a* ~ *fig.* für ein Butterbrot; **2.** Song *m*; **3.** *poet.* a) Lied *n*, Gedicht *n*, b) Dichtung *f*: ♀ *of Solomon, ♀ of Songs bibl.* das Hohelied (Salomonis); ♀ *of the Three Children bibl.* der Gesang der drei Männer *od.* Jünglinge im Feuerofen; **4.** Singen *n*, Gesang *m*: *break* (*od.* *burst*) *into* ~ zu singen anfangen; '**~·bird** *s.* **1.** Singvogel *m*; **2.** ‚Nachtigall‘ *f* (*Sängerin*); '**~·book** *s.* Liederbuch *n*.

song·ster ['sɒŋstə] *s.* **1.** ♪ Sänger *m*; **2.** Singvogel *m*; **3.** *Am.* (*bsd.* volkstümliches) Liederbuch; '**song·stress** [-trɪs] *s.* Sängerin *f*.

'**song-thrush** *s. orn.* Singdrossel *f*.

son·ic ['sɒnɪk] *adj.* ❂ Schall...; ~ *bang* → **sonic boom**; ~ *bar·ri·er* → **sound barrier**; ~ *boom* s. ✓ Düsen-, 'Überschallknall *m*; ~ *depth find·er* s. ♣ Echolot *n*.

'**son-in-law** *pl.* '**sons-in-law** *s.* Schwiegersohn *m*.

son·net ['sɒnɪt] *s.* So'nett *n*.

son·ny ['sʌnɪ] *s.* Junge *m*, Kleiner *m*

(*Anrede*).

son·o·buoy ['səʊnəbɔɪ] *s.* ♣ Schallboje *f*.

so·nom·e·ter [səʊ'nɒmɪtə] *s.* Schallmesser *m*.

so·nor·i·ty [sə'nɒrətɪ] *s.* **1.** Klangfülle *f*, (Wohl)Klang *m*; **2.** *ling.* (Ton)Stärke *f* (*e-s Lauts*); **so·no·rous** [sə'nɔːrəs] *adj.* □ **1.** tönend, reso'nant (*Holz etc.*); **2.** volltönend (*a. ling.*), klangvoll, so'nor (*Stimme, Sprache*); **3.** *phys.* Schall..., Klang...

son·sy ['sɒnsɪ] *adj. Scot.* **1.** drall (*Mädchen*); **2.** gutmütig.

soon [suːn] *adv.* **1.** bald, unverzüglich; **2.** (sehr) bald, (sehr) schnell: *no* ~*er ... than* kaum ... als; *no* ~*er said than done* gesagt, getan; **3.** bald, früh: *as* ~ *as* sobald als *od.* wie; ~*er or later* früher oder später; *the* ~*er the better* je früher desto besser; **4.** gern: (*just*) *as* ~ ebenso gern; *I would* ~ *... than* ich möchte lieber ... als; '**soon·er** [-nə] *comp. adv.* **1.** früher, eher; **2.** schneller; **3.** lieber; → *soon* 2, 3, 4; '**soon·est** [-nɪst] *sup. adv.* frühestens.

soot [sʊt] **I** *s.* Ruß *m*; **II** *v/t.* mit Ruß bedecken, be-, verrußen.

sooth [suːθ] *s. Brit. obs.*: *in* ~, ~ *to say* fürwahr, wahrlich.

soothe [suːð] *v/t.* **1.** besänftigen, beruhigen, beschwichtigen; **2.** *Schmerz etc.* mildern, lindern; '**sooth·ing** [-ðɪŋ] *adj.* □ **1.** besänftigend; **2.** lindernd; **3.** wohltuend, sanft: ~ *light*; ~ *music*.

sooth·say·er ['suːθ‚seɪə] *s.* Wahrsager(in).

soot·y ['sʊtɪ] *adj.* □ **1.** rußig; **2.** geschwärzt; **3.** schwarz.

sop [sɒp] **I** *s.* **1.** eingetunkter Bissen (*Brot etc.*); **2.** *fig.* Beschwichtigungsmittel *n*, ,Schmiergeld‘ *n*, ,Brocken‘ *m*; → *Cerberus*; **3.** *fig.* Weichling *m*; **II** *v/t.* **4.** *Brot etc.* eintunken; **5.** durch'nässen, -'weichen; **6.** ~ *up* Wasser aufwischen.

soph [sɒf] F *für* **sophomore**.

soph·ism ['sɒfɪzəm] *s.* **1.** So'phismus *m*, Spitzfindigkeit *f*, ‚Scheinargu‚ment *n*; **2.** Trugschluß *m*; '**Soph·ist** [-ɪst] *s. phls.* So'phist *m* (*a. fig. spitzfindiger Mensch*); '**soph·ist·er** [-ɪstə] *s. univ. hist.* Student im 2. *od.* 3. Jahr (*in Cambridge, Dublin*).

so·phis·tic, so·phis·ti·cal [sə'fɪstɪk(l)] *adj.* □ so'phistisch; **so'phis·ti·cate** [-keɪt] **I** *v/t.* **1.** verfälschen; **2.** *j-n* verbilden; **3.** *j-n* verfeinern; **II** *v/i.* **4.** So'phismen gebrauchen; **III** *s.* **5.** weltkluge (*etc.*) Per'son (→ *sophisticated* 1 *u.* 2); **so'phis·ti·cat·ed** [-keɪtɪd] *adj.* **1.** weltklug, intellektu'ell, (geistig) anspruchsvoll; **2.** *contp.* blasiert, ,auf mo-'dern *od.* intellektuell machend‘, ,hochgestochen‘; **3.** verfeinert, kultiviert, raffiniert (*Stil etc.*); hochentwickelt (*a.* ❂ *Maschine*); **4.** anspruchsvoll, exqui-'sit (*Roman etc.*); **5.** unecht, verfälscht; **so·phis·ti·ca·tion** [sə‚fɪstɪ'keɪʃn] *s.* **1.** Intellektua'lismus *m*, Kultiviertheit *f*; **2.** Blasiertheit *f*, hochgestochene Art; **3.** das (geistig) Anspruchsvolle; **4.** ❂ Ausgereiftheit, (technisches) Raffine-'ment; **5.** (Ver)Fälschung *f*; **6.** → **sophistry**; **soph·ist·ry** ['sɒfɪstrɪ] *s.* **1.** So'phistik *f*, Sophiste'rei *f*; **2.** So-'phismus *m*, Trugschluß *m*.

soph·o·more ['sɒfəmɔː] *s. ped. Am.* 'College-Stu‚dent(in) *od.* Schüler(in) e-r *High School* im 2. Jahr.

so·po·rif·ic [‚sɒpə'rɪfɪk] **I** *adj.* einschläfernd, schlafförderd; **II** *s. bsd. pharm.* Schlafmittel *n*.

sop·ping ['sɒpɪŋ] *adj. a.* ~ *wet* patschnaß, triefend (naß); '**sop·py** [-pɪ] *adj.* □ **1.** durch'weicht (*Boden etc.*); **2.** regnerisch; **3.** F saftlos, fad(e); **4.** F rührselig, ‚schmalzig‘; **5.** F ‚verknallt‘ (*on s.o.* in j-n).

so·pran·o [sə'prɑːnəʊ] *pl.* **-nos I** *s.* **1.** So'pran *m* (*Singstimme*); **2.** So'pranstimme *f*, -par‚tie *f* (*e-r Komposition*); **3.** Sopra'nist(in); **II** *adj.* **4.** Sopran...

sorb [sɔːb] *s.* ♀ **1.** Eberesche *f*; **2.** *a.* ~ *apple* Elsbeere *f*.

sor·be·fa·cient [‚sɔːbɪ'feɪʃənt] **I** *adj.* absorbierend, absorpti'onsförderd; **II** *s.* ❧ Ab'sorbens *n*.

sor·bet ['sɔːbɪt] *s.* Fruchteis *n*.

sor·cer·er ['sɔːsərə] *s.* Zauberer *m*; '**sor·cer·ess** [-rɪs] *s.* Zauberin *f*, Hexe *f*; '**sor·cer·ous** [-rəs] *adj.* Zauber..., Hexen...; '**sor·cer·y** [-rɪ] *s.* Zaube'rei *f*, Hexe'rei *f*.

sor·did ['sɔːdɪd] *adj.* □ *bsd. fig.* schmutzig, schäbig; '**sor·did·ness** [-nɪs] *s.* Schmutzigkeit *f* (*a. fig.*).

sor·dine ['sɔːdiːn], **sor·di·no** [sɔː'diː-nəʊ] *pl.* **-ni** [-niː] ♪ Dämpfer *m*, Sor'dine *f*.

sore [sɔː] **I** *adj.* □ → *sorely*; **1.** weh(e), wund: ~ *feet*; ~ *heart fig.* wundes Herz, Leid *n*; *like a bear with a* ~ *head fig.* brummig, bärbeißig; → *spot* 5; **2.** entzündet, schlimm, ‚böse‘: ~ *fin·ger*; ~ *throat* Halsentzündung *f*; → *sight* 6; **3.** *fig.* schlimm, arg: ~ *calami·ty*; **4.** F verärgert, beleidigt, böse (*about* über *acc.*, wegen); **5.** heikel (*Thema*); **II** *s.* **6.** Wunde *f*, wunde Stelle, Entzündung *f*: *an open* ~ a) e-e offene Wunde (*a. fig.*), b) *fig.* ein altes Übel, ein ständiges Ärgernis; **III** *adv.* **7.** → *sorely* 1; '**sore·head** *s. Am.* F mürrischer Mensch; '**sore·ly** [-lɪ] *adv.* **1.** arg, ‚bös‘: a) sehr, bitter, b) schlimm; **2.** dringend; **3.** bitterlich weinen *etc.*

so·ror·i·ty [sə'rɒrətɪ] *s.* **1.** *Am.* Verbindung *f* von Stu'dentinnen; **2.** *eccl.* Schwesternschaft *f*.

sorp·tion ['sɔːpʃn] *s.* ❧, *phys.* (Ab-)Sorpti'on *f*.

sor·rel[1] ['sɒrəl] **I** *s.* **1.** Rotbraun *n*; **2.** (Rot)Fuchs *m* (*Pferd*); **II** *adj.* **3.** rotbraun.

sor·rel[2] ['sɒrəl] *s.* ♀ **1.** Sauerampfer *m*; **2.** Sauerklee *m*.

sor·row ['sɒrəʊ] **I** *s.* **1.** Kummer *m*, Leid *n*, Gram *m* (*at* über *acc.*, *for* um): *to my* ~ zu m-m Kummer *od.* Leidwesen; **2.** Leid *n*, Unglück *n*; *pl.* Leid(en *pl.*) *n*; **3.** Reue *f* (*for* über *acc.*); **4.** *bsd. iro.* Bedauern *n*: *without much* ~; **5.** Klage *f*, Jammer *m*; **II** *v/i.* **6.** sich grämen *od.* härmen (*at, over, for* über *acc.*, wegen, um); **7.** klagen, trauern (*after, for* um, über *acc.*); '**sor·row·ful** ['sɒrəfʊl] *adj.* □ **1.** sorgen-, kummervoll, bekümmert; **2.** klagend, traurig: *a* ~ *song*; **3.** traurig, beklagenswert: *a* ~ *accident*.

sor·ry ['sɒrɪ] *adj.* □ **1.** betrübt: *I am* (*od. feel*) ~ *for him* er tut mir leid; *be* ~ *for o.s.* sich selbst bedauern; (*I am*) (*so*) ~*!* (es) tut mir (sehr) leid!, (ich) bedaure!, Verzeihung!; *we are ~ to say* wir müssen leider sagen; **2.** reuevoll: *be ~ about et.* bereuen *od.* bedauern; **3.** *contp.* traurig, erbärmlich (*Anblick, Zustand etc.*): *a ~ excuse* ,e-e faule Ausrede'.

sort [sɔːt] **I** *s.* **1.** Sorte *f*, Art *f*, Klasse *f*, Gattung *f*; ⚔ Marke *f*, Quali'tät *f*: *all ~s of people* allerhand *od.* alle möglichen Leute; *all ~s of things* alles mögliche; **2.** Art *f*: *after a ~* gewissermaßen; *nothing of the ~* nichts dergleichen; *something of the ~* so etwas, et. Derartiges; *he is not my ~* er ist nicht mein Fall *od.* Typ; *he is not the ~ of man who ...* er ist nicht der Mann, der *so et. tut*; *what ~ of a ...?* was für ein ...?; *he is a good ~* er ist ein guter *od.* anständiger Kerl; (*a*) *~ of a peace* so etwas wie ein Frieden; *I ~ of expected it* F ich habe es irgendwie *od.* halb erwartet; *he ~ of hinted* F er machte so eine *od.* e-e vage Andeutung; **3.** *of a ~, of ~s contp.* so was wie: *a politician of ~s*; **4.** *out of ~s* a) unwohl, nicht auf der Höhe, b) verstimmt; → 5; **5.** *typ.* 'Schriftgarni,tur *f*: *out of ~* ausgegangen; **II** *v/t.* **6.** sortieren, (ein)ordnen, sichten; **7.** sondern, trennen (*from* von); **8.** *oft ~ out* auslesen, -suchen, -sortieren; **9.** *~ s.th. out fig.* a) et. ,auseinanderklauben', sich Klarheit verschaffen über et., b) e-e Lösung finden für et.; *~ itself out* sich von selbst erledigen; **10.** *~ s.o. out* F a) j-n den Kopf zurechtsetzen, b) j-n ,zur Schnecke machen'; *~ o.s. out* zur Ruhe kommen, mit sich ins reine kommen; **11.** *a. ~ together* j-n, -stellen, -tun (*with* mit); **'sort·er** [-tə] *s.* Sortierer(in).

sor·tie ['sɔːtiː] **I** *s.* ⚔ a) Ausfall *m*, b) ✈ (Einzel)Einsatz *m*, Feindflug *m*; **II** *v/i.* ⚔ a) e-n Ausfall machen, b) ✈ e-n Einsatz fliegen, c) ⚓ auslaufen.

sor·ti·lege ['sɔːtɪlɪdʒ] *s.* Wahrsagen *n* (aus Losen).

so-so, **so so** ['səʊsəʊ] *adj. u. adv.* F so la'la (*leidlich, mäßig*).

sot [sɒt] **I** *s.* Säufer *m*; **II** *v/i.* (sich be-) saufen; **sot·tish** ['sɒtɪʃ] *adj.* □ **1.** ,versoffen'; **2.** ,besoffen'; **3.** ,blöd' (*albern*).

sot·to vo·ce [ˌsɒtəʊ'vəʊtʃɪ] (*Ital.*) *adv.* ♪ *u. fig.* leise, gedämpft.

sou·brette [suː'bret] (*Fr.*) *s. thea.* Sou-'brette *f*.

sou·bri·quet ['suːbrɪkeɪ] → *sobriquet.*

souf·fle ['suːfl] *s.* 🩺 Geräusch *n*.

souf·flé ['suːfleɪ] (*Fr.*) *s.* Auflauf *m*, Souf'flé *n*.

sough [saʊ] **I** *s.* Rauschen *n* (*des Windes*); **II** *v/i.* rauschen.

sought [sɔːt] *pret. u. p.p. von* **seek.**

soul [səʊl] *s.* **1.** *eccl., phls.* Seele *f*: *upon my ~!* ganz bestimmt!; **2.** Seele *f*, Herz *n*, das Innere: *he has a ~ above mere money-grubbing* er hat auch noch Sinn für andere Dinge als Geldraffen; **3.** *fig.* Seele *f* (*Triebfeder*): *he was the ~ of the enterprise*; **4.** *fig.* Geist *m* (*Person*): *the greatest ~s of the past*; **5.** Seele *f*, Mensch *m*: *the ship went down with 300 ~s*; *a good ~* e-e gute Seele, e-e Seele von e-m Menschen; *poor ~* armer Kerl; *not a ~* keine Menschenseele, niemand; **6.** Inbegriff *m*,

ein Muster (*of* an *dat.*): *the ~ of generosity* er ist die Großzügigkeit selbst; **7.** Inbrunst *f*, Kraft *f*, *künstlerischer* Ausdruck; **8.** *a. ~ music* ♪ Soul *m*; **9.** *~ brother*, *~ sister Am.* Schwarze(r *m*) *f*; **'soul-de,stroy·ing** *adj.* geisttötend (*Arbeit etc.*); **'soul·ful** [-ful] *adj.* □ seelenvoll (*a. fig. u. iro.*); **'soul·less** [-lɪs] *adj.* □ seelenlos (*a. fig.* gefühllos, egoistisch, ausdruckslos); **'soul-,stir·ring** *adj.* ergreifend.

sound[1] [saʊnd] **I** *adj.* □ **1.** gesund: *as ~ as a bell* kerngesund; *~ in mind and body* körperlich u. geistig gesund; *of ~ mind* 🏛 voll zurechnungs- *od.* handlungsfähig; **2.** fehlerfrei (*Holz etc.*), tadellos, in'takt: *~ fruit* unverdorbenes Obst; **3.** gesund, fest (*Schlaf*); **4.** ♥ gesund, so'lide (*Firma, Währung*); sicher (*Kredit*); **5.** gesund, vernünftig (*Urteil etc.*); gut, brauchbar (*Rat, Vorschlag*); kor'rekt, folgerichtig (*Denken etc.*); 🏛 begründet, gültig; **6.** zuverlässig (*Freund etc.*); **7.** gut, tüchtig (*Denker, Schläfer, Stratege etc.*); **8.** tüchtig, kräftig, gehörig: *a ~ slap* e-e saftige Ohrfeige; **II** *adv.* **9.** fest, tief *schlafen*.

sound[2] [saʊnd] *s.* **1.** Sund *m*, Meerenge *f*; **2.** *ichth.* Fischblase *f*.

sound[3] [saʊnd] **I** *v/t.* **1.** ⚓ (aus)loten, peilen; **2.** *Meeresboden etc.* erforschen (*a. fig.*); **3.** 🩺 a) sondieren, b) → *sound*[4] 14; **4.** *fig.* a) sondieren, erkunden, b) *j-n* ausholen, *j-m* auf den Zahn fühlen; **II** *v/i.* **5.** ⚓ loten; **6.** (weg)tauchen (*Wal*); **7.** *fig.* sondieren; **III** *s.* **8.** 🩺 Sonde *f*.

sound[4] [saʊnd] **I** *s.* **1.** Schall *m*, Laut *m*, Ton *m*: *~ amplifier* Lautverstärker *m*; *faster than ~* mit Überschallgeschwindigkeit; *~ and fury fig.* a) Schall und Rauch, b) hohles Getöse; ♀ *Peter Brown Film, TV*: Ton: Peter Brown; *within ~* in Hörweite; **2.** Geräusch *n*, Laut *m*: *without ~* geräusch-, lautlos; **3.** Ton *m*, Klang *m*, *a. fig.* Tenor *m* (*e-s Briefes, e-r Rede etc.*); **4.** ♪ Klang *m*, *Jazz etc.*: Sound *m*; **5.** *ling.* Laut *m*; **II** *v/i.* **6.** (er)schallen, (-)tönen, (-)klingen; **7.** (*a. fig.* gut, unwahrscheinlich *etc.*) klingen; **8.** *~ off* F ,tönen' (*about, on* von); *~ off against* ,herziehen' über (*acc.*); **9.** *~ in* 🏛 auf *Schadenersatz etc.* gehen *od.* lauten (*Klage*); **III** *v/t.* **10.** *Trompete etc.* erschallen *od.* ertönen *od.* erklingen lassen; *~ s.o.'s praises fig.* j-s Lob singen; **11.** *durch ein Signal* verkünden; → *alarm* 1; *retreat* 1; **12.** äußern, von sich geben: *~ a note of fear*; **13.** *ling.* aussprechen; **14.** 🩺 abhorchen, -klopfen; *~ bar·rier s.* ✈, *phys.* Schallgrenze *f*, -mauer *f*; *~ board s.* ♪ Reso'nanzboden *m*, Schallbrett *n*; *~ box s.* **1.** ♪ Reso'nanzkasten *m*; **2.** *Film etc.*: 'Tonka,bine *f*; *~ broad·cast·ing s.* Hörfunk *m*; *~ ef·fects s. pl. Film, TV*: 'Tonef,fekte *pl.*, Geräusche *pl.*; *~ en·gi·neer s. Film*: Tonmeister *m*.

sound·er ['saʊndə] *s.* **1.** ⚓ a) Lot *n*, b) ⚔ Lotgast *m*; **2.** *tel.* Klopfer *m*.

sound film *s.* Tonfilm *m*.

sound·ing[1] ['saʊndɪŋ] *adj.* □ **1.** tönend, schallend; **2.** wohlklingend; **3.** *contp.* lautstark, bom'bastisch.

sound·ing[2] ['saʊndɪŋ] *s.* **1.** Loten *n*; **2.** *pl.* (ausgelotete *od.* auslotbare) Was-

sertiefe: *take a ~* loten, *fig.* sondieren.

sound·ing| bal·loon *s.* Ver'suchsbal,lon *m*, Bal'lonsonde *f*; *~ board s.* ♪ **1.** → *sound board*; **2.** Schallmuschel *f* (*für Orchester etc. im Freien*); **3.** Schalldämpfungsbrett *n*; **4.** *fig.* Podium *n*.

sound·less ['saʊndlɪs] *adj.* □ laut-, geräuschlos.

sound mix·er *s. Film etc.*: Tonmeister *m*.

sound·ness ['saʊndnɪs] **1.** Gesundheit *f* (*a. fig.*); **2.** Vernünftigkeit *f*; **3.** Brauchbarkeit *f*; **4.** Folgerichtigkeit *f*; **5.** Zuverlässigkeit *f*; **6.** Tüchtigkeit *f*; **7.** 🏛 Rechtmäßigkeit *f*, Gültigkeit *f*.

'sound|-on-film *s.* Tonfilm *m*; **'~-proof** [-ndp-] **I** *adj.* schalldicht; **II** *v/t.* schalldicht machen, isolieren; **'~,proof·ing** [-ndp-] *s.* ⚙ Schalldämpfung *f*, Schallisolierung *f*; *~ rang·ing s.* ⚔ Schallmessen *n*; **II** *adj.* Schallmeß...; *~ re·cord·er s.* Tonaufnahmegerät *n*; *~ shift s. ling.* Lautverschiebung *f*; *~ track s. Film*: Tonstreifen *m*, -spur *f*; *~ truck s. Am.* Lautsprecherwagen *m*; *~ wave s. phys.* Schallwelle *f*.

soup [suːp] **I** *s.* **1.** Suppe *f*, Brühe *f*: *be in the ~* F ,in der Tinte sitzen'; *from ~ to nuts* F von A bis Z; **2.** *fig.* dicker Nebel, ,Waschküche' *f*; **3.** *phot.* F Entwickler *m*; **4.** *mot. sl.* P'S *f*; **II** *v/t.* **5.** *Am. sl. ~ up* a) Motor ,frisieren', b) *fig. et.* ,aufmöbeln', c) *fig.* Dampf hinter *e-e* Sache machen.

soup·çon ['suːpsɔ̃] *s.* Spur *f* (*of Knoblauch*, *a. Ironie etc.*).

soup| kitch·en *s.* **1.** Armenküche *f*; **2.** ⚔ Feldküche *f*; **'~-mix** *s.* 'Suppenprä,pa,rat *n*.

sour ['saʊə] **I** *adj.* □ **1.** sauer (*a. Geruch, Milch*); herb, bitter: *~ grapes fig.* saure Trauben; *turn od. go ~* → 8 *u.* 9; **2.** *fig.* sauer (*Gesicht etc.*); **3.** *fig.* sauertöpfisch, mürrisch, bitter; **4.** naßkalt (*Wetter*); **5.** ♪ sauer (*kalkarm, naß*) (*Boden*); **II** *s.* **6.** Säure *f*; **7.** *fig.* Bitternis *f*: *take the sweet with the ~* das Leben nehmen, wie es (eben) ist; **III** *v/i.* **8.** sauer werden; **9.** *fig.* a) verbittert *od.* ,sauer' werden, b) die Lust verlieren (*on* an *dat.*), c) ,mies' werden, d) ,ka'puttgehen'; **IV** *v/t.* **10.** sauer machen, säuern; **11.** *fig.* verbittern.

source [sɔːs] *s.* **1.** Quelle *f*, *poet.* Quell *m*; **2.** Quellfluß *m*; **3.** *poet.* Strom *m*; **4.** *fig.* (*Licht-, Strom- etc.*)Quelle *f*: *~ impedance* ⚡ Quellwiderstand *m*; *~ material* Ausgangsstoff *m* (→ *a.* 6); **5.** *fig.* Quelle *f*, Ursprung *m*: *~ of information* Nachrichtenquelle *f*; *from a reliable ~* aus zuverlässiger Quelle; *have its ~ in* s-n Ursprung haben in (*dat.*); *take its ~ from* entspringen (*dat.*); **6.** *fig.* literarische Quelle: *~ material* Quellenmaterial *n*; **7.** ✝ (*Einnahme-, Kapital- etc.*)Quelle *f*: *~ of supply* Bezugsquelle; *levy a tax at the ~* e-e Steuer an der Quelle erheben; *~ lan·guage s. ling.* Ausgangssprache *f* (*Übersetzung etc.*).

sour| cream *s. Brit.* Sauerrahm *m*; **'~-dough** *s. Am.* **1.** Sauerteig *m*; **2.** A'laska-Schürfer *m*.

sour·ing ['saʊərɪŋ] *s.* 🩺 Säuerung *f*; **'sour·ish** [-ərɪʃ] *adj.* säuerlich, angesäuert; **'sour·ness** *s.* **1.** Herbheit *f*; **2.** Säure *f* (*als Eigenschaft*); **3.** *fig.* Bitterkeit *f*.

'sour·puss s. F ‚Sauertopf' m.

souse [saʊs] **I** s. **1.** Pökelfleisch n; **2.** Pökelbrühe f, Lake f; **3.** Eintauchen n; **4.** Sturz m ins Wasser; **5.** ‚Dusche' f, (Regen)Guß m; **6.** sl. a) Saufe'rei f, b) Am. Säufer m, c) Am. ‚Suff' m; **II** v/t. **7.** eintauchen; **8.** durch'tränken, einweichen; **9.** Wasser etc. ausgießen (over über acc.); **10.** (ein)pökeln; **11.** ~d sl. ‚voll', besoffen.

sou·tane [su:'tɑ:n] s. R.C. Sou'tane f.

sou·ten·eur [ˌsu:tə'nɜː] (Fr.) s. Zuhälter m.

south [saʊθ] **I** s. **1.** Süden m: in the ~ of im Süden von; to the ~ of → 6; **2.** a. ♀ Süden m (Landesteil): from the ♀ aus dem Süden (Person, Wind); the ♀ der Süden, die Südstaaten (der USA); **3.** poet. Südwind m; **II** adj. **4.** südlich, Süd...: ♀ Pole Südpol m; ♀ Sea Südsee f; **III** adv. **5.** nach Süden, südwärts; **6.** ~ of südlich von; **7.** aus dem Süden (Wind); ♀ Af·ri·can **I** adj. 'südafri'kanisch; **II** s. 'Südafri'kaner(in): ~ Dutch Afrikaander(in); ~ by east s. Südsüd'ost m; ~·east [ˌsaʊθ'i:st, ♣ saʊ'i:st] **I** s. Süd'osten m; **II** adj. süd'östlich; Süd'ost...; **III** adv. süd'östlich; nach Süd'osten.

south·|·east·er [ˌsaʊθ'i:stə] s. Süd'ostwind m, -'oststurm m; ˌ~·'east·er·ly [-lɪ] **I** adj. → southeast II; **II** adv. von od. nach Süd'osten; ˌ~·'east·ern [-ən] → southeast II; ˌ~·'east·ward [-stwəd] **I** adj. u. adv. nach Süd'osten, süd'östlich; **II** s. süd'östliche Richtung; ˌ~·'east·wards [-stwədz] adv. nach Süd'osten.

south·er·ly ['sʌðəlɪ] **I** adj. südlich, Süd...; **II** adv. von od. nach Süden.

south·ern ['sʌðən] **I** adj. **1.** südlich, Süd...: ♀ Cross ast. das Kreuz des Südens; ~ lights ast. das Südlicht; **2.** ♀ südstaatlich, ... der Südstaaten (der USA); **II** s. **3.** → southerner; **'south·ern·er** [-nə] s. **1.** Bewohner(in) des Südens (e-s Landes); **2.** ♀ Südstaatler(in) (in den USA); **'south·ern·ly** [-lɪ] → southerly; **'south·ern·most** adj. südlichst.

south·ing ['saʊθɪŋ] s. **1.** ♣ a) Südrichtung f, südliche Fahrt, b) 'Breitenunterschied m bei südlicher Fahrt; **2.** ast. a) Kulminati'on f (des Mondes etc.), b) südliche Deklinati'on (e-s Gestirns).

'south·|·most adj. südlichst; **'~·paw** sport (a. adj.) linkshändig; **II** s. Linkshänder m; Boxen: Rechtsausleger m; ˌ~· **south·east** [♣ ˌsaʊsaʊ'i:st] **I** adj. südsüd'östlich, Südsüdost...; **II** adv. nach od. aus Südsüd'osten; **III** s. Südsüd'osten m; **'~·ward** [-wəd] adj. u. adv. nach Süden, südwärts.

south·|·west [ˌsaʊθ'west; ♣ saʊ'west] **I** adj. südwestlich, Südwest...; **II** adv. nach od. aus Süd'westen; **III** s. Süd'westen m; ˌ~·'west·er [-tə] s. **1.** Süd'westwind m; **2.** ♀ sou'wester f; ˌ~·'west·er·ly [-təlɪ] adj. nach od. aus Süd'westen; ˌ~·'west·ern [-tən] adj. süd'westlich, Südwest...; ˌ~·'west·ward [-wəd] adj. u. adv. nach Süd'westen.

sou·ve·nir [ˌsu:və'nɪə] s. Andenken n, Souve'nir n: ~ shop.

sou'·west·er [saʊ'westə] s. **1.** Süd'wester m (wasserdichter Hut); **2.** → southwester 1.

---

sov·er·eign ['sɒvrɪn] **I** s. **1.** Souve'rän m, Mon'arch(in); **2.** die Macht im Staate (Person od. Gruppe); **3.** souve'räner Staat; **4.** ♥ Brit. Sovereign m (alte 20-Schilling-Münze aus Gold); **II** adj. **5.** höchst, oberst; **6.** 'unum₁schränkt, souve'rän, königlich: ~ power, **7.** souve'rän (Staat); **8.** äußerst, größt: ~ contempt tiefste Verachtung; **9.** 'unüber,trefflich; **'sov·er·eign·ty** [-rəntɪ] s. **1.** höchste (Staats)Gewalt; **2.** Landeshoheit f, Souveräni'tät f; **3.** Oberherrschaft f.

so·vi·et ['saʊvɪət] **I** s. oft ♀ **1.** So'wjet m: ♀ Supreme ♀ Oberster Sowjet; **2.** ♀ So'wjetsy₁stem n; **3.** pl. die So'wjets; **II** adj. **4.** ♀ so'wjetisch, Sowjet...; **'so·vi·et·ize** [-taɪz] v/t. sowjetisieren.

sow¹ [saʊ] s. **1.** Sau f, (Mutter)Schwein n: get the wrong ~ by the ear a) den Falschen erwischen, b) sich gewaltig irren; **2.** metall. a)·(Ofen)Sau f, b) Massel f (Barren).

sow² [saʊ] [irr.] v/t. **1.** säen; **2.** Land besäen; **3.** fig. säen, ausstreuen; → seed 4, wind¹ 1; **4.** et. verstreuen; **II** v/i. **5.** säen.

sown [saʊn] p.p. von sow².

soy [sɔɪ] s. **1.** Sojabohnenöl n; **2.** → 'so·ya (bean) f; **'so·ya (bean)** ['sɔɪə], **'soy·bean** s. Sojabohne f.

soz·zled ['sɒzld] adj. Brit. sl. ‚blau'.

spa [spɑ:] s. a) Mine'ralquelle f, b) Bädekurort m, Bad m.

space [speɪs] **I** s. **1.** Raum m (Ggs. Zeit): disappear into ~ ins Nichts verschwinden; **2.** Raum m, Platz m: require much ~; for ~ reasons aus Platzgründen; **3.** (Welt)Raum m; **4.** (Zwischen-) Raum m, Stelle f, Lücke f; **5.** Zwischenraum m, Abstand m; **6.** Zeitraum m: a ~ of three hours; after a ~ nach e-r Weile; for a ~ e-e Zeitlang; **7.** typ. Spatium n, Ausschlußstück n; **8.** tel. Abstand m, Pause f; **9.** Am. a) Raum m für Re'klame (Zeitung), b) Radio, TV: (Werbe)Zeit f; **II** v/t. **10.** räumlich od. zeitlich einteilen: ~d out über 10 years auf 10 Jahre verteilt; **11.** in Zwischenräumen anordnen; **12.** mst ~ out typ. a) ausschließen, b) gesperrt setzen, sperren: ~d type Sperrdruck m; **13.** gesperrt schreiben (auf der Schreibmaschine); ~ age s. Weltraumzeitalter n; '~·bar s. Leertaste f; '~·borne adj. **1.** Weltraum...: ~ satellite; **2.** über Satel'lit, Satelliten...: ~ television; ~ capsule s. Raumkapsel f; '~·craft s. Raumfahrzeug n, -schiff n; ~ flight s. Raumflug m; '~· heat·er s. Raumerhitzer m, -strahler m; '~·lab s. 'Raumla,bor n; '~·man s. [irr.] **1.** Raumfahrer m, Astro'naut m; **2.** Außerirdische(r) m; ~ med·i·cine ♣ 'Raumfahrtmedi,zin f; ~ probe s. Raumsonde f.

spac·er ['speɪsə] s. ☼ **1.** Di'stanzstück n; **2.** → space bar.

space| race s. Wettlauf m um die Eroberung des Weltraums; ~ re·search s. (Welt)Raumforschung f; '~·₁sav·ing adj. raumsparend; '~·ship s. Raumschiff n; ~ shut·tle s. Raumfähre f; **sta·tion** s. 'Raumstati₁on f; '~·suit s. Raumanzug m; ~·'time s. A-, phls. Zeit-Raum m; **II** adj. Raum-Zeit-...; '~·walk

---

s. Weltraumspaziergang m; '~·₁wom·an s. [irr.] **1.** Raumfahrerin f, Astro'nautin f; **2.** Außerirdische f; ~ writ·er s. (Zeitungs- etc.)Schreiber, der nach dem 'Umfang s-s Beitrags bezahlt wird.

spa·cious ['speɪʃəs] adj. □ **1.** geräumig, weit, ausgedehnt; **2.** fig. weit, 'umfangreich, um'fassend: 'spa·cious·ness [-nɪs] s. **1.** Geräumigkeit f; **2.** fig. Weite f, 'Umfang m, Ausmaß n.

spade¹ [speɪd] **I** s. Spaten m: call a ~ a ~ fig. das Kind beim (rechten) Namen nennen; dig the first ~ den ersten Spatenstich tun; ☓ La'fettensporn m; **II** v/t. **3.** 'umgraben, mit e-m Spaten bearbeiten; **III** v/i. **4.** graben.

spade² [speɪd] s. **1.** Pik(karte f) n, Schippe f (französisches Blatt), Grün n (deutsches Blatt): seven of ~s Piksieben f; in ~s Am. F mit Zins u. Zinseszinsen; **2.** mst pl. Pik(farbe f) n.

spade·ful ['speɪdfʊl] pl. -fuls s. ein Spaten(voll) m.

'spade·work s. fig. (mühevolle) Vorarbeit, Kleinarbeit f.

spa·dix ['speɪdɪks] pl. **spa·di·ces** [speɪ'daɪsi:s] s. ♀ (Blüten)Kolben m.

spa·do ['speɪdəʊ] pl. **spa·do·nes** [spɑ:'dəʊni:z] (Lat.) s. **1.** Ka'strat m; **2.** kastriertes Tier.

spa·ghet·ti [spə'getɪ] (Ital.) s. **1.** Spa'ghetti pl.; **2.** sl. 'Filmsa₁lat m.

spake [speɪk] obs. pret. von speak.

spall [spɔ:l] **I** s. (Stein-, Erz)Splitter m; **II** v/t. ☼ Erz zerstückeln; **III** v/i. zerbröckeln, absplittern.

span [spæn] **I** s. **1.** Spanne f: a) gespreizte Hand, b) engl. Maß = 9 inches; **2.** △ a) Spannweite f (Brückenbogen), b) Stützweite f (e-r Brücke), c) (einzelner) Brückenbogen; **3.** ⚓ Spannweite f; **4.** ⚓ Spann m, m (Haltetau, -kette); **5.** fig. Spanne f, 'Umfang m; **6.** fig. (kurze) Zeitspanne; **7.** Lebensspanne f, -zeit f; **8.** ♣, psych. (Gedächtnis-, Seh- etc.) Spanne f; **9.** Gewächshaus n; **10.** Am. Gespann n; **II** v/t. **11.** abmessen; **12.** um'spannen (a. fig.); **13.** sich erstrekken über (acc.) (a. fig.), über'spannen; **14.** Fluß über'brücken; **15.** fig. überspannen, bedecken.

span·drel ['spændrəl] s. **1.** △ Span'drille f, (Gewölbe-, Bogen)Zwickel m; **2.** ☼ Hohlkehle f.

span·gle ['spæŋgl] **I** s. **1.** Flitter(plättchen n) m, Pail'lette f; **2.** ♀ Gallapfel m; **II** v/t. **3.** mit Flitter besetzen; **4.** fig. schmücken, über'säen (with mit): the ~d heavens der gestirnte Himmel.

Span·iard ['spænjəd] s. Spanier(in).

span·iel ['spænjəl] s. zo. Spaniel m, Wachtelhund m: a (tame) ~ fig. ein Kriecher.

Span·ish ['spænɪʃ] **I** adj. **1.** spanisch; **II** s. **2.** coll. die Spanier; **3.** ling. Spanisch n; ~ A·mer·i·can **I** adj. la'teinameri₁kanisch; **II** s. La'teinameri₁kaner(in); ~ chest·nut s. ♀ 'Eßka₁stanie f; ~ papri·ka s. ♀ Spanischer Pfeffer, Paprika m.

spank [spæŋk] F **I** v/t. **1.** verhauen, j-m ‚den Hintern versohlen'; **2.** Pferde etc. antreiben; **II** v/i. **3.** ~ along da'hinflitzen; **III** s. **4.** Schlag m, Klaps m; **'spank·er** [-kə] s. **1.** F Renner m (Pferd); **2.** ♣ Be'san m; **3.** sl. a) Prachtkerl m, b) 'Prachtexem₁plar n;

'**spank·ing** [-kɪŋ] F I *adj.* □ **1.** schnell, tüchtig; **2.** scharf, stark: ~ *breeze* steife Brise; **3.** prächtig, ‚toll'; II *adv.* **4.** prächtig; III *s.* **5.** ‚Haue' *f*, Schläge *pl.*

span·ner ['spænə] *s.* ⊕ Schraubenschlüssel *m*: *throw a ~ in(to) the works* F ‚querschießen'.

spar¹ [spɑ:] *s. min.* Spat *m*.

spar² [spɑ:] *s.* **1.** ♪ Rundholz *n*, Spiere *f*; **2.** ✓ Holm *m*.

spar³ [spɑ:] *s.* I *v/i.* **1.** Boxen: sparren: ~ *for time fig.* Zeit schinden; **2.** (mit Sporen) kämpfen (*Hähne*); **3.** sich streiten (*with* mit), sich in den Haaren liegen; II *s.* **4.** Boxen: Sparringskampf *m*; **5.** Hahnenkampf *m*; **6.** (Wort)Geplänkel *n*.

spare [speə] I *v/t.* **1.** *j-n od. et.* verschonen; *Gegner, j-s Gefühle, j-s Leben etc.* schonen: *if we are ~d* wenn wir verschont *od.* am Leben bleiben; ~ *his blushes!* bring ihn doch nicht in Verlegenheit!; **2.** sparsam 'umgehen mit, schonen; kargen mit: ~ *neither trouble nor expense* weder Mühe noch Kosten scheuen; (*not to*) ~ *o.s.* sich (nicht) schonen; **3.** *j-m et.* ersparen *j-n* verschonen mit; **4.** entbehren: *we cannot ~ him just now*; **5.** *et.* erübrigen, übrig haben: *can you ~ me a cigarette (a moment)?* hast du e-e Zigarette (e-n Augenblick Zeit) für mich (übrig)?; *no time to ~* keine Zeit (zu verlieren); → *enough* II; II *v/i.* **6.** sparen; **7.** Gnade walten lassen; III *adj.* □ **8.** Ersatz…, Reserve…: ~ *part* → 14; ~ *tyre* (*od. tire*) a) Ersatzreifen *m*, b) *humor.* ‚Rettungsring' *m* (*Fettwulst*); **9.** 'überflüssig, übrig: ~ *hours* (*od. time*) Freizeit *f*, Mußestunden *pl.*; ~ *moment* freier Augenblick; ~ *room* Gästezimmer *n*; ~ *money* übriges Geld; **10.** sparsam, kärglich; **11.** → *sparing* 2; **12.** sparsam (*Person*); **13.** hager, dürr (*Person*); IV *s.* **14.** ⊕ Ersatzteil *n*; **15.** Bowling: Spare *m*; '**spare·ness** [-nɪs] *s.* **1.** Magerkeit *f*; **2.** Kärglichkeit *f*.

'**spare|-part sur·ger·y** *s.* ✗ Er'satzteilchirur̩gie *f*; '~**rib** *s.* Rippe(n)speer *m*.

spar·ing ['speərɪŋ] *adj.* □ **1.** sparsam (*in, of* mit), karg; mäßig: *be ~ of* sparsam umgehen mit, mit *et.*, *a. Lob* kargen; **2.** spärlich, dürftig, knapp, gering; '**spar·ing·ness** [-nɪs] *s.* **1.** Sparsamkeit *f*; **2.** Spärlichkeit *f*, Dürftigkeit *f*.

spark¹ [spɑ:k] I *s.* **1.** Funke(n) *m* (*a. fig.*): *the vital ~* der Lebensfunke; *strike ~s out of s.o.* j-n in Fahrt bringen; **2.** *fig.* Funke(n) *m*, Spur *f* (*of* von *Intelligenz, Leben etc.*); **3.** ⚡ a) (e')lektrischer) Funke, b) Entladung *f*, c) (Licht-) Bogen *m*; **4.** *mot.* (Zünd)Funke *m*: *advance (retard) the ~* die Zündung vor(zurück)stellen; **5.** → *sparks*; II *v/i.* **6.** Funken sprühen, funke(l)n; **7.** ⊕ zünden; III *v/t.* **8.** *fig.* j-n befeuern; **9.** *fig. et.* auslösen.

spark² [spɑ:k] I *s.* **1.** flotter Kerl; **2.** *bright* ~ *Brit. iro.* ‚Intelli'genzbolzen' *m*; II *v/t.* **3.** j-m den Hof machen.

spark| ad·vance *s. mot.* Vor-, Frühzündung *f*; ~ **ar·rest·er** *s.* ⚡ Funkenlöscher *m*; ~ **dis·charge** *s.* ⚡ Funkenentladung *f*; ~ **gap** *s.* ⚡ (Meß)Funkenstrecke *f*.

spark·ing plug ['spɑ:kɪŋ] *s. mot.* Zündkerze *f*.

spar·kle ['spɑ:kl] I *v/i.* **1.** funkeln (*a. fig. Augen etc.*; *with* vor *Zorn etc.*); **2.** *fig.* a) funkeln, sprühen (*Geist, Witz*), b) brillieren, glänzen (*Person*): *his conversation ~d with wit* s-e Unterhaltung sprühte vor Witz; **3.** Funken sprühen; **4.** perlen (*Wein*); II *v/t.* **5.** Licht sprühen; III *s.* **6.** Funkeln *n*, Glanz *m*; **7.** Funke(n) *m*; **8.** *fig.* Bril'lanz *f*; '**spar·kler** [-lə] *s.* **1.** *sl.* Dia'mant *m*; **2.** Wunderkerze *f* (*Feuerwerk*); '**spark·let** [-lɪt] *s.* **1.** Fünkchen *n* (*a. fig.*); **2.** Kohlen'dioxydkapsel *f* (*für Siphonflaschen*); '**spar·kling** [-lɪŋ] *adj.* □ **1.** funkelnd, sprühend (*beide a. fig. Witz etc.*); **2.** *fig.* geistsprühend (*Person*); **3.** schäumend, moussierend: ~ *wine* Schaumwein *m*, Sekt *m*.

'**spark|ˌo·ver** *s.* ⚡ ('Funken)ˌÜberschlag *m*; ~ **plug** *s.* **1.** *mot.* Zündkerze *f*; **2.** F ‚Motor' *m*, treibende Kraft.

sparks [spɑ:ks] *s.* F **1.** ♪ Funker *m*; **2.** E'lektriker *m*.

spar·ring ['spɑ:rɪŋ] *s.* **1.** Boxen: Sparring *n*: ~ *partner* Sparringspartner *m*; **2.** *fig.* Wortgefecht *n*.

spar·row ['spærəʊ] *s. orn.* Spatz *m*, Sperling *m*; '~**grass** *s.* F Spargel *m*; ~ **hawk** *s. orn.* Sperber *m*.

sparse [spɑ:s] *adj.* □ **1.** spärlich, dünn(gesät); **2.** 'spärlich verteilt; '**sparse·ness** [-nɪs], '**spar·si·ty** [-sətɪ] *s.* Spärlichkeit *f*.

Spar·tan ['spɑ:tən] I *adj. antiq. u. fig.* spar'tanisch; II *s.* Spar'taner(in).

spasm ['spæzəm] *s.* **1.** ✗ Krampf *m*, Spasmus *m*, Zuckung *f*; **2.** *a. fig.* Anfall *m*; **spas·mod·ic** [spæz'mɒdɪk] *adj.* (□ ~*ally*) **1.** ✗ krampfhaft, -artig, spas'modisch; **2.** *fig.* sprunghaft, vereinzelt, disch; **2.** *fig.* sprunghaft, vereinzelt.

spas·tic ['spæstɪk] ✗ I *adj.* (□ ~*ally*) spastisch, Krampf…; II *s.* Spastiker(in).

spat¹ [spæt] *zo.* I *s.* **1.** Muschel-, Austernlaich *m*; **2.** a) *coll.* junge Schaltiere *pl.*, b) junge Auster; II *v/i.* **3.** laichen (*bsd. Muscheln*).

spat² [spæt] *s.* Ga'masche *f*.

spat³ [spæt] F I *s.* **1.** Klaps *m*; **2.** *Am.* Kabbe'lei *f*; II *v/i.* **3.** *Am.* sich kabbeln.

spat⁴ [spæt] *pret. u. p.p. von* spit.

spatch·cock ['spætʃkɒk] I *s.* sofort nach dem Schlachten gegrilltes Huhn *etc.*; II *v/t.* F Worte *etc.* einflicken.

spate [speɪt] *s.* **1.** Über'schwemmung *f*, Hochwasser *n*; **2.** *fig.* Flut *f*, (Wort-)Schwall *m*.

spathe [speɪð] *s.* ♀ Blütenscheide *f*.

spa·tial ['speɪʃl] *adj.* □ räumlich, Raum…

spat·ter ['spætə] I *v/t.* **1.** bespritzen (*with* mit); **2.** (ver)spritzen; **3.** *fig. j-s Namen* besudeln, j-n ‚mit Dreck bewerfen'; II *v/i.* **4.** spritzen; **5.** prasseln, klatschen; III *s.* **6.** Spritzen *n*; **7.** Klatschen *n*, Prasseln *n*; **8.** Spritzer *m*, Spritzfleck *m*; '~**dash** → spat².

spat·u·la ['spætjʊlə] *s.* ⊕, ✗ Spatel *m*, Spachtel *m*, *f*; '**spat·u·late** [-lɪt] *adj.* spatelförmig.

spav·in ['spævɪn] *s. vet.* Spat *m*; '**spav·ined** [-nd] *adj.* spatig, lahm.

spawn [spɔ:n] I *s.* **1.** *ichth.* Laich *m*; **2.** ♀ My'zel(fäden *pl.*) *n*; **3.** *fig. contp.* Brut *f*; II *v/i.* **4.** *ichth.* laichen; **5.** *fig. contp.* a) sich wie Ka'ninchen vermehren, b) wie Pilze aus dem Boden schießen; III *v/t.* **6.** *ichth.* Laich ablegen; **7.** *fig. contp. Kinder* massenweise in die Welt setzen; **8.** *fig.* ausbrüten, her'vorbringen; '**spawn·er** [-nə] *s. ichth.* Rogener *m*, Fischweibchen *n* zur Laichzeit; '**spawn·ing** [-nɪŋ] I *s.* **1.** Laichen *n*; II *adj.* **2.** Laich…; **3.** *fig.* sich stark vermehrend.

spay [speɪ] *v/t. vet.* die Eierstöcke (*gen.*) entfernen, kastrieren.

speak [spi:k] [*irr.*] I *v/i.* **1.** reden, sprechen (*to mit, of, on* über *acc.*): *spoken thea.* gesprochen (*Regieanweisung*); *so to ~* sozusagen; *the portrait ~s fig.* das Bild ist sprechend ähnlich; → *speak of u. to, speaking* I; **2.** (öffentlich) sprechen *od.* reden; **3.** *fig.* ertönen (*Trompete etc.*); **4.** ♪ signalisieren; **5.** sprechen, sagen; **6.** *Gedanken, s-e Meinung etc.* aussprechen, äußern, *die Wahrheit etc.* sagen; **7.** verkünden (*Trompete etc.*); **8.** *Sprache* sprechen (können): *he ~s French* er spricht Französisch; **9.** *fig. Eigenschaft etc.* verraten; **10.** ♪ *Schiff* ansprechen;

Zssgn mit prp.:

speak| for *v/i.* **1.** sprechen *od.* eintreten für: *that speaks well for him* das spricht für ihn; ~ *o.s.* a) selbst sprechen, b) s-e eigene Meinung äußern; *that speaks for itself* das spricht für sich selbst; **2.** zeugen von; ~ **of** *v/i.* **1.** sprechen von *od.* über (*acc.*): *nothing to ~* nicht der Rede wert; *not to ~* ganz zu schweigen von; **2.** verraten, zeugen von; ~ **to** *v/i.* **1.** j-n ansprechen; mit j-m reden (*a. mahnend etc.*); **2.** *et.* bestätigen, bezeugen; **3.** zu sprechen kommen auf (*acc.*);

Zssgn mit adv.:

speak| out *v/i.* → speak up 1 u. 2; II *v/t.* aussprechen; ~ **up** *v/i.* **1.** laut u. deutlich sprechen: ~*!* (sprich) lauter!; **2.** kein Blatt vor den Mund nehmen, frei her'aussprechen: ~*!* heraus mit der Sprache!; **3.** sich einsetzen (*for* für).

'**speak|eas·y** *pl.* **-ˌeas·ies** *s. Am. sl.* Flüsterkneipe *f* (*ohne Konzession*).

speak·er ['spi:kə] *s.* **1.** Sprecher(in), Redner(in); **2.** ♫ *parl.* Sprecher *m*, Prä'sident *m*: *the ♫ of the House of Commons*; *Mr ♫!* Herr Vorsitzender!; **3.** ♫ Lautsprecher *m*.

speak·ing ['spi:kɪŋ] I *adj.* □ **1.** sprechend (*a. fig. Ähnlichkeit*): ~*! teleph.* am Apparat!; *Brown ~! teleph.* (hier) Brown!; *have a ~ knowledge of* e-e *Sprache* (nur) sprechen können; ~ *acquaintance* flüchtige(r) Bekannte(r); → *term* 9; **2.** Sprech…, Sprach…: *a ~ voice* e-e (gute) Sprechstimme; II *s.* **3.** Sprechen *n*, Reden *n*; III (*adverbial*) **4.** *generally ~* allgemein; *legally ~* vom rechtlichen Standpunkt aus (gesehen); *strictly ~* streng genommen; ~ *clock s. teleph.* Zeitansage *f*; ~ **trum·pet** *s.* Sprachrohr *n*; ~ **tube** *s.* **1.** Sprechverbindung *f* zwischen zwei Räumen *etc.*; **2.** Sprachrohr *n*.

spear [spɪə] I *s.* **1.** (Wurf)Speer *m*, Lanze *f*; Spieß *m*: ~ *side* männliche Linie e-r Familie; **2.** *poet.* Speerträger *m*; **3.** ♀ Halm *m*, Sproß *m*; II *v/t.* **4.** durch'bohren, aufspießen; III *v/i.* **5.** ♀ (auf-) sprießen; ~ **gun** *s.* Har'punenbüchse *f*; '~**head** I *s.* **1.** Lanzenspitze *f*; **2.** ✗ a) Angriffsspitze *f*, b) Stoßkeil *m*; **3.** *fig.*

a) Anführer *m*, Vorkämpfer *m*, b) Spitze *f*; **II** *v/t.* **4.** *fig.* an der Spitze (*gen.*) stehen, die Spitze (*gen.*) bilden; '~·**mint** *s.* ♀ Grüne Minze.

spec [spek] *s.* F Spekulati'on *f*: *on* ~ auf ‚Verdacht', auf gut Glück.

spe·cial ['speʃl] **I** *adj.* □ → **specially**; **1.** spezi'ell: a) (ganz) besonder: *a* ~ *occasion*; *his* ~ *charm*; *my* ~ *friend*; *on* ~ *days* an bestimmten Tagen, b) spezialisiert, Spezial..., Fach...: ~ *knowledge* Fachkenntnis(se *pl.*) *f*; **2.** Sonder...(*-erlaubnis, -fall, -schule, -steuer, -zug etc.*), Extra..., Ausnahme...: ~ *area Brit.* Notstandsgebiet *n*; ⚹ *Branch Brit.* Staatssicherheitspolizei *f*; ~ *constable* → 3a; ~ *correspondent* → 3b; ~ *delivery* ✈ *Am.* Eilzustellung *f*, ‚durch Eilboten'; ~ *edition* → 3c; ~ *offer* ✚ Sonderangebot *n*; **II** *s.* **3.** a) 'Hilfspoli,zist *m*, b) Sonderberichterstatter *m*, c) Sonderausgabe *f*) Sonderzug *m*, e) Sonderprüfung *f*, f) ✚ *Am.* Sonderangebot *n*, g) *Radio, TV:* Sondersendung *f*, h) *Am.* Tagesgericht (*im Restaurant*); '**spe·cial·ist** [-ʃəlɪst] **I** *s.* **1.** Spezia'list *m*: a) Fachmann *m*, b) ⚹ Facharzt *m* (*in* für); **2.** *Am. Börse:* Jobber *m* (*der sich auf e-e bestimmte Kategorie von Wertpapieren beschränkt*); **II** *adj.* **3.** → **spe·cial·ist·ic** [ˌspeʃə'lɪstɪk] *adj.* spezialisiert, Fach..., Spezial...; **spe·ci·al·i·ty** [ˌspeʃɪ'ælətɪ] *s.* *bsd. Brit.* **1.** Besonderheit *f*, **2.** besonderes Merkmal; **3.** Speziali'alfach *n*, -gebiet *n*; **4.** Speziali'tät *f* (*a.* ✚); **5.** ✚ a) Spezi'alar,tikel *m*, b) Neuheit *f*; **spe·cial·i·za·tion** [ˌspeʃələr'zeɪʃn] *s.* Spezialisierung *f*; '**spe·cial·ize** [-ʃəlaɪz] **I** *v/i.* **1.** sich spezialisieren (*in* auf *acc.*); **II** *v/t.* **2.** spezialisieren: ~*d* besonders Spezial..., Fach...; **3.** näher bezeichnen; **4.** *biol. Organe* besonders entwickeln; '**spe·cial·ly** [-ʃəlɪ] *adv.* **1.** besonders, im besonderen; **2.** eigens, extra, ausdrücklich; '**spe·cial·ty** [-tɪ] *s.* **1.** *bsd. Am.* → **speciality**; **2.** 🜇 a) besiegelte Urkunde, b) formgebundener Vertrag.

spe·cie ['spiːʃɪ] *s.* **1.** Hartgeld *n*, Münze *f*; **2.** Bargeld *n*: ~ *payments* Barzahlung *f*; *in* ~ a) in bar, b) in natura, c) *fig.* in gleicher Münze.

spe·cies ['spiːʃiːz] *s. sg. u. pl.* **1.** *allg.* Art *f*, Sorte *f*; **2.** *biol.* Art *f*, Spezies *f*: *our* (*od. the*) ~ die Menschheit; **3.** *Logik:* Art *f*, Klasse *f*; **4.** *eccl.* (sichtbare) Gestalt (*von Brot u. Wein*).

spe·cif·ic [spɪ'sɪfɪk] **I** *adj.* (□ ~*ally*) **1.** spe'zifisch, spezi'ell, bestimmt; **2.** eigen(tümlich); **3.** typisch, kennzeichnend, besonder; **4.** wesentlich; **5.** genau, defini'tiv, präzis(e), kon'kret: *a* ~ *statement*; **6.** *biol.* Art...: ~ *name*; **7.** ⚹ spe'zifisch (*Heilmittel, Krankheit*); **8.** *phys.* spe'zifisch: ~ *gravity* spezifisches Gewicht, *die* Wichte; **II** *s.* **9.** ⚹ Spe'zifikum *n*.

spec·i·fi·ca·tion [ˌspesɪfɪ'keɪʃn] *s.* **1.** Spezifizierung *f*; **2.** genaue Aufzählung, Einzelaufstellung *f*; **3.** *mst pl.* Einzelangaben *pl.*, -vorschriften *pl.*, *bsd.* a) ⚠ Baubeschrieb *m*, b) ⚙ (technische) Beschreibung; **4.** 🜇 Pa'tentbeschreibung *f*, -schrift *f*; **5.** 🜇 Spezifikati'on *f* (*Eigentumserwerb durch Verarbeitung*); **spec·i·fy** ['spesɪfaɪ] **I** *v/t.* **1.** (einzeln)

angeben *od.* aufführen, (be)nennen, spezifizieren; **2.** bestimmen, (im einzelnen) festsetzen; **3.** in e-r Aufstellung besonders anführen; **II** *v/i.* **4.** genaue Angaben machen.

spec·i·men ['spesɪmɪn] *s.* **1.** Exem'plar *n*: *a fine* ~; **2.** Muster *n* (*a. typ.*), Probe(stück *n*) *f*, ⚙ Prüfstück *n*: ~ *of s.o.'s handwriting* Handschriftenprobe; **3.** *fig.* Probe *f*, Beispiel *n* (*of gen.*); **4.** *fig. contp.* a) ‚Exem'plar' *n*, ‚Muster' *n* (*of* an), b) ‚Type' *f*, komischer Kauz; ~ *copy* *s.* 'Probeexem,plar *n*; ~ *signature* *s.* 'Unterschriftsprobe *f*.

spe·cious ['spiːʃəs] *adj.* □ *äußerlich* blendend, bestechend, trügerisch, Schein...(*Argument etc.*): ~ *prosperity* scheinbarer Wohlstand; '**spe·cious·ness** [-nɪs] *s.* **1.** *das* Bestechende; **2.** trügerischer Schein.

speck [spek] **I** *s.* **1.** Fleck(en) *m*, Fleckchen *n*; **2.** Stückchen *n*, *das* bißchen: *a* ~ *of dust* ein Stäubchen; **3.** faule Stelle (*im Obst*); **4.** *fig.* Pünktchen *n*; **II** *v/t.* **5.** sprenkeln; '**speck·le** [-kl] **I** *s.* Fleck(-en) *m*, Sprenkel *m*, Tupfen *m*, Punkt *m*; **II** *v/t.* → **speck** 5; '**speck·led** [-ld] *adj.* **1.** gefleckt, gesprenkelt, getüpfelt; **2.** (bunt)scheckig; '**speck·less** [-lɪs] *adj.* □ fleckenlos, sauber, rein (*a. fig.*).

specs [speks] *s. pl.* F Brille *f*.

spec·ta·cle ['spektəkl] *s.* **1.** Schauspiel *n* (*a. fig.*); **2.** Schaustück *n*: *make a* ~ *of o.s.* sich zur Schau stellen, (unangenehm) auffallen; **3.** *trauriger etc.* Anblick; **4.** *pl. a.* *a pair of* ~*s* e-e Brille; '**spec·ta·cled** [-ld] *adj.* **1.** bebrillt; **2.** *zo.* Brillen...(*-bär etc.*): ~ *cobra* Brillenschlange *f*; **spec·tac·u·lar** [spek-'tækjʊlə] **I** *adj.* □ **1.** Schau..., schauspielartig; **2.** spektaku'lär, aufsehenerregend, sensatio'nell; **II** *s.* **3.** *Am.* große (Fernseh)Schau, 'Galare,vue *f*; **spec·ta·tor** [spek'teɪtə] *s.* Zuschauer(in): ~ *sport* Zuschauersport *m*.

spec·ter ['spektə] *Am.* → **spectre**.

spec·tra ['spektrə] *pl. von* **spectrum**; '**spec·tral** [-trəl] *adj.* □ **1.** geisterhaft, gespenstisch; **2.** *phys.* Spektral...: ~ *colo(u)r* Spektral-, Regenbogenfarbe *f*; '**spec·tre** [-tə] *s.* **1.** Geist *m*, Ge'spenst *n*; **2.** *fig. a.* (Schreck)Gespenst *n*, b) *fig.* Hirngespinst *n*.

spec·tro·gram ['spektrəʊgræm] *s. phys.* Spektro'gramm *n*; '**spec·tro·graph** [-grɑːf] *s. phys.* **1.** Spektro'graph *m*; **2.** Spektro'gramm *n*; **spec·tro·scope** ['spektrəskəʊp] *s. phys.* Spektro'skop *n*.

spec·trum ['spektrəm] *pl.* **-tra** [-trə] *s.* **1.** *phys.* Spektrum *n*: ~ *analysis* Spektralanalyse *f*; **2.** *a.* *radio* ~ ⚡ (Fre-'quenz)Spektrum *n*; **3.** *a. ocular* ~ *opt.* Nachbild *n*; **4.** *fig.* Spektrum *n*, Skala *f*: *all across the* ~ auf der ganzen Linie.

spec·u·la ['spekjʊlə] *pl. von* **speculum**; '**spec·u·lar** [-lə] *adj.* **1.** spiegelnd, Spiegel...: ~ *iron min.* Eisenglanz *m*; ⚹ Spekulum...

spec·u·late ['spekjʊleɪt] *v/i.* **1.** nachsinnen, -denken, theoretisieren, Vermutungen anstellen, ‚spekulieren' (*on, upon, about* über *acc.*); **2.** ✚ spekulieren (*for, on* auf *Baisse etc.*, *in* Kupfer *etc.*); **spec·u·la·tion** [ˌspekjʊ'leɪʃn] *s.* **1.** Nachdenken *n*, Grübeln *n*; **2.** Betrachtung *f*, Theo'rie *f*, Spekulati'on *f*

(*a. phls.*); **3.** Vermutung *f*, Mutmaßung *f*, Rätselraten *n*, Spekulati'on *f*: *mere* ~; **4.** ✚ Spekulati'on *f*; '**spec·u·la·tive** [-lətɪv] *adj.* □ **1.** *phls.* spekula'tiv; **2.** theo'retisch; **3.** nachdenkend, grüblerisch; **4.** forschend, abwägend (*Blick etc.*); **5.** ✚ spekula'tiv, Spekulations...; '**spec·u·la·tor** [-leɪtə] *s.* ✚ Speku'lant *m*.

spec·u·lum ['spekjʊləm] *pl.* **-la** [-lə] *s.* **1.** (Me'tall)Spiegel *m* (*bsd. für Teleskope*); **2.** ⚹ Spekulum *n*, Spiegel *m*.

sped [sped] *pret. u. p.p. von* **speed**.

speech [spiːtʃ] **I** *s.* **1.** Sprache *f*, Sprechvermögen *n*: *recover one's* ~ die Sprache wiedergewinnen; **2.** Reden *n*, Sprechen *n*: *freedom of* ~ Redefreiheit *f*; **3.** Rede *f*, Äußerung *f*: *direct one's* ~ *to* das Wort an *j-n* richten; **4.** Gespräch *n*: *have* ~ *with* mit *j-m* reden; **5.** Rede *f*, Ansprache *f*, Vortrag *m*; 🜇 Plädoy'er *n*; **6.** a) (Landes)Sprache *f*, b) Dia'lekt *m*: *in common* ~ in der Umgangssprache, landläufig; **7.** Sprech-, Ausdrucksweise *f*, Sprache *f* (*e-r Person*); **8.** ♪ Klang *m* e-r Orgel *etc.*; **II** *adj.* **9.** Sprach..., Sprech...: ~ *area ling.* Sprachraum *m*; ~ *centre* (*Am. center*) *anat.* Sprechzentrum *n*; ~ *clinic* ⚹ Sprachklinik *f*; ~ *day ped.* (Jahres-) Schlußfeier *f*; ~ *defect* Sprachfehler *m*; ~ *island* Sprachinsel *f*; ~ *map* Sprachenkarte *f*; ~ *record* Sprechplatte *f*; ~ *therapist* Logopäde *m*; ~ *therapy* Logopädie *f*.

speech·i·fi·ca·tion [ˌspiːtʃɪfɪ'keɪʃn] *s. contp.* Redenschwingen *n*; **speech·i·fi·er** ['spiːtʃɪfaɪə] *s.* Viel-, Volksredner *m*; **speech·i·fy** ['spiːtʃɪfaɪ] *v/i.* Reden schwingen.

speech·less ['spiːtʃlɪs] *adj.* □ **1.** *fig.* sprachlos (*with* vor *Empörung etc.*): *that left him* ~ das verschlug ihm die Sprache; **2.** stumm, wortkarg; **3.** *fig.* unsäglich: ~ *grief*; '**speech·less·ness** [-nɪs] *s.* Sprachlosigkeit *f*.

speed [spiːd] **I** *s.* **1.** Geschwindigkeit *f*, Schnelligkeit *f*, Eile *f*, Tempo *n*: *at a* ~ *of* mit e-r Geschwindigkeit von; *at full* ~ mit Höchstgeschwindigkeit; *at the* ~ *of light* mit Lichtgeschwindigkeit; *full* ~ *ahead* ⚓ volle Kraft voraus; *that's not my* ~! *sl.* das ist nicht mein Fall!; **2.** ⚙ a) Drehzahl *f*, b) *mot. etc.* Gang *m*: *three-*~ *bicycle* Fahrrad mit Dreigangschaltung; **3.** *phot.* a) Lichtempfindlichkeit *f*, b) Verschlußgeschwindigkeit *f*; **4.** *obs.*: *good* ~! viel Erfolg!, viel Glück!; **5.** *sl.* ‚Speed' *m* (*Aufputschmittel*); **II** *adj.* **6.** Schnell..., Geschwindigkeits...; **III** *v/t.* [*irr.*] **7.** *Gast* (rasch) verabschieden, *j-m* Lebe'wohl sagen; **8.** *j-m* beistehen: *God* ~ *you!* Gott sei mit dir!; **9.** rasch befördern; **10.** *Lauf etc.* beschleunigen; **11.** *mst* ~ *up* (*pret. u. p.p.* **speeded**) *Maschine* beschleunigen, *fig. Sache* beschleunigen, *Produktion* erhöhen; **IV** *v/i.* [*irr.*] **12.** (da'hin)eilen, rasen; **13.** *mot.* (zu) schnell fahren; → **speeding**; **14.** ~ *up* (*pret. u. p.p.* **speeded**) die Geschwindigkeit erhöhen; **15.** *obs.* gedeihen, Glück haben; '~·**boat** *s.* **1.** ⚓ Schnellboot *n*; **2.** *sport* Rennboot *n*; ~ *cop* *s.* F motorisierter Ver'kehrspoli,zist; ~ *count·er* *s.* ⚙ Drehzahlmesser *m*, Tourenzähler *m*.

speed·er ['spiːdə] *s.* **1.** ⚙ Geschwindigkeitsregler *m*; **2.** *mot.* ‚Raser‘ *m*.

speed in·di·ca·tor *s*. **1.** → *speedometer*; **2.** → *speed counter*.

speed·i·ness ['spiːdɪnɪs] *s*. Schnelligkeit *f*, Zügigkeit *f*.

speed·ing ['spiːdɪŋ] *s*. *mot.* zu schnelles Fahren, Ge'schwindigkeitsüber,tretung *f*: *no* ~! Schnellfahren verboten!

speed| lathe *s*. ⚙ Schnelldrehbank *f*; ~ **lim·it** *s*. *mot.* Geschwindigkeitsbegrenzung *f*, Tempolimit *n*; ~ **mer·chant** *s*. *mot. Brit. sl.* ‚Raser‘ *m*.

speed·o ['spiːdəʊ] *s*. *mot.* F ‚Tacho‘ *m*.

speed·om·e·ter [spɪ'dɒmɪtə] *s*. *mot.* Tacho'meter *m*, *n*.

'speed|-,read·ing *s*. 'Schnellesemethode *f*; ~ **skat·er** *s*. *sport* Eisschnellläufer(in); ~ **skat·ing** *s*. Eisschnelllauf *m*.

speed·ster ['spiːdstə] *s*. **1.** → *speeder* 2; **2.** ‚Flitzer‘ *m* (*Sportwagen*).

speed| trap *s*. Ra'darfalle *f*; **'~-up** *s*. **1.** Beschleunigung *f*; **2.** Produkti'onserhöhung *f*; **'~·way** *s*. **1.** *sport* a) Speedwayrennen *pl.*, b) *a.* ~ **track** Speedwaybahn *f*; **2.** *Am.* a) Schnellstraße *f*, b) Autorennstrecke *f*.

speed·well ['spiːdwel] *s*. ♀ Ehrenpreis *n*, *m*.

speed·y ['spiːdɪ] *adj.* □ schnell, zügig, rasch, prompt: *wish s.o. a ~ recovery* j-m gute Besserung wünschen.

speiss [spaɪs] *s*. ⚒, *metall.* Speise *f*.

spe·le·ol·o·gist [,speliː'ɒlədʒɪst] *s*. Höhlenforscher *m*; **,spe·le·ol·o·gy** [-dʒɪ] *s*. Speläolo'gie *f*, Höhlenforschung *f*.

spell¹ [spel] I *v/t.* [*a. irr.*] **1.** buchstabieren: ~ *backward* a) rückwärts buchstabieren, b) *fig.* völlig verdrehen; **2.** (ortho'graphisch richtig) schreiben; **3.** *Wort* bilden, ergeben: *l-e-d ~s led*; **4.** *fig.* bedeuten: *it ~s trouble*; **5.** ~ *out* (*od. over*) (mühsam) entziffern; **6.** *oft* ~ *out fig.* a) darlegen, b) (*for* s.o. j-m) *et.* ‚ausein'anderklauben‘; II *v/i.* [*a. irr.*] **7.** (richtig) schreiben; **8.** geschrieben werden, sich schreiben.

spell² [spel] I *s.* **1.** Arbeit(szeit) *f*: *have a ~ at* sich e-e Zeitlang mit *et.* beschäftigen; **2.** (Arbeits)Schicht *f*: *give s.o. a ~* → 7; **3.** *Am.* (*Husten- etc.*)Anfall *m*, (ner'vöser) Zustand; **4.** a) Zeit(abschnitt *m*) *f*, b) *ein* Weilchen *n*: *for a ~*; **5.** *Am.* F Katzensprung *m* (*kurze Strecke*); **6.** *meteor.* Peri'ode *f*: *a ~ of fine weather* e-e Schönwetterperiode; *hot ~* Hitzewelle *f*; II *v/t.* **7.** *Am.* j-n (bei der Arbeit) ablösen.

spell³ [spel] I *s.* **1.** Zauber(wort *n*) *m*; **2.** *fig.* Zauber *m*, Bann *m*, Faszinati'on *f*: *be under a ~* a) verzaubert sein, b) *fig.* gebannt *od.* fasziniert sein; *break the ~* den Zauberbann (*fig.* das Eis) brechen; *cast a ~ on* → 3; II *v/t.* **3.** j-n *a*) verzaubern, b) bezaubern, fesseln, faszinieren; **'~·bind** *v/t.* [*irr.* → *bind*] → *spell³* 3; **'~·bind·er** *s.* faszinierender Redner, fesselnder Ro'man *etc.*; **'~·bound** *adj. u. adv.* (wie) gebannt, fasziniert.

spell·er ['spelə] *s.* **1.** *he is a good ~* er ist in der Orthographie gut beschlagen; **2.** Fibel *f*; **'spell·ing** [-lɪŋ] *s.* **1.** Buchstabieren *n*; **2.** Rechtschreibung *f*, Orthogra'phie *f*: ~ *bee* Rechtschreibewettbewerb *m*.

spelt¹ [spelt] *s.* ♀ Spelz *m*, Dinkel *m*.

spelt² [spelt] *pret. u. p.p. von* *spell¹*.

spel·ter ['speltə] *s.* **1.** ⚔ (Handels-, Roh)Zink *n*; **2.** *a.* ~ *solder* ⚙ Messingschlaglot *n*.

spe·lunk [spɪ'lʌŋk] *v/i. Am.* Höhlen erforschen (*als Hobby*).

spen·cer¹ ['spensə] *s. hist. u. Damenmode:* Spenzer *m* (*kurze Überjacke*).

spen·cer² ['spensə] *s.* ⚓ *hist.* Gaffelsegel *n*.

spend [spend] [*irr.*] I *v/t.* **1.** verbrauchen, aufwenden, ausgeben (*on* für): ~ *money*; → *penny* 1; **2.** *Geld, Zeit etc.* verwenden, anlegen (*on* für): ~ *time on s.th.* Zeit für et. verwenden; **3.** verschwenden, -geuden, 'durchbringen; **4.** *Zeit* zu-, verbringen; **5.** (*o.s.* sich) erschöpfen, verausgaben: *the storm is spent* der Sturm hat sich gelegt *od.* ausgetobt; II *v/i.* **6.** Geld ausgeben, Ausgaben machen; **7.** laichen (*Fische*).

spend·ing ['spendɪŋ] *s.* **1.** (*das*) Geldausgeben; **2.** Ausgabe(n *pl.*) *f*; ~ **mon·ey** *s.* Taschengeld *n*; ~ **pow·er** *s.* Kaufkraft *f*.

spend·thrift ['spendθrɪft] I *s.* Verschwender(in); II *adj.* verschwenderisch.

Spen·se·ri·an [spen'sɪərɪən] *adj.* (Edmund) Spenser betreffend: ~ *stanza* Spenserstanze *f*.

spent [spent] I *pret. u. p.p. von* *spend*; II *adj.* **1.** matt, verausgabt, erschöpft, entkräftet: ~ *bullet* matte Kugel; ~ *liquor* ⚙ Ablauge *f*; **2.** verbraucht; **3.** *zo.* (*von Eiern od. Samen*) entleert (*Insekten, Fische*): ~ *herring* Hering *m* nach dem Laichen.

sperm¹ [spɜːm] *s. physiol.* **1.** Sperma *n*, Samenflüssigkeit *f*; **2.** Samenzelle *f*.

sperm² [spɜːm] *s.* **1.** Walrat *m*, *n*; **2.** → *sperm whale*; **3.** → *sperm oil*.

sper·ma·ce·ti [,spɜːmə'setɪ] *s.* Walrat *m*, *n*.

sper·ma·ry ['spɜːmərɪ] *s. physiol.* Keimdrüse *f*; **sper·mat·ic** [spɜː'mætɪk] *adj. physiol.* sper'matisch, Samen...: ~ *cord* Samenstrang *m*; ~ *fluid* → *sperm* 1.

sper·ma·to·blast ['spɜːmətəʊblæst] *s. biol.* Ursamenzelle *f*; **,sper·ma·to'gen·e·sis** [-əʊ'dʒenɪsɪs] *s. biol.* Samenbildung *f*; **,sper·ma·to'zo·on** [-əʊ'zəʊɒn] *pl.* **-'zo·a** [-'zəʊə] *s. biol.* Spermato'zoon *n*, Spermium *n*.

spermo- [spɜːməʊ] *in Zssgn* Samen...

sperm oil *s.* Walratöl *n*.

sper·mo·log·i·cal [,spɜːmə'lɒdʒɪkl] *adj.* **1.** ⚹ spermato'logisch; **2.** ♀ samenkundlich.

sperm whale *s. zo.* Pottwal *m*.

spew [spjuː] I *v/i.* sich erbrechen, ‚spukken‘, ‚speien‘; II *v/t.* (er)brechen: ~ *forth* (*od. out, up*) (aus)speien, (-)spucken, (-)werfen; III *s. das* Erbrochene.

sphac·e·la·tion [,sfæsɪ'leɪʃn] *s.* ⚹ Brandbildung *f*; **sphac·e·lous** ['sfæsɪləs] *adj.* ⚹ gangrä'nös, ne'krotisch.

sphaero- [sfɪərəʊ] *in Zssgn* Kugel..., Sphaero...

sphe·nog·ra·phy [sfɪ'nɒgrəfɪ] *s.* Keilschriftkunde *f*; **sphe·noid** ['sfiːnɔɪd] I *adj.* **1.** keilförmig; **2.** *anat.* Keilbein...; II *s.* **3.** *min.* Spheno'id *n* (*Kristallform*).

sphere [sfɪə] *s.* **1.** Kugel *f* (*a.* ♈; *a. sport* *Ball*), kugelförmiger Körper *m*; Erd-, Himmelskugel *f*; Himmelskörper *m*:

doctrine of the ~ ♈ Sphärik *f*; **2.** *antiq. ast.* Sphäre *f*: *music of the* ~*s* Sphärenmusik *f*; **3.** *poet.* Himmel *m*, Sphäre *f*; **4.** *fig.* (Einfluß-, Interessen- *etc.*)Sphäre *f*, Gebiet *n*, Bereich *m*, Kreis *m*: ~ *of influence*, ~ (*of activity*) Wirkungskreis; **5.** Mili'eu *n*, (gesellschaftliche) Um'gebung; **spher·ic** ['sferɪk] I *adj.* **1.** *poet.* himmlisch; **2.** kugelförmig; **3.** sphärisch; II *s. pl.* **4.** → *spherics¹*; **spher·i·cal** ['sferɪkl] *adj.* □ **1.** kugelförmig; **2.** ♈ Kugel...(-ausschnitt, -vieleck *etc.*), sphärisch: ~ *astronomy*; ~ *trigonometry*; **sphe·ric·i·ty** [sfɪ'rɪsətɪ] *s.* Kugelgestalt *f*, sphärische Gestalt.

spher·ics¹ ['sferɪks] *s. pl. sg. konstr.* ♈ Sphärik *f*, Kugellehre *f*.

spher·ics² ['sferɪks] *s. pl. sg. konstr.* Wetterbeobachtung *f* mit elek'tronischen Geräten.

sphero- → *sphaero-*.

sphe·roid ['sfɪərɔɪd] I *s.* ♈ Sphäro'id *n*; II *adj.* → **sphe·roi·dal** [,sfɪə'rɔɪdl] *adj.* □ sphäro'idisch, kugelig; **sphe·roi·dic**, **sphe·roi·di·cal** [,sfɪə'rɔɪdɪk(l)] *adj.* □ → *spheroidal*.

spher·ule ['sferjuːl] *s.* Kügelchen *n*.

sphinc·ter ['sfɪŋktə] *s. a.* ~ *muscle anat.* Schließmuskel *m*.

sphinx [sfɪŋks] *pl.* **'sphinx·es** *s.* **1.** *mst 2 myth. u.* △ Sphinx *f* (*a. fig.* rätselhafter Mensch); **2.** a) *a.* ~ *moth* Sphinx *f* (*Nachtfalter*), b) *a.* ~ *baboon* Sphinxpavian *m*; **'~·like** *adj.* sphinxartig (*a. fig.* rätselhaft).

spi·ca ['spaɪkə] *pl.* **-cae** [-siː] *s.* ♀ Ähre *f*; ⚹ Kornährenverband *m*; **'spi·cate** [-keɪt] *adj.* ♀ a) ährentragend (*Pflanze*), b) ährenförmig (angeordnet) (*Blüte*).

spice [spaɪs] I *s.* **1.** a) Gewürz *n*, Würze *f*, b) *coll.* Gewürze *pl.*; **2.** *fig.* Würze *f*; **3.** *fig.* Beigeschmack *m*, Anflug *m*; II *v/t.* **4.** würzen (*a. fig.*); **spiced** [-st] → *spicy* 1 *u.* 2; **'spic·er·y** [-sərɪ] *s. coll.* Gewürze *pl.*; **'spic·i·ness** [-sɪnɪs] *s. fig.* *das* Würzige, *das* Pi'kante.

spick-and-span [,spɪkən'spæn] *adj.* **1.** funkelnagelneu; **2.** a) blitzsauber, b) ‚wie aus dem Ei gepellt‘ (*Person*).

spic·u·lar ['spaɪkjʊlə] *adj.* **1.** *zo.* nadelförmig; **2.** ♀ ährchenförmig; **spic·ule** ['spaɪkjuːl] *s.* **1.** (Eis- *etc.*)Nadel *f*; **2.** *zo.* nadelartiger Fortsatz, *bsd.* Ske'lettnadel *f* (*e-s Schwammes etc.*); **3.** ♀ Ährchen *n*.

spic·y ['spaɪsɪ] *adj.* □ **1.** gewürzt; **2.** würzig, aro'matisch (*Duft etc.*); **3.** Gewürz...; **4.** *fig.* a) gewürzt, witzig, b) pi'kant, gepfeffert, schlüpfrig; **5.** *sl.* a) ‚gewieft‘, geschickt, b) schick.

spi·der ['spaɪdə] *s.* **1.** *zo.* Spinne *f*; **2.** ⚙ a) Armkreuz *n*, b) Drehkreuz *n*, c) Armstern *m* (*Rad*); **3.** ∮ Ständerkörper *m*; **4.** *Am.* Dreifuß *m* (*Untersatz*); ~ **catch·er** *s. orn.* **1.** Spinnenfresser *m*; **2.** Mauerspecht *m*; **~ line** *s. mst fil.* ⚙, *opt.* Faden(kreuz *n*) *m*, Ableselinie *f*; ~ **web**, **~'s web** *s.* Spinn(en)gewebe *n* (*a. fig.*).

spi·der·y ['spaɪdərɪ] *adj.* **1.** spinnenartig; **2.** spinnwebartig; **3.** voll von Spinnen.

spiel [spiːl] *s. Am. sl.* **1.** Werbesprüche *pl.*; **2.** ‚Platte‘ *f*, Gequassel *n*.

spiff·ing ['spɪfɪŋ] *adj. sl.* ‚toll‘, ‚(tod)schick‘.

spif·(f)li·cate ['spɪflɪkeɪt] *v/t. sl.* ‚es j-m

besorgen'.

spig·ot ['spɪgət] s. ⊕ **1.** (Faß)Zapfen m; **2.** Zapfen m (e-s Hahns); **3.** (Faß-, Leitungs)Hahn m; **4.** Muffenverbindung f (bei Röhren).

spike[1] [spaɪk] s. ♀ **1.** (Gras-, Korn)Ähre f; **2.** (Blüten)Ähre f.

spike[2] [spaɪk] **I** s. **1.** Stift m, Spitze f, Dorn m, Stachel m; **2.** ⊕ (Haken-, Schienen)Nagel m, Bolzen m; **3.** (Zaun)Eisenspitze f; **4.** a) mst pl. Spike m (am Rennschuh etc.), b) pl. mot. Spikes pl. (am Reifen); **5.** hunt. Spieß m (e-s Junghirsches); **6.** ichth. junge Ma'krele; **II** v/t. **7.** festnageln; **8.** mit (Eisen)Spitzen versehen; **9.** aufspießen; **10.** sport mit den Spikes verletzen; **11.** ⚔ Geschütz vernageln: ~ s.o.'s guns fig. j-m e-n Strich durch die Rechnung machen; **12.** a) e-n Schuß Alkohol geben in ein Getränk, b) fig. ‚pfeffern'.

spiked[1] [spaɪkt] adj. ♀ ährentragend.

spiked[2] [spaɪkt] adj. **1.** mit Nägeln od. (Eisen)Spitzen (versehen): ~ shoes, ~ helmet Pickelhaube f; **2.** mit ‚Schuß' (Getränk).

spike·nard ['spaɪknɑːd] s. **1.** La'vendelöl n; **2.** ♀ Indische Narde; **3.** ♀ Traubige A'ralie.

spike oil → spikenard 1.

spik·y ['spaɪkɪ] adj. **1.** spitz, dornenartig, stachelig; **2.** Brit. F a) eigensinnig, b) empfindlich.

spile [spaɪl] **I** s. **1.** (Faß)Zapfen m, Spund m; **2.** Pflock m, Pfahl m; **II** v/t. **3.** verspunden; **4.** anzapfen; '~·hole s. Spundloch n.

spill[1] [spɪl] s. **1.** (Holz)Splitter m; **2.** Fidibus m.

spill[2] [spɪl] **I** v/t. [irr.] **1.** aus-, verschütten, 'überlaufen lassen; **2.** Blut vergießen; **3.** um'her-, verstreuen; **4.** ♭ Segel killen lassen; **5.** a) Reiter abwerfen, b) j-n schleudern; **6.** sl. ausplaudern, verraten; → bean; **II** v/i. [irr.] **7.** 'überlaufen, verschüttet werden; **8.** a. ~ over sich ergießen (a. fig.); **9.** ~ over with fig. wimmeln von; **10.** sl. ‚auspacken', ‚singen'; **III** s. **11.** F Sturz m (vom Pferd etc.); **12.** ♣ Preissturz m.

spil·li·kin ['spɪlɪkɪn] s. **1.** bsd. Mi'kado-Stäbchen n; **2.** pl. sg. konstr. Mi'kado n.

'spill·way s. ⊕ 'Überlauf(rinne f) m, 'Abflußka‚nal m.

spilt [spɪlt] pret. u. p.p. von spill[2]; → milk 1.

spin [spɪn] **I** v/t. [irr.] **1.** Wolle, Flachs etc. (zu Fäden) spinnen; **2.** Fäden, Garn spinnen; **3.** schnell drehen, (her'um)wirbeln; Kreisel treiben; ✈ Flugzeug trudeln lassen; Münze hochwerfen; Wäsche schleudern; Schallplatte ‚laufen lassen'; **4.** a) sich et. ausdenken, Pläne aushecken, b) erzählen; → yarn 3; **5.** ~ out in die Länge ziehen, Geschichte ausspinnen, a. Suppe etc. ‚strecken'; **6.** sport Ball mit Ef'fet schlagen; **7.** sl. Kandidaten ‚durchrasseln' lassen; **II** v/i. [irr.] **8.** spinnen; **9.** a. ~ round sich (im Kreis um die eigene Achse) drehen, her'umwirbeln: send s.o. ~ning j-n hinschleudern; my head ~s mir dreht sich alles; **10.** ~ along da'hinsausen (fahren); **11.** ✈ trudeln; **12.** mot. 'durchdrehen (Räder); **13.** sl.

‚durchrasseln' (Prüfungskandidat); **III** s. **14.** das Her'umwirbeln; **15.** schnelle Drehung, Drall m; **16.** phys. Spin m, Drall m (des Elektrons); **17.** go for a ~ F e-e Spritztour machen; **18.** ✈ a) (Ab)Trudeln n, b) 'Sturzspi‚rale f; **19.** sport Ef'fet m.

spin·ach ['spɪnɪdʒ] s. **1.** ♀ Spi'nat m; **2.** Am. sl. ‚Mist' m.

spi·nal ['spaɪnl] adj. anat. spi'nal, Rückgrat..., Rückenmarks...; ~ col·umn s. Wirbelsäule f, Rückgrat n; ~ cord, ~ mar·row s. Rückenmark n; ~ nerve s. Spi'nalnerv m.

spin·dle ['spɪndl] **I** s. **1.** ⊕ a) (Hand-, a. Drehbank)Spindel f, b) Welle f, Achszapfen m, c) Triebstock m, d) Hydro'meter n; **2.** ein Garnmaß; **3.** biol. Kernspindel f; **4.** ♀ Spindel f; **II** v/i. **5.** (auf)schießen (Pflanze); **6.** in die Höhe schießen (Person); '~·legged adj. storchbeinig; '~·legs, '~·shanks s. pl. **1.** ‚Storchbeine' pl.; **2.** sg. konstr. ‚Storchbein' n (Person).

spin·dling ['spɪndlɪŋ], **'spin·dly** [-lɪ] adj. lang u. dünn, spindeldürr.

‚spin·|-'dry v/t. Wäsche schleudern; ‚~-'dry·er, a. ‚~-'dri·er s. Wäscheschleuder f.

spine [spaɪn] s. **1.** ♀, zo. Stachel m; **2.** anat. Rückgrat n (a. fig. fester Charakter), Wirbelsäule f; **3.** (Gebirgs)Grat m; **4.** Buchrücken m; **spined** [-nd] adj. **1.** bot., zo. stachelig, Stachel...; **2.** Rückgrat..., Wirbel...; **'spine·less** [-lɪs] adj. **1.** stachellos; **2.** rückgratlos (a. fig.).

spin·et [spɪ'net] s. ♪ Spi'nett n.

spin·na·ker ['spɪnəkə] s. ♣ Spinnaker m (großes Dreiecksegel).

spin·ner ['spɪnə] s. **1.** poet. od. dial. Spinne f; **2.** Spinner(in); **3.** ⊙ 'Spinnma‚schine f; **4.** Kreisel m; **5.** (Polier-)Scheibe f; **6.** → 'spin·ner·et [-əret] s. zo. Spinndrüse f.

spin·ney ['spɪnɪ] pl. -neys s. Brit. Dickicht n.

spin·ning jen·ny ['spɪnɪŋ] s. 'Feinspinnma‚schine f; ~ mill s. Spinne'rei f; ~ wheel s. Spinnrad n.

'spin-off s. ⊙ 'Nebenpro‚dukt n (a. fig.).

spi·nose [spaɪnəʊs], **'spi·nous** [-nəs] adj. stach(e)lig.

spin·ster ['spɪnstə] s. **1.** älteres Fräulein, alte Jungfer; **2.** Brit. ⚤ a) unverheiratete Frau, b) nach dem Namen: ledig: ~ aunt unverheiratete Tante; **'spin·ster·hood** [-hʊd] s. **1.** Alt'jüngferlichkeit f; **2.** Alt'jungfernstand m; **3.** lediger Stand; **'spin·ster·ish** [-ərɪʃ], **'spin·ster·ly** [-lɪ] adj. alt'jüngferlich.

spin·y ['spaɪnɪ] adj. **1.** ♀, zo. stach(e)lig; **2.** fig. heikel (Thema etc.).

spi·ra·cle ['spaɪərəkl] s. **1.** Atem-, Luftloch n, bsd. zo. Tra'chee f; **2.** zo. Spritzloch n (bei Walen etc.).

spi·ral ['spaɪərəl] **I** adj. □ **1.** gewunden, schrauben-, schneckenförmig, spi'ral, Spiral...: ~ balance ⊙ (Spiral)Federwaage f; ~ staircase Wendeltreppe f; **2.** ♔ spi'ralig, Spiral...; **II** s. etc. Spi'rale f; **4.** Windung f e-r Spirale; **5.** ⊙ a) a. ~ conveyer Förderschnecke f, b) a. ~ spring Spi'ralfeder f; **6.** ↯ a) Spule f) b) Wendel f (Glühlampe) m; **7.** ♀ Spule f) b) Wendel f (Glühlampe); **~ nebula** ast. Spi'ralnebel m; **8.** ✈ Spi'ralflug m, Spi'rale f; **9.** ✦ (Preis-, Lohn- etc.)Spi'rale f: wage-price ~

Lohn-Preis-Spirale; **III** v/t. **10.** spi'ralig machen; **11.** ~ up (down) Preise etc. hin'auf- (her'unter)schrauben; **IV** v/i. **12.** sich spi'ralförmig nach oben od. unten bewegen, a. ✗, ✈ sich hoch- od. niederschrauben.

spi·rant ['spaɪərənt] ling. **I** s. Spirans f, Reibelaut m; **II** adj. spi'rantisch.

spire[1] ['spaɪə] s. **1.** → spiral 4; **2.** Spi'rale f; **3.** zo. Gewinde n.

spire[2] ['spaɪə] **I** s. **1.** (Dach-, Turm-, a. Baum-, Berg- etc.)Spitze f; **2.** Spitzturm m; **3.** Kirchturm(spitze f) m; **4.** spitz zulaufender Körper od. Teil, z. B. (Blüten)Ähre f, Grashalm m, (Geweih)Gabel f; **II** v/i. u. v/t. **5.** spitz zulaufen (lassen).

spired[1] ['spaɪəd] adj. spi'ralförmig.

spired[2] ['spaɪəd] adj. **1.** spitz (zulaufend); **2.** spitztürmig.

spir·it ['spɪrɪt] **I** s. **1.** allg. Geist m: a) Odem m, Lebenshauch m, b) innere Vorstellung: in (the) ~ im Geiste, c) Seele f (a. e-s Toten), d) Gespenst n, e) Gesinnung f, (Gemein- etc.)Sinn m, f) Cha'rakter m, g) Sinn m: the ~ of the law; → enter into 4; **2.** Stimmung f, Gemütsverfassung f, pl. a. Lebensgeister pl.: in high (low) ~s gehobener (in gedrückter) Stimmung; **3.** Feuer n, Schwung m, E'lan m; Ener'gie f, Mut m; **4.** (Mann m von) Geist m, Kopf m, Ge'nie n; **5.** Seele f e-s Unternehmens; **6.** (Zeit)Geist m: ~ of the age; **7.** ♠ Destil'lat n, Geist m, Spiritus m: ~(s) of hartshorn Hirschhornspiritus, -geist; ~(s) of turpentine Terpentinöl n; ~(s) of wine Weingeist; **8.** pl. alko'holische od. geistige Getränke pl., Spiritu'osen pl.; **9.** a. pl. ♠ Am. Alkohol m; **II** v/t. **10.** a. ~ up aufmuntern, anstacheln; **11.** ~ away, ~ off wegschaffen, -zaubern, verschwinden lassen; **'spir·it·ed** [-tɪd] adj. □ **1.** le'bendig, lebhaft, schwungvoll, tempera'mentvoll; **2.** e'nergisch, beherzt; **3.** feurig (Pferd etc.); **4.** (geist)sprühend, le'bendig (Rede, Buch etc.).

-spir·it·ed [spɪrɪtɪd] adj. in Zssgn **1.** ...gesinnt: → public-~; **2.** ...gestimmt: → low-~.

spir·it·ed·ness ['spɪrɪtɪdnɪs] s. **1.** Lebhaftigkeit f, Le'bendigkeit f; **2.** Ener'gie f, Beherztheit f; **3.** in Zssgn: low-~ Niedergeschlagenheit f; public-~ Gemeinsinn m.

spir·it·ism ['spɪrɪtɪzəm] s. Spiri'tismus m; **'spir·it·ist** [-ɪst] s. Spiri'tist(in); **spir·it·is·tic** [spɪrɪ'tɪstɪk] adj. (□ ~al·ly) spiri'tistisch.

spir·it·less ['spɪrɪtlɪs] adj. □ **1.** geistlos; **2.** leb-, lust-, schwunglos, schlapp; **3.** niedergeschlagen, mutlos; **'spir·it·less·ness** [-nɪs] s. **1.** Geistlosigkeit f; **2.** Lust-, Schwunglosigkeit f; **3.** Kleinmut m.

spir·it| lev·el s. ⊙ Nivellier-, Wasserwaage f; ~ rap·ping s. Geisterklopfen n.

spir·it·u·al ['spɪrɪtjʊəl] **I** adj. □ **1.** geistig, unkörperlich; **2.** geistig, innerlich, seelisch: ~ life Seelenleben n; **3.** vergeistigt (Person, Gesicht etc.); **4.** göttlich (inspiriert); **5.** a) religi'ös, kirchlich, c) geistlich (Gericht, Lied etc.); **6.** geistig, intellektu'ell; **7.** geistreich, -voll; **II** s. **8.** ♪ (Neger)Spiritual n; **'spir·it·u·al-**

ism [-lɪzəm] s. **1.** Geisterglaube m, Spiri'tismus m; **2.** phls. a) Spiritua'lismus m, b) meta'physischer Idea'lismus; **3.** das Geistige; **'spir·it·u·al·ist** [-lɪst] s. **1.** Spiritua'list m, Idea'list m; **2.** Spiri'tist m; **spir·it·u·al·i·ty** [ˌspɪrɪtjʊˈælətɪ] s. **1.** das Geistige; **2.** das Geistliche; **3.** Unkörperlichkeit f, geistige Na'tur; **4.** oft pl. hist. geistliche Rechte pl. od. Einkünfte pl.; **'spir·it·u·al·ize** [-laɪz] v/t. **1.** vergeistigen; **2.** im über'tragenen Sinne deuten.

spir·it·u·ous ['spɪrɪtjʊəs] adj. **1.** alko'holisch: ~ liquors Spirituosen; **2.** destilliert.

spir·y¹ ['spaɪərɪ] → spired¹.

spir·y² ['spaɪərɪ] adj. **1.** spitz zulaufend; **2.** vieltürmig.

spit¹ [spɪt] I v/i. [irr.] **1.** spucken: ~ on fig. auf et. spucken; ~ on (od. at) s.o. j-n anspucken; ~ s.o. in the eye j-m ins Gesicht spucken (a. fig.); **2.** spritzen, klecksen (Federhalter); **3.** sprühen (Regen); **4.** fauchen, zischen (Katze etc.): ~ at s.o. j-n anfauchen; **5.** (her'aus)spru-deln, (-)spritzen (kochendes Wasser etc.); II v/t. [irr.] **6.** a. ~ out (aus)spuk-ken; **7.** Feuer etc. speien; **8.** a. ~ out fig. Worte (heftig) her'vorstoßen, zischen: ~ it out! F nun sag's schon!; III s. **9.** Spucke f, Speichel m: ~ and polish ♣, ✕ sl. a) Putz- u. Flickstunde f, b) peinliche Sauberkeit, c) Leuteschinde-rei f; **~-and-polish** F attr. ‚wie aus dem Ei gepellt'; **10.** Fauchen n (e-r Katze); **11.** Sprühregen m; **12.** F Eben-, Abbild n: she is the ~ (and image) of her mother sie ist ihrer Mutter wie aus dem Gesicht geschnitten.

spit² [spɪt] I s. **1.** (Brat)Spieß m; **2.** geogr. Landzunge f; **3.** spitz zulaufende Sandbank; II v/t. **4.** an e-n Bratspieß stecken; **5.** aufspießen.

spit³ [spɪt] s. Spatenstich m.

spite [spaɪt] I s. **1.** Boshaftigkeit f, Gehässigkeit f: from pure (od. in od. out of) ~ aus reiner Bosheit; **2.** Groll m: have a ~ against j-m grollen; ~ vote pol. Protest-, Trotzwahl f; **3.** (in) ~ of trotz, ungeachtet (gen.): in ~ of that dessenungeachtet; in ~ of o.s. unwill-kürlich; II v/t. **4.** j-m ‚eins auswischen'; → nose Redew.; **'spite·ful** [-fʊl] adj. □ boshaft, gehässig; **'spite·ful·ness** [-fʊlnɪs] s. → spite 1.

'spit,fire s. **1.** Feuer-, Hitzkopf m, bsd. ‚Drachen' m (Frau); **2.** feuerspeiender Vul'kan.

spit·tle ['spɪtl] s. Spucke f, Speichel m.

spit·toon [spɪˈtuːn] s. Spucknapf m.

spitz (**dog**) [spɪts] s. zo. Spitz m (Hund).

spiv [spɪv] s. Brit. sl. Schieber m, Schwarzhändler m.

splanch·nic ['splæŋknɪk] adj. anat. Eingeweide...

splash [splæʃ] I v/t. **1.** (mit Wasser od. Schmutz etc.) bespritzen; **2.** Wasser etc. spritzen, gießen, Farbe etc. klatschen (on, over über acc. od. auf acc.); **3.** s-n Weg patschend bahnen; **4.** Plakate an-bringen; **5.** F in der Zeitung in großer Aufmachung bringen; II v/i. **6.** sprit-zen; **7.** platschen: a) planschen, b) klatschen (Regen etc.), c) plumpsen: ~ down wassern (Raumkapsel); III adv. u. int. **8.** p(l)atsch(!), klatsch(!); IV s.

9. a) Spritzen n, b) Platschen n, Klat-schen n, c) Schwapp m, Guß m; **10.** Spritzer m, (Spritz)Fleck m; **11.** (Farb-, Licht)Fleck m; **12.** F a) Aufsehen n, Sensati'on f, b) große Aufmachung, c) großer Aufwand: get a ~ groß herausge-stellt werden; make a ~ Aufsehen erregen, Furore machen; **13.** Brit. F Schuß m (Soda)Wasser (zum Whisky etc.); **'~·board** s. ⊛ Schutzblech n; **'~·down** s. Wasserung f, Eintauchen n (e-r Raumkapsel).

splash·er ['splæʃə] s. **1.** Schutzblech n; **2.** Wandschoner m.

splash| **guard** s. ⊛ Spritzschutz m; **'~·proof** adj. ⊛ spritzwassergeschützt.

splash·y ['splæʃɪ] adj. **1.** spritzend; **2.** klatschend, platschend; **3.** bespritzt, beschmutzt; **4.** matschig; **5.** F sensatio-'nell, ‚toll'.

splat·ter ['splætə] → splash 1, 2, 6, 7.

splay [spleɪ] I v/t. **1.** ausbreiten, -deh-nen; **2.** △ ausschrägen; **3.** (ab)schrä-gen; **4.** bsd. vet. Schulterknochen aus-renken (bei Pferden); II v/i. **5.** ausge-schrägt sein; III adj. **6.** breit u. flach; **7.** gespreizt, auswärts gebogen (Fuß); **8.** schief, schräg; **9.** fig. linkisch; IV s. **10.** △ Ausschrägung f; **splayed** [-eɪd] → splay 7.

'splay·foot I s. ✠ Spreiz-, Plattfuß m; II adj. a. **'~·foot·ed** spreiz- od. plattfüßig.

spleen [spliːn] s. **1.** anat. Milz f; **2.** fig. schlechte Laune; **3.** obs. Hypochon-'drie f, Melancho'lie f; **4.** obs. Spleen m, ‚Tick' m; **'spleen·ful** [-fʊl], **'spleen-ish** [-nɪʃ] adj. □ **1.** mürrisch, übelge-launt; **2.** hypo'chondrisch.

splen·dent ['splendənt] adj. min. u. fig. glänzend, leuchtend.

splen·did ['splendɪd] adj. □ **1.** alle a. F glänzend, großartig, herrlich, prächtig: ~ isolation pol. hist. Splendid isolation f; **2.** glorreich; **3.** wunderbar, her'vor-ragend: ~ talents; **'splen·did·ness** [-nɪs] s. **1.** Glanz m, Pracht f; **2.** Groß-artigkeit f.

splen·dif·er·ous [splenˈdɪfərəs] adj. F od. humor. herrlich, prächtig.

splen·do(u)r ['splendə] s. **1.** heller Glanz; **2.** Pracht f; **3.** Großartigkeit f, Bril'lanz f, Größe f.

sple·net·ic [splɪˈnetɪk] I adj. (□ ~ally) **1.** ✠ Milz...; **2.** milzkrank; **3.** → spleenish; II s. **4.** ✠ Milzkranke(r m) f; **5.** Hypo'chonder m.

splen·ic ['splenɪk] adj. ✠ Milz...: ~ fever Milzbrand m.

splice [splaɪs] I v/t. **1.** spleißen, zs.-splis-sen; **2.** (ein)falzen; **3.** verbinden, zs.-fügen, bsd. Filmstreifen, Tonband (zs.-)kleben; **4.** F verheiraten: get ~d getraut werden; II s. **5.** ⊛ Spleiß m, Splissung f; **6.** ⊛ (Ein)Falzung f; **7.** Klebestelle f (an Filmen etc.).

spline [splaɪn] s. **1.** längliches, dünnes Stück Holz od. Me'tall; **2.** Art 'Kurven-line,al n; **3.** ⊛ a) Keil m, Splint m, b) (Längs)Nut f.

splint [splɪnt] I s. **1.** ✠ Schiene f: in ~s geschient; **2.** ⊛ Span m; **3.** → splint bone 1; **4.** vet. a) → splint bone 2, b) Knochenauswuchs m, Tumor m (Pfer-defuß); **5.** a. ~ coal Schieferkohle f; II v/t. **6.** ✠ schienen; **'~ bone** s. **1.** anat. Wadenbein n; **2.** vet. Knochen des Pfer-defußes hinter dem Schienbein.

splin·ter ['splɪntə] I s. **1.** (a. Bomben-, Knochen- etc.)Splitter m, Span m: go (in)to ~s → 4; **2.** fig. Splitter m, Bruch-stück n; II v/t. **3.** zersplittern (a. fig.); III v/i. **4.** zersplittern (a. fig.): ~ off (fig. sich) absplittern; ~ group s. Split-tergruppe f; ~ par·ty s. pol. 'Splitter-par,tei f; **'~·proof** adj. splittersicher.

splin·ter·y ['splɪntərɪ] adj. **1.** bsd. min. splitterig, schieferig; **2.** leicht split-ternd; **3.** Splitter...

split [splɪt] I v/t. [irr.] **1.** (zer)spalten, zerteilen, schlitzen; Holz, fig. Haare spalten; **2.** zerreißen; → side 4; **3.** fig. zerstören; **4.** Gewinn, Flasche Wein etc. (unterein'ander) teilen, sich in et. tei-len; ✠ Aktien splitten: ~ the differ-ence a) ✠ sich in die Differenz teilen, b) sich auf halbem Wege entgegenkom-men od. einigen; → ticket 7; **5.** tren-nen, entzweien, Partei etc. spalten; **6.** sl. Plan etc. verraten; **7.** Am. F Whisky etc. ‚spritzen' (mit Wasser verdünnen); **8.** ✠, phys. Atome etc. (auf)spalten: ~ off absplitten; II v/i. [irr.] **9.** sich auf-spalten, reißen; platzen, bersten, zer-springen: my head is ~ing fig. ich habe rasende Kopfschmerzen; **10.** zerschel-len (Schiff); **11.** sich spalten (into in acc.): ~ off sich abspalten; **12.** sich ent-zweien od. trennen (over wegen e-r Sa-che); **13.** sich teilen (on in acc.); **14.** ~ on j-n ‚verpfeifen'; **15.** a) F sich schüt-teln vor Lachen, b) sl. ‚abhauen'; **16.** pol. Am. panaschieren; III s. **17.** Spalt m, Riß m, Sprung m; **18.** fig. Spaltung f, Zersplitterung f (e-r Partei etc.); **19.** fig. Entzweiung f, Bruch m; **20.** pol. Splittergruppe f; **21.** ⊛ Schicht f von Spaltleder; **22.** (bsd. Ba'nanen)Split m; **23.** F a) halbe Flasche (Mineralwasser etc.), b) halbgefülltes (Schnaps- etc.) Glas; **24.** pl. a) Akrobatik: Spa'gat m: do the ~s e-n Spagat machen, b) sport Grätsche f; **25.** sl. Spitzel m; IV adj. **26.** zer-, gespalten, Spalt...: ~ infini-tive ling. gespaltener Infinitiv; **~-level house** Halbgeschoßhaus n; ~ peas(e) getrocknete halbe Erbsen (für Püree etc.); ~ personality psych. gespaltene Persönlichkeit; ~ second Bruchteil m e-r Sekunde; **~-second watch** sport Stoppuhr f; ~ ticket Am. Wahlzettel m mit Stimmen für Kandidaten mehrerer Parteien; **'split·ting** [-tɪŋ] I adj. **1.** (oh-ren- etc.)zerreißend; **2.** rasend, heftig (Kopfschmerzen); **3.** blitzschnell; **4.** zwerchfellerschütternd: a ~ farce; II s. **5.** Spaltung f; **6.** ✠ Splitting n: a) Split-tienteilung f, b) Besteuerung e-s Ehe-partners zur Hälfte des gemeinsamen Einkommens; **'split-up** s. **1.** → split 17–19; **2.** ✠ (Aktien)Split m.

splodge [splɒdʒ], **splotch** [splɒtʃ] I s. Fleck m, Klecks m; II v/t. beklecksen; **splotch·y** ['splɒtʃɪ] adj. fleckig, schmutzig.

splurge [splɜːdʒ] F I s. **1.** ‚Angabe' f, protziges Getue; **2.** verschwenderischer Aufwand; II v/i. **3.** protzen, angeben; **4.** prassen.

splut·ter ['splʌtə] I v/i. **1.** stottern; **2.** ‚stottern', ‚kotzen' (Motor); **3.** zischen (Braten etc.); **4.** klecksen (Schreibfe-der); **5.** spritzen, platschen (Wasser etc.); II v/t. **6.** Worte her'aussprudeln, -stottern; **7.** versprützen; **8.** bespritzen;

9. *j-n (beim Sprechen)* bespucken; **III** *s.* **10.** Geplapper *m*; **11.** Spritzen *n*; Sprudeln *n*; Zischen *n*.

spoil [spɔɪl] **I** *v/t.* [*irr.*] **1.** *et.*, *a.* Appetit, Spaß verderben, ruinieren, vernichten; *Plan* vereiteln; **2.** *Charakter etc.* verderben, *Kind* verziehen, -wöhnen: *a ~ed brat* ein verzogener Fratz; **3.** (*pret. u. p.p. nur ~ed*) berauben, entblößen (*of gen.*); **4.** (*pret. u. p.p. nur ~ed*) *obs.* (aus)plündern; **II** *v/i.* [*irr.*] **5.** verderben, ‚ka'puttgehen‘, schlecht werden (*Obst etc.*); **6.** *be ~ing for* brennen auf (*acc.*); *~ing for a fight* streitlustig; **III** *s.* **7.** *mst pl.* (Sieges)Beute *f*, Raub *m*; **8.** Beute(stück *n*) *f*; **9.** *mst pl. bsd. Am.* a) Ausbeute *f*, b) *pol.* Gewinn *m*, Einkünfte *pl.* (*e-r Partei nach dem Wahlsieg*); **10.** Errungenschaft *f*, Gewinn *m*; **11.** *pl.* 'Überreste *pl.*, -bleibsel *pl.* (*von Mahlzeiten*); **'spoil·age** [-lɪdʒ] *s. typ.* Makula'tur *f*; **2.** ✝ Verderb *m von Waren*; **'spoil·er** [-lə] *s.* **1.** *mot.* Spoiler *m*; **2.** ✈ Störklappe *f*.

spoils·man ['spɔɪlzmən] *s.* [*irr.*] *pol. Am.* j-d, der nach der ‚Futterkrippe‘ strebt.

'spoil·sport *s.* Spielverderber(in).

spoils sys·tem *s. pol. Am.* 'Futterkrippensy₁stem *n*.

spoilt [spɔɪlt] *pret. u. p.p. von* **spoil.**

spoke¹ [spəʊk] **I** *s.* **1.** (Rad)Speiche *f*; **2.** (Leiter)Sprosse *f*; **3.** ♣ Spake *f* (*des Steuerrads*); **4.** Bremsvorrichtung *f*: *put a ~ in s.o.'s wheel fig.* j-m e-n Knüppel zwischen die Beine werfen; **II** *v/t.* **5.** *Rad* a) verspeichen, b) (ab)bremsen.

spoke² [spəʊk] *pret. u. obs. p.p. von* **speak.**

spoke bone *s. unat.* Speiche *f*.

spo·ken ['spəʊkən] **I** *p.p. von* **speak;** **II** *adj.* **1.** gesprochen, mündlich: *~ English* gesprochenes Englisch; **2.** *in Zssgn* ...sprechend.

spokes·man ['spəʊksmən] *s.* [*irr.*] Wortführer *m*, Sprecher *m*: *government ~ pol.* Regierungssprecher.

spo·li·ate ['spəʊlɪeɪt] *v/t. u. v/i.* plündern; **spo·li·a·tion** [ˌspəʊlɪ'eɪʃn] *s.* **1.** Plünderung *f*, Beraubung *f*; **2.** ♣, ⚔ kriegsrechtliche Plünderung neutraler Schiffe; **3.** ⚖ unberechtigte Änderung *e-s Dokuments.*

spon·da·ic [spɒn'deɪɪk] *adj. Metrik:* spon'deisch; **spon·dee** ['spɒndiː] *s.* Spon'deus *m*.

spon·dyl(e) ['spɒndɪl] *s. anat., zo.* Wirbelknochen *m*.

sponge [spʌndʒ] **I** *s.* **1.** *zo. u. weitS.* Schwamm *m*: *pass the ~ over fig.* aus dem Gedächtnis löschen, vergessen; *throw up the ~ Boxen:* das Handtuch werfen (*a. fig. sich geschlagen geben*); **2.** ⚔ Wischer *m*; **3.** *fig.* Schma'rotzer *m*, ‚Nassauer‘ *m* (*Person*); **4.** *Küche:* a) aufgegangener Teig, b) lockerer, gekochter Pudding; **II** *v/t.* **5.** *a.* **~ down** (mit e-m Schwamm) reinigen, abwaschen: *~ off, ~ away* weg-, abwischen; *~ out* auslöschen (*a. fig.*); **6.** *~ up* Wasser etc. (mit e-m Schwamm) aufsaugen, -nehmen; **7.** (kostenlos) ergattern, ‚schnorren‘; **III** *v/i.* **8.** Schwämme sammeln; **9.** F schma'rotzen, ‚nassauern‘: *~ on s.o.* auf j-s Kosten leben; *~ bag s.* Kul'turbeutel *m*; *~ cake s.* Bis'kuitkuchen *m*; *~ cloth* ✝ Art Frot'tee *n*; **'~-**

down *s.* Abreibung *f* (mit e-m Schwamm).

spong·er ['spʌndʒə] *s.* **1.** ⚙ Dekatierer *m*; **2.** ⚙ Deka'tiermaˌschine *f*; **3.** Schwammtaucher *m*; **4.** → **sponge** 3.

sponge rub·ber *s.* Schaumgummi *m*.

spon·gi·ness ['spʌndʒɪnɪs] *s.* Schwammigkeit *f*; **spon·gy** ['spʌndʒɪ] *adj.* **1.** schwammig, po'rös, Schwamm...; **2.** *metall.* locker, porös; **3.** sumpfig, matschig.

spon·sal ['spɒnsəl] *adj.* Hochzeits...

spon·sion ['spɒnʃn] *s.* **1.** ('Übernahme *f* e-r) Bürgschaft *f*; **2.** ⚖, *pol.* (*von e-m nicht bsd. bevollmächtigten Vertreter*) *für e-n Staat übernommene Verpflichtung.*

spon·sor ['spɒnsə] **I** *s.* **1.** Bürge *m*, Bürgin *f*; **2.** (Tauf)Pate *m*, (-)Patin *f*: *stand ~ to* (*od. for*) Pate stehen bei; **3.** Förderer *m*, Gönner(in); **4.** Schirmherr(in); **5.** Sponsor *m*, Geldgeber *m*; **II** *v/t.* **6.** bürgen für; **7.** fördern; **8.** die Schirmherrschaft (*gen.*) über'nehmen; **9.** *Radio, TV, sport etc.* sponsern, (als Sponsor) finanzieren; **spon·so·ri·al** [spɒn'sɔːrɪəl] *adj.* Paten...; **'spon·sor·ship** [-ʃɪp] *s.* **1.** Bürgschaft *f*; **2.** Gönnerschaft *f*, Schirmherrschaft *f*; Patenschaft *f*.

spon·ta·ne·i·ty [ˌspɒntə'neɪətɪ] *s.* **1.** Spontanei'tät *f*, Freiwilligkeit *f*, eigener *od.* freier Antrieb; **2.** *das* Impul'sive, impul'sives *od.* spon'tanes Handeln; **3.** Ungezwungenheit *f*, Na'türlichkeit *f*; **spon·ta·ne·ous** [spɒn'teɪnjəs] □ *adj.* **1.** spon'tan: a) plötzlich, impul'siv, b) freiwillig, von innen her'aus (*erfolgend*), c) ungekünstelt, ungezwungen (*Stil etc.*); **2.** auto'matisch, 'unwillˌkürlich; **3.** ♣ wildwachsend; **4.** selbsttätig, von selbst (entstanden): *~ combustion phys.* Selbstverbrennung *f*; *~ generation biol.* Urzeugung *f*; *~ ignition* ⚙ Selbstentzündung *f*; **spon·ta·ne·ous·ness** [spɒn'teɪnjəsnɪs] → **spontaneity.**

spoof [spuːf] F **I** *s.* **1.** Humbug *m*, Schwindel *m*; **2.** Ulk *m*; **II** *v/t.* **3.** beschwindeln; **4.** verulken.

spook [spuːk] **I** *s.* F **1.** Spuk *m*, Gespenst *n*; **2.** *Am. sl.* Ghostwriter *m*; **II** *v/i.* **3.** (her'um)geistern, spuken; **'spook·ish** [-kɪʃ], **'spook·y** [-kɪ] *adj.* **1.** gespenstisch, spukhaft, schaurig; **2.** *Am.* schreckhaft.

spool [spuːl] **I** *s.* Rolle *f*, Spule *f*, Haspel *f*; **II** *v/t.* (auf)spulen.

spoon [spuːn] **I** *s.* **1.** Löffel *m*; **2.** ♣ Löffelruder(blatt) *n*; **3.** ⚓, ⚔ Führungsschaufel *f* (*Torpedorohr*); **4.** → *spoon bait;* **5.** *sport* Spoon *m* (*Golfschläger*); **6.** F Einfaltspinsel *m*; **II** *v/t.* **7.** *mst ~ up, ~ out* auslöffeln: *~ out a.* (löffelweise) austeilen; **8.** *sport* Ball schlenzen; **III** *v/i.* **9.** mit e-m Blinker angeln; **10.** *sl. obs.* ‚schmusen‘; *~ bait s.* Angelsport: Blinker *m*; **'~-bill** *s. orn.* Löffelreiher *m*; **2.** Löffelente *f*.

spoon·er·ism ['spuːnərɪzəm] *s.* (*un*)*beabsichtigtes Vertauschen von Buchstaben od. Silben* (*z. B.* **queer old dean** *statt* **dear old queen**).

'spoon|·feed *v/t.* [*irr.* → **feed**] **1.** mit dem Löffel füttern; **2.** *fig.* j-n auf-, hochpäppeln, *a.* verwöhnen; **3.** *s.th. to s.o. fig.* a) j-m et. ‚vorkauen‘, b) j-m et. eintrichtern; **4.** *~ s.o. fig.* j-n (gei-

stig) bevormunden; **'~ful** [-fʊl] *pl.* **-fuls** *s.* ein Löffel(voll) *m*; *~ meat s.* (Kinder-, Kranken)Brei *m*, ‚Papp‘ *m*.

spoor [spʊə] *hunt.* **I** *s.* Spur *f*, Fährte *f*; **II** *v/t.* aufspüren; **III** *v/i.* e-e Spur verfolgen.

spo·rad·ic [spə'rædɪk] *adj.* (□ *~ally*) spo'radisch, vereinzelt (auftretend).

spore [spɔː] *s.* **1.** *biol.* Spore *f*, Keimkorn *n*; **2.** *fig.* Keim(zelle *f*) *m*.

spo·rif·er·ous [spɔː'rɪfərəs] *adj.* sporentragend, -bildend.

spo·ro·zo·a [ˌspɔːrə'zəʊə] *s. pl. zo.* Sporentierchen *pl.*, Sporo'zoen *pl.*

spor·ran ['spɒrən] *s.* beschlagene Felltasche (*Schottentracht*).

sport [spɔːt] **I** *s.* **1.** *oft pl.* Sport *m*: *go in for ~s* Sport treiben; **2.** 'Sport(art *f*, -disziˌplin *f*) *m*, *engS.* Jagd-, Angelsport *m*; **3.** Kurzweil *f*, Zeitvertreib *m*; **4.** Spaß *m*, Scherz *m*: *in ~* im Spaß, zum Scherz; *make ~ of* sich lustig machen über (*acc.*); **5.** Zielscheibe *f* des Spottes; **6.** *fig.* Spielball *m* (*des Schicksals, der Wellen etc.*); **7.** feiner *od.* anständiger Kerl: *be a* (*good*) *~* sei kein Spielverderber, b) sei ein guter Kerl, nimm es nicht übel; **8.** *Am.* F a) Sportbegeisterte(r *m*) *f*, *bsd.* Spieler *m*, b) Genießer *m*; **9.** *biol.* Spiel-, Abart *f*; **II** *adj.* **10.** sportlich, Sport...; **III** *v/i.* **11.** sich belustigen; **12.** sich tummeln, her'umtollen; **13.** sich lustig machen (*at, over, upon* über *acc.*); **IV** *v/t.* **14.** stolz (zur Schau) tragen, protzen mit; **'sport·ing** [-tɪŋ] *adj.* □ **1.** a) Sport...: *~ editor*, b) Jagd...: *~ gun*; **2.** sportlich (*a. fig.* fair, anständig): *a ~ chance* e-e faire Chance; **3.** unter'nehmungslustig, mutig; **'sport·ive** [-tɪv] *adj.* □ **1.** a) mutwillig, b) verspielt; **2.** spaßhaft.

sports [spɔːts] *adj.* Sport...: *~ car* Sportwagen *m*; *~ coat, ~ jacket* Sportsakko *m*, *n*; **'~·cast** *s. Radio, TV: Am.* Sportsendung *f*; **'~·cast·er** *s. Am.* 'Sportreˌporter *m*; **'~·man** [-mən] *s.* [*irr.*] Sportsmann *m*, Sportler *m*; **2.** *fig.* fairer, anständiger Kerl; **'~·man·like** [-mənlaɪk] *adj.* sportlich, fair; **'~·man·ship** [-mənʃɪp] *s.* sportliches Benehmen, Fairneß *f*; **'~·wear** *s.* Sportod. Freizeitkleidung *f*; **'~·wom·an** *s.* [*irr.*] Sportlerin *f*.

sport·y ['spɔːtɪ] *adj.* F **1.** angeberisch, auffallend; **2.** sportlich: a) sporttreibend, b) fair, c) schick.

spor·ule ['spɒrjuːl] *s. biol.* (kleine) Spore.

spot [spɒt] **I** *s.* **1.** (Schmutz-, Rost- *etc.*) Fleck(en) *m*; **2.** *fig.* Schandfleck *m*, Makel *m*; **3.** (Farb)Fleck *m*, Tupfen *m* (*a. zo.*); **4.** ✱ a) Leberfleck *m*, Hautmal *n*, b) Pustel *f*, Pickel *m*; **5.** Stelle *f*, Ort *m*, Platz *m*: *on the ~* a) zur Stelle, da, b) an Ort u. Stelle, ‚vor Ort‘, c) auf der Stelle, sofort, d) ‚auf Draht‘, e) *sl.* in der ‚Tinte‘ *od.* Klemme; *put on the ~ f* a) j-n in Verlegenheit bringen, b) *j-n* ‚umlegen‘ (*töten*); *on the ~ of four* Punkt 4 Uhr; *in ~s* stellenweise; *soft ~ fig.* Schwäche (*for* für); *sore* (*od. tender*) *~ fig.* wunder Punkt, empfindliche Stelle; **6.** Fleckchen *n*, Stückchen *n* (*Erde*); **7.** *bsd. Brit.* F a) Bissen *m*, Häppchen *n* (*Essen*), b) Tropfen *m*, Schluck *m* (*Whisky etc.*); **8.** *Billard:* Point *m*; **9.** *Am.* Auge *n* (*Würfel etc.*);

10. *pl.* ✝ Lokowaren *pl.*; **11.** ✝, *Radio*, *TV*: (Werbe)Spot *m*; **12.** *Am.* F Nachtklub *m*; **13.** → *spotlight* I; II *adj.* **14.** ✝ a) so'fort lieferbar, b) so'fort zahlbar (*bei Lieferung*), c) bar, Bar…: ~ *business* Lokogeschäft *n*; ~ *goods* → 10; → *spot cash*; III *v/t.* **15.** beflekken (*a. fig.*); **16.** tüpfeln, sprenkeln; **17.** F entdecken, erspähen, her'ausfinden; **18.** placieren: ~ *a billiard ball*; **19.** ✗, ✓ (genau) ausmachen; IV *v/i.* **20.** e-n Fleck *od.* Flecke machen; **21.** flecken, fleckig werden.

spot| an·nounce·ment → *spot* 11; ~ **ball** *s.* *Billard*: auf dem Point stehender Ball; ~ **cash** *s.* ✝ Barzahlung *f*, so'fortige Kasse; ~ **check** *s.* Stichprobe *f*; '~-**check** *v/t.* stichprobenweise über'prüfen.

spot·less ['spɒtlɪs] *adj.* □ fleckenlos (*a. fig.*); **'spot·less·ness** [-nɪs] *s.* Flekken-, Makellosigkeit *f* (*a. fig.*).

'spot|·light I *s.* **1.** *thea.* (Punkt)Scheinwerfer(licht *n*) *m*; **2.** *fig.* Rampenlicht *n* (der Öffentlichkeit): *in the ~* im Brennpunkt des Interesses; **3.** *mot.* Suchscheinwerfer *m*; II *v/t.* **4.** anstrahlen; **5.** *fig.* die Aufmerksamkeit lenken auf (*acc.*); ~ **news** *s. pl.* Kurznachrichten *pl.*; '~·**on** *adj. Brit.* ✝ haargenau; ~ **price** *s.* ✝ Kassapreis *m*; ~ **re·mov·er** *s.* Fleckentferner *m*.

spot·ted ['spɒtɪd] *adj.* **1.** fleckig, gefleckt, getüpfelt, gesprenkelt; **2.** *fig.* besudelt, befleckt; **3.** ⚕ Fleck…: ~ *fever* a) Fleckfieber *n*, b) Genickstarre *f*; **'spot·ter** [-tə] *s.* **1.** *Am.* F Detek'tiv *m*; **2.** ✗ a) (Luft)Aufklärer *m*, Artille'riebeobachter *m*, b) *Luftschutz*: Flugmelder *m*.

spot test → *spot check.*

spot·ty ['spɒtɪ] *adj.* □ **1.** → *spotted* 1; **2.** uneinheitlich; **3.** pickelig.

'spot-weld *v/t.* ⚙ punktschweißen.

spous·al ['spaʊzl] I *adj.* **1.** a) Hochzeits…, b) ehelich; II *s.* **2.** *mst pl.* Hochzeit *f*; **3.** *obs.* Ehe(stand *m*) *f*; **spouse** [spaʊz] *s.* (*a.* ⚄ Ehe)Gatte *m*, Gattin *f*, Gemahl(in).

spout [spaʊt] I *v/t.* **1.** *Wasser etc.* (aus-)speien, (her'aus)spritzen; **2.** a) *Gedicht etc.* deklamieren, b) ,her'unterrasseln', c) *Fragen etc.* her'aussprudeln; **3.** *sl.* versetzen, -pfänden; II *v/i.* **4.** Wasser speien, spritzen (*a. Wal*); **5.** her'vorsprudeln, her'ausschießen, -spritzen (*Blut*, *Wasser etc.*); **6.** a) deklamieren, b) *contp.* sal'badern; III *s.* **7.** Tülle *f*, Schnauze *f e-r Kanne*; **8.** Abfluß-, Speirohr *n*; **9.** (kräftiger) Wasserstrahl; **10.** *zo.* a) Fon'täne *f* (*e-s Wals*); b) → *spout hole*; **11.** *up the ~* *fig.* F a) versetzt, verpfändet, b) ,im Eimer', futsch, c) ,in Schwulitäten' (*Person*); *she's up the ~* bei ihr ist was ,unterwegs'; **'spout·er** [-tə] *s.* **1.** (spritzender) Wal; **2.** Ölquelle *f*; **3.** ,Redenschwinger' *m*.

spout hole *s. zo.* Spritzloch *m* (*Wal*).

sprag¹ [spræg] *s.* **1.** Bremsklotz *m*; **2.** ⚙ Spreizholz *n*.

sprag² [spræg] *s. ichth.* Dorsch *m*.

sprain [spreɪn] I *v/t.* verstauchen; II *s.* ⚕ Verstauchung *f*.

sprang [spræŋ] *pret. von* **spring**.

sprat [spræt] *s. ichth.* Sprotte *f*: *throw a ~ to catch a whale* (*od. mackerel*)

fig. mit der Wurst nach der Speckseite werfen.

sprawl [sprɔːl] I *v/i.* **1.** ausgestreckt daliegen: *send s.o. ~ing* j-n zu Boden strecken; **2.** sich spreizen; **3.** sich (hin-)rekeln *od.* (-)lümmeln; **4.** sich ausbreiten: *~ing town*; ~ *ing hand* ausladende Handschrift; **5.** ⚕ wuchern; II *v/t.* **6.** *mst ~ out* ausstrecken, -spreizen; III *s.* **7.** Rekeln *n*, Sich'breitmachen *n*; **8.** Ausbreitung *f des Stadtgebiets etc.*: *urban ~*.

spray¹ [spreɪ] *s.* **1.** Zweig(chen *n*) *m*, Reis *n*; **2.** *coll.* a) Gezweig *n*, b) Reisig *n*; **3.** Zweigverzierung *f*.

spray² [spreɪ] I *s.* **1.** Gischt *m*, *f*, Schaum *m*; Sprühnebel *m*, -regen *m*, -wasser *n*; **2.** ⚙, *pharm.* a) Spray *m*, *n*, b) Zerstäuber *m*, Sprüh-, Spraydose *f*; II *v/t.* **3.** zerstäuben, (ver)sprühen; *vom Flugzeug* abregnen; **4.** *a.* ~ *on* ⚙ aufsprühen, -spritzen; **5.** *et.* besprühen, -spritzen, *Haar* sprayen; *mot. etc.* spritzlackieren; **'spray·er** [-erə] → *spray²* 2b.

spray| gun *s.* ⚙ 'Spritzpi,stole *f*; ~ **noz·zle** *s.* **1.** (Gießkannen)Brause *f*; **2.** Brause *f*; **3.** *mot.* Spritzdüse *f*; '~-**paint** *v/t. Parolen etc.* sprühen (*on auf acc.*).

spread [spred] I *v/t.* [*irr.*] **1.** *oft* ~ *out* *Hände, Flügel, Teppich etc.* ausbreiten, *Arme etc. a.* ausstrecken: ~ *the table* den Tisch decken; *the peacock ~s its tail* der Pfau schlägt ein Rad; **2.** *oft* ~ *out* ausdehnen; *Beine etc.* spreizen (*a.* ⚙); **3.** bedecken, über'ziehen, -'säen (*with mit*); **4.** *Heu etc.* ausbreiten; **5.** *Butter etc.* aufstreichen, *Farbe, Mörtel etc.* auftragen; **6.** *Brot* streichen, schmieren; **7.** breitschlagen; **8.** *Krankheit, Geruch etc., a. Furcht* verbreiten; **9.** *a.* ~ *abroad Gerücht, Nachricht* verbreiten, aussprengen, -streuen; **10.** *zeitlich* verteilen; **11.** ~ *o.s. sl.* a) sich *als Gastgeber etc.* mächtig anstrengen, b) ,angeben'; II *v/i.* [*irr.*] **12.** *a.* ~ *out* sich ausbreiten *od.* verteilen; **13.** sich ausbreiten (*Fahne etc.; a. Lächeln etc.*); sich spreizen (*Beine etc.*); **14.** sich *vor den Augen* ausbreiten *od.* -dehnen, erstrecken (*Landschaft*); **15.** ⚙ sich dehnen *od.* lassen (*lassen*) (*Werkstoff*); **16.** sich streichen *od.* auftragen lassen (*Butter, Farbe*); **17.** sich ver- *od.* ausbreiten (*Geruch, Pflanze, Krankheit, Gerücht etc.*), 'übergreifen (*to auf acc.*) (*Feuer, Epidemie etc.*); III *s.* **18.** Ausbreitung *f*, -dehnung *f*; **19.** Aus-, Verbreitung *f* (*e-r Krankheit, von Wissen etc.*); **20.** Ausdehnung *f*, Weite *f*, 'Umfang *m*; **21.** (weite) Fläche; **22.** *orn.*, ✓ (Flügel)Spanne *f*; **23.** ☀, *phys., a. Ballistik*: Streuung *f*; **24.** (Zwischen)Raum *m*, Abstand *m*, Lücke *f* (*a. fig.*); (*a. Zeit*)Spanne *f*; **25.** Dehnweite *f*; **26.** Körperfülle *f*; **27.** (Bett- *etc.*)Decke *f*; **28.** Brotaufstrich *m*; **29.** F fürstliches Mahl; **30.** *typ.* Doppelseite *f*; **31.** ✝ Stel'lagegeschäft *n*; **32.** ✝ *Am.* Marge *f*, (Verdienst-)Spanne *f*, Differ'enz *f*; IV *adj.* **33.** verbreitet; ausgebreitet; **34.** gespreizt; **35.** Streich…: ~ *cheese*.

spread| ea·gle *s.* **1.** *her.* Adler *m*; **2.** *Am.* F Chauvi'nismus *m*; **3.** *Eiskunstlauf*: Mond *m*; '~-'**ea·gle** I *adj.* **1.** F angeberisch, bom'bastisch; **2.** F chauvi-

'nistisch; II *v/t.* **3.** ausbreiten, spreizen.

spread·er ['spredə] *s.* Streu- *od.* Spritzgerät *n*, *bsd.* a) ('Dünger)Streuma,schine *f*, b) Abstandsstütze *f*, c) Zerstäuber *m*, d) Spritzdüse *f*, e) Buttermesser *n*.

spree [spriː] F *s.* (*Kauf- etc.*)Orgie *f*: *go on a ~* a) ,einen draufmachen', b) e-e ,Sauftour' machen; *go on a buying* (*od. shopping, spending*) ~ wie verrückt einkaufen.

sprig [sprɪg] I *s.* **1.** Zweigchen *n*, Schößling *m*, Reis *n*; **2.** F Sprößling *m*, ,Ableger' *m*; **3.** Bürschchen *n*; **4.** → *spray¹* 3; **5.** ⚙ Zwecke *f*, Stift *m*; II *v/t.* **6.** mit e-m Zweigmuster verzieren; **7.** anheften.

spright·li·ness ['spraɪtlɪnɪs] *s.* Lebhaftigkeit *f*, Munterkeit *f*; **spright·ly** ['spraɪtlɪ] *adj. u. adv.* lebhaft, munter, ,spritzig'.

spring [sprɪŋ] I *v/i.* [*irr.*] **1.** springen: ~ *at* [*up*]*on* auf j-n losspringen, j-n anfallen; **2.** aufspringen; **3.** springen, schnellen, hüpfen: ~ *open* aufspringen (*Tür*); *the trap sprang* die Falle schnappte zu; **4.** *oft* ~ *forth* (*od. out*) a) her'ausschießen, (-)sprudeln (*Wasser, Blut etc.*), b) (her'aus)sprühen, springen (*Funken etc.*); **5.** (*from*) entspringen (*dat.*): a) quellen (aus), b) *fig.* herkommen, abstammen (von): *be sprung from* entstanden sein aus; **6.** *mst* ~ *up* a) aufkommen (*Wind*), b) *fig.* plötzlich entstehen *od.* aufkommen (*Ideen, Industrie etc.*): ~ *into existence*; ~ *into fame* plötzlich berühmt werden; **7.** *a.* her'ausschießen (*Pflanzen etc.*); **8.** (hoch) aufragen; **9.** auffliegen (*Rebhühner etc.*); **10.** ⚙ a) sich werfen, b) springen, platzen (*Holz*); **11.** ✗ explodieren (*Mine*); II *v/t.* [*irr.*] **12.** Falle zuschnappen lassen, *et.* zu'rückschnellen lassen; **13.** *Riß etc.*, ⚓ *Leck* bekommen; **14.** explodieren lassen; → *mine²* 8; **15.** mit *e-r Neuigkeit etc.* ,her'ausplatzen': ~ *s.th. on s.o.* j-m et. plötzlich eröffnen; **16.** △ *Bogen* wölben; **17.** ⚙ (ab)federn; **18.** *Brit.* F *Geld etc.* springen lassen; **19.** *Brit.* F *j-n* erleichtern (*for* um Geld etc.); **20.** *sl.* j-n ,rausholen' (*befreien*); III *s.* **21.** Sprung *m*, Satz *m*; **22.** Frühling *m*, Lenz *m* (*beide a. fig.*); **23.** Elastizi'tät *f*, Sprung-, Schnellkraft *f*; **24.** *fig.* (geistige) Spannkraft; **25.** Sprung *m*, Riß *m im Holz etc.*; Krümmung *f e-s Bretts*; **26.** (*a. Mineral-, Öl*)Quelle *f*, Brunnen *m*: *hot ~s* heiße Quellen; **27.** *fig.* Quelle *f*, Ursprung *m*; **28.** *fig.* Triebfeder *f*, Beweggrund *m*; **29.** △ a) (Bogen)Wölbung *f*, b) Gewölbeanfang *m*; **30.** ⚙ (*bsd.* Sprung)Feder *f*; Federung *f*; IV *adj.* **31.** Sprung…, Schwung…; **32.** Feder…; **33.** Frühlings…; ~ *bal·ance* *s.* ⚙ Federwaage *f*; ~ *bed* *s.* 'Sprungfederma,tratze *f*; '~-**board** *s. sport* Sprungbrett *n* (*a. fig.*): ~ *diving* Kunstspringen *n*; '~-**bok** [-bɒk] *pl.* -**boks**, *bsd. coll.* -**bok** *s. zo.* Springbock *m*; ~ **bows** [baʊz] *s. pl.* ⚙ Federzirkel *m*; ~ **chick·en** *s.* Brathühnchen *n*: *she is no ~ fig.* F a) sie ist nicht mehr die jüngste, b) sie ist nicht von gestern; '~-'**clean·ing** *s.* Frühjahrsputz *m*.

springe [sprɪndʒ] I *s.* **1.** *hunt.* Schlinge *f*; **2.** *fig.* Falle *f*; II *v/t.* **3.** *Tier* mit e-r Schlinge fangen.

spring·er ['sprɪŋə] s. **1.** a. ~ **spaniel** hunt. Springerspaniel m; **2.** ⚔ (Bogen-)Kämpfer m.

spring| fe·ver s. **1.** Frühjahrsmüdigkeit f; **2.** (rastlose) Frühlingsgefühle pl.; ~ **gun** s. Selbstschuß m.

spring·i·ness ['sprɪŋɪnɪs] → **spring** 23.

spring·ing ['sprɪŋɪŋ] s. **1.** ⚙ Federung f; **2.** ⚔ Kämpferlinie f.

spring| leaf s. ⚙ Federblatt n; ~ **lock** s. ⚙ Schnappschloß n; ~ **mat·tress** → **spring bed**; ~ **sus·pen·sion** s. ⚙ federnde Aufhängung, Federung f; '~·**tide** → **spring** 22; ~ **tide** s. ⚓ Springflut f; fig. Flut f, Über'schwemmung f; '~·**time** → **spring** 22; ~ **wheat** s. ✓ Sommerweizen m.

spring·y ['sprɪŋɪ] adj. ☐ **1.** federnd, e'lastisch; **2.** fig. schwungvoll.

sprin·kle ['sprɪŋkl] I v/t. **1.** Wasser etc. sprenkeln, (ver)sprengen (on auf acc.); **2.** Salz, Pulver etc. sprenkeln, streuen; **3.** (ver-, zer)streuen, verteilen; **4.** et. besprenkeln, besprengen, bestreuen, (be)netzen (with mit); **5.** Stoff etc. sprenkeln; II v/i. **6.** sprenkeln; **7.** (nieder)sprühen; III s. **8.** Sprühregen m; **9.** leichter Schneefall; **10.** Prise f Salz etc.; **11.** → **sprinkling** 2; '**sprin·kler** [-lə] s. **1.** a) 'Spreng-, Be'rieselungsappa,rat m: ~ **system** Sprinkler-, Beregnungsanlage f, b) Sprinkler m, Rasensprenger m, c) Brause f (e-r Feuerlöschanlage), d) Sprinkler m (e-r Feuerlöschanlage), e) Sprengwagen m, f) Streuer m, Streudose f; **2.** R.C. Weihwasserwedel m; '**sprin·kling** [-lɪŋ] s. **1.** → **sprinkle** 8–10; **2.** a. ~ **of** fig. ein bißchen, etwas, e-e Spur, ein paar Leute etc., ein wenig Salz etc.

sprint [sprɪnt] I v/i. **1.** rennen; **2.** sport sprinten (Läufer), allg. spurten; II s. **3.** sport a) Sprint m, Kurzstreckenlauf m, b) allg. Spurt m (a. fig.); c) Pferde-, Radsport: Fliegerrennen n; '**sprint·er** [-tə] s. sport **1.** Sprinter(in), a. allg. Spurter(in); **2.** Radsport: Flieger m.

sprit [sprɪt] s. ⚓ Spriet n.

sprite [spraɪt] s. **1.** Elfe f, Fee f; Kobold m; **2.** Geist m, Schemen n.

sprit·sail ['sprɪtsl] s. ⚓ Sprietsegel n.

sprock·et ['sprɒkɪt] s. ⚙ **1.** Zahn m e-s (Ketten)Rades; **2.** a. ~ **wheel** (Ketten-)Zahnrad n, Kettenrad n; **3.** 'Filmtrans,porttrommel f.

sprout [spraʊt] I v/i. **1.** a. ~ **up** sprießen, (auf)schießen, aufgehen; **2.** keimen; **3.** schnell wachsen, sich schnell entwickeln; in die Höhe schießen (Person); wie Pilze aus dem Boden schießen (Gebäude etc.); II v/t. **4.** (her'vor)treiben, wachsen od. keimen lassen, entwickeln; III s. **5.** Sproß m, Sprößling m (a. fig.), Schößling m; **6.** pl. → **Brussels sprouts**.

spruce[1] [spru:s] ✓ **1.** a. ~ **fir** Fichte f, Rottanne f; **2.** Fichte(nholz n) f.

spruce[2] [spru:s] I adj. ☐ **1.** schmuck, (blitz)sauber, a'drett; **2.** geschniegelt; II v/t. **3.** oft ~ **up** j-n feinmachen, (her'aus)putzen: ~ **o.s. up** → 4; III v/i. **4.** oft ~ **up** sich feinmachen, sich ,in Schale werfen'; '**spruce·ness** [-nɪs] s. A'drettheit f; contp. Affigkeit f.

sprung [sprʌŋ] I pret. u. p.p. von **spring**; II adj. **1.** ⚙ gefedert; **2.** rissig (Holz).

spry [spraɪ] adj. **1.** flink, hurtig; **2.** lebhaft, munter.

spud [spʌd] I s. **1.** ✓ a) Jätmesser n, Reutspaten m, b) Stoßeisen n; **2.** Spachtel m, f; **3.** F Kar'toffel f; II v/t. **4.** mst ~ **up**, ~ **out** ausgraben, -jäten; **5.** Ölquelle anbohren.

spue [spju:] → **spew**.

spume [spju:m] s. Schaum m, Gischt m, f; '**spu·mous** [-məs], '**spu·my** [-mɪ] adj. schäumend.

spun [spʌn] I pret. u. p.p. von **spin**; II adj. gesponnen: ~ **glass** Glasgespinst n; ~ **gold** Goldgespinst n; ~ **silk** Schappseide f.

spunk [spʌŋk] s. **1.** Zunderholz n; **2.** Zunder m, Lunte f; **3.** F a) Feuer n, Schwung m, b) ,Mumm' m, Mut m; '**spunk·y** [-kɪ] adj. **1.** schwungvoll; **2.** mutig, draufgängerisch; **3.** Am. reizbar.

spur [spɜː] I s. **1.** (Reit)Sporn m: ~**s** Sporen pl.; **put** (od. **set**) ~**s to** → 8; **win one's** ~**s** fig. sich die Sporen verdienen; **2.** fig. Ansporn m, -reiz m: **on the** ~ **of the moment** der Eingebung des Augenblicks folgend, ohne Überlegung, spontan; **3.** ♀ a) Dorn m, Stachel m (kurzer Zweig etc.), b) Sporn m (Nektarbehälter); **4.** zo. Sporn m, Stachel m (des Hahns); **5.** geogr. Ausläufer m, (Gebirgs)Vorsprung m; **6.** △ a) Strebe f, Stütze f, b) Strebebalken m, c) (Mauer)Vorsprung m; **7.** ✗ hist. Außen-, Vorwerk n; II v/t. **8.** Pferd spornen, die Sporen geben (dat.); **9.** oft ~ **on** fig. j-n anspornen, -stacheln: ~ **s.o. into action**; **10.** mit Sporen versehen; Sporen (an)schnallen an (acc.); III v/i. **11.** (das Pferd) spornen; **12.** a) sprengen, eilen, b) fig. (vorwärts)drängen.

spurge [spɜːdʒ] s. ♀ Wolfsmilch f.

spur| gear s. ⚙ **1.** Geradstirnrad n; **2.** → ~ **gear·ing** s. Geradstirnradgetriebe n.

spu·ri·ous ['spjʊərɪəs] adj. ☐ **1.** falsch, unecht, Pseudo..., a. ♀, zo. Schein...: ~ **fruit**; **2.** nachgemacht, gefälscht; **3.** unehelich; '**spu·ri·ous·ness** [-nɪs] s. Unechtheit f.

spurn [spɜːn] v/t. **1.** obs. mit dem Fuß (weg)stoßen; **2.** verschmähen, verächtlich zu'rückweisen, j-n a. abweisen.

spurred [spɜːd] adj. gespornt; a. ♀, zo. sporentragend.

spurt[1] [spɜːt] s. **1.** sport (a. Zwischen-)Spurt m; **2.** plötzliche Aktivi'tät, ruckartige Anstrengung; **3.** ✝ plötzliches Anziehen (von Preisen etc.); II v/i. **4.** sport spurten; **5.** plötzlich ak'tiv werden.

spurt[2] [spɜːt] I v/t. u. v/i. (her'aus)spritzen; II s. (Wasser- etc.)Strahl m.

spur| track s. ✔ Neben-, Seitengleis n; ~ **wheel** → **spur gear** 1.

sput·ter ['spʌtə] → **splutter**.

spu·tum ['spju:təm] pl. **-ta** [-tə] s. ✚ Sputum n, Auswurf m.

spy [spaɪ] I v/t. **1.** a. ~ **out** ausspionieren, -spähen, -kundschaften: ~ **out** a. herausfinden; ~ **the land** fig. ,die Lage peilen'; **2.** erspähen, entdecken; II v/i. **3.** ✗ etc. spionieren, Spio'nage treiben: ~ **(up)on** j-m nachspionieren, j-n bespitzeln, Gespräch etc. abhören; **4.** her'umspionieren; III s. **5.** Späher(in), Kundschafter(in); **6.** ✗, pol. Spi'on(in)

(a. fig. Spitzel); '~·**glass** s. Fernglas n; '~·**hole** s. Guckloch n; ~ **ring** s. Spio'nagering m; ~ **sat·el·lite** s. ✗, 'Himmelsspi,on' m.

squab·ble ['skwɒbl] I v/i. sich zanken od. kabbeln; II v/t. typ. verquirlen; III s. Zank m, Kabbe'lei f; '**squab·bler** [-lə] s. ,Streithammel' m.

squab·by ['skwɒbɪ] adj. unter'setzt, feist, plump.

squad [skwɒd] s. **1.** ✗ Gruppe f, Korpo'ralschaft f: **awkward** ~ a) ,patschnasse' Re'kruten, b) fig. ,Flaschenrein' m; **2.** (Arbeits- etc.)Trupp m; **3.** Polizei: a) ('Überfall- etc.)Kom,mando n, b) ('Raub- etc.)Dezer,nat n; → **murder squad** etc.; ~ **car** Am. (Funk)Streifenwagen m; **4.** sport Riege f, Kader m.

squad·ron ['skwɒdrən] s. **1.** ✗ a) ('Reiter)Schwa,dron f, b) ('Panzer)Batail,lon n; **2.** ♣, ✗ (Flotten)Geschwader n; **3.** ✔ Staffel f; **4.** allg. Gruppe f, Ab'teilung f, Mannschaft f; ~ **lead·er** s. ('Flieger)Ma,jor m.

squail [skweɪl] s. **1.** pl. sg. konstr. Flohhüpfen n; **2.** Spielplättchen n.

squal·id ['skwɒlɪd] adj. ☐ schmutzig, verkommen (beide a. fig.), verwahrlost; **squa·lid·i·ty** [skwɒ'lɪdətɪ], '**squal·id·ness** [-nɪs] s. Schmutz m, Verkommenheit f (beide a. fig.), Verwahrlosung f.

squall[1] [skwɔ:l] I s. **1.** meteor. Bö f, heftiger Windstoß: **white** ~ Sturmbö aus heiterem Himmel; **2.** F ,Sturm' m, ,Gewitter' n: **look out for** ~**s** die Augen offen halten, auf der Hut sein; II v/i. **3.** stürmen.

squall[2] [skwɔ:l] I v/i. kreischen, schreien (a. Kind); II v/t. oft ~ **out** et. kreischen; III s. schriller Schrei: ~**s** Geschrei n; '**squall·er** [-lə] s. Schreihals m.

squall·y ['skwɔ:lɪ] adj. böig, stürmisch (a. F fig.).

squal·or ['skwɒlə] → **squalidity**.

squa·ma ['skweɪmə] pl. **-mae** [-mi:] s. ♀, anat., zo. Schuppe f, schuppenartige Or'ganbildung; '**squa·mate** [-meɪt], '**squa·mous** [-məs] adj. schuppig.

squan·der ['skwɒndə] v/t. oft ~ **away** Geld, Zeit etc. verschwenden, -geuden: ~ **o.s.** od. **one's energies** sich verzetteln od. ,verplempern'; '**squan·der·er** [-dərə] s. Verschwender(in); '**squan·der·ing** [-dərɪŋ] I adj. ☐ verschwenderisch; II s. Verschwendung f, -geudung f.

squan·der·ma·ni·a [,skwɒndə'meɪnjə] s. Verschwendungssucht f.

square [skweə] I s. **1.** ✗ Qua'drat n (Figur); **2.** Qua'drat n, Viereck n, qua'dratisches Stück (Glas, Stoff etc.), Karo n; **3.** Feld n (Schachbrett etc.): **be back to** ~ **one** fig. wieder da sein, wo man angefangen hat; **4.** Häuserblock m; **5.** (öffentlicher) Platz; **6.** ⚙ a) Winkel(maß n) m, b) bsd. Zimmerei: Ge'viert n: **on the** ~ a) rechtwink(e)lig, b) F ehrlich, anständig, in Ordnung; **out of** ~ a) nicht rechtwink(e)lig, b) fig. nicht in Ordnung; **7.** ✗ Qua'drat(zahl f) n: **in the** ~ im Quadrat; **8.** ✗ hist. Kar'ree n; **9.** ('Wort-, 'Zahlen)Qua,drat n; **10.** △ Säulenplatte f; **11.** sl. Spießer m; II v/t. **12.** rechtwink(e)lig od. qua'dratisch machen; **13.** a. ~ **off** in Qua'drate einteilen; Papier etc. karieren:

~*d paper* Millimeterpapier *n*; **14.** auf
s-e Abweichung vom rechten Winkel
prüfen; **15.** A a) den Flächeninhalt berechnen von (*od. gen.*), b) *Zahl* quadrieren, ins Qua'drat erheben, c) *Figur*
quadrieren; → *circle* 1; **16.** ◉ vierkantig behauen; **17.** *Schultern* straffen; **18.**
fig. in Einklang bringen (**with** mit), anpassen (*to* an *acc.*); **19.** (*a.* ✝ *Konten*)
ausgleichen; → *account* 5; **20.** *Schuld*
begleichen; **21.** *Gläubiger* befriedigen;
22. *sl.* *j-n* ,schmieren', bestechen; **23.**
sport Kampf unentschieden beenden;
III *v/i.* **24.** ~ *up* (*Am. a. off*) in Boxer-
stellung *od.* in Auslage gehen: ~ *up to*
sich vor *j-m* aufpflanzen, *fig. Problem*
anpacken; **25.** (**with**) über'einstimmen
(mit), passen (zu); **26.** ~ *up* ✝ *u. fig.*
abrechnen (**with** mit); **IV** *adj.* ☐ **27.** A
qua'dratisch, Quadrat...(-*meile, -wur-
zel, -zahl etc.*); **28.** im Qua'drat: *2 feet*
~; **29.** rechtwink(e)lig, im rechten Winkel (stehend) (*to* zu); **30.** (vier)eckig;
31. ◉ Vierkant...; **32.** gerade, gleichmäßig; **33.** breit(schulterig), stämmig,
vierschrötig; **34.** *fig.* in Einklang (stehend) (**with** mit), stimmend, in Ordnung: *get things* ~ die Sache in Ordnung bringen; **35.** ✝ abgeglichen (*Konten*): *get* ~ *with* mit *j-m* quitt werden
(*a. fig.*); **36.** F a) re'ell, anständig, b)
offen, ehrlich: ~ *deal* a) reeller Handel,
b) anständige Behandlung; **37.** klar,
deutlich: *a* ~ *refusal*; **38.** F ordentlich,
reichlich: *a* ~ *meal*; **39.** *sl.* ,spießig';
40. zu viert: *V adv.* **41.** qua-
'dratisch, viereckig; rechtwink(e)lig;
42. F anständig, ehrlich; **43.** *Am.* di-
'rekt, gerade; ,~-'**built** → *square* 33; ~
dance *s. Am.* Square dance *m*;
,~-**head** *s. contp.* ,Qua'dratschädel' *m*
(*Skandinavier od. Deutscher in U.S.A.
od. Kanada*); ~ **meas·ure** *s.* Flächenmaß *n.*

square·ness ['skweǝnɪs] *s.* **1.** *das* Qua-
'dratische *od.* Viereckige; **2.** Vierschrö-
tigkeit *f*; **3.** F Ehrlichkeit *f*; **4.** *sl.* ,Spie-
ßigkeit' *f.*
,**square**-'**rigged** *adj.* ⚓ mit Rahen ge-
takelt; '~-,**rig·ger** *s.* ⚓ Rahsegler *m*; ~
root *s.* A (Qua'drat)Wurzel *f*; ~ **sail** *s.*
⚓ Rahsegel *n*; ,~-'**shoot·er** *s. Am.* F
ehrlicher *od.* anständiger Kerl; ,~-
'**shoul·dered** *adj.* breitschultrig; ,~-
'**toed** *adj. fig.* a) altmodisch, b) steif.
squash [skwɒʃ] **I** *v/t.* **1.** (zu Brei) zerquetschen, zs.-drücken; breitschlagen;
2. *fig. Aufruhr etc.* niederschlagen, im
Keim ersticken; **3.** F *j-n* ,fertigmachen';
II *v/i.* **4.** zerquetscht werden; **5.** glucksen (*Schuhe im Morast etc.*); **III** *s.* **6.**
Matsch *m*, Brei *m*; **7.** Gedränge *n*; **8.** ♀
Kürbis *m*; **9.** (Zi'tronen- *etc.*)Saft *m*;
10. Glucksen *n*, Platsch(en *m*) *m*; **11.**
sport a) *a.* ~ *tennis* Squash *n*, b) *a.* ~
rackets ein *dem Squash ähnliches
Spiel*; '**squash·y** [-ʃɪ] *adj.* ☐ **1.** weich,
breiig; **2.** matschig (*Boden*).
squat [skwɒt] **I** *v/t.* **1.** hocken, kauern: ~
down sich hinhocken; **2.** sich ducken
(*Tier*); **3.** F ,hocken' (*sitzen*); **4.** sich
ohne Rechtstitel ansiedeln; **II** *v/t.* **5.**
leerstehendes Haus besetzen; **III** *adj.* **6.**
unter'setzt, vierschrötig (*Person*); **7.**
flach, platt; **IV** *s.* **8.** Hockstellung *f*,
Hocke *f* (*a. sport*); **9.** Sitz *m*, Platz *m*;
'**squat·ter** [-tǝ] *s.* **1.** Hockende(r *m*) *f*;

2. Hausbesetzer *m*; **3.** Squatter *m*, An-
siedler *m* ohne Rechtstitel; **4.** Siedler *m*
auf regierungseigenem Land; **5.** *Austral.* Schafzüchter *m.*
squaw [skwɔ:] *s.* **1.** Squaw *f*, Indi'aner-
frau *f*; **2.** *Am.* F (Ehe)Frau *f.*
squawk [skwɔ:k] **I** *v/i.* **1.** *bsd. orn.* kreischen; **2.** *fig.* F zetern, aufbegehren; **II**
s. **3.** *bsd. orn.* Kreischen *n*; **4.** F Gezeter *n.*
squeak [skwi:k] **I** *v/i.* **1.** quiek(s)en,
piep(s)en; **2.** quietschen (*Bremsen,
Türangel etc.*); **3.** *sl.* → *squeal* 5; **II** *v/t.*
4. *et.* quiek(s)en; **III** *s.* **5.** Gequiek(s)e
n, Piep(s)en *n*; **6.** Quietschen *n*; **7.**
have a narrow (*od. close*) ~ F mit
knapper Not davonkommen; '**squeak·y**
[-kɪ] *adj.* ☐ **1.** quiek(s)end; **2.** quiet-
schend.
squeal [skwi:l] **I** *v/i.* **1.** kreischen, (auf-)
schreien; **2.** quietschen (*Bremsen etc.*);
3. quieken, piepsen; **4.** F zetern,
schimpfen (**about**, **against** gegen); **5.**
sl. ,pfeifen', ,singen' (*verraten*): ~ *on
s.o.* *j-n* verpetzen *od.* ,verpfeifen' (*to*
bei); **II** *v/t.* **6.** *et.* schreien, kreischen;
III *s.* **7.** schriller Schrei; **8.** Kreischen *n*,
Quieken *n*; **9.** F *fig.* Aufschrei *m*;
'**squeal·er** [-lǝ] *s.* **1.** Schreier *m*; **2.**
Täubchen *n*, *allg.* junger Vogel; **3.** *sl.*
Verräter *m.*
squeam·ish ['skwi:mɪʃ] *adj.* ☐ **1.**
('über)empfindlich, zimperlich; **2.** a)
heikel (*im Essen*), b) (leicht) Ekel empfindend; **3.** 'übergewissenhaft, pe'nibel;
'**squeam·ish·ness** [-nɪs] *s.* **1.** 'Überempfindlichkeit *f*, Zimperlichkeit *f*; **2.**
'Übergewissenhaftigkeit *f*; **3.** a) heikle
Art, b) Ekel *m*, Übelkeit *f.*
squee·gee [,skwi:'dʒi:] *s.* **1.** Gummi-
schrubber *m*; **2.** *phot. etc.* (Gummi-)
Quetschwalze *f.*
squeez·a·ble ['skwi:zǝbl] *adj.* **1.** zs.-
drückbar; **2.** *fig.* gefügig; '**squeeze**
[skwi:z] **I** *v/t.* **1.** (zs.-)drücken; **2.**
a) *Frucht* auspressen, -quetschen;
Schwamm ausdrücken, b) *j-n* ,aus-
nehmen', ,schröpfen'; **3.** *oft* ~ *out Saft
etc.* (her')auspressen, -quetschen (*from
aus*): ~ *a tear fig.* e-e Träne zerdrük-
ken, ein paar Krokodilstränen weinen;
4. drücken, quetschen, zwängen (*into
in acc.*); eng (zs.-)packen: ~ *o.s.* (*od.
one's way*) *into* (**through**) sich hinein-
(hindurch)zwängen; **5.** F fest *od.* innig
an sich drücken; **6.** F a) unter Druck
setzen, erpressen, b) *Geld etc.* her'auspressen, *Vorteil etc.* her'ausschinden
(*out of* aus); **7.** e-n Abdruck machen
von (*e-r Münze etc.*); **II** *v/i.* **8.** quetschen, drücken, pressen; **9.** sich zwängen: ~ *through* (*in*) sich durch- (hinein)zwängen; **III** *s.* **10.** Druck *m*, Pressen *n*, Quetschen *n*; **11.** Händedruck
m; **12.** (innige) Um'armung; **13.** Gedränge *n*; **14.** F a) Klemme *f*, *bsd.*
Geldverlegenheit *f*, b) ,Druck' *m*, Erpressung *f*: *put the* ~ *on s.o.* *j-n* unter
Druck setzen; **15.** ✝ wirtschaftlicher
Engpaß, (*a.* Geld)Knappheit *f*; **16.**
(*bsd.* Wachs)Abdruck *m*; **squeeze
bot·tle** *s.* (Plastik)Spritzflasche *f*;
squeeze box *s.* ♪ F ,'Quetschkom,mo-
de' *f*; '**squeez·er** [-zǝ] *s.* **1.** (Frucht-)
Presse *f*; **2.** ◉ *a.* ('Aus)Preßma,schine
f, b) Quetschwerk *n*, c) 'Preßformma-
,schine *f.*

squelch [skwelt∫] **I** *v/t.* **1.** zermalmen;
2. *fig.* F *j-n* ,kurz fertigmachen', *j-m*
den Mund stopfen, *Kritik etc.* abwür-
gen; **II** *v/i.* **3.** p(l)atschen; **4.** glucksen
(*nasser Schuh etc.*); **III** *s.* **5.** Matsch *m*;
6. P(l)atschen *n*, Glucksen *n*; **7.** →
'**squelch·er** [-t∫ǝ] *s.* F **1.** vernichtender
Schlag; **2.** vernichtende Antwort.
squib [skwɪb] *s.* **1.** a) Frosch *m*, (Feuerwerks)Schwärmer *m*, b) *Brit. allg.*
(Hand)Feuerwerkskörper *m*: *damp* ~
fig. ,Flop' *m*, Schlag *m* ins Wasser; **2.**
✗, *a.* ✗ *hist.* Zündladung *f*; **3.** Spottgedicht *n*, Sa'tire *f.*
squid [skwɪd] *pl.* **squids**, *bsd. coll.*
squid *s.* **1.** *zo.* ein zehnarmiger Tintenfisch; **2.** künstlicher Köder in Tinten-
fischform.
squif·fy ['skwɪfɪ] *adj. sl.* beschwipst.
squig·gle ['skwɪgl] **I** *s.* **1.** Schnörkel *m*;
II *v/i.* **2.** kritzeln; **3.** sich winden.
squill [skwɪl] *s.* **1.** ♀ a) Meerzwiebel *f*, b)
Blaustern *m*; **2.** *zo.* Heuschreckenkrebs
m.
squint [skwɪnt] **I** *v/i.* **1.** schielen (*a.
weitS.*); **2.** ~ *at* a) schielen nach, b) e-n
Blick werfen auf (*acc.*), c) scheel *od.*
argwöhnisch blicken auf (*acc.*); **3.** blinzeln, zwinkern; **II** *v/t.* **4.** *Augen* a) verdrehen, b) zs.-kneifen; **III** *s.* **5.** Schielen *n* (*a. fig.*): *have a* ~ schielen; **6.** F
(rascher *od.* verstohlener) Blick: *have
a* ~ *at* → 2b; **IV** *adj.* **7.** schielend; **8.**
schief, schräg; '~**-eyed** *adj.* **1.** schielend; **2.** *fig.* scheel, böse.
squir·arch·y ['skwaɪrɑ:kɪ] *s.* → *squire-
archy.*
squire ['skwaɪǝ] **I** *s.* **1.** *englischer* Land-
junker, *a.* Gutsherr *m*, Großgrundbe-
sitzer *m*; **2.** *bsd.* F (*a. Am.*) a) (Friedens)Richter *m*, b) *andere Person mit
lokaler Obrigkeitswürde*; **3.** *hist.* Edelknabe *m*, (Schild)Knappe *m*; **4.** Kava-
'lier *m*: a) Begleiter *m*, b) ironisch
Ga'lan *m*: ~ *of dames* Frauenheld *m*;
II *v/t. u. v/i.* **5.** *obs.* a) (e-e Dame)
begleiten, b) (e-r Dame) Ritterdienste
leisten *od. den Hof machen*; '**squire-
arch·y** [-ɑ:kɪ] *s.* **1.** Junkertum *n*: a) *coll.
die* (Land)Junker *pl.*, b) (Land-)
Junkerherrschaft *f*; '**squire·ling** [-ǝlɪŋ]
s. contp. Krautjunker *m.*
squirm [skwɜ:m] **I** *v/i.* **1.** sich krümmen,
sich winden (*a. fig.* **with** vor *Scham
etc.*): ~ *out of* a) sich (mühsam) aus *e-m
Kleid* ,herausschälen', b) *fig.* sich aus
e-r Notlage etc. (heraus)winden; **II** *s.* **2.**
Krümmen *n*, Sich'winden *n*; **3.** ⚓ Kink
m im Tau; '**squirm·y** [-mɪ] *adj.* **1.** sich
windend; **2.** *fig.* eklig.
squir·rel ['skwɪrǝl] *s.* **1.** *zo.* Eichhörnchen *n*: *flying* ~ Flughörnchen *n*; **2.** Feh
n (*Pelzwerk*); ~ **cage** *s.* **1.** a) Laufrad-
käfig *m*, b) *fig.* ,Tretmühle' *f*; **2.** ⚡ Kä-
figanker *m*; '~**-cage** *adj.* ⚡ Käfig...,
Kurzschluß...
squirt [skwɜ:t] **I** *v/i.* **1.** spritzen; **2.** her-
'vorspritzen, -sprudeln; **II** *v/t.* **3.** *Flüssigkeit etc.* her'vor-, her'ausspritzen; **4.**
bespritzen; **III** *s.* **5.** (Wasser- *etc.*)Strahl
m; **6.** Spritze *f*: ~ *can* ◉ Spritzkanne *f*;
7. *a.* ~ *gun* 'Wasserpi,stole *f*; **8.** F ,klei-
ner Scheißer'.
squish [skwɪʃ] F **I** *v/t.* zermatschen; **II**
v/i. → **squelch** II; ~ **squelch** I.
stab [stæb] **I** *v/t.* **1.** *j-n* a) (nieder)ste-
chen, b) erstechen, erdolchen; **2.** *Mes-*

ser etc. bohren, stoßen (*into* in *acc.*); **3.** *fig.* verletzen: **~** *s.o.* *in the back* j-m in den Rücken fallen; **~** *s.o.'s reputation* an j-m Rufmord begehen; **4.** ⊙ *Mauer* rauh hauen; **II** *v/i.* **5.** stechen (*at* nach); **6.** *mit den Fingern etc.* stoßen (*at* nach, auf *acc.*); **7.** stechen (*Schmerz*); **III** *s.* **8.** (*Dolch- etc.*)Stoß *m,* Stich *m:* **~** *in the back* fig. Dolchstoß; *have* (*od.* *make*) *a* **~** *at* F et. probieren; **9.** Stich (-wunde *f*) *m;* **10.** *fig.* Stich *m* (*Schmerz, jähes Gefühl*); **~** *cell s.* biol. Stabzelle *f.*

sta·bil·i·ty [stə'bɪlətɪ] *s.* **1.** Stabili'tät *f:* a) Standfestigkeit *f,* b) (Wert)Beständigkeit *f,* Festigkeit *f,* Haltbarkeit *f,* c) Unveränderlichkeit *f* (a. ⚛), d) 🖥 Resi'stenz *f: monetary* **~** Währungsstabilität; **2.** *fig.* Beständigkeit *f,* Standhaftigkeit *f,* (Cha'rakter)Festigkeit *f;* **3.** a) ⊙ Kippsicherheit *f,* b) ✈ dy'namisches Gleichgewicht, c) **~** *on curves* *mot.* Kurvenstabilität *f.*

sta·bi·li·za·tion [ˌsteɪbɪlaɪˈzeɪʃn] *s.* *allg., bsd.* ⊙, ✈ Stabilisierung *f;* **sta·bi·lize** ['steɪbɪlaɪz] *v/t.* stabilisieren (a. ⊙, ✈, ✈): a) festigen, stützen, b) kon'stant halten; **~d** *warfare* ✕ Stellungskrieg *m;* **sta·bi·liz·er** ['steɪbɪlaɪzə] *s.* ⊙, ✈, ✈, 🖥 Stabili'sator *m.*

sta·ble¹ ['steɪbl] *adj.* □ **1.** sta'bil (a. ✈): a) standfest, -sicher (a. ⊙), b) (wert)beständig, fest, dauerhaft, haltbar, c) unveränderlich (a. ⚛), d) 🖥 resi'stent; **2.** ✈, *pol.* sta'bil: **~** *currency*; **3.** *fig.* beständig, (a. cha'rakterlich) gefestigt.

sta·ble² ['steɪbl] **I** *s.* **1.** (Pferde-, Kuh-) Stall *m;* **2.** Stall(bestand) *m.* **3.** Rennstall *m* (*bsd. coll. Pferde, a. Rennfahrer*); **4.** *fig.* ‚Stall' *m* (*Mannschaft etc., a. Familie*); **5.** *pl.* ✕ *Brit.* a) Stalldienst *m,* b) → *stable call;* **II** *v/t.* **6.** Pferd einstallen; **III** *v/i.* **7.** im Stall stehen (*Pferd*); **8.** *fig.* hausen; '**~·boy** *s.* Stalljunge *m;* **~** *call s.* ✕ Si'gnal *n* zum Stalldienst; '**~·com·pan·ion** → *stablemate;* '**~·man** [-mən] *s.* [*irr.*] Stallknecht *m;* '**~·mate** *s.* Stallgefährte *m* (a. *fig. Radsport etc.*).

sta·ble·ness ['steɪblnɪs] → *stability.*

sta·bling ['steɪblɪŋ] *s.* **1.** Einstallung *f;* **2.** Stallung(en *pl.*) *f,* Ställe *pl.*

stac·ca·to [stəˈkɑːtoʊ] (*Ital.*) *adv.* **1.** ♪ stak'kato; **2.** *fig.* abgehackt.

stack [stæk] **I** *s.* **1.** Schober *m,* Feim *m;* **2.** Stoß *m,* Stapel *m* (*Holz, Bücher etc.*); **3.** *Brit.* Maßeinheit für Holz (a. *Kohlen* (3,05814 *m³*); **4.** *Am.* ('Bücher-) Re,gal *n; pl.* 'Hauptmaga,zin *n* e-r Bi'bliothek; **5.** ✕ (Ge'wehr)Pyra,mide *f;* **6.** a) *bsd.* ⊙, ✈ Schornstein *m,* Ka'min *m,* b) (Schmiede)Esse *f,* c) *mot.* Auspuffrohr *n,* d) Aggre'gat *n,* Satz *m,* e) (gestockte) An'tennenkombinati,on, f) Computer: Stapelspeicher *m: blow one's* **~** F ,in die Luft gehen'; **7.** Felssäule *f;* **II** *v/t.* **8.** *Heu etc.* aufschobern; **9.** aufschichten, -stapeln; **10.** *et.* 'vollstapeln; **11.** ✕ *Gewehre zs.*-setzen: **~** *arms;* **12.** **~** *the cards* die Karten ,packen' (*um zu betrügen*): *the cards are* **~***ed against him fig.* er hat kaum e-e Chance; '**stack·er** [-kə] *s.* Stapler *m* (*Person u. Gerät*).

sta·di·a¹ ['steɪdjə] *pl. von stadium.*

sta·di·a² ['steɪdjə] *s. a.* **~** *rod surv.* Meßlatte *f.*

sta·di·um ['steɪdjəm] *pl.* **-di·a** [-djə] *s.*

1. *antiq.* Stadion *n* (*Kampfbahn u. Längenmaß*); **2.** *pl. mst* '**sta·di·ums** *sport* Stadion *n;* **3.** *bsd.* ✈, *biol.* Stadium *n.*

staff¹ [stɑːf] **I** *s.* **1.** Stock *m,* Stecken *m;* **2.** (a. *Amts-, Bischofs-, Kom'mando-, Meß-, Wander*)Stab *m;* **3.** (Fahnen-) Stange *f,* ⚓ Flaggenstock *m;* **4.** *fig.* a) Stütze *f des Alters etc.,* b) *das Nötige od.* Wichtigste: **~** *of life* Brot *n,* Nahrung *f;* **5.** Unruhewelle *f* (*Uhr*); **6.** a) (Assi'stenten-, Mitarbeiter)Stab *m,* b) Beamtenkörper *m,* -stab *m,* c) Lehrkörper *m,* 'Lehrerkol,legium *n,* d) Per'sonal *n,* Belegschaft *f: editorial* **~** Redaktion(sstab *m*) *f; nursing* **~** ✚ Pflegepersonal; *the senior* **~** ✝ die leitenden Angestellten: *be on the* **~** (*of*) zum Stab *od.* Lehrkörper *od.* Personal gehören (*gen.*), Mitarbeiter sein (*bei*), fest angestellt sein (*bei*); **7.** ✕ Stab *m:* **~** *order* Stabsbefehl *m;* **8.** *pl.* **staves** [steɪvz] ♪ 'Noten(linien)sy,stem *n;* **II** *adj.* **9.** *bsd.* ✕ Stabs...; **10.** Perso'nal...; **III** *v/t.* **11.** (mit Perso'nal) besetzen: *well* **~***ed* gut besetzt; **12.** mit e-m Stab *od.* Lehrkörper *etc.* versehen; **13.** den Lehrkörper e-r *Schule* bilden.

staff² [stɑːf] *s.* ⊙ Baustoff aus Gips u. (Hanf)Fasern.

staff| *car s.* ✕ Befehlsfahrzeug *n;* **~** **col·lege** *s.* ✕ Gene'ralstabsakade,mie *f;* **~** **man·a·ger** *s.* Perso'nalchef *m;* **~** **mem·ber** *s.* Mitarbeiter(in); **~** **no·ta·tion** *s.* ♪ Liniennotenschrift *f;* **~** **of·fi·cer** *s.* ✕ 'Stabsoffi,zier *m;* **~** **re·duc·tions** *pl.* ✕ Perso'nalabbau *m;* **~** **room** *s. ped.* Lehrerzimmer *n;* **~** **ser·geant** *s.* ✕ (*Brit.* Ober)Feldwebel *m.*

stag [stæg] **I** *s.* **1.** *hunt., zo.* a) Rothirsch *m,* b) Hirsch *m;* **2.** *zo. bsd. dial.* Männchen *n;* **3.** *nach der Reife kastriertes männliches Tier;* **4.** F a) ,Unbeweibte(r)' *m,* Herr *m* ohne Damenbegleitung, b) *bsd. Am.* → *stag party;* **5.** ✝ *Brit.* Kon'zertzeichner *m;* **II** *adj.* **6.** F a) Herren...: **~** *dinner,* b) Sex...: **~** *film;* **III** *v/i.* **7.** ✝ *Brit. sl.* in neu ausgegebenen Aktien spekulieren; **8.** a) *go* **~** F ohne Damenbegleitung *od.* ,solo' gehen; **~** *bee·tle s. zo.* Hirschkäfer *m.*

stage [steɪdʒ] **I** *s.* **1.** Bühne *f,* Gerüst *n;* ⚓ Landungsbrücke *f;* **2.** *thea.* Bühne *f* (a. *fig. Theaterwelt, Bühnenlaufbahn*): *the* **~** *fig.* die Bühne, das Theater; *be on the* **~** Schauspieler(in) *od.* beim Theater sein; *bring on the* **~** → 11a; *go on the* **~** zur Bühne gehen; *hold the* **~** sich auf der Bühne halten; *set the* **~** *for fig.* alles vorbereiten für; **3.** *hist.* a) ('Post)Stati,on *f,* b) Postkutsche *f;* **4.** a) *Brit.* Teilstrecke *f,* Fahrzone *f* (*Bus etc.*), b) (Reise)Abschnitt *m,* E'tappe *f* (a. *fig. u. Radsport*): *by* (*od.* *in*) (*easy*) **~***s* etappenweise; **5.** ☆, *biol. etc.* Stadium *n,* (Entwicklungs)Stufe *f,* Phase *f: at this* **~** zum gegenwärtigen Zeitpunkt; *critical* (*experimental, initial*) **~** kritisches (Versuchs-, Anfangs-) Stadium; **~***s of appeal* ⚖ Instanzenweg *m;* **6.** ⊙ (Schalt- *etc.*, ♪ Verstärker-, a. Ra'keten)Stufe *f;* **7.** *geol.* Stufe *f* e-r *Formation;* **8.** Ob'jektträger *m* (*am Mikroskop*); **9.** ⊙ Farbläufer *m;* **10.** *Am.* Höhe *f des Spiegels* (*e-s Flusses*); **II** *v/t.* **11.** *Theaterstück* a) auf die Bühne bringen, inszenieren, b) für die Bühne bearbeiten; **12.** *fig.* a) *allg.* veran-

stalten, b) inszenieren, aufziehen: **~** *a demonstration;* **13.** ⊙ berüsten; **14.** ✕ *Am. Personen* 'durchschleusen; **~** **box** *s. thea.* Pro'szeniumsloge *f;* '**~·coach** *s. hist.* Postkutsche *f;* '**~·craft** *s.* drama'turgisches *od.* schauspieleri- sches Können; **~** **de·sign·er** *s.* Bühnenbildner(in); **~** **di·rec·tion** *s.* Bühnen-, Re'gieanweisung *f;* **~** **di·rec·tor** *s.* Regis'seur *m;* **~** **door** *s.* Bühneneingang *m;* **~** **ef·fect** *s.* **1.** 'Bühnenwirkung *f,* -ef,fekt *m;* **2.** *fig.* Thea'tralik *f;* **~** **fe·ver** *s.* The'aterbesessenheit *f;* **~** **fright** *s.* Lampenfieber *n;* '**~·hand** *s.* Bühnenarbeiter *m;* ,**~·man·age** → *stage* 12; **~** **man·ag·er** *s.* Inspizi'ent *m;* **~** **name** *s.* Bühnen-, Künstlername *m;* **~** **play** *s.* Bühnenstück *n.*

stag·er ['steɪdʒə] *s. mst old* **~** ,alter Hase'.

stage| **race** *s.* Radsport: E'tappenrennen *n;* **~** **rights** *s. pl.* ⚖ Aufführungsrechte *pl.;* '**~·struck** *adj.* the'aterbesessen; **~** **ver·sion** *s. thea.* Bühnenfassung *f;* '**~·whis·per** *s.* **1.** *thea.* nur für das Publikum bestimmtes Flüstern; **2.** *fig.* weithin hörbares Geflüster; '**~·worth·y** *adj.* bühnenfähig, -gerecht (*Schauspiel*).

stage·y ['steɪdʒɪ] *adj. Am. für stagy.*

stag·fla·tion [stæɡˈfleɪʃn] *s.* ✝ Stagfla- ti'on *f.*

stag·ger ['stæɡə] **I** *v/i.* **1.** (sch)wanken, taumeln, torkeln; **2.** *fig.* wanken(d werden); **II** *v/t.* **3.** ins Wanken bringen, erschüttern (a. *fig.*); **4.** *fig.* verblüffen, stärker: 'umwerfen, über'wältigen; **5.** ⊙ gestaffelt *od.* versetzt anordnen; (a. *fig. Arbeitszeit*) staffeln; **III** *s.* **6.** Schwanken *n,* Taumeln *n;* **7.** *pl. zo. konstr.:* a) Schwindel *m* (a. *vet.* Schwindel *m* (*von Rindern*), Koller *m* (*von Pferden*), Drehkrankheit *f* (*von Schafen*); **8.** ⊙, ✈ *u. flg.* Staffelung *f;* **9.** *Leichtathletik:* Kurvenvorgabe *f;* '**stag·gered** [-əd] *adj.* **1.** ⊙ versetzt (angeordnet), gestaffelt; **2.** gestaffelt (*Arbeitszeit etc.*); '**stag·ger·ing** [-ərɪŋ] *adj.* □ **1.** (sch)wankend, taumelnd; **2.** wuchtig, heftig (*Schlag*); **3.** *fig.* a) 'umwerfend, phan'tastisch, b) schwindelerregend (*Preise etc.*).

stag·i·ness ['steɪdʒɪnɪs] *s.* Thea'tralik *f,* Effekthasche'rei *f.*

stag·ing ['steɪdʒɪŋ] *s.* **1.** *thea.* a) Inszenierung *f* (a. *fig.*), b) Bühnenbearbeitung *f;* **2.** (Bau)Gerüst *n;* **3.** ⚓ Hellinggerüst *n* (*e-r Werft*); **~** **a·re·a** *s.* ✕ **1.** Bereitstellungsraum *m;* **2.** Auffangraum *m.*

stag·nan·cy ['stæɡnənsɪ] *s.* Stagnati'on *f:* a) Stockung *f,* Stillstand *m,* b) *bsd.* ✝ Flauheit *f,* c) *fig.* Trägheit *f;* '**stag·nant** [-nt] *adj.* □ stagnierend: a) stockend (a. ✝), stillstehend, b) abgestanden (*Wasser*), c) *fig.* träge; '**stag·nate** [-neɪt] *v/i.* stagnieren, stocken; '**stag·na·tion** [stæɡˈneɪʃn] → *stagnancy.*

stag par·ty *s.* F (*bsd.* feuchtfröhlicher) Herrenabend *m.*

stag·y ['steɪdʒɪ] *adj.* □ **1.** bühnenmäßig, Bühnen...; **2.** *fig.* thea'tralisch.

staid [steɪd] *adj.* □ gesetzt, seri'ös; ruhig (a. *Farbe*), gelassen; '**staid·ness** [-nɪs] *s.* Gesetztheit *f.*

stain [steɪn] **I** *s.* **1.** (Schmutz-, a. Farb-) Fleck *m:* **~·resistant** schmutzabweisend; **2.** *fig.* Schandfleck *m*, Makel *m*; **3.** Färbung *f*; **4.** ✪ Farbe *f*, Färbemittel *n* (*a. beim Mikroskopieren*); **5.** (Holz-) Beize *f*; **II** *v/t.* **6.** beschmutzen, beflekken, besudeln (*alle a. fig.*); **7.** färben; *Holz* beizen; *Glas etc.* bemalen; *Stoff etc.* bedrucken: ~*ed glass* buntes (Fenster)Glas; **III** *v/i.* **8.** Flecken verursachen; **9.** Flecken bekommen, schmutzen; '**stain·ing** [-nɪŋ] **I** *s.* **1.** (Ver)Färbung *f*; **2.** Verschmutzung *f*; **3.** ✪ Färben *n*, Beizen *n*: ~ *of glass* Glasmalerei *f*; **II** *adj.* **4.** Färbe...; '**stain·less** [-lɪs] *adj.* ☐ **1.** *bsd. fig.* fleckenlos, unbefleckt; **2.** rostfrei, nichtrostend (*Stahl*).

stair [steə] *s.* **1.** Treppe *f*, Stiege *f*; **2.** (Treppen)Stufe *f*; **3.** *pl.* Treppe(nhaus *n*) *f*: *below* ~*s* a) unten, b) *Br. obs.* beim Hauspersonal; '**~·case** → *stair* 3; '**~·head** *s.* oberster Treppenabsatz; '**~·way** → *stair* 3.

stake¹ [steɪk] **I** *s.* **1.** (*a.* Grenz)Pfahl *m*, Pfosten *m*: *pull up* ~*s Am.* F *fig.* s-e Zelte abbrechen; **2.** Marter-, Brandpfahl *m*: *the* ~ *fig.* der (Tod auf dem) Scheiterhaufen; **3.** Pflock *m* (*zum Anbinden von Tieren*); **4.** (Wagen)Runge *f*; **5.** Absteckpfahl *m*, -pflock *m*; **6.** kleiner (Hand)Amboß; **II** *v/t.* **7.** *oft* ~ *off*, ~ *out* abstecken (*a. fig.*): ~ *out a claim* s-e Ansprüche anmelden (*to* auf *acc.*); ~ *in* (*od.* out) mit Pfählen einzäunen; **8.** *Pflanze* mit e-m Pfahl stützen; **9.** *Tier* anpflocken; **10.** a) mit e-m Pfahl durch'bohren, aufspießen, b) pfählen (*als Strafe*).

stake² [steɪk] **I** *s.* **1.** (Wett-, Spiel)Einsatz *m*: *place one's* ~*s on* setzen auf (*acc.*); *be at* ~ *fig.* auf dem Spiel stehen; *play for high* ~*s* a) um hohe Einsätze spielen, b) *fig.* ein hohes Spiel spielen, allerhand riskieren; *sweep the* ~*s* den ganzen Gewinn kassieren; **2.** *fig.* Inter'esse *n*, Anteil *m* (*a.* ✝): *have a* ~ *in* interessiert *od.* beteiligt sein an (*dat.*); **3.** *pl. Pferderennen:* a) Dotierung *f*, b) Rennen *n*; **II** *v/t.* **4.** *Geld* setzen (*on* auf *acc.*); **5.** *fig.* (ein)setzen, aufs Spiel setzen, riskieren: *I'd* ~ *my life on that* darauf gehe ich jede Wette ein; **6.** *Am.* F Geld in *j-n od.* et. investieren. '**stake**|**·hold·er** *s.* 'Unpar₁teiische(r), der die Wetteinsätze verwahrt; ~ **net** *s.* ♣ Staknetz *n*; '~·**out** *s.* F (poli'zeiliche) Über'wachung (*on gen.*).

Sta·kha·no·vism [stæ'kænəvɪzəm] *s.* Sta'chanow-Sy₁stem *n*.

sta·lac·tic, sta·lac·ti·cal [stə'læktɪk(l)] *adj.* → *stalactitic;* **sta·lac·tite** ['stæləktaɪt] *s.* Stalak'tit *m*, hängender Tropfstein; **stal·ac·tit·ic** [₁stælək'tɪtɪk] *adj.* (☐ ~*ally*) stalak'titisch, Stalaktiten...

sta·lag·mite ['stæləgmaɪt] *s. min.* Stalag'mit *m*, stehender Tropfstein; **stal·ag·mit·ic** [₁stæləg'mɪtɪk] *adj.* (☐ ~*ally*) stalag'mitisch.

stale¹ [steɪl] **I** *adj.* ☐ **1.** *allg.* alt (*Ggs. frisch*), *bsd.* a) schal, abgestanden (*Wasser, Wein*), b) alt(backen) (*Brot*), c) schlecht, verdorben (*Lebensmittel*); **2.** verbraucht (*Luft*); **3.** schal (*Geruch, Geschmack, Fig. Vergnügen*); **4.** fad, abgedroschen, (ur)alt (*Witz*); **5.** a) verbraucht (*Person, Geist*), über'an-

strengt, b) ₁eingerostet', aus der Übung (gekommen); **6.** ⚡ verjährt (*Scheck, Schuld etc.*), gegenstandslos (geworden); **II** *v/i.* **7.** schal *etc.* werden.

stale² [steɪl] **I** *v/i.* stallen, harnen (*Vieh*); **II** *s.* Harn *m*.

stale·mate ['steɪlmeɪt] **I** *s.* **1.** *Schach:* Patt *n*; **2.** *fig.* 'Patt(situati₁on *f*) *n*, Sackgasse *f*; **II** *v/t.* **3.** patt setzen; **4.** *fig.* a) in e-e Sackgasse führen, b) matt setzen.

stale·ness ['steɪlnɪs] *s.* **1.** Schalheit *f* (*a. fig.*); **2.** a) Verbrauchtheit *f*, b) Abgedroschenheit *f*.

Sta·lin·ism ['stɑːlɪnɪzəm] *s. pol.* Stali'nismus *m*; '**Sta·lin·ist** [-nɪst] **I** *s.* Stali'nist(in); **II** *adj.* stali'nistisch.

stalk¹ [stɔːk] *s.* **1.** ♀ Stengel *m*, Stiel *m*, Halm *m*; **2.** *biol., zo.* Stiel *m* (*Träger e-s Organs*); **3.** *zo.* Federkiel *m*; **4.** Stiel *m* (*e-s Weinglases etc.*); **5.** (Fa'brik-) Schlot *m*.

stalk² [stɔːk] **I** *v/i.* **1.** *hunt.* (sich an)pirschen; **2.** (ein'her)schreiten, (-)stolzieren; **3.** *fig.* 'umgehen (*Krankheit, Gespenst etc.*); **4.** staken, steifbeinig gehen; **II** *v/t.* **5.** *hunt. u. fig.* sich her'anpirschen an (*acc.*); **6.** *hunt.* durch'jagen; **7.** *j-n* verfolgen; **8.** 'umgehen in (*dat.*) (*Gespenst etc.*); **III** *s.* **9.** Pirsch (-jagd) *f*.

stalked [stɔːkt] *adj.* ♀, *zo.* gestielt, ...stielig.

stalk·er ['stɔːkə] *s.* Pirschjäger *m*.

'**stalk·ing-horse** ['stɔːkɪŋ] *s.* **1.** *hunt., hist.* Versteckpferd *n*; **2.** *fig.* Deckmantel *m*; **3.** *pol.* Strohmann *m*.

stalk·less ['stɔːklɪs] *adj.* **1.** ungestielt; **2.** ♀ stengellos, sitzend.

stalk·y ['stɔːkɪ] *adj.* **1.** stengel-, stielartig; **2.** hochaufgeschossen.

stall¹ [stɔːl] **I** *s.* **1.** Box *f* (*im Stall*); **2.** (Verkaufs)Stand *m*, (Markt)Bude *f*: ~ *money* Standgeld *n*; **3.** Chor-, Kirchenstuhl *m*; **4.** *pl. thea. Brit.* Sperrsitz *m*; **5.** Hülle *f*, Schutz *m*; **6.** ✂ Arbeitsstand *m*; **7.** ✔ Sackflug *m*; **8.** (markierter) Parkplatz *m*; **II** *v/t.* **9.** Tiere in Boxen 'unterbringen; **10.** *bsd.* Stall füttern *od.* mästen; **11.** a) *Wagen* durch ₁Abwürgen' des Motors zum Stehen bringen, b) *Motor* abwürgen, c) ✔ über'ziehen: ~*ing speed* kritische Geschwindigkeit; **III** *v/i.* **12.** steckenbleiben (*Wagen*); **13.** absterben (*Motor*); **14.** ✔ abrutschen.

stall² [stɔːl] **I** *s.* **1.** Ausflucht *f*, 'Hinhaltema₁növer *n*; **2.** *Am.* Kom'plize *m*; **II** *v/i.* **3.** a) Ausflüchte machen, ausweichen, b) *a.* ~ *for time* Zeit schinden; **4.** *sport* a) auf Zeit spielen, b) ₁kurztreten'; **III** *v/t.* **5.** *a.* ~ *off* a) *j-n* hinhalten, b) *et.* hin'auszögern.

stall·age ['stɔːlɪdʒ] *s. Brit.* Standgeld *n*.

stal·lion ['stæljən] *s. zo.* (Zucht)Hengst *m.*

stal·wart ['stɔːlwət] **I** *adj.* ☐ **1.** ro'bust, stramm, (hand)fest; **2.** *bsd. pol.* unentwegt, treu; **II** *s.* **3.** strammer Kerl *m*; *bsd. pol.* treuer Anhänger, Unentwegte(r *m*) *f.*

sta·men ['steɪmən] *s.* ♀ Staubblatt *m*, -gefäß *n*, -faden *m.*

stam·i·na ['stæmɪnə] *s.* **1.** a) Lebenskraft *f* (*a. fig.*), b) Vitali'tät *f*; **2.** Zähigkeit *f*, Ausdauer *f*, 'Durchhalte-, Stehvermögen *n*; **3.** *a.* ✕ 'Widerstandskraft *f*; '**stam·i·nal** [-nl] *adj.* **1.** Lebens...,

vi'tal; **2.** Widerstands..., Konditions...; **3.** ♀ Staubblatt...

stam·mer ['stæmə] **I** *v/i.* (*v/t. a.* ~ *out*) stottern, stammeln; **II** *s.* Stottern *n* (*a.* ✈), Gestammel *n*; '**stam·mer·er** [-ərə] *s.* Stotterer *m*, Stotterin *f*; '**stam·mer·ing** [-ərɪŋ] **I** *adj.* ☐ stotternd; **II** *s.* → *stammer* II.

stamp [stæmp] **I** *v/t.* **1.** stampfen (auf *acc.*): ~ *one's foot* → 12; ~ *down* a) feststampfen, b) niedertrampeln; ~ *out* a) *Feuer* austreten, b) zertrampeln, c) ausmerzen, d) *Aufstand* niederschlagen; **2.** *Geld* prägen; **3.** aufprägen (*on* auf *acc.*); **4.** *Namen etc.* aufstempeln; **5.** *Urkunde etc.* stempeln; **6.** *Gewichte* eichen; **7.** *Brief etc.* frankieren, e-e Brief- *od.* Gebührenmarke (auf)kleben auf (*acc.*): ~*ed envelope* Freiumschlag *m*; **8.** kennzeichnen; **9.** *fig.* stempeln, kennzeichnen, charakterisieren (*as* als); **10.** *fig.* (fest) einprägen: ~*ed on s.o.'s memory* j-s Gedächtnis eingeprägt, unverrückbar in j-s Erinnerung; **11.** ✪ a) ~ *out* a)stanzen, b) pressen, c) *Erz* pochen, d) *Lumpen etc.* einstampfen; **II** *v/i.* **12.** (auf)stampfen; **13.** stampfen, trampeln (*upon* auf *acc.*); **III** *s.* **14.** Stempel *m* (*Dienstetc.*)Siegel *n*; **15.** *fig.* Stempel *m* (*der Wahrheit etc.*), Gepräge *n*: *bear the* ~ *of* den Stempel *des Genies etc.* tragen, das Gepräge *j-s od. e-r Sache* haben; **16.** (Brief)Marke *f*, (Post)Wertzeichen *n*; **17.** (Stempel-, Steuer-, Gebühren-) Marke *f*; **18.** ✝ Ra'battmarke *f*; **19.** ✝ (Firmen)Zeichen *n*, Eti'kett *n*; **20.** *fig.* Art *f*, Schlag *m*: *a man of his* ~ ein Mann s-s Schlages; *of a different* ~ aus e-m anderen Holz geschnitzt; **21.** ✪ a) Prägestempel *m*, b) Stanze *f*, c) Stampfe *f*, d) Presse *f*, e) Pochstempel *m*, f) Pa'trize *f*; **22.** Prägung *f*; **23.** Aufdruck *m*; **24.** Eindruck *m*, Spur *f*; ♀ **Act** *s. hist.* Stempelakte *f*; ~ **col·lec·tor** *s.* Briefmarkensammler *m*; ~ **du·ty** *s.* Stempelgebühr *f.*

stam·pede [stæm'piːd] **I** *s.* **1.** a) wilde, panische Flucht, Panik *f*, b) wilder Ansturm; **2.** (Massen)Ansturm *m* (*von Käufern etc.*); **3.** *Am. pol.* a) (krasser) 'Meinungs₁umschwung, b) ₁Erdrutsch' *m*; **II** *v/i.* **4.** (in wilder Flucht) da'vonstürmen, 'durchgehen; **5.** (in Massen) losstürmen; **III** *v/t.* **6.** in wilde Flucht jagen; **7.** a) in Panik versetzen, b) *j-n* treiben (*into doing* dazu, *et.* zu tun), c) über'rumpeln, d) *Am. pol.* e-n Erdrutsch her'vorrufen bei.

stamp·ing ['stæmpɪŋ] *s.* ✪ **1.** Ausstanzen *n etc.*; **2.** Stanzstück *n*; **3.** Preßstück *n*; **4.** Prägung *f*; ~ **die** *s.* ✪ 'Schlagma-'trize *f*; ~ **ground** *s. zo. u. fig.* Tummelplatz *m*, Re'vier *m.*

stamp(·ing) mill *s.* ✪ a) Stampfwerk *n*, b) Pochwerk *n.*

stance [stæns] *s.* Stellung *f*, Haltung *f* (*a. sport*).

stanch¹ [stɑːntʃ] *v/t. Blutung* stillen.

stanch² [stɑːntʃ] → *staunch²*.

stan·chion ['stɑːnʃn] **I** *s.* Pfosten *m*, Stütze *f* (*a.* ♣); **II** *v/t.* (ab)stützen, verstärken.

stand [stænd] **I** *s.* **1.** Stillstand *m*, Halt *m*; **2.** Standort *m*, Platz *m*, *fig.* Standpunkt *m*: *take one's* ~ a) sich (auf)stellen (*at* bei, auf *dat.*), b) Stellung beziehen; **3.** *fig.* Eintreten *n*: *make a ~ for* sich einsetzen für; *make a ~ against* sich entgegenstellen *od.* -stemmen (*dat.*); **4.** (Verkaufs-, Messe)Stand *m*; **5.** Stand(platz) *m für Taxis*; **6.** ('Zuschauer)Tri͵büne *f*; **7.** Podium *n*; **8.** *Am.* ⚖ Zeugenstand *m*: *take the ~* a) den Zeugenstand betreten, b) als Zeuge aussagen; **9.** (Kleider-, Noten- *etc.*) Ständer *m*; **10.** Gestell *n*; **11.** *phot.* Sta'tiv *n*; **12.** (Baum)Bestand *m*; **13.** ♪ Stand *m des Getreides etc.*, (zu erwartende) Ernte: *~ of wheat* stehender Weizen; **14.** *~ of arms* ✕ ('vollständige) Ausrüstung *e-s Soldaten*; **II** *v/i.* [*irr.*] **15.** *allg.* stehen: *~ alone* a) allein (da)stehen *mit e-r Ansicht etc.*, b) unerreicht dastehen *od.* sein; *~ fast* (*od.* *firm*) hart bleiben (*on* in *e-r Sache*); *~ or fall* siegen oder untergehen; *~s at 78* das Thermometer steht auf 78 Grad (Fahrenheit); *the wind ~s in the west* der Wind weht von Westen; *~ well with s.o.* mit j-m gut stehen; *~ to lose* (*win*) (mit Sicherheit) verlieren (gewinnen); *as matters ~* (so) wie die Dinge (jetzt) liegen, nach Lage der Dinge; *I want to know where I ~* ich will wissen, woran ich bin; **16.** aufstehen, sich erheben; **17.** sich *wohin* stellen, treten: *~ back* (*od.* *clear*) zurücktreten; **18.** sich *wo* befinden, stehen, liegen (*Sache*); **19.** *a.* *~ still* stehenbleiben, stillstehen: *~!* halt!; *~ fast!* ✕ *Brit.* stillgestanden!, *Am.* Abteilung halt!; **20.** bestürzt *etc.* sein: *~ aghast*, *~ convicted* überführt sein; *~ corrected* s-n Irrtum *od.* sein Unrecht zugeben; *~ in need of* benötigen; **21.** groß sein, messen: *he ~s six foot* (*tall*); **22.** *neutral etc.* bleiben: *~ unchallenged* unbeanstandet bleiben; *~ and so it ~s* und dabei bleibt es; **23.** *a.* *~ good* gültig bleiben, (weiterhin) gelten: *my offer ~s* mein Angebot bleibt bestehen; **24.** bestehen, behaupten: *~ through et.* überstehen, -dauern; **25.** ♣ *auf e-m Kurs* liegen, steuern; **26.** zu'statten kommen (*to dat.*); **27.** *hunt.* vorstehen (*upon dat.*) (*Hund*); **III** *v/t.* [*irr.*] **28.** *wohin* stellen; **29.** *e-m Angriff etc.* standhalten; **30.** Beanspruchung, Kälte *etc.* aushalten; Klima, Person (v)ertragen: *I cannot ~ him* ich kann ihn nicht ausstehen; **31.** sich *et.* gefallen lassen, dulden: *I won't ~ it any longer*; **32.** sich *e-r Sache* unter'ziehen; *Pate* stehen; → *trial* 2; **33.** a) aufkommen für *et.*; *Bürgschaft* leisten, b) *j-m ein Essen etc.* spendieren: *a drink* ͵einen ausgeben'; → *treat* 11; **34.** *e-e Chance* haben; *Zssgn mit prp.*: **stand͵ by** *v/i.* **1.** *fig.* *j-m* zur Seite stehen, zu *j-m* halten *od.* stehen; **2.** *s-m Wort, s-n Prinzipien etc.* treu bleiben, stehen zu; *~ for* *v/i.* **1.** stehen für, bedeuten; **2.** eintreten für, vertreten; **3.** *bsd. Brit.* sich um *ein Amt* bewerben; **4.** *pol. Brit.* kandidieren für *e-n Sitz im Parlament*: *~ election* kandidieren, sich zur Wahl stellen; **5.** → *stand* 31; *~ on* *v/i.* **1.** bestehen *od.* halten auf (*acc.*); → *ceremony* 2; **2.** auf *sein Recht etc.* stehen; **3.** ♣ *Kurs* beibehalten; *~ over* *v/i.* *j-m* auf die Finger sehen; *~ to* *v/i.* **1.** → *stand by* 1; **2.** zu *s-m Versprechen etc.* stehen, bei *s-m*

Wort bleiben: *~ it that* dabei bleiben *od.* darauf beharren, daß; *~ one's duty* (treu) s-e Pflicht tun; *~ up͵on* → *stand on*; *Zssgn mit adv.*: **stand͵ a·loof**, *~ a·part* *v/i.* **1.** a) abseits, für sich stehen, b) sich ausschließen, nicht mitmachen; **2.** *fig.* sich distanzieren (*from* von); *~ a·side* *v/i.* **1.** bei'seite treten *od.*; **2.** *fig.* *zu j-s Gunsten* verzichten, zu'rücktreten; **3.** tatenlos her'umstehen; *~ by* *v/i.* **1.** da'bei sein u. zusehen (müssen), (ruhig) zusehen; **2.** a) *bsd.* ✕ bereitstehen, sich in Bereitschaft halten, b) *~!* Achtung!, ♣ klar zum Manöver!; **3.** *Funk:* a) auf Empfang bleiben, b) sendebereit sein; *~ down* *v/i.* **1.** ⚖ den Zeugenstand verlassen; **2.** → *stand aside* 2; *~ in* *v/i.* **1.** einspringen (*for* für *j-n*); *~ for s.o.* *Film:* *j-n* doubeln; **2.** *~ with* ͵unter e-r Decke stecken' mit *j-m*; **3.** ♣ landwärts anliegen; *~ off* **I** *v/i.* **1.** sich entfernt halten (*from* von); **2.** *fig.* Abstand halten (*im Umgang*); **3.** ♣ seewärts anliegen; **II** *v/t.* **4.** ♣ *j-n* (vor'übergehend) entlassen; **5.** sich *j-n* vom Leibe halten; *~ out* *v/i.* **1.** (*a.* *fig.* deutlich) her'vortreten: *~ against* sich gut abheben von; → 4; **2.** abstehen (*Ohren*); **3.** *fig.* her'ausragen, her'vorstechen. **4.** aus-, 'durchhalten: *~ against* sich hartnäckig wehren gegen; **5.** *~ for* bestehen auf (*dat.*); **6.** *~ to sea* ♣ in See stechen; *~ o·ver* **I** *v/i.* **1.** (*to* auf *acc.*) a) sich vertagen, b) verschoben werden; **2.** *für später* liegenbleiben, warten; **II** *v/t.* **3.** vertagen, verschieben (*to* auf *acc.*); *~ to* ✕ **I** *v/t.* in Bereitschaft versetzen; **II** *v/i.* in Bereitschaft stehen; *~ up* **I** *v/i.* **1.** aufstehen, sich erheben (*beide a. fig.*); **2.** sich aufrichten (*Stachel etc.*); **3.** eintreten *od.* sich einsetzen (*for* für); **4.** *~ to* (mutig) gegen'übertreten (*dat.*); **5.** (*under*, *to*) sich (gut) halten (unter, gegen), standhalten (*dat.*); **II** *v/t.* **6.** F *j-n* ͵versetzen'.

stand·ard¹ ['stændəd] **I** *s.* **1.** Standard *m*, Norm *f*; **2.** Muster *n*, Vorbild *n*; **3.** Maßstab *m*: *apply another ~* e-n anderen Maßstab anlegen; *~ of value* Wertmaßstab; *by present-day ~s* nach heutigen Begriffen; *double ~* doppelte Moral; **4.** Richt-, Eichmaß *n*; **5.** Richtlinie *f*; **6.** (Mindest)Anforderungen *pl.*: *be up to* (*below*) *~* den Anforderungen (nicht) genügen *od.* entsprechen; *set a high ~* hohe Anforderungen stellen, viel verlangen; *~ of living* Lebensstandard *m*; **7.** ♦ 'Standard(quali͵tät *f od.* -ausführung *f*) *m*; **8.** (Gold- *etc.*) Währung *f*, (-)Standard *m*; **9.** Standard *m*: a) (gesetzlich vorgeschriebener) Feingehalt (*der Edelmetalle*), b) Münzfuß *m*; **10.** Ni'veau *n*, Grad *m*: *be of a high ~* ein hohes Niveau haben; *~ of knowledge* Bildungsgrad, -stand *m*; *~ of prices* Preisniveau; **11.** *ped. bsd. Brit.* Stufe *f*, Klasse *f*; **II** *adj.* **12.** nor'mal, Normal...(-*film*, -*wert*, -*zeit etc.*); Standard..., Einheits...(-*modell etc.*); Durchschnitts...(-*wert etc.*): *~ ga(u)ge* 🚆 Normalspur *f*; *~ set* Seriengerät *n*; *~ size* gängige Größe (*Schuhe etc.*); **13.** gültig, maßgebend, Standard...(-*muster*, -*werk*), *ling.* hochsprachlich: *~ German* Hochdeutsch *n*; **14.** klassisch:

~ novel; *~ author* Klassiker *m*. **stand·ard²** ['stændəd] **I** *s.* **1.** a) *pol. u.* ✕ Stan'darte *f*, b) Fahne *f*, Flagge *f*, c) Wimpel *m*, d) *fig.* Banner *n*: *~-bearer* Fahnen-, *a. fig.* Bannerträger *m*; **2.** ◎ a) Ständer *m*, b) Pfosten *m*, Pfeiler *m*, Stütze *f*; **3.** ♪ Hochstämmchen *n*, Bäumchen *n*; **II** *adj.* **4.** Steh...: *~ lamp*; **5.** ♪ hochstämmig: *~ rose*. **stand·ard·i·za·tion** [͵stændədaɪ'zeɪʃn] *s.* **1.** Normung *f*, Standardisierung *f*: *~ committee* Normenausschuß *m*; **2.** ⚗ Titrierung *f*; **3.** Eichung *f*; **stand·ard·ize** ['stændədaɪz] *v/t.* **1.** normen, normieren, standardisieren; **2.** ⚗ einstellen, titrieren; **3.** eichen.

'stand|-by [-ndb-] **I** *pl.* **-bys** *s.* **1.** Stütze *f*, Beistand *m*, Hilfe *f*: (*old*) ~ altbewährte Sache (*on* ~ in) (A'larm- *etc.*) Bereitschaft *f*; **2.** ◎ Hilfs-, Re'servegerät *n*; **II** *adj.* **3.** Hilfs..., Ersatz..., Reserve...: *~ unit* ⚡ Notaggregat *n*; *~ credit* ♦ Beistandskredit *m*; **4.** *bsd.* ✕ Bereitschafts...(-*dienst etc.*); *'~-down* *s.* Pause *f*. **stand·ee** [stæn'diː] *s. Am.* F Stehplatzinhaber(in). **'stand-in** *s.* **1.** *Film:* Double *n*; **2.** Vertreter(in), Ersatzmann *m*. **stand·ing** ['stændɪŋ] **I** *s.* **1.** Stehen *n*: *no ~* keine Stehplätze; **2.** a) Stand *m*, Rang *m*, Stellung *f*, b) Ruf *m*, Ansehen *n*: *of high ~* hochangesehen, -stehend; **3.** Dauer *f*: *of long ~* alt (*Brauch, Freundschaft etc.*); **II** *adj.* **4.** stehend, Steh...: *~ army* stehendes Heer; *~ corn* Getreide *n* auf dem Halm; *~ jump* Sprung *m* aus dem Stand; *~ ovation* stürmischer Beifall; *~ rule* stehende Regel; *~ start* stehender Start; **5.** *fig.* ständig (*a. Ausschuß etc.*); **6.** ♦ laufend (*Unkosten etc.*); **7.** üblich, gewohnt: *a ~ dish*; **8.** bewährt, alt (*Witz etc.*); *~ order* *s.* ♦ Dauerauftrag *m*; **2.** *pl. parl. etc.* Geschäftsordnung *f*; **3.** ✕ Dauerbefehl *m*; *~ room* *s.* Platz *m* zum Stehen: *~ only!* nur Stehplätze!

'stand|-off *s.* **1.** *Am.* Distanzierung *f*; **2.** *fig.* Sackgasse *f*; *'~-off·ish* [-'ɒfɪʃ] *adj.* □ reserviert, (sehr) ablehnend, unnahbar; *'~-pat(·ter)* [-nd'pæt(ə)] *s. pol. Am.* F sturer Konserva'tiver; *'~-pipe* [-ndp-] *s.* ◎ Standrohr *n*; *'~-point* [ndp-] *s.* Standpunkt *m* (*u. fig.*); *'~-still* [-nds-] **I** *s.* Stillstand *m*: *be at a ~* stillstehen, stocken, ruhen; *to a ~* zum Stillstand *kommen*, *bringen*; **II** *adj.* stillstehend: *~ agreement* *pol.* Stillhalteabkommen *n*; *'~-up* *adj.* **1.** stehend: *~ collar* Stehkragen *m*; **2.** F im Stehen eingenommen: *~ meal*; **3.** wild, wüst (*Schlägerei*).

stank [stæŋk] *pret. von* **stink**. **stan·na·ry** ['stænərɪ] *Brit.* **I** *s.* **1.** Zinngrubengebiet *n*; **2.** Zinngrube *f*; **II** *adj.* **3.** Zinn(gruben)...; *'stan·nate* [-nət] *s.* ⚗ Stan'nat *n*; *'stannic* [-nɪk] *adj.* ⚗ Zinn...; *'stan·nite* [-naɪt] *s.* **1.** *min.* Zinnkies *m*, Stan'nin *n*; **2.** ⚗ Stan'nit *n*; *'stan·nous* [-nəs] *adj.* ⚗ Zinn... **stan·za** ['stænzə] *pl.* **-zas** *s.* **1.** Strophe *f*; **2.** Stanze *f*. **sta·ple¹** ['steɪpl] **I** *s.* **1.** ♦ Haupterzeugnis *n e- Landes etc.*; **2.** ♦ Stapelware *f*: a) 'Haupt͵artikel *m*, b) Massenware *f*; **3.** ♦ Rohstoff *m*; **4.** ◎ Stapel *m*: a) Fadenlänge *od.* -qualität: *of short ~*

kurzstapelig, b) *Büschel Schafwolle*; **5.**
✿ a) Rohwolle *f*, b) Faser *f*: ~ *fibre*
(*Am. fiber*) Zellwolle *f*; **6.** *fig.* Haupt-
gegenstand *m*, -thema *n*; **7.** ✝ a) Stapelplatz *m*, b) Handelszentrum *n*, c)
hist. Markt *m* (mit Stapelrecht); **II** *adj.*
8. Stapel...: ~ *goods*; **9.** Haupt...: ~
food, ~ *industry*, ~ *topic* Hauptthema
n; **10.** ✝ a) Haupthandels..., b) gängig,
c) Massen...; **III** *v/t.* **11.** *Wolle* (nach
Stapel) sortieren.
sta·ple² [steɪpl] ✿ **I** *s.* **1.** (Draht)Öse *f*;
2. Krampe *f*; **3.** Heftdraht *m*, -klammer
f; **II** *v/t.* **4.** (mit Draht) heften; klammern (*to* an *acc.*): *stapling machine*
→ *stapler¹*.
sta·pler¹ ['steɪplə] *s.* ✿ 'Heftma,schine *f*.
sta·pler² ['steɪplə] *s.* ✝ **1.** (Baumwoll-)
Sortierer *m*; **2.** Stapelkaufmann *m*.
star [stɑ:] **I** *s.* **1.** *ast.* a) Stern *m*, b) *mst*
fixed ~ Fixstern *m*; **2.** Stern *m*: a) stern-
ähnliche Figur, b) *fig.* Größe *f*, Berühmtheit *f* (*Person*), c) Orden *m*, d)
typ. Sternchen *n*, e) *weißer Stirnfleck*,
bsd. e-s Pferdes: **⚌s and Stripes** *das*
Sternenbanner (*Nationalflagge der*
USA); *see* ~*s* F Sterne sehen (*nach e-m*
Schlag); **3.** a) Stern *m* (*Schicksal*), b) *a.*
lucky ~ Glücksstern *m*: *unlucky* ~ Unstern *m*; *his* ~ *is in the ascendant* (*is*
od. has set) sein Stern ist im Aufgehen
(ist untergegangen); *my good* ~ mein
guter Stern; *you may thank your* ~*s*
Sie können von Glück sagen (, daß); **4.**
thea. (Bühnen-, *bsd.* Film)Star *m*; **5.**
sport Star *m*; **II** *adj.* **6.** Stern...; **7.**
Haupt...: ~ *prosecution witness* ⚖
Hauptbelastungszeuge *m*; **8.** *thea.*,
sport Star...: ~ *performance* Elitevor-
stellung *f*; ~ *turn* Hauptattraktion *f*; **9.**
Segeln: Star *m* (*Boot*); **III** *v/t.* **10.** mit
Sternen schmücken, besternen; **11.** *j-n*
in der Hauptrolle zeigen: ~*ring X.* mit
X. in der Hauptrolle; **12.** *typ.* Wort mit
Sternchen versehen; **IV** *v/i.* **13.** die *od.*
e-e Hauptrolle spielen: ~ *in a film*.
star·board ['stɑ:bəd] ⚓ **I** *s.* Steuerbord
n; **II** *adj.* Steuerbord...; **III** *adv.* a) nach
Steuerbord, b) steuerbord(s).
starch [stɑ:tʃ] **I** *s.* **1.** Stärke *f*: a) Stärke-
mehl *n*, b) Wäschestärke *f*, c) Stärke-
kleister *m*, d) 🜿 A'mylum *n*; **2.** *pl.*
stärkereiche Nahrungsmittel *pl.*, 'Koh-
le(n)hy,drate *pl.*; **3.** *fig.* Steifheit *f*,
Förmlichkeit *f*; **4.** *Am.* F ,Mumm' *m*:
take the ~ *out of s.o.* j-m ,die Gräten
ziehen'; **II** *v/t.* **5.** *Wäsche* stärken.
Star Cham·ber *s.* ⚖ *hist.* Sternkammer
f (*nur dem König verantwortliches Will-*
kürgericht bis 1641).
starched [stɑ:tʃt] *adj.* □ **1.** gestärkt,
gesteift; **2.** → *starchy* 4; '**starch·i-**
ness [-tʃɪnɪs] *s. fig.* Steifheit *f*, Förmlichkeit *f*; '**starch·y** [-tʃɪ] *adj.* □ **1.**
stärkehaltig: ~ *food*; **2.** Stärke...; **3.**
gestärkt; **4.** *fig.* F steif, förmlich.
'**star-crossed** *adj. poet.* von e-m Unstern verfolgt, unglückselig.
star·dom ['stɑ:dəm] *s.* **1.** Welt *f* der
Stars; **2.** *coll.* Stars *pl.*; **3.** Berühmtheit
f: *rise to* ~ ein Star werden.
star dust *s. ast.* **1.** Sternennebel *m*; **2.**
kosmischer Staub.
stare [steə] **I** *v/i.* **1.** (~ *at* an)starren,
(-)stieren; **2.** große Augen machen, erstaunt blicken: ~ *at* anstaunen, angaffen; *make s.o.* ~ j-n in Erstaunen

versetzen; **II** *v/t.* **3.** ~ *s.o. out* (*od.*
down) j-n durch Anstarren aus der
Fassung bringen; **4.** ~ *s.o. in the face*
fig. a) j-m in die Augen springen, b)
j-m deutlich *od.* drohend vor Augen
stehen; **III** *s.* **5.** (starrer *od.* erstaunter)
Blick, Starrblick *m*, Starren *n*.
'**star·finch** *s. orn.* Rotschwänzchen *n*;
'~,**gaz·er** *s. humor.* **1.** Sterngucker *m*;
2. Träumer(in); **3.** ,Anbeter(in)' (*von*
Idolen).
star·ing ['steərɪŋ] **I** *adj.* □ **1.** stier, star-
rend: ~ *eyes*; **2.** auffallend: *a* ~ *tie*; **3.**
grell (*Farbe*); **II** *adv.* **4.** to'tal.
stark [stɑ:k] **I** *adj.* □ **1.** steif, starr; **2.**
rein, völlig: ~ *folly*, ~ *nonsense* barer
Unsinn; **3.** *fig.* rein sachlich (*Bericht*).
4. kahl, öde (*Landschaft*); **II** *adv.* **5.**
ganz, völlig: ~ (*staring*) *mad* ,total'
verrückt; ~ *naked* → *stark·ers*
['stɑ:kəz] *adj.* F splitternackt.
star·less ['stɑ:lɪs] *adj.* sternlos.
star·let ['stɑ:lɪt] *s.* **1.** Sternchen *n*; **2.** *fig.*
Starlet(t) *n*, Filmsternchen *n*.
'**star·light I** *s.* Sternenlicht *n*; **II** *adj.* →
starlit.
star·ling¹ ['stɑ:lɪŋ] *s. orn.* Star *m*.
star·ling² ['stɑ:lɪŋ] *s.* ✿ Pfeilerkopf *m*
(*Eisbrecher e-r Brücke*).
'**star·lit** *adj.* sternhell, -klar.
star map *s. ast.* Sternkarte *f*, -tafel *f*.
starred [stɑ:d] *p.p. u. adj.* **1.** gestirnt
(*Himmel*), **2.** sternengeschmückt; **3.**
typ. etc. mit (e-m) Sternchen bezeichnet.
star·ry ['stɑ:rɪ] *adj.* **1.** Sternen...,
Stern...; **2.** → a) *starlit*, b) *starred* 2;
3. strahlend: ~ *eyes*; **4.** sternförmig;
,~-'**eyed** *adj.* **1.** mit strahlenden Augen; **2.** *fig.* a) ,blauäugig', na'iv, b) ro-
'mantisch.
star shell *s.* ⚔ Leuchtgeschoß *n*; '~-
,**span·gled** *adj.* sternenbesät: *Star-*
Spangled Banner Am. das Sternenbanner (*Nationalflagge od. -hymne der*
USA).
start [stɑ:t] **I** *s.* **1.** *sport* Start *m* (*a. fig.*):
good ~; ~*-and-finish line* Start u.
Ziel; *give s.o. a* ~ (*in life*) j-m zu e-m
Start ins Leben verhelfen; **2.** Startzei-
chen *n* (*a. fig.*): *give the* ~; **3.** a) Aufbruch *m*, b) Abreise *f*, c) Abfahrt *f*, d)
✈ Abflug *m*, Start *m*, e) Abmarsch *m*;
4. Beginn *m*, Anfang *m*: *at the* ~ am
Anfang; *from the* ~ von Anfang an;
from ... to finish von Anfang bis Ende;
make a fresh ~ e-n neuen Anfang machen, noch einmal von vorn anfangen;
5. *sport* a) Vorgabe *f*, b) Vorsprung *m*
(*a. fig.*): *get* (*od. have*) *the* ~ *of one's*
rivals s-n Rivalen zuvorkommen; **6.**
Auf-, Zs.-fahren *n*, -schrecken *n*;
Schreck *m*: *give a* ~ → 12; *give s.o. a* ~
j-n erschrecken; *with a* ~ jäh, erschrok-
ken; **II** *v/i.* **7.** aufbrechen, sich aufmachen (*for* nach): ~ *on a journey* e-e
Reise antreten; **8.** a) abfahren, abgehen (*Zug etc.*), b) auslaufen (*Schiff*), ✈
abfliegen, starten (*for* nach); **9.** anfangen, beginnen (*on* mit e-r *Arbeit etc.*,
doing zu tun): ~ *in business* ein Geschäft anfangen *od.* eröffnen; *to* ~ *with*
(*Redew.*) a) erstens, als erstes, b) zunächst, c) um es gleich zu sagen, d) ...
als Vorspeise; **10.** *fig.* ausgehen (*from*
von *e-m Gedanken*); **11.** entstehen,
aufkommen; **12.** a) auffahren, -schrek-

ken, b) zs.-fahren, -zucken (*at* vor *dat.*,
bei *e-m Laut etc.*); **13.** a) aufspringen,
b) losstürzen; **14.** stutzen (*at* bei); **15.**
aus den Höhlen treten (*Augen*); **16.**
sich lockern *od.* lösen; **17.** ✿, *mot.* anspringen, anlaufen; **III** *v/t.* **18.** in Gang
od. in Bewegung setzen; ✿ *a.* anlassen;
Feuer anzünden, in Gang bringen; **19.**
Brief, Streit etc. anfangen; *Aktion* starten; *Geschäft, Zeitung* gründen, aufmachen; **20.** *Frage* aufwerfen, *Thema* anschneiden; **21.** *Gerücht* in 'Umlauf setzen; **22.** *sport* starten (lassen); **23.**
Läufer, Pferd aufstellen, an den Start
bringen; **24.** 🜚 *Zug* abfahren lassen;
25. *fig.* j-m zu e-m Start verhelfen: ~
s.o. in business; **26.** *j-n* (veran)lassen
(*doing* zu tun); **27.** lockern, lösen; **28.**
aufscheuchen; ~ *in* (*Am. a.* **out**) *v/i.* F
anfangen (*to do* zu tun); ~ *off* → *start*
9, 18; ~ *up* → *start* 12 a, 13 a, 17, 18.
start·er ['stɑ:tə] *s.* **1.** *sport* Starter *m*
(*Kampfrichter u. Wettkampfteilnehmer*
[-*in*]); **2.** *mot.* Starter *m*, Anlasser *m*; **3.**
fig. Initi'ator *m*; **4.** F *bsd. Brit.* Vorspeise *f*; **5.** *for* ~*s* F a) als erstes, b) zunächst, c) um es gleich zu sagen.
start·ing ['stɑ:tɪŋ] **I** *s.* **1.** Starten *n*, Ablauf *m*; **2.** ✿ Anlassen *n*, In'gangsetzen
n, Starten *n*: *cold* ~ *mot.* Kaltstart *m*; **II**
adj. **3.** Start...(-block, -geld, -linie,
-schuß *etc.*); *mot. etc.* Anlaß...(-kurbel,
-motor, -schalter); ~ *gate s.* Pferderennen: 'Startma,schine *f*; ~ *point s.* Ausgangspunkt *m* (*a. fig.*); ~ *price s.* **1.**
Pferderennen: Eventu'alquote *f*; **2.**
Auktion: Mindestgebot *n*; ~ *sal·a·ry s.*
Anfangsgehalt *n*.
star·tle ['stɑ:tl] **I** *v/t.* **1.** erschrecken; **2.**
aufschrecken; **3.** über'raschen: ~ *up-*
stürzen, b) verblüffen; **II** *v/i.* **4.** auf-,
erschrecken: ~ *easily* sehr schreckhaft
sein; '**star·tling** [-lɪŋ] *adj.* □ **1.** erschreckend, bestürzend; **2.** verblüffend, aufsehenerregend.
star·va·tion [stɑ:'veɪʃn] *s.* **1.** Hungern
n: ~ *diet* Hungerkur *f*; ~ *wages* Hungerlohn *m*, -löhne *pl.*; **2.** Hungertod *m*,
Verhungern *n*.
starve [stɑ:v] **I** *v/i.* **1.** *a.* ~ *to death*
verhungern: *I am simply starving* F ich
komme fast um vor Hunger; **2.** hungern
(*a. fig. for* nach), Hunger (*fig.* Not)
leiden; **3.** fasten; **4.** *fig.* verkümmern;
II *v/t.* **5.** *a.* ~ *to death* verhungern lassen; **6.** aushungern; **7.** hungern lassen:
be ~*d* Hunger leiden, ausgehungert
sein (*a. fig. for* nach); **8.** darben lassen
(*a. fig.*): *be* ~*d of od. for* knapp sein an
(*dat.*); '**starve·ling** [-lɪŋ] *obs.* **I** *s.* **1.**
Hungerleider *m*; **2.** Kümmerling *m*;
adj. **3.** hungrig; **4.** abgemagert; **5.** kümmerlich.
star wheel *s.* ✿ Sternrad *n*.
stash [stæʃ] *v/t. sl.* **1.** *mst* ~ *away* verstecken, bei'seite tun; **2.** aufhören mit.
sta·sis ['steɪsɪs] *pl.* **-ses** [-si:z] *s.* ✚ Stase *f*, (*Blut- etc.*)Stauung *f*.
state [steɪt] **I** *s.* **1.** *mst* ⚌ *pol.*, *a. zo.*
Staat *m*: *affairs of* ~ Staatsgeschäfte; **2.**
pol. Am. (Bundes-, Einzel)Staat *m*: *the*
⚌*s* die (Vereinigten) Staaten; ~ *law*
Rechtsordnung *f* des Einzelstaates; ⚌*'s*
attorney ⚖ Staatsanwalt *m*; *turn* ~*'s*
evidence ⚖ als Kronzeuge auftreten,
gegen s-e Komplizen aussagen; **3.** (*Ge-*
sundheits-, Geistes- etc.)Zustand *m*: ~

of health; **~ of aggregation** *phys.* Aggregatzustand; **~ of war** Kriegszustand; *in a* ~ F a) in e-m schrecklichen Zustand, b) ,ganz aus dem Häuschen'; → **emergency** I; **4.** Stand *m*, Lage *f* (*of affairs* der Dinge): **~ of the art** neuester Stand der Technik; **5.** (Fa'milien-) Stand *m*: **married** ~ Ehestand; **6.** ♂, *zo.* Stadium *n*; **7.** (gesellschaftliche) Stellung, Stand *m*: **in a style befitting one's** ~ standesgemäß; **8.** Pracht *f*, Staat *m*: **in** ~ feierlich, mit großem Zeremoniell *od.* Pomp; *lie in* ~ feierlich aufgebahrt liegen; *live in* ~ großen Aufwand treiben; **9.** *pl. pol. hist.* (Land*etc.*)Stände *pl.*; **10.** *Kupferstecherei*: (Ab)Druck *m*; **II** *adj.* **11.** Staats..., staatlich, po'litisch: **~ capitalism** Staatskapitalismus *m*; **~ funeral** Staatsbegräbnis *n*; **~ mourning** Staatstrauer *f*; **~ prison** staatliche Strafanstalt (*in U.S.A. e-s Bundesstaates*); **~ prisoner** politischer Häftling *od.* Gefangener; **12.** Staats..., Prunk..., Parade..., feierlich: **~ apartment** **~ stateroom** 1; **~ carriage** Prunk-, Staatskarosse *f*; **III** *v/t.* **13.** festsetzen, -legen; *e-e Regel* aufstellen; → **stated** 1; **14.** erklären: a) darlegen, b) *a.* ₤ (aus)sagen, *Gründe, Klage etc.* vorbringen, *Tatsachen etc.* anführen; → **case**[1] 1, c) *Einzelheiten etc.* angeben; **15.** feststellen, konstatieren; **16.** behaupten; **17.** erwähnen, bemerken; **18.** *Problem etc.* stellen; **19.** Ⓡ (mathe'matisch) ausdrücken.

¡state¦-con'trolled *adj.* staatlich gelenkt, unter staatlicher Aufsicht: **~ economy** Zwangswirtschaft *f*; **¡~·craft** *s. pol.* Staatskunst *f*.

stat·ed ['steɪtɪd] *p.p. u. adj.* **1.** festgesetzt: *at the* ~ *time*; *at* ~ *intervals* in regelmäßigen Abständen; **~ meeting** *bsd. Am.* ordentliche Versammlung; **2.** festgestellt; **3.** bezeichnet, (*a.* amtlich) anerkannt; **4.** angegeben: *as* ~ *above*; **~ case** ₤ Sachdarstellung *f*.

State¦ De·part·ment *s. pol. Am.* 'Außenministerium *n*; **¦²·hood** ['steɪthʊd] *s. pol. bsd. Am.* Eigenstaatlichkeit *f*, Souveräni'tät *f*; **¦~·house** *s. pol. Am.* Parla'mentsgebäude *n od.* Kapi'tol *n* (*e-s Bundesstaats*).

state·less ['steɪtlɪs] *adj. pol.* staatenlos: **~ person** Staatenlose(r *m*) *f*.

state·li·ness ['steɪtlɪnɪs] *s.* **1.** Stattlichkeit *f*, Vornehmheit *f*; **2.** Würde *f*; **3.** Pracht *f*; **state·ly** [-lɪ] *adj.* **1.** stattlich, impo'sant; prächtig; **2.** würdevoll; **3.** erhaben, vornehm.

state·ment ['steɪtmənt] *s.* **1.** (*a.* amtliche *etc.*) Erklärung: *make a* ~ e-e Erklärung abgeben; **2.** a) (Ƶeugen- *etc.*) Aussage *f*, b) Angabe(n *pl.*) *f*: **false ~**; **~ of facts** Sachdarstellung *f*, Tatbestand *m*; **~ of contents** Inhaltsangabe; **3.** Behauptung *f*; **4.** *bsd.* ₤ (schriftliche) Darlegung, (Par'tei)Vorbringen *n*: **~ of claim** Klageschrift *f*; **~ of defence** (*Am.* **defense**) a) Klagebeantwortung *f*, b) Verteidigungsschrift *f*; **5.** *bsd.* ♈ (*Geschäfts-, Monats-, Rechenschafts-etc.*)Bericht *m*, (*Bank-, Gewinn-, Jahres- etc.*)Ausweis *m*, (*statistische etc.*) Aufstellung: **~ of affairs** Situationsbericht, Status *m e-r Firma*; **~ of account** Kontoauszug *m*; **financial ~** Gewinn- und Verlustrechnung *f*; **6.** *Am.* ♈ Bi-

---

'lanz *f*: **~ of assets and liabilities**; **7.** Darstellung *f*, Darlegung *f e-s Sachverhalts*; **8.** ♈ Lohn *m*, Ta'rif *m*; **9.** *fig.* Aussage *f*, Statement *n e-s Autors etc.*

'state·room *s.* **1.** Staats-, Prunkzimmer *n*; **2.** ♣ ('Einzel)Ka¡bine *f*; **3.** 🚃 *Am.* Pri'vatabteil *n* (*mit Betten*).

'state·side *oft* ⚈ *Am.* **I** *adj.* ameri'kanisch, Heimat...; **~ duty** *bsd.* ✕ Dienst *m* in der Heimat; **II** *adv.* in den *od.* in die Staaten (zurück).

states·man ['steɪtsmən] *s.* [*irr.*] **1.** *pol.* Staatsmann *m*; **2.** (bedeutender) Po'litiker; **'states·man·like** [-laɪk], **'states·man·ly** [-lɪ] *adj.* staatsmännisch; **'states·man·ship** [-ʃɪp] *s.* Staatskunst *f*.

States' rights *s. pl.* Staatsrechte *pl.* (*der Einzelstaaten der USA*).

stat·ic ['stætɪk] **I** *adj.* (□ **~ally**) **1.** *phys. u. fig.* statisch: **~ sense** ♒ Gleichgewichtssinn *m*; **2.** ⚡ (elektro)'statisch; **3.** *Funk*: a) atmo'sphärisch (*Störung*), b) Störungs...; **II** *s.* **4.** ⚡ statische *od.* atmo'sphärische Elektrizi'tät; **5.** *pl. sg. konstr. phys.* Statik *f*; **6.** *pl. Funk*: atmo'sphärische Störung(en *pl.*).

sta·tion ['steɪʃn] **I** *s.* **1.** Platz *m*, Posten *m* (*a. sport*); **2.** (*Rettungs-, Unfall- etc.*) Stati'on *f*, (*Beratungs-, Dienst-, Tanketc.*)Stelle *f*; (Tele'grafen)Amt *n*; (Tele-'fon)Sprechstelle *f*; ('Wahl)Lo¡kal *n*; (Handels)Niederlassung *f*; (Fcucr)Wache *f*; **3.** (Poli'zei)Wache *f*; **4.** 🚒 a) Bahnhof *m*, b) ('Bahn)Stati¡on *f*; **5.** *Am.* (Bus- *etc.*)Haltestelle *f*; **6.** (Zweig-) Postamt *n*; **7.** ('Forschungs)Stati¡on *f*; (Erdbeben)Warte *f*; **8.** (Rundfunk-) Sender *m*, Stati'on *f*; **9.** Kraftwerk *n*; **10.** ✕ a) Posten *m*, (♣ Flotten)Stützpunkt *m*, b) Standort *m*, c) ✈ *Brit.* Fliegerhorst *m*; **11.** *biol.* Standort *m*; **12.** ♣, ✕ Positi'on *f*; **13.** Stati'on *f* (*Rastort*); **14.** *R.C.* a) *a.* **~ of the cross** ('Kreuzweg)Stati¡on *f*, b) Stati'onskirche *f*; **15.** *eccl. a.* **~ day** Wochen-Fasttag *m*; **16.** *surv.* a) Stati'on *f* (*Ausgangspunkt*), b) Basismeßstrecke *f*; **17.** *Austral.* (Rinder-, Schafs)Zuchtfarm *f*; **18.** *fig.* a) gesellschaftliche *etc.* Stellung: **~ in life**, b) Stand *m*, Rang *m*: **below one's** ~ nicht standesgemäß *heiraten etc.*; **men of** ~ Leute von Rang; **II** *v/t.* **19.** aufstellen, postieren; **20.** ✕, ♣ stationieren: **be ~ed** stehen.

sta·tion·ar·y ['steɪʃnərɪ] *adj.* **1.** ⚈ *etc.* statio'när (*a. ast.*, ♂), ortsfest, fest(stehend): **~ treatment** ♒ stationäre Behandlung; **~ warfare** Stellungskrieg *m*; **2.** seßhaft; **3.** gleichbleibend, stationär, unveränderlich: **remain** ~ unverändert sein *od.* bleiben; **4.** (still)stehend: **be** ~ stehen; **~ dis·ease** *s.* ♒ lo'kal auftretende u. jahreszeitlich bedingte Krankheit.

sta·tion·er ['steɪʃnə] *s.* Pa'pier-, Schreibwarenhändler *m*; **'sta·tion·er·y** [-ərɪ] *s.* **1.** Schreib-, Pa'pierwaren *pl.*: **office ~** Büromaterial *n*, -bedarf *m*; **2.** 'Brief-, 'Schreibpa¡pier *n*.

sta·tion¦ hos·pi·tal *s.* ✕ 'Standortlaza¡rett *n*; **~ house** *s.* **1.** Poli'zeiwache *f*, b) Feuerwache *f*; **2.** 🚃 'Bahnstati¡on *f*; **'¬¡mas·ter** *s.* 🚃 Stati'onsvorsteher *m*; **se·lec·tor** *s.* ⚡ Stati'onswähler *m*, Sendereinstellung *f*; **~ wag·on** *s. mot. Am.* Kombiwagen *m*.

---

stat·ism ['steɪtɪzəm] *s.* ✝, *pol.* Diri'gismus *m*, Planwirtschaft *f*; **'stat·ist** [-tɪst] **I** *s.* **1.** Sta'tistiker *m*; **2.** Anhänger(in) der Planwirtschaft; **II** *adj.* **3.** *pol.* diri-'gistisch.

sta·tis·tic, **sta·tis·ti·cal** [stə'tɪstɪk(l)] *adj.* □ sta'tistisch; **stat·is·ti·ci·an** [¡stætɪ'stɪʃn] *s.* Sta'tistiker *m*; **sta'tis·tics** [-ks] *s. pl.* **1.** *sg. konstr. allg.* Sta'tistik *f*; **2.** Sta'tistik(en *pl.*) *f*.

sta·tor ['steɪtə] *s.* ⚙, ⚡ Stator *m*.

stat·u·ar·y ['stætjʊərɪ] **I** *s.* **1.** Bildhauerkunst *f*; **2.** (Rund)Plastiken *pl.*, Statuen *pl.*, Skulp'turen *pl.*; **3.** Bildhauer *m*; **II** *adj.* **4.** Bildhauer...; **5.** (rund)plastisch; **6.** Statuen...: **~ marble**; **stat·ue** ['stætʃuː] Statue *f*, Standbild *n*, Plastik *f*; **stat·u·esque** [¡stætjʊ'esk] *adj.* □ statuenhaft (*a. fig.*); **stat·u·ette** [¡stætjʊ'et] *s.* Statu'ette *f*.

stat·ure ['stætʃə] *s.* **1.** Sta'tur *f*, Wuchs *m*, Gestalt *f*; **2.** Größe *f*; **3.** *fig.* (geistige *etc.*) Größe, For'mat *n*, Ka'liber *n*.

sta·tus ['steɪtəs] *pl.* **-es** [-ɪz] *s.* **1.** ₤ a) Status *m*, Rechtsstellung *f*, b) *a. legal* ~ Rechtsfähigkeit *f*, c) Ak'tivlegitimati¡on *f*: **~ of ownership** Eigentumsverhältnisse *pl.*; **equality of** ~ (politische) Gleichberechtigung; **national** ~ Staatsangehörigkeit *f*; **2.** (Fa'milien-, Per'sonen)Stand *m*; **3.** *a. military* ~ (Wehr-) Dienstverhältnis *n*; **4.** (gesellschaftliche *etc.*) Stellung *f*, (Sozi'al)Pre¡stige *n*, Status *m*: **~ symbol** Statussymbol *n*; **5.** ♈ (geschäftliche) Lage: **financial** ~ Vermögenslage; **6.** *a.* ♂ Zustand *m*, Status *m*; **~ quo** [kwəʊ] (*Lat.*) *s. der* Status quo (*der jetzige Zustand*); **~ quo an·te** [kwəʊ'æntɪ] (*Lat.*) *s. der* Status quo ante (*der vorherige Zustand*).

stat·ute ['stætjuːt] *s.* **1.** ₤ a) Gesetz *n* (*vom Parlament erlassene Rechtsvorschrift*), b) Gesetzesvorschrift *f*, c) *parl.* Parla'mentsakte *f*: **~ of bankruptcy** Konkursordnung *f*; **2.** ~ (*of limitations*) ₤ (Gesetz *n* über) Verjährung *f*: **not subject to the** ~ unverjährbar; **3.** Sta'tut *n*, Satzung *f*; **'~·barred** *adj.* ₤ verjährt; **~ book** *s.* Gesetzessammlung *f*; **~ law** *s.* Gesetzesrecht *n* (*Ggs.* **common law**); **~ mile** *s.* (gesetzliche) Meile (*1,60933 km*).

stat·u·to·ry ['stætjʊtərɪ] *adj.* □ **1.** ₤ gesetzlich (*Erbe, Feiertag, Rücklage etc.*): **~ corporation** Körperschaft *f* des öffentlichen Rechts; **~ declaration** eidesstattliche Erklärung; **2.** Gesetzes...; **3.** ₤ (dem Gesetz nach) strafbar; → **rape**[1] 1; **4.** ₤ Verjährungs...; **5.** satzungsgemäß.

staunch[1] [stɔːnʃ] → **stanch**[1].

staunch[2] [stɔːnʃ] *adj.* □ **1.** (ge)treu, zuverlässig; **2.** standhaft, fest, eisern; **'staunch·ness** [-ʃnɪs] *s.* Festigkeit *f*, Zuverlässigkeit *f*.

stave [steɪv] **I** *s.* **1.** (Faß)Daube *f*; **2.** (Leiter)Sprosse *f*; **3.** Stock *m*; **4.** Strophe *f*, Vers *m*; **5.** ♪ 'Noten(linien)sy¡stem *n*; **II** *v/t.* [*irr.*] **6.** *mst* **~ in** a) einschlagen, b) Loch schlagen; **7.** **~ off** a) *j-n* hinhalten *od.* abweisen, b) *Unheil etc.* abwenden, abwehren, c) *et.* aufschieben; **8.** mit Dauben *od.* Sprossen versehen; **~ rhyme** *s.* Stabreim *m*.

staves [steɪvz] *von* **staff**[1] 8.

stay [steɪ] **I** *v/i.* **1.** bleiben (*with* bei *j-m*): **~ away** fernbleiben (*from dat.*); **~**

behind zurückbleiben; **~ clean** rein bleiben; **come to ~** (für immer) bleiben; **~ in** zu Hause *od.* drinnen bleiben; **~ on** (noch länger) bleiben; **~ for** (*od.* **to**) *dinner* zum Essen bleiben; **2.** sich (vor'übergehend) aufhalten, wohnen, weilen (**at, in** in *dat.*, **with** bei *j-m*); **3.** stehenbleiben; **4.** (sich) verweilen; **5.** warten (**for s.o.** auf j-n); **6.** *bsd. sport* F a) 'durchhalten, b) **~ with** *Am.* mithalten (können) mit; **II** *v/t.* **7.** a) aufhalten, hemmen, Halt gebieten (*dat.*), b) zu-'rückhalten (**from** von): **~ one's hand** sich zurückhalten; **8.** ⚖ *Urteilsvoll-streckung, Verfahren* aussetzen; *Verfahren, Zwangsvollstreckung* einstellen; **9.** *Hunger etc.* stillen; **10.** *a.* **~ up** stützen (*a. fig.*); **11.** ⚙ a) absteifen, b) ab-, verspannen, c) verankern; **III** *s.* **12.** (vor'übergehender) Aufenthalt; **13.** a) Halt *m*, Stockung *f*, b) Hemmnis *n* (*upon* für): *put a* **~ on** *s-e Gedanken etc.* zügeln; **14.** ⚖ Aussetzung *f*, Einstellung *f*, (Voll'streckungs)Aufschub *m*; **15.** F Ausdauer *f*; **16.** ⚓ a) Stütze *f*, b) Strebe *f*, c) Verspannung *f*, d) Anker *m*; **17.** ⚓ Stag *n*, Stütztau *n*; **18.** *pl.* Kor'sett *n*; **19.** *fig.* Stütze *f des Alters etc.*

stay|-at-home ['steɪəθəʊm] **I** *s.* Stubenhocker(in); **II** *adj.* stubenhockerisch; '**~-down** (**strike**) *s.* ⚒ *Brit.* Sitzstreik *m*.

stay·er ['steɪə] *s.* **1.** ausdauernder Mensch; **2.** *Pferdesport:* Steher *m*.

stay·ing pow·er ['steɪɪŋ] *s.* Stehvermögen *n*, Ausdauer *f*.

'**stay-in strike** *s.* Sitzstreik *m*.

stead [sted] *s.* **1.** Stelle *f*: *in his* **~** an s-r Statt, statt seiner; **2.** Nutzen *m*: *stand s.o. in good* **~** j-m (gut) zustatten kommen (*Kenntnisse etc.*).

stead·fast ['stedfəst] *adj.* □ fest: a) unverwandt (*Blick*), b) standhaft, unentwegt, treu (*Person*), c) unerschütterlich (*Person, a. Entschluß, Glaube etc.*); '**stead·fast·ness** [-nɪs] *s.* Standhaftigkeit *f*, Festigkeit *f*.

stead·i·ness ['stedɪnɪs] *s.* **1.** Festigkeit *f*; **2.** Beständigkeit *f*, Stetigkeit *f*; **3.** so'lide Art; **stead·y** ['stedɪ] **I** *adj.* □ **1.** (stand)fest, sta'bil: *a* **~** *ladder*, *not* **~** *on one's legs* nicht fest auf den Beinen; **2.** gleichbleibend, -mäßig, unveränderlich; ausgeglichen (*Klima*); ▼ fest, sta'bil (*Preise*); **3.** stetig, ständig: **~** *progress*, **~** *work*, **4.** regelmäßig: **~** *customer* Stammkunde *m*; *go* **~** *with* F mit e-m Mädchen (fest) 'gehen'; **5.** ruhig (*Augen, Nerven*), sicher (*Hand*); **6.** → *steadfast*; **7.** so'lide, ordentlich, zuverlässig (*Person, Lebensweise*); **II** *int.* **8.** sachte!, ruhig Blut!; **9.** **~** *on!* halt!; **III** *v/t.* **10.** festigen, fest *od.* sicher *etc.* machen: **~** *o.s.* sich stützen; **11.** *Pferd* zügeln; **12.** *j-n* zur Vernunft bringen; **IV** *v/i.* **13.** fest *od.* ruhig *od.* sicher *etc.* werden; sich festigen (*a.* ▼ *Kurse*) **V** *s.* **14.** Stütze *f* (*für Hand od. Werkzeug*); **15.** F fester Freund *od.* feste Freundin; **~** *state s. phys.* Fließgleichgewicht *n*.

steak [steɪk] *s.* **1.** (*bsd. Beef*)Steak *n*; **2.** ('Fisch)Kote‚lett *n*, (-)Fi‚let *n*; **~** *ham-mer s.* Fleischklopfer *m*.

steal [stiːl] **I** *v/t.* [*irr.*] **1.** (**from s.o.** j-m) stehlen (*a. fig. plagiieren*): **~** *a kiss* e-n Kuß rauben; **~** *a look* e-n verstohlenen Blick werfen; → *march*[1] 10, *show* 3, *thunder* 1; **3.** *fig. wohin* schmuggeln; **II** *v/i.* [*irr.*] **4.** stehlen; **5.** schleichen: **~** *away* sich davonstehlen; **~** *into* sich einschleichen *od.* sich stehlen in (*acc.*); **6.** **~** *over od.* (**up**)**on** *fig.* j-n beschleichen, über'kommen (*Gefühl*); **III** *s.* **7.** F a) Diebstahl *m*, b) *Am.* Schiebung *f*.

stealth [stelθ] *s.* Heimlichkeit *f*: *by* **~** heimlich; '**stealth·i·ness** [-θɪnɪs] *s.* Heimlichkeit *f*; '**stealth·y** [-θɪ] *adj.* □ verstohlen, heimlich.

steam [stiːm] **I** *s.* **1.** (Wasser)Dampf *m*: *at full* **~** mit Volldampf (*a. fig.*); *get up* **~** Dampf aufmachen (*a. fig.*); *let* (*od.* *blow*) *off* **~** Dampf ablassen, *fig. a.* sich *od.* s-m Zorn Luft machen; *put on* **~** a) Dampf anlassen, b) *fig.* Dampf dahinter machen; *he ran out of* **~** ihm ging die Puste aus; *under one's own* **~** mit eigener Kraft (*a. fig.*); **2.** Dunst *m*, Dampf *m*, Schwaden *pl.*; **3.** *fig.* Kraft *f*, Wucht *f*; **II** *v/i.* **4.** dampfen (*a. Pferd etc.*); **5.** verdampfen; **6.** ⚓, 🚢 dampfen (*fahren*): **~** *ahead* F *fig.* a) sich (mäch-tig) ins Zeug legen, b) gut vorankommen; **7.** **~** *over od.* *up* (sich) beschlagen (*Glas*); **8.** F vor Wut kochen (*a-bout* wegen); **III** *v/t.* a) *Speisen etc.* dämpfen, dünsten, b) *Holz etc.* mit Dampf behandeln, dämpfen, *Stoff* dekatieren; **10.** **~** *up* a) *Glas* beschlagen; **11.** **~** *up* F a) ankurbeln, b) j-n in Rage bringen: *be* **~** *ed up* → 8; **~** *bath s.* Dampfbad *n*; '**~·boat** *s.* Dampfboot *n*; **~** *boil·er s.* Dampfkessel *m*; **~** *en·gine s.* 'Dampfma‚schine *f od.* -lokomo‚tive *f*.

steam·er ['stiːmə] *s.* **1.** Dampfer *m*, Dampfschiff *n*; **2.** a) Dampfkochtopf *m*, b) 'Dämpfappa‚rat *m*.

steam| fit·ter *s.* ('Heizungs)Installa‚teur *m*; **~ ga(u)ge** *s.* Mano'meter *n*; **~ ham-mer** *s.* Dampfhammer *m*; **~ heat** *s.* **1.** durch Dampf erzeugte Hitze; **2.** *phys.* spe'zifische Verdampfungswärme; **~ nav·vy** *Brit.* → *steam-shovel*; '**~·roll-er I** *s.* **1.** Dampfwalze *f* (*a. fig.*); **II** *v/t.* **2.** glattwalzen; **3.** *fig.* a) *Opposition etc.* niederwalzen, ‚über'fahren, b) *Antrag etc.* 'durchpeitschen; '**~·ship** → *steam-er* 1; '**~·shov·el** *s.* ⚙ (Dampf)Löffelbagger *m*; **~ tug** *s.* Schleppdampfer *m*.

steam·y ['stiːmɪ] *adj.* □ dampfig, dunstig, dampfend, Dampf...

ste·a·rate ['stɪəreɪt] *s.* 🜋 Stea'rat *n*.

ste·ar·ic [stɪ'ærɪk] *adj.* 🜋 Stearin...; **ste·a·rin** ['stɪərɪn] *s.* **1.** Stea'rin *n*; **2.** *der feste Bestandteil e-s Fettes.*

ste·a·tite ['stɪətaɪt] *s. min.* Stea'tit *m*.

steed [stiːd] *s. rhet.* (Streit)Roß *n*.

steel [stiːl] **I** *s.* **1.** Stahl *m*: **~s** ▼ Stahlaktien *pl.*; *of* **~** → 3; **2.** Stahl *m*: a) *cold* **~** kalter Stahl, Schwert *n*, Dolch *m*, b) Wetzstahl *m*, c) Feuerstahl *m*, d) Korsettstäbchen *n*; **II** *adj.* **3.** stählern (*a. fig.*), aus Stahl, Stahl...; **III** *v/t.* **4.** ⚙ (ver)stählen; **5.** *fig.* stählen, (ver)härten, wappnen: **~** *o.s. for* (*against*) *s.th.* sich für (gegen) et. wappnen; '**~·clad** *adj.* stahlgepanzert; **~ en·grav·ing** *s.* Stahlstich *m*; **~ mill** *s.* Stahl(walz)-werk *n*; **~ wool** *s.* Stahlspäne *pl.*, -wolle *f*; '**~·works** *s. pl. mst sg. konstr.* Stahlwerk(e *pl.*) *n*.

steel·y ['stiːlɪ] *adj.* → *steel* 3.

steel·yard ['stiːljɑːd] *s.* Laufgewichtswaage *f*.

steep[1] [stiːp] **I** *adj.* □ **1.** steil, jäh; **2.** F *fig.* a) ‚happig', ‚gepfeffert', unverschämt (*Preis etc.*), b) ‚toll', unglaublich; **II** *s.* **3.** steiler Abhang.

steep[2] [stiːp] **I** *v/t.* **1.** eintauchen, -weichen; **2.** (**in, with**) (durch)'tränken (mit); imprägnieren (mit); **3.** (**in**) *fig.* durch'dringen (mit), versenken (in *acc.*), erfüllen (von): **~** *o.s. in* sich in ein *Thema etc.* versenken; **~ed in** versunken in (*dat.*), *b.s.* tief in et. verstrickt; **II** *s.* **4.** Einweichen *n*, -tauchen *n*; **5.** (Wasch)Lauge *f*.

steep·en ['stiːpən] *v/t. u. v/i.* steil(er) machen (werden); *fig.* (sich) erhöhen.

stee·ple ['stiːpl] *s.* **1.** Kirchturm(spitze *f*) *m*; **2.** Spitzturm *m*; '**~·chase** *sport s.* **1.** *Pferdesport:* Steeplechase *f*, Hindernis-, Jagdrennen *n*; **2.** Hindernislauf *m*. **stee·pled** ['stiːpld] *adj.* **1.** betürmt (*Gebäude*); **2.** vieltürmig (*Stadt*). '**stee·ple·jack** *s.* Schornstein- *od.* Turmarbeiter *m*.

steep·ness ['stiːpnɪs] *s.* **1.** Steilheit *f*, Steile *f*; **2.** steile Stelle.

steer[1] [stɪə] *s.* (*bsd. junger*) Ochse.

steer[2] [stɪə] **I** *v/t.* **1.** ⚓ *Schiff, Fahrzeug, a. fig. Staat etc.* steuern, lenken; **2.** *Weg, Kurs* verfolgen, einhalten; **3.** *j-n wohin* lotsen, dirigieren; **II** *v/i.* **4.** steuern: **~** *clear of fig.* vermeiden, aus dem Wege gehen (*dat.*); **~** *for* lossteuern auf (*acc.*) (*a. fig.*); '**steer·a·ble** [-ərəbl] *adj.* lenkbar; '**steer·age** [-ərɪdʒ] *s. mst* ⚓ **1.** Steuerung *f*; **2.** Steuerwirkung *f*: **~·way** ⚓ Steuerfahrt *f*; **3.** Zwischendeck *n*.

steer·ing ['stɪərɪŋ] **I** *s.* **1.** Steuern *n*; **2.** Steuerung *f*; **II** *adj.* **3.** Steuer...; **~ col·umn** *s. mot.* Lenksäule *f*: **~ lock** Lenk(-rad)schloß *n*; **~ com·mit·tee** *s.* Lenkungsausschuß *m*; (Kon'greß- *etc.*)Leitung *f*; **~ gear** *s.* **1.** *mot.* ✣ Steuerung *f*, Lenkung *f*; **2.** ⚓ Steuergerät *n*, Ruderanlage *f*; **~ lock** *s. mot.* Lenkungseinschlag *m*; **~ wheel** *s.* ⚓ Steuer-, *mot. a.* Lenkrad *n*.

steeve[1] [stiːv] ⚓ *v/t.* traven, *Ballenla-dung* zs.-pressen.

steeve[2] [stiːv] *s.* ⚓ Steigung *f* (*des Bug-spriets*).

stein [staɪn] (*Ger.*) *s.* Bier-, Maßkrug *m*.

stel·lar ['stelə] *adj.* stel'lar, Stern(en)...

stel·late ['stelət] *adj.* sternförmig: **~** *leaves* ♦ quirlständige Blätter.

stem[1] [stem] **I** *s.* **1.** (Baum)Stamm *m*; **2.** a) Stengel *m*, b) (Blüten-, Blatt-, Frucht)Stiel *m*, c) Halm *m*; **3.** Bündel *n* Bananen; **4.** (Pfeifen-, Weinglas- *etc.*) Stiel *m*; (Lampen)Fuß *m*; (Ven'til-)Schaft *m*; (Thermo'meter)Röhre *f*; **5.** (Aufzieh)Welle *f* (*Uhr*); **6.** Geschlecht *n*, Stamm *m*; **7.** *ling.* (Wort)Stamm *m*; **8.** ♪ (Noten)Hals *m*; **9.** *typ.* Grundstrich *m*; **10.** ⚓ (Vorder)Steven *m*: *from* **~** *to stern* von vorn bis achtern; **II** *v/t.* **11.** entstielen; **III** *v/i.* **12.** stammen (*from* von).

stem[2] [stem] **I** *v/t.* **1.** *Fluß etc.* eindämmen (*a. fig.*); **2.** *Blutung* stillen; **3.** ⚓ ankämpfen gegen *die Strömung etc.*; **4.** *fig.* a) aufhalten, Einhalt gebieten (*dat.*), b) ankämpfen gegen, sich entgegenstemmen (*dat.*); **II** *v/i.* **5.** *Skisport:* stemmen.

stem·less ['stemlɪs] *adj.* stengellos, ungestielt.

stem| turn s. Skisport: Stemmbogen m; **'~·wind·er** s. Remon'toiruhr f.

stench [stentʃ] s. Gestank m.

sten·cil ['stensl] **I** s. **1.** a. ~ **plate** ('Maler)Scha₁blone f, Pa'trone f; **2.** typ. ('Wachs)Ma₁trize f; **3.** Scha'blonenzeichnung f, -muster n; **4.** Ma'trizenabzug m; **II** v/t. **5.** Oberfläche, Buchstaben schablonieren; **6.** auf Matrize(n) schreiben.

Sten gun [sten] s. ✕ leichtes Ma'schinengewehr, LMG n.

sten·o ['stenəʊ] F → a) stenograph 4, b) Am. stenographer.

sten·o·graph ['stenəgrɑːf] **I** s. **1.** Steno'gramm n; **2.** Kurzschriftzeichen n; **3.** Stenogra'phierma₁schine f; **II** v/t. **4.** stenographieren; **ste·no·gra·pher** [ste-'nɒgrəfə] s. **1.** Steno'graph(in); **2.** Am. Stenoty'pistin f; **sten·o·graph·ic** [₁stenə'græfɪk] adj. (□ ~ally) steno'graphisch; **ste·nog·ra·phy** [ste'nɒgrəfɪ] s. Stenogra'phie f, Kurzschrift f.

sten·o·type ['stenəʊtaɪp] → stenograph 2 u. 3.

sten·to·ri·an [sten'tɔːrɪən] adj. 'überlaut: ~ voice Stentorstimme f.

step [step] **I** s. **1.** Schritt m (a. Geräusch, Maß): ~ by ~ Schritt für Schritt (a. fig.); **take a ~** e-n Schritt machen; **2.** Fußstapfen m: **tread in s.o.'s ~s** in j-s Fußstapfen treten; **3.** eiliger etc. Schritt, Gang m; **4.** (Tanz)Schritt m; **5.** (Gleich)Schritt m: **in ~** im Gleichschritt; **out of ~** außer Tritt; **out of ~ with** fig. nicht im Einklang mit; **fall in ~** Tritt fassen; **keep ~ (with)** Schritt halten (mit); **6.** ein paar Schritte pl., ein „Katzensprung‟ m: **it is only a ~ to the inn**; **7.** fig. Schritt m, Maßnahme f: **take ~s** Schritte unternehmen; **take legal ~s against** gegen j-n gerichtlich vorgehen; **a false ~** ein Fehler, e-e Dummheit; → **watch** 17; **8.** fig. Schritt m, Stufe f: **a great ~ forward** ein großer Schritt vorwärts; **9.** Stufe f (e-r Treppe etc.; a. ⚡ e-s Verstärkers etc.); (Leiter)Sprosse f; ⚙, ⚡ Schaltschritt m; **10.** (pair of) **~s** pl. Trittleiter f; **11.** Tritt(brett n) m; **12.** geogr. Stufe f, Ter'rasse f; Pla'teau n; **13.** ♪ a) (Ton-, Inter'vall)Schritt m, b) Inter'vall n; (Tonleiter)Stufe f; **14.** fig. a) (Rang-)Stufe f, Grad m, b) bsd. ✕ Beförderung f; **II** v/i. **15.** schreiten, treten: **into a fortune** fig. unverhofft zu e-m Vermögen kommen; **16.** wohin gehen, treten: ~ **in!** herein!; **17.** → **step out** 2; **18.** treten ([up]on auf acc.): ~ **on the gas** (od. ~ **on it**) (F a. fig.) Gas geben; ~ **on it!** F Tempo!; **III** v/t. **19.** Schritt machen: ~ **it** zu Fuß gehen; **20.** Tanz tanzen; **21.** a. ~ **off** (od. **out**) Entfernung etc. a) abschreiten, b) abstecken; **22.** abstufen;

Zssgn mit adv.:

step| a·side v/i. **1.** zur Seite treten; **2.** → **step down** 2; ~ **back** **I** v/i. a. fig. zu'rücktreten; **II** v/t. abstufen; ~ **down** **I** v/i. **1.** her'unter-, hin'unterschreiten; **2.** fig. zu'rücktreten (in favo[u]r of zu-'gunsten); **II** v/t. **3.** verrringern, verzö-gern; **4.** ⚡ her'untertransformieren; ~ **in** v/i. **1.** eintreten, -steigen; **2.** fig. einschreiten, -greifen; ~ **out** **I** v/i. **1.** her-'austreten, aussteigen; **2.** (forsch) aus-

schreiten; **3.** F (viel) ausgehen; **II** v/t. **4.** → **step** 21a; ~ **up** **I** v/i. **1.** hin'auf-, her'aufsteigen; **2.** zugehen (to auf acc.); **II** v/t. **3.** Produktion etc. steigern, ankurbeln; **4.** ⚡ hochtransformieren.

step- [step] in Zssgn Stief...: **~child** Stiefkind n; **~father** Stiefvater m.

step| dance s. Step(tanz) m; **'~-down** adj. ⚡ Umspann...: ~ **transformer** Abwärtstransformator m; **'~-in** **I** adj. **1.** zum Hin'einschlüpfen, Schlupf...; **II** s. **2.** mst pl. Schlüpfer m; **3.** pl. a. ~ **shoes** Slipper pl.; **'~·lad·der** s. Trittleiter f; **'~·moth·er·ly** adj. a. fig. stiefmütterlich.

steppe [step] s. geogr. Steppe f.

step·ping stone ['stepɪŋ] s. **1.** (Tritt-)Stein m im Wasserlauf etc.; **2.** fig. Sprungbrett n (to zu).

'step-up **I** adj. stufenweise erhöhend: ~ **transformer** ⚡ Aufwärtstransformator m; **II** s. Steigerung f.

'step·wise adv. schritt-, stufenweise.

ster·e·o ['sterɪəʊ] F **I** s. **1.** a) → **stereotype** 1, b) → **stereoscope**; **2.** a) Stereogerät n, b) Stereo(schall)platte f; **II** adj. **3.** → **stereoscopic**; **4.** stereo, Stereo...: ~ **record** → 2b.

stereo- [sterɪəʊ] in Zssgn a) starr, fest, b) 'dreidimensio₁nal, stereo..., Stereo..., Raum..., **ster·e·o·chem·is·try** [₁sterɪəʊ'kemɪstrɪ] s. 'Stereo-, 'Raumche₁mie f; **ster·e·og·ra·phy** [₁sterɪ'ɒgrəfɪ] s. ✍ Stereogra'phie f, Körperzeichnung f; **ster·e·om·e·try** [₁sterɪ'ɒmɪtrɪ] s. phys. Stereome'trie f; **2.** ✍ Geome'trie f des Raumes.

ster·e·o·phon·ic [₁sterɪəʊ'fɒnɪk] adj. (□ ~ally) stereo'phonisch, Stereoton...: ~ **sound** Raumton m.

ster·e·o·plate ['sterɪəpleɪt] s. typ. Stereo'typplatte f, Stereo n.

ster·e·o·scope ['sterɪəskəʊp] s. Stereo-'skop n; **ster·e·o·scop·ic** [₁sterɪə'skɒ-pɪk] adj. (□ ~ally) stereo'skopisch, Stereo...; **ster·e·os·co·py** [₁sterɪ'ɒskəpɪ] s. Stereosko'pie f.

ster·e·o·type ['stɪərɪətaɪp] **I** s. **1.** typ. a) Steroty'pie f, Plattendruck m, b) Stereo'type f, Druckplatte f; **2.** fig. Kli-'schee n, Scha'blone f; **II** v/t. **3.** typ. stereotypieren; **4.** fig. Redensart etc. stereo'typ wieder'holen; **5.** e-e feste Form geben (dat); **'ster·e·o·typed** [-pt] adj. **1.** typ. stereotypiert; **2.** fig. stereo'typ, scha'blonenhaft; **ster·e·o·ty·pog·ra·phy** [₁stɪərɪəʊtaɪ'pɒgrəfɪ] s. typ. Stereo-'typdruck(verfahren n) m; **'ster·e·o·typ·y** [-pɪ] s. typ. Stereoty'pie f.

ster·ile ['steraɪl] adj. **1.** ste'ril: a) ✗ keimfrei, b) ⚕, physiol. unfruchtbar (a. fig. Geist etc.); **2.** fig. fruchtlos (Arbeit, Diskussion etc.); **3.** leer, gedankenarm (Stil); **ste·ril·i·ty** [ste'rɪlətɪ] s. Sterili'tät f (a. fig.).

ster·i·li·za·tion [₁steraɪlaɪ'zeɪʃn] s. **1.** Sterilisati'on f: a) Entkeimung f, b) Unfruchtbarmachung f; **2.** Sterili'tät f; **ster·i·lize** ['steraɪlaɪz] v/t. sterilisieren: a) keimfrei machen, b) unfruchtbar machen; **'ster·i·li·zer** [steraɪlaɪzə] s. Steri-li'sator m (Apparat).

ster·ling ['stɜːlɪŋ] **I** adj. **1.** ✝ Sterling(...): **ten pounds ~** 10 Pfund Sterling; ~ **area** Sterlinggebiet n, -block m; **2.** von Standardwert (Gold, Silber); **3.** fig. echt, gediegen, bewährt; **II** s. **4.** ✝

Sterling m.

stern¹ [stɜːn] adj. □ **1.** streng, hart: ~ **discipline**; ~ **penalty**; **2.** unnachgiebig; **3.** streng, finster: **a ~ face**.

stern² [stɜːn] **I** s. ⚓ Heck n, Achterschiff n: (**down**) **by the ~** hecklastig; **2.** zo. a) 'Hinterteil n, b) Schwanz m; **3.** allg. hinterer Teil; **II** adj. **4.** ⚓ Heck...; **ster·nal** ['stɜːnl] adj. anat. Brustbein...

'stern-₁chas·er s. ⚓ hist. Heckgeschütz n; **'~-fast** s. ⚓ Achtertau n.

'stern·ness ['stɜːnnɪs] s. Strenge f, Härte f, Düsterkeit f.

'stern·post s. ⚓ Achtersteven m.

ster·num ['stɜːnəm] pl. **-na** [-nə] s. anat. Brustbein n.

ster·to·rous ['stɜːtərəs] adj. □ röchelnd.

stet [stet] (Lat.) typ. **I** imp. stehenlassen!, bleibt!; **II** v/t. mit ‚stet‘ markieren.

steth·o·scope ['steθəskəʊp] ⚕ **I** s. Stetho'skop n, Hörrohr n; **II** v/t. abhorchen; **steth·o·scop·ic** [₁steθə'skɒpɪk] adj. (□ ~ally) stetho'skopisch.

ste·ve·dore ['stiːvədɔː] s. ⚓ **1.** Stauer m, Schauermann m; **2.** Stauer m (Unternehmer).

stew¹ [stjuː] **I** v/t. **1.** schmoren, dämpfen, langsam kochen; → **stewed** 1; **II** v/i. **2.** schmoren; → **juice** 1; **3.** fig. ‚schmoren‘, vor Hitze (fast) 'umkommen; **4.** F sich aufregen; **III** s. **5.** Schmor-, Eintopfgericht n; **6.** F Aufregung f.

stew² [stjuː] s. Brit. a) Fischteich m, b) Fischbehälter m.

stew·ard ['stjuəd] s. **1.** Verwalter m; **2.** Haushalter m, Haushofmeister m; **3.** Tafelmeister m, Kämmerer m (e-s College, Klubs etc.); **4.** ⚓, ✈ Steward m; **5.** (Fest- etc.)Ordner m; mot. 'Rennkommis₁sar m; → **shop steward**; **'stew·ard·ess** [-dɪs] s. ⚓, ✈ Stewar-deß f, **'stew·ard·ship** [-ʃɪp] s. Verwalteramt n.

stewed [stjuːd] adj. **1.** geschmort, gedämpft, gedünstet; **2.** sl. ‚besoffen‘.

'stew·pan s. Schmorpfanne f; **'~·pot** s. Schmortopf m.

stick¹ [stɪk] **I** s. **1.** Stecken m, Stock m, (trockener) Zweig; pl. Klein-, Brennholz n: **dry ~s** (dürres) Reisig; **2.** Scheit n, Stück n Holz; **3.** Gerte f, Rute f; **4.** Stengel m, Stiel m (Rhabarber, Sellerie); **5.** Stock m (a. fig. Schläge), Stab m: **get (give) the ~** e-e Tracht Prügel bekommen (verabreichen); **get hold of the wrong end of the ~** fig. die Sache falsch verstehen; **6.** (Besen- etc.)Stiel m; **7.** (Spazier)Stock m; **8.** (Zucker-, Siegellack)Stange f; **9.** a) (Stück n) Rasierseife f, b) (Lippen- etc.)Stift m; **10.** ♪ a) Taktstock m, b) (Trommel)Schlegel m, c) (Geigen)Bogen m; **11.** sport a) Schläger m, Hockey etc.: Stock m, b) Pferdesport: Hürde f; **12.** ✈ Steuerknüppel m, b) mot. Schalthebel m; **13.** ✕ Bombenreihe f; **14.** typ. Winkelhaken m; **15.** F a. **dry** (od. **dull**) ~ Stockfisch m, allg. Kerl m; **16.** pl. Am. F finsterste Pro'vinz; **II** v/t. **17.** Pflanze mit e-m Stock stützen; **18.** typ. a) setzen, b) in e-m Winkelhaken anein'anderreihen.

stick² [stɪk] **I** v/t. [irr.] **1.** durch'stechen, -'bohren; Schweine (ab)stechen; **2.** stechen mit *e-r Nadel etc.* (*in, into* in *acc.*); *et.* stecken, stoßen; **3.** *auf e-e Gabel etc.* stecken, aufspießen; **4.** *Kopf, Hand etc. wohin* stecken *od.* strecken; **5.** F legen, setzen, *in die Tasche etc.* stecken; **6.** (an)stecken, anheften; **7.** 'vollstecken (*with* mit); **8.** *Briefmarke, Plakat etc.* ankleben, *Fotos etc.* (ein)kleben: ~ *together* et. zs.-kleben; **9.** bekleben; **10.** zum Stecken bringen, festfahren: *be stuck im Schlamm etc.* stecken(blei-ben *a. fig.*), festsitzen (*a. fig.*); *be stuck on* F vernarrt sein in (*acc.*); *be stuck with s.th.* et. ,am Hals haben'; *be stuck for s.th.* um et. verlegen sein; **11.** *j-n* verwirren; **12.** F *j-n* ,blechen' lassen (*for* für); **13.** *sl. j-n* ,leimen' (*be-trügen*); **14.** *sl. et. od. j-n* aushalten, -stehen, (v)ertragen: *I can't ~ him*; **15.** *~ it* (*out*) F 'durchhalten, es aushalten; **16.** *~ it on* F a) e-n unverschämten Preis verlangen, b) ,dick auftragen', über'treiben; **II** *v/i.* [*irr.*] **17.** stecken; **18.** (fest)kleben, haften: ~ *together* zs.-kleben; **19.** sich festklammern *od.* heften (*to* an *acc.*); **20.** haften, hängen-bleiben (*a. fig. Spitzname etc.*): *some of it will* ~ et. (*von e-r Verleumdung*) bleibt immer hängen; *~ in the mind* im Gedächtnis haftenbleiben; *make s.th. ~ fig.* dafür sorgen, daß et. ,sitzt'; **21.** *~ to j-m od. e-r Sache* bleiben, *j-m* nicht von der Seite weichen: *~ to the point fig.* bei der Sache bleiben; *~ to it* dranbleiben; → *gun* 1; **22.** *~ to* treu bleiben (*dat.*), zu *j-m, s-m Wort etc.* stehen, bei *s-r Ansicht etc.* bleiben, sich an *e-e Regel etc.* halten; *~ together* zs.-halten (*Freunde*); **23.** im Hals, im Schmutz, *a. fig.* beim Lesen etc. stek-kenbleiben; → *mud* 2; **24.** *~ at noth-ing* vor nichts zurückschrecken; **25.** her'vorstehen (*from, out of* aus); *Zssgn mit adv.*:

stick| a·round *v/i.* F in der Nähe blei-ben; *~ out* **I** *v/i.* **1.** ab-, her'vor-, her-'ausstehen; **2.** *fig.* auffallen; **3.** beste-hen (*for* auf *dat.*); **II** *v/t.* **4.** *Arm, Brust, a. Kopf, Zunge* her'ausstrecken; **5.** → *stick²* 15; *~ up* **I** *v/t.* **1.** *sl.* über'fallen, ausrauben; **2.** ~ *'em up! sl.* Hände hoch!; **II** *v/i.* **3.** in die Höhe stehen; **4.** *~ for* sich für *j-n* einsetzen; **5.** *~ to* mutig gegen'übertreten (*dat.*), Pa'roli bieten (*dat.*).

stick·er ['stɪkə] *s.* **1.** a) (Schweine-) Schlächter *m*, b) Schlachtmesser *n*; **2.** Klebezettel *m*, Aufkleber *m*; **3.** *Am.* (angeklebter) Strafzettel; **4.** *fig.* zäher Kerl; **5.** F ,Hocker' *m*, (zu) lange blei-bender Gast; **6.** F ,Ladenhüter' *m*; **7.** ,harte Nuß'.

stick·i·ness ['stɪkɪnɪs] *s.* **1.** Klebrigkeit *f*; **2.** Schwüle *f*; **3.** F Schwierigkeit *f*.

stick·ing plas·ter ['stɪkɪŋ] *s.* Heftpfla-ster *n*.

stick-in-the-mud ['stɪkɪnðəmʌd] F **I** *adj.* rückständig, -schrittlich; **II** *s.* Rückschrittler *m, bsd. pol.* Reaktio'när *m*.

'stick·jaw *s.* F ,Plombenzieher' *m* (*zäher Bonbon etc.*).

stick·le ['stɪkl] *v/i.* **1.** harnäckig zanken *od.* streiten; *~ for s.th.* et. hartnäckig verfechten; **2.** Bedenken äußern, Skru-pel haben.

stick·le·back ['stɪklbæk] *s. ichth.* Stich-

ling *m*.

stick·ler ['stɪklə] *s.* **1.** Eiferer *m*; **2.** Ver-fechter *m* (*for gen.*); **3.** Kleinigkeitskrä-mer *m*, Pe'dant *m*, j-d, der es ganz ge-nau nimmt (*for* mit).

stick-to-it·ive [‚stɪk'tu:ətɪv] *adj. Am.* F hartnäckig, zäh.

'stick-up I *adj.* **1.** *~ collar* → 2; **II** *s.* **2.** F Stehkragen *m*; **3.** *sl.* ('Raub),Überfall *m*.

stick·y ['stɪkɪ] *adj.* □ **1.** klebrig, zäh: *~ charge* ✗ Haftladung *f*; *~ label Brit.* Klebezettel *m*; **2.** schwül, stickig (*Wet-ter etc.*); **3.** F *fig.* a) klebrig, b) eklig, c) schwierig, heikel (*Sache*), d) kritisch, e) kitschig: *be ~ about doing s.th.* et. nur ungern tun.

stiff [stɪf] **I** *adj.* □ **1.** *allg.* steif, starr (*a. Gesicht, Person*): *~ collar* steifer Kra-gen; *~ neck* steifer Hals; → *lip* 1; **2.** zäh, dick, steif (*Teig etc.*); **3.** steif (*Bri-se*), stark (*Wind, Strömung*); **4.** stark (*Dosis, Getränk*), steif (*Grog*); **5.** *fig.* starrköpfig; **6.** *fig.* hart (*Gegner, Kampf etc.*), scharf (*Konkurrenz, Op-position*); **7.** schwierig (*Aufstieg, Prü-fung etc.*); **8.** hart (*Strafe*); **9.** steif, for-'mell, gezwungen (*Benehmen, Person etc.*); **10.** steif, linkisch (*Stil*); **11.** F un-glaublich: *a bit ~* ziemlich stark, aller-hand; **12.** F ,zu Tode' gelangweilt, er-schrocken; **13.** ✝ a) sta'bil, fest (*Preis, Markt*), b) hoch, unverschämt (*Forde-rung, Preis*); **II** *s. sl.* **14.** a) Leiche *f*, b) Besoffene(r) *m*; **15.** a) Langweiler *m*, b) Blödmann *m*; **16.** *Am.* a) ,Lappen' *m* (*Banknote*), b) ,Blüte' *f* (*Falschgeld*), c) ,Kas'siber' *m* (*im Gefängnis*); **'stiff-en** [-fn] **I** *v/t.* **1.** (ver)steifen, (ver)stär-ken; *Stoff etc.* stärken, steifen; **2.** steif *od.* starr machen (*Flüssigkeit, Glieder etc.*), verdicken (*Flüssiges*); **3.** *fig.* a) et. verschärfen, b) (be)stärken, *j-m* den Nacken steifen; **II** *v/i.* **4.** sich versteifen, -stärken; starr werden; **5.** *fig.* hart werden, sich versteifen; **6.** steif *od.* förmlich werden; **7.** sich festigen (*Preise etc.*); **'stiff·en·er** [-fnə] *s.* **1.** Versteifung *f*; **2.** F ,Seelenwärmer' *m*, Stärkung *f* (*Getränk*); **'stiff·en·ing** [-fnɪŋ] *s.* Versteifung *f*: a) Steifwerden *n*, b) 'Steifmateri‚al *n*.

‚stiff-'necked *adj. fig.* halsstarrig.

stiff·ness ['stɪfnɪs] *s.* **1.** Steifheit *f* (*a. fig. Förmlichkeit*), Steife *f*, Starrheit *f*; **2.** Zähigkeit *f*, Dickflüssigkeit *f*; **3.** *fig.* Härte *f*, Schärfe *f*.

sti·fle¹ ['staɪfl] **I** *v/t.* **1.** *j-n* ersticken; **2.** *Fluch etc., a. Gefühl, a. Aufstand etc.* ersticken, unter'drücken, *Diskussion etc.* abwürgen; **II** *v/i.* **3.** (*weitS.* schier) ersticken.

sti·fle² ['staɪfl] *s. zo.* **1.** *a. ~ joint* Knie-gelenk *n* (*Pferd, Hund*); **2.** *vet.* Kniege-lenkgalle *f* (*Pferd*); *~ bone s.* Knie-scheibe *f* (*Pferd*).

sti·fling ['staɪflɪŋ] *adj.* □ erstickend (*a. fig.*), stickig.

stig·ma ['stɪgmə] *pl.* **-mas, -ma·ta** [-mətə] *s.* **1.** *fig.* Brand-, Schandmal *n*, Stigma *n*; **2.** ✗ Sym'ptom *n*; **3.** ✗ (*pl.* -mata*) Mal *n*, roter Hautfleck; **4.** *stig-mata pl. eccl.* Wundmale *pl.*, Stigmata *pl.*; **5.** ✾ Narbe *f* (*Blüte*); **6.** *zo.* Luft-loch *n* (*Insekt*); **stig·mat·ic** [stɪg'mæ-tɪk] *adj.* (□ *~ally*) **1.** stig'matisch (*a. opt.*); **2.** ✾ narbenartig; **3.** *opt.* (ana-)

stig'matisch; **'stig·ma·tize** [-ətaɪz] *v/t.* **1.** ✗, *eccl.* stigmatisieren; **2.** *bsd. fig.* brandmarken.

stile¹ [staɪl] *s.* Zauntritt *m*.

stile² [staɪl] *s.* Seitenstück *n* (*e-r Täfe-lung*), Höhenfries *m* (*e-r Tür*).

sti·let·to [stɪ'letəu] *pl.* **-tos** [-z] *s.* Sti'lett *n*: *~* (*heel*) Pfennigabsatz *m*.

still¹ [stɪl] **I** *adj.* □ **1.** *allg.* still: a) reglos, unbeweglich, b) ruhig, lautlos, c) leise, gedämpft, d) friedlich, ruhig: *keep ~!* sei ruhig!; → *water* 11; **2.** nicht mous-sierend: *~ wine* Stillwein *m*; **3.** *phot.* Stand..., Steh..., Einzel(aufnahme)...; **II** *s.* **4.** *poet.* Stille *f*; **5.** *phot.* Standfoto *n*, Einzelaufnahme *f*; **III** *v/t.* **6.** *Geräu-sche etc.* zum Schweigen bringen; **7.** *j-n* beruhigen, *Verlangen etc.* stillen; **IV** *v/i.* **8.** still werden.

still² [stɪl] **I** *adv.* **1.** (*immer*) noch, noch immer, bis jetzt; **2.** (*beim comp.*) noch, immer: *~ higher, higher ~* noch höher; *~ more so because* um so mehr als; **3.** dennoch, doch; **II** *cj.* **4.** (und) dennoch, und doch, in'des(sen).

still³ [stɪl] *s.* a) Destillierkolben *m*, b) Destil'lierappa‚rat *m*.

still·age ['stɪlɪdʒ] *s.* Gestell *n*.

'still|·birth *s.* Totgeburt *f*; **'~·born** *adj.* totgeboren (*a. fig.*); **'~·fish** *v/i.* vom verankerten Boot aus angeln; *~* **hunt** *s.* Pirsch(jagd) *f*; **'~·hunt** *v/i.* (*v/t.* an)pir-schen; *~* **life** *s. paint.* Stilleben *n*.

still·ness ['stɪlnɪs] *s.* Stille *f*.

still room *s. bsd. Brit.* **1.** *hist.* Destilla-ti'onsraum *m*; **2.** a) Vorratskammer *f*, b) Servierraum *m*.

stilt [stɪlt] *s.* **1.** Stelze *f*; **2.** △ Pfahl *m*, Pfeiler *m*; **3.** *a.* **~ bird** *orn.* Stelzenläu-fer *m*; **'stilt·ed** [-tɪd] *adj.* □ **1.** gestelzt, gespreizt, geschraubt (*Rede, Stil etc.*); **2.** △ erhöht; **'stilt·ed·ness** [-tɪdnɪs] *s.* Gespreiztheit *f*.

stim·u·lant ['stɪmjulənt] **I** *s.* **1.** ✗ Stimu-lans *n*, Anregungs-, Weckmittel *n*; **2.** Genußmittel *n, bsd.* Alkohol *m*; **3.** An-reiz *m* (*of* für); **II** *adj.* **4.** → *stimulat-ing* 1; **stim·u·late** ['stɪmjuleɪt] *v/t.* **1.** ✗ *etc., a. fig.* stimulieren, anregen (*s.o. into j-n* zu et.); *fig. a.* anspornen, ansta-cheln; beleben, ankurbeln; **2.** *Nerv* rei-zen; **'stim·u·lat·ing** [-leɪtɪŋ] *adj.* **1.** *a. fig.* stimulierend, anregend, belebend; **2.** *fig.* anspornend; **stim·u·la·tion** [‚stɪmju'leɪʃn] *s.* **1.** Anreiz *m*, Antrieb *m*, Anregung *f*, Belebung *f*; **2.** ✗ Rei-zung *f*, Reiz *m*; **'stim·u·la·tive** [-lətɪv] → *stimulating*; **'stim·u·lus** [-ləs] *pl.* **-li** [-laɪ] *s.* **1.** Stimulus *m*: a) (An)Reiz *m*, Antrieb *m*, Ansporn *m* (*to* zu), b) ✗ Reiz *m*: *~ threshold* Reizschwelle *f*; **2.** → *stimulant* 1; **3.** ✾ Nesselhaar *n*.

sti·my ['staɪmɪ] → *stymie*.

sting [stɪŋ] **I** *v/t.* [*irr.*] **1.** stechen (*Insekt, Nessel etc.*); **2.** brennen, beißen in *od.* auf (*dat.*); **3.** schmerzen, weh tun (*Schlag etc.*): *stung by remorse fig.* von Reue geplagt; **4.** *fig. j-n* verletzen, kränken; **5.** anstacheln, reizen (*into* zu); **6.** *sl.* ,neppen' (*for* um *Geld*); **II** *v/i.* [*irr.*] **7.** stechen; **8.** brennen, beißen (*Pfeffer etc.*); **9.** *a. fig.* schmerzen, weh tun; **III** *s.* **10.** Stachel *m* (*Insekt; a. fig. des Todes, der Eifersucht etc.*); **11.** ✾ Brennborste *f*; **12.** Stich *m*, Biß *m*: *~ of conscience fig.* Gewissensbisse *pl.*; **13.** Schärfe *f*; **14.** Pointe *f*, Spitze *f* (*e-s*

Witzes); **15.** Schwung *m*, Wucht *f*; **'sting·er** [-ŋə] *s.* **1.** a) stechendes In'sekt, b) stechende Pflanze; **2.** F a) schmerzhafter Schlag, b) beißende Bemerkung.

sting·i·ness ['stɪndʒɪnɪs] *s.* Geiz *m*.

sting·ing ['stɪŋɪŋ] *adj.* □ **1.** ♥, *zo.* stechend; **2.** *fig.* schmerzhaft (*Schlag etc.*); schneidend (*Kälte*, *Wind*); scharf, beißend, verletzend (*Worte*, *Tadel*); ~ **net·tle** *s.* ♥ Brennessel *f*.

stin·gy ['stɪndʒɪ] *adj.* □ **1.** geizig, knickerig: *be ~ of s.th.* mit et. knausern; **2.** dürftig, kärglich.

stink [stɪŋk] **I** *v/i.* [*irr.*] **1.** stinken, übel riechen (*of* nach): *~ of money fig.* F vor Geld stinken; **2.** *fig.* verrufen sein, ‚stinken‘: *~ to high heaven* zum Himmel stinken; → *nostril*; **3.** *fig.* F ('hunds)mise₁rabel sein; **II** *v/t.* [*irr.*] **4.** *a. ~ out, up* verstänkern; **5.** *~ out* a) Höhle, Tiere ausräuchern; b) *j*-n durch Gestank vertreiben; **6.** *sl.* (den Gestank *gen.*) riechen: *you can ~ it a mile off*; **III** *s.* **7.** Gestank *m*; **8.** Stunk *m*, Krach *m*: *raise* (*od. kick up*) *a ~* Stunk machen (*about* wegen); **9.** *pl. Brit. sl.* Che¹mie *f*; **10.** *Am.* F (billiges) Par¹füm; **'stink·ard** *s.* **1.** *zo.* Stinktier *n*; **2.** → *stinker* 1; **'stink·er** [-kə] *s.* **1.** a) ‚Stinker‘ *m*, b) *sl.* Dreckskerl *m*; **2.** a) ‚Stinka¹dores‘ *m* (*Käse*), b) ‚Stinka¹dores‘ *f* (*Zigarre*); **3.** *sl.* a) gemeiner Brief, b) böse Bemerkung *od.* Kri¹tik, c) ‚böse‘ (*schwierige etc.*) Sache, d) ‚Mist‘ *m*; **'stink·ing** [-kɪŋ] **I** *adj.* □ **1.** stinkend; **2.** *sl.* a) widerlich, b) mise¹rabel; **3.** → *stinko*; **II** *adv.* **4.** ~ *rich sl.* ‚stinkreich‘.

stinko ['stɪŋkəʊ] *adj. Am. sl.* ‚(stink)besoffen‘, (to'tal) ‚blau‘.

'stink·pot *s.* **1.** ♣ *hist.* Stinktopf *m*; **2.** F → *stinker* 1.

stint [stɪnt] **I** *v/t.* **1.** *j*-n *od.* et. einschränken, *j*-n kurz *od.* knapp halten (*in*, *of* mit): ~ *o.s. of* sich einschränken mit, sich et. versagen; **2.** knausern *od.* kargen mit (*Geld*, *Lob etc.*); **II** *s.* **3.** Be-, Einschränkung *f*: *without ~* ohne Einschränkung, rückhaltlos; **4.** a) (zugewiesene) Arbeit, Pensum *n*, b) (vorgeschriebenes) Maß; **5.** ✕ Schicht *f*; **'stint·ed** [-tɪd] *adj.* □ knapp, karg.

stipe [staɪp] *s.* ♥, *zo.* Stiel *m*.

sti·pend ['staɪpend] *s.* Gehalt *n* (*bsd. e-s Geistlichen*); **sti·pen·di·ar·y** [staɪ'pendjərɪ] **I** *adj.* besoldet: ~ *magistrate* → **II** *s. Brit.* Richter *m* an e-m *magistrates' court*.

stip·ple ['stɪpl] **I** *v/t.* **1.** *paint.* tüpfeln, punktieren; **II** *s.* **2.** Punk'tierma₁nier *f*, Pointil'lismus *m*; **3.** Punktierung *f*.

stip·u·late ['stɪpjʊleɪt] *bsd.* ✄, ✝ **I** *v/i.* **1.** (*for*) a) e-e Vereinbarung treffen (über *acc.*), b) et. zur Bedingung machen; **II** *v/t.* **2.** festsetzen, vereinbaren, ausbedingen; **3.** ✄ *Tatbestand* einverständlich feststellen, außer Streit stellen; **stip·u·la·tion** [₁stɪpju'leɪʃn] *s.* **1.** ✝, ✄ (vertragliche) Abmachung, Über¹einkunft *f*; **2.** Klausel *f*, Bedingung *f*; **3.** ✄ Par'teienüber₁einkunft *f*.

stip·ule ['stɪpjuːl] *s.* ♥ Nebenblatt *n*.

stir¹ [stɜː] **I** *v/t.* **1.** Kaffee, Teig etc. rühren: ~ *up* a) (gut) umrühren, b) *Schlamm* aufwühlen; **2.** *Feuer* (an)schüren; **3.** *Glied etc.* rühren, bewegen:

not to ~ a finger keinen Finger krumm machen; **4.** *Blätter*, *See etc.* bewegen (*Wind*); **5.** ~ *up* a. *fig. j*-n auf-, wachrütteln; **6.** ~ *up fig.* a) *j*-n aufreizen, -hetzen, b) *Neugier etc.* erregen, c) *Streit etc.* entfachen; **7.** *fig.* aufwühlen, bewegen, erregen; *j*-s *Blut* in Wallung bringen; **II** *v/i.* **8.** sich rühren *od.* regen (*a. fig. geschäftig sein*): *not to ~ from the spot* sich nicht von der Stelle rühren; *he never ~red abroad* er ging nie aus; *he is not ~ring yet* er ist noch nicht auf(gestanden); **9.** a) im Gange *od.* 'Umlauf sein, b) geschehen, sich ereignen; **III** *s.* **10.** Rühren *n*; **11.** Bewegung *f*; **12.** Aufregung *f*; **13.** Aufsehen *n*, Sensati'on *f*: *create od. make a ~* Aufsehen erregen.

stir² [stɜː] *s. sl.* ‚Kittchen‘ *n*, ‚Knast‘ *m* (*Gefängnis*): *in ~* im Knast.

stirps [stɜːps] *pl.* **stir·pes** ['stɜːpiːz] *s.* **1.** Fa'milie(nzweig *m*) *f*; **2.** ✄ a) Stammvater *m*, b) Stamm *m*: *by stirpes* Erbfolge nach Stämmen.

stir·rer ['stɜːrə] *s.* a) Rührlöffel *m*, b) Rührwerk *n*.

stir·ring ['stɜːrɪŋ] *adj.* □ **1.** bewegt; **2.** *fig.* rührig; **3.** erregend, aufwühlend; zündend (*Rede*); bewegt (*Zeiten*).

stir·rup ['stɪrəp] *s.* **1.** Steigbügel *m*; **2.** ⚙ Bügel *m*; **3.** ♣ Springpferd *n* (*Haltetau*); ~ *bone s. anat.* Steigbügel *m* (*im Ohr*); ~ *i·ron s.* Steigbügel *m* (*ohne Steigriemen*); ~ *leath·er s.* Steig(bügel)riemen *m*.

stitch [stɪtʃ] **I** *s.* **1.** *Nähen etc.*: Stich *m*: *a ~ in time saves nine* gleich getan ist viel gespart; *put ~es in* → 7; **2.** *Strikken*, *Häkeln etc.*: Masche *f*; → *take up* 14; **3.** *fig.* Stich(art *f*) *m*, Strick-, Häkelart *f*; ✕ F *Faden m*: *not to have a dry ~ on* keinen trockenen Faden am Leibe haben; *without a ~ on* splitternackt; **5.** a) Stich *m*, Stechen *n* (*Schmerz*), b) *a. ~es in the side* Seitenstechen *n*: *be in ~es* F sich kaputtlachen; **II** *v/t.* **6.** nähen, steppen, (be)sticken; **7.** ~ *up* vernähen (*a.* ✗), (zs.-)flicken; **8.** *Buchbinderei*: (zs.-)heften, broschieren.

sto·a ['stəʊə] *pl.* **-ae** [-iː] *s. antiq.* Stoa *f*: a) △ Säulenhalle *f*, b) ❡ stoische Phi·loso'phie.

stoat [stəʊt] *s. zo.* **1.** Herme'lin *n*; **2.** Wiesel *n*.

stock [stɒk] **I** *s.* **1.** (*Baum-*, *Pflanzen-*)Strunk *m*; **2.** *fig.* ‚Klotz‘ *m* (*steifer Mensch*); **3.** ♥ Lev'koje *f*; **4.** ✄ ('Pfropf)Unterlage *f*; **5.** (*Peitschen-*, *Werkzeug*)Griff *m*; **6.** ✕ a) (Gewehr-)Schaft *m*, b) Schulterstütze *f* (*MG*); **7.** ⚙ 'Unterlage *f*, Block *m*; (Amboß-)Klotz *m*; **8.** ♣ Stapel *m*: *on the ~s* im Bau, im Werden (*a. fig.*); **9.** *hist.* Stock *m* (*Strafmittel*); **10.** ⚙ (Grund-, Werk)Stoff *m*: *paper ~* Papierstoff; **11.** a) ⚙ (*Füll- etc.*)Gut *n*, Materi'al *n*, b) (Fleisch-, Gemüse)Brühe *f* (*als Suppengrundlage*); **12.** steifer Kragen: *bsd.* ✕ Halsbinde *f*; **13.** Stamm *m*, Rasse *f*, Her-, Abkunft *f*; **14.** *allg.* Vorrat *m*; ✝ (Waren)Lager *n*, Inven'tar *n*: ~ (*on hand*) Warenbestand *m*; *in* (*out of*) ~ (nicht) vorrätig; *take ~* Inventur machen, *a. fig.* (e-e) Bestandsaufnahme machen; *take ~ of fig.* sich klarwerden über (*acc.*), *j*-n *od. et.* abschätzen; **15.** ✝ Ware(n *pl.*) *f*; **16.** *fig.* (*Wissens- etc.*)

Schatz *m*: *a ~ of information*; **17.** a) *a. live ~* lebendes Inven'tar, Vieh(bestand *m*) *n*, b) *a. dead ~* totes Inventar, Ma·teri'al *n*: *fat ~* Schlachtvieh *n*; **18.** a) ✝ 'Anleihekapi₁tal *n*, b) 'Grundkapi₁tal *n*, c) 'Aktienkapi₁tal *n*, d) Geschäftsanteil *m*; **19.** ✝ a) *Am.* Aktie(n *pl.*) *f*: *issue ~* Aktien ausgeben, b) *pl.* Aktien *pl.*, c) *pl.* Ef'fekten *pl.*, 'Wertpa₁piere *pl.*: *his ~ has gone up* s-e Aktien sind gestiegen (*a. fig.* F); **20.** ✝ a) Schuldverschreibung *f*, b) *pl. Brit.* 'Staatspa₁piere *pl.*; **21.** *thea.* Reper'toire(the₁ater) *n*; **II** *adj.* **22.** (stets) vorrätig, Lager..., Serien...: ~ *size* Standardgröße *f*; **23.** *fig.* stehend, stereo'typ: ~ *phrase*; **24.** ✎ Vieh..., Zucht...; **25.** ✝ *bsd. Am.* Aktien...; **26.** *thea.* Repertoire...; **III** *v/t.* **27.** versehen, -sorgen, ausstatten, füllen (*with* mit); **28.** *a.* ~ *up* auf Lager legen, (auf)speichern; **29.** ✝ *Ware* vorrätig haben, führen; **30.** ✄ anpflanzen; **31.** *Gewehr*, *Werkzeug* schäften; **IV** *v/i.* **32.** *a.* ~ *up* sich eindecken; ~ *account s.* ✝ *Brit.* Kapi'tal-, Ef'fektenkonto *n*, -rechnung *f*.

stock·ade [stɒ'keɪd] **I** *s.* **1.** Sta'ket *n*, Einpfählung *f*; **2.** ✕ a) Pali'sade *f*, b) *Am.* Mili'tärgefängnis *n*; **II** *v/t.* **3.** einpfählen, mit Sta'ket um'geben.

stock| **book** *s.* ✝ **1.** Lagerbuch *n*; **2.** *Am.* Aktienbuch *n*; **'~breed·er** *s.* Viehzüchter *m*; **'~bro·ker** *s.* Ef'fekten-, Börsenmakler *m*; **'~car** *s.* 🚃 *Am.* Viehwagen *m*; ~ *car s. mot.* Serienwagen *m*, *sport* Stock-Car *m*; ~ *cer·tif·i·cate s.* ✝ *Am.* Aktienzertifi₁kat *n*; ~ *com·pa·ny s.* ✝ *Am.* Aktiengesellschaft *f*; **2.** *thea.* Reper'toiregruppe *f*, En'semble *n*; ~ *cor·po·ra·tion s.* ✝ *Am.* **1.** Kapi'talgesellschaft *f*; **2.** Aktiengesellschaft *f*; **~ div·i·dend** *s.* ✝ *Am.* Divi'dende *f* in Form von Gratisaktien *pl.*; ~ *ex·change s.* ✝ (Ef'fekten-, Aktien-) Börse *f*; ~ *farm·er s.* Viehzüchter *m*; ~ *farm·ing s.* Viehzucht *f*; **'~fish** *s.* Stockfisch *m*; **'~hold·er** *s.* ✝ *bsd. Am.* Aktio'när *m*; **'~hold·ing** *s. Am.* Aktienbesitz *m*.

stock·i·net [₁stɒkɪ'net] *s.* Stocki'nett *n*, Tri'kot *m*, *n*.

stock·ing ['stɒkɪŋ] *s.* **1.** Strumpf *m*; **2.** *zo.* Färbung *f* am Fuß; **~ mask** *s.* Strumpfmaske *f*; **'~weav·er** *s.* Strumpfwirker *m*.

₁stock|**-in-'trade** *s.* **1.** ✝ a) Warenbestand *m*, b) Betriebsmittel *pl.*, c) 'Arbeitsmateri₁al *n*; **2.** *fig.* a) Rüstzeug *n*, b) ₁Reper'toire' *n*; **'~job·ber** → *jobber* 3, 4; **~ ledg·er** *s.* ✝ *Am.* Aktienbuch *n*; **'~list** *s.* (Aktien- *od.* Börsen)Kurszettel *m*; ~ *mar·ket s.* ✝ **1.** → *stock exchange*; **2.** Börsenkurse *pl.*; **'~pile** **I** *s.* Vorrat *m* (*of* an *dat.*); **II** *v/t.* e-n Vorrat anlegen von, aufstapeln; **'~pot** *s.* Suppentopf *m*; ~ *room s.* Lager (-raum *m*) *n*; ~ *shot s. phot.* Ar'chivaufnahme *f*; **₁~'still** *adj.* stockstill, -steif; **'~tak·ing** *s.* ✝ Bestandsaufnahme *f* (*a. fig.*), Inven'tur *f*.

stock·y ['stɒkɪ] *adj.* □ stämmig, unter'setzt.

'stock·yard *s.* Viehhof *m*.

stodge [stɒdʒ] *sl.* **I** *v/i. u. v/t.* sich (*den Magen*) vollstopfen; **II** *s.* a) dicker Brei, b) schwerverdauliches Zeug (*a. fig.*); **'stodg·y** [-dʒɪ] *adj.* □ **1.** schwerverdaulich (*a. fig. Stil etc.*), *fig. a.* schwerfällig (*a. Person*); langweilig; **2.** *fig.* ‚spießig‘.

sto·gie, **sto·gy** ['stəʊgɪ] *s. Am.* billige Zi'garre.

Sto·ic ['stəʊɪk] **I** *s. phls.* Stoiker *m* (*a. fig.* ⨇); **II** *adj.*, *a.* **'Sto·i·cal** [-kl] □ *phls.* stoisch (*a. fig.* ⨇ *unerschütterlich, gleichmütig*); **'Sto·i·cism** [-ısızəm] *s.* Stoi'zismus *m:* a) *phls.* Stoa *f*, b) ⨇ *fig.* Gleichmut *m.*

stoke [stəʊk] **I** *v/t.* **1.** *Feuer etc.* schüren (*a. fig.*); **2.** *Ofen etc.* (an)heizen, beschicken; **3.** F a) 'vollstopfen, b) *Essen etc.* hin'einstopfen; **II** *v/i.* **4.** schüren, stochern; **5.** heizen, feuern; **'~·hold** *s.* ⚓ Heizraum *m*; **'~·hole 1.** → **stoke·hold**; **2.** Schürloch *n.*

stok·er ['stəʊkə] *s.* **1.** Heizer *m*; **2.** (auto'matische) Brennstoffzuführung.

stole¹ [stəʊl] *s. eccl. u. Damenkleidung:* Stola *f.*

stole² [stəʊl] *pret.*, **'sto·len** [-lən] *p.p. von* **steal**.

stol·id ['stɒlɪd] *adj.* □ **1.** stur, stumpf; **2.** gleichmütig, unerschütterlich; **sto·lid·i·ty** [stɒ'lɪdətɪ] *s.* **1.** Gleichmut *m*, Unerschütterlichkeit *f*; **2.** Stur-, Stumpfheit *f.*

sto·ma ['stəʊmə] *pl.* **-ma·ta** ['stɒmətə] *s.* **1.** ♀ Stoma *n*, Spaltöffnung *f*; **2.** *zo.* Atmungsloch *n.*

stom·ach ['stʌmək] **I** *s.* **1.** Magen *m:* **on an empty ~** auf leeren Magen, nüchtern; **2.** Bauch *m*, Leib *m*; **3.** Appe'tit *m* (**for** auf *acc.*); **4.** Lust *f* (**for** zu); **II** *v/t.* **5.** verdauen (*a. fig.*); **6.** *fig.* a) (v)ertragen, b) ‚einstecken‘, hinnehmen; **'~·ache** *s.* Magenschmerz(en *pl.*) *m.*

stom·ach·er ['stʌməkə] *s. hist.* Mieder *n*, Brusttuch *n.*

sto·mach·ic [stəʊ'mækɪk] **I** *adj.* **1.** Magen...; **2.** magenstärkend; **II** *s.* **3.** ⚕ Magenmittel *n.*

sto·ma·ti·tis [ˌstəʊmə'taɪtɪs] *s.* ⚕ Mundschleimhautentzündung *f*, Stoma'titis *f.*

stomp [stɒmp] → **stamp** 1, 12, 13.

stone [stəʊn] **I** *s.* **1.** *allg.* (*a. Grab-, Schleif- etc.*)Stein *m:* **a ~'s throw** ein Steinwurf (weit), (nur) ein ‚Katzensprung‘; **leave no ~ unturned** nichts unversucht lassen; **throw ~s at** *fig.* mit Steinen nach *j-m* werfen; → **rolling stone**; **2.** *a.* **precious ~** (Edel)Stein *m*; **3.** (*Obst*)Kern *m*, Stein *m*; **4.** ⚕ a) (Gallen- *etc.*)Stein *m*, b) Steinleiden *n*; **5.** (Hagel)Korn *n*; **6.** *brit.* Gewichtseinheit (= 6,35 kg); **II** *adj.* **7.** steinern, Stein...; **III** *v/t.* **8.** mit Steinen bewerfen; **9.** *a.* **~ to death** steinigen; **10.** *Obst* entkernen, -steinen; **11.** ⚙ schleifen, glätten; ⨇ **Age** *s.* Steinzeit *f*; **'~·blind** *adj.* stockblind; **~·'broke** *adj.* ‚pleite‘, völlig ‚abgebrannt‘; **~ coal** *s.* Steinkohle *f*, *bsd.* Anthra'zit *m*; **'~·crop** *s.* ♀ Steinkraut *n*; **'~·cut·ter** *s.* **1.** Steinmetz *m*, -schleifer *m*; **2.** 'Steinschneidema, schine *f.*

stoned [stəʊnd] *adj.* **1.** entsteint, -kernt; **2.** *sl.* a) ‚(stink)besoffen‘, b) ‚high‘ (*im Drogenrausch*).

stone|-'dead *adj.* mausetot; **~·'deaf** *adj.* stocktaub; **~ fruit** *s.* Steinfrucht *f*; *coll.* Steinobst *n.*

stone·less ['stəʊnlɪs] *adj.* steinlos (*Obst*).

stone| mar·ten *s. zo.* Steinmarder *m*;

'~·ma·son *s.* Steinmetz *m*; **~ pit** *s.* Steinbruch *m*; **,~·'wall I** *v/i.* **1.** *sport* mauern (*defensiv spielen*); **2.** *pol.* Ob'strukti'on treiben (**on** gegen); **II** *v/t.* **3.** *pol. Antrag* durch Obstrukti'on zu Fall bringen; **,~·'wall·ing** *s.* **1.** *sport* Mauern *n*; **2.** *pol.* Obstrukti'on *f*; **'~·ware** *s.* Steinzeug *n.*

ston·i·ness ['stəʊnɪnɪs] *s.* **1.** steinige Beschaffenheit; **2.** *fig.* Härte *f*; **ston·y** ['stəʊnɪ] *adj.* □ **1.** steinig; **2.** steinern (*a. fig. Herz*), Stein...; **3.** starr (*Blick*); **4.** *a.* **~·broke** → **stone-broke**.

stood [stʊd] *pret. u. p.p. von* **stand**.

stooge [stu:dʒ] *s.* **1.** *thea.* Stichwortgeber *m*; **2.** *sl.* Handlanger *m*, Krea'tur *f*; **3.** *Am. sl.* (Lock)Spitzel *m*; **4.** *Brit. sl.* ‚Heini‘ *m.*

stool [stu:l] *s.* **1.** Hocker *m*; (Bü'ro-, Kla'vier)Stuhl *m:* **fall between two ~s** sich zwischen zwei Stühle setzen; **2.** ♀ Schemel *m*; **3.** Nachtstuhl *m*; **4.** ⚕ Stuhl *m:* a) Kot *m*, b) Stuhlgang *m:* **go to ~** Stuhlgang haben; **5.** ♀ a) Wurzelschößling *m*, b) Wurzelstock *m*, c) Baumstumpf *m*; **~ pi·geon** *s.* **1.** Lockvogel *m* (*a. fig.*); **2.** *bsd. Am. sl.* (Lock-)Spitzel *m.*

stoop¹ [stu:p] **I** *v/i.* **1.** sich bücken, sich (vorn'über)beugen; **2.** sich krumm halten, gebeugt gehen; **3.** *fig. contp.* a) sich her'ablassen, b) sich erniedrigen, die Hand reichen (**to** zu *et.*, **to do** zu tun); **4.** her'abstoßen (*Vogel*); **II** *v/t.* **5.** neigen, beugen; *Schultern* hängen lassen; **III** *s.* **6.** (Sich)Beugen *n*; **7.** gebeugte *od.* krumme Haltung; krummer Rücken; **8.** Niederstoßen *n* (*Vogel*).

stoop² [stu:p] *s. Am.* kleine Ve'randa (*vor dem Haus*).

stop [stɒp] **I** *v/t.* **1.** aufhören (**doing** zu tun): **~ it!** hör auf (damit)!; **2.** aufhören mit, *Besuche*, † *Lieferung, Zahlung, Tätigkeit*, ⚿ *Verfahren* einstellen; *Kampf, Verhandlungen etc.* abbrechen; **3.** ein Ende machen *od.* bereiten (*dat.*), Einhalt gebieten (*dat.*); **4.** *Angriff, Fortschritt, Gegner, Verkehr etc.* aufhalten, zum Stehen bringen; *Ball* stoppen; *Wagen, Zug, a. Uhr* anhalten, stoppen; *Maschine, a. Gas, Wasser* abstellen; *Fabrik* stillegen; *Lohn, Scheck etc.* sperren; *Redner etc.* unter'brechen; *Lärm etc.* unter'binden; **5.** verhindern, hindern (**from** an *dat.*, **from doing** zu tun); **6.** *Boxen etc.:* a) *Schlag* parieren, b) *Gegner* besiegen, stoppen: **~ a bullet** e-e (Kugel) ‚verpaßt‘ kriegen; **7.** *a.* **~ up** *Ohren etc.* verstopfen: **s.o.'s mouth** *fig.* j-m den Mund stopfen; → **gap** 4; **8.** *Weg* versperren; **9.** *Blut, Wunde* stillen; **10.** *Zahn* plombieren, füllen; **11.** ♪ a) *Saite, Ton* greifen b) *Griffloch* zuhalten, c) *Instrument, Ton* stopfen; **12.** *ling.* interpunktieren; **13.** **~ down** *phot. Objektiv* abblenden; **14.** **~ out** *Ätzkunst:* abdecken; **II** *v/i.* **15.** (an)halten, haltmachen, stehenbleiben, stoppen; **16.** aufhören, an-, innehalten, e-e Pause machen: **~ dead** (*od.* **short**) jäh aufhören; **~ at nothing** *fig.* vor nichts zurückschrecken; **17.** aufhören (*Vorgang, Lärm etc.*); **18.** **~ for** warten auf (*acc.*); **19.** F *im Bett etc.* bleiben: **~ away** (**from**) fernbleiben (*dat.*); **~ by** *Am.* (rasch) bei *j-m* ‚reinschauen‘; **~ in** zu Hause bleiben; **~ off** *od.* **over** Zwi-

---

schenstation machen; **~ out** a) wegbleiben, nicht heimkommen, b) † weiterstreiken; **III** *s.* **20.** Halt *m*, Stillstand *m:* **come to a ~** anhalten; **come to a full ~** aufhören, zu e-m Ende kommen; **put a ~ to** → 3; **21.** Pause *f*; **22.** ⚙ *etc.* Aufenthalt *m*, Halt *m*; **23.** a) Stati'on *f* (*Zug*), b) Haltestelle *f* (*Autobus*), c) Anlegestelle *f* (*Schiff*); **24.** 'Absteigequar‚tier *n*; **25.** ⚙ Anschlag *m*, Sperre *f*, Hemmung *f*; **26.** † Sperrung *f*, Sperrauftrag *m* (*für Scheck etc.*); → *a.* **stop order**, 27. ♪ a) Griff *m*, Greifen *n* (*e-r Saite etc.*), b) Griffloch *n*, c) Klappe *f*, d) Ven'til *n*, e) Re'gister *n* (*Orgel etc.*), f) *a.* **~ knob** Re'gisterzug *m:* **pull out all the ~s** *fig.* alle Register ziehen; **pull out the pathetic** → *fig.* pathetisch werden; **28.** *phot.* f-stop Blende *f* (*Einstellmarke*); **29.** *ling.* a) Knacklaut *m*, b) Verschlußlaut *m*; **30.** a) Satzzeichen *n*, b) Punkt *m*; **,~·and-'go** *adj.* durch Verkehrsampeln geregelt: **~ traffic** Stop-and-go-Verkehr *m*; **'~·cock** *s.* ⚙ Absperrhahn *m*; **'~·gap I** *s.* Lückenbüßer *m*, Notbehelf *m*; **II** † Über'brückung *f*; **II** *adj.* Not..., Behelfs...; † Über'brückungs...(-*hilfe, -kredit*); **'~·light** *s.* **1.** *mot.* Bremslicht *n*; **2.** rotes (Verkehrs)Licht; **'~·loss** *adj.* † zur Vermeidung weiterer Verluste: **~ order** → **~ or·der** *s.* † Stopp-loss-Auftrag *m*; **'~·o·ver** *s.* **1.** 'Reise-, 'Fahrtunter‚brechung *f*, (kurzer) Aufenthalt; **2.** 'Zwischenstati,on *f.*

stop·page ['stɒpɪdʒ] *s.* **1.** a) (An)Halten *n*, b) Stillstand *m*, c) Aufenthalt *m*; **2.** (Verkehrs- *etc.*)Stockung *f*; **3.** ⚙ a) (Betriebs)Störung *f*, Hemmung *f*, b) *a.* ⚙ Verstopfung *f*; **4.** Sperrung *f*, († *Kredit- etc.*, ⚿ *Strom*)Sperre *f*; **5.** (Arbeits-, Betriebs-, Zahlungs)Einstellung *f*; **6.** (Gehalts)Abzug *m.*

stop pay·ment *s.* † Zahlungssperre *f* (*für Schecks etc.*).

stop·per ['stɒpə] **I** *s.* **1.** a) Stöpsel *m*, Pfropf(en) *m*, b) Stopfer *m:* **put a ~ on** *fig. e-r Sache* ein Ende setzen; **2.** ⚙ Absperrvorrichtung *f*; Hemmer *m:* **~ circuit** ⚡ Sperrkreis *m*; **3.** *Werbung:* F Blickfang *m*; **II** *v/t.* **4.** zustöpseln.

stop·ping ['stɒpɪŋ] *s.* ⚕ (Zahn)Füllung *f*, Plombe *f*; **~ dis·tance** *s. mot.* Anhalteweg *m*; **~ place** *s.* Haltestelle *f*; **~ train** *s.* ⚙ Bummelzug *m.*

stop·ple ['stɒpl] **I** *s.* Stöpsel *m*; **II** *v/t.* zustöpseln.

stop| press *s.* (Spalte *f* für) letzte (nach Redakti'onsschluß eingelaufene) Meldungen *pl.*; **~ screw** *s.* ⚙ Anschlagschraube *f*; **~ sign** *s. mot.* Stoppschild *n*; **~ valve** *s.* ⚙ 'Absperrven,til *n*; **~ vol·ley** *s. Tennis:* Stoppflugball *m*; **'~·watch** *s.* Stoppuhr *f.*

stor·a·ble ['stɔ:rəbl] **I** *adj.* lagerfähig, Lager...; **II** *s.* lagerfähige Ware.

stor·age ['stɔ:rɪdʒ] *s.* **1.** (Ein)Lagerung *f*, Lagern *n*; **2.** *u. Computer:* Speicherung *f*; → **cold storage**; **2.** Lager(raum *m*) *n*, De'pot *n*; **3.** Lagergeld *n*; **~ bat·ter·y** *s.* ⚡ Akku(mu'lator) *m*; **~ cam·er·a** *s.* Speicherkamera *f*; **~ heat·er** *s.* Speicherofen *m.*

store [stɔ:] **I** *s.* **1.** (Vorrats)Lager *n*, Vorrat *m:* **in ~** vorrätig, auf Lager; **be in ~ for s.o.** *fig.* j-m bevorstehen, auf j-n warten; **have** (*od.* **hold**) **in ~ for** *fig.*

Überraschung etc. bereithalten für *j-n, j-m e-e Enttäuschung etc.* bringen; **2.** *pl.* a) Vorräte *pl.*, Ausrüstung *f* (u. Verpflegung *f*), Provi'ant *m*, b) *a.* **military ~s** Mili'tärbedarf *m*, Versorgungsgüter *pl.*, c) *a.* **naval** (*od.* **ship's**) **~s** Schiffsbedarf *m*; **3.** *a. pl. bsd. Brit.* Kauf-, Warenhaus *n*; **4.** *Am.* (Kauf)Laden *m*, Geschäft *n*; **5.** *bsd. Brit.* Lagerhaus *n*, Speicher *m* (*a. Computer*); **6.** *a. pl. fig.* (große) Menge, Fülle *f*, Reichtum *m* (*of* an *dat.*): *a great ~ of knowledge* ein großer Wissensschatz; **7.** *set great* (*little*) *~ by fig.* a) hoch (gering) einschätzen, b) großen (wenig) Wert legen auf (*acc.*); **II** *v/t.* **8.** versorgen, -sehen, eindecken (**with** mit); *Schiff* verprovi'antieren; *fig. s-n Kopf mit Wissen etc.* anfüllen; **9.** *a.* **~ up** einlagern, (auf-)speichern; *fig. im Gedächtnis* bewahren; **10.** *Möbel etc.* einstellen, -lagern; **11.** fassen, aufnehmen, 'unterbringen; **12.** ✞, *phys., a. Computer:* speichern; **~ cat·tle** *s.* Mastvieh *n*; **'~·house** *s.* **1.** Lagerhaus *n*; **2.** *fig.* Fundgrube *f*; **'~-** **keep·er** *s.* **1.** Lagerverwalter *m*; ✗ Kammer-, Geräteverwalter *m*; **2.** *Am.* Ladenbesitzer(in); **'~-room** *s.* **1.** Lagerraum *m*; **2.** Verkaufsraum *m*.

sto·rey ['stɔːrɪ] → *story²*; **'sto·reyed** [-ɪd] → *storied²*.

sto·ried¹ ['stɔːrɪd] *adj.* **1.** geschichtlich, berühmt; **2.** 'sagenum,woben; **3.** mit Bildern aus der Geschichte geschmückt: *a ~ frieze.*

sto·ried² ['stɔːrɪd] *adj.* mit Stockwerken: *two-~* zweistöckig (*Haus*).

stork [stɔːk] *s. orn.* Storch *m*; **'~s·bill** *s.* ♀ Storchschnabel *m*.

storm [stɔːm] **I** *s.* **1.** Sturm *m* (*a.* ✗ *u. fig.*), Unwetter *n*: *~ of applause* Beifallssturm *m*; *~ and stress hist.* Sturm u. Drang; *~ in a teacup fig.* Sturm im Wasserglas; *take by ~* im Sturm erobern (*a. fig.*); **2.** (Hagel-, Schnee-) Sturm *m*, Gewitter *n*; **II** *v/i.* **3.** stürmen, wüten, toben (*Wind etc.*) (*a. fig. at* gegen, über *acc.*); **4.** ✗ stürmen; **5.** *wohin* stürmen, stürzen; **III** *v/t.* **6.** ✗ (er-) stürmen; **7.** *fig.* bestürmen; **8.** *et.* wütend ausstoßen; **~ an·chor** *s. bsd. fig.* Notanker *m*; **'~·beat·en** *adj.* sturmgepeitscht; **'~·bird** → *stormy petrel* 1; **'~·bound** *adj.* vom Sturm aufgehalten; **~ cen·ter** *Am.*, **~ cen·tre** *Brit.* *s.* **1.** *meteor.* Sturmzentrum *n*; **2.** *fig.* Unruheherd *m*; **~ cloud** *s.* Gewitterwolke *f* (*a. fig.*); **'~-tossed** *adj.* sturmgepeitscht; **'~-troops** *s. pl.* **1.** ✗ Schock-, Sturmtruppe(n *pl.*) *f*; **2.** *hist.* (*Nazi-*)'Sturmab,teilung *f*, S'A *f*.

storm·y ['stɔːmɪ] *adj.* ☐ stürmisch (*a. fig.*); **~ pet·rel** *s.* **1.** *orn.* Sturmschwalbe *f*; **2.** *fig.* a) Unruhestifter *m*, b) Unglücksbote *m*.

sto·ry¹ ['stɔːrɪ] *s.* **1.** (*a.* amü'sante) Geschichte, Erzählung *f*: *the same old ~ fig.* das alte Lied; **2.** Fabel *f*, Handlung *f*, Story *f e-s Dramas etc.*; **3.** Bericht *m*, Geschichte *f*: *the ~ goes* man erzählt sich; *to cut* (*od.* *make*) *a long ~ short* (*Redewendung*) um es kurz zu machen, kurz u. gut; *tell the full ~ fig.* ,auspakken'; *that's quite another ~* das ist et. ganz anderes; **4.** (*Lebens*)Geschichte *f*, Story *f*: *the Glenn Miller ≈*; **5.** *bsd. Am.* ('Zeitungs)Ar,tikel *m*; **6.** F (Lü-

gen-, Ammen)Märchen *n*.

sto·ry² ['stɔːrɪ] *s.* Stock(werk *n*) *m*, Geschoß *n*, E'tage *f*; → *upper* I.

'sto·ry·book **I** *s.* Geschichten-, Märchenbuch *n*; **II** *adj. fig.* ,Bilderbuch...', märchenhaft; **'~,tell·er** *s.* **1.** (Märchen-, Geschichten)Erzähler(in); **2.** F Lügenbold *m*.

stoup [stuːp] *s.* **1.** *R.C.* Weihwasserbekken *n*; **2.** *Scot.* Eimer *m*; **3.** *dial.* a) Becher *m*, b) Krug *m*.

stout [staut] **I** *adj.* ☐ **1.** dick, beleibt; **2.** stämmig, kräftig; **3.** ausdauernd, zäh; **4.** mannhaft, beherzt, tapfer; **5.** heftig (*Angriff, Wind*); **6.** kräftig, ro'bust (*Material etc.*); **II** *s.* **7.** Stout *m* (*dunkles Bier*); **,stout'heart·ed** *adj.* ☐ → *stout* 4; **'stout·ness** [-nɪs] *s.* **1.** Stämmigkeit *f*; **2.** Beleibtheit *f*, Korpu'lenz *f*; **3.** Tapferkeit *f*, Mannhaftigkeit *f*; **4.** Ausdauer *f*.

stove¹ [stəuv] **I** *s.* **1.** Ofen *m*; **2.** (Koch-) Herd *m*; **3.** ✿ a) Brennofen *m*, b) Trokkenraum *m*; **4.** ✗ Treibhaus *n*; **II** *v/t.* **5.** trocknen, erhitzen; **6.** ♀ im Treibhaus ziehen.

stove² [stəuv] *pret. u. p.p. von* *stave.*

stove| en·am·el *s.* ✿ Einbrennlack *m*; **'~·pipe** *s.* **1.** Ofenrohr *n*; **2.** *a.* **~ hat** *bsd. Am.* F Zy'linder *m*, ,Angströhre' *f*; **3.** *pl.* F Röhrenhose *f*.

stow [stəu] **I** *v/t.* **1.** ♏ (ver)stauen; **2.** verstauen, packen: **~ away** a) wegräumen, -stecken, b) F *Essen* ,verdrücken'; **3.** *sl.* aufhören mit: **~ it!** hör auf (damit)!, halt's Maul!; **II** *v/i.* **4.** *a.* **~ away** sich an Bord schmuggeln; **stow·age** ['stəuɪdʒ] *s. bsd.* ♏ **1.** Stauen *n*; **2.** Stauraum *m*; **3.** Ladung *f*; **4.** Staugeld *n*; **'stow·a·way** [-əuə-] *s.* blinder Passa'gier.

stra·bis·mus [strə'bɪzməs] *s.* ✄ Schielen *n*; **stra·bot·o·my** [-'bɒtəmɪ] *s.* ✄ 'Schieloperati,on *f*.

strad·dle ['strædl] **I** *v/i.* **1.** a) die Beine spreizen, grätschen, b) breitbeinig *od.* mit gespreizten Beinen gehen *od.* stehen *od.* sitzen, c) rittlings sitzen; **2.** sich spreizen; **3.** sich (aus)strecken; **4.** *Am. fig.* schwanken, es mit beiden Par'teien halten; **II** *v/t.* **5.** rittlings sitzen auf (*dat.*); **6.** mit gespreizten Beinen stehen über (*dat.*); **7.** *die Beine* spreizen; **8.** *fig.* sich nicht festlegen wollen bei *e-r Streitfrage etc.*; **9.** ✗ *Ziel* eingabeln; **10.** *Poker:* *den Einsatz* blind verdoppeln; **III** *s.* **11.** a) (Beine)Spreizen *n*, b) breitbeiniges *od.* ausgreifendes Gehen, c) breitbeiniges (Da)Stehen, d) Rittlingssitzen *n*; **12.** a) *Turnen:* Grätsche *f*, b) *Hochsprung:* Straddle *m*; **13.** ✞ Stel'lage(geschäft *n*) *f*.

strafe [*Brit.* strɑːf; *Am.* streɪf] **I** *v/t.* **1.** ✗, ✈ im Tiefflug mit Bordwaffen angreifen; **2.** *fig.* F *j-n* anschnauzen; **II** *s.* **3.** → **'straf·ing** [-fɪŋ] *s.* **1.** (Bordwaffen)Beschuß *m*; **2.** *fig.* ,Anpfiff' *m*.

strag·gle ['strægl] *v/i.* **1.** um'herstreifen, **2.** (hinter/drein- *etc.*)bummeln, (-)zotteln; **3.** ♀ wuchern; **4.** zerstreut liegen *od.* stehen (*Häuser etc.*); sich hinziehen (*Vorstadt etc.*); **5.** *fig.* abschweifen; **'strag·gler** [-lə] *s.* **1.** Bummler(in); **2.** Nachzügler *m* (*a.* ♏); **3.** ✗ Versprengte(r) *m*; **4.** ♀ wilder Schößling; **'strag·gling** [-lɪŋ] *adj.*, **'strag·gly** [-lɪ] *adj.* **1.** beim Marsch etc. zu'rückge-

blieben; **2.** ausein'andergezogen (*Kolonne*); **3.** zerstreut (liegend); **4.** weitläufig; **5.** ♀ wuchernd; **6.** lose, 'widerspenstig (*Haar etc.*).

straight [streɪt] **I** *adj.* ☐ **1.** gerade: **~ angle** ♉ gestreckter Winkel; **~ hair** glattes Haar; **~ left** *Boxen:* linke Gerade; **~ line** gerade Linie, ♉ Gerade *f*; *keep a ~ face* das Gesicht nicht verziehen; **2.** ordentlich: *put ~* in Ordnung bringen; *put things ~* Ordnung schaffen; *set s.o. ~ on* j-n berichtigen hinsichtlich (*gen.*); → *record¹* 4; **3.** gerade, di'rekt; **4.** *fig.* gerade, offen, ehrlich, re'ell: *as ~ as a die* a) grundehrlich, b) kerzengerade; **5.** anständig; **6.** F zuverlässig: *a ~ tip*; **7.** pur: *~ whisk(e)y*; **8.** *pol. Am.* 'hundertpro,zentig: *a ~ Republican*; → *ticket* 7; **9.** ✞ *Am. sl.* ohne ('Mengen)Ra,batt; **10.** *thea.* a) konventio'nell (*Stück*), b) ef'fektlos (*Spiel*); **11.** nor'mal, konventio'nell (*Roman etc.*); **II** *adv.* **12.** gerade('aus); **13.** di'rekt, gerade(s)wegs: *~ from London*; **14.** anständig, ordentlich: *live ~*; **15.** richtig: *get s.o. ~* j-n richtig verstehen; *I can't think ~* ich kann nicht (richtig) denken; **16.** **~ away**, **~ off** so'fort, auf der Stelle; **17.** **~ out** 'rundher,aus; **III** *s.* **18.** Geradheit *f*: *out of the ~* krumm, schief; **19.** *sport* a) Gerade *f*: *back ~* Gegengerade; *home ~* Zielgerade, b) (Erfolgs-, Treffer- *etc.*) Serie *f*; **20.** *Poker:* Straight *m*; **21.** *be on the ~ and narrow* auf dem Pfad der Tugend wandeln; **22.** *the ~ of it Am.* F die (reine) Wahrheit; **23.** *sl.* ,Spießer' *m*; **,~·a'way** **I** *adv.* → *straight* 16; **II** *s.* *Am.* → *straight* 19a; **'~-edge** *s.* ✿ Li'ne'al *n*, Richtscheit *n*.

straight·en ['streɪtn] **I** *v/t.* **1.** gerade machen, -biegen, (gerade-, aus)richten; ✗ *Front* begradigen: **~ one's face** e-e ernste Miene aufsetzen; **~ o.s. up** sich aufrichten; **2.** *oft* **~ out** in Ordnung bringen: **~ one's affairs**; *things will ~ themselves out* das wird von allein (wieder) in Ordnung kommen; **3.** *oft* **~ out** entwirren, klarstellen; **4.** **~ s.o. out** j-m den Kopf zurechtsetzen; **II** *v/i.* **5.** geade werden; **6.** **~ up** *Am.* a) sich aufrichten, b) F ein anständiges Leben beginnen.

'straight|-faced *adj.* mit unbewegtem Gesicht; **~ flush** *s. Poker:* Straightflush *m*; **,~'for·ward** [-'fɔːwəd] **I** *adj.* ☐ **1.** di'rekt, offen, freimütig; **2.** ehrlich, redlich, aufrichtig; **3.** einfach, ganz nor'mal, unkompliziert (*Aufgabe etc.*); **II** *adv.* **4.** → I; **,~'for·ward·ness** [-'fɔːwədnɪs] *s.* Geradheit *f*, Offenheit *f*, Ehrlichkeit *f*, Aufrichtigkeit *f*; **,~-from-the-'shoul·der** *adj.* unverblümt; **'~-line** *adj.* ♉, ✿ geradlinig, li'ne'ar (*a.* ✞).

straight·ness ['streɪtnɪs] *s.* Geradheit *f*: a) Geradlinigkeit *f*, b) *fig.* Offenheit *f*, Aufrichtigkeit *f*.

'straight-out *adj. Am.* F **1.** rückhaltlos; **2.** offen, aufrichtig.

strain¹ [streɪn] **I** *s.* **1.** Beanspruchung *f*, Spannung *f*, Zug *m*; **2.** (verformende) Spannung, Verdehnung *f*; **3.** ✄ a) Zerrung *f*, b) Über'anstrengung *f* (*on gen.*); **4.** Anstrengung *f*, -spannung *f*, Kraftaufwand *m*; **5.** (*on*) Anstrengung *f*, Stra'paze *f* (für); starke In'anspruchnahme (*gen.*); *nervliche, finanzielle etc.* Belastung (für); Druck *m* (auf *acc.*); Last *f der Verantwortung etc.*: **be a ~ on, put a (great) ~ on** stark beanspruchen *od.* belasten, strapazieren; **6.** *mst pl.* ♪ Weise *f*, Melo'die *f*: **to the ~s of** unter den Klängen (*gen.*); **7.** *fig.* Ton *m*, Ma'nier *f*: **a humorous ~**; **8.** Laune *f*; **II** *v/t.* **9.** (an)spannen; **10.** ⊗ verformen, -dehnen; **11.** ✻ *Muskel etc.* zerren; *Handgelenk etc.* verstauchen; *s-e Augen, das Herz etc.* über'anstrengen; → **nerve** 1; **12.** *fig.* über'spannen, strapazieren, *j-s Geduld, Kräfte etc.* über-'fordern; *Befugnisse* über'schreiten; *Recht, Sinn* vergewaltigen, strapazieren: **~ a point** zu weit gehen; **13.** ('durch)seihen, filtrieren; **~ off** (*od.* **out**) abseihen; **14. ~ s.o. to one's breast** j-n ans Herz drücken; **III** *v/i.* **15.** sich (an)spannen; **16.** ⊗ sich verdehnen, -formen; **17. ~ at** zerren an (*dat.*); → **gnat** 1; **18.** sich anstrengen: **~ after** sich abmühen um, streben nach; → **effect** 3; **19.** drücken, pressen.

strain² [streɪn] *s.* **1.** Abstammung *f*; **2.** Linie *f*, Geschlecht *n*; **3.** *biol.* a) Rasse *f*, b) (Spiel)Art *f*; **4.** (Rassen)Merkmal *n*, Zug *m*, Schuß *m* (*indischen Bluts etc.*); **5.** (Erb)Anlage *f*, (Cha'rakter-) Zug *m*; **6.** Anflug *m* (*of* von).

strained [streɪnd] *adj.* □ **1.** gezwungen: **~ smile; 2.** gespannt: **~ relations; 'strain·er** [-nə] *s.* Sieb *n*, Filter *m*, *n*.

strait [streɪt] **I** *s.* **1.** *oft pl.* Straße *f*, Meerenge *f*: **the ~s of Dover** die Straße von Dover; **~s Settlements** ehemalige brit. Kronkolonie (*Malakka, Penang, Singapur*); **the ~s a**) (*früher*) die Meerenge von Gibraltar, b) (*heute*) die Malakkastraße; **2.** *oft pl.* Not *f*, *bsd. finanzielle* Verlegenheit, Engpaß *m*: **in dire ~s** in e-r ernsten Notlage; **II** *adj.* □ **3.** *obs.* eng, schmal; **4.** streng, hart; **'strait·en** [-tn] *v/t.* beschränken, beengen: **in ~ed circumstances** in beschränkten Verhältnissen; **~ed for** verlegen um.

'strait|jack·et I *s.* Zwangsjacke *f* (*a. fig.*); **II** *v/t.* in e-e Zwangsjacke stecken (*a. fig.*); **'~-laced** *adj.* sittenstreng, puri'tanisch, prüde.

strand¹ [strænd] **I** *s.* **1.** *poet.* Gestade *n*, Ufer *n*; **II** *v/t.* **2.** ⚓ auf den Strand setzen, auf Grund treiben; **3.** *fig.* stranden *od.* scheitern lassen: **~ed a**) gestrandet (*a. fig.*), b) *mot.* steckengeblieben, c) *fig.* arbeits-, mittellos; **be (left) ~ed a**) auf dem trockenen sitzen, b) ,aufgeschmissen' sein; **III** *v/i.* **4.** stranden.

strand² [strænd] **I** *s.* **1.** Strang *m* (*e-s Taus od. Seils*); **2.** (Draht-, Seil)Litze *f*; **3.** *biol.* (Gewebe)Faser *f*; **4.** (Haar-) Strähne *f*; **5.** (Perlen)Schnur *f*; **6.** *fig.* Faden *m*, Zug *m* (*e-s Ganzen*); **II** *v/t.* **7.** ⊗ *Seil* drehen; *Kabel* verseilen: **~ed wire** Litzendraht *m*, Drahtseil *n*; **8.** *Tau etc.* brechen.

strange [streɪndʒ] *adj.* □ **1.** fremd, neu, unbekannt, ungewohnt (*to j-m*); **2.** seltsam, sonderbar, merkwürdig: **~ to say** seltsamerweise; **3.** (*to*) nicht gewöhnt (an *acc.*), nicht vertraut (mit); **'strange·ness** [-nɪs] *s.* **1.** Fremdheit *f*; Fremdartigkeit *f*; **2.** Seltsamkeit *f*, das Merkwürdige; **'stran·ger** [-dʒə] *s.* **1.**

Fremde(r *m*) *f*, Unbekannte(r *m*) *f*, Fremdling *m*: **I am a ~ here** ich bin hier fremd; **you are quite a ~** Sie sind ein seltener Gast; **he is no ~ to me** er ist mir kein Fremder; **I spy** (*od.* **see**) **~s** *parl. Brit.* ich beantrage die Räumung der Zuschauertribüne; **the little ~** der kleine Neuankömmling (*Kind*); **2.** Neuling *m* (**to** in *dat.*): **be a ~ to** nicht vertraut sein mit; **he is no ~ to poverty** die Armut ist ihm nicht unbekannt.

stran·gle ['stræŋgl] **I** *v/t.* **1.** erwürgen, erdrosseln; **2.** *j-n* würgen, *den Hals* einschnüren (*Kragen etc.*); **3.** *fig.* a) *Seufzer etc.* ersticken, b) *et.* abwürgen; **II** *v/i.* **4.** ersticken; **'~·hold** *s.* Würgegriff *m*, *fig. a.* to'tale Gewalt (**on** über *acc.*).

stran·gu·late ['stræŋgjʊleɪt] *v/t.* **1.** ✻ abschnüren, abbinden; **2.** → **strangle** 1; **stran·gu·la·tion** [ˌstræŋgjʊ'leɪʃn] *s.* **1.** Erdrosselung *f*, Strangulierung *f*; **2.** ✻ Abschnürung *f*.

stran·gu·ry ['stræŋgjʊrɪ] *s.* ✻ Harnzwang *m*.

strap [stræp] **I** *s.* **1.** (Leder-, *a.* Trag-, ⊗ Treib)Riemen *m*, Gurt *m*, Band *n*; **2.** a) Halteriemen *m im Bus etc.*, b) (Stiefel)Schlaufe *f*; **3.** a) Träger *m am Kleid*, b) Steg *m an der Hose*; **4.** Achselklappe *f*; **5.** Streichriemen *m*; **6.** ⊗ a) (Me'tall-) Band *n*, b) Bügel *m* (*a. am Kopfhörer*); **7.** ⚓ Stropp *m*; **8.** ♀ Blatthäutchen *n*; **II** *v/t.* **9.** festschnallen (**to** an *dat.*): **~ o.s. in** sich anschnallen; **10.** *Messer* abziehen; **11.** mit e-m Riemen schlagen; **12.** ✻ ein (Heft)Pflaster kleben auf *e-e Wunde*; **'~|hang·er** *s.* F Stehplatzinhaber(in) *im Omnibus etc.*; **'~ i·ron** *s.* ⊗ *Am.* Bandeisen *n*.

strap·less ['stræplɪs] *adj.* trägerlos (*Kleid*); **'strap·per** [-pə] *s.* a) strammer Bursche, b) strammes *od.* dralles Mädchen; **'strap·ping** [-pɪŋ] **I** *adj.* **1.** stramm (*Bursche, Mädchen*), drall (*Mädchen*); **II** *s.* **2.** Riemen *pl.*; **3.** Tracht *f* Prügel; **4.** ✻ Heftpflaster(verband *m*) *n*.

stra·ta ['strɑːtə] *pl. von* **stratum**.

strat·a·gem ['strætɪdʒəm] *s.* **1.** Kriegslist *f*; **2.** List *f*, Kunstgriff *m*.

stra·te·gic [strə'tiːdʒɪk] *adj.* (□ **~ally**) *allg.* stra'tegisch, *a.* stra'tegisch wichtig, *a.* kriegswichtig; *a.* Kriegs...(-*lage*, -*plan*): **~ arms** strategische Waffen; **strat·e·gist** ['strætɪdʒɪst] *s.* Stra'tege *m*; **strat·e·gy** ['strætɪdʒɪ] *s.* Strate'gie *f*: a) Kriegskunst *f*, b) (Art *f* der) Kriegsführung *f*, c) *fig.* Taktik *f* (*a. sport*), d) *fig.* List *f*.

strat·i·fi·ca·tion [ˌstrætɪfɪ'keɪʃn] *s.* Schichtung *f* (*a. fig. Gliederung*); **strat·i·fied** ['strætɪfaɪd] *adj.* geschichtet, schichtenförmig: **~ rock** *geol.* Schichtgestein *n*; **strat·i·form** ['strætɪfɔːm] *adj.* schichtenförmig; **strat·i·fy** ['strætɪfaɪ] **I** *v/t.* schichten, *fig. a.* gliedern; **II** *v/i.* (*a. fig.* gesellschaftliche) Schichten bilden, *fig. a.* sich gliedern.

stra·tig·ra·phy [strə'tɪgrəfɪ] *s. geol.* Formati'onskunde *f*.

strat·o·cruis·er ['strætəʊˌkruːzə] *s.* ✈ Strato'sphärenflugzeug *n*.

strat·o·sphere ['strætəʊsfɪə] *s.* Strato-'sphäre *f*; **strat·o·spher·ic** [ˌstrætəʊ-'sferɪk] *adj.* **1.** strato'sphärisch; **2.** *Am.* F ,astro'nomisch', e'norm.

stra·tum ['strɑːtəm] *pl.* **-ta** [-tə] *s.* **1.**

allg. (*a.* Gewebe-, Luft)Schicht *f*, Lage *f*; **2.** *geol.* (Gesteins- *etc.*)Schicht *f*, Formati'on *f*; **3.** *fig.* (gesellschaftliche *etc.*) Schicht.

stra·tus ['streɪtəs] *pl.* **-ti** [-taɪ] *s.* Stratus *m*, Schichtwolke *f*.

straw [strɔː] **I** *s.* **1.** Strohhalm *m*: **draw ~s** Strohhalme ziehen (*als Lose*); **catch** (*od.* **grasp**) **at a ~** sich an e-n Strohhalm klammern; **the last ~ that breaks the camel's back** der Tropfen, der das Faß zum Überlaufen bringt; **that's the last ~!** das hat gerade noch gefehlt!, jetzt reicht es mir aber!; **he doesn't care a ~** es ist ihm völlig ,schnurz'; **2.** Stroh *n*; → **man** 3; **3.** Trinkhalm *m*; **4.** Strohhut *m*; **II** *adj.* **5.** Stroh...

straw·ber·ry ['strɔːbərɪ] *s.* **1.** ♀ Erdbeere *f*; **2.** F ,Knutschfleck' *m*; **~ mark** *s.* ✻ rotes Muttermal; **~ tongue** *s.* ✻ Himbeerzunge *f* (*bei Scharlach*).

straw| bid *s.* ♦ *Am.* Scheingebot *n*; **'~- ˌcol·o(u)red** *adj.* strohfarbig, -farben; **~ hat** *s.* Strohhut *m*; **~ mat·tress** *s.* Strohsack *m*; **~ vote** *s. bsd. Am.* Probeabstimmung *f*.

straw·y ['strɔːɪ] *adj.* **1.** strohern; **2.** mit Stroh bestreut.

stray [streɪ] **I** *v/i.* **1.** (um'her)streunen (*a. Tier*): **~ to** j-m zulaufen; **2.** weglaufen (**from** von); **3.** a) abirren (**from** von), sich verlaufen, b) her'umirren, *a. fig.* in die Irre gehen, vom rechten Weg abkommen; **4.** *fig.* abirren, -schweifen (*Gedanken etc.*); **5.** ⚡ streuen, vagabundieren; **II** *s.* **6.** verirrtes *od.* streunendes Tier; **7.** Her'umirrende(r *m*) *f*, Heimatlose(r *m*) *f*; **8.** *pl.* ⚡ atmo'sphärische Störungen *pl.*; **III** *adj.* **9.** *a.* strayed verirrt (*a. Kugel*), verlaufen, streunend (*Hund, Kind*); **10.** vereinzelt: **~ customers**; **11.** beiläufig: **a ~ remark**; **12.** ⚡ Streu..., vagabundierend (*Strom*).

streak [striːk] **I** *s.* **1.** Streif(en) *m*, Strich *m*; (Licht)Streifen *m*, (-)Strahl *m*: **~ of lightning** Blitzstrahl; **like a ~ (of lightning)** F blitzschnell; **2.** Maser *f*, Ader *f* (*im Holz*); **3.** *fig.* Spur *f*, Anflug *m*; **4.** Anlage *f*, humoristische *etc.* Ader; **5. ~ of (bad) luck** (Pech-)Glückssträhne *f*; **6.** ♠ Schliere *f*; **7.** ✻ Aufstreichimpfung *f*: **~ culture** Strichkultur *f*; **II** *v/t.* **8.** streifen; **9.** adern; **III** *v/i.* **10.** F flitzen; **streaked** [-kt] *adj.*, **'streak·y** [-kɪ] *adj.* □ **1.** gestreift; **2.** gemasert (*Holz*); **3.** durch'wachsen (*Speck*; *a. Am. fig.* F).

stream [striːm] **I** *s.* **1.** Wasserlauf *m*, Flüßchen *n*, Bach *m*; **2.** Strom *m*, Strömung *f*: **against (with) the ~** gegen den (mit dem) Strom schwimmen (*a. fig.*); **3.** (*a.* Blut-, Gas-, Menschen- *etc.*) Strom *m*, (Licht-, Tränen- *etc.*)Flut *f*: **~ of words** Wortschwall *m*; **~ of consciousness** *psych.* Bewußtseinsstrom; **4.** *ped.* Leistungsgruppe *f*; **5.** *fig.* a) Strömung *f*, Richtung *f*, b) Strom *m*, Lauf *m der Zeit etc.*; **II** *v/i.* **6.** strömen, fluten (*a. Licht, Menschen etc.*); **7.** strömen (*Tränen*), tränen (*Augen*): **~ with** triefen vor (*dat.*); **8.** *im Wind* flattern; **9.** fließen (*langes Haar*); **III** *v/t.* **10.** aus-, verströmen; **'stream·er** [-mə] *s.* **1.** Wimpel *m*; flatternde Fahne; **2.** (langes, flatterndes) Band; Pa'pierschlange *f*; **3.** Lichtstreifen *m* (*bsd. des Nord-lichts*); **4.** *a.* ~ **headline** *Zeitung*: breite Schlagzeile; **'stream·ing** [-mɪŋ] *s. ped.* Einteilung *f e-r Klasse* in Leistungs-gruppen; **'stream·let** [-lɪt] *s.* Bächlein *n.*

'stream|·line I *s.* **1.** *phys.* Stromlinie *f*; **2.** *a.* ~ **shape** Stromlinienform *f*, *weitS.* schnittige Form; **II** *adj.* **3.** → **stream-lined** 1; **III** *v/t.* **4.** ⚙ stromlinienförmig konstruieren; windschnittig gestalten *od.* verkleiden; **5.** *fig.* a) modernisie-ren, b) rationalisieren, 'durchorganisie-ren, c) *pol.* ‚gleichschalten'; **'~·lined** *adj.* **1.** ⚙ stromlinienförmig, wind-schnittig, Stromlinien...; **2.** schnittig, formschön; **3.** *fig.* a) modernisiert, fort-schrittlich, b) ratio'nell, c) *pol.* ‚gleich-geschaltet'; **'~·lin·er** *s. Am.* Stromli-nienzug *m.*

street [striːt] *s.* **1.** Straße *f*: *in the* ~ auf der Straße; **~s ahead** F haushoch über-legen (*of dat.*); **~s apart** F völlig ver-schieden; *not in the same* ~ *as* F nicht zu vergleichen mit; *walk the* ~s ‚auf den Strich' gehen (*Prostituierte*); *that's (right) up my* ~ das ist genau mein Fall; → *man* 3; **2.** *the* ~ a) Hauptgeschäfts-*od.* Börsenviertel *n*, b) *Brit.* → *Fleet Street*, c) *Am.* → *Wall Street*, d) Fi-nanzwelt *f*; ~ **Ar·ab** *s.* Gassenjunge *m*; **'~·car** *s. Am.* Straßenbahn(wagen *m*) *f*; **'~·clean·er** *s. streetsweeper* ~ **map** *s.* Stadtplan *m*; ~ **mar·ket** *s.* ♥ **1.** Frei-verkehrsmarkt *m*; **2.** *Brit.* Nachbörse *f*; **'~·sweep·er** *s. bsd. Brit.* **1.** Straßen-kehrer *m*; **2.** Kehrfahrzeug *n*; **~ the·a-ter** *Am.*, ~ **the·a·tre** *Brit.* *s.* 'Straßen-the₁ater *n*; **'~·walk·er** *s.* Straßen-, Strichmädchen *n*, Prostitu'ierte *f.*

strength [streŋθ] *s.* **1.** Kraft *f*, Kräfte *pl.*, Stärke *f*: ~ *of body* (*mind, will*) Körper- (Geistes-, Willens)kraft, -stär-ke: *go from* ~ *to* ~ immer stärker wer-den; **2.** *fig.* Stärke *f*: *his* ~ *is* (*od. lies*) *in endurance* s-e Stärke ist die Aus-dauer; **3.** ✕ (Truppen)Stärke *f*, Be-stand *m*: *actual* ~ Iststärke; *in full* ~ in voller Stärke, vollzählig; *in* (*great*) ~ in großer Zahl; **4.** ✕ Stärke *f*, (Heeres-*etc.*)Macht *f*, Schlagkraft *f*; **5.** ⚙ (♭ Strom-, Feld- *etc.*)Stärke *f*, (Bruch-, Zerreiß- *etc.*)Festigkeit *f*; 🔧, *phys.* Stärke *f* (*a. e-s Getränks*), Wirkungs-grad *m*; **6.** Stärke *f*, Intensi'tät *f* (*Farbe, Gefühl etc.*); **7.** (Beweis-, Über'zeu-gungs)Kraft *f*: *on the* ~ *of* auf Grund (*gen.*), kraft (*gen.*), auf (*acc.*) ... hin; **'strength·en** [-θn] I *v/t.* **1.** stärken: ~ *s.o.'s hand* *fig.* j-m Mut machen; **2.** *fig.* bestärken; **3.** (zahlenmäßig, *a.* ⚙, ♭) verstärken; **II** *v/i.* **4.** stark *od.* stär-ker werden, sich verstärken; **'strength-en·er** [-θənə] *s.* **1.** ⚙ Verstärkung *f*; **2.** ✻ Stärkungsmittel *n*; **3.** *fig.* Stärkung *f*; **'strength·en·ing** [-θənɪŋ] I *s.* **1.** Stär-kung *f*; **2.** Verstärkung *f* (*a.* ⚙, ♭); **II** *adj.* **3.** stärkend; **4.** verstärkend; **'strength·less** [-lɪs] *adj.* kraftlos.

stren·u·ous ['strenjʊəs] *adj.* □ **1.** em-sig, rührig; **2.** eifrig, tatkräftig; **3.** e'ner-gisch: ~ *opposition*; **4.** anstrengend, mühsam; **'stren·u·ous·ness** [-nɪs] *s.* **1.** Emsigkeit *f*; **2.** Eifer *m*, Tatkraft *f*; **3.** Ener'gie *f*; **4.** *das* Anstrengende.

stress [stres] I *s.* **1.** ♪, *ling.* a) Ton *m*, ('Wort-, 'Satz)Ak₁zent *m*, b) Betonung

f: *the* ~ *is on* ... der Ton liegt auf *der zweiten Silbe*; **2.** *fig.* Nachdruck *m*: *lay* ~ (*up*)*on* → 7; **3.** ⚙, *phys.* a) Bean-spruchung *f*, Druck *m*, b) Spannung *f*, Dehnung *f*: ~ *analyst* Statiker *m*; **4.** *seelische etc.* Belastung, Druck *m*, Streß *m*: ~ *disease* ✻ Streß-, Manager-krankheit *f*; **5.** Zwang *m*, Druck *m*: *under* (*the*) ~ *of circumstances* unter dem Druck der Umstände; **6.** Unge-stüm *n*; Unbilden *pl. der Witterung*; **II** *v/t.* **7.** ♪, *ling.*, *a. fig.* betonen, den Ak'zent legen auf (*acc.*); *fig.* Nach-druck *od.* Gewicht legen auf (*acc.*), her'vorheben; **8.** ⚙, *phys. u. fig.* bean-spruchen, belasten; **'stress·ful** [-fʊl] *adj.* anstrengend, ‚stressig', Streß...

stretch [stretʃ] I *v/t.* **1.** *oft* ~ *out* (aus-) strecken, *bsd. Kopf, Hals* recken: ~ *o.s.* (*out*) → 11; ~ *one's legs* sich die Beine vertreten; **2.** ~ *out Hand etc.* aus-, hinstrecken; **3.** *j-n* niederstrek-ken; **4.** *Seil, Saite, Tuch etc.* spannen (*over* über *dat. od. acc.*), straff ziehen; *Teppich etc.* ausbreiten; **5.** strecken; *Handschuhe etc.* ausweiten; *Hosen* spannen; **6.** ⚙ spannen, dehnen; **7.** *Nerven, Muskel* anspannen; **8.** *fig.* über'spannen, -'treiben: ~ *a principle* **9.** 'überbeanspruchen, *Befugnisse, Kre-dit etc.* über'schreiten; **10.** *fig.* es mit *der Wahrheit, e-r Vorschrift etc.* nicht allzu genau nehmen: ~ *a point* fünf ge-rade sein lassen, ein Auge zudrücken; **II** *v/i.* **11.** sich (aus)strecken; sich deh-nen *od.* rekeln; **12.** langen (*for* nach); **13.** sich erstrecken *od.* hinziehen (*to* [*bis*] zu) (*Gebirge etc., a. Zeit*): ~ *down to* zurückreichen *od.* -gehen (*bis*) zu *od. in* (*acc.*) (*Zeitalter, Erinnerung etc.*); **14.** sich *vor dem Blick* ausbrei-ten; **15.** sich dehnen (lassen); **16.** *mst* ~ *out* a) *sport* im gestreckten Galopp rei-ten, b) *fig.* sich ins Zeug legen, c) reichen (*Vorrat*); **III** *s.* **17.** *have a* ~, *give o.s. a* ~ sich strecken; **18.** Strecken *n*, (Aus-) Dehnen *n*; **19.** Spannen *n*; **20.** (An-) Spannung *f*, (Über)'Anstrengung *f*: *by every* ~ *of the imagination* unter Auf-bietung aller Phantasie; *on the* ~ (an-) gespannt (*Nerven etc.*); **21.** Über'trei-ben *n*; **22.** Über'schreiten *n von Befug-nissen, Mitteln etc.*; **23.** (Weg)Strecke *f*; Fläche *f*, Ausdehnung *f*; **24.** *sport*: Gerade *f*; **25.** Zeit(spanne) *f*: *a* ~ *of 10 years*; *at a* ~ ununterbrochen, hinter-einander, auf 'einen Sitz; **26.** *do a* ~ *sl.* ‚Knast schieben', ‚sitzen'; **'stretch·er** [-tʃə] *s.* **1.** ✻ (Kranken)Trage *f*; ~ *bearer* Krankenträger *m*; **2.** (*Schuh-etc.*) Spanner *m*; **3.** ⚙ Streckvorrich-tung *f*; **4.** *paint.* Keilrahmen *m*; **5.** Fuß-leiste *f im Boot*; **6.** △ Läufer(stein) *m*; **'stretch·y** [-tʃɪ] *adj.* dehnbar.

strew [struː] *v/t.* [*irr.*] **1.** (aus)streuen; **2.** bestreuen; **strewn** [struːn] *p.p. von* **strew.**

stri·a ['straɪə] *pl.* **stri·ae** ['straɪiː] *s.* **1.** Streifen *m*, Furche *f*, Riefe *f*; **2.** *pl.*✻ Striemen *pl.*, Streifen *pl.*, Striae *pl.*; **3.** *zo.* Stria *f*; **4.** *pl. geol.* (Gletscher-) Schrammen *pl.*; **5.** △ Riffel *m* (*an Säu-len*); **stri·ate** I *v/t.* ['straɪeɪt] **1.** streifen, furchen, riefeln; **2.** *geol.* kritzen; **II** *adj.* ['straɪət] → **stri·at·ed** ['straɪeɪtɪd] *adj.* **1.** gestreift, geriefelt; **2.** *geol.* ge-kritzt; **stri·a·tion** [straɪˈeɪʃn] *s.* **1.** Strei-

fenbildung *f*, Riefung *f*; **2.** Streifen *m*, *pl.*, Riefe(n *pl.*) *f*; **3.** *geol.* Schramme(n *pl.*) *f.*

strick·en ['strɪkən] **I** *p.p. von* **strike**; **II** *adj.* **1.** *obs.* verwundet; **2.** (*with*) heim-gesucht, schwer betroffen (von *Un-glück etc.*), befallen (von *Krankheit*), ergriffen (von *Schrecken, Schmerz etc.*); schwergeprüft (*Person*): ~ *in years* hochbetagt, vom Alter gebeugt; ~ *area* Katastrophengebiet *n*; **3.** *fig.* (nieder)geschlagen, (gram)gebeugt; verzweifelt (*Blick*); **4.** *allg.* angeschla-gen: *a* ~ *ship*; **5.** gestrichen (voll).

strick·le ['strɪkl] ⚙ I *s.* **1.** Abstreichlatte *f*; **2.** Streichmodel *m*; **II** *v/t.* **3.** ab-, glattstreichen.

strict [strɪkt] *adj.* □ → *strictly*, **1.** strikt, streng (*Person; Befehl, Befol-gung, Disziplin; Wahrheit etc.*); streng (*Gesetz, Moral, Untersuchung*): *be* ~ *with* mit *j-m* streng sein; *in* ~ *confi-dence* streng vertraulich; **2.** streng, ge-nau: *in the* ~ *sense* im strengen Sinne; **'strict·ly** [-lɪ] *adv.* **1.** streng *etc.*; **2.** *a.* ~ *speaking* genaugenommen; **3.** völlig, ausgesprochen; **4.** ausschließlich, rein; **'strict·ness** [-nɪs] *s.* Strenge *f*: a) Här-te *f*, b) Genauigkeit *f.*

stric·ture ['strɪktʃə] *s.* **1.** *oft pl.* (*on, upon*) scharfe Kri'tik (an *dat.*), kriti-sche Bemerkung (über *acc.*); **2.** ✻ Strik'tur *f*, Verengung *f.*

strid·den ['strɪdn] *p.p. von* **stride.**

stride [straɪd] **I** *v/i.* [*irr.*] **1.** schreiten; **2.** *a.* ~ *out* ausschreiten; **II** *v/t.* [*irr.*] **3.** *et.* entlang-, abschreiten; **4.** über-, durch-'schreiten; **5.** mit gespreizten Beinen stehen über (*dat.*) *od.* gehen über (*acc.*); **6.** rittlings sitzen auf (*dat.*); **III** *s.* **7.** (langer *od.* großer) Schritt: *get into one's* ~ *fig.* (richtig) in Schwung kom-men; *take s.th. into* (*od. hit*) *one's* ~ *fig.* et. spielend (leicht) schaffen; **8.** Schritt(weite *f*) *m*; **9.** *mst pl. fig.* Fort-schritt(e *pl.*) *m*: *with rapid* ~s mit Rie-senschritten.

stri·dent ['straɪdnt] *adj.* □ **1.** 'durch-dringend, schneidend, grell (*Stimme, Laut*); **2.** knirschend; **3.** *fig.* scharf, heftig.

strife [straɪf] *s.* Streit *m*: a) Hader *m*, b) Kampf *m*: *be at* ~ sich streiten, uneins sein.

stri·gose ['straɪgəʊs] *adj.* **1.** ♀ Bor-sten...; **2.** *zo.* fein gestreift.

strike [straɪk] I *s.* **1.** (*a. Glocken*)Schlag *m*, Hieb *m*, Stoß *m*; **2.** a) *Bowling*: Strike *m* (*Abräumen beim 1. Wurf*), b) *Am. Baseball*: (Verlustpunkt *m* bei) Schlagfehler *m*; **3.** *fig.* ‚Treffer' *m*, Glücksfall *m*; **4.** ♥ Streik *m*, Ausstand *m*: *be on* ~ streiken; *go on* ~ in (den) Streik *od.* in den Ausstand treten; *on* ~ streikend; **5.** ✕ a) (*bsd.* Luft)Angriff *m*, b) A'tomschlag *m*; **II** *v/t.* [*irr.*] **6.** schlagen, Schläge *od.* e-n Schlag verset-zen (*dat.*); *allg.* treffen: ~ *off* abschla-gen, -hauen; *struck by a stone* von e-m Stein getroffen; **7.** *Waffe* stoßen (*into* in *acc.*); **8.** *Schlag* schlagen; → *blow*² 1; **9.** ♪ *Ton, a. Glocke, Saite, Taste* anschlagen; → *note* 8; **10.** *Zünd-holz* anzünden, *Feuer* machen, *Funken* schlagen; **11.** *Kopf, Fuß etc.* (an)schla-gen, schlagen (*against* gegen); **12.** sto-ßen *od.* schlagen gegen *od.* auf (*acc.*);

zs.-stoßen mit; ⚓ auflaufen auf; einschlagen in (acc.) (Geschoß, Blitz); fallen auf (acc.) (Strahl); Auge, Ohr treffen (Lichtstrahl, Laut); ~ s.o.'s eye j-m ins Auge fallen; **13.** j-m einfallen, in den Sinn kommen; **14.** j-m auffallen; **15.** j-n beeindrucken, Eindruck machen auf (acc.); **16.** j-m wie vorkommen: *how does it ~ you?* was hältst du davon?; *it ~s me as ridiculous* es kommt mir lächerlich vor; **17.** stoßen auf (acc.): a) (zufällig) treffen od. entdecken, b) *Gold etc.* finden; → *oil* 2, *rich* 5; **18.** Wurzeln schlagen; **19.** Lager, Zelt abbrechen; **20.** ⚓ *Flagge, Segel* streichen; **21.** *Angeln: Fisch* mit e-m Ruck auf den Haken spießen; **22.** *Giftzähne* schlagen in (acc.) (Schlange); **23.** ⊚ glattstreichen; **24.** a) ♪ *Durchschnitt, Mittel* nehmen, b) ✝ *Bilanz: den Saldo* ziehen; → *balance* 6; **25.** (*off* von e-r Liste etc.) streichen; **26.** *Münze* schlagen, prägen; **27.** *Stunde* schlagen (Uhr); **28.** fig. j-n schlagen, treffen (*Unglück etc.*), befallen (*Krankheit*); **29.** (*with* mit *Schrecken, Schmerz etc.*) erfüllen; **30.** *blind etc.* machen; → *blind* 1, *dumb* 1; **31.** *Haltung, Pose* einnehmen; **32.** *Handel* abschließen; → *bargain* 2; **33.** ~ *work* die Arbeit niederlegen: a) Feierabend machen, b) in Streik treten; **III** v/i. [irr.] **34.** (zu)schlagen, (-)stoßen; **35.** schlagen, treffen: ~ *at* a) j-n od. nach j-m schlagen, b) fig. zielen auf (acc.); **36.** ([*up*]*on*) a) (an)schlagen, stoßen (an *acc.*, gegen), b) ⚓ auflaufen (auf *acc.*), auf Grund stoßen; **37.** fallen (*Licht*), auftreffen (*Lichtstrahl, Schall etc.*) ([*up*]*on auf acc.*); **38.** fig. stoßen ([*up*]*on auf acc.*); **39.** schlagen (*Uhrzeit*): *the hour has struck* die Stunde hat geschlagen (*a. fig.*); **40.** sich entzünden, angehen (*Streichholz*); **41.** einschlagen (*Geschoß, Blitz*); **42.** Wurzel schlagen; **43.** den Weg einschlagen, sich (plötzlich) nach *links etc.* wenden: ~ *for home* F heimzu gehen; ~ *into* a) einbiegen in (*acc.*), *Weg* einschlagen, b) fig. plötzlich verfallen in (*acc.*), et. beginnen, sich e-m *Thema* zuwenden; **44.** ✝ streiken (*for* für); **45.** ⚓ die Flagge streichen (*to* vor dat.) (*a. fig.*); **46.** (zu)beißen (*Schlange*); **47.** fig. zuschlagen (*Feind etc.*);
Zssgn mit adv.:
strike| back v/i. zu'rückschlagen (*a. fig.*); ~ **down** v/t. niederschlagen, -strecken (*a. fig.*); ~ **in** v/i. **1.** beginnen, einfallen (*a. ♪*); **2.** ☞ (sich) nach innen schlagen; **3.** einfallen, unter'brechen (*with* mit e-r Frage etc.); **4.** sich einmischen, -schalten, *a.* mitmachen: ~ *with* a) sich richten nach, b) mitmachen bei; ~ *in·wards* → *strike in* 2; ~ **off** v/t. **1.** → *strike* 6; **2.** a) Wort etc. ausstreichen, *Eintragung* löschen, b) j-n von e-r Liste etc. streichen, j-m die Berufserlaubnis etc. entziehen; **3.** typ. abziehen; ~ **out I** v/t. **1.** → *strike off* 2 a; **2.** fig. et. ersinnen; **3.** *mst* fig. e-n Weg einschlagen; **II** v/i. **4.** a) (los-, zu)schlagen, b) (zum Schlag) ausholen; **5.** (forsch) ausschreiten, *a.* (los)schwimmen (*for* nach, auf *e-n Ort* zu); **6.** fig. loslegen; **7.** mit den Armen beim Schwimmen ausgreifen; ~ **through** v/t. Wort etc.

'durchstreichen; ~ **up I** v/i. **1.** ♪ einsetzen (*Spieler, Melodie*); **II** v/t. **2.** ♪ a) *Lied etc.* anstimmen, b) *Kapelle* einsetzen lassen; **3.** *Bekanntschaft, Freundschaft* schließen, *a. Gespräch* anknüpfen (*with* mit).
strike| bal·lot s. Urabstimmung f; '~·**bound** adj. bestreikt (*Fabrik etc.*); '~·**break·er** s. Streikbrecher m; ~ **pay** s. Streikgeld n; '~·**prone** adj. streikanfällig.
strik·er ['straɪkə] s. **1.** Schläger(in); **2.** Streikende(r m) f, Ausständige(r m) f; **3.** Hammer m, Klöppel m (*Uhr*); **4.** ✕ Schlagbolzen m; **5.** ♭ Zünder m; **6.** *bsd. Fußball:* Stürmer m, ‚Spitze' f: *be ~* Spitze spielen.
strike vote → *strike ballot*.
strik·ing ['straɪkɪŋ] adj. □ **1.** schlagend, Schlag...; **2.** fig. a) bemerkenswert, auffallend, eindrucksvoll, b) über'raschend, verblüffend, c) treffend: ~ *example*; **3.** streikend.
string [strɪŋ] **I** s. **1.** Schnur f, Bindfaden m; **2.** (*Schürzen-, Schuh- etc.*)Band n, Kordel f: *have s.o. on a ~* j-n am Gängelband od. in s-r Gewalt haben; **3.** (Puppen)Draht m: *pull ~s* fig. s-e Beziehungen spielen lassen; *pull the ~s* fig. der Drahtzieher sein; **4.** (Bogen-) Sehne f: *have two ~s to one's bow* fig. zwei Eisen im Feuer haben; *be a second ~* das zweite Eisen im Feuer sein (→ 5); **5.** ♪ a) Saite f, b) pl. 'Streichinstru,mente pl., die Streicher pl.; *first* (*second etc.*) ~ *sport etc.* erste (zweite etc.) ‚Garnitur'; *be a second ~* zur zweiten Garnitur gehören; *harp one ~* fig. immer auf derselben Sache herumreiten; **6.** Schnur f (*Perlen etc.*); **7.** fig. Reihe f, Kette f (*von Fragen, Fahrzeugen etc.*); **8.** Koppel f (*Pferde etc.*); **9.** ♀ a) Faser f, Fiber f, b) Faden m von Bohnen; **10.** zo. obs. Flechse f; **11.** △ Fries m, Sims m; **12.** F Bedingung f, ‚Haken' m: *no ~s attached* ohne Bedingungen; **II** v/t. [irr.] **13.** *Schnur etc.* spannen; **14.** (zu-, ver-) schnüren, zubinden; **15.** *Perlen etc.* aufreihen; **16.** fig. anein'anderreihen: ~ *s.th. out* et. ‚strecken', et. ‚ausspinnen'; **17.** *Bogen* spannen; **18.** ♪ a) besaiten, bespannen (*a. Tennisschläger*), b) *Instrument* stimmen; **19.** *mit Girlanden etc.* behängen; **20.** *Bohnen* abziehen; **21.** ~ *up sl.* ‚aufknüpfen', -hängen; **22.** ~ *up Nerven* anspannen: ~ *o.s. up to* a) sich in e-e Erregung etc. hineinsteigern, b) sich aufraffen (*et.* od. *to do* zu tun); → *high-strung*; **23.** Am. sl. j-n ‚verkohlen', aufziehen; **24.** ~ *along* F a) j-n hinhalten, b) j-n ‚einwickeln'; **III** v/i. [irr.] **25.** Fäden ziehen (*Flüssigkeit*); **26.** ~ *along* mitmachen (*with* mit, bei); ~ **bag** s. Einkaufsnetz n; ~ **band** s. ♪ 'Streichor,chester n; ~ **bean** s. ♀ Gartenbohne f; '~·**course** → *string* 11.
stringed [strɪŋd] adj. **1.** ♪ Saiten..., Streich...: ~ *instruments*; ~ *music* Streichmusik f; **2.** ♪ *in Zssgn* ...saitig; **3.** aufgereiht (*Perlen etc.*).
strin·gen·cy ['strɪndʒənsɪ] s. **1.** Strenge f, Schärfe f; **2.** Bündigkeit f, zwingende Kraft: *the ~ of an argument*; **3.** ✝ (Geld-, Kre'dit)Verknappung f, Knappheit f; '**strin·gent** [-nt] adj. □ **1.**

streng, scharf; **2.** zwingend: ~ *necessity*; **3.** zwingend, über'zeugend, bündig: ~ *arguments*; **4.** ✝ knapp (*Geld*), gedrückt (*Geldmarkt*).
string·er ['strɪŋə] s. **1.** ♪ Saitenaufzieher m; **2.** ⊚ Längs-, Streckbalken m; △ (Treppen)Wange f; ⛏ Langschwelle f; ✗ Längsversteifung f; ⚓ Stringer m.
string·i·ness ['strɪŋɪnɪs] s. **1.** Faserigkeit f; **2.** Zähigkeit f.
string| or·ches·tra s. ♪ 'Streichor,chester n; ~ **quar·tet(te)** s. ♪ 'Streichquar,tett n.
string·y ['strɪŋɪ] adj. **1.** faserig, zäh, sehnig; **2.** zäh(flüssig), klebrig, Fäden ziehend.
strip [strɪp] **I** v/t. **1.** Haut etc. abziehen, (-)schälen; *Baum* abrinden; **2.** Bett abziehen; **3.** a. ~ *off Kleid etc.* ausziehen, abstreifen; **4.** j-n entkleiden, ausziehen (*to the skin* bis auf die Haut): ~ *ped* a) nackt, entblößt, b) mot. ‚nackt' (*ohne Extras*); **5.** fig. entblößen, berauben (*of gen.*), (aus)plündern: ~ *s.o. of his office* j-n s-s Amtes entkleiden; **6.** *Haus etc.* ausräumen; *Fabrik* demontieren; ⚓ abtakeln; **8.** ⊚ zerlegen; **9.** ⊚ Gewinde über'drehen; **10.** *Kuh* ausmelken; **11.** *Kohlenlager etc.* freilegen; **II** v/i. **12.** a) sich ausziehen, b) ‚strippen': ~ *to the waist* den Oberkörper frei machen; **III** s. **13.** a) (Sich)Ausziehen n, b) → *striptease*; **14.** ✈ Start- u. Landestreifen m; **15.** *sport* F Dreß m; **16.** Streifen m (*Papier etc., a. Land*); **17.** ⊚ a) Walzrohling m, b) Bandeisen n, -stahl m; **18.** → ~ *car·toon* s. Comic strip m.
stripe [straɪp] **I** s. **1.** *mst andersfarbiger* Streifen (*a. zo.*), Strich m; **2.** ✕ Tresse f, (Ärmel)Streifen m: *get one's ~s* (zum Unteroffizier) befördert werden; *lose one's ~s* degradiert werden; **3.** Striemen m; **4.** (Peitschen-)Hieb m; **5.** fig. Am. Sorte f, Schlag m; **II** v/t. **6.** streifen: ~*d* gestreift, streifig.
strip light·ing s. Sof'fittenbeleuchtung f.
strip·ling ['strɪplɪŋ] s. Bürschchen n.
strip| min·ing s. ✗ Tagebau m; '~·**tease** s. Striptease m, n; '~,**teas·er** s. Stripteasetänzerin f, ‚Stripperin' f.
strive [straɪv] v/i. [irr.] **1.** sich (be)mühen, bestrebt sein (*to do* zu tun); **2.** (*for, after*) streben (nach), ringen, sich mühen (um); **3.** (erbittert) kämpfen (*against* gegen, *with* mit), ringen (*with* mit); **striv·en** ['strɪvn] p.p. von *strive*.
strobe [strəʊb] s. **1.** phot. Röhrenblitz m; **2.** Radar: Schwelle f.
strode [strəʊd] pret. von *stride*.
stroke [strəʊk] **I** s. **1.** (*a. Blitz-, Flügel-, Schicksals*)Schlag m; Hieb m, Streich m, Stoß m: *at a* (*od. one*) ~ a. fig. mit 'einem Schlag, auf 'einen Streich; *a good ~ of business* ein gutes Geschäft; ~ *of luck* Glückstreffer m, -fall m; *not to do a ~ of work* keinen Finger rühren; **2.** (Glocken-, Hammer-, Herzetc.)Schlag m: ~ *the ~* pünktlich; *on the ~ of nine* Punkt neun; **3.** ♪ Anfall m, bsd. Schlag(anfall) m; **4.** mot. a) (Kolben)Hub m, b) Hubhöhe f, c) Takt m; **5.** *sport* a) Schwimmen: Stoß m, (Bein)Schlag m, (Arm)Zug m, b) Golf, Rudern, Tennis etc.: Schlag m, c) Ru-

dern: Schlagzahl *f*; **6.** *Rudern*: Schlagmann *m*: **row ~** → 11; **7.** (Pinsel-, Feder)Strich *m* (*a. typ.*), (Feder)Zug *m*: **with a ~ of the pen** mit einem Federstrich (*a. fig.*); **8.** *fig.* (glänzender) Einfall, Leistung *f*: **a clever ~** ein geschickter Schachzug; **a ~ of genius** ein Geniestreich; **9.** ♪ a) Bogenstrich *m*, b) Anschlag *m*, c) (Noten)Balken *m*; **10.** Streicheln *n*; **II** *v/t.* **11. ~ a boat** *Rudern*: am Schlag (e-s Bootes) sitzen; **12.** streichen über (*acc.*); glattstreichen; **13.** streicheln.

stroll [strəʊl] **I** *v/i.* **1.** schlendern, (um-'her)bummeln, spazieren(gehen); **2.** um'herziehen; **~ing actor** (*od.* **player**) → **stroller** 2; **II** *s.* **3.** Spaziergang *m*, Bummel *m*: **go for a ~, take a ~** e-n Bummel machen; **'stroll·er** [-lə] *s.* **1.** Bummler(in), Spaziergänger(in); **2.** Wanderschauspieler(in); **3.** (Kinder-) Sportwagen *m*.

stro·ma ['strəʊmə] *pl.* **-ma·ta** [-mətə] *s.* *biol.* Stroma *n* (*a.* ♀).

strong [strɒŋ] **I** *adj.* □ **~ strongly**; **1.** *allg.* stark (*a. Gift, Kandidat, Licht, Nerven, Schlag, Verdacht, Gefühl etc.*); kräftig (*a. Farbe, Gesundheit, Stimme, Wort*): **~ face** energisches *od.* markantes Gesicht; **~ man** *pol.* starker Mann; **have ~ feelings about** sich erregen über (*acc.*); **use ~ language** Kraftausdrücke gebrauchen; **~ point** 24; **2.** stark (an Zahl *od.* Einfluß), mächtig: **a company 200 ~** e-e 200 Mann starke Kompanie; **3.** *fig.* scharf (*Verstand*), klug (*Kopf*): **~ in** tüchtig in (*dat.*); **4.** fest (*Glaube, Überzeugung*): **5.** eifrig, über'zeugt: **a ~ Tory**; **6.** gewichtig, zwingend: **~ arguments**; **7.** stark, gewaltsam, e'nergisch (*Anstrengung, Maßnahmen*): **with a ~ hand** mit starker Hand; **8.** stark, schwer (*Getränk, Speise, Zigarre*); **9.** a) stark (*Geruch, Geschmack, Parfüm*), b) überriechend *od.* -schmeckend, *a.* ranzig; **10.** *ling.* stark: **~ declination**; **~ verb**; **11.** ♀ a) anziehend (*Preis*), b) fest (*Markt*), c) lebhaft (*Nachfrage*); **II** *adv.* **12.** stark, e'nergisch, nachdrücklich; **13.** F tüchtig, mächtig: **be going ~** gut in Schuß *od.* Form sein; **come** (*od.* **go**) **it ~** mächtig ˌrangehen', auftrumpfen; **'~·arm** F **I** *adj.* Gewalt...: **~ methods**; **~ man** Schläger *m*; **II** *v/t.* a) j-n einschüchtern, b) über'fallen, -s schlagen; **'~·box** *s.* ('Geld-, 'Stahl)Kasˌsette *f*; Tre'sorfach *n*; **~'head·ed** *adj.* starrköpfig; **'~·hold** *s.* **1.** ✕ Feste *f*; **2.** *fig.* Bollwerk *n*; *fig.* Hochburg *f*.

strong·ly ['strɒŋlı] *adv.* **1.** kräftig, stark; heftig: **feel ~ about** sich erregen über (*acc.*); **2.** nachdrücklich, sehr.

ˌstrong|-'mind·ed *adj.* willensstark, e'nergisch; **~ point** *s.* ✕ Stützpunkt *m*; **2.** *fig.* → **point** 24; **~ room** *s.* Tre'sor(raum) *m*; **~'willed** *adj.* **1.** willensstark; **2.** eigenwillig, -sinnig.

stron·ti·um ['strɒntɪəm] *s.* ♐ Strontium *n*.

strop [strɒp] **I** *s.* **1.** Streichriemen *m* (*für Rasiermesser*); **2.** ♣ Stropp *m*; **II** *v/t.* **3.** Rasiermesser etc. abziehen.

stro·phe ['strəʊfɪ] *s.* Strophe *f*; **stroph-ic** ['strɒfɪk] *adj.* strophisch.

strop·py ['strɒpɪ] *adj.* F 'widerspenstig, -borstig.

---

strove [strəʊv] *pret. von* **strive**.
struck [strʌk] **I** *pret. u. p.p. von* **strike**; **II** *adj.* ♀ *Am.* bestreikt.
struc·tur·al ['strʌktʃərəl] *adj.* □ **1.** struktu'rell (bedingt), Struktur... (*a. fig.*): **~ unemployment** strukturelle Arbeitslosigkeit; **2.** ⊛ baulich, Bau... (*-stahl, -teil, -technik etc.*), Konstruktions...; **3.** *biol.* a) morpho'logisch, Struktur..., b) or'ganisch (*Krankheit etc.*); **4.** *geol.* tek'tonisch; **5.** 🌲 Struktur...; **'struc·tur·al·ism** [-lɪzəm] *s.* *ling.*, *phls.* Struktura'lismus *m*.
struc·ture ['strʌktʃə] **I** *s.* **1.** Struk'tur *f* (*a.* 🌲, *biol.*, *phys.*, *psych.*, *sociol.*), Gefüge *n*, (Auf)Bau *m*, Gliederung *f* (*alle a. fig.*): **~ of a sentence** Satzbau *m*; **price ~** ♀ Preisstruktur, -gefüge; **2.** ⊛, △ Bau(art *f*) *m*, Konstrukti'on *f*; **3.** Bau(werk *n*) *m*, Gebäude *n* (*a. fig.*); *pl.* Bauten *pl.*; **4.** *fig.* Gebilde *n*; **II** *v/t.* **5.** strukturieren; **'struc·ture·less** [-tʃəlɪs] *adj.* struk'turlos; **'struc·tur·ize** [-raɪz] *v/t.* strukturieren.
strug·gle ['strʌgl] **I** *v/i.* **1.** (*against*, **with**) kämpfen (gegen, mit), ringen (mit) (*for* um *Atem, Macht etc.*); **2.** sich winden, zappeln, sich sträuben (*against* gegen); **3.** sich (ab)mühen (**with** mit, **to do** *et.* zu tun), sich anstrengen *od.* quälen: **~ through** sich durchkämpfen; **~ to one's feet** mühsam aufstehen, sich ˌhochrappeln'; **4.** Kampf *m*, Ringen *n*, Streit *m* (*for* um, **with** mit): **~ for existence** a) *biol.* Kampf ums Dasein, b) Existenzkampf; **5.** Anstrengung(en *pl.*) *f*, Streben *n*; **6.** Zappeln *n*, Sich'aufbäumen *n*; **'strug·gler** [-lə] *s.* Kämpfer *m*.
strum [strʌm] **I** *v/t.* **1.** klimpern auf (*dat.*): **~ a piano**; **2.** Melodie (her'unter)klimpern *od.* (-)hämmern; **II** *v/i.* **3.** klimpern (**on** auf *dat.*); **III** *s.* **4.** Geklimper *n*.
stru·ma ['struːmə] *pl.* **-mae** [-miː] *s.* ♐ **1.** Struma *f*, Kropf *m*; **2.** Skrofu'lose *f*; **'stru·mose** [-məʊs], **'stru·mous** [-məs] *adj.* ♐ **1.** ♐ stru'mös; **2.** ♐ skrofu'lös; **3.** ♀ kropfig.
strum·pet ['strʌmpɪt] *s.* *obs.* Metze *f*, Dirne *f*, Hure *f*.
strung [strʌŋ] *pret. u. p.p. von* **string**.
strut¹ [strʌt] **I** *v/i.* **1.** (ein'her)stolzieren; **2.** *fig.* großspurig auftreten, sich spreizen; **II** *s.* **3.** Stolzieren *n*, stolzer Gang; **4.** *fig.* großspuriges Auftreten.
strut² [strʌt] △, ⊛ **I** *s.* Strebe *f*, Stütze *f*, Spreize *f*; **II** *v/t.* verstreben, abspreizen, -stützen.
strut·ting¹ ['strʌtɪŋ] *adj.* □ großspurig, -tuerisch; **II** *s.* → **strut¹** II.
strut·ting² ['strʌtɪŋ] *s.* ⊛, △ Verstrebung *f*, Abstützung *f*.
strych·nic ['strɪknɪk] *adj.* 🌲 Strychnin...; **'strych·nin(e)** [-niːn] *s.* 🌲 Strych'nin *n*.
stub [stʌb] **I** *s.* **1.** (Baum)Stumpf *m*; **2.** (Kerzen-, Bleistift- *etc.*)Stummel *m*, Stumpf *m*; **3.** Ziga'retten-, Zi'garrenstummel *m*, ˌKippe' *f*; **4.** kurzer stumpfer Gegenstand, *z. B.* Kuppnagel *m*; **5.** *Am.* Kon'trollabschnitt *m*; **II** *v/t.* **6.** *Land* roden; **7.** *mst* **~ up** *Bäume etc.* ausroden; **8.** mit *der Zehe etc.* (an)stoßen; **9.** *mst* **~ out** *Zigarette* ausdrücken.
stub·ble ['stʌbl] *s.* **1.** Stoppel *f*; **2.** *coll.* (Getreide-, Bart- *etc.*)Stoppeln *pl.*; **3.**

---

a. **~ field** Stoppelfeld *n*; **'stub·bly** [-lɪ] *adj.* stopp(e)lig, Stoppel...
stub·born ['stʌbən] *adj.* □ **1.** eigensinnig, halsstarrig, störrisch, stur; 'widerspenstig (*a. Sache*); **2.** hartnäckig (*a. Widerstand etc.*); **3.** standhaft, unbeugsam; **4.** spröde, hart; *metall.* strengflüssig; **'stub·born·ness** [-nɪs] *s.* **1.** Eigen-, Starrsinn *m*, Halsstarrigkeit *f*; **2.** Hartnäckigkeit *f*; **3.** Standhaftigkeit *f*.
stub·by ['stʌbɪ] *adj.* **1.** stummelartig, kurz; **2.** unter'setzt, kurz und dick; **3.** stopp(e)lig.
stuc·co ['stʌkəʊ] △ **I** *pl.* **-coes** *s.* **1.** Stuck *m* (*Gipsmörtel*); **2.** Stuck(arbeit *f*, -verzierung *f*) *m*, Stucka'tur *f*; **II** *v/t.* **3.** mit Stuck verzieren, stuckieren; **'~·work** → **stucco** 2.
stuck [stʌk] *pret. u. p.p. von* **stick**.
ˌstuck-'up *adj.* F hochnäsig.
stud¹ [stʌd] **I** *s.* **1.** Beschlagnagel *m*, Knopf *m*, Knauf *m*, Buckel *m*; **2.** △ (Wand)Pfosten *m*, Ständer *m*; **3.** ⊛ a) Kettensteg *m*, b) Stift *m*, Zapfen *m*, c) Stiftschraube *f*, d) Stehbolzen *m*; **4.** ✕ (Führungs)Warze *f* (*e-s Geschosses*); **5.** Kragen- *od.* Man'schettenknopf *m*; **6.** ⚡ a) Kon'taktbolzen *m*, b) Brücke *f*; **7.** Stollen *m* (*am Fußballschuh etc.*); **II** *v/t.* **8.** (mit Beschlagnägeln *etc.*) beschlagen *od.* verzieren; **9.** *a. fig.* besetzen, über'säen; **10.** verstreut sein über (*acc.*).
stud² [stʌd] *s.* **I.** a) Gestüt *n*; **2.** *coll.* a) Zucht *f* (*Tiere*), b) Stall *m* (*Pferde*): **3.** a) (Zucht)Hengst *m*, b) *allg.* männliches Zuchttier, c) *sl.* ˌZuchtbulle' *m*, ˌAufreißer' *m*; **II** *adj.* Zucht...; **5.** Stall...; **'~·book** *s.* **1.** Gestütbuch *n* für *Pferde*; **2.** *allg.* Zuchtstammbuch *n*.
stu·dent ['stjuːdnt] *s.* **1.** a) *univ.* Stu'dent(in), b) *ped. bsd. Am. u. allg.* Schüler(in), c) Lehrgangs-, Kursteilnehmer(in): **~ adviser** Studienberater (-in); **~ driver** *Am.* Fahrschüler(in); **~ hostel** Studentenwohnheim *n*; **~ teacher** *ped.* Praktikant(in); **2.** Gelehrte(r *m*) *f*, Forscher(in); Büchermensch *m*; **3.** Beobachter(in), Erforscher(in) *des Lebens etc.*; **'stu·dent·ship** [-ʃɪp] *s.* **1.** Stu'dentenzeit *f*; **2.** *Brit.* Sti'pendium *n*.
stud|farm *s.* Gestüt *n*; **~ horse** *s.* Zuchthengst *m*.
stud·ied ['stʌdɪd] *adj.* □ **1.** gewollt, gesucht, gekünstelt; **2.** absichtlich, geflissentlich; **3.** wohlüberlegt.
stu·di·o ['stjuːdɪəʊ] *s.* **1.** *paint.*, *phot. etc.* Ateli'er *n*, *a. thea. etc.* Studio *n*; **2.** ('Film)Atelier *n*: **~ shot** Atelieraufnahme *f*; **3.** (Fernseh-, Rundfunk)Studio *n*, Aufnahme-, Senderaum *m*; **~ couch** *s.* Schlafcouch *f*.
stu·di·ous ['stjuːdɪəs] *adj.* □ **1.** gelehrtenhaft; **2.** fleißig, beflissen, lernbegierig; **3.** (eifrig) bedacht (*of* auf *acc.*), bemüht (**to do** zu tun); **4.** sorgfältig, peinlich (gewissenhaft); **5.** → **studied**; **'stu·di·ous·ness** [-nɪs] *s.* **1.** Fleiß *m*, (Studier)Eifer *m*, Beflissenheit *f*; **2.** Sorgfalt *f*.
stud·y ['stʌdɪ] **I** *s.* **1.** Studieren *n*; **2.** Studium *n*: **studies** Studien *pl.*, Studium *n*; **make a ~ of** *et.* sorgfältig studieren; **make a ~ of doing s.th.** *fig.* bestrebt sein, et. zu tun; **in a (brown) ~** *fig.* in Gedanken versunken, geistesabwesend; **3.** Studie *f*, Unter'suchung *f*

(*of*, *in* über *acc.*, zu); **4.** 'Studienfach *n*, -zweig *m*, -ob‚jekt *n*, Studium *n*: *his face was a perfect ~ fig.* sein Gesicht war sehenswert; **5.** Studier-, Arbeitszimmer *n*; **6.** *Kunst, Literatur:* Studie *f*, Entwurf *m*; **7.** ♪ E'tüde *f*; **8.** *be a good* (*slow*) *~ thea.* s-e Rolle leicht (schwer) lernen; **II** *v/t.* **9.** *allg.* studieren: a) *Fach etc.* erlernen, b) unter'suchen, erforschen, genau lesen: *~ out sl.* ausknobeln, c) mustern, prüfen(d ansehen), d) *sport etc. Gegner* abschätzen; **10.** *thea.* Rolle einstudieren; **11.** *Brit. j-m* gegenüber aufmerksam *od.* rücksichtsvoll sein; **12.** sich bemühen um *et.* (*od. to do* zu tun), bedacht sein auf (*acc.*): *~ one's own interests*; **III** *v/i.* **13.** studieren; *~ group s.* Arbeitsgruppe *f*, -gemeinschaft *f.*

stuff [stʌf] **I** *s.* **1.** (*a.* Roh)Stoff *m*, Materi'al *n*; **2.** a) (Woll)Stoff *m*, Zeug *n*, b) *Brit.* (*bsd.* Kamm)Wollstoff *m*; **3.** ⊕ Bauholz *n*; **4.** ⊕ Ganzzeug *n* (*Papier*); **5.** Lederschmiere *f*; **6.** *coll.* Zeug *n*, Sachen *pl.* (*Gepäck, Ware etc.*): *green ~* Grünzeug, Gemüse *n*; **7.** *contp.* (wertloses) Zeug, Kram *m* (*a. fig.*): *~* (*and nonsense*) dummes Zeug; **8.** *fig.* Zeug *n*, Stoff *m*: *the ~ that heroes are made of* das Zeug, aus dem Helden gemacht sind; *he is made of sterner ~* er ist aus härterem Holz geschnitzt; *do your ~!* F zeig mal, was du kannst!; *he knows his ~* F er kennt sich aus (*ist gut bewandert*); *good ~!* bravo!, prima!; *that's the ~* (*to give them*)! F so ist's richtig!; → *rough* 6; **9.** F a) ‚Zeug' *n*, ‚Stoff' *m* (*Schnaps etc.*), b) ‚Stoff' *m* (*Drogen*); **II** *v/t.* **10.** (*a. fig.* sich den Kopf mit Tatsachen etc.) vollstopfen; *e-e Pfeife* stopfen: *~ o.s.* (*on*) sich vollstopfen (mit *Essen*); *~ s.o.* (*with lies*) F j-m die Hucke voll lügen; *~ed shirt sl.* Fatzke *m*, Wichtigtuer *m*, ‚lackierter Affe'; **11.** *a. ~ up* ver-, zustopfen; **12.** *Sofa etc.* polstern; **13.** *Geflügel* a) stopfen, nudeln, b) *Küche:* füllen; **14.** *Tiere* ausstopfen; **15.** *Am.* Wahlurne mit gefälschten Stimmzetteln füllen; **16.** *Leder* mit Fett imprägnieren; **17.** *et. wohin* stopfen; **18.** V *Frau* ‚bumsen': *get ~ed!* leck mich (am Arsch)!; **III** *v/i.* **19.** sich (den Magen) vollstopfen; **'stuff·i·ness** [-fɪnɪs] *s.* **1.** Dumpfheit *f*, Schwüle *f*, Stickigkeit *f*; **2.** Langweiligkeit *f*; **3.** F a) Spießigkeit *f*, b) Steifheit *f*, c) Verstaubtheit *f*, d) ‚Muffigkeit' *f.*

stuff·ing ['stʌfɪŋ] *s.* **1.** Füllung *f*, 'Füllmateri‚al *n*; Füllhaar *n*, 'Polstermateri‚al *n*: *knock the ~ out of fig.* a) *j-n* ‚zur Schnecke machen', b) *j-n* fix u. fertig machen, c) *j-n gesundheitlich* kaputtmachen; **2.** *Küche:* Füllung *f*, Farce *f*; **3.** *fig.* Füllsel *n*; **4.** Lederschmiere *f*; *~ box s.* ⊕ Stopfbüchse *f.*

stuff·y ['stʌfɪ] *adj.* □ **1.** stickig, dumpf, schwül; **2.** *fig.* langweilig, fad; **3.** F a) beschränkt, spießig, b) pe'dantisch, c) verknöchert, d) F ‚muffig', e) prüde.

stul·ti·fi·ca·tion [‚stʌltɪfɪ'keɪʃn] *s.* Verdummung *f*; **stul·ti·fy** ['stʌltɪfaɪ] *v/t.* **1.** *a. ~ the mind* verdummen *od. j-n* veralbern; **3.** wirkungslos *od.* zu'nichte machen.

stum·ble ['stʌmbl] **I** *v/i.* **1.** stolpern, straucheln (*at od. over* über *acc.*) (*a. fig.*): *~ in*(*to*) *fig.* in *e-e Sache* (hinein-)

stolpern, (-)schlittern; *~* (*up*)*on* (*od. across*) *fig.* zufällig stoßen auf (*acc.*); **2.** stolpern, wanken; **3.** *fig.* e-n Fehltritt tun, straucheln; **4.** stottern, stokken: *~ through Rede etc.* herunterstottern; **II** *s.* **5.** Stolpern *n*, Strauchein *n*; *fig. a.* Fehltritt *m*; **6.** *fig.* ‚Schnitzer' *m*, Fehler *m*; **stum·bling block** ['stʌmblɪŋ] *s. fig.* **1.** Hindernis *n* (*to* für); **2.** Stolperstein *m.*

stu·mer ['stjuːmə] *s. Brit. sl.* **1.** Fälschung *f*; **2.** gefälschter *od.* ungedeckter Scheck.

stump [stʌmp] **I** *s.* **1.** (*Baum-, Kerzen-, Zahn- etc.*)Stumpf *m*, Stummel *m*; (*Ast*)Strunk *m*: *~ foot* ♯ Klumpfuß *m*; *up a ~ Am. sl.* in der Klemme; **2.** *go on* (*od. take*) *the ~ bsd. Am. pol.* e-e Propagandareise machen, öffentliche Reden halten; **3.** *Kricket:* Torstab *m*: *draw* (*the*) *~s* das Spiel beenden; **4.** *sl.* ‚Stelzen' *pl.* (*Beine*): *stir one's ~s* ‚Tempo machen', sich beeilen; **5.** *Zeichnen:* Wischer *m*; **II** *v/t.* **6.** *a. ~ out Kricket:* den Schläger ‚aus' machen; **7.** F *j-n durch e-e Frage etc.* verblüffen: *he was ~ed* er war verblüfft *od.* aufgeschmissen; *~ed for* verlegen um *e-e Antwort etc.*; **8.** *bsd. Am.* F *Gegend* als Wahlredner bereisen; *~ it* F → 2; **9.** F sta(m)pfen über (*acc.*); **10.** *Zeichnung* abtönen; **11.** *Am.* F *j-n* her'ausfordern (*to do* zu tun); **12.** *~ up Brit.* F ‚berappen', ‚blechen'; **III** *v/i.* **13.** (da'her-) sta(m)pfen; **14.**→12; **15.**→2; **'stump·er** [-pə] *s.* **1.** *Kricket:* Torwächter *m*; **2.** F harte Nuß; **3.** *Am.* F a) Wahlredner *m*, b) Agi'tator *m*; **stump speech** *s. Am.* Wahlrede *f*; **'stump·y** [-pɪ] *adj.* □ **1.** stumpfartig; **2.** gedrungen, unter'setzt; **3.** plump.

stun [stʌn] *v/t.* **1.** *durch Schlag etc.*, *a. durch Lärm etc.* betäuben; **2.** *fig.* betäuben: a) verblüffen, b) niederschmettern, c) über'wältigen; *~ned* wie betäubt *od.* gelähmt.

stung [stʌŋ] *pret. u. p.p. von* **sting.**

stunk [stʌŋk] *pret. u. p.p. von* **stink.**

stun·ner ['stʌnə] *s.* F a) ‚toller Kerl', b) ‚tolle Frau', c) ‚tolle Sache'; **'stun·ning** [-nɪŋ] *adj.* □ **1.** betäubend (*a. fig. niederschmetternd*); **2.** *sl.* ‚toll', phänome'nal.

stunt¹ [stʌnt] *v/t.* **1.** (im Wachstum, in der Entwicklung *etc.*) hemmen; **2.** verkümmern lassen, verkrüppeln: *~ed* verkümmert, verkrüppelt.

stunt² [stʌnt] **I** *s.* **1.** Kunst-, Glanzstück *n*; Kraftakt *m*; **2.** Sensati'on *f*: a) Schaunummer *f*, b) Bra'vourstück *n*, c) Schlager *m*; **3.** ✈ Flugkunststück *n*; *pl. a.* Kunstflug *m*; **4.** (Re'klame- *etc.*)Trick *m*, ‚tolle I'dee', *weitS.* ‚tolles Ding'; **II** *v/i.* **5.** (Flug)Kunststücke machen, kunstfliegen; **'stunt·er** [-tə] *s.* F **1.** Kunstflieger(in); **2.** Akro'bat(in).

stunt|fly·ing *s.* ✈ Kunstflug *m*; *~ man s.* [*irr.*] *Film:* Stuntman *m*, Double *n* (*für gefährliche Szenen*).

stupe [stjuːp] ♯ **I** *s.* heißer 'Umschlag *od.* Wickel; **II** *v/t.* heiße 'Umschläge legen auf (*acc.*), *j-m* heiße 'Umschläge machen.

stu·pe·fa·cient [‚stjuːpɪ'feɪʃnt] **I** *adj.* betäubend, abstumpfend; **II** *s.* ♯ Betäubungsmittel *n*; **‚stu·pe'fac·tion** [-'fækʃn] *s.* **1.** Betäubung *f*; **2.** Ab-

stumpfung *f*; **3.** Abgestumpftheit *f*; **4.** Bestürzung *f*, Verblüffung *f*; **stu·pe·fy** ['stjuːpɪfaɪ] *v/t.* **1.** betäuben; **2.** verdummen; **3.** abstumpfen; **4.** verblüffen, bestürzen.

stu·pen·dous [stjuː'pendəs] *adj.* □ erstaunlich; riesig, gewaltig, e'norm.

stu·pid ['stjuːpɪd] **I** *adj.* □ **1.** dumm; **2.** stumpfsinnig, blöd, fad; **3.** betäubt, benommen; **II** *s.* **4.** Dummkopf *m*; **stu·pid·i·ty** [stjuː'pɪdətɪ] *s.* **1.** Dummheit *f* (*a. Handlung, Idee*); **2.** Stumpfsinn *m*; **stu·por** ['stjuːpə] *s.* **1.** Erstarrung *f*, Betäubung *f*; **2.** Stumpfheit *f*; **3.** ♯, *psych.* Stupor *m*: a) Benommenheit *f*, b) Stumpfsinn *m.*

stur·di·ness ['stɜːdɪnɪs] *s.* **1.** Ro'bustheit *f*, Kräftigkeit *f*; **2.** Standhaftigkeit *f*; **stur·dy** ['stɜːdɪ] *adj.* □ **1.** ro'bust, kräftig, sta'bil (*a. Material etc.*); **2.** *fig.* standhaft, fest.

stur·geon ['stɜːdʒən] *pl.* **'stur·geons**, *coll.* **'stur·geon** *s. ichth.* Stör *m.*

stut·ter ['stʌtə] **I** *v/i.* **1.** stottern (*a. Motor*); **2.** keckern (*MG etc.*); **II** *v/t.* **3.** *a. ~ out* (her'vor)stottern; **III** *s.* **4.** Stottern *n*: *have a ~* stottern; **'stut·ter·er** [-ərə] *s.* Stotterer *m.*

sty¹ [staɪ] *s.* Schweinestall *m* (*a. fig.*).

sty², **stye** [staɪ] *s.* ♯ Gerstenkorn *n.*

Styg·i·an ['stɪdʒɪən] *adj.* **1.** stygisch; **2.** finster; **3.** höllisch.

style [staɪl] **I** *s.* **1.** *allg.* Stil *m*: a) Art *f*, Typ *m*, b) Manier *f*, Art *f* u. Weise *f*, *sport* Technik *f*: *~ of singing* Gesangsstil; *in superior ~* in überlegener Manier, souverän; *it cramps my ~* dabei kann ich mich nicht recht entfalten, c) guter Stil: *in ~* stilvoll (→ e, f), d) Lebensart *f*, -stil: *in good* (*bad*) *~* stil-, geschmackvoll (-los), e) vornehme Lebensart, Ele'ganz *f*: *in ~* vornehm; *put on ~ Am.* F vornehm tun, f) Mode *f*: *in ~* modisch, g) *literarische etc.* Ausdrucksweise *od.* -kraft: *commercial ~* Geschäftsstil, h) Kunst-, Baustil: *in proper ~* stilecht; **2.** (Mach)Art *f*, Ausführung *f*, Fas'son *f*; **3.** a) Titel *m*, Anrede *f*, b) ♯ (Firmen)Bezeichnung *f*, Firma *f*: *under the ~ of* unter dem Namen ...; ♯ unter der Firma ...; **4.** a) *antiq.* (Schreib)Griffel *m*, b) (Schreib-, Ritz)Stift *m*, c) Radiernadel *f*, d) Feder *f* *e-s Dichters*, e) Nadel *f* (*Plattenspieler*); **5.** ♯ Sonde *f*; **6.** Zeiger *m* der Sonnenuhr; **7.** Zeitrechnung *f*, Stil *m*: *Old* (*New*) ♀; **8.** ♀ Griffel *m*; **9.** *anat.* Griffelfortsatz *m*; **II** *v/t.* **10.** betiteln, benennen, bezeichnen, anreden (*mit od.* als); **11.** a) ⊕, ♯ entwerfen, gestalten, b) modisch zuschneiden; **'styl·er** [-lə] *s.* **1.** Modezeichner(in), -schöpfer (-in); **2.** ⊕ (Form)Gestalter *m*, Designer *m.*

sty·let ['staɪlɪt] *s.* **1.** Sti'lett *n* (*Dolch*); **2.** ♯ Man'drin *m*, Sondenführer *m.*

styl·ing ['staɪlɪŋ] *s.* **1.** Stilisierung *f*; **2.** ⊕, ♯ Styling *n*, (Form)Gestaltung *f.*

styl·ish ['staɪlɪʃ] *adj.* □ **1.** stilvoll; **2.** modisch, ele'gant, flott; **'styl·ish·ness** [-nɪs] *s.* Ele'ganz *f.*

styl·ist ['staɪlɪst] *s.* **1.** Sti'list(in); **2.** → *styler*, **sty·lis·tic** [staɪ'lɪstɪk] *adj.* (□ *~ally*) sti'listisch, Stil...

sty·lite ['staɪlaɪt] *s. eccl.* Sty'lit *m*, Säulenheilige(r) *m.*

styl·ize ['staɪlaɪz] *v/t.* **1.** *allg.* stilisieren;

2. der Konventi'on unter'werfen.

sty·lo ['staɪləʊ] *pl.* **-los** F, **'sty·lo·graph** [-ləgrɑ:f], **sty·lo·graph·ic pen** [ˌstaɪ ləʊ'græfɪk] *s.* **1.** Tintenkuli *m*; **2.** Füll-(feder)halter *m*.

sty·lus ['staɪləs] *s.* **1.** → *style* 4 a *u.* e, 6, 8, 9; **2.** Kopierstift *m*; **3.** Schreibstift *m* e-s Registriergeräts.

sty·mie, *a.* **sty·my** ['staɪmɪ] **I** *s. Golf:* **1.** a) *Situation, wenn der gegnerische Ball zwischen dem Ball des Spielers u. dem Loch liegt, auf das er spielt*, b) *Lage des gegnerischen Balles wie in 1a*; **2.** *den Gegner (durch die Ballage von 1)* hindern; **3.** *fig.* a) *Gegner* matt setzen, b) *Plan etc.* vereiteln: **be stymied** ˌaufgeschmissen' sein.

styp·tic ['stɪptɪk] *adj. u. s.* ❀ blutstillend (-es Mittel).

Styr·i·an ['stɪrɪən] **I** *adj.* stei(e)risch, steiermärkisch; **II** *s.* Steiermärker(in).

Sua·bi·an ['sweɪbjən] → *Swabian*.

su·a·ble ['sju:əbl] *adj.* ⅟ℷ **1.** (ein)klagbar (*Sache*); **2.** (passiv) pro'zeßfähig (*Person*).

sua·sion ['sweɪʒn] *s.* **1.** (**moral ~** gütliches) Zureden; **2.** Über'redung(sversuch *m*) *f*; **sua·sive** ['sweɪsɪv] *adj.* ☐ **1.** über'redend, zuredend; **2.** über'zeugend.

suave [swɑ:v] *adj.* ☐ **1.** verbindlich, höflich, zu'vorkommend, sanft; *contp.* ölig; **2.** lieblich, mild (*Wein etc.*); **suav·i·ty** ['swɑ:vətɪ] *s.* **1.** Höflichkeit *f*, Verbindlichkeit *f*; **2.** Lieblichkeit *f*, Milde *f*; **3.** *pl.* a) Artigkeiten *pl.*, b) Annehmlichkeiten *pl.*

sub¹ [sʌb] **I** *s.* F *abbr. für* **submarine**, **subordinate**, **subway**, **subaltern**, **sublieutonant** *etc.*; **II** *adj.* Aushilfs..., Not...; **III** *v/i.* F (**for**) einspringen (für), vertreten (*acc.*).

sub² [sʌb] (*Lat.*) *prp.* unter: **~ finem** am Ende (*e-s zitierten Kapitels*); **~ judice** (noch) anhängig, (noch) nicht entschieden (*Rechtsfall*); **~ rosa** unter dem Siegel der Verschwiegenheit, vertraulich; **~ voce** unter dem angegebenen Wort (*in e-m Wörterbuch etc.*).

sub- [sʌb; səb] *in Zssgn* a) Unter..., Grund..., Sub..., b) 'untergeordnet, Neben..., Unter..., c) annähernd, d) ⅟ℷ basisch, e) Ⱥ 'umgekehrt.

ˌsub'ac·e·tate [ˌsʌb-] *s.* ⅟ℷ basisch essigsaures Salz.

ˌsub'ac·id [ˌsʌb-] *adj.* **1.** säuerlich; **2.** *fig.* bissig, säuerlich.

ˌsub'a·gent [ˌsʌb-] *s.* **1.** ⷨ a) 'Untervertreter *m*, b) 'Zwischenspedi,teur *m*; **2.** ⅟ℷ 'Unterbevollmächtigte(r *m*) *f*.

ˌsub'al·pine [ˌsʌb-] ⚕, *zo.* **I** *adj.* subal-'pin(isch); **II** *s.* a) subal'pines Tier, b) subal'pine Pflanze.

sub·al·tern ['sʌbltən] **I** *adj.* **1.** subal-'tern, 'untergeordnet, Unter...; **II** *s.* **2.** Subal'terne(r *m*) *f*, Unter'gebene(r *m*) *f*; **3.** ✕ *bsd. Brit.* Subal'ternoffi,zier *m*.

sub·a·qua [səb'ækwə] *adj.* **1.** Unterwasser...; **2.** (Sport)Taucher...

ˌsub'arc·tic [ˌsʌb-] *adj. geogr.* sub'arktisch.

ˌsub'au·di·ble [səb-] *adj.* **1.** *phys.* unter der Hörbarkeitsgrenze; **2.** kaum hörbar.

sub·cal·i·ber *Am.*, **sub·cal·i·bre** *Brit.* [səb-] *adj.* **1.** Kleinkaliber...; **2.** ✕ *Artillerie:* Abkommkaliber...

'sub·comˌmit·tee ['sʌb-] *s.* 'Unterausschuß *m*.

ˌsub'com·pact (**car**) [ˌsʌb-] *s. mot.* Kleinwagen *m*.

ˌsub'con·scious [ˌsʌb-] ❀, *psych.* **I** *adj.* ☐ 'unterbewußt; **II** *s.* 'Unterbewußtsein *n*, das 'Unterbewußte.

ˌsub'con·ti·nent [ˌsʌb-] *s. geogr.* 'Subkonti,nent *m*.

sub'con·tract [səb-] *s.* Nebenvertrag *m*; **ˌsub'con'trac·tor** [ˌsʌb-] *s.* ✝ 'Subunter,nehmer(in), *a.* Zulieferer *m*.

ˌsub'cul·ture [ˌsʌb-] *s. sociol.* 'Subkul,tur *f*.

sub·cu·ta·ne·ous [ˌsʌbkju:'teɪnjəs] *adj.* ☐ *anat.* subku'tan, unter der *od.* die Haut.

sub·deb [ˌsʌb'deb] *s. Am.* F **1.** → *sub-debutante*; **2.** Teenager *m*; **ˌsub'deb·u·tante** [ˌsʌb-] *s. Am.* noch nicht in die Gesellschaft eingeführtes junges Mädchen.

ˌsub·di·vide [ˌsʌb-] *v/t.* (*v/i.* sich) unter-'teilen; **'sub·diˌvi·sion** *s.* Unter'teilung *f*; **2.** 'Unterab,teilung *f*.

sub·due [səb'dju:] *v/t.* **1.** unter'werfen (**to** *dat.*), unter'jochen; **2.** über'winden, -'wältigen, **3.** *fig.* besiegen, bändigen, zähmen: **~ one's passions**; **4.** *Farbe, Licht, Stimme, Wirkung etc.*, *a. Begeisterung, Stimmung etc.* dämpfen; **5.** *fig.* j-m e-n Dämpfer aufsetzen; **sub'dued** [-ju:d] *adj.* **1.** unter'worfen, -'jocht; **2.** gebändigt; **3.** gedämpft (*a. fig.*).

ˌsub'ed·it [ˌsʌb-] *v/t. Zeitung etc.* redigieren; **ˌsub'ed·i·tor** *s.* Redak'teur *m*.

'sub,head·(ing) ['sʌb-] *s.* **1.** 'Unter-, Zwischentitel *m*; **2.** 'Unterab,teilung *f* e-s Buches etc.

ˌsub'hu·man [ˌsʌb-] *adj.* **1.** halbtierisch; **2.** unmenschlich.

sub·ja·cent [sʌb'dʒeɪsənt] *adj.* **1.** dar-'unter *od.* tiefer liegend; **2.** *fig.* zu'grunde liegend.

sub·ject ['sʌbʒɪkt] **I** *s.* **1.** (*Gesprächs-etc.*)Gegenstand *m*, Thema *n*, Stoff *m*: **~ of conversation**; **on the ~ of** über (*acc.*), bezüglich (*gen.*); **2.** *ped.* (Lehr-, Schul-, Studien)Fach *n*, Fachgebiet *n*: **compulsory ~** Pflichtfach; **3.** Grund *m*, Anlaß *m* (**for complaint** zur Beschwerde); **4.** Ob'jekt *n*, Gegenstand *m* (**of ridicule** des Spotts); **5.** *paint. etc.* Thema *n* (*a.* ♪), Su'jet *n*, Vorwurf *m*; **6.** *ling.* Sub'jekt *n*, Satzgegenstand *m*; **7.** 'Untertan(in), *a.* Staatsbürger(in), -angehörige(r *m*) *f*: **a British ~**; **8.** *bsd.* ❀ a) Ver'suchsper,son *f*, -tier *n*, b) Leichnam *m* für Sektionszwecke, c) Pati'ent (-in), hysterische *etc.* Per'son; **9.** *obere Artikel* die betreffende Person *etc.* (*in Informationen*); **10.** *phls.* a) Sub'jekt *n*, Ich *n*, b) Sub'stanz *f*; **II** *adj. pred.* **11.** 'untertan, unter'geben (**to** *dat.*); **12.** abhängig (**to** von); **13.** ausgesetzt (**to** dem Gespött etc.); **14.** (**to**) unter'worfen, -'liegend (*dat.*), abhängig (von), vorbehaltlich (*gen.*): **~ to approval** genehmigungspflichtig; **~ to your consent** vorbehaltlich Ihrer Zustimmung; **~ to change without notice** Änderungen vorbehalten; **~ to being unsold**, **~ to (prior) sale** ✝ freibleibend, Zwischenverkauf vorbehalten; **15.** (**to**) neigend (zu), anfällig (für): **~ to headaches**; **III** *v/t.* [səb'dʒekt] **16.** (**to**) a) unter'werfen (*dat.*), abhängig machen

(von), b) *e-r Behandlung, Prüfung etc.* unter'ziehen, c) *dem Gespött, der Hitze etc.* aussetzen; **~ cat·a·logue** s. 'Schlagwortkata,log *m*; **~ head·ing** *s.* Ru'brik *f* in e-m 'Sachre,gister; **~ in·dex** *s.* 'Sachre,gister *n*.

sub·jec·tion [səb'dʒekʃn] *s.* **1.** Unter-'werfung *f*; **2.** Unter'worfensein *n*; **3.** Abhängigkeit *f*: **be in ~ to s.o.** von j-m abhängig sein.

sub·jec·tive [səb'dʒektɪv] **I** *adj.* ☐ **1.** *allg.*, *a.* ❀, *phls.* subjek'tiv; **2.** *ling.* Subjekts...; **II** *s.* **3.** *a.* **~ case** *ling.* Nominativ *m*; **sub'jec·tive·ness** [-nɪs] *s.* Subjektivi'tät *f*; **sub'jec·tiv·ism** [-vɪzəm] *s. bsd. phls.* Subjekti'vismus *m.* **sub·jec·tiv·i·ty** [ˌsʌbdʒek'tɪvətɪ] *s.* Subjektivi'tät *f*.

sub·ject| mat·ter *s.* **1.** Gegenstand *m* (*e-r Abhandlung etc.*, *a.* ⅟ℷ); **2.** Stoff *m*, Inhalt *m* (*Ggs. Form*); **~ ref·er·ence** *s.* Sachverweis *m*.

ˌsub'join [ˌsʌb-] *v/t.* **1.** hin'zufügen, -setzen; **2.** beilegen, -fügen.

sub·ju·gate ['sʌbdʒʊgeɪt] *v/t.* **1.** unter-'jochen, -'werfen (**to** *dat.*); **2.** *bsd. fig.* bezwingen, bändigen; **sub·ju·ga·tion** [ˌsʌbdʒʊ'geɪʃn] *s.* Unter'werfung *f*, -'jochung *f*.

sub·junc·tive [səb'dʒʌŋktɪv] *ling.* **I** *adj.* ☐ **1.** konjunktiv(isch); **II** *s.* **2.** *a.* **~ mood** Konjunktiv *m*; **3.** Konjunktivform *f.*

ˌsub'lease [ˌsʌb-] **I** *s.* 'Untermiete *f*, -pacht *f*, -vermietung *f*, -verpachtung *f*; **II** *v/t.* 'untervermieten, -verpachten; **ˌsub'les'see** *s.* 'Untermieter(in), -pächter(in); **ˌsub'les'sor** [-'sɔ:] *s.* 'Untervermieter(in), -verpächter(in).

sub·let [ˌsʌb'let] *v/t.* [*irr.* → *let¹*] 'unter-, weitervermieten.

sub·lieu·ten·ant [ˌsʌblef'tenənt] *s.* ⚓ *Brit.* Oberleutnant *m* zur See.

sub·li·mate ['sʌblɪmeɪt] **I** *v/t.* **1.** ⚗ sublimieren; **2.** *fig.* sublimieren (*a. psych.*), veredeln, vergeistigen; **II** *s.* [-mɪt] **3.** ⚗ Subli'mat *n*; **sub·li·ma·tion** [ˌsʌblɪ 'meɪʃn] *s.* **1.** ⚗ Sublimati'on *f*; **2.** *fig.* Sublimierung *f* (*a. psych.*).

sub·lime [sə'blaɪm] **I** *adj.* ☐ **1.** erhaben, hehr, su'blim; **2.** a) großartig (*a. iro.*): **~ ignorance**, b) *iro.* kom'plett: **a ~ idiot**, c) kraß: **~ indifference**; **3.** the **~** das Erhabene, **III** *v/t.* **4.** → *sublimate* 1 *u.* 2; **IV** *v/i.* **5.** ⚗ sublimiert werden; **6.** *iro.* sich läutern.

sub·lim·i·nal [ˌsʌb'lɪmɪnl] *psych.* **I** *adj.* **1.** 'unterbewußt: **~ self** → 3; **2.** 'unterschwellig (*Reiz etc.*, ✝ *Werbung*); **II** *s.* **3.** *das* 'Unterbewußte.

ˌsub·ma'chine-gun [ˌsʌb-] *s.* ✕ Ma-'schinenpi,stole *f*.

sub·man ['sʌbmæn] *s.* [*irr.*] **1.** tierischer Kerl; **2.** Idi'ot *m*.

ˌsub·ma'rine [ˌsʌb-] **I** *s.* **1.** ⚓, ✕ 'Unterseeboot *n*, U-Boot *n*; **II** *adj.* **2.** 'unterseeisch, Untersee..., subma'rin; **3.** ⚓, ✕ Unterseeboot..., U-Boot-...: **~ warfare**; **~ chaser** U-Boot-Jäger *m*; **~ pen** U-Boot-Bunker *m.*

sub·merge [səb'mɜ:dʒ] **I** *v/t.* **1.** ein-, 'untertauchen; **2.** über'schwemmen, unter Wasser setzen; **3.** *fig.* a) unter-'drücken, b) über'tönen; **II** *v/i.* **4.** 'untertauchen, -sinken; **5.** ⚓ tauchen (*U-Boot*); **sub'merged** [-dʒd] *adj.* **1.** 'untergetaucht; ⚓, ✕ *Angriff etc.* unter

Wasser; **2.** über'schwemmt; **3.** *fig.* verelendet, verarmt.

sub·mersed [səb'mɜːst] *adj.* **1.** → **submerged** 1 *u.* 2; **2.** *bsd.* ⚓ Unterwasser...: ~ *plants*; **sub'mers·i·ble** [-səbl] **I** *adj.* **1.** 'untertauch-, versenkbar; **2.** über'schwemmbar; **3.** ⚓ tauchfähig; **II** *s.* **4.** ⚓ 'Unterseeboot *n*; **sub'mer·sion** [-ɜːʃn] *s.* **1.** Ein-, 'Untertauchen *n*; **2.** Über'schwemmung *f*.

sub·mis·sion [səb'mɪʃn] *s.* **1.** (*to*) Unter'werfung *f* (unter *acc.*), Ergebenheit *f* (in *acc.*), Gehorsam *m* (gegen); **2.** Unter'würfigkeit *f*: *with all due* ~ mit allem schuldigen Respekt; **3.** *bsd.* ⚖ Vorlage *f e-s Dokuments etc.*, Unter'breitung *f e-r Frage etc.*; **4.** ⚖ a) Sachvorlage *f*, Behauptung *f*, b) Kompro'miß *m, n*; **sub'mis·sive** [-ɪsɪv] *adj.* □ **1.** ergeben, gehorsam; **2.** unter'würfig; **sub'mis·sive·ness** [-ɪsɪvnɪs] *s.* **1.** Ergebenheit *f*; **2.** Unter'würfigkeit *f*; **sub'mit** [-'mɪt] **I** *v/t.* **1.** unter'werfen, -'ziehen, aussetzen (*to dat.*): ~ *o.s.* (*to*) → 4; **2.** *bsd.* ⚖ unter'breiten, vortragen, -legen (*to dat.*); **3.** *bsd.* ⚖ beantragen, behaupten, zu bedenken geben, an-'heimstellen (*to dat.*); *bsd. parl.* ergebenst bemerken; **II** *v/i.* **4.** (*to*) gehorchen (*dat.*), sich fügen (*dat. od.* in *acc.*); sich *j-m, e-m Urteil etc.* unter-'werfen, sich *e-r Operation etc.* unter-'ziehen; **sub'mit·tal** [-'mɪtl] *s.* Vorlage *f*, Unter'breitung *f*.

sub'nor·mal [ˌsʌb-] *adj.* □ **1.** a) 'unter-ˌdurchschnittlich, b) minderbegabt, c) schwachsinnig; **2.** A 'subnorˌmal.

'sub·or·der ['sʌb-] *s.* *biol.* 'Unterordnung *f*.

sub·or·di·nate [sə'bɔːdnɪt] **I** *adj.* □ **1.** 'untergeordnet: a) unter'stellt (*to dat.*): ~ *position* untergeordnete Stellung, b) zweitrangig, nebensächlich: ~ *clause* *ling.* Nebensatz *m*; *be* ~ *to e-r* Sache an Bedeutung nachstehen; **II** *s.* **2.** Unter-'gebene(r *m*) *f*; **III** [-dɪneɪt] *v/t.* **3.** *a. ling.* 'unterordnen (*to dat.*); **4.** zu'rückstellen (*to dat.*); **sub·or·di·na·tion** [sə͵bɔːdɪ'neɪʃn] *s.* 'Unterordnung *f* (*to* unter *acc.*); **sub'or·di·na·tive** [-dɪnətɪv] *adj. ling.* 'unterordnend: ~ *conjunction*.

sub·orn [sʌ'bɔːn] *v/t.* ⚖ (*bsd.* zum Meineid) anstiften; *Zeugen* bestechen; **sub·or·na·tion** [ˌsʌbɔː'neɪʃn] *s.* ⚖ Anstiftung *f*, Verleitung *f* (*of* zum *Meineid*, zu *falscher Zeugenaussage*), (Zeugen)Bestechung *f*.

sub·pe·na *Am.* → **subpoena**.

'sub·plot ['sʌb-] *s.* Nebenhandlung *f*.

sub·poe·na [səb'piːnə] ⚖ **I** *s.* (Vor)Ladung *f* (unter Strafandrohung); **II** *v/t.* vorladen.

sub·ro·gate ['sʌbrəʊɡeɪt] *v/t.* ⚖ einsetzen (*for s.o.* an j-s Stelle; *to the rights of* in *j-s* Rechte); **sub·ro·ga·tion** [ˌsʌbrəʊ'ɡeɪʃn] *s.* ⚖ 'Forderungs͵übergang *m* (kraft Gesetzes); Ersetzung *f e-s Gläubigers durch e-n anderen*: ~ *of rights* Rechtseintritt *m*.

sub·scribe [səb'skraɪb] **I** *v/t.* **1.** *Vertrag etc.* unter'zeichnen, ('unterschriftlich) anerkennen; **2.** *et.* mit *s-m Namen etc.* (unter)'zeichnen; **3.** *Geldbetrag* zeichnen (*for* für *Aktien*, *in e-n Fonds*); **II** *v/i.* **4.** *e-n Geldbetrag* zeichnen (*to* für *e-n Fonds*, *for* für *e-e Anleihe etc.*);

5. ~ *for Buch* vorbestellen; **6.** ~ *to Zeitung etc.* abonnieren; **7.** unter'schreiben, -'zeichnen (*to acc.*); **8.** ~ *to fig. et.* unter'schreiben, gutheißen, billigen; **sub'scrib·er** [-bə] *s.* **1.** Unter'zeichner (-in), -'zeichnete(r *m*) *f* (*to gen.*); **2.** Befürworter(in) (*to gen.*); **3.** Subskri-'bent(in), Abon'nent(in); *teleph.* Teilnehmer(in); **4.** Zeichner *m*, Spender *m* (*to e-s Geldbetrages*).

sub·scrip·tion [səb'skrɪpʃn] *s.* **1.** a) Unter'zeichnung *f*, b) 'Unterschrift *f*; **2.** (*to*) ('unterschriftliche) Einwilligung (in *acc.*), Zustimmung *f* (zu); **3.** (*to*) Beitrag *m* (zu, für), Spende *f* (für), (gezeichneter) Betrag; (*teleph.* Grund)Gebühr *f*; **4.** *Brit.* (Mitglieds)Beitrag *m*; **5.** Abonne'ment *n*, Bezugsrecht *n*, Subskripti'on *f* (*to* auf *acc.*): *by* ~ im Abonnement; *take out a* ~ *to Zeitung etc.* abonnieren; **6.** † Zeichnung *f* (*of e-r Summe, Anleihe etc.*): ~ *for shares* Aktienzeichnung; *open for* ~ zur Zeichnung aufgelegt; *invite* ~*s for a loan e-e* Anleihe (zur Zeichnung) auflegen; ~ *list* *s.* † Subskripti'onsliste *f*; **2.** *Zeitung*: Zeichnungsliste *f*; ~ *price* *s.* Bezugspreis *m*.

'sub͵sec·tion ['sʌb-] *s.* 'Unterab͵teilung *f*, -abschnitt *m*.

sub·se·quence ['sʌbsɪkwəns] *s.* **1.** späteres Eintreten; **2.** A Teilfolge *f*; **'sub·se·quent** [-nt] *adj.* □ (nach)folgend, später, nachträglich, Nach...: ~ *to* a) später als, b) nach, im Anschluß an (*acc.*), folgend (*dat.*); ~ *upon* a) infolge (*gen.*), b) *nachgestellt*: (daraus) entstehend, (daraufhin) erfolgend; **'sub·se·quent·ly** [-ntlɪ] *adv.* **1.** 'hinterher, nachher; **2.** anschließend; **3.** später.

sub·serve [səb'sɜːv] *v/t.* dienlich *od.* förderlich sein (*dat.*); **sub'ser·vi·ence** [-vjəns] *s.* **1.** Dienlich-, Nützlichkeit *f* (*to* für); **2.** Abhängigkeit *f* (*to* von); **3.** Unter'würfigkeit *f*; **sub'ser·vi·ent** [-vjənt] *adj.* □ **1.** dienstbar, 'untergeordnet (*to dat.*); **2.** unter'würfig (*to* gegenüber); **3.** dienlich, förderlich (*to dat.*).

sub·side [səb'saɪd] *v/i.* **1.** sich senken: a) sinken (*Flut etc.*), b) (ein)sinken, absacken (*Boden etc.*), sich setzen (*Haus*); **2.** ⚔ sich niederschlagen; **3.** *fig.* abklingen, abflauen, sich legen: ~ *into* verfallen in (*acc.*); **4.** *in e-n Stuhl etc.* sinken.

sub·sid·i·ar·y [səb'sɪdjərɪ] **I** *adj.* □ **1.** Hilfs..., Unterstützungs..., Subsidien...: *be* ~ *to* ergänzen, unterstützen; **2.** 'untergeordnet (*to dat.*), Neben...: ~ *company* → 4; ~ *stream* Nebenfluß *m*; **II** *s.* **3.** *oft pl.* Hilfe *f*, Stütze *f*; **4.** † Tochtergesellschaft *f*.

sub·si·dize ['sʌbsɪdaɪz] *v/t.* subventionieren; **'sub·si·dy** [-dɪ] *s.* **1.** Beihilfe *f* (aus öffentlichen Mitteln), Subventi'on *f*; **2.** *oft pl. pol.* Sub'sidien *pl.*, Hilfsgelder *pl.*

sub·sist [səb'sɪst] **I** *v/i.* **1.** existieren, bestehen; **2.** weiterbestehen, fortdauern; **3.** sich ernähren *od.* erhalten, leben ([*up*]*on* von *e-r* Nahrung, *by* von *e-m* Beruf); **II** *v/t.* **4.** *j-n* er-, unter'halten; **sub'sist·ence** [-təns] *s.* **1.** Dasein *n*, Exi'stenz *f*; **2.** ('Lebens)Unterhalt *m*, Auskommen *n*, Exi'stenz(möglichkeit)

f: ~ *level* Existenzminimum *n*; **3.** *bsd.* ⚔ Verpflegung *f*, -sorgung *f*; **4.** *a.* ~ *money* a) (Lohn)Vorschuß *m*, b) 'Unterhaltsbeihilfe *f*, -zuschuß *m*.

'sub·soil ['sʌb-] *s.* 'Untergrund *m*.

ˌsub'son·ic [ˌsʌb-] **I** *adj.* Unterschall...; **II** *s.* 'Unterschallflug(zeug *n*) *m*.

'sub͵spe·cies ['sʌb-] *s.* *biol.* 'Unterart *f*, Sub'spezies *f*.

sub·stance ['sʌbstəns] *s.* **1.** Sub'stanz *f*, Ma'terie *f*, Stoff *m*, Masse *f*; **2.** feste Konsi'stenz, Körper *m* (*Tuch etc.*); **3.** *fig.* Sub'stanz *f*: a) Wesen *n*, b) *das* Wesentliche, wesentlicher Inhalt *od.* Bestandteil, Kern *m*: *this essay lacks* ~; *in* ~ im wesentlichen übereinstimmen *etc.*, c) Gehalt *m*: *arguments of little* ~ wenig stichhaltige Argumente; **4.** *phls.* a) Sub'stanz *f*, b) Wesen *n*, Ding *n*; **5.** Vermögen *n*, Kapi'tal *n*: *a man of* ~ ein vermögender Mann.

sub'stand·ard [səb-] *adj.* **1.** unter der Norm, klein..., Klein...; **2.** *ling.* 'umgangssprachlich.

sub·stan·tial [səb'stænʃl] *adj.* □ → *substantially*; **1.** materi'ell, stofflich, wirklich; **2.** fest, kräftig; **3.** nahrhaft, kräftig: *a* ~ *meal*; **4.** beträchtlich, wesentlich (*Fortschritt, Unterschied etc.*), namhaft (*Summe*); **5.** wesentlich: *in* ~ *agreement* im wesentlichen übereinstimmend; **6.** vermögend, kapi'talkräftig; **7.** *phls.* substanti'ell, wesentlich; **sub·stan·ti·al·i·ty** [səbˌstænʃɪ'ælətɪ] *s.* **1.** Wirklichkeit *f*, Stofflichkeit *f*; **2.** Festigkeit *f*; **3.** Nahrhaftigkeit *f*; **4.** Gediegenheit *f*; **5.** Stichhaltigkeit *f*; **2.** *phls.* Substantiali'tät *f*; **sub'stan·tial·ly** [-ʃlɪ] *adv.* **1.** dem Wesen nach; **2.** im wesentlichen, wesentlich; **3.** beträchtlich, wesentlich, in hohem Maße; **4.** wirklich; **sub'stan·ti·ate** [-ʃɪeɪt] *v/t.* **1.** a) begründen, b) erhärten, beweisen, c) glaubhaft machen; **2.** Gestalt *od.* Wirklichkeit verleihen (*dat.*), konkretisieren; **3.** stärken, festigen; **sub·stan·ti·a·tion** [səbˌstænʃɪ'eɪʃn] *s.* **1.** a) Begründung *f*, b) Erhärtung *f*, Beweis *m*, c) Glaubhaftmachung *f*: *in* ~ *of* zur Erhärtung *od.* zum Beweis von (*od. gen.*); **2.** Verwirklichung *f*.

sub·stan·ti·val [ˌsʌbstən'taɪvl] *adj.* □ *ling.* substantivisch, Substantiv...; **substan·tive** ['sʌbstəntɪv] **I** *s.* **1.** *ling.* a) Substantiv *n*, Hauptwort *n*, b) substantivisch gebrauchte Form; **II** *adj.* □ **2.** *ling.* substantivisch (gebraucht); **3.** selbständig; **4.** wesentlich; **5.** wirklich, re'al; **6.** fest; **7.** ⚖ materi'ell: ~ *law*.

'sub͵sta·tion ['sʌb-] *s.* **1.** Neben-, Außenstelle *f*: *post office* ~ Zweigpostamt *n*; **2.** ⚡ 'Unterwerk *n*; **3.** *teleph.* (Teilnehmer)Sprechstelle *f*.

sub·sti·tute ['sʌbstɪtjuːt] **I** *s.* **1.** Ersatz (-mann) *m*: a) (Stell)Vertreter(in), b) *sport* Auswechselspieler(in): *act as a* ~ *for j-n* vertreten; **2.** Ersatz(stoff) *m*, Surro'gat *n* (*for* für); **3.** *ling.* Ersatzwort *n*; **II** *adj.* **4.** Ersatz...: ~ *driver*; ~ *material* ⚙ Austausch(werk)stoff *m*; ~ *power of attorney* ⚖ Untervollmacht *f*; **III** *v/t.* **5.** (*for*) einsetzen (für, an Stelle von), an die Stelle setzen (von *od. gen.*): ~ *A for B* B durch A ersetzen, B gegen A austauschen *od.* auswechseln (*alle a. sport*); **6.** ersetzen, an j-s Stelle treten; **IV** *v/i.* **7.** (*for*) als Ersatz dienen, als Stellvertreter fungieren (für), vertreten (*acc.*), an die Stelle treten (von *od. gen.*); **sub·sti·tu·tion** [ˌsʌbstɪ'tjuːʃn] *s.* **1.** Einsetzung *f* (ɪʒ *e-s Ersatzerben, Unterbevollmächtigten*); *bsd. b.s.* (*Kindes- etc.*)'Unterschiebung *f*; **2.** Ersatz *m*, Ersetzung *f*; (ersatzweise) Verwendung; **3.** Stellvertretung *f*; **4.** ᴀ, ᴂ, *ling.* Substituti'on *f*; **sub·sti·tu·tion·al** [ˌsʌbstɪ'tjuːʃənl] *adj.* □ **1.** stellvertretend, Stellvertretungs...; **2.** Ersatz...

sub·stra·tum [ˌsʌb-] *s.* [*irr.*] **1.** 'Unter-, Grundlage *f* (*a. fig.*); **2.** *geol.* 'Unterschicht *f*; **3.** *biol.* a) Sub'strat *n*, Nähr-, Keimboden *m*, b) *a.* ᴂ Träger *m*, Medium *m*; **4.** *phot.* Grundschicht *f*; **5.** *ling.* Sub'strat *n*; **6.** *phls.* Sub'stanz *f*.

'**sub‚struc·ture** ['sʌb-] *s.* **1.** △ Funda-'ment *n*, 'Unterbau *m* (*a.* ᴂ); **2.** *fig.* Grundlage *f*.

sub·sume [səb'sjuːm] *v/t.* **1.** zs.-fassen, 'unterordnen (*under* unter *dat. od. acc.*); **2.** einordnen, -reihen, -schließen (*in* in *acc.*); **3.** *phls.* als Prämisse vor'ausschicken; **sub'sump·tion** [-'sʌmpʃn] *s.* **1.** Zs.-fassung *f* (*under* unter *dat. od. acc.*); **2.** Einordnung *f*.

‚**sub'ten·ant** [ˌsʌb-] *s.* 'Untermieter *m*, -pächter *m*.

sub·ter·fuge ['sʌbtəfjuːdʒ] *s.* **1.** Vorwand *m*, Ausflucht *f*; **2.** List *f*.

sub·ter·ra·ne·an [ˌsʌbtə'reɪnjən] *adj.*, ‚**sub'ter·ra·ne·ous** [-njəs] *adj.* □ **1.** 'unterirdisch (*a. fig.*); **2.** *fig.* verborgen, heimlich.

sub·tile ['sʌtl], **sub·til·i·ty** [sʌb'tɪlətɪ] → **subtle**, **subtlety**; **sub·til·i·za·tion** [ˌsʌtɪlaɪ'zeɪʃn] *s.* **1.** Verfeinerung *f*; **2.** Spitzfindigkeit *f*; **3.** ᴂ Verflüchtigung *f*; **sub·til·ize** ['sʌtɪlaɪz] **I** *v/t.* **1.** verfeinern; **2.** spitzfindig diskutieren *od.* erklären; ausklügeln; **3.** ᴂ verflüchtigen, -dünnen; **II** *v/i.* **4.** spitzfindig argumentieren.

'**sub‚ti·tle** ['sʌb-] **I** *s.* 'Untertitel *m* (*Buch, Film*); **II** *v/t.* Film unter'titeln.

sub·tle ['sʌtl] *adj.* □ **1.** *allg.* fein: ~ *delight*; ~ *odo(u)r*, ~ *smile*; **2.** fein(sinnig), sub'til: ~ *distinction*; ~ *irony*; **3.** scharf(sinnig), spitzfindig; **4.** heikel, schwierig: *a ~ point*; **5.** raffiniert; **6.** schleichend (*Gift*); '**sub·tle·ty** [-tɪ] *s.* **1.** Feinheit *f*; sub'tile Art; **2.** Spitzfindigkeit *f*; **3.** Scharfsinn(igkeit *f*) *m*; **4.** Gerissenheit *f*, Raffi'nesse *f*; **5.** schlauer Einfall, Fi'nesse *f*.

sub·to·pi·a [sʌb'təʊpɪə] *s. Brit.* zersiedelte Landschaft.

sub'to·tal [səb-] *s.* ᴀ Zwischen-, Teilsumme *f*.

sub·tract [səb'trækt] **I** *v/t.* ᴀ abziehen, subtrahieren; **II** *v/i. fig.* (*from*) Abstriche machen (von), schmälern (*acc.*); **sub'trac·tion** [-kʃn] *s.* **1.** ᴀ Subtrakti'on *f*, Abziehen *n*; **2.** *fig.* Abzug *m*.

sub·tra·hend ['sʌbtrəhənd] *s.* ᴀ Subtra-'hend *m*.

sub·trop·i·cal [ˌsʌb'trɒpɪkl] *adj. geogr.* subtropisch; ‚**sub'trop·ics** [-ks] *s. pl. geogr.* Subtropen *pl.*

sub·urb ['sʌbɜːb] *s.* Vorstadt *f*, -ort *m*; **sub·ur·ban** [sə'bɜːbən] **I** *adj.* **1.** vorstädtisch, Vorstadt..., Vororts...; **2.** *contp.* kleinstädtisch, spießig; **II** *s.* **3.** → *suburbanite*; **sub·ur·ban·ite** [sə'bɜː-bənaɪt] *s.* Vorstadtbewohner(in); **sub-**

---

ur·bi·a [sə'bɜːbɪə] *s. oft contp.* **1.** Vorstadt *f*; **2.** *coll. die* Vorstädter *pl.*

'**sub·va‚ri·e·ty** ['sʌb-] *s.* ⚘, *zo.* 'untergeordnete Abart.

sub·ven·tion [səb'venʃn] *s.* (staatliche) Subventi'on, (geldliche) Beihilfe, Unter'stützung *f*; **sub'ven·tioned** [-nd] *adj.* subventioniert.

sub·ver·sion [səb'vɜːʃn] *s.* **1.** *pol.* a) 'Umsturz *m*, Sturz *m* e-r Regierung, b) Staatsgefährdung *f*, Verfassungsverrat *m*; **2.** Unter'grabung *f*, Zerrüttung *f*; **sub'ver·sive** [-ɜːsɪv] *adj.* **1.** *pol.* 'umstürzlerisch, staatsgefährdend, Wühl..., subver'siv; **2.** zerstörerisch; **3.** zerrüttend; **sub'vert** [-ɜːt] *v/t.* **1.** Regierung stürzen; *Gesetz* 'umstoßen; *Verfassung* gewaltsam ändern; **2.** *Glauben, Moral, Ordnung etc.* unter'graben, zerrütten.

'**sub·way** ['sʌb-] *s.* **1.** ('Straßen-, 'Fußgänger)Unter‚führung *f*; **2.** *Am.* U-Bahn *f*.

‚**sub'ze·ro** [ˌsʌb-] *adj.* unter dem Gefrierpunkt.

suc·ceed [sək'siːd] **I** *v/i.* **1.** glücken, gelingen, erfolgreich sein *od.* verlaufen; Erfolg haben (*Sache*); **2.** Erfolg haben, erfolgreich sein, sein Ziel erreichen (*Person*) (*as* als, *in* mit *et.*, *with* bei *j-m*): *he ~ed in doing s.th.* es gelang ihm, et. zu tun; ~ *in an action* ɪʒ obsiegen; **3.** (*to*) a) Nachfolger werden (in *e-m Amt etc.*), b) erben (*acc.*): ~ *to the throne* auf den Thron folgen; ~ *to s.o.'s rights* in j-s Rechte eintreten; **4.** (*to*) unmittelbar folgen (*dat. od. auf acc.*), nachfolgen (*dat.*); **II** *v/t.* **5.** nachfolgen (*dat.*), folgen (*dat. od. auf acc.*); *j-s* (Amts-, Rechts)Nachfolger werden, an *j-s* Stelle treten, *j-n* beerben; ~ *s.o. in office* j-s Amt übernehmen.

suc·cès d'es·time [sʊkˌseɪdes'tiːm] (*Fr.*) *s.* Achtungserfolg *m*.

suc·cess [sək'ses] *s.* **1.** (guter) Erfolg, Gelingen *n*: *with* ~ erfolgreich; *without* ~ erfolglos; *be a* (*great*) ~ ein (großer) Erfolg sein (*Sache u. Person*), (gut) einschlagen; *crowned with* ~ von Erfolg gekrönt (*Bemühung*); ~ *rate* Erfolgsquote *f*; **2.** Erfolg *m*, Glanzleistung *f*; **3.** beruflicher etc. Erfolg; **suc'cess·ful** [-fʊl] *adj.* □ **1.** erfolgreich: *be* ~ *in doing s.th.* et. mit Erfolg tun, Erfolg haben bei *od.* mit et.; **2.** erfolgreich, glücklich (*Sache*); **be** ~ → **succeed** 1.

suc·ces·sion [sək'seʃn] *s.* **1.** (Aufein-'ander-, Reihen)Folge *f*: *in* ~ nach-, auf-, hintereinander; *in rapid* ~ in rascher Folge; **2.** Reihe *f*, Kette *f*, ('ununter‚brochene) Folge (*of gen. od. von*); **3.** Nach-, Erbfolge *f*, Sukzessi'on *f*: ~ *to the throne* Thronfolge; *in* ~ *to* als Nachfolger von; *be next in* ~ *to s.o.* als nächster auf j-n folgen; ~ *to an office* Übernahme *f* e-s Amtes, Amtsnachfolge; *Apostolic* 𝒮 *eccl.* Apostolische Sukzession; *the War of the Spanish* 𝒮 *hist.* der Spanische Erbfolgekrieg; **4.** ɪʒ a) Rechtsnachfolge *f*, b) Erbfolge *f*, c) *a. order of* ~ Erbfolgeordnung *f*, d) *a. law of* ~ *objektives* Erb(folge)recht, *a.* ~ *to* 'Übernahme *f* e-s Erbes: ~ *duties* Erbschaftssteuer *f* (*für unbewegliches Vermögen*); ~ *rights* subjektive Erbrechte; **5.** *coll.* Nachkommenschaft *f*, Erben *pl.*; **suc'ces·sive** [-esɪv] *adj.* □ (aufein'ander)folgend, sukzes'siv: *3* ~

---

days 3 Tage hintereinander; **suc'ces·sive·ly** [-esɪvlɪ] *adv.* nach-, hinterein-'ander, der Reihe nach; **suc'ces·sor** [-esə] *s.* **1.** Nachfolger(in), (*to, of j-s*, für *j-n*): ~ *in office* Amtsnachfolger; ~ *to the throne* Thronfolger *m*; **2.** *a.* ~ *in interest* (*od. title*) ɪʒ Rechtsnachfolger(in).

suc·cinct [sək'sɪŋkt] *adj.* □ kurz (und bündig), knapp, la'konisch, prä'gnant; **suc'cinct·ness** [-nɪs] *s.* Kürze *f*, Bündigkeit *f*, Prä'gnanz *f*.

suc·cor ['sʌkə] *Am.* → **succour**.

suc·co·ry ['sʌkərɪ] *s.* ⚘ Zi'chorie *f*.

suc·cour ['sʌkə] **I** *s.* Hilfe *f*, Beistand *m*; ⚔ Entsatz *m*; **II** *v/t.* beistehen (*dat.*), zu Hilfe kommen (*dat.*); ⚔ entsetzen.

suc·cu·lence ['sʌkjʊləns], '**suc·cu·len·cy** [-sɪ] *s.* Saftigkeit *f*; '**suc·cu·lent** [-nt] *adj.* □ **1.** saftig, fleischig, sukku-'lent (*Frucht etc.*); **2.** *fig.* kraftvoll, saftig.

suc·cumb [sə'kʌm] *v/i.* **1.** zs.-brechen (*to* unter *dat.*); **2.** (*to*) (*j-m*) unter'liegen, (*e-r Krankheit, s-n Verletzungen etc., a. der Versuchung*) erliegen; **3.** (*to, under, before*) nachgeben (*dat.*).

such [sʌtʃ; sətʃ] **I** *adj.* **1.** solch, derartig: *no* ~ *thing* nichts dergleichen; *there are* ~ *things* so etwas gibt es *od.* kommt vor; ~ *people as you see here* die(jenigen) *od.* alle Leute, die man hier sieht; *a system* ~ *as this* ein derartiges System; ~ *a one* ein solcher, eine solche, ein solches; ~ *and* ~ *persons* die u. die Personen; **2.** ähnlich, derartig: *silk and* ~ *luxuries*; *poets* ~ *as Spenser* Dichter wie Spenser; **3.** *pred.* so (beschaffen), derart(ig) (*as to* daß): ~ *ls llfe* so ist das Leben; ~ *as it ls* wie es nun einmal ist; ~ *being the case* da es sich so verhält; **4.** solch, so (groß *od.* klein *etc.*), dermaßen: ~ *a fright that* e-n derartigen Schrecken, daß...; ~ *was the force of the explosion* so groß war die Gewalt der Explosion; **5.** F so (gewaltig), solch: *we had* ~ *fun* wir hatten e-n Riesenspaß; **II** *adv.* **6.** so, derart: ~ *a nice day* so ein schöner Tag; ~ *a long time* e-e so lange Zeit; **III** *pron.* **7.** solch, der, die das, die *pl.*: ~ *as* a) diejenigen welche, alle die, b) wie (zum Beispiel); ~ *was not my intention* das war nicht meine Absicht; *man as* ~ der Mensch als solcher; *and* ~ (*like*) u. dergleichen; **8.** F u. ᛏ der-, die-, das'selbe, die'selben *pl.*; '~·like *adj. u. pron.* dergleichen.

suck [sʌk] **I** *v/t.* **1.** saugen (*from, out of* aus *dat.*); **2.** saugen an (*dat.*), aussaugen; **3.** *a.* ~ *in*, ~ *up* ein-, aufsaugen, absorbieren (*a. fig.*); **4.** ~ *in* einsaugen, verschlingen; **5.** lutschen (an *dat.*): ~ *one's thumb* (am) Daumen lutschen; **6.** schlürfen: ~ *soup*; **7.** *fig.* holen, gewinnen, ziehen: ~ *advantage out of* Vorteil ziehen aus; **8.** *fig.* aussaugen: *s.o.'s brain* j-n aushölen; j-m s-e Ideen stehlen; **II** *v/i.* **9.** saugen, lutschen (*at* an *dat.*); **10.** Luft saugen *od.* ziehen (*Pumpe*); **11.** ~ *up to j-m* ,j-m (in den Arsch kriechen'; **III** *s.* **12.** Saugen *n*, Lutschen *n*: *give* ~ *to* → *suckle* 1; **13.** Sog *m*, Saugkraft *f*; **14.** saugendes Geräusch; **15.** Strudel *m*; **16.** F kleiner Schluck; **17.** *sl.* ,Arschkriecher' *m*; '**suck·er** [-kə] *s.* **1.** *zo.* saugendes Jungtier, *bsd.* Spanferkel *n*; **2.** *zo.* a) Saug-rüssel *m*, b) Saugnapf *m*; **3.** *ichth.* a) *ein* Karpfenfisch *m*, b) Neunauge *n*, c) Lumpenfisch *m*, d) Schildfisch *m*; **4.** ❀ 'Saugven,til *n od.* -kolben *m od.* -rohr *n*; **5.** Lutscher *m* (*Bonbon*); **6.** ♀ (*a.* *Wurzel*)Schößling *m*; **7.** *sl.* Dumme(r) *m*, Gimpel *m*: **be a ~ for** a) stets her-einfallen auf (*acc.*), b) scharf sein auf (*acc.*); **play s.o. for a ~** j-n ‚anschmie-ren‘; **there's a ~ born every minute** die Dummen werden nicht alle.

suck·ing ['sʌkɪŋ] *adj.* **1.** saugend; Saug...; **2.** *fig.* angehend, ‚grün‘, An-fänger...; **~ coil** *s.* ❀ Tauchkernspule *f*; **~ disk** *s. zo.* Saugnapf *m*; **~ pig** *s. zo.* (Span)Ferkel *n*.

suck·le ['sʌkl] *v/t.* **1.** *Kind*, *a. Jungtier* säugen, *Kind* stillen; **2.** *fig.* nähren, pflegen; **'suck·ling** [-lɪŋ] *s.* **1.** Säugling *m*; **2.** *zo.* (noch nicht entwöhntes) Jungtier.

su·crose ['sju:krəʊs] *s.* Rohr-, Rüben-zucker *m*, Su'crose *f*.

suc·tion ['sʌkʃn] I *s.* **1.** (An)Saugen *n*; ❀ *a.* Saugwirkung *f*; *phys.* Saugfähig-keit *f*; **2.** ❀, *phys.* Sog *m*; **3.** *mot.* Hub *m* (-höhe *f*, -kraft *f*) *m*; II *adj.* **4.** Saug... (-*leistung*, -*pumpe etc.*): **~ cleaner** (*od.* **sweeper**) Staubsauger *m*; **~ cup** *s.* ❀ Saugnapf *m*; **~ pipe** *s.* ❀ Ansaugrohr *n*; **~ plate** *s.* ⚕ Saugplatte *f* (*für Zahn-prothese*); **~ stroke** *s. mot.* (An)Saug-hub *m*.

Su·da·nese [‚su:də'ni:z] I *adj.* suda'ne-sisch; II *s.* Suda'nese *m*, Suda'nesin *f*; *pl.* Suda'nesen *pl.*

su·dar·i·um [sju:'deərɪəm] *s. eccl.* Schweißtuch *n* (der Heiligen Ve'roni-ka); **su·da·to·ri·um** [‚sju:də'tɔ:rɪəm] *pl.* **·ri·a** [-rɪə] → *sudatory* 3; **su·da·to·ry** ['sju:dətərɪ] I *adj.* **1.** Schwitz(bad)...; **2.** ⚕ schweißtreibend; II *s.* **3.** Schwitzbad *n*; **4.** ⚕ schweißtreibendes Mittel.

sud·den ['sʌdn] I *adj.* □ plötzlich, jäh, unvermutet, ab'rupt, über'stürzt; II *s.*: **on a ~**, (**all**) **of a ~** (ganz) plötzlich; **'sud·den·ness** [-nɪs] *s.* Plötzlichkeit *f*.

su·dor·if·er·ous [‚sju:də'rɪfərəs] *adj.* Schweiß absondernd; **~ glands** Schweißdrüsen; **‚su·dor'if·ic** [-fɪk] *adj. u. s.* schweißtreibend(es Mittel).

suds [sʌdz] *s. pl.* **1.** Seifenwasser *n*, -lau-ge *f*; **2.** *Am.* F Bier *n*; **'suds·y** [-zɪ] *adj. Am.* schaumig, seifig.

sue [sju:] I *v/t.* **1.** ⚖ j-n (gerichtlich) belangen, verklagen (**for** auf *acc.*, we-gen); **2. ~ out** Gerichtsbeschluß etc. er-wirken; **3.** *j-n* bitten (**for** um); **4.** *obs.* werben *od.* anhalten um *j-n*; II *v/i.* **5.** (**for**) klagen (auf *acc.*), Klage einrei-chen (wegen); (*e-e Schuld*) einklagen: **~ for a divorce** auf Scheidung klagen; **6.** nachsuchen (**to s.o.** bei j-m, **for s.th.** um et.).

suede, suède [sweɪd] *s.* Wildleder *n*, Ve'lours(leder) *n*.

su·et ['sjuːt] *s.* Nierenfett *n*, Talg *m*.

suf·fer ['sʌfə] I *v/i.* **1.** leiden (**from** an e-r *Krankheit etc.*); **2.** leiden (**under** [*od.* **from**] unter *dat.*) (*Handel*, *Ruf*, *Maschine etc.*), Schaden leiden, zu Schaden kommen (*a. Person*); **3.** ✗ Verluste erleiden; **4.** büßen, bezahlen müssen (**for** für); **5.** hingerichtet wer-den; II *v/t.* **6.** *Strafe*, *Tod*, *Verlust etc.* erleiden, *Durst etc.* leiden, erdulden; **7.**

et. od. j-n ertragen *od.* aushalten; **8.** a) dulden, (zu)lassen, b) erlauben, gestat-ten: **he ~ed himself to be cheated** er ließ sich betrügen; **'suf·fer·a·ble** [-fə-rəbl] *adj.* □ erträglich; **'suf·fer·ance** [-fərəns] *s.* **1.** Duldung *f*, Einwilligung *f*: **on ~** unter stillschweigender Dul-dung, nur geduldet(erweise); **2.** *obs.* a) Ergebung *f*, (Er)Dulden *n*, b) Leiden *n*, Not *f*: **remain in ~** ⚕ weiter Not leiden (*Wechsel*); **'suf·fer·er** [-fərə] *s.* **1.** Leidende(r *m*) *f*, Dulder(in): **be a ~ by** (**from**) leiden durch (an *dat.*); **2.** Geschädigte(r *m*) *f*; **3.** Märtyrer(in); **'suf·fer·ing** [-fərɪŋ] I *s.* Leiden *n*, Dul-den *n*; II *adj.* leidend.

suf·fice [sə'faɪs] I *v/i.* genügen, (aus)rei-chen: **~ it to say** es genüge zu sagen; II *v/t. j-m* genügen.

suf·fi·cien·cy [sə'fɪʃnsɪ] *s.* **1.** Hinläng-lichkeit *f*, Angemessenheit *f*; **2.** hinrei-chende Menge *od.* Zahl: **a ~ of money** genug Geld; **3.** hinreichendes Auskom-men, auskömmliches Vermögen; **suf-'fi·cient** [-nt] I *adj.* □ **1.** genügend, genug, aus-, hin-, zureichend (**for** für): **be ~** genügen, (aus)reichen; **~ reason** zureichender Grund; **I am not ~ of a scientist** ich bin in den Naturwissen-schaften nicht bewandert genug; **2.** *obs.* tauglich, fähig; II *s.* **3.** F genügende Menge, genug; **suf'fi·cient·ly** [-ntlɪ] *adv.* genügend, genug, hinlänglich.

suf·fix ['sʌfɪks] I *s.* **1.** *ling.* Suf'fix *n*, Nachsilbe *f*; II *v/t.* **2.** *ling.* als Nachsilbe anfügen; **3.** anfügen, -hängen.

suf·fo·cate ['sʌfəkeɪt] I *v/t.* ersticken (*a. fig.*); II *v/i.* (**with**) ersticken (an *dat.*), (fast) 'umkommen (vor *dat.*); **'suf·fo-cat·ing** [-tɪŋ] *adj.* □ erstickend, stik-kig; **suf·fo·ca·tion** [‚sʌfə'keɪʃn] *s.* Er-sticken *n*, Erstickung *f*.

suf·fra·gan ['sʌfrəgən] *eccl.* I *adj.* Hilfs..., Suffragan...; II *s. a.* **~ bishop** Weihbischof *m*.

suf·frage ['sʌfrɪdʒ] *s.* **1.** *pol.* Wahl-, Stimmrecht *n*: **female ~** Frauenstim-recht; **universal ~** allgemeines Wahl-recht; **2.** (Wahl)Stimme *f*; **3.** Abstim-mung *f*, Wahl *f*; **4.** Zustimmung *f*; **suf-fra·gette** [‚sʌfrə'dʒet] *s.* Suffra'gette *f*, Stimmrechtlerin *f*.

suf·fuse [sə'fjuːz] *v/t.* **1.** über'strömen, benetzen; über'gießen, -'ziehen, bedek-ken (**with** mit e-r *Farbe*); durch'fluten (*Licht*): **a face ~d with blushes** ein von Schamröte übergossenes Gesicht; **2.** *fig.* (er)füllen; **suf'fu·sion** [-juːʒn] *s.* **1.** Über'strömen *n*, -'flutung *f*; **2.** 'Über-zug *m*; **3.** ⚕ 'Blutunter,laufung *f*; **4.** *fig.* Schamröte *f*.

sug·ar ['ʃʊgə] I *s.* **1.** Zucker *m* (*a.* 🍟, *physiol.*); **2.** 🍟 'Kohlehy,drat *m*; **3.** *fig.* honigsüße Worte *pl.*; **4.** *sl.* ‚Zaster‘ *m* (*Geld*); **5.** F ‚Schätzchen‘ *n*; II *v/t.* **6.** zuckern, süßen; (über)'zuckern; **7.** *a.* **~ over** *fig.* a) versüßen, b) über'tünchen; **~ ba·sin** *s. Brit.* Zuckerdose *f*; **~ beet** *s.* ♀ Zuckerrübe *f*; **~ bowl** *s. Am.* Zuk-kerdose *f*; **~ can·dy** *s.* Kandis(zucker) *m*; **~ cane** *s.* ♀ Zuckerrohr *n*; **'~-coat** *v/t.* mit Zuckerguß über'ziehen; verzuk-kern (*a. fig.*): **~ed pill** Dragée *n*, ver-zuckerte Pille (*a. fig.*); **'~·coat·ing** *s.* **1.** Über'zuckerung *f*, Zuckerguß *m*; **2.** *fig.* Versüßen *n*; Beschönigung *f*; **~ dad·dy** *s.* alter ‚Knacker‘, der ein jun-

ges Mädchen aushält.

sug·ared ['ʃʊgəd] *adj.* **1.** gezuckert, ge-süßt; **2.** mit Zuckerguß; **3.** *fig.* (ho-nig)süß.

sug·ar| loaf *s.* Zuckerhut *m*; **~ ma·ple** *s.* ♀ Zuckerahorn *m*; **'~·plum** *s.* **1.** Bon-'bon *m*, *n*, Süßigkeit *f*; **2.** *fig.* Lockspei-se *f*, Schmeiche'lei *f*; **~ re·fin·er·y** *s.* 'Zuckerraffine,rie *f*; **~ tongs** *s. pl.* Zuk-kerzange *f*.

sug·ar·y ['ʃʊgərɪ] *adj.* **1.** zuckerhaltig, zuck(e)rig, süß; **2.** süßlich (*a. fig.*); **3.** *fig.* zuckersüß.

sug·gest [sə'dʒest] *v/t.* **1.** *et. od. j-m* vor-schlagen, empfehlen; *et.* anregen; *et.* nahelegen (**to** *dat.*); **2.** *Idee etc.* einge-ben, -flüstern, suggerieren: **the idea ~s itself** der Gedanke drängt sich auf (**to** *dat.*); **3.** hindeuten, -weisen, schließen lassen auf (*acc.*); **4.** denken lassen *od.* erinnern *od.* gemahnen an (*acc.*); **5.** *et.* andeuten, anspielen auf (*acc.*); zu ver-stehen geben (**that** daß); **6.** behaupten, meinen (**that** daß); **sug'gest·i·ble** [-təbl] *adj.* **1.** beeinflußbar, sugge'sti-bel; **2.** suggerierbar; **sug'ges·tion** [-tʃn] *s.* **1.** Vorschlag *m*, Anregung *f*: **at the ~ of** auf Vorschlag von (*od. gen.*); **2.** Wink *m*, Hinweis *m*; **3.** Spur *f*, I'dee *f*: **not even a ~ of fatigue** nicht die leiseste Spur von Müdigkeit; **4.** Vermu-tung *f*: **a mere ~**; **5.** Erinnerung *f* (**of** an *acc.*); **6.** Andeutung *f*, Anspielung *f* (**of** auf *acc.*); **7.** Suggesti'on *f*, Beeinflus-sung *f*; **8.** Eingebung *f*, -flüsterung *f*; **sug'ges·tive** [-tɪv] *adj.* □ **1.** anregend, gehaltvoll; **2.** (**of**) andeutend (*acc.*), erinnernd (an *acc.*): **be ~ of → sug-gest** 3, 4; **3.** vielsagend; *b.s.* zweideu-tig, schlüpfrig; **4.** *psych.* sugge'stiv; **sug'ges·tive·ness** [-tɪvnɪs] *s.* **1.** das Anregende *od.* Vielsagende, Gedan-ken-, Beziehungsreichtum *m*; **2.** Schlüpfrigkeit *f*, Zweideutigkeit *f*.

su·i·cid·al [sjuɪ'saɪdl] *adj.* □ selbstmör-derisch (*a. fig.*), Selbstmord...; **su·i-cide** ['sjuɪsaɪd] I *s.* **1.** Selbstmord *m* (*a. fig.*), Freitod *m*: **commit ~** Selbstmord begehen; **2.** Selbstmörder(in); II *adj.* **3.** Selbstmord...

su·int [swɪnt] *s.* Wollfett *n*.

suit [su:t] I *s.* **1.** Satz *m*, Garni'tur *f*: **~ of armo(u)r** Rüstung *f*; **2.** a) *a.* **~ of clothes** (Herren)Anzug *m*, b) ('Da-men)Ko,stüm *n*: **cut one's ~ accord-ing to one's cloth** *fig.* sich nach der Decke strecken; **3.** *Kartenspiel:* Farbe *f*: **long ~** lange Hand; **follow ~** a) Farbe bekennen, b) *fig.* ‚nachziehen‘, dassel-be tun, j-s Beispiel folgen; **4.** ⚖ Rechtsstreit *m*, Pro'zeß *m*, Klage(sa-che) *f*; **5.** Werbung *f*, (Heirats)Antrag *m*; **6.** Anliegen *n*, Bitte *f*; II *v/t.* **7.** (**to**) anpassen (*dat. od.* an *acc.*), einrichten (nach): **~ the action to the word** das Wort in die Tat umsetzen; **~ one's style to** sich im Stil nach *dem Publikum* richten; **a task ~ed to his powers** e-e s-n Kräften angemessene Aufgabe; **8.** entsprechen (*dat.*): **~ s.o.'s purpose**; **9.** passen *zu*; *j-m* stehen, *j-n* kleiden; **10.** passen für, sich eignen zu *od.* für; → **suited** 1; **11.** sich schicken *od.* zie-men für (*acc.*); **12.** *j-m* bekommen, zusa-gen (*Klima*, *Speise etc.*); **13.** *j-m* gefal-len, *j-n* zufriedenstellen: **try to ~ everybody** es allen Leuten recht ma-

chen wollen; **~ o.s.** nach Belieben handeln; **~ yourself** mach, was du willst; **are you ~ed?** haben Sie et. Passendes gefunden?; **14.** *j-m* recht sein *od.* passen; **III** *v/i.* **15.** passen, (an)genehm sein; **16.** (*with, to*) passen (zu), über-'einstimmen (mit); **suit·a·bil·i·ty** [ˌsuːtə'bɪlətɪ] *s.* **1.** Eignung *f*; **2.** Angemessenheit *f*; **3.** Schicklichkeit *f*; **'suit·a·ble** [-təbl] *adj.* ☐ passend, geeignet; angemessen (**to, for** für, zu): **be ~** a) passen, sich eignen, b) sich schicken; **'suit·a·ble·ness** [-təblnɪs] → **suitability**. **'suit·case** *s.* Handkoffer *m*.
suite [swiːt] *s.* **1.** Gefolge *n*; **2.** Folge *f*, Reihe *f*, Serie *f*; **3.** *a.* **~ of rooms** a) Suite *f*, Zimmerflucht *f*, b) Appartement *n*; **4.** ('Möbel)Garniˌtur *f*, (Zimmer)Einrichtung *f*; **5.** Fortsetzung *f* (*Roman etc.*); **6.** ♪ Suite *f*.
suit·ed ['suːtɪd] *adj.* **1.** passend, geeignet (**to, for** für): **he is not ~ for** (*od. to be*) **a teacher** er eignet sich nicht zum Lehrer; **2.** *in Zssgn:* gekleidet; **'suit·ing** [-ɪŋ] *s.* Anzugstoff *m*.
suit·or ['suːtə] *s.* **1.** Freier *m*; **2.** ⚖ Kläger *m*, (Pro'zeß)Parˌtei *f*; **3.** Bittsteller *m*.
sulfa drugs, sul·fate *etc.* → **sulpha drugs, sulphate** etc.
sulk [sʌlk] **I** *v/i.* schmollen (**with** mit), trotzen, schlechter Laune *od.* ˌeingeschnappt' sein; **II** *s. mst pl.* Schmollen *n*, (Anfall *m* von) Trotz *m*, schlechte Laune: **be in the ~s** → **I**; **'sulk·i·ness** [-kɪnɪs] *s.* Schmollen *n*, Trotzen *n*, schlechte Laune, mürrisches Wesen; **'sulk·y** [-kɪ] **I** *adj.* ☐ **1.** mürrisch, launisch; **2.** schmollend, trotzend; **3.** *Am.* für 'eine Per'son (bestimmt): **a ~ set of China**; **4.** ✓, ☼ *Am. Pflug* mit Fahrersitz; **II** *s.* **5.** a) zweirädriger, einsitziger Einspänner, b) *sport* Sulky *n*, Traberwagen *m*.
sul·len ['sʌlən] *adj.* ☐ **1.** mürrisch, grämlich, verdrossen; **2.** düster (*Miene, Landschaft etc.*); **3.** 'widerspenstig, störrisch (*bsd. Tiere u. Dinge*); **4.** langsam, träge (*Schritt etc.*); **'sul·len·ness** [-nɪs] *s.* **1.** mürrisches Wesen, Verdrossenheit *f*; **2.** Düsterkeit *f*; **3.** 'Widerspenstigkeit *f*; **4.** Trägheit *f*.
sul·ly ['sʌlɪ] *v/t. mst fig.* besudeln, beflecken.
sul·pha drugs ['sʌlfə] *s. pl. pharm.* Sulfona'mide *pl.*
sul·phate ['sʌlfeɪt] 🜍 **I** *s.* schwefelsaures Salz, Sul'fat *n*: **~ of copper** Kupfervitriol *n*, -sulfat; **II** *v/t.* sulfatieren; **'sul·phide** [-faɪd] *s.* 🜍 Sul'fid *n*; **'sul·phite** [-faɪt] *s.* 🜍 schwefeligsaures Salz, Sul'fit *n*.
sul·phur ['sʌlfə] *s.* **1.** 🜍 Schwefel *m*; **2.** *a.* **~ yellow** Schwefelgelb *n* (*Farbe*); **3.** *zo. ein* Weißling *m* (*Falter*); **'sul·phu·rate** [-fjʊreɪt] → **sulphurize**; **sul·phu·re·ous** [sʌl'fjʊərɪəs] *adj.* **1.** schwef(e)lig, schwefelhaltig, Schwefel...; **2.** schwefelfarben; **'sul·phu·ret** [-fjʊret] 🜍 **I** *s.* Sul'fid *n*; **II** *v/t.* schwefeln; **~ted** geschwefelt; **~ted hydrogen** Schwefelwasserstoff *m*; **sul·phu·ric** [sʌl'fjʊərɪk] *adj.* 🜍 Schwefel...; **'sul·phu·rize** [-jʊəraɪz] 🜍, ☼ *v/t.* **1.** schwefeln; **2.** vulkanisieren; **'sul·phu·rous** [-fərəs] *adj.* **1.** 🜍 → **sulphureous**; **2.** *fig.* hitzig, heftig.
sul·tan ['sʌltən] *s.* Sultan *m*; **sul·tan·a**

[sʌl'taːnə] *s.* **1.** Sultanin *f*; **2.** [səl'taːnə] *a.* **~ raisin** ♥ Sulta'nine *f*; **'sul·tan·ate** [-tənɪt] *s.* Sulta'nat *n*.
sul·tri·ness ['sʌltrɪnɪs] *s.* Schwüle *f*; **sul·try** ['sʌltrɪ] *adj.* ☐ **1.** schwül (*a. fig. erotisch*); **2.** *fig.* heftig, heiß, hitzig (*Temperament etc.*).
sum [sʌm] **I** *s.* **1.** *allg.* Summe *f*: a) *a.* **~ total** (Gesamt-, End)Betrag *m*, b) (Geld)Betrag *m*, c) *fig.* Ergebnis *n*, d) *fig.* Gesamtheit *f*: **in ~** insgesamt, *fig.* mit 'einem Wort; **2.** F a) Rechenaufgabe *f*, b) *pl.* Rechnen *n*: **do ~s** rechnen; **he is good at ~s** er kann gut rechnen; **3.** *fig.* Inbegriff *m*, Kern *m*, Sub'stanz *f*; **4.** Zs.-fassung *f*; **II** *v/t.* **5.** *a.* **~ up** summieren, zs.-zählen; **6.** **~ up** Ergebnis ausmachen; **7.** **~ up** *fig.* (kurz) zs.-fassen, rekapitulieren; **8.** **~ up** (kurz) ein-, abschätzen, (mit Blicken) messen; **III** *v/i.* **9.** **~ up** (das Gesagte) zs.-fassen, resümieren.
sum·ma·ri·ness ['sʌmərɪnɪs] *s.* das Sum'marische, Kürze *f*; **'sum·ma·rize** [-raɪz] *v/t. u. v/i.* (kurz) zs.-fassen; **'sum·ma·ry** [-rɪ] *s.* Zs.-fassung *f*, (gedrängte) 'Übersicht, Abriß *m*, (kurze) Inhaltsangabe; **II** *adj.* sum'marisch: a) knapp, gedrängt, b) ⚖ abgekürzt, Schnell...: **~ procedure**; **~ offence** Übertretung *f*; **~ dismissal** fristlose Entlassung; **sum·ma·tion** [sʌ'meɪʃn] *s.* **1.** a) Zs.-zählen *n*, b) Summierung *f*, c) (Gesamt)Summe *f*; **2.** ⚖ Resü'mee *n*.
sum·mer¹ ['sʌmə] **I** *s.* **1.** Sommer *m*: **in** (**the**) **~** im Sommer; **2.** Lenz *m* (*Lebensjahr*): **a lady of 20 ~s**; **II** *v/t.* **3.** *Vieh etc.* über'sommern lassen; **III** *v/i.* **4.** den Sommer verbringen; **IV** *adj.* **5.** Sommer...
sum·mer² ['sʌmə] *s.* △ **1.** Oberschwelle *f*; **2.** Trägerbalken *m*; **3.** Tragstein *m* auf Pfeilern.
'sum·mer·house *s.* **1.** Gartenhaus *n*, (-)Laube *f*; **2.** Landhaus *n*; **~ light·ning** *s.* Wetterleuchten *n*.
'sum·mer·like [-laɪk], **sum·mer·ly** ['sʌməlɪ] *adj.* sommerlich.
sum·mer┃ re·sort *s.* Sommerfrische *f*, -kurort *m*; **~ school** *s. bsd. univ.* Ferien-, Sommerkurs *m*; **~ term** *s. univ.* 'Sommerseˌmester *m*; **'~time** *s.* Sommer *m*, Sommerzeit *f*; **~ time** *s.* Sommerzeit *f* (*Uhrzeit*).
sum·mer·y ['sʌmərɪ] *adj.* sommerlich. **sum·ming-'up** ['sʌmɪŋ-] (*kurze*) Zs.-fassung, Resü'mee *n* (*a.* ⚖).
sum·mit ['sʌmɪt] *s.* **1.** Gipfel *m* (*a. fig. pol.*), Kuppe *f* *e-s Berges:* **~ conference** *s.* Gipfelkonferenz *f*; **2.** Scheitel *m* *e-r Kurve etc.*; Kappe *f*, Krone *f* *e-s Dammes etc.*; **3.** *fig.* Gipfel *m*, Höhepunkt *m*: **at the ~ of power** auf dem Gipfel der Macht; **4.** höchstes Ziel; **'sum·mit·ry** [-trɪ] *s. pol.* 'Gipfelpoliˌtik *f*.
sum·mon ['sʌmən] *v/t.* **1.** auffordern, -rufen (**to do** et. zu tun); **2.** rufen, kommen lassen, (her)zitieren; **3.** ⚖ vorladen; **4.** *Konferenz etc.* zs.-rufen, einberufen; **5.** *oft* **~ up** Kräfte, Mut etc. zs.-nehmen, zs.-raffen, aufbieten; **'sum·mon·er** [-nə] *s.* (*hist.* Gerichts)Bote *m*; **'sum·mons** [-nz] *s.* **1.** Ruf *m*, Berufung *f*; **2.** Aufforderung *f*, Aufruf *m*; **3.** ⚖ (Vor)Ladung *f*: **take out a ~ against s.o.** j-n (vor)laden lassen; **4.**

Einberufung *f*.
sump [sʌmp] *s.* **1.** Sammelbehälter *m*, Senkgrube *f*; **2.** ☼, *mot.* Ölwanne *f*; **3.** ⚒ (Schacht)Sumpf *m*.
sump·ter ['sʌmptə] **I** *s.* Saumtier *n*; **II** *adj.* Pack...: **~ horse**; **~ saddle**.
sump·tion ['sʌmpʃn] *s. phls.* **1.** Prä'misse *f*; **2.** Obersatz *m*.
sump·tu·ar·y ['sʌmptjuərɪ] *adj.* Aufwands..., Luxus...; **'sump·tu·ous** [-əs] *adj.* ☐ **1.** kostspielig; **2.** kostbar, prächtig, herrlich; **3.** üppig; **'sump·tu·ous·ness** [-əsnɪs] *s.* **1.** Kostspieligkeit *f*; **2.** Pracht *f*; Aufwand *m*, Luxus *m*.
sun [sʌn] **I** *s.* **1.** Sonne *f*: **a place in the ~** *fig.* ein Platz an der Sonne; **under the ~** *fig.* unter der Sonne, auf Erden; **with the ~** bei Tagesanbruch; **his ~ is set** *fig.* sein Stern ist erloschen; **2.** Sonne *f*, Sonnenwärme *f*, -licht *n*, -schein *m*: **have the ~ in one's eyes** die Sonne genau im Gesicht haben; **3.** *poet.* a) Jahr *n*, b) Tag *m*; **II** *v/t. u. v/i.* **4.** (sich) sonnen, **¸~-and-'plan·et** (**gear**) *s.* ☼ Pla'netengetriebe *n*; **'~-baked** *adj.* von der Sonne ausgedörrt *od.* getrocknet; **~ bath** *s.* Sonnenbad *n*; **'~-bathe** *v/i.* Sonnenbäder *od.* ein Sonnenbad nehmen; **'~-beam** *s.* Sonnenstrahl *m*; **'~-blind** *s. Brit.* Mar'kise *f*; **'~-burn** *s.* **1.** Sonnenbrand *m*; **2.** Sonnenbräune *f*; **'~-burned**, **'~-burnt** *adj.* **1.** sonn(en)verbrannt: **be ~** a) e-n Sonnenbrand haben, b) sonnengebräunt; **'~-burst** *s.* **1.** plötzlicher 'Durchbruch der Sonne; **2.** Sonnenbanner *n* (*Japans*).
sun·dae ['sʌndeɪ] *s.* Eisbecher *m*.
Sun·day ['sʌndɪ] **I** *s.* **1.** Sonntag *m*: **on ~** (am) Sonntag; **on ~(s)** sonntags; **~ eve·ning**, **~ night** Sonntagabend *m*; **II** *adj.* **2.** sonn(a)täglich, Sonntags...: **~ best** F Sonntagsstaat *m*, -kleider *pl.*; **~ school** *eccl.* Sonntagsschule *f*; **3.** F Sonntags...: **~ driver**, **~ painter**.
sun·der ['sʌndə] *poet.* **I** *v/t.* **1.** trennen, sondern (**from** von); **2.** *fig.* entzweien; **II** *v/i.* **3.** sich trennen; **III** *s.* **4.** **in ~** entzwei, auseinander.
'sun┃di·al *s.* Sonnenuhr *f*; **'~down** → **sunset**; **'~down·er** *s.* F **1.** *Austral.* Landstreicher *m*; **2.** Dämmerschoppen *m*.
sun·dries ['sʌndrɪz] *s. pl.* Di'verses *n*, Verschiedenes *n*, allerlei Dinge; di'verse Unkosten *pl.*; **sun·dry** ['sʌndrɪ] *adj.* verschiedene, di'verse, allerlei, -hand: **all and ~** all u. jeder, alle miteinander.
'sun┃fast *adj. Am.* lichtecht; **'~flow·er** *s.* Sonnenblume *f*.
sung [sʌŋ] *pret. u. p.p. von* **sing**.
'sun┃glass·es *s. pl. a.* **a pair of ~** Sonnenbrille *f*; **'~glow** *s.* **1.** Morgen- *od.* Abendröte *f*; **2.** Sonnenhof *m*; **~ god** *s.* Sonnengott *m*; **~ hel·met** *s.* Tropenhelm *m*.
sunk [sʌŋk] **I** *pret. u. p.p. von* **sink**; **II** *adj.* **1.** vertieft; **2.** *bsd.* ☼ eingelassen, versenkt: **~ screw**; **'sunk·en** [-kn] **I** *obs. p.p. von* **sink**; **II** *adj.* **1.** versunken; **2.** eingesunken: **~ rock** blinde Klippe; **3.** tiefliegend, vertieft (angelegt); **4.** ☼ → **sunk 2**; **5.** *fig.* hohl (*Augen, Wangen*), eingefallen (*Gesicht*).
'sun┃lamp *s.* **1.** 📽 Ultravio'lettlampe *f*; **2.** *Film:* Jupiterlampe *f*; **'~light** *s.* Sonnenschein *m*, -licht *n*; **'~lit** *adj.* sonnenbeschienen.

sun·ni·ness ['sʌnɪnɪs] *fig. das* Sonnige; **sun·ny** ['sʌnɪ] *adj.* □ sonnig (*a. fig. Gemüt, Lächeln etc.*), Sonnen...: ~ **side** Sonnenseite *f* (*a. fig. des Lebens*), *fig. a. die* heitere Seite; **be on the ~ side of forty** noch nicht 40 (Jahre alt) sein.

sun| par·lor, ~ porch *s. Am.* 'Glasve·ˌranda *f*; ~ **pow·er** *s. phys.* Sonnenenerˌgie *f*; **'~·proof** *adj.* **1.** für Sonnenstrahlen 'unˌdurchlässig; **2.** lichtfest; **'~·rise** *s.* (*at ~* bei) Sonnenaufgang *m*; **'~·roof** *s.* **1.** 'Dachterˌrasse *f*; **2.** *mot.* Schiebedach *n*; **'~·set** *s.* (*at ~* bei) 'Sonnenˌuntergang *m*: ~ **of life** *fig.* Lebensabend *m*; **'~·shade** *s.* **1.** Sonnenschirm *m*; **2.** Mar'kise *f*; **3.** *phot.* Gegenlichtblende *f*; **4.** *pl.* Sonnenbrille *f*; **'~·shine** *s.* Sonnenschein *m* (*a. fig.*); sonniges Wetter: ~ **roof** *mot.* Schiebedach *n*; ~ **show·er** *s.* F leichter Schauer bei Sonnenschein; ~ **spot** *s.* **1.** *ast.* Sonnenfleck *m*; **2.** Sommersprosse *f*; **3.** *Brit.* F sonnige Gegend; **'~·stroke** *s.* ☀ Sonnenstich *m*; **'~·struck** *adj.*: **be ~** e-n Sonnenstich haben; **'~·tan** *s.* (Sonnen-) Bräune *f*: ~ **lotion** Sonnenöl *n*; **'~·trap** *s.* sonniges Plätzchen; **'~·up** *s. dial.* Sonnenaufgang *m*; ~ **vi·sor** *s. mot.* Sonnenblende *f*; ~ **wor·ship·(p)er** *s.* Sonnenanbeter *m*.

sup¹ [sʌp] *v/i. obs.* zu Abend essen (*off od. on s.th.* et).

sup² [sʌp] I *v/t. a.* **~ off, ~ out** löffeln, schlürfen: ~ **sorrow** *fig.* leiden; II *v/i.* nippen, löffeln; III *s.* Mundvoll *m*, kleiner Schluck: **a bite and a ~** et. zu essen u. zu trinken; **neither bit** (*od. bite*) **nor ~** nichts zu nagen u. zu beißen.

super- [su:pə] *in Zssgn* a) 'übermäßig, Über..., über..., b) oberhalb (von *od. gen.*) *od.* über (*dat.*) befindlich, c) Super... (*bsd. in wissenschaftlichen Ausdrücken*), d) 'Über... usw

su·per ['su:pə] I *s.* F für a) **superintendent**, b) **supernumerary**, c) **superhet(erodyne)**; **2.** ✝ F a) Spitzenklasse *f*, b) Quali'tätsware *f*; II *adj.* **3.** *a. iro.* Super...; **4.** F 'super', ,toll'; III *v/i. thea.* als Sta'tist(in) mitspielen.

su·per·a·ble ['su:pərəbl] *adj.* über'windbar, besiegbar.

ˌsu·per|·a'bound [-ərə-] *v/i.* **1.** im 'Überfluß vor'handen sein; **2.** Überfluß *od.* e-e 'Überfülle haben (*in, with* an *dat.*); **~·a'bun·dance** [-ərə-] *s.* 'Überfülle *f*, -fluß *m* (*of* an *dat.*); **~·a'bun·dant** [-ərə-] *adj.* □ **1.** 'überreichlich; **2.** 'überschwenglich; **~·'add** [-ər'æd] *v/t.* noch hin'zufügen (*to* zu): **be ~ed** (*to*) noch dazukommen (zu *et.*).

su·per|·an·nu·ate [ˌsu:pə'rænjueɪt] *v/t.* **1.** pensionieren, in den Ruhestand versetzen; **2.** (als zu alt *od.* als veraltet) ausscheiden *od.* zurückweisen; **~·'an·nu·at·ed** [-tɪd] *adj.* **1.** a) pensioniert, b) über'altert (*Person*); **2.** veraltet, über'holt; **3.** ausgedient (*Sache*); **~·an·nu·a·tion** ['su:pəˌrænjuˈeɪʃn] *s.* **1.** Pensionierung *f*; **2.** Ruhestand *m*; **3.** (Alters)Rente *f*, Ruhegeld *n*, Pensi'on *f*: ~ **fund** Pensionskasse *f*.

su·perb [sju:'pɜ:b] *adj.* □ **1.** herrlich, prächtig; **2.** vor'züglich.

ˌsu·per|'cal·en·der ☀ I *s.* 'Hochkaˌlander *m*; II *v/t. Papier* hochsatinieren; **'~·car·go** *s.* Frachtaufseher *m*, Super-

'kargo *m*; **'~·charge** *v/t.* **1.** über'laden; **2.** ☀, *mot.* vor-, 'überverdichten: **~d engine** Lader-, Kompressormotor *m*; **'~ˌcharg·er** *s.* ☀ Kom'pressor *m*, Gebläse *n*.

su·per·cil·i·ous [ˌsu:pə'sɪlɪəs] *adj.* □ hochmütig, her'ablassend; **ˌsu·per'cil·i·ous·ness** [-nɪs] *s.* Hochmut *m*, Hochnäsigkeit *f*.

ˌsu·per|·con'duc·tive *adj. phys.* supraleitend; **ˌ~·con'duc·tor** *s. phys.* Supraleiter *m*; **ˌ~·'du·ty** *adj.* ☀ Höchstleistungs...; **ˌ~·el·e'va·tion** [-ərə-] *s.* ☀ Überhöhung *f*; **ˌ~·'em·i·nence** [-ər'e-] *s.* **1.** Vorrang(stellung *f*) *m*; **2.** über'ragende Bedeutung *od.* Quali'tät, Vortrefflichkeit *f*.

su·per·er·o·ga·tion ['su:pərˌerəˈgeɪʃn] *s.* Mehrleistung *f*: **works of ~** *eccl.* überschüssige (gute) Werke; **work of ~** *fig.* Arbeit über die Pflicht hinaus; **su·per·e·rog·a·to·ry** [ˌsu:pəreˈrɒgətərɪ] *adj.* **1.** über das Pflichtmaß hin'ausgehend, 'übergebührlich; **2.** 'überflüssig.

su·per·fi·cial [ˌsu:pə'fɪʃl] *adj.* □ **1.** oberflächlich, Oberflächen...; **2.** Flächen..., Quadrat...: ~ **measurement** Flächenmaß *n*; **3.** äußerlich, äußer: ~ **characteristics**; **4.** *fig.* oberflächlich: a) flüchtig, b) *contp.* seicht; **su·per·fi·ci·al·i·ty** ['su:pəˌfɪʃɪ'ælətɪ] *s.* **1.** Oberflächenlage *f*; **2.** *fig.* Oberflächlichkeit *f*; **su·per·fi·ci·es** [ˌsu:pə'fɪʃɪ:z] *s.* **1.** (Ober)Fläche *f*; **2.** *fig.* Oberfläche *f*, äußerer Anschein.

'su·per·film *s.* Monumen'talfilm *m*; **ˌ~·'fine** *adj.* **1.** *bsd.* ✝ extra-, hochfein; **2.** über'feinert.

su·per·flu·i·ty [ˌsu:pə'flu:ətɪ] *s.* **1.** 'Überfluß *m*, Zu'viel *n* (*of* an *dat.*); **2.** *mst pl.* Entbehrlichkeit *f*, 'Überflüssigkeit *f*; **su·per·flu·ous** [su:'pɜ:fluəs] *adj.* □ 'überflüssig.

ˌsu·per|'heat *v/t.* ☀ über'hitzen; **'~·he·ro** *s.* Superheld *m*; **'~·het** [-het], **ˌ~·het·er·o·dyne** [-'hetərədaɪn] I *adj.* Überlagerungs..., Superhet...; II *s.* Über'lagerungsempfänger *m*, Super(het) *m*; **'~·high fre·quen·cy** ⚡ 'Höchstfreˌquenz(bereich *m*) *f*; **'~·high·way** *s. Am.* Autobahn *f*; **ˌ~·'hu·man** *adj.* 'übermenschlich; **~·beings; ~ efforts; ~·im·'pose** [-ərɪ-] *v/t.* **1.** dar'auf-, dar'übersetzen *od.* -legen; **2.** setzen, legen, lagern (*on* auf, über *acc.*): **one ~d on the other** übereinandergelagert; **3.** (*on*) hin'zufügen (zu), folgen lassen (*dat.*); **4.** ⚡, *phys.* über'lagern; **5.** *Film etc.*: 'durch-, einblenden, einkopieren.

su·per·in·tend [ˌsu:pərɪn'tend] *v/t.* die (Ober)Aufsicht haben über (*acc.*), beaufsichtigen, über'wachen, leiten; **ˌsu·per·in'tend·ence** [-dəns] *s.* (Ober-) Aufsicht *f* (*over* über *acc.*), Leitung *f* (*of gen.*); **ˌsu·per·in'ten·dent** [-dənt] I *s.* **1.** Leiter *m*, Vorsteher *m*, Di'rektor *m*: ~ **of public works**; **2.** Oberaufseher *m*, Aufsichtsbeamte(r) *m*, In'spektor *m*: ~ **of schools**; **3.** a) *Brit. etwa* 'Hauptkommisˌsar *m*, b) *Am.* Poli'zeichef *m*; **4.** *eccl.* Superinten'dent *m*; **5.** Hausverwalter *m*; II *adj.* **6.** aufsichtführend, leitend, Aufsichts...

su·pe·ri·or [su:'pɪərɪə] I *adj.* □ **1.** höherliegend, ober-: ~ **planets** *ast.* äußere Planeten; ~ **wings** *zo.* Flügeldecken; **2.** höher(stehend), Ober..., vorgesetzt: ~

court ☆☆ höhere Instanz; ~ **officer** vorgesetzter *od.* höherer Beamter *od.* Offizier, Vorgesetzte(r) *m*; **3.** über'legen, -'ragend: ~ **man**; ~ **skill**; → **style** 1b; **4.** besser (*to* als), her'vorragend, erlesen: ~ **quality**; **5.** (*to*) größer, stärker (als), über'legen (*dat.*): ~ **forces** ✕ Übermacht *f*; ~ **in number** zahlenmäßig überlegen, in der Überzahl; **6.** *fig.* erhaben (*to* über *acc.*): ~ **to prejudice**; **rise ~ to** sich über et. erhaben zeigen; **7.** *fig.* über'legen, -'heblich: ~ **smile**; **8.** *iro.* vornehm: ~ **persons** bessere *od.* feine Leute; **9.** *typ.* hochgestellt; II *s.* **10. be s.o.'s ~** j-m überlegen sein (*in* im *Denken etc.*, an *Mut etc.*); **11.** Vorgesetzte(r *m*) *f*; **12.** *eccl.* a) Su'perior *m*, b) *mst* **lady** ~ Oberin *f*; **su·pe·ri·or·i·ty** [su:ˌpɪərɪ'ɒrətɪ] *s.* **1.** Erhabenheit *f* (*to, over* über *acc.*); **2.** Über'legenheit *f*, 'Übermacht *f* (*to, over* über *acc., in* in *od.* an *dat.*); **3.** Vorrecht *n*, -rang *m*, -zug *m*; **4.** Über'heblichkeit *f*: ~ **complex** *psych.* Superioritätskomplex *m*.

su·per·la·tive [su:'pɜ:lətɪv] I *adj.* □ **1.** höchst; **2.** über'ragend, 'unüberˌtrefflich; **3.** *ling.* superlativisch, Superlativ...: ~ **degree** → 5; II *s.* **4.** höchster Grad, Gipfel *m*; *contp.* Ausbund *m* (*of* von *od.* an *dat.*); **5.** *ling.* Superlativ *m*: **talk in ~s** *fig.* in Superlativen reden.

'su·per·man [-mæn] *s.* [*irr.*] **1.** 'Übermensch *m*; **2.** a) ⚤ *ein Comics-Held*, b) *iro.* Supermann *m*; **'~·mar·ket** *s.* Supermarkt *od.* 'überna,türli,che; **ˌ~·'nat·u·ral** I *adj.* □ 'überna,türlich; II *s.* *das* 'Überna,türliche; **ˌ~·'nor·mal** *adj.* □ **1.** 'über,durchschnittlich; **2.** außer-, ungewöhnlich; **ˌ~·'nu·mer·a·ry** [-'nju:mərərɪ] I *adj.* **1.** 'überzählig, außerplanmäßig, extra; **2.** 'überflüssig; II *s.* **3.** 'überzählige Person *od.* Sache; **4.** außerplanmäßiger Beamter *od.* Offi'zier; **5.** Hilfskraft *f*, -arbeiter(in); **6.** *thea. etc.* Sta'tist(in); **ˌ~·'ox·ide** [-ər'ɒ-] *s.* 🜊 'Super-, 'Peroˌxyd *n*; **ˌ~·'phos·phate** *s.* 🜊 'Superˌphosˌphat *n*.

su·per·pose [ˌsu:pə'pəʊz] *v/t.* **1.** (auf)legen, lagern, schichten (*on* über, auf *acc.*); **2.** überein'anderlegen, -lagern (*a. A*); **3.** ⚡ über'lagern; **su·per·po·si·tion** *s.* **1.** Aufschichtung *f*, -lagerung *f*; **2.** Überein'andersetzen *n*, **3.** *geol.* Schichtung *f*; **4.** ♀, A Superpositi'on *f*; **5.** ⚡ Über'lagerung.

'su·per|ˌpow·er I *s. pol.* Supermacht *f*; II *adj.* ⚡ Groß...: ~ **station** Großkraftwerk *n*; **'~·race** *s.* Herrenvolk *n*.

su·per·sede [ˌsu:pə'si:d] *v/t.* **1.** *j-n od. et.* ersetzen (*by* durch); **2.** et. abschaffen, beseitigen, *Gesetz etc.* aufheben; **3.** *j-n* absetzen, s-s Amtes entheben; **4.** *j-n in der Beförderung etc.* übergehen; **5.** *et.* verdrängen, ersetzen, 'überflüssig machen; **6.** an die Stelle treten von (*od. gen.*), *j-n od. et.* ablösen: **be ~d by** abgelöst werden von; **su·per·ses·sion** [ˌsu:pə'seʃn] → **supersession**.

ˌsu·per'sen·si·tive *adj.* 'überempfindlich.

ˌsu·per'ses·sion *s.* **1.** Ersetzung *f* (*by* durch); **2.** Abschaffung *f*, Aufhebung *f*;

3. Absetzung f; **4.** Verdrängung f.

,**su·per**|'**son·ic** I adj. **1.** phys. Ultraschall...; **2.** ✓ Überschall...: ~ **boom**, ~ **bang** → **sonic bang**; **at ~ speed** mit Überschallgeschwindigkeit; II s. **3.** ✓, phys. 'Überschallflug(zeug n) m; ~ '**son·ics** pl. phys. a) Ultraschallwellen pl., b) mst sg. konstr. Fachgebiet n des Ultraschalls; '~**star** s. Superstar m; '~**state** s. pol. Supermacht f.

su·per·sti·tion [,su:pə'stɪʃn] s. Aberglaube(n) m; ,**su·per'sti·tious** [-ʃəs] adj. □ abergläubisch; ,**su·per'sti·tious·ness** [-ʃəsnɪs] s. das Abergläubische, Aberglaube(n) m.

,**su·per**|'**stra·tum** s. [irr.] **1.** geol. obere Schicht; **2.** ling. Super'strat n; '~**struc·ture** s. **1.** Ober-, Aufbau m: ~ **work** Hochbau m; **2.** ♣ (Decks)Aufbauten pl.; **3.** fig. Oberbau m; '~**tax** s. **1.** → **surtax** I; **2.** Brit. Einkommensteuerzuschlag m.

su·per·vene [,su:pə'vi:n] v/i. **1.** (noch) hin'zukommen ([up]on zu); **2.** (unvermutet) eintreten, da'zwischenkommen; **3.** (unmittelbar) folgen, sich ergeben; ,**su·per'ven·tion** [-'venʃn] s. **1.** Hin'zukommen n (on zu); **2.** Da'zwischenkommen n.

su·per·vise ['su:pəvaɪz] v/t. beaufsichtigen, über'wachen, die Aufsicht haben od. führen über (acc.), kontrollieren; ,**su·per'vi·sion** [-'vɪʒn] s. **1.** Beaufsichtigung f; **2.** (Ober)Aufsicht f, Leitung f, Kon'trolle f (of über acc.): **police ~** Polizeiaufsicht; **3.** ped. 'Schulinspekti'on f; '**su·per·vi·sor** [-zə] s. **1.** Aufseher m, Aufsichtführende(r) m, In'spektor m, Kon'trolleur m; **2.** Am. (leitender) Beamter e-s Stadt- od. Kreisverwaltungsvorstandes; **3.** univ. Doktorvater m; '**su·per·vi·so·ry** [-zərɪ] adj. Aufsichts...: **in a ~ capacity** aufsichtführend.

su·pine¹ ['sju:paɪn] s. ling. Su'pinum n.

su·pine² [sju:'paɪn] adj. □ **1.** auf dem Rücken liegend, aus-, hingestreckt: ~ **position** Rückenlage f; **2.** poet. zu'rückgelehnt; **3.** fig. (nach)lässig, untätig, träge.

su·per ['sʌpə] s. **1.** Abendessen n: **have ~** zu Abend essen; ~ **club** Am. exklusiver Nachtklub; **2. the ♎ eccl.** a) a. **the Last ♎** das letzte Abendmahl, b) a. **the Lord's ♎** das heilige Abendmahl, R.C. die heilige Kommunion.

sup·plant [sə'plɑ:nt] v/t. j-n od. et. verdrängen, Rivalen etc. ausstechen.

sup·ple ['sʌpl] I adj. □ **1.** geschmeidig: a) biegsam, b) fig. beweglich (Geist etc.); **2.** unter'würfig; II v/t. **3.** geschmeidig machen.

sup·ple·ment I s. ['sʌplɪmənt] **1.** (to) Ergänzung f (gen. od. zu), Zusatz m (zu); **2.** Nachtrag m, Anhang m (zu e-m Buch), Ergänzungsband m; **3.** (Zeitungs- etc.)Beilage f; **4.** Å Ergänzung (auf 180 Grad); II v/t. ['sʌplɪment] **5.** ergänzen; **sup·ple·men·tal** [,sʌplɪ'mentl] adj. □, **sup·ple·men·ta·ry** [,sʌplɪ'mentərɪ] adj. □ **1.** ergänzend, Ergänzungs..., Zusatz..., Nach(trags)...: **be ~ to** et. ergänzen; ~ **agreement** pol. Zusatzabkommen n; ~ **budget**, ~ **estimates** Nachtragshaushalt m, -etat m; ~ **order** Nachbestellung f; ~ **question** Zusatzfrage f; ~ **pro-**

-ceedings ⚖ (Zwangs)Vollstreckungsverfahren n; **take a ~ ticket** (e-e Fahrkarte) nachlösen; **2.** ⚕ supplemen'tär; **3.** Hilfs..., Ersatz..., Zusatz...; **sup·ple·men·ta·tion** [,sʌplɪmen'teɪʃn] s. Ergänzung f: a) Nachtragen n, b) Nachtrag m, Zusatz m.

sup·ple·ness ['sʌplnɪs] s. Geschmeidigkeit f (a. fig.).

sup·pli·ant ['sʌplɪənt] I s. (demütiger) Bittsteller; II adj. □ flehend, demütig (bittend).

sup·pli·cant ['sʌplɪkənt] → **suppliant**; **sup·pli·cate** ['sʌplɪkeɪt] I v/i. **1.** demütig od. dringlich bitten, flehen (for um); II v/t. **2.** anflehen, demütig bitten (**s.o. for s.th.** j-n um et.); **3.** erbitten, erflehen, bitten um; **sup·pli·ca·tion** [,sʌplɪ'keɪʃn] s. **1.** demütige Bitte (for um); Flehen n; **2.** (Bitt)Gebet n; **3.** Bittschrift f, Gesuch n; '**sup·pli·ca·to·ry** [-ətərɪ] adj. flehend, Bitt...

sup·pli·er [sə'plaɪə] s. Liefe'rant(in), a. pl. Lieferfirma f.

sup·ply¹ [sə'plaɪ] I v/t. **1.** Ware, ⚡ Strom etc., a. fig. Beweis etc. liefern; beschaffen, bereitstellen, zuführen; **2.** j-n beliefern, versorgen, -sehen, ausstatten; ⚡, ⚡ speisen (**with** mit); **3.** Fehlendes ergänzen; Verlust ausgleichen, ersetzen; Defizit decken; **4.** Bedürfnis befriedigen; Nachfrage decken: **~ a want** e-m Mangel abhelfen; **5.** e e Stelle ausfüllen, einnehmen; Amt vor'übergehend versehen: **~ the place of** j-n vertreten; II s. **6.** Lieferung f (**to** an acc.); Beschaffung f, Bereitstellung f; An-, Zufuhr f; **7.** Belieferung f, Versorgung f (of mit): **~ of power** Energie-, Stromversorgung; **8.** ⚡, ⚡ (Netz)Anschluß m; ⚡ Ergänzung f; Beitrag m, Zuschuß m; **10.** ⚕ Angebot n: **~ and demand** Angebot und Nachfrage; **be in short ~** knapp sein; **11.** pl. ⚕ Ar'tikel pl., Bedarf m: **office supplies** Bürobedarf; **12.** mst pl. Vorrat m, Lager n, Bestand m; **13.** mst pl. ✕ Nachschub m, Ver'sorgung(smateri,al n) f, Provi'ant m; **14.** mst pl. parl. bewilligter E'tat, ('Ausgabe)Bu,dget n: **Committee of ♎** Haushaltsausschuß m; **15.** (Amts-, Stell)Vertretung f: **on ~** in Vertretung, als Ersatz; **16.** (Stell)Vertreter m (Lehrer etc.); III adj. **17.** Versorgungs..., Liefer(ungs)...: ~ **house** Lieferfirma f; ~-**side** angebotsorientierte Wirtschaftspolitik sg.; **18.** ✕ Versorgungs...(-bombe, -gebiet, -offizier, -schiff), Nachschub...: ~ **base** Versorgungs-, Nachschubbasis f; ~ **depot** Nachschublager n; ~ **lines** Nachschubverbindungen pl.; ~ **sergeant** Kammerunteroffizier m; **19.** ⚡, ⚡ Speise... (-leitung, -stromkreis etc.): ~ **pipe** Zuleitung(srohr n) f; **20.** Hilfs..., Ersatz...: ~ **teacher** Hilfslehrer m.

sup·ply² ['sʌplɪ] adv. → **supple**.

sup·port [sə'pɔ:t] I v/t. **1.** Gewicht, Wand etc. tragen, (ab)stützen, (aus)halten; **2.** ertragen, (er)dulden, aushalten; **3.** j-n unter'stützen, stärken, j-m beistehen, j-m Rückendeckung geben; **4.** sich, e-e Familie etc. er-, unter'halten, sorgen für, ernähren (**on** von): **~ o.s.** für s-n Lebensunterhalt sorgen; **5.** et. finanzieren; **6.** Debatte etc. in Gang halten; **7.** eintreten für, unter'stützen,

fördern, befürworten; **8.** Theorie etc. vertreten; **9.** Anklage, Anspruch etc. beweisen, erhärten, begründen, rechtfertigen; **10.** ⚖ Währung decken; **11.** a) thea. Rolle spielen, b) als Nebendarsteller auftreten mit e-m Star etc.; II s. **12.** allg. Stütze f: **walk without ~**; **13.** bsd. ⚙ Stütze f, Träger m, Ständer m, Strebe f, Abstützung f, Bettung f; Sta'tiv n; ⚙ 'Durchzug m; ✕ (Gewehr-) Auflage f; **14.** fig. (a. ✕ taktische) Unter'stützung, Beistand m: ~ **buying** ⚕ Stützungskäufe pl.; **give ~ to** → 3; **in ~ of s.o.** zur Unterstützung von j-m; **15.** ('Lebens,)Unterhalt m; **16.** Unter'haltung f e-r Einrichtung; **17.** fig. Stütze f, (Rück)Halt m; **18.** Beweis m, Erhärtung f: **in ~ of** zur Bestätigung (gen.); **19.** ✕ Re'serve f, Verstärkung f; **20.** thea. a) Partner(in) e-s Stars, b) Unter'stützung f e-s Stars durch das Ensemble, c) En'semble n; **sup'port·a·ble** [-təbl] adj. □ **1.** haltbar, vertretbar (Ansicht etc.); **2.** erträglich, zu ertragen(d); **sup'port·er** [-tə] s. **1.** ⚙, △ Stütze f, Träger m; **2.** Stütze f, Beistand m, Helfer(in), Unter'stützer(in); **3.** Erhalter(in); **4.** Anhänger(in), Verfechter (-in), Vertreter(in); **5.** ♣ Tragbinde f, Stütze f; **sup'port·ing** [-tɪŋ] adj. **1.** tragend, stützend, Stütz..., Trag..., fig. a. Unterstützungs...: ~ **actor** thea. Nebendarsteller m; ~ **cast** thea. etc. Ensemble n; ~ **bout** Boxen: Rahmenkampf m; ~ **fire** ✕ Unterstützungsfeuer n; ~ **measures** flankierende Maßnahmen; ~ **part** Nebenrolle f; ~ **pro·gram(me)** Film: Beiprogramm n; ~ **purchases** ⚕ Stützungskäufe; ~ **surfaces** ✓ Tragwerk n; **2.** erhärtend: ~ **document** Beleg m, Unterlage f; ~ **evidence** ⚖ zusätzliche Beweise pl.

sup·pose [sə'pəuz] I v/t. **1.** (als möglich od. gegeben) annehmen, sich vorstellen: ~ (od. **supposing** od. **let us ~**) angenommen, gesetzt den Fall; **it is to be ~d that** es ist anzunehmen, daß; **2.** imp. (e-n Vorschlag einleitend) wie wäre es, wenn **wir e-n Spaziergang machten!**: ~ **we went for a walk!**; ~ **you meet me at 10 o'clock** ich schlage vor, du triffst mich um 10 Uhr; **3.** vermuten, glauben, meinen: **I don't ~ we shall be back** ich glaube nicht, daß wir zurück sein werden; **they are British, I ~** es sind wohl od. vermutlich Engländer; **I ~ so** ich nehme an, wahrscheinlich, vermutlich; **4.** (mit acc. u. inf.) halten für: **I ~ him to be a painter; he is ~d to be rich** er soll reich sein; **5.** (mit Notwendigkeit) vor'aussetzen: **creation ~s a creator**. **6.** (pass. mit inf.) sollen: **isn't he ~d to be at home?** sollte er nicht eigentlich zu Hause sein?; **he is ~d to do** man erwartet od. verlangt von ihm, daß et. tut; **what is that ~d to be** (od. **mean**) was soll das sein (od. heißen)?; II v/i. **7.** denken, glauben, vermuten; **sup'posed** [-zd] adj. □ **1.** angenommen: **a ~ case**; **2.** vermutlich; **3.** vermeintlich, angeblich.

sup·po·si·tion [,sʌpə'zɪʃn] s. **1.** Vor'aussetzung f, Annahme f: **on the ~ that** unter der Voraussetzung, daß; **2.** Vermutung f, Mutmaßung f, Annahme f; ,**sup·po'si·tion·al** [-ʃənl] adj. □ angenommen, hypo'thetisch; **sup·pos·i-**

ti·tious [sə͵pɒzɪ'tɪʃəs] *adj.* □ **1.** unecht, gefälscht; **2.** 'untergeschoben (*Kind, Absicht etc.*), erdichtet; **3.** → *suppositional.*

sup·pos·i·to·ry [sə'pɒzɪtərɪ] *s.* ✵ Zäpfchen *n*, Supposi'torium *n*.

sup·press [sə'pres] *v/t.* **1.** *Aufstand etc.*, *a. Gefühl, Lachen etc.*, *a.* ♂ unter'drükken; **2.** *et.* abstellen, abschaffen; **3.** *Buch* verbieten *od.* unter'drücken; *Textstelle* streichen; **5.** *Skandal, Wahrheit etc.* verheimlichen, vertuschen, unter'schlagen; **6.** ♂ *Blutung* stillen, *Durchfall* stopfen; **7.** *psych.* verdrängen; **sup'pres·sant** [-sənt] *s.* *pharm.* Dämpfungsmittel *n*, (Appe'tit- *etc.*) Zügler *m*; **sup'pres·sion** [-eʃn] *s.* **1.** Unter'drückung *f* (*a. fig. u.* ♂); **2.** Aufhebung *f*, Abschaffung *f*; **3.** Verheimlichung *f*, Vertuschung *f*; **4.** ♂ (Blut)Stillung *f*; Stopfung *f*, (Harn)Verhaltung *f*; **5.** *psych.* Verdrängung *f*; **sup'pres·sive** [-sɪv] *adj.* unter'drückend, Unterdrückungs…; **sup'pres·sor** [-sə] *s.* ∮ a) Sperrgerät *n*, b) Entstörer *m*: ~ **grid** Bremsgitter *n*.

sup·pu·rate ['sʌpjʊəreɪt] *v/i.* ♂ eitern; **sup·pu·ra·tion** [͵sʌpjʊə'reɪʃn] *s.* Eiterung *f*; **'sup·pu·ra·tive** [-rətɪv] *adj.* eiternd, eitrig, Eiter…

su·pra ['su:prə] (*Lat.*) *adv.* oben (*bei Verweisen in e-m Buch etc.*).

supra- [su:prə] *in Zssgn* über, supra…, Supra…

͵supra·con'duc·tor *s.* *phys.* Supraleiter *m*; **͵~'mun·dane** *adj.* 'überweltlich; **͵~'nas·al** *adj.* *anat.* über der Nase (befindlich); **͵~'re·nal** *s.* *anat.* Nebennierre(ndrüse) *f*.

su·prem·a·cy [sʊ'preməsɪ] *s.* **1.** Oberhoheit *f*: a) *pol.* höchste Gewalt, Souveräni'tät *f*, b) Supre'mat *m, n* (*in Kirchensachen*); **2.** *fig.* Vorherrschaft *f*, Überlegenheit *f*: *air* ~ ✕ Luftherrschaft *f*; **3.** Vorrang *m*; **su·preme** [sʊ'pri:m] **I** *adj.* □ **1.** höchst, oberst, Ober…: ~ *authority* höchste (Regierungs)Gewalt; ~ *command* ✕ Oberbefehl *m*, -kommando *n*; ~ *commander* ✕ Oberbefehlshaber *m*; ⚖ *Court Am.* a) oberstes Bundesgericht, b) oberstes Gericht (*e-s Bundesstaates*); ⚖ *Court* (*of Judicature*) *Brit.* Oberster Gerichtshof; *reign* ~ herrschen (*a. fig.*); **2.** höchst, größt, äußerst, über'ragend: ~ *courage*; ⚖ *Being* → 6; *the* ~ *good phls.* das höchste Gut; *the* ~ *punishment* die Todesstrafe; *stand* ~ *among* den höchsten Rang einnehmen unter (*dat.*); **3.** letzt: ~ *moment* Augenblick *m* des Todes; ~ *sacrifice* Hingabe *f* des Lebens; **4.** entscheidend, kritisch: *the* ~ *hour in the history of a nation*; **II** *s.* **5.** *the* ~ der *od.* die *od.* das Höchste; **6.** *the* ⚖ der Allerhöchste, Gott *m*; **su·preme·ly** [sʊ'pri:mlɪ] *adv.* höchst, aufs äußerste, 'überaus.

su·pre·mo [sʊ'pri:məʊ] *s.* *Brit.* F Oberboß *m*.

sur-¹ [sɜ:] *in Zssgn* über, auf.

sur-² [sɜ:] *od* **sub-**.

sur·cease [sɜ:'si:s] *obs.* **I** *v/i.* **1.** ablassen (*from* von); **2.** aufhören; **II** *s.* **3.** Ende *n*, Aufhören *n*; **4.** Pause *f*.

sur·charge **I** *s.* ['sɜ:tʃɑ:dʒ] **1.** *bsd. fig.* Über'lastung *f*; **2.** ✝ a) Über'forderung *f* (*a. fig.*), b) 'Überpreis *m*, (*a. Steuer-*)

Zuschlag *m*, c) Strafporto *n*; **3.** 'Über-, Aufdruck *m* (*Briefmarke etc.*); **II** *v/t.* [sɜ:'tʃɑ:dʒ] **4.** über'lasten, -'fordern; **5.** ✝ a) e-n Zuschlag *od.* ein Nachporto erheben auf (*acc.*), b) *Konto* zusätzlich belasten; **6.** *Briefmarken etc.* (*mit neuer Wertangabe*) über'drucken; **7.** über'füllen, -'sättigen.

sur·cingle ['sɜ:͵sɪŋgl] *s.* Sattel-, Packgurt *m*.

sur·coat ['sɜ:kəʊt] *s.* **1.** *hist.* a) Wappenrock *m*, b) 'Überrock *m* (*der Frauen*); **2.** Freizeitjacke *f*.

surd [sɜ:d] **I** *adj.* **1.** Å 'irratio͵nal (*Zahl*); **2.** *ling.* stimmlos; **II** *s.* Å 'irratio͵nale Größe, *a.* Wurzelausdruck *m*; **4.** *ling.* stimmloser Laut.

sure [ʃʊə] **I** *adj.* □ → *surely*; **1.** *pred.* (*of*) sicher, gewiß (*gen.*), über'zeugt (von): *I am* ~ *he is there*; *are you* ~ (*about it*)? bist du (dessen) sicher?; *he is* (*od. feels*) ~ *of success* er ist sich s-s Erfolges sicher; *I'm* ~ *I didn't mean to hurt you* ich wollte Sie ganz gewiß nicht verletzen; *are you* ~ *you won't come?* wollen Sie wirklich nicht kommen?; **2.** *pred.* sicher, gewiß, (ganz) bestimmt, zweifellos (*objektiver Sachverhalt*): *he is* ~ *to come* er kommt sicher *od.* bestimmt; *man is* ~ *of death* dem Menschen ist der Tod gewiß *od.* sicher; *make* ~ *that …* sich (davon) überzeugen, daß …; *make* ~ *of s.th.* a) sich von et. überzeugen, sich e-r Sache vergewissern, b) sich et. sichern; *to make* ~ (*Redewendung*) um sicher zu gehen; *be* ~ *to* (*od. and*) *shut the window!* vergiß nicht, das Fenster zu schließen!; *to be* ~ (*Redewendung*) sicher(lich), natürlich (*a. einschränkend = freilich, allerdings*); ~ *thing Am.* F (tod)sicher, klar; **3.** sicher, fest: *a* ~ *footing*; ~ *faith fig.* fester Glaube; **4.** sicher, untrüglich: *a* ~ *proof*; **5.** verläßlich, zuverlässig; **6.** sicher, unfehlbar: *a* ~ *cure* (*method, shot*); **II** *adv.* **7.** *obs. od.* F sicher(lich): (*as*) ~ *as eggs* ͵bombensicher'; ~ *enough* a) ganz bestimmt, sicher(lich), b) tatsächlich; **8.** F wirklich, ͵echt': *it* ~ *was cold*; **9.** ~! *bsd. Am.* F sicher!, klar!; '~-͵fire *adj.* F (tod)sicher, zuverlässig; '**·foot·ed** *adj.* **1.** sicher (auf den Füßen *od.* Beinen; **2.** *fig.* sicher.

sure·ly ['ʃʊəlɪ] *adv.* **1.** sicher(lich), zweifellos; **2.** (ganz) bestimmt *od.* sicher, doch (wohl): ~ *something can be done to help him*; **3.** sicher: *slowly but* ~; **sure·ness** ['ʃʊənɪs] *s.* Sicherheit *f*: a) Gewißheit *f*, b) feste Über'zeugung, c) Zuverlässigkeit *f*; **sure·ty** ['ʃʊərətɪ] *s.* **1.** *bsd.* ✝✝ a) Bürge *m*, b) Bürgschaft *f*, Sicherheit *f*: *stand* ~ *for* bürgen *od.* Bürgschaft leisten (*for* für *j-n*); **2.** Gewähr(leistung) *f*, Garan'tie *f*; **3.** *obs.* Sicherheit *f*: *of a* ~ sicher(lich), ohne Zweifel; **sure·ty·ship** ['ʃʊərətɪ͵ʃɪp] *s. bsd.* ✝✝ Bürgschaft(sleistung) *f*.

surf [sɜ:f] **I** *s.* Brandung *f*; **II** *v/i.* *sport* surfen.

sur·face ['sɜ:fɪs] **I** *s.* **1.** *allg.* Oberfläche *f*: ~ *of water* Wasseroberfläche *f*; *come* (*od. rise*) *to the* → 13; **2.** *fig.* Oberfläche *f*, *das* Äußere: *on the* ~ a) äußerlich, b) vordergründig, *od.* oberflächlich betrachtet; → *scratch* 7; **3.** Å a) (Ober)Fläche *f*, b) Flächeninhalt *m*:

lateral ~ Seitenfläche *f*; **4.** (Straßen)Belag *m*, (-)Decke *f*; **5.** ✗ (Trag)Fläche *f*; **6.** ✗ Tag *m*: *on the* ~ über Tag, im Tagebau; **II** *adj.* **7.** Oberflächen… (*a.* ⊙ *-härtung etc.*); **8.** *fig.* oberflächlich: a) flüchtig, b) vordergründig, äußerlich, Schein…; **III** *v/t.* **9.** ⊙ *allg.* die Oberfläche behandeln von; glätten; *Lackierung* spachteln; *Straße* mit e-m Belag versehen; **10.** ⊙ flach-, plandrehen; **11.** ♣ *U-Boot* auftauchen lassen; **IV** *v/i.* **12.** ♣ auftauchen (*U-Boot*); **13.** an die Oberfläche (*fig.* ans Tageslicht) kommen, sich zeigen; ~ *mail s. Brit.* gewöhnliche Post (*Ggs. Luftpost*); '~**·man** [-mən] *s.* [*irr.*] 🎬 Streckenarbeiter *m*; ~ *noise s.* Rauschen *n* (*e-r Schallplatte*); ~ *print·ing s. typ.* Reli'ef-, Hochdruck *m*.

sur·fac·er ['sɜ:fɪsə] *s.* ⊙ **1.** Spachtelmasse *f*; **2.** 'Plandreh- *od.* -hobelma͵schine *f*.

͵sur·face|-to-'air mis·sile *s.* ✗ 'Boden-'Luft-Ra͵kete *f*; ~ *work s.* ✗ Über'tagearbeit *f*.

'surf|·board *sport* **I** *s.* Surfbrett *n*; **II** *v/i.* surfen; '~**·boat** *s.* ♣ Brandungsboot *n*.

sur·feit ['sɜ:fɪt] **I** *s.* **1.** 'Übermaß *n* (*of* an *dat.*); **2.** *a.* 'Übersättigung *f* (*of* mit); **3.** 'Überdruß *m*: *to* (*a*) ~ bis zum Überdruß; **II** *v/t.* **4.** über'sättigen, -'füttern (*with* mit); **5.** über'füllen, -'laden; **III** *v/i.* **6.** sich über'sättigen (*of, with* mit).

surf·er ['sɜ:fə] *s.* *sport* Surfer(in); **surf·ing** ['sɜ:fɪŋ] *s.* *sport* Surfen *n*.

surge [sɜ:dʒ] **I** *s.* **1.** Woge *f*, Welle *f* (*beide a. fig.*); **2.** Brandung *f*; **3.** *a. fig.* Wogen *n*, (An)Branden *n*; Aufwallung *f der Gefühle*; **4.** ⚡ Spannungsstoß *m*; **II** *v/i.* **5.** wogen: a) (hoch)branden (*a. fig.*), b) *fig.* (vorwärts)drängen (*Menge*), c) brausen (*Orgel, Verkehr etc.*); **6.** *fig.* (auf)wallen (*Blut, Gefühl etc.*); **7.** ⚡ plötzlich ansteigen, heftig schwanken (*Spannung etc.*).

sur·geon ['sɜ:dʒən] *s.* **1.** Chir'urg *m*; **2.** ✗ leitender Sani'tätsoffi͵zier: ~ *general Brit.* Stabsarzt *m*, ⚖ *General Am.* a) General(stabs)arzt *m*, b) ♣ Marineadmiralarzt *m*; ~ *major Brit.* Oberstabsarzt *m*; **3.** Schiffsarzt *m*; **4.** *hist.* Bader *m*; '**sur·ger·y** [-dʒərɪ] *s.* **1.** Chirur'gie *f*; **2.** chir'urgische Behandlung, opera'tiver Eingriff; **3.** Operati'onssaal *m*; **4.** *Brit.* Sprechzimmer *n*: ~ *hours* Sprechstunden; '**sur·gi·cal** [-dʒɪkl] *adj.* □ ♂ **1.** chir'urgisch: ~ *cotton* (Verband)Watte *f*; **2.** Operations…: ~ *wound*; ~ *fever* septisches Fieber; **2.** medi'zinisch: ~ *boot* orthopädischer Schuh; ~ *stocking* Stützstrumpf *m*; ~ *spirit* Wundbenzin *n*.

surg·ing ['sɜ:dʒɪŋ] **I** *s.* **1.** *a. fig.* Wogen *n*, Branden *n*; **2.** ⚡ Pendeln *n* (*der Spannung etc.*); **II** *adj.* **3.** *a.* 'surg·y [-dʒɪ] *adj.* wogend, brandend (*a. fig.*).

sur·li·ness ['sɜ:lɪnɪs] *s.* Verdrießlichkeit *f*, mürrisches Wesen; Bärbeißigkeit *f*; **sur·ly** ['sɜ:lɪ] *adj.* □ **1.** verdrießlich, mürrisch; **2.** grob, bärbeißig; **3.** zäh (*Boden*).

sur·mise **I** *s.* ['sɜ:maɪz] Vermutung *f*, Mutmaßung *f*, Einbildung *f*; **II** *v/t.* [sɜ:'maɪz] mutmaßen, vermuten, sich *et.* einbilden.

sur·mount [sɜ:'maʊnt] *v/t.* **1.** über'steigen; **2.** *fig.* über'winden; **3.** bedecken, krönen: *~ed by* gekrönt *od.* überdeckt *od.* überragt von; **sur'mount·a·ble** [-təbl] *adj.* **1.** über'steigbar, ersteigbar; **2.** *fig.* über'windbar.

sur·name ['sɜːneɪm] **I** *s.* **1.** Fa'milien-, Nach-, Zuname *m*; **2.** *obs.* Beiname *m*; **II** *v/t.* **3.** *j-m* den Zu- *od. obs.* Beinamen ... geben: *~d* mit Zunamen.

sur·pass [sə'pɑːs] *v/t.* **1.** *j-n od. et.* über'treffen (*in* an *dat.*): *~ o.s.* sich selbst übertreffen; **2.** *et.*, *j-s* Kräfte *etc.* über'steigen; **sur'pass·ing** [-sɪŋ] *adj.* □ her'vorragend, 'unüber₁trefflich, unerreicht.

sur·plice ['sɜːplɪs] *s. eccl.* Chorhemd *n*, -rock *m*.

sur·plus ['sɜːpləs] **I** *s.* **1.** 'Überschuß *m*, Rest *m*; **2.** ✝ a) 'Überschuß *m*, Mehr (-betrag *m*) *n*, b) Mehrertrag *m*, 'überschüssiger Gewinn, c) (unverteilter) Reingewinn, d) Mehrwert *m*; **II** *adj.* **3.** 'überschüssig, Über(schuß)..., Mehr...: *~ population* Bevölkerungsüberschuß *m*; *~ weight* Mehr-, Übergewicht *n*; **'sur·plus·age** [-sɪdʒ] *s.* **1.** 'Überschuß *m*, -fülle *f* (*of* an *dat.*); **2.** *et.* 'Überflüssiges; **3.** ✝ unerhebliches Vorbringen.

sur·prise [sə'praɪz] **I** *v/t.* **1.** über'raschen: a) ertappen, b) verblüffen, in Erstaunen (ver)setzen: *be ~d at s.th.* über *et.* erstaunt sein, sich über *et.* wundern, c) *bsd.* ✕ über'rumpeln; **2.** befremden, empören; **3.** *~ s.o. into* (*doing*) *s.th.* j-n zu et. verleiten, j-n dazu verleiten, et. zu tun; **II** *s.* **4.** Über'raschung *f*: a) Über'rump(e)lung *f*: *take by ~* j-n, *feindliche Stellung etc.* überrumpeln, *Festung etc.* im Handstreich nehmen, b) *et.* Über'raschendes: *it came as a great ~* (*to him*) es kam (ihm) sehr überraschend, c) Verblüffung *f*, Erstaunen *n*, Verwunderung *f*, Bestürzung *f* (*at* über *acc.*): *to my ~* zu m-r Überraschung; *stare in ~* große Augen machen; **III** *adj.* **5.** über'raschend, Überraschungs...: *~ attack*; *~ visit*; **sur'pris·ed·ly** [-zɪdlɪ] *adv.* über'rascht; **sur'pris·ing** [-zɪŋ] *adj.* □ über'raschend, erstaunlich; **sur'pris·ing·ly** [-zɪŋlɪ] *adv.* über'raschend(erweise), erstaunlich(erweise).

sur·re·al·ism [sə'rɪəlɪzəm] *s.* Surrea'lismus *m*; **sur're·al·ist** [-ɪst] **I** *s.* Surrea'list(in); **II** *adj.* **→ sur·re·al·is·tic** [sə₁rɪə'lɪstɪk] *adj.* (□ *~ally*) surrea'listisch.

sur·re·but [₁sʌrɪ'bʌt] *v/i.* ✝ e-e Quintu-'plik vorbringen; **₁sur·re'but·ter** [-tə] *s.* ✝ Quintu'plik *f*.

sur·re·join·der [₁sʌrɪ'dʒɔɪndə] *s.* ✝ Tri-'plik *f*.

sur·ren·der [sə'rendə] **I** *v/t.* **1.** *et.* über-'geben, ausliefern, -händigen (*to dat.*): *~ o.s.* (*to*) **→** 5, 6, 7; **2.** *Amt, Vorrecht, Hoffnung etc.* aufgeben; *et.* abtreten, verzichten auf (*acc.*); **3.** ✝ a) *Sache, Urkunde* her'ausgeben, b) *Verbrecher* ausliefern; **4.** ✝ *Versicherungspolice* zum Rückkauf bringen; **II** *v/i.* **5.** ✕ *u. fig.* sich ergeben (*to dat.*), kapitulieren; **6.** sich der *Verzweiflung etc.* hingeben *od.* über'lassen; **7.** ✝ sich *der Polizei etc.* stellen; **III** *s.* **8.** 'Übergabe *f*, Auslieferung *f*, -händigung *f*, ✕ 'Über-gabe *f*, Kapitulati'on *f*; **9.** ✝ (*of*) Auf-, Preisgabe *f*, Abtretung *f* (*gen.*), Verzicht *m* (auf *acc.*); **11.** Hingabe *f*, Sich-

über'lassen *n*; **12.** ✝ Aufgabe *f* e-r Versicherung: *~ value* Rückkaufswert *m*; **13.** ✝ a) Aufgabe *f* e-s *Rechts etc.*, b) Her'ausgabe *f*, c) Auslieferung *f* e-s *Verbrechers.*

sur·rep·ti·tious [₁sʌrep'tɪʃəs] *adj.* □ **1.** erschlichen, betrügerisch; **2.** heimlich, verstohlen: *a ~ glance*; *~ edition* unerlaubter Nachdruck.

sur·ro·gate ['sʌrəgɪt] *s.* **1.** Stellvertreter *m* (*bsd. e-s Bischofs*); **2.** ✝ *Am.* Nachlaß- u. Vormundschaftsrichter *m*; **3.** Ersatz *m*, Surro'gat *n* (*of, for* für).

sur·round [sə'raʊnd] **I** *v/t.* **1.** um'geben, -'ringen (*a. fig.*): *~ed by danger* (*luxury*) von Gefahr umringt *od.* mit Gefahr verbunden (von Luxus umgeben); *~ing circumstances ~ing s.th.* (Begleit)Umstände e-r Sache; **2.** ✕ *etc.* um'zingeln, -'stellen, einkreisen, -schließen; **II** *s.* **3.** Einfassung *f*, *bsd.* Boden(schutz)belag *m* zwischen Wand u. Teppich; **4.** *hunt. Am.* Treibjagd *f*; **sur'round·ing** [-dɪŋ] **I** *adj.* um'gebend, 'umliegend; **II** *s. pl.* Um'gebung *f*: a) 'Umgegend *f*, b) 'Umwelt *f*, c) 'Umfeld *n*.

sur·tax ['sɜːtæks] **I** *s.* (*a.* Einkommen-) Steuerzuschlag *m*; **II** *v/t.* mit e-m Steuerzuschlag belegen.

sur·veil·lance [sɜː'veɪləns] *s.* Über'wachung *f*, (*a.* Poli'zei)Aufsicht *f*: *be under ~* unter Polizeiaufsicht stehen; *keep under ~* überwachen.

sur·vey I *v/t.* [sə'veɪ] **1.** über'blicken, -'schauen; **2.** genau betrachten, (sorgfältig) prüfen, mustern; **3.** abschätzen, begutachten; **4.** besichtigen, inspizieren; **5.** *Land etc.* vermessen, aufnehmen; **6.** *fig.* e-n 'Überblick geben über (*acc.*); **II** *s.* ['sɜːveɪ] **7.** *bsd. fig.* 'Überblick *m*, -sicht *f* (*of* über *acc.*); **8.** Besichtigung *f*, Prüfung *f*; **9.** Schätzung *f*, Begutachtung *f*; **10.** Gutachten *n*, (Prüfungs)Bericht *m*; **11.** (Land)Vermessung *f*, Aufnahme *f*; **12.** (Lage)Plan *m*; **13.** (sta'tistische) Erhebung *f*, 'Umfrage *f*; **14.** ✐ 'Reihenunter₁suchung *f*; **sur·'vey·ing** [-eɪɪŋ] *s.* **1.** (Land-, Feld-)Vermessung *f*, Vermessungsurkunde *f*, -wesen *n*; **2.** Vermessen *n*, Aufnehmen *n* (*von Land etc.*); **sur'vey·or** [-erə] *s.* **1.** Landmesser *m*, Geo'meter *m*: *~'s chain* Meßkette *f*; **2.** (amtlicher) In-'spektor *od.* Verwalter *od.* Aufseher: *~ of highways* Straßenmeister *m*; *Board of ₂s* Baubehörde *f*; **3.** *Brit.* (ausführender) Archi'tekt *m*; **4.** Sachverständige(r) *m*, Gutachter *m*.

sur·viv·al [sə'vaɪvl] *s.* **1.** Über'leben *n*: *~ of the fittest* biol. Überleben der Tüchtigsten; *~ kit* Überlebensausrüstung *f*; *~ rate* Überlebensquote *f*; *~ shelter* atomsicherer Bunker; *~ time* ✕ Überlebenszeit *f*; **2.** Weiterleben *n*; **3.** Fortbestand *m*; **4.** 'Überbleibsel *n* alten *Brauchtums etc.*; **sur·vive** [sə-'vaɪv] **I** *v/t.* **1.** *j-n od. et.* über'leben (*a. fig.* F ertragen), über'dauern, länger leben als; **2.** *Unglück etc.* über'leben, -'stehen; **II** *v/i.* **3.** am Leben bleiben; **4.** noch leben *od.* bestehen; übriggeblieben sein; **5.** weiter-, fortleben *od.* -bestehen; **sur-'viv·ing** [-vɪŋ] *adj.* **1.** über'lebend; **2.** hinter'blieben: *~ dependents* Hinterbliebene; **3.** übrigbleibend: *~ debts* ✝ Restschulden; **sur'vi·vor** [-və]

s. **1.** Über'lebende(r *m*) *f*; **2.** ✝ Über-'lebender, auf den nach dem Ableben der Miteigentümer das Eigentumsrecht 'übergeht.

sus·cep·ti·bil·i·ty [sə₁septə'bɪlətɪ] *s.* **1.** Empfänglichkeit *f*, Anfälligkeit *f* (*to* für); **2.** Empfindlichkeit *f*; **3.** *pl.* (leicht verletzbare) Gefühle *pl.*, Feingefühl *n*; **sus·cep·ti·ble** [sə'septəbl] *adj.* □ **1.** anfällig (*to* für); **2.** empfindlich (*to* gegen); **3.** (*to*) empfänglich (für *Reize, Schmeicheleien etc.*), zugänglich (*dat.*); **4.** (leicht) zu beeindrucken(d); **5.** *be ~ of* (*od. to*) *et.* zulassen.

sus·cep·tive [sə'septɪv] *adj.* **1.** aufnehmend, aufnahmefähig, rezep'tiv; **2.** **→** susceptible.

sus·pect [sə'spekt] **I** *v/t.* **1.** *j-n* verdächtigen (*of gen.*), im Verdacht haben (*of doing et.* zu haben *od.* daß *j-d et.* tut): *be ~ed of doing s.th.* im Verdacht stehen *od.* verdächtigt werden, et. getan zu haben; **2.** argwöhnen, befürchten; **3.** für möglich halten, halb glauben; **4.** vermuten, glauben (*that* daß); **5.** *Echtheit, Wahrheit etc.* anzweifeln, miß'trauen (*dat.*); **II** *v/i.* **6.** (e-n) Verdacht hegen, argwöhnisch sein; **III** *s.* ['sʌspekt] **7.** Verdächtige(r *m*) *f*, verdächtige Per'son, Ver'dachtsper₁son *f*: *smallpox ~* ✐ Pockenverdächtige(r); **IV** *adj.* ['sʌspekt] **8.** verdächtig, su-'spekt (*a. fig. fragwürdig*).

sus·pend [sə'spend] *v/t.* **1.** *a.* ⚙ aufhängen (*from* an *dat.*); **2.** *bsd.* 🐟 suspendieren, (*in Flüssigkeiten etc.*) schwebend halten; **3.** *Frage etc.* in der Schwebe *od.* unentschieden lassen; **4.** einstweilen auf-, verschieben; ✝ *Verfahren*, *Vollstreckung* aussetzen: *~ a sentence* ✝ e-e Strafe zur Bewährung aussetzen; **5.** *Verordnung etc.* zeitweilig aufheben *od.* außer Kraft setzen; **6.** *die Arbeit*, ✕ *die Feindseligkeiten*, ✝ *Zahlungen etc.* (zeitweilig) einstellen; **7.** *j-n* (zeitweilig) des Amtes entheben, suspendieren; **8.** *Mitglied* zeitweilig ausschließen; **9.** *Sportler* sperren; **10.** mit *s-r Meinung etc.* zu'rückhalten; **11.** ♪ *Ton* vorhalten; **sus'pend·ed** [-dɪd] *adj.* **1.** hängend, Hänge-...(-decke, -lampe etc.): *be ~* hängen (*by* an *dat.*, *from* von); **2.** ~ schwebend; **3.** unter'brochen, ausgesetzt, zeitweilig eingestellt: *~ anima-tion* ✐ Scheintod *m*; ✝ zur Bewährung ausgesetzt (*Strafe*): *~ sentence of two years* zwei Jahre mit Bewährung; **5.** suspendiert (*Beamter*); **sus'pend·er** [-də] *s.* **1.** *pl.* *bsd. Am.* Hosenträger *pl.*; **2.** *Brit.* Strumpf- *od.* Sockenhalter *m*: *~ belt* Hüftgürtel *m*, Straps *m*; **3.** Aufhängevorrichtung *f*.

sus·pense [sə'spens] *s.* **1.** Spannung *f*, Ungewißheit *f*: *anxious ~* Hangen u. Bangen *n*; *in ~* gespannt, voller Spannung; *be in ~* in der Schwebe sein; *keep in ~* a) *j-n* in Spannung halten, im ungewissen lassen, b) *et.* in der Schwebe lassen; *~ account* ✝ Interimskonto *n*; *~ entry* ✝ transitorische Buchung; **2.** **→** *suspension* 6; **sus'pense·ful** [-fʊl] *adj.* spannend; **sus'pen·sion** [-ʃn] *s.* **1.** Aufhängen *n*; **2.** *bsd.* ⚙ Aufhängung *f*: *front-wheel ~*; *~ bridge* Hängebrücke *f*; *~ railway* Schwebebahn *f*; **3.** ⚙ Federung *f*: *~ spring* Tragfeder *f*; **4.** 🐟, *phys.* Suspensi'on *f*; *pl.* Aufschlämmungen *pl.*; **5.** (einstweilige) Einstellung (*der Feindseligkeiten etc.*): ~ *of payment(s)* ✝ Zahlungseinstellung; **6.** ⚉ Aufschub *m*, Aussetzung *f*; vor-'übergehende Aufhebung *e-s Rechts*; Hemmung *f der Verjährung*; **7.** Aufschub *m*, Verschiebung *f*; **8.** Suspendierung *f* (*from* von), (Dienst-, Amts)Enthebung *f*; **9.** zeitweiliger Ausschluß; **10.** *sport* Sperre *f*; **11.** ♪ Vorhalt *m*; **sus'pen·sive** [-sɪv] *adj.* □ **1.** aufschiebend, suspen'siv: ~ *condition*, ~ *veto*; **2.** unter'brechend, hemmend; **3.** unschlüssig; **4.** unbestimmt; **sus'pen·so·ry** [-sərɪ] **I** *adj.* **1.** hängend, Schwebe..., Hänge...; **2.** *anat.* Aufhänge...; **3.** ⚉ → *suspensive* 1; **II** *s.* **4.** *anat.* a) *a.* ~ *ligament* Aufhängeband *n*, b) *a.* ~ *muscle* Aufhängemuskel *m*; **5.** ⚕ *a*) *a.* ~ *bandage* Suspen'sorium *n*, b) Bruchband *n*.

sus·pi·cion [sə'spɪʃn] *s.* **1.** Argwohn *m*, 'Mißtrauen *n* (*of* gegen); **2.** (*of*) Verdacht *m* (gegen *j-n*), Verdächtigung *f* (*gen.*): *above* ~ über jeden Verdacht erhaben; *on* ~ *of murder* unter Mordverdacht *festgenommen werden*; *be under* ~ unter Verdacht stehen; *cast a* ~ *on* e-n Verdacht auf *j-n* werfen; *have a* ~ *that* e-n Verdacht haben *od.* hegen, daß; **3.** Vermutung *f*: *no* ~ keine Ahnung; **4.** *fig.* Spur *f*: *a* ~ *of brandy* (*arrogance*); *a* ~ *of a smile* der Anflug *e-s* Lächelns; **sus'pi·cious** [-ʃəs] *adj.* □ **1.** 'mißtrauisch, argwöhnisch (*of* gegen): *be* ~ *of s.th.* et. befürchten; **2.** verdächtig, verdachterregend; **sus'pi·cious·ness** [-ʃəsnɪs] *s.* **1.** Mißtrauen *n*, Argwohn *m* (*of* gegen); 'mißtrauisches Wesen; **2.** *das* Verdächtige.

sus·tain [sə'steɪn] *v/t.* **1.** stützen, tragen: ~*ing wall* Stützmauer *f*; **2.** *Last, Druck, fig. den Vergleich etc.* aushalten; *e-m Angriff etc.* standhalten; **3.** *Niederlage, Schaden, Verletzungen, Verlust etc.* erleiden, da'vontragen; **4.** *et.* (aufrecht-)erhalten, in Gang halten; *Interesse* wachhalten; ~*ing program Am. Radio, TV:* Programm *n* ohne Reklameeinblendungen; **5.** *j-n* er-, unter'halten, *Familie etc.* ernähren; *Heer* verpflegen; **6.** *Institution* unter'halten, -'stützen; **7.** *j-n, j-s Forderung* unter'stützen; **8.** ⚉ als rechtsgültig anerkennen, *e-m Antrag, Einwand etc.* stattgeben; **9.** *Behauptungen etc.* bestätigen, rechtfertigen, erhärten; **10.** *j-n* aufrecht halten; *j-m* Kraft geben; **11.** ♪ *Ton* (aus)halten; **12.** *Rolle* (gut) spielen; **sus-'tained** [-nd] *adj.* **1.** anhaltend (*a. Interesse etc.*), Dauer...(-*feuer*, -*geschwindigkeit etc.*); **2.** ♪ a) (aus)gehalten (*Ton*), b) getragen; **3.** *phys.* ungedämpft.

sus·te·nance ['sʌstɪnəns] *s.* **1.** ('Lebens-)ɪUnterhalt *m*, Auskommen *n*; **2.** Nahrung *f*; **3.** Nährwert *m*, Ernährung *f*; **5.** *fig.* Beistand *m*, Stütze *f*; **sus·ten·ta·tion** [ˌsʌsten'teɪʃn] *s.* **1.** → *sustenance* 1, 2, 4; **2.** Unter'haltung *f e-s Instituts etc.*; **3.** (Aufrecht-)Erhaltung *f*; **4.** Unter'stützung *f*.

su·sur·rant [sjuˈsʌrənt] *adj.* **1.** flüsternd, säuselnd; **2.** raschelnd.

sut·ler ['sʌtlə] *s.* ✕ *hist.* Marke'tender(in).

su·ture ['sjuːtʃə] **I** *s.* **1.** ⚕, ⚕, *anat.* Naht

f; **2.** ✿ (Zs.-)Nähen *n*; **3.** ✿ 'Nahtmateri₁al *n*, Faden *m*; **II** *v/t.* **4.** *bsd.* ✿ (zu-, ver)nähen.

su·ze·rain ['suːzəreɪn] **I** *s.* **1.** Oberherr *m*, Suze'rän *m*; **2.** *pol.* Pro'tektorstaat *m*; **3.** *hist.* Oberlehensherr *m*; **II** *adj.* **4.** oberhoheitlich; **5.** *hist.* oberlehensherrlich; **'su·ze·rain·ty** [-tɪ] *s.* **1.** Oberhoheit *f*; **2.** *hist.* Oberlehensherrlichkeit *f*.

svelte [svelt] *adj.* schlank, gra'zil.

swab [swɒb] **I** *s.* **1.** a) Scheuerlappen *m*, b) Schrubber *m*, c) Mop *m*, d) Handfeger *m*, e) ⚓ Schwabber *m*; **2.** ⚕ a) Tupfer *m*, b) Abstrich *m*; **II** *v/t.* **3.** *a.* ~ *down* aufwischen, ⚓ *Deck* schrubben; **4.** ⚕ a) *Blut etc.* abtupfen, b) *Wunde* betupfen.

Swa·bi·an ['sweɪbjən] **I** *s.* Schwabe *m*, Schwäbin *f*; **II** *adj.* schwäbisch.

swad·dle ['swɒdl] **I** *adj.* **1.** *Säugling* wikkeln, in Windeln legen; **2.** um'wickeln, einwickeln; **II** *s.* **3.** *Am.* Windel *f*.

swad·dling ['swɒdlɪŋ] *s.* Wickeln *n e-s Babys*; ~ *clothes* [kləʊðz] *s. pl.* Windeln *pl.*: *be still in one's* ~ *fig.* „noch in den Windeln liegen'.

swag [swæg] *s.* **1.** Gir'lande *f* (*Zierat*); **2.** *sl.* Beute *f*, Raub *m*.

swage [sweɪdʒ] **I** *s.* ⚙ **1.** Gesenk *n*; **2.** Präge *f*, Stanze *f*; **II** *v/t.* **3.** im Gesenk bearbeiten.

swag·ger ['swægə] **I** *v/i.* **1.** (ein'her)stolzieren; **2.** prahlen, aufschneiden, renommieren (*about* mit); **II** *s.* **3.** stolzer Gang, Stolzieren *n*; **4.** Großtue'rei *f*, Prahle'rei *f*; **III** *adj.* **5.** F (tod)schick: ~ *stick* ✕ Offi'ziersstöckchen *s*; **'swag·ger·er** [-ərə] *s.* Großtuer *m*, Aufschneider *m*; **'swag·ger·ing** [-ərɪŋ] *adj.* □ **1.** stolzierend; **2.** schwadronierend.

swain [sweɪn] *s. mst poet.* Bauernbursche *m*, Schäfer *m*; **2.** *poet. od. humor.* Liebhaber *m*, Verehrer *m*.

swal·low¹ ['swɒləʊ] **I** *v/t.* **1.** (ver)schlukken, verschlingen: ~ *down* hinunterschlucken; **2.** *fig. Buch etc.* verschlingen, *Ansicht etc.* begierig in sich aufnehmen; **3.** *Gebiet etc.* „schlucken', sich einverleiben; **4.** *mst* ~ *up fig. j-n, Schiff, Geld, Zeit etc.* verschlingen; **5.** „schlucken', für bare Münze nehmen; **6.** *Beleidigung etc.* schlucken, einstecken; **7.** *Tränen, Ärger* hin'unterschlukken; **8.** *Behauptung* zu'rücknehmen: ~ *one's words*; **II** *v/i.* **9.** schlucken (*a. vor Erregung*): ~ *hard fig.* kräftig schlucken; ~ *the wrong way* sich verschlucken; **III** *s.* **10.** Schlund *m*, Kehle *f*; **11.** Schluck *m*.

swal·low² ['swɒləʊ] *s. orn.* Schwalbe *f*: *one* ~ *does not make a summer* eine Schwalbe macht noch keinen Sommer; **'~·tail** *s.* **1.** *orn.* Schwalbenschwanz-Kolibri *m*; **2.** *zo.* Schwalbenschwanz *m* (*Schmetterling*); **3.** ⚙ Schwalbenschwanz *m*; **4.** *a. pl.* Frack *m*; **'~·tailed** *adj.* Schwalbenschwanz...: ~ *coat* Frack *m*.

swam [swæm] *pret. von* **swim**.

swa·mi ['swɑːmɪ] *s.* **1.** Meister *m* (*bsd. Brahmane*); **2.** → *pundit* 2.

swamp [swɒmp] **I** *s.* **1.** Sumpf *m*; **2.** (Flach)Moor *n*; **II** *v/t.* **3.** über'schwemmen (*a. fig.*): *be* ~*ed with* mit *Arbeit, Einladungen etc.* überhäuft werden *od.* sein, sich nicht mehr retten können vor (*dat.*); **4.** ⚓ *Boot* vollaufen lassen, zum

Sinken bringen; **5.** *Am. pol. Gesetz* zu Fall bringen; **6.** *sport* ‚über'fahren'; **'swamp·y** [-pɪ] *adj.* sumpfig, mo'rastig, Sumpf...

swan [swɒn] *s.* **1.** *zo.* Schwan *m*: ♌ *of Avon fig.* der Schwan vom Avon (*Shakespeare*); **2.** ♌ *ast.* Schwan *m* (*Sternbild*).

swank [swæŋk] F **I** *s.* **1.** Protze'rei *f*, ‚Angabe' *f*; **2.** ‚Angeber' *m*; **II** *v/i.* **3.** protzen, ‚angeben'; **III** *adj.* **4.** → **'swank·y** [-kɪ] *adj.* F **1.** protzig; **2.** (tod)schick.

'swan|·like *adj. u. adv.* schwanengleich; ~ *maid·en* *s. myth.* Schwan(en)jungfrau *f*; **'~·neck** *s.* ⚙ Schwanenhals *m*.

swan·ner·y ['swɒnərɪ] *s.* Schwanenteich *m*.

swan| song *s. bsd. fig.* Schwanengesang *m*; **'~·up·ping** *s.* Brit. Einfangen u. Kennzeichnen der jungen Schwäne (*bsd. auf der Themse*).

swap [swɒp] F **I** *v/t.* (aus-, ein)tauschen (*s.th. for* et. für); *Pferde etc.* wechseln: *to* ~ *stories fig.* Geschichten austauschen; **II** *v/i.* tauschen; **III** *s.* Tausch(handel) *m*; ✝ Swap(geschäft *n*) *m*.

sward [swɔːd] *s.* Rasen *m*, Grasnarbe *f*; **'sward·ed** [-dɪd] *adj.* mit Rasen bedeckt.

swarm¹ [swɔːm] **I** *s.* **1.** (Bienen- *etc.*) Schwarm *m*; **2.** Schwarm *m* (*Kinder, Soldaten etc.*); **3.** *fig.* Haufen *m*, Masse *f* (*Briefe etc.*); **II** *v/i.* **4.** schwärmen (*Bienen*); **5.** (um'her)schwärmen, (zs.-) strömen: ~ *out* a) ausschwärmen, b) hinausströmen; ~ *to a place* zu e-m Ort (hin)strömen; *beggars* ~ *in that town* in dieser Stadt wimmelt es von Bettlern; **6.** (*with*) wimmeln (von); **III** *v/t.* **7.** um'schwärmen, -'drängen; **8.** *Örtlichkeit* in Schwärmen über'fallen; **9.** *Bienen* ausschwärmen lassen.

swarm² [swɔːm] **I** *v/t.* a) hochklettern an (*dat.*), b) hin'aufklettern auf (*acc.*); **II** *v/i.* klettern.

swarth·i·ness ['swɔːðɪnɪs] *s.* dunkle Gesichtsfarbe, Schwärze *f*, Dunkelbraun *n*; **swarth·y** ['swɔːðɪ] *adj.* □ dunkel (-häutig), schwärzlich.

swash [swɒʃ] **I** *v/i.* **1.** klatschen, schwappen (*Wasser etc.*); **2.** planschen (*im Wasser*); **II** *v/t.* **3.** *Wasser etc.* a) spritzen lassen, b) klatschen; **III** *s.* **4.** Platschen, Schwappen *n*; **5.** Platsch *m*, Klatsch *m* (*Geräusch*); **'~·buck·ler** [-ˌbʌklə] *s.* **1.** Schwadro'neur *m*, Bra'marbas *m*; **2.** verwegener Kerl; **3.** hi-'storischer 'Abenteuerfilm *m od.* -ro₁man *m*; **'~·buck·ling** [-ˌbʌklɪŋ] **I** *s.* Bramarbasieren *n*, Prahlen *n*; **II** *adj.* schwadronierend, prahlerisch; ~ *plate* *s.* ⚙ Taumelscheibe *f*.

swas·ti·ka ['swɒstɪkə] *s.* Hakenkreuz *n*.

swat [swɒt] F **I** *v/t.* **1.** schlagen; **2.** *Fliege etc.* totschlagen; **II** *s.* **3.** (wuchtiger) Schlag; **4.** → *swatter*.

swath [swɔːθ] *s.* ♪ Grasnarbe *f*.

swathe¹ [sweɪð] **I** *v/t.* **1.** (um')wickeln (*with* mit), einwickeln; **2.** (*wie e-n Verband*) her'umwickeln; **3.** einhüllen; **II** *s.* **4.** Binde *f*, Verband *m*; **5.** (Wickel-)Band *n*; ✿ 'Umschlag *m*.

swathe² [sweɪð] → *swath*.

swat·ter ['swɒtə] *s.* Fliegenklatsche *f*.

sway [sweɪ] **I** *v/i.* **1.** schwanken, schaukeln, sich wiegen; **2.** sich neigen; **3.** (**to**) *fig.* sich zuneigen (*dat.*) (*öffentliche Meinung etc.*); **4.** herrschen; **II** *v/t.* **5.** *et.* schwenken, schaukeln, wiegen; **6.** neigen; **7.** ✿ *mst* **~ up** *Masten etc.* aufheißen; **8.** *fig.* beeinflussen, lenken; **9.** beherrschen, herrschen über (*acc.*); *Publikum* mitreißen; **10.** *rhet.* Zepter *etc.* schwingen; **III** *s.* **11.** Schwanken *n*, Schaukeln *n*, Wiegen *n*; **12.** Schwung *m*, Wucht *f*; **13.** 'Übergewicht *n*; **14.** Einfluß *m*: **under the ~ of** unter dem Einfluß *od.* im Banne (*gen.*) (→ 15); **15.** Herrschaft *f*, Gewalt *f*, Macht *f*: **hold ~ over** beherrschen, herrschen über (*acc.*); **under the ~ of** in der Gewalt *od.* unter der Herrschaft (*gen.*).

swear [sweə] **I** *v/i.* [*irr.*] **1.** schwören, e-n Eid leisten (**on the Bible** auf die Bibel); **~ by** a) bei *Gott etc.* schwören, b) F schwören auf (*acc.*), felsenfest glauben an (*acc.*); **~ by all that's holy** Stein u. Bein schwören; **~ off** F *e-m Laster* abschwören; **~ to** a) *et.* beschwören, b) *et.* geloben; **2.** fluchen (**at** *auf acc.*); **II** *v/t.* [*irr.*] **3.** *Eid* schwören, leisten; **4.** *et.* beschwören, eidlich bekräftigen; **~ out** ϟϟ *Am.* Haftbefehl durch eidliche Strafanzeige erwirken; **5.** *Rache, Treue etc.* schwören; **6.** *a.* **~ in** j-n vereidigen: **~ s.o. into an office** j-n in ein Amt einschwören; **~ s.o. to secrecy** j-n eidlich zur Verschwiegenheit verpflichten; **III** *s.* **7.** F Fluch *m*; '**swearing** [-ərɪŋ] *s.* **1.** Schwören *n*: **~-in** ϟϟ Vereidigung *f*; **2.** Fluchen *n*; '**swearword** *s.* Fluch(wort *n*) *m*.

sweat [swet] **I** *s.* **1.** Schweiß *m*: **cold ~** kalter Schweiß, Angstschweiß; **by the ~ of one's brow** im Schweiße s-s Angesichts; **be in a ~** a) in Schweiß gebadet sein, b) F (vor Angst, Erregung *etc.*) schwitzen; **get into a ~** in Schweiß geraten; **no ~!** F kein Problem!; **2.** Schwitzen *n*, Schweißausbruch *m*; **4.** F Plakke'rei *f*; **5.** *old* → ✕ *sl.* alter Haudegen *m*; **II** *v/i.* [*Am. irr.*] **6.** schwitzen (**with** *vor dat.*); **7.** ✿, *phys. etc.* schwitzen, anlaufen; gären (*Tabak*); **8.** F schwitzen, sich schinden; **9.** ✝ für e-n Hungerlohn arbeiten; **III** *v/t.* [*Am. irr.*] **10.** schwitzen: **~ blood** Blut schwitzen; **~ out** a) *Krankheit etc.* (her)ausschwitzen, b) *fig. et.* mühsam hervorbringen; **~ it out** F durchhalten, es durchstehen; **11.** *Kleidung* 'durchschwitzen; **12.** *j-n* schwitzen lassen (*a.* F *fig. im Verhör etc.*); *fig.* schwitzen lassen, *Arbeiter* ausbeuten; F *j-n* ‚bluten lassen'; **13.** ✿ schwitzen *od.* gären lassen; *metall.* (**~ out** aus)seigern; (heiß-, weich)löten; *Kabel* schwitzen; '**~band** *s.* Schweißleder *n* (*im Hut*); *bsd. sport* Schweißband *n*.

sweat·ed ['swetɪd] *adj.* ✝ **1.** für Hungerlöhne hergestellt; **2.** ausgebeutet, 'unterbezahlt; '**sweat·er** [-tə] *s.* **1.** Sweater *m*, Pull'over *m*; **2.** ✝ Ausbeuter *m*.

sweat gland *s. physiol.* Schweißdrüse *f*.

sweat·i·ness ['swetɪnɪs] *s.* Verschwitztheit *f*, Schweißigkeit *f*.

sweat·ing ['swetɪŋ] *s.* **1.** Schwitzen *n*; **2.** ✝ Ausbeutung *f*; **~ bath** *s.* ♨ Schwitzbad *n*; **~ sys·tem** *s.* ✝ 'Ausbeutungssy‚stem *n*.

'sweat|·shirt *s.* Sweatshirt *n*; '**~-shop** *s.* ✝ Ausbeutungsbetrieb *m*; '**~-suit** *s.* Trainingsanzug *m*.

sweat·y ['swetɪ] *adj.* □ **1.** schweißig, verschwitzt; **2.** anstrengend.

Swede [swi:d] *s.* **1.** Schwede *m*, Schwedin *f*; **2.** ♃ *Brit.* → **Swedish turnip**.

Swed·ish ['swi:dɪʃ] **I** *adj.* **1.** schwedisch; **II** *s.* **2.** *ling.* Schwedisch *n*; **3.** *the* **~** *coll.* die Schweden *pl.*; **~ tur·nip** *s.* ♃ *Brit.* Schwedische Rübe, Gelbe Kohlrübe.

sweep [swi:p] **I** *v/t.* [*irr.*] **1.** kehren, fegen: **~ away** (**off, up**) weg-(fort-, auf-) kehren; **2.** freimachen, säubern (**of** *von*; *a. fig.*); **3.** hin'wegstreichen über (*acc.*) (*Wind etc.*); **4.** *Flut etc.* jagen, treiben: **~ before one** *Feind* vor sich her treiben; **~ all before one** *fig.* auf der ganzen Linie siegen; **5.** *a.* **~ away** (*od.* **off**) *fig.* fort-, mitreißen (*Flut etc.*): **~ along with** j-n *Zuhörer* mitreißen; **~ s.o. off his feet** j-s Herz im Sturm erobern; **6.** *a.* **~ away** *Hindernis etc.* (aus dem Weg) räumen, *e-m Übelstand etc.* abhelfen, aufräumen mit: **~ aside** *et.* abtun, beiseite schieben; **~ off** *j-n* hinwegraffen (*Tod, Krankheit*); **7.** *mit der Hand* streichen über (*acc.*); **8.** *Geld* einstreichen: **~ the board** *Kartenspiel u. fig.* alles gewinnen; **9.** *a.*) *Gebiet* durch'streifen, b) *Horizont etc.* absuchen (*a.* ✕ *mit Scheinwerfern, Radar*) (**for** *nach*), c) hingleiten über (*acc.*) (*Blick etc.*); **10.** ✕ *mit MG-Feuer* bestreichen; **11.** ♪ *Saiten, Tasten* (be)rühren, schlagen, (hin)gleiten über (*acc.*); **II** *v/i.* [*irr.*] **12.** kehren, fegen; **13.** fegen, stürmen, jagen (*Wind, Regen etc.*; *a. Krieg, Heer*), fluten (*Wasser, Truppen etc.*); durchs *Land* geн (*Epidemie etc.*): **~ along** (**down, over**) entlang- *od.* einher- (hernieder-, darüber hin)fegen *etc.*; **~ down on** sich (herab-) stürzen auf (*acc.*); **fear swept over him** Furcht überkam ihn; **14.** maje'stätisch ein'herschreiten: **she swept from the room** sie rauschte aus dem Zimmer; **15.** in weitem Bogen gleiten; **16.** sich da'hinziehen (*Küste, Straße etc.*); **17.** (**for**) ✿ (nach *et.*) dreggen; ✕ *Minen* suchen, räumen; **III** *s.* **18.** Kehren *n*, Fegen *n*: **give s.th. a ~** j-m et. 'durchfegen; **make a clean ~** (**of**) *fig.* gründlich aufräumen (mit); **19.** *mst pl.* Müll *m*; **20.** *bsd. Brit.* Schornsteinfeger *m*; **21.** Da'hinfegen *n*, (Da'hin)Stürmen *n* (*des Windes etc.*); **22.** schwungvolle (Hand *etc.*)Bewegung; Schwung *m* (*e-r Sense, Waffe etc.*); (Ruder)Schlag *m*; **23.** *fig.* Reichweite *f*, Bereich *m*, Spielraum *m*; weiter (geistiger) Hori'zont; **24.** Schwung *m*, Bogen *m* (*Straße etc.*); **25.** ausgedehnte Strecke, weite Fläche; **26.** Auffahrt *f zu e-m Haus*; **27.** Ziehstange *f*, Schwengel *m* (*Brunnen*); **28.** ✿ langes Ruder; **29.** ♪ Tusch *m*; **30.** *Radar*: Abtaststrahl *m*; **31.** *Kartenspiel*: Gewinn *m* aller Stiche *od.* Karten; **IV** *adj.* **32.** ⚡ Kipp...

'sweep·back ✈ **I** *s.* Pfeilform *f*; **II** *adj.* pfeilförmig, Pfeil...

sweep·er ['swi:pə] *s.* **1.** (Straßen-) Kehrer *m*, Feger(in) *f*; **2.** 'Kehrma‚schine *f*; **3.** ✿ Such-, Räumboot *n*; **4.** *Fußball*: Ausputzer *m*; '**sweep·ing** [-pɪŋ] **I** *adj.* □ **1.** kehrend, Kehr...; **2.** sausend, stürmisch (*Wind etc.*); **3.** ausgedehnt;

4. schwungvoll (*a. fig. mitreißend*); **5.** 'durchschlagend, über'wältigend (*Sieg, Erfolg*); **6.** 'durchgreifend, radi'kal: **~ changes**; **7.** um'fassend, weitreichend, *a.* (zu) stark verallgemeinernd, sum-'marisch: **~ statement**; **II** *s.* **8.** *pl.* a) → **sweep** 19, b) *fig. contp.* Abschaum *m*.

sweep| **net** *s.* **1.** ✿ Schleppnetz *n*; **2.** Schmetterlingsnetz *n*; '**~-stake** *s. sport* **1.** *sg. od. pl.* a) *Pferderennen, dessen Dotierung rein aus Nenngeldern besteht*, b) *aus den Nenngeldern gebildete Dotierung*; **2.** *Lotterie, deren Gewinne sich ausschließlich aus den Einsätzen zs.-setzen*; **3.** *fig.* Rennen *n*, Kampf *m*.

sweet [swi:t] **I** *adj.* □ **1.** süß (*im Geschmack*); **2.** süß, lieblich (duftend): **be ~ with** duften nach; **3.** frisch (*Butter, Fleisch, Milch*); **4.** Frisch..., Süß...: **~ water**; **5.** süß, lieblich (*Musik, Stimme*), **6.** süß, angenehm: **~ dreams**; **7.** süß, lieb: **~ face**; **at her own ~ will** (ganz) nach ihrem Köpfchen; → **seventeen** II; **8.** (**to** zu *od.* gegenüber *j-m*) lieb, nett, freundlich, sanft: **~ nature** *od.* **temper**, **be ~ on s.o.** in j-n verliebt sein; **9.** F ‚süß', reizend, goldig (*alle a. iro.*): **what a ~ dress!**; **10.** leicht, bequem, glatt, ruhig; **11.** 🔧 a) säurefrei (*Mineralien*), b) schwefelfrei, süß (*bsd. Benzin, Rohöl*); **12.** ♪ nicht sauer (*Boden*); **13.** *Jazz*: ‚sweet', melodi'ös; **II** *s.* **14.** Süße *f*; **15.** *Brit.* a) Bon-'bon *n*, Süßigkeit *f*, b) oft *pl.* Nachtisch *m*, Süßspeise *f*; **16.** *mst pl. fig.* Freude *f*, Annehmlichkeit *f*: **the ~(s) of life**; → **sour** 7; **17.** *mst in der Anrede*: Liebling *m*, Süße(r *m*) *f*; **~-and-'sour** *adj.* süß-sauer (*Soße etc.*); '**~-bread** *s.* Bries *n*; **~ chest·nut** *s.* 'Ɛdelka‚stanie *f*; **~ corn** *s.* ♃ Zuckermais *m*; **2.** grüne Maiskolben *pl.*

sweet·en ['swi:tn] **I** *v/t.* **1.** süßen; **2.** *fig.* versüßen, angenehm(er) machen; **II** *v/i.* **3.** süß(er) werden; **4.** milder *od.* sanfter werden; '**sweet·en·er** [-nə] *s.* Süßstoff *m*.

'sweet·heart *s.* Liebste(r *m*) *f*, Schatz *m*; **~ herbs** *s. pl.* Küchen-, Gewürzkräuter *pl.*

sweet·ie ['swi:tɪ] *s.* **1.** F Schätzchen *n*, ‚Süße' *f*; **2.** *Brit.* Bon'bon *m*, *n*, *pl. a.* Süßigkeiten *pl.*

sweet·ing ['swi:tɪŋ] *s.* ♃ Jo'hannisapfel *m*, Süßling *m*.

sweet·ish ['swi:tɪʃ] *adj.* süßlich.

'sweet·meat *s.* Bon'bon *m*, *n*; **~-'na·tured** → **sweet** 8.

sweet·ness ['swi:tnɪs] *s.* **1.** Süße *f*, Süßigkeit *f*; **2.** süßer Duft; **3.** Frische *f*; **4.** *fig. et.* Angenehmes, Annehmlichkeit *f*, das Süße; **5.** Freundlichkeit *f*, Liebenswürdigkeit *f*.

sweet| **oil** *s.* O'livenöl *n*; **~ pea** *s.* ♃ Gartenwicke *f*; **~ po·ta·to** *s.* ♃ 'Süßkar‚toffel *f*, Ba'tate *f*; **~'scent·ed** *adj. bsd.* ♃ wohlriechend, duftend; '**~-shop** *s. bsd. Brit.* Süßwarengeschäft *n*; '**~-talk** *v/t. Am.* F *j-m* schmeicheln; **~-'tempered** *adj.* sanft-, gutmütig; **~ tooth** *s.* F: **she has a ~** sie ißt gern Süßigkeiten; **~ wil·liam** *s.* ♃ Stu'dentennelke *f*.

sweet·y ['swi:tɪ] → **sweetie**.

swell [swel] **I** *v/i.* [*irr.*] **1.** *a.* **~ up, ~ out** (an-, auf)schwellen (**into, to** zu), dick werden; **2.** sich aufblasen *od.* -blähen (*a. fig.*); **3.** anschwellen, (an)steigen

(*Wasser etc.*, *a. fig. Preise*, *Anzahl etc.*); **4.** sich wölben: a) ansteigen (*Land etc.*), b) sich ausbauchen *od.* bauschen (*Mauerwerk*, *Möbel etc.*), c) ♣ sich blähen (*Segel*); **5.** her'vorbrechen (*Quelle*, *Tränen*); **6.** *bsd.* ♪ a) anschwellen (*into* zu), b) (an- u. ab-) schwellen (*Ton*, *Orgel etc.*); **7.** *fig.* bersten (wollen) (*with* vor): *his heart ~s with indignation*; **8.** aufwallen, sich steigern (*into* zu) (*Gefühl*); **II** *v/t.* [*irr.*] **9.** ~ *up*, ~ *out a.* ♪ *u. fig. Buch etc.* anschwellen lassen; **10.** aufblasen, -blähen, -treiben; **11.** *fig.* aufblähen (*with* vor): ~*ed* (*with pride*) stolzgeschwellt; **III** *s.* **12.** (An)Schwellen *n*; **13.** Schwellung *f*; **14.** ♣ Dünung *f*; **15.** Wölbung *f*, Ausbauchung *f*; **16.** kleine Anhöhe, sanfte Steigung; **17.** *fig.* Anschwellen *n*, -wachsen *n*, (An)Steigen *n*; **18.** ♪ a) An- (u. Ab-)schwellen *n*, b) Schwellzeichen *n*, c) Schwellwerk *n* (*Orgel etc.*); **19.** F a) ,hohes Tier', ,Größe' *f*, b) ,feiner Pinkel', c) ,Ka'none' *f*, ,Mordskerl' *m* (*at* in *dat.*); **IV** *adj.* **20.** (*a. int.*) F ,prima', ,bombig'; **21.** F (tod)schick, ,piekfein', feu'dal; **swelled** [-ld] *adj.* **1.** (an)geschwollen, aufgebläht; ~ *head* F *fig.* Aufgeblasenheit *f*; **2.** geschweift (*Möbel*); **'swell·ing** [-lɪŋ] I *s.* **1.** (*a. fig. u.* ♪ An)Schwellen *n*; **2.** ✽ Schwellung *f*, Geschwulst *f*, *a.* Beule *f*: *hunger* ~ Hungerödem *n*; **3.** Wölbung *f*: a) Erhöhung *f*, b) △ Ausbauchung *f*, ❀ Schweifung *f*; **II** *adj.* □ **4.** (an)schwellend; **5.** ,geschwollen' (*Stil etc.*).

swell| **man·u·al** *s.* ♪ 'Schwellmanu,al *n* (*Orgel*); ~ **mob** *s. sl.* die Hochstapler *pl.*; ~ **or·gan** *s.* ♪ Schwellwerk *n*.

swel·ter ['sweltə] I *v/i.* **1.** vor Hitze (fast) 'umkommen *od.* verschmachten; **2.** in Schweiß gebadet sein; **3.** (vor Hitze) kochen (*Stadt etc.*); **II** *s.* **4.** drückende Hitze, Schwüle *f*; **5.** F *fig.* Hexenkessel *m*; **'swel·ter·ing** [-tərɪŋ], **'swel·try** [-trɪ] *adj.* **1.** vor Hitze vergehend, verschmachtend; **2.** in Schweiß gebadet; **3.** drückend, schwül.

swept [swept] *pret. u. p.p. von* **sweep**; **'~back wing** → *swept wing*; ~ **vol·ume** *s. mot.* Hubraum *m*; ~ **wing** *s.* ✈ Pfeilflügel *m*.

swerve [swɜ:v] I *v/i.* **1.** ausbrechen (*Auto*, *Pferd*); **2.** *mot.* das Steuer her'umreißen; **3.** ausweichen; **4.** schwenken (*Straße*); **5.** *fig.* abweichen (*from* von); **II** *v/t.* **6.** *sport* Ball anschneiden; **7.** *fig. j-n* abbringen (*from* von); **III** *s.* **8.** Ausweichbewegung *f*, mot. Schlenker *m*.

swift [swɪft] I *adj.* □ **1.** *allg.* schnell, rasch; **2.** flüchtig (*Zeit*, *Stunde etc.*); **3.** geschwind, eilig; **4.** flink, hurtig, *a.* geschickt: *a ~ worker*, ~ *wit* rasche Auffassungsgabe; **5.** rasch, schnell bereit: ~ *to anger* jähzornig; ~ *to take offence* leicht beleidigt; **II** *adv.* **6.** *mst poet. od. in Zssgn* schnell, geschwind, rasch; **III** *s.* **7.** *orn.* (*bsd.* Mauer)Segler *m*; **8.** *e-e brit.* Taubenrasse; **9.** *zo.* → *newt*; **10.** ❀ Haspel *f*; **,swift'foot·ed** *adj.* schnellfüßig, flink; **'swift·ness** [-nɪs] *s.* Schnelligkeit *f*.

swig [swɪg] F I *v/t.* Getränk ,hin'unterkippen'; **II** *v/i.* e-n kräftigen Schluck nehmen (*at* aus); **III** *s.* (kräftiger) Schluck.

swill [swɪl] I *v/t.* **1.** *bsd. Brit.* (ab)spülen:

~ *out* ausspülen; **2.** *Bier etc.* ,saufen'; **II** *v/i.* **3.** ,saufen'; **III** *s.* **4.** (Ab)Spülen *n*; **5.** Schweinetrank *m*, -futter *n*; **6.** Spülicht *n* (*a. fig. contp.*); **7.** *fig. contp.* a) ,Gesöff' *n*, b) ,Saufraß' *m*.

swim [swɪm] I *v/i.* [*irr.*] **1.** schwimmen; **2.** schwimmen (*Gegenstand*), treiben; **3.** schweben, (sanft) gleiten; **4.** a) schwimmen (*in* in *dat.*), b) über-'schwemmt sein, 'überfließen (*with* von): *his eyes were ~ming with tears* s-e Augen schwammen in Tränen; ~ *in fig.* schwimmen in (*Geld etc.*); **5.** (ver-)schwimmen (*before one's eyes* vor den Augen): *my head ~s* mir ist schwind(e)lig; **II** *v/t.* [*irr.*] **6.** *Strecke etc.* schwimmen, *Gewässer* durch-'schwimmen; **7.** *Person*, *Pferd etc.* schwimmen lassen; **8.** F mit *j-m* um die Wette schwimmen; **III** *s.* **9.** Schwimmen *n*: *go for a* ~ schwimmen gehen; *be in* (*out of*) *the* ~ F *fig.* a) (nicht) auf dem laufenden sein, b) (nicht) mithalten können; **10.** *Angelsport*: tiefe u. fischreiche Stelle (*es Flusses*); **11.** Schwindel(anfall) *m*; **'swim·mer** [-mə] *s.* **1.** Schwimmer(in); **2.** *zo.* 'Schwimmor,gan *n*.

swim·mer·et ['swɪmərət] *s. zo.* Schwimmerfuß *m* (*Krebs*).

swim·ming ['swɪmɪŋ] I *s.* **1.** Schwimmen *n*; **2.** ~ *of the head* Schwindelgefühl *n*; **II** *adj.* □ → *swimmingly*; **3.** Schwimm...; ~ *bath s.* Schwimmbad *f*; ~ *blad·der s. zo.* Schwimmblase *f*.

swim·ming·ly ['swɪmɪŋlɪ] *adv. fig.* glatt, reibungslos.

swim·ming| **pool** *s.* **1.** Schwimmbecken *n*, Swimmingpool *m*; **2.** Schwimmbad *n*: *a)* Freibad *n*, *b) mst indoor* ~ Hallenbad *n*; ~ **trunks** *s. pl.* Badehose *f*.

swin·dle ['swɪndl] I *v/i.* **1.** betrügen, mogeln; **II** *v/t.* **2.** *j-n* beschwindeln, betrügen (*out of* s.th. um et.); **3.** et. erschwindeln (*out of s.o.* von j-m); **III** *s.* **4.** Schwindel *m*, Betrug *m*; **'swin·dler** [-lə] *s.* Schwindler(in), Betrüger(in).

swine [swaɪn] *pl.* **swine** *s. zo.*, *mst* ♪, *poet. od. obs.* Schwein *n* (*a. fig. contp.*); ~ **fe·ver** *s. vet.* Schweinepest *f*; **'~herd** *s. poet.* Schweinehirt *m*; **'~pox** *s.* **1.** ✽ *hist.* Wasserpocken *pl.*; **2.** *vet.* Schweinepocken *pl.*

swing [swɪŋ] I *v/t.* [*irr.*] **1.** *Stock*, *Keule*, *Lasso etc.* schwingen; **2.** *Glocke etc.* schwingen, (hin- u. her)schwingen; *one's arms* mit den Armen schlenkern; ~ *s.th. about* et. (im Kreis) herumschwenken; **3.** *Beine etc.* baumeln lassen, *a. Tür etc.* pendeln lassen (*Hängematte etc.* aufhängen (*from* an *dat.*): ~ *open* (*to*) *Tor* auf-(zu)stoßen; **4.** *j-n in e-r Schaukel* schaukeln; **5.** *auf die Schulter etc.* (hoch)schwingen; **6.** ✗ (~ *in od. out* ein- *od.* aus)schwenken lassen; **7.** ♣ (rund)schwoien; **8.** *bsd. Am.* F a) et. ,schaukeln', ,hinkriegen', b) *Wähler* her'umkriegen; **II** *v/i.* [*irr.*] **9.** (hin- u. her)schwingen, pendeln, ausschlagen (*Pendel*, *Zeiger*): ~ *into motion* in Schwung *od.* Gang kommen; **10.** schweben, baumeln (*from* an *dat.*) (*Glocke etc.*); **11.** (sich) schaukeln; **12.** F ,baumeln' (*gehängt werden*): *he must ~ for it*; **13.** sich (*in den Angeln*) drehen (*Tür etc.*): ~ *open* (*to*) auffliegen (zu-schlagen); ~ *round* a) sich ruckartig

umdrehen, b) sich drehen (*Wind etc.*), c) *fig.* umschlagen (*öffentliche Meinung etc.*); **14.** ♣ schwojen; **15.** schwenken, mit schwungvollen Bewegungen gehen, (flott) marschieren: ~ *into line* ✗ einschwenken; **16.** *a.* ~ *it sl.* a) ,toll leben', b) ,auf den Putz hauen'; **17.** schwanken; **18.** (zum Schlag) ausholen: ~ *at* nach *j-m* schlagen; **19.** ♪ swingen; **III** *s.* **20.** (Hin- u. Her)Schwingen *n*, Schwingung *f*; ❀ Schwungweite *f*, Ausschlag *m* (*es Pendels od. Zeigers*): *the* ~ *of the pendulum* der Pendelschlag (*a. fig. od. pol.*); *free* ~ Bewegungsfreiheit *f*, Spielraum *m* (*a. fig.*); *in full* ~ in vollem Gange, im Schwung; *give full* ~ *to* a) *e-r Sache* freien Lauf lassen, b) *j-m* freie Hand lassen; **21.** Schaukeln *n*; **22.** a) Schwung *m* beim Gehen, Skilauf *etc.*, schwingender Gang, Schlenkern *n*, b) ♪ *etc.* Schwung *m*, (schwingender) Rhythmus: *go with a* ~ a) Schwung haben, b) *fig.* wie am Schnürchen gehen; **23.** ♪ Swing *m* (*Jazz*); **24.** Schaukel *f*: *lose on the ~s what you make on the roundabouts fig.* genau so weit sein wie am Anfang; *you make up on the ~s what you lose on the roundabouts* was man hier verliert, macht man dort wieder wett; **25.** ✝ a) Swing *m*, Spielraum *m* für Kre'ditgewährung, b) *Am.* F Konjunk'turperi,ode *f*; **26.** *Boxen*: Schwinger *m*; **27.** Schwenkung *f*; **'~back** *s.* **1.** *phot.* Einstellscheibe *f*; **2.** *fig.* (*to*) Rückkehr *f* (zu), Rückfall *m* (in *acc.*); **'~boat** *s.* Schiffsschaukel *f*; ~ **bridge** *s.* Drehbrücke *f*; ~ **cred·it** *s.* ✝ 'Swingkre,dit *m*; ~ **door** *s.* Pendeltür *f*.

swinge [swɪndʒ] *v/t. obs.* 'durchprügeln, (aus)peitschen; **'swinge·ing** [-dʒɪŋ] *adj. fig.* drastisch, ex'trem.

swing·er ['swɪŋə] *s. sl.* lebenslustige Per'son.

swing·ing ['swɪŋɪŋ] *adj.* □ **1.** schwingend, schaukelnd, pendelnd, Schwing...; **2.** Schwenk...; **3.** rhythmisch, schwungvoll; **4.** lebenslustig; **5.** schwankend: ~ *temperature* ☀ Temperaturschwankungen *pl.*

swin·gle ['swɪŋgl] I *s.* ❀ (Flachs-, Hanf-)Schwinge *f*; **II** *v/t. Flachs*, *Hanf* schwingen; **'~tree** *s.* Ortscheit *n*, Wagenschwengel *m*.

'swing·-out *adj.* ❀ ausschwenkbar; ~ *seat s.* Hollywoodschaukel *f*; ~ *shift s. Am.* ✝ Spätschicht *f*; **'~wing** *s.* ✈ **1.** Schwenkflügel *m*; **2.** Schwenkflügler *m*.

swin·ish ['swaɪnɪʃ] *adj.* □ schweinisch, säuisch.

swipe [swaɪp] I *v/i.* **1.** dreinschlagen, hauen; *sport* aus vollem Arm schlagen; **II** *v/t.* **2.** (hart) schlagen; **3.** *sl.* ,klauen', stehlen; **III** *s.* **4.** *bsd. sport* harter Schlag, Hieb *m*; **5.** *pl. sl.* Dünnbier *n*.

swirl [swɜ:l] I *v/i.* **1.** wirbeln (*Wasser*, *a. fig. Kopf*), e-n Strudel bilden; **2.** (her'um)wirbeln; **II** *v/t.* **3.** her'umwirbeln; **III** *s.* **4.** Wirbel *m*, Strudel *m*; **5.** *Am.* (Haar)Wirbel *m*; **6.** Wirbel(n *n*) *m* (*Drehbewegung*).

swish [swɪʃ] I *v/i.* **1.** schwirren, zischen, sausen; **2.** rascheln (*Seide*); **II** *v/t.* **3.** sausen *od.* schwirren lassen; **4.** *Brit.* 'durchprügeln; **III** *s.* **5.** Sausen *n*, Zischen *n*; **6.** Rascheln *n*; **7.** *Brit.* (Ruten-)Streich *m*, Peitschenhieb *m*; **IV** *adj.* **8.**

Brit. sl. ‚(tod)schick'.
Swiss [swɪs] **I** *pl.* **Swiss** *s.* **1.** Schweizer (-in); **2.** ☉ ♞, *a.* ~ **muslin** 'Schweizermusse‚lin *m* (*Stoff*); **II** *adj.* **3.** schweizerisch, Schweizer: ~ **German** Schweizerdeutsch *n*; ~ **Guard** *R.C.* a) Schweizergarde *f*, b) Schweizer *m*; ~ **roll** Biskuitrolle *f*.
switch [swɪtʃ] **I** *s.* **1.** Gerte *f*, Rute *f*; **2.** (Ruten)Streich *m*; **3.** falscher Zopf; **4.** ⚡, ☉ Schalter *m*; **5.** 🚋 Weiche *f*; **6.** (*to*) *fig.* a) 'Umstellung *f* (auf *acc.*), Wechsel *m* (zu), b) Verwandlung *f* (in *acc.*), c) Vertauschung *f*; **II** *v/t.* peitschen; **8.** zucken mit; **9.** ⚡, ☉ ('um)schalten: ~ **on** einschalten, *Licht* anschalten, *teleph. j-n* verbinden; ~ **off** *Gerät etc.* ab-, ausschalten, abstellen, *teleph. j-n* trennen; ~ **to** anschließen an (*acc.*); **10.** 🚋 a) *Zug* rangieren, b) *Waggons* 'umstellen; **11.** *fig.* *Produktion etc.* 'umstellen, *Methode, Thema etc.* wechseln, *Gedanken, Gespräch* 'überleiten (**to** auf *acc.*); **III** *v/i.* **12.** 🚋 rangieren; **13.** ⚡, ☉ (*a.* ~ **over** 'um)schalten; ~ **off** abschalten, *teleph.* trennen; **14.** *fig.* 'umstellen: ~ (**off** *od.* **over**) **to** übergehen zu, sich umstellen auf (*acc.*), *univ. etc.* umsatteln auf (*acc.*); '~**back** *s.* *Brit.* **1.** *a.* ~ **road** Serpen'tinenstraße *f*; **2.** Achterbahn *f*; '~**blade knife** *s.* Schnappmesser *n*; '~**board** *s.* ⚡ **1.** Schaltbrett *n*, -tafel *f*; **2.** (Tele'fon)Zen‚trale *f*, Vermittlung *f*; ~ **operator** Telefonist(in); ~ **box** *s.* **1.** ⚡ Schaltkasten *m*; **2.** 🚋 Stellwerk *n*.
switch·er·oo [‚swɪtʃə'ruː] *s.* *Am. sl.* **1.** unerwartete Wendung; **2.** → **switch** 6 b u. c.
switch·ing ['swɪtʃɪŋ] **I** *s.* **1.** ⚡, ☉ ('Um)Schalten *n*; ~**on** Einschalten; ~**off** Ab-, Ausschalten; **2.** 🚋 Rangieren *n*; **II** *adj.* **3.** ⚡, ☉ (Um)Schalt...; **4.** 🚋 Rangier...
switch| plug *s.* ⚡, ☉ Schaltstöpsel *m*; '~**yard** *s.* 🚋 *Am.* Rangier-, Verschiebebahnhof *m*.
swiv·el ['swɪvl] **I** *s.* Drehzapfen *m*, -ring *m*, -gelenk *n*, (⚓ Ketten)Wirbel *m*; **II** *v/t.* (auf *e-m Zapfen etc.*) drehen *od.* schwenken; **III** *v/i.* sich drehen; **IV** *adj.* dreh-, schwenkbar, Dreh..., Schwenk...; ~ **bridge** *s.* ☉ Drehbrücke *f*; ~ **chair** *s.* Drehstuhl *m*; ~ **joint** *s.* ☉ Drehgelenk *n*.
swiz·zle stick ['swɪzl] *s.* Sektquirl *m*.
swol·len ['swəʊlən] **I** *p.p. von* **swell**; **II** *adj.* 🌣 geschwollen (*a. fig.*): ~**headed** aufgeblasen.
swoon [swuːn] **I** *v/i.* *oft* ~ **away** in Ohnmacht fallen (**with** vor *dat.*); **II** *s.* Ohnmacht(sanfall *m*) *f*.
swoop [swuːp] **I** *v/i.* **1.** *oft* ~ **down** ([*up*]*on, at*) her'abstoßen, sich stürzen (auf *acc.*), *fig.* zuschlagen, herfallen (über *acc.*); **II** *v/t.* **2.** *mst* ~ **up** F packen, ‚schnappen'; **III** *s.* **3.** Her'abstoßen *n* (*Raubvogel*); **4.** *fig.* a) 'Überfall *m*, b) Razzia *f*; **5.** **at one** (**fell**) ~ mit 'einem Schlag.
swop [swɒp] → **swap**.
sword [sɔːd] *s.* Schwert *n* (*a. fig.*); Säbel *m*, Degen *m*; *allg.* Waffe *f*: **draw** (**sheathe**) **the** ~ das Schwert ziehen (in die Scheide stecken), den Kampf beginnen (beenden); **put to the** ~ über die Klinge springen lassen; → **cross** 11,

measure 16; ~ **belt** *s.* **1.** Schwertgehenk *n*; **2.** ⚔ Degenkoppel *n*; ~ **cane** *s.* Stockdegen *m*; ~ **dance** *s.* Schwert(er)tanz *m*; '~**fish** *s.* Schwertfisch *m*; ~ **knot** *s.* ⚔ Degen-, Säbelquaste *f*; ~ **lil·y** *s.* ♀ Schwertel *m*, Siegwurz *f*; '~**play** *s.* **1.** (Degen-, Säbel)Kampf *m*; **2.** Fechtkunst *f*; **3.** *fig.* Gefecht *n*, Du'ell *n*.
swords·man ['sɔːdzmən] *s.* [*irr.*] Fechter *m*; Kämpfer *m*; '**swords·man·ship** [-ʃɪp] *s.* Fechtkunst *f*.
'**sword·stick** → **sword cane**.
swore [swɔː] *pret. von* **swear**; **sworn** [swɔːn] **I** *p.p. von* **swear**; **II** *adj.* **1.** ⚖ (gerichtlich) vereidigt, beeidigt: ~ **expert** eidlich-; ~ **statement**; **3.** geschworen (*Gegner*): ~ **enemies** Todfeinde; **4.** verschworen (*Freunde*).
swot [swɒt] *ped. Brit.* F **I** *v/i.* **1.** büffeln, pauken; **II** *v/t.* **2.** *mst* ~ **up** *Lehrstoff* pauken, büffeln; **III** *s.* **3.** Büffler(in), Streber(in); **4.** Büffe'lei *f*, Pauke'rei *f*; *weitS.* hartes Stück Arbeit.
swung [swʌŋ] *pret. u. p.p. von* **swing**.
syb·a·rite ['sɪbəraɪt] *s.* *fig.* Syba'rit *m*, Genußmensch *m*; **syb·a·rit·ic** [‚sɪbə'rɪtɪk] *adj.* (□ ~**ally**) syba'ritisch, genußsüchtig; '**syb·a·rit·ism** [-rɪtɪzəm] *s.* Genußsucht *f*.
syc·a·more ['sɪkəmɔː] *s.* ♀ **1.** *Am.* Pla'tane *f*; **2.** *a.* ~ **maple** *Brit.* Bergahorn *m*; Syko'more *f*, Maulbeerfeigenbaum *m*.
syc·o·phan·cy ['sɪkəfənsɪ] *s.* Krieche'rei *f*, Speichellecke'rei *f*; '**syc·o·phant** [-nt] *s.* Schmeichler *m*, Kriecher *m*, Speichellecker *m*; **syc·o·phan·tic** [‚sɪkəʊ'fæntɪk] *adj.* (□ ~**ally**) schmeichlerisch, kriecherisch.
syl·la·bar·y ['sɪləbərɪ] *s.* 'Silbenta‚belle *f*; '**syl·la·bi** [-baɪ] *pl. von* **syllabus**.
syl·lab·ic [sɪ'læbɪk] *adj.* (□ ~**ally**) **1.** syl'labisch (*a. ♪*), Silben...: ~ **accent**; **2.** silbenbildend, silbisch; **3.** *in Zssgn* ...silbig; **syl'lab·i·cate** [-keɪt], **syl'lab·i·fy** [-ɪfaɪ], **syl·la·bize** ['sɪləbaɪz] *v/t. ling.* syllabieren, in Silben teilen, Silbe für Silbe (aus)sprechen.
syl·la·ble ['sɪləbl] **I** *s.* **1.** *ling.* Silbe *f*: **not a** ~ *fig.* keine Silbe *od.* kein Sterbenswörtchen sagen; **2.** ♪ Tonsilbe *f*; **II** *v/t.* **3.** → **syllabicate**; '**syl·la·bled** [-ld] *adj.* ...silbig.
syl·la·bus ['sɪləbəs] *pl.* **-bi** [-baɪ] *s.* **1.** Auszug *m*, Abriß *m*; -zu‚fassende Inhaltsangabe; **2.** (*bsd.* Vorlesungs)Verzeichnis *n*; Lehr-, 'Unterrichtsplan *m*; **3.** ⚖ Kom'pendium *n* von richtungweisenden Entscheidungen; **4.** *R.C.* Syllabus *m*.
syl·lep·sis [sɪ'lepsɪs] *s. ling.* Syl'lepsis, Syl'lepse *f*.
syl·lo·gism ['sɪlədʒɪzəm] *s. phls.* Syllo'gismus *m*, (Vernunft)Schluß *m*; '**syl·lo·gize** [-dʒaɪz] *v/i.* syllogisieren, folgerichtig denken.
sylph [sɪlf] *s.* **1.** *myth.* Sylphe *m*, Luftgeist *m*; **2.** *fig.* Syl'phide *f*, gra'ziles Mädchen; '**sylph·ish** [-fɪʃ], '**sylph·like** [-laɪk], '**sylph·y** [-fɪ] *adj.* sylphenhaft, gra'zil.
syl·van ['sɪlvən] *adj. poet.* waldig, Wald...
sym·bi·o·sis [‚sɪmbɪ'əʊsɪs] *s. biol. u. fig.* Symbi'ose *f*; ‚**sym·bi'ot·ic** [-ɪ'ɒtɪk] *adj.* (□ ~**ally**) *biol.* symbi'o(n)tisch.

sym·bol ['sɪmbl] *s.* Sym'bol *n*, Sinnbild *n*, Zeichen *n*; **sym·bol·ic**, **sym·bol·i·cal** [sɪm'bɒlɪk(l)] *adj.* □ sym'bolisch, sinnbildlich (*of* für): **be** ~ **of s.th.** et. versinnbildlichen; **sym·bol·ics** [sɪm'bɒlɪks] *s. pl. mst sg. konstr.* **1.** Studium *n* alter Sym'bole; **2.** *eccl.* Sym'bolik *f*; '**sym·bol·ism** [-bəlɪzəm] *s.* **1.** Sym'bolik *f* (*a. eccl.*), sym'bolische Darstellung; ♈ Forma'lismus *m*; **2.** sym'bolische Bedeutung; **3.** *coll.* Sym'bole *pl.*; **4.** *paint. etc.* Symbo'lismus *m*; '**sym·bol·ize** [-bəlaɪz] *v/t.* **1.** symbolisieren: a) versinnbildlichen, b) sinnbildlich darstellen; **2.** sym'bolisch auffassen.
sym·met·ric, **sym·met·ri·cal** [sɪ'metrɪk(l)] *adj.* □ sym'metrisch, eben-, gleichmäßig: ~ **axis** ♈ Symmetrieachse *f*; **sym·me·trize** ['sɪmɪtraɪz] *v/t.* sym'metrisch machen; **sym·me·try** ['sɪmɪtrɪ] *s.* Symme'trie *f* (*a. fig. Ebenmaß*).
sym·pa·thet·ic [‚sɪmpə'θetɪk] **I** *adj.* (□ ~**ally**) **1.** mitfühlend, teilnehmend: ~ **strike** Sympathiestreik *m*; **2.** einfühlend, verständnisvoll; **3.** gleichgesinnt, geistesverwandt, kongeni'al; **4.** sym'pathisch; **5.** F wohlwollend (**to**[**ward**] gegen['über]); **6.** sympa'thetisch (*Kur, Tinte etc.*); **7.** ♣, *physiol.* sym'pathisch (*Nervensystem etc.*); → 9a; **8.** ♪, *phys.* mitschwingend: ~ **vibration** Sympathieschwingung *f*; **II** *s.* **9.** a) *a.* ~ **nerve** *physiol.* Sym'pathikus(nerv) *m*, b) Sym'pathikussys‚tem *n*.
sym·pa·thize ['sɪmpəθaɪz] *v/i.* **1.** (**with**) a) sympathisieren (mit), gleichgesinnt sein (*dat.*), b) über'einstimmen mit, wohlwollend gegen'überstehen (*dat.*), c) mitfühlen (mit); **2.** sein Mitgefühl *od.* Beileid ausdrücken (**with** *dat.*); **3.** ♣ in Mitleidenschaft gezogen werden (**with** von); '**sym·pa·thiz·er** [-zə] *s.* j-d, der *mit j-m od. e-r Sache* sympathisiert, Anhänger(in), *bsd. pol.* Sympathi'sant(in); '**sym·pa·thy** [-θɪ] *s.* **1.** Sympa'thie *f*, Zuneigung *f* (**for** für): ~ **strike** Sympathiestreik *m*; **2.** Gleichgestimmtheit *f*; **3.** Mitleid *n*, -gefühl *n* (**with** mit, **for** für): **feel** ~ **for** (*od.* **with**) Mitleid haben mit *j-m*, Anteil nehmen an *e-r Sache*; **4.** *pl.* (An)Teilnahme *f*, Beileid *n*: **letter of** ~ Beileidschreiben *n*; **offer one's sympathies to s.o.** *j-m* sein Beileid bezeigen, *j-m* kondolieren; **5.** ♣ Mitleidenschaft *f*; **6.** Wohlwollen *n*, Zustimmung *f*; **7.** Über'einstimmung *f*, Einklang *m*; **8.** *biol., psych.* Sympa'thie *f*, Wechselwirkung *f*.
sym·phon·ic [sɪm'fɒnɪk] *adj.* (□ ~**ally**) sin'fonisch, sym'phonisch, Sinfonie..., Symphonie...: ~ **poem** ♪ symphonische Dichtung; **sym'pho·ni·ous** [-'fəʊnjəs] *adj.* har'monisch (*a. fig.*); **sym·pho·nist** ['sɪmfənɪst] *s.* ♪ Sin'foniker *m*, Sym'phoniker *m*; **sym·pho·ny** ['sɪmfənɪ] **I** *s.* **1.** ♪ Sinfo'nie *f*, Sympho'nie *f*; **2.** *fig.* (*Farben- etc.*)Sympho'nie *f*, (*a. häusliche etc.*) Harmo'nie, Zs.-klang *m*; **II** *adj.* **3.** Sinfonie..., Symphonie...: ~ **orchestra**.
sym·po·si·um [sɪm'pəʊzjəm] *pl.* **-si·a** [-zjə] *s.* **1.** *antiq.* Sym'posion *n*: a) Gastmahl *n*, b) *Titel philosophischer Dialoge*; **2.** *fig.* Sammlung *f* von Beiträgen (*über e-e Streitfrage*); **3.** Sym'posium *n*, (Fach)Tagung *f*.
symp·tom ['sɪmptəm] *s.* ♣ *u. fig.* Sym-

'ptom *n* (*of* für, von), (An)Zeichen *n*; **symp·to·mat·ic, symp·to·mat·i·cal** [ˌsɪmptə'mætɪk(l)] *adj.* □ *bsd.* ☞ sympto'matisch (*a. fig. bezeichnend*) (*of* für); **symp·tom·a·tol·o·gy** [ˌsɪmptəmə-'tɒlədʒɪ] *s.* ☞ Symptomatolo'gie *f.*

syn- [sɪn] *in Zssgn* mit, zusammen.

syn·a·gogue ['sɪnəgɒg] *s. eccl.* Syna'goge *f.*

syn·a·l(o)e·pha [ˌsɪnə'liːfə] *s. ling.* Syna'loiphe *f*, Verschleifung *f.*

syn·an·ther·ous [sɪ'nænθərəs] *adj.* ♀ syn'andrisch: ~ *plant* Korbblüt(l)er *m*, Komposite *f.*

sync [sɪŋk] F *für* a) *synchronization* 1: *in* (*out of*) ~ (nicht) synchron, *fig.* (nicht) in Einklang, b) *synchronize* 5.

syn·carp ['sɪnkɑːp] *s.* ♀ Sammelfrucht *f.*

ˌsyn·chro ˈflash [ˌsɪŋkrəʊ-] *s. phot.* Syn-'chronblitz(licht *n*) *m*; **ˌ~ˈmesh** [-'meʃ] ☼ I *adj.* Synchron...; II *s. a.* ~ *gear* Syn'chrongetriebe *n.*

syn·chro·nism ['sɪŋkrənɪzəm] *s.* **1.** Synchro'nismus *m*, Gleichzeitigkeit *f*; **2.** Synchronisati'on *f*; **3.** synchro'nistische (Ge'schichts)Taˌbelle; **4.** *phys.* Gleichlauf *m*; **syn·chro·ni·za·tion** [ˌsɪŋkrə-naɪ'zeɪʃn] *s.* **1.** *bsd.* Film, TV: Synchronisati'on *f*; **2.** Gleichzeitigkeit *f*, zeitliches Zs.-fallen; **syn·chro·nize** ['sɪŋkrənaɪz] I *v/i.* **1.** gleichzeitig sein, zeitlich zs.-fallen *od.* über'einstimmen; **2.** syn'chron gehen (*Uhr*) *od.* laufen (*Maschine*); **3.** synchronisiert sein (*Bild u. Ton e-s Films*); II *v/t.* **4.** Uhren, Maschinen synchronisieren; **˞d shifting** *mot.* Synchron(gang)schaltung *f*; **5.** *Film, TV:* synchronisieren; **6.** *Ereignisse* synchro'nistisch darstellen, *Gleichzeitiges* zs.-stellen; **7.** *Geschehnisse* (zeitlich) zs.-fallen lassen *od.* aufein'ander abstimmen; **˞d swimming** Synchronschwimmen *n*; **8.** ♪ a) *Ausführende* zum (genauen) Zs.-spiel bringen, b) *Stelle, Bogenstrich etc.* genau zu'sammen ausführen (lassen); **'syn·chro·nous** [-nəs] *adj.* □ **1.** gleichzeitig: *be* ~ (zeitlich) zs.-fallen; ~ *syn'chron:* a) ☼, ♄ gleichlaufend (*Maschine etc.*), gleichgehend (*Uhr*), b) ♄, ☼ von gleicher Phase u. Schwingungsdauer: ~ *motor* Synchronmotor *m.*

syn·co·pal ['sɪŋkəpl] *adj.* **1.** syn'kopisch; **2.** ☞ Ohnmachts...; **'syn·co·pate** [-peɪt] *v/t.* **1.** *ling. Wort* synkopieren, zs.-ziehen; **2.** ♪ synkopieren; **syn·co·pa·tion** [ˌsɪŋkə'peɪʃn] *s.* **1.** → *syncope* 1; **2.** ♪ a) Synkopierung *f*, b) Syn'kope(n *pl.*) *f*, c) syn'kopische Mu-'sik; **syn·co·pe** ['sɪŋkəpɪ] *s.* **1.** *ling.* a) Syn'kope *f*, kontrahiertes Wort, b) Kontrakti'on *f*; **2.** ♪ Syn'kope *f*; **3.** ☞ Syn'kope *f*, tiefe Ohnmacht.

syn·dic ['sɪndɪk] *s.* **1.** ☼, ♄ Syndikus *m*, Rechtsberater *m*; **2.** *univ. Brit.* Se'nats-

mitglied *n*; **'syn·di·cal·ism** [-kəlɪzəm] *s.* Syndika'lismus *m* (*radikaler Gewerkschaftssozialismus*); **'syn·di·cate** I *s.* [-kɪt] **1.** ♄, ♄ Syndi'kat *n*, Kon'sortium *n*; **2.** ♄ a) Ring *m*, Verband *m*, 'Absatzkarˌtell *n*, b) 'Zeitungssyndiˌkat *n od.* -gruppe *f*; **3.** 'Pressezenˌtrale *f*; **4.** ˌSyndi'kat' *n*, Verbrecherring *m*; II *v/t.* [-keɪt] **5.** ♄ zu e-m Syndi'kat vereinigen; **6.** a) *Artikel etc.* in mehreren Zeitungen zu'gleich veröffentlichen, b) über ein Syndi'kat verkaufen, c) *Zeitungen* zu e-m Syndi'kat zs.-schließen; III *v/i.* [-keɪt] **7.** ♄ sich zu e-m Syndi'kat zs.-schließen; IV *adj.* [-kɪt] **8.** ♄ Konsortial...; **syn·di·ca·tion** [ˌsɪndɪ'keɪʃn] *s.* ♄ Syndi'katsbildung *f.*

syn·drome ['sɪndrəʊm] *s.* ☞ Syn'drom *n* (*a. sociol. etc.*).

syn·od ['sɪnəd] *s. eccl.* Syn'ode *f*; **'syn·od·al** [-dl], **syn·od·ic, syn·od·i·cal** [sɪ'nɒdɪk(l)] *adj.* □ syn'odisch (*a. ast.*), Synoden...

syn·o·nym ['sɪnənɪm] *s. ling.* Syno'nym *n*, bedeutungsgleiches *od.* -ähnliches Wort: *be a ~ for fig.* gleichbedeutend sein mit; **syn·on·y·mous** [sɪ'nɒnɪməs] *adj.* □ **1.** *ling.* syno'nym(isch), bedeutungsgleich *od.* -ähnlich; **2.** *allg.* gleichbedeutend (*with* mit).

syn·op·sis [sɪ'nɒpsɪs] *pl.* **-ses** [-siːz] *s.* **1.** Syn'opse *f*: a) Zs.-fassung *f*, 'Übersicht *f*, Abriß *m*, b) *eccl.* (vergleichende) Zs.-schau; **syn'op·tic** [-ptɪk] *adj.* (□ **˞ally**) **1.** syn'optisch, 'übersichtlich, zs.-fassend: ~ *chart meteor.* synoptische Karte; **2.** um'fassend (*Genie*); oft ♌ *eccl.* syn'optisch; **Syn'op·tist**, *a.* ♌ [-ptɪst] *s. eccl.* Syn'optiker *m* (*Matthäus, Markus u. Lukas*).

syn·o·vi·a [sɪ'nəʊvɪə] *s. physiol.* Gelenkschmiere *f*; **syn'o·vi·al** [-əl] *adj.* Syn-ovial...: ~ *fluid* → *synovia*; **syn·o·vi·tis** [ˌsɪnə'vaɪtɪs] *s.* ☞ Gelenkentzündung *f.*

syn·tac·tic, syn·tac·ti·cal [sɪn'tæk-tɪk(l)] *adj.* □ *ling.* syn'taktisch, Syntax...; **syn'tac·ti·cals** [-ɪklz] *s. pl. sg. konstr.* Syn'taktik *f*; **syn·tax** ['sɪntæks] *s.* **1.** *ling.* Syntax *f*: a) Satzbau *m*, b) Satzlehre *f*; **2.** ♈, *phls.* Syntax *f*, Be-'weistheoˌrie *f.*

syn·the·sis ['sɪnθɪsɪs] *pl.* **-ses** [-siːz] *s. allg.* Syn'these *f*; **'syn·the·size** [-saɪz] *v/t.* **1.** zs.-fügen, (durch Syn'these) aufbauen; **2.** ♎, ☼ syn'thetisch *od.* künstlich herstellen; **syn·thet·ic** [sɪn'θetɪk] I *adj.* (□ **˞ally**) syn'thetisch: a) *bsd. ling., phls.* zs.-fügend: ~ *language*, b) ♎ künstlich (*a. fig. unecht*), Kunst...: ~ *rubber*, ~ *trainer* ✈ (Flug)Simulator *m*; II *s.* Kunststoff *m*; **syn·thet·i·cal** [sɪn'θetɪkl] *adj.* □ → *synthetic* I; **'syn·the·tize** [-ɪtaɪz] → *synthesize*.

syn·ton·ic [sɪn'tɒnɪk] *adj.* (□ **˞ally**) **1.** ♄ (auf gleiche Fre'quenz) abgestimmt;

2. *psych.* extravertiert; **syn·to·nize** ['sɪntənaɪz] *v/t.* ♄ (*to* auf *e-e bestimmte Frequenz*) abstimmen *od.* einstellen; **syn·to·ny** ['sɪntənɪ] *s.* **1.** ♄ (Fre'quenz-) Abstimmung *f*, Reso'nanz *f*; **2.** *psych.* Extraversi'on *f.*

syph·i·lis ['sɪfɪlɪs] *s.* ☞ Syphilis *f*; **syph·i·lit·ic** [sɪfɪ'lɪtɪk] I *adj.* syphi'litisch; II *s.* Syphi'litiker(in).

sy·phon ['saɪfn] → *siphon.*

Syr·i·an ['sɪrɪən] I *adj.* syrisch; II *s.* Syr(i)er(in).

sy·rin·ga [sɪ'rɪŋgə] *s.* ♀ Sy'ringe *f*, Flieder *m.*

sy·ringe ['sɪrɪndʒ] I *s.* **1.** ☞, ☼ Spritze *f*; II *v/t.* **2.** *Flüssigkeit etc.* (ein)spritzen; **3.** *Ohr* ausspritzen; **4.** *Pflanze etc.* ab-, bespritzen.

syr·inx ['sɪrɪŋks] *s.* **1.** *antiq.* Pan-, Hirtenflöte *f*; **2.** a) *anat.* Eu'stachische Röhre, b) ☞ Fistel *f*; **3.** *orn.* Syrinx *f*, unterer Kehlkopf.

Syro- [saɪərəʊ] *in Zssgn* Syro..., syrisch.

syr·up ['sɪrəp] *s.* **1.** Sirup *m*, Zuckersaft *m*; **2.** *fig.* ˌsüßliches Zeug', Kitsch *m*; **'syr·up·y** [-pɪ] *adj.* **1.** sirupartig, dickflüssig, klebrig; **2.** *fig.* süßlich, senti-men'tal.

sys·tem ['sɪstəm] *s.* **1.** *allg.* Sy'stem *n* (*a.* ♈, ♪, ☈, ♀, *zo.*): a) Gefüge *n*, Aufbau *m*, Anordnung *f*, b) Einheit *f*, geordnetes Ganzes, c) *phls., eccl.* Lehrgebäude *n*, d) ☼ Anlage *f*, e) Verfahren *n*: ~ *of government* Regierungssystem; ~ *of logarithms* ♈ Logarithmensystem; *electoral* ~ *pol.* Wahlsystem, -verfahren; *mountain* ~ Gebirgssystem; *savings-bank* ~ Sparkassenwesen *n*; *lack* ~ kein System haben; **2.** *ast.* Sy'stem *n*: *solar* ~; *the* ~ das Weltall; **3.** *geol.* Formati'on *f*; **4.** *pysiol.* a) (Or'gan)Syˌstem *n*, b) *the* ~ der Organismus: *digestive* ~ Verdauungssystem; *get s.th. out of one's* ~ Fet.loswerden; **5.** (*Eisenbahn-, Straßen-, Verkehrs- etc.*)Netz *n*: ~ *of roads*; **sys·tem·at·ic, sys·tem·at·i·cal** [ˌsɪstɪ'mætɪk(l)] *adj.* □ syste'matisch: a) plan-, zweckmäßig, -voll, b) me'thodisch (*vorgehend od. geordnet*); **'system·a·tist** [-mətɪst] *s.* Syste'matiker *m*; **sys·tem·a·ti·za·tion** [ˌsɪstɪmətaɪ'zeɪʃn] *s.* Systematisierung *f*; **'sys·tem·a·tize** [-tɪmətaɪz] *v/t.* systematisieren, in ein Sy'stem bringen.

sys·tem·ic [sɪs'temɪk] *adj.* (□ **˞ally**) *physiol.* Körper..., Organ...: ~ *circulation* großer Blutkreislauf; ~ *disease* Systemerkrankung *f.*

sys·tems| a·nal·y·sis *s. Computer:* Sy-'stemanaˌlyse *f*; ~ **an·a·lyst** *s.* Sy'stemanaˌlytiker *m.*

sys·to·le ['sɪstəlɪ] *s.* Sy'stole *f*: a) ☞ Zs.-ziehung *des Herzmuskels*, b) *Metrik:* Verkürzung *e-r langen Silbe.*

T

T, t [tiː] *pl.* **T's, Ts, t's, ts** *s.* **1.** T *n*, t *n* (*Buchstabe*): **to a T** haargenau; **it suits me to a T** das paßt mir ausgezeichnet; **cross the T's** a) peinlich genau sein, b) es klar u. deutlich sagen; **2.** *a.* **flanged T ⊗** T-Stück *n.*

ta [taː] *int. Brit.* F danke.

Taal [taːl] *s. ling.* Afri'kaans *n.*

tab [tæb] *s.* **1.** Streifen *m, bsd.* a) Schlaufe *f,* (Mantel)Aufhänger *m,* b) Lappen *m,* Zipfel *m,* c) (Schuh)Lasche *f,* (Stiefel)Strippe *f,* d) Dorn *m am Schnürsenkel,* e) Ohrklappe *f* (*Mütze*); **2.** ✕ (Kragen)Spiegel *m;* **3.** Schildchen *n,* Anhänger *m,* Eti'kett *n;* (Kar'tei)Reiter *m;* **4.** F a) Rechnung *f,* b) Kon'trolle *f:* **keep** ~(**s**) **on** *fig.* kontrollieren, beobachten, sich auf dem laufenden halten über (*acc.*); **pick up the** ~ *Am.* (die Rechnung) bezahlen; **5.** ⊗ Nase *f;* **6.** ✔ Trimmruder *m.*

tab·by ['tæbɪ] **I** *s.* **1.** *obs.* Moi'ré *m, n* (*Stoff*); **2.** *mst* ~ **cat** a) getigerte *od.* gescheckte Katze, b) (weibliche) Katze; **3.** F a) alte Jungfer, b) Klatschbase *f;* **II** *adj.* **4.** *obs.* Moiré...; **5.** gestreift; scheckig; **III** *v/t.* **6.** *Seide* moirieren.

tab·er·nac·le ['tæbənækl] *s.* **1.** *bibl.* Zelt *n,* Hütte *f;* **2.** ⵊ *eccl.* Stiftshütte *f der Juden:* **Feast of** ⵊ**s** Laubhüttenfest *n;* **3.** *eccl.* a) (jüdischer) Tempel, b) ⵊ Mor'monentempel *m,* c) Bethaus *n der Dissenter;* **4.** Taber'nakel *n:* a) *R.C.* Sakra'mentshäuschen *n,* b) △ Statuennische *f;* **5.** *fig.* Leib *m* (*als Wohnsitz der Seele*); **6.** ✔ Mastbock *m.*

tab·la·ture ['tæblətʃə] *s.* **1.** Bild *n:* a) Tafelgemälde *n,* b) bildliche Darstellung (*a. fig.*); **2.** ♪ *hist.* Tabula'tur *f.*

ta·ble ['teɪbl] **I** *s.* **1.** *allg.* Tisch *m:* **lay** (*od.* **put**) **s.th. on the** ~ → 14 u. 15a; **set** (*od.* **lay, spread**) **the** ~ den Tisch decken; **lay s.th. on the** ~ → 15a; **turn the** ~**s** (**on s.o.**) den Spieß umdrehen (gegenüber j-m); **the** ~**s are turned** das Blatt hat sich gewendet; **2.** Tafel *f,* Tisch *m:* a) gedeckter Tisch, b) Kost *f,* Essen *n:* **at** ~ bei Tisch, beim Essen; **keep** (*od.* **set**) **a good** ~ e-e gute Küche führen; **the Lord's** ~ der Tisch des Herrn, das Heilige Abendmahl; **3.** (Tisch-, Tafel)Runde *f;* → **round table;** **4.** Komi'tee *n,* Ausschuß *m;* **5.** *geol.* Tafel(land *n*) *f,* Pla'teau *n:* ~ **mountain** Tafelberg *m;* **6.** △ a) Tafel *f,* Platte *f,* b) Sims *m, n,* Fries *m;* **7.** (Holz-, Stein-, *a.* Gedenk- *etc.*)Tafel *f:* **the** (**two**) ~**s of the law** die Gesetzestafeln, die Zehn Gebote Gottes; **8.** Ta-'belle *f,* Verzeichnis *n:* ~ **of contents** Inhaltsverzeichnis; ~ **of wages** Lohntabelle; **9.** ♉ Tabelle *f:* ~ **of logarithms** Logarithmentafel *f;* **learn one's** ~**s** rechnen lernen; **10.** *anat.* Tafel *f,* Tabula *f* (ex'terna *od.* in'terna) (*Schädeldach*); **11.** ⊗ (Auflage)Tisch *m;* **12.** *opt.* Bildebene *f;* **13.** *Chiromantie:* Handteller *m;* **II** *v/t.* **14.** auf den Tisch legen (*a. fig. vorlegen*); **15.** *bsd. parl.* a) *Brit. Antrag etc.* einbringen, b) *Am.* zu'rückstellen; *Brit. Gesetzesvorlage* ruhen lassen; **16.** in e-e Tabelle eintragen, tabel'larisch verzeichnen.

ta·bleau ['tæbləʊ] *pl.* **'ta·bleaux** [-əʊz] *s.* **1.** Bild *n:* a) Gemälde *n,* b) anschauliche Darstellung; **2.** *Brit.* dra'matische Situati'on, über'raschende Szene: ~**!** Tableau!, man stelle sich die Situation vor!; **3.** → ~ **vi·vant** [viːˈvãː] (*Fr.*) *s.* a) lebendes Bild, b) *fig.* malerische Szene.

'ta·ble|·cloth *s.* Tischtuch *n,* -decke *f;* **'~-cut** *adj.* mit Tafelschnitt (versehen) (*Edelstein*).

ta·ble d'hôte [ˌtaːblˈdəʊt] (*Fr.*) *s.* a. ~ **meal** Me'nü *n.*

ta·ble| knife *s.* [*irr.*] *Brit.* Tafel-, Tischmesser *n;* **'~-land** *s. geogr., geol.* Tafelland *n,* Hochebene *f;* **'~-,lift·ing** → **table-turning;** **~ light·er** *s.* Tischfeuerzeug *n;* **~ lin·en** *s.* Tischwäsche *f;* **~ mat** *s.* Set *n, m;* **~ nap·kin** *s.* Servi'ette *f;* **'~-,rap·ping** *s. Spiritismus:* Tischklopfen *n;* **~ salt** *s.* Tafelsalz *n;* **~ set** *s. Radio, TV:* Tischgerät *n;* **'~-spoon** *s.* Eßlöffel *m;* **'~-spoon·ful** *s. ein* Eßlöffel(voll) *m.*

tab·let ['tæblɪt] *s.* **1.** Täfelchen *n;* **2.** (Gedenk-, Wand- *etc.*)Tafel *f;* **3.** *hist.* Schreibtafel *f;* **4.** (No'tiz-, Schreib-, Zeichen)Block *m;* **5.** a) Stück *n* Seife, b) Tafel *f Schokolade;* **6.** *pharm.* Ta-'blette *f;* **7.** △ Kappenstein *m.*

ta·ble| talk *s.* Tischgespräch *n;* **~ ten·nis** *s.* Tischtennis *n;* **~ top** *s.* Tischplatte *f;* **'~-,turn·ing** *s. Spiritismus:* Tischrücken *n;* **'~-ware** *s.* Tischgeschirr *n;* **~ wa·ter** *s.* Tafel-, Mine'ralwasser *n.*

tab·loid ['tæblɔɪd] *s.* **1.** Bildzeitung *f,* Boule'vard-, Sensati'onsblatt *n; pl. a.* Boule'vardpresse *f;* **2.** *Am.* Informati'onsblatt *n;* **3.** *fig.* Kurzfassung *f;* **II** *adj.* **4.** konzentriert: **in** ~ **form.**

ta·boo [təˈbuː] **I** *adj.* ta'bu: a) unantastbar, b) verboten, c) verpönt; **II** *s.* Ta'bu *n:* **put s.th. under** (**a**) ~ → **III** *v/t.* für tabu erklären, tabuisieren.

tab·o(u)·ret ['tæbərɪt] *s.* **1.** Hocker *m,* Tabu'rett *n;* **2.** Stickrahmen *m.*

tab·u·lar ['tæbjʊlə] *adj.* □ **1.** tafelförmig, Tafel..., flach; **2.** dünn; **3.** blättrig; **4.** tabel'larisch, Tabellen...: ~ **standard** ♱ Preisindexwährung *f.*

tab·u·la ra·sa [ˌtæbjʊləˈrɑːsə] (*Lat.*) *s.* Tabula *f* rasa: a) unbeschriebenes Blatt, völlige Leere, b) reiner Tisch.

tab·u·late ['tæbjʊleɪt] **I** *v/t.* tabellarisieren, tabel'larisch (an)ordnen; **II** *adj.* → **tabular; tab·u·la·tion** [ˌtæbjʊˈleɪʃn] *s.* **1.** Tabellarisierung *f;* **2.** Ta'belle *f;* **'tab·u·la·tor** [-tə] *s.* **1.** Tabellarisierer *m;* **2.** ⊗ Tabu'lator *m* (*Schreibmaschine*).

tach [tæk] F *für* **tachometer.**

tach·o·graph ['tækəʊgrɑːf] *s.* ⊗ Tacho'graph *m,* Fahrtenschreiber *m.*

ta·chom·e·ter [tæˈkɒmɪtə] *s.* ⊗ Tacho'meter *n,* Geschwindigkeitsmesser *m.*

tac·it ['tæsɪt] *adj.* □ *bsd.* ⚖ stillschweigend: ~ **approval.**

tac·i·turn ['tæsɪtɜːn] *adj.* □ schweigsam, wortkarg; **tac·i·tur·ni·ty** [ˌtæsɪˈtɜːnətɪ] *s.* Schweigsamkeit *f,* Verschlossenheit *f.*

tack¹ [tæk] **I** *s.* **1.** (Nagel)Stift *m,* Reißnagel *m,* Zwecke *f;* **2.** *Näherei:* Heftstich *m;* **3.** ✔ a) Halse *f,* b) Haltetau *n;* **4.** ✔ Schlag *m,* Gang *m* (*beim Lavieren od. Kreuzen*): **be on the port** ~ auf Backbordhalsen liegen; **5.** ✔ Lavieren *n* (*a. fig.*); **6.** *fig.* Kurs *m,* Weg *m,* Richtung *f:* **on the wrong** ~ auf dem Holzwege; **try another** ~ es anders versuchen; **7.** *parl. Brit.* 'Zusatzantrag *m,* -ˌartikel *m;* **8.** ⊗ Klebrigkeit *f;* **II** *v/t.* **9.** heften (**to** *an acc.*); **10.** *a.* ~ **down** festmachen; **11.** *a.* ~ **together** anein'anderfügen (*a. fig.*); **12.** (**on, to**) anfügen (an *acc.*): ~ **mortgages** *Brit.* Hypotheken (verschiedenen Ranges) zs.-schreiben; ~ **securities** ⚖ *Brit.* Sicherheiten zs.-fassen; ~ **a rider to a bill** *parl. Brit.* e-e Vorlage mit e-m Zusatzantrag koppeln; **13.** ⊗ heftschweißen; **III** *v/i.* **14.** ✔ a) wenden, b) lavieren (*a. fig.*).

tack² [tæk] *s.* F Nahrung *f,* ˌFraß' *m.*

tack·le ['tækl] **I** *s.* **1.** Gerät *n,* (Werk-) Zeug *n,* Ausrüstung *f;* **2.** (Pferde)Geschirr *n;* **3.** *a.* **block and** ~ ⊗ Flaschenzug *m;* **4.** ✔ Talje *f;* **5.** ✔ Takel-, Tauwerk *n;* **6.** *Fußball etc.:* Angreifen *n* (*e-s Gegners im Ballbesitz*); **7.** *amer. Fußball:* Halbstürmer *m;* **II** *v/t.* **8.** *et. od.* j-n packen; **9.** *Fußball etc.:* Gegner im Ballbesitz angreifen, stoppen; **10.** j-n angreifen, anein'andergeraten mit; **11.** *fig.* j-n (mit Fragen *etc.*) angehen (**on** wegen); **12.** *fig.* a) *Problem etc.* anpacken, angehen, in Angriff nehmen, b) *Aufgabe etc.* lösen, fertig werden mit.

'tack-weld *v/t.* ⊗ heftschweißen.

tack·y ['tækɪ] *adj.* **1.** klebrig, zäh; **2.** *Am.* F a) schäbig, her'untergekommen, b) ˈunmoˌdern, c) protzig.

tact [tækt] *s.* **1.** Takt *m*, Takt-, Zartge-fühl *n*; **2.** Feingefühl *n* (*of* für); **3.** ♪ Takt(schlag) *m*; **'tact·ful** [-fʊl] *adj.* □ taktvoll; **'tact·ful·ness** [-fʊlnɪs] → *tact* 1.

tac·ti·cal ['tæktɪkl] *adj.* □ ✕ taktisch (*a. fig. planvoll, klug*); **tac·ti·cian** [tæk'tɪʃn] *s.* ✕ Taktiker *m* (*a. fig.*); **'tac·tics** [-ks] *s.* **1.** *sg. od. pl. konstr.* ✕ Taktik *f*; **2.** *nur pl. konstr. fig.* Tak-tik *f*, planvolles Vorgehen.

tac·tile ['tæktaɪl] *adj.* **1.** tak'til, Tast...: ~ *sense* Tastsinn *m*; ~ *hair zo.*, ♀ Tast-haar *n*; **2.** tast-, greifbar; **tac·til·i·ty** [tæk'tɪlətɪ] *s.* Greif-, Tastbarkeit *f*.

tact·less ['tæktlɪs] *adj.* □ taktlos; **'tact·less·ness** [-nɪs] *s.* Taktlosigkeit *f*.

tac·tu·al ['tæktjʊəl] *adj.* □ tastbar, Tast...: ~ *sense* Tastsinn *m*.

tad·pole ['tædpəʊl] *s. zo.* Kaulquappe *f*.
taf·fe·ta ['tæfɪtə] *s.* Taft *m*.
taf·fy¹ ['tæfɪ] *s.* **1.** *Am.* → *toffee*; **2.** F ‚Schmus' *m*, Schmeiche'lei *f*.
Taf·fy² ['tæfɪ] *s. sl.* Wa'liser *m*.

tag¹ [tæg] **I** *s.* **1.** (loses) Ende, Anhäng-sel *n*, Zipfel *m*, Fetzen *m*, Lappen *m*; **2.** Eti'kett *n*, Anhänger *m*, Schildchen *n*; Abzeichen *n*, Pla'kette *f*: ~ *day* Am. Sammeltag *m*; **3.** a) Schlaufe *f am Stie-fel*, b) (Schnürsenkel)Stift *m*; **4.** ⚙ a) Lötklemme *f*, b) Lötfahne *f*; **5.** a) Schwanzspitze *f* (*bsd. e-s Fuchses*), b) Wollklunker *f, m* (*Schaf*); **6.** (Schrift-) Schnörkel *m*; **7.** *ling.* Frageanhängsel *n*; **8.** Re'frain *m*, Kehrreim *m*; **9.** Schlußwort *n*, Po'inte *f*, Mo'ral *f*; **10.** stehende Redensart, bekanntes Zi'tat; **11.** Bezeichnung *f*, Beiname *m*; **12.** Computer: Identifizierungskennzeichen *n*; **13.** *Am.* Strafzettel *m*; **14.** → *rag-tag*; **II** *v/t.* **15.** mit e-m Etikett *etc.* ver-sehen, etikettieren; *Waren* auszeich-nen; *et.* markieren; **16.** mit e-m Schluß-wort *od.* e-r Moral versehen; **17.** *Rede etc.* verbrämen; **18.** *et.* anhängen (*to* an *acc.*); **19.** *Schafen* Klunkerwolle ab-scheren; **20.** F hinter *j-m* ‚herlatschen'; **III** *v/i.* **21.** ~ *along* F hinter'herlaufen: ~ *after* → 20.

tag² [tæg] **I** *s.* Fangen *n*, Haschen *n* (*Kinderspiel*); **II** *v/t.* haschen.

tag end *s.* F **1.** ‚Schwanz' *m*, Schluß *m*; **2.** *Am.* a) (letzter) Rest, b) Fetzen *m* (*a. fig.*).

Ta·hi·ti·an [tɑː'hiːʃn] **I** *s.* **1.** Tahiti'aner (-in); **2.** *ling.* Ta'hitisch *n*; **II** *adj.* **3.** ta'hitisch.

tail¹ [teɪl] **I** *s.* **1.** *zo.* Schwanz *m*, (Pferde-) Schweif *m*: *turn* ~ *fig.* ausreißen, da-vonlaufen; *twist s.o.'s* ~ j-n piesacken; *close on s.o.'s* ~ j-m dicht auf den Fersen; ~*s up* fidel, hochgestimmt; *keep your* ~ *up!* laß dich nicht unter-kriegen!; *with one's* ~ *between one's legs fig.* mit eingezogenem Schwanz; *the* ~ *wags the dog fig.* der Kleinste hat das Sagen; **2.** F Hinterteil *m*, Steiß *m*; **3.** *fig.* Schwanz *m*, Ende *n*, Schluß *m* (*e-r Marschkolonne, e-s Briefes etc.*): ~ *of a comet ast.* Kometenschweif *m*; *the* ~ *of the class ped.* der ‚Schwanz' *od.* die Schlechtesten der Klasse; ~ *of a note* ♪ Notenhals *m*; ~ *of a storm* (ru-higeres) Ende e-s Sturms; *out of the* ~ *of one's eye* aus den Augenwinkeln; **4.** Haarzopf *m*, -schwanz *m*; **5.** a) Schleppe *f e-s Kleides*, b) (Rock-,

Hemd)Schoß *m*, c) *pl.* Gesellschaftsan-zug *m*, *bsd.* Frack *m*; **6.** ✔ Schwanz *m*, Heck *n*; **7.** *mst pl.* Rück-, Kehrseite *f e-r Münze*; **8.** a) Gefolge *n*, b) Anhang *m e-r Partei*, große Masse e-r *Gemein-schaft*; **9.** F ‚Beschatter' *m* (*Detektiv etc.*): *put a* ~ *on s.o.* j-n beschatten lassen; **10.** ✔ a) Leitwerk *n*, b) Heck *n*, Schwanz *m*; **II** *v/t.* **11.** mit e-m Schwanz versehen; **12.** *Marschkolonne etc.* be-schließen; **13.** *a.* ~ *on* befestigen, an-hängen (*to* an *acc.*); **14.** *Tier* stutzen; **15.** *Beeren* zupfen, entstielen; **16.** F *j-n* ‚beschatten', verfolgen; **III** *v/i.* **17.** sich hinziehen: ~ *away* (*od. off*) a) abflau-en, -nehmen, sich verlieren, b) zurück-bleiben, -fallen, c) sich auseinanderzie-hen (*Marschkolonne etc.*); **18.** F hinter-'herlaufen (*after s.o.* j-m); **19.** ~ *back mot. Brit.* e-n Rückstau bilden; **20.** △ eingelassen sein (*in*[*to*] in *acc. od. dat.*).

tail² [teɪl] ⚖ **I** *s.* Beschränkung *f* (*der Erbfolge*), beschränktes Erb- *od.* Ei-gentumsrecht: *heir in* ~ Vorerbe *m*; *es-tate in* ~ *male* Fideikommiß *m*; **II** *adj.* beschränkt: *estate* ~.

'tail·back *s. mot. Brit.* Rückstau *m*; **'~·board** *s.* Ladeklappe *f* (*a. mot.*); ~ **coat** *s.* Frack *m*; ~ **comb** *s.* Stielkamm *m*.

tailed [teɪld] *adj.* **1.** geschwänzt; **2.** *in Zssgn* ...schwänzig.

tail| end *s.* **1.** Schluß *m*, Ende *n*; **2.** → *tail¹* 3; **'~'end·er** *s. sport* ‚Schlußlicht' *n*; ~ **fin** *s. ichth.* Schwanzflosse *f*; **2.** ✔ Seitenflosse *f*; ~ **fly** *s. Am.* (Angel-) Fliege *f*; **'~·gate I** *s.* **1.** a) → *tailboard*, b) *mot.* Hecktür *f*; **2.** Niedertor *n* (*e-r Schleuse*); **II** *v/t. u. v/i. mot.* (zu) dicht auffahren (auf *acc.*); **'~·gun** *s.* ✔ Heckwaffe *f*; **'~·,heav·y** *adj.* ✔ schwanzlastig.

tail·ing ['teɪlɪŋ] *s.* **1.** △ eingelassenes Ende; **2.** *pl.* a) (*bsd.* Erz)Abfälle *pl.*, b) Ausschußmehl *n*.

tail lamp *s. mot. etc.* Rück-, Schlußlicht *n*.

tail·less ['teɪllɪs] *adj.* schwanzlos.
'tail·light *s.* → *tail-lamp*.

tai·lor ['teɪlə] **I** *s.* **1.** Schneider *m*: *the* ~ *makes the man* Kleider machen Leu-te; **II** *v/t.* **2.** schneidern; **3.** schneidern für *j-n*; **4.** *j-n* kleiden; **5.** nach Maß arbeiten; **6.** *fig.* zuschneiden (*to* für *j-n*, auf *et.*); **'tai·lored** [-ləd] *adj.* maßge-schneidert, gut sitzend, tadellos gear-beitet: ~ *suit* Maßanzug *m*; ~ *costume* Schneiderkostüm *n*; **,tai·lor'ess** [-ə'res] *s.* Schneiderin *f*.

'tai·lor·made I *adj.* **1.** → *tailored* 1; **2.** ele'gant geschneidert (*Dame*); **3.** auf Be-stellung angefertigt; **4.** *fig.* (genau) zu-geschnitten (*for* auf *acc.*); **II** *s.* **5.** 'Schneiderko‚stüm *n*.

'tail·piece *s.* **1.** ♪ Saitenhalter *m*; **2.** *typ.* 'Schlußvi‚gnette *f*; ~ **pipe** *s. mot.* Auspuffrohr(ende) *n*; ~ **plane** *s.* ✔ Höhenflosse *f*; ~ **skid** *s.* ✔ Schwanz-sporn *m*; ~ **spin** *s.* ✔ (Ab)Trudeln *n*; **2.** *fig.* Panik *f*; **'~·stock** *s.* ⚙ Reit-stock *m* (*Drehbank*); ~ **u·nit** *s.* ✔ (Schwanz)Leitwerk *n*; ~ **wind** *s.* ✔ Rückenwind *m*.

taint [teɪnt] **I** *s.* **1.** *bsd. fig.* Fleck *m*, Makel *m*; *fig.* a) *krankhafter etc.* Zug, b) Spur *f*: *a* ~ *of suspicion* ein Anflug

von Mißtrauen; **2.** ☞ a) (verborgene) Ansteckung, b) (verborgene) Anlage (*of* zu e-r *Krankheit*): *hereditary* ~ erb-liche Belastung; **3.** *fig.* verderblicher Einfluß, Gift *n*; **II** *v/t.* **4.** *a. fig.* verder-ben, -giften; **5.** anstecken; **6.** *fig.* ver-derben: *be* ~*ed with* behaftet sein mit; **7.** *bsd. fig.* beflecken, besudeln; **III** *v/i.* **8.** verderben, schlecht werden; **'taint-less** [-lɪs] *adj.* □ makellos.

take [teɪk] **I** *s.* **1.** a) *Fischerei:* Fang *m*, b) *hunt.* Beute *f* (*beide a.* F *fig.*); **2.** F Einnahme(n *pl.*) *f*; **3.** F Anteil *m* (*of* an *dat.*); **4.** *Film etc.:* Aufnahme *f*; **5.** *typ.* Porti'on *f* (*Manuskript*); **6.** ☞ a) Reak-ti'on *f* (*a. fig.*), b) Anwachsen *n* (*e-s Transplantats*); **7.** *Schach etc.:* Schlagen *n* (*e-r Figur*); **II** *v/t.* [*irr.*] **8.** *allg., a. Abschied, Partner, Unterricht etc.* neh-men: ~ *it or leave it sl.* mach, was du willst; ~*n all in all* im großen ganzen; *taking one thing with another* eins zum anderen gerechnet; → *account* 9, *action* 8, *aim* 6, *care* 4, *consideration* 1, *effect* 1 *etc.*; **9.** (weg)nehmen; **10.** nehmen, fassen, packen, ergreifen; **11.** *Fische etc.* fangen; **12.** *Verbrecher etc.* fangen, ergreifen; **13.** ✕ gefangenneh-men, *Gefangene* machen; **14.** ✕ *Stadt, Stellung etc.* (ein)nehmen, *a. Land* er-obern; *Schiff* kapern; **15.** *j-n* erwi-schen, ertappen (*stealing* beim Steh-len, *in a lie* bei e-r Lüge); **16.** nehmen, sich aneignen, Besitz ergreifen von, sich bemächtigen (*gen.*); **17.** *Gabe etc.* (an-, entgegen)nehmen, empfangen; **18.** bekommen, erhalten; *Geld, Steuer etc.* einnehmen; *Preis etc.* gewinnen; **19.** (her'aus)nehmen (*from, out of* aus); *a. fig. Zitat etc.* entnehmen (*from dat.*): *I* ~ *it from s.o. who knows* ich habe (*weiß*) es von j-m, der es genau weiß; **20.** *Speise etc.* zu sich nehmen; *Mahlzeit* einnehmen; *Gift, Medizin etc.* nehmen; **21.** sich *e-e Krankheit* holen *od.* zuziehen: *be* ~*n ill* krank werden; **22.** nehmen: a) auswählen: *I am not taking any sl.* ‚ohne mich'!, b) kaufen, c) mieten, d) *Eintritts-, Fahrkarte* lösen, e) *Frau* heiraten, f) e-r *Frau* beischla-fen, g) *Weg* wählen; **23.** mitnehmen: ~ *me with you* nimm mich mit; *you can't* ~ *it with you fig.* im Grabe nützt (dir) aller Reichtum nichts mehr; **24.** (hin- *od.* weg)bringen; *j-n wohin* füh-ren: *business took him to London*; *he was* ~*n to the hospital* er wurde in die Klinik gebracht; **25.** *j-n durch den* Tod nehmen, wegraffen; **26.** ⚲ erra-hen (*from* von); **27.** *j-n* treffen, erwi-schen (*Schlag*); **28.** *Hindernis* nehmen; **29.** *j-n* befallen, packen (*Empfindung, Krankheit*): *be* ~*n with* e-e *Krankheit* bekommen (→ 42); ~*n with fear* von Furcht gepackt; **30.** *Gefühl* haben, be-kommen; *Mitleid etc.* empfinden, *Mut* fassen, *Anstoß* nehmen; *Ab-, Zunei-gung* fassen (*to* gegen, für): ~ *alarm* beunruhigt sein (*at* über *acc.*); ~ *com-fort* sich trösten; → *fancy* 5, *pride* 1; **31.** *Feuer* fangen; **32.** *Bedeutung, Sinn, Eigenschaft, Gestalt* annehmen, be-kommen: ~ *a new meaning*; **33.** *Far-be, Geruch, Geschmack* annehmen; **34.** *sport u. Spiele:* a) *Ball, Punkt, Fi-gur, Stein* abnehmen (*from dat.*), b) *Stein* schlagen, c) *Karte* stechen, d)

Spiel gewinnen; **35.** 🡒 *etc.* erwerben, *bsd.* erben; **36.** *Ware, Zeitung* beziehen; 🞢 *Auftrag* her'einnehmen; **37.** nehmen, verwenden; ~ *4 eggs Küche:* man nehme 4 Eier; **38.** *Zug, Taxi etc.* nehmen, benutzen; **39.** *Gelegenheit, Vorteil* ergreifen, wahrnehmen; → *chance* 2; **40.** (als Beispiel) nehmen; **41.** *Platz* einnehmen; ~*n* besetzt; **42.** *fig.* j-n, *das Auge, den Sinn* gefangennehmen, fesseln, (für sich) einnehmen: *be ~n with* (*od. by*) begeistert *od.* entzückt sein von (→ 29); **43.** *Befehl, Führung, Rolle, Stellung, Vorsitz* über'nehmen; **44.** *Mühe, Verantwortung* auf sich nehmen; **45.** leisten: a) *Arbeit, Dienst* verrichten, b) *Eid, Gelübde* ablegen, c) *Versprechen* (ab)geben; **46.** *Notiz, Aufzeichnung* machen, niederschreiben, *Diktat, Protokoll* aufnehmen; **47.** *phot. et. od. j-n* aufnehmen, *Bild* machen; **48.** *Messung, Zählung etc.* vornehmen, 'durchführen; **49.** *wissenschaftlich* ermitteln, *Größe, Temperatur etc.* messen; *Maß* nehmen; **50.** machen, tun: ~ *a look* e-n Blick tun *od.* werfen; ~ *a swing* schaukeln; **51.** *Maßnahme* ergreifen, treffen; **52.** *Auswahl* treffen; **53.** *Entschluß* fassen; **54.** *Fahrt, Spaziergang, a. Sprung, Verbeugung, Wendung etc.* machen; *Anlauf* nehmen; **55.** *Ansicht* vertreten; → *stand* 2, *view* 11; **56.** a) verstehen, b) auffassen, auslegen, c) *et. gut etc.* aufnehmen: *do you ~ me?* verstehen Sie(, was ich meine)?; *I ~ it that* ich nehme an, daß; ~ *s.th. ill of s.o.* j-m et. übelnehmen; ~ *it seriously* es ernst nehmen; **57.** ansehen *od.* betrachten (*as* als); halten (*for* für): *I took him for an honest man;* **58.** sich *Rechte, Freiheiten* (her'aus)nehmen; **59.** a) *Rat, Auskunft* einholen, b) *Rat* annehmen, befolgen; **60.** *Wette, Angebot* annehmen; **61.** glauben: *you may ~ it from me* verlaß dich drauf!; **62.** *Beleidigung, Verlust etc., a. j-n* hinnehmen, *Strafe, Folgen* auf sich nehmen, sich *et.* gefallen lassen: ~ *people as they are* die Leute nehmen, wie sie (eben) sind; **63.** *et.* ertragen, aushalten: *can you ~ it?* kannst du das aushalten?; ~ *it* F es 'kriegen', es ausbaden (müssen); **64.** 🞢 sich *e-r Behandlung etc.* unter'ziehen; **65.** *ped. Prüfung* machen, ablegen: ~ *French* Examen im Französischen machen; → *degree* 3; **66.** *Rast, Ferien etc.* machen, *Urlaub, a. Bad* nehmen; **67.** *Platz, Raum* ein-, wegnehmen, beanspruchen; **68.** a) *Zeit, Material etc., a. fig. Geduld, Mut etc.* brauchen, erfordern, kosten, *gewisse Zeit* dauern: *it took a long time* es dauerte *od.* brauchte lange; *it ~s brains and courage* es erfordert Verstand u. Mut; *it ~s a man to do that* das kann nur ein Mann (fertigbringen), b) *j-n et.* kosten, *j-m et.* abverlangen: *it took him* (*od. he took*) *3 hours* es kostete *od.* er brauchte 3 Stunden; → *time* 9; **69.** *Kleidergröße, Nummer* haben: *which size in hats do you ~?;* **70.** *ling.* a) *grammatische Form* annehmen, im Konjunktiv *etc.* stehen, b) *Akzent, Endung, Objekt etc.* bekommen; **71.** aufnehmen, fassen, Platz bieten für; **III** *v/i.* [*irr.*] **72.** ♀ *Wurzel* schlagen; **73.** ♀,

🡒 anwachsen (*Pfropfreis, Steckling, Transplantat*); **74.** 🞢 wirken, anschlagen (*Droge etc.*); **75.** F ,ankommen', ,ziehen', ,einschlagen', Anklang finden (*Buch, Theaterstück etc.*); **76.** 🡒 das Eigentumsrecht erlangen, *bsd.* erben, (als Erbe) zum Zuge kommen; **77.** sich *gut etc.* fotografieren (lassen); **78.** Feuer fangen; **79.** anbeißen (*Fisch*); **80.** ◎ an-, eingreifen;

Zssgn mit prp.:

take| aft·er *v/i. j-m* nachschlagen, -geraten, ähneln (*dat.*); ~ **for** *v/t.* **1.** halten für; **2.** auf *e-n Spaziergang etc.* mitnehmen; ~ **from I** *v/t.* **1.** *j-m* wegnehmen; **2.** Å abziehen von; **II** *v/i.* **3.** Abbruch tun (*dat.*), schmälern (*acc.*), her'absetzen (*acc.*); **4.** beeinträchtigen, mindern, (ab)schwächen; ~ **in·to** *v/t.* **1.** (hin)'einführen in (*acc.*); **2.** bringen in (*acc.*); ~ **to** *v/i.* **1.** a) sich begeben in (*acc.*) *od.* nach *od.* zu, b) sich flüchten in (*acc.*) *od.* zu, c) *fig.* Zuflucht nehmen zu: ~ *the stage* zur Bühne gehen; → *bed* 1, *heel* Redew., *road* 1; **2.** a) (her'an)gehen *od.* sich begeben an *e-e Arbeit etc.*, b) sich *e-r Sache* widmen, sich abgeben mit: ~ *doing s.th.* dazu übergehen, et. zu tun; **3.** *et.* anfangen, sich ergeben (*dat.*), sich verlegen auf (*acc.*); *schlechte Gewohnheiten* annehmen: ~ *drink(ing)* sich aufs Trinken verlegen, das Trinken anfangen; **4.** sich hingezogen fühlen zu, Gefallen finden an *j-m*; ~ **up·on** *v/t.:* ~ *o.s. et.* auf sich nehmen: *take it upon o.s. to do s.th.* a) es auf sich nehmen, et. zu tun, b) sich berufen fühlen, et. zu tun; ~ **with** *v/i.* verfangen bei *j-m: that won't ~ me* das ,zieht' bei mir nicht;

Zssgn mit adv.:

take| a·back *v/t.* verblüffen, über'raschen; → *aback* 3; ~ **a·long** *v/t.* mitnehmen; ~ **a·part** *v/t.* (*a.* F *fig. Gegner etc.*) ausein'andernehmen; ~ **a·side** *v/t. j-n* bei'seite nehmen; ~ **a·way** *v/t.* wegnehmen (*from s.o.* j-m, *from s.th.* von et.): *pizzas to ~* Pizzas zum Mitnehmen; ~ **back** *v/t.* **1.** zu'rücknehmen (*a. fig. sein Wort*); **2.** *j-n* im Geist zu'rückversetzen (*to* in *e-e* Zeit); ~ **down** *v/t.* **1.** her'unter-, abnehmen; **2.** *Gebäude* abreißen, abtragen, *Gerüst* abnehmen; **3.** ◎ *Motor etc.* zerlegen; **4.** *Baum* fällen; **5.** *Arznei etc.* (hin'unter-) schlucken; **6.** *j-n* demütigen, ,ducken'; **7.** nieder-, aufschreiben, notieren; ~ **for·ward** *v/t.* weiterführen, -bringen; ~ **in** *v/t.* **1.** *Wasser etc.* (her)'einlassen; **2.** *Gast etc.* einlassen, aufnehmen; **3.** *Heimarbeit* annehmen; **4.** *Geld* einnehmen; **5.** 🞢 *Waren* her'einnehmen; **6.** *Zeitung* halten; **7.** *fig.* in sich aufnehmen; *Lage* über'schauen; **8.** für bare Münze nehmen, glauben; **9.** her'einnehmen, einziehen; ♍ *Segel* einholen; **10.** *Kleider* kürzer *od.* enger machen; **11.** einschließen (*a. fig. umfassen*); **12.** F *j-n* reinlegen: *be taken in* a) reinfallen, b) reingefallen sein; ~ **off I** *v/t.* **1.** wegnehmen, -bringen, -schaffen; fortführen: *take o.s. off* sich fortmachen; **2.** *durch den Tod* hinraffen; **3.** *Verkehrsmittel* einstellen; **4.** *Hut etc.* abnehmen, *Kleidungsstück* ablegen, ausziehen; **5.** 🞢 abnehmen, amputieren; **6.** a) *Rabatt* abziehen, b) *Steuer etc.*

senken; **7.** hin'unter-, austrinken; **8.** *thea. Stück* absetzen; **9.** *take a day off* sich e-n Tag freinehmen; **10.** *j-n* nachmachen, -äffen, imitieren; **II** *v/i.* **11.** *sport* abspringen; **12.** 🖉 aufsteigen, starten; **13.** fortgehen, sich entfernen; ~ **on I** *v/t.* **1.** *Arbeit* annehmen, über'nehmen; **2.** *Arbeiter* ein-, anstellen; *Mitglied* aufnehmen; **3.** a) *j-n* (als Gegner) annehmen, b) es aufnehmen mit *od.* gegen; **4.** *Wette* eingehen; **5.** *Eigenschaft, Gestalt, Farbe* annehmen; **II** *v/i.* **6.** F *sich über die Maßen machen: don't ~ so!*; ~ **out** *v/t.* **1.** a) her'ausnehmen, *a. Geld* abheben, b) wegnehmen, entfernen (*of* von, aus); **2.** *Fleck* entfernen (*of* aus); **3.** 🞢, 🡒 *Patent, Vorladung etc.* erwirken; *Versicherung* abschließen; **4.** *take it out* sich schadlos halten (*in* an *e-r Sache*); *take it out of* a) sich rächen *od.* schadlos halten für (*Beleidigung etc.*), b) *j-n* ,kaputtmachen', erschöpfen, c) *sl. j-n* ,wegputzen', liquidieren: *take it out on s.o.* s-n Zorn an *j-m* auslassen; **5.** (*of s.o.* j-m) *den Unsinn etc.* austreiben; **6.** *j-n* zum *Abendessen etc.* ausführen; *Kinder* spazierenführen; ~ **o·ver I** *v/t.* **1.** *Amt, Aufgabe, die Macht etc., a. Idee etc.* über'nehmen; **II** *v/i.* **2.** die Amtsgewalt, Leitung *etc.* über'nehmen; die Sache in die Hand nehmen: ~ *for s.o.* j-s Stelle einnehmen; **3.** *fig.* in den Vordergrund treten; ~ **up I** *v/t.* **1.** aufheben, -nehmen; **2.** *Pflaster* aufreißen; **3.** *Gerät, Waffe* erheben, ergreifen (*against* gegen); **4.** *Reisende* mitnehmen; **5.** *Flüssigkeit* aufsaugen, -nehmen; **6.** *Tätigkeit* aufnehmen; sich befassen mit, sich verlegen auf (*acc.*); *Beruf* ergreifen; **7.** *Fall, Idee etc.* aufgreifen: *take s.o. up on s.th.* bei *j-m* wegen *e-r Sache* einhaken (→ 17); **8.** *Erzählung etc.* fortführen; **9.** *Platz, Zeit, Gedanken etc.* ausfüllen, beanspruchen, in Anspruch nehmen: *taken up with* in Anspruch genommen *von;* **10.** *Wohnsitz* aufschlagen; **11.** *Stelle* antreten; **12.** *Posten* einnehmen; **13.** *Verbrecher* aufgreifen, verhaften; **14.** *Masche* aufnehmen; **15.** 🞢 *Gefäß* abbinden; **16.** 🡒 a) *Anleihe, Kapital* aufnehmen, b) *Aktien* zeichnen, c) *Wechsel* einlösen; **17.** *Wette, Herausforderung* annehmen: *take s.o. up on s.th.* die Herausforderung annehmen; **18.** a) e-m *Redner* ins Wort fallen, b) *j-n* zu'rechtweisen, korrigieren; **II** *v/i.* **19.** ~ *with* anbändeln *od.* sich einlassen mit.

'take|·a·way *Brit.* **I** *adj.* zum Mitnehmen: ~ *meals;* **II** *s.* Restau'rant *n* mit Straßenverkauf; **'~·down I** *adj.* zerlegbar; **II** *s.* Zerlegen *n;* **'~·home pay** *s.* Nettolohn *m,* -gehalt *n;* **'~-in** *s.* F **1.** Schwindel *m,* Betrug *m;* **2.** ,Reinfall' *m.*

tak·en ['teɪkən] *p.p. von* take.

'take|-off *s.* **1.** 🖉 Start *m* (*a. mot.*), Abflug *m;* → *assist* 1; **2.** *sport* a) Absprung *m,* b) Absprungstelle *f:* ~ *board* Absprungbalken *m;* **3.** *a.* ~ *point fig.* Ausgangspunkt *m;* **4.** Nachahmung *f,* -äffung *f,* Karika'tur *f;* '**~·out** *Am.* **I** *adj.* **1.** → **takeaway I; II** *s.* → **takeaway II; 3.** *sl.* Liquidierung *f;* '**~,o·ver** *s.* **1.** 🞢 'Übernahme *f e-r* Firma: ~ *bid* Übernahmeangebot *n;* **2.** *pol.* 'Macht,übernahme *f.*

tak·er ['teɪkə] *s.* **1.** Nehmer(in); **2.** † Käufer(in); **3.** Wettende(r *m*) *f.*

tak·ing ['teɪkɪŋ] **I** *s.* **1.** (An-, Ab-, Auf-, Ein-, Ent-, Hin-, Weg- *etc.*)Nehmen *n* (*etc.* → **take** II); ⚡ Wegnahme *f;* **2.** Inbe'sitznahme *f;* **3.** ✗ Einnahme *f,* Eroberung *f;* **4.** *pl.* † Einnahmen *pl.;* **5.** F Aufregung *f;* **II** *adj.* □ **6.** fesselnd; **7.** anziehend, einnehmend, gewinnend; **8.** F ansteckend.

talc [tælk] *s.* Talk *m.*

tal·cum ['tælkəm] *s.* Talk *m;* **~ pow·der** *s.* **1.** Talkum(puder *m*) *n;* **2.** Körperpuder *m.*

tale [teɪl] *s.* **1.** Erzählung *f,* Bericht *m: it tells its own ~* es spricht für sich selbst; **2.** Erzählung *f,* Geschichte *f: old wives' ~* Ammenmärchen *n; thereby hangs a ~* damit ist e-e Geschichte verknüpft; **3.** Sage *f,* Märchen *n;* **4.** Lüge(ngeschichte) *f,* Unwahrheit *f;* **5.** Klatschgeschichte *f: tell* (*od.* **carry, bear**) *~s* klatschen; **tell** *~s* (*out of school*) *fig.* aus der Schule plaudern; **'~,bear·er** *s.* Klatschmaul *n;* **'~,bear·ing** *s.* Zuträge'rei *f,* Klatsch(e'rei *f*) *m.*

tal·ent ['tælənt] *s.* **1.** Ta'lent *n,* Begabung *f* (*beide a. Person*): **~ for languages** Sprachtalent; **2.** *coll.* Ta'lente *pl.* (*Personen*): **engage the best ~** die besten Kräfte verpflichten; **~ scout** Ta'lentsucher *m;* **~ show** ,Talentschuppen' *m;* **3.** *bibl.* Pfund *n;* **'tal·ent·ed** [-tɪd] *adj.* talen'tiert, ta'lentvoll, begabt; **'tal·ent·less** [-lɪs] *adj.* 'untalen,tiert, ta'lentlos.

ta·les·man ['teɪliːzmən] *s.* [*irr.*] Ersatzgeschworene(r) *m.*

'tale,tell·er *s.* **1.** Märchen-, Geschichtenerzähler(in); **2.** Flunkerer *m;* **3.** Klatschmaul *n.*

tal·is·man ['tælɪzmən] *pl.* **-mans** *s.* 'Talisman *m.*

talk [tɔːk] **I** *s.* **1.** Reden *n;* **2.** Gespräch *n:* a) Unter'haltung *f,* Plaude'rei *f,* b) *a. pol.* Unter'redung *f: have a ~ with s.o.* mit j-m reden *od.* plaudern, sich mit j-m unterhalten; **3.** Ansprache *f;* **4.** *bsd. Radio:* a) Plaude'rei *f,* b) Vortrag *m;* **5.** Gerede *n,* Geschwätz *n: he is all ~* er ist ein großer Schwätzer; **end in ~** im Sand verlaufen; **there is ~ of his being bankrupt** es heißt, daß er bank(e)rott ist; → **small talk; 6.** Gesprächsgegenstand *m: be the ~ of the town* Stadtgespräch sein; **7.** Sprache *f,* Art *f* zu reden; → **baby talk; II** *v/i.* **8.** reden, sprechen: **~ big** große Reden führen, ,angeben'; **~ round s.th.** um et. herumreden; **9.** reden, sprechen, plaudern, sich unter'halten (**about, on** über *acc.,* **of** von): **~ at** j-n indirekt ansprechen, meinen; **~ to s.o.** a) mit j-m sprechen *od.* reden, b) F j-m die Meinung sagen; **~ to o.s.** Selbstgespräche führen; **,ing of** da wir gerade von … sprechen; **you can ~!** F du hast gut reden!; **now you are ,ing!** *sl.* das läßt sich eher hören!; **10.** *contp.* reden, schwatzen; **11.** *b.s.* reden, klatschen (**about** über *acc.*); **III** *v/t.* **12.** et. reden: **~ nonsense, ~ sense** vernünftig reden; **13.** reden *od.* sprechen über (*acc.*): **~ business** (*politics*); **14.** Sprache sprechen: **~ French; 15.** reden: **~ o.s. hoarse** sich heiser reden; **~ s.o. into believing**

s.th. j-n et. glauben machen; **~ s.o. into** (*out of*) *s.th.* j-m et. ein- (aus-) reden;

Zssgn mit adv.:

talk| a·way *v/t.* Zeit verplaudern; **~ back** *v/i.* e-e freche Antwort geben; **~ down I** *v/t.* **1.** a) j-n unter den Tisch reden, b) niederschreien; **2.** *Flugzeug* ,her'untersprechen'; **II** *v/i.* **3.** (**to**) sich dem (*niedrigen*) Ni'veau (e-r Zuhörerschaft) anpassen; **~ o·ver** *v/t.* **1.** j-n über'reden; **2.** *et.* besprechen, 'durchsprechen; **~ round → talk over** 1; **~ up I** *v/i.* **1.** laut u. deutlich reden; **II** *v/t. Am.* F **2.** *et.* rühmen, anpreisen; **3.** *et.* frei her'aussagen.

talk·a·thon ['tɔːkəθɒn] *s. Am.* F Marathonsitzung *f.*

talk·a·tive ['tɔːkətɪv] *adj.* □ geschwätzig, gesprächig, redselig; **'talk·a·tive·ness** [-nɪs] *s.* Geschwätzigkeit *f etc.*

talk·ee-talk·ee [,tɔːkɪ'tɔːkɪ] *s.* F *contp.* Geschwätz *n.*

talk·er ['tɔːkə] *s.* **1.** Schwätzer(in); **2.** Sprecher *m,* Sprechende(r *m*) *f: he is a good ~* er kann (gut) reden.

talk·ie ['tɔːkɪ] *s.* F Tonfilm *m.*

talk·ing ['tɔːkɪŋ] **I** *s.* **1.** Sprechen *n,* Reden *n: he did all the ~* er führte allein das Wort; **let him do the ~** laß(t) ihn (für uns alle) sprechen; **II** *adj.* **2.** sprechend: **~ doll;** **~ parrot; 3.** *teleph.* Sprech…: **~ current; 4.** *fig.* sprechend: **~ eyes; ~ film, ~** (**mo·tion**) **pic·ture** *s.* Tonfilm *m;* **'~-to** *s.* F: **give s.o. a ~** j-m e-e Standpauke halten.

'talk-show *s. bsd. Am.* TV: Talk-Show *f.*

talk·y ['tɔːkɪ] *adj.* F geschwätzig (*a. fig.*); **'~-talk** *s.* F Geschwätz *n.*

tall [tɔːl] *adj.* **1.** groß, hochgewachsen: **he is six feet ~** er ist sechs Fuß groß; **2.** hoch: **~ house** hohes Haus; **3.** F a) großsprecherisch, b) über'trieben, unglaublich (*Geschichte*): **that's a ~ order** das ist ein bißchen viel verlangt; **II** *adv.* **4.** F prahlerisch: **talk ~** prahlen; **'tall·boy** *s.* hohe Kom'mode; **'tall·ish** [-lɪʃ] *adj.* ziemlich groß; **'tall·ness** [-nɪs] *s.* Größe *f,* Höhe *f,* Länge *f.*

tal·low ['tæləʊ] **I** *s.* **1.** ausgelassener Talg: **vegetable ~** Pflanzenfett *n;* **2.** ☉ Schmiere *f;* **3.** Talg-, Unschlittkerze *f;* **II** *v/t.* **4.** (ein)talgen, schmieren; **5.** *Tiere* mästen; **'~-faced** *adj.* bleich, käsig. **tal·low·y** ['tæləʊɪ] *adj.* talgig.

tal·ly¹ ['tælɪ] **I** *s.* **1.** *hist.* Kerbholz *n,* -stock *m;* **2.** † (Ab)Rechnung *f;* **3.** (Gegen)Rechnung *f;* **4.** † Kontogegenbuch *n* (*e-s Kunden*); **5.** Seiten-, Gegenstück *n* (*of* zu); **6.** Zählstrich *m: by the ~* † nach dem Stück *kaufen;* **7.** Eti'kett *n,* Marke *f,* Kennzeichen *n* (*auf Kisten etc.*); **8.** Ku'pon *m;* **II** *v/t.* **9.** (stückweise) nachzählen, buchen, kontrollieren; **10.** *oft* **~ up** berechnen; **III** *v/i.* **11.** (**with**) über'einstimmen (mit), entsprechen (*dat.*); **12.** stimmen.

tal·ly² ['tælɪ] *v/t.* ⚓ *Schoten* beiholen.

tal·ly-ho [,tælɪ'həʊ] *hunt.* **I** *int.* hal'lo!, ho! (*Jagdruf*); **II** *pl.* **-hos** *s.* Hallo *n;* **III** *v/i.* ,hallo' rufen.

'tal·ly|-sheet *s.* † Kon'trolliste *f;* **'~-shop** *s.* † *bsd. Brit.* Abzahlungsgeschäft *n;* **~ sys·tem, ~ trade** *s.* † *bsd. Brit.* 'Abzahlungsgeschäft *n,* -sy,stem *n.*

tal·mi gold ['tælmɪ] *s.* Talmigold *n.*

Tal·mud ['tælmʊd] *s.* Talmud *m;* **Tal·mud·ic** [tæl'mʊdɪk] *adj.* tal'mudisch; **'Tal·mud·ist** [-dɪst] *s.* Talmu'dist *m.*

tal·on ['tælən] *s.* **1.** *orn.* Klaue *f,* Kralle *f;* **2.** △ Kehlleiste *f;* **3.** *Kartenspiel:* Ta'lon *m;* **4.** † Ta'lon *m,* 'Zinskupon *m.*

ta·lus¹ ['teɪləs] *pl.* **-li** [-laɪ] *s.* **1.** *anat.* Talus *m,* Sprungbein *n;* **2.** Fußgelenk *n;* **ta·lus²** ['teɪləs] *s.* **1.** Böschung *f;* **2.** *geol.* Geröll-, Schutthalde *f.*

tam [tæm] → *tam-o'-shanter.*

tam·a·ble ['teɪməbl] *adj.* (be)zähmbar.

tam·a·rack ['tæməræk] *s.* ♀ **1.** Nordamer. Lärche *f;* **2.** Tamarakholz *n;*

tam·a·rind ['tæmərɪnd] *s.* ♀ Tama'rinde *f;* **tam·a·risk** ['tæmərɪsk] *s.* ♀ Tama'riske *f.*

tam·bour ['tæm,bʊə] **I** *s.* **1.** (große) Trommel; **2.** *a.* **~ frame** Stickrahmen *m;* **3.** Tambu'rierstickeˌrei *f;* **4.** △ a) Säulentrommel *f,* b) Tambour *m* (*Unterbau e-r Kuppel*); **5.** *Festungsbau:* Tambour *m;* **II** *v/t.* **6.** *Stoff* tamburieren.

tam·bou·rine [,tæmbə'riːn] *s.* ♪ (flaches) Tamb(o)u'rin.

tame [teɪm] **I** *adj.* □ **1.** *allg.* zahm: a) gezähmt (*Tier*), b) friedlich, c) folgsam, d) harmlos (*Witz*), e) lahm, fad(e): **a ~ affair;** **II** *v/t.* **2.** zähmen, bändigen (*a. fig.*); **3.** *Land* urbar machen; **'tame·ness** [-nɪs] *s.* **1.** Zahmheit *f* (*a. fig.*); **2.** Unter'würfigkeit *f;* **3.** Harmlosigkeit *f;* **4.** Lahmheit *f,* Langweiligkeit *f;* **'tam·er** [-mə] *s.* (Be)Zähmer(in), Bändiger(in).

Tam·ma·ny ['tæmənɪ] *s. pol. Am.* **1.** → a) *Tammany Hall,* b) *Tammany So·ci·e·ty;* **2.** *fig.* po'litische Korrupti'on, ,Filz' *m;* **~ Hall** *s. pol. Am.* **1.** Zentrale der *Tammany Society* in New York; **2.** *fig. a.* **So·ci·e·ty** *s. pol. Am.* organi'sierte demo'kratische Partei in New York.

tam-o'-shan·ter [,tæmə'ʃæntə] *s.* Schottenmütze *f.*

tamp [tæmp] *v/t.* ☉ **1.** *Bohrloch* besetzen; zustopfen; **2.** *Sprengladung* verdämmen; **3.** *Lehm etc.* feststampfen; *Beton* rammen.

tamp·er¹ ['tæmpə] *s.* ☉ Stampfer *m.*

tam·per² ['tæmpə] *v/i.* **~ with 1.** sich (unbefugt) zu schaffen machen mit, her'umbasteln *od.* -pfuschen an (*dat.*), *bsd. Urkunde etc.* verfälschen, ,frisieren'; **2.** a) sich (ein)mischen in (*acc.*), b) hin'einpfuschen in (*acc.*); **3.** a) mit j-m intrigieren, b) *bsd. Zeugen* (zu) bestechen (suchen).

tam·pon ['tæmpən] **I** *s.* **1.** ⚕, *a. typ.* Tam'pon *m;* **2.** *allg.* Pfropfen *m;* **II** *v/t.* **3.** ⚕, *typ.* tamponieren.

tan [tæn] **I** *s.* **1.** ☉ Lohe *f;* **2.** 🏻 Gerbstoff *m;* **3.** Lohfarbe *f;* **4.** (gelb)braunes Kleidungsstück (*bsd. Schuh*); **5.** (Sonnen)Bräune *f;* **II** *v/t.* **6.** ☉ a) *Leder* gerben (*a. phot.*), b) beizen; **7.** *Haut* bräunen; **8.** F versohlen, j-m das Fell gerben; **III** *v/i.* **9.** a) sich bräunen (*Haut*), b) braun werden; **IV** *adj.* **10.** lohfarben, gelbbraun; **11.** Gerb…

tan·dem ['tændəm] **I** *adv.* **1.** hintereinander (angeordnet) (*bsd. Pferde, Maschinen etc.*); **II** *s.* **2.** Tandem *n* (*Gespann, Wagen, Fahrrad*): **work in ~ with** *fig.* zs.-arbeiten mit; **3.** ☉ Reihe *f,*

Tandem *n*; **4.** ⚡ Kas'kade *f*; **III** *adj.* **5.** Tandem..., hinterein'ander angeordnet; **~ bicycle** Tandem *n*; **~ connection** ⚡ Kaskadenschaltung *f* **~ compound** (**engine**) Reihenverbundmaschine *f*.

tang[1] [tæŋ] *s.* **1.** ⊙ a) Griffzapfen *m* (*Messer etc.*), b) Angel *f*, c) Dorn *m*; **2.** scharfer Geruch *od.* Geschmack; Beigeschmack *m* (**of** von) (*a. fig.*).

tang[2] [tæŋ] **I** *s.* (scharfer) Klang; **II** *v/i. u. v/t.* (laut u. scharf) ertönen (lassen).

tang[3] [tæŋ] *s.* ♀ Seetang *m*.

tan·gent ['tændʒənt] **I** *s.* ⅄ Tan'gente *f*; **fly** (*od.* **go**) **off at a ~** *fig.* plötzlich (vom Thema) abspringen; **II** *adj.* → **tangential** 1; **tan·gen·tial** [tæn'dʒenʃl] *adj.* □ **1.** ⅄ berührend, tangenti'al, Berührungs..., Tangential...: **~ force** Tangentialkraft *f*; **~ plane** Berührungsebene *f*; **be ~ to** *et.* berühren; **2.** *fig.* a) sprunghaft, flüchtig, b) ziellos, c) 'untergeordnet, Neben...

tan·ge·rine [,tændʒə'ri:n] *s.* ♀ Manda'rine *f*.

tan·gi·ble ['tændʒəbl] *adj.* □ greifbar: a) fühlbar, b) *fig.* handgreiflich, c) ⊤ re'al: **~ assets** materielle Vermögenswerte; **~ property** Sachvermögen *n*.

tan·gle ['tæŋgl] **I** *v/t.* **1.** verwirren, -wickeln, durchein'anderbringen (*alle a. fig.*); **2.** verstricken (*a. fig.*); **II** *v/i.* **3.** sich verheddern; **4. ~ with** sich mit *j-m* (in e-n Kampf *etc.*) einlassen; **III** *s.* **5.** Gewirr *n*, wirrer Knäuel; **6.** Verwirrung *f*, -wicklung *f*, Durchein'ander *n*.

tan·go ['tæŋgəʊ] **I** *pl.* **-gos** *s.* Tango *m* (*Tanz*); **II** *v/i. pret. u. p.p.* **-goed** Tango tanzen.

tank [tæŋk] **I** *s.* **1.** *mot. etc.* Tank *m*; **2.** (Wasser)Becken *n*, Zi'sterne *f*; **3.** 🐘 a) Wasserkasten *m*, b) 'Tenderlokomo,tive *f*; **4.** *phot.* Bad *n*; **5.** ✕ Panzer(wagen) *m*, Tank *m*; **6.** *Am. sl.* a) ,Kittchen' *n*, b) (Haft)Zelle *f*; **II** *v/t. u. v/i.* **7.** tanken; **8. ~ up** a) auf-, volltanken, b) *sl.* sich ,vollaufen' lassen; **~ed** besoffen; **'tank·age** [-kɪdʒ] *s.* **1.** Fassungsvermögen *n* e-s Tanks; **2.** (Gebühr *f* für) Aufbewahrung *f* in Tanks; **3.** ✍ Fleischmehl *n* (*Düngemittel*); **'tank·ard** [-kəd] *s.* (*bsd.* Bier)Krug *m*, Humpen *m*.

'tank|-,bust·er ✕ *sl.* **1.** Panzerknakker *m*; **2.** Jagdbomber *m* zur Panzerbekämpfung; **~ car** ✕ 🐘 Kesselwagen *m*; **~ de·stroy·er** ✕ Sturmgeschütz *n*; **~ dra·ma** *s. thea. Am.* F Sensati'onsstück *n*.

tank·er ['tæŋkə] *s.* **1.** ⚓ Tanker *m*, Tankschiff *n*; **2.** *a.* **~ aircraft** ✈ Tankflugzeug *n*; **3.** *mot.* Tankwagen *m*; **~ farm·ing** *s.* 'Hydrokul,tur *f*.

tank top *s.* Pull'under *m*.

tan liq·uor *s.* ⊙ Beizbrühe *f*.

tanned [tænd] *adj.* braungebrannt.

tan·ner[1] ['tænə] *s. Brit. obs. sl.* Sixpencestück *n*.

tan·ner[2] ['tænə] *s.* ⊙ (Loh)Gerber *m*; **'tan·ner·y** [-ərɪ] *s.* Gerbe'rei *f*; **'tan·nic** [-nɪk] *adj.* Gerb...: **~ acid**; **'tan·nin** [-nɪn] *s.* 🜍 Tan'nin *n*.

tan·ning ['tænɪŋ] *s.* **1.** Gerben *n*; **2.** (Tracht *f*) Prügel *pl.*

tan| ooze → **pick·le** → **tan liquor**; **'~pit** *s. Gerberei:* Lohgrube *f*.

tan·ta·li·za·tion [,tæntəlaɪ'zeɪʃn] *s.* **1.**

Quälen *n*, Zappelnlassen *n*; **2.** (Tantalus)Qual *f*; **tan·ta·lize** ['tæntəlaɪz] *v/t. fig.* peinigen, quälen, zappeln lassen; **tan·ta·liz·ing** ['tæntəlaɪzɪŋ] *adj.* □ quälend, aufreizend, verlockend.

tan·ta·mount ['tæntəmaʊnt] *adj.* gleichbedeutend (**to** mit): **be ~ to** *a.* gleichkommen (*dat.*).

tan·tiv·y [tæn'tɪvɪ] **I** *s.* **1.** schneller Ga'lopp; **2.** Hussa *n* (*Jagdruf*); **II** *adv.* **3.** eiligst, spornstreichs.

tan·trum ['tæntrəm] *s.* F **1.** schlechte Laune; **2.** Wut(anfall *m*) *f*, Koller *m*: **fly into a ~** e-n Koller kriegen.

tap[1] [tæp] **I** *s.* **1.** Zapfen *m*, Spund *m* (*Faß*)Hahn *m*: **on ~** a) angestochen, angezapft (*Faß*), b) vom Faß (*Bier etc.*), c) *fig.* (sofort) verfügbar; **2.** *Brit.* a) (Wasser-, Gas)Hahn *m*, b) Wasserleitung *f*: **turn on the ~** F ,losflennen'; **3.** F (Getränke)Sorte *f*; **4.** *Brit.* → **tap-room**; **5.** ⊙ a) Gewindebohrer *m*, b) (Ab)Stich *m*, c) Abzweigung *f*; **6.** ⚡ a) Stromabnehmer *m*, b) Zapfstelle *f*; **7.** ✚ Punkti'on *f*; **II** *v/t.* **8.** mit e-m Zapfen *od.* Hahn versehen; **9.** ✚ Flüssigkeit abzapfen; **10.** *Faß* anstechen; **11.** ✍ punktieren; **12.** ⚡ *Telefonleitung etc.* anzapfen: **~ the wire(s)** a) Strom abzapfen, b) Telefongespräche *etc.* abhören; **13.** ⚡ a) *Spannung* abgreifen, b) anschließen; **14.** ⊙ mit (e-m) Gewinde versehen; **15.** *metall.* Schlacke abstechen; **16.** *fig.* Hilfsquellen *etc.* erschließen; **17.** *fig.* Vorräte *etc.* angreifen, anbrechen; **18.** *sl. j-n* ,anpumpen' (**for** um).

tap[2] [tæp] **I** *v/t.* **1.** (leicht) klopfen *od.* pochen an (*acc.*) *od.* auf (*acc.*) *od.* gegen, *et.* beklopfen; **2.** klopfen mit; **3.** *Schuh* flicken; **II** *v/i.* **4.** klopfen (**on, at** gegen, an *acc.*); **III** *s.* **5.** Klaps *m*, leichter Schlag; **6.** *pl.* ✕ *Am.* Zapfenstreich *m*; Tsch... *m*, Flicken *m*.

tap| dance *s.* Steptanz *m*; **'~-dance** *v/i.* steppen; **~ danc·er** *s.* Steptänzer(in); **~ danc·ing** *s.* Steptanz *m*.

tape [teɪp] *s.* **1.** schmales (Leinen-) Band, Zwirnband *n*; **2.** (Isolier-, Meß-) Me'tall- *etc.*)Band *n*, (Pa'pier-, Kleb-*etc.*)Streifen *m*; ✚ Heftpflaster *n*; **3.** a) *Telegrafie:* Papierstreifen *m*, b) *Fernschreiber, Computer:* Lochstreifen *m*; **4.** ⚡ (Video-, Ton)Band *n*; **5.** *sport* Zielband *n:* **breast the ~** das Zielband durchreißen; **II** *v/t.* **6.** mit Band versehen; (mit Band) um'wickeln *od.* binden; **7.** mit Heftpflaster verkleben; **8.** *Buchteile etc.* messen; **9.** mit dem Bandmaß messen: **I've got him ~d** *sl.* ich habe ihn durchschaut, ich weiß genau Bescheid über ihn; **10.** mitschneiden: a) auf (Ton)Band aufnehmen, b) *TV* aufzeichnen; **~ deck** *s.* ⚡ Tapedeck *n*; **~ li·brar·y** *s.* 'Bandar,chiv *n*; **~ line, ~ meas·ure** *s.* Meßband *n*, Bandmaß *n*; **~ play·er** *s.* ⚡ 'Band,wiedergabegerät *n*.

ta·per ['teɪpə] **I** *s.* **1.** (dünne) Wachskerze; **2.** ⊙ Verjüngung *f*; **3.** ⚡ 'Widerstandsverteilung *f*; **II** *adj.* **4.** spitz zulaufend, verjüngt; **III** *v/t.* **5.** zuspitzen, verjüngen; **6. ~ off** *fig.* F *Produktion, a. den Tag etc.* auslaufen lassen; **IV** *v/i.* **7.** oft **~ off** spitz zulaufen, verjüngt: **8. ~ off** F allmählich dünn werden; **8. ~ off** F allmählich aufhören, auslaufen.

'tape|-re,cord *v/t.* → **tape** 10; **~ re·cord·er** *s.* ⚡ Tonbandgerät *n*; **~ re·cord·ing** *s.* **1.** (Ton)Bandaufnahme *f*; **2.** *TV:* Aufzeichnung *f*.

ta·pered ['teɪpəd] *adj.*, **'ta·per·ing** [-ərɪŋ] → **taper** 4.

tap·es·tried ['tæpɪstrɪd] *adj.* gobe'lingeschmückt; **tap·es·try** ['tæpɪstrɪ] *s.* **1.** a) Gobe'lin *m*, Wandteppich *m*, gewirkte Ta'pete, b) Dekorati'onsstoff *m*; **2.** Tapisse'rie *f*.

'tape·worm *s. zo.* Bandwurm *m*.

tap·pet ['tæpɪt] *s.* ⊙ **1.** Daumen *m*, Mitnehmer *m*; **2.** (Ven'til- *etc.*)Stößel *m*; **3.** (Wellen)Nocke *f*; **4.** (Steuer)Knagge *f*.

'tap|·room [-rʊm] *s.* Schankstube *f*; **'~-root** *s.* ♀ Pfahlwurzel *f*.

tar [ta:] **I** *s.* **1.** Teer *m*; **2.** F ,Teerjacke' *f* (*Matrose*); **II** *v/t.* **3.** teeren: **~ and feather** *j-n* teeren u. federn; **~red with the same brush** (*od.* **stick**) kein Haar besser.

tar·a·did·dle ['tærədɪdl] *s.* F **1.** Flunke'rei *f*; **2.** Quatsch *m*.

ta·ran·tu·la [tə'ræntjʊlə] *s. zo.* Ta'rantel *f*.

'tar|·board *s.* Dach-, Teerpappe *f*; **'~-brush** *s.* Teerpinsel *m:* **he has a touch of the ~** F er hat Neger- *od.* Indianerblut in den Adern.

tar·di·ness ['ta:dɪnɪs] *s.* **1.** Langsamkeit *f*; **2.** Unpünktlichkeit *f*; **tar·dy** ['ta:dɪ] *adj.* □ **1.** langsam, träge; **2.** säumig, unpünktlich; **3.** spät, verspätet: **be ~** (zu) spät kommen.

tare[1] [teə] *s.* **1.** ♀ (*bsd.* Futter)Wicke *f*; **2.** *bibl.* Unkraut *n*.

tare[2] [teə] ✝ **I** *s.* Tara *f*: **~ and tret** Tara u. Gutgewicht *n*; **II** *v/t.* tarieren.

tar·get ['ta:gɪt] **I** *s.* **1.** (Schieß-, Ziel-) Scheibe *f*; **2.** ✕, *Radar etc.:* Ziel *n* (*a. fig.*): **be off ~** das Ziel verfehlen, danebenschießen, *fig.* ,danebenhauen'; **be on ~** a) das Ziel erfaßt haben, *a.* sich eingeschossen haben, *sport* aufs Tor gehen (*Schuß*), b) treffen, sitzen (*Schuß etc.*), c) *fig.* richtig gezielt haben; **3.** *fig.* Zielscheibe *f des Spottes etc.*; **4.** *fig.* (Leistungs-, Produkti'ons- *etc.*)Ziel *n*, Soll *n*; **5.** 🐘 'Weichensi,gnal *n*; **6.** ⚡ a) 'Fangelek,trode *f*, b) 'Antika,thode *f* von Röntgenröhren, c) *Kernphysik:* Target *n*; **7.** *her.* runder Schild; **II** *adj.* **8.** Ziel...: **~ area** ✕ Zielbereich *m*, -raum *m*; **~ bombing** gezielter Bombenwurf; **~ date** Stichtag *m*, Termin *m*; **~ electrode** → 6a; **~ group** ♀ Zielgruppe *f*; **~ language** Zielsprache *f*; **~ pistol** Übungspistole *f*; **~ practice** Übungs-, Scheibenschießen *n*; **~-seeking** zielsuchend (*Rakete etc.*).

tar·iff ['tærɪf] **I** *s.* **1.** 'Zoll,ta,rif *m*; **2.** Zoll (-gebühr *f*) *m*; **3.** (Ge'bühren-, 'Kosten-*etc.*)Ta,rif *m*; **4.** Preisverzeichnis *n* (*in e-m Hotel etc.*); **II** *v/t.* **5.** e-n Ta'rif aufstellen für; **6.** Ware mit Zoll belegen; **~ rate** *s.* **1.** Ta'rifsatz *m*; **2.** Zollsatz *m*; **~ wall** *s.* Zollschranke *f e-s Staates.*

tar·mac ['ta:mæk] *s. Brit.* 'Teermaka,dam(straße *f*, ✈ -rollfeld *n*) *m*, ✈ *a.* Hallenvorfeld *n*.

tar·nish ['ta:nɪʃ] **I** *v/t.* **1.** trüben, matt *od.* blind machen, e-r *Sache* den Glanz nehmen; **2.** *fig.* besudeln, beflecken; **3.** ⊙ mattieren; **II** *v/i.* **4.** matt *od.* trübe werden; **5.** anlaufen (*Metall*); **III** *s.* **6.**

Trübung *f*; Beschlag *m*, Anlaufen *n* (*von Metall*); **7.** *fig.* Fleck *m*, Makel *m*.

tarp [tɑ:p] *abbr.* → **tar·pau·lin** [tɑ:ˈpɔ:-lɪn] *s.* **1.** ♣ a) Per'senning *f* (*geteertes Segeltuch*), b) Ölzeug *n* (*Hose, Mantel*); **2.** Plane *f*, Wagendecke *f*; **3.** Zeltbahn *f*.

tar·ra·did·dle → **taradiddle**.

tar·ry¹ [ˈtɑ:rɪ] *adj.* teerig.

tar·ry² [ˈtærɪ] **I** *v/i.* **1.** zögern, zaudern, säumen; **2.** (ver)weilen, bleiben; **II** *v/t.* **3.** *obs. et.* abwarten.

tar·sal [ˈtɑ:sl] *anat.* **I** *adj.* **1.** Fußwurzel...; **2.** (Augen)Lidknorpel...; **II** *s.* **3.** *a.* ~ **bone** Fußwurzelknochen *m*; **4.** (Augen)Lidknorpel *m*.

tar·si·a [ˈtɑ:sɪə] *s.* In'tarsia *f*, Einlegearbeit *f* in Holz.

tar·sus [ˈtɑ:səs] *pl.* **-si** [-saɪ] *s.* **1.** → **tarsal** 3 *u.* 4; **2.** *orn.* Laufknochen *m*; **3.** *zo.* Fußglied *n*.

tart¹ [tɑ:t] *adj.* □ **1.** sauer, herb, scharf; **2.** *fig.* scharf, beißend: ~ *reply*.

tart² [tɑ:t] **I** *s.* **1.** a) (Obst)Torte *f*, Obstkuchen *m*, b) *bsd. Am.* (Creme-, Obst-)Törtchen *n*; **2.** *sl.* ‚Nutte' *f*; **II** *v/t.* ~ *up sl.* ‚aufputzen', ‚aufmotzen'.

tar·tan¹ [ˈtɑ:tən] *s.* a) Schottentuch *n*, b) Schottenmuster *n*: ~ *plaid* Schottenplaid *n*.

tar·tan² [ˈtɑ:tən] *s. sport* Tartan *n* (*Bahnbelag*).

Tar·tar¹ [ˈtɑ:tə] **I** *s.* **1.** Ta'tar(in); **2.** *a.* ⚢ Wüterich *m*, böser Kerl: *catch a* ~ an den Unrechten kommen; **II** *adj.* **3.** ta'tarisch.

tar·tar² [ˈtɑ:tə] *s.* **1.** Weinstein *m*: ~ *emetic* 💊 Brechweinstein; **2.** Zahnstein *m*; **tar·tar·ic** [tɑ:ˈtærɪk] *adj.*: ~ *acid* 🜾 Weinsäure *f*.

tart·ness [ˈtɑ:tnɪs] *s.* Schärfe *f*: a) Säure *f*, Herbheit *f*, b) *fig.* Schroffheit *f*, Bissigkeit *f*.

task [tɑ:sk] **I** *s.* **1.** Aufgabe *f*: *take to* ~ *fig.* j-n ins Gebet nehmen (*for* wegen); **2.** Pflicht *f*, (auferlegte) Arbeit; **3.** *ped.* (Prüfungs)Aufgabe *f*; **II** *v/t.* **4.** *j-m* Arbeit zuweisen *od.* aufbürden, j-n beschäftigen; **5.** *fig. Kräfte etc.* stark beanspruchen, *sein Gedächtnis etc.* anstrengen; ~ *force s.* **1.** ✗ *gemischter* Kampfverband (*für Sonderunternehmen*), Task force *f*; **2.** *Polizei:* a) Spezi-'aleinheit *f*, Einsatzgruppe *f*, b) 'Sonderdezer,nat *n*; **3.** ✝ Pro'jektgruppe *f*; '~,mas·ter *s.* **1.** (*bsd.* strenger) Arbeitgeber: *severe* ~ *fig.* strenger Zuchtmeister; **2.** ⊕ (Arbeit)Anweiser *m*; ~ *wag·es s. pl.* ✝ Ak'kord-, Stücklohn *m*; '~·work *s.* **1.** ✝ Ak'kordarbeit *f*; **2.** harte Arbeit.

tas·sel [ˈtæsl] **I** *s.* Quaste *f*, Troddel *f*; **II** *v/t.* mit Quasten schmücken.

taste [teɪst] **I** *v/t.* **1.** Speisen etc. kosten, (ab)schmecken, probieren, versuchen (*a. fig.*); **2.** kosten, *Essen* anrühren: *he had not ~d food for days*; **3.** *et.* (her'aus)schmecken; **4.** *fig.* kosten, kennenlernen, erleben; **5.** *fig.* genießen; **II** *v/i.* **6.** schmecken (*of* nach); **7.** kosten, versuchen (*of* von *od. acc.*); **8.** ~ *of* → 4; **III** *s.* **9.** Geschmack *m*: *a* ~ *of garlic* ein Knoblauchgeschmack; *leave a bad* ~ *in one's mouth bsd. fig.* e-n üblen Nachgeschmack haben; **10.** Geschmackssinn *m*; **11.** (Kost)Probe *f* (*of* von *od. gen.*): a) kleiner Bissen, b)

Schlückchen *n*; **12.** *fig.* (Kost)Probe *f*, Vorgeschmack *m* (*of gen.*); **13.** *fig.* Beigeschmack *m*, Anflug *m* (*of* von); **14.** *fig.* (künstlerischer *od.* guter) Geschmack: *in bad* ~ geschmacklos (*a. weitS.* unfein, taktlos); *in good* ~ a) geschmackvoll, b) taktvoll; *each to his* (*own*) ~ jeder nach s-m Geschmack; **15.** Geschmacksrichtung *f*, Mode *f*; **16.** a) Neigung *f*, Sinn *m* (*for* für), b) Geschmack *m*, Gefallen *n* (*for* an *dat.*): *not to my* ~ nicht nach m-m Geschmack; **taste bud** *s. anat.* Geschmacksbecher *m*; **'taste·ful** [-fʊl] *adj.* □ *fig.* geschmackvoll; **'taste·ful·ness** [-fʊlnɪs] *s. fig.* guter Geschmack *e-r Sache, das Geschmackvolle*; **'taste·less** [-lɪs] *adj.* □ **1.** unschmackhaft, fade; **2.** *fig.* geschmacklos; **'taste·less·ness** [-lɪsnɪs] *s.* **1.** Unschmackhaftigkeit *f*; **2.** *fig.* Geschmack-, Taktlosigkeit *f*; **'tast·er** [-tə] *s.* **1.** (berufsmäßiger Tee-, Wein- *etc.*)Koster *m*; **2.** *hist.* Vorkoster *m*; **3.** Pro'biergläs-chen *n* (*für Wein*); **4.** (Käse)Stecher *m*; **'tast·i·ness** [-tɪnɪs] *s.* **1.** Schmackhaftigkeit *f* (*Speise etc.*); **2.** *fig.* → *tastefulness*; **'tast·y** [-tɪ] *adj.* □ F **1.** schmackhaft; **2.** *fig.* geschmack-, stilvoll.

ta·ta [ˌtæˈtɑ:] *int. Brit.* F ‚Tschüs'!, auf 'Wiedersehen!

Ta·tar [ˈtɑ:tə] **I** *s.* Ta'tar(in); **II** *adj.* ta'tarisch; **Ta·tar·i·an** [tɑ:ˈteərɪən], **Ta·tar·ic** [tɑ:ˈtærɪk] *adj.* tatarisch.

tat·ter [ˈtætə] *s.* Lumpen *m*, Fetzen *m*: *in ~s* zerfetzt; *tear to ~s* (*a. fig. Argument etc.*) zerfetzen, -reißen; **'tat·tered** [-təd] *adj.* **1.** zerlumpt, abgerissen; **2.** zerrissen, zerfetzt; **3.** ramponiert (*Ruf etc.*).

tat·tle [ˈtætl] **I** *v/i.* klatschen, ‚tratschen'; **II** *v/t.* ausplaudern; **III** *s.* Klatsch *m*, ‚Tratsch' *m*; **'tat·tler** [-lə] *s.* Klatschbase *f*, -maul *n*.

tat·too¹ [təˈtu:] **I** *s.* **1.** ✗ a) Zapfenstreich *m* (*Signal*), b) 'Abendpa,rade *f* mit Mu'sik; **2.** Trommeln *n*, Klopfen *n*: *beat a* (*od. the devil's*) ~ ungeduldig mit den Fingern trommeln; **II** *v/i.* **3.** den Zapfenstreich blasen *od.* trommeln; **4.** trommeln, klopfen.

tat·too² [təˈtu:] **I** *v/t. pret. u. p.p.* **tat·tooed** [-u:d] **1.** *Haut* tätowieren; **2.** *Muster* eintätowieren (*on* in *acc.*); **II** *s.* **3.** Tätowierung *f*.

tat·ty [ˈtætɪ] *adj.* schäbig, schmuddelig, ‚billig'.

taught [tɔ:t] *pret. u. p.p. von* **teach**.

taunt [tɔ:nt] **I** *v/t.* verhöhnen, -spotten: ~ *s.o. with* j-m *et.* (höhnisch) vorwerfen; **II** *v/i.* höhnen, spotten; **III** *s.* Spott *m*, Hohn *m*; **'taunt·ing** [-tɪŋ] *adj.* □ spöttisch, höhnisch.

tau·rine [ˈtɔ:raɪn] *adj.* **1.** *zo.* a) rinderartig, b) Rinder..., Stier...; **2.** *ast.* Stier...; **Tau·rus** [ˈtɔ:rəs] *s. ast.* Stier *m* (*Sternbild u. Tierkreiszeichen*).

taut [tɔ:t] *adj.* □ **1.** straff, stramm (*Seil etc.*), angespannt (*a. Nerven, Gesicht, Person*); **2.** schmuck (*Schiff etc.*); **'taut·en** [-tən] **I** *v/t.* stramm ziehen, straff anspannen; **II** *v/i.* sich straffen *od.* spannen.

tau·to·log·ic [ˌtɔ:təˈlɒdʒɪk], **tau·to·log·i·cal** [ˌtɔ:təˈlɒdʒɪk(l)] *adj.* tauto'logisch, unnötig das'selbe wieder'holend; **tau·tol·o·gy** [tɔ:ˈtɒlədʒɪ] *s.* Tautolo'gie *f*, Doppel-

aussage *f*.

tav·ern [ˈtævən] *s.* **1.** *obs.* Ta'verne *f*, Schenke *f*; **2.** *Am.* Gasthaus *n*.

taw¹ [tɔ:] *v/t.* weißgerben.

taw² [tɔ:] *s.* **1.** Murmel *f*; **2.** Murmelspiel *n*; **3.** Ausgangslinie *f*.

taw·dri·ness [ˈtɔ:drɪnɪs] *s.* **1.** Flitterhaftigkeit *f*, grelle Buntheit, Kitsch *m*; **2.** Wertlosigkeit *f*, Billigkeit *f*; **taw·dry** [ˈtɔ:drɪ] *adj.* □ **1.** flitterhaft, Flitter...; **2.** geschmacklos aufgemacht; **3.** grell, knallig; **4.** kitschig, billig.

tawed [tɔ:d] *adj.* Gerberei: a'laungar (*Leder*); **taw·er** [ˈtɔ:ə] *s.* Weißgerber *m*; **taw·er·y** [ˈtɔ:ərɪ] *s.* Weißgerbe'rei *f*.

taw·ny [ˈtɔ:nɪ] *adj.* lohfarben, gelbbraun: ~ *owl orn.* Waldkauz *m*.

taws(e) [tɔ:z] *s. Brit.* Peitsche *f*.

tax [tæks] **I** *s.* **1.** (Staats)Steuer *f* (*on auf acc.*), Abgabe *f*: ~ *on land* Grundsteuer; **2.** Besteuerung *f* (*on gen.*); *after* (*before*) ~ nach (vor) Abzug der Steuern, *a.* netto (brutto); **3.** Taxe *f*, Gebühr *f*; **4.** *fig.* a) Bürde *f*, Last *f*, b) Belastung *f*, Beanspruchung *f* (*on gen. od.* von): *a heavy* ~ *on his time* e-e starke Inanspruchnahme s-r Zeit; **II** *v/t.* **5.** *j-n od. et.* besteuern, *j-m* e-e Steuer auferlegen; **6.** 🜚 *Kosten etc.* schätzen, taxieren, ansetzen (*at* auf *acc.*); **7.** *fig.* belasten; **8.** *fig.* stark in Anspruch nehmen, anstrengen, strapazieren; **9.** auf e-e harte Probe stellen; **10.** *j-n* zu-'rechtweisen: ~ *s.o. with* j-n *e-r Sache* beschuldigen *od.* bezichtigen; **tax·a·ble** [ˈtæksəbl] **I** *adj.* □ **1.** besteuerbar; **2.** steuerpflichtig: ~ *income* 🜚 Steuer...: ~ *value*; **4.** 🜚 gebührenpflichtig; **II** *s. Am.* **5.** steuerpflichtiges Einkommen; **6.** Steuerpflichtige(r *m*) *f*; **tax·a·tion** [tækˈseɪʃn] *s.* **1.** Besteuerung *f*; **2.** *coll.* Steuern *pl.*; **3.** 🜚 Schätzung *f*, Taxierung *f*.

tax| al·low·ance *s.* Steuerfreibetrag *m*; ~ **a·void·ance** (le'gale) 'Steuerum,gehung; ~ **brack·et** *s.* Steuerklasse *f*, -gruppe *f*; ~ **col·lec·tor** *s.* Steuereinnehmer *m*; '~·de,duct·i·ble *adj.* steuerabzugsfähig; ~ **dodg·er**, ~ **e·vad·er** *s.* 'Steuerhinter,zieher *m*; ~ **e·va·sion** *s.* 'Steuerhinter,ziehung *f*; ‚~·**ex·empt**, ‚~·**free** *adj.* steuerfrei; ~ **ha·ven** *s.* 'Steuer,oase *f*.

tax·i [ˈtæksɪ] **I** *pl.* **'tax·is** *s.* **1.** → *taxicab*; **II** *v/i.* **2.** mit e-m Taxi fahren; **3.** ✈ rollen; '~·**cab** *s.* Taxi *n*; ~ **danc·er** *s. Am.* Taxigirl *n*.

tax·i·der·mal [ˌtæksɪˈdɜ:ml], **tax·i'der·mic** [-mɪk] *adj.* taxi'dermisch; **tax·i·der·mist** [ˈtæksɪdɜ:mɪst] *s.* Präpa'rator *m*, Ausstopfer *m* (*von Tieren*); **tax·i·der·my** [ˈtæksɪdɜ:mɪ] *s.* Taxider'mie *f*.

'tax·i·,driv·er *s.*, '~·**man** [-mæn] *s.* [*irr.*] 'Taxichauf,feur *m*, -fahrer *m*; '~·**me·ter** *s.* Taxa'meter *m*, Zähler *m*, Fahrpreisanzeiger *m*; '~·**plane** *s.* Lufttaxi *n*; ~ **rank** *s.* Taxistand *m*; ~ **strip**, '~·**way** *s.* ✈ Rollbahn *f*.

'tax·|pay·er *s.* Steuerzahler *m*; ~ **rate** *s.* Steuersatz *m*; ~ **re·fund** *s.* Steuerrückzahlung *f*; ~ **re·lief** *s.* Steuererleichterung(en *pl.*) *f*; ~ **re·turn** *s.* Steuererklärung *f*.

'T-bone steak *s.* T-bone-Steak *n* (*Steak aus dem Rippenstück des Rinds*).

tea [ti:] *s.* **1.** Tee *m*; **2.** Tee(mahlzeit *f*) *m*: *five-o'clock* ~ Fünfuhrtee; **3.** *Am.*

sl. ,Grass' *n* (*Marihuana*); **~ bag** *s.* Teebeutel *m*; **~ ball** *s. Am.* Tee-Ei *n*; **~ bread** *s. ein* Teekuchen *m*; **~ cad·dy** *s.* Teebüchse *f*; **~ cake** *s.* Teekuchen *m*; **'~cart** *s.* Teewagen *m.*

teach [tiːtʃ] *pret. u. p.p.* **taught** [tɔːt] **I** *v/t.* **1.** *Fach* lehren, 'Unterricht geben in (*dat.*); **2.** *j-n et.* lehren, *j-n* unter'richten, -'weisen in (*dat.*), *j-m* 'Unterricht geben in (*dat.*); **3.** *j-m et.* zeigen, beibringen: **~ s.o. to whistle** j-m das Pfeifen beibringen; **~ s.o. better** j-n e-s Besser(e)n belehren; **I will ~ you to steal** F dich werd' ich das Stehlen lehren!; **that'll ~ you!** F a) das wird dir e-e Lehre sein!, b) das kommt davon!; **4.** *Tier* dressieren, abrichten; **II** *v/i.* **5.** unter'richten, 'Unterricht geben, **'teach·a·ble** [-tʃəbl] *adj.* **1.** lehrbar (*Fach etc.*); **2.** gelehrig (*Person*); **'teach·er** [-tʃə] *s.* Lehrer(in): **~s college** *Am.* Pädagogische Hochschule.

'teach-in *s.* Teach-in *n.*

teach·ing ['tiːtʃɪŋ] **I** *s.* **1.** Unter'richten *n*, Lehren *n*; **2.** *oft pl.* Lehre *f*, Lehren *pl.*; **3.** Lehrberuf *m*; **II** *adj.* **4.** lehrend, unter'richtend: **~ aid** Lehrmittel *n*; **~ machine** Lehr-, Lernmaschine *f*; **~ profession** Lehrberuf *m*; **~ staff** Lehrkörper *m.*

tea| cloth *s.* **1.** kleine Tischdecke; **2.** *Am.* Geschirrtuch *n*; **~ co·sy** *s., Am.* **co·zy** *s.* Teewärmer *m*; **'~cup** *s.* Teetasse *f*; → **storm** 1; **'~cup·ful** [-ˌfʊl] *pl.* **-fuls** *s. e-e* Teetasse(voll); **~ dance** *s.* Tanztee *m*; **~ egg** *s.* Tee-Ei *n*; **~ gar·den** *s.* 'Gartenrestau,rant *m*; **~ gown** *s.* Nachmittagskleid *n*; **'~house** *s.* Teehaus *n* (*in China u. Japan*).

teak [tiːk] *s.* **1.** ♀ Teakholzbaum *m*; **2.** Teak(holz) *n.*

teal [tiːl] *pl.* **teal** *s. orn.* Krickente *f.*

team [tiːm] **I** *s.* **1.** Gespann *n*; **2.** *bsd. sport u. fig.* Mannschaft *f*, Team *n*; **3.** (*Arbeits- etc.*)Gruppe *f*, Team *n*: **by a ~ effort** mit vereinten Kräften; **4.** Ab'teilung *f*, Ko'lonne *f* (*von Arbeitern*); **5.** *orn.* Flug *m*, Zug *m*; **II** *v/t.* **6.** *Zugtiere* zs.-spannen; **7.** F *Arbeit* (an Unter'nehmer) vergeben; **III** *v/i.* **8. ~ up** *bsd. Am.* sich zs.-tun (**with** mit); **~ e·vent** *s. sport* Mannschaftswettbewerb *m*; **'~mate** *s.* 'Mannschaftskame,rad *m*; **~ spir·it** *s.* **1.** *sport* Mannschaftsgeist *m*; **2.** *fig.* Gemeinschafts-, 'Korpsgeist *m.*

team·ster ['tiːmstə] *s.* **1.** Fuhrmann *m*; **2.** *Am.* Lastwagenfahrer *m.*

team| teach·ing *s. Am.* gemeinsamer 'Unterricht (*Fachlehrer*); **'~work** *s.* **1.** *sport, thea.* Zs.-spiel *n*; **2.** *fig.* (gute) Zs.-arbeit *f*, Teamwork *n.*

tea| par·ty *s.* Teegesellschaft *f*: **the Boston** ♗ ♗ *hist.* der Teesturm von Boston (*1773*); **'~pot** *s.* Teekanne *f*; → **tempest** 1.

tear¹ [tɪə] *s.* **1.** Träne *f*: **in ~s** in Tränen (aufgelöst), unter Tränen; → **fetch** 3, **squeeze** 3; **2.** ◎ (*Harz- etc.*)Tropfen *m*; (Glas)Träne *f.*

tear² [teə] **I** *s.* **1.** Riß *m*; **2. at full ~** in vollem Schwung; **in a ~** in wilder Hast; **II** *v/t.* [*irr.*] **3.** zerreißen: **~ in** (*od. to*) **pieces** in Stücke reißen; **~ open** aufreißen; **~ out** herausreißen; **torn between hope and despair** *fig.* zwischen Hoffnung u. Verzweiflung hin- u. hergerissen;: **a country torn by civil war**

ein vom Bürgerkrieg zerrissenes Land; **that's torn it!** *sl.* jetzt ist es passiert!, damit ist alles ,im Eimer'!; **4.** *Haut etc.* aufreißen; **5.** *Loch* reißen; **6.** zerren, (aus)reißen: **~ one's hair** sich die Haare (aus)raufen; **7.** *a.* **~ away, ~ off** ab-, wegreißen (**from** von): **~ o.s. away** sich losreißen (*a. fig.*); **~ s.th. from s.o.** j-m et. entreißen; **III** *v/i.* [*irr.*] **8.** (zer-) reißen; **9.** reißen, zerren (**at** an *dat.*); **10.** F rasen, sausen, ,fegen': **~ about** herumsausen; **~ up** *v/t.* **1.** aufreißen; **2.** *Baum etc.* ausreißen; **3.** zerreißen, in Stücke reißen; **4.** *fig.* unter'graben, zerstören.

tear·a·way ['teərəweɪ] **I** *adj.* ,wild'; **II** *s.* ,wilder' Kerl, Ra'bauke *m.*

tear| bomb [tɪə] Tränengasbombe *f*; **'~drop** *s.* **1.** Träne *f*; **2.** Anhänger *m* (*Ohrring*).

tear·ful ['tɪəfʊl] *adj.* □ **1.** tränenreich; **2.** weinend, in Tränen; **3.** weinerlich; **4.** schmerzlich.

tear| gas [tɪə] *s.* ♒ Tränengas *n*; **~ gland** *s. anat.* Tränendrüse *f.*

tear·ing ['teərɪŋ] *adj. fig.* F **1.** rasend, toll (*Tempo, Wut etc.*); **2.** ,toll'; **~ strength** *s.* ◎ Zerreißfestigkeit *f.*

'tear| jerk·er [tɪə] *s. Am.* F ,Schnulze' *f*, ,Schmachtfetzen' *m.*

'tear-off ['teərɒf] *adj.* Abreiß...: **~ cal·endar.**

'tea| room [-rʊm] *s.* Teestube *f*, Ca'fé *n*; **~ rose** *s.* ♀ Teerose *f.*

tear sheet [teə] *s. Am.* Belegbogen *m.*

'tear-stained ['tɪə-] *adj.* **1.** tränennaß; **2.** verweint (*Augen*).

tease [tiːz] **I** *v/t.* **1.** ◎ a) *Wolle* kämmen, krempeln, b) *Flachs* hecheln, c) *Werg* auszupfen; **2.** ◎ *Tuch* krempeln, karden; **3.** *fig.* quälen: a) hänseln, aufziehen, b) ärgern, c) bestürmen, belästigen (**for** wegen); **4.** (auf)reizen; **II** *s.* **5.** F a) → **teaser** 1, 2, b) Plage *f*, lästige Sache.

tea·sel ['tiːzl] **I** *s.* **1.** ♀ Karde(ndistel) *f*; **2.** *Weberei:* Karde *f*; **II** *v/t.* **3.** → **tease** 2.

teas·er ['tiːzə] *s.* **1.** Necker *m*; **2.** Quäl-, Plagegeist *m*; **3.** *sl.* Frau, die ,alles verspricht und nichts hält'; **4.** F ,harte Nuß', schwierige Sache; **5.** F et. Verlockendes.

tea| serv·ice, ~ set *s.* 'Teeser,vice *n*; **'~shop** *s.* 'tearoom; **~ spoon** *s.* Teelöffel *m*; **'~spoon·ful** [-ˌfʊl] *pl.* **-fuls** *s. ein* Teelöffel(voll) *m.*

teat [tiːt] *s.* **1.** *zo.* Zitze *f*; **2.** *anat.* Brustwarze *f*; **3.** (Gummi)Sauger *m*; **4.** ◎ Warze *f.*

'tea| things *s. pl.* Teegeschirr *n*; **'~time** *s.* Teestunde *f*; **~ tow·el** *s.* Geschirrtuch *n*; **'~urn** *s.* **1.** 'Teema,schine *f*; **2.** Gefäß *n* zum Heißhalten des Teewassers.

tea·zel, tea·zle → **teasel.**

tec [tek] *s. sl.* Detek'tiv *m.*

tech·nic ['teknɪk] **I** *adj.* → **technical**; **II** *s. mst pl.* → a) **technics**, b) **technology**, c) **technique**; **'tech·ni·cal** [-kl] *adj.* □ → **technically**, **1.** ◎ 'technisch: **~ bureau** Konstruktionsbüro *n*; **2.** technisch (*a. sport*), fachlich, fachmännisch, Fach..., Spezial...: **~ book** (technisches) Fachbuch *n*; **~ dictionary** Fachwörterbuch *n*; **~ school** Fachhochschule *f*; **~ skill** a) (technisches) Geschick,

b) ♪ Technik *f*; **~ staff** technisches Personal; **~ term** Fachausdruck *m*; **3.** *fig.* technisch: a) sachlich, b) (rein) for'mal, c) theo'retisch: **~ knockout** *Boxen:* technischer K. o.; **on ~ grounds** ♒ aus formaljuristischen *od.* verfahrenstechnischen Gründen; **tech·ni·cal·i·ty** [ˌteknɪˈkælətɪ] *s.* **1.** das Technische; **2.** technische Besonderheit *od.* Einzelheit; **3.** Fachausdruck *m*; **4.** *bsd.* ♒ (reine) Formsache, (for'male) Spitzfindigkeit; **'tech·ni·cal·ly** [-kəlɪ] *adv.* **1.** technisch *etc.*; **2.** genaugenommen, eigentlich; **tech·ni·cian** [tekˈnɪʃn] *s.* **1.** Techniker(in) (*a. weitS. Virtuose etc.*), (technischer) Fachmann; **2.** ✗ *Am.* Techniker *m* (*Dienstrang für Spezialisten*).

tech·nics ['tekniks] *s. pl.* **1.** *mst sg. konstr.* Technik *f*, *bsd.* Ingeni'eurwissenschaft *f*; **2.** technische Einzelheiten *pl.*; **3.** Fachausdrücke *pl.*; **4.** → **technique** [tekˈniːk] *s.* **1.** ◎ (Arbeits)Verfahren *n*, (Schweiß- *etc.*)Technik *f*; **2.** ♪, *paint.*, *sport etc.* Technik *f*: a) Me'thode *f*, b) Art *f* der Ausführung, c) Geschicklichkeit *f*; **tech·noc·ra·cy** [tekˈnɒkrəsɪ] *s.* Technokra'tie *f*; **tech·no·crat** ['teknəʊkræt] *s.* Techno'krat *m.*

tech·no·log·ic, tech·no·log·i·cal [ˌteknəˈlɒdʒɪk(l)] *adj.* □ **1.** techno'logisch, technisch; **2.** ◎ techno'logisch (bedingt): **~ unemployment**; **tech·nol·o·gist** [tekˈnɒlədʒɪst] *s.* Techno'loge *m*; **tech·nol·o·gy** [tekˈnɒlədʒɪ] *s.* **1.** Technologie *f*: **~ transfer** Technologietransfer *m*; **school of ~** technische Universi'tät; **2.** technische 'Fachterminolo,gie.

tech·y ['tetʃɪ] → **testy.**

tec·tol·o·gy [tekˈtɒlədʒɪ] *s. biol.* Struk'turlehre *f.*

tec·ton·ic [tekˈtɒnɪk] *adj.* (□ **~ally**) **1.** △, *geol.* tek'tonisch; **2.** *biol.* struktu'rell; **tec·ton·ics** [-ks] *s. pl. mst sg. konstr.* **1.** △ *etc.* Tek'tonik *f*; **2.** *geol.* ('Geo)Tek,tonik *f.*

tec·to·ri·al [tekˈtɔːrɪəl] *adj. physiol.* Schutz..., Deck...: **~ membrane.**

tec·tri·ces [tekˈtraɪsiːz] *s. pl. zo.* Deckfedern *pl.*

ted·der ['tedə] *s.* ♪ Heuwender *m.*

Ted·dy bear ['tedɪ] *s.* Teddybär *m.*

te·di·ous ['tiːdjəs] *adj.* □ **1.** langweilig, öde, ermüdend; **2.** weitschweifig; **'te·di·ous·ness** [-nɪs] *s.* **1.** Langweiligkeit *f*; Weitschweifigkeit *f*; **'te·di·um** [-jəm] *s.* **1.** Lang(e)weile *f*; **2.** Langweiligkeit *f.*

tee¹ [tiː] **I** *s.* ◎ T-Stück *n*; **II** *adj.* T-...: **~ iron**; **III** *v/t.* ♁ abzweigen: **~ across** (**together**) in Brücke (parallel)schalten.

tee² [tiː] **I** *s. sport* Tee *n*: a) *Curling:* Mittelpunkt *m* des Zielkreises, b) *Golf:* Abschlag(stelle *f*) *m*: **to a ~** *fig.* aufs Haar; **II** *v/t. Golf: Ball* auf die Abschlagstelle legen; **III** *v/i.* **~ off** a) *Golf:* abschlagen, b) *fig.* anfangen.

teem¹ [tiːm] *v/i.* **1.** wimmeln, voll sein (**with** von): **the roads are ~ing with people**; **this page ~s with mistakes** diese Seite strotzt von Fehlern; **2.** reichlich vor'handen sein: **fish ~ in that river** in dem Fluß wimmelt es von Fischen; **3.** *obs.* a) schwanger sein, b) ♀ Früchte tragen, c) *zo.* Junge gebären.

teem² [tiːm] **I** v/t. bsd. ⊙ *flüssiges Metall* (aus)gießen; **II** v/i. gießen (a. fig. Regen).

teen [tiːn] Am. → *teenage(r)*; **'teen-age** [-eɪdʒ] **I** adj. a. **teenaged 1.** im Teenageralter; **2.** Teenager...; **II** s. **3.** → *teens* 1; **'teen₁ag·er** [-₁eɪdʒə] s. Teenager m.

teens [tiːnz] s. pl. **1.** Teenageralter n: *be in one's* ~ ein Teenager sein; **2.** Teenager pl.

tee·ny¹ ['tiːnɪ], a. ₁~-'wee·ny [-'wiːnɪ] adj. F klitzeklein.

teen·y² ['tiːnɪ] s. F ₁Teeny' m (jüngerer Teenager).

'tee-shirt ['tiː-] s. 'T-Shirt n.

tee·ter ['tiːtə] v/i. Am. F **1.** (a. v/t.) schaukeln, wippen; **2.** (sch)wanken.

teeth [tiːθ] pl. von *tooth*.

teethe [tiːð] v/i. zahnen, (die) Zähne bekommen: *teething troubles* a) Beschwerden beim Zahnen, b) fig. Kinderkrankheiten.

tee·to·tal [tiːˈtəʊtl] adj. absti'nent, Abstinenzler...; **tee'to·tal·(l)er** [-tlə] s. Absti'nenzler(in), ₁Antialko'holiker (-in); **tee'to·tal·ism** [-tlɪzəm] s. **1.** Absti'nenz f; **2.** Absti'nenzprin₁zip n.

tee·to·tum [₁tiːtəʊˈtʌm] s. Drehwürfel m.

teg·u·ment ['tegjʊmənt] etc. → *integument* etc.

tele-¹ [telɪ] in Zssgn a) Fern..., b) Fernseh...

tele-² [telɪ] in Zssgn a) Ziel, b) Ende.

'tel·e₁cam·er·a s. TV Fernsehkamera f.

'tel·e·cast I v/t. [irr. → *cast*] im Fernsehen über'tragen od. bringen; **II** s. Fernsehsendung f; **'tel·e·cast·er** s. (Fernseh)Ansager(in).

'tel·e·com₁mu·ni·ca'tion I s. **1.** Fernmeldeverbindung f, -verkehr m, 'Telekommunikati₁on f; **2.** pl. Fernmeldewesen n, -technik f; **II** adj. **3.** Fernmelde...

tel·e·con·fer·ence ['telɪ₁kɒnfərəns] s. Tele'fonkonfe₁renz f.

'tel·e·course s. Fernsehlehrgang m, -kurs m.

tel·e·di·ag·no·sis ['telɪ₁daɪəgˈnəʊsɪs] s. [irr.] ✗ 'Ferndiag₁nose f.

'tel·e·film s. Fernsehfilm m.

tel·e·gen·ic [₁telɪˈdʒenɪk] adj. TV tele'gen.

tel·e·gram ['telɪgræm] s. Tele'gramm n: *by* ~ telegrafisch.

tel·e·graph ['telɪgrɑːf, -græf] **I** s. **1.** Tele'graf m; **2.** Tele'gramm n; **3.** → *telegraph board*; **II** v/t. **4.** telegrafieren; **5.** j-n tele'grafisch benachrichtigen; **6.** (durch Zeichen) zu verstehen geben, signalisieren; **7.** sport Spielstand etc. auf e-r Tafel anzeigen; **8.** sl. Boxen: ₁telegrafieren' (erkennbar ansetzen); **III** v/i. **9.** telegrafieren (to dat. od. an acc.); ~ *board* s. bsd. sport Anzeigetafel f; ~ *code* s. Tele'grammschlüssel m.

te·leg·ra·pher [tɪˈlegrəfə] s. Telegra-'fist(in).

tel·e·graph·ese [₁telɪgrɑːˈfiːz] s. Tele'grammstil m; **tel·e·graph·ic** [₁telɪˈgræfɪk] adj. (□ ~ally) **1.** tele'grafisch: ~ *address* Tele'grammadresse f, Drahtanschrift f; **2.** tele'grammartig (Kürze, Stil); **te·leg·ra·phist** [tɪˈlegrəfɪst] s. Telegra'fist(in).

tel·e·graph‖ line s. Tele'grafenleitung f; ~ *pole*, ~ *post* s. Tele'grafenstange f,

-mast m.

te·leg·ra·phy [tɪˈlegrəfɪ] s. Telegra'fie f.

tel·e·ki·ne·sis [₁telɪkɪˈniːsɪs] s. psych. Teleki'nese f.

tel·e·lens ['telɪlens] s. phot. 'Teleobjek₁tiv n.

tel·em·e·ter ['telɪmiːtə] s. Tele'meter n: a) ⊙ Entfernungsmesser m, b) ⚡ Fernmeßgerät n.

tel·e·o·log·ic, **tel·e·o·log·i·cal** [₁telɪə-ˈlɒdʒɪk(l)] adj. □ phls. teleo'logisch: ~ *argument* teleologischer Gottesbeweis; **tel·e·ol·o·gy** [₁telɪˈɒlədʒɪ] s. Teleolo'gie f.

tel·e·path·ic [₁telɪˈpæθɪk] adj. (□ ~ally) tele'pathisch; **te·lep·a·thy** [tɪˈlepəθɪ] s. Telepa'thie f, Ge'dankenüber₁tragung f.

tel·e·phone ['telɪfəʊn] **I** s. **1.** Tele'fon n, Fernsprecher m: *at the* ~ am Apparat; *by* ~ telefonisch; *on the* ~ telefonisch, durch das od. am Telefon; *be on the* ~ a) Telefonanschluß haben, b) am Telefon sein; *over the* ~ durch das od. per Telefon; **II** v/t. **2.** j-n anrufen, antelefonieren; **3.** Nachricht etc. telefonieren, tele'fonisch über'mitteln (s.th. to s.o., s.o. s.th. j-m et.); **III** v/i. **4.** telefonieren; ~ *booth*, Brit. ~ *box* s. Tele'fon-, Fernsprechzelle f; ~ *call* s. Tele'fongespräch n, (Tele'fon)Anruf m; ~ *con·nec·tion* s. Tele'fonanschluß m; ~ *di·rec·to·ry* s. Tele'fon-, Fernsprechbuch n; ~ *ex·change* s. Fernsprechamt n, Tele'fonzen₁trale f; ~ *op·er·a·tor* s. Telefo'nist(in); ~ *re·ceiv·er* s. (Tele'fon-)Hörer m; ~ *sub·scrib·er* s. Fernsprechteilnehmer(in).

tel·e·phon·ic [₁telɪˈfɒnɪk] adj. (□ ~ally) tele'fonisch, fernmündlich, Telefon...; **tel·e·pho·nist** [tɪˈlefənɪst] s. Telefo-'nist(in); **te·leph·o·ny** [tɪˈlefənɪ] s. Telefo'nie f, Fernsprechwesen n.

tel·e·pho·to phot. **I** adj. **1.** Telefoto(grafie)..., Fernaufnahme...: ~ *lens* → *telelens*; **II** s. **2.** 'Telefoto(gra₁fie f) n, Fernbild n; **3.** 'Bildtele₁gramm n; **4.** Funkbild n; **tel·e·pho·to·graph** *telephoto* II; **tel·e·pho·to·graph·ic** adj. (□ ~ally) **1.** 'fernfoto₁grafisch; **2.** 'bildtele₁grafisch; **tel·e·pho·tog·ra·phy** s. **1.** 'Tele-, 'Fernfotogra₁fie f; **2.** 'Bildtelegra₁fie f.

tel·e·play ['telɪpleɪ] s. Fernsehspiel n.

'tel·e₁print·er s. Fernschreiber m (Gerät): ~ *message* Fernschreiben n; ~ *operator* Fernschreiber(in).

tel·e·prompt·er ['telɪ₁prɒmptə] s. TV Teleprompter m (optisches Souffliergerät, Textband).

'tel·e·re₁cord·ing s. (Fernseh)Aufzeichnung f.

tel·e·scope ['telɪskəʊp] **I** s. Tele'skop n, Fernrohr n; **II** v/t. u. v/i. a) (sich) inein-'anderschieben, b) (sich) verkürzen; **III** adj. → *telescopic*.

tel·e·scop·ic [₁telɪˈskɒpɪk] adj. (□ ~ally) **1.** tele'skopisch, Fernrohr...: ~ *sight* ✗ Zielfernrohr n; **2.** inein'anderschiebbar, ausziehbar, Auszieh..., Teleskop...

'tel·e·screen s. TV Bildschirm m.

tel·e·text ['telɪtekst] s. TV Videotext m.

₁tel·e·ther'mom·e·ter s. phys. 'Fern-, 'Telethermo₁meter n.

'tel·e·type, **₁tel·e'type₁writ·er** Am. → *teleprinter*.

'tel·e·view I v/t. sich (im Fernsehen) ansehen; **II** v/i. fernsehen; **'tel·e₁view·er** s. Fernsehzuschauer(in).

tel·e·vise ['telɪvaɪz] → *telecast* I; **'tel·e₁vi·sion I** s. **1.** Fernsehen n: *watch* ~ fernsehen; *on* ~ im Fernsehen; **2.** a. *set* Fernsehgerät n, Fernseher m; **II** adj. Fernseh...; **'tel·e·vi·sor** s. **1.** → *television* 2; **2.** → *telecaster*; **3.** → *televiewer*.

tel·ex ['teleks] **I** s. **1.** Telex n, Fernschreibernetz n: *be on the* ~ Telex- od. Fernschreibanschluß haben; Fernschreiber m (Gerät): ~ *operator* Fernschreiber(in); **3.** Fernschreiben n: *by* ~ per Telex od. Fernschreiben; ~ *opera·tor* Fernschreiber(in); **II** v/t. **4.** j-m et. telexen od. per Fernschreiben mitteilen.

tell [tel] [irr.] **I** v/t. **1.** sagen, erzählen (s.o. s.th., s.th. to s.o. j-m et.): *I can* ~ *you that ...* ich kann Sie od. Ihnen versichern, daß; *I have been told* mir ist gesagt worden; *I told you so!* ich habe es (dir) ja gleich gesagt!, ₁siehste'!; *you are* ~*ing me!* sl. wem sagen Sie das!; ~ *the world* F (es) hinausposaunen; **2.** mitteilen, berichten, a. die Wahrheit sagen; Neuigkeit verkünden: ~ *a lie* lügen; **3.** Geheimnis verraten; **4.** erkennen (by, from an dat.), feststellen, sagen: ~ *by ear* mit dem Gehör feststellen, hören; **5.** (mit Bestimmtheit) sagen: *I cannot* ~ *what it is*; *it is difficult to* ~ es ist schwer zu sagen; **6.** unter'scheiden (one from the other eines vom andern): ~ *apart* auseinanderhalten; **7.** sagen, befehlen: ~ *s.o. to do s.th.* j-m sagen, er solle et. tun; j-n et. tun heißen; *do as you are told* tu wie dir geheißen; **8.** bsd. pol. Stimmen zählen: *all told* alles in allem; **9.** ~ *off* a) abzählen, ✗ abkommandieren, c) F j-m ₁Bescheid stoßen; **II** v/i. **10.** berichten, erzählen (of von, about über acc.); **11.** fig. ein Zeichen od. Beweis sein (of für, von); **12.** et. sagen können, wissen: *how can you* ~?, *you never can* ~ man kann nie wissen; **13.** ₁petzen': ~ *on s.o.* j-n verpetzen od. verraten; *don't* ~! nicht verraten!; **14.** sich auswirken (on bei, auf acc.): *the hard work began to* ~ *on him*; *his troubles have told on him* s-e Sorgen haben ihn sichtlich mitgenommen; *every blow (word)* ~*s* jeder Schlag (jedes Wort) sitzt; *that* ~*s against you* das spricht gegen Sie; **15.** sich (deutlich) abheben (against gegen, von); zur Geltung kommen (Farbe etc.); **'tell·er** [-lə] s. **1.** Erzähler(in); **2.** Zähler (-in); bsd. parl. Stimmenzähler m; **3.** Kassierer(in), Schalterbeamte(r) m (Bank): ~'s department Hauptkasse f; *automatic* ~ Geldautomat m; **'tell·ing** [-lɪŋ] adj. □ **1.** wirkungsvoll (a. Schlag), wirksam, eindrucksvoll; 'durchschlagend (Erfolg, Wirkung); **2.** fig. aufschlußreich; **₁tell·ing-'off** s.: *give s.o. a* ~ j-m ₁Bescheid stoßen'.

'tell·tale I s. **1.** Klatschbase f, Zuträger (-in), ₁Petze' f; **2.** verräterisches (Kenn-)Zeichen; **3.** ⊙ (selbsttätige) Anzeigevorrichtung f; adj. **4.** fig. verräterisch: *a* ~ *tear*, **5.** sprechend (Ähnlichkeit); **6.** ⊙ a) Anzeige..., b) Warnungs...: ~ *clock* Kontrolluhr f.

tel·ly ['telɪ] s. Brit. F Fernseher m (Gerät): on the ~ im Fernsehen.

tel·o·type ['telǝʊtaɪp] s. **1.** e'lektrischer 'Schreib- od. 'Druckteleˌgraph; **2.** auto'matisch gedrucktes Tele'gramm.

tel·pher ['telfǝ] **I** s. Wagen m e-r Hängebahn; **II** adj. (Elektro)Hängebahn...; **'tel·pher·age** [-ǝrɪdʒ] s. e'lektrische Lastenbeförderung; **'tel·pher·way** s. Telpherbahn f, E'lektrohängebahn f.

te·mer·i·ty [tɪ'merǝtɪ] s. **1.** (Toll)Kühnheit f, Verwegenheit f; b.s. Frechheit f.

temp [temp] s. Brit. F 'Zeitsekre,tärin f.

tem·per ['tempǝ] **I** s. **1.** Tempera'ment n, Natu'rell n, Gemüt(sart f) n, Cha'rakter m, Veranlagung f: even ~ Gleichmut m; have a quick ~ ein hitziges Temperament haben; **2.** Stimmung f, Laune f: in a bad ~ (in) schlechter Laune, schlecht gelaunt; **3.** Gereiztheit f, Zorn m, Wut f: be in a ~ gereizt od. wütend sein; fly (od. get) into a ~ in Wut geraten; **4.** Gemütsruhe f (obs. außer in den Redew.): keep one's ~ ruhig bleiben; lose one's ~ in Wut geraten, die Geduld verlieren; out of ~ übelgelaunt; put s.o. out of ~ j-n wütend machen od. erzürnen; **5.** Zusatz m, Beimischung f, metall. Härtemittel n; **6.** bsd. ⊕ richtige Mischung; **7.** metall. Härte(grad m) f; **II** v/t. **8.** mildern (with durch); **9.** Farbe, Kalk, Mörtel mischen, anmachen; **10.** ⊕ a) Stahl härten, anlassen, b) Eisen ablöschen, c) Gußeisen adouzieren, d) Glas rasch abkühlen; **11.** ♪ Klavier etc. temperieren; **III** v/i. **12.** ⊕ den richtigen Härtegrad erreichen od. haben.

tem·per·a ['tempǝrǝ] s. 'Tempera(male,rei) f.

tem·per·a·ment ['tempǝrǝmǝnt] s. **1.** → temper 1; **2.** Tempera'ment n, Lebhaftigkeit f; **3.** ♪ Tempera'tur f; **tem·per·a·men·tal** [ˌtempǝrǝ'mentl] adj. □ **1.** tempera'mentvoll, veranlagungsmäßig, Temperaments...; **2.** a) reizbar, launisch, b) leicht erregbar; **3.** eigenwillig; **4.** be ~ F (s-e) ,Mucken' haben (Gerät etc.).

tem·per·ance ['tempǝrǝns] s. **1.** Mäßigkeit f, Enthaltsamkeit f; **2.** Mäßigkeit f im od. Absti'nenz f vom Alkoholgenuß; ~ ho·tel s. alkoholfreies Hotel; ~ move·ment s. Absti'nenzbewegung f.

tem·per·ate ['tempǝrɪt] adj. □ **1.** gemäßigt, maßvoll: ~ language; **2.** zu'rückhaltend; **3.** mäßig: ~ enthusiasm; **4.** a) mäßig, enthaltsam (bsd. im Essen u. Trinken), b) absti'nent (alkoholische Getränke meidend); **5.** gemäßigt, mild (Klima etc.); **'tem·per·ate·ness** [-nɪs] s. **1.** Gemäßigtheit f; **2.** Beherrschtheit f, Zu'rückhaltung f; **3.** geringes Ausmaß; **4.** a) Mäßigkeit f, Enthaltsamkeit f, Mäßigung f (bsd. im Essen u. Trinken), b) Absti'nenz f (von alkoholischen Getränken); **5.** Milde f (des Klimas etc.).

tem·per·a·ture ['temprǝtʃǝ] s. **1.** phys. Tempera'tur f: at a ~ of bei e-r Temperatur von; **2.** physiol. (Körper)Temperatur f: to take s.o.'s ~ j-s Temperatur messen; to have (od. run) a ~ 💉 F Fieber od. (erhöhte) Temperatur haben.

tem·pest ['tempɪst] s. **1.** (wilder) Sturm: ~ in a teapot fig. ,Sturm im Wasser-

glas'; **2.** fig. Sturm m, Ausbruch m; **3.** Gewitter n; **tem·pes·tu·ous** [tem'pestjʊǝs] adj. □ a. fig. stürmisch, ungestüm, heftig; **tem·pes·tu·ous·ness** [tem'pestjʊǝsnɪs] s. Ungestüm n, Heftigkeit f.

Tem·plar ['templǝ] s. **1.** hist. Templer m, Tempelherr m, -ritter m; **2.** Tempelritter m (Freimaurer); **3.** oft Good ⊘ Guttempler m (ein Temperenzler).

tem·plate ['templɪt] s. **1.** ⊕ Scha'blone f; **2.** △ a) 'Unterleger m (Balken), b) (Dach)Pfette f, c) Kragholz n; **3.** ♣ Mallbrett n.

tem·ple¹ ['templ] s. **1.** eccl. Tempel m (a. fig.); **2.** Am. Syna'goge f; **3.** ⊘ 🕂 Temple m (in London, Sitz zweier Rechtskollegien: the Inner ⊘ u. the Middle ⊘).

tem·ple² ['templ] s. anat. Schläfe f.

tem·ple³ ['templ] s. Weberei: Tömpel m.

tem·plet ['templɪt] → template.

tem·po ['tempǝʊ] pl. -pi [-pi] ♪ Tempo n (a. fig. Geschwindigkeit): ~ turn Skisport: Tempowschwung m.

tem·po·ral¹ ['tempǝrǝl] adj. □ **1.** zeitlich: a) Zeit... (Ggs. räumlich), b) irdisch; **2.** weltlich (Ggs. geistlich): ~ courts; **3.** ling. tempo'ral, Zeit...: ~ adverb Umstandswort n der Zeit; ~ clause Temporalsatz m.

tem·po·ral² ['tempǝrǝl] anat. **I** adj. a) Schläfen..., b) Schläfenbein...; **II** s. Schläfenbein n.

tem·po·rar·i·ness ['tempǝrǝrɪnɪs] s. Einst-, Zeitweiligkeit f; **tem·po·rar·y** ['tempǝrǝrɪ] adj. □ provi'sorisch: a) vorläufig, einst-, zeitweilig, vor'übergehend, tempo'rär, b) behelfsmäßig, Not..., Hilfs..., Interims...: ~ arrangement Übergangsregelung f; ~ bridge Behelfs-, Notbrücke f; ~ credit 🕂 Zwischenkredit m.

tem·po·rize ['tempǝraɪz] v/i. **1.** Zeit zu gewinnen suchen, abwarten, sich nicht festlegen, lavieren: ~ with s.o. j-n hinhalten; **2.** mit dem Strom schwimmen, s-n Mantel nach dem Wind hängen; **'tem·po·riz·er** [-zǝ] s. **1.** j-d, der Zeit zu gewinnen sucht od. sich nicht festlegt; **2.** Opportu'nist(in); **'tem·po·riz·ing** [-zɪŋ] adj. □ **1.** hinhaltend, abwartend; **2.** opportu'nistisch.

tempt [tempt] v/t. **1.** eccl., a. allg. j-n versuchen, in Versuchung führen; **2.** j-n verlocken, -leiten, da'zu bringen (to do zu tun): be ~ed to do versucht od. geneigt sein, zu tun; **3.** reizen, locken (Angebot, Sache); **4.** Gott, sein Schicksal versuchen, her'ausfordern; **temp·ta·tion** [temp'teɪʃn] s. Versuchung f, -führung f, -lockung f: lead into ~ in Versuchung führen; **'tempt·er** [-tǝ] s. Versucher m, -führer m: the ⊘ eccl. der Versucher; **'tempt·ing** [-tɪŋ] adj. □ verführerisch, -lockend; **'tempt·ing·ness** [-nɪs] s. das Verführerische; **'tempt·ress** [-trɪs] s. Versucherin f, Verführerin f.

ten [ten] **I** adj. **1.** zehn; **II** s. **2.** Zehn f (Zahl, Spielkarte): the upper ~ fig. die oberen Zehntausend; **3.** F Zehner m (Geldschein etc.); **4.** zehn (Uhr).

ten·a·ble ['tenǝbl] adj. □ **1.** haltbar (⨯ Stellung, fig. Behauptung etc.); **2.** verliehen (for für, auf acc.): an office ~ for two years; **'ten·a·ble·ness** [-nɪs]

s. Haltbarkeit f (a. fig.).

te·na·cious [tɪ'neɪʃǝs] adj. □ **1.** zäh(e), klebrig; **2.** fig. zäh(e), hartnäckig: be ~ of zäh an et. festhalten; ~ of life zählebig; ~ ideas zählebige Ideen; **3.** verläßlich, gut (Gedächtnis); **te'na·cious·ness** [-nɪs], **te·nac·i·ty** [tɪ'næsɪtɪ] s. **1.** allg. Zähigkeit f: a) Klebrigkeit f, b) phys. Zug-, Zähfestigkeit f, c) fig. Hartnäckigkeit f: ~ of life zähes Leben; ~ of purpose Zielstrebigkeit f; **2.** Verläßlichkeit f (des Gedächtnisses).

ten·an·cy ['tenǝnsɪ] s. 🕂 **1.** Pacht-, Mietverhältnis n: ~ at will jederzeit beiderseits kündbares Pachtverhältnis; **2.** a) Pacht-, Mietbesitz m, b) Eigentum n: ~ in common Miteigentum n; **3.** Pacht-, Mietdauer f; **'ten·ant** [-nt] **I** s. **1.** 🕂 Pächter(in), Mieter(in): ~ farmer Gutspächter m; **2.** 🕂 Inhaber(in) (von Realbesitz, Renten etc.); **3.** Bewohner (-in); **4.** hist. Lehnsmann m; **II** v/t. **5.** bewohnen; **6.** als Mieter etc. beherbergen; **'ten·ant·a·ble** [-ntǝbl] adj. **1.** 🕂 pacht-, mietbar; **2.** bewohnbar; **'ten·ant·less** adj. **1.** unverpachtet; **2.** unvermietet, leer(stehend); **'ten·ant·ry** [-trɪ] s. coll. Pächter pl., Mieter pl.

tench [tenʃ] pl. **'tench·es**, bsd. coll. **tench** s. ichth. Schleie f.

tend¹ [tend] v/i. **1.** sich in e-r bestimmten Richtung bewegen; (hin)streben (to [-ward] nach): ~ from weg(bewegen) von; **2.** fig. a) tendieren, neigen (to[wards] zu), b) da'zu neigen (to do zu tun); **3.** abzielen, gerichtet sein (to auf acc.); **4.** (da'zu) führen od. beitragen (to [do] zu [tun]); hin'auslaufen (to auf acc.); **5.** ♣ schwoien.

tend² [tend] v/t. **1.** ⊕ Maschine bedienen; **2.** sich kümmern um, sorgen für, Kranke pflegen, Vieh hüten.

ten·den·cious → tendentious.

tend·en·cy ['tendǝnsɪ] s. **1.** Ten'denz f: a) Richtung f, Strömung f, Hinstreben n, b) (bestimmte) Absicht, Zweck m, c) Hang m (to, toward zu), Neigung f (to für); **2.** Gang m, Lauf m: the ~ of events.

ten·den·tious [ten'denʃǝs] adj. □ tendenzi'ös, Tendenz...; **ten'den·tious·ness** [-nɪs] s. tendenzi'öser Cha'rakter.

ten·der¹ ['tendǝ] adj. □ **1.** zart, weich, mürbe (Fleisch etc.); **2.** allg. zart (a. Alter, Farbe, Gesundheit): ~ passion Liebe f; **3.** zart, zärtlich, sanft; **4.** zart, empfindlich (Körperteil, a. Gewissen): ~ spot fig. wunder Punkt; **5.** heikel, kitzlig (Thema); **6.** bedacht (of auf acc.).

ten·der² ['tendǝ] **I** v/t. **1.** (for'mell) anbieten; → oath 1, resignation 2; **2.** s-e Dienste etc. anbieten, zur Verfügung stellen; **3.** s-n Dank, s-e Entschuldigung zum Ausdruck bringen; **4.** 🕂, 🕂 als Zahlung (e-r Verpflichtung) anbieten; **II** v/i. **5.** sich an e-r Ausschreibung beteiligen, ein Angebot machen: ~ and contract for a supply e-n Lieferungsvertrag abschließen; **III** s. **6.** Anerbieten n, Angebot n: make a ~ of → 2; **7.** 🕂 (legal) gesetzliches Zahlungsmittel n; **8.** 🕂 Angebot n, Of'ferte f bei Ausschreibung: invite ~s for ein Projekt ausschreiben; put to ~ in freier Ausschreibung vergeben; by ~ in Submission; **9.** 🕂 Kosten(vor)anschlag m; **10.**

🕊 Zahlungsangebot *n*; **11.** ~ *of resig-nation* Rücktrittsgesuch *n*.

tend·er³ ['tendə] *s*. **1.** Pfleger(in); **2.** 🚢 Tender *m*, Kohlewagen *m*; **3.** ⚓ Tender *m*, Begleitschiff *n*.

'ten·der|·foot *pl*. **-feet** *od*. **-foots** *s*. *Am*. F **1.** Anfänger(in), Greenhorn *n*; **2.** neuaufgenommener Pfadfinder; ¦~ **'heart·ed** *adj*. ☐ weichherzig; '~·**loin** *s*. zartes Lendenstück, Fi'let *n*.

ten·der·ness ['tendənɪs] *s*. **1.** Zartheit *f*, Weichheit *f* (*a*. *fig*.); **2.** Empfindlich-keit *f* (*a*. *fig. des Gewissens etc.*); **3.** Zärtlichkeit *f*.

ten·di·nous ['tendɪnəs] *adj*. **1.** sehnig, flechsig; **2.** *anat*. Sehnen...; **ten·don** ['tendən] *s. anat.* Sehne *f*, Flechse *f*; **ten·do·vag·i·ni·tis** ['tendəʊˌvædʒɪ'naɪtɪs] *s*. 🩺 Sehnenscheidenentzündung *f*.

ten·dril ['tendrɪl] *s*. ♀ Ranke *f*.

ten·e·brous ['tenɪbrəs] *adj*. dunkel, fin-ster, düster.

ten·e·ment ['tenɪmənt] *s*. **1.** Wohnhaus *n*; **2.** *a*. ~ *house* Miet(s)haus *n*, bsd. 'Mietska,serne *f*; **3.** Mietwohnung *f*; **4.** Wohnung *f*; **5.** 🕊 *a*) (Pacht)Besitz *m*, b) beständiger Besitz, beständiges Pri-vi'legium.

te·nes·mus [tɪ'nezməs] *s*. 🩺 Te'nesmus *m*: *rectal* ~ Stuhldrang *m*; *vesical* ~ Harndrang *m*.

ten·et ['ti:net] *s*. (Grund-, Lehr)Satz *m*, Lehre *f*.

'ten·fold I *adj. u. adv.* zehnfach; **II** *s*. das Zehnfache.

ˌten·'gal·lon hat *s. Am.* breitrandiger Cowboyhut.

ten·ner ['tenə] *s*. F ¸Zehner' *m*: a) *Brit*. Zehn'pfundnote *f*, b) *Am*. Zehn'dollar-note *f*.

ten·nis ['tenɪs] *s. sport* Tennis *n*; ~ *arm* *s*. 🩺 Tennisarm *m*; ~ *ball* *s*. Tennisball *m*; ~ *court* *s*. Tennisplatz *m*; ~ *rack·et* *s*. Tennisschläger *m*.

ten·on ['tenən] ⚙ **I** *s*. Zapfen *m*; **II** *v/t*. verzapfen; ~ *saw* *s*. ⚙ Ansatzsäge *f*, Fuchsschwanz *m*.

ten·or ['tenə] **I** *s*. **1.** Verlauf *m*; **2.** 'Te-nor *m*, (wesentlicher) Inhalt, Sinn *m*; **3.** Absicht *f*; **4.** ✝ Laufzeit *f* (*Wechsel etc.*); **5.** ♪ Te'nor(stimme *f*, -par,tie *f*, -sänger *m*, -instru,ment *n*) *m*; **II** *adj*. **6.** ♪ Tenor...

'ten·pin *s. Am.* **1.** Kegel *m*; **2.** *pl. sg. konstr. Am.* Bowling *n*.

tense¹ [tens] *s. ling.* Zeit(form) *f*, Tem-pus *n*: *simple* (*compound*) ~s einfa-che (zs.-gesetzte) Zeiten.

tense² [tens] **I** *adj*. ☐ **1.** gespannt (*a. ling. Laut*), **2.** *fig*. a) (an)gespannt (*Person, Nerven*), b) spannungsgela-den: *a* ~ *moment*; **II** *v/t*. **3.** straffen, (an)spannen; **III** *v/i*. **4.** sich straffen *od*. (an)spannen; **5.** *fig.* (vor Nervosi'tät *etc.*) starr werden; **'tense·ness** [-nɪs] *s*. **1.** Straffheit *f*; **2.** *fig*. (ner'vöse) Span-nung; **'ten·si·ble** [-səbl] *adj*. dehnbar; **'ten·sile** [-saɪl] *adj*. dehn-, streck-bar; *phys*. Dehn(ungs)..., Zug...: ~ *strength* (*stress*) Zugfestigkeit *f* (-be-anspruchung *f*); **'ten·sim·e·ter** [ten'sɪ-mɪtə] *s*. ⚙ Gas-, Dampfdruckmesser *m*; **ten·si·om·e·ter** [tensɪ'ɒmɪtə] *s*. ⚙ Zugmesser *m*.

ten·sion ['tenʃn] *s*. **1.** Spannung *f* (*a*. ⚡); **2.** 🩺, *phys*. Druck *m*; **3.** *phys*. a) Dehnung *f*, b) Zug-, Spannkraft *f*: ~

---

spring ⚙ Zug-, Spannfeder *f*; **4.** (ner-'vöse) Spannung; **5.** *fig*. Spannung *f*, gespanntes Verhältnis: *political* ~; **'ten·sion·al** [-ʃnl] *adj*. Dehn..., Spann(ungs)...; **ten·sor** ['tensə] *s*. *anat*. Tensor *m* (*a*. &), Streck-, Spann-muskel *m*.

'ten|-spot *s. Am. sl.* **1.** *Kartenspiel*: Zehn *f*; **2.** → *tenner* b; '~·**strike** *s*. **1.** → *strike* 2 a; **2.** F *fig*. ,Volltreffer' *m*.

tent¹ [tent] *s*. Zelt *n* (*a*. ✱): *pitch one's* ~*s* s-e Zelte aufschlagen (*a. fig*.).

tent² [tent] ✱ **I** *s*. Tam'pon *m*; **II** *v/t*. durch e-n Tampon offenhalten.

tent³ [tent] *s. obs.* Tintowein *m*.

ten·ta·cle ['tentəkl] *s. zo.* **1.** Ten'takel *m*, *n* (*a*. ♀), Fühler *m* (*a*. ♀); **2.** Fang-arm *m* e-s Polypen; **'ten·ta·cled** [-ld] *adj*. ♀, *zo*. mit Ten'takeln versehen; **ten·tac·u·lar** [ten'tækjʊlə] *adj*. Füh-ler...; **ten·ta·tive** ['tentətɪv] **I** *adj*. ☐ **1.** ver-suchsweise, Versuchs...; **2.** provi'so-risch; **3.** vorsichtig; **II** *s*. **4.** Versuch *m*; **'ten·ta·tive·ly** [-lɪ] *adv*. versuchsweise.

ten·ter ['tentə] *s*. ⚙ Spannrahmen *m* für Tuch; '~·**hook** *s*. ⚙ Spannhaken *m*: *be on ~s fig*. auf die Folter gespannt sein, wie auf glühenden Kohlen sitzen; *keep s.o. on ~s fig*. j-n auf die Folter spannen.

tenth [tenθ] **I** *adj*. ☐ **1.** zehnt; **2.** zehn-tel; **II** *s*. **3.** *der* (*die, das*) Zehnte; **4.** Zehntel *n*: *a* ~ *of a second* e-e Zehn-telsekunde; **5.** ♪ De'zime *f*; **'tenth·ly** [-lɪ] *adv*. zehntens.

tent| peg *s*. Zeltpflock *m*, Hering *m*; ~ **pole** *s*. Zeltstange *f*; ~ **stitch** *s*. Sticke-rei: Perlstich *m*.

ten·u·is ['tenjʊɪs] *pl*. **'ten·u·es** [-i:z] *s. ling*. Tenuis *f* (*stimmloser, nicht aspi-rierter Verschlußlaut*).

te·nu·ous ['tenjʊəs] *adj*. **1.** dünn; **2.** zart, fein; **3.** *fig*. dürftig.

ten·ure ['te,njʊə] *s*. **1.** (Grund-, *hist*. Le-hens)Besitz *m*; **2.** 🕊 a) Besitzart *f*, b) Besitztitel *m*: ~ *by lease* Pachtbesitz *m*; **3.** Besitzdauer *f*; **4.** (feste) Anstel-lung; **5.** Innehaben *n*, Bekleidung *f* (e-s Amtes): ~ *of office* Amtsdauer *f*; **6.** *fig*. Genuß *m* e-r Sache.

te·pee ['ti:pi:] *s*. Indi'anerzelt *n*, Tipi *n*.

tep·id ['tepɪd] *adj*. ☐ lauwarm, lau (*a. fig.*); **te·pid·i·ty** [te'pɪdətɪ], **'tep·id-ness** [-nɪs] *s*. Lauheit *f* (*a. fig*.).

ter·cen·te·nar·y [,t3:sen'ti:nərɪ], **ter-cen'ten·ni·al** [-'tenjəl] **I** *adj*. **1.** drei-hundertjährig; **II** *s*. **2.** dreihundertster Jahrestag; **3.** Dreihundert'jahrfeier *f*.

ter·cet ['t3:sɪt] *s*. **1.** *Metrik*: Ter'zine *f*; **2.** ♪ Tri'ole *f*.

ter·gi·ver·sate ['t3:dʒɪvəˌseɪt] *v/i*. Aus-flüchte machen; sich drehen und wen-den; sich wider'sprechen; **ter·gi·ver-sa·tion** [,t3:dʒɪvɜ'seɪʃn] *s*. **1.** Ausflucht *f*, Winkelzug *m*; **2.** Wankelmut *m*.

term [t3:m] **I** *s*. **1.** *bsd*. *fachlicher* Aus-druck, Bezeichnung *f*, Wort *n*: *botani-cal* ~s; **2.** *pl*. a) Ausdrucksweise *f*, b) ('Denk)Kate,go,rien *pl*.: *in* ~s *of* a) in Form von (*od. gen.*), b) im Sinne (*gen.*), als, c) hinsichtlich (*gen.*), d) von ... her, vom Standpunkt (*gen.*), e) im Vergleich zu; *in* ~s *of approval* beifäl-lig; *in* ~s *of literature* literarisch (be-trachtet), vom Literarischen her; *in plain* ~s rundheraus (gesagt); *in the*

---

strongest ~s schärfstens; *think in* ~s *of money* (nur) in Mark u. Pfennig denken; *think in military* ~s in militäri-schen Kategorien denken; **3.** Wortlaut *m*; **4.** a) Zeit *f*, Dauer *f*: ~ *of imprison-ment* Freiheitsstrafe *f*; ~ *of office* Amtsdauer *f*, -periode *f*; *on* (*od. in*) *the long* ~ auf lange Sicht, langfristig (betrachtet); *for a* ~ *of four years* für die Dauer von vier Jahren, b) (*Zah-lungs- etc.*)Frist *f*: ~ *deposit* Termin-geld *n*; **5.** ✝, 🕊 a) Laufzeit *f* (*Vertrag, Wechsel*), b) Ter'min *m*, c) *Brit*. Quar-'talster,min *m* (*vierteljährlicher Zahltag für Miete etc.*), d) *Brit. hist.* halbjährli-cher Lohn-, Zahltag (*für Dienstboten*), e) 🕊 'Sitzungsperi,ode *f*; **6.** *ped., univ.* Quar'tal *n*, Tri'mester *n*, Se'mester *n*: *end of* ~ Schul- *od.* Semesterschluß *m*; *keep* ~s *Brit*. Jura studieren; **7.** *pl*. ✝, 🕊 (*Vertrags- etc.*)Bedingungen *pl*.: ~s *of delivery* Lieferungsbedingungen; ~s *of trade* Austauschverhältnis *n* im Au-ßenhandel; *on easy* ~s zu günstigen Bedingungen; *on equal* ~s unter glei-chen Bedingungen; *come to* ~s *a. fig*. handelseinig werden, sich einigen, *fig*. *a*. sich abfinden (*with* mit); *come to* ~s *with the past* die Vergangenheit be-wältigen; **8.** *pl*. Preise *pl.*, Hono'rar *n*: *cash* ~s Barpreis *m*; *inclusive* ~s Pau-schalpreis *m*; **9.** *pl*. Beziehungen *pl*.: *be on good* (*bad*) ~s mit auf gutem (schlechtem) Fuße stehen mit; *they are not on speaking* ~s sie sprechen nicht (mehr) miteinander; **10.** *Logik*: Begriff *m*; → *contradiction* 2; **11.** & a) *Geome-trie*: Grenze *f*; **12.** △ Terme *m*, Grenz-stein *m*; **13.** *physiol.* a) Menstruati'on *f*, b) (nor'male) Schwangerschaftszeit: *carry to* (*full*) ~ ein Kind austragen; *she is near her* ~ ihre Niederkunft steht dicht bevor; **II** *v/t*. **14.** (be)nen-nen, bezeichnen als.

ter·ma·gant ['t3:məgənt] **I** *s*. Zankteu-fel *m*, (Haus)Drachen *m* (*Weib*); **II** *adj*. zänkisch, keifend.

ter·mi·na·ble ['t3:mɪnəbl] *adj*. ☐ **1.** be-grenzbar; **2.** befristet, (zeitlich) be-grenzt, kündbar (*Vertrag etc.*).

ter·mi·nal ['t3:mɪnl] **I** *adj*. ☐ **1.** → *termi-nally*; **1.** letzt, Grenz..., End..., (Ab-) Schluß...: ~ *amplifier* ⚡ Endverstärker *m*; ~ *station* → ~ *value* & Endwert *m*; ~ *voltage* ⚡ Klemmenspannung *f*; **2.** *univ*. Semester... *od*. Trimester...; **3.** 🩺 a) unheilbar (*a. fig.*), b) im Endsta-dium: ~ *case*, c) Sterbe...: ~ *clinic*), *fig*. verhängnisvoll (*to* für); **4.** ♀ gipfel-ständig; **II** *s*. **5.** Endstück ..., -glied *n*, Spitze *f*; **6.** *ling*. Endsilbe *f od*. -buch-stabe *m od*. -wort *n*; **7.** ⚡ a) (Anschluß-) Klemme *f*, (*Plus-, Minus*)Pol *m*, b) Klemmschraube *f*, c) Endstecker *m*; **8.** a) 🚢 'Endstati,on *f*, Kopfbahnhof *m*, b) ✈ Bestimmungsflughafen *m* (→ *a. air terminal*), c) (zen'traler) 'Umschlag-platz, d) End-*od*. Ausgangspunkt *m*; **9.** *Computer*: Terminal *n*; **10.** *univ.* Se-'mesterprüfung *f*; **'ter·mi·nal·ly** [-nəlɪ] *adv*. 1. zum Schluß, 2. ter'minweise; **3.** ~ *ill* 🩺 unheilbar krank; **4.** *univ*. se'me-sterweise; **'ter·mi·nate** [-neɪt] **I** *v/t*. **1.** räumlich begrenzen; **2.** beendigen, *Ver-trag a*. aufheben, kündigen; **II** *v/i*. **3.** endigen (*in* in *dat*.); **4.** *ling*. enden (*in* auf *acc.*); **III** *adj.* [-nət] **5.** begrenzt; **6.** ꝸ endlich; **ter·mi·na·tion** [ˌtɜːmɪ-ˈneɪʃn] *s.* **1.** Aufhören *n*; **2.** Ende *n*, (Ab)Schluß *m*; **3.** Beendigung *f*: ~ *of pregnancy* ⚕ Schwangerschaftsunterbrechung *f*; **4.** ⚖ Beendigung *f e-s Vertrags etc.*: a) Ablauf *m*, Erlöschen *n*, b) Aufhebung *f*, Kündigung *f*; **5.** *ling.* Endung *f*.

ter·mi·no·log·i·cal [ˌtɜːmɪnəˈlɒdʒɪkl] *adj.* □ termino'logisch: ~ *inexactitude* *humor.* Schwindelei *f*; **ter·mi·nol·o·gy** [ˌtɜːmɪˈnɒlədʒɪ] *s.* Terminolo'gie *f*, Fachsprache *f*, -ausdrücke *pl.*

ter·mi·nus ['tɜːmɪnəs] *pl.* **-ni** [-naɪ], **-nus·es** *s.* **1.** Endpunkt *m*, Ziel *n*, Ende *n*; **2.** → *terminal* 8 a.

ter·mite ['tɜːmaɪt] *s. zo.* Ter'mite *f*.

'**term·time** *s.* Schul- *od.* Se'mesterzeit *f* (*Ggs. Ferien*).

tern[1] [tɜːn] *s. orn.* Seeschwalbe *f*.

tern[2] [tɜːn] *s.* Dreiergruppe *f*, -satz *m*; '**ter·na·ry** [-nərɪ] *adj.* **1.** aus (je) drei bestehend, dreifältig; **2.** ⚕ dreizählig; **3.** *metall.* dreistoffig; **4.** ꝸ ter'när; **5.** aus drei A'tomen bestehend; '**ter·nate** [-nɪt] *adj.* → *ternary* 1 u. 2.

ter·ra ['terə] (*Lat. u. Ital.*) *s.* Land *n*, Erde *f*.

ter·race ['terəs] **I** *s.* **1.** Ter'rasse *f* (*a.* △ *u. geol.*); **2.** *bsd. Brit.* Häuserreihe *f* an erhöht gelegener Straße; **3.** *Am.* Grünstreifen *m*, -anlage *f in der Straßenmitte*; **4.** *sport Brit.* (Zuschauer)Rang *m*: *the ~s* die Ränge (*a. die Zuschauer*); **II** *v/t.* **5.** ter'rassenförmig anlegen, terrassieren; '**ter·raced** [-st] *adj.* **1.** terrassenförmig (angelegt); **2.** flach (*Dach*); **3.** ~ *house Brit.* Reihenhaus *n*.

ter·ra|-cot·ta [ˌterə'kɒtə] **I** *s.* **1.** Terra'kotta *f*; **2.** Terrakottafigur *f*; **II** *adj.* **3.** Terrakotta...; ~ *fir·ma* ['fɜːmə] (*Lat.*) *s.* festes Land.

ter·rain [te'reɪn] *bsd.* ✕ **I** *s.* Ter'rain *n*, Gelände *n*; **II** *adj.* Gelände...

ter·ra in·cog·ni·ta [ɪŋ'kɒgnɪtə] (*Lat.*) *s.* unerforschtes Land; *fig.* (völliges) Neuland.

ter·ra·ne·ous [tə'reɪnjəs] *adj.* ♀ Land...

ter·ra·pin ['terəpɪn] *s. zo.* Dosenschildkröte *f*.

ter·raz·zo [te'rætsəʊ] (*Ital.*) *s.* Ter'razzo *m*, Ze'mentmosa,ik *n*.

ter·rene [te'riːn] *adj.* **1.** irdisch, Erd...; **2.** erdig, Erd...

ter·res·tri·al [tɪ'restrɪəl] **I** *adj.* □ **1.** irdisch; **2.** Erd...: ~ *globe* Erdball *m*; **3.** ♀, *zo.*, *geol.* Land...; **II** *s.* **4.** Erdenbewohner(in).

ter·ri·ble ['terəbl] *adj.* □ schrecklich, furchtbar, fürchterlich (*alle a.* F *außerordentlich*); '**ter·ri·ble·ness** [-nɪs] *s.* Schrecklichkeit *f etc.*

ter·ri·er[1] ['terɪə] *s.* **1.** *zo.* Terrier *m* (*Hunderasse*); **2.** F → *territorial* 4 a.

ter·ri·er[2] ['terɪə] *s.* ⚖ Flurbuch *n*.

ter·rif·ic [tə'rɪfɪk] *adj.* (□ ~*ally*) **1.** furchtbar, fürchterlich, schrecklich (*alle a.* F *fig.*); **2.** F ,toll', phan'tastisch.

ter·ri·fied ['terɪfaɪd] *adj.* erschrocken, verängstigt, entsetzt: *be ~ of* schreckliche Angst haben vor (*dat.*); **ter·ri·fy** ['terɪfaɪ] *v/t.* erschrecken, *j-m* Angst und Schreck einjagen; '**ter·ri·fy·ing** [-aɪɪŋ] *adj.* furchterregend, erschreckend, fürchterlich.

ter·ri·to·ri·al [ˌterɪ'tɔːrɪəl] **I** *adj.* □ **1.** Grund..., Land...: ~ *property*; **2.** territori'al, Landes..., Gebiets...: ⚖ *Army*, ⚖ *Force* ✕ Territorialarmee *f*, Landwehr *f*; ~ *waters pol.* Hoheitsgewässer *pl.*; **3.** ⚖ *pol.* Territorial..., ein Terri'torium (*der USA*) betreffend; **II** *s.* **4.** ⚖ ✕ a) Landwehrmann *m*, b) *pl.* Territori'altruppen *pl.*; **ter·ri·to·ry** ['terɪtərɪ] *s.* **1.** (*a. fig.*) Gebiet *n*, Terri'torium *n*; **2.** *pol.* Hoheits-, Staatsgebiet *n*: *Federal* ~ Bundesgebiet; *on British* ~ auf britischem Gebiet; **3.** *pol.* Terri'torium *n* (*Schutzgebiet*); **4.** ⚓ (Vertrags-, Vertreter)Gebiet *n*, (-)Bezirk *m*; **5.** *sport* F (Spielfeld)Hälfte *f*.

ter·ror ['terə] *s.* **1.** Schrecken *m*, Entsetzen *n*, schreckliche Furcht (*of* vor *dat.*); **2.** Schrecken *m* (*of od. to gen.*) (*schreckeneinflößende Person od. Sache*); **3.** Terror *m*: a) Gewalt-, Schreckensherrschaft *f*, b) Terrorakte *pl.*: *political* ~ Politterror; ~ *bombing* Bombenterror; **4.** F a) Ekel *n*, ,Landplage' *f*, b) (schreckliche) Plage (*to* für), c) Alptraum *m*; '**ter·ror·ism** [-ɪrɪzəm] *s.* **1.** → *terror* 3; **2.** Terro'rismus *m*; Terrorisierung *f*; '**ter·ror·ist** [-ərɪst] *s.* Terro'rist(in); '**ter·ror·ize** [-əraɪz] *v/t.* **1.** terrorisieren; **2.** einschüchtern.

'**ter·ror|-,strick·en**, '~-**struck** *adj.* schreckerfüllt, starr vor Schreck.

ter·ry ['terɪ] *s.* **1.** ungeschnittener Samt *od.* Plüsch, Frot'tiertuch *n*, Frot'tee (-gewebe) *n*; **2.** Schlinge *f* (*des ungeschnittenen Samtes etc.*).

terse [tɜːs] *adj.* □ knapp, kurz u. bündig, marig; '**terse·ness** [-nɪs] *s.* Knappheit *f*, Kürze *f*, Bündigkeit *f*; Prä'gnanz *f*.

ter·tian ['tɜːʃn] ⚕ **I** *adj.* am dritten Tag wiederkehrend, Tertian...: ~ *ague*, ~ *fever*, ~ *malaria* → **II** *s.* Terti'anfieber *n*.

ter·ti·ar·y ['tɜːʃərɪ] **I** *adj. allg.* terti'är, Tertiär...; **II** *s.* ⚖ *geol.* Terti'är *n*.

ter·zet·to [tɜːt'setəʊ] *pl.* **-tos**, **-ti** [-tɪ] (*Ital.*) *s.* ♪ Ter'zett *n*, Trio *n*.

tes·sel·late ['tesɪleɪt] *v/t.* tessellieren, mit Mosa'iksteinen auslegen; ~*d pavement* Mosaik(fuß)boden *m*; **tes·sel·la·tion** [ˌtesɪ'leɪʃn] *s.* Mosa'ik(arbeit *f*) *n*.

test [test] **I** *s.* **1.** *allg.*, *a.* ⚙ Test *m*, Probe *f*, Versuch *m*; **2.** a) Prüfung *f*, Unter'suchung *f*, Stichprobe *f*, b) *fig.* Probe *f*, Prüfung *f*: *put to the* ~ auf die Probe stellen; *stand the* ~ die Probe bestehen, sich bewähren; ~ *of strength* Kraftprobe *f*; → *acid test*, *crucial* 1; **3.** *fig.* Prüfstein *m*, Kri'terium *n*: *success is not a fair* ~; **4.** *ped.*, *psych.* (Eignungs-, Leistungs)Prüfung *f*, Test *m*; **5.** *ped.* Klassenarbeit *f*; **6.** ⚕ (Blutetc.)Probe *f*, (Haut- etc.)Test *m*; **7.** ⚗ a) Ana'lyse *f*, b) Rea'gens *n*; **8.** *metall.* a) Versuchstiegel *m*, Ka'pelle *f*, b) Treibherd *m*; **9.** F → *test match*; **10.** *hist. Brit.* Testeid *m*; **II** *v/t.* **11.** (*for s.th.* auf et. [hin]) prüfen (*a. ped.*) *od.* unter'suchen, erproben, e-r Prüfung unter'ziehen, testen (*alle a.* ⚙): ~ *out* ausprobieren; **12.** *fig. j-s* Geduld etc. auf die Probe stellen; **13.** *ped.*, *psych. j-n* testen; **14.** ⚗ analysieren; **15.** ⚡ Leitung prüfen *od.* abfragen; **16.** ✕ Waffe anschießen; **III** *adj.* **17.** Probe..., Versuchs..., Prüf(ungs)..., Test...; →

test case, *test flight etc.*

tes·ta·cean [te'steɪʃn] *zo.* **I** *adj.* hartschalig, Schal(tier)...; **II** *s.* Schaltier *n*; **tes·ta·ceous** [-ʃəs] *adj. zo.* hartschalig, Schalen...

tes·ta·ment ['testəmənt] *s.* **1.** ⚖ Testa'ment *n*, letzter Wille; **2.** ⚖ *bibl.* (*Altes od. Neues*) Testa'ment; **3.** *fig.* Zeugnis *n*, Beweis *m* (*to gen. od.* für); **tes·ta·men·ta·ry** [ˌtestə'mentərɪ] *adj.* □ ⚖ testamen'tarisch: a) letztwillig, b) durch Testa'ment (vermacht, bestimmt): ~ *disposition* letztwillige Verfügung; ~ *capacity* Testierfähigkeit *f*.

tes·tate ['testeɪt] *adj.*: *die* ~ ⚖ unter Hinterlassung e-s Testaments sterben, ein Testament hinterlassen; **tes·ta·tor** [te'steɪtə] *s.* ⚖ Erblasser *m*; **tes·ta·trix** [te'steɪtrɪks] *pl.* -**tri·ces** [-siːz] *s.* Erblasserin *f*.

'**test|-bed** *s.* ⚙ Prüfstand *m*; ~ *card s.* TV Testbild *n*; ~ *case s.* **1.** ⚖ a) 'Musterpro,zeß *m*, b) Präze'denzfall *m*; **2.** *fig.* Muster-, Schulbeispiel *n*; ~ *cir·cuit s.* ⚡ Meßkreis *m*; ~ *drive s.* mot. Probefahrt *f*; '~-*drive v/t.* [*irr.*] Auto probefahren.

test·ed ['testɪd] *adj.* geprüft; erprobt (*a. weitS. bewährt*).

test·er[1] ['testə] *s.* **1.** Prüfer *m*; **2.** Prüfgerät *n*.

tes·ter[2] ['testə] *s.* **1.** △ Baldachin *m*; **2.** (Bett)Himmel *m*.

tes·tes ['testiːz] *pl. von testis.*

test| flight *s.* ✈ Probeflug *m*; '~-*glass* → *test tube*.

tes·ti·cle ['testɪkl] *s. anat.* Hode *m*, *f*, Hoden *m*; **tes·tic·u·lar** *adj.* Hoden...

tes·ti·fy ['testɪfaɪ] **I** *v/t.* **1.** ⚖ aussagen, bezeugen; **2.** *fig.* bezeugen: a) zeugen von, b) kundtun; **II** *v/i.* **3.** ⚖ (als Zeuge) aussagen: ~ *to* → 2; *refuse to* ~ die Aussage verweigern; **tes·ti·mo·ni·al** [ˌtestɪ'məʊnjəl] *s.* **1.** (Führungs- *etc.*) Zeugnis *n*; **2.** Empfehlungsschreiben *n*; **3.** Zeichen *n* der Anerkennung, *bsd.* Ehrengabe *f*; '**tes·ti·mo·ny** [-ɪmənɪ] *s.* **1.** ⚖ Zeugnis *n*: a) ⚖ (Zeugen)Aussage *f*, b) Beweis *m*: *in* ~ *whereof* ⚖ zu Urkund dessen; *bear* ~ *to* et. bezeugen (*a. fig.*); *call s.o. in* ~ ⚖ *j-n* als Zeugen aufrufen, *fig. j-n* zum Zeugen anrufen; *have s.o.'s* ~ *for j-n* zum Zeugen haben für; **2.** *coll. od. pl.* Zeugnis(se *pl.*) *n*: *the* ~ *of history*; **3.** *bibl.* Zeugnis *n*: a) Gesetzestafeln *pl.*, b) *mst pl.* göttliche Offenbarung, *a.* Heilige Schrift.

tes·ti·ness ['testɪnɪs] *s.* Gereiztheit *f*.

test·ing ['testɪŋ] *adj. bsd.* ⚙ Probe..., Prüf..., Versuchs...: ~ *engineer* ⚙ Prüfingenieur *m*; ~ *ground* ⚙ a) Prüffeld *n*, b) Versuchsgelände *n*; ~ *method psych.* Testmethode *f*.

tes·tis ['testɪs] *pl.* -**tes** [-tiːz] (*Lat.*) → *testicle*.

test| match *s. Kricket:* internatio'naler Vergleichskampf; ~ *pa·per s.* **1.** *ped.* a) schriftliche (Klassen)Arbeit, b) Prüfungsbogen *m*; **2.** ⚗ Rea'genzpa,pier *n*; ~ *pi·lot s.* 'Testpi,lot *m*; ~ *print s. phot.* Probeabzug *m*; ~ *run s.* ⚙ Probelauf *m*; ~ *stand s.* ⚙ Prüfstand *m*; ~ *tube s.* ⚗ Rea'genzglas *n*; '~-*tube adj.*: ~ *baby* ⚕ Retortenbaby *n*.

tes·ty ['testɪ] *adj.* □ gereizt, reizbar.

tet·a·nus ['tetənəs] *s.* ⚕ Tetanus *m*, (*bsd.* Wund)Starrkrampf *m*.

tetch·y ['tetʃɪ] *adj.* □ reizbar.

tête-à-tête [ˌteɪtɑː'teɪt] (*Fr.*) **I** *adv.* **1.** vertraulich, unter vier Augen; **2.** ganz al'lein (**with** mit); **II** *s.* **3.** Tête-à-tête *n*.

teth·er ['teðə] **I** *s.* Haltestrick *m*, -seil *n*: *be at the end of one's ~ fig.* am Ende s-r (*a. finanziellen*) Kräfte sein, sich nicht mehr zu helfen wissen; **II** *v/t.* anbinden (**to** an *acc.*).

tetra- [tetrə] *in Zssgn* vier.

tet·rad ['tetræd] *s.* **1.** Vierzahl *f*; **2.** 🔬 vierwertiges A'tom *od.* Ele'ment; **3.** *biol.* ('Sporen)Teˌtrade *f*.

tet·ra·gon ['tetrəgɒn] *s.* 🔬 Tetra'gon *n*, Viereck *n*; **te·trag·o·nal** [te'trægənl] *adj.* 🔬 tetrago'nal.

tet·ra·he·dral [ˌtetrə'hedrəl] *adj.* 🔬 vierflächig, tetra'edrisch; **ˌtet·ra'he·dron** [-drən] *pl.* **-'he·drons**, **-'he·dra** [-drə] *s.* 🔬 Tetra'eder *n*.

tet·ter ['tetə] *s.* 🔬 (Haut)Flechte *f*.

Teu·ton ['tjuːtən] **I** *s.* **1.** Ger'mane *m*, Ger'manin *f*; **2.** Teu'tone *m*, Teu'tonin *f*; **3.** F Deutsche(r *m*) *f*; **II** *adj.* **4.** → *Teutonic* I; **Teu·ton·ic** [tjuː'tɒnɪk] **I** *adj.* **1.** ger'manisch; **2.** teu'tonisch; Deutschordens…: **~ Order** *hist.* Deutschritterorden *m*; **4.** F (typisch) deutsch; **II** *s.* **5.** *ling.* Ger'manisch *n*; **'Teu·ton·ism** [-tənɪzəm] *s.* **1.** Ger'manentum *n*, ger'manisches Wesen; **2.** *ling.* Germa'nismus *m*.

Tex·an ['teksən] **I** *adj.* te'xanisch, aus Texas; **II** *s.* Te'xaner(in).

text [tekst] *s.* **1.** (Ur)Text *m*, (genauer) Wortlaut; **2.** *typ. a)* Text(abdruck, -teil) *m* (*Ggs. Illustrationen, Vorwort etc.*), *b)* Text *m* (*Schriftgrad*), *c)* Frak'turschrift *f*; **3.** (Lied- *etc.*)Text *m*; **4.** *a)* Bibelspruch *m*, -stelle *f*, *b)* Bibeltext *m*; **5.** Thema *n*: *stick to one's ~* bei der Sache bleiben; **6.** → *text hand*; **'~·book** *s.* Lehrbuch *n*, Leitfaden *m*: *~ example fig.* Paradebeispiel *n*; *~ hand s.* große Schreibschrift.

tex·tile ['tekstaɪl] **I** *s. a)* Gewebe *n*, Web-, Faserstoff *m*, *b)* *pl.* Web-, Tex'tilwaren *pl.*, Tex'tilien *pl.*; **II** *adj.* gewebt; Textil…, Stoff…, Gewebe…: *~ goods* → Ib; *~ industry* Textilindustrie *f*.

tex·tu·al ['tekstjʊəl] *adj.* □ **1.** textlich, Text…; **2.** wortgetreu.

tex·tur·al ['tekstʃərəl] *adj.* □ **1.** Gewebe…; **2.** struktu'rell, Struktur…: *~ changes*; **tex·ture** ['tekstʃə] *s.* **1.** Gewebe *n*; **2.** *biol.* Tex'tur *f* (*Gewebezustand*); **3.** Maserung *f* (*Holz*); **4.** Struk'tur *f*, Beschaffenheit *f*; **5.** *geol.*, *a. fig.* Struk'tur *f*, Gefüge *n*.

'T-ˌgird·er *s.* 🔬 T-Träger *m*.

Thai [taɪ] **I** *pl.* **Thais**, **Thai** *s.* **1.** Thai *m*, *f*, Thailänder(in); **2.** *ling. a)* Thai *n*, *b)* Thaisprachen *pl.*; **II** *adj.* **3.** Thai…, thailändisch.

thal·a·mus ['θæləməs] *pl.* **-mi** [-maɪ] *s.* *anat.* Sehhügel *m*.

thali·dom·i·de [θə'lɪdəmaɪd] *s.* *pharm.* Thalido'mid *n*: *~ child* Contergankind *n*.

Thames [temz] *npr.* Themse *f*: *he won't set the ~ on fire fig.* er hat das Pulver auch nicht erfunden.

than [ðæn; ðən] *cj.* (*nach e-m Komparativ*) als: *more ~ was necessary* mehr als nötig.

thane [θeɪn] *s.* **1.** *hist. a)* Gefolgsadli-

---

ge(r) *m*, *b)* Than *m*, Lehensmann *m* (*der schottischen Könige*); **2.** *allg.* schottischer Adliger.

thank [θæŋk] **I** *v/t.* *j-m* danken, sich bedanken bei: (*I*) *~ you* danke; *~ you* bitte (*beim Servieren etc.*); (*yes,*) *~ you* ja, bitte; *no, ~ you* nein, danke; *I will ~ you* oft *iro.* ich wäre Ihnen sehr dankbar (*to do, for doing* wenn sie täten); *~ you for nothing iro.* ich danke (bestens); *he has only himself to ~ for that* das hat er sich selbst zuzuschreiben; **II** *s. pl.* a) Dank *m*, b) Dankesbezeigung(en *pl.*) *f*, Danksagung(en *pl.*) *f*: *letter of ~s* Dankesbrief *m*; *in ~s for* zum Dank für; *with ~s* dankend, mit Dank; *~s to a. fig. u. iro.* dank (*gen.*); *small ~s to her* sie hat sich nicht gerade über'anstrengt; (*many*) *~s!* vielen Dank!, danke!; *no, ~s!* nein, danke!; *small ~s I got* schlecht hat man es mir gedankt; **'thank·ful** [-fʊl] *adj.* □ dankbar (*to s.o.* j-m): *I am ~ that* ich bin (heil)froh, daß; **'thank·less** [-lɪs] *adj.* □ undankbar (*a. fig. Aufgabe etc.*); **'thank·less·ness** [-lɪsnɪs] *s.* Undankbarkeit *f*.

thank of·fer·ing *s.* *bibl.* Sühneopfer *n der Juden.*

thanks·giv·ing ['θæŋksˌgɪvɪŋ] *s.* **1.** Danksagung *f*, *bsd.* Dankgebet *n*; **2.** 2 (**Day**) (Ernte)Dankfest *n* (*4. Donnerstag im November*).

'thank|ˌwor·thy *adj.* dankenswert; **'~-ˌyou** [-jʊ] *s.* F Dankeschön *n*.

that¹ [ðæt] **I** *pron. u. adj.* (*hinweisend*) *pl.* **those** [ðəʊz] **1.** (*ohne pl.*) das: *~'s all* das ist alles; *~'s it!* a) das ist es ja (gerade)!, b) so ist's recht!; *~'s what it is* das ist es ja gerade; *~'s that* F das wäre erledigt, damit basta, das wär's; *~ was ~!* F das war's denn wohl!, aus der Traum!; *~ is (to say)* das heißt; *and ~* und zwar; *at ~* a) zudem, obendrein, b) F dabei; *for all ~* trotz alledem; *like ~* so; **2.** jener, jene, jenes, der, die, das, der-, die-, dasjenige: *~ car over there* das Auto da drüben; *~ there man* V der Mann da; *those who* diejenigen welche; *~ which* das, was; *those are his friends* das sind seine Freunde; **3.** solch: *to ~ degree that* in solchem Ausmaße *od.* so sehr, daß; **II** *adv.* **4.** F so (sehr), dermaßen: *~ big*; *not all ~ good* (*much*) so gut (viel) auch wieder nicht.

that² [ðæt; ðət] *pl.* **that** *rel. pron.* **1.** (*bsd. in einschränkenden Sätzen*) der, die, das, welch: *the book ~ he wanted* das Buch, das er wünschte; *any house ~* jedes Haus, das; *no one ~* keiner, der; *Mrs. Jones, Miss Black ~ was* F Frau J., geborene B.; *Mrs. Quilp ~ is* die jetzige Frau Q.; **2.** (*nach all, everything, nothing etc.*) was: *the best ~* das Beste, was.

that³ [ðæt; ðət] *cj.* **1.** (*in Subjekts- u. Objektssätzen*) daß: *it is a pity ~ he is not here* es ist schade, daß er nicht hier ist; *it is 4 years ~ he went away* es sind nun 4 Jahre her, daß *od.* seitdem er fortging; **2.** (*in Konsekutivsätzen*) daß: *so ~* so daß; **3.** (*in Finalsätzen*) da'mit, daß; **4.** (*in Kausalsätzen*) weil, da (ja, daß: *not ~ I have any objection* nicht, daß ich etwas dagegen hätte; *it is rather ~* es ist eher deshalb, weil;

---

in ~ a) darum, weil, b) insofern als; **5.** (*nach Adverbien der Zeit*) als, da.

thatch [θætʃ] **I** *s.* **1.** Dachstroh *n*; **2.** Strohdach *n*; **3.** F Haarwald *m*; **II** *v/t.* **4.** mit Stroh *od.* Binsen *etc.* decken: *~ed roof* → 2.

thaw [θɔː] **I** *v/i.* **1.** (auf)tauen, schmelzen; **2.** tauen (*Wetter*): *it is ~ing* es taut; **3.** *fig.* auftauen (*Person*); **II** *v/t.* **4.** schmelzen, auftauen; **5.** *a. ~ out fig.* j-n zum Auftauen bringen; **III** *s.* **6.** (Auf-)Tauen *n*; **7.** Tauwetter *n* (*a. fig. pol.*); **8.** *fig.* ˌAuftauen' *n*.

the [*unbetont vor Konsonanten:* ðə; *unbetont vor Vokalen:* ðɪ; *betont od. alleinstehend:* ðiː] **I** *bestimmter Artikel* **1.** der, die, das, *pl.* die (*u. die entsprechenden Formen im acc. u. dat.*): *book on ~ table* das Buch auf dem Tisch; *~ England of today* das England von heute; *~ Browns* die Browns, die Familie Brown; **2.** *vor Maßangaben:* *one dollar ~ pound* einen Dollar das Pfund; *wine at 2 pounds ~ bottle* Wein zu 2 Pfund die Flasche; **3.** [ðiː] 'der, 'die, 'das (*hervorragende od. geeignete etc.*): *he is ~ painter of the century* er ist 'der Maler des Jahrhunderts; **II** *adv.* **4.** (*vor comp.*) desto, um so: *~ … ~ … je …* desto; *~ sooner ~ better* je eher, desto besser; *so much ~ better* um so besser.

the·a·ter *Am.*, **the·a·tre** *Brit.* ['θɪətə] *s.* **1.** The'ater *n* (*Gebäude u. Kunstgattung*); **2.** *coll.* Bühnenwerke *pl*; **3.** Hörsaal *m*: *lecture ~*; (*operating*) *~* 🔬 Operationssaal *m*; *~ nurse* Operationsschwester *f*; **4.** *fig.* (*of war* Kriegs-) Schauplatz *m*; *'~·go·er s.* The'aterbesucher(in).

the·at·ri·cal [θɪ'ætrɪkl] **I** *adj.* □ **1.** Theater…, Bühnen…, bühnenmäßig; **2.** thea'tralisch: *~ gestures*; **II** *s.* **3.** *pl.* The'ater-, *bsd.* Liebhaberaufführungen *pl.*; **the'at·rics** [-ks] *s. pl.* **1.** *sg. konstr.* The'ater(reˌgie)kunst *f*; **2.** *fig.* Thea'tralik *f*.

thee [ðiː] *pron.* **1.** *obs. od. poet. od. bibl.* a) dich, b) dir: *of ~* dein; **2.** *dial.* (*u. in der Sprache der Quäker*) du.

theft [θeft] *s.* Diebstahl *m* (*from* aus, *from s.o.* an j-m); **'~·proof** *adj.* diebstahlsicher.

the·in(e) ['θiːiːn; -ɪn] *s.* 🔬 The'in *n*.

their [ðeə; *vor Vokal* ðer] *pron.* (*besitzanzeigendes Fürwort der 3. pl.*) ihr, ihre: *~ books* ihre Bücher.

theirs [ðeəz] *pron.* der *od.* die *od.* das ihrige *od.* ihre: *this book is ~* dieses Buch gehört ihnen; *a friend of ~* ein Freund von ihnen.

the·ism¹ ['θiːɪzəm] *s.* 🔬 Teevergiftung *f*.

the·ism² ['θiːɪzəm] *s.* *eccl.* The'ismus *m*; **the·is·tic** ['θiːˌɪstɪk] *adj.* the'istisch.

them [ðem; ðəm] *pron.* **1.** (*acc. u. dat. von they*) a) sie (*acc.*), b) ihnen: *they looked behind ~* sie blickten hinter sich; **2.** F *od. dial.* sie (*nom.*): *~ as* diejenigen, die; **3.** *dial. od.* V diese: *guys*; *~ were the days!* das waren (halt) noch Zeiten!

the·mat·ic [θɪ'mætɪk] *adj.* (□ *~ally*) **1.** *bsd.* ♪ the'matisch; **2.** *ling.* Stamm…, Thema…: *~ vowel*.

theme [θiːm] *s.* **1.** Thema *n* (*a. ♪*): *have s.th. for* (*a*) *~* et. zum Thema haben; **2.** *bsd. Am.* (Schul)Aufsatz *m*, (-)Arbeit *f*; **3.** *ling.* (Wort)Stamm *m*; **4.** *Radio*, *TV*: 'Kennmelo‚die *f*; **~ song** *s*. **1.** 'Titelmelo‚die *f* (*Film etc.*); **2.** → **theme 4.**

them·selves [ðəm'selvz] *pron.* **1.** (*emphatisch*) (sie) selbst: *they ~ said it*; **2.** *refl.* sich (selbst): *the ideas in ~* die Ideen an sich.

then [ðen] **I** *adv.* **1.** damals: *long before ~* lange vorher; **2.** dann: *~ and there* auf der Stelle, sofort; *by ~* bis dahin, inzwischen; *from ~* von da an; *till ~* bis dahin; **3.** dann, 'darauf, 'hierauf: *what ~?* was dann?; **4.** dann, außerdem: *but ~* aber andererseits *od.* freilich; **5.** dann, in dem Falle: *if ... ~* wenn ... dann; **6.** denn: *well ~* nun gut (denn); *how ~ did he do it?* wie hat er es denn (dann) getan?; **7.** also, folglich, dann: *~ you did not expect me?* du hast mich also nicht erwartet?; **II** *adj.* **8.** damalig: *the ~ president.*

the·nar ['θi:nɑ:] *s. anat.* **1.** Handfläche *f*; **2.** Daumenballen *m*; **3.** Fußsohle *f*.

thence [ðens] *adv.* **1.** von da, von dort; **2.** (*zeitlich*) von da an, seit jener Zeit: *a week ~* e-e Woche darauf; **3.** 'daher, deshalb; **4.** 'daraus, aus dieser Tatsache: *~ it follows*; ‚~'**forth**, ‚~'**forward(s)** *adv.* von da an, seit der Zeit, seit'dem.

the·oc·ra·cy [θi'ɒkrəsɪ] *s.* Theokra'tie *f*.
the·o·lo·gi·an [θiə'ləʊdʒɪən] *s.* Theo'loge *m*; **the·o'log·i·cal** [-'lɒdʒɪkl] *adj.* □ theo'logisch; **the·ol·o·gy** [θi'ɒlədʒɪ] *s.* Theolo'gie *f*.
the·oph·a·ny [θi'ɒfənɪ] *s.* Theopha'nie *f*, Erscheinung *f* (e-s) Gottes.
the·o·rem ['θɪərəm] *s.* A, *phls.* Theo-'rem *n*, (Grund-, Lehr)Satz *m*; *~ of the cosine* Kosinussatz.
the·o·ret·ic, **the·o·ret·i·cal** [θɪə're-tɪk(l)] *adj.* □ **1.** theo'retisch; **2.** speku-la'tiv; **the·o·rist** ['θɪərɪst] *s.* Theo'reti-ker(in); **the·o·rize** ['θɪəraɪz] *v/i.* **1.** theoretisieren, Theo'rien aufstellen; **2.** *~ that* die Theorie aufstellen, daß; annehmen, daß; **the·o·ry** ['θɪərɪ] *s.* Theo-'rie *f*: a) Lehre *f*, *of chances* Wahr-scheinlichkeitsrechnung *f*; b) theo'retischer Teil (*e-r Wissenschaft*): *~ of relativity* Relativitätstheorie, b) theo'retischer Teil (*e-r Wissenschaft*): *~ of music* Mu-siktheorie, c) *Ggs. Praxis*: *in ~* theore-tisch, d) Anschauung *f*: *it is his pet ~* es ist s-e Lieblingsidee.
the·o·soph·ic, **the·o·soph·i·cal** [θɪə-'sɒfɪk(l)] *adj.* □ *eccl.* theo'sophisch; **the·os·o·phist** [θi'ɒsəfɪst] *s.* Theo-'soph(in); **the·os·o·phy** [θi'ɒsəfɪ] *s.* Theoso'phie *f*.
ther·a·peu·tic, **ther·a·peu·ti·cal** [‚θe-rə'pju:tɪk(l)] *adj.* □ thera'peutisch: *~ exercises* Bewegungstherapie *f*; **ther·a'peu·tics** [-ks] *s. pl. mst sg. konstr.* Thera'peutik *f*, Thera'pie(lehre) *f*; **ther·a·pist** ['θerəpɪst] *s.* Thera'peut (-in): *mental ~* Psychotherapeut(in); **ther·a·py** ['θerəpɪ] *s.* Thera'pie *f*: a) Be-handlung *f*, b) Heilverfahren *n*.
there [ðeə; ðə] **I** *adj.* **1.** da, dort: *down* (*up*, *over*, *in*) *~* da *od.* dort unten (oben, drüben, drinnen); *have been ~ sl.* ‚dabeigewesen sein‘, genau Bescheid wissen; *be not all ~ sl.* ‚nicht ganz rich-tig (im Oberstübchen) sein‘; *~ and then* a) (gerade) hier u. jetzt, b) auf der Stelle, sofort; *~ it is!* da ist es!, b) *fig.*

so steht es!; *~ you are* (*od.* **go**)*!* siehst du!, da hast du's; *you ~!* (*Anruf*) du da!, he!; **2.** ('da-, 'dort)hin: *down* (*up*, *over*, *in*) *~* (da- *od.* dort)hinunter (-hin-auf, -hinüber, -hinein); *~ and back* hin u. zurück; *get ~* a) hingelangen, -kom-men, b) *sl.* ‚es schaffen‘; **3.** 'darin, in dieser Sache *od.* Hinsicht: *~ I agree with you*; **4.** *fig.* da, an dieser Stelle (*in e-r Rede etc.*); **5.** es: *~ is*, *pl.* *~ are* es gibt, ist, sind; *~ was once a king* es war einmal ein König; *~ is no saying* es läßt sich nicht sagen; *~ was dancing* es wurde getanzt; *~'s a good boy* (*girl*, *fellow*)*!* a) sei doch (so) lieb!, b) so bist du lieb!, brav!; **II** *int.* **6.** da!, schau (her)!, na!: *~*, *~!* tröstend: (ganz) ruhig!; *~ now* na, bitte; '~·**a·bout**, *a.* '~·**bouts** ['ðeərə-] *adv.* **1.** da her'um, etwa da: *somewhere ~* da irgendwo; **2.** *fig.* so ungefähr, so etwa: *500 people or ~s*; ‚~'**aft·er** [ðeər'ɑ:-] *adv.* **1.** da'nach, spä-ter; **2.** seit'her; ‚~·**at** [‚ðeər'æt] *adv. obs. od.* ⚖ **1.** da'selbst, dort; **2.** bei der Ge-legenheit, 'dabei; ‚~'**by** *adv.* **1.** 'da-durch, auf diese Weise; **2.** da'bei, dar-'an, da'von; **3.** nahe da'bei; ‚~'**for** *adv.* 'dafür; '~·**fore** *adv. u. cj.* **1.** deshalb, -wegen, darum; 'daher, 'darum; **2.** demgemäß, folglich; ‚~'**from** *adv.* da'von, dar'aus, da'her; ‚~·**in** [‚ðeər'ɪn] *adv.* **1.** dar'in, da drinnen; **2.** *fig.* 'darin, in dieser Hin-sicht; ‚~·**in'aft·er** [‚ðeərɪn-] *adv. bsd.* ⚖ (*weiter*) unten, später (*in e-r Urkunde etc.*); ‚~·**of** [‚ðeər'ɒv] *adv. obs. od.* ⚖ **1.** da'von; **2.** dessen, deren; ‚~·**on** [‚ðeər'ɒn] *adv.* 'darauf, -über; ‚~'**to** *adv. obs.* **1.** da'zu, dar'an, da'für; **2.** außer-dem, noch da'zu; ‚~·**un·der** [‚ðeər'ʌndə] *adv* dar'unter; ‚~·**up·on** [‚ðeərə'pɒn] *adv.* **1.** dar'auf, 'hier'auf, da'nach; **2.** darauf'hin, demzufolge, 'darum; ‚~'**with** *adv.* **1.** 'damit; **2.** → **thereup-on**; ‚~·**with'al** *adv. obs.* **1.** über'dies, außerdem; **2.** 'damit.

therm [θɜ:m] *s. phys.* **1.** *unbestimmte Wärmeeinheit*; **2.** *Brit.* 100,000 Wärme-einheiten *pl.* (*zur Messung des Gasver-brauchs*); '**ther·mae** [-mi:] (*Lat.*) *s. pl.* **1.** *antiq.* Thermen *pl.*; **2.** ☞ Ther'mal-quellen *pl.*
ther·mal ['θɜ:ml] **I** *adj.* □ **1.** *phys.* ther-misch, Wärme...: *~ barrier* ✈ Hitze-mauer *f*; *~ breeder* thermischer Brü-ter; *~ efficiency* Wärmewirkungsgrad *m*; *~ power-station* Wärmekraftwerk *n*; *~ reactor* thermischer Reaktor; *~ value* Heizwert *m*; **2.** warm, heiß: *~ water* heiße Quelle; **3.** ☞ ther'mal, Thermal...; **II** *s.* **4.** *pl.* ⚡, *phys.* Ther-mik *f*; '**ther·mic** [-mɪk] *adj.* (□ *~ally*) thermisch, Wärme..., Hitze...; **therm-i·on·ic** [‚θɜ:mɪ'ɒnɪk] **I** *adj.* thermi'o-nisch: *~ valve* (*Am. tube*) Elektronen-röhre *f*; **II** *s. pl. mst sg. konstr.* Ther-mi'onik *f*, Lehre *f* von den Elektronen-röhren.

thermo- [θɜ:məʊ] *in Zssgn* a) Wärme, Hitze, Thermo..., b) thermoe'lektrisch; ‚**ther·mo'chem·is·try** *s.* ☞ Thermo-che'mie *f*; '**ther·mo‚cou·ple** *s.* ⚡ Ther-moele'ment *n*; ‚**ther·mo·dy'nam·ics** *s. sg. u. pl. konstr. phys.* Thermody'na-mik *f*; ‚**ther·mo·e'lec·tric** *adj.* ther-moe'lektrisch, 'wärme‚lektrisch: *~ couple* → **thermocouple**.
ther·mom·e·ter [θə'mɒmɪtə] *s. phys.*

Thermo'meter *n*: *clinical ~* ☞ Fieber-thermometer; *~ reading* Thermome-terablesung *f*, -stand *m*; **ther·mo·met-ric**, **ther·mo·met·ri·cal** [‚θɜ:məʊ'met-rɪk(l)] *adj.* □ *phys.* thermo'metrisch, Thermometer...; ‚**ther·mo'nu·cle·ar** *adj. phys.* thermonukle'ar: *~ bomb* a. Fusionsbombe *f*; '**ther·mo·pile** *s. phys.* Thermosäule *f*; ‚**ther·mo'plas·tic** 🝛 **I** *adj.* thermo'plastisch; **II** *s.* Thermo-'plast *m*.
Ther·mos (**bot·tle** *od.* **flask**) ['θɜ:mɒs] *s.* Thermosflasche *f*.
‚**ther·mo'set·ting** *adj.* 🝛 ‚thermostato-'plastisch, hitzehärtbar.
ther·mo·stat ['θɜ:məʊstæt] *s.* ⚡, ⚙ Thermo'stat *m*; **ther·mo·stat·ic** [‚θɜ:-məʊ'stætɪk] *adj.* (□ *~ally*) thermo'sta-tisch.
the·sau·rus [θi'sɔ:rəs] *pl.* **-ri** [-raɪ] (*Lat.*) *s.* The'saurus *m*: a) Wörterbuch *n*, b) (Wort-, Wissens-, Sprach)Schatz *m*.
these [ði:z] *pl. von* **this**.
the·sis [θi'i:sɪs] *pl.* **-ses** [-si:z] *s.* **1.** The-se *f*: a) Behauptung *f*, b) (Streit)Satz *m*, Postu'lat *n*; **2.** *univ.* Dissertati'on *f*; **3.** ['θesɪs] *Metrik*: unbetonte Silbe; *~ nov·el s.* Ten'denzro‚man *m*; *~ play s. thea.* Pro'blemstück *n*.
Thes·pi·an ['θespɪən] **I** *adj. fig.* dra'ma-tisch, Schauspiel...; **II** *s. oft humor.* Thespisjünger(in).
Thes·sa·lo·ni·ans [‚θesə'ləʊnjənz] *s. pl. sg. konstr. bibl.* (Brief *m* des Paulus an die) Thessa'lonicher *pl.*
thews [θju:z] *s. pl.* **1.** Muskeln *pl.*, Seh-nen *pl.*; **2.** *fig.* Kraft *f*.
they [ðeɪ; ðe] *pron.* **1.** (*pl. zu* **he**, **she**, *it*) sie; **2.** *~ say* man sagt; **3.** es: *who are ~?* – *~ are Americans* Wer sind sie? – Es (*od.* sie) sind Amerika-ner; **4.** (*auf Kollektiva bezogen*) er, sie, es: *the police ...*, *~ ...* die Polizei ..., sie (*sg.*); **5.** *~ who* diejenigen, welche.
they'd [ðeɪd] F *für* a) *they would*, b) *they had*.
thick [θɪk] **I** *adj.* □ **1.** *allg.* dick: *a ~ neck*; *a board 2 inches ~* ein 2 Zoll starkes Brett; **2.** dicht (*Wald, Haar, Menschenmenge, a. Nebel etc.*); **3.** *~ with* über u. über bedeckt von; **3.** *~ with* voll von, voller, reich an (*dat.*): *a tree ~ with leaves*; *the air is ~ with snow* die Luft ist voll(er) Schnee; **5.** dick(flüssig); **6.** neblig, trüb(e) (*Wet-ter*); **7.** schlammig, trübe; **8.** dumpf, belegt (*Stimme*); **9.** dumm; **10.** dicht (aufein'anderfolgend); **11.** F dick (be-freundet): *they are as ~ as thieves* sie sind dicke Freunde, sie halten zusam-men wie Pech u. Schwefel; **12.** *sl.* ‚stark‘, frech: *that's a bit ~!* das ist ein starkes Stück!; **II** *s.* **13.** dickster *od.* dichtester Teil; **14.** *fig.* Brennpunkt *m*: *in the ~ of* mitten in (*dat.*); *in the ~ of it* mittendrin; *in the ~ of the fight* im dichtesten Kampfgetümmel; *the ~ of the crowd* das dichteste Menschenge-wühl; *through ~ and thin* durch dick u. dünn; **15.** F Dummkopf *m*; **III** *adv.* **16.** dick: *spread ~ Butter etc.* dick aufstrei-chen; *lay it on ~* F ‚dick auftragen‘; **17.** dicht *od.* rasch (aufein'ander); *a. fast and ~* hageldicht (*Schläge*); **thick·en** ['θɪkən] **I** *v/t.* **1.** dick(er) machen, ver-dicken; **2.** *Sauce, Flüssigkeit* eindicken,

Suppe legieren; **3.** dicht(er) machen, verdichten; **4.** verstärken, -mehren; **5.** trüben; **II** *v/i.* **6.** dick(er) werden; **7.** dick(flüssig) werden; **8.** sich verdichten; **9.** sich trüben; **10.** sich verwirren: *the plot ~s* der Knoten (*im Drama etc.*) schürzt sich; **11.** zunehmen; **thick·en·er** ['θɪknə] *s.* ⚓ **1.** Eindicker *m*; **2.** Verdicker *m*, Absetzbehälter *m*; **3.** Verdickungsmittel *n*; **thick·en·ing** ['θɪknɪŋ] *s.* **1.** Verdickung *f*; **2.** Eindickung *f*; **3.** Eindickmittel *n*; **4.** Verdichtung *f*; **5.** ✻ Anschwellung *f*, Schwarte *f*.

thick·et ['θɪkɪt] *s.* Dickicht *n*; '**thick·et·ed** [-tɪd] *adj.* voller Dickicht(e).

'**thick·head** *s.* Dummkopf *m*; ,**~-'head·ed** *adj.* **1.** dickköpfig; **2.** *fig.* dumm.

thick·ness ['θɪknɪs] *s.* **1.** Dicke *f*, Stärke *f*; **2.** Dichte *f*; **3.** Verdickung *f*; **4.** ✻ Lage *f* (*Seide etc.*), Schicht *f*; **5.** Dickflüssigkeit *f*; **6.** Trübheit *f*: *misty ~* undurchdringlicher Nebel; **7.** Heiserkeit *f*, Undeutlichkeit *f*: *~ of speech* schwere Zunge.

,**thick·'set** *adj.* **1.** dicht (gepflanzt): *a ~ hedge*; **2.** unter'setzt (*Person*); ,**~-'skinned** *adj.* **1.** dickhäutig; **2.** dickschalig; **3.** *zo.* Dickhäuter...; **4.** *fig.* dickfellig; ,**~-'skulled** [-'skʌld] *adj.* **1.** dickköpfig; **2.** → **thick-witted**; ,**~-'witted** *adj.* dumm, begriffsstutzig, schwer von Begriff.

thief [θiːf] *pl.* **thieves** [θiːvz] *s.* Dieb (-in): *thieves' Latin* Gaunersprache *f*; *stop ~!* haltet den Dieb!; *one ought to set a ~ to catch a ~* wenn man e-n Schlauen fangen will, muß man e-n Schlauen schicken; **thieve** [θiːv] *v/t. u. v/i.* stehlen; **thiev·er·y** ['θiːvərɪ] *s.* **1.** Diebe'rei *f*, Diebstahl *m*; **2.** Diebesgut *n*; **thiev·ish** ['θiːvɪʃ] *adj.* □ **1.** diebisch, Dieb(e)s...; **2.** heimlich, verstohlen; '**thiev·ish·ness** [-nɪs] *s.* diebisches Wesen.

thigh [θaɪ] *s. anat.* (Ober)Schenkel *m*; '**~·bone** *s. anat.* (Ober)Schenkelknochen *m*.

thill [θɪl] *s.* (Gabel)Deichsel *f*; '**thill·er** ['θɪlə], *a.* **thill horse** *s.* Deichselpferd *n*.

thim·ble ['θɪmbl] *s.* **1.** *Näherei:* a) Fingerhut *m*, b) Nähring *m*; **2.** ⚙ a) Me'tallring *m*, b) (Stock)Zwinge *f*; '**thim·ble·ful** [-fʊl] *pl.* **-fuls** *s.* **1.** Fingerhutvoll *m*, Schlückchen *n*; **2.** *fig.* Kleinigkeit *f*.

'**thim·ble|·rig I** *s.* Fingerhutspiel *n* (*Bauernfängerspiel*); **II** *v/t. a. allg.* betrügen; '**~·rig·ger** *s.* **1.** Fingerhutspieler *m*; **2.** *allg.* Bauernfänger *m*.

thin [θɪn] **I** *adj.* □ **1.** *allg.* dünn: *~ air*; ~ *blood*; *~ clothes*; *a ~ line* e-e dünne *od.* schmale *od.* feine Linie; **2.** dünn, mager, schmächtig: *as ~ as a lath* spindeldürr; **3.** dünn, licht (*Wald, Haar etc.*): *~ rain* feiner Regen; **4.** dünn, schwach (*Getränk etc., a. Stimme, Ton*); **5.** ♪ mager (*Boden*); **6.** *fig.* mager, spärlich, dürftig: *a ~ house thea.* e-e schwachbesuchte Vorstellung; *he had a ~ time of it sl.* es ging ihm 'mies'; **7.** *fig.* fadenscheinig: *a ~ excuse*; **8.** seicht, sub'stanzlos (*Buch etc.*); **II** *v/t.* **9.** *oft ~ down, ~ off, ~ out* a) dünn(er) machen, b) *Flüssigkeit* verdünnen, c)

fig. verringern, *Bevölkerung* dezimieren, *Schlachtreihe, Wald etc.* lichten; **III** *v/i.* **10.** *oft ~ down, ~ off, ~ out* a) dünn(er) werden, b) sich verringern, c) sich lichten (*a. Haar*), d) *fig.* spärlicher werden, abnehmen: *his hair is ~ning* sein Haar lichtet sich.

thine [ðaɪn] *pron. obs. od. bibl. od. poet.* **1.** (*substantivisch*) der *od.* die *od.* das dein(ig)e, dein(e, er); **2.** (*adjektivisch vor Vokalen od. stummem h für thy*) dein(e): *~ eyes* deine Augen.

thing [θɪŋ] *s.* **1.** *konkretes* Ding, Sache *f*, Gegenstand *m*: *the law of ~s* ⚖ das Sachenrecht; *just the ~ I wanted* genau (das), was ich wollte; **2.** *fig.* Ding *n*, Sache *f*, Angelegenheit *f*: *~s political* politische Dinge, alles Politische; *above all ~s* vor allen Dingen, vor allem; *another ~*, etwas anderes; *the best ~ to do* das Beste(, was man tun kann); *a foolish ~ to do* e-e Torheit; *for one ~* (erstens) einmal; *in all ~s* in jeder Hinsicht; *no small ~* keine Kleinigkeit; *no such ~* nichts dergleichen; *not a ~* (rein) gar nichts; *of all ~s* ausgerechnet (*dieses etc.*); *a pretty ~ iro.* e-e schöne Geschichte; *taking one ~ with the other* im großen (u.) ganzen; *do great ~s* große Dinge tun, Großes vollbringen; *get ~s done* et. zuwege bringen; *do one's own ~* F tun, was man will; *know a ~ or two* Bescheid wissen (*about* über *acc.*); *it's one of those ~s* da kann man (halt) nichts machen; → *first* 1; **3.** *pl.* Sachen *pl.*, Zeug *n* (*Gepäck, Gerät, Kleider etc.*): *swimming ~s* Badesachen, -zeug; *put on one's ~s* sich anziehen; **4.** *pl.* Dinge *pl.*, 'Umstände *pl.*, (Sach)Lage *f*: *~s are improving* die Dinge *od.* Verhältnisse bessern sich; *~s look black for me* es sieht schwarz aus für mich; **5.** Geschöpf *n*, Wesen *n*: *dumb ~s*; **6.** a) Ding *n* (*Mädchen etc.*), b) Kerl *m*: *(the) poor ~* das arme Ding, der *od.* die Ärmste; *poor ~!* du *od.* Sie Ärmste(r)!; *the dear old ~* die gute alte Haut; **7.** *the ~* F a) die Hauptsache, b) das Richtige, richtig, c) das Schickliche, schicklich: *the ~ was to do* das Wichtigste war zu; *this is not the ~* das ist nicht das Richtige; *not to be* (*od. feel*) *quite the ~* nicht ganz auf dem Posten sein; *that's not all the ~ to do* so etwas tut man nicht; ,**~-in-it'self** *s. phls.* das Ding an sich.

thing·um·a·bob ['θɪŋəmɪbɒb], **thing·um·a·jig** ['θɪŋəmɪdʒɪɡ], **thing·um·my** ['θɪŋəmɪ] *s.* F *der* (*die, das*) ,Dings(da)' *od.* ,Dingsbums'.

think [θɪŋk] [*irr.*] **I** *v/i.* **1.** denken (*of* an *acc.*): *~ ahead* vorausdenken, *a.* vorsichtig sein; *~ aloud* laut denken; **2.** (*about, over*) nachdenken (über *acc.*), sich (*e-e Sache*) über'legen; **3.** *~ of* a) sich besinnen auf (*acc.*), sich erinnern an (*acc.*): (*now that I*) *come to ~ of it* dabei fällt mir ein; b) *et.* bedenken: *~ of it!* denke daran!, c) sich *et.* denken *od.* vorstellen, d) *Plan etc.* ersinnen, ausdenken, e) halten von: *~ much* (*od. highly*) *of* viel halten von, e-e hohe Meinung haben von; *~ nothing of* a) wenig halten von, b) nichts dabei finden (*to do s.th.* et. zu tun); → *better¹* 4; **4.** meinen, denken: *I ~ so* ich glaube

(schon), ich denke; *I should ~ so* ich denke doch, das will ich meinen; **5.** gedenken, vorhaben, beabsichtigen (*of doing, to do* zu tun); **II** *v/t.* **6.** *et.* denken: *~ away* et. wegdenken; *~ out* a) sich *et.* ausdenken, b) *Am. a.* ~ *through* Problem zu Ende denken; *~ s.th. over* sich et. überlegen *od.* durch den Kopf gehen lassen; *~ up* F Plan etc. aushecken, sich ausdenken, sich et. einfallen lassen; **7.** sich *et.* denken *od.* vorstellen; **8.** halten für: *~ o.s. clever*, *~ it advisable* es für ratsam halten *od.* erachten; *I ~ it best to do* ich halte es für das beste, et. zu tun; **9.** über'legen, nachdenken über (*acc.*); **10.** denken, vermuten: *~ no harm* nichts Böses denken; **III** *s.* F **11.** *have a* (*fresh*) *~ about s.th.* et. (noch einmal) überdenken; *he has another ~ coming!* da hat er sich aber schwer getäuscht!; '**think·a·ble** [-kəbl] *adj.* denkbar: a) begreifbar, b) möglich; '**think·er** [-kə] *s.* Denker(in); '**think·in** *s.* F Konfe'renz *f*; '**think·ing** [-kɪŋ] **I** *adj.* □ **1.** denkend, vernünftig: *a ~ being* ein denkendes Wesen; *all ~ men* jeder vernünftig Denkende; *put on one's ~ cap* F (mal) nachdenken; **2.** Denk...; **II** *s.* **3.** Denken *n*: *way of ~* Denkart *f*; *do some hard* (*quick*) *~* scharf nachdenken (schnell ,schalten'); **4.** Meinung *f*: *in* (*od. to*) *my* (*way of*) *~* m-r Meinung nach; '**think-so** *s.*: *on his* (*etc.*) *mere ~* auf eine bloße Vermutung hin; *~ tank s.* F ,Denkfa,brik' *f*.

thin·ner¹ ['θɪnə] *s.* **1.** Verdünner *m* (*Arbeiter od. Gerät*); **2.** (*bsd.* Farben)Verdünnungsmittel *n*.

thin·ner² ['θɪnə] *comp. von* **thin**.

thin·ness ['θɪnnɪs] *s.* **1.** Dünne *f*, Dünnheit *f*; **2.** Magerkeit *f*; **3.** Spärlichkeit *f*; **4.** *fig.* Dürftigkeit *f*, Seichtheit *f*.

,**thin-'skinned** *adj.* **1.** dünnhäutig; **2.** *fig.* ('über)empfindlich.

third [θɜːd] **I** *adj.* □ → *thirdly*; **1.** dritt: *~ best* der (*die, das*) Drittbeste; *~ cousin* Vetter *m* dritten Grades; *~ degree* dritter Grad; *~ estate pol. hist.* dritter Stand, Bürgertum *n*; *~ party* ⚖ Dritte(r *m*) *f*; **II** *s.* **2.** *der* (*die, das*) Dritte; **3.** ♪ Terz *f*; **4.** *mot.* F dritter Gang; **5.** Drittel *n*; **6.** *pl.* ✻ Waren *pl.* dritter Quali'tät, dritte Wahl; *~ class s.* 🚃 *etc.* dritte Klasse; ,**~-'class** *adj. u. adv.* **1.** *allg.* drittklassig; **2.** 🚃 *etc.* Abteil *etc.* dritter Klasse: *travel ~* dritter Klasse reisen.

third·ly ['θɜːdlɪ] *adv.* drittens.

,**third-'par·ty** *adj.* ⚖ Dritt...: *~ debtor*; *~ insurance* Haftpflichtversicherung *f*; *insured against ~ risks* haftpflichtversichert; ,**~-'rate** *adj.* **1.** drittrangig; **2.** *fig.* minderwertig; ♽ **World** *s. pol.* die dritte Welt.

thirst [θɜːst] **I** *s.* **1.** Durst *m*; **2.** *fig.* Durst *m*, Gier *f*, Verlangen *n*, Sucht *f* (*for, of, after* nach): *~ for blood* Blutdurst; *~ for knowledge* Wissensdurst; *~ for power* Machtgier *f*; **II** *v/i.* **3.** *bsd. fig.* dürsten, lechzen (*for, after* nach *Rache etc.*); '**thirst·i·ness** [-tɪnɪs] *s.* Durst(igkeit *f*) *m*; '**thirst·y** [-tɪ] *adj.* □ **1.** durstig: *be ~* Durst haben, durstig sein; **2.** dürr, trocken (*Boden, Jahreszeit*); **3.** F ,durstig', Durst verursachend: *~ work*; **4.** *fig.* begierig, lechzend: **be ~ for** (*od.* **after**) *s.th.* nach et. lechzen.

thir·teen [ˌθɜːˈtiːn] **I** *adj.* dreizehn; **II** *s.* Dreizehn *f*; **thir'teenth** [-nθ] **I** *adj.* **1.** dreizehnt; **II** *s.* **2.** der (die, das) Dreizehnte; **3.** Dreizehntel *n*.

thir·ti·eth [ˈθɜːtɪɪθ] **I** *adj.* **1.** dreißigst; **II** *s.* **2.** der (die, das) Dreißigste; **3.** Dreißigstel *n*; **thir·ty** [ˈθɜːtɪ] **I** *adj.* **1.** dreißig: **~ all**, F **~ up** *Tennis:* dreißig beide; **II** *s.* **2.** Dreißig *f*: **the thirties** a) die Dreißiger(jahre) (*des Lebens*): **he is in his thirties** er ist in den Dreißigern, b) die dreißiger Jahre (*e-s Jahrhunderts*); **3.** *Am. sl.* Ende *n* (*e-s Zeitungsartikels etc.*).

this [ðɪs] *pl.* **these** [ðiːz] **I** *pron.* **1.** a) dieser, diese, dieses, b) dies, das: **all ~** dies alles, all das; **for all ~** deswegen, darum; **like ~** so; **~ is what I expected** (genau) das habe ich erwartet; **~ is what happened** Folgendes geschah; **2.** dieses, dieser Zeitpunkt, dieses Ereignis: **after ~** danach; **before ~** zuvor; **by ~** bis dahin, mittlerweile; **II** *adj.* **3.** dieser, diese, dieses, ✝ *a.* laufend (*Monat, Jahr*): **~ day week** heute in e-r Woche; **in ~ country** hierzulande; **~ morning** heute morgen; **~ time** diesmal; **these 3 weeks** die letzten 3 Wochen, seit 3 Wochen; **III** *adv.* **4.** so: **~ much** so viel.

this·tle [ˈθɪsl] *s.* ♣ Distel *f*; **'~·down** *s.* ♣ Distelwolle *f*.

this·tly [ˈθɪslɪ] *adj.* **1.** distelig; **2.** distelähnlich, stach(e)lig.

thith·er [ˈðɪðə] *obs. od. poet.* **I** *adv.* dort-, dahin; **II** *adj.* jenseitig.

'thole(-pin) [θəʊl] *s.* ♣ Dolle *f*.

thong [θɒŋ] **I** *s.* **1.** (Leder)Riemen *m* (*Halfter, Zügel, Peitschenschnur etc.*); **II** *v/t.* **2.** mit Riemen versehen *od.* befestigen; **3.** (mit e-m Riemen) peitschen.

tho·rac·ic [θɔːˈræsɪk] *adj. anat.* Brust...; **tho·rax** [ˈθɔːræks] *pl.* **-rax·es** [-ræksɪz] *s.* **1.** *anat.* Brust(korb *m*, -kasten *m*) *f*, Thorax *m*; **2.** *zo.* Mittelleib *m* bei Gliederfüßlern.

thorn [θɔːn] *s.* **1.** Dorn *m*: **a ~ in the flesh** (*od.* **side**) *fig.* ein Pfahl im Fleische, ein Dorn im Auge; **be** (*od.* **sit**) **on ~s** *fig.* (wie) auf glühenden Kohlen sitzen; **2.** *ling.* Thorn *n* (*altenglischer Buchstabe*); **~ ap·ple** *s.* ♣ Stechapfel *m*.

thorn·y [ˈθɔːnɪ] *adj.* **1.** dornig, stach(e)lig; **2.** *fig.* dornenvoll, mühselig; **3.** *fig.* heikel: **a ~ subject**.

thor·ough [ˈθʌrə] *adj.* □ → **thoroughly**; **1.** gründlich: a) sorgfältig (*Person u. Sache*), b) genau, eingehend: **a ~ inquiry**; **a ~ knowledge**, c) 'durchgreifend: **a ~ reform**; **2.** voll'endet: a) voll'kommen, meisterhaft, b) völlig, echt, durch u. durch: **a ~ politician**, c) *contp.* ausgemacht: **a ~ rascal**; **'~·bass** [-'beɪs] *s.* ♪ Gene'ralbaß *m*; **'~·bred I** *adj.* **1.** reinrassig, Vollblut...; **2.** *fig.* a) rassig, b) ele'gant, c) kultiviert, d) schnittig (*Auto*); **II** *s.* **3.** Vollblut(pferd) *n*; **4.** rassiger *od.* kultivierter Mensch; **5.** *mot.* rassiger *od.* schnittiger Wagen; **'~·fare** *s.* **1.** Hauptverkehrs-, 'Durchgangsstraße *f*; **2.** 'Durchfahrt *f*: **no ~!**; **3.** Wasserstraße *f*; **'~·go·ing** *adj.* **1.** → **thorough** 1; **2.** ex'trem, kompro'mißlos, durch u. durch.

thor·ough·ly [ˈθʌrəlɪ] *adv.* **1.** gründlich *etc.*; **2.** völlig, gänzlich, abso'lut; **'thor-**

ough·ness [-ənɪs] *s.* **1.** Gründlichkeit *f*; **2.** Voll'endung *f*, Voll'kommenheit *f*.

'thor·ough-paced *adj.* **1.** in allen Gangarten geübt (*Pferd*); **2.** *fig.* → **thorough** 2 b.

those [ðəʊz] *pron. pl. von* **that¹**.

thou [ðaʊ] **I** *pron. poet. od. dial. od. bibl.* du; **II** *v/t.* mit ,thou' anreden.

though [ðəʊ] **I** *cj.* **1.** ob'wohl, ob'gleich, ob'schon; **2.** *a.* **even ~** wenn auch, wenn'gleich, selbst wenn, zwar: **important ~ it is** so wichtig es auch ist; **what ~ the way is long** was macht es schon aus, wenn der Weg (auch) lang ist; **3.** je'doch, doch; **4.** *as* **~** als ob, wie wenn; **II** *adv.* **5.** F (*am Satzende*) aber, aller'dings, dennoch, immer'hin: **I wish you had told me, ~**.

thought [θɔːt] **I** *pret. u. p.p. von* **think**; **II** *s.* **1.** a) Gedanke *m*, Einfall *m*: **a happy ~**, b) Gedankengang *m*, Denken *n*: **lost in ~** in Gedanken (verloren); **his one ~ was how to** er dachte nur daran, wie *es tun könnte*; **it never entered my ~s** es kam mir nie in den Sinn; **2.** *nur sg.* Denken *n*, Denkvermögen *n*; **3.** Über'legung *f*: **give ~ to** sich Gedanken machen über (*acc.*); **take ~ how** sich überlegen, wie *man es tun könnte*; **after serious ~** nach ernsthafter Erwägung; **on second ~s** a) nach reiflicher Überlegung, b) wenn es mir recht überlege; **have second ~s about it** (so seine) Zweifel darüber haben; **without ~** ohne zu überlegen; **4.** Absicht *f*: **he had no ~ of coming**; **we had** (**some**) **~s of going** wir trugen uns mit dem Gedanken zu gehen; **5.** *mst pl.* Gedanke *m*, Meinung *f*, Ansicht *f*, **6.** (Für)Sorge *f*, Rücksicht *f*: **give** (*od.* **have**) **some ~ to** Rücksicht nehmen auf (*acc.*); **take ~ for** Sorge tragen für *od.* um (*acc.*); **take no ~ to** nicht achten auf (*acc.*); **7.** *nur sg.* Denken *n*: a) Denkweise *f*: **scientific ~**, b) Gedankenwelt *f*: **Greek ~**; **8.** *fig.* Spur *f*: **a ~ smaller** e-e ,Idee' kleiner; **a ~ hesitant** etwas zögernd; **'thought·ful** [-fʊl] *adj.* □ **1.** gedankenvoll, nachdenklich, besinnlich (*a. Buch etc.*); **2.** achtsam (**of** auf *acc.*); **3.** rücksichtsvoll, aufmerksam, zu'vorkommend; **'thought·ful·ness** [-fʊlnɪs] *s.* **1.** Nachdenklichkeit *f*, Besinnlichkeit *f*; **2.** Achtsamkeit *f*; **3.** Rücksichtnahme *f*, Aufmerksamkeit *f*; **'thought·less** [-lɪs] *adj.* □ **1.** gedankenlos, unbesonnen, unbekümmert; **2.** rücksichtslos, unaufmerksam; **'thought·less·ness** [-lɪsnɪs] *s.* **1.** Gedankenlosigkeit *f*, Unbekümmertheit *f*; **2.** Rücksichtslosigkeit *f*, Unaufmerksamkeit *f*.

thought|·'out *adj.* (**well ~** wohl)durchdacht; **~ read·er** *s.* Gedankenleser (-in); **~ read·ing** *s.* Gedankenlesen *n*; **~ trans·fer·ence** *s.* Ge'dankenüber·,tragung *f*.

thou·sand [ˈθaʊznd] **I** *adj.* **1.** tausend (*a. fig. unzählige*): **~ and one** *fig.* zahllos, unzählig; **The 2 and One Nights** Tausendundeine Nacht; **a ~ times** tausendmal; **a ~ thanks** tausend Dank; **II** *s.* **2.** Tausend *n*, *pl.* Tausende *pl.*: **many ~s of times** vieltausendmal; **in their ~s, by the ~** zu Tausenden; **3.** Tausend *f* (*Zahlzeichen*): **one in a ~** eine(r, s) unter tausend, 'eine Ausnahme;

'thou·sand·fold [-ndf-] **I** *adj.* tausendfach, -fältig; **II** *adv. mst* **a ~** tausendfach, -mal; **'thou·sandth** [-ntθ] **I** *s.* **1.** der (die, das) Tausendste; **2.** Tausendstel *n*; **II** *adj.* **3.** tausendst.

thral·dom [ˈθrɔːldəm] *s.* **1.** Leibeigenschaft *f*; **2.** *fig.* Knechtschaft *f*, Sklave'rei *f*; **thrall** [θrɔːl] *s.* **1.** *hist.* Leibeigene(r *m*) *f*, Hörige(r *m*) *f*; **2.** *fig.* Sklave *m*, Knecht *m*; **3.** → **thraldom**; **thralldom** *Am.* → **thraldom**.

thrash [θræʃ] **I** *v/t.* **1.** → **thresh**; **2.** verdreschen, -prügeln; *fig.* (vernichtend) schlagen, ,vermöbeln'; **II** *v/i.* **3.** *a.* **~ about** a) sich *im Bett etc.* 'hin- u. 'herwerfen, b) um sich schlagen, c) zappeln; **4.** ♣ sich vorwärtsarbeiten; **'thrash·er** [-ʃə] → **thresher**; **'thrashing** [-ʃɪŋ] *s.* Dresche *f*, Prügel *pl.*: **give s.o. a ~** → **thrash** 2.

thread [θred] **I** *s.* **1.** Faden *m*: a) Zwirn *m*, Garn *n*: **hang by a ~** *fig.* an e-m Faden hängen, b) *weitS.* Faser *f*, Fiber *f*, c) *fig.* (dünner) Strahl, Strich *m*, d) *fig.* Zs.-hang *m*: **lose the ~** (**of one's story**) den Faden verlieren; **resume** (*od.* **take up**) **the ~** den Faden wieder aufnehmen; **2.** ✪ Gewinde(gang *m*) *n*; **II** *v/t.* **3.** *Nadel* einfädeln; **4.** *Perlen etc.* aufreihen; **5.** mit Fäden durch'ziehen; **6.** *fig.* durch'ziehen, -'dringen; **7.** sich winden durch: **~ one's way** (**through**) sich (hindurch)schlängeln (durch); **8.** ✪ Gewinde schneiden in (*acc.*): **~ on** anschrauben; **'~·bare** *adj.* **1.** fadenscheinig, abgetragen; **2.** schäbig (gekleidet); **3.** *fig.* abgedroschen.

thread·ed [ˈθredɪd] *adj.* ✪ Gewinde...: **~ flange**; **'thread·er** [-də] *s.* **1.** 'Einfädelma,schine *f*; **2.** ✪ Gewindeschneider *m*.

thread·ing lathe [ˈθredɪŋ] *s.* ✪ Gewindeschneidbank *f*.

thread·y [ˈθredɪ] *adj.* **1.** fadenartig, faserig; **2.** Fäden ziehend; **3.** *fig.* schwach, dünn.

threat [θret] *s.* Drohung *f* (**of** mit, **to** gegen); **2.** (**to**) Bedrohung *f* (*gen.*), Gefahr *f* (für): **a ~ to peace**; **there was a ~ of rain** es drohte zu regnen; **'threat·en** [-tn] **I** *v/t.* **1.** (**with**) j-m drohen (mit), j-m androhen (*acc.*), j-n bedrohen (mit); **2.** drohend ankündigen: **the sky ~s a storm**; **3.** (damit) drohen (**to do** zu tun); **4.** bedrohen, gefährden **II** *v/i.* **5.** drohen, **6.** *fig.* drohen: a) drohend bevorstehen, b) Gefahr laufen (**to do** zu tun); **'threat·en·ing** [-tnɪŋ] *adj.* □ **1.** drohend, Droh...: **~ letter** Drohbrief *m*; **2.** *fig.* bedrohlich.

three [θriː] **I** *adj.* drei; **II** *s.* Drei *f* (*Zahl, Spielkarte etc.*); **'~·col·o(u)r** *adj.* dreifarbig, Dreifarben...: **~ process** Dreifarbendruck(verfahren *n*) *m*; **'~·cornered** *adj.* **1.** dreieckig: **~ hat** Dreispitz *m*; **2.** zu dreien, Dreier...: **a ~ discussion**; *adj.* 'dreidimensio,nal, 3-'D-...; **'~·day e·vent** *s.* Reitsport: Military *f*; **'~·day e·vent·er** *s.* Military-Reiter *m*; **'~·deck·er** *s.* **1.** ♣ *hist.* Dreidecker *m*; **2.** *fig.* Dreiteiliges, *z.B.* F dreibändiger Ro'man; **'~·di'men·sion·al** *adj.* 'dreidimensio,nal; **'three·fold** *adj. u. adv.* dreifach; **II** *s.* das Dreifache.

'three·-lane *adj.* dreispurig (*Autobahn etc.*); **'~·'mast·er** *s.* ♣ Dreimaster *m*;

'**~-mile** adj. Dreimeilen...: ~ **zone**.

three|·pence ['θrepəns] s. Brit. **1.** drei Pence pl.; **2.** obs. Drei'pencestück n; **~·pen·ny** ['θrepəni] adj. **1.** drei Pence wert, Dreipence...; **2.** fig. billig, wertlos.

'**three|-phase** adj. ⚡ dreiphasig, Drei-phasen...: ~ **current** Drehstrom m, Dreiphasenstrom m; '**~-piece** adj. dreiteilig (Anzug etc.); '**~-ply** I adj. **1.** dreifach (Garn, Seil etc.); **2.** dreischich-tig (Holz etc.); II s. **3.** dreischichtiges Sperrholz; '**~-point land·ing** s. ✈ Dreipunktlandung f; **~-'quar·ter** I adj. dreiviertel; II s. a. ~ **back** Rugby: Drei-'viertelspieler m; **~'score** adj. obs. sechzig.

three·some ['θri:səm] I adj. **1.** zu drei-en, Dreier...; II s. **2.** Dreiergruppe f, 'Trio' n; **3.** Golf etc.: Dreier(spiel n) m.

'**three|-speed gear** s. ⚙ Dreigangge-triebe n; '**~-stage** adj. ⚙ dreistufig (Rakete, Verstärker etc.); '**~-way** adj. ⚙ Dreiwege...

thresh [θreʃ] v/t. u. v/i. dreschen: ~ (**over old**) **straw** fig. leeres Stroh dre-schen; ~ **out** fig. et. gründlich erörtern, klären; '**thresh·er** [-ʃə] s. **1.** Drescher m; **2.** 'Dreschma,schine f; '**thresh·ing** [-ʃɪŋ] I s. Dreschen n; II adj. Dresch...: ~ **floor** Dreschboden m, Tenne f.

thresh·old ['θreʃhəʊld] I s. **1.** (Tür-) Schwelle f. **2.** fig. Schwelle f, Beginn m; **3.** psych. (Bewußtseins- etc.)Schwelle f; II adj. **4.** bsd. ⚙ Schwellen...: ~ **fre-quency;** ~ **value** Grenzwert m.

threw [θru:] pret von **throw**.

thrice [θraɪs] adv. obs. **1.** dreimal; **2.** fig. sehr, 'überaus, höchst.

thrift [θrɪft] s. **1.** Sparsamkeit f: a) Spar-sinn m, b) Wirtschaftlichkeit f; **2.** ♀ Grasnelke f; '**thrift·i·ness** [-tɪnɪs] → **thrift** 1; '**thrift·less** [-lɪs] adj. □ ver-schwenderisch; '**thrift·less·ness** [-lɪs-nɪs] s. Verschwendung f; '**thrift·y** [-tɪ] adj. □ sparsam (**of**, **with** mit): a) haus-hälterisch, b) wirtschaftlich (a. Sa-chen).

thrill [θrɪl] I v/t. **1.** erschauern lassen, erregen, packen, begeistern, elektrisie-ren, entzücken; **2.** j-n durch'laufen, -'schauern, über'laufen (Gefühl); II v/i. **3.** (er)beben, erschauern, zittern (**with** vor Freude etc.); **4.** (**to**) sich begeistern (für), gepackt werden (von); **5.** durch-'laufen, -'schauern, -'rieseln (**through** acc.); III s. **6.** Zittern n, Erregung f, prickelndes Gefühl: a ~ **of joy** freudige Erregung; **7.** a) das Spannende od. Er-regende, b) Nervenkitzel m, c) Sensa-ti'on f; '**thrill·er** [-lə] s. F ,Reißer' m, ,Krimi' m, Thriller m (Kriminalroman, -film etc.); '**thrill·ing** [-lɪŋ] adj. □ **1.** erregend, packend, spannend, sensa-tio'nell; **2.** hinreißend, begeisternd.

thrive [θraɪv] v/i. [irr.] **1.** gedeihen (Pflanze, Tier etc.); **2.** fig. gedeihen: a) blühen, Erfolg haben (Geschäft etc.), b) reich werden (Person), c) sich ent-wickeln (Laster etc.); **thriv·en** ['θrɪvn] p.p. von **thrive**; '**thriv·ing** [-vɪŋ] adj. □ fig. blühend.

thro' [θru:] poet. für **through**.

throat [θrəʊt] s. **1.** anat. Kehle f, Gurgel f, Rachen m, Schlund m: **sore ~** Hals-schmerzen pl., rauher Hals; **stick in one's ~** j-m im Halse stecken bleiben (Worte); **ram** (od. **thrust**) **s.th. down s.o.'s ~** j-m et. aufzwingen; **2.** Hals m, Kehle f: **cut s.o.'s ~** j-m den Hals ab-schneiden; **cut one's own ~** fig. sich selbst ruinieren; **take s.o. by the ~** j-n an der Gurgel packen; **3.** fig. 'Durch-, Eingang m, verengte Öffnung, Schlund m, z.B. Hals m e-r Vase, Kehle f e-s Kamins, Gicht f e-s Hochofens; **4.** △ Hohlkehle f; '**throat·y** [-tɪ] adj. □ **1.** kehlig, guttu'ral; **2.** rauh, heiser.

throb [θrɒb] I v/i. **1.** pochen, hämmern, klopfen (Herz etc.): **~bing pains** klop-fende Schmerzen pl.; II s. **2.** Pochen n, Klopfen n, Hämmern n, (Puls)Schlag m; **3.** fig. Erregung f, Erbeben n.

throe [θrəʊ] s. mst pl. heftiger Schmerz: a) pl. (Geburts)Wehen pl., b) pl. To-deskampf m, Ago'nie f: **in the ~s of** fig. mitten in et. Unangenehmem, im Kampfe mit.

throm·bo·sis [θrɒm'bəʊsɪs] s. 💉 Throm'bose f; **throm'bot·ic** [-'bɒtɪk] adj. 💉 throm'botisch.

throne [θrəʊn] I s. **1.** Thron m (König, Prinz), Stuhl m (Papst, Bischof); **2.** fig. Thron m: a) Herrschaft f, b) Herrscher (-in); II v/t. **3.** auf den Thron setzen; III v/i. **4.** thronen.

throng [θrɒŋ] I s. **1.** (Menschen)Menge f; **2.** Gedränge n, Andrang m; **3.** Men-ge f, Masse f (Sachen); II v/i. **4.** sich drängen od. (zs.-)scharen, (her'bei-, hin'ein- etc.)strömen; III v/t. **5.** sich drängen in (dat.): ~ **the streets**; **6.** be-drängen, um'drängen.

throt·tle ['θrɒtl] I s. **1.** F Kehle f; **2.** ⚙, mot. a) a. ~ **lever** Gashebel m, b) a. ~ **valve** Drosselklappe f: **open** (**close**) **the ~** Gas geben (wegnehmen); II v/t. **3.** erdrosseln; fig. ersticken, unter-drücken; **4.** a. ~ **down** ⚙, mot. (ab)drosseln; III v/i. **5.** ~ **back** (od. **down**) mot. etc. drosseln, Gas weg-nehmen.

through [θru:] I prp. **1.** räumlich u. fig. 'durch, durch ... hin'durch; **2.** durch, in (überall umher in e-m Gebiet etc.): ~ **all the country**, **3.** a) e-n Zeitraum hin-'durch, während, b) Am. (von ...) bis; **4.** bis zum Ende od. ganz durch, fertig (mit): **when will you get ~ your work?**; **5.** durch, mittels; **6.** aus, durch, in-, zu'folge, wegen: ~ **fear** aus od. vor Furcht; ~ **neglect** infolge od. durch Nachlässigkeit; II adv. **7.** durch: ~ **and** ~ durch u. durch (a. fig.); **push a needle** ~ e-e Nadel durchstechen; **he would not let us** ~ er wollte uns nicht durchlassen; **this train goes** ~ **to Bos-ton** dieser Zug fährt (durch) bis Bo-ston; **you are** ~! teleph. Sie sind ver-bunden!; **8.** (ganz) durch (von Anfang bis Ende): **read a letter** ~ e-n Brief ganz durchlesen; **carry a matter** ~ e-e Sache durchführen; **9.** fertig (**with** mit): **I am** ~ **with him** F er ist für mich erledigt; **I'm** ~ **with it!** ich habe es satt!; III adj. **10.** 'durchgehend, Durch-gangs...: a ~ **train**; ~ **carriage** (od. **coach**) Kurswagen m; ~ **dialing** teleph. Am. 'Durchwahl f; ~ **flight** ✈ Direkt-flug m; ~ **traffic** Durchgangsverkehr m; **~way** Am. Durchgangs- od. Schnell-straße f; **through·out** [θru:'aʊt] I prp. **1.** über'all in: ~ **the country** im ganzen Land; **2.** während (gen.): ~ **the year** das ganze Jahr hindurch; II adv. **3.** durch u. durch, ganz u. gar, 'durchweg; **4.** überall; **5.** die ganze Zeit; '**through-put** s. econ., a. Computer: 'Durchsatz m.

throve [θrəʊv] pret. von **thrive**.

throw [θrəʊ] I s. **1.** Werfen n, (Speer-etc.)Wurf m; **2.** Wurf m (a. Ringkampf, Würfelspiel), fig. a. Coup m; **3.** ⚙ (Kol-ben)Hub m; **4.** ⚙ (Regler- etc.)Aus-schlag m; **5.** ⚙ Kröpfung f (Kurbelwel-le); II v/t. [irr.] **6.** werfen, schleudern; (a. fig. Blick, Kußhand etc.) zuwerfen (**s.o. s.th.**, **s.th. to s.o.** j-m et.); mit Steinen etc. werfen; Wasser schütten od. gießen: ~ **at** werfen nach; ~ **o.s. at s.o.** fig. sich j-m an den Hals werfen; ~ **a shawl over one's shoulders** sich e-n Schal um die Schultern werfen; ~ **to-gether** zs.-werfen; **be thrown** (**to-gether**) **with** fig. (zufällig) zs.-geraten mit; **7.** Angel, Netz etc. auswerfen; **8.** a) Würfel werfen, b) Zahl würfeln, c) Karten ausspielen od. ablegen; **9.** Reiter abwerfen; **10.** Ringkampf: Gegner wer-fen; **11.** zo. Junge werfen; **12.** Brücke schlagen (**over**, **across** über acc.); **13.** zo. Haut abwerfen; **14.** ⚙ Hebel 'umle-gen, Kupplung od. Schalter ein-, ausrük-ken, ein-, ausschalten; **15.** Töpferei: formen, drehen; **16.** ⚙ Seide zwirnen, mulinieren; **17.** fig. in Entzückung, Verwirrung etc. versetzen; **18.** F j-n ,'umwerfen' od. aus der Fassung brin-gen; **19.** F e-e Gesellschaft geben, e-e Party ,schmeißen'; **20.** Am. F Wett-kampf absichtlich verlieren; **21.** sl. Wutanfall etc. bekommen: ~ **a fit**; III v/i. [irr.] **22.** werfen; **23.** würfeln; Zssgn mit prp.:

throw| in·to v/t. (hin'ein)werfen in (acc.): ~ **prison** j-n ins Gefängnis wer-fen; ~ **the bargain** (beim Kauf) drein-geben; **throw o.s. into** fig. sich in die Arbeit, den Kampf etc. stürzen; ~ **(up·)on** v/t. **1.** werfen auf (acc.): **be thrown upon o.s.** (od. **upon one's own resources**) auf sich selbst ange-wiesen sein; **2. throw o.s.** (**up**)**on** a) sich auf die Knie etc. werfen, b) sich anvertrauen (dat.);

Zssgn mit adv.:

throw| a·way v/t. **1.** wegwerfen, Geld etc. verschwenden, -geuden ([**up**]**on** an acc.); **3.** Gelegenheit ver-passen, -schenken; et. verwerfen; ~ **back** I v/t. **1.** zu'rückwerfen (a. fig. hemmen): **be thrown back upon** ange-wiesen sein auf (acc.); II v/i. **2.** (**to**) zu'rückkehren (zu), zu'rückfallen (auf acc., in acc.); **3.** nachgeraten (**to** dat.); biol. rückarten; ~ **down** v/t. **1.** (**o.s.** sich) niederwerfen; **2.** 'umstürzen, ver-nichten; ~ **in** v/t. **1.** (hin)'einwerfen; **2.** Bemerkung etc. einwerfen, -schalten; **3.** et. mit in den Kauf geben, dreingeben; **4.** ⚙ Gang etc. einrücken; ~ **off** I v/t. **1.** Kleider, Maske etc., a. fig. Schamgefühl etc. abwerfen, ablegen; **2.** Joch etc. ab-werfen, abschütteln, sich freimachen von; **3.** Bekannte, Krankheit etc. los-werden; **4.** Verfolger, a. Hund von der Fährte abbringen, abschütteln; **5.** Ge-dicht etc. hinwerfen, aus dem Ärmel schütteln; **6.** ⚙ a) kippen, 'umlegen, b) auskuppeln, -rücken; **7.** typ. abziehen; **8.** j-n aus dem Kon'zept od. aus der

Fassung bringen; **II** v/i. **9.** (hunt. die Jagd) beginnen; **~ on** v/t. Kleider 'überwerfen, sich et. 'umwerfen; **~ o·pen** v/t. **1.** Tür etc. aufreißen, -stoßen; **2.** öffentlich zugänglich machen (**to** dat. für); **~ out** v/t. **1.** (a. j-n hin)auswerfen; **2.** bsd. parl. verwerfen; **3.** △ vorbauen; anbauen (**to** an acc.); **4.** Bemerkung fallenlassen, Vorschlag etc. äußern; e-n Wink geben; **5.** a) et. über den Haufen werfen, b) j-n aus dem Konzept bringen; **6.** ⊕ auskuppeln, -rücken; **7.** Fühler etc. ausstrecken: **~ a chest** F sich in die Brust werfen; **~ o·ver** v/t. **1.** über den Haufen werfen; **2.** fig. Plan etc. über Bord werfen, aufgeben; **3.** Freund etc. im Stich lassen, fallenlassen; **~ up I** v/t. **1.** in die Höhe werfen, hochwerfen; et. hastig errichten, Schanze etc. aufwerfen; **3.** Karten, a. Amt etc. hinwerfen, -schmeißen; **4.** erbrechen; **II** v/i. **5.** (sich er)brechen, sich über'geben.

'**throw**|·**a·way I** s. et. zum Wegwerfen, z. B. Re'klamezettel m; **II** adj. Wegwerf...; **~ package** s. Einwegflasche f; **~ prices** ♥ Schleuderpreise; '**~·back** s. **1.** bsd. biol. Ata'vismus m, a. fig. Rückkehr f (**to** zu); **2.** Film: Rückblende f.

throw·er ['θrəʊə] s. **1.** Werfer(in); **2.** Töpferei: Dreher(in), Former(in); **3.** → **throwster**.

'**throw·in** s. sport Einwurf m.

throw·ing ['θrəʊɪŋ] **I** s. Werfen n, (Speer- etc.)Wurf m: **~ the javelin**; **II** adj. Wurf...: **~ knife**.

thrown [θrəʊn] **I** p.p. von **throw**; **II** adj. gezwirnt: **~ silk** Seidengarn n.

'**throw**|·**off** s. **1.** Aufbruch m (zur Jagd); **2.** fig. Beginn m; '**~·out** s. ⊕ **1.** Auswerfer m; **2.** Ausschalter m; **3.** mot. Ausrückvorrichtung f: **~ lever** (Kupplungs)Ausrückhebel m.

throw·ster ['θrəʊstə] s. Seidenzwirner(in).

thru [θru:] Am. F für **through**.

thrum[1] [θrʌm] **I** v/i. **1.** ♪ klimpern (**on** auf dat.); **2.** (mit den Fingern) trommeln; **II** v/t. **3.** ♪ klimpern auf (dat.); **4.** (mit den Fingern) trommeln auf (dat.).

thrum[2] [θrʌm] s. **1.** Weberei: a) Trumm m, m (am Ende der Kette), b) pl. (Reihe f von) Fransen pl., Saum m; **2.** Franse f; **3.** loser Faden; **4.** oft pl. Garnabfall m, Fussel f; **II** v/t. **5.** befransen.

thrush[1] [θrʌʃ] s. orn. Drossel f.

thrush[2] [θrʌʃ] s. **1.** ✴ Soor m; **2.** vet. Strahlfäule f.

thrust [θrʌst] **I** v/t. [irr.] **1.** Waffe etc. stoßen; **2.** allg. stecken, schieben: **~ o.s.** (od. **one's nose**) **in** fig. s-e Nase stecken od. sich einmischen in (acc.); **~ one's hand into one's pocket** die Hand in die Tasche stecken; **~ on** et. hastig anziehen, (sich) et. hastig überwerfen; **3.** stoßen, drängen, treiben, (a. **ins Gefängnis**) werfen: **~ aside** zur Seite stoßen; **~ o.s. into** sich werfen od. drängen in (acc.); **~ out** a) (her-, hin)ausstoßen, b) Zunge herausstrecken, Hand ausstrecken; **~ s.th. upon s.o.** j-m et. aufdrängen; **4.** **~ through** j-n durch'bohren; **~ in** Wort einwerfen; **II** v/i. [irr.] **6.** stoßen (**at** nach); **7.** sich wohin drängen od. schieben: **~ into** ✗

hineinstoßen in e-e Stellung etc.; **a ~ing politician** ein ehrgeiziger od. aufstrebender Politiker; **III** s. **8.** Stoß m; **9.** Hieb m (a. fig.); **10.** allg. u. ⊕ Druck m; **11.** ✗, phys. Schub(kraft f) m; **12.** ⊕, △ (Seiten)Schub m; **13.** geol. Schub m; **14.** ✗ u. fig. a) Vorstoß m, b) Stoßrichtung f; **~ bear·ing** s. ⊕, ✓ Drucklager n; **~ per·form·ance** s. ⊕, ✓ Schubleistung f; **~ weap·on** s. ✗ Stich-, Stoßwaffe f.

thud [θʌd] **I** s. dumpfer (Auf)Schlag, Bums m; **II** v/i. dumpf (auf)schlagen, bumsen.

thug [θʌg] s. **1.** (Gewalt)Verbrecher m, Raubmörder m; **2.** Rowdy m, ‚Schläger' m; **3.** fig. Gangster m, Halsabschneider m.

thumb [θʌm] **I** s. **1.** Daumen m: **his fingers are all ~s**, **he is all ~s** er hat zwei linke Hände; **turn ~s down on** fig. et. ablehnen, verwerfen; **under s.o.'s ~** unter j-s Fuchtel; **that sticks out like a sore ~** F a) das sieht ja ein Blinder, b) das fällt entsetzlich auf; **it's ~s down on your offer!** Ihr Angebot ist abgelehnt!; → **rule** 2; **II** v/t. **2.** Buchseiten 'durchblättern; **3.** Buch abgreifen, beschmutzen: (**well-**)**~ed** abgegriffen; **4.** **~ a lift** (od. **ride**) F per Anhalter fahren, trampen; **~ a car** e-n Wagen anhalten, sich mitnehmen lassen; **5.** **~ one's nose at** j-m e-e lange Nase machen; **~ in·dex** s. typ. Daumenindex m; '**~·mark** s. Daumenabdruck m; '**~·nail I** s. Daumennagel m; **II** adj.: **~ sketch** kleine (fig. kurze) Skizze; **~ nut** s. ⊕ Flügelmutter f; '**~·print** s. Daumenabdruck m; '**~·screw** s. **1.** hist. Daumenschraube f; **2.** ⊕ Flügelschraube f; '**~·stall** s. Däumling m (Schutzkappe); '**~·tack** s. Am. Reißnagel m.

thump [θʌmp] **I** s. **1.** dumpfer Schlag, Bums m; **2.** (Faust)Schlag m, Puff m; **II** v/t. **3.** schlagen auf (acc.), hämmern od. pochen gegen. auf (acc.); Kissen aufschütteln; **4.** plumpsen gegen od. auf (acc.); **III** v/i. **5.** (auf)schlagen, (-) bumsen (**on** auf acc., **at** gegen); **6.** (laut) pochen (Herz); '**thump·er** [-pə] s. **1.** sl. Mordsding n, e-e ‚Wucht'; **2.** sl. faustdicke Lüge; '**thump·ing** [-pɪŋ] F **I** adj. kolos'sal, Mords...; **II** adv. mordsmäßig.

thun·der ['θʌndə] **I** s. **1.** Donner m (a. fig. Getöse): **steal s.o.'s ~** fig. j-m den Wind aus den Segeln nehmen; **~s of applause** donnernder Beifall; **II** v/i. **2.** donnern (a. fig. Kanone, Zug etc.); **3.** fig. wettern; **III** v/t. **4.** et. donnern; '**~·bolt** s. **1.** Blitz m (u. Donnerschlag m), Blitzstrahl m (a. fig.); **2.** myth. u. geol. Donnerkeil m; '**~·clap** s. Donnerschlag m (a. fig.); '**~·cloud** s. Gewitterwolke f.

thun·der·ing ['θʌndərɪŋ] **I** adj. □ **1.** donnernd (a. fig.); **2.** F kolos'sal, gewaltig: **a ~ lie** e-e faustdicke Lüge; **II** adv. **3.** F riesig, mächtig: **~ glad**; '**thun·der·ous** [-rəs] adj. □ **1.** gewitterschwül; **2.** fig. donnernd; **3.** fig. gewaltig.

'**thun·der**|**show·er** s. Gewitterschauer m; '**~·storm** s. Gewitter n, Unwetter n; '**~·struck** adj. (fig. wie) vom Blitz getroffen.

thun·der·y ['θʌndərɪ] adj. gewitter-

schwül: **~ showers** gewittrige Schauer.

Thu·rin·gi·an [θjʊə'rɪndʒɪən] **I** adj. Thüringer(...); **II** s. Thüringer(in).

Thurs·day ['θɜ:zdɪ] s. Donnerstag m: **on ~** am Donnerstag; **on ~s** donnerstags.

thus [ðʌs] adv. **1.** so, folgendermaßen; **2.** so'mit, also, folglich, demgemäß; **3.** so, in diesem Maße: **~ far** soweit, bis jetzt; **~ much** so viel.

thwack [θwæk] **I** v/t. verprügeln, schlagen; **II** s. derber Schlag.

thwart [θwɔ:t] **I** v/t. **1.** Pläne etc. durch'kreuzen, vereiteln, hinter'treiben; **2.** j-m entgegenarbeiten, j-m e-n Strich durch die Rechnung machen; **II** s. **3.** ⯑ Ruderbank f.

thy [ðaɪ] adj. bibl., rhet., poet. dein.

thyme [taɪm] s. ♀ Thymian m.

thy·mus ['θaɪməs], a. **~ gland** s. anat. Thymus(drüse f) m.

thy·roid ['θaɪrɔɪd] ♠ **I** adj. **1.** Schilddrüsen...; **2.** Schildknorpel...: **~ cartilage** → 4; **II** s. **3.** a. **~ gland** Schilddrüse f; **4.** Schildknorpel m.

thyr·sus ['θɜ:səs] pl. **-si** [-saɪ] s. antiq. u. ♀ Thyrsus m.

thy·self [ðaɪ'self] pron. bibl., rhet., poet. **1.** du (selbst); **2.** dat. dir (selbst); **3.** acc. dich (selbst).

ti·ar·a [tɪ'ɑ:rə] s. **1.** Ti'ara f (Papstkrone u. fig. -würde); **2.** Dia'dem n, Stirnreif m (für Damen).

tib·i·a ['tɪbɪə] pl. **-ae** [-i:] s. anat. Schienbein n, Tibia f; '**tib·i·al** [-əl] adj. anat. Schienbein..., Unterschenkel...

tic [tɪk] s. ♠ Tic(k) m, (ner'vöses) Muskel- od. Gesichtszucken.

tick[1] [tɪk] **I** s. **1.** Ticken n: **to** (od. **on**) **the ~** (auf die Sekunde) pünktlich; **2.** F Augenblick m; **3.** Häkchen n, Vermerkzeichen n; **II** v/i. **4.** ticken: **~ over** a) mot. im Leerlauf sein, b) fig. normal od. ganz gut laufen; **what makes him ~?** a) was hält ihn (so) in Schwung?, b) wie ‚funktioniert' er?; **III** v/t. **5.** in e-r Liste anhaken: **to ~ off** a) abhaken, b) F j-n ‚zs.-stauchen'.

tick[2] [tɪk] s. zo. Zecke f.

tick[3] [tɪk] s. **1.** (Kissen- etc.)Bezug m; **2.** Inlett n, Ma'tratzenbezug m; **3.** F Drillich m, Drell m.

tick[4] [tɪk] s. F Kre'dit m, Pump m: **buy on ~** auf Pump od. Borg kaufen.

tick·er ['tɪkə] s. **1.** Börse: Fernschreiber m; **2.** sl. a) ‚Wecker' m (Uhr), b) ‚Pumpe' f (Herz); **~ tape** s. Am. Lochstreifen m: **~ parade** Konfettiparade f.

tick·et ['tɪkɪt] s. **1.** (Ausweis-, Eintritts-, Lebensmittel-, Mitglieds- etc.) Karte f; ✈ Fahrkarte f, -schein m; ✓ Flugschein m, Ticket n: **take a ~** e-e Karte lösen; **2.** (bsd. Gepäck-, Pfand-)Schein m; **3.** Lotte'rielos n; **4.** Eti'kett n, (Preis- etc.)Schild n; **5.** mot. a) Strafzettel m, b) gebührenpflichtige Verwarnung; **6.** ⯑, ✓ Li'zenz f; **7.** pol. bsd. Am. a) (Wahl-, Kandi'daten)Liste f, b) (‚Wahl-, Par'tei)Pro'gramm n: **split ~** panaschieren; **vote a straight ~** die Liste e-r Partei unverändert wählen; **write one's own ~** F (ganz) s-e eigenen Bedingungen stellen; **8.** **~ of leave** ⯑⯑ Brit. (Schein m über) bedingte Freilassung: **be on ~ of leave** bedingt freigelassen sein; **9.** F das Richtige: **that's the ~!**; **II** v/t. **6.** etikettieren, kennzeichnen, Waren auszeichnen; **~ a·gen·cy** *s. thea. etc.* Vorverkaufsstelle *f*; **~ col·lec·tor** *s.* 🏠 Bahnsteigschaffner *m*; **~ day** *s. Börse*: Tag *m* vor dem Abrechnungstag; **~ in·spec·tor** *s.* 'Fahrkartenkontrol,leur *m*; **~ of·fice** *s.* **1.** Fahrkartenschalter *m*; **2.** (The'ater)Kasse *f*; **~ punch** *s.* Lochzange *f*; **~ tout** *s.* Kartenschwarzhändler *m*.

tick·ing ['tıkıŋ] *s.* Drell *m*, Drillich *m*; ˌ~'off *s.* F ˌAnpfiff‘ *m*.

tick·le ['tıkl] I *v/t.* **1.** kitzeln (*a. fig.*); **2.** *fig. j-s Eitelkeit etc.* schmeicheln; **3.** *fig.* amüsieren; **~d pink** F ˌganz weg‘ (vor Freude); **I'm ~d to death** ich könnte mich totlachen (*a. iro.*); **4. ~ up** (an-) reizen; II *v/i.* **5.** kitzeln; **6.** jucken; III *s.* **7.** Kitzel *m* (*a. fig.*); **8.** Juckreiz *m*; **'tick·ler** [-lə] *s.* **1.** kitzlige Sache, (schwieriges) Pro'blem; **2.** *Am.* No'tizbuch *n*: **~ file** Wiedervorlagemappe *f*; **3.** *a.* **~ coil** ⚡ Rückkopplungsspule *f*; **'tick·lish** [-lıʃ] *adj.* ☐ **1.** kitz(e)lig; **2.** *fig.* a) kitzlig, heikel, schwierig, b) empfindlich (*Person*).

tick·tack ['tıktæk] *s.* **1.** Ticktack *n*; **2.** *sl. Rennsport*: Zeichensprache *f* der Buchmacher: **~ man** Buchmachergehilfe *m*.

tid·al ['taıdl] *adj.* **1.** Gezeiten..., den Gezeiten unter'worfen: **~ basin** ⚓ Tidebecken *n*; **~ inlet** Priel *m*; **~ power plant** Gezeitenkraftwerk *n*; **2.** Flut...: **~ wave** Flutwelle *f*, *fig. a.* Woge *f*.

tid·bit ['tıdbıt] *Am.* → **titbit**.

tid·dly ['tıdlı] *adj. Brit.* F **1.** winzig; **2.** ˌangesäuselt‘, beschwipst.

tid·dly·winks ['tıdlıwıŋks] *s. pl.* Flohhüpfen *n*.

tide [taıd] I *s.* **1.** a) Gezeiten *pl.*, Ebbe *f* u. Flut *f*, Tide *f*: **high ~** Flut; **low ~** Ebbe; **the ~ is coming in** (**going out**) die Flut kommt (die Ebbe setzt ein); **the ~ is out** es ist Ebbe; **turn of the ~** a) Gezeitenwechsel *m*, b) *fig.* Umschwung *m*; **the ~ turns** *fig.* das Blatt wendet sich; **2.** *fig.* Strom *m*, Strömung *f*: **~ of events** der Gang der Ereignisse; **swim against** (**with**) **the ~** gegen (mit) den Strom schwimmen; **3.** *fig.* die rechte Zeit, günstiger Augenblick; **4.** *in Zssgn* Zeit *f*: **winter~**; II *v/i.* **5.** (mit dem Strom) treiben, ⚓ bei Flut ein- *od.* auslaufen; **6. ~ over** *fig.* hin'wegkommen über (*acc.*); III *v/t.* **7. ~ over** *fig. j-m* hin'weghelfen über (*acc.*): **~ it over** ˌsich über Wasser halten‘; **~ gate** *s.* Flut(schleusen)tor *n*; **~ ga(u)ge** *s.* (Gezeiten)Pegel *m*; **'~·land** *s.* Watt *n*; **'~·mark** *s.* **1.** Gezeitenmarke *f*; **2.** Pegelstand *m*; **3.** *bsd. Brit.* F schwarzer Rand (*am Hals etc.*); **~ ta·ble** *s.* Gezeitentafel *f*; **'~·wait·er** *s. hist.* Hafenzollbeamte(r) *m*; **'~·wa·ter** *s.* Flut-, Gezeitenwasser *n*: **~ district** Wattengebiet *n*; **'~·way** *s.* Priel *m*.

ti·di·ness ['taıdınıs] *s.* **1.** Sauberkeit *f*, Ordnung *f*; **2.** Nettigkeit *f*.

ti·dings ['taıdıŋz] *s. pl. sg. od. pl. konstr.* Nachricht(en *pl.*) *f*, Neuigkeit (-en *pl.*) *f*, Kunde *f*.

ti·dy ['taıdı] I *adj.* ☐ **1.** sauber, reinlich, ordentlich (*Zimmer, Person, Aussehen etc.*); **2.** nett, schmuck; **3.** *fig.* F ordentlich, beträchtlich: **a ~ penny** e-e Stange Geld; II *s.* **4.** (Sofa- *etc.*)Schoner *m*; **5.** (Arbeits-, Flick- *etc.*)Beutel *m*; Fächerkasten *m*; **6.** Abfallkorb *m*; III *v/t.* **7.** *a.*

~ up in Ordnung bringen, aufräumen, säubern: **~ out** ˌausmisten‘; **~ o.s. up** sich zurechtmachen; IV *v/i.* **8. ~ up** aufräumen, saubermachen.

tie [taı] I *s.* **1.** (Schnür)Band *n*; **2.** a) Kra'watte *f*, b) Halstuch *n*; **3.** Schleife *f*, Masche *f*; **4.** *fig.* a) Band *n*: **the ~(s) of friendship**, b) *pol.*, *psych.* Bindung *f*: **mother ~**; **5.** *fig.* (lästige) Fessel, Last *f*; **6.** △, ☉ *od.* Verbindung(sstück *n*) *f*, b) Anker *m*, c) → **tie beam**; **7.** 🏠 *Am.* Schwelle *f*; **8.** *parl. pol.* Stimmengleichheit *f*: **end in a ~** stimmengleich enden; **9.** *sport* a) Punktgleichheit *f*, Gleichstand *m*, b) Unentschieden *n*, c) Ausscheidungsspiel *n*, d) Wieder'holung(sspiel *n*) *f*; **10.** ♪ Bindebogen *m*, Liga'tur *f*; II *v/t.* **11.** an-, festbinden (**to** an *acc.*); **12.** binden, schnüren; *fig.* fesseln: **~ s.o.'s hands** (**tongue**) j-m die Hände (Zunge) binden; **13.** *Schleife, Schuhe etc.* binden; **14.** △, ☉ verankern, befestigen; **15.** ♪ *Noten* (anein- 'ander)binden; **16.** (**to**) *fig. j-n* binden (an *acc.*), verpflichten (zu); **17.** hindern, hemmen; **18.** *j-n* in Anspruch nehmen (*Pflichten etc.*); III *v/i.* **19.** *sport* a) gleichstehen, punktgleich sein, b) unentschieden spielen *od.* kämpfen (**with** gegen); **20.** *parl.*, *pol.* gleiche Stimmenzahl haben;

Zssgn mit adv.:

tie| down *v/t.* **1.** festbinden; **2.** niederhalten, fesseln; **3.** (**to**) *fig. j-n* binden (an *Pflichten, Regeln etc.*), *j-n* festlegen (auf *acc.*): **be tied down** (**by**) angebunden sein (durch *e-e Familie etc.*); **~ in** I *v/i.* (**with**) über'einstimmen (mit), passen (zu); II *v/t.* (**with**) verbinden *od.* koppeln (mit), einbauen (in *acc.*); **~ up** *v/t.* **1.** (an-, ein-, ver-, zs.-, zu)binden; **2.** *fig.* a) hemmen, fesseln, b) festhalten, beschäftigen; **3.** *fig.* lahmlegen; *Industrie, Produktion* stillegen; *Vorräte etc.* blockieren; **4.** 🕇, ⚖ festlegen: *Geld* fest anlegen, b) *bsd. Erbgut* e-r Verfügungsbeschränkung unter'werfen; **5. tie it up** *Am.* F die Sache erledigen.

tie| bar *s.* **1.** 🏠 a) Verbindungsstange *f* (*Weiche*), b) Spurstange *f*; **2.** *typ.* Bogen *m über 2 Buchstaben*; **~ beam** *s.* △ Zugbalken *m*; **'~,break(·er)** *s. Tennis*: Tie-Break *m*, *n*.

tied [taıd] *adj.* 🕇 zweckgebunden; **~ house** *s. Brit.* Braue'reigaststätte *f*.

'tie|-in *s.* **1.** 🕇 *Am.* a) Gemeinschaftswerbung *f*, b) *a.* **~ sale** Kopplungsgeschäft *n*, -verkauf *m*; **2.** Zs.-hang *m*, Verbindung *f*; **'~-on** *adj.* zum Anbinden, Anhänge...

tier [tıə] *s.* **1.** Reihe *f*, Lage *f*: **in ~s** in Reihen übereinander, lagenweise; **2.** *thea.* a) (Sitz)Reihe *f*, b) Rang *m*; **3.** *fig.* Rang *m*, Stufe *f*.

tierce [tıəs] *s.* **1.** [*Kartenspiel*: t3:s] ♪, *fenc.*, *eccl.*, *Kartenspiel*: Terz *f*; **2.** Weinfaß *n* (*mit 42 Gallonen*).

tie rod *s.* ☉ **1.** Zugstange *f*; **2.** Kuppelstange *f*; **3.** 🏠 Spurstange *f*.

'tie-up *s.* **1.** a) Verbindung *f*, Zs.-hang *m*, b) Koppelung *f*; **2.** *Am.* Still-, Lahmlegung *f*; **3.** *bsd. Am.* (a. Verkehrs)Stockung *f*, Stillstand *m*.

tiff [tıf] *s.* **1.** kleine Meinungsverschiedenheit *f*, Kabbe'lei *f*; **2.** schlechte Laune: **in a ~** übelgelaunt.

tif·fin ['tıfın] *s. Brit.* Mittagessen *n* (*in Indien*).

tige [ti:ʒ] (*Fr.*) *s.* **1.** △ Säulenschaft *m*; **2.** ♀ Stengel *m*, Stiel *m*.

ti·ger ['taıgə] *s.* **1.** *zo.* Tiger *m* (*a. fig. Wüterich*): **American ~** Jaguar *m*; **rouse the ~ in s.o.** *fig.* j-n in kalte Wut versetzen; **2.** *hist. Brit. sl.* livrierter Bedienter, Page *m*; **~ cat** *s. zo.* **1.** Tigerkatze *f*; **2.** getigerte (Haus)Katze.

ti·ger·ish ['taıgərıʃ] *adj.* **1.** tigerartig; **2.** blutdürstig; **3.** wild, grausam.

tight [taıt] I *adj.* ☐ **1.** dicht (*nicht leck*): **a ~ barrel**; **2.** fest(sitzend) (*Kork, Knoten etc.*), stramm (*Schraube etc.*); **3.** straff, (an)gespannt (*Muskel, Seil etc.*); **4.** schmuck; **5.** a) (zu) eng, knapp, b) eng (anliegend) (*Kleid etc.*): **~ fit** knapper Sitz, ☉ Feinpassung; **6.** a) eng, dicht (gedrängt), b) *fig.* F kritisch, ˌmulmig‘; **~ corner 2;** **7.** prall (voll); **8.** *fig.* a) komprimiert, straff (*Handlung etc.*), b) gedrängt, knapp (*Stil*), c) hieb- u. stichfest (*Argument*), d) straff, streng (*Sicherheitsmaßnahmen etc.*): **~ schedule** knappe Termine, *a.* ein voller Terminkalender; **9.** 🕇 a) knapp (*Geld*), b) angespannt (*Marktlage*); **10.** F knick(e)rig, geizig; **11.** eng, am Kleinen klebend (*Kunst etc.*); **12.** *sl.* ˌblau‘, besoffen; II *adv.* **13.** eng, knapp; *a.* fest: **hold ~** festhalten; **sit ~** a) fest im Sattel sitzen, b) sich nicht (vom Fleck) rühren, c) *fig.* sich eisern behaupten, sich nicht beirren lassen, *a.* abwarten; **'tight·en** [-tn] I *v/t.* **1.** *a.* **~ up** zs.-ziehen; **2.** *Schraube, Zügel etc.* fest-, anziehen; *Feder, Gurt etc.* spannen; *Gürtel* enger schnallen; *Muskel, Seil etc.* straffen: **~ one's grip** fester zupacken, den Druck verstärken (*a. fig.*); **3.** *a.* **~ up** *fig.* a) *Manuskript, Handlung etc.* straffen, b) *Sicherheitsmaßnahmen etc.* verschärfen; **4.** (ab)dichten; II *v/i.* **5.** sich straffen; **6.** fester werden (*Griff*); **7.** *a.* **~ up** sich fest zs.-ziehen; **8.** 🕇 sich versteifen (*Markt*).

ˌtight|-'fist·ed → **tight** 10; **ˌ~-'fit·ting** *adj.* **1.** → **tight** 5; **2.** ☉ genau an- *od.* eingepaßt, Paß...; **~ beam** *s.* ☉ eingepaßt, Paß...; **ˌ~-'laced** *adj.* sittenstreng, prüde, puri'tanisch; **ˌ~-'lipped** *adj.* **1.** schmallippig; **2.** *fig.* verschlossen.

tight·ness ['taıtnıs] *s.* **1.** Dichtheit *f*; **2.** Festigkeit *f*; fester Sitz; **3.** Straffheit *f*; **4.** Enge *f*; **5.** Knappheit *f*; **6.** Geiz *m*, Knicke'rei *f*; **7.** 🕇 a) (Geld)Knappheit *f*, b) angespannte Marktlage.

'tight·rope I *s.* (Draht)Seil *n* (*Zirkus*); II *adj.* (Draht)Seil...: **~ walker** Seiltänzer(in).

tights [taıts] *s. pl.* **1.** ('Tänzer-, Ar'tisten)Tri,kot *n*; **2.** *bsd. Brit.* Strumpfhose *f*.

'tight·wad *s. Am.* F Geizkragen *m*.

ti·gress ['taıgrıs] *s.* **1.** Tigerin *f*; **2.** *fig.* Me'gäre *f*, (Weibs)Teufel *m*.

tike → **tyke**.

til·de ['tıld] *s. ling.* Tilde *f*.

tile [taıl] I *s.* **1.** (Dach)Ziegel *m*: **he has a ~ loose** *sl.* bei ihm ist eine Schraube locker; **be** (**out**) **on the ~s** *sl.* ˌherumsumpfen‘; **2.** ([Kunst]Stein)Platte *f*, (Fußboden-, Wand-, Teppich)Fliese *f* (Ofen-, Wand)Kachel *f*; **3.** *coll.* Ziegel *pl.*, Fliesen(fußboden *m*) *pl.*, Fliesen(ver)täfelung *f*; **4.** △ Hohlstein *m*; **5.** F

a) ‚Angströhre' f (*Zylinder*), b) ‚Dekkel' m (*steifer Hut*); **II** v/t. **6.** (mit Ziegeln) decken; **7.** mit Fliesen od. Platten auslegen, fliesen, kacheln; **til·er** ['taɪlə] s. **1.** Dachdecker m; **2.** Fliesen-, Plattenleger m; **3.** Ziegelbrenner m; **4.** Logenhüter m (*Freimaurer*).

till¹ [tɪl] **I** prp. **1.** bis: ~ **now** bis jetzt, bisher; ~ **then** bis dahin od. dann od. nachher; **2.** bis zu: ~ **death** bis zum Tod, bis in den Tod; **3.** **not** ~ erst: **not** ~ **yesterday**; **II** cj. **4.** bis; **5.** **not** ~ erst als (*od.* wenn).

till² [tɪl] s. **1.** Ladenkasse f: ~ **money** ✝ Kassenbestand m; **2.** Geldkasten m.

till³ [tɪl] ✒ **I** v/t. Boden bebauen, bestellen, (be)ackern; **II** v/i. ackern, pflügen; **'till·a·ble** [-ləbl] adj. anbaufähig; **'till·age** [-lɪdʒ] s. **1.** Bodenbestellung f; **2.** Ackerbau m; **3.** Ackerland n.

till·er¹ ['tɪlə] s. **1.** (Acker)Bauer m; **2.** Ackerfräse f.

till·er² ['tɪlə] s. **1.** ⚓ Ruderpinne f; **2.** ◎ Griff m; ~ **rope** s. ⚓ Steuerreep n.

tilt¹ [tɪlt] **I** v/t. **1.** kippen, neigen, schrägstellen; **2.** 'umkippen, 'umstoßen; **3.** ⚓ Schiff krängen; **4.** ◎ recken (*schmieden*); **5.** hist. a) (mit eingelegter Lanze) anreiten gegen, b) Lanze einlegen; **II** v/i. **6.** ~ **over** a) sich neigen, kippen, b) 'um)kippen, 'umfallen; **7.** ⚓ krängen; **8.** hist. im Tur'nier kämpfen: ~ **at** a) anreiten gegen, b) (mit der Lanze) stechen nach, c) fig. losziehen gegen, attackieren; **III** s. **9.** Kippen n: **give a** ~ **to** → 1; **10.** Schräglage f, Neigung f: **on the** ~ auf der Kippe; **11.** hist. Tur'nier n, Lanzenbrechen n; **12.** fig. Strauß m, (Wort)Gefecht n; **13.** (Lanzen)Stoß m; **14.** (Angriffs)Wucht f: (**at**) **full** ~ mit voller Wucht od. Geschwindigkeit; **15.** Am. ‚Drall' m, Ten'denz f.

tilt² [tɪlt] **I** s. **1.** (Wagen- etc.)Plane f, Verdeck n; **2.** ⚓ Sonnensegel n; **3.** Sonnendach n; **II** v/t. (mit e-r Plane) bedecken.

tilt cart s. Kippwagen m.

tilt·er ['tɪltə] s. **1.** (Kohlen-etc.)Kipper m, Kippvorrichtung f; **2.** ◎ Walzwerk: Wipptisch m.

tilth [tɪlθ] → **tillage**.

tilt·ing ['tɪltɪŋ] adj. **1.** hist. Turnier...; **2.** ◎ schwenk-, kippbar, Kipp...

'tilt·yard s. hist. Tur'nierplatz m.

tim·bal ['tɪmbl] s. ♪ hist. (Kessel)Pauke f.

tim·ber ['tɪmbə] **I** s. **1.** Bau-, Nutzholz n; **2.** coll. (Nutzholz)Bäume pl., Baumbestand m, Wald(bestand) m; **3.** Brit. a) Bauholz n, b) Schnittholz n; **4.** ⚓ Inholz n; pl. Spantenwerk n; **5.** Am. fig. Holz n, Schlag m, Ka'liber n: **a man of his** ~; **he is of presidential** ~ er hat das Zeug zum Präsidenten; **II** v/t. **6.** (ver-) zimmern; **7.** Holz abvieren; **8.** Graben etc. absteifen; **III** adj. **9.** Holz...; **'timbered** [-əd] adj. **1.** gezimmert; **2.** Fachwerk...; **3.** bewaldet.

tim·ber| for·est s. Hochwald m; ~ **frame** ◎ Bundsäge f; **'~-framed** adj. Fachwerk...

tim·ber·ing ['tɪmbərɪŋ] s. **1.** Zimmern n, Ausbau m; **2.** ◎ Verschalung f; **3.** Bau-, Zimmerholz n; **4.** a) Gebälk n, b) Fachwerk n.

'tim·ber| land s. Am. Waldland n (*für Nutzholz*); ~ **line** s. Baumgrenze f.

'~·man [-mən] s. [irr.] **1.** Holzfäller m, -arbeiter m; **2.** ⚒ Stempelsetzer m; ~ **tree** Nutzholzbaum m; **'~·work** s. ◎ Gebälk n; **'~·yard** s. Zimmerplatz m, Bauhof m.

tim·bre ['tæmbrə] (Fr.) s. ♪, ling. Klangfarbe f, Timbre n.

tim·brel ['tɪmbrəl] s. Tambu'rin n.

time [taɪm] **I** s. **1.** Zeit f: ~ **past, present, and to come** Vergangenheit, Gegenwart und Zukunft; **for all** ~ für alle Zeiten; ~ **will show** die Zeit wird es lehren; **2.** Zeit f, Uhr(zeit) f: **what's the** ~?, **what** ~ **is it?** wieviel Uhr od. wie spät ist es?; **at this** ~ **of day** a) zu dieser (späten) Tageszeit, b) fig. so spät, in diesem späten Stadium; **bid** (*od.* **pass**) **s.o. the** ~ **of** (**the**) **day, pass the** ~ **of day with s.o.** j-n grüßen; **know the** ~ **of the day** F wissen, was es geschlagen hat; **some** ~ **about noon** etwa um Mittag; **this** ~ **tomorrow** morgen um diese Zeit; **this** ~ **twelve months** heute übers Jahr; **keep good** ~ richtig gehen (*Uhr*); **3.** Zeit(dauer) f, Zeitabschnitt m, (a. phys. Fall-, Schwingungs- etc.)Dauer f; ✝ Laufzeit f (*Wechsel- etc.*); Arbeitszeit f im Herstellungsprozeß etc.: **in three weeks'** ~ in drei Wochen; **a long** ~ lange Zeit; **be a long** ~ **in doing s.th.** lange (Zeit) dazu brauchen, et. zu tun; **4.** Zeit (-punkt m) f: ~ **of arrival** Ankunftszeit; **at the** ~ zu dieser Zeit, damals, b) gerade; **at the present** ~ derzeit, gegenwärtig; **at the same** ~ a) zur selben Zeit, gleichzeitig, b) gleichwohl, zugleich, andererseits; (**at**) **any** ~, **at all** ~**s** zu jeder Zeit; **at no** ~ nie; **at that** ~ zu der Zeit, **at one** ~ einst, früher (ein-mal); **at some** ~ irgendwann; **for the** ~ für den Augenblick; **for the** ~ **being** a) vorläufig, fürs erste, b) unter den gegenwärtigen Umständen; **5.** oft pl. Zeit(alter) f, E'poche f: ~ **immemorial**, ~ **out of mind** un(vor)denkliche Zeit; **at** (*od.* **in**) **the** ~ **of Queen Anne** zur Zeit der Königin Anna; **the good old** ~**s** die gute alte Zeit; **6.** pl. Zeiten pl., (Zeit)Verhältnisse pl.: **hard** ~**s**; **7.** **the** ~**s** die Zeit: **behind the** ~**s** rückständig; **move with the** ~**s** mit der Zeit gehen; **8.** Frist f, Ter'min m: ~ **for payment** Zahlungsfrist; ~ **of delivery** ✝ Lieferfrist, -zeit f; **ask** (**for a**) ~ ✝ um Frist(verlängerung) bitten; **you must give me** ~ Sie müssen mir Zeit geben od. lassen; **9.** (verfügbare) Zeit: **have no** ~ keine Zeit haben; **have no** ~ **for s.o.** fig. nichts übrig haben für j-n; **buy a little** ~ etwas Zeit (heraus)schinden; **kill** ~ die Zeit totschlagen; **take** (**the**) ~, **take out** ~ sich die Zeit nehmen (**to do** zu tun); **take one's** ~ sich Zeit lassen; **is up!** die Zeit ist um!; ~ **gentlemen, please!** (es ist bald) Polizeistunde! (*Lokal*); ~**!** sport Zeit!: a) anfangen!, b) aufhören!; ~**!** parl. Schluß!; → **fore-lock**; **10.** Lehr-, Dienstzeit f: **serve one's** ~ s-e Lehre machen; **11.** a) (na-'türliche od. nor'male) Zeit, b) Lebenszeit f: ~ **of life** Alter n; **ahead of** ~ vorzeitig; **die before one's** ~ vor der Zeit od. zu früh sterben; **his** ~ **is drawing near** sein Tod naht heran; **12.** a) Schwangerschaft f; b) Entbindung f, Niederkunft f: **she is far on in her** ~ sie ist hochschwanger; **she is near her** ~ sie steht kurz vor der Entbindung; **13.** (günstige) Zeit: **now is the** ~ nun ist die passende Gelegenheit, jetzt gilt es (**to do** zu tun); **at such** ~**s** bei solchen Gelegenheiten; **bide one's** ~ (s-e Zeit) abwarten; **14.** Mal n: **the first** ~ das erste Mal; **for the last** ~ zum letzten Mal; **till next** ~ bis zum nächsten Mal; **every** ~ jedesmal; **many** ~**s** viele Male; ~ **and again**, ~ **after** ~ immer wieder; **at some other** ~, **at other** ~**s** ein anderes Mal; **at a** ~ auf einmal, zusammen, zugleich, jeweils; **one at a** ~ einzeln, immer nur eine(r, s); **two at a** ~ zu zweit, jeweils zwei; **15.** pl. mal, ...mal: **three** ~**s four is twelve** drei mal vier ist zwölf; **twenty** ~**s** zwanzigmal; **four** ~**s the size of yours** viermal so groß wie deines; **16.** bsd. sport (erzielte, gestoppte) Zeit; **17.** a) Tempo n, Zeitmaß n (beide a. ♪), b) ♪ Takt m: **change of** ~ Taktwechsel m; **beat** (**keep**) ~ den Takt schlagen (halten); **18.** ✕ Marschtempo n, Schritt m: **mark** ~ a) ✕ auf der Stelle treten (a. fig.), b) fig. nicht vom Fleck kommen; **Besondere Redewendungen**:

against ~ gegen die Zeit od. Uhr, mit größter Eile; **ahead of** (*od.* **before**) **one's** ~ s-r Zeit voraus; **all the** ~ a) die ganze Zeit (über), ständig, b) jederzeit; **at** ~**s** zu Zeiten, gelegentlich; **at all** ~**s** stets, zu jeder Zeit; **at any** ~ a) zu irgendeiner Zeit, jemals, b) jederzeit; **behind** ~ zu spät d(a)ran, verspätet; **between** ~**s** in den Zwischenzeiten; **by that** ~ a) bis dahin, unterdessen, b) zu der Zeit; **for a** (*od.* **some**) ~ e-e Zeitlang, einige Zeit; **for a long** ~ **past** schon seit langem; **not for a long** ~ noch lange nicht; **from** ~ **to** ~ von Zeit zu Zeit; **in** ~ a) rechtzeitig (**to do** um zu tun), b) mit der Zeit, c) im (richtigen) Takt; **in due** ~ rechtzeitig, termingerecht; **in good** ~ (gerade) rechtzeitig; **all in good** ~ alles zu s-r Zeit; **in one's own good** ~ wenn es e-m paßt; **in no** ~ im Nu, im Handumdrehen; **on** ~ a) pünktlich, rechtzeitig, b) bsd. Am. für e-e (bestimmte) Zeit, c) ✝ Am. auf Zeit, bsd. auf Raten; **out of** ~ a) zur Unzeit, unzeitig, b) vorzeitig, c) zu spät, d) aus dem Takt Schritt; **till such** ~ **as** so lange bis; **to** ~ pünktlich; **do** ~ F im Gefängnis ‚sitzen'; **have a good** ~ es schön haben, es sich gutgehen lassen, sich gut amüsieren; **have the** ~ **of one's life** sich großartig amüsieren, leben wie ein Fürst; **have a hard** ~ Schlimmes durchmachen; **he had a hard** ~ **getting up early** es fiel ihm schwer, früh aufzustehen; **with** ~ mit der Zeit; ~ **was, when** die Zeit ist vorüber, als;

II v/t. **19.** (mit der Uhr) messen, (ab-) stoppen, die Zeit messen von; **20.** timen (a. sport), die Zeit od. den richtigen Zeitpunkt wählen od. bestimmen für, zur rechten Zeit tun; → **timed**; **21.** zeitlich abstimmen; **22.** die Zeit festsetzen für: **is** ~**d to leave at 7** der Zug etc. soll um 7 abfahren; **23.** ◎ Zündung etc. einstellen; Uhr stellen; **24.** zeitlich regeln (**to** nach); **25.** das Tempo od. den Takt angeben für; **III** v/i. **26.** Takt halten; **27.** zeitlich zs.- od. über'einstimmen (*with* mit); ˌ~-and-'mo·tion stud·y *s.* ✝ Zeitstudie *f*; ~ bar·gain *s.* ✝ Ter'mingeschäft *n*; '~-base *adj.* ⚡ Kipp...; ~ bill *s.* ✝ Zeitwechsel *m*; ~ bomb *s.* Zeitbombe *f* (*a. fig.*); '~·card *s.* 1. Stech-, Stempelkarte *f*; 2. Fahrplan *m*; ~ clock *s.* Stechuhr *f*; ~ con·stant *s. phys.* 'Zeitkonˌstante *f*; '~·conˌsum·ing *adj.* zeitraubend.

timed [taɪmd] *adj.* zeitlich (genau) festgelegt *od.* reguliert, getimed: → ill-timed; well-timed.

time| de·pos·its *s. pl.* ✝ *Am.* Ter'mingelder *pl.*; ~ draft *s.* ✝ Zeitwechsel *m*; '~-exˌpired *adj.* ✗ *Brit.* ausgedient (*Soldat od. Unteroffizier*); ~ ex·po·sure *s. phot.* 1. Zeitbelichtung *f*; 2. Zeitaufnahme *f*; ~ freight *s.* ✝ *Am.* Eilfracht *f*; ~ fuse *s.* ✗ Zeitzünder *m*; '~ˌhon·o(u)red *adj.* alt'ehrwürdig; '~ˌkeep·er *s.* 1. Zeitmesser *m*; 2. *sport u.* ✝ Zeitnehmer *m*; ~ lag *s. bsd.* Verzögerung *f*, zeitliche Nacheilung *od.* Lücke; '~-lapse *adj. phot.* Zeitraffer-.

time·less ['taɪmlɪs] *adj.* □ 1. ewig; 2. zeitlos (*a. Schönheit etc.*).

time lim·it *s.* Frist *f*, Ter'min *m*.

time·li·ness ['taɪmlɪnɪs] *s.* 1. Rechtzeitigkeit *f*; 2. günstige Zeit; 3. Aktuali'tät *f*.

time| loan *s.* ✝ Darlehen *n* auf Zeit; ~ lock *s.* ✿ Zeitschloß *n*.

time·ly ['taɪmlɪ] *adj.* 1. rechtzeitig; 2. (*zeitlich*) günstig, angebracht; 3. aktu'ell.

ˌtime-'out *pl.* -'outs *s.* 1. *sport* Auszeit *f*; 2. *Am.* Pause *f*; ~ pay·ment *s.* ✝ *Am.* Ratenzahlung *f*; '~-piece *s.* Chrono'meter *n*, Uhr *f*.

tim·er ['taɪmə] *s.* 1. Zeitmesser *m* (*Apparat*); 2. ✿ Zeitgeber *m*, -schalter *m*; 3. *mot.* Zündverteiler *m*; 4. Stoppuhr *f*; 5. *phot.* Zeitauslöser *m*; 6. ✿ *u. sport* Zeitnehmer *m* (*Person*).

'timeˌsav·er *s.* zeitsparendes Ge'rät *od.* Ele'ment; '~ˌsav·ing *adj.* zeit(er)sparend; ~ sense *s.* Zeitgefühl *n*; '~ˌserv·er *s.* Opportu'nist(in), Gesinnungslump *m*; '~ˌserv·ing I *adj.* opportu'nistisch; II *s.* Opportu'nismus *m*, Gesinnungslumpe'rei *f*; ~ shar·ing *s. Computer:* Time-sharing *n*; ~ sheet *s.* 1. Arbeits(zeit)blatt *n*; 2. Stechblatt *n*; ~ sig·nal *s. Radio:* Zeitzeichen *n*; '~ˌstud·y man *s.* [*irr.*] ✝, ✿ Zeitstudienfachmann *m*; ~ switch *s.* Zeitschalter *m*; '~ˌta·ble *s.* 1. a) Fahrplan *m*, b) Flugplan *m*; 2. Stundenplan *m*; 3. 'Fahrplan' *m*, 'Zeittaˌbelle *f*; '~ˌtest·ed *adj.* (alt)bewährt; '~-work *s.* ✝ nach Zeit bezahlte Arbeit; '~-worn *adj.* 1. abgenutzt (*a. fig.*); 2. veraltet; 3. abgedroschen.

tim·id ['tɪmɪd] *adj.* □ 1. furchtsam, ängstlich (*of* vor *dat.*); 2. schüchtern, zaghaft; ti·mid·i·ty [tɪ'mɪdətɪ], 'tim·id·ness [-nɪs] *s.* 1. Ängstlichkeit *f*; 2. Schüchternheit *f*.

tim·ing ['taɪmɪŋ] *s.* 1. Timing *n* (*a. sport*), zeitliche Abstimmung *od.* Berechnung; 2. Wahl *f* des richtigen Zeitpunkts; 3. (gewählter) Zeitpunkt; 4. ✿, *mot.* (zeitliche) Steuerung, (*Ventil-, Zündpunkt- etc.*)Einstellung *f*.

tim·or·ous ['tɪmərəs] *adj.* □ → timid.

Tim·o·thy ['tɪməθɪ] *npr. u. s. bibl.* (Brief *m des Paulus an*) Ti'motheus *m*.

tim·pa·nist ['tɪmpənɪst] *s.* ♪ Pauker *m*; tim·pa·no ['tɪmpənəʊ] *pl.* -ni [-nɪ] *s.* (Kessel)Pauke *f*.

tin [tɪn] I *s.* 1. 🜛, ✿ Zinn *n*; 2. (Weiß-)Blech *n*; 3. (Blech-, *bsd. Brit.* Kon'serven)Dose *f*, (-)Büchse *f*; 4. *sl.* 'Piepen' *pl.* (*Geld*); II *adj.* 5. zinnern, Zinn...; 6. Blech..., blechern (*a. fig. contp.*); III *v/t.* 7. verzinnen; 8. *Brit.* eindosen, (in Büchsen) einmachen *od.* packen, konservieren; → tinned 2; ~ can *s.* 1. Blechdose *f*; 2. ⚓ *sl.* Zerstörer *m*; '~-coat *v/t.* ✿ feuerverzinnen; ~ cry *s.* ✿ Zinngeschrei *n*.

tinc·ture ['tɪŋktʃə] I *s.* 1. *pharm.* Tink'tur *f*; 2. *poet.* Farbe *f*; 3. *her.* Farbe *f*, Tink'tur *f*; 4. *fig.* a) Spur *f*, Beigeschmack *m*, b) Anstrich *m*: ~ of education; II *v/t.* 5. färben; 6. *fig.* a) → tinge 2, b) durch'dringen (*with* mit).

tin·der ['tɪndə] *s.* Zunder *m*; '~-box *s.* 1. Zunderbüchse *f*; 2. *fig.* Pulverfaß *n*.

tine [taɪn] *s.* 1. Zinke *f*, Zacke *f* (*Gabel etc.*); 2. *hunt.* (Geweih)Sprosse *f*.

tin| fish *s.* ⚓ *sl.* 'Aal' *m* (*Torpedo*); ~ foil *s.* 1. Stanni'ol *n*; 2. Stanni'olpaˌpier *n*; '~-foil I *v/t.* 1. mit Stanni'ol belegen; 2. in Stanni'ol(paˌpier) verpacken; II *adj.* 3. Stanniol...

ting [tɪŋ] I *s.* Klingeln *n*; II *v/t.* klingeln mit; III *v/i.* klingeln; '~-a-ling [ˌtɪŋə'lɪŋ] *s.* Kling'ling *n*.

tinge [tɪndʒ] I *v/t.* 1. tönen, (leicht) färben; 2. *fig.* e-n Anstrich geben (*dat.*): be ~d with e-n Anflug haben von, et. von ... an sich haben; II *v/i.* 3. sich färben; III *s.* 4. leichter Farbton, Tönung *f*: have a ~ of red e-n Stich ins Rote haben, ins Rote spielen; 5. *fig.* Anstrich *m*, Anflug *m*, Spur *f*.

tin·gle ['tɪŋgl] I *v/i.* 1. prickeln, kribbeln, beißen, brennen (*Haut, Ohren etc.*) (*with cold* vor Kälte); 2. klingen, summen (*with* vor *dat.*): my ears are tingling mir klingen die Ohren; 3. ~ with *fig.* 'knistern' vor *Spannung, Erotik etc.*: the story ~s with suspense; 4. flirren (*Hitze, Licht*); II *s.* 5. Prickeln *n etc.*; 6. Klingen *n* in den Ohren; 7. (ner'vöse) Erregung.

tin| god *s.* Götze *m*, Popanz *m*; ~ hat *s.* ✗ F Stahlhelm *m*; '~-horn *Am. sl.* I *adj.* angeberisch, hochstaplerisch; II *s.* Hochstapler *m*, Angeber *m*.

tink·er ['tɪŋkə] I *s.* 1. Kesselflicker *m*: not worth a ~'s cuss keinen Pfifferling wert; 2. a) Pfuscher *m*, Stümper *m*, b) Bastler *m*, Tüftler *m*; 3. Pfusche'rei *f*: have a ~ at an et. herumpfuschen; II *v/i.* 4. her'umbasteln, -pfuschen (*at, with* an *dat.*); III *v/t.* 5. *mst* ~ up (rasch) zs.-flicken; zu'rechtbasteln *od.* -pfuschen (*a. fig.*).

tin·kle ['tɪŋkl] I *v/i.* klingeln, hell (er)klingen; II *v/t.* klingeln mit; III *s.* Klingeln *n*, (*a. fig.* Vers-, Wort)Geklingel *n*: give s.o. a ~ *Brit.* F j-n ,anklingeln'; have a ~ F ,pinkeln'.

tin| Liz·zie ['lɪzɪ] *s. humor.* alter Klapperkasten (*Auto*); '~-man [-mən] *s.* [*irr.*] 1. Zinngießer *m*; 2. → tinsmith.

tinned [tɪnd] *adj.* 1. verzinnt; 2. *Brit.* konserviert, Dosen..., Büchsen...: ~ fruit Obstkonserven *pl.*; ~ meat Büchsenfleisch *n*; ~ music *humor.* ,Musik *f* aus der Konserve'; tin·ner ['tɪnə] *s.* 1. → tinsmith; 2. Verzinner *m*.

tin·ny ['tɪnɪ] *adj.* 1. zinnern; 2. zinnhaltig; 3. blechern (*a. fig. Klang*).

tin o·pen·er *s. Brit.* Dosen-, Büchsenöffner *m*; ⚡ Pan Al·ley [ˌtɪnpæn'ælɪ] *s.* (*Zentrum n der*) 'Schlagerinduˌstrie *f*; ~ plate *s.* Weiß-, Zinnblech *n*; '~-plate *v/t.* verzinnen; '~-pot I *s.* Blechtopf *m*; II *adj. sl.* ,schäbig', ,billig'.

tin·sel ['tɪnsl] I *s.* 1. Flitter-, Rauschgold *n*, -silber *n*; 2. La'metta *n*; 3. Glitzerschmuck *m*; 4. *fig.* Flitterkram *m*, Kitsch *m*; II *adj.* 5. Flitter...; 6. *fig.* flitterhaft, kitschig, Flitter..., Schein...; III *v/t.* 7. mit Flitterwerk verzieren.

'tin·smith *s.* Blechschmied *m*, Klempner *m*; ~ sol·der *s.* ✿ Weichlot *n*, Lötzinn *n*.

tint [tɪnt] I *s.* 1. (hellgetönte *od.* zarte) Farbe; 2. (Farb)Ton *m*, Tönung *f*: autumnal ~s Herbstfärbung *f*; have a bluish ~ ins Blaue spielen, e-n Stich ins Blaue haben; 3. *paint.* Weißmischung *f*; II *v/t.* 4. (leicht) färben: ~ed glass Rauchglas *n*; ~ed paper Tonpapier *n*; 5. a) (ab)tönen, b) aufhellen.

tin·tin·nab·u·la·tion ['tɪntɪˌnæbjʊ'leɪʃn] *s.* Geklingel *n*.

ti·ny ['taɪnɪ] I *adj.* winzig (*a. Geräusch etc.*); II *s.* Kleine(r *m*) *f* (*Kind*).

tip¹ [tɪp] I *s.* 1. (Schwanz-, Stock- *etc.*) Spitze *f*, (Flügel- *etc.*)Ende *n*: ~ of the ear Ohrläppchen *n*; ~ of the finger (*nose, tongue*) Finger- (Nasen-, Zungen)spitze *f*: have s.th. at the ~s of one's fingers et. ,parat' haben, et. aus dem Effeff können; I have it on the ~ of my tongue es schwebt mir auf der Zunge; 2. Gipfel *m*, (Berg)Spitze *f*; → iceberg; 3. ✿ spitzes Endstück, *bsd.* a) (*Stock- etc.*)Zwinge *f*, b) Düse *f*, c) Tülle *f*, d) (Schuh)Kappe *f*; 4. Filter *n* e-r Zigarette; II *v/t.* 5. ✿ mit e-r Spitze *etc.* versehen; beschlagen, bewehren; 6. *Büsche etc.* stutzen.

tip² [tɪp] I *s.* 1. Neigung *f*: give s.th. a ~ → 3; 2. (Schutt- *etc.*)Abladeplatz *m*, (*a.* Kohlen)Halde *f*; II *v/t.* 3. kippen, neigen; → scale² 1; 4. *mst* ~ over 'umkippen; 5. *Hut* abnehmen, an *den Hut* tippen (*zum Gruß*); 6. *Brit. Müll etc.* abladen; III *v/i.* 7. sich neigen; 8. *mst* ~ over umkippen; 🜨 auf den Kopf gehen (*beim Landen*); ~ off *v/t.* 1. abladen; 2. *sl. Glas Bier etc.* ,hin'unterkippen'; ~ out I *v/t.* ausschütten; II *v/i.* her'ausfallen; ~ o·ver → tip² 4 u. 8; ~ up *v/t. u. v/i.* 1. hochkippen, -klappen; 2. umkippen.

tip³ [tɪp] I *s.* 1. Trinkgeld *n*; 2. (Wett- *etc.*)Tip *m*; 3. Tip *m*, Wink *m*, Fingerzeig *m*, Rat *m*; II *v/t.* 4. *j-m* ein Trinkgeld geben; 5. F *j-m* e-n Tip *od.* Wink geben: ~ s.o. off, ~ s.o. the wink *j-m* (rechtzeitig) e-n Tip geben, *j-n* warnen; 6. *sport* tippen auf (*acc.*); III *v/i.* 7. Trinkgeld(er) geben.

tip⁴ [tɪp] I *s.* 1. Klaps *m*; leichte Berührung *f*; II *v/t.* leicht schlagen; antippen, antupfen.

tip| and run *s. Brit. Art* Kricket *n*; ˌ~-and-'run *adj.* ✗ Überraschungs-, blitzschnell: ~ raider ✗ Einbruchsflieger *m*; '~-cart *s.* Kippwagen *m*.

'tip-off *s.* 1. Tip *m*, Wink *m*; 2. *sport* Sprungball *m*.

tipped [tɪpt] *adj.* 1. mit e-m Endstück

od. e-r Zwinge, Spitze *etc.* versehen; **2.** mit Filter (*Zigarette*).

tip·per ['tɪpə] *s.* ⚙ Kippwagen *m.*

tip·pet ['tɪpɪt] *s.* **1.** Pele'rine *f*, (her'ab- hängender) Pelzkragen; **2.** *eccl.* (Sei- den)Halsband *n*, (-)Schärpe *f.*

tip·ple ['tɪpl] **I** *v/t. u. v/i.* ‚picheln'; **II** *s.* (alko'holisches) Getränk; **'tip·pler** [-lə] *s.* ‚Pichler' *m*, Säufer *m.*

tip·si·fy ['tɪpsɪfaɪ] *v/t.* beduseln; **'tip·si- ness** [-ɪnɪs] *s.* Beschwipstheit *f.*

'tip·staff *pl.* **-staves** *s.* **1.** *hist.* Amts- stab *m*; **2.** Gerichtsdiener *m.*

tip·ster ['tɪpstə] *s.* **1.** *bsd.* Rennsport u. *Börse:* (berufsmäßiger) Tipgeber; **2.** Infor'mant *m.*

tip·sy ['tɪpsɪ] *adj.* □ **1.** angeheitert, be- schwipst; **2.** wack(e)lig, schief; ~ **cake** *s.* mit Wein getränkter u. mit Eiercreme servierter Kuchen.

'tip-,tilt·ed *adj.*: ~ **nose** Stupsnase *f*; **'~toe I** *s.*: **on ~** a) auf den Zehenspit- zen, b) *fig.* neugierig, gespannt (**with** vor *dat.*), c) darauf brennend (*et. zu tun*); **II** *adj. u. adv.* → I; **III** *v/i.* auf den Zehenspitzen gehen, schleichen; **'~top I** *s.* Gipfel *m*, *fig. a.* Höhepunkt *m*; **II** *adj. u. adv.* F 'tipp'topp, erstklassig; '**~up** *adj.* aufklappbar; ~ **seat** Klappsitz *m.*

ti·rade [taɪ'reɪd] *s.* **1.** Ti'rade *f* (*a.* ♪), Wortschwall *m*; **2.** 'Schimpfkano‚nade *f.*

tire¹ ['taɪə] **I** *v/t.* ermüden (*a. fig. lang- weilen*): ~ **out** erschöpfen; ~ **to death** a) todmüde machen, b) *fig.* tödlich langweilen; **II** *v/i.* müde werden: a) er- müden, ermatten, b) *fig.* 'überdrüssig werden (*of gen., of doing* zu tun).

tire² ['taɪə] *mot. bsd. Am.* **I** *s.* (Rad-, Auto)Reifen *m*; **II** *v/t.* bereifen.

tire³ ['taɪə] *obs.* **I** *v/t.* schmücken; **II** *s.* a) (Kopf)Putz *m*, Schmuck *m*, b) (schöne) Kleidung, Kleid *n.*

tire| cas·ing *s. mot.* (Reifen)Mantel *m*, (-)Decke *f*; ~ **chain** *s. mot.* Schneeket- te *f.*

tired¹ ['taɪəd] *adj.* **1.** müde: a) ermüdet (**by, with** von): ~ **to death** todmüde, b) 'überdrüssig (*of gen.*): **I am ~ of it** *fig.* ich habe es satt; **2.** erschöpft, ver- braucht; **3.** abgenutzt.

tired² ['taɪəd] *adj.* ⚙, *mot.* bereift.

tired·ness ['taɪədnɪs] *s.* **1.** Müdigkeit *f*; **2.** *fig.* 'Überdruß *m.*

tire| ga(u)ge *s. mot.* Reifendruckmes- ser *m*; ~ **grip** *s.* ⚙ Griffigkeit *f* der Reifen.

tire·less¹ ['taɪəlɪs] *adj.* ⚙ unbereift.

tire·less² ['taɪəlɪs] *adj.* □ unermüdlich; **'tire·less·ness** [-nɪs] *s.* Unermüdlich- keit *f.*

tire| le·ver *s. mot.* ('Reifen)Mon‚tierhe- bel *m*; ~ **marks** *s. pl. mot.* Reifen-, Bremsspur(en *pl.*) *f*; ~ **rim** *s.* Reifen- wulst *m.*

tire·some ['taɪəsəm] *adj.* □ **1.** ermü- dend (*a. fig.*); **2.** *fig.* unangenehm, lä- stig.

'tire,wom·an *s.* [*irr.*] *obs.* **1.** Kammer- zofe *f*; **2.** *thea.* Garderobi'ere *f.*

ti·ro → **tyro**.

Tir·o·lese [,tɪrə'li:z] **I** *adj.* ti'rolerisch, ti- 'rolisch, Tiroler(...); **II** *s.* Ti'roler(in).

'T-,i·ron *s.* ⚙ T-Eisen *n.*

tis·sue ['tɪʃu:; 'tɪsju:] *s.* **1.** *biol.* (Zell-, Muskel- *etc.*)Gewebe *n*; **2.** ✝ feines

---

Gewebe, Flor *m*; **3.** *a.* ~ **paper** 'Seiden- pa‚pier *n*; **4.** Pa'pier(taschen)tuch *n*; **5.** *phot.* 'Kohlepa‚pier *n*; **6.** *fig.* (Lügen- *etc.*)Gewebe *n*, Netz *n.*

tit¹ [tɪt] *s. orn.* Meise *f.*

tit² [tɪt] *s.*: ~ **for tat** wie du mir, so ich dir; **give s.o.** ~ **for tat** j-m mit gleicher Münze heimzahlen.

tit³ [tɪt] *s.* **1.** → **teat**; **2.** *vulg.* ‚Titte' *f.*

Ti·tan ['taɪtən] *s.* Ti'tan *m*; **'Ti·tan·ess** [-tənɪs] *s.* Ti'tanin *f*; **ti·tan·ic** [taɪ'tænɪk] *adj.* **1.** ti'tanisch, gi'gantisch; **2.** 🜊 Ti- tan...: ~ **acid**; **ti·ta·ni·um** [taɪ'teɪnjəm] *s.* 🜊 Ti'tan *n.*

tit·bit ['tɪtbɪt] *s.* Leckerbissen *m* (*a. fig.*).

tith·a·ble ['taɪðəbl] *adj.* zehntpflichtig.

tithe [taɪð] **I** *s.* **1.** *oft pl. bsd. eccl.* Zehn- te *m*; **2.** Zehntel *n*: **not a** ~ **of it** *fig.* nicht ein bißchen davon; **II** *v/t.* **3.** den Zehnten bezahlen von; **4.** den Zehnten erheben von.

tit·il·late ['tɪtɪleɪt] *v/t. u. v/i.* kitzeln (*a. fig.* angenehm erregen); **tit·il·la·tion** [,tɪtɪ'leɪʃn] *s.* **1.** Kitzeln *n*; **2.** *fig.* Kitzel *m.*

tit·i·vate ['tɪtɪveɪt] *v/t. u. v/i. humor.* (sich) feinmachen, (sich) her'aus- putzen.

tit·lark ['tɪtlɑ:k] *s. orn.* Pieper *m.*

ti·tle ['taɪtl] *s.* **1.** (*Buch- etc.*)Titel *m*; **2.** (Ka'pitel- *etc.*),Überschrift *f*; **3.** (Haupt)Abschnitt *m* e-s Gesetzes *etc.*; **4.** *Film:* 'Untertitel *m*; **5.** Bezeichnung *f*; **6.** (Adels-, Ehren-, Amts)Titel *m*: ~ **of nobility** Adelsprädikat *n*; **7.** *sport* Titel *m*; **8.** 🜊 a) Rechtstitel *m*, -an- spruch *m*, Recht *n* (**to** auf *acc.*), b) dingliches Eigentum(srecht) (**to** an *dat.*), c) Eigentumsurkunde *f*; **9.** *allg.* Recht *n* (**to** auf *acc.*), Berechtigung *f* (**to do** zu tun); **10.** *typ. a.* → **title page**, b) Buchrücken *m*; **'ti·tled** [-ld] *adj.* **1.** betitelt, tituliert; **2.** ad(c)lig.

ti·tle| deed → **title** 8 c; '**~,hold·er** *s.* **1.** 🜊 (Rechts)Titelinhaber(in); **2.** *sport* Titelhalter(in), -verteidiger(in); ~ **page** *s.* Titelblatt *n*; ~ **role** *s. thea.* Titelrolle *f.*

'tit·mouse *s.* [*irr.*] *orn.* Meise *f.*

ti·trate ['taɪtreɪt] *v/t. u. v/i.* 🜊 titrieren.

tit·ter ['tɪtə] **I** *v/i.* kichern; **II** *s.* Gekicher *n*, Kichern *n.*

tit·tle ['tɪtl] *s.* **1.** Pünktchen *n*, (*bsd.* I-) Tüpfelchen *n*; **2.** *fig.* Tüttelchen *n*, das bißchen: **to a** ~ aufs I-Tüpfelchen *od.* Haar, ganz genau; **not a** ~ **of it** nicht ein Iota (davon).

'tit·tle-,tat·tle I *s.* **1.** Schnickschnack *m*, Geschwätz *n*; **2.** Klatsch *m*, Tratsch *m*; **II** *v/i.* **3.** schwatzen, schwätzen; **4.** trat- schen.

tit·u·lar ['tɪtjulə] **I** *adj.* □ **1.** Titel...; **2.** Titular..., nomi'nell: ~ **king** Titularkö- nig *m*; **II** *s.* Ti'tular *m.*

Ti·tus ['taɪtəs] *npr. u. s. bibl.* (Brief *m* des Paulus an) Titus *m.*

tiz·zy ['tɪzɪ] *s.* F Aufregung *f.*

to [tu:; *im Satz mst* tu; *vor Konsonanten* tə] **I** *prp.* **1.** *Grundbedeutung:* zu; **2.** *Richtung u. Ziel, räumlich:* zu, nach, an (*acc.*), in (*acc.*), auf (*acc.*): ~ **bed** zu Bett gehen; ~ **London** nach London rei- sen *etc.*; ~ **school** in die Schule gehen; ~ **the ground** an den *od.* zu Boden fallen, werfen *etc.*; ~ **the station** zum Bahnhof; ~ **the wall** an die Wand na- geln *etc.*; ~ **the right** auf der rechten

---

Seite, rechts; **back** ~ **back** Rücken an Rücken; **3.** in (*dat.*): **I have never been** ~ **London**; **4.** *Richtung, Ziel, Zweck, Wirkung:* zu, auf (*acc.*), an (*acc.*), in (*acc.*), für, gegen: **pray** ~ **God** zu Gott beten; **our duty** ~ unsere Pflicht *j-m* gegenüber; ~ **dinner** zum Essen *einladen etc.*; ~ **my surprise** zu m-r Überraschung; **pleasant** ~ **the ear** angenehm für das Ohr; **here's** ~ **you!** F (auf) Ihre Gesundheit!, Prosit!; **what is that** ~ **you?** was geht das Sie an?; ~ **a large audience** vor e-m großen Publi- kum *spielen*; **5.** *Zugehörigkeit:* zu, in (*acc.*), für, auf (*acc.*): ~ **cousin** ~ Vetter des *Königs etc.*, der *Frau N.*, von *N.*; **he is a brother** ~ **her** er ist ihr Bruder; **secretary** ~ Sekretär des ..., *j-s* Sekre- tär; **that is all there is** ~ **it** das ist alles; **a cap with a tassel** ~ **it** e-e Mütze mit e-r Troddel (daran); **a room** ~ **myself** ein eigenes Zimmer; **a key** ~ **the trunk** ein Schlüssel für den (*od.* zum) Koffer; **6.** *Gemäßheit:* nach: ~ **my feeling** m-m Gefühl nach; **not** ~ **my taste** nicht nach m-m Geschmack; **7.** (im Verhältnis *od.* Vergleich) zu, gegen, gegen'über, auf (*acc.*), mit: **you are but a child** ~ **him** Sie sind nur ein Kind gegen ihn; **noth- ing** ~ nichts im Vergleich zu; **five** ~ **one** fünf gegen eins, *sport etc.* fünf zu eins; **three** ~ **the pound** drei auf das Pfund; **8.** *Ausmaß, Grenze:* bis, (bis) zu, (bis) an (*acc.*), auf (*acc.*), in (*dat.*): ~ **the clouds**; **goods** ~ **the value of** Waren im Werte von; **love** ~ **craziness** bis zum Wahnsinn lieben; **9.** *zeitliche Aus- dehnung od. Grenze:* bis, bis zu, bis gegen, auf (*acc.*), vor (*dat.*): **a quarter** ~ **one** ein Viertel vor eins; **from three** ~ **four** von drei bis vier (Uhr); ~ **this day** bis zum heutigen Tag; ~ **the min- ute** auf die Minute (genau); **10.** *Beglei- tung:* zu, nach: ~ **a guitar** zu e-r Gitarre *singen*; ~ **a tune** nach e-r Melodie *tan- zen*; **11.** *zur Bildung des (betonten) Da- tivs:* ~ **me, you** *etc.* mir, dir, Ihnen *etc.*; **it seems** ~ **me** es scheint mir; **she was a good mother** ~ **him** sie war ihm e-e gute Mutter; **12.** *zur Bezeichnung des Infinitivs:* ~ **be or not** ~ **be** sein oder nicht sein; ~ **go** gehen; **I want** ~ **go** ich möchte gehen; **easy** ~ **understand** leicht zu verstehen; **years** ~ **come** künftige Jahre; **I want her** ~ **come** ich will, daß sie kommt; **13.** *Zweck, Ab- sicht:* um zu, zu: **he only does it** ~ **earn money** er tut es nur, um Geld zu ver- dienen; **14.** *zur Verkürzung des Neben- satzes:* **I weep** ~ **think of it** ich weine, wenn ich daran denke; **he was the first** ~ **arrive** er kam als erster; ~ **be honest, I should decline** wenn ich ehrlich sein soll, muß ich ablehnen; ~ **hear him talk** wenn man ihn (so) reden hört; **15.** *zur Andeutung e-s aus dem vorhergehenden zu ergänzenden Infinitivs:* **I don't go because I don't want** ~ ich gehe nicht, weil ich nicht (gehen) will; **II** *adv.* [tu:] **16.** zu, geschlossen: **pull the door** ~ die Tür zuziehen; **17.** *bei verschiedenen Verben:* dran; → **fall to, put to** *etc.*; **18.** zu Bewußtsein *od.* zu sich *kommen, bringen*; **19.** ♍ nahe am Wind: **keep her** ~!; **20.** ~ **and fro** a) hin u. her, b) auf u. ab.

toad [təud] *s. zo.* Kröte *f*: **a** ~ **under a**

harrow fig. ein geplagter Mensch; **2.** Ekel *n* (*Person*); '~,**eat·ing I** *s.* Speichellecke'rei *f*; **II** *adj.* speichelleckerisch; '~·**flax** *s.* ♀ Leinkraut *n*; ,~·**in-the-'hole** *s.* in Pfannkuchenteig gebakkene Würste; '~·**stool** *s. bot.* **1.** (größerer Blätter)Pilz; **2.** Giftpilz *m.*

toad·y ['təʊdɪ] **I** *s.* Speichellecker *m*; **II** *v/i.* (*v/t.* vor *j-m*) kriechen *od.* schar-'wenzeln; '**toad·y·ism** [-ɪzəm] *s.* Speichellecke'rei *f.*

to-and-fro [,tu:ən'frəʊ] *s.* Hin u. Her *n*; Kommen u. Gehen *n.*

toast¹ [təʊst] **I** *s.* **1.** Toast *m*, geröstete (Weiß)Brotschnitte: **have s.o. on ~** *Brit. sl.* j-n ganz in der Hand haben; **II** *v/t.* **2.** toasten, rösten; **3.** sich *die Hände etc.* wärmen; **III** *v/i.* **4.** sich rösten *od.* toasten lassen; **5.** F sich *von der Sonne* braten lassen.

toast² [təʊst] **I** *s.* **1.** Trinkspruch *m*, Toast *m*: **propose a ~ to s.o.** e-n Toast auf j-n ausbringen; **2.** gefeierte Per'son *od.* Sache; **II** *v/t.* **3.** toasten *od.* trinken auf (*acc.*); **III** *v/i.* **4.** toasten (*to* auf *acc.*).

toast·er ['təʊstə] *s.* Toaster *m.*

to·bac·co [tə'bækəʊ] *pl.* -**cos** *s.* **1.** *a.* ~ **plant** Tabak(pflanze *f*) *m*; **2.** (Rauch-*etc.*)Tabak *m*: ~ **heart** ✄ Nikotinherz *n*; **to'bac·co·nist** [-kənɪst] *s.* Tabak-(waren)händler *m*: ~'**s** (*shop*) Tabak-(waren)laden *m.*

to·bog·gan [tə'bɒgən] **I** *s.* **1.** (Rodel-) Schlitten *m*; **2.** *Am.* Rodelhang *m*; **II** *v/i.* **3.** rodeln; ~ **chute**, ~ **slide** *s.* Rodelbahn *f.*

to·by ['təʊbɪ] *s. a.* ~ **jug** Bierkrug *m* in Gestalt e-s dicken, alten Mannes.

toc·sin ['tɒksɪn] *s.* **1.** A'larm-, Sturmglocke *f*; **2.** A'larm-, 'Warnsi,gnal *n.*

tod [tɒd] *s.*: **on one's ~** *Brit. sl.* allein.

to·day [tə'deɪ] **I** *adv.* **1.** heute; **2.** heute, heutzutage; **II** *s.* **3.** heutiger Tag: ~'**s paper** die heutige Zeitung, die Zeitung von heute; ~'**s rate** ✝ Tageskurs *m*; **4.** das Heute, heutige Zeit, Gegenwart *f*: **of ~**, ~'**s** von heute, heutig, Tages...; ~ die Gegenwart.

tod·dle ['tɒdl] **I** *v/i.* **1.** watscheln (*bsd. kleine Kinder*); **2.** F (da'hin)zotteln: ~ **off** sich trollen, ,abhauen'; **II** *s.* **3.** Watscheln *n*; **4.** F Bummel *m*; **5.** F → '**tod·dler** [-lə] *s.* Kleinkind *n.*

tod·dy ['tɒdɪ] *s.* Toddy *m*: a) *Art Grog*, b) Palmwein *m.*

to-do [tə'du:] *s.* F **1.** Lärm *m*; **2.** Ge'tue *n*, ,Wirbel' *m*, ,The'ater' *n*: **make much ~ about s.th.** viel Wind um e-e Sache machen.

toe [təʊ] **I** *s.* **1.** *anat.* Zehe *f*: **on one's ~s** F ,auf Draht'; **turn one's ~s in** (*out*) einwärts (auswärts) gehen; **turn up one's ~s** *sl.* ins Gras beißen; **tread on s.o.'s ~s** F *fig.* ,j-m auf die Hühneraugen treten'; **2.** Vorderhuf *m* (*Pferd*); **3.** Spitze *f*, Kappe *f von Schuhen, Strümpfen etc.*; **4.** ◉ *a*) (Well)Zapfen *m*, b) Nocken *m*, Daumen *m*, c) 🔩 Keil *m* (*Weiche*); **5.** *sport* Löffel *m* (*Golfschläger*); **II** *v/t.* **6.** a) *Strümpfe* mit neuen Spitzen versehen, b) *Schuhe* bekappen; **7.** mit den Zehen berühren: ~ **the line** a) *a.* ~ **the mark** in e-r Reihe (*sport* zum Start) antreten, b) *pol.* sich der Parteilinie unterwerfen, ,spuren' (*a. weitS. gehorchen*); **8.** *sport* den Ball

spitzeln; **9.** *sl. j-m* e-n (Fuß)Tritt versetzen; **10.** *Golf: Ball* mit dem Löffel schlagen; '~·**board** *s. sport* Stoß-, Wurfbalken *m*; '~·**cap** *s.* (Schuh)Kappe *f.*

-**toed** [təʊd] *in Zssgn* ...zehig.

'**toe**|**danc·er** *s.* Spitzentänzer(in); '~·**hold** *s.* **1.** Halt *m* für die Zehen (*beim Klettern*); **2.** *fig.* a) Ansatzpunkt *m*, b) Brückenkopf *m*, 'Ausgangspositi,on *f*: **get a ~** Fuß fassen; **3.** *Ringen:* Zehengriff *m*; '~·**nail** *s.* Zehennagel *m*; ~ **spin** *s.* 'Spitzenpirou,ette *f.*

toff [tɒf] *s. Brit. sl.* ,Fatzke' *m.*

tof·fee, **tof·fy** ['tɒfɪ] *s. Brit.* 'Sahnebon,bon *m*, *n*, Toffee *n*: **he can't shoot for ~** F vom Schießen hat er keine Ahnung; **not for ~** F nicht für Geld u. gute Worte; '~·**nosed** *adj.* F eingebildet.

tog [tɒg] F **I** *s. pl.* ,Kla'motten' *pl*: **golf ~s** Golfdreß *m*; **II** *v/t.*: ~ **o.s. up** sich ,in Schale werfen'.

to·geth·er [tə'geðə] **I** *adv.* **1.** zu'sammen: **call** (**sew**) ~ zs.-rufen (-nähen); **2.** zu-, bei'sammen, mitein'ander, gemeinsam; **3.** zusammen (genommen); **4.** mitein'ander *od.* gegenein'ander: **fight ~**; **5.** zu'gleich, gleichzeitig, zusammen; **6.** *Tage etc.* nach-, hinterein'ander, *e-e Zeit* lang *od.* hin'durch: **he talked for hours ~** er sprach stundenlang; **7.** ~ **with** zusammen *od.* gemeinsam mit, mit(samt); **II** *adj.* **8.** *Am. sl.* ausgeglichen (*Person*); **to'geth·er·ness** [-nɪs] *s. bsd. Am.* Zs.-gehörigkeit(sgefühl *n*) *f*; Einheit *f*; Nähe *f.*

tog·ger·y ['tɒgərɪ] → **tog I.**

tog·gle ['tɒgl] **I** *s.* **1.** ◉, ⚓ Knebel *m*; **2.** *a.* ~ **joint** ◉ Knebel-, Kniegelenk *n*; **II** *v/t.* **3.** festknebeln; ~ **switch** *s.* ⚡ Kippschalter *m.*

toil¹ [tɔɪl] *s. mst pl. fig.* Schlingen *pl.*, Netz *n*: **in the ~s of** a) in den Schlingen *od.* Fängen des *Satans etc.*, b) in *Schulden etc.* verstrickt.

toil² [tɔɪl] **I** *s.* (mühselige) Arbeit, Mühe *f*, Plage *f*, Placke'rei *f*; **II** *v/i. a.* ~ **and moil** sich abmühen *od.* abplacken: ~ quälen (*at*, *on* mit): ~ **up a hill** e-n Berg mühsam erklimmen; '**toil·er** [-lə] *s. fig.* Arbeitstier *n*, Schwerarbeiter *m.*

toi·let ['tɔɪlɪt] *s.* **1.** Toi'lette *f*, Klo'sett *n*; **2.** Fri'sier-, Toi'lettentisch *m*; **3.** Toi'lette *f* (*Ankleiden etc.*): **make one's ~** Toilette machen, **4.** Toi'lette *f*, Kleidung *f*, *a.* (Abend)Kleid *n od.* (Gesellschafts)Anzug *m*; ~ **bag** *s.* Kul'turbeutel *m*; ~ **case** *s.* 'Reiseneces,saire *n*; ~ **pa·per** *s.* Toi'letten-, Klo'settpa,pier *n*; ~ **pow·der** *s.* Körperpuder *m*; ~ **roll** *s.* Rolle *f* Klo'settpa,pier.

toi·let·ry ['tɔɪlɪtrɪ] *s.* Toi'lettenar,tikel *pl.*

toi·let set *s.* Toi'lettengarni,tur *f*; ~ **soap** *s.* Toi'lettenseife *f*; ~ **ta·ble** → **toilet 2.**

toil·ful ['tɔɪlfʊl], '**toil·some** [-səm] *adj.* ☐ mühsam, -selig; '**toil·some·ness** [-səmnɪs] *s.* Mühseligkeit *f.*

'**toil·worn** *adj.* abgearbeitet.

To·kay [təʊ'keɪ] *s.* To'kaier *m* (*Wein u. Traube*).

to·ken ['təʊkən] **I** *s.* **1.** Zeichen *n*: a) Anzeichen *n*, Merkmal *n*, b) Beweis *m*: **as a** (*od.* **in**) ~ **of** als *od.* zum Zeichen (*gen.*); **by the same ~** a) aus dem gleichen Grunde, mit demselben Recht, umgekehrt, b) ferner, überdies; **2.** An-

denken *n*, (Erinnerungs)Geschenk *n*, ('Unter)Pfand *n*; **3.** *hist.* Scheidemünze *f*; **4.** (Me'tall)Marke *f* (*als Fahrausweis*); **5.** Spielmarke *f*; **6.** Gutschein *m*, Bon *m*; **II** *adj.* **7.** nomi'nell: ~ **money** a) Scheidemünzen *pl.*, b) Not-, Ersatzgeld *n*; ~ **payment** symbolische Zahlung; ~ **strike** (kurzer) Warnstreik; **8.** Alibi...: ~ **negro**; ~ **woman**; **9.** Schein...: ~ **raid** Scheinangriff *m.*

told [təʊld] *pret. u. p.p. von* **tell.**

tol·er·a·ble ['tɒlərəbl] *adj.* ☐ **1.** erträglich; **2.** *fig.* leidlich, mittelmäßig, erträglich; **3.** F ,einigermaßen' (*gesund*), ,so la'la'; '**tol·er·a·ble·ness** [-nɪs] *s.* Erträglichkeit *f*; '**tol·er·ance** [-rəns] *s.* **1.** Tole'ranz *f*, Duldsamkeit *f*; **2.** (*of*) a) Duldung *f* (*gen.*), b) Nachsicht *f* (mit); **3.** ✄ a) Tole'ranz *f*, 'Widerstandsfähigkeit *f* (*for* gegen), b) Verträglichkeit *f*; **4.** ◉ Tole'ranz *f*, zulässige Abweichung, Spiel *n*, Fehlergrenze *f*; '**tol·er·ant** [-rənt] *adj.* ☐ **1.** tole'rant, duldsam (*of* gegen); **2.** geduldig, nachsichtig (*of* mit); **3.** ✄ 'widerstandsfähig (*of* gegen); **tol·er·ate** ['tɒləreɪt] *v/t.* **1.** *j-n od. et.* dulden, tolerieren, *et. a.* zulassen, hinnehmen, *a. j-s Gesellschaft* ertragen; **2.** duldsam *od.* tole'rant sein gegen; **3.** *bsd.* ✄ vertragen; **tol·er·a·tion** [,tɒlə'reɪʃn] *s.* **1.** Duldung *f*; **2.** → **tolerance 1.**

toll¹ [təʊl] **I** *v/t.* **1.** *bsd. Totenglocke* läuten, erschallen lassen; **2.** *Stunde* schlagen; **3.** (durch Glockengeläut) verkünden; *die Totenglocke* läuten für *j-n*; **II** *v/i.* **4.** a) läuten, schallen, b) schlagen (*Glocke*); **III** *s.* **5.** Geläut *n*; **6.** Glokkenschlag *m.*

toll² [təʊl] *s.* **1.** *hist.* (*bsd.* Wege-, Brükken)Zoll *m*; **2.** Straßenbenutzungsgebühr *f*, Maut *f*; **3.** Standgeld *n auf dem Markt etc.*; **4.** *Am.* Hafengebühr *f*; **5.** *teleph. Am.* Gebühr *f* für ein Ferngespräch; **6.** *fig.* Tri'but *m an Menschenleben etc.*, (Blut)Zoll *m*, (Zahl *f* der) Todesopfer *pl.*: **the ~ of the road** die Verkehrsopfer *od.* -unfälle; **take its ~ of** *fig. j-n* mitnehmen, s-n Tribut fordern von *j-m od.* e-r Sache, *Kräfte, Vorräte etc.* strapazieren; **take a ~ of 100 lives** 100 Todesopfer fordern (*Katastrophe*); ~ **bar** → **toll gate**; ~ **call** *s. teleph.* **1.** *Am.* Ferngespräch *n*; **2.** *Brit. obs.* Nahverkehrsgespräch *n*; ~ **gate** *s.* Schlagbaum *m e-r Mautstraße*; '~·**house** *s.* Mautstelle *f*; ~ **road** *s.*, '~·**way** *s.* gebührenpflichtige Straße, Mautstraße *f.*

tol·u·ene ['tɒljuːiːn], '**tol·u·ol** [-jʊɒl] *s.* ✄ Tolu'ol *n.*

tom [tɒm] *s.* **1.** Männchen *n kleinerer Tiere*: ~ **turkey** Truthahn *m*, Puter *m*; **2.** Kater *m*; **3.** ♀ *abbr. für* **Thomas**: ♀ **and Jerry** *Am.* Eiergrog *m*; ♀, **Dick, and Harry** Hinz u. Kunz; ♀ **Thumb** Däumling *m.*

tom·a·hawk ['tɒməhɔːk] **I** *s.* Tomahawk *m*, Kriegsbeil *n der Indianer*: **bury** (**dig up**) **the ~** *fig.* das Kriegsbeil begraben (ausgraben); **II** *v/t.* mit dem Tomahawk (er)schlagen.

to·ma·to [tə'mɑːtəʊ] *pl.* -**toes** *s.* ♀ To'mate *f.*

tomb [tuːm] *s.* **1.** Grab(stätte *f*) *n*; **2.** Grabmal *n*, Gruft *f*; **3.** *fig. das* Grab, *der* Tod.

tom·bac, **tom·bak** ['tɒmbæk] *s. metall.* Tombak *m*.

tom·bo·la [tɒm'bəʊlə] *s.* Tombola *f*.

tom·boy ['tɒmbɔɪ] *s.* Wildfang *m*, Range *f* (*Mädchen*); '**tom·boy·ish** [-bɔɪʃ] *adj.* ausgelassen, wild.

'**tomb·stone** ['tuːm-] *s.* Grabstein *m*.

'**tom·cat** *s.* Kater *m*.

tome [təʊm] *s.* **1.** Band *m* e-s *Werkes*; **2.** (dicker) Wälzer (*Buch*).

tom·fool [ˌtɒm'fuːl] **I** *s.* Einfaltspinsel *m*, Narr *m*; **II** *adj.* dumm; **III** *v/i.* (he'rum-) albern; **tom·fool·er·y** [tɒm'fuːlərɪ] *s.* Albernheit *f*, Unsinn *m*.

tom·my ['tɒmɪ] *s.* **1.** a) *a.* ⚠ **Atkins** Tommy *m* (*der brit. Soldat*), b) *a.* ⚠ F Tommy *m*, *brit.* Landser *m* (*einfacher Soldat*); **2.** *dial.* ‚Fres'salien' *pl.*, Verpflegung *f*; **3.** ⚙ a) (verstellbarer) Schraubenschlüssel, b) *a.* ~ **bar** Knebelgriff *m*; ⚠ **gun** *s.* ✕ Ma'schinenpi‚stole *f*; ¸~'**rot** *s.* F (purer) Blödsinn, Quatsch *m*.

to·mor·row [tə'mɒrəʊ] **I** *adv.* morgen: ~ **week** morgen in e-r Woche *od.* acht Tagen; ~ **morning** morgen früh; ~ **night** morgen abend; **II** *s.* der morgige Tag, *das Morgen*: ~'s *paper* die morgige Zeitung; ~ *never comes* das werden wir nie erleben; *the day after* ~ übermorgen.

'**tom·tit** *s. orn.* (Blau)Meise *f*.

ton[1] [tʌn] *s.* **1.** *engl.* Tonne *f* (*Gewicht*): a) *a.* **long** ~ *bsd. Brit.* = 2240 *lbs. od.* 1016,05 *kg*, b) *a.* **short** ~ *bsd. Am.* = 2000 *lbs. od.* 907,18 *kg*, c) *a.* **metric** ~ metrische Tonne (= 2205 *lbs. od.* 1000 *kg*); **2.** ⚓ Tonne *f* (*Raummaß*): a) **register** ~ Registertonne (= 100 *cubic feet od.* 2,83 *m³*), b) **gross register** ~ Bruttoregistertonne (*Schiffsgrößenangabe*); **3.** **weigh a** ~ F ‚wahnsinnig' schwer sein; **4.** *pl. e-e* Unmenge (*of money* Geld): ~**s of times** ‚tausendmal'; **5.** *do the* ~ *Brit. sl.* a) mit 100 Meilen fahren, b) 100 Meilen schaffen (*Auto etc.*).

ton[2] [tɔː̃] (*Fr.*) *s.* **1.** die (herrschende) Mode; **2.** Ele'ganz *f*: *in the* ~ modisch, elegant.

ton·al ['təʊnl] *adj.* □ ♪ **1.** Ton..., tonlich; **2.** to'nal; **to·nal·i·ty** [təʊ'nælətɪ] *s.* **1.** ♪ a) Tonali'tät *f*, Tonart *f*, b) 'Ton-, 'Klangcha‚rakter *m*; **2.** *paint.* Farbton *m*, Tönung *f*.

tone [təʊn] **I** *s.* **1.** *allg.* Ton *m*, Klang *m*: *heart* ~**s** ✚ Herztöne; **2.** Ton *m*, Stimme *f*: *in an angry* ~ in ärgerlichem Ton, mit zorniger Stimme; **3.** *ling.* a) Tonfall *m*, b) Tonhöhe *f*, Betonung *f*; **4.** ♪ a) Ton *m*, b) *Am.* Note *f*, c) Klang(farbe *f*) *m*; **5.** *paint.* (Farb)Ton *m*, Tönung *f* (*a. fig.*); **6.** ✚ a) Tonus *m der Muskeln*, b) *fig.* Spannkraft *f*; **7.** *fig.* Geist *m*, Haltung *f*; **8.** Stimmung *f* (*a. Börse*); **9.** a) Ton *m*, Note *f*, Stil *m*, b) Ni'veau *n*: *set the* ~ *of* a) den Ton angeben für, b) den Stil *e-r Sache* bestimmen; *raise* (*lower*) *the* ~ (*of*) das Niveau (*gen.*) heben (senken); *give* ~ *to* Niveau verleihen (*dat.*); **II** *v/t.* **10.** e-n Ton verleihen (*dat.*), e-e Färbung geben (*dat.*); **11.** *Farbe etc.* abtönen: ~ *down* Farbe, *fig.* Zorn *etc.* dämpfen, mildern; ~ *up paint. u. fig.* (ver)stärken; **12.** *phot.* tonen; **13.** *fig.* a) 'umformen, -modeln, b) regeln; **III** *v/i.* **14.** a. ~ *in* (*with* a) verschmelzen (mit), b) harmonieren (mit), passen (zu) (*bsd. Farbe*). **15.** ~

down sich mildern *od.* abschwächen; **16.** ~ *up* stärker werden; ~ *arm s.* Tonarm *m am Plattenspieler*; ~ **con·trol** *s.* ♫ Klangregler *m*.

tone·less ['təʊnlɪs] *adj.* □ **1.** tonlos (*a. Stimme*); **2.** ausdruckslos.

tone po·em *s.* ♪ Tondichtung *f*.

tongs [tɒŋz] *s. pl. sg. konstr.* Zange *f*: *a pair of* ~ eine Zange; *I would not touch that with a pair of* ~ a) das würde ich nicht mal mit e-r Zange anfassen, b) *fig.* mit dieser Sache möchte ich nichts zu tun haben.

tongue [tʌŋ] **I** *s.* **1.** *anat.* Zunge *f* (*a. fig. Redeweise*): *malicious* ~**s** böse Zungen; *have a long* (*ready*) ~ geschwätzig (schlagfertig) sein; *find one's* ~ die Sprache wiederfinden; *give* ~ a) sich laut u. deutlich äußern (*to* zu), b) anschlagen (*Hund*), c) Laut geben (*Jagdhund*); *hold one's* ~ den Mund halten; *keep a civil* ~ *in one's head* höflich bleiben; *put one's* ~ *out* (*at s.o.*) (j-m) die Zunge herausstrecken; *with* (*one's*) ~ *in* (*one's*) *cheek* → *tongue-in-cheek*; ~ *wag* 1; **2.** Sprache *f e-s Volkes*, Zunge *f*; **3.** *fig.* Zunge *f* (*Schuh, Flamme, Klarinette etc.*); **4.** (Glocken)Klöppel *m*; **5.** (Wagen-) Deichsel *f*; **6.** ⚙ Feder *f*, Spund *m*: ~ *and groove* Feder u. Nut; **7.** Dorn *m* (*Schnalle*); **8.** Zeiger *m* (*Waage*); **9.** ♪ (Re'lais)Anker *m*; **II** *v/t.* **11.** ♪ mit Flatterzunge blasen; **12.** ⚙ verzapfen; **tongued** [-ŋd] *adj.* **1.** *in Zssgn* ...züngig; **2.** ⚙ gefedert, gezapft.

,**tongue|-in-'cheek** *adj.* **1.** i'ronisch; **2.** mit Hintergedanken; '~-,**lash·ing** *s.* F Standpauke *f*; '~-**tied** *adj.* stumm, sprachlos (*vor Verlegenheit etc.*): *be* ~ keinen Ton herausbringen; ~ **twist·er** *s.* Zungenbrecher *m*.

ton·ic ['tɒnɪk] **I** *adj.* (□ ~**ally**) **1.** ✶ to-nisch: ~ *spasm* Starrkrampf *m*; **2.** ✶ stärkend, belebend (*a. fig.*): ~ *water* Tonic *n*; **3.** *ling.* Ton...: ~ *accent* musikalischer Akzent; **4.** ♪ Tonika..., (Grund)Ton...: ~ *chord* Grundakkord *m*; ~ *major* gleichnamige Dur-Tonart; ~ *sol-fa* Tonika-Do-System *n*; **5.** *paint.* Tönungs..., Farbgebungs...; **II** *s.* **6.** ✶ Stärkungsmittel *n*, Tonikum *n*; **7.** Tonic *n* (*Getränk*); **8.** *fig.* Stimulans *n*; **9.** ♪ Grundton *m*, Tonika *f*; **10.** *ling.* stimmhafter Laut; **to·nic·i·ty** [təʊ'nɪsətɪ] *s.* **1.** → *tone* 6; **2.** musi'kalischer Ton.

to·night [tə'naɪt] **I** *adv.* **1.** heute abend; **2.** heute nacht; **II** *s.* **3.** der heutige Abend; *a.* diese Nacht.

ton·nage ['tʌnɪdʒ] *s.* **1.** ⚓ Ton'nage *f*, Tonnengehalt *m*, Schiffsraum *m*; **2.** ⚓ Ge'samtton‚nage *f e-s Landes*; **3.** ⚓ Tonnengeld *n*; **4.** ⚓ (Ge'samt)Produkti‚on *f* (*Stahl etc.*).

tonne [tʌn] *s.* metrische Tonne.

ton·neau ['tɒnəʊ] *pl.* **-neaus** (*Fr.*) *s. mot.* hinterer Teil (*mit Rücksitzen*) e-s Autos.

ton·ner ['tʌnə] *s.* ⚓ *in Zssgn* ...tonner, *ein Schiff von* ... Tonnen.

to·nom·e·ter [təʊ'nɒmɪtə] *s.* **1.** ♪, *phys.* Tonhöhenmesser *m*; **2.** ✶ Blutdruckmesser *m*.

ton·sil ['tɒnsl] *s. anat.* Mandel *f*; '**ton·sil·lar** [-sɪlə] *adj.* Mandel...; **ton·sil·lec·to·my** [ˌtɒnsɪ'lektəmɪ] *s.* ✶ Mandel-

entfernung *f*; **ton·sil·li·tis** [ˌtɒnsɪ'laɪtɪs] *s.* ✶ Mandelentzündung *f*.

ton·so·ri·al [tɒn'sɔːrɪəl] *adj. mst humor.* Barbier...: ~ *artist* ‚Figaro' *m*.

ton·sure ['tɒnʃə] *eccl.* **I** *s.* **1.** Tonsurierung *f*; **2.** Ton'sur *f*; **II** *v/t.* **3.** tonsurieren.

to·ny ['təʊnɪ] *adj. Am.* F (tod)schick.

too [tuː] *adv.* **1.** (*vorangestellt*) zu, allzu: *all* ~ *familiar* allzu vertraut; ~ *fond of comfort* zu sehr auf Bequemlichkeit bedacht; ~ *many* zu viele; *none* ~ *pleasant* nicht gerade angenehm; **2.** F sehr, äußerst: *it is* ~ *kind of you*; **3.** (*nachgestellt*) auch, ebenfalls.

took [tʊk] *pret. von* take.

tool [tuːl] **I** *s.* **1.** Werkzeug *n*, Gerät *n*, Instru'ment *n*: ~**s** *pl. a.* Handwerkszeug *n*; *gardener's* ~**s** Gartengerät *n*; **2.** ⚙ (Bohr-, Schneide- *etc.*)Werkzeug *n* e-r Maschine, *a.* Arbeits-, Drehstahl *m*; **3.** ⚙ a) 'Werkzeug‚maschine *f*, b) Drehbank *f*; **4.** *typ.* a) 'Stempelfi‚gur *f* (*Punzarbeit*), b) (Präge)Stempel *m*; **5.** *pl. fig.* a) Handwerkszeug *n* (*Bücher etc.*), b) Rüstzeug *n* (*Fachwissen*); **6.** *fig. contp.* Werkzeug *n*, Handlanger *m*, Krea'tur *f e-s anderen*; **7.** V ‚Appa'rat' *m* (*Penis*); **II** *v/t.* **8.** ⚙ bearbeiten; **9.** *mst* ~ *up Fabrik* (maschi'nell) ausstatten, -rüsten; **10.** *Bucheinband* punzen; **11.** *sl.* ‚kutschieren' (*fahren*); **III** *v/i.* **12.** *mst* ~ *up* ⚙ sich (maschi'nell) ausrüsten (*for* für); **13.** *a.* ~ *along sl.* (da-'hin-, her'um)gondeln; ~ *bag s.* Werkzeugtasche *f*; ~ *bit s.* ⚙ Werkzeugspitze *f*; ~ *box s.* ⚙ Werkzeugkasten *m*; ~ *car·ri·er s.* ⚙ Werkzeugschlitten *m*; ~ **en·gi·neer·ing** *s.* Arbeitsvorbereitung *f*.

tool·ing ['tuːlɪŋ] *s.* ⚙ **1.** Bearbeitung *f*; **2.** Einrichten *n e-r Werkzeugmaschine*; **3.** maschi'nelle Ausrüstung; **4.** *Buchbinderei:* Punzarbeit *f*.

'**tool**‚**mak·er** *s.* Werkzeugmacher *m*; '~-**post** *s.* Schneidstahlhalter *m*.

toot [tuːt] *v/i.* **1.** (*a. v/t. et.*) tuten, blasen; **2.** hupen (*Auto*).

tooth [tuːθ] **I** *pl.* **teeth** [tiːθ] *s.* **1.** *anat.* Zahn *m*: ~ *and nail fig.* verbissen, erbittert (*be*)*kämpfen*; *armed to the teeth* bis an die Zähne bewaffnet; *in the teeth of fig.* a) gegen Widerstand *etc.* b) trotz *od.* ungeachtet *der Gefahr etc.*; *cut one's teeth* zahnen; *draw the teeth of fig.* a) j-n beruhigen, b) j-n ungefährlich machen, c) *e-r Sache* die Spitze nehmen, *et.* entschärfen; *get one's teeth into* sich an *e-e Arbeit etc.* ‚ranmachen'; *have a sweet* ~ gerne Süßigkeiten essen *od.* naschen; *put teeth into* (den nötigen) Nachdruck verleihen (*dat.*); *set s.o.'s teeth on edge* j-m auf die Nerven gehen *od.* ‚weh' tun; *show one's teeth* (*to*) a) die Zähne fletschen (gegen), b) *fig.* j-m die Zähne zeigen; **2.** Zahn *m* e-s *Kammes*, *e-r Säge*, *e-s Zahnrads etc.*; **3.** (Gabel)Zinke *f*; **II** *v/t.* **4.** Rad *etc.* bezahnen; **5.** Brett verzahnen; **III** *v/i.* **6.** in-ein'andergreifen (*Zahnräder*); '~-**ache** *s.* Zahnweh *n*; '~-**brush** *s.* Zahnbürste *f*; '~-**comb** *s.* Staubkamm *m*; ~ **de·cay** *s.* Zahnverfall *m*.

toothed [tuːθt] *adj.* **1.** mit Zähnen (versehen), Zahn...; gezahnt: ~ *wheel* Zahnrad *n*; **2.** ♀ gezähnt, gezackt (*Blattrand*); **3.** ⚙ verzahnt; '**tooth·less**

[-θlɪs] *adj.* zahnlos.

'tooth·paste *s.* Zahnpasta *f*; '~·**pick** *s.* Zahnstocher *m*; ~ **pow·der** *s.* Zahnpulver *n.*

tooth·some ['tu:θsəm] *adj.* □ lecker (*a. fig.*).

too·tle ['tu:tl] *v/i.* **1.** tuten, dudeln; **2.** *Am.* F quatschen; **3.** F a) (her'um)gondeln, b) ,(da'hin)zotteln': ~ *off* sich trollen.

toot·sy(-woot·sy) [ˌtutsɪ('wutsɪ)] *s.* Kindersprache: Füßchen *n.*

top¹ [top] **I** *s.* **1.** ober(st)es Ende, Oberteil *n*; Spitze *f*, Gipfel *m e-s Berges etc.*; Krone *f*, Wipfel *m des Baumes*; (Haus-)Giebel *m*, Dach(spitze *f*) *n*; Kopf(ende *n*) *m des Tisches, e-r Buchseite etc.*: *at the* ~ oben(an); *at the* ~ *of* oben an (*dat.*); *at the* ~ *of one's speed* mit höchster Geschwindigkeit; *at the* ~ *of one's voice* aus vollem Halse; *page 20 at the* ~ auf Seite 20 oben; *on* ~ oben (-auf); *on (the)* ~ *of* oben auf (*dat.*), über (*dat.*); *on* ~ *of each other* aufod. übereinander; *on (the)* ~ *of it* obendrein; *go over the* ~ a) ✗ zum Sturmangriff (*aus dem Schützengraben*) antreten, b) *fig.* es maßlos übertreiben; **2.** *fig.* Spitze *f*, erste *od.* höchste Stelle; 'Spitzenpositi,on *f*: *the* ~ *of the class* der Primus der Klasse; *the* ~ *of the tree* (*od. ladder*) *fig.* die höchste Stellung, der Gipfel des Erfolgs; *at the* ~ an der Spitze; *be on* ~ (*of the world*) obenauf sein; *come out on* ~ als Sieger *od.* Bester hervorgehen; *come to the* ~ an die Spitze kommen, sich durchsetzen; *get on* ~ *of s.th.* e-r Sache Herr werden; **3.** *fig.* Gipfel *m*, *das Äußerste od.* Höchste; **4.** Scheitel *m*, Kopf *m*: *from* ~ *to toe* von Kopf bis Fuß; *blow one's* ~ *sl.* ,hochgehen', e-n Wutanfall haben; **5.** Oberfläche *f des Tisches, Wassers etc.*; **6.** *mot. etc.* Verdeck *n*; **7.** (Bett)Himmel *m*; **8.** (Möbel)Aufsatz *m*; **9.** ♣ Mars *m*, *f*, Topp *m*; **10.** (Schuh)Oberleder *n*; **11.** Stulpe *f* (*Stiefel, Handschuh*); **12.** (Topf- *etc.*)Deckel *m*; **13.** ♀ a) (oberer Teil e-r) Pflanze *f* (*Ggs. Wurzel*), b) *mst pl.* (Rüben- *etc.*)Kraut *n*; **14.** Blume *f des Bieres*; **15.** *mot.* → *top gear*; **II** *adj.* **16.** oberst: ~ *line* Kopf-, Titelzeile *f*; *the* ~ *rung fig.* oberste Stelle, höchste Stellung; **17.** höchst: ~ *earner* Spitzenverdiener(in); ~ *efficiency* ❂ Spitzenleistung *f*; ~ *price* Höchstpreis *m*; ~ *speed* Höchstgeschwindigkeit *f*; ~ *secret* streng geheim; **18.** *der (die, das)* erste; **19.** Haupt...; **III** *v/t.* **20.** (oben) bedecken, krönen; **21.** über'ragen; **22.** *fig.* über'treffen, -'ragen; **23.** die Spitze (*gen.*) erreichen; **24.** an der Spitze *der Klasse, e-r Liste etc.* stehen; **25.** über-'steigen; **26.** ✗ stutzen, kappen; **27.** *Hindernis* nehmen; **28.** *Golf: Ball* oben schlagen; ~ *off v/t.* F *et.* abschließen *od.* krönen (*with* mit); ~ *out v/i.* Richtfest feiern; **II** *v/t.* das Richtfest (*gen.*) feiern; ~ *up v/t.* **1.** auf-, nachfüllen; **2.** F *j-m* nachschenken.

top² [top] *s.* Kreisel *m* (*Spielzeug*).

to·paz ['təupæz] *s. min.* To'pas *m.*

top| boot *s.* (kniehoher) Stiefel, Stulpenstiefel *m*; '~·**coat** 'Überzieher *m*, Mantel *m*; ~ **dog** *s. fig.* **1.** *der Herr od.* Über'legene; *der* Sieger; **2.** ,Chef'

m, der Oberste; **3.** *der (die, das)* Beste; ~ **draw·er** *s.* **1.** oberste Schublade; **2.** F *fig. die* oberen Zehntausend: *he does not come from the* ~ er kommt nicht aus vornehmster Familie; ,~·'**draw·er** *adj.* F **1.** vornehm; **2.** best; ~ **dress·ing** *s.* **1.** ✓ Kopfdüngung *f*; **2.** ❂ Oberflächenbeschotterung *f.*

tope¹ [təup] *v/t. u. v/i.* ,saufen'.

tope² [təup] *s. ichth.* Glatthai *m.*

to·pee ['təupi:] *s.* Tropenhelm *m.*

top·er ['təupə] *s.* Säufer *m*, Zecher *m.*

'top·flight *adj.* F erstklassig, prima; '~·**flight·er** → *topnotcher*; ~·**gal·lant** [ˌtop'gælənt; ♣ tə'g-] ♣ **I** *s.* Bramsegel *n*; **II** *adj.* Bram...: ~ *sail*; ~ *gear s. mot.* höchster Gang; ~ *hat s.* Zy'linder(hut) *m*; ,~·'**heav·y** *adj.* **1.** oberlastig (*Gefäß etc.*); **2.** ♣ topplastig; **3.** ✓ kopflastig; **4.** ✿ a) überbewertet (*Wertpapiere*), b) 'überkapitalisiert (*Unternehmen*); ,~·'**hole** → *topflight.*

top·ic ['topɪk] *s.* **1.** Thema *n*, Gegenstand *m*; **2.** *phls.* Topik *f*; '**top·i·cal** [-kl] **I** *adj.* □ **1.** örtlich, lo'kal (*a. ⚕*): ~ *colo(u)rs* topische Farben; **2.** a) aktu-'ell, b) zeitkritisch: ~ *song* Lied *n* mit aktuellen Anspielungen; **3.** the'matisch; **II** *s.* **4.** aktu'eller Film; **top·i·cal·i·ty** [ˌtopɪ'kælətɪ] *s.* aktu'elle *od.* lo'kale Bedeutung.

top| kick *Am. sl. für* → *top sergeant*; '~·**knot** *s.* **1.** Haarknoten *m*; **2.** *orn.* (Feder)Haube *f*, Schopf *m.*

top·less ['toplɪs] *adj.* **1.** ohne Kopf; **2.** 'Oben-'ohne...: ~ *dress* (*night club, waitress*).

,**top|·'line** *adj.* **1.** promi'nent; **2.** wichtigst: ~ *news*; ,~·'**lin·er** *s.* F Promi'nente(r *m*) *f*; '~·**mast** [-ma:st; -məst] *s.* ♣ (Mars)Stenge *f*; '~·**most** *adj.* höchst, oberst; ,~·'**notch** *adj.* F prima, erstklassig; ,~·'**notch·er** *s.* F ,Ka'none' *f* (*Könner*).

to·pog·ra·pher [tə'pogrəfə] *s. geogr.* Topo'graph *m*; **top·o·graph·ic, top·o·graph·i·cal** [ˌtopə'græfɪk(l)] *adj.* □ topo'graphisch; **to'pog·ra·phy** [-fɪ] *s.* **1.** *geogr., a. ♋* Topogra'phie *f*; **2.** ✗ Geländekunde *f.*

top·per ['topə] *s.* **1.** △ oberer Stein; **2.** ♀ F (oben'aufliegendes) Schaustück (*Obst etc.*); **3.** F Zy'linder *m* (*Hut*); **4.** F a) ,(tolles) Ding', b) ,Pfundskerl' *m*; **top·ping** ['topɪŋ] *adj.* □ F prima, fabelhaft.

top·ple ['topl] **I** *v/i.* **1.** wackeln; **2.** kippen, stürzen, purzeln: ~ *down* (*od. over*) umkippen, hinpurzeln, niederstürzen; **II** *v/t.* **3.** ins Wanken bringen, stürzen: ~ *over et.* umstürzen, -kippen; **4.** *fig. Regierung* stürzen.

tops [tops] *adj.* F prima, erstklassig, ,super'.

top·sail ['topsl] *s.* ♣ Marssegel *n*; ~ **saw·yer** *s.* F *fig.* ,hohes Tier'; ,~·'**se·cret** *adj.* streng geheim; ~ **ser·geant** *s.* ✗ *Am.* F Hauptfeldwebel *m*, ,Spieß' *m*; '~·**soil** *s.* ✓ Ackerkrume *f*, Mutterboden *m.*

top·sy·tur·vy [ˌtopsɪ'tɜ:vɪ] **I** *adv.* **1.** *das* Oberste zu'unterst, auf den Kopf: *turn everything* ~ alles auf den Kopf stellen; **2.** kopf'über kopf'unter *fallen*; **3.** drunter u. drüber, verkehrt; **II** *adj.* **4.** auf den Kopf gestellt, in wildem Durchein'ander, cha'otisch; **III** *s.* **5.** (wildes

od. heilloses) Durchein'ander, Kuddelmuddel *m*, *n*; ,**top·sy'tur·vy·dom** [-dəm] → *topsyturvy* 5.

toque [təuk] *s.* **1.** *hist.* Ba'rett *n*; **2.** Toque *f* (*randloser Damenhut*).

tor [tɔ:] *s. Brit.* Felsturm *m.*

to·ra(h) ['tɔːrə] *s.* **1.** ⚹ *das* Gesetz Mosis; **2.** Tho'ra *f.*

torch [tɔ:tʃ] *s.* **1.** Fackel *f* (*a. fig. der Wissenschaft etc.*): *carry a* ~ *for Am. fig. Mädchen* (von ferne) verehren; **2.** *a.* **electric** ~ *Brit.* Taschenlampe *f*; **3.** ❂ a) Schweißbrenner *m*, b) → *torch lamp*; **4.** *Am.* Brandstifter *m*; '~·**bear·er** *s.* Fackelträger *m* (*a. fig.*); ~ **lamp** *s.* ❂ Lötlampe *f*; '~·**light** *s.* Fackelschein *m*: ~ *procession* Fackelzug *m*; ~ **pine** *s.* ⚘ (*Amer.*) Pechkiefer *f*; ~ **sing·er** *s.* Schnulzensänger(in); ~ **song** *s.* ,Schnulze' *f*, sentimen'tales Liebeslied.

tore [tɔ:] *pret. von tear².*

tor·e·a·dor ['tɒrɪədɔ:] (*Span.*) *s.* Torea-'dor *m*, berittener Stierkämpfer.

to·re·ro [tɒ'reərəu] *pl.* -**ros** (*Span.*) *s.* To'rero *m*, Stierkämpfer *m* (*zu Fuß*).

tor·ment I *v/t.* [tɔ:'ment] **1.** *bsd. fig.* quälen, peinigen, foltern, plagen (*with* mit): ~*ed with* gequält *od.* gepeinigt von *Zweifel etc.*; **II** *s.* ['tɔ:ment] **2.** Qual *f*, Pein *f*, Marter *f*: *be in* ~ Qualen ausstehen; **3.** Plage *f*; **4.** Quälgeist *m*; **tor·men·tor** [-tə] *s.* **1.** Peiniger *m*; **2.** Quälgeist *m*; **3.** ♣ lange Fleischgabel; **4.** *thea.* vordere Ku'lisse; **tor·men·tress** [-trɪs] *s.* Peinigerin *f.*

torn [tɔ:n] *p.p. von tear².*

tor·na·do [tɔ:'neɪdəu] *pl.* -**does** *s.* **1.** Tor'nado *m*: a) *Wirbelsturm in den USA*, b) *tropisches Wärmegewitter*; **2.** *fig.* a) (Beifall-, Pro'test)Sturm *m*, b) Wirbelwind *m* (*Person*).

tor·pe·do [tɔ:'pi:dəu] **I** *pl.* -**does** *s.* **1.** ♣ Tor'pedo *m*; **2.** *a.* **aerial** ~ ✈ 'Lufttor-,pedo *m*; **3.** *a.* **toy** ~ Knallerbse *f*; **4.** *ichth.* Zitterrochen *m*; **5.** *Am. sl.* ,Killer' *m*; **II** *v/t.* **6.** torpedieren (*a. fig. vereiteln*); ~ *boat s.* ♣ Tor'pedoboot *n*; ~ *plane s.* ✈ Tor'pedoflugzeug *n*; ~ *tube s.* Tor'pedorohr *n.*

tor·pid ['tɔ:pɪd] **I** *adj.* □ **1.** starr, erstarrt, betäubt; **2.** träge, schlaff; **3.** a'pathisch, stumpf; **II** *s.* **4.** *mst* **tor·pid·i·ty** [tɔ:'pɪdətɪ], '**tor·pid·ness** [-nɪs], '**tor·por** [-pə] *s.* **1.** Erstarrung *f*, Betäubung *f*; **2.** Träg-, Schlaffheit *f*, ⚕ *a.* Torpor *m*; **3.** Apa'thie *f*, Stumpfheit *f.*

torque [tɔ:k] *s.* ❂, *phys.* 'Drehmo,ment *n*; ~ **shaft** *s.* ❂ Dreh-, Torsi'onsstab *m.*

tor·re·fy ['tɒrɪfaɪ] *v/t.* rösten, darren.

tor·rent ['tɒrənt] *s.* **1.** reißender Strom, *bsd.* Wild-, Sturzbach *m*; **2.** (Lava-)Strom *m*; **3.** ~*s of rain* sintflutartige Regenfälle: *it rains in* ~*s* es gießt in Strömen; **4.** *fig.* Strom *m*, Schwall *m*, Sturzbach *m von Fragen etc.*; **tor·ren·tial** [tə'renʃl] *adj.* □ **1.** reißend, strömend, sturzbachartig; **2.** sintflutartig: ~ *rain(s)*; **3.** *fig.* a) wortreich, b) wild, ungestüm.

tor·rid ['tɒrɪd] *adj.* **1.** sengend, brennend heiß (*a. fig. Leidenschaft etc.*): ~ *zone geogr.* heiße Zone; **2.** ausgedörrt, verbrannt: ~ *plain.*

tor·sion ['tɔ:ʃn] *s.* **1.** *a.* ⚕ Drehung *f*; **2.** ❂, *phys.* Torsi'on *f*, Verdrehung *f*: ~ *balance* Drehwaage *f*; **3.** ⚕ Abschnürung *f e-r Arterie*; '**tor·sion·al** [-ʃənl] *adj.* Dreh..., (Ver)Drehungs..., Torsions...: ~ *force*.

tor·so ['tɔːsəʊ] *pl.* **-sos** *s.* Torso *m:* a) Rumpf *m,* b) *fig.* Bruchstück *n,* unvollendetes Werk.

tort [tɔːt] *s.* ᵗᵗₐ unerlaubte Handlung, zi'vilrechtliches De'likt: *law of ~s* Schadenersatzrecht *n;* '~-,**fea·sor** [-ˌfiːzə] *s.* ᵗᵗₐ rechtswidrig Handelnde(r) *m.*

tor·til·la [tɔː'tiːlə] (*Span.*) *s. Am.* Tor'tilla *f* (*Maiskuchen*).

tor·tious ['tɔːʃəs] *adj.* □ ᵗᵗₐ rechtswidrig: ~ *act* → **tort**.

tor·toise ['tɔːtəs] **I** *s. zo.* Schildkröte *f:* *as slow as a* ~ *fig.* (langsam) wie e-e Schnecke; **II** *adj.* Schildpatt...; '~**shell** *s.* Schildpatt *n:* ~ *cat zo.* Schildpattkatze *f.*

tor·tu·os·i·ty [ˌtɔːtjʊ'ɒsətɪ] *s.* **1.** Krümmung *f,* Windung *f;* **2.** Gewundenheit *f* (*a. fig.*); **3.** *fig.* 'Umständlichkeit *f;* **tor·tu·ous** ['tɔːtjʊəs] *adj.* □ **1.** gewunden, verschlungen, gekrümmt; **2.** *fig.* gewunden, 'umständlich; **3.** *fig.* ‚krumm‘, unehrlich.

tor·ture ['tɔːtʃə] **I** *s.* **1.** Folter(ung) *f:* *put to the* ~ foltern; **2.** *fig.* Tor'tur *f,* Marter *f,* (Folter)Qual(en *pl.*) *f;* **II** *v/t.* **3.** foltern, martern, *fig. a.* quälen, peinigen; **4.** *Text etc.* entstellen; '**tor·tur·er** [-ərə] *s.* **1.** Folterknecht *m;* **2.** *fig.* Peiniger *m.*

to·rus ['tɔːrəs] *pl.* **-ri** [-raɪ] *s.* △, ⚖, ♀, ♍ Torus *m.*

To·ry ['tɔːrɪ] **I** *s.* **1.** *pol. Brit.* Tory *m,* (*contp.* 'Ultra)Konserva,tive(r) *m;* **2.** *hist.* Tory *m* (*Loyalist in Amerika*); **II** *adj.* Tory..., konserva'tiv; '**To·ry·ism** [-ɪzəm] *s.* **1.** To'ryismus *m;* **2.** 'Ultrakonserva,tismus *m.*

tosh [tɒʃ] *s. Brit. sl.* ‚Quatsch‘ *m.*

toss [tɒs] **I** *v/t.* **1.** werfen, schleudern: ~ *off* a) *Reiter* abwerfen (*Pferd*), b) *Getränk* hinunterstürzen, c) *Arbeit* ‚hinhauen‘; ~ *up* hochschleudern, *in e-r Decke* prellen; **2.** *a.* ~ *up Münze etc., a. Kopf* hochwerfen: ~ *s.o. for* mit j-m um et. losen (*durch Münzwurf*); **3.** *a.* ~ *about* hin- u. herschleudern, schütteln; **4.** ⚓ *Riemen* pieken: ~ *oars!* Riemen hoch!; **5.** *Am. sl.* j-n ‚filzen‘; **II** *v/i.* **6.** *a.* ~ *about* sich *im Schlaf etc.* hin- u. herwerfen *od.* -wälzen; **7.** *a.* ~ *about* hin- u. hergeworfen werden, geschüttelt werden, hin- und herschwanken; flattern; **8.** rollen (*Schiff*); **9.** schwer gehen (*See*); **10.** *a.* ~ *up* (durch Hochwerfen e-r Münze) losen (*for* um); **III** *s.* **11.** Werfen *n,* Wurf *m;* **12.** Hoch-, Zu'rückwerfen *n des Kopfes;* **13.** a) Hochwerfen *n* e-r Münze, b) → **toss-up; 14.** Sturz *m vom Pferd etc.:* *take a* ~ stürzen, *bsd.* abgeworfen werden; '~-**up** *s.* **1.** Losen *n mit e-r Münze,* Loswurf *m;* **2.** *fig.* ungewisse Sache: *it is a* ~ *whether* es ist völlig offen, ob.

tot¹ [tɒt] *s.* **F 1.** Knirps *m,* Kerlchen *n;* **2.** *Brit.* Schlückchen *n* (*Alkohol*); **3.** *fig.* Häppchen *n.*

tot² [tɒt] **F I** *s.* **1.** (Gesamt)Summe *f;* **2.** a) Additi'onsaufgabe *f,* b) Additi'on *f;* **II** *v/t.* **3.** ~ *up* zs.-zählen; **III** *v/i.* **4.** ~ *up* sich belaufen (*to* auf *acc.*); sich summieren.

to·tal ['təʊtl] **I** *adj.* □ **1.** ganz, gesamt, Gesamt...; **2.** to'tal, Total..., völlig, gänzlich; **II** *s.* **3.** (Gesamt)Summe *f,*

Gesamtbetrag *m,* -menge *f:* *a* ~ *of 20 cases* insgesamt 20 Kisten; **4.** *die* Gesamtheit, *das* Ganze; **III** *v/t.* **5.** zs.-zählen; **6.** insgesamt betragen, sich belaufen auf (*acc.*): *total(l)ing $70* im Gesamtbetrag von 70 Dollar; **7.** *Am.* **F** *Auto* zu Schrott fahren; **to·tal·i·tar·i·an** [ˌtəʊtælɪ'teərɪən] *adj. pol.* totali'tär; **to·tal·i·tar·i·an·ism** [ˌtəʊtælɪ'teərɪənɪzəm] *s.* totali'täres Sy'stem; **to·tal·i·ty** [təʊ'tælətɪ] *s.* **1.** Gesamtheit *f;* **2.** Vollständigkeit *f;* **3.** *ast.* to'tale Verfinsterung; '**to·tal·i·za·tor** [-təlaɪzeɪtə] *s. Pferderennen:* Totali'sator *m;* '**to·tal·ize** [-təlaɪz] *v/t.* **1.** zs.-zählen; **2.** (zu e-m Ganzen) zs.-fassen; '**to·tal·iz·er** [-təlaɪzə] → **totalizator**.

tote¹ [təʊt] *s. sl.* → **totalizator**.

tote² [təʊt] *v/t.* **F 1.** tragen (mit sich) schleppen; **2.** transportieren; ~ *bag s. Am.* Einkaufs-, Tragtasche *f.*

to·tem ['təʊtəm] *s.* Totem *n;* ~ *pole,* ~ *post s.* Totempfahl *m.*

tot·ter ['tɒtə] *v/i.* **1.** torkeln, wanken: ~ *to one's grave fig.* dem Grabe zuwanken; **2.** (sch)wanken, wackeln: ~ *to its fall fig.* (allmählich) zs.-brechen (*Reich etc.*); '**tot·ter·ing** [-ərɪŋ] *adj.* □, '**tot·ter·y** [-ərɪ] *adj.* wack(e)lig, (sch)wankend.

touch [tʌtʃ] **I** *s.* **1.** Berührung *f:* *at a* ~ beim Berühren; *on the slightest* ~ bei der leisesten Berührung; *it has a velvety* ~ es fühlt sich wie Samt an; *that was a* (*near*) ~ **F** das hätte ins Auge gehen können; **2.** Tastsinn *m:* *it is soft to the* ~ es fühlt sich weich an; **3.** (*Pinsel-etc.*)Strich *m:* *put the finishing* ~*es to* letzte Hand legen an (*acc.*), *e-r Sache* den letzten Schliff geben; **4.** ♪ a) Anschlag *m des Pianisten od. des Pianos,* b) Strich *m des Geigers;* **5.** *fig.* Fühlung(nahme) *f,* Verbindung *f,* Kon'takt *m:* *get into* ~ *with* sich in Verbindung setzen mit, Fühlung nehmen mit; *please get in* ~*!* bitte melden (Sie sich)!; *keep in* ~ *with* in Verbindung bleiben mit; *lose* ~ *with* den Kontakt mit *j-m od. e-r Sache* verlieren; *put s.o. in* ~ *with* j-n in Verbindung setzen mit; *within* ~ in Reichweite; **6.** *fig.* Hand *f des Meisters etc.,* Stil *m;* (souve'räne) Ma'nier: *light* ~ leichte Hand; *with* *sure* ~ mit sicherer Hand; **7.** Einfühlungsvermögen *n,* Feingefühl *n;* **8.** *e-e* Spur *Pfeffer etc.:* *a* ~ *of red* ein rötlicher Hauch; **9.** Anflug *m von Sarkasmus etc.,* Hauch *m von Romantik etc.:* *he has a* ~ *of genius* er hat e-e geniale Ader; **10.** ⚕ *etc.* (leichter) Anfall: *a* ~ *of flu* e-e leichte Grippe; *a* ~ *of the sun* ein leichter Sonnenstich; **11.** (besondere) Note, Zug *m:* *the personal* ~ die persönliche Note; **12.** *fig.* Stempel *m,* Gepräge *n;* **13.** Probe *f:* *put to the* ~ auf die Probe stellen; **14.** a) *Rugby etc.:* Mark *f,* b) *Fußball:* Seitenaus *n;* **15.** Fangspiel *n;* **16.** *sl.* a) Anpumpen *n,* b) gepumptes Geld: *he is a soft* ~ er läßt sich leicht anpumpen, *weitS.* er ist ein leichtes Opfer; **II** *v/t.* **17.** *an-* etc. berühren (*a. weitS. Essen etc. mst neg.*); anfassen, angreifen: ~ *the spot* das Richtige treffen; **18.** befühlen, betasten; **19.** *Hand etc.* legen (*to* an *acc., auf acc.*); **20.** mitein'ander in Berührung bringen; **21.** in Berührung kom

men *od.* stehen mit; **22.** drücken auf (*acc.*), (leicht) anstoßen: *to* ~ *the bell* klingeln; *to* ~ *glasses* (mit den Gläsern) anstoßen; **23.** grenzen *od.* stoßen an (*acc.*); **24.** reichen an (*acc.*), erreichen; **F** *fig.* her'anreichen an (*acc.*), gleichkommen (*dat.*); **25.** erlangen, erreichen; **26.** ♪ *Saiten* rühren; *Ton* anschlagen; **27.** tönen, (leicht) färben; *fig.* färben, beeinflussen; **28.** benetzen, (be)drucken; rühren, bewegen: ~*ed to tears* zu Tränen gerührt; **29.** *fig.* verletzen, treffen; **30.** *fig.* berühren, betreffen; **31.** in Mitleidenschaft ziehen, mitnehmen: ~*ed* a) angegangen (*Fleisch*), b) **F** ‚bekloppt‘, ‚nicht ganz bei Trost‘ (*Person*); **32.** *Ort* berühren, haltmachen in (*dat.*); *Hafen* anlaufen; **33.** *sl.* anpumpen (*for* um); **III** *v/i.* **34.** sich berühren; **35.** ~ *at* ⚓ anlegen bei *od.* in (*dat.*), anlaufen (*acc.*); **36.** ~ (*up*)*on fig.* berühren: a) (kurz) erwähnen, b) betreffen;

Zssgn mit adv.:

touch| down *v/i.* **1.** *Rugby etc.:* e-n Versuch legen (erzielen); **2.** ✈ aufsetzen; ~ **off** *v/t.* **1.** skizzieren; **2.** *Skizze* flüchtig entwerfen; **3.** *e-e Explosion, fig. e-e Krise etc.* auslösen, *fig. a.* entfachen; ~ **up** *v/t.* **1.** auffrischen (*a. fig.*), aufpolieren; verbessern; **2.** *phot.* retuschieren.

touch| and **go** *s.* ris'kante Sache, pre'käre Situati'on: *it was* ~ es hing an e-m Haar, es stand auf des Messers Schneide; ~**-and-'go** *adj.* **1.** ris'kant; **2.** flüchtig, oberflächlich: ~ *landing* ✈ Aufsetz- u. Durchstartlandung; '~**down** *s.* **1.** *Rugby etc.:* Versuch *m;* **2.** ✈ Aufsetzen *n.*

touch·i·ness ['tʌtʃɪnɪs] *s.* Empfindlichkeit *f.*

touch·ing ['tʌtʃɪŋ] *adj.* □ *fig.* rührend, ergreifend.

'touch|·line *s.* a) *Fußball:* Seitenlinie *f,* b) *Rugby:* Marklinie *f;* '~**-me-not** *s.* ♀ (*fig.* **F** Blümlein *n*) Rührmichnichtan *n;* '~ˌ**pa·per** *s.* 'Zündpa,pier *n;* '~**stone** *s.* **1.** *min.* Probierstein *m;* **2.** *fig.* Prüfstein *m;* ~ **sys·tem** *s.* Zehn'fingersys,tem *n;* ~ **tel·e·phone** *s.* 'Tastentele,fon *n;* '~-**type** *v/i.* blindschreiben; '~**wood** *s.* **1.** Zunder(holz *n*) *m;* **2.** ♀ Feuerschwamm *m.*

touch·y ['tʌtʃɪ] *adj.* □ **1.** empfindlich, reizbar; **2.** a) ris'kant, b) heikel, kitzlig (*Thema*).

tough [tʌf] **I** *adj.* □ **1.** *allg.* zäh: a) hart, 'widerstandsfähig, b) ro'bust, stark (*Person, Körper etc.*), c) hartnäckig (*Kampf, Wille etc.*); **2.** *fig.* schwierig, unangenehm, ‚bös‘ (*Arbeit etc., a.* **F** *Person*); **F** eklig, grob (*Person*): *it was* ~ *going* **F** es war ein hartes Stück Arbeit; *he is a* ~ *customer* mit ihm ist nicht gut Kirschen essen; *if things get* ~ wenn es ‚mulmig‘ wird; ~ *luck* **F** ‚Pech‘ *n;* **3.** rowdyhaft, bru'tal, übel, Verbrecher...: *get* ~ *with s.o.* j-m gegenüber massiv werden; **II** *s.* **4.** Rowdy *m,* Schläger(typ) *m,* ‚übler Kunde‘; **tough·en** ['tʌfn] *v/t. u. v/i.* zäh(er) *etc.* machen (werden); **tough·ie** ['tʌfɪ] *s.* **F 1.** ‚harte Nuß‘, schwierige Sache; **2.** → *tough* 4; '**tough·ness** [-nɪs] *s.* **1.** Zähigkeit *f,* Härte *f* (*a. fig.*); **2.** Ro'bustheit *f;* **3.** *fig.* Hartnäckigkeit *f;* **4.**

Schwierigkeit *f*; **5.** Brutali'tät *f*.
tou·pee, *a.* **tou·pet** ['tu:peɪ] (*Fr.*) *s.* Tou'pet *n* (*Haarersatzstück*).
tour [tʊə] **I** *s.* **1.** Tour *f* (*of* durch): a) (Rund)Reise *f*, (-)Fahrt *f*, b) Ausflug *m*, Wanderung *f*: *conducted ~* a) Führung *f*, b) Gesellschaftsreise *f*; *the grand ~ hist.* (Bildungs)Reise durch Europa; *~ operator* Reiseveranstalter *m*; **2.** Rundgang *m* (*of* durch): *~ of inspection* Besichtigungsrundgang *od.* -rundfahrt *f*; **3.** *thea. etc.* Tour'nee *f*, Gastspielreise *f*: *go on ~* auf Tournee gehen; **4.** ✕ (turnusmäßige) Dienstzeit; **II** *v/t.* **5.** bereisen; **III** *v/i.* **6.** e-e (*thea.* Gastspiel)Reise *od.* (*a. sport*) e-e Tour'nee machen (**through**, **about** durch); *~ de force* [ˌtʊədə'fɔ:s] (*Fr.*) *s.* **1.** Gewaltakt *m*; **2.** Glanzleistung *f*.
tour·ing ['tʊərɪŋ] *adj.* Touren..., Reise...: *~ car mot.* Tourenwagen *m*; *~ company thea.* Wanderbühne *f*; *~ exhibition* Wanderausstellung *f*; **tour·ism** ['tʊərɪzəm] *s.* Reise-, Fremdenverkehr *m*, Tou'rismus *m*; **tour·ist** ['tʊərɪst] **I** *s.* Tou'rist(in), (Ferien-, Vergnügungs-)Reisende(r *m*) *f*; **II** *adj.* Reise..., Fremden(verkehrs)..., Touristen...: *~ agen·cy*, *~ bureau*, *~ office* a) Reisebüro *n*, b) Verkehrsamt *n*, -verein *m*; *~ class* ♄, ✈ Touristenklasse *f*; *~ industry* Fremdenverkehr(sindustrie *f*) *m*; *~ season* Reisezeit *f*; *~ ticket* Rundreisekarte *f*; *~ trap* Touristenfalle *f*; **'tour·ist·y** *adj. contp.* tou'ristisch, Touristen...
tour·na·ment ['tʊənəmənt] *s.* (*hist. Ritter-, a. Tennis- etc.*)Tur'nier *n*.
tour·ney ['tʊənɪ] *bsd. hist.* **I** *s.* Tur'nier *n*; **II** *v/i.* turnieren.
tour·ni·quet ['tʊənɪkeɪ] *s.* ✚ Aderpresse *f*.
tou·sle ['tʊuzl] *v/t.* Haar *etc.* (zer)zausen, verwuscheln.
tout [taʊt] **I** *v/i.* **1.** (*bsd. aufdringliche* Kunden-, Stimmen)Werbung treiben (**for** für); **2.** *Pferderennen:* a) *Brit.* sich *durch Spionieren* gute Renntips verschaffen, b) Wettips geben *od.* verkaufen; **II** *s.* **3.** Kundenschlepper *m*, -werber *m*; **4.** *Pferderennen:* a) *Brit.* ˌSpi'on' *m beim Pferdetraining*, b) Tipgeber *m*; **5.** (Karten)Schwarzhändler *m*.
tow¹ [tʊu] **I** *s.* **1.** a) Schleppen *n*, b) Schlepptau *n*: *have in ~* im Schlepptau haben (*a. fig.*); *take ~* sich schleppen lassen; *take in ~ bsd. fig.* ins Schlepptau nehmen; **2.** *bsd.* ♄ Schleppzug *m*; **II** *v/t.* **3.** (ab)schleppen, ins Schlepptau nehmen: *~ away Auto* abschleppen; *~ed flight* (*target*) Schleppflug *m* (-ziel *n*); **4.** *Schiff* treideln; **5.** *fig. j-n* ab-, mitschleppen, *wohin* bugsieren.
tow² [tʊu] *s.* (Schwing)Werg *n*.
tow·age ['tʊuɪdʒ] *s.* **1.** Schleppen *n*, Bugsieren *n*; **2.** Schleppgebühr *f*.
to·ward **I** *adj.* ['tʊuəd] **1.** *obs.* fügsam; **2.** *obs. od. Am.* vielversprechend; **3.** im Gange, am Werk; **4.** bevorstehend; **II** *prp.* [tə'wɔ:d] **5.** auf (*acc.*) ... zu, (nach) ... zu, nach ... hin, gegen *od.* zu ... (hin); **6.** *zeitlich:* gegen; **7.** *Gefühle etc.* gegen'über; **8.** *als Beitrag* zu, um *e-r Sache* willen, zum Zwecke (*gen.*): *efforts ~ reconciliation* Bemühungen um *e-e* Versöhnung; **to·wards** [tə-'wɔ:dz] → *toward* II.

'tow·|a·way *adj.* Abschlepp...: *~ zone*; **'~·boat** *s.* Schleppschiff *n*, Schlepper *m*.
tow·el ['taʊəl] **I** *s.* Handtuch *n*: *throw in the ~ Boxen:* das Handtuch werfen (*a. fig. sich geschlagen geben*); **II** *v/t.* (mit e-m Handtuch) (ab)trocknen, (-)reiben; *~ horse*, *~ rack s.* Handtuchständer *m*.
tow·er ['taʊə] **I** *s.* **1.** Turm *m*: *~ block Brit.* (Büro-, Wohn)Hochhaus *n*; **2.** Feste *f*, Bollwerk *n*: *~ of strength fig.* Stütze *f*, Säule *f*; **3.** Zwinger *m*, Festung *f* (*Gefängnis*); **4.** 🜨 Turm *m* (*Reinigungsanlage*); **II** *v/i.* **5.** (hoch)ragen, sich (em'por)türmen (**to** zu): *~ above et. od. j-n* (weit) überragen (*a. fig. turmhoch überlegen sein* [*dat.*]); **'tow·ered** [-əd] *adj.* (hoch)getürmt; **'tow·er·ing** [-ərɪŋ] *adj.* **1.** (turm)hoch, hoch-, aufragend; **2.** *fig.* maßlos, gewaltig: *~ ambition*; *~ passion*; *~ rage* rasende Wut.
tow·ing ['tʊuɪŋ] *adj.* (Ab)Schlepp...; *~ line*, *~ path*, *~ rope* → *towline*, *towpath*, *towrope*.
'tow·line *s.* **1.** ♄ Treidelleine *f*, Schlepptau *n*; **2.** Abschleppseil *n*.
town [taʊn] **I** *s.* **1.** Stadt *f* (*unter dem Rang e-r city*); **2.** *the ~ fig.* die Stadt: a) die Stadtbevölkerung, die Einwohnerschaft, b) das Stadtleben; **3.** *Brit.* Marktflecken *m*; **4.** *ohne art.* die (nächste) Stadt: a) Stadtzentrum *n*, b) *Brit. bsd.* London: *to ~* nach der *od.* in die Stadt, *Brit. bsd.* nach London; *out of ~* nicht in der Stadt, *Brit. bsd.* nicht in London, auswärts; *go to ~* F ,auf den Putz hauen'; → *paint* 2; **5.** *Brit.* Bürgerschaft *f e-r Universitätsstadt*; → *gown* 3; **II** *adj.* **6.** städtisch, Stadt..., Städte...; *'~·bred adj.* in der Stadt aufgewachsen; *~ cen·tre s. Brit.* Innenstadt *f*, City *f*; *~ clerk s.* 'Stadtdi‚rektor *m*; *~ coun·cil s.* Stadtrat *m* (*Gremium*); *~ coun·cil·(l)or s.* Stadtrat(smitglied *n*) *m*; *~ cri·er s.* Ausrufer *m*; *~ hall s.* Rathaus *n*; *~ house s.* Stadt-, *Am.* Reihenhaus *n*; *~ plan·ning s.* Städte-, Stadtplanung *f*; *'~·scape* [-skeɪp] *s.* Stadtbild *n*, *paint.* -ansicht *f*.
towns·folk ['taʊnzfəʊk] *s. pl.* Stadtleute *pl.*, Städter *pl.*
town·ship ['taʊnʃɪp] *s.* **1.** *hist.* (Dorf-, Stadt)Gemeinde *f od.* (-)Gebiet *n*; **2.** *Am.* Verwaltungsbezirk *m*; **3.** *surv. Am.* 6 Qua'dratmeilen großes Gebiet.
towns·|man ['taʊnzmən] *s.* [*irr.*] **1.** Städter *m*, Stadtbewohner *m*; **2.** *a. fel·low ~* Mitbürger *m*; *'~·peo·ple* [-nz-] → *townsfolk*.
'tow·path *s.* Treidelpfad *m*; **'~·rope** → *towline*.
tox·(a)e·mi·a [tɒk'si:mɪə] *s.* ✚ Blutvergiftung *f*.
tox·ic, **tox·i·cal** ['tɒksɪk(l)] *adj.* □ giftig, toxisch, Gift...; **'tox·i·cant** [-sɪkənt] **I** *adj.* giftig, toxisch; **II** *s.* Gift (-stoff *m*) *n*; **tox·i·co·log·i·cal** [ˌtɒksɪkə'lɒdʒɪkl] *adj.* □ toxiko'logisch; **tox·i·col·o·gist** [ˌtɒksɪ'kɒlədʒɪst] *s.* ✚ Toxiko'loge *m*; **tox·i·col·o·gy** [ˌtɒksɪ'kɒlədʒɪ] *s.* ✚ Toxikolo'gie *f*, Giftkunde *f*; **'tox·in** [-sɪn] *s.* ✚ To'xin *n*, Gift(stoff *m*) *n*.
toy [tɔɪ] **I** *s.* **1.** (Kinder)Spielzeug *n* (*a. fig.*); *pl.* Spielwaren *pl.*, -sachen *pl.*; **2.** *fig.* Tand *m*, ,Kinkerlitzchen' *n*; **II** *v/i.*

3. (*with*) spielen (mit *e-m Gegenstand*, *fig.* mit *e-m Gedanken*), *fig. a.* liebäugeln (mit); **III** *adj.* **4.** Spielzeug..., Kinder..., Zwerg...: *~ dog* Schoßhund *m*; *~ train* Miniatur-, Kindereisenbahn *f*; *~ book s.* Bilderbuch *n*; *'~·box s.* Spielzeugkiste *f*; *'~·shop s.* Spielwarenhandlung *f*.
trace¹ [treɪs] *s.* Zugriemen *m*, Strang *m* (*Pferdegeschirr*): *in the ~s* angespannt (*a. fig.*); *kick over the ~s fig.* über die Stränge schlagen.
trace² [treɪs] **I** *s.* **1.** (Fuß-, Wagen-, Wild- *etc.*)Spur *f*: *hot on s.o.'s ~s* j-m dicht auf den Fersen; *without a ~* spurlos; *~ element* 🜨 Spurenelement *n*; **2.** *fig.* Spur *f*: a) ('Über)Rest *m*: *~s of ancient civilizations*, b) (An)Zeichen *n*: *~s of fatigue*, c) geringe Menge, bißchen: *not a ~ of fear* keine Spur von Angst; *a ~ of a smile* der Anflug e-s Lächelns; **3.** ✕ a) Leuchtspur *f*, b) *Radar:* Bildspur *f*; **4.** Linie *f*: a) Aufzeichnung *f* (*Meßgerät*), b) Zeichnung *f*, Skizze *f*, c) Pauszeichnung *f*, d) Grundriß *m*; **5.** *Am.* (markierter) Weg; **II** *v/t.* **6.** nachspüren (*dat.*), j-s Spur verfolgen; **7.** *Wild*, *Verbrecher* verfolgen, aufspüren; **8.** *a. ~ out et. od. j-n* ausfindig machen *od.* aufspüren, *et.* auf-, her-'ausfinden; **9.** *fig. e-r Entwicklung etc.* nachgehen, *e-e Sache* verfolgen: *~ back et.* zurückführen (**to** bis zu); *~ s.th. to et.* zurückführen auf (*acc.*), *et.* herleiten von; **10.** erkennen; **11.** *Pfad* verfolgen; **12.** *a. ~ out* (auf)zeichnen, skizzieren, entwerfen; **13.** *Buchstaben* sorgfältig (aus)ziehen, schreiben; **14.** ⚙ a) *a. ~ over* ('durch)pausen, b) *Bauflucht etc.* abstecken, c) *Messung* aufzeichnen (*Gerät*); **'trace·a·ble** [-səbl] *adj.* □ **1.** auffindbar, nachweisbar; **2.** zu'rückzuführen(d) (**to** auf *acc.*); **'trac·er** [-sə] *s.* **1.** Aufspürer(in); **2.** ♄, ✚ *Am.* Lauf-, Suchzettel *m*; **3.** Schneiderei: Kopierrädchen *n*; **4.** ⚙ Punzen *m*; **5.** 🜨 Iso'topenindi‚kator *m*; **6.** ✕ a) *mst ~ bullet*, *~ shell* Leuchtspur-, Rauchspurgeschoß *n*, b) *mst ~ composition* Leuchtspursatz *m*; **7.** a) technischer Zeichner, b) Pauser *m*; **'trac·er·y** [-sərɪ] *s.* **1.** △ Maßwerk *n an gotischen Fenstern*; **2.** Flechtwerk *n*.
tra·che·a [trə'ki:ə] *pl.* -che·ae [-'ki:i:] *s.* **1.** *anat.* Tra'chea *f*, Luftröhre *f*; **2.** ❦, *zo.* Tra'chee *f*; **tra·che·al** [trə'ki:əl] *adj.* **1.** *anat.* Luftröhren...; **2.** *zo.* Trachee...; **3.** ❦ Gefäß...; **tra·che·i·tis** [ˌtrækɪ'aɪtɪs] *s.* ✚ 'Luftröhrenka‚tarrh *m*; **tra·che·ot·o·my** [ˌtrækɪ'ɒtəmɪ] *s.* ✚ Luftröhrenschnitt *m*.
trac·ing ['treɪsɪŋ] *s.* **1.** Suchen *n*, Nachforschung *f*; **2.** ⚙ a) (Auf)Zeichnen *n*, b) 'Durchpausen *n*; **3.** ⚙ a) Zeichnung *f*, (Auf)Riß *m*, Plan *m*, b) Pause *f*; **4.** Aufzeichnung *f* (*e-s Kardiographen etc.*); *~ file s.* 'Suchkar‚tei *f*; *~ op·er·a·tion s.* Fahndung *f*; *~ pa·per s.* 'Pauspa‚pier *n*; *~ ser·vice s.* Suchdienst *m*.
track [træk] **I** *s.* **1.** (Fuß-, Wild- *etc.*) Spur *f* (*a. fig.*), Fährte *f*: *on s.o.'s ~s* j-m *od.* der Spur; *be on the wrong ~* auf der falschen Spur *od.* auf dem Holzweg sein; *cover up one's ~s* s-e Spuren verwischen; *throw s.o. off the ~* j-n von der (richtigen) Spur ablenken; *keep ~ of fig. et.* verfolgen, sich auf

dem laufenden halten über (*acc.*); *lose ~ of* aus den Augen verlieren; *make ~s sl.* ‚abhauen'; *make ~s for* schnurstracks losgehen auf (*acc.*); *stop in one's ~s* wie festgewurzelt stehenbleiben; *shoot s.o. in his ~s* j-n auf der Stelle niederschießen; **2.** ⚓ Gleis *n*, Geleise *n u. pl.*, Schienenstrang *m*: *off the ~* entgleist, aus den Schienen; *on ~* † auf (der) Achse, rollend; *born on the wrong side of the ~s fig. Am.* aus ärmlichen Verhältnissen stammend; **3.** ⚓ Fahrwasser *n*; **4.** ⚓ übliche Route; **5.** Weg *m*, Pfad *m*; **6.** (Ko'meten- *etc.*) Bahn *f*; **7.** *sport* a) (Renn-, Lauf-)Bahn *f*, b) *mst ~ events* 'Laufdiszi,plinen *pl.*, c) *a.* ***~-and-field sports*** 'Leichtath,letik *f*; **8.** (Gleis-, Raupen-)Kette *f e-s* Traktors *etc.*; **9.** *mot.* a) Spurweite *f*, b) 'Reifenpro,fil *n*; **10.** *Computer, Tonband:* Spur *f*; **11.** *ped. Am.* Leistungsgruppe *f*; **II** *v/t.* **12.** nachspüren (*dat.*), *a. fig.* verfolgen (*acc.*); **13.** aufspüren: a) *a. ~ down Wild, Verbrecher* zur Strecke bringen, b) ausfindig machen; **14.** *Weg* kennzeichnen; **15.** durch'queren; **16.** ⚓ *Am.* Gleise verlegen in (*dat.*); **17.** *Am.* (Schmutz)Spuren hinter'lassen auf (*dat.*); **18.** ⚙ mit Raupenketten versehen: *~ed vehicle* Ketten-, Raupenfahrzeug *n*; **III** *v/i.* **19.** Spur halten (*Räder*); **20.** *Film:* (mit der Kamera) fahren: *~ing shot* Fahraufnahme *f*; **IV** *adj.* **21.** ⚓ Gleis..., Schienen...; **22.** *sport* a) (Lauf)Bahn..., Lauf..., b) Leichtathletik...: '**track·age** [-kɪdʒ] *s.* ⚓ **1.** *coll.* Schienen *pl.*; **2.** Schienenlänge *f*; **3.** *Am.* Streckenbenutzungsrecht *n*, -gebühr *f*; ‚**track-and-'field** *adj* Leichtathletik...; → *track* 7 c; '**track·er** [-kə] *s.* **1.** *bsd. hunt.* Spurenleser *m*: ~ *dog* Spürhund *m*; **2.** *fig.* ‚Spürhund' *m* (*Person*); **3.** ✗ Zielgeber *m* (*Gerät*). '**track**|**,lay·er** *s.* **1.** ⚓ *Am.* Streckenarbeiter *m*; **2.** Raupenschlepper *m*; '**~,lay·ing** *adj.* ⚙ Raupen..., Gleisketten...: ~ *vehicle.* **track·less** ['træklɪs] *adj.* ☐ **1.** unbetreten; **2.** weg-, pfadlos; **3.** schienenlos; **4.** spurlos. **track**| **meet** *s. Am.* Leichtathletikveranstaltung *f*; ~ **shoe** *s.* Rennschuh *m*; ~ **suit** *s.* Trainingsanzug *m*; ~ **walk·ing** *s. sport* Bahngehen *n*.

tract¹ [trækt] *s.* **1.** (ausgedehnte) Fläche, Strecke *f*, (Land)Strich *m*, Gebiet *n*, Gegend *f*; **2.** Zeitraum *m*; **3.** *anat.* Trakt *m*, (Ver'dauungs- *etc.*)Sy,stem *n*: *respiratory ~* Atemwege *pl.*; **4.** *physiol.* (Nerven)Strang *m*: *optic ~* Sehstrang. **tract²** [trækt] *s. eccl.* Trak'tat *m*, *n*; *contp.* Trak'tätchen *n*. **trac·ta·ble** ['træktəbl] *adj.* **1.** ☐ lenk-, folg-, fügsam; **2.** *fig.* gefügig, geschmeidig (*Material*). **trac·tion** ['trækʃn] *s.* **1.** Ziehen *n*; **2.** ☼, *phys.* a) Zug *m*, b) Zugleistung *f*: ~ *engine* Zugmaschine *f*; **3.** *phys.* Reibungsdruck *m*; **4.** *mot.* a) Griffigkeit *f* (*Reifen*), b) *a. ~ of the road* Bodenhaftung *f*; **5.** Trans'port *m*, Fortbewegung *f*; **6.** *physiol.* Zs.-ziehung *f* (*Muskeln*); '**trac·tion·al** [-ʃənl], '**trac·tive** [-ktɪv] *adj.* ☼ Zug... **trac·tor** ['træktə] *s.* **1.** ☼ 'Zugma,schine

f, Traktor *m*, Schlepper *m*; **2.** ✈ a) Zugschraube *f*, b) *a.* ~ **airplane** Flugzeug *n* mit Zugschraube; ~ **truck** *s. Am. mot.* Sattelschlepper *m*. **trade** [treɪd] **I** *s.* **1.** † Handel *m*, (Handels)Verkehr *m*: ~ *foreign* ~ a) Außenhandel, b) ⚓ große Fahrt; *home* ~ a) Binnenhandel, b) ⚓ kleine Fahrt; → *board* 9; **2.** † Geschäft *n*: a) Gewerbe *n*, Geschäftszweig *m*, Branche *f*, b) (Einzel-, Groß)Handel *m*, c) Geschäftslage *f*, -gewinn *m*: *be in* ~ (Einzel)Händler sein; *do a good* ~ gute Geschäfte machen; *sell to the* ~ an Wiederverkäufer abgeben; **3.** † *the* ~ a) *coll.* die Geschäftswelt, b) *Brit.* der Spiritu'osenhandel, c) die Kundschaft; **4.** Gewerbe *n*, Beruf *m*, Handwerk *n*: *the* ~ *coll.* die Zunft *od.* Gilde; *by* ~ *Bäcker etc.* von Beruf; *every man to his* ~ jeder, wie er es gelernt hat; *the* ~ *of war* das Kriegshandwerk; **5.** *mst the* ~s *pl.* die Pas'satwinde *pl.*; **II** *v/i.* **6.** Handel treiben, handeln (*in* mit *et.*); in Geschäftsverbindung stehen (*with* mit *j-m*); **2.** (ein)kaufen (*with* bei *j-m*, *at* in *e-m* Laden); **7.** ~ (*up*)*on fig.* spekulieren *od.* ‚reisen' auf (*acc.*), ausnutzen; **III** *v/t.* **8.** (aus)tauschen (*for* gegen); **9.** ~ *in bsd. Auto* in Zahlung geben; ~ **ac·cept·ance** *s.* † 'Handelsak,zept *n*; ~ **ac·count** *s.* Bilanz: a) ~s *payable* Warenschulden *pl.*, b) ~s *receivable* Warenforderungen *pl.*; ~ **as·so·ci·a·tion** *s.* **1.** Wirtschaftsverband *m*; **2.** Arbeitgeberverband *m*; ~ **bal·ance** *s.* 'Handels,bilanz *f*; ~ **bar·ri·ers** *s. pl.* Handelsschranken *pl.*; ~ **bill** *s.* Warenwechsel *m*; ~ **cy·cle** *s.* Konjunk'turzyklus *m*; ~ **di·rec·to·ry** *s.* Branchen-, Firmenverzeichnis *n*, 'Handels,a,dreßbuch *s.*; ~ **dis·count** *s.* 'Händler,ra,batt *m*; ~ **fair** *s.* (Handels)Messe *f*; ~ **gap** *s.* 'Handelsbi,lanzdefizit *n*; '~**-in** *s.* in Zahlung gegebene Sache (*bsd. Auto*): ~ *value* Eintausch-, Verrechnungswert *m*; '~**mark I** *s.* **1.** Warenzeichen *n*: *registered* ~ eingetragenes Warenzeichen; **2.** *fig.* Kennzeichen *n*; **II** *v/t.* **3.** *Ware* gesetzlich schützen lassen: ~*ed goods* Markenartikel; ~ **mis·sion** *s. pol.* 'Handelsmissi,on *f*; ~ **name** *s.* **1.** Handelsbezeichnung *f*, Markenname *m*; **2.** Firmenname *m*, Firma *f*; ~ **price** *s.* (Groß)Handelspreis *m*. **trad·er** ['treɪdə] *s.* **1.** Händler *m*, Kaufmann *m*; **2.** *Börse:* 'Wertpa,pierhändler *m*; **3.** ⚓ Handelsschiff *n*. **trade**| **school** *s.* Gewerbeschule *f*; ~ **se·cret** *s.* Geschäftsgeheimnis *n*; ~ **show** *s.* Filmvorführung *f* für Verleiher u. Kritiker. **trades**|**·man** ['treɪdzmən] *s.* [*irr.*] **1.** (Einzel)Händler *m*; **2.** Ladeninhaber *m*; **3.** Handwerker *m*; '~**·peo·ple** [-zp-] *s. pl.* Geschäftsleute *pl.* **trade**| **sym·bol** *s.* Bild *n* (*Warenzeichen*); ~ **un·ion** *s.* Gewerkschaft *f*; ~ **un·ion·ism** *s.* Gewerkschaftswesen *n*; ~ **un·ion·ist** *s.* Gewerkschaftler(in); ~ **wind** *s.* Pas'satwind *m*. **trad·ing** ['treɪdɪŋ] **I** *s.* **1.** Handeln *n*; **2.** Handel *m* (*in* mit *et.*, *with* mit *j-m*) **II** *adj.* **3.** Handels...: ~ **a·re·a** *s.* † Absatzgebiet *n*; ~ **cap·i·tal** *s.* Be'triebska,pi,tal *n*; ~ **com·pa·ny** *s.* Handelsgesellschaft *f*; ~ **post** *s.* Handelsniederlas-

sung *f*; ~ **stamp** *s.* Ra'battmarke *f*. **tra·di·tion** [trə'dɪʃn] *s.* **1.** Traditi'on *f*: a) (mündliche) Über'lieferung (*a. eccl.*), b) Herkommen *n*, (alter) Brauch, Brauchtum *n*: *be in the* ~ sich im Rahmen der Tradition halten; **2.** ⚖ Auslieferung *f*, 'Übergabe *f*; **tra'di·tion·al** [-ʃənl] *adj.* ☐ traditio'nell, Traditions...: a) (mündlich) über'liefert, b) herkömmlich, brauchtümlich, (alt)hergebracht, üblich; **tra'di·tion·al·ism** [-ʃnəlɪzəm] *s. bsd. eccl.* Traditiona'lismus *m*, Festhalten *n* an der Über'lieferung. **tra·duce** [trə'dju:s] *v/t.* verleumden. **traf·fic** ['træfɪk] **I** *s.* **1.** (öffentlicher, Straßen-, Schiffs-, Eisenbahn- *etc.*) Verkehr; **2.** (Per'sonen-, Güter-, Nachrichten-, Fernsprech- *etc.*)Verkehr *m*; **3.** a) (Handels)Verkehr *m*, Handel *m* (*in* in *dat.*, mit), b) *b.s.* ('ille,galer) Handel: *drug* ~; **4.** *fig.* a) Verkehr *m*, Geschäft(e *pl.*) *n*, b) Austausch *m* (*in* von): ~ *in ideas*; **II** *v/i. pret. u. p.p.* '**traf·ficked** [-kt] **5.** handeln, Handel treiben (*in* in *dat.*, *with* mit); **6.** *fig.* verhandeln (*with* mit). **traf·fi·ca·tor** ['træfɪkeɪtə] *s. mot. Brit.* a) Blinker *m*, b) *hist.* Winker *m*. **traf·fic**| **cen·sus** *s.* Verkehrszählung *f*; ~ **cir·cle** *s. mot. Am.* Kreisverkehr *m*; ~ **is·land** *s.* Verkehrsinsel *f*; ~ **jam** *s.* Verkehrsstauung *f*, -stockung *f*, (Fahrzeug)Stau *m*. **traf·fick·er** ['træfɪkə] *s.* (*a.* 'ille,galer) Händler. **traf·fic**| **lane** *s. mot.* Spur *f*; ~ **lights** *s. pl.* Verkehrsampel *f*; ~ **man·a·ger** *s.* † **1.** Versandleiter *m*; **2.** Be'triebsdi,rektor *m*; ~ **of·fence** *s. Brit.*, ~ **of·fense** *s. Am.* Ver'kehrsde,likt *n*; ~ **of·fend·er** *s.* Verkehrssünder *m*; ~ **reg·u·la·tions** *s. pl.* Verkehrsvorschriften *pl.*, (Straßen)Verkehrsordnung *f*; ~ **sign** *s.* Verkehrszeichen *n*, -schild *n*; ~ **ward·en** *s.* Poli'tesse *f*. **tra·ge·di·an** [trə'dʒi:djən] *s.* **1.** Tragiker *m*, Trauerspieldichter *m*; **2.** *thea.* Tra'göde *m*, tragischer Darsteller *m*; **tra·ge·di·enne** [trədʒi:'djen] *s. thea.* Tra'gödin *f*; **trag·e·dy** ['trædʒɪdɪ] *s.* **1.** Tra'gödie *f*: a) *thea.* Trauerspiel *n*, b) *fig.* tragische Begebenheit, *a.* Unglück *n*; **2.** *fig.* das Tragische; **tra·gic**, **trag·i·cal** ['trædʒɪk(l)] *adj.* ☐ *thea. u. fig.* tragisch: *~ly* tragischerweise; **trag·i·com·e·dy** [,trædʒɪ'kɒmɪdɪ] *s.* Tragi'komödie *f* (*a. fig.*); **trag·i·com·ic** [,trædʒɪ'kɒmɪk] *adj.* (☐ *~ally*) tragi'komisch. **trail** [treɪl] **I** *v/t.* **1.** (nach)schleppen, (-) schleifen, hinter sich her ziehen; ~ *one's coat fig.* Streit suchen; **2.** verfolgen (*acc.*), nachspüren (*dat.*), ‚beschatten' (*acc.*); **3.** zu'rückbleiben hinter (*dat.*); **II** *v/i.* **4.** schleifen (*Rock etc.*); **5.** wehen, flattern; her'unterhängen; **6.** ♀ kriechen, sich ranken; **7.** (sich da'hin-) ziehen (*Rauch etc.*); **8.** sich da'hinschleppen; **9.** nachhinken (*a. fig.*); **10.** ~ *off* sich verlieren (*Klang, Stimme etc.*); **III** *v/t.* **11.** geschleppter Teil, *z.B.* Schleppe *f* (*Kleid*); **12.** ♀ Schweif *m*, Schwanz *m* (*Meteor etc.*): *~ of smoke* Rauchfahne *f*; **13.** Spur *f*: *~ of blood*; **14.** *hunt. u. fig.* Fährte *f*, Spur *f*: *on s.o.'s ~* j-m auf der Spur *od.* auf den Fersen; *off the ~* von der Spur abgekommen; **15.** (Trampel)Pfad *m*, Weg *m*: *blaze the* ~ a) den Weg markieren, b) *fig.* den Weg bahnen (*for* für), bahnbrechend sein; '~**blaz·er** *s.* **1.** Pistensucher *m*; **2.** *fig.* Bahnbrecher *m*, Pio'nier *m*.

trail·er ['treɪlə] *s.* **1.** ♀ Kriechpflanze *f*; rankender Ausläufer; **2.** *mot.* a) Anhänger *m*, b) *Am.* Wohnwagen *m*, Caravan *m*: ~ *camp*, ~ *park* Platz *m* für Wohnwagen; **3.** *Film*, *TV*: (Pro'gramm-) Vorschau *f*; '**trail·er·ite** *s. Am.* Caravaner *m*.

trail·ing **a·e·ri·al** ['treɪlɪŋ] *s.* ↯ 'Schleppan₁tenne *f*; ~ **ax·le** *s. mot.* nicht angetriebene Achse, Schleppachse *f*.

train [treɪn] **I** *s.* **1.** (Eisenbahn)Zug *m*: ~ *journey* Bahnfahrt *f*; ~ *staff* Zugpersonal *n*; *by* ~ mit der Bahn; *be on the* ~ im Zug sein *od.* sitzen; *take a* ~ *to* mit dem Zug fahren nach; **2.** Zug *m von Personen*, *Wagen etc.*, Kette *f*, Ko'lonne *f*: ~ *of barges* Schleppzug (*Kähne*); **3.** Gefolge *n* (*a. fig.*): *have* (*od.* *bring*) *in its* ~ *et.* mit sich bringen, zur Folge haben; **4.** *fig.* Folge *f*, Kette *f*, Reihe *f von Ereignissen etc.*: ~ *of thought* Gedankengang *m*; *in* ~ a) im Gang, im Zuge, b) bereit (*for* für); *put in* ~ in Gang setzen; **5.** Schleppe *f am Kleid*; **6.** (Ko'meten)Schweif *m*; **7.** ⚔, ✗ Zündlinie *f*; **8.** ⚙ Räder-, Triebwerk *n*; **II** *v/t.* **9.** auf-, erziehen; **10.** ♀ ziehen; **11.** *j-n* ausbilden (*a.* ✗), *a. Auge*, *Geist etc.* schulen: → *trained*; **12.** *j-m et.* einexerzieren, beibringen; **13.** a) *Sportler*, *a. Pferde* trainieren, b) *Tiere* abrichten, dressieren (*to do* zu tun), *Pferd* zureiten; **14.** ✗ *Geschütz* richten (*on* auf *acc.*); **III** *v/i.* **15.** sich ausbilden (*for* zu, als); sich schulen *od.* üben; **16.** *sport* trainieren (*for* für); **17.** *a.* ~ *it* F mit der Bahn fahren; ~ *down* *v/i. sport* abtrainieren, ¸abkochen'.

'**train**₁**bear·er** *s.* Schleppenträger *m*; ~ **call** *s. teleph.* Zuggespräch *n*.

trained [treɪnd] *adj.* **1.** geübt, geschult (*Auge*, *Geist etc.*); **2.** (voll) ausgebildet, geschult, Fach...: ~ *men* Fachkräfte; **train·ee** [treɪ'niː] *s.* **1.** a) Auszubildende(r *m*) *f*, Lehrling *m*, b) Prakti'kant (-in), c) *Management*: Trai'nee *m*, *f*; ~ *nurse* Lernschwester *f*; **2.** ✗ *Am.* Re-'krut *m*; '**train·er** [-nə] *s.* **1.** Ausbilder *m*; **2.** *sport* Trainer *m*; **3.** a) Abrichter *m*, (*'Hunde- etc.*)Dres₁seur *m*, b) Zureiter *m*; **4.** ✈ a) Schulflugzeug *n*, b) ('Flug)Simu₁lator *m*.

train fer·ry *s.* Eisenbahnfähre *f*.

train·ing ['treɪnɪŋ] **I** *s.* **1.** Schulung *f*, Ausbildung *f*; **2.** Üben *n*; **3.** *sport* Training *n*: *be in* ~ a) im Training stehen, b) (gut) in Form sein; *go into* ~ das Training aufnehmen; *out of* ~ nicht in Form; **4.** a) Abrichten *n von Tieren*, b) Zureiten *n*; **II** *adj.* **5.** Ausbildungs..., Schul(ungs)..., Lehr...; **6.** *sport* Trainings...; ~ *camp* *s.* **1.** *sport* Trainingslager *n*; **2.** ✗ Ausbildungslager *n*; ~ **cen·ter** *Am.*, ~ **cen·tre** *Brit.* *s.* Ausbildungszentrum *n*; ~ **film** *s.* Lehrfilm *m*; ~ **school** *s.* **1.** *ped.* Aufbauschule *f*; **2.** ☫ Jugendstrafanstalt *f*; ~ **ship** *s.* ⚓ Schulschiff *n*.

'**train**₁**load** *s.* Zugladung *f*; ~ **oil** *s.* (Fisch)Tran *m*, *bsd.* Walöl *n*; '~**sick** *adj.*: *she gets* ~ ihr wird beim Zugfah-

ren schlecht.

traipse [treɪps] → **trapse**.

trait [treɪ] *s.* **1.** (Cha'rakter)Zug *m*, Merkmal *n*; **2.** *Am.* Gesichtszug *m*.

trai·tor ['treɪtə] *s.* Verräter *m* (*to* an *dat.*); '**trai·tor·ous** [-tərəs] *adj.* □ verräterisch; '**trai·tress** [-trɪs] *s.* Verräterin *f*.

tra·jec·to·ry ['trædʒɪktərɪ] *s.* **1.** *phys.* Flugbahn *f*, Fallkurve *f e-r Bombe*; **2.** Ⱥ Trajekto'rie *f*.

tram [træm] **I** *s.* **1.** *Brit.* (*by* ~ mit der) Straßenbahn *f*; **2.** ⚒ Förderwagen *m*, Hund *m*; **II** *v/i.* **3.** *a.* ~ *it Brit.* mit der Straßenbahn fahren; '~**car** *s. Brit.* Straßenbahnwagen *m*; '~**line** *s.* **1.** *Brit.* Straßenbahnlinie *f*; **2.** *pl. Tennis etc.*: Seitenlinien *pl.* für Doppel; **3.** *pl. fig.* 'Leitprin₁zipien *pl.*

tram·mel ['træml] **I** *s.* **1.** (Schlepp)Netz *n*; **2.** Spannriemen *m für Pferde*; **3.** *fig.* Fessel *f*; **4.** Kesselhaken *m*; **5.** Ⱥ El'lipsenzirkel *m*; **6.** *a.* *pair of* ~*s* Stangenzirkel *m*; **II** *v/t.* **7.** *mst fig.* hemmen.

tra·mon·tane [trə'mɒnteɪn] *adj.* **1.** transal'pin(isch); **2.** *fig.* fremd, bar'barisch.

tramp [træmp] **I** *v/i.* **1.** trampeln ([*up*]*on auf acc.*); sta(m)pfen; **2.** *mst* ~ *it* marschieren, wandern, ¸tippeln'; **3.** vagabundieren; **II** *v/t.* **4.** durch'wandern; **5.** ~ *down* niedertrampeln; **III** *s.* **6.** Getrampel *n*; **7.** (schwerer) Tritt; **8.** (Fuß)Marsch *m*, Wanderung *f*: *on the* ~ auf (der) Wanderschaft; **9.** Landstreicher *m*; **10.** F ¸Luder' *n*, ¸Flittchen' *n*; **11.** ⚓ Trampschiff *n*; '**tram·ple** [-pl] **I** *v/i.* **1.** (her'um)trampeln ([*up*]*on auf dat.*); **2.** *fig.* mit Füßen treten ([*up*]*on acc.*); **II** *v/t.* **3.** (zer)trampeln: ~ *down* niedertrampeln; ~ *out Feuer* austreten; ~ *under foot* he'rumtrampeln auf (*dat.*); **III** *s.* **4.** Trampeln *n*.

tram·po·lin(e) ['træmpəlɪn] *s.* *sport* Trampo'lin *n*; '**tram·po·lin·er** *s.* Trampo'linspringer(in), -turner(in).

'**tram·way** *s.* **1.** *Brit.* Straßenbahn(linie) *f*; **2.** ⚒ Grubenbahn *f*.

trance [trɑːns] *s.* **1.** Trance(zustand *m*) *f*: *go* (*put*) *into a* ~ in Trance fallen (versetzen); **2.** Verzückung *f*, Ek'stase *f*.

trank [træŋk] *s. Am.* F Beruhigungsmittel *n*.

tran·quil ['træŋkwɪl] *adj.* □ **1.** ruhig, friedlich; **2.** gelassen, heiter; **tran·quil·(l)i·ty** [træŋ'kwɪlətɪ] *s.* **1.** Ruhe *f*, Friede(n) *m*, Stille *f*; **2.** Gelassenheit *f*, Heiterkeit *f*; '**tran·quil·(l)ize** [-laɪz] *v/t.* (*v/i.* sich) beruhigen; '**tran·quil·(l)iz·er** [-laɪzə] *s.* Beruhigungsmittel *n*.

trans·act [træn'zækt] **I** *v/t.* *Geschäfte etc.* ('durch)führen, abwickeln; *Handel* abschließen; **II** *v/i.* ver-, unter'handeln (*with* mit); **trans'ac·tion** [-kʃn] *s.* **1.** 'Durchführung *f*, Abwicklung *f*, Erledigung *f*; **2.** Ver-, Unter'handlung *f*; **3.** a) ♰ Transakti'on *f*, (Geschäfts)Abschluß *m*, Geschäft *n*, b) ☫ Rechtsgeschäft *n*; **4.** *pl.* ♰ (Ge'schäfts)Umsatz *m*; **5.** *pl.* Proto'koll *n*, Sitzungsbericht *m*.

trans·al·pine [₁trænz'ælpaɪn] *adj.* transal'pin(isch).

trans·at·lan·tic [₁trænzət'læntɪk] *adj.* **1.** transat'lantisch, 'überseeisch; **2.** Übersee...: ~ *liner*, ~ *flight* Ozeanflug *m*.

trans·ceiv·er [træn'siːvə] *s.* ↯ Sender-

Empfänger *m*.

tran·scend [træn'send] *v/t.* **1.** *bsd. fig.* über'schreiten, -'steigen; **2.** *fig.* über-'treffen; **tran'scend·ence** [-dəns], **tran'scend·en·cy** [-dənsɪ] *s.* **1.** Über-'legenheit *f*, Erhabenheit *f*; **2.** *phls.*, *eccl.*, *a.* Ⱥ Transzen'denz *f*; **tran-'scend·ent** [-dənt] *adj.* □ **1.** transzen-'dent: a) *phls.* 'übersinnlich, b) *eccl.* 'überweltlich; **2.** her'vorragend.

tran·scen·den·tal [₁trænsen'dentl] *adj.* □ **1.** *phls.* transzenden'tal: a) meta-'physisch, b) *bei Kant*: apri'orisch: ~ *meditation* transzendentale Meditation; **2.** 'überna₁türlich; **3.** erhaben; **4.** ab'strus, verworren; **5.** Ⱥ transzen-'dent; ₁tran·scen'den·tal·ism [-təl-zəm] *s.* Transzenden'talphiloso₁phie *f*.

tran·scribe [træn'skraɪb] *v/t.* **1.** abschreiben; **2.** *Stenogramm etc.* über'tragen; **3.** ♪ transkribieren; **4.** *Radio*, *TV*: a) aufzeichnen, auf Band aufnehmen, b) (vom Band) über'tragen; **5.** *Computer*: 'umschreiben; **tran·script** ['trænskrɪpt] *s.* Abschrift *f*, Ko'pie *f*; '**script·tion** [-rɪpʃn] *s.* **1.** Abschreiben *n*; **2.** Abschrift *f*; **3.** 'Umschrift *f*; **4.** ♪ Transkripti'on *f*; **5.** *Radio*, *TV*: a) Aufnahme *f*, b) Aufzeichnung *f*.

trans·duc·er [trænz'djuːsə] *s.* **1.** ↯ ('Um)Wandler; **2.** ⚙ 'Umformer; **3.** *Computer*: Wandler *m*.

tran·sept ['trænsept] *s.* ⛪ Querschiff *n*.

trans·fer [træns'fɜː] **I** *v/t.* **1.** hin'überbringen, -schaffen (*from ... to* von ... nach *od.* zu); **2.** über'geben (*to dat.*); **3.** *Betrieb*, *Truppen*, *Wohnsitz etc.* verlegen, *Beamten*, *Schüler in e-e andere Schule etc.* versetzen (*to nach*, *in*, *into* in *acc.*); *Technologie*, *a. sport Spieler* transferieren; ✈ *Patienten* über'weisen; **4.** ☫ (*to*) über'tragen (auf *acc.*), abtreten (an *acc.*); **5.** ♰ a) *Summe* vortragen, b) *Posten*, *Wertpapiere* 'umbuchen, c) *Aktien etc.* über'tragen; **6.** *Geld* über'weisen; **7.** *fig.* Zuneigung *etc.* über'tragen (*to* auf *acc.*); **8.** *typ.* *Druck*, *Stich etc.* 'umdrucken, über'tragen; **II** *v/i.* **9.** 'übertreten (*to* zu); **10.** verlegt *od.* versetzt werden (*to* nach); **11.** 🚉 *etc.* 'umsteigen; **III** *s.* ['trænsfɜː]; **12.** (*to*) Über'tragung *f* (auf *acc.*), 'Übergabe *f* (an *acc.*); **13.** Wechsel *m* (*to* zu); **14.** (*to*) a) Verlegung *f* (nach), b) Versetzung *f* (nach), c) *sport* Trans-'fer *m od.* Wechsel *m* (zu); **15.** ☫ (*to*) Über'tragung *f* (*to* auf *acc.*), Abtretung *f* (an *acc.*); **16.** ('Geld)Über₁weisung *f*: ~ *business* ♰ Giroverkehr *m*; ~ *of foreign exchange* Devisentransfer *m*; **17.** ♰ ('Wertpa₁pier- *etc.*)₁Umbuchung *f*; **18.** ♰ ('Aktien- *etc.*)Über₁tragung *f*; **19.** *typ.* a) Über'tragung *f*, 'Umdruck *m*, b) Abziehen *n*, Abzug *m*, c) Abziehbild *n*; **20.** 🚉 *etc.* a) 'Umsteigen *n*, b) 'Umsteigefahrkarte *f*, c) *a.* ⚓ 'Umschlagplatz *m*, d) Fährboot *n*; **trans-'fer·a·ble** [-'fɜːrəbl] *adj. bsd.* ♰, ☫ über'tragbar (*a. Wahlstimme*).

trans·fer₁ **bank** *s.* ♰ Girobank *f*; ~ **book** *s.* ♰ 'Umschreibungs-, Aktienbuch *n*; ~ **day** *s.* ♰ 'Umschreibungstag *m*; ~ **deed** *s.* Über'tragungsurkunde *f*.

trans·fer·ee [₁trænsfɜ'riː] *s.* Zessio'nar *m*, Über'nehmer *m*; **trans·fer·ence** ['trænsfərəns] *s.* **1.** → *transfer* 14, 15, 17, 18; **2.** *psych.* Über'tragung *f*; **trans-**

fer·en·tial [ˌtrænsfə'renʃl] *adj.* Übertragungs...

trans·fer ink *s. typ.* 'Umdrucktinte *f*, -farbe *f*.

trans·fer·or [træns'fɜ:rə] *s.* ♈ Ze'dent *m*, Abtretende(r *m*) *f*.

trans·fer| pa·per *s. typ.* 'Umdruckpa-ˌpier *n*; ~ **pic·ture** *s.* Abziehbild *n*.

trans·fer·rer [træns'fɜ:rə] *s.* **1.** Über'trager *m*; **2.** → *transferor*.

trans·fer tick·et → *transfer* 20b.

trans·fig·u·ra·tion [ˌtrænsfɪgju'reɪʃn] *s.* **1.** 'Umgestaltung *f*; **2.** *eccl.* a) Verklärung *f*, b) ♉ Fest *n* der Verklärung (*6. August*); **trans·fig·ure** [træns'fɪgə] *v/t.* **1.** 'umgestalten; **2.** *eccl. u. fig.* verklären.

trans·fix [træns'fɪks] *v/t.* **1.** durch'stechen, -'bohren (*a. fig.*); **2.** *fig.* lähmen: ~*ed* (wie) versteinert, starr (*with* vor *dat.*).

trans·form [træns'fɔ:m] **I** *v/t.* **1.** 'umgestalten, -wandeln ([*in*]*to* in *acc.*, zu): 'umformen (*a.* ♉); *a. j-n* verwandeln, verändern; **2.** ♃ 'umspannen; **II** *v/i.* **3.** sich verwandeln (*into* zu); **trans·for·ma·tion** [ˌtrænsfə'meɪʃn] *s.* **1.** 'Umgestaltung *f*, -bildung *f*; 'Umwandlung *f*, -formung *f* (*a.* ♉); Verwandlung *f*, (*a.* Cha'rakter-, Sinnes)Änderung *f*; ~ *of energy phys.* Energieumsetzung *f*; ~ (*scene*) *thea.* Verwandlungsszene *f*; **2.** ♃ 'Umspannung *f*; **3.** 'Damenpeˌrücke *f*; **trans·form·er** [-mə] *s.* **1.** 'Umgestalter(in); **2.** ♃ Transfor'mator *m*.

trans·fuse [træns'fju:z] *v/t.* **1.** 'umgießen; **2.** *a*) *Blut* über'tragen, b) e-e 'Bluttransfusiˌon machen bei, c) *Serum etc.* einspritzen; **3.** *fig.* einflößen (*into dat.*); **4.** *fig.* durch'dringen, erfüllen (*with* mit, von); **trans·fu·sion** [-ju:ʒn] *s.* **1.** 'Umgießen *n*; **2.** ✚ ('Blut)Transfusiˌon *f*; **3.** *fig.* Erfüllung (*with* mit).

trans·gress [træns'gres] **I** *v/t.* **1.** über'schreiten (*a. fig.*); **2.** *fig. Gesetze etc.* über'treten; **II** *v/i.* **3.** (*against* gegen) sich vergehen, sündigen; **trans·gres·sion** [-eʃn] *s.* **1.** Über'schreitung *f* (*a. fig.*); **2.** Über'tretung *f von Gesetzen etc.*; Vergehen *n*, Missetat *f*; **trans·'gres·sor** [-sə] *s.* Missetäter(in).

tran·sience ['trænzɪəns], **'tran·sien·cy** [-nsɪ] *s.* Vergänglichkeit *f*, Flüchtigkeit *f*; **'tran·sient** [-nt] **I** *adj.* □ **1.** *zeitlich* vor'übergehend; **2.** vergänglich, flüchtig; **3.** *Am.* Durchgangs...: ~ *camp*; ~ *visitor* → 5; **4.** ♃ Einschalt..., Einschwing...; **II** *s.* **5.** *Am.* 'Durchreisende(r *m*) *f*; **6.** ♃ a) Einschaltstoß *m*, b) Einschwingvorgang, c) Wanderwelle *f*.

trans·i·re [trænz'aɪərɪ] *s.* ✚ Zollbegleitschein *m*.

tran·sis·tor [træn'sɪstə] *s.* ♃ Tran'sistor *m*; **tran·'sis·tor·ize** [-raɪz] *v/t.* ♃ transistorisieren.

trans·it ['trænsɪt] **I** *s.* **1.** 'Durch-, 'Überfahrt *f*; **2.** *a. ast.* 'Durchgang *m*; **3.** ✚ Tran'sit *m*, 'Durchfuhr *f*, Trans'port *m*: *in* ~ unterwegs, auf dem Transport; **4.** ✚ 'Durchgangsverkehr *m*; **5.** 'Durchgangsstraße *f*; **6.** *Am.* öffentliche Verkehrsmittel *pl.*; **7.** *fig.* 'Übergang *m* (*to* zu); **II** *adj.* **8.** *a.* ✚ Durchgangs... (-*lager*, -*verkehr etc.*): ~ *visa* Durchreise-, Transitvisum *n*; ✚ Durchfuhr..., Transit...: ~ *trade* Transithandel *m*.

tran·si·tion [træn'sɪʒn] **I** *s.* **1.** 'Übergang *m* (*a.* ♪, *phys.*); **2.** 'Übergangszeit *f*: (*state of*) ~ Übergangsstadium *n*; **II** *adj.* **3.** → **tran'si·tion·al** [-ʒənl] *adj.* □ Übergangs..., Überleitungs..., Zwischen...

tran·si·tive ['trænsɪtɪv] *adj.* □ **1.** *ling.* transitiv: ~ (*verb*) Transitiv *n*, transitives Verb; **2.** Übergangs...

tran·si·to·ri·ness ['trænsɪtərɪnɪs] *s.* Flüchtigkeit *f*, Vergänglichkeit *f*; **tran·si·to·ry** ['trænsɪtərɪ] *adj.* □ **1.** *zeitlich* vor'übergehend, transi'torisch; **2.** vergänglich, flüchtig.

trans·lat·a·ble [træns'leɪtəbl] *adj.* über'setzbar; **trans·late** [træns'leɪt] **I** *v/t.* **1.** *Buch etc.* über'setzen (*a. Computer*), -'tragen (*into* in *acc.*); **2.** *fig. Grundsätze etc.* über'tragen (*into* in *acc.*, zu): ~ *ideas into action* Gedanken in die Tat umsetzen; **3.** *fig.* a) auslegen, b) ausdrücken (*in* in *dat.*); **4.** *eccl.* a) *Geistlichen* versetzen, b) *Reliquie etc.* über'führen, verlegen (*to* nach), c) *j-n* entrücken; **5.** *Brit. Schuhe etc.* 'umarbeiten; **6.** ♃ *Bewegung* über'tragen (*to* auf *acc.*); **II** *v/i.* **7.** sich gut *etc.* über'setzen lassen; **trans·la·tion** [-eɪʃn] *s.* **1.** Über'setzung *f*, -'tragung *f*; **2.** *fig.* Auslegung *f*; **3.** *eccl.* a) Versetzung *f*, b) Entrükkung *f*; **trans·la·tor** [-tə] *s.* **1.** Über'setzer(in); **2.** *Computer:* Über'setzer *m*.

trans·lit·er·ate [trænz'lɪtəreɪt] *v/t.* transkribieren, 'umschreiben; **trans·lit·er·a·tion** [ˌtrænzlɪtə'reɪʃn] *s.* Transkripti'on *f*.

trans·lo·cate [ˌtrænzləʊ'keɪt] *v/t.* verlagern.

trans·lu·cence [trænz'lu:sns], **trans·lu·cen·cy** [-sɪ] *s.* **1.** 'Durchscheinen *n*; **2.** 'Lichtˌdurchlässigkeit *f*; **trans·lu·cent** *adj.* □ **1.** a) 'licht,durchlässig, b) halb 'durchsichtig; **2.** 'durchscheinend.

trans·ma·rine [ˌtrænzmə'ri:n] *adj.* 'überseeisch, Übersee...

trans·mi·grant [trænz'maɪgrənt] *s.* 'Durchreisende(r *m*) *f*, -wandernde(r *m*) *f*; **trans·mi·grate** [ˌtrænzmaɪ'greɪt] *v/i.* **1.** fortziehen; **2.** 'übersiedeln; **3.** auswandern; **4.** wandern (*Seele*); **trans·mi·gra·tion** [ˌtrænzmaɪ'greɪʃn] *s.* **1.** Auswanderung *f*, 'Übersiedlung *f*; **2.** *a.* ~ *of souls* Seelenwanderung *f*; **3.** ✡ a) 'Überwandern *n* (*Ei-, Blutzelle etc.*), b) Diape'dese *f*.

trans·mis·si·ble [trænz'mɪsəbl] *adj.* **1.** über'sendbar; **2.** *a.* ✡ *u. fig.* über'tragbar (*to* auf *acc.*).

trans·mis·sion [trænz'mɪʃn] *s.* **1.** Über'sendung *f*, -'mittlung *f*; ✚ Versand *m*; **2.** Über'mittlung *f von Nachrichten etc.*; **3.** *ling.* ('Text)Über,lieferung *f*; **4.** ◉ a) Transmissi'on *f*, Über'setzung *f*, -'tragung *f*, b) Triebwelle *f*, -werk *n*: ~ *gear* Wechselgetriebe *n*; **5.** Über'tragung *f*: a) *biol.* Vererbung *f*, b) ✡ Ansteckung *f*, c) *Radio, TV:* Sendung *f*, d) ♃ Über'lassung *f*, e) *phys.* Fortpflanzung *f*; ~ *belt* s. ◉ Treibriemen *m*; ~ *gear* s. ◉ Über'setzungsgetriebe *n*; ~ *ra·tio* s. ◉ Über'setzungsverhältnis *n*; ~ *shaft* s. ◉ Kar'danwelle *f*.

trans·mit [trænz'mɪt] *v/t.* **1.** (*to*) über'senden, -'mitteln (*dat.*), (ver)senden (an *acc.*); *a. Telegramm etc.* weitergeben (an *acc.*), befördern; **2.** *Nachrichten etc.* mitteilen (*to dat.*); **3.** *fig. Ideen etc.* über'mitteln, weitergeben (*to* an

acc.); **4.** über'tragen (*a.* ♨): a) *biol.* vererben, b) ✡ über'schreiben, vermachen; **5.** *phys. Wellen, Wärme etc.* a) (weiter)leiten, b) *a. Kraft* über'tragen, c) *Licht etc.* 'durchlassen; **trans·mit·tal** [-tl] → *transmission* 1—4a; **trans·mit·ter** [-tə] *s.* **1.** Über'sender *m*, -'mittler *m*; **2.** *Radio:* a) Sendegerät *n*, b) Sender *m*; **3.** *teleph.* Mikro'phon *n*; **4.** ◉ (Meßwert)Geber *m*; **trans·mit·ting** [-tɪŋ] *adj.* Sende...(-*antenne*, -*stärke etc.*): ~ *station* Sender *m*.

trans·mog·ri·fy [trænz'mɒgrɪfaɪ] *v/t.* humor. (gänzlich) 'ummodeln.

trans·mut·a·ble [trænz'mju:təbl] *adj.* □ 'umwandelbar; **trans·mu·ta·tion** [ˌtrænzmju:'teɪʃn] *s.* **1.** 'Umwandlung *f* (*a.* ♞, *phys.*); **2.** *biol.* Transmutati'on *f*, 'Umbildung *f*; **trans·mute** [trænz'mju:t] *v/t.* 'umwandeln (*into* in *acc.*).

trans·na·tion·al [trænz'næʃənl] *adj.* 'über-, ✚ 'multinatiˌonal.

trans·o·ce·an·ic ['trænzˌəʊʃɪ'ænɪk] *adj.* **1.** transoze'anisch, 'überseeisch; **2.** a) Übersee..., b) Ozean...

tran·som ['trænsəm] *s.* △ a) Querbalken *m über e-r Tür*, b) (Quer)Blende *f e-s Fensters*.

tran·son·ic [træn'sɒnɪk] *adj. phys.* Überschall...

trans·par·en·cy [træns'pærənsɪ] *s.* **1.** *a. fig.* 'Durchsichtigkeit *f*, Transpa'renz *f*; **2.** Transpa'rent *n*, Leuchtbild *n*; **3.** *phot.* Dia(posi'tiv) *n*; **trans·par·ent** [-nt] *adj.* □ **1.** 'durchsichtig, *a. fig.* offenkundig): ~ *colo(u)r* ◉ Lasurfarbe; ~ *slide* Diapositiv *n*; **2.** *phys.* transpa-'rent, 'licht,durchlässig; **3.** *fig.* a) klar (*Stil etc.*), b) offen, ehrlich.

tran·spi·ra·tion [ˌtrænspɪ'reɪʃn] *s.* **1.** (*bsd. Haut*)Ausdünstung *f*; **2.** Schweiß *m*; **tran·spire** [træn'spaɪə] **I** *v/i.* **1.** *physiol.* transpirieren, schwitzen; **2.** ausgedünstet werden; **3.** *fig.* 'durchsickern, bekannt werden; **4.** *fig.* passieren, sich ereignen; **II** *v/t.* **5.** ausdünsten, ausschwitzen.

trans·plant [træns'plɑ:nt] **I** *v/t.* **1.** ♧ 'umpflanzen; **2.** ✡ transplantieren, verpflanzen; **3.** *fig.* versetzen, -pflanzen (*to* nach, *into* in *acc.*); **II** *v/i.* **4.** sich verpflanzen lassen; **III** *s.* ['trænsplɑ:nt] **5.** a) → *transplantation* 2, b) Transplan'tat *n*; **trans·plan·ta·tion** [ˌtrænsplɑ:n'teɪʃn] *s.* Verpflanzung *f*: a) ♧ 'Umpflanzung *f*, b) *fig.* Versetzung *f*, 'Umsiedlung *f*, c) ✡ Transplantati'on *f*.

trans·port **I** *v/t.* [træns'pɔ:t] **1.** transportieren, befördern, versenden; **2.** *mst pass. fig.* a) *j-n* hinreißen, entzücken (*with* vor *dat.*, von), b) heftig erregen: ~*ed with joy* außer sich vor Freude; **3.** *bsd. hist.* deportieren; **II** *s.* ['trænspɔ:t] **4.** a) ('Ab-, 'An)Trans,port *m*, Beförderung *f*, b) Versand *m*, c) Verschiffung *f*; **5.** Verkehr *m*; **6.** Beförderungsmittel *n od. pl.*; **7.** *a.* ~ *ship*, ~ *vessel* a) Trans'port-, Frachtschiff *n*, b) ✕ 'Truppentrans,porter *m*; **8.** *a.* ~ *plane* ✈ Trans'portflugzeug *n*; **9.** *fig.* a) Taumel *m der Freude etc.*, b) heftige Erregung: *in a* ~ *of* außer sich vor *Entzücken, Wut etc.*; **trans·port·a·ble** [-təbl] *adj.* trans'portfähig, versendbar; **trans·por·ta·tion** [ˌtrænspɔ:'teɪʃn] *s.* **1.** → *transport* 4; **2.** Trans'portsyˌstem *n*; **3.** *bsd. Am.* a) Beförderungsmittel *pl.*, b) Trans'portkosten *pl.*, c) Fahrausweis *m*; **4.** *bsd. hist.* Deportati'on *f*; **trans'port·er** [-tə] *s.* **1.** Beförderer *m*; **2.** ☼ Förder-, Trans-'portvorrichtung *f*.

trans·pose [træns'pəuz] *v/t.* **1.** 'umstellen (*a. ling.*), ver-, 'umsetzen; **2.** ♪, ♫, ♔ transponieren; **trans·po·si·tion** [ˌtrænspə'zɪʃn] *s.* **1.** 'Umstellen *n*; **2.** 'Umstellung *f* (*a. ling.*); **3.** ♪, ♫ Transpositi'on *f*; **4.** ⚡, ☼ Kreuzung *f von Leitungen etc.*

trans·sex·u·al [trænz'seksjuəl] **I** *adj.* transsexu'ell; **II** *s.* Transsexu'elle(r *m*) *f*.

trans·ship [træns'ʃɪp] *v/t.* ⚓, ♖ 'umladen, -schlagen; **trans'ship·ment** [-mənt] *s.* ♖ 'Umladung *f*, 'Umschlag *m*: ~ *charge* Umladegebühr *f*; ~ *port* Umschlaghafen *m*.

tran·sub·stan·ti·ate [ˌtrænsəb'stænʃieit] *v/t.* 'umwandeln, (*a. eccl. Brot u. Wein*) verwandeln (*into*, *to* in *acc.*, zu); **tran·sub·stan·ti·a·tion** [ˈtrænsəbˌstænʃi'eiʃn] *s.* **1.** 'Stoff͵umwandlung *f*; **2.** *eccl.* Transsubstantiati'on *f*.

tran·sude [træn'sju:d] *v/i.* **1.** *physiol.* 'durchschwitzen (*Flüssigkeiten*); **2.** ('durch)dringen, (-)sickern (*through* durch); **3.** abgesondert werden.

trans·ver·sal [trænz'vɜ:sl] **I** *adj.* □ → *transverse* 1; **II** *s.* ♔ Transver'sale *f*; **trans·verse** ['trænzvɜ:s] **I** *adj.* □ **1.** schräg, diago'nal, Quer-, quer(laufend) (*to* zu): ~ *flute* ♪ Querflöte *f*; ~ *section* ♔ Querschnitt *m*; **II** *s.* **2.** Querstück *n*, -achse *f*, -muskel *m*; **3.** ♔ große Achse *f der* El'lipse.

trans·ves·tism [trænz'vestizəm] *s.* *psych.* Transve'stismus *m*; **trans'ves·tite** [-tait] *s.* Transve'stit *m*.

trap¹ [træp] *s.* **1.** *hunt.*, *a.* ⚔ *u. fig.* Falle *f*: *lay* (*od.* **set**) *a* ~ *for s.o.* j-m e-e Falle stellen; *walk* (*od.* **fall**) *into a* ~ in e-e Falle gehen; **2.** ⚒ Abscheider *m*; **3.** a) Auffangvorrichtung *f*, b) Dampf-, Wasserverschluß *m*, c) Geruchverschluß *m* (*Klosett*); **4.** ⚡ (Funk)Sperrkreis *m*; **5.** Tontaubenschießen: 'Wurfma͵schine *f*; **6.** *Golf*: Sandhindernis *n*; **7.** → *trapdoor*; **8.** *Brit.* Gig *n*, zweirädriger Einspänner; **9.** *mot.* offener Zweisitzer; **10.** *pl.* ♪ Schlagzeug *n*; **11.** *sl.* ͵Klappe' *f* (*Mund*); **II** *v/t.* fangen (*a. fig.*); (*a. phys. Elektronen*) einfangen; **13.** einschließen (*a.* ⚔); verschütten; **14.** *fig.* in e-e Falle locken, ͵fangen'; **15.** Fallen aufstellen in (*dat.*); **16.** ☼ a) mit Wasserverschluß *etc.* versehen, verschließen, b) *Gase etc.* abfangen; **III** *v/i.* **17.** Fallen stellen (*for dat.*).

trap² [træp] *s. mst pl.* F ͵Kla'motten' *pl.*, Siebensachen *pl.*, Gepäck *n*.

trap³ [træp] *s. min.* Trapp *m*.

͵**trap'door** *s.* **1.** Fall-, Klapptür *f*, (✓ Boden)Klappe *f*; **2.** *thea.* Versenkung *f*.

tra·peze [trə'pi:z] *s.* Tra'pez *n*; **tra'pe·zi·form** [-zifɔːm] *adj.* tra'pezförmig; **tra'pe·zi·um** [-zjəm] *s.* **1.** ♔ a) Tra'pez *n*, b) *bsd. Am.* Trapezo'id *n*; **2.** *anat.* großes Vieleckbein (*Handwurzel*); **trap·e·zoid** ['træpɪzɔid] *s.* **1.** ♔ a) *Brit.* Trapezo'id *n*, b) *bsd. Am.* Tra'pez *n*; **2.** *anat.* kleines Vieleckbein (*Handwurzel*); **II** *adj.* **3.** → **trap·e·zoi·dal** [ˌtræpɪ'zɔidl] ♔ trapezo'id, *bsd. Am.* tra'pezförmig.

trap·per ['træpə] *s.* Trapper *m*, Pelztierjäger *m*.

trap·pings ['træpiŋz] *s. pl.* **1.** Staatsgeschirr *n für Pferde*; **2.** *fig.* a) ͵Staat' *m*, Schmuck *m*, b) Drum u. Dran *n*, ͵Verzierungen' *pl.*

trapse [treips] *v/i.* **1.** (da'hin)latschen; **2.** (um'her)schlendern.

trap shoot·ing *s. sport* Trapschießen *n*.

trash [træʃ] *s.* **1.** *bsd. Am.* Abfall *m*, Müll *m*: ~ *can* Abfall-, Mülleimer *m od.* -tonne *f*; **2.** Plunder *m*, Schund *m*; **3.** *fig.* Schund *m*, Kitsch *m* (*Bücher etc.*); **4.** ͵Blech' *n*, Unsinn *m*; **5.** Ausschuß *m*, Gesindel *n*; → *white trash*; **'trash·i·ness** [-ʃinis] *s.* Wertlosigkeit *f*, Minderwertigkeit *f*; **'trash·y** [-ʃi] *adj.* □ wertlos, minderwertig, kitschig, Schund..., Kitsch...

trau·ma ['trɔːmə] *s.* Trauma *n*: a) ⚕ Wunde *f*, b) *psych.* seelische Erschütterung, (bleibender) Schock; **trau·mat·ic** [trɔː'mætik] *adj.* (□ ~*ally*) ⚕, *psych.* trau'matisch: ~ *medicine* Unfallmedizin *f*.

trav·ail ['træveil] **I** *s.* **1.** *obs. od. rhet.* (mühevolle) Arbeit; **2.** (Geburts)Wehen *pl.*; **3.** *fig.* (Seelen)Qual *f*: *be in* ~ *with* schwer ringen mit; **II** *v/i.* **4.** sich abrackern; **5.** in den Wehen liegen.

trav·el ['trævl] **I** *s.* **1.** Reisen *n*: ~ *sickness* Reisekrankheit *f*; **2.** *mst pl.* (längere) Reise: *book of* ~ Reisebeschreibung *f*; **3.** ☼ Bewegung *f*, Lauf *m*, (Kolben- *etc.*)Hub *m*; **II** *v/i.* **4.** reisen, e-e Reise machen; ~ *light* mit leichtem Gepäck reisen; **5.** ♖ reisen (*in* in *e-r Ware*), als (*Handels*)Vertreter arbeiten (*for* für); **6.** *ast.*, *phys.*, *mot. etc.* sich bewegen; sich fortpflanzen (*Licht etc.*); **7.** ☼ sich ('hin- u. 'her)bewegen, laufen (*Kolben etc.*); **8.** *bsd. fig.* schweifen, wandern (*Blick etc.*); **9.** F (da'hin)sausen; **III** *v/t.* **10.** *Land, a.* ♖ Vertreterbezirk bereisen, *Strecke* zu'rücklegen; ~ *a·gen·cy* *s.* 'Reisebü͵ro *n*; ~ *al·low·ance* *s.* Reisekostenzuschuß *m*.

trav·el·la·tor ['trævəleitə] *s.* *Brit.* Rollsteig *m*.

trav·el(l)ed ['trævld] *adj.* **1.** (weit-, viel-) gereist; **2.** (viel)befahren (*Straße etc.*); **'trav·el·l(l)er** [-lə] *s.* **1.** Reisende(r *m*) *f*; **2.** ♖ *bsd. Brit.* (Handlungs)Reisende(r) *m*, (Handels)Vertreter *m*; **3.** ☼ Laufstück *n*, *bsd.* a) Laufkatze *f*, b) Hängekran *m*.

trav·el·l(l)er's| check (*Brit.* **cheque**) *s.* Reisescheck *m*; ~ *joy* *s.* ♣ Waldrebe *f*.

trav·el·l(l)ing ['trævliŋ] *adj.* **1.** Reise... (-*koffer*, -*wecker*, -*kosten etc.*): ~ *agent*, *bsd. Am.* ~ *salesman* → *travel(l)er* 2; **2.** Wander...(-*ausstellung*, -*bücherei*, -*zirkus etc.*); fahrbar, auf Rädern: ~ *dental clinic*; ~ *crane* Laufkran *m*.

trav·e·log(ue) ['trævəlɒg] *s.* Reisebericht *m* (*Vortrag, mst mit Lichtbildern*), Reisefilm *m*.

trav·ers·a·ble ['trævəsəbl] *adj.* **1.** (leicht) durch- *od.* über'querbar; **2.** passierbar, befahrbar; **3.** ☼ (aus-) schwenkbar; **trav·erse** ['trævəs] **I** *v/t.* **1.** durch-, über'queren; **2.** durch'ziehen, -'fließen; **3.** *Fluß etc.* über'spannen; **4.** *fig.* 'durchgehen, -sehen; **5.** ☼, *a.* ⚔ *Geschütz* (seitwärts) schwenken; **6.** *Linie etc.* kreuzen, schneiden; **7.**

Plan etc. durch'kreuzen; **8.** ⚓ kreuzen; **9.** ⚖ a) *Vorbringen* bestreiten, b) gegen *e-e Klage etc.* Einspruch erheben; **10.** *mount.*, *Skisport*: Hang queren; **II** *v/i.* **11.** ☼ sich drehen; **12.** *fenc.*, *Reitsport*: traversieren; **13.** *mount.*, *Skisport*: queren; **III** *s.* **14.** Durch-, Über'querung *f*; **15.** △ a) Quergitter *n*, b) Querwand *f*, c) Quergang *m*, d) Tra'verse *f*, Querstück *n*; **16.** ♔ Schnittlinie *f*; **17.** ⚓ Koppelkurs *m*; **18.** ⚔ a) Traverse *f*, Querwall *m*, b) Schulterwehr *f*; **19.** ⚔ Schwenken *n* (*Geschütz*); **20.** ☼ a) Schwenkung *f e-r Maschine*, b) schwenkbarer Teil; **21.** *surv.* Poly'gon(zug *m*) *n*; **22.** ⚖ a) Bestreitung *f*, b) Einspruch *m*; **23.** *mount.*, *Skisport*: a) Queren *n e-s Hanges*, b) Quergang *m*; **IV** *adj.* **24.** querlaufend, Quer...(-*bohrer etc.*): ~ *motion* Schwenkung *f*; **25.** Zickzack...: ~ *sail·ing* ⚓ Koppelkurs *m*; **26.** sich kreuzend (*Linien*).

trav·es·ty ['trævisti] **I** *s.* **1.** Trave'stie *f*; **2.** *fig.* Zerrbild *n*, Karika'tur *f*; **II** *v/t.* **3.** travestieren (*scherzhaft umgestalten*); **4.** *fig.* ins Lächerliche ziehen, verzerren.

trawl [trɔːl] ⚓ **I** *s.* *a.* ~ *net* (Grund-) Schleppnetz *n*; **II** *v/t. u. v/i.* mit dem Schleppnetz fischen; **'trawl·er** [-lə] *s.* (Grund)Schleppnetzfischer *m* (*Boot u. Person*).

tray [trei] *s.* **1.** Ta'blett *n*, (Ser'vier-, Tee)Brett *n*; **2.** a) Auslagekästchen *n*, b) ('umgehängtes) Verkaufsbrett, ͵Bauchladen' *m*; **3.** flache Schale; **4.** Ablagekorb *m im Büro*; **5.** (Koffer-) Einsatz *m*.

treach·er·ous ['tretʃərəs] *adj.* □ **1.** verräterisch, treulos (*to* gegen); **2.** (heim-) tückisch, 'hinterhältig; **3.** *fig.* tückisch, trügerisch (*Eis, Wetter etc.*), unzuverlässig (*a. Gedächtnis*); **'treach·er·ous·ness** [-nis] *s.* **1.** Treulosigkeit *f*, Verrä·te'rei *f*; **2.** *a. fig.* Tücke *f*; **'treach·er·y** [-ri] *s.* (*to*) Verrat *m* (an *dat.*), Verräte'rei *f*, Treulosigkeit *f* (gegen).

trea·cle ['tri:kl] *s.* **1.** a) Sirup *m*, b) Me'lasse *f*; **2.** *fig.* a) Süßlichkeit *f*, b) süßliches Getue; **'trea·cly** [-li] *adj.* **1.** sirupartig, Sirup...; **2.** *fig.* süßlich.

tread [tred] **I** *s.* **1.** Tritt *m*, Schritt *m*; **2.** a) Tritt(spur *f*) *m*, b) (Rad- *etc.*)Spur *f*; **3.** ☼ Lauffläche *f* (*Rad*); *mot.* ('Reifen-) Pro͵fil *n*; **4.** Spurweite *f*; **5.** Pe'dalabstand *m* (*Fahrrad*); **6.** a) Fußraste *f*, Trittbrett *n*, b) (Leiter)Sprosse *f*; **7.** Auftritt *m* (*Stufe*); **8.** *orn.* a) Treten *n* (*Begattung*), b) Hahnentritt *m* (*im Ei*); **II** *v/t.* [*irr.*] **9.** beschreiten, *the boards thea.* (als Schauspieler) auftreten; **10.** *rhet.* Zimmer *etc.* durch'messen; **11.** *a.* ~ *down* zertreten, -trampeln: *to* ~ *out* Feuer austreten, *fig. Aufstand* niederwerfen; ~ *underfoot* niedertreten, *fig.* mit Füßen treten; **12.** *Pedale etc.*, *a.* Wasser treten; **13.** *orn.* treten, begatten; **III** *v/i.* [*irr.*] **14.** treten (*on* auf *acc.*): ~ *on air* (glück)selig sein; ~ *lightly* leise auftreten, *fig.* vorsichtig zu Werke gehen; **15.** (ein'her)schreiten; **16.** trampeln: ~ (*up*)*on* zertrampeln; **17.** unmittelbar folgen (*on* auf *acc.*); → *heel*[1] *Redew.*; **18.** *orn.* a) treten (*Hahn*), b) sich paaren; **trea·dle** ['tredl] **I** *s.* **1.** ☼ Tretkurbel *f*, Tritt *m*: ~

drive Fußantrieb *m*; **2.** Pe'dal *n*; **II** *v/i.* **3.** treten; **'tread·mill** *s.* Tretmühle *f* (*a. fig.*).

trea·son ['triːzn] *s.* (ⅉ Landes)Verrat *m* (**to** an *dat.*): *high ~*, *~ felony* Hochverrat *m*; **'trea·son·a·ble** [-nəbl] *adj.* □ (landes- *od.* hoch)verräterisch.

treas·ure ['treʒə] **I** *s.* **1.** Schatz *m* (*a. fig.*); **2.** Reichtum *m*, Reichtümer *pl.*, Schätze *pl.*: *~s of the soil* Bodenschätze; *~ trove* (herrenloser) Schatzfund, *fig.* Fundgrube *f*; **3.** F ,Perle' *f* (*Dienstmädchen etc.*); **4.** F Schatz *m*, Liebling *m*; **II** *v/t.* **5.** *oft ~ up* Schätze (an)sammeln, aufhäufen; **6.** a) (hoch)schätzen, b) hegen, *a.* Andenken in Ehren halten; *~ house s.* **1.** Schatzhaus *n*, -kammer *f*; **2.** *fig.* Gold-, Fundgrube *f*.

treas·ur·er ['treʒərə] *s.* **1.** Schatzmeister (-in) (*a.* ⅉ); Kassenwart *m*; **2.** ⅉ Leiter *m* der Fi'nanzab₁teilung: *city ~* Stadtkämmerer *m*; **3.** Fis'kalbeamte(r) *m*: ⅊ *of the Household* Brit. Fiskalbeamte(r) des königlichen Haushalts; **'treas·ur·er·ship** [-ʃɪp] *s.* Schatzmeisteramt *n*, Amt n e-s Kassenwarts.

treas·ur·y ['treʒərɪ] *s.* **1.** Schatzkammer *f*, -haus *n*; **2.** a) Schatzamt *n*, b) Staatsschatz *m*: *Lords* (*od.* *Commissioners*) *of the* ⅊ *das* brit. Finanzministerium; *First Lord of the* ⅊ erster Schatzlord (*mst der Premierminister*); **3.** Fiskus *m*, Staatskasse *f*; **4.** *fig.* Schatz(kästlein *n*) *m*, Antholo'gie *f* (*Buchtitel*); ⅊ *bench s. parl.* Brit. Regierungsbank *f*; *~ bill s.* ⅉ (*kurzfristiger*) Schatzwechsel; ⅊ *Board s.* Brit. Fi'nanzmini₁sterium *n*; *~ bond s.* Am. (*langfristige*) Schatzanweisung; *~ cer·tif·i·cate s.* Am. (*kurzfristiger*) Schatzwechsel; ⅊ *De·part·ment s.* Am. Fi'nanzmini₁sterium *n*; *~ note s.* (*mittelfristiger*) Schatzwechsel; ⅊ *war·rant s.* Brit. Schatzanweisung *f*.

treat [triːt] **I** *v/t.* **1.** behandeln, 'umgehen mit: *~ s.o. brutally*; **2.** behandeln, betrachten (*as* als); **3.** ꝏ, ꝏ, ☉ behandeln (*for* gegen, *with* mit); **4.** *fig.* Thema *etc.* behandeln; **5.** *j-m* e-n Genuß bereiten, *bsd. j-n* bewirten (*to* mit): *~ o.s. to* sich *et.* gönnen *od.* leisten *od.* genehmigen; *be ~ed to s.th.* j-m et. spendieren; *be all of a ~* in den Genuß e-r Sache kommen; **II** *v/i.* **6.** *~ of* handeln von, Thema behandeln; **7.** *~ with* verhandeln mit; **8.** (die Zeche) bezahlen, e-e Runde ausgeben; **III** *s.* **9.** (Extra)Vergnügen *n*, *bsd.* (Fest-)Schmaus *m*: *school ~* Schulfest *n od.* -ausflug *m*; **10.** *fig.* (Hoch)Genuß *m*, Wonne *f*; **11.** (Gratis)Bewirtung *f*: *stand ~* → 8; *it is my ~* das geht auf m-e Rechnung, diesmal bezahle ich; **'trea·tise** [-tɪz] *s.* (*wissenschaftliche*) Abhandlung *f*; **'treat·ment** [-mənt] *s.* **1.** Behandlung *f* (*a.* ꝏ, ꝏ, *a. fig.* e-s Themas *etc.*): *give s.th. the full ~ fig.* et. gründlich behandeln; *give s.o. the ~* F j-n ,in die Mangel nehmen'; **2.** ☉ Bearbeitung *f*; **3.** *Film:* Treatment *n* (*erweitertes Handlungsschema*).

trea·ty ['triːtɪ] *s.* **1.** (*bsd.* Staats)Vertrag *m*, Pakt *m*: *~ powers* Vertragsmächte; **2.** *obs.* Verhandlung *f*.

tre·ble ['trebl] **I** *adj.* □ **1.** dreifach; **2.** ♪ dreistellig; **3.** ♪ Diskant..., Sopran...; **4.** hoch, schrill; **5.** *Radio:* Höhen...: *~ control* Höhenregler *m*; **II** *s.* **6.** ♪ Dis'kant *m*; **III** *v/t. u. v/i.* **7.** (sich) verdreifachen.

tree [triː] **I** *s.* **1.** Baum *m*: *~ of life* a) *bibl.* Baum des Lebens, b) ⚘ Lebensbaum; *up a ~* F in der Klemme; → *top¹* 2; **2.** (*Rosen- etc.*)Strauch *m*, (*Bananen- etc.*)Staude *f*; **3.** ☉ Baum *m*, Welle *f*, Schaft *m*; (Holz)Gestell *n*; (Stiefel)Leisten *m*; **4.** → *family tree*; **II** *v/t.* **5.** auf e-n Baum jagen; **6.** *j-n* in die Enge treiben; *~ fern s.* ⚘ Baumfarn *m*; *~ frog s. zo.* Laubfrosch *m.*

tree·less ['triːlɪs] *adj.* baumlos, kahl.

tree| line *s.* Baumgrenze *f*; **'~·nail** *s.* ☉ Holznagel *m*, Dübel *m*; *~ nurs·er·y s.* Baumschule *f*; *~ sur·geon s.* 'Baumchir₁urg *m*; *~ toad* → *tree frog*; **'~·top** *s.* Baumkrone *f*, -wipfel *m.*

tre·foil ['trefɔɪl] *s.* **1.** ⚘ Klee *m*; **2.** △ Dreipaß *m*; **3.** *bsd. her.* Kleeblatt *n.*

trek [trek] **I** *v/i.* **1.** *Südafrika:* trecken, (im Ochsenwagen) reisen; **2.** ziehen, wandern; **II** *s.* **3.** Treck *m.*

trel·lis ['trelɪs] **I** *s.* **1.** Gitter *n*, Gatter *n*; **2.** ☉ Gitterwerk *n*; **3.** ♪ Spa'lier *n*; **4.** Pergola *f*; **II** *v/t.* **5.** vergittern; *~ed window* Gitterfenster *n*; **6.** ♪ am Spalier ziehen; **'~·work** *s.* Gitterwerk *n* (*a.* ☉).

trem·ble ['trembl] **I** *v/i.* **1.** (er)zittern, (-) beben (*at*, *with* vor *dat.*): *~ all over* (*od.* *in every limb*) am ganzen Leibe zittern; *~ at the thought* (*od.* *to think*) bei dem Gedanken zittern; → *balance* 2; **2.** zittern, bangen (*for* für, um): *a trembling uncertainty* e-e bange Ungewißheit; **II** *s.* **3.** Zittern *n*, Beben *n*: *be all of a ~* am ganzen Körper zittern; **4.** *pl. sg. konstr. vet.* Milchfieber *n*; **'trem·bler** [-lə] *s.* **1.** ⚡ ('Selbst)Unter-₁brecher *m*; **2.** ⚡'lektrische Glocke *od.* Klingel; **'trem·bling** [-lɪŋ] *adj.* □ zitternd: *~ grass* ⚘ Zittergras *n*; *~ poplar* (*od.* *tree*) ⚘ Zitterpappel *f*, Espe *f.*

tre·men·dous [trɪ'mendəs] *adj.* □ **1.** schrecklich, fürchterlich; **2.** F ungeheuer, e'norm, ,toll'.

trem·o·lo ['tremələʊ] *pl.* **-los** *s.* ♪ Tremolo *n.*

trem·or ['tremə] *s.* **1.** ꝏ Zittern *n*, Zucken *n*: *~ of the heart* Herzflackern *n*; **2.** Zittern *n*, Schau(d)er *m der Erregung*; **3.** Beben *n der Erde*; **4.** Angst (-gefühl *n*) *f*, Beben *n.*

trem·u·lous ['tremjʊləs] *adj.* □ **1.** zitternd, bebend; **2.** zitt(e)rig, ängstlich.

tre·nail ['trenl] → *treenail.*

trench [trentʃ] **I** *v/t.* **1.** mit Gräben durch'ziehen *od.* (⚔) befestigen; **2.** ♪ tief 'umpflügen, ri'golen; **3.** zerschneiden, durch'furchen; **II** *v/i.* **4.** (⚔ Schützen)Gräben ausheben; **5.** *geol.* sich (ein)graben (*Fluß etc.*); **6.** *~* (*up*)*on* beeinträchtigen, in *j-s* Rechte eingreifen; **7.** *~* (*up*)*on fig.* hart grenzen an (*acc.*); **III** *s.* **8.** (⚔ Schützen)Graben *m*; **9.** Furche *f*, Rinne *f*; **10.** ⚔ Schramm *m.*

trench·an·cy ['trentʃənsɪ] *s.* Schärfe *f*; **'trench·ant** [-nt] *adj.* □ **1.** scharf, schneidend (*Witz etc.*); **2.** einschneidend, e'nergisch: *a ~ policy.*

trench coat *s.* Trenchcoat *m.*

trench·er¹ ['trentʃə] *s.* ⚔ Schanzarbeiter *m.*

trench·er² ['trentʃə] *s.* **1.** Tranchier-, Schneidebrett *n*; **2.** *obs.* Speise *f*; *~ cap* → *mortarboard* 2; **'~·man** [-mən] *s.*

[*irr.*] guter *etc.* Esser.

trench| fe·ver *s.* ꝏ Schützengrabenfieber *n*; *~ foot s.* ꝏ Schützengrabenfüße *pl.* (*Fußbrand*); *~ mor·tar s.* ⚔ Gra-'natwerfer *m*; *~ war·fare s.* ⚔ Stellungskrieg *m.*

trend [trend] **I** *s.* **1.** Richtung *f* (*a. fig.*); **2.** *fig.* Ten'denz *f*, Entwicklung *f*, Trend *m* (*alle a.* ✝); Neigung *f*, Bestreben *n*: *the ~ of his argument was* s-e Beweisführung lief darauf hinaus; *~ in od. of prices* ✝ Preistendenz; **3.** *fig.* (Ver-)Lauf *m*: *the ~ of events*; **II** *v/i.* **4.** sich neigen, streben, tendieren (*towards* nach e-r Richtung); **5.** sich erstrecken, laufen (*towards* nach Süden *etc.*); **6.** *geol.* streichen (*to* nach); *~ a·nal·y·sis s.* ✝ Konjunk'turana₁lyse *f*; **'~·set·ter** *s. Mode etc.:* j-d, der den Ton angibt, Schrittmacher *m*, Trendsetter *m*; **'~₁set·ting** *adj.* tonangebend.

tren·dy ['trendɪ] *adj.* ('super)mo₁dern, schick, modebewußt.

tre·pan [trɪ'pæn] **I** *s.* **1.** ꝏ *hist.* Schädelbohrer *m*; **2.** ☉ 'Bohrma₁schine *f*; **3.** *geol.* Stein-, Erdbohrer *m*; **II** *v/t.* **4.** ꝏ trepanieren.

trep·i·da·tion [₁trepɪ'deɪʃn] *s.* **1.** ꝏ (Glieder-, Muskel)Zittern *n*; **2.** Beben *n*; **3.** Angst *f*, Bestürzung *f.*

tres·pass ['trespəs] **I** *s.* **1.** Über'tretung *f*, Vergehen *n*, Verstoß *m*, Sünde *f*; **2.** 'Übergriff *m*; **3.** 'Mißbrauch *m* (*on gen.*); **4.** ⅉ *allg.* unerlaubte Handlung (*Zivilrecht*): a) unbefugtes Betreten, b) Besitzstörung *f*, c) 'Übergriff *m* gegen die Per'son (*z.B.* Körperverletzung); **5.** *a. action for ~* ⅉ Schadenersatzklage *f* aus unerlaubter Handlung, *z.B.* Besitzstörungsklage *f*; **II** *v/i.* **6.** ⅉ e-e unerlaubte Handlung begehen: *~* (*on*) a) widerrechtlich betreten, b) rechtswidrige Übergriffe gegen *j-s* Eigentum begehen; **7.** *~* (*up*)*on fig.* a) 'übergreifen auf (*acc.*), b) hart grenzen an (*acc.*), c) *j-s* Zeit *etc.* über Gebühr in Anspruch nehmen; **8.** (*against*) verstoßen (gegen), sündigen (wider *od.* gegen); **'tres·pass·er** [-sə] *s.* **1.** ⅉ a) Rechtsverletzer *m*, b) Unbefugte(r *m*) *f*: *~s will be prosecuted!* Betreten bei Strafe verboten!; **2.** *obs.* Sünder(in).

tress [tres] *s.* **1.** (Haar)Flechte *f*, Zopf *m*; **2.** Locke *f*, **3.** *pl.* üppiges Haar; **tressed** [-st] *adj.* **1.** geflochten; **2.** gelockt.

tres·tle ['tresl] *s.* **1.** ☉ Gestell *n*, Gerüst *n*, Bock *m*, Schragen *m*: *~ table* Zeichentisch *m*; **2.** ⚔ Brückenbock *m*: *~ bridge* Bockbrücke *f*; **'~·work** *s.* **1.** Gerüst *n*; **2.** Am. 'Bahnvia₁dukt *m.*

trey [treɪ] *s.* Drei *f im Karten- od.* Würfelspiel.

tri·a·ble ['traɪəbl] *adj.* ⅉ a) justiti'abel, zu verhandeln(d) (*Sache*), b) belangbar, abzuurteilen(d) (*Person*).

tri·ad ['traɪəd] *s.* **1.** Tri'ade *f*: a) Dreizahl *f*, b) ꝏ dreiwertiges Ele'ment, c) ♪ Dreiergruppe *f*, Trias *f*; **2.** ♪ Dreiklang *m.*

tri·al ['traɪəl] *s.* **1.** Versuch *m* (*of* mit), Probe *f*, Erprobung *f*, Prüfung *f* (*alle a.* ☉): *~ and error* a) ꝏ Regula *f* falsi, b) empirische Methode; *~ of strength* Kraftprobe; *on ~* auf *od.* zur Probe; *give a ~*, *make a ~ of* e-n Versuch machen mit, erproben; *be on ~* a) erprobt werden, b) e-e Probezeit durchmachen (*Person*), c) *fig.* auf dem Prüfstand sein (→ *a.* 2); **2.** ⚖ ('Straf- *od.* Zi'vil)Pro‚zeß *m*, (Gerichts)Verfahren *n*, (Haupt)Verhandlung *f*: ~ *by jury* Schwurgerichtsverfahren; *be on* (*od.* *stand*) ~ unter Anklage stehen (*for* wegen); *bring* (*od.* *put*) *s.o. to* ~ j-n vor Gericht bringen; *stand* (*one's*) ~ sich vor Gericht verantworten; **3.** (*to* für) *fig.* a) (Schicksals)Prüfung *f*, Heimsuchung *f*, b) Last *f*, Plage *f*, Stra'paze *f*; **4.** *sport* a) Vorlauf *m*, Ausscheidungsrennen *n*, b) Ausscheidungsspiel *n*; **II** *adj.* **5.** Versuchs..., Probe...: ~ *balance* ✝ Rohbilanz *f*; ~ *balloon* *fig.* Versuchsballon *m*; ~ *marriage* Ehe *f* auf Probe; ~ *match* → 4 b; ~ *order* ✝ Probeauftrag *m*; ~ *package* ✝ Probepackung *f*; ~ *period* Probezeit *f*; ~ *run* Probefahrt *f*, -lauf *m*; **6.** ⚖ Verhandlungs...: ~ *court* erstinstanzliches Gericht; ~ *judge* Richter *m* der ersten Instanz; ~ *lawyer Am.* Prozeßanwalt *m*.

tri·an·gle ['traɪæŋgl] *s.* **1.** ✗ Dreieck *n*; **2.** ♪ Triangel *m*; **3.** ✿ a) Reißdreieck *n*, b) Winkel *m*; **4.** *mst eternal* ~ *fig.* Dreiecksverhältnis *n*; **tri·an·gu·lar** [traɪ'æŋgjʊlə] *adj.* dreieckig, -winkelig; *fig.* dreiseitig, Dreiecks...

Tri·as ['traɪəs] → **Tri·as·sic** [traɪ'æsɪk] *geol.* **I** *s.* 'Trias(formati‚on) *f*; **II** *adj.* Trias...

trib·al ['traɪbl] *adj.* □ Stammes...; '**trib·al·ism** [-bəlɪzəm] *s.* 'Stammessy‚stem *n od.* -gefühl *n*.

tri·bas·ic [traɪ'beɪsɪk] *adj.* 🜍 drei-, tribasisch.

tribe [traɪb] *s.* **1.** (Volks)Stamm *m*; **2.** ♀, *zo.* Tribus *f*, Klasse *f*; **3.** *humor. u. contp.* Sippschaft *f*, ‚Verein' *m*; **tribes·man** ['traɪbzmən] *s.* [*irr.*] Stammesangehörige(r) *m*, -genosse *m*.

trib·u·la·tion [‚trɪbjʊ'leɪʃn] *s.* Drangsal *f*, 'Widerwärtigkeit *f*.

tri·bu·nal [traɪ'bjuːnl] *s.* **1.** ⚖ Gericht(shof *m*) *n*, Tribu'nal *n* (*a. fig.*); **2.** Richterstuhl *m* (*a. fig.*); **trib·une** ['trɪbjuːn] *s.* **1.** *antiq.* ('Volks)Tri‚bun *m*; **2.** Volksheld *m*; **3.** Tri'büne *f*, **4.** Rednerbühne *f*; **5.** Bischofsthron *m*.

trib·u·tar·y ['trɪbjutərɪ] *adj.* □ **1.** tri'but-, zinspflichtig (*to dat.*); **2.** 'untergeordnet (*to dat.*); **3.** helfend, beisteuernd (*to* zu); **4.** *geogr.* Neben...: ~ *stream*; **II** *s.* **5.** Tri'butpflichtige(r) *m*, *a.* tri'butpflichtiger Staat; **6.** *geogr.* Nebenfluß *m*; **trib·ute** ['trɪbjuːt] *s.* Tri'but *m*: a) Zins *m*, Abgabe *f*, b) *fig.* Zoll *m*, Beitrag *m*, c) *fig.* Huldigung *f*, Achtungsbezeugung *f*, Anerkennung *f*: ~ *of admiration* gebührende Bewunderung; *pay* ~ *to* j-m Hochachtung bezeigen *od.* Anerkennung zollen.

tri·car ['traɪkɑː] *s. Brit.* Dreiradlieferwagen *m*.

trice [traɪs] *s.*: *in a* ~ im Nu.

tri·ceps ['traɪseps] *pl.* '**tri·ceps·es** *s. anat.* Trizeps *m* (*Muskel*).

tri·chi·na [trɪ'kaɪnə] *pl.* -nae [-niː] *s. zo.* Tri'chine *f*; **trich·i·no·sis** [‚trɪkɪ'nəʊsɪs] *s.* ✿ Trichi'nose *f*.

trich·o·mon·ad [‚trɪkəʊ'mɒnæd] *s. zo.* Trichomo'nade *f*.

tri·chord ['traɪkɔːd] *adj. u. s.* ♪ dreisaitig(es Instru'ment).

tri·chot·o·my [traɪ'kɒtəmɪ] *s.* Dreiheit *f*,

-teilung *f*.

trick [trɪk] **I** *s.* **1.** Trick *m*, Kunstgriff *m*, Kniff *m*, List *f*; *pl. a.* Schliche *pl.*, Ränke *pl.*, Winkelzüge *pl.*: *full of* ~*s* raffiniert; **2.** (*dirty* ~ gemeiner) Streich: ~*s of fortune* Tücken des Schicksals; *the* ~*s of the memory fig.* die Tücken des Gedächtnisses; *be up to one's* ~*s* (wieder) Dummheiten machen; *be up to s.o.'s* ~*s* j-s Schliche durchschauen; *what* ~*s have you been up to?* was hast du angestellt?; *play s.o. a* ~, *play a* ~ *on s.o.* j-m e-n Streich spielen; *none of your* ~*s!* keine Mätzchen!; **3.** Trick *m*, (*Karten- etc.*)Kunststück *n*: *do the* ~ den Zweck erfüllen; *that did the* ~ damit war es geschafft; **4.** (Sinnes)Täuschung *f*; **5.** (*bsd.* üble *od.* dumme) Angewohnheit, Eigenheit *f*; **6.** *Kartenspiel*: Stich *m*: *take od. win a* ~ e-n Stich machen; **7.** ⚓ Rudertörn *m*; **8.** *Am. sl.* ‚Mieze' *f* (*Mädchen*); **9.** V ‚Nummer' *f* (*Koitus*); **II** *adj.* **10.** Trick...(-*dieb*, -*film*, -*szene*); **11.** Kunst...(-*flug*, -*reiten*); **III** *v/t.* **12.** überlisten, betrügen, prellen (*out of* um); **13.** j-n verleiten (*into doing et.* zu tun); **14.** *mst* ~ *up* (*od. out*) schmücken, (her'aus)putzen; '**trick·er** [-kə] → *trickster*, '**trick·er·y** [-kərɪ] *s.* **1.** Betrüge'rei(en *pl.*) *f*, Gaune'rei(en *pl.*) *f*; **2.** Kniff *m*; '**trick·i·ness** [-kɪnɪs] *s.* **1.** Verschlagenheit *f*, Durch'triebenheit *f*; **2.** Kitzligkeit *f* e-r *Situation etc.*; **3.** Kompliziertheit *f*; '**trick·ish** [-kɪʃ] → *tricky*.

trick·le ['trɪkl] **I** *v/i.* **1.** tröpfeln (*a. fig.*); **2.** rieseln, kullern (*Tränen*); **3.** sickern: ~ *out fig.* durchsickern; **4.** trudeln (*Ball etc.*); **II** *v/t.* **5.** tröpfeln (lassen), träufeln; **6.** rieseln lassen; **III** *s.* **7.** Tröpfeln *n*; Rieseln *n*; **8.** Rinnsal *n* (*a. fig.*); ~ *charg·er* ⚡ Kleinlader *m*.

trick·si·ness ['trɪksɪnɪs] *s.* **1.** → *tricki-ness*; **2.** 'Übermut *m*.

trick·ster ['trɪkstə] *s.* Gauner(in), Schwindler(in).

trick·sy ['trɪksɪ] *adj.* **1.** → *tricky* 1; **2.** 'übermütig.

trick·y ['trɪkɪ] *adj.* □ **1.** verschlagen, durch'trieben, raffiniert; **2.** heikel, kitzlig (*Lage*, *Problem*); **3.** kompliziert, knifflig; **4.** unzuverlässig.

tri·col·o·u|r ['trɪkələ] *s.* Triko'lore *f*.

tri·cot ['triːkəʊ] *s.* Tri'kot *m* (*Stoff*).

tri·cy·cle ['traɪsɪkl] **I** *s.* Dreirad *n*; **II** *v/i.* Dreirad fahren.

tri·dent ['traɪdnt] *s.* Dreizack *m*.

tried [traɪd] **I** *p.p. von try*; **II** *adj.* erprobt, bewährt.

tri·en·ni·al [traɪ'enjəl] *adj.* □ **1.** dreijährig; **2.** alle drei Jahre stattfindend, dreijährlich.

tri·er·arch·y ['traɪərɑːkɪ] *s. hist.* Trierar'chie *f*.

tri·fle ['traɪfl] **I** *s.* **1.** Kleinigkeit *f*: a) unbedeutender Gegenstand, b) Baga'telle *f*, Lap'palie *f*, c) Kinderspiel *n* (*to* für *j-n*), d) kleine Geldsumme; **2.** *das* bißchen: *a* ~ *expensive* etwas *od.* ein bißchen teuer; *not to stick at* ~*s* sich nicht mit Kleinigkeiten abgeben; *stand upon* ~*s* ein Kleinigkeitskrämer sein; **2.** a) *Brit.* Trifle *n* (*Biskuitdessert*), b) *Am.* 'Obstdes‚sert *n* mit Sahne; **II** *v/i.* **3.** spielen (*with* mit *dem Bleistift etc.*); **4.** (*with*) *fig.* spielen (mit), sein Spiel trei-

ben *od.* leichtfertig 'umgehen (mit): *he is not to be* ~*d with* er läßt nicht mit sich spaßen; **5.** tändeln, scherzen; leichtfertig da'herreden; **6.** (her'um-)trödeln; **III** *v/t.* **7.** ~ *away* Zeit vertändeln, vertrödeln, *a. Geld* verplempern; '**tri·fler** [-lə] *s.* **1.** oberflächlicher *od.* fri'voler Mensch; **2.** Tändler *m*; **3.** Müßiggänger *m*; '**tri·fling** [-lɪŋ] *adj.* □ **1.** oberflächlich, leichtfertig; **2.** tändelnd; **3.** unbedeutend, geringfügig.

tri·fo·li·ate [traɪ'fəʊlɪət] *adj.* ♀ **1.** dreiblätt(e)rig; **2.** → **tri·fo·li·o·late** [traɪ'fəʊlɪələt] *adj.* ♀ **1.** dreizählig (*Blatt*); **2.** mit dreizähligen Blättern (*Pflanze*).

trig [trɪg] F *für* *trigonometry*.

trig·ger ['trɪgə] **I** *s.* **1.** ⚡, *phot.*, ✿ Auslöser *m* (*a. fig.*); **2.** Abzug *m* (*Feuerwaffe*), *am Gewehr*: a. Drücker *m*, e-r *Bombe*: Zünder *m*: *pull the* ~ abdrücken; *quick on the* ~ *fig.* ‚fix', ‚auf Draht' (*reaktionsschnell od. schlagfertig*); **II** *v/t.* **3.** ✿ auslösen (*a. fig.*); ~ *guard* ✗ Abzugsbügel *m*; '~·**hap·py** *adj.* **1.** schießwütig; **2.** *pol.* kriegslüstern; **3.** *fig.* kampflustig.

trig·o·no·met·ric, **trig·o·no·met·ri·cal** [‚trɪgənə'metrɪk(l)] *adj.* □ A trigono'metrisch; **trig·o·nom·e·try** [‚trɪgə'nɒmɪtrɪ] *s.* Trigonome'trie *f*.

tri·he·dral [‚traɪ'hedrl] *adj.* A dreiflächig, tri'edrisch.

tri·lat·er·al [‚traɪ'lætərəl] *adj.* **1.** A dreiseitig; **2.** *pol.* Dreier...: ~ *talks*.

tril·by ['trɪlbɪ] *s.* **1.** *a.* ~ *hat Brit.* F weicher Filzhut; **2.** *pl. sl.* ‚Haxen' *pl.* (*Füße*).

tri·lin·e·ar [‚traɪ'lɪnɪə] *adj.* A dreilinig: ~ *coordinates* Dreieckskoordinaten.

tri·lin·gual [‚traɪ'lɪŋgwəl] *adj.* dreisprachig.

trill [trɪl] **I** *v/t. u. v/i.* **1.** ♪ *etc.* trillern, trällern; **2.** *ling.* (*bsd.* das r) rollen; **II** *s.* **3.** ♪ Triller *m*; **4.** *ling.* gerolltes r, gerollter Konso'nant.

tril·lion ['trɪljən] *s.* **1.** *Brit.* Trilli'on *f*; **2.** *Am.* Billi'on *f*.

tril·o·gy ['trɪlədʒɪ] *s.* Trilo'gie *f*.

trim [trɪm] **I** *v/t.* **1.** in Ordnung bringen, zu'rechtmachen; **2.** Feuer anschüren; **3.** *Haar*, *Hecken etc.* (be-, zu'recht-)schneiden, stutzen, *bsd. Hundefell* trimmen; **4.** *fig. Budget etc.* stutzen, beschneiden; **5.** ✿ *Bauholz* behauen, zurichten; **6.** *a.* ~ *up* (her'aus)putzen, schmücken, ausstaffieren, schönmachen; **7.** *Hüte etc.* besetzen, garnieren; **8.** F a) j-n ‚zs.-stauchen', b) ‚reinlegen', c) ‚vertrimmen' (*a. sport* schlagen); **9.** ✈, ⚓ trimmen: a) *Flugzeug*, *Schiff* in die richtige Lage bringen, b) *Segel* stellen, brassen: ~ *one's sails to every wind fig.* sein Mäntelchen nach dem Wind hängen, c) *Kohlen* schaufeln, d) *Ladung* (richtig) verstauen; **10.** ⚓ trimmen, (fein) abgleichen; **II** *v/i.* **11.** *fig.* e-n Mittelkurs steuern, *bsd. pol.* lavieren: ~ *with the times* sich den Zeiten anpassen, Opportunitätspolitik treiben; **III** *s.* **12.** Ordnung *f*, (richtiger) Zustand, *a.* richtige (*körperliche od. seelische*) Verfassung *od.* Form: *in good* (*out of*) ~ in guter (schlechter) Verfassung (*a. Person*); **13.** ✈, ⚓ a) Trimm (-lage *f*) *m*, b) richtige Stellung *der Segel*, c) gute Verstauung *der Ladung*; **14.** Putz *m*, Staat *m*, Gala *f*; **15.** *mot.*

a) Innenausstattung *f*, b) Zierleiste(n *pl.*) *f*; **IV** *adj.* **16.** ordentlich; **17.** schmuck, sauber, a'drett; gepflegt (*a. Bart, Rasen etc.*); **18.** (gut) in Schuß.

tri·mes·ter [trɪ'mestə] *s.* **1.** Zeitraum *m* von drei Monaten, Vierteljahr *n*; **2.** *univ.* Tri'mester *n*.

trim·mer ['trɪmə] *s.* **1.** Aufarbeiter(in), Putzmacher(in); **2.** ⚓ a) (Kohlen)Trimmer *m*, b) Stauer *m*; **3.** *Zimmerei:* Wechselbalken *m*; **4.** *fig. bsd. pol.* Opportu'nist(in); '**trim·ming** [-mɪŋ] *s.* **1.** (Auf-, Aus)Putzen *n*, Zurichten *n*; **2.** a) (Hut-, Kleider)Besatz *m*, Borte *f*, b) *pl.* Zutaten *pl.*, Posa'menten *pl.*, c) *fig.* ,Verzierung' *f*, ,Garnierung' *f im Stil etc.*; **3.** *pl.* Garnierung *f*, Zutaten *pl.* (*Speise*); **4.** *pl.* Abfälle *pl.*, Schnipsel *pl.*; **5.** ⚓ a) Trimmen *n*, (Ver)Stauen *n*, b) Staulage *f*; **6.** (Tracht *f*) Prügel *pl.*; **7.** *bsd. sport* (böse) Abfuhr; '**trim·ness** [-mnɪs] *s.* **1.** gute Ordnung; **2.** gutes Aussehen, Gepflegtheit *f*.

trine [traɪn] **I** *adj.* **1.** dreifach; **II** *s.* **2.** Dreiheit *f*; **3.** *ast.* Trigo'nala,spekt *m*.

Trin·i·tar·i·an [ˌtrɪnɪ'teərɪən] *eccl.* **I** *adj.* **1.** Dreieinigkeits...; **II** *s.* **2.** Bekenner (-in) der Drei'einigkeit; **3.** *hist.* Trini'tarier *m*; ˌ**Trin·i'tar·i·an·ism** [-nɪzəm] *s.* Drei'einigkeitslehre *f*.

tri·ni·tro·tol·u·ene [traɪˌnaɪtrəʊ'tɒljuːiːn] *s.* ⚗ Trinitrotolu'ol *n*.

trin·i·ty ['trɪnɪtɪ] *s.* **1.** Dreiheit *f*; **2.** ♀ *eccl.* Drei'einigkeit *f*; ♀ **House** *s.* Verband *m* zur Aufsicht über See- u. Lotsenzeichen *etc.*; ♀ **Sun·day** *s.* Sonntag *m* Trini'tatis; ♀ **term** *s. univ.* 'Sommertriˌmester *n*.

trin·ket ['trɪŋkɪt] *s.* **1.** Schmuck *m*; (*bsd.* wertloses) Schmuckstück; **2.** *pl. fig.* Kram *m*, Plunder *m*.

tri·no·mi·al [traɪ'nəʊmjəl] **I** *adj.* **1.** 🅰 tri'nomisch, dreigliedrig, -namig; **2.** *biol., zo.* dreigliedrig (*Artname*); **II** *s.* **3.** 🅰 Tri'nom *n*, dreigliedrige (Zahlen-) Größe.

tri·o ['triːəʊ] *pl.* **-os** *s.* ♪ *u. fig.* Trio *n*.

tri·ode ['traɪəʊd] *s.* ⚡ Tri'ode *f*, 'Dreielekˌtroden,röhre *f*.

tri·o·let ['triːəʊlet] *s.* Trio'lett *n* (*Ringelgedicht*).

trip [trɪp] **I** *s.* **1.** (*bsd. kurze, a.* See)Reise; Ausflug *m*, Spritztour *f* (*to* nach); *weitS.* Fahrt *f*; **3.** Trippeln *n*; **4.** Stolpern *n*; **5.** Fehltritt *m* (*bsd. fig.*); **6.** *fig.* Fehler *m*; **7.** Beinstellen *n*; **8.** ⚙ Auslösung *f*: **~ cam** *od.* **dog** Schaltnocken *m*; **~ lever** Auslöse- *od.* Schalthebel *m*; **9.** *sl.* ,Trip' *m* (*Drogenrausch*); **II** *v/i.* **10.** trippeln, tänzeln; **11.** stolpern, straucheln (*a. fig.*); **12.** *fig.* (e-n) Fehler machen: **catch s.o. ~ping** j-n bei e-m Fehler ertappen; **13.** *über ein Wort* stolpern, sich versprechen; **III** *v/t.* **14.** *oft* **~ up** j-m ein Bein stellen, j-n zu Fall bringen (*beide a. fig.*); **15.** *fig.* vereiteln; **16.** (*in* bei e-m Fehler etc.) ertappen; **17.** ⚙ a) auslösen, b) schalten.

tri·par·tite [ˌtraɪ'pɑːtaɪt] *adj.* **1.** ♀ dreiteilig; **2.** Dreier..., Dreimächte... (*Vertrag etc.*).

tripe [traɪp] *s.* **1.** Kal'daunen *pl.*, Kutteln *pl.*; **2.** *sl.* a) Schund *m*, Kitsch *m*, b) Quatsch *m*, Blödsinn *m*.

tri·phase ['traɪfeɪz] *adj.* → **three-phase**.

tri·phib·i·ous [traɪ'fɪbɪəs] *adj.* ✕ mit Einsatz von Land-, See- u. Luftstreit-

kräften ('durchgeführt).

triph·thong ['trɪfθɒŋ] *s. ling.* Tri'phthong *m*, Dreilaut *m*.

tri·plane ['traɪpleɪn] *s.* ✈ Dreidecker *m*.

tri·ple ['trɪpl] **I** *adj.* □ **1.** dreifach; **2.** dreimalig; **3.** Drei..., drei...: ♀ **Alliance** *hist.* Tripelallianz *f*, Dreibund *m*; **~ fugue** ♪ Tripelfuge *f*; **~ jump** *sport* Dreisprung *m*; **~ time** ♪ Tripeltakt *m*; **II** *s. das* Dreifache; **III** *v/t. u. v/i.* **5.** (sich) verdreifachen.

tri·plet ['trɪplɪt] *s.* **1.** *biol.* Drilling *m*; **2.** Dreiergruppe *f*, Trio *n* (*drei Personen etc.*); **3.** ♪ Tri'ole *f*; **4.** *Verskunst:* Dreireim *m*.

tri·plex ['trɪpleks] **I** *adj.* **1.** dreifach: **~ glass** → 3; **II** *s.* **2.** ♪ Tripeltakt *m*; **3.** ⚙ Triplex-, Sicherheitsglas *n*.

trip·li·cate ['trɪplɪkət] **I** *adj.* **1.** dreifach; **2.** in dreifacher Ausfertigung (geschrieben *etc.*); **II** *s.* **3.** *das* Dreifache; **4.** dreifache Ausfertigung: **in ~** in dreifacher Ausfertigung, **5.** dritte Ausfertigung; **III** *v/t.* [-keɪt] **6.** verdreifachen; **7.** dreifach ausfertigen.

tri·pod ['traɪpɒd] *s.* **1.** Dreifuß *m*; **2.** *bsd. phot.* Sta'tiv *n*; **3.** ⚙, ✕ Dreibein *n*.

tri·pos ['traɪpɒs] *s.* letztes Ex'amen *für honours* (*Cambridge*).

trip·per ['trɪpə] *s.* a) Ausflügler(in), b) Tou'rist(in).

trip·ping ['trɪpɪŋ] **I** *adj.* □ **1.** leicht(füßig), flink; **2.** flott, munter; **3.** strauchelnd (*a. fig.*); **4.** ⚙ Auslöse..., Schalt...; **II** *s.* **5.** Trippeln *n*; **6.** Beinstellen *n*.

trip·tych ['trɪptɪk] *s.* Triptychon *n*, dreiteiliges (Al'tar)Bild.

tri·sect [traɪ'sekt] *v/t.* ın drei (gleiche) Teile teilen.

tri·syl·lab·ic [ˌtraɪsɪ'læbɪk] *adj.* (□ **~ally**) dreisilbig; **tri·syl·la·ble** [ˌtraɪ'sɪləbl] *s.* dreisilbiges Wort.

trite [traɪt] *adj.* □ abgedroschen, platt, ba'nal; '**trite·ness** [-nɪs] *s.* Abgedroschenheit *f*, Plattheit *f*.

Tri·ton ['traɪtn] *s.* **1.** *antiq.* Triton *m* (*niederer Meergott*): **a ~ among (the) minnows** ein Riese unter Zwergen; **2.** ♀ *zo.* Tritonshorn *n*; **3.** ♀ *zo.* Molch *m*.

tri·tone ['traɪtəʊn] *s.* ♪ Tritonus *m*.

trit·u·rate ['trɪtjʊreɪt] *v/t.* zerreiben, -mahlen, -stoßen, pulveriscrcn.

tri·umph ['traɪəmf] **I** *s.* **1.** Tri'umph *m*: a) Sieg *m* (*over* über *acc.*), b) Siegesfreude *f* (*at* über *acc.*): **in ~** im Triumph, triumphierend; **2.** Tri'umph *m* (*Großtat, Erfolg*): **the ~s of science**; **II** *v/i.* **3.** triumphieren: a) den Sieg da'vontragen; b) jubeln, froh'locken (*beide over* über *acc.*), c) Erfolg haben; **tri·um·phal** [traɪ'ʌmfl] *adj.* Triumph..., Sieges...: **~ arch** Triumphbogen *m*; **~ procession** Triumphzug *m*; **tri·um·phant** [traɪ'ʌmfənt] *adj.* □ **1.** triumphierend: a) den Sieg feiernd, b) siege-, erfolg-, glorreich, c) froh'lockend, jubelnd; **2.** *obs.* herrlich.

tri·um·vir [trɪ'ʌmvə] *pl.* **-virs** *od.* **-vi·ri** [trɪ'ʌmvɪruː] *s. antiq.* Tri'umvir *m* (*a. fig.*); **tri·um·vi·rate** [trɪ'ʌmvɪrət] *s.* **1.** *antiq.* Triumvi'rat *n* (*a. fig.*); **2.** *fig.* Dreigestirn *n*.

tri·une ['traɪjuːn] *adj. bsd. eccl.* drei'einig.

tri·va·lent [ˌtraɪ'veɪlənt] *adj.* 🅰 drei-

wertig.

triv·et ['trɪvɪt] *s.* Dreifuß *m* (*bsd. für Kochgefäße*): (**as**) **right as a ~** *fig.* bei bester Gesundheit.

triv·i·a ['trɪvɪə] *s. pl.* Baga'tellen *pl.*; '**triv·i·al** [-əl] *adj.* □ **1.** trivi'al, ba'nal, all'täglich; **2.** gering(fügig), unbedeutend; **3.** oberflächlich (*Person*); **4.** volkstümlich (*Ggs. wissenschaftlich*); **triv·i·al·i·ty** [ˌtrɪvɪ'ælətɪ] *s.* **1.** Triviali'tät *f*, Plattheit *f*, Banali'tät *f* (*a. Ausspruch etc.*); **2.** Geringfügigkeit *f*, Belanglosigkeit *f*; '**triv·i·al·ize** *v/t.* bagatellisieren.

tri·week·ly [ˌtraɪ'wiːklɪ] **I** *adj.* **1.** dreiwöchentlich; **2.** dreimal wöchentlich erscheinend (*Zeitschrift etc.*); **II** *adv.* **3.** dreimal in der Woche.

troat [trəʊt] **I** *s.* Röhren *n des Hirsches*; **II** *v/i.* röhren.

tro·cha·ic [trəʊ'keɪk] *Metrik* **I** *adj.* tro'chäisch; **II** *s.* Tro'chäus *m* (*Vers*); **tro·chee** ['trəʊkiː] *s.* Tro'chäus *m* (*Versfuß*).

trod [trɒd] *pret. u. p.p. von* **tread**.

trod·den ['trɒdn] *p.p. von* **tread**.

trog·lo·dyte ['trɒglədaɪt] *s.* **1.** Troglo'dyt *m*, Höhlenbewohner *m*; **2.** *fig.* a) Einsiedler *m*, b) primi'tiver *od.* bru'taler Kerl; **trog·lo·dyt·ic** [ˌtrɒglə'dɪtɪk] *adj.* troglo'dytisch.

troi·ka ['trɔɪkə] (*Russ.*) *s.* Troika *f*, Dreigespann *n*.

Tro·jan ['trəʊdʒən] **I** *adj.* tro'janisch; **II** *s.* Tro'janer(in): **like a ~** F wie ein Pferd arbeiten.

troll[1] [trəʊl] **I** *v/t. u. v/i.* **1.** (fröhlich) trällern; **2.** (mit der Schleppangel) fischen (*for* nach); **II** *s.* **3.** Schleppangel *f*, künstlicher Köder.

troll[2] [trəʊl] *s.* Troll *m*, Kobold *m*.

trol·ley ['trɒlɪ] *s.* **1.** *Brit.* Hand-, Gepäck-, Einkaufswagen *m*; Kofferkuli *m*; (Schub)Karren *m*; **2.** ⚙ Förderwagen *m*; **3.** 🚂 *Brit.* Drai'sine *f*; **4.** ⚡ Kon'taktrolle *f bei Oberleitungsfahrzeugen*; **5.** *Am.* Straßenbahn(wagen *m*) *f*; **6.** *Brit.* Tee-, Servierwagen *m*; **~ bus** *s.* O(berleitungs)bus *m*; **~ car** *s. Am.* Straßenbahnwagen *m*; **~ pole** *s.* ⚡ Stromabnehmerstange *f*; **~ wire** *s.* Oberleitung *f*.

trol·lop ['trɒləp] **I** *s.* **1.** Schlampe *f*; **2.** ,Flittchen' *n*; **II** *v/i.* **3.** schlampen; **4.** ,latschen'.

trom·bone [trɒm'bəʊn] *s.* ♪ **1.** Po'saune *f*; **2.** → **trom'bon·ist** [-nɪst] *s.* ♪ Posau'nist *m*.

troop [truːp] **I** *s.* **1.** Trupp *m*, Schar *f*; *pl.* ✕ Truppe(n *pl.*) *f*; **3.** ✕ a) Schwa'dron *f*, b) ('Panzer)Kompaˌnie *f*, c) Batte'rie *f*; **II** *v/i.* **4.** *oft* **~ up**, **~ together** sich scharen, sich sammeln; **5.** (in Scharen) *wohin* ziehen, (her'ein- *etc.*) strömen, marschieren: **~ away**, **~ off** F abziehen, sich da'vonmachen; **III** *v/t.* **~ the colour(s)** *Brit.* ✕ Fahnenparade abhalten; **~ car·ri·er** *s.* ✕ **1.** ✈, ⚓ 'Truppentransˌporter *m*; **2.** Mannschaftswagen *m*; '**~-ˌcar·ry·ing** *adj.*: **vehicle** → troop carrier 2.

troop·er ['truːpə] *s.* **1.** ✕ Reiter *m*, Kavalle'rist *m*: **swear like a ~** fluchen wie ein Landsknecht; **2.** 'Staatspoliˌzist *m*; **3.** *bsd. Am.* berittener Poli'zist; **4.** ✕ Kavalle'riepferd *n*; **5.** *Brit.* → **troopship**.

'**troop·ship** *s.* ⚓ 'Truppentransˌporter

m.

trope [trəʊp] *s*. Tropus *m* (*a*. ♪), bildlicher Ausdruck.

troph·ic ['trɒfɪk] *adj*. biol. trophisch, Ernährungs...

tro·phy ['trəʊfɪ] **I** *s*. **1.** Tro'phäe *f*, Siegeszeichen *n*, -beute *f* (*alle a*. fig.); **2.** Preis *m*, (*Jagd- etc.*)Tro'phäe *f*; **II** *v/t*. **3.** mit Tro'phäen schmücken.

trop·ic ['trɒpɪk] **I** *s*. **1.** *ast.*, *geogr.* Wendekreis *m*; **2.** *pl. geogr.* Tropen *pl.*; **II** *adj.* **3.** → **tropical**[1].

trop·i·cal[1] ['trɒpɪkl] *adj.* □ Tropen..., tropisch.

trop·i·cal[2] ['trɒpɪkl] → **tropological**.

trop·o·log·i·cal [ˌtrɒpə'lɒdʒɪkl] *adj.* □ fi'gürlich, meta'phorisch.

trop·o·sphere ['trɒpəˌsfɪə] *s*. *meteor*. Tropo'sphäre *f*.

trot [trɒt] **I** *v/i*. **1.** traben, trotten, im Trab gehen *od*. reiten: ~ *along* (*od. off*) F ab-, losziehen; **II** *v/t*. **2.** Pferd traben lassen, *a*. *j-n* in Trab setzen; **3.** ~ *out* a) Pferd vorreiten, -führen, b) *fig. et. od. j-n* vorführen, renommieren mit, *Argumente*, *Kenntnisse etc.*, *a*. *Wein etc.* auftischen, aufwarten mit; **4.** *a*. ~ *round j-n* her'umführen; **III** *s*. **5.** Trott *m*, Trab *m* (*a*. fig.): *at a* ~ im Trab; *keep s.o. on the* ~ *j-n* in Trab halten; **6.** F ,Taps' *m* (*kleines Kind*); **7.** F ,Tante' *f* (*alte Frau*); **8.** *the* ~*s pl.* F ,Dünnpfiff' *m*; **9.** coll. *Am. sl.* a) Eselsbrücke *f*, ,Klatsche' *f* (*Übersetzungshilfe*), b) Spickzettel *m*; **10.** F Trabrennen *n*.

troth [trəʊθ] *s*. *obs.* Treue(gelöbnis *n*) *f*: *by my* ~*!*, *in* ~*!* meiner Treu!, wahrlich!; *pledge one's* ~ sein Wort verpfänden, ewige Treue schwören; *plight one's* ~ sich verloben.

trot·ter ['trɒtə] *s*. **1.** Traber *m* (*Pferd*); **2.** F Fuß *m*, Bein *n* von *Schlachttieren*: *pigs* ~*s* Schweinsfüße; **3.** *pl. humor.* ,Haxen' *pl.*; **trot·ting race** ['trɒtɪŋ] *s*. Trabrennen *n*.

trou·ble ['trʌbl] **I** *v/t*. **1.** beunruhigen, stören, belästigen; **2.** *j-n* bemühen, bitten (*for* um): *may I* ~ *you to pass me the salt* darf ich Sie um das Salz bitten; *I will* ~ *you to hold your tongue* iro. würden sie gefälligst den Mund halten; **3.** *j-m* 'Umstände *od.* Unannehmlichkeiten bereiten, *j-m* Mühe machen; *j-n* behelligen (*about*, *with* mit); **4.** *j-n* plagen, quälen: *be* ~*d with* von *e-r Krankheit etc.* geplagt sein; **5.** *j-m* Sorge *od.* Verdruß *od.* Kummer machen *od.* bereiten, *j-n* beunruhigen: *be* ~*d about* sich Sorgen machen wegen; *don't let it* ~ *you* machen Sie sich deswegen keine Gedanken; ~*d face* sorgenvolles *od.* gequältes Gesicht; **6.** *Wasser* trüben: ~*d waters* fig. schwierige Situation, unangenehme Lage; *fish in* ~*d waters* fig. im trüben fischen; **II** *v/i*. **7.** sich beunruhigen (*about* über *acc.*): *I should not* ~ *if* a) ich wäre beruhigt, wenn, b) es wäre mir gleichgültig, wenn; **8.** sich die Mühe machen, sich bemühen (*to do* zu tun); sich 'Umstände machen: *don't* ~ (*yourself*) bemühen Sie sich nicht; *don't* ~ *to write* du brauchst nicht zu schreiben; **III** *s*. **9.** Mühe *f*, Plage *f*, Last *f*, Belästigung *f*, Störung *f*: *give s.o.* ~ *j-m* Mühe verursachen; *go to much* ~ sich besondere Mühe machen *od.* geben; *put s.o. to* ~

j-m Umstände bereiten; *save o.s. the* ~ *of doing* sich die Mühe (er)sparen, zu tun; *take* (*the*) ~ sich (die) Mühe machen; *take* ~ *over* sich Mühe geben mit; (*it is*) *no* ~ (*at all*) (es ist) nicht der Rede wert; **10.** Unannehmlichkeiten *pl.*, Schwierigkeiten *pl.*, Scherereien *pl.*, ,Ärger' *m* (*with* mit *der Polizei etc.*): *ask od. look for* ~ unbedingt Ärger haben wollen; *be in* ~ in Schwierigkeiten sein; *get into* ~ in Schwierigkeiten geraten, Ärger bekommen; *make* ~ *for s.o.* *j-n* in Schwierigkeiten bringen; *he is* ~ F er ist gefährlich, mit ihm wird es Ärger geben; **11.** Schwierigkeit *f*, Pro'blem *n*: *the* ~ *is* der Haken dabei ist, das Unangenehme ist (*that* daß); *what's the* ~*?* wo(ran) fehlt's?, was ist los?; **12.** ꝗ Störung *f*, Leiden *n*: *heart* ~ Herzleiden; **13.** a) *pol.* Unruhe(n *pl.*) *f*, Wirren *pl.*, b) *allg.* Af'färe *f*, Kon'flikt *m*; **14.** ⚙ Störung *f*, De'fekt *m*; '~ₘak·er *s*. Unruhestifter *m*; ~ *man* [-mən] *s*. [*irr.*] ⚙ Störungssucher *m*; '~·proof *adj.* störungsfrei; '~ˌshoot·er *s. bsd. Am.* **1.** → **trouble man**; **2.** *fig.* Friedensstifter *m*, ,Feuerwehrmann' *m*.

trou·ble·some ['trʌblsəm] *adj.* □ lästig, beschwerlich, unangenehm; '**trou·ble·some·ness** [-nɪs] *s*. Lästigkeit *f*, Beschwerlichkeit *f*; *das Unangenehme*.

trouble spot *s*. **1.** ⚙ Schwachstelle *f*; **2.** *bsd. pol.* Unruheherd *m*.

trou·blous ['trʌbləs] *adj.* □ *obs.* unruhig.

trough [trɒf] *s*. **1.** Trog *m*, Mulde *f*; **2.** Wanne *f*, Rinne *f*, Ka'nal *m*; **4.** Wellental *n*: ~ *of the sea*; **5.** *a*. ~ *of low pressure* meteor. Tief(druckrinne *f*) *n*; **6.** *bsd.* ꝗ Tiefpunkt *m*, ,Talsohle' *f*.

trounce [traʊns] *v/t*. **1.** verprügeln; **2.** *fig.* her'untermachen; **3.** sport ,über'fahren', *j-m* e-e Abfuhr erteilen.

troupe [truːp] *s*. (Schauspieler-, Zirkus-) Truppe *f*.

trou·sered ['traʊzəd] *adj.* Hosen tragend, behost; '**trou·ser·ing** [-zərɪŋ] *s*. Hosenstoff *m*; **trou·sers** ['traʊzəz] *pl.* (*a pair of* ~ e-e) (lange) Hose; Hosen *pl.*; → *wear*[1] 1.

trou·ser suit *s*. Hosenanzug *m*.

trousse [truːs] *s*. ꝗ (chi'rurgisches) Besteck.

trous·seau ['truːsəʊ] *pl.* **-seaus** (*Fr.*) *s*. Aussteuer *f*.

trout [traʊt] *ichth.* **I** *pl.* **-s**, *bsd. coll.* **trout** *s*. Fo'relle *f*; **II** *v/i*. Fo'rellen fischen; **III** *adj.* Forellen...

trove [trəʊv] *s*. Fund *m*.

tro·ver ['trəʊvə] *s*. ⚖ **1.** rechtswidrige Aneignung; **2.** *a*. *action of* ~ Klage *f* auf Her'ausgabe des Wertes.

trow·el ['traʊəl] **I** *s*. **1.** (Maurer)Kelle *f*: *lay it on with a* ~ *fig.* (zu) dick auftragen; **2.** ✧ Hohlspatel *m*, Pflanzenheber *m*; **II** *v/t*. **3.** mit der Kelle auftragen, glätten.

troy (**weight**) [trɔɪ] *s*. ꝗ Troygewicht *n* (*für Edelmetalle, Edelsteine u. Arzneien*; *1 lb.* = 373,24 g).

tru·an·cy ['truːənsɪ] *s*. (Schul)Schwänze-'rei *f*, unentschuldigtes Fernbleiben; '**tru·ant** [-nt] **I** *s*. **1.** a) (Schul)Schwänzer(in), b) Bummler(in), Faulenzer (-in): *play* ~ (*bsd. die Schule*) schwänzen, *a*. bummeln; **II** *adj.* **2.** träge, faul, pflichtvergessen; **3.** (schul)schwän-

zend; **4.** *fig.* (ab)schweifend (*Gedanken*).

truce [truːs] *s*. **1.** ⚔ Waffenruhe *f*, -stillstand *m*: *flag of* ~ Parlamentärflagge *f*; ~ *of God* hist. Gottesfriede *m*; (*political*) ~ Burgfriede *m*; *a* ~ *to talking!* Schluß mit (dem) Reden!; **2.** *fig.* (Ruhe-, Atem)Pause *f* (*from* von).

truck[1] [trʌk] **I** *s*. **1.** Tausch(handel) *m*; **2.** Verkehr *m*: *have no* ~ *with s.o.* mit *j-m* nichts zu tun haben; **3.** *Am.* Gemüse *n*: ~ *farm*, ~ *garden Am.* Gemüsegärtnerei *f*; ~ *farmer Am.* Gemüsegärtner *m*; **4.** *coll.* Kram(waren *pl.*) *m*, Hausbedarf *m*, b) contp. Plunder *m*; **5.** *mst* ~ *system* ✝ hist. Natu'rallohn-, 'Trucksˌystem *n*; **II** *v/t*. **6.** (*for*) (aus-, ver)tauschen (gegen), eintauschen (für); **7.** verschachern; **III** *v/i*. **8.** Tauschhandel treiben; **9.** schachern, handeln (*for* um).

truck[2] [trʌk] **I** *s*. **1.** ⚙ Block-, Laufrad *n*; **2.** Hand-, Gepäck-, Rollwagen *m*; **3.** Lore *f*: a) ▦ *Brit.* offener Güterwagen, b) ✧ Kippkarren *m*, Förderwagen *m*; **4.** *Am.* Lastauto *n*, -(kraft)wagen *m*: ~ *trailer* a) Lastwagenanhänger *m*, b) Lastzug *m*; **5.** ▦ Dreh-, 'Untergestell *n*; **6.** ⚓ Flaggenknopf *m*; **II** *v/t*. **7.** auf Güter- *od.* Lastwagen *etc.* befördern; '**truck·age** [-kɪdʒ] *s*. *Am.* 'Lastwagentransˌport *m*; **2.** Trans'portkosten *pl.*

truck·er[1] ['trʌkə] *s. Am.* **1.** Lastwagen-, Fernlastfahrer *m*; **2.** 'Autospedɪˌteur *m*.

truck·er[2] ['trʌkə] *s. Am.* Gemüsegärtner *m*.

truck·le[1] ['trʌkl] *v/i*. (zu Kreuze) kriechen (*to* vor).

truck·le[2] ['trʌkl] *s*. **1.** (Lauf)Rolle *f*; **2.** *mst* ~ *bed* (niedriges) Rollbett.

truc·u·lence ['trʌkjʊləns], '**truc·u·len·cy** [-sɪ] *s*. Wildheit *f*; '**truc·u·lent** [-nt] *adj.* □ **1.** wild, grausam; **2.** trotzig; **3.** gehässig.

trudge [trʌdʒ] **I** *v/i*. (*bsd.* mühsam) stapfen; (mühsam) (fort)schleppen: ~ *along*; **II** *v/t*. (mühsam) durch'wandern; **III** *s*. mühseliger Marsch *od.* Weg.

true [truː] **I** *adj.* □ → **truly**; **1.** wahr, wahrheitsgetreu: *a* ~ *story*; *be* ~ *of* zutreffen auf (*acc.*), gelten für; *come* ~ sich bewahrheiten, sich erfüllen, eintreffen; **2.** wahr, echt, wirklich, (regel-) recht: *a* ~ *Christian*; *a* ~ *bill* ⚖ begründete (*von den Geschworenen bestätigte*) Anklage(schrift); ~ *love* wahre Liebe; (*it is*) ~ zwar, allerdings, freilich, zugegeben; **3.** (ge)treu (*to dat.*): *a* ~ *friend*; (*as*) ~ *as gold* (*od.* steel) treu wie Gold; ~ *to one's principles* (*word*) s-n Grundsätzen (s-m Wort) getreu; **4.** (ge-) treu (*to dat.*) (*von Sachen*): ~ *copy*; ~ *weight* genaues *od.* richtiges Gewicht; ~ *to life* lebenswahr, -echt; ~ *to nature* naturgetreu; ~ *to size* ⚙ maßgerecht, -haltig; ~ *to type* artgemäß, typisch; **5.** rechtmäßig: *a* ~ *heir* (*owner*); **6.** zuverlässig: *a* ~ *sign*; **7.** ⚙ genau, richtig eingestellt *od.* eingepaßt; **8.** ⚓, *phys.* rechtweisend (*Kurs*, *Peilung*): ~ *declination* Ortsmißweisung *f*; ~ *north* geographisch Nord; **9.** ♪ richtig gestimmt, rein; **10.** biol. reinrassig; **II** *adv.* **11.** wahr('haftig): *speak* ~ die Wahrheit reden; **12.** (ge)treu (*to dat.*); **13.** genau: **shoot ~**; **III** s. **14. the ~** das Wahre; **15. out of ~** ☉ unrund; **IV** v/t. **16.** a. **~ up** ☉ Lager ausrichten; Werkzeug nachschleifen; Rad zentrieren; **~ blue** s. getreuer Anhänger; ˌ~ˈ**blue** adj. waschecht, treu; ˈ~ˈ**born** adj. echt, gebürtig; ˈ~ˈ**bred** adj. reinrassig; ˌ~ˈ**heart·ed** adj. aufrichtig, ehrlich; ˌ~ˈ**life** adj. lebenswahr, -echt; ˈ~ˈ**love** s. Geliebte(r m) f.

true·ness [ˈtruːnɪs] s. **1.** Wahrheit f; **2.** Echtheit f; **3.** Treue f; **4.** Richtigkeit f; **5.** Genauigkeit f.

truf·fle [ˈtrʌfl] s. ♀ Trüffel f.

tru·ism [ˈtruːɪzəm] s. Binsenwahrheit f, Gemeinplatz m.

trull [trʌl] s. Dirne f, Hure f.

tru·ly [ˈtruːlɪ] adv. **1.** wahrheitsgemäß; **2.** aufrichtig: **Yours** (**very**) **~** (als Briefschluß) Hochachtungsvoll; **yours ~** humor. meine Wenigkeit; **3.** wahrˈhaftig, in der Tat; **4.** genau.

trump[1] [trʌmp] s. obs. od. poet. Tromˈpete(nstoß m) f: **the ~ of doom** die Posaune des Jüngsten Gerichts.

trump[2] [trʌmp] **I** s. **1.** a) Trumpf m, b) a. **~ card** Trumpfkarte f (a. fig.): **play one's ~ card** fig. s-n Trumpf ausspielen; **put s.o. to his ~** fig. j-n bis zum Äußersten treiben; **turn up ~s** a) sich als das Beste erweisen, b) Glück haben; **2.** F fig. feiner Kerl; **II** v/t. **3.** (über-) ˈtrumpfen; **4.** fig. j-n überˈtrumpfen (**with** mit); **III** v/i. **5.** Trumpf ausspielen, trumpfen.

trump[3] [trʌmp] v/t. **~ up** contp. erdichten, erfinden, sich aus den Fingern saugen; ˌ**trumped-ˈup** [ˌtrʌmpt-] adj. erfunden, erlogen, falsch: **~ charges.**

trump·er·y [ˈtrʌmpərɪ] **I** s. **1.** Plunder m, Schund m; **2.** fig. Gewäsch n, Quatsch m; **II** adj. **3.** Schund…, Kitsch…, kitschig, geschmacklos; **4.** fig. billig, nichtssagend: **~ arguments.**

trum·pet [ˈtrʌmpɪt] **I** s. **1.** ♪ Tromˈpete f: **~ call** Trompetensignal n; **blow one's own ~** fig. sein eigenes Lob singen; **the last ~** die Posaune des Jüngsten Gerichts; **2.** Tromˈpetenstoß m (a. des Elefanten); **3.** ♪ Tromˈpete(nreˌgister n) f (Orgel); **4.** Schalltrichter m, Sprachrohr n; **5.** Hörrohr n; **II** v/t. **6.** trom'peten (a. Elefant): **~ (forth)** fig. ausposaunen; ˈ**trum·pet·er** [-tə] s. **1.** Tromˈpeter m; **2.** fig. a) ˈAuspoˌsauner(in), b) Lobredner m, c) ˈSprachrohr· n; **3.** orn. Tromˈpetertaube f.

trum·pet ma·jor s. ✗ ˈStabstromˌpeter m.

trun·cate [trʌŋˈkeɪt] **I** v/t. **1.** a. fig. stutzen, beschneiden; **2.** ⚹ abstumpfen; **3.** ☉ Gewinde abflachen; **4.** Computer: beenden; **II** adj. **5.** abgestutzt, -stumpft (Blätter, Muscheln); **trun**ˈ**cat·ed** [-tɪd] adj. **1.** a. fig. gestutzt, beschnitten; **2.** ⚹ abgestumpft: **~ cone** (**pyramid**) Kegel- (Pyramiden)stumpf m; **3.** abgeflacht; **trun·ca·tion** [trʌŋˈkeɪʃn] s. **1.** a. fig. Stutzung f; **2.** ⚹ Abstumpfung f; **3.** ☉ Abflachung f; **4.** Computer: Beendigung f.

trun·cheon [ˈtrʌntʃən] s. **1.** Brit. (Gummi)Knüppel m, Schlagstock m der Polizei; **2.** Komˈmandostab m.

trun·dle [ˈtrʌndl] **I** v/t. **1.** Faß etc. trundeln, rollen; Reifen schlagen; j-n im Rollstuhl etc. fahren; **II** v/i. oft **~ along** rollen,

sich wälzen, trudeln; **III** s. Rolle f, Walze f: **~ bed** → **truckle**[2] 2.

trunk [trʌŋk] s. **1.** (Baum)Stamm m; **2.** Rumpf m, Leib m, Torso m; **3.** zo. Rüssel m; **4.** (Schrank)Koffer m, Truhe f; **5.** ⚙ (Säulen)Schaft m; **6.** anat. (Nerven- etc.)Strang m, Stamm m; **7.** pl. a) → **trunk hose**, b) Badehose f, c) sport Shorts pl., d) (ˈHerren)ˌUnterhose f; **8.** ☉ Rohrleitung f, Schacht m; **9.** teleph. bsd. Brit. a) Fernleitung f, b) Fernverbindung f; **10.** ☏ → **trunk line** 1; **11.** mot. Am. Kofferraum m; **12.** Computer: Anschlußstelle f; **~ call** s. teleph. Brit. Ferngespräch n; **~ hose** s. hist. Kniehose f; **~ line** s. **1.** ☏ Hauptstrecke f, -linie f; **2.** → **trunk** 9 a; **~ road** s. Haupt-, Fernverkehrsstraße f; **~ route** s. allg. Hauptstrecke f.

trun·nion [ˈtrʌnjən] s. ☉ (Dreh)Zapfen m.

truss [trʌs] **I** v/t. **1.** oft **~ up** a) bündeln, (fest)schnüren, zs.-binden, b) j-n fesseln; **2.** Geflügel zum Braten dressieren; **3.** ⚹ absteifen, stützen; **4.** oft **~ up** obs. Kleider etc. aufschürzen, -stecken; **5.** obs. j-n aufhängen; **II** s. **6.** ✠ Bruchband n; **7.** ⚹ a) Träger m, Binder m, b) Fach-, Gitter-, Hängewerk n, Gerüst n; **8.** ⚓ Rack n; **9.** (Heu-, Stroh)Bündel n, (a. Schlüssel)Bund n; **10.** ♀ Dolde f; **~ bridge** s. (Gitter)Fachwerkbrücke f.

trust [trʌst] **I** s. **1.** (in) Vertrauen n (auf acc.), Zutrauen n (zu dat.): **place** (od. **put**) **one's ~ in** → 13; **position of ~** Vertrauensposten m; **take s.th. on ~** et. (einfach) glauben; **2.** Zuversicht f, zuversichtliche Erwartung od. Hoffnung, Glaube m; **3.** Kreˈdit m: **on ~** a) auf Kredit, b) auf Treu u. Glauben; **4.** Pflicht f, Verantwortung f; **5.** Verwahrung f, Obhut f: **in ~** zu treuen Händen; **6.** Pfand n, anvertrautes Gut; **7.** ♊ a) Treuhand(verhältnis n) f, b) Treuhandgut n, -vermögen n: **breach of ~** Verletzung f der Treupflicht; **~ territory** pol. Treuhandgebiet n; **hold s.th. in ~** et. treuhänderisch verwalten; **8.** † Trust m, Konˈzern m, c) Karˈtell n, Ring m; **9.** (Familien- etc.)Stiftung f; **II** v/t. **10.** j-m (ver)trauen, glauben, sich auf j-n verlassen: **~ s.o. to do s.th.** j-m zutrauen, daß er et. tut; **~ him to do that!** iro. a) das sieht ihm ähnlich!, b) verlaß dich drauf, er wird es tun!; **11.** (s.o. with s.th., s.th. to s.o.) j-m et.) anvertrauen; **12.** (zuversichtlich) hoffen od. erwarten, glauben; **III** v/i. **13.** (in, to) vertrauen (auf acc.), sein Vertrauen setzen (auf acc.); **14.** hoffen, glauben, denken; **~ com·pa·ny** s. Am. Treuhandgesellschaft f od. -bank f; **~ deed** s. Treuhandvertrag m.

trus·tee [ˌtrʌsˈtiː] s. **1.** Sachwalter m (a. fig.), (Vermögens)Verwalter m, Treuhänder m: **~ in bankruptcy, official ~** Konkurs-, Massenverwalter; **Public ⚍** Brit. Öffentlicher Treuhänder; **~ process** Am. Beschlagnahme f, (bsd. Forderungs)Pfändung f; **~ securities, ~ stock** mündelsichere Wertpapiere; **3.** Kuˈrator m, Pfleger m: **board of ~s** Kuratorium n; ˌ**trus·teeˈship** [-ʃɪp] s. **1.** Treuhänderschaft f; **2.** Kuraˈtorium n; **3.** pol. a) Treuhandverwaltung f, b) Treuhandgebiet n.

trust·ful [ˈtrʌstfʊl] adj. ☐ vertrauens-

voll, zutraulich.

trust fund s. † Treuhandvermögen n.

trust·i·fi·ca·tion [ˌtrʌstɪfɪˈkeɪʃn] s. † Verˈtrustung f, Trustbildung f.

trust·ing [ˈtrʌstɪŋ] adj. ☐ → **trustful**.

ˈ**trust**ˌ**wor·thi·ness** [-ˌwɜːðɪnɪs] s. Vertrauenswürdigkeit f; ˈ**trust**ˌ**wor·thy** adj. ☐ vertrauenswürdig, zuverlässig.

trust·y [ˈtrʌstɪ] **I** adj. ☐ **1.** vertrauensvoll; **2.** treu, zuverlässig; **II** s. **3.** ˌKalˈfakter· m (privilegierter Sträfling).

truth [truːθ] s. **1.** Wahrheit f: **in ~,** obs. **of a ~** in Wahrheit; **the ~, the whole ~ and nothing but the ~** ♊ die reine Wahrheit; **to tell the ~, ~ to tell** um die Wahrheit zu sagen, ehrlich gesagt; **there is no ~ in it** daran ist nichts Wahres; **the ~ is that I forgot it** in Wirklichkeit od. tatsächlich habe ich es vergessen; **2.** allgemein anerkannte Wahrheit: **historical ~**; **3.** Wahrhaftigkeit f; Aufrichtigkeit f; **4.** Wirklichkeit f, Echtheit f, Treue f; **5.** Richtigkeit f, Genauigkeit f: **be out of ~** ☉ nicht genau passen; **~ to life** Lebensechtheit f; **~ to nature** Naturtreue f.

truth·ful [ˈtruːθfʊl] adj. ☐ **1.** wahr (-heitsgemäß); **2.** wahrheitsliebend; **3.** echt, genau, getreu; ˈ**truth·ful·ness** [-nɪs] s. **1.** Wahrˈhaftigkeit f; **2.** Wahrheitsliebe f; **3.** Echtheit f.

try [traɪ] **I** s. **1.** Versuch m: **have a ~** e-n Versuch machen, es versuchen (**at** bei); **2.** Rugby: Versuch m; **II** v/t. **3.** versuchen, probieren: **~ one's best** sein Bestes tun; **~ one's hand at s.th.** sich an e-r Sache versuchen; **4.** a. **~ out** (aus-, ˈdurch)probieren, erproben, prüfen: **a new method** (**remedy**, **invention**); **~ on Kleid etc.** anprobieren, Hut aufprobieren; **~ it on with s.o.** sl. ,es bei j-m probieren'; **5.** e-n Versuch machen mit, es versuchen mit: **~ the door** die Tür zu öffnen suchen; **~ one's luck** sein Glück versuchen (**with** bei j-m); **6.** ♊ a) verhandeln über e-e Sache, Fall unterˈsuchen, b) verhandeln gegen j-n, vor Gericht stellen; **7.** Augen etc. angreifen, (über)ˈanstrengen, Geduld, Mut, Nerven etc. auf e-e harte Probe stellen; **8.** j-n arg mitnehmen, plagen, quälen; **9.** mst **~ out** ☉ a) Metalle raffinieren, scheiden, b) Talg etc. ausschmelzen, c) Spiritus rektifizieren; **III** v/i. **10.** versuchen (**at** acc.), sich bemühen od. bewerben (**for** um); **11.** versuchen, e-n Versuch machen: **~ again!** (versuch es) noch einmal!; **~ and read!** F versuche zu lesen!; **~ hard** sich große Mühe geben.

try·ing [ˈtraɪɪŋ] adj. ☐ **1.** schwierig, kritisch, unangenehm, nervtötend; **2.** anstrengend, ermüdend (**to** für).

ˈ**try**|**-on** s. **1.** Anprobe f; **2.** F ˈSchwindelmaˌnöver n; ˈ**~-out** s. **1.** Probe f, Erprobung f; **2.** sport Ausscheidungskampf m, -spiel n; ˈ**~-sail** [ˈtraɪsl] s. ⚓ Gaffelsegel n; **~ square** s. ☉ Richtscheit n.

tryst [trɪst] obs. **I** s. **1.** Stelldichein n, Rendezˈvous n; **2.** → **trysting place**; **II** v/t. **3.** j-n (an e-n verabredeten Ort) bestellen; **4.** Zeit, Ort verabreden; **tryst·ing place** [-tɪŋ] s. Treffpunkt m.

tsar [zɑː] etc. → **czar** etc.

tset·se (**fly**) [ˈtsetsɪ] s. zo. Tsetsefliege f.

ˈ**T-shirt** s. T-Shirt n.

ˈ**T-square** s. ☉ **1.** Reißschiene f; **2.** Anschlagwinkel *m*.

tub [tʌb] **I** *s*. **1.** (Bade)Wanne *f*; **2.** *Brit*. F (Wannen)Bad *n*; **3.** Bottich *m*, Kübel *m*, Wanne *f*; **4.** (*Butter*- etc.)Faß *n*, Tonne *f*; **5.** Faß *n* (*als Maß*): **a ~ of tea**; **6.** ♣ *humor.* ‚Kahn' *m*, ‚Kasten' *m* (*Schiff*); **7.** *Rudern:* Übungsboot *n*; **8.** ✕ Förderkorb *m*, -wagen *m*; **9.** *humor.* Kanzel *f*; **II** *v/t.* **10.** *bsd. Butter* in ein Faß tun; **11.** ♀ in e-n Kübel pflanzen; **12.** F baden; **III** *v/i.* **13.** F (sich) baden; **14.** *Rudern:* im Übungsboot trainieren.

tu·ba ['tju:bə] *s*. ♪ Tuba *f*.

tub·by ['tʌbɪ] **I** *adj*. **1.** faß-, tonnenartig; **2.** F rundlich, klein u. dick; **3.** dumpf, hohl (*klingend*); **II** *s*. **4.** F ‚Dickerchen' *n*.

tube [tju:b] **I** *s*. **1.** Rohr(leitung *f*) *n*, Röhre *f*; (Glas- *etc.*)Röhrchen *n*: → **test tube**; **2.** Schlauch *m*: (**inner**) ~ ❂ (Luft)Schlauch *m*; **3.** (Me'tall)Tube *f*: ~ **colo(u)rs** Tubenfarben; **4.** ♪ (Blas-)Rohr *n*; **5.** *anat.* (*Luft- etc.*)Röhre *f*, Ka'nal *m*; **6.** ♀ (Pollen)Schlauch *m*; **7.** ⚡ Röhre *f*: **the ~** die ‚Röhre' *f* (*Fernseher*); **on the ~** ‚in der Glotze'; **8.** a) (U-Bahn)Tunnel *m*, b) *a.* ♀ **die** Londoner U-Bahn; **II** *v/t.* **9.** ❂ mit Röhren versehen; **10.** (durch Röhren) befördern; **11.** (in Röhren *od.* Tuben) abfüllen; **'tube-feed** [*irr.*] *v/t.* ✻ künstlich (☦ zwangs)ernähren; **'tube·less** [-lɪs] *adj*. schlauchlos (*Reifen*).

tu·ber ['tju:bə] *s*. **1.** ♀ Knolle *f*, Knollen(-gewächs *n*) *m*; **2.** ✻ Knoten *m*, Schwellung *f*, Tuber *n*.

tu·ber·cle ['tju:bəkl] *s*. **1.** *biol.* Knötchen *n*; **2.** ✻ a) Tu'berkel(knötchen *n*) *m*, b) (*bsd.* 'Lungen)Tu,berkel *m*; **3.** ♀ kleine Knolle, Warze *f*; **tu·ber·cu·lar** [tju:'bɜːkjʊlə] → **tuberculous**; **tu·ber·cu·lo·sis** [tju:,bɜːkjʊ'ləʊsɪs] *s*. ✻ Tuberku'lose *f*; **tu·ber·cu·lous** [tju:'bɜːkjʊləs] *adj*. ✻ tuberku'lös, Tuberkel...; **2.** knotig.

tube·rose[1] ['tju:bərəʊz] *s*. ♀ Tube'rose *f*, 'Nachthya,zinthe *f*.

tu·ber·ose[2] ['tju:bərəʊs] → **tuberous**.

tu·ber·os·i·ty [,tju:bə'rɒsɪtɪ] → **tuber** 2.

tu·ber·ous ['tju:bərəs] *adj*. **1.** *anat.*, ✻ knotig, knötchenförmig; **2.** ♀ a) knollentragend, b) knollig.

tub·ing ['tju:bɪŋ] *s*. ❂ **1.** 'Röhrenmateri,al *n*, Rohr *n*; **2.** *coll.* Röhren *pl.*, Röhrenanlage *f*; **3.** Rohr(stück) *n*.

'tub-ˌthump·er s.(g)eifernder *od.* schwülstiger Redner; **'~-ˌthump·ing** *adj.* (g)eifernd, schwülstig.

tu·bu·lar ['tju:bjʊlə] *adj*. rohrförmig, Röhren..., Rohr...: ~ **boiler** Heizrohrkessel *m*; ~ **furniture** Stahlrohrmöbel *pl.*; **tu·bule** ['tju:bju:l] *s*. **1.** Röhrchen *n*; **2.** *anat.* Ka'nälchen *n*.

tuck [tʌk] **I** *s*. **1.** Falte *f*, Biese *f*, Einschlag *m*, Saum *m*; Lasche *f*; **2.** ♣ Gilling *f*; **3.** *ped. Brit.* F Süßigkeiten *pl.*; **4.** *sport* Hocke *f*; **II** *v/t.* **5.** *mst* ~ **in** einnähen, b) *Falte* einschlagen; **6.** Biesen nähen in *ein Kleid*; **7.** *mst* ~ **in** (*od.* **up**) ein-, 'umschlagen: ~ **up** a) abnähen, b) hochstecken, -schürzen, c) raffen, d) *Ärmel* hochkrempeln; **8.** *et. wohin* stecken, *unter den Arm etc.* klemmen: ~ **away** a) wegstecken, verstauen, b) versteck(el)n; ~ **ed away** versteckt (liegend) (*z.B. Dorf*); ~ **in** (*od.* **up**) (warm) zudecken; (behaglich) einpak-

ken; ~ **up in bed** ins Bett stecken; ~ **up one's legs** die Beine anziehen; **9.** ~ **in** *sl. Essen etc.* ,verdrücken'; **III** *v/i.* **10.** sich falten: ~ **away** sich verstauen lassen; **11.** ~ **in** F beim Essen ,einhauen': ~ **into** sich *et.* schmecken lassen.

tuck·er[1] ['tʌkə] *s*. **1.** Faltenleger *m* (*Nähmaschine*); **2.** *hist.* Brusttuch *n*: **best bib and ~** *fig.* Sonntagsstaat *m*.

tuck·er[2] ['tʌkə] *v/t. mst* ~ **out** *Am.* F *j-n* ,fertigmachen' (*völlig erschöpfen*): **~ed out** (total) erledigt.

'tuck|-in s. *Brit. sl.* ,Fresse'rei' *f*, Schmaus *m*; **'~-shop** *s. Brit. ped. sl.* Süßwarenladen *m*.

Tues·day ['tju:zdɪ] *s*. Dienstag *m*: **on ~** am Dienstag; **on ~s** dienstags.

tu·fa ['tju:fə] *s*. *geol.* Kalktuff *m*, Tuff(-stein) *m*; **tu·fa·ceous** [tju:'feɪʃəs] *adj*. (Kalk)Tuff...

tuff [tʌf] → **tufa**.

tuft [tʌft] *s*. **1.** (*Gras-, Haar- etc.*)Büschel *n*, (*Feder- etc.*)Busch *m*, (*Haar-*)Schopf *m*; **2.** Quaste *f*, Troddel *f*; **3.** *anat.* Kapil'largefäßbündel *n*; **'tuft·ed** [-tɪd] *adj*. **1.** büschelig; **2.** *orn.* Hauben...: ~ **lark**; **'tuft,hunt·er** *s.* gesellschaftlicher Streber; **'tuft·y** ['tʌftɪ] *adj.* büschelig.

tug [tʌg] **I** *v/t.* **1.** zerren, ziehen an (*dat.*); ♣ schleppen; **II** *v/i.* **2.** ~ **at** zerren an (*dat.*); **3.** *fig.* sich (ab)placken; **III** *s.* **4.** Zerren *n*, (heftiger) Zug, Ruck *m*: **give a ~ at** → 2; ~ **of war** *sport u. fig.* Tauziehen *n*; **5.** *fig.* a) große Anstrengung, b) schwerer (*a. seelischer*) Kampf; **6.** *a.* **~boat** ♣ Schleppdampfer *m*, Schlepper *m*.

tu·i·tion [tju:'ɪʃn] *s*. 'Unterricht *m*: **private ~** Privatunterricht, -stunden *pl.*; **tu·i·tion·al** [-ʃənl], **tu·i·tion·ar·y** [-ʃnərɪ] *adj*. Unterrichts..., Studien...

tu·lip ['tju:lɪp] *s*. ♀ Tulpe *f*; ~ **tree** *s*. ♀ Tulpenbaum *m*.

tulle [tju:l] *s*. Tüll *m*.

tum·ble ['tʌmbl] **I** *s*. **1.** Fall *m*, Sturz *m* (*a.* ☦): ~ **in prices** ↑ Preissturz; **2.** Purzelbaum *m*; Salto *m*; **3.** *fig.* Wirrwarr *m*: **all in a ~** kunterbunt durcheinander; **4.** **give s.o. a ~** *sl.* von j-m Notiz nehmen; **II** *v/i.* **5.** *a.* ~ **down** (ein-, 'um-, hin-, hin'ab)fallen, (-)stürzen, (-)purzeln: **to ~ over** umkippen, sich überschlagen; **6.** purzeln, stolpern (**over** über *acc.*); **7.** *wohin* stolpern (*eilen*): ~ **into** *fig.* a) *j-m* in *die Arme* laufen, b) in *e-n Krieg etc.* ,hineinschlittern'; ~ **to** *sl. et.* plötzlich ,kapieren' *od.* ,spitzkriegen'; **8.** Luftsprünge *od.* Saltos *etc.* machen; *sport* Bodenübungen machen; **9.** sich wälzen; **10.** ✕ taumeln (*Geschoß*); **11.** ☦ ,purzeln' (*Aktien, Preise*); **III** *v/t.* **12.** zu Fall bringen, 'umstürzen, -werfen; **13.** durch'wühlen; **14.** schleudern, schmeißen; **15.** zerknüllen; *Haar* zerzausen; **16.** ❂ schleudern; **17.** *hunt.* abschießen; **'~-down** *adj.* baufällig; **~ dri·er** *s.* Wäschetrockner *m*.

tum·bler ['tʌmblə] *s*. **1.** Trink-, Wasserglas *n*, Becher *m*; **2.** Par'terreakro,bat (-in) *f*; **3.** ❂ a) Zuhaltung *f* (*Türschloß*), b) Richtwelle *f* (*Übersetzungsmotor*), c) Zahn *m*, d) Nocken, e) (Wasch-, Scheuer)Trommel *f*; **4.** *orn.* Tümmler *m*; **5.** *Am.* Stehaufmännchen *n*; ~ **switch** *s.* ⚡ Kippschalter *m*.

tum·brel ['tʌmbrəl], **'tum·bril** [-rɪl] *s*. **1.** ♪ Mistkarren *m*; **2.** *hist.* Schinderkarren *m*; **3.** ✕ *hist.* Muniti'onskarren *m*.

tu·me·fa·cient [,tju:mɪ'feɪʃnt] *adj*. ✻ Schwellung erzeugend; **tu·me·fac·tion** [-'fækʃn] *s*. ✻ (An)Schwellung *f*, Geschwulst *f*; **tu·me·fy** ['tju:mɪfaɪ] *v/i. u. v/t.* ✻ (an)schwellen lassen; **tu·mes·cent** [tju:'mesnt] *adj*. (an)schwellend, geschwollen.

tu·mid ['tju:mɪd] *adj*. □ geschwollen (*a. fig.*); **tu·mid·i·ty** [tju:'mɪdətɪ] *s*. **1.** ✻ Schwellung *f*; **2.** *fig.* Geschwollenheit *f*.

tum·my ['tʌmɪ] *s*. Kindersprache: Bäuchlein *n*: ~ **ache** Bauchweh *n*.

tu·mo(u)r ['tju:mə] *s*. ✻ Tumor *m*.

tu·mult ['tju:mʌlt] *s*. Tu'mult *m*: a) Getöse *n*, Lärm *m*, b) (*a. seelischer*) Aufruhr *m*; **tu·mul·tu·ar·y** [tju:'mʌltjʊərɪ] *adj*. **1.** → **tumultuous**; **2.** verworren; **3.** aufrührerisch; **tu·mul·tu·ous** [tju:'mʌltjʊəs] *adj*. □ **1.** tumultu'arisch, lärmend; **2.** heftig, stürmisch, turbu'lent.

tu·mu·lus ['tju:mjʊləs] *s*. (*bsd. alter Grab*)Hügel.

tun [tʌn] *s*. **1.** Faß *n*; **2.** *Brit.* Tonne *f* (*altes Flüssigkeitsmaß*); **3.** *Brauerei:* Maischbottich *m*.

tune [tju:n] **I** *s*. **1.** ♪ Melo'die *f*; Weise *f*, Lied *n*; *a.* Hymne *f*, Cho'ral *m*: **to the ~ of** a) nach der Melodie von, b) *fig.* in Höhe von, von sage u. schreibe £ 100; **call the ~** *fig.* das Sagen haben; **change one's ~, sing another ~** F e-n anderen Ton anschlagen, andere Saiten aufziehen; **2.** ♪ a) (richtige) (Ein)Stimmung e-s Instru'ments, b) richtige Tonhöhe: **in ~** (richtig) gestimmt; **out of ~** verstimmt; **keep ~** a) Stimmung halten (*Instrument*), b) Ton halten; **play out of ~** unrein *od.* falsch spielen; **sing in ~** tonrein *od.* sauber singen; **3.** ⚡ Abstimmung *f*, (Scharf)Einstellung *f*; **4.** *fig.* Harmo'nie *f*: **in ~ with** übereinstimmend mit, im Einklang (stehend) mit, harmonierend mit; **be out of ~ with** im Widerspruch stehen zu, nicht übereinstimmen mit; **5.** *fig.* Stimmung *f*: **not in ~ for** nicht aufgelegt zu; **out of ~** verstimmt, mißgestimmt; **II** *v/t.* **6.** *a.* ~ **up** a) ♪ stimmen, b) *fig.* abstimmen (**to** auf *acc.*); **7.** *Antenne, Radio, Stromkreis* abstimmen, einstellen (**to** auf *acc.*); **8.** *fig.* a) (**to**) anpassen (an *acc.*), b) (**for**) bereitmachen (für); **III** *v/t.* **9.** ♪ stimmen; ~ **in** *v/i.* (das Radio *etc.*) einschalten: ~ **to** a) e-n Sender, *ein Programm* einschalten, b) *fig.* sich einstellen auf (*acc.*); ~ **up** **I** *v/t.* **1.** → **tune** 6; **2.** *mot.*, ✈ a) startbereit machen, b) *Motor* einfahren, c) e-n Motor tunen; **3.** *fig.* a) bereitmachen, b) in Schwung bringen; c) *das Befinden etc.* heben; **II** *v/i.* **4.** ♪ (die Instru'mente) stimmen; **5.** F a) einsetzen, b) F losheulen.

tune·ful ['tju:nfʊl] *adj*. □ **1.** me'lodisch; **2.** *obs.* sangesfreudig: ~ **birds**; **'tune·less** [-nlɪs] *adj*. 'unme,lodisch.

tun·er ['tju:nə] *s*. **1.** ♪ (Instru'menten-)Stimmer *m*; **2.** ♪ a) Stimmpfeife *f*, b) Stimmvorrichtung *f* (*Orgel*); **3.** ⚡ Abstimmvorrichtung *f*; **4.** *Radio, TV:* Tuner *m*, Ka'nalwähler *m*.

tune-up ['tju:nʌp] *s*. **1.** *Am.* → **warm-up** 1 *u.* 3; **2.** ❂ leistungsfördernde Maßnahmen *pl*.

tung·state ['tʌŋsteɪt] s. 🝔 Wolfra'mat n; '**tung·sten** [-stən] s. 🝔 Wolfram n: ~ **steel** ⊙ Wolframstahl m; '**tung·stic** [-stɪk] adj. 🝔 Wolfram...: ~ **acid**.

tu·nic ['tjuːnɪk] s. **1.** antiq. Tunika f; **2.** bsd. ✕ Brit. Waffenrock m; **3.** a) 'Überkleid n, b) Kasack m; **4.** → **tuni·cle**; **5.** biol. Häutchen n, Hülle f; '**tu·ni·ca** [-kə] pl. **-cae** [-siː] s. anat. Häutchen n, Mantel m; '**tu·ni·cate** [-kət] s. zo. Manteltier n; '**tu·ni·cle** [-kl] s. R.C. Meßgewand n.

tun·ing ['tjuːnɪŋ] I s. **1.** a) ♪ Stimmen n, b) fig. Ab-, Einstimmung f (to auf acc.); **2.** Anpassung f (to an acc.); **3.** ⚡ Abstimmung f, Einstellung f (to auf acc.); II adj. **4.** ♪ Stimm...: ~ **fork**; **5.** ⚡ Abstimm...(-kreis, -skala etc.).

tun·nel ['tʌnl] I s. **1.** Tunnel m, Unter-'führung f (Straße, Bahn, Kanal); **2.** a. zo. 'unterirdischer Gang, Tunnel m; **3.** ✕ Stollen m; **4.** ✈ 'Windka₁nal m; II v/t. **5.** unter'tunneln, e-n Tunnel bohren od. treiben durch; III v/i. **6.** e-n Tunnel anlegen od. treiben (**through** durch); '**tun·nel·(l)ing** [-lɪŋ] s. ⊙ Tunnelanlage f, -bau m.

tun·ny ['tʌnɪ] s. bsd. coll. Thunfisch m.

tup [tʌp] I s. **1.** zo. Widder m; **2.** ⊙ Hammerkopf m, Rammklotz m; II v/t. **3.** zo. bespringen, decken.

tup·pence ['tʌpəns], '**tup·pen·ny** [-pnɪ] Brit. für **twopence, twopenny**.

tur·ban ['tɜːbən] s. Turban m; '**tur-baned** [-nd] adj. turbantragend.

tur·bid ['tɜːbɪd] adj. □ **1.** dick(flüssig), trübe, schlammig; **2.** dick, dicht: ~ fog; **3.** fig. verworren, wirr; **tur·bid·i·ty** [tɜːˈbɪdətɪ], '**tur·bid·ness** [-nɪs] s. **1.** Trübheit f; **2.** Dicke f; **3.** fig. Verworrenheit f.

tur·bine ['tɜːbaɪn] I s. Tur'bine f; II adj. Turbinen...: ~ **steamer**, ~-**powered** mit Tur'binenantrieb.

turbo- [tɜːbəʊ] ⊙ in Zssgn Turbinen..., Turbo...; ¡**tur·bo'jet** (**en·gine**) s. (Flugzeug n mit) Turbostrahltriebwerk n; ¡**tur·bo'prop**(**-jet**) (**en·gine**) s. (Flugzeug n mit) ✈ 'Turbo-Pro'peller-Strahltriebwerk n; ¡**tur·bo'ram·jet engine** s. ✈ Ma'schine f mit Staustrahltriebwerk.

tur·bot ['tɜːbət] s. ichth. Steinbutt m.

tur·bu·lence ['tɜːbjʊləns] s. **1.** Unruhe f, Aufruhr m, Ungestüm n, Sturm m (a. meteor.); **2.** phys. Turbu'lenz f, Wirbelbewegung f; '**tur·bu·lent** [-nt] adj. □ **1.** unruhig, ungestüm, stürmisch, turbu'lent; **2.** aufrührerisch; **3.** phys. verwirbelt, turbu'lent, Wirbel...

turd [tɜːd] s. V **1.** ‚Scheißhaufen' m; **2.** ‚Scheißer' m.

tu·reen [təˈriːn] s. Ter'rine f.

turf [tɜːf] I s. **1.** Rasen m; **2.** Rasenstück n, -sode f; **3.** Torf(ballen) m; **4.** sport Turf m: a) (Pferde)Rennbahn f, b) the ~ fig. der Pferderennsport; **5.** fig. j-s Re'vier n; II v/t. **6.** mit Rasen bedekken; **7.** ~ **out** Brit. F j-n ‚rausschmei-ßen'; '**turf·ite** [-faɪt] s. (Pferde)Rennsportliebhaber m; '**turf·y** [-fɪ] adj. **1.** rasenbedeckt; **2.** torfartig; **3.** fig. (Pferde)Rennsport...

tur·ges·cence [tɜːˈdʒesns] s. **1.** ⚛, ⚕ Schwellung f, Geschwulst f; **2.** fig. Schwulst m.

tur·gid ['tɜːdʒɪd] adj. □ **1.** ⚕ geschwol-

len; **2.** fig. schwülstig, ‚geschwollen'; **tur·gid·i·ty** [tɜːˈdʒɪdətɪ], '**tur·gid·ness** [-nɪs] s. **1.** Geschwollensein n; **2.** fig. Geschwollenheit f, Schwülstigkeit f.

Turk [tɜːk] I s. **1.** Türke m, Türkin f: Young ⚇s pol. Jungtürken pl.; **2.** obs. Ty'rann m; II adj. **3.** türkisch, Türken...

Tur·key¹ ['tɜːkɪ] I s. Tür'kei f; II adj. türkisch: ~ **carpet** Orientteppich m; ~ **red** das Türkischrot.

tur·key² ['tɜːkɪ] s. **1.** orn. Truthahn m, -henne f, Pute(r m) f: **talk** ~ Am. sl. a) Fraktur reden (**with** mit), b) offen od. sachlich reden; **2.** Am. sl. thea. etc. ‚Pleite', ‚Durchfall' m; ~ **cock** s. **1.** Truthahn m, Puter m: (**as**) **red as a** ~ puterrot (im Gesicht); **2.** fig. eingebildeter Fatzke.

Turk·ish ['tɜːkɪʃ] I adj. türkisch, Türken...; II s. ling. Türkisch n; ~ **bath** s. türkisches Bad; ~ **de·light** s. 'Fruchtge-¡leekon¡fekt n; ~ **tow·el** s. Frottier-, Frot'tee(hand)tuch n.

Turko- [tɜːkəʊ, -kə] in Zssgn türkisch, Türken...

Tur·ko·man ['tɜːkəmən] pl. **-mans** s. **1.** Turk'mene m; **2.** ling. Turk'menisch n.

tur·mer·ic ['tɜːmərɪk] s. **1.** ⚘ Gelbwurz f; **2.** pharm. Kurkuma f; **3.** Kurkumagelb n (Farbstoff): ~ **paper** 🝔 Kurkumapapier n.

tur·moil ['tɜːmɔɪl] s. **1.** a. fig. Aufruhr m, Tu'mult m; **2.** Tu'multe m: in a ~ in Aufruhr m, Getümmel n.

turn [tɜːn] I s. **1.** (Um)'Drehung f: a single ~ of the handle; done to a ~ gerade richtig durchgebraten; to a ~ fig. aufs Haar, vortrefflich; **2.** Turnus m, Reihe(nfolge) f: by (od. in) ~s abwechselnd, wechselweise; in ~ a) der Reihe nach, b) dann wieder; in his ~ seinerseits; speak out of ~ fig. unpassende Bemerkungen machen; it is my ~ ich bin an der Reihe od. dran; take ~s (mit)einander od. sich abwechseln (at in dat., bei); take one's ~ handeln, wenn die Reihe an einen kommt; wait your ~! warte bis du dran bist!; my ~ will come fig. m-e Zeit kommt (auch) noch, ‚ich komme schon noch dran'; **3.** a) Drehung f, (~ to the left Links)Wendung f, b) Schwimmen: Wende f, c) Skisport: Wende f, Kehre f, Schwung m, d) Eislauf etc.: Kehre f; **4.** Wendepunkt m (a. fig.); **5.** Biegung f, Kurve f, Kehre f; **6.** Krümmung f (a. ⚡); **7.** Wendung f: a) 'Umkehr f: be on the ~ ♄ umschlagen (Gezeit) (→ a. 23); → tide 1; b) Richtung f, (Ver)Lauf m: take a good (bad) ~ sich zum Guten (Schlechten) wenden; take a ~ for the better (worse) sich bessern (verschlimmern); take an interesting ~ e-e interessante Wendung nehmen (Gespräch etc.), c) (Glücks-, Zeiten- etc.) Wende f, Wechsel m, 'Umschwung m, Krise f: ~ of the century Jahrhundertwende; ~ of life Lebenswende, 🜊 Wechseljahre pl. der Frau; **8.** Ausschlag (-en n) m e-r Waage; **9.** (Arbeits-) Schicht f; **10.** Tour f, (einzelne) Windung (Bandage, Kabel etc.); **11.** (Rede-) Wendung f, Formulierung f; **12.** a) (kurzer) Spaziergang: take a ~ e-n Spaziergang machen, b) kurze Fahrt, ‚Spritztour'; **13.** (for, to) Neigung f,

Hang m, Ta'lent n (zu), Sinn m (für); **14.** a. ~ of mind Denkart f, -weise f; **15.** a) (ungewöhnliche od. unerwartete) Tat, b) Dienst m, Gefallen m: **a bad** ~ e-e schlechte Tat od. ein schlechter Dienst; **a friendly** ~ ein Freundschaftsdienst; **do s.o. a good** ~ j-m e-n Gefallen tun; **one good** ~ **derserves another** e-e Liebe ist der andern wert; **16.** Anlaß f: **at every** ~ auf Schritt u. Tritt; **17.** (kurze) Beschäftigung: ~ (**of work**) (Stück n) Arbeit f: **take a** ~ **at** rasch mal an e-e Sache gehen, sich kurz mit e-r Sache versuchen; **18.** F Schock m, Schrecken m: **give s.o. a.** ~ j-n erschrecken; **19.** Zweck m: **this won't serve my** ~ damit ist mir nicht gedient; **20.** ♪ Doppelschlag m; **21.** (Pro-'gramm)Nummer f; **22.** ✕ (Kehrt-) Wendung f: **left** (**right**) ~! Brit. links-(rechts)um!; **about** ~! Brit. ganze Abteilung kehrt!; **23.** **on the** ~ am Sauerwerden (Milch); II v/t. **24.** (im Kreis od. um e-e Achse) drehen; Hahn, Schlüssel, Schraube, e-n Patienten etc. ('um-, her'um)drehen; **25.** a. Kleider wenden; et. 'umkehren, -stülpen, -drehen; Blatt, Buchseite 'umdrehen, -wenden, Buch 'umblättern; Boden 'umpflügen, -graben; ⊙ Weiche, ⊙ Hebel 'umlegen: **it ~s my stomach** mir dreht sich dabei der Magen um; ~ **s.o.'s head** fig. a) j-m den Kopf verdrehen, b) j-m zu Kopf steigen; **26.** zuwenden, -drehen, -kehren (to dat.); **27.** Blick, Kamera, Schritte etc. wenden, a. Gedanken, Verlangen richten, lenken (**against** gegen, on auf acc., to, toward(s) nach, auf acc.): ~ **the hose on the fire** den (Spritzen)Schlauch auf das Feuer richten; **28.** a) 'um-, ablenken (-)leiten, (-) wenden, b) abwenden, abhalten, c) j-n 'umstimmen, abbringen (**from** von), d) Richtung ändern, e) Gesprächsthema wechseln; **29.** a) Waage zum Ausschlagen bringen, b) fig. ausschlaggebend sein bei: ~ **an election** bei e-r Wahl den Ausschlag geben; → **balance** 2, **scale²** 1; **30.** verwandeln (**into** in acc.): ~ **water into wine**; ~ **love into hate**; ~ **into cash** 🜍 flüssigmachen, zu Geld machen; **31.** a) machen, werden lassen (**into** zu): **it ~ed her pale** es ließ sie erblassen; ~ **colo(u)r** die Farbe wechseln, b) a. ~ **sour** Milch sauer werden lassen, c) Laub verfärben; **32.** Text über'tragen, -'setzen (**into** ins Italienische etc.); **33.** her'umgehen um: ~ **the corner** um die Ecke biegen, fig. über den Berg kommen; **34.** ✕ a) um'gehen, -'fassen, b) aufrollen: ~ **the enemy's flank**; **35.** hin'ausgehen od. hin-'aus sein über ein Alter, e-n Betrag etc.: **he is just** ~**ing** (od. **has just** ~**ed**) **50** er ist gerade 50 geworden; **36.** ⊙ a) drehen, b) Holzwaren, a. fig. Komplimente, Verse drechseln; **37.** formen, fig. gestalten, bilden: **a well-~ed ankle**; **38.** fig. Satz formen, (ab)runden: ~ **a phrase**; **39.** 🜊 verdienen, 'umsetzen; **40.** Messerschneide etc. verbiegen, a. stumpf machen: ~ **the edge of** fig. e-r Bemerkung etc. die Spitze nehmen; **41.** Purzelbaum etc. schlagen; **42.** ~ **loose** los-, freilassen, -machen; III v/i. **43.** sich drehen (lassen), sich (im Kreis) (her'um)drehen; **44.** sich (ab-, hin-, zu-)

, → **turn to** I; **45.** sich *stehend*, ... etc. ('um-, her'um)drehen; ♪, ...ot. wenden, (♿ ab)drehen; ✓, *mot*. ...kurven; **46.** (ab-, ein)biegen: *I do not know which way to ~ fig.* ich weiß nicht, was ich machen soll; **47.** e-e Biegung machen (*Straße, Wasserlauf etc.*); **48.** sich krümmen *od.* winden (*Wurm etc.*): *~ in one's grave* sich im Grabe umdrehen; **49.** sich umdrehen, -stülpen (*Schirm etc.*): *my stomach ~s at this sight* bei diesem Anblick dreht sich mir der Magen um; **50.** schwind(e)lig werden: *my head ~s* mein Kopf dreht sich; **51.** sich (ver)wandeln (*into, to* in *acc.*), 'umschlagen (*bsd. Wetter*): *love has ~ed into hate;* **52.** *Kommunist, Soldat etc., a.* blaß, kalt *etc.* werden: *~ (sour)* sauer werden (*Milch*); *~ traitor* zum Verräter werden; **53.** sich verfärben (*Laub*); **54.** sich wenden (*Gezeiten*); → *tide* 1;

Zssgn mit prp.:

turn| a·gainst I *v/i.* **1.** sich (*feindlich etc.*) wenden gegen; II *v/t.* **2.** *j-n* aufhetzen *od.* aufbringen gegen; **3.** *Spott etc.* richten gegen; *~ in·to* → **turn** 30, 31, 32, 51; *~ on* I *v/i.* **1.** sich drehen um *od.* in (*dat.*); **2.** → **turn upon**; **3.** sich wenden *od.* richten gegen; II *v/t.* **4.** → **turn** 27; *~ to* I *v/i.* **1.** sich nach *links etc.* wenden (*Person*), nach *links etc.* abbiegen (*a. Fahrzeug, Straße etc.*); **2.** a) sich der *Musik, e-m Thema etc.* zuwenden, b) sich beschäftigen mit, c) sich anschicken (*doing s.th.* et. zu tun); **3.** s-e Zuflucht nehmen zu: *~ God*; **4.** sich an *j-n* wenden, *j-n od. et.* zu Rate ziehen; **5.** → **turn** 51; II *v/t.* **6.** *Hand* anlegen bei: *turn a* (*od. one's*) *hand to s.th.* et. in Angriff nehmen; *he can turn his hand to anything* er ist zu allem zu gebrauchen; **7.** → **turn** 26, 27; **8.** verwandeln in (*acc.*); **9.** anwenden zu; *~ account* 11; *~ up·on v/i.* **1.** *fig.* abhängen von; **2.** *fig.* sich drehen um, handeln von; **3.** → **turn on** 3;

Zssgn mit adv.:

turn| a·bout, ~ a·round I *v/t.* **1.** 'umdrehen; **2.** ✄ *Heu, Boden* wenden; II *v/i.* **3.** sich 'umdrehen; ✕ kehrtmachen; *fig.* 'umschwenken; *~ a·side* I *v/t.* (*v/i.* sich) abwenden; *~ a·way* I *v/t.* **1.** abwenden (*from* von); **2.** abweisen, wegschicken, -jagen; **3.** entlassen; II *v/i.* **4.** sich abwenden; *~ back* I *v/t.* **1.** 'umkehren lassen; **2.** → **turn down** 3; **3.** *Uhr* zu'rückdrehen; II *v/i.* **4.** zu'rück-, 'umkehren; **5.** zu'rückgehen; *~ down v/t.* **1.** 'umkehren, -legen, -biegen; *Kragen* 'umschlagen, *Buchseite etc.* 'umknicken; **2.** *Gas, Lampe* kleiner stellen, *Radio etc.* leiser stellen; **3.** *Bett* aufdecken; *Bettdecke* zu'rückschlagen; **4.** *j-n, Vorschlag etc.* ablehnen; *j-m e-n Korb* geben; II *v/i.* **5.** abwärts *od.* nach unten gebogen sein; **6.** sich 'umlegen *od.* -schlagen lassen; *~ in* I *v/t.* **1.** a) einreichen, -senden, b) ab-, zu'rückgeben; **2.** *Füße etc.* einwärts *od.* nach innen drehen *od.* biegen *od.* stellen; **3.** F et. zu'stande bringen; II *v/i.* **4.** F zu Bett gehen; **5.** einwärts gebogen sein; *~ off* I *v/t.* **1.** *Wasser, Gas* abdrehen; *Licht, Radio etc.* ausschalten, abstellen; **2.** *Schlag etc.* abwenden, ablenken; **3.** F ,rausschmeißen', entlassen; **4.** F a) *j-m*

die Lust nehmen, b) *j-n* anwidern; II *v/i.* **5.** abbiegen (*Person, a. Straße*); *~ on v/t.* **1.** *Gas, Wasser* aufdrehen, a. *Radio* anstellen; *Licht, Gerät* anmachen, einschalten; **2.** F a) *j-n* ,antörnen', b) *j-n* (*a. sexuell*) ,anmachen', ,in Fahrt' bringen; *~ out* I *v/t.* **1.** hin'auswerfen, wegjagen, vertreiben; **2.** entlassen (*of* aus *e-m Amt etc.*); **3.** *Regierung* stürzen; **4.** *Vieh* auf die Weide treiben; **5.** *Taschen etc.* 'umkehren, -stülpen; **6.** *Zimmer, Möbel* ausräumen; **7.** a) ✝ *Waren* produzieren, herstellen, b) *contp. Bücher etc.* produzieren, c) *fig. Wissenschaftler etc.* her'vorbringen (*Universität etc.*): *Oxford has turned out many statesmen* aus Oxford sind schon viele Staatsmänner hervorgegangen; **8.** → **turn off** 1; **9.** *Füße etc.* auswärts *od.* nach außen drehen *od.* biegen; **10.** ausstatten, herrichten, *bsd.* kleiden: *well turned-out* gutgekleidet; **11.** ✕ antreten *od. die Wache* her'austreten lassen; II *v/i.* **12.** auswärts gebogen sein (*Füße etc.*); **13.** a) hin'ausziehen, her'auskommen (*of* aus), b) ✕ ausrücken (*a. Feuerwehr etc.*), c) *zur Wahl etc.* kommen (*Bevölkerung*), d) ✕ antreten, e) in Streik treten, f) F *aus dem Bett* aufstehen; **14.** *gut etc.* ausfallen, werden; **15.** sich gestalten, *gut etc.* ausgehen, ablaufen; **16.** sich erweisen *od.* entpuppen als, sich her'ausstellen: *he turned out (to be) a good swimmer* er entpuppte sich als guter Schwimmer; *it turned out that he was (had), he turned out to be (have)* es stellte sich heraus, daß er ... war (hatte); *~ o·ver* I *v/t.* **1.** ✝ *Geld, Ware* 'umsetzen, e-n 'Umsatz haben von; **2.** 'umdrehen, -wenden, *Buch, Seite a.* 'umblättern: *please ~!* bitte wenden!; → *leaf* 3; **3.** (*to*) a) über'tragen (*dat. od. auf acc.*), über'geben (*dat.*), b) *j-n der Polizei etc.* ausliefern, über'geben; **4.** *a. ~ in one's mind* über'legen, sich et. durch den Kopf gehen lassen; II *v/i.* **5.** sich *im Bett etc.* 'umdrehen; **6.** 'umkippen, -schlagen; *~ round* I *v/i.* **1.** sich (im Kreis *od.* her'um)drehen; **2.** *fig.* s-n Sinn ändern, 'umschwenken: *but then he turned round and said* doch dann sagte er plötzlich; II *v/t.* **3.** (her'um)drehen; *~ to v/i.* sich ,ranmachen' (an die Arbeit), sich ins Zeug legen; *~ un·der v/t.* ✄ 'unterpflügen; *~ up* I *v/t.* **1.** nach oben drehen *od.* richten *od.* biegen; *Kragen* hochschlagen, -klappen; → *nose* Redew., *toe* 1; **2.** ausgraben, zu'tage fördern; **3.** *Spielkarte* aufdecken; **4.** *Hose etc.* 'um-, einschlagen; **5.** *Brit.* a) *Wort* nachschlagen, b) *Buch* zu Rate ziehen; **6.** *Gas, Licht* groß *od.* größer drehen, *Radio* lauter stellen; **7.** *Kind* übers Knie legen (*züchtigen*); **8.** F *j-m* den Magen 'umdrehen (*vor Ekel*); **9.** *sl. Arbeit* ,aufstecken'; II *v/i.* **10.** sich nach oben drehen, nach oben gerichtet *od.* hochgeschlagen sein; **11.** *fig.* auftauchen: a) aufkreuzen, erscheinen (*Person*), b) zum Vorschein kommen, sich (ein)finden (*Sache*); **12.** geschehen, eintreten, passieren.

turn·a·ble ['tɜːnəbl] *adj.* drehbar.

'turn|·a·bout *s.* **1.** *a. fig.* Kehrtwendung *f*; **2.** ♿ Gegenkurs *m*; **3.** *fig.* 'Um-

schwung *m*; **4.** *Am.* Karus'sell *n*; *'~·a·round s.* **1.** → **turnabout** 1, 3; **2.** *mot. etc.* Wendeplatz *m*; **3.** ♿ (Gene-'ral)Über,holung *f*; *'~·coat s.* Abtrünnige(r *m*) *f*, Rene'gat *m*; *'~·down* I *adj.* **1.** 'umlegbar, Umleg...; II *s.* **2.** *a. ~ collar* Umleg(e)kragen *m*; **3.** *fig.* Ablehnung *f*.

turned [tɜːnd] *adj.* **1.** ♿ gedreht, gedrechselt; **2.** ('um)gebogen: *~-back* zurückgebogen; *~-down* a) abwärts gebogen, b) Umlege...; *~-in* einwärts gebogen; **3.** *typ.* auf dem Kopf stehend; **'turn·er** [-nə] *s.* **1.** ♿ a) Dreher *m*, b) Drechsler *m*; **2.** *sport Am.* Turner(in); **'turn·er·y** [-nərɪ] *s.* ♿ **1.** *coll.* a) Dreharbeit(en *pl.*) *f*, b) Drechslerarbeit(en *pl.*) *f*; **2.** a) Dreheʹrei *f*, b) Drechsleʹrei *f* (*Werkstatt*).

turn·ing ['tɜːnɪŋ] *s.* **1.** ♿ Drehen *n*, Drechseln *n*; **2.** a) (Straßen-, Fluß)Biegung *f*, b) (Straßen)Ecke *f*, c) Querstraße *f*, Abzweigung *f*; **3.** *pl.* ♿ Drehspäne *pl.*; *~ cir·cle s. mot.* Wendekreis *m*; *~ lathe s.* ♿ Drehbank *f*; *~ ma·chine s.* ♿ 'Drehma,schine *f*; *~ point s.* **1.** ✓, *sport* Wendemarke *f*; **2.** *fig.* Wendepunkt *m*.

tur·nip ['tɜːnɪp] *s.* **1.** ♣ (*bsd.* Weiße) Rübe; **2.** *sl.* ,Zwiebel' *f* (*Uhr*).

'turn|·key *s.* Gefangenenwärter *m*, Schließer *m*; *'~·off s.* **1.** Abzweigung *f*; **2.** Ausfahrt *f* (*Autobahn*); *'~·out s.* **1.** ✝ *Brit.* a) Streik *m*, Ausstand *m*, b) Streikende(r *m*) *f*; **2.** a) Besucher(zahl *f*) *pl.*, Zuschauer *pl.*, b) (Wahl- *etc.*) Beteiligung *f*; **3.** (Pferde)Gespann *n*, Kutsche *f*; **4.** Ausstattung *f*, *bsd.* Kleidung *f*; **5.** ✝ Ge'samtprodukti,on *f*, Ausstoß *m*; **6.** a) Ausweichstelle *f* (*Autostraße*), b) → **turn-off**, *'~·o·ver s.* **1.** 'Umstürzen *n*; **2.** ✝ 'Umsatz *m*: *~ tax* Umsatzsteuer *f*; **3.** Zu- u. Abgang *m* (*von Patienten in Krankenhäusern etc.*): *labo(u)r ~* Arbeitskräftebewegung *f*; **4.** ✝ 'Umgruppierung *f*, -schichtung *f*; **5.** *Brit.* ('Zeitungs)Ar,tikel, der auf die nächste Seite übergreift; **6.** (Apfel- *etc.*) Tasche *f* (*Gebäck*); *'~·pike s.* **1.** Schlagbaum *m* (*Mautstraße*); **2.** *a. ~ road* gebührenpflichtige (*Am.* Schnell)Straße *f*, Mautstraße *f*; *'~·round s.* **1.** ✝, ♿ 'Umschlag *m* (*Schiffsabfertigung*); **2.** Wendestelle *f*; **3.** → **turnabout** 3; *'~·screw s.* ♿ Schraubenzieher *m*; *'~·spit s.* Drehspieß *m*; *'~·stile s.* Drehkreuz *n* an Durchgängen *etc.*; *'~·ta·ble s.* **1.** 👑 Drehscheibe *f*; **2.** Plattenteller *m* (*Plattenspieler*); *'~·up* I *adj.* **1.** hochklappbar; II *s.* **2.** ('Hosen-*etc.*),Umschlag *m*; **3.** F Über'raschung *f*, ,Ding' *n*.

tur·pen·tine ['tɜːpəntaɪn] *s.* 🌿 **1.** Terpen'tin *n*; **2.** *a. oil* (*od. spirits*) *of ~* Terpen'tingeist *m*, -öl *n*.

tur·pi·tude ['tɜːpɪtjuːd] *s.* **1.** *a.* moral *~* Verworfenheit *f*; **2.** Schandtat *f*.

turps [tɜːps] F → **turpentine** 2.

tur·quoise ['tɜːkwɔɪz] *s.* **1.** *min.* Tür'kis *m*; **2.** *a. blue* Tür'kisblau *n*: *~ green* Türkisgrün *n*.

tur·ret ['tʌrɪt] *s.* **1.** 🏰 Türmchen *n*; **2.** ✕, ♿ Geschütz-, Panzer-, Gefechtsturm *m*: *~ gun* Turmgeschütz *n*; **3.** ✓ Kanzel *f*; **4.** 🔩 Re'volverkopf *m*: *~ lathe* Revolverdrehbank *f*; **'tur·ret·ed** [-tɪd] *adj.* **1.** mit Türmchen; **2.** *zo.* spi-

'ral-, türmchenförmig.

tur·tle¹ ['tɜ:tl] *s. zo.* (See)Schildkröte *f*: **turn** ~ a) ⏚ kentern, umschlagen, b) sich überschlagen, c) *Am.* F hilflos *od.* feige sein.

tur·tle² ['tɜ:tl] *s. obs. für* **turtledove**.

'tur·tle|·dove *s. orn.* Turteltaube *f*; **'~·neck** *s.* 'Rollkragen(pull,over) *m*.

Tus·can ['tʌskən] **I** *adj.* tos'kanisch; **II** *s.* Tos'kaner(in).

tusk [tʌsk] *s. zo.* a) Fangzahn *m*, b) Stoßzahn *m des Elefanten etc.*, c) Hauer *m des Wildschweins*; **tusked** [-kt] *adj. zo.* mit Fangzähnen *etc.* (bewaffnet); **'tusk·er** [-kə] *s. zo.* Ele'fant *m od.* Keiler *m* (*mit ausgebildeten Stoßzähnen*); **'tusk·y** [-kı] → **tusked**.

tus·sle ['tʌsl] **I** *s.* **1.** Balge'rei *f*, Raufe·'rei *f* (*a. fig.*); **2.** *fig.* scharfe Kontro·'verse; **II** *v/i.* **3.** kämpfen, raufen, sich balgen (**for** um *acc.*).

tus·sock ['tʌsək] *s.* (*bsd.* Gras)Büschel *n*.

tut(-tut) [tʌt] *int.* **1.** ach was!; **2.** pfui!; **3.** Unsinn!, Na, 'na!

tu·te·lage ['tju:tılıdʒ] *s.* **1.** ⚊ Vormundschaft *f*; **2.** Unmündigkeit *f*; **3.** *fig.* a) Bevormundung *f*, b) Schutz *m*, c) (An-)Leitung *f*; **'tu·te·lar** [-lə], **'tu·te·lar·y** [-lərı] *adj.* **1.** schützend, Schutz...; **2.** ⚊ Vormunds..., Vormundschafts...

tu·tor ['tju:tə] **I** *s.* **1.** Pri'vat-, Hauslehrer *m*; **2.** *ped., univ. Brit.* Tutor *m*, Studienleiter *m*; **3.** *ped., univ. Am.* Assi·'stent *m mit Lehrauftrag*; **4.** (Ein)Paukcr *m*, Repe'titor *m*; **5.** ⚊ Vormund *m*; **II** *v/t.* **6.** *ped.* unter'richten, *j-m* Pri'vat-,unterricht geben; **7.** *j-n* schulen, erziehen; **8.** *fig. j-n* bevormunden; **'tu·tor·ess** *s.* **1.** *ped.* Pri'vatlehrerin *f*; **2.** *univ. Brit.* Tu'torin *f*; **tu·to·ri·al** [tju:'tɔ:rıəl] *ped.* **I** *adj.* Tutor...; **II** *s.* Tu'torenkurs (-us) *m*; **'tu·tor·ship** [-ʃıp] *s.* **1.** Pri'vatlehrerstelle *f*; **2.** *univ. Brit.* Amt *n* e-s Tutors.

tu·tu ['tu:tu:] *s.* (Bal'lett)Röckchen *n*.

tux·e·do [tʌk'si:dəʊ] *pl.* **-dos** *s. Am.* Smoking *m*.

TV [,ti:'vi:] F **I** *adj.* Fernseh...; **II** *s.* a) 'Fernsehappa,rat *m*, b) (**on** ~ im) Fernsehen *n*.

twad·dle ['twɒdl] **I** *v/i.* **1.** quasseln, **II** *s.* **2.** Gequassel *n*; **3.** Quatsch *m*.

twain [tweın] **I** *adj. obs.* zwei: **in** ~ entzwei; **II** *s. die* Zwei *pl.*

twang [twæŋ] **I** *v/i.* **1.** schwirren, (scharf) klingen; **2.** näseln; **II** *v/t.* **3.** *Saiten etc.* schwirren (lassen), zupfen; klimpern *od.* kratzen auf (*dat.*); **4.** *et.* näseln, durch die Nase sprechen; **III** *s.* **5.** scharfer Ton *od.* Klang, Schwirren *n*; **6.** Näseln *n*.

tweak [twi:k] **I** *v/t.* zwicken, kneifen; **II** *s.* Zwicken *n*.

tweed [twi:d] *s.* **1.** Tweed *m* (*Wollgewebe*); **2.** *pl.* Tweedsachen *pl.*

Twee·dle·dum and Twee·dle·dee [,twi:dl'dʌmən,twi:dl'di:] *s.:* **be** (**alike**) **as** ~ a) sich gleichen wie ein Ei dem andern, b) ‚Jacke wie Hose‘ sein.

'tween [twi:n] **I** *adv. u. prp.* → **between**; **II** *in Zssgn* Zwischen...; **~ deck** *s.* ⚓ Zwischendeck *n*.

tween·y ['twi:nı] *s. obs.* Hausmagd *f*.

tweet·er ['twi:tə] *s. Radio:* Hochtonlautsprecher *m*.

tweez·ers ['twi:zəz] *s. pl. a.* **pair of** ~

Pin'zette *f*.

twelfth [twelfθ] **I** *adj.* ☐ **1.** zwölft: ⚊ **Night** Dreikönigsabend *m*; **II** *s.* **2.** *der* (*die, das*) Zwölfte; **3.** Zwölftel *n*; **'twelfth·ly** [-lı] *adv.* zwölftens.

twelve [twelv] **I** *adj.* zwölf; **II** *s.* Zwölf *f*; **'twelve·mo** [-məʊ] *s. typ.* Duo'dez(for-,mat, -band *m*) *n*.

'twelve-tone *adj.* ♩ Zwölfton...

twen·ti·eth ['twentıɪθ] **I** *adj.* **1.** zwanzigst; **II** *s.* **2.** *der* (*die, das*) Zwanzigste; **3.** Zwanzigstel *n*.

twen·ty ['twentı] **I** *adj.* **1.** zwanzig; **II** *s.* **2.** Zwanzig *f*; **3.** *in the twenties* in den zwanziger Jahren (*e-s Jahrhunderts*); **he is in his twenties** er ist in den Zwanzigern.

twerp [twɜ:p] *s. sl.* **1.** ‚(blöder) Heini‘; **2.** ‚Niete‘ *f*, ‚Flasche‘ *f*.

twice [twaıs] *adv.* zweimal: **think** ~ **a·bout s.th.** *fig.* sich e-e Sache gründlich überlegen; **he didn't think** ~ **about it** er zögerte nicht lange; ~ **as much** doppelt soviel, das Doppelte; ~ **the sum** die doppelte Summe; ,~-'told *adj. fig.* alt, abgedroschen: ~ **tales**.

twid·dle ['twıdl] *v/t.* (her'um)spielen mit: ~ **one's thumbs** *fig.* Däumchen drehen, die Hände in den Schoß legen.

twig¹ [twıg] *s.* (dünner) Zweig, Rute *f*: **hop the** ~ F ,abkratzen‘ (*sterben*); **2.** Wünschelrute *f*.

twig² [twıg] *Brit. sl.* **I** *v/t.* **1.** ,kapieren‘ (*verstehen*); **2.** ,spitzkriegen‘; **II** *v/i.* **3.** ,kapieren‘.

twi·light ['twaılaıt] *s.* **1.** (*mst* Abend-)Dämmerung *f*: ~ **of the gods** *myth.* Götterdämmerung; **2.** Zwielicht *n* (*a. fig.*), Halbdunkel *n*; **3.** *fig. a.* ~ **state** Dämmerzustand *m*; **II** *adj.* **4.** Zwielicht..., dämmerig, schattenhaft (*a. fig.*): ~ **sleep** *u. fig.* Dämmerschlaf *m*.

twill [twıl] **I** *s.* Köper(stoff) *m*; **II** *v/t.* köpern.

twin [twın] **I** *s.* **1.** Zwilling *m*: **the** ⚊**s** *ast.* die Zwillinge; **II** *adj.* **2.** Zwillings..., Doppel..., doppelt: **~-bedded room** Zweibettzimmer *n*; ~ **brother** Zwillingsbruder *m*; ~ **engine** ✈ Zwillingstriebwerk *n*; **~-engined** zweimotorig; ~ **town** Partnerstadt *f*; ~ **track** Doppelspur *f* (*Tonband*) ⚓ gepaart.

twine [twaın] **I** *s.* **1.** Bindfaden *m*, Schnur *f*; **2.** ⚙ Garn *n*, Zwirn *m*; **3.** Wick(e)lung *f*; **4.** Windung *f*; **5.** Geflecht *n*; **6.** ♀ Ranke *f*; **II** *v/t.* **7.** Fäden *etc.* zs.-drehen, zwirnen; **8.** *Kranz* winden; **9.** *fig.* inein'anderschlingen, verflechten; **10.** schlingen, winden (**a·bout, around** um); **11.** um'schlingen, -'winden, -'ranken (**with** mit); **III** *v/i.* **12.** sich verflechten (**with** mit); **13.** sich winden *od.* schlingen; sich schlängeln; **'twin·er** [-nə] *s.* **1.** ♀ Kletter-, Schlingpflanze *f*; **2.** ⚙ 'Zwirnma,schine *f*.

twinge [twındʒ] **I** *s.* **1.** stechender Schmerz, Zwicken *n*, Stechen *n*, Stich *m* (*a. fig.*): ~ **of conscience** Gewissensbisse *pl.*; **II** *v/t. u. v/i.* **2.** stechen; **3.** zwicken, kneifen.

twin·kle ['twıŋkl] **I** *v/i.* **1.** (auf)blitzen, glitzern, funkeln (*Sterne etc.*); *a.* Augen); **2.** huschen; **3.** (verschmitzt) zwinkern, blinzeln; **II** *s.* **4.** Blinken *n*, Blitzen *n*, Glitzern *n*; **5.** (Augen)Zwin-

kern *n*, Blinzeln *n*: **a humorous** ~; **6.** → **twinkling** 2; **'twin·kling** [-lıŋ] *s.* **1.** → **twinkle** 4, 5; **2.** *fig.* Augenblick *m*: **in the** ~ **of an eye** im Nu, im Handumdrehen.

twirl [twɜ:l] **I** *v/t.* **1.** (her'um)wirbeln, quirlen; *Daumen, Locke etc.* drehen; *Bart* zwirbeln; → *a.* **twiddle**; **II** *v/i.* **2.** (sich her'um)wirbeln; **III** *s.* **3.** schnelle (Um)'Drehung, Wirbel *m*; **4.** Schnörkel *m*.

twist [twıst] **I** *v/t.* **1.** drehen: ~ **off** losdrehen, *Deckel* abschrauben; **2.** zs.-drehen, zwirnen; **3.** verflechten, -schlingen; **4.** *Kranz etc.* winden, *Schnur etc.* wickeln: ~ **s.o. round one's (little) finger** j-n um den (kleinen) Finger wickeln; **5.** um'winden; **6.** wringen; **7.** (ver)biegen, (-)krümmen; *Fuß* vertreten; *Gesicht* verzerren: ~ **s.o.'s arm** a) j-m den Arm verdrehen, b) *fig.* j-n unter Druck setzen; **~ed mind** *fig.* verbogener *od.* krankhafter Geist; **~ed with pain** schmerzverzerrt (*Züge*); **8.** *fig. Sinn, Bericht* verdrehen, entstellen; **9.** *dem Ball* Ef'fet geben; **II** *v/i.* **10.** sich drehen: ~ **round** sich umdrehen; **11.** sich krümmen; **12.** sich winden (*a. fig.*); **13.** sich winden *od.* schlängeln (*Fluß etc.*); **14.** sich verziehen *od.* verzerren (*a. Gesicht*); **15.** sich verschlingen; **III** *s.* **16.** Drehung *f*, Windung *f*, Biegung *f*, Krümmung *f*; **17.** Drehung *f*, Rotati'on *f*; **18.** Geflecht *n*; **19.** Zwirnung *f*; **20.** Verflechtung *f*, Knäuel *m*, *n*; **21.** (Gesichts-)Verzerrung *f*; **22.** *fig.* Verdrehung *f*; **23.** *fig.* Veranlagung *od.* Neigung (**towards** zu); **24.** *fig* Trick *m*, ‚Dreh‘ *m*; **25.** *fig.* über'raschende Wendung, 'Knalleffekt' *m*; **26.** ⊚ a) Drall *m* (*Schußwaffe, Seil etc.*), b) Torsi'on *f*; **27.** Spi'rale *f*: ~ **drill** ⊚ Spiralbohrer *m*; **28.** ♩ Twist *m* (*Tanz*); **29.** a) (Seiden-, Baumwoll)Twist *m*, b) Zwirn *m*; **30.** Seil *n*, Schnur *f*; **31.** Rollentabak *m*; **32.** *Bäckerei:* Kringel *m*, Zopf *m*; **33.** *Wasserspringen:* Schraube *f*; **'twist·er** [-tə] *s.* **1.** a) Dreher(in), Zwirner(in), b) Seiler(in); **2.** ⊚ 'Zwirn-, 'Drehma·,schine *f*; **3.** *sport* Ef'fetball *m*; **4.** F harte Nuß, knifflige Sache; **5.** F Gauner *m*; **6.** *Am.* Tor'nado *m*, Wirbel(wind) *m*; **'twist·y** [-tı] *adj.* **1.** gewunden, kurvenreich; **2.** *fig.* falsch, verschlagen.

twit¹ [twıt] *v/t.* **1.** *j-n* aufziehen (**with** mit); **2.** *j-m* Vorwürfe machen (**with** wegen).

twit² [twıt] *s. Brit.* F Trottel *m*.

twitch [twıtʃ] **I** *v/t.* **1.** zupfen, zerren, reißen an; **2.** zucken mit; **II** *v/i.* **3.** zucken (**with** vor); **III** *s.* **4.** Zucken *n*, Zuckung *f*; **5.** Ruck *m*; **6.** Stich *m* (*Schmerz*); **7.** Nasenbremse *f* (*Pferd*).

twit·ter ['twıtə] **I** *v/i.* **1.** zwitschern (*Vogel*), zirpen (*a. Insekt*); **2.** *fig.* a) (aufgeregt) schnattern *od.* piepsen, c) kichern; **3.** F (vor Aufregung) zittern; **II** *v/t.* **4.** *et.* zwitschern; **III** *s.* **5.** Gezwitscher *n*; **6.** *fig.* Geschnatter *n* (*Person*); **7.** Kichern *n*; **8.** Nervosi'tät *f*: **in a** ~ aufgeregt.

two [tu:] **I** *s.* **1.** Zwei *f* (*Zahl, Spielkarte, Uhrzeit etc.*); **2.** Paar *n*: **the** ~ die beiden, beide; **the** ~ **of us** wir beide; **put** ~ **and** ~ **together** fig. es sich zs.-reimen, s-e Schlüsse ziehen; **in** (*od.* **by**) **~s** zu weien, paarweise; **~ and ~** paarweise, zwei u. zwei; **~ can play at that game!** das kann ich (*od.* ein anderer) auch! **II** *adj.* **3.** zwei: **one or ~** einige; **in a day or ~** in ein paar Tagen; **in ~** entzwei; **cut in ~** entzweischneiden; **4.** beide: **the ~ cars**; **'~-bit** *adj. Am.* F **1.** 25-Cent-...; **2.** billig (*a. fig. contp.*); klein, unbedeutend; **'~,cy·cle** *adj.* ◎ Zweitakt...: **~ engine**; **,~-'edged** *adj.* zweischneidig (*a. fig.*); **,~-'faced** *adj. fig.* falsch, heuchlerisch; **,~-'fist·ed** *adj. Am.* F *fig.* ‚knallhart‘; handfest; **'~-fold** *adj. u. adv.* zweifach, doppelt; **,~-'four** *adj.* ♪ Zweiviertel...; **,~-'hand·ed** *adj.* **1.** zweihändig; **2.** für zwei Per'sonen (*Spiel etc.*); **'~-horse** *adj.* zweispännig; **'~-job man** *s.* [*irr.*] Doppelverdiener *m*; **'~-lane** *adj.* zweispurig (*Straße*); **~-pence** ['tʌpəns] *s. Brit.* zwei Pence *pl.*: **not to care ~ for** *fig.* sich nicht scheren um; **he didn't care ~** es war ihm völlig egal; **~-pen·ny** ['tʌpnɪ] *adj.* **1.** zwei Pence wert *od.* betragend, Zweipenny...; **2.** *fig.* armselig, billig; **~-pen·ny-half-pen·ny** [,tʌpnɪ'heɪpnɪ] *adj.* **1.** Zweieinhalbpenny...; **2.** *fig.* mise'rabel, schäbig; **'~-phase** *adj.* ⚡ zweiphasig, Zweiphasen...; **'~-piece I** *adj.* zweiteilig; **II** *s.* a) *a.* **~ dress** Jakkenkleid *n*, b) *a.* **~ swimming suit** Zweiteiler *m*; **'~-ply** *adj.* doppelt (*Stoff etc.*); zweischäftig (*Tau*); zweisträhnig (*Wolle etc.*); **,~-'seat·er** *s.* ✈, *mot.* Zweisitzer *m*; **'~-some** [-səm] *s.* **1.** *Golf:* Zweier(spiel *n*) *m*; **2.** *bsd. humor.* ‚Duo‘ *n*, ‚Pärchen‘ *n*; **'~-speed** *adj.* ◎ Zweigang...; **'~-stage** *adj.* ◎ zweistufig; **'~-step** *s.* Twostep *m* (*Tanz*); **'~-stroke** *adj. mot.* Zweitakt...; **'~-time** *v/t.* F **1.** *bsd. Ehepartner* betrügen; **2.** *j-n* ‚reinlegen‘; **'~-way** *adj.* Zweiweg(e)..., Doppel...: **~ adapter** (*od. plug*) ⚡ Doppelstecker *m*; **~ cock** Zweiwegehahn *m*; **~ communication** ⚡ Doppelverkehr *m*, Gegensprechen *n*; **~ traffic** Gegenverkehr *m*. **ty·coon** [taɪ'kuːn] *s.* F **1.** Indu'striema,gnat *m*, -kapi,tän *m*: **oil ~** Ölmagnat; *pol.* ‚Oberbonze‘ *m*. **ty·ing** ['taɪɪŋ] *pres. p. von* **tie.** **tyke** [taɪk] *s.* **1.** Köter *m*; **2.** Lümmel *m*,

Kerl *m*; **3.** *Am.* F Kindchen *n*. **tym·pan** ['tɪmpən] *s.* **1.** *typ.* Preßdeckel *m*; **2.** → **tympanum** 2; **tym·pan·ic** [tɪm'pænɪk] *adj. anat.* Mittelohr..., Trommelfell...: **~ membrane** Trommelfell *n*; **tym·pa·ni·tis** [,tɪmpə'naɪtɪs] *s.* ⚕ Mittelohrentzündung *f*; **'tym·pa·num** [-nəm] *pl.* **-na** [-nə], **-nums** *s.* **1.** *anat.* a) Mittelohr *n*, b) Trommelfell *n*; **2.** △ Tympanon *n*: a) Giebelfeld *n*, b) Türbogenfeld *n*. **type** [taɪp] **I** *s.* **1.** Typ(us) *m*: a) Urform *f*, b) typischer Vertreter, c) charakte'ristische Klasse; **2.** Ur-, Vorbild *n*, Muster *n*; **3.** ◎ Typ *m*, Mo'dell *n*, Ausführung *f*, Baumuster *n*: **~ plate** Typenschild *n*; **4.** Art *f*, Schlag *m*, Sorte *f* (*alle a. F*); **out of ~** atypisch; **he acted out of ~** das war sonst nicht s-e Art; → **true** 4; **5.** *typ.* a) Letter *f*, (Druck)Type *f*, b) *coll.* Lettern *pl.*, Schrift *f*, Druck *m*: **in ~** (ab)gesetzt; **set (up) in ~** setzen; **6.** *fig.* Sinnbild *n*, Sym'bol *n* (*of gen. od.* für); **II** *v/t.* **7.** mit der Ma'schine (ab-) schreiben, (ab)tippen: **~d** maschinegeschrieben; **typing pool** Schreibsaal *m*, -büro *n*; **8.** → **into** in *e-n Computer* eingeben, -tippen; **III** *v/i.* **9.** ma'schineschreiben, tippen; **~ a·re·a** *s. typ.* Satzspiegel *m*; **'~·cast** *v/t.* [*irr.* → **cast**] *thea. etc.* a) *e-m Schauspieler* e-e s-m Typ entsprechende Rolle geben, b) *e-n Schauspieler* auf ein bestimmtes Rollenfach festlegen; **'~·face** *s. typ.* **1.** Schriftbild *n*; **2.** Schriftart *f*; **~ found·er** *s. typ.* Schriftgießer *m*; **~ found·ry** *s. typ.* Schriftgieße'rei *f*; **~ met·al** *s. typ.* 'Letternme,tall *n*; **~ page** *s. typ.* Satzspiegel *m*; **'~·script** *s.* Ma'schinenschrift(satz *m*) *f*, ma'schinengeschriebener Text; **'~·set·ter** *s. typ.* (Schrift)Setzer *m*; **~ spec·i·men** *s.* **1.** ◎ 'Musterexem,plar *n*; **2.** *biol.* Typus *m*, Origi'nal *n*; **'~·write** *v/t. u. v/i.* [*irr.* → **write**] → **type** 7, 9; **'~,writ·er** *s.* **1.** 'Schreibma,schine *f*: **~ ribbon** Farbband *n*; **2.** *a.* **~ face** *typ.* 'Schreibma,schinenschrift *f*; **'~,writ·ing** *s.* **1.** Ma'schineschreiben *n*; **2.** Ma'schinenschrift *f*; **'~,writ·ten** *adj.* ma'schinegeschrieben, in Ma'schinenschrift. **ty·phoid** ['taɪfɔɪd] ⚕ **I** *adj.* ty'phös, Ty-

phus...: **~ fever** → **II** *s.* ('Unterleibs-) Typhus *m*. **ty·phoon** [taɪ'fuːn] *s.* Tai'fun *m*. **ty·phus** ['taɪfəs] *s.* ⚕ Flecktyphus *m*, -fieber *n*. **typ·i·cal** ['tɪpɪkl] *adj.* □ **1.** typisch: a) repräsenta'tiv, b) charakte'ristisch, bezeichnend, kennzeichnend (**of** für): **be ~ of** *et.* kennzeichnen *od.* charakterisieren; **3.** sym'bolisch, sinnbildlich (**of** für); **4.** a) vorbildlich, echt, b) hinweisend (**of** auf *et. Künftiges*); **'typ·i·cal·ness** [-nɪs] *s.* **1.** *das* Typische; **2.** Sinnbildlichkeit *f*; **'typ·i·fy** [-ɪfaɪ] *v/t.* **1.** typisch *od.* ein typisches Beispiel sein für, verkörpern; **2.** versinnbildlichen. **typ·ist** ['taɪpɪst] *s.* **1.** Ma'schinenschreiber(in); **2.** Schreibkraft *f*. **ty·pog·ra·pher** [taɪ'pɒgrəfə] *s.* **1.** (Buch)Drucker *m*; **2.** (Schrift)Setzer *m*; **ty·po·graph·ic, ty·po·graph·i·cal** [,taɪpə'græfɪk(l)] *adj.* □ **1.** Druck..., drucktechnisch: **~ error** Druckfehler *m*; **2.** typo'graphisch, Buchdruck(er)...; **ty'pog·ra·phy** [-fɪ] *s.* **1.** Buchdruckerkunst *f*, Typogra'phie *f*; **2.** (Buch-)Druck *m*; **3.** Druckbild *n*. **ty·po·log·i·cal** [,taɪpə'lɒdʒɪkl] *adj.* typo'logisch; **ty·pol·o·gy** [taɪ'pɒlədʒɪ] *s.* Typolo'gie *f*. **ty·ran·nic, ty·ran·ni·cal** [tɪ'rænɪk(l)] *adj.* □ ty'rannisch; **ty'ran·ni·cide** [-ɪsaɪd] *s.* **1.** Ty'rannenmord *m*; **2.** Ty'rannenmörder *m*; **tyr·an·nize** ['tɪrənaɪz] **I** *v/i.* ty'rannisch sein *od.* herrschen: **~ over** → **II** *v/t.* tyrannisieren; **tyr·an·nous** ['tɪrənəs] *adj.* □ *rhet.* ty'rannisch; **tyr·an·ny** ['tɪrənɪ] *s.* **1.** Tyran'nei *f*: a) Despo'tismus, b) Gewalt-, Willkürherrschaft *f*; **2.** Tyran'nei *f* (*tyrannische Handlung etc.*); **3.** *antiq.* Ty'rannis *f*; **tyr·ant** ['taɪərənt] *s.* Ty'rann(in). **tyre** *etc. bsd. Brit.* → **tire²** *etc.* **ty·ro** ['taɪərəʊ] *pl.* **-ros** *s.* Anfänger(in), Neuling *m*. **Tyr·o·lese** [,tɪrə'liːz] **I** *pl.* **-lese** *s.* Ti'roler(in); **II** *adj.* ti'rol(er)isch, Tiroler(...). **tzar** *etc.* → **czar** *etc.*

U

U, u [juː] **I** s. **1.** U n, u n (Buchstabe); **2.** U n: **U-bolt** ✪ U-Bolzen m; **II** adj. **3.** U Brit. F vornehm; **4.** Brit. jugendfrei: ~ *film.*

u·biq·ui·tous [juːˈbɪkwɪtəs] adj. □ all'gegenwärtig, (gleichzeitig) 'überall zu finden(d); **u'biq·ui·ty** [-kwətɪ] s. All'gegenwart f.

'U-boat s. ⚓ U-Boot n, (deutsches) 'Unterseeboot.

u·dal [ˈjuːdl] s. ⚖ hist. Al'lod(ium) n, Freigut n.

ud·der [ˈʌdə] s. Euter n.

u·dom·e·ter [juːˈdɒmɪtə] s. meteor. Regenmesser m, Udo'meter n.

ugh [ʌx; ʊh; ɜːh] int. hu!, pfui!

ug·li·fy [ˈʌɡlɪfaɪ] v/t. häßlich machen, entstellen; **'ug·li·ness** [-nɪs] s. Häßlichkeit f; **ug·ly** [ˈʌɡlɪ] **I** adj. □ **1.** häßlich, garstig (beide a. fig.); **2.** fig. gemein, schmutzig; **3.** unangenehm, 'widerwärtig, übel: **an ~ customer** ein unangenehmer Kerl, 'ein übler Kunde'; **4.** bös, schlimm, gefährlich (Situation, Wunde etc.); **II** s. **5.** F häßlicher Mensch; ,Ekel' etc.

u·kase [juːˈkeɪz] s. hist. u. fig. Ukas m, Erlaß m, Befehl m.

U·krain·i·an [juːˈkreɪnjən] **I** adj. **1.** ukra'inisch; **II** s. **2.** Ukra'iner(in); **3.** ling. Ukra'inisch n.

u·ku·le·le [juːkəˈleɪlɪ] s. ♪ Uku'lele f, n.

ul·cer [ˈʌlsə] s. **1.** ☞ (Magen- etc.)Geschwür n; **2.** fig. a) (Eiter)Beule f, b) Schandfleck m; **'ul·cer·ate** [-əreɪt] ☞ **I** v/t. schwären lassen, ~d eitrig, vereitert; **II** v/i. geschwürig werden, schwären; **ul·cer·a·tion** [ˌʌlsəˈreɪʃn] s. ☞ Geschwür(bildung f) n; Schwären n, (Ver) Eiterung f; **ul·cer·ous** [ˈʌlsərəs] adj. □ **1.** ☞ geschwürig, eiternd; Geschwür(s)..., Eiter...; **2.** fig. kor'rupt, giftig.

ul·lage [ˈʌlɪdʒ] s. ☞ Schwund m: a) Lek'kage f, Flüssigkeitsverlust m, b) Gewichtsverlust m.

ul·na [ˈʌlnə] pl. **-nae** [-niː] s. anat. Elle f.

ul·ster [ˈʌlstə] s. Ulster(mantel) m.

ul·te·ri·or [ʌlˈtɪərɪə] adj. □ **1.** (räumlich) jenseitig; **2.** später (folgend), weiter, anderweitig: ~ action; **3.** fig. tiefer(liegend), versteckt: ~ motives tiefere Beweggründe, Hintergedanken.

ul·ti·mate [ˈʌltɪmət] **I** adj. □ **1.** äußerst, (aller)letzt; höchst; **2.** entferntest; **3.** endgültig, End...: ~ consumer ✝ Endverbraucher m; ~ result Endergebnis n; **4.** grundlegend, elemen'tar, Grund...; **5.** ✪, phys. Höchst..., Grenz...: ~ strength Bruchfestigkeit f; **II** s. **6.** das Letzte, das Äußerste; **7.** fig.

der Gipfel (in an dat.); **'ul·ti·mate·ly** [-lɪ] adv. schließlich, endlich, letzten Endes, im Grunde.

ul·ti·ma·tum [ˌʌltɪˈmeɪtəm] pl. **-tums**, **-ta** [-tə] s. pol. u. fig. Ulti'matum n (**to** an acc.): **deliver an ~ to** j-m ein Ultimatum stellen.

ul·ti·mo [ˈʌltɪməʊ] (Lat.) adv. ✝ letzten od. vorigen Monats.

ul·tra [ˈʌltrə] **I** adj. **1.** ex'trem, radi'kal, Erz..., Ultra...; **2.** 'übermäßig, über'trieben; ultra..., super...; **II** s. **3.** Ex'tre'mist m, Ultra m; **~'high fre·quen·cy** ✝ **I** s. Ultra'hochfre,quenz f, Ultra'kurzwelle f; **II** adj. Ultrahochfrequenz..., Ultrakurzwellen...

ul·tra·ism [ˈʌltraɪzəm] s. Extre'mismus m.

ul·tra·ma·rine [ˌʌltrəməˈriːn] **I** adj. **1.** 'überseeisch; **2.** 🦐, paint. ultrama'rin: ~ blue → **II** s. **3.** Ultrama'rin(blau) n; **~'mod·ern** adj. 'ultra-, 'hypermo,dern; **~'mon·tane** [-'mɒnteɪn] **I** adj. **1.** jenseits der Berge (gelegen); **2.** südlich der Alpen (gelegen), itali'enisch; **3.** pol., eccl. ultramon'tan, streng päpstlich; **II** s. **4.** → **~'mon·ta·nist** [-'mɒntənɪst] s. Ultramon'tane(r m) f; **~'na·tion·al** adj. 'ultranatio,nal; **~'short wave** ☞ **I** s. Ultra'kurzwelle f; **~'son·ic** phys. **I** adj. Ultra-, Überschall...; **II** s. pl. sg. konstr. (Lehre f vom) Ultraschall m; **~'vi·o·let** adj. phys. ultravio,lett.

ul·tra vi·res [ˌʌltrəˈvaɪəriːz] (Lat.) adv. u. pred. adj. ⚖ über j-s Macht od. Befugnisse (hin'ausgehend).

ul·u·late [ˈjuːljʊleɪt] v/i. heulen; **ul·u·la·tion** [ˌjuːljʊˈleɪʃn] s. Heulen n, (Weh-) Klagen n.

um·bel [ˈʌmbəl] s. ♀ Dolde f; **'um·bel·late** [-leɪt] adj. doldenblütig, Dolden...; **um·bel·li·fer** [ʌmˈbelɪfə] s. Doldengewächs n; **um·bel·lif·er·ous** [ˌʌmbeˈlɪfərəs] adj. doldenblütig, -tragend.

um·ber [ˈʌmbə] s. **1.** min. Umber(erde f) m, Umbra f; **2.** paint. Erd-, Dunkelbraun n.

um·bil·i·cal [ˌʌmbɪˈlaɪkl] adj. anat. Nabel...: ~ (cord) Nabelschnur f; **um·bil·i·cus** [ʌmˈbɪlɪkəs] pl. **-cus·es** s. **1.** anat. Nabel m; **2.** (nabelförmige) Delle; **3.** ♀ (Samen)Nabel m; **4.** ♣ Nabelpunkt m.

um·bra [ˈʌmbrə] pl. **-brae** [-briː], **-bras** s. ast. a) Kernschatten m, b) Umbra f (dunkler Kern e-s Sonnenflecks).

um·brage [ˈʌmbrɪdʒ] s. **1.** Anstoß m, Ärgernis n: give ~ Anstoß erregen (**to** bei); **take ~ at** Anstoß nehmen an (dat.); **2.** poet. Schatten m von Bäumen; **um·bra·geous** [ʌmˈbreɪdʒəs] adj.

□ **1.** schattig, schattenspendend, -reich; **2.** fig. empfindlich, übelnehmerisch.

um·brel·la [ʌmˈbrelə] s. **1.** (bsd. Regen-) Schirm m: ~ stand Schirmständer m; get (od. put) under one ~ fig. ,unter 'einen Hut bringen'; **2.** ✈, ✕ a) Jagdschutz m, Abschirmung f, b) a. ~ barrage Feuervorhang m, -glocke f; **3.** fig. a) Schutz m, b) Rahmen m, c) Dach...: ~ organization.

um·laut [ˈʊmlaʊt] ling. **I** s. 'Umlaut(zeichen n) m; **II** v/t. 'umlauten.

um·pire [ˈʌmpaɪə] **I** s. **1.** sport etc. Schiedsrichter m, 'Unpar,teiische(r m) f; **2.** ⚖ Obmann m e-s Schiedsgerichts; **II** v/t. **3.** als Schiedsrichter fungieren bei, sport a. das Spiel leiten.

ump·teen [ˌʌmpˈtiːn] adj. F ,zig' (viele): ~ times x-mal; **ump'teenth** [-nθ], **'ump·ti·eth** [-tɪθ] adj. F ,zigst', der (die, das) 'soundso'vielte: for the ~ time zum x-ten Mal.

'un [ən] pron. F für one.

un- [ʌn] in Zssgn **1.** Un..., un..., nicht...; **2.** ent..., los..., auf..., ver... (bei Verben).

un·a·bashed adj. **1.** unverfroren; **2.** unerschrocken.

un·a·bat·ed [ˌʌnəˈbeɪtɪd] adj. unvermindert; **un·a·bat·ing** [-tɪŋ] adj. unablässig, anhaltend.

un·ab'bre·vi·at·ed adj. ungekürzt.

un'a·ble adj. **1.** unfähig, außer'stande (to do zu tun): be ~ to work nicht arbeiten können, arbeitsunfähig sein; ~ to pay zahlungsunfähig, insolvent; **2.** untauglich, ungeeignet (for für).

un·a'bridged adj. ungekürzt.

un·ac'cent·ed adj. unbetont.

un·ac'cept·a·ble adj. **1.** unannehmbar (to für); **2.** untragbar, unerwünscht (to für).

un·ac'com·mo·dat·ing adj. **1.** ungefällig, **2.** unnachgiebig.

un·ac'com·pa·nied adj. unbegleitet, ohne Begleitung (a. ♪).

un·ac'com·plished adj. **1.** 'unvoll,endet, unfertig; **2.** fig. ungebildet.

un·ac'count·a·ble adj. □ **1.** nicht verantwortlich; **2.** unerklärlich, seltsam; **un·ac'count·a·bly** adv. unerklärlicherweise.

un·ac'count·ed-for adj. **1.** unerklärt (geblieben); **2.** nicht belegt.

un·ac'cus·tomed adj. **1.** ungewohnt; **2.** nicht gewöhnt (to an acc.).

un·a·chiev·a·ble [ˌʌnəˈtʃiːvəbl] adj. **1.** unausführbar; **2.** unerreichbar; **un·a'chieved** [-vd] adj. unerreicht, 'unvoll,endet.

un·ac'knowl·edged adj. **1.** nicht anerkannt; **2.** uneingestanden; **3.** unbestätigt (*Brief etc.*).

‚un·ac'quaint·ed adj. (*with*) unerfahren (in *dat.*), nicht vertraut (mit), unkundig (*gen.*): *be ~ with et.* nicht kennen.

‚un'act·a·ble adj. *thea.* nicht bühnengerecht, unaufführbar.

‚un·a'dapt·a·ble adj. **1.** nicht anpassungsfähig (*to* an *acc.*); **2.** nicht anwendbar (*to* auf *acc.*); **3.** ungeeignet (*for*, *to* für, zu); **‚un·a'dapt·ed** adj. **1.** nicht angepaßt (*to dat. od.* an *acc.*); **2.** ungeeignet, nicht eingerichtet (*to* für).

‚un·ad'dressed adj. ohne Anschrift.

‚un·a'dorned adj. schmucklos.

‚un·a'dul·ter·at·ed adj. rein, unverfälscht, echt.

‚un·ad'ven·tur·ous adj. **1.** ohne Unter'nehmungsgeist; **2.** ereignislos (*Reise*).

‚un·ad‚vis·a'bil·i·ty s. Unratsamkeit *f*; **‚un·ad'vis·a·ble** adj. **1.** unratsam, nicht ratsam *od.* empfehlenswert; **‚un·ad'vised** adj. ☐ **1.** unberaten; **2.** unbesonnen, 'unüber‚legt.

‚un·af'fect·ed adj. ☐ **1.** ungekünstelt, nicht affektiert (*Stil*, *Auftreten etc.*); **2.** echt, aufrichtig; **3.** unberührt, ungerührt, unbeeinflußt (*by* von); **‚un·af'fect·ed·ness** [-nıs] s. Na'türlichkeit *f*; Aufrichtigkeit *f*.

‚un·a'fraid adj. furchtlos: *be ~ of* keine Angst haben vor (*dat.*).

‚un'aid·ed adj. ohne Unter'stützung, ohne Hilfe (*by* von); (ganz) al'lein; **2.** unbewaffnet, bloß (*Auge*).

‚un·al·ien·a·ble adj. ☐ unveräußerlich (*a. fig. Recht*).

‚un·al'loyed adj. **1.** ⚒ unvermischt, unlegiert; **2.** *fig.* ungetrübt, rein: *~ happiness.*

‚un'al·ter·a·ble adj. ☐ unveränderlich, unabänderlich; **‚un'al·tered** adj. unverändert.

‚un·a'mazed adj. nicht verwundert: *be ~ at* sich nicht wundern über (*acc.*).

un·am·big·u·ous [‚ʌnæm'bɪgjʊəs] adj. ☐ unzweideutig, **‚un·am'big·u·ous·ness** [-nıs] s. Eindeutigkeit *f*.

‚un·am'bi·tious adj. ☐ **1.** nicht ehrgeizig, ohne Ehrgeiz; **2.** anspruchslos, schlicht (*Sache*).

‚un·a'me·na·ble adj. **1.** unzugänglich (*to dat. od.* für); **2.** nicht verantwortlich (*to* gegenüber).

‚un·a'mend·ed adj. unverbessert, unabgeändert; nicht ergänzt.

‚un·A'mer·i·can adj. **1.** 'unameri‚kanisch; **2.** *~ activities* pol. Am. staatsfeindliche Umtriebe.

‚un·a'mi·a·ble adj. ☐ unliebenswürdig, unfreundlich.

‚un·a'mus·ing adj. ☐ nicht unter'haltsam, langweilig, unergötzlich.

u·na·nim·i·ty [ju:nə'nımətı] s. **1.** Einstimmigkeit *f*; **2.** Einmütigkeit *f*; **u·nan·i·mous** [ju:'nænıməs] adj. ☐ **1.** einmütig, einig; **2.** einstimmig (*Beschluß etc.*).

‚un·an'nounced adj. unangemeldet, unangekündigt.

‚un'an·swer·a·ble adj. ☐ **1.** nicht zu beantworten(d); unlösbar (*Rätsel*); **2.** 'unwider‚legbar; **3.** nicht verantwortlich *od.* haftbar; **‚un'an·swered** adj. **1.** unbeantwortet; **2.** 'unwider‚legt.

un·ap'peal·a·ble [‚ʌnə'pi:ləbl] adj. ⚖ nicht berufungs- *od.* rechtsmittelfähig,

unanfechtbar.

un·ap'peas·a·ble [‚ʌnə'pi:zəbl] adj. **1.** nicht zu besänftigen(d), unversöhnlich; **2.** nicht zu'friedenzustellen(d), unersättlich.

‚un'ap·pe·tiz·ing adj. ☐ 'unappe‚titlich, *fig. a.* wenig reizvoll.

‚un·ap'plied adj. nicht angewandt *od.* gebraucht: *~ funds* totes Kapital.

‚un·ap'pre·ci·at·ed adj. nicht gebührend gewürdigt *od.* geschätzt, unbeachtet.

‚un·ap'proach·a·ble adj. ☐ unnahbar.

‚un·ap'pro·pri·at·ed adj. **1.** herrenlos; **2.** nicht verwendet *od.* gebraucht; **3.** ✝ nicht zugeteilt, keiner bestimmten Verwendung zugeführt.

‚un·ap'proved adj. ungebilligt, nicht genehmigt.

‚un'apt adj. ☐ **1.** ungeeignet, untauglich (*for* für, zu); **2.** unangebracht, unpassend; **3.** nicht geeignet (*to do* zu tun); **4.** ungeschickt (*at* bei, in *dat.*).

‚un'ar·gued adj. **1.** unbesprochen; **2.** unbestritten.

‚un'armed adj. **1.** unbewaffnet; **2.** unscharf (*Munition*).

‚un'ar·mo(u)red adj. **1.** *bsd.* ✕, ⚓ ungepanzert; **2.** ⚙ nicht bewehrt.

‚un·as·cer'tain·a·ble adj. nicht feststellbar; **‚un·as·cer'tained** adj. nicht (sicher) festgestellt.

‚un·a'shamed adj. ☐ **1.** nicht beschämt; **2.** schamlos.

‚un'asked adj. **1.** ungefragt; **2.** ungebeten, unaufgefordert; **3.** uneingeladen.

‚un·as'pir·ing adj. ☐ ohne Ehrgeiz, anspruchslos, bescheiden.

‚un·as'sail·a·ble adj. **1.** unangreifbar (*a. fig.*); **2.** *fig.* unanfechtbar.

‚un·as'sign·a·ble adj. ⚖ nicht über'tragbar.

‚un·as'sist·ed adj. ☐ ohne Hilfe *od.* Unter'stützung (*by* von), (ganz) al'lein.

‚un·as'sum·ing adj. ☐ anspruchslos, bescheiden.

‚un·at'tached adj. **1.** nicht befestigt (*to* an *dat.*); **2.** nicht gebunden, unabhängig; **3.** ungebunden, frei, ledig; **4.** *ped.*, *univ.* ex'tern, keinem College angehörend (*Student*); **5.** ✕ zur Dispositi'on stehend; **6.** ⚖ nicht mit Beschlag belegt.

‚un·at'tain·a·ble adj. ☐ unerreichbar.

‚un·at'tempt·ed adj. unversucht.

‚un·at'tend·ed adj. **1.** unbegleitet; **2.** *mst ~ to* a) unbeaufsichtigt, b) vernachlässigt.

‚un·at'test·ed adj. **1.** unbezeugt, unbestätigt; **2.** *Brit.* (behördlich) nicht über'prüft.

‚un·at'trac·tive adj. ☐ wenig anziehend, reizlos, 'unattrak‚tiv.

‚un·au'thor·ized adj. **1.** nicht bevollmächtigt, unbefugt: *~ person* Unbefugte(r *m*) *f*; **2.** unerlaubt; unberechtigt (*Nachdruck etc.*).

un·a'vail·a·ble [‚ʌnə'veıləbl] adj. ☐ **1.** nicht verfügbar *od.* vor'handen; **2.** → **‚un·a'vail·ing** [-lıŋ] adj. ☐ frucht-, nutzlos, vergeblich.

un·a'void·a·ble [‚ʌnə'vɔıdəbl] adj. ☐ **1.** unvermeidlich, unvermeidbar: *~ cost* notwendige Kosten; **2.** ⚖ unanfechtbar.

un·a'ware [‚ʌnə'weə] adj. **1.** (*of*) nicht gewahr (*gen.*), in Unkenntnis (*gen.*):

be ~ of sich e-r Sache nicht bewußt sein, *et.* nicht wissen *od.* bemerken; **2.** nichtsahnend: *he was ~ that* er ahnte nicht, daß; **‚un·a'wares** [-eəz] adv. **1.** versehentlich, unabsichtlich; **2.** unversehens, unerwartet, unvermutet: *catch* (*od. take*) *s.o. ~* j-n überraschen; *at ~* unverhofft, überraschend.

‚un'backed adj. **1.** ohne Rückhalt *od.* Unter'stützung; **2.** *~ horse* Pferd, auf das nicht gesetzt wurde; **3.** ✝ ungedeckt, nicht indossiert.

‚un'baked adj. **1.** ungebacken; **2.** *fig.* unreif.

‚un'bal·ance I v/t. **1.** aus dem Gleichgewicht bringen (*a. fig.*); **2.** *fig. Geist* verwirren; **II** s. **3.** gestörtes Gleichgewicht, *fig. a.* Unausgeglichenheit *f*; **4.** ⚡, ⚙ Unwucht *f*; **‚un'bal·anced** adj. **1.** aus dem Gleichgewicht gebracht, nicht im Gleichgewicht (befindlich); **2.** *fig.* unausgeglichen (*a.* ✝); **3.** *psych.* la'bil, ‚gestört'.

‚un·bap'tized adj. ungetauft.

‚un'bar v/t. aufriegeln.

‚un'bear·a·ble adj. ☐ unerträglich.

‚un'beat·en adj. **1.** ungeschlagen, unbesiegt; **2.** *fig.* 'unüber‚troffen; **3.** unerforscht: *~ region.*

‚un·be'com·ing adj. ☐ **1.** unkleidsam: *this hat is ~ to him* dieser Hut steht ihm nicht; **2.** *fig.* unpassend, unschicklich, ungeziemend (*of*, *to*, *for* für *j-n*).

‚un·be'fit·ting → **unbecoming** 2.

‚un·be'friend·ed adj. ohne Freund(e).

‚un·be'known(st F) [‚ʌnbı'nəʊn(st)] adj. *u. adv.* **1.** (*to*) ohne *j-s* Wissen; **2.** unbekannt(erweise).

‚un·be'lief s. Unglaube *m*, Ungläubigkeit *f*; **‚un·be'liev·a·ble** adj. ☐ unglaublich; **‚un·be'liev·er** s. *eccl.* Ungläubige(r *m*) *f*, Glaubenslose(r *m*) *f*; **‚un·be'liev·ing** adj. ☐ ungläubig.

‚un'bend [*irr.* → **bend**] **I** v/t. **1.** *Bogen etc.*, *a. fig. Geist* entspannen; **2.** ⚙ geradebiegen, glätten; **3.** ⚓ a) *Tau etc.* losmachen, b) *Segel* abschlagen; **II** v/i. **4.** sich entspannen, sich lösen; **5.** *fig.* auftauen, freundlich(er) werden, s-e Förmlichkeit ablegen; **‚un'bend·ing** [-dıŋ] adj. ☐ **1.** unbiegsam; **2.** *fig.* unbeugsam, entschlossen; **3.** *fig.* reserviert, steif.

‚un·be·seem·ing [‚ʌnbı'si:mıŋ] → **unbecoming** 2.

‚un'bi·as(s)ed adj. ☐ unvoreingenommen, *a.* ⚖ unbefangen.

‚un'bid(·den) adj. ungeheißen, unaufgefordert; ungebeten (*a. Gast*).

‚un'bind v/t. [*irr.* → **bind**] **1.** *Gefangenen etc.* losbinden, befreien; **2.** *Haar*, *Knoten etc.* lösen.

‚un'bleached adj. ungebleicht.

‚un'blem·ished adj. *bsd. fig.* unbefleckt, makellos.

‚un'blink·ing adj. ☐ **1.** ungerührt; **2.** unerschrocken.

‚un'blush·ing adj. ☐ *fig.* schamlos.

‚un'bolt v/t. aufriegeln, öffnen.

‚un'born adj. **1.** (noch) ungeboren; **2.** *fig.* (zu)künftig, kommend.

‚un'bos·om v/t. *Gedanken*, *Gefühle etc.* enthüllen, offen'baren (*to dat.*): *~ o.s.* (*to s.o.*) sich (j-m) offenbaren, (j-m) sein Herz ausschütten.

‚un'bound adj. ungebunden: a) broschiert (*Buch*), b) *fig.* frei.

,un'bound·ed *adj.* □ **1.** unbegrenzt; **2.** *fig.* grenzen-, schrankenlos.

,un'brace *v/t.* **1.** *Gurte etc.* lösen, losschnallen; **2.** entspannen (*a. fig.*): ~ *o.s.* sich entspannen.

,un'break·a·ble *adj.* unzerbrechlich.

,un'brib·a·ble *adj.* unbestechlich.

,un'bri·dled *adj.* **1.** ab-, ungezäumt; **2.** *fig.* ungezügelt, zügellos.

,un'bro·ken *adj.* □ **1.** ungebrochen (*a. fig. Eid etc.*), unzerbrochen, ganz, heil; **2.** 'ununter,brochen, ungestört; **3.** nicht zugeritten (*Pferd*); **4.** unbeeinträchtigt; **5.** ✓ ungepflügt; **6.** ungebrochen: ~ *record*.

,un'broth·er·ly *adj.* unbrüderlich.

,un'buck·le *v/t.* auf-, losschnallen.

,un'built *adj.* **1.** (noch) nicht gebaut; **2.** *a.* ~-*on* unbebaut (*Gelände*).

,un'bur·den *v/t.* **1.** *bsd. fig.* entlasten, von e-r Last befreien, *Gewissen etc.* erleichtern: ~ *o.s.* (**to** *s.o.*) (j-m) sein Herz ausschütten; **2.** a) *Geheimnis etc.* loswerden, b) *Sünden* bekennen, beichten: ~ *one's troubles to s.o.* s-e Sorgen bei j-m abladen.

,un'bur·ied *adj.* unbegraben.

,un'burnt *adj.* **1.** unverbrannt; **2.** ⊘ ungebrannt (*Ziegel etc.*).

,un'bur·y *v/t.* ausgraben (*a. fig.*).

,un'busi·ness·like *adj.* unkaufmännisch, nicht geschäftsmäßig.

,un'but·ton *v/t.* aufknöpfen; ,un'but·toned *adj.* aufgeknöpft, *fig. a.* gelöst, zwanglos.

,un'called *adj.* **1.** unaufgefordert; **2.** ✝ nicht aufgerufen; ,un'called-for *adj.* **1.** ungerufen, unerwünscht; unverlangt (*Sache*); **2.** unangebracht, unpassend: ~ *remarks*.

un'can·ny *adj.* □ unheimlich (*a. fig.*).

,un'cared-for *adj.* **1.** unbeachtet; **2.** vernachlässigt; ungepflegt.

,un'case *v/t.* auspacken.

un·ceas·ing [ʌn'siːsɪŋ] *adj.* □ unaufhörlich.

'un,cer·e'mo·ni·ous *adj.* □ **1.** ungezwungen, zwanglos; **2.** a) unsanft, grob, b) unhöflich.

un'cer·tain *adj.* □ **1.** unsicher, ungewiß, unbestimmt; **2.** nicht sicher: *be* ~ *of s.th.* e-r Sache nicht sicher *od.* gewiß sein; **3.** zweifelhaft, undeutlich, vage: *an* ~ *answer*, **4.** unzuverlässig: *an* ~ *friend*; **5.** unstet, unbeständig, veränderlich, launenhaft: ~ *temper*, ~ *weather*; **6.** unsicher, verunsichert; un'cer·tain·ty [-tɪ] *s.* **1.** Unsicherheit *f*, Ungewißheit *f*; **2.** Zweifelhaftigkeit *f*; **3.** Unzuverlässigkeit *f*; **4.** Unbeständigkeit *f*.

,un'cer·ti·fied *adj.* nicht bescheinigt, unbeglaubigt.

,un'chain *v/t.* **1.** losketten; **2.** befreien (*a. fig.*).

,un'chal·lenge·a·ble *adj.* □ unanfechtbar, unbestreitbar; ,un'chal·lenged *adj.* unbestritten, 'unwider,sprochen, unangefochten.

un·change·a·ble [ʌn'tʃeɪndʒəbl] *adj.* □ unveränderlich, unwandelbar; un·changed [ʌn'tʃeɪndʒd] *adj.* unverändert; ,un'chang·ing [-dʒɪŋ] *adj.* □ unveränderlich.

,un'charged *adj.* **1.** nicht beladen; **2.** ⚖ nicht angeklagt; **3.** ⚡ nicht (auf)geladen; **4.** ungeladen (*Schußwaffe*); **5.** ✝

a) unbelastet (*Konto*), b) unberechnet.

,un'char·i·ta·ble *adj.* □ lieblos, hartherzig, unfreundlich.

,un'chart·ed *adj.* auf keiner (Land)Karte verzeichnet, unbekannt, unerforscht (*a. fig.*).

,un'chaste *adj.* □ unkeusch; ,un'chas·ti·ty *s.* Unkeuschheit *f*.

,un'checked *adj.* **1.** ungehindert, ungehemmt; **2.** unkontrolliert, ungeprüft.

,un'chiv·al·rous *adj.* unritterlich, 'unga,lant.

,un'chris·tened *adj.* ungetauft.

,un'chris·tian *adj.* □ unchristlich.

un-ci·al ['ʌnsɪəl] I *adj.* **1.** Unzial...; II *s.* **2.** Unzi'ale *f* (*abgerundeter Großbuchstabe*); **3.** Unzi'alschrift *f*.

un-ci·form ['ʌnsɪfɔːm] I *adj.* hakenförmig; II *s. anat.* Hakenbein *n*.

,un'cir·cum·cised *adj.* unbeschnitten; 'un,cir·cum'ci·sion *s. bibl. die* Unbeschnittenen *pl.*, *die* Heiden *pl.*

,un'civ·il *adj.* □ **1.** unhöflich, grob; **2.** *obs.* → ,un'civ·i·lized *adj.* unzivilisiert.

,un'claimed *adj.* **1.** nicht beansprucht, nicht geltend gemacht; **2.** nicht abgeholt *od.* abgehoben.

,un'clasp *v/t.* **1.** lösen, auf-, loshaken, -schnallen; öffnen; **2.** loslassen.

,un'clas·si·fied *adj.* **1.** nicht klassifiziert: ~ *road* Landstraße *f*; **2.** ✗ offen, nicht geheim.

un·cle ['ʌŋkl] *s.* **1.** Onkel *m*: *cry* ~ *Am.* F aufgeben; **2.** *sl.* Pfandleiher *m*.

,un'clean *adj.* □ unrein (*a. fig.*).

,un'clean·li·ness *s.* **1.** Unreinlichkeit *f*, Unsauberkeit *f*; **2.** *fig.* Unreinheit *f*; ,un'clean·ly *adj.* unreinlich; **2.** unrein, unkeusch.

,un'clench I *v/t.* **1.** *Faust* öffnen; **2.** *Griff* lockern; II *v/i.* **3.** sich öffnen *od.* lockern.

,un'cloak *v/t.* **1.** j-m den Mantel abnehmen; **2.** *fig.* enthüllen, -larven.

un·close [ʌn'kləʊz] I *v/t.* **1.** öffnen; **2.** *fig.* enthüllen; II *v/i.* **3.** sich öffnen.

,un'clothe *v/t.* entkleiden, -blößen, -hüllen (*a. fig.*); ,un'clothed *adj.* unbekleidet.

,un'cloud·ed *adj.* **1.** unbewölkt, wolkenlos; **2.** *fig.* ungetrübt.

un·co ['ʌŋkəʊ] *Scot. od. dial.* I *adj.* ungewöhnlich, seltsam; II *adv.* äußerst, höchst: *the* ~ *guid* die ach so guten Menschen.

,un'cock *v/t. Gewehr(huhn) etc.* entspannen.

,un'coil *v/t.* (*v/i.* sich) abwickeln *od.* abspulen *od.* aufrollen.

,un'col·lect·ed *adj.* **1.** nicht (ein)gesammelt; **2.** ✝ (noch) nicht erhoben (*Gebühren*); **3.** *fig.* nicht gefaßt *od.* gesammelt.

,un'col·o(u)red *adj.* **1.** ungefärbt; **2.** *fig.* ungeschminkt, objek'tiv.

un-come-at-a-ble [,ʌnkʌm'ætəbl] *adj.* F unerreichbar; unzugänglich: *it's* ~ ,da ist nicht ranzukommen'.

,un'come·ly *adj.* **1.** unschön, reizlos; **2.** *obs.* unschicklich.

un'com·fort·a·ble *adj.* □ **1.** unangenehm, beunruhigend; **2.** unbehaglich, ungemütlich (*beide a. fig. Gefühl etc.*), unbequem: ~ *silence* peinliche Stille; **3.** *fig.* unangenehm berührt.

,un·com'mit·ted *adj.* **1.** nicht begangen (*Verbrechen etc.*); **2.** (**to**) nicht ver-

pflichtet (zu), nicht gebunden (an *acc.*); **3.** ⚖ nicht inhaftiert *od.* eingewiesen; **4.** *parl.* nicht an e-n Ausschuß *etc.* verwiesen; **5.** *pol.* neu'tral, blockfrei; **6.** nicht zweckgebunden: ~ *funds.*

un·com·mon I *adj.* □ ungewöhnlich: a) selten, b) außergewöhnlich, -ordentlich; II *adv. obs.* äußerst, ungewöhnlich; un'com·mon·ness *s.* Ungewöhnlichkeit *f*.

,un·com'mu·ni·ca·ble *adj.* **1.** nicht mitteilbar; **2.** ⚕ nicht ansteckend; ,un·com'mu·ni·ca·tive *adj.* □ nicht *od.* wenig mitteilsam, verschlossen.

,un·com'pan·ion·a·ble *adj.* ungesellig, nicht 'umgänglich.

un·com·plain·ing [,ʌnkəm'pleɪnɪŋ] *adj.* □ klaglos, ohne Murren, geduldig; ,un·com'plain·ing·ness [-nɪs] *s.* Klaglosigkeit *f*.

,un·com'plai·sant *adj.* □ ungefällig.

,un·com'plet·ed *adj.* 'unvoll,endet.

,un·com'pli·cat·ed *adj.* unkompliziert, einfach.

'un,com·pli'men·ta·ry *adj.* **1.** nicht *od.* wenig schmeichelhaft; **2.** unhöflich.

un·com·pro·mis·ing [ʌn'kɒmprəmaɪzɪŋ] *adj.* □ **1.** kompro'mißlos; **2.** unbeugsam, unnachgiebig; **3.** *fig.* entschieden, eindeutig.

,un·con'cealed *adj.* unverhohlen.

un·con·cern [,ʌnkən'sɜːn] *s.* **1.** Sorglosigkeit *f*, Unbekümmertheit *f*; **2.** Gleichgültigkeit *f*; ,un·con'cerned [-nd] *adj.* □ **1.** (*in*) unbeteiligt (an *dat.*), nicht verwickelt (in *acc.*); **2.** uninteressiert (*with* an *dat.*), gleichgültig; **3.** unbesorgt, unbekümmert (*about* um, wegen): *be* ~ *about* sich über et. keine Gedanken *od.* Sorgen machen; ,un·con'cern·ed·ness [-nɪdnɪs] → *unconcern.*

,un·con'di·tion·al *adj.* □ **1.** unbedingt, bedingungslos: ~ *surrender* bedingungslose Kapitulation; **2.** uneingeschränkt, vorbehaltlos.

,un·con'di·tioned *adj.* **1.** → *unconditional*; **2.** unbedingt: a) *phls.* abso'lut, b) *psych.* angeboren: ~ *reflex.*

,un·con'fined *adj.* □ unbegrenzt, unbeschränkt.

,un·con'firmed *adj.* **1.** unbestätigt, nicht erhärtet, unverbürgt; **2.** *eccl.* a) nicht konfirmiert (*Protestanten*), b) nicht gefirmt (*Katholiken*).

,un·con'gen·ial *adj.* □ **1.** ungleichartig, nicht kongeni'al; **2.** nicht zusagend, unangenehm, 'unsym,pathisch (*to dat.*); **3.** unfreundlich.

,un·con'nect·ed *adj.* **1.** unverbunden, getrennt; **2.** 'unzu,sammenhängend; **3.** ungebunden, ohne Anhang; **4.** nicht verwandt.

un·con·quer·a·ble [,ʌn'kɒŋkərəbl] *adj.* □ 'unüber,windlich (*a. fig.*), unbesiegbar; ,un·con·quered [-kəd] unbesiegt, nicht erobert.

'un,con·sci'en·tious *adj.* □ nicht gewissenhaft, nachlässig.

un·con·scion·a·ble [ʌn'kɒnʃnəbl] *adj.* □ **1.** gewissen-, skrupellos; **2.** unvernünftig, nicht zumutbar; **3.** ,unverschämt', unglaublich, e'norm.

un'con·scious I *adj.* □ **1.** unbewußt: *be* ~ *of* nichts ahnen von, sich e-r Sache nicht bewußt sein; **2.** ⚕ bewußtlos, ohnmächtig; **3.** unbewußt, unwillkürlich; unfreiwillig (*a. Humor*); **4.** unabsichtlich; **5.** *psych.* unbewußt; **II** *s.* **6.** the ~ *psych.* das Unbewußte; **un·'con·scious·ness** *s.* **1.** Unbewußtheit *f*; **2.** ✹ Bewußtlosigkeit *f*.

ˌun'con·se·crat·ed *adj.* ungeweiht.

ˌun·con'sid·ered *adj.* **1.** unberücksichtigt; **2.** unbedacht, 'unüberˌlegt.

ˌun·conˌsti'tu·tion·al *adj.* □ *pol.* verfassungswidrig.

ˌun·con'strained *adj.* □ zwanglos, ungezwungen; **ˌun·con'straint** *s.* Ungezwungenheit *f*, Zwanglosigkeit *f*.

ˌun·con'test·ed *adj.* unbestritten, unangefochten; ~ **election** *pol.* Wahl *f* ohne Gegenkandidaten.

'unˌcon·tra'dict·ed *adj.* 'unwiderˌsprochen, unbestritten.

ˌun·con'trol·la·ble *adj.* □ **1.** unkontrollierbar; **2.** unbändig, unbeherrscht: **an ~ temper**; **ˌun·con'trolled** *adj.* □ **1.** nicht kontrolliert, unbeaufsichtigt; **2.** unbeherrscht, zügellos.

ˌun·con'ven·tion·al *adj.* □ 'unkonventioˌnell: a) unüblich, b) zwanglos, formˌlos, zwanglos; **'un·conˌven·tion'al·i·ty** *s.* Zwanglosigkeit *f*, Ungezwungenheit *f*.

ˌun·con'vert·ed *adj.* **1.** unverwandelt; **2.** *eccl.* unbekehrt (*a. fig. nicht überzeugt*); **3.** ✝ nicht konvertiert; **ˌun·con'vert·i·ble** *adj.* **1.** nicht verwandelbar; **2.** nicht vertauschbar; **3.** ✝ nicht konvertierbar.

ˌun·con'vinced *adj.* nicht über'zeugt; **ˌun·con'vinc·ing** *adj.* nicht über'zeugend.

ˌun'cooked *adj.* ungekocht, roh.

ˌun'cord *v/t.* auf-, losbinden.

ˌun'cork *v/t.* **1.** entkorken; **2.** *fig.* F *Gefühlen etc.* Luft machen; **3.** *Am.* F *et.* ˌvom Stapel lassen'.

ˌun·cor'rob·o·rat·ed *adj.* unbestätigt, nicht erhärtet.

un·count·a·ble [ˌʌn'kauntəbl] *adj.* **1.** unzählbar; **2.** zahllos; **ˌun'count·ed** [-tɪd] *adj.* **1.** ungezählt; **2.** unzählig.

ˌun'couple *v/t.* **1.** *Hunde etc.* aus der Koppel (los)lassen; loslösen, trennen; **3.** ⚙ aus-, loskuppeln.

un·couth [ʌn'kuːθ] *adj.* □ **1.** ungeschlacht, unbeholfen, plump; **2.** grob, ungehobelt; **3.** *poet.* öde, wild (*Gegend*); **4.** *obs.* wunderlich.

ˌun·cov·e·nant·ed *adj.* **1.** nicht vertraglich festgelegt; **2.** nicht vertraglich gebunden.

un'cov·er I *v/t.* **1.** aufdecken, freilegen; *Körperteil, a. Kopf* entblößen: ~ **o.s.** → 5; **2.** *fig.* aufdecken, enthüllen; **3.** ✗ ohne Deckung lassen; **4.** *Boxen etc.*: ungedeckt lassen; **II** *v/i.* **5.** den Hut abnehmen; **un'cov·ered** *adj.* **1.** unbedeckt (*a. barhäuptig*); **2.** unbekleidet, nackt; **3.** ✗, *sport etc.* ungedeckt, ungeschützt; **4.** ✝ ungedeckt (*Wechsel etc.*).

ˌun'crit·i·cal *adj.* □ unkritisch, kri'tiklos (*of* gegenüber).

ˌun'cross *v/t.* gekreuzte Arme *od. Beine* geradelegen; **ˌun'crossed** *adj.* nicht gekreuzt: ~ **cheque** (*Am.* **check**) ✝ Barscheck *m*.

unc·tion ['ʌŋkʃn] *s.* **1.** Salbung *f*, Einreibung *f*; **2.** ✹ Salbe *f*; **3.** *eccl.* a) (heiliges) Öl, b) Salbung *f* (*Weihe*), c) *a.* **extreme** ~ Letzte Ölung; **4.** *fig.* Bal-

sam *m* (*Linderung, Trost*) (*to* für); **5.** *fig.* Inbrunst *f*, Pathos *n*; **6.** *fig.* Salbung *f*, unechtes Pathos: **with** ~ a) salbungsvoll, b) mit Genuß; **'unc·tu·ous** [-ktjʊəs] *adj.* □ **1.** ölig, fettig: ~ **soil** fetter Boden; **2.** *fig.* salbungsvoll, ölig.

ˌun'cul·ti·vat·ed *adj.* **1.** ✍ unbebaut, unkultiviert; **2.** *fig.* brachliegend (*Talent etc.*); **3.** *fig.* ungebildet, unkultiviert.

ˌun'cul·tured *adj.* unkultiviert (*a. fig. ungebildet*).

ˌun'curbed *adj.* **1.** abgezäumt; **2.** *fig.* ungezähmt, zügellos.

ˌun'cured *adj.* **1.** ungeheilt; **2.** ungesalzen, ungepökelt.

ˌun'curl *v/t.* (*v/i.* sich) entkräuseln *od.* glätten.

ˌun·cur'tailed *adj.* ungekürzt, unbeschnitten.

ˌun'cut *adj.* **1.** ungeschnitten; **2.** unzerschnitten; **3.** ✍ ungemäht; **4.** ungeschliffen (*Diamant*); **5.** unbeschnitten (*Buch*); **6.** *fig.* ungekürzt.

ˌun'dam·aged *adj.* unbeschädigt, unversehrt.

ˌun'damped *adj.* **1.** *bsd.* ♪, ♫, *phys.* ungedämpft; **2.** unangefeuchtet; **3.** *fig.* nicht entmutigt.

un·date ['ʌndeɪt] *adj.* wellig, wellenförmig.

un·dat·ed¹ ['ʌndeɪtɪd] → **undate.**

ˌun'dat·ed² *adj.* **1.** undatiert, ohne Datum; **2.** unbefristet.

un·daunt·ed [ʌn'dɔːntɪd] *adj.* □ unerschrocken.

ˌun·de'ceive *v/t.* **1.** *j-m* die Augen öffnen, *j-n* desillusio'nieren; **2.** aufklären (*of* über *acc.*), e-s Besser(e)n belehren; **ˌun·de'ceived** *adj.* **1.** nicht irregeführt; **2.** aufgeklärt, e-s Besser(e)n belehrt.

ˌun·de'cid·ed *adj.* □ **1.** unentschieden, offen: **leave s.th.** ~; **2.** unbestimmt, vage; **3.** unentschlossen; **4.** unbeständig (*Wetter*).

ˌun·de'ci·pher·a·ble *adj.* **1.** nicht zu entziffern(d), nicht entzifferbar; **2.** unerklärlich, nicht enträtselbar.

ˌun·de'clared *adj.* **1.** nicht bekanntgemacht, nicht erklärt: ~ **war** Krieg *m* ohne Kriegserklärung; **2.** ✝ nicht deklariert.

ˌun·de'fend·ed *adj.* **1.** unverteidigt; **2.** ⚖ a) unverteidigt, ohne Verteidiger, b) 'unwiderˌsprochen (*Klage*).

ˌun·de'filed *adj.* unbefleckt, rein (*a. fig.*).

ˌun·de'fin·a·ble *adj.* undefinierbar, unbestimmt.

ˌun·de'fined *adj.* **1.** unbegrenzt; **2.** unbestimmt, vage.

ˌun·de'mand·ing *adj.* anspruchslos (*a. fig.*); **2.** leicht: ~ **task.**

ˌun·de'mon·stra·tive *adj.* zu'rückhaltend, reserviert, unaufdringlich.

ˌun·de'ni·a·ble *adj.* □ unleugbar, unbestreitbar.

'un·deˌnom·i'na·tion·al *adj.* **1.** nicht konfessio'nell gebunden; **2.** *ped.* interkonfessio'nell, Gemeinschafts..., Simultan...; ~ **school.**

un·der ['ʌndə] **I** *prp.* **1.** *allg.* unter (*dat. od. acc.*); **2.** *Lage:* unter (*dat.*), 'unterhalb von (*od. gen.*): **from** ~ ... unter *dem Tisch etc.* hervor; **get out from** ~ *Am. sl.* a) sich herauswinden, b) den Verlust wettmachen; **3.** *Richtung:* unter

(*acc.*); **4.** unter (*dat.*), am Fuße von (*od. gen.*); **5.** *zeitlich:* unter (*dat.*), während: ~ **his rule**; ~ **the Stuarts** unter den Stuarts; ~ **the date of** unter dem Datum vom *1. Januar etc.*; **6.** unter *der Autorität, Führung etc.*: **he fought** ~ **Wellington**; **7.** unter (*dat.*), unter dem Schutz von: ~ **arms** unter Waffen; ~ **darkness** im Schutz der Dunkelheit; **8.** unter (*dat.*), geringer als, weniger als: **persons** ~ **40** (**years of age**) Personen unter 40 (Jahren); **in** ~ **an hour** in weniger als 'einer Stunde; **9.** *fig.* unter (*dat.*): ~ **alcohol** unter Alkohol; ~ **an assumed name** unter e-m angenommenen Namen; ~ **supervision** unter Aufsicht; **10.** gemäß, laut, nach: ~ **the terms of the contract; claims** ~ **a contract** Forderungen aus e-m Vertrag; **11.** *in* (*dat.*): ~ **construction** im Bau; ~ **repair** in Reparatur; ~ **treatment** ✹ in Behandlung; **12.** bei: **he studied physics** ~ **Maxwell**; **13.** mit: ~ **s.o.'s signature** mit j-s Unterschrift, (eigenhändig) unterzeichnet von j-m; ~ **separate cover** mit getrennter Post; **II** *adv.* **14.** dar'unter, unter; → **go** (**keep** *etc.*) **under**; **15.** unten: **as** ~ wie unten (angeführt); **III** *adj.* **16.** unter, Unter...; **17.** unter, nieder, 'untergeordnet, Unter...; **18.** *nur in Zssgn* ungenügend, zu gering: **an ~dose**; **ˌ~'act** [-ər'æ-] *v/t. u. v/i. thea. etc.* unter'spielen, unter'treiben (*a. fig.*); **ˌ~·a'chieve** [-ərə-] *v/i.* weniger leisten *od.* schlechter abschneiden als erwartet; **ˌ~'age** [-ər'eɪ-] *adj.* minderjährig; **ˌ~·a'gent** [-ər‚eɪ-] *s.* 'Untervertreter *m*; **'~·arm** [-əra:m] **I** *adj.* **1.** Unterarm...; **2.** → **underhand** 2; **II** *adv.* **3.** mit e-r 'Unterarmbewegung; **ˌ~'bid** *v/t.* [*irr.* → **bid**] unter'bieten; **ˌ~'bred** *adj.* unfein, ungebildet; **'~·brush** *s.* 'Unterholz *n*, Gestrüpp *n*; **'~·car·riage** *s.* **1.** ⚙ Fahrwerk *n*; **2.** *mot. etc.* Fahrgestell *n*; **3.** ✗ 'Unterlaˌfette *f*; **ˌ~'charge I** *v/t.* **1.** *j-m* zu wenig berechnen; **2.** *et.* zu gering berechnen; **3.** *Batterie etc.* unter'laden; **4.** *Geschütz etc.* zu schwach laden; **II** *s.* **5.** zu geringe Berechnung *od.* Belastung; **6.** ungenügende (Auf)Ladung; **'~·clothes** *s. pl.*, **'~·cloth·ing** *s.* 'Unterkleidung *f*, -wäsche *f*; **'~·coat** *s.* **1.** ⚙, *paint.* Grundierung *f*; **2.** *zo.* Wollhaarkleid *n*; **'~·cov·er** *adj.* **1.** Geheim...: ~ **agent**; ~ **man** (*bsd.* eingeschleuster) Geheimagent, Spitzel *m*; **'~·croft** *s.* △ 'unterirdisches Gewölbe, Krypta *f*; **'~·cur·rent** *s.* 'Unterströmung *f* (*a. fig.*); **ˌ~'cut I** *v/t.* [*irr.* → **cut**] **1.** unter'höhlen; **2.** (*im Preis*) unter'bieten; **3.** *Golf, Tennis etc.:* Ball mit 'Unterschnitt spielen; **II** *s.* '**undercut 4.** Unter'höhlung *f*; **5.** *Golf, Tennis etc.:* unter'schnittener Ball; **6.** *Küche: Brit.* Fi'let *n*, zartes Lendenstück; **ˌ~·de'vel·oped** *adj. phot. u. fig.* 'unterentwickelt: ~ **child**; ~ **country** Entwicklungsland *n*; **'~·dog** *s. fig.* **1.** Verlierer *m*, Unter'legene(r *m*) *f*; **2.** a) *der* (*sozi'al etc.*) Schwächere *od.* Benachteiligte, b) *der* (*zu Unrecht*) Verfolgte; **ˌ~'done** *adj.* nicht gar, nicht 'durchgebraten; **'~·dose** ✹ **I** *s.* **1.** zu geringe Dosis; **II** *v/t.* '**under'dose 2.** *j-m* e-e zu geringe Dosis geben; **3.** *et.* 'unterdosieren; **ˌ~'dress** *v/t.* (*v/i.* sich) zu einfach kleiden; ‚~'es·ti·mate [-ər'estɪmeɪt] I v/t. unter'schätzen; II s. [-mət] a. '‚~es·ti·'ma·tion [-ər‚e-] Unter'schätzung f; 'Unterbewertung f; ‚~ex'pose [-dərɪ-] v/t. phot. 'unterbelichten; ‚~ex'po·sure [-dərɪ-] s. phot. 'Unterbelichtung f; ‚~'fed adj. 'unterernährt; ‚~'feed·ing s. 'Unterernährung f; ‚~'foot adv. 1. unter den Füßen, unten, am Boden zertrampeln etc.; 2. fig. in der Gewalt, unter Kon'trolle; '~·frame s. mot. etc. 'Untergestell n, Rahmen m; '~‚gar·ment s. 'Unterkleid(ung f) n; pl. 'Unterwäsche f; ‚~'go v/t. [irr. → go] 1. e-n Wandel etc. erleben, 'durchmachen; 2. sich e-r Operation etc. unter'ziehen; 3. erdulden; ‚~'grad·u·ate univ. I s. Stu'dent(in); II adj. Studenten...; '~·ground I s. 1. bsd. Brit. 'Untergrundbahn f, U-Bahn f; 2. pol. 'Untergrund(bewegung f) m; 3. Kunst: Underground m; II adj. 4. 'unterirdisch: ~ cable ⊙ Erdkabel n; ~ car park, ~ garage Tiefgarage f; ~ railway (Am. railroad) → 1; ~ water Grundwasser n; 5. ⚒ unter Tag(e): ~ mining Untertag(e)bau m; 6. ⊙ Tiefbau...: ~ engineering Tiefbau m; 7. fig. Untergrund..., Geheim..., verborgen: ~ movement pol. Untergrundbewegung f; 8. Kunst: Underground...: ~ film; III adv. ‚under'ground 9. unter der od. die Erde, 'unterirdisch; 10. fig. im verborgenen, geheim: go ~ a) pol. in den Untergrund gehen, b) untertauchen; '~·growth s. 'Unterholz n, Gestrüpp n; ‚~'hand adj. u. adv. 1. fig. a) heimlich, verstohlen, b) 'hinter‚listig; 2. sport mit der Hand unter Schulterhöhe ausgeführt: ~ service Tennis: Tiefaufschlag m; ‚~'hand·ed adj. □ 1. → underhand 1; 2. ✝ knapp an Arbeitskräften, 'unterbelegt; ‚~in'sure [-ərɪ-] v/t. (v/i. sich) 'unterversichern; ‚~'lay I v/t. [irr. → lay¹] 1. (dar)'unterlegen; 2. et. unter'legen, stützen; 3. typ. Satz zurichten; II v/i. 4. ⚒ sich neigen, einfallen; III s. 'underlay 5. 'Unterlage f; 6. typ. Zurichtebogen m; 7. ⚒ schräges Flöz; '~·lease s. 'Unterverpachtung f, -miete f; ‚~'let v/t. [irr. → let¹] 1. unter Wert verpachten od. vermieten; 2. 'unterverpachten, -vermieten; ‚~'lie v/t. [irr. → lie²] 1. liegen unter (dat.); 2. zu'grunde liegen (dat.); 3. ✝ unter'liegen (dat.), unter'worfen sein (dat.); ‚~'line I v/t. 1. unter'streichen (a. fig. betonen); II s. 'underline 2. Unter'streichung f; 3. thea. (Vor)Ankündigung f am Ende e-s The'aterpla‚kats; 4. 'Bild‚unterschrift f. un·der·ling ['ʌndəlɪŋ] s. contp. Unter'gebene(r m) f, (kleiner) Handlanger, ‚Kuli' m. ‚un·der'ly·ing adj. 1. dar'unterliegend; 2. fig. zu'grundeliegend; 3. ✝ Am. Vorrangs...; ‚~'manned [-'mænd] adj. a) ✝ 'unterbemannt, b) (perso'nell) 'unterbesetzt; ‚~'men·tioned adj. unten erwähnt; ‚~'mine v/t. 1. ⊙ untermi'nieren (a. fig.); 2. unter'spülen, auswaschen; 3. fig. unter'graben, (all'mählich) zu'grunde richten; '~·most I adj. unterst; II adv. zu'unterst. un·der·neath [‚ʌndə'ni:θ] I prp. 1. unter (dat. od. acc.), 'unterhalb (gen.); II adv. 2. unten, dar'unter; 3. auf der 'Unterseite.

‚un·der|'nour·ished adj. 'unterernährt; '~·pants s. pl. 'Unterhose f; '~·pass s. ('Straßen- etc.)Unter‚führung f; ‚~'pay v/t. [irr. → pay] ✝ 'unterbezahlen; ‚~'pin v/t. △ (unter)'stützen, unter'mauern (beide a. fig.); ‚~'pin·ning s. 1. △ Unter'mauerung f, 'Unterbau m (a. fig.); 2. F ‚Fahrgestell' n (Beine); ‚~'play v/t. u. v/i. 1. → underact; 2. ~ one's hand fig. nicht alle Trümpfe ausspielen; '~·plot s. Nebenhandlung f, Epi'sode f (Roman etc.); ‚~'pop·u·lat·ed adj. 'unterbevölkert; ‚~'print v/t. 1. typ. a) gegendrucken, b) zu schwach drucken, 2. phot. 'unterkopieren; ‚~'priv·i·leged adj. ✝, pol. 'unterprivilegiert, schlechtergestellt; ‚~pro'duc·tion s. ✝ 'Unterprodukti‚on f; ‚~'proof adj. ✝ 'unterpro‚zentig (Spirituosen); ‚~'rate v/t. 1. unter'schätzen, 'unterbewerten (a. sport); 2. ✝ zu niedrig veranschlagen; ‚~·re'ac·tion s. zu schwache Reakti'on; '~·seal mot. I s. 'Unterbodenschutz m; II v/t. mit Unterbodenschutz versehen; ‚~'score v/t. unter'streichen (a. fig. betonen); '~·sec·re·tar·y s. pol. 'Staatssekre‚tär m; ‚~'sell v/t. [irr. → sell] ✝ 1. j-n unter'bieten; 2. Ware verschleudern, unter Wert verkaufen; ‚~'sexed adj.: be ~ e-n unterentwickelten Geschlechtstrieb haben; '~·shirt s. 'Unterhemd n; ‚~'shoot v/t. [irr. → shoot]: ~ the runway ✈ vor der Landebahn aufsetzen; '~·shot adj. 1. ⊙ 'unterschlächtig (Wasserrad); 2. mit vorstehendem 'Unterkiefer; ‚~'signed I adj. unter'zeichnet; II s.: the undersigned a) der (die) Unter'zeichnete, b) die Unter'zeichneten pl.; ‚~'size(d) adj. 1. unter Nor'malgröße; 2. winzig; '~·skirt s. 'Unterrock m; ‚~'slung adj. ⊙, mot. Hänge...(-kühler etc.), Unterzug...(-rahmen); unter'baut (Feder etc.); '~·soil s. 'Untergrund m; ‚~'staffed adj. 'unterbesetzt. un·der·stand [‚ʌndə'stænd] [irr. → stand] I v/t. 1. verstehen: a) begreifen, b) hören, c) wörtlich etc. auffassen, d) Verständnis haben für: ~ each other fig. sich od. einander verstehen, a. zu e-r Einigung kommen; give s.o. to ~ j-m zu verstehen geben; make o.s. ~ derstood sich verständlich machen; do I (od. am I to) ~ that ... soll das etwa heißen, daß ...; be it understood wohlverstanden; what do you say ...? was verstehen Sie unter (dat.)?; 2. sich verstehen auf (acc.), wissen (how to inf. wie man et. macht): he ~s horses er versteht sich auf Pferde; she ~s children sie kann mit Kindern umgehen; 3. (als sicher) annehmen, vor'aussetzen: an understood thing e-e ausod. abgemachte Sache; that is understood das versteht sich (von selbst); it is understood that ɪ̃ɪ es gilt als vereinbart, daß ...; 4. erfahren, hören: I ~ ... wie ich höre; I ~ that ich hörte m.s. sagte mir, daß; it is understood es heißt, wie verlautet; 5. (from) entnehmen (dat. od. aus), schließen (aus); 6. bsd. ling. sinngemäß ergänzen, hin'zudenken; II v/i. 7. verstehen: a) begreifen, b) fig. (volles) Verständnis haben; 8. Verstand haben; ~ ..., so I ~ wie ich höre; ‚un·der'stand·a·ble [-dəbl] adj. verständlich; ‚un·der-

'stand·a·bly [-dəblɪ] adv. verständlich(erweise); ‚un·der'stand·ing [-dɪŋ] I s. 1. Verstehen n; 2. Verstand m, Intelli'genz f; 3. Verständnis n (of für); 4. gutes etc. Einvernehmen (between zwischen); 5. Verständigung f, Vereinbarung f, Über'einkunft f, Abmachung f: come to an ~ with s.o. zu e-r Einigung mit j-m kommen; 6. Bedingung f: on the ~ that unter der Bedingung od. Voraussetzung, daß; II adj. □ 7. verständig; 8. verständnisvoll. un·der·state [‚ʌndə'steɪt] v/t. 1. zu gering angeben; 2. (bewußt) zu'rückhaltend darstellen, unter'treiben; 3. abschwächen, mildern; ‚~'state·ment s. 1. zu niedrige Angabe; 2. Unter'treibung f, Under'statement n; ‚~'steer v/t. Auto unter'steuern; '~‚strap·per → underling; '~‚stud·y thea. I v/t. 1. Rolle als zweite Besetzung einstudieren; 2. für e-n Schauspieler einspringen; II s. 3. zweite Besetzung; fig. Ersatzmann m; ‚~'take v/t. [irr. → take] 1. Aufgabe über'nehmen, Sache auf sich od. in die Hand nehmen; 2. Reise etc. unter'nehmen; 3. Risiko, Verantwortung etc. über'nehmen, eingehen; 4. sich erbieten, sich verpflichten (to do zu tun); 5. garantieren, sich verbürgen (that daß); '~·tak·er s. Leichenbestatter m, Be'stattungsinsti‚tut n; ‚~'tak·ing s. 1. 'Übernahme f e-r Aufgabe; 2. Unter'nehmung f, -fangen n; 3. ✝ Unter'nehmen n, Betrieb m: industrial ~; 4. Verpflichtung f; 5. Garan'tie f; 6. 'under‚taking Leichenbestattung f; '~·ten·ant s. 'Untermieter(in) ‚-pächter(in); ‚~·the-'count·er adj. heimlich, dunkel, 'ille‚gal; ‚~'timed adj. phot. 'unterbelichtet; '~·tone s. 1. gedämpfter Ton, gedämpfte Stimme: in an ~ halblaut; 2. fig. 'Unterton m; Börse: Grundton m; 3. gedämpfte Farbe; '~·tow ⭍ 1. Widersee f; ‚~'val·ue v/t. unter'schätzen, 'unterbewerten, zu gering ansetzen; '~·vest s. Brit. 'Unterhemd n; '~·wear → underclothes; '~·weight I s. 'Untergewicht n; II adj. ‚under'weight 'untergewichtig: be ~ Untergewicht haben; '~·wood s. 'Unterholz n, Gestrüpp n (a. fig.); '~·world s. allg. 'Unterwelt f; '~·write v/t. [irr. → write] 1. a) et. da'runterschreiben, b) fig. et. unter'schreiben; 2. ✝ a) Versicherungspolice unter'zeichnen, Versicherung über'nehmen, b) et. versichern, c) die Haftung über'nehmen für; 2. Aktienemission etc. garantieren; '~·writ·er s. ✝ 1. Versicherer m, Versicherung(sgesellschaft) f; 2. Mitglied n e-s Emissi'onskon‚sortiums; 3. Ver'sicherungsa‚gent m; '~·writ·ing s. ✝ 1. (See)Versicherung(sgeschäft n) f; 2. Emissi'onsgaran‚tie f: ~ syndicate Emissionskonsortium n. ‚un·de'served adj. unverdient; ‚un·de'serv·ed·ly [-ɪdlɪ] adv. unverdientermaßen; ‚un·de'serv·ing adj. □ unwert, unwürdig (of gen.): be ~ of kein Mitgefühl etc. verdienen. ‚un·de'signed adj. □ unbeabsichtigt, unabsichtlich; ‚un·de'sign·ing adj. ehrlich, aufrichtig. 'un·de‚sir·a'bil·i·ty s. Unerwünschtheit f; ‚un·de'sir·a·ble I adj. □ 1. nicht wünschenswert; 2. unerwünscht, lästig:

~ *alien*; **II** *s.* **3.** unerwünschte Per'son; ,**un·de'sired** *adj.* unerwünscht, 'unwill-,kommen; ,**un·de'sir·ous** *adj.* nicht begierig (*of* nach): *be ~ of et.* nicht wünschen *od.* (haben) wollen.

,**un·de'tach·a·ble** *adj.* nicht (ab)trennbar *od.* abnehmbar.

,**un·de'tect·ed** *adj.* unentdeckt.

,**un·de'ter·mined** *adj.* **1.** unentschieden, schwebend, offen: *an ~ question*; **2.** unbestimmt, vage; **3.** unentschlossen, unschlüssig.

,**un·de'terred** *adj.* nicht abgeschreckt, unbeeindruckt (*by* von).

,**un·de'vel·oped** *adj.* **1.** unentwickelt; **2.** unerschlossen (*Gebiet*).

un·de·vi·at·ing [ʌn'diːvɪeɪtɪŋ] *adj.* □ **1.** nicht abweichend; **2.** unentwegt, unbeirrbar.

un·dies ['ʌndɪz] *s. pl.* F ('Damen-),Unterwäsche *f*.

'**un,dif·fer'en·ti·at·ed** *adj.* undifferenziert.

,**un·di'gest·ed** *adj.* unverdaut (*a. fig.*).

un'dig·ni·fied *adj.* würdelos.

,**un·di'lut·ed** *adj.* unverdünnt, *a. fig.* unverwässert, unverfälscht.

,**un·di'min·ished** *adj.* unvermindert.

,**un·di'rect·ed** *adj.* **1.** ungeleitet, führungslos, ungelenkt; **2.** unadressiert; **3.** *phys.* ungerichtet.

,**un·dis'cerned** *adj.* □ unbemerkt; ,**un·dis'cern·ing** *adj.* □ urteils-, einsichtslos, unkritisch.

,**un·dis'charged** *adj.* **1.** unbezahlt; unbeglichen; **2.** (noch) nicht entlastet: ~ *debtor*; **3.** nicht abgeschossen (*Feuerwaffe*); **4.** nicht entladen (*Schiff etc.*).

un'dis·ci·plined *adj.* **1.** undiszipliniert, zuchtlos; **2.** ungeschult.

,**un·dis'closed** *adj.* ungenannt, geheimgehalten, nicht bekanntgegeben.

,**un·dis'cour·aged** *adj.* nicht entmutigt.

,**un·dis'cov·er·a·ble** *adj.* unauffindbar, nicht zu entdecken(d); ,**un·dis'cov·ered** *adj.* **1.** unentdeckt; **2.** unbemerkt.

,**un·dis'crim·i·nat·ing** *adj.* □ **1.** unterschiedslos; **2.** urteilslos, unkritisch.

,**un·dis'cussed** *adj.* unerörtert.

,**un·dis'guised** *adj.* □ **1.** unverkleidet, unmaskiert; **2.** *fig.* unverhüllt.

,**un·dis'mayed** *adj.* unerschrocken.

,**un·dis'posed** *adj.* **1.** ~ *of* nicht verteilt *od.* vergeben, ♯ *a.* unverkauft; **2.** abgeneigt, nicht bereit *od.* (dazu) aufgelegt (*to do* zu tun).

,**un·dis'put·ed** *adj.* □ unbestritten.

,**un·dis'tin·guish·a·ble** *adj.* □ **1.** nicht erkenn- *od.* wahrnehmbar; **2.** nicht unter'scheidbar, nicht zu unter'scheiden(d) (*from* von); ,**un·dis'tin·guished** *adj.* **1.** sich nicht unter'scheidend (*from* von); **2.** 'durchschnittlich, nor'mal; **3.** → *undistinguishable*.

,**un·dis'turbed** *adj.* □ **1.** ungestört; **2.** unberührt, ungetrübt.

,**un·di'vid·ed** *adj.* □ **1.** ungeteilt (*a. fig. Aufmerksamkeit etc.*); **2.** ♯ nicht verteilt: ~ *profits.*

un·do [ʌn'duː] *v/t.* [*irr.* → *do*] **1.** Paket, Knoten, *a.* Kragen, Mantel *etc.* aufmachen, öffnen; aufknöpfen, -knüpfen, -lösen; losbinden; *j-m* den Reißverschluß *etc.* aufmachen; Saum *etc.* auftrennen; → *undone*; **2.** *fig.* ungeschehen *od.* rückgängig machen, aufheben;

3. *fig. et. od. j-n* ruinieren, zu'grunde richten; *Hoffnungen etc.* zu'nichte machen; ,**un'do·ing** *s.* **1.** *das* Aufmachen *etc.*; **2.** Ungeschehen-, Rückgängigmachen *n*; **3.** Zu'grunderichtung *f*; **4.** Unglück *n*, Verderben *n*, Ru'in *m*; ,**un·'done I** *p.p. von undo*; **II** *adj.* **1.** ungetan, unerledigt: *leave s.th. ~ et.* unausgeführt lassen, et. unterlassen; *leave nothing ~* nichts unversucht lassen; **2.** offen: *come ~* aufgehen; **3.** ruiniert, ,erledigt', ,hin': *he is ~* es ist aus mit ihm.

un·doubt·ed [ʌn'daʊtɪd] *adj.* □ unbezweifelt, unbestritten; unzweifelhaft; **un'doubt·ed·ly** [-lɪ] *adv.* zweifellos, ohne (jeden) Zweifel.

un·dreamed, *a.* **un·dreamt** [*beide* ʌn'dremt] *adj. oft ~-of* ungeahnt, nie erträumt, unerhört.

,**un'dress I** *v/t.* **1.** (*v/i.* sich) entkleiden *od.* ausziehen; **II** *s.* **2.** Alltagskleid(ung *f*) *n*; **3.** Hauskleid *n*; **4.** *in a state of ~* a) halb bekleidet, im Negligé, b) unbekleidet; **5.** ✕ 'Interimsuni,form *f*; ,**un·'dressed** *adj.* **1.** unbekleidet; **2.** *Küche*: a) ungarniert, b) unzubereitet; **3.** ✿ a) ungegerbt (*Leder*), b) unbehauen (*Holz, Stein*); **4.** ✱ unverbunden (*Wunde etc.*).

,**un'drink·a·ble** *adj.* nicht trinkbar.

,**un'due** *adj.* (□ → *unduly*) **1.** 'übermäßig, über'trieben; **2.** ungehörig, unangebracht, ungebührlich; **3.** *bsd.* ✝✝ unzulässig: ~ *influence* unzulässige Beeinflussung; **4.** ✝ noch nicht fällig.

un·du·late ['ʌndjʊleɪt] **I** *v/i.* **1.** wogen, wallen, sich wellenförmig (fort)bewegen; **2.** wellenförmig verlaufen; **II** *v/t.* **3.** in wellenförmige Bewegung versetzen, wogen lassen; **4.** wellen; **III** *adj.* □ **5.** → '**un·du·lat·ed** [-tɪd] *adj.* wellenförmig, wellig, Wellen...: ~ *line* Wellenlinie *f*; '**un·du·lat·ing** [-tɪŋ] *adj.* □ **1.** → *undulated*; **2.** wallend, wogend; **un·du·la·tion** [,ʌndjʊ'leɪʃn] *s.* **1.** wellenförmige Bewegung; Wallen *n*, Wogen *n*; **2.** *geol.* Welligkeit *f*; **3.** *phys.* Wellenbewegung *f*, -linie *f*; **4.** *phys.* Schwingung(sbewegung) *f*; **5.** ♪ Undulati'on *f*; '**un·du·la·to·ry** [-lətrɪ] *adj.* wellenförmig, Wellen...

,**un'du·ly** *adv. von undue* 1−3: *not ~ worried* nicht übermäßig *od.* über Gebühr besorgt.

,**un'du·ti·ful** *adj.* □ **1.** pflichtvergessen; **2.** ungehorsam; **3.** unehrerbietig.

un'dy·ing *adj.* □ **1.** unsterblich, unvergänglich (*Liebe, Ruhm etc.*); **2.** unendlich (*Haß etc.*).

,**un'earned** *adj.* unverdient, nicht erarbeitet: ~ *income* ✝ Einkommen *n* aus Vermögen, Kapitaleinkommen *n*.

,**un'earth** *v/t.* **1.** Tier aus der Höhle treiben; **2.** ausgraben (*a. fig.*); **3.** *fig. et.* ans (Tages)Licht bringen, aufstöbern, ausfindig machen.

un'earth·ly *adj.* **1.** 'überirdisch; **2.** unirdisch, 'überna,türlich; **3.** schauerlich, unheimlich; **4.** F unmöglich (*Zeit*): *at an ~ hour.*

,**un'eas·i·ness** *s.* **1.** (*körperliches u. geistiges*) Unbehagen; **2.** (innere) Unruhe; **3.** Unbehaglichkeit *f e-s Gefühls etc.*; **4.** Unsicherheit *f*; **un'eas·y** *adj.* □ **1.** unruhig, unbehaglich, besorgt, ner'vös: *feel ~ about s.th.* über et. beunruhigt

sein; **2.** unbehaglich (*Gefühl*), beunruhigend (*Verdacht etc.*); **3.** unruhig: *~ night*; **4.** unsicher (*im Sattel etc.*); **5.** gezwungen, unsicher (*Benehmen etc.*).

,**un'eat·a·ble** *adj.* ungenießbar.

'**un,e·co'nom·ic**, '**un,e·co'nom·i·cal** *adj.* □ unwirtschaftlich.

,**un'ed·i·fy·ing** *adj. fig.* wenig erbaulich, unerquicklich.

,**un'ed·u·cat·ed** *adj.* ungebildet.

,**un·em'bar·rassed** *adj.* **1.** nicht verlegen, ungeniert; **2.** unbehindert; **3.** von (Geld)Sorgen frei.

,**un·e'mo·tion·al** *adj.* □ **1.** leidenschaftslos, nüchtern; **2.** teilnahmslos, passiv, kühl; **3.** gelassen.

,**un·em'ploy·a·ble I** *adj.* **1.** nicht verwendbar, unbrauchbar; **2.** arbeitsunfähig (*Person*); **II** *s.* **3.** Arbeitsunfähige(r *m*) *f*; ,**un·em'ployed I** *adj.* **1.** arbeits-, erwerbs-, stellungslos; **2.** ungenützt, brachliegend: ~ *capital* ✝ totes Kapital; **II** *s.* **3.** *the ~ pl.* die Arbeitslosen *pl.*; ,**un·em'ploy·ment** *s.* Arbeitslosigkeit *f*: ~ *benefit* Arbeitslosenunterstützung *f*; ~ *insurance* Arbeitslosenversicherung *f*.

,**un·en'cum·bered** *adj.* **1.** ✝✝ unbelastet (*Grundbesitz*); **2.** (*by*) unbehindert (durch), frei (von).

un'end·ing *adj.* □ endlos, nicht enden wollend, unaufhörlich.

,**un·en'dowed** *adj.* **1.** nicht ausgestattet (*with* mit); **2.** nicht dotiert (*with* mit), ohne Zuschuß; **3.** nicht begabt (*with* mit).

,**un·en'dur·a·ble** *adj.* □ unerträglich.

,**un·en'gaged** *adj.* frei: a) nicht gebunden *od.* verpflichtet, b) nicht verlobt, c) unbeschäftigt.

un-'Eng·lish *adj.* unenglisch.

,**un·en'light·ened** *adj. fig.* **1.** unerleuchtet; **2.** unaufgeklärt.

,**un·en'ter·pris·ing** *adj.* □ nicht *od.* wenig unter'nehmungslustig, ohne Unter'nehmungsgeist.

,**un·en'vi·a·ble** *adj.* □ nicht zu beneiden(d), wenig beneidenswert.

,**un'e·qual** *adj.* □ **1.** ungleich (*a. Kampf*), 'unterschiedlich; **2.** nicht gewachsen (*to dat.*); **3.** ungleichförmig; **4.** unerreicht; '**un·e·qual(l)ed** *adj.* **1.** unerreicht, 'un·über,troffen (*by* von, *for* in *od.* an *dat.*); **2.** beispiellos, *nachgestellt*: ohne-'gleichen: ~ *ignorance.*

,**un·e'quiv·o·cal** *adj.* □ **1.** unzweideutig, eindeutig; **2.** aufrichtig.

,**un'err·ing** *adj.* □ unfehlbar, untrüglich.

,**un·es'sen·tial I** *adj.* unwesentlich, unwichtig; **II** *s.* Nebensache *f*.

,**un·e'ven** *adj.* □ **1.** uneben: ~ *ground*; **2.** ungerade (*Zahl*); **3.** ungleich(mäßig, -artig); **4.** unausgeglichen (*Charakter etc.*); ,**un·e'ven·ness** *s.* Unebenheit *f etc.*

,**un·e'vent·ful** *adj.* □ ereignislos: *be ~ a.* ohne Zwischenfälle verlaufen.

,**un·ex'am·pled** *adj.* beispiellos, unvergleichlich, *nachgestellt*: ohne'gleichen: *not ~* nicht ohne Beispiel.

un·ex'celled [,ʌnɪk'seld] *adj.* 'unüber-,troffen.

,**un·ex'cep·tion·a·ble** *adj.* □ untadelig, einwandfrei.

,**un·ex'cep·tion·al** *adj.* □ **1.** nicht außergewöhnlich; **2.** ausnahmslos; **3.** →

unexceptionable.

ˌun·ex'cit·ing adj. nicht od. wenig aufregend.

un·ex·pect·ed [ˌʌnɪk'spektɪd] adj. □ unerwartet, unvermutet.

ˌun·ex'pired adj. (noch) nicht abgelaufen od. verfallen (*Frist etc.*), noch in Kraft.

ˌun·ex'plain·a·ble adj. unerklärlich; **ˌun·ex'plained** adj. unerklärt.

ˌun·ex'plored adj. unerforscht.

ˌun·ex'pressed adj. unausgesprochen.

ˌun·ex·pur·gat·ed adj. nicht gereinigt, ungekürzt (*Bücher etc.*).

un'fad·ing adj. □ **1.** unverwelklich (*a. fig.*); **2.** fig. unvergänglich; **3.** nicht verblassend (*Farbe*).

un'fail·ing adj. □ **1.** unfehlbar; **2.** nie versagend; **3.** treu; **4.** unerschöpflich, unversiegbar.

ˌun'fair adj. □ unfair: a) unbillig, ungerecht, b) unehrlich, *bsd.* ✝ unlauter, c) nicht anständig, d) unsportlich (*alle* *to* gegen'über): **~** *competition* unlauterer Wettbewerb; **ˌun'fair·ly** adv. **1.** unfair, unbillig(erweise) *etc.*; zu Unrecht: *not* **~** nicht zu Unrecht; **2.** 'übermäßig; **ˌun·'fair·ness** s. Unfairneß f, Ungerechtigkeit f *etc.*

ˌun'faith·ful adj. □ **1.** un(ge)treu, treulos; **2.** unaufrichtig; **3.** nicht wortgetreu, ungenau (*Abschrift, Übersetzung*); **ˌun'faith·ful·ness** s. Untreue f, Treulosigkeit f.

un'fal·ter·ing adj. □ **1.** nicht schwankend, sicher (*Schritt etc.*); **2.** fest (*Stimme, Blick*); **3.** fig. unbeugsam, entschlossen.

ˌun·fa'mil·iar adj. □ **1.** nicht vertraut, unbekannt (*to dat.*); **2.** ungewohnt, fremd (*to dat. od.* für).

ˌun'fash·ion·a·ble adj. □ 'unmoˌdern, altmodisch.

ˌun'fas·ten I v/t. aufmachen, losbinden, lösen, öffnen; II v/i. sich lösen, aufgehen; **ˌun'fas·tened** adj. unbefestigt, lose.

ˌun'fa·ther·ly adj. unväterlich, lieblos.

un·fath·om·a·ble [ʌn'fæðəməbl] adj. □ unergründlich (*a. fig.*); **ˌun'fath·omed** adj. unergründet.

ˌun·fa·vo(u)r·a·ble adj. □ **1.** unvorteilhaft (*a. Aussehen*), ungünstig (**for, to** für); widrig (*Wetter, Umstände etc.*); **2.** ✝ passiv (*Zahlungsbilanz etc.*); **ˌun·fa·vo(u)r·a·ble·ness** s. Unvorteilhaftigkeit f.

ˌun'fea·si·ble adj. unausführbar.

un·feel·ing [ʌn'fiːlɪŋ] adj. □ gefühllos; **un'feel·ing·ness** [-nɪs] s. Gefühllosigkeit f.

un'feigned adj. □ **1.** ungeheuchelt, **2.** wahr, echt.

ˌun'felt adj. ungefühlt.

ˌun·fer'ment·ed adj. ungegoren.

ˌun'fet·ter v/t. **1.** losketten; **2.** fig. befreien; **ˌun'fet·tered** adj. fig. unbehindert, unbeschränkt, frei.

ˌun'fil·i·al adj. □ lieb-, reˈspektlos, pflichtvergessen (*Kind*).

ˌun'filled adj. **1.** un(aus)gefüllt; **2.** unbesetzt (*Posten, Stelle*); **3.** **~** *orders* ✝ nicht ausgeführte Bestellungen, Auftragsbestand m.

ˌun'fin·ished adj. **1.** unfertig (*a. fig. Stil etc.*); ☼ unbearbeitet; **2.** 'unvollˌendet (*Symphonie etc.*); **3.** unerledigt: **~**

---

business parl. unerledigte Punkte *pl.* (*der Geschäftsordnung*).

ˌun'fit I adj. □ **1.** untauglich (*a.* ✕), ungeeignet (**for** für, zu): **~** *for* (*military service* (wehr)dienstuntauglich; **2.** unfähig, unbefähigt (*for zu et.*, *to do* zu tun); II v/t. **3.** ungeeignet *etc.* machen (*for* für); **ˌun'fit·ness** s. Untauglichkeit f; **ˌun'fit·ted** adj. **1.** ungeeignet, untauglich; **2.** nicht (gut) ausgerüstet (*with* mit); **ˌun'fit·ting** adj. □ **1.** ungeeignet, unpassend; **2.** unschicklich.

ˌun'fix v/t. losmachen, lösen: **~** *bayonets!* ✕ Seitengewehr an Ort!; **ˌun·'fixed** adj. **1.** unbefestigt, lose; **2.** fig. schwankend.

ˌun'flag·ging adj. □ unermüdlich.

ˌun'flap·pa·ble adj. F unerschütterlich, nicht aus der Ruhe zu bringen.

ˌun'flat·ter·ing adj. □ **1.** nicht od. wenig schmeichelhaft; **2.** ungeschminkt.

ˌun'fledged adj. **1.** orn. ungefiedert, (noch) nicht flügge; **2.** fig. unreif.

un·flinch·ing [ʌn'flɪntʃɪŋ] adj. □ **1.** unerschütterlich, unerschrocken; **2.** entschlossen, unnachgiebig.

un·fly·a·ble [ˌʌn'flaɪəbl] adj. ✈ **1.** fluguntüchtig; **2.** **~** *weather* kein Flugwetter.

ˌun'fold I v/t. **1.** entfalten, ausbreiten, öffnen; **2.** fig. a) enthüllen, darlegen, b) entwickeln; II v/i. **3.** sich entfalten od. entwickeln; **4.** fig. sich entwickeln.

ˌun'forced adj. □ ungezwungen.

ˌun·fore'see·a·ble adj. 'unvorˌhersehbar; **ˌun·fore'seen** adj. 'unvorˌhergesehen, unerwartet.

un·for·get·ta·ble [ˌʌnfə'getəbl] adj. □ unvergeßlich: **of ~** *beauty*.

un·for·giv·a·ble [ˌʌnfə'gɪvəbl] adj. □ unverzeihlich; **ˌun·for'giv·en** adj. unverziehen; **ˌun·for'giv·ing** adj. □ unversöhnlich, nachtragend.

ˌun·for'got·ten adj. unvergessen.

ˌun'formed adj. **1.** ungeformt, formlos; **2.** unfertig, unentwickelt; unausgebildet.

un'for·tu·nate I adj. □ **1.** unglücklich, Unglücks...; verhängnisvoll, un(glück)selig; **2.** bedauerlich; II s. **3.** Unglückliche(r m) f; **un'for·tu·nate·ly** adv. unglücklicherweise, bedauerlicherweise, leider.

ˌun'found·ed adj. □ unbegründet, grundlos.

ˌun'freeze v/t. **1.** auftauen; **2.** ✝ *Preise etc.* freigeben; **3.** *Gelder* zur Auszahlung freigeben.

ˌun·fre'quent·ed adj. **1.** nicht od. wenig besucht; **2.** einsam.

ˌun'friend·ed adj. ohne Freund(e).

ˌun'friend·li·ness s. Unfreundlichkeit f; **ˌun'friend·ly** adj. **1.** unfreundlich (*a. fig. Zimmer etc.*) (*to* zu); **2.** ungünstig (**for, to** für).

ˌun'frock v/t. *eccl. j-m* das Priesteramt entziehen.

ˌun'fruit·ful adj. □ **1.** unfruchtbar; **2.** fig. frucht-, ergebnislos; **ˌun'fruit·ful·ness** s. **1.** Unfruchtbarkeit f; **2.** fig. Fruchtlosigkeit f.

ˌun'fund·ed adj. ✝ unfundiert.

ˌun'furl I v/t. *Fahne etc.* entfalten, -rollen; *Fächer* ausbreiten; ⚓ *Segel* losmachen; II v/i. sich entfalten.

ˌun'fur·nished adj. **1.** nicht ausgerüstet *od.* versehen (**with** mit); **2.** unmöbliert:

~ *room.*

un·gain·li·ness [ʌn'geɪnlɪnɪs] s. Plumpheit f, Unbeholfenheit f; **un·gain·ly** [ʌn'geɪnlɪ] adj. unbeholfen, plump, linkisch.

ˌun'gal·lant adj. □ **1.** 'ungaˌlant (**to** zu, gegenüber); **2.** nicht tapfer.

ˌun'gear v/t. ☼ auskuppeln.

ˌun·gen·er·ous adj. □ **1.** nicht freigebig, knauserig; **2.** kleinlich.

ˌun'gen·ial adj. unfreundlich.

ˌun'gen·tle adj. □ unsanft, unzart.

un·gen·tle·man·like → *ungentlemanly*; **un·gen·tle·man·li·ness** s. **1.** unfeine Art; **2.** ungebildetes od. unfeines Benehmen; **un·gen·tle·man·ly** adj. unfein.

un·get·at·a·ble [ˌʌnget'ætəbl] adj. unnahbar.

ˌun'gird v/t. losgürten.

ˌun'glazed adj. **1.** unverglast; **2.** unglasiert.

ˌun'gloved adj. ohne Handschuh(e).

un·god·li·ness s. Gottlosigkeit f; **un·god·ly** adj. **1.** gottlos (*a. weitS. verrucht*); **2.** F scheußlich, schrecklich, heillos.

un·gov·ern·a·ble [ˌʌn'gʌvənəbl] adj. □ **1.** unlenksam; **2.** zügellos, unbändig, wild; **un'gov·erned** adj. unbeherrscht.

ˌun'grace·ful adj. □ 'ungraziˌös, ohne Anmut; plump, ungelenk.

ˌun'gra·cious adj. □ ungnädig.

un·gram'mat·i·cal adj. □ ling. 'ungramˌmatisch.

un'grate·ful adj. □ undankbar (**to** gegen) (*a. fig. unangenehm*); **un·grate·ful·ness** s. Undankbarkeit f.

ˌun'grat·i·fied adj. unbefriedigt.

ˌun'ground·ed adj. □ **1.** unbegründet, **2.** a) ungeschult, b) ohne sichere Grundlagen (*Wissen*).

ˌun'grudg·ing adj. □ **1.** bereitwillig; **2.** neidlos, großzügig: *be* **~** *in* reichlich *Lob etc.* spenden.

un·gual ['ʌŋgwəl] adj. zo. Nagel..., Klauen..., Huf...

ˌun'guard·ed adj. □ **1.** unbewacht (*a. fig. Moment etc.*); *a.* ☼ ungeschützt; *a. sport, Schach:* ungedeckt; **2.** unbedacht.

un·guent ['ʌŋgwənt] s. Salbe f.

ˌun'guid·ed adj. **1.** ungeleitet, führer-, führungslos; **2.** nicht (fern)gelenkt.

un·gu·late ['ʌŋgjʊleɪt] zo. I adj. hufförmig; mit Hufen; Huf...: **~** *animal* → II s. Huftier n.

ˌun'hal·lowed adj. **1.** nicht geheiligt, ungeweiht; **2.** unheilig, pro'fan.

ˌun'ham·pered adj. ungehindert.

ˌun'hand v/t. obs. j-n loslassen.

ˌun'hand·i·ness s. **1.** Unhandlichkeit f; **2.** Ungeschick(lichkeit f) n.

ˌun'hand·some adj. □ unschön (*a. fig. Benehmen etc.*).

ˌun'hand·y adj. □ **1.** unhandlich (*Sache*); **2.** ungeschickt.

un'hap·pi·ly adv. unglücklicherweise, leider; **un'hap·pi·ness** s. Unglück(seligkeit f) n, Elend n; **un'hap·py** adj. □ unglücklich: a) traurig, elend, b) un(glück)selig, unheilvoll, c) unpassend, ungeschickt (*Bemerkung etc.*).

ˌun'harmed adj. unversehrt.

un·har'mo·ni·ous adj. 'unharˌmonisch (*a. fig.*).

ˌun'har·ness v/t. *Pferd* ausspannen.

un'health·i·ness *s.* Ungesundheit *f*; **un'health·y** *adj.* □ *allg.* ungesund: a) kränklich (*a. Aussehen etc.*), b) gesundheitsschädlich, c) (*moralisch*) schädlich, d) F gefährlich, e) *fig.* krankhaft.

un'heard *adj.* **1.** ungehört: **go ~** unbeachtet bleiben; **2.** ひ ohne rechtliches Gehör; **un'heard-of** *adj.* unerhört, beispiellos.

un·heed·ed [ˌʌn'hiːdɪd] *adj.* □ unbeachtet: **go ~** unbeachtet bleiben; **un'heed·ful** *adj.* □ unachtsam, sorglos; nicht achtend (**of** auf *acc.*); **un'heed·ing** [-dɪŋ] *adj.* □ sorglos, unachtsam.

un'help·ful *adj.* □ **1.** nicht hilfreich, ungefällig; **2.** (**to**) nutzlos (für), wenig dienlich (*dat.*).

un·hes·i·tat·ing [ʌn'hezɪteɪtɪŋ] *adj.* □ **1.** ohne Zaudern *od.* Zögern, unverzüglich; **2.** anstandslos, bereitwillig, *adv. a.* ohne weiteres.

un'hin·dered *adj.* ungehindert.

un'hinge *v/t.* **1.** Tür *etc.* aus den Angeln heben (*a. fig.*); **2.** die Angeln entfernen von; **3.** *fig.* Nerven, Geist zerrütten; **4.** *fig. j-n* aus dem Gleichgewicht bringen.

un·his·tor·ic, **un·his·tor·i·cal** *adj.* □ **1.** 'unhi,storisch; **2.** ungeschichtlich, legen'där.

un'hitch *v/t.* **1.** loshaken, -machen; **2.** Pferd ausspannen.

un'ho·ly *adj.* □ **1.** unheilig; **2.** ungeheiligt, nicht geweiht; **3.** gott-, ruchlos; **4.** F a) scheußlich, schrecklich, b) ,unmöglich' (*Zeit*).

un'hon·o·(u)red *adj.* **1.** ungeehrt; unverehrt; **2.** ✝ nicht honoriert.

un'hook I *v/t.* auf-, loshaken; II *v/i.* sich auf- *od.* loshaken (lassen).

un'hoped *adj.*, **un'hoped-for** *adj.* unverhofft, unerwartet.

un'horse *v/t.* aus dem Sattel heben *od.* werfen.

un'house *v/t.* **1.** (aus dem Hause) vertreiben; **2.** obdachlos machen.

un'hur·ried *adj.* □ gemütlich, gemächlich.

un'hurt *adj.* **1.** unverletzt; **2.** unbeschädigt.

u·ni·cel·lu·lar [ˌjuː·niˈseljʊlə] *adj.* *biol.* einzellig: **~ animal**, **~ plant** Einzeller *m*.

u·ni·col·o·(u)r [ˌjuː·niˈkʌlə], **u·ni·col·o·(u)red** [-əd] *adj.* einfarbig.

u·ni·corn [ˈjuːnikɔːn] *s.* Einhorn *n*.

un·i·de·aed [ˌʌnaɪˈdɪəd] *adj.* i'deenlos.

un·i·den·ti·fied *adj.* nicht identifiziert, unbekannt: **~ flying object** unbekanntes Flugobjekt.

u·ni·di·men·sion·al [ˌjuːnidɪˈmenʃənl] *adj.* 'eindimensio,nal.

u·ni·fi·ca·tion [ˌjuːnifɪˈkeɪʃn] *s.* **1.** Vereinigung *f*; **2.** Vereinheitlichung *f*.

u·ni·form [ˈjuːnifɔːm] I *adj.* □ **1.** gleich (-förmig), uni'form; **2.** gleichbleibend, -mäßig, kon'stant; **3.** einheitlich, über'einstimmend, gleich, Einheits...; **4.** einförmig, -tönig; II *s.* **5.** Uni'form *f*; Dienstkleidung *f*; (Schwestern)Tracht *f*; III *v/t.* **6.** uniformieren (*a.* ✕ *etc.*): **~ed** uniformiert, in Uniform; **u·ni·form·i·ty** [juːniˈfɔːməti] *s.* **1.** Gleichförmigkeit *f*, -mäßigkeit *f*, Gleichheit *f*, Über'einstimmung *f*; **2.** Einheitlichkeit *f*; **3.** Einförmigkeit *f*, -tönigkeit *f*.

u·ni·fy [ˈjuːnifaɪ] *v/t.* **1.** verein(ig)en, zs.-schließen; **2.** vereinheitlichen.

u·ni·lat·er·al [ˌjuːniˈlætərəl] *adj.* □ einseitig (*a. ✍ u. ಜಿ*).

un·il·lu·mi·nat·ed *adj.* **1.** unerleuchtet (*a. fig.*); **2.** *fig.* unwissend.

un·im'ag·i·na·ble *adj.* □ unvorstellbar; **un·im'ag·i·na·tive** *adj.* □ phantasielos, einfallslos; **un·im'ag·ined** *adj.* ungeahnt.

un·im'paired *adj.* unvermindert, unbeeinträchtigt, ungeschmälert.

un·im'pas·sioned *adj.* leidenschaftslos.

un·im'peach·a·ble *adj.* □ **1.** unanfechtbar; **2.** untad(e)lig.

un·im'ped·ed *adj.* □ ungehindert.

un·im'por·tant *adj.* unwichtig.

un·im'pos·ing *adj.* nicht imponierend *od.* impo'sant, eindrucklos.

un·im'pres·sion·a·ble *adj.* nicht zu beeindrucken(d), (für Eindrücke) unempfänglich.

un·im'pres·sive → **unimposing**.

un·in'flect·ed *adj. ling.* unflektiert.

un·in'flu·enced *adj.* unbeeinflußt (**by** durch, von); **un,in·flu'en·tial** *adj.* ohne Einfluß, nicht einflußreich.

un·in'formed *adj.* **1.** (**on**) nicht informiert *od.* unter'richtet (über *acc.*), nicht eingeweiht (in *acc.*); **2.** ungebildet.

un·in'hab·it·a·ble *adj.* unbewohnbar; **un·in'hab·it·ed** *adj.* unbewohnt.

un·in'i·ti·at·ed *adj.* uneingeweiht, nicht eingeführt (**into** in *acc.*).

un·in'jured *adj.* **1.** unverletzt; **2.** unbeschädigt.

un·in'spired *adj.* schwunglos, ohne Feuer; **un·in'spir·ing** *adj.* nicht begeisternd, wenig anregend.

un·in'struct·ed *adj.* **1.** nicht unter'richtet, unwissend; **2.** nicht instruiert, ohne Verhaltensmaßregeln; **un·in'struc·tive** *adj.* nicht *od.* wenig instruk'tiv *od.* lehrreich.

un·in'sured *adj.* unversichert.

un·in'tel·li·gent *adj.* □ 'unintelli,gent, beschränkt, geistlos, dumm.

'un·in'tel·li·gi'bil·i·ty *s.* Unverständlichkeit *f*; **un·in'tel·li·gi·ble** *adj.* □ unverständlich.

un·in'tend·ed *adj.*, **un·in'ten·tion·al** *adj.* □ unbeabsichtigt, unabsichtlich, ungewollt.

un·in'ter·est·ed *adj.* □ inter'esselos, uninteressiert (**in** an *dat.*), gleichgültig; **un·in·ter·est·ing** *adj.* □ 'uninteres,sant.

'un,in·ter'rupt·ed *adj.* □ 'ununter,brochen: a) ungestört (**by** von), b) kontinuierlich, fortlaufend, anhaltend: **~ working hours** durchgehende Arbeitszeit.

un·in'vit·ed *adj.* un(ein)geladen; **un·in'vit·ing** *adj.* □ nicht *od.* wenig einladend *od.* verlockend od. anziehend.

un·ion [ˈjuːnjən] *s.* **1.** *allg.* Vereinigung *f*, (*a. eheliche*) Verbindung; **2.** Eintracht *f*, Harmo'nie *f*; **3.** *pol.* Zs.-schluß *m*; **4.** *pol. etc.* Uni'on *f*: a) (Staaten)Bund *m, z. B.* die U.S.A. *pl.*), b) Vereinigung *f*, (Zweck)Verband *m*, Bund *m*, (*a. Post-, Zoll- etc.*)Verein *m*, c) *Brit.* Vereinigung unabhängiger Kirchen; **5.** Gewerkschaft *f*: **~ dues** *pl.* Gewerkschaftsbeitrag *m*; **6.** *Brit. hist.* a) Kirchspielverband zur Armenpflege, b) Armenhaus *n*; **7.** ⊙ Anschlußstück *n*, (Rohr)Verbindung *f*; **8.** ⊙ Mischge-

webe *n*; **9.** ⚓ Gösch *f* (*Flaggenfeld mit Hoheitsabzeichen*): **~ flag** → **union jack** 1; **'un·ion·ism** [-nɪzəm] *s.* **1.** *pol.* Unio'nismus *m*, unio'nistische Bestrebungen *pl.*; **2.** Gewerkschaftswesen *n*; **'un·ion·ist** [-nɪst] *s.* **1.** *pol. hist.* Unio'nist *m*; **2.** Gewerkschaftler *m*; **'un·ion·ize** [-naɪz] *v/t.* gewerkschaftlich organisieren.

un·ion| jack *s.* **1. Union Jack** Union Jack *m* (*brit. Nationalflagge*); **2.** ⚓ → **union** 9; **~ joint** *s.* Rohrverbindung *f*; **~ shop** *s.* ✝ *bsd. Am. Betrieb, der nur Gewerkschaftsmitglieder einstellt od. Arbeitnehmer, die bereit sind, innerhalb von 30 Tagen der Gewerkschaft beizutreten*; **~ suit** *s. Am.* Hemdhose *f* mit langem Bein.

u·nip·a·rous [juːˈnɪpərəs] *adj.* **1.** ⚹ erst einmal geboren habend; **2.** *zo.* nur 'ein Junges gebärend (*bei e-m Wurf*); **2.** ⚹ nur 'eine Achse *od.* 'einen Ast treibend.

u·ni·par·tite [ˌjuːnɪˈpɑːtaɪt] *adj.* einteilig.

u·ni·po·lar [ˌjuːnɪˈpəʊlə] *adj.* **1.** *phys.*, ⚡ einpolig, Einpol...; **2.** *anat.* monopo'lar (*Nervenzelle*).

u·nique [juːˈniːk] I *adj.* □ **1.** einzig; **2.** einmalig, einzigartig; unerreicht, *nachgestellt*: ohne'gleichen; **3.** F außer-, ungewöhnlich; großartig; **4.** ⅍ eindeutig; II *s.* **5.** Seltenheit *f*, Unikum *n*; **u'nique·ness** [-nɪs] *s.* Einzigartig-, Einmaligkeit *f*.

u·ni·sex *s. allg.* Unisex...

u·ni'sex·u·al *adj.* □ **1.** eingeschlechtig; **2.** *zo.*, ⚹ getrenntgeschlechtlich.

u·ni·son [ˈjuːnɪzn] *s.* **1.** ♪ Ein-, Gleichklang *m*, Uni'sono *n*: **in ~** unisono, einstimmig (*a. fig.*); **2.** *fig.* Einklang *m*, Über'einstimmung *f*: **in ~ with** in Einklang mit; **u·nis·o·nous** [juːˈnɪsənəs] *adj.* **1.** ♪ a) gleichklingend, b) einstimmig; **2.** *fig.* über'einstimmend.

u·nit [ˈjuːnɪt] *s.* **1.** *allg.* Einheit *f* (*Einzelding*): **~ of account** (**trade, value**) ✝ (Ver)Rechnungs- (Handels-, Währungs)einheit; **dwelling ~** Wohneinheit; **~ factor** *biol.* Erbfaktor *m*; **~ furniture** Anbaumöbel *pl.*; **~ price** ✝ Einheitspreis *m*; **~ wages** ✝ Stück-, Akkordlohn *m*; **2.** *phys.* (Grund-, Maß-) Einheit *f*: **~ (of) power** (**time**) Leistungs- (Zeit)einheit; **3.** ⅍ Einer *m*, Einheit *f*; **4.** ✕ Einheit *f*, Verband *m*, Truppenteil *m*; **5.** ⊙ a) (Bau)Einheit *f*, b) Aggre'gat *n*, Anlage *f*: **~ construction** Baukastenbauweise *f*; **6.** *fig.* Kern *m*, Zelle *f*: **the family as the ~ of society**.

U·ni·tar·i·an [ˌjuːnɪˈteərɪən] I *s. eccl.* Uni'tarier(in); II *adj.* uni'tarisch; **U·ni'tar·i·an·ism** [-nɪzəm] *s. eccl.* Unita'rismus *m*; **u·ni·tar·y** [ˈjuːnɪtəri] *adj.* Einheits... (*a. ⚡*), ⅍ *a.* uni'tär; einheitlich.

u·nite [juːˈnaɪt] I *v/t.* **1.** verbinden (⚹, ⊙), vereinigen; **2.** (ehelich) verbinden, verheiraten; **3.** Eigenschaften in sich vereinigen; II *v/i.* **4.** sich vereinigen; **5.** sich verbinden (**with** mit); **6.** sich zs.-tun: **~ in doing s.th.** et. geschlossen *od.* vereint tun; **7.** sich anschließen (**with** *dat. od.* an *acc.*); **8.** sich verheiraten; **u'nit·ed** *adj.* □ [-tɪd] *adj.* vereinigt; vereint (*Kräfte etc.*), gemeinsam: **⅋ Kingdom** das Vereinigte Königreich (*Großbritannien u. Nordirland*); ⚿ **Nations** Vereinte Nationen; ⚿ *States* die Vereinigten Staaten *von Nordamerika, die* U.S.A. *pl.*

u·nit·ize ['juːnɪtaɪz] *v/t.* **1.** zu e-r Einheit machen; **2.** ⚙ nach dem 'Baukastenprin,zip konstruieren; **3.** in Einheiten verpacken.

u·nit trust *s.* ✝ In'vestmenttrust *m.*

u·ni·ty ['juːnətɪ] *s.* **1.** Einheit *f* (*a.* ♔, ♜): **the dramatic unities** *thea.* die drei Einheiten; **2.** Einheitlichkeit *f* (*a. e-s Kunstwerks*); **3.** Einigkeit *f*, Eintracht *f*: ~ (*of sentiment*) Einmütigkeit *f*; *at* ~ in Eintracht, im Einklang; **4.** *nationale etc.* Einheit.

u·ni·va·lent [,juːnɪ'veɪlənt] *adj.* ♔ einwertig.

u·ni·ver·sal [,juːnɪ'vɜːsl] **I** *adj.* ☐ **1.** ('all)um,fassend, univer'sal, Universal...(*-genie, -erbe etc.*), gesamt, glo'bal: ~ *knowledge* umfassendes Wissen; ~ *succession* ♜ Gesamtnachfolge *f*; **2.** allgemein (*a. Wahlrecht, Wehrpflicht etc.*): ~ *partnership* ♜ allgemeine Gütergemeinschaft; *the disappointment was* ~ die Enttäuschung war allgemein; **3.** allgemein(gültig), univer'sell: ~ *rule*; ~ *remedy* ♛ Universalmittel *n*; **4.** allgemein, 'überall üblich *od.* anzutreffen(d); **5.** 'weltum,fassend, Welt...: ~ *language* Weltsprache *f*; ⚿ *Postal Union* Weltpostverein *m*; ~ *time* Weltzeit *f*; **6.** ⚙ Universal...(*-gerät etc.*): ~ *current* ⚡ Allstrom *m*; ~ *joint* Universal-, Kardangelenk *n*; **II** *s.* **7.** *das* Allgemeine; **8.** *Logik:* allgemeine Aussage; **9.** *phls.* Allgemeinbegriff *m*; **u·ni·ver·sal·ism** [-səlɪzəm] *s. eccl., phls.* Universa'lismus *m*; **u·ni·ver·sal·i·ty** [,juːnɪvɜː'sælətɪ] *s.* **1.** *das* 'Allum,fassende, Allgemeinheit *f*; **2.** Universali'tät *f*, Vielseitigkeit *f*, um'fassende Bildung; **3.** Allgemeingültigkeit *f*; **u·ni·ver·sal·ize** [-səlaɪz] *v/t.* allgemeingültig machen; allgemein verbreiten; **u·ni·verse** ['juːnɪvɜːs] *s.* **1.** Uni'versum *n*, (Welt)All *n*, Kosmos *m*; **2.** Welt *f*; **u·ni·ver·si·ty** [-sətɪ] **I** *s.* Universi'tät *f*, Hochschule *f*: **Open** ⚿, ⚿ *of the Air* Fernsehuniversität *f*; *at the* ⚿ *of Oxford, at Oxford* ⚿ auf *od.* an der Universität Oxford; **II** *adj.* Universitäts..., Hochschul..., aka'demisch: ~ *education* Hochschulbildung *f*; ~ *extension Art* Volkshochschule *f*; ~ *man* Akademiker *m*; ~ *place* Studienplatz *m*; ~ *professor* ordentlicher Professor.

u·ni·vo·cal [,juːnɪ'vəʊkl] **I** *adj.* ☐ eindeutig, unzweideutig; **II** *s.* Wort *n* mit nur 'einer Bedeutung.

un'just *adj.* ☐ ungerecht (*to* gegen); **un'jus·ti·fi·a·ble** *adj.* ☐ nicht zu rechtfertigen(d), unverantwortlich; **un'jus·ti·fied** *adj.* ungerechtfertigt, unberechtigt; **un'just·ness** *s.* Ungerechtigkeit *f.*

un·kempt [,ʌn'kempt] *adj.* **1.** *obs.* ungekämmt, zerzaust; **2.** *fig.* ungepflegt, unordentlich, verwahrlost.

un'kind *adj.* ☐ **1.** unfreundlich (*to* zu); **2.** rücksichtslos, herzlos (*to* gegen); **un'kind·li·ness** *s.* Unfreundlichkeit *f*; **un'kind·ly** → *unkind*; **un'kind·ness** *s.* Unfreundlichkeit *f etc.*

un'know·ing *adj.* ☐ **1.** unwissend; **2.** unwissentlich, unbewußt; **3.** nicht wissend, ohne zu wissen (*that* daß, *how* wie *etc.*).

un'known I *adj.* **1.** unbekannt (*to dat.*); → *quantity* 2; **2.** nie gekannt, beispiellos (*Entzücken etc.*); **II** *adv.* **3.** (*to s.o.*) ohne (j-s) Wissen; **III** *s.* **4.** *der* (*die, das*) Unbekannte; **5.** ♔ Unbekannte *f.*

un'la·bel(l)ed *adj.* nicht etikettiert, ohne Eti'kett *od.* Aufschrift.

un'la·bo(u)red *adj.* mühelos (*a. fig. ungezwungen, leicht*).

un'lace *v/t.* aufschnüren.

un'lade *v/t.* [*irr.* → *lade*] **1.** aus-, entladen; **2.** ♻ *Ladung etc.* löschen; **un'lad·en** *adj.* **1.** unbeladen: ~ *weight* Leergewicht *n*; **2.** *fig.* unbelastet (*with* von).

un'la·dy·like *adj.* nicht damenhaft, unfein.

un'la·ment·ed *adj.* unbeklagt, unbeweint, unbetrauert.

un'latch *v/t.* aufklinken.

un'law·ful *adj.* ☐ **1.** ♜ rechtswidrig, 'widerrechtlich, ungesetzlich, 'ille,gal: ~ *assembly* Auflauf *m*, Zs.-rottung *f*; **2.** unerlaubt; **3.** unehelich; **un'law·ful·ness** *s.* Ungesetzlichkeit *f etc.*

un'learn [*irr.* → *learn*] **I** *v/t.* verlernen, vergessen; **II** *v/i.* 'umlernen.

un·learned¹ [,ʌn'lɜːnt] *adj.* nicht er- *od.* gelernt.

un·learn·ed² [,ʌn'lɜːnɪd] *adj.* ungelehrt.

un'learnt → *unlearned¹.*

un'leash *v/t.* **1.** losbinden, *Hund* loskoppeln; **2.** *fig.* entfesseln, auslösen, loslassen.

un'leav·ened *adj.* ungesäuert (*Brot*).

un·less [ən'les] **I** *cj.* wenn ... nicht; so'fern ... nicht; es sei denn (, daß) ...; außer wenn ...; ausgenommen (wenn) ...; vor'ausge,setzt, daß nicht ...; **II** *prp.* außer.

un'let·tered *adj.* **1.** analpha'betisch; **2.** ungebildet, ungelehrt; **3.** unbeschriftet, unbedruckt.

un'li·censed *adj.* **1.** unerlaubt; **2.** nicht konzessioniert, (amtlich) nicht zugelassen, ohne Li'zenz.

un'licked *adj. fig.* a) ungehobelt, ungeschliffen, roh, b) unreif: ~ *cub* grüner Junge.

un'lik·a·ble *adj.* 'unsym,pathisch.

un'like I *adj.* **1.** ungleich, (vonein'ander) verschieden; **2.** unähnlich; **II** *prp.* **3.** unähnlich (*s.o.* j m), verschieden von, anders als: *that is very* ~ *him* das sieht ihm gar nicht ähnlich; **4.** anders als, nicht wie; **5.** im Gegensatz zu.

un'like·a·ble → *unlikable.*

un'like·li·hood, un'like·li·ness *s.* Unwahrscheinlichkeit *f*; **un'like·ly I** *adj.* **1.** unwahrscheinlich; **2.** (ziemlich) unmöglich: ~ *place*; **3.** aussichtslos; **II** *adv.* **4.** unwahrscheinlich.

un'lim·ber *v/t. u. v/i.* **1.** ✕ abprotzen; **2.** *fig.* (sich) bereitmachen.

un'lim·it·ed *adj.* **1.** unbegrenzt; unbeschränkt (*a. Haftung etc.*): ~ *company* ✝ *Brit.* Gesellschaft *f* mit unbeschränkter Haftung; **2.** ✝ *Börse:* nicht limitiert; **3.** *fig.* ungemein, uferlos.

un'lined¹ *adj.* ungefüttert: ~ *coat.*

un'lined² *adj.* **1.** unliniert, ohne Linien; **2.** faltenlos (*Gesicht*).

un'link *v/t.* **1.** losketten; **2.** *Kettenglieder* trennen; **3.** *Kette* ausein'andernehmen.

un'liq·ui·dat·ed *adj.* ✝ **1.** a) ungetilgt (*Schuld etc.*), b) nicht festgestellt (*Betrag etc.*); **2.** unliquidiert: ~ *company.*

un'list·ed *adj.* **1.** nicht verzeichnet; **2.** *teleph. Am.* Geheim...: ~ *number*; **3.** ✝ nicht notiert (*Wertpapier*).

un'load I *v/t.* **1.** ab-, aus-, entladen; ♻ *Ladung* löschen; **2.** *fig.* (von e-r Last) befreien, erleichtern; **3.** *Waffe* entladen; **4.** *Börse: Aktien* (*massenhaft*) abstoßen, auf den Markt werfen; **5.** F (*on, onto*) a) j-n, *et.* 'abladen' (bei), b) abwälzen (auf *acc.*), c) *Wut etc.* auslassen (an *dat.*); **II** *v/i.* **6.** aus-, abladen; **7.** gelöscht *od.* ausgeladen werden.

un'lock *v/t.* **1.** aufschließen, öffnen; **2.** *Waffe* entsichern; **un'locked** *adj.* unverschlossen.

un'looked-for *adj.* unerwartet, 'unvor,hergesehen, über'raschend.

un'loose, un'loos·en *v/t.* **1.** *Knoten etc.* lösen; **2.** *Griff etc.* lockern; **3.** losmachen, -lassen.

un'lov·a·ble *adj.* nicht *od.* wenig liebenswert; **un'loved** *adj.* ungeliebt; **un'love·ly** *adj.* unschön, reizlos; **un'lov·ing** *adj.* ☐ kalt, lieblos.

un'luck·i·ly *adv.* unglücklicherweise; **un'luck·y** *adj.* ☐ unglücklich: a) vom Pech verfolgt: *be* ~ Pech *od.* kein Glück haben, b) fruchtlos: ~ *effort*, c) ungünstig: ~ *moment*, d) unheilvoll, Unglücks...: ~ *day.*

un'made *adj.* ungemacht.

un'make *v/t.* [*irr.* → *make*] **1.** aufheben, 'umstoßen, wider'rufen, rückgängig machen; **2.** *j-n* absetzen; **3.** vernichten; **4.** 'umbilden.

un'man *v/t.* **1.** entmannen; **2.** *j-n* s-r Kraft berauben; **3.** *j-n* verzagen lassen, entmutigen; **4.** verrohen (lassen); **5.** *e-m Schiff etc.* die Mannschaft nehmen; **~ned** unbemannt.

un'man·age·a·ble *adj.* ☐ **1.** schwer zu handhaben(d), unhandlich; **2.** *fig.* unfügsam, unlenksam, 'widerspenstig: ~ *child*; **3.** unkontrollierbar (*Lage*).

un'man·li·ness *s.* Unmännlichkeit *f*; **un'man·ly** *adj.* **1.** unmännlich; **2.** weibisch; **3.** feige.

un'man·ner·li·ness *s.* schlechtes Benehmen; **un'man·ner·ly** *adj.* ungezogen, 'unma,nierlich.

un'marked *adj.* **1.** nicht markiert, unbezeichnet, ungezeichnet (*a. Gesicht*); **2.** unbemerkt; **3.** *sport* ungedeckt.

un'mar·ket·a·ble *adj.* ✝ **1.** nicht marktgängig *od.* -fähig; **2.** unverkäuflich.

un'mar·riage·a·ble *adj.* nicht heiratsfähig; **un'mar·ried** *adj.* unverheiratet, ledig.

un·mask [,ʌn'mɑːsk] **I** *v/t.* **1.** *j-m* die Maske abnehmen, *j-n* demaskieren; **2.** *fig. j-n* entlarven, *j-m* die Maske her'unterreißen; **II** *v/i.* **3.** sich demaskieren; **4.** *fig.* die Maske fallen lassen; **un'mask·ing** [-kɪŋ] *s. fig.* Entlarvung *f.*

un'matched *adj.* unvergleichlich, unerreicht, 'über,troffen.

un'mean·ing *adj.* ☐ **1.** sinn-, bedeutungslos; nichtssagend (*a. Gesicht*); **un'meant** *adj.* unbeabsichtigt.

un'meas·ured *adj.* **1.** ungemessen; **2.** unermeßlich, grenzenlos, unbegrenzt; **3.** unmäßig.

un·me'lo·di·ous *adj.* ☐ 'unme,lodisch.

un'men·tion·a·ble I *adj.* 1. unaussprechlich, ta'bu: *an ~ topic* ein Thema, über das man nicht spricht; 2. → *unspeakable*; II *s. pl. humor.* die Unaussprechlichen *pl.* (*Unterwäsche*);
ˌun'men·tioned *adj.* unerwähnt.
ˌun'mer·chant·a·ble → *unmarketable*.
un'mer·ci·ful *adj.* □ unbarmherzig.
ˌun'mer·it·ed *adj.* □ unverdient(ermaßen *adv.*).
ˌun·me'thod·i·cal *adj.* 'unmeˌthodisch, sysˈtem-, planlos.
ˌun'mil·i·tar·y *adj.* 1. 'unmiliˌtärisch; 2. nicht miliˈtärisch, Zivil...
un'mind·ful *adj.* □ unachtsam; uneingedenk (*of gen.*): *be ~ of* a) nicht achten auf (*acc.*), b) nicht denken an (*acc.*).
ˌun·mis'tak·a·ble *adj.* □ 1. 'unˌmißverständlich; 2. unverkennbar.
un'mit·i·gat·ed *adj.* □ 1. ungemildert, ganz; 2. voll'endet, Erz..., *nachgestellt:* durch u. durch: *an ~ liar.*
ˌun'mixed *adj.* □ 1. unvermischt; 2. *fig.* ungemischt, rein, pur.
ˌun'mod·i·fied *adj.* unverändert, nicht abgeändert.
ˌun·mo'lest·ed *adj.* unbelästigt, ungestört: *live ~* in Frieden leben.
ˌun'moor ⚓ I *v/t.* 1. abankern, losmachen; 2. vor 'einem Anker liegen lassen; II *v/i.* 3. den od. die Anker lichten.
ˌun'mor·al *adj.* 'amoˌralisch.
ˌun'mort·gaged *adj.* ⚖ 1. unverpfändet; 2. hypo'thekenfrei, unbelastet.
un'mount·ed *adj.* 1. unberitten: ~ *police*; 2. nicht aufgezogen (*Bild etc.*); 3. ⚙, ✗ unmontiert; 4. nicht gefaßt (*Stein*).
ˌun'mourned *adj.* unbetrauert.
un'mov·a·ble *adj.* □ unbeweglich; ˌun'moved *adj.* □ 1. unbewegt; 2. *fig.* ungerührt, unbewegt; 3. *fig.* unerschütterlich, standhaft, gelassen; ˌun'mov·ing *adj.* regungslos.
ˌun'mur·mur·ing *adj.* □ ohne Murren, klaglos.
ˌun'mu·si·cal *adj.* □ 1. 'unmusiˌkalisch (*Person*); 2. 'unmeˌlodisch.
ˌun'muz·zle *v/t.* 1. *e-m Hund* den Maulkorb abnehmen; *~d* ohne Maulkorb; 2. *fig. j-m* freie Meinungsäußerung gewähren.
ˌun'nam·a·ble *adj.* unsagbar.
ˌun'named *adj.* 1. namenlos; 2. nicht namentlich genannt, ungenannt.
un'nat·u·ral *adj.* □ 1. 'unnaˌtürlich; 2. künstlich, gekünstelt; 3. 'widernaˌtürlich (*Laster, Verbrechen etc.*); 4. ungeheuerlich, ab'scheulich; 5. ungewöhnlich; 6. ano'mal.
ˌun'nav·i·ga·ble *adj.* nicht schiffbar, unbefahrbar.
un'nec·es·sar·i·ly *adv.* unnötigerweise; un'nec·es·sar·y *adj.* □ 1. unnötig, nicht notwendig; 2. nutzlos, 'überflüssig.
un'need·ed *adj.* nicht benötigt, nutzlos.
ˌun'need·ful *adj.* □ unnötig.
un'neigh·bo(u)r·ly *adj.* nicht gutnachbarlich, unfreundlich.
ˌun'nerve *v/t.* entnerven, zermürben, *j-n* die Nerven *od.* den Mut verlieren lassen.
ˌun'not·ed *adj.* 1. unbeachtet, unberühmt; 2. → *unnoticed* 1.
ˌun'no·ticed *adj.* 1. unbemerkt, unbe-

obachtet; 2. → *unnoted* 1.
ˌun'num·bered *adj.* 1. unnumeriert; 2. *poet.* ungezählt, zahllos.
ˌun·ob'jec·tion·a·ble *adj.* □ einwandfrei.
ˌun·ob'lig·ing *adj.* ungefällig.
ˌun·ob'serv·ant *adj.* unaufmerksam, unachtsam: *be ~ of et.* nicht beachten; ˌun·ob'served *adj.* □ unbeobachtet, unbemerkt.
ˌun·ob'struct·ed *adj.* 1. unversperrt, ungehindert: ~ *view*; 2. *fig.* unbehindert.
ˌun·ob'tain·a·ble *adj.* 1. ✝ nicht erhältlich; 2. unerreichbar.
ˌun·ob'tru·sive *adj.* □ unaufdringlich: a) zu'rückhaltend, bescheiden, b) unauffällig; ˌun·ob'tru·sive·ness *s.* Unaufdringlichkeit *f.*
ˌun'oc·cu·pied *adj.* frei: a) unbewohnt, leer(stehend), b) unbesetzt, c) unbeschäftigt.
ˌun·of'fend·ing *adj.* 1. nicht beleidigend; 2. nicht anstößig.
ˌun·of'fi·cial *adj.* □ 1. nichtamtlich, 'inoffiˌziell; 2. ~ *strike* ✝ wilder Streik.
ˌun'o·pened *adj.* 1. ungeöffnet, verschlossen: ~ *letter*; 2. ✝ unerschlossen: ~ *market.*
ˌun·op'posed *adj.* 1. unbehindert; 2. unbeanstandet: ~ *by* ohne Widerstand *od.* Einspruch seitens (*gen.*).
ˌun'or·gan·ized *adj.* 1. 'unorˌganisch; 2. unorganisiert, wirr; 3. nicht organisiert.
ˌun'or·tho·dox *adj.* 1. *eccl.* 'unorthoˌdox; 2. *fig.* 'unorthoˌdox, unüblich, 'unkonventioˌnell.
'un·os·ten'ta·tious *adj.* □ unaufdringlich, unauffällig: a) prunklos, schlicht, b) anspruchslos, zu'rückhaltend, c) de'zent (*Farben etc.*).
ˌun'owned *adj.* herrenlos.
ˌun'pack *v/t. u. v/i.* auspacken.
ˌun'paid *adj.* 1. a. ~-*for* unbezahlt; rückständig (*Zinsen etc.*); 2. ✝ noch nicht eingezahlt (*Kapital*); 3. unbesoldet, unbezahlt, ehrenamtlich (*Stellung*).
un'pal·at·a·ble *adj.* □ 1. unschmackhaft, schlecht (schmeckend); 2. *fig.* unangenehm, 'widerwärtig.
un'par·al·leled *adj.* einmalig, beispiellos, *nachgestellt:* ohne'gleichen.
un'par·don·a·ble *adj.* □ unverzeihlich.
'un·parˌlia'men·ta·ry *adj. pol.* 'unparlamenˌtarisch.
ˌun'pat·ent·ed *adj.* nicht patentiert.
'un·paˌtri'ot·ic *adj.* (□ ~*ally*) 'unpatriˌotisch.
ˌun'paved *adj.* ungepflastert.
ˌun'ped·i·greed *adj.* ohne Stammbaum.
ˌun'peo·ple *v/t.* entvölkern.
ˌun·per'ceived *adj.* □ unbemerkt.
ˌun·per'formed *adj.* 1. nicht ausgeführt, ungetan, unverrichtet; 2. *thea.* nicht aufgeführt (*Stück*).
'un·perˌson *s. fig.* 'Unperˌson *f.*
ˌun·per'turbed *adj.* nicht beunruhigt, gelassen, ruhig.
ˌun'pick *v/t.* Naht etc. (auf)trennen; ˌun'picked *adj.* 1. ungepflückt; 2. ✝ unausgesucht, unsortiert (*Proben*).
ˌun'pin *v/t.* 1. die Nadeln entfernen aus; 2. losstecken, -machen.
ˌun'pit·ied *adj.* unbemitleidet; ˌun'pit·y·ing *adj.* □ mitleid(s)los.
ˌun'placed *adj.* 1. nicht 'untergebracht; nicht angestellt, ohne Stellung; 2.

Rennsport: unplaciert.
ˌun'plait *v/t.* 1. glätten; 2. *das Haar etc.* aufflechten.
ˌun'play·a·ble *adj.* 1. *sport* unbespielbar (*Boden, Platz*); 2. ♪ unspielbar; 3. *thea.* nicht bühnenreif.
un'pleas·ant *adj.* □ *allg.* unangenehm: a) unerfreulich, b) unfreundlich, c) unwirsch (*Person*); un'pleas·ant·ness *s.* 1. *das* Unangenehme; 2. Unannehmlichkeit *f*; 3. 'Mißhelligkeit *f*, Unstimmigkeit *f.*
ˌun'pledged *adj.* 1. nicht verpflichtet; 2. ⚖ unverpfändet.
ˌun'plug *v/t.* den Pflock *od.* Stöpsel *od.* Stecker entfernen aus.
ˌun'plumbed *adj. fig.* unergründet, unergründlich.
ˌun·po'et·ic, ˌun·po'et·i·cal *adj.* □ 'unpoˌetisch, undichterisch.
ˌun'pol·ished *adj.* 1. unpoliert (*a. Reis*), ungeglättet, ungeschliffen; 2. *fig.* unausgefeilt (*Stil etc.*); 3. *fig.* ungeschliffen, ungehobelt.
ˌun'pol·i·tic → *unpolitical* 1; ˌun·po·'lit·i·cal *adj.* 1. (po'litisch) unklug; 2. 'unpoˌlitisch, an Poli'tik uninteressiert; 3. 'unparˌteiisch.
ˌun'polled *adj. pol.* 1. nicht gewählt habend: ~ *elector* Nichtwähler *m*; 2. *Am.* nicht (in die Wählerliste) eingetragen.
ˌun·pol'lut·ed *adj.* 1. unverschmutzt, unverseucht (*Wasser etc.*); 2. *fig.* unbefleckt.
ˌun'pop·u·lar *adj.* □ 'unpopuˌlär, unbeliebt; ˌun'pop·u'lar·i·ty *s.* 'Unpopulariˌtät *f*, Unbeliebtheit *f.*
ˌun·pos'sessed *adj.* 1. herrenlos (*Sache*); 2. ~ *of s.th.* nicht im Besitz e-r Sache.
ˌun'post·ed *adj.* 1. nicht informiert, 'ununterˌrichtet; 2. *Brit.* nicht aufgegeben (*Brief*).
ˌun'prac·ti·cal *adj.* □ unpraktisch; un'prac·ticed *Am.*, ˌun'prac·tised *Brit. adj.* ungeübt (*in in dat.*).
un'prec·e·dent·ed *adj.* □ 1. beispiellos, unerhört, noch nie dagewesen; 2. ⚖ ohne Präze'denzfall.
ˌun·pre'dict·a·ble *adj.* unvorhersehbar, unberechenbar (*a. Person*): *he is quite ~ a.* er ist sehr schwer auszumachen.
ˌun'prej·u·diced *adj.* 1. unvoreingenommen, vorurteilsfrei, *a.* ⚖ unbefangen; 2. *a.* ⚖ unbeeinträchtigt.
ˌun·pre'med·i·tat·ed *adj.* □ 1. 'unüberˌlegt; 2. unbeabsichtigt; 3. ⚖ ohne Vorsatz.
ˌun·pre'pared *adj.* □ 1. unvorbereitet: *an ~ speech*; 2. (*for*) nicht vorbereitet *od.* gefaßt (auf *acc.*), nicht gerüstet (für).
'un·preˌpos'sess·ing *adj.* wenig anziehend, 'unsymˌpathisch.
ˌun·pre'sent·a·ble *adj.* nicht präsen'tabel.
ˌun·pre'sum·ing *adj.* nicht anmaßend *od.* vermessen, bescheiden.
ˌun·pre'tend·ing, ˌun·pre'ten·tious *adj.* □ anspruchslos.
un'prin·ci·pled *adj.* 1. ohne (feste) Grundsätze, haltlos, cha'rakterlos (*Person*); 2. gewissenlos, charakterlos (*Benehmen*).
un·print·a·ble [ˌʌn'prɪntəbl] *adj.* nicht druckfähig *od.* druckreif (*a. fig.* anstößig); ˌun'print·ed [-tɪd] *adj.* 1. unge-

druckt (*Schriften*); **2.** unbedruckt (*Stoffe etc.*).

,un'priv·i·leged *adj.* nicht privilegiert *od.* bevorrechtet: ~ *creditor* ⚮ Massegläubiger *m*.

,un·pro'duc·tive *adj.* □ 'unprodukˌtiv (*a. fig.*), unergiebig (*of* an *dat.*), unfruchtbar (*a. fig.*), 'unrenˌtabel: ~ *capital* ✝ totes Kapital; ,un·pro'duc·tive·ness *s.* 'Unproduktiviˌtät *f*, Unfruchtbarkeit *f*, Unergiebigkeit *f*, 'Unrentabiliˌtät *f*.

,un·pro'fes·sion·al *adj.* □ **1.** keiner freien Berufsgruppe zugehörig; **2.** nicht berufsmäßig; **3.** berufswidrig: ~ *conduct*; **4.** unfachmännisch.

,un'prof·it·a·ble *adj.* □ **1.** nicht einträglich *od.* gewinnbringend *od.* lohnend, 'unrenˌtabel; **2.** unvorteilhaft; **3.** nutz-, zwecklos; ,un'prof·it·a·ble·ness *s.* **1.** Uneinträglichkeit *f*; **2.** Nutzlosigkeit *f*.

,un·pro'gres·sive *adj.* □ **1.** nicht fortschrittlich, rückständig; **2.** rückschrittlich, konservaˈtiv, reaktioˈnär.

,un'prom·is·ing *adj.* □ nicht vielversprechend, ziemlich aussichtslos.

,un'prompt·ed *adj.* sponˈtan.

,un·pro'nounce·a·ble *adj.* unaussprechlich.

,un·pro'pi·tious *adj.* □ ungünstig.

,un·pro'por·tion·al *adj.* □ unverhältnismäßig, 'unproportioˌnal.

,un·pro'tect·ed *adj.* **1.** ungeschützt, schutzlos; **2.** ungedeckt.

,un'proved, ,un'prov·en *adj.* unerwiesen.

,un·pro'vid·ed *adj.* □ **1.** nicht versehen (*with* mit): ~ *with* ohne; **2.** unvorbereitet; **3.** ~ *for* unversorgt (*Kind*); **4.** ~ *for* nicht vorgesehen.

,un·pro'voked *adj.* □ **1.** unprovoziert; **2.** grundlos.

,un'pub·lish·a·ble *adj.* zur Veröffentlichung ungeeignet; ,un'pub·lished *adj.* unveröffentlicht.

,un'punc·tu·al *adj.* □ unpünktlich; 'unˌpunc·tu·al·i·ty *s.* Unpünktlichkeit *f*.

,un'pun·ished *adj.* unbestraft, ungestraft: *go* ~ straflos ausgehen.

un·put-down·a·ble [ˌʌnpʊt'daʊnəbl] *adj.* F so faszinierend, daß man es nicht mehr aus der Hand legen kann (*Buch*).

,un'qual·i·fied *adj.* □ **1.** unqualifiziert: a) unbefähigt, ungeeignet (*for* für), b) unberechtigt; **2.** uneingeschränkt, unbedingt, bedingungslos; **3.** F ausgesprochen (*Lügner etc.*).

un·quench·a·ble [ˌʌn'kwentʃəbl] *adj.* □ **1.** unlöschbar; **2.** *fig.* unstillbar.

un·ques·tion·a·ble [ʌn'kwestʃənəbl] *adj.* □ **1.** unzweifelhaft, fraglos; **2.** unbedenklich; un'ques·tioned [-tʃənd] *adj.* **1.** ungefragt; **2.** unbezweifelt, unbestritten; un'ques·tion·ing [-nɪŋ] *adj.* □ bedingungslos, blind: ~ *obedience*; un'ques·tion·ing·ly [-nɪŋlɪ] *adv.* ohne zu fragen, ohne Zögern.

,un'quote *v/i.*: ~! Ende des Zitats!; ,un'quot·ed *adj.* **1.** nicht zitiert; **2.** *Börse:* nicht notiert.

un'rav·el I *v/t.* **1.** *Gewebe* ausfasern; **2.** *Gestricktes* auftrennen; **3.** entwirren; **4.** *fig.* entwirren, enträtseln; II *v/i.* **5.** sich entwirren etc.

un·read [ˌʌn'red] *adj.* **1.** ungelesen; **2.** a) unbelesen, ungebildet, b) unbewandert (*in* in *dat.*).

,un'read·a·ble *adj.* **1.** unleserlich (*Handschrift etc.*); **2.** schwer zu lesen (*Buch etc.*); **3.** nicht lesenswert (*Buch etc.*).

,un'read·i·ness *s.* mangelnde Bereitschaft; ,un'read·y *adj.* □ nicht bereit *od.* fertig (*for* zu).

,un'real *adj.* □ **1.** unwirklich; **2.** wesenlos; **3.** → 'unˌre·al'is·tic *adj.* (□ ~*ally*) wirklichkeitsfremd, 'unreaˌlistisch; un·re'al·i·ty *s.* **1.** Unwirklichkeit *f*; **2.** Wesenlosigkeit *f*.

,un·re·al·iz·a·ble *adj.* nicht realisierbar: a) nicht zu verwirklichen(d), b) ✝ nicht verwertbar, unverkäuflich; ,un're·al·ized *adj.* **1.** nicht verwirklicht *od.* erfüllt; **2.** nicht vergegenwärtigt *od.* erkannt.

,un'rea·son *s.* **1.** Unvernunft *f*; **2.** Torheit *f*; un'rea·son·a·ble *adj.* □ **1.** unvernünftig, unbillig, unmäßig, 'übermäßig; unzumutbar; un'rea·son·a·ble·ness *s.* **1.** Unvernunft *f*; **2.** Unbilligkeit *f*, Unmäßigkeit *f*; Unzumutbarkeit *f*; un'rea·son·ing *adj.* □ **1.** vernunftlos; **2.** unvernünftig, blind.

,un·re'ceipt·ed *adj.* ✝ unquittiert.

,un·re'cep·tive *adj.* nicht aufnahmefähig, unempfänglich (*of, to* für).

,un·re'claimed *adj.* **1.** *fig.* ungebessert; **2.** ungezähmt; **3.** unkultiviert (*Land*).

,un·rec·og·niz·a·ble *adj.* □ nicht wiederzuerkennen(d); ,un'rec·og·nized *adj.* **1.** nicht ('wieder)erkannt; **2.** nicht anerkannt.

,un'rec·on·ciled *adj.* unversöhnt (*to* mit).

un·re·cord·ed [ˌʌnrɪ'kɔ:dɪd] *adj.* **1.** (geschichtlich) nicht über'liefert *od.* aufgezeichnet *od.* belegt; **2.** nicht eingetragen *od.* registriert; **3.** ⚮ nicht beurkundet; **4.** a) nicht (auf Tonband *etc.*) aufgenommen, b) Leer...: ~ *tape*.

,un·re'deemed *adj.* **1.** *eccl.* unerlöst; **2.** ✝ a) ungetilgt (*Schuld*), b) uneingelöst (*Wechsel*); **3.** uneingelöst (*Pfand, Versprechen*); **4.** *fig.* ungemildert (*by* durch); Erz...: ~ *rascal*.

,un·re'dressed *adj.* **1.** nicht wiedergutgemacht; **2.** nicht abgestellt (*Mißstand*).

,un'reel *v/t.* (*v/i.* sich) abspulen.

,un·re'fined *adj.* **1.** ◎ nicht raffiniert, ungeläutert, roh, Roh-...; **2.** *fig.* ungebildet, unfein, unkultiviert.

,un·re'flect·ing *adj.* □ **1.** nicht reflektierend; **2.** gedankenlos, 'überˌlegt.

,un·re'formed *adj.* **1.** unverbessert; **2.** ungebessert (*Person*).

,un·re'fut·ed *adj.* 'unwiderˌlegt.

,un·re'gard·ed *adj.* unberücksichtigt, unbeachtet; ,un·re'gard·ful *adj.* unachtsam, ohne Rücksicht (*of* auf *acc.*).

un·re·gen·er·a·cy [ˌʌnrɪ'dʒenərəsɪ] *s.* *eccl.* Sündhaftigkeit *f*; ,un·re'gen·er·ate [-rət] *adj.* **1.** *eccl.* nicht 'wiedergeboren; **2.** nicht gebessert.

,un'reg·is·tered *adj.* **1.** nicht registriert *od.* eingetragen (*a.* ✝, ⚮); **2.** (amtlich) nicht zugelassen (*Auto etc.*); nicht approbiert (*Arzt etc.*); **3.** nicht eingeschrieben (*Brief*).

,un·re'gret·ted *adj.* unbedauert, unbeklagt.

,un·re'hearsed *adj.* **1.** *thea.* ungeprobt;

2. über'raschend, sponˈtan.

,un·re'lat·ed *adj.* **1.** ohne Beziehung (*to* zu); **2.** nicht verwandt (*to, with* mit) (*a. fig.*); **3.** nicht berichtet.

,un·re'lent·ing *adj.* □ **1.** unbeugsam, unerbittlich; **2.** unvermindert.

'un·reˌli·a'bil·i·ty *s.* Unzuverlässigkeit *f*; ,un·re'li·a·ble *adj.* □ unzuverlässig.

,un·re'lieved *adj.* □ **1.** ungelindert; **2.** nicht unter'brochen, 'ununterˌbrochen; **3.** ⚔ a) nicht abgelöst (*Wache*), b) nicht entsetzt (*Festung etc.*).

un·re·mit·ting [ˌʌnrɪ'mɪtɪŋ] *adj.* □ unablässig, beharrlich.

,un·re'mu·ner·a·tive *adj.* nicht lohnend *od.* einträglich, 'unrenˌtabel.

,un·re'pair *s.* Baufälligkeit *f*, Verfall *m*: *in* (*a state of*) ~ in baufälligem Zustand.

,un·re'pealed *adj.* **1.** nicht wider'rufen; **2.** nicht aufgehoben.

,un·re'pent·ant *adj.* reuelos, unbußfertig; ,un·re'pent·ed [-tɪd] *adj.* unbereut.

,un·rep·re'sent·ed *adj.* nicht vertreten.

,un·re'quit·ed *adj.* □ **1.** unerwidert: ~ *love*; **2.** unbelohnt (*Dienste*); **3.** ungesühnt (*Missetat*).

un·re·served [ˌʌnrɪ'zɜ:vd] *adj.* □ **1.** uneingeschränkt, vorbehalt-, rückhaltlos, völlig; **2.** freimütig, offen(herzig); **3.** nicht reserviert; ,un·re'serv·ed·ness [-vɪdnɪs] *s.* Offenheit *f*, Freimütigkeit *f*.

,un·re'sist·ed *adj.* ungehindert: *be* ~ keinen Widerstand finden; ,un·re'sist·ing *adj.* □ 'widerstandslos.

,un·re'solved *adj.* **1.** ungelöst: ~ *problem*; **2.** unschlüssig, unentschlossen; **3.** ♫, ♪ *etc.* unaufgelöst.

,un·re'spon·sive *adj.* □ **1.** unempfänglich (*to* für): *be* ~ (*to*) nicht reagieren *od.* ansprechen (auf *acc.*); **2.** teilnahmslos, kalt.

un·rest [ʌn'rest] *s.* Unruhe *f*, *pol. a.* Unruhen *pl.*; ,un'rest·ful *adj.* □ **1.** ruhelos; **2.** ungemütlich; **3.** unbequem; un'rest·ing *adj.* □ rastlos, unermüdlich.

,un·re'strained *adj.* □ **1.** ungehemmt (*a. fig. ungezwungen*); **2.** hemmungs-, zügellos; **3.** uneingeschränkt; ,un·re'straint *s.* **1.** Ungehemmtheit *f*, *fig. a.* Ungezwungenheit *f*; **2.** Hemmungslosigkeit *f*.

,un·re'strict·ed *adj.* □ uneingeschränkt, unbeschränkt.

,un·re'turned *adj.* **1.** nicht zu'rückgegeben; **2.** unerwidert, unvergolten: *be* ~ unerwidert bleiben; **3.** *pol.* nicht (*ins Parlament*) gewählt.

,un·re'vealed *adj.* nicht offen'bart, verborgen, geheim.

,un·re'vised *adj.* nicht revidiert (*a. fig. Ansicht etc.*).

,un·re'ward·ed *adj.* unbelohnt.

,un'rhymed *adj.* ungereimt, reimlos.

,un'rid·dle *v/t.* enträtseln.

,un'rig *v/t.* **1.** ⚓ abtakeln; **2.** abmontieren.

un'right·eous *adj.* □ **1.** nicht rechtschaffen; **2.** *eccl.* ungerecht, sündig; un'right·eous·ness *s.* Ungerechtigkeit *f*.

,un'rip *v/t.* aufreißen, -schlitzen.

,un'ripe *adj. allg.* unreif; ,un'ripe·ness *s.* Unreife *f*.

un'ri·val(l)ed *adj.* **1.** ohne Ri'valen *od.*

Gegenspieler; **2.** unerreicht, unvergleichlich; ✝ konkur'renzlos.

,un'roll I v/t. **1.** entrollen, -falten; **2.** abwickeln; II v/i. **3.** sich entfalten; sich ausein'anderrollen.

,un·ro'man·tic adj. (□ ~ally) allg. 'unro,mantisch.

,un'roof v/t. Haus abdecken.

,un'rope v/t. **1.** losbinden; **2.** mount. (a. v/i. sich) ausseilen.

,un'round v/t. ling. Vokale entrunden.

,un'ruf·fled adj. **1.** ungekräuselt, glatt; **2.** fig. gelassen, unerschüttert.

,un'ruled adj. **1.** fig. unbeherrscht; **2.** unliniert (Papier).

un·ru·li·ness [ʌn'ruːlɪnɪs] s. **1.** Unlenkbarkeit f, 'Widerspenstigkeit f; **2.** Ausgelassenheit f, Unbändigkeit f; un·ru·ly [ʌn'ruːlɪ] adj. **1.** unlenksam, aufsässig; **2.** ungebärdig; ausgelassen; **3.** ungestüm.

,un'sad·dle I v/t. **1.** Pferd absatteln; **2.** j-n aus dem Sattel werfen; II v/i. **3.** absatteln.

,un'safe adj. □ unsicher, gefährlich.

,un'said adj. ungesagt, unerwähnt.

,un'sal·a·ble adj. **1.** unverkäuflich; **2.** nicht gangbar (Waren).

,un'sal·a·ried adj. unbezahlt, ehrenamtlich: ~ clerk ✝ Volontär m.

,un'sale·a·ble → unsalable.

,un'sanc·tioned adj. nicht sanktioniert, nicht gebilligt od. geduldet.

,un'san·i·tar·y adj. **1.** ungesund; **2.** 'unhygi,enisch.

,un,sat·is'fac·to·ri·ness s. das Unbefriedigende, Unzulänglichkeit f; 'un,sat·is'fac·to·ry adj. □ unbefriedigend, ungenügend, unzulänglich; ,un'sat·is·fied adj. **1.** unbefriedigt; **2.** unzufrieden; **3.** ✝ a) unbefriedigt (Anspruch, Gläubiger), b) unbezahlt, c) unerfüllt (Bedingung); ,un'sat·is·fy·ing adj. → unsatisfactory.

,un'sa·vo(u)r·i·ness s. **1.** Unschmackhaftigkeit f; **2.** Widerlichkeit f; ,un'sa·vo(u)r·y adj. □ **1.** unschmackhaft; **2.** a. fig. 'unappe,titlich, unangenehm.

,un'say v/t. [irr. → say] wider'rufen.

,un'scal·a·ble adj. unersteigbar.

,un'scathed [-'skeɪðd] adj. (völlig) unversehrt, unbeschädigt.

,un'sched·uled adj. **1.** nicht pro'grammgemäß; **2.** außerplanmäßig (Abfahrt etc.).

,un'schol·ar·ly adj. **1.** unwissenschaftlich; **2.** ungelehrt.

,un'schooled adj. **1.** ungeschult, nicht ausgebildet; **2.** unverbildet.

'un,sci·en'tif·ic adj. (□ ~ally) unwissenschaftlich.

,un'scram·ble v/t. **1.** F entwirren; **2.** entschlüsseln, dechiffrieren; **3.** ♫ aussteuern.

,un'screened adj. ungeschützt, a. ♫ nicht abgeschirmt; **2.** ungesiebt (Sand etc.); **3.** nicht über'prüft.

,un'screw I v/t. ⚙ ab-, auf-, losschrauben; II v/i. sich her'aus- od. losdrehen; sich losschrauben lassen.

,un'script·ed adj. improvisiert (Rede etc.).

un'scru·pu·lous adj. □ skrupel-, bedenken-, gewissenlos.

,un'seal v/t. **1.** Brief etc. entsiegeln od. öffnen; **2.** fig. j-m die Augen, Lippen öffnen; **3.** fig. enthüllen; ,un'sealed

adj. **1.** a) unversiegelt, b) geöffnet; **2.** fig. nicht besiegelt.

un'search·a·ble adj. □ unerforschlich, unergründlich.

un'sea·son·a·ble adj. □ **1.** unzeitig; **2.** fig. unpassend, ungünstig.

,un'sea·soned adj. **1.** nicht (aus)gereift; **2.** nicht abgelagert (Holz); **3.** fig. nicht abgehärtet (to gegen); **4.** fig. unerfahren; **5.** ungewürzt.

,un'seat v/t. **1.** Reiter abwerfen; **2.** j-n absetzen, des Postens entheben; **3.** pol. j-m s-n Sitz (im Parla'ment) nehmen; ,un'seat·ed adj. ohne Sitz(gelegenheit): be ~ nicht sitzen.

,un'sea,wor·thy adj. ♣ seeuntüchtig.

,un·se'cured adj. **1.** ungesichert (a. ✝ Schuld); **2.** unbefestigt; **3.** ✝ ungedeckt, nicht sichergestellt.

,un'seed·ed sport ungesetzt (Spieler etc.).

,un'see·ing adj. fig. blind: with ~ eyes mit leerem Blick, blind.

un'seem·li·ness s. Unziemlichkeit f; un'seem·ly adj. unziemlich, ungehörig.

,un'seen I adj. **1.** ungesehen, unbemerkt; **2.** unsichtbar; **3.** ped. unvorbereitet (Übersetzungstext); II s. **4.** the ~ die Geisterwelt; **5.** ped. Brit. unvorbereitete 'Herüber,setzung f.

,un'self·ish adj. □ selbstlos, uneigennützig; ,un'self·ish·ness s. Selbstlosigkeit f, Uneigennützigkeit f.

,un·sen'sa·tion·al adj. wenig sensatio'nell od. aufregend.

,un'ser·vice·a·ble adj. □ **1.** nicht verwendbar, unbrauchbar (Gerät etc.); **2.** betriebsunfähig.

,un'set·tle v/t. **1.** et. aus s-r (festen) Lage bringen; **2.** fig. beunruhigen; a. j-n, j-s Glauben etc. erschüttern, ins Wanken bringen; **3.** fig. verwirren, durchein'anderbringen; j-n aus dem (gewohnten) Gleis werfen; **4.** in Unordnung bringen; ,un'set·tled adj. **1.** ohne festen Wohnsitz; **2.** unbesiedelt (Land); **3.** fig. unbestimmt, ungewiß, a. allg. unsicher (Zeit etc.); **4.** unentschieden, unerledigt (Frage); **5.** unbeständig, veränderlich (Wetter; ✝ Markt); **6.** schwankend, unentschlossen (Person); **7.** (geistig) gestört, aus dem (seelischen) Gleichgewicht; **8.** unstet (Charakter, Leben); **9.** ✝ unbezahlt, unerledigt; **10.** ⚐ nicht zugeschrieben; nicht reguliert (Erbschaft).

,un'sex v/t. Frau vermännlichen: ~ o.s. alles Frauliche ablegen.

,un'shack·le v/t. j-n befreien (a. fig.); ,un'shack·led adj. ungehemmt.

,un'shad·ed adj. **1.** unverdunkelt, unbeschattet; **2.** paint. nicht schattiert.

un'shak·a·ble adj. unerschütterlich; ,un'shak·en adj. □ **1.** unerschüttert, fest; **2.** unerschütterlich.

,un'shape·ly adj. unförmig.

,un'shaved, ,un'shav·en adj. unrasiert.

,un'sheathe v/t. das Schwert aus der Scheide ziehen.

,un'shed adj. unvergossen (Tränen).

,un'shell v/t. (ab)schälen, enthülsen.

,un'shel·tered adj. ungeschützt, schutz-, obdachlos.

,un'ship v/t. ♣ a) Ladung löschen, ausladen, b) Passagiere ausschiffen, c) Ruder, Mast etc. abbauen.

,un'shod adj. **1.** unbeschuht, barfuß; **2.** unbeschlagen (Pferd).

,un'shorn adj. ungeschoren.

un·shrink·a·ble [ʌn'ʃrɪŋkəbl] adj. nicht einlaufend (Stoffe); un'shrink·ing adj. □ unverzagt, fest.

,un'sift·ed adj. **1.** ungesiebt; **2.** fig. ungeprüft.

,un'sight adj.: buy s.th. ~, unseen et. unbesehen kaufen; ,un'sight·ed adj. **1.** nicht gesichtet; **2.** ungezielt (Schuß); **3.** ohne Vi'sier (Gewehr etc.).

un'sight·ly adj. unansehnlich, häßlich.

,un'signed adj. **1.** unsigniert, nicht unter'zeichnet; **2.** ♪ unbezeichnet.

,un'sized¹ adj. nicht nach Größe(n) geordnet od. sortiert.

,un'sized² adj. ⊗ **1.** ungrundiert; **2.** ungeleimt.

,un'skil·ful adj. □ ungeschickt.

,un'skilled adj. **1.** unerfahren, ungeschickt; **2.** ✝ ungelernt: ~ worker; the ~ labo(u)r coll. die Hilfsarbeiter pl.

,un'skill·ful Am. → unskilful.

,un'skimmed adj. nicht entrahmt: ~ milk Vollmilch f.

,un'slaked adj. **1.** ungelöscht (Kalk; a. Durst); **2.** fig. ungestillt.

,un'sleep·ing adj. **1.** schlaflos; **2.** fig. immer wach.

,un'smil·ing adj. □ ernst.

,un'smoked adj. **1.** ungeräuchert; **2.** nicht aufgeraucht: ~ cigar.

,un'snarl v/t. entwirren.

un'so·cia·ble adj. □ ungesellig, nicht 'umgänglich, reserviert.

,un'so·cial adj. □ **1.** 'unsozi,al; **2.** 'aso-zi,al, gesellschaftsfeindlich; **3.** work ~ hours Brit. außerhalb der normalen Arbeitszeit arbeiten.

,un'soiled adj. rein, sauber, fig. a. unbefleckt.

,un'sold adj. unverkauft; → subject 14.

,un'sol·der v/t. ⊗ ab-, loslöten.

,un'sol·dier·ly adj. 'unsol,datisch.

,un·so'lic·it·ed adj. **1.** unaufgefordert, unverlangt; **2.** freiwillig.

,un'solv·a·ble adj. unlösbar.

,un'solved adj. ungelöst.

,un·so'phis·ti·cat·ed adj. **1.** unverfälscht; **2.** lauter, rein; **3.** ungekünstelt, na'türlich, unverbildet; **4.** na'iv, harmlos; **5.** unverdorben.

,un'sought, un'sought-for adj. ungesucht, ungewollt.

,un'sound adj. □ **1.** ungesund (a. fig.): of ~ mind geistesgestört, unzurechnungsfähig; **2.** verdorben, schlecht (Ware etc.), faul (Obst); **3.** morsch, wurmstichig; **4.** brüchig, rissig; **5.** unzuverlässig; 'unso,lide (a. ✝); **6.** nicht stichhaltig, anfechtbar: ~ argument; **7.** falsch, verkehrt: ~ doctrine Irrlehre f; ~ policy verfehlte Politik; ,un'sound·ness s. **1.** Ungesundheit f (a. fig.); **2.** Verdorbenheit f; **3.** fig. Unzuverlässigkeit f; **4.** Anfechtbarkeit f; **5.** Verfehltheit f, das Verkehrte.

un'spar·ing adj. □ **1.** freigebig, verschwenderisch (in, of mit): be ~ in nicht kargen mit Lob etc.; be ~ in one's efforts keine Mühe scheuen; **2.** reichlich, großzügig; **3.** schonungslos (of gegen).

un'speak·a·ble adj. □ **1.** unsagbar, unsäglich, unbeschreiblich; **2.** F scheußlich, entsetzlich.

,un'spec·i·fied *adj.* nicht (einzeln) angegeben, nicht spezifiziert.

,un'spir·it·u·al *adj.* ☐ ungeistig.

,un'spoiled, ,un'spoilt *adj.* **1.** *allg.* unverdorben; **2.** unbeschädigt; **3.** nicht verzogen (*Kind*).

,un'spo·ken *adj.* un(aus)gesprochen, ungesagt; stillschweigend; ~-*of* unerwähnt; ~-*to* unangeredet.

,un'sport·ing, ,un'sports·man·like *adj.* unsportlich, unfair.

,un'spot·ted *adj.* **1.** fleckenlos; **2.** *fig.* makellos, unbefleckt; **3.** F unentdeckt.

,un'sprung *adj.* ⊕ ungefedert.

,un'sta·ble *adj.* **1.** *a. fig.* unsicher, nicht fest, schwankend, la'bil; **2.** *fig.* unbeständig, unstet(ig); **3.** 🔬 'insta,bil.

,un'stained *adj.* **1.** → *unspotted* 1, 2; **2.** ungefärbt.

,un'stamped *adj.* ungestempelt; ✆ unfrankiert (*Brief*).

,un'states·man·like *adj.* unstaatsmännisch.

,un'stead·i·ness *s.* **1.** Unsicherheit *f*; **2.** *fig.* Unstetigkeit *f*, Schwanken *n*; **3.** Unzuverlässigkeit *f*; **4.** Unregelmäßigkeit *f*; ,un'stead·y *adj.* ☐ **1.** unsicher, wack(e)lig; **2.** *fig.* unstet(ig); unbeständig, schwankend (*beide a.* ✝ *Kurse, Markt*); **3.** *fig.* 'unso,lide; **4.** unregelmäßig.

,un'stick *v/t.* [*irr.* → *stick²*] lösen, losmachen.

un'stint·ed *adj.* uneingeschränkt, unbegrenzt; un'stint·ing [-tɪŋ] → *unsparing* 1, 2.

,un'stitch *v/t.* auftrennen: ~ed a) aufgetrennt, b) ungesteppt (*Falte*); *come* ~ed aufgehen (*Naht*).

,un'stop *v/t.* **1.** entstöpseln, -korken, aufmachen; **2.** frei machen

,un'strained *adj.* **1.** unfiltriert, ungefiltert; **2.** nicht angespannt (*a. fig.*); **3.** *fig.* ungezwungen.

,un'strap *v/t.* ab-, losschnallen.

,un'stressed *adj.* **1.** *ling.* unbetont; **2.** ⊕ unbelastet.

,un'string *v/t.* [*irr.* → *string*] **1.** Perlen *etc.* abfädeln; **2.** ♪ entsaiten; **3.** Bogen, Saite entspannen; **4.** *j-s Nerven* ka'puttmachen, *j-n* (nervlich) ,fertigmachen', demoralisieren.

,un'strung *adj.* **1.** ♪ a) saitenlos, unbezogen (*Saiteninstrument*), b) entspannt (*Saite, Bogen*); **2.** abgereiht (*Perlen*); **3.** *fig.* entnervt, mit den Nerven am Ende.

,un'stuck *adj.*: *come* ~ a) sich lösen, b) *fig.* scheitern.

,un'stud·ied *adj.* ungesucht, ungekünstelt, na'türlich.

,un·sub'mis·sive *adj.* ☐ nicht unter'würfig, 'widerspenstig.

,un·sub'stan·tial *adj.* ☐ **1.** unstofflich, unkörperlich; **2.** unwesentlich; **3.** wenig stichhaltig *od.* fundiert: ~ *arguments*; **4.** gehaltlos (*Essen*).

,un·sub·stan·ti·at·ed *adj.* **1.** unbegründet; **2.** nicht erhärtet.

,un·suc'cess *s.* 'Mißerfolg *m*, Fehlschlag *m*; ,un·suc'cess·ful *adj.* ☐ **1.** erfolglos: a) ohne Erfolg, b) miß'glückt, miß'lungen: *be* ~ keinen Erfolg haben (*in doing s.th.* bei *od.* mit et.); ~ *take-off* ✈ Fehlstart *m*; **2.** 'durchgefallen (*Kandidat*); zu'rückgewiesen (*Bewerber*); ⚖ unter'legen (*Partei*); ,un-

suc'cess·ful·ness [-sək'sesfʊlnɪs] *s.* Erfolglosigkeit *f*.

,un'suit·able *adj.* ☐ **1.** unpassend, ungeeignet (*to, for* für); **2.** unangemessen, unschicklich (*to, for* für); ,un'suit·ed → *unsuitable* 1.

,un'sul·lied *adj.* *mst fig.* unbefleckt.

,un'sung *poet.* **I** *adj.* unbesungen; **II** *adv.* *fig.* sang- u. klanglos.

,un'sup·port·ed *adj.* **1.** ungestützt; **2.** *fig.* unbestätigt, ohne 'Unterlagen; **3.** *fig.* nicht unter'stützt (*Antrag etc., a. Kinder etc.*).

,un'sure *adj.* *allg.* unsicher, nicht sicher (*of gen.*).

,un·sur'mount·a·ble *adj.* 'unüber,windlich (*Hindernis etc.*) (*a. fig.*).

,un·sur'pass·a·ble *adj.* ☐ 'unüber,trefflich; ,un·sur'passed *adj.* 'unüber,troffen.

,un·sus'cep·ti·ble *adj.* **1.** unempfindlich (*to* gegen); **2.** *fig.* unempfänglich (*to* für).

un·sus·pect·ed [,ʌnsə'spektɪd] *adj.* ☐ **1.** unverdächtig(t); **2.** unvermutet, ungeahnt; ,un·sus'pect·ing [-ɪŋ] *adj.* ☐ **1.** nichtsahnend, ahnungslos: ~ *of* ohne et. zu ahnen; **2.** → *unsuspicious* 1.

,un·sus'pi·cious *adj.* ☐ **1.** arglos, nicht argwöhnisch; **2.** unverdächtig, harmlos.

,un'sweet·ened *adj.* **1.** ungesüßt; **2.** *fig.* unversüßt.

un·swerv·ing [ʌn'swɜːvɪŋ] *adj.* ☐ unbeirrbar, unerschütterlich.

,un'sworn *adj.* **1.** unbeeidet; **2.** unvereidigt (*Zeuge etc.*).

,un·sym'met·ri·cal *adj.* ☐ 'unsym,metrisch.

'un,sym·pa'thet·ic *adj.* (☐ ~*ally*) teilnahmslos, ohne Mitgefühl.

,un·sys·tem'at·ic *adj.* (☐ ~*ally*) 'unsy·ste,matisch, planlos.

,un'taint·ed *adj.* ☐ **1.** fleckenlos (*a. fig.*); **2.** unverdorben: ~ *food*; **3.** *fig.* unbeeinträchtigt (*with* von).

,un'tal·ent·ed *adj.* untalentiert, unbegabt.

,un'tam·a·ble *adj.* ☐ un(be)zähmbar; ,un'tamed *adj.* ungezähmt.

,un'tan·gle *v/t.* **1.** entwirren (*a. fig.*); **2.** aus einer schwierigen Lage befreien.

,un'tanned *adj.* **1.** ungegerbt (*Leder*); **2.** ungebräunt (*Haut*).

,un'tapped *adj.* unangezapft (*a. fig.*): ~ *resources* ungenützte Hilfsquellen.

,un'tar·nished *adj.* **1.** ungetrübt; **2.** makellos, unbefleckt (*a. fig.*).

,un'tast·ed *adj.* ungekostet (*a. fig.*).

,un'taught *adj.* **1.** ungelehrt, nicht unter'richtet; **2.** unwissend, ungebildet; **3.** ungelernt, selbstentwickelt (*Fähigkeit etc.*).

,un'taxed *adj.* unbesteuert.

,un'teach·a·ble *adj.* **1.** unbelehrbar (*Person*); **2.** unlehrbar (*Sache*).

,un'tem·pered *adj.* **1.** ⊕ ungehärtet, unvergütet (*Stahl*); **2.** *fig.* ungemildert (*with, by* durch).

,un'ten·a·ble *adj.* *fig.* unhaltbar.

,un'ten·ant·a·ble *adj.* unbewohn-, unvermietbar; ,un'ten·ant·ed *adj.* unbewohnt, leer(stehend); **2.** ⚖ ungemietet, ungepachtet.

,un'tend·ed *adj.* **1.** unbehütet, unbeaufsichtigt; **2.** vernachlässigt.

,un'thank·ful *adj.* ☐ undankbar.

un'think·a·ble *adj.* undenkbar, unvor-

stellbar: *the* ~ das Undenkbare; ,un-'think·ing *adj.* ☐ **1.** gedankenlos; **2.** nicht denkend.

,un'thought *adj.* **1.** 'unüber,legt; **2.** *mst* ~-*of* a) unerwartet, unvermutet, b) unvorstellbar.

,un'thread *v/t.* **1.** *Nadel* ausfädeln; den Faden her'ausziehen aus; **2.** *Perlen etc.* abfädeln; **3.** *a. fig.* sich hin'durchfinden durch, her'ausfinden aus; **4.** *mst fig.* entwirren.

,un'thrift·y *adj.* ☐ **1.** verschwenderisch; **2.** unwirtschaftlich (*a. Sache*).

,un'throne *v/t. a. fig.* entthronen.

un'ti·di·ness *s.* Unordentlichkeit *f*; un-'ti·dy *adj.* ☐ unordentlich.

,un'tie *v/t.* aufknoten, auf-, losbinden, *Knoten* lösen.

un·til [ən'tɪl] **I** *prp.* bis (*zeitlich*): *not* ~ *Monday* erst (am) Montag; **II** *cj.* bis: *not* ~ erst als *od.* wenn, nicht eher als.

,un'tilled *adj.* 🌱 unbebaut.

un'time·li·ness *s.* Unzeit *f*, falscher *od.* verfrühter Zeitpunkt; un'time·ly *adj. u. adv.* unzeitig: a) verfrüht, b) ungelegen, unpassend.

un'tir·ing *adj.* ☐ unermüdlich.

un·to [ˈʌntuː] *prp. obs. od. poet. od. bibl.* → *to* I.

,un'told *adj.* **1.** a) unerzählt, b) ungesagt: *leave nothing* ~ nichts unerwähnt lassen; **2.** unsäglich (*Leiden etc.*); **3.** ungezählt, zahllos; **4.** unermeßlich.

un'touch·a·ble **I** *adj.* **1.** unberührbar; **2.** unantastbar, unangreifbar; **3.** unerreichbar, unnahbar; **II** *s.* **4.** Unberührbare(r *m*) *f* (*bei den Hindus*); ,un-'touched *adj.* **1.** unberührt (*a. Essen*) (*a. fig.*), unangetastet (*a. Vorrat*); **2.** *fig.* ungerührt, unbeeinflußt; **3.** nicht zu'rechtgemacht, *fig.* ungeschminkt; **4.** *phot.* unretuschiert; **5.** *fig.* unerreicht.

un·to·ward [,ʌntəˈwɔːd] *adj.* **1.** *obs.* ungefügig, 'widerspenstig; **2.** widrig, ungünstig, unglücklich (*Umstand etc.*); ,un·to'ward·ness [-nɪs] *s.* **1.** *obs.* 'Widerspenstigkeit *f*; **2.** Widrigkeit *f*, Ungunst *f*.

,un'trace·a·ble *adj.* unauffindbar, nicht ausfindig zu machen(d).

,un'trained *adj.* **1.** ungeschult (*a. fig.*), *a.* ✗ unausgebildet; **2.** *sport* untrainiert; **3.** ungeübt; **4.** undressiert (*Tier*).

un'tram·mel(l)ed *adj. bsd. fig.* ungebunden, ungehindert.

,un'trans'lat·a·ble *adj.* ☐ 'unüber-,setzbar.

,un'trav·el(l)ed *adj.* **1.** unbefahren (*Straße etc.*); **2.** nicht (weit) her'umgekommen (*Person*).

,un'tried *adj.* **1.** a) unerprobt, ungeprüft, b) unversucht; **2.** ⚖ a) unerledigt, (noch) nicht verhandelt (*Fall*), b) (noch) nicht vor Gericht gestellt.

,un'trimmed *adj.* **1.** unbeschnitten (*Bart, Hecke etc.*); **2.** ungepflegt, nicht (ordentlich) zu'rechtgemacht; **3.** ungeschmückt.

,un'trod·den *adj.* unberührt (*Wildnis etc.*): ~ *paths fig.* neue Wege.

,un'trou·bled *adj.* **1.** ungestört, unbelästigt; **2.** ruhig (*Geist, Zeiten etc.*); **3.** ungetrübt (*a. fig.*).

,un'true *adj.* ☐ **1.** untreu (*to dat.*); **2.** unwahr, falsch, irrig; **3.** (*to*) nicht in Über'einstimmung (mit), abweichend (von); **4.** ⊕ a) unrund, b) ungenau;

‚un'tru·ly adv. fälschlich(erweise).

‚un'trust‚wor·thi·ness s. Unzuverlässigkeit f; ‚un'trust‚wor·thy adj. □ unzuverlässig, nicht vertrauenswürdig.

‚un'truth s. 1. Unwahrheit f; 2. Falschheit f; ‚un'truth·ful adj. □ 1. unwahr (Person od. Sache); unaufrichtig; 2. falsch, irrig.

‚un'tuned adj. 1. ♪ verstimmt; 2. fig. verwirrt; 3. → ‚un'tune·ful adj. □ 'unme‚lodisch.

‚un'turned adj. nicht 'umgedreht; → stone 1.

‚un'tu·tored adj. 1. ungebildet, ungeschult; 2. unerzogen; 3. unverbildet, na'türlich; 4. unkultiviert.

‚un'twine, ‚un'twist I v/t. 1. aufdrehen, -flechten; 2. bsd. fig. entwirren, lösen; II v/i. 3. sich aufdrehen, aufgehen.

‚un'used adj. 1. unbenutzt, ungebraucht, nicht verwendet; 2. a) ungewohnt, nicht gewöhnt (to an acc.), b) nicht gewohnt (to doing zu tun).

un'u·su·al adj. □ un-, außergewöhnlich: it is ~ for him to es ist nicht s-e Art zu inf.

un'ut·ter·a·ble adj. □ 1. unaussprechlich (a. fig.); 2. → unspeakable 1; 3. unglaublich, Erz...: ~ scoundrel; ‚un'ut·tered adj. unausgesprochen, ungesagt.

‚un'val·ued adj. 1. nicht (ab)geschätzt, untaxiert; 2. ♥ nennwertlos (Aktien); 3. nicht geschätzt, wenig geachtet.

un'var·ied adj. unverändert, einförmig.

‚un'var·nished adj. 1. ungefirnißt; 2. fig. ungeschminkt: ~ truth; 3. fig. schlicht, einfach.

un'var·y·ing adj. □ unveränderlich, gleichbleibend.

‚un'veil I v/t. 1. Gesicht etc. entschleiern, Denkmal etc. enthüllen (a. fig.): ~ed a) unverschleiert, b) unverhüllt (a. fig.); 2. sichtbar werden lassen; II v/i. 3. den Schleier fallen lassen, sich enthüllen (a. fig.).

‚un'ver·i·fied adj. unbelegt, unbewiesen.

‚un'versed adj. unbewandert (in in dat.).

‚un'voiced adj. 1. unausgesprochen, nicht geäußert; 2. ling. stimmlos.

‚un'vouched, a. un'vouched-for adj. unverbürgt.

‚un'vouch·ered, a. : ~ fund pol. Am. Reptilienfonds m.

‚un'want·ed adj. unerwünscht.

un'war·i·ness s. Unvorsichtigkeit f.

‚un'war·like adj. unkriegerisch.

‚un'warped adj. 1. nicht verzogen (Holz); 2. fig. 'unpar‚teiisch.

un'war·rant·a·ble adj. □ unverantwortlich, ungerechtfertigt, nicht vertretbar, untragbar, unhaltbar; un'war·rant·a·bly adv. in unverantwortlicher od. ungerechtfertigter Weise; un'war·rant·ed adj. 1. ungerechtfertigt, unberechtigt, unbefugt; 2. ‚un'warranted unverbürgt, ohne Gewähr.

un'war·y adj. □ 1. unvorsichtig; 2. 'unüber‚legt.

‚un'washed adj. ungewaschen: the great ~ fig. contp. der Pöbel.

‚un'watched adj. unbeobachtet.

‚un'wa·tered adj. 1. unbewässert; nicht begossen, nicht gesprengt (Rasen etc.); 2. unverwässert (Milch etc.; a. ♥ Ka-

pital).

un'wa·ver·ing adj. □ unerschütterlich, standhaft, unentwegt.

un·wea·ried [ʌn'wɪərɪd] adj. □ 1. nicht ermüdet; 2. unermüdlich; un'wea·ry·ing [-ɪɪŋ] adj. □ unermüdlich.

‚un'wed(·ded) adj. unverheiratet.

‚un'weighed adj. 1. ungewogen; 2. nicht abgewogen, unbedacht.

un'wel·come adj. □ 'unwill‚kommen (a. fig. unangenehm).

‚un'well adj. unwohl, unpäßlich (a. euphem.).

‚un'wept adj. 1. unbeweint; 2. unvergossen (Tränen).

‚un'whole·some adj. □ allg. ungesund (a. fig.); ‚un'whole·some·ness s. Ungesundheit f.

un·wield·i·ness [ʌn'wiːldɪnɪs] s. 1. Unbeholfenheit f, Schwerfälligkeit f; 2. Unhandlichkeit f; un'wield·y adj. □ 1. unbeholfen, plump, schwerfällig; 2. a) unhandlich, b) sperrig.

‚un'will·ing adj. □ un-, 'widerwillig: be ~ to do abgeneigt sein, et. zu tun, et. nicht tun wollen; I am ~ to admit it ich gebe es ungern zu; un'will·ing·ly adv. ungern, 'widerwillig; un'will·ing·ness s. 'Widerwille m, Abgeneigtheit f.

un·wind [ʌn'waɪnd] [irr. → wind²] I v/t. 1. ab-, auf-, loswickeln, abspulen; II v/i. 2. sich ab- od. loswickeln; 3. F sich entspannen.

un·wink·ing [ʌn'wɪŋkɪŋ] adj. □ unverwandt, starr (Blick).

‚un'wis·dom s. Unklugheit f; ‚un'wise adj. □ unklug, töricht.

‚un'wished adj. 1. ungewünscht; 2. a. ~-for unerwünscht.

un'wit·ting adj. □ unwissentlich, unabsichtlich.

‚un'wom·an·li·ness s. Unweiblichkeit f; ‚un'wom·an·ly adj. unweiblich, unfraulich.

‚un'wont·ed adj. □ 1. nicht gewöhnt (to an acc.), ungewohnt (to inf. zu inf.); 2. ungewöhnlich.

‚un'work·a·ble adj. 1. unaus-, 'un‚durchführbar (Plan); 2. ⚙ nicht bearbeitungsfähig; 3. ⚙ a) nicht betriebsfähig, b) ✗ nicht abbauwürdig.

‚un'worked adj. 1. unbearbeitet (Boden etc.), roh (a. ⚙); 2. ✗ unverritzt: ~ coal anstehende Kohle.

‚un'work·man·like adj. unfachmännisch, unfachgemäß, stümperhaft.

‚un'world·li·ness s. 1. Weltfremdheit f; 2. Uneigennützigkeit f; 3. Geistigkeit f; ‚un'world·ly adj. 1. unweltlich, nicht weltlich (gesinnt), weltfremd; 2. uneigennützig; 3. unirdisch, geistig.

‚un'worn adj. 1. ungetragen (Kleid etc.); 2. nicht abgetragen.

un'wor·thi·ness s. Unwürdigkeit f; un'wor·thy adj. □ unwürdig (of gen.): he is ~ of it er verdient es nicht, er ist es nicht wert; he is ~ of respect er verdient keine Achtung.

un·wound [ʌn'waʊnd] adj. 1. abgewickelt; 2. abgelaufen, nicht aufgezogen (Uhr).

‚un'wrap v/t. auswickeln, -packen.

‚un'wrin·kled adj. nicht gerunzelt od. zerknittert, faltenlos, glatt.

‚un'writ·ten adj. □ 1. ungeschrieben: ~ law a) ⚖ ungeschriebenes Recht, b) fig. ungeschriebenes Gesetz; 2. a. ~-on

unbeschrieben.

‚un'wrought adj. unbe-, unverarbeitet, roh: ~ goods Rohstoffe.

un'yield·ing adj. □ 1. nicht nachgebend (to dat.), fest (a. fig.), unbiegsam, starr; 2. fig. unnachgiebig, hart, unbeugsam.

‚un'yoke v/t. 1. aus-, losspannen; 2. fig. (los)trennen, lösen.

‚un'zip v/t. den Reißverschluß aufmachen an (dat.).

up [ʌp] I adv. 1. a) nach oben, hoch, (her-, hin)'auf, aufwärts, in die Höhe, em'por, b) oben (a. fig.): ... and ~ u. (noch) höher od. mehr, von ... aufwärts; ~ and ~ immer höher; three stor(e)ys ~ drei Stock hoch, oben im dritten Stock(werk); ~ and down auf u. ab, hin u. her; fig. überall; ~ from the country vom Lande; ~ till now bis jetzt; 2. nach od. im Norden: ~ from Cuba von Cuba aus in nördlicher Richtung; 3. a) in der od. in die (bsd. Haupt)Stadt, b) Brit. bsd. in od. nach London; ~ at od. zum Studienort, im College etc.: he stayed ~ for the vacation; 5. Am. F in (dat.): ~ north im Norden; 6. aufrecht, gerade: sit ~; 7. her'an, her... auf ... (acc.) zu, hin: he went straight ~ to the door er ging geradewegs auf die Tür zu od. zur Tür; 8. ~ to a) hin'auf nach od. zu, b) bis (zu), bis an od. auf (acc.), c) gemäß, entsprechend; → date² 5; ~ to town in die Stadt, Brit. bsd. nach London; ~ to the chin bis ans od. zum Kinn; ~ to death bis zum Tode; be ~ to F a) et. vorhaben, et. im Schilde führen, b) gewachsen sein (dat.), c) entsprechen (dat.), d) j-s Sache sein, abhängen von j-m, e) fähig od. bereit sein zu, f) vorbereitet od. gefaßt sein auf (acc.), g) vertraut sein mit, bewandert sein in (dat.); what are you ~ to? was hast du vor?, was machst du (there da)?; → trick 2; he is ~ to no good er führt nichts Gutes im Schilde; it is ~ to him es liegt an ihm, es hängt von ihm ab, es ist s-e Sache; it is not ~ to much es taugt nicht viel; he is not ~ to much mit ihm ist nicht viel los; 9. mit Verben (siehe jeweils diese): a) auf..., aus..., ver..., b) zu'sammen...: add ~ zs.-zählen; eat ~ aufessen; II adj. 10. aufwärts..., nach oben gerichtet; 11. im Innern (des Landes) od. zur Stadt: ~ train; ~ platform Bahnsteig m für Stadtzüge; 13. a) oben (befindlich), b) hoch (a. fig.): be ~ fig. an der Spitze sein, obenauf sein; he is ~ in (od. on) that subject F in diesem Fach ist er gut beschlagen od. weiß er (gut) Bescheid; prices are ~ die Preise sind hoch od. gestiegen; wheat is ~ ♥ Weizen steht hoch (im Kurs), der Weizenpreis ist gestiegen; 14. auf(gestanden), auf den Beinen (a. fig.): be ~ and about F (wieder) auf den Beinen; ~ and coming → up-and-coming; ~ and doing a) auf den Beinen, b) rührig, tüchtig; be ~ late lange aufbleiben; be ~ against F e-r Schwierigkeit etc. gegenüberstehen; be ~ against it F ,dran' sein, in der Klemme sein od. sitzen; 15. parl. Brit. geschlossen: Parliament is ~ das Parlament hat s-e Sitzungen beendet od. hat sich vertagt; **16.** (zum Sprechen) aufgestanden: *the Home Secretary is* ~ der Innenminister spricht; **17.** (*bei verschiedenen Substantiven*) a) aufgegangen (*Sonne, Samen*), b) hochgeschlagen (*Kragen*), c) hochgekrempelt (*Ärmel etc.*), d) aufgespannt (*Schirm*), e) aufgeschlagen (*Zelt*), f) hoch-, aufgezogen (*Vorhang etc.*), g) aufgestiegen (*Ballon etc.*), h) aufgeflogen (*Vogel*), i) angeschwollen (*Fluß etc.*); **18.** schäumend (*Apfelwein etc.*); **19.** in Aufregung, in Aufruhr: *his temper is* ~ er ist aufgebracht; *the whole country was* ~ das ganze Land befand sich in Aufruhr; **20.** F ,los', im Gange: *what's* ~*?* was ist los?; *is anything* ~*?* ist (irgend etwas) los?; *the hunt is* ~ die Jagd ist eröffnet; → *arm*² 1, *blood* 2; **21.** abgelaufen, vor'bei, um (*Zeit*): *the game is* ~ *fig.* das Spiel ist aus; *it's all* ~ alles ist aus; *it's all* ~ *with him* es ist aus mit ihm; **22.** ~ *with* j-m ebenbürtig *od.* gewachsen; **23.** ~ *for* bereit zu: *be* ~ *for discussion* zur Diskussion stehen; *be* ~ *for election* auf der Wahlliste stehen; *be* ~ *for examination* sich e-r Prüfung unterziehen; *be* ~ *for sale* zum Kauf stehen; *be* ~ *for trial* ⚖ a) vor Gericht stehen, b) verhandelt werden; *be* (*had*) ~ *for* F vorgeladen werden wegen; *the case is* ~ *before the court* der Fall wird (vor Gericht) verhandelt; **24.** *sport etc.* um e-n Punkt etc.vor'aus: *be one* ~; *one* ~ *for you!* eins zu null für dich! (*a. fig.*); **25.** *Baseball:* am Schlag; **26.** *sl.* a) hoffnungsvoll, opti'mistisch, b) in Hochstimmung; **III** *int.* **27.** ~*!* auf!, hoch!, her'auf!, hin'auf!, her'an!; ~ (*with you*)*!* (steh) auf!; ~ ...*!* hoch (lebe) ...!; **IV** *prp.* **28.** auf ... (*acc.*) (hinauf), hinauf, em'por (*a. fig.*): ~ *the hill* (*river*) den Berg (Fluß) hinauf, bergauf (flußaufwärts); ~ *the street* die Straße hinauf *od.* entlang; ~ *yours!* V ,leck mich'!; **29.** in das Innere *e-s Landes etc.*: ~ (*the*) *country* landeinwärts; **30.** oben an *od.* (*dat.*): ~ *the road* (oben) auf dem Baum; ~ *the road* weiter oben an der Straße; **V** *s.* **31.** *the* ~*s and downs* das Auf u. Ab, die Höhen u. Tiefen *des Lebens*; *on the* ~ *and* ~ F a) im Steigen (begriffen), im Kommen, b) in Ordnung, ehrlich; **32.** F Preisanstieg *m*; **33.** *sl.* Aufputschmittel *n*; **34.** F Höhergestellte(r *m*) *f*; **VI** *v/i.* **35.** ~ *with sl. et.* hochreißen: *he* ~*ped with his gun*; **36.** *Am. sl.* Aufputschmittel nehmen; **VII** *v/t.* **37.** *Preis, Produktion etc.* erhöhen; **38.** *Am.* F j-n (im Rang) befördern (*to* zu).

ˌup-and-'com·ing *adj.* aufstrebend.

ˌup-and-'down *adj.* auf- und ab gehend: ~ *looks* kritisch musternde Blicke; ~ *motion* Aufundabbewegung *f*; ~ *stroke* ⊕ Doppelhub *m*.

u·pas ['ju:pəs] *s.* **1.** *a.* ~*-tree* ♀ Upasbaum *m*; **2.** a) Upassaft *m* (*Pfeilgift*), b) *fig.* Gift, verderblicher Einfluß.

'up·beat I *s.* **1.** ♪ Auftakt *m*; **2.** *on the* ~ *fig.* im Aufschwung; **II** *adj.* **3.** F beschwingt.

'up-bow [-bəu] *s.* ♪ Aufstrich *m*.

up'braid *v/t.* j-m Vorwürfe machen, j-n, *a. et.* tadeln, rügen; ~ *s.o. with* (*od. for*) *s.th.* j-m et. vorwerfen, j-n wegen e-r Sache Vorwürfe machen; **up'braid-**

---

ing I *s.* Vorwurf *m*, Tadel *m*, Rüge *f*; **II** *adj.* □ vorwurfsvoll, tadelnd.

'upˌbring·ing *s.* **1.** Erziehung *f*; **2.** Groß-, Aufziehen *n*.

'up·cast I *adj.* em'porgerichtet (*Blick etc.*), aufgeschlagen (*Augen*); **II** *s. a.* ~ *shaft* ⚒ Wetter-, Luftschacht *m*.

'up·chuck I *v/i.* (sich er)brechen; **II** *v/t. et.* erbrechen.

'upˌcom·ing *adj. Am.* kommend, be-'vorstehend.

ˌup'coun·try I *adv.* land'einwärts; **II** *adj.* im Inneren des Landes (gelegen *od.* lebend), binnenländisch; *contp.* bäurisch; **III** *s.* das (Landes)Innere, Binnen-, Hinterland *n*.

'upˌcur·rent *s.* ✈ Aufwind *m*.

up'date I *v/t.* **1.** auf den neuesten Stand bringen; **II** *s.* '*update* **2.** 'Unterlage(n *pl.*) *f etc.* über den neuesten Stand; **3.** auf den neuesten Stand gebrachte Versi'on *etc.*, neuester Bericht (*on* über *acc.*).

'up·do *s.* F 'Hochfriˌsur *f*.

'up·draft *Am.*, 'up·draught *Brit. s.* ✈ Aufwind *m*.

up'end *v/t.* F **1.** hochkant stellen, *Faß etc.* aufrichten; **2.** *Gefäß* 'umstülpen; **3.** *fig.* ,auf den Kopf stellen'.

'up·front *adj. Am.* F **1.** freimütig, di-'rekt; **2.** vordringlich; **3.** führend; **4.** Voraus...

'up·grade I *s.* **1.** Steigung *f*: *on the* ~ *fig.* im (Λn)Steigen (begriffen); **II** *adj.* **2.** *Am.* ansteigend; **III** *adv.* **3.** *Am.* berg'auf; **IV** *v/t.* up'grade **4.** höher einstufen; **5.** *j-n* (im Rang) befördern: ~ *s.o.'s status fig.* j-n ,aufwerten'; **6.** ✝ a) (die Quali'tät *gen.*) verbessern, b) *Produkt* durch ein besseres Erzeugnis ersetzen.

up·heav·al [ʌp'hi:vl] *s.* **1.** *geol.* Erhebung *f*; **2.** *fig.* 'Umwälzung *f*, 'Umbruch *m*: *social* ~*s*.

up'heave *v/t. u. v/i.* [*irr.* → *heave*] (sich) heben.

ˌup'hill I *adv.* **1.** den Berg hin'auf, berg-'auf; **2.** aufwärts; **II** *adj.* **3.** bergauf führend, ansteigend; **4.** hochgelegen, oben (auf dem Berg) gelegen; **5.** *fig.* mühselig, hart: ~ *work*.

up'hold *v/t.* [*irr.* → *hold*²] **1.** hochhalten, aufrecht halten; **2.** halten, stützen (*a. fig.*); **3.** *fig.* aufrechterhalten, unter-'stützen; **4.** ⚖ *Urteil* (in zweiter Instanz) bestätigen; **5.** *fig.* beibehalten; **6.** *Brit.* in'stand halten; **up'hold·er** *s.* Erhalter *m*, Verteidiger *m*, Wahrer *m*: ~ *of public order* Hüter *m* der öffentlichen Ordnung.

up·hol·ster [ʌp'həulstə] *v/t.* **1.** a) (auf-, aus)polstern, b) beziehen: ~*ed goods* Polsterware(n *pl.*) *f*; **2.** *Zimmer* (mit Teppichen, Vorhängen *etc.*) ausstatten; up'hol·ster·er [-tərə] *s.* Polsterer *m*; up'hol·ster·y [-təri] *s.* **1.** 'Polstermateri,al *n*, Polsterung *f*, (Möbel)Bezugsstoff *m*; **2.** Polstern *n*.

'up·keep *s.* **1.** a) In'standhaltung *f*, b) In'standhaltungskosten *pl.*; **2.** 'Unterhalt(skosten *pl.*) *m*.

up·land ['ʌplənd] **I** *s. mst pl.* Hochland *n*; **II** *adj.* Hochland(s)...

up'lift I *v/t.* **1.** em'porheben; **2.** *Augen, Stimme, a. fig.* Stimmung, Niveau heben; **3.** *fig.* a) aufrichten, Auftrieb verleihen (*dat.*), b) erbauen; **II** *s.* '*uplift* 4.

---

fig. a) (innerer) Auftrieb, b) Erbauung *f*; **5.** *fig.* a) Aufschwung *m*, b) Hebung *f*, (Ver)Besserung *f*; **6.** ~ *brassiere* Stützbüstenhalter *m*.

up·on [ə'pɔn] *prp.* → *on* (*upon* ist bsd. in der Umgangssprache weniger geläufig als *on*, jedoch in folgenden Fällen üblich): a) *in verschiedenen Redewendungen:* ~ *this* hierauf, darauf(hin), b) *in Beteuerungen:* ~ *my word* (*of hon-o[u]r*)*!* auf mein Wort!, c) *in kumulativen Wendungen: loss* ~ *loss* Verlust auf Verlust, dauernde Verluste; *petition* ~ *petition* ein Gesuch nach dem anderen, d) *als Märchenanfang: once* ~ *a time there was* es war einmal.

up·per ['ʌpə] **I** *adj.* **1.** ober, höher, Ober...(-*arm*, -*deck*, -*kiefer*, -*leder etc.*): ~ *case typ.* a) Oberkasten *m*, b) Versal-, Großbuchstaben *pl.*; ~ *circle thea.* zweiter Rang; ~ *class sociol.* Oberschicht *f*; ~ *crust* F die Spitzen *pl.* der Gesellschaft; *get the* ~ *hand fig.* die Oberhand gewinnen; ⚌ *House parl.* Oberhaus *n*; ~ *stor(e)y* oberes Stockwerk; *there is something wrong in his* ~ *stor(e)y* F *fig.* er ist nicht ganz richtig im Oberstübchen; **II** *s.* **2.** *mst pl.* Oberleder *n* (*Schuh*): *be* (*down*) *on one's* ~*s* F a) die Schuhe durchgelaufen haben, b) *fig.* ,total abgebrannt' *od.* ,auf dem Hund' sein; **3.** F a) Oberzahn *m*, b) obere ('Zahn)Pro,these, c) (Py'jama- *etc.*)Oberteil *n*; **4.** *sl.* Aufputschmittel *n*; ~*-cut Boxen:* **I** *s.* Aufwärts-, Kinnhaken *m*; **II** *v/t.* [*irr.* → *cut*] j-m e-n Aufwärtshaken versetzen.

'up·per·most I *adj.* oberst, höchst; **II** *adv.* ganz oben, oben'an, zu'oberst; an erster Stelle: *say whatever comes* ~ sagen, was e-m gerade einfällt.

up·pish ['ʌpiʃ] *adj.* □ F **1.** hochnäsig; **2.** anmaßend.

up·pi·ty ['ʌpəti] → *uppish*.

up'raise *v/t.* erheben: *with hands* ~*d* mit erhobenen Händen.

up·right I *adj.* □ [ˌʌp'rait] **1.** auf-, senkrecht, gerade: ~ *piano* → 7; ~ *size Hochformat n*; **2.** aufrecht (sitzend, stehend, gehend); **3.** ['ʌprait] *fig.* aufrecht, rechtschaffen; **II** *adv.* [ˌʌp'rait] **4.** aufrecht, gerade; **III** *s.* ['ʌprait] **5.** (senkrechte) Stütze, Träger *m*, Ständer *m*, Pfosten *m*, (Treppen)Säule *f*; **6.** *pl. sport* (Tor)Pfosten *pl.*; **7.** ♪ ('Wand-)Kla,vier *n*, Pi'ano *n*; **up·right·ness** ['ʌpraitnis] *s.* Geradheit *f*, Rechtschaffenheit *f*.

'upˌris·ing *s.* **1.** Aufstehen *n*; **2.** *fig.* Aufstand *m*, (Volks)Erhebung *f*.

ˌup'riv·er → *upstream*.

'up·roar *s. fig.* Aufruhr *m*, Tu'mult *m*, Toben *n*, Lärm *m*: *in* (*an*) ~ in Aufruhr; up·roar·i·ous [ʌp'rɔ:riəs] *adj.* □ **1.** lärmend, laut, stürmisch (*Begrüßung etc.*), tosend (*Beifall*), schallend (*Gelächter*); **2.** tumultu'arisch, tobend; **3.** ,toll', zum Brüllen (komisch).

up'root *v/t.* **1.** ausreißen; *Baum etc.* entwurzeln (*a. fig.*); **2.** *fig.* her'ausreißen (*from* aus); **3.** *fig.* ausmerzen, rotten.

up'set¹ I *v/t.* [*irr.* → *set*] **1.** 'umwerfen, -kippen, -stoßen; *Boot* zum Kentern bringen; **2.** *fig. Regierung* stürzen; **3.** *fig. Plan* 'umstoßen, über den Haufen werfen, vereiteln; → *apple-cart*; **4.** *fig.* j-n umwerfen, aus der Fassung bringen, bestürzen, durchein'anderbringen; **5.** in Unordnung bringen; *Magen* verderben; **6.** ⊕ stauchen; **II** *v/i.* [*irr.* → **set**] **7.** 'umkippen, -stürzen; 'umschlagen, kentern (*Boot*); **III** *s.* **8.** 'Umkippen *n*; ♣ 'Umschlagen *n*, Kentern *n*; **9.** Sturz *m*, Fall *m*; **10.** 'Umsturz *m*; **11.** Unordnung *f*, Durchein'ander *n*; **12.** Bestürzung *f*, Verwirrung *f*; **13.** Vereitelung *f*; **14.** (a. ✽ *Magen*)Verstimmung *f*, Ärger *m*; **15.** Streit *m*, Meinungsverschiedenheit *f*; **16.** *sport* Überˈraschung *f* (*unerwartete Niederlage etc.*).

'up·set² *adj. attr.* **1.** verdorben (*Magen*): ~ **stomach** Magenverstimmung *f*; **2.** ~ **price** Anschlagspreis *m* (*Auktion*).

'up·shot *s.* (End)Ergebnis *n*, Ende *n*, Ausgang *m*, Fazit *n*: *in the* ~ am Ende, schließlich.

'up·side *s.* Oberseite *f*; ~ **down** *adv.* **1.** das Oberste zuˈunterst, mit dem Kopf *od.* Oberteil nach unten, verkehrt (herˈum); **2.** *fig.* drunter u. drüber, vollkommen durcheinˈander: *turn everything* ~ alles auf den Kopf stellen; ~ **'down** *adj.* auf den Kopf gestellt, 'umgekehrt: ~ *flight* ✈ Rückenflug *m*; ~ *world fig.* verkehrte Welt.

up·si·lon [juːpˈsaɪlən] *s.* Ypsilon *n* (*Buchstabe*).

ˌup'stage I *adv. thea.* **1.** im *od.* in den 'Hintergrund der Bühne; **II** *adj.* **2.** zum 'Bühnenˌhintergrund gehörig; **3.** F hochnäsig; **III** *v/t.* **4.** *fig. j-m* ˌdie Schau stehlenˈ, *j-n* in den 'Hintergrund drängen; **5.** F *j-n* hochnäsig behandeln; **IV** *s.* **6.** *thea.* 'Bühnenˌhintergrund *m*.

ˌup'stairs I *adv.* **1.** die Treppe hinˈauf, nach oben; → *kick* 9; **2.** e-e Treppe höher; **3.** oben, in e-m oberen Stockwerk: *a bit weak* ~ F leicht ˌbehämmertˈ; **4.** im oberen Stockwerk (gelegen), ober; **II** *s. pl. a. sg. konstr.* **5.** oberes Stockwerk, Obergeschoß *n*.

up'stand·ing *adj.* **1.** aufrecht (*a. fig. ehrlich, tüchtig*); **2.** großgewachsen, (groß u.) kräftig.

'up·start I *s.* Emˈporkömmling *m*, Parveˈnü *m*; **II** *adj.* emˈporgekommen, Parvenü..., neureich.

'up·state *Am.* **I** *s.* 'Hinterland *n e-s Staates*; **II** *adj. u. adv.* aus dem *od.* in den *od.* im ländlichen *od.* nördlichen Teil des Staates, in *od.* aus der *od.* in die Proˈvinz.

ˌup'stream I *adv.* **1.** stromˈaufwärts; **2.** gegen den Strom; **II** *adj.* **3.** stromˈaufwärts gerichtet; **4.** (weiter) stromˈaufwärts gelegen.

'up·stroke *s.* **1.** Aufstrich *m* beim Schreiben; **2.** ⊕ (Aufwärts)Hub *m*.

up'surge I *v/i.* aufwallen; **II** *s.* **'upsurge** Aufwallung *f*; *fig. a.* Aufschwung *m*.

'up·sweep *s.* **1.** Schweifung *f* (*Bogen etc.*); **2.** 'Hochfriˌsur *f*; **up'swept** *adj.* **1.** nach oben gebogen *od.* gekrümmt; **2.** hochgekämmt (*Frisur*).

'up·swing *s. fig.* Aufschwung *m*.

up·sy-dai·sy [ˌʌpsɪˈdeɪzɪ] *int.* F hoppla!

'up·take *s.* **1.** Auffassungsvermögen *n*: *be quick on the* ~ schnell begreifen, ˌschnell schaltenˈ; *be slow on the* ~ schwer von Begriff sein, e-e ˌlange Leitungˈ haben; **2.** Aufnahme *f*; **3.** ⊕ *v/i.* Steigrohr *n*, -leitung *f*, b) 'Fuchs(kaˌnal) *m*.

'up·throw *s.* **1.** 'Umwälzung *f*; **2.** *geol.* Verwerfung *f* (ins Hangende).

'up·thrust *s.* **1.** Emˈporschleudern *n*, Stoß *m* nach oben; **2.** *geol.* Horstbildung *f*.

'up·tight *adj.* **1.** *sl.* nerˈvös (*about* wegen); **2.** ˌzickigˈ; **3.** steif, verklemmt; **4.** ˌpleiteˈ.

ˌup-to-'date *adj.* **1.** a) moˈdern, neuzeitlich, b) zeitnah, aktuˈell (*Thema etc.*); **2.** a) auf der Höhe (*der Zeit*), auf dem laufenden, auf dem neuesten Stand, b) modisch; **ˌup-to-'date·ness** [-nɪs] *s.* **1.** Neuzeitlichkeit *f*, Moderniˈtät *f*; **2.** Aktualiˈtät *f*.

ˌup-to-the-'min·ute *adj.* allerneuest, allerletzt.

up'town I *adv.* **1.** im *od.* in den oberen Stadtteil; **2.** in den Wohnvierteln, in die Wohnviertel; **II** *adj.* **3.** im oberen Stadtteil (gelegen); **4.** in den Wohnvierteln (gelegen *od.* lebend).

'up·trend *s.* Aufschwung *m*, steigende Tenˈdenz.

up'turn I *v/t.* **1.** 'umdrehen; **2.** (*v/i.* sich) nach oben richten *od.* kehren; *Blick in* die Höhe richten; **II** *s.* **'upturn** 3. (An-)Steigen *n* (*der Kurse etc.*); **4.** *fig.* Aufschwung *m*; **ˌup'turned** *adj.* **1.** nach oben gerichtet *od.* gebogen: ~ *nose* Stupsnase *f*; **2.** 'umgeworfen, 'umgekippt, ♣ gekentert.

up·ward [ˈʌpwəd] *I* *adv. a.* **'up·wards** [-dz] **1.** aufwärts (*a. fig.*): *from five dollars* ~ von 5 Dollar an (aufwärts); **2.** nach oben (*a. fig.*); **3.** mehr, darˈüber (hinˈaus): ~ *of 10 years* mehr als *od.* über 10 Jahre; **II** *adj.* **4.** nach oben gerichtet; (an)steigend (*Tendenz etc.*): ~ *glance* Blick *m* nach oben; ~ *movement* ✟ Aufwärtsbewegung *f*.

u·rae·mi·a [ˌjʊəˈriːmjə] *s.* ✽ Uräˈmie *f*; **u·ra·nal·y·sis** [ˌjʊərəˈnæləsɪs] *s.* ✽ U'rin-, 'Harnunterˌsuchung *f*.

u·ra·nite [ˈjʊərənaɪt] *s. min.* Uraˈnit *n*, U'ranglimmer *m*.

u·ra·ni·um [jʊˈreɪnjəm] *s.* U'ran *n*.

u·ra·nog·ra·phy [ˌjʊərəˈnɒgrəfɪ] *s.* Himmelsbeschreibung *f*.

u·ra·nous [ˈjʊərənəs] *adj.* 🜨 Uran..., u'ranhaltig.

U·ra·nus [ˈjʊərənəs] *s. ast.* Uranus *m* (*Planet*).

ur·ban [ˈɜːbən] *adj.* städtisch, Stadt...: ~ *district* Stadtbezirk *m*; ~ *guerilla* Stadtguerilla *m*; ~ *planning* Stadtplanung *f*; ~ *renewal* Stadtsanierung *f*; ~ *sprawl,* ~ *spread* unkontrollierte Ausdehnung e-r Stadt; **ur·bane** [ɜːˈbeɪn] *adj.* □ **1.** ur'ban: a) weltgewandt, -männisch, b) kultiˈviert, gebildet; **2.** höflich, liebenswürdig; **ur·bane·ness** [ɜːˈbeɪnɪs] *s.* **1.** (Welt)Gewandtheit *f*; Bildung *f*; **2.** Höflichkeit *f*, Liebenswürdigkeit *f*; **'ur·ban·ism** [-nɪzəm] *s. Am.* **1.** Stadtleben *n*; **2.** Urbaˈnistik *f*; **3.** → **urbanization**; **'ur·ban·ite** [-naɪt] *s. Am.* Städter(in); **ur·ban·i·ty** [ɜːˈbænəti] → **urbaneness**; **ur·ban·i·za·tion** [ˌɜːbənaɪˈzeɪʃn] *s.* **1.** Verstädterung *f*; **2.** Verfeinerung *f*; **'ur·ban·ize** [-naɪz] *v/t.* urbanisieren: a) verstädtern, städtischen Chaˈrakter verleihen (*dat.*), b) verfeinern.

ur·chin [ˈɜːtʃɪn] *s.* **1.** Bengel *m*, Balg *m*, *n*; **2.** *zo.* a) *dial.* Igel *m*, b) *mst* **sea** ~ Seeigel *m*.

u·re·a [ˈjʊərɪə] *s.* 🜨, *biol.* Harnstoff *m*, Karba'mid *n*; **'ure·al** [-əl] *adj.* Harnstoff...

u·re·mi·a → **uraemia**.

u·re·ter [ˌjʊəˈriːtə] *s. anat.* Harnleiter *m*; **ˌu·re·thra** [-ˈriːθrə] *s. anat.* Harnröhre *f*; **ˌu'ret·ic** [-ˈretɪk] *adj. physiol.* **1.** harntreibend, diu'retisch; **2.** Harn...

urge [ɜːdʒ] *I* *v/t.* **1.** ~ *on* (*od. for·ward*) (an-, vorwärts)treiben, anspornen (*a. fig.*); **2.** *fig. j-n* drängen, dringend bitten *od.* auffordern, dringen in *j-n, j-m* (höflig) zusetzen: *be* ~*d to* sich genötigt sehen zu tun; ~*d by necessity* der Not gehorchend; **3.** drängen *od.* dringen auf (*acc.*); (hartnäckig) bestehen auf (*acc.*); Nachdruck legen auf (*acc.*): ~ *s.th. on s.o.* j-m et. eindringlich vorstellen *od.* vor Augen führen, j-m et. einschärfen; *he* ~*d the necessity for immediate action* er drängte auf sofortige Maßnahmen; **4.** *als Grund* geltend machen, *Einwand etc.* ins Feld führen; **5.** *Sache* vorˈan-, betreiben, beschleunigen; **II** *v/i.* **6.** drängen: ~ *against* sich nachdrücklich aussprechen gegen; **III** *s.* **7.** Drang *m*, (An)Trieb *m*: *creative* ~ Schaffensdrang; *sexual* ~ Geschlechtstrieb; **8.** Inbrunst *f*: *religious* ~; **'ur·gen·cy** [-dʒənsɪ] *s.* **1.** Dringlichkeit *f*; **2.** (dringende) Not, Druck *m*; **3.** Drängen *n*; **4.** *parl. Brit.* Dringlichkeitsantrag *m*; **5.** Eindringlichkeit *f*; **'ur·gent** [-dʒənt] *adj.* □ **1.** dringend (*a. Mangel*; *a. teleph. Gespräch*), dringlich, eilig: *the matter is* ~ die Sache eilt; *be in* ~ *need of et.* dringend brauchen; **2.** drängend: *be* ~ *about* (*od. for*) *s.th.* zu et. drängen, auf et. dringen; *be* ~ *with s.o. to* j-n drängen, in j-n dringen (*for* wegen, *to do* zu tun); **3.** zu-, aufdringlich; **4.** hartnäckig.

u·ric [ˈjʊərɪk] *adj.* Urin..., Harn...: ~ *acid* Harnsäure *f*.

u·ri·nal [ˈjʊərɪnl] *s.* **1.** U'rinflasche *f* (*für Kranke*); **2.** Harnglas *n*; **3.** a) 'U'rinbekken *n* (*in Toiletten*), b) Pis'soir *n*; **u·ri·nal·y·sis** [ˌjʊərɪˈnæləsɪs] *pl.* **-ses** [-siːz] → **uranalysis**; **u·ri·nar·y** [ˈjʊərɪnərɪ] *adj.* Harn..., Urin...: ~ *bladder* Harnblase *f*; ~ *calculus* ✽ Blasenstein *m*; **u·ri·nate** [ˈjʊərɪneɪt] *v/i.* urinieren; **u·rine** [ˈjʊərɪn] *s.* U'rin *m*, Harn *m*.

urn [ɜːn] *s.* **1.** Urne *f*; **2.** 'Tee- *od.* 'Kaffeemaˌschine *f*.

u·ro·gen·i·tal [ˌjʊərəʊˈdʒenɪtl] *adj.* ✽ urogeniˈtal.

u·rol·o·gy [ˌjʊəˈrɒlədʒɪ] *s.* ✽ Uroloˈgie *f*.

ur·sine [ˈɜːsaɪn] *adj. zo.* bärenartig, Bären...

U·ru·guay·an [ˌjʊərʊˈgwaɪən] **I** *adj.* urugu'aysch; **II** *s.* Urugu'ayer(in).

us [ʌs; əs] *pron.* ~ uns (*dat. od. acc.*): *all of* ~ wir alle; *both of* ~ wir beide; **2.** *dial.* wir: ~ *poor people*.

us·a·ble [ˈjuːzəbl] *adj.* brauch-, verwendbar.

us·age [ˈjuːzɪdʒ] *s.* **1.** Brauch *m*, Gepflogenheit *f*, Usus *m*: (*commercial*) ~ Handelsbrauch, Usance *f*; **2.** übliches Verfahren, Praxis *f*; **3.** Sprachgebrauch *m*: *English* ~; **4.** Gebrauch *m*, Verwendung *f*; **5.** Behandlung(sweise) *f*.

us·ance [ˈjuːzns] *s.* ✟ **1.** (übliche) Wechselfrist, Uso *m*: *at* ~ nach Uso; *bill at* ~ Usowechsel *m*; **2.** Uso *m*,

U'sance *f*, Handelsbrauch *m*.

use I *s*. [ju:s] **1.** Gebrauch *m*, Benutzung *f*, Benützung *f*, An-, Verwendung *f*: *for* ~ zum Gebrauch; *for* ~ *in schools* für den Schulgebrauch; *directions for* ~ Gebrauchsanweisung *f*; *in* ~ in Gebrauch, gebräuchlich; *be in daily* ~ täglich gebraucht werden; *in common* ~ allgemein gebräuchlich; *come into* ~ in Gebrauch kommen; *out of* ~ nicht in Gebrauch; *fall* (*od*. *go od. pass*) *out of* ~ außer Gebrauch kommen, ungebräuchlich werden; *with* ~ durch (ständigen) Gebrauch; *make* ~ *of* Gebrauch machen von, benutzen; *make* (*a*) *bad* ~ *of* (e-n) schlechten Gebrauch machen von; **2.** a) Verwendung(szweck *m*) *f*, b) Brauchbarkeit *f*, Verwendbarkeit *f*, c) Zweck *m*, Sinn *m*, Nutzen *m*, Nützlichkeit *f*: *of* ~ (*to*) brauchbar (für), nützlich (*dat*.), von Nutzen (für); *it is of no* ~ *doing od. to do* es ist unnütz *od*. nutz- *od*. zwecklos zu tun, es hat keinen Zweck zu tun; *is this of* ~ *to you?* können Sie das (ge-)brauchen?; *crying is no* ~ Weinen führt zu nichts; *what is the* ~ (*of it*)? was hat es (überhaupt) für einen Zweck?; *put to* (*good*) ~ (gut) an- *od*. verwenden; *have no* ~ *for* a) nicht brauchen können, mit *et. od. j-m* nichts anfangen können, b) *bsd. Am.* F nichts übrig haben für; **3.** Fähigkeit *f. et.* zu gebrauchen, Gebrauch *m*: *he lost the* ~ *of his right eye* er kann auf dem rechten Auge nicht mehr sehen; *have the* ~ *of one's limbs* sich bewegen können; **4.** Gewohnheit *f*, Brauch *m*, Übung *f*, Praxis *f*: *once a* ~ *and ever a custom* jung gewohnt, alt getan; **5.** Benutzungsrecht *n*; **6.** ♃ a) Nutznießung *f*, b) Nutzen *m*; **II** *v/t*. [ju:z] **7.** gebrauchen, Gebrauch machen von (*a. von e-m Recht etc*.), benutzen, benützen, *a. Gewalt anwenden, a. Sorgfalt* verwenden, sich bedienen (*gen*.), *Gelegenheit etc*. nutzen, sich zu'nutze machen: ~ *one's brains* den Verstand gebrauchen, s-n Kopf anstrengen; ~ *one's legs* zu Fuß gehen; **8.** ~ *up* a) *et.* auf-, verbrauchen, b) F *j-n* erschöpfen, ‚fertigmachen'; → *used* 2; **9.** behandeln, verfahren mit: ~ *s.o. ill* j-n schlecht behandeln; *how has the world* ~*d you?* wie ist es dir ergangen?; **III** *v/i*. **10.** *nur pret.* [ju:st] (*to do* zu tun): *it* ~*d to be said* man pflegte zu sagen; *he* ~*d to live here* er wohnte früher hier; *he does not come as often as he* ~*d* (*to*) er kommt nicht mehr so oft wie früher *od*. sonst; **use·a·ble** ['ju:zəbl] → *usable*; **used** [ju:zd] *adj*. **1.** gebraucht, getragen (*Kleidung*): ~ *car mot*. Gebrauchtwagen *m*; **2.** ~ *up* a) aufgebraucht, verbraucht (*a. Luft*), b) F ‚erledigt', ‚fertig', erschöpft; **3.** [ju:st] a) gewohnt (*to* *et. od. acc.*), b) gewohnt (*to an acc.*): *he is* ~ *to working late* er ist gewohnt, lange zu arbeiten; *get* ~ *to* sich gewöhnen an (*acc.*); **use·ful** ['ju:sful] *adj*. □ **1.** nützlich, brauchbar, (zweck)dienlich, (gut) verwendbar: ~ *tools*; *a* ~ *man* ein brauchbarer Mann; ~ *talks* nützliche Gespräche; *make*

o.s. ~ sich nützlich machen; **2.** *bsd.* ⊕ nutzbar, Nutz…: ~ *efficiency* Nutzleistung *f*; ~ *load* Nutzlast *f*; ~ *plant* Nutzpflanze *f*; **'use·ful·ness** [-fulnıs] *s*. Nützlichkeit *f*, Brauchbarkeit *f*, Zweckmäßigkeit *f*; **use·less** ['ju:slıs] *adj*. □ **1.** nutz-, sinn-, zwecklos, unnütz, vergeblich: *it is* ~ *to* es erübrigt sich zu; **2.** unbrauchbar; **'use·less·ness** [-lsnıs] *s*. Nutz-, Zwecklosigkeit *f*; Unbrauchbarkeit *f*; **us·er** ['ju:zə] *s*. **1.** Benutzer (-in); **2.** ♃ Verbraucher(in); **3.** ♃ Nießbrauch *m*, Benutzungsrecht *n*.

'U-shaped *adj*. U-förmig: ~ *iron* ⊕ U-Eisen *n*.

ush·er ['ʌʃə] **I** *s*. **1.** Türhüter *m*; **2.** Platzanweiser(in); **3.** a) ♃ Gerichtsdiener *m*, b) *allg.* 'Aufsichtsper,son *f*; **4.** Zere-'monienmeister *m*; **5.** *Brit. obs.* Hilfslehrer *m*; **II** *v/t*. **6.** (*mst* ~ *in* her'ein-, hin'ein)führen, (-)geleiten; **7.** ~ *in a. fig.* ankündigen, *e-e Epoche etc.* einleiten; **ush·er·ette** [,ʌʃə'ret] *s*. Platzanweiserin *f*.

u·su·al ['ju:ʒuəl] *adj*. □ üblich, gewöhnlich, gebräuchlich: *as* ~ wie gewöhnlich, wie sonst; *the* ~ *thing* das Übliche; *it has become the* ~ *thing* (*with us*) es ist (bei uns) gang u. gäbe geworden; *it is* ~ *for shops to close at 6 o'clock* die Geschäfte schließen gewöhnlich um 6 Uhr; *the* ~ *pride with her* ihr üblicher Stolz; **'u·su·al·ly** [-əlı] *adv*. (für) gewöhnlich, in der Regel, meist(ens).

u·su·fruct ['ju:sju:frʌkt] *s*. ♃ Nießbrauch *m*, Nutznießung *f*; **u·su·fruc·tu·ar·y** [,ju:sju:'frʌktjuərɪ] **I** *s*. Nießbraucher(in); **II** *adj*. Nutzungs…: ~ *right*.

u·su·rer ['ju:ʒərə] *s*. Wucherer *m*; **u·su·ri·ous** [ju:'ʒjuərıəs] *adj*. □ wucherisch, Wucher…: ~ *interest* → *usury* 2; **u·su·ri·ous·ness** [ju:'ʒjuərıəsnıs] *s*. Wuche'rei *f*.

u·surp [ju:'zɜ:p] *v/t*. **1.** an sich reißen, sich 'widerrechtlich aneignen, sich bemächtigen (*gen*.); **2.** sich ('widerrechtlich) anmaßen; **3.** *Aufmerksamkeit etc.* mit Beschlag belegen; **u·sur·pa·tion** [,ju:zɜ:'peɪʃn] *s*. Usurpati'on *f*: a) 'widerrechtliche Machtergreifung *od*. Aneignung, Anmaßung *f e-s Rechts etc.*, b) ~ *of the throne* Thronraub *m*; **2.** unberechtigter Eingriff (*on* in *acc.*); **u'surp·er** [-pə] *s*. **1.** Usur'pator *m*, unrechtmäßiger Machthaber, Thronräuber *m*; **2.** unberechtigter Besitzergreifer; **3.** *fig.* Eindringling *m* (*on* in *acc.*); **u'surp·ing** [-pıŋ] *adj*. □ usurpa'torisch.

u·su·ry ['ju:ʒurɪ] *s*. (Zins)Wucher *m*: *practise* ~ Wucher treiben; **2.** Wucherzinsen *pl*. (*at* auf *acc.*): *return s.th. with* ~ *fig. et.* mit Zins u. Zinseszins heimzahlen.

u·ten·sil [ju:'tensl] *s*. **1.** (*a. Schreib- etc.*) Gerät *n*, Werkzeug *n*; Gebrauchs-, Haushaltsgegenstand *m*: (*kitchen*) ~ Küchengerät *n*; **2.** Geschirr *n*, Gefäß *n*; **3.** *pl.* Uten'silien *pl.*, Geräte *pl.*; (Küchen)Geschirr *n*.

u·ter·ine ['ju:təraɪn] *adj*. **1.** *anat.* Gebärmutter…, Uterus…; **2.** von der'selben Mutter stammend: ~ *brother* Halbbruder mütterlicherseits; **u·ter·us** ['ju:tə-

rəs] *pl.* **-ter·i** [-təraɪ] *s. anat.* Uterus *m*, Gebärmutter *f*.

u·til·i·tar·i·an [,ju:tılı'teərıən] **I** *adj*. **1.** utilita'ristisch, Nützlichkeits…; **2.** praktisch, zweckmäßig; **3.** *contp.* gemein; **II** *s.* Utilita'rist(in); **u·til·i·tar·i·an·ism** [-nızəm] *s.* Utilita'rismus *m*.

u·til·i·ty [ju:'tɪlətɪ] **I** *s*. **1.** *a.* ♃ Nutzen *m* (*to* für), Nützlichkeit *f*; **2.** *et.* Nützliches, nützliche Einrichtung; **3.** a) *a. public* ~ (*company od. corporation*) öffentlicher Versorgungsbetrieb, *pl. a.* Stadtwerke *pl.*, b) *pl.* Leistungen *pl.* der öffentlichen Versorgungsbetriebe, *bsd.* Strom-, Gas- u. Wasserversorgung *f*; **4.** ⊕ Zusatzgerät *n*; **II** *adj*. **5.** ♀, ⊕ Gebrauchs…(*-güter*, *-möbel*, *-wagen etc.*); **6.** Mehrzweck…; ~ *man s.* [*irr.*] **1.** *bsd. Am.* Fak'totum *n*; **2.** *thea.* vielseitig einsetzbarer Chargenspieler.

u·ti·liz·a·ble ['ju:tılaızəbl] *adj.* verwendbar, verwertbar, nutzbar; **u·ti·li·za·tion** [,ju:tılaı'zeɪʃn] *s.* Nutzbarmachung *f*, Verwertung *f*, (Aus)Nutzung *f*, An-, Verwendung *f*; **u·ti·lize** ['ju:tılaız] *v/t.* **1.** (aus)nutzen, verwerten, sich *et.* nutzbar *od.* zu'nutze machen; **2.** verwenden.

ut·most ['ʌtməust] **I** *adj.* äußerst: a) entlegenst, fernst, b) *fig.* höchst, größt; **II** *s.* das Äußerste: *the* ~ *that I can do*; *do one's* ~ sein äußerstes *od.* möglichstes tun; *at the* ~ allerhöchstens; *to the* ~ aufs äußerste; *to the* ~ *of my powers* nach besten Kräften.

U·to·pi·a [ju:'təupjə] *s.* **1.** U'topia *n* (*Idealstaat*); **2.** *oft* ℒ *fig.* Uto'pie *f*; **U'to·pi·an** [-jən] *a.* ℒ **I** *adj.* u'topisch, phan'tastisch; **II** *s.* Uto'pist(in), Phan'tast (-in); **U'to·pi·an·ism** [-jənızəm], *a.* ℒ *s.* Uto'pismus *m*.

u·tri·cle ['ju:trıkl] *s.* **1.** *zo.*, ♀ Schlauch *m*, bläs-chenförmiges Luft- *od.* Saftgefäß; **2.** ♃ U'triculus *m* (*Säckchen im Ohrlabyrinth*).

ut·ter ['ʌtə] **I** *adj.* □ → *utterly*; **1.** äußerst, höchst, völlig; **2.** endgültig, entschieden: ~ *denial*; **3.** *contp.* ausgesprochen, völlig: ~*end* (*Schurke, Unsinn etc.*); **II** *v/t.* **4.** *Gedanken, Gefühle* äußern, ausdrücken, aussprechen; **5.** *Laute etc.* ausstoßen, von sich geben, her'vorbringen; **6.** *Falschgeld etc.* in 'Umlauf setzen, verbreiten; **ut·ter·ance** ['ʌtərəns] *s.* **1.** (stimmlicher) Ausdruck, Äußerung *f*: *give* ~ *to e-m Gefühl etc.* Ausdruck verleihen; **2.** Sprechweise *f*, Aussprache *f*, Vortrag *m*; **3.** *a. pl.* Äußerung *f*, Aussage *f*, Worte *pl.*; **'ut·ter·er** [-ərə] *s.* **1.** Äußernde(r *m*) *f*; **2.** Verbreiter(in); **'ut·ter·ly** [-lı] *adv.* äußerst, abso'lut, völlig, ganz, to'tal; **'ut·ter·most** [-məust] → *utmost*.

'U-turn *s.* **1.** *mot.* Wende *f*; **2.** *fig.* Kehrtwende *f*.

u·vu·la ['ju:vjulə] *pl.* **-lae** [-li:] *s. anat.* Zäpfchen *n*; **'u·vu·lar** [-lə] **I** *adj.* Zäpfchen…, *ling. a.* uvu'lar; **II** *s. ling.* Zäpfchenlaut *m*, Uvu'lar *m*.

ux·o·ri·ous [ʌk'sɔ:rıəs] *adj.* □ treuliebend, -ergeben; **ux'o·ri·ous·ness** [-nıs] *s.* treue Ergebenheit (*des Gatten*).

V

V, v [viː] *s.* V *n*, v *n* (*Buchstabe*).
vac [væk] *Brit.* F *für* vacation.
va·can·cy ['veɪkənsɪ] *s.* **1.** Leere *f* (*a. fig.*): *stare into* ~ ins Leere starren; **2.** leerer *od.* freier Platz; Lücke *f* (*a. fig.*); **3.** leer(stehend)es *od.* unbewohntes Haus; **4.** freie *od.* offene Stelle, unbesetztes Amt, Va'kanz *f*; *univ.* freier Studienplatz *m*; *pl. Zeitung:* Stellenangebote *pl.*; **5.** a) Geistesabwesenheit *f*, b) geistige Leere, c) Geistlosigkeit *f*; **6.** Untätigkeit *f*, Muße *f*; **'va·cant** [-nt] *adj.* □ **1.** leer, frei, unbesetzt (*Sitz, Zimmer, Zeit etc.*); **2.** leer(stehend), unbewohnt, unvermietet (*Haus*); unbebaut (*Grundstück*): ~ *possession* sofort beziehbar; **3.** frei, offen (*Stelle*), va'kant, unbesetzt (*Amt*); **4.** a) geistesabwesend, b) leer: ~ *mind*; ~ *stare*, c) geistlos.
va·cate [və'keɪt] *v/t.* **1.** Wohnung *etc.*, ✗ *Stellung etc.* räumen; *Sitz etc.* freimachen; **2.** *Stelle* aufgeben, aus *e-m Amt* scheiden: *be ~d* freiwerden (*Stelle*); **3.** *Truppen etc.* evakuieren; **4.** ⚖ *Vertrag, Urteil etc.* aufheben; **va'ca·tion** [-eɪʃn] I *s.* **1.** Räumung *f*; **2.** Niederlegung *f od.* Erledigung *f e-s Amtes*; **3.** (*Gerichts-, univ.* Se'mester-, *Am.* Schul*)Ferien *pl.*: *the long* ~ die großen Ferien, die Sommerferien; **4.** *bsd. Am.* Urlaub *m*: *on* ~ im Urlaub; ~ *shutdown* Betriebsferien *pl.*; II *v/i.* **5.** *bsd. Am.* in Ferien sein, Urlaub machen; **va'ca·tion·ist** [-eɪʃnɪst] *s. Am.* Urlauber(in).
vac·ci·nal ['væksɪnl] *adj.* ✷ Impf...; **vac·ci·nate** ['væksɪneɪt] *v/t. u. v/i.* impfen (*against* gegen); **vac·ci·na·tion** [ˌvæksɪ'neɪʃn] *s.* (Schutz)Impfung *f*; **'vac·ci·na·tor** [-neɪtə] *s.* Impfarzt *m*; **2.** Impfnadel *f*; **'vac·cine** [-siːn] ✷ I *adj.* Impf..., Kuhpocken...: ~ *matter* → II; II *s.* Impfstoff *m*, Vak'zine *f*: *bovine* ~ Kuhlymphe *f*; **vac·cin·i·a** [væk'sɪnjə] ✷ Kuhpocken *pl.*
vac·il·late ['væsɪleɪt] *v/i. mst fig.* schwanken; **'vac·il·lat·ing** [-tɪŋ] *adj.* □ schwankend (*mst fig. unschlüssig*); **vac·il·la·tion** [ˌvæsɪ'leɪʃn] *s.* Schwanken *n* (*mst fig. Unschlüssigkeit, Wankelmut*).
va·cu·i·ty [væ'kjuːətɪ] *s.* **1.** → *vacancy* 1, 5; **2.** *fig.* Nichtigkeit *f*, Plattheit *f*; **vac·u·ous** ['vækjʊəs] *adj.* □ **1.** → *vacant* 4; **2.** nichtssagend (*Redensart*); **3.** müßig (*Leben*); **vac·u·um** ['vækjʊəm] I *pl.* **-ums** [-z] *s.* **1.** ⊙, *phys.* Vakuum *n*, (*bsd.* luft)leerer Raum; **2.** *fig.* Vakuum *n*, Leere *f*, Lücke *f*; II *adj.* **3.** Vakuum...: ~ *bottle* (*od. flask*) Thermosflasche *f*; ~ *brake* ⊙ Unterdruckbremse *f*; ~ *can*, ~ *tin* Vakuumdose *f*; ~ *cleaner* Staubsauger *m*; ~ *drier* Vakuumtrockner *m*; ~ *ga(u)ge* Unterdruckmesser *m*; ~*-packed* vakuumverpackt; ~*-sealed* vakuumdicht; ~ *tube*, ~ *valve* ⚡ Vakuumröhre *f*; III *v/t.* **4.** (mit dem Staubsauger) saugen *od.* reinigen.
va·de me·cum [ˌveɪdɪ'miːkəm] *s.* Vade-'mekum *n*, Handbuch *n*.
vag·a·bond ['vægəbɒnd] I *adj.* **1.** vagabundierend (*a. ⚡*); **2.** Vagabunden..., vaga'bundenhaft; **3.** nomadisierend; **4.** Wander..., unstet: *a* ~ *life*; II *s.* **5.** Vaga'bund(in), Landstreicher(in); **6.** F Strolch *m*; III *v/i.* **7.** vagabundieren; **'vag·a·bond·age** [-dɪdʒ] *s.* **1.** Landstreiche'rei *f*, Vaga'bundenleben *n*; **2.** *coll.* Vaga'bunden *pl.*; **'vag·a·bond·ism** [-dɪzəm] → *vagabondage* 1; **'vag·a·bond·ize** [-daɪz] → *vagabond* 7.
va·gar·y ['veɪgərɪ] *s.* **1.** wunderlicher Einfall; *pl. a.* Phantasie'reien *pl.*; **2.** Ka'price *f*, Grille *f*, Laune *f*; **3.** *mst pl.* Extrava'ganzen *pl.*: *the vagaries of fashion*.
va·gi·na [və'dʒaɪnə] *pl.* **-nas** *s.* **1.** *anat.* Va'gina *f*, Scheide *f*; **2.** ♀ Blattscheide *f*; **vag·i·nal** [-nl] *adj.* vagi'nal, Vagi-nal..., Scheiden...: ~ *spray* Intimspray *n*.
va·gran·cy ['veɪgrənsɪ] *s.* **1.** Landstreiche'rei *f* (*a. ⚡*); **2.** *coll.* Landstreicher *pl.*; **'va·grant** [-nt] I *adj.* □ **1.** wandernd (*a. weitS. Zelle etc.*), vagabundierend; **2.** → *vagabond* 3 *u.* 4; **3.** *fig.* kaprizi'ös, launisch; II *s.* **4.** → *vagabond* 5.
vague [veɪg] *adj.* □ **1.** vage: a) undeutlich, nebelhaft, verschwommen (*alle a. fig.*), b) unbestimmt (*Gefühl, Verdacht, Versprechen etc.*), dunkel (*Ahnung, Gerücht etc.*), c) unklar (*Antwort etc.*): ~ *hope* vage Hoffnung; *not the ~st idea* nicht die leiseste Ahnung; *be ~ about s.th.* sich unklar ausdrücken über (*acc.*); **2.** → *vacant* 4a; **'vague·ness** [-nɪs] *s.* Unbestimmtheit *f*, Verschwommenheit *f*.
vain [veɪn] *adj.* □ **1.** eitel, eingebildet (*of* auf *acc.*); **2.** *fig.* eitel, leer (*Vergnügen etc.*; *a.* Drohung, Hoffnung etc.), nichtig, **3.** vergeblich, fruchtlos: ~ *efforts*; **4.** *in* ~ vergeblich: a) vergebens, um'sonst, b) unnütz; **'glo·ri·ous** *adj.* □ prahlerisch, großsprecherisch, -spurig.
vain·ness ['veɪnnɪs] *s.* **1.** Vergeblichkeit *f*; **2.** Hohl-, Leerheit *f*.
vale¹ [veɪl] *s. poet. od. in Namen:* Tal *n*: ~ *of tears* Jammertal *n*.
va·le² ['veɪlɪ] (*Lat.*) I *int.* lebe wohl!; II *s.* Lebe'wohl *n*.
val·e·dic·tion [ˌvælɪ'dɪkʃn] *s.* **1.** Ab-schied(nehmen *n*) *m*; **2.** Abschiedsworte *pl.*; **val·e·dic·to·ri·an** [ˌvælɪdɪk'tɔːrɪ-ən] *s. Am. ped., univ.* Abschiedsredner *m*; **val·e·dic·to·ry** [-ktərɪ] I *adj.* Abschieds...: ~ *address* → II; II *s. bsd. Am. ped., univ.* Abschiedsrede *f*.
va·lence ['veɪləns], **'va·len·cy** [-sɪ] ⚗, ⚡, *biol., phys.* Wertigkeit *f*, Va'lenz *f*.
val·en·tine ['væləntaɪn] *s.* **1.** Valentinsgruß *m* (*zum Valentinstag, 14. Februar, dem od. der Liebsten gesandt*); **2.** am Valentinstag erwählte(r) Liebste(r), *a. allg.* Schatz *m*.
va·le·ri·an [və'lɪərɪən] *s.* ♀, *pharm.* Baldrian *m*; **va·le·ri·an·ic** [vəˌlɪərɪ'ænɪk], **va'ler·ic** [-'lerɪk] *adj.* ⚗ Baldrian..., Valerian...
val·et ['vælɪt] I *s.* a) (Kammer)Diener *m*, b) Hausdiener *m im Hotel*; II *v/t. j-n* bedienen, versorgen; III *v/i.* Diener sein.
val·e·tu·di·nar·i·an [ˌvælɪtjuːdɪ'neərɪən] I *adj.* **1.** kränklich, kränkelnd; **2.** rekonvales'zent; **3.** a) ge'sundheitsfaˌnatisch, b) hypo'chondrisch; II *s.* **4.** kränkliche Per'son; **5.** Rekonvales-'zent(in); **6.** ˌGe'sundheitsˌpostel' *m*; **7.** Hypo'chonder *m*; **val·e·tu·di·nar·i·an·ism** [-nɪzəm] *s.* **1.** Kränklichkeit *f*; **2.** Hypochon'drie *f*; **val·e·tu·di·nar·y** [-nərɪ] → *valetudinarian*.
Val·hal·la [væl'hælə], **Val'hall** [-'hæl] *s. myth.* Wal'halla *f*.
val·iant ['væljənt] *adj.* □ tapfer, mutig, heldenhaft, he'roisch.
val·id ['vælɪd] *adj.* □ **1.** gültig: a) stichhaltig, triftig (*Beweis, Grund*), b) begründet, berechtigt (*Anspruch, Argument etc.*), c) richtig (*Entscheidung etc.*); **2.** ⚖ (rechts)gültig, rechtskräftig; **3.** wirksam (*Methode etc.*); **'val·i·date** [-deɪt] *v/t.* ⚖ a) für (rechts)gültig erklären, rechtswirksam machen, b) bestätigen; **val·i·da·tion** [ˌvælɪ'deɪʃn] *s.* Gültigkeit(serklärung) *f*; **va·lid·i·ty** [və'lɪdətɪ] *s.* **1.** Gültigkeit *f*: a) Triftigkeit *f*, Stichhaltigkeit *f*, b) Richtigkeit *f*; **2.** ⚖ Rechtsgültigkeit *f*, -kraft *f*; **3.** Gültigkeit(sdauer) *f*.
va·lise [və'liːz] *s.* Reisetasche *f*.
Val·kyr ['vælkɪə], **Val·kyr·ia** [væl'kɪərjə], **Val·kyr·ie** [-'kɪərɪ] *s. myth.* Walküre *f*.
val·ley ['vælɪ] *s.* **1.** Tal *n*: *down the* ~ talabwärts; **2.** △ Dachkehle *f*.
val·or *Am.* → *valour*.
val·or·i·za·tion [ˌvæləraɪ'zeɪʃn] *s.* ✝ Valorisati'on *f*, Aufwertung *f*; **val·or·ize** ['væləraɪz] *v/t.* ✝ valorisieren, aufwerten, den Preis *e-r Ware* heben *od.* stützen.
val·or·ous ['vælərəs] *adj.* □ *rhet.* tapfer, mutig, heldenhaft, -mütig; **val·our**

['vælə] s. Tapferkeit f, Heldenmut m.
val·u·a·ble ['væljʊəbl] **I** adj. □ **1.** wertvoll: a) kostbar, teuer, b) fig. nützlich: **for ~ consideration** ᵗᵗ entgeltlich; **2.** abschätzbar; **II** s. **3.** pl. Wertsachen pl., -gegenstände pl.
val·u·a·tion [ˌvæljʊ'eɪʃn] s. **1.** Bewertung f, (Ab)Schätzung f, Wertbestimmung f, Taxierung f, Veranschlagung f; **2.** a) Schätzungswert m (festgesetzter) Wert od. Preis, Taxe f, b) Gegenwartswert m e-r 'Lebensverˌsicherungspoˌlice; **3.** Wertschätzung f, Würdigung f: **we take him at his own ~** wir beurteilen ihn so, wie er sich selbst sieht; **val·u·a·tor** ['væljʊeɪtə] s. ♱ (Ab)Schätzer m, Ta'xator m.
val·ue ['vælju:] **I** s. **1.** allg. Wert m (a. ⩜, ♫, phys. u. fig.): **moral ~s** fig. sittliche Werte; **be of ~ to** j-m wertvoll od. nützlich sein; **2.** Wert m, Einschätzung f: **set a high ~ (up)on** a) großen Wert legen auf (acc.), b) et. hoch einschätzen; **3.** ♱ Wert m: **assessed ~** Taxwert; **at ~** zum Tageskurs; **book ~** Buchwert; **commercial ~** Handelswert; **4.** ♱ a) (Verkehrs)Wert m, Kaufkraft f, Preis m, b) Gegenwert m, -leistung f, c) Währung f, Va'luta f, d) a. **good ~** re'elle Ware, Quali'tätsware f, e) → **valuation** 1 u. 2, f) Wert m, Preis m, Betrag m: **for ~ received** Betrag erhalten; **to the ~ of** im od. bis zum Betrag von; **give (get) good ~ (for one's money)** reell bedienen (bedient werden); **it is excellent ~ for money** es ist äußerst preiswert, es ist ausgezeichnet; **5.** fig. Wert m, Gewicht n e-s Wortes etc.; **6.** paint. Verhältnis n von Licht u. Schatten, Farb-, Grauwert m; **7.** ♫ Noten-, Zeitwert m; **8.** ling. Lautwert m; **II** v/t. **9.** a) den Wert od. Preis e-r Sache bestimmen od. festsetzen, b) (ab-)schätzen, veranschlagen, taxieren (**at** auf acc.); **10.** ♱ Wechsel ziehen ([up]on auf j-n); **11.** Wert, Nutzen, Bedeutung schätzen, (vergleichend) bewerten; **12.** (hoch)schätzen, achten; **~-add·ed tax** s. ♱ Mehrwertsteuer f.
val·ued ['vælju:d] adj. **1.** (hoch)geschätzt; **2.** taxiert, veranschlagt (**at** auf acc.): **~ at £100** £ 100 wert.
'val·ue|-free adj. wertfrei; **~ judg(e)ment** s. Werturteil n.
val·ue·less ['væljʊlɪs] adj. wertlos; **'val·u·er** [-jʊə] → **valuator**.
val·ue stress s. Phonetik: Sinnbetonung f.
va·lu·ta [vəˈlu:tə] (Ital.) s. ♱ Va'luta f.
valve [vælv] s. **1.** ⊕ Ven'til n, Absperrvorrichtung f, Klappe f, Hahn m, Regu-'lierorˌgan n: **~ gear** Ventilsteuerung f; **~-in-head engine** kopfgesteuerter Motor; **2.** ♫ Klappe f (Blasinstrument); **3.** ⚗ (Herz- etc.)Klappe f: **cardiac ~;** a. zo. (Muschel)Klappe f; **5.** ♀ a) Klappe f, b) Kammer f (beide e-r Fruchtkapsel); **6.** ⚡ Brit. (Elek'tronen-, Fernseh-, Radio)Röhre f: **~ amplifier** Röhrenverstärker m; **7.** ⊕ Schleusentor n; **8.** obs. Türflügel m; **'valve·less** [-lɪs] adj. ven-'tillos; **'val·vu·lar** [-vjʊlə] adj. **1.** klappenförmig, Klappen...: **~ defect** ⚗ Klappenfehler m; **2.** mit Klappe(n) od. Ven'til(en) (versehen); **3.** ♀ klappig; **'val·vule** [-vju:l] s. kleine Klappe; **val·vu·li·tis** [ˌvælvjʊ'laɪtɪs] s. ⚗ (Herz-)

Klappenentzündung f.
va·moose [vəˈmu:s], **va'mose** [-ˈməʊs] Am. sl. **I** v/i. ˌverduften', ˌLeine ziehen'; **II** v/t. fluchtartig verlassen.
vamp[1] [væmp] **I** s. **1.** a) Oberleder n, b) (Vorder)Klappe f (Schuh), c) (aufgesetzter) Flicken; **2.** ♫ (improvisierte) Begleitung; **3.** fig. Flickwerk n; **II** v/t. **4.** mst **~ up** a) flicken, reparieren, b) vorschuhen; **5.** **~ up** F a) et. ˌaufpolieren', ˌaufmotzen', b) Zeitungsartikel etc. zs.-stoppeln; **6.** ♫ (aus dem Stegreif) begleiten; **III** v/i. **7.** ♫ improvisieren.
vamp[2] [væmp] F **I** s. Vamp m; **II** v/t. a) Männer verführen, ˌausnehmen', b) j-n becircen.
vam·pire ['væmpaɪə] s. **1.** Vampir m: a) blutsaugendes Gespenst, b) fig. Erpresser(in), Blutsauger(in); **2.** a. **~ bat** zo. Vampir m, Blattnase f; **3.** thea. kleine Falltür auf der Bühne; **'vam·pir·ism** [-ərɪzəm] s. **1.** Vampirglaube m; **2.** Blutsaugen n (e-s Vampirs); **3.** fig. Ausbeutung f.
van[1] [væn] s. **1.** ⚔ Vorhut f, Vor'ausabˌteilung f, Spitze f; **2.** ♺ Vorgeschwader n; **3.** fig. vorderste Reihe, Spitze f.
van[2] [væn] s. **1.** Last-, Lieferwagen m; **2.** Gefangenenwagen m (Polizei); **3.** F a) Wohnwagen m: **gipsy's ~** Zigeunerwagen m, b) Am. 'Wohnmoˌbil n; **4.** ❖ Brit. (geschlossener) Güterwagen; **~-man** Dienst-, Gepäckwagen m.
van[3] [væn] s. **1.** obs. od. poet. Schwinge f, Fittich m; **2.** Brit. Getreideschwinge f; **3.** ⚒ Brit. Schwingschaufel od. -probe f.
va·na·di·um [vəˈneɪdjəm] s. ♺ Va'nadium n.
Van·dal ['vændl] **I** s. **1.** hist. Van'dale m, Van'dalin f; **2.** ⚥ fig. Van'dale m; **II** adj. a. **Van·dal·ic** [vænˈdælɪk] **3.** hist. van-'dalisch, Vandalen...; **4.** ⚥ fig. van'dalen-, zerstörungswütig; **'van·dal·ism** [-dəlɪzəm] s. ling. Vanda'lismus m: a) mutwillige Zerstörung, b) a. **act(s) of ~** mutwillige Zerstörung; **'van·dal·ize** v/t. **1.** mutwillig zerstören, verwüsten; **2.** wie die Van'dalen hausen in (dat.).
Van·dyke [ˌvænˈdaɪk] **I** adj. **1.** von Van Dyck, in Van Dyckscher Ma'nier; **II** s. **2.** oft ⚥ abbr. für a) **~ beard,** b) **~ collar; 3.** Zackenmuster n; **~ beard** s. Spitz-, Knebelbart m; **~ col·lar** s. Van-'dyckkragen m.
vane [veɪn] s. **1.** Wetterfahne f, -hahn m; **2.** Windmühlenflügel m; **3.** (Pro-'peller-, Venti'lator- etc.)Flügel m; (Tur'binen-, ✈ Leit)Schaufel f; **4.** surv. Di'opter n; **5.** zo. Fahne f (Feder); **6.** (Pfeil)Fiederung f.
van·guard ['vænɡɑ:d] → **van**[1].
va·nil·la [vəˈnɪlə] s. ♀, ♱ Va'nille f.
van·ish ['vænɪʃ] v/i. **1.** (plötzlich) verschwinden; **2.** (langsam) (ver-, ent-) schwinden, da'hinschwinden, sich verlieren (**from** von, aus); **3.** (spurlos) verschwinden: **~ into (thin) air** sich in Luft auflösen; **4.** ⅍ verschwinden, Null werden.
van·ish·ing cream ['vænɪʃɪŋ] s. (rasch eindringende) Tagescreme; **~ line** s. Fluchtlinie f; **~ point** s. **1.** Fluchtpunkt m (Perspektive); **2.** fig. Nullpunkt m.
van·i·ty ['vænətɪ] s. **1.** persönliche Eitelkeit; **2.** j-s Stolz m (Sache); **3.** Leer-,

Hohlheit f, Eitel-, Nichtigkeit f: ⚥ **Fair** fig. Jahrmarkt m der Eitelkeit; **4.** Am. Toi'lettentisch m; **5.** a. **~ bag** (od. **box, case**) Hand-, Kos'metiktäschchen n, -koffer m.
van·quish ['væŋkwɪʃ] **I** v/t. besiegen, über'wältigen, a. fig. Stolz etc. über'winden, bezwingen; **II** v/i. siegreich sein, siegen; **'van·quish·er** [-ʃə] s. Sieger m, Bezwinger m.
van·tage ['vɑ:ntɪdʒ] s. **1.** Tennis: Vorteil m; **2. coign** (od. **point**) **of ~** günstiger (Angriffs- od. Ausgangs)Punkt; **~ ground** s. günstige Lage od. Stellung (a. fig.); **~ point** s. **1.** Aussichtspunkt m; **2.** günstiger (Ausgangs)Punkt; **3.** → **vantage ground.**
vap·id ['væpɪd] adj. □ **1.** schal: **~ beer, 2.** fig. a) schal, seicht, leer, b) öd(e), fad(e); **va·pid·i·ty** [væˈpɪdətɪ], **'vap·id·ness** [-nɪs] s. **1.** Schalheit f (a. fig.); **2.** fig. a) Fadheit, b) Leere f.
va·por Am. → **vapour.**
va·por·i·za·tion [ˌveɪpəraɪˈzeɪʃn] s. phys. Verdampfung f, -dunstung f.
va·por·ize ['veɪpəraɪz] **I** v/t. **1.** ♱, phys. ver-, eindampfen, verdunsten (lassen); **2.** ⊕ vergasen; **II** v/i. **3.** verdampfen, verdunsten; **'va·por·iz·er** [-zə] s. ⊕ Ver'dampfungsappaˌrat m, Zerstäuber m; **2.** Vergaser m; **'va·por·ous** [-rəs] adj. □ **1.** dampfig, dunstig; **2.** fig. nebelhaft; **3.** duftig (Gewebe).
va·pour ['veɪpə] **I** s. **1.** Dampf m (a. phys.), Dunst m (a. fig.): **~ bath** Dampfbad n; **~ trail** ✈ Kondensstreifen; **2.** a) ⊕ Gas n, b) mot. Gemisch n: **~ motor** Gasmotor m; **3.** ⚗ a) (Inhalati'ons)Dampf m, b) obs. (innere) Blahung; **4.** fig. Phan'tom n, Hirngespinst n; **5.** pl. obs. Schwermut f; **II** v/i. **6.** (ver)dampfen; **7.** fig. schwadronieren, prahlen.
var·an ['værən] s. zo. Wa'ran m.
var·ec ['værek] s. **1.** Seetang m; **2.** ♺ Varek m, Seetangasche f.
var·i·a·bil·i·ty [ˌveərɪəˈbɪlətɪ] s. **1.** Veränderlichkeit f, Schwanken n, Unbeständigkeit f (a. fig.); **2.** ⅍, phys., a. biol. Variabili'tät f.
var·i·a·ble ['veərɪəbl] **I** adj. □ **1.** veränderlich, 'unterschiedlich; schwankend (a. Person): **~ cost** ♱ bewegliche Kosten pl.; **~ wind** meteor. Wind aus wechselnder Richtung; **2.** bsd. ⅍, ast., biol., phys varɪ'abel, wandelbar; **3.** ⊕ regelbar, ver-, einstellbar: **~ capacitor** Drehkondensator m; **~ gear** Wechselgetriebe n; **infinitely ~** stufenlos regelbar; **~-speed** mit veränderlicher Drehzahl; **II** s. **4.** veränderliche Größe, bsd. ⅍ Vari'able f, Veränderliche f; **5.** ast. variˈabler Stern; **'var·i·a·ble·ness** [-nɪs] → **variability; 'var·i·ance** [-rɪəns] s. **1.** Veränderung f; **2.** Abweichung f (a. ⅍ zwischen Klage u. Beweisergebnis); **3.** Uneinigkeit f, Meinungsverschiedenheit f, Streit m: **be at ~ (with)** uneinig sein (mit j-m); → 4; **set at ~** entzweien; **4.** fig. 'Widerstreit m, -spruch m, Unvereinbarkeit f: **be at ~ (with)** unvereinbar sein (mit et.), im Widerspruch stehen (zu); → 3; **'var·i·ant** [-rənt] **I** adj. abweichend, verschieden; 'unterschiedlich; **II** s. Vari-'ante f: a) Spielart f, b) abweichende

Lesart; **var·i·a·tion** [ˌveərɪ'eɪʃn] *s.* **1.** Veränderung *f*, Wechsel *m*, Schwankung *f*; **2.** Abweichung *f*; **3.** ♪, ♫, *ast.*, *biol. etc.*Variati'on *f*; **4.** ('Orts)ₗMißweisung *f*, mag'netische Deklinati'on *f* (*Kompaß*).

var·i·col·o(u)red ['veərɪkʌləd] *adj.* bunt: a) vielfarbig, b) *fig.* mannigfaltig.

var·i·cose ['værɪkəʊs] *adj.* ✻ krampfad(e)rig, vari'kös: ~ *vein* Krampfader *f*; ~ *bandage* Krampfaderbinde *f*; **var·i·co·sis** [ˌværɪ'kəʊsɪs], **var·i·cos·i·ty** [ˌværɪ'kɒsətɪ] *s.* Krampfaderleiden *n*, Krampfader(n *pl.*) *f*.

var·ied ['veərɪd] *adj.* ☐ verschieden(artig); mannigfaltig, abwechslungsreich, bunt.

var·i·e·gate ['veərɪgeɪt] *v/t.* **1.** bunt gestalten (*a. fig.*); **2.** *fig.* (durch Abwechslung) beleben, variieren; **'var·i·e·gat·ed** [-tɪd] *adj.* **1.** bunt(scheckig, -gefleckt), vielfarbig; **2.** → *varied*; **var·i·e·ga·tion** [ˌveərɪ'geɪʃn] *s.* Buntheit *f*.

va·ri·e·ty [və'raɪətɪ] *s.* **1.** Verschieden-, Buntheit *f*, Mannigfaltigkeit *f*, Vielseitigkeit *f*, Abwechslung *f*; **2.** Vielfalt *f*, Reihe *f*, Anzahl *f*, *bsd.* ✝ Auswahl *f*: *owing to a ~ of causes* aus verschiedenen Gründen; **3.** Sorte *f*, Art *f*; **4.** *allg.*, *a.* ♀, *zo.* Ab-, Spielart *f*; **5.** ♀, *zo.* a) Varie'tät *f* (*Unterabteilung e-r Art*), b) Vari'ante *f*; **6.** Varie'té *n*: ~ *artist* Varietékünstler *m*; ~ *meat s. Am.* Inne'reien *pl.*; ~ *show s.* Varie'té(vorstellung *f*) *n*; ~ *store s.* ✝ *Am.* Kleinkaufhaus *n*; ~ *the·a·tre s.* Varie'té(the,ater) *n*.

var·i·form ['veərɪfɔːm] *adj.* vielgestaltig (*a. fig.*).

va·ri·o·la [və'raɪələ] *s.* ✻ Pocken *pl.*

var·i·om·e·ter [ˌveərɪ'ɒmɪtə] *s.* ⊛, ⚡, *phys.* Vario'meter *n*.

var·i·o·rum [ˌveərɪ'ɔːrəm] **I** *adj.* ~ *edition* → **II** *s.* Ausgabe *f* mit Anmerkungen verschiedener Kommenta'toren *od.* mit verschiedenen Lesarten.

var·i·ous ['veərɪəs] *adj.* ☐ **1.** verschieden(artig); **2.** mehrere, verschiedene; **3.** → *varied.*

var·ix ['veərɪks] *pl.* **-i·ces** ['værɪsiːz] *s.* ✻ Krampfader(knoten *m*) *f*.

var·let ['vɑːlɪt] *s.* **1.** *hist.* Knappe *m*, Page *m*; **2.** *obs.* Schelm *m*, Schuft *m*.

var·mint ['vɑːmɪnt] *s.* **1.** *zo.* Schädling *m*; **2.** F Ha'lunke *m*.

var·nish ['vɑːnɪʃ] **I** *s.* ⊛ **1.** Lack *m*: *oil* ~ Öllack *m*; **2.** *a. clear* ~ Klarlack *m*, Firnis *m*; **3.** ('Möbel)Poli,tur *f*; **4.** *Töpferei*: Gla'sur *f*; **5.** *fig.* Firnis *m*, Tünche *f*, äußerer Anstrich; **II** *v/t. a.* ~ *over* **6.** a) lackieren, firnissen, b) glasieren; **7.** *Möbel* (auf)polieren; **8.** *fig.* über'tünchen, beschönigen.

var·si·ty ['vɑːsətɪ] *s.* F **1.** ,Uni' *f* (*Universität*); **2.** *a.* ~ *team sport Am.* Universi-'täts- *od.* College- *od.* Schulmannschaft *f*.

var·y ['veərɪ] **I** *v/t.* **1.** (ver-, *a.* ♫ ab)ändern; **2.** variieren, 'unterschiedlich gestalten, Abwechslung bringen in (*acc.*), wechseln mit *et.*, *a.* ♪ abwandeln; **II** *v/i.* **3.** sich (ver)ändern, variieren (*a. biol.*), wechseln, schwanken; **4.** verschieden sein, abweichen (*from* von); **'var·y·ing** [-ɪɪŋ] *adj.* wechselnd, 'unterschiedlich, verschieden.

vas·cu·lar ['væskjʊlə] *adj.* ♀, *physiol.*

Gefäß...(-*pflanzen*, -*system etc.*): ~ *tis·sue* ♀ Stranggewebe *n*.

vase [vɑːz] *s.* Vase *f*.

vas·ec·to·my [væ'sektəmɪ] *s.* ✻ Vasekto'mie *f*.

vas·e·line ['væsɪliːn] *s.* ✻ Vase'lin *n*.

vas·sal ['væsl] **I** *s.* **1.** Va'sall(in), Lehnsmann *m*; **2.** *fig.* 'Untertan *m*, Unter'gebene(r *m*) *f*; **3.** *fig.* Sklave *m* (*to gen.*); **II** *adj.* **4.** Vasallen...; **'vas·sal·age** [-səlɪdʒ] *s.* **1.** *hist.* Va'sallentum *n*, Lehnspflicht *f*, (*to* gegenüber); **2.** *coll.* Va-'sallen *pl.*; **3.** *fig. a)* Abhängigkeit *f* (*to* von), b) 'Unterwürfigkeit *f*.

vast [vɑːst] **I** *adj.* ☐ **1.** weit, ausgedehnt, unermeßlich; **2.** *a. fig.* ungeheuer, (riesen)groß, riesig, gewaltig: ~ *dif·ference*; ~ *quantity*; **II** *s.* **3.** *poet.* Weite *f*; **'vast·ly** [-lɪ] *adv.* gewaltig, in hohem Maße; ungemein, äußerst: ~ *su·perior* haushoch überlegen, weitaus besser; **'vast·ness** [-nɪs] *s.* **1.** Weite *f*, Unermeßlichkeit *f* (*a. fig.*); **2.** ungeheure Größe, riesige Zahl, Unmenge *f*.

vat [væt] **I** *s.* ⊛ **1.** großes Faß, Bottich *m*, Kufe *f*; **2.** a) *Färberei*: Küpe *f*, b) *a. tan ~ Gerberei*: Lohgrube *f*; **II** *v/t.* **3.** (ver)küpen, in ein Faß *etc.* füllen; **4.** in e-m Faß *etc.* behandeln; **~ted** faßreif (*Wein etc.*).

Vat·i·can ['vætɪkən] *s.* Vati'kan *m*: ~ *council* Vatikanisches Konzil.

vaude·ville ['vəʊdəvɪl] *s.* **1.** *Brit.* heiteres Singspiel (mit Tanzeinlagen); **2.** *Am.* Varie'té *n*.

vault¹ [vɔːlt] **I** *s.* **1.** △ (*a. poet.* Himmels)Gewölbe *n*, Wölbung *f*; **2.** Kellergewölbe *n*; **3.** Grabgewölbe *n*, Gruft *f*: *family* ~; **4.** Tre'sorraum *m*; **5.** *anat.* Wölbung *f*, (Schädel)Dach *n*; (Gaumen)Bogen *m*; (Zwerchfell)Kuppel *f*; **II** *v/t.* **6.** (über)'wölben; **III** *v/i.* **7.** sich wölben.

vault² [vɔːlt] **I** *v/i.* **1.** springen, sich schwingen, setzen (*over* über *acc.*); **2.** *Reitsport*: kurbettieren; **II** *v/t.* **3.** über-'springen; **III** *s.* **4.** *bsd. sport* Sprung *m*; **5.** *Reitsport*: Kur'bette *f*.

vault·ed ['vɔːltɪd] *adj.* **1.** gewölbt, Gewölbe...; **2.** über'wölbt.

vault·er ['vɔːltə] *s.* Springer *m*.

vault·ing¹ ['vɔːltɪŋ] *s.* △ **1.** Spannen *n* e-s Gewölbes; **2.** Wölbung *f*; **3.** Gewölbe *n* (*od. pl. coll.*).

vault·ing² ['vɔːltɪŋ] *s.* Springen *n*; ~ *horse s.* Turnen: (Lang-, Sprung)Pferd *n*; ~ *pole s. sport* Sprungstab *m*.

vaunt [vɔːnt] **I** *v/t.* sich rühmen (*gen.*), sich brüsten mit; **II** *v/i.* (*of*) sich rühmen (*gen.*), sich brüsten (mit); **III** *s.* Prahle'rei *f*; **'vaunt·er** [-tə] *s.* Prahler(in); **'vaunt·ing** [-tɪŋ] *adj.* ☐ prahlerisch.

'V-Day *s.* Tag *m* des Sieges (*im 2. Weltkrieg*; 8. 5. 1945).

've [v] F *abbr. für* have.

veal [viːl] *s.* Kalbfleisch *n*: ~ *chop* Kalbskotelett *n*; ~ *cutlet* Kalbsschnitzel *n*.

vec·tor ['vektə] **I** *s.* **1.** Å, *a.* ✈ Vektor *m*; **2.** ✻, *vet.* Bak'terienüber,träger *m*; **II** *v/t.* **3.** *Flugzeug* (mittels Funk *od.* Ra'dar) leiten, (auf Ziel) einweisen.

V-E Day → *V-Day.*

vee [viː] **I** *s.* V *n*, vv *n*, Vau *n* (*Buchstabe*), **II** *adj.* V-förmig, V-...: ~ *belt* Keilriemen *m*; ~ *engine* V-Motor *m*.

---

veep [viːp] *s. Am.* F ,Vize' *m* (*Vizepräsident*).

veer [vɪə] **I** *v/i. a.* ~ *round* **1.** sich ('um-)drehen; 'umspringen, sich drehen (*Wind*), *fig.* 'umschwenken (*to* zu); **2.** ⚓ (ab)drehen, wenden; **II** *v/t.* **3.** *a.* ~ *round Schiff etc.* wenden, drehen, schwenken; **4.** ⚓ *Tauwerk* fieren, abschießen: ~ *and haul* fieren u. holen; **III** *s.* **7.** Wendung *f*, Drehung *f*, Richtungswechsel *m*.

veg·e·ta·ble ['vedʒtəbl] **I** *s.* **1.** *allg.* (*bsd.* Gemüse-, Futter)Pflanze *f*: *be a mere* ~, *live like a* ~ *fig.* (nur noch) dahinvegetieren; **2.** *a. pl.* Gemüse *n*; **3.** ♪ Grünfutter *n*; **II** *adj.* **4.** pflanzlich, vega'tbilisch, Pflanzen...: ~ *diet* Pflanzenkost *f*; ~ *kingdom* Pflanzenreich *n*; ~ *marrow* Kürbis(frucht *f*) *m*; **5.** Gemüse...: ~ *garden*; ~ *soup*.

veg·e·tal ['vedʒɪtl] *adj.* **1.** ♀ → *vegetable* 4 u. 5; **2.** *physiol.* vega'tiv; **veg·e·tar·i·an** [ˌvedʒɪ'teərɪən] **I** *s.* **1.** Vege'tarier(in); **II** *adj.* **2.** vege'tarisch; **3.** Vegetarier...; **veg·e·tar·i·an·ism** [ˌvedʒɪ-'teərɪənɪzəm] *s.* Vegeta'rismus *m*, vege-'tarische Lebensweise; **'veg·e·tate** [-teɪt] *v/i.* **1.** (*wie e-e Pflanze*) wachsen; vegetieren; **2.** *contp.* (da'hin)vegetieren; **veg·e·ta·tion** [ˌvedʒɪ'teɪʃn] *s.* **1.** Vegetati'on *f*, Pflanzenwelt *f*, -decke *f*: *luxuriant* ~; **2.** Vegetieren *n*, Pflanzenwuchs *m*; **3.** *fig.* (Da'hin)Vegetieren *n*; **4.** ✻ Wucherung *f*; **'veg·e·ta·tive** [-tətɪv] *adj.* ☐ *biol.* **1.** vegeta'tiv: a) wie Pflanzen wachsend, b) wachstumsfördernd, c) Wachstums...; **2.** Vegetationis..., pflanzlich.

ve·he·mence ['viːɪməns] *s.* **1.** *a. fig.* Heftigkeit *f*, Vehe'menz *f*, Gewalt *f*, Wucht *f*; **2.** *fig.* Ungestüm *n*, Leidenschaft *f*; **'ve·he·ment** [-nt] *adj.* ☐ *a. fig.* heftig, gewaltig, vehe'ment, *fig. a.* ungestüm, leidenschaftlich, hitzig.

ve·hi·cle ['viːɪkl] *s.* **1.** Fahrzeug *n*, Beförderungsmittel *n*, *engS.* Wagen *m*; **2.** a) *a. space* ~ Raumfahrzeug *n*, b) 'Trägerra,kete *f*; **3.** *fig.* a) Ausdrucksmittel *n*, Medium *n*, Ve'hikel *n*, b) Träger *m*, Vermittler *m*; **4.** 痛, *biol.* Trägerflüssigkeit *f*; **5.** *pharm.*, 痛, ⊛ Bindemittel *n*; **ve·hic·u·lar** [vɪ'hɪkjʊlə] *adj.* Fahrzeug..., Wagen...: ~ *traffic.*

veil [veɪl] **I** *s.* **1.** (Gesichts- *etc.*)Schleier *m*: *take the* ~ *eccl.* den Schleier nehmen (*Nonne werden*); **2.** *phot.* (a. Nebel-, Dunst)Schleier *m*; **3.** *fig.* Schleier *m*, Maske *f*, Deckmantel *m*: *draw a* ~ *over* den Schleier des Vergessens breiten über (*acc.*); *under the* ~ *of dark·ness* im Schutze der Dunkelheit; *un·der the* ~ *of charity* unter dem Deckmantel der Nächstenliebe; **4.** ♀, *anat.* → *velum*; **5.** *eccl.* a) (Tempel)Vorhang *m*, b) Velum *n* (*Kelchtuch*); **6.** Verschleierung *f* der Stimme; **II** *v/t.* **7.** verschleiern, -hüllen (*a. fig.*); **III** *v/i.* **8.** sich verschleiern; **veiled** [-ld] *adj.* verschleiert (*a. phot., fig.*) (*a. Stimme*); **'veil·ing** [-lɪŋ] *s.* **1.** Verschleierung *f* (*a. phot. u. fig.*); **2.** ✝ Schleier(stoff) *m*.

vein [veɪn] *s.* **1.** *anat.* Vene *f*; *allg.* Ader *f*: a) *anat.* Blutgefäß *n*, b) ♀ Blattnerv *m*, c) Maser *f* (*Holz, Marmor*), d) *geol.* (Erz)Gang *m*, e) Wasserader *f*; **3.** *fig.* a) *poetische etc.* Ader, Veranlagung *f*, Hang *m* (*of* zu), b) (Ton)Art *f*, c)

Stimmung *f*: *be in the ~ for* in Stimmung sein zu; **veined** [-nd] *adj.* **1.** *allg.* geädert; **2.** gemasert; **'vein·ing** [-nɪŋ] *s.* Äderung *f*, Maserung *f*; **'vein·let** [-lɪt] *s.* **1.** Äderchen *n*; **2.** ♥ Seitenrippe *f*.

ve·la ['viːlə] *pl. von velum.*

ve·lar ['viːlə] **I** *adj. anat., ling.* ve'lar, Gaumensegel..., Velar...; **II** *s. ling.* Gaumensegellaut *m*, Ve'lar(laut) *m*; **'ve·lar·ize** [-əraɪz] *v/t. ling.* Laut velarisieren.

veld(t) [velt] *s. geogr.* Gras- *od.* Buschland *n* (*Südafrika*).

vel·le·i·ty [ve'liːətɪ] *s.* kraftloses, zögerndes Wollen.

vel·lum ['veləm] *s.* **1.** ('Kalbs-, 'Schreib-) Perga₁ment *n*, Ve'lin *n*: *~ cloth* Pausleinen *n*; **2.** *a.* **~ paper** Ve'linpa₁pier *n*.

ve·loc·i·pede [vɪ'lɒsɪpiːd] *s.* **1.** *hist.* Velozi'ped *n* (*Lauf-, Fahrrad*); **2.** *Am.* (Kinder)Dreirad *n*.

ve·loc·i·ty [vɪ'lɒsətɪ] *s. bsd.* ⊕, *phys.* Geschwindigkeit *f*: *at a ~ of* mit e-r Geschwindigkeit von; *initial ~* Anfangsgeschwindigkeit.

ve·lour(s) [və'lʊə] *s.* ♥ Ve'lours *m*.

ve·lum ['viːləm] *pl.* **-la** [-lə] *s.* **1.** ♥, *anat.* Hülle *f*, Segel *n*; **2.** *anat.* Gaumensegel *n*, weicher Gaumen; **3.** ♥ Schleier *m* an Hutpilzen.

vel·vet ['velvɪt] **I** *s.* **1.** Samt *m*: *be on ~ sl.* glänzend dastehen; **2.** *zo.* Bast *m* an *jungen Geweihen etc.*; **II** *adj.* **3.** samten, aus Samt, Samt...; **4.** samtartig, -weich, samten (*a. fig.*): *an iron hand in a ~ glove fig.* e-e eiserne Faust unter dem Samthandschuh; *handle s.o. with ~ gloves fig.* j-n mit Samthandschuhen anfassen; **vel·vet·een** [₁velvɪ'tiːn] *s.* Man'(s)chester *m*, Baumwollsamt *m*; **'vel·vet·y** [-tɪ] → *velvet* 4.

ve·nal ['viːnl] *adj.* □ käuflich, bestechlich, kor'rupt; **ve·nal·i·ty** [viː'nælətɪ] *s.* Käuflichkeit *f*, Kor'ruptheit *f*, Bestechlichkeit *f*.

ve·na·tion [viː'neɪʃn] *s.* ♥, *zo.* Geäder *n*.

vend [vend] *v/t.* a) *bsd.* ‡‡ verkaufen, b) zum Verkauf anbieten, c) hausieren mit; **ven·dee** [ven'diː] *s.* ‡‡ Käufer *m*; **'vend·er** [-də] *s.* **1.** (Straßen)Verkäufer *m*, (-)Händler *m*; **2.** → *vendor.*

ven·det·ta [ven'detə] *s.* Blutrache *f*.

vend·i·ble ['vendəbl] *adj.* □ verkäuflich.

vend·ing ma·chine ['vendɪŋ] *s.* (Ver-'kaufs)Auto₁mat *m*.

ven·dor ['vendɔː] *s.* **1.** ‡‡ Verkäufer(in); **2.** (Ver'kaufs)Auto₁mat *m*.

ven·due ['vendjuː] *s. bsd. Am.* Aukti'on *f*, Versteigerung *f*.

ve·neer [və'nɪə] **I** *v/t.* **1.** ⊕ a) *Holz* furnieren, einlegen, b) *Stein* auslegen, c) *Töpferei*: (mit dünner Schicht) über'ziehen; **2.** *fig.* um'kleiden, e-n äußeren Anstrich geben; **3.** *fig.* Eigenschaften *etc.* über'tünchen, verdecken; **II** *s.* **4.** ⊕ Fur'nier(holz, -blatt) *n*; **5.** *fig.* Tünche *f*, äußerer Anstrich; **ve'neer·ing** [-ərɪŋ] *s.* **1.** ⊕ a) Furnierholz *n*, b) Furnierung *f*, c) Fur'nierarbeit *f*; **2.** *fig.* → *veneer* 5.

ven·er·a·bil·i·ty [₁venərə'bɪlətɪ] *s.* Ehrwürdigkeit *f*; **ven·er·a·ble** ['venərəbl] *adj.* □ **1.** ehrwürdig (*a. R.C.*) (*a. fig. Bauwerk etc.*), verehrungswürdig; **2.** *Anglikanische Kirche*: Hoch(ehr)würden *m* (*Archidiakon*): ♀ *Sir*; **ven·er-**

a·ble·ness ['venərəblnɪs] *s.* Ehrwürdigkeit *f*.

ven·er·ate ['venəreɪt] *v/t.* **1.** verehren; **2.** in Ehren halten; **ven·er·a·tion** [₁venə'reɪʃn] *s.* (*of*) a) Verehrung *f* (*gen.*), b) Ehrfurcht *f* (vor *dat.*); **'ven·er·a·tor** [-tə] *s.* Verehrer(in).

ve·ne·re·al [və'nɪərɪəl] *adj.* **1.** geschlechtlich, Geschlechts..., Sexual...; **2.** ✴ a) ve'nerisch, Geschlechts..., b) geschlechtskrank: *~ disease* Geschlechtskrankheit *f*; **ve·ne·re·ol·o·gist** [və₁nɪərɪ'ɒlədʒɪst] *s.* ✴ Venero'loge *m*, Facharzt *m* für Geschlechtskrankheiten.

Ve·ne·tian [və'niːʃn] **I** *adj.* venezi'anisch: *~ blind* (Stab)Jalousie *f*; *~ glass* Muranoglas *n*; **II** *s.* Venezi'aner(in).

Ven·e·zue·lan [₁vene'zweɪlən] **I** *adj.* venezo'lanisch; **II** *s.* Venezo'laner(in).

venge·ance ['vendʒəns] *s.* Rache *f*, Vergeltung *f*: *take ~* (*up*)*on* Vergeltung üben *od.* sich rächen an (*dat.*); *with a ~* F a) mächtig, mit Macht, wie besessen, wie der Teufel, b) *jetzt erst* recht, c) im Exzess, über'trieben; **'venge·ful** [-fʊl] *adj.* □ *rhet.* rachsüchtig, -gierig.

ve·ni·al ['viːnjəl] *adj.* □ verzeihlich: *~ sin R.C.* läßliche Sünde.

ven·i·son ['venzn] *s.* Wildbret *n*.

ven·om ['venəm] *s.* **1.** *zo.* (Schlangen-*etc.*)Gift *n*; **2.** *fig.* Gift *n*, Gehässigkeit *f*; **'ven·omed** [-md], **'ven·om·ous** [-məs] *adj.* □ **1.** giftig: *~ snake* Giftschlange *f*; **2.** *fig.* giftig, gehässig; **'ven·om·ous·ness** [-məsnɪs] *s.* Giftigkeit *f*, *fig. a.* Gehässigkeit *f*.

ve·nose ['viːnəʊs] → *venous*; **ve·nos·i·ty** [vɪ'nɒsətɪ] *s. biol.* **1.** Äderung *f*; **2.** ✴ Venosi'tät *f*; **ve·nous** ['viːnəs] *adj.* □ *biol.* **1.** Venen..., Adern...; **2.** ve'nös: *~ blood*; **3.** ♥ geädert.

vent [vent] **I** *s.* **1.** (Luft)Loch *n*, (Abzugs)Öffnung *f*, Schlitz *m*, ⊕ *a.* Entlüfter(stutzen) *m*: *~ window* → *ventipane*; **2.** Spundloch *n* (*Faß*); **3.** ✕ *hist.* Schießscharte *f*; **4.** Fingerloch *n* (*Flöte etc.*); **5.** (Vul'kan)Schlot *m*; **6.** *orn.*, *ichth.* After *m*; **7.** *zo.* Aufstoßen *n* zum Luftholen (*Otter etc.*); **8.** Auslaß *m* (*a. fig.*): *find* (*a*) *~ fig.* sich entladen (*Gefühl*); *give ~ to* → 9; **II** *v/t.* **9.** *fig.* e-n Gefühl Luft machen, *Wut etc.* auslassen (*on* an *dat.*); **10.** ⊕ a) e-e Abzugsöffnung *etc.* anbringen an (*dat.*), b) *Rauch etc.* abziehen lassen, c) ventilieren; **III** *v/i.* **11.** *hunt.* aufstoßen (zum Luftholen) (*Otter etc.*); **'vent·age** [-tɪdʒ] → *vent* 1, 4, 8.

ven·ter ['ventə] *s.* **1.** *anat.* a) Bauch (-höhle *f*) *m*, b) (Muskel- *etc.*)Bauch *m*; **2.** *zo.* (In'sekten)Magen *m*; **3.** ‡‡ Mutter(leib *m*): *child of a second ~* Kind *n* von e-r zweiten Frau.

'vent·hole → *vent* 1.

ven·ti·late ['ventɪleɪt] *v/t.* **1.** ventilieren, (be-, ent-, 'durch)lüften; **2.** *physiol.* Sauerstoff zuführen (*dat.*); **3.** *fig.* ventilieren: a) zur Sprache bringen, erörtern, b) *Meinung etc.* äußern; **4.** → *vent* 9; **'ven·ti·lat·ing** [-tɪŋ] *adj.* Ventilations..., Lüftungs....; **ven·ti·la·tion** [₁ventɪ'leɪʃn] *s.* **1.** Ventilati'on *f*, (Be-, Ent)Lüftung *f* (*beide a. Anlage*), Luftzufuhr *f*; ✕ Bewetterung *f*; **2.** *fig.* a) (freie) Erörterung *f*, öffentliche Diskussi'on, b)

Äußerung *f* *e-s Gefühls etc.*, Entladung *f*; **'ven·ti·la·tor** [-tə] *s.* Venti'lator *m*, Entlüfter *m*, Lüftungsanlage *f*.

ven·ti·pane ['ventɪpeɪn] *s. mot.* Ausstellfenster *n*.

ven·tral ['ventrəl] *adj.* □ *biol.* ven'tral, Bauch...

ven·tri·cle ['ventrɪkl] *s. anat.* Ven'trikel *m*, (Körper)Höhle *f*, *bsd.* (Herz-, Hirn-) Kammer *f*; **ven·tric·u·lar** [ven'trɪkjʊlə] *adj. anat.* ventriku'lär, Kammer...

ven·tri·lo·qui·al [₁ventrɪ'ləʊkwɪəl] *adj.* bauchrednerisch, Bauchrede...

ven·tri·lo·quism [ven'trɪləkwɪzəm] *s.* Bauchreden *n*; **ven·tril·o·quist** [-ɪst] *s.* Bauchredner(in); **ven·tril·o·quize** [-kwaɪz] **I** *v/i.* bauchreden; **II** *v/t. et.* bauchrednerisch sagen; **ven·tril·o·quy** [-kwɪ] *s.* Bauchreden *n*.

ven·ture ['ventʃə] **I** *s.* **1.** Wagnis *n*: a) Risiko *n*, b) (gewagtes) Unter'nehmen; **2.** ♥ a) (geschäftliches) Unter'nehmen, Operati'on *f*, b) Spekulati'on *f*; **3.** Spekulati'onsob₁jekt *n*, Einsatz *m*; **4.** *obs.* Glück *n*: *at a ~* aufs Geratewohl, auf gut Glück; **II** *v/t.* **5.** *et.* riskieren, wagen, aufs Spiel setzen: *nothing ~ nothing have* (*od.* *gain[ed]*) wer nicht wagt, der nicht gewinnt; **6.** *Bemerkung etc.* (zu äußern) wagen; **III** *v/i.* **7.** (es) wagen, sich erlauben (*to do* zu tun); **8.** *~* (*up*)*on* sich an *e-e Sache* wagen; **9.** sich *wohin* wagen; **'ven·ture·some** [-səm] *adj.* □ waghalsig: a) kühn, verwegen (*Person*), b) gewagt, ris'kant (*Tat*); **'ven·ture·some·ness** [-səmnɪs] *s.* Waghalsigkeit *f*; **'ven·tur·ous** [-ərəs] *adj.* □ → *venturesome.*

ven·ue ['venjuː] *s.* **1.** ‡‡ a) Gerichtsstand *m*, zuständiger Verhandlungsort *m*, *Brit.* a. zuständige Grafschaft, b) örtliche Zuständigkeit; **2.** a) Schauplatz *m*, b) Treffpunkt *m*, Tagungsort *m*, c) *sport* Austragungsort *m*.

Ve·nus ['viːnəs] *s. allg.* Venus *f*.

ve·ra·cious [və'reɪʃəs] *adj.* □ **1.** wahr-'haftig, wahrheitsliebend; **2.** wahr (-heitsgetreu): *~ account*; **ve·rac·i·ty** [və'ræsətɪ] *s.* **1.** Wahr'haftigkeit *f*, Wahrheitsliebe *f*; **2.** Richtigkeit *f*; **3.** Wahrheit *f*.

ve·ran·da(h) [və'rændə] *s.* Ve'randa *f*.

verb [vɜːb] *s. ling.* Zeitwort *n*, Verb(um) *n*; **'ver·bal** [-bl] **I** *adj.* □ **1.** Wort... (-*fehler*, -*gedächtnis*, -*kritik etc.*); **2.** mündlich (*a. Vertrag etc.*): *~ message*; **3.'** (wort)wörtlich: *~ copy*; *~ translation*; **4.** wörtlich, Verbal...: *~ note pol.* Verbalnote *f*; **5.** *ling.* ver'bal, Verbal..., Zeitwort...: *~ noun* → 6; **II** *s.* **6.** *ling.* Ver'bal₁substantiv *n*; **'ver·bal·ism** [-bəlɪzəm] *s.* **1.** Ausdruck *m*; **2.** Verba'lismus *m*, Wortemache'rei *f*; **3.** Wortklaube'rei *f*; **'ver·bal·ist** [-bəlɪst] *s.* **1.** *bsd. ped.* Verba'list(in); **2.** wortgewandte Per'son; **'ver·bal·ize** [-bəlaɪz] **I** *v/t.* **1.** in Worte fassen, formulieren; **2.** *ling.* in ein Verb verwandeln; **II** *v/i.* **3.** viele Worte machen; **ver·ba·tim** [vɜː'beɪtɪm] **I** *adv.* ver'batim, (wort)wörtlich, Wort für Wort; **II** *adj.* → *verbal* 3; **III** *s.* wortgetreuer Bericht; **'ver·bi·age** [-bɪdʒ] *s.* **1.** Wortschwall *m*; **2.** Dikti'on *f*; **ver·bose** [vɜː'bəʊs] *adj.* □ wortreich, weitschweifig; **ver·bos·i·ty** [vɜː'bɒsətɪ] *s.* Wortreichtum *f*.

ver·dan·cy ['vɜːdənsɪ] *s.* **1.** (frisches)

Grün; **2.** *fig.* Unerfahrenheit *f*; Unreife *f*; **'ver-dant** [-nt] *adj.* □ **1.** grün, grünend; **2.** *fig.* grün, unreif.

ver-dict ['vɜːdɪkt] *s.* **1.** ⚖ (Wahr)Spruch *m* der Geschworenen, Ver'dikt *n*: ~ *of not guilty* Erkennen *n* auf „nicht schuldig", *bring in* (*od. return*) *a* ~ *of guilty* auf schuldig erkennen; **2.** *fig.* Urteil *n* (*on* über *acc.*).

ver-di-gris ['vɜːdɪɡrɪs] *s.* Grünspan *m.*

ver-dure ['vɜːdʒə] *s.* **1.** (frisches) Grün; **2.** Vegetati'on *f*, saftiger Pflanzenwuchs; **3.** *fig.* Frische *f*, Kraft *f.*

verge [vɜːdʒ] **I** *s.* **1.** *mst fig.* Rand *m*, Grenze *f*: *on the* ~ *of* am Rande *der Verzweiflung etc.*, dicht vor (*dat.*); *on the* ~ *of tears* den Tränen nahe; *on the* ~ *of doing* nahe daran, zu tun; **2.** ✐ (Beet)Einfassung *f*, (Gras)Streifen *m*; **3.** ⚖ *Brit. hist.* Gerichtsbezirk *m* rund um den Königshof; **4.** ❂ a) 'überstehende Dachkante, b) Säulenschaft *m*, c) Schwungstift *m* (*Uhrhemmung*), d) Zugstab *m* (*Setzmaschine*); **5.** a) *bsd. eccl.* Amtsstab *m*, b) *hist.* Belehnungsstab *m*; **II** *v/i.* **6.** *mst fig.* grenzen *od.* streifen (*on* an *acc.*); **7.** (*on, into*) sich nähern (*dat.*), (in *e-e* Farbe etc.) 'übergehen; **8.** sich (hin)neigen (*to[wards]* nach); **'ver-ger** [-dʒə] *s.* **1.** Kirchendiener *m*, Küster *m*; **2.** *bsd. Brit. eccl.* (Amts)Stabträger *m.*

ver-i-est ['verɪɪst] *adj.* (*sup. von* **very** II) *obs.* äußerst: *the* ~ *child* (selbst) das kleinste Kind; *the* ~ *nonsense* der reinste Unsinn; *the* ~ *rascal* der ärgste *od.* größte Schuft.

ver-i-fi-a-ble ['verɪfaɪəbl] *adj.* nachweis-, nachprüfbar, verifizierbar; **ver-i-fi-ca-tion** [ˌverɪfɪ'keɪʃn] *s.* **1.** Nachprüfung *f*; **2.** Echtheitsnachweis *m*, Richtigbefund *m*; **3.** Beglaubigung *f*, Beurkundung *f*; (⚖ eidliche) Bestätigung; **ver-i-fy** ['verɪfaɪ] *v/t.* **1.** auf die Richtigkeit hin (nach)prüfen; **2.** die Richtigkeit *od.* Echtheit *e-r* Angabe etc. feststellen *od.* nachweisen, verifizieren; **3.** *Urkunde etc.* beglaubigen; beweisen, belegen; **4.** ⚖ eidlich beteuern; **5.** bestätigen; **6.** *Versprechen etc.* erfüllen, wahrmachen.

ver-i-ly ['verɪlɪ] *adv. bibl.* wahrlich.

ver-i-si-mil-i-tude [ˌverɪsɪ'mɪlɪtjuːd] *s.* Wahr'scheinlichkeit *f.*

ver-i-ta-ble ['verɪtəbl] *adj.* □ wahr(-haft), wirklich, echt.

ver-i-ty ['verətɪ] *s.* **1.** (Grund)Wahrheit *f*: *of a* ~ wahrhaftig; *eternal verities* ewige Wahrheiten; **2.** Wahrheit *f*; **3.** (*j-s*) Wahr'haftigkeit *f.*

ver-juice ['vɜːdʒuːs] *s.* **1.** Obst-, Traubensaft *m* (*bsd. von unreifen Früchten*); **2.** Essig *m* (*a. fig.*).

ver-meil ['vɜːmeɪl] **I** *s.* **1.** *bsd. poet. für* **vermilion**; **2.** ❂ Ver'meil *n*: a) feuervergoldetes Silber *od.* Kupfer, vergoldete Bronze, b) hochroter Gra'nat; **II** *adj.* **3.** *poet.* purpur-, scharlachrot.

ver-mi-cel-li [ˌvɜːmɪ'selɪ] (*Ital.*) *s. pl.* Fadennudeln *pl.*

ver-mi-cide ['vɜːmɪsaɪd] *s. pharm.* Wurmmittel *n*; **ver-mic-u-lat-ed** [vɜː-'mɪkjuleɪtɪd] *adj.* **1.** wurmstichig; **2.** △ geschlängelt; **ver-mi-form** ['vɜːmɪfɔːm] *adj. biol.* wurmförmig: ~ *appendix anat.* Wurmfortsatz *m*; **ver-mi-fuge** ['vɜːmɪfjuːdʒ] → **vermicide**.

ver-mil-ion [və'mɪljən] **I** *s.* **1.** Zin'nober *m*; **2.** Zin'noberrot *n*; **II** *adj.* **3.** zin'noberrot; **III** *v/t.* **4.** mit Zin'nober *od.* zin'noberrot färben.

ver-min ['vɜːmɪn] *s. mst pl. konstr.* **1.** *zo. coll.* a) Ungeziefer *n*, b) Schädlinge *pl.*, Para'siten *pl.*, c) *hunt.* Raubzeug *n*; **2.** *fig. contp.* Geschmeiß *n*, Pack *n*; **'~kill-er** *s.* **1.** Kammerjäger *m*; **2.** Ungeziefervertilgungsmittel *n*.

ver-min-ous ['vɜːmɪnəs] *adj.* □ **1.** voller Ungeziefer; verlaust, verwanzt, verseucht; **2.** durch Ungeziefer verursacht: ~ *disease*; **3.** *fig.* a) schädlich, b) niedrig, gemein.

ver-mo(u)th ['vɜːməθ] *s.* Wermut(wein) *m.*

ver-nac-u-lar [və'nækjulə] **I** *adj.* □ **1.** einheimisch, Landes...(-*sprache*); **2.** mundartlich, Volks..., Heimat...: ~ *po-etry*; **3.** ☞ en'demisch, lo'kal: ~ *disease*; **II** *s.* **4.** Landes-, Mutter-, Volkssprache *f*; **5.** Mundart *f*, Dia'lekt *m*; **6.** Jar'gon *m*; **7.** Fachsprache *f*; **8.** → **ver-'nac-u-lar-ism** [-ərɪzəm] *s.* volkstümlicher *od.* mundartlicher Ausdruck; **ver-'nac-u-lar-ize** [-əraɪz] *v/t.* **1.** Ausdrük-ke etc. einbürgern; **2.** in Volkssprache *od.* Mundart über'tragen, mundartlich ausdrücken.

ver-nal ['vɜːnl] *adj.* □ **1.** Frühlings...; **2.** *fig.* frühlingshaft, Jugend...; ~ *e-qui-nox s. ast.* 'Frühlingsäqui,noktium *n* (*21. März*).

ver-ni-er ['vɜːnjə] *s.* ❂ **1.** Nonius *m* (*Gradteiler*); **2.** Fein(ein)steller *m*, Verni'er *m*; ~ *cal-(l)i-per(s) s.* ❂ Schublehre *f* mit Nonius.

Ver-o-nese [ˌverə'niːz] **I** *adj.* vero'nesisch, aus Ve'rona; **II** *s.* Vero'neser(in).

ve-ron-i-ca [vɪ'rɒnɪkə] *s.* **1.** ♀ Veronika *f*, Ehrenpreis *m*; **2.** *R.C. u. paint.* Schweißtuch *n* der Ve'ronika.

ver-sa-tile ['vɜːsətaɪl] *adj.* □ **1.** vielseitig (begabt *od.* gebildet); gewandt, wendig, beweglich; **2.** unbeständig, wandelbar; **3.** ♀, *zo.* (frei) beweglich; **ver-sa-til-i-ty** [ˌvɜːsə'tɪlətɪ] *s.* **1.** Vielseitigkeit *f*, Gewandtheit *f*, Wendigkeit *f*, geistige Beweglichkeit; **2.** Unbeständigkeit *f.*

verse [vɜːs] *s.* **1.** a) Vers(zeile *f*) *m*, b) (Gedicht)Zeile *f*, c) *allg.* Vers *m*, Strophe *f*: ~ *drama* Versdrama *n*; → *chap-ter* 1; **2.** *coll. ohne art.* a) Verse *pl.*, b) Poe'sie *f*, Dichtung *f*; **3.** Vers (-maß *n*) *m*: *blank* ~ a) Blankvers, b) reimloser Vers; **II** *v/t.* **4.** in Verse bringen; **III** *v/i.* **5.** dichten, Verse machen.

versed¹ [vɜːst] *adj.* bewandert, beschlagen, versiert (*in in dat.*).

versed² [vɜːst] *adj.* ⅍ 'umgekehrt: ~ *sine* Sinusversus *m.*

ver-si-fi-ca-tion [ˌvɜːsɪfɪ'keɪʃn] *s.* **1.** Verskunst *f*, Versemachen *n*; **2.** Versbau *m*; **ver-si-fi-er** ['vɜːsɪfaɪə] *s.* Verseschmied *m*, Dichterling *m*; **ver-si-fy** ['vɜːsɪfaɪ] → *verse* 4 u. 5.

ver-sion ['vɜːʃn] *s.* **1.** (a. 'Bibel)Über,setzung *f*; **2.** *thea. etc.* (Bühnen- etc.) Fassung *f*; **3.** Darstellung *f*, Fassung *f*, Lesart *f*, Versi'on *f*; **4.** Spielart *f*, Vari'ante *f*; **5.** ❂ (*Export- etc.*)Ausführung *f*, Mo'dell *n.*

ver-sus ['vɜːsəs] *prp.* ⚖, *a. sport u. fig.* gegen, kontra.

vert [vɜːt] *eccl.* F **I** *v/i.* 'übertreten, kon-

vertieren; **II** *s.* Konver'tit(in).

ver-te-bra ['vɜːtɪbrə] *pl.* **-brae** [-briː] *s. anat.* **1.** (Rücken)Wirbel *m*; **2.** *pl.* Wirbelsäule *f*; **'ver-te-bral** [-rəl] *adj.* □ verte'bral, Wirbel(säulen)...: ~ *column* Wirbelsäule *f* (*-tier*); **1.** mit e-r Wirbelsäule (versehen), Wirbel...(-*tier*); **2.** *zo.* zu den Wirbeltieren gehörig; **II** *s.* **3.** Wirbeltier *n*; **'ver-te-brat-ed** [-reɪtɪd] → **vertebrate** I.

ver-tex ['vɜːteks] *pl. mst* **-ti-ces** [-tɪsiːz] *s.* **1.** *biol.* Scheitel *m*; **2.** Ⓐ Scheitelpunkt *m*, Spitze *f* (*beide a. fig.*); **3.** *ast.* a) Ze'nith *m*, b) Scheitel *m*; **4.** *fig.* Gipfel *m*; **'ver-ti-cal** [-tɪkl] **I** *adj.* □ **1.** senk-, lotrecht, verti'kal: ~ *clearance* ❂ lichte Höhe; ~ *engine* ❂ stehender Motor; ~ *section* △ Aufriß *m*; ~ *take-off* ✈ Senkrechtstart *m*; ~ *take-off plane od. aircraft* ✈ Senkrechtstarter *m*; **2.** *ast.*, ❅ Scheitel..., Höhen..., Vertikal...: ~ *angle* Scheitelwinkel *m*; ~ *circle ast.* Vertikalkreis *m*; ~ *section* △ Aufriß *m*; **II** *s.* **3.** Senkrechte *f.*

ver-tig-i-nous [vɜː'tɪdʒɪnəs] *adj.* □ **1.** wirbelnd; **2.** schwindlig, Schwindel...; **3.** schwindelerregend, schwindelnd: ~ *height*; **ver-ti-go** ['vɜːtɪɡəʊ] *pl.* **-goes** *s.* ☞ Schwindel(gefühl *n*, -anfall *m*) *m.*

ver-tu [vɜː'tuː] → **virtu**.

ver-vain ['vɜːveɪn] *s.* ♀ Eisenkraut *n.*

verve [vɜːv] *s.* (künstlerische) Begeisterung, Schwung *m*, Feuer *n*, Verve *f.*

ver-y ['verɪ] **I** *adv.* **1.** sehr, äußerst, außerordentlich: ~ *good* a) sehr gut, b) einverstanden, sehr wohl; ~ *well* a) sehr gut, b) meinetwegen, na schön; *not* ~ *good* nicht sehr *od.* besonders *od.* gerade gut; **2.** ~ *much* (*in Verbindung mit Verben*) sehr, außerordentlich: *he was* ~ *much pleased*; **3.** (*vor sup.*) aller...: *the* ~ *last drop* der allerletzte Tropfen; **4.** völlig, ganz; **II** *adj.* **5.** gerade, genau: *the* ~ *opposite* genau das Gegenteil; *the* ~ *thing* genau *od.* gerade das (Richtige); *at the* ~ *edge* ganz am Rand, am äußersten Rand; **6.** bloß: *the* ~ *fact of his presence*; *the* ~ *thought* der bloße Gedanke, schon der Gedanke; **7.** rein, pur, schier: *from* ~ *egoism*; *the* ~ *truth* die reine Wahrheit; **8.** frisch: *in the* ~ *act* auf frischer Tat; **9.** wahr, wirklich: ~ *God of* ~ *God bibl.* wahrer Gott vom wahren Gott; *the* ~ *heart of the matter* der Kern der Sache; *in* ~ *deed* (*truth*) tatsächlich (wahrhaftig); **10.** (*nach this, that, the*) (der-, die-, das)'selbe, (der, die, das) gleiche *od.* nämliche: *that* ~ *afternoon*; *the* ~ *same words*; **11.** selbst, so'gar: *his* ~ *servants*; **12.** → **veriest**.

ver-y| high fre-quen-cy ['verɪ] *s.* ✲ 'Hochfre,quenz *f*, Ultra'kurzwelle *f.*

Ver-y| light ['vɪərɪ; 'verɪ] *s.* ✕ 'Leucht-pa,trone *f*; ~ *pis-tol s.* ✕ 'Leuchtpi,stole *f*; ~*'s night sig-nals s.* ✕ Si'gnalschießen *n* mit 'Leuchtmuniti,on.

ve-si-ca ['vesɪkə] *pl.* **-cas** (*Lat.*) *s.* **1.** *biol.* Blase *f*, Zyste *f*; **2.** *anat.*, *zo.* (Harn-, Gallen-, *ichth.* Schwimm)Blase *f*; **'ves-i-cal** [-kl] *adj.* Blasen...; **'ves-i-cant** [-kənt] **I** *adj.* **1.** ☞ blasenziehend; **II** *s.* **2.** ☞ blasenziehendes Mittel, Zugpflaster *n*; **3.** ✕ ätzender Kampfstoff; **'ves-i-cate** [-keɪt] **I** *v/i.* Blasen ziehen; **II** *v/t.* Blasen ziehen auf (*dat.*); **ves-i-**

ca·tion [ˌvesɪˈkeɪʃn] s. Blasenbildung f; **'ves·i·ca·to·ry** [-keɪtərɪ] → *vesicant*; **'ves·i·cle** [-kl] s. Bläs-chen n; **ve·sic·u·lar** [vɪˈsɪkjʊlə] adj. **1.** Bläs-chen…, Blasen…; **2.** blasenförmig, blasig; **3.** blasig, Bläs-chen aufweisend.

ves·per ['vespə] s. **1.** ♃ ast. Abendstern m; **2.** poet. Abend m; **3.** pl. eccl. Vesper f, Abendgottesdienst m, -andacht f; **4.** a. ~ *bell* Abendglocke f, -läuten n.

ves·sel ['vesl] s. **1.** Gefäß n (a. anat., u. fig.); **2.** ♧ (a. ✓ Luft)Schiff n, (Wasser)Fahrzeug n.

vest I s. **1.** Brit. 'Unterhemd n; **2.** Brit. ♱ od. Am. Weste f; **3.** a) Damenweste f, b) Einsatzweste f; **4.** poet. Gewand n; **II** v/t. **5.** bsd. eccl. bekleiden; **6.** (with) fig. j-n bekleiden, ausstatten (mit Befugnissen etc.), bevollmächtigen; j-n einsetzen (in Eigentum, Rechte etc.); **7.** Recht etc. über'tragen, verleihen (in s.o. j-m): ~ed interest, ~ed right sicher begründetes Anrecht, unabdingbares Recht; ~ed interests die maßgeblichen Kreise (e-r Stadt etc.); **8.** Am. Feindvermögen mit Beschlag belegen: ~ing order Beschlagnahmeverfügung f; **III** v/i. **9.** bsd. eccl. sich bekleiden; **10.** 'übergehen (in auf acc.) (Vermögen etc.); **11.** (in) zustehen (dat.), liegen (bei) (Recht etc.).

ves·ta ['vestə] s. Brit. a. ~ *match* kurzes Streichholz.

ves·tal ['vestl] I adj. **1.** antiq. ve'stalisch; **2.** fig. keusch, rein; **II** s. **3.** antiq. Ve'stalin f; **4.** Jungfrau f; **5.** Nonne f.

ves·ti·bule ['vestɪbjuːl] s. **1.** (Vor)Halle f, Vorplatz m, Vesti'bül n; **2.** 🜚 Am. (Har'monika)Verbindungsgang m zwischen zwei D-Zug-Wagen; **3.** anat. Vorhof m; ~ *school* s. Am. Lehrwerkstatt f (e-s Industriebetriebs); ~ *train* s. bsd. Am. D-Zug m.

ves·tige ['vestɪdʒ] s. **1.** obs. od. poet. Spur f; **2.** bsd. fig. Spur f, 'Überrest m, -bleibsel n; **3.** fig. Spur f, ein bißchen; **4.** biol. Rudi'ment n, verkümmertes Or'gan od. Glied; **ves·tig·i·al** [veˈstɪdʒɪəl] adj. **1.** spurenhaft, restlich; **2.** biol. rudimen'tär, verkümmert.

vest·ment ['vestmənt] s. **1.** Amtstracht f, Robe f, a. eccl. Or'nat m; **2.** eccl. Meßgewand n; **3.** Gewand n, Kleid n (beide a. fig.).

ˌvest-ˈpock·et adj. fig. im 'Westentaschenfor,mat, Westentaschen…, Klein…, Miniatur…

ves·try ['vestrɪ] s. eccl. **1.** Sakri'stei f; **2.** Bet-, Gemeindesaal m; **3.** Brit. a) a. common ~, general ~, ordinary ~ Gemeindesteuerpflichtige pl., b) a. select ~ Kirchenvorstand m; ~ clerk s. Brit. Rechnungsführer m der Kirchgemeinde; '~man [-mən] s. [irr.] Gemeindevertreter m.

ves·ture ['vestʃə] s. obs. od. poet. a) Gewand n, Kleid(ung f) n, b) Hülle f (a. fig.), Mantel m.

ve·su·vi·an [vɪˈsuːvjən] I adj. **1.** ♃ geogr. ve'suvisch; **2.** vul'kanisch; **II** s. **3.** obs. Windstreichhölzchen n.

vet¹ [vet] F I s. **1.** Tierarzt m; **II** v/t. **2.** Tier unter'suchen od. behandeln; **3.** humor. a) j-n verarzten, b) j-n auf Herz u. Nieren prüfen, (a. po'litisch) über'prüfen.

vet² [vet] Am. F für *veteran*.

---

vetch [vetʃ] s. ♣ Wicke f; **'vetch·ling** [-lɪŋ] s. ♣ Platterbse f.

vet·er·an ['vetərən] I s. **1.** Vete'ran m (alter Soldat od. Beamter); **2.** ✗ Am. ehemaliger Kriegsteilnehmer; **3.** fig. ,alter Hase'; **II** adj. **4.** alt-, ausgedient; **5.** kampferprobt: ~ troops; **6.** fig. erfahren: ~ golfer; **7.** ~ car mot. Oldtimer m.

vet·er·i·nar·i·an [ˌvetərɪˈneərɪən] → **vet·er·i·nar·y** ['vetərɪnərɪ] I s. Tierarzt m, Veteri'när m; **II** adj. tierärztlich: ~ medicine Tiermedizin f; ~ surgeon → I.

ve·to ['viːtəʊ] pol. I pl. **-toes** s. **1.** Veto n, Einspruch m: put a (od. one's) ~ (up)on → 3; **2.** a. ~ power Veto-, Einspruchsrecht n; **II** v/t. **3.** sein Veto einlegen gegen, Einspruch erheben gegen; **4.** unter'sagen, verbieten.

vet·ting ['vetɪŋ] s. pol. F 'Sicherheitsüber,prüfung f.

vex [veks] v/t. **1.** j-n ärgern, belästigen, aufbringen, irritieren; → *vexed*; **2.** quälen, bedrücken, beunruhigen; **3.** schikanieren; **4.** j-n verwirren, j-m ein Rätsel sein; **5.** obs. od. poet. Meer aufwühlen.

vex·a·tion [vekˈseɪʃn] s. **1.** Ärger m, Verdruß m; **2.** Plage f, Qual f; **3.** Belästigung f; **4.** Schi'kane f; **5.** Beunruhigung f, Sorge f; **vex·a·tious** [vekˈseɪʃəs] adj. □ **1.** lästig, verdrießlich; ärgerlich, leidig; **2.** ♯ schika'nös: a ~ suit; **vex·a·tious·ness** [vekˈseɪʃəsnɪs] s. Ärgerlich-, Verdrießlich-, Lästigkeit f; **vexed** [vekst] adj. □ **1.** ärgerlich (at s.th., with s.o. über acc.); **2.** beunruhigt (with durch, von); **3.** ('viel)um,stritten, strittig: ~ question; **vex·ing** ['veksɪŋ] → *vexatious* 1.

vi·a ['vaɪə] (Lat.) I prp. via, über (acc.): ~ London; ~ air mail per Luftpost; **II** s. Weg m: ~ media fig. Mittelding od. -weg.

vi·a·ble ['vaɪəbl] adj. a. fig. lebensfähig: ~ child; ~ industry.

vi·a·duct ['vaɪədʌkt] s. Via'dukt m.

vi·al ['vaɪəl] s. (Glas)Fläschchen n, Phi'ole f: pour out the ~s of one's wrath bibl. u. fig. die Schalen s-s Zornes ausgießen (upon über acc.).

vi·and ['vaɪənd] s. pl. **1.** Lebensmittel pl.; **2.** ('Reise)Provi,ant m.

vi·at·i·cum [vaɪˈætɪkʊm] pl. **-cums** s. eccl. Vi'atikum n (bei der letzten Ölung gereichte Eucharistie).

vibes [vaɪbz] s. pl. F **1.** mst sg konstr. ♩ Vibra'phon n; **2.** Ausstrahlung f (e-r Person).

vi·bran·cy ['vaɪbrənsɪ] s. Reso'nanz f, Schwingen n; **vi·brant** ['vaɪbrənt] adj. **1.** vibrierend: a) schwingend (Saite etc.), b) laut schallend (Ton); **2.** zitternd, bebend (with vor dat.): ~ with energy; **3.** pulsierend (with von): ~ cities; **4.** kraftvoll, lebensprühend: a ~ personality; **5.** erregt; **6.** ling. stimmhaft (Laut).

vi·bra·phone ['vaɪbrəfəʊn] s. ♩ Vibra'phon n.

vi·brate [vaɪˈbreɪt] I v/i. **1.** vibrieren: a) zittern (a. phys.), b) (nach)klingen, (-)schwingen (Töne); **2.** pulsieren (with von); **3.** zittern, beben (with vor Erregung etc.); **II** v/t. **4.** in Schwingungen versetzen; **5.** vibrieren od. schwingen

---

od. zittern lassen, rütteln; **vi·bra·tion** [-eɪʃn] s. **1.** Schwingen n, Vibrieren n, Zittern n: ~-proof erschütterungsfrei; **2.** phys. Vibrati'on f: a) Schwingung f, b) Oszillati'on f; **3.** fig. a) Pulsieren n, b) pl. Ausstrahlung f e-r Person; **vi·bra·tion·al** [-eɪʃənl] adj. Schwingungs…; **vi·bra·tor** [-eɪtə] s. **1.** 🜚 Vi'brator m (a. ♂), 'Rüttelappa,rat m; **2.** ♯ Oszil'lator m: a) Summer m, b) Zerhacker m; **3.** ♩ Zunge f, Blatt n; **vi·bra·to·ry** ['vaɪbrətərɪ] adj. **1.** schwingungsfähig; **2.** vibrierend; **3.** Vibrations…, Schwingungs…

vic·ar ['vɪkə] s. eccl. **1.** Brit. Vi'kar m, ('Unter)Pfarrer m; **2.** Protestantische Episkopalkirche in den USA: a) ('Unter)Pfarrer m, b) Stellvertreter m des Bischofs; **3.** R.C. a) cardinal ~ Kardinalvikar m, b) ♃ of (Jesus) Christ Statthalter m Christi (Papst); **4.** Ersatz m; **'vic·ar·age** [-ərɪdʒ] s. **1.** Pfarrhaus n; **2.** Vikari'at n (Amt des Vikars); **'vic·ar gen·er·al** s. eccl. Gene'ralvi,kar m.

vi·car·i·ous [vaɪˈkeərɪəs] adj. □ **1.** stellvertretend; **2.** fig. mit-, nachempfunden, Erlebnis etc. aus zweiter Hand: ~ pleasure.

vice¹ [vaɪs] s. **1.** Laster n: a) Untugend f, b) schlechte (An)Gewohnheit; **2.** Lasterhaftigkeit f, Verderbtheit f: ~ squad Sittenpolizei f, 'Sittendezer,nat n; **3.** körperlicher Fehler, Gebrechen n; **4.** fig., a. ♯ Mangel m, Fehler m; **5.** Verirrung f, Auswuchs m; **6.** Unart f (Pferd).

vice² [vaɪs] s. 🜚 Schraubstock m (a. fig.).

vi·ce³ ['vaɪsɪ] prp. an Stelle von.

vice⁴ [vaɪs] s. ┌ ,Vize' m (abbr. für vice admiral etc.).

vice- [vaɪs] in Zssgn stellvertretend, Vize…

vice│ad·mi·ral s. ♧ 'Vizeadmi,ral m; ~·'chair·man s. [irr.] stellvertretender Vorsitzender, 'Vizepräsi,dent m; ~·'chan·cel·lor s. **1.** 'Vizekanzler m; **2.** Brit. univ. (geschäftsführender) Rektor; ~·'con·sul s. 'Vize,konsul m; ~·'ge·rent ['dʒerənt] I s. Stellvertreter m, Statthalter m; **II** adj. stellvertretend; ~·'pres·i·dent m: a) stellvertretender Vorsitzender, b) ♱ Am. Di'rektor m, Vorstandsmitglied n; ~·'re·gal adj. vizeköniglich; ~·reine [vaɪsˈreɪn] s. Gemahlin f des Vizekönigs; ~·roy ['vaɪsrɔɪ] s. Vizekönig m; ~·'roy·al adj. vizeköniglich.

vi·ce ver·sa [ˌvaɪsɪˈvɜːsə] (Lat.) adv. 'umgekehrt, invers.

vic·i·nage ['vɪsɪnɪdʒ] → *vicinity*; **'vic·i·nal** [-nl] adj. benachbart, 'umliegend, nah; **vi·cin·i·ty** [vɪˈsɪnətɪ] s. **1.** Nähe f, Nachbarschaft f: in close ~ to in unmittelbarer Nähe von; in the ~ of 40 fig. um (die) 40 herum; **2.** Nachbarschaft f, (nähere) Um'gebung: the ~ of London.

vi·cious ['vɪʃəs] adj. □ **1.** lasterhaft, verderbt, 'unmo,ralisch; **2.** verwerflich: ~ habit; **3.** bösartig, boshaft, gemein: ~ attack; **4.** bös-, unartig (Tier); **5.** heftig, ,bös': a ~ blow; **6.** F scheußlich, schlimm: ~ headache; **7.** a. ♯ fehlerhaft; **8.** obs. schädlich: ~ air; ~ cir·cle s. **1.** Circulus m viti'osus, Teufelskreis m; **2.** phls. Zirkel-, Trugschluß

m.

vi·cious·ness ['vɪʃəsnɪs] *s.* **1.** Lasterhaftigkeit *f*, Verderbtheit *f*; **2.** Verwerflichkeit *f*; **3.** Bösartigkeit *f*, Gemeinheit *f*; **4.** Fehlerhaftigkeit *f*.

vi·cis·si·tude [vɪˈsɪsɪtjuːd] *s.* **1.** Wandel *m*, Wechsel *m*; **2.** *pl.* Wechselfälle *pl.*, *das* Auf u. Ab: *the ~s of life*; **3.** *pl.* Schicksalsschläge *pl.*; **vi·cis·si·tu·di·nous** [vɪˌsɪsɪˈtjuːdɪnəs] *adj.* wechselvoll.

vic·tim ['vɪktɪm] *s.* **1.** Opfer *n*: a) (Unfall- *etc.*)Tote(r *m*) *f*, b) Leidtragende(r *m*) *f*, c) Betrogene(r *m*) *f*: *fall a ~ to* zum Opfer fallen (*dat.*); **2.** Opfer(tier) *n*; **'vic·tim·ize** [-maɪz] *v/t.* **1.** *j-n* (auf-)opfern; **2.** quälen, schikanieren, belästigen; **3.** prellen, betrügen.

vic·tor ['vɪktə] **I** *s.* Sieger(in); **II** *adj.* siegreich, Sieger...

vic·to·ri·a [vɪkˈtɔːrɪə] *s.* Vik'toria *f* (*zweisitziger Einspänner*); ⚲ **Cross** *s.* Vik'toriakreuz *n* (*brit. Tapferkeitsauszeichnung*).

Vic·tor·i·an [vɪkˈtɔːrɪən] **I** *adj.* **1.** Viktori'anisch: *~ Period*; **2.** viktori'anisch: *~ habits*; **II** *s.* **3.** Viktori'aner(in).

vic·to·ri·ous [vɪkˈtɔːrɪəs] *adj.* □ **1.** siegreich (*over* über *acc.*): *be ~* den Sieg davontragen, siegen; **2.** Sieges...; **vic·to·ry** ['vɪktərɪ] *s.* **1.** Sieg *m* (*a. fig.*): *~ ceremony* Siegerehrung *f*; *~ rostrum* Siegespodest *n*; **2.** *fig.* Tri'umph *m*, Erfolg *m*, Sieg *m*: *moral ~*.

vict·ual ['vɪtl] **I** *s. mst pl.* Eßwaren *pl.*, Lebensmittel *pl.*, Provi'ant *m*; **II** *v/t.* (*v/i.* sich) verpflegen *od.* verproviantieren *od.* mit Lebensmitteln versorgen; **'vict·ual·(l)er** [-lə] *s.* **1.** ('Lebensmittel-)Liefe,rant *m*; **2.** *a. licensed ~* Brit. Schankwirt *m*; **3.** ⚓ Provi'antschiff *n*; **'vict·ual·(l)ing** [-lɪŋ] *s.* Verproviantierung *f*: *~ ship* Proviantschiff *n*.

vi·de ['vaɪdiː] (*Lat.*) *int.* siehe!

vi·de·li·cet [vɪˈdiːlɪset] (*Lat.*) *adv.* nämlich, das heißt (*abbr. viz*; *lies: namely, that is*).

vid·e·o ['vɪdɪəʊ] **I** *pl.* **-os** *s.* F ‚Video' *n* (*Videotechnik*); **2.** *Computer*: Bildschirm-, Datensichtgerät *n*; **3.** *Am.* (*on* im) Fernsehen *n*; **II** *adj.* **4.** Video...: *~ cassette (recorder)*; *~ disc* Bildplatte *f*; **5.** *Computer*: Bildschirm...: *~ terminal* → 2; **6.** *Am.* F Fernseh...: *~ program*; '*~·phone* F für *videotelephone*; '*~·tape* **I** *s.* Videoband *n*; **II** *v/t.* auf Videoband aufnehmen, aufzeichnen; '*~·tel·e·phone* *s.* 'Bildtele,fon *n*.

vie [vaɪ] *v/i.* wetteifern: *~ with s.o. in* (*od. for*) *s.th.* mit j-m in *od.* um et. wetteifern.

Vi·en·nese [ˌvɪeˈniːz] **I** *s. sg. u. pl.* **1.** a) Wiener(in), b) Wiener(innen) *pl.*; **2.** *ling.* Wienerisch *n*; **II** *adj.* **3.** wienerisch, Wiener(...).

view [vjuː] **I** *v/t.* **1.** (sich) ansehen, betrachten, besichtigen, in Augenschein nehmen, prüfen; **2.** *fig.* ansehen, auffassen, betrachten, beurteilen; **3.** über-'blicken, -'schauen; **4.** *obs.* sehen; **II** *s.* **5.** (An-, Hin)Sehen *n*, Besichtigung *f*: *at first ~* auf den ersten Blick; *on nearer ~* bei näherer Betrachtung; **6.** Sicht *f* (*a. fig.*): *in ~* a) in Sicht, sichtbar, b) *fig.* in (Aus)Sicht; *in ~ of* fig. im Hinblick auf (*acc.*), in Anbetracht *od.* angesichts (*gen.*); *in full ~ of* direkt vor j-s Augen; *on ~* zu besichtigen(d), ausgestellt; *on*

the long ~ fig. auf weite Sicht; *out of ~* außer Sicht, nicht zu sehen; *come in ~* in Sicht kommen, sichtbar werden; *have in ~ fig.* im Auge haben, beabsichtigen; *keep in ~ fig.* im Auge behalten; **7.** Aussicht *f*, (Aus-)Blick *m* (*of, over* auf *acc.*); Szene'rie *f*; **8.** *paint., phot.* Ansicht *f*, Bild *n*: *~s of London*; *sectional ~* ⊙ Ansicht im Schnitt; **9.** *fig.* 'Überblick *m* (*of* über *acc.*); **10.** Absicht *f*: *with a ~ to* a) (*ger.*) mit *od.* in der Absicht zu (*tun*), zu dem Zweck (*gen.*), b) im Hinblick auf (*acc.*); **11.** *fig.* Ansicht *f*, Auffassung *f*, Urteil *n* (*of, on* über *acc.*): *in my ~* in m-n Augen, m-s Erachtens; *form a ~ on* sich ein Urteil bilden über (*acc.*); *take the ~ that* die Ansicht *od.* den Standpunkt vertreten, daß; *take a bright* (*dim, grave*) *~ of* et. optimistisch (pessimistisch, ernst) beurteilen; **12.** Vorführung *f*: *private ~ of a film*; **view·a·ble** ['vjuːəbl] *adj.* **1.** sichtbar; **2.** *fig.* sehenswert; **view data** *s. pl.* Bildschirmtext *m*; **view·er** ['vjuːə] *s.* **1.** Betrachter(in); **2.** Fernsehzuschauer (-in); **'view·er·ship** *s.* Fernsehpublikum *n*.

'view·find·er *s. phot.* (Bild)Sucher *m*; *~hal·loo* *s. hunt.* Hal'lo(ruf *m*) *n* (*beim Erscheinen des Fuchses*).

'view·phone *s.* 'Bildtele,fon *n*; '*~·point* *s. fig.* Gesichts-, Standpunkt *m*.

view·y ['vjuːɪ] *adj.* F verstiegen, über-'spannt, ,fimmelig'.

vig·il ['vɪdʒɪl] *s.* **1.** Wachsein *n*, Wachen *n* (*zur Nachtzeit*); **2.** Nachtwache *f*: *keep ~* wachen (*over* bei); **3.** *eccl.* a) *mst pl.* Vi'gilie(n *pl.*) *f*, Nachtwache *f* (*vor Kirchenfesten*), b) Vi'gil *f* (*Vortag e-s Kirchenfests*): *on the ~ of* am Vorabend von (*od. gen.*); **'vig·i·lance** [-ləns] *s.* **1.** Wachsamkeit *f*: *~ committee* *od.* *group bsd. Am.* Bürgerwehr *f*, Selbstschutzgruppe *f*; **2.** ♣ Schlaflosigkeit *f*; **'vig·i·lant** [-lənt] *adj.* □ wachsam, 'umsichtig, aufmerksam; **vig·i·lan·te** [ˌvɪdʒɪˈlæntɪ] *s.* Mitglied *n* e-s *vigilance committee*.

vi·gnette [vɪˈnjet] **I** *s. typ., phot. etc.*Vi'gnette *f*; **II** *v/t.* vignettieren.

vig·or *Am.* → *vigour*.

vig·or·ous ['vɪgərəs] *adj.* □ **1.** *allg.* kräftig; **2.** kraftvoll, vi'tal; **3.** lebhaft, ak-'tiv, tatkräftig; **4.** e'nergisch, nach-'drücklich; wirksam; **vig·our** ['vɪgə] *s.* **1.** (Körper-, Geistes)Kraft *f*, Vitali'tät *f*; **2.** Ener'gie *f*; **3.** *biol.* Lebenskraft *f*; **4.** *fig.* Nachdruck *m*, Wirkung *f*.

Vi·king *n.*, ♣ ['vaɪkɪŋ] *hist.* **I** *s.* Wiking (-er) *m*; **II** *adj.* Wikinger...

vile [vaɪl] *adj.* □ **1.** *obs.* wertlos; **2.** gemein, schändlich, abstoßend, schmutzig; **3.** F scheußlich, ab'scheulich, mise-'rabel: *a ~ hat*; *~ weather*; **'vile·ness** [-nɪs] *s.* **1.** Gemeinheit *f*, Schändlichkeit *f*; **2.** F Scheußlichkeit *f*.

vil·i·fi·ca·tion [ˌvɪlɪfɪˈkeɪʃn] *s.* **1.** Schmähung *f*, Verleumdung *f*, -unglimpfung *f*; **2.** Her'absetzung *f*; **vil·i·fi·er** ['vɪlɪfaɪə] *s.* Verleumder(in); **vil·i·fy** ['vɪlɪfaɪ] *v/t.* **1.** schmähen, verleumden, verunglimpfen; **2.** her'absetzen.

vil·la ['vɪlə] *s.* **1.** Villa *f*, Landhaus *n*; **2.** *Brit.* a) Doppelhaushälfte *f*, b) 'Einfa,milienhaus *n*.

vil·lage ['vɪlɪdʒ] **I** *s.* Dorf *n*; **II** *adj.* dörf-

lich, Dorf...; **'vil·lag·er** [-dʒə] *s.* Dorfbewohner(in), Dörfler(in).

vil·lain ['vɪlən] *s.* **1.** *a. thea. u. humor.* Schurke *m*, Bösewicht *m*; **2.** *humor.* Schlingel *m*; **3.** → *villein*; **vil·lain·age** ['vɪlɪnɪdʒ] → *villeinage*; **'vil·lain·ous** [-nəs] *adj.* □ **1.** schurkisch, Schurken..., schändlich; **2.** F → *vile* 2, 3; **'vil·lain·y** [-nɪ] *s.* **1.** Schurke'rei *f*; **2.** → *vileness*.

vil·lein ['vɪlɪn] *s. hist.* **1.** Leibeigene(r) *m*; **2.** *später*: Zinsbauer *m*; **'vil·lein·age** [-nɪdʒ] *s.* **1.** Leibeigenschaft *f*; **2.** 'Hintersassengut *n*.

vil·li·form ['vɪlɪfɔːm] *adj. biol.* zottenförmig; **vil·lose** ['vɪləʊs], **vil·lous** ['vɪləs] *adj. biol.* zottig; **'vil·lus** [-ləs] *pl.* **-li** [-laɪ] *s. anat.* (Darm)Zotte *f*; **2.** ♣ Zottenhaar *n*.

vim [vɪm] *s.* F Schwung *m*, ‚Schmiß' *m*: *full of ~* ,toll in Form'.

vin·ai·grette [ˌvɪneˈgret] *s.* **1.** Riechfläschchen *n*, -dose *f*; **2.** *a. ~ sauce* Küche: Vinai'grette *f* (*Soße*).

vin·ci·ble ['vɪnsɪbl] *adj.* besiegbar, über-'windbar.

vin·cu·lum ['vɪŋkjʊləm] *s. pl.* **-la** [-lə] *s.* **1.** Å Strich *m* (*über mehreren Zahlen*), Über'streichung *f* (*an Stelle von Klammern*); **2.** *bsd. fig.* Band *n*.

vin·di·ca·ble ['vɪndɪkəbl] *adj.* haltbar, zu rechtfertigen(d); **vin·di·cate** ['vɪndɪkeɪt] *v/t.* **1.** in Schutz nehmen, verteidigen (*from* vor *dat.*, gegen); **2.** rechtfertigen (*o.s.* sich), bestätigen; **3.** ✠ a) Anspruch erheben auf (*acc.*), beanspruchen, b) *Recht, Anspruch* geltend machen, c) *Recht etc.* behaupten; **vin·di·ca·tion** [ˌvɪndɪˈkeɪʃn] *s.* **1.** Verteidigung *f*, Rechtfertigung *f*: *in ~ of* zur Rechtfertigung von (*od. gen.*); **2.** ✠ a) Behauptung *f*, b) Geltendmachung *f*; **'vin·di·ca·to·ry** [-keɪtərɪ] *adj.* □ **1.** rechtfertigend, Rechtfertigungs...; **2.** rächend, Straf...

vin·dic·tive [vɪnˈdɪktɪv] *adj.* □ **1.** rachsüchtig; **2.** als Strafe: *~ damages* ✠ tatsächlicher Schadensersatz zuzüglich e-r Buße; **vin'dic·tive·ness** [-nɪs] *s.* Rachsucht *f*.

vine [vaɪn] ♀ *s.* **1.** (*Hopfen- etc.*)Rebe *f*, Kletterpflanze *f*; **2.** Wein(stock) *m*, (Wein)Rebe *f*; **II** *adj.* **3.** Wein..., Reb (-en)...; '*~·clad* *adj. poet.* weinlaubbekränzt; '*~·dress·er* *s.* Winzer *m*; *~ fret·ter* *s.* Reblaus *f*.

vin·e·gar ['vɪnɪgə] **I** *s.* **1.** (Wein)Essig *m*: *aromatic ~* aromatischer Essig, Gewürzessig; **2.** *pharm.* Essig *m*; **3.** *fig.* Verdrießlichkeit *f*; **4.** *Am.* F → *vim*; **II** *v/t.* **5.** Essig tun in (*acc.*); **'vin·e·gar·y** [-ərɪ] *adj.* **1.** (essig)sauer (*a. fig.*); **2.** a) griesgrämig, b) ätzend.

'vine|,grow·er *s.* Weinbauer *m*, Winzer *m*; '*~·grow·ing* *s.* Weinbau *m*; *~ leaf* *s.* [*irr.*] Wein-, Rebenblatt *n*: *vine leaves* Weinlaub *n*; *~ louse* *s.* [*irr.*] Reblaus *f*; *~ mil·dew* *s.* ♀ Traubenfäule *f*.

vin·er·y ['vaɪnərɪ] *s.* **1.** Treibhaus *n* für Reben; **2.** → *vine·yard* ['vɪnjəd] *s.* Weinberg *m od.* -garten *m*.

vin·i·cul·tur·al [ˌvɪnɪˈkʌltʃərəl] *adj.* weinbaukundlich; **vin·i·cul·ture** ['vɪnɪˌkʌltʃə] *s.* Weinbau *m* (*Fach*).

vi·nos·i·ty [vaɪˈnɒsətɪ] *s.* **1.** Weinartigkeit *f*; **2.** Weinseligkeit *f*; **vi·nous** ['vaɪnəs] *adj.* **1.** weinartig, Wein...; **2.**

weinhaltig; **3.** *fig.* weinselig; **4.** weingerötet: **~ face**; **5.** weinrot.

vin·tage ['vɪntɪdʒ] *s.* **1.** Weinertrag *m*, -ernte *f*; **2.** Weinlese(zeit) *f*; **3.** (guter) Wein, (her'vorragender) Jahrgang: **~ wine** Spitzenwein *m*; **4.** F a) Jahrgang *m*, b) Herstellung *f*, *mot. etc. a.* Baujahr *n*: **~ car** *mot.* Oldtimer *m*; **'vin·tag·er** [-dʒə] *s.* Weinleser(in).

vint·ner ['vɪntnə] *s.* Weinhändler *m*.

vi·nyl ['vaɪnɪl] 🐟 **I** *s.* Vi'nyl *n*; **II** *adj.* Vinyl...: **~ polymers** Vinylpolymere *pl.*

vi·ol ['vaɪəl] *s.* ♪ *hist.* Vi'ole *f*: **bass ~** Viola *f* da gamba, Gambe *f*.

vi·o·la¹ [vɪ'əʊlə] *s.* ♪ **1.** Vi'ola *f*, Bratsche *f*; **2.** → *viol.*

vi·o·la² ['vaɪələ] *s.* ♀ Veilchen *n*, Stiefmütterchen *n*.

vi·o·la·ble ['vaɪələbl] *adj.* ☐ verletzbar (*bsd. Gesetz, Vertrag*); **vi·o·late** ['vaɪəleɪt] *v/t.* **1.** Eid, Vertrag, Grenze etc. verletzen, Gesetz über'treten, *bsd.* Versprechen brechen, *e-m Gebot, dem Gewissen* zu'widerhandeln; **2.** Frieden, Stille, Schlaf (grob) stören; **3.** *a.* Heiliges Gewalt antun (*dat.*); **4.** Frau schänden, vergewaltigen; **5.** Heiligtum etc. entweihen, schänden; **vi·o·la·tion** [ˌvaɪə'leɪʃn] *s.* **1.** Verletzung *f*, Über'tretung *f*, Bruch *m e-s Eides, Gesetzes*; Zu'widerhandlung *f*: **in ~ of** unter Verletzung von; **2.** (grobe) Störung; **3.** Vergewaltigung *f* (*a. fig.*), Schändung *f e-r Frau*; **4.** Entweihung *f*, Schändung *f*; **'vi·o·la·tor** [-leɪtə] *s.* **1.** Verletzer(in), Über'treter (-in); **2.** Schänder(in).

vi·o·lence ['vaɪələns] *s.* **1.** Gewalt(tätigkeit) *f*; **2.** ⚷ Gewalt(tat, -anwendung) *f*: **by ~** gewaltsam; **crimes of ~** Gewaltverbrechen *pl.*; **3.** Verletzung *f*, Unrecht *n*, Schändung *f*: **do ~ to** Gewalt antun (*dat.*), *Gefühle etc.* verletzen, *Heiliges* entweihen; **4.** *bsd. fig.* Heftigkeit *f*, Ungestüm *n*; **'vi·o·lent** [-nt] *adj.* ☐ **1.** heftig, gewaltig, stark: **~ blow**; **tempest**; **2.** gewaltsam, -tätig (*Person od. Handlung*), Gewalt...: **~ death** gewaltsamer Tod; **~ interpretation** gewaltsame Auslegung; **~ measures** Gewaltmaßnahmen *pl.*; **lay ~ hands on** Gewalt antun (*dat.*); **3.** *fig.* heftig, ungestüm, hitzig; **4.** grell, laut (*Farben, Töne*).

vi·o·let ['vaɪəlɪt] **I** *s.* **1.** ♀ Veilchen *n*: **shrinking ~** F scheues Wesen (*Person*); **2.** Veilchenblau *n*, Vio'lett *n*; **II** *adj.* **3.** veilchenblau, vio'lett.

vi·o·lin [ˌvaɪə'lɪn] *s.* ♪ Vio'line *f*, Geige *f*: **play the ~** Geige spielen, geigen; **first ~** erste(r) Geige(r); **~ case** Geigenkasten *m*; **~ clef** Violinschlüssel *m*; **vi·o·lin·ist** ['vaɪəlɪnɪst] *s.* Violi'nist(in), Geiger(in).

vi·ol·ist ['vaɪəlɪst] *s.* ♪ **1.** *hist.* Vi'olenspieler(in); **2.** [vɪ'əʊlɪst] Brat'schist(in).

vi·o·lon·cel·list [ˌvaɪələn't[elɪst] *s.* ♪ (Violon)Cel'list(in); **vi·o·lon·cel·lo** [-ləʊ] *pl.* **-los** *s.* (Violon)'Cello *n*.

VIP [ˌviːaɪ'piː] *s. sl.* ‚hohes' *od.* ‚großes Tier' (*aus Very Important Person*).

vi·per ['vaɪpə] *s.* **1.** *zo.* Viper *f*, Otter *f*, Natter *f*; **2.** *zo. a.* **common ~** Kreuzotter *f*; **3.** *allg.* Giftschlange *f* (*a. fig.*): **cherish a ~ in one's bosom** *fig.* ~ e-e Schlange an s-m Busen nähren; **generation of ~s** *bibl.* Natterngezücht *n*; **'vi-**

per·ine [-əraɪn] *adj. zo.* a) vipernartig, b) Vipern...; **'vi·per·ish** [-ərɪʃ] *adj.*, **'vi·per·ous** [-ərəs] *adj.* ☐ **1.** → *viperine*; **2.** *fig.* giftig, tückisch.

vi·per's grass *s.* ♀ Schwarzwurzel *f*.

vi·ra·go [vɪ'rɑːɡəʊ] *pl.* **-gos** *s.* **1.** Mannweib *n*; **2.** Zankteufel *m*, ‚Drachen' *m*, Xan'thippe *f*.

vi·res ['vaɪəriːz] *pl. von* vis.

vir·gin ['vɜːdʒɪn] **I** *s.* **1.** a) Jungfrau (*f a. ast.*), b) ‚Jungfrau' *f* (*Mann*); **2.** a) *eccl.* **the (Blessed)** ♀ (Mary) die Heilige Jungfrau, b) *Kunst:* Ma'donna *f*; **II** *adj.* **3.** jungfräulich, unberührt (*a. fig. Schnee etc.*): **~ forest** Urwald *m*; **~ Mother** *eccl.* Mutter *f* Gottes; **the** ♀ **Queen** *hist.* die jungfräuliche Königin (*Elisabeth I von England*); **~ queen** *zo.* unbefruchtete (Bienen)Königin; **~ soil** a) jungfräulicher Boden, ungepflügtes Land, b) *fig.* Neuland *n*, c) *fig.* unberührter Gegenstand; **4.** rein, keusch, jungfräulich: **~ modesty**; **5.** ⚙ a) rein, unvermischt (*Stoffe etc.*), b) jungfräulich, gediegen (*Metalle*): **~ gold (oil)** Jungferngold *n* (-öl *n*); **~ wool** Schurwolle *f*; **6.** *fig.* Jungfern...: **~ cruise** Jungfernfahrt *f*; **'vir·gin·al** [-nl] *adj.* ☐ **1.** jungfräulich, Jungfern...: **~ membrane** *anat.* Jungfernhäutchen *n*; **2.** → *virgin* 4; **3.** *zo.* unbefruchtet; **'vir·gin·hood** [-hʊd] *s.* Jungfräulichkeit *f*, Jungfernschaft *f*.

Vir·gin·i·a [və'dʒɪnjə] *s. a.* **~ tobacco** Virginia(tabak) *m*; **~ creep·er** *s.* ♀ Wilder Wein, Jungfernrebe *f*.

Vir·gin·i·an [və'dʒɪnjən] **I** *adj.* Virginia...; **II** *s.* Vir'ginier(in).

vir·gin·i·ty [və'dʒɪnətɪ] *s.* **1.** Jungfräulichkeit *f*, Jungfernschaft *f*; **2.** Reinheit *f*, Keuschheit *f*, Unberührtheit *f* (*a. fig.*).

Vir·go ['vɜːɡəʊ] *s. ast.* Jungfrau *f*.

vir·i·des·cent [ˌvɪrɪ'desnt] *adj.* grün (-lich); **vi·rid·i·ty** [vɪ'rɪdətɪ] *s.* **1.** *biol.* grünes Aussehen; **2.** *fig.* Frische *f*.

vir·ile ['vɪraɪl] *adj.* **1.** männlich, kräftig (*beide a. fig. Stil etc.*), Männer..., Mannes...: **~ voice**; **2.** *physiol.* po'tent: **~ member** männliches Glied; **vi·ril·i·ty** [vɪ'rɪlətɪ] *s.* **1.** Männlichkeit *f*; **2.** Mannesalter *n*, -jahre *pl.*; **3.** *physiol.* Po'tenz *f*, Zeugungskraft *f*; **4.** *fig.* Kraft *f*.

vi·rol·o·gy [ˌvaɪə'rɒlədʒɪ] *s.* 🐟 Virolo'gie *f*, Virusforschung *f*.

vir·tu [vɜː'tuː] *s.* **1.** Kunst-, Liebhaberwert *m*: **article of ~** Kunstgegenstand *m*; **2.** *coll.* Kunstgegenstände *pl.*; **3.** → *virtuosity* 2.

vir·tu·al ['vɜːtʃʊəl] *adj.* ☐ **1.** tatsächlich, praktisch, eigentlich; **2.** ⚙, *phys.* virtu'ell; **'vir·tu·al·ly** [-əlɪ] *adv.* eigentlich, praktisch, im Grunde (genommen).

vir·tue [vɜː'tjuː] *s.* **1.** Tugend(haftigkeit) *f*: **woman of ~** tugendhafte Frau; **lady of easy ~** leichtes Mädchen; **2.** Rechtschaffenheit *f*; **3.** Tugend *f*: **make a ~ of necessity** aus der Not e-e Tugend machen; **4.** Wirksamkeit *f*, Wirkung *f*, Erfolg *m*; **5.** (gute) Eigenschaft, Vorzug *m*; (hoher) Wert; **6.** **by** (*od.* **in**) **~ of** kraft *e-s Gesetzes, e-r Vollmacht etc.*, auf Grund von (*od. gen.*), vermöge (*gen.*).

vir·tu·os·i·ty [ˌvɜːtjʊ'ɒsɪtɪ] **I** *s.* **1.** Virtuosi'tät *f*, blendende Technik, meisterhaftes Können; **2.** Kunstsinn *m*, -liebhabe-

'rei *f*; **II** *adj.* **3.** virtu'os, meisterhaft; **vir·tu·o·so** [ˌvɜːtjʊ'əʊzəʊ] *pl.* **-si** [-siː] *s.* **1.** Virtu'ose *m*; **2.** Kunstkenner *m*.

vir·tu·ous ['vɜːtʃʊəs] *adj.* ☐ **1.** tugendhaft; **2.** rechtschaffen.

vir·u·lence ['vɪrʊləns], **'vir·u·len·cy** [-sɪ] *s.* ✸ *u. fig.* Viru'lenz *f*, Giftigkeit *f*, Bösartigkeit *f*; **'vir·u·lent** [-nt] *adj.* ☐ **1.** giftig, bösartig (*Gift, Krankheit*) (*a. fig.*); **2.** ✸ viru'lent (*a. fig.*), sehr ansteckend.

vi·rus ['vaɪərəs] *s.* **1.** ✸ Virus *n*: a) Krankheitserreger *m*, b) Gift-, Impfstoff *m*; **2.** *fig.* Gift *n*, Ba'zillus *m*: **the ~ of hatred**.

vis [vɪs] *pl.* **vi·res** ['vaɪəriːz] (*Lat.*) *s.* *bsd. phys.* Kraft *f*: **~ inertiae** Trägheitskraft; **~ mortua** tote Kraft; **~ viva** kinetische Energie; **~ major** ⚖ höhere Gewalt.

vi·sa ['viːzə] **I** *s.* Visum *n*: a) Sichtvermerk *m* (*im Paß etc.*), b) Einreisebewilligung *f*; **II** *v/t.* ein Visum eintragen in (*acc.*).

vis·age ['vɪzɪdʒ] *s. poet.* Antlitz *n*.

vis-à-vis ['viːzɑːviː; vizavi] (*Fr.*) **I** *adv.* gegen'über (**to**, **with** von); **II** *s.* Gegen'über *n*: a) Visa'vis *n*, b) *fig.* ('Amts-)Kol,lege *m*.

vis·cer·a ['vɪsərə] *s. pl. anat.* Eingeweide *pl.*: **abdominal ~** Bauchorgane *pl.*; **'vis·cer·al** [-rəl] *adj. anat.* Eingeweide...

vis·cid ['vɪsɪd] *adj.* **1.** klebrig (*a.* ♀); **2.** *bsd. phys.* vis'kos, dick-, zähflüssig; **vis·cid·i·ty** [vɪ'sɪdətɪ] *s.* **1.** Klebrigkeit *f*; **2.** → *viscosity.*

vis·cose ['vɪskəʊs] *s.* ⚙ Vis'kose *f* (*Art Zellulose*): **~ silk** Viskose-, Zellstoffseide *f*; **vis·cos·i·ty** [vɪs'kɒsətɪ] *s. phys.* Viskosi'tät *f*, (Grad *m* der) Zähflüssigkeit *f*, Konsi'stenz *f*.

vis·count ['vaɪkaʊnt] *s.* Vi'comte *m* (*brit. Adelstitel zwischen* **baron** *u.* **earl**); **'vis·count·cy** [-sɪ] *s.* Rang *m od.* Würde *f e-s* Vi'comte; **'vis·count·ess** [-tɪs] *s.* Vicom'tesse *f*; **'vis·count·y** [-tɪ] → *viscountcy.*

vis·cous ['vɪskəs] → *viscid.*

vi·sé ['viːzeɪ] **I** *s.* → *visa* I; **II** *v/t. pret. u. p.p.* **-séd** → *visa* II.

vise [vaɪs] *Am.* → *vice².*

vis·i·bil·i·ty [ˌvɪzɪ'bɪlətɪ] *s.* **1.** Sichtbarkeit *f*; **2.** *meteor.* Sicht(weite) *f*: **high (low) ~** gute (schlechte) Sicht; **~ (conditions)** Sichtverhältnisse *pl.*; **vis·i·ble** ['vɪzəbl] *adj.* ☐ **1.** sichtbar; **2.** *fig.* (er-, offen)sichtlich, merklich, deutlich, erkennbar; **3.** ⚙ sichtbar (gemacht), graphisch dargestellt; **4.** *pred.* a) zu sehen (*Sache*), b) zu sprechen (*Person*).

Vis·i·goth ['vɪzɪɡɒθ] *s. hist.* Westgote *m*, -gotin *f*.

vi·sion ['vɪʒn] **I** *s.* **1.** Sehkraft *f*, -vermögen *n*: **field of ~** Blickfeld *n*; **2.** *fig.* a) visio'näre Kraft, (Seher-, Weit)Blick *m*, b) Phanta'sie *f*, Vorstellungsvermögen *n*, Einsicht *f*: **bold ~** kühne (Zukunfts)Ideen; **3.** Visi'on *f*: a) Traum-, Wunschbild *n*, b) *oft pl. psych.* Halluzinati'onen *pl.*, Gesichte *pl.*; **4.** a) Anblick *m*, Bild *n*, b) Traum *m od.* Schönes; **II** *adj.* **5.** *TV* Bild...: **~ mixer**; **~ control** Bildregie *f*; **III** *v/t.* **6.** *fig.* (er-)schauen; **'vi·sion·ar·y** [-nərɪ] **I** *adj.* **1.** visio'när, (hell)seherisch; **2.** phan'tastisch, verstiegen, ‚traumtänzerisch': **a**

~ scheme; **3.** unwirklich, eingebildet; **4.** Visions...; **II** s. **5.** Visio'när m, Hellseher m; **6.** Phan'tast m, Träumer m, Schwärmer m, ‚Traumtänzer' m.

vis·it ['vizit] **I** v/t. **1.** besuchen: a) j-n, Arzt, Kranke, Lokal etc. aufsuchen, b) inspizieren, in Augenschein nehmen, c) Stadt, Museum etc. besichtigen; **2.** ⚏ durch'suchen; **3.** heimsuchen (s.th. **upon** j-n mit et.): a) befallen (Krankheit, Unglück), b) bibl. u. fig. (be-)strafen, Sünden vergelten (**upon** an dat.); **4.** bibl. belohnen, segnen; **II** v/i. **5.** e-n Besuch od. Besuche machen; **6.** Am. F plaudern; **III** s. **7.** Besuch m: **on a ~** auf Besuch (**to** bei j-m, in e-r Stadt etc.); **make** (od. **pay**) **a ~** e-n Besuch machen; **~ to the doctor** Konsultation f beim Arzt, Arztbesuch m; **8.** (for'meller) Besuch, bsd. Inspekti'on f; **9.** ⚏, ⚓ Durch'suchung f; **10.** Am. F Plausch m; **'vis·it·ant** [-tənt] **I** s. **1.** rhet. Besucher (-in); **2.** orn. Strichvogel m; **II** adj. **3.** rhet. auf Besuch; **vis·it·a·tion** [‚vizi'teifn] s. **1.** Besuchen n; **2.** offizi'eller Besuch, Besichtigung f, Visitati'on f: **right of ~** ⚓ Durchsuchungsrecht n (auf See); **~** (**of the sick**) eccl. Krankenbesuch; **3.** fig. Heimsuchung: a) (gottgesandte) Prüfung f, Strafe f (Gottes), b) himmlischer Beistand: **⚒ of our Lady** R.C. Heimsuchung Mariae; **4.** zo. massenhaftes Auftreten; **5.** F langer Besuch; **vis·it·a·to·ri·al** [‚vizitə-'tɔ:riəl] adj. Visitations..., Überwachungs..., Aufsichts...: **~ power** Aufsichtsbefugnis f; **'vis·it·ing** [-tiŋ] adj. Besuchs..., Besucher...: **~ book** Besuchsliste f; **~ card** Visitenkarte f; **~ hours** Besuchszeit f; **~ nurse** Am. Gemeindeschwester f; **~ professor** univ. Gastprofessor m; **~ team** sport Gastmannschaft f; **be on ~ terms with s.o.** j-n so gut kennen, daß man ihn besucht; **'vis·i·tor** [-tə] s. **1.** Besucher(in) (**to** gen.), (a. Kur)Gast m; pl. Besuch m: **summer ~s** Sommergäste pl.; **~s' book** a) Fremdenbuch n, b) Gästebuch n; **2.** Visi'tator m, In'spektor m; **vis·i·to·ri·al** [‚vizi'tɔ:riəl] → **visitatorial**.

vi·sor ['vaizə] s. **1.** hist. u. fig. Vi'sier n; **2.** (Mützen)Schirm m; **3.** mot. Sonnenblende f.

vis·ta ['vistə] s. **1.** (Aus-, 'Durch)Blick m, Aussicht f; **2.** Al'lee f; **3.** △ Gale'rie f, Korridor m; **4.** (lange) Reihe, Kette f: **a ~ of years**; **5.** fig. Ausblick m, -sicht f (**of** auf acc.), Möglichkeit f, Perspek'tive f: **his words opened up new ~s**.

vis·u·al ['vizjuəl] **I** adj. □ **1.** Seh..., Gesichts...: **~ acuity** Sehschärfe f; **~ angle** Gesichtswinkel m; **~ nerve** Sehnerv m; **~ test** Augentest m; **2.** visu'ell (Eindruck, Gedächtnis etc.): **~ aid(s)** ped. Anschauungsmaterial n; **~ arts** bildende Künste; **~ display unit** Computer: Datensichtgerät n; **~ instruction** ped. Anschauungsunterricht m; **3.** sichtbar: **~ objects**; **4.** optisch, Sicht...(-anzeige, -bereich, -zeichen etc.); **II** s. **5.** typ., ⚑ a) (Roh)Skizze f e-s Layouts, b) 'Bildele‚ment n e-r Anzeige; **vis·u·al·i·za·tion** [‚vizjuəlai'zeifn] s. Vergegenwärtigung f; **'vis·u·al·ize** [-laiz] v/t. sich vergegenwärtigen od. vor Augen stellen, sich vorstellen, sich ein Bild machen

von; **'vis·u·al·iz·er** [-laizə] s. ⚑ graphischer I'deengestalter.

vi·ta ['vi:tə] (Lat.) pl. **-tae** [-tai] s. Am. Lebenslauf m.

vi·tal ['vaitl] **I** adj. **1.** Lebens...(-frage, -funktion, -funke etc.): **~ energy** (od. **power**) Lebenskraft f; **~ statistics** a) Bevölkerungsstatistik f, b) humor. Körpermaße pl.; **Bureau of ⚒ Statistics** Am. Personenstandsregister n; **2.** lebenswichtig (Industrie, Organ etc.): **~ parts** → **8**; **3.** (hoch)wichtig, entscheidend (**to** für): **~ problems**; **of ~ importance** von entscheidender Bedeutung; **4.** wesentlich, grundlegend; **5.** mst fig. le'bendig: **~ style**; **6.** vi'tal, lebensprühend; **7.** lebensgefährlich: **~ wound**; **II** s. **8.** pl. a) anat. ‚edle Teile' pl., lebenswichtige Or'gane pl., b) fig. das Wesentliche, wichtige Bestandteile pl.; **vi·tal·i·ty** [vai'tæləti] s. **1.** Vitali'tät f, Lebenskraft f; **2.** Lebensfähigkeit f, -dauer f (a. fig.); **vi·tal·i·za·tion** [‚vaitəlai'zeifn] s. Belebung f, Aktivierung f; **'vi·tal·ize** [-təlaiz] v/t. **1.** beleben, kräftigen; **2.** mit Lebenskraft erfüllen; **3.** fig. a) verle'bendigen, b) le'bendig gestalten.

vi·ta·min(e) ['vitəmin] s. Vita'min n.

vi·ti·ate ['vifieit] v/t. **1.** allg. verderben; **2.** beeinträchtigen; **3.** a) Luft etc. verunreinigen, b) fig. Atmosphäre vergiften; **4.** Argument etc. wider'legen; **5.** bsd. ⚏ ungültig machen, aufheben; **vi·ti·a·tion** [‚vifi'eifn] s. **1.** Verderben n, Verderbnis f; **2.** Beeinträchtigung f; **3.** Verunreinigung f; **4.** Wider'legung f; **5.** ⚏ Aufhebung f.

vit·i·cul·ture ['vitikʌltfə] s. Weinbau m.

vit·re·ous ['vitriəs] adj. **1.** Glas..., aus Glas, gläsern; **2.** glasartig, glasig: **~ body** anat. Glaskörper m des Auges; **~ electricity** positive Elektrizität; **3.** geol. glasig; **vi·tres·cent** [vi'tresnt] adj. **1.** verglasend; **2.** verglasbar.

vit·ri·fac·tion [‚vitri'fækfn], **vit·ri·fi·ca·tion** [‚vitrifi'keifn] s. ⚙ Ver-, Über'glasung f, Sinterung f; **vit·ri·fy** ['vitrifai] ⚙ **I** v/t. ver-, über'glasen, glasieren, sintern; Keramik: dicht brennen; **II** v/i. (sich) verglasen.

vit·ri·ol ['vitriəl] s. **1.** 🜂 Vitri'ol n: **blue ~**, **copper ~** Kupfervitriol, -sulfat n; **green ~** Eisenvitriol, Ferrosulfat n; **white ~** Zinksulfat n; **2.** 🜂 a) Vitri'olsäure f, b) **oil of ~** Vitri'olöl n, rauchende Schwefelsäure; **3.** fig. a) Gift n, Säure f, b) Giftigkeit f, Schärfe f; **vit·ri·ol·ic** [‚vitri'ɒlik] adj. **1.** vitri'olisch; **2.** fig. ätzend, beißend: **~ remark**; **'vit·ri·ol·ize** [-laiz] v/t. **1.** 🜂 vitriolisieren; **2.** j-n mit Vitriol bespritzen od. verletzen.

vi·tu·per·ate [vi'tju:pəreit] v/t. **1.** beschimpfen, schmähen; **2.** scharf tadeln; **vi·tu·per·a·tion** [vi‚tju:pə'reifn] s. **1.** Schmähung f, (wüste) Beschimpfung; pl. Schimpfworte pl.; **2.** scharfer Tadel m; **vi'tu·per·a·tive** [-pərətiv] adj. □ **1.** schmähend, Schmäh...; **2.** tadelnd.

vi·va[1] ['vi:və] (Ital.) **I** int. Hoch!; **II** s. Hoch(ruf m) n.

vi·va[2] ['vaivə] → **viva voce**.

vi·va·cious [vi'veifəs] adj. □ lebhaft, munter; **vi·vac·i·ty** [vi'væsəti] s. Lebhaftigkeit f, Munterkeit f.

vi·var·i·um [vai'veəriəm] pl. **-i·a** [-iə] s.

Vi'varium n (Aquarium, Terrarium etc.).

vi·va vo·ce [‚vaivə'vəusi] **I** adj. u. adv. mündlich; **II** s. mündliche Prüfung; **vi·va-vo·ce** [‚vaivə'vəusi] v/t. mündlich prüfen.

viv·id ['vivid] adj. □ **1.** allg. lebhaft: a) impul'siv (Mensch), b) inten'siv (Gefühle, Phantasie), c) leuchtend (Farbe etc.), d) deutlich, klar (Schilderung etc.); **2.** le'bendig (Porträt etc.); **'viv·id·ness** [-nis] s. **1.** Lebhaftigkeit f; **2.** Le'bendigkeit f.

viv·i·fy ['vivifai] v/t. **1.** 'wiederbeleben; **2.** fig. Leben geben (dat.), beleben, anregen; **3.** fig. intensivieren; **4.** biol. in lebendes Gewebe verwandeln; **vi·vip·a·rous** [vi'vipərəs] adj. □ **1.** zo. lebendgebärend; **2.** ⚘ noch an der Mutterpflanze keimend (Samen); **viv·i·sect** [‚vivi'sekt] v/t. u. v/i. vivisezieren, lebend sezieren; **viv·i·sec·tion** [‚vivi-'sekfn] s. Vivisekti'on f.

vix·en ['viksn] s. **1.** zo. Füchsin f; **2.** fig. ‚Drachen' m, Xan'thippe f; **'vix·en·ish** [-nif] adj. zänkisch.

vi·zier [vi'ziə] s. We'sir m.

vi·zor → **visor**.

V-J Day s. Tag m des Sieges der Alli'ierten über Japan (im 2. Weltkrieg; 2. 9. 1945).

vo·ca·ble ['vəukəbl] s. Vo'kabel f.

vo·cab·u·lar·y [və'kæbjuləri] s. Voka-bu'lar n: a) Wörterverzeichnis n, b) Wortschatz m.

vo·cal ['vəukl] **I** adj. □ → **vocally**; **1.** stimmlich, mündlich, Stimm..., Sprech...: **~ c(h)ords** Stimmbänder pl.; **2.** ♪ Vokal..., Gesang(s)..., gesanglich: **~ music** Vokalmusik f; **~ part** Singstimme f; **~ recital** Liederabend m; **3.** klingend, 'widerhallend (**with** von); **4.** stimmbegabt, der Sprache mächtig; **5.** laut, vernehmbar, a. gesprächig: **become ~** fig. laut werden, sich vernehmen lassen; **6.** ling. a) vo'kalisch, b) stimmhaft; **II** s. **7.** (gesungener) Schlager; **vo·cal·ic** [vəu'kælik] adj. vo'kalisch; **'vo·cal·ism** [-kəlizəm] s. **1.** Vo-kalisati'on f (Vokalbildung u. -aussprache); **2.** Vo'kalsy‚stem n e-r Sprache; **'vo·cal·ist** [-kəlist] s. ♪ Sänger(in); **vo·cal·i·za·tion** [‚vəukəlai'zeifn] s. **1.** bsd. ♪ Stimmgebung f; **2.** ling. a) Vokalisati'on f, b) stimmhafte Aussprache; **'vo·cal·ize** [-kəlaiz] v/t. **1.** Laut aussprechen, a. singen; **2.** ling. a) Konsonanten vokalisieren, b) stimmhaft aussprechen; **3.** → **vowelize** 1; **II** v/i. **4.** (beim Singen) vokalisieren.

vo·ca·tion [vəu'keifn] s. **1.** (eccl. göttliche, allg. innere) Berufung (**for** zu); **2.** Begabung f, Eignung f (**for** für); **3.** Beruf m, Beschäftigung f; **vo'ca·tion·al** [-fənl] adj. □ beruflich, Berufs... (-ausbildung, -krankheit, -schule etc.): **~ guidance** Berufsberatung f.

voc·a·tive ['vɒkətiv] adj. u. s. ling. vokativisch, Anrede...: **~ case** → **II** s. Vokativ m.

vo·cif·er·ate [vəu'sifəreit] v/i. schreien, brüllen; **vo·cif·er·a·tion** [vəu‚sifə-'reifn] s. a. pl. Schreien n, Brüllen n, Geschrei n; **vo'cif·er·ous** [-fərəs] adj. □ **1.** laut schreiend, brüllend; **2.** lärmend, laut; **3.** lautstark: **~ protest**.

vod·ka ['vɒdkə] s. Wodka m.

vogue [vəʊg] s. **1.** allg. (herrschende) Mode: *all the ~* (die) große Mode, der letzte Schrei; *be in ~* (in) Mode sein; *come into ~* in Mode kommen; **2.** Beliebtheit f: *be in full ~* großen Anklang finden, sehr im Schwange sein; *have a short-lived ~* sich e-r kurzen Beliebtheit erfreuen; *~ word* s. Modewort n.

voice [vɔɪs] **I** s. **1.** Stimme f (a. fig. des Gewissens etc.): *the still, small ~* (within) fig. die leise Stimme des Gewissens; *in (good) ~ ♪* (gut) bei Stimme; *in a low ~* mit leiser Stimme; *~ box* Kehlkopf m; *~ radio* ⚡ Sprechfunk m; *~ range ♪* Stimmumfang m; **2.** fig. Ausdruck m, Äußerung f: *find ~ in* Ausdruck finden in (dat.); *give ~ to →* 7; **3.** fig. allg. Stimme f: a) Entscheidung f: *give one's ~ for* stimmen für; *with one ~* einstimmig, b) Stimmrecht n: *have a (no) ~* in (nichts) zu sagen haben bei od. in (dat.), c) Sprecher(in), Sprachrohr n; **4.** ♪ a) a. *~ quality* Stimmton m, b) (Orgel)Stimme f; **5.** ling. a) stimmhafter Laut, b) Stimmton m; **6.** ling. Genus n des Verbs: *active ~* Aktiv n; *passive ~* Passiv n; **II** v/t. **7.** Ausdruck geben od. verleihen (dat.), Meinung etc. äußern, in Worte fassen; **8.** ♪ Orgelpfeife etc. regulieren; **9.** ling. (stimmhaft) (aus)sprechen; **voiced** [-st] adj. **1.** in Zssgn mit leiser etc. Stimme: *low-~*; **2.** ling. stimmhaft; **'voice·less** [-lɪs] adj. **1.** ohne Stimme, stumm; **2.** sprachlos; **3.** parl. nicht stimmfähig; **4.** ling. stimmlos etc., **'voice-o·ver** s. Film, TV: 'Off-Kommen,tar n.

void [vɔɪd] **I** adj. □ **1.** leer; **2.** *~ of* ohne, bar (gen.), arm an (dat.), frei von; **3.** unbewohnt; **4.** unbesetzt, frei (Amt); **5.** ⚖ nichtig, ungültig, -wirksam: *~ null* 1; **II** s. **6.** (fig. Gefühl n der) Leere f, leerer Raum; **7.** fig. Lücke f: *fill the ~* die Lücke schließen; **8.** ⚖ unbewohntes Gebäude; **III** v/t. **9.** räumen (of von); **10.** ⚖ a) aufheben, b) anfechten; **11.** physiol. Urin etc. ausscheiden; **'void·a·ble** [-dəbl] adj. ⚖ aufheb- od. anfechtbar; **'void·ance** [-dəns] s. Räumung f; **'void·ness** [-nɪs] s. **1.** Leere f; **2.** ⚖ Nichtigkeit f, Ungültigkeit f.

voile [vɔɪl] s. Voile m, Schleierstoff m.

vo·lant ['vəʊlənt] adj. **1.** zo. fliegend (a. her.); **2.** poet. flüchtig.

vol·a·tile ['vɒlətaɪl] adj. **1.** phys. verdampfbar, (leicht) flüchtig, vola'til, ä'therisch (Öl etc.); **2.** fig. flüchtig, vergänglich; **3.** fig. a) le'bendig, lebhaft, b) launisch, unbeständig, flatterhaft; **vol·a·til·i·ty** [ˌvɒlə'tɪlətɪ] s. **1.** phys. Verdampfbarkeit f, Flüchtigkeit f (a. fig.); **2.** fig. a) Lebhaftigkeit f, b) Unbeständig-, Flatterhaftigkeit f; **vol·a·til·i·za·tion** [vɒˌlætɪlaɪ'zeɪʃn] s. phys. Verflüchtigung f, Verdampfung f; **vol·a·til·ize** [vɒ'lætɪlaɪz] v/t. (v/i. sich) verflüchtigen, verdunsten, verdampfen.

vol-au-vent ['vɒləʊvɑ̃ːŋ; vɒləvɑ̃] (Fr.) s. Vol-au-'vent m (gefüllte Blätterteigpastete).

vol·can·ic [vɒl'kænɪk] adj. (□ ~ally) **1.** geol. vul'kanisch, Vulkan...; **2.** fig. ungestüm, explo'siv; **vol·ca·no** [vɒl'keɪnəʊ] pl. **-no(e)s** s. **1.** geol. Vul'kan m; **2.** fig. Vul'kan m, Pulverfaß n: *sit on the top of a ~* (wie) auf e-m Pulverfaß sitzen; **vol·can·ol·o·gy** [ˌvɒlkə'nɒlədʒɪ]

s. Vulkanolo'gie f.

vole¹ [vəʊl] s. zo. Wühlmaus f.

vole² [vəʊl] s. Kartenspiel: Gewinn m aller Stiche.

vo·li·tion [vəʊ'lɪʃn] s. **1.** Willensäußerung f, -akt m, (Willens)Entschluß m: *on one's own ~* aus eigenem Entschluß; **2.** Wille m, Wollen n, Willenskraft f; **vo'li·tion·al** [-ʃənl] adj. □ Willens..., willensmäßig; **vol·i·tive** ['vɒlɪtɪv] adj. **1.** Willens...; **2.** ling. voli'tiv.

vol·ley ['vɒlɪ] **I** s. **1.** (Gewehr-, Geschütz)Salve f; (Pfeil-, Stein- etc.)Hagel m; Artillerie, Flak: Gruppe f: *~ bombing ✈* Reihenwurf m; **2.** fig. Schwall m, Strom m, Flut f: *a ~ of oaths*; **3.** sport: a) Tennis: Volley m (Schlag), (Ball a.) Flugball m, b) Fußball: Volleyschuß m: *take a ball at od. on the ~ →* 6; **4.** Badminton: Ballwechsel m; **II** v/t. **5.** in e-r Salve abschießen; **6.** sport: den Ball volley nehmen, (Fußball a.) (di'rekt) aus der Luft nehmen; **7.** mst *~ out od. forth* e-n Schwall von Worten etc. von sich abgeben; **III** v/i. **8.** e-e Salve od. Salven abgeben; **9.** hageln (Geschosse), krachen (Geschütze); **10.** sport: a) Tennis: volieren, b) Fußball: volley schießen; *'~·ball* s. sport **1.** Volleyball(spiel n) m; **2.** Volleyball m.

vol·plane ['vɒlpleɪn] ✈ **I** s. Gleitflug m; **II** v/i. im Gleitflug niedergehen.

volt¹ [vɒlt] s. fenc. u. Reitsport: Volte f.

volt² [vəʊlt] s. ⚡ Volt m; **'volt·age** [-tɪdʒ] s. ⚡ (Volt)Spannung f; **'vol·ta·ic** [vɒl'teɪk] adj. ⚡ vol'taisch, gal'vanisch (Batterie, Element, Strom etc.): *~ couple* Elektrodenmetalle pl.

volte-face [ˌvɒlt'fɑːs; vɒltəfas] (Fr.) s. fig. (to'tale) (Kehrt)Wendung.

volt-me·ter ['vəʊlt,miːtə] s. ⚡ Voltmeter m, Spannungsmesser m.

vol·u·bil·i·ty [ˌvɒljʊ'bɪlətɪ] s. fig. a) glatter Fluß (der Rede), b) Zungenfertigkeit f, Redegewandtheit f, c) Redseligkeit f, d) Wortreichtum m; **vol·u·ble** ['vɒljʊbl] adj. □ **1.** a) geläufig (Zunge), fließend (Rede), b) zungenfertig, (rede)gewandt, c) redselig, d) wortreich; **2.** ♀ windend.

vol·ume ['vɒljuːm] s. **1.** Band m e-s Buches; Buch n (a. fig.): *a three-~ novel* ein dreibändiger Roman; *speak ~s (for)* fig. Bände sprechen (für); **2.** ⚛, 🜨, phys. etc. Vo'lumen n, (Raum)Inhalt m; **3.** fig. 'Umfang m, Vo'lumen n: *~ of imports*, *~ of traffic* Verkehrsaufkommen n; **4.** fig. Masse f, Schwall m; **5.** ♪ Klangfülle f, 'Stimm vo,lumen n, -,umfang m; ♪ Lautstärke f: *~ control* Lautstärkeregler m; **'vol·umed** [-md] adj. in Zssgn ...bändig: *a three-~ book*; **vol·u·met·ric** [ˌvɒljuːˈmetrɪk] adj. (□ ~ally) ⚛, 🜨 volu'metrisch: *~ analysis* 🜨 volumetrische Analyse, Maßanalyse f; *~ density* Raumdichte f; **vol·u·met·ri·cal** [ˌvɒljuːˈmetrɪkl] adj. □ → *volumetric*; **vo·lu·mi·nous** [vəˈljuːmɪnəs] adj. □ **1.** vielbändig (literarisches Werk); **2.** produk'tiv: *a ~ author*; **3.** massig, 'umfangreich, volumi'nös: *~ correspondence*; **4.** bauschig; **5.** ♪ voll: *~ voice*.

vol·un·tar·i·ness ['vɒləntərɪnɪs] s. **1.** Freiwilligkeit f; **2.** (Willens)Freiheit f; **vol·un·tar·y** ['vɒləntərɪ] **I** adj. □ **1.** freiwillig, spon'tan: *~ contribution*; *~*

death Freitod m; **2.** frei, unabhängig; **3.** ⚖ a) vorsätzlich, schuldhaft, b) freiwillig, unentgeltlich, c) außergerichtlich, gütlich: *~ settlement*; *~ jurisdiction* freiwillige Gerichtsbarkeit; **4.** durch freiwillige Spenden unter'halten (Schule etc.); **5.** physiol. willkürlich: *~ muscles*; **6.** psych. volunta'ristisch; **II** s. **7.** a) freiwillig od. wahlweise Arbeit, b) a. *~ exercise* sport Kür(übung) f; **8.** ♪ Orgelsolo n.

vol·un·teer [ˌvɒlənˈtɪə] **I** s. **1.** Freiwillige(r m) f (a. ⚔); **2.** ⚖ unentgeltlicher Rechtsnachfolger; **II** adj. **3.** freiwillig, Freiwilligen...; **4.** ♀ wildwachsend; **III** v/i. **5.** sich freiwillig melden od. erbieten (for für, zu), als Freiwilliger eintreten od. dienen; **IV** v/t. **6.** Dienste etc. freiwillig anbieten od. leisten; **7.** sich e-e Bemerkung erlauben; **8.** (freiwillig) zum besten geben: *he ~ed a song*.

vo·lup·tu·ar·y [vəˈlʌptjʊərɪ] s. Lüstling m, sinnlicher Mensch; **vo'lup·tu·ous** [-tʃʊəs] adj. □ **1.** wollüstig, sinnlich; geil, lüstern; **2.** üppig, sinnlich: *~ body*; **vo'lup·tu·ous·ness** [-jʊəsnɪs] s. **1.** Wollust f, Sinnlichkeit f, Geilheit f, Lüsternheit f; **2.** Üppigkeit f.

vo·lute [vəˈljuːt] s. **1.** Schnörkel m, Spi'rale f; **2.** △ Vo'lute f, Schnecke f; **3.** zo. Windung f (Schneckengehäuse); **vo'lut·ed** [-tɪd] adj. **1.** gewunden, spi'ral-, schneckenförmig; **2.** △ mit Vo'luten (versehen); **vo'lu·tion** [-juːʃn] s. **1.** Drehung f; **2.** anat., zo. Windung f.

vom·it ['vɒmɪt] **I** v/t. **1.** (er)brechen; **2.** fig. Feuer etc. (aus)speien; Rauch, a. Flüche etc. ausstoßen; **II** v/i. **3.** (sich) er)brechen, sich über'geben; **4.** Rauch ausstoßen; Lava auswerfen, Feuer speien (Vulkan); **III** s. **5.** Erbrechen n; **6.** das Erbrochene; **7.** 💊 Brechmittel n; **8.** fig. Unflat m; **'vom·i·tive** [-tɪv], **'vom·i·to·ry** [-tərɪ] 💊 Brechmittel n; **II** adj. Erbrechen verursachend, Brech...

voo·doo ['vuːduː] **I** s. **1.** Wodu m, Zauberkult m; **2.** Zauber m, Hexe'rei f; **3.** a. *~ doctor*, *~ priest* (Wodu)Zauberer m, Medi'zinmann m; **4.** Fetisch m, Götze m; **II** v/t. **5.** behexen; **'voo·doo·ism** s. Wodukult m.

vo·ra·cious [vəˈreɪʃəs] adj. □ gefräßig, gierig, unersättlich (a. fig.); **vo'ra·cious·ness** [-nɪs], **vo·rac·i·ty** [vɒ'ræsətɪ] s. Gefräßigkeit f, Unersättlichkeit f, Gier f (a. fig.).

vor·tex ['vɔːteks] pl. **-ti·ces** [-tɪsiːz] s. Wirbel m, Strudel m (a. phys. fig.); **'vor·ti·cal** [-tɪkl] adj. □ **1.** wirbelnd, kreisend, Wirbel...; **2.** wirbel-, strudelartig.

vo·ta·ress ['vəʊtərɪs] s. Geweihte f (etc., → votary); **vo·ta·ry** ['vəʊtərɪ] s. **1.** eccl. Geweihte(r m) f (etc.); **2.** fig. Verfechter(in), (Vor)Kämpfer(in); **3.** fig. Anhänger(-in), Verehrer(in), Jünger(in), Enthusi'ast(in).

vote [vəʊt] **I** s. **1.** (Wahl)Stimme f, Votum n: *~ of censure*, *~ of no confidence* parl. Mißtrauensvotum; *~ of confidence* parl. Vertrauensvotum; *give one's ~ to (od. for)* s-e Stimme geben (dat.), stimmen für; **2.** Abstimmung f, Wahl f: *put s.th. to the ~*, *take a ~ on s.th.* über e-e Sache abstimmen lassen; *take the ~* abstimmen; **3.** Stimmzettel m, Stimme f: *cast one's ~*

s-e Stimme abgeben; **4.** *the* ~ das Stimm-, Wahlrecht; **5.** a) Stimme *f*, Stimmzettel *m*, b) *the* ~ *coll.* die Stimmen *pl.*: *the Labour* ~, c) Wahlergebnis *n*; **6.** Beschluß *m*: *a unanimous* ~; **7.** (Geld)Bewilligung *f*; **II** *v/i.* **8.** (ab)stimmen, wählen, s-e Stimme abgeben: ~ *against* stimmen gegen; ~ *for* stimmen für (*a.* F *für et. sein*); **III** *v/t.* **9.** abstimmen über (*acc.*), wählen, stimmen für: ~ *down* niederstimmen; ~ *s.o. in* j-n wählen; ~ *s.o. out* (*of office*) j-n abwählen; ~ *s.th. through* et. durchbringen; ~ *that* dafür sein, daß, vorschlagen, daß; **10.** (durch Abstimmung) wählen *od.* beschließen *od. Geld bewilligen;* **11.** allgemein erklären für *od.* halten für; **'vote-ˌcatch-er** *s.*, **'vote-ˌget-ter** *s.* ,'Wahllokoˌtive' *f*, Stimmenfänger *m*; **'vote-less** [-lɪs] *adj.* ohne Stimmrecht *od.* Stimme; **'vot-er** [-tə] *s.* Wähler(in), Wahl-, Stimmberechtigte(r *m*) *f*.

vot-ing ['vəʊtɪŋ] **I** *s.* (Ab)Stimmen *n*, Abstimmung *f*; **II** *adj.* Stimm..., Wahl...; ~ *age* s. Wahlalter *n*; ~ *machine* s. 'Wahlmaˌschine *f*; ~ *pa-per* s. Stimmzettel *m*; ~ *share* s. ♀ Stimmrechtaktie *f*; ~ *stock* s. ♀ **1.** stimmberechtigtes 'Aktienkapiˌtal; **2.** *bsd. Am.* 'Stimmrechtsˌaktie *f*; ~ *pow-er* s. ♀ Stimmrecht *n*.

vo-tive ['vəʊtɪv] *adj.* Weih..., Votiv..., Denk...: ~ *medal* (Ge)Denkmünze *f*; ~ *tablet* Votivtafel *f*.

vouch [vaʊtʃ] **I** *v/i.* **1.** ~ *for* (sich ver-)bürgen für; **2.** ~ *that* dafür bürgen, daß; **II** *v/t.* **3.** bezeugen; bestätigen; (urkundlich) belegen; **4.** (sich ver)bürgen für; **'vouch-er** [-tʃə] *s.* **1.** Zeuge *m*, Bürge *m*; **2.** 'Unterlage *f*, Doku'ment *n*: *support by* ~ dokumentarisch belegen;

3. (Rechnungs)Beleg *m*, Quittung *f*: ~ *check* ♀ *Am.* Verrechnungsscheck; ~ *copy* Belegdoppel *n*; **4.** Gutschein *m*; **5.** Eintrittskarte *f*; **vouch'safe** [-'seɪf] *v/t.* **1.** (gnädig) gewähren; **2.** geruhen zu *tun*; **3.** sich her'ablassen zu: *he* ~*d me no answer* er würdigte mich keiner Antwort.

vow [vaʊ] **I** *s.* **1.** Gelübde *n* (*a. eccl.*); *oft pl.* (feierliches) Versprechen, (Treu-) Schwur *m*: *be under a* ~ ein Gelübde abgelegt haben, versprochen haben (*to do* zu tun); *take* (*od. make*) *a* ~ ein Gelübde ablegen; *take* ~*s eccl.* Profeß ablegen, in ein Kloster eintreten; **II** *v/t.* **2.** geloben; **3.** (sich) schwören, (sich) geloben, hoch u. heilig versprechen (*to do* zu tun); **4.** feierlich erklären.

vow-el ['vaʊəl] **I** *s. ling.* **1.** Vo'kal *m*, Selbstlaut *m*; **II** *adj.* **2.** vo'kalisch; **3.** Vokal..., Selbstlaut...: ~ *gradation* Ablaut *m*; ~ *mutation* Umlaut *m*; **vow-el-ize** ['vaʊəlaɪz] *v/t.* **1.** hebräischen *od.* kurzschriftlichen Text mit Vo'kalzeichen versehen; **2.** *Laut* vokalisieren.

voy-age ['vɔɪdʒ] **I** *s. längere* (See-, Flug-)Reise: ~ *home* Rück-, Heimreise; ~ *out* Hinreise *f*; **II** *v/i.* (*bsd.* zur See) reisen; **III** *v/t.* reisen durch, bereisen; **voy-ag-er** ['vɔɪədʒə] *s.* (See)Reisende(r *m*) *f*.

vo-yeur-ism [vwa:ˈjɜːrɪzəm] *s.* Voy'eurtum *n*.

'V-sign *s.* **1.** Siegeszeichen *n* (*mit gespreizten Fingern*), *Am. a.* Zeichen der Zustimmung; **2.** *Brit.* ,Vogel' *m*; '~*type en-gine* s. *mot.* V-Motor *m*.

vul-can-ite ['vʌlkənaɪt] *s.* Ebo'nit *n*, Vulka'nit *n* (*Hartgummi*); **'vul-can-ize** [-aɪz] *v/t. Kautschuk* vulkanisieren: ~*d fibre* (*Am. fiber*) ♠ Vulkanfiber *f*.

vul-gar ['vʌlgə] **I** *adj.* □ → *vulgarly*; **1.** (all)gemein, Volks...: ~ *herd die* Masse, *das* gemeine Volk; **2** *Era die* christlichen Jahrhunderte; **2.** volkstümlich: ~ *superstitions*; **3.** vul'gärsprachlich, in der Volkssprache (verfaßt *etc.*): ~ *tongue* Volkssprache *f*; **2** *Latin* Vulgärlatein *n*; **4.** ungebildet, ungehobelt; **5.** vul'gär, unfein, ordi'när, gewöhnlich, unanständig, pöbelhaft; **6.** ♣ gemein, gewöhnlich: ~ *fraction*; **II** *s.* **7.** *the* ~ *pl.* das (gemeine) Volk; **vul-gar-i-an** [vʌlˈgeərɪən] *s.* **1.** vul'gärer Mensch, Ple'bejer *m*; **2.** Parve'nü *m*, Protz *m*; **'vul-gar-ism** [-ərɪzəm] *s.* **1.** Unfeinheit *f*, vul'gäres Benehmen; **2.** Gemeinheit *f*, Unanständigkeit *f*; **3.** *ling.* Vulga'rismus *m*, vul'gärer Ausdruck; **vul-gar-i-ty** [vʌlˈgærətɪ] *s.* **1.** ungehobeltes Wesen, vul'gäre Art; **2.** Gewöhnlichkeit *f*, Pöbelhaftigkeit *f*; **3.** Unsitte *f*, Ungezogenheit *f*; **'vul-gar-ize** [-əraɪz] *v/t.* **1.** popularisieren, popu'lär machen, verbreiten; **2.** her'abwürdigen, vulgarisieren; **'vul-gar-ly** [-lɪ] *adv.* **1.** allgemein, gemeinhin, landläufig; **2.** → *vulgar* 4, 5.

vul-ner-a-bil-i-ty [ˌvʌlnərəˈbɪlətɪ] *s.* Verwundbarkeit *f*; **vul-ner-a-ble** ['vʌlnərəbl] *adj.* **1.** verwundbar (*a. fig.*); **2.** angreifbar; **3.** anfällig (*to* für); **4.** ✕, *sport* ungeschützt, offen; **vul-ner-ar-y** ['vʌlnərərɪ] **I** *adj.* Wund..., Heil...; **II** *s.* Wundmittel *n*.

vul-pine ['vʌlpaɪn] *adj.* **1.** fuchsartig, Fuchs...; **2.** *fig.* füchsisch, verschlagen.

vul-ture ['vʌltʃə] *s. zo.* Geier *m* (*a. fig.*).

vul-va ['vʌlvə] *pl.* **-vae** [-vi:] *s. anat.* Vulva *f*, (äußere) weibliche Scham.

vy-ing ['vaɪɪŋ] *adj.* □ wetteifernd.

W

W, w ['dʌblju:] s. W n, w n (Buchstabe).
Waac [wæk] s. ✕ F Brit. Ar'meehelferin f (aus **Women's Army Auxiliary Corps**).
Waaf [wæf] s. ✕ F Brit. Luftwaffenhelferin f (aus **Women's Auxiliary Air Force**).
WAC, Wac [wæk] s. ✕ F Am. Ar'meehelferin f (aus **Women's Army Corps**).
wack·y ['wækı] adj. ,blöd'.
wad [wɒd] I s. **1.** Pfropf(en) m, (Watte- etc.)Bausch m, Polster n; **2.** Pa'pierknäuel m, n; **3.** a) (Banknoten)Bündel n, (-)Rolle f, b) Am. F Haufen m Geld, c) Stoß m Pa'piere; **4.** ✕ hist. Ladepfropf m; II v/t. **5.** zu e-m Bausch etc. zs.-pressen; **6.** ~ up Am. fest zs.-rollen; **7.** Öffnung ver-, zustopfen; **8.** Kleidungsstück etc. wattieren, auspolstern, füttern; **wad·ding** ['wɒdıŋ] I s. **1.** Einlage f (zum Polstern od. Verpacken); **2.** Watte f; **3.** Wattierung f; II adj. **4.** Wattier...
wad·dle ['wɒdl] I v/i. watscheln; II s. watschelnder Gang.
wade [weıd] I v/i. waten: ~ through F fig. sich durchkämpfen durch; ~ in(to) F fig. a) ,hin'einsteigen', sich einmischen (in acc.), b) sich ,reinknien' (in e-e Arbeit etc.): ~ into a problem ein Problem anpacken od. angehen; II v/t. durch'waten; III s. Waten n; **'wad·er** [-də] s. **1.** orn. Wat-, Stelzvogel m; **2.** pl. (hohe) Wasserstiefel pl.
wa·fer ['weıfə] s. **1.** Ob'late f (a. ⚘ u. Siegelmarke); **2.** (bsd. Eis)Waffel f: as thin as a ~, ~-thin hauchdünn (a. fig.); **3.** a. consecrated ~ eccl. Hostie f, Ob'late f; **4.** ⚡ Mikroplättchen n.
waf·fle ['wɒfl] I s. Waffel f; II v/i. F ,quasseln'; **'~·i·ron** s. Waffeleisen n.
waft [wɑːft] I v/t. **1.** wohin wehen, tragen; II v/i. **2.** (her'an)getragen werden, schweben; III s. **3.** Flügelschlag m; **4.** Wehen n; **5.** (Duft)Hauch m, (-)Welle f; **6.** fig. Anwandlung f, Welle f (von Freude, Neid etc.); **7.** ⚓ Flagge f im Schau (Notsignal).
wag [wæg] I v/i. **1.** wackeln; wedeln, wippen (Schwanz): ~ one's tongue tratschen; set tongues ~ging viel Gerede verursachen; → tail 1; II v/t. **2.** wackeln od. wedeln od. wippen mit dem Schwanz etc.; den Kopf schütteln od. wiegen: ~ one's finger at j-m mit dem Finger drohen; **3.** (hin- u. her)bewegen, schwenken; III s. **4.** Wackeln n; Wedeln n, (Kopf)Schütteln n; **5.** Witzbold m, Spaßvogel m.
wage¹ [weıdʒ] v/t. Krieg führen, Feldzug unter'nehmen (on, against gegen):

~ effective war on fig. e-r Sache wirksam zu Leibe gehen.
wage² [weıdʒ] s. **1.** mst pl. ✝ (Arbeits-) Lohn m: ~s per hour Stundenlohn; **2.** pl. ✝ Lohnanteil m (an der Produktion); **3.** pl. sg. konstr. fig. Lohn m: the ~s of sin bibl. der Sünde Sold; **a·gree·ment** s. ✝ Ta'rifvertrag m; ~ **bill** s. (aus)bezahlte (Gesamt)Löhne pl.; ~ **claim** s. Lohnforderung f; ~ **dis·pute** s. Lohnkampf m; ~ **earn·er** s. Lohnempfänger(in); ~ **freeze** s. Lohnstopp m; ~ **fund** s. Lohnfonds m; ~ **in·cen·tive** s. Lohnanreiz m; **'~-in·ten·sive** adj. 'lohninten,siv; ~ **lev·el** s. 'Lohnni,veau n; ~ **pack·et** s. Lohntüte f.
wa·ger ['weıdʒə] I s. **1.** Wette f; II v/t. **2.** wetten um, setzen auf (acc.); wetten mit (that daß); **3.** fig. Ehre etc. aufs Spiel setzen; III v/i. **4.** wetten, e-e Wette eingehen.
wage| rate s. Lohnsatz m; ~ **scale** s. ✝ **1.** Lohnskala f; **2.** ('Lohn)Ta,rif m; ~ **set·tle·ment** s. Lohnabschluß m; ~ **slave** s. Lohnsklave m; ~ **slip** s. Lohnstreifen m, -zettel m.
wag·ger·y ['wægərı] s. Schelme'rei f, Schalkhaftigkeit f; **wag·gish** ['wægıʃ] adj. □ schalkhaft, schelmisch, spaßig, lose; **wag·gish·ness** ['wægıʃnıs] → waggery.
wag·gle ['wægl] → wag I u. II.
wag·gon ['wægən] s. **1.** (Last-, Roll-) Wagen m; **2.** ☒ Brit. (offener) Güterwagen, Wag'gon m: by ~ ✝ per Achse; **3.** Am. a) (Liefer-, Verkaufs-, Poli'zei- etc.)Wagen m, b) mot. Kombi(wagen) m; **4.** the ⚹ ast. der Große Wagen; **5.** F fig. → water wag(g)on.
wag·on·er ['wægənə] s. **1.** (Fracht-) Fuhrmann m; **2.** ⚹ ast. Fuhrmann m.
'wag·on·load s. **1.** Wagenladung f, Fuhre f; **2.** Wag'gonladung f: by the ~ waggonweise; ~ **train** s. ✕ Ar'meetrain m; **2.** ☒ Am. Güterzug m; ~ **vault** s. △ Tonnengewölbe n.
Wag·ne·ri·an [vɑːgˈnıərıən] ♪ I adj. wagnerisch, wagneri'anisch, Wagner...; II s. a. **Wag·ner·ite** ['vɑːgnərait] Wagneri'aner(in).
wag·on etc. bsd. Am. → waggon etc.
wa·gon-lit ['vægɔ̃:n'liː; vagɔ̃li] (Fr.) s. ☒ Schlafwagen(abteil n) m.
'wag·tail s. orn. Bachstelze f.
waif [weıf] s. **1.** ⚐ a) Brit. weggeworfenes Diebsgut, b) herrenloses Gut, bsd. Strandgut n (a. fig.); **2.** a) Heimatlose(r m) f, b) verlassenes od. verwahrlostes Kind: ~s and strays streunende od. verwahrlostes Tier; **3.** fig. 'Überrest m.

wail [weıl] I v/i. (weh)klagen, jammern (for um, over über acc.); schreien, wimmern, heulen (a. Sirene, Wind) (with vor Schmerz etc.); II v/t. bejammern; III s. (Weh)Klagen n, Jammern n; (Weh)Geschrei n, Wimmern n; **'wail·ing** [-lıŋ] I s. → wail III; II adj. □ (weh)klagend etc.; Klage...: ⚹ **Wall** Klagemauer f.
wain [weın] s. **1.** poet. Karren m, Wagen m; **2.** ⚹ → Charles's Wain.
wain·scot ['weınskət] I s. (bsd. untere) (Wand)Täfelung, Tafelwerk n, Holzverkleidung f; II v/t. Wand etc. verkleiden, (ver)täfeln; **'wain·scot·ing** [-tıŋ] s. **1.** → wainscot I; **2.** Täfelholz n.
waist [weıst] s. **1.** Taille f; **2.** a) Mieder n, b) bsd. Am. Bluse f; **3.** Mittelstück n, schmalste Stelle (e-s Dinges), Schweifung f (e-r Glocke etc.); **4.** ⚓ Mitteldeck n, Kuhl f; **'~·band** [-srb-] s. (Hosen-, Rock)Bund m; **'~·coat** ['weıskəut] s. (a. Damen)Weste f, (ärmellose) Jacke; hist. Wams n; **,~-'deep** adj. u. adv. bis zur Taille od. Hüfte, hüfthoch.
waist·ed ['weıstıd] adj. mit e-r ... Taille: short-~.
,waist-'high → waist-deep; **'~·line** s. **1.** Gürtellinie f, Taille f; **2.** 'Taille(n,umfang m) f: watch one's ~ auf s-e Linie achten.
wait [weıt] I v/i. **1.** warten (for auf acc.): ~ for s.o. to come warten, daß od. bis j-d kommt; ~ up for s.o. aufbleiben u. auf j-n warten; keep s.o. ~ing j-n warten lassen; that can ~ fig. das kann warten, das hat Zeit; dinner is ~ing das Essen wartet od. ist bereit; you just ~! F na warte!; ~ for it! F Brit. a) immer mit der Ruhe, b) du wirst's kaum glauben!; **2.** (ab)warten, sich gedulden: ~ and see! ,abwarten u. Tee trinken'!; I can't ~ to see him ich kann es kaum noch erwarten, bis ich ihn sehe; **3.** ~ (up)on a) j-m dienen, b) j-m aufwarten, j-n bedienen, c) j-m s-e Aufwartung machen, d) fig. e-r Sache folgen, et. begleiten (Umstand); **4.** a. ~ at ta·ble (bei Tisch) bedienen; II v/t. **5.** warten auf (acc.), abwarten: ~ one's op·portunity e-e günstige Gelegenheit abwarten; ~ out das Ende (gen.) abwarten; **6.** F aufschieben, mit dem Essen etc. warten (for s.o. auf j-n); III s. **7.** a) Warten n, b) Wartezeit f: have a long ~ lange warten müssen; **8.** Lauer f: lay a ~ for j-m e-n Hinterhalt legen; lie in ~ im Hinterhalt liegen; lie in ~ for j-m auflauern; **9.** pl. a) Weihnachtssänger pl., b) hist. 'Stadtmusi,kanten pl.; **'wait·er** [-tə] s. **1.** Kellner m, in der

Anrede: (Herr) Ober *m*; **2.** Servier-, Präsentierteller *m*.
wait·ing ['weɪtɪŋ] **I** *s.* **1.** → *wait* 7; **2.** Dienst *m bei Hofe etc.*, Aufwarten *n*: **in** ~ a) diensttuend; → *lady-in-waiting etc.*, b) ✕ *Brit.* in Bereitschaft; **II** *adj.* **3.** (ab)wartend; → *game*¹ 4; **4.** Warte...: ~ *list*, ~ *period allg.* Wartezeit *f*; ~ *room* a) 🚂 Wartesaal *m*, b) 🚗 *etc.* Wartezimmer *n*; ~ *girl s.*, ~ *maid s.* Kammerzofe *f*.
wait·ress ['weɪtrɪs] *s.* Kellnerin *f*; *in der Anrede*: Fräulein *n*.
waive [weɪv] *v/t. bsd.* 🕮 **1.** verzichten auf (*acc.*), sich *e-s Rechtes,Vorteils* begeben; **2.** *Frage* zu'rückstellen; **'waiv·er** [-və] *s.* 🕮 **1.** Verzicht *m* (*of* auf *acc.*), Verzichtleistung *f*; **2.** Verzichterklärung *f*.
wake¹ [weɪk] *s.* **1.** ⚓ Kielwasser *n* (*a. fig.*): **in the** ~ **of** a) im Kielwasser *e-s Schiffes*, b) *fig.* im Gefolge (*gen.*); **follow in s.o.'s** ~ *fig.* in j-s Kielwasser segeln; **bring s.th. in its** ~ *et.* nach sich ziehen, et. zur Folge haben; **2.** ✈ Luftschraubenstrahl *m*; **3.** Sog *m*.
wake² [weɪk] **I** *v/i. [irr.]* **1.** *oft* ~ *up* auf-, erwachen, wach werden (*alle a. fig. Person, Gefühl etc.*); **2.** wachen, wach sein *od.* bleiben; **3.** ~ *to* sich *e-r Gefahr etc.* bewußt werden; **4.** *vom Tode od. von den Toten* auferstehen; **II** *v/t. [irr.]* **5.** *a.* ~ *up* (auf)wecken, wachrütteln (*a. fig.*); **6.** *fig.* erwecken, *Erinnerungen, Gefühle* wachrufen, *Streit etc.* erregen; **7.** *fig.* j-n, j-s *Geist etc.* aufrütteln; **8.** (*von den Toten*) auferwecken; **III** *s.* **9.** *bsd. Irish* a) Totenwache *f*, b) Leichenschmaus *m*; **10.** *hist.* Kirchweih(fest *n*) *f*, Kirmes *f*; **11.** *Brit.* Betriebsferien *pl.*; **'wake·ful** [-fʊl] *adj.* □ **1.** wachend; **2.** schlaflos; **3.** *fig.* wachsam; **'wak·en** [-kən] → *wake²* 1, 3, 5, 6 *u.* 7; **'wak·ing** [-kɪŋ] **I** *s.* **1.** (Er)Wachen *n*; **2.** (Nacht-) Wache *f*; **II** *adj.* **3.** wach: ~ *dream* Tagtraum *m*; **in his** ~ *hours* in s-n wachen Stunden, *a.* von früh bis spät.
wale [weɪl] *s.* **1.** → *weal*²; **2.** *Weberei:* a) Rippe *f* (*e-s Gewebes*; b) Salleiste *f*, feste Webkante; **3.** ⚓ a) Berg-, Krummholz *n*, b) Dollbord *m* (*e-s Boots*).
walk [wɔːk] **I** *s.* **1.** Gehen *n*: **go at a** ~ im Schritt gehen; **2.** Gang(art *f*) *m*, Schritt *m*: **a dignified** ~; **3.** Spaziergang *m*: **go for** (*od.* **take**) **a** ~ e-n Spaziergang machen; **take s.o. for a** ~ j-n spazierenführen, mit j-m spazierengehen; **4.** (Spazier)Weg *m*: a) Prome'nade *f*, b) Strecke *f*: **a ten minutes'** ~ **to the station** zehn (Geh)Minuten zum Bahnhof; **quite a** ~ ein gutes Stück zu gehen; **5.** Al'lee *f*; **6.** (Geflügel)Auslauf *m*: → *sheepwalk*; **7.** Route *f e-s Hausierers etc.*, Runde *f e-s Polizisten etc.*; **8.** *fig.* a) (Arbeits)Gebiet *n*, b) *mst* ~ *of life* (sozi'ale) Schicht *od.* Stellung, *a.* Beruf *m*; **II** *v/i.* **9.** gehen (*a. sport*), zu Fuß gehen; **10.** im Schritt gehen (*a. Pferd*); **11.** spazierengehen, wandern; **12.** 'umgehen (*Geist*): ~ *in one's sleep* nachtwandeln; **III** *v/t.* **13.** *Strecke* zu'rücklegen, (zu Fuß) gehen; **14.** *Bezirk* durch'wandern, *Raum* durch'schreiten; **15.** auf u. ab (*od.* um'her)gehen in *od.* auf (*dat.*); **16.** *Pferd* a) führen, b) im

Schritt gehen lassen; **17.** *j-n wohin* führen: ~ *s.o. off his feet* j-n abhetzen; **18.** spazierenführen; **19.** um die Wette gehen mit; *Zssgn mit adv. u. prp.*:
walk| a·bout, ~ **a·round I** *v/i.* um'hergehen, -wandern; **II** *v/t. j-n* um'herführen; ~ **a·way** *v/i.* **1.** weg-, fortgehen: ~ *from sport* j-m (einfach) davonlaufen, *j-n* 'stehenlassen'; **2.** ~ *with* a) mit *et.* durchbrennen, b) *et.* 'mitgehen' lassen; c) *e-n Kampf etc.* spielend gewinnen; ~ *off* **I** *v/i.* **1.** da'von-, fortgehen; **2.** → *walk away* 2; **II** *v/t.* **3.** j-n abführen; **4.** *s-n Rausch, Zorn etc.* durch e-n Spaziergang vertreiben; ~ *out* **I** *v/i.* **1.** hin'ausgehen: ~ *on* F j-n im Stich lassen, verlassen; **2.** ~ *with s.o.* F mit j-m ,gehen' *od.* ein Verhältnis haben; **3.** ✋ in (den) Streik treten; **4.** *pol.* zu'rücktreten; **II** *v/t.* **5.** *Hund etc.* ausführen; **6.** *j-n* auf e-n Spaziergang mitnehmen; ~ *o·ver v/i. fig.* spielend gewinnen; ~ *up v/i.* **1.** hin'aufgehen, her'aufkommen: ~ *to s.o.* auf j-n zugehen; **2.** *Straße* entlanggehen.
'walk·a·bout *s.* **1.** Wanderung *f*; **2.** ,Bad *n* in der Menge' (*e-s Politikers etc.*).
walk·a·thon ['wɔːkəθɒn] *s.* sport Marathongehen *n*; **2.** 'Dauertanztur,nier *n*.
'walk·a·way → *walkover* 2.
walk·er ['wɔːkə] *s.* **1.** Spaziergänger(in): **be a good** ~ gut zu Fuß sein; **2.** *sport* Geher *m*; **3.** *orn.* *Brit.* Laufvogel *m*; **'~·on** [-ɒrɒn] *s.* → *walk-on* 1.
walk·ie-talk·ie [ˌwɔːkɪ'tɔːkɪ] *s.* tragbares Funksprechgerät, Walkie-talkie *n*.
'walk-in I *adj.* **1.** begehbar: ~ *closet* → 2; **II** *s.* **2.** begehbarer Schrank; **3.** Kühlraum *m*; **4.** *Am.* F leichter Wahlsieg.
walk·ing ['wɔːkɪŋ] **I** *adj.* **1.** gehend, wandernd; *bsd. fig.* wandelnd (*Leiche, Lexikon*): ~ *wounded* ✕ Leichtverwundete *pl.*; **2.** Geh..., Marsch..., Spazier...: *drive at a* ~ *speed mot.* (im) Schritt fahren; *within* ~ *distance* zu Fuß erreichbar; **II** *s.* **3.** (Spazieren)Gehen *n*; Wandern *n*; *a. sport* Gehen *n*; ~ *boots s. pl.* Wanderstiefel *pl.*; ~ *chair* → *gocart* 1; ~ *del·e·gate s.* Gewerkschaftsbeauftragte(r) *m*; ~ *gen·tle·man s.* [*irr.*], ~ *la·dy* ~ *walk-on* 1; ~ *pa·pers s. pl. sl.* **1.** Ent'lassung(spa,piere *pl.*) *f*; **2.** ,Laufpaß' *m*; ~ *part s. thea.* Sta'tistenrolle *f*; ~ *stick s.* Spazierstock *m*; ~ *tick·et* → *walking papers*; ~ *tour s.* Wanderung *f*.
'walk-on *s.* Film, thea. **1.** Sta'tist(in), Kom'parse *m*, Kom'parsin *f*; **2.** *a.* ~ *part* Sta'tisten-, Kom'parsenrolle *f*; **'~·out** *s.* **1.** ✋ Ausstand *m*, Streik *m*; **2.** Auszug *m*; **'~·o·ver** *s. sport* **1.** einseitiger Wettbewerb; **2.** ,Spaziergang' *m*, leichter Sieg (*a. fig.*); **'~·up** *Am.* F **I** *adj.* ohne Fahrstuhl (*Haus*); **II** *s.* (Wohnung *f* in e-m) Haus ohne Fahrstuhl; **'~·way** *s.* **1.** Laufgang *m*; **2.** *Am.* Gehweg *m*.
wall [wɔːl] **I** *s.* **1.** Wand *f* (*a. fig.*): **up against the** ~, **with one's back to the** ~ in e-r aussichtslosen Lage; **drive** (*od.* **push**) **s.o. to the** ~ *fig.* a) j-n an die Wand drücken, b) j-n in die Enge treiben; **go to the** ~ a) an die Wand gedrückt werden, b) ✝ Konkurs machen; **drive** (*od.* **send**) **s.o. up the** ~ F j-n ,auf die Palme bringen'; **run** (*od.*

bang) **one's head against a** ~ F mit dem Kopf durch die Wand wollen; **2.** ⚙ (Innen)Wand *f*; **3.** Mauer *f* (*a. fig.*): *a* ~ *of silence*; *the* ⚄ a) die (Berliner) Mauer, b) die Klagemauer (*in Jerusalem*); **4.** Wall *m* (*a. fig.*), (Stadt-, Schutz)Mauer *f*: *within the* ~*s* in den Mauern (*e-r Stadt*); **5.** *anat.* (*Brust-, Zell- etc.*)Wand *f*; **6.** Häuserseite *f*: *give s.o. the* ~ a) j-n auf der Häuserseite gehen lassen (*aus Höflichkeit*), b) *fig.* j-m den Vorrang lassen; **7.** 🪓 (Abbau-, Orts)Stoß *m*; **II** *v/t.* **8.** *a.* ~ *in* mit e-r Mauer *od.* e-m Wall um'geben, um'mauern: ~ *in* (*od.* *up*) einmauern; **9.** *a.* ~ *up* a) ver-, zumauern, b) (aus)mauern, um'wanden; **10.** *fig.* ab-, einschließen, *den Geist* verschließen (*against* gegen).
wal·la·by ['wɒləbɪ] *pl.* **-bies** [-bɪz] *s. zo.* Wallaby *n* (*kleineres Känguruh*).
wal·lah ['wɒlə] *s.* F ,Knülch' *m*.
wall| bars *s. pl.* sport Sprossenwand *f*; ~ **brack·et** *s.* 'Wandarm *m*, -kon,sole *f*; ~ **creep·er** *s. orn.* Mauerläufer *m*; ~ **cress** *s.* ♣ Acker-, *Brit. a.* Gänsekresse *f*.
wal·let ['wɒlɪt] *s.* **1.** kleine Werkzeugtasche; **2.** a) Brieftasche *f*, b) (*flache*) Geldtasche.
'wall-eye *s.* *vet.* Glasauge *n*; **2.** 🪰 a) Hornhautfleck *m*, b) auswärtsschielendes Auge; **'wall-eyed** *adj.* **1.** *vet.* glasäugig (*Pferd etc.*); **2.** 🪰 a) mit Hornhautflecken, b) (auswärts)schielend.
'wall| flow·er *s.* **1.** ♣ Goldlack *m*; **2.** F *fig.* ,Mauerblümchen' *n* (*Mädchen*); ~ **fruit** *s.* Spa'lierobst *n*; ~ **map** *s.* Wandkarte *f*.
Wal·loon [wɒ'luːn] **I** *s.* **1.** Wal'lone *m*, Wal'lonin *f*; **2.** *ling.* Wal'lonisch *n*; **II** *adj.* **3.** wal'lonisch.
wal·lop ['wɒləp] **I** *v/t.* **1.** F a) (ver)prügeln, verdreschen, b) j-m eine ,knallen', c) *sport* ,über'fahren' (*besiegen*); **II** *v/i.* **2.** F rasen, sausen; **3.** brodeln; **III** *s.* **4.** F a) wuchtiger Schlag, b) Schlagkraft *f*, c) *Am.* Mordsspaß *m*; **'wal·lop·ing** [-pɪŋ] **I** *adj.* F riesig, Mords...; **II** *s.* F ,Dresche' *f*, Tracht *f* Prügel.
wal·low ['wɒləʊ] **I** *v/i.* **1.** sich wälzen *od.* suhlen (*Schweine etc.*) (*a. fig.*): ~ *in money fig.* in Geld schwimmen; ~ *in pleasure* im Vergnügen schwelgen; ~ *in vice* dem Laster frönen; **II** *s.* **2.** Sich-'wälzen *n*; **3.** Schwelgen *n*; **4.** *hunt.* Suhle *f*; **5.** *fig.* Sumpf *m*.
wall| paint·ing *s.* Wandgemälde *n*; '~·pa·per **I** *s.* Ta'pete *f*; **II** *v/t. u. v/i.* tapezieren; ~ **plug** *s.* 🔌 Netzstecker *m*; ~ **sock·et** *s.* 🔌 (Wand)Steckdose *f*; ⚄ **Street** *s.* Wall Street *f*: a) Bank- u. Börsenstraße in New York, b) *fig.* der amer. Geld- u. Kapi'talmarkt, c) *fig.* die amer. 'Hochfi,nanz; ~ **tent** *s.* Steilwandzelt *n*; '~·**to**-'~ *adj.*: ~ *carpet* Spannteppich *m*; ~ *carpeting* Teppichboden *m*; ~ **tree** *s.* Spa'lierbaum *m*.
wal·nut ['wɔːlnʌt] *s.* ♣ **1.** Walnuß *f* (*Frucht*); **2.** Walnuß(baum *m*) *f*; **3.** Nußbaumholz *n*.
wal·rus ['wɔːlrəs] *s.* **1.** *zo.* Walroß *n*; **2.** *a.* ~ *m(o)ustache* Schnauzbart *m*.
waltz [wɔːls] **I** *s.* **1.** Walzer *m*; **II** *v/i.* **2.** (*v/t.* mit *j-m*) Walzer tanzen, walzen; **3.** *vor Freude etc.* her'umtanzen; ~ **time** *s.* ♪ Walzertakt *m*.

wan [wɒn] *adj.* □ **1.** bleich, blaß, fahl; **2.** schwach, matt (*Lächeln etc.*).

wand [wɒnd] *s.* **1.** Rute *f*; **2.** Zauberstab *m*; **3.** (Amts-, Kom'mando)Stab *m*; **4.** ♪ Taktstock *m*.

wan·der ['wɒndə] *v/i.* **1.** wandern: a) ziehen, streifen, b) schlendern, bummeln, c) *fig.* schweifen, irren, gleiten (*Auge, Gedanken etc.*): ~ *in* hereinschneien (*Besucher*); ~ *off* a) davonziehen, b) sich verlieren (*into* in *acc.*) (*a. fig.*); **2.** a. ~ *about* um'herwandern, -ziehen, -irren, -schweifen (*a. fig.*); **3.** a. ~ *away* irregehen, sich verirren (*a. fig.*); **4.** abirren, -weichen (*from* von) (*a. fig.*): ~ *from the subject* vom Thema abschweifen; **5.** phantasieren: a) irrereden, faseln, b) im Fieber reden; **6.** geistesabwesend sein; **'wan·der·ing** [-dərɪŋ] **I** *s.* **1.** Wandern *n*; **2.** He'rumziehen *n*; **3.** *mst pl.* a) Wanderung(en *pl.*) *f*, b) Wanderschaft *f*; **4.** *mst pl.* Phantasieren *n*: a) Irrereden *n*, Faseln *n*, b) Fieberwahn *m*; **II** *adj.* □ **5.** wandernd, Wander...; **6.** um'herschweifend, Nomaden...; **7.** unstet: *the ⌘ Jew* der Ewige Jude; **8.** irregehend, abirrend (*a. fig.*): ~ *bullet* verirrte Kugel; **9.** ♀ Kriech..., Schling...; **10.** ☞ Wander...(*-niere, -zelle*).

wan·der·lust ['wɒndəlʌst] (*Ger.*) *s.* Wanderlust *f*, Fernweh *n*.

wane [weɪn] **I** *v/i.* **1.** abnehmen (*a. Mond*), nachlassen, schwinden (*Einfluß, Kräfte, Interesse etc.*); **2.** schwächer werden, verblassen (*Licht, Farben etc.*); **3.** zu Ende gehen; **II** *s.* **4.** Abnehmen *n*, Abnahme *f*, Schwinden *n*: *be on the* ~ → 1 u. 3; *in the* ~ *of the moon* bei abnehmendem Mond.

wan·gle ['wæŋgl] *sl.* **I** *v/t.* **1.** *et.* ,drehen' *od.* ,deichseln' *od.* ,schaukeln'; **2.** *et.* ,organisieren' (*beschaffen*): ~ *o.s. s.th.* et. für sich ,herausschlagen'; **3.** ergaunern: ~ *s.th. out of s.o.* j-m et. abluchsen; ~ *s.o. into doing s.th.* j-n dazu bringen, et. zu tun; **4.** ,frisieren' (*fälschen*); **II** *v/i.* **5.** mogeln, ,schieben'; **5.** sich her'auswinden (*out of* aus *dat.*); **III** *s.* **7.** Kniff *m*, Trick *m*; **8.** Schiebung *f*, Moge'lei *f*; **'wan·gler** [-lə] *s.* Gauner *m*, Schieber *m*, Mogler *m*.

wank [wæŋk] *v/i. Brit.* V ,wichsen' (*masturbieren*).

wan·na ['wɒnə] F *für* want to: *I* ~ *go.*

want [wɒnt] **I** *v/t.* **1.** wünschen: a) (haben) wollen, b) *vor inf.* (*et. tun*) wollen: *I* ~ *to go* ich möchte gehen; *I* ~*ed to go* ich wollte gehen; *what do you* ~ (*with me*)? was hab' ich damit zu tun'?; *I* ~ *you to try* ich möchte, daß du es versuchst; *I* ~ *it done* ich wünsche *od.* möchte, daß es getan wird; ~*ed* gesucht (*in Annoncen*: *a. von der Polizei*); *you are* ~*ed* du wirst gewünscht *od.* gesucht, man will dich sprechen; **2.** ermangeln (*gen.*), nicht (genug) haben, es fehlen lassen an (*dat.*): *obs. he* ~*s judg(e)ment* es fehlt ihm an Urteilsvermögen; **3.** a) brauchen, nötig haben, erfordern, benötigen, bedürfen (*gen.*), b) müssen, sollen: *you* ~ *some rest* du hast etwas Ruhe nötig; *this clock* ~*s repairing* (*od. to be repaired*) diese Uhr müßte *od.* sollte repariert werden; *it* ~*s doing* es muß getan werden; *you don't* ~ *to be rude* Sie brauchen nicht

grob zu werden; *you* ~ *to see a doctor* du solltest e-n Arzt aufsuchen; **II** *v/i.* **4.** ermangeln (*for gen.*): *he does not* ~ *for talent* es fehlt ihm nicht an Begabung; *he* ~*s for nothing* es fehlt ihm an nichts; **5.** (*in*) es fehlen lassen (an *dat.*), ermangeln (*gen.*); → *wanting* 2; **6.** Not leiden; **III** *s.* **7.** *pl.* Bedürfnisse *pl.*, Wünsche *pl.*: *a man of few* ~*s* ein Mann mit geringen Bedürfnissen *od.* Ansprüchen; **8.** Notwendigkeit *f*, Bedürfnis *n*, Erfordernis *n*; Bedarf *m*; **9.** Mangel *m*, Ermangelung *f*: *a* (*long-*)*felt* ~ → *feel* 2; ~ *of care* Achtlosigkeit *f*; ~ *of sense* Unvernunft *f*; *from* (*od. for*) ~ *of* aus Mangel an (*dat.*), in Erman g(e)lung (*gen.*); *be in* (*great*) ~ *of s.th.* et. (dringend) brauchen *od.* benötigen; *in* ~ *of repair* reparaturbedürftig; **10.** Bedürftigkeit *f*, Armut *f*, Not *f*: *be in* ~ Not leiden; *want* ~ S. F **1.** Stellengesuch *n*; **2.** Stellenangebot *n*; **'want·age** ['wɒntɪdʒ] *s.* ♯ Fehlbetrag *m*, Defizit *n*; **'want·ing** [-tɪŋ] **I** *adj.* **1.** fehlend, mangelnd; **2.** ermangelnd (*in gen.*): *be* ~ *in* es fehlen lassen an (*dat.*); *be* ~ *to* j-m im Stich lassen, e-r Erwartung nicht gerecht werden, e-r Lage nicht gewachsen sein; *he is never found* ~ auf ihn ist immer Verlaß; **3.** nachlässig (*in in dat.*); **II** *prp.* **4.** ohne: *a book* ~ *a cover.*

wan·ton ['wɒntən] **I** *adj.* □ **1.** mutwillig: a) ausgelassen, wild, b) leichtfertig, c) böswillig (*a. ♯*), d) rücksichtslos: ~ *negligence ♯* grobe Fahrlässigkeit; **2.** liederlich, ausschweifend; **3.** wollüstig, geil; **4.** üppig (*Haar, Phantasie etc.*); **II** *s.* **5.** *obs.* a) Buhlerin *f*, Dirne *f*, b) Wüstling *m*; **III** *v/i.* **6.** um'hertollen; **7.** ♀ wuchern; **'wan·ton·ness** [-nɪs] *s.* **1.** Mutwille *m*; **2.** Böswilligkeit *f*; **3.** Liederlichkeit *f*; **4.** Geilheit *f*, Lüsternheit *f.*

wap·en·take ['wæpənteɪk] *s.* Hundertschaft *f*, Bezirk *m* (*Unterteilung der nördlichen Grafschaften Englands*).

war [wɔː] **I** *s.* **1.** Krieg *m*: ~ *of aggression* (*attrition, independence, nerves, succession*) Angriffs- (Zermürbungs-, Unabhängigkeits-, Nerven-, Erbfolge)krieg; *be at* ~ (*with*) a) Krieg führen (gegen *od.* mit), b) *fig.* im Streit liegen *od.* auf (dem) Kriegsfuß stehen (mit), *make* ~ Krieg führen, kämpfen (*on, upon, against* gegen, *with* mit); *go to* ~ (*with*) Krieg beginnen (mit); *carry the* ~ *into the enemy's country* (*od. camp*) a) den Krieg ins feindliche Land *od.* Lager tragen, b) *fig.* zum Gegenangriff 'übergehen; *he has been in the* ~*s fig. Brit.* es hat ihn arg mitgenommen; ~ *declare* 1; **2.** Kampf *m*, Streit *m* (*a. fig.*); **3.** Feindseligkeit *f*; **II** *v/i.* **4.** kämpfen, streiten (*against* gegen, *with* mit); **5.** → *warring* 2; **III** *adj.* **6.** Kriegs...

war·ble ['wɔːbl] **I** *v/t. u. v/i.* trillern, schmettern (*Singvögel od. Person*); **II** *s.* Trillern *n*; **'war·bler** [-lə] *s.* **1.** trillernder Vogel; **2.** a) Grasmücke *f*, b) Teichrohrsänger *m.*

'war|-,blind·ed *adj.* kriegsblind; ~ *bond* *s.* Kriegsschuldverschreibung *f*; ~ *cloud* *s. mst pl.* (drohende) Kriegsgefahr; ~ *crime* *s.* Kriegsverbrechen *n*; ~ *crim·i·nal* *s.* Kriegsverbrecher *m*; ~

cry *s.* Schlachtruf *m* (*der Soldaten*) (*a. fig.*), Kriegsruf *m* (*der Indianer*).

ward [wɔːd] **I** *s.* **1.** (Stadt-, Wahl)Bezirk *m*: ~ *heeler pol. Am.* F (Wahl)Bezirksleiter *m* (*e-r Partei*); **2.** a) ('Kranken haus)Stati,on *f* ~ *sister* Stationsschwester *f*, b) (Kranken)Saal *m od.* (-)Zimmer *n*; **3.** a) (Gefängnis)Trakt *m*, b) Zelle *f*; **4.** *obs.* Gewahrsam *m*, Haft *f*; **5.** ♯ a) Mündel *n*: ~ *of court*, ~ *in chancery* Mündel unter Amtsvormundschaft, b) Vormundschaft *f*: *in* ~ unter Vormundschaft (stehend); **6.** Schützling *m*; **7.** ❂ a) Gewirre *n* (*e-s Schlosses*), b) (Einschnitt *m* im) Schlüsselbart *m*; **8.** *keep watch and* ~ Wache halten; **II** *v/t.* **9.** ~ *off* Schlag etc. parieren, abwehren, *Gefahr* abwenden.

war| dance *s.* Kriegstanz *m*; ~ **debt** *s.* Kriegsschuld *f.*

ward·en ['wɔːdn] *s.* **1.** *obs.* Wächter *m*; **2.** Aufseher *m*, (*bsd.* Luftschutz)Wart *m*; Herbergsvater *m*; → *game warden*; **3.** *mst hist.* Gouver'neur *m*; **4.** (*Brit.* 'Anstalts-, *Am.* Ge'fängnis)Di,rektor *m* (*a.* Kirchen)Vorsteher *m*; *Brit. univ.* Rektor *m e-s College*: ⌘ *of the Mint Brit.* Münzwardein *m.*

ward·er ['wɔːdə] *s.* **1.** *obs.* Wächter *m*; **2.** *Brit.* a) (Mu'seums- *etc.*)Wärter *m*, b) Aufsichtsbeamte(r) *m* (*Strafanstalt*); **'ward·ress** [-drɪs] *s. Brit.* Aufsichtsbeamtin *f.*

ward·robe ['wɔːdrəʊb] *s.* **1.** Garde'robe *f*, Kleiderbestand *m*; **2.** Kleiderschrank *m*; **3.** Garde'robe *f* (*a. thea.*): a) Kleiderkammer *f*, b) Ankleidezimmer *n*; ~ *bed* *s.* Schrankbett *n*; ~ *trunk* *s.* Schrankkoffer *m.*

ward·room ['wɔːdrʊm] *s.* ⚓ Offi'ziersmesse *f.*

ward·ship ['wɔːdʃɪp] *s.* Vormundschaft *f* (*of, over* über *acc.*).

ware[^1] [weə] *s.* **1.** *mst pl.* Ware(n *pl.*) *f*, Ar'tikel *m* (*od. pl.*), Erzeugnis(se *pl.*) *n*: *peddle one's* ~*s fig. contp.* mit s-m Kram hausieren gehen; **2.** Geschirr *n*, Porzel'lan *n*, Töpferware *f.*

ware[^2] [weə] *v/i. u. v/t. obs.* sich vorsehen (*vor dat.*): ~*! Vorsicht!*

'ware·house I *s.* [-haʊs] **1.** Lagerhaus *n*, Speicher *m*; ~ *customs* ~ ♯ Zollniederlage *f*; **2.** (Waren)Lager *n*, Niederlage *f*; **3.** *bsd. Brit.* Großhandelsgeschäft *n*; **4.** *Am. contp.* ,Bude' *f*, ,Schuppen' *m*; **II** *v/t.* [-haʊz] **5.** auf Lager nehmen, (ein)lagern; **6.** *Möbel etc.* zur Aufbewahrung geben *od.* nehmen; **7.** unter Zollverschluß bringen; ~ *ac·count* *s.* Lagerkonto *n*; ~ *bond* *s.* Lagerschein *n*; **2.** Zollverschlußbescheinigung *f*; **'**~**man** [-mən] *s.* [*irr.*] ♯ **1.** Lage'rist *m*, Lagerverwalter *m*; **2.** Lagerarbeiter *m*; **3.** *Brit.* Großhändler *m.*

'war·fare *s.* **1.** Kriegführung *f*; **2.** (*a. Wirtschafts- etc.*)Krieg *m*; **3.** *fig.* Kampf *m*, Fehde *f*, Streit *m.*

war| game *s.* ⚔ **1.** Kriegs-, Planspiel *n*; **2.** Ma'növer *n*; ~ **god** *s.* Kriegsgott *m*; ~ **grave** *s.* Kriegs-, Sol'datengrab *n*; ~ **guilt** *s.* Kriegsschuld *f*; **'**~**head** *s.* ⚔ Spreng-, Gefechtskopf *m* (*e-s Torpedos etc.*); **'**~**horse** *s.* **1.** *poet.* Schlachtroß *n* (*a. fig.* F); **2.** F alter Haudegen *od.* Kämpe (*a. fig.*).

war·i·ness ['weərɪnɪs] *s.* Vorsicht *f*, Behutsamkeit *f.*

'**war·like** *adj.* **1.** kriegerisch; **2.** Kriegs...
war·lock ['wɔːlɔk] *s. obs.* Zauberer *m.*
'**war·lord** *s. rhet.* Kriegsherr *m.*
warm [wɔːm] **I** *adj.* □ **1.** *allg.* warm (*a. Farbe etc.; a. fig. Herz, Interesse etc.*): *a ~ corner fig.* e-e ‚ungemütliche Ecke' (*gefährlicher Ort*); *a ~ reception* ein warmer Empfang (*a. iro. von Gegnern*); *~ work* a) schwere Arbeit, b) gefährliche Sache, c) heißer Kampf; *keep s.th. ~* (F *fig.* sich) et. warmhalten; *make it* (*od. things*) *~ for s.o.* j-m die Hölle heiß machen; *this place is too ~ for me fig.* hier brennt mir der Boden unter den Füßen; **2.** erhitzt, heiß; **3.** a) glühend, leidenschaftlich, eifrig, b) herzlich; **4.** erregt, hitzig; **5.** *hunt.* frisch (*Fährte etc.*); **6.** F ‚warm', nahe (dran) (*im Suchspiel*): *you are getting ~er fig.* du kommst der Sache (schon) näher; **II** *s.* **7.** *et.* Warmes, warmes Zimmer *etc.*; **8.** *give* (*have*) *a ~ et.* (sich) (auf)wärmen; **III** *v/t.* **9.** *a. ~ up* (an-, auf-, er)wärmen, *Milch etc.* warm machen: *~ over Am.* Speisen *etc.*, *a. fig.* alte Geschichten *etc.* aufwärmen; *~ one's feet* sich die Füße wärmen; **10.** *fig. Herz etc.* (er)wärmen; **11.** *~ up fig.* a) Schwung bringen in (*acc.*), b) *Zuschauer etc.* einstimmen; **12.** F verprügeln, -sohlen; **IV** *v/i.* **13.** *a. ~ up* warm werden, sich erwärmen; *Motor etc.* warmlaufen; **14.** *~ up fig.* in Schwung kommen (*Party etc.*); **15.** *fig.* (*to*) a) sich erwärmen (für), b) warm werden (mit *j-m*); **16.** (*for*) a) *sport* sich aufwärmen (für), b) sich vorbereiten (auf *acc.*); **~-'blood·ed** *adj.* **1.** *zo.* warmblütig: *~ animals* Warmblüter *pl.*; **2.** *fig.* heißblütig; **~-'heart·ed** *adj.* □ warmherzig.
warm·ing ['wɔːmɪŋ] *s.* **1.** (Auf-, An-) Wärmen *n,* Erwärmung *f;* **2.** F Tracht *f* Prügel, ‚Senge' *f;* *~ pad s. ⚡ Heizkissen n.*
warm·ish ['wɔːmɪʃ] *adj.* lauwarm.
war|·mon·ger ['wɔː¸mʌŋgə] *s.* Kriegshetzer *m;* '**~·mon·ger·ing** [-ərɪŋ] *s.* Kriegshetze *f,* -treibe'rei *f.*
warmth [wɔːmθ] *s.* **1.** Wärme *f;* **2.** *fig.* Wärme *f:* a) Herzlichkeit *f,* b) Eifer *m,* Begeisterung *f;* **3.** Heftigkeit *f,* Erregtheit *f.*
'**warm·up** *s.* **1.** a) *sport* Aufwärmen *n,* b) *fig.* Vorbereitung (*for* auf *acc.*); **2.** Warmlaufen *n* (*des Motors etc.*); **3.** TV *etc.:* Einstimmung *f* (*des Publikums*).
warn [wɔːn] *v/t.* **1.** warnen (*of, against* vor *dat.*): *~ s.o. against doing s.th.* j-n davor warnen, et. zu tun; **2.** *j-n* (warnend) hinweisen, aufmerksam machen (*of* auf *acc.,* *that* daß); **3.** ermahnen *od.* auffordern (*to do* zu tun); **4.** *j-m* (dringend) raten, nahelegen (*to do* zu tun); **5.** (*of*) *j-n* in Kenntnis setzen *od.* verständigen (von), *j-n* wissen lassen (*acc.*), *j-m* ankündigen (*acc.*); **6.** verwarnen; **7.** *~ off* (*from*) a) abweisen, -halten (von), b) hin'ausweisen (aus); '**warn·ing** [-nɪŋ] **I** *s.* **1.** Warnen *n,* Warnung *f:* *give s.o.* (*fair*) *~,* *give* (*fair*) *~ to s.o.* j-n (rechtzeitig) warnen (*of* vor *dat.*); *take ~ by* (*od. from*) sich et. zur Warnung dienen lassen; **2.** a) Verwarnung *f,* b) (Er)Mahnung *f;* **3.** *fig.* Warnung *f,* warnendes Beispiel; **4.** warnendes An- *od.* Vorzeichen (*of*

für); **5.** 'Warnsi¸gnal *n;* **6.** Benachrichtigung *f,* (Vor)Anzeige *f,* Ankündigung *f:* *give ~* (*of*) *j-m* ankündigen (*acc.*), Bescheid geben (über *acc.*); *without any ~* völlig unerwartet; **7.** a) Kündigung *f,* b) (Kündigungs)Frist *f:* *give ~* (*to*) (*j-m*) kündigen; *at a minute's ~* a) ✝ auf jederzeitige Kündigung, b) ✝ fristlos, c) in kürzester Frist, jeden Augenblick; **II** *adj.* □ **8.** warnend, Warn...(*-glocke, -meldung, -schuß etc.*): *~ colo(u)r,* *~ coloration zo.* Warn-, Trutzfarbe *f;* *~ light* a) ◉ Warnlicht *n,* b) ♣ Warn-, Signalfeuer *n;* *~ strike ✝* Warnstreik *m;* *~ triangle mot.* Warndreieck *n.*
warn't [wɑːnt] *dial. für* a) *wasn't,* b) *weren't.*
War| Of·fice *s. Brit. hist.* 'Kriegsmini¸sterium *n;* ℚ **or·phan** *s.* Kriegswaise *f.*
warp [wɔːp] **I** *v/t.* **1.** *Holz etc.* verziehen, werfen, krümmen; ✈ *Tragflächen* verwinden; **2.** *j-n, j-s Geist* nachteilig beeinflussen, verschroben machen; *j-s Urteil* verfälschen; → *warped* 3; a) verleiten (*into* zu), b) abbringen (*from* von); **4.** *Tatsache etc.* entstellen, verdrehen, -zerren; **5.** ♣ *Schiff* bugsieren, verholen; **6.** *Weberei: Kette* anscheren, anzetteln; **7.** ✿ a) mit Schlamm düngen, b) *a. ~ up* verschlammen; **II** *v/i.* **8.** sich werfen *od.* verziehen *od.* krümmen, krumm werden (*Holz etc.*); **9.** entstellt *od.* verdreht werden; **III** *s.* **10.** Verziehen *n,* Verkrümmung *f,* -werfung *f* (*von Holz etc.*); **11.** *fig.* Neigung *f;* **12.** *fig.* a) Entstellung *f,* Verzerrung *f,* b) Verschrobenheit *f;* **13.** *Weberei: Kette*(nfäden *pl.*) *f,* Zettel *m:* *~ and woof* Kette u. Schuß; **14.** ♣ Bugsiertau *n,* Warpleine *f;* **15.** ✿, *geol.* Schlamm (-ablagerung *f*) *m,* Schlick *m.*
war| paint *s.* **1.** Kriegsbemalung *f* (*der Indianer*); **2.** F a) ‚volle Kriegsbemalung', b) große Gala; *~ path s.* Kriegspfad *m* (*der Indianer*): *be on the ~* a) auf dem Kriegspfad sein (*a. fig.*), b) *fig.* kampflustig sein.
warped [wɔːpt] *adj.* **1.** verzogen (*Holz etc.*), krumm (*a. ✍*); **2.** *fig.* verzerrt, verfälscht; **3.** *fig.* ‚verbogen', verschroben: *~ mind;* **4.** par'teiisch.
war plane *s.* Kampfflugzeug *n.*
war·rant ['wɔrənt] **I** *s.* **1.** *a.* *~ of attorney* Vollmacht *f;* Befugnis *f,* Berechtigung *f;* **2.** Rechtfertigung *f:* *not without ~* nicht ohne gewisse Berechtigung; **3.** Garan'tie *f,* Gewähr *f* (*a. fig.*); **4.** Berechtigungsschein *m:* *dividend ~ ✝* Dividenden-, Gewinnanteilschein *m;* **5.** 𝔯𝔱 (Voll'ziehungs- *etc.*)Befehl *m:* *~ of apprehension* a) Steckbrief *m,* b) *a. ~ of arrest* Haftbefehl *m;* *~ of attachment* Beschlagnahmeverfügung *f:* *a ~ is out against him* er wird steckbrieflich gesucht; **6.** ✕ Pa'tent *n,* Beförderungsurkunde *f:* *~* (*officer*) a) ♣ (Ober)Stabsbootsmann *m,* Deckoffizier *m,* b) ✕ *etwa:* (Ober)Stabsfeldwebel *m;* **7.** ✝ (Lager-, Waren)Schein *m:* *bond ~ ✝* Zollgeleitschein; **8.** ✝ (Rück-) Zahlungsanweisung *f;* **II** *v/t.* **9.** *bsd.* 𝔯𝔱 bevollmächtigen, autorisieren; **10.** rechtfertigen, berechtigen zu; **11.** *a.* ✝ garantieren, einstehen, haften für, gewährleisten: *I can't ~ that* das kann ich nicht garantieren; *~ed for three years*

drei Jahre Garantie; *I'll ~* (*you*) F a) mein Wort darauf, b) ich könnte schwören; **12.** bestätigen, erweisen; '**war·rant·a·ble** [-təbl] *adj.* □ **1.** vertretbar, gerechtfertigt, berechtigt; **2.** *hunt.* jagdbar (*Hirsch*); '**war·rant·a·bly** [-təblɪ] *adv.* mit Recht, berechtigterweise; **war·ran·tee** [¸wɔrən'tiː] *s.* ✝, 𝔯𝔱 Sicherheitsempfänger *m;* '**war·rant·er** [-tə] *s.,* '**war·ran·tor** [-tɔː] *s.* Sicherheitsgeber *m;* '**war·ran·ty** [-tɪ] *s.* **1.** ✝, 𝔯𝔱 Ermächtigung *f,* Vollmacht *f* (*for* zu); **2.** Rechtfertigung *f;* **3.** *bsd.* 𝔯𝔱 Bürgschaft *f,* Garan'tie *f;* **4.** *a. ~ deed* 𝔯𝔱 a) 'Rechtsgaran¸tie, b) *Am.* 'Grundstücksüber¸tragungsurkunde *f.*
war·ren ['wɔrən] *s.* **1.** Ka'ninchengehege *n;* **2.** *hist. Brit.* Wildgehege *n;* **3.** *fig.* Laby'rinth *n, bsd.* a) 'Mietska¸serne *f,* b) enges Straßengewirr.
war·ring ['wɔːrɪŋ] *adj.* **1.** sich bekriegend, (sich) streitend; **2.** *fig.* 'widerstreitend, entgegengesetzt.
war·ri·or ['wɔrɪə] *s. poet.* Krieger *m.*
war| risk in·sur·ance *s.* ✝ Kriegsversicherung *f;* '**~·ship** *s.* Kriegsschiff *n.*
wart [wɔːt] *s.* **1.** ✿, ♀, *zo.* Warze *f:* *~s and all fig.* mit all s-n Fehlern u. Schwächen; **2.** ♀ Auswuchs *m;* '**wart·ed** [-tɪd] *adj.* warzig.
'**war·time** **I** *s.* Kriegszeit *f;* **II** *adj.* Kriegs...
wart·y ['wɔːtɪ] *adj.* warzig.
war|·wea·ry ['wɔː¸wɪərɪ] *adj.* kriegsmüde; *~ whoop s.* Kriegsgeheul *n* (*der Indianer*); *~ wid·ow s.* Kriegerwitwe *f;* '**~·worn** *adj.* **1.** kriegszerstört, vom Krieg verwüstet; **2.** kriegsmüde.
war·y ['weərɪ] *adj.* □ vorsichtig: a) wachsam, *a.* argwöhnisch, b) 'umsichtig, c) behutsam: *be ~* sich hüten (*of* vor *dat., of doing* et. zu tun).
was [wɔz; wəz] *1. u. 3. sg. pret. ind. von be; im pass.* wurde: *he ~ killed; he ~ to have come* er hätte kommen sollen; *he didn't know what ~ to come* er ahnte nicht, was noch kommen sollte; *he ~ never to see his mother again* er sollte seine Mutter nie mehr wiedersehen.
wash [wɔʃ] **I** *s.* **1.** Waschen *n,* Wäsche *f:* *at the ~* in der Wäsche(rei); *give s.th. a ~* et. (ab)waschen; *have a ~* sich waschen; *come out in the ~* a) herausgehen (*Flecken*), b) *fig.* F sich zeigen; **2.** (*zu waschende od. gewaschene*) Wäsche: *in the ~* in der Wäsche; **3.** Spülwasser *n* (*a. fig. dünne Suppe etc.*); **4.** Spülicht *n,* Küchenabfälle *pl.*; **5.** *fig. contp.* Gewäsch *n,* leeres Gerede; **6.** ✍ Waschung *f;* **7.** (Augen-, Haar- *etc.*)Wasser *n;* **8.** Wellenschlag *m,* (Tosen *n* der) Brandung *f;* **9.** ♣ Kielwasser *n* (*a. fig.*); **10.** ✈ a) Luftstrudel *m,* b) glatte Strömung; **11.** *geol.* a) (Alluvi'al)Schutt *m,* b) Schwemmland *n;* **12.** seichtes Gewässer; **13.** 'Farb¸überzug *m:* a) dünn aufgetragene (Wasser)Farbe, b) △ Tünche *f;* **14.** ◉ a) Bad *n,* Abspritzung *f,* b) Plattierung *f;* **II** *adj.* **15.** waschbar, -echt, Wasch...: *~ glove* Waschlederhandschuh *m;* *~ silk* Waschseide *f;* **III** *v/t.* **16.** waschen: *~* (*up*) *dishes* Geschirr (ab)spülen; → *hand Redew.;* **17.** (ab)spülen, (-)spritzen; **18.** be-, um-, über'spülen (*Fluten*); **19.** (fort-, weg-)

spülen, (-)schwemmen: ~ *ashore*; **20.** *geol.* graben (*Wasser*); → *wash away* 2, *wash out* 1; **21.** a) tünchen, b) dünn anstreichen, c) tuschen; **22.** *Erze waschen*, schlämmen; **23.** ⚙ plattieren; **IV** *v/i.* **24.** sich waschen; waschen (*Wäscherin etc.*); **25.** sich *gut etc.* waschen (lassen), waschecht sein; **26.** *bsd. Brit.* F a) standhalten, b) ‚ziehen', stichhaltig sein: *that won't ~* (*with me*) das zieht nicht (bei mir); **27.** (*vom Wasser*) gespült *od.* geschwemmt werden; **28.** fluten, spülen (*over* über *acc.*); branden, schlagen (*against* gegen), plätschern; *Zssgn mit adv.*:

wash|·a·way I *v/t.* **1.** ab-, wegwaschen; **2.** weg-, fortspülen, -schwemmen; **II** *v/i.* **3.** weggeschwemmt werden; ~ **down** *v/t.* **1.** abwaschen, -spritzen; **2.** hin'unterspülen (*a. Essen mit e-m Getränk*); ~ **off** → *wash away*; ~ **out I** *v/t.* **1.** auswaschen, ausspülen, unter'spülen (*a. geol. etc.*); **2.** F *Plan etc.* fallenlassen, aufgeben; **3.** *washed out* a) → *washed-out*, b) wegen Regens abgesagt *od.* abgebrochen (*Veranstaltung*); **II** *v/i.* **4.** sich auswaschen, verblassen; **5.** sich wegwaschen lassen (*Farbe*); ~ **up I** *v/t.* **1.** *Geschirr* spülen; **2.** → *washed-up*; **II** *v/i.* **3.** F sich (Gesicht u. Hände) waschen; **4.** Geschirr spülen.

wash·a·ble ['wɒʃəbl] *adj.* waschecht, -bar; *Tapete:* abwaschbar.
wash|·ba·sin ['wɒʃˌbeɪsn] *s.* Waschbecken *n*, -schüssel *f*; '~·**board** *s.* **1.** Waschbrett *n*; **2.** Fuß-, Scheuerleiste *f* (*an der Wand*); ~ **bot·tle** *s.* 🖝 **1.** Spritzflasche *f*; **2.** (Gas)Waschflasche *f*; '~·**bowl** → *washbasin*; '~ˌ**cloth** *s. Am.* Waschlappen *m*.
washed|·out [ˌwɒʃt'aut] *adj.* **1.** verwaschen, verblaßt; **2.** F ‚fertig', ‚erledigt' (*erschöpft*); ~·'**up** *adj.* F ‚erledigt', ‚fertig': a) erschöpft, b) völlig ruiniert.
wash·er ['wɒʃə] *s.* **1.** Wäscher(in) *f*; **2.** 'Waschmaˌschine *f*; **3.** (Ge'schirr)Spülmaˌschine *f*; **4.** *Papierherstellung:* Halb(zeug)holländer *m*; **5.** ⊕ 'Unterlegscheibe *f*, Dichtungsring *m*; '~ˌ**wom·an** *s.* [*irr.*] Waschfrau *f*, Wäscherin *f*.
wash·e·te·ri·a [ˌwɒʃə'tɪərɪə] *s. Brit.* **1.** 'Waschsaˌlon *m*; **2.** (Auto)Waschanlage *f*.
'**wash·hand** *adj. Brit.* Handwasch...: ~ *basin* (Hand)Waschbecken *n*; ~ *stand* (Hand)Waschständer *m*.
wash·i·ness ['wɒʃɪnɪs] *s.* **1.** Wässerigkeit *f* (*a. fig.*); **2.** Verwaschenheit *f*.
wash·ing ['wɒʃɪŋ] **I** *s.* **1.** → *wash* 1, 2; **2.** *oft pl.* Spülwasser *n*; **3.** ⊕ nasse Aufbereitung, Erzwäsche *f*; **4.** 'Farbˌüberzug *m*; **II** *adj.* **5.** Wasch..., Wäsche...; ~ **ma·chine** *s.* 'Waschmaˌschine *f*; ~ **so·da** *s.* (Bleich)Soda *f, n*; ~·'**up** *s.* Abwasch *m* (*a. Geschirr*): *do the* ~ Geschirr spülen; ~ *liquid* Spülmittel *n*.
wash|·leath·er *s.* **1.** Waschleder *n*; **2.** Fenster(putz)leder *n*; '~·**out** *s.* **1.** *geol.* Auswaschung *f*; **2.** Unter'spülung *f* (*e-r Straße etc.*); **3.** *sl.* a) ‚Niete' *f*, Versager *m* (*Person*), b) ‚Pleite' *f*, ‚Reinfall' *m*, c) ✕ ‚Fahrkarte' *f* (*Fehlschuß*); '~·**rag** *s. Am.* Waschlappen *m*; '~·**room** *s.* Am. (öffentliche) Toi'lette; ~ *sale* *s.* † *Börse:* Scheinverkauf *m*; '~·**stand** *s.* **1.** Waschständer *m*; **2.** Waschbecken *n*

(*mit fließendem Wasser*); '~·**tub** *s.* Waschwanne *f*.
wash·y ['wɒʃɪ] *adj.* ☐ **1.** verwässert, wässerig (*beide a. fig. kraftlos, seicht*); **2.** verwaschen, blaß (*Farbe*).
WASP [wɒsp] *s. Am.* prote'stantischer weißer Angelsachse (*aus White Anglo-Saxon Protestant*).
wasp [wɒsp] *s. zo.* Wespe *f*; '**wasp·ish** [-pɪʃ] *adj.* ☐ *fig.* a) reizbar, b) gereizt, giftig.
was·sail ['wɒseɪl] *s. obs.* **1.** (Trink)Gelage *n*; **2.** Würzbier *n*.
wast [wɒst; wəst] *obs.* 2. *sg. pret. ind.* von *be*: *thou ~* du warst.
wast·age ['weɪstɪdʒ] *s.* **1.** Verlust *m*, Abgang *m*, Verschleiß *m*; **2.** Vergeudung *f*: ~ *of energy* a) Energieverschwendung *f*, b) *fig.* Leerlauf *m*.
waste [weɪst] **I** *adj.* **1.** öde, wüst, unfruchtbar, unbebaut (*Land*): *lie* ~ brachliegen; *lay* ~ verwüsten; **2.** a) nutzlos, 'überflüssig, b) ungenutzt, 'überschüssig: ~ *energy*; **3.** unbrauchbar, Abfall...; **4.** ⊕ a) abgängig, Abgangs..., Ab...(-*gas etc.*), b) Abfluß..., Ablauf...; **II** *s.* **5.** Verschwendung *f*, Vergeudung *f*: ~ *of energy* (*money, time*) Kraft- (Geld-, Zeit)verschwendung; *go* (*od.* *run*) *to* ~ a) brachliegen, verwildern, b) vergeudet werden, c) verlottern, -fallen; **6.** Verfall *m*, Verschleiß *m*, Abgang *m*, Verlust *m*; **7.** Wüste *f*, (Ein)Öde *f*: ~ *of water* Wasserwüste *f*; **8.** Abfall *m*; ⊕ a. Abgänge *pl.*, *bsd.* a) Ausschuß *m*, b) Putzbaumwolle *f*, c) Wollabfälle *pl.*, d) Werg *n*, e) *typ.* Makula'tur *f*, f) Gekrätz *n*; **9.** ✕ Abraum *m*; **10.** ⚖ Wertminderung *f* (*e-s Grundstücks durch Vernachlässigung*); **III** *v/t.* **11.** Geld, Worte, Zeit etc. verschwenden, vergeuden (*on* an *acc.*): *you are wasting your breath* du kannst dir deine Worte sparen; *a ~d talent* ein ungenutztes Talent; **12.** *be* ~*d* nutzlos sein, ohne Wirkung bleiben (*on* auf *acc.*), am falschen Platz stehen; **13.** zehren an (*dat.*), aufzehren, schwächen; **14.** verwüsten, verheeren; **15.** ⚖ Vermögensschaden verursachen bei, *Besitztum* verkommen lassen; **16.** a) F *Sportler etc.* ‚verheizen', b) *Am. sl.* j-n ,'umlegen'; **IV** *v/i.* **17.** *fig.* vergeudet *od.* verschwendet werden; **18.** sich verzetteln (*in* in *dat.*); **19.** vergehen, (ungenutzt) verstreichen (*Zeit, Gelegenheit etc.*); **20.** a. ~ *away* a) abnehmen, schwinden, b) da'hinsiechen, verfallen; **21.** verschwenderisch sein: ~ *not, want not* spare in der Zeit, so hast du in der Not; '~ˌ**bas·ket** *s.* Abfall-, *bsd.* Pa'pierkorb *m*; ~ **dis·pos·al** *s.* Müllbeseitigung *f*.
waste·ful ['weɪstfʊl] *adj.* ☐ **1.** kostspielig, unwirtschaftlich, verschwenderisch; **2.** verschwenderisch (*of* mit): *be* ~ *of* verschwenderisch umgehen mit; **3.** *poet.* wüst, öde; '**waste·ful·ness** [-nɪs] *s.* Verschwendung(ssucht) *f*.
waste| gas *s.* ⊕ Abgas *n*; ~ **heat** *s.* ⊕ Abwärme *f*; '~·**land** *s.* Ödland *n* (*a. fig.*); ~ **oil** *s.* Altöl *n*; '~·**pa·per** *s.* **1.** 'Abfallpaˌpier *n*, Makula'tur *f* (*a. fig.*); **2.** 'Altpaˌpier *n*; ˌ~·'**pa·per bas·ket** *s.* Pa'pierkorb *m*; ~ **pipe** *s.* ⊕ Abfluß-, Abzugsrohr *n*; ~ **prod·uct** *s.* ⊕ **1.** 'Abfallproˌdukt *n*; **2.** *biol.* Ausscheidungs-

---

stoff *m*.
wast·er ['weɪstə] *s.* **1.** → *wastrel* 1 *u.* 3; **2.** *metall.* a) Fehlguß *m*, b) Schrottstück *n*.
waste| steam *s.* ⊕ Abdampf *m*; ~ **water** *s.* Abwasser *n*; ~ **wool** *s.* Twist *m*.
wast·ing ['weɪstɪŋ] *adj.* **1.** zehrend, schwächend: ~ *disease*; → *palsy* 1; **2.** schwindend, abnehmend.
wast·rel ['weɪstrəl] *s.* **1.** a) Verschwender *m*, b) Taugenichts *m*; **2.** He'rumtreiber *m*; **3.** 🖝 'Ausschuß(arˌtikel *m*, -ware *f*) *m*, fehlerhaftes Exem'plar.
watch [wɒtʃ] **I** *s.* **1.** Wache *f*, Wacht *f*: *be* (*up*)*on the* ~ a) wachsam *od.* auf der Hut sein, b) (*for*) Ausschau halten (nach), lauern (auf *acc.*), achthaben (auf *acc.*); *keep* (*a*) ~ (*on od. over*) Wache halten, wachen (über *acc.*), aufpassen (auf *acc.*); → *ward* 8; **2.** (Schild-)Wache *f*, Wachtposten *m*; **3.** *hist.* (Nacht)Wache *f* (*Zeiteinteilung*): *in the silent* ~*es of the night* in den stillen Stunden der Nacht; **4.** ⚓ (Schiffs)Wache *f* (*Zeitabschnitt u. Mannschaft*); **5.** *hist.* Nachtwächter *m*, **6.** *obs.* a) Wachen *n*, wache Stunden *pl.*, b) Totenwache *f*; **7.** (Taschen-, Armband)Uhr *f*; **II** *v/i.* **8.** zusehen, zuschauen; **9.** (*for*) warten, lauern (auf *acc.*), Ausschau halten (nach); **10.** wachen (*with* bei), wach sein; **11.** ~ *over* wachen über (*acc.*), bewachen, aufpassen auf (*acc.*); **12.** ✕ Posten stehen, Wache halten; **13.** ~ *out* (*for*) a) → 9, b) aufpassen, achtgeben: ~ *out!* Vorsicht!, paß auf!; **III** *v/t.* **14.** beobachten: a) j-m zuschauen (*working* bei der Arbeit), b) ein wachsames Auge haben auf (*acc.*), *a. Verdächtigen* über'wachen; c) *Vorgang etc.* verfolgen, im Auge behalten, d) ⚖ den Verlauf e-s Prozesses verfolgen; **15.** *Vieh* hüten, bewachen; **16.** *Gelegenheit* abwarten, abpassen, wahrnehmen: ~ *one's time*; **17.** achthaben auf (*acc.*) (*od. that* daß): ~ *one's step* a) vorsichtig gehen, b) F sich vorsehen; ~ *your step!* Vorsicht!; '~·**boat** *s.* ⚓ Wach(t)boot *n*; ~ **box** *s.* ✕ Schilderhaus *n*; **2.** 'Unterstand *m* (*für Wachmänner etc.*); '~·**case** *s.* Uhrgehäuse *n*; '~·**dog** *s.* Wachhund *m* (*a. fig.*): ~ *committee* Überwachungsausschuß *m*.
watch·er ['wɒtʃə] *s.* **1.** Wächter *m*; **2.** Beobachter(in) *f*; **3.** j-d, der Kranken- *od.* Totenwache hält.
watch·ful ['wɒtʃfʊl] *adj.* ☐ wachsam, aufmerksam, *a.* lauernd (*of* auf *acc.*); '**watch·ful·ness** [-nɪs] *s.* **1.** Wachsamkeit *f*; **2.** Vorsicht *f*; **3.** Wachen *n* (*over* über *dat.*).
watch|·house ['wɒtʃhaus] *s.* (Poli'zei-) Wache *f*; '~ˌ**mak·er** *s.* Uhrmacher *m*; '~ˌ**mak·ing** *s.* Uhrmache'rei *f*; '~·**man** [-mən] *s.* [*irr.*] **1.** (Nacht)Wächter *m*; **2.** *hist.* Nachtwächter *m* (*e-r Stadt etc.*); ~ **night** *s. eccl.* Sil'vestergottesdienst *m*; ~ **of·fi·cer** *s.* ⚓ 'Wachoffiˌzier *m*; ~ **pock·et** *s.* Uhrtasche *f*; ~ **spring** *s.* Uhrfeder *f*; '~·**strap** *s.* Uhr(arm)band *n*; '~ˌ**tow·er** *s.* Wach(t)turm *m*; '~·**word** *s.* **1.** Losung *f*, Pa'role *f* (*a. fig. e-r Partei etc.*); **2.** *fig.* Schlagwort *n*.
wa·ter ['wɔ:tə] **I** *s.* **1.** bewässern, *Rasen, Straße etc.* sprengen, *Pflanzen* (be-)gießen; **2.** *Vieh* tränken; **3.** mit Wasser

versorgen; **4.** *oft* **~ down** verwässern: a) verdünnen, *Wein* panschen, b) *fig. Erklärung etc.* abschwächen, c) *fig.* mundgerecht machen: *a* **~ed-down** *liberalism* ein verwässerter Liberalismus; **5.** † *Aktienkapital* verwässern; **6.** ⚙ *Stoff* wässern, moirieren; **II** *v/i.* **7.** wässern (*Mund*), tränen (*Augen*): *his* *mouth* **~ed** das Wasser lief ihm im Mund zusammen (*for, after* nach); *make s.o.'s mouth* **~** j-m den Mund wässerig machen; **8.** ⚓ Wasser einnehmen; **9.** trinken, zur Tränke gehen (*Vieh*); **10.** ✗ wässern; **III** *s.* **11.** Wasser *n:* **in deep ~(s)** *fig.* in Schwierigkeiten, in der Klemme; *hold* **~** *fig.* stichhaltig sein; *keep one's head above* **~** *fig.* sich (gerade noch) über Wasser halten; *make the* **~** ⚓ vom Stapel laufen; *throw cold* **~** *on fig.* e-r Sache e-n Dämpfer aufsetzen, wie e-e kalte Dusche wirken auf (*acc.*); *still* **~s run deep** stille Wasser sind tief; → *hot* 13, *oil* 1, *trouble* 6; **12.** *oft pl.* Brunnen *m*, Wasser *n* (*e-r Heilquelle*): *drink* (*od. take*) *the* **~s** (*at*) e-e Kur machen (in *dat.*); **13.** *oft pl.* Wasser *n od. pl.*, Gewässer *n od. pl.*, *a.* Fluten *pl.*: *by* **~** zu Wasser, auf dem Wasserweg; *on the* **~** a) zur See, b) zu Schiff; *the* **~s** *poet.* das Meer, die See; **14.** Wasserstand *m*; → *low water*; **15.** (Toi'letten)Wasser *n*; **16.** Wasserlösung *f*; **17.** *physiol.* Wasser *n* (*Sekret, z.B.* Speichel, *a.* Urin): *the* **~(s)** das Fruchtwasser; *make* (*od. pass*) **~** Wasser lassen, urinieren; **~** *on the brain* Wasserkopf *m*; **~** *on the knee* Kniegelenkerguß *m*; **18.** Wasser *n* (*reiner Glanz e-s Edelsteins*): *of the first* **~** reinsten Wassers (*a. fig.*); **19.** Wasser(glanz *m*) *n*, Moi'ré *n* (*Stoff*); **~** *bath* s. Wasserbad *n* (*a.* 🜍); **~** *bed* s. ✱ Wasserbett *n*, -kissen *n*; **~** *bird* s. *zo. allg.* Wasservogel *m*; **~** *blis·ter* s. ✱ Wasserblase *f*; '**~·borne** *adj.* **1.** auf dem Wasser schwimmend; **2.** zu Wasser befördert (*Ware*), auf dem Wasser stattfindend (*Verkehr*), Wasser...; **~** *bot·tle* s. **1.** Wasserflasche *f*; **2.** Feldflasche *f*; '**~·bound** *adj.* vom Wasser eingeschlossen *od.* abgeschnitten; **~** *bus* s. (Linien)Flußboot *n*; **~** *butt* s. Wasserfaß *n*, Regentonne *f*; **~** *can·non* s. Wasserwerfer *m*; **~** *car·riage* s. Trans'port *m* zu Wasser, 'Wassertrans·port *m*; ☿ *Car·ri·er* → *Aquarius*; '**~·cart** s. Wasserwagen *m, bsd.* Sprengwagen *m*; **~** *chute* s. Wasserrutschbahn *f*; **~** *clock* s. ⚙ Wasseruhr *f*; **~** *clos·et* s. ('Wasser)Klo₁sett *n*; '**~·col·o(u)r I** *s.* **1.** Wasser-, Aqua'rellfarbe *f*; **2.** Aqua·'rellmale₁rei *f*; **3.** Aqua'rell *n* (*Bild*); **II** *adj.* **4.** Aquarell...; '**~·col·o(u)r·ist** *s.* Aqua'rellmaler(in); '**~·cooled** *adj.* ⚙ wassergekühlt; '**~·cool·ing** *s.* ⚙ Wasserkühlung *f*; '**~·course** *s.* **1.** Wasserlauf *m*; **2.** Fluß-, Strombett *n*; **3.** Ka'nal *m*; '**~·craft** s. Wasserfahrzeug(e *pl.*) *n*; '**~·cress** *s. oft pl.* ♀ Brunnenkresse *f*; **~** *cure* s. ✱ **1.** Wasserkur *f*; **2.** Wasserheilkunde *f*; '**~·fall** s. Wasserfall *m*; '**~·find·er** s. (Wünschel)Rutengänger *m*; '**~·fog** s. Tröpfchennebel *m*; '**~·fowl** *s. zo.* **1.** Wasservogel *m*; **2.** *coll.* Wasservögel *pl.*; '**~·front** s. Hafengebiet *n*, -viertel *n*; an ein Gewässer grenzendes (Stadt)Gebiet; **~** *gage* *Am.* → *water*

gauge; **~** *gate s.* **1.** Schleuse *f*; **2.** Flut·tor *n*; **~** *gauge s.* ⚙ **1.** Wasserstands-(an)zeiger *m*; **2.** Pegel *m*, Peil *m*, hy·'draulischer Wasserdruckmesser; **3.** *Wasserdruck, gemessen in inches Was·sersäule*; **~** *glass s.* Wasserglas *n* (*a.* 🜍): **~** *egg* Kalkei *n*; **~** *gru·el s.* (dünner) Haferschleim; **~** *heat·er s.* Warm·wasserbereiter *m*; **~** *hose s.* Wasser·schlauch *m*; **~** *ice s.* Fruchteis *n*. **wa·ter|** *jack·et s.* ⚙ (Wasser)Kühlman·tel *m*; **~** *jump s. sport* Wassergraben *m*; **~** *lev·el s.* **1.** Wasserstand *m*, -spiegel *m*; **2.** ⚙ a) Pegelstand *m*, b) Wasser·waage *f*; **3.** *geol.* (Grund)Wasserspiegel *m*; **~** *lil·y s.* ♀ Seerose *f*, Wasserlilie *f*; '**~·line** s. ⚓ Wasserlinie *f* e-s Schiffs *od.* als Wasserzeichen; '**~·logged** *adj.* **1.** voll Wasser (*Boot etc.*); **2.** vollgesogen (*Holz etc.*). **Wa·ter·loo** [₁wɔ:tə'lu:] *s.:* *meet one's* **~** *fig.* sein Waterloo erleben. **wa·ter|** *main s.* Haupt(wasser)rohr *n*; '**~·man** [-mən] *s.* [*irr.*] **1.** ⚓ Fährmann *m*; **2.** *sport* Ruderer *m*; **3.** *myth.* Was·sergeist *m*; '**~·mark I** *s.* **1.** Wasserzei·chen *n* (*in Papier*); **2.** ⚓ Wassermarke *f, bsd.* Flutzeichen *n*: *high* (*low*) *watermark*; **II** *v/t.* **3.** *Papier* mit Was·serzeichen versehen; '**~·mel·on** *s.* ♀ 'Wasserme₁lone *f*; **~** *me·ter s.* Wasser·zähler *m*, -uhr *f*; **~** *pipe s.* **1.** ⚙ Wasser·(leitungs)rohr *n*; **2.** orien'talische Was·serpfeife; **~** *plane s.* Wasserflugzeug *n*; **~** *plate s.* Wärmeteller *m*; **~** *po·lo s. sport* Wasserballspiel *n*; '**~·proof I** *adj.* wasserdicht; **II** *s.* wasserdichter Stoff *od.* Mantel *etc.*, Regenmantel *m*; **III** *v/t.* imprägnieren; **~** *re·cy·cling s.* Wasseraufbereitung *f*; ₁**~·re'pel·lent** *adj.* wasserabstoßend; '**~·scape** [-skeɪp] *s. paint.* Seestück *n*; **~** *seal s.* ⚙ Wasserverschluß *m*; '**~·shed** *s. geogr.* **1.** *Brit.* Wasserscheide *f*; **2.** Ein·zugs-, Stromgebiet *n*; **3.** *fig.* a) Tren·nungslinie *f*, b) Wendepunkt *m*; '**~·side I** *s.* Küste *f*, See-, Flußufer *n*; **II** *adj.* Küsten..., (Fluß)Ufer...; '**~·ski** *v/i.* Wasserski laufen; ₁**~·'sol·u·ble** *adj.* 🜍 wasserlöslich; '**~·spout** *s.* **1.** Abtraufe *f*; **2.** *meteor.* Wasserhose *f*; **~** *sup·ply s.* Wasserversorgung *f*; **~** *ta·ble s.* **1.** △ Wasserabflußleiste *f*; **2.** *geol.* Grund·wasserspiegel *m*; '**~·tight** *adj.* **1.** was·serdicht: *keep s.th. in* **~** *compart·ments fig.* et. isoliert halten *od.* be·trachten; **2.** *fig.* a) unanfechtbar, b) si·cher, c) stichhaltig (*Argument*); **~** *vole s. zo.* Wasserratte *f*; **~** *wag·(g)on s.* Wasser(versorgungs)wagen *m*: *be on* (*off*) *the* **~** F nicht mehr (wieder) trin·ken; *go on the* **~** F das Trinken sein lassen; **~** *wag·tail s. orn.* Bachstelze *f*; '**~·wave I** *s.* Wasserwelle *f* (*im Haar*); **II** *v/t.* in Wasserwellen legen; '**~·way s.* **1.** Wasserstraße *f*, Schiffahrtsweg *m*; **2.** ⚓ Wassergang *m* (*Decksrinne*); '**~·works** *s. pl. oft sg. konstr.* **1.** Was·

serwerk *n*; **2.** a) Fon'täne(n *pl.*) *f*, b) Wasserspiel *n*: *turn on the* **~** F (los-) heulen; **3.** F (Harn)Blase *f*. **wa·ter·y** ['wɔ:tərɪ] *adj.* **1.** Wasser...: *a* **~** *grave* ein nasses Grab; **2.** wässerig: a) feucht (*Boden*), b) regenverkündend (*Sonne etc.*): **~** *sky* Regenhimmel *m*; **3.** triefend: a) *allg.* voll Wasser, naß (*Klei·der*), b) tränend (*Auge*); **4.** verwässert: a) fad(e) (*Speise*), b) wässerig, blaß (*Farbe*), c) *fig.* seicht (*Stil*). **watt** [wɒt] *s.* ⚡ Watt *n*; **watt·age** ['wɒtɪdʒ] *s.* ⚡ Wattleistung *f*. **wat·tle** ['wɒtl] *s.* **1.** *Brit. dial.* Hürde *f*; **2.** *a. pl.* Flecht-, Gitterwerk *n*: **~** *and daub* △ mit Lehm beworfenes Flecht·werk; **3.** ♀ (au'stralische) A'kazie; **4.** a) *orn.* Kehllappen *pl.*, b) *ichth.* Bartfä·den *pl.*; **II** *v/t.* **5.** aus Flechtwerk her·stellen; **6.** *Ruten* zs.-flechten; '**wat·tling** [-lɪŋ] *s.* Flechtwerk *n*. **waul** [wɔ:l] *v/i.* jämmerlich schreien, jaulen. **wave** [weɪv] **I** *s.* **1.** Welle *f* (*a. phys.*; *a. im Haar etc.*), Woge *f* (*beide a. fig. von Gefühl etc.*): *the* **~s** *poet.* die See; **~** *of indignation* Woge der Entrüstung; *make* **~s** *fig. Am.* 'Wellen schlagen'; **2.** (Angriffs-, Einwanderer- *etc.*)Welle *f*: *in* **~s** in aufeinanderfolgenden Wellen; **3.** ⚙ a) Flamme *f* (*im Stoff*), b) *typ.* Guil'loche *f* (*Zierlinie auf Wertpapieren etc.*); **4.** Wink(en *n*) *m*, Schwenken *n*; **II** *v/i.* **5.** wogen (*a. Kornfeld etc.*); **6.** wehen, flattern, wallen; **7.** (*to s.o.* j-m zu)winken, Zeichen geben; **8.** sich wel·len (*Haar*); **III** *v/t.* **9.** *Fahne, Waffe etc.* schwenken, schwingen, hin- u. herbe·wegen: **~** *one's arms* mit den Armen fuchteln; **~** *one's hand* (mit der Hand) winken (*to* j-m); **10.** *Haar etc.* wellen, in Wellen legen; **11.** ⚙ a) *Stoff* flam·men, b) *Wertpapiere etc.* guillochieren; **12.** j-m zuwinken: **~** *aside* j-n beiseite winken, *fig. j-n od. et.* mit e-r Handbe·wegung abtun; **13.** *et.* zuwinken: **~** *a farewell* nachwinken (*to s.o.* j-m); **~** *band* s. ⚡ Wellenband *n*; '**~·length** *s.* ⚡, *phys.* Wellenlänge *f*: *be on the same* **~** *fig.* auf der gleichen Wellenlän·ge liegen. **wa·ver** ['weɪvə] *v/i.* **1.** (sch)wanken, tau·meln; flackern (*Licht*); zittern (*Hände, Stimme etc.*); **2.** *fig.* wanken: a) un·schlüssig sein, schwanken (*between* zwischen), b) zu weichen beginnen. **wa·ver·er** ['weɪvərə] *s. fig.* Unentschlos·sene(r *m*) *f*; '**wa·ver·ing** [-vərɪŋ] *adj.* □ **1.** flackernd; **2.** zitternd; **3.** (sch)wan·kend (*a. fig.*). **wave trap** *s.* ⚡ Sperrkreis *m*. **wav·y** ['weɪvɪ] *adj.* □ **1.** wellig, gewellt (*Haar, Linie etc.*); **2.** wogend. **wax¹** [wæks] *v/i.* **1.** wachsen, zuneh·men (*bsd. Mond*) (*a. fig. rhet.*): **~** *and wane* zu- u. abnehmen; **2.** *vor adj.:* alt, frech, laut *etc.* werden; **II** *s.* **3.** *be in a* **~** F e-e Stinkwut haben. **wax²** [wæks] **I** *s.* **1.** (Bienen-, Pflanzen·*etc.*)Wachs *n:* *like* **~** *fig.* (wie) Wachs in j-s Händen; **2.** Siegellack *m*; **3.** *a. cob·bler's* **~** Schusterpech *n*; **4.** Ohren·schmalz *n*; **II** *v/t.* **5.** (ein)wachsen, boh·nern; **6.** verpichen; **7.** (auf Schallplatte) aufnehmen; '**~·cloth** *s.* **1.** Wachstuch *n*; **2.** Bohnertuch *n*; **~** *doll s.* Wachs·puppe *f*.

wax·en ['wæksən] → *waxy*.

wax| **light** *s.* Wachskerze *f*; **~ pa·per** *s.* 'Wachspa,pier *n*; **'~·work** *s.* **1.** 'Wachsfi,gur *f*; **2.** *a. pl. sg. konstr.* 'Wachsfi,gurenkabi,nett *n*.

wax·y ['wæksɪ] *adj.* □ **1.** wächsern (*a. Gesichtsfarbe*), wie Wachs; **2.** *fig.* weich (wie Wachs), nachgiebig; **3.** ✻ Wachs…: **~ liver.**

way¹ [weɪ] *s.* **1.** Weg *m*, Pfad *m*, Straße *f*, Bahn *f* (*a. fig.*): **~ back** Rückweg; **~ home** Heimweg; **~ in** Eingang *m*; **~ out** *bsd. fig.* Ausweg; **~ through** Durchfahrt *f*, -reise *f*; **~s and means** Mittel u. Wege, *bsd. pol.* Geldbeschaffung(s-maßnahmen) *f*; *Committee of* ☆s *and Means parl.* Finanz-, Haushaltsausschuß *m*; *the ~ of the Cross R.C.* der Kreuzweg; *over* (*od. across*) *the ~* gegenüber; *ask the* (*od. one's*) *~* nach dem Weg fragen; *find a ~ fig.* e-n (Aus-) Weg finden; *lose one's ~* sich verirren *od.* verlaufen; *take one's ~* sich aufmachen (*to* nach); **2.** *fig.* Gang *m*, (üblicher) Weg: *that is the ~ of the world* das ist der Lauf der Welt; *go the ~ of all flesh* den Weg allen Fleisches gehen (*sterben*); **3.** Richtung *f*, Seite *f*: *which ~ is he looking?* wohin schaut er?; *this ~* a) hierher, b) hier entlang, c) → 6; *the other ~ round* umgekehrt; **4.** Weg *m*, Entfernung *f*, Strecke *f*: *a long ~ off* weit (von hier) entfernt; *a long ~ off perfection* alles andere als vollkommen; *a little ~* ein kleines Stück (Wegs); **5.** (freie) Bahn, Platz *m*: *be* (*od. stand*) *in s.o.'s ~* j-m im Weg sein (*a. fig.*); *give ~* a) nachgeben, b) (zu-rück)weichen, c) sich *der Verzweiflung etc.* hingeben; **6.** Art *f* u. Weise *f*, Weg *m*, Me'thode *f*: *any ~* auf jede *od.* irgendeine Art; *any ~ you please* ganz wie Sie wollen; *in a big* (*small*) *~* im großen (kleinen); *one ~ or another* irgendwie, so oder so; *some ~ or other* auf die eine oder andere Weise, irgendwie; *~ of living* (*thinking*) Lebens-(Denk)weise; *to my ~ of thinking* nach m-r Meinung; *in a polite* (*friendly*) *~* höflich (freundlich); *in its ~* auf s-e Art; *in what* (*od. which*) *~* inwiefern, wieso; *the right* (*wrong*) *~* (*to do it*) richtig (falsch); *the same ~* genauso; *the ~ he does it* so wie er es macht; *this* (*od. that*) *~* so; *that's the ~ to do it* so macht man das; **7.** Brauch *m*, Sitte *f*: *the good old ~s* die guten alten Bräuche; **8.** Eigenart *f*: *funny ~s* komische Manieren; *it is not his ~* es ist nicht s-e Art *od.* Gewohnheit; *she has a winning ~ with her* sie hat e-e gewinnende Art; *that is always the ~ with him* so macht er es (*od.* geht es ihm) immer; **9.** Hinsicht *f*, Beziehung *f*: *in a ~* in gewisser Hinsicht; *in one ~* in 'einer Beziehung; *in some ~s* in mancher Hinsicht; *in the ~ of food* am Lebensmitteln, Nahrung anbelangt; *no ~* keineswegs; **10.** (*bsd.* Gesundheits)Zustand *m*, Lage *f*: *in a bad ~* in e-r schlimmen Lage; *live in a great* (*small*) *~* auf großem Fuß (in kleinen Verhältnissen) *od.* sehr bescheiden) leben; **11.** Berufszweig *m*, Fach *n*: *it is not in his ~* es schlägt nicht in sein Fach; *he is in the oil ~* er ist im Ölhandel (beschäftigt); **12.** F Um'gebung *f*, Gegend *f*: *somewhere Lon-*

don ~ irgendwo in der Gegend von London; **13.** ✿ a) (Hahn)Weg *m*, Bohrung *f*, b) *pl.* Führungen *pl.* (*bei Maschinen*); **14.** Fahrt(geschwindigkeit) *f*: *gather* (*lose*) *~* Fahrt vergrößern (verlieren); **15.** *pl. Schiffbau:* a) Helling *f*, b) Stapelblöcke *pl.*;

Besondere Redewendungen:

by the ~ a) im Vorbeigehen, unterwegs; b) am Weg(esrand), an der Straße, c) *fig.* übrigens, nebenbei (bemerkt); *but that is by the ~!* doch dies nur nebenbei; *by ~ of* a) (auf dem Weg) über (*acc.*), durch, b) *fig.* in der Absicht zu, um … zu, c) als *Entschuldigung etc.*; *by ~ of example* beispielsweise; *by ~ of exchange* auf dem Tauschwege; *be by ~ of being angry* im Begriff sein aufzubrausen; *be by ~ of doing* (*s.th.*) a) dabei sein(, et.) zu tun, b) pflegen (et. gewohnt sein *od.* die Aufgabe haben(, et.) zu tun; → *family* 5; *in the ~ of* a) auf dem Weg *od.* dabei zu, b) hinsichtlich (*gen.*); *in the ~ of business* auf den üblichen Geschäftsweg; *put s.o. in the ~* (*of doing*) j-m die Möglichkeit geben (zu tun); *no ~!* F nichts da!; *on the* (*od. one's*) *~* unterwegs, auf dem Wege; *be well on one's ~* im Gange sein, schon weit vorangekommen sein (*a. fig.*); *out of the ~* a) abgelegen, b) *fig.* ungewöhnlich, ausgefallen, c) *fig.* abwegig; *nothing out of the ~* nichts Ungewöhnliches; *go out of one's ~* ein übriges tun, sich besonders anstrengen; *put s.o. out of the ~ fig.* aus dem Wege räumen (*töten*); → *harm* 1; *under ~* ⚓ in Fahrt, unterwegs, b) *fig.* im *od.* in Gang; *be in a fair* (*od. good*) *~* auf dem besten Wege sein, die besten Möglichkeiten haben; *come* (*in*) *s.o.'s ~ bsd. fig.* j-m über den Weg laufen, j-m begegnen; *go a long ~ to*(*wards*) viel dazu beitragen zu, ein gutes Stück weiterhelfen bei; *go s.o.'s ~* a) den gleichen Weg gehen wie j-d, b) j-n begleiten; *go one's ~*(*s*) seinen Weg gehen, *fig.* s-n Lauf nehmen; *have a ~ with* mit j-m umzugehen wissen; *have one's own ~* s-n Willen durchsetzen; *if I had my* (*own*) *~* wenn es nach mir ginge; *have it your ~!* du sollst recht haben!; *you can't have it both ~s* du kannst nicht beides haben; *know one's ~ about* sich auskennen (*fig.* in mit); *lead the ~* (*a. fig.* mit gutem Beispiel) vorangehen; *learn the hard ~* Lehrgeld bezahlen müssen; *make ~* a) Platz machen (*for* für), b) vorwärtskommen (*a. fig.* Fortschritte machen); *make one's ~* sich durchsetzen, s-n Weg machen; → *mend* 2, *pave*, *pay* 3; *see one's ~ to do s.th.* e-e Möglichkeit sehen, et. zu tun; *work one's ~ through college* sich sein Studium durch Nebenarbeit verdienen, Werkstudent sein; *work one's ~ up a. fig.* sich hocharbeiten.

way² [weɪ] *adv.* F weit *oben, unten etc.*: **~ back** weit entfernt; **~ back in 1902** (schon) damals im Jahre 1902.

'way|**·bill** *s.* **1.** Passa'gierliste *f*; **2.** ✝ Frachtbrief *m*, Begleitschein *m*; **'~·far·er** [-ˌfeərə] *s. obs.* Reisende(r) *m*, Wandersmann *m*; **'~·far·ing** [-ˌfeərɪŋ] *adj.* reisend, wandernd; **'~·lay** *v/t.* [*irr.* → *lay¹*] j-m auflauern; **'~·leave** *s.* ✝✝ *Brit.*

Wegerecht n; **'~·'out** *adj.* F **1.** ex'zentrisch, ausgefallen, ˌirr(e)'; **2.** ˌtoll', ˌsuper'; **'~·side I** *s.* Straßenˌ, Wegrand *m*: *by the ~* am Wege, am Straßenrand; *fall by the ~ fig.* auf der Strecke bleiben; **II** *adj.* am Wege (stehend), an der Straße (gelegen): *a ~ inn.*

way| **sta·tion** *s.* 🚉 *Am.* 'Zwischenstaˌtion *f*; **~ train** *s. Am.* Bummelzug *m*.

way·ward ['weɪwəd] *adj.* □ **1.** launisch, unberechenbar; **2.** eigensinnig, 'widerspenstig; ✝✝ verwahrlost (*Jugendliche[r]*); **3.** ungeraten: *a ~ son*; **'way·ward·ness** [-nɪs] *s.* **1.** 'Widerspenstigkeit *f*, Eigensinn *m*; **2.** Launenhaftigkeit *f*.

'way·worn *adj.* reisemüde.

we [wiː, wɪ] *pron. pl.* wir *pl.*

weak [wiːk] *adj.* □ **1.** *allg.* schwach (*a. zahlenmäßig*) (*a. fig.* Argument, Spieler, Stil, Stimme *etc.*; *a. ling.*): *in Latin fig.* schwach in Latein; → *sex* 2; **2.** ✻ schwach: a) empfindlich, b) kränklich; **3.** (cha'rakter)schwach, la'bil, schwächlich: *~ point* (*od. side*) schwacher Punkt, schwache Seite, Schwäche *f*; **4.** schwach, dünn (*Tee etc.*); **5.** ✝ schwach, flau (*Markt*); **'weak·en** [-kən] **I** *v/t.* **1.** *j-n od. et.* schwächen; **2.** *Getränk etc.* verdünnen; **3.** *fig. Beweis etc.* abschwächen, entkräften; **II** *v/i.* **4.** schwach *od.* schwächer werden, nachlassen, erlahmen; **'weak·en·ing** [-knɪŋ] *s.* (Ab)Schwächung *f*.

ˌweak·'kneed *adj.* F **1.** feig; **2.** → *weak-minded* 2.

weak·ling ['wiːklɪŋ] *s.* Schwächling *m*; **'weak·ly** [-lɪ] **I** *adj.* schwächlich; **II** *adv.* von *weak*; **ˌweak·'mind·ed** *adj.* **1.** schwachsinnig; **2.** cha'rakterschwach.

weak·ness ['wiːknɪs] *s.* **1.** *allg.* (*a.* Cha'rakter)Schwäche *f*; **2.** Schwächlichkeit *f*, Kränklichkeit *f*; **3.** schwache Seite, schwacher Punkt; **4.** Nachteil *m*, Schwäche *f*, Mangel *m*; **5.** F Schwäche *f*, Vorliebe *f* (*for* für); **6.** ✝ Flauheit *f*.

ˌweak·'sight·ed *adj.* ✻ schwachsichtig; **ˌ~·'sight·ed** *adj.* kleinmütig.

weal¹ [wiːl] *s.* Wohl *n*: *~ and woe* das Wohl u. Wehe, gute u. schlechte Tage; *the public* (*od. common od. general*) *~* das Allgemeinwohl.

weal² [wiːl] *s.* Schwiele *f*, Strieme(n *m*) *f* (*auf der Haut*).

wealth [welθ] *s.* **1.** Reichtum *m* (*a. fig.* Fülle) (*of* an *dat.*, von); **2.** Reichtümer *pl.*; **3.** ✝ a) Besitz *m*, Vermögen *n*: *tax* Vermögenssteuer *f*, b) *a. personal ~* Wohlstand *m*; **'wealth·y** [-θɪ] *adj.* □ reich (*a. fig.* in an *dat.*), wohlhabend.

wean [wiːn] *v/t.* **1.** Kind, junges Tier entwöhnen; **2.** *a. ~ away from fig.* j-n abbringen von, *j-m et.* abgewöhnen.

weap·on ['wepən] *s.* Waffe *f* (*a. ♀, zo. u. fig.*); **'weap·on·less** [-lɪs] *adj.* wehrlos, unbewaffnet; **'weap·on·ry** [-rɪ] *s.* Waffen *pl.*

wear¹ [weə] **I** *v/t.* [*irr.*] **1.** *am Körper* tragen (*a. Bart, Brille, a. Trauer*), Kleidungsstück *a.* anhaben, Hut *a.* aufhaben: *~ the breeches* (*od. trousers od. pants*) F *fig.* die Hosen anhaben (*Ehefrau*); *she ~s her years well fig.* sie sieht jung aus für ihr Alter; *~ one's hair long* das Haar lang tragen; **2.** Lächeln, Miene *etc.* zur Schau tragen, zeigen; **3.** *~ away* (*od. down, off, out*)

Kleid etc. abnutzen, abtragen, *Absätze* abtreten, *Stufen etc.* austreten; *Löcher* reißen (*in* in *acc.*): ~ *into holes* ganz abtragen, *Schuhe* durchlaufen; **4.** eingraben, nagen: *a groove worn by water*; **5.** *a.* ~ *away Gestein etc.* auswaschen, -höhlen; *Farbe etc.* verwischen; **6.** *a.* ~ *out* ermüden, *a. Geduld* erschöpfen; → *welcome* 1; **7.** *a.* ~ *down* zermürben; *a.*) entkräften, b) *fig.* niederringen, *Widerstand* brechen: *worn to a shadow* nur noch ein Schatten (*Person*); **II** *v/i.* [*irr.*] **8.** halten, haltbar sein: ~ *well* a) sehr haltbar sein (*Stoff etc.*), sich gut tragen (*Kleid etc.*), b) *fig.* sich gut halten, wenig altern (*Person*); **9.** *a.* ~ *away* (*od. down, off, out*) sich abtragen *od.* abnutzen, verschleißen: ~ *away a.* sich verwischen, ~ *off fig.* sich verlieren (*Eindruck, Wirkung*); ~ *out fig.* sich erschöpfen; ~ *thin* a) fadenscheinig werden, b) sich erschöpfen (*Geduld etc.*); **10.** *a.* ~ *away* langsam vergehen, da'hinschleichen (*Zeit*): ~ *to an end* schleppend zu Ende gehen; **11.** ~ *on* sich da'hinschleppen (*Zeit, Geschichte etc.*); **III** *s.* **12.** Tragen *n*: *clothes for everyday* ~ Alltagskleidung *f*; *have in constant* ~ ständig tragen; **13.** (Be)Kleidung *f*, Mode *f*: *be the* ~ Mode sein, getragen werden; **14.** Abnutzung *f*, Verschleiß *m*: ~ *and tear* a) ⊚ Abnutzung, Verschleiß (*a. fig.*), b) ✝ Abschreibung *f* für Wertminderung; *for hard* ~ strapazierfähig; *the worse for* ~ abgetragen, mitgenommen (*a. fig.*); **15.** Haltbarkeit *f*: *there is still a great deal of* ~ *in it* das läßt sich noch gut tragen.

wear² [weə] ♣ **I** *v/t.* [*irr.*] *Schiff* halsen; **II** *v/i.* [*irr.*] vor den Wind drehen (*Schiff*).

wear·a·ble ['weərəbl] *adj.* tragbar (*Kleid*).

wea·ri·ness ['wɪərɪnɪs] *s.* **1.** Müdigkeit *f*; **2.** *fig.* 'Überdruß *m*.

wear·ing ['weərɪŋ] *adj.* **1.** Kleidungs...; **2.** abnützend; **3.** ermüdend, zermürbend.

wea·ri·some ['wɪərɪsəm] *adj.* □ ermüdend (*mst fig.* langweilig).

wear-re'sist·ant *adj.* strapa'zierfähig.

wea·ry ['wɪərɪ] **I** *adj.* □ **1.** müde, matt (*with* von, vor *dat.*); **2.** müde, 'überdrüssig (*of* gen.): ~ *of life* lebensmüde; **3.** ermüdend: a) beschwerlich, b) langweilig; **II** *v/t.* **4.** ermüden (*a. fig.* langweilen); **III** *v/i.* **5.** überdrüssig *od.* müde werden (*of* gen.).

wea·sel ['wi:zl] *s.* **1.** *zo.* Wiesel *n*; **2.** F *contp.* 'Schlange' *f*, 'Ratte' *f*.

weath·er ['weðə] **I** *s.* **1.** a) Wetter *n*, Witterung *f*, b) Unwetter *n*: *in fine* ~ bei schönem Wetter; *make good* (*od. bad*) ~ ♣ auf gutes (schlechtes) Wetter stoßen; *make heavy* ~ *of s.th. fig.* ,viel Wind machen' um et.; *under the* ~ F a) nicht in Form (*unpäßlich*), b) e-n Katzenjammer habend, c) ,angesäuselt'; **2.** ♣ Luv-, Windseite *f*; **II** *v/t.* **3.** dem Wetter aussetzen, *Holz etc.* auswittern; *geol.* verwittern (lassen); **4.** a) ♣ den Sturm abwettern, b) *a.* ~ *out fig.* Sturm, Krise etc. über'stehen; **5.** ♣ luvwärts um'schiffen; **II** *v/i.* **6.** *geol.* verwittern; '~·,beat·en *adj.* **1.** vom Wetter mitgenommen; **2.** verwittert; **3.** wetterhart;

'~·board *s.* **1.** ⊚ a) Wasserschenkel *m*, b) Schal-, Schindelbrett *n*, c) *pl.* Verschalung *f*; **2.** ♣ Waschbord *n*; '~·board·ing *s.* Verschalung *f*; '~·bound *adj.* schlechtwetterbehindert; ~ *bu·reau s.* Wetteramt *n*; ~ *chart s.* Wetterkarte *f*; '~·cock *s.* **1.** Wetterhahn *m*; **2.** *fig.* wetterwendische Per'son; '~·eye [-əraɪ] *s.*: *keep one's* ~ *open fig.* gut aufpassen; ~ *fore·cast s.* 'Wetterbericht *m*, -,vor,hersage *f*; '~·man [-mæn] *s.* [*irr.*] F **1.** Meteoro'loge *m*; **2.** Wetteransager *m*; '~·proof *adj.* wetterfest; ~ *sat·el·lite s.* 'Wettersatel,lit *m*; ~ *side s.* **1.** → *weather* 2; Wetterseite *f*; ~ *sta·tion s.* Wetterwarte *f*; ~ *strip s.* Dichtungsleiste *f*; ~ *vane s.* Wetterfahne *f*; '~·worn → *weather-beaten*.

weave [wi:v] **I** *v/t.* [*irr.*] **1.** weben, wirken; **2.** zs.-weben, flechten; **3.** (ein-) flechten (*into* in *acc.*), verweben, -flechten (*with* mit, *into* zu) (*a. fig.*); **4.** *fig.* ersinnen, erfinden; **II** *v/i.* [*irr.*] **5.** weben; **6.** hin- u. herpendeln (*a. Boxer*), sich schlängeln *od.* winden; **7.** *get weaving Brit.* F ,sich ranhalten'; **III** *s.* **8.** Gewebe *n*; **9.** Webart *f*; **'weav·er** [-və] *s.* **1.** Weber(in); Wirker(in); **2.** *a.* ~·*bird orn.* Webervogel *m*; **'weav·ing** [-vɪŋ] **I** *s.* Weben *n*, Webe'rei *f*; **II** *adj.* *Web...*: ~ *loom* Webstuhl *m*; ~ *mill* Webe'rei *f*.

wea·zen ['wi:zn] → *wizen*.

web [web] *s.* **1.** a) Gewebe *n*, Gespinst *n*, b) Netz *n* (*der Spinne etc.*) (*alle a. fig.*): *a* ~ *of lies* ein Lügengewebe; **2.** Gurt(band *n*) *m*; **3.** *zo.* a) Schwimm-, Flughaut *f*, b) Bart *m* e-r Feder; **4.** ⊚ Sägeblatt *n*; **5.** (Pa'pier- *etc.*)Bahn *f*, (-)Rolle *f*; **webbed** [webd] *adj.* *zo.* schwimmhäutig: ~ *foot* Schwimmfuß *m*; **web·bing** ['webɪŋ] *s.* **1.** Gewebe *n*; **2.** → *web* 2.

'**web·foot** *s.* [*irr.*] *zo.* Schwimmfuß *m*; '~·,foot·ed, '~·toed *adj.* schwimmfüßig.

wed [wed] **I** *v/t.* **1.** *rhet.* ehelichen, heiraten: ~·*ded bliss* eheliches Glück; **2.** vermählen (*to* mit); **3.** *fig.* eng verbinden (*with, to* mit): *be* ~·*ded to s.th.* a) an et. fest gebunden *od.* gekettet sein, b) sich e-r Sache verschrieben haben; **II** *v/i.* **4.** sich vermählen.

we'd [wi:d; wɪd] F *für* a) *we would, we should*, b) *we had*.

wed·ding ['wedɪŋ] *s.* Hochzeit *f*, Trauung *f*; ~ *an·ni·ver·sa·ry s.* (*dritter etc.*) Hochzeitstag; ~ *break·fast s.* Hochzeitsessen *n*; ~ *cake s.* Hochzeitskuchen *m*; ~ *day s.* Hochzeitstag *m*; ~ *dress s.* Hochzeits-, Brautkleid *n*; ~ *ring s.* Trauring *m*.

we·del ['wedl] *v/i.* Skisport: wedeln.

wedge [wedʒ] **I** *s.* **1.** ⊚ Keil *m* (*a. fig.*): ~ *writing* Keilschrift *f*; *the thin end of the* ~ *fig.* ein erster kleiner Anfang; **2.** a) keilförmiges Stück (*Land etc.*), b) Ecke *f* (*Käse etc.*), c) Stück *n* (*Kuchen*); **3.** ✕ 'Keil(formati,on *f*) *m*; **4.** *Golf*: Wedge *m* (*Schläger*); **II** *v/t.* **5.** ⊚ a) verkeilen, festklemmen, b) (mit e-m Keil) spalten: ~ *off* abspalten; **6.** (ein-) keilen, (-)zwängen (*in* in *acc.*): ~ *o.s. in* sich hineinzwängen; ~ (*fric·tion*) *gear s.* ⊚ Keilrädergetriebe *n*; ~ *heel s.* (Schuh *m* mit) Keilabsatz *m*; '~·shaped *adj.* keilförmig.

wed·lock ['wedlɒk] *s.* Ehe(stand *m*) *f*: *born in lawful* (*out of*) ~ ehelich (unehelich) geboren.

Wednes·day ['wenzdɪ] *s.* Mittwoch *m*: *on* ~ am Mittwoch; *on* ~*s* mittwochs.

wee¹ [wi:] *adj.* klein, winzig: *a* ~ *bit* ein klein wenig; *the* ~ *hours* die frühen Morgenstunden.

wee² [wi:] F **I** *s.* ,Pi'pi' *n*; **II** *v/i.* ,Pi'pi machen'.

weed [wi:d] **I** *s.* **1.** Unkraut *n*: *ill* ~*s grow apace* Unkraut verdirbt nicht; ~ *killer* Unkrautvertilgungsmittel *n*; **2.** F a) ,Glimmstengel' *m* (*Zigarre, Zigarette*), b) ,Kraut' *n* (*Tabak*), c) ,Grass' *n* (*Marihuana*); **3.** *sl.* Kümmerling *m* (*schwächliches Tier, a. Person*); **II** *v/t.* **4.** *Unkraut od. Garten etc.* jäten; **5.** ~ *out, ~ up fig.* aussondern, -merzen; **6.** *fig.* säubern; **III** *v/i.* **7.** (Unkraut) jäten; '**weed·er** [-də] *s.* **1.** Jäter *m*; **2.** ⊚ Jätwerkzeug *n*; ~ *weed kil·ler s.* Unkrautvertilgungsmittel *n*.

weeds [wi:dz] *s. pl. mst widow's* ~ Witwen-, Trauerkleidung *f*.

weed·y ['wi:dɪ] *adj.* **1.** voll Unkraut; unkrautartig; **3.** F a) schmächtig, b) schlaksig, c) klapperig.

week [wi:k] *s.* Woche *f*: *by the* ~ wochenweise; *for* ~*s* wochenlang; *today* ~, *this day* ~ a) heute in 8 Tagen, b) heute vor 8 Tagen; '~·day **I** *s.* Wochen-, Werktag *m*: *on* ~*s* werktags; **II** *adj.* Werktags...; ,~'end **I** *s.* Wochenende *n*; **II** *adj.* Wochenend...: ~ *speech* Sonntagsrede *f*; ~ *ticket* Sonntags(rückfahr)karte *f*; **III** *v/i.* das Wochenende verbringen; ,~'end·er [-'endə] *s.* Wochenendausflügler(in); '~·ends *adv. Am.* an Wochenenden.

week·ly ['wi:klɪ] **I** *adj. u. adv.* wöchentlich; **II** *s. a.* ~ *paper* Wochenzeitung *f*, -(zeit)schrift *f*.

wee·ny ['wi:nɪ] *adj.* F winzig.

weep [wi:p] **I** *v/i.* [*irr.*] **1.** weinen, Tränen vergießen (*for* vor *Freude etc.*, um *j-n*): ~ *at* (*od. over*) weinen über (*acc.*); **2.** a) triefen, b) tröpfeln, c) ✱ nässen (*Wunde etc.*); **3.** trauern (*Baum*); **II** *v/t.* [*irr.*] **4.** *Tränen* vergießen, weinen; **5.** beweinen; **III** *v.* **6.** *have a good* ~ F sich tüchtig ausweinen; '**weep·er** [-pə] *s.* **1.** Weinende(r *m*) *f*, *bsd.* Klageweib *n*; **2.** a) Trauerbinde *f od.* -flor *m*, b) *pl.* Witwenschleier *m*; '**weep·ie** → *weepy*; '**weep·ing** [-pɪŋ] **I** *adj.* □ **1.** weinend; **2.** ♀ Trauer...: ~ *willow* Trauerweide *f*; **3.** triefend, tropfend; **4.** ✱ nässend; **II** *s.* **5.** Weinen *n*; '**wee·py** ['wi:pɪ] F **I** *adj.* **1.** weinerlich; **2.** rührselig; **II** *s.* **3.** ,Schmulze' *f*.

wee·vil ['wi:vɪl] *s. zo.* **1.** Rüsselkäfer *m*; **2.** *allg.* Getreidekäfer *m*.

'**wee·wee** → *wee²*.

weft [weft] *s. Weberei:* a) Einschlag(faden) *m*, Schuß(faden) *m*, b) Gewebe *n* (*a. poet.*).

weigh¹ [weɪ] **I** *s.* **1.** Wiegen *n*; **II** *v/t.* **2.** (ab)wiegen (*by* nach); **3.** (*in der Hand*) wiegen; **4.** *fig.* (sorgsam) er-, abwägen (*with, against* gegen): ~ *one's words* s-e Worte abwägen; **5.** ~ *anchor* ♣ a) den Anker lichten, b) auslaufen (*Schiff*); **6.** (nieder)drücken; **III** *v/i.* **7.** wiegen, *2 Kilo etc.* schwer sein; **8.** *fig. schwer* wiegen, ins Gewicht fallen, ausschlaggebend sein (*with s.o.* bei

j-m): **~** *against s.o.* a) gegen j-n sprechen, b) gegen j-n ins Feld geführt wer-
den; **9.** *fig.* lasten (**on**, **upon** auf *dat.*);
Zssgn mit adv.:
weigh| down *v/t.* niederdrücken (*a.*
fig.); **~ in I** *v/t.* **1.** ✓ *sein Gepäck* wiegen lassen; **2.** *sport* a) *Jockei* nach dem
Rennen wiegen, b) *Boxer, Gewichthe-*
ber etc. vor dem Kampf wiegen; **II** *v/i.*
3. ✓ sein Gepäck wiegen lassen; **4.**
sport gewogen werden: *he* **~***ed in at*
200 pounds er brachte 200 Pfund auf
die Waage; **5.** a) eingreifen, sich einschalten, b) **~** *with Argument etc.* vorbringen; **~ out I** *v/t.* **1.** *Ware* auswiegen; **2.** *sport Jockei* vor dem Rennen
wiegen; **II** *v/i.* **3.** *sport* gewogen
werden.
weigh² [wei] *s.*: *get under* **~** ⚓ unter
Segel gehen.
'weigh·bridge *s.* Brückenwaage *f.*
weigh·er ['weiə] *s.* **1.** Wäger *m*, Waage-
meister *m*; **2.** → **weigh·ing ma·chine**
['weiŋ] *s.* ⚙ Waage *f.*
weight [weit] **I** *s.* **1.** Gewicht *n* (*a. Maß*
u. Gegenstand): **~***s and measures* Ma-
ße u. Gewichte; *by* **~** nach Gewicht;
under **~** ✝ untergewichtig, zu leicht;
lose (*put on*) **~** an Körpergewicht ab-
(zu)nehmen; *pull one's* **~** *fig.* sein(en)
Teil leisten; *throw one's* **~** *about* F
sich aufspielen *od.* „breitmachen"; *that*
takes a **~** *off my mind* da fällt mir ein
Stein vom Herzen; **2.** *fig.* Gewicht *n*: a)
Last *f*, Wucht *f*, b) (*Sorgen- etc.*)Last *f*,
Bürde *f*, c) Bedeutung *f*, d) Einfluß *m*,
Geltung *f*: *of* **~** gewichtig, schwerwiegend; *men of* **~** bedeutende *od.* einflußreiche Leute; *the* **~** *of evidence*
die Last des Beweismaterials; *add* **~** *to*
e-r Sache Gewicht verleihen; *carry* (*od.*
have) **~** *with* viel gelten bei; *give* **~** *to*
e-r Sache große Bedeutung beimessen;
3. *sport* a) *a.* **~** *category* Gewichtsklas-
se *f*, b) Gewicht *n* (*Gerät*), c) (Stoß)Ku-
gel *f*; **II** *v/t.* **1.** beschweren; b) belasten (*a. fig.*): **~** *the scales in favo(u)r*
of s.o. j-m e-n (unerlaubten) Vorteil
verschaffen; **5.** ✝ *Stoffe etc.* durch Beimischung *von Mineralien etc.* schwerer
machen; **'weight·i·ness** [-tinis] *s.* Gewicht *n*, *fig. a.* (Ge)Wichtigkeit *f.*
weight·less ['weitlis] *adj.* schwerelos;
'weight·less·ness [-nis] *s.* Schwerelosigkeit *f.*
weight| lift·er *s. sport* Gewichtheber *m*;
~ lift·ing *s. sport* Gewichtheben *n*; **~**
watch·er *s.* j-d, der auf sein Gewicht
achtet.
weight·y ['weiti] *adj.* ☐ **1.** schwer, gewichtig, *fig. a.* schwerwiegend; **2.** *fig.*
einflußreich, gewichtig (*Person*).
weir [wiə] *s.* **1.** (Stau)Wehr *n*; **2.** Fisch-
reuse *f.*
weird [wiəd] *adj.* ☐ **1.** *poet.* Schicksals...: **~** *sisters* Schicksalsschwestern,
Nornen; **2.** unheimlich; **3.** F ulkig, „verrückt"; **weir·do** ['wiədəu] *pl.* **-dos** *s.* F
„irrer Typ".
welch [welʃ] → **welsh²**.
wel·come ['welkəm] **I** *s.* **1.** Willkomm
(-en *n*) *m*, Empfang *m* (*a. iro.*): *bid s.o.*
~ *od.* 2; *outstay* (*od. overstay od.* wear
out) *one's* **~** länger bleiben als man
erwünscht ist; **II** *v/t.* **2.** bewillkomm-
nen, will'kommen heißen; **3.** *fig.* begrüßen: a) *et.* gutheißen, b) gern anneh-

men; **III** *adj.* **4.** willkommen, angenehm (*Gast, a. Nachricht etc.*): *make*
s.o. **~** j-n herzlich empfangen *od.* aufnehmen; **5.** *you are* **~** *to it* Sie können
es gerne behalten *od.* nehmen, es steht
zu Ihrer Verfügung; *you are* **~** *to do it*
es steht Ihnen frei, es zu tun; das können Sie gerne tun; *you are* **~** *to your*
own opinion iro. meinetwegen können
Sie denken, was Sie wollen; (*you are*)
~*!* nichts zu danken!, keine Ursache!,
bitte (sehr)!; *and* **~** *iro.* meinetwegen,
wenn's Ihnen Spaß macht; **IV** *int.* **6.**
will'kommen (*to in England etc.*).
weld [weld] **I** *v/t.* ⚙ (ver-, zs.-)schwei-
ßen: **~** *on* anschweißen (*to an acc.*); **~**
together zs.-schweißen, *fig. a.* zs.-
schmieden; **II** *v/i.* ⚙ sich schweißen lassen; **III** *s.* ⚙ Schweißstelle *f*, -naht *f*;
'weld·a·ble [-dəbl] *adj.* schweißbar;
'weld·ed [-did] *adj.* geschweißt,
Schweiß...: **~** *joint* Schweißverbindung
f; **'weld·er** [-də] *s.* ⚙ **1.** Schweißer *m*;
2. Schweißbrenner *m*, -gerät *n*; **'weld-**
ing [-diŋ] *adj.* Schweiß...
wel·fare ['welfeə] *s.* **1.** Wohl *n*, e-r *Per-*
son: *a.* Wohlergehen *n*; **2.** a) (*public*) ~
(öffentliche) Wohlfahrt, *f*; *Am.* So-
zi'alhilfe *f*: *be on* **~** Sozialhilfe beziehen; **~** *state* *s. pol.* Wohlfahrtsstaat *m*;
~ *stat·ism* ['steitizəm] / *welfarism*; **~**
work *s. Am.* Sozi'alarbeit *f*; **~ work·er**
s. Am. Sozi'alarbeiter(in).
wel·far·ism ['welfeərizəm] *s.* wohl-
fahrtsstaatliche Poli'tik.
wel·kin ['welkin] *s. poet.* Himmelszelt *n*:
make the **~** *ring with shouts* die Luft
mit Geschrei erfüllen.
well¹ [wel] **I** *adv.* **1.** gut, wohl: *be* **~** *off*
a) gut versehen sein (*for* mit), b) wohl-
habend *od.* gut daran sein; *do o.s.* (*od.*
live) **~** gut leben, es sich wohl sein lassen; *be* **~** *up in* bewandert sein in e-m
Fach etc.; **2.** gut, recht, geschickt: *do* **~**
gut *od.* recht daran tun (*to do* zu tun);
sing **~** gut singen; **~** *done!* gut gemacht!, bravo!; **~** *roared, lion!* gut ge-
brüllt, Löwe!; **3.** gut, freundschaftlich:
think (*od.* *speak*) **~** *of* gut denken (*od.*
sprechen) über (*acc.*); **4.** gut, sehr:
love s.o. **~** j-n sehr lieben; *it speaks* **~**
for him es spricht sehr für ihn; **5.** wohl,
mit gutem Grund: *one may* **~** *ask this*
question man kann wohl *od.* mit gutem Grund so fragen; *you cannot very*
~ *do that* das kannst du nicht gut tun;
not very **~** wohl kaum; **6.** recht, eigentlich: *he does not know* **~** *how* er weiß
nicht recht wie; **7.** gut, genau, gründlich: *know s.o.* **~** j-n gut kennen; *he*
knows only too **~** er weiß nur zu gut;
8. gut, ganz, völlig: *he is* **~** *out of sight*
er ist völlig außer Sicht; **9.** gut, beträchtlich, weit: **~** *away* weit weg; *he*
walked **~** *ahead of them* er ging ihnen
ein gutes Stück voraus; *until* **~** *past*
midnight bis lange nach Mitternacht;
10. gut, tüchtig, gründlich: *stir* **~**; **11.**
gut, mit Leichtigkeit: *you could* **~**
have done it du hättest es leicht tun
können; *it is very* **~** *possible* es ist
durchaus *od.* sehr wohl möglich; *as* **~**
ebenso, außerdem; (*just*) *as* **~** ebenso
(-gut), genauso(gut); *as* **~** *...* *as* sowohl
... als auch, nicht nur *...* sondern auch;
as **~** *as* ebensogut wie; **II** *adj.* **12.**
wohl, gesund: *be* (*od. feel*) **~** sich wohl

fühlen; **13.** in Ordnung, richtig, gut: *I*
am very **~** *where I am* ich fühle mich
hier sehr wohl; *it is all very* **~** *but iro.*
das ist ja alles schön u. gut, aber; **14.**
gut, günstig: *that is just as* **~** das ist
schon gut so; *very* **~** sehr wohl, nun gut;
~ *and good* schön und gut; **15.** ratsam,
richtig, gut: *it would be* **~** es wäre angebracht *od.* ratsam; **III** *int.* **16.** nun,
na, schön: **~***!* (*empört*) na, hör mal!; **~**
then nun (also); **~** *then?* (*erwartend*)
na, und?; **~**, **~***!* so, so!, (*beruhigend*)
schon gut; **17.** (*überlegend*) (t)ja, hm;
IV *s.* **18.** *das* Gute: *let* **~** *alone!* laß gut
sein!, laß die Finger davon!
well² [wel] **I** *s.* **1.** (*gegrabener*) Brunnen,
Ziehbrunnen *m*; **2.** *a. fig.* Quelle *f*; **3.**
a) Mine'ralbrunnen *m*, b) *pl.* (*in Orts-*
namen) Bad *n*; **4.** *fig.* (Ur)Quell *m*; **5.**
⚙ a) (Senk-, Öl- *etc.*)Schacht *m*, b)
Bohrloch *n*; **6.** △ a) Fahrstuhl-, Luft-,
Lichtschacht *m*, b) (Raum *m* für das)
Treppenhaus *n*; **7.** ⚓ a) Pumpensod *m*,
b) Fischbehälter *m*; **8.** ⚙ eingelassener
Behälter: a) *mot.* Kofferraum *m*, b)
Tintenbehälter *m*; **9.** ⚖ *Brit.* eingefrie-
digter Platz für Anwälte; **II** *v/i.* **10.**
quellen (*from* aus): **~** *up* (*from*) *forth,*
out) hervorquellen; **~** *over* überfließen.
well-ad'vised *adj.* 'wohlüber,legt,
klug; **~-ap'point·ed** *adj.* gutausgestat-
tet; **~-'bal·anced** *adj. fig.* **1.** ausgewogen: **~** *diet*; **2.** (*innerlich*) ausgeglichen;
~-be'haved *adj.* wohlerzogen, artig;
~-'be·ing *s.* **1.** Wohl(ergehen) *n*; **2.**
mst sense of **~** Wohlgefühl *n*; **~-be-**
'lov·ed *adj.* vielgeliebt; **~-'born** *adj.*
von vornehmer Herkunft, aus guter Fa-
'milie; **~-'bred** *adj.* **1.** wohlerzogen; **2.**
gebildet, fein; **~-'cho·sen** *adj.* (gut-)
gewählt, treffend: **~** *words*; **~-con-**
'nect·ed *adj.* mit guten Beziehungen
od. mit vornehmer Verwandtschaft; **~-**
di'rect·ed *adj.* wohl-, gutgezielt
(*Schlag etc.*); **~-dis'posed** *adj.* wohlgesinnt; **~-'done** *adj.* **1.** gutgemacht;
2. 'durchgebraten (*Fleisch*); **~-'earned**
adj. wohlverdient; **~-'fa·vo(u)red** *adj.*
obs. gutaussehend, hübsch; **~-'fed** *adj.*
gut-, wohlgenährt; **~-'found·ed** *adj.*
wohlbegründet; **~-'groomed** *adj.* gepflegt; **~-'ground·ed** *adj.* **1.** → *well-*
founded; **2.** mit guter Vorbildung (*in*
e-m Fach).
'well-head *s.* **1.** → *wellspring*; **2.** Brun-
neneinfassung *f.*
,well|-'heeled *adj.* F ,(gut)betucht'; **~-**
in'formed *adj.* **1.** 'gutunter,richtet; **2.**
(vielseitig) gebildet.
Wel·ling·ton (**boot**) ['weliŋtən] *s.*
Schaft-, Gummi-, Wasserstiefel *m.*
well|-in·ten·tioned [,welin'tenʃnd] *adj.*
1. gut, wohlgemeint; **2.** wohlmeinend
(*Person*); **~-'judged** *adj.* wohlberech-
net, angebracht; **~-'kept** *adj.* **1.** gepflegt; **2.** streng gehütet: **~** *secret*; **~-**
'knit *adj.* **1.** drahtig (*Figur, Person*); **2.**
'gutdurch,dacht; **~-'known** *adj.* **1.**
weithin bekannt; **2.** wohlbekannt; **~-**
'made *adj.* **1.** gutgemacht; **2.** gutge-
wachsen, gutgebaut (*Person od. Tier*);
~-'man·nered *adj.* wohlerzogen, mit
guten Ma'nieren; **~-'matched** *adj.* **1.**
sport gleich stark; **2.** *a* **~** *couple* ein
Paar, das gut zs.-paßt; **~-'mean·ing** →
well-intentioned; **~-'meant** *adj.* gut-

gemeint; '**~-nigh** adv. fast, so gut wie: **~ impossible**; |**~-'off** adj. wohlhabend, gutsituiert; |**~-'oiled** adj. fig. F **1.** gutfunktionierend; **2.** ziemlich ‚angesäuselt'; |**~-pro'por·tioned** adj. wohlproportioniert, gutgebaut; |**~-'read** [-'red] adj. (sehr) belesen; |**~-'reg·u·lat·ed** adj. wohlgeregelt, -geordnet; |**~-'round·ed** adj. **1.** (wohl)beleibt; **2.** fig. a) abgerundet, ele'gant (Stil, Form etc.), b) ausgeglichen, c) vielseitig (Bildung etc.); |**~-'spent** adj. **1.** gutgenützt (Zeit); **2.** sinnvoll ausgegeben (Geld); |**~-'spo·ken** adj. **1.** redegewandt; **2.** höflich im Ausdruck.

'**well·spring** s. Quelle f, fig. a. (Ur-) Quell m.

|**well-'tem·pered** adj. **1.** gutmütig; **2.** ♪ wohltemperiert (Klavier, Stimmung); '**~-‚thought-'out** adj. 'wohlerwogen, -durch‚dacht; |**~-'timed** adj. (zeitlich) wohlberechnet; sport gutgetimed; |**~-to-'do** adj. wohlhabend; |**~-'tried** adj. (wohl)erprobt, bewährt; |**~-'turned** adj. fig. wohlgesetzt, ele'gant (Worte); '**~-‚wish·er** s. **1.** Gönner(in); **2.** Befürworter(in); **3.** pl. jubelnde Menge; '**~-worn** adj. **1.** abgetragen, abgenutzt; **2.** fig. abgedroschen.

Welsh¹ [welʃ] **I** adj. **1.** wa'lisisch; **II** s. **2.** the **~** die Wa'liser pl.; **3.** ling. Wa'lisisch n.

welsh² [welʃ] v/i. F **1.** mit den (Wett-) Gewinnen 'durchgehen (Buchmacher): **~ on** a) j-n um s-n (Wett)Gewinn betrügen, b) j-n ‚verschaukeln'; **2.** sich ‚drücken' (**on** vor dat.).

Welsh cor·gy s. Welsh Corgi m (walisische Hunderasse).

welsh·er ['welʃə] s. F **1.** betrügerischer Buchmacher; **2.** ‚falscher Hund'.

Welsh|·man ['welʃmən] s. [irr.] Wa'liser m; **~ rab·bit**, **~ rare·bit** s. über'backene Käseschnitte.

welt [welt] **I** s. **1.** Einfassung f, Rand m; **2.** Schneiderei: a) (Zier)Borte f, b) Rollsaum m, c) Stoßkante f; **3.** Rahmen m (Schuh); **4.** a) Strieme(n m) f, b) F (heftiger) Schlag; **II** v/t. **5.** a) Kleid etc. einfassen, b) Schuh auf Rahmen arbeiten, c) Blech falzen: **~ed** randgenäht (Schuh); **6.** F ‚verdreschen'.

wel·ter ['weltə] **I** v/i. **1.** poet. sich wälzen (**in** in s-m Blut etc.) (a. fig.); **II** s. **2.** Wogen n, Toben n (Wellen etc.); **3.** fig. Tu'mult m, Durchein'ander n, Wirrwarr m, Chaos n.

'**wel·ter·weight** s. sport Weltergewicht (-ler m) n.

wen [wen] s. ✿ (Balg)Geschwulst f, bsd. Grützbeutel m am Kopf: **the great ~** fig. London f.

wench [wentʃ] **I** s. **1.** obs. od. humor. (bsd. Bauern)Mädchen n, Weibsbild n; **2.** obs. Hure f, Dirne f; **II** v/i. **3.** huren.

wend [wend] v/t. **~ one's way** sich wenden, s-n Weg nehmen (**to** nach, zu).

went [went] pret. von **go**.

wept [wept] pret u. p.p. von **weep**.

were [wɜ:; wə] **1.** pret. von **be**: du warst, Sie waren; wir, sie waren, ihr wart; **2.** pret. pass.: wurde(n); **3.** subj. pret. wäre(n).

were·wolf ['wɪəwulf] s. [irr.] Werwolf m.

west [west] **I** s. **1.** Westen m: **the wind is coming from the ~** der Wind kommt

von Westen; **2.** Westen m (Landesteil); **3.** the **2** geogr. der Westen: a) Westengland n, b) die amer. Weststaaten pl., c) das Abendland; **4.** poet. West (-wind) m; **II** adj. **5.** westlich, West...; **III** adv. **6.** westwärts, nach Westen: **go ~** a) nach Westen od. westwärts gehen od. ziehen, b) sl. ‚draufgehen' (sterben), kaputt- od. verlorengehen); **7. ~ of** westlich von; '**west·er·ly** [-təlɪ] **I** adj. westlich, West...; **II** adv. westwärts, gegen Westen.

west·ern ['westən] **I** adj. **1.** westlich, West...: the **2** Empire hist. das weströmische Reich; **2.** oft **2** westlich, abendländisch; **3.** **2** 'westameri‚kanisch, (Wild)West...; **II** s. **4.** → **westerner**; **5.** Western m: a) Wild'westfilm m, b) Wild'westro‚man m; '**west·ern·er** [-nə] s. **1.** Westländer m; **2.** a. **2** Am. Weststaatler m; **3.** oft **2** Abendländer m; '**west·ern·ize** [-naɪz] v/t. verwestlichen; '**west·ern·most** [-məʊst] adj. westlichst.

West In·di·an I adj. west'indisch; **II** s. West'indier(in).

West·pha·li·an [west'feɪljən] **I** adj. west'fälisch; **II** s. West'fale m, West'fälin f.

west·ward ['westwəd] adj. u. adv. westlich, westwärts, nach Westen; '**westwards** [-dz] adv. → **westward**.

wet [wet] **I** adj. **1.** naß, durch'näßt (**with** von): **~ through** durchnäßt; **~ to the skin** naß bis auf die Haut; **~ blanket** fig. a) Dämpfer m, kalte Dusche, b) Störenfried m, Spielverderber(in); fader Kerl; **throw a ~ blanket on e-r** Sache e-n Dämpfer aufsetzen; **~ paint!** frisch gestrichen!; **~ steam** ⚙ Naßdampf m; **2.** regnerisch, feucht (Klima); **3.** ⚙ naß, Naß...(-gewinnung etc.); **4.** Am. ‚feucht' (nicht unter Alkoholverbot stehend); **5.** F feuchtfröhlich; **6.** a) blöd, ‚doof', b) **all ~** falsch, verkehrt: **you are all ~!** du irrst dich gewaltig!; **II** s. **7.** Flüssigkeit f, Feuchtigkeit f; **8.** Regen(wetter n) m; **9.** F Drink m: **have a ~** ‚einen heben'; **10.** Am. F Gegner m der Prohibiti'on; **11.** F a) Blödmann m, b) Brit. Weichling m; **III** v/t. [irr.] **12.** benetzen, anfeuchten, naßmachen, nässen: **~ through** durchnässen; → **whistle** 7; **13.** F ein Ereignis etc. ‚begießen': **~ a bargain**; '**~-back** s. Am. sl. illegaler Einwanderer aus Mexiko; **~ cell** s. ⚡ 'Naßele‚ment n; **~ dock** s. ✿ Flutbecken n.

weth·er ['weðə] s. zo. Hammel m.

wet·ness ['wetnɪs] s. Nässe f, Feuchtigkeit f.

'**wet| nurse** s. (Säug)Amme f; '**~-nurse** v/t. **1.** säugen; **2.** fig. verhätscheln; **~ pack** s. ✿ feuchter 'Umschlag; **~ suit** s. sport Kälteschutzanzug m.

wey [weɪ] s. obs. ein Trockengewicht.

whack [wæk] F **I** v/t. **1.** a) j-m e-n (knallenden) Schlag versetzen, b) sport F haushoch schlagen: **~ed** F ‚fertig', ‚geschafft'; **2. ~ up** F (auf)teilen; **3. ~ up** Am. F a) organisieren, b) j-n antreiben; **II** s. **3.** (knallender) Schlag; **5.** (An)Teil m (**of** an dat.); **6.** Versuch m: **take a ~ at** e-n Versuch machen mit; **7. out of ~** nicht in Ordnung; '**whack·er** [-kə] s. sl. **1.** Mordsding n; **2.** faustdik-

ke Lüge; '**whack·ing** [-kɪŋ] **I** adj. u. adv. F Mords...; **II** s. F (Tracht f) Prügel pl.

whale [weɪl] **I** pl. **whales** bsd. coll. **whale** s. zo. Wal m: **a ~ of** F Riesen..., Mords...; **a ~ of a lot** e-e Riesenmenge; **a ~ of a fellow** F ein Riesenkerl; **be a ~ for** (od. **on**) F ganz versessen sein auf (acc.); **be a ~ at** F e-e ‚Kanone' sein in (dat.); **we had a ~ of a time** wir hatten e-n Mordsspaß; **II** v/i. Walfang treiben; **III** v/t. F ‚verdreschen'; '**~-bone** s. Fischbein(stab m) n; **~ calf** s. [irr.] zo. junger Wal; **~ fish·er·y** s. **1.** Walfang m; **2.** Walfanggebiet n; **~ oil** s. Walfischtran m.

whal·er ['weɪlə] s. Walfänger m (Person u. Boot).

whal·ing¹ ['weɪlɪŋ] **I** s. Walfang m; **II** adj. Walfang...: **~ gun** Harpunengeschütz n.

whal·ing² ['weɪlɪŋ] F **I** adj. u. adv. e'norm, Mords...; **II** s. (Tracht f) Prügel pl.

wham·my ['wæmɪ] s. F **1.** böser Blick; **2.** ‚Hammer' m: a) böse Sache, b) knallharter Schlag etc.

whang [wæŋ] F **I** s. Knall m, Krach m, Bums m; **II** v/t. knallen, hauen; **III** v/i. knallen (a. schießen), krachen, bumsen; **IV** int. krach!, bums!

wharf [wɔ:f] ♱ **I** pl. **wharves** [-vz] od. **wharfs** s. **1.** Kai m; **II** v/t. **2.** Waren löschen; **3.** Schiff am Kai festmachen; '**wharf·age** [-fɪdʒ] s. **1.** Kaianlage(n pl.) f; **2.** Kaigeld n; '**wharf·in·ger** [-fɪndʒə] s. ♱ **1.** Kaimeister m; **2.** Kaibesitzer m.

what [wɒt] **I** pron. interrog. **1.** was, wie: **~ is her name?** wie ist ihr Name?; **~ did he do?** was hat er getan?; **~ is he?** was ist er (von Beruf)?; **~'s for lunch?** was gibt's zum Mittagessen?; **2.** was für ein, welcher, vor pl. was für: **~ an idea!** was für e-e Idee!; **~ book?** was für ein Buch?; **~ luck!** welch ein Glück!; **3.** was (um Wiederholung e-s Wortes bittend): **he claims to be ~?** was will er sein?; **4.** pron. rel. **4.** (das) was: **this is ~ we hoped for** (gerade) das erhofften wir; **I don't know ~ he said** ich weiß nicht, was er sagte; **it is nothing compared to ~ ...** es ist nichts im Vergleich zu dem, was; **5.** was (auch immer); **III** adj. **6.** was für ein, welch: **I don't know ~ decision you have taken** ich weiß nicht, was für e-n Entschluß du gefaßt hast; **7.** alle od. jede die, alles was: **~ money I had** was ich an Geld hatte, all mein Geld; **8.** soviel(e) ... wie;

Besondere Redewendungen:

and ~ not, and ~ have you F und was nicht sonst noch alles; **~ about?** wie wär's mit od. wegen?, wie steht's mit?; **~ for?** wozu?, wofür?; **~ if?** und wenn nun?, (und) was geschieht, wenn?; **~ next?** a) was sonst noch?, b) iro. sonst noch was?, das fehlte noch!; **~ news?** was gibt es Neues?; (**well,**) **~ of it?, so ~?** na, und?, na, wenn schon?; **~ though?** was tut's, was folgt?; **~ with** infolge, durch, in Anbetracht (gen.); **~ with ..., ~ with ...** teils durch ..., teils durch ...; **but ~** F daß (nicht); **I know ~** F ich weiß was, ich habe e-e Idee; **she knows ~'s ~** F sie weiß Bescheid; sie weiß, was los ist; *I'll tell you* ~ ich will dir (mal) was sagen.

what|-d'you-call-it ['wɒtdjuˌkɔːlɪt] (*od.* **-'em** [-em] *od.* **-him** *od.* **-her**), '**~-d'ye-ˌcall-it** [-djəˌkɔːlɪt] (*od.* **-'em** [-em] *od.* **-him** *od.* **-her**) *s.* F Dings(da, -bums) *m, f, n*; ~**'e'er** *poet.* → *whatever*, ~**'ev·er I** *pron.* **1.** was (auch immer), alles was: *take* ~ *you like!*; ~ *you do* was du auch tust; **2.** was auch; trotz allem, was: *do it* ~ *happens!*; **3.** F was denn, was in aller Welt: ~ *do you want?* was willst du denn?; **II** *adj.* **4.** welch ... auch (immer): *for* ~ *reasons he is angry* aus welchen Gründen er auch immer ärgerlich ist; **5.** *mit neg.*: über'haupt, gar *nichts, niemand etc.*: *no doubt* ~ überhaupt *od.* gar kein Zweifel; '~**not** *s.* Eta'gere *f.*

what's [wɒts] F *für what is*; '~**-her-name** [-səneɪm], '~**-his-name** [-sɪzneɪm], '~**-its-name** *s.* F Dings(da) *m, f, n*: *Mr.* **what's-his-name** Herr Dingsda, Herr Soundso.

what·so·ev·er → *whatever*.

wheal [wiːl] → *wale*.

wheat [wiːt] *s.* ♀ Weizen *m*: ~ *belt geogr. Am.* Weizengürtel *m.*

whee·dle ['wiːdl] **I** *v/t.* **1.** *j-n* um'schmeicheln; **2.** *j-n* beschwatzen, über'reden (*into doing s.th.* et. zu tun); **3.** ~ *s.th. out of s.o.* j-m et. abschwatzen *od.* abschmeicheln; **II** *v/i.* **4.** schmeicheln; '**whee·dling** [-lɪŋ] *adj.* □ schmeichlerisch.

wheel [wiːl] **I** *s.* **1.** *allg.* Rad *n* (*a.* ⚙): *the* ~*s of government* die Regierungsmaschinerie; *the* ~ *of Fortune fig.* das Glücksrad; ~*s within* ~*s fig.* a) ein kompliziertes Räderwerk, b) e-e äußerst komplizierte *od.* schwer durchschaubare Sache; *a big* ~ *Am.* F ein ‚großes Tier'; → *fifth wheel, shoulder* 1, *spoke*[1] 4; **2.** ⚙ Scheibe *f*; **3.** Lenkrad *n*: *at the* ~ a) am Steuer, b) *fig.* am Ruder; **4.** F a) (Fahr)Rad *n*, b) Auto *n*, ‚fahrbarer 'Untersatz'; **5.** *hist.* Rad *n* (*Folterinstrument*): *break s.o. on the* ~ j-n rädern *od.* aufs Rad flechten; *break a (butter)fly* (*up*)*on the* ~ *fig.* mit Kanonen nach Spatzen schießen; **6.** *pl. fig.* Räder(werk *n*) *pl.*, Getriebe *n*; **7.** Drehung *f*, Kreis(bewegung *f*) *m*; ✗ Schwenkung *f*: *right* (*left*) ~*!* rechts (links) schwenkt!; **II** *v/t.* **8.** *j-n od.* et. fahren, schieben, *et. a.* rollen; **9.** ✗ schwenken lassen; **III** *v/i.* **10.** sich (im Kreis) drehen; **11.** *a.* ~ *about od.* (*a*)*round* sich (rasch) 'umwenden *od.* -drehen; **12.** ✗ schwenken; **13.** rollen, fahren; **14.** F radeln; '~**ˌbar·row** *s.* Schubkarre(n *m*) *f*; '~**base** *s.* ⊕ Radstand *m*; ~ **brake** *s.* Radbremse *f*; '~**chair** *s.* Rollstuhl *m.*

wheeled [wiːld] *adj.* **1.** fahrbar, Roll..., Räder...: ~ *bed* ⚕ Rollbett *n*; **2.** *in Zssgn* ...räd(e)rig: *three-*~.

wheel·er ['wiːlə] *s.* **1.** *in Zssgn* Fahrzeug *n mit* ... Rädern: *four-*~ Vierradwagen *m*, Zweiachser *m*; **2.** → *wheel horse*; **3.** → ‚~**'deal·er** *s. Am.* F ‚ausgekochter' Bursche, *a.* (raffinierter) Geschäftemacher; ‚~**'deal·ing** *s.* F Machenschaften *pl.*; **2.** Geschäftemache'rei *f.*

wheel horse *s.* Stangen-, Deichselpferd *n.*

wheel·ing and deal·ing ['wiːlɪŋ] →

wheeler-dealing.

'**wheel·wright** [-raɪt] *s.* ⊕ Stellmacher *m.*

wheeze [wiːz] **I** *v/i.* **1.** keuchen, schnaufen; **II** *v/t.* **2.** *a.* ~ *out* et. keuchen(d her'vorstoßen); **III** *s.* **3.** Keuchen *n*, Schnaufen *n*, pfeifendes Atmen *od.* Geräusch; **4.** *sl.* a) *thea.* (improvisierter) Scherz, Gag *m*, b) Jux *m*, Ulk *m*, c) alter Witz; '**wheez·y** [-zɪ] *adj.* □ keuchend, asth'matisch (*a. humor. Orgel etc.*).

whelk[1] [welk] *s. zo.* Wellhorn(schnecke *f*) *n.*

whelk[2] [welk] *s.* ⚕ Pustel *f.*

whelm [welm] *v/t. poet.* **1.** ver-, über-'schütten, versenken, -schlingen; **2.** *fig.* a) über'schütten *od.* 'häufen (*in, with* mit), b) über'wältigen.

whelp [welp] **I** *s.* **1.** *zo.* a) Welpe *m* (*junger Hund, Fuchs od. Wolf*), b) *allg.* Junge(s) *n*; **2.** Balg *m, n* (*ungezogenes Kind*); **II** *v/i. u. v/i.* **3.** (Junge) werfen.

when [wen] **I** *adv.* **1.** *fragend:* wann; **2.** *relativ:* als, wo, da: *the years* ~ *we were poor* die Jahre, als wir arm waren; *the day* ~ der Tag, an dem *od.* als; **II** *cj.* **3.** wann: *she doesn't know* ~ *to be silent* sie weiß nicht, wann sie schweigen muß; **4.** zu der Zeit *od.* in dem Augenblick, als: ~ (*he was*) *young, he lived in M.* als er noch jung war, wohnte er in M.; *we were about to start* ~ *it began to rain* wir wollten gerade fortgehen, als es anfing zu regnen *od.* da fing es an zu regnen; *say* ~*!* F sag halt!, sag, wenn du genug hast! (*bsd. beim Eingießen*); **5.** (dann,) wenn; **6.** (immer) wenn, so'bald, so'oft; **7.** worauf'hin, und dann; **8.** ob'wohl, wo ... (doch), da ... doch; **III** *pron.* **9.** wann, welche Zeit: *from* ~ *does it date?* aus welcher Zeit stammt es?; *since* ~*?* seit wann?; *till* ~*?* bis wann?; **10.** *relativ:* *since* ~ und seitdem; *till* ~ und bis dahin; **IV** *s.* **11.** *the* ~ *and where of s.th.* das Wann und Wo e-r Sache.

whence [wens] *bsd. poet.* **I** *adv.* **1.** wo-'her: a) wo wo(her), *obs.* von wannen, b) *fig.* wo'von, wo'durch, wie: ~ *comes it that* wie kommt es, daß; **II** *cj.* **2.** von wo'her; **3.** *fig.* wes'halb, und deshalb.

‚**when(·so)'ev·er I** *cj.* wann (auch) immer, einerlei wann, (immer) wenn, so'oft (als), jedesmal wenn; **II** *adv. fragend:* wann denn (nur).

where [weə] **I** *adv.* (*fragend u. relativ*) **1.** wo; **2.** wo'hin; **3.** wor'in, inwie'fern, in welcher Hinsicht; **II** *cj.* **4.** (da) wo; **5.** da'hin *od.* irgendwo'hin, wo, wo'hin; **III** *pron.* **6.** (*relativ*) (da *od.* dort,) wo: *he lives not far from* ~ *it happened* er wohnt nicht weit von dort, wo es geschah; **7.** (*fragend*) wo: ~ ... *od.* ~ *from?* wo-her?, von wo?; ~ ... *to?* wohin?; ~**·a·bouts I** *adv. od. cj.* [ˌweərə'baʊts] wo ungefähr *od.* etwa; **II** *s. pl.* ['weərəbaʊts] *sg. konstr.* Aufenthalt(sort) *m*, Verbleib *m*; ~**·as** [weər'æz] *cj.* **1.** wo-hin'gegen, während, wo ... doch; **2.** ⚖ da; in Anbetracht dessen, daß (*im Deutschen mst unübersetzt*); ~**·at** [weər-'æt] *adv. u. cj.* **1.** wor'an, wo'bei, wor-'auf; **2.** (*relativ*) an welchem (welcher) *od.* dem (der), wo; ~**·by** *adv. u. cj.* **1.** wo'durch, wo'mit; **2.** (*relativ*) durch

welchen (welche[s]); '~**·fore I** *adv. od. cj.* **1.** wes'halb, wo'zu, war'um; **2.** (*relativ*) wes'wegen, und deshalb; **II** *s. oft pl.* **3.** *das* Weshalb, *die* Gründe *pl.*; ~**'from** *adv. u. cj.* wo'her, von wo; ~**·in** [weər'ɪn] *adv.* wor'in, in welchem (welcher); ~**·of** [weər'ɒv] *adv. u. cj.* wo'von; ~**·on** [weər'ɒn] *adv. od. cj.* **1.** wor'auf; **2.** (*relativ*) auf dem (der) *od.* den (die, das), auf welchem (welcher) *od.* welchen (welche, welches); ‚~**·so'ev·er** → *wherever* 1; ~**'to** *adv. od. cj.* wo'hin; ~**·up·on** [weərə'pɒn] *adv. od. cj.* **1.** worauf('hin); **2.** (*als Satzanfang*) darauf'hin.

wher·ev·er [weər'evə] *adv. od. cj.* **1.** wo (-'hin) auch immer; ganz gleich, wo (-hin); **2.** F wo(hin) denn (nur)?

where|'with *adv. od. cj.* wo'mit; '~**·with·al** *s.* Mittel *pl.*, *das* Nötige, *das* nötige (Klein)Geld.

wher·ry ['werɪ] ⬩ *s.* **1.** Jolle *f*; **2.** Skullboot *n*; **3.** Fährboot *n*; **4.** *Brit.* Frachtsegler *m.*

whet [wet] **I** *v/t.* **1.** wetzen, schärfen, schleifen; **2.** *fig. Appetit* anregen; *Neugierde etc.* anstacheln; **II** *s.* **3.** Wetzen *n*, Schärfen *n*; **4.** *fig.* Ansporn *m*, Anreiz *m*; **5.** (Appe'tit)Anreger *m*, Aperi'tif *m.*

wheth·er ['weðə] *cj.* **1.** ob (*or not* oder nicht); ~ *or no* auf jeden Fall, so oder so; **2.** ~ ... *or* entweder *od.* sei es, daß ... oder.

'**whet·stone** *s.* **1.** Wetz-, Schleifstein *m*; **2.** *fig.* Anreiz *m*, Ansporn *m.*

whew [hwuː] *int.* **1.** erstaunt: (h)ui!, Mann!; **2.** angeekelt, erleichtert, erschöpft: püh!

whey [weɪ] *s.* Molke *f*; '~**-faced** *adj.* käsig, käseweiß.

which [wɪtʃ] **I** *interrog.* **1.** welch (*aus e-r bestimmten Gruppe od. Anzahl*): ~ *of you?* welcher *od.* wer von euch?; **II** *pron.* (*relativ*) **2.** welch, der (die, das) (*bezogen auf Dinge, Tiere od. obs. Personen*); **3.** (*auf den vorhergehenden Satz bezüglich*) was; **4.** (*in eingeschobenen Sätzen*) (etwas,) was; **III** *adj.* **5.** (*fragend od. relativ*) welch: *place will you take?* auf welchem Platz willst du sitzen?; ~**'ev·er**, ‚~**·so'ev·er** *pron. u. adj.* welch (auch) immer; ganz gleich, welch.

whiff [wɪf] **I** *s.* **1.** Luftzug *m*, Hauch *m*; **2.** Duftwolke *f* (*a.* übler) Geruch; **3.** Zug *m* (*beim Rauchen*); **4.** Schuß *m* *Chloroform etc.*; **5.** *fig.* Anflug *m*; **6.** F Ziga'rillo *n, m*; **II** *v/i. u. v/t.* **7.** blasen, wehen; **8.** paffen, rauchen; **9.** (*nur v/i.*) ‚duften', (unangenehm) riechen.

whif·fle ['wɪfl] *v/i. u. v/t.* wehen.

Whig [wɪg] *pol. hist.* **I** *s.* **1.** *Brit.* Whig *m* (*Liberaler*); **2.** *Am.* Whig *m*: a) Natio-'nal(republi,kan)er *m* (*Unterstützer der amer. Revolution*), b) *Anhänger e-r Oppositionspartei gegen die Demokraten um 1840*); **II** *adj.* **3.** Whig..., whig'gistisch; **Whig·gism** ['wɪgɪzəm] *s. pol.* Whig'gismus *m.*

while [waɪl] **I** *s.* **1.** Weile *f*, Zeit(spanne) *f*: *a long* ~ *ago* vor e-r ganzen Weile; (*for*) *a* ~ e-e Zeitlang; *for a long* ~ lange (Zeit), seit langem; *in a little* ~ bald, binnen kurzem; *the* ~ derweil, währenddessen; *between* ~*s* zwischendurch; *worth* (*one's*) ~ der Mühe wert, (sich) lohnend; *it is not worth* (*one's*) ~ es ist nicht der Mühe wert, es lohnt sich nicht; → *once* 1; II *cj.* **2.** (*zeitlich*) während; **3.** so'lange (wie); **4.** während, wo(hin)'gegen; **5.** wenn auch, ob-'wohl, zwar; III *v/t.* **6.** *mst* ~ *away* sich *die Zeit* vertreiben; **whilst** [waɪlst] → *while* II.

whim [wɪm] *s.* **1.** Laune *f*, Grille *f*, wunderlicher Einfall, Ma'rotte *f*: *at one's own* ~ ganz nach Laune; **2.** ⚒ Göpel *m*.

whim·per ['wɪmpə] I *v/t. u. v/i.* wimmern, winseln; II *s.* Wimmern *n*, Winseln *n*.

whim·sey → *whimsy*.

whim·si·cal ['wɪmzɪkl] *adj.* □ **1.** launen-, grillenhaft, wunderlich; **2.** schrullig, ab'sonderlich, seltsam; **3.** hu'morig, launig; **whim·si·cal·i·ty** [wɪmzɪ'kælətɪ], **'whim·si·cal·ness** [-nɪs] *s.* **1.** Grillenhaftigkeit *f*, Wunderlichkeit *f*; **2.** → *whim* 1; **whim·sy** ['wɪmzɪ] I *s.* Laune *f*, Grille *f*, Schrulle *f*; II *adj.* → *whimsical*.

whin[1] [wɪn] *s.* ⚘ *bsd. Brit.* Stechginster *m*.

whin[2] [wɪn] → *whinstone*.

whine [waɪn] I *v/i.* **1.** winseln, wimmern; **2.** greinen, quengeln, jammern; II *v/t.* **3.** *et.* weinerlich sagen, winseln; III *s.* **4.** Gewinsel *n*; **5.** Gejammer *n*, Gequengel *n*; **'whin·ing** [-nɪŋ] *adj.* □ weinerlich, greinend; winselnd.

whin·ny ['wɪnɪ] I *v/i.* wiehern; II *s.* Wiehern *n*.

whin·stone ['wɪnstəun] *s. geol.* Ba'salt (-tuff) *m*, Trapp *m*.

whip [wɪp] I *s.* **1.** Peitsche *f*, Geißel *f*; **2.** *be a good* (*poor*) ~ gut (schlecht) kutschieren; **3.** *hunt.* Pi'kör *m*; **4.** *parl.* a) Einpeitscher *m*, b) parlamen'tarischer Geschäftsführer, c) Rundschreiben *n*, Aufforderung(sschreiben *n*) *f* (*bei e-r Versammlung etc. zu erscheinen*): *three-line* ~ a) Aufforderung, unbedingt zu erscheinen, b) (abso'luter) Fraktionszwang (*on a vote* bei e-r Abstimmung); **5.** ⚙ a) Wippe *f* (*a.* ⚡), b) *a.* ~*-and-derry* Flaschenzug *m*; **6.** *Nä-herei:* über'wendliche Naht; **7.** *Küche:* Creme(speise) *f*; II *v/t.* **8.** peitschen; **9.** (aus)peitschen, geißeln (*a. fig.*); **10.** *a.* ~ *on* antreiben; **11.** schlagen: a) verprügeln: ~ *s.th. into* (*out of*) *s.o.* j-m *et.* einbleuen (mit Schlägen austreiben), b) *bsd. sport* F besiegen, 'über-'fahren'; **12.** reißen, raffen: ~ *away* wegreißen; ~ *from* wegreißen *od.* fegen von; ~ *off* a) weg-, herunterreißen, b) *j-n* entführen; ~ *on Kleidungsstück* überwerfen; ~ *out* (plötzlich) zücken, (schnell) *aus der Tasche* ziehen; **13.** *Gewässer* abfischen; **14.** a) *Schnur etc.* um'wickeln, ⚓ *Tau* betakeln, b) *Schnur* wickeln (*about* um *acc.*); **15.** über-'wendlich nähen, über'nähen, um'säumen; **16.** *Eier, Sahne* (schaumig) schlagen: ~*ped cream* Schlagsahne *f*; ~*ped eggs* Eischnee *m*; **17.** *Brit.* F ,klauen'; III *v/i.* **18.** sausen, flitzen, schnellen; ~ *in v/t.* **1.** *hunt. Hunde* zs.-treiben; **2.** *parl.* zs.-trommeln; ~ *round v/t.* **1.** sich ruckartig 'umdrehen; **2.** F den Hut her-'umgehen lassen; ~ *up v/t.* **1.** antreiben; **2.** *fig.* aufpeitschen; **3.** a) *Leute* zs.-trommeln, b) *Essen etc.* ,herzaubern'.

whip| **aer·i·al** (*bsd. Am.* **an·ten·na**) *s.* ⚡ 'Staban,tenne *f*; **'~·cord** *s.* **1.** Peitschenschnur *f*; **2.** Whipcord *m* (*schräggeripptes Kammgarn*); ~ **hand** *s.* rechte Hand *des Reiters etc.*: *get the* ~ *of s.o.* die Oberhand gewinnen über j-n; *have the* ~ *of j-n* an der Kandare *od.* in der Gewalt haben; **'~·lash** *s.* **1.** → *whipcord* 1; **2.** *a.* ~ *injury* ⚕ 'Peitschenschlagsyn,drom *n*.

whip·per ['wɪpə] *s.* Peitschende(r *m*) *f*; ~*·in*, *pl.* ~*s-'in* → *whip* 3 *u.* 4; **'~·snap·per** *s.* **1.** Dreikäsehoch *m*; **2.** Gernegroß *m*, Gelbschnabel *m*, Springinsfeld *m*.

whip·pet ['wɪpɪt] *s.* **1.** *zo.* Whippet *m* (*kleiner englischer Rennhund*); **2.** ⚔ *hist. leichter Panzerkampfwagen*.

whip·ping ['wɪpɪŋ] *s.* **1.** (Aus)Peitschen *n*; **2.** (Tracht *f*) Prügel *pl.*, Hiebe *pl.* (*a. fig.* F *Niederlage*); **3.** 'Garnum,wick(e)-lung *f*; ~ *boy s. hist.* Prügelknabe *m*, *fig. a.* Sündenbock *m*; ~ *cream s.* Schlagsahne *f*; ~ *post s. hist.* Schandpfahl *m*; ~ *top s.* Kreisel *m* (*der mit Peitsche getrieben wird*).

whip·ple·tree ['wɪpltri:] *s.* Ortscheit *n*, Wagenschwengel *m*.

whip| **ray** *s. ichth.* Stechrochen *m*; **'~·round** *s. Brit.* F spon'tane (Geld-) Sammlung: *have a* ~ → *whip round* 2; **'~·saw** I *s.* (zweihändige) Schrotsäge; II *v/t.* mit der Schrotsäge sägen; III *v/i. bsd. Poker: Am.* zs.-spielen mit.

whir → *whirr*.

whirl [wɜ:l] I *v/i.* **1.** wirbeln, sich drehen: ~ *about* (*od.* **round**) a) herumwirbeln, b) sich rasch umdrehen; **2.** sausen, hetzen, eilen; **3.** wirbeln, sich drehen (*Kopf*): *my head* ~*s* mir ist schwindelig; II *v/t.* **4.** *allg.* wirbeln: ~ *up dust* Staub aufwirbeln; III *s.* **5.** Wirbeln *n*; **6.** Wirbel *m*: a) schnelle Kreisbewegung, b) Strudel *m*: *give s.th. a* ~ a) *et.* herumwirbeln, b) F *et.* (aus)probieren; **7.** *fig.* Wirbel *m*: a) Trubel *m*, wirres Treiben, b) Schwindel *m* (*der Sinne etc.*): *a* ~ *of passion*; *her thoughts were in a* ~ ihre Gedanken wirbelten durcheinander; **'~·blast** *s.* Wirbelsturm *m*.

whirl·i·gig ['wɜ:lɪgɪg] *s.* **1.** a) Windrädchen *n*, b) Kreisel *m etc.* (*Spielzeug*); **2.** Karus'sell *n* (*a. fig. der Zeit*); **3.** *fig.* Wirbel *m der Ereignisse etc.*

'whirl·pool *s.* Strudel *m* (*a. fig.*); **'~·wind** *s.* Wirbelwind *m* (*a. fig. Person*): *a* ~ *romance* e-e stürmische Romanze.

'whirl·y·bird ['wɜ:lɪ-] *s. Am.* F Hubschrauber *m*.

whirr [wɜ:] I *v/i.* schwirren, surren; II *v/t.* schwirren lassen; III *s.* Schwirren *n*, Surren *n*.

whisk [wɪsk] I *s.* **1.** Wischen *n*, Fegen *n*; **2.** Wischer *m*: a) leichter Schlag, b) schnelle Bewegung (*bsd. Tierschwanz*); **3.** Husch *m*: *in a* ~ im Nu; **4.** (*Stroh-etc.*)Wisch *m*, Büschel *n*; **5.** (Staub-, Fliegen)Wedel *m*; **6.** *Küche:* Schneebesen *m*; II *v/t.* **7.** *Staub etc.* (weg)wischen, (-)fegen; **8.** fegen, mit dem *Schwanz* schlagen; **9.** ~ *away* (*od.* **off**) schnell verschwinden lassen, wegzaubern, -nehmen; *j-n* schnellstens wegbringen, entführen; **10.** *Sahne, Eischnee* schlagen; III *v/i.* **11.** wischen,

huschen, flitzen: ~ *away* forthuschen; **'whisk·er** [-kə] *s.* **1.** *pl.* Backenbart *m*; **2.** a) Barthaar *n*, b) F Schnurrbart *m*; **3.** *zo.* Schnurr-, Barthaar *n* (*von Katzen etc.*); **'whisk·ered** [-kəd] *adj.* **1.** e-n Backenbart tragend; **2.** *zo.* mit Schnurrhaaren versehen.

whis·key ['wɪskɪ] *s.* **1.** (*bsd. in den USA u. Irland hergestellter*) Whisky; **2.** → **whis·ky** *s.* Whisky *m*: ~ *and soda* Whisky Soda *m*; ~ *sour* Whisky mit Zitrone.

whis·per ['wɪspə] I *v/i. u. v/t.* **1.** wispern, flüstern, raunen (*alle a. poet. Baum, Wind etc.*): ~ *s.th. to s.o.* j-m *et.* zuflüstern; **2.** *fig. b.s.* flüstern, tuscheln, munkeln; II *s.* **3.** Flüstern *n*, Wispern *n*, Geflüster *n*: *in a* ~, *in* ~*s* im Flüsterton; **4.** Getuschel *n*; **5.** a) geflüsterte *od.* heimliche Bemerkung, b) Gerücht *n*; **6.** Raunen *n*; **'whis·per·er** [-ərə] *s.* **1.** Flüsternde(r *m*) *f*; **2.** Zuträger(in), Ohrenbläser(in); **'whis·per·ing** [-pərɪŋ] I *adj.* □ **1.** flüsternd; **2.** Flüster...: ~ *baritone*; ~ *campaign* Flüsterkampagne *f*; ~ *gallery* Flüstergalerie *f*; II *s.* **3.** → *whisper* 3.

whist[1] [wɪst] *int. dial.* pst!, st!, still!

whist[2] [wɪst] *s.* Whist *n* (*Kartenspiel*): ~ *drive* Whistrunde *f*.

whis·tle ['wɪsl] I *v/i.* **1.** pfeifen (*Person, Vogel, Lokomotive etc.; a. Kugel, Wind etc.*) (*to s.o.* j-m); ~ *for* j-m, s-m Hund *etc.* pfeifen; *he may* ~ *for it* F darauf kann er lange warten, das kann er sich in den Kamin schreiben; ~ *in the dark fig.* den Mutigen markieren; II *v/t.* **2.** *Melodie etc.* pfeifen; **3.** ~ *back Hund etc.* zurückpfeifen; ~ *up fig.* a) herbeordern, b) ins Spiel bringen; III *s.* **4.** Pfeife *f*: *blow the* ~ *on* F a) *j-n, et.* ,verpfeifen', b) *et.* ausplaudern, c) *j-n, et.* stoppen; *pay for one's* ~ den Spaß teuer bezahlen; **5.** (*sport a.* Ab)Pfiff *m*; Pfeifton *m*; **6.** Pfeifen *n* (*des Windes etc.*); **7.** F Kehle *f*: *wet one's* ~ ,einen heben'; **'~·stop** *s. Am.* **1.** 🚉 Bedarfshaltestelle *f*; **2.** *fig.* Kleinstadt *f*, ,Kaff' *n*; **3.** *pol.* kurzer Besuch (*e-s Kandidaten*); **'~·stop** *v/i. Am. pol.* von Ort zu Ort reisen u. Wahlreden halten.

whis·tling ['wɪslɪŋ] *s.* Pfeifen *n*; ~ *buoy s.* ⚓ Pfeifboje *f*; ~ *thrush s. orn.* Singdrossel *f*.

whit [wɪt] *s.* (*ein*) bißchen: *no* ~, *not a* ~ keinen Deut, kein Jota, kein bißchen.

white [waɪt] I *adj.* **1.** *allg.* weiß: *as* ~ *as snow* schneeweiß; **2.** blaß, bleich: *as* ~ *as a sheet* leichenblaß; → *bleed* 10; **3.** weiß(rassig): ~ *supremacy* Vorherrschaft *der Weißen*; **4.** *fig.* a) rechtschaffen, b) harmlos, c) *Am.* F anständig: *that's* ~ *of you*; II *s.* **5.** Weiß *n*, weiße Farbe: *dressed in* ~ weiß *od.* in Weiß gekleidet; **6.** Weiße *f*, weiße Beschaffenheit; **7.** Weiße(r *m*) *f*, Angehörige(r *m*) *f* der weißen Rasse; **8.** *a.* ~ *of egg* Eiweiß *n*; **9.** *a.* ~ *of the eye* das Weiße im Auge; **10.** *typ.* Lücke *f*; II *s.* **11.** Weißling *m*; **12.** *a.* ⚕ Weißfluß *m*, Leukor'rhöe *f*; ~ *ant s. zo.* Ter'mite *f*; **'~·bait** *s. ein* Weißfisch *m*, Breitling *m*; ~ *bear s. zo.* Eisbär *m*; ⚡ **Book** *s. pol.* Weißbuch *n*; ~ *bronze s.* 'Weißme,tall *n*; **'~·cap** *s.* schaumgekrönte Welle; ~ **coal** *s.* ⚙ weiße Kohle, Wasserkraft *f*; ~·**'col·lar** *adj.* Büro...: ~ *worker* (Büro)Angestellte(r *m*) *f*; ~ ***crime*** Weiße-Kragen-Kriminalität *f*; ~ **el·e·phant** *s.* **1.** *zo.* weißer Ele'fant; **2.** F lästiger Besitz; ♀ **En·sign** *s.* ⚓ *Brit.* Kriegsflagge *f*; '~**-faced** *adj.* blaß: ~ ***horse*** Blesse *f*; ~ **feath·er** *s.*: ***show the*** ~ sich feige zeigen, ‚kneifen'; ♀ **Fri·ar** *s. R.C.* Karme'liter(mönch) *m*; ~ **frost** *s.* (Rauh-)Reif *m*; ~ **goods** *s. pl.* **1.** Weißwaren *pl.*; **2.** Haushaltswäsche *f*; '~**-haired** *adj.* weiß- *od.* hellhaarig: ~ ***boy*** *Am.* F Liebling *m* (*des Chefs etc.*).

ˌ**White'hall** *s. Brit.* Whitehall *n*: a) *Straße in Westminster, London, Sitz der Ministerien*, b) *fig. die brit. Regierung od. ihre Politik*.

white| heat *s.* Weißglut *f* (*a. fig. Zorn*): ***work at a*** ~ mit fieberhaftem Eifer arbeiten; ~ **hope** *s.* **1.** *Am. sl.* weißer Boxer, der Aussicht auf den Meistertitel hat; **2.** F ‚*die* große Hoffnung' (*Person*); ~ **horse** *s.* **1.** *zo.* Schimmel *m*, weißes Pferd; **2.** → ***whitecap***; ˌ~**-'hot** *adj.* **1.** weißglühend (*a. fig. vor Zorn etc.*); **2.** *fig.* rasend (*Eile etc.*); ♀ **House** *s. das* Weiße Haus (*Regierungssitz des Präsidenten der USA in Washington*); ~ **lie** *s.* Notlüge *f*; ~ **line** *s.* weiße Linie, Fahrbahnbegrenzung *f*; '~**-ˌliv·ered** *adj.* feig(e); ~ **mag·ic** *s.* weiße Ma'gie (*Gutes bewirkende Zauberkunst*); ~ **man** *s.* [*irr.*] **1.** → ***white*** 7; **2.** F ‚feiner Kerl'; ~ **man's bur·den** *s. fig. die* Bürde des weißen Mannes; ~ **meat** *s.* weißes Fleisch (*vom Geflügel, Kalb etc.*); ~ **met·al** *s.* ⚙ a) Neusilber *n*, b) 'Weißmeˌtall *n*.

whit·en ['waɪtn] **I** *v/i.* **1.** weiß werden; **2.** bleich *od.* blaß werden; **II** *v/t.* **3.** weiß machen; **4.** bleichen; '**white·ness** [-nɪs] *s.* **1.** Weiße *f*; **2.** Blässe *f*; '**whit·en·ing** [-nɪŋ] *s.* **1.** Weißen *n*; **2.** Schlämmkreide *f*.

white| noise *s.* ⚡ weißes Rauschen; ~ **sale** *s.* ✝ Weiße Woche; ~ **sauce** *s.* helle Sauce; ~ **sheet** *s.* Büßerhemd *n*: ***stand in a*** ~ *fig.* s-e Sünden bekennen; ˌ~**-'slave** *adj.*: ~ ***agent*** → ~ **slav·er** *s.* Mädchenhändler *m*; '~**-smith** *s.* ⚙ **1.** Klempner *m*; **2.** *metall.* Feinschmied *m*; '~**-thorn** *s.* ⚘ Weißdorn *m*; '~**-throat** *s. orn.* (Dorn)Grasmücke *f*; ~ **tie** *s.* **1.** weiße Fliege; **2.** Abendanzug *m*; ~ **trash** *s. Am.* F **1.** arme weiße Bevölkerung; **2.** arme(r) Weiße(r) (*in den amer. Südstaaten*); '~**-wash I** *s.* **1.** Tünche *f*; **2.** flüssiges Hautbleichmittel; **3.** *fig.* F a) Tünche *f*, Beschönigung *f*, b) Ehrenrettung *f*, *contp.* ‚Mohrenwäsche' *f*, c) ✝ *Brit.* Schuldentlastung *f*; **4.** *sport* F ‚Zu-'Null-Niederlage' *f*; **II** *v/t.* **5.** a) tünchen, b) weißen, kalken; **6.** *fig.* a) über'tünchen, b) reinwaschen, rehabilitieren, c) ✝ *Brit. Bankrotteur* wieder zahlungsfähig erklären; **7.** *sport* F *Gegner* zu Null schlagen; ~ **wine** *s.* Weißwein *m*.

whit·ey ['waɪtɪ] *s. Am. contp.* **1.** Weiße(r) *m*; **2.** *oft* ♀ *coll.* die Weißen.

whith·er ['wɪðə] *adv. poet.* **1.** (*fragend*) wo'hin: ~ ***England?*** (*Schlagzeile*) England, wohin *od.* was nun?; **2.** (*relativ*) wohin: a) (*verbunden*) in welchen *etc.*, zu welchem *etc.*, b) (*unverbunden*) da'hin, wo.

whit·ing¹ ['waɪtɪŋ] *s. ichth.* Weißfisch *m*, Mer'lan *m*.

whit·ing² ['waɪtɪŋ] *s.* Schlämmkreide *f*.

whit·ish ['waɪtɪʃ] *adj.* weißlich.

whit·low ['wɪtləʊ] *s.* ⚕ 'Umlauf *m*, Nagelgeschwür *n*.

Whit [wɪt] *in Zssgn* Pfingst…: ~ ***Monday***; ~ ***Sunday***.

Whit·sun ['wɪtsn] **I** *adj.* Pfingst…, pfingstlich; **II** *s.* → '~**·tide** *s.* Pfingsten *n od. pl.*, Pfingstfest *n*.

whit·tle ['wɪtl] *v/t.* **1.** (zu'recht)schnitzen; **2.** ~ ***away*** *od.* ***off*** wegschnitze(l)n, -schnippeln; **3.** ~ ***down***, ~ ***away***, ~ ***off*** *fig.* a) (Stück für Stück) beschneiden, stutzen, verringern, b) *Gesundheit etc.* schwächen.

whiz(z) [wɪz] **I** *v/i.* **1.** zischen, schwirren, sausen (*Geschoß etc.*); **II** *s.* **2.** Zischen *n*, Sausen *n*; **3.** *Am.* F a) ‚Ka'none' *f* (*Könner*), b) tolles Ding; **III** *adj.* **4.** F ‚toll', ‚super'; ~ **kid** *s.* F ‚Wunderkind' *n*, Ge'nie *n*, *a.* ‚Senkrechtstarter' *m*.

who [hu:; hʊ] **I** *interrog.* **1.** wer: ♀***'s*** ♀ Wer ist Wer? (*Verzeichnis prominenter Persönlichkeiten*); ~ ***goes there?*** ⚔ (halt,) wer da?; **2.** F (*für* ***whom***) wen, wem; **II** *pron.* (*relativ*) **3.** (*unverbunden*) wer: ***I know*** ~ ***has done it***; **4.** (*verbunden*): welch, der (die, das): ***the man*** ~ ***arrived yesterday***.

whoa [wəʊ] *int.* brr!, halt!

who·dun·(n)it [ˌhu:'dʌnɪt] *s.* F ‚Krimi' *m* (*Kriminalroman etc.*).

who·ev·er [hu:'evə] **I** *pron.* (*relativ*) wer (auch) immer, jeder der; **II** *interrog.* F (*für* ***who ever***) wer denn nur.

whole [həʊl] **I** *adj.* ☐ → ***wholly***; **1.** ganz, voll(kommen, -ständig): ~ ***number*** ⩓ ganze Zahl; ***a*** ~ ***lot of*** F e-e ganze Menge; **2.** heil: a) unversehrt: ***with a*** ~ ***skin*** mit heiler Haut, b) unbeschädigt, ‚ganz'; **3.** Voll(wert)…: ~ ***food***; ~ ***meal*** Vollweizenmehl *n*; ~ ***milk*** Vollmilch *f*; (***made***) ***out of*** ~ ***cloth*** *Am.* F völlig aus der Luft gegriffen, frei erfunden; **II** *s.* **4.** *das* Ganze, Gesamtheit *f*: ***the*** ~ ***of London*** ganz London; ***the*** ~ ***of my property*** mein ganzes Vermögen; **5.** Ganze(s) *n*, Einheit *f*: ***in*** ~ ***or in part*** ganz oder teilweise; ***on the*** ~ im (großen u.) ganzen, alles in allem; '~**-bound** *adj.* in Ganzleder (gebunden); ˌ~**-'col·o(u)red** *adj.* einfarbig; ˌ~**-'heart·ed** *adj.* ☐ aufrichtig, rückhaltlos, voll, von ganzem Herzen; ˌ~**-'hog·ger** [-'hɒgə] *s. sl.* kompro'mißloser Mensch; *pol.* ‚'Hundert-('fünfzig)proˌzentige(r)' *m*; ˌ~**-'length I** *adj.* Ganz…, Voll…: ~ ***portrait*** Vollporträt *n*, Ganzbild *n*; **II** *s.* Por'trät *n od.* Statue *f* in voller Größe; ~ **life in·sur·ance** *s.* Erlebensfall-Versicherung *f*; '~**-meal** *adj.* Vollkorn…

whole·ness ['həʊlnɪs] *s.* **1.** Ganzheit *f*; **2.** Vollständigkeit *f*.

'**whole·sale I** *s.* **1.** ✝ Großhandel *m*: ***by*** ~ → 4; **II** *adj.* **2.** ✝ Großhandels…, Engros…: ~ ***dealer*** → ***wholesaler***; ~ ***purchase*** Einkauf *m* im großen, Engroseinkauf *m*; ~ ***trade*** Großhandel *m*; **3.** *fig.* a) Massen…, b) 'unterschiedslos, pau'schal: ~ ***slaughter*** Massenmord *m*; **III** *adv.* **4.** ✝ im großen, en gros; **5.** a) *fig.* in Bausch u. Bogen, 'unterschiedslos, b) massenhaft; '**wholeˌsal·er** [-ˌseɪlə] *s.* ✝ Großhändler *m*; Gros'sist *m*.

whole·some ['həʊlsəm] *adj.* ☐ **1.** gesund (*bsd. heilsam, bekömmlich*) (*a. fig. Humor, Strafe etc.*); **2.** gut, nützlich, zuträglich; '**whole·some·ness** [-nɪs] *s.* **1.** Gesundheit *f*, Bekömmlichkeit *f*; **2.** Nützlichkeit *f*.

ˌ**whole|-'time** → ***full-time***; ~ **tone** *s.* ♪ Ganzton *m*; '~**-wheat** *adj.* Vollkorn…

whol·ly ['həʊllɪ] *adv.* ganz, gänzlich, völlig.

whom [hu:m] **I** *pron.* (*interrog.*) **1.** wen; **2.** (*Objekt-Kasus von* ***who***): ***of*** ~ von wem; ***to*** ~ wem; **II** *pron.* (*relativ*) **3.** (*verbunden*) welchen, welche, welches, den (die, das); **4.** (*unverbunden*) wen; den(jenigen), welchen; die(jenige), welche; *pl.* die(jenigen), welche; **5.** (*Objekt-Kasus von* ***who***): ***of*** ~ von welchem *etc.*, dessen, deren; ***to*** ~ dem (der, denen); ***all of*** ~ ***were dead*** welche alle tot waren; **6.** welchem, welcher, welchen, dem (der, denen): ***the master*** ~ ***she serves*** der Herr, dem sie dient.

whoop [hu:p] **I** *s.* **1.** a) Schlachtruf *m*, b) (*bsd.* Freuden)Schrei *m*: ***not worth a*** ~ F keinen Pfifferling wert; **2.** ⚕ Keuchen *n* (*bei Keuchhusten*); **II** *v/i.* **3.** schreien, brüllen, *a.* jauchzen; **4.** ⚕ keuchen; **III** *v/t.* **5.** *et.* brüllen; **6.** ~ ***it up*** *Am. sl.* a) ‚auf den Putz hauen', ‚toll feiern'; b) die Trommel rühren (***for*** für).

whoop·ee ['wʊpi:] *Am.* F **I** *s.*: ***make*** ~ ‚auf den Putz hauen', ‚toll feiern', *a.* Sauf- *od.* Sexparties feiern; **II** *int.* [wʊ'pi:] juch'hu!

whoop·ing cough ['hu:pɪŋ] *s.* ⚕ Keuchhusten *m*.

whoops [wʊps] *int.* hoppla!

woosh [wʊʃ; wu:ʃ] *v/i.* zischen, sausen.

whop [wɒp] *v/t.* F vertrimmen (*a. fig. besiegen*); **whop·per** ['wɒpə] *s. sl.* **1.** Mordsding *n*; **2.** (faust)dicke Lüge; **whop·ping** ['wɒpɪŋ] *adj. u. adv.* F e'norm, Mords…

whore [hɔ:] **I** *s.* Hure *f*; **II** *v/i.* huren; '~**·house** *s.* Bor'dell *n*.

whorl [wɜ:l] *s.* **1.** ⚘ Quirl *m*; **2.** *anat.*, *zo.* Windung *f*; **3.** ⚙ Wirtel *m*.

whor·tle·ber·ry ['wɜ:tlˌberɪ] *s.* **1.** ⚘ Heidelbeere *f*: ***red*** ~ Preiselbeere *f*; **2.** → ***huckleberry***.

whose [hu:z] *pron.* **1.** (*fragend*) wessen: ~ ***is it?*** wem gehört es?; **2.** (*relativ*) dessen, deren.

who·sit ['hu:zɪt] *s.* F ‚Dingsda' *m, f, n*.

ˌ**who·so'ev·er** → ***whoever***.

why [waɪ] **I** *adv.* **1.** (*fragend u. relativ*) war'um, wes'halb, wo'zu: ~ ***so?*** wieso?, warum das?; ***the reason*** ~ (der Grund) weshalb; ***that is*** ~ deshalb; **II** *int.* **2.** nun (gut); **3.** (ja) na'türlich; **4.** ja doch (*als Füllwort*); **5.** na'nu; aber (… doch): ~***, that's Peter!*** aber das ist ja *od.* doch Peter!; **III** *s.* **6.** *das* War'um, Grund *m*: ***the*** ~ ***and wherefore*** das Warum u. Weshalb.

wick [wɪk] *s.* Docht *m*.

wick·ed ['wɪkɪd] *adj.* ☐ **1.** böse, gottlos, schlecht, sündhaft, verrucht: ***the*** ~ ***one*** *bibl.* der Böse, Satan *m*; **2.** böse, schlimm (*ungezogen, a. humor. schalkhaft*) (*a.* F *Schmerz, Wunde etc.*); **3.** boshaft, bösartig (*a. Tier*); **4.** gemein; **5.** *sl.* ‚toll', großartig; '**wick·ed·ness** [-nɪs] *s.* Gottlosigkeit *f*; Schlechtigkeit *f*, Verruchtheit *f*; Bosheit *f*.

wick·er ['wɪkə] **I** *s.* a) Weidenrute *f*, b) Korbweide *f*, c) → ***wickerwork***; **II** *adj.*

aus Weiden geflochten, Weiden...,
Korb..., Flecht...: ~ *basket* Weidenkorb *m*; ~ *chair* Rohrstuhl *m*; ~ *furni-*
ture Korbmöbel *pl.*; '~*work s.* **1.**
Flechtwerk *n*; **2.** Korbwaren *pl.*

wick·et ['wɪkɪt] *s.* **1.** Pförtchen *n*; **2.**
(Tür *f* mit) Drehkreuz *n*; **3.** (*mst vergit-*
tertes) Schalterfenster; **4.** *Kricket*: a)
Dreistab *m*, Tor *n*, b) Spielfeld *n*: *be*
on a good (*sticky*) ~ gut (schlecht)
stehen (*a. fig.*); *take a* ~ e-n Schläger
ausmachen; *keep* ~ Torwart sein; *win*
by 2 ~*s* das Spiel gewinnen, obwohl 2
Schläger noch nicht geschlagen haben;
first (*second etc.*) ~ *down* nachdem
der erste (zweite *etc.*) Schläger ausge-
schieden ist; '~**keep·er** *s.* Torhüter *m*.

wide [waɪd] **I** *adj.* □ → *widely*, **1.** breit
(*a. bei Maßangaben*): *a* ~ *forehead*
(*ribbon*, *street*); ~ *screen* (*Film*)
Breitwand *f*; *5 feet* ~ 5 Fuß breit; **2.**
weit, ausgedehnt: ~ *distribution*; ~ *dif-*
ference großer Unterschied; *a* ~ *pub-*
lic ein breites Publikum; *the* ~ *world*
die weite Welt; **3.** *fig.* a) ausgedehnt,
um'fassend, 'umfangreich, weitreichend, b) reich (*Erfahrung, Wissen*
etc.): ~ *culture* umfassende Bildung; ~
reading große Belesenheit; **4.** a) weit
(-gehend, -läufig), b) weitherzig, großzügig: *take* ~ *views* weitherzig *od.*
großzügig sein; **5.** weit offen, aufgeris-
sen: ~ *eyes*; **6.** weit, lose, nicht anliegend: ~ *clothes*; **7.** weit entfernt (*of*
von *der Wahrheit etc.*), weit'ab *vom*
Ziel; → *mark*¹ 11; **II** *adv.* **8.** weit: ~
apart weit auseinander; ~ *open* a) weit
offen, b) völlig ungedeckt (*Boxer*), c)
fig. schutzlos, d) → *wide-open* 2; *far*
and ~ weit u. breit; **9.** weit'ab (*vom*
Ziel, der Wahrheit etc.): *go* ~ weit da-
nebengehen; ¸~'**an·gle** *adj. phot.*
Weitwinkel...; ~ *lens*; ¸~'**eyed** *adj.*
1. hellwach (*a. fig.*); **2.** *fig.* aufgeweckt,
¸hell'; **3.** *fig.* wachsam, aufmerksam,
voll bewußt (*to gen.*); **II** *s.* '**wide-**
awake *s.* Kala'breser *m* (*Schlapphut*);
¸~'**eyed** *adj.* **1.** mit (weit) aufgerissenen Augen; **2.** *fig.* na'iv, kindlich.

wide·ly ['waɪdlɪ] *adv.* weit: ~ *scattered*
weitverstreut; ~ *known* weit u. breit
od. in weiten Kreisen bekannt; ~ *dis-*
cussed vieldiskutiert; *be* ~ *read* sehr
belesen sein; *differ* ~ a) sehr verschieden sein, b) sehr unterschiedlicher Meinung sein.

wid·en ['waɪdn] *v/t. u. v/i.* **1.** breiter machen (werden); **2.** (sich) erweitern (*a.*
fig.); **3.** (sich) vertiefen (*Kluft, Zwist*).
'**wide·ness** [-nɪs] *s.* **1.** Breite *f*; **2.** Ausdehnung *f* (*a. fig.*).

¸**wide-|'o·pen** *adj.* **1.** weitgeöffnet; **2.**
Am. äußerst ¸großzügig' (*Stadt etc., be-*
züglich Glücksspiel etc.); '~**spread**
adj. **1.** weitausgebreitet, ausgedehnt; **2.**
weitverbreitet.

widg·eon ['wɪdʒən] *pl.* -**eons**, *coll.*
-**eon** *s. orn.* Pfeifente *f*.

wid·ow ['wɪdəʊ] *s.* Witwe *f*; ~'*s mite bibl.*
Scherflein *n* der (armen) Witwe; '**wid-**
owed [-əʊd] *adj.* **1.** verwitwet; **2.** ver-
waist, verlassen; '**wid·ow·er** [-əʊə] *s.*
Witwer *m*; '**wid·ow·hood** [-əʊhʊd] *s.*
Witwenstand *m*.

width [wɪdθ] *s.* **1.** Breite *f*, Weite *f*: *2*
feet in ~ 2 Fuß breit; **2.** (Stoff-, Ta'pe-
ten-, Rock)Bahn *f*.

wield [wi:ld] *v/t.* **1.** *Macht, Einfluß etc.*
ausüben (*over* über *acc.*); **2.** *rhet.*
Werkzeug, Waffe handhaben, führen,
schwingen: ~ *the pen* die Feder führen,
schreiben; → *sceptre*.

wie·ner ['wi:nə] *s. Am.*, '**wie·nie**
['wi:nɪ] *s.* F Wiener Würstchen *n*.

wife [waɪf] *pl.* **wives** [waɪvz] *s.* **1.** (Ehe-)
Frau *f*, Gattin *f*: *wedded* ~ angetraute
Gattin; *take to* ~ zur Frau nehmen; **2.**
Weib *n*; '**wife·hood** [-hʊd] *s.* Ehestand
m e-r Frau; '**wife·like** [-laɪk], '**wife·ly**
[-lɪ] *adj.* (haus)fraulich; **wife swap-**
ping *s.* F Partnertausch *m*; **wif·ie**
['waɪfɪ] *s.* F Frauchen *n*.

wig [wɪg] *s.* Pe'rücke *f*; **wigged** [wɪgd]
adj. mit Perücke (versehen); **wig·ging**
['wɪgɪŋ] *s. Brit.* F Standpauke *f*.

wig·gle ['wɪgl] **I** *v/i.* **1.** → *wriggle* 1; **2.**
wackeln, schwänzeln; **II** *v/t.* **3.** wackeln
mit.

wight [waɪt] *s. obs. od. humor.* Wicht *m*,
Kerl *m*.

wig·wam ['wɪgwæm] *s.* Wigwam *m*, Indi'anerzelt *n*, -hütte *f*.

wild [waɪld] **I** *adj.* □ **1.** *allg.* wild: a) *zo.*
ungezähmt, in Freiheit lebend, gefähr-
lich, b) ♀ wildwachsend, c) verwildert,
'wildro¸mantisch, verlassen (*Land*), d)
unzivilisiert, bar'barisch (*Volk, Stamm*),
e) stürmisch: *a* ~ *coast*, f) wütend, heftig (*Sturm, Streit etc.*), g) irr, verstört: *a*
~ *look*, h) scheu (*Tier*), i) rasend (*with*
vor *dat.*): ~ *with fear*, j) F wütend (*a-*
bout über *acc.*): *drive s.o.* ~ F j-n wild
machen, j-n ¸auf die Palme bringen', k)
ungezügelt (*Person, Gefühl*), l) unbändig: ~ *delight*, m) F toll, verrückt, n)
ausschweifend, o) (*about*) versessen
od. scharf (auf *acc.*), wild (nach), p)
hirnverbrannt, unsinnig, abenteuerlich:
~ *plan*, q) plan-, ziellos: *a* ~ *guess* e-e
wilde Vermutung; *a* ~ *shot* ein Schuß
ins Blaue, r) wirr, wüst: ~ *disorder*; **II**
adv. **2.** aufs Gerate'wohl: *run* ~ a) ♀ ins
Kraut schießen, b) verwildern (*Garten*
etc., a. fig.); *shoot* ~ ins Blaue schießen; *talk* ~ a) (wild) drauflosreden, b)
sinnloses Zeug reden; **III** *s. rhet.* **3.** *a.*
pl. Wüste *f*; **4.** *a. pl.* Wildnis *f*; ~ *boar*
s. zo. Wildschwein *n*; '~**cat I** *s.* **1.** *zo.*
Wildkatze *f*; **2.** *fig.* Wilde(r *m*) *f*; **3.** →
wildcatting 2; **4.** ♀ 'Schwindelunter-
¸nehmen *n*; **5.** ♀ wilder Streik; **II** *adj.*
6. ♀ a) unsicher, spekula'tiv, b)
Schwindel...: ~ *company*, c) ungesetzlich, wild: ~ *strike*; '~¸**cat·ting** [-¸kætɪŋ]
s. **1.** wildes Spekulieren; **2.** wilde *od.*
spekula'tive Ölbohrung.

wil·der·ness ['wɪldənɪs] *s.* **1.** Wildnis *f*,
Wüste *f* (*a. fig.*): *voice* (*crying*) *in the*
~ a) *bibl.* Stimme des Predigers in der
Wüste, b) *fig.* Rufer in der Wüste; *be*
sent into the ~ *fig. pol.* in die Wüste geschickt werden; **2.** wildwachsen-
des Gartenstück; **3.** *fig.* Masse *f*, Gewirr *n*.

¸**wild-|'eyed** *adj.* mit wildem Blick; '~-
¸**fire** *s.* **1.** verheerendes Feuer: *spread*
like ~ sich wie ein Lauffeuer verbreiten
(*Nachricht etc.*); **2.** ✗ *hist.* griechisches
Feuer; '~¸**fowl** *s. coll.* Wildvögel *pl.*; ~
goose s. [*irr.*] Wildgans *f*; ¸~'**goose**
chase *s. fig.* vergebliche Mühe, frucht-
loses Unterfangen.

wild·ing ['waɪldɪŋ] *s.* ♀ a) Wildling *m*
(*unveredelte Pflanze*), bsd. Holzapfel-

baum *m*, b) *Frucht e-r solchen Pflanze.*
'**wild·life** *s. coll.* wildlebende Tiere *pl.*: ~
park Naturpark *m*.

wild·ness ['waɪldnɪs] *s. allg.* Wildheit *f*.
'**wild¸wa·ter** *s.* Wildwasser *n*: ~ *sport*.

wile [waɪl] **I** *s.* **1.** *mst pl.* List *f*, Trick *m*;
pl. Kniffe *pl.*, Schliche *pl.*, Ränke *pl.*;
II *v/t.* **2.** verlocken, j-n wohin locken;
3. → *while* 6.

wil·ful ['wɪlfʊl] *adj.* □ **1.** *bsd.* ⫶⫶ vorsätzlich: ~ *deceit* arglistige Täuschung; ~
murder Mord *m*; **2.** eigenwillig, -sin-
nig, halsstarrig; '**wil·ful·ness** [-nɪs] *s.*
1. Vorsätzlichkeit *f*; **2.** Eigenwille *m*,
-sinn *m*, Halsstarrigkeit *f*.

wil·i·ness ['waɪlɪnɪs] *s.* (Arg)List *f*, Verschlagenheit *f*, Gerissenheit *f*.

will¹ [wɪl] **I** *v/aux.* [*irr.*] **1.** (*zur Bezeich-*
nung des Futurs, Brit. mst nur 2. u. 3.
sg. u. pl.) werden: *he* ~ *come* er wird
kommen; **2.** wollen, werden, willens
sein zu: ~ *you pass me the bread,*
please? reichen Sie mir doch bitte das
Brot!; ~ *do!* *sl.* wird gemacht!; **3.** (*im-*
mer, bestimmt, unbedingt) werden (*oft*
a. unübersetzt): *birds* ~ *sing* Vögel singen; *boys* ~ *be boys* Jungen sind nun
einmal so; *accidents* ~ *happen* Unfäl-
le wird es immer geben; *you* ~ *get in*
my light! du mußt mir natürlich (immer) im Licht stehen!; **4.** *Erwartung,*
Vermutung od. Annahme: werden:
they ~ *have gone now* sie werden *od.*
dürften jetzt (wohl) gegangen sein; *this*
~ *be your train, I suppose* das ist wohl
dein Zug, das dürfte dein Zug sein; **5.**
→ *would*; **II** *v/i. u. v/t.* **6.** wollen, wünschen: *as you* ~! wie du willst!; →
would 3, *will*² II.

will² [wɪl] **I** *s.* **1.** Wille *m* (*a. phls.*): a)
Wollen *n*, b) Wunsch *m*, Befehl *m*, c)
(Be)Streben *n*, d) Willenskraft *f*: *an*
iron ~ ein eiserner Wille; *good* ~ guter
Wille (→ *a. goodwill*); ~ *to peace*
Friedenswille, ~ *to power* Machtwille,
-streben; *at* ~ nach Wunsch *od.* Belieben *od.* Laune; *of one's own* (*free*) ~
aus freien Stücken; *with a* ~ mit Lust u.
Liebe, mit Macht; *have one's* ~ s-n
Willen haben *od.* durchsetzen; **2.** *a.*
last ~ *and testament* ⫶⫶ letzter Wille,
Testa'ment *n*; **II** *v/t.* **3.** wollen, entscheiden; **4.** ernstlich *od.* fest wollen;
5. j-n (*durch Willenskraft*) zwingen (*to*
do zu tun): ~ *o.s.* (*in*)to sich zwingen
zu; **6.** ⫶⫶ (letzt)willig a) verfügen, b)
vermachen (*to dat.*); **III** *v/i.* **7.** wollen.

willed [wɪld] *adj.* ...willig, mit e-m ...
Willen; → *strong-willed etc.*

will·ful, will·ful·ness *bsd. Am.* → *wil-*
ful, wilfulness.

wil·lies ['wɪlɪz] *s. pl.* F: *get the* ~ ¸Zu-
stände' bekommen; *it gives me the* ~
dabei wird mir ganz anders, dabei läuft
es mir eiskalt den Rücken runter.

will·ing ['wɪlɪŋ] *adj.* □ **1.** *pred.* gewillt,
willens, bereit: *I am* ~ *to believe* ich
glaube gern; **2.** (bereit)willig; **3.** gern
geschehen *od.* geleistet: *a* ~ *gift* ein
gern gegebenes Geschenk; '**will·ing·ly**
[-lɪ] *adv.* bereitwillig, gern; '**will·ing-**
ness [-nɪs] *s.* (Bereit)Willigkeit *f*, Bereitschaft *f*, Geneigtheit *f*.

will·less ['wɪlləs] *adj.* willenlos.

will-o'-the-wisp [¸wɪləðə'wɪsp] *s.* **1.** Irrlicht *n* (*a. fig.*); **2.** *fig.* Illusi'on *f*, Phan-
'tom *n*.

wil·low[1] ['wɪləu] *s.* **1.** ♥ Weide *f*: *wear the ~ fig.* um den Geliebten trauern; **2.** F *Kricket:* Schlagholz *n*.

wil·low[2] ['wɪləu] **I** *s.* Spinnerei: Reißwolf *m*; **II** *v/t.* *Baumwolle etc.* wolfen, reißen.

wil·low·y ['wɪləuɪ] *adj.* **1.** weidenbestanden *od.* -artig; **2.** *fig.* a) biegsam, geschmeidig, b) gertenschlank.

'will·pow·er *s.* Willenskraft *f*.

wil·ly-nil·ly [ˌwɪlɪ'nɪlɪ] *adv.* wohl oder übel, nolens volens.

wilt[1] [wɪlt] *obs. od. poet.* du willst.

wilt[2] [wɪlt] *v/i.* **1.** (ver)welken, welk *od.* schlaff werden; **2.** F *fig.* a) schlappmachen, ,eingehen', b) nachlassen.

wil·y ['waɪlɪ] *adj.* □ gerissen.

wim·ple ['wɪmpl] *s.* **1.** *hist.* Rise *f*; **2.** (Nonnen)Schleier *m*.

win [wɪn] **I** *v/t.* [*irr.*] **1.** *Kampf, Spiel etc., a. Sieg, Preis* gewinnen: *~ s.th. from (od. of) s.o.* j-m et. abgewinnen; *~ one's way fig.* s-n Weg machen; → **day** 5, **field** 6; **2.** *Reichtum, Ruhm etc.* erlangen, *Lob* ernten; zu *Ehren* gelangen; → **spur** 1; **3.** j-m *Lob etc.* einbringen, -tragen; **4.** *Liebe, Sympathie, a. e-n Freund, j-s Unterstützung* gewinnen; **5.** *a. ~ over* j-n für sich gewinnen, auf s-e Seite ziehen, *a. j-s Herz* erobern; **6.** j-n dazu bringen (*to do* zu tun): *~ s.o. round* j-n ,rumkriegen'; **7.** *Stelle, Ziel* erreichen: *~ the shore*; **8.** *sein Brot, s-n Lebensunterhalt* verdienen; **9.** ✕ *sl.* ,organisieren'; **10.** ✕, *min.* a) *Erz, Kohle* gewinnen, b) erschließen; **II** *v/i.* [*irr.*] **11.** gewinnen, siegen: *~ hands down* F spielend gewinnen; *~ out* F sich durchsetzen (*over* gegen); *~ through* a) durchkommen, b) ans Ziel gelangen (*a. fig.*), c) *fig.* sich durchsetzen; **III** *s.* **12.** *bsd. sport* Sieg *m*.

wince [wɪns] **I** *v/i.* (zs.-)zucken, zs.-, zu-'rückfahren (*at* bei, *under* unter *dat.*); **II** *s.* (Zs.-)Zucken *n*.

winch [wɪntʃ] ❂ **I** *s.* **1.** Winde *f*, Haspel *f*; **2.** Kurbel *f*; **II** *v/t.* **3.** hochwinden.

wind[1] [wɪnd; *poet. a.* waɪnd] **I** *s.* **1.** Wind *m*: *before the ~* vor dem *od.* im Wind; *between ~ and water* a) ⚓ zwischen Wind u. Wasser, b) in der *od.* die Magengrube, c) *fig.* an e-r empfindlichen Stelle; *in(to) the ~'s eye* gegen den Wind; *like the ~* wie der Wind (*schnell*); *to the four ~s* in alle (vier) Winde, in alle (Himmels)Richtungen; *under the ~* ⚓ im Lee; *be in the ~ fig.* (heimlich) im Gange sein, in der Luft liegen; *cast (od. fling, throw) to the ~s fig.* Rat *etc.* in den Wind schlagen, *Klugheit etc.* außer acht lassen; *get (have) the ~ up sl.* ,Manschetten' *od.* ,Schiß' kriegen (haben); *know how the ~ blows fig.* wissen, woher der Wind weht; *put the ~ up s.o.* F j-n ins Bockshorn jagen; *raise the ~* F (das nötige) Geld auftreiben; *sail close to the ~* a) ⚓ hart am Wind segeln, b) *fig.* mit e-m Fuß im Zuchthaus stehen, sich hart an der Grenze des Erlaubten bewegen; *sow the ~ and reap the whirlwind* Wind säen u. Sturm ernten; *have (od. take) the ~ of* a) e-m *Schiff* den Wind abgewinnen, b) *fig.* e-n Vorteil *od.* die Oberhand haben über (*acc.*); *take the ~ out of s.o.'s sails fig.* j-m

den Wind aus den Segeln nehmen; *~ and weather permitting* bei gutem Wetter; → **ill** 4; **2.** ☺ a) (Gebläse- *etc.*) Wind *m*, b) Luft *f* in e-m *Reifen etc.*; **3.** ✻ (Darm)Wind(e *pl.*) *m*, Blähung(en *pl.*) *f*: *break ~* e-n Wind abgehen lassen; **4.** ♪ *the ~ coll.* die Blasinstrumente *pl.*, a. die Bläser *pl.*; **5.** *hunt.* Wind *m*, Witterung *f* (*a. fig.*): *get ~ of* a) wittern, b) *fig.* Wind bekommen von; **6.** Atem *m*: *have a good ~* e-e gute Lunge haben; *have a long ~* e-n langen Atem haben (*a. fig.*); *get one's second ~* den zweiten Wind bekommen, den toten Punkt überwunden haben; *sound in ~ and limb* kerngesund; *have lost one's ~* außer Atem sein; **7.** Wind *m*, leeres Geschwätz *n*; **II** *v/t.* **8.** *hunt.* wittern; **9.** *be ~ed* außer Atem *od.* erschöpft sein; **10.** verschnaufen lassen.

wind[2] [waɪnd] **I** *s.* **1.** Windung *f*, Biegung *f*; **2.** Um'drehung *f*; **II** *v/t.* [*irr.*] **3.** winden, wickeln, schlingen (*round* um *acc.*): *~ off (on) to a reel et.* ab- (auf-)spulen; **4.** *oft ~ up* a) auf-, hochwinden, b) *Garn etc.* aufwickeln, -spulen, c) *Uhr etc.* aufziehen, d) *Saite etc.* spannen; **5.** a) *Kurbel* drehen, b) kurbeln: *~ forward (back) Film* weiter- (zurück-)spulen; *~ up (down) Autofenster* hoch-(herunter)kurbeln; **6.** ⚓ *Schiff* wenden; **7.** (sich) *wohin* schlängeln: *~ o.s. (od. one's way) into s.o.'s affection fig.* sich j-s Zuneigung erschleichen; **III** *v/i.* [*irr.*] **8.** sich winden *od.* schlängeln (*a. Straße etc.*); **9.** sich winden *od.* wickeln *od.* schlingen (*round* um *acc.*); *~ off v/t.* abwickeln, -spulen; *~ up* **I** *v/t.* **1.** → **wind**[2] 4, 5; **2.** *fig.* anspannen, erregen, (hin'ein)steigern; **3.** *bsd. Rede* (ab)schließen; **4.** ♥ a) *Geschäft* abwickeln, b) *Unternehmen* auflösen, liquidieren; **II** *v/i.* **5.** (*bsd.* s-e Rede) schließen (*by saying* mit den Worten); **6.** F *wo* enden, ,landen': *he'll ~ in prison*; **7.** ♥ Kon'kurs machen.

wind·bag ['wɪndbæg] *s.* F *contp.* Schwätzer *m*, Schaumschläger *m*.

'wind·blown ['wɪnd-] *adj.* **1.** windig; **2.** windschief, (vom Wind) zerzaust; **4.** Windstoß...: *~ hairdo*; **'~·break** *s.* **1.** Windschutz *m* (*Hecke etc.*); **2.** Windbruch *m*; **'~·bro·ken** *adj.* *vet.* kurzatmig (*Pferd*); **'~·cheat·er** *s.* *Brit.* Windjacke *f*; *~ cone* ✈ Luftsack *m*.

wind·ed ['wɪndɪd] *adj.* **1.** außer Atem; **2.** *in Zssgn* ...atmig: *short-~*.

wind egg [wɪnd] *s.* Windei *n*.

wind·er ['waɪndə] *s.* **1.** Spuler(in) *f*; **2.** ☺ Winde *f*; **3.** ♥ Schlingpflanze *f*; **4.** a) Schlüssel *m* (*zum Aufziehen*), b) Kurbel *f*.

'wind·fall ['wɪnd-] *s.* **1.** Fallobst *n*; **2.** Windbruch *m*; **3.** *fig.* (unverhoffter) Glücksfall *od.* Gewinn; **'~·flow·er** *s.* ♥ Ane'mone *f*; *~ force* s. Windstärke *f*; *~ ga(u)ge* Wind(stärke-, -geschwindigkeits)messer *m*, Anemo'meter *n*.

wind·i·ness ['wɪndɪnɪs] *s.* Windigkeit *f* (*a. fig. contp.*).

wind·ing ['waɪndɪŋ] **I** *s.* **1.** Winden *n*, Spulen *n*; **2.** (Ein-, Auf)Wickeln *n*, (Um')Wickeln *n*; **3.** Windung *f*, Biegung *f*; **4.** Um'wick(e)lung *f*; **5.** ⚡ Wicklung *f*; **II** *adj.* □ **6.** gewunden: a) sich windend *od.* schlängelnd, b) Wendel...(-*treppe*); **7.** krumm, schief (*a.*

fig.); *~ sheet s.* Leichentuch *n*; *~ tack·le s.* ⚓ Gien *n* (*Flaschenzug*); '~·'**up** *s.* **1.** Aufziehen *n* (*Uhr etc.*): *~ mechanism* Aufziehwerk *n*; **2.** ♥ a) Abwicklung *f*, Erledigung *f* (*e-s Geschäfts*), b) Liquidati'on *f*, Auflösung *f* (*e-r Firma*); *~ sale* (Total)Ausverkauf *m*.

wind in·stru·ment [wɪnd] *s.* ♪ 'Blasinstru·ment *n*; '~·jam·mer [-ˌdʒæmə] *s.* **1.** ⚓ Windjammer *m* (*Schiff*); **2.** *Am. sl.* → **windbag**.

wind·lass ['wɪndləs] **I** *s.* **1.** ☺ Winde *f*; **2.** ✕ Förderhaspel *f*; **3.** ⚓ Ankerspill *n*; **II** *v/t.* hochwinden.

wind·less ['wɪndlɪs] *adj.* windstill.

wind·mill ['wɪnmɪl] *s.* **1.** Windmühle *f*: *tilt at (od. fight) ~s fig.* gegen Windmühlen kämpfen; *throw one's cap over the ~* a) Luftschlösser bauen, b) jede Vorsicht außer acht lassen; **2.** Windrädchen *n*.

win·dow ['wɪndəu] *s.* **1.** Fenster *n* (*a.* ☺, *geol.; a. im Briefumschlag*): *look out of (od. at) the ~* zum Fenster hinaussehen; **2.** Fensterscheibe *f*; **3.** Schaufenster *n*, Auslage *f*; **4.** (Bank- *etc.*)Schalter *m*; **5.** ✕ *Radar:* Störfolie *f*.

win·dow box *s.* Blumenkasten *m*; *~ clean·er s.* Fensterputzer *m*; *~ dis·play s.* Schaufensterauslage *f*, -re,klame *f*; '~·dress *v/t.* **1.** ♥ *Bilanz* verschleiern, ,frisieren'; **2.** ,aufputzen'; *~ dress·er s.* 'Schaufensterdekora,teur *m*; *~ dress·ing s.* **1.** 'Schaufensterdekorati,on *f*, **2.** *fig.* Aufmachung *f*, Mache *f*; **3.** ♥ Bi'lanzverschleierung *f*, ,Frisieren' *n*.

win·dowed ['wɪndəud] *adj.* mit Fenster(n) (versehen).

win·dow en·ve·lope *s.* 'Fenster,briefumschlag *m*; *~ gar·den·ing s.* Blumenzucht *f* am Fenster; *~ jam·ming s.* ✕ *Radar:* Folienstörung *f*; '~·pane *s.* Fensterscheibe *f*; '~·screen *s.* **1.** Fliegenfenster *n*; **2.** Zierfüllung *f* e-s Fensters (*aus Buntglas, Gitter etc.*); *~ seat s.* Fensterplatz *m*; *~ shade s. Am.* Rou'leau *n*, Jalou'sie *f*; '~·,shop·per *s.* j-d, der e-n Schaufensterbummel macht; '~·,shop·ping *s.* Schaufensterbummel *m*: *go ~* e-n Schaufensterbummel machen; *~ shut·ter s.* Fensterladen *m*; '~·sill *s.* Fensterbrett *n*, -bank *f*.

'wind·pipe ['wɪnd-] *s. anat.* Luftröhre *f*.

wind pow·er [wɪnd] *s.* Windkraft *f*; *~ rose s. meteor.* Windrose *f*; '~·sail *s.* **1.** Windflügel *m*; **2.** ⚓ Windsack *m*; '~·screen *s. Brit.*, '~·shield *s. Am. mot.* Windschutzscheibe *f*: *~ washer* Scheibenwaschanlage *f*; *~ wiper* Scheibenwischer *m*; '~·sleeve *s.*, '~·sock *s.* ✈ Luftsack *m*; '~·swept ['wɪnd-] *adj.* **1.** vom Wind gepeitscht; **2.** *fig.* Windstoß...(-*frisur*); '~·surf·ing *s.* Windsurfen *n*; *~ tun·nel* ✈, *phys.* 'Windka,nal *m*; '~·up ['waɪnd-] *s.* **1.** → **wind·ing-up** 2; **2.** Schluß *m*, Ende *n*.

wind·ward ['wɪndwəd] **I** *adv.* wind-, luvwärts; **II** *adj.* windwärts, Luv..., Wind...; **III** *s.* Windseite *f*, Luv(seite) *f*.

wind·y ['wɪndɪ] *adj.* □ **1.** windig: a) stürmisch (*Wetter*), b) zugig (*Ort*); **2.** *fig.* a) windig, hohl, leer, b) geschwätzig; **3.** ✻ blähend; **4.** *Brit. sl.* ner'vös, ängstlich.

wine [waɪn] **I** *s.* **1.** Wein *m*: *new ~ in old bottles bibl.* junger Wein in alten

Schläuchen (*a. fig.*); **2.** *Brit. univ.* Weinabend *m*; **II** *v/t.*: ~ **and dine** *s.o.* j-n fürstlich bewirten; '~**bib·ber** [-ˌbɪ-bə] *s.* Weinsäufer(in); '~**bot·tle** *s.* Weinflasche *f*; ~ **cool·er** *s.* Weinkühler *m*; ~ **cra·dle** *s.* Weinkorb *m*; '~**glass** *s.* Weinglas *n*; '~**grow·er** *s.* Weinbauer *m*; '~**grow·ing** Wein(an)bau *m*: ~ **area** Weinbaugebiet *n*; ~ **list** *s.* Weinkarte *f*; ~ **mer·chant** *s.* Weinhändler *m*; '~**press** *s.* Weinpresse *f*, -kelter *f*. **win·er·y** ['waɪnərɪ] *s.* Weinkelle'rei *f*. '**wine**|**skin** *s.* Weinschlauch *m*; ~ **stone** *s.* ⚗ Weinstein *m*; '~ˌ**tast·er** *s.* Weinprüfer *m*; '~ˌ**tast·ing** *s.* Weinprobe *f*.

wing [wɪŋ] **I** *s.* **1.** *orn.* Flügel *m* (*a.* ♀, *zo.*, *a.* ⚙, △, *a. pol.*); *rhet.* Schwinge *f*, Fittich *m* (*a. fig.*): **on the** ~ a) im Fluge, b) *fig.* auf Reisen; **on the** ~**s of the wind** mit Windeseile; **under** *s.o.'s* ~(*s*) *fig.* unter j-s Fittichen *od.* Schutz; **clip** *s.o.'s* ~**s** j-m die Flügel stutzen; **lend** ~**s to** a) *Hoffnung etc.* beflügeln, b) j-m Beine machen; **spread** (*od.* **try**) **one's** ~**s** versuchen, auf eigenen Beinen zu stehen *od.* sich durchzusetzen; **singe one's** ~**s** *fig.* sich die Finger verbrennen; **take** ~ a) aufsteigen, davonfliegen, b) aufbrechen, c) *fig.* beflügelt werden; **2.** Federfahne *f* (*Pfeil*); **3.** *humor.* Arm *m*; **4.** (Tür-, Fenster- *etc.*) Flügel *m*; **5.** *mst pl. thea.* ('Seiten)Ku-ˌlisse *f*: **wait in the** ~**s** *fig.* sich bereithalten; **6.** ✈ Tragfläche *f*; **7.** *mot.* Kotflügel *m*; **8.** ✕, ⚓ Flügel *m* (*Aufstellung*); **9.** ✈ a) *brit. Luftwaffe:* Gruppe *f*, b) *amer. Luftwaffe:* Geschwader *n*, c) *pl.* ✈ 'Schwinge' *f* (*Pilotenabzeichen*); **10.** *sport* a) Flügel *m* (*Spielfeldteil*), b) → **winger**; **II** *v/t.* **11.** mit Flügeln *etc.* versehen; **12.** *fig.* beflügeln (*beschleunigen*); **13.** *Strecke* (durch)'fliegen; **14.** a) *Vogel* anschießen, flügeln, b) F *j-n* (*bsd. am Arm*) verwunden; **III** *v/i.* **15.** fliegen; ~ **as·sem·bly** *s.* ✈ Tragwerk *n*; '~**beat** *s.* Flügelschlag *m*; ~ **case** *s.* *zo.* Flügeldecke *f*; ~ **chair** *s.* Ohrensessel *m*; ~ **com·mand·er** *s.* ✈, ✕ **1.** *Brit.* Oberst'leutnant *m* der Luftwaffe; **2.** *Am.* Ge'schwaderkommoˌdore *m*; ~ **cov·ert** *s. zo.* Deckfeder *f*.

wing·ding ['wɪŋdɪŋ] *s. sl.* **1.** (*a.* Wut-) Anfall *m*; **2.** ˌtolles Ding'.

winged [wɪŋd] *adj.* □ **1.** *orn.*, *a.* ♀ geflügelt; Flügel...; *in Zssgn* ...flügelig: **the** ~ **horse** *fig.* der Pegasus; ~ **screw** ⚙ Flügelschraube *f*; ~ **words** *fig.* geflügelte Worte; **2.** *fig.* a) beflügelt, schnell, b) beschwingt.

wing·er ['wɪŋə] *s. sport* Außen-, Flügelstürmer *m*.

wing| **feath·er** *s. orn.* Schwungfeder *f*; '~ˌ**heav·y** *adj.* ✈ querlastig; ~ **nut** *s.* ⚙ Flügelmutter *f*; '~**o·ver** *s.* ✈ Immelmann-Turn *m*; ~ **sheath** → **wing case**; '~**span**, '~**spread** *s. orn.*, ✈ Spannweite *f*.

wink [wɪŋk] **I** *v/i.* **1.** blinzeln, zwinkern: ~ **at** a) j-m zublinzeln, b) *fig.* ein Auge zudrücken bei, *et.* ignorieren; **as easy as** ~**ing** *Brit.* F kinderleicht; **like** ~**ing** F wie der Blitz; **2.** blinken, flimmern (*Licht*); **II** *v/t.* **3.** mit *den Augen* blinzeln *od.* zwinkern; **III** *s.* **4.** Blinzeln *n*, Zwinkern *n*, Wink *m* (*mit den Augen*): **forty** ~**s** Nickerchen *n*; **not to sleep a** ~, **not to get a** ~ **of sleep** kein Auge

zutun; → *tip³* 5; *in a* ~ im Nu.

win·kle ['wɪŋkl] **I** *s. zo.* (eßbare) Strandschnecke; **II** *v/t.* ~ **out** a) her'ausziehen (*a. fig.* F), b) F *j-n* aussieben, -sondern.

win·ner ['wɪnə] *s.* **1.** Gewinner(in), *sport a.* Sieger(in); **2.** sicherer Gewinner; **3.** ˌtodsichere' Sache; **4.** ˌSchlager' *m.*

win·ning ['wɪnɪŋ] **I** *adj.* □ **1.** *bsd. sport* siegreich, Sieger..., Sieges...; **2.** entscheidend: ~ **hit**; **3.** *fig.* gewinnend, einnehmend; **II** *s.* **4.** ✕ Abbau *m*, Gewinnung *f*; **5.** *pl.* Gewinn *m* (*bsd. im Spiel*); **6.** Gewinnen *n*, Sieg *m*; ~ **post** *s. sport* Zielpfosten *m.*

win·now ['wɪnəʊ] **I** *v/t.* **1.** a) *Getreide* schwingen, b) *Spreu* trennen (**from** von); **2.** *fig.* sichten; **3.** *fig.* trennen, (unter)'scheiden (**from** von); **II** *s.* **4.** Wanne *f*, Futterschwinge *f.*

wi·no ['waɪnəʊ] *pl.* **-nos** *s. Am. sl.* ˌWeinsüffel' *m*, Weinsäufer(in).

win·some ['wɪnsəm] *adj.* □ **1.** gewinnend: ~ **smile**; **2.** (lieb)reizend.

win·ter ['wɪntə] **I** *s.* **1.** Winter *m*; **2.** *poet.* Lenz *m*, (Lebens)Jahr *n*: **a man of fifty** ~**s**; **II** *v/i.* **3.** (*a. v/t. Tiere, Pflanzen*) über'wintern; **III** *adj.* **4.** winterlich; Winter...: ~ **crop** ♪ Winterfrucht *f*; ~ **garden** Wintergarten *m*; ~ **sleep** Winterschlaf *m*; ~ **sports** Wintersport *m*; **win·ter·ize** ['wɪntəraɪz] *v/t.* auf den Winter vorbereiten, *bsd.* ⚙ winterfest machen; '**win·ter·tide** *s.* Winter(zeit *f*) *m*; '~ˌ**weight** *adj.* Winter...: ~ **clothes.**

win·tri·ness ['wɪntrɪnɪs] *s.* Kälte *f*, Frostigkeit *f*; **win·try** ['wɪntrɪ] *adj.* **1.** winterlich, frostig; **2.** *fig. a*) trüb(e), b) alt, c) frostig: ~ **smile.**

wipe [waɪp] **I** *s.* **1.** (Ab)Wischen *n*: **give** *s.th.* **a** ~ *et.* abwischen; **2.** F a) (harter) Schlag, b) *fig.* Seitenhieb *m*; **II** *v/t.* **3.** (ab-, sauber-, trocken)wischen, abreiben, reinigen: ~ *s.o.'s* **eye** (**for him**) *sl.* j-n ausstechen; ~ **one's lips** sich den Mund wischen; → **floor** 1; ~ **off 1.** ab-, wegwischen; **2.** *fig.* bereinigen, auslöschen; *Rechnung* begleichen: **wipe** *s.th.* **off the slate** *et.* begraben *od.* vergessen; ~ **out 1.** auswischen; **2.** wegwischen, (aus)löschen, tilgen (*a. fig.*): ~ **a disgrace** e-n Schandfleck tilgen, e-e Scharte auswetzen; **3.** *Armee, Stadt etc.* vernichten, ˌausradieren'; *Rasse etc.* ausrotten; ~ **up** *v/t.* **1.** aufwischen; **2.** (ab)trocknen.

wip·er ['waɪpə] *s.* **1.** Wischer *m* (*Person od. Vorrichtung*); **2.** Wischtuch *n*; **3.** ⚙ a) Hebedaumen *m*, b) Abstreifring *m*, c) ⚡ Kon'takt-, Schleifarm *m*; **4.** → **wipe** 2.

wire ['waɪə] *s.* **1.** Draht *m*; **2.** ⚡ Leitung(sdraht *m*) *f*; → *live²* 3; **3.** ⚡ (Kabel)Ader *f*; **4.** F Tele'gramm *n*: **by** ~ telegraphisch; **5.** *pl.* a) Drähte *pl.* *e-s Marionettenspiels*, b) *fig.* geheime Fäden *pl.*, Beziehungen *pl.*: **pull the** ~ a) der Drahtzieher sein, b) s-e Beziehungen spielen lassen; **6.** *opt.* Faden *m im Okular*; **7.** ♪ Drahtsaite *n pl.*) *f*; **II** *adj.* **8.** Draht...: ~ **brush**; **III** *v/t.* **9.** mit Draht(geflecht) versehen; **10.** mit Draht zs.-binden *od.* befestigen; **11.** ⚡ Leitungen zs.-binden *od.*, (be)schalten, verdrahten: ~ **to** anschließen an (*acc.*); **12.** F e-e Nachricht *od.* j-m telegraphieren; **13.** *hunt.* mit Drahtschlingen fangen;

IV *v/i.* **14.** F telegraphieren: ~ **away** *od.* **in** *sl.* loslegen, sich ins Zeug legen; ~ **cloth** → **wire gauze**; ~ **cut·ter** *s.* ⚙ Drahtschere *f*; '~**draw** *v/t.* [*irr.* → **draw**] **1.** ⚙ *Metall* drahtziehen; **2.** *fig.* a) in die Länge ziehen, b) *Argument* über'spitzen; '~**drawn** *adj. fig.* a) langatmig, b) über'spitzt; ~ **en·tan·gle·ment** *s.* ✕ Drahtverhau *m*; ~ **ga(u)ge** *s.* ⚙ Drahtlehre *f*; ~ **gauze** *s.* Drahtgaze *f*, -gewebe *n*; '~**haired** *adj. zo.* Drahthaar...: ~ **terrier.**

wire·less ['waɪəlɪs] ⚡ **I** *adj.* **1.** drahtlos, Funk...: ~ **message** Funkspruch *m*; **2.** *Brit.* Radio...; → **set** → 3; **II** *s.* **3.** *Brit.* 'Radio(appaˌrat) *n*: **on the** ~ im Radio *od.* Rundfunk; **4.** *abbr.* **für** ~ **telegraphy**, ~ **telephony** *etc.*; **III** *v/t.* *Brit.* **5.** *Nachricht etc.* funken; ~ **car** *s. Brit.* Funkstreifenwagen *m*; ~ **op·er·a·tor** *s.* ✈ (Bord)Funker *m*; ~ **pi·rate** *s.* Schwarzhörer *m*; ~ (**re·ceiv·ing**) **set** *s.* (Funk)Empfänger *m*; ~ **sta·tion** *s.* (*a.* 'Rund)Funkstatiˌon *f*; ~ **te·leg·ra·phy** *s.* drahtlose Telegra'phie, 'Funktelegraˌphie *f*; ~ **te·leph·o·ny** *s.* drahtlose Telepho'nie, Sprechfunk *m.*

'**wire**|**man** [-mən] *s.* [*irr.*] **1.** Tele'graphen-, Tele'phonarbeiter *m*; **2.** E'lektroinstallaˌteur *m*; **3.** 'Abhörspeziaˌlist *m*; ~ **net·ting** *s.* ⚙ Drahtnetz *n*; **2.** *pl.* Maschendraht *m*; '~ˌ**pho·to** *s.* 'Bildteleˌgramm *n*; '~ˌ**pull·er** *s. fig.* ˌDrahtzieher' *m*; '~ˌ**pull·ing** *s. bsd. pol.* ˌDrähtziehe'rei *f*; ~ **rod** *s.* ⚙ Walz-, Stabdraht *m*; ~ **rope** *s.* Drahtseil *n*; ~ **rope·way** *s.* Drahtseilbahn *f*; ~ **ser·vice** *s. Am.* 'Nachrichtenagenˌtur *f*; '~**tap** *v/t. u. v/i.* (*j-s*) Tele'fongespräche abhören, (*j-s*) Leitung(en) anzapfen; '~ˌ**tap·ping** *s.* Abhören *n*, Anzapfen *n* (*von Tele'phonleitungen*); '~ˌ**walk·er** *s.* 'Drahtseilakroˌbat(in), Seiltänzer(in); '~**worm** *s. zo.* Drahtwurm *m*; '~**wove** *adj.* **1.** Velin...(-*papier*); **2.** aus Draht geflochten.

wir·ing ['waɪərɪŋ] *s.* **1.** Verdrahtung *f* (*a.* ⚡); **2.** ⚡ a) (Be)Schaltung *f*, b) Leitungsnetz *n*: ~ **diagram** Schaltplan *m*, -schema *n...*

wir·y ['waɪərɪ] *adj.* □ **1.** Draht...; **2.** drahtig (*Haar, Muskeln, Person etc.*); **3.** a) vibrierend, b) me'tallisch (*Ton*).

wis·dom ['wɪzdəm] *s.* Weisheit *f*, Klugheit *f*; ~ **tooth** *s.* [*irr.*] Weisheitszahn *m*: **cut one's** ~ **teeth** *fig.* vernünftig werden.

wise¹ [waɪz] **I** *adj.* □ → **wisely**; **1.** weise, klug, erfahren, einsichtig; **2.** gescheit, verständig; **3.** wissend, unter-'richtet: **be none the** ~**r** (**for it**) nicht klüger sein als zuvor; **without anybody being the** ~**r for it** ohne daß es j-d gemerkt hätte; ~**r after the event** um e-e Erfahrung klüger; **be** ~ **to** F Bescheid wissen über (*acc.*); **get** ~ **to** F *et.* ˌspitzkriegen', *j-n od. et.* durch'schauen; **put** *s.o.* ~ **to** F j-m *et.* ˌstecken'; **4.** schlau, gerissen; **5.** F neunmalklug: ~ **guy** ˌKlugscheißer' *m*; **6.** *obs.* ~ **man** Zauberer *m*; ~ **woman** a) Hexe *f*, b) Wahrsagerin *f*, c) weise Frau (*Hebamme*); **II** *v/t.* **7.** ~ **up** *Am.* informieren (**to** über *acc.*); **III** *v/i.* **8.** ~ **up** *Am.* a) ˌschlau' werden, b) ~ **up to** *et.* ˌspitzkriegen'.

wise² [waɪz] *s. obs.* Art *f*, Weise *f*: **in**

any ~ auf irgendeine Weise; *in no* ~ in keiner Weise, keineswegs; *in this* ~ auf diese Art u. Weise.

-wise [waɪz] *in Zssgn* a) ...artig, nach Art von, b) ...weise, c) F ...mäßig.

'wise|**a·cre** [-ˌeɪkə] s. Neunmalkluge(r) *m*, Besserwisser *m*; **'~crack** F I *s.* witzige *od.* treffende Bemerkung; Witze-'lei *f*; II *v/i.* witzeln, ‚flachsen'; **'~crack·er** *s.* F Witzbold *m*.

wise·ly ['waɪzlɪ] *adv.* **1.** weise (*etc.*; → *wise¹ 1 u. 2*); **2.** klug, kluger-, vernünftigerweise; **3.** (wohl)weislich.

wish [wɪʃ] I *v/t.* **1.** (sich) wünschen; **2.** wollen, wünschen: *I ~ I were rich* ich wollte, ich wäre reich; *I ~ you to come* ich möchte, daß du kommst; ~ *s.o. further* (*od. at the devil*) j-n zum Teufel wünschen; ~ *o.s. home* sich nach Hause sehnen; **3.** hoffen: *I ~ it may prove true*; *it is to be ~ed* es ist zu hoffen *od.* wünschen; **4.** j-m Glück, Spaß *etc.* wünschen: ~ *s.o. well* (*ill*) j-m wohl- (übel)wollen) j-m et. wohl- (übel)wollen; ~ *s.th. on s.o.* j-m et. (*Böses*) wünschen, j-m et. aufhalsen; → *joy 1*; **5.** j-m guten Morgen *etc.* wünschen; *j-m Adieu etc.* sagen: ~ *s.o. farewell*; II *v/i.* **6.** wünschen: ~ *for* sich et. wünschen, sich sehnen nach; *he cannot ~ for anything better* er kann sich nichts Besseres wünschen; III *s.* **7.** Wunsch *m*: a) Verlangen *n* (*for* nach), b) Bitte *f* (*for* um *acc.*), c) *das Gewünschte*: *you shall have your ~* du sollst haben, was du dir wünschst; → *father 8*; **8.** *pl.* gute Wünsche *pl.*, Glückwünsche *pl.*: *good ~es*; **'wishbone** *s.* **1.** *orn.* Brust-, Gabelbein *n*; **2.** *mot.* Dreiecklenker *m*: ~ *suspension* Schwingarmfederung *f*; **wish·ful** ['wɪʃfʊl] *adj.* □ **1.** vom Wunsch erfüllt, begierig (*to do* zu tun); **2.** sehnsüchtig: ~ *thinking* Wunschdenken *n*.

wish·ing | **bone** ['wɪʃɪŋ] → *wishbone 1*; ~ **cap** *s.* Zauber-, Wunschkappe *f*.

wish-wash ['wɪʃwɒʃ] *s.* **1.** labberiges Zeug (*a. fig. Geschreibsel*); **2.** *fig.* Geschwätz *n*; **wish·y·wash·y** ['wɪʃɪˌwɒʃɪ] *adj.* labberig: a) wäßrig, b) *fig.* saft- u. kraftlos seicht.

wisp [wɪsp] *s.* **1.** (*Stroh- etc.*)Wisch *m*, (*Heu-, Haar*)Büschel *n*; (*Haar*)Strähne *f*; **2.** Handfeger *m*; **3.** Strich *m*, Zug *m* (*Vögel*); **4.** Fetzen *m*, Streifen *m*: ~ *of smoke* Rauchfetzen *m*; *a ~ of a boy* ein schmächtiges Bürschchen; **'wisp·y** [-pɪ] *adj.* **1.** büschelig (*Haar etc.*); **2.** dünn, schmächtig.

wist·ful ['wɪstfʊl] *adj.* □ **1.** sehnsüchtig, wehmütig; **2.** nachdenklich, versonnen.

wit¹ [wɪt] *s.* **1.** *oft pl.* geistige Fähigkeiten *pl.*, Intelli'genz *f*; **2.** *oft pl.* Verstand *m*: *be at one's ~s' end* mit s-r Weisheit zu Ende sein; *have one's ~s about one* s-e fünf Sinne beisammen haben; *keep one's ~s about one* e-n klaren Kopf behalten; *live by one's ~s* sich mehr oder weniger ehrlich durchs Leben schlagen; *out of one's ~s* von Sinnen, verrückt; *frighten s.o out of his ~s* j-n zu Tode erschrecken; **3.** Witz *m*, Geist *m*, Es'prit *m*; **4.** witziger Kopf, geistreicher Mensch; **5.** *obs.* Witz *m*, witziger Einfall.

wit² [wɪt] *v/t. u. v/i.* [*irr.*] *obs.* wissen: *to ~ bsd. tź das heißt, nämlich.

witch [wɪtʃ] I *s.* **1.** Hexe *f*, Zauberin *f*:

~**es' sabbath** Hexensabbat *m*; **2.** *fig.* alte Hexe; **3.** F betörendes Wesen, bezaubernde Frau; II *v/t.* **4.** be-, verhexen; **'~craft** *s.* **1.** Hexe'rei *f*, Zaube'rei *f*; **2.** Zauber(kraft *f*) *m*; ~ **doc·tor** *s.* Medi'zinmann *m*.

witch·er·y ['wɪtʃərɪ] *s.* **1.** → *witchcraft*; **2.** *fig.* Zauber *m*.

witch hunt *s. bsd. pol.* Hexenjagd *f* (*for, against* auf *acc.*).

witch·ing ['wɪtʃɪŋ] *adj.* □ **1.** Hexen...: ~ *hour* Geisterstunde *f*; **2.** → *bewitching*.

wit·e·na·ge·mot [ˌwɪtɪnəgɪ'məʊt] *s. hist.* gesetzgebende Versammlung im Angelsachsenreich.

with [wɪð] *prp.* **1.** mit (*vermittels*): *cut a knife*; *fill ~ water*; **2.** (*zs.*) mit: *he went ~ his friends*; **3.** nebst, samt: *all expenses*; **4.** mit (*besitzend*): *a coat ~ three pockets*; ~ *no hat* ohne Hut; **5.** mit (*Art u. Weise*): ~ *care*; ~ *a smile*; ~ *the door open* bei offener Tür; **6.** in Über'einstimmung mit: *I am quite ~ you* ich bin ganz Ihrer Ansicht *od.* ganz auf Ihrer Seite; **7.** mit (*in derselben Weise, im gleichen Grad, zur selben Zeit*): *the sun changes ~ the seasons*; *rise ~ the sun*; **8.** bei: *sit (sleep) ~ s.o.*; *work ~ a firm*; *I have no money ~ me*; **9.** (*kausal*) durch, vor (*dat.*), von, an (*dat.*): *die ~ cancer* an Krebs sterben; *stiff ~ cold* steif vor Kälte; *wet ~ tears* von Tränen naß, tränennaß; *tremble ~ fear* vor Furcht zittern; **10.** bei, für: *God all things are possible* bei Gott ist kein Ding unmöglich; **11.** gegen, mit: *fight ~ s.o.*; **12.** bei, auf seiten (*von*): *it rests ~ you to decide* die Entscheidung liegt bei dir; **13.** trotz, bei: ~ *all her brains* bei all ihrer Klugheit; **14.** angesichts, in Anbetracht der Tatsache, daß: *you can't leave ~ your mother so ill* du kannst nicht weggehen, wenn deine Mutter so krank ist; **15.** ~ *it sl.* a) (*auf Draht*, ‚schwer auf der Höhe', b) modebewußt, c) up to date, modern: *get ~ it!* mach mit!, sei kein Frosch!

with·al [wɪ'ðɔːl] *obs.* I *adv.* außerdem, ‚oben'drein, da'bei; II *prp.* (*nachgestellt*) mit.

with·draw [wɪð'drɔː] [*irr. → draw*] I *v/t.* **1.** (*from*) zu'rückziehen, -nehmen (von, aus): a) wegnehmen, entfernen (von, aus), *Schlüssel etc.*, *a. ✕ Truppen* abziehen, her'ausziehen (aus), b) entziehen (*dat.*), c) einziehen, d) *fig.* *Auftrag, Aussage etc.* wider'rufen, *Wort etc.* zu'rücknehmen: ~ *a motion* e-n Antrag zu'rückziehen; **2.** *♦* *Geld* abheben, *a. Kapital* entnehmen (*to Kredit* kündigen; II *v/i.* **3.** (*from*) sich zu'rückziehen (von, aus): a) sich entfernen, b) zu'rücktreten, *✕ a.* sich absetzen, c) zu'rücktreten (von *e-m Posten, Vertrag*), d) austreten (aus *e-r Gesellschaft*), e) *fig.* sich distanzieren (von *j-m, e-r Sache*): ~ *within o.s. fig.* sich in sich selbst zurückziehen; **with·draw·al** [-ɔːl] *s.* **1.** Zu'rückziehung *f*, -nahme *f* (*a. fig. Widerrufung*) (*a. ✕ von Truppen*): ~ (*from circulation*) Einziehung, Außerkurssetzung *f*; **2.** *♦* (*Geld*)Abhebung *f*, Entnahme *f*; **3.** *bsd. ✕* Abzug *m*, Rückzug *m*; **4.** (*from*) Rücktritt *m* (von *e-m Amt, Vertrag etc.*), Ausscheiden *n*

(aus); **5.** Entzug *m*; **6.** *♂* Entziehung *f*: ~ *cure*; ~ *symptoms* Entziehungs-, Ausfallserscheinungen *pl.*; **7.** *sport* Startverzicht *m*; **with'drawn** [-ɔːn] I *pp. von withdraw*; II *adj.* **1.** *psych.* in sich gekehrt; **2.** zu'rückgezogen.

with·er ['wɪðə] I *v/i.* **1.** *oft* ~ *up* (ver)welken, verdorren, austrocknen; **2.** *fig.* a) vergehen (*Schönheit etc.*), b) ‚eingehen' (*Firma etc.*), c) *oft* ~ *away* schwinden (*Hoffnung etc.*); II *v/t.* **3.** (ver)welken lassen, ausdörren, -trocknen: ~*ed fig.* verhutzelt; **4.** *fig.* j-n mit e-m Blick *etc.*, *a. j-s Ruf* vernichten; **with·er·ing** ['wɪðərɪŋ] *adj.* □ **1.** ausdörrend; **2.** *fig.* vernichtend: *a ~ look* (*remark*).

with·ers ['wɪðəz] *s. pl. zo.* 'Widerrist *m* (*Pferd etc.*): *my ~ are unwrung fig.* das trifft mich nicht.

with'hold *v/t.* [*irr. → hold²*] **1.** zu'rück-, abhalten (*s.o. from* j-n von et.): ~ *o.s. from s.th.* sich e-r Sache enthalten; *~ing tax* Quellensteuer *f*; **2.** vorenthalten, versagen (*s.th. from s.o.* j-m et.).

with·in [wɪ'ðɪn] I *prp.* **1.** innerhalb von (*od. gen.*), in (*dat.*) (*beide a. zeitlich binnen*): ~ *3 hours* binnen *od.* in nicht mehr als 3 Stunden; ~ *a week of his arrival* e-e Woche nach *od.* vor s-r Ankunft; **2.** im *od.* in den Bereich von: ~ *call* (*hearing, reach, sight*) in Ruf- (Hör-, Reich-, Sicht)weite; ~ *the meaning of the Act* im Rahmen des Gesetzes; ~ *my powers* a) im Rahmen m-r Befugnisse, b) soweit es in m-n Kräften steht; ~ *o.s. sport* ohne sich zu verausgaben (*laufen etc.*); *live ~ one's income* seinen s-e Verhältnisse leben; **3.** im 'Umkreis von, nicht weiter (entfernt) als: ~ *a mile of* bis auf e-e Meile von; → *ace 3*; II *adv.* **4.** (dr)innen, drin, im Innern: ~ *and without* innen u. außen; *from ~* von innen; **5.** a) im *od.* zu Hause, drinnen, b) ins Haus, hi'nein; **6.** *fig.* innerlich, im Innern; III *s.* *7. das Innere*.

with·out [wɪ'ðaʊt] I *prp.* **1.** ohne (*doing* zu tun): ~ *difficulty*; ~ *his finding me* ohne daß er mich fand *od.* findet; ~ *doubt* zweifellos; → *do without, go without*; **2.** außerhalb, jenseits, vor (*dat.*); II *adv.* **3.** (dr)außen, äußerlich; **4.** ohne: *go ~* leer ausgehen; III *s.* **5.** *das Äußere*: *from ~* von außen; IV *cj.* **6.** *a. ~ that obs. od.* F a) wenn nicht, außer wenn, b) ohne daß.

with'stand [*irr. → stand*] *v/t.* wider'stehen (*dat.*): a) sich wider'setzen (*dat.*), b) aushalten (*acc.*), standhalten (*dat.*).

wit·less ['wɪtlɪs] *adj.* □ **1.** geist-, witzlos; **2.** dumm, einfältig; **3.** verrückt; **4.** ahnungslos.

wit·ness ['wɪtnɪs] I *s.* **1.** Zeuge *m*, Zeugin *f* (*a. tż u. fig.*): *be a ~ of s.th.* Zeuge von et. sein; *call s.o. to ~* j-n als Zeugen anrufen; *a living ~ to* ein lebender Zeuge (*gen.*); ~ *for the prosecution* (*Brit. a. for the Crown*) Belastungszeuge: *prosecuting ~* a) Nebenkläger(in), b) Belastungszeuge; ~ *for the defence* (*Am. defense*) Entlastungszeuge; *≈ eccl.* Zeuge Je'hovas; **2.** Zeugnis *n*, Bestätigung *f*, Beweis *m* (*of, to gen. od.* für): *bear ~ to* (*od. of*) Zeugnis ablegen von, et. bestätigen; *in ~ whereof* zum Zeugnis *od.* urkundlich

dessen; **II** v/t. **3.** bezeugen, beweisen: ~ **Shakespeare** als Beweis dient Shakespeare; **4.** Zeuge sein von, zu'gegen sein bei, (mit)erleben (a. fig.); **5.** fig. zeugen von, Zeuge sein von; **6.** ɪ̈ɪ̈ j-s Unterschrift beglaubigen, Dokument als Zeuge unter'schreiben; **III** v/i. **7.** zeugen, Zeuge sein, Zeugnis ablegen, ɪ̈ɪ̈ a. aussagen (**against** gegen, **for, to** für): ~ **to s.th.** fig. et. bezeugen; **this agreement ~eth** ɪ̈ɪ̈ dieser Vertrag be'inhaltet; ~ **box** bsd. Brit., ~ **stand** Am. s. ɪ̈ɪ̈ Zeugenstand m.

wit·ted ['wɪtɪd] adj. in Zssgn ...denkend, ...sinnig; → **half-witted** etc.

wit·ti·cism ['wɪtɪsɪzəm] s. witzige Bemerkung.

wit·ti·ness ['wɪtɪnɪs] s. Witzigkeit f.

wit·ting·ly ['wɪtɪŋlɪ] adv. wissentlich.

wit·ty ['wɪtɪ] adj. □ witzig, geistreich.

wives [waɪvz] pl. von **wife**.

wiz [wɪz] F für **wizard** 2.

wiz·ard ['wɪzəd] **I** s. **1.** Zauberer m, Hexenmeister m (beide a. fig.); **2.** fig. Ge·'nie n, Leuchte f, ,Ka'none' f; **II** adj. **3.** magisch, Zauber...; **4.** F ,phan'tastisch'; '**wiz·ard·ry** [-drɪ] s. Zaube'rei f, Hexe'rei f (a. fig.).

wiz·en ['wɪzn], '**wiz·ened** [-nd] adj. verhutzelt, schrump(e)lig.

wo, woa [wəʊ] int. brr! (zum Pferd).

wob·ble ['wɒbl] **I** v/i. **1.** wackeln; schwanken (a. fig. **between** zwischen); **2.** schlottern (Knie etc.); **3.** ◎ a) flattern (Rad), b) ,eiern' (Schallplatte); **II** s. **4.** Wackeln n; Schwanken n (a. fig.); ◎ Flattern n; '**wob·bly** [-lɪ] adj. wack(e)lig.

woe [wəʊ] **I** int. wehe!, ach!; **II** s. Weh n, Leid n, Kummer m, Not f: **face of ~** jämmerliche Miene; **tale of ~** Leidensgeschichte f; **~ is me!** wehe mir!; ~ (be) **to ...!, ~ betide ...!** wehe (dat.)!, verflucht sei(en) ...!; → **weal¹**; **woe·be·gone** ['wəʊbɪˌgɒn] adj. **1.** leid-, jammervoll, vergrämt; **2.** verwahrlost; **woe·ful** ['wəʊfʊl] adj. □ rhet. od. humor. **1.** kummer-, sorgenvoll; **2.** elend, jammervoll; **3.** contp. erbärmlich, jämmerlich.

wog [wɒg] s. sl. contp. farbiger Ausländer.

woke [wəʊk] pret. von **wake²**.

wold [wəʊld] s. **1.** hügeliges Land; **2.** Hochebene f.

wolf [wʊlf] **I** pl. **wolves** [-vz] s. **1.** zo. Wolf m: **a ~ in sheep's clothing** fig. ein Wolf im Schafspelz; **lone ~** fig. Einzelgänger m; **cry ~** fig. blinden Alarm schlagen; **keep the ~ from the door** fig. sich über Wasser halten; **2.** fig. a) Wolf m, räuberische od. gierige Per-'son, b) F ,Casa'nova' m, Schürzenjäger m; **3.** ♪ Disso'nanz f; **II** v/t. **4.** a. ~ **down** Speisen (gierig) verschlingen; ~ **call** s. Am. F bewundernder Pfiff od. Ausruf (beim Anblick e-r attraktiven Frau); ~ **cub** s. zo. junger Wolf.

wolf·ish ['wʊlfɪʃ] adj. □ **1.** wölfisch (a. fig.), Wolfs...; **2.** fig. wild, gefräßig: ~ **appetite** Wolfshunger m.

wolf pack s. **1.** Wolfsrudel n; **2.** ⚓, ✕ Rudel n U-Boote.

wolf·ram ['wʊlfrəm] s. **1.** ⚒ Wolfram n; **2.** → '**wolf·ram·ite** [-maɪt] s. min. Wolfra'mit m.

wol·ver·ine ['wʊlvəri:n] s. zo. (Amer.)

Vielfraß m.

wolves [wʊlvz] pl. von **wolf**.

wom·an ['wʊmən] **I** pl. **wom·en** ['wɪmɪn] s. **1.** Frau f, Weib n: ~ **of the world** Frau von Welt; **play the ~** empfindsam od. ängstlich sein; → **women**; **2.** a) Hausangestellte f, b) Zofe f; **3.** (ohne Artikel) das weibliche Geschlecht, die Frauen pl., das Weib: **born of ~** vom Weibe geboren (sterblich); **~'s reason** weibliche Logik; **4. the ~** fig. das Weib, die Frau, das typisch Weibliche; **5.** F a) (Ehe)Frau f, b) Freundin f, Geliebte f; **II** adj. **6.** weiblich, Frauen...: ~ **doctor** Ärztin f; ~ **student** Studentin f.

wom·an·hood ['wʊmənhʊd] s. **1.** Stellung f der (erwachsenen) Frau: **reach ~** e-e Frau werden; **2.** Weiblich-, Fraulichkeit f; **3.** → **womankind**; '**wom·an·ish** [-nɪʃ] adj. □ **1.** contp. weibisch; **2.** → **womanly**, '**wom·an·ize** [-naɪz] **I** v/t. weibisch machen; **II** v/i. F hinter den Weibern her sein; '**wom·an·iz·er** [-naɪzə] s. F Schürzenjäger m.

,**wom·an**|**kind** s. **1.** coll. Frauen(welt f) pl., Weiblichkeit f; **2.** → **womenfolk** 2; '**~·like** adj. wie e-e Frau, fraulich, weiblich.

wom·an·li·ness ['wʊmənlɪnɪs] s. Fraulich-, Weiblichkeit f; **wom·an·ly** ['wʊmənlɪ] adj. fraulich, weiblich (a. weitS.).

womb [wu:m] s. anat. Gebärmutter f; weitS. (Mutter)Leib m, Schoß m (a. fig. der Erde, der Zukunft etc.); ~ **en·vy** s. psych. Gebärneid m; ,**~-to-'tomb** adj. von der Wiege bis zur Bahre.

wom·en ['wɪmɪn] pl. von **woman**: ~'s **rights** Frauenrechte; ~'s **team** sport Damenmannschaft f; '**~·folk** s. pl. **1.** → **womankind** 1; **2.** die Frauen pl. (in e-r Familie), mein etc. ,Weibervolk' n (da'heim).

Wom·en's Lib [lɪb] F, ~ **Lib·e·ra·tion** (**Move·ment**) s. 'Frauenemanzipati,onsbewegung f; ~ **Lib·ber** ['lɪbə] s. F Anhängerin f der Emanzipati'onsbewegung, contp. ,E'manze' f.

won [wʌn] pret. u. p.p. von **win**.

won·der ['wʌndə] **I** s. **1.** Wunder n, et. Wunderbares, Wundertat f, -werk n: **a ~ of skill** ein (wahres) Wunder an Geschicklichkeit (Person); **the 7 ~s of the world** die 7 Weltwunder; **work** (od. **do**) ~s Wunder wirken; **promise** ~s j-m goldene Berge versprechen; **(it is)** **no** (od. **small**) ~ **that** kein Wunder, daß; ~s **will never cease** es gibt immer noch Wunder; → **nine** 1, **sign** 8; **2.** Verwunderung f, (Er)Staunen n: **filled with ~** von Staunen erfüllt; **for a ~** a) erstaunlicherweise, b) ausnahmsweise; **in ~** erstaunt, verwundert; **II** v/i. **3.** sich (ver)wundern, erstaunt sein (**at, about** über acc.): **not to be ~ed at** nicht zu verwundern; **4.** a) neugierig od. gespannt sein, gern wissen mögen (**if**, **whether, what** etc.), b) sich fragen od. über'legen: **I ~ whether I might ...?** dürfte ich vielleicht ...?, ob ich wohl ... kann?; **I ~ if you could help me** vielleicht können Sie mir helfen; **well, I ~!** na, ich weiß nicht (recht)!; ~ **boy** s. ,Wunderknabe' m; ~ **child** s. [irr.] Am. Wunderkind n; ~ **drug** s. Wunderdroge f, -mittel n.

---

won·der·ful ['wʌndəfʊl] adj. □ wunderbar, -voll, herrlich: **not so ~** F nicht so toll.

won·der·ing ['wʌndərɪŋ] adj. □ verwundert, erstaunt, staunend.

'**won·der·land** s. Wunder-, Märchenland n (a. fig.).

won·der·ment ['wʌndəmənt] s. Verwunderung f, Staunen n.

'**won·der**|**-struck** adj. von Staunen ergriffen (**at** über acc.); '**~-,work·er** s. Wundertäter(in); '**~-,work·ing** adj. wundertätig.

won·drous ['wʌndrəs] rhet. **I** adj. □ wundersam, -bar; **II** adv. a) wunderbar(erweise), b) außerordentlich.

won·ky ['wɒŋkɪ] adj. Brit. sl. wack(e)lig (a. fig.).

won't [wəʊnt] F für **will not**.

wont [wəʊnt] **I** adj.: **be ~ to do** gewohnt sein od. pflegen zu tun; **II** s. Gewohnheit f, Brauch m; '**wont·ed** [-tɪd] adj. **1.** obs. gewohnt; **2.** gewöhnlich, üblich; **3.** Am. eingewöhnt (**to** in dat.).

woo [wu:] v/t. **1.** werben od. freien um, j-m den Hof machen; **2.** fig. trachten nach, buhlen um; **3.** fig. a) j-n um'werben, b) locken, drängen (**to** zu).

wood [wʊd] **I** s. **1.** oft pl. Wald m, Waldung f, Gehölz n: **be out of the** ~ (Am. ~s) F über den Berg sein; **he cannot see the ~ for the trees** er sieht den Wald vor lauter Bäumen nicht; → **halloo** III; **2.** Holz n ,touch ~! unberufen!; **3.** (Holz)Faß n: **wine from the ~** Wein (direkt) vom Faß; **4. the ~** ♪ → **woodwind** 2; **5.** → **wood block** 2; **6.** Bowling: (bsd. abgeräumter) Kegel; **7.** pl. Skisport: ,Bretter' pl.; **8.** Golf: Holz (-schläger m) n; **II** adj. **9.** hölzern, Holz...; **10.** Wald...; ~ **al·co·hol** s. 🜹 Holzgeist m; ~ **a·nem·o·ne** s. ♀ Buschwindrös·chen n; '**~·bind**, '**~·bine** s. ♀ Geißblatt n; **2.** Am. wilder Wein; ~ **block** s. **1.** Par'kettbrettchen n; **2.** typ. a) Druckstock m, b) Holzschnitt m; ~ **carv·er** s. Holzschnitzer m; ~ **carv·ing** s. Holzschnitze'rei f (a. Schnitzwerk); '**~·chuck** s. zo. (amer.) Waldmurmeltier m; ~ **coal** s. **1.** min. Braunkohle f; **2.** Holzkohle f; '**~·cock** s. orn. Waldschnepfe f; '**~·craft** s. **1.** die Fähigkeit, im Wald zu (über)leben; **2.** Holzschnitze'rei f; '**~·cut** s. typ. **1.** Holzstock m (Druckform); **2.** Holzschnitt m (Druckerzeugnis); '**~·cut·ter** s. **1.** Holzfäller m; **2.** Kunst: Holzschneider m.

wood·ed ['wʊdɪd] adj. bewaldet, waldig, Wald...

wood·en ['wʊdn] adj. □ **1.** hölzern, Holz...; **2.** ♞ **Horse** das Trojanische Pferd; ~ **spoon** a) Holzlöffel m, b) bsd. sport Trostpreis m; **2.** fig. hölzern, steif (a. Person); **3.** fig. ausdruckslos (Gesicht etc.); **4.** stumpf(sinnig).

wood| **en·grav·er** s. Holzschneider m; ~ **en·grav·ing** s. **1.** Holzschneiden n; **2.** Holzschnitt m.

'**wood·en**|,**head·ed** adj. F dumm.

wood| **gas** s. ◎ Holzgas n; ~ **grouse** s. orn. Auerhahn m.

wood·i·ness ['wʊdɪnɪs] s. **1.** Waldreichtum m; **2.** Holzigkeit f.

wood| **king·fish·er** s. orn. Königsfischer m; '**~·land I** s. Waldland n, Waldung f; **II** adj. Wald...; ~ **lark** s. orn. Heidelerche f; ~ **louse** s. [irr.] zo.

Bohrassel f; '~·man [-mən] s. [irr.] **1.** Brit. Förster m; **2.** Holzfäller m; **3.** Jäger m; **4.** Waldbewohner m; ~ **naph·tha** s. 🜋 Holzgeist m; ~ **nymph** s. **1.** myth. Waldnymphe f; **2.** zo. eine Motte; **3.** orn. ein Kolibri m; '~·peck·er s. orn. Specht m; ~ **pi·geon** s. orn. Ringeltaube f; '~·pile s. Holzhaufen m, -stoß m; ~ **pulp** s. ✿ Holz(zell)stoff m, Holzschliff m; '~·ruff s. ♀ Waldmeister m; ~·**print** → woodcut 2; '~·**shav·ings** s. pl. Hobelspäne pl.; '~·**shed** s. Holzschuppen m.

woods·man ['wʊdzmən] s. [irr.] s. Waldbewohner m.

wood| sor·rel s. ♀ Sauerklee m; ~ **spir·it** s. 🜋 Holzgeist m; ~ **tar** s. 🜋 Holzteer m; ~ **tick** s. zo. Holzbock m; '~·**wind** [-wɪnd] ♪ I s. **1.** 'Holzblasinstru,ment n; **2.** oft pl. 'Holzblasinstru,mente pl. (e-s Orchesters), Holz(bläser pl.) n; II adj. **3.** Holzblas...; ~ **wool** s. ✿ Zellstoffwatte f; ~·**work** s. ▲ **1.** Holz-, Balkenwerk n; **2.** Holzarbeit(en pl.) f; '~·**work·ing** I s. Holzbearbeitung f; II adj. holzbearbeitend, Holzbearbeitungs...: ~ **machine**; '~·**worm** s. zo. Holzwurm m.

wood·y ['wʊdɪ] adj. **1.** a) waldig, Wald..., b) waldreich; **2.** holzig, Holz...

'**wood·yard** s. Holzplatz m.

woo·er ['wuːə] s. Freier m, Anbeter m.

woof¹ [wuːf] s. **1.** Weberei: a) Einschlag m, (Ein)Schuß m, b) Schußgarn n; **2.** Gewebe n.

woof² [wʊf] v/i. bellen.

woof·er ['wuːfə] s. ♫ Tieftonlautsprecher m.

woo·ing ['wuːɪŋ] s. (a. fig. Liebes)Werben n, Freien n, Werbung f.

wool [wʊl] I s. **1.** Wolle f: dyed in the ~ in der Wolle gefärbt, bsd. fig. waschecht; → cry 2; **2.** Wollfaden m, -garn n; **3.** Wollstoff m, -tuch n; **4.** Zell-, Pflanzenwolle f; **5.** (Baum-, Glas- etc.)Wolle f; **6.** F ‚Wolle' f, (kurzes) wolliges Kopfhaar: lose one's ~ ärgerlich werden; pull the ~ over s.o.'s eyes F j-n hinters Licht führen; II adj. **7.** wollen, Woll...; ~ **card** s. Wollkrempel m, -kratze f; ~ **clip** s. ✿ (jährlicher) Wollertrag; ~ **comb·ing** s. Wollkämmen n; '~·**dyed** adj. in der Wolle gefärbt.

wool·en Am. → woollen.

'**wool|gath·er·ing** I s. fig. Verträumtheit f, Spintisieren n; II adj. verträumt, spintisierend; '~·**grow·er** s. Schafzüchter m; ~ **hall** s. ✿ Brit. Wollbörse f.

wool·i·ness Am. → woolliness.

wool·len ['wʊlən] I s. **1.** Wollstoff m; **2.** pl. Wollsachen pl. (a. wollene Unterwäsche), Wollkleidung f; II adj. **3.** wollen, Woll...: ~ **goods** Wollwaren; ~ **drap·er** s. Wollwarenhändler m.

wool·li·ness ['wʊlɪnɪs] s. **1.** Wolligkeit f; **2.** paint. u. fig. Verschwommenheit f; **wool·ly** ['wʊlɪ] I adj. **1.** wollig, weich, flaumig; **2.** Wolle tragend, Woll...; **3.** paint. u. fig. verschwommen; belegt (Stimme); II s. **4.** wollenes Kleidungsstück, bsd. Wolljacke f; pl. → woollen

'**wool|·pack** s. **1.** Wollsack m (Verpakkung); **2.** Wollballen m (240 englische Pfund); **3.** meteor. Haufenwolke f; '~·**sack** s. pol. a) Wollsack m (Sitz des

Lordkanzlers im englischen Oberhaus), b) fig. Amt n des Lordkanzlers; '~·**sort·er** s. Wollsortierer m (Person od. Maschine): ~'s **disease** s. ✚ Lungenmilzbrand; '~·**sta·pler** s. ✚ **1.** Woll(groß)händler m; **2.** Wollsortierer m; '~·**work** s. Wollsticke'rei f.

wool·y Am. → woolly.

woo·pies ['wuːpɪz] s. pl. wohlhabende Seni'oren pl. (= well-off older people).

woo·zy ['wuːzɪ] adj. Am. sl. **1.** (von Alkohol etc.) benebelt; **2.** a) wirr (im Kopf), b) ‚komisch' (im Magen).

wop [wɒp] s. sl. contp. ‚Itaker' m, ‚Spa'ghetti(fresser)' m.

word [wɜːd] I s. **1.** Wort n: ~s a) Worte, b) ling. Wörter; ~ **for** ~ Wort für Wort, (wort)wörtlich; at a ~ sofort, aufs Wort; in a ~ mit 'einem Wort, kurz (-um); in other ~s mit anderen Worten; in so many ~s wörtlich, ausdrücklich; the last ~ a) das letzte Wort (on in e-r Sache), b) das Allerneueste od. -beste (in an dat.); have the last ~ das letzte Wort haben; have no ~s for nicht wissen, was man zu e-r Sache sagen soll; put into ~s in Worte fassen; too silly for ~s unsagbar dumm; cold's not the ~ for it! F kalt ist gar kein Ausdruck!; he is a man of few ~s er macht nicht viele Worte, er ist ein schweigsamer Mensch; he hasn't a ~ to throw at a dog er macht den Mund nicht auf; **2.** Wort n, Ausspruch m: ~s Worte, Rede, Äußerung; by ~ of mouth mündlich; have a ~ with s.o. (kurz) mit j-m sprechen; have a ~ to say et. (Wichtiges) zu sagen haben; put in (od. say) a (good) ~ for ein (gutes) Wort einlegen für; I take your ~ for it ich glaube es dir; **3.** pl. Text m e-s Lieds etc.; **4.** pl. Wortwechsel m, Streit m: have ~s (with) sich streiten od. zanken mit; **5.** a) Befehl m, Kom'mando n, b) Losung f, Pa'role f, c) Zeichen n, Si'gnal n: give the ~ (to do); pass the ~ durch-, weitersagen; sharp's the ~! (jetzt aber) dalli!; **6.** Bescheid m, Nachricht f: leave ~ Bescheid hinterlassen (with bei); send ~ to j-m Nachricht geben; **7.** Wort n, Versprechen n: ~ of hono(u)r Ehrenwort; break (give od. pass, keep) one's ~ sein Wort brechen (geben, halten); take s.o. at his ~ j-n beim Wort nehmen; he is as good as his ~ er ist ein Mann von Wort; er hält, was er verspricht; (up)on my ~! auf mein Wort!; **8.** the ⚹ eccl. das Wort Gottes, das Evan'gelium; II v/t. **9.** in Worte fassen, (in Worten) ausdrücken, formulieren: ~ed as follows mit folgendem Wortlaut; ~ **ac·cent** s. ling. 'Wortak,zent m; '~·**blind** adj. ✿ wortblind; '~·**book** s. **1.** Vokabu'lar n; **2.** Wörterbuch n; **3.** ♪ Textbuch n, Li'bretto n; '~·catch·er m. contp. Wortklauber m; '~·**deaf** adj. psych. worttaub; ~ **for·ma·tion** s. ling. Wortbildung f; ,~·**for-'word** adj. (wort)wörtlich.

word·i·ness ['wɜːdɪnɪs] s. Wortreichtum m, Langatmigkeit f; '**word·ing** [-ɪŋ] s. Fassung f, Formulierung f, Wortlaut m.

word·less ['wɜːdlɪs] adj. **1.** wortlos, stumm; **2.** schweigsam.

,**word|-of-'mouth** adj. mündlich: ~ **ad·vertising** Mundwerbung f; ~ **or·der** s.

ling. Wortstellung f (im Satz); ~ **paint·ing** anschauliche Schilderung; ,~·'**per·fect** adj. **1.** thea. etc. textsicher; **2.** per-'fekt auswendig gelernt: ~ **text**; ~ **pic·ture** → word painting; '~·**play** s. Wortspiel n; ~ **pow·er** s. Wortschatz m; ~ **pro·cess·ing** s. Computer: Textverarbeitung f; '~·**split·ting** s. Wortklaube'rei f.

word·y ['wɜːdɪ] adj. □ **1.** Wort...: ~ **warfare** Wortkrieg m; **2.** wortreich, langatmig.

wore [wɔː] pret. von wear¹, pret. u. p.p. von wear².

work [wɜːk] I s. **1.** Arbeit f: a) Tätigkeit f, Beschäftigung f, b) Aufgabe f, c) Hand-, Nadelarbeit f, Sticke'rei f, Nähe'rei f, d) Leistung f, e) Erzeugnis n: ~ **done** geleistete Arbeit; a **beautiful piece of** ~ e-e schöne Arbeit; good ~! gut gemacht!; total ~ **in hand** ✚ Gesamtaufträge pl.; ~ **in process mate·rial** ✚ Material in Fabrikation; at ~ a) bei der Arbeit, b) in Tätigkeit, in Betrieb; be at ~ on arbeiten an (dat.); do ~ arbeiten; be in (out of) ~ (keine) Arbeit haben; (put) out of ~ arbeitslos (machen); set to ~ an die Arbeit gehen; have one's ~ cut out (for one) (‚schwer) zu tun' haben; make ~ Arbeit verursachen; make sad ~ of arg wirtschaften mit; make short ~ of kurzen Prozeß od. nicht viel Federlesens machen mit; it's all in the day's ~ das ist nichts Besonderes, das gehört alles (mit) dazu; **2.** phys. Arbeit f: convert heat into ~; **3.** künstlerisches etc. Werk n (a. coll.): the ~(s) of Bach; **4.** a) Werk n (Tat u. Resultat): the ~ of a moment es war das Werk e-s Augenblicks, b) bsd. pl. eccl. (gutes) Werk n; **5.** ✿ → workpiece; **6.** pl. a) (bsd. öffentliche) Bauten pl. od. Anlagen pl., b) ✕ Befestigungen pl., (Festungs)Werk n; **7.** pl. sg. konstr. Werk n, Fa'brik(anlagen pl.) f, Betrieb m: iron-~s Eisenhütte f; ~s **council** (engineer, outing, superin·tendent) Betriebsrat (-ingenieur, -ausflug, -direktor) m; ~ **manager** Werkleiter m; **8.** pl. (Trieb-, Uhr- etc.)Werk n, Getriebe n; **9.** the ~s sl. alles, der ganze Krempel; give s.o. the ~s j-n ‚fertigmachen'; shoot the ~s sl. Kartenspiel od. fig. aufs Ganze gehen; II v/i. **10.** (at) arbeiten (an dat.), sich beschäftigen (mit): ~ to rule Dienst nach Vorschrift tun; **11.** arbeiten (fig. kämpfen against gegen, for für e-e Sache), sich anstrengen; **12.** ✿ a) funktionieren, gehen (beide a. fig.), b) in Betrieb od. in Gang sein; **13.** fig. ‚klappen', gehen, gelingen, sich machen lassen: it won't ~ es geht nicht; **14.** (p.p. oft wrought) wirken (a. Gift etc.), sich auswirken ([up]on, with auf acc., bei); **15.** sich bearbeiten lassen; **16.** sich (hindurch-, hoch- etc.)arbeiten: ~ **into** eindringen in (acc.); ~ **loose** sich losarbeiten, sich lockern; **17.** in (heftiger) Bewegung sein; **18.** arbeiten, zucken (Gesichtszüge etc.), mahlen (Kiefer) (with vor Erregung etc.); **19.** ⚓ gegen den Wind etc. fahren, segeln; **20.** gären; arbeiten (a. fig. Gedanken etc.); **21.** (hand)arbeiten, stricken, nähen; III v/t. **22.** a. ✿ a) bearbeiten, Teig kneten, b) verarbeiten, (ver)formen, gestalten (into zu);

23. *Maschine etc.* bedienen, *Wagen* führen, lenken; **24.** ⊙ (an-, be)treiben: **~ed by electricity; 25.** ✗ *Boden* bearbeiten, bestellen; **26.** *Betrieb* leiten, *Fabrik etc.* betreiben, *Gut etc.* bewirtschaften; **27.** ✗ *Grube* abbauen, ausbeuten; **28.** *geschäftlich* bereisen, bearbeiten; **29.** *j-n, Tiere* tüchtig arbeiten lassen, antreiben; **30.** *fig. j-n* bearbeiten, *j-m* zusetzen; **31.** arbeiten mit, bewegen: *he ~ed his jaws* s-e Kiefer mahlten; **32.** a) **~** *one's way* sich (*hindurch- etc.*)arbeiten, b) verdienen, erarbeiten; → *passage* 6; **33.** sticken, nähen, machen; **34.** gären lassen; **35.** errechnen, lösen; **36.** (*p.p.* oft **wrought**) her'vorbringen, -rufen, *Veränderung etc.* bewirken, *Wunder* wirken *od.* tun, führen zu, verursachen: **~ it** F es ,deichseln'; **38.** *sl. et.* ,her'ausschlagen', ,organisieren'; **39.** *in e-n Zustand* versetzen, erregen: **~ o.s. into a rage** sich in e-e Wut hineinsteigern; *Zssgn mit adv.:*

work| a·round → **work round**; **~ a·way** *v/i.* (flott) arbeiten (*at* an *dat.*); **~ in I** *v/t.* einarbeiten, -flechten, -fügen; **II** *v/i.* **~ with** harmonieren mit, passen zu; **~ off** *v/t.* **1.** weg-, aufarbeiten; **2.** *überflüssige Energie* loswerden; **3.** *Gefühl* abreagieren (*on* an *dat.*); **4.** *typ.* abdrucken, -ziehen; **5.** *Ware etc.* loswerden, abstoßen (*on* an *acc.*); **6.** *Schuld* abarbeiten; **~ out I** *v/t.* **1.** ausrechnen, *Aufgabe* lösen; **2.** *Plan* ausarbeiten; **3.** bewerkstelligen; **4.** ✗ abbauen, (*a. fig. Thema etc.*) erschöpfen; **II** *v/i.* **5.** sich her'ausarbeiten, zum Vorschein kommen (*from* aus); **6.** **~ at** sich belaufen auf (*acc.*); **7.** ,klappen', *gut etc.* gehen, sich *gut etc.* anlassen: **~ well** (*badly*); **8.** *sport* trainieren; **~ o·ver** *v/t.* **1.** über'arbeiten; **2.** *sl. j-n* ,in die Mache nehmen'; **~ round** *v/i.* **1.** **~ to** a) *ein Problem etc.* angehen, b) sich 'durchringen zu; **2.** **~ to** kommen zu, Zeit finden für; **3.** drehen (*Wind*); **~ to·geth·er** *v/i.* **1.** zs.-arbeiten; **2.** inein'andergreifen (*Zahnräder*); **~ up I** *v/t.* **1.** verarbeiten (*into* zu); **2.** ausarbeiten, entwickeln; **3.** *Thema* bearbeiten; sich einarbeiten in (*acc.*), gründlich studieren; **4.** *Geschäft etc.* auf- *od.* ausbauen; **5.** a) *Interesse etc.* entwickeln, b) sich *Appetit etc.* holen; **6.** *Gefühl, Nerven, a. Zuhörer etc.* aufpeitschen, -wühlen, *Interesse* wecken: *work o.s. up* sich aufregen; **~ a rage, work o.s. up into a rage** sich in e-e Wut hineinsteigern; *worked up* aufgebracht; **II** *v/i.* **7.** *fig.* sich steigern (*to* zu).

work·a·ble [ˈwɜːkəbl] *adj.* ☐ **1.** bearbeitungsfähig, (ver)formbar; **2.** betriebsfähig; **3.** ˈdurch-, ausführbar (*Plan etc.*); **4.** ✗ abbauwürdig.

work·a·day [ˈwɜːkədeɪ] *adj.* **1.** Alltags...; **2.** *fig.* all'täglich.

work·a·hol·ic [ˌwɜːkəˈhɒlɪk] *s.* Arbeitssüchtige(r *m*) *f*; Arbeitstier *n*.

'work|·bench *s.* ⊙ Werkbank *f*; **'~·book** *s.* **1.** ⊙ Betriebsanleitung *f*; **2.** *ped.* Arbeitsheft *n*; **'~·box** *s.* Nähkasten *m*; **~ camp** *s.* Arbeitslager *n*; **'~·day** *s.* Arbeits-, Werktag *m*: *on ~s* werktags.

work·er [ˈwɜːkə] *s.* **1.** a) Arbeiter(in), b)

Angestellte(r *m*) *f*, c) Fachmann *m*, d) *allg.* Arbeitskraft *f*: **~s** Belegschaft *f*, Arbeiterschaft *f*; **2.** *fig.* Urheber(in); **3.** *a.* **~ ant**, **~ bee** *zo.* Arbeiterin *f* (*Ameise, Biene*); **~ di·rec·tor** *s.* ✝ 'Arbeitsˌrektor *m*; **~ par·tic·i·pa·tion** *s.* ✝ Mitbestimmung *f*.

'work|·fel·low *s.* 'Arbeitskameˌrad *m*; **~ force** *s.* ✝ **1.** Belegschaft *f*; **2.** 'Arbeitskräftepotentiˌal *n*; **'~·girl** *s.* Fa'brikarbeiterin *f*; **'~·horse** *s.* Arbeitspferd *n* (*a. fig.*); **'~·house** *s.* **1.** *Brit. obs.* Armenhaus *n* (mit Arbeitszwang); **2.** ♓ *Am.* Arbeitshaus *n*.

work·ing [ˈwɜːkɪŋ] **I** *s.* **1.** Arbeiten *n*; **2.** *a. pl.* Tätigkeit *f*, Wirken *n*; **3.** ⊙ Be-, Verarbeitung *f*; **4.** ⊙ a) Funktionieren *n*, b) Arbeitsweise *f*; **5.** Lösen *n e-s Problems*; **6.** mühsame Arbeit, Kampf *m*; **7.** Gärung *f*; **8.** *mst pl.* ✗, *min.* a) Abbau *m*, b) Grube *f*; **II** *adj.* **9.** arbeitend, berufs-, werktätig: **~ population**; **~ student** Werkstudent *m*; **10.** Arbeits...: **~ method** Arbeitsverfahren *n*; **11.** ⊙, ✝ Betriebs...(-*kapital*, -*kosten*, ⚡ -*spannung etc.*); **12.** grundlegend, Ausgangs..., Arbeits...: **~ hypothesis**; **~ title** Arbeitstitel *m* (*e-s Buchs etc.*); **13.** brauchbar, praktisch: **~ knowledge** ausreichende Kenntnisse; **~ class** *s.* Arbeiterklasse *f*; **,~-'class** *adj.* der Arbeiterklasse, Arbeiter...; **~ con·di·tion** *s.* **1.** ⊙ a) Betriebszustand *m*, b) *pl.* Betriebsbedingungen *pl.*; **2.** Arbeitsverhältnis *n*; **~ day** → **workday**; **~ draw·ing** *s.* ⊙ Werk(statt)zeichnung *f*; **~ hour** *s.* Arbeitsstunde *f*; *pl.* Arbeitszeit *f*; **~ load** *s.* ⚡ Betriebsbelastung *f*; ⊙ Nutzlast *f*; **~ lunch** *s.* Arbeitsessen *n*; **~ ma·jor·i·ty** *s. pol.* arbeitsfähige Mehrheit; **'~·man** *s.* [*irr.*] → **workman**; **~ mod·el** *s.* ⊙ Betriebszustand *m*: *in ~* in betriebsfähigem Zustand; **,~-'out** *s.* **1.** Ausarbeitung *f*; **2.** Lösung *f* (*e-r Aufgabe*); **~ stroke** *s. mot.* Arbeitstakt *m*; **~ sur·face** *s.* ⊙ Arbeits-, Lauffläche *f*.

work·less [ˈwɜːklɪs] *adj.* arbeitslos.

'work|·load *s.* Arbeitspensum *n*; **'~·man** [-mən] *s.* [*irr.*] **1.** Arbeiter *m*; **2.** Handwerker *m*; **'~·man·like** [-laɪk], **'~·ly** [-lɪ] *adj.* kunstgerecht, fachmännisch; **~·man·ship** [-ʃɪp] *s.* **1.** *j-s* Werk *n*; **2.** Kunst(fertigkeit) *f*; **3.** gute *etc.* Ausführung; Verarbeitungsgüte *f*; Quali'tätsarbeit *f*; **'~·men's com·pen·sa·tion act** [-mənz] *s.* Arbeiterunfallversicherungsgesetz *n*; **'~·out** *s.* **1.** F *sport* (Kondiˈtiˈons)Training *n*; **2.** Versuch *m*, Erprobung *f*; **'~·peo·ple** *s. pl.* Belegschaft *f*; **~ per·mit** *s.* Arbeitserlaubnis *f*; **'~·piece** *s.* ⊙ Arbeits-, Werkstück *n*; **'~·place** *s. Am.* Arbeitsplatz *m*; **~ shar·ing** *s.* ✝ Arbeitsaufteilung *f*; **~ sheet** *s.* **1.** 'Arbeitsbogen *m*, -ˌunterlage *f*; **2.** *Am.* ✝ 'Rohbiˌlanz *f*; **'~·shop** *s.* **1.** Werkstatt *f*; **~ drawing** ⊙ Werkstatt-, Konstruktionszeichnung *f*; **2.** *ped.* Werkraum *m*; **3.** *fig.* a) Werkstatt *f* (*e-r Künstlergruppe etc.*): **~ theatre** (*Am. theater*) Werkstatttheater *n*, b) Workshop *m*, Kurs *m*, Semi'nar *n*; **'~·shy** *adj.* arbeitsscheu; **'~·ta·ble** *s.* Werktisch *m*; **,~-to-'rule** *s.* Dienst *m* nach Vorschrift; **'~·wear** *s.* Arbeitskleidung *f*; **'~·wom·an** *s.* [*irr.*] Arbeiterin *f*.

world [wɜːld] **I** *s.* **1.** *allg.* Welt *f*: a) Erde *f*, b) Himmelskörper *m*, c) (Welt)All *n*, d) *fig.* die Menschen *pl.*, die Leute *pl.*, e) Sphäre *f*, Mili'eu *n*, f) (Na'tur)Reich *n*: (*animal*) *vegetable* **~** (Tier-) Pflanzenreich, -welt; *lower* **~** Unterwelt; *the commercial* **~**, *the* **~ of commerce** die Handelswelt; *the* **~ of letters** die gelehrte Welt; *a* **~ of difference** ein himmelweiter Unterschied; *other* **~s** andere Welten; *all the* **~** die ganze Welt, jedermann; *all the* **~ over** in der ganzen Welt; *all the* **~ and his wife** F Gott u. die Welt; alles, was Beine hatte; *for all the* **~** in jeder Hinsicht; *for all the* **~ like** (*od. as if*) genauso wie (*od.* als ob); *for all the* **~ to see** vor aller Augen; *from all over the* **~** aus aller Herren Länder; *not for the* **~** nicht um die (*od.* alles in der) Welt; *in the* **~** (auf) der Welt; *out of this* (*od. the*) **~** *sl.* phantastisch; *bring* (*come*) *into the* **~** zur Welt bringen (kommen); *carry the* **~ before one** glänzenden Erfolg haben; *have the best of both* **~s** die Vorteile beider Seiten genießen; *put into the* **~** in die Welt setzen; *think the* **~ of** große Stücke halten auf (*acc.*); *she is all the* **~ to him** sie ist sein ein u. alles; *how goes the* **~ with you?** wie geht's, wie steht's?; *what* (*who*) *in the* **~?** was (wer) in aller Welt?; *it's a small* **~!** die Welt ist ein Dorf!; **2.** *a* **~ of** e-e Welt von, e-e Unmenge *Schwierigkeiten etc.*; **II** *adj.* **3.** Welt...: **~ champion** (*language, literature, politics, record etc.*); ♘ **Court** *s.* Internationaler Ständiger Gerichtshof; ♘ **Cup** *s. Ski-sport etc.*: Weltcup *m*; **2.** Fußballweltmeisterschaft *f*; **'~·fa·mous** *adj.* weltberühmt.

world·li·ness [ˈwɜːldlɪnɪs] *s.* Weltlichkeit *f*, weltlicher Sinn.

world·ling [ˈwɜːldlɪŋ] *s.* Weltkind *n*.

world·ly [ˈwɜːldlɪ] *adj. u. adv.* **1.** weltlich, irdisch, zeitlich: **~ goods** irdische Güter; **2.** weltlich (gesinnt): **~ inno·cence** Weltfremdheit *f*; **~ wisdom** Weltklugheit *f*; **,~-'wise** *adj.* weltklug.

world| pow·er *s. pol.* Weltmacht *f*; **~ se·ries** *s. Baseball*: US-Meisterschaftsspiele *pl.*; **'~·shak·ing** *adj. a. iro.* welterschütternd: *it isn't* **~** *after all*; **~ view** *s.* Weltanschauung *f*; ♘ **War** *s.* Weltkrieg *m*: **~ I** (*II*) erster (zweiter) Weltkrieg; **'~·wea·ry** *adj.* weltverdrossen; **'~·wide** *adj.* weltweit, auf der ganzen Welt: **~ reputation** Weltruf *m*; **~ strategy** ✗ Großraumstrategie *f*.

worm [wɜːm] **I** *s.* **1.** *zo.* Wurm *m* (*a. fig. contp. Person*): *even a* **~** *will turn fig.* auch der Wurm krümmt sich, wenn er getreten wird; **2.** *pl.* ✝ Würmer *pl.*; **3.** ⊙ a) (Schrauben-, Schnecken)Gewinde *n*, b) (Förder-, Steuer- *etc.*)Schnecke *f*, c) (Rohr-, Kühl)Schlange *f*; **II** *v/t.* **4.** **~ one's way** (*od. o.s.*) a) sich *wohin* schlängeln, b) *fig.* sich einschleichen (*into* in *j-s Vertrauen etc.*); **~ a secret out of s.o.** j-m ein Geheimnis entlocken; **6.** ✝ von Würmern befreien; **III** *v/i.* **7.** sich schlängeln, kriechen; **8.** sich winden; **~ drive** *s.* ⊙ Schneckenantrieb *m*; **'~·eat·en** *adj.* **1.** wurmstichig; **2.** *fig.* veraltet; **~ gear** *s.* ⊙ **1.** Schneckengetriebe *n*; **2.** → **worm wheel**; **'~'s-eye view** *s.* 'Froschperspek‚tive *f*; **~ thread** *s.* ⚙ Schneckengewinde *n*; **~ wheel** *s.* ⚙ Schneckenrad *n*; **'~wood** *s.* **1.** ♀ Wermut *m*; **2.** *fig.* Bitterkeit *f*: **be** (**gall and**) **~ to** *j-n* bitter ankommen.

worm·y ['wɜːmɪ] *adj.* **1.** wurmig, voller Würmer; **2.** wurmstichig; **3.** wurmartig; **4.** *fig.* kriecherisch.

worn [wɔːn] **I** *p.p. von* **wear¹**; **II** *adj.* **1.** getragen (*Kleider*); **2.** → **worn-out** 1; **3.** erschöpft, abgespannt; **4.** *fig.* abgedroschen: **~ joke**; **‚~-'out** *adj.* **1.** abgetragen, -genutzt; **2.** völlig erschöpft, todmüde, zermürbt; **3.** → **worn** 4.

wor·ried ['wʌrɪd] *adj.* **1.** gequält; **2.** sorgenvoll, besorgt; **3.** beunruhigt, ängstlich; **'wor·ri·er** [-ɪə] *s.* j-d, der sich ständig Sorgen macht; **'wor·ri·ment** [-ɪmənt] *s.* F **1.** Plage *f*, Quäle'rei *f*; **2.** Angst *f*, Sorge *f*; **'wor·ri·some** [-ɪsəm] *adj.* **1.** quälend; **2.** lästig; **3.** beunruhigend; **4.** unruhig.

wor·ry ['wʌrɪ] **I** *v/t.* **1.** a) zausen, schütteln, beuteln, b) *Tier* (ab)würgen (*Hund etc.*); **2.** quälen, plagen (a. *fig. belästigen*); *fig.* j-m zusetzen: **~ s.o. into a decision** j-n so lange quälen, bis er e-e Entscheidung trifft; **~ s.o. out of s.th.** a) j-n mühsam von et. abbringen, b) j-n durch unablässiges Quälen um et. bringen; **3.** a) ärgern, b) beunruhigen, quälen, *j-m* Sorgen machen: **~ o.s.** → 7; **4. ~ out** *Plan etc.* ausknobeln; **II** *v/i.* **5.** zerren, reißen (**at** an *dat.*); **6.** sich quälen *od.* plagen; **7.** sich beunruhigen, sich Gedanken *od.* Sorgen machen (**about, over** um, wegen); **8. ~ along** sich mühsam *od.* mit knapper Not durchschlagen; **~ through** *s.th.* sich durch et. hindurchquälen; **III** *s.* **9.** Kummer *m*, Besorgnis *f*, Sorge *f*, (innere) Unruhe; **10.** (Ursache *f* von) Ärger *m*, Aufregung *f*; **11.** Quälgeist *m*; **12.** a) Schütteln *n*, Beuteln *n*, b) Abwürgen *n* (*bsd. vom Hund*); **'wor·ry·ing** [-ɪŋ] *adj.* □ beunruhigend, quälend.

worse [wɜːs] **I** *adj.* (*comp. von* **bad, evil, ill**) **1.** schlechter, schlimmer (*beide a. 💢*), übler, ärger: **~ and ~** immer schlechter *od.* schlimmer; **so much** (*od.* **all**) **the ~** um so schlimmer; **~ luck!** leider!, unglücklicherweise!, um so schlimmer!; **to make it ~** (*Redew.*) um das Unglück vollzumachen; → **wear¹** 14; **he is ~ than yesterday** es geht ihm schlechter als gestern; **2.** schlechter gestellt: (**not**) **to be the ~ for** (keinen) Schaden gelitten haben durch, (nicht) schlechter gestellt sein wegen; **he is none the ~** (**for it**) er ist darum nicht übler dran; **you would be none the ~ for a walk** ein Spaziergang würde dir gar nichts schaden; **be** (**none**) **the ~ for drink** (nicht) betrunken sein; **II** *adv.* **3.** schlechter, schlimmer, ärger: **none the ~** nicht schlechter; **be ~ off** schlechter daran sein; **you could do ~ than ...** du könntest ruhig ...; **III** *s.* **4.** Schlechtere(s) *n*, Schlimmere(s) *n*: **~ followed** Schlimmeres folgte; → **better¹** 2; **from bad to ~** vom Regen in die Traufe; **a change for the ~** e-e Wendung zum Schlechten; **'wors·en** [-sn] **I** *v/t.* **1.** schlechter machen, verschlechtern; **2.** *Unglück etc.* verschlimmern; **3.** *j-n* schlechter stellen; **II** *v/i.* **4.** sich verschlechtern *od.*

verschlimmern; **'wors·en·ing** [-snɪŋ] *s.* Verschlechterung *f*, -schlimmerung *f*.

wor·ship ['wɜːʃɪp] **I** *s.* **1.** *eccl.* a) (a. *fig.*) Anbetung *f*, Verehrung *f*, Kult(us) *m*, b) (**public ~** öffentlicher) Gottesdienst, Ritus *m*: **place of ~** Kultstätte *f*, Gotteshaus *n*; **the ~ of wealth** *fig.* die Anbetung des Reichtums; **2.** (*der, die, das*) Angebetete; **3.** *his* (**your**) ♀ *bsd. Brit.* Seiner (Euer) Hochwürden (*Anrede, dat.*) *für Bürgermeister u. Richter*); **II** *v/t.* **4.** anbeten, verehren, huldigen (*dat.*) (*alle a. fig. vergöttern*); **III** *v/i.* **5.** beten, s-e Andacht verrichten; **wor·ship·er** *Am.* → **worshipper**; **'wor·ship·ful** [-fʊl] *adj.* □ **1.** verehrend, anbetend (*Blick etc.*); **2.** *obs.* (ehr)würdig, achtbar; **3.** (*in der Anrede*) hochwohllöblich, hochverehrt; **'wor·ship·per** [-pə] *s.* **1.** Anbeter(in), Verehrer(in): **~ of idols** Götzendiener *m*; **2.** Beter(in): **the ~s** die Andächtigen, die Kirchgänger.

worst [wɜːst] **I** *adj.* (*sup. von* **bad, evil, ill**) schlechtest, schlimmst, übelst, ärgst: **and, which is ~** und, was das schlimmste ist; **II** *adv.* am schlechtesten *od.* übelsten, am schlimmsten *od.* ärgsten; **III** *s.* der (die, das) Schlechteste *od.* Schlimmste *od.* Ärgste: **at** (**the**) **~** schlimmstenfalls; **be prepared for the ~** aufs Schlimmste gefaßt sein; **do one's ~** es so schlecht *od.* schlimm wie möglich machen; **do your ~!** mach, was du willst!; **let him do his ~!** soll er nur!; **get the ~ of it** den kürzeren ziehen; **if** (*od.* **when**) **the ~ comes to the ~** wenn es zum Schlimmsten kommt, wenn alle Stricke reißen; **he was at his ~** er zeigte sich von seiner schlechtesten Seite, er war in denkbar schlechter Form; **see s.o.** (*s.th.*) **at his** (**its**) **~** (et.) von der schlechtesten *od.* schwächsten Seite sehen; **the illness is at its ~** die Krankheit ist auf ihrem Höhepunkt; **the ~ of it** das Schlimmste daran ist; **IV** *v/t.* über'wältigen, schlagen.

wor·sted ['wʊstɪd] ⚙ **I** *s.* **1.** Kammgarn *n*, -wolle *f*; **2.** Kammgarnstoff *m*; **II** *adj.* **3.** wollen, Woll...: **~ wool** Kammwolle *f*; **~ yarn** Kammgarn *n*; **4.** Kammgarn...

wort¹ [wɜːt] *in Zssgn* ...kraut *n*, ...wurz *f*.

wort² [wɜːt] *s.* (Bier)Würze *f*: **original ~** Stammwürze.

worth [wɜːθ] **I** *adj.* **1.** (e-n bestimmten *Betrag*) wert (**to** *dat. od.* für): **he is ~ a million** er besitzt *od.* verdient e-e Million, er ist e-e Million wert; **for all you are ~** F so sehr du kannst, ,auf Teufel komm raus'; **my opinion for what it may be ~** m-e unmaßgebliche Meinung; **take it for what it is ~!** *fig.* nimm es für das, was es wirklich ist!; **2.** *fig.* würdig, wert (*gen.*): **~ doing** wert getan zu werden; **~ mentioning** (**reading, seeing**) erwähnens- (lesens-, sehens-) wert; **be ~ the trouble, be ~ it** F sich lohnen, der Mühe wert sein; → **powder** 1, **while** 1; **II** *s.* **3.** Wert *m* (a. *fig. Bedeutung, Verdienst*): **of no ~** wertlos; **get the ~ of one's money** für sein Geld et. (Gleichwertiges) bekommen; **20 pence's ~ of stamps** Briefmarken im Wert von 20 Pence, für 20 Pence Briefmarken; **men of ~** verdiente *od.*

verdienstvolle Leute.

wor·thi·ly ['wɜːðɪlɪ] *adv.* **1.** nach Verdienst, angemessen; **2.** mit Recht; **3.** würdig; **'wor·thi·ness** [-ɪnɪs] *s.* Wert *m*; **worth·less** ['wɜːθlɪs] *adj.* □ **1.** wertlos; **2.** *fig.* un-, nichtswürdig.

‚worth'while *adj.* lohnend, der Mühe wert.

wor·thy ['wɜːðɪ] *adj.* □ → **worthily**; **1.** würdig, achtbar, angesehen; **2.** würdig, wert (*of gen.*): **be ~ of e-r Sache** wert *od.* würdig sein, et. verdienen; **he is not ~ of her** er ist ihrer nicht wert *od.* würdig; **~ of credit** a) glaubwürdig, b) ♀ kreditwürdig; **~ of a better cause** e-r besseren Sache würdig; **3.** würdig (*Gegner, Nachfolger etc.*), angemessen (*Belohnung*); **4.** *humor.* trefflich, wakker (*Person*); **II** *s.* **5.** große Per'sönlichkeit, Größe *f*, Held(in) (*mst pl.*); **6.** *humor.* der Wackere.

would [wʊd; wəd] **1.** *pret. von* **will¹** I: a) wollte(st), wollten: **he ~ not go** er wollte durchaus nicht gehen, b) pflegte(st), pflegte zu (*oft unübersetzt*): **he ~ take a walk every day** er pflegte täglich e-n Spaziergang zu machen; **now and then a bird ~ call** ab u. zu ertönte ein Vogelruf; **you ~ do that!** du mußtest das natürlich tun!, das sieht dir ähnlich!, c) *fragend*: würdest du?, würden **Sie?**: **~ you pass me the salt, please?**, d) *vermutend*: **that ~ be 3 dollars** das wären (dann) 3 Dollar; **it ~ seem that** es scheint fast, daß; **2.** *konditional*: würde(st), würden: **she ~ do it if she could**; **he ~ have come if ...** er wäre gekommen, wenn ...; **3.** *pret. von* **will¹** II: ich wollte *od.* wünschte *od.* möchte: **I ~ it were otherwise**; **~** (**to**) **God** wollte Gott; **I ~ have you know** ich muß Ihnen (schon) sagen.

would-be ['wʊdbiː] **I** *adj.* **1.** Möchtegern...: **~ critic** Kritikaster *m*; **~ painter** Farbenklecker *m*; **~ poet** Dichterling *m*; **~ huntsman** Sonntagsjäger *m*; **~ witty** geistreich sein sollend (*Bemerkung etc.*); **2.** angehend, zukünftig: **~ author, ~ wife**; **II** *s.* **3.** Gernegroß *m*, Möchtegern *m*.

wound¹ [waʊnd] *pret. u. p.p. von* **wind²** u. **wind³**.

wound² [wuːnd] **I** *s.* **1.** Wunde *f* (a. *fig.*), Verletzung *f*, -wundung *f*: **~ of entry** (**exit**) ✗ Einschuß *m* (Ausschuß *m*); **2.** *fig.* Verletzung *f*, Kränkung *f*; **II** *v/t.* **3.** verwunden, verletzen (*beide a. fig. kränken*); **'wound·ed** [-dɪd] *adj.* verwundet, verletzt (*beide a. fig. gekränkt*): **~ veteran** Kriegsversehrte(r) *m*; **the ~** die Verwundeten; **~ vanity** gekränkte Eitelkeit.

wove [wəʊv] *pret. u. obs. p.p. von* **weave**; **'wo·ven** [-vən] *p.p. von* **weave**: **~ goods** Web-, Wirkwaren.

wove pa·per *s.* ⚙ Ve'linpa‚pier *n*.

wow [waʊ] **I** *int.* Mann!, toll!; **II** *s. bsd. Am. sl.* a) Bombenerfolg *m*, b) ‚tolles Ding', c) ‚toller Kerl', ‚tolle Frau' *etc.*: **he** (**it**) **is a ~** er (es) ist 'ne Wucht; **III** *v/t.* j-n hinreißen.

wrack¹ [ræk] *s.* **1.** → **wreck** 1 u. 2; **2. ~ and ruin** Untergang u. Verderben; **go to ~** untergehen; **3.** Seetang *m*.

wrack² → **rack⁴** I.

wraith [reɪθ] *s.* **1.** Geistererscheinung *f* (*bsd. von gerade Gestorbenen*); **2.** Geist *m*, Gespenst *n*.

wran·gle ['ræŋgl] **I** *v/i.* (sich) zanken *od.* streiten, sich in den Haaren liegen; **II** *s.* Streit *m*, Zank *m*; **'wran·gler** [-lə] *s.* **1.** Zänker(in), streitsüchtige Per'son; **2.** *univ. Brit. Student in Cambridge, der bei der höchsten mathematischen Abschlußprüfung den 1. Grad erhalten hat*; **3.** guter Debattierer; **4.** *Am.* Cowboy *m*.

wrap [ræp] **I** *v/t.* [*irr.*] **1.** wickeln, hüllen; *a. Arme* schlingen (**round** um *acc.*); **2.** *mst ~ up* (ein)wickeln, (-)packen, (-)hüllen, (-)schlagen (*in* in *acc.*): **~ o.s. up** (*well*) sich warm anziehen; **3. ~ up** F a) *et.* glücklich ‚über die Bühne' bringen, b) abschließen, beenden; **~ it up** die Sache (erfolgreich) zu Ende führen; *that ~s it up* (**for today**)*!* das wär's (für heute)!; **4.** *oft ~ up fig.* (ein)hüllen, verbergen, *Tadel etc.* (ver)kleiden (*in* in *acc.*): **~ped up** *in mystery fig.* geheimnisvoll, rätselhaft; **~ped** (*od. wrapt*) *in silence* in Schweigen gehüllt; *be ~ped up in* a) völlig in Anspruch genommen sein von (*e-r Arbeit etc.*), ganz aufgehen in (*e-r Arbeit, s-n Kindern etc.*), b) versunken sein in (*acc.*); **5.** *fig.* verwickeln, -stricken (*in* in *acc.*); **II** *v/i.* [*irr.*] **6.** sich einhüllen: **~ up well!** zieh dich warm an!; **7.** sich legen *od.* wickeln *od.* schlingen (**round** um); **8.** sich legen (**over** um) (*Kleider*); **9. ~ up!** *sl.* halt's Maul!; **III** *s.* **10.** Hülle *f, bsd.* a) Decke *f*, b) Schal *m*, Pelz *m*, c) 'Umhang *m*, Mantel *m*: *keep s.th. under ~s fig. et.* geheimhalten; **'~·a·round** *I adj.* ☉ Rundum..., Vollsicht...(-*verglasung*): **~** *windshield* (*Brit.* *windscreen*) *mot.* Panoramascheibe *f*; **II** *s.* Wickelbluse *f*, -kleid *n*.

wrap·per ['ræpə] *s.* **1.** (Ein)Packer(in); **2.** Hülle *f*, Decke *f*, 'Überzug *m*, Verpackung *f*; **3.** ('Buch),Umschlag *m*, Schutzhülle *f*; **4.** *a. postal ~* ☉ Kreuz-, Streifband *n*; **5.** a) Schal *m*, b) 'Überwurf *m*, c) Morgenrock *m*; **6.** Deckblatt *n* (*der Zigarre*); **'wrap·ping** [-pɪŋ] *s.* **1.** *mst pl.* Um'hüllung *f*, Hülle *f*, Verpackung *f*; **2.** Ein-, Verpacken *n*: **~·paper** Einwickel-, Packpapier *n*.

wrapt [ræpt] *pret. u. p.p. von* **wrap**.

wrath [rɒθ] *s.* Zorn *m*, Wut *f*: *the ~ of God* der Zorn Gottes; *he looked like the ~ of god* F er sah gräßlich aus; **'wrath·ful** [-fʊl] *adj.* ☐ zornig, grimmig, wutentbrannt; **'wrath·y** [-θɪ] *adj.* ☐ *bsd.* F → **wrathful**.

wreak [riːk] *v/t. Rache* (aus)üben, *Wut etc.* auslassen ([*up*]*on* an *dat.*).

wreath [riːθ] *pl.* **wreaths** [-ðz] *s.* **1.** Kranz *m* (*a. fig.*), Gir'lande *f*, (Blumen-)Gewinde *n*; **2.** (*Rauch- etc.*)Ring *m*; **3.** Windung *f* (*e-s Seiles etc.*); **4.** (Schnee-*etc.*)Wehe *f*; **wreathe** [riːð] **I** *v/t.* **1.** winden, wickeln (**round, about** um); **2.** a) *Kranz etc.* flechten, winden, b) (zu Kränzen) flechten; **3.** um'kränzen, -'geben, -'winden; **4.** bekränzen, schmücken; **5.** kräuseln: **~d in smiles** lächelnd; **II** *v/i.* **6.** sich winden *od.* wikkeln; **7.** sich ringeln *od.* kräuseln (*Rauchwolke etc.*).

wreck [rek] **I** *s.* **1.** ⚓ a) (Schiffs)Wrack *n*, b) Schiffbruch *m*, Schiffsunglück *n*, c) ⚖ Strandgut *n*; **2.** Wrack *n* (*mot. etc., a. fig. bsd. Person*), Ru'ine *f*,

Trümmerhaufen *m* (*a. fig.*): *nervous ~ fig.* Nervenbündel *n*; *she is the ~ of her former self* sie ist nur (noch) ein Schatten ihrer selbst; **3.** *pl.* Trümmer *pl.* (*oft fig.*); **4.** *fig.* a) Ru'in *m*, 'Untergang *m*, b) Zerstörung *f*, Vernichtung *f von Hoffnungen etc.*; **II** *v/t.* **5.** *allg.* zertrümmern, -stören, *Schiff* zum Scheitern bringen (*a. fig.*): *be ~ed* a) → 8, b) in Trümmer gehen, c) entgleisen (*Zug*); **6.** *fig.* zu'grunde richten, ruinieren, ka'puttmachen, *Gesundheit a.* zerrütten, *Pläne, Hoffnungen etc.* vernichten, zerstören; **7.** ⚓ abwracken; **III** *v/i.* **8.** Schiffbruch erleiden, scheitern (*a. fig.*); **9.** verunglücken; **10.** zerstört *od.* vernichtet werden (*mst fig.*); **'wreck·age** [-kɪdʒ] *s.* **1.** Wrack(teile *pl.*) *n*, (Schiffs-, *allg.* Unfall)Trümmer *pl.*; **2.** *fig.* Strandgut *n* (des Lebens); **3.** → **wreck** 4; **wrecked** [-kt] *adj.* **1.** gestrandet, gescheitert (*a. fig.*); **2.** schiffbrüchig (*Person*); **3.** zertrümmert, zerstört, vernichtet (*alle a. fig.*); zerrüttet (*Gesundheit etc.*): **~ car** Schrottauto *n*; **'wreck·er** [-kə] *s.* **1.** Strandräuber *m*; **2.** Sabo'teur *m*, Zerstörer *m* (*beide a. fig.*); **3.** ⚓ a) Bergungsschiff *n*, b) Bergungsarbeiter *m*; **4.** ☉ Abbrucharbeiter *m*; **5.** *mot. Am.* Abschleppwagen *m*; **'wreck·ing** [-kɪŋ] *adj.* **1.** *Am.* Bergungs...: **~ crew; ~ service** (*truck*) *mot.* Abschleppdienst *m* (-wagen *m*); **2.** *Am.* Abbruch...: **~ company** Abbruchfirma *f*.

wren¹ [ren] *s. orn.* Zaunkönig *m*.

Wren² [ren] *s.* ✕ *Brit.* F Angehörige *f* des *Women's Royal Naval Service,* Ma'rinehelferin *f*.

wrench [rentʃ] **I** *s.* **1.** (drehender *od.* heftiger) Ruck, heftige Drehung; **2.** ⚕ Verzerrung *f*, -renkung *f*, -stauchung *f*: *give a ~ to* → 7; **3.** *fig.* Verdrehung *f*, -zerrung *f*; **4.** *fig.* (Trennungs)Schmerz *m*: *it was a great ~* der Abschied tat sehr weh; **5.** ☉ Schraubenschlüssel *m*; **II** *v/t.* **6.** (mit e-m Ruck) reißen, zerren, ziehen: **~ s.th.** (**away**) **from s.o.** j-m et. entwinden *od.* -reißen (*a. fig.*); **~ open** *Tür etc.* aufreißen; **7.** ⚕ verrenken, verstauchen; **8.** verdrehen, verzerren (*a. fig. entstellen*).

wrest [rest] **I** *v/t.* **1.** (gewaltsam) reißen: **~ from** j-m et. entreißen, -winden, *fig. a.* abringen; **2.** *fig. Sinn, Gesetz etc.* verdrehen; **II** *s.* **3.** Ruck *m*, Reißen *n*; **4.** ♪ Stimmhammer *m*.

wres·tle ['resl] **I** *v/i.* **1.** *a. sport* ringen (*a. fig. for* um, *with God* mit Gott); **2.** *fig.* sich abmühen, kämpfen (*with* mit); **II** *v/t.* **3.** ringen *od.* kämpfen mit; **III** *s.* **4.** → *wrestling* I; **5.** *fig.* Ringen *n*, schwerer Kampf; **'wres·tler** [-lə] *s. sport* Ringer *m*, Ringkämpfer *m*; **'wres·tling** [-lɪŋ] **I** *s. bsd. sport u. fig.* Ringen *n*; **II** *adj.* Ring...: **~ match** Ringkampf *m*.

wretch [retʃ] **1.** *a. poor ~* armes Wesen, armer Kerl *od.* Teufel (*a. iro.*); **2.** Schuft *m*; **3.** *iro.* Wicht *m*, ,Tropf' *m*; **wretch·ed** ['retʃɪd] *adj.* ☐ **1.** elend, unglücklich, *a.* deprimiert (*Person*); **2.** erbärmlich, mise'rabel, schlecht, dürftig; **3.** scheußlich, ekelhaft, unangenehm; **4.** *gesundheitlich* elend: *feel ~* sich elend *od.* schlecht fühlen; **wretch·ed·ness** ['retʃɪdnɪs] *s.* **1.** Elend *n*, Un-

glück *n*; **2.** Erbärmlichkeit *f*, Gemeinheit *f*.

wrig·gle ['rɪgl] **I** *v/i.* **1.** sich winden (*a. fig. verlegen od. listig*), sich schlängeln, zappeln: **~ along** sich dahinschlängeln; **~ out** sich herauswinden (*of s.th.* aus e-r Sache) (*a. fig.*); **II** *v/t.* **2.** wackeln *od.* zappeln mit; mit *den Hüften* schaukeln; **3.** schlängeln, winden, ringeln: **~ o.s.** (**along, through**) sich (entlang-, hindurch)winden; **~ o.s. into** *fig.* sich einschleichen in (*acc.*); **~ o.s. out of** sich herauswinden aus; **III** *s.* **4.** Windung *f*, Krümmung *f*; **5.** schlängelnde Bewegung, Schlängeln *n*, Ringeln *n*, Wackeln *n*; **'wrig·gler** [-lə] *s.* **1.** Ringeltier *n*, Wurm *m*; **2.** *fig.* aalglatter Kerl.

wright [raɪt] *s. in Zssgn* ...verfertiger *m*, ...macher *m*, ...bauer *m*.

wring [rɪŋ] **I** *v/t.* [*irr.*] **1. ~ out** *Wäsche etc.* (aus)wringen, auswinden; **2.** a) *e-m Tier den Hals* abdrehen, b) *j-m den Hals* 'umdrehen: *I'll ~ your neck*; **3.** verdrehen, -zerren (*a. fig.*); **4.** a) *Hände* (*verzweifelt*) ringen, b) *j-m die Hand* (kräftig) drücken, pressen; **5.** *j-n* drükken (*Schuh etc.*); **6. ~ s.o.'s heart** *fig.* j-m sehr zu Herzen gehen, j-m ans Herz greifen; **7.** abringen, entreißen, -winden (*from s.o.* j-m): **~ admiration from** j-m Bewunderung abnötigen; **8.** *fig. Geld, Zustimmung* erpressen (*from, out of* von); **II** *v/t.* **9.** Wringen *n*, (Aus)Winden *n*; Pressen *n*, Druck *m*: *give s.th. a ~* → 1 *u.* 4b; **wring·er** ['rɪŋə] *s.* 'Wringma,schine *f*: *go through the ~* F ,durch den Wolf gedreht werden'; **wring·ing** ['rɪŋɪŋ] *adj.* **1.** Wring...: **~ machine** → **wringer**; **2.** *a. ~ wet* F klatschnaß.

wrin·kle¹ ['rɪŋkl] **I** *s.* **1.** Runzel *f*, Falte *f* (*im Gesicht*); *a.* Kniff *m* (*in Papier etc.*); **2.** Unebenheit *f*, Vertiefung *f*, Furche *f*; **II** *v/t.* **3.** *oft ~ up* a) *Stirn, Augenbrauen* runzeln, b) *Nase* rümpfen; **4.** *Stoff, Papier etc.* falten, kniffen, zerknittern; **III** *v/i.* **5.** Falten werfen, Runzeln bekommen, sich runzeln, runz(e)lig werden, knittern.

wrin·kle² ['rɪŋkl] *s.* F **1.** Kniff *m*, Trick *m*; **2.** Wink *m*, Tip *m*; **3.** Neuheit *f*; **4.** Fehler *m*.

wrin·kly ['rɪŋklɪ] *adj.* **1.** faltig, runz(e)lig (*Gesicht etc.*); **2.** leicht knitternd (*Stoff*); **3.** gekräuselt.

wrist [rɪst] *s.* **1.** Handgelenk *n*; **2.** ☉ → *wrist pin*; **'~·band** [-srb-] *s.* **1.** Bündchen *n*, ('Hemd)Man,schette *f*; **2.** Armband *n*; **'~·drop** *s.* ⚕ Handgelenkslähmung *f*.

wrist·let ['rɪstlɪt] *s.* **1.** Pulswärmer *m*; **2.** Armband *n*: **~ watch** → **wristwatch**; **3.** *sport* Schweißband *n*; **4.** *humor. od. sl.* Handschelle *f*.

wrist | **pin** *s.* ☉ Zapfen *m, bsd.* Kolbenbolzen *m*; **'~·watch** *s.* Armbanduhr *f*.

writ [rɪt] *s.* **1.** ⚖ a) behördlicher Erlaß, b) gerichtlicher Befehl, c) *a. ~ of summons* (Vor)Ladung *f*: **~ of attachment** a) Haftbefehl *m*, b) dinglicher Arrest(befehl); **~ of execution** Vollstreckungsbefehl; *take out a ~ against s.o., serve a ~ on s.o.* j-n vorladen (lassen); **2.** ⚖ *hist. Brit.* Urkunde *f*; **3.** *pol. Brit.* Wahlausschreibung *f* für das Parla'ment; **4.** *Holy* (*od. Sacred*) ⚶ die

Heilige Schrift.
write [raɪt] [*irr.*] **I** *v/t.* **1.** *et.* schreiben: **writ**(**ten**) *large fig.* deutlich, leicht erkennbar; **2.** (auf-, nieder)schreiben, schriftlich niederlegen, notieren, aufzeichnen: *it is written that* es steht geschrieben, daß; *it is written on* (*od. all over*) *his face* es steht ihm im Gesicht geschrieben; **3.** *Scheck etc.* ausschreiben, -füllen; **4.** *Papier etc.* vollschreiben; **5.** *j-m et.* schreiben, schriftlich mitteilen: **~** *s.o. s.th.*; **6.** *Buch etc.* verfassen, *a. Musik* schreiben: **~** *poetry* dichten, Gedichte schreiben; **7.** **~** *o.s.* sich bezeichnen als; **II** *v/i.* **8.** schreiben; **9.** schreiben, schriftstellern; **10.** schreiben, schriftliche Mitteilung machen: *it's nothing to* **~** *home about fig.* das ist nichts Besonderes, darauf brauchst du dir (braucht er sich *etc.*) nichts einzubilden; **~** *to ask* schriftlich anfragen; **~** *for s.th.* et. anfordern, sich et. kommen lassen;
Zssgn mit adv.:
write| down *v/t.* **1.** → **write** 2; **2.** *fig.* a) (schriftlich) her'absetzen, herziehen über (*acc.*), b) nennen, bezeichnen *od.* hinstellen als; **3.** ♥ abschreiben; **~** *in* *v/t.* einfügen, -tragen; **~** *off* *v/t.* **1.** (schnell) her'unterschreiben, ˌhinhauˈenˈ; **2.** ♥ (vollständig) abschreiben (*a. fig.*); **~** *out* *v/t.* **1.** *Namen etc.* ausschreibenˈ; **2.** abschreiben: **~** *fair* ins reine schreiben; **3.** *write o.s. out* sich ausschreiben (*Autor*); **~** *up* *v/t.* **1.** ausführlich darstellen *od.* beschreiben; **2.** *ergänzend* nachtragen, *Text* weiterführen; **3.** loben(d erwähnen), herˈausstreichen, anpreisen; **4.** ♥ e-n zu hohen Buchwert angeben für.
'write|-down *s.* ♥ Abschreibung *f*; **'~-off** *s.* a) ♥ (gänzliche) Abschreibung, b) *mot.* F To'talschaden: *it's a* **~** F das können wir abschreiben.
writ·er [ˈraɪtə] *s.* **1.** Schreiber(in): **~'s cramp** (*od. palsy*) Schreibkrampf *m*; **2.** Schriftsteller(in), Verfasser(in), Autor *m*, Auˈtorin *f*: *the* **~** der Verfasser (= *ich*); **~** *for the press* Journalist(in); **3.** **~** *to the signet Scot.* Noˈtar *m*, Rechtsanwalt *m*; **'writ·er·ship** [-ʃɪp] *s. Brit.* Schreiberstelle *f*.
'write-up *s.* **1.** lobender Pressebericht *od.* Arˈtikel; **2.** ♥ zu hohe Buchwertangabe.
writhe [raɪð] *v/i.* **1.** sich krümmen, sich

winden (*with* vor *dat.*); **2.** *fig.* sich winden, leiden (*under, at* unter e-r Kränkung etc.).
writ·ing [ˈraɪtɪŋ] **I** *s.* **1.** Schreiben *n* (*Tätigkeit*); **2.** Schriftsteˈlleˈrei *f*; **3.** schriftliche Ausfertigung *od.* Abfassung; **4.** Schreiben *n*, Schriftstück *n*, *et.* Geschriebenes, *a.* Urkunde *f*: *in* **~** schriftlich; *the* **~** *on the wall fig.* die Schrift an der Wand, das Menetekel; **5.** Schrift *f*, *literarisches* Werk; Aufsatz *m*, Arˈtikel *m*; **6.** Brief *m*; **7.** Inschrift *f*; **8.** Schreibweise *f*, Stil *m*; **9.** (Hand)Schrift *f*; **II** *adj.* **10.** schreibend, *bsd.* schriftstellernd: **~** *man* Schriftsteller *m*; **11.** Schreib...; **~** *book s.* Schreibheft *n*; **~** *case s.* Schreibmappe *f*; **~** *desk s.* Schreibtisch *m*; **~** *pad s.* 'Schreibˌunterlage *f*, -block *m*; **~** *pa·per s.* 'Schreib-, 'Briefˌpaˈpier *n*; **~** *ta·ble s.* Schreibtisch *m*.
writ·ten [ˈrɪtn] **I** *p.p. von* **write**; **II** *adj.* **1.** schriftlich: **~** *examination*, **~** *evidence* ⚖ Urkundenbeweis *m*; **~** *language* Schriftsprache *f*; **2.** geschrieben: **~** *law*; **~** *question parl.* kleine Anfrage.
wrong [rɒŋ] **I** *adj.* □ **~** *wrongly*, **1.** falsch, unrichtig, verkehrt, irrig: *be* **~** *a.* a) unrecht haben, sich irren (*Person*), b) falsch gehen (*Uhr*); *you are* **~** *in believing* du irrst dich, wenn du glaubst; *prove s.o.* **~** beweisen, daß j-d im Irrtum ist; **2.** verkehrt, falsch: *bring the* **~** *book; do the* **~** *thing* das Falsche tun, es verkehrt machen; *get hold of the* **~** *end of the stick fig.* es völlig mißverstehen, es verkehrt ansehen; *the* **~** *side* die verkehrte *od.* falsche (*von Stoff:* linke) Seite; (*the*) **~** *side out* das Innere nach außen (gekehrt) (*Kleidungsstück etc.*); *be on the* **~** *side of 40* über 40 (Jahre alt) sein; *he will laugh on the* **~** *side of his mouth* das Lachen wird ihm schon vergehen; *have got out of bed* (*on*) *the* **~** *side* F mit dem linken Bein zuerst aufgestanden sein; → *blanket* 1; **3.** nicht in Ordnung: *s.th. is* **~** *with it* es stimmt et. daran nicht; *what is* **~** *with you?* was ist los mit dir?, was hast du?; *what's* **~** *with ...?* a) was gibt es auszusetzen an (*dat.*)?, b) F wie wär's mit...?; **4.** unrecht: *it is* **~** *of you to laugh*; **II** *adv.* **5.** falsch, unrichtig, verkehrt: *get it* **~** ganz falsch verstehen; *go* **~** a) nicht richtig funktionieren *od.* gehen (*Uhr*

etc.), b) schiefgehen (*Vorhaben etc.*), c) auf Abwege *od.* die schiefe Bahn geraten (*bsd. Frau*), d) fehlgehen; *where did we go* **~**? was haben wir falsch gemacht?; *get in* **~** *with s.o. Am.* F es mit j-m verderben; *get s.o. in* **~** *Am.* F j-n in Mißkredit bringen (*with* bei); *take s.th.* **~** *et.* übelnehmen; **III** *s.* **6.** Unrecht *n*: *do s.o.* **~** j-m ein Unrecht zufügen; **7.** Irrtum *m*, Unrecht *n*: *be in the* **~** unrecht haben; *put s.o. in the* **~** j-n ins Unrecht setzen; **8.** Kränkung *f*, Beleidigung *f*; **9.** ⚖ Rechtsverletzung *f*: *private* **~** Privatdelikt *n*; *public* **~** öffentliches Delikt; **IV** *v/t.* **10.** j-m Unrecht tun (*a. in Gedanken etc.*), j-n ungerecht behandeln: *I am* **~** *ed* mir geschieht Unrecht; **11.** j-m schaden, Schaden zufügen, j-n benachteiligen, ˌ~ˈdo·er *s.* Übel-, Missetäter(in), Sünder(in); ˌ~ˈdo·ing *s.* **1.** Missetat *f*, Sünde *f*; **2.** Vergehen *n*, Verbrechen *n*.
wrong·ful [ˈrɒŋfʊl] *adj.* □ **1.** ungerecht; **2.** beleidigend, kränkend; **3.** ⚖ unrechtmäßig, 'widerrechtlich, ungesetzlich.
ˌ**wrong'head·ed** *adj.* □ **1.** querköpfig, verbohrt (*Person*); **2.** verschroben, verdreht, hirnverbrannt.
wrong·ly [ˈrɒŋlɪ] *adv.* **1.** → **wrong** II; **2.** ungerechterweise, zu *od.* mit Unrecht; **3.** irrtümlicher-, fälschlicherweise.
wrong·ness [ˈrɒŋnɪs] *s.* **1.** Unrichtigkeit *f*, Verkehrtheit *f*, Fehlerhaftigkeit *f*; **2.** Unrechtmäßigkeit *f*; **3.** Ungerechtigkeit *f*.
wrote [rəʊt] *pret. u. obs. p.p. von* **write**.
wroth [rəʊθ] *adj.* zornig, erzürnt.
wrought [rɔːt] **I** *pret. u. p.p. von* **work**; **II** *adj.* **1.** be-, ge-, verarbeitet: **~** *goods* Fertigwaren; **2.** a) gehämmert, geschmiedet, b) schmiedeeisern; **3.** gewirkt; **~** *i-ron s.* Schmiedeeisen *n*; ˌ~ˈ**'i·ron** *adj.* schmiedeeisern; **~** *steel s.* Schmiede-, Schweißstahl *m*; ˌ~ˈ**'up** *adj.* aufgebracht, erregt.
wrung [rʌŋ] *pret. u. p.p. von* **wring**.
wry [raɪ] *adj.* □ **1.** schief, krumm, verzerrt: *make* (*od. pull*) *a* **~** *face* e-e Grimasse schneiden; **2.** *fig.* a) verschroben: **~** *notion*, b) gequält: **~** *smile*, c) sarˈkastisch: **~** *humo*(*u*)*r*, ˈ**~-mouthed** *adj.* **1.** schiefmäulig; **2.** *fig.* a) wenig schmeichelhaft, b) sarˈkastisch; ˈ**~-neck** *s. orn.* Wendehals *m*.

X

X, x [eks] **I** *pl.* **X's, x's, Xs, xs** [ˈeksɪz] *s.* **1.** X *n*, x *n* (*Buchstabe*); **2.** ♉ a) x *n* (*1. unbekannte Größe od. abhängige Variable*), b) x-Achse *f*, Abˈszisse *f* (*im Koordinatensystem*); **3.** *fig.* X *n*, unbekannte Größe; **4.** → 6; **II** *adj.* **5.** X-..., X-förmig; **6.** **~** *film* nicht jugendfreier Film (*ab 18*).
Xan·thip·pe [zænˈθɪpɪ] *s. fig.* Xanˈthippe *f*, Hausdrachen *m*.
xe·nog·a·my [ziːˈnɒgəmɪ] *s.* ⚘ Fremdbestäubung *f*.
xen·o·pho·bi·a [ˌzenəˈfəʊbjə] *s.* Xenoˈphoˈbie *f*, Fremdenfeindlichkeit *f*;

ˌ**xen·o'pho·bic** [-bɪk] *adj.* xenoˈphob, fremdenfeindlich.
xe·ra·si·a [zɪˈreɪzɪə] *s.* ♣ Trockenheit *f* des Haares.
xe·ro·phyte [ˈzɪərəʊfaɪt] *s.* ⚘ Trockenheitspflanze *f*.
xiph·oid [ˈzɪfɔɪd] *adj. anat.* **1.** schwertförmig; **2.** Schwertfortsatz...: **~** *appendage*, **~** *process* Schwertfortsatz *m*.
Xmas [ˈkrɪsməs] F *für* **Christmas**.
X-ray [ˌeksˈreɪ] **I** *s.* ✴, *phys.* **1.** X-Strahl *m*, Röntgenstrahl *m*; **2.** Röntgenaufnahme *f*, -bild *n*; **II** *v/t.* **3.** röntgen: a)

ein Röntgenbild machen von, b) durch'leuchten; **4.** bestrahlen; **III** *adj.* **5.** Röntgen...
xy·lene [ˈzaɪliːn] *s.* ♠ Xyˈlol *n*.
xy·lo·graph [ˈzaɪləgrɑːf] *s.* Holzschnitt *m*; **xy·log·ra·pher** [zaɪˈlɒgrəfə] *s.* Holzschneider *m*; **xy·lo·graph·ic** [ˌzaɪləˈgræfɪk] *adj.* Holzschnitt...; **xy·log·ra·phy** [zaɪˈlɒgrəfɪ] *s.* Xyloˈgraˈphie *f*, Holzschneidekunst *f*.
xy·lo·phone [ˈzaɪləfəʊn] *s.* ♪ Xyloˈphon *n*.
xy·lose [ˈzaɪləʊs] *s.* ♠ Xyˈlose *f*, Holzzucker *m*.

Y

Y, y [waɪ] **I** *pl.* **Y's, y's, Ys, ys** [waɪz] *s.*
1. Y *n*, y *n*, Ypsilon *n* (*Buchstabe*); **2.**
Ȧ a) y *n* (*2. unbekannte Größe od. abhängige Variable*), b) y-Achse *f*, Ordi-
'nate *f* (*im Koordinatensystem*); **II** *adj.*
3. Y-..., Y-förmig, gabelförmig.
y- [ɪ] *obs. Präfix zur Bildung des p.p.*,
entsprechend dem deutschen ge-.
yacht [jɒt] ♣ **I** *s.* **1.** (Segel-, Motor-)
Jacht *f*: ~ **club** Jachtklub *m*; **2.** (Renn-)
Segler *m*; **II** *v/i.* **3.** auf e-r Jacht fahren;
4. (sport)segeln; **yacht·er** ['jɒtə] →
yachtsman; **yacht·ing** ['jɒtɪŋ] **I** *s.* **1.**
Jacht-, Segelsport *m*; **2.** (Sport)Segeln
n; **II** *adj.* **3.** Segel..., Jacht...
yachts·man ['jɒtsmən] *s.* [*irr.*] **1.** Jachtfahrer *m*; **2.** (Sport)Segler *m*; **'yachtsman·ship** [-ʃɪp] *s.* Segelkunst *f*.
yah [jɑː] *int.* a) puh!, b) ätsch!
ya·hoo [jə'huː] *s.* **1.** bru'taler Kerl; **2.**
Saukerl *m*.
yak¹ [jæk] *v/i.* F quasseln.
yak² [jæk] *s.* Yak *m*, Grunzochs *m*.
yank¹ [jæŋk] F **I** *v/t.* (mit e-m Ruck her-
'aus)ziehen, (*hoch- etc.*)reißen; **II** *v/i.*
reißen, heftig ziehen; **III** *s.* (heftiger)
Ruck.
Yank² [jæŋk] F *für* **Yankee**.
Yan·kee ['jæŋkɪ] *s.* Yankee *m* (*Spitzname*): a) Neu-'Engländer(in), b) Nordstaatler(in) (*der USA*), c) (*allg.*, *von
Nichtamerikanern gebraucht*) ('Nord-)
Ameri,kaner(in): ~ **Doodle** *amer.
Volkslied.*
yap [jæp] **I** *s.* **1.** Kläffen *n*, Gekläff *n*; **2.**
F a) Gequassel *n*, b) ‚Schnauze' *f*
(*Mund*); **II** *v/i.* **3.** kläffen; **4.** F a) quasseln, b) ‚meckern'.
yard¹ [jɑːd] *s.* **1.** Yard *n* (= *0,914 m*); **2.**
→ **yardstick** 1: *by the* ~ yardweise; ~
goods Kurzwaren; **3.** ♣ Rah(e) *f*.
yard² [jɑːd] *s.* **1.** Hof(raum) *m*; **2.** Arbeits-, Bau-, Stapel)Platz *m*; **3.** ⚙ Brit.
Rangier-, Verschiebebahnhof *m*; **4.** *the
⚘ → Scotland Yard*; **5.** ⚘ Hof *m*, Gehege *n*: *poultry* ~; **6.** *Am.* Winterweideplatz *m* (*für Elche u. Rotwild*).
yard·age ['jɑːdɪdʒ] *s.* in Yards angegebene Zahl *od.* Länge, Yards *pl.*
'yard·man [-mən] *s.* [*irr.*] **1.** ⚙ Rangier-,
Bahnhofsarbeiter *m*; **2.** ♣ Werftarbeiter *m*; **3.** ⚘ Stall-, Viehhofarbeiter *m*; ~
mas·ter *s.* ⚙ Rangiermeister *m*;
'~·stick *s.* **1.** Yard-, Maßstock *m*; **2.**
fig. Maßstab *m*.
yarn [jɑːn] **I** *s.* **1.** Garn *n*; **2.** ♣ Kabelgarn *n*; **3.** F abenteuerliche (*a. weitS.
erlogene*) Geschichte, (Seemanns)Garn
n: *spin a* ~ e-e Abenteuergeschichte
erzählen, ein (Seemanns)Garn spinnen; **II** *v/i.* **4.** F (Geschichten) erzählen,
ein Garn spinnen, (mitein'ander)

klönen.
yar·row ['jærəʊ] *s.* ⚘ Schafgarbe *f*.
yaw [jɔː] *v/i.* **1.** ♣ gieren (*vom Kurs
abkommen*); **2.** ✈ (*um Hochachse*) gieren, scheren; **3.** *fig.* schwanken.
yawl [jɔːl] *s.* ♣ **1.** Segeljolle *f*; **2.** Be'sankutter *m*.
yawn [jɔːn] **I** *v/i.* **1.** gähnen (*a. fig. Abgrund etc.*); **2.** *fig.* a) sich weit u. tief
auftun, b) weit offenstehen; **II** *v/t.* **3.**
gähnen(d sagen); **III** *s.* **4.** Gähnen *n*;
'yawn·ing [-nɪŋ] *adj.* □ gähnend (*a.
fig.*).
y·clept [ɪ'klept] *adj. obs. od. humor.* genannt, namens.
ye¹ [jiː] *pron. obs. od. bibl. od. humor.*
1. ihr, Ihr; **2.** euch, Euch, dir, Dir; **3.**
du, Du; **4.** F *für you*: *how d'ye do?*
ye² [jiː] *archaisierend für the.*
yea [jeɪ] **I** *adv.* **1.** ja; **2.** für'wahr, wahr-
'haftig; **3.** *obs.* ja so'gar; **II** *s.* **4.** Ja *n*; **5.**
parl. etc. Ja(stimme *f*) *n*: *~s and nays*
Stimmen für u. wider; *the ~s have it!*
der Antrag ist angenommen!
yeah [jeə] *adv.* F ja, klar: *~?* so?, na,
na!
yean [jiːn] *zo.* **I** *v/t.* werfen (*Lamm,
Zicklein*); **II** *v/i.* a) lammen (*Schaf*), b)
zickeln (*Ziege*); **'yean·ling** [-lɪŋ] *s.* a)
Lamm *n*, b) Zicklein *n*.
year [jɜː] *s.* **1.** Jahr *n*: ~ *of grace* Jahr
des Heils; *for ~s* jahrelang, seit Jahren,
auf Jahre hinaus; ~ *in,* ~ *out* jahrein,
jahraus; ~ *by* ~, *from* ~ *to* ~, ~ *after* ~
Jahr für Jahr; *in the* ~ *one* humor. vor
undenklichen Zeiten; *take* ~*s off s.o.*
j-n um Jahre jünger machen; **2.** *pl.* Alter *n*: ~*s of discretion* gesetztes *od.*
vernünftiges Alter; *well on in* ~*s* hochbetagt; *be getting on in* ~*s* in die Jahre
kommen; *he bears his* ~*s well* er ist
für sein Alter noch recht rüstig; **3.** *ped.
univ.* Jahrgang *m*; **'~·book** *s.* Jahrbuch
n.
year·ling ['jɜːlɪŋ] **I** *s.* **1.** Jährling *m*: a)
einjähriges Tier, b) einjährige Pflanze;
2. *Pferdesport:* Einjährige(s) *n*; **II** *adj.*
3. einjährig.
'year·long *adj.* einjährig.
year·ly ['jɜːlɪ] **I** *adj.* jährlich, Jahres...; **II**
adv. jährlich, jedes Jahr (einmal).
yearn [jɜːn] *v/i.* **1.** sich sehnen, Sehnsucht haben (*for, after* nach, *to do* danach, zu tun); **2.** (*bsd.* Mitleid, Zuneigung) empfinden (*to[wards]* für, mit);
'yearn·ing [-nɪŋ] **I** *s.* Sehnsucht *f*, Sehnen *n*, Verlangen *n*; **II** *adj.* □ sehnsüchtig, sehnend, verlangend.
yeast [jiːst] **I** *s.* **1.** (Bier-, Back)Hefe *f*;
2. Gischt *f*, Schaum *m*; **3.** *fig.* Triebkraft *f*; **II** *v/i.* **4.** gären; ~ **pow·der** *s.*
Backpulver *n*.

yeast·y ['jiːstɪ] *adj.* **1.** heftig; **2.** gärend;
3. schäumend; **4.** *fig. contp.* leer, hohl;
5. *fig.* a) unstet, b) 'überschäumend.
yegg(·man ['jeg(mən)] *s.* [*irr.*] *Am. sl.*
‚Schränker' *m*, Geldschrankknacker *m*.
yell [jel] **I** *v/i.* **1.** schreien, brüllen (**with**
vor *dat.*); **II** *v/t.* **2.** gellen(d ausstoßen),
schreien; **III** *s.* **3.** gellender (Auf-)
Schrei; **4.** *Am. univ.* (rhythmischer)
Anfeuerungs- *od.* Schlachtruf.
yel·low ['jeləʊ] **I** *adj.* **1.** gelb (*a. Rasse*):
~-**haired** flachshaarig; *the* ~ *peril* die
gelbe Gefahr; **2.** *fig.* a) *obs.* neidisch,
mißgünstig, b) F feig: ~ *streak* feiger
Zug; **3.** sensati'onslüstern; → **yellow
paper, yellow press**; **II** *s.* **4.** Gelb *n*:
at ~ *Am.* bei (*od.* auf) Gelb (*Verkehrsampel*); **5.** Eigelb *n*; **6.** ⚘, ⚘ *od. vet.*
Gelbsucht *f*; **III** *v/t.* **7.** gelb färben; **IV**
v/i. **8.** sich gelb färben, vergilben; ~
card *s.*: *be shown the* ~ Fußball: die
gelbe Karte (gezeigt) bekommen; '~·
dog I *s.* Köter *m*, ‚Prome'nadenmischung' *f*; **2.** *fig.* gemeiner *od.* feiger
Kerl; **II** *adj.* **3.** a) hundsgemein, b) feig;
4. *Am.* gewerkschaftsfeindlich; ~ **earth**
s. min. **1.** Gelberde *f*; **2.** → **yellow
ochre**; ~ **fe·ver** *s.* ⚘ Gelbfieber *n*;
'~·**ham·mer** *s. orn.* Goldammer *f*.
yel·low·ish ['jeləʊɪʃ] *adj.* gelblich.
yel·low|jack *s.* **1.** ⚘ Gelbfieber *n*; **2.** ♣
Quaran'täneflagge *f*; ~ **met·al** *s.*
'Muntzme,tall *n*; ~ **o·chre** (*Am.
o·cher*) *s. min.* gelber Ocker, Gelberde *f*; ~ **pag·es** *s. min. pl. teleph.* (*die*) gelben
Seiten, Branchenverzeichnis *n*; ~ **pa·
per** *s.* Sensati'ons-, Re'volverblatt *n*; ~
press *s.* Sensati'ons-, Boule'vardpresse
f; ~ **soap** *s.* Schmierseife *f*.
yelp [jelp] **I** *v/i.* **1.** a) (auf)jaulen, b)
aufschreien; **2.** (*a. v/t.*) kreischen; **II** *s.*
3. a) (Auf)Jaulen *n*, b) Aufschrei *m*.
yen¹ [jen] *s.* Yen *m* (*japanische Münzeinheit*).
yen² [jen] F *für* **yearning** I.
yeo·man ['jəʊmən] *s.* [*irr.*] **1.** *Brit. hist.*
a) Freisasse *m*, b) ✕ berittener Mi'lizsol,dat: ~ *service fig.* treue Dienste *pl.*;
2. *a. ⚘ of the Guard* 'Leibgar,dist *m*; **3.**
♣ Ver'waltungs,unteroffi,zier *m*; **'yeo·
man·ry** [-rɪ] *s. coll. hist.* **1.** Freisassen
pl.; **2.** ✕ berittene Mi'liz.
yep [jep] *adv.* F ja.
yes [jes] **I** *adv.* **1.** ja, ja'wohl: *say* ~ (*to*)
a) ja sagen (zu), (*e-e Sache*) bejahen
(*beide a. fig.*), b) einwilligen (in *acc.*);
2. ja, gewiß, aller'dings; **3.** (ja) doch;
4. ja so'gar; **5.** fragend *od.* anzweifelnd:
ja?, wirklich?; **II** *s.* **6.** Ja *n*; **7.** *fig.* Ja
(-wort) *n*; **8.** *parl.* Ja(stimme *f*) *n*; ~
man *s.* [*irr.*] F Jasager *m*.
yes·ter ['jestə] *adj.* **1.** *obs. od. poet.* ge-

strig; **2.** *in Zssgn* → **yesterday** 2; **'~day** [-dɪ] **I** *adv.* **1.** gestern: *I was not born ~* *fig.* ich bin (doch) nicht von gestern; **II** *adj.* **2.** gestrig, vergangen, letzt: *~ morning* gestern früh; **III** *s.* **3.** der gestrige Tag: *the day before ~* vorgestern; *~'s paper* die gestrige Zeitung; *of ~* von gestern; *~s* vergangene Tage *od.* Zeiten; **4.** *fig.* das Gestern; **~·'year** *adv. u. s. obs. od. poet.* voriges Jahr.

yet [jet] **I** *adv.* **1.** (immer) noch, jetzt noch: *not ~* noch nicht; *nothing ~* noch nichts; *~ a moment* (nur) noch einen Augenblick; **2.** schon (jetzt), jetzt: (*as*) *~* bis jetzt, bisher; *have you finished ~?* bist du schon fertig?; *not just ~* nicht gerade jetzt; **3.** (doch) noch, schon (noch): *he will win ~;* **4.** noch, so'gar (*beim Komparativ*): *~ better* noch besser; *~ more important* sogar noch wichtiger; **5.** noch (da'zu), außerdem: *another and ~ another* noch einer u. noch einer dazu; *~ again* immer wieder; *nor ~* (und) auch nicht; **6.** dennoch, trotzdem, je'doch, aber: *but ~* aber doch *od.* trotzdem; **II** *cj.* **7.** aber (dennoch *od.* zu'gleich), doch.

yew [ju:] ♀ **I** *s.* **1.** *a.* **~ tree** Eibe *f;* **2.** Eibenholz *n;* **II** *adj.* **3.** Eiben...

Yid [jɪd] *s. sl.* Jude *m;* **Yid·dish** ['jɪdɪʃ] *ling.* **I** *s.* Jiddisch *n;* **II** *adj.* jiddisch.

yield [ji:ld] **I** *v/t.* **1.** als Ertrag ergeben, (ein-, her'vor)bringen, *a.* Ernte erbringen, *bsd.* Gewinn abwerfen, *Früchte, a.* Zinsen etc. tragen, *Produkte etc.* liefern: *~ 6 %* ♀ 6 % (Rendite) abwerfen; **2.** *Resultat* ergeben, liefern; **3.** *fig.* gewähren, zugestehen, einräumen (*s.th. to s.o.* j-m et.): *~ consent* einwilligen; *~ the point* sich (*in e-r Debatte*) geschlagen geben; *~ precedence to* j-m den Vorrang einräumen; **4.** *a.* **~ up** a) auf-, hergeben, b) (*to*) abtreten (an *acc.*), über'lassen, -'geben (*dat.*), ausliefern (*dat. od. an acc.*): *~ o.s. to fig.* sich e-r *Sache* überlassen; *~ a secret* ein Geheimnis preisgeben; *~ the palm* (*to s.o.*) sich (j-m) geschlagen geben; *~ place to* Platz machen (*dat.*); → **ghost** 2; **II** *v/i.* **5.** guten etc. Ertrag geben *od.* liefern, *bsd.* ♀ tragen; **6.** nachgeben, weichen (*Sache u. Person*): *~ to despair* sich der Verzweiflung hingeben; *~ to force* der Gewalt weichen; *I ~ to none* ich stehe keinem nach (*in in dat.*); **7.** sich fügen (*to dat.*); **8.** einwilligen (*to in acc.*); **III** *s.* **9.** Ertrag *m:* a) Ernte *f,* b) Ausbeute *f* (*a.* ☉, *phys.*), Gewinn *m:* *~ of tax(es)* Steueraufkommen *n,* -ertrag *m;* **10.** ♀ a) Zinsertrag *m,* b) Ren'dite *f;* **11.** ☉ a) Me'tallgehalt *m von Erz,* b) Ausgiebigkeit *f* von Farben *etc.,* c) Nachgiebigkeit *f* von Material; **'yield·ing** [-dɪŋ] *adj.* □ **1.** ergie-

big, einträglich: *~ interest* ♀ verzinslich; **2.** nachgebend, dehnbar, biegsam; **3.** *fig.* nachgiebig, gefügig; **yield point** *s.* ☉ Fließ-, Streckgrenze *f,* -punkt *m.*

yip [jɪp] *Am.* F *für* yelp; **yip·pee** [jɪ'pi:; 'jɪpɪ] *int.* hur'ra!

yob [jɔb] *s. Brit.* F Rowdy *m.*

yo·del ['jəʊdl] **I** *v/t. u. v/i.* jodeln; **II** *s.* Jodler *m* (*Gesang*).

yo·ga ['jəʊɡə] *s.* Joga *m, n,* Yoga *m, n.*

yo·gh(o)urt ['jɒɡət] *s.* Joghurt *m, n.*

yo·gi ['jəʊɡɪ] *s.* Jogi *m,* Yogi *m.*

yo-heave-ho [ˌjəʊhiːvˈhəʊ], **yo-ho** [ˌjəʊˈhəʊ] *int.* ⚓ hau-'ruck!

yoicks [jɔɪks] *hunt.* **I** *int.* hussa!; **II** *s.* Hussa(ruf *m*) *n.*

yoke [jəʊk] **I** *s.* **1.** 🜨, *antiq. u. fig.* Joch *n:* *~ of matrimony* Joch der Ehe; *pass under the ~* sich unter das Joch beugen; **2.** *sg. od. pl.* Paar *n,* Gespann *n:* *two ~ of oxen;* **3.** ☉ a) Schulterträge *f* (*für Eimer etc.*), b) Glockengerüst *n,* c) Bügel *m,* d) ⚡ (Ma'gnet-, Pol)Joch *n,* e) *mot.* Gabelgelenk *n,* f) doppeltes Achslager, g) ⚓ Ruderjoch *n;* **4.** Passe *f,* Sattel *m* (*an Kleidern*); **II** *v/t.* **5.** *Tiere* anschirren, anjochen; **6.** *fig.* paaren, verbinden (*with, to* mit); **III** *v/i.* **7.** verbunden sein (*with* mit *j-m*): *~ together* zs.-arbeiten; *~ bone s. anat.* Jochbein *n;* '**~·fel·low** *s. obs.* **1.** Mitarbeiter *m;* **2.** (Lebens)Gefährte *m,* (-)Gefährtin *f.*

yo·kel ['jəʊkl] *s.* Bauer(ntrampel) *m.*

'**yoke·mate** *s. → yokefellow.*

yolk [jəʊk] *s.* **1.** *zo.* Eidotter *m, n,* Eigelb *n;* **2.** Woll-, Fettschweiß *m* (*der Schafwolle*).

yon [jɒn] *obs. od. dial.* **I** *adj. u. pron.* jene(r, s) dort (drüben); **II** *adv.* → *yonder* I; '**yon·der** [-də] **I** *adv.* **1.** da *od.* dort drüben; **2.** *obs.* da drüben hin; **II** *adj. u. pron.* **3.** → *yon* I.

yore [jɔ:] *s.:* *of ~* vorzeiten, ehedem, vormals; *in days of ~* in alten Zeiten.

York·shire ['jɔ:kʃə] *adj.* aus der Grafschaft Yorkshire, Yorkshire...: *~ flannel* ♀ feiner Flanell aus ungefärbter Wolle; *~ pudding* gebackener Eierteig, *der zum Rinderbraten gegessen wird.*

you [ju:; jʊ; jə] *pron.* **1.** a) (*nom.*) du, ihr, Sie, b) (*dat.*) dir, euch, Ihnen, c) (*acc.*) dich, euch, Sie: *don't ~ do that!* tu das ja nicht!; *that's a wine for ~!* das ist vielleicht ein (*gutes*) Weinchen!; **2.** *man: that does ~ good* das tut einem gut; *what should ~ do?* was soll man tun?

you'd [ju:d; jʊd; jəd] F *für* a) *you would,* b) *you had.*

young [jʌŋ] **I** *adj.* jung (*a. fig. frisch, neu, unerfahren*): *~ ambition* jugendlicher Ehrgeiz; *~ animal* Jungtier *n;* *~ children* kleine Kinder; *~ love* junge Liebe; *her ~ man* F ihr Schatz; *~ Smith* Smith junior; *a ~ state* ein junger

Staat; *~ person* 🜨 Jugendliche(r), Heranwachsende(r) (*14 bis 17 Jahre alt*); *the ~ person fig.* die (unverdorbene) Jugend; *~ in one's job* unerfahren in s-r Arbeit; **II** *s. coll.* (Tier)Junge *pl.:* *with ~* trächtig; **young·ish** ['jʌŋɪʃ] *adj.* ziemlich jung; '**young·ster** [-stə] *s.* **1.** Bursch(e) *m,* Junge *m;* Kleine(r *m*) *f;* **2.** *sport* Youngster *m.*

your [jɔ:] *pron. u. adj.* **1.** a) *sg.* dein(e), b) *pl.* euer, eure, c) *sg. od. pl.* Ihr(e); **2.** *impers.* F a) so ein(e), b) der (die, das) vielgepriesene *od.* -gerühmte.

yours [jɔ:z] *pron.* **1.** a) *sg.* dein, der (die, das) dein(ig)e, die dein(ig)en, b) *pl.* euer, eure(s), der (die, das) eur(ig)e, die eur(ig)en, c) (*Höflichkeitsform, sg. od. pl.*) Ihr, der (die, das) Ihr(ig)e, die Ihr(ig)en: *this is ~* das gehört dir (euch, Ihnen); *what is mine is ~* was mein ist, ist (auch) dein; *my sister and ~* meine u. deine Schwester; → *truly* 2; **2.** a) die Dein(ig)en (Euren, Ihren), b) das Dein(ig)e, deine Habe: *you and ~;* **3.** ♀ Ihr Schreiben.

your'self *pl.* -'**selves** [-vz] *pron.* (*in Verbindung mit you od. e-m Imperativ*) **1.** a) *sg.* (du, Sie) selbst, b) *pl.* (ihr, Sie) selbst: *by ~* a) selbst, selber, selbständig, allein, b) allein, für sich; *be ~!* F nimm dich zusammen!; *you are not ~ today* du bist (Sie sind) heute ganz anders als sonst *od.* nicht auf der Höhe; *what will you do with ~ today?* was wirst du (werden Sie) heute anfangen?; **2.** *refl.* a) *sg.* dir, dich, sich, b) *pl.* euch, sich: *did you hurt ~?* hast du dich (haben Sie sich) verletzt?

youth [ju:θ] **I** *s.* **1.** *allg.* Jugend *f:* a) Jungsein *n,* b) Jugendfrische *f,* c) Jugendzeit *f,* d) *coll. sg. od. pl. konstr.* junge Leute *pl. od.* Menschen *pl.;* **2.** Frühstadium *n;* **3.** *pl.* **youths** [-ðz] junger Mann, Jüngling *m;* **II** *adj.* **4.** Jugend...: *~ hostel* Jugendherberge *f;* '**youth·ful** [-fʊl] *adj.* □ **1.** jung (*a. fig.*); **2.** jugendlich; **3.** Jugend...: *~ days;* '**youth·ful·ness** [-fʊlnɪs] *s.* Jugend(lichkeit) *f.*

yowl [jaʊl] **I** *v/t. u. v/i.* jaulen, heulen; **II** *s.* Jaulen *n,* Heulen *n.*

yuck [jʌk] *int. sl.* pfui Teufel!

Yu·go·slav → *Jugoslav.*

yule [ju:l] *s.* Weihnachts-, Julfest *n;* **~ log** *s.* Weihnachtsscheit *n im Kamin;* '**~·tide** *s.* Weihnachtszeit *f.*

yum·my ['jʌmɪ] F **I** *adj. a. allg.* ,prima', ,toll', b) lecker (*Mahlzeit etc.*); **II** *int.* → *yum-yum.*

yum-yum [ˌjʌmˈjʌm] *int.* F mm!, lecker!

yup·pie ['jʌpɪ] *s.* junger, karrierebewußter und ausgabefreudiger Mensch mit urbanem Lebensstil (*häufig bestimmten Modetrends folgend*) (= *young urban od. upwardly mobile professional*).

Z

Z, z [*Brit.* zed; *Am.* zi:] *s.* Z *n*, z *n* (*Buchstabe*).

za·ny [ˈzeɪnɪ] **I** *s.* **1.** *hist.* Hans'wurst *m*; **2.** *fig. contp.* Blödmann *m*; **II** *adj.* **3.** närrisch; **4.** *fig.* ,blöd'.

zap [zæp] **I** *v/t. sl.* **1.** *j-n* abknallen; **2.** *j-m* ein Ding verpassen (*Kugel, Schlag etc.*): ~*!* zack!; **3.** *fig. j-n* ,fertigmachen'; **II** *s.* **4.** ,Schmiß' *m*.

zeal [ziːl] *s.* **1.** (Dienst-, Arbeits-, Glaubens- *etc.*)Eifer *m*: **full of ~** (dienst- *etc.*)eifrig; **2.** Begeisterung *f*, Hingabe *f*, Inbrunst *f*.

zeal·ot [ˈzelət] *s.* (*bsd.* Glaubens)Eiferer *m*, Ze'lot *m*, Fa'natiker(in); **ˈzeal·ot·ry** [-trɪ] *s.* Zelo'tismus *m*, fa'natischer (Glaubens- *etc.*)Eifer.

zeal·ous [ˈzeləs] *adj.* □ **1.** (dienst)eifrig; **2.** eifernd, fa'natisch; **3.** eifrig bedacht (**to do** darauf, zu tun, **for** auf *acc.*); **4.** heiß, innig; **5.** begeistert; **ˈzeal·ous·ness** [-nɪs] → **zeal**.

ze·bra [ˈziːbrə] *pl.* **-bras** *od. coll.* **-bra** *s. zo.* Zebra *n*; ~ **cross·ing** *s. Verkehr:* Zebrastreifen *m*.

zed [zed] *s. Brit.* **1.** Zet *n* (*Buchstabe*); **2.** ⚙ Z-Eisen *n*.

Zen (Bud·dhism) [zen] *s.* 'Zen(-Bud·,dhismus *m*) *n*.

ze·ner di·ode [ˈziːnə] *s.* ⚡ 'Zenerdi,ode *f*.

ze·nith [ˈzenɪθ] *s.* Ze'nit *m*: a) *ast.* Scheitelpunkt *m* (*a. Ballistik*), b) *fig.* Höhe-, Gipfelpunkt *m*: **be at one's** (*od.* **the**) **~** den Zenit erreicht haben, im Zenit stehen.

Zeph·a·ni·ah [ˌzefəˈnaɪə] *npr. u. s. bibl.* (das Buch) Ze'phanja *m*.

zeph·yr [ˈzefə] *s.* **1.** *poet.* Zephir *m*, Westwind *m*, laues Lüftchen; **2.** sehr leichtes Gewebe, *a.* leichter Schal *etc.*; **3.** ⚘ a) *a.* ~ **cloth** Zephir *m* (*Gewebe*), b) *a.* ~ **worsted** Zephirwolle *f*, c) *a.* ~ **yarn** Zephirgarn *n*.

ze·ro [ˈzɪərəʊ] **I** *pl.* **-ros** *s.* **1.** Null *f* (*Zahl od. Zeichen*); **2.** *phys.* Null (-punkt *m*) *f*, Ausgangspunkt *m* (*Skala*), *bsd.* Gefrierpunkt *m*; **3.** ☌ Null (-punkt *m*, -stelle) *f*; **4.** *fig.* Null-, Tiefpunkt *m*: **at ~** auf dem Nullpunkt (angelangt); **5.** *fig.* Null *f*, Nichts *n*; **6.** ✕ → **zero hour**, **7.** ✈ Höhe *f* unter 1000 Fuß: **at ~** in Bodennähe; **II** *v/t.* **8.** ☌ auf Null (ein)stellen; **III** *v/i.* **9.** ~ **in on** a) ✕ sich einschießen auf (*acc.*) (*a. fig.*), b) *a. fig.* immer dichter her'ankommen an (*acc.*), einkreisen; c) *fig.* sich konzentrieren auf (*acc.*); **IV** *adj.* **10.** *bsd. Am.* F null; ~ **option** *pol.* Nullösung *f*;

~ **con·duc·tor** *s.* ⚡ Nulleiter *m*; ~ **grav·i·ty** *s. phys.* (Zustand *m* der) Schwerelosigkeit *f*; ~ **growth** *s.* **1.** ⚘ Nullwachstum *n*; **2.** *a.* **zero population growth** Bevölkerungsstillstand *m*; ~ **hour** *s.* **1.** ✕ X-Zeit *f*, Stunde *f* X (*festgelegter Zeitpunkt des Beginns e-r Operation*); **2.** *fig.* genauer Zeitpunkt, kritischer Augenblick.

zest [zest] **I** *s.* **1.** Würze *f* (*a. fig. Reiz*): **add ~ to** e-r Sache Würze *od.* Reiz verleihen; **2.** *fig.* (**for**) Genuß *m*, Lust *f*, Freude *f* (an *dat.*), Begeisterung *f* (für), Schwung *m*: ~ **for life** Lebenshunger *m*; **II** *v/t.* **3.** würzen (*a. fig.*); **ˈzest·ful** [-fʊl] *adj.* □ **1.** reizvoll; **2.** schwungvoll, begeistert.

zig·zag [ˈzɪɡzæɡ] **I** *s.* **1.** Zickzack *m*; **2.** Zickzacklinie *f*, -bewegung *f*, -kurs *m* (*a. fig.*); **3.** Zickzackweg *m*, Serpen'tine(nstraße) *f*; **II** *adj.* **4.** zickzackförmig, Zickzack...; **III** *adv.* **5.** im Zickzack; **IV** *v/i.* **6.** im Zickzack fahren, laufen *etc.*, *a.* verlaufen (*Weg etc.*).

zilch [zɪltʃ] *s. Am. sl.* Null *f*, Nichts *n*.

zinc [zɪŋk] **I** *s.* 🜺 Zink *n*; **II** *v/t. pret. u. p.p.* **zinc(k)ed** [-kt] verzinken; **zinc·og·ra·pher** [zɪŋˈkɒɡrəfə] *s.* Zinko'graph *m*, Zinkstecher *m*; **ˈzinc·ous** [-kəs] *adj.* 🜺 Zink...; **zinc white** *s.* Zinkweiß *n*.

zing [zɪŋ] **I** **F** *s.* → **zip** 1 *u.* 2; **II** *v/i.* → **zip** 4; **III** *v/t.* → **zip** 8.

Zi·on [ˈzaɪən] *s. bibl.* Zion *m*; **ˈZi·on·ism** [-nɪzm] *s.* Zio'nismus *m*; **ˈZi·on·ist** [-nɪst] **I** *s.* Zio'nist(in); **II** *adj.* zio'nistisch, Zionisten...

zip [zɪp] **I** *s.* **1.** Schwirren *n*, Zischen *n*; **2.** F ,Schmiß', Schwung *m*; **3.** F → **zip fastener**, **II** *v/i.* **4.** schwirren, zischen; **5.** F ,Schmiß' haben; **III** *v/t.* **6.** schwirren lassen; **7.** mit e-m Reißverschluß schließen *od.* öffnen; **8.** *a.* ~ **up** F a) ,schmissig' machen; b) Schwung bringen in (*acc.*); ~ **ar·e·a** *s. Am.* Postleitzone *f*; ~ **code** *s. Am.* Postleitzahl *f*; ~ **fas·ten·er** *s.* Reißverschluß *m*.

zip·per [ˈzɪpə] **I** *s.* Reißverschluß *m*: ~ **bag** Reißverschlußtasche *f*; **II** *v/t.* mit Reißverschluß versehen; **zip·py** [ˈzɪpɪ] *adj.* F ,schmissig'.

zith·er [ˈzɪθə] *s.* ♪ Zither *f*; **ˈzith·er·ist** [-ərɪst] *s.* Zitherspieler(in).

zo·di·ac [ˈzəʊdɪæk] *s. ast.* Tierkreis *m*: **signs of the ~** Tierkreiszeichen *pl.*; **zo·di·a·cal** [zəʊˈdaɪəkl] *adj.* Tierkreis..., Zodiakal...

zom·bi(e) [ˈzɒmbɪ] *s.* **1.** Schlangengottheit *f*; **2.** Zombie *m* (*wiederbeseelte Lei-*

che); **3.** F a) ,Monster' *n*, b) ,Roboter' *m*, c) Trottel *m*; **4.** *Am.* (*ein*) Cocktail *m*.

zon·al [ˈzəʊnl] *adj.* □ **1.** zonenförmig; **2.** Zonen...; **zone** [zəʊn] **I** *s.* **1.** *allg.* Zone *f*: a) *geogr.* (Erd)Gürtel *m*, b) Gebietsstreifen *m*, Gürtel *m*, c) *fig.* Bereich *m*, (*a.* Körper)Gegend *f*, d) *poet.* Gürtel *m*: **torrid ~** heiße Zone; **wheat ~** Weizengürtel; ~ **of occupation** Besatzungszone; **2.** a) (Verkehrs)Zone *f*, *a.* Teilstrecke *f*, b) 🚉, ⚙ *Am.* (Gebühren)Zone *f*, c) 🖂 Post(zustell)bezirk *m*; **II** *v/t.* **3.** in Zonen aufteilen.

zonked [zɒŋkt] *adj. sl.* **1.** ,high' (*im Drogenrausch*); **2.** ,stinkbesoffen'.

zoo [zuː] *s.* Zoo *m*.

zo·o·blast [ˈzəʊəblæst] *s. zo.* tierische Zelle.

zo·o·chem·is·try [ˌzəʊəˈkemɪstrɪ] *s. zo.* Zooche'mie *f*.

zo·og·a·my [zəʊˈɒɡəmɪ] *s. zo.* geschlechtliche Fortpflanzung.

zo·og·e·ny [zəʊˈɒdʒənɪ] *s. zo.* Zooge'nese *f*, Entstehung *f* der Tierarten.

zo·og·ra·phy [zəʊˈɒɡrəfɪ] *s.* beschreibende Zoolo'gie.

zo·o·lite [ˈzəʊəlaɪt] *s.* fos'siles Tier.

zo·o·log·i·cal [ˌzəʊəˈlɒdʒɪkl] *adj.* □ zoo'logisch: ~ **garden(s)** [zʊˈlɒdʒɪkl] zoologischer Garten; **zo·ol·o·gist** [zəʊˈɒlədʒɪst] *s.* Zoo'loge *m*, Zoo'login *f*; **zo·ol·o·gy** [-dʒɪ] *s.* Zoolo'gie *f*, Tierkunde *f*.

zoom [zuːm] *v/i.* **1.** surren; **2.** sausen; **3.** ✈ steil hochziehen; **4.** *phot., Film:* zoomen: ~ **in on s.th.** a) et. heranholen, b) *fig.* et. ,einkreisen'; **II** *v/t.* **5.** surren; **6.** *Flugzeug* hochreißen; **III** *s.* **7.** ✈ Steilflug *m*; **8.** *fig.* Hochschnellen *n*; **9.** *phot., Film:* a) *a.* ~ **lens** 'Zoom (-objek,tiv) *n*, b) *a.* ~ **travel** Zoomfahrt *f*; **10.** *Am.* (*ein*) Cocktail *m*; **ˈzoom·er** [-mə] *s.* → **zoom** 9a.

zo·o·phyte [ˈzəʊəfaɪt] *s. zo.* Zoo'phyt *m*, Pflanzentier *n*.

zo·ot·o·my [zəʊˈɒtəmɪ] *s. zo.* Zooto'mie *f*, 'Tieranato,mie *f*.

zos·ter [ˈzɒstə] *s.* 🞯 Gürtelrose *f*.

zounds [zaʊndz] *int. obs.* sapper'lot!

zy·go·ma [zaɪˈɡəʊmə] *pl.* **-ma·ta** [-mətə] *s. anat.* **1.** Jochbogen *m*; **2.** Jochbein(fortsatz *m*) *n*.

zy·mo·sis [zaɪˈməʊsɪs] *pl.* **-ses** [-siːz] *s.* **1.** 🜺 Gärung *f*; **2.** 🞯 Infekti'onskrankheit *f*; **zy·mot·ic** [-ˈmɒtɪk] *adj.* (□ ~*al·ly*); **1.** 🜺 gärend, Gärungs...; **2.** 🞯 Infektions...

British and American Abbreviations

Britische und amerikanische Abkürzungen

a *acre* Acre *m*.

AA *anti-aircraft* Fla, Flugabwehr *f*; *Brit.* **Automobile Association** Automo'bil-klub *m*; *Alcoholics Anonymous* An-o'nyme Alko'holiker *pl*.

AAA *Brit. Amateur Athletic Association* 'Leichtath‚letikverband *m*; *American Automobile Association* Amer. Automo'bilklub *m*.

a.a.r. *against all risks* gegen jede Gefahr.

AB *able(-bodied) seaman* 'Vollma‚trose *m*; *Am. Bachelor of Arts* (siehe *BA*).

abbr., abbrev. *abbreviated* abgekürzt; *abbreviation* Abk., Abkürzung *f*.

ABC *American Broadcasting Company* Amer. Rundfunkgesellschaft *f*.

abr. *abridged* (ab)gekürzt; *abridg(e)-ment* (Ab-, Ver)Kürzung *f*.

AC *alternating current* Wechselstrom *m*.

a/c *account current* Kontokor'rent *n*; *account* Kto., Konto *n*; Rechnung *f*.

ACC *Allied Control Council* Alliierter Kon'trollrat (*in Berlin*).

acc. *according to* gem., gemäß, entspr., entsprechend; *account* Kto., Konto *n*; Rechnung *f*.

acct. *account* Kto., Konto *n*; Rechnung *f*.

AD *Anno Domini* im Jahre des Herrn.

add(r). *address* Adr., A'dresse *f*.

Adm. *Admiral* Adm., Admi'ral *m*.

addnl. *additional* zusätzlich.

advt. *advertisement* Anz., Anzeige *f*, Ankündigung *f*.

AEC *Am. Atomic Energy Commission* A'tomener‚gie-Kommissi‚on *f*.

AFC *automatic frequency control* auto'matische Fre'quenz(fein)abstimmung *f*.

AFEX ['eɪfeks] *Air Force Exchange* (*Verkaufsläden für Angehörige der amer. Luftstreitkräfte*).

AFL-CIO *American Federation of Labor & Congress of Industrial Organizations* (*größter amer. Gewerkschaftsverband*).

AFN *American Forces Network* (*Rundfunkanstalt der amer. Streitkräfte*).

aft(n). *afternoon* Nachmittag *m*.

AIDS [eɪdz] *Acquired Immune Deficiency Syndrome* Aids *n*, Im'munschwächekrankheit *f*.

AK *Alaska* (*Staat der USA*).

AL, Ala. *Alabama* (*Staat der USA*).

Alas. *Alaska* (*Staat der USA*).

Alta. *Alberta* (*Kanad. Provinz*).

AM *amplitude modulation* (*Frequenzbereich der Kurz-, Mittel- u. Langwellen*); *Am. Master of Arts* (*siehe MA*).

Am. *America* A'merika *n*; *American* ameri'kanisch.

a.m. *ante meridiem* (*Lat. = before noon*) morgens, vormittags.

AMA *American Medical Association* Amer. Ärzteverband *m*.

amp. *ampere* A, Am'pere *n*.

AP *Associated Press* (*amer. Nachrichtenagentur*).

approx. *approximate(ly)* annähernd, etwa.

appx. *appendix* Anh., Anhang *m*.

Apr. *April* A'pril *m*.

APT *Brit. Advanced Passenger Train* (*Hochgeschwindigkeitszug*).

AR *Arkansas* (*Staat der USA*).

ARC *American Red Cross* das Amer. Rote Kreuz.

Ariz. *Arizona* (*Staat der USA*).

Ark. *Arkansas* (*Staat der USA*).

ARP *Air-Raid Precautions* Luftschutz *m*.

arr. *arrival* Ank., Ankunft *f*.

art. *article* Art., Ar'tikel *m*; *artificial* künstlich.

AS *Anglo-Saxon* Angelsächsisch *n*, angelsächsisch; *anti-submarine* U-Boot-Abwehr...

ASA *American Standards Association* Amer. 'Normungs-Organisati‚on *f*.

ASCII ['æski:] *American Standard Code for Information Interchange* (*standardisierter Code zur Darstellung alphanumerischer Zeichen*).

asst. *assistant* Asst., Assi'stent(in).

asst'd *assorted* assortiert, gem., gemischt.

ATC *air traffic control* Flugsicherung *f*.

Aug. *August* Aug., Au'gust *m*.

auth. *author(ess)* Verfasser(in).

av. *average* 'Durchschnitt *m*; Hava'rie *f*.

avdp. *avoirdupois* Handelsgewicht *n*.

Ave. *Avenue* Al'lee *f*, Straße *f*.

AWACS ['eɪwæks] *Airborne Warning and Control System* (*luftgestütztes Frühwarn- und Überwachungssystem*).

AWOL *absence without leave* unerlaubte Entfernung von der Truppe.

AZ *Arizona* (*Staat der USA*).

b. *born* geboren.

BA *Bachelor of Arts* Bakka'laureus *m* der Philoso'phie; *British Academy* Brit. Akade'mie *f*; *British Airways* Brit. Luftverkehrsgesellschaft *f*.

BAgr(ic) *Bachelor of Agriculture* Bakka'laureus *m* der Landwirtschaft.

b&b *bed and breakfast* Über'nachtung *f* mit Frühstück.

BAOR *British Army of the Rhine* Brit. 'Rheinar‚mee *f*.

Bart. *Baronet* Baronet *m*.

BBC *British Broadcasting Corporation* Brit. Rundfunkgesellschaft *f*.

bbl. *barrel* Faß *n*.

BC *before Christ* vor Christus; *British Columbia* (*Kanad. Provinz*).

BCom(m) *Bachelor of Commerce* Bakka'laureus *m* der Wirtschaftswissenschaften.

BD *Bachelor of Divinity* Bakka'laureus *m* der Theolo'gie.

bd. *bound* gebunden (*Buchbinderei*).

BDS *Bachelor of Dental Surgery* Bakka'laureus *m* der 'Zahnmedi‚zin.

bds. *boards* kartoniert (*Buchbinderei*).

BE *Bachelor of Education* Bakka'laureus *m* der Erziehungswissenschaft; *Bachelor of Engineering* Bakka'laureus *m* der Ingeni'eurwissenschaft(en); *siehe B/E*.

B/E *bill of exchange* Wechsel *m*.

Beds. *Bedfordshire* (*engl. Grafschaft*).

Berks. *Berkshire* (*engl. Grafschaft*).

b/f *brought forward* 'Übertrag *m*.

BFBS *British Forces Broadcasting Service* (*Rundfunkanstalt der brit. Streitkräfte*).

B'ham *Birmingham* (*Stadt in England*).

b.h.p. *brake horse-power* Brems-PS *f od. pl.*, Bremsleistung *f* in PS.

BIF *British Industries Fair* Brit. Indu-'striemesse *f*.

BIS *Bank for International Settlements* BIZ, Bank *f* für internatio'nalen Zahlungsausgleich.

bk. *book* Buch *n*.

BL *Bachelor of Law* Bakka'laureus *m* des Rechts.

B/L *bill of lading* (See)Frachtbrief *m*.

bl. *barrel* Faß *n*.

bldg. *building* Geb., Gebäude *n*.

BLit(t) *Bachelor of Literature* Bakka-'laureus *m* der Litera'tur.

bls. *bales* Ballen *pl*.; *barrels* Faß *pl*.

Blvd. *Boulevard* Boule'vard *m*.

BM *Bachelor of Medicine* Bakka'laureus *m* der Medi'zin; *British Museum* Britisches Mu'seum.

BMA *British Medical Association* Brit. Ärzteverband *m*.

BMus *Bachelor of Music* Bakka'laureus *m* der Mu'sik.

b.o. *branch office* Zweigstelle *f*, Fili'ale *f*; *body odo(u)r* Körpergeruch *m*; *buyer's option* 'Kaufopti‚on *f*; *box office* (The'ater)Kasse *f*.

B.o.T. *Board of Trade* Brit. 'Handelsmini‚sterium *n*.

bot. *bought* gekauft; *bottle* Flasche *f*.

BPharm *Bachelor of Pharmacy* Bakka'laureus *m* der Pharma'zie.

BPhil *Bachelor of Philosophy* Bakka-'laureus *m* der Philoso'phie.

BR *British Rail* (*Eisenbahn in Großbritannien*).

B/R *bills receivable* Wechselforderungen *pl*.

Br. *Britain* Großbri'tannien *n*; *British* britisch.

BRCS *British Red Cross Society* das Brit. Rote Kreuz.

Brit. *Britain* Großbri'tannien *n*; *British* britisch.

Bros. *brothers* Gebr., Gebrüder *pl*. (*in Firmenbezeichnungen*).

BS *Am. Bachelor of Science* Bakka-'laureus *m* der Na'turwissenschaften; *British Standard* Brit. Norm *f*.

B/S *bill of sale* Über'eignungsvertrag *m*.

BSc *Brit. Bachelor of Science* Bakka-'laureus *m* der Na'turwissenschaften.

BSG *British Standard Gauge* (*brit. Norm*).

B.S.I. *British Standards Institution* Brit. 'Normungs-Organisati,on f.

BST *British Summer Time* Brit. Sommerzeit f.

Bt. *Baronet* Baronet m.

BTA *British Tourist Authority* Brit. Fremdenverkehrsbehörde f.

bt. fwd. *brought forward* 'Übertrag m.

B.th.u, **Btu** *British Thermal Unit(s)* Brit. Wärmeeinheit(en pl.) f.

bu. *bushel* Scheffel m.

Bucks. *Buckinghamshire* (*engl. Grafschaft*).

bus. Am. *business* Arbeit f, die Geschäfte pl.

C *Celsius, centigrade* Celsius, hundertgradig (*Thermometer*).

c *cent(s)* Cent m (*amer. Münze*); *century* Jahr'hundert n; *circa* ca., circa, ungefähr; *cubic* Kubik...

CA *California* (*Staat der USA*); *chartered account* Frachtrechnung f; Brit. *chartered accountant* beeidigter 'Bücherre,visor od. Wirtschaftsprüfer; *current account* Girokonto n.

CAB Brit. *Citizens' Advice Bureau* (*Bürgerberatungsorganisation*).

c.a.d. *cash against documents* Zahlung f gegen Doku'mentaushändigung.

Cal(if). *California* (*Staat der USA*).

Cambs. *Cambridgeshire* (*engl. Grafschaft*).

Can. *Canada* Kanada n; *Canadian* ka'nadisch.

C & W *country and western* (*Musik*).

Cantab. *Cantabrigiensis* (*Titel etc.*) der Universi'tät Cambridge.

Capt. *Captain* Kapi'tän m, Hauptmann m, Rittmeister m.

Card. *Cardinal* Kardi'nal m.

CARE [keə] *Cooperative for American Relief Everywhere* (*amer. Organisation, die Hilfsmittel an Bedürftige in aller Welt versendet*).

Cath. *Catholic* kath., ka'tholisch.

CB *Citizens' Band* C'B-Funk m (*Wellenbereich für privaten Funkverkehr*); *Companion of* (*the Order of*) *the Bath* Ritter m des Bath-Ordens; (*a.* **C/B**) *cash book* Kassabuch n.

CBC *Canadian Broadcasting Corporation* Ka'nadische Rundfunkgesellschaft.

CBS *Columbia Broadcasting System* (*amer. Rundfunkgesellschaft*).

CC *City Council* Stadtrat m; Brit. *County Council* Grafschaftsrat m.

cc Brit. *cubic centimetre(s)*, Am. *cubic centimeter(s)* ccm, Ku'bikzenti,meter m, n od. pl.

CD *compact disc* CD(-Platte) f; *Corps Diplomatique* (*Fr.* = *Diplomatic Corps*) CD n, Diplo'matisches Korps.

CE *Church of England* angli'kanische Kirche; *civil engineer* 'Bauingeni,eur m.

cert. *certificate* Bescheinigung f.

CET *Central European Time* MEZ, 'mitteleuro,päische Zeit.

cf. *confer* vgl., vergleiche.

Ch. *chapter* Kap., Ka'pitel n.

ch. *chain* (*Länge einer*) Meßkette f; *chapter* Kap., Ka'pitel n; *chief* ltd., leitende(r) ..., oberste(r) ...

c.h. *central heating* ZH, Zen'tralheizung f.

ChB *Chirurgiae Baccalaureus* (*Lat.* = *Bachelor of Surgery*) Bakka'laureus m der Chirur'gie.

Ches. *Cheshire* (*engl. Grafschaft*).

C.I. *Channel Islands* Ka'nalinseln pl.

C/I *certificate of insurance* Ver'sicherungspo,lice f.

CIA *Central Intelligence Agency* (*Geheimdienst der USA*).

CID *Criminal Investigation Department* (*brit. Kriminalpolizei*).

c.i.f. *cost, insurance, freight* Kosten, Versicherung und Fracht einbegriffen.

C.-in-C. *Commander-in-Chief* Oberkommandierende(r) m (*dem Land-, Luft- und Seestreitkräfte unterstehen*).

cir(c). *circa* ca., circa, ungefähr; *circular* Rundschreiben n; *circulation* 'Umlauf m, Auflage f (*Zeitung etc.*).

ck(s). *cask* Faß n; *casks* Fässer pl.

cl. *class* Klasse f.

cm Brit. *centimetre(s)*, Am. *centimeter(s)* cm, Zenti'meter m, n od. pl.

CND *Campaign for Nuclear Disarmament* Feldzug m für ato'mare Abrüstung.

CO *Colorado* (*Staat der USA*); *Commanding Officer* Komman'deur m; *conscientious objector* Kriegsdienstverweigerer m.

Co. *Company* Gesellschaft f; *county* Brit. Grafschaft f, (Verwaltungs)Bezirk m.

c/o *care of* p.A., per A'dresse, bei.

COD, **c.o.d.** *cash* (Am. *collect*) *on delivery* zahlbar bei Lieferung, per Nachnahme.

C. of E. *Church of England* angli'kanische Kirche; *Council of Europe* ER, Eu'roparat m.

COI Brit. *Central Office of Information* (*staatliches Auskunftsbüro zur Verbreitung amtlicher Publikationen etc.*).

Col. *Colorado* (*Staat der USA*); *Colonel* Oberst m.

Colo. *Colorado* (*Staat der USA*).

conc. *concerning* betr., betreffend, betrifft.

Conn. *Connecticut* (*Staat der USA*).

Cons. *Conservative* konserva'tiv (*Brit. pol.*); *Consul* Konsul m.

cont., **contd** *continued* fortgesetzt.

Corn. *Cornwall* (*engl. Grafschaft*).

Corp. *Corporal* Korpo'ral m, 'Unteroffi,zier m; *Corporation* (*siehe Wörterverzeichnis*).

corr. *corresponding* entspr., entsprechend.

cp. *compare* vgl., vergleiche.

CPA Am. *certified public accountant* beeidigter 'Bücherre,visor od. Wirtschaftsprüfer.

c.p.s. *cycles per second* Hertz pl.

CT *Connecticut* (*Staat der USA*).

ct(s). *cent(s)* (*amer. Münze*).

cu(b). *cubic* Kubik...

cu.ft. *cubic foot* Ku'bikfuß m.

cu.in. *cubic inch* Ku'bikzoll m.

Cumb. *Cumberland* (*ehemal. engl. Grafschaft*).

cum d(iv). *cum dividend* mit Divi'dende.

CUP *Cambridge University Press* Verlag m der Universi'tät Cambridge.

c.w.o. *cash with order* Barzahlung bei Bestellung.

cwt *hundredweight* (*etwa 1*) Zentner m.

d. Brit. *penny, pence* (*bis 1971 verwendete Abkürzung*); *died* gest., gestorben.

DA *deposit account* Depo'sitenkonto n; Am. *district attorney* Staatsanwalt m.

DAR Am. *Daughters of the American Revolution* Töchter pl. der amer. Revoluti'on (*patriotische Frauenvereinigung*).

DAT *digital audio tape* (*in Cassetten befindliches Tonband für Digitalaufnahmen mit DAT-Recordern*).

DB *daybook* Jour'nal n.

DC *direct current* Gleichstrom m; *District of Columbia* Di'strikt Columbia (*mit der amer. Hauptstadt Washington*).

DCL *Doctor of Civil Law* Doktor m des Zi'vilrechts.

DD *Doctor of Divinity* Dr. theol., Doktor m der Theolo'gie.

d-d euphem. für *damned* verdammt.

DDS *Doctor of Dental Surgery* Dr. med. dent., Doktor m der 'Zahnmedi,zin.

DDT *dichlorodiphenyltrichloroethane* DDT, Di'chlorodiphe'nyltrichloroä,than n (*Insekten u. Seuchenbekämpfungsmittel*).

DE *Delaware* (*Staat der USA*).

Dec. *December* Dez., De'zember m.

dec. *deceased* gest., gestorben.

DEd *Doctor of Education* Dr. paed., Doktor m der Päda'gogik.

def. *defendant* Beklagte(r m) f.

deg. *degree(s)* Grad m od. pl.

Del. *Delaware* (*Staat der USA*).

DEng *Doctor of Engineering* Dr.-Ing., Doktor m der Ingeni'eurwissenschaften.

dep. *departure* Abf., Abfahrt f.

Dept. *Department* Ab'teilung f.

Derby. *Derbyshire* (*engl. Grafschaft*).

dft. *draft* Tratte f.

diff. *different* versch., verschieden; *difference* 'Unterschied m.

Dir. *Director* Dir., Di'rektor m.

disc. *discount* Dis'kont m, Abzug m.

dist. *distance* Entfernung f; *district* Bez., Bezirk m.

div. *dividend* Divi'dende f; *divorced* gesch., geschieden.

DIY *do-it-yourself* „mach es selber!"; (*in Zssgn*) Heimwerker...

DJ *disc jockey* Diskjockey m; *dinner jacket* Smoking(jacke f) m.

DLit(t) *Doctor of Letters*, *Doctor of Literature* Doktor m der Litera'turwissenschaft.

do. *ditto* do., dito; dgl., desgleichen.

doc. *document* Doku'ment n, Urkunde f.

dol. *dollar(s)* Dollar m (od. pl.).

Dors. *Dorsetshire* (*engl. Grafschaft*).

doz. *dozen(s)* Dutzend n od. pl.

DP *displaced person* Verschleppte(r m) f; *data processing* DV, Datenverarbeitung f.

d/p *documents against payment* Doku'mente pl. gegen Zahlung.

DPh(il) *Doctor of Philosophy* Dr. phil., Doktor m der Philoso'phie.

Dpt. *Department* Abteilung f.

Dr. *Doctor* Dr., Doktor m; *debtor* Schuldner m.

dr. *dra(ch)m* Dram n, Drachme f (*Handelsgewicht*); *drawer* Tras'sant m.

d.s.. d/s *days after sight* Tage nach Sicht (*bei Wechseln*).

DSc *Doctor of Science* Dr. rer. nat.. Doktor *m* der Na'turwissenschaften.

DST *Daylight-Saving Time* Sommerzeit *f*.

DTh(eol) *Doctor of Theology* Dr. theol.. Doktor *m* der Theolo'gie.

Dur. *Durham* (*engl. Grafschaft*).

dwt. *pennyweight* Pennygewicht *n*.

dz. *dozen*(s) Dutzend *n* (*od. pl.*).

E *east* O. Ost(en *m*); *east*(*ern*) ö. östlich; *English* engl.. englisch.

E. & O. E. *errors and omissions excepted* Irrtümer und Auslassungen vorbehalten.

EC *European Community* EG. Euro'päische Gemeinschaft; *East Central* London Mitte-Ost (*Postbezirk*).

ECE *Economic Commission for Europe* 'Wirtschaftskommissi,on *f* für Eu'ropa (*des Wirtschafts- u. Sozialrates der UN*).

ECG *electrocardiogram* EKG. E'lektrokardio,gramm *n*.

ECOSOC *Economic and Social Council* Wirtschafts- und Sozi'alrat *m* (*UN*).

ECSC *European Coal and Steel Community* EGKS. Euro'päische Gemeinschaft für Kohle und Stahl.

ECU *European Currency Unit*(s) Euro'päische Währungseinheit(en *pl.*) *f*.

Ed., ed. *edition* Aufl., Auflage *f*; *edited* hrsg.. her'ausgegeben; *editor* Hrsg., Her'ausgeber *m*.

EDP *electronic data processing* EDV, elek'tronische Datenverarbeitung.

E.E., E./E. *errors excepted* Irrtümer vorbehalten.

EEC *European Economic Community* EWG, Euro'päische Wirtschaftsgemeinschaft.

EFTA ['eftə] *European Free Trade Association* EFTA. Euro'päische Freihandelsgemeinschaft.

Eftpos *electronic funds transfer at point of sale* Zahlungsart „ec-Kasse".

e.g. *exempli gratia* (*Lat.* = *for instance*) z. B., zum Beispiel.

EMA *European Monetary Agreement* EWΛ. Euro'päisches Währungsabkommen.

enc(l). *enclosure*(s) Anl., Anlage(n *pl.*) *f*.

Eng(l). *England* Engl., England *n*; *English* engl., englisch.

ESA *European Space Agency* Euro'päische Weltraumbehörde.

ESP *extrasensory perception* außersinnliche Wahrnehmung.

Esq(r). *Esquire* (*in Briefadressen, nachgestellt*) Herrn.

ESRO *European Space Research Organization* ESRO, Euro'päische Organisati'on für Weltraumforschung.

Ess. *Essex* (*engl. Grafschaft*).

est. *established* gegr., gegründet; *estimated* gesch., geschätzt.

E Sx *East Sussex* (*engl. Grafschaft*).

ETA *estimated time of arrival* vor'aussichtliche Ankunft(szeit).

etc., &c. *et cetera, and the rest, and so on* etc., usw., und so weiter.

ETD *estimated time of departure* vor'aussichtliche Abflugzeit *bzw.* Abfahrtszeit.

EURATOM [juər'ætəm] *European Atomic Energy Community* Eura'tom *f*. Euro'päische A'tomgemeinschaft.

excl. *exclusive. excluding* ausschl.. ausschließlich. ohne.

ex div. *ex dividend* ohne (*od.* ausschließlich) Divi'dende.

ex int. *ex interest* ohne (*od.* ausschließlich) Zinsen.

F *Fahrenheit* (*Thermometereinteilung*); *univ. Fellow* (*siehe Wörterverzeichnis fellow* 6).

f. *farthing* (*ehemalige brit. Münze*); *fathom* Faden *m*, Klafter *m*, *n*, *f*; *feminine* w., weiblich; *foot*, *feet* Fuß *m od. pl.*; *following* folgend.

FA *Brit. Football Association* Fußballverband *m*.

f.a.a. *free of all average* frei von Beschädigung.

Fah(r). *Fahrenheit* (*Thermometereinteilung*).

FAO *Food and Agriculture Organization* Organisati'on *f* für Ernährung und Landwirtschaft (*der UN*).

f.a.s. *free alongside ship* frei Längsseite (See)Schiff.

FBI *Federal Bureau of Investigation* Amer. Bundeskrimi'nalamt *n*; *Federation of British Industries* Brit. Indu'strieverband *m*.

FCC *Federal Communications Commission* Amer. 'Bundeskommissi,on *f* für das Nachrichtenwesen.

Feb. *February* Febr., Februar *m*.

fig. *figure*(s) Abb., Abbildung(en *pl.*) *f*.

FL, Fla. *Florida* (*Staat der USA*).

FM *frequency modulation* UKW (*Frequenzbereich der Ultrakurzwellen*).

fm *fathom*(s) Faden *m od. pl.*, Klafter *m*, *n*, *f od. pl.*

FO *Brit. Foreign Office* Auswärtiges Amt.

fo(l). *folio* Folio *n*, Seite *f*.

f.o.b. *free on board* frei Schiff.

f.o.r. *free on rail* frei Wag'gon.

FP *freezing point* Gefrierpunkt *m*; *fireplug* Hy'drant *m*.

Fr. *France* Frankreich *n*; *French* franz., fran'zösisch.

fr. *franc*(s) Franc(s *pl.*) *m*, Franken *m od. pl.*

Fri. *Friday* Fr., Freitag *m*.

ft *foot, feet* Fuß *m od. pl.*

FTC *Federal Trade Commission* Amer. Bundes'handelskommissi,on *f* (*zur Verhinderung unlauteren Wettbewerbs*).

fur. *furlong*(s) (*Längenmaß*).

g *gram*(s), *gramme*(s) g, Gramm *n od. pl.*; *gallon*(s) Gal'lone(n *pl.*) *f*.

g. *ga(u)ge* Nor'malmaß *n*; 🖝 Spur *f*; *guinea* Gui'nee *f* (*105 p*).

GA *general agent* Gene'ralvertreter *m*; *general assembly* Hauptversammlung *f*; *siehe* **Ga.**

Ga. *Georgia* (*Staat der USA*).

gal(l). *gallon*(s) Gal'lone(n *pl.*) *f*.

GATT [gæt] *General Agreement on Tariffs and Trade* Allgemeines Zoll- und Handelsabkommen.

GB *Great Britain* GB, Großbri'tannien *n*.

G.B.S. *George Bernard Shaw* (*irischer Dramatiker*).

GCB (*Knight*) *Grand Cross of the Bath* (Ritter *m* des) Großkreuz(es) *n* des Bath-Ordens.

GCE *General Certificate of Education* (*siehe Wörterverzeichnis*).

GCSE *General Certificate of Secondary Education* (*schulische Abschlußprüfung, die seit 1988 u.a. die "O-levels" des GCE ersetzt*).

Gen. *General* Gene'ral *m*.

gen. *general*(*ly*) allgemein.

Ger. *German* deutsch, Deutsche(r *m*) *f*; *Germany* Deutschland *n*.

GI *government issue* von der Regierung ausgegeben, Staatseigentum *n*; *der* amer. Sol'dat.

gi. *gil*(s) Viertelpinte(n *pl.*) *f*.

GLC *Greater London Council* (*ehemaliger*) Stadtrat *m* von Groß-London.

Glos. *Gloucestershire* (*engl. Grafschaft*).

GMT *Greenwich Mean Time* WEZ, 'westeuro,päische Zeit.

GNP *gross national product* Bruttosozi'alpro,dukt *n*.

gns. *guineas* Gui'neen *pl.*

GOP *Am. Grand Old Party* Republi'kanische Par'tei.

Gov. *Government* Regierung *f*; *Governor* Gouver'neur *m*.

Govt, govt *government* Regierung *f*.

GP *general practitioner* Arzt *m* (Ärztin *f*) für Allge'meinmedi,zin; *Gallup Poll* 'Meinungs,umfrage *f* (*insbes. zum Wählerverhalten*).

GPO *General Post Office* Hauptpostamt *n*.

gr. *grain*(s) Gran *n* (*od. pl.*); *gross* brutto; Gros *n od. pl.* (*12 Dutzend*).

gr.wt *gross weight* Bruttogewicht *n*.

gs *guineas* Gui'neen *pl.*

gtd, guar. *guaranteed* garantiert.

h. *hour*(s) Std., Stunde(n *pl.*) *f*, Uhr (*bei Zeitangaben*); *height* Höhe *f*.

h&c *hot and cold* warm u. kalt (*Wasser*).

Hants. *Hampshire* (*engl. Grafschaft*).

HBM *His* (*Her*) *Britannic Majesty* Seine (Ihre) Bri'tannische Maje'stät.

HC *Brit. House of Commons* 'Unterhaus *n*; *Holy Communion* heiliges Abendmahl, heilige Kommuni'on.

hdbk *handbook* Handbuch *n*.

HE *high explosive* hochexplo'siv; *His Eminence* Seine Emi'nenz *f*; *His* (*Her*) *Excellency* Seine (Ihre) Exzel'lenz *f*.

Heref. *Herefordshire* (*ehemal. engl. Grafschaft*).

Herts. *Hertfordshire* (*engl. Grafschaft*).

HF *high frequency* 'Hochfre,quenz *f*; *Brit. Home Fleet* Flotte *f* in den Heimatgewässern.

hf *half* halb.

hf.bd *half bound* in Halbfranz gebunden (*Halbleder*).

hhd *hogshead* (*Hohlmaß, etwa 240 Liter*); großes Faß.

HI *Hawaii* (*Staat der USA*).

HL *Brit. House of Lords* Oberhaus *n*.

HM *His* (*Her*) *Majesty* Seine (Ihre) Maje'stät.

HMS *His* (*Her*) *Majesty's Service* Dienst *m*, 🖝 Dienstsache *f*; *His* (*Her*) *Majesty's Ship* (*Steamer*) Seiner (Ihrer) Maje'stät Schiff *n* (Dampfschiff *n*).

HMSO *His* (*Her*) *Majesty's Stationery*

Office (*Brit. Staatsdruckerei*).
HO *Head Office* Hauptge'schäftsstelle *f*, Zen'trale *f*; *Brit.* *Home Office* 'Innen-mini,sterium *n*.
Hon. *Honorary* ehrenamtlich; *Hon-o(u)rable* (*der od. die*) Ehrenwerte (*Anrede und Titel*).
HP, hp *horsepower* PS, Pferdestärke *f*; *high pressure* Hochdruck *m*; *hire purchase* Ratenkauf *m*.
HQ, Hq. *Headquarters* Stab(squartier *n*) *m*, Hauptquartier *n*.
HR *Am.* *House of Representatives* Repräsen'tantenhaus *n*.
hr *hour(s)* Stunde(n *pl.*) *f*.
HRH *His (Her) Royal Highness* Seine (Ihre) Königliche Hoheit.
hrs *hours* Std., Stunden *pl.*
HT, h.t. *high tension* Hochspannung *f*.
ht *height* H., Höhe *f*.
Hunts. *Huntingdonshire* (*ehemal. engl. Grafschaft*).
HWM *high-water mark* Hochwasser-standsmarke *f*.

I. *island(s), isle(s)* Insel(n *pl.*) *f*.
IA, Ia. *Iowa* (*Staat der USA*).
IATA [aɪ'ɑːtə] *International Air Transport Association* Internatio'naler Luftverkehrsverband.
IBA *Independent Broadcasting Authority* (*Dachorganisation der brit. privaten Fernseh- u. Rundfunkanstalten*).
ib(id). *ibidem* (*Lat. = in the same place*) ebd., ebenda.
IBRD *International Bank for Reconstruction and Development* Internatio'nale Bank für Wieder'aufbau und Entwicklung, Weltbank *f*.
IC *integrated circuit* inte'grierter Schaltkreis.
ICAO *International Civil Aviation Organization* Internatio'nale Zi'villuft-fahrt-Organisati,on.
ICBM *intercontinental ballistic missile* interkontinen'taler bal'listischer Flugkörper, Interkontinen'talra,kete *f*.
ICFTU *International Confederation of Free Trade Unions* Internatio'naler Bund Freier Gewerkschaften.
ICJ *International Court of Justice* IG, Internatio'naler Gerichtshof.
ICU *intensive care unit* Inten'sivstati,on *f*.
ID *Idaho* (*Staat der USA*); *identity* Identi'tät *f*; *Intelligence Department* Nachrichtenamt *n*.
Id(a). *Idaho* (*Staat der USA*).
i.e. *id est* (*Lat. = that is to say*) d. h., das heißt.
IHP, ihp *indicated horsepower* i. PS, indizierte Pferdestärke.
IL, Ill. *Illinois* (*Staat der USA*).
ILO *International Labo(u)r Organization* Internatio'nale 'Arbeitsorganisati,on.
ILS *instrument landing system* Instru-'menten,landesy,stem *n*.
IMF *International Monetary Fund* IWF, Internatio'naler Währungsfonds.
Imp. *Imperial* Reichs..., Empire...
IN *Indiana* (*Staat der USA*).
in. *inch(es)* Zoll *m* (*od. pl.*).
Inc. *Incorporated* (*amtlich*) einge-tragen.
incl. *inclusive, including* einschl., ein-schließlich.

incog. *incognito* in'kognito (*unter anderem Namen*).
Ind. *Indiana* (*Staat der USA*).
inst. *instant* d. M., dieses Monats.
IOC *International Olympic Committee* Internatio'nales O'lympisches Komi-'tee.
I. of M. *Isle of Man* (*engl. Insel*).
I. of W. *Isle of Wight* (*engl. Insel*; *Grafschaft*).
IOM *siehe I. of M.*
IOU *I owe you* Schuldschein *m*.
IOW *siehe I. of W.*
IPA *International Phonetic Association* Internatio'nale Pho'netische Gesellschaft.
IQ *intelligence quotient* Intelli'genz-quoti,ent *m*.
Ir. *Ireland* Irland *n*; *Irish* irisch.
IRA *Irish Republican Army* IRA, 'Irisch-Republi'kanische Ar'mee.
IRBM *intermediate-range ballistic missile* 'Mittelstreckenra,kete *f*.
ISBN *international standard book number* ISB'N-Nummer *f*.
ISDN *integrated services digital network* dienste-integrierendes digi'tales Fernmeldenetz.
ISO *International Organization for Standardization* IOS, Internatio'nale Organisati'on für Standardisierung, Internatio'nale 'Normenorganisati,on.
ITV *Independent Television* (*unabhängige brit. kommerzielle Fernsehanstalten*).
IUD *intrauterine device* Intraute'rinpes,sar *n*, -spi,rale *f*.
IYHF *International Youth Hostel Federation* Internatio'naler Jugendherbergsverband.

J. *judge* Richter *m*; *justice* Ju'stiz *f*; Richter *m*.
Jan. *January* Jan., Januar *m*.
JATO ['dʒeɪtəʊ] *jet-assisted takeoff* Start *m* mit 'Startra,kete.
JC *Jesus Christ* Jesus Christus *m*.
JCB *Juris Civilis Baccalaureus* (*Lat. = Bachelor of Civil Law*) Bakka'lau-reus *m* des Zi'vilrechts.
JCD *Juris Civilis Doctor* (*Lat. = Doctor of Civil Law*) Doktor *m* des Zi'vil-rechts.
Jnr *junior siehe Jr, jun(r).*
JP *Justice of the Peace* Friedensrich-ter *m*.
Jr *junior* (*Lat. = the younger*) jr., jun., der Jüngere.
JUD *Juris Utriusque Doctor* (*Lat. = Doctor of Civil and Canon Law*) Dok-tor *m* beider Rechte.
Jul. *July* Jul., Juli *m*.
Jun. *June* Jun., Juni *m*.
jun(r). *junior* (*Lat. = the younger*) jr., jun., der Jüngere.

Kan(s). *Kansas* (*Staat der USA*).
KC *Knight Commander* Kom'tur *m*, Großmeister *m*; *Brit.* *King's Counsel* Kronanwalt *m*.
KCB *Knight Commander of the Bath* Großmeister *m* des Bath-Ordens.
Ken. *Kentucky* (*Staat der USA*).
kg *kilogram(me)(s)* kg, Kilogramm *n* (*od. pl.*).
kHz *kilohertz* kHz, Kilo'hertz *n od. pl.*
KIA *killed in action* gefallen.

KKK *Ku Klux Klan* (*geheime Terroror-ganisation in den USA*).
km *Brit.* *kilometre(s)*, *Am.* *kilome-ter(s)* km, Kilo'meter *m* (*od. pl.*).
KO, k.o. *knockout* K.o., Knock-out *m*.
k.p.h. *Brit.* *kilometre(s) per hour*, *Am.* *kilometer(s) per hour* 'Stundenkilo-,meter *m* (*od. pl.*).
KS *Kansas* (*Staat der USA*).
kV *kilovolt(s)* kV, Kilo'volt *n* (*od. pl.*).
kW *kilowatt(s)* kW, Kilo'watt *n* (*od. pl.*).
KY, Ky *Kentucky* (*Staat der USA*).

L *Brit.* *learner (driver)* Fahrschüler(in) (*Plakette an Kraftfahrzeugen*).
l. *left* l., links; *length* Länge *f*; *line* Z., Zeile *f*; Lin., Linie *f*; (*meist* l) *Brit.* *litre(s)*, *Am.* *liter(s)* l, Liter *m*, *n* (*od. pl.*).
£ *pound(s) sterling* Pfund *n* (*od. pl.*) Sterling (*Währung*).
LA *Los Angeles* (*Stadt in Kalifornien*); *Louisiana* (*Staat der USA*).
La. *Louisiana* (*Staat der USA*).
£A *Australian pound* au'stralisches Pfund (*Währung*).
Lab. *Labrador* (*Kanad. Halbinsel*).
Lancs. *Lancashire* (*engl. Grafschaft*).
lang. *language* Spr., Sprache *f*.
lat. *latitude* geo'graphische Breite.
lb. *pound(s)* Pfund *n* (*od. pl.*) (*Gewicht*).
L/C *letter of credit* Kre'ditbrief *m*.
LCJ *Brit.* *Lord Chief Justice* Lord-'oberrichter *m*.
Ld. *Lord* Lord *m*.
£E *Egyptian pound* ä'gyptisches Pfund (*Währung*).
Leics. *Leicestershire* (*engl. Grafschaft*).
Lincs. *Lincolnshire* (*engl. Grafschaft*).
LJ *Brit.* *Lord Justice* Lordrichter *m*.
ll. *lines* Zeilen *pl.*; Linien *pl.*
LL D *Legum Doctor* (*Lat. = Doctor of Laws*) Dr. jur., Doktor *m* der Rechte.
LMT *local mean time* mittlere Ortszeit (*in USA*).
loc. cit. *loco citato* (*Lat. = in the place cited*) a. a. O., am angeführten Ort.
lon(g). *longitude* geo'graphische Länge.
LP *long-playing record* LP, Langspiel-platte *f*; *Labour Party* (*brit. Linkspar-tei*); *siehe l.p.*
l.p. *low pressure* Tiefdruck *m*.
L'pool *Liverpool* *n*.
LSD *lysergic acid diethylamide* LSD, Lysergsäurediäthylamid *n*.
LSE *London School of Economics* (*renommierte Londoner Wirtschaftshoch-schule*).
LSO *London Symphony Orchestra* das Londoner Sinfo'nie-Or,chester.
Lt. *Lieutenant* Leutnant *m*.
l.t. *low tension* Niederspannung *f*.
Lt.-Col. *Lieutenant-Colonel* Oberst-'leutnant *m*.
Ltd. *limited* mit beschränkter Haftung.
Lt.-Gen. *Lieutenant-General* Gene'ral-leutnant *m*.

m *male* m, männlich; *masculine* m, männlich; *married* verh., verheiratet; *Brit.* *metre(s)*, *Am.* *meter(s)* m, Me-ter *m*, *n* *od. pl.*; *mile(s)* M., Meile(n *pl.*) *f*; *minute*(*s*) min., Min., Mi'nute(n *pl.*) *f*.

MA *Master of Arts* Ma'gister *m* der Philoso'phie; *Massachusetts* (*Staat der USA*); *military academy* Mili'tärakade₁mie *f*.

Maj. *Major* Ma'jor *m*.

Maj.-Gen. *Major-General* Gene'ralma-₁jor *m*.

Man. *Manitoba* (*Kanad. Provinz*).

Mar. *March* März *m*.

Mass. *Massachusetts* (*Staat der USA*).

max. *maximum* Max., Maximum *n*.

MB *Medicinae Baccalaureus* (*Lat.* = *Bachelor of Medicine*) Bakka'laureus *m* der Medi'zin.

MC *Master of Ceremonies* Zere'monienmeister *m*; *Am.* Conférencier *m*; *Am.* *Member of Congress* Parla'mentsmitglied *n*.

MD *Maryland* (*Staat der USA*); *Managing Director* geschäftsführender Di-'rektor; *Medicinae Doctor* (*Lat.* = *Doctor of Medicine*) Dr. med., Doktor *m* der Medi'zin.

M/D *months' date* Monate nach heute.

Md. *Maryland* (*Staat der USA*).

MDS *Master of Dental Surgery* Ma'gister *m* der 'Zahnmedi₁zin.

ME, Me. *Maine* (*Staat der USA*).

med. *medical* med., medi'zinisch; *medicine* Med., Medi'zin *f*; *medieval* mittelalterlich.

mg *milligram*(*me*)(*s*) mg, Milligramm *n* od. *pl*.

MI *Michigan* (*Staat der USA*).

mi. *mile*(*s*) M., Meile(n *pl*.) *f*.

Mich. *Michigan* (*Staat der USA*).

Middx. *Middlesex* (*ehemal. engl. Grafschaft*).

min. *minute*(*s*) min., Min., Mi'nute(n *pl.*) *f*; *minimum* Min., Minimum *n*.

Minn. *Minnesota* (*Staat der USA*).

Miss. *Mississippi* (*Staat der USA*).

mm *Brit.* *millimetre*(*s*), *Am.* *millimeter*(*s*) mm, Milli'meter *m*, *n* od. *pl*.

MN *Minnesota* (*Staat der USA*).

MO *Missouri* (*Staat der USA*); *mail order* siehe *Wörterverzeichnis*; *money order* siehe *Wörterverzeichnis*.

Mo. *Missouri* (*Staat der USA*).

Mon. *Monday* Mo., Montag *m*.

Mont. *Montana* (*Staat der USA*).

MP *Brit.* *Member of Parliament* Abgeordnete(r) *m* des 'Unterhauses; *Military Police* Mili'tärpoli₁zei *f*.

mph *miles per hour* Stundenmeilen *pl*.

MPharm *Master of Pharmacy* Ma'gister *m* der Pharma'zie.

Mr ['mɪstə] *Mister* Herr *m*.

Mrs ['mɪsɪz] *ursprünglich* *Mistress*Frau *f*.

MS *Mississippi* (*Staat der USA*); *manuscript* Mskr(pt)., Manu'skript *n*; *motorship* Motorschiff *n*.

Ms [mɪz] Frau *f* (*neutrale Anredeform für unverheiratete und verheiratete Frauen*).

MSc *Master of Science* Ma'gister *m* der Na'turwissenschaften.

MSL *mean sea level* mittlere (See)Höhe, Nor'malnull *n*.

MSS *manuscripts* Manu'skripte *pl*.

MT *Montana* (*Staat der USA*).

Mt *Mount* Berg *m*.

mt *megaton* Megatonne *f*.

M'ter *Manchester* *n*.

MTh *Master of Theology* Ma'gister *m* der Theolo'gie.

Mx *Middlesex* (*ehemal. engl. Grafschaft*).

N *north* N, Nord(en *m*); *north*(*ern*) n, nördlich.

n *neuter* n, Neutrum *n*, neu'tral; *noun* Subst., Substantiv *n*; *noon* Mittag *m*.

NAAFI ['næfɪ] *Brit.* *Navy, Army and Air Force Institutes* (*Truppenbetreuungsinstitution der brit. Streitkräfte, u. a. für Kantinen u. Geschäfte zuständig*).

NASA ['næsə] *Am.* *National Aeronautics and Space Administration* Natio-'nale Luft- u. Raumfahrtbehörde *f*.

nat. *national* nat., natio'nal; *natural* nat., na'türlich.

NATO ['neɪtəʊ] *North Atlantic Treaty Organization* Nordat'lantikpakt-Orga-nisati₁on *f*.

NB *New Brunswick* (*Kanad. Provinz*).

NBC *Am.* *National Broadcasting Corporation* Natio'nale Rundfunkgesellschaft.

NC *North Carolina* (*Staat der USA*).

N.C.B. *Brit.* *National Coal Board* Na-tio'nale Kohlenbehörde.

n.d. *no date* ohne Datum.

ND, N Dak. *North Dakota* (*Staat der USA*).

NE *Nebraska* (*Staat der USA*); *northeast* NO, Nord'ost(en *m*); *north-east*(*ern*) nö, nord'östlich.

Neb(**r**)**.** *Nebraska* (*Staat der USA*).

neg. *negative* neg., negativ.

Nev. *Nevada* (*Staat der USA*).

NF *Newfoundland* (*Kanad. Provinz*).

N/F *no funds* keine Deckung.

Nf(**l**)**d** *Newfoundland* (*Kanad. Provinz*).

NH *New Hampshire* (*Staat der USA*).

NHS *Brit.* *National Health Service* Staatlicher Gesundheitsdienst.

NJ *New Jersey* (*Staat der USA*).

NM, N Mex. *New Mexico* (*Staat der USA*).

No. *North* N, Nord(en *m*); *numero* Nr., Nummer *f*; *number* Zahl *f*.

Norf. *Norfolk* (*engl. Grafschaft*).

Northants. *Northamptonshire* (*engl. Grafschaft*).

Northd., Northumb. *Northumberland* (*engl. Grafschaft*).

Notts. *Nottinghamshire* (*engl. Grafschaft*).

Nov. *November* Nov., No'vember *m*.

n.p. or d. *no place or date* ohne Ort oder Datum.

NS *Nova Scotia* (*Kanad. Provinz*).

NSB *Brit.* *National Savings Bank* etwa Postsparkasse *f*.

NSPCA *National Society for the Prevention of Cruelty to Animals* (*brit. Tierschutzverein*).

NSW *New South Wales* (*Bundesstaat Australiens*).

NT *New Testament* NT, Neues Testa-'ment; *Northern Territory* (*Verwaltungsbezirk Australiens*).

nt.wt. *net weight* Nettogewicht *n*.

NV *Nevada* (*Staat der USA*).

NW *northwest* NW, Nord'west(en *m*); *northwest*(*ern*) nw, nord'westlich.

NWT *Northwest Territories* (*N-Kanada östl. des Yukon Territory*).

NY *New York* (*Staat der USA*).

NYC *New York City* (die Stadt) New York.

N Yorks. *North Yorkshire* (*engl. Grafschaft*).

O. *Ohio* (*Staat der USA*); *order* Auftr., Auftrag *m*.

o/a *on account of* auf Rechnung von.

OAP *old-age pensioner* (Alters)Rentner(in), 'Ruhegeldem₁pfänger(in).

OAS *Organization of American States* Organisati'on *f* ameri'kanischer Staaten.

OAU *Organization of African Unity* Organisati'on *f* für Afri'kanische Einheit.

ob. *obiit* (*Lat.* = *died*) gest., gestorben.

Oct. *October* Okt., Ok'tober *m*.

OECD *Organization for Economic Cooperation and Development* Organisati'on *f* für wirtschaftliche Zu'sammenarbeit und Entwicklung.

OH *Ohio* (*Staat der USA*).

OHMS *On His* (*Her*) *Majesty's Service* im Dienste Seiner (Ihrer) Maje'stät; ⅋ Dienstsache *f*.

OK *Oklahoma* (*Staat der USA*); *siehe* **O.K.**

O.K. (*möglicherweise aus:*) *all correct* in Ordnung.

Okla. *Oklahoma* (*Staat der USA*).

o.n.o. *or near*(*est*) *offer* VB, Verhandlungsbasis *f*.

Ont. *Ontario* (*Kanad. Provinz*).

OPEC ['əʊpek] *Organization of Petroleum Exporting Countries* Organisati'on *f* der Erdöl exportierenden Länder.

OR *Oregon* (*Staat der USA*).

o.r. *owner's risk* auf Gefahr des Eigentümers.

Ore(**g**)**.** *Oregon* (*Staat der USA*).

OT *Old Testament* AT, Altes Testa-'ment.

OUP *Oxford University Press* Verlag *m* der Universi'tät Oxford.

Oxon. *Oxfordshire* (*engl. Grafschaft*); *Oxoniensis* (*Titel etc.*) der Universi'tät Oxford.

oz. *ounce*(*s*) Unze(n *pl*.) *f*.

p *penny, pence* (*brit. Münze*).

p. *page* S., Seite *f*; *part* T., Teil *m*.

PA, Pa. *Pennsylvania* (*Staat der USA*).

p.a. *per annum* (*Lat.* = *yearly*) jährlich.

PAN AM [₁pæn'æm] *Pan American World Airways* (*amer. Luftverkehrsgesellschaft*).

par(**a**)**.** *paragraph* Par., Para'graph *m*, Abschnitt *m*.

PAYE *pay as you earn* (*Brit.* *Quellenabzugsverfahren. Arbeitgeber zieht Lohn- bzw. Einkommensteuer direkt vom Lohn bzw. Gehalt ab*).

PC *Brit.* *police constable* Schutzmann *m*; *Personal Computer* PC, Perso'nalcom₁puter *m*; *Am.* *Peace Corps* Friedenscorps *n*.

p.c. *per cent* %, Pro'zent *n* od. *pl.*; *postcard* Postkarte *f*.

p/c *price current* Preisliste *f*.

pcl. *parcel* Pa'ket *n*.

pcs. *pieces* Stück(e) *pl*.

PD *Police Department* Poli'zeibehörde *f*; *per diem* (*Lat.* = *by the day*) pro Tag.

pd. *paid* bez., bezahlt.

PEI *Prince Edward Island* (*Kanad. Provinz*).

PEN [pen], *mst* **PEN Club** (*International al Association of*) *Poets, Playwrights, Editors, Essayists and Novelists* PEN-Club *m* (*Internationaler Verband von Dichtern, Dramatikern, Redakteuren, Essayisten und Romanschriftstellern*).

Penn(a). *Pennsylvania* (*Staat der USA*).

per pro(c). *per procurationem* (*Lat.* = *by proxy*) pp., ppa., per Pro'kura.

PhD *Philosophiae Doctor* (*Lat.* = *Doctor of Philosophy*) Dr. phil., Doktor *m* der Philoso'phie.

Pk. *Park* Park *m*; *Peak* Spitze *f*, (Berg-) Gipfel *m*.

Pl. *Place* Platz *m*.

PLC, Plc, plc *Brit. public limited company* AG, Aktiengesellschaft *f*.

p.m. *post meridiem* (*Lat.* = *after noon*) nachm., nachmittags, ab., abends.

PO *post office* Postamt *n*; *postal order* Postanweisung *f*.

POB *post-office box* Postschließfach *n*.

p.o.d. *pay on delivery* Nachnahme *f*.

POO *post-office order* Postanweisung *f*.

pos(it). *positive* pos., positiv.

POW *prisoner of war* Kriegsgefangene(r) *m*.

p.p. *per procurationem* (*Lat.* = *by proxy*) pp., ppa., per Pro'kura.

pp. *pages* Seiten *pl.*

PR *public relations* PR, Öffentlichkeitsarbeit *f*.

pref. *preface* Vw., Vorwort *n*.

Pres. *President* Präsi'dent *m*.

pro. *professional* professio'nell, Berufs...

Prof. *Professor* Pro'fessor *m*.

prol. *prologue* Pro'log *m*.

Prot. *Protestant* Prot., Prote'stant *m*.

prox. *proximo* (*Lat.* = *next month*) n. M., nächsten Monats.

PS *postscript* PS, Post'skript *n*, Nachschrift *f*.

PT *physical training* Leibeserziehung *f*.

pt. *part* Teil *m*; *payment* Zahlung *f*; *pint* (*Brit.* 0,57 *l*, *Am.* 0,47 *l*); *point* siehe Wörterverzeichnis.

PTA *Parent-Teacher Association* Eltern-Lehrer-Vereinigung *f*.

Pte. *Brit. Private* Sol'dat *m* (*Dienstgrad*).

PTO, p.t.o. *please turn over* b.w., bitte wenden.

Pvt. *Am. Private* Sol'dat *m* (*Dienstgrad*).

PW *prisoner of war* Kriegsgefangene(r) *m*.

PX *Post Exchange* (*Verkaufsläden für Angehörige der amer. Streitkräfte*).

QC *Brit. Queen's Counsel* Kronanwalt *m*.

Qld. *Queensland* (*Bundesstaat Australiens*).

qr *quarter* (*etwa 1*) Viertel'zentner *m* (*Handelsgewicht*).

qt *quart* Quart *n* (*Brit.* 1,14 *l*, *Am.* 0,95 *l*).

Que. *Quebec* (*Kanad. Provinz*).

quot. *quotation* Kurs-, Preisnotierung *f*.

R. *Réaumur* (*Thermometereinteilung*);

River Strom *m*, Fluß *m*.

r. *right* r., rechts.

RA *Brit. Royal Academy* Königliche Akade'mie.

RAC *Brit. Royal Automobile Club* Königlicher Automo'bilklub.

RAF *Royal Air Force* Königlich-Brit. Luftwaffe *f*.

RAM *Computer: random access memory* Speicher *m* mit wahlfreiem Zugriff, Direktzugriffsspeicher *m*.

RC *Roman Catholic* r.-k., römisch-ka'tholisch.

Rd *Road* Str., Straße *f*.

recd *received* erhalten.

ref(c). (*in*) *reference* (*to*) (mit) Bezug *m* (auf); Empf., Empfehlung *f*.

regd *registered* eingetragen; ⅋ eingeschrieben.

reg. tn *register ton* RT, Re'gistertonne *f*.

res. *residence* Wohnsitz, -ort *m*; *research* Forschung *f*; *reserve* Re'serve *f*, Reserve...

ret(d). *retired* i. R., im Ruhestand.

Rev(d). *Reverend* Ehrwürden (*Titel u. Anrede*).

RI *Rhode Island* (*Staat der USA*).

rm *room* Zi., Zimmer *n*.

RMA *Brit. Royal Military Academy* Königliche Mili'tärakade,mie (*Sandhurst*).

RN *Royal Navy* Königlich-Brit. Ma'rine *f*.

ROM *Computer: read only memory* Nur-Lese-Speicher *m*, Fest(wert)speicher *m*.

RP *received pronunciation* Standardaussprache *f* (*des Englischen in Südengland*); *reply paid* Rückantwort bezahlt (*bei Telegrammen*).

r.p.m. *revolutions per minute* U/min., Um'drehungen *pl.* pro Mi'nute.

RR *Am. Railroad* Eisenbahn *f*.

RS *Brit. Royal Society* Königliche Gesellschaft (*traditionsreicher u. bedeutendster naturwissenschaftlicher Verein Großbritanniens*).

RSPCA *Royal Society for the Prevention of Cruelty to Animals* (*brit. Tierschutzverein*).

RSVP *répondez s'il vous plaît* (*Fr.* = *please reply*) u. A. w. g., um Antwort wird gebeten; Antwort erbeten.

rt *right* r., rechts.

Rt Hon. *Right Honourable* (*der od. die*) Sehr Ehrenwerte (*Titel u. Anrede*).

RU *Rugby Union* 'Rugby-Uni,on *f*.

Ry *Brit. Railway* Eisenbahn *f*.

S *south* S, Süd(en *m*); *south(ern)* s, südlich.

s *second(s)* s, sec, sek., Sek., Se'kunde(n *pl.*) *f*; *shilling(s)* Schilling(e *pl.*) *m*.

SA *South Africa* 'Süd'afrika *n*; *South America* S.A., 'Süda'merika *n*; *South Australia* (*Bundesstaat Australiens*); *Salvation Army* H.A., 'Heilsar,mee *f*.

s.a.e. *stamped addressed envelope* frankierter, mit (eigener) Anschrift versehener Briefumschlag.

Salop *Shropshire* (*engl. Grafschaft*).

SALT [sɔːlt] *Strategic Arms Limitation Talks* (*Verhandlungen zwischen der Sowjetunion und den USA über einen Vertrag zur Begrenzung und zum Abbau strategischer Waffensysteme*).

Sask. *Saskatchewan* (*Kanad. Provinz*).

Sat. *Saturday* Sa., Samstag *m*, Sonnabend *m*.

S Aus(tr). *South Australia* (*Bundesstaat Australiens*).

SB *sales book* Verkaufsbuch *n*.

SC *South Carolina* (*Staat der USA*); *Security Council* Sicherheitsrat *m* (*der UN*).

Sch. *school* Sch., Schule *f*.

SD, S Dak. *South Dakota* (*Staat der USA*).

SDP *Brit. Social Democratic Party* Sozi'aldemo,kratische Par'tei.

SE *southeast* SO, Süd'ost(en *m*); *southeast(ern)* sö, süd'östlich; *Stock Exchange* Börse *f*.

SEATO ['siːtəʊ] *South-East Asia Treaty Organization* Südost'asienpakt-Organisati,on *f*.

Sec. *Secretary* Sekr., Sekre'tär *m*; Mi'nister *m*.

sec. *second(s)* s, sec, sek., Sek., Se'kunde(n *pl.*) *f*; *secondary* siehe Wörterverzeichnis.

sen(r). *senior* (*Lat.* = *the elder*) sen., der Ältere.

Sep(t). *September* Sep(t)., Sep'tember *m*.

Serg(t). *Sergeant* Fw, Feldwebel *m*; Wachtmeister *m*.

SF *science fiction* Science-'fiction *f* (*Literatur*).

Sgt. siehe **Serg(t)**.

sh *share* Aktie *f*; *sheet* Druckbogen *m* (*Buchdruck*); *shilling(s)* Schilling(e *pl.*) *m*.

SHAPE [ʃeip] *Supreme Headquarters Allied Powers Europe* 'Oberkom,mando *n* der Alliierten Streitkräfte in Eu'ropa.

SM *Sergeant-Major* Oberfeldwebel *m*; Oberwachtmeister *m*.

S/N *shipping note* Frachtannahmeschein *m*, Schiffszettel *m*.

Soc. *Society* Gesellschaft *f*; Verein *m*.

Som(s). *Somerset(shire)* (*engl. Grafschaft*).

SOS SOS (*Internationales Seenotzeichen*).

sp.gr. *specific gravity* sp.G., spe'zifisches Gewicht.

S.P.Q.R. *small profits, quick returns* kleine Gewinne, rasche Umsätze.

Sq. *Square* Platz *m*.

sq. *square* Quadrat...

sq.ft *square foot* Qua'dratfuß *m*.

sq.in. *square inch* Qua'dratzoll *m*.

Sr *senior* (*Lat.* = *the elder*) sen., der Ältere.

SS *steamship* Dampfer *m*; *saints* die Heiligen *pl.*

St. *Saint* ... St., Sankt ...; *Street* Str., Straße *f*; *Station* B(h)f., Bahnhof *m*.

st. *stone* (*Gewicht*).

STA *scheduled time of arrival* planmäßige Ankunft(szeit).

Sta. *Station* B(h)f., Bahnhof *m*.

Staffs. *Staffordshire* (*engl. Grafschaft*).

STD *Brit. subscriber trunk dialling* Selbstwählfernverkehr *m*; *scheduled time of departure* planmäßige Abflugzeit *bzw.* Abfahrtszeit.

stg *sterling* Sterling *m* (*brit. Währungseinheit*).

STOL [stɒl] *short takeoff and landing* (*aircraft*) STOL-, Kurzstart(-Flugzeug *n*) *m*.

Str. *Strait* Straße *f* (*Meerenge*).

sub. *substitute* Ersatz *m*.

Suff. *Suffolk* (*engl. Grafschaft*).

Sun. *Sunday* So., Sonntag *m*.

supp(l). *supplement* Nachtrag *m*.

Suss. *Sussex* (*ehemal. engl. Grafschaft*).

SW *southwest* SW, Süd'west(en *m*).

Sy *Surrey* (*engl. Grafschaft*).

S Yorks. *South Yorkshire* (*engl. Grafschaft*).

Sx *Sussex* (*ehemal. engl. Grafschaft*).

t *ton*(**s**) Tonne(n *pl.*) *f* (*Handelsgewicht*).

Tas. *Tasmania* (*Bundesstaat Australiens*).

TB *tuberculosis* Tb, Tbc, Tuberku'lose *f*.

TC *Trusteeship Council* Treuhandschaftsrat *m* (*der UN*).

TD *Treasury Department* Fi'nanzministerium *n* der USA.

tel. *telephone* Tel., Tele'fon *n*.

Tenn. *Tennessee* (*Staat der USA*).

Ter(r). *Terrace* (*in Straßennamen*) Häuserreihe *f* (*in Hanglage od. über einem Hang gelegen*); *Territory* (Hoheits)Gebiet *n*, Terri'torium *n*.

Tex. *Texas* (*Staat der USA*).

tgm. *telegram* Tele'gramm *n*.

TGWU *Transport and General Workers' Union* Trans'portarbeitergewerkschaft *f*.

Th., Thu(r)., Thurs. *Thursday* Do., Donnerstag *m*.

TMO *telegraph money order* tele'graphische Geldanweisung.

TN *Tennessee* (*Staat der USA*).

tn *ton*(**s**) Tonne(n *pl.*) *f* (*Handelsgewicht*).

TO *Telegraph* (*Telephone*) *Office* Tele'grafen-(Fernsprech)amt *n*; *turnover* 'Umsatz *m*.

TRH *Brit. Their Royal Highnesses* Ihre Königlichen Hoheiten.

TU *Trade*(**s**) *Union*(**s**) Gew., Gewerkschaft(en *pl.*) *f*.

Tu. *Tuesday* Di., Dienstag *m*.

TUC *Brit. Trades Union Congress* Gewerkschaftsverband *m*.

Tue(s). *Tuesday* Di., Dienstag *m*.

TV *television* FS, Fernsehen *n*; Fernseh...

TWA *Trans World Airlines* (*amer. Luftverkehrsgesellschaft*).

TX *Texas* (*Staat der USA*).

U *universal* allgemein (*zugelassen*) (*Kinoprogramm ohne Jugendverbot*).

UFO *unidentified flying object* Ufo *n*.

UHF *ultrahigh frequency* UHF, Ultra-'hochfrequenz(-Bereich *m*) *f*, Dezi'meterwellenbereich *m*.

UK *United Kingdom* Vereinigtes Königreich (*England, Schottland, Wales u. Nordirland*).

ult(o). *ultimo* (*Lat. = in the last* [*month*]) v. Mts., vorigen Monats.

UMW *United Mine Workers* Vereinigte Bergarbeiter *pl.* (*amer. Gewerkschaftsverband*).

UN *United Nations* Vereinte Nati'onen *pl.*

UNESCO [juːˈneskəʊ] *United Nations Eductional, Scientific, and Cultural Organization* Organisati'on *f* der Vereinten Nati'onen für Wissenschaft, Erziehung und Kul'tur.

UNICEF [ˈjuːnɪsef] *United Nations Children's Fund* (*früher United Nations International Children's Emergency Fund*) Kinderhilfswerk *n* der Vereinten Nati'onen.

UNO *United Nations Organization* UNO *f*.

UNSC *United Nations Security Council* Sicherheitsrat *m* der Vereinten Nati'onen.

UPI *United Press International* (*amer. Nachrichtenagentur*).

US *United States* Vereinigte Staaten *pl.*

USA *United States of America* Vereinigte Staaten *pl.* von A'merika; *United States Army* Heer *n* der Vereinigten Staaten.

USAF(E) *United States Air Force* (*Europe*) Luftwaffe *f* der Vereinigten Staaten (in Eu'ropa).

USN *United States Navy* Ma'rine *f* der Vereinigten Staaten.

USS *United States Senate* Se'nat *m* der Vereinigten Staaten; *United States Ship* (Kriegs)Schiff *n* der Vereinigten Staaten.

USSR *Union of Soviet Socialist Republics* UdSSR, Uni'on *f* der Sozia'listischen Sow'jetrepu,bliken.

UT, Ut. *Utah* (*Staat der USA*).

UV *ultraviolet* UV, 'ultravio,lett.

V *Volt*(**s**) V, Volt *n* (*od. pl.*).

v. *very* sehr; *verse* V., Vers *m*; *versus* (*Lat. = against*) gegen; *vide* (*Lat. = see*) s., siehe; *volt*(**s**) V, Volt *n* (*od. pl.*).

VA, Va. *Virginia* (*Staat der USA*).

VAT *value added tax* MwSt., Mehrwertsteuer *f*.

VCR *video cassette recorder* 'Video-re,corder *m*.

VD *venereal disease* Geschlechtskrankheit *f*.

VHF *very high frequency* VHF, UKW, Ultrakurzwelle(n *pl.*) *f*, Meterwellenbereich *m*.

Vic. *Victoria* (*Bundesstaat Australiens*).

VIP *very important person* VIP *m*, ,hohes Tier'.

Vis(c). *Viscount*(*ess*) Vi'comte *m* (Vi-com'tesse *f*).

viz. *videlicet* (*Lat. = namely*) nämlich.

vol. *volume* Bd., Band *m* (*eines Buches*).

vols. *volumes* Bde., Bände *pl.*

VP(res.) *Vice President* 'Vizepräsi,dent *m* (*stellvertretender Vorsitzender, Vorstandsmitglied etc.*).

vs. *versus* (*Lat. = against*) gegen.

VSOP *very superior old pale* (*Bezeichnung für 20—25 Jahre alten Branntwein, Portwein etc.*).

VT, Vt. *Vermont* (*Staat der USA*).

VTOL [ˈviːtɒl] *vertical takeoff and landing* (*aircraft*) Senkrechtstarter *m*.

v.v. *vice versa* (*Lat. = conversely*) 'umgekehrt.

W *west* West(en *m*); *west*(*ern*) w, westlich; *watt*(**s**) W, Watt *n* (*od. pl.*).

w *watt*(**s**) W, Watt *n* (*od. pl.*); *week* Wo., Woche *f*; *width* Weite *f*, Breite *f*; *wife* (Ehe)Frau *f*; *with* mit.

WA *Washington* (*Staat der USA*); *siehe W Aus*(*tr*).

War(ks). *Warwickshire* (*engl. Grafschaft*).

Wash. *Washington* (*Staat der USA*).

WASP [wɒsp] *White Anglo-Saxon Protestant* (*protestantischer Amerikaner britischer od. nordeuropäischer Abstammung*).

W Aus(tr). *Western Australia* (*Bundesstaat Australiens*).

WC *West Central* London Mitte-West (*Postbezirk*); *water closet* WC, 'Wasserklo,sett *n*.

Wed(s). *Wednesday* Mi., Mittwoch *m*.

w.e.f. *with effect from* mit Wirkung vom.

WEU *Western European Union* 'Westeuro,päische Uni'on.

WFTU *World Federation of Trade Unions* Weltgewerkschaftsbund *m*.

WHO *World Health Organization* Weltge'sundheitsorganisati,on *f* (*der UN*).

WI *West Indies* 'West'indien *n*; *siehe Wis*(*c*).

Wilts. *Wiltshire* (*engl. Grafschaft*).

Wis(c). *Wisconsin* (*Staat der USA*).

wk *week* Wo., Woche *f*; *work* Arbeit *f*.

wkly *weekly* wöchentlich.

wks *weeks* Wo., Wochen *pl.*

w/o *without* o., ohne.

Worcs. *Worcestershire* (*ehemal. engl. Grafschaft*).

WP, w.p. *weather permitting* (nur) bei gutem Wetter.

w.p.a. *with particular average* mit Teilschaden (*Versicherung inklusive Teilschaden*).

w.p.m. *words per minute* Wörter *pl.* pro Mi'nute.

w.r.t. *with reference to* bezüglich.

W Sx *West Sussex* (*engl. Grafschaft*).

wt *weight* Gewicht *n*.

WV, W Va. *West Virginia* (*Staat der USA*).

WW I (*od. II*) *World War I* (*od. II*) der erste (*od. zweite*) Weltkrieg.

WY, Wyo. *Wyoming* (*Staat der USA*).

W Yorks. *West Yorkshire* (*engl. Grafschaft*).

x-d. *ex dividend* ohne Divi'dende.

x-i. *ex interest* ohne Zinsen.

Xm, Xmas [ˈkrɪsməs] *Christmas* Weihnacht(en *n*) *f*.

Xn *Christian* christlich.

Xroads *crossroads* Straßenkreuzung *f*.

Xt *Christ* Christus *m*.

Xtian *Christian* christlich.

yd(s) *yard*(**s**) Elle(n *pl.*) *f* (*Längenmaß*).

YHA *Youth Hostels Association* Jugendherbergsverband *m*.

YMCA *Young Men's Christian Association* CVJM, Christlicher Verein junger Männer.

Yorks. *Yorkshire* (*ehemal. engl. Grafschaft*).

yr, year Jahr *n*; *your siehe* Wörterverzeichnis; *younger* jünger(e, -es); junior.

yrs *years* Jahre *pl.*; *yours siehe* Wörterverzeichnis.

YWCA *Young Women's Christian Association* Christlicher Verein junger Frauen und Mädchen.

Proper Names
Eigennamen

Ab·er·deen [ˌæbə'di:n] *Stadt in Schottland*; Ab·er'deen·shire [-ʃə] *schottische Grafschaft (bis 1975)*.

Ab·er·yst·wyth [ˌæbə'rɪstwɪθ] *Stadt in Wales*.

A·bra·ham ['eɪbrəhæm] *Abraham m.*

A·chil·les [ə'kɪli:z] *A'chilles m.*

A·da ['eɪdə] *Ada f, Adda f.*

Ad·am ['ædəm] *Adam m.*

Ad·di·son ['ædɪsn] *englischer Autor.*

Ad·e·laide ['ædəleɪd] *Stadt in Australien; Adelheid f.*

A·den ['eɪdn] *Aden n (Hauptstadt des Südjemen).*

Ad·i·ron·dacks [ˌædɪ'rɒndæks] *pl. Gebirgszug im Staat New York (USA).*

Ad·olf ['ædɒlf], A·dol·phus [ə'dɒlfəs] *Adolf m.*

A·dri·an ['eɪdrɪən] *Adrian m, Adri'ane f.*

A·dri·at·ic Sea [ˌeɪdrɪ'ætɪk 'si:] *das Adri'atische Meer.*

Ae·ge·an Sea [i:'dʒi:ən 'si:] *das Ä'gäische Meer, die Ä'gäis.*

Aes·chy·lus ['i:skɪləs] *Äschylus m.*

Ae·sop ['i:sɒp] *Ä'sop m.*

Af·ghan·i·stan [æf'gænɪstæn] *Af'ghanistan n.*

Af·ri·ca ['æfrɪkə] *Afrika n.*

Ag·a·tha ['ægəθə] *A'gathe f.*

Ag·gie ['ægɪ] *Koseform für Agatha, Agnes.*

Ag·nes ['ægnɪs] *Agnes f.*

Aix-la-Cha·pelle [ˌeɪksla'ʃæ'pel] *Aachen n.*

Al·a·bam·a [ˌælə'bæmə] *Staat der USA.*

Al·an ['ælən] *m.*

A·las·ka [ə'læskə] *Staat der USA.*

Al·ba·ni·a [æl'beɪnjə] *Al'banien n.*

Al·ba·ny ['ɔ:lbənɪ] *Hauptstadt des Staates New York (USA).*

Al·bert ['ælbət] *Albert m.*

Al·ber·ta [æl'bɜ:tə] *Provinz in Kanada.*

Al·bu·quer·que ['ælbəkɜ:kɪ] *Stadt in New Mexiko (USA).*

Al·der·ney ['ɔ:ldənɪ] *brit. Kanalinsel.*

Al·der·shot ['ɔ:ldəʃɒt] *Stadt in Südengland.*

A·leu·tian Is·lands [ə,lu:ʃjən'aɪləndz] *pl. die Ale'uten pl.*

Al·ex ['ælɪks] *abbr. für Alexander.*

Al·ex·an·der [ˌælɪg'za:ndə] *Alex'ander m.*

Al·ex·an·dra [ˌælɪg'za:ndrə] *Alex'andra f.*

Alf [ælf] *abbr. für Alfred.*

Al·fred ['ælfrɪd] *Alfred m.*

Al·ge·ri·a [æl'dʒɪərɪə] *Al'gerien n.*

Al·ger·non ['ældʒənən] *m.*

Al·giers [æl'dʒɪəz] *Algier n.*

Al·ice ['ælɪs] *A'lice f, Else f.*

Al·i·son ['ælɪsn] *f.*

Al·lan ['ælən] *m.*

Al·le·ghe·nies [ˌælɪ'geɪnɪz] *pl. Gebirge im Osten der USA.*

Al·le·ghe·ny [ˌælɪ'geɪnɪ] *Am. ˌælɪ'geɪnɪz] Fluß in Pennsylvania (USA); ~ Mountains siehe Alleghenies.*

Al·len ['ælən] *m.*

Al·sace [æl'sæs], Al·sa·ti·a [æl'seɪʃjə] *das Elsaß.*

A·man·da [ə'mændə] *A'manda f.*

Am·a·zon ['æməzən] *Ama'zonas m.*

A·me·lia [ə'mi:ljə] *A'malie f.*

A·mer·i·ca [ə'merɪkə] *A'merika n.*

A·my ['eɪmɪ] *f.*

An·chor·age ['æŋkərɪdʒ] *Stadt in Alaska (USA).*

An·des ['ændi:z] *pl. die Anden pl.*

An·dor·ra [æn'dɔ:rə] *An'dorra n.*

An·drew ['ændru:] *An'dreas m.*

An·dy ['ændɪ] *abbr. für Andrew.*

An·ge·la ['ændʒələ] *Angela f.*

An·gle·sey ['æŋglsɪ] *walisische Grafschaft (bis 1974).*

An·gli·a ['æŋglɪə] *lateinischer Name für England.*

An·go·la [æŋ'gəʊlə] *An'gola n.*

An·gus ['æŋgəs] *schottische Grafschaft (bis 1975); Vorname m.*

A·ni·ta [ə'ni:tə] *A'nita f.*

Ann [æn], An·na ['ænə] *Anna f, Anne f.*

An·na·bel(le) ['ænəbel] *Anna'bella f.*

An·nap·o·lis [ə'næpəlɪs] *Hauptstadt von Maryland (USA).*

Anne [æn] *Anna f, Anne f.*

Ant·arc·ti·ca [ænt'a:ktɪkə] *die Ant'arktis.*

An·the·a ['ænθɪə; æn'θɪə] *f.*

An·tho·ny ['æntənɪ, 'ænθənɪ] *Anton m.*

An·til·les [æn'tɪli:z] *pl. die An'tillen pl.*

An·to·ny ['æntənɪ] *Anton m.*

An·trim ['æntrɪm] *nordirische Grafschaft.*

Ant·werp ['æntwɜ:p] *Ant'werpen n.*

Ap·en·nines ['æpɪnaɪnz] *pl. der Apen'nin, die Apen'ninen pl.*

Ap·pa·la·chians [ˌæpə'leɪtʃjənz] *pl. die Appa'lachen pl.*

A·ra·bi·a [ə'reɪbjə] *A'rabien n.*

Ar·chi·bald ['a:tʃɪbəld] *Archibald m.*

Ar·chi·me·des [ˌa:kɪ'mi:di:z] *Archi'medes m.*

Arc·tic ['a:ktɪk] *die Arktis.*

Ar·den ['a:dn] *Familienname.*

Ar·gen·ti·na [ˌa:dʒən'ti:nə] *Argen'tinien n.*

Ar·gen·tine ['a:dʒəntaɪn]: the ~ *Argen'tinien n.*

Ar·gyll(·shire) [a:'gaɪl(ʃə)] *schottische Grafschaft (bis 1975).*

Ar·is·toph·an·es [ˌærɪ'stɒfəni:z] *Ari'stophanes m.*

Ar·is·tot·le ['ærɪstɒtl] *Ari'stoteles m.*

Ar·i·zo·na [ˌærɪ'zəʊnə] *Staat der USA.*

Ar·kan·sas ['a:kənsɔ:] *Fluß in USA; Staat der USA.*

Ar·ling·ton ['a:lɪŋtən] *Ehrenfriedhof bei Washington DC (USA).*

Ar·magh [a:'ma:] *nordirische Grafschaft.*

Ar·me·ni·a [a:'mi:njə] *Ar'menien n.*

Ar·nold ['a:nəld] *Arnold m.*

Art [a:t] *abbr. für Arthur.*

Ar·thur ['a:θə] *Art(h)ur m; King ~ König Artus.*

As·cot ['æskət] *Ort in Südengland (Pferderennen).*

A·sia ['eɪʃə] *Asien n; ~ Minor Klein'asien n.*

As·syr·i·a [ə'sɪrɪə] *As'syrien n.*

Ath·ens ['æθɪnz] *A'then n.*

At·lan·ta [ət'læntə] *Hauptstadt von Georgia (USA).*

At·lan·tic (O·cean) [ət'læntɪk (ət,læntɪk'əʊʃn)] *der At'lantik, der At'lantische Ozean.*

Auck·land ['ɔ:klənd] *Hafenstadt in Neuseeland.*

Au·den ['ɔ:dn] *englischer Dichter.*

Au·drey ['ɔ:drɪ] *f.*

Au·gus·ta [ɔ:'gʌstə] *Hauptstadt von Maine (USA).*

Au·gus·tus [ɔ:'gʌstəs] *August m.*

Aus·ten ['ɒstɪn] *Familienname.*

Aus·tin ['ɒstɪn] *Hauptstadt von Texas (USA).*

Aus·tra·lia [ɒ'streɪljə] *Au'stralien n.*

Aus·tri·a ['ɒstrɪə] *Österreich n.*

A·von ['eɪvən] *Fluß in Mittelengland; englische Grafschaft.*

Ax·min·ster ['æksmɪnstə] *Stadt in Südwest-England.*

Ayr(·shire) ['eə(ʃə)] *schottische Grafschaft (bis 1975).*

A·zores [ə'zɔ:z] *pl. die A'zoren pl.*

Bab·y·lon ['bæbɪlən] *Babylon n.*

Ba·con ['beɪkən] *englischer Philosoph.*

Ba·den-Pow·ell [ˌbeɪdn'pəʊəl] *Gründer der Boy Scouts.*

Ba·ha·mas [bə'ha:məz] *pl. die Ba'hamas pl.*

Bah·rain [ba:'reɪn] *Bah'rain n.*

Bai·le A·tha Cli·ath [ˌblɔ:'kli:] *gälischer Name für Dublin.*

Bal·dwin ['bɔ:ldwɪn] *Balduin m; amer. Autor.*

Bâle [ba:l] *Basel n.*

Bal·four ['bælfə] *brit. Staatsmann.*

Bal·kans ['bɔ:lkənz] *pl. der Balkan.*

Bal·mor·al [bæl'mɒrəl] *Residenz des englischen Königshauses in Schottland.*

Bal·tic Sea [ˌbɔ:ltɪk'si:] *die Ostsee.*

Bal·ti·more ['bɔ:ltɪmɔ:] *Hafenstadt in Maryland (USA).*

Banff(·shire) ['bænf(ʃə)] *schottische Grafschaft (bis 1975).*

Ban·gla·desh [ˌbæŋglə'deʃ] *Bangla·desch n.*

Bar·ba·dos [ba:'beɪdəʊz] *Bar'bados n.*

Bar·ba·ra ['ba:bərə] *Barbara f.*

Bark·ing ['ba:kɪŋ] *Stadtbezirk von Groß-London.*

Bar·net ['ba:nɪt] *Stadtbezirk von Groß-London.*

Bar·ry ['bærɪ] *m.*

Bart [ba:t] *abbr. für Bartholomew.*

Bar·thol·o·mew [ba:'θɒləmju:] *Bartho'mäus m.*

Bas·il ['bæzl] *Ba'silius m.*

Bath [ba:θ] *Badeort in Südengland.*

Bat·on Rouge [ˌbætən'ru:ʒ] *Hauptstadt von Louisiana (USA).*

Bat·ter·sea ['bætəsi:] *Stadtteil von London.*

Ba·var·i·a [bə'veərɪə] *Bayern n.*

Bea·cons·field ['bi:kənzfi:ld] *Adelsname Disraelis.*

Beards·ley ['bɪədzlɪ] *engl. Zeichner u. Illustrator.*

Be·a·trice ['bɪətrɪs] Bea'trice *f.*
Bea·ver·brook ['bi:vəbrʊk] *brit. Zeitungsverleger.*
Beck·et ['bekɪt]: *Saint Thomas à ~* der heilige Thomas Becket.
Beck·ett ['bekɪt] *irischer Dichter u. Dramatiker.*
Beck·y ['bekɪ] *f.*
Bed·ford ['bedfəd] *Stadt in Mittelengland; a.* '**Bed·ford·shire** [-ʃə] *englische Grafschaft.*
Beer·bohm ['bɪəbəʊm] *engl. Kritiker u. Karikaturist.*
Bel·fast [ˌbel'fɑ:st; 'belfɑ:st] Belfast *n.*
Bel·gium ['beldʒəm] Belgien *n.*
Bel·grade [ˌbel'greɪd] Belgrad *n.*
Bel·gra·vi·a [bel'greɪvjə] *Stadtteil von London.*
Be·lin·da [bɪ'lɪndə; bə-] Be'linda *f.*
Be·lize [be'li:z] Be'lize *n.*
Bell, Bel·la ['bel(ə)] *abbr. für Isabel.*
Ben [ben] *abbr. für Benjamin.*
Ben·e·dict ['benɪdɪkt, 'benɪt] Benedikt *m.*
Ben·gal [ˌben'gɔ:l] Ben'galen *n.*
Be·nin [be'nin] Be'nin *n.*
Ben·ja·min ['bendʒəmɪn] Benjamin *m.*
Ben Nev·is [ˌben'nevɪs] *höchster Berg Schottlands u. Großbritanniens.*
Berke·ley ['bɜ:klɪ] *Stadt in Kalifornien;* ['bɑ:klɪ] *irischer Bischof u. Philosoph.*
Berk·shire ['bɑ:kʃə] *englische Grafschaft;* ~ *Hills* [ˌbɜ:kʃɪə'hɪlz] *pl. Gebirgszug in Massachusetts (USA).*
Ber·lin [bɜ:'lɪn] Ber'lin *n.*
Ber·mu·das [bə'mju:dəz] *pl. die Ber'mudas pl., die Ber'mudainseln pl.*
Ber·nard ['bɜ:nəd] Bernhard *m.*
Bern(e) [bɜ:n] Bern *n.*
Ber·nie ['bɜ:nɪ] *abbr. für Bernard.*
Bern·stein ['bɜ:nstaɪn; -stiːn] *amer. Dirigent u. Komponist.*
Bert [bɜ:t] *abbr. für Albert, Bertram, Bertrand, Gilbert, Hubert.*
Ber·tha ['bɜ:θə] Berta *f.*
Ber·tram ['bɜ:trəm], **Ber·trand** ['bɜ:trənd] Bertram *m.*
Ber·wick(·shire) ['berɪk(ʃə)] *schottische Grafschaft (bis 1975).*
Ber·yl ['berɪl] *f.*
Bess, Bes·sy ['bes(ɪ)], **Bet·s(e)y** ['betsɪ], **Bet·ty** ['betɪ] *abbr. für Elizabeth.*
Bex·ley ['bekslɪ] *Stadtbezirk von Groß-London.*
Bhu·tan [bu:'tɑ:n] Bhu'tan *n.*
Bill, Bil·ly ['bɪl(ɪ)] Willi *m.*
Bir·ken·head ['bɜ:kənhed] *Hafenstadt in Nordwest-England.*
Bir·ming·ham ['bɜ:mɪŋəm] *Industriestadt in Mittelengland; Stadt in Alabama (USA).*
Bis·cay ['bɪskeɪ; -kɪ] *Bay of ~* der Golf von Bis'caya.
Bis·marck ['bɪzmɑ:k] *Hauptstadt von North Dakota (USA).*
Blooms·bur·y ['blu:mzbərɪ] *Stadtteil von London.*
Bo·ad·i·cea [ˌbəʊədɪ'sɪə] *Königin in Britannien.*
Bob [bɒb] *abbr. für Robert.*
Bo·he·mi·a [bəʊ'hi:mjə] Böhmen *n.*
Boi·se ['bɔɪzɪ; -sɪ] *Hauptstadt von Idaho (USA).*
Bol·eyn ['bʊlɪn]: *Anne ~ zweite Frau Heinrichs VIII. von England.*
Bo·liv·i·a [bə'lɪvjə] Bo'livien *n.*

Bom·bay [ˌbɒm'beɪ] Bombay *n.*
Bo·na·parte ['bəʊnəpɑ:t] Bona'parte *(Familienname zweier französischer Kaiser).*
Booth [bu:ð] *Gründer der Heilsarmee.*
Bor·ders ['bɔ:dəz] *Verwaltungsregion in Schottland.*
Bor·is ['bɒrɪs] Boris *m.*
Bos·ton ['bɒstən] *Hauptstadt von Massachusetts (USA).*
Bo·tswa·na [bɒ'tswɑ:nə] Bo'tswana *n.*
Bourne·mouth ['bɔ:nməθ] *Seebad in Südengland.*
Brad·ford ['brædfəd] *Industriestadt in Nordengland.*
Bra·zil [brə'zɪl] Bra'silien *n.*
Breck·nock(·shire) ['breknɒk(ʃə)], **Brec·on(·shire)** ['brekən(ʃə)] *walisische Grafschaft (bis 1974).*
Bren·da ['brendə] *f.*
Brent [brent] *Stadtbezirk von Groß-London.*
Bri·an ['braɪən] *m.*
Bridg·et ['brɪdʒɪt] Bri'gitte *f.*
Brigh·ton ['braɪtn] *Seebad in Südengland.*
Bris·bane ['brɪzbən] *Hauptstadt von Queensland (Australien).*
Bris·tol ['brɪstl] *Hafenstadt in Südengland.*
Bri·tain ['brɪtn] Bri'tannien *n.*
Bri·tan·ni·a [brɪ'tænjə] *poet.* Bri'tannien *n.*
Brit·ish Co·lum·bi·a [ˌbrɪtɪʃkə'lʌmbɪə] *Provinz in Kanada.*
Brit·ta·ny ['brɪtənɪ] *die* Bre'tagne.
Brit·ten ['brɪtn] *englischer Komponist.*
Broad·way ['brɔ:dweɪ] *Straße in Manhattan, New York City (USA). Zentrum des amer. kommerziellen Theaters.*
Brom·ley ['brɒmlɪ] *Stadtbezirk von Groß-London.*
Bron·të ['brɒntɪ] *Name dreier englischer Autorinnen.*
Bronx [brɒŋks] *Stadtbezirk von New York (USA).*
Brook·lyn ['brʊklɪn] *Stadtbezirk von New York (USA).*
Brow·ning ['braʊnɪŋ] *englischer Dichter.*
Bruce [bru:s] *m.*
Bruges [bru:ʒ] Brügge *n.*
Bru·nei ['bru:naɪ] Brunei *n.*
Bruns·wick ['brʌnzwɪk] Braunschweig *n.*
Brus·sels ['brʌslz] Brüssel *n.*
Bry·an ['braɪən] *m.*
Bu·chan·an [bju:'kænən] *Familienname.*
Bu·cha·rest [ˌbju:kə'rest] Bukarest *n.*
Buck·ing·ham(·shire) ['bʌkɪŋəm(ʃə)] *englische Grafschaft.*
Bu·da·pest [ˌbju:də'pest] Budapest *n.*
Bud·dha ['bʊdə] Buddha *m.*
Bul·gar·i·a [bʌl'geərɪə] Bul'garien *n.*
Bur·gun·dy ['bɜ:gəndɪ] Bur'gund *n.*
Bur·ki·na Fas·o [bʊəˌki:nə'fæsəʊ] Bur'kina Faso *n (Staat in Westafrika, frühere Bezeichnung: Obervolta).*
Bur·ma ['bɜ:mə] Birma *n.*
Burns [bɜ:nz] *schottischer Dichter.*
Bu·run·di [bʊ'rʊndɪ] Bu'rundi *n.*
Bute(·shire) ['bju:t(ʃə)] *schottische Grafschaft (bis 1975).*
By·ron ['baɪərən] *englischer Dichter.*

Caer·nar·von(·shire) [kə'nɑ:vən(ʃə)] *walisische Grafschaft (bis 1974).*
Cae·sar ['si:zə] Cäsar *m.*

Cain [keɪn] Kain *m.*
Cai·ro ['kaɪərəʊ] Kairo *n.*
Caith·ness ['keɪθnes] *schottische Grafschaft (bis 1975).*
Ca·lais ['kæleɪ] Ca'lais *n.*
Cal·cut·ta [kæl'kʌtə] Kal'kutta *n.*
Cal·e·do·nia [ˌkælɪ'dəʊnjə] Kale'donien *n (poet. für Schottland).*
Cal·ga·ry ['kælgərɪ] *Stadt in Alberta (Kanada).*
Cal·i·for·nia [ˌkælɪ'fɔ:njə] Kali'fornien *n (Staat der USA).*
Cam·bo·dia [kæm'bəʊdjə] Kam'bodscha *n.*
Cam·bridge ['keɪmbrɪdʒ] *englische Universitätsstadt; Stadt in Massachusetts (USA), Sitz der Harvard University; a.* '**Cam·bridge·shire** [-ʃə] *englische Grafschaft.*
Cam·den ['kæmdən] *Stadtbezirk von Groß-London.*
Cam·er·oon ['kæməru:n; *bsd. Am.* ˌkæmə'ru:n] Kamerun *n.*
Camp·bell ['kæmbl] *Familienname.*
Can·a·da ['kænədə] Kanada *n.*
Ca·nar·y Is·lands [kəˌneərɪ'aɪləndz] *pl. die* Ka'narischen Inseln *pl.*
Can·ber·ra ['kænbərə] *Hauptstadt von Australien.*
Can·ter·bury ['kæntəbərɪ] *Stadt in Südengland.*
Cape Ca·nav·er·al [ˌkeɪpkə'nævərəl] *Raketenversuchszentrum in Florida (USA).*
Cape Town ['keɪptaʊn] Kapstadt *n.*
Cape Verde Is·lands [ˌkeɪp'vɜ:d 'aɪləndz] *pl. die* Kap'verden *pl.*
Ca·pri ['kæprɪ; 'kɑ:-; *Am. a.* kæ'pri:] Capri *n.*
Car·diff ['kɑ:dɪf] *Hauptstadt von Wales.*
Car·di·gan(·shire) ['kɑ:dɪgən(ʃə)] *walisische Grafschaft (bis 1974).*
Ca·rin·thi·a [kə'rɪnθɪə] Kärnten *n.*
Carl [kɑ:l] Karl *m,* Carl *m.*
Car·lisle [kɑ:'laɪl] *Stadt in Nordwestengland.*
Car·low ['kɑ:ləʊ] *Grafschaft in der Provinz Leinster (Irland); Hauptstadt dieser Grafschaft.*
Car·lyle [kɑ:'laɪl] *englischer Autor.*
Car·mar·then(·shire) [kə'mɑ:ðn(ʃə)] *walisische Grafschaft (bis 1974).*
Car·ne·gie [kɑ:'negɪ] *amer. Industrieller.*
Car·ol(e) ['kærəl] Ka'rola *f.*
Car·o·line ['kærəlaɪn], **Car·o·lyn** ['kærəlɪn] Karo'line *f.*
Car·pa·thi·ans [kɑ:'peɪθjənz] *pl. die* Kar'paten *pl.*
Car·rie ['kærɪ] *abbr. für Caroline.*
Car·son Cit·y [ˌkɑ:sn'sɪtɪ] *Hauptstadt von Nevada (USA).*
Car·ter ['kɑ:tə] *39. Präsident der USA.*
Cath·er·ine ['kæθərɪn] Katha'rina *f,* Kat(h)rin *f.*
Cath·y ['kæθɪ] *abbr. für Catherine.*
Cav·an ['kævən] *Grafschaft im der Republik Irland zugehörigen Teil der Provinz Ulster; Hauptstadt dieser Grafschaft.*
Cax·ton ['kækstən] *erster englischer Buchdrucker.*
Ce·cil ['sesl, 'sɪsl] *m.*
Ce·cile ['sesɪl; *Am.* sɪ'si:l], **Ce·cil·ia** [sɪ'sɪljə; sɪ'si:ljə], **Cec·i·ly** ['sɪsɪlɪ; 'sesɪlɪ] Cä'cilie *f.*
Ced·ric ['si:drɪk; 'sedrɪk] *m.*

Cel·ia ['si:ljə] f.

Cen·tral ['sentrəl] Verwaltungsregion in Schottland.

Cen·tral Af·ri·can Re·pub·lic ['sentrəl-ˌæfrɪkənrɪ'pʌblɪk] die Zen'tralafri‚kanische Repu'blik.

Cey·lon [sɪ'lɒn] Ceylon n.

Chad [tʃæd] der Tschad.

Cham·ber·lain ['tʃeɪmbəlɪn] Name mehrerer brit. Staatsmänner.

Char·ing Cross [ˌtʃærɪŋ'krɒs] Stadtteil von London.

Char·le·magne ['ʃɑ:ləmeɪn] Karl der Große.

Charles [tʃɑ:lz] Karl m.

Charles·ton ['tʃɑ:lstən] Hauptstadt von West Virginia (USA).

Char·lotte ['tʃɑ:lət] Char'lotte f.

Chas [tʃæz] abbr. für Charles.

Chau·cer ['tʃɔ:sə] englischer Dichter.

Chel·sea ['tʃelsɪ] Stadtteil von London.

Chel·ten·ham ['tʃeltnəm] Stadt in Südengland.

Chesh·ire ['tʃeʃə] englische Grafschaft.

Ches·ter·field ['tʃestəfi:ld] Industriestadt in Mittelengland.

Chev·i·ot Hills [ˌtʃevɪət'hɪlz] pl. Grenzgebirge zwischen England u. Schottland.

Chey·enne [ʃaɪ'æn] Hauptstadt von Wyoming (USA).

Chi·ca·go [ʃɪ'kɑ:gəʊ; bsd. Am. ʃɪ'kɔ:gəʊ] Industriestadt in USA.

Chil·e ['tʃɪlɪ] Chile n.

Chi·na ['tʃaɪnə] China n; Republic of ~ die Repu'blik China; People's Republic of ~ die Volksrepublik China.

Chip·pen·dale ['tʃɪpəndeɪl] englischer Kunsttischler.

Chris [krɪs] abbr. für Christina, Christine, Christian, Christopher.

Christ·church ['kraɪstʃɜ:tʃ] Stadt in Neuseeland; Stadt in Hampshire (England).

Chlo·e ['kləʊɪ] Chloe f.

Chris·tian ['krɪstjən] Christian m.

Chris·ti·na [krɪ'sti:nə], **Chris·tine** ['krɪsti:n, krɪ'sti:n] Chri'stine f.

Chris·to·pher ['krɪstəfə] Christoph m.

Chrys·ler ['kraɪzlə] amer. Industrieller.

Church·ill ['tʃɜ:tʃɪl] brit. Staatsmann.

Cin·cin·nat·i [ˌsɪnsɪ'nætɪ] Stadt in Ohio (USA).

Cis·sie ['sɪsɪ] abbr. für Cecily.

Clack·man·nan(·shire) [klæk'mænən (-ʃə)] schottische Grafschaft (bis 1975).

Clap·ham ['klæpəm] Stadtteil von Groß-London.

Clar·a ['kleərə], **Clare** [kleə] Klara f.

Clare [kleə] Grafschaft in der Provinz Munster (Irland).

Clar·en·don ['klærəndən] Name mehrerer englischer Staatsmänner.

Claud(e) [klɔ:d] Claudius m.

Clem·ent ['klemənt] Klemens m, Clemens m.

Cle·o·pat·ra [klɪə'pætrə] Kle'opatra f.

Cleve·land ['kli:vlənd] Industriestadt in USA; englische Grafschaft.

Cliff [klɪf] abbr. für Clifford.

Clif·ford ['klɪfəd] m.

Clive [klaɪv] Begründer der brit. Herrschaft in Indien; Vorname m.

Clwyd ['klu:ɪd] walisische Grafschaft.

Clyde [klaɪd] Fluß in Schottland.

Cole·ridge ['kəʊlərɪdʒ] englischer Dichter.

Col·in ['kɒlɪn] m.

Co·logne [kə'ləʊn] Köln n.

Co·lom·bi·a [kə'lɒmbɪə] Ko'lumbien n.

Co·lom·bo [kə'lʌmbəʊ] Hauptstadt von Sri Lanka.

Col·o·ra·do [ˌkɒlə'rɑ:dəʊ] Staat der USA; Name zweier Flüsse in USA.

Co·lum·bi·a [kə'lʌmbɪə] Fluß in USA; Hauptstadt von South Carolina (USA); District of ~ (DC) Bundesdistrikt (mit der Hauptstadt Washington) der USA.

Co·lum·bus [kə'lʌmbəs] Entdecker Amerikas; Hauptstadt von Ohio (USA).

Com·o·ro Is·lands [ˌkɒmərəʊ'aɪləndz] pl. die Ko'moren pl.

Con·cord ['kɒŋkəd] Hauptstadt von New Hampshire (USA).

Con·fu·cius [kən'fju:ʃjəs, -ʃəs] Kon'fuzius m (chinesischer Philosoph).

Con·go ['kɒŋgəʊ] der Kongo.

Con·nacht ['kɒnət], früher **Con·naught** ['kɒnɔ:t] Provinz in Irland.

Con·nect·i·cut [kə'netɪkət] USA-Staat.

Con·nie ['kɒnɪ] abbr. für Conrad, Constance, Cornelia.

Con·rad ['kɒnræd] Konrad m.

Con·stance ['kɒnstəns] Kon'stanze f; Lake ~ der Bodensee.

Con·stan·ti·no·ple [ˌkɒnstæntɪ'nəʊpl] Konstanti'nopel n.

Cook [kʊk] englischer Weltumsegler.

Coo·per ['ku:pə] amer. Autor.

Co·pen·ha·gen [ˌkəʊpn'heɪgən] Kopen'hagen n.

Cor·dil·le·ras [ˌkɔ:dɪ'ljeərəs] pl. die Kordil'leren pl.

Cor·inth ['kɒrɪnθ] Ko'rinth n.

Cork [kɔ:k] Grafschaft in der Provinz Munster (Irland); Hauptstadt dieser Grafschaft u. der Provinz Munster.

Cor·ne·lia [kɔ:'ni:ljə] Cor'nelia f.

Corn·wall ['kɔ:nwəl] englische Grafschaft.

Cos·ta Ri·ca [ˌkɒstə'ri:kə] Costa Rica n.

Cov·ent Gar·den [ˌkɒvənt'gɑ:dn] die Londoner Oper.

Cov·en·try ['kɒvəntrɪ] Industriestadt in Mittelengland.

Craig [kreɪg] m.

Crete [kri:t] Kreta n.

Cri·me·a [kraɪ'mɪə] die Krim.

Crom·well ['krɒmwəl] englischer Staatsmann.

Croy·don ['krɔɪdn] Stadtbezirk von Groß-London.

Cru·soe ['kru:səʊ]: Robinson ~ Romanheld.

Cu·ba ['kju:bə] Kuba n.

Cum·ber·land ['kʌmbələnd] englische Grafschaft (bis 1974).

Cum·bri·a ['kʌmbrɪə] englische Grafschaft.

Cyn·thi·a ['sɪnθɪə] f.

Cy·prus ['saɪprəs] Zypern n.

Cy·rus ['saɪərəs] Cyrus m.

Czech·o·slo·va·ki·a [ˌtʃekəʊsləʊ'vækɪə] die Tschechoslowa'kei.

Dag·en·ham ['dægənəm] Stadtteil von London.

Da·ho·mey [də'həʊmɪ] Da'home n (früherer Name von Benin).

Dai·sy ['deɪzɪ] Koseform von Margaret.

Dal·las ['dæləs] Stadt in Texas (USA).

Dal·ma·ti·a [dæl'meɪʃjə] Dal'matien n.

Dam·o·cles ['dæməkli:z] Damokles m.

Dan [dæn] abbr. für Daniel.

Dan·iel ['dænjəl] Daniel m.

Dan·ube ['dænju:b] Donau f.

Daph·ne ['dæfnɪ] Daphne f.

Dar·da·nelles [ˌdɑ:də'nelz] pl. die Dardanellen pl.

Dar·jee·ling [dɑ:'dʒi:lɪŋ] Stadt in Indien.

Dart·moor ['dɑ:t‚mʊə] Landstrich in Südwest-England.

Dart·mouth ['dɑ:tməθ] Stadt in Devon (England).

Dar·win ['dɑ:wɪn] englischer Naturforscher.

Dave [deɪv] abbr. für David.

Da·vid ['deɪvɪd] David m.

Dawn [dɔ:n] f.

Dean [di:n] m.

Deb·by ['debɪ] abbr. für Deborah.

Deb·o·rah ['debərə] f.

Dee [di:] Fluß in England; Fluß in Schottland.

De·foe [dɪ'fəʊ] englischer Autor.

Deir·dre ['dɪədrɪ] (Ir.) f.

Del·a·ware [deləweə] Staat der USA; Fluß in USA.

Den·bigh(·shire) ['denbɪ(ʃə)] walisische Grafschaft (bis 1974).

Den·is ['denɪs] m.

De·nise [də'ni:z; də'ni:s] De'nise f.

Den·mark ['denmɑ:k] Dänemark n.

Den·nis ['denɪs] m.

Den·ver ['denvə] Hauptstadt von Colorado (USA).

Dept·ford ['detfəd] Stadtteil von Groß-London.

Der·by(·shire) ['dɑ:bɪ(ʃə)] englische Grafschaft.

Der·ek, Der·rick ['derɪk] m.

Des Moines [dɪ'mɔɪn] Hauptstadt von Iowa (USA).

Des·mond ['dezmənd] m.

De·troit [də'trɔɪt] Industriestadt in Michigan (USA).

De·viz·es [dɪ'vaɪzɪz] Stadt in Wiltshire (England).

Dev·on(·shire) ['devn(ʃə)] englische Grafschaft.

Dew·ey ['dju:ɪ] amer. Philosoph.

Di·an·a [daɪ'ænə] Di'ana f.

Dick [dɪk] abbr. für Richard.

Dick·ens ['dɪkɪnz] englischer Autor.

Dis·rae·li [dɪs'reɪlɪ] brit. Staatsmann.

Dol·ly ['dɒlɪ] abbr. für Dorothy.

Do·lo·mites ['dɒləmaɪts] pl. die Dolo'miten pl. (Teil der Ostalpen).

Dom·i·nic ['dɒmɪnɪk] Domi'nik m.

Do·min·i·can Re·pub·lic [dəˌmɪnɪkənrɪ'pʌblɪk] die Domini'kanische Repu'blik.

Don [dɒn] abbr. für Donald.

Don·ald ['dɒnld] m.

Don·cas·ter ['dɒŋkəstə] Stadt in South Yorkshire (England).

Don·e·gal ['dɒnɪgɔ:l; Ir. ˌdʌnɪ'gɔ:l] Grafschaft im der Republik Irland zugehörigen Teil der Provinz Ulster.

Don Juan ['dɒn'dʒu:ən] Don Ju'an m.

Donne [dʌn, dɒn] englischer Dichter.

Don Quix·ote [ˌdɒn'kwɪksət] Don Qui'chotte m.

Do·reen [dɔ:'ri:n; 'dɔ:ri:n] f.

Dor·is ['dɒrɪs] Doris f.

Dor·o·thy ['dɒrəθɪ] Doro'thea f.

Dor·set(·shire) ['dɔ:sɪt(ʃə)] englische Grafschaft.

Dos Pas·sos [ˌdɒs'pæsɒs] amer. Autor.

Doug [dʌg] abbr. für Douglas.

Doug·las ['dʌgləs] Vorname m; schottische Adelsfamilie.

Do·ra ['dɔːrə] Dora f.
Do·ver ['dəʊvə] Hafenstadt in Südengland; Hauptstadt von Delaware (USA).
Down [daʊn] nordirische Grafschaft.
Down·ing Street ['daʊnɪŋstriːt] Straße in London mit der Amtswohnung des Premierministers.
Drei·ser ['draɪsə; -zə] amer. Autor.
Dry·den ['draɪdn] englischer Dichter.
Dub·lin ['dʌblɪn] Hauptstadt von Irland; Grafschaft in der Provinz Leinster (Irland).
Du·luth [djuːˈluːθ; Am. dəˈluːθ] Stadt in Minnesota (USA).
Dul·wich ['dʌlɪdʒ] Stadtteil von Groß-London.
Dum·bar·ton(·shire) [dʌmˈbɑːtn(ʃə)] schottische Grafschaft (bis 1975).
Dum·fries and Gal·lo·way [dʌmˌfriːsənˈgæləweɪ] Verwaltungsregion in Schottland; **Dum'fries·shire** [-ʃə] schottische Grafschaft (bis 1975).
Dun·can ['dʌŋkən] m.
Dun·e·din [dʌˈniːdɪn] Hafenstadt in Neuseeland.
Dun·ge·ness [ˌdʌndʒɪˈnes; dʌndʒˈnes] Landspitze in Kent (England).
Dun·kirk [dʌnˈkɜːk] Dünkirchen n.
Dur·ban ['dɜːbən] Hafenstadt in Südafrika.
Dur·ham ['dʌrəm] englische Grafschaft.
Dyf·ed ['dʌvɪd] walisische Grafschaft.

Ea·ling ['iːlɪŋ] Stadtbezirk von Groß-London.
East Lo·thi·an [ˌiːstˈləʊðjən] schottische Grafschaft (bis 1975).
East Sus·sex [ˌiːstˈsʌsɪks] englische Grafschaft.
Ec·ua·dor ['ekwədɔː] Ecua'dor n.
Ed·die ['edɪ] abbr. für **Edward**.
Ed·gar ['edgə] Edgar m.
Ed·in·burgh ['edɪnbərə] Edinburg n.
Ed·i·son ['edɪsn] amer. Erfinder.
Ed·ith ['iːdɪθ] Edith f.
Ed·mon·ton ['edməntən] Hauptstadt von Alberta (Kanada).
Ed·mund ['edmənd] Edmund m.
Ed·ward ['edwəd] Eduard m.
E·gypt ['iːdʒɪpt] Ä'gypten n.
Ei·leen ['aɪliːn; Am. aɪˈliːn] f.
Ei·re ['eərə] Name der Republik Irland.
Ei·sen·how·er ['aɪzn̩ˌhaʊə] 34. Präsident der USA.
E·laine [eˈleɪn; ɪˈleɪn] siehe **Helen**.
El·ea·nor ['elɪnə] Eleo'nore f.
E·li·jah [ɪˈlaɪdʒə] E'lias m.
El·i·nor ['elɪnə] Eleo'nore f.
El·i·ot ['eljət] englischer Dichter.
E·li·za [ɪˈlaɪzə] abbr. für **Elizabeth**.
E·liz·a·beth [ɪˈlɪzəbəθ] E'lisabeth f.
El·len ['elɪn] siehe **Helen**.
El·lis Is·land [ˌelɪsˈaɪlənd] Insel im Hafen von New York (USA).
El Sal·va·dor [elˈsælvədɔː] El Salva'dor n.
El·sa ['elsə], **El·sie** ['elsɪ] Elsa f, Else f.
Em·er·son ['eməsn] amer. Dichter u. Philosoph.
Em·i·ly ['emɪlɪ] E'milie f.
Em·ma ['emə] Emma f.
Em·mie, **Em·my** ['emɪ] Koseform für **Emma**.
En·field ['enfiːld] Stadtbezirk von Groß-London.
Eng·land ['ɪŋglənd] England n.
E·nid ['iːnɪd] f.

E·noch ['iːnɒk] m.
Ep·som ['epsəm] Stadt in Südengland (Pferderennen).
Equa·to·ri·al Guin·ea [ˌekwəˈtɔːrɪəl ˈgɪnɪ] Äquatori'algui,nea n.
Er·ic ['erɪk] Erich m.
Er·i·ca ['erɪkə] Erika f.
E·rie ['ɪərɪ] Hafenstadt in Pennsylvania (USA); **Lake ~** der Eriesee (in Nordamerika).
Er·nest ['ɜːnɪst] Ernst m.
Er·nie ['ɜːnɪ] abbr. für **Ernest**.
Es·sex ['esɪks] englische Grafschaft.
Es·t(h)o·nia [eˈstəʊnjə] Estland n.
Eth·el ['eθl] f.
E·thi·o·pi·a [ˌiːθɪˈəʊpjə] Äthi'opien n.
E·ton ['iːtn] Stadt in Berkshire (England) mit berühmter Public School.
Eu·gene ['juːdʒiːn] Eugen m.
Eu·ge·ni·a [juːˈdʒiːnjə] Eu'genie f.
Eu·nice ['juːnɪs] Eu'nice f.
Eu·phra·tes [juːˈfreɪtiːz] Euphrat m.
Eur·a·sia [jʊəˈreɪʃə; -ʒə] Eu'rasien n.
Eu·rip·i·des [jʊəˈrɪpɪdiːz] Eu'ripides m.
Eu·rope ['jʊərəp] Eu'ropa n.
Eus·tace ['juːstəs] Eu'stachius m.
E·va ['iːvə] Eva f.
Ev·ans ['evənz] Familienname.
Eve [iːv] Eva f.
Ev·e·lyn ['iːvlɪn; 'evlɪn] m, f.
Ev·er·glades ['evəgleɪdz] pl. Sumpfgebiet in Florida (USA).
Ex·e·ter ['eksɪtə] Hauptstadt von Devonshire (England).

Faer·oes ['feərəʊz] pl. die Färöer pl.
Falk·land Is·lands [ˌfɔː(l)kləndˈaɪləndz] pl. die Falklandinseln pl.
Fal·staff ['fɔːlstɑːf] Bühnenfigur bei Shakespeare.
Fan·ny ['fænɪ] abbr. für **Frances**.
Far·a·day ['færədɪ] englischer Chemiker u. Physiker.
Farn·bor·ough ['fɑːnbərə] Stadt in Hampshire (England).
Far·oes ['feərəʊz] siehe **Faeroes**.
Faulk·ner ['fɔːknə] amer. Autor.
Fawkes [fɔːks] Haupt der Pulververschwörung (1605).
Fed·er·al Re·pub·lic of Ger·ma·ny [ˈfedərəlrɪˌpʌblɪkəvˈdʒɜːmənɪ] die 'Bundesrepu,blik Deutschland.
Fe·li·ci·a [fəˈlɪsɪə] Fe'lizia f.
Fe·lic·i·ty [fəˈlɪsətɪ] Fe'lizitas f.
Fe·lix ['fiːlɪks] Felix m.
Fe·lix·stowe ['fiːlɪkstəʊ] Stadt in Suffolk (England).
Felt·ham ['feltəm] Stadtteil von Groß-London.
Fer·man·agh [fəˈmænə] nordirische Grafschaft.
Fiel·ding ['fiːldɪŋ] englischer Autor.
Fife [faɪf] Verwaltungsregion in Schottland; a. **'Fife·shire** [-ʃə] schottische Grafschaft (bis 1975).
Fi·ji [ˌfiːˈdʒiː; bsd. Am. 'fiːdʒiː] Fidschi n.
Finch·ley ['fɪntʃlɪ] Stadtteil von London.
Fin·land ['fɪnlənd] Finnland n.
Fi·o·na [fɪˈəʊnə] f.
Firth of Forth [ˌfɜːθəvˈfɔːθ] Meeresbucht an der schottischen Ostküste.
Fitz·ger·ald [fɪtsˈdʒerəld] Familienname.
Flan·ders ['flɑːndəz] Flandern n.
Flem·ing ['flemɪŋ] brit. Bakteriologe.
Flint(·shire) ['flɪnt(ʃə)] walisische Grafschaft (bis 1974).

Flo·ra ['flɔːrə] Flora f.
Flor·ence ['flɒrəns] Flo'renz n; Floren·'tine f.
Flor·i·da ['flɒrɪdə] Staat der USA.
Flush·ing ['flʌʃɪŋ] Stadtteil von New York; Vlissingen n.
Folke·stone ['fəʊkstən] Seebad in Südengland.
Ford [fɔːd] amer. Industrieller; 38. Präsident der USA.
For·syth [fɔːˈsaɪθ] Familienname.
Fort Lau·der·dale [ˌfɔːtˈlɔːdədeɪl] Stadt in Florida (USA).
Fort Worth [ˌfɔːtˈwɜːθ] Stadt in Texas (USA).
Foth·er·in·ghay ['fɒðərɪŋgeɪ] Schloß in Nordengland.
Fow·ler ['faʊlə] Familienname.
France [frɑːns] Frankreich n.
Fran·ces ['frɑːnsɪs] Fran'ziska f.
Fran·cis ['frɑːnsɪs] Franz m.
Frank [fræŋk] Frank m.
Frank·fort ['fræŋkfət] Hauptstadt von Kentucky (USA); seltene englische Schreibweise für Frankfurt.
Frank·lin ['fræŋklɪn] amer. Staatsmann; Verwaltungsbezirk der Northwest Territories (Kanada).
Fred [fred] abbr. für **Alfred**, **Frede·ric(k)**.
Fre·da ['friːdə] Frieda f.
Fred·die, **Fred·dy** ['fredɪ] Koseformen für **Frederic(k)**, **Alfred**.
Fred·er·ic(k) ['fredrɪk] Friedrich m.
Fres·no ['freznəʊ] Stadt in Kalifornien (USA).
Fris·co ['frɪskəʊ] umgangssprachliche Bezeichnung für **San Francisco**.
Frost [frɒst] amer. Dichter.
Ful·bright ['fʊlbraɪt] amer. Politiker.
Ful·ham ['fʊləm] Stadtteil von London.
Ful·ton ['fʊltən] amer. Erfinder.

Ga·bon ['gæbɒn] Ga'bun n.
Gains·bor·ough ['geɪnzbərə] englischer Maler.
Gal·la·gher ['gæləhə] Familienname.
Gal·lup ['gæləp] amer. Statistiker.
Gals·wor·thy ['gɔːlzwɜːðɪ] englischer Autor.
Gal·way [gɔːlweɪ] Grafschaft in der Provinz Connaught (Irland); Hauptstadt dieser Grafschaft.
Gam·bia ['gæmbɪə] Gambia n.
Gan·ges ['gændʒiːz] Ganges m.
Gar·eth ['gæreθ] m.
Gar·ry, **Gar·y** ['gærɪ] m.
Gaul [gɔːl] Gallien n.
Ga·vin ['gævɪn] m.
Ga·za Strip ['gɑːzəstrɪp] der Gazastreifen.
Gene [dʒiːn] abbr. für **Eugene**, **Eugenia**.
Ge·ne·va [dʒɪˈniːvə] Genf n.
Gen·o·a ['dʒenəʊə] Genua n.
Geoff [dʒef] abbr. für **Geoffr(e)y**.
Geof·fr(e)y ['dʒefrɪ] Gottfried m.
George [dʒɔːdʒ] Georg m.
Geor·gia ['dʒɔːdʒə; Am. -dʒə] Staat der USA.
Ger·ald ['dʒerəld] Gerald m, Gerold m.
Ger·al·dine ['dʒerəldiːn] Geral'dine f.
Ger·ard ['dʒerɑːd; bsd. Am. dʒeˈrɑːd] Gerhard m.
Ger·man Dem·o·crat·ic Re·pub·lic ['dʒɜːməndeməˌkrætɪkrɪˈpʌblɪk] die Deutsche Demo'kratische Repu'blik.

Ger·ma·ny ['dʒɜːmənɪ] Deutschland *n.*
Ger·ry ['dʒerɪ] *abbr. für* **Gerald**, **Geraldine**.
Gersh·win ['gɜːʃwɪn] *amer. Komponist.*
Ger·tie ['gɜːtɪ] Gertie *f.*
Ger·trude ['gɜːtruːd] Gertrud *f.*
Get·tys·burg ['getɪzbɜːg] *Stadt in Pennsylvania (USA).*
Gha·na ['gɑːnə] Ghana *n.*
Ghent [gent] Gent *n.*
Gi·bral·tar [dʒɪˈbrɔːltə] Gi'braltar *n.*
Giel·gud ['giːlgud]: *Sir John* ~ *berühmter englischer Schauspieler.*
Gil·bert ['gɪlbət] Gilbert *m.*
Giles [dʒaɪlz] Julius *m.*
Gill [dʒɪl; gɪl] *abbr. für* **Gillian**.
Gil·li·an ['dʒɪlɪən; 'gɪlɪən] *f.*
Glad·stone ['glædstən] *brit. Staatsmann.*
Glad·ys ['glædɪs] *f.*
Gla·mor·gan·shire [glə'mɔːgənʃə] *walisische Grafschaft (bis 1974).*
Glas·gow ['glɑːsgəʊ] *Stadt in Schottland.*
Glen [glen] *m.*
Glo·ri·a ['glɔːrɪə] Gloria *f.*
Glouces·ter ['glɒstə] *Stadt in Südengland; a.* '**Glouces·ter·shire** [-ʃə] *englische Grafschaft.*
Glynde·bourne ['glaɪndbɔːn] *kleiner Ort in East Sussex (England) mit Opernfestspielen.*
God·frey ['gɒdfrɪ] Gottfried *m.*
Go·li·ath [gəʊˈlaɪəθ] Goliath *m.*
Gor·don ['gɔːdn] *Familienname; Vorname m.*
Go·tham ['gəʊtəm] *Ortsname; fig.* ˌSchilda'.
Grace [greɪs] Gracia *f*, Grazia *f.*
Gra·ham ['greɪəm] *Familienname; Vorname m.*
Gram·pi·an ['græmpjən] *Verwaltungsregion in Schottland.*
Grand Can·yon [ˌgrænd'kænjən] *Durchbruchstal des Colorado in Arizona (USA).*
Great Brit·ain [ˌgreɪt'brɪtn] Großbri'tannien *n.*
Great·er Lon·don [ˌgreɪtəˈlʌndən] *Stadtgrafschaft, bestehend aus der City of London u. 32 Stadtbezirken.*
Great·er Man·ches·ter [ˌgreɪtəˈmæntʃɪstə] *Stadtgrafschaft in Nordengland.*
Greece [griːs] Griechenland *n.*
Greene [griːn] *englischer Autor.*
Green·land ['griːnlənd] Grönland *n.*
Green·wich ['grɪnɪdʒ] *Stadtbezirk Groß-Londons; ~ Village Stadtteil von New York (USA).*
Greg [greg] *abbr. für* **Gregory**.
Greg·o·ry ['gregərɪ] Gregor *m.*
Gre·na·da [gre'neɪdə] Gre'nada *n.*
Gre·ta ['griːtə, 'greɪtə] *abbr. für* **Margaret**.
Grims·by ['grɪmzbɪ] *Hafenstadt in Humberside (England).*
Gri·sons ['griːzɔ̃ː] Grau'bünden *n.*
Gros·ve·nor ['grəʊvnə] *Platz u. Straße in London.*
Gua·te·ma·la [ˌgwætɪˈmɑːlə] Guate'mala *n.*
Guern·sey ['gɜːnzɪ] *brit. Kanalinsel.*
Guin·ea ['gɪnɪ] Gui'nea *n*; **Guin·ea-Bis·sau** [ˌgɪnɪbɪˈsaʊ] Guinea-Bis'sau *n.*
Guin·e·vere ['gwɪnɪvɪə] *Gemahlin des Königs Artus.*
Guin·ness ['gɪnɪs, gɪ'nes] *Familienname.*

Gul·li·ver ['gʌlɪvə] *Romanheld.*
Guy [gaɪ] Guido *m.*
Guy·ana [gaɪˈænə] Gu'yana *n.*
Gwen [gwen] *abbr. für* **Gwendolen**, **Gwendoline**, **Gwendolyn**.
Gwen·do·len, **Gwen·do·line**, **Gwen·do·lyn** ['gwendəlɪn] *f.*
Gwent [gwent] *walisische Grafschaft.*
Gwy·nedd ['gwɪnəð, -eð] *walisische Grafschaft.*

Hack·ney ['hæknɪ] *Stadtbezirk von Groß-London.*
Hague [heɪg]: *the* ~ Den Haag.
Hai·ti ['heɪtɪ] Ha'iti *n.*
Hal [hæl] *abbr. für* **Harold**, **Henry**.
Hal·i·fax ['hælɪfæks] *Hauptstadt von Neuschottland (Kanada); Stadt in West Yorkshire (England).*
Hal·ley ['hælɪ] *englischer Astronom.*
Ham·il·ton ['hæmltən] *Familienname; Stadt in der Provinz Ontario (Kanada).*
Ham·let ['hæmlɪt] *Bühnenfigur bei Shakespeare.*
Ham·mer·smith ['hæməsmɪθ] *Stadtbezirk von Groß-London.*
Hamp·shire ['hæmpʃə] *englische Grafschaft.*
Hamp·stead ['hæmpstɪd] *Stadtteil von Groß-London.*
Han·o·ver ['hænəʊvə] Han'nover *n.*
Ha·ra·re [həˈrɑːreɪ] *Hauptstadt von Zimbabwe.*
Har·dy ['hɑːdɪ] *englischer Autor.*
Ha·rin·gey ['hærɪŋgeɪ] *Stadtbezirk von Groß-London.*
Har·lem ['hɑːləm] *Stadtteil von New York.*
Har·old ['hærəld] Harald *m.*
Har·ri·et, **Har·ri·ot** ['hærɪət] *f.*
Har·ris·burg ['hærɪsbɜːg] *Hauptstadt von Pennsylvania (USA).*
Har·row ['hærəʊ] *Stadtbezirk Groß-Londons mit berühmter Public School.*
Har·ry ['hærɪ] *abbr. für* **Harold**, **Henry**.
Hart·ford ['hɑːtfəd] *Hauptstadt von Connecticut (USA).*
Har·tle·pool ['hɑːtlɪpuːl] *Hafenstadt in Cleveland (England).*
Har·vard U·ni·ver·si·ty ['hɑːvədˌjuːnɪˈvɜːsətɪ] *Universität in Cambridge, Massachusetts (USA).*
Har·vey ['hɑːvɪ] *Vorname m; Familienname.*
Har·wich ['hærɪdʒ] *Hafenstadt in Südost-England.*
Has·tings ['heɪstɪŋz] *Stadt in Südengland.*
Ha·van·a [həˈvænə] Ha'vanna *n.*
Ha·ver·ing ['heɪvərɪŋ] *Stadtbezirk von Groß-London.*
Ha·wai·i [həˈwaiiː] *Staat der USA.*
Haw·thorne ['hɔːθɔːn] *amer. Schriftsteller.*
Ha·zel ['heɪzl] *f.*
Heath·row ['hiːθrəʊ] *Großflughafen von London.*
Heb·ri·des ['hebrɪdiːz] *pl. die He'briden n.*
Hel·en ['helɪn] He'lene *f.*
Hel·e·na ['helɪnə] *Hauptstadt von Montana (USA).*
Hel·i·go·land ['helɪgəʊlænd] Helgoland *n.*
Hel·sin·ki ['helsɪŋkɪ] Helsinki *n.*
Hem·ing·way ['hemɪŋweɪ] *amer. Autor.*
Hen·ley ['henlɪ] *Stadt an der Themse (Ruderregatta).*

Hen·ry ['henrɪ] Heinrich *m.*
Hep·burn ['hebɜːn; 'hepbɜːn] *amer. Filmschauspielerin.*
Her·bert ['hɜːbət] Herbert *m.*
Her·e·ford and Worces·ter [ˌherɪfədnˈwʊstə] *englische Grafschaft;* '**Her·e·ford·shire** [-ʃə] *englische Grafschaft (bis 1974).*
Hert·ford(·shire) ['hɑːfəd(ʃə)] *englische Grafschaft.*
Hesse ['hesɪ] Hessen *n.*
High·land ['haɪlənd] *Verwaltungsregion in Schottland.*
Hil·a·ry ['hɪlərɪ] Hi'laria *f*; Hi'larius *m.*
Hil·da ['hɪldə] Hilda *f*, Hilde *f.*
Hil·ling·don ['hɪlɪŋdən] *Stadtbezirk von Groß-London.*
Hi·ma·la·ya [ˌhɪməˈleɪə] *der Hi'malaja.*
Hi·ro·shi·ma [hɪˈrɒʃɪmə] *Hafenstadt in Japan.*
Ho·bart ['həʊbɑːt] *Hauptstadt des australischen Bundesstaates Tasmanien.*
Ho·garth ['həʊgɑːθ] *englischer Maler.*
Hol·born ['həʊbən] *Stadtteil von London.*
Hol·land ['hɒlənd] Holland *n.*
Hol·ly·wood ['hɒlɪwʊd] *Filmstadt in Kalifornien (USA).*
Holmes [həʊmz] *Familienname.*
Ho·mer ['həʊmə] Ho'mer *m.*
Hon·du·ras [hɒnˈdjʊərəs] Hon'duras *n.*
Hong Kong [ˌhɒŋˈkɒŋ] Hongkong *n.*
Ho·no·lu·lu [ˌhɒnəˈluːluː] *Hauptstadt von Hawaii (USA).*
Hor·ace ['hɒrəs] Ho'raz *m (römischer Dichter u. Satiriker); Vorname m.*
Houns·low ['haʊnzləʊ] *Stadtbezirk von Groß-London.*
Hous·ton ['hjuːstən; 'juːstən] *Stadt in Texas (USA).*
How·ard ['haʊəd] *m.*
Hu·bert ['hjuːbət] Hubert *m*, Hu'bertus *m.*
Hud·son ['hʌdsn] *Familienname; Fluß im Staat New York (USA).*
Hugh [hjuː] Hugo *m.*
Hughes [hjuːz] *Familienname.*
Hull [hʌl] *Hafenstadt in Humberside (England).*
Hum·ber ['hʌmbə] *Fluß in England;* '**Hum·ber·side** [-saɪd] *englische Grafschaft.*
Hume [hjuːm] *englischer Philosoph.*
Hum·phr(e)y ['hʌmfrɪ] *m.*
Hun·ga·ry ['hʌŋgərɪ] Ungarn *n.*
Hun·ting·don(·shire) ['hʌntɪŋdən(ʃə)] *englische Grafschaft (bis 1974).*
Hux·ley ['hʌkslɪ] *englischer Autor; englischer Biologe.*
Hyde Park [ˌhaɪdˈpɑːk] *Park in London.*

I·an [ɪən; 'iːən] Jan *m.*
I·be·ri·an Pen·in·su·la [aɪˌbɪərɪənprˈnɪnsjʊlə] *die I'berische Halbinsel.*
Ice·land ['aɪslənd] Island *n.*
I·da ['aɪdə] Ida *f.*
I·da·ho ['aɪdəhəʊ] *Staat der USA.*
Il·ford ['ɪlfəd] *Stadtteil von Groß-London.*
Il·li·nois [ˌɪlɪˈnɔɪ] *Staat der USA; Fluß in USA.*
In·di·a ['ɪndjə] Indien *n.*
In·di·an·a [ˌɪndɪˈænə] *Staat der USA.*
In·di·an·ap·o·lis [ˌɪndɪəˈnæpəlɪs] *Hauptstadt von Indiana (USA).*
In·do·ne·sia [ˌɪndəʊˈniːzjə] Indo'nesien *n.*

In·dus ['ɪndəs] Indus *m*.

In·ver·ness(·shire) [ˌɪnvə'nes(ʃə)] *schottische Grafschaft* (bis 1975).

I·o·wa ['aɪəʊə; 'aɪəwə] *Staat der USA*.

Ips·wich ['ɪpswɪtʃ] *Hauptstadt von Suffolk* (*England*).

I·ran [ɪ'rɑːn] I'ran *m*.

I·raq [ɪ'rɑːk] I'rak *m*.

Ire·land ['aɪələnd] Irland *n*.

I·rene [aɪ'riːnɪ; 'aɪriːn] I'rene *f*.

I·ris ['aɪərɪs] Iris *f*.

Ir·ving ['ɜːvɪŋ] *amer. Autor*.

I·saac ['aɪzək] Isaak *m*.

Is·a·bel ['ɪzəbəl] Isa'bella *f*.

Ish·er·wood ['ɪʃəwʊd] *englischer Schriftsteller u. Dramatiker*.

Is·lam·a·bad [ɪz'lɑːməbɑːd] *Hauptstadt von Pakistan*.

Isle of Man [ˌaɪləv'mæn] *Insel in der Irischen See, die unmittelbar der englischen Krone untersteht, aber nicht zum Vereinigten Königreich gehört*.

Isle of Wight [ˌaɪləv'waɪt] *englische Grafschaft, Insel im Ärmelkanal*.

I·sle·worth ['aɪzlwəθ] *Stadtteil von Groß-London*.

Is·ling·ton ['ɪzlɪŋtən] *Stadtbezirk von Groß-London*.

Is·o·bel ['ɪzəbəl] Isa'bella *f*.

Is·ra·el ['ɪzreɪəl] Israel *n*.

Is·tan·bul [ˌɪstən'buːl] Istanbul *n*.

It·a·ly ['ɪtəlɪ] I'talien *n*.

I·van ['aɪvən] Iwan *m*.

I·vor ['aɪvə] *m*.

I·vo·ry Coast ['aɪvərɪkəʊst] *die Elfenbeinküste*.

I·vy ['aɪvɪ] *f*.

Jack [dʒæk] Hans *m*.

Jack·ie ['dʒækɪ] *abbr. für* **Jacqueline**.

Jack·son ['dʒæksn] *Hauptstadt von Mississippi* (*USA*).

Jack·son·ville ['dʒæksnvɪl] *Hafenstadt in Florida* (*USA*).

Ja·cob ['dʒeɪkəb] Jakob *m*.

Jac·que·line ['dʒækliːn] *f*.

Jaf·fa ['dʒæfə] *Hafenstadt in Israel*.

Ja·mai·ca [dʒə'meɪkə] Ja'maika *n*.

James [dʒeɪmz] Jakob *m*.

Jane [dʒeɪn] Jo'hanna *f*.

Jan·et ['dʒænɪt] Jo'hanna *f*.

Jan·ice ['dʒænɪs] *f*.

Ja·pan [dʒə'pæn] Japan *n*.

Ja·son ['dʒeɪsn] *m*.

Jas·per ['dʒæspə] Kaspar *m*.

Ja·va ['dʒɑːvə] Java *n*.

Jean [dʒiːn] Jo'hanna *f*.

Jeff [dʒef] *abbr. für* **Jeffrey**.

Jef·fer·son ['dʒefəsn] *3. Präsident der USA*.

Jef·fer·son Cit·y [ˌdʒefəsn'sɪtɪ] *Hauptstadt von Missouri* (*USA*).

Jef·frey ['dʒefrɪ] Gottfried *m*.

Je·ho·vah [dʒɪ'həʊvə] Je'hova *m*.

Jen·ni·fer ['dʒenɪfə] *f*.

Jen·ny ['dʒenɪ; 'dʒɪnɪ] *Koseform für* **Jane**.

Jer·e·my ['dʒerɪmɪ] Jere'mias *m*.

Je·rome [dʒə'rəʊm] Hie'ronymus *m*.

Jer·ry ['dʒerɪ] *abbr. für* **Jeremy**, **Jerome**, **Gerald**, **Gerard**.

Jer·sey ['dʒɜːsɪ] *brit. Kanalinsel*.

Je·ru·sa·lem [dʒə'ruːsələm] Je'rusalem *n*.

Jes·si·ca ['dʒesɪkə] *f*.

Je·sus ['dʒiːzəs] Jesus *m*.

Jill [dʒɪl] *abbr. für* **Gillian**.

Jim(·my) ['dʒɪm(ɪ)] *abbr. für* **James**.

Jo [dʒəʊ] *abbr. für* **Joanna**, **Joseph**, **Josephine**.

Joan [dʒəʊn], **Jo·an·na** [dʒəʊ'ænə] Jo'hanna *f*.

Job [dʒəʊb] Hiob *m*.

Joc·e·lin(e), **Joc·e·lyn** ['dʒɒslɪn] *f*.

Joe [dʒəʊ] *abbr. für* **Joseph**, **Josephine**.

Jo·han·nes·burg [dʒəʊ'hænɪsbɜːg] *Stadt in Südafrika*.

John [dʒɒn] Jo'hannes *m*, Johann *m*.

John·ny ['dʒɒnɪ] Häns-chen *n*.

John o' Groats [ˌdʒɒnə'grəʊts] *Dorf an der Nordostspitze des schottischen Festlandes. Gilt volkstümlich als nördlichster Punkt des festländischen Großbritannien*.

John·son ['dʒɒnsn] 36. *Präsident der USA; englischer Lexikograph*.

Jon·a·than ['dʒɒnəθən] Jonathan *m*.

Jon·son ['dʒɒnsn] *englischer Dichter*.

Jor·dan ['dʒɔːdn] Jor'danien *n*.

Jo·seph ['dʒəʊzɪf] Joseph *m*.

Jo·se·phine ['dʒəʊzɪfiːn] Jose'phine *f*.

Josh·u·a ['dʒɒʃwə] Josua *m*.

Joule [dʒuːl] *englischer Physiker*.

Joy [dʒɔɪ] *f*.

Joyce [dʒɔɪs] *irischer Autor; Vorname f*.

Ju·dith ['dʒuːdɪθ] Judith *f*.

Ju·dy ['dʒuːdɪ] *abbr. für* **Judith**.

Jul·ia ['dʒuːljə] Julia *f*.

Jul·ian ['dʒuːljən] Juli'an(us) *m*.

Ju·li·et ['dʒuːljət; -ljet] Julia *f*, Juli'ette *f*.

Jul·ius ['dʒuːljəs] Julius *m*.

June [dʒuːn] *f*.

Ju·neau ['dʒuːnəʊ] *Hauptstadt von Alaska* (*USA*).

Jus·tin ['dʒʌstɪn] Ju'stin(us) *m*.

Kam·pu·che·a [ˌkæmpu'tʃɪə] Kam'bodscha *n*.

Kan·sas ['kænzəs] *Staat der USA; Fluß in USA*.

Kan·sas Cit·y [ˌkænzəs'sɪtɪ] *Stadt in Missouri* (*USA*); *Stadt in Kansas* (*USA*).

Ka·ra·chi [kə'rɑːtʃɪ] Ka'ratschi *n*.

Kar·en [kə'ren; 'kærən] Karin *f*.

Kash·mir [ˌkæʃ'mɪə] Kaschmir *n*.

Ka·tar [kæ'tɑː] Katar *n* (*Scheichtum am Persischen Golf*).

Kate [keɪt] Käthe *f*.

Kath·a·rine, **Kath·er·ine** ['kæθərɪŋ] Katha'rina *f*, Kat(h)rin *f*.

Kath·leen ['kæθliːn] *f*.

Kath·y ['kæθɪ] *abbr. für* **Katharine**, **Katherine**.

Kay [keɪ] Kai *m*, *f*, Kay *m*, *f*.

Keats [kiːts] *englischer Dichter*.

Kee·wa·tin [kiː'wɒtɪn; *Am.* kiː'weɪtn] *Verwaltungsbezirk der Northwest Territories* (*Kanada*).

Keith [kiːθ] *m*.

Kel·vin ['kelvɪn] *brit. Mathematiker u. Physiker*.

Ken [ken] *abbr. für* **Kenneth**.

Ken·ne·dy ['kenɪdɪ] 35. *Präsident der USA; ~ International Airport Großflughafen von New York* (*USA*).

Ken·neth ['kenɪθ] *m*.

Ken·sing·ton ['kenzɪŋtən] *Stadtteil von London*.

Ken·sing·ton and Chel·sea [ˌkenzɪŋtən·nən'tʃelsɪ] *Stadtbezirk von Groß-London*.

Kent [kent] *englische Grafschaft*.

Ken·tuck·y [ken'tʌkɪ] *Staat der USA; Fluß in USA*.

Ken·ya ['kenjə] Kenia *n*.

Ker·ry ['kerɪ] *Grafschaft in der Provinz Munster* (*Irland*).

Kev·in ['kevɪn] *m*.

Kew [kjuː] *Stadtteil von Groß-London. Botanischer Garten*.

Keynes [keɪnz] *englischer Wirtschaftswissenschaftler*.

Kil·dare [kɪl'deə] *Grafschaft in der Provinz Leinster* (*Irland*).

Kil·ken·ny [kɪl'kenɪ] *Grafschaft in der Provinz Leinster* (*Irland*); *Hauptstadt dieser Grafschaft*.

Kin·car·dine(·shire) [kɪn'kɑːdɪn(ʃə)] *schottische Grafschaft* (bis 1975).

Kings·ton up·on Hull [ˌkɪŋstənəpɒn'hʌl] *offizielle Bezeichnung für* **Hull**.

Kings·ton up·on Thames [ˌkɪŋstənəpɒn'temz] *Stadtbezirk von Groß-London; Hauptstadt von Surrey* (*England*).

Kin·ross(·shire) [kɪn'rɒs(ʃə)] *schottische Grafschaft* (bis 1975).

Kirk·cud·bright(·shire) [kɜː'kuːbrɪ(ʃə)] *schottische Grafschaft* (bis 1975).

Kit(·ty) ['kɪt(tɪ)] *abbr. für* **Catherine**, **Katherine**.

Klon·dyke ['klɒndaɪk] *Fluß in Kanada; Landschaft in Kanada*.

Knox [nɒks] *schottischer Reformator*.

Knox·ville ['nɒksvɪl] *Stadt in Tennessee* (*USA*).

Ko·re·a [kə'rɪə] Ko'rea *n; Democratic People's Republic of ~ die* Demo'kratische 'Volksrepu,blik Ko'rea; *Republic of ~ die* Repu'blik Ko'rea.

Kos·ci·us·ko [ˌkɒsɪ'ʌskəʊ]: **Mount ~** *höchster Berg Australiens, im Bundesstaat New South Wales*.

Krem·lin ['kremlɪn] *der Kreml*.

Ku·wait [kʊ'weɪt] Ku'wait *n*.

Lab·ra·dor ['læbrədɔː] *Provinz in Kanada*.

La Guar·dia [lə'gwɑːdɪə; lə'gɑːdɪə] *ehemaliger Bürgermeister von New York; ~ Airport Flughafen in New York*.

Laing [læŋ; leɪŋ] *Familienname*.

Lake Hu·ron [ˌleɪk'hjʊərən] *der Huronsee* (*in Nordamerika*).

Lake Su·pe·ri·or [ˌleɪksuː'pɪərɪə] *der Obere See* (*in Nordamerika*).

Lam·beth ['læmbəθ] *Stadtbezirk von Groß-London; ~ Palace Londoner Residenz des Erzbischofs von Canterbury*.

Lan·ark(·shire) ['lænək(ʃə)] *schottische Grafschaft* (bis 1975).

Lan·ca·shire ['læŋkəʃə] *englische Grafschaft*.

Lan·cas·ter ['læŋkəstə] *Stadt in Nordwest-England; Stadt in USA*.

Land's End [ˌlændz'end] *westlichster Punkt Englands, in Cornwall*.

La·nier [lə'nɪə] *amer. Dichter*.

Lan·sing ['lænsɪŋ] *Hauptstadt von Michigan* (*USA*).

Laoigh·is [liːʃ; 'leɪʃ] *siehe* **Leix**.

La·os ['lɑːɒs; laʊs] Laos *n*.

Lar·ry ['lærɪ] *abbr. für* **Laurence**, **Lawrence**.

La·tham ['leɪθəm; 'leɪðəm] *Familienname*.

Lat·in A·mer·i·ca [ˌlætɪnə'merɪkə] La'teina,merika *n*.

Lat·via ['lætvɪə] Lettland *n*.

754

Laugh·ton ['lɔ:tn] *Familienname.*
Lau·ra ['lɔ:rə] Laura *f.*
Lau·rence ['lɒrəns] Lorenz *m.*
Law·rence ['lɒrəns] Lorenz *m*; *Familienname.*
Lear [lɪə] *Bühnenfigur bei Shakespeare.*
Leb·a·non ['lebənən] *der Libanon.*
Leeds [li:dz] *Industriestadt in Ostengland.*
Le·fe·vre [lə'fi:və; lə'feɪvə] *Familienname.*
Legge [leg] *Familienname.*
Leices·ter ['lestə] *Hauptstadt der englischen Grafschaft* **'Leices·ter·shire** [-ʃə].
Leigh [li:] *Familienname; Vorname m.*
Lein·ster ['lenstə] *Provinz in Irland.*
Lei·trim ['li:trɪm] *Grafschaft in der Provinz Connaught (Irland).*
Leix [li:ʃ] *Grafschaft in der Provinz Leinster (Irland).*
Le·o ['li:əʊ] Leo *m.*
Leon·ard ['lenəd] Leonhard *m.*
Les·ley ['lezlɪ; *Am.* 'leslɪ] *f.*
Les·lie ['lezlɪ; *Am.* 'leslɪ] *m.*
Le·so·tho [lə'su:tu:; lə'səʊtəʊ]Le'sothon.
Lew·is ['lu:ɪs] Ludwig *m; amer. Autor.*
Lew·i·sham ['lu:ʃəm] *Stadtbezirk von Groß-London.*
Lex·ing·ton ['leksɪŋtən] *Stadt in Massachusetts (USA).*
Li·be·ria [laɪ'bɪərɪə] Li'beria *n.*
Lib·y·a ['lɪbɪə] Libyen *n.*
Liech·ten·stein ['lɪktənstaɪn] Liechtenstein *n.*
Lil·i·an ['lɪlɪən] *f.*
Lil·y ['lɪlɪ] Lilli *f*, Lili *f*, Lilly *f*, Lily *f.*
Lim·er·ick ['lɪmərɪk] *Grafschaft in der Provinz Munster (Irland); Hauptstadt dieser Grafschaft.*
Lin·coln ['lɪŋkən] *16. Präsident der USA; Hauptstadt von Nebraska (USA); Stadt in der englischen Grafschaft* **'Lin·coln·shire** [-ʃə].
Lin·da ['lɪndə] Linda *f.*
Lind·bergh ['lɪndbɜ:g] *amer. Flieger.*
Li·o·nel ['laɪənl] *m.*
Li·sa ['li:zə; 'laɪzə] Lisa *f.*
Lis·bon ['lɪzbən] Lissabon *n.*
Lith·u·a·nia [ˌlɪθju:'eɪnjə] Litauen *n.*
Lit·tle Rock ['lɪtlrɒk] *Hauptstadt von Arkansas (USA).*
Liv·er·pool ['lɪvəpu:l] *Hafenstadt in Nordwest-England; Verwaltungszentrum von* **Merseyside.**
Live·sey ['lɪvsɪ; -zɪ] *Familienname.*
Liv·ing·stone ['lɪvɪŋstən] *englischer Afrikaforscher.*
Li·vo·nia [lɪ'vəʊnjə] Livland *n.*
Liv·y ['lɪvɪ] Livius *m.*
Liz [lɪz] *abbr. für* **Elizabeth.**
Li·za ['laɪzə] Lisa *f.*
Lloyd [lɔɪd] *Familienname; Vorname m.*
Loch Lo·mond ['lɒk'ləʊmənd], **Loch Ness** [ˌlɒk'nes] *Seen in Schottland.*
Locke [lɒk] *englischer Philosoph.*
Lo·is ['ləʊɪs] *f.*
Lom·bar·dy ['lɒmbədɪ] *die Lombar'dei.*
Lon·don ['lʌndən] London *n; City of ~ London im engeren Sinn. Zentraler Stadtbezirk von Groß-London u. eines der größten Finanzzentren der Welt.*
Lon·don·der·ry [ˌlʌndən'derɪ] *nordirische Grafschaft.*
Long·ford ['lɒŋfəd] *Grafschaft in der Provinz Leinster (Irland).*
Lor·na ['lɔ:nə] *f.*

Lor·raine [lɒ'reɪn] Lothringen *n.*
Los Al·a·mos [ˌlɒs'æləmɒs] *Stadt in New Mexico (USA); Atomforschungszentrum.*
Los An·ge·les [lɒs'ændʒɪli:z] *Stadt in Kalifornien (USA).*
Lo·thi·an ['ləʊðjən] *Verwaltungsregion in Schottland.*
Lou [lu:] *abbr. für* **Louis, Louisa, Louise.**
Lou·is ['lu:ɪ; 'lʊɪ; *bsd. Am.* 'lu:ɪs] Ludwig *m.*
Lou·i·sa [lu:'i:zə] Lu'ise *f.*
Lou·ise [lu:'i:z] Lu'ise *f.*
Lou·i·si·a·na [lu:ˌi:zɪ'ænə] *Staat der USA.*
Lou·is·ville ['lu:ɪvɪl] *Stadt in Kentucky (USA).*
Louth [laʊð] *Grafschaft in der Provinz Leinster (Irland).*
Lowes [ləʊz] *Familienname.*
Lowes·toft ['ləʊstɒft] *Hafenstadt in Suffolk (England).*
Low·ry ['laʊərɪ; 'laʊrɪ] *Familienname.*
Lu·cia ['lu:sjə] Lucia *f*, Luzia *f.*
Lu·cius ['lu:sjəs] *m.*
Lu·cy ['lu:sɪ] *abbr. für* **Lucia.**
Lud·gate ['lʌdgɪt; -geɪt] *Familienname.*
Luke [lu:k] Lukas *m.*
Lux·em·bourg ['lʌksəmbɜ:g] Luxemburg *n.*
Lyd·i·a ['lɪdɪə] Lydia *f.*
Lynn [lɪn] *f.*
Ly·ons ['laɪənz] Lyon *n; Familienname.*

Mab [mæb] *Feenkönigin.*
Ma·bel ['meɪbl] *f.*
Ma·cau·lay [mə'kɔ:lɪ] *englischer Historiker.*
Mac·beth [mək'beθ] *Bühnenfigur bei Shakespeare.*
Mac·Car·thy [mə'kɑ:θɪ] *Familienname.*
Mac·Gee [mə'gi:] *Familienname.*
Mac·ken·zie [mə'kenzɪ] *Strom in Nordwestkanada; Verwaltungsbezirk der Northwest Territories (Kanada).*
Mac·Leish [mə'kli:ʃ] *amer. Dichter.*
Mac·leod [mə'klaʊd] *Familienname.*
Mad·a·gas·car [ˌmædə'gæskə] Mada·'gaskar *n.*
Mad·e·leine ['mædlɪn; -leɪn] Magda'lena *f*, Magda'lene *f.*
Ma·dei·ra [mə'dɪərə] Ma'deira *n.*
Madge [mædʒ] *abbr. für* **Margaret.**
Mad·i·son ['mædɪsn] *4. Präsident der USA; Hauptstadt von Wisconsin (USA).*
Ma·dras [mə'drɑ:s] Madras *n.*
Mag·da·len ['mægdəlɪn] Magda'lena *f*, Magda'lene *f*; ~ **College** ['mɔ:dlɪn] *College in Oxford.*
Mag·da·lene ['mægdəlɪn] Magda'lena *f*, Magda'lene *f*; ~ **College** ['mɔ:dlɪn] *College in Cambridge.*
Mag·gie ['mægɪ] *abbr. für* **Margaret.**
Ma·ho·met [mə'hɒmɪt] Mohammed *m.*
Maine [meɪn] *Staat der USA.*
Ma·jor·ca [mə'dʒɔ:kə] Mal'lorca *n.*
Ma·la·wi [mə'lɑ:wɪ] Ma'lawi *n.*
Ma·lay·sia [mə'leɪzɪə] Ma'laysia *n.*
Mal·colm ['mælkəm] *m.*
Mal·dives ['mɔ:ldɪvz] *pl. die* Male'diven *pl.*
Ma·li ['mɑ:lɪ] Mali *n.*
Mal·ta ['mɔ:ltə] Malta *n.*
Ma·mie ['meɪmɪ] *abbr. für* **Mary, Margaret.**

Man·ches·ter ['mæntʃɪstə] *Industriestadt in Nordwest-England. Verwaltungszentrum von* **Greater Manchester.**
Man·chu·ri·a [mæn'tʃʊərɪə] *die Mandschu'rei.*
Man·dy ['mændɪ] *abbr. für* **Amanda.**
Man·hat·tan [mæn'hætn] *Stadtbezirk von New York (USA).*
Man·i·to·ba [ˌmænɪ'təʊbə] *Provinz in Kanada.*
Mar·ga·ret ['mɑ:gərɪt] Marga'reta *f*, Marga'rete *f.*
Mar·ge·ry ['mɑ:dʒərɪ] *siehe* **Margaret.**
Mar·gie ['mɑ:dʒɪ] *abbr. für* **Margaret.**
Ma·ri·a [mə'raɪə; mə'rɪə] Ma'ria *f.*
Mar·i·an ['meərɪən; 'mærɪən] Mari'anne *f.*
Ma·rie ['mɑ:rɪ; mə'ri:] Ma'rie *f.*
Mar·i·lyn ['mærɪlɪn] *f.*
Mar·i·on ['mærɪən; 'meərɪən] Marion *f.*
Mar·jo·rie, Mar·jo·ry ['mɑ:dʒərɪ] *f.*
Mar·lowe ['mɑ:ləʊ] *englischer Dichter.*
Mar·tha ['mɑ:θə] Mart(h)a *f.*
Mar·tin ['mɑ:tɪn; *Am.* 'mɑ:rtn] Martin *m.*
Mar·y ['meərɪ] Ma'ria *f*, Ma'rie *f.*
Mar·y·land ['meərɪlænd; *bsd. Am.* 'merɪlənd] *Staat der USA.*
Mar·y·le·bone ['mærələbən] *Stadtteil von London.*
Mas·sa·chu·setts [ˌmæsə'tʃu:sɪts] *Staat der USA.*
Ma(t)·thew ['mæθju:] Mat'thäus *m.*
Maud [mɔ:d] *abbr. für* **Magdalen(e).**
Maugham [mɔ:m] *englischer Autor.*
Mau·reen ['mɔ:ri:n; *bsd. Am.* mɔ:'ri:n] *f.*
Mau·rice ['mɒrɪs] Moritz *m.*
Mau·ri·ta·nia [ˌmɒrɪ'teɪnjə] Maure'tanien *n.*
Mau·ri·ti·us [mə'rɪʃəs] Mau'ritius *n.*
Ma·vis ['meɪvɪs] *f.*
Max [mæks] Max *m.*
Max·ine ['mæksi:n; *bsd. Am.* mæk'si:n] *f.*
May [meɪ] *abbr. für* **Mary.**
May·o ['meɪəʊ] *Name zweier amer. Chirurgen; Grafschaft in der Provinz Connaught (Irland).*
Mc·Cart·ney [mə'kɑ:tnɪ] *englischer Musiker u. Komponist. Mitglied der „Beatles".*
Meath [mi:ð; mi:θ] *Grafschaft in der Provinz Leinster (Irland).*
Med·i·ter·ra·ne·an (Sea) [ˌmedɪtə'reɪnjən('si:)] *das Mittelmeer.*
Meg [meg] *abbr. für* **Margaret.**
Mel·bourne ['melbən] *Stadt in Australien.*
Mel·ville ['melvɪl] *amer. Autor.*
Mem·phis ['memfɪs] *Stadt in Tennessee (USA); antike Ruinenstadt am Nil, Nordägypten.*
Mer·i·on·eth(·shire) [ˌmerɪ'ɒnɪθ(ʃə)] *walisische Grafschaft (bis 1974).*
Mer·sey·side ['mɜ:zɪsaɪd] *Stadtgrafschaft in Nordwest-England.*
Mer·ton ['mɜ:tn] *Stadtbezirk von Groß-London.*
Me·thu·en ['meθjʊɪn] *Familienname.*
Mex·i·co ['meksɪkəʊ] Mexiko *n.*
Mi·am·i [maɪ'æmɪ] *Badeort in Florida (USA).*
Mi·chael ['maɪkl] Michael *m.*
Mi·chelle [mi:'ʃel; mɪ'ʃel] Mi'chèle *f*, Mi'chelle *f.*

Mich·i·gan [ˈmɪʃɪɡən] *Staat der USA;* **Lake** ~ *der Michigansee (in Nordamerika).*

Mick [mɪk] *abbr. für* **Michael**.

Mid·dles·brough [ˈmɪdlzbrə] *Hauptstadt von Cleveland (England).*

Mid·dle·sex [ˈmɪdlseks] *englische Grafschaft (bis 1974).*

Mid Gla·mor·gan [ˌmɪdɡləˈmɔːɡən] *walisische Grafschaft.*

Mid·lands [ˈmɪdləndz] *pl. die Midlands pl. (die zentral gelegenen Grafschaften Mittelenglands: Warwickshire, Northamptonshire, Leicestershire, Nottinghamshire, Derbyshire, Staffordshire, West Midlands u. der Ostteil von Hereford and Worcester).*

Mid·lo·thi·an [mɪdˈləʊðjən] *schottische Grafschaft (bis 1975).*

Mid·west [ˌmɪdˈwest] *der Mittlere Westen (USA).*

Mi·ers [ˈmaɪəz] *Familienname.*

Mike [maɪk] *abbr. für* **Michael**.

Mi·lan [mɪˈlæn] *Mailand n.*

Mil·dred [ˈmɪldrɪd] *Miltraud f, Miltrud f.*

Miles [maɪlz] *m.*

Mil·li·cent [ˈmɪlɪsnt] *f.*

Mil·lie, Mil·ly [ˈmɪlɪ] *abbr. für* **Amelia, Emily, Mildred, Millicent**.

Mil·ton [ˈmɪltən] *englischer Dichter.*

Mil·wau·kee [mɪlˈwɔːkiː] *Industriestadt in Wisconsin (USA).*

Min·ne·ap·o·lis [ˌmɪnɪˈæpəlɪs] *Stadt in Minnesota (USA).*

Min·ne·so·ta [ˌmɪnɪˈsəʊtə] *Staat der USA.*

Mi·ran·da [mɪˈrændə] *Mi'randa f.*

Mir·i·am [ˈmɪrɪəm] *f.*

Mis·sis·sip·pi [ˌmɪsɪˈsɪpɪ] *Staat der USA; Fluß in USA.*

Mis·sou·ri [mɪˈzʊərɪ] *Staat der USA; Fluß in USA.*

Mitch·ell [ˈmɪtʃl] *Familienname; Vorname m.*

Moi·ra [ˈmɔɪərə] *f.*

Moll [mɒl], **Mol·ly** [ˈmɒlɪ] *Koseformen für Mary.*

Mo·na·co [ˈmɒnəkəʊ] *Mo'naco n.*

Mon·a·ghan [ˈmɒnəhən] *Grafschaft im der Republik Irland zugehörigen Teil der Provinz Ulster.*

Mon·go·lia [mɒŋˈɡəʊljə] *die Mongo'lei.*

Mon·go·li·an Peo·ple's Re·pub·lic [mɒŋˈɡəʊljənˌpiːplzrɪˈpʌblɪk] *die Mon'golische 'Volksrepu,blik.*

Mon·i·ca [ˈmɒnɪkə] *Monika f.*

Mon·mouth(·shire) [ˈmɒnməθ(ʃə)] *walisische Grafschaft (bis 1974).*

Mon·roe [mənˈrəʊ] *5. Präsident der USA; amer. Filmschauspielerin.*

Mon·tan·a [mɒnˈtænə] *Staat der USA.*

Mont·gom·er·y [mənˈtɡʌmərɪ] *brit. Feldmarschall; Hauptstadt von Alabama (USA); a. Mont'gom·er·y·shire [-ʃə] walisische Grafschaft (bis 1974).*

Mont·pe·lier [mɒntˈpiːljə] *Hauptstadt von Vermont (USA).*

Mont·re·al [ˌmɒntrɪˈɔːl] *Stadt in Kanada.*

Mo·ra·vi·a [məˈreɪvjə] *Mähren n.*

Mor·ay(·shire) [ˈmʌrɪ(ʃə)] *schottische Grafschaft (bis 1975).*

More [mɔː]: *Thomas ~ Thomas Morus.*

Mo·roc·co [məˈrɒkəʊ] *Ma'rokko n.*

Mos·cow [ˈmɒskəʊ] *Moskau n.*

Mo·selle [məʊˈzel] *Mosel f.*

Mount Ev·er·est [ˌmaʊntˈevərɪst] *höchster Berg der Erde.*

Mount Mc·Kin·ley [ˌmaʊntməˈkɪnlɪ] *höchster Berg der USA, in Alaska.*

Mo·zam·bique [ˌməʊzəmˈbiːk] *Moçam'bique n.*

Mu·nich [ˈmjuːnɪk] *München n.*

Mun·ster [ˈmʌnstə] *Provinz in Irland.*

Mu·ri·el [ˈmjʊərɪəl] *f.*

Mur·ray [ˈmʌrɪ] *Familienname; Fluß in Australien.*

My·ra [ˈmaɪərə] *f.*

Nab·o·kov [nəˈbəʊkɒf] *amer. Schriftsteller russischer Herkunft.*

Nairn(·shire) [ˈneən(ʃə)] *schottische Grafschaft (bis 1975).*

Na·mib·ia [nəˈmɪbɪə] *Na'mibia n.*

Nan·cy [ˈnænsɪ] *f.*

Nan·ga Par·bat [ˌnʌŋɡəˈpɑːbət] *Berg im Himalaya.*

Na·o·mi [ˈneɪəmɪ] *f.*

Na·ples [ˈneɪplz] *Ne'apel n.*

Na·po·le·on [nəˈpəʊljən] *Na'poleon m.*

Nash·ville [ˈnæʃvɪl] *Hauptstadt von Tennessee (USA).*

Na·tal [nəˈtæl] *Natal n.*

Nat·a·lie [ˈnætəlɪ] *Na'talia f, Na'talie f.*

Na·than·iel [nəˈθænjəl] *Na't(h)anael m.*

Na·u·ru [nɑːˈuːruː] *Na'uru n.*

Naz·a·reth [ˈnæzərɪθ] *Nazareth n.*

Neal [niːl] *m.*

Ne·bras·ka [nɪˈbræskə] *Staat der USA.*

Neil(l) [niːl] *Vorname m; Familienname.*

Nell, Nel·ly [ˈnel(ɪ)] *abbr. für* **Eleanor, Ellen, Helen**.

Nel·son [ˈnelsn] *brit. Admiral.*

Ne·pal [nɪˈpɔːl] *Nepal n.*

Neth·er·lands [ˈneðələndz] *pl. die Niederlande pl.*

Ne·va·da [neˈvɑːdə] *Staat der USA.*

Nev·il, Nev·ille [ˈnevɪl] *m.*

New·ark [ˈnjuːək; *Am.* ˈnuːək] *Stadt in New Jersey (USA).*

New Bruns·wick [ˌnjuːˈbrʌnzwɪk] *Provinz in Kanada.*

New·bury [ˈnjuːbərɪ] *Stadt in Berkshire (England).*

New·cas·tle [ˈnjuːˌkɑːsl] *siehe* **Newcastle-upon-Tyne**; *Stadt in New South Wales (Australien).*

New·cas·tle-up·on-Tyne [ˈnjuːˌkɑːsləˌpɒnˈtaɪn] *Hauptstadt von Tyne and Wear (England).*

New Del·hi [ˌnjuːˈdelɪ] *Hauptstadt von Indien.*

New Eng·land [ˌnjuːˈɪŋɡlənd] *Neu-'England n (USA).*

New·found·land [ˈnjuːfəndlənd] *Neu-'fundland n (Provinz in Kanada).*

New Guin·ea [ˌnjuːˈɡɪnɪ] *Neugui'nea n.*

New·ham [ˈnjuːəm] *Stadtbezirk von Groß-London.*

New Hamp·shire [ˌnjuːˈhæmpʃə] *Staat der USA.*

New Jer·sey [ˌnjuːˈdʒɜːzɪ] *Staat der USA.*

New Mex·i·co [ˌnjuːˈmeksɪkəʊ] *Staat der USA.*

New Or·le·ans [ˌnjuːˈɔːlɪənz] *Hafenstadt in Louisiana (USA).*

New South Wales [ˌnjuːsaʊθˈweɪlz] *Neusüd'wales n (Bundesstaat Australiens).*

New·ton [ˈnjuːtn] *englischer Physiker.*

New York [ˌnjuːˈjɔːk; *Am.* ˌnuːˈjɔːk] *Staat der USA; größte Stadt der USA.*

New Zea·land [ˌnjuːˈziːlənd] *Neu'seeland n.*

Ni·ag·a·ra [naɪˈæɡərə] *Nia'gara m.*

Nic·a·ra·gua [ˌnɪkəˈræɡjʊə] *Nica'ragua n.*

Nich·o·las [ˈnɪkələs] *Nikolaus m.*

Nick [nɪk] *abbr. für* **Nicholas**.

Ni·gel [ˈnaɪdʒəl] *m.*

Ni·ger [ˈnaɪdʒə] *Niger m (Fluß in Westafrika); [niːˈʒeə] Niger n (Republik in Westafrika).*

Ni·ge·ri·a [naɪˈdʒɪərɪə] *Ni'geria n.*

Nile [naɪl] *Nil m.*

Nix·on [ˈnɪksən] *37. Präsident der USA.*

No·bel [nəʊˈbel] *schwedischer Industrieller, Stifter des Nobelpreises.*

No·el [ˈnəʊəl] *m.*

No·ra [ˈnɔːrə] *Nora f.*

Nor·folk [ˈnɔːfək] *englische Grafschaft; Hafenstadt in Virginia (USA) u. Hauptstützpunkt der US-Atlantikflotte.*

Nor·man [ˈnɔːmən] *m.*

Nor·man·dy [ˈnɔːməndɪ] *die Norman'die.*

North·amp·ton [nɔːˈθæmptən] *Stadt in Mittelengland; a. North'amp·ton·shire [-ʃə] englische Grafschaft.*

North Cape [nɔːˈθkeɪp] *das Nordkap.*

North Car·o·li·na [nɔːˌθkærəˈlaɪnə] *Staat der USA.*

North Da·ko·ta [nɔːˌθdəˈkəʊtə] *Staat der USA.*

North·ern Ire·land [ˌnɔːðnˈaɪələnd] *Nord'irland n.*

North·ern Ter·ri·to·ry [ˌnɔːðnˈterɪtərɪ] *'Nordterri,torium n (Australien).*

North Sea [ˌnɔːˈθsiː] *die Nordsee.*

North·um·ber·land [nɔːˈθʌmbələnd] *englische Grafschaft.*

North·west Ter·ri·tor·ies [ˌnɔːθˈwest-ˈterɪtərɪz] *Nord'westterri,torien pl. (Kanada).*

North York·shire [ˌnɔːθˈjɔːkʃə] *englische Grafschaft.*

Nor·way [ˈnɔːweɪ] *Norwegen n.*

Nor·wich [ˈnɒrɪdʒ] *Stadt in Ostengland.*

Not·ting·ham [ˈnɒtɪŋəm] *Industriestadt in Mittelengland; a. 'Not·ting·ham·shire [-ʃə] englische Grafschaft.*

No·va Sco·tia [ˌnəʊvəˈskəʊʃə] *Neu-'schottland n (Provinz in Kanada).*

Nu·rem·berg [ˈnjʊərəmbɜːɡ] *Nürnberg n.*

Oak·land [ˈəʊklənd] *Hafenstadt in Kalifornien (USA).*

O'Ca·sey [əʊˈkeɪsɪ] *irischer Dramatiker.*

O'Con·nor [əʊˈkɒnə] *Familienname.*

O·ce·an·i·a [ˌəʊʃɪˈeɪnjə] *Oze'anien n.*

O·dets [əʊˈdets] *amer. Dramatiker.*

Of·fa·ly [ˈɒfəlɪ] *Grafschaft in der Provinz Leinster (Irland).*

O'Fla·her·ty [əʊˈfleətɪ; əʊˈflæhətɪ] *irischer Romanschriftsteller.*

O'Har·a [əʊˈhɑːrə; *Am.* əʊˈhærə] *Familienname.*

O·hi·o [əʊˈhaɪəʊ] *Staat der USA; Fluß in den USA.*

O·kla·ho·ma [ˌəʊkləˈhəʊmə] *Staat der USA; ~ Cit·y Hauptstadt von Oklahoma (USA).*

O'Lear·y [əʊˈlɪərɪ] *Familienname.*

Ol·ive [ˈɒlɪv] *O'livia f.*

Ol·i·ver [ˈɒlɪvə] *Oliver m.*

O·liv·i·a [ɒˈlɪvɪə] *f.*

O·liv·i·er [əˈlɪvɪeɪ]: *Sir Laurence ~ berühmter englischer Schauspieler.*

O·lym·pia [əʊˈlɪmpɪə] *Hauptstadt von Washington (USA).*

O·ma·ha ['əʊməha:; *Am. a.* -hɔ:] *Stadt in Nebraska* (*USA*).
O·man [əʊ'mɑ:n] *O'man n.*
O'Neill [əʊ'ni:l] *amer. Dramatiker.*
On·ta·ri·o [ɒn'teərɪəʊ] *Provinz in Kana- da;* **Lake** ~ *der Ontariosee* (*in Nord- amerika*).
Or·ange ['ɒrɪndʒ] *O'ranien n* (*Herr- scherfamilie*); *O'ranje m* (*Fluß in Süd- afrika*).
Or·e·gon ['ɒrɪɡən] *Staat der USA.*
Ork·ney ['ɔ:knɪ] *insulare Verwaltungsre- gion Schottlands* (*bis 1975 schottische Grafschaft*); ~ **Is·lands** [,ɔ:knɪ'aɪləndz] *pl. die Orkneyinseln pl.*
Or·well ['ɔ:wəl] *englischer Autor.*
Os·borne ['ɒzbən] *englischer Drama- tiker.*
Os·car ['ɒskə] *Oskar m.*
O'Shea [əʊ'ʃeɪ] *Familienname.*
Ost·end [ɒ'stend] *Ost'ende n.*
O'Sul·li·van [əʊ'sʌlɪvən] *Familienname.*
Os·wald ['ɒzwəld] *Oswald m.*
Ot·ta·wa ['ɒtəwə] *Hauptstadt von Ka- nada.*
Ouach·i·ta ['wɒʃɪtɔ:] *Fluß in Arkansas u. Louisiana* (*USA*).
Oug·ham ['əʊkəm] *Familienname.*
Ouse [u:z] *englischer Flußname.*
Ow·en ['əʊɪn] *Familienname.*
Ow·ens ['əʊɪnz] *amer. Leichtathlet.*
Ox·ford ['ɒksfəd] *englische Universitäts- stadt; a.* **'Ox·ford·shire** [-ʃə] *englische Grafschaft.*
O·zark Moun·tains [,əʊzɑ:k'maʊntɪnz] *pl.,* **O·zark Pla·teau** [,əʊzɑ:k'plætəʊ] *Plateau westlich des Mississippi in Mis- souri, Arkansas u. Oklahoma* (*USA*).

Pa·cif·ic (**O·cean**) [pə'sɪfɪk (pə,sɪfɪk- 'əʊʃn)] *der Pa'zifik, der Pa'zifische Ozean.*
Pad·ding·ton ['pædɪŋtən] *Stadtteil von London.*
Pad·dy ['pædɪ] *abbr. für Patricia, Pa- trick.*
Paign·ton ['peɪntən] *Teilstadt von Tor- bay in Devon* (*England*).
Paine [peɪn] *amer. Staatstheoretiker.*
Pais·ley ['peɪzlɪ] *radikaler nordirischer protestantischer Politiker; Industriestadt in Schottland.*
Pak·i·stan [,pɑ:kɪs'tɑ:n] *Pakistan n.*
Pal·es·tine ['pæləstaɪn] *Palä'stina n.*
Pall Mall [,pæl'mæl] *Straße in London.*
Palm Beach [,pɑ:m'bi:tʃ; *Am. a.* ,pɑ:lm-] *Seebad in Florida* (*USA*).
Pal·mer ['pɑ:mə; *Am. a.* 'pɑ:l-] *Fami- lienname.*
Pam [pæm] *abbr. für Pamela.*
Pam·e·la ['pæmələ] *Pa'mela f.*
Pan·a·ma [,pænə'mɑ:; 'pænəmɑ:] *Pana- ma n.*
Pa·pua New Gui·nea ['pɑ:pʊə,nju:'gɪ- nɪ; 'pæpjʊə-] *Papua-Neugui'nea n.*
Par·a·guay ['pærəgwaɪ] *Para'guay n.*
Par·is ['pærɪs] *Pa'ris n.*
Pat [pæt] *abbr. für Patricia, Patrick.*
Pa·tience ['peɪʃns] *f.*
Pa·tri·cia [pə'trɪʃə] *Pa'trizia f.*
Pat·rick ['pætrɪk] *Pa'trizius m.*
Paul [pɔ:l] *Paul m.*
Pau·la ['pɔ:lə] *Paula f.*
Pau·line [pɔ:'li:n; 'pɔ:li:n] *Pau'line f.*
Pearl [pɜ:l] *f.*
Pearl Har·bor [,pɜ:l'hɑ:bə] *Hafenstadt auf Hawaii* (*USA*).

Pears [pɪəz; peəz] *Familienname.*
Pear·sall ['pɪəsɔ:l; -səl] *Familienname.*
Pear·son ['pɪəsn] *Familienname.*
Peart [pɪət] *Familienname.*
Pee·bles(·shire) ['pi:blz(ʃə)] *schotti- sche Grafschaft* (*bis 1975*).
Peg(·gy) ['peg(ɪ)] *abbr. für Margaret.*
Pe·king [,pi:'kɪŋ] *Peking n.*
Pem·broke(·shire) ['pembrʊk(ʃə)] *wa- lisische Grafschaft* (*bis 1974*).
Pe·nel·o·pe [pɪ'neləpɪ] *Pe'nelope f.*
Penn·syl·va·nia [,pensɪl'veɪnjə] *Staat der USA.*
Pen·ny ['penɪ] *abbr. für Penelope.*
Pen·zance [pen'zæns] *westlichste Stadt Englands, in Cornwall.*
Pepys [pi:ps] *Verfasser berühmter Tage- bücher.*
Per·cy ['pɜ:sɪ] *m.*
Per·sia ['pɜ:ʃə; *Am.* 'pɜrʒə] *Persien n.*
Perth [pɜ:θ] *Hauptstadt von West-Au- stralien; Stadt in Tayside* (*Schottland*); *siehe Perthshire.*
Perth·shire ['pɜ:θʃə] *schottische Graf- schaft* (*bis 1975*).
Pe·ru [pə'ru:] *Pe'ru n.*
Pete [pi:t] *abbr. für Peter.*
Pe·ter ['pi:tə] *Peter m, Petrus m.*
Pe·ter·bor·ough ['pi:təbrə] *Stadt in Cambridgeshire* (*England*).
Phil·a·del·phia [,fɪlə'delfjə] *Stadt in Pennsylvania* (*USA*).
Phil·ip ['fɪlɪp] *Philipp m.*
Phi·lip·pa ['fɪlɪpə] *Phi'lippa f.*
Phil·ip·pines ['fɪlɪpi:nz] *pl. die Philip'pi- nen pl.*
Phoe·be ['fi:bɪ] *Phöbe f.*
Phoe·nix ['fi:nɪks] *Hauptstadt von Ari- zona* (*USA*).
Phyl·lis ['fɪlɪs] *Phyllis f.*
Pic·ca·dil·ly [pɪkə'dɪlɪ] *Straße in London.*
Pied·mont ['pi:dmənt] *Pie'mont n.*
Pierce [pɪəs] *Familienname; Vorname m.*
Pierre [pɪə; *Am.* pɪər] *Hauptstadt von South Dakota* (*USA*).
Pin·ter ['pɪntə] *englischer Dramatiker.*
Pitts·burgh ['pɪtsbɜ:g] *Stadt in Pennsyl- vania* (*USA*).
Plan·tag·e·net [plæn'tædʒənɪt] *engli- sches Herrschergeschlecht.*
Pla·to ['pleɪtəʊ] *Plato(n) m.*
Plym·outh ['plɪməθ] *Hafenstadt in Süd- england.*
Poe [pəʊ] *amer. Dichter u. Schriftsteller.*
Po·land ['pəʊlənd] *Polen n.*
Pol·ly ['pɒlɪ] *Koseform von Mary.*
Pol·y·ne·sia [,pɒlɪ'ni:zjə; *Am.* -'ni:ʒə] *Poly'nesien n.*
Pom·er·a·nia [,pɒmə'reɪnjə] *Pommern n.*
Pope [pəʊp] *englischer Dichter.*
Port-au-Prince [,pɔ:təʊ'prɪns] *Haupt- stadt von Haiti.*
Port E·liz·a·beth [,pɔ:tɪ'lɪzəbəθ] *Hafen- stadt in Südafrika.*
Port·land ['pɔ:tlənd] *Hafenstadt in Maine* (*USA*); *Stadt in Oregon* (*USA*).
Ports·mouth ['pɔ:tsməθ] *Hafenstadt in Südengland; Hafenstadt in Virginia* (*USA*).
Por·tu·gal ['pɔ:tjʊgl; 'pɔ:tʃʊgl] *Portugal n.*
Po·to·mac [pə'təʊmək] *Fluß in USA.*
Pound [paʊnd] *amer. Dichter.*
Pow·ell ['pəʊəl; 'paʊəl] *Familienname.*
Pow·lett ['pɔ:lɪt] *Familienname.*

Pow·ys ['pəʊɪs; 'paʊɪs] *walisische Graf- schaft; Familienname.*
Prague [prɑ:g] *Prag n.*
Pre·to·ria [prɪ'tɔ:rɪə] *Hauptstadt von Südafrika.*
Priest·ley ['pri:stlɪ] *englischer Roman- schriftsteller.*
Prince Ed·ward Is·land [prɪns,edwəd- 'aɪlənd] *Provinz in Kanada.*
Prince·ton ['prɪnstən] *Universitätsstadt in New Jersey* (*USA*).
Pris·cil·la [prɪ'sɪlə] *Pris'cilla f.*
Prit·chard ['prɪtʃəd] *Familienname.*
Prov·i·dence ['prɒvɪdəns] *Hauptstadt von Rhode Island* (*USA*).
Pru·dence ['pru:dns] *Pru'dentia f.*
Prus·sia ['prʌʃə] *Preußen n.*
Puer·to Ri·co [,pwɜ:təʊ'ri:kəʊ] *Puerto Rico n.*
Pugh [pju:] *Familienname.*
Pul·itz·er ['pʊlɪtsə; 'pju:-] *amer. Journa- list, Stifter des Pulitzerpreises.*
Pun·jab [,pʌn'dʒɑ:b] *Pan'dschab n.*
Pur·cell ['pɜ:sl] *englischer Komponist.*
Pyr·e·nees [,pɪrə'ni:z; *Am.* 'pɪrəni:z] *pl. die Pyre'näen pl.*

Qa·tar [kæ'tɑ:; *Am.* 'kɑ:tər] *Quatar n.*
Que·bec [kwɪ'bek] *Provinz u. Stadt in Kanada.*
Queen·ie ['kwi:nɪ] *f.*
Queens [kwi:nz] *Stadtbezirk von New York* (*USA*).
Queens·land ['kwi:nzlənd] *Bundesstaat Australiens.*
Quen·tin ['kwentɪn; *Am.* -tn] *Quin'tin (-us) m.*
Qui·nault ['kwɪnlt] *Familienname.*
Quin·c(e)y ['kwɪnsɪ] *Familienname; Vorname m, f.*

Ra·chel ['reɪtʃəl] *Ra(c)hel f.*
Rad·nor(·shire) ['rædnə(ʃə)] *walisische Grafschaft* (*bis 1974*).
Rae [reɪ] *Familienname; Vorname m, f.*
Ra·leigh ['rɔ:lɪ; 'rɑ:lɪ] *englischer Seefah- rer; Hauptstadt von North Carolina* (*USA*).
Ralph [reɪf; rælf] *Ralf m.*
Ran·dolph ['rændɒlf] *m.*
Ran·dy ['rændɪ] *abbr. für Randolph.*
Rat·is·bon ['rætɪzbɒn] *Regensburg n.*
Ra·wal·pin·di [,rɑ:wəl'pɪndɪ] *Stadt in Pakistan.*
Ray [reɪ] *m, f.*
Ray·mond ['reɪmənd] *Raimund m.*
Read·ing ['redɪŋ] *Stadt in Südengland.*
Rea·gan ['reɪgən] *40. Präsident der USA.*
Re·bec·ca [rɪ'bekə] *Re'bekka f.*
Red·bridge ['redbrɪdʒ] *Stadtbezirk von Groß-London.*
Reg [redʒ] *abbr. für Reginald.*
Re·gi·na [rɪ'dʒaɪnə] *Re'gina f, Re'gine f; Hauptstadt von Saskatchewan* (*Ka- nada*).
Reg·i·nald ['redʒɪnld] *Re(g)inald m.*
Reid [ri:d] *Familienname.*
Ren·frew(·shire) ['renfru:(ʃə)] *schotti- sche Grafschaft* (*bis 1975*).
Rhine [raɪn] *Rhein m.*
Rhode Is·land [,rəʊd'aɪlənd] *Staat der USA.*
Rhodes [rəʊdz] *brit.-südafrikan. Staats- mann; Rhodos n.*
Rho·de·sia [rəʊ'di:zjə; *Am.* -ʒə] *Rho- 'desien n* (*heutiger Name: Zimbabwe*).

Rhon·dda ['rɒndə] *Stadt in Mid Glamorgan (Wales).*

Rich·ard ['rɪtʃəd] *Richard m.*

Rich·ard·son ['rɪtʃədsn] *englischer Autor.*

Rich·mond ['rɪtʃmənd] *Hauptstadt von Virginia (USA); Stadtbezirk von New York (USA), heute üblicherweise Staten Island genannt; siehe Richmond-upon-Thames.*

Rich·mond-up·on-Thames ['rɪtʃməndəˌpɒn'temz] *Stadtbezirk von Groß-London.*

Ri·ta ['riːtə] *Rita f.*

Ro·a·noke [ˌrəʊə'nəʊk] *Fluß in Virginia u. North Carolina (USA); Stadt in Virginia (USA); ~ Island Insel vor der Küste von North Carolina (USA).*

Rob·ert ['rɒbət] *Robert m.*

Rob·in ['rɒbɪn] *abbr. für Robert.*

Rob·in Hood [ˌrɒbɪn'hʊd] *legendärer englischer Geächteter, Bandenführer u. Wohltäter der Armen zur Zeit Richards I.*

Roch·es·ter ['rɒtʃɪstə] *Stadt im Staat New York (USA); Stadt in Kent (England).*

Rock·e·fel·ler ['rɒkɪfelə] *amer. Industrieller.*

Rock·y Moun·tains [ˌrɒkɪ'maʊntɪnz] *pl. Gebirge in USA.*

Rod [rɒd] *abbr. für Rodney.*

Rod·ney ['rɒdnɪ] *m.*

Rog·er ['rɒdʒə] *Rüdiger m; Roger m.*

Ro·ma·nia [ruː'meɪnjə; rʊ-; Am. rəʊ-] *Ru'mänien n.*

Rome [rəʊm] *Rom n.*

Ro·me·o ['rəʊmɪəʊ] *Bühnenfigur bei Shakespeare.*

Ron [rɒn] *abbr. für Ronald.*

Ron·ald ['rɒnld] *Ronald m.*

Roo·se·velt ['rəʊzəvelt] *Name zweier Präsidenten der USA.*

Ros·a·lie ['rəʊzəlɪ; 'rɒz-] *Ro'salia f, Ro'salie f.*

Ros·a·lind ['rɒzəlɪnd] *Rosa'linde f.*

Ros·com·mon [rɒs'kɒmən] *Grafschaft in der Provinz Connaught (Irland); Hauptstadt dieser Grafschaft.*

Rose [rəʊz] *Rosa f.*

Rose·mar·y ['rəʊzmərɪ; Am. -merɪ] *'Rosema,rie f.*

Ross and Cro·mar·ty [ˌrɒsən'krɒmətɪ] *schottische Grafschaft (bis 1975).*

Rouse [raʊs; ruːs] *Familienname.*

Routh [raʊθ] *Familienname.*

Rox·burgh(·shire) ['rɒksbərə(ʃə)] *schottische Grafschaft (bis 1975).*

Roy [rɔɪ] *m.*

Ru·dolf, Ru·dolph ['ruː,dɒlf] *Rudolf m, Rudolph m.*

Rud·yard ['rʌdjəd] *m.*

Rug·by ['rʌgbɪ] *berühmte Public School.*

Ru·pert ['ruːpət] *Rupert m.*

Rus·sell ['rʌsl] *englischer Philosoph.*

Rus·sia ['rʌʃə] *Rußland n.*

Ruth [ruːθ] *Ruth f.*

Rut·land(·shire) ['rʌtlənd(ʃə)] *englische Grafschaft (bis 1974).*

Rwan·da [rʊ'ændə] *Ru'anda n.*

Sac·ra·men·to [ˌsækrə'mentəʊ] *Hauptstadt von Kalifornien (USA).*

Sa·ha·ra [sə'hɑːrə; Am. a. sə'hærə; sə'heərə] *Sa'hara f.*

Sa·lem ['seɪləm] *Hauptstadt von Oregon (USA).*

Salis·bu·ry ['sɔːlzbərɪ] *früherer Name von Harare; Stadt in Südengland.*

Sal·ly ['sælɪ] *abbr. für Sara(h).*

Salt Lake Cit·y [ˌsɔːltleɪk'sɪtɪ] *Hauptstadt von Utah (USA).*

Sam [sæm] *abbr. für Samuel.*

Sa·man·tha [sə'mænθə] *f.*

Sa·moa [sə'məʊə] *Sa'moa n (Inselgruppe im Pazifik); Western ~ West-Sa'moa n (unabhängiger Inselstaat).*

Sam·son ['sæmsn] *Samson m, Simson m.*

Sam·u·el ['sæmjʊəl] *Samuel m.*

San An·to·nio [ˌsænæn'təʊnɪəʊ] *Stadt in Texas (USA).*

San Ber·nar·di·no [ˌsæn,bɜːnə'diːnəʊ] *Stadt in Kalifornien (USA).*

Sand·hurst ['sændhɜːst] *Ort in Berkshire (England) mit berühmter Militärakademie.*

San Di·e·go [ˌsændɪ'eɪgəʊ] *Hafenstadt u. Flottenstützpunkt in Kalifornien (USA).*

San·dra ['sændrə] *abbr. für Alexandra.*

San·dy ['sændɪ] *abbr. für Alexander, Alexandra.*

San Fran·cis·co [ˌsænfrən'sɪskəʊ] *San Fran'zisko n (USA).*

San Ma·ri·no [ˌsænmə'riːnəʊ] *San Ma'rino n.*

San·ta Fe [ˌsæntə'feɪ] *Hauptstadt von New Mexico (USA).*

Sar·a(h) ['seərə] *Sara f.*

Sar·di·nia [sɑː'dɪnjə] *Sar'dinien n.*

Sas·katch·e·wan [səs'kætʃɪwən] *Provinz in Kanada.*

Sas·ka·toon [ˌsæskə'tuːn] *Stadt in Saskatchewan (Kanada).*

Sau·di A·ra·bi·a [ˌsaʊdɪə'reɪbɪə] *Saudi-A'rabien n.*

Sa·voy [sə'vɔɪ] *Sa'voyen n.*

Saw·yer ['sɔːjə] *Familienname.*

Sax·o·ny ['sæksnɪ] *Sachsen n.*

Scan·di·na·vi·a [ˌskændɪ'neɪvjə] *Skandi'navien n.*

Sche·nec·ta·dy [skɪ'nektədɪ] *Stadt im Staat New York (USA).*

Scot·land ['skɒtlənd] *Schottland n.*

Scott [skɒt] *schottischer Autor; englischer Polarforscher.*

Seam·us ['ʃeɪməs] *siehe James.*

Sean [ʃɔːn] *siehe John.*

Searle [sɜːl] *Familienname.*

Se·at·tle [sɪ'ætl] *Hafenstadt im Staat Washington (USA).*

Sedg·wick ['sedʒwɪk] *Familienname.*

Sel·kirk(·shire) ['selkɜːk(ʃə)] *schottische Grafschaft (bis 1975).*

Sen·e·gal [ˌsenɪ'gɔːl] *Senegal n.*

Seoul [səʊl] *Se'oul n.*

Sev·ern ['sevən] *Fluß in Wales u. West-England.*

Sew·ell ['sjuːəl; Am. 'suːəl] *Familienname.*

Sey·chelles [seɪ'ʃelz] *pl. die Sey'chellen(-Inseln) pl.*

Sey·mour ['siːmɔː; schottisch 'seɪmɔː] *m.*

Shake·speare ['ʃeɪk,spɪə] *englischer Dichter u. Dramatiker.*

Shar·jah ['ʃɑːdʒə] *Schardscha n (Mitglied der Vereinigten Arabischen Emirate).*

Shaw [ʃɔː] *irischer Dramatiker.*

Shef·field ['ʃefiːld] *Industriestadt in Mittelengland.*

Shei·la ['ʃiːlə] *siehe Celia.*

Shel·ley ['ʃelɪ] *englischer Dichter.*

Sher·lock ['ʃɜːlɒk] *m.*

Shet·land ['ʃetlənd] *insulare Verwaltungsregion Schottlands; ~Is·lands [ˌʃetlənd'aɪləndz] pl. die Shetlandinseln pl.*

Shir·ley ['ʃɜːlɪ] *f.*

Shrop·shire ['ʃrɒpʃə] *englische Grafschaft.*

Shy·lock ['ʃaɪlɒk] *Bühnenfigur bei Shakespeare.*

Si·am [ˌsaɪ'æm; 'saɪæm] *Siam n (früherer Name Thailands).*

Si·be·ri·a [saɪ'bɪərɪə] *Si'birien n.*

Sib·yl ['sɪbɪl] *Si'bylle f.*

Sic·i·ly ['sɪsɪlɪ] *Si'zilien n.*

Sid [sɪd] *abbr. für Sidney (Vorname).*

Sid·ney ['sɪdnɪ] *Familienname; Vorname m, f.*

Si·er·ra Le·one [sɪˌerəlɪ'əʊn] *Sierra Le'one n.*

Sik·kim ['sɪkɪm] *Sikkim n.*

Si·le·sia [saɪ'liːzjə] *Schlesien n.*

Sil·vi·a ['sɪlvɪə] *Silvia f.*

Si·mon ['saɪmən] *Simon m.*

Si·nai (Pen·in·su·la) ['saɪnɪaɪ (ˌ-pɪ'nɪnsjʊlə] *Sinai(halbinsel) f) n.*

Sin·clair ['sɪŋkleə] *amer. Autor; Vorname m.*

Sin·ga·pore [ˌsɪŋgə'pɔː] *Singapur n.*

Sing Sing ['sɪŋsɪŋ] *Staatsgefängnis von New York (USA).*

Sli·go ['slaɪgəʊ] *Grafschaft in der Provinz Connaught (Irland); Hauptstadt dieser Grafschaft.*

Sloan [sləʊn] *amer. Maler.*

Slough [slaʊ] *Stadt in Berkshire (England).*

Snow·don ['snəʊdn] *Berg in Wales.*

Soc·ra·tes ['sɒkrətiːz] *Sokrates m.*

Sol·o·mon ['sɒləmən] *Salomo m.*

So·ma·lia [səʊ'mɑːlɪə] *So'malia n.*

So·mers ['sʌməz] *Familienname.*

Som·er·set(·shire) ['sʌməsɪt(ʃə)] *englische Grafschaft.*

So·nia ['sɒnɪə] *Sonja f.*

So·phi·a [səʊ'faɪə] *So'phia f, So'fia f.*

So·phie ['səʊfɪ] *So'phie f, So'fie f.*

So·phy ['səʊfɪ] *So'phie f, So'fie f.*

Soph·o·cles ['sɒfəkliːz] *Sophokles m.*

South Af·ri·ca [ˌsaʊθ'æfrɪkə] *Süd'afrika n.*

South·amp·ton [saʊθ'æmptən] *Hafenstadt in Südengland.*

South Aus·tra·lia [ˌsaʊθɒ'streɪljə] *Süd-au'stralien n (Bundesstaat Australiens).*

South Car·o·li·na [ˌsaʊθkærə'laɪnə] *Staat der USA.*

South Da·ko·ta [ˌsaʊθdə'kəʊtə] *Staat der USA.*

South Gla·mor·gan [ˌsaʊθglə'mɔːgən] *walisische Grafschaft.*

Sou·they ['saʊθɪ; 'sʌðɪ] *englischer Dichter.*

South·wark ['sʌðək; 'saʊθwək] *Stadtbezirk von Groß-London.*

South York·shire [ˌsaʊθ'jɔːkʃə] *Stadtgrafschaft in Nordengland.*

So·viet Un·ion [ˌsəʊvɪət'juːnjən] *die So'wjetuni,on.*

Spain [speɪn] *Spanien n.*

Spring·field ['sprɪŋfiːld] *Hauptstadt von Illinois (USA); Stadt in Massachusetts (USA); Stadt in Missouri (USA).*

Sri Lan·ka [ˌsriː'læŋkə] *Sri Lanka n.*

Staf·ford(·shire) ['stæfəd(ʃə)] *englische Grafschaft.*

Stan [stæn] *abbr. für Stanley (Vorname).*

Stan·ley ['stænlɪ] *englischer Afrikaforscher; Vorname m.*

Stat·en Is·land [ˌstætnˈaɪlənd] *Insel an der Mündung des Hudson River in New York*; *Stadtbezirk von New York*.

Stein·beck [ˈstaɪnbek] *amer. Autor*.

Stel·la [ˈstelə] *Stella f*.

Steph·a·nie [ˈstefənɪ] *Stephanie f, Stefanie f*.

Ste·phen [ˈstiːvn] *Stephan m, Stefan m*.

Ste·phen·son [ˈstiːvnsn] *englischer Erfinder*.

Steu·ben [ˈstjuːbən; ˈstuː-; ˈʃtɔɪ-] *amer. General preußischer Herkunft im amer. Unabhängigkeitskrieg*.

Steve [stiːv] *abbr. für* **Stephen**, **Steven**.

Ste·ven [ˈstiːvn] *siehe* **Stephen**.

Ste·ven·son [ˈstiːvnsn] *englischer Autor*.

Stew·art [stjʊət; ˈstjuːət; *Am.* ˈstuːərt] *Familienname*; *Vorname m*.

Stir·ling(·shire) [ˈstɜːlɪŋ(ʃə)] *schottische Grafschaft (bis 1975)*.

St. John [snrˈdʒɒn] *Hafenstadt an der Mündung des gleichnamigen Flusses in New Brunswick (Kanada)*; [ˈsɪndʒən] *Familienname*.

St. John's [snrˈdʒɒnz] *Hauptstadt von Neufundland (Kanada)*.

St. Law·rence [sntˈlɒrəns] *Sankt-ˈLorenz-Strom m*.

St. Louis [snrˈlʊɪs; *Am.* ˌseɪntˈluːɪs] *Industriestadt in Missouri (USA)*.

Stone·henge [ˌstəʊnˈhendʒ] *prähistorisches megalithisches Bauwerk bei Salisbury in Wiltshire (England)*.

St. Pan·cras [snrˈpæŋkrəs] *Stadtteil von London*.

St. Paul [snrˈpɔːl; *Am.* ˌseɪnt-] *Hauptstadt von Minnesota (USA)*.

Stra·chey [ˈstreɪtʃɪ] *englischer Biograph*.

Strat·ford on A·von [ˌstrætfədɒnˈeɪvn] *Stadt in Mittelengland*.

Strath·clyde [stræθˈklaɪd] *Verwaltungsregion in Schottland*.

Stu·art [stjʊət; ˈstjuːət; *Am.* ˈstuːərt] *schottisch-englisches Herrschergeschlecht*; *Vorname m*.

Styr·i·a [ˈstɪrɪə] *die Steiermark*.

Su·dan [suːˈdɑːn] *der Suˈdan*.

Sud·bur·y [ˈsʌdbərɪ] *Stadt in Ontario (Kanada)*; *Ort in Suffolk (England)*.

Sue [sjuː; suː] *abbr. für* **Susan**.

Su·ez [ˈsʊɪz; *Am.* suːˈez; ˈsuːez] *Suez n*.

Suf·folk [ˈsʌfək] *englische Grafschaft*.

Sul·li·van [ˈsʌlɪvən] *Familienname*.

Su·ri·nam [ˌsʊərɪˈnæm] *Suriˈnam n*.

Su·ri·na·me [ˌsʊərɪˈnɑːmə] *Suriˈnam n*.

Sur·rey [ˈsʌrɪ] *englische Grafschaft*.

Su·san [ˈsuːzn] *Suˈsanne f*.

Su·sie [ˈsuːzɪ] *Susi f*.

Sus·que·han·na [ˌsʌskwɪˈhænə] *Fluß im Osten der USA*.

Sus·sex [ˈsʌsɪks] *englische Grafschaft*.

Suth·er·land [ˈsʌðələnd] *schottische Grafschaft (bis 1975)*.

Sut·ton [ˈsʌtn] *Stadtbezirk von Groß-London*.

Su·zanne [suːˈzæn] *Suˈsanne f, Suˈsanna f*.

Swan·sea [ˈswɒnzɪ] *Hafenstadt in Wales*.

Swa·zi·land [ˈswɑːzɪlænd] *Swasiland n*.

Swe·den [ˈswiːdn] *Schweden n*.

Swift [swɪft] *irischer Autor*.

Swit·zer·land [ˈswɪtsələnd] *die Schweiz*.

Syd·ney [ˈsɪdnɪ] *Hauptstadt von New*

South Wales (Australien) u. größte Stadt Australiens.

Syl·vi·a [ˈsɪlvɪə] *Silvia f, Sylvia f*.

Synge [sɪŋ] *irischer Dichter u. Dramatiker*.

Syr·a·cuse [ˈsɪrəkjuːs] *Stadt im Staat New York (USA)*; [*Brit.* ˈsaɪərəkjuːz] *Syrakus n (Stadt auf Sizilien)*.

Syr·ia [ˈsɪrɪə] *Syrien n*.

Ta·hi·ti [tɑːˈhiːtɪ; tə-] *Taˈhiti n*.

Tai·wan [ˌtaɪˈwɑːn] *Taiwan n*.

Tal·la·has·see [ˌtæləˈhæsɪ] *Hauptstadt von Florida (USA)*.

Tam·pa [ˈtæmpə] *Stadt in Florida (USA)*.

Tan·gier [tænˈdʒɪə] *Tanger n*.

Tan·za·nia [ˌtænzəˈnɪə] *Tansaˈnia n*.

Tas·ma·nia [tæzˈmeɪnjə] *Tasˈmanien n (Insel u. Bundesstaat Australiens)*.

Tay·lor [ˈteɪlə] *Familienname*.

Tay·side [ˈteɪsaɪd] *Verwaltungsregion in Schottland*.

Ted(·dy) [ˈted(ɪ)] *abbr. für* **Edward**, **Theodore**.

Tees·side [ˈtiːzsaɪd] *frühere Bezeichnung der Industrieregion um Middlesbrough (Nordengland), heute zu* **Cleveland** *gehörig*.

Teign·mouth [ˈtɪnməθ] *Stadt in Devon (England)*.

Ten·e·rife, *früher* **Ten·e·riffe** [ˌtenəˈriːf] *Teneˈriffa n*.

Ten·nes·see [ˌtenəˈsiː] *Staat der USA*; *Fluß in USA*.

Ten·ny·son [ˈtenɪsn] *englischer Dichter*.

Ter·ence [ˈterəns] *m*.

Te·re·sa [tɪˈriːzə] *Teˈresa f, Teˈrese f*.

Ter·ry [ˈterɪ] *abbr. für* **Terence**, **T(h)eresa**.

Tess, **Tes·sa** [ˈtes(ə)] *abbr. für* **T(h)eresa**.

Tex·as [ˈteksəs] *Staat der USA*.

Thack·er·ay [ˈθækərɪ] *englischer Romanschriftsteller*.

Thai·land [ˈtaɪlænd] *Thailand n*.

Thames [temz] *Themse f (Fluß in Südengland)*.

That·cher [ˈθætʃə] *englische Premierministerin*.

The·a [θɪə; ˈθiːə] *Thea f*.

The·o [ˈθiːəʊ; ˈθɪəʊ] *Theo m*.

The·o·bald [ˈθɪəʊbɔːld] *Theobald m*.

The·o·dore [ˈθɪədɔː] *Theodor m*.

The·re·sa [tɪˈriːzə] *Theˈresa f, Theˈrese f*.

Tho·mas [ˈtɒməs] *Thomas m*.

Tho·reau [ˈθɔːrəʊ; *Am.* θəˈrəʊ] *amer. Schriftsteller, Philosoph u. Sozialkritiker*.

Thu·rin·gi·a [θjʊəˈrɪndʒɪə] *Thüringen n*.

Thu·ron [tʊˈrɒn] *Familienname*.

Ti·bet [tɪˈbet] *Tibet n*.

Ti·gris [ˈtaɪgrɪs] *Tigris m*.

Tim [tɪm] *abbr. für* **Timothy**.

Tim·o·thy [ˈtɪməθɪ] *Tiˈmotheus m*.

Ti·na [ˈtiːnə] *abbr. für* **Christina**, **Christine**.

Tin·dale [ˈtɪndl] *Familienname*.

Tip·per·ary [ˌtɪpəˈreərɪ] *Grafschaft in der Provinz Munster (Irland)*.

To·bi·as [təˈbaɪəs] *Toˈbias m*.

To·by [ˈtəʊbɪ] *abbr. für* **Tobias**.

To·go [ˈtəʊgəʊ] *Togo n*.

To·kyo [ˈtəʊkjəʊ] *Tokio n*.

To·le·do [təˈliːdəʊ] *Stadt in Ohio (USA)*; [*Brit.* tɒˈleɪdəʊ] *Stadt in Zentralspanien*.

Tol·kien [ˈtɒlkiːn] *englischer Schriftsteller u. Philologe*.

Tom(·my) [ˈtɒm(ɪ)] *abbr. für* **Thomas**.

Ton·ga [ˈtɒŋə] *Tonga n (Inselgruppe u. Königreich im südwestl. Pazifik)*.

To·ny [ˈtəʊnɪ] *Toni m*.

To·pe·ka [təˈpiːkə] *Hauptstadt von Kansas (USA)*.

Tor·bay [ˌtɔːˈbeɪ] *Stadt in Devon (England)*; *a.* **Tor Bay** *Bucht des Ärmelkanals an der Küste von Devon*.

To·ron·to [təˈrɒntəʊ] *Stadt in Kanada*.

Tor·quay [ˌtɔːˈkiː] *Teilstadt von* **Torbay** *in Devon (England)*.

Tot·ten·ham [ˈtɒtnəm] *Stadtteil von Groß-London*.

Tour·neur [ˈtɜːnə] *Familienname*.

Tow·er Ham·lets [ˌtaʊəˈhæmlɪts] *Stadtbezirk von Groß-London*.

Toyn·bee [ˈtɔɪnbɪ] *englischer Historiker*.

Tra·cy [ˈtreɪsɪ] *amer. Filmschauspieler*; *Vorname f, (seltener) m*.

Tra·fal·gar [trəˈfælgə] *Cape* ~ *Kap n Traˈfalgar (an der Südwestküste Spaniens)*; ~ *Square Platz in London*.

Trans·vaal [ˈtrænzvɑːl] *Transˈvaal n*.

Tran·syl·va·nia [ˌtrænsɪlˈveɪnjə] *Siebenˈbürgen n*.

Trent [trent] *Fluß in Mittelengland*; *Triˈent n*.

Tren·ton [ˈtrentən] *Hauptstadt von New Jersey (USA)*.

Tre·vel·yan [trɪˈveljən; -ˈvɪl-] *Name zweier englischer Historiker*.

Treves [triːvz] *Trier n*.

Trev·or [ˈtrevə] *m*.

Tri·e·ste [triːˈest] *Triˈest n*.

Trin·i·dad and To·ba·go [ˌtrɪnɪdædntəʊˈbeɪgəʊ] *Trinidad und Toˈbago n*.

Trol·lope [ˈtrɒləp] *englischer Romanschriftsteller*.

Troy [trɔɪ] *Troja n (antike Stadt in Kleinasien am Eingang der Dardanellen)*; *Name mehrerer Städte in USA (im Staat New York; in Michigan; in Ohio)*.

Tru·man [ˈtruːmən] *33. Präsident der USA*.

Tuc·son [tuːˈsɒn; ˈtuːsɒn] *Stadt in Arizona (USA)*.

Tu·dor [ˈtjuːdə] *englisches Herrschergeschlecht*.

Tu·ni·sia [tjuːˈnɪzɪə; *Am.* tuːˈniːzə; -ˈnɪʒə] *Tuˈnesien n*.

Tur·key [ˈtɜːkɪ] *die Türˈkei*.

Tur·ner [ˈtɜːnə] *englischer Landschaftsmaler*.

Tus·ca·ny [ˈtʌskənɪ] *die Tosˈkana*.

Twain [tweɪn] *amer. Autor*.

Twick·en·ham [ˈtwɪknəm] *Stadtteil von Groß-London*.

Tyn·dale [ˈtɪndl] *englischer Bibelübersetzer*.

Tyne and Wear [ˌtaɪnəndˈwɪə] *Stadtgrafschaft in Nordengland*.

Ty·rol [ˈtɪrəl; tɪˈrəʊl] *Tiˈrol n*.

Ty·rone [tɪˈrəʊn] *nordirische Grafschaft*.

U·gan·da [juːˈgændə] *Uˈganda n*.

U·ist [ˈjuːɪst]: **North** ~, **South** ~ *zwei Inseln der Äußeren Hebriden (Schottland)*.

U·kraine [juːˈkreɪn] *die Ukraˈine*.

Ul·ster [ˈʌlstə] *Provinz im Norden Irlands, seit 1921 zweigeteilt. 3 Grafschaften gehören heute zur Republik Irland, die restlichen 6 bilden das heutige Nordirland, Teil des Vereinigten Königreichs*

von Großbritannien u. Nordirland.
U·lys·ses [juːˈlɪsiːz] *m.*
Un·ion of So·viet So·cial·ist Re·pub·lics [ˌjuːnjənəv͵səʊvɪət͵səʊˈʃəlɪstrɪˈpʌblɪks] *die* Uni'on der Sozia'listischen So'wjetrepu͵bliken.
U·nit·ed Ar·ab E·mir·ates [juːˈnaɪtɪd͵ærəbeˈmɪərəts] *pl. die* Vereinigten A'rabischen Emi'rate *pl.*
U·nit·ed King·dom [juːˈnaɪtɪdˈkɪŋdəm] *das* Vereinigte Königreich (*Großbritannien u. Nordirland*).
U·nit·ed States of A·mer·i·ca [juːˌnaɪtɪd͵steɪtsəvəˈmerɪkə] *pl. die* Vereinigten Staaten von A'merika *pl.*
Up·dike [ˈʌpdaɪk] *amer. Schriftsteller.*
Up·per Vol·ta [ˌʌpəˈvɒltə] Ober'volta *n* (*ehemalige Bezeichnung für* **Burkina Faso**).
U·ri·ah [ˌjʊəˈraɪə] U'ria(s) *m*, Uriel *m.*
Ur·quhart [ˈɜːkət] *schottischer Schriftsteller u. Übersetzer.*
Ur·su·la [ˈɜːsjʊlə] Ursula *f.*
U·ru·guay [ˈjʊərʊgwaɪ; ˈʊrə-] Uruguay *n.*
U·tah [ˈjuːtɑː; -tɔː] *Staat der USA.*
Ut·tox·e·ter [juːˈtɒksɪtə; ʌˈtɒksɪtə] *Ort in Staffordshire (England).*

Val·en·tine [ˈvæləntaɪn] Valentin *m*; Va·len'tine *f.*
Val(l)·let·ta [vəˈletə] *Hauptstadt von Malta.*
Van·brugh [ˈvænbrə; vænˈbruː] *englischer Dramatiker u. Baumeister.*
Van·cou·ver [vænˈkuːvə] *Hafenstadt in Kanada.*
Van·der·bilt [ˈvændəbɪlt] *amer. Finanzier.*
Va·nes·sa [vəˈnesə] *f.*
Vat·i·can [ˈvætɪkən] *der* Vati'kan; **~ Cit·y** [ˌvætɪkənˈsɪtɪ] Vati'kanstadt *f.*
Vaughan [vɔːn] *Familienname*; **~ Wil·liams** [ˌvɔːnˈwɪljəmz] *englischer Komponist.*
Vaux [vɔːz; vɒks; vɔːks; vəʊks] *Familienname*; **de ~** [dɪˈvəʊ] *Familienname.*
Vaux·hall [ˌvɒksˈhɔːl] *Stadtteil von London.*
Ven·e·zu·e·la [ˌveneˈzweɪlə] Venezu'ela *n.*
Ven·ice [ˈvenɪs] Ve'nedig *n.*
Ve·ra [ˈvɪərə] Vera *f.*
Ver·gil [ˈvɜːdʒɪl] *siehe* **Virgil**.
Ver·mont [vɜːˈmɒnt] *Staat der USA.*
Ver·ner [ˈvɜːnə] *Familienname.*
Ver·non [ˈvɜːnən] *m.*
Ve·ron·i·ca [vɪˈrɒnɪkə; və-] Ve'ronika *f.*
Vick·y [ˈvɪkɪ] *abbr. für* **Victoria**.
Vic·tor [ˈvɪktə] Viktor *m.*
Vic·to·ri·a [vɪkˈtɔːrɪə] Vik'toria *f*; *Bundesstaat Australiens*; *Hauptstadt von British Columbia (Kanada)*; *Hauptstadt der brit. Kronkolonie Hongkong.*
Vi·en·na [vɪˈenə] Wien *n.*
Viet·nam, **Viet Nam** [ˌvjetˈnæm] Viet'nam *n.*
Vi·o·la [ˈvaɪələ; ˈvɪəʊlə] Vi'ola *f.*
Vi·o·let [ˈvaɪələt] Vio'letta *f*, Vio'lette *f.*
Vir·gil [ˈvɜːdʒɪl] Ver'gil *m* (*römischer Dichter*).
Vir·gin·ia [vəˈdʒɪnjə] *Staat der USA*; *Vorname f.*
Vis·tu·la [ˈvɪstjʊlə] Weichsel *f* (*Fluß*).
Viv·i·an [ˈvɪvɪən] *m*, (*seltener*) *f.*
Viv·i·en [ˈvɪvɪən] *f.*
Viv·i·enne [ˈvɪvɪən; vɪvɪˈen] *f.*

Vol·ga [ˈvɒlgə] Wolga *f.*
Vosges [vəʊʒ] *pl. die* Vo'gesen *pl.*

Wa·bash [ˈwɔːbæʃ] *Nebenfluß des Ohio in Indiana u. Illinois (USA).*
Wad·dell [wɒˈdel; ˈwɒdl] *Familienname.*
Wad·ham [ˈwɒdəm] *Familienname.*
Wales [weɪlz] Wales *n.*
Wal·lace [ˈwɒlɪs] *englischer Autor.*
Wal·la·sey [ˈwɒləsɪ] *Stadt in Merseyside (England).*
Wal·pole [ˈwɔːlpəʊl] *Name zweier englischer Schriftsteller.*
Wal·ter [ˈwɔːltə] Walter *m.*
Wal·tham For·est [ˌwɔːlθəmˈfɒrɪst] *Stadtbezirk von Groß-London.*
Wands·worth [ˈwɒndzwəθ] *Stadtbezirk von Groß-London.*
War·hol [ˈwɔːhɔːl; ˈwɔːhəʊl] *amer. Pop-art-Künstler u. Filmregisseur.*
War·saw [ˈwɔːsɔː] Warschau *n.*
War·wick(·shire) [ˈwɒrɪk(ʃə)] *englische Grafschaft.*
Wash·ing·ton [ˈwɒʃɪŋtən] *1. Präsident der USA*; *Staat der USA*; *a.* **~ DC** *Bundeshauptstadt der USA.*
Wa·ter·ford [ˈwɔːtəfəd] *Grafschaft in der Provinz Munster (Irland)*; *Hauptstadt dieser Grafschaft.*
Wa·ter·loo [ˌwɔːtəˈluː] *Ort in Belgien.*
Wat·son [ˈwɒtsn] *Familienname.*
Watt [wɒt] *schottischer Erfinder.*
Waugh [wɔː] *englischer Romanschriftsteller.*
Wayne [weɪn] *amer. Filmschauspieler.*
Weald [wiːld]: **the ~** *Landschaft im südöstlichen England. Früher ausgedehntes Waldgebiet.*
Web·ster [ˈwebstə] *amer. Lexikograph.*
Wedg·wood [ˈwedʒwʊd] *englischer Keramiker.*
Wel·ling·ton [ˈwelɪŋtən] *brit. Feldherr*; *Hauptstadt von Neuseeland.*
Wem·bley [ˈwemblɪ] *Stadtteil von Groß-London.*
Wen·dy [ˈwendɪ] *f.*
Went·worth [ˈwentwəθ] *Familienname.*
West Brom·wich [ˌwestˈbrɒmɪdʒ] *Stadt in West Midlands (England).*
West·ern Aus·tra·lia [ˌwestɒˈstreɪljə] 'Westau͵stralien.
West·ern Isles [ˌwestənˈaɪlz] *Insulare Verwaltungsregion Schottlands.*
West·ern Sa·moa [ˌwestənsəˈməʊə] Westsa'moa *n.*
West Gla·mor·gan [ˌwestgləˈmɔːgən] *walisische Grafschaft.*
West In·dies [ˌwestˈɪndɪz] *pl.*: **the ~** *die West'indischen Inseln pl.*
West Lo·thi·an [ˌwestˈləʊðjən] *schottische Grafschaft (bis 1975).*
West·meath [westˈmiːð] *Grafschaft in der Provinz Leinster (Irland).*
West Mid·lands [ˌwestˈmɪdləndz] *pl. Stadtgrafschaft in Mittelengland.*
West·min·ster [ˈwesmɪnstə] *a.* **City of ~** *Stadtbezirk von Groß-London.*
West·mor·land [ˈwesmələnd] *englische Grafschaft (bis 1974).*
West·pha·lia [westˈfeɪljə] West'falen *n.*
West Vir·gin·ia [ˌwestvəˈdʒɪnjə] *Staat der USA.*
West York·shire [ˌwestˈjɔːkʃə] *Stadtgrafschaft in Nordengland.*
Wex·ford [ˈweksfəd] *Grafschaft in der Provinz Leinster (Irland)*; *Hauptstadt dieser Grafschaft.*

Wey·mouth [ˈweɪməθ] *Badeort in Dorset (Südengland)*; *Stadt in Massachusetts (USA).*
Whal·ley [ˈweɪlɪ; ˈwɔːlɪ] *Familienname.*
Whar·am [ˈweərəm] *Familienname.*
Whar·ton [ˈwɔːtn] *amer. Romanschriftstellerin.*
Whi·tack·er [ˈwɪtəkə] *Familienname.*
Whit·a·ker [ˈwɪtəkə] *Familienname.*
Whit·by [ˈwɪtbɪ] *Fischereihafen in North Yorkshire (England)*; *Stadt in Ontario (Kanada).*
White·hall [ˌwaɪtˈhɔːl] *Straße in London.*
Whit·man [ˈwɪtmən] *amer. Dichter.*
Whit·ta·ker [ˈwɪtəkə] *Familienname.*
Wick·low [ˈwɪkləʊ] *Grafschaft in der Provinz Leinster (Irland).*
Wig·town(·shire) [ˈwɪgtən(ʃə)] *schottische Grafschaft (bis 1975).*
Wilde [waɪld] *englischer Dichter.*
Wil·der [ˈwaɪldə] *amer. Autor.*
Wil·fred [ˈwɪlfrɪd] Wilfried *m.*
Will [wɪl] *abbr. für* **William**.
Wil·liam [ˈwɪljəm] Wilhelm *m.*
Wil·ming·ton [ˈwɪlmɪŋtən] *Hafenstadt in Delaware (USA)*; *Hafenstadt in North Carolina (USA).*
Wil·son [ˈwɪlsn] *Familienname.*
Wilt·shire [ˈwɪltʃə] *englische Grafschaft.*
Wim·ble·don [ˈwɪmbldən] *Stadtteil von Groß-London (Tennisturniere).*
Win·ches·ter [ˈwɪnʃɪstə] *Hauptstadt von Hampshire (England) mit berühmter Public School.*
Wind·sor [ˈwɪnzə] *Stadt in Berkshire (England)*; *Stadt in Ontario (Kanada).*
Win·i·fred [ˈwɪnɪfrɪd] *f.*
Win·nie [ˈwɪnɪ] *abbr. für* **Winifred**.
Win·ni·peg [ˈwɪnɪpeg] *Hauptstadt von Manitoba (Kanada).*
Win·ston [ˈwɪnstən] *m.*
Wis·con·sin [wɪsˈkɒnsɪn] *Staat der USA*; *Fluß in Wisconsin (USA).*
Wi·tham [ˈwɪðəm] *Familienname*; *Fluß in Lincolnshire (England).*
Wit·ham [ˈwɪtəm] *Stadt in Essex (England).*
Wolds [wəʊldz]: **the ~** *Höhenzug in Nordostengland.*
Wolfe [wʊlf] *amer. Autor.*
Wol·lon·gong [ˈwʊləŋgɒŋ] *Industrie- u. Hafenstadt in New South Wales (Australien).*
Wol·sey [ˈwʊlzɪ] *englischer Kardinal u. Staatsmann.*
Wol·ver·hamp·ton [ˈwʊlvə͵hæmptən] *Industriestadt in West Midlands (England).*
Woolf [wʊlf] *englische Autorin.*
Wool·wich [ˈwʊlɪdʒ] *Stadtteil von Groß-London.*
Wor·ces·ter [ˈwʊstə] *Industriestadt in Mittelengland*; *a.* **Wor·ces·ter·shire** [-ʃə] *englische Grafschaft (bis 1974).*
Words·worth [ˈwɜːdzwəθ] *englischer Dichter.*
Wren [ren] *englischer Architekt.*
Wright [raɪt] *Name zweier amer. Flugpioniere.*
Wyc·liffe [ˈwɪklɪf] *englischer Reformator u. Bibelübersetzer.*
Wy·man [ˈwaɪmən] *Familienname.*
Wy·o·ming [waɪˈəʊmɪŋ] *Staat der USA.*

Xan·thip·pe [zænˈθɪpɪ] Xan'thippe *f.*

Yale [jeɪl] *hoher britischer Kolonialbe-*

amter u. Förderer der Yale University in New Haven, Connecticut (USA).

Yeat·man ['jiːtmən; 'jeɪt- 'jet-] *Familienname.*

Yeats [jeɪts] *irischer Dichter u. Dramatiker.*

Yel·low·stone ['jeləʊstəʊn] *Fluß im Nordwesten der USA; Nationalpark in Wyoming, Montana u. Idaho (USA).*

Ye·men ['jemən] *der Jemen;* **~ Arab Republic** *Arabische Republik Jemen;* **People's Democratic Republic of ~, Democratic ~** *Demokratische Volksrepublik Jemen, der Demokratische Jemen.*

Yeo·vil ['jəʊvɪl] *Stadt in Somersetshire (England).*

Yonge [jʌŋ] *Familienname.*

Yon·kers ['jɒŋkəz; *Am.* 'jɑːŋkərz] *Stadt im Staat New York (USA).*

York [jɔːk] *Stadt in Nordost-England;* **'York·shire** [-ʃə]: (**North, South, West**) *~ Grafschaften in England.*

Yo·sem·i·te Na·tion·al Park [jəʊ'semɪtɪ,næʃənl'pɑːk] *Nationalpark in Kalifornien (USA).*

Yu·go·sla·via [ˌjuːgəʊ'slɑːvjə] *Jugoslawien n.*

Yu·ill ['juːɪl] *Familienname.*

Yu·kon ['juːkɒn] *Strom im nordwestlichen Nordamerika; a.* **the ~** *siehe* **Yukon Territory;** **~ Ter·ri·tor·y** [juːkɒn'terɪtərɪ] *Territorium im äußersten Nordwesten Kanadas.*

Y·vonne [ɪ'vɒn] *I'vonne f,* Y'vonne *f.*

Zach·a·ri·ah [ˌzækə'raɪə], **Zach·a·ry** ['zækərɪ] *Zacha'rias m.*

Za·ire [zɑː'ɪə; *Am. a.* 'zaɪər] *Za'ire n.*

Zam·bia ['zæmbɪə] *Sambia n.*

Zan·zi·bar [ˌzænzɪ'bɑː; *Am.* 'zænzəbɑːr] *Sansibar n (zu Tansania gehörige Insel vor der Ostküste Afrikas).*

Zel·da ['zeldə] *f.*

Zet·land ['zetlənd] *schottische Grafschaft (bis 1975).*

Zim·ba·bwe [zɪm'bɑːbwɪ; -bweɪ] *Simbabwe n (seit 1980 Name für* **Rhodesia**).

Zo·e ['zəʊɪ] *Zoe f.*

Zu·rich ['zjʊərɪk] *Zürich n.*

Kennzeichnung der Kino-Filme
(in Großbritannien)

U   Universal. Suitable for all ages.
Für alle Altersstufen geeignet.

PG   Parental Guidance. Some scenes may be unsuitable for young children.
Einige Szenen ungeeignet für Kinder. Erklärung und Orientierung durch Eltern sinnvoll.

15   No person under 15 years admitted when a "15" film is in the programme.
Nicht freigegeben für Jugendliche unter 15 Jahren.

18   No person under 18 years admitted when an "18" film is in the programme.
Nicht freigegeben für Jugendliche unter 18 Jahren.

Kennzeichnung der Kino-Filme
(in USA)

G   General audiences. All ages admitted.
Für alle Altersstufen geeignet.

PG   Parental guidance suggested. Some material may not be suitable for children.
Einige Szenen ungeeignet für Kinder. Erklärung und Orientierung durch Eltern sinnvoll.

R   Restricted. Under 17 requires accompanying parent or adult guardian.
Für Jugendliche unter 17 Jahren nur in Begleitung eines Erziehungsberechtigten.

X   No one under 17 admitted.
Nicht freigegeben für Jugendliche unter 17 Jahren.